英語語義語源辞典

小島義郎・岸 曉・増田秀夫・高野嘉明…[編]

A Dictionary of English Word Meanings & Etymologies

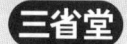

©Sanseido Co., Ltd. 2004

装丁: 三省堂デザイン室

資料: Chambers Universal Learners' Dictionary
(Chambers Harrap Publishers Ltd)

Printed in Japan

まえがき

　本書は『英語語義語源辞典』と称しているが，ある程度英語力のある人を対象に一般英和辞典と同じように使われることを目指したもので，「語義・語源を重視した英和辞典」と考えていただきたい．一般に英和辞典では語義が 1, 2, 3…と番号付けにされ，一つの単語について幾つもの違った意味を覚えなくてはならないという印象が強い．もちろんそれらをよく吟味して関係づけていけば語の全体像が見えてくるのであるがそこまで達するのはかなり大変である．本書では語義を「一般義」（最も普通の意味）と「その他」の二つに分けるだけで番号付けはせず，語義全体の繋がりをできるだけ物語風に展開した．このようにすることによってある語の語義の全体像をかなり容易に見ることが可能になるのではないかと考えたからである．また，意味の理解がしやすいように，そして忙しいときに素早く意味がわかるようにその語の主な日本語訳に当たる語句を太字体で示した．

　語源を扱っている辞書では，語源欄は普通は項目の冒頭か最後尾に置かれて本文の記事から遊離した形になっているが，本書ではこれを語義欄のすぐ次に置き，しかも語形の変遷よりも意味の変遷に重点を置いて，意味がどのように変化してきたか，現在の普通の意味はどのようにして出てきたかを一瞥してわかるように工夫した．また，一般に語源欄では記号や言語名の略形が使われるが，それを使うと簡潔ではあるが難しく感じられるので本書では一切それを使わなかった．

　語義は必ずしも語源から直線的に派生するとは限らず，同時に複数の方向へ枝分かれすることもあり，また変化の途中で消えてしまったり，あるいは類推によって語源とはかけ離れた意味を持つようになる場合もある．そのような複雑な意味の変化をできるだけわかりやすく述べたつもりである．英語は印欧祖語から発展したゲルマン系の言語であるが，その発展の過程において，ギリシャ語，ラテン語，古ノルド語，フランス語をはじめ非常に多くの言語から度重なる借用を受けてきた．それらを印欧祖語に端を発して非常に詳しく述べていくと，語源専門書に見られるように語源を述べるだけで本書の大部分を費やさなくてはならなくなるであろう．そのようなことは本書の目指す目的に合致しない．したがって語源は特別な場合を除いて古英語もしくはギリシャ語，ラテン語などをもとに簡潔でわかりやすく述べることにした．なお「一般義」は語源の意味と直結するかしないかに関わらずその語の現代における最も普通の意味をあげてある．

　以上のように語の意味を中心に説明を展開するために，本書ではある語とその派生語，複合語をすべて一か所に集めて記述する大項目方式（clustering）を採用した．すなわち，例外的な場合を除いて，派生語とともに当該語を第一要素とする複合語はすべて一つの主見出し語のもとに置かれることになった．これは，派生語や複合語は原則として独立した主見出しとし，なるべく追い込み見出し（run-on）をなくすという小項目方式（listing）を採用している現在のほとんどの学習辞典や一般辞典の流れに逆行することになる．しかし大項目方式はある語とその派生語，複合語についての意味をまとめて知りたいときには非常に有効な方式である．ただしこの方式では，派生語の検索が困難になるのでしばしば空見出し（dummy entry）を設けることにした．この点の細かいルールについては「この辞書の使い方」を見ていただきたい．

　また本書は英国 W&R チェインバーズ社との契約によって *CULD*（*Chambers Universal Learners' Dictionary*）から引用した用例を大量に含んでいる．この豊富で正確な用例も本書の特色の一つである．英語の本質的な意味を知りたいと思っている人が，読書の際に本書を普通の英和辞典の代わりに使って下されば幸いだと思う．

本書の主な特色は以上のとおりであるが，その他の点も含めて本書の特色を箇条書きにして列記してみる．

(1) 本書はある程度英語力のある人を対象にして，英語の語義を語源と関係づけながら述べた英和辞典である．
(2) 本書では語源欄を語義欄に続いて置き，語義を1, 2, 3…などの番号で分けることをせず，語源欄と連携して意味の変遷をわかりやすくできるだけ物語風に述べた．
(3) 語義は通例「一般義」（最も普通の意味）と「その他」に分け，「一般義」は最も使用頻度が高い意味と思われるものとした．
(4) 語義は理解と検索の便を考えて日本語訳に相当するものの中で重要なものを太字体で表した．
(5) 語源は通例古英語，ギリシャ語，ラテン語，古ノルド語などから説き起こしたが，語形より意味の変遷に重点を置いた．また他の辞書の語源欄で使っているような種々の記号や言語名の略形を用いず，できるだけわかりやすく説明した．
(6) ある語とその派生語・複合語を一か所に集めて記述する大項目方式を採用した．これは派生語・複合語の意味をまとめて知りたいときに有効な記述法である．
(7) 本書の用例は *CULD* の用例を大量に使わせていただいたので，用例についての語法的問題はなく，その点も一つの大きな特色になり得るものと信じる．
(8) 本書では類義語の意味の違いの記述にも力を入れ，また文化についての日英比較にも気を配った．
(9) 語法的な注を必要な箇所に入れ，関連語，対照語，反意語を入念に示した．
(10) 名詞には C U CU （C が優勢な場合） UC （U が優勢な場合）を示し，動詞には 本来自 本来他 の他に訳語中にも 自 他 の区別を示した．

　以上のように本書は一般英和辞典と同じ機能を保ちながら，なおかつ英語の語義・語源に重点を置いて作られた辞書であることをご理解願いたい．

　本書を編纂するに当たっては20年の長い年月を費やした．はじめは小規模な語義辞典を作ることから始めたが，途中から折角作るのであれば単に「読むための辞典」に終わらず，英語を読む際に座右に置いて「引くための辞典」として，一般の英和辞典と同じ規模のものにしようということになり幾多の変遷を経て今日に至った．その間三省堂におかれては非常に辛抱強く見守り励ましていただいたことを深く感謝申し上げる．本書を担当された野村良平氏をはじめとして鈴木剛氏，小川俊也氏ほか多くの編集部関係の諸氏に心から感謝申し上げる．また辞書全体のシステムについて大変なご苦労をいただいた上西靖子氏に心から感謝申し上げる．また印刷についても多くの方々にお世話になった．ここに記して感謝申し上げる．
　本書は編者・編集委員・執筆者一同で精一杯の努力をしたつもりであるが，思わぬ不備な点があるかも知れない．使用者各位のご教示ご叱正を得られれば幸いである．

　　2004年1月

編　者

編 者

小島　義郎

岸　　曉　　増田　秀夫　　高野　嘉明

編集委員

宗宮喜代子　　中村　匡克
人見　憲司　　矢口　正巳
山本　文明

システム統一

上西　靖子

執筆者

青柳　文男	秋葉　和子	池側　信明
井上　　清	上野　義雄	上野　尚美
柏原　信幸	岸　　　曉	木塚　雅貴
工藤　　博	小島　義郎	眞田　亮子
須田　忠彬	宗宮喜代子	高野　嘉明
中村　匡克	根橋　敏郎	半田　直次
人見　憲司	増田　秀夫	光永　司雄
矢口　正巳	山本　文明	

本書の使い方

I 見出し語欄　II 語義欄　III 語源欄　IV 用例　V 類義語
VI 関連語等　VII 慣用句　VIII 派生語　IX 複合語　X 専門語

I 見出し語欄

(1) 本書は見出し語・派生語・複合語・慣用句を同一項目に集める大項目主義で記述する．
総収録項目を 49,000 とした．
(2) 発音表記の後に見出し語の品詞をまとめて並べる．
  (a) 見出し語には，そのすべての品詞を並べて表示し，品詞によって発音の違うものは，品詞名の直前に発音を示す．
  (b) 品詞は 名=名詞 代=代名詞 形=形容詞 動=動詞 助=助動詞 副=副詞 前=前置詞 接=接続詞 感=感嘆詞 とする．
  (c) 動 の後には 本来他=本来他動詞 本来自=本来自動詞 を設けて，根幹の意味を深めた．
(3) C U の表示．
名 の場合には品詞名の後に C U CU UC の4種の区分を設ける．
CU は C が基本だが U もあるもの．
UC は U が基本だが C もあるもの．
(4) 変化形の複数形，活用形などの表示．
二重かっこ内に「複」，「過去」，「過分」を表示した．
[〜] は見出し語の代用を示す．また，[-]は一部の省略を示す．
(5) 発音表記．
  (a) 発音表記は国際音声字母(IPA)を用いて表記し『デイリーコンサイス英和辞典』に準拠する．
  (b) 単音節語にもアクセントを付ける．
  (c) 名詞，動詞，形容詞などの品詞の違いによる発音は，I (2)(a) で述べたように各品詞名の直前で示すが，単なるアクセントのみの相違は，省略符を使い，たとえば interdict の場合なら，/ìntərdíkt/ 動 本来他 /ˊ--ˊ/ 名 C とする．
  (d) イタリック体で示したIPAは省略可能な発音を示す．
meter /míːtər/ の /r/ の場合は《英》では発音されない．
(6) 文体レベルの表示．
  (a) 文体レベルは次のように分ける．

カテゴリー	グレード	ニュアンス
〔古語〕	〔形式ばった語〕	〔軽蔑的な語〕
〔古風な語〕	〔やや形式ばった語〕	〔やや軽蔑的な語〕
〔方言〕	〔一般語〕	〔丁寧語〕
〔文語〕	〔ややくだけた語〕	〔婉曲語〕
〔俗語〕	〔くだけた語〕	〔戯言〕
〔卑語〕		
〔詩語〕		
〔幼児語〕		

- (b) 語義が専門語(**X** 参照)のみの場合には文体レベルの表示は付けない.
- (c) フレーズの場合には「語」でなく,「...表現」を用いる.
- (d) 〔口語〕は用いないで〔くだけた語〕,フレーズならば〔くだけた表現〕とする.
- (e) 〔一般語〕は日常的な語を表す.
- (7) 空見出し
  - (a) 同族関連語をまとめて扱う大項目主義を取る関係上,類推が困難と判断した異綴りや変化形には空見出しを設け,⇒見出し語 とした.
  - (b) 重要派生語で,基語より前に現れる場合と,後に出ても基語と離れてしまう場合には空見出しを置き ⇒見出し語 とした.

II 語義欄

語義,訳語は語義番号を立てて,細分する方法を取らず,物語風に説明する.

- (1) 多くの語義がある場合には 一般義 として「最も一般的な意味」を記し,その他 として「その他の意味」を記す.
- (2) 一般義:
  一般義 とは現在使用頻度が最も高い意味ということである.語義はなるべく絞って,原則としては一つとし,訳語に当たる部分を太字体にする.
  その他:
  その他 の中で再び 一般義 に言及するときは,再度太字体とはせず「...の意から最も一般的な意味の...となった」のようにする.
  原則的には日本語を使って定義式にするのが目標だが,特に名詞の場合,たとえば aircraft ならば「空を飛ぶことのできる乗り物」のようにはしないで,「航空機」という訳語を与えることにする.このように,訳語を使っても日英間の意味のずれが大きくない場合は訳語を与える.
- (3) 主要な訳語になる部分は太字体とする.
  - (a) すべての語義中には必ず太字体が現れる.
  - (b) 慣用句,派生語,複合語の訳語も同様に考えた.
- (4) 語義の説明はなるべく品詞ごとにまとめる.
  ただし,意味の流れからそうしないほうがいい場合はこの限りではない.
- (5) 説明の中で品詞が明確にわかるように,
  - (a) 「名 として(は)...,動 として(は)...,形 として(は)...」のような書き方にした.
  - (b) 動詞の場合は,本来他 本来自 以外の用法については,「自 として(は)...,他 として(は)...」などとする.
  - (c) 括弧による補足的記述はせず,主要な語義は太字体で表す.
- (6) 文中で用いる二重かっこについて
  - (a) 文法説明・文法注・語形指示.
    文法注の例として,
    《しばしば受け身で》; 形 の二用法...《限定用法》《述語用法》;
    《the ~で》《複数形で》《比喩的に》《通例...で》《米》《英》《米俗》《英口》など.
  - (b) 簡単な語法説明.
  - (c) 注意事項・参考事項は二重括弧の中に★を付けて入れた.また,意味上の区別に関する説明は★はなく二重括弧で行う.
- (7) 語法 と 日英比較 は必要なところに随所に入れる.
- (8) 連結する前置詞などのコロケーションを示すときは《with》のように示す.

III 語源欄

語源 で始める.

- (1) 「古英語」は (449-1100)

「中英語」は (1100-1500)
「初期近代英語」は(1500-1700), つまり 16, 17 世紀
とし, それ以後は「18世紀」,「19世紀」,「20世紀」とする.
(2) 英語以外の言語については
「古フランス語」　　　　「中(期)フランス語」
「アングロフランス語」　「古ノルド語」
「中(期)オランダ語」　　「古高地ドイツ語」
「中(期)低地ドイツ語」　「ギリシャ語」
「ラテン語」　　　　　　「俗ラテン語」
「イタリア語」などとする.
(3) 英語以外の言語はイタリック体にする(古英語, 中英語は英語なので立体とする).
(4) ラテン語などに英訳を与える場合には
statuere (＝to set up; to establish (創設する))
のように括弧でくくり, ＝を付け, 動詞の場合には to を付ける.
並記する場合は区切りはセミコロンとし, 動詞原形には to は繰り返す.
(5) 語源不詳のものについても語源欄を付けて「不詳」と明記する. またいつごろから使われ始めたかを示す.
(6) アステリスク(*)を付けた語は再建形もしくは想定形.

IV 用例

用例 で始める. また, 用例は / で区切る.
用例は *CULD* (*Chambers Universal Learners' Dictionary*) を許可を得て利用した.

V 類義語

類義語 で始める.
(1) 始めにローマン体でセミコロンで区切ったリストを載せ, 次にコロンを付けて意味の相違を記述説明した.
　　例: 類義語 big; large; great: **big** は...で large より.... **large** は.... **great** は....
(2) 類義語 の直後の ⇒ はその項に解説があることを示す.
(3) 類義語 の後に ⇒ のない語の列記はその参照語の語義などを参考にしてほしい.

VI 関連語等

関連語, 対照語, 反意語 それぞれで始める.
(1) 関連語 は意味領域が関連しているもの.
(2) 対照語 は対照的ではあるが, 反意語 とはいえないもの (black:white/sell:buy,etc.), あるいは対をなすもの (husband:wife/king:queen, etc.) を示す.

VII 慣用句

【慣用句】で始める.
(1) 太字体のイタリックで表記する.
(2) 慣用句中の ... には目的語が来ることを表す.
(3) 簡潔に説明し, 意味はコンマで, 意味の変わり目はセミコロンで区切る.
(4) 主な訳語は太字体とする. 語義番号は付けない.
(5) 句動詞は慣用句に含める.

VIII 派生語

【派生語】で始める.
(1) アクセントを付ける.

(2) 品詞を付け, 名詞には C U CU UC を付ける.
(3) 意味が自明なものは訳語を省略した.
(4) 意味は, 簡潔な訳語にし, 主な訳語は太字体とする.
(5) 主見出し語になっている派生語は空見出しとし, (⇒見出し語)と入れる.
(6) 派生語に慣用句がある場合は, 太字体で記しコロンで区切って用例扱いにした.

IX 複合語

(1) 複合語は見出し語を第一要素とするもののみを扱う. たとえば factory の項では factory farm は入れるが, car factory は用例にするか, car の項で扱う.
(2) 複合語は立体の太字体を使った.
(3) アクセントを付ける.
(4) 品詞を表示した.
(5) 意味は簡潔な訳語にし, 主な訳語は太字体とする.
(6) 用例が必要なときはコロンを付けて用例を入れる.

X 専門語の表示

〖アメフト〗アメリカンフットボール	〖医〗医学	〖印〗印刷
〖宇宙〗宇宙科学	〖映画〗映画	〖音〗音声学
〖絵〗絵画	〖解〗解剖学	〖海〗海事用語
〖化〗化学	〖楽〗音楽	〖楽器〗楽器
〖カト〗ローマカトリック教	〖株〗株式	〖気〗気象(学)
〖機〗機械	〖幾何〗幾何学	〖キ教〗キリスト教一般
〖ギ神〗ギリシャ神話	〖球〗球技	〖旧約〗旧約聖書
〖空〗航空	〖競技〗競技	〖クリケ〗クリケット
〖軍〗軍事・軍隊	〖経〗経済(学)・金融	〖芸〗芸術
〖劇〗演劇	〖言〗言語学	〖建〗建築
〖工〗工学・工業	〖鉱〗鉱物	〖古生〗古生物学
〖昆〗昆虫	〖コンピューター〗コンピューター	〖細菌〗細菌(学)
〖歯〗歯科学	〖社〗社会学	〖写〗写真
〖修辞〗修辞学	〖商〗商業	〖植〗植物
〖新約〗新約聖書	〖心〗心理学	〖神〗神学
〖数〗数学	〖スポ〗スポーツ一般	〖政〗政治
〖聖〗聖書	〖生〗生物学	〖生化〗生化学
〖地〗地質学	〖地理〗地理学	〖哲〗哲学
〖電〗電気	〖電工〗電子工学	〖天〗天文(学)
〖統計〗統計学	〖動〗動物	〖土木〗土木工学
〖農〗農業	〖鳥〗鳥類	〖バスケ〗バスケットボール
〖美〗美術	〖フェン〗フェンシング	〖法〗法律
〖簿〗簿記	〖ボク〗ボクシング	〖野〗野球
〖冶〗冶金	〖薬〗薬学	〖郵〗郵便
〖理〗物理学	〖レス〗レスリング	〖ロ神〗ローマ神話
〖論〗論理学		

英　語　の　語　源

本書の語源の記述について

　本書では語源を語義理解の助けにするという立場から記述することにする．したがって，語形の変化よりも意味の変遷に重点を置き，語形については最低限必要と思われるもののみを示した．また語源の記述を親しみやすく読みやすいものにするために，語源辞典をはじめ多くの一般辞書の語源欄のように記号や略形を使わず，できるだけ物語風に書くように努めたつもりである．たとえば，一般に語源は (<) の記号を使って現代のものから次第に溯って記述するのが普通となっているが，本書では古い方から書き始めて現代に至るようになっている．したがって<の記号は使っていない．また言語名は L (ラテン語), Gk (ギリシャ語), OHG (古高地ドイツ語) のような略形を使わず，すべて「ラテン語」「ギリシャ語」「古高地ドイツ語」のようにフルに日本語で記した．なお，現代のローマンアルファベット以外の文字，たとえば古英語のソーン (þ) やエズ (ð) は用いずにすべて th で表した．ただし，アッシュ (æ) だけは音声記号にもあり理解されやすいと考えて使うことにした．また，ギリシャ文字をはじめその他の言語の文字もすべてローマ字化して示してある．さらに，アクセント符号やマクロン (macron; 文字の上に横棒を付ける長音符号) などの分音符号も古英語，フランス語と一部のギリシャ語の場合を除きなるべく省略した．そういう点で多少の不正確さはあるが，本書の読みやすさ，親しみやすさという目的から考えてご了解願いたい．

　なお一般に語源を述べるには印欧比較言語学に則って印欧祖語まで溯るのが普通であるが，本書では特に必要な場合以外はそれをせず，たいていの場合，古英語，ラテン語，ギリシャ語などから説き起こしてある．なお，印欧祖語とはヨーロッパおよびインド，イランなどの言語のもとになった再建言語で，紀元前三千年紀にヨーロッパあるいはアジアのどこかにあった言語と考えられている．

　本書の語源欄で唯一使った記号はアステリスク (*) である．これは再建形，あるいは想定形を表す記号で，たとえば印欧祖語のように実際の文献による証拠が残っていない場合に想定された語形に対して使われる記号である．これは実際の形ではないものにはその旨を示す必要があると思い用いることにした．

　次に語源欄に現れる各言語について述べる．

古英語 (449-1100)

　英語はゲルマン語族に属する言語でその成立はブリテン島において5世紀頃と思われる．ブリテン島にはそれ以前にはケルト人 (Celts) が住んでおり，紀元前55-54 から 406-407 年まではローマ軍が占領していた．その後 449 年からヨーロッパ大陸のドイツ北部やデンマークのユトランド半島付近からアングル人 (Angles)，サクソン人 (Saxons)，ジュート人 (Jutes) が移動してきてケルト人を追い払って住みついた．彼らはゲルマン系の言語を話しておりそれが後に英語と呼ばれるようになったのである．

　成立から 1100 年頃までの英語を古英語 (Old English) と呼ぶ．古英語には大きく分けて四つの方言があった．西サクソン方言 (West Saxon)，アングリア方言 (Anglian)，ケント方言 (Kentish)，さらにアングリア方言はハンバー川に遮られて北のノーサンブリア方言 (Northumbrian) と南のマーシア方言 (Mercian) とに

分かれていた．これらの中で，文化の振興に熱心だった King Alfred のおかげで，多くの文献が残っていて現在古英語の代表として扱われているのは西サクソン方言である．ただし現代英語はマーシア方言から発しており，西サクソン方言とは直結しない．

侵入したゲルマン人たちはルーン文字（runes）と呼ばれる碑文用の直線からなる文字を使っていた．ローマンアルファベットが普及するのは 7 世紀以後彼らがキリスト教に改宗してからである．古英語のスペリングでは sc は /ʃ/，cg は /dʒ/，c は /k/ と /tʃ/ 音を表し，g は /g/ と /j/ 音を表した．したがって，scip, brycg, drenc, regn はそれぞれ現代英語の ship, bridge, drench, rain とほとんど同じ発音である．

古英語の時代に英語に大きな影響を与えた事件としてヴァイキング（Vikings）の侵入をあげなくてはならない．ヴァイキングはスカンジナビアの海賊であるが，当時はヨーロッパ一帯を荒らし回った国家的海賊といってもよい人々である．ブリテン島中部・東部にはデンマーク人，北部にはノルウェー人がやってきた．彼らの言語については，本書の語源欄では古ノルド語（Old Norse）を代表として用いている．彼らはブリテン島には 8 世紀の後半から侵入を開始し，各地を荒らし回っただけでなく，一部の者は定住してブリテン島を植民地化した．当時ロンドンからチェスターに至る線の東部のすべてがデーンロー（Danelaw）と呼ばれる彼らの植民地になった．彼らは西サクソンも征服しようとしたが，アルフレッド王がよく戦ってそれを防ぎ，遂に 1014 年に和解してデーン人の王クヌート（Cnut）がイギリスの王となった．この事件は英語に大きな影響を与えたが，その影響の多くが現れるのは中英語になってからである．

中英語（1100-1500）

1066 年，フランス北部に定住したヴァイキング，すなわちノルマン人のブリテン島侵入をきっかけにイギリスの言語事情は大きく変わった．彼らの話していた言語はノルマン人のフランス語すなわちノルマンフランス語であった．しばらくの間は公用語にはラテン語およびフランス語が用いられ，上流階級ではフランス語が盛んで，英語は庶民の間のみで話された．しかしそういう状態も 13 世紀後半には終わりを告げた．およそ 1100-1500 年頃の英語を中英語（Middle English）という．中英語は大まかに言って北部方言，中西部方言，中東部方言，南部方言，ケント方言の五方言に分かれていたが，実際には全く統一を欠いていて地域ごとに異なる英語が使われていた．また古英語よりもかなり語形変化が簡略化され，現代英語に近い形になった．中英語は古英語から近代英語への過渡期と考えられ，音韻も語彙も文法も徐々に変化していたので古英語の時代よりもさらに各地の言語は流動的であった．

初期近代英語（1500-1700）

1500 年頃を境に英語は初期近代英語（Early Modern English）へと発展した．初期近代英語とは 1500 年から 1700 年頃までの英語を言う．ほとんど現代英語に近いがまだ多少古い形を残していた．しかしこれらの古い形も 18 世紀以降は使われなくなり現代英語となったのである．中英語から初期近代英語への変化の過程において， 15-17 世紀頃には英語の長母音が大きく変わる大母音推移（the Great Vowel Shift）が起こった．これは，まず /i:/ と /u:/ 音が二重母音 /ei/ と /ou/ に変わり，その位置に /e:/ と /o:/ 音が上がって /i:/ と /u:/ 音になる．次にそれらの位置にさらにその下の音が繰り上がるというように英語の長母音の舌の位置が順番

に繰り上がる変化である．またこの頃はイギリスにおけるルネッサンスの時代で，古典ギリシャ語，古典ラテン語の研究が盛んとなり，それらの言語をはじめ種々の言語からの借用語が流入した．

ケルト語

ゲルマン人たちが侵入したブリテン島にはケルト人が住んでいたが，ケルト語からの借用は地名などの固有名詞を除いてはほとんどない．これは侵入者とケルト人との日常的な交流がほとんどなかったことによると思われる．

ラテン語

英語の借用語にはラテン語を語源とする語が多い．それらは借用の時代によっていくつかのグループに分けられる．

(1) 大陸時代

ゲルマン人たちがブリテン島への侵入以前，まだ大陸にいた時代にすでにローマ人たちから 100 語を超える借用をしていた．ラテン語を L，古英語を OE で表すと，それらは street (L strata; OE strǣt), -chester (L castra; OE ceaster), wine (L vinum; OE wīn), cheese (L caseus; OE cīese), dish (L discus; OE disc) などである．

(2) 古英語時代

イギリスにおけるキリスト教の布教活動は 6 世紀末から始まるが，それ以後キリスト教関係の語を中心に alms, creed, disciple, mass, monk, nun, pope, paradise などの語がラテン語から借用された．またこの時代には借用語に英語独自の接辞を付けて，たとえば Crist（キリスト）から cristnian（＝to christen; 洗礼を施す）のような混成の派生語が作られた．

(3) 中英語時代

中英語ではノルマン人を通して大量のフランス語が流入するが，フランス語はラテン語系の言語なので語源を辿ればラテン語に行き着く．さらにその先はギリシャ語に至るものが多いが，本書では通例「ラテン語が古フランス語を経て中英語に入った」というような書き方で表している．

(4) 初期近代英語時代

15-16 世紀はイギリスのルネッサンスの時代であり古典ギリシャ語，古典ラテン語の研究が盛んでこれらの古典語からの借用語が流入した．ラテン語にはキケロ (Cicero) やヴァージル (Vergil) などの使った文学・学術のための文語的な紀元前 1 世紀から紀元後 2 世紀頃の古典ラテン語，ラテン語の口語であり後にロマンス系のフランス語，イタリア語，スペイン語などのもとになった俗ラテン語 (Vulgar Latin) があり，その他に時代によって 2 世紀後半から 6 世紀終わり頃までの後期ラテン語，600 年頃から 1500 年頃までの中世ラテン語，さらにルネッサンス以後の新ラテン語などがある．初期近代英語に借用されたのはほとんどが古典ラテン語である．これらの借用語は当時はほとんどが日常レベルのものとは考えられない語であったから，学者が勝手に机で考え出した語ということで inkhornterms「インク壺語」と皮肉って呼ばれたのであるが，後にそれらの内のかなりの語は定着して英語の語彙になっていった．これらの中には abolish, absolute, absurd, accident など今日ではごく普通の語が多く含まれている．

(5) 現代英語

現代英語においても学名などをギリシャ語，ラテン語の語幹，接辞などを用いて造ることが行われている．

ギリシャ語

英語におけるギリシャ語はほとんどがホメロスやプラトンの頃の古典ギリシャ語でラテン語,フランス語を経由して借用された.しかし,初期近代英語以降には直接古典ギリシャ語からの借用も出てきた.本書では単にラテン語が語源のように書いてある場合もギリシャ語がその元であることがしばしばある.

フランス語

1066年のノルマン人の英国征服によっておびただしい数のフランス語が英語に流入することになった.それらは政治,宗教,法律,軍事,料理,衣服,装飾,狩猟,医学,学問,芸術などの各分野にわたっている.これらの中にはノルマン人が持ち込んだノルマンフランス語(アングロフランス語,アングロノルマン語ともいう)の他に後になって入ってきたパリのフランス語(フランシャン語)やフランス東部の方言も含まれている.たとえば,guard, ward; regard, reward のような二重語において -w- の付く語はノルマンフランス語の特徴である.-w- の付く語は本来ゲルマン系の語で,ノルマン人たちがもとは北方から来たゲルマン人の子孫であることを示している.

古ノルド語

ブリテン島へのヴァイキングの侵入は古英語の時代であったが,彼らの言語からの借用は古英語の文献に現れるものが数えるほどしかなく,その多くは中英語になってから現れる.古英語の文献のほとんどがヴァイキングと接触しなかった西サクソン語であるためと,定住したヴァイキングと住民たちとの自然な交流が行われるようになってから借用語が定着したからであろう.古ノルド語は英語と同じゲルマン系であるため,類似形が多く古ノルド語起源と断定できないものもある.それらの借用語には anger, cake, die, guest, husband, leg, race, ill, skill, skin, skirt, sky, sly, steak, take, want などの日常的なものが多い.さらに they, their, them といった文法的な語まで借用している.古ノルド語からの借用語はかなりの数があり,しかも日常的に使用頻度の高いものが多いが,総数においてはフランス語やラテン語からの借用語の比ではない.

高地ドイツ語と低地ドイツ語

ゲルマン語の中で特有の子音推移を経た言語,すなわち英語と対比すると

英語		高地ドイツ語	例
/p/	→	/f, pf/	ship, Schiff; pipe, Pfeife
/d/	→	/t/	cold, kalt; deep, tief
/v/	→	/b/	over, ober; knave, Knabe
/t/	→	/ts/	to, zu; ten, zehn

のような子音推移を経たドイツ南部の言語を高地ドイツ語(High German),そのような子音推移を経ていないドイツ北部や北海沿岸の平地の言語でオランダ語を除いた方言を一般に低地ドイツ語 (Low German) という.高地ドイツ語では,1100年頃までを古高地ドイツ語,1550年頃までを中(期)高地ドイツ語という.それ以後は近・現代ドイツ語である.低地ドイツ語には古い文献はなく普通は中(期)低地ドイツ語から.

オランダ語

　中英語の時代には英国とオランダは織物などの商業を通して密接な関係にあり，商業，技術，航海関係の用語がオランダ語もしくはその周辺の低地ドイツ語から英語に入った．

その他の言語

　イギリスは世界に多くの植民地を持ち，国威が上がるにつれて英語が世界の多くの地域で母語として，あるいは第一外国語として使われるようになり，それまでのフランス語に代わって世界の外交語，共通語として使われるようになった．それと同時に英語の高い受容性から多くの言語からの借用が行われたのである．すなわちドイツ語，ロシア語，中国語，日本語をはじめ多くの言語からの借用が盛んになった．

　また 17 世紀にアメリカの開拓が始まり，やがてアメリカ合衆国が成立してアメリカ英語がイギリス英語とともに発展することになった．アメリカ英語には先住民のインディアン語が流入し，またスペイン語，ドイツ語，オランダ語などからも借用が行われた．この結果，現代英語の語彙は多くの借用語を含み，語彙の豊富さを誇っている．

A

a, A /éi/ 名 CU エイ, エー (★アルファベットの第1文字), 【楽】イ音, イ調.
【慣用句】**from A to Z** 始めから終わりまで.

a /ə, éi/ 冠 《不定冠詞》可算名詞につけて, 一つの, ある一つの, 単位を表す語につけて…につき, …ごとに, 《固有名詞の前で》…という人, …家の人, …のような人, …の作品, …の製品.
語法 母音の前では an となる.
語源 古英語 ān(=one)の弱形 an から. 中英語で子音の前では n が脱落し a となった. 現在の文法では「不定冠詞は a, ただし, 母音の前では an」と説明されるが, 歴史的には「不定冠詞は an, ただし, 子音の前では n が落ちて a となる」と説明できる. ⇒one.
用例 in *a* sense ある意味では/Today most people work five days *a* week. 今日ほとんどの人は週に(つき)5日働く/A Mr. Smith came to see you. スミスさんという人があなたに会いに来られました/He's *an* Einstein of Japan. 彼は日本のアインスタインです.

A /éi/ 名 《記号》**A** 級, 1級, 学業成績の優 (★さらに A＋, A－に下位区分されることもある), 靴の幅を示す A (★AA より広く B より狭い).

a-¹ 接頭 名詞, 動詞について「…でない, 非…, 無…」などの意 語法 母音の前では an- となる. 例: ahistorical; amoral.
語源 ギリシャ語から.

a-² 接頭 名詞について「…に, …へ, …に向かって, …の中へ」などの意. 例: afoot; afire; ashore; abed.
語源 古英語の前置詞 an(=on; at)から.

a-³ 接頭 ad- の変形. 例: ascend.

A.B. 《略》＝ラテン語 *Artium Baccalaureus* (=Bachelor of Arts).

ab-¹ 接頭 「離れて, 逸脱して」の意 (語法 c または t の前ではしばしば abs- となる). 例: abnormal; abstract.
語源 ラテン語 ab-(=away)から.

ab-² 接頭 ad- の変形.

a·back /əbǽk/ 副 〔一般語〕 一般義 突然, 不意に. その他 〔古語〕 後ろへ(backward).
語源 古英語 on bæc(=to the rear)が中英語で abak となり現在に至る.
【慣用句】**be taken aback** 不意を打たれてびっくりする.

ab·a·cus /ǽbəkəs/ 名 C(複 ～es, -ci/-sai/) 〔一般語〕計算器, そろばん.
語源 ギリシャ語 abax(計算を書くための板)がラテン語を経て中英語に入った.

a·ban·don /əbǽndən/ 動 本来他 名 U 〔一般語〕
一般義 考え, 物, 場所などを完全に放棄する. その他 危険や必要に迫られて持場や乗物などを放棄して退去する, さらに人を見捨てる, (～ oneself で)自制心を失くし感情や欲望のおもむくままに振舞う. 名 として放縦, 放埓(ほう), 勝手気まま.

語源 古フランス語 (mettre) *à bandon* (=(to put) in one's power)からの 動 *abandoner* が中英語に入った.
用例 We should not *abandon* all hope. 我々はすべての希望を捨て去るべきではない/The captain ordered the crew and passengers to *abandon* the ship. 船長は乗組員と乗客に船から退避するよう命令を下した/He *abandoned himself* to the pursuit of pleasure. 彼は快楽にふけった/All of them danced with gay *abandon*. 彼らはみな陽気に踊り狂った.
類義語 abandon; desert; forsake; **abandon** は危険や必要に迫られて物や人を放棄することを意味する. **desert** は人または持ち場などを放棄する意であるが, 責任上あるいは人情の上から見捨てるべきでないにもかかわらず, 利己的な立場から見捨てることを意味し, 非難の意味がこめられる: He *deserted* his family and went to America. 彼は家族を見捨ててアメリカに行った. **forsake** は特に愛している人や考えなどを見捨てるべきでないにもかかわらず見捨てることで, やはり非難の意味がこめられるが desert ほど強い非難ではない: I'm still in love with you. Don't *forsake* me. 私はまだあなたを愛しています. どうか見捨てないで.
【派生語】**abándoned** 形. **abándonment** 名 U.

a·base /əbéis/ 動 本来他 〔一般語〕評判や地位などを落とす, 下げる, (～ oneself で)へり下る.
語源 古フランス語 *abaissier*(a- to＋*baissier* to lower)が中英語に入った.
【派生語】**abásed** 形 卑しめられた, 屈辱を受けた. **abásement** 名 U 低下, 失墜, 下落.

a·bash /əbǽʃ/ 動 本来他 〔一般語〕赤面させる, 恥入らせる.
語源 古フランス語 *esbahir*(=to astonish; *es-* out of＋*baer* to gape)が中英語に入った.
【派生語】**abáshed** 形 恥ずかしい, きまりの悪い思いをした. **abáshment** 名 U.

a·bate /əbéit/ 動 本来他 〔一般語〕減じる, 減らす, 値を下げる, 苦痛, 勢いなどを和らげる, 静める. 自 和らぐ, 静まる, 減少する.
語源 古フランス語 *abatre*(=to beat down; *a-* completely＋*batre* to beat)が中英語に入った.
【派生語】**abátement** 名 U.

ab·bess /ǽbəs/ 名 C 〔一般語〕女性修道院長.
語源 ⇒abbot.

ab·bey /ǽbi/ 名 C 〔一般語〕 一般義 もと修道院であった大寺院. その他 《the A-》ロンドンのウェストミンスター教会. また《the ～; 集合的》特定の abbey の修道士[女]たち.
語源 ラテン語 *abbatia* が古フランス語 *abaie* を経て中英語に入った. 原義は「abbot 管轄の寺院」.

ab·bot /ǽbət/ 名 C 〔一般語〕修道院長.
語源 アラム語の *abba*(=father)がギリシャ語, ラテン語を経て古英語に入った. abbess は abbot に女性を表わす語尾-ess が付いたもの.

ab·bre·vi·ate /əbríːvieit/ 動 本来他 〔一般語〕短くする, 語の一部を削って短くして省略形にする.
語源 ラテン語 *abbreviare*(=to shorten)の過去分詞 *abbreviatus* が中英語に入った.
【派生語】**abbréviated** 形. **abbreviation** 名 ⇒見出し.

ab·bre·vi·a·tion /əbriːviéiʃən/ 名 CU (⇒abbreviate)省略する[される]こと, 短縮する[される]こと, また省略語, 短縮語.

[参考] abbreviation には Mr. Mrs. Dr. のように最初の文字と最後の文字によるもの, Sun. (=Sunday), Mon. (=Monday), Jan. (=January), Prof. (=Professor) のように語の途中まで書いて後を省略するもの, gov't (=government), bldg (=building), apt (=apartment) のように語の1部または母音を省略するもの, さらに NATO (= North Atlantic Treaty Organization) のように複合語の各要素の頭文字を用いて作られるものなどがある. 第1, 第2のものには普通 period (.) をつける. ただし,《英》では Mr や Mrs などはピリオドなし. また英語にはラテン語から入った略字が多いのも一つの特徴である. e.g. (=for example), i.e. (=that is), etc. (=et cetera), ibid. (=ibidem) などがそれである.

[関連語] acronym (頭文字略字); contraction (短縮形); ellipsis (省略(構文)).

ABC /éibi:sí:/ [名] C (複 ~'s) 〔一般語〕[一般義] アルファベット. [その他]《the ~》物事の初歩, 入門,《しばしば複数形で》**基礎**(知識).

[語源] 古フランス語 *abece* が中英語に入った.

[用例] the *ABC*'s of lexicography 辞書編集の基礎知識.

ab·di·cate /ǽbdikeit/ [動] [本来他] 〔形式ばった語〕王位やかなり高い地位を自発的または他の圧力に屈して**退く**.

[語源] ラテン語 *abdicare* (=to deny; *ab*- off+*dicare* to proclaim) の過去分詞 *abdicatus* が初期近代英語に入った.

[用例] The queen *abdicated* (the throne) in favor of her son. 女王は息子のために王位を退いた/He *abdicated* all the power to his son. 彼はすべての権力を息子に譲った.

[類義語] resign.

[反意語] assume.

【派生語】**àbdicátion** [名] U. **ábdicator** [名] C 退位者.

ab·do·men /ǽbdəmən, æbdóu-/ [名] C 〔形式ばった語〕人の**腹部**の, 正確には横隔膜から骨盤までの間で, 胃や腸の内蔵される部分.

[語源] ラテン語 *abdomen* (=belly) が初期近代英語に入った.

[用例] He had his *abdomen* operated. (=He underwent the abdominal operation.) 彼は腹部の開腹手術を受けた.

[類義語] abdomen; stomach; belly: **abdomen** が解剖学的な腹部をいうのに対して, **stomach** は元来「胃」または食道を含んだ胃の部分を指すので, 正確には abdomen と対応しないが, 日常の会話では stomach が上品なしかも平易な語として abdomen の代わりに用いられる: I have a pain in my *stomach*. おなかが痛い. **belly** は元来「皮袋」(古英語 belg) の意味で abdomen と大体対応する意味を持っているが, あまり上品な語ではなく, そこで代わりに, 内臓部分よりも腹部の外観, たとえば腹がふくれているとか, 引っ込んでいるとかいうことを問題にすることが多い: My *belly* keeps swelling these days. このごろお腹がふくれて出て来た.

【派生語】**abdominal** /æbdɑ́minəl/ -5-/ [形].

ab·duct /æbdʌ́kt/ [動] [本来他] 〔やや形式ばった語〕人をかどわかす, **誘拐**(ゆうかい)**する**,《法》未成年の女子を本人の同意のあるなしにかかわらず結婚または強制わいせつ行為のために**誘拐する**.

[語源] ラテン語 *abducere* (*ab*- away+*ducere* to lead) の過去分詞 *abductus* が初期近代英語に入った.

[用例] The U.S. ambassador to Berlin has been *abducted* by a terrorist group. 駐独アメリカ大使がテロリストのグループによって誘拐された.

[類義語] abduct; kidnap: **abduct** はやや形式ばった語で, しかもやや漠然とした意味の語. **kidnap** のほうは身代金を要求する純粋の犯罪としての誘拐を意味するし, 法律用語としては逆に, abduct は kidnap より狭い特殊な意味で用いられる.

【派生語】**abdúction** [名] UC. **abdúctor** [名] C 誘拐犯人.

aberrance ⇒aberrant.

ab·er·rant /æbérənt/ [形] [名] C 〔一般語〕[一般義] 常軌を逸した, 異常な. [その他]《生》類型をはずれて異常な, 変種の. [名] として《生》異常型.

[語源] ラテン語 *aberrare* (=to go astray) の現在分詞 *aberrans* が初期近代英語に入った.

【派生語】**abérrance** [名] U 常軌逸脱. **àberrátion** [名] U 常軌逸脱, 非行,《医》異常, 精神異常.

a·bet /əbét/ [動] [本来他] 《法》**教唆**(きょうさ)**する**, ...をしかける.

[語源] 古フランス語 *abeter* (*a*- ad-+*beter* to bait) が中英語に入った.

【派生語】**abétment** [名] U. **abéttor, abétter** [名] C 教唆者, 扇動者.

a·bey·ance /əbéiəns/ [名] U 〔形式ばった語〕一時的な**休止, 停止**,《法》将来所有権.

[語源] 古フランス語 *abaer* (=to desire) の [名] *abeance* (=expectation) が初期近代英語に入った.

【派生語】**abéyant** [形].

ab·hor /əbhɔ́:r/ [動] [本来他] 〔形式ばった語〕ぞっとするほど**嫌う**. [語法] 通例他動態形で用いられる. また進行形は用いられない. 人を目的語にとらないのが普通.

[語源] ラテン語 *abhorrere* (*ab*- away+*horrere* to shudder) が中英語に入った.

[用例] I *abhor* violence. 私は暴力は大嫌いだ/Women *abhor* rats and snakes. 女はねずみとへびが大嫌いだ.

[類義語] hate.

【派生語】**abhórrence** [名] U. **abhórrent** [形] 大嫌いな, いやでたまらない.

a·bide /əbáid/ [動] [本来他]《過去・過分 ~d, abode /əbóud/》〔形式ばった語〕〔通例否定文, 疑問文で〕**我慢する**. [自]〔文語〕元来ある場所または状態にとどまるという意味で, ある場所にまたはある人と共に**住む, とどまって待つ**, あるものまたは状態に**従う**.

[語源] *a*- 強調+*bidan* (=to remain) から成る古英語 *abidan* (=to remain; to stay) から.

[用例] I can't *abide* snobbish people. 紳士気取りの人間には我慢できない/I can't *abide* to see such cruelty to animals. このような動物虐待には我慢できない/She *abode* by a lake. 彼女は湖のほとりに住んでいた.

[類義語] bear; stand.

【慣用句】***abide by*** ... 法律などを**守る**, 契約などに**従う**: We must *abide by* our decision. 我々は自分たちの決定に従わなくてはならない.

【派生語】**abíding** [形] 永続する. **abode** [名] ⇒見出

ずれている.

[類義語] irregular.

【派生語】**abnormálity** 名 U. **abnormally** 副.

a·board /əbɔ́ːrd/ 副 前 飛行機,列車,船,バスなどに乗って(いる)《語法》乗りこむ動作をいうときは go または get を伴う》.

[語源] 古フランス語 *a bord*（=on board）から中英語に入った. はじめは船に乗る意味であったものが,次第に他の乗物に発展していったものである. *bord*（板）は元来ゲルマン系の語.「板」から「板を張った船」の意となった.

[用例] We were *aboard* for several hours. 我々は数時間(船,飛行機,列車,バス)に乗っていた/He went *aboard* the ship [train; aircraft]. 彼は船[列車,飛行機]に乗りこんだ/Let's get *aboard*. さあ乗りこもう.

[類義語] on board.

【慣用句】*All aboard!* 乗客員が乗客に対して皆さんご乗車[乗船,搭乗]ください,乗務員または駅員などが運転手または車掌に対して発車オーライ.

a·bode /əbóud/ 動 名 C abide の過去・過去分詞. 名 として[文語]《単数形で》住んでいる所,つまり家や住居.

【慣用句】*of [with] no fixed abode*〘法〙住所不定の.

a·bol·ish /əbάliʃ/ -ɔ́l-/ 動 [本来他]〔やや形式ばった語〕制度,規則,法律などを廃止する.

[語源] ラテン語 *abolere*（=to destroy）が古フランス語 *abolir*（語幹 *aboliss-*）を経て中英語に入った.

[用例] We must *abolish* the death penalty. 我々は死刑を廃止するべきである.

[類義語] abolish; do away with; put an end to; annul; abrogate. **abolish** は制度,法律などを廃止するという形式ばった語. **do away with** は主として望ましくないものをとり除く,廃止するという意味で,abolish より一般的. **put an end to** も ほぼ同意のくだけた言い方. **annul**, **abrogate** はある権威をもって法律や制度などを廃止することを意味し,abolish よりも権力の介入というニュアンスが強い. annul は結婚の無効などに abrogate は法律・制度などに多く用いられる.

【派生語】**abolítion** 名 U. 廃止, (米) 奴隷(制)廃止. **àbolítionist** 名 C 廃止論者, (A-)(米) 奴隷廃止論者.

A-bomb /éibάm/ -ɔ́m-/ 名 C〔くだけた語〕原子爆弾（atomic bomb）.

abominable ⇒abominate.

a·bom·i·nate /əbάmineit/ 動 [本来他]〔一般語〕ぞっとするほど嫌いである,忌み嫌う.

[語源] ラテン語 *abominari*（悪い前兆として忌避する;*ab*-off+*omen* omen）の過去分詞 *abominatus* が初期近代英語に入った.

【派生語】**abóminable** 形 嫌悪をもよおすような,ぞっとする,忌まわしい,(軽蔑的に)いやな, (くだけた語)ひどい: What *abominable* weather! なんてひどい天気だろう. **abóminably** 副. **abòminátion** 名 UC 憎しみ,大嫌いな物. **abóminator** 名 C.

ab·o·rig·i·ne /æbərídʒəni:/ 名 C〔やや形式ばった語〕(差別的)ある地域の原住民《語法》 *indigenous people* や *a native American [Australian]* を用いるのが望ましい》, 《複数形で》ある地域の土着の動植物全部.

[語源] ラテン語 *ab origine*（=from the beginning）が初期近代英語に入った. ヨーロッパ諸国のアメリカやアジア, アフリカ, 太平洋などの植民地化とともに多く使われ出した.

【派生語】**àboríginal** 形 土着の. 名 C 原住民, 土着の動植物.

a·bort /əbɔ́ːrt/ 動 [本来他]〔やや形式ばった語〕[一般語] 胎児を中絶する, 堕胎する, 妊婦を流産させる. [その他] 計画などを途中で中止する. 自 流産する, 挫折する.

[語源] ラテン語 *aboriri*（=to miscarry; *ab*- off+*oriri* to be born）の過去分詞 *abortus* から派生した *abortare*（=to abort）が近代初期英語に入った.

[用例] The doctors decided to *abort* the foetus because it was deformed. 医師たちは胎児が奇形なので中絶することに決めた/The doctor *aborted* the girl when she was four months pregnant. 医師はその少女が妊娠 4 か月のとき中絶手術をした/The woman *aborted* when she was three months pregnant. その女性は妊娠 3 か月で中絶手術を受けた.

【派生語】**abórtion** 名 UC 流産, 妊娠中絶, 挫折, 不成功に終わった計画. **abórtionist** 名 C 違法な堕胎医. **abórtive** 形 不成功に終わった, 流産の, 早産の: All of their attempts were *abortive*. 彼らの試みはすべて失敗に終わった. **abórtively** 副.

a·bound /əbáund/ 動 [本来自]〔形式ばった語〕物, 人, 動物, 事物が豊富にある《語法》物を主語にしても場所を主語にしても用いる》.

[語源] ラテン語 *abundare*（=to overflow; *ab*- away+*undare* to flow）が古フランス語を経て中英語に入った. *unda* は wave の意.

[用例] This lake *abounds* in fish. この湖には魚がたくさんいる/Fish *abounds* in this lake. この湖には魚がたくさんいる.

[関連語] abundance; abundant.

a·bout /əbáut/ 副 前 [本来他]〔一般語〕ある物または人の前後左右に, まわり(全部)に. [その他] 四方八方に, あちこちに(散在する). また周囲全部ということから, そのものずばりでなくほぼ近く, おおよそ..., さらに全側面ということから, ぐるぐる回転して, 転じて動いて, 活動中で. 前 として...のまわりに, ...の近くに, おおよそ..., ある物または人について, 関して, あることに従事して, ...して《*doing*》, この意味を通して《*be～to do* で》まさに...しようとするという近接未来を表す.

《語法》about には 前 の用法と 副 の用法があるが, それはあとに名詞を従えるかどうか(目的語があるかないか)の文法的相違であって, 意味の上からはほとんど相違がない. ただし, 発音上では 前 の場合は意味上特に強調がない限り弱強勢, 副 の場合は強い強勢がある.

[語源] 古英語 *onbūtan*（=around）から中英語 aboute(n) を経て現在に至る. onbūtan は on（=on; in）+*būtan*（=outside）という複合語であるが, būtan 自体も実は *be*（=by）+*ūtan*（=outside）という複合語である. なお *ūtan* の *ūt* は現在の out で, ūtan は from outside の意.

[用例] He looked *about* [(米) around] in the room. 彼は部屋の中を見回した/They go *about* [(米) around] together most of the time. 彼らはたいていっしょにあちこち歩き回る/There was no one *about* [(米) around]. あたりにはだれもいなかった/The ship turned *about* [(米) around]. 船はぐるりと方向転換した/We walked *about* [(米) around]

し.

a･bil･i･ty /əbíləti/ 名 UC 《⇒ able》〔一般語〕
[一般義]何かをするための知的, 肉体的な能力. [その他]能力があること, 有能なこと. また具体的な技術, 手腕, 《複数形で》人にそなわる才能.
[用例] He has the *ability* to manage a business. 彼には事業を経営する能力がある/He is a man of great *abilities*. 彼はたいへん才能のある人だ.
[類義語] ability; faculty; capacity; talent: **ability** は最も一般的な語で, 広くあることをする能力を意味する. **faculty** は ability とほぼ同じ意味で用いられる場合もあるが, 元来人間に生れながらにそなわっている能力で, 視力 (faculty of sight), 言語力 (faculty of speech), 聴力 (faculty of hearing) など無意識的な努力に応じて容易にそなわる能力のことをいう. **capacity** は元来は収容能力という意味で, 能力の限界に意味の重点を置く場合に用いる: a *capacity* for payment 支払い能力. **talent** は生来そなわっているが努力と訓練によってはじめて身につく特定の分野についての能力をいう: a *talent* for music 音楽の才能.

-a･bil･i･ty /əbíləti/ [連結] -able で終わる形容詞を抽象名詞化する語尾で,「…できること」「…する可能性」「…するに足ること」などの意. 例: acceptability.
[語源] possible→possibility のように -ible で終わる形容詞の場合は -ibility となる.

ab･ject /ǽbdʒekt/ 形 〔形式ばった語〕[一般義]みじめな, なさけない. [その他]《軽蔑的》卑しむべき, あさましい, 卑劣な.
[語源] ラテン語 *abjicere* (*ab-* away + *jacere* to throw) の過去分詞 *abjectus* が中英語に入った. 原義は「捨てさられた」.
【派生語】**abjéction** 名 U みじめな状態, 卑しさ, 卑下.

abjuration ⇒abjure.

ab･jure /əbdʒúər/ 動 〔形式ばった語〕忠節の誓いや信仰などを捨てる, 持論を放棄する.
[語源] ラテン語 *abjurare* (*ab-* away + *jurare* to swear) が古フランス語を経て中英語に入った.
【派生語】**abjurátion** 名 U

ab･la･tive /ǽblətiv/ 名 U《文法》ラテン語などの奪格 (★英語なら from, off などの前置詞のつくような場合の名詞の格変化)(形).
[語源] ラテン語の文法用語 *ablativus* が古フランス語を経て中英語に入った.

ab･laut /ǽblaut, ǽp-/ 名 U《言》母音交替 (★ sing sang sung のものをいう).
[語源] ドイツ語 *Ablaut* (*ab-* away + *laut* sound) が 19 世紀に入った.

a･blaze /əbléiz/ 形 〔一般語〕[一般義]燃え立って. [その他]物が燃えるように輝いて, また比喩的に人がかっとなって, 激して.
[語源] a- (=on) + blaze として 19 世紀から.

a･ble /éibl/ 形 〔一般語〕[一般義]何かをするのに十分な力や技を持っている. [その他]《通例限定用法》能力のある, 有能な, 巧みな, 《法》法定の能力を備えた, 法律上資格がある.
[語法] この語が英語で最も頻繁にまた広く用いられるのは be able to do という形においてである. この表現は特に will, shall, may などの法助動詞と可能の意味を合せて表現するときに用いられることが多い. なお, Are you *able* to attend the meeting?(あなたはその会合に出席できますか) は Can you attend the meeting? でもほぼ同じ意味であるが, I *could* attend the meeting. のように can が過去形で用いられると, 仮定法の意味の could と混同が起るため, 過去時制の場合は could の代りに was able to do を用いるのが一般的である.
[語源] ラテン語 *habere* (= to have) から派生した 形 *habilis* (保持しやすい, 扱いやすい) が古フランス語で *hable*, *habile* となり, 中英語に入った.
[用例] Cats are *able* to see in the dark. 猫は暗い中でも物が見える/She may be *able* to answer the question. 彼女ならその質問に答えられるかもしれない/Miss Brown is a very *able* secretary. ブラウンさんはとても有能な秘書です.
[日英比較] 日本語の「できる」は意味範囲が広く,「能力や技術の面から…できる」という意味の他に「可能性」の意味も含む. それに対して英語の able は前者の意味しかない.「そんなことができるのですか」という日本語が, もし「そのようなことが可能か」という問であれば, Is it *possible* to do such a thing? のように possible を用い, able は使えない. しかし「あなたにそのようなことをする能力があるか」という問なら, Are you *able* to do such a thing? のようにいえる.
[類義語] ⇒capable.
[対照語] disable.
[反意語] unable.
【派生語】**ability** 名 ⇒見出し. **ábly** 副 巧く, 巧みに, 有能に.

-able /-əbl/ [接尾] 他動詞を形容詞化する語尾で「…できる」「…する可能性のある」「…するに足る」などの意.
[語源] 元来 *notare* (= to note) → *notabilis* (注目するに足る) のように -are で終わるラテン語動詞を形容詞化する語尾であった. 現在の英語では able との混同が起り,「…できる」という意味を表す接尾辞としてかなり自由にいろいろな動詞に用いられる. rely (信頼する) → reliable (信頼できる, 信頼するに足る) のように動詞の語尾の -y は -i に変わるのが原則. また同じ意味の -ible (ラテン語-ire, -ere で終る動詞の語尾が英語に入ったもの) は造語が古くすでに決ったものにしか用いられない.

ab･lu･tion /əblúːʃən/ 名 CU 〔形式ばった語〕宗教的な清めのために手や体などを洗うこと,《複数形で》沐浴(もくよく).
[語源] ラテン語 *abluere* (= to wash away; *ab-* away + *luere* to wash) の 名 *ablutio* (= washing) が中英語に入った.

ab･nor･mal /æbnɔ́ːrməl/ 形 〔一般語〕正常な状態からはずれた, 異常な《語法》通常悪い意味で用いられるが, よい意味で非常にすぐれたものに用いられる場合もまれにある).
[語源] ギリシャ語 *anōmalos* (*an-* not + *homalos* same) がラテン語 *anomalus* を経てフランス語 *anormal* となり, 英語に借用される際ラテン語の類義語 *abnormis* (基準からはずれた; *ab* from + *morma* norm) と混同されて abnormal という形となった. 19 世紀になってから使われ出した比較的新しい借用語である.
[用例] His behavior is *abnormal* for a child of his age. あの子の行動はあの歳の子供にしては異常だ (★心理学的表現の場合は発達が遅れている (subnormal) とほぼ同じ意味で用いることが多い)/His powers of recollection are *abnormal*. 彼の記憶力は人並みは

the old castle. 我々はその古城のまわりを歩き回った/That building is *about* [《米》around] 100 meters tall. あの建物は約100メートルの高さがある/I arrived there (at) *about* [《米》around] five o'clock. 私はそこに5時ごろ着いた/Do you know anything *about* his plan? あなたは彼の計画について何かご存知ですか/He's busy *about* interviewing the applicants. 彼は志願者を面接で忙しい/The plane was *about* to take off. 飛行機はまさに離陸しようとしていた.

類義語 ❶ about; around:「…のまわりに」の意ではいずれもほぼ同意のことが多い. ただし, **about** は「…について」の意味があるが, **around** にはそれがない. また語法上〔英〕では about が,《米》では around が好まれる. さらに慣用表現ではいずれかに決っている場合が多い.
❷ about; on:「…について」では入れ替え可能なことが多いが, **about** は原意からしてかなり漠然と周辺的な情報を表すのに対して, **on** はぴたりと主題に密着した情報を表すのに用いられる. これは on という語の原意が接触の意を含むからである. したがって, 科学的・学術的情報を表すような形式ばった表現では about より on の方が適切なことが多い: a book *on* China 中国についての本/'*On* liberty' 自由論.

【慣用句】***About face!***《英》***About turn!***《号令》回れ右!

【複合語】 **abóut-fàce** 名 C 《米》《単数形で》回れ右, 比喩的に180度の転換. 動 本来自 回れ右をする: do an *about-face* 回れ右をする.

a·bove /əbʌ́v/ 副 前 形 〔一般語〕 一般義 ある物が他の物より離れた上方に, 上に 《語法》必ずしも真上でなくてもよい. その他 離れた上方ということから, 論文や記事などすでに述べた部分を指し, すぐ上や何ページの上方で, 上記の, かなり離れた前の部分で, 前記の, また川の上流にという意味でも用いられる. 比喩的に位や能力が上で, 数量などが超えて. 前 として …より上方の[に, で, へ], …より上の[に, で, へ], …を超えて, …の及ばない, とても…のようなことはできない. 形 として 上述[上記]の.

語源 古英語 abufan, onbufan から中英語 above(n) を経て現在に至る. 古英語 abufan がこの意味で用いられたが, 後に be (=by; near) がつき bufan となり, さらに意味を強めるために on または an が補われて abufan, onbufan となった. a- は on, an の弱まった形 (cf. *afoot*=on foot; *abed*=on bed).

用例 as was mentioned *above* 前に述べたとおり/There is a loud speaker *above* the blackboard. 黒板の上にスピーカーがある/The plane was flying *above* the clouds. その飛行機は雲の上を飛んでいた/He lives in an apartment *above* that store. 彼はあの店の上のアパートに住んでいる/We camped two miles *above* this bridge. 我々はこの橋の2マイル上流でキャンプした/The captain of a ship is *above* a seaman. 船長は水兵の上官である/The child's intelligence is *above* average. その子供の知能は平均以上だ/This book is *above* me. この本は難しくて私にはわからない/He is *above* such conduct. 彼はそんなことのできる男ではない/the *above* facts 上に述べた事実.

語法 above には 副 前 形 の3つの用法があるが, 前 と 副 とは位置関係を述べる場合には目的語があるかないかの違いで意味上の相違はない. しかし, 能力がすぐれていることを表す場合は普通 前 として, 記事の中で前述の箇所を示す意味では 副 または 形 として用いられる.

類義語 above; over; on: **above** は離れた上方の位置を点として示す語. しかも必ずしも真上でなくても上の方であればよい. **over** は覆いかぶさるような形で上の方にあることを示す語で, 位置を点としてではなく, ある広がりを持った範囲として示す. **on** は接触を表す語で, 接触した位置は表さない. また必ずしも日本語の「上」には当たらず, 横あるいは下でも, 接触していれば on で表す.
反義語 below.

【慣用句】***above all*** とりわけ, なかでも特に: *Above all* I would like to emphasize the following point. とりわけ次の点を強調したい.

【複合語】 **abóve-méntioned** 形 〔形式ばった語〕前述の, 上記の.

ab·ra·ca·dab·ra /ǽbrəkədǽbrə/ 名 U 〔一般語〕まじないの「言葉」, 呪文, また訳のわからない言葉.
語源 カバラ主義で全能の神を意味するギリシャ語 *Abraxas* に由来すると思われる *abrakadabra* がラテン語を経て初期近代英語に入った.

a·brade /əbréid/ 動 本来他 〔形式ばった語〕すりむく, すり減らす. 自 としても用いる.
語源 ラテン語 *abradere* (=to scrape off; *ab*- off + *radere* to scrape) が初期近代英語に入った.
【派生語】 **abrasion** 名 本来U すりむけ, すり傷. **abrasive** 形 すり減らす(作用のある), 研磨用の.

a·breast /əbrést/ 副 〔一般語〕並んで, 並行して.
語源 a- (=on)+breast として初期近代英語から.
用例 walk *abreast* 並んで[肩を組んで]歩く.

a·bridge /əbrídʒ/ 動 本来他 〔やや形式ばった語〕 一般義 作品, 演説, 辞書などの内容を全体の趣旨を変えずに縮めて短くする, 省略する. その他 会合の時間, 催しものや作業の期間などを短縮する.
語源 後期ラテン語 *abbreviare* (*ad*-+*breviare* to shorten) が古フランス語を経て中英語に入った.
用例 an *abridged* edition of *the Century Dictionary*『センチュリー辞典』の簡約版.
類義語 shorten.
【派生語】 **abrídged** 形. **abrídgement** 名 UC 簡約すること, 簡約本[版].

a·broad /əbrɔ́ːd/ 副 〔一般語〕 一般義 国外へ, あるいは外国で. その他 元来 broad の副詞的用法で, 〔文語的な古語〕広く, あちこちに, 方々にの意であったが, うわさなどが流布している, 広まっているの意となり, さらに人が広い世間で行方しれずであるという意味から, 外出している, 戸外へ, また議論や話の焦点が的を大きくはずれている, 誤っている意になり, それから自国を離れて「外国へ」の意味が生じた.
語源 中英語 abrod より. 古英語 on brēde (=breadth) になった語原に「広く」が原義.
用例 He went *abroad*. 彼は外国へ行った/I'm planning to study *abroad* after I have graduated from the university. 私は大学を卒業したら海外留学をするつもりです/The news soon spread *abroad*. その知らせはたちまち広まった/He likes to stroll *abroad*. 彼は戸外を散歩するのが好きだ.
類義語 abroad; overseas:「外国へ, 海外で」という場合, **abroad** と **overseas** はほぼ同じ意味で, 場合によっては入れ替えて用いることも可能である: He went *abroad*. =He went *overseas*. ただし, overseas の方がよりくだけた語で, abroad は副詞用法のみだが

overseas には形容詞用法もあるという点で相違がある: *overseas* students (=students from *abroad*) 外国からの留学生.
[日英比較] 日本語の「外国へ[で]」を直訳すると to [in] a foreign country となるが, a foreign country には「見知らぬ国, 異国」というような自国とは異なることを強調するニュアンスがある. それに対して英語の abroad や overseas は母国を離れることに意味の重点があるので, 国際的な視野から見ればより感じのよい言葉といえる. その点で日本語の「海外」のニュアンスはこれに近い.
[慣用句] **from abroad** 外国から(の).

ab·ro·gate /ǽbrəgeit/ 動 [本来他] [形式ばった語] 法律·規則·慣習などを**廃止する, 撤廃する**.
[語源] ラテン語 *abrogare* (= to cancel; *ab*- off + *rogare* to ask) の過去分詞 *abrogatus* が中英語に入った.
[派生語] **àbrogátion** 名 Ⓤ. **ábrogative** 形. **àbrogátor** 名 Ⓒ.

a·brupt /əbrʌ́pt/ 形 [やや形式ばった語] [一般義] (通例限定用法) **不意に起こる, 突然の, 突然中断する**. [その他] 人の言葉や態度がぶっきらぼうな, 失礼な, 話が脈絡のない, 飛躍する. さらに坂や道路のカーブなどが急な, がけなどが切り立った.
[語源] ラテン語 *abrumpere* (= to break off; *ab*- off + *rumpere* to break) の過去分詞 *abruptus* が初期近代英語に入った.
[用例] The car came to an *abrupt* halt. 車は急に止った/She always sounds *abrupt* on the telephone. 彼女はいつも電話ではぶっきらぼうな話し方だ.
[類義語] sudden.
[派生語] **abrúptly** 副. **abrúptness** 名 Ⓤ.

ab·scess /ǽbsis/ 名 Ⓒ [医] **膿瘍**(のう).
[語源] ギリシャ語 *apostēma* (= separation) に由来するラテン語 *abscedere* (*abs*- away + *cedere* to go) の過去分詞 *abscessus* が初期近代英語に入った. 膿を通して患部の悪いものが分離すると考えられていた.

ab·scond /æbskánd|-5-/ 動 [本来自] [形式ばった語] **こっそり逃げる, 姿をくらます, 失踪する**.
[語源] ラテン語 *abscondere* (= to conceal; *abs*- away + *condere* to store up) が初期近代英語に入った.

absence ⇒absent.

ab·sent /ǽbsənt/ 形, /æbsént/ 動 [本来他] [一般義] **不在[欠席]である**. [その他] 本来, 何かがある場所にない, **欠けているの意**. 《限定用法》注意力が欠けていてぼんやりしている, 心ここにあらずの. 動として [形式ばった語] 《~ oneself で》故意に…を**欠席する, 欠勤する** 《from》.
[語源] ラテン語 *abesse* (*ab*- away + *esse* to be) の現在分詞 *absens* が古フランス語を経て中英語に入った.
[用例] Mr. Brown is *absent* from home. ブラウンさんは不在だ/Three students are *absent* today. きょうは3人の学生が欠席だ/He has been *absent* from school for the past two weeks. 彼はもう2週間学校を休んでいる/Let us drink a toast to *absent* friends. 欠席した友人たちのために乾杯しよう/In some watches second hands are *absent*. 腕時計のなかには秒針のないものがある/He had an *absent* look on his face. 彼はぼやっとした顔つきをしていた/He *absented* himself from the meeting. 彼は会議を欠席した.
[日英比較] 日本語の「欠席」は形式ばった表現にもくだけた表現にも使える. もちろん, 「いない」「来ていない」「行かない」など平行したくだけた表現もあるが, 点呼をとるときなどは「…君は欠席です」はごく普通の表現である. これに対して, 英語の absent はどちらかというと改まった言葉で, 点呼のときなどは "Bill is *absent*." よりは "Bill isn't here." の方がくだけた言い方である. 特に「私はその会議には欠席しました」のように日本語の動詞表現に対応する英語は I was not at the meeting./I didn't attend the meeting./I was *absent* at the meeting./I *absented* myself at the meeting. の順で形式ばった表現となり, absent oneself はほどよ改まった場合でなくては使われない.
[反義語] present.
[派生語] **ábsence** 名 Ⓤ **不在, 欠席**, 何かがある場所にないこと: His house was broken in during his *absence*. 彼が不在の間に家にどろぼうが入った/*absence* of sincerity 誠実さの欠如. **àbsentée** 名 Ⓒ **欠席者**: absentee ballot 不在者投票(用紙)/absentee voter 不在投票者. **àbsentéeism** 名 Ⓤ 常習の欠席[欠勤]. **ábsently** 副 ぼんやりして.
[複合語] **àbsentmínded** 形 心ここにあらずでぼんやりした: an *absentminded* professor (自分の研究に熱中していて)ぼんやりして身の回りのことを忘れっぽい教授. **àbsentmíndedly** 副. **àbsentmíndedness** 名 Ⓤ.

ab·so·lute /ǽbsəlu:t/ 形 [やや形式ばった語] [一般義] それ自体で**完全な, 完璧な**. [その他] 元来あらゆる束縛, 制限, 関わりから解き放たれて自由であることを意味し, そこから他の物質の混じっていない, **純粋な**, 否定的な要素や不確実性のない, **確定的な**, 憲法や議会などの制限から自由であるという意味で, **専制主義の**, 他との関係によらず**絶対的な** (⇔relative), [理] **絶対**…, [文法] 文の他の部分とは直接関係がない, **独立**….
[語源] ラテン語 *absolvere* (⇒absolve) の過去分詞 *absolutus* が中英語に入った.
[用例] *Absolute* nonsense! まったくばかばかしい/*absolute* ownership 全的所有権/an *absolute* monarch 専制君主/*absolute* truth 絶対的な真理.
[類義語] absolute; pure; despotic; tyrannical: **absolute** は他のものとの関係や混在などがないという意味で純粋で混じり気のないことを意味し, **pure** も似た意味であるが, pure のほうがよりくだけた語である点と, absolute が抽象的なものに用いられるのに対して, pure は主として物質に用いられる点で異なる. また「専制的な」という意味では, absolute は **despotic**, **tyrannical** と類似しているが, absolute は単に政治形態を客観的に述べる言葉であるのに対して, despotic は専制的な権力の行使を暗示し, tyrannical はさらにその行使が民衆の抑圧や虐待という誤った方法で行なわれることを意味する.
[派生語] **ábsolutely** 副 ⇒見出し. **ábsolutism** 名 Ⓤ 専制主義, 絶対主義. **ábsolutist** 名 Ⓒ 専制主義者.
[複合語] **ábsolute álcohol** 名 Ⓤ 無水アルコール. **ábsolute infínitive** 名 Ⓒ [文法] 独立不定詞. **ábsolute majórity** 名 Ⓒ (英)絶対多数 《語法》(米)では単に majority という. **ábsolute particípial constrúction** 名 Ⓒ [文法] 独立分詞構文. **ábsolute posséssive** 名 Ⓒ [文法] 独立所有格. **ábsolute témperature** 名 Ⓒ [理] 絶対温度.

ábsolute zéro 名 U【理】絶対 0 度(約－273℃).

ab·so·lute·ly /ǽbsəlù:tli, ˌ-ˈ-ˌ-/ 副 《⇒absolute》〔一般語〕他との関係あるいは何らかの条件なしで, 完全に, 絶対(的)に, 全く. 〔その他〕断り方などが何のあいまいさもなくきっぱりと. また〔くだけた語〕強調語としてほんとうに, 実際, まったく. 〔語法〕quite や very よりも強調の度合が強い), 相手の言葉に対して完全な同意を与えるための合いうちの言葉, まったくその通り, そうですとも, 《not を伴って》相手の言ったことを真向から否定し, 絶対そうではない.

〔語法〕強意や応答に用いられる場合は, しばしば-lute- の部分に強い強勢が置かれる.

〔用例〕That's *absolutely* impossible. それは全く不可能だ/He refused *absolutely*. 彼はきっぱり断った/You are *absolutely* right. ほんとうにあなたのおっしゃる通りです/"Do you think so?" "*Absolutely*!"「あなたはそう思いますか」「もちろんです」/"We must stop it right away."「われわれはいますぐそれを止めるべきです」「まったくその通りです」/"You broke your promise, didn't you?" "*Absolutely* not!"「あなたは約束を破ったんですね」「とんでもない, そんなことはありません」.

〔日英比較〕日本語の「絶対に」と英語の absolutely は類似しているが, 日本語の「絶対に」はどちらかというと否定構文で用いられることが多く, 「絶対行かない」「絶対に言わない」などという. こういう場合には英語では absolutely は用いられず, I'll *never* be there again. とか I'll *never* tell it to anybody. のように never が一般的である. ただし,「絶対にうそだ」は That's *absolutely* untrue. のように absolutely も使える.

absolution ⇒absolve.
absolutism ⇒absolute.
absolutist ⇒absolute.

ab·solve /əbzálv/ -ˈ-/ 動 〔本来自〕〔形式ばった語〕人を義務や責任などから解放する, 免除する《from; of》, 【キ教】人に罪の赦(ゆる)しを与える, 罪を赦す.
〔語源〕ラテン語 *absolvere* (*ab*- from + *solvere* to set free) が中英語に入った.
〔用例〕He was *absolved* from his duty. 彼は義務を免除された.
〔類義語〕forgive.
【派生語】**àbsolútion** 名 U【キ教】罪を告白して得られる罪の赦し.

ab·sorb /əbsɔ́:rv/ -z-/ 動 〔本来他〕〔形式ばった語〕〔一般語〕液体などを吸いこむ, 吸い上げる. 〔その他〕比喩的に人が情報, 思想, 学問などを吸収する, 吸収して同化する, また物や器具が音, ショック, 光などを吸収する. 人の注意を奪うことから,《通例受身》夢中にさせる.
〔語源〕ラテン語 *absorbere* (*ab*- from + *sorbere* to suck) が古フランス語 *absorber* を経て中英語に入った.
〔用例〕Blotting paper *absorbs* ink. 吸い取り紙はインクを吸い取る/Thick cloth and cork *absorb* sound. 厚手の布とコルクは音を吸収する/After Meiji Restoration Japan tried to *absorb* as much information as possible from the Western world. 明治維新以後日本は西欧からできるだけ多くの情報を吸収しようと努めた/He *was* completely *absorbed* in the study of archaeology. 彼は考古学の研究に没頭していた.
【派生語】**absórbed** 形. **absórbedly** 副. **absórbent** 形 吸収性のある. 名 UC 吸収剤: ab-

sorbent cotton 脱脂綿(《英》cotton wool). **absórber** 名 C 吸収する人[もの], 吸収器[装置]: a shock *absorber* 機械や車などの緩衝装置.
absórbing 形 非常に興味深い, 夢中にさせる.
absórption 名 U 吸収(作用), 一心不乱, 夢中.
absórptive 形 吸収性の.

ab·stain /əbstéin/ 動 〔本来自〕〔形式ばった語〕投票を棄権する. また自分の意志で何かを行うことをさし控える, 特に酒やたばこ, あるいは快楽などを慎む.
〔語源〕ラテン語 *abstinere* (= to hold oneself back; *abs*- from + *tenere* to hold) が古フランス語 *abstenir* を経て中英語に入った.
〔用例〕He *abstained* from voting in the general election. 彼は総選挙で棄権した/I must *abstain* from alcohol [drinking; smoking]. 私は酒[飲酒, たばこ]を控えなくてはならない.
【派生語】**abstáiner** 名 C 節制する人, 特に禁酒家.

ab·ste·mi·ous /əbstí:miəs/ 形〔形式ばった語〕飲食に節度のある, 節制する, 質素な.
〔語源〕ラテン語 *abstemius* (*abs*- off + *temetum* strong drink)が初期近代英語に入った.
【派生語】**abstémiously** 副. **abstémiousness** 名 U.

ab·sten·tion /əbsténʃən/ 名 U 〔一般語〕投票の棄権, 本来は控えること, 節制の意.
〔語源〕ラテン語 *abstinere* (⇒abstain) の過去分詞 *abstentus* から派生した後期ラテン語 *abstentio* が初期近代英語に入った.
【派生語】**absténtionism** 名 U 節制主義. **absténtionist** 名 C 自制主義者.

ab·sti·nence /ǽbstinəns/ 名 U 〔一般語〕節制, 禁欲, 特に禁酒.
〔語源〕ラテン語 *abstinere* (⇒abstain) の現在分詞 *abstinens* の派生形 *abstinentia* が中英語に入った.
【派生語】**ábstinent** 形 節制する, 禁欲的な.

ab·stract /ǽbstrækt/ /ˌ-ˈ-/ 動 〔本来他〕名 C 〔一般語〕抽象的な, 観念的な. 〔その他〕具体的でないことから, 難しい, わかりにくい, 実際的, 応用的でなく理論的な. 動 として具体的なものの中からその性質などを抜き出す, 抽出する, 抜粋する, 書物や論文などの概要をまとめる, 〔くだけた語〕何かを不正に取り出す, 盗む. 名 として抜粋, 要旨, 〔美〕写実的な作風や作品に対して, 抽象美術.
〔語源〕ラテン語 *abstrahere* (*abs*- from + *trahere* to draw) の過去分詞 *abstractus* が中英語に入った.
〔用例〕an *abstract* argument 抽象的な議論/May I have an *abstract* of your article on industrial diseases? あなたの産業病についての論文の要旨をいただけませんか.
〔反義語〕concrete.
【慣用句】***in the abstract***〔形式ばった表現〕理論上は, 理論的には.
【派生語】**abstrácted** 形〔形式ばった語〕ぼんやりとした, 考えにふけった. **abstráctedly** 副. **abstráction** 名 U〔形式ばった語〕抽象化, 抽象概念, 放心状態.
abstráctionism 名 U 抽象主義, 抽象派. **ábstractly** 副.
【複合語】**ábstract nóun** 名 C【文法】抽象名詞.

ab·struse /æbstrú:s/ 形〔形式ばった語〕難解な, 深遠な.
〔語源〕ラテン語 *abstrudere* (= to conceal; *abs*-

away+*trudere* to thrust)の過去分詞 *abstrusus* が初期近代英語に入った.
【派生語】**abstrúsely** 副. **abstrúseness** 名 U.

ab·surd /əbsə́ːrd/ 形 〔一般語〕どう見ても**不合理**でばかげている.
語源 ラテン語 *absurdus* (*ab*- 強意+*surdus* deaf) すなわち「全く聞いたことがないほどばかげている」がフランス語 *absurde* を経て初期近代英語に入った.
用例 These demands are absolutely *absurd*. これらの要求はまったくばかげている.
類義語 foolish.
【派生語】**absúrdity** 名 UC **不合理**, 矛盾, ばかげたこと. **absúrdly** 副.

abundance ⇒abundant.

a·bun·dant /əbʌ́ndənt/ 形 〔一般語〕あり余るほどたくさんの, **豊富な**.
語源 ラテン語 *abundare* (⇒abound) の現在分詞 *abundans* が古フランス語を経て中英語に入った.
用例 an *abundant* supply of food 豊富な食量の供給/These river is *abundant* in [with] fish. この川には魚がたくさんいる.
類義語 plentiful.
【派生語】**abúndance** 名 U たくさんあること: There was food in *abundance* at the party. パーティーでは食べきれないほどたくさんの食物が出た. **abúndantly** 副.

a·buse /əbjúːz/ 動 本来他, /-s/ 名 U 〔一般語〕
一般義 地位や権利などを**悪用する**, **濫用する**. その他 人を口汚くののしる, 人身攻撃や小言を言って怒る, 人を**虐待する**, **酷使する**. 名 として地位や権利などの悪用, 濫用, **虐待**, 酷使. 〔古風な場合〕**悪口**, 雑言, 悪態.
語源 ラテン語 *abuti* (=to misuse; *ab*- away+*uti* to use) の過去分詞 *abusus* が古フランス語 *abuser* を経て中英語に入った.
用例 She *abused* her privileges by taking too long a holiday. 彼女は権利を悪用して異常に長い休暇をとった/She *abused* the servants. 彼女は召し使いをがみがみ怒った/He shouted a stream of *abuse* at her. 彼女に次々と大声で悪口をあびせた/child *abuse* 児童虐待.
類義語 abuse; misuse: **abuse** は主として悪意をもって何かを悪用したり濫用することや, 人をののしり, 悪口, 悪態を浴びせることを意味する. **misuse** は元来悪意なく用い方を誤る場合に用いるが, 人を虐待する, ひどい扱いをするという意味にもなる. abuse のほうがより形式ばっていて, 古風な感じの語であり, the uses and abuses of ... (…の正しい用い方と誤った用い方) のように慣用的な表現でも用いられる.
【派生語】**abúsive** 形. **abúsively** 副. **abúsiveness** 名 U.

a·but /əbʌ́t/ 動 本来他 〔形式ばった語〕国, 地域などが境を接する, 建物の一部が...に接触する(*on*).
語源 古フランス語 *abuter* (=to border on) が中英語に入った.
【派生語】**abútment** 名 C **隣接部**, 【建】橋の迫持(せりもち)(受け)台.

a·byss /əbís/ 名 C 底知れぬ深い**穴**, **深海**, **深淵**.
語源 ギリシャ語 *abussos* (=bottomless; *a*- without+*bussos* bottom) がラテン語を経て中英語に入った.
【派生語】**abysmal** /əbízməl/ 形 底知れぬほど深い,

深海の, 深海に住む. **abýssal** 形 =abysmal.

ac, AC 《略》 =alternating current (交流); air conditioning (空調).

a·ca·cia /əkéiʃə/ 名 C 【植】アカシア.
語源 ギリシャ語 *akakia* がラテン語を経て中英語に入った.

ac·a·dem·ic /ækədémik/ 形 C 《⇒academy》
〔一般語〕 一般義 **学術研究の**, **大学(教育)の**. その他 職業・技術に関するいわゆるプラクティカルな教育と区別して, 普通教育の, 教養科目の, 《米》人文科学の, 学問的な, 学究的な, 《軽蔑的》実行不可能性理論だれの, 浮き世離れした. 名 としては**学究肌の人**, **大学教員**.
用例 the *academic* year (大学の)学年, 大学暦/There is a shortage of *academic* jobs. 大学での就職口は不足している/That idea is only of *academic* interest. そんな考えは(学問の)専門家にしかおもしろくない.
【派生語】**àcadémical** 形 大学の. **àcadémically** 副. **àcademícian** 名 C **学士院会員**, 芸術院会員, 学芸員.

a·cad·e·my /əkǽdəmi/ 名 C 〔形式ばった語〕
一般義 **学園**, **学院**, 特殊な技術や芸術などを教える専門学校. 《米》私立の高等学校. その他 芸術, 学問の発展を目的とする**芸術協会[院]**, **学士院**, アカデミー.
語源 古代ギリシャのアテネの近くの *Akadēmeia* から. 伝説上の英雄 *Akadēmos* の森の意で, そこでプラトン (Plato) が弟子たちを教えたことから, プラトンの教えとその学校を指すようになった. ラテン語 *academia* を経て中英語に入った.
用例 a military [naval] *academy* 陸軍[海軍]士官学校/an *academy* of music 音楽学校.
【派生語】**academic** 形 名 ⇒見出し.
【複合語】**Acádemy Awárd** 名 C 《米》《映》アカデミー賞.

a cap·pel·la /ɑ̀ː kəpélə/ 形 【楽】伴奏なしの合唱の[で], アカペラの[で].
語源 イタリア語 (=in chapel style) が19世紀に入った.「教会の聖歌隊風に無伴奏で」の意.

ac·cede /æksíːd/ 動 本来自 〔形式ばった語〕一般義 条約などを正式に**承認する**, 承認して**加盟する**. その他 本来は申し出などに**応じる**, **同意する**, 転じて官職や王位などに**就く**の意となり, 国際条約などへの加盟の意となった.
語源 ラテン語 *accedere* (=to yield;; *ad*- to+*cedere* to go) が中英語に入った.
関連語 access.
【派生語】**accéder** 名 C. **accédence** 名 U **同意**, 承認, 就任, 加盟.

ac·cel·er·ate /æksélərèit/ 動 本来他 〔形式ばった語〕 一般義 乗物, 機械類などの**運転速度を速める**. その他 一般に物事を**促進する**. 自 速度を速める, 早まる.
語源 ラテン語 *accelerare* (=to speed up; *ad*- to+*celerare* to hasten) の過去分詞 *acceleratus* が初期近代英語に入った.
用例 The cold weather *accelerated* the end of the holiday season. 寒い天候のために行楽シーズンの終わりが早まった/The driver *accelerated* (=made his car go faster) to pass the other car. 運転手は相手の車を追い越すためにスピードをあげた.
【派生語】**accèlerátion** 名 U **加速すること**, 加速度. **accélerator** 名 C **加速装置**, アクセル.

ac·cent /ǽksənt/ 名 [C][U], /æksént/ 動 [本来他] 〔一般語〕[一般義] **言葉のなまり**, ある地方や階層の人たちの話す口調. [その他] 本来は声の一部に置かれる強調, または**強勢を置くこと**の意. それから語の強調される部分につけられる´などのアクセント記号をいい, フランス語などで同じ文字の違った読み方を示す¨などもそう呼ばれる. それから**声の上り下りの調子**という意味にもなり,「なまり」の意となった. さらに芸術作品などの際立った**特徴**, 一般に強調点や強調する**動作**として強調を置く.

[語源] ラテン語 *accentus* (*ad-* to+*cantus* song) が古フランス語を経て中英語に入った.

[用例] He speaks with a French *accent*. 彼はフランス語なまりで話す/The *accent* is on the second syllable. アクセントは第 2 シラブルにある/Put an *accent* on the 'e' in début. début フランス語では e の上にアクセント記号をつけなさい/The Government is going to put the *accent* on the social welfare problems next year. 政府は来年度は社会福祉問題に重点を置く予定である.

[日英比較] 英語のアクセントは息の強さによる強勢 (stress) によるが, 日本語のそれは声の上り下りによるピッチアクセントであり,「英語のアクセントと日本語のアクセント」という場合にはその内容の違いに注意すべきである. なお, 英語の「アクセント」は accent よりも stress という語を用いることが多い.

[類義語] ⇒emphasis.

【派生語】**accénted** 形 アクセントのある, なまりのある: an *accented* syllable アクセントのある音節. **áccentless** 形 アクセントのない. **accéntual** 形 アクセントの, リズムの. **accéntuate** 動 [本来他]〔やや形式ばった語〕語の一部に強勢を置く, ある部分を強調する, 引き立たせる: That white dress *accentuates* her pale skin. あの白い洋服は彼女の白い肌を引き立てる. **accèntuátion** 名 [U] アクセントのつけ方, 強調.

ac·cept /æksépt/ 動 [本来他]〔一般語〕[一般義] 提供されたものを進んで**受け取る**. [その他] 比喩的に人の意見や考えを好意的に**受け入れる**, つまり積極的に**承認する**ことを意味し, 招待に**応ずる**, 申し入れを**承諾する**. またありのままの事実を**認める**, 不利な事態などにも**甘んずる**. 報告書を**受理する**, クレジットカードなどを**受け付ける**, 提案などを**採択する**.

[語源] ラテン語 *accipere* (=to receive; *ad-* to+*capere* to take) の反復動詞 *acceptare* が古フランス語を経て中英語に入った.

[用例] He *accepted* the gift. 彼は贈り物を受け取った/He *accepted* the responsibility. 彼はその責任を引き受けた/Did she *accept* our invitation? 彼女は我々の招待に応じましたか/We must *accept* our defeat. 我々は敗北を認めねばならない.

[類義語] accept; receive; **accept** は喜んで, あるいは積極的に受け取る意. **receive** は提供されたものを受動的に受け取る意で, 受け取り手の気持に関しては無色の言葉である: He *received* the invitation, but did not *accept* it. 彼は招待状は受け取ったが応じなかった.

[日英比較] 日本語の「受け取る」は accept と receive の両方の意味で用いられることに注意. ❶ Did he *receive* the gift? ❷ Did he *accept* the gift? はいずれも「彼は贈り物を受け取りましたか」と訳されるが, ❶ ❷ では「受け取る」の意味が違い, 文全体がかなり違ったものになる.

[反意語] reject.

【派生語】**acceptability** 名 [U] 容認性, 容認性の限度, 容認度. **accéptable** 形 容認できる, 受け入れられる: The decision should be *acceptable* to most people. 決定は大部分の人々に容認されるものとすべきである. **accéptably** 副 承認されるように, 容認できる程度に. **accéptance** 名 [U][C] 受諾, 容認, 賛成, 採用. **accépted** 形 (通例限定用法で) 一般に認められた: Is this an *accepted* usage? これは一般に認められている語法ですか. **accépter**, **accéptor** 名 [C] 受諾者, 引受け人.

ac·cess /ǽkses/ 名 [U] 動 [本来他]〔やや形式ばった語〕[一般義] ある物や場所などへ**近づくこと**, **近づく道**, **入口**. [その他] 近づいてその**中へ入ること**, **入る方法**, **入る権利**, **入る許可**などを表す. 人を対象とすれば, その人に会う近づきになったりすること【方法, 権利】. [文語] 病気や激情などの**接近**, **始まり**, **発作**. 動 として...に近づく,【コンピューター】ファイルやデータにアクセスする, **呼び出す**.

[語源] ラテン語 *accedere* (⇒accede) の過去分詞 *accessus* が古フランス語を経て中英語に入った.

[用例] We gained *access* to the house through a window. 我々はその家へ窓から入ることができた/I have *access* to the President at any time. 私はいつでも大統領[社長]に会うことができる/Senior students have *access* to the library at weekends. 4 年生は週末でも図書館に入れる/an *access* of anger 怒りの爆発.

【派生語】**accèssibílity** 名 [U]. **accéssible** 形 (通例法用法で) 近づきやすい, 手に入りやすい. **accéssibleness** 名 [U]. **accéssibly** 副. **accéssion** 名 [U] 接近, 到達, 官職などへの就任, 加盟, 加入, 取得.

【複合語】**áccess ròad** 名 [C]《米》高速道路のための出入り道路. **áccess tìme** 名 [C]【コンピューター】呼び出し時間.

ac·ces·sa·ry /æksésəri/ 名 [C] 形《法》従犯者. 従犯の. ⇒accessory.

accessible ⇒access.

accession ⇒access.

ac·ces·so·ry /æksésəri/ 名 [C]〔一般語〕[一般義] 付属しているもの. [その他] ハンドバックやブローチ, 手袋など服装の**付属的装飾品**, (通例複数形で) 機械類の付属用品, 特に**カーアクセサリー**.《法》**従犯者**. 形として付属の,《法》従犯の.

[語源] ラテン語 *accedere* (⇒accede) から派生した中世ラテン語 *accessorius* が中英語に入った.「何かのほうへ行く, 近づく」意から「何かに付随する, 付属する」意になった.

ac·ci·dence /ǽksidəns/ 名 [U]《文法》語形論.

[語源] ラテン語 *accidens* (⇒accident) の派生形 *accidentia* が古フランス語を経て中英語に入った. 原義は「(単語に)降りかかるもの」.

ac·ci·dent /ǽksidənt/ 名 [C]〔一般語〕[一般義] 予期しない思わぬ**事故**や**災難**. [その他] 元来思いがけない**偶然の出来事**の意で, **偶然**, **幸運**.

[語源] ラテン語 *accidere* (=to happen; *ad-* to+*cadere* to fall) の現在分詞 *accidens* が古フランス語を経て中英語に入った.

[用例] He had an *accident* at work. 彼は仕事中に事故に遭った/His father was killed in a traffic *accident*. 彼の父は交通事故で亡くなった.

【慣用句】***by accident*** 偶然に, たまたま: I met her *by accident*. 私は偶然彼女に会った. ***without acci-***

dent 事故なしに, 無事で.
【派生語】àccidéntal 形 偶然の, 事故による. 名 C 《楽》臨時記号. àccidéntally 副 偶然に, たまたま, うっかりして: I *accidentally* left my keys in the door. 私はうっかりしてドアにキーを差し込んだままにしてきてしまった.
【複合語】áccident insúrance 名 U 傷害保険.
áccident-pròne 形《通例述部用法で》事故を起こしがちな.

ac·claim /əkléim/ 動 [本来他] 名 U 〔一般語〕〔一般義〕歓呼して迎える, 大歓迎する. [その他] 激賞する, 絶賛する. 名 として称賛, 歓呼.
[語源] ラテン語 acclamare (= to shout at; *ad-* to + *clamare* to cry out) が初期近代英語に入った.
【派生語】àcclamátion 名 U 歓呼して迎えること, 《複数形で》歓呼の叫び: by *acclamation* 賛成の拍手で, 賛成多数で. accllámatory 形 歓呼の, 激賞の.

ac·cli·mate /əkláimit, ǽkləmeit/ 動 [本来他]〔一般義〕人や動物を新しい環境, 気候, 状況に慣れさせる, 順応させる. 自 順応する.
[語源] フランス語 *acclimater* (= to adapt; *a-* to + *climat* climate) が 19 世紀に入った.
【派生語】àcclimátion 名 U 新しい環境への順応.

ac·cli·ma·tize /əkláimətaiz/ 動 《英》= acclimate.
【派生語】acclìmatizátion 名《英》= acclimation.

ac·cliv·i·ty /əklíviti/ 名 C 〔形式ばった語〕登り坂.
[語源] ラテン語 *acclivitas* (*ad-* to + *clivus* slope) が初期近代英語に入った.
【反意語】declivity.

ac·co·lade /ǽkəleid/ 名 C 〔形式ばった語〕〔一般義〕賞賛, 栄誉. [その他] ナイト爵位の授与《式》を意味し, 転じて一般的な授与式, 表彰式を表すようになり, さらに上述の賞賛, 栄誉の意が出た.
[語源] ラテン語 *accollare* (= to embrace round the neck; *ad-* to + *collum* neck) が初期近代英語に入った. 国王またはその代理の者が授爵式で受爵者を抱擁する慣例があったことから.

ac·com·mo·date /əkámədeit, -5-/ 動 [本来他]〔一般義〕〔一般義〕宿泊施設が人を収容する, ホテルなどが客を泊める. [その他] 元来人や物を何かに適応させるという意味で, それから適切な場所に配置する, 二者を和解させる, 争いなどを調停する, 人に何か適切なものを供給する, 支給する意が生じ, その後上述の「収容する」意で使われるようになった.
[語源] ラテン語 *accomodare* (= to adapt; *ad-* to + *commodare* to fit) の過去分詞 *accomodatus* が初期近代英語に入った.
[用例] The house could *accommodate* two families. その家は 2 家族収容できる/He tried to *accommodate* his way of life to hers. 彼は生活習慣を彼女に合わせようとつとめた/The bank *accommodated* him with a loan of £100. 銀行は彼に 100 ポンド融資した.
【派生語】accómmodating 形〔やや形式ばった語〕よく人の世話をする, 親切な: She is a very *accommodating* person. 彼女はとても世話好きな人だ. accòmmodátion 名 U 旅館など短期間のための宿泊設備〔語法〕《米》ではしばしば複数形で.〔形式ばった語〕順応, 適応, 和解, 調停, 便宜, 援助: It is difficult to find *accommodation* in London in August. 8 月にはロンドンで宿泊場所を探すのは難しい.

accompaniment ⇒ accompany.
accompanist ⇒ accompany.

ac·com·pa·ny /əkʌ́mpəni/ 動 [本来他]〔一般語〕〔一般義〕人に同行する, 同伴者としてついて行く. [その他] 元来一緒に暮し, 伴侶となる, 伴侶として行動するという意味の語で, 人が人だけでなく何にでも, 何かを添える, 何かに伴うの意で用いられる.《楽》伴奏する.
[語源] 古フランス語 *acompagnier* (= to accompany; *ac-* to + *compaignon* companion) が中英語に入った.
[用例] He *accompanied* her to the door. 彼は彼女と一緒に入口まで行った/Steak is often *accompanied* by red wine. ステーキにはしばしば赤ぶどう酒が添えられる/He *accompanied* her on the piano. 彼はピアノで彼女の伴奏をした.
[類義語] company; attend; escort: **accompany** は普通同等の立場でついて行くことを意味する. ただし, 同等といっても必ずしも友人関係のみとは限らず, 親や教師など日本の社会からみればいわゆるタテ関係の上下がある場合でも, 個人的な関係が考えられれば accompany を用いる: The child was *accompanied* by his parents. その子は両親に付き添われていた. **attend** は社会的に身分の上の人, あるいは病人のように世話をする必要のある人に付き添う意に用いる: The president was *attended* by his staff. 大統領には直属の職員が随行していた. **escort** は保護を必要とする人, たとえば名誉ある地位の人や社交上の儀礼として公式な場合の女性とかに付き添うことを意味し, 武器を携行した人やボディーガードなどが付き添う意味になることも多い: The prime minister was *escorted* by several bodyguards. 首相には数名のボディーガードが付き添っていた.
【派生語】accómpaniment 名 C 付属物,《楽》伴奏. accómpanist 名 C《楽》伴奏者.

ac·com·plice /əkámplis, -5-/ 名 C 〔一般語〕共犯者.
[語源] 後期ラテン語 *complex* (共犯者) が古フランス語 *complice* を経て中英語に入り, accomplish, accompany などの連想により現在の形になった.

ac·com·plish /əkámpliʃ, -5-/ 動 [本来他]〔やや形式ばった語〕仕事や任務などを首尾よく成就する〔語法〕carry out のほうが一般的).
[語源] ラテン語 *accomplere* (*ad-* to + *complere* to fill up) が古フランス語 *accomplir* (語幹 *accompliss-*) を経て中英語に入った.
[用例] Have you *accomplished* your task? 仕事は成就しましたか/Can he *accomplish* his mission [purpose]? 彼はその任務 [目的] を果たせるか.
[類義語] ⇒ achieve.
【派生語】accómplished 形 完了した, 完成した, 修業や訓練などが完了してある技術を完全に身につけている, 技術などに堪能な: an *accomplished* singer [liar] 優秀な歌手 [名うての嘘つき]/He's very *accomplished* at playing the piano. 彼はピアノがたいへん上手だ. accómplishment 名 UC〔やや形式ばった語〕完成, 達成, 業績, 功績,《しばしば複数形で》特殊な技術.

ac·cord /əkɔ́:rd/ 名 UC 動 [本来自]〔形式ばった語〕〔一般義〕意見などが一致すること〔語法〕agreement のほうが一般的).[その他] 音や色などが他のものと調和する

according

こと. また国家や集団の**協定**. **動** として何かが何かと**一致する**, **調和する**. **他** 意見を一致させてある事実, 特に関係者全員が当然と考えるようなことを認める, **許容する**, 与える.

[語源] 俗ラテン語 *accordare (心を合せる; ラテン語 ad-to+cor heart) が古フランス語 acorder を経て中英語に入った.

[用例] We are completely in *accord* as to how we should act. 我々はどのような行動をとるべきかについて完全に意見が一致している／That is not in *accord* with your original statement. それはあなたが初めに言ったことと矛盾がある／His story *accords* with what I saw happen. 彼の話は私が実際に目撃したことと一致する／They *accorded* the president great respect. 彼らは社長をたいへん尊敬していた／We shall *accord* you a warm welcome. 我々はあなたを温かくお迎えします.

【慣用句】*come to an accord* 一致する. *of one's own accord* 〔形式ばった表現〕自発的に: He did it *of his own accord*. 彼はそれを（強制されたのではなく）自発的にした. *reach an accord* =come to an accord. *with one accord* 〔形式ばった表現〕全員一致で, 一斉に: *With one accord* they stood up to cheer him. 彼らは一斉に立ち上って彼に声援を送った.

【派生語】**accordance** **名** U 一致, 調和: *in accordance with* ... ...に従って, ...と一致して: The money will be given out *in accordance with* his instructions. 金は彼の指示に従って分配される. **according** **副** ⇒見出. **accordingly** **副** ⇒見出.

ac·cord·ing /əkɔ́ːrdiŋ/ **副** 《⇒accord》〔一般語〕元来 accord の現在分詞で, 「...と一致して」という意味の分詞構文用法であったが, それが慣用化し, 現在では as または to を従えて, 前者の場合は接続詞的, 後者の場合は前置詞的な働きをする.

【慣用句】*according as* ...〔形式ばった表現〕...に従って, ...に応じて: People have different views *according as* they are rich or poor. 人々は金持ちか貧乏かによって異なった物の見方をする. *according to* ...〔...の言うところ〕によれば, ...に従って, ...どおりに, ...次第で, ...の順序で〔[語法] according as より用法の範囲が広い〕: *According to* John, the bank closes at 3 p.m. ジョンの言うには銀行は午後3時に閉店するそうだ／He acted *according to* his promise. 彼は約束どおりに行動した／You will be paid *according to* the amount of work you have done. あなたは仕事の量に応じて報酬を貰うことになります／The books are arranged *according to* their subjects. 本は分野別に並んでいる.

ac·cord·ing·ly /əkɔ́ːrdiŋli/ **副** 《⇒accord》〔形式ばった表現〕[一般義] 前に述べられたことを受けて接続詞的にそれ故に, 従って, だから. [その他] 前に述べられたことを受けてそれに**一致する**ような方法で, それに従って.

[用例] He was very worried about the future of the firm and *accordingly* he did what he could to help. 彼は会社の将来を非常に心配していたので, できる限りの援助をした／Find out what has happened and act *accordingly*. 何が起ったかを見極めて, それに従って〔臨機応変に〕行動しなさい.

ac·cor·di·on /əkɔ́ːrdiən/ **名** C 《楽器》アコーディオン.

[語源] clarion からの類推により, accord に-ion がついて19世紀にできた語.

【派生語】**accórdionist** **名** C アコーディオン奏者.

ac·cost /əkɔ́(ː)st/ **動** 本来他 〔一般語〕知らない人に近づいて声をかける.

[語源] ラテン語 accostare (=to adjoin; ad- to+costa side) が古フランス語を経て初期近代英語に入った.

ac·count /əkáunt/ **名** C U **動** 本来自 〔一般語〕 [一般義] ある事柄についての**説明**, **申し開き**, **話**, さらに**理由**, **根拠**. [その他] この語は本来 **動** で意味は「計算する」から「人に計算書を作ってやる」さらに「納得のいくように説明してやる」,「原因・理由となる」となり, また「計算する」から「評価する・価値判断する」の意ともなった. **名** としては**計算**, **勘定**, **計算書**, 銀行などの**口座**, 〔形式ばった語〕**評価**, **価値**, **考慮**. **動** として《（〜 for で）**人が**...**の理由**[**根拠**]**を説明する**, **物事が**...**の原因**[**理由**]**となる**, **金の収支計算を明らかにする**, ...**の責任をとる**, 〔くだけた語〕**敵等や敵などをしとめる**, **負かす**. **他** 〔形式ばった語〕**価値判断する**, **評価する**, **何かを**...**と考える**, **判断する**.

[語源] ラテン語 computare (=to reckon; to count) に ad- (=to) がついた accomptare が古フランス語に入り aconter (=to account) となったが, このときには計算するという意味が薄くなって「説明する」の意味が中心となり, それが中英語に入った.

[用例] He gave me a full *account* of his vacation. 彼は休暇にしたことをこと細かに話してくれた／On what *account* is it important? どんな理由でそれは重要なのか／Send me an *account*. 計算書を送って下さい／I have an *account* with the local bank. 私は当地の銀行に口座がある／I can *account for* the mistake. 私はその誤りの説明［申し開き］ができます／The army *accounted for* large numbers of the enemy. 軍は敵の大軍を撃破した／Everybody *accounts* him to be dishonest. みなが彼を不誠実だと思っている.

[関連語] count; calculate.

【慣用句】*by* [*from*] *all accounts* だれの話でも. *call* [*bring*] ... *to account* 〔形式ばった表現〕...に弁明を求める, 責任を問う. *give a good* [*poor*] *account of oneself* いいところ［みっともないところ］を見せる. *keep accounts* 会計係をする. *make much* [*little*] *account of* ... ...を重視［無視］する. *on account of* ... ...の理由で, ...のために (because of). *on no account* =*not on any account* 決して...しない. *on one's own account* 自分の責任で, 独力で. *on ...'s account* ...のために. *take account of* ... =*take* ... *into account* ...を考慮に入れる. *take no account of* ... ...を考慮しない, ...を無視する. *turn* [*put*] ... *to* (*good*) *account* 〔形式ばった表現〕...をうまく利用する.

【派生語】**accòuntabílity** **名** U 義務(のあること). **accóuntable** **形** 《述語用法》説明［弁明］の義務がある, 責任がある. **accóuntancy** **名** U《英》会計の職, 経理. **accóuntant** **名** C 会計士, 会計係. **accóunting** **名** U《米》会計(学), 会計の職, 経理.

【複合語】**accóunt bòok** **名** C 会計簿.

ac·cred·it /əkrédit/ **動** 本来他 〔形式ばった語〕《通例受身で》人に**信任状**を与え, 大使などに**信任状**を与えて**派遣する**. また, 大学などを基準に合致したものとして**公認する**, 人や人の言葉を**信用する**, 事を人のせいにする.

[語源] フランス語 accréditer (ac- to+créditer to

ac·cre·tion /əkríːʃən/ 名 UC〔やや形式ばった語〕付着による**増大**, 増大せられたもの, 付着物.
語源 ラテン語 accrescere (=to increase) の 名 accretio が初期近代英語に入った.

ac·crue /əkrúː/ 動 本来自〔形式ばった語〕利息, 利益などが**生ずる**, 特権などが**発生する**.
語源 ラテン語 accrescere (=to increase) からの古フランス語 accreistre の過去分詞から派生した 名 accreue (=increase) が中英語に入った.

ac·cul·tur·ate /əkʌ́ltʃəreit/ 動 本来他〔社〕文化変容を起こさせる, 〔心・教〕幼児を社会に適応させる. 自 としても用いる.
語源 acculturation からの逆成. 19 世紀に生まれた語.
【派生語】**accùlturátion** 名 U〔社〕異文化との接触により生じる**文化変容**, 〔心・教〕幼児の社会への**文化的適応**.

ac·cu·mu·late /əkjúːmjuleit/ 動 本来他〔一般義〕長い時間をかけて努力してためる, **蓄積する**. 自 たまる, ふえる, 山積する.
語源 ラテン語 accumulare (=to heap up; ad- to + cumulus heap) の過去分詞 accumulatus が初期近代英語に入った.
用例 It's amazing how many books we've accumulated. 我々がこんなにたくさんの本を集めたのは驚くべきことだ.
【派生語】**accùmulátion** 名 UC 蓄積, 蓄積物, 蓄財. **accúmulative** 形〔形式ばった語〕累積する, 累積的な, 《軽蔑的》蓄財を好む, ためこみ主義の. **accúmulator** 名 C 蓄財家, レジなどの累算器, 〔機〕貯蔵器, アキュムレーター.

accuracy ⇒accurate.

ac·cu·rate /ǽkjurit/ 形〔一般義〕情報や仕事の結果などが**正確な**, 的確な, 人が綿密な, 機械などが**精確な**.
語源 ラテン語 accurare (=to take care of; ad- to + cura care) の過去分詞 accuratus が初期近代英語に入った.
用例 All his answers were accurate. 彼の答はすべて正解だった/Is your watch accurate? あなたの時計は精確ですか.
類義語 correct.
【派生語】**áccuracy** 名 U 正確さ, 精密さ, 綿密さ. **áccurately** 副. **áccurateness** 名 U.

ac·cursed /əkə́ːrsid/ -st/ 形〔形式ばった語〕《通例限定用法》いやな, のろうべき, やっかいな, 〔くだけた語〕いまいましい.
語源 a-(強意)+cursed.

accusation ⇒accuse.

ac·cu·sa·tive /əkjúːzətiv/ 形名 C〔文法〕**対格**(の) (★英語では直接目的語の格にあたる).
語源 ラテン語 (casus) accusativus から. ギリシャ語から借用する際の誤訳. 本来は (casus) causativus.

accusatory ⇒accuse.

ac·cuse /əkjúːz/ 動 本来他〔一般義〕人に罪を帰する, 人を非難する, 過失などで責める. その他 告訴する, 告訴する.
語源 ラテン語 accusare (=to accuse; ad- to + causa cause) が古フランス語を経て中英語に入った.
用例 He was accused of murder. 彼は殺人罪で起訴された/They accused him of stealing the car. 彼らは彼が車を盗んだとして告訴した.
【派生語】**àccusátion** 名 CU〔法〕**告発**, 告訴, 起訴. **accúsatory** 形 告訴の, 非難の. **accúsed** 形 告発された: the accused 被告. **accúser** 名 C 告発人, 原告. **accúsing** 形 非難の, 非難するような. **accúsingly** 副.

ac·cus·tom /əkʌ́stəm/ 動 本来他〔一般語〕《しばしば受身または~ oneself で》人を**慣らす**, 人または動物を…に**慣れさせる**, なじませる.
語源 古フランス語 acostumer (a- to + costume custom) が中英語に入った.
用例 He soon accustomed himself to the idea. 彼は間もなくその考えかたに慣れた/be accustomed to doing …するのに慣れている/get [become; grow] accustomed to doing …するのに慣れる.
【派生語】**accústomed** 形《限定用法》**慣れた**, いつもの: one's accustomed seat いつもの(座る)席.

ace /éis/ 名 C 形 本来他〔一般語〕〔一般義〕トランプの1の札《★A の記号で表す》, さいころの1の目. その他 1の札はゲームで強力なことから, 〔くだけた語〕**ほかーの人**. また〔野〕**主力投手**, 〔テニスなど〕**サービスエース**《★相手がとれないようなサーブ》, 〔ゴルフ〕**ホールインワン**, 〔空軍〕敵機を 5 機以上撃墜した**優秀な戦闘機のパイロット**, 〔くだけた語〕**一流の, 優れた**. 動 として〔俗語〕〔米〕**相手をやっつける**.
語源 ラテン語 as (貨幣の単位としての銅貨1枚の額) が古フランス語でトランプの1, さいころの1の目の意となり, 中英語に入った.
【慣用句】*have an ace in the hole* = *have an ace up one's sleeve* 最後の切り札[奥の手]を持っている. *play one's ace* 最後の切り札を使う. *within an ace of …* もう少しのところで…しようとして.

ac·er·bate /ǽsərbeit/ 動 本来他〔形式ばった語〕〔一般義〕**いら立たせる**, 怒らせる. その他 本来は**酸っぱくする**, 苦くするの意.
語源 ラテン語 acerbare (酸っぱくする) の過去分詞 acerbatus が 18 世紀に入った.
【派生語】**acérbic** 形 しんらつな, 鋭い. **acérbity** 名 U しんらつさ, 鋭さ.

ac·e·tate /ǽsəteit/ 名 U〔化〕**酢酸塩**, 酢酸塩で作る人造絹糸, アセテート.
語源 acet(o)-「酢酸」+-ate.

ace·tic /əsíːtik/ 形〔一般義〕**酢の**, 酢酸の.
語源 ラテン語 acetum (=vinegar) から.
【複合語】**acétic ácid** 名 U〔化〕酢酸.

acet·y·lene /əsétiliːn/ 名 U〔化〕**アセチレン**(ガス).
語源 acetyl (アセチル基)+-ene.

ache /éik/ 動 本来自 名 C〔一般語〕〔一般義〕体や心が**痛む**, 痛い, うずく. その他 切望する, 欲しがる, …したくてうずうずする (to do). 名 として痛み, うずき, 悩み.
語源 古英語 acan (=to ache) から.
用例 My tooth aches. 私は歯が痛い/My heart aches for her. 彼女のことを思うと心が痛む/I was aching to tell him the good news. 私はそのよい知らせを彼に話したくてうずうずしていた/I have an ache

in my stomach. 私は腹が痛い.
[関連語] headache; backache.

achievable ⇒achieve.

achieve /ətʃíːv/ 動 [本来味] 〔一般語〕[一般義] 仕事などを成し遂げる, 成就する. [その他] 努力して目的を達成する. ❶ 功績をあげる.
[語源] 古フランス語の (venir) à chief (=(to come) to a head; (to come) to an end) から作られた achever (=to accomplish) が中英語に入った. 古フランス語の言い方はラテン語の ad caput venire (=to come to a head) をなぞったもの.
[用例] He has achieved his ambition. 彼はその野心を成し遂げた/achieve one's purpose 目的を達成する.
[類義語] achieve; accomplish: achieve は困難を克服し努力してある価値のあることや業績などを達成すること. accomplish も同じく努力して成し遂げることだが, ある計画, 使命などを遂行する過程に重点があり, また achieve ほど困難や価値などの強調はない.
【派生語】 **achíevable** 形. **achíever** 名 C. **achíevement** 名 UC 達成, 成就, 業績, 偉業, 成績, 学力: **achievement test** 学力検査.

Achil·les /əkíliːz/ 名 アキレス (★Homer の Iliad に出てくるトロイ戦争でのギリシャの英雄. 唯一の弱点であるかかとを射られて死んだ).
[語源] ギリシャ語 Akhilleus がラテン語を経て入った.
【複合語】 **Achílles' héel** 名 C アキレスのかかとのような唯一の弱点, 泣き所. **Achílles' téndon** 名 C 【解】アキレス腱.

ach·ro·mat·ic /ækrəmǽtik/ 形 【光】収色性の, 無色の, 【楽】全音階の.
[語源] ギリシャ語 akhrómatos (a- without+khrōma color) が 18 世紀に入った.
【派生語】 **àchromátically** 副. **àchromatícity** 名 U =achromatism. **achrómatism** 名 U 【光】色消し性, 収色性. **achròmatizátion** 名 U. **achrómatize** 動 [本来他] 無色にする.

ac·id /ǽsid/ 形 名 U 〔一般語〕[一般義] 酸っぱい, 酸味がある. ❶ 比喩的に辛辣な(✗), とげとげしい. 【化】アルカリ性に対して酸性の. 名 として 酸.
[語源] ラテン語 acidus (=sour) がフランス語を経て初期近代英語に入った. ache と同語源で「鋭さ」は「酸っぱさ」と共に「痛み」にも気味が広がった.
【派生語】 **acídic** 形 酸性の. **acídify** 動 [本来他] 酸っぱくする, 酸性にする. **acídity** 名 酸味, 辛辣さ. **ácidly** 副 辛辣に.
【複合語】 **ácid ráin** 名 U 酸性雨. **ácid tést** 名 C 厳密な検査, 吟味.

ac·knowl·edge /æknálidʒ|-ɔ́-/ 動 [本来他] 〔一般語〕[一般義] 事実などを認める, 承認する. [その他] 特に手紙やメッセージなどを受け取ったことを知らせる. また人の存在を認識してその人に身振りなどであいさつする, 人の好意, 親切などを認めて感謝する, 礼を言う.
[語源] acknowen (=to recognize) と knowledge との混成語 (blend) として中英語で作られた. acknowen は古英語 oncnāwan から.
[用例] He acknowledged defeat. 彼は敗北を認めた/He acknowledged the letter. 彼はその手紙を受け取ったことを(差出人に)知らせた/He acknowledged her by lifting his hat. 彼は帽子を持ち上げて彼女にあいさつした/He acknowledged their help in his speech. 彼はその演説の中で彼らの援助に感謝の辞を述べた.
【派生語】 **acknówledged** 形. **acknówledg(e)ment** 名 UC 承認, 感謝, あいさつ, 感謝のしるし, 謝辞, 礼状, 受け取りの通知, 《複数形で》本での著者の謝辞.

ac·me /ǽkmi/ 名 [形式ばった語]《the ~》絶頂, 頂点, 極致.
[語源] ギリシャ語 akmē (=highest point) が初期近代英語に入った.

ac·ne /ǽkni/ 名 U 【医】にきび.
[語源] acme と同語源で, -n- は誤った綴り. 意味は eruption on the face.

ac·o·lyte /ǽkəlait/ 名 C 〔一般語〕教会のミサの侍祭, 〔文語〕助手, 見習い.
[語源] ギリシャ語 akolouthos (=follower) が中世ラテン語 acolytus を経て中英語に入った.

a·corn /éikɔːrn/ 名 C【植】どんぐり.
[語源] 古英語 æcern から.

acous·tic /əkúːstik/ 形 名 U 〔一般語〕聴覚の, 音響の, 音響学の, 【楽】楽器がアンプを使わない. 名 として 音響効果.
[語源] ギリシャ語 akouein (=to hear) から派生した 形 akoustikos (=of hearing) が初期近代英語に入った.
【派生語】 **acóustical** 形 =acoustic. **acóustically** 副. **àcoustícian** 名 C 音響学者. **acóustics** 名 《複》《単数扱い》音響学, 《複数扱い》ホールなどの音響効果.
【複合語】 **acóustic guitár** 名 C 【楽】アンプを使わないアコースティックギター.

ac·quaint /əkwéint/ 動 [本来他] 〔一般語〕[一般義] (しばしば受身で)人を誰かと知り合いにさせる. [その他] 人にある事を知らせる, 告げる 《with》, 《しばしば受身または~ oneself で》事情などを実地にわからせる, 熟知させる, 精通させる 《with》.
[語源] ラテン語 accognoscere (=to recognize) から派生した中世ラテン語 accognitare (=to make know) が古フランス語 acointier を経て中英語に入った.
[用例] Mr. Smith and I have been acquainted for many years. スミス氏と私は長年の知り合いだ/Have you acquainted her with your plans? あなたは彼女にあなたの計画を知らせましたか/You must acquaint yourself with the layout of the building. あなたはこの建物の間どりを知らなくてはなりません.
【慣用句】 **get [become] acquainted with** ……と知り合いになる, …をよく知るようになる.
【派生語】 **acquaintance** 名 ⇒見出し.

ac·quaint·ance /əkwéintəns/ 名 CU 《⇒acquaint》〔一般語〕[語法] 知人, 知り合い (friend というほどは親しくない人, 仕事上, 社交上などの知り合い, 面識のある人のこと), 《時に an ~》なじみ, 面識.
[用例] His acquaintance with the works of Shakespeare is slight. 彼のシェークスピアの作品の知識はほんのわずかだ.
【慣用句】 **make …'s acquaintance**=**make the acquaintance of** ……と知り合いになる. **scrape acquaintance with** … 〔英〕…とやっとのことで近づきになる.
【派生語】 **acquáintanceship** 名 《an ~》面識, 交際, 《集合的に》知人たち, 交際範囲.

ac·qui·esce /ˌækwiés/ 動 本来自 [形式ばった語]しぶしぶ同意する, 従う, 黙認する.
語源 ラテン語 *acquiescere* (=to remain at rest; *ad*- to+*quiescere* to be quiet) がフランス語を経て初期近代英語に入った.
【派生語】**àquiéscence** 名U 黙認. **àquiéscent** 形. **àquiéscently** 副.

ac·quire /əkwáiər/ 動 本来他 〔一般語〕 一般義 知識などを得る, 習得する, 習慣などを身につける. その他 財産などを手に入れる, 取得する (語法 get より形式ばった語).
語源 ラテン語 *acquirere* (=to get; *ad*- to+*quaerere* to try to get) が古フランス語を経て中英語に入った.
用例 He *acquired* a knowledge of English. 彼は英語を少し覚えた/She *acquired* shares in the company. 彼女はその会社の株を手に入れた.
【派生語】**acquired** 身につけた, 習得した, 〖医〗後天的な. **acquirement** 名U 取得, 習得, (しばしば複数形で)身につけた学識, 技能. **àcquisítion** 名UC 習得, 獲得, 取得物, 習得したもの: *acquisition* of one's native language 母語の習得. **acquísitive** 形(軽蔑的に)欲ばりの. **acquísitively** 副. **acquísitiveness** 名U.

ac·quit /əkwít/ 動 本来他 〔一般語〕人を無罪にする, 放免する, 責任などを免除してやる.
語源 ラテン語 *quies* (=rest; repose) から派生した *quietare* (=to calm) に *ad*- (=to) がついた形から出た古フランス語 *acquiter* が中英語に入った. 原義は「休息させる」で, これから「罪と義務から解放する」という意が生れた.
用例 The judge *acquitted* her of murder. =She was *acquitted* on a charge of murder. 裁判官は彼女を殺人では無罪とした.
【派生語】**acquíttal** 名UC 責任などの免除, 〖法〗無罪放免, 釈放. **acquíttance** 名C 〖法〗債務の消滅, 免除.

a·cre /éikər/ 名C 〔一般語〕 一般義 面積の単位エーカー (★約 4046m²). その他 (複数形で)土地, 地所, (俗語)〖英〗～s of ... で)多量[数]の....
語源 古英語 *æcer* (=field) から.
【派生語】**acreage** /éikəridʒ/ 名U エーカー数, エーカー面積.

ac·rid /ǽkrid/ 形 〔一般語〕一般義 味が辛い, 苦い, においがきつい, 鼻をさす. その他 (軽蔑的に)人や人の言葉, 態度が辛辣(しんらつ)な, 厳しい.
語源 ラテン語 *acer* (=sharp) の女性形 *acris* が18世紀に入った. 語形は多分 acid に影響された.
【派生語】**acrídity** 名U.

ac·ri·mo·ny /ǽkrimouni | -məni/ 名U (形式ばった語)人の気性, 態度, 言葉などの辛辣さ, とげとげしさ, 激しさ.
語源 ラテン語 *acer* (⇒acrid) から派生した *acrimonia* (=sharpness) が初期近代英語に入った.
【派生語】**àcrimónious** 形 辛辣な, とげとげしい, 激しい. **àcrimóniously** 副. **àcrimóniousness** 名U.

acro- /ǽkrou-/ 連結 「高さ」「頂点」「先端」などを表す.
語源 ギリシャ語 *akros* (=topmost) から.

ac·ro·bat /ǽkrəbæt/ 名C 〔一般語〕軽業師, 曲芸師.
日英比較 日本語のアクロバットは軽業, 曲芸の意で用いるが, 英語の acrobat は軽業をする人の意. 軽業は acrobatics という.
語源 ギリシャ語 *akrobatēs* (=one who walks on tiptoe) によるフランス語 *acrobate* が19世紀に入った.
【派生語】**àcrobátic** 形. **àcrobátically** 副. **àcrobátics** 名(複)軽業, 曲芸, 放れわざ.

ac·ro·nym /ǽkrənim/ 名C 〔一般語〕頭文字(略)語 (★AIDS (=Acquired Immune Deficiency Syndrome) のように複合語の頭文字で作られた語).
語源 acr(o)-「頭」+-onym「名前」として 20 世紀から.

ac·ro·pho·bia /ˌækrəfóubiə/ 名U 〖心〗高所恐怖症.
語源 acro-+-phobia (恐怖症)として 19 世紀から.

a·crop·o·lis /əkrápəlis | -5-/ 名C 〖史〗古代ギリシャの城砦(じょうさい), (the A-)ギリシャのアテネのアクロポリスの丘 (★Parthenon 神殿のある所).
語源 ギリシャ語 *akropolis* (=upper city) から.

a·cross /əkró(:)s/ 前 〔一般語〕...を横切って, 横切ってその向う側に, 十文字に...と交差して, さらにある地域, 国などを縦横に横切っての意から, ...の至るところに[で]. 副 として幅が...で, 直径が...で, また向う側へ, こちら側へ.
語源 アングロフランス語 *an crois* (*an* in+*crois* cross) が中英語に入った. 初めは副詞的に用いられており, 前置詞としては 16 世紀の終りごろから.
用例 She ran *across* the field. 彼女は野原を走って横切った/The butcher's shop is *across* the street. 肉屋は通りの向う側です/all *across* the nation 国中至るところで/The hole is 3 meters *across*. その穴は直径 3 メートルだ/She's coming *across* to me. 彼女は私の方へ向って来るところだ.
【複合語】**acróss-the-bóard** 形(限定用法)全面的な, 総花的な, 一律な: an *across-the-board* wage hike 一律賃上げ.

a·cros·tic /əkrɔ́(:)stik/ 名C 〔一般語〕アクロスティック (★各行頭[行末]の文字をつなぐとある語になるような詩. 遊びの一種で, たとえば各行の最初の文字をつなげるとある人の名前になるように詩を書いてその人に捧げる場合など).
語源 ギリシャ語 *akrostikhis* (*akro*- acro-+*stikhos* line of verse) がラテン語, フランス語を経て初期近代英語に入った.

a·cryl·ic /əkrílik/ 形 名UC 〖化〗アクリルの. 名として(通例複数形で)アクリル樹脂[繊維, 絵の具].
語源 acr(id)+ ラテン語 *oleum* (=oil)+-yl (化学物質を示す接辞)+-ic.

act /ǽkt/ 動 本来自 名C 〔一般語〕一般義 行う, 行動する, 実行する. その他 機械などが動く, 作動する, 薬などが作用する, 演じる, 俳優が舞台で演じる, 舞台に立つ, (軽蔑的)見せかけをする. 他 ...の役を演じる, 劇中劇を上演する, (軽蔑的)...のまねをする, ふりをする. 名として行い, 行為, 議会など立法機関の行為の結果として, 法令, 条令, 演技, 見せかけ, 一区切りの演ައという意味で第...幕というときの幕.
語源 ラテン語 *agere* (=to drive; to do) の過去分詞 *actus* が中英語に入った.
用例 He *acted* foolishly at the meeting. 彼はその会合で愚かな振舞をした/The brake doesn't *act* well. ブレーキがよくきかない/He's *acted* (the part of

Romeo) in many theatres. 彼は(ロメオの役を)多くの劇場で演じた/I thought he was dying, but he was only *acting*. 私は彼が死にかけていると思ったが,彼はそういうふりをしているだけだった/Running away is an *act* of cowardice. 逃げるのは卑怯者のすることだ.

[慣用句] ***act against*** … …に反した行動をする, …に不利に働く. ***act as*** … …の役を務める. ***act for*** … …の代理を務める. ***act on [upon]*** … …に基づいて行動する, …に従う, …に作用する. ***act out*** … 体験などを実演して見せる, 感情などを行動に表す. ***act up*** いたずらをする, 機械が調子が悪い. ***get [be] in on the act*** うまい話などにひと口乗る[乗っている]. ***get one's act together*** [くだけた表現] 筋の通ったやり方をする, うまく頭を使う. ***in the (very) act of*** … …をやっている最中に, …している現場で. ***put on an act*** ふりをする, みせかけをする.

[派生語] **ácting** [形]《限定用法》代理の: an *acting* principal 校長代理. **áctor** [名] [C] 男の俳優. **áctress** [名] [C] 女の俳優, 女優.

ac·tion /ǽkʃn/ [名] [UC] [一般語] [一般義] 活動, 実行. [その他] 行い, 行為, 処置, 機械などの作動, 働き, 何かの作用, 影響, 《the ~》劇や小説などでの事件, 筋. また法に訴える行動ということから《法》訴訟, 《軍》軍事行動, 戦闘.

[語源] ラテン語 *actus* (⇒act) から派生した *actio* が古フランス語を経て中英語に入った.

[用例] *Action*, not talking, is necessary if we are to defeat the enemy. もし我々が敵を打ち負かすつもりなら相談ではなく実行が必要だ/Your *actions* were rather hasty. あなたの行動は少し急ぎすぎだった/The *action* of the play takes place on an island. その劇の事件は島で起こることになっている/He brought an *action* for divorce against his wife. 彼は妻に対して離婚の訴訟を起した/He was killed in *action*. 彼は戦闘で死んだ.

[慣用句] ***in action*** 活動中で, 交戦中で, 試合中で. ***out of action*** 活動しないで, 動かないで, 故障して. ***take action*** 行動をとる.

[派生語] **áctionable** [形]《法》起訴[告訴]できる. **áctionably** [副].

【複合語】**áction gròup** [名] [C] 政治的行動団体.

ac·ti·vate /ǽktiveit/ [動] [本来推] 機械などを動かす, 作動させる, 活動的にする, 《理》放射能を与える, 《化》活性化する, 《米》《軍》戦闘態勢にする.

[語源] active+-ate として初期近代英語から.

[派生語] **activátion** [名] [U] 《化》活性化.

ac·tive /ǽktiv/ [形] [名] [一般語] [一般義] 活動的な, 活発な. [その他] 積極的な, 意欲的な, よく活動する, また現在活動中の, 《軍》現役の, 《文法》受身 (passive) に対して能動態の, 《the ~》能動態(active voice).

[語源] ラテン語 *actus* (⇒act) から派生した *activus* が中英語に入った.

[用例] At seventy, he's no longer very *active*. 70歳になって彼はもはやあまり活動的ではない/He's a very *active* child. 彼はとても積極的な子だ/She is an *active* supporter of women's rights. 彼女は女権拡大の熱心な支持者だ/an *active* volcano 活火山.

[派生語] **áctively** [副]. **áctivism** [名] [U] 行動主義. **áctivist** [名] [C] 政治的な活動家. **activíty** [名] [UC]

活動的なこと, 活発さ, 活動力, 《通例複数形で》具体的な活動: academic *activities* 研究活動/extra-curricular *activities* 学校の課外活動.

【複合語】**áctive vóice** [名] 《the ~》《文法》能動態.

actor ⇒act.

actress ⇒act.

ac·tu·al /ǽktʃuəl/ [形] [一般語] [一般義] 《限定用法》現実に存在する, あるいは事実として存在する. [その他] 理論上はどうあれ既成事実として認められている, **事実上の, 実際上の, また現在の, 現行の.**

[語源] ラテン語 *actus* (=act) から派生した後期ラテン語 *actualis* (=active; practical) が中英語に入った.

[用例] In *actual* fact he is not as stupid as you think he is. 実際には彼が考えるほどばかではない/New York City is the *actual* capital of the United States. ニューヨーク市は合衆国の実際上の首府である/What is the *actual* rule for dealing with these things? こんなことを処理するのに実際の[現在の]規則はどうなっていますか.

[類義語] ⇒real.

[派生語] **áctuality** [名] [U] 現実に事実として存在していること, 実在, 《複数形で》現状, 実情: in *actuality* 実際には. **áctualize** [動] [本来推] 具体化する, 実現する. **áctually** [副] 実際には, 現実には [語法] しばしば文全体を修飾する):*Actually*, I'm doing something else this evening. 本当は今夜は別のことをする予定です.

ac·tu·ar·y /ǽktʃuèri | -tʃuəri/ [名] [C] [一般語] 保険計理人.

[語源] ラテン語 *actus* (⇒act) から派生した *actuarius* (記録係) が初期近代英語に入った.

ac·tu·ate /ǽktʃueit/ [動] [本来推] 〔形式ばった語〕人を行動させる, 機械を作動させる.

[語源] ラテン語 *actus* (⇒act) から派生した中世ラテン語 *actuare* の過去分詞 *actuatus* が初期近代英語に入った.

acuity ⇒acute.

a·cu·men /əkjúːmen/ [名] [U] 〔やや形式ばった語〕知力や判断力などの鋭敏さ, 明敏さ.

[語源] ラテン語 *acumen* (=point; sharpness) が近代英語に入った.

ac·u·punc·ture /ǽkjupʌ̀ŋktʃər/ [名] [U] [一般語] はり, 鍼術(しんじゅつ).

[語源] ラテン語 *acus* (=needle) と puncture を複合して17世紀にできた語.

[派生語] **ácupùncturist** [名] [C] 鍼療士, はり医.

a·cute /əkjúːt/ [形] [一般語] [一般義] 感覚などが鋭い, 鋭敏な. [その他] 元来先のとがったの意で, 病気などが一時的にあるいは発作的に襲ってくる, **急性の**(⇔chronic), 痛みや快感などが激しい, 音などが甲高く鋭い, 事態などが深刻な. 《数》鋭角の(⇔obtuse).

[語源] ラテン語 *acuere* (=to sharpen) の過去分詞 *acutus* が中英語に入った.

[用例] As a businessman, he's very *acute*. 実業家として彼は実に感覚が鋭い/an *acute* observation 鋭い観察/*acute* hearing 鋭い聴覚/They think his illness is *acute* rather than chronic. 彼らは彼の病気は慢性ではなく一過性のものだと思っている/an *acute* pain 激痛/Her disappointment was *acute*. 彼女の落胆はひどかった.

[類義語] sharp.

【派生語】**acútely** 副. **acúteness** 名 Ⓤ. **acúity** 名 Ⓤ〔形式ばった語〕鋭さ,鋭敏さ.

ad /ǽd/ 名 Ⓒ〔くだけた語〕広告.
[語源] advertisement の短縮形.
[用例] I'll put an *ad* in the newspaper. 新聞に広告を出すつもりだ.
【複合語】**ádman** 名 Ⓒ 広告業者.

ad- /ǽd, əd/ [接頭] 方向,変化,付加などを示し,「...へ,...に」の意.
[語源] ラテン語 *ad* (=to; toward; at) から.
[語法] ad- は b, c(k, q), f, g, l, n, p, r, s, t の前ではそれぞれ ab-, ac-, af-, ag-, al-, an-, ap-, ar-, as-, at- となる.

A.D. /éidíː/〔略〕〔一般語〕西暦...年,紀元...年 (★ラテン語 *Anno Domini* (=in the year of the Lord) の略で,B.C. (=before Christ) に対する).
[語法] A.D. 150 のように正式には数字の前に置かれるが,〔米〕では数字の後に置くこともある.なお,紛らわしくなければ特に A.D. を付けない.

ad·age /ǽdidʒ/ 名 Ⓒ〔一般語〕格言,ことわざ.
[語源] ラテン語 *adagium* (=proverb) が初期近代英語に入った.

a·da·gio /ədáːdʒiou/ 副 名 形【楽】ゆっくりと遅く,アダージオで[の]. 名 としてアダージオの曲[楽章],緩徐章.
[語源] イタリア語 *adagio* (=at ease) が 18 世紀に入った.

ad·a·mant /ǽdəmənt/ 名 Ⓤ 形〔形式ばった語〕非常に堅固な,あるいは意志強固な,絶対に譲らない. 名 として非常に堅いものの意.
[語源] ギリシャ語 *adamas* (=unbreakable; *a*- not / *daman* to tame) がラテン語に入り,「最も堅い石」の意味で使われ,古フランス語 *adamaunt* を経て中英語に入った.
[用例] He was *adamant* in his refusal. 彼は頑として拒否した.
【派生語】**ádamantly** 副.

Ad·am's ap·ple /ǽdəmz ǽpl/ 名 Ⓒ〔一般語〕のどぼとけ (《Adam が禁断の木の実を食べたときにのどにつかえたという聖書の教えから)).

a·dapt /ədǽpt/ 動 本来他〔一般語〕[一般義] 計画,行動,構造などを環境や目的などに適合させる,適応させる,順応させる. その他 機械,建物,作品などを目的や用途などに合わせて改造する,作り変える,翻案する. 自 順応する.
[語源] ラテン語 *adaptare* (=to fit to; *ad-* to+*aptare* to fit) がフランス語 *adapter* を経て初期近代英語に入った.
[用例] He soon *adapted* himself to a new situation. 彼はすぐ新しい環境に慣れた/This paint has been specially *adapted* for use in dry climates. このペンキは乾燥気候での使用に合うように作り変えてある/He has *adapted* the play for television. 彼はそのドラマをテレビ用に翻案した/She always *adapted* easily to new circumstances. 彼女はいつも新しい状況にすぐ順応した.
【派生語】**adàptabílity** 名 Ⓤ 適応性,融通性. **adáptable** 形 適応できる,適応性のある. **àdaptátion** 名 ⓊⒸ 改造,翻案,改造物. **adápted** 形 改造された,翻案された. **adápter** 名 Ⓒ 改作者,脚色者,【機】アダプター. **adáption** 名 Ⓤ =adaptation. **adáptor** 名 Ⓒ =adapter. **adáptive** 形 適応性の(ある).

add /ǽd/ 動 本来他〔一般語〕[一般義] 何かを...に加える,付け足す(*to*). その他 数を足す,部屋や付属建物を建て増す,言葉を付け加えて言う. 自 足し算をする.
[語源] ラテン語 *addere* (*ad-* to+*dere* to put) が中英語に入った.
[用例] He *added* water to his whisky. 彼はウイスキーに水を加えた/*Add* 124 to 356. 356 に 124 を足しなさい/*Add* these figures together. これらの数を合計しなさい/He explained, and *added* that he was sorry. 彼は説明をして,すまなかったと付け加えた/He can't *add* properly. 彼はちゃんと足し算ができない.
【慣用句】**add in** ...を含める,算入する. **add on** ...を付け加える. **add to ...** ...を増す,ふやす. **add up ...** を合計する,計算する; 計算が合う,〔くだけた表現〕つじつまが合う. **add up to ...** 合計...となる,つまりは...となる.
【派生語】**áddable** 形 加え得る. **ádder** 名 Ⓒ 加える人,加算機. **addition** 名 ⇒見出し. **ádditive** 名 Ⓒ 食品などの添加物. 形 追加の,加えられた: food *additives* 食品添加物.
【複合語】**ádd-òn** 名 Ⓒ 付加物,【コンピューター】付加装置.

ad·den·dum /ədéndəm/ 名 Ⓒ (複 **-da**)〔形式ばった語〕追加物,(通例 -da で単数扱い)書物,論文などの補遺,付録,付録.
[語源] ラテン語 *addere* (⇒add) の動名詞で「付け加えられるべきもの」の意.

ad·der[1] /ǽdər/ 名 Ⓒ【動】くさりへび.
[語源] 中英語 nǽddre, an nǽddre nadder であったが,a nadder が an adder と異分析され現在の形となった.

adder[2] ⇒add.

ad·dict /ədíkt/ 動 本来他, /ǽdikt/ 名 Ⓒ〔一般語〕(通例受身または～ oneself で)人を麻薬,酒などに中毒させる,依存症にさせる,何かにふけらせる. 名 として麻薬常用者[中毒患者],アルコールなどの依存症の人,何かの熱烈なファン,仕事などに熱中する人.
[語源] ラテン語 *addicrere* (=to give assent to; *ad-* to+*dicere* to say) の過去分詞 *addictus* が初期近代英語に入った.最初は良い意味で用いられたが,だんだん489 的な意味に変わった.
[用例] He is *addicted* to heroin. 彼はヘロイン中毒だ/a drug *addict* 麻薬中毒患者/a television *addict* テレビ中毒の人/a work *addict* 仕事中毒の人.
【派生語】**addícted** 形〔述語用法〕麻薬,アルコールなどにふけって,中毒して. **addíction** 名 ⓊⒸ 麻薬などの常用(癖). **addíctive** 形 習慣性の,習慣になる.

ad·di·tion /ədíʃən/ 名 ⓊⒸ (⇒ add)〔一般語〕[一般義] 付け加えること,追加. その他 足し算,加え算,また付け加えたもの,追加物,建て増し(部分).
[用例] The child is not good at *addition*. その子は足し算がうまくできない/They've had an *addition* to the family. 彼らの家では家族が一人増えた.
【慣用句】**in addition**《文と文をつなぐ副詞句》加えて,さらにその上. **in addition to ...** ...に加えて,...の他にも.
【派生語】**additional** 形 付け加えの,追加の. **additionally** 副.

ad·dle /ǽdl/ 動 本来他 形〔一般語〕卵を腐らせる,〔く

だけた語〕人の頭を混乱させる. 圓 卵が腐る, 〔くだけた語〕頭が混乱する. 形 として卵が腐った,〔くだけた語〕頭が混乱した.
語法 通例形にしか用いないことに注意.
語源 古英語 adela（汚物）から, はじめは 形 としてのみ使われていたが, 18 世紀ごろから 動 としても用いられ出した.
【派生語】**áddled** 形.

ad·dress /ədrés, ǽdres/ 名 Ⓒ, /ədrés/ 動 本来他
〔一般語〕一般義 手紙などのあて名, 住所. その他 『コンピューター』アドレス, 番地. 本来は演説, 講演, 挨拶の言葉. 動 としてあて名を書く, ...にあてて手紙を出す,〔形式ばった語〕人に話しかける, 人を肩書などで呼ぶ, 言葉を...に向けて言う, 抗議などを申し入れる.〖ゴルフ〗球を打つためにクラブの位置などを調整する, アドレスする,〖コンピューター〗情報をアドレス指定で転送する.
語源 俗ラテン語 *addrictiare (＝to direct oneself toward; ラテン語 ad- to＋directus straight) が中フランス語 adresser を経て中英語に入った. 原義は「まっすぐにする」で, 転じて「方向を定める」から「...に向けて言う, 手紙を出す」, さらに「演説」「あて名」の意味が生じた.
用例 "What is his address?" "His address is 30 Main St, Edinburgh."「彼の住所は？」「彼の住所はエディンバラ中央通り 30 番です」/Please address the parcel clearly. 小包のあて名をはっきり書いて下さい/I shall address my remarks to you only. 私はこの言葉をあなただけに申します/He made a long and boring address. 彼は長くて退屈な演説をした.
類義語 ⇒speech.
【派生語】**addréssable** 形 『コンピューター』アドレスを用いてアクセスできる. **àddressée** 名 Ⓒ 受信人, 名あて人, 受取人. **addrésser** 名 Ⓒ 発信人, 呼びかける人.
【複合語】**addréss bòok** 名 Ⓒ 住所録. **addréssing machíne** 名 Ⓒ あて名印刷機.

ad·duce /ədjúːs/ 動 本来他 〔形式ばった語〕根拠, 例証として...をあげる.
語源 ラテン語 adducere (ad- to＋ducere to lead) が初期近代英語に入った.

ad·e·noids /ǽdinɔidz/ 名 (複) 〖医〗腺様増殖症, アデノイド.
語源 ギリシャ語 adenoeidēs (adēn gland＋-eidēs -oid) より. 19 世紀の造語.
【派生語】**àdenóidal** 形.

a·dept /ədépt/ 形, /ǽdept/ 名 Ⓒ 〔一般語〕熟達した, 巧みな. その他 名 として名人, 達人, 大家.
語源 ラテン語 adipisci (＝to reach; to attain) の過去分詞 adeptus が初期近代英語に入った. 本来は普通の金属を金に変える方法を発見した錬金術師の意.

adequacy ⇒adequate.

ad·e·quate /ǽdikwit/ 形 〔一般語〕一般義 ある目的のためには十分な, 適切な, 妥当な. その他 まずまずの, なんとか合格の, どうにか合格の.
語源 ラテン語 adaequare (＝to make equal; ad- to ＋aequare to make equal) の過去分詞 adaequatus が初期近代英語に入った.
用例 He does not earn a large salary but it is adequate for his needs. 彼は多額の給料をもらっていないが, 彼の必要にたいしては十分である.
類義語 ⇒enough.

【派生語】**ádequacy** 名 Ⓤ 適切, 妥当性. **ádequately** 副.

ad·here /ədhíər/ 動 本来自 〔一般語〕一般義 ...に付着する, 粘着する, しっかりとくっつく (《to》). その他 比喩的に計画, 主張, 約束などに固執する, 主義を堅持する, あること, 人などを支持する. 他 付着させる.
語源 ラテン語 adhaerere (ad- to＋haerere to stick) から派生した古フランス語 adhérer が初期近代英語に入った.
【派生語】**adhérence** 名 Ⓤ 堅持, 固執, 執着, 支持. **adhérent** 形 粘着質の, 固執する, 規則などに従う, 忠実な. 名 Ⓒ 〔やや形式ばった語〕主義や政党などの支持者. **adhérently** 副. **adhésion** 名 Ⓤ 〔形式ばった語〕粘着, 固執, 執着, 支持. **adhésive** 形 (通例限定用法) 粘着性の, べたりくっつく. 名 ⓊⒸ 粘着物: **adhesive tape** 粘着テープ, ばんそうこう.

ad hoc /ǽd hɑ́k|hɔ́k/ 副 形 〔一般語〕この場のために〔の〕, この場限りで〔の〕(語法 形 は通例限定用法).
語源 ラテン語 (＝to this) が初期近代英語に入った.
用例 an ad hoc committee ある目的のための臨時委員会.

a·dieu /ədjúː/ 感 〔文語〕さようなら, さらば. 名 として別れ.
語源 古フランス語 adieu (a- to＋Dieu God) が中英語に入った.

ad in·fi·ni·tum /ǽd infináitəm/ 副 〔形式ばった表現〕無限に, 永遠に(forever).
語源 ラテン語 (＝to infinity) が初期近代英語に入った.

adi·os /ǽdióus/ 感 〔一般語〕さようなら.
語源 スペイン語 (＝to God). ⇒adieu.

adjacency ⇒adjacent.

ad·ja·cent /ədʒéisənt/ 形 〔形式ばった語〕近隣の, 付近の, 隣接の.
語源 ラテン語 adjacere (＝to lie near; ad- to＋jacere to lie) の現在分詞 adjacens が中英語に入った.
【派生語】**adjácency** 名 Ⓤ 近隣. **adjácently** 副.

adjectival ⇒adjective.

ad·jec·tive /ǽdʒiktiv/ 名 Ⓒ 〖文法〗形容詞.
語源 ラテン語 adjicere (＝to throw to) の過去分詞 adjectus から派生した 形 adjectivus が中英語に入った.「名詞に投げかけられた」すなわち「名詞を修飾する」の意.
【派生語】**adjectival** /ǽdʒiktáivəl/ 形 形容詞の, 形容詞の働きをする, 形容詞的な. 名 Ⓒ 形容詞類. **àdjectívally** 副.
【複合語】**ádjective clàuse** 名 Ⓒ 形容詞節. **ádjective infinítive** 名 Ⓒ 形容詞的不定詞. **ádjective phràse** 名 Ⓒ 形容詞句.

ad·join /ədʒɔ́in/ 動 本来他 〔一般語〕...に隣接する. 自 隣接する, 隣り合っている.
語源 ラテン語 adjungere (ad- to＋jungere to join) が古フランス語 adjoindre を経て中英語に入った.
【派生語】

ad·journ /ədʒə́ːrn/ 動 本来他 〔一般語〕(しばしば受身で) 会議などを次回まで休会する, 散会する, 延期する. 自 休会[散会]となる, 会合などの席を移す.
語源 古フランス語のイディオム à jorn nomé (＝to appointed day) からできた 動 ajorner ((約束の日まで)延期する) が中英語に入った.
【派生語】**adjóurnment** 名 ⓊⒸ 散会, 休会, 延期

ad·judge /ədʒʌ́dʒ/ 動 本来他 〔形式ばった語〕…と宣告する, 判決を下す, 人に賞などを授与する, 与える.
語源 ラテン語 *adjudicare* (*ad-* to+*judicare* to judge) が古フランス語を経て中英語に入った.
【派生語】**adjúdgment, adjúdgement** 名 U.

ad·ju·di·cate /ədʒúːdikeit/ 動 本来他 〔形式ばった語〕裁判官が判決を下す, 裁決する, …と宣告する. 自 審査員を務める.
語源 ラテン語 *adjudicare* (⇒adjudge) の過去分詞 *adjudicatus* が18世紀に入った.
【派生語】**adjùdicátion** 名 U 判決, 裁決, 判定. **adjúdicator** 名 C 審査員, 裁判官.

ad·junct /ædʒʌŋkt/ 名 C 形 〔形式ばった語〕付加物,《文法》付加詞, 修飾語. 形 として付加の, 補助の.
語源 ラテン語 *adjungere* (⇒adjoin) の過去分詞 *adjunctus* が初期近代英語に入った.
【派生語】**adjúnction** 名 U.

adjuration ⇒adjure.

ad·jure /ədʒúər/ 動 本来他 〔形式ばった語〕厳しく命じる, 厳命する, 人に懇願する.
語源 ラテン語 *adjurare* (=to swear to) が中英語に入った.
【派生語】**àdjurátion** 名 UC 懇願, 厳命.

ad·just /ədʒʌ́st/ 動 本来他 〔一般語〕一般義 ある基準に合わせる, 合うように調整する, 調節する.《しばしば受身または～ oneself で》新しい環境などに順応させる, 適合させる. また会計の計算などを調整してうまく帳じりを合わせる, 相違点を調整して一致をはかる意味から, 争いや意見のくい違いなどを調停する. 自 の用法もある.
語源 古フランス語 *ajoser* (=to bring together) が中英語に ajusten という形で入ったが, 意味は-just- が同じ古フランス語 *juste* (=lawful; righteous) に影響されて「正しくする, 正常にする」に変わった.
用例 *Adjust* the setting of the alarm clock. 目覚まし時計の鳴る時刻を調整しなさい/He *adjusted* his hat. 彼は帽子のかぶり方を直した/He soon *adjusted* to his new way of life. 彼はすぐに新しい生活様式に順応した.
【派生語】**adjústable** 形 調整可能な. **adjúster** 名 C 調整装置, 調停者. **adjústment** 名 CU. **adjústor** 名 C =adjuster.

ad·ju·tant /ædʒutənt/ 名 C《軍》部隊長の副官, 一般的に助手.
語源 ラテン語 *adjutare* (=to aid) の現在分詞 *adjutans* が初期近代英語に入った.

ad lib /æd líb/ 副 名 C〔くだけた語〕即興(で), アドリブ(で).
語源 ラテン語 *ad libitum* (=at pleasure) の省略形として19世紀に「思いのままに」という意味.
用例 He spoke *ad lib* for ten minutes on pollution. 彼は10分汚染問題について原稿なしでしゃべった.
【派生語】**àd-líb** 動 本来他 アドリブでやる. 形《通例限定用法》アドリブの.

ad·min·is·ter /ədmínistər/ 動 本来他 〔一般語〕一般義 政府, 民間を問わず諸機関の仕事を管理する, 経営する. その他《法》遺産の処理などについて政府または裁判所が執行する.〔形式ばった語〕権力者や裁判官が裁きを行なう, 司祭などが宗教的儀式を執り行なう, さらに発展して, 病気の治療を施す, 薬や食物, 罰や打撃などを与える.
語源 ラテン語 *administrare* (=to manage; *ad* to+*ministrare* to serve) が古フランス語 *administrer* を経て中英語に入った.
用例 He *administers* the sales force and the finances of the company. 彼は会社の営業部と財政の管理者だ/The doctor *administered* drugs to the patient. 医者は患者に薬を与えた.
【派生語】**admínistrate** 動 =administer. **admìnistrátion** 名 U 管理, 運営, 行政(機関),《しばしば the A-》《主に米》政府(《英》Government): the Bush *Administration* ブッシュ政権. **admínistrative** 形. **admínistrator** 名 C 管理者, 経営者, 行政官.

admirable ⇒admire.

ad·mi·ral /ædmərəl/ 名 C《海軍》艦隊司令長官, 階級名として特に海軍大将, 俗に提督. また比喩的に漁船などの船団長.
語源 admiral のつく海軍の階級名は fleet admiral,《英》admiral of the fleet (元帥), admiral (大将), vice admiral (中将), rear admiral (少将).
語源 アラビア語の「司令官」という意味の語がラテン語に入り, 古フランス語を経て中英語に入った.

admiration ⇒admire.

ad·mire /ədmáiər/ 動 本来他 〔一般語〕一般義 人や物事に大いに感嘆する, 敬服する, 賛美する. その他 感嘆して見つめる, 見とれる, 聞きほれる.
語源 ラテン語 *admirari* (*ad-* at+*mirari* to wonder) が初期近代英語に入った.
用例 I *admire* John's courage. ジョンの勇気には敬服する/She *admires* John for his courage. 彼女はジョンを勇気ある男として大いに賞賛している/I've just been *admiring* your new car. 私はあなたの新車にすっかり見とれていました.
【派生語】**admirable** /ædmərəbl/ 形 賞賛すべき, みごとな. **ádmirably** 副. **àdmirátion** 名 U 感嘆, 賞賛,《the ～》賞賛の的. **admírer** 名 C 崇拝者, ファン. **admíring** 形 感じ入った, うっとりした. **admíringly** 副.

admissible ⇒admit.

admission ⇒admit.

ad·mit /ədmít/ 動 本来他 〔一般語〕一般義 事実やある事柄などを認める. その他 元来「意のままに行かせる, 入らせる」という意味で, ある場所や地位などが人を受け入れる, 収容する, 人が…の入学[入会, 入場]を許す, 何らかの行動を許す, 認める, あることを認めて譲歩する.
語源 ラテン語 *admittere* (*ad-* to+*mittere* to send) が古フランス語を経て中英語に入った.
用例 He *admitted* (that) he was wrong. 彼は自分が間違っていることを認めた/This theater *admits* 2,500 people. この劇場は2500人収容できる/He was *admitted* to Oxford University. 彼はオックスフォード大学に入学を許可された/This ticket *admits* one person. この切符では1名しか入場できません/He *admitted* the visitor to the drawing-room. 彼は客を客間に通した.
【派生語】**admìssibílity** 名 U 容認できること, 許容性. **admíssible** 形 〔形式ばった語〕許容できる, 資格・条件などが整っていて承認できる. **admíssion** 名 UC 入場[入学, 入会など]の(許可[資格]), 入場[入会]料, 事実や誤りなどの容認, 譲歩: They charge £1 for

admission. 入場料は1ポンドである. **admíttance** 名 U〔形式ばった語〕**入場[入会]など(の許可[権利])**: The burglars gained *admittance* through the kitchen window. 強盗は台所の窓から入りこんだ. **admítted** 形《しばしば悪い意味で》**自ら認めている, 公認の**. **admíttedly** 副 **一般に認められているように, たしかに**: *Admittedly* she is not well. 周知のように彼女は健康を害している.

ad·mix /ædmíks/ 動 [本来他]〔形式ばった語〕**ある物を何かに混ぜる, 添加する**《語法》mix と異なり, 主たる物質に少量の添加物を加えることをいう》.
[語源] ラテン語 *admiscere* (*ad-* to + *miscere* to mix) の過去分詞 *admixtus* から入った廃語の admixt (= mixed into) からの逆成. 初期近代英語から.
【派生語】**admíxture** 名 UC 物事の**混合状態, 混合物, 添加物**.

ad·mon·ish /ædmániʃ|-ɔ́-/ 動 [本来他]〔形式ばった語〕**過ち, 欠点など望ましくない行いをした者に対しておだやかに諭す, 勧告する, 忠告する, 警告する**.
[語源] ラテン語 *admonere* (*ad-* to + *monere* to advise) が古フランス語 *amonester* を経て中英語に入った. -d- は本来のラテン語に戻って15世紀から.
[用例] The judge *admonished* the young man for fighting in the street. 判事は若者が街路でけんかをしたことについて説諭した.
【派生語】**àdmonítion** 名 UC **説諭, 訓戒**. **admónitory** 形 **説諭の, 訓戒的な**.

a·do /ədú:/ 名 U〔形式ばった語〕**くだらないことや何か困ったことについての大騒ぎ**.
[語源] 古ノルド語の影響を受けた英国北方方言の at do (= to do) という不定詞形が一般化したもの.
[用例] much *ado* about nothing 空騒ぎ《★Shakespeare の劇の題名から》/without much *ado* あまり大騒ぎもしないで.
【慣用句】***without more [further; much] ado***〔形式ばった表現〕面倒なことはこれくらいにしてさっそく, あとは苦もなく: He stopped talking and left *without further ado*. 彼は話すのをやめてすぐに立ち去った.

adolescence ⇒adolescent.

a·do·les·cent /ædəlésnt/ 形 名 C (**一般論**) **子供から成人に成長してゆく青年期の, 青春の**. [その他] 若さの特徴として《良い意味で》**若々しい, 活気にあふれた**,《悪い意味で》**未熟で子供っぽい, 青臭い**. 名 **として青年期の男女, 青年, 青年のように未熟な成人**.
[語源] ラテン語 *adolescere* (= to come to maturity) の現在分詞 *adolescens* が中英語に入った.
[類義語] young.
[用例] *Adolescents* often quarrel with their parents. 未成年者はしばしば両親と口論する.
【派生語】**adoléscence** 名 U **青年期**.

A·don·is /ədánis, -óu-/ 名 固 《ギ神》Aphrodite (ローマ神話では Venus) に愛された美少年, **アドニス**. 一般的に**美少年, 好男子**.

a·dopt /ədápt|-ɔ́-/ 動 [本来他]〔一般論〕**理論, 技術, 方法, 習慣などを自由意志で受け入れる, 採り入れる, 採用する**. [その他] **養子(養女)にする**. **会議などである人の意見, 提案などを採択する, 可決する**.
[語源] ラテン語 *adoptare* (*ad-* to + *optare* to choose) が古フランス語を経て中英語に入った.
[用例] After going to France he soon *adopted* the French way of life. フランスに行くとすぐ彼はフランス の生活様式を採り入れた/Since they had no children of their own they decided to *adopt* a little girl. 彼らには子供がなかったので少女を養子にすることに決めた/The government had to *adopt* new financial policies. 政府は新しい財政政策を採用せねばならなかった.
[類義語] foster.
[関連語] adapt (環境などに適合させる).
【派生語】**adóption** 名 U. **adóptive** 形〔形式ばった語〕**養子縁組み(関係)の**.

adorable ⇒adore.

adoration ⇒adore.

a·dore /ədɔ́:r/ 動 [本来他]〔一般論〕**神または崇高なものとしてあがめる**. [その他] **ある人を崇拝する, 敬慕する**, さらに**偶像化する, …の熱狂的なファンになる**,〔くだけた語〕**…が大好きである**.
[語法] 進行形は不可.
[語源] ラテン語 *adorare* (*ad-* to + *orare* to speak) が古フランス語を経て中英語に入った.
[用例] She *adores* going to the theatre. 彼女は芝居を見に行くのが大好きだ.
【派生語】**adórable** 形 **尊敬に値する, 人を魅了するような, 愛らしい, とてもすてきな**. **àdorátion** 名 U. **adórer** 名 C. **adóring** 形 **敬愛している, 愛情のこもった**: an *adoring* look 愛に満ちた顔つき.

a·dorn /ədɔ́:rn/ 動 [本来他]〔形式ばった語〕(**一般論**) **飾る, 装飾する**. [その他] **本来美しいものに何かを加えることでさらに美しくする, 魅力的にする**.
[語源] ラテン語 *adornare* (*ad-* to + *ornare* to furnish) が古フランス語を経て中英語に入った.
[用例] Her hair was *adorned* with roses. 彼女の髪はばらの花で飾られた.
[類義語] decorate.
【派生語】**adórnment** 名 U.

Ad·ren·al·in /ədrénəlin/ 名 U《生化学》**アドレナリン**《★副腎髄質ホルモン》.

A·dri·at·ic Sea /èidriǽtik sí:/ 名 固《the ~》**アドリア海**《★イタリアとバルカン半島の間の海》.

a·drift /ədríft/ 副 形〔一般論〕**船などが風や波のまにまに漂って, 比喩的に人がさまよって, 何の目的も願いもなく, 混乱して, 調子が狂って**.《[語法] 形 は述語用法》.
[語源] *a-* (=on) + drift から. 17世紀ごろから.
[用例] *adrift* on the open sea 大海に漂って/*adrift* in London ロンドンを放浪して.
【慣用句】***go adrift*** **漂流する**. ***set ... adrift*** **…を漂流させる**. ***turn ... adrift*** **人を路頭に迷わせる, 解雇する**.

a·droit /ədrɔ́it/ 形〔形式ばった語〕《良い意味で》**動作, 行動, 思考などが機敏な, 巧みな**.
[語源] フランス語 *adroit* (=dexterous) が初期近代英語に入った.
[用例] We admired his *adroit* handling of the boat. 我々は彼の操船の巧みさに感心した/His handling of the difficult situation was most *adroit*. 困難な状況に際しての彼の処理の仕方は非常にうまかった.
[類義語] adroit; dexterous; skilful: **adroit** が特に困難な状況に直面した場合にいろいろの手段を使って処理する巧みさをいうのに対して, **dexterous** は形式ばった語で, 手先の器用なことに重点がある. **skilful** は以上の中で最も一般的な語で, 意味も広く, 一般に技術的にす

ぐれていることをいう.
【派生語】**adróitly** 副. **adróitness** 名 U.

a·du·late /ǽdʒuleit/ 動 本来他 〔形式ばった語〕…にお世辞を言う, へつらう.
語源 adulation からの逆成. adulation はラテン語 *adulari*(=to flatter) の 名 *adulatio* が古フランス語を経て中英語に入った体.
【派生語】**àdulátion** 名 U お世辞, 追従, へつらい. **ádulatory** 形.

a·dult /ət, ədʌ́lt/ 形 名 C 〔一般語〕一般義 成人した, 大人の, 動植物などが成熟した. その他 成人に適した, 成人用の, 成人向けの. 名 として 成人, 成獣, 生長した植物.
語源 ラテン語 *adolescere*(=to grow up) の過去分詞 *adultus* が初期近代英語に入った. ⇒adolescent.
用例 an *adult* man [woman] 成人男子[女子]/Her behavior was not very *adult*. 彼女の行動は成人にふさわしくなかった/*adult* movies 成人向け映画.
【派生語】**adúlthood** 名 U 成人であること, 成年期.
【複合語】**ádult educátion** 名 U 成人教育.

a·dul·ter·ate /ədʌ́ltəreit/ 動 本来他 〔形式ばった語〕飲食物などに混ぜ物をして品質を落す.
語源 ラテン語 *adulterare*(=to pollute; to commit adultery) の過去分詞 *adulteratus* が初期近代英語に入った.
用例 This expensive wine has been *adulterated* with wine of a poorer quality. この高価なぶどう酒には質の悪いぶどう酒が混ぜてある.
【派生語】**adùlterátion** 名 U 混ぜ物をすること.

a·dul·ter·er /ədʌ́ltərər/ 名 C 〔一般語〕姦通者, 特に姦夫.
語源 ラテン語 *adulterare*(⇒adulterate) から逆成された *adulter*(=adulterer) が中英語に入った.
【派生語】**adúlteress** 名 C 姦婦. **adúlterous** 形 姦通に関する. **adúltery** 名 UC 姦通, 不義: She divorced her hasband because of his *adultery* with his secretary. 彼女は夫がその秘書と姦通したという理由で離婚した.

adv. 《略》=adverb (副詞).

ad·vance /ədvǽns/ -á:-/ 動 本来自 名 C 形 〔一般語〕一般義 ある目標に向って進む, 前進する. その他 時間的に進む, 人が年齢を重ねる, 値段などが上がる. また進歩する, 向上する, 昇進する, 仕事などがはかどる. 前に出す, 意見や主張などを提出する. また前進させる, 仕事などをはかどらせる, 会合の日取りなどを予定の期日より早める, 支払いなどを期日を早めて行なう, 金を前払いする, 融資する, 地位や価値などを上げる. 名 として 前進, 進歩, 前払い, 《複数形で》関係を進める意から, 異性に対するくどき, 誘惑. 形 として 前もっての, 前売りの, 事前の.
語源 ラテン語 *abante*(ab from+ante before) から派生した俗ラテン語 *abantiare*(=to advance) が古フランス語 *avancier* を経て中英語に入った. なお現在の綴りの advance はラテン語では ad- であったという誤解から.
用例 The army *advanced* towards the town. 軍隊はその町へ向って前進した/He *advanced* a new scheme for saving money. 彼は倹約の新しい計画を提案した/Is it possible to *advance* the date of the meeting? 会合の日時を早めることは可能ですか/The bank will *advance* you £500. 銀行はあなたに500ポンド融資するでしょう/Can I have an *advance* on my salary? 給料の前払いをしていただけませんか/She had difficulty in escaping his *advances*. 彼女は彼のくどきから逃れるのが難しかった/an *advance* payment 前払い.
【慣用句】**in advance** 前もって, 前金で. **in advance of** … …よりも前に: I've been sent on in *advance* of the main force. 私は本隊より先に前線に送られた.
【派生語】**advánced** 形 進歩した, 高等の, 年をとった, 高齢の. **adváncement** 名 U 前進, 進歩, 昇進, 前払い.

ad·van·tage /ədvǽntidʒ/ -á:-/ 名 CU 〔一般語〕一般義 よい結果を得るための有利な立場. その他 ある事を行なった結果手に入れた有利な条件, 好都合,《スポ》テニスなどでジュースの後の最初の得点, アドバンテージ.
語源 ラテン語 *abante*(=from before) からの古フランス語 *avant*(=before) の派生形 *avantage* が中英語に入った. 現在の advantage の-d- については ⇒advance.
用例 There are several *advantages* in being self-employed. 自営業をしていると好都合な点がいくつかある/There's no *advantage* in losing your temper. 短気を起してもろくなことはない.
【慣用句】**take advantage of** … 自分の利益になるようにある状況や人を利用する, 人の弱みにつけこむ,《やや文語的》女性を犯す: He took *advantage of* my failure. 彼は私の失敗を利用した. **to** (…'s) **advantage** 事や状況などが有利に運ぶ, 姿などを引立てて: Her dress shows off her figure *to advantage*. 彼女の洋服は彼女の姿を引立てて見せる.
【派生語】**àdvantágeous** 形 有利な, 都合のよい. **advantágeously** 副.

ad·vent /ǽdvent/ 名 U 〔形式ばった語〕重要な人物や事物の到来, 出現,《the A-》キリスト降臨, 待降節(★クリスマス前の4週間).
語源 ラテン語 *advenire*(ad- to+venire to come) の過去分詞 *adventus* が古フランス語を経て中英語に入った.
【派生語】**àdventítious** 形 偶然の, 偶発的な.

ad·ven·ture /ədvéntʃər/ 名 UC 動 本来自 〔一般語〕一般義 冒険. その他 危険を伴う仕事[活動], あるいは意外な出来事, スリルのある事件. 動 として 何かを冒険的にやってみる, 思い切って事を行なう.
語源 ラテン語 *adventus*(⇒advent) から出た俗ラテン語 *adventura*(=happening) が古フランス語 *aventure* を経て中英語に入った.
用例 He wrote a book about his *adventures* in the jungle. 彼は自分のジャングルでの冒険について本を書いた/*Alice's Adventures in Wonderland*『不思議の国のアリス』(★Lewis Carroll の童話(1865)).
【派生語】**advénturer** 名 C 冒険家,《軽蔑的》山師, 投機家. **advénturous** 形 危険を伴う, 冒険好きの.

ad·verb /ǽdvə:rb/ 名 C 《文法》副詞.
語源 ラテン語 *adverbium*(ad- to+verb(um) word) が中英語に入った.
【派生語】**advérbial** 形 副詞の. 名 C 副詞的の語句, 副詞類. **advérbially** 副.
【複合語】**ádverb phráse** [**cláuse**] 名 C 副詞句[節].

adversary ⇒adverse.

ad·verse /ædvə́ːrs, ́-́/ 形 〔形式ばった語〕 一般義 《通例限定用法》状況などが**不利な, 都合の悪い**. その他 元来反対方向を意味し, **向い風の, 敵対する, 敵意のある**の意から, 不利の意が生じた.
語源 ラテン語 *advertere* (⇒advert) の過去分詞 *adversus* (＝turned opposite to) が古フランス語を経て中英語に入った.
用例 *adverse* circumstances 逆境/*adverse* criticism 批判的な批評.
【派生語】**ádversary** 名 C 敵, 対戦相手. 形 敵の, 原告や被告など当事者の. **advérsely, ádversely** 副. **advérsity** 名 U 逆境, 不運: Sweet are the uses of *adversity*. 逆境の効用も美しきかな 《★ Shakespeare の *As You Like It* より》.

ad·vert /ædvə́ːrt/ 動 本来自 〔形式ばった語〕…に言及する 《to》.
語源 ラテン語 *advertere* (*ad*- to＋*vertere* to turn) が中英語に入った.「…に注意を向ける」の意.

ad·ver·tise /ǽdvərtaiz/ 動 本来他 一般義 マスコミまたはその他の手段を使って世間に広く知らせる, **公示する, 公表する, 広告する, 宣伝する**. 自 としても用いられる.
語源 ラテン語 *advertere* (⇒advert) から出た古フランス語 *advertir* (語幹 *advertiss*-) が中英語に入った.
用例 I've *advertised* my house in the newspaper. 私は新聞に家を売る広告を出した/They *advertised* on TV for volunteers. 彼らはテレビでボランティア募集の広告をした.
【派生語】**advertisement** /ædvərtáizmənt | ədvə́ːrtis-/ 名 UC 広告, 宣伝 《★ad と略すこともある》: **advertisement column** 新聞などの広告欄. **ádvertiser** 名 広告主. **ádvertising** 名 U 広告: **advertising agency** 広告代理店, 広告会社.

ad·vice /ədváis/ 名 UC 一般義 **忠告, 助言, 勧告**. 職場上の意見, 医師の**診察, 診断**, 弁護士などの**鑑定**.〔形式ばった語〕《複数形で》公的な**報告**,《商業》商取引に関する**通知, 案内**.
語法 「忠告」の意では U で, 数える時は a piece of *advice* のように piece を用いる.
語源 俗ラテン語 **advisum* (＝opinion) が古フランス語 *avis* を経て中英語に入った. ラテン語 *ad* (*meum*) *visum* (＝according to (my) view) から.
用例 take [follow] …'s *advice* 人の忠告に従う/ask [seek] …'s *advice* 人の忠告を求める/I have not yet received this month's *advice* from the bank. 私は今月の(残高の)報告をまだ銀行からもらっていない.
類義語 advice; counsel; recommendation: **advice** は本来個人的な思考, 助言をいったが弁護士や医師などの職業上のものもいうようになり, その場合 legal [medical] などの修飾語を付ける: legal [medical] *advice* 法律上の意見/medical *advice* 医学上の意見. **counsel** は公的な立場での忠告・助言で, 公職にある人から与えられるものをいう: ask a *counsel* of foreign student adviser 外国人学生相談係の助言を求める. **recommendation** は積極的に何かをすすめる忠告・助言をいい, advice のように何かをやめたりする実行しないように言うような消極的の意は含まない.

advisable ⇒advise.

ad·vise /ədváiz/ 動 本来他 〔一般義〕 一般義 ある状況にのぞんで人にどのように対処すべきかについて意見を述べる, **忠告する, 助言する**. その他 物事を実行するように勧める.〔形式ばった語〕意見や状況を公的に人に**通知する, 報告する**.
語源 古フランス語 *avis* (⇒advice) から派生した *aviser* (＝to consider) が中英語に入った.
用例 He *advised* me to avoid those people. 彼は私にその連中を避けるようにと言った/He *advises* buying the house. 彼はその家を買うように勧めている/This letter is to *advise* you of our interest in your suggestion. この手紙によって我々はあなたの提案に興味を持っていることをお知らせします.
日英比較 日本語の「アドバイスする」は忠告・助言する意で用いられるが, 英語の advise は概してそれより意味が強い. たとえば The doctor *advised* him to give up drinking. は「医者が彼に酒をやめたらどうと言った」というより, ほぼ命令に近い「やめるようにと言った, やめなさいと言った」のほうが原意に近い場合が多い.
【派生語】**advisabílity** 名 U 策の当否, 勧め得ること. **advísable** 形 《述語用法》**当を得た, 賢明な**. **advísably** 副. **advísedly** /ədváizidli/ 副 〔形式ばった語〕熟考の上で: I tell you this *advisedly* and in strictest confidence. これは熟考の上, しかも非常な自信をもって言うのです. **advíser, advísor** 名 C 助言者, 相談役,《米》学生指導教員. **advísory** 形 《限定用法》忠告[助言]の, 顧問の, 諮問の.

advocacy ⇒advocate.

ad·vo·cate /ǽdvəkeit/ 動 本来他 /-kit/ 名 C 〔形式ばった語〕 一般義 人の主義・主張などに味方して**支持する, 弁護する**. その他 …することを主張する, 唱導する 《that …》. 名 として**支持者, 主唱者, 代弁者**,《スコットランド》法廷弁護士.
語源 ラテン語 *advocare* (*ad*- to＋*vocare* to call) の過去分詞 *advocatus* が中英語に入った. 原意は「弁護のために法廷に呼び出される人」.
【派生語】**advocacy** /ǽdvəkəsi/ 名 U 主義・主張などの支持, 弁護, 唱導.

Ae·ge·an Sea /iːdʒíːən síː/ 名 固 《the ～》**エーゲ海** 《★ギリシャとトルコの間の海》.
語源 ギリシャ神話で息子が死んだと思い込み悲しんでこの海に身を投げた Aegeus の名にちなむ.

aer·ate /éiəreit/ 動 本来他 一般義 空気にさらす, 空気を通す, 飲料などに炭酸ガスを入れる, 血液などに酸素を供給する.
語源 aer(o)-「空気」＋-ate として 18 世紀から.
【派生語】**aerátion** 名 U. **áerator** 名 C.

ae·ri·al /éəriəl/ 形 名 C 一般義 一般義 **空気(air)の, 空中の, 空からの, 航空機からの**. その他 比喩的に**実体のない, 架空の, 想像上の**. 名 として**アンテナ(antenna)**.
語源 ラテン語 *aerius* が初期近代英語に入った.
用例 *aerial* combat 空中戦/an *aerial* photograph 航空写真.

aero- /éərou-/ 連結 「空気」「空中」「航空機」の意.
語法 《米》では air- などが多い.
語源 ギリシャ語 *aēr* (＝air) から.

aer·o·bat·ics /ɛərəbǽtiks/ 名《複》〔一般義〕曲芸飛行, 飛行演技,《単数扱い》曲芸飛行術.
語源 aero-「航空機」＋(acro)batics として 20 世紀から.

aer·o·bic /ɛəróubik/ 形 一般義 細菌が**好気性の**. その他 エアロビクスの.

【語源】フランス語 *aérobie* (=air-life)+-ic.
【派生語】**aeróbics** 名 U エアロビクス(★運動することによって体内に多くの酸素を取り入れる健康法).

aer·o·drome /ɛ́ərədroum/ 名 C 〔古風な語〕《英》飛行場(《米》airdrome).⇒airport.

aer·o·dy·nam·ics /ɛ̀əroudainǽmiks/ 名 U 〔理〕空気力学, 航空力学.

aer·o·gram /ɛ́ərəgræm/ 名 C 〔一般語〕《英》書いて折りたたむとそのまま封筒になって送れる便せん, 航空書簡(《米》air letter).

aer·o·nau·tics /ɛ̀ərənɔ́:tiks/ 名 U 〔一般語〕航空学, 飛行術: the National *Aeronautics* and Space Administration (米国)国家航空宇宙局 (NASA).
【派生語】**àeronáutic, -cal** 形.

aer·o·plane /ɛ́ərəplein/ 名 C 〔一般語〕《英》飛行機(《米》airplane).
【語源】*aero-* (=air) と *plane* (翼)から 20 世紀初頭の飛行機の出現とともに作られた語.

aer·o·sol /ɛ́ərəsɔ(:)l/ 名 U 〔理〕煙霧質, エーロゾル. 一般的に噴霧式薬剤, エアゾール, その容器スプレー.
【語源】*aero-* + *sol*(ution) から.
【複合語】**áerosol bòmb** 名 C 噴霧器, スプレー.

aer·o·space /ɛ́ərəspeis/ 名 U 〔やや形式ばった語〕大気圏とその外側の宇宙空間, 航空宇宙学, 航空宇宙産業. 形 として宇宙飛行に関する. 航空宇宙学[産業].

aer·y /ɛ́əri, éiəri/ 形 〔文語〕空気のように軽やかな, 夢のような(airy).
【語源】ギリシャ語 *aerios* がラテン語を経て初期近代英語に入った.

Ae·sop /í:sap, -sɔp/ 名 固 イソップ(★紀元前 6 世紀ころのギリシャの寓話作家).

aesthete ⇒aesthetic.

aes·thet·ic /esθétik│i:s-/ 形 〔形式ばった語〕美の鑑賞に関する, 審美的な, 美学的な,《述語用法》美しく芸術的な.
【語源】ギリシャ語 *aisthētikos* (= pertaining to sense perception)による近代ラテン語 *aestheticus* がドイツ語を経て 18 世紀に入った.
【用例】That armchair is comfortable but not very *aesthetic*. あのひじ掛けいすは座り心地はよいが見た目が美しくない.
【派生語】**aesthete** /ésθi:t│í:s-/ 名 C 唯美[審美]主義者. **aesthétics** 名 U 美学.

ae·ther /í:θər/ 名 《英》=ether.

a·far /əfá:r/ 副 〔文語〕はるか遠くの方に.
【用例】*afar* off はるかかなたに/from *afar* 遠方から.

af·fa·ble /ǽfəbl/ 形 〔一般語〕人が親しみやすい, 話しかけやすい, 愛想がよい.
【語源】ラテン語 *affari* (*ad-* to+*fari* to speak)の派生語 *affabilis* が中英語に入った.
【派生語】**àffability** 名 U 親しみやすいこと, 愛想のよさ. **áffably** 副.

af·fair /əfɛ́ər/ 名 C 〔一般語〕〔一般語〕不特定で漠然とした事, 事柄. 〔その他〕《複数形で》業務, 仕事. 出来事, 事件,《one's ~で》個人的な問題, 関心事, 一時的な恋愛関係, 情事の意.
【語源】古フランス語 *a faire* (to do) からの *afaire* が中英語に入った.
【用例】The prime minister is busy with *affairs* of state. 首相は国事で多忙だ/a tragic *affair* 悲劇的な出来事/the Suez *affairs* スエズ事件/His wife found out about his *affair* with his secretary. 彼の妻は彼と秘書との情事をつきとめた.
【類義語】affair; matter; event: **affair** は事が実際に行なわれること, およびその経過に重点がある. **matter** は討論や考察などの対象という意味で, affair よりも漠然とした語で, 特に意図的に行なわれるときに好んで用いられる. **event** は一般的に特筆すべき重大な出来事を指す.

af·fect¹ /əfékt/ 〔本来他〕〔一般語〕物, 事, 行為などに影響を与える. 〔その他〕本来何かに対してある行為を行なうという意味を持ち, ...に作用する, 病気などが冒す, 病気にかからせる, 人の心に印象を残す, 感動させる. さらに「影響を与える」という一般化された意味になった.
【語源】ラテン語 *afficere* (*ad-* to+*facere* to do) の過去分詞 *affectus* が中英語に入った.
【用例】Rain *affects* the grass. 雨は(牧)草に影響を与える/The weather *affected* her decision. 天候が彼女の決心を左右した/She was deeply *affected* by the news of her father's death. 彼女は父親の死去の知らせを聞いてひどく悲しんだ.
【類義語】influence.
【関連語】effect.
【派生語】**afféctéd** 形 影響を受けた, 病気にかかった. **afféctíng** 形 感動的な, 痛ましい. **affection** 名 ⇒見出し.

af·fect² /əfékt/ 動 〔本来他〕〔形式ばった語〕〔一般語〕《軽蔑的》...のふりをする, ...を気取る. 〔その他〕本来「...を目ざす, ...を望む」という廃用法があり, それから物を好む, 好んで用いるという意味になり, さらに「ふりをする」意となった.
【語源】ラテン語 *afficere* (⇒affect¹) の反復動詞 *affectare* (=to aim at) が古フランス語 *affecter* を経て中英語に借用された経緯や方法が異なったために異なる意味を持つことになった.
【用例】She *affected* grief. 彼女は悲しそうなふりをした/He *affected* not to know her. 彼は彼女を知らないふりをした.
【類義語】pretend.
【派生語】**afféctéd** 形 気取った. **afféctedly** 副. **affectátion** 名 UC《悪い意味で》気取り, 気取った態度, きざで不自然なふるまい.

af·fec·tion /əfékʃən/ 名 UC (⇒affect¹)〔一般語〕〔一般語〕人に対する持続的でおだやかな愛情, 情愛,《しばしば複数形で》恋情. 〔その他〕本来何かにある影響を及ぼすことを意味し, 〔古風な語〕病気.
【用例】I have great *affection* for her, but she never shows any *affection* towards me. 私は彼女にぞっこんほれこんでいるが, 彼女の方は私にちっとも思いを寄せていない.
【類義語】⇒love.
【派生語】**afféctionate** 形 愛情のこもった, 優しい. **afféctionately** 副 愛情をこめて: *Affectionately* yours=Yours *affectionately* 敬具, かしこ (★手紙の結びの句の 1 つ).

af·fil·i·ate /əfílieit/ 動 〔本来他〕, /-liit/ 名 C 〔やや形式ばった語〕《通例受身または~ oneself で》人または団体をある組織や団体に加入させる(with). 自 加入する, 提携する. 名 として加入したメンバーや団体, すなわち

加入者, 支部, 支社, 子会社, 外郭団体.
[語源] ラテン語 *affiliare* (＝to adopt as a son; *ad-* to ＋*filius* son) が18世紀に入った.
【派生語】**affiliátion** 名 UC 加入, 提携関係.

af·fin·i·ty /əfíniti/ 名 UC〔形式ばった語〕[一般義] 2つのものの間のかなり密接な関係. [その他] 元来婚姻による姻戚関係を意味し, それから類似性を意味するようになった. さらに物, 人, 動物などに対する好みや親しみ, 相性のよさ, 親しみの持てる[相性のよい]人[もの].
[語源] ラテン語 *affinis* (＝allied by marriage) の派生形 *affinitas* が古フランス語 *affinité* を経て中英語に入った.
[用例] have an *affinity* for [to] cats 猫が好きだ.

af·firm /əfə́ːrm/ 動 [本来他]〔形式ばった語〕ある事をよく検討した結果として確かであると断言する. [その他] 肯定する, …の支持を表明する,〔法〕証人が聖書による宣誓を拒否して代りに何らかの形で証言・陳述を確証する, 上級裁判所が下級裁判所の判決を確認する.
[語源] ラテン語 *affirmare* (＝to confirm; *ad-* to＋*firmare* to make firm) が中フランス語 *affermer* を経て中英語に入った.
[用例] The accused continued to *affirm* that she was innocent. 被告は自分が無実であると断言し続けた.
[反意語] deny; negate.
【派生語】**àffirmátion** 名 UC 断言, 肯定. **affírmative** 形 断定的な, 肯定的な. 名 C 肯定, 肯定の言葉: an *affirmative* sentence 肯定文／a reply in the *affirmative* 肯定的な答え. **affírmatively** 副.

af·fix /əfíks/ 動 [本来他], /ǽfiks/ 名 C〔形式ばった語〕何かを何かに付ける, 貼付する (to), 署名などを書き加える, 印などを押す. 名 として付けた物, 添付物,〔文法〕接辞 (★接頭辞 (prefix), 接尾辞 (suffix) などの総称).
[語源] ラテン語 *affigere* (*ad-*＋*figere* to fix) の反復形 *affixare* が初期近代英語に入った.
【派生語】**affíxable** 形. **àffixátion** 名 U.

af·flict /əflíkt/ 動 [本来他]〔形式ばった語〕(通例受身で) 苦しみや悩みなどを継続的に与える, 苦しめる.
[語源] ラテン語 *affligere* (＝to cast down; *ad-* to＋*fligere* to strike) の過去分詞 *afflictus* が中英語に入った.
[用例] She is continuously *afflicted* by [with] headaches. 彼女はいつも頭痛に悩まされている.
[類義語] afflict; torment; torture; grill: **afflict** は「苦しめる」意の最も一般的な語で, 痛み, 苦しみ, 悩みなどを与え続けること. **torment** は少し程度が強く, ひどい苦しみや悲しみ, いじめ, 飢えなどで迫害にも似た苦しみを与えること. **torture** はさらに意味が強く, 精神的あるいはそれに似た苦しみを与えること. **grill** は厳しい尋問で苦しめることをいう.
【派生語】**afflíction** 名 UC 苦悩, 災難, 苦しみの種: Her migraine is a great *affliction* to her. 偏頭痛が彼女の大きな悩みだ.

affluence ⇒affluent.

af·flu·ent /ǽflu(:)ənt/ 形〔形式ばった語〕[一般義] 豊かで裕福な. [その他] 豊富な, おびただしい.
[語源] ラテン語 *affluere* (*ad-* to＋*fluere* to flow) の現在分詞 *affluens* が中英語に入った.
[類義語] rich.

【派生語】**áffluence, -cy** 名 U.

af·ford /əfɔ́ːrd/ 動 [本来他]〔一般義〕《しばしば否定文, 疑問文で》時間的, 金銭的, 能力的に余裕がある [語法] can, be able to などと共に用いる). [その他] 物を買う金がある, …する力がある.〔形式ばった語〕何かを与える, 供給する, 作り出す, 可能にする.
[語源] 本来のアングロサクソン語で, 古英語では *geforthian* (＝*ge-*＋*forthian*) という語形であった. *ge-* は完了を示す接頭辞, *forthian* は *forth* から出た動詞で「前に進める, 成し遂げる」の意. その後 *ge-* が *a-* に変化し, 中英語 *aforthen* を経て現在の形となった.
[用例] I can't *afford* (to buy) a new car. 私は新車を買う余裕がない／I can only *afford* two days for painting the room. 部屋のペンキ塗りにかれる2日しか割けない／That will *afford* him little pleasure. それは彼にはほとんど喜びを与えないであろう／The place *afforded* a fine view. その場所はよい眺めだった.
【派生語】**affórdable** 形 入手できる, 手ごろな.

af·for·est /əfɔ́(:)rist/ 動 [本来他]〔一般義〕植林をして土地を森林に変える, 植林する.
[語源] 中世ラテン語 *afforestare* が初期近代英語に入った.
[反意語] deforest.
【派生語】**affòrestátion** 名 U.

af·fray /əfréi/ 名 C〔形式ばった語〕公共の場での乱闘や騒動.

af·fri·cate /ǽfrikit/ 名 C〔音〕破擦音 (★ /tʃ/, /dʒ/ など).

af·front /əfrʌ́nt/ 動 [本来他] 名 C〔形式ばった語〕[一般義] 人に対して面と向かって公然と意図的に侮辱する. [その他] 危険などに敢然と立ち向かう. 名 として〔一般義〕(通例 an ～) 侮辱, 無礼.
[語源] 俗ラテン語 *affrontare* (＝to affront; *ad-* to＋*frons* forehead) が中英語に入った.「面と向かって」の意.
[類義語] insult.

Afghanistan /æfgǽnistæn/ 名 固 アフガニスタン《★アジア南西部の国》.
【派生語】**Afghan** /ǽfgæn/ 形 アフガニスタン (人, 語) の. 名 CU アフガニスタン人 [語].

a·field /əfíːld/ 副〔やや形式ばった語〕農夫や兵隊が家を離れていることを示し, 野に, 畑に, 戦場に.
[語源] 古英語 on felda (＝in the field) から.
【慣用句】**far afield**〔文語〕家から遠く離れて, 話題がはずれて.

a·fire /əfáiər/ 副 形〔一般義〕火がついて, 燃えて, 何かに熱中して

a·flame /əfléim/ 副 形〔一般義〕炎につつまれて, 燃え立って, 真っ赤になって, 怒って《[語法] 形 は述語用法》.

a·float /əflóut/ 副 形〔一般義〕人や物が水面や海上に浮かんで, 漂って, うわさなどが広まって, 手形などが流通して, また沈まずにうまく浮かんでいることから, 借金をしないで《[語法] 形 は述語用法》.

a·foot /əfút/ 副 形〔一般義〕計画, 活動などが進行中で, 事が起こって.〔古語〕徒歩で (on foot)《[語法] 形 は述語用法》.

a·fore·men·tioned /əfɔ́ːrmènʃənd/ 形〔形式ばった語〕〔限定用法〕前述の.

afore·said /əfɔ́ːrsèd/ 形 ＝aforementioned.

a·fraid /əfréid/ 形〔一般義〕《述語用法》何かを恐れて, 怖がって, 望ましくないことが起るのではないかと心配

て, 気づかって, 望ましくない事を思って.

[語源] 中フランス語 *affreer* (=to frighten) から入った中英語 affraidan の過去分詞 affrayed から.

[用例] The child is not *afraid* of the dark. その子は暗がりを恐れない/I was *afraid* of waking the baby. 私は赤ん坊の目を覚ますのではないかと心配だった/I'm *afraid* it will snow tonight. 今夜は雪になるのではないかしら.

[語法] afraid of doing は afraid to do ともいえる: He is *afraid* of going out alone. =He is *afraid* to go out alone. 彼は1人で出かけるのを怖がる. ただし, 前者は「…するのではないかと心配する」, 後者は「怖くて…できない」という意味の違いが出ることもある.

[類義語] fear.

Af·ri·ca /ǽfrikə/ 名 固 アフリカ

[語源] ラテン語で「*Afri* の土地」を意味する *Africa* から. *Afri* は古代アフリカの住人 *Afer* の複数形.

【派生語】**Áfrican** 形 アフリカ(人)の. 名 ⓒ アフリカ人: **African-American** アフリカ系アメリカ人(の), 米国黒人(の). **Àfricána** 名 〖複〗アフリカの歴史や文化に関する本や文献, アフリカ誌. **Áfricanize** 動 アフリカ化する, 黒人の支配下に置く, 住民や従業員の中の黒人の数をふやす.

Af·ri·kaans /ǽfriká:ns/ 名 Ⓤ アフリカーンス語(★17世紀のオランダ語から発達した南アフリカ共和国の公用語).

Af·ri·kan·er /ǽfriká:nər/ 名 ⓒ 〔一般語〕南アフリカ連邦の白人系の住民, アフリカーナー.

Af·ro- /ǽfrou/ 〖連接〗「アフリカ(人)(の)」の意.

Af·ro-A·mer·i·can /ǽfrouəmérikən/ 形 名 = African-American.

aft /ǽft/ 名 /á:ft/ 副 〖海·空〗船, 飛行機の後部の[に], 船尾[尾翼]の方の[へ] [語法] 形 は限定用法.

[語源] 古英語 *æftan* (=from behind) から.

[反意語] fore.

af·ter /ǽftər /á:f-/ 前 副 接 形 〔一般語〕 一般義 時間的·空間的にみて順序や位置などが…の後[後ろ]に. その他 時間的な前後関係が往々にして原因と結果を表す場合として, …の後のでという因果関係を表す意味が生じ, さらに拡大されて…なのにという譲歩的な意味も表すようになった. また順序ということから, 重要度や地位などが…に次いで, 後を追うことから, …を追って, 求めて, そこから人の安否[客体]を尋ねて. さらに時間的に後に続いているという意味から, 前または先に存在したものに従って, ならって, 因んでの意になる.

副 として後に, 後ろに. 接 として…した後に[で].

形 として《限定用法》後の, 次の.

[語源] 古英語 *æfter* から. この語は離れていることを表す of に比較級を表す接尾辞 -ter が結合したもので, 「より離れた」という意味を表していた.

[用例] *After* the car came a bus. その車の後にバスがやって来た/day *after* day 来る日も来る日も/*After* what you have said, I will be careful. あなたがおっしゃるのですから気をつけましょう/It's sad to fail *after* all that work. あんなに努力したのにしくじるとは残念です 〖語法〗この意味では all を伴うのが普通〗/Osaka is the second biggest city *after* Tokyo. 大阪は東京に次ぐ大都市です/The actress sought *after* fame in vain. その女優は名声を追い求めただけだった/She asked *after* you. 彼女は君の安否を気遣っていた/This painting is *after* (the style of) Constable. この絵はコンスタブル(の画風)にならったものだ/They arrived soon *after*. 彼らはその後すぐに到着した 〖語法〗この場合には afterward(s) のほうが一般的/*After* she died we moved house twice. 彼女の死後, 私たちは二度引っ越しをした/in *after* years 後年に(なって).

[類義語] after; behind: 位置に関して用いられる場合, **after** は普通何か動いているもの, 動きを含む事柄の後を意味するのに対して, **behind** は静止しているものの後ろを表すのが一般的である. behind が動きのある物事について用いられると遅延や落伍を暗示する. また時間については after が用いられるのが普通であるが, この場合には behind が用いられると, 位置の場合と同様に, 時間的な遅れや遅さが暗示されることになる.

[反意語] before.

【慣用句】*after* all 結局, 要するに, 何といおうが, どうせ: I decided to go by plane *after* all. 私は結局, 飛行機で行くことに決めた.

【派生語】**áfters** 名 〖複〗〔くだけた語〕《英》食後のデザート. **áfterward** 《英》**áfterwards** 副 あとで, のちに, その後.

【複合語】**áfterbìrth** 名 Ⓤ 〖医〗後産(ござん). **áftercàre** 名 Ⓤ 〖医〗アフターケア, 出獄者の更生指導. **àfterdìnner spéech** 名 ⓒ 食事後のテーブルスピーチ. **áfteréffèct** 名 ⓒ 〖しばしば複数形で〗影響, 余波, 事故の後遺症, 〖医〗薬の後続作用, 〖心〗残効. **áfterglòw** 名 夕焼け, 残光, 楽しい思い出, 楽しい経験の余韻. **áfterlìfe** 名 〖やや形式ばった語〗〖通例単数形で〗来世, 余生, 後年. **áftermàth** 名 ⓒ 〖通例単数形で〗事故や災害などの余波, 影響, 牧草の二番刈り. **afternoon** ⇒見出し. **áftershàve (lòtion)** 名 Ⓤ アフターシェーブローション. **áftershòck** 名 ⓒ 余震. **áftertàste** 名 ⓒ 〖通例単数形で〗口中に残る後味(あとあじ), 不快な余韻. **áfterthòught** 名 ⓒ 考え直し, 後からの思いつき, 追加, 補足(説明).

af·ter·noon /ǽftərnú:n /á:f-/ 名 ⓊⒸ 形 〖⇒after〗〔一般語〕 一般義 正午 (noon) から日没のころ (evening) までの午後の期間. その他 〖文語〗人生や時代などの後半, 後期, 晩年.

[用例] He arrived in the *afternoon*. 彼は午後に到着した/on Tuesday *afternoon* 火曜日の午後に/He works for us three *afternoons* a week. 彼は毎週午後 3 回私たちのために働いてくれる/in the *afternoon* of the 18th century 18 世紀の後期に.

【派生語】**àfternóons** 副 〔ややくだけた語〕《米》午後には(ほとんど)いつも, 午後に.

【複合語】**áfternoon téa** 名 ⓊⒸ《英》紅茶とともに出される午後の軽い食事.

a·gain /əgéin/ 副 〔一般語〕 一般義 同じことを再び, もう一度. その他 元来応答, 反響, 返還など逆または反対の方向に向かうという意味があって, ここから元の位置や状態に再び戻ってゆくことを表す意味が生じた. もう一度繰り返すことから, もとの状態へ, もとのところへの意となり, もう一度の意から, その上, さらにの意が生じた.

[語源] 古英語 *ongēan* から. これは on+*gean* (=direct) から成り, directly up to, toward, opposite の意. 中英語では opposite, again の意で用いられたが, 現在では opposite の意味は廃用となっているが against に残っている.

[用例] Please say that *again*. もう一度言って下さい/

I'll never let it happen *again*. もう二度とそんなことはしません/He has been abroad but he is home *again* now. 彼は外国に行っていたが、今はもう帰ってきている/He has been sick but he is well *again*. 彼は病気だったがもう回復している/He earns twice as much *again* as she does. 彼はゆうに彼女の２倍稼いでいる/*Again*, there is another matter to consider. さらに、考慮すべきことがもう一つある/He may come, and then *again* he may not. 彼は来るかもしれないし、あるいはまた来ないかもしれない《[語法] この意味では then を伴うことが多い》.
【慣用句】*again and again* 何度も、繰り返して. (*all*) *over again* もう一度、改めて. *be oneself again* 元の自分に返る、病気が快復する. *over and over again* 何度も、繰り返して.

a·gainst /əgéinst/ 前〔一般語〕[一般義] ある人や事柄に反対して、対抗して、逆らって、不利で. [その他] 本来の...と向き合って、相対しての意から、...を防いで、...から守って、...に備えて、あるいは...と対照して、対比して、また、...を背景として、...にぶつかって、...と接してという意味になる.
[語源] 中英語 ayeynst (=opposit to; facing) から. これは古英語の ongēan (⇒again) に副詞的語尾の -es と語源的には意味のない添え字の-t が結合してできたもの.
[用例] They fought *against* the enemy. 彼らは敵と戦った/His action was *against* the law. 彼のしたことは法律違反だった/She swam *against* the tide. 彼女は潮の流れに逆らって泳いだ/His age is *against* him. 彼の年齢では不利だ/The child had a vaccination *against* tuberculosis. その子は結核の予防注射をしてもらった/I am saving some money *against* my retirement. 定年になった時のために金をためている/The trees were black *against* the evening sky. 夕暮れの空を背景にして木々の色は黒く映っていた/The rain beat *against* the window. 雨がひどく窓を打っていた/He stood with his back *against* the wall. 彼を背にもたれて立っていた.

a·gape /əgéip/ 副 形 〔一般語〕[一般義] 驚きなどで口をあんぐり開けて、あっけにとられてぽかんと、ドアや窓などが大きく開け放たれて《[語法] 形 は述語用法》.
[語源] a-+gape より. 初期近代英語から.

age /éidʒ/ 名 [UC] 動 〔一般語〕[一般義] 年齢、年数. [その他] 年齢の意から、一生のうちの特定の時期すなわち主に成年の意が生じ、さらに一生のうちの一時期、一つの世代、歴史上の時代、一生のうちの最後の時期、老年、老齢を意味する. また〔くだけた語〕《an ～または複数形で》長年、長い間. 動として年をとる、老ける、ある種の飲食物が時間の経過とともに熟成して味がよくなる. 他 年をとらせる、古くする、熟成させる.
[語源] ラテン語 aetas (=age) の対格 aetatem が俗ラテン語で *aeaticum となったと推定され、この形が古フランス語で a(a)ge なり、中英語に入った.
[用例] He went to school at the *age* of six (years). 彼は６歳の時学校に上がった/What age is she? 彼女は何歳ですか/be [come] of *age* 成年である[に達する]/The girl is at the awkward *age*. その子は思春期だ/the age to come 次の世代/the Stone *Age* 石器時代/the Middle *Ages* 中世/Her back is bent with *age*. 彼女は年で腰が曲がっている/We've been waiting (for) *ages* for a bus. とても長い間バスを待っている/He has *aged* a lot since I last saw him. 彼はこの前会った時からずいぶん年をとった.
[類義語] period.
【慣用句】*Age before beauty*. 美しさより年が先《★年長者に道を譲るときのややおどけた表現》. *act* [*be*] *one's age* 〔ややくだけた表現〕《主として命令文で》年に恥じない振舞いをして年取ったことを思い知らされる、年を感じる. *in all ages* 昔も今も、いつの世も. *of a certain age* 女性がもう若くなくなって、中年になって《[語法] middle-aged に対する婉曲表現》. *of all ages* あらゆる時代[年齢]の.
【派生語】**áged** 形 年齢が...歳の; 老齢の、古びた、ワインなどが熟成した《[語法] /éidʒid/ とも発音する》. a child *aged* six ６歳の子/the *aged* 老人たち. **ág(e)ing** 名 [U] 老化、老齢化、熟成. **ágeless** 形 決して老いない(ように見える)、永遠の.
【複合語】**áge-gròup** 名 [C] 同一または特定の年齢層、年齢集団 **áge límit** 名 [C] 年齢制限. **áge-lòng** 形 長年の、永続する. **áge-óld** 形 長い年月を経た、古来の.

-age /-idʒ/ [接尾] 集合名詞、抽象名詞を造る語尾. 例: 《集合》baggage; 《動作・行動》breakage; 《地位・身分・関係》baronage; 《数量・割合》dosage; 《場所・家》orphanage; 《尺度・料金》postage.
[語源] ラテン語 -aticum が古フランス語 -age を経て中英語に入った.

agency ⇒agent.

a·gen·da /ədʒéndə/ 名 〔一般語〕会議などの審議事項や議事日程の一覧(表), 議題一覧(表)《[語法] agendum の複数形であるが、今では単数扱いで複数形を～s とするのが一般的》.
[用例] What's on the *agenda* this morning? 今朝はどんな議題がありますか.

a·gent /éidʒənt/ 名 [C] 〔一般語〕[一般義] ある人や会社から権限を委ねられて業務を遂行する代理人、代理店、周旋者. [その他] 本来ある行為をする人、ある種の結果を引き起こす人[物]の意で、媒介物、物理的・化学的にある種の変化を起こさせる動因、作因、作用物、化学薬品、...剤、行為者の意から、代理人、政府機関の代表者、係官、スパイ.
[語源] ラテン語 agere (=to do; to act) の現在分詞 agens が中英語に入った.
[用例] Their *agent* in Tokyo deals with all their Japanese business. 彼らの東京代理店は日本での業務を一手に扱っている/Certain chemical cleansing *agents* harm skin. ある種の化学洗剤は皮膚を傷める/an enemy *agent* 敵方のスパイ.
【派生語】**ágency** 名 [CU] 代理店、代理(業)、政府などの機関、庁、作用、媒介.

ag·glom·er·ate /əglámərеit|-ɔ́-/ 動 [本来他] /-rit/ 形 名 [U] 〔形式ばった表現〕物質を丸く固めて塊にする. 形 として塊の、集積した. 名 として塊になること[なったもの]、建築物の集団, 〔地〕集塊岩.
[語源] ラテン語 agglomerare (ad- to + glomerare to wind into a ball) の過去分詞が初期近代英語に入った.
【派生語】**agglòmerátion** 名 [U]. **agglómerative** 形.

ag·glu·ti·nate /əglúːtineit/ 動 [本来他] /-nit/ 形 〔やや形式ばった語〕膠で接着する. 形 として膠着し

[語源] ラテン語 gluten (=glue) から派生した agglutinare の過去分詞が初期近代英語に入った.
【派生語】agglùtinátion 名 ⓤ 接着, 膠着, 【医】傷口の癒着, 血液の凝結, 【言】膠着. agglútinative 形 膠着性の: agglutinative lauguage 膠着(言)語 (★日本語, トルコ語などのように語幹は無変化でこれに変化する要素を付けて文法関係を表す言語).

ag·gra·vate /ǽgrəveit/ 動 [本来他] [形式ばった語] [一般義] 病気, 事態などを**悪化させる**, やっかい, 負担, 罪などをさらに**重くする**. [その他] [くだけた語] 人を**怒らせる**, **悩ませる**.
[語源] ラテン語 gravis (=heavy) から派生した aggravare (=to make heavier) の過去分詞が初期近代英語に入った.
【派生語】ággravating 形. àggravátion 名 ⓤ 悪化, いら立ち, 面倒.

ag·gre·gate /ǽgrigeit/ 動 [本来他], /-git/ 形 ⒸⓊ [形式ばった語] [一般義] 人やお金などを**集めてまとめる**. [その他] 集められた総計が…になる. 圓 **集まる**. 形 として**集合した**, 総計の. 名 として総計, コンクリート用の砂や砂利などの骨材.
[語源] ラテン語 aggregare (=to add to (the flock); ad- to+gregare to herd) の過去分詞が中英語に入った.
[慣用句] **on [in the] aggregate 全体として**, 合計で.
【派生語】ággregately 副. àggregátion 名 ⓊⒸ. ággregative 形.

ag·gres·sion /əgréʃən/ 名 ⓤ [一般義] [一般義] 正当な理由なしに行われる**攻撃**, 特に国家が他国に対して武力を行使して行う**侵略**. [その他] 好戦的な**行動**, 口論好きな習性, 【精神分析】特にフラストレーションに起因する**攻撃性**.
[語源] ラテン語 aggredi (=to attack; ad- to+gradi to go) の 名 aggressio が初期近代英語に入った.
[用例] an act of (open) aggression (あからさまな)侵略行為/His actions showed his aggression. 彼の行動は彼に攻撃性があることを示していた.
【派生語】aggréssive 形. aggréssively 副. gréssiveness 名 ⓤ. aggréssor 名 Ⓒ (やや形式ばった語) **攻撃者**, 侵略者[国].

ag·grieve /əgríːv/ 動 [本来他] [形式ばった語] 《通例受け身で》人の感情や名誉を**傷つける**, **害す**, 【法】他人の権利を**不当に侵害する**.
[語源] ラテン語 aggravare (⇒aggravate) が古フランス語 aggrever を経て中英語に入った.

a·ghast /əgǽst |-ɡάːst/ 形 (やや形式ばった語) 《述語用法》 恐怖によって**仰天し**た.

ag·ile /ǽdʒəl|-ail/ 形 動きが**活発な**, 行動に**軽快な**, 機敏な.
[語源] ラテン語 agere (=to move; to act) から派生した agilis が初期近代英語に入った.
【派生語】ágilely 副. agílity 名 ⓤ.

ag·i·tate /ǽdʒiteit/ 動 [本来他] [一般義] 人を**興奮させる**, **動揺させる**, **不安にさせる**. [その他] 元来木の葉や海水などを不規則に急激に**揺り動かす**, 振り動かすの意で, これが精神や感情に転用されたのが上記の意味である. ⑤ 人の心を動かすことから, 計画などを熱心に**討論する**. ⑧ 政治的・社会的な変化を求めて演説や著作などによって**強く世論に訴える**, **扇動する**.
[語源] ラテン語 agere (=to move; to drive) の反復動詞 agitare (=to put in constant motion) の過去分詞 agitatus が初期近代英語に入った.
[用例] His presence agitated her. 彼がいたので彼女の心は動揺した/The sea was agitated by the storm. 海は嵐のためにしけていた/They are agitating for [against] tax reform. 彼らは税制改革賛成[反対]のアジ演説を行っている.
【派生語】ágitated 形 **動揺した**, 興奮した, 揺れ動いている. ágitatedly 副. àgitátion 名 ⓊⒸ 心の**動揺**, 不安, 興奮, 世論を喚起するための熱心な議論, 扇動. ágitator 名 Ⓒ 政治的な**活動家**, 扇動者, 攪拌(かくはん)器.

a·glow /əglóu/ 形 [文語] 運動したり興奮したりして**顔が赤らんで**, ほてっている [形 は述語用法].

a·go /əɡóu/ 形 副 [一般義] 現在の時点よりも以前の時点を表し, 今から…**前に**.
[語法] 現在完了時制の文では用いられない. 間接話法では, 直接話法の ago は before に変わるのが普通である.
[語源] 強意接頭辞 ā-+gān (=to go) から成る古英語 āgān (=to pass away) が中英語で agon となったのであるが, この同形の過去分詞が独立分詞構文で用いられていたの(例えば, three years agon)が現在の用法の基となっている.
[用例] I went to France two years ago. 私は 2 年前にフランスに行った/Long ago, men lived in caves. 大昔, 人類は洞窟に住んでいた.
[語源] 名詞に伴っているものは 形 で, 副詞に伴っているものは 副 である. ただし, いずれも 副 とする考え方もある.
[類義語] ago; before: **ago** は現時点を基準として過去のある一時点を指し, **before** は過去の一時点を基準として, それよりもさらに前の一時点を指す. 従って,「3 年前」という時, 過去時制では three years ago が, 過去完了時制では three years before が用いられることになる. ただし, before が単独で用いられる場合は時の起点が明確にされないので, 現在完了でも使われる.

a·gog /əɡɑ́ɡ|-ɔ́-/ 形 (くだけた語) **期待**, **興奮**, 興味のためにわくわくして, じっとしていられない (語法 形 は述語用法).
[語源] 古フランス語 en gogue (=in a merry mood) が初期近代英語に入った.

ag·o·ny /ǽgəni/ 名 ⓊⒸ [一般義] [一般義] しばしば長期にわたる心身の激しい**苦痛**や**苦悶**. [その他] 死の苦しみ, 死を伴なう激しい闘い. またその激しさが強調されて, 感情の**激発**, 激情.
[語源] ギリシャ語 agōn (=assembly; contest for victory) から派生した agōnia (=struggle; anguish) がラテン語, 古フランス語を経て中英語に入った.
[用例] The wounded boy was in agony until he was taken to the hospital. 負傷した少年は病院に連れて行かれるまで, もがき苦しんでいた/an agony of joy 喜びの極み.
[類義語] agony; anguish; distress; misery; suffering: **agony** は堪え難いほど激しい心身の苦痛. **anguish** も agony とほぼ同意だが, 主に精神的苦痛に用いられるのが普通. **distress** は痛みや心配などによる肉体的・精神的な苦しみで, 救済される可能性があることや, 援助が必要であることを暗示する. **misery** は病気や貧困などに伴う慢性的なみじめさを強調するであり, 絶望的な状態を暗示する. **suffering** は苦しみを自覚し, 意識してそれに堪えることを強調する.
[慣用句] **pile [put; turn] on the agony** (くだけた表

現〕**不快な状況を実際よりも大げさに扱う**〔言う〕.
【派生語】**ágonize** 動 [本来自] **苦しむ, 苦悶する, 必死に努力する, 苦闘する.** 他 **苦痛を与える, 悩ます. ágonized** 形. **ágonizing** 形. **ágonizingly** 副.

a·grar·i·an /əgréəriən/ 形 名 C 〔一般語〕〔一義語〕 **土地の[に関する], 土地所有の, 所有地分割に関しての.** その他 **農業の.** 名 として **農地改革論者.**
語源 ラテン語 *ager* (=field) から出た *agrarius* (土地に関する) が初期近代英語に入った.

a·gree /əgríː/ 動 [本来自] 〔一般語〕〔一義語〕 **人の見解や要望を認める, 提案などに同意する** 《to; to do》. その他 **ある事柄について意見が一致する, 合意する** 《on; about; as to》**, 人と意見が一致する, 賛成する** 《with》**, あるものが他のものと一致する** 《with》**, 事柄どうしが矛盾しない, 人と気が合う, うまくゆく, 飲食物や気候などが人の性に合う, 物に適している.** 他 **…ということを認める** 《that …》**.** 《主に英》**価格や条件などを取り決める, 協定する.**
語源 古フランス語 *a gre* (好意的に) からの *agreer* (好意的に受け入れる) が中英語に入った. *gre* はラテン語 *gratus* (=pleasing; agreeable) から.
用例 We *agreed* to put the plan into practice at once. 私達はその計画をすぐ実行に移すことに同意した/I quite *agree* with you. あなたと全く同感です/The newspaper report does not *agree* with what he told us. その新聞記事は彼から聞いたことと一致しない/John and his wife don't *agree*. ジョンと彼の妻はうまくいっていない/The climate here does not seem to *agree* with me. ここの気候は私には合わないようだ.
類義語 agree; assent; consent: **agree** は同意に達する前に意見の相違など話や, 説得などが行われたことを暗示する. **assent** は主張や意見などに対して, よく考え判断した上で同意すること. **consent** は提案や要望などに対し, 自分の意志で積極的に応じること.
【慣用句】 *agree to differ [disagree]* **互いに見解の相違と認めて, もうそれ以上争わない.**
【派生語】 **agréeable** 形 **快い, 感じのよい, 快く同意する, 快諾する, 調和して, 一致して. agréeably** 副. **agréement** 名 〔一般語〕 **一致, 調和, 同意, 協定, 協約, 協約, 契約,** 〔文法〕 **一致, 呼応.**

agricultural ⇒agriculture.

ag·ri·cul·ture /ǽgrikʌltʃər/ 名 U 〔一般語〕 **土地を耕して作物を生産したり, 家畜を飼育したりする農業, またその学問である農学.**
語源 ラテン語 *agricultura* (*ager* field+*cultura* cultivation) が古フランス語を経て中英語に入った.
用例 The number of those who are engaged in *agriculture* has become fewer and fewer. 農業従事者の数がますます減少している.
【派生語】 **àgricúltural** 形. **àgricúlturist** 名 C **農業従事者, 農業経営者, 農学者.**

a·gron·o·my /əgrάnəmi/ |-rɔ́n-/ 名 U 〔農〕 **農学** 《★畜産, 林業を除いた狭義の農学で, 作物生産と農地管理に関する学問》**.**
語源 agro-「農作」+-nomy として 19 世紀から.
【派生語】 **agrónomist** 名 C **農学者.**

a·ground /əgráund/ 副 〔海〕 **船が浅瀬や暗礁に乗り上げて, 座礁して** 〔語法〕形 は述語用法〕**.**

a·gue /éigjuː/ 名 UC 〔医〕〔古風な語〕 **マラリア, おこり, マラリア熱に伴う悪寒, 震え.**
語源 ラテン語 (*febris*) *acuta* (=acute (fever)) が古フランス語 *ague* を経て中英語に入った.

ah /ɑː/ 感 **苦痛, 後悔, 不満, 哀れみ, 嫌悪, 軽蔑, 安堵, 満足, 喜びなどを表す嘆息の声, ああ!**
語源 擬音語として中英語から.
用例 *Ah*, there you are. それごらんなさい, だから言ったでしょう/*Ah*, good, here comes our train. ああよかった. 電車が来た/*Ah*, what beautiful roses! ああ, 何とすきれいなバラだろう.

a·ha /ɑ(ː)hάː/ 感 〔ややくだけた語〕 **驚き, 喜び, 得意, 軽蔑などの気持ちを表す叫び声, ははあ, へへえ.**

ah·choo /ɑːtʃúː/ 感 〔一般語〕 **くしゃみの音, はくしょん! くしゅん!**

a·head /əhéd/ 副 〔一般語〕〔一義語〕 **位置が前で, 運動の方向が前方で.** その他 **空間的な関係が時間的な事柄に転用され, 現時点を基準にしてそれより先に, 将来に向けて, 将来を見越して現時点で前もって, あるいは将来の一時点よりも早く. また比喩的に他よりも進んで, 勝って, リードして.**
語源 a- (=on)+head として初期近代英語から.
用例 Suddenly an old castle appeared about a hundred meters *ahead*. 約 100 メートル前方に, 突然古城が現れた/The entrance examination was only a week *ahead*. 入試はほんの一週間先に迫っていた/I made the payments *ahead*. 前もって支払は済ませた/We are well *ahead* (of all our rivals) at present. 現在のところ私たちは(どの相手に対しても)とても有利な立場にある.
反義語 behind.
【慣用句】 *ahead of* … **位置・方向が…の前に, …の前方へ, 時間が…の前に, …より先に, …より進んで, 勝って, 優れて, …を超過して**: He walked far *ahead of* us. 彼は私たちのずっと前を歩いていた/We arrived two hours *ahead of* time. 予定の時刻から 2 時間早く着いた/She is *ahead of* me in mathematics. 数学では私より彼女の方が大きい. *be ahead* 〔くだけた表現〕《米》**もうけている.** *get ahead* **社会的, 経済的に成功する.** *go ahead* **話や仕事などを進める, 続ける.**

a·hem /əhém/ 感 〔一般語〕 **注意を引いたり, 疑いを表したり, ことばに詰まった時に発する声, うふん, えへん.**

a·hoy /əhɔ́i/ 感 〔海〕 **ほかの船を呼ぶときの声, おおい!**
【慣用句】 *Ship ahoy!* **おおい, そこの船よ!**

aid /éid/ 動 他 [本来他] 名 C 〔一般語〕 **ある目的の達成に必要かつ有用なものを提供して援助する, 助力する** 《★公的な助成を意味することが多い》**.** 名 として **援助, 助力, また助けになる物, 援助物資, 補助器具, 助成金, さらに助けになる人, 援助者.**
語源 ラテン語 *adjuvare* (*ad-* to+*juvare* to help) の反復動詞 *adjutare* (=to help zealously; to serve) が古フランス語 *aider* を経て中英語に入った.
用例 This bank *aids* our company with funds. この銀行が我が社に資金援助をしている/He came to my *aid* when my car broke down. 車が故障した時, 彼が助けに来てくれた/We must give *aid* to poor people. 貧しい人々を援助しなければならない/(audio-)visual *aids* 視(聴)覚教材/I worked as a laboratory *aid*. 私は実験助手として働いた.
類義語 ⇒help.
【慣用句】 *aid and abet* 〔法〕 **現場で犯行を幇助する.** *in aid of* … **…の助けとして, …のために.** *What is in aid of?* 〔くだけた表現〕《英》**どんな理由[目的]で,**

しているのか.

aide /éid/ 名 C 〔一般語〕補佐官, 側近, 助手, = aide-de-camp.
語源 フランス語 aider (⇒aid) の 名 aide から.
【複合語】**aide-de-camp** /éiddəkǽmp|-ká:mp/ 名 C 部隊指揮将官付きの副官.

AIDS /éidz/ 名 U 〔医〕エイズ, 後天性免疫不全症候群 (acquired immune deficiency syndrome).

ail /éil/ 動 本来自 〔一般語〕人を悩ます, 苦しめる. 自 《進行形で》病気を患っている.
語源 古英語 eglan から.
【派生語】**áiling** 形 病気がちで, かげんの悪い. **áilment** 名 C 病気, 特に軽い慢性的な病気, 持病.

ai·le·ron /éilərɑn|-rɔn/ 名 C 〔空〕飛行機の補助翼.
語源 フランス語 aile (＝wing) の指小語が 20 世紀に入った.

aim /éim/ 動 本来自 名 UC 〔一般語〕一義意 武器で狙う. その他 殴打や非難の言葉などを相手に向ける, ある目標に対して努力を向けることから, 目標を目指す, 目標を達成しようと志す, 努める. 他 としても用いられる. 名 として狙うこと, 目的, 目標.
語源 古フランス語 aesmer (＝to guess at; a- at ＋esmer ⇒estimate) が中英語に入った.
用例 He aimed (the gun) carefully. 彼は慎重に(銃で)狙いを定めた/She aimed (the criticism) at me. 彼女は私に対して(その非難の言葉を)言ったのだ/He is aiming for the top of his profession. 彼は仕事で頂点に立つことを目指している/This book is aimed at young children. この本は小さな子供向きである/We must aim to increase our sales. 売り上げを伸ばすべく努めなければならない/He took aim at a rabbit. 彼はうさぎを狙った/His aim is excellent. 彼の命中率は非常に高い/What is your aim in life? 人生の目的は何ですか.
類義語 aim; purpose; goal; end; object; objective: **aim** は達成したい事柄がはっきりしている目的で, その達成に努力やエネルギーが注ぎ込まれることを暗示する. **purpose** は明確な決心や決意を伴う目的. **end** は手段と対比される目的で, それが遠くにあって最終的のものであることを暗示する. **goal** は達成するためには長い間の苦闘や忍耐が必要となるような目標. **object** は個人的な欲望や願望にもとづく目標. **objective** は具体的な目標で, すぐに到達することが可能であることを暗示する.
【慣用句】*aim high* [*low*] 望みが高い[低い].
【派生語】**áimless** 形 〔やや軽蔑的〕目的のない, 当てのない. **áimlessly** 副. **áimlessness** 名 U.

ain't /éint/ 〔くだけ語〕am not の短縮形. また are not, is not, have not, has not の短縮形としても用いられる.
用例 I'm right, *ain't* I? 私は正しいでしょう/He *ain't* going. やつは行かないんだ/I *ain't* seen nothing. 何も見ちゃいないよ.
語法 全体的な傾向としては, be 動詞および have の否定の短縮形 ain't は, いずれも歴史的な正統性を持っているにもかかわらず, これまで一般的に広く非標準的と見なされてきており, 無学と思われたくない人は使わない方がよいとされている. ただ be 動詞の否定の短縮形の代用としての ain't は, 教養のある人でもくだけた話し言葉ではしばしば使用する. この傾向は am not の短縮形がないために, 特に疑問文において am I not や aren't I の代用として ain't I を用いる場合に顕著である. また, 人によっては am I not も aren't I も避けて, Isn't that so [true; the case]? などの表現を好む人もいる. have not ＋ has not (そして it is n't 特にアメリカの南部では時に do not, does not, did not) の短縮形の代用としての ain't は, いかなるスピーチレベルにおいても非標準的とされている.

air /éər/ 名 U 本来他 〔一般語〕一義意 空気, 大気. その他 (the ～) 空中, 空. 大気の移動の結果として生じるそよ風, 微風, 人の声が空気を伝わることから, 流れ渡ること, 公表, 電波を伝えることから, ラジオ, テレビによる放送, 航空機が空を飛ぶことから, 空路, 空輸, 形容詞的に航空…. さらに別系統の 2 つの意味群があり, 1つはイタリア語からの翻訳と考えられる旋律, 節, 曲, もう 1 つはフランス語から借入された人や物などの雰囲気や態度, 外見, 様子, 《複数形で》気取った態度や高慢な態度などの意. 動 として暖かい乾燥した所で衣服などを空気にさらす, 換気のため部屋などに空気を通す, また公にする, 公表する, 放送する.
語法 名詞の air は, 例えば an air pillow (空気まくら), air safety (空の安全), an air trip (飛行機旅行) のように, 限定的な形容詞として用いられることも多い.
語源 ギリシャ語 aēr (＝breath; atmospheric air) がラテン語 aer, 古フランス語 air を経て中英語に入った. 別系統の 2 つの意味群は別語源.
用例 the fresh morning *air* 新鮮な朝の空気/Birds fly through the *air*. 鳥は空を飛ぶ/feel a slight *air* 微風を感じる/He gave *air* to his views. 彼は所信を表明した/The program went on the *air* a week ago. その番組は一週間前に放送された/go by *air* 飛行機で行く/sing a simple *air* 簡単な曲を 1 曲歌う/This house has an *air* of mystery. この家には神秘的な雰囲気がある/She gives herself such *airs* that everyone dislikes her. 彼女は誰からも嫌われるほど気取っている/I *aired* (out) my room. 部屋に風を通した.
類義語 air; atmosphere: **air** は地球を取り囲む空気の層で, 人間の生命維持に不可欠であるものを指す. **atmosphere** は地球を取り巻く空気の層ばかりではなく, それと同様の他の惑星の気体の層も指す.
【慣用句】*airs and graces* 《軽蔑的》上品ぶった態度, 傲慢. *clear the air* 胸を開いて話すことによって緊張[疑念, 悪感情]を取り除く. *get* [*give*] *the air* 〔俗語〕恋人にふられる[ふる], 仕事を首になる[する]. *in the air* 〔ややくだけた表現〕うわさなどが広まって, 行き渡って, 計画などが決まっていない, 決定していない. *on* [*off*] *the air* 番組が放送されている[いない]. *put on airs* 気取る, 高慢にふるまう. *take the air* 〔形式ばった表現〕新鮮な空気を吸いに戸外に出かける, 散歩[ドライブ, 乗馬]に出る. *up in the air* 〔ややくだけた表現〕未決定の, 不確定な, 怒って, 興奮して, 動揺して. *walk* [*tread*] *on air* 〔くだけた表現〕とても幸せである, 有頂天になる.
【派生語】**áirily** 副 軽やかに, 陽気に, 軽く, 軽薄に, 空想的に. **áiriness** 名 U 風通しのよさ, 新鮮な空気が十分である状態, 軽快さ, 快活, うわっ調子. **áiring** 名 U 乾燥などのため空気や熱にさらすこと, 健康などのため外気に触れること, 戸外での運動, 散歩, 公開, 公表, 放送. **áirless** 形 新鮮な空気がない, 風通しの悪い, 風のない. **áiry** 形 空気の, 空中の, 空高くそびえる,

非現実的な, 空想的な, 動きなどが軽やかな, 優雅な, 快活な, 態度などが軽い, 軽薄な, 風通しのよい, 気取った, 高慢な.

【複合語】**áir bàg** 名 C 車の事故時に瞬間に膨んで衝撃を防ぐエアバッグ. **áir báse** 名 C 空軍基地. **áirbèd** 名 C ベッド代わりにしたり水に浮かべてその上に横にれる空気マットレス. **áir blàdder** 名 C 気胞, 魚などの浮袋. **áirbòrn** 形 空輸の, 飛行中の, 風や空気で運ばれる. **áir bràke** 名 C エアブレーキ, 空気制動機. **áirbrùsh** 名 C 塗料などを吹き付ける噴霧器. 動[本来他] 噴霧器で塗料などを吹き付ける. **áirbùs** 名 C 大型で近距離用の大型航空機, エアバス. **áir-condítion** 動[本来他] 空気調節装置を取り付ける, 空調する **áir-condítioned** 形. **áir condítioner** 名 C 空調装置, 冷暖房装置. **áir condítioning** 名 U. **áir-cóol** 動[本来他] エンジンを空気で冷却する, 空調する. **áir-cóoled** 形. **áir cóoling** 名. **áircráft** 名 C (複 〜) 航空機 (★ヘリコプターやグライダーなども含む). **áircraft cárrier** 名 C 航空母艦. **áircrèw** 名 C 《集合的》 航空機乗務員. **áir cùrtain** 名 C 戸口で屋内を外気から遮断するエアカーテン. **áir cùshion** 名 C 空気座ぶとん, 空気まくら, 空気緩衝装置. **áir-cùshion véhicle** 名 C ホバークラフト. **áirdròme** 名 C 飛行場, 空港. **áirdròp** 名 C 人員や物資などの飛行機からの空中投下. 動[本来他] 空中投下する. **áirfìeld** 名 C 飛行場, 特にその中の離着陸場. **áirflòw** 名 U 気流 (★時に飛行機や車などが引き起こすものを指す). **áirfòil** 名 C エーロフォイル (★航空機の翼形の総称), 高速車の安定性を高めるスポイラー. **áir fòrce** 名 C 空軍. **áirfràme** 名 C 飛行機, ロケット, ミサイルなどのエンジン部分を除いた機体. **áir gùn** 名 C 空気銃, 塗料や殺虫剤などの噴霧器. **áir hòle** 名 C 穴, 河や湖の水面にできた空気穴, 飛行機を急降下させるエアポケット. **áir hóstess** 名 C スチュワデス. **áir láne** 名 C 定期航空路. **áir létter** 名 UC 航空郵便, (米) 航空書簡 [(英) aerogram]. 動[本来他] 陸路が断たれている場合などの緊急の空輸. 動[本来他] 空輸する. **áirlíne** 名 定期航空(路), 航空会社, 2点間を最短で結ぶ一直線. **áirlíner** 名 C 大型旅客機. **áir lòck** 名 C 高圧室と外部の境目に設けるエアロック, [機] 空気[蒸気]閉塞. **áirmàil** 名 U 航空郵便, 《集合的》 航空郵便物. 形 航空便の[で]. 動[本来他] 航空便で出す. **áirman** 名 C 飛行家, 飛行士, パイロット, 航空兵. **áir màss** 名 C [気] 気団, 気塊. **áir pìracy** 名 C 航空機の乗っ取り, ハイジャック. **áir pìrate** 名 C 航空機の乗っ取り犯人. **áirplàne** 名 C 飛行機. **áir pòcket** 名 C エアポケット. **áirpòrt** 名 C 空港. **áir préssure** 名 U 気圧. **áir pùmp** 名 C 空気ポンプ, 排気ポンプ, 送気ポンプ. **áir ràid** 名 C 空襲. **áir rífle** 名 C 旋条空気銃, エアライフル. **áir róute** 名 C 航空路(線). **áir sérvice** 名 C 旅客, 貨物, 郵便などの航空輸送, 航空部隊. **áirshíp** 名 C 飛行船. **áirsìck** 形 飛行機に酔った. **áir spàce** 名 C U 空域, 領空 (語法 airspace とも綴る), 部屋などのエアスペース, 空積, 気積. **áirspèed** 名 U 航空機の対気速度. **áirstríp** 名 C 滑走路だけの仮設飛行場, 滑走路. **áir tàxi** 名 C 大型定期便が飛行しない所に行く小型機, 空のタクシー. **áir términal** 名 C 空港内または市の中心部にあるエアターミナル. **áirtíght** 形 気密の, 密閉された, 議論やアリバイ, 防御など入りすきのない,

完璧な. **áir-to-áir** 形 空対空の. **áir-to-súrface [gróund]** 形 空対地の. **áirwày** 名 C 航空路, 航空会社, 鉱山などの通風孔, 特定の周波数を持ったチャンネル. **áirwòman** 名 C 女性飛行家, 女性飛行士, 女性パイロット. **áirwòrthy** 形 航空機が飛行に適した, 耐空性のある.

aisle /áil/ 名 〔一般語〕 〔一般義〕 教会堂の列柱によって身廊と隔てられている側廊. [その他] 教会や劇場, あるいは客車や旅客機などの座席列間の通路, デパートやスーパーなどのカウンター間の通路や陳列棚間の通路, また両側に並木が立ち並ぶ狭い並木道.
[語源] ラテン語 ala (=wing) が古フランス語 ele (建物の翼, そで) を経て中英語に ele として入った. aisle の s は isle の s と混同されたもの.
[用例] the north *aisle* in a church 教会の北側廊／The bride walked up the *aisle*. 花嫁が(祭壇に向って)正面通路を進んで行った／The *aisle* in an airplane 飛行機内の通路.
【慣用句】 *in the aisles* 観客などが笑いこけて.
【複合語】 **áisle sèat** 名 C 乗り物の通路側の座席.

a.jar /ədʒá:r/ 副 形 〔一般語〕 ドア, 窓などが少し開いて, 半開きの (語法 は述語用法).
[語源] スコットランド方言 a- (=on)+char (=turn) として18世紀から.

a.kim.bo /əkímbou/ 形 副 〔一般語〕 人が挑戦的に両手を腰に当てひじを張って (語法 形 は with arms 〜として用いられる).
[語源] 古ノルド語からの中英語 in kenebowe, a kembow から「踏鉸状に曲げられて」が原意であるが, in keen bow (鋭角に) と関連づける説もある.

a.kin /əkín/ 形 〔一般語〕 〔述語用法〕 同じ先祖を持った, 同族で, 血族で, また…と同種の, 類似して 〈to〉.
[語源] a- (=of)+kin として初期近代英語から.

-al[1] /əl/ [接尾] 名詞につけて「…の, …のような, …の性質の」などの意味を表す形容詞を造る. 例: parental; fictional.
[語源] ラテン語の「…に関係のある」という意味を表す接尾辞-alis が直接中英語に入ってきたか, またはフランス語-al, -elを経て中英語に入った.

-al[2] /əl/ [接尾] 動詞につけて動作や過程などを意味する名詞を造る. 例: arrival, rehearsal.
[語源] ラテン語-alis の中性複数形-alia が直接的に中英語に入ってきたか, またはフランス語-aille を経て中英語に入った.

Al.a.bama /æləbæmə/ 名 固 アラバマ州 (★米国南部の州).

à la carte /à:lə ká:rt/ 副 形 〔一般語〕 レストランで食事を注文する際, コースではなくて好みでメニューより料理を選んで[だ], 一品料理で[の].
[語源] フランス語で「メニューによって」の意. 19世紀に入った.
[対照語] table d'hôte.

a.lac.ri.ty /əlǽkriti/ 名 U 〔形式ばった語〕 行動の敏速さ, 機敏さ.
[語源] ラテン語 alacer (=lively; eager) の 名 alacritas が中英語に入った.

à la mode /à: lə móud/ 形 副 〔一般語〕 ファッションなどが流行している, 当世風の[で], [料理] アラモードの[で], (米) パイなどのデザートにアイスクリームをのせた[で].
[語源] フランス語 (=according to the fashion) が初

期近代英語に入った.

a·larm /əláːrm/ [UC] [動] [本来他] 〔一般語〕 [一般義] 差し迫った危険などに対する**恐怖**, **心配**. [その他] もとは敵軍の接近に伴い, 戦闘準備のために非常召集をかけることを意味した. これが一般化され, 差し迫った危険に対しての**警戒を知らせる声**[音], **警報**, それを合図する装置, **警報器**, さらに危険を伴う要素が排除される, **目覚まし時計**や**目覚まし時計のベル**[ブザー](の音). [動] として**恐れさせる, 驚かせる, …に警報を出す, 警報装置を取り付ける**.
[語源] 古イタリア語の号令 *all'arme* (＝to arms) からきた [名] *allarme* (戦闘準備) が古フランス語 *alarme* を経て中英語に入った.
[用例] The girl stared at her mother in *alarm*. 少女は心配そうに母親を見つめた／give [raise] the *alarm* 警報を発する／a false *alarm* 誤警報／a fire *alarm* 火災報知器／a burglar *alarm* 盗難警報機／The *alarm* woke him up at six. 彼は目覚ましの音で6時に目を覚ました／The least sound *alarms* the old lady. その老婦人はどんな小さな物音でも怖がる／A big fire broke out in the forest, and he *alarmed* the town. 大きな山火事が発生し, 彼は町中に警報を出した.
【慣用句】 **take alarm** 知らせなどを聞いて**心配する, びっくりする**, 警報を受けて警戒する.
【派生語】 **alárming** [形] **不安にさせる, 心配になるほどの, びっくりするような**. **alármist** [名] [C] (軽蔑的)**人騒がせな人, 心配性の人**. [形] **人騒がせな(人の)**.
【複合語】 **alárm clòck** [名] [C] **目覚まし時計**.

a·las /əlǽs, -áː-/ [間] 〔文語〕悲しみ, 哀れみ, 後悔, 心配などの気持ちを表す時の声, **ああ!**
[語源] 古フランス語 *alas* (*a*- ah＋*las* weary) が中英語に入った.

A·las·ka /əlǽskə/ [名] 固 **アラスカ州** (★米国北西端の州).
[語源] アレウト語 (Aleut) で「半島」の意.

Al·ba·nia /ælbéiniə/ [名] 固 **アルバニア** 《★バルカン半島の共和国》.
【派生語】 **Albánian** [形] アルバニア(人, 語)の. [名] [CU] アルバニア人[語].

al·ba·tross /ǽlbətrɔ(ː)s/ [名] [C] 【鳥】**あほうどり**, またこの鳥を殺すと不幸を招くと信じられていたことから, **心配の種, 障害**の意味にもなる.
[語源] 元来アラビア語で「水差し」を意味する語がスペイン語 *alcatraz* (ペリカン)となり, 初期近代英語に入った. ラテン語 *albus* (＝white) の音が加わり現在の形がある.

al·be·it /ɔːlbíːit/ [接] 〔文語〕**…ではあるが, たとえ…でも** (though; even though).
[語源] 中英語 al be it (＝let it entirely be (that)) より.

al·bum /ǽlbəm/ [名] [C] 〔一般語〕 [一般義] 写真や切手, サインなどを集めて保存しておくための**アルバム**. [その他] 本来「白」の意で, 何も書いてないページを集めているものということでアルバムの意となったが, その後, 特にレコードを入れておくためのジャケットを指すようになり, さらにジャケットに入っている**一組のレコード**[カセット, CD], また一面の中で数曲が入っている単独の**LP レコード**[カセット, CD]も指すようになった. また文学作品や歌, 絵画などを集めた**文集, 詩集, 歌集, 画集**なども意味する.
[語源] ラテン語 *albus* (＝white) の中性形 *album* が初期近代英語に入った. 原義は「なにも書いてない書き板」.
[用例] I put the pictures in the *album*. 私はそれらの写真をアルバムに貼った／a stamp *album* 切手帳／an autograph *album* サイン帳／I haven't got the group's latest *album*. まだそのグループの最新アルバムは持っていない.

al·bu·men /ælbjúːmən|ǽlbjumən/ [名] [U] 〔一般語〕**卵の白身, 卵白, 【植】胚乳**.
[語源] ラテン語 *albus* (＝white) による後期ラテン語が初期近代英語に入った.

alchemist ⇒alchemy.
alchemize ⇒alchemy.

al·che·my /ǽlkəmi/ [名] [U] 〔一般語〕 [一般義] 他の物質を黄金に変えようとした中世の学問で, 化学 (chemistry) の基礎となった**錬金術**. [その他] 錬金術のように, ある物質をより高価なものに変えるための**魔術, 秘法**.
[語源] ギリシャ語 *khēm(e)ia* (金属を変性させる技術) がアラビア語で *al* (定冠詞)＋*kīmiyā* となり, 中世ラテン語 *alchemia*, 古フランス語 *alquemie* を経て中英語に入った.
【派生語】 **álchemist** [名] [C] **錬金術師**. **álchemize** [動] [本来他] **錬金術で変える**.

al·co·hol /ǽlkəhɔ(ː)l/ [名] [U] 〔一般語〕 [一般義] **アルコール, 酒精**. [その他] ウィスキーやビール, ワインのようなアルコールの入っている飲み物, **酒**.
[語源] アラビア語 *al-kuhl* (*al* 定冠詞＋*kuhl* 点眼薬として使われていた大変きめの細かいアンチモンの粉)が中世ラテン語 *alcohol* を経て初期近代英語に入った. アンチモンの粉がアルコールを意味するようになったのは, 前者のきめの細かさと後者の純度の高さとの間に連想が働いたからである.
[用例] Alcohol can be used as a solvent. アルコールは溶剤として使うことができる／The doctor advised him not to touch *alcohol*. 医者は彼に酒を飲まないように言った／*Alcohol* was the cause of his downfall. 飲酒がもとで彼は没落した.
【派生語】 **àlcohólic** [形] **アルコールの, アルコールを含んでいる, アルコールによる, アルコール依存症の**. [名] [CU] **大酒飲み, アルコール依存症患者**. **álcoholism** [名] [U] **アルコール依存症**.

al·cove /ǽlkouv/ [名] [C] 〔一般語〕 [一般義] **書棚, 寝台, などを備えられるような, 壁の一部を凹ませて作った入り込み, 小部屋**. [その他] 庭などの奥まったところにある**空所, あずまや**.
[語源] アラビア語 *al-qubba* (＝arch) がスペイン語, フランス語を経て初期近代英語に入った.

al·der /ɔ́ːldər/ [名] [C] 【植】**湿地を好む落葉樹**で, 水に強い木材として橋の土台などに使われる**はんのき**.
[語源] 古英語 alor, aler から, 綴りの d- は発音しやすいように中英語で挿入された. 原義は「赤茶けた(木)」.

al·der·man /ɔ́ːldərmən/ [名] [C] (複 -men) 〔一般語〕(米・カナダ・オーストラリア)**市会議員, 区長**, (英)**州 (county) または市 (borough) の長老議員から選ばれた参事会員**.
[語源] 古英語 (e)ald (＝old) の派生語 ealdor (＝chief; prince) に mann (＝man) がついてできた aldormann から.

ale /éil/ [名] [UC] 〔一般語〕**エール** (★ビールの一種), (英)**ビール**.

a・lert /ələ́ːrt/ 形 動 本来他 〔一般語〕一般義 危険や脅威また非常事態などに対して警戒を怠らない, 油断しない, 用心深い. その他 危険などに対して常に気を配っているところから, 抜け目ない, 機敏な, あるいはすばしこい, 敏捷な. 名 として空襲や嵐などのような危険や非常事態を知らせる合図, 警戒警報, 警報発令期間, 警戒態勢. 動 として警報を出す, 一般的に義務や責任または必要性があることを明確に認識させる, 注意を呼び掛ける, 警告する.

語源 イタリア語 all'erta (=at the watchtower; on the watch) がフランス語 alerte を経て初期近代英語に入った.

用例 You must be *alert* to the dangers around you. 身の囲りの危険に対して注意を怠ってはいけない/She is very old now but she's still very *alert*. 彼女はもう大変な年だが今なおとても機敏だ/give [receive] an *alert* 警報を発令する[受ける]/The sirens brought the whole town to the *alert*. サイレンが鳴って町全体が警戒態勢に入った/I *alerted* her to her responsibility. 私は彼女に責任を喚起した.

類義語 alert; vigilant; watchful: **alert** は油断のなさ, 用心深さの中に頭の回転の速さや, 敏速に行動しようとする心の準備があることを暗示する. **vigilant** は鋭い能動的な観察や, 持続的な警戒心を伴うような用心深さを強調する語. **watchful** は最も一般的で, 危険などに近づかないような心構えを表す.

【慣用句】 ***on the alert*** 危険などに対して警戒して, チャンスなどを逃すまいと油断なく.

【派生語】 **alértly** 副 油断せずに, 用心深く. **alértness** 名 U.

Aleu・tian Islands /əlúːʃən áiləndz/ 名 固 《the 〜 として》アリューシャン列島《★アラスカの南西にある列島》.

語源 Aleutian は「アレウト族 (Aleut) の」の意.

Al・ex・an・der /æligzǽndər, -á:-/ 名 固 男子の名, アレキサンダー.

【複合語】 **Alexánder the Gréat** 名 固 アレキサンダー大王《★紀元前4世紀の Macedonea の王. ギリシャ, 小アジア, エジプト, インドに至る広大な地域を征服した》.

Al・ex・an・dri・a /æligzǽndriə/ 名 固 アレクサンドリア《★古代エジプトの首都》.

Al・fred /ǽlfrid/ 名 固 男子の名, アルフレッド《★愛称は Al, Fred, Freddy》.

al・ge・bra /ǽldʒibrə/ 名 UC 《数》 数学の一分野である代数学, 代数学の論文[教科書].

語源 アラビア語 *al-jabr* (*al* 定冠詞+*jabr* reunification) が中世ラテン語 *algebra* を経て中英語に入った. 原義はばらばらになっている要素を結合するという意.

用例 *Algebra* is a method of calculating using letters and signs to represent numbers. 代数とは数を表す文字や記号を用いて計算する方法である.

関連語 arithmetic (算数); geometry (幾何学); mathematics (数学).

【派生語】 **algebraic** /æ̀ldʒibréiik/ 形 代数の, 代数(学)の.

Al・ge・ri・a /ældʒíː(ə)riə/ 名 固 アルジェリア《★アフリカ北西部の共和国》.

語源 アラビア語で island の意.

【派生語】 **Algérian** 形 アルジェリア(人)の. 名 C アルジェリア人.

al・go・rithm /ǽlgəriðm/ 名 C 《コンピューター》算法, アルゴリズム.

語源 アラビア語 *al-khwārizmi* (=mathematician) が中世ラテン語 *algorismus* を経て中英語に *algorism* (アラビア式記数法, 十進法)として入った. この語はその異形.

a・li・as /éiliəs/ 名 C 副 〔一般語〕別名, 偽名, 通称. 副 として別名..., 通称....

語源 ラテン語 *alias* (=at another time; otherwise) が中世英語に入った.

用例 John Smith, *alias* Peter Jones. ピーター・ジョーンズこと本名ジョン・スミス, 本名ジョン・スミス, 通称[別名]ピーター・ジョーンズ.

al・i・bi /ǽlibai/ 名 C 動 本来他 《法》犯行現場などに居合わせなかったこと(の証明), いわゆるアリバイ. 一般的に何かの言い訳(をする).

語源 ラテン語 *alibi* (=elsewhere) が 18 世紀に入った.

a・lien /éiljən, -liən/ 形 名 本来他 動 本来他 〔一般語〕一般義 外国の, 外国人の. その他 本来別の人, 物, 場所に属していたり関係があることを表し, そこから異質な, 相反する, 一致しないなどの意が生じた. 名 としては, 別の国家や別の社会, 別の民族や国家に属する人一般を指していたが, その中でも特に別の国に属する人, すなわち**外国人**という意味が優勢になり, さらに外国人のうちでも市民権を取って帰化することなく住み続けている人, すなわち**在留外国人**, 市民権は持っていても外国生まれである人, すなわち**外国生まれの市民**を指すようになった. また SF の世界で地球以外の星に属する人ということで, 異星人や宇宙人の意でも用いられる. 動 としては, 土地や財産などを他人に属させることから, 譲る, 譲渡する (alienate).

語源 ラテン語 *alius* (=other) から派生した *alienus* (=belonging to another) が古フランス語 *alien* を経て中英語に入った.

用例 an *alien* agent 外国のスパイ/an *alien* culture 外国の文化/Unkindness was *alien* to his gentle nature. 不親切は彼の優しい性格とは異質なものだった/These ideas are *alien* to democracy. このような考え方は民主主義とは相いれない/*Aliens* are not welcome there. そこでは外国人は歓迎されない.

類義語 alien; foreigner; stranger: **alien** は政治的な忠誠心の対象と市民権の所在が自分とは違うことを強調する. **foreigner** は言語や習慣, 育った背景などが自分のものとは違うことを強調する. **stranger** はまったく面識がない外国人を意味する. なお, 「異質な」の意では alien と foreign はほぼ同意であるが, 対立や敵対を暗示する点で alien のほうが強い意味合.

【派生語】 **álienable** 形 土地や財産などが譲渡できる. **álienate** 動 本来他 《やや形式ばった語》財産や権利などを譲渡する, 友人などを遠ざける, 疎んじる, 疎外する, 愛情や資金などを他に向けさせる. **àlienátion** 名 U 譲渡, 疎遠, 疎外, 疎外感.

a・light[1] /əláit/ 動 本来自 《過去・過分 〜**ed**, **-lit**》 [形式ばった語]一般義 馬や乗物などから降りる. その他 飛行機などが**着陸する**, 鳥などが降りて...に止まる, 人や物に**偶然出くわす** 《on; upon》.

語源 古英語 ā- (強意)+līhtan (=to lighten 軽くする)から成る ālīhtan から.

a·light[2] /əláit/ 形 〔一般語〕《述語用法》**火がともって，燃えて，燃えるように輝いて**．
[語源] 古英語 ā- (= up) + līhtan (= to light 火をつけるから成る ālīhtan の過去分詞 alīht から．

a·lign /əláin/ 動 [本来語] 〔一般語〕[一般語] **一列に並べる**．[その他] **提携[連合，同調]させる(する)，自動車の前輪を調整して平行にする**．
[語源] ラテン語 ad lineam (= in a straight line) がフランス語で à ligne となり，動 aligner を経て初期近代英語に入った．
[派生語] **alígnment** 名 [U].

a·like /əláik/ 形 副 〔一般語〕**少なくとも重要な，または顕著な相違がなくよく似て，同様で**[に]《語法》形 は述語用法）．
[語源] 古英語 līc (= form) の派生形 gelīc (= like) と古ノルド語 alíkr との混成による．古英語の līc は「体」の意で alike は「同様な体をした」の意．
[用例] He and his brother are very much *alike*. 彼と弟は瓜二つだ/He treated all his children *alike*. 彼はすべての子供に同じように接した/He was criticized by rightists and leftists *alike*. 彼は右派からも左派からも（等しく）批判された．
[類義語] alike; like; similar; identical: **alike** はほぼすべての点で同じであるような類似性を表し，述語用法で用いる．**like** は意味の広い語で，ほぼすべての点で同じであるような類似性から，一つの点だけが偶然同じであるような類似性までを指し，限定用法でも用いる．**similar** は異なったものどうしの類似性を強調し，相違点がとりあえず無視できることを暗示する．**identical** は同一の人またはものである事実を表すか，写しや複製または反復などが正確に一致し，重要な違いは何もないことを意味する．

al·i·men·ta·ry /æliméntari/ 形 〔一般語〕**食物に関して，食物の，食物が消化され栄養になる，栄養の**．
[語源] ラテン語 alere (= to nourish) から派生した arimentarius が初期近代英語に入った．
[複合語] **aliméntary canál** 名 《the ~》**口から肛門までの消化器官**．

a·lit /əlít/ 動 alight[1] の過去・過去分詞．

a·live /əláiv/ 形 〔一般語〕[一般語] **生き物が生命を持った状態，すなわち生きている**．[その他] **ある事柄がなくならないで，今に存在して，火，希望，記憶などが消えないで，何かが存在していることに気付いている，それに対して敏感である** (to)．**また生命力や生気，活気などが大いにあって生き生きとして，活発で，生気に満ちて，生物などで群がって，にぎわって** (with)．
[語法] 通例述語用法で用いる．限定用法の形容詞は live で，また限定用法にも述語用法にも用いられるのが living である．
[語源] on (= in) と līf (= life) の与格 līfe から成る古英語 on līfe が中英語で alyfe や on live となり，現在に至る．
[用例] My grandfather was still *alive* when he was ninety. 祖父は 90 歳の時にはまだ健在だった/Let's keep our hope *alive*. 希望の火は消さないでこう/She is always *alive* to others' feelings. 彼女はいつも人の気持ちには敏感だ /I wonder why he was so *alive* today. 彼はなぜ今日はあんなに生き生きとしていたのだろう/This river is *alive* with fish. この川は魚がいっぱいいる．
[語法] 名詞の後につけて「いま実際に生きている」の意で強意語として用いる用法がある：the greatest man *alive* 当代随一の偉人/the only man *alive* who could ... ...ができるおよそ唯一の人．
[慣用句] **alive and kicking** 〔くだけた表現〕**とても健康で，活発で．Man [Heart] alive! おやおや，これはこれは**（驚きだ）**．Look alive! ぐずぐずするな，急げ．

al·ka·li /ǽlkəlai/ 名 [UC] 《化》**アルカリ，アルカリ塩**(⇔ acid)．
[語源] アラビア語 al-qili (海草の灰) が中世ラテン語を経て中英語に入った．
[派生語] **álkaline** 形．**álkaloid** 名 [C] 形 **植物塩基，アルカロイド(の)**．

all /ɔ́:l/ 形 代 副 名 〔一般語〕[一般語] **ある範囲のもの全体の，全部の，...じゅう**．[その他] **程度や性質などの抽象的な事柄に適用され，最大限の，全くの**．**またどの 1 人，1 つを取ってみてもみな，すべて，どれをとってもすべてというところからあらゆる，否定の概念と結びついて何らの，いかなる...もない，さらに全体のうちのある一部分が非常に目立ち，その一部分が全体を構成しているように見えることを表し，すべてが...だけの，...ばかりという意味が生じた．また**《疑問代名詞や所有代名詞の後で》**2 人[2つ]以上の，〔方言〕**主に飲食物について，**消費し尽くしての意で用いられる．代 として**《複数扱い》**全部，全員，みな，**《単数扱い》**全体，すべて，いっさい．副 として全体的に，全体として，強調的に全く，すっかり，大変，取っても大な，スポーツなどで双方とも．名 として全部，全体，特に全財産，全精力．
[語源] 古英語 eall (= all) から．ゲルマン語に共通して見られる語で，ドイツ語 all，オランダ語 al，古ノルド語 allr，ゴート語 alls などがある．
[用例] *all* the world 世界全体/with *all* speed 全速力で/say in *all* sincerity 誠心誠意話す/*All* men are equal. 人はみなだれも平等である/He denied *all* responsibility for the accident. 彼はその事故には一切責任はないと言った/He was *all* skin and bones. 彼は骨と皮だけになっていた/Who *all* is coming? 誰と誰が来るんだ/dance *all* night 夜を徹して踊る．
[類義語] all; entire; total; whole: **all** は「全部の」の意の最も一般的な語．**entire** はもうそれ以上何も加えることができないといったような完全性を暗示する．**total** はすべてのものが数えられた，計られた，または熟慮されたということを暗示する．**whole** は何も省かれていない，無視されていない，取り除かれていないということを暗示する．
[慣用句] **above all** **何にもまして，とりわけ．after all** **結局，それにもかかわらず，何といっても．all along** 〔くだけた表現〕**始めから，ずっと．all at once** **一度に，突然．all but ... ...以外は別として，ほとんど，...も同然．all for ... ...に強く賛成して．all in** 〔くだけた表現〕**疲れ切って，くたびれ果てて．all in all** **全体的に，概して，全部で，合計して，すべて，かけがえのない人[もの]．all of ...** **大きさ，高さ，距離などが少なくとも，...以上．all one** **どちらでも全く同じことで，全くかまわなくて，徹底的に．all out** 〔ややくだけた語〕**精力的に熱意を込めて，徹底的に，全力ですっかり疲れ果てて，至る所に，〔くだけた表現〕あらゆる点で，どこから見ても，そっくり，すっかり．all over ... ...一面に，...の至る所に，〔くだけた表現〕すっかり，...のとりこになって，〔俗〕...を熱愛して．all that** 〔ややくだけた表現〕《否定文で》**それほど，さほど．all the ...** **唯一の．《比較級を伴って》それだけ一層，...それだけますます...**: That was *all the* help he could get. 彼への援助はそれだけだった．**all there** 〔く

だけた表現〕賢い, 抜け目がない.《通例否定文で》心が健康で, 元気で. ***all up*** 〔くだけた表現〕希望のかけらもなく, 終わりで, 破滅して. ***...and all***〔くだけた表現〕...など, ...やそういったもの全部. ***at all*** 少しも, 決して.《否定文で》一体, そもそも,《疑問文で》いやしくも, 仮にも, ...が少ないことを考慮に入れると. ***in all*** 全部で, 合計で. ***Not at all.***〔丁寧語〕どういたしまして〔★お礼に対する返答〕. ***of all*** ... ...がたくさんある[ある]中で, よりによって, こともあろうに. ***once (and) for all*** これを最後に, 最後に一度だけ, きっぱりと. ***with all*** ...にもかかわらず, ...があるので.
【複合語】**àll-aróund** 形 多才な, 万能の, 用途の広い, あらゆる側面が考慮されている, 包括的な, 偏っていない. **áll-ín** 形 すべてを含む, 包括的な,《レスリング》フリースタイルの. **áll-inclúsive** 形 すべてを含む, 包括的な. **áll-níght** 形 徹夜の, 終夜営業の. **áll-óut** 形 最大限の努力を伴う, 全面的な, 徹底的な. **áll-púrpose** 形 多目的の, 多用途の. **àll ríght** 副 間違いなく, 確かに,〔くだけた語〕ちゃんと, 申し分なく, よし, いいとも, わかった, さて, それで. 形 申し分のない, 結構な,〔くだけた語〕適切な, 無事な, 元気な, 正しい. **áll-róund** 形 = all-around. **áll-róunder** 名 C 多才な人, 万能の人, 多芸な人. **áll-stár** 形 名優総出演の, スター選手総出場の. 名 C オールスターチームの選手. **áll-tíme** 形 空前の, 前代未聞の, 記録的な, 常勤の, フルタイムの.

Al·lah /ǽlə/ 名《イスラム教》唯一神, アラー.
語源 アラブ語で the god の意.

al·lay /əléi/ 動 本来他 〔形式ばった語〕恐れ, 不安, 苦痛, 怒りなどを静める, 和らげる.
語源 古英語 ālecgan (= to put down) から.
類義語 calm.

allegation ⇒allege.

al·lege /əléʤ/ 動 本来他 〔形式ばった語〕 一般義 十分な証拠や事実がないのにあることを断言する, 主張する. その他 口実や弁解として...を申し立てる.
語源 俗ラテン語 *exlitigare (ex- out of + litigare to sue) が古フランス語を経て中英語に入った.
【派生語】**àllegátion** 名 U 十分な証拠のない主張, 申し立て, 訴訟当事者による陳述. **alléged** 形〔限定用法〕証拠なしに申し立てられた, 疑われた, ...とされている. **allégedly** /əléʤidli/ 副〔文修飾副詞〕真偽のほどはわからないが本人の申し立てによると, 伝えられるところによれば.

al·le·giance /əlíːʤəns/ 名 U 〔形式ばった語〕一般義 国家や君主に対する忠誠や忠義. その他 人や思想, 主義などに対する信義, 忠実, 献身.
語源 古フランス語 li(e)ge (⇒liege) から派生した alliegeance が中英語に入った.
類義語 loyalty.

allegorical ⇒allegory.
allegorize ⇒allegory.
al·le·go·ry /ǽligɔːri | -gəri/ 名 CU 一般義 たとえ話, 寓話. その他 教訓的な比喩, 諷喩(ふうゆ).
語源 ギリシャ語 allēgoríā がラテン語を経て中英語に入った.
【派生語】**àllegórical** 形 寓話的な, 遠回しの. **àllegórically** 副. **àllegóricalness** 名 U. **àllegòrizátion** 名 U. **állegorize** 動 本来他 寓話化する.

寓話として解釈する.
allegretto ⇒allegro.
al·le·gro /əléigrou/ 形 副 名 C《楽》快速な[に], 軽快い速い[く]. 名 C としてアレグロの曲).
語源 ラテン語 alacer (= lively, brisk) から派生したイタリア語から近代英語に入った.
【派生語】**allegretto** /ælǝgrétou/ 形 副《楽》やや快速な[に]. 名 C アレグレット(の曲)〔★allegro の指小語〕.

allergic ⇒allergy.
al·ler·gy /ǽlərʤi/ 名 C《医》食物や花粉などに対する異常過敏症, アレルギー, 一般的にアレルギーを起こすくらいの反感, 毛嫌い.
語源 ドイツ語 Allergie (ギリシャ語 allos other + ergon work) から. オーストリアの小児科医が 1906 年に初めて使用した語.
【派生語】**allérgic** 形 アレルギー性の, アレルギー体質の.

al·le·vi·ate /əlíːvieit/ 動 本来他 〔形式ばった語〕苦痛や悲しみ, または税金などを軽くする, 楽にする, 緩和する.
語源 ラテン語 alleviare (ad- to + levare to lighten) の過去分詞が中英語に入った.
【派生語】**allèviátion** 名 U.

al·ley /ǽli/ 名 C 〔一般語〕一般義 路地, 小路, 裏通り. その他 もともと公園や庭園などの植え込みや花壇などの間を通る小道や細道を表し, 意味が一般化して路地の意になった. さらに《ボウリング》レーン(lane), (しばしば複数形で)ボウリング場,《テニス》サイドラインとサービスサイドラインに挟まれたダブルス専用のアレー.
語源 ラテン語 ambulare (= to walk) に由来する古フランス語 aler (= to go) の過去分詞 alee が中英語に入った.
用例 A few boys were playing on the *alley*. 男の子が 2, 3 人ほど路地で遊んでいた /a blind *alley* 袋小路.
【慣用句】***up [down] one's alley*** 〔俗語〕自分の好み[性分], 能力]に合って.
【複合語】**álleywày** 名 C 路地, 裏通り, 狭い通路.

alliance ⇒ally.
al·li·ga·tor /ǽligeitər/ 名 C《動》特にアメリカ産, 中国産のわに.
語源 スペイン語 el lagarto (= the lizard) が初期近代英語に入った.
類義語 crocodile.

al·lit·er·a·tion /əlìtəréiʃən/ 名 U《修》頭韻(法)〔★例えば Love me little, love me long (愛情は細く長く)のように同じ音で始まる語を繰り返し使うこと〕.
語源 ラテン語 littera (= letter) がもとになった alliteratio が初期近代英語に入った.
【派生語】**allitérative** 形.

allocatable ⇒allocate.
al·lo·cate /ǽləkeit/ 動 本来他 〔形式ばった語〕一般義 利益や仕事などを人に配分する, 割り当てる. その他 割り当てるために資金などを取っておく.
語源 ラテン語 allocare (to assign to; ad- to + locare to place) の過去分詞 allocatus が初期近代英語に入った.
【派生語】**állocatable** 形. **àllocátion** 名 U. **állocator** 名 C.

al·lot /əlɑ́t | -ɔ́-/ 動 本来他 〔やや形式ばった語〕一般義

一定の時間や資金や仕事などを，特定の人やものに**与える，割り当てる**，ある目的のために**振り向ける，充当する**．[その他] 本来は運命的なものとして**定める**という意味で，運命的という強いニュアンスが消失したのが上記の意味．また運命的という強い意味が受け継がれているのが，一方的に例えば部屋などを**割り振る，分配する**という意味である．

[語源] 古フランス語 aloter (ラテン語起源の a- to + ゲルマン語起源の lot portion) が中英語に入った．

[用例] Each speaker was *allotted* fifteen minutes for their speech. 演説をする人はそれぞれ15分ずつ与えられた/They *allotted* the money for a new school. 彼らはその金を新しい学校に充当した/She *allotted* the rooms to her new boarders. 彼女は新しい寄宿者たちに部屋を割り振った．

[類義語] allot; assign; apportion; allocate: **allot** と **assign** は共に分配が均一かどうかには触れずに，とにかく分け与えることを表すが，assign はそれに加えて，権威を与えられた者が分配することを暗示する．**apportion** は公平な，しばしば均一的な配分を表す．**allocate** はある一定額を特定の目的に向けることに重点がある．

【派生語】allótment 名 [UC] 割り当て，充当，分配，分け前，取り分．

al·low /əláu/ 動[本来他][一般語][一般義] 人や動物が何かをしようとすることに対し，譲歩したり容認したりすることによって**許可する，許す**．[その他] かつてこの語には「権利として与える」という意味があり，この時間や金銭などに適用され，ある人や事柄に対して金銭や物品などを**支給する，与える**，さらに予め割り当てることも指すようになり，**割増しする，割引きする**の意味が生じた．またもう一つ別の意味の流れがあり，「賞賛する」という意から，いものは**是認する，認める**から，「許可する」につながり，さらに取り立てて禁止したり妨害したりせずに，**自由に…させておく，思うままにさせる**という意味が生じた．

[語源] ラテン語の「割り当てる」の意の allocare と「賞賛する」の意の allaudare の混合ってできた古フランス語 alouer が中英語に入った．

[用例] I wasn't *allowed* to attend the party. 私はパーティーに出ることを許可してもらえなかった/My parents *allow* me 120,000 yen a month as living expenses. 両親は生活費として毎月12万円ずつ私にくれる/They *allowed* three days for the journey. 彼らは旅行に3日間を割り当てた/*allow* a gallon for leakage 漏れる分を見越して予め1ガロン追加する/Dogs are not *allowed* here. ここでは犬の出入りは許されていない/He *allowed* that it had been a mistake. 彼はそれが誤りであったことを認めた/She *allowed* the door to remain open. 彼女はドアを開いたままにしておいた．

[類義語] allow; permit; let: **allow** と **permit** は許可を与える権威や権力あることを暗示し，しばしば交換可能である．ただ，allow は妨げようとする試みを控える，またはその意思がないことに重点があり，permit は積極的に，または権威によって正式に許可することに重点がある．**let** はこれら2語よりもくだけた語で，そのいずれのニュアンスも含み持ち，普通は妨害しないで相手の思うままにさせるという意で使われる．

[反意語] forbid.

【慣用句】 ***allow for*** … …を斟酌する，考慮する，心に留めておく． ***allow of*** … 〔やや形式ばった語〕…の余地がある，…を許す，認める．

【派生語】allówable 形．allówance 名 [CU] 配給，支給，割り当て，割り当て期間，給与，手当て，小遣い，割引き，値引き，許可，容認，考慮，斟酌．

al·loy /ǽlɔi, əlɔ́i/ 名 [UC], /əlɔ́i/ 動[本来他][一般語] **合金(にする)**．

[語源] ラテン語 alligare (⇒ally) からの古フランス語 aleier (= to bind; to alloy) が初期近代英語に入った．

al·lude /əlú:d/ 動[本来自]〔形式ばった語〕人や事柄について間接的または付随的にさりげなく手短に**言及する，ほのめかす，それとなく言う**．

[語源] ラテン語 alludere (ad- to + ludere to play) が初期近代英語に入った．原義は「冗談を言う」．

[用例] He did not *allude* to the remarks made by the previous speaker. 彼は前の講演者の言ったことには言及しなかった/I thought she was *alluding* to him though she did not mention his name. 彼の名前こそ出さなかったが，彼女は暗に彼のことを言っているのだと思った．

【派生語】allúsion 名 [UC] 間接的な言及，ほのめかし，あてつけ，〖文法〗引喩．allúsive 形 それとなく言う，ほのめかしの，ほのめかしを含んだ．

al·lure /əlúər/ 動[本来自]名 [U]〔形式ばった語〕えさなどでおびき寄せる，誘い込む，**誘惑する**．名 として**魅力**．

[語源] 古フランス語 leurer (= lure) から派生した 動 aleurer (= tempt by a bait) が中英語に入った．

[類義語] attract; charm; tempt.

【派生語】allúrement 名 [U] 誘惑，魅惑．allúring 形．

allusion ⇒allude.

allusive ⇒allude.

al·lu·vi·um /əlú:viəm/ 名 [UC] 《複 ～s, -via》〖地〗沖積層，沖積土．

[語源] ラテン語 alluere (= to wash against) の派生形 alluvius (流された) の中性形が初期近代英語に入った．

【派生語】allúvial 形．

al·ly /əlái/ 動[本来他], /ǽlai/ 名 [C]〔一般語〕〔一般義〕《通例 ～ oneself または受身で》国どうしを条約によって，家どうしを結婚によって，会社どうしを協定によってなど，ある特定の目的のために**結び付ける，同盟させる，縁組みさせる，提携させる**．[その他] 《通例受身で》似たものどうしを**関係づける，同類関係にさせる，類縁関係にさせる**．自 としても用いられる．名 として**同盟国**，《the Allies》第一次大戦と第二次大戦の**連合国**，また**同盟者，支持者，助力者，補助者**，動植物について遺伝学的または進化論的に関係のあるもの，**同類のもの，同種のもの**．

[語源] ラテン語 alligare (ad- to + ligare to bind) が古フランス語 alier を経て中英語に入った．

[用例] The small country *allied* itself with the stronger country. その小国は強国と同盟を結んだ/French is *allied* to Italian. フランス語はイタリア語と類縁関係にある/He is one of the president's *allies*. 彼は大統領の側近の一人だ/What is the *ally* of the wolf? おおかみと同類の動物は何か．

【派生語】allíance 名 [UC] 同盟，縁組み，協力，協調，同盟国，同盟者，同盟条約，類似，類縁性: enter into *alliance* with … …と同盟を結ぶ/be in *alliance* with … …と手を組んでいる．**allied** 形 同盟した，連合した，縁組みした，関連のある，同類の．

al·ma ma·ter, Al·ma Ma·ter /ǽlmə má:tər/
[名] [C] 〔形式ばった語〕**母校**, 《主に米》母校の校歌.
[語源] ラテン語 (= fostering mother).

al·ma·nac /ɔ́:lmənæk/ [名] [C] 〔やや形式ばった語〕
[一般義] 日の出, 日の入, 月の満ち欠け, などの天文, 気象についても, 行事者が記されている**暦**. [その他] **年鑑**.
[語源] アラビア語 *al-manākh* が中世ラテン語に入ったという説が有力だが確かではない. 中世ラテン語 *almanachus* が中英語に入った.

al·mighty /ɔ:lmáiti/ [形] [副] 〔一般義〕神が**全能である**. [その他] 神のように力が**圧倒的である**, 影響力**が絶大である**, さらに程度などが**途方もない**, **極端である**, **とてもひどい**. [副] として**極度に**, **途方もなく**, **とてもひどく**.
[語源] 古英語 eall (= all) + mihtig (= mighty) の ealmihtig から.
[用例] *Almighty* god = God *Almighty* = the *Almighty* 全能の神/the *almighty* press 多大な影響力を持つジャーナリズム/We had an *almighty* row. 私達はひどい大げんかをした/He was *almighty* scared. 彼は途方もなく怖がっていた.
【慣用句】**the almighty dollar** 万能のドル, 金の威力.
【派生語】**almíghtiness** [名] [U].

al·mond /á:mənd/ [名] [C] 【植】扁桃(へんとう), アーモンド, 食用となるその果実の核の仁, またアーモンド形をしたもの.
[語源] ギリシャ語 *amugdalē* から.

al·most /ɔ́:lmoust/ [副] 〔一般義〕ある基準に大変近いが 100 パーセントではないことを表し, ほとんど, ほぼ, もう少しで.
[語源] 古英語 eall (= all) + mæst (= most) の ealmæst から.
[用例] I have read *almost* all the books in this room. この部屋にある本はほとんど全部読んだ/It was *almost* twelve midnight. ほとんど真夜中の 12 時近くだった/She *almost* fell under a moving car. 彼女はもう少しで走っている車の下敷きになるところだった.
[日英比較] 日本語の「ほぼ 10」は almost ten とも about ten ともいえるが, almost が 10 には達していないことを表すのに対し, about のほうは 10 前後を意味する.
[類義語] nearly.

alms /á:mz/ [名] [C] 〔複 ~〕〔やや古語〕貧しい人や困っている人に与える**施し物**, **義捐**(ぎえん)**金**.
[語源] ギリシャ語 *eleos* (= mercy) から派生した *eleēmosunē* (= pity) がラテン語を経てゲルマン語に入り, 古英語では ælmesse となった.

a·loft /əlɔ́(:)ft/ [副] 〔文語〕運動の方向を指し, **空中の高いところに**, 《海》**檣**(しょう)**上に**, **帆柱の上に**.
[語源] 古ノルド語 *ā lopt* (= in the air) が中英語に入った.

a·lone /əlóun/ [形] 〔一般義〕他の人や物から離れて, **一人で**, **ただそれだけで**. [その他] 他の人や物が周りに(い)ないということから, **…だけ**, **…のみ**. さらに**一人ぼっちで**, **孤独で**, **孤立して**, 同等の能力を持つ人やライバルなどがいないことから, **無類の**, **比類なき**, **無二の**.
[語法] [形] は述語用法で用いられる.
[語源] 中英語 al (= all) + on(e) (= one) から. 原義は「全く一人, 単一の」.
[用例] The house stood *alone* in a wood. その家は森の中にぽつんと立っていた/He was walking *alone* on the country road. 彼は一人で田舎道を歩いていた/Tom *alone* arrived here safely. トムだけが無事にここに着いた/Man shall not live by bread *alone*. 人はパンのみにて生きるものではない/Mary *alone* would eat this much. メアリーだけでもこのくらいは食べるだろう/There are six schools on this island *alone*. この島だけでも学校が 6 つある/I felt all *alone* in that crowded room. 人が大勢いる部屋の中で私は全く孤独だった/She stands *alone* as an example of honesty. 誠実さの具体例としては彼女に匹敵する人は他にいない.
[類義語] alone; solitary; lonely; lonesome; lone: **alone** は一人だけ, または一つの物だけから離れているという客観的事実のみを表し, それに伴う感情は表さない. また [形] としては述語用法のみ. **solitary** は他から離れた状態を自ら求めたことも表すが, 多くの場合, 仲間やつきあいの欠如や喪失感, それに伴う悲しさを表す. **lonely** は孤独感や憂うつから仲間がいてほしいという気持ちを表す. **lonesome** は孤独であることの悲しさやつらさが大変大きく, 仲間を, それもしばしば特定の人を強く求める気持ちを表す. **lone** は詩的な語で, lonely や lonesome の代わりにもなるが, 多くは alone と同様の客観性を表す語である.
【慣用句】**let alone** …は言うまでもなく, ましてや…はなおさらだ. **let well enough alone** 手を加えようとせずに現状で満足している.

a·long /əlɔ́(:)ŋ/ [前] 〔一般義〕〔一般義〕**…を通って**, **…に沿って**. [その他] 時間や距離などやや具体性に欠ける事柄に適用され, **…の間に**, **…の中で**, さらにある基準などに**従って**, **則って**. [副] としては, ある方向に向かって進行する動作について**前へ**, **先へ**, **どんどん**, 人から人へ**次々に**, ある一定の時刻や年齢に**どんどん近づいて**. また**沿って**の意から, **連れて**, **一緒に**, **協力し合って**, **共同して**, 物を**身につけて**, **携えて**などを表す.
[語源] 古英語 and- (= over; against) + lang (= long) の andlang から. もともとは形容詞で「端から端までの長さの」「端から端までずっと続く」という意味であった.
[用例] Walk *along* this street. この道路を歩いて行きなさい/Part of the wall runs *along* the river. 塀の一部はその川に沿っている/Somewhere *along* the journey, he must have gotten it. 旅行の間のどこかの時点で彼はそれを入手したに違いない/We have to think *along* the lines we have discussed so far. 今まで論議してきた方針に従って考える必要がある/She walked *along* by herself. 彼女は一人でどんどん歩いて行った/The project is far *along*. その企画はかなり進んでいる/The rumor was passed *along*. そのうわさは次から次へと伝わった/*along* toward evening かなり夕方近くになって/She took her little sister *along*. 彼女は妹を一緒に連れて行った/He sent me two photographs *along* with the letter. 彼は手紙と共に写真を 2 枚送ってよこした/work *along* with one's associates 提携者と協力し合って働く/He had his pen *along*. 彼は万年筆を身につけていた.
【慣用句】**all along** 〔くだけた表現〕ずっと, 最初から. **along about** … 〔くだけた表現〕時間, 日付など…ころに, だいたい…. **along by** …に沿って. **be along** 〔くだけた表現〕待っている人の所へ行く, 来る: I'll be *along* very soon. すぐ行きます.
【複合語】**alòngsíde** [副] [前] (…の)そばに, (…の)横に, (…と)並んで, (…に)横づけになって, (…に)沿って.

a·loof /əlúːf/ 副 形 〔一般語〕距離的にまたは感情的な面で**遠ざかって**, 離れて. 形 《述語用法》態度がよそよそしい, 関心がない.
[語源] a-(=on)+luff (船の風上側) として初期近代英語から. 他の海事用語と同様にオランダ語起源と思われるが詳細は不明.
【派生語】**alóofness** 名 Ｕ.

a·loud /əláud/ 副 〔一般語〕一般義 つぶやいたりささやいたりするのではなく**普通の声で**, 黙っているのではなく**声を出して**, はっきりと. 本来は大声での意であるが, この意味は現在では次第に使われなくなりつつある ([語法] この意味では普通 loudly を使う).
[語源] 中英語 a-(…のようなやり方で)+loud から.
[用例] She whispered, "You can't speak *aloud* in the library."「図書館だから普通の声で話してはいけない」と彼女はささやいた/He read the letter *aloud*. 彼はその手紙を声に出して読んだ/He cried *aloud* because of the pain. 彼は痛くて大声で叫んだ.

al·pac·a /ælpǽkə/ 名 ＣＵ 《動》アルパカ 《★南米産のラクダ科の動物》, その毛を使った織物.
[語源] 南米インディアン語がスペイン語を経て 18 世紀に入った.

al·pen·stock /ǽlpənstɑk|-stɔk/ 名 Ｃ 〔一般語〕登山づえ.
[語源] ドイツ語 *Alpenstock* (*Alpen* Alps + *Stock* staff) が 19 世紀に入った.

al·pha /ǽlfə/ 名 Ｃ 〔一般語〕アルファ 《★ギリシャ語アルファベットの最初の文字 A, α》, 「最初」の文字であることから, もの事の順序や分類の初め, **第一(番目のもの)**などを意味する.
[日英比較] 日本語の「プラスアルファ」は英語では plus something となる.

al·pha·bet /ǽlfəbet/ 名 Ｃ 〔一般語〕一般義 ある言語を表記するための習慣的に決まった順序で配列された文字群, **アルファベット**. [その他] 文字と同等の価値を有する**記号·信号の体系**. またものを書くためにはその基本となるアルファベットを知っていなければならないことから, 学問などの**基礎, 初歩, いろは(ABC)**.
[語源] ギリシャ語 *alphabētos* (*alpha* + *bēta*) がラテン語 *alphabetum* を経て中英語に入った.
[用例] I have learned all the letters of the Greek *alphabet*. 私はギリシャ語のアルファベットの文字を全部覚えた/the phonetic *alphabet* 音声記号体系/the Morse *alphabet* モールス記号体系/He does not know the *alphabet* of physics. 彼は物理のほんの初歩も知らない.
【派生語】**àlphabétical** 形 アルファベットの, アルファベット順の, アルファベットを用いる. **àlphabétically** 副 アルファベット順に. **álphabetize** 動 本来他 アルファベット順にする, アルファベットで表す.

Alpine ⇒Alps.
alpinist ⇒Alps.

Alps /ælps/ 名 固 《the ～》アルプス山脈 《★フランスからスイス, イタリアを通ってオーストリア, ユーゴスラビアに至る南ヨーロッパの山系》.
[語源] 「高い山々」の意のケルト語がラテン語に *Alpes* として入り, 古フランス語を経て中英語に入った.
[用例] I want to climb the *Alps* some day. いつかアルプスに登ってみたい.
【派生語】**Alpine** /ǽlpain/ 形 Ｃ アルプスの, アルプスのような, 《スキー》アルペンの, 滑降の, 《人類学》アルプス人種(の); (a-) 高山の, 高山性の, 《植》高山植物.
álpinist 名 Ｃ 登山家, (しばしば A-)アルペンスキーの選手.

al·read·y /ɔːlrédi/ 副 〔一般語〕一般義 ある動作が完了していることやある状態が実現していることなどを表し, **すでに, もう**. [その他] 動作の完了や状態の実現などが予期していた時よりも早く, 意外である, 驚いている, あるいはそれ以上はいらないというい らいらした気持ちを表し, **おや**, **もう, まさかもう**の意も表す.
[語源] 中英語の形容詞句 al redy (=all ready) が後に副詞に転じたもの.
[用例] She had *already* left home when I called her. 電話した時には彼女はもう家を出た後だった/I have *already* read this book. この本はもう読みました/You are not going *already*, are you? まさかもう行ってしまうって言うんじゃないでしょうね/That's enough *already*! それはもう十分だ, いいかげんにしてくれ.
[語法] ❶ already は普通は肯定平叙文で用い, 疑問文や否定文では yet を用いる ❷ already が驚きを表すのは疑問文に用いられた場合である ❸ already がいらいらを表す場合は, 肯定の平叙文の文末に置かれるのが普通.

al·right /ɔːlráit/ 副 形 =all right.
[語法] 正しくない言葉であるとする意見が有るが, 小説などの会話文でしばしば使われる.

al·so /ɔ́ːlsou/ 副 接 〔一般語〕…もまた, そしてまた, 同様に. 接 として(くだけた語)それから, そしてその.
[語源] 古英語 eall (=all)+swā (=so) の eallswā から.
[用例] He is studying German but he is *also* studying French. 彼はドイツ語を学んでいるがまたフランス語も勉強している/Swimming is fun, *also* good for the health. 水泳はおもしろいし, 健康によい.
[語法] ❶ too, as well よりかなりくだけた表現 ❷ also は普通, (本)動詞の前に置かれる ❸ 否定文では not … either または neither を使う.

Al·ta·ic /æltéiik/ 形 名 ＵＣ 〔一般語〕アルタイ山脈の, 《言》アルタイ語族の. 名 としてアルタイ語族, アルタイ語を話す人.
【複合語】**Altaic Mountains** 名 《the ～》アルタイ山脈 《★中央アジアの山系》.

al·tar /ɔ́ːltər/ 名 Ｃ 〔一般語〕祭壇.
[語源] 古英語 altar から.

al·ter /ɔ́ːltər/ 動 本来他 〔一般語〕一般義 実質を変えて全く別の物にするのではなく, 形や大きさ, あるいは配列などの細部を改めることを表し, **変える, 変更する**. [その他] 家畜などについて, 雄を**去勢**する, 雌の**卵巣を除去**する. 自 変わる.
[語源] ラテン語 *alter* (=other) から派生した *alterare* (=to change) が中フランス語を経て中英語に入った.
[用例] The ship *altered* course. 船は進路を変更した/Will you *alter* this dress (to fit me). (私に合うように)この洋服の寸法を直してくれませんか/He has *altered* a lot since I saw him last. 最後に会って以来, 彼はずいぶん変わった/We *altered* our cat because we want no kittens. 子猫はいらないので我が家の猫に避妊手術をした.
[類義語] ⇒change.
【派生語】**álterable** 形 変えられる, 変更可能な. **àlterátion** 名 ＵＣ 変更, 改変, 家などの改造, 服などの

仕立て直し.

al·ter·nate /ˈɔːltərneit/ 動 本来自, /-nit/ 形 名 C
[一般語] 交互に繰り返す, 互い違いに現れる.
[その他] 別なものと交替する《with》, 2つのものの間を行き来する《between》. 他 順に交替させる, 交互に入れ替える. 形 として交互の, 互い違いの, 交替の, 一つおきの, 〖植〗葉が互生の. また相互の, 代わりの. 名 として交替者, 代理人, 補欠.
[語源] ラテン語 alter（=other）がもとになった alternus（=interchangeable）から派生した 動 alternare の過去分詞 alternatus が初期近代英語に入った.
[用例] Rainy days and sunny ones *alternate* (with each other) in this district. この地域では雨の続く日と晴れの続く日が交替でやってくる/My job *alternated* between Tokyo and Osaka. 私の仕事の場所は東京と大阪の間を行ったり来たりした/He *alternates* reading with [and] watching television. 彼は交互に読書したりテレビを見たりする/His T-shirt had *alternate* stripes of white and red. 彼のTシャツは白と赤で交互になった縞模様になっていた/She goes shopping on *alternate* days. 彼女は一日おきに買物に行く/on *alternate* lines 一行おきに/Do you have an *alternate* plan? 代案はありますか/the *alternate* to the chief 主任代理.
【派生語】álternately, (英) altérnately 副 交替で, 代わる代わる, 交互に, 一つおきに. àlternátion 名 UC 交互になっていること, 交替, 一つおき. álternator 名 C 交流発電機.
【複合語】álternating cúrrent 〖電〗交流.

al·ter·na·tive /ɔːltə́ːrnətiv/ 形 名 C [一般語]
[一般義] 代わりとなる, 代用の, 交替の. [その他] いずれか一方, 二者択一の. さらに既成の制度や組織に代わり得るということで, 伝統に捉われない, 既成の価値観にもとづかない. 名 として代わりとなるもの, 代わりの手段[方法], 一つの選択, 選択肢, 二者択一.
[語源] ラテン語 alternatus（⇒alternate）から派生した 形 alternativus が初期近代英語に入った.
[用例] Do you have an *alternative* suggestion? 代案はありませんか/an *alternative* school 伝統的なカリキュラムを採用しない学校/an *alternative* newspaper 既成の価値観にもとづかない新聞/Is there an *alternative* to going by bus? バスで行く代わりとなる方法はありますか/He had the *alternative* of going or staying. 彼にとっては行くか留まるかの二者択一だった/How many *alternatives* do we have to go there? そこへ行くためには選択肢はいくつありますか/His only alternative to resistence is death. 抵抗するのがいやだとすればあとは死ぬしかない.
[類義語] choice.
【派生語】altérnatively 副 択一的に, 選択的に, その代わりに, あるいはまた.
【複合語】altérnative quéstion 名 C〖文法〗選択疑問(文) (★例えば Do you agree or disagree?).

alternator ⇒alternate.

al·though /ɔːlðóu/ 接 [一般語] [一般義] ある一つの事実を一応認めて譲歩することを表し, ...が, ...けれども. [その他] 可能性のあることを認めて, たとえ...でも, ...かも知れないが, また既に述べた事柄に対して補足的にそれとは矛盾することを付け加えて, もっとも...だが, とは言っても...だが.
[語源] 中英語 al（=all）+though から.
[用例] *Although* I tried my best, I could not win. 最善を尽くしたけれども勝てなかった/I would not marry you *although* you were the last man on earth. たとえこの世にあなたしかいなかったとしても, あなたとは結婚しないでしょう/She says she is an actress, *although* I bet she isn't. 彼女は自分が女優だと言っている. もっとも私は違うと思うが.
[類義語] although; though: 両者ほぼ同意に用いられるが, 文頭, すなわち主節の前に従属節が来ている場合には although が使用される傾向にあり, 内容が可能性や仮定を表す場合は, although はやや古風で, though のほうが一般的である.

al·tho /ɔːlðóu/ 接 〔くだけた語〕《米》=although.

al·tim·e·ter /æltímitər|ǽltimi:-/ 名 C〔一般語〕高度計.
[語源] alti-「高い」+-meter として19世紀から.

al·ti·tude /ǽltitjuːd/ 名 C〔一般語〕[一般義] ある一定の基準を基にして計った場合の高さ, 高度, また特に地表面や海水面を基にして計った場合の標高, 海抜.
[その他] 元来専門的な用語で, 水平線や地平線を基準として角度で計る天体の高度, 三角形などの底辺から垂直に頂点まで延びる垂線, およびその長さである高さ. 《通例複数形で》高地, 高所, 比喩的に高い地位, 高位.
[語源] ラテン語 altus（=high）の 名 altitudo が中英語に入った.
[用例] The plane is flying at an *altitude* of 10,000 feet. 飛行機は現在1万フィートの高度で飛行している/What is the *altitude* of this city? この都市の海抜はどのくらいですか/I am not accustomed to breathing at these *altitudes*. こんな高地で呼吸することは慣れていない/a social *altitude* 高い社会的地位.
[類義語] height.

al·to /ǽltou/ 名 C〖楽〗アルト, 女声の最低音域, または男声の最高音域 (counter-tenor) を指す. またアルト歌手, アルト楽器.
[語源] ラテン語 altus（=high）に由来するイタリア語 alto が18世紀に入った.

al·to·geth·er /ɔːltəgéðər/ 副 [一般語] [一般義] 全面的に, 完全に, 全く. [その他] 全部で, 合計で, 《文修飾副詞》全体としては, 概して.
[語源] 中英語 al（=all）+togeder（=together）から.
[用例] That's an *altogether* different problem. それは全く別の問題だ/I'm not *altogether* satisfied. 全面的に満足するというわけではない 《★部分否定》/He bought ten books *altogether*. 彼は全部で本を10冊買った/*Altogerher* (,) that was a good vacation. 全体としてはそれはよい休暇だった.
[語法] 話し言葉では altogether と all together はしばしば混同されるが, 意味が違うことに注意する必要がある: They were *all together* in the garage. 彼らはみな一緒にガレージにいた.
【慣用句】*in the altogether*〔くだけた表現〕すっぱだかで.

al·tru·ism /ǽltruizm/ 名 U〔形式ばった語〕愛他主義, 利他主義.
[語源] ラテン語 alter（=other）の与格 alteri（=to the other）がイタリア語で altrui となり, それから派生したフランス語 altruisme が19世紀に入った.

【派生語】áltruist 名 C. **àltruístic** 形. **àltruísti-cally** 副.

al·u·min·i·um /æljumínjəm/ 名 《英》＝alumi-num.

al·u·min·um /æljúːmɪnəm/ 名 U 〔一般語〕アルミニウム(《英》aluminium)〔★元素記号 Al〕.
[語源] 「みょうばん」の意のラテン語 alumen に因む.

a·lum·nus /əlʌ́mnəs/ 名 C (複 **-ni**/nai/) 〔一般語〕《米》男子の卒業生, 同窓生.
[語源] ラテン語 almnus (=foster son; pupil) が初期近代英語に入った.
【派生語】alúmna 名 C (複 **-nae**/niː/)《米》女子の卒業生, 同窓生.
【複合語】alúmni assóciation 名 C 同窓会 [語法] 男女の区別なく複数形の alumni を用いるのが一般的. これに反対して alumnae /-iː/ とする人もいる).

al·ve·o·lar /ælv(ː)ələr/ 形 名 C 【解】肺胞(状)の, 歯槽(とう)の,【音】歯茎音の(★ /t, d, n, l, s/など).
[語源] ラテン語 alveolus (=the socket of a tooth) が 18 世紀に入った.

al·ways /ɔ́ːlweɪz, -weɪz/ 副 〔一般語〕〔一般義〕いつも, 常に, 必ず, 決まって.[その他] いつの場合も状況がすべて同じということから, 絶えず, 遠い将来に視点を移して, 永久に, いつまでも, ずっと. また迷惑なほどしつこく繰り返されることも表し, 〔進行形で〕しょっちゅう, …ばかりしている,《通例 can, could を伴って》必要ならいつも, いざとなれば.
[語源] 古英語 eall (=all) の対格 ealne と weg (=way) から成る ealne weg (すべての道の行)から. なお, 語尾の-s は副詞的属格で, once, needs, nights, Sundays などに見られる.
[用例] I always sleep late on Sunday. いつも日曜日には朝寝坊する/They are not always late. 彼らはいつも遅刻するとは限らない (★部分否定)/The light was always on. 明かりは絶えずついていた/Will you love me always? いつまでも愛していてくれますか/He is always complaining. 彼はしょっちゅう不平を言っている /You can always sleep on the floor. いざとなれば床に寝ることもできる.

am /æm, 弱 əm/ 助 動 be の一人称・単数・直説法・現在形.
[用例] I think, therefore I am. 我思う, 故に我あり/I am not a college student. 私は大学生ではない.
[語法] am には否定の短縮形がなく, くだけた話し言葉では ain't, aren't が用いられる. ⇒ain't.

a.m., A.M. /éiém/《略》時刻を示す数字の後につけて, 真夜中の 0 時から正午までの時間帯を指し, **午前**の意.
[語源] ラテン語 ante meridiem (=before noon) から.
[用例] the 6:20 *A.M.* train for New York 午前 6 時 20 分発ニューヨーク行き列車/at 10 *A.M.* 午前 10 時に.
[語法] a.m., A.M. のピリオドは付けないこともある. またアメリカでは小文字の大きさの頭文字であるスモール・キャピタルを用いることが多く, イギリスでは小文字で表すことが多い. なお, 正午と真夜中の 12 時は, 混乱を避けて, 12 noon, 12 midnight とされる.
[対照語] p.m., P.M.
[日英比較] 日本では数字の前につけられているが, 英語では数字の後につける.

a·mal·gam /əmǽlgəm/ 名 U 〔一般語〕〔一般義〕【化】水銀と他の金属との合金, アマルガム.[その他] 異質な種々の要素の**混合物**, **合成物**.
[語源] ギリシャ語 malagma (=soft mass) に由来する中世ラテン語 amalgama が古フランス語を経て中英語に入った.
【派生語】amálgamate 動[本来他] **混合させる**, **融合する**. **amàlgamátion** 名 U.

a·man·u·en·sis /əmænjuénsɪs/ 名 C (複 **-ses**/siːz/)〔形式ばった語〕(口述)筆記者, 書記.
[語源] ラテン語 (servus) a manu (=(slave) at handwriting) が初期近代英語に入った.
[類義語] secretary.

am·a·ryl·lis /æmərílɪs/ 名 C【植】アマリリス.
[語源] 近代フランス語. 古代ギリシャ語の Virgil の詩に出る少女の名 Amarullis によると思われる. 18 世紀より.

a·mass /əmǽs/ 動[本来他]〔形式ばった語〕財産などを**蓄える**, **ためる**.
[語源] 古フランス語 amasser (a- to+masser to gather into a mass) が中英語に入った.

am·a·teur /ǽmətər, -tʃuər/ 名 C 形 〔一般語〕〔一般義〕職業としてではなく趣味として, スポーツや芸術活動, 研究活動などをする人, **素人**, **アマチュア**.[その他] 元来愛好家の意で, 楽しみのためにスポーツをする人を指すようになり, スポーツ以外でも使われるようになった. また生かじりの人の意味も出てきて, 〔軽蔑的〕**未熟な人**, **へたな人**の意にもなる. 形 として**アマチュアの**, **未熟な**.
[語源] ラテン語 amare (=to love) の派生語 amator (=lover) がフランス語 amateur を経て 18 世紀に入った.
[用例] She is an excellent pianist though she is just an *amateur*. 彼女は単なる素人だが, ピアノがすごく上手だ/an *amateur* of Scotch スコッチウィスキーの愛好家/an *amateur* skill of repairing a watch 時計の修理のへたな技術.
[類義語] amateur; dilettante; dabbler: **amateur** は金のためというよりは楽しみのために何かをする人のことを指し, しばしば技術が比較的に欠如していることを暗示する. **dilettante** は実際に優れた芸術活動を行う人というよりは, 芸術の愛好家を指すこともあるが, 普通は芸術を優雅な暇つぶしの対象と考え, それに真剣に取り組もうという気持が欠如していることを暗示する. **dabbler** は道楽半分にやる人で, やろうとすることに対する散漫で気まぐれな習慣, ねばり強さの欠如を暗示する.
[反意語] professional; expert.
【派生語】amateurish /æmətə́ːrɪʃ/ 形〔軽蔑的〕素人っぽい, 未熟な, へたな. **àmatéurishly** 副. **àmateurishness** 名 U. **ámateurism** 名 U 素人流, 素人芸, アマチュア主義, アマチュアの地位, アマチュアの資格.

am·a·to·ry /ǽmətɔːri|-təri/ 形〔文語〕**恋愛に関する**, **好色な**, 特に**性愛の**.
[語源] ラテン語 amator (⇒amateur) から派生した 形 amatorius が初期近代英語に入った.

a·maze /əméɪz/ 動[本来他]〔一般語〕とても不思議で信じられないような物事によって**驚愕(きょうがく)させる**, **驚嘆させる**. 名 として〔古語〕驚き.
[語源] 古英語 āmasian (=to confuse) から.
[用例] I was *amazed* at his stupidity. 彼のばかさ加減には実に驚いた/It *amazed* me to know that she had passed the exam. 彼女が試験に合格したと知ってとても驚いた.

Amazon

【類義語】⇒surprise.
【派生語】**amázedly** 副. **amázement** 名 Ⓤ 驚愕, 驚嘆, びっくり仰天. **amázing** 形 《主に良い意味で》驚くべき, amazingな. **amázingly** 副.

Am·a·zon /ǽməzən/ 名 固 (the ~) 南米のアマゾン川. 《ギ神》女性戦士のみの部族アマゾーン, また南米の女性戦士らから成るとされる伝説的部族アマゾン. 《a-》〔一般語〕C 背が高くたくましい男まさりの女.
【派生語】**Àmazónian** 形 アマゾン河流域の, 《a-》女性がたくましい, 男まさりの.

am·bas·sa·dor /æmbǽsədər/ 名 C 〔一般語〕
一般義 国家を代表して外交に当たる**大使**. その他 公式と非公式とを問わず何かの代表や使者の役割を果たす人, 使節, 代表者.
語源 イタリア語 *ambasciator* がフランス語 *ambassadeur* を経て中英語に入った. ケルト語起源のラテン語 *ambactus* (=vassal) に由来する.
用例 the Japanese *ambassador* to Spain 駐スペイン日本大使/our firm's *ambassadors* at the international conference その国際会議のわが社代表/an *ambassador* of peace 平和使節.
【派生語】**ambàssadórial** 形 **大使の, 使節の**. **ambássadress** 名 C 女性大使, 女性使節.

am·ber /ǽmbər/ 名 Ⓤ 形 〔一般語〕琥珀(こ), また琥珀色, 黄褐色, 《主に英》交通信号の黄色(《米》yellow); 形 として琥珀製の, 琥珀色の.
語源 アラビア語 *anbar* (竜涎香, 琥珀) が中世ラテン語 *ambra*, 古フランス語 *ambre* を経て中英語に入った.

ambiguity ⇒ambiguous.

am·big·u·ous /æmbígjuəs/ 形 〔一般語〕2 つ以上の意味があったり, 2 通り以上に解釈できたり, 同時に 2 つ以上のものを指していたりすることを表し, **両義·多義の,** あいまいな, 意味や意図などがはっきりしない, **不明瞭な.**
語源 ラテン語 *ambigere* (=to wander about; *ambi-* about + *agere* to drive) から派生した *ambiguus* (=uncertain) が中英語に入った.
用例 'Flying planes can be dangerous' is an *ambiguous* sentence. Flying planes can be dangerous という文は 2 通りの意味に解釈できる (flying planes が「飛んでいる飛行機」とも「飛行機を飛ばすこと」とも解釈できる)/an *ambiguous* reply [smile] 曖昧な返事[微笑].
【類義語】ambiguous; equivocal; obscure; vague: **ambiguous** は 2 通り以上に解釈できる語(句)を用いているために曖昧であることを表す. **equivocal** は人を欺いたり責任を回避したりするために, 故意に表現を曖昧にしていることを暗示する. **obscure** は表現が不適切か, または言うべき事柄を一部言わないために, 意味がはっきりしないこと. **vague** はよく考えたりしないために, 表現に精密さや厳密さが欠けていることしか表現しえることと.
【派生語】**ambigúity** 名 ⓊC 両義·多義(性), 両義的·多義的な語句[表現], 不明確, 不明瞭, 曖昧な語句[表現], **ambíguousness** 名 Ⓤ.

am·bi·tion /æmbíʃən/ 名 ⓊC 動 本来他 〔一般語〕
一般義 地位や名誉, あるいは富や権力などを手に入れようとする強い熱心な望み, 野心, 野望, 功名心. その他 何かに成功しようとする望みや意志, 念願, 抱負, そのような行動や努力をしようとするやる気, 覇気, さらに望みのもの, 野心の的. 動 として熱心に求める, 熱望する.

ameba

語源 ラテン語 *ambire* (*ambi-* about + *ire* to go) の 名 *ambitio* が古フランス語を経て中英語に入った. 原意は「票を求めて遊説すること」さらには「名誉などを追求すること」で, 英語に入った当初は「成功を求める貪欲さ」というよりの連想が働いていたが, 18 世紀までには積極的なよい意味でも用いられるようになった.
用例 He is full of *ambition* and energy. 彼は野心と精力に満ちている/She had an *ambition* to become a doctor. 彼女には医者になりたいという抱負があった/I feel no *ambition* at this time of year. 今ごろの時期になるとやる気がなくなる/A political career was his *ambition*. 政治家になって活動することが彼の熱望したことだった.
【派生語】**ambítionless** 形. **ambítious** 形 野心のある, 野望を抱いた, 熱望して, 切望して, 野心的な, 大がかりな, 多大な努力[技倆]を要する. **ambítiously** 副.

am·biv·a·lence /æmbívələns/ 名 Ⓤ 《心》愛と憎しみのように矛盾する感情や価値観などが同時に存在すること, **両面感情, アンビバレンス,** 一般的にどちらとも決めかねていること, 迷い, ぐらつき, 態度や表現などのあいまいさ.
語源 *ambi-* (=both) + *valence*. *equivalence* にならった 20 世紀の造語.
【派生語】**ambívalent** 形.

am·ble /ǽmbl/ 名 C 動 本来自 〔一般語〕馬が片側の前後 2 本の脚を同時に上げて進むゆっくりした歩き方, **側対歩,** 人ののんびりした**歩き方,** ぶらぶら歩き. 動 として馬が側対歩で歩く, 人がのんびり歩く, ぶらぶら歩く.
語源 ラテン語 *ambulare* (=to go about; to walk) が古フランス語 *ambler* を経て中英語に入った.

am·bro·sia /æmbróuʒə/ 名 Ⓤ 《ギ神》食べると不老不死になれるという神の食べ物, 一般的に非常に美味なもの, またオレンジと薄切りココナツを使ったデザート, アンブロシア.
語源 ギリシャ語 *ambrosia* (=the food of the gods) がラテン語を経て初期近代英語に入った.
【類義語】nectar.

am·bu·lance /ǽmbjuləns/ 名 C 〔一般語〕
一般義 **救急車**. その他 本来は軍隊とともに移動する野戦病院の意で, 転意して傷病兵を早く病院に運ぶための乗り物を指すようになり, 戦時に限らず傷病者輸送車[船, 機]の意.
語源 フランス語で「移動野戦病院」の意の (*hôpital*) *ambulant* が19 世紀に入った. *ambulant* はラテン語 *ambulare* (=to walk) の現在分詞 *ambulans* より.
用例 Call an *ambulance*—this man is very ill. 救急車を呼べ. この男はひどく具合が悪そうだ/take a wounded person to a hospital by *ambulance* 負傷者を救急車で病院に運ぶ.

am·bush /ǽmbuʃ/ 名 ⓊC 動 本来他 〔一般語〕**待ち伏せ,** また待ち伏せ場所や伏兵. 動 として待ち伏せて攻撃する.
語源 俗ラテン語 *imboscare* (=to hide in the bushes) が古フランス語 *embuschier* を経て中英語に入った.
【派生語】**ámbusher** 名 C. **ámbushment** 名 Ⓤ.

a·me·ba, a·moe·ba /əmíːbə/ 名 C 〔複 ~s, -bae/biː/〕動
語源 ギリシャ語 *amoibē* (=change) による近代ラテン語 *amoeba* から.
【派生語】**amébic, amóebic** 形.

a·me·lio·rate /əmíːljəreit/ 動 本来他 〔形式ばった語〕良くない状態を我慢できる状態に**改良する**, **改善する**.
語源 古フランス語 *ameillorer* (to improve; *a-* to + *meillor* better) からのフランス語 *améliorer* が18世紀に入った. ⇒meliorate.
類義語 improve.
反意語 deteriorate.
【派生語】amèliorátion 名 U. améliorative 形 改善の, 改良的な. amélioratory 形.

a·men /ɑːmén, éi-/ 感 C 〔一般語〕キリスト教徒がお祈りなどの最後に唱える言葉, アーメン 《語法 聖歌では /ɑːmén/ 》. 名 としてアーメンと唱えること.
語源 「かくあらせたまえ」の意のヘブライ語から.

a·me·na·ble /əmíːnəbl/ 形 〔形式ばった語〕一般語 助言や忠告または法律などにすなおに従う. その他 物事が法則などに従う, **適合する**. また御しやすい, 試練に耐え得る, 影響を受けやすい.
語源 ラテン語 *minare* (= to drive (cattle)) に由来するアングロフランス語 *amener* (= to lead) の派生形 *amenable* が初期近代英語に入った.

a·mend /əménd/ 動 本来他 〔一般語〕一般語 法案や法律などの字句や言葉遣いを一部直したり削除したり添加したりして**修正する**, **改正する**. その他 かつてこの語には洋服や家具などを直す, 修理するという意味があり, 転じて文章の欠点や誤りなどを取り除いて**校訂する**, **校閲する**. 法律などを修正する, さらに行いや状況などに関して, **改める**, **改善する**意が生じた.
語源 ラテン語 *emendare* (= to free from faults; *ex-* out of + *menda* fault) が古フランス語 *amender* を経て中英語に入った.
用例 *amend* the tax bill 税法案を修正する/*amend* the constitution 憲法を改正する/The author is *amending* the text for the new edition. 著者は改訂のために本文を校閲している/*amend* the situation 状況を改善する/*amend* one's behavior 行いを改める.
類義語 correct.
【派生語】aménder 名 C. améndment 名 UC 修正(案), 改正, 訂正, 改心, 改善.

a·mends /əméndz/ 名 〔複〕《やや形式ばった語》《単数または複数扱い》損害やけがなどに対する**償い**, **補償**.
語源 古フランス語 *amender* (⇒ amend) の 名 *amende* (=reparation) の複数形 *amendes* が中英語に入った.
類義語 compensation.

a·men·i·ty /əméniti, -míːn-/ 名 UC 〔一般語〕 一般語 《しばしば複数形で》生活を快適にしてくれる**設備**, **生活の便益**. その他 場所や気候や環境などの**心地好さ**, 人間関係を心地よくする人柄などの**好もしさ**, 感じのよさ.
語源 ラテン語 *amoenus* (= pleasant) の派生形 *amoenitas* が古フランス語 *aménité* を経て中英語に入った.

A·mer·i·ca /əmérikə/ 名 固 アメリカ合衆国, あるいは北米, 南米, 中米を含むアメリカ**大陸**.
語源 15世紀後半から16世紀初当にかけてアメリカ大陸へ二度の航海を行ったイタリアの商人で探検家のアメリゴ・ベスプッチのラテン語名 *Americus* Vesputius にちなみ, 同時代のドイツの宇宙地理学者マルチン・バルトゼーミュラーが1507年に初めて用いた名称. ただし, 初期の新大陸探検者たちがニカラグアにある山脈の名前として用いていたアメリカインディアン語起源と考えられるスペイン語 *Amerique* が語源とする説もある.
用例 the United States of *America* アメリカ合衆国/North *America* 北米/South *America* 南米/ the *Americas* 南北アメリカ, アメリカ大陸.
【派生語】Américan アメリカ合衆国の, 米国人の, 米国的な, 米国式[製, 産]の, アメリカ大陸の, アメリカ大陸原産の, アメリカ大陸住民の, アメリカ先住民の. 名 CU 米国人, アメリカ大陸の住民, アメリカ先住民, アメリカ先住民の. American dream (the 〜) アメリカ人の夢 (★アメリカではだれでも富や名声を得ることができるというアメリカ社会の民主的考え)/American English アメリカ英語/American football アメリカンフットボール/American Revolution (the 〜) アメリカ独立戦争 (★米国内では the Revolutionary War という). Américanism 名 U アメリカ英語的特徴, アメリカ語法, 習慣や信念などアメリカ的特性, 親米主義, アメリカびいき. Amèricanizátion 名 U. Américanìze 動 本来他 アメリカ化する, アメリカ的にする[なる], アメリカ(合衆国)に同化[帰化]させる[する].

Am·er·in·di·an /ˌæmərɪ́ndiən/ 名 C 形 〔一般語〕アメリカ先住民(の) 《語法 Amerind /ǽmərind/ ともいう》.
語源 American Indian の合成短縮語(かばん語).

am·e·thyst /ǽməθist/ 名 CU 〔一般語〕**紫水晶**, ア メシスト (★2月の誕生石), またアメシストのような紫色.
語源 ギリシャ語 *amethustos* (= remedy against drunkenness) がラテン語 *amethystus*, 古フランス語 *ametiste* を経て中英語に入った. この石が酒酔いの予防になると思われていたことから.

a·mi·a·ble /éimiəbl/ 形 〔一般語〕性質がよく人に好かれる, 好意的で**愛想のよい**.
類義語 friendly; agreeable.
語源 ラテン語 *amicabilis* (⇒amicable) が古フランス語 *amiable* を経て中英語に入った.
【派生語】àmiability 名 U. ámiably 副.

am·i·ca·ble /ǽmikəbl/ 形 〔形式ばった語〕人の態度や性質, あるいは決定や協定などが**友好的な**, **平和的な**.
語源 ラテン語 *amicus* (=friend) から派生した *amicabilis* (= friendly) が中英語に入った.
【派生語】àmicabílity 名 U. ámicably 副.

a·mid /əmíd/ 前 〔形式ばった語〕**...の真っただ中に**, **...の最中に**, 見知らぬ者といった異質なものに囲まれて《語法 amid の後には単数名詞もくることができる》.
語源 古英語 *on* (= in) + *middan* (= middle) の *onmiddan* から.
類義語 ⇒among.

a·midst /əmídst/ 前 〔文語〕=amid.
語源 amid に副詞的属格-s がつき, さらに非歴史的な -t がついたもの.

a·miss /əmís/ 副 形 〔形式ばった語〕正常な状態などからそれて, **不都合になって**, 判断や選択などが誤って, **不適当な** 《語法 形 は述語用法》.
語源 古ノルド語の *ā miss* (=so as to miss) が中英語に入ったと思われる.

am·i·ty /ǽmiti/ 名 U 〔やや形式ばった語〕個人どうしの, または国家間における**友好関係**, **親睦**.
語源 ラテン語 *amicus* (= friend) から派生した中世ラテン語 *amicitas* が古フランス語を経て中英語に入った.

類義語 friendship.

am·me·ter /ǽmi(ː)tər/ 名 C 【電】電流計.
語源 am(pere)+-meter として19世紀から.

am·mo·ni·a /əmóunjə/ 名 U 【化】アンモニア，アンモニア水.
語源 ラテン語 (sal) ammoniacus (=(salt) of Ammon) からの近代ラテン語が18世紀に入った. 最初リビアの Amen の神殿近くで採集されたことによる. Ammon は Amen のギリシャ名.
【派生語】**ammónium** 名 U アンモニウムイオン[塩基].

am·mo·nite /ǽmənait/ 名 C 【古生物】菊石，アンモナイト (★中生代に生存した軟体動物の化石で，うずまき形の殻をもつ).
語源 ラテン語 (cornu) Ammonis (= Ammon's horn) による近代ラテン語 Ammonites が18世紀に入った. 太陽神 Ammon の角に似ていることから.

am·mu·ni·tion / æmjuníʃən/ 名 U 〔一般語〕
一般義 弾薬，また爆発する兵器. その他 自分にとって有利な情報や攻撃手段，防御手段.
語源 フランス語 la munition (軍需品)が異分析により l'amunition と解され，amunition が初期近代英語に入った.

am·ne·sia /æmníːʒə|-ziə/ 名 U 【医】記憶喪失，健忘症.
語源 ギリシャ語 amnēsia (=forgetfulness) からの近代ラテン語. 18世紀から. ⇒amnesty.

am·nes·ty /ǽmnəsti/ 名 UC 本来山 〔形式ばった語〕政治犯などに対する大赦，恩赦，特赦. 動 として人に恩赦を与える.
語源 ギリシャ語 amnēsia の異綴 amnēstia (=forgetfulness; a- not+mnasthai to remember) がラテン語を経て初期近代英語に入った.

a·moe·ba /əmíːbə/ 名 = ameba.

a·mong /əmʌ́ŋ/ 前 〔一般語〕一般義 一群の人や物の集合体に囲まれて，…の間に，…の中に. その他 一群の人や物の間をある所から次の所へと次々に移動することを表し，…の中を(通って)，…の間を(縫って). 人や物の集団の全体の中で(一般的に)，…の間で，同類のものの間で比較して，その結果として…の間で際立って，同類のものの1人[1つ]で，関係するものの各々に，関係者が involve しているものを全部始わせて，《再起代名詞を伴って》仲間どうしで，内輪で，協力して.
語源 古英語に「混ぜ合わせる」の意の mengan という動詞があるが，これと同語源の-mong が集合を表す接頭辞 ge- と結合して「群集」を意味する gemong という語ができた. この語の与格 gemonge が on (=in) と結びついた on gemonge (群集の中で) の ge- の要素が脱落し，まず onmong という形が生じたあと，現在のamong という形になった.
用例 a house among the trees 木々に囲まれた家/He was living among a group of musicians. 彼は一群の音楽家たちと一緒に生活していた/She passed elegantly among the crowd. 彼女はその群集の間を縫って上品に進んで行った/This magazine is popular among college students. この雑誌は大学生の間で人気がある/Among his novels, this is the best. 彼の小説の中ではこれが一番優れている/an actor among actors 俳優の中の俳優/Among those who survived was a friend of mine. 生き残った人の中には友だちが一人含まれていた/Choose the correct one (from) among the five. その五つの中から正しいものを一つ選びなさい/The property will be divided among the three heirs. その財産は3人の相続人の各々に分け与えられることになるだろう/They had only ten dollars among the five of them. 彼らは5人分全部合わせても10ドルしかなかった/Stop quarreling among yourselves. お互いにけんかするのはやめなさい/Let's share a fortune among ourselves. 協力し合って一財産作ろう.
類義語 among; amid; between: **among** は基本的に個々別々になっている人や物が構成する一つの集合体に囲まれた状態になっていることを表す. **amid** もやはり囲まれていることを表すが，必ずしも個々別々のものではなく，例えば感情のような抽象的な事柄や，廃墟のような一つの統一体を成さないものでもよい. **between** は基本的に2人または2つの別の物や事柄が作り出す空間の間を指すが，3人または3つ以上でも個々のそれぞれの関係を強調する場合には用いられる.
【慣用句】*among others* [*other things*] 中でも，特に，とりわけ.

a·mongst /əmʌ́ŋst/ 前 = among.
語源 among に副詞的属格の-s がつき，さらに非歴史的な-t がついたもの.

a·mor·al /eimɔ́(ː)rəl/ 形 〔一般語〕道徳的 (moral) でも，不道徳的 (immoral) でもない，道徳とは無関係の，超道徳の，子供などが道徳意識を持っていない.
語源 a- (=without)+moral として19世紀から.
類義語 unmoral.
【派生語】**ámoralism** 名 U. **àmoráity** 名 U. **amórally** 副.

am·o·rous /ǽmərəs/ 形 〔形式ばった語〕一般義 性格などが好色で，多情な. その他 動作や目つきなどが色っぽくなまめかしい，または単に恋にこがれている，恋愛に関するなどの意.
語源 ラテン語 amor (=love) から派生した中世ラテン語 amorosus が中英語に入った.
【派生語】**ámorously** 副. **ámorousness** 名 U.

a·mor·phous /əmɔ́ːrfəs/ 形 〔一般語〕形や形式，組織などがはっきり定まっていない，無定形の，【化】非結晶の.
語源 ギリシャ語 amorphos (a- without+morphē form) が近代ラテン語を経て18世紀に入った.
【派生語】**amórphously** 副. **amórphousness** 名.

a·mount /əmáunt/ 名 C 動 本来自 〔一般語〕
一般義 数や分量が合計すると…になる，合計が…に達する《to》. その他 比喩的に意味や価値，効果が…ということに等しい，要するに…になる. 名 として (the ~)合計，総額，【会計】元利合計. また一定の分量，金額，最終的な価値，結果，要旨.
語源 古フランス語 amonter (=to rise; a- to+mont mountain) が中英語に入った. 当初は「登る」の意で用いられていたが，現在ではその意味は廃用となっている.
用例 My debts amount to more than 10 million yen. 借金は合計すると一千万円を越えている/Borrowing money and not returning it amounts to stealing. 借金して返さないのは要するに盗みと同じだ/the amount of the property left 遺産の総額/a small amount of money 小額の金/Refusal was the amount of her remarks. 彼女の発言の論旨は，つまるところ拒否だった.
語法 一般語法の法則としては，amount は不可算

詞と共に用い, 可算名詞には number を用いる: a large *amount* of money/a large *number* of mistakes. しかし, amount が可算名詞と共に用いられることもある. 一つは数えられるものが一つの集合体を構成している場合であり, もう一つは金銭が関係している場合であるが, これらはいずれも時に非難の対象となる.

[類義語] sum.

[慣用句] **any amount of ...** 多量の, 多額の. **in amount** 総計で, 総額で, 結局, 要するに.

amperage ⇒ampere.

am·pere /ǽmpiər | -pɛər/ 名 C 〖電〗電流の mks 単位, アンペア(〖語法〗A, amp. と略す).

[語源] フランスの物理学者 André Marie Ampère の名にちなむ. 19世紀から.

[派生語] **ámperage** 名 C アンペア数.

am·per·sand /ǽmpərsænd/ 名 C [形式ばった語] and の意味の記号, アンパサンド(&).

[語源] & *per se* and から. *per se* はラテン語で「それ自体」(by itself)の意. &はラテン語の et(=and)の古い字体から.

am·phib·i·an /æmfíbiən/ 形 名 C [動] 両生類の, 乗物などが水陸両用の. 名 として両生類, 水陸両用車の意.

[語源] ギリシャ語 *amphibios* (=living a double life; *amphi-* on both sides + *bios* life) がラテン語を経て初期近代英語に入った.

[派生語] **amphíbious** 形 [形式ばった語] 水陸両生[両用]の, 陸海空軍共同の, 性格などが二重性[両棲性]を持つ.

am·phi·the·a·ter, (英) **-tre** /ǽmfiθiətər/ 名 C [一般義] 周囲にひな壇式の観覧席を設けた古代ローマの円形競技場, そのような形式の円形劇場, 階段教室やすりばち形の地形を指す.

[語源] ギリシャ語 *amphitheatron* (*amphi-* around + *theatron* theater) がラテン語を経て中英語に入った.

am·ple /ǽmpl/ 形 [一般義] 空間的な広がりがあり余るほど十分にある状態を指し, 広い, 広々とした. [その他] 分量などが十分な, 十二分の, 豊富な, 人間の体型にでは, 肉付きがいい, ふくよかな, [婉曲的] でっぷりした, 太った.

[語源] ラテン語 *amplus* (=large; wide) が古フランス語を経て中英語に入った.

[用例] He has a house with an *ample* garden. 彼は広い庭のある家を持っている/Three days will be *ample* (time) for the journey. その旅行は三日間もあれば十分だろう/an *ample* figure でっぷりした姿.

[類義語] ample; plentiful; abundant; copious: **ample** は特定の需要や要求を満たすのに十二分であること. **plentiful** は供給や蓄えなどが多くて豊富であること. **abundant** は多くて豊富である程度が plentiful よりもさらに大きいことを意味する. **copious** は十分さや豊富さというよりは, 生産量や供給量などがとても大きいことを意味する.

[派生語] **ámpleness** 名 U. **ámply** 副.

amplification ⇒amplify.
amplifier ⇒amplify.

am·pli·fy /ǽmplifai/ 動 [本来義] [形式ばった語] [一般義] 拡大する, 増大する. [その他] 記述, 話などを敷衍(ふえん)する, 詳述する. 〖電〗増幅する.

[語源] ラテン語 *amplificare* (*amplus* (⇒ample) + *facere* to make) が古フランス語を経て中英語に入った.

[派生語] **amplificátion** 名 UC 拡大, 増大, 敷衍, 敷衍の材料, 増幅. **ámplifier** 名 C 増幅器, アンプ.

am·pli·tude /ǽmplitjuːd/ 名 [形式ばった語] [一般義] 幅, 範囲などの広さ, 大きさ. [その他] 物の十分さ, 豊富さ. 〖理〗振幅. 〖天〗出没方位角.

[語源] ラテン語 *amplus* (⇒ample)の派生形 *amplitudo* (=wide extent) が初期近代英語に入った.

amply ⇒ample.

am·pu·tate /ǽmpjuteit/ 動 [本来義] [一般義] 外科手術などで, 手, 足, 指などを切断する, 余分なものを切り詰める, 取り除く.

[語源] ラテン語 *amputare* (*amb-* around + *putare* to cut) の過去分詞 *amputatus* が初期近代英語に入った.

[派生語] **amputátion** 名 U. **àmputée** 名 C 切断手術などで手足を失った人.

Am·ster·dam /ǽmstərdæm/ 名 固 アムステルダム(★オランダの首都).

[語源] Amster 川のダム (dam) の意.

Am·trak /ǽmtræk/ 名 固 アムトラック(★米国連邦政府によって設立された鉄道公社).

[語源] Amerian Travel and Track の略.

a·muse /əmjúːz/ 動 [本来義] [一般義] 人を愉快な気持ちにさせる, 楽しませる, 面白がらせる.

[語源] 古フランス語 *amuser* (*a-* to + *muser* to muse) が初期近代英語に入った. 「ぼうっとさせる」が原意で, 英語でも当初は「だます」「欺く」あるいは「まごつかせる」や「混乱させる」の意味で用いられたがこれらの意味は廃れた.

[用例] They *amused* themselves playing cards. 彼らはトランプをして楽しんだ/The new toy *amused* the child for hours. 新しいおもちゃでその子は何時間も楽しんだ/My funny story about the dog *amused* them greatly. その犬に関する私の面白い話に彼らは大いに笑った.

[類義語] amuse; divert; entertain: **amuse** は軽い, 取るに足らないような事柄に対して快く関心が向いていることを暗示する. **divert** は面白い事柄によって, 日常の仕事や深刻な悩みなどから関心がそれていることを指す. **entertain** は特別に準備したり工夫したりすることによって, 楽しみや気晴らしを提供することを暗示する.

[反義語] bore.

[派生語] **amúsable** 形. **amúsed** 形 楽しんで, 面白がって, おかしそうな, 楽しそうな. **amúsedly** 副. **amúsement** 名 UC 楽しみ, 面白さ, 楽しみごと, 娯楽. **amúsing** 形 面白い, 楽しみを与える, おかしい. **amúsingly** 副.

an /æn, 弱 ən/ 冠 母音または黙字の h で始まる語の前で a に取って代わる不定冠詞. ⇒a.

[用例] an orange 1個のオレンジ/an hour 1時間.

[語法] ❶ one や union のように, 母音字が子音の音価を持っている場合, 原則的には a が用いられるべきであるが, かつては an が多用され, 現在でもしばしば an が生じる. ❷ historic や habitual のように, h が語の最初の弱音節の先頭に来ている場合, これも原則的には a が用いられるべきであるが, an も a と同様に頻繁に用いられる.

an-¹ /æn, ən/ 接頭 母音および通例 h の前で生じる a-¹ の異形で, 「非..., 無...」の意. 例: anarchy; anharmonic.

an-² /æn, ən/ 接頭 n の前で生じる ad- の異形で, 方向, 変化, 付加などの意を表す. 例: annex; annotate.

-an /ən/ [接尾] 出身・所属, 性質・類似, 信奉(者), 専門・職業などを表す形容詞および名詞を造る. 例: American; republican; Lutheran; historian.
[語源] ラテン語の形容詞語尾 *-anus* から. -ian や -ean の異形がある.

a·nach·ro·nism /ənǽkrənizm/ 名 UC 〔形式ばった語〕時代錯誤, あるいは時代に合わないもの[人].
[語源] ギリシャ語 *anakhronismos* (*ana-* backward + *khronos* time) がフランス語 *anachronisme* を経て初期近代英語に入った.
[日英比較] 日本語のアナクロニズムは「時代遅れ」の意で用いるが, 英語ではその意味では out of date であって, anachronism は時代・年代的にあり得ないことをいう.
【派生語】**anàchronístic** 形. **anàchronístically** 副.

anaesthesia ⇒anesthesia.

an·a·gram /ǽnəgræm/ 名 C 〔一般語〕ある単語や語句のつづり字を並べ変えて別の単語や語句をつくるつづりかえ遊び, またはそのようにして作った語(句) (★live→evil, vile; time→emit, mite; now→won, own など).
[語源] 近代ラテン語 *anagramma* (*ana-* reverse + *-gramma* letter) がフランス語を経て初期近代英語に入った.

a·nal /éinl/ 形 〔一般語〕肛門の, 肛門に関する.
[語源] ラテン語 *anus* (肛門)の形 *analis* より.

an·a·log /ǽnəlɔːg, -lɑg|-lɔg/ 名 =analogue.

analogical ⇒analogy.

analogist ⇒analogy.

analogize ⇒analogy.

a·nal·o·gous /ənǽləgəs/ 形 〔一般語〕類似した, 《生》相似の.
[語源] ギリシャ語 *analogos* (=proportionate; *ana-* according to + *logos* ratio) がラテン語, 古フランス語を経て中英語に入った.

an·a·logue, an·a·log /ǽnəlɔːg, -lɑg|-lɔg/ 名 C 形 〔一般語〕類似性を持っているもの, 相似物, 《生》相似器官. 形 としてアナログ式(の) (★量を針や文字盤などで表す).
[語源] ギリシャ語 *analogos* (⇒analogous) がフランス語を経て19世紀に入った.
【複合語】**ánalog compúter** 名 C アナログ計算機 (⇔digital computer).

a·nal·o·gy /ənǽlədʒi/ 名 C 〔形式ばった語〕[一般語] 2つ(以上)のものの特徴などの部分的な類似, 共通点. [その他] 類似性を手がかりにした他のことの類推, 類推的な説明.
[語源] ギリシャ語 *analogos* (⇒analogous) の派生形 *analogia* がラテン語, 古フランス語を経て中英語に入った.
【派生語】**anàlógical** 形 類推による, 類推的の. **análogist** 名 C. **análogize** 動 本来他 類推によって説明する. ⊚ 類似する.

a·nal·y·sis /ənǽləsis/ 名 UC (複 **-ses**/siːz/) 〔一般語〕分解, 分析, 分析結果. [その他] 検査, 精査, 《数》解析(学), 《化》分析, 《文法》文の分析, 《心》精神分析.
[語源] ギリシャ語 *analuein* (= to undo; *ana-* throughout + *luein* to loosen) の 名 *analusis* (=releasing) が中世ラテン語 *analysis* を経て初期近代英語に入った.
【派生語】**ánalyst** 名 C 分析[分解]者, 政治・経済・社会情勢の評論家, 解説者, 精神分析医, システム分析者. **anàlýtic, -cal** 副. **ánalyze** 動 本来他 分析する, 分解する, 検討する, 精査する (★analysis からの逆成): They started to *analyze* the cause of the plane crash. 彼らは飛行機の墜落事故の原因を検討し始めた.

an·a·pest, an·a·paest /ǽnəpest|-piːst/ 名 C 〔詩〕弱弱強格 (★ /˘˘ˊ/のリズム).
[語源] ギリシャ語 *anapaistos* (=struck back; reversed)がラテン語を経て初期近代英語に入った. dactyl の強弱弱と逆になっていることから.
【派生語】**anapéstic, anapáestic** 形.

a·naph·o·ra /ənǽfərə/ 名 U 《文法》前方照応 《★代名詞または代用形が前出の語と照応すること》.
[語源] ギリシャ語 *anaphorá* (=carrying back) がラテン語を経て初期近代英語に入った.
【派生語】**anaphóric** 形.

anarchic ⇒anarchy.

anarchism ⇒anarchy.

anarchist ⇒anarchy.

an·ar·chy /ǽnərki/ 名 U 〔一般語〕政治や法律がなく社会的に混乱した無政府状態, また一般に混乱, 無秩序.
[語源] ギリシャ語 *anarkhos* (*an-* without + *archos* leader)の派生形 *anarkhia* が中世ラテン語を経て初期近代英語に入った.
【派生語】**anárchic, -cal** 形 無政府主義の, 無政府状態の. **ánarchism** 名 U 無政府主義, アナーキズム. **ánarchist** 名 U. **ànarchístic** 形.

anatomical ⇒anatomy.

anatomist ⇒anatomy.

anatomize ⇒anatomy.

a·nat·o·my /ənǽtəmi/ 名 UC 〔一般語〕[一般語] 解剖, 解剖学. [その他] 人体などの解剖学的な構造や組織, 一般に詳細な分析や検査.
[語源] ギリシャ語 *anatomē* (=cutting up) がラテン語 *anatomia*, 古フランス語 *anatomie* を経て中英語に入った.
【派生語】**ànatómical** 形. **ànatómically** 副. **anátomist** 名 C 解剖学者, 分析者. **anátomize** 動 本来他 解剖する, 分析する.

-ance /əns/ [接尾] 動詞および-ant で終わる形容詞について, 動作・過程, 性質・状態, 量・程度を表す名詞を造る. 例: attendance; resemblance; transmittance.
[語源] ラテン語 *-antia* が古フランス語 *-ance* を経て中英語に入った.

an·ces·tor /ǽnsestər/ 名 C 〔一般語〕[一般語] 家系において祖父母より前の代の人を指し, 先祖や祖先. [その他] 動物や植物の先祖, 原種, 後のものの元になっているもの, 原型, 前身, 先駆(者).
[語源] ラテン語 *antecedere* (先行する; *ante-* before + *cedere* to go)の過去分詞 *antecessus* から派生した *antecessor* が, 古フランス語 *ancestre* を経て中英語に入った.
[用例] My *ancestors* came to America from England. 私の祖先はイギリスからアメリカに渡って来た/The *ancestor* of the swine is the wild boar. 豚

先祖はいのしし.
【派生語】 **áncestral** 形《限定用法》先祖の, 祖先の, 先祖から受け継いだ, 先祖伝来の. **áncestress** 名 C 女性の先祖. **áncestry** 名 U 家系, 家柄, 高貴な家系, 名門, 《集合的》祖先, 先祖.

an·chor /ǽŋkɚ/ 名 C 動 本来他〔一般語〕一般義 船の錨(いかり). その他 錨形の物, 錨を降ろしておくもの, 固定装置 安定器具. また危険などに際して信頼できる重要な支えとなり, 自信や安心感, または安定性などを与えてくれる人や物を指し, 支えとなる人[もの], 頼りになる人[もの], さらに支えとなり頼りにされて中心的な役割を果たす人, 綱引き競技の最後尾の人, リレー種目の最終走者[泳者], ニュース番組などで中心的な役割を果たす総合司会者. 動 として船を錨でつないで停泊させる, ...を固定する, ...のアンカーを務める. 自 船が錨を降ろす, 停泊する, 人が定住する.
語源 印欧祖語の *ank-(曲げる)に遡ることのできるギリシャ語 ankura がラテン語 ancora を経て古英語に入って ancor となった. 原義は「曲がったもの」で錨の形から. 現在の綴りはラテン語の誤った形 anchora の影響で16世紀から.
用例 There were several fishing boats riding [lying] at *anchor* in the bay. 湾内には数隻の漁船が(錨を降ろして)停泊していた/They *anchored* (their boat) close to the shore. 彼らは船を岸近くに停泊させた/He leaned over the cliff, using a bush as an *anchor*. 彼は低木を支えにして崖から身を乗り出した/The world record holder is the *anchor* on the relay team. 世界記録保持者がそのリレーチームのアンカーだ/He *anchors* an evening news program. 彼は夜のニュース番組のアンカーをやっている.
慣用句 **cast [drop] anchor** 錨を降ろす, 一所に定住する, 落ち着く. **come to anchor** 錨を降ろして停泊する, 落ち着く, 定住する. **weigh anchor** 錨を上げる, 出帆する, 立ち去る, 離れる.
【派生語】 **ánchorage** 名 UC 投錨, 停泊, 投錨地, 停泊地, 停泊料, 停泊税, 支え, 頼り, よりどころ.
【複合語】 **ánchorman** 名 C リレー種目の最終走者[泳者], アンカー, ニュース番組などの総合司会者, キャスター 《語法》女性は anchorwoman, また性別に関係のない anchorperson も用いられる). **ánchor stòre** 名 C デパートなど商店街の要となる大型店.

an·cho·rite /ǽŋkəraɪt/ 名 C 〔一般語〕宗教上の理由による隠者や世捨て人, 独住修士.
語源 ギリシャ語 anakhōrein (= to retire)の派生形 anakhōrētēs (= one retired) が中世ラテン語, 古フランス語を経て中英語に入った.
【派生語】 **ánchoress** 名 C anchorite の女性形.

an·cho·vy /ǽntʃouvi, -tʃə-/ 名 C 《魚》アンチョビー 《カタクチイワシ科の小魚で, 塩漬けにしたり, ペーストにして食べる》.
語源 スペイン語 anchova が初期近代英語に入った.

an·cient /éɪnʃənt/ 形 C 〔一般語〕一般義 古代の《★最古の文明から西ローマ帝国の崩壊 (476 年まで)》. その他 遠い過去か時代の, 昔の, 昔からある, 古来の, 長い間存在し続けた結果として古ぼけた, 時代遅れの, まだ尊敬すべき, 賢明な. 名 として古代人, 特に古代ギリシャ・ローマ人を指し, 古代文明人, 古典作家, また高齢者, 老人.
語源 ラテン語 ante (= before) と形容詞語尾 -anus から派生した俗ラテン語 *anteanus (= going before)

が古フランス語 ancien を経て中英語に入った. 語尾の-t はラテン語の現在分詞語尾 -ent, -ant の影響により中英語で誤ってつけられた.
用例 I took a course in *ancient* history. 私は古代史を履修した/*ancient* Rome and Greece 古代ローマとギリシャ/*ancient* legends 昔からの言い伝え/Just look at that *ancient* car of his. 彼のあのおんぼろくるまをちょっと見てごらんよ/Plutarch and other *ancients* プルタークを筆頭とする古典作家たち/a dignified *ancient* 威厳のある老人.
類義語 old.
関連語 medieval (中世); modern (近代).

and /ænd, 弱 ənd, nd/ 接 〔一般語〕一般義 構文的に同等の語, 句, 節, 文を結びつけて, ...および..., また..., その他 2 つの数字を結びつけて加算を意味し, ...足す..., 2 つの動作の同時進行を意味し, ...しつつ..., また同一の語を結びつけて, 同一動作の反復, 継続, 同一状態の漸次的変化, 同一名を有するものの種類や性質の多様性を表す. 文と文を結び付けて 2 つの事柄の時間的な順序を表し, そして, それから, 因果関係を表し, それで, そのため, 条件に対する帰結を表し, そうすれば, 対照や矛盾を表し, 一方で, しかし, しかも. さらに, go, come, try などの定動詞を別の定動詞と結びつけ, 結果的に目的を表す副詞的用法の不定詞と同等の内容を表す.
語源 古英語 and, ond から. ドイツ語 und, 古サクソン語 endi, 古ノルド語 enn などゲルマン諸語に関連語がある. 原義は「それから」.
用例 My father *and* I went there. そこには父と私が行った/She wore a red *and* white dress. 彼女は赤と白の服を着ていた/The mother sat knitting *and* her daughter (sat) reading. 母親は座って編物を, また娘を (座って)本を読んでいた/Six *and* four equals ten. 6 足す 4 は10/They walked *and* talked. 彼らは話しながら歩いた/He ran *and* ran. 彼はどんどん走り続けた/She is getting better *and* better. 彼女はだんだんよくなってきている/There are books *and* books. 本にも色々ある/I read for an hour *and* went to bed. 1 時間読書して, それから寝た/I overslept *and* missed my train. 寝坊して, そのため電車に乗り遅れた/Try hard *and* you will succeed. 一生懸命がんばれば成功するでしょう/This one is new *and* that one is a little old. これは新しいがそれは少し古い/Do come *and* see us. ぜひ遊びに来て下さい.
語法 ❶ 2 人または 2 つの物が特別に密接な関係がある場合, 2 番目の名詞には決定詞はつけないのが普通は a mother and child/a cup and saucer ❷ and を文頭に置くことはしばしば非難されることがあるが, これは古くから確立されている用法である ❸ etc. は *and* (= and others) の短縮語なので, and etc. という表現は余剰的である. 単に etc. を用いるか, and others や and so forth などを用いるのがよい.
【慣用句】 **and so forth [on]** ...など, 等(々).
【複合語】 **and/or** /ǽndɔ́ːr/ 接 ...と...の両方, またはどちらか一方.

an·dan·te /ændǽnti/ 副形名 C 〔楽〕ゆっくりと, アンダンテで. 形 としてアンダンテの(曲).
語源 イタリア語 andare (= to walk)の現在分詞が 18 世紀に入った. 原義は「歩くようにゆっくりと」.

and·i·ron /ǽndaɪən/ 名 C 〔一般語〕《通例複数形

で）暖炉で1対で用いる2脚のまきのせ台．

[語源] 古フランス語 *andier* が中英語に入った．*-ier* が ier, iren（＝iron）と解された．ケルト語起源と思われる．

anecdotal ⇒anecdote.

an·ec·dote /ǽnikdout/ [名] C〔形式ばった語〕
[一般義] 個人またはある出来事にまつわる短くておもしろい話，逸話，怪談．[その他]〈複数形で〉隠れた史実や個人の秘話．

[語源] ギリシャ語 *anekdotos* (*an-* not ＋ *ekdotos* given out)の派生形 *anekdota* (＝things unpublished)がフランス語を経て初期近代英語に入った．

【派生語】**ànecdótal** [形]．

an·e·cho·ic /ænekóuik/ [形]〔一般語〕録音室やスタジオなどで反響を吸収して，無反響の．

[語源] *an-*（＝not）＋echoic として 20 世紀から．

a·ne·mi·a, a·nae·mi·a /əníːmiə/ [名] U《医》貧血（症），貧血状態から生じる無気力，生気のなさ．

[語源] ギリシャ語 *an-*（＝without）＋*haima*（＝blood）による近代ラテン語．18 世紀から．

【派生語】**anémic, anáemic** [形]．

an·e·mom·e·ter /ænəmámitər/ -ɔ́- /[名] C〔一般語〕風力計．

[語源] ギリシャ語 *anemos*（＝wind）＋-meter として 18 世紀から．

a·nem·o·ne /ənéməni/ [名] C《植》アネモネ．

[語源] ギリシャ語 *anemōnē* がラテン語を経て初期近代英語に入った．原義は「風の娘」．風が吹いているときに花が揺れると考えられたから．

an·es·the·sia,《英》**an·aes·the·sia** /ænisθíːʒə|-ziə/ [名] U《医》麻酔，無感覚症．

[語源] ギリシャ語 *anaisthēsia* (*an-* not＋*aisthēsis* perception)による近代ラテン語が 18 世紀に入った．

[用例] general [local] *anesthesia* 全身[局所]麻酔．

【派生語】**ànesthétic,**《英》**ànaesthétic** [形] 麻酔の，無感覚の．[名] C 麻酔剤．**anésthetist,**《英》**anáesthetist** [名] C 麻酔担当医[係，看護師]．**anésthetize,**《英》**anáesthetize** [動] 本来自 麻酔をかける，感覚を麻痺させる．

a·new /ənjúː/ [副]〔文語〕もう一度，新たに，改めて．

[語源] 古英語 *of*（＝a）＋*nīwe*（＝new）から．

an·gel /éindʒəl/ [名] C〔一般語〕[一般義] 神に仕えて，人間より優れた力や知性を持つ超自然的な存在，神の使者，天使．特に 9 階級中の最下位に属する存在，[その他] 人間を守ってくれる守り神，守護神．また美術作品に描かれる翼を付けた人間のイメージとしての天使像，比喩的に美しく，善良さ，無邪気さや親切さなどを持っている人，天使のような人，特に演劇・映画界や政界などで財政的な援助などをしてくれる人，後援者，パトロン．

[語源] ギリシャ語 *angelos*（＝messenger）が後期ラテン語 *angelus* を経て古英語に engel として入った．古フランス語 *angele* を経て中英語に入った後 a(u)ngel がとって代わった．

[用例] The *angels* announced the birth of Christ to the shepherds. 天使が羊飼いにキリストの誕生を告げた／one's good *angel* 守り神／Her daughter is an *angel* of a child. 彼女の娘は天使のような(かわいらしい)子だ．

[関連語] 天使の 9 階級は上位から seraphim（熾天使），cherubim（智天使），thrones（座天使），dominations または dominions（主天使），virtues（力天使），powers（能天使），principalities または prince-doms（権天使），archangels（大天使），angels（天使）．

[慣用句] *be an angel and …* お願いだから…，いい子だから…．*on the side of the angels* 正統的に[伝統的]な考え方をして．

【派生語】**angélic, -cal** [形] 天使の，天使のような．**an·gélically** [副]．

【複合語】**ángelfish** [名] C《魚》エンゼルフィッシュ《★熱帯魚》．

an·ger /ǽŋɡər/ [名] U [動] 本来他〔一般語〕怒り，激怒，立腹．[動] として人を怒らせる，立腹させる[する]．

[語源] 古ノルド語 *angr*（＝grief）が中英語に入った．

[用例] He was filled with *anger* about the way he had been treated. 彼は自分の受けた処遇についてかんかんに怒った．

[類義語] anger; indignation; rage; fury: **anger** は一時的な強い怒りとか立腹をいい，**indignation** は文語的で，正当な憤りで，個人的なものでない怒りをいう．**rage** は激しい怒りで，自制力を失うほどの粗暴なもの．**fury** は狂気と思われるほどの制し難い激怒をいう．

[反意語] pleasure．

[慣用句] *in anger* 怒って．

【派生語】**angry** [名] ⇒見出し．

an·gle[1] /ǽŋɡl/ [名] C [動] 本来他〔一般語〕[一般義] 2つの直線や 2 つの面が交差または接することによってできる角，角度．[その他] 物などのかど，すみ，物を見る角度，観点，立場，物事や問題などの相，面．[動] としてある角度に曲げる，動かす，話を立てる曲げて伝える．他 曲げる．

[語源] ギリシャ語 *ankulos* (曲がったもの)がラテン語 *angulus* (角，すみ)，古フランス語を経て中英語に入った．

[用例] What's your *angle* on this matter? この事柄についてあなたの見解はどうか．

[類義語] angle; corner; nook: **angle** は数学的な意味での直角，鋭角などの角度，かど，すみのことである．**corner** は一般語で，部屋などのすみ，かど．**nook** は文語で，奥まったすみ．

[慣用句] *at an angle* 傾いて，斜めに，ある角度で．*at right angles with …* …と直角をなして．*take the angle* 角度を測る．

【派生語】**ángular** [形] かどのある，かどばった，角度している，ぎこちなく動く．**àngulárity** [名] UC かどのあること，かどばった部分，やせて骨張っていること，態度などの堅苦しさ．

an·gle[2] /ǽŋɡl/ [動] 本来自〔一般語〕[一般義] 釣り針を使って魚を釣る．[その他] ずるい手段，あの手この手を使ってものを手に入れる，誘い出す．

[語源] 古英語 *angul*（＝hook）から．

[類義語] fish．

【派生語】**ángler** [名] C 魚を釣る人，釣り師，《魚》あんこう．**ángling** [名] U 魚釣り，魚釣り術．

【複合語】**ánglewòrm** [名] C 釣りのえさにするみみず (earthworm)．

An·gli·can /ǽŋɡlikən/ [形] [名] C〔一般語〕[一般義] 英国国教会（系）の．[その他] イングランドの，英国の．[名] として英国国教徒．

[語源] ラテン語で「アングル族」(the Angles)を意味する *Angli* から派生した中世ラテン語 *Anglicanus* が初期近代英語に入った．

【派生語】**Ánglicism** [名] U〔形式ばった語〕英国特有の習慣[気質]，《言》英国特有の慣用語法．**Ánglicize** [動] 本来他〔形式ばった語〕他の国のものを英国風に

する, 外国語を英語化する.
【複合語】**Ánglican Chúrch** 名《the ～》英国国教会(Church of England).

An·glo- /æŋglou/ 連頭 「英国の」「英語の」「英教会の」の意.
語源 ラテン語 Angli (⇒Anglican) から.

An·glo·phile /ǽŋgləfail/ 名C形 〔形式ばった語〕親英派の(人), 英国びいきの(人) 《語法 Anglophil /-fil/ ともいう》.
語源 Anglo-+-phile (愛する) として 19 世紀から.
【派生語】**Ànglophília** 名U 英国びいき, 親英感情.

An·glo·phobe /ǽŋgləfoub/ 名C 〔形式ばった語〕英国ぎらいな人, 反英派の人.
語源 Anglo-+-phobe (恐れる) として 19 世紀から.
【派生語】**Ànglophóbia** 名U 英国ぎらい, 反英感情.

An·glo-Sax·on /ǽŋglousǽksən/ 名C形 〔一般語〕一般義 アングロサクソン民族, あるいはアングロサクソン語(Old English). その他 この民族が英国人の祖であることから, 典型的な英国人や英語を母国語とする英国国民を指す. 形 としてアングロサクソン民族の, アングロサクソン語の.

An·go·la /æŋgóulə/ 名固 アンゴラ 《★アフリカの共和国》.

an·gry /ǽŋgri/ 形 《⇒anger》〔一般語〕一般義 人や生きものについて用いて, 虐待や反対に対して怒った, 腹を立てた. その他 言葉や態度が険悪な, 怒ったような, 比喩的に海や空が荒れた, 傷などが炎症を起している, 痛そうな.
語源 anger+-y (形容詞語尾) として中英語から.
用例 She got *angry* at the children and hit them. 彼女は子供たちに腹を立てて殴った.
語法 形式ばった表現では, angry at … は人に立腹[憤慨]したという強い感情を表し, 怒りが向けられる対象を示す. angry with … は人に対して用いられ, 主として怒りの方向を示す. 物事に対しては about を用いるのが普通である.
類義語 angry; furious; mad: **angry** は何かのことで怒ったり, 人に腹を立てたりすること. **furious** は形 で制し難い激怒をいう. **mad** は《米》のくだけた話し言葉で angry とほとんど同じ意味で用いられる.
反意語 calm.
【派生語】**ángrily** 副.
【複合語】**Ángry Yòung Mán** 名C 怒れる若者 《★ L. A. Paul の自伝 *Angry Young Man*(1951), John Osborne の戯曲 *Look Back in Anger*(1956) など, 1950 年代後期以降, 英国の伝統や社会制度に反抗する文学作品を書いた作家グループの一員》.

an·guish /ǽŋgwiʃ/ 名U動 本来他 〔形式ばった語〕精神的な激しい苦悩, 苦悶, 肉体的な激しい苦痛. 動 として苦しめる, 苦痛を与える. 自 苦悶する.
語源 ラテン語 angustus (=narrow) の 名 angustia が古フランス語を経て中英語に入った. 原義は「締めつけられた状態, 苦悩」.
用例 The woman suffered terrible *anguish* when her child was ill. その女性は子供が病気の時にはひどく苦しんだ.
反意語 delight.
【慣用句】*be in anguish over* … …に苦悩する.
【派生語】**ánguished** 形 苦悩する, 苦しみの.

angular ⇒angle¹.

an·i·mal /ǽniməl/ 名C形 〔一般語〕一般義 広い意味で植物に対して, 狭い意味では人間と区別して動物, けだもの, 哺乳動物. 形 比喩的に獣のような人, 人でなし,《the ～》人間の獣性. 形 として動物の, 動物性の, 官能の.
語源 ラテン語 anima (息, 魂) の 形 animalis (=living) から派生した *animale* (=living being) が古フランス語を経て中英語に入った.
類義語 animal; beast; brute; creature: **animal** は一般的に動物, 生きものを指し, 比喩的には理性, 精神に対する肉体的, 動物的な特徴をいう. **beast** は大型の四足の動物を指し, 比喩的には獣的性質をもつ人をいう. **brute** は人間のように知性や自制心をもたない, しかも粗暴とされるような獣や畜生を指し, 比喩的には無情であって野蛮な意を含む. **creature** は創造されたもの, 生命のあるものの意で広く生物をいう.
【派生語】**ánimalism** 名U 肉欲主義, 生気. **ànimálity** 名U 動物性, 獣性.
【複合語】**ánimal dòctor** 名C 獣医. **ànimal húsbandry** 名U 畜産学. **ánimal kìngdom** 名《the ～》動物界.

an·i·mate /ǽnimit/ 形, /ǽnimeit/ 動 本来他 〔一般語〕無生物に対し生命のある, 生物の. 動 として《やや形式ばった語》生命を与える, 元気づける, ある行動をするようにしむける, また物語などをアニメーション映画にする, 動画化する.
語源 ラテン語 anima (=breath) から派生した *animare* (=to give life to) の過去分詞 *animatus* が中英語に入った.
【派生語】**ánimated** 形 生き生きした: *animated cartoon [picture]* 動画, アニメーション(映画). **ánimatedly** 副. **ànimátion** 名UC 活気(づけること), アニメーション(映画).

an·i·mism /ǽnimizəm/ 名U 〔一般語〕精霊崇拝, アニミズム 《★自然界のあらゆるものに精霊が宿るという考え》.
語源 ドイツ語 *Animismus* が 19 世紀に入った. ラテン語 *anima* (=breath; soul) から. ドイツの物理·化学者 G. E. Stahl の造語.
【派生語】**ánimist** 名C 精霊崇拝者, アニミスト. **ànimístic** 形.

an·i·mos·i·ty /ænimásiti|-ɔ́s-/ 名U 〔形式ばった語〕強く激しい敵意や憎悪.
語源 ラテン語 *animus* (=rational soul) の派生語 *animositas* (=boldness) が古フランス語を経て中英語に入った. 現在の意味は 17 世紀以降.
類義語 dislike.

an·kle /ǽŋkl/ 名C動 本来自 〔一般語〕足首, くるぶし. 動 として《俗語》歩く.
語源 印欧祖語 **ank*-(=to bend) から派生した語で「曲げられるもの」が原義. 古ノルド語から入った中英語 ancle が古英語からの ancleōw にとって代わった.
用例 She has broken her *ankle*. 彼女は足首の骨を折った.
【派生語】**ánklet** 名C 足首に付ける飾り輪, アンクレット,《通例複数形で》足首までの短いソックス (ankle sock).

annalist ⇒annals.

an·nals /ǽnəlz/ 名《複》〔形式ばった語〕年代記, 年譜, 学会などで毎年作られる出来事や新しい発見などについての記録, 年報, 紀要, あるいは分野別の…史.

an·neal /əníːl/ 動 [本来他]〔一般他〕ガラスや鋼鉄などを焼きを入れて丈夫にする, 焼きもどす.
[語源] 古英語 āl (= fire) から派生した onǣlan (= to set fire to) から.

an·nex /æneks/ 名 C, /əneks/ 動 [本来他]〔一般他〕建物の建て増し部分や本館に対する**新館, 別館**など. 動として片方をもう一方に**付け加える**, 領土などを自国または他国に**併合する**, 書類などを**添付する**.
[語源] ラテン語 annectere (an- to + nectere to bind) の過去分詞 annexus が古フランス語を経て中英語に入った.
【派生語】 ànnexátion 名 U. ànnexátional 形.

an·ni·hi·late /ənáiəleit/ 動 [本来他]〔形式ばった語〕滅ぼすことの最も強い意味を持ち, **絶滅させる**.
[語源] ラテン語 annihilare (= to reduce to nothing; an- to + nihil nothing) の過去分詞 annihilitas が中英語に入った.
[用例] The epidemic *annihilated* the population of the town. その伝染病は町の全住民を全滅させた.
【派生語】 annìhilátion 名 U. anníhilator 名 C. anníhilating 形.

an·ni·ver·sa·ry /ænivə́ːrsəri/ 名 C 形〔一般他〕**毎年の記念日**, ...**周年祭, 記念祭**.
[語源] ラテン語 anniversarius (= returning every year; annus year + versus は vertere (= to turn) の過去分詞) が中英語に入った.
[用例] We celebrated our fifth wedding *anniversary*. 私たちは5回目の結婚記念日を祝いました.

an·no Do·mi·ni /ǽnou dáminai/dɔ́m-/ 副〔形式ばった語〕〔しばしば A- D-〕**西暦で, キリスト紀元で**. ⇒A.D.
[語源] ラテン語 (= in the year of the Lord).

an·no·tate /ǽnəteit/ 動 [本来他]〔形式ばった語〕本などに**注を付ける**.
[語源] ラテン語 annotare (= to note down) の過去分詞が18世紀に入った.
【派生語】 ánnotated 形. ànnotátion 名 UC. ánnotative 形. ánnotator 名 C.

an·nounce /ənáuns/ 動 [本来他]〔一般他〕〔一般義〕**公式に知らせる, 公示する**. [その他] 特に乗りや来客などの**到着を告げる**, 一般に**知らせる, 暗示する**, 放送でアナウンスする. 自 テレビやラジオのアナウンサーとして**働く**.
[語源] ラテン語 annuntiare (ad- to + nuntiare to report) が古フランス語 annoncer を経て中英語に入った.
[用例] When I arrived, the servant *announced* me. 私が着いた時, 召使が私の名を呼び来客を告げた.
[日英比較] 日本語の「アナウンス」は放送する意が普通であるが, 英語の announce は公表する意が基本で, 必ずしも放送する意味しない. また「駅のアナウンス」などの意味を明確に表すには, announcement over the PA system といわなくてはならない. PA system は public address system の略.
【派生語】 annóuncement 名 UC. annóuncer 名 C 放送のアナウンサー, 発表者[係].

an·noy /ənɔ́i/ 動 [本来他]〔一般他〕〔一般義〕何度も繰り返す行為や騒音によって**悩ませる, 苦しめる**. [その他] くり返し攻撃することによって**害を与える, 痛手を負わせる**, 比喩的に**うるさくする, わずらわしくする**.
[語源] ラテン語 in odio (= in hatred) から後期ラテン語 inodiare (= to make loathsome) が生じ, 古フランス語 anoier を経て中英語に入った.
[用例] Please go away and stop *annoying* me! どうかあっちへ行って私をいらいらさせないでくれ.
[類義語] annoy; bother; worry; harass: **annoy** は苦しめる, 気にさわる, 一時的にいらだたせる意. **bother** はある状態をじゃまする, 困らすということに意味の中心がある. **worry** は心配や不安を起させる. **harass** は長く続いたり, たび重なる心配によって苦労させるという意味で用いる.
[反意語] comfort.
【派生語】 annóyance 名 U いらだたしさ, 迷惑なもの, 迷惑をかけること: *put ... to annoyance* ...に迷惑をかける, いやがらせる/*to one's annoyance* 困ったことに/*with annoyance* 腹を立てて. annóying 形. annóyingly 副.

an·nual /ǽnjuəl/ 形 名 C〔一般他〕〔一般義〕**一年の, その年の**. [その他] 行事などが一年間に1度行われる, 年**1度の, 例年の**, 給料や仕事が**1年分の**, 〔植〕**一年生の**. 名 として**年報, 年鑑, 一年生植物**.
[語源] ラテン語 annus (= year) の 形 annualis が古フランス語を経て中英語に入った.
[用例] The flower-show is an *annual* event. フラワーショーは例年の行事です/an *annual* income 年収/*annual* expenditure [revenue] 歳出[入].
【派生語】 ánnually 副 **1年ごとに, 毎年**.

an·nu·i·ty /ənjúː(ə)iti/ 名 C〔形式ばった語〕**年金**.
[語源] ラテン語 annus (= year) から派生した中世ラテン語 annuitas (= yearly payment) が古フランス語を経て中英語に入った.

an·nul /ənʌ́l/ 動 [本来他]〔形式ばった語〕婚約や法的契約などを**無効にする, 取り消す**.
[語源] ラテン語 annullare (= to bring to nothing; ad- to + nullus none) が古フランス語を経て中英語に入った.
【派生語】 annúlment 名 U.

an·nu·lar /ǽnjulər/ 形〔形式ばった語〕**環状の, 輪状の**.
[語源] ラテン語 anus (= ring) の指小語 annulus の 形 annularis が中英語に入った.
【複合語】 ánnular eclípse 名 C〔天〕**金環食**.

an·nun·ci·a·tion /ənʌ̀nsiéiʃən/ 名 U〔一般他〕〔一般義〕〔the A-〕天使 Gabriel による聖母マリアへの**受胎告知**, およびこれを祝う日 (3月25日). [その他]〔文語〕**通告, 告知**.
[語源] ラテン語 annuntiare (⇒announce) の 名 annountiatio が中英語に入った.
【派生語】 annúnciàtor 名 C ブザーや電光によって呼び出している場所を示す**表示器**.

an·ode /ǽnoud/ 名 C〔電〕**陽極, アノード**.
[語源] ギリシャ語 anodos (= way up; ana- up + hodos way) から. 英国の科学者 M. Faraday による造語.
[対照語] cathode.

an·o·dyne /ǽnədain/ 形 C〔一般他〕**痛みを和らげる**. 名 として**鎮痛剤**.
[語源] ギリシャ語 anōdunos (= free from pain) がラテン語 anodynus を経て初期近代英語に入った.

a·noint /ənɔ́int/ 動 本来他 〔やや形式ばった語〕
[一般義] キリスト教の儀式などでオリーブ油などを頭に塗って清める. [その他] 身体に油を塗る, 傷口に軟膏を塗る.
[語源] ラテン語 *inunguere* (*in-* on+*unguere* to smear) が古フランス語 *enoindre* の過去分詞を経て中英語に入った.
【派生語】**anóintment** 名 UC. **anóinter** 名 C.

a·nom·a·lous /ənámələs|-5-/ 形 〔やや形式ばった語〕通常考えられる基準からはずれた, 変則的の, 異例の, 例外的な.
[語源] ギリシャ語 *anōmalos* (unequal; *an-* not+*homos* same) がラテン語を経て初期近代英語に入った.
【派生語】**anómalously** 副. **anómaly** 名 UC 変則, 異例, 例外的な[人[もの].

a·non /ənán|-5n/ 副 〔古語〕ほどなく, やがて, まもなく (soon).
[語源] 古英語 on ān (=into one) あるいは on āne (=in one) から.「1分以内に」の意.

anonymity ⇒anonymous.

a·non·y·mous /ənánəməs|-5-/ 形 〔一般義〕
[一般義] 作者不明の, 筆者不明の, 匿名の. [その他] 個性のない, 特徴がない, 世に知られない, 無名の.
[語源] ギリシャ語 *anonumos* (=nameless; *an-* without+*onuma*) が後期ラテン語 *anonymus* を経て初期近代英語に入った.
【派生語】**anonýmity** 名 U 匿名であること, 作者不明. **anónymously** 副. **anónymousness** 名 U.

an·o·rak /ǽnəræk/ 名 C 〔一般義〕アノラック《★登山やスキーなどで着るフード付き防寒服》.
[語源] グリーンランドのイヌイット語から.

an·oth·er /ənʌ́ðər/ 形 代 〔一般義〕もう一つ[一人]の, また別の, または今とは別の, 違った. 代 [その他] としてもう一つ[一人], 別のもの[人].
[語源] 中英語 on other より.
[用例] Won't you have *another* cup of coffee? コーヒーをもう一杯いかが/*another* route to the town 町に行く別の道/The coat I bought was dirty, so the shop gave me *another*. 私が買ったコートは汚れていたので, その店は別のコートに替えてくれた.
【慣用句】*one after another* 次から次へと, 次々に. *one another* お互いに《[語法] 一般に3人[3つ]以上について用い, 2人[2つ]の場合は each other とされているが, 厳密な意味での区別はない》. *taken [taking] one with another* あれこれ考え合わせてみれば, 全体的にみて.

an·swer /ǽnsər/ɑ́:n-/ 名 C 動 本来他 〔一般義〕
[一般義] 質問や手紙などに対する答え, 返事. 問題の解答, 正解, 相手の行為に対する応待, 言論に対する応酬, 反論. 動 として答える, 返事をする, ノックや呼鈴などに応ずる, 反応を示す, また責任を持つ, 責任を果たす, 合致する. 他 としても用いられる.
[語源] 古英語 名 andswaru, 動 andswarian から. and- は anti- と同語源で against の意, 後半部は swear と同語源で, 原義は「...に対して確かだと誓う」.
[用例] When she criticized his driving, his *answer* was to drive faster than ever. 彼女が彼の運転に(速)いと文句をいうと, 彼の反応はそれまでにも増して速度を上げることだった/Could you *answer* the door, please? ドアのノックに対応してくれませんか.
[類義語] **answer; reply; respond; retort:** *answer* は最も一般的な語で, 呼びかけ, 要請, 質問などに対し

答えたり応えることをいう. *reply* は返答する意で, *answer* よりやや形式ばった語である. *respond* は応答する, 回答する意で, 相手の stimulus に対し呼応して答える意. *retort* は相手に対して鋭く答え返す, やり返すの意で, 意味が強い.
【慣用句】*answer back* 子供が大人に対して口答えをする; ...に口答えする. *answer for* ...に代わって答える, ...に対して責任を持つ, ...の責任を負う. *answer to the name of* ... 飼犬や猫が...という名である. *give [make] an answer to* ... ...に答える, 返事をする. *have [get; receive] an answer* 返事を受け取る. *in answer to* ... ...に答えて, 応じて.
【派生語】**ánswerable** 形 答えられる, 責任のある, 釣り合の.

ant /ǽnt/ 名 C 【虫】あり(蟻).
[語源] 古英語 ǽmette から. 原義は「食いちぎるもの」.
【慣用句】*have ants in one's pants* 〔俗語〕...したくてむずむずしている, そわそわしている.
【複合語】**ánteater** 名 C 【動】熱帯アメリカ産のありくい. **ánthill** 名 C あり塚, ありの塔, 比喩的に忙しく人が多く集まる所.

-ant /ənt/ 接尾 「...性の」「...する人[もの]」の意を表す形容詞, 名詞をつくる. 例: deodorant; assistant.
[語源] ラテン語で不定詞が -are で終わる動詞の現在分詞 -ans (語幹-ant-) から.

ant·ac·id /æntǽsid/ 形 名 CU 〔一般義〕酸を中和する, 制酸性の. 名 として制酸剤.
[語源] ant(i)-+acid. 18世紀から.

an·tag·o·nism /æntǽgənìzəm/ 名 UC 〔やや形式ばった語〕対抗, 敵対, 敵意. [その他] 反対, 拮抗(きっこう)作用.
[語源] ギリシャ語 *antagōnizesthai* (*anti-* against+*agōnizesthai* to struggle) の 名 *antagōnisma* がフランス語を経て初期近代英語に入った.
【派生語】**antágonist** 名 C 敵対者, 対抗者, ドラマなどの仇役, 【解】拮抗筋, 【薬】拮抗薬. **antagonístic** 形. **antágonize** 動 本来他 人を敵にまわす, 人の反感をかう.

ant·arc·tic /æntɑ́:rktik/ 形 名 〔一般義〕(時に A-) 南極(the South Pole)の, 南極地方の. 名 として 《the A-》南極地域[圏], 南極大陸[海].
[語源] ギリシャ語 *antarktikos* (*anti-* opposite+*arktikos* arctic) がラテン語, 古フランス語を経て中英語に入った. 原義は「北極と反対にあるもの」.
【派生語】**Antárctica** 名 固 南極大陸.

an·te /ǽnti/ 名 C 【トランプ】(単数形で)ポーカーで新しい札を取る前に出しかける金.

an·te- /ǽnti/ 接頭 「前の, ...の前方, ...に先立つ」の意.
[語源] ラテン語 *ante* (=before) から.
[反意語] post-.

an·te·bel·lum /ǽntibéləm/ 形 〔形式ばった語〕戦前の, 特に米国の南北戦争以前の.
[語源] ラテン語 *ante bellum* (=before the war) から. 19世紀より.
[反意語] postbellum.

an·te·ced·ent /ǽntəsí:dənt/ 形 名 C 〔一般義〕時間, 順序, 論理などにおいて, より先行している. 名 として《通例 the 〜》先行するもの[人], 前例, 先例, 《通例複数形で》先祖, 人の前歴, 前身, 【論】前提, 【数】前項, 【文法】先行詞.

an·te·cham·ber /ǽntitʃèimbər/ 名 ⇒anteroom.

語源 ラテン語 antecedere (ante- before+cedere to go) の現在分詞 antecedens が古フランス語を経て中英語に入った.
【派生語】àntecédence 名 U.

an·te·date /ǽntideit/ 動 本動他 名 C 〔やや形式ばった語〕一般語 ある出来事などが他のものより**以前に起こる**. その他 …の日時を早める. 名 として手紙や文書などに記入された**実際よりも早めた日付**.
語源 ラテン語 ante datum (=ante before+datum date) が初期近代英語に入った.
用例 Shakespeare's plays *antedate* the modern type of stage. シェークスピアの劇は近代演劇以前のものである.
反意語 postdate.

an·te·di·lu·vi·an /æntidilúːviən/ 形 名 C 〔形式ばった語〕一般語 大昔の. その他 本来はノアの大洪水以前を意味し、滑稽味をこめて大昔や時代遅れの意で用いられる. 名 として時代遅れの人.
語源 ante-(=before)+ ラテン語 diluvium (=flood)+-an として17世紀の造語.

an·te·lope /ǽntəloup/ 名 C 〔動〕アンテロープ, れいよう(羚羊).
語源 中世ギリシャ語 antholops (伝説の獣) がラテン語, 古フランス語を経て中英語に入った.

an·ten·na /ænténə/ 名 C 〔一般語〕〔一般語〕アンテナ (aerial). その他 昆虫などの**触角**, 植物の**触毛**(feeler) (《語法》この意味での複数形は-nae /niː/). 比喩的に社会情勢, 政治情勢を感じとるアンテナも意味する.
語源 ラテン語 antenna (=sail-yard 帆桁)が初期近代英語に入った.

an·te·ri·or /ænti(ː)əriər/ 形 〔形式ばった語〕時間や順序などが**前の方の**, 先行の, 場所や位置などが**前面の**, 前部の.
語源 ラテン語 ante (=before) の比較級が初期近代英語に入った.
反意語 posterior.

an·te·room /ǽntiru(ː)m/ 名 C 〔一般語〕**次の間**, 控えの間, 待合室 (語源 antechamber ともいう).
語源 ante-+room として18世紀に入った.

an·them /ǽnθəm/ 名 C 〔一般語〕**賛美歌**, 祝いの歌.
語源 後期ギリシャ語 antiphōna (= sung responses; anti- in return+phōnē voice) が後期ラテン語を経て古英語に antefn として入った. 中英語で antefn から antem に, その後 anthem に変化した.
用例 the national *anthem* 国歌.

anthologist ⇒anthology.

an·thol·o·gy /ænθɑ́lədʒi/-ɔ́-/ 名 C 〔一般語〕異なる本などからしばしば同じテーマのものを選んで集めた**作品集**, 詩文選, 名曲集.
語源 ギリシャ語 anthologia (=flower gathering; anthos flower+-logia collection) による近代ラテン語がフランス語を経て初期近代英語に入った.
【派生語】anthólogist 名 C 詩文選の編者.

an·thro·poid /ǽnθrəpɔid/ 形 名 C 〔形式ばった語〕人間に似た, 類人猿の, 〈軽蔑的に〉人が猿のような. 名 として類人猿.
語源 ギリシャ語 anthrōpos (人間) から派生した anthropoeidēs (=of human form) が19世紀に入った.

an·thro·pol·o·gy /ænθrəpɑ́lədʒi/-ɔ́-/ 名 U 〔一般語〕**人類学**.
語源 anthropo-「人間」+-(o)logy として初期近代英語から.
用例 cultural [social] *anthropology* 文化[社会]人類学.
【派生語】ànthropológical 形. ànthropólogist 名 C.

anti- /ǽnti, -tai/ 接頭 「反対, 対抗, 逆」「…でない, 非…」「…に作用する, …を防ぐ」などの意.
語源 ギリシャ語 anti (=opposite; against) がラテン語, 古フランス語を経て中英語に入った.

an·ti·air·craft /æntiéərkræft/-krɑːft/ 形 〔一般語〕**対空用の**.

an·ti·bi·ot·ic /æntibaiɑ́tik/-ɔ́-/ 形 名 C 【生化】**抗生の**. 名 として**抗生物質**.

an·ti·can·cer /æntikǽnsər/ 形 〔一般語〕**制[抗]癌(ﾞん)性の**.

an·tic·i·pate /æntísipeit/ 動 本動他 〔一般語〕一般語 何かが起こることを事前に**予見する**, 予期する, 予想する. その他 ある行為や考え方を**先取りする**, 先手を打つ, 特に相手の出方を事前に察知し先を越す, 収入などをあてにして**先に使う**, 見越して使う.
語源 ラテン語 anticipare (ante- before+capere to take) の過去分詞 anticipatus が初期近代英語に入った.
用例 I'm *anticipating* a large crowd of people at tonight's meeting. 私は今夜の会合に多くの人々が参加すると予想している.
類義語 anticipate; expect; hope: **anticipate** は事柄を予想または期待し, その内容を先取りして心の中で描くことを意味する. **expect** は当然のことと思い込んで期待する意. **hope** はある事が起こるのを願いながら予期する意味で, 場面によっては expect より自然で丁寧である. なお, anticipate は目的語として doing を用い, expect と異なり to do は用いない.
【派生語】anticipátion 名 U 予想, 期待, 先取り: *in anticipation* あらかじめ: Thanking you *in anticipation*. まずはお願いまで (★依頼状の結び文句).
antícipatory 形 予想の, 予期しての, 見越しての.

an·ti·cli·max /æntikráimæks/ 名 UC 【修】**漸降法**, しりすぼみ, しりすぼみ, 竜頭蛇尾.

an·ti·clock·wise /æntiklɑ́kwaiz/-ɔ́-/ 副 〔一般語〕《英》時計の針と反対方向に(《米》counterclockwise).

an·ti·dote /ǽntidout/ 名 C 〔一般語〕**解毒剤**, 比喩的に**防御手段**.
語源 ギリシャ語 antididonai (anti- against+didonai to give) から派生した antidoton がラテン語 antidotum, 古フランス語を経て中英語に入った.

an·ti·mo·ny /ǽntəmòuni/-məni/ 名 U 【化】**アンチモン** (★元素記号 Sb).
語源 中世ラテン語 antimonium が古フランス語を経て中英語に入った. 語源の詳細は不明.

an·ti·nu·clear /æntinjúːkliər/ 形 〔一般語〕**核使用に反対の**, 反核の, 反原発の (《語法》cだけの語で antinuke /-njúːk/と似).

antipathetic ⇒antipathy.

an·tip·a·thy /æntípəθi/ 名 UC 〔やや形式ばった語〕心に深く根ざした**反感**, 毛嫌い, また本能的にいやな物.

an·tip·o·des /æntípədiːz/ 图〔複〕〔一般語〕地球上正反対の側にある二つの地点, 対蹠(たいしょ)地.
[語源] ギリシャ語 *antipous* (=with the feet opposite) の複数形がラテン語を経て中英語に入った.

an·ti·pol·lu·tion /ӕntipəlúːʃən/ 图 图 U 〔一般語〕汚染防止(の).

antiquarian ⇒antique.
antiquary ⇒antique.
antiquated ⇒antique.

an·tique /æntíːk/ 图 〔一般語〕[一般義] 古い時代の, 時代物の, 骨董品の. [その他] 古代の, 古代ギリシャ・ローマの. また昔風の, 骨董品的な, 古臭い. 图 として骨董品, 古物, 特に価値のある古い家具など.
[語源] ラテン語 *antiquus* (=old; ancient) がフランス語を経て初期近代英語に入った.
[用例] an *antique* car 時代物の車.
[派生語] **antiquarian** /ӕntəkwéəriən/ 图 古物研究(収集)の. 图 C 古物研究(収集)家, 古物商. **ántiquary** 图 C 骨董屋, 古物収集家. **ántiquated** 图 時代遅れの, 旧式の, 時代物の. **antíquity** 图 U 古さ, 特に古代ギリシャ・ローマ時代, 太古, 《集合的》古代人, 《複数形で》古代の遺物.

an·ti·sep·tic /ӕntiséptik/ 图 图 UC 〔一般語〕殺菌の, 殺菌力のある, また消毒する, 消毒された. 图 として消毒剤, 防腐剤.

an·ti·so·cial /ӕntisóuʃəl/ 图 〔一般語〕非社交的な, 非友好的な, あるいは反社会的な.

an·tith·e·sis /æntíθəsis/ 图 UC 〔複 -ses/siːz/〕〔やや形式ばった語〕正反対, 対照, また正反対のもの, 対立物, 《修》対照法, 対句.
[語源] ギリシャ語 *antithesis* (=opposition) がラテン語を経て中英語に入った.
[派生語] **àntithétic**, **-cal** 图 対照(法)の, 対照をなす, 正反対の. **àntithétically** 圖.

an·ti·trust /ӕntitrʌ́st/ 图 〔一般語〕独占禁止法の.

ant·ler /ǽntlər/ 图 C 〔一般語〕雄じかの枝分かれした角.
[語源] 俗ラテン語 *anteocularis* (=before the eyes) が古フランス語 *antoillier* を経て中英語に入った. 原義は目の前の(角).

an·to·nym /ǽntənim/ 图 C 〔一般語〕反対の意味を持つ語, 反意語.
[語源] ant(i)-「反対」+*onuma* (=name) として19世紀から.
[反意語] synonym.

a·nus /éinəs/ 图 C 《複 ~es, ani/éinai/》〖解〗肛門.
[語源] ラテン語 *anus* (=ring; anus) が古フランス語を経て中英語に入った.
[派生語] **ánal** 图.

an·vil /ǽnvil/ 图 C 〔一般語〕かじ屋が金属を形づくるのに用いる金床, 金敷.
[語源] 古英語 anfilt から.

anxiety ⇒anxious.

anx·ious /ǽŋkʃəs/ 图 〔一般語〕[一般義] 不安な, 心配して. [その他] 不安な気持ちをもちながら何かを切望して, …したがって, …することを願う. また人に不安を感じさせることから〔限定用法〕気になる, 心配になる.
[語源] ラテン語 *angere* (強く圧迫する) から派生した 图 *anxius* が初期近代英語に入った.
[用例] She is *anxious* about her father's health. 彼女は父親の健康を案じている/He's very *anxious* to please. 彼はたいへん愛想のよい人だ.
[反意語] calm; confident.
[派生語] **anxiety** /ӕŋzáiəti/ 图 UC 不安, 心配, 不安の種, 切望, 熱望. **ánxiously** 圖.

an·y /éni/ 图 代 〔一般語〕[一般義] 《疑問文, 条件文で》有無に言及していくらかの, 《否定文で》少しの…もない. [その他] 《肯定文で》どんな…でも, どの…をとっても, 《否定文で》どんな…も, …でない. 代 としていくらか, 少し, 《否定文で》少しも…でない, 《肯定文で》どれでも. 圖 として少しは, いくらか.
[語法] ❶ any は冠詞と同じ働きをする決定辞 (determine) であるから冠詞と共起しない ❷ 否定文では not any は no の意味であるが, be 動詞に続く場合は no が, have 動詞に続く場合は not any より強意的である ❸ any … not という語順はとらないで, no [not] … any となる ❹ no で…ないだけではなく, 否定的意味を示す語句を含む文でも any を用いる: I left home *without any* money in my pocket. ポケットに無一文なのに家を出てしまった. ❺ any+ 単数名詞の場合でも, 性別の明示を避けるために, 複数の代名詞で受けることもある: Any one of his employees could spill *their* troubles. 従業員ならだれでも問題点の所在を打ち明けられるはずだ. ❻ 可算名詞につく場合は, any は普通 3 つ以上のものについて用い, 2 つの場合は either を用いる.
[語源] 古英語 ǽnig から. 中英語で any, eny となり, 現在では前者の綴りと後者の発音が残っている.
[用例] If I love *any* man, it's you. だれか愛する人がいるとすれば, それは君だ/He doesn't have *any* homework. 宿題は一つもない/They were not allowed *any* questions at all about *any* aspect of school. どの点でも学校についての質問は何一つ許されなかった/I don't think you ought to swim *any* more today. 今日は泳ぐのはそれぐらいにしておいた方がいいと思う.
[対照語] some.
【慣用句】**any one** どれ[だれ]でも一つ[一人], だれか[も](anyone). **any time**〔くだけた表現〕いつでも(anytime), 《接続詞的に》…する時はいつも(whenever).
【複合語】**ánybòdy** 代《不定代名詞》《疑問文, 否定文, 条件節で》だれか, 《否定文で》だれでも, 《主に肯定文で》《通例単数で受けるが, くだけた場合には複数で受けることもある》. 图 C《否定文, 疑問文, 条件節で》ひとかどの人物, 《肯定文で》ふつうの人. **ányhòw** 圖〔くだけた語〕とにかく(anyway), なんとかして: He seemed too young, *anyhow*, to be a family man. 彼はとにかく若すぎて所帯など持てそうもないようだった. **ànymóre** 圖《米》《通例否定文で》今はもう…ない. **ányòne** 代《不定代名詞》《疑問文, 否定文, 条件節で》だれか, 《肯定文で》だれでも [語法] anybody より形式ばった語). **ányplàce** 圖〔くだけた語〕《米》=anywhere. **ánything** 代《不定代名詞》《疑問文, 否定文, 条件節で》何か, 何も, 《主に肯定文で》何でも. 圖 いくらでも: *anything but* … のほかは何でも, 決して…しない/*anything goes*〔くだけた表現〕どんなことでも許され

る/*anything like* ...《疑問文, 否定文で》少しでも[いくらかでも]のような/*anything of* ... 少しは/*for anything*《否定文で》どんなことがあっても,〔くだけた表現〕(*too* ... で用いて) ひどく, まったく/*have anything to do with* ...《疑問文, 否定文で》...と関係がある/*if anything* もしあるにしても/*like anything*〔くだけた表現〕非常に...で, 激しく, 元気いっぱいに/*make anything of* ...《疑問文, 否定文で can を伴って》理解する, 大したものと思う/*or anything*〔くだけた表現〕他の可能性を示唆して...か何か.

ánytime 副《米》いつでも((《英》at any time).

ánywày 副〔くだけた語〕とにかく(anyhow)《★前に述べたことは重大な問題ではないことを示す》, それでもやはり, それはともかく《★話題を変える場合などに》, 少なくとも. **ánywhère** 副《疑問文, 否定文で, 条件節で》どこかに, どこにも,《肯定文で》どこへでも, どこでも,《接続詞的に》どこにでも (wherever): *anywhere between A to B* = *anywhere from A to B* 数量, 時間がA から B ぐらい/*anywhere near*《疑問文, 否定文で》いくらかでも...に近い(nearly),〔くだけた表現〕《副詞的に》いくらかでも, 少しも/*get anywhere*《疑問文, 否定文で》多少とも成功する, ...を成功させる (with)/*if anywhere* どこかにあるとすれば/*or anywhere* ...かどこかに.

A óne, A1 /éi wʌ́n/ 形〔くだけた語〕一流の, トップの, 第一級の.

a·part /əpɑ́ːrt/ 副 形 〔一般語〕一般義《通例修飾する語の後に置いて》場所, 時間, 目的や機能などが離れて.その他 分かれて, 別れて, 別々に, ばらばらに,《名詞, 動詞の後で》...はさておき(aside). 形 として《述語用法》意見や性質がかけ離れて, 異なって,《名詞の後で》別個の, 独特な.

語源 ラテン語 *ad partem* (= to the side) が古フランス語 *à part* を経て中英語に入った.

用例 They scored goals less than two minutes *apart* in the third period. 第 3 ピリオドで 2 分も経過しないうちにゴールをきめた/Very early in life, they grew *apart*. 彼らは幼い時は別々に育った/a class *apart* 別個の階級.

慣用句 *apart from* ...は別として(except), ...のほかに(beside).(語法)特に《米》で aside from ともいう: I can't think of anything I need, *apart from* a car. 車以外には私の必要なものは思いつかない. *come apart* 物がばらばらになる, 壊れる, 人が支離滅裂になる. *set* [*put*] ... *apart* ...のために, ...を取っておく (for), ...と別にする, ...から独立たせる (from). *know* [*can tell*] ... *apart* 2 者を区別する: I can*not* tell the twins *apart*. 私はその双子を区別できない.

【派生語】**apártness** 名 U.

a·part·ment /əpɑ́ːrtmənt/ 名 C 〔一般語〕一般義《米》貸貸共同住宅の中の 1 戸の住居, アパート, マンション(《英》flat), また建物全体 (apartment house).その他一般に部屋,《英》短期滞在者用の家具付きの貸室.

語源 イタリア語 *appartare* (= to separate) の名 *appartamento* がフランス語 *appartement* を経て初期近代英語に入った.

用例 She's happy because Jim is getting out of the small *apartment*. ジムが狭いアパートから出られそうなので, 彼女はうれしい/a four-room *apartment* 4 部屋のアパート/a furnished [an unfurnished] *apartment* 家具付きの[家具付きでない]アパート.

関連語 duplex apartment (《米》1 戸が上下二階になっている複層アパート); efficiency [studio] apartment (簡易台所とバスルームだけついたワンルームマンション★単に efficiency とも言う); garden apartment (庭園で囲まれた 1 階のアパート, 庭のある低いアパート); high-rise apartment (高層アパート); room (単なる貸し間); tenement (スラム街にあるような安アパート); walk-up (エレベーターがないので歩いて上がり下りするアパート).

日英比較 日本語では「アパート」よりも「マンション」のほうが一般的になってきているが, 英語の mansion は個人の大邸宅 (mansion house) の意味. 英国では固有名として '... Mansions' のようにいうことがある. なお, 日本語の「マンション」は賃貸にも分譲にも用いるが,《米》の apartment は賃貸で, 分譲は condominium, condo という.

【派生語】**apàrtméntal** 形.

【複合語】**apártment cómplex** 名 C 住宅団地. **apártment hotél** 名 C《米》アパート式ホテル(《英》service flats)《★家具付きの部屋を長期滞在者に貸して, ホテル式サービスも提供する》. **apártment hòuse** [**building**] 名 C《米》アパートの建物全体 (《英》(a block of) flats).

apathetic ⇒apathy.

ap·a·thy /ǽpəθi/ 名 U〔やや形式ばった語〕興味や感動を示さないこと, 冷淡, 無関心.

語源 ギリシャ語 *apatheia* (*a*- without + *pathos* emotion) がラテン語, フランス語を経て初期近代英語に入った.

【派生語】**àpathétic** 形. **àpathétically** 副.

ape /éip/ 名 C 動 本来自 【動】チンパンジーやゴリラなど大型の尾のないさる(猿), 類人猿, また物まねをする人の意で用いる. 動 としてまねる.

語源 古英語 apa から.

類義語 monkey.

【派生語】**ápish** 形《軽蔑的》猿のような, 猿まねのうまい.

a·pe·ri·tif /əpèritíːf/ 名 C 〔一般語〕食欲促進のための食前酒, アペリチフ.

語源 フランス語 *apéritif* (= appetizing) から.

ap·er·ture /ǽpərtʃər/-tjuə/ 名 C〔やや形式ばった語〕穴, すき間, 開口部,【光学】カメラなどの絞り, レンズや反射鏡などの有効口径.

語源 ラテン語 *aperire* (= to open) の過去分詞 *apertus* から派生した *apertura* (= opening) が古フランス語を経て中英語に入った.

a·pex /éipeks/ 名 C《複 〜es, apices /éipəsìːz/》〔形式ばった語〕一般義先端, 頂点.その他《通例単数形で》仕事や人生での絶頂を表す.

語源 ラテン語 *apex* (= point) が初期近代英語に入った.

a·pha·sia /əféiʒiə/-zjə/ 名 U【医】失語症.

語源 ギリシャ語 *a*- (= without) + *-phasia* (= speech) によるラテン語. 19 世紀から.

【派生語】**aphásic** 形 名 C 失語症の(患者).

aph·o·rism /ǽfərizm/ 名 C 〔一般語〕金言, 格言, 警句.

語源 ギリシャ語 *aphorismos* (= definition) がラテン語, フランス語を経て初期近代英語に入った.

【派生語】**àphorístic** 形.

apiarist ⇒apiary.

a‧pi‧ar‧y /éipieri|-pjəri/ 名 C 〔一般語〕**養蜂場**.
[語源] ラテン語 *apis* (=bee) の派生語 *apiarium* (=beehive) が初期近代英語に入った.

【派生語】ápiarist 名 C.

a‧pi‧cul‧ture /éipəkʌltʃər/ 名 U 〔一般語〕**養蜂(業)**.
[語源] ラテン語 *apis* (=bee)+culture として 19 世紀から.

a‧piece /əpí:s/ 副 〔やや形式ばった語〕**めいめいに, 各々に**.

apish ⇒ape.

a‧plomb /əplám|-5-/ 名 U 〔形式ばった語〕**困難な状態に動じない自信, 冷静, 落ち着き**.
[語源] フランス語 *à plomb* (=according to the plumb line) が 19 世紀に入った. 鉛をつるした側鉛線が「鉛直」から「まっすぐ」に, さらに「自信」に意味変化した.

a‧poc‧a‧lypse /əpákəlips|-5-/ 名 U 〔一般語〕**未来, 特に世の終りに何が起こるかを書いた黙示録**, 《the A-》〖聖〗**ヨハネの黙示録**(the Revelation).
[語源] ギリシャ語 *apokaluptein* (=to uncover; *apo-* off + *kaluptein* to cover) から派生した *apokalupsis* (=revelation) が後期ラテン語, 古フランス語を経て中英語に入った.

ap‧o‧gee /ǽpədʒi:/ 名 C 〖天〗**人工衛星や月の地球から最も離れた軌道上の位置である遠地点**, また一般に**権力や栄華の最高点, 極み**.
[語源] ギリシャ語 *apo-* (=from)+*gaia* (=earth) による近代ラテン語 *apogaeum* がフランス語を経て初期近代英語に入った. 原義は「地球から遠く離れた距離」.
[反意語] perigee.

a‧po‧lit‧i‧cal /èipəlítikəl/ 形 〔形式ばった語〕**政治に無関係の, 政治に関心のない**.

A‧pol‧lo /əpálou|-5-/ 名 固 〖ギ神〗**詩歌, 音楽, 予言などの神, アポロ**.

apologetic ⇒apology.

ap‧o‧lo‧gi‧a /ǽpəlóudʒiə/ 名 C 〔形式ばった語〕**弁明, 弁明書**.
[語源] 後期ラテン語 *apologia* が 18 世紀に入った. ⇒apology.

apologist ⇒apology.

a‧pol‧o‧gize, 《英》**-gise** /əpálədʒaiz|-5-/ 動 [本来他] 《to *apology*》〔一般語〕**一般義** 過ち, 無礼などを口頭または文書でわびる《to … 人に; for … 何かを》.
[その他] **思想, 宗教などについて正式に弁明する, 信念を弁護する**.
[用例] This firm *apologizes* to its readers. 当社は読者各位に謝罪いたします/We had to *apologize*, which is something I don't mind, usually. いつも気にしないでやっていることだが, ともかく弁解しなければならなかった.

【派生語】apólogizer 名 C.

a‧pol‧o‧gy /əpálədʒi|-5-/ 名 C 〔一般語〕**一般義** 口頭または文書によるわび. [その他] **批判などを受けそうなことについての弁護**(for), **思想, 宗教などについての正式の弁明**(apologia), 〔くだけた語〕《an ~》《しばしばこっけい》**申し訳程度のもの**.
[語源] ギリシャ語 *apologia* (=speech in defense; *apo-* away+*logos* speech) すなわち「困難から離れるための言葉」「自己弁護の言葉」が後期ラテン語を経て中英語に入った.
[用例] make [offer] an *apology* おわびする (apologize)/words of *apology* わび言/a written [a letter of] *apology* わび状.
【慣用句】**in apology for** … …のおわびに.

【派生語】apològétic 形 **わびの, 弁明する, 擁護する, 遺憾に思う, 済まなそうな**. 名 C 〔通例複数形で〕**弁明, 弁解**: He was very familiar with that *apologetic* smile. あの済まなそうな笑いはよく心得ていた.
apològétically 副. **apólogist** 名 C 〔形式ばった語〕**弁明者, 言い訳がましい人**.

apoplectic ⇒apoplexy.

ap‧o‧plex‧y /ǽpəpleksi/ 名 U 〖医〗**重症の出血, 梗塞**({{?}}), 特に**脳卒中**(stroke).
[語源] ギリシャ語 *apoplēssein* (=to strike down) の 名 *apoplēxia* がラテン語を経て中英語に入った.

【派生語】àpopléctic 形 名 C **卒中の(患者)**.

a pos‧te‧ri‧o‧ri /éi pastirió:rai| poster-/ 形 副 〖論〗**帰納的な[に], 〖哲〗後天的な[に]**.
[語源] ラテン語 (=from what comes later).
[反意語] a priori.

a‧pos‧tle /əpásl|-5-/ 名 C 〔一般語〕**一般義** 特別な任務で派遣された**使者**, 《the A-》**キリストの十二弟子のうちの一人, 使徒**. [その他] 〔形式ばった語〕**主義や政策などを唱える中心的人物, 主唱者**.
[語源] ギリシャ語 *apostolos* (=person sent forth) が古英語に *apostol* として入った.

a‧pos‧tro‧phe /əpástrəfi|-5-/ 名 C **省略符号, アポストロフィ**(')〔★次のように用いる❶ …'s で名詞, 不定代名詞の所有格を作る. 原則として生物に用いるが, しばしば無生物にも用いられる ❷ …'s として文字, 数字, 略字, 記号などの複数形を作る, 今日では付けないことも多い ❸ 短縮形(contraction)を示す ❹ 文字, 数字などが一部省略されたことを示す〕.
[語源] ギリシャ語 *apostrephein* (*apo-* away+*strephein* to turn) の派生語 *apostrophos* (=turning away) が後期ラテン語を経て初期近代英語に入った.

【派生語】àpostróphic 形.

a‧poth‧e‧car‧y /əpáθikeri|əpɔ́θəkəri/ 名 C 〔古語〕**薬剤師**.
[語源] ギリシャ語 *apothēkē* (=storehouse) からのラテン語 *apotheca* の派生語 *apothecarius* (=warehouse man; shopkeeper) が中英語に入った. 当初は乾物を売る店の主人を意味したが, 次第に薬屋の意となった.

ap‧pal, 《米》**ap‧pall** /əpɔ́:l/ 動 [本来他] 〔やや形式ばった語〕**強い嫌悪感や恐怖心をおこさせる, ぞっとさせる**.
[語源] 古フランス語 *apalir* (*a-* to+*palir* to grow pale) が中英語に入った.

【派生語】appálling 形. **appállingly** 副.

ap‧pa‧ra‧tus /ǽpəréitəs/ 名 C U 〔一般語〕**一般義** **ある特定の使用や実験などの目的のために使われる器具**
[語法] 集合的に扱うので〔通例複数形にはしない〕.
[その他] **いくつかの要素から成る装置**, 《the ~》**体の器官**(organ), **政治, 政党などの機構, 機関**(organization), またテクストにつけた**研究資料**.
[語源] ラテン語 動 *ad-* to+*parare* to make ready) の過去分詞 *apparatus* が初期近代英語に入った. 「用意されたもの」の意.
[類義語] apparatus; appliance; device: **appara-**

tus がある目的のための一組の器具をいうのに対して, **appliance** は家庭用器具をいう: electronic *appliances* 電気器具. **device** は仕掛けや装置をいう: a safty *device* 安全装置.
【複合語】**apparátus críticus** 名 CU 文献学的研究に必要な一連の資料, 研究資料 【語法】単に apparatus ともいう.

ap·par·el /əpǽrəl/ 名 U 本来他 《過去・過分《英》-ll-》〔形式ばった語〕《英》儀式など特別な機会に用いる衣装, 装飾的な衣服,《米》《複合語で》一般に衣服, 衣料品. 動 として衣服を着せる.
【語源】ラテン語 *apparare*(⇒apparatus)に由来する古フランス語 *apareillier*(=to prepare)の 名 *apareil*(=preparation)が中英語に入った.「あることのために必要な装備」の意.

ap·par·ent /əpǽrənt/ 形 【一般語】【一義】《通例述語用法》人が目に見えることから判断してすぐ事実と知覚できるほど明らかな《to》, 明白なの意. また《通例限定用法》事実以上として外観上の, 見せかけの, 一見 ...らしい, さらに《後置修飾で》王位, 称号, 財産などを継承[相続]する資格を生来的に与えられる.
【語源】ラテン語 *apparere*(⇒appear)の現在分詞 *apparens* が古フランス語を経て中英語に入った.
【用例】His interest was *apparent* to me. 彼が興味深そうなのがすぐにわかった/*apparent* kindness 見せかけの親切/ an heir *apparent* 法定推定相続人.
【反意語】obscure.
【派生語】**appárently** 副 見たところ...らしい, 明らかに. **appárentness** 名 U.

ap·pa·ri·tion /æpərífən/ 名 C 〔一般語〕突然に現れる幻影, 幽霊.
【語源】ラテン語 *apparere*(⇒appear)から派生した後期ラテン語 *apparitio*(=appearance)が中英語に入った.

ap·peal /əpíːl/ 名 C 動 本来他 〔一般語〕【一般義】人に助けや同情を求めること, 懇願, 懇請.【その他】人に呼びかけること, 訴え, 理性, 権威, 世論などに訴えること, 心に訴えるものとしての魅力,【法】控訴, 上告,【競技】審判への抗議. 動 として懇願する, 呼びかける《to ... に; for ... 何かを》, 理性, 権威などに訴える《to》, 物事が人の心に強く訴える, 人の気に入る《to》, 控訴する, 上告する, 審判etc.に抗議する.
【語源】ラテン語 *apellare*(=to speak to; to address)が古フランス語 *apeler* を経て, 法律用語として中英語に入った.
【用例】an *appeal* to reason 理性への訴え/The company has said it will *appeal* to the higher court against the award. 会社はその裁定を不服として上告すると言明した/the Court of *Appeal* [《米》*Appeals*] 控訴裁判所.
【語法】「力に訴える」は通例 appeal to force [violence; arms] とはせず, resort to や have recourse to などを用いた方がよい.
【慣用句】***make an appeal for*** ... ...を求める. ***make an appeal to*** ... ...に訴える 【語法】受身も可).
【派生語】**appèalabílity** 名 U. **appéalable** 形. **appéaler** C. **appéaling** 形. **appéalingly** 副.

ap·pear /əpíər/ 動 本来自 〔一般語〕【一般義】人や物が目に見える所に現れる, 一時的に出現する, 到着する. 【その他】事実かどうかは不明だが外見から判断して...らし

く見える,《it を主語として》...のようだ. さらに会合やテレビ, 試合などに出る, ...の役を演じる, 法廷に出頭する, ...の弁護士を務める《for》,本などが出版される, 新聞, 雑誌などに掲載される.
【語源】ラテン語 *appearere*(*ad*- to+*parere* to become visible)が古フランス語 *aparoir* を経て中英語に入った.
【用例】A man suddenly *appeared* round the corner of the street. 一人の男が突然街かどに現れた/ He *appeared* exhausted from his journey. 彼は旅から帰って疲れているように見えた.
【語法】appear の次に to 不定詞が来ると, seem to do の意味か come to do の意味かはっきりしないことがある: The editor *appeared* to explain his opinion. 編集長は自分の意見を説明しているように見える/説明するために出て来た.
【反意語】disappear.
【慣用句】***as it appears*** 見たところ(in appearance).
【派生語】**appearance** 名 ⇒見出し.

ap·pear·ance /əpíərəns/ 名 CU (⇒appear)〔一般語〕【一般義】出現, 出演, 出廷.【その他】外観, 風さい, 見せかけ,《複合語で》状況, 情勢.
【用例】his *appearance* in court 彼の法廷への出廷.
【慣用句】***at first appearance*** 一見して. ***for appearance sake***=***for the sake of appearance*** 体面を保つ上で. ***in appearance*** 見たところ. ***keep up [save] appearances*** 体裁を繕う. ***make [put in] an [one's] appearance*** 会合に顔を出す《at》. ***to [by; from] all appearances*** どう見ても. ***to outward appearance*** 見たところでは.
【複合語】**appéarance móney** 名 U 有名選手への出場報酬.

ap·pease /əpíːz/ 動 本来他 〔やや形式ばった語〕欲しがる物を与えたり必要を満たしてやることにより人を満足させる, なだめる, また怒りや悲しみを静める, 和らげる.
【語源】古フランス語 *apaisier*(=to bring peace to; *a*- to+*pais* peace)が中英語に入った.
【派生語】**appéasement** 名 U.

ap·pel·lant /əpélənt/ 名 C 形【法】特に上級審に控訴する人, 上告人. 形 として控訴の, 上告の.
【語源】ラテン語 *appellare*(⇒appeal)の現在分詞から.

ap·pel·la·tion /æpəléiʃən/ 名 C 〔形式ばった語〕人の地位や役職を表す呼称, 名称, 称号.
【語源】ラテン語 *appellare*(⇒appeal)の 名 *appellatio* から.

ap·pend /əpénd/ 動 本来他 〔形式ばった語〕書類の本体の後に何かを添付する, 付録として添える.
【語源】ラテン語 *appendere*(*ad*- to+*pendere* to hang)が古フランス語を経て中英語に入った.
【派生語】**appéndage** 名 C 添加物, 付属品. **appéndant** 形 付加された, 付随した, 付帯的な.

ap·pen·di·ci·tis /əpèndəsáitis/ 名 U【医】虫垂炎(盲腸炎).
【語源】近代ラテン語(appendix+-itis)から.

ap·pen·dix /əpéndiks/ 名 C 〔一般語〕書籍物などの付録, 付属物,【解】虫垂.
【語源】ラテン語 *appendere*(⇒append)の派生語 *appendix*(=appendage)が初期近代英語に入った.

ap·per·tain /æpərtéin/ 動 本来自 〔形式ばった語〕物や地位などに関連する《to》.
【語源】古フランス語 *apartenir*(=to belong to)が中

ap·pe·tite /ǽpətait/ 名 UC 〔一般語〕 一般義 《しばしば an 〜または one's 〜で》食欲《語法 飲み物にも用いる》. その他 肉体的, 物質的, 精神的欲望, …に対する好み《for》.

語源 ラテン語 *adpetere*(=to desire eagerly; *ad-* to+*petere* to seek)の過去分詞 *appetitus* が古フランス語を経て中英語に入った.

用例 A vegetable dish with spices stimulates the *appetite*. スパイスのきいた野菜料理は食欲を増進させる.

【慣用句】**get [work] up an [one's] appetite** 食欲を増す, 意欲を起こす. **whet …'s appetite** …の食欲[興味]をそそる. **with a good appetite** うまそうに.

【派生語】**áppetitive** 形. **áppetizer** 名 C 《米》前菜(hors d'oeuvre), 食前酒(aperitif), 食欲増進となる飲食物, 先だめし. **áppetizing** 形. **áppetizingly** 副.

ap·plaud /əplɔ́:d/ 動 本来他 〔一般語〕 一般義 劇, 技, 演奏, 出演者などに賞賛, 同意して拍手する. その他 拍手を伴わないで称賛する《語法 praise が最も一般的な語》.

語源 ラテン語 *applauder*(*ad-* to+*plaudere* to clap)が中英語に入った.

類義語 cheer.

【派生語】**appláudable** 形. **appláudably** 副. **appláuder** 名 C. **appláuding** 形. **appláudingly** 副. **appláuse** 名 U 拍手喝采, 賞賛: burst of *applause* わっと起こる拍手/storm of *applause* 嵐のような拍手/thunderous *applause* 万雷の拍手.

ap·ple /ǽpl/ 名 C 〔植〕りんご, その果実. (the A-) ニューヨーク(Big Apple).

語源 古英語 *æppel* より. 元来一般に果実, きゅうり, じゃがいもなどの野菜にも用いられた.

関連語 core (芯); pip, seed (種); flesh (果肉); peel (皮).

【慣用句】**the apple of …'s eye**〔くだけた表現〕瞳(pupil), 目の中へ入れても痛くないもの[人]. **polish apples [the apple]**〔俗語〕《米》ごますり. **the apple of discord**〔文語〕不和の種 (★トロイ戦争の原因になった黄金のりんごから). **upset the […'s] apple cart** 人の計画をひっくり返す.

【複合語】**ápple blòssom** 名 C りんごの花. **ápple bùtter** 名 U 《米》スパイス入りのりんごジャム. **ápple grèen** 名 U 青りんご色, 淡黄緑色の. **ápplejàck** 名 U 《米》アップルブランデー (★りんご酒 (cider) から作った強い蒸留酒). **ápple jùice** 名 C りんごジュース. **ápple píe** 名 C アップルパイ. **ápple-pòlisher** 名 C 〔俗語〕《米》ごますり. **ápple-pòlishing** 名 U. **ápple-sàuce** 名 U アップルソース (★豚肉料理などに添える). **ápple trèe** 名 C りんごの木.

appliable ⇒apply.
appliance ⇒apply.
applicable ⇒apply.
applicant ⇒apply.

ap·pli·ca·tion /æplikéiʃən/ 名 UC 《⇒apply》〔一般語〕 一般義 出願, 申し込書. その他 適用, 応用, 適応性. また〔形式ばった語〕薬の塗布, 物事への専念, 熱中.

【慣用句】**make [file] an application for …** …を申し込む. **on application** 申し込み次第.

【派生語】**ápplicative** 形. 適用できる, 利用できる, 実用的な. **ápplicator** 名 C 綿棒などの塗薬用具. **ápplicatory** 形 =applicative.

【複合語】**applicátion fòrm** 名 C 申し込み用紙. **applicátion mòney** 名 U 申し込み金. **applicátion(s) prógram [páckage]** 名 C《コンピューター》応用プログラム.

applier ⇒apply.

ap·pli·qué /æpləkéi|æplí:kei/ 名 U 動 本来他 〔一般義〕子供服, 婦人服などの飾り縫い, アップリケ(を施す).

語源 フランス語 *appliquer*(=to apply)の過去分詞から 19 世紀に入った.

ap·ply /əplái/ 動 本来他 〔一般語〕 一般義 申し込む, 出願する, 志願する《to, for》. その他 規則などを適用する, 言葉などを当てる, 知識や理論などを実地に当てはめる, 応用する, 用いる, 金などを充当する, 力, 熱などを加える, 装置や知力などを働かせる, 使う. 本来はものをくっつけるの意で, 手や物などある場所に持っていってあてがう, 当てる, 薬品やのりなどを塗る, つけるの意. 自 当てはまる, 適用される, 第三者の照会する《to》.

語源 ラテン語 *applicare* (*ad-* to+*plicare* to fold) が古フランス語 *aplier* を経て中英語に入った. 「…に折り重ねる」から「当てる, 適用する」の意になった.

用例 *apply* to a university 大学に願書を出す/*apply* for a job 職を求める/The nineteenth century advances in chemistry were *applied* to artillery. 19 世紀の化学の進歩は砲術に応用された.

【慣用句】**apply oneself [one's mind; one's energies] to …** …に身を入れる.

【派生語】**appliáble** 形. **appliánce** 名 CU 器具, 装置, 電気器具, 適用, 応用 類義語 apparatus. **ápplicable** 形〔形式ばった語〕応用できる, 適用できる, 当てはまる. **ápplicant** 名 C 応募者. **applíed** 形. **appliér** 名 C.

ap·point /əpɔ́int/ 動 本来他 〔一般語〕 一般義 人を役職などに任命する. その他 面会, 会合などのために日時, 場所を指定する《語法 fix の方が一般的な語》.

語源 古フランス語 *à point*(=to a point)から造られた 動 *appointer* (=to arrange) が中英語に入った. 原義は「物事を一点に絞る」.

用例 The association will *appoint* a new chairman. 協会は新議長を任命するだろう/US department heads are *appointed* by the president. 米国の長官は大統領によって任命される.

【派生語】**appóintable** 形. **appóinted** 形 〔限定用法〕任命された, 指定された, 約束の, 《副詞を伴って》設備された: the *appointed* time 約束の時間/well-*appointed* hotel 設備の整ったホテル. **appointée** 名 C 被任命者. **appóinter** 名 C 〔法〕財産の指定権者. **appóintive** 形 任命の, 任命による. **appóintment** 名 CU 約束, 任命, 官職, 地位: by *appointment* 指定した上で, 約束して/keep one's [the] *appointment* with … 人と面会の約束を守る/make an *appointment* 面会の日時, 場所を決める.

ap·por·tion /əpɔ́:rʃən/ 動 本来他 〔形式ばった語〕収益, 負担, 責任などを割り当てる, 分割する.

語源 古フランス語 *apportionner* (*a-* to+*portionner* to divide into portions) が初期近代英語に入った.

類義語 allot.

【派生語】**appórtionment** 名 UC.

ap·po·si·tion /ˌæpəzíʃən/ 名 Ⅱ 〔形式ばった語〕並べて，または近くに置くこと，並置，『文法』同格．

語源 ラテン語 *apponere* (= to put near to) の 名 *appositio* が古フランス語を経て中英語に入った．
【派生語】**appósitive** 形 同格の．名 Ⅽ 同格語．

appraisal ⇒appraise.

ap·praise /əpréiz/ 動 本来他 〔やや形式ばった語〕人や物の価値，質，能力などを**評価する**，**査定する**，**見積もる**．

語源 ラテン語 *appretiare* (⇒appreciate) から派生した古フランス語 *aprisier* (= to set a value on) が中英語に入った．

類義語 estimate.

【派生語】**appráisal** 名 Ⅱ Ⅽ 評価，不動産などの鑑定．**appráiser** 名 Ⅽ．

appreciable ⇒appreciate.

ap·pre·ci·ate /əpríːʃieit/ 動 本来他 〔形式ばった語〕
一般義 人の好意などに**感謝する**．鋭く適切な判断，洞察力で，人の好意などの**真価を認める**，芸術，文学作品などを内容をよく理解して味わうように**鑑賞する**，困難，相違などを**認識する**．また相場，価格などを**値上げする**．自 不動産，相場などの価格が上がる．

語源 ラテン語 *appretiare* (= to set a value on; *ad-* to + *pretiare* to value) の過去分詞 *appretiatus* が初期近代英語に入った．

用例 I very much *appreciate* your kindness. ご親切にどうもありがとうございます／He doesn't *appreciate* the fine arts. 美術を解さない．

語法 「感謝する」意では be thankful, be grateful, appreciate の順で形式ばってくる．商業英語では I *appreciate* …／We should *appreciate* …／It would be *appreciated* if you would … (…していただければ大変有難いしだいでございます)などとして，丁重な要求を示すことがある．

類義語 appreciate; esteem; prize; value: **appreciate** は真価を認めることに意味の中心があり，**esteem** は尊敬の念をもって価値を認めること．**prize** は珍重する意味を強調し，**value** は重要性や価値が高いことを意味する．

反義語 depreciate.

【派生語】**appréciable** 形 目に見える程の．**apprèciátion** 名 Ⅱ 感謝，鑑賞，評価: *in appreciation of [for]* …．．．に感謝して，…を評価して，認めて．**appréciative** 形 感謝している，鑑識力がある: *be appreciative of* …．．．の真価がわかる，…に感謝する．**appréciator** 名 Ⅽ．**appréciatory** 形．

ap·pre·hend /ˌæprihénd/ 動 本来他 〔形式ばった語〕
一般義 犯罪者を**逮捕する**，**拘置する** (語法 arrest のほうが一般的な語)．その他 精神的に捕えることから，〔やや古風〕**理解する**，**感知する**，**気づかう**．

語源 ラテン語 *apprehendere* (= to take hold of) が中英語に入った．

【派生語】**àpprehénsion** 名 Ⅱ Ⅽ．**àpprehénsive** 形．

ap·pren·tice /əpréntis/ 名 Ⅽ 本来自 〔一般語〕見習職人，年季奉公人．動 として《通例受身で》**年季奉公に出す**．

語源 ラテン語 *apprehendere* (= to apprehend) の短縮形 *apprendere* (= to learn) が古フランス語 *aprendre* となり，その派生形 *apprentis* が中英語に入った．原義は「つかまえる」「心でとらえる」から「学ぶ者」．

【派生語】**appénticeship** 名 Ⅱ Ⅽ．

ap·prise, ap·prize /əpráiz/ 動 本来他 〔形式ばった語〕…に**通告する** (語法 この語はあまり使われなくなっている)．

語源 古フランス語 *aprendre* (⇒apprentice) からのフランス語 *apprendre* (= to cause to learn) の過去分詞 *appris* が初期近代英語に入った．

ap·proach /əpróutʃ/ 動 本来他 名 Ⅱ Ⅽ 〔一般語〕
一般義 ある目標に空間的に，時間的に…**近づく**．その他 〔やや形式ばった語〕性質，状態，程度，能力などが…**に近い**，**似ている**，**匹敵する**．また会見，交渉などのために人に**近づき話をもちかける**，問題や仕事などに**取りかかる**．名 として**接近**，ある場所や地点への**近づく道**，比喩的に問題や仕事などへの**接近法**，**取り組み方**，**研究法**．

語源 後期ラテン語の *appropiare* (= to draw near; ラテン語 *ad-* to + *propius* nearer) が古フランス語 *aprochier* を経て中英語に入った．*propius* は *prope* (= near) の比較級．

用例 The car *approached* (the traffic lights) at top speed. その車は(信号に)全速力で近づいた／Christmas is *approaching*. クリスマスが近づいている／No writer can begin to *approach* Shakespeare in greatness. どんな作家もシェイクスピアの偉大さには近づこうとすることすらできない／Their *approaches* for financial help proved unsuccessful. 財政援助を求めた彼らの働きかけは失敗に終わった／That fellow makes *approaches* to every woman he meets. あいつは会う女には誰にでも言い寄る．

【派生語】**appròachabílity** 名 Ⅱ 接近可能性．**appróachable** 形．

ap·pro·ba·tion /ˌæprəbéiʃən/ 名 Ⅽ 〔形式ばった語〕公式な**認可**，**称賛**．

語源 ⇒approve.

ap·pro·pri·ate /əpróupriit/ 形, /-eit/ 動 本来他
一般義 状況や機会にふさわしい，**適切な**．動 として公共物を自分のものとして**専有する**，**私物化する**，特別の用途や目的に**充当する**．

語源 ラテン語 *appropriare* (= to make one's own; *ad-* to + *proprius* one's own) の過去分詞 *appropriatus* が中英語に入った．

用例 Your red dress is not *appropriate* for the funeral. あなたの赤いドレスは葬式には不適切だ／A town clerk has *appropriated* a large sum of public money. 市の職員が多額の公金を着服した．

類義語 fit; proper.

【派生語】**apprópriately** 副．**appróprateness** 名 Ⅱ．**appròpriátion** 名 Ⅱ Ⅽ 割り当て，充当，充当金，歳出予算．

approval ⇒approve.

ap·prove /əprúːv/ 動 本来他 〔一般語〕計画，提案，行為などを**是認する**，**承認する**，**賛成する**．自 の用法もある (語法 進行形は用いられない)．

語源 ラテン語 *approbare*(to assent to as good; *ad-* to + *probare* to prove) が古フランス語 *aprover* を経て中英語に入った．

用例 The committee *approved* the plan. 委員会はその案を承認した／I *approve* of one's daughter's marriage. 娘の結婚を許す (語法 *of* を伴う自動詞の用法は通例個人的な場での承認，賛同の意味で用いられる)．

approximate

【派生語】appróval 名 U 是認, 承認, 認可: **on approval**《商》商品を使ってみて気に入らなければ返してよいという条件で. **appróvingly** 副 賛成して, 満足げに.

ap·prox·i·mate /əprάksimit|-ɔ́-/, /-meit/ 動
[本他]〔一般語〕位置, 数量, 価値, 性質などが目標, 基準, 条件などにほぼ接近している, 近似的な, ほぼ正確な. 動 として...に近づく, ...を近づける, 概算する, ...に似せる, ...をまねする.

[語源] 後期ラテン語 *approximare* (ラテン語 *ad-* to + *proximare* to come near) の過去分詞 *approximatus* が中英語に入った. *proximus* は *prope* (=near) の最上級.

[用例] Her answer to the sum was only *approximate*. 合計を計算した彼女の解答は近似値にしかすぎなかった/He always gives us *approximate* answers. 彼はいつもほぼ正確な答えをしてくれる/Your story *approximates* to the truth but it is not completely accurate. 君の話は真実に近いが全く正確だというわけではない.

【派生語】appróximately 副 およそ, だいたい, ざっと. **approximátion** 名 UC〔形式ばった語〕接近, 近似値, 概算, 見積り.

ap·ri·cot /ǽprikɑt|-kɔt/ 名 CU〔植〕あんず, またその果実, その色, 赤みがかった黄色.

[語源] 元来アラビア語で, スペイン語かポルトガル語を経て初期近代英語に入った.

A·pril /éiprəl/ 名 UC〔一般語〕4 月 (語法) Apr., Ap. と略す).

[語源] ラテン語 *Aprilis* が中英語に入った. *aperir* (=to open) より「花が開く月」となったとする説, 古代ローマ暦では 3 月起算であったところから, *apero-* (=latter; second) より「2 番目の月」となったとする説, ギリシャ神話の *Aphroditē* (ローマ神話で Venus) の短縮形 *Aphro* より「Venus の月」となったとする説がある.

【慣用句】Ápril Fóols Dày 万愚節(All Fool's Day), エイプリルフール《★4月1日; 冗談ないたずら, うそをつくなどして他人をかつぐことが許される日》.

【複合語】Ápril fóol 名 C 4 月ばか《★かつがれた人》.

a pri·o·ri /èi praió:rai, à:prió(:)ri/ 副 形〔形式ばった語〕論理学などで原因を基にあり得る結果を導くことを表し, 演繹的に[な], 先天的に[な].

[語源] ラテン語 (=from the previous) が初期近代英語に入った.

[類義語] deductive.

[反意語] a posteriori.

a·pron /éiprən/ 名 C〔一般語〕[一般義] エプロン, 前掛け. [その他] 形がエプロン状のものを広く指し, 高位の聖職者の服の前だれ, 空港のエプロン《★空港ビルや格納庫などの前の舗装された広場で, 航空機の停留場所》, 劇場などの張り出し舞台(apron stage), 河川などの護岸, 七面鳥などの首の下の肉垂, ゴルフ場のグリーン回りのふちの部分など.

[語源] ラテン語 *mappa* (=cloth; napkin) が古フランス語で *nape* (=tablecloth) となり, その指小語 *naperon* が中英語に *napron* として入った. 現在の形は a napron を an apron と分析して an apron となったもの.

[用例] Put on your *apron* before you start preparing the dinner. 夕食の準備を始める前にエプロンをかけなさい.

【慣用句】be tied to ...'s apron strings 男が母親や妻の言いなりになっている, 頭があがらない.

ap·ro·pos /æprəpóu/ 副〔形式ばった語〕それまでの話に関連させて新しい話題を始めるのに使う語で, ついでながら, ところで, ...といえばの意.

[語源] ラテン語 *ad propositum* (=to the purpose) がフランス語を経て初期近代英語に入った.

apt /æpt/ 形〔一般語〕[一般義] 行為などを習慣的に...しがちな, ...する傾向がある《to do》《語法》通例好ましくない場合に用いる). [その他]〔くだけた語〕《主に米》...しそうだ(likely). 時に目的や場所に適している, ふさわしいの意で, また理解が速いことから, 勉強などがよくできる.

[語源] ラテン語 *apere* (=to fasten) の過去分詞 *aptus* (=fit, suited) が中英語に入った.

[用例] He is *apt* to get angry if you ask a lot of questions. 彼はあまり質問をすると腹を立てるところがある/It is *apt* to rain. 雨が降りそうだ/That was an *apt* remark. 適切な発言であった/He is an *apt* student. 彼はよくできる学生だ.

[類義語] apt; likely; inclined; liable; prone: **apt** は内在する本質的な傾向を表し, 人を主語にして過去や現在のことについて述べる場合に多く用いられ, **likely** は可能性や蓋然性に重点を置き, 未来のことを予想することについて述べる場合に用いられる. **inclined** は本質的な性向を表す. **liable** は危険などにさらされることを含意し, 注意や警告などの表現によく使われる. **prone** は好ましくないものが起きがちであることを表し, 時に複合語の第二要素となる.

【派生語】áptitude 名 UC 適性, 才能: **aptitude test** 適性検査. **áptly** 副. **áptness** 名 U 適合性.

aq·ua·lung /ǽkwəlʌŋ/ 名 C〔一般語〕潜水用水中呼吸器(scuba), アクアラング《★もと商標 Aqua-Lung》.

aq·ua·naut /ǽkwənɔ:t/ 名 C〔一般語〕潜水艇などで海洋研究に携わる潜水技術者, またスキンダイバー(skin diver).

[語源] ラテン語 *aqua* (=water) + ギリシャ語 *nautēs* (=sailor) から 19 世紀に造られた.

aq·ua·plane /ǽkwəplein/ 名 C 動 [本来な〕〔一般語〕モーターボートに引かせて水を滑る水上スキーの板. 動 として水上スキーに乗る.

[語源] ラテン語 *aqua* (=water)+plane. 20 世紀の造語.

a·quar·i·um /əkwéəriəm/ 名 C (複 〜s, -ia)〔一般語〕魚や水草のための水槽, またそのような水槽を多数展示した水族館.

[語源] ラテン語 *aquarius* (=of water) の中性形が 19 世紀に入った.

a·quat·ic /əkwǽtik/ 形 C〔一般語〕水辺や水中に生息することや関係があることを表し, 水の, 水上[中]の, 水生の. 名 として水生動物植物, 《複数形で》水上・水中スポーツ.

[語源] ラテン語 *aqua* (=water) の 形 *aquaticus* から.

aq·ue·duct /ǽkwidʌkt/ 名 C〔一般語〕水道水を供給する導水橋, 水道網, 導水管《★普通川の上を渡したり, 地面より高い位置を流れるものをいう》.

[語源] ラテン語 *aquae ductus* (=water duct) が初期近代英語に入った.

a·que·ous /éikwiəs, ǽk-/ 形〔形式ばった語〕水の, 水様の, 水性の, 物質が水を含む, 水成の.

[語源] ラテン語 *aqua* (=water) から派生した 形

aqueus が初期近代英語に入った.

aq·ui·line /ǽkwilain/ 形 〔一般語〕わし(鷲)の, わしのような, わしのくちばしのように曲がった.
語源 ラテン語 *aquila* (=eagle) の 形 *aquilinus* が 19 世紀に入った.
用例 an *aquiline* nose わし鼻.

Ar·ab /ǽrəb/ 名 C 〔一般語〕アラビア語を話す民族, アラブ人, アラビア人, またアラブ馬.
語源 アラビア語から借用したギリシャ語 *Araps* がラテン語, 古フランス語を経て中英語に入った. 原義は「砂漠の住民」.
【派生語】**Árabic** 形 アラブ[アラビア]人[語]の. 名 U アラブ[アラビア]語: **Arabic numerals [figures]** アラビア数字, 算用数字.

ar·a·besque /ærəbésk/ 名 C 〔一般語〕アラビア風様式, 特に草花, 動物, 幾何学模様などを表す複雑で手の込んだアラビア風装飾·意匠.《バレエ》ポーズの型, アラベスク.《楽》幻想的な, 装飾的な小品, アラベスク.
語源 イタリア語 *arabesco* (=in the Arabic style) がフランス語を経て 18 世紀に入った.

A·ra·bia /əréibiə/ 名 固 アラビア (★紅海とペルシャ湾の間の半島の地域).
【派生語】**Arábian** 形 アラビアの, アラブ人の. 名 C 〔古風な話〕アラビア人 (Arab).

ar·a·ble /ǽrəbl/ 形 C 〔やや形式ばった語〕土地が耕作に適した. 名 として耕地.
語源 ラテン語 *arare* (=to plow) の派生形 *arabilis* が中英語に入った.

ar·bi·ter /á:rbitər/ 名 C 〔やや形式ばった語〕紛争や議論などの仲裁者, 調停者, 裁定の全権を与えられた人[機関].
語源 ラテン語 *arbiter* (=judge) が中英語に入った.

ar·bi·trar·y /á:rbitreri|-trəri/ 形 〔一般語〕《しばしば悪い意味で》規則や他人の意見によらず自分で決断する, 勝手な, 気まぐれの, 独断的な,《数》任意の, 不定の.
語源 ラテン語 *arbiter* (⇒arbiter) の 形 *arbitrarius* が中英語に入った.
【派生語】**árbitrarily** 副. **árbitrariness** 名 U.

ar·bi·trate /á:rbitreit/ 動 本来他 〔やや形式ばった語〕争議を普通双方の依頼により**仲裁する**, 仲裁役をする.
語源 ラテン語 arbiter (⇒arbiter) から派生した *arbitrari* (=to give judgment) の過去分詞が初期近代英語に入った.
【派生語】**àrbitrátion** 名 U. **árbitrator** 名 C.

ar·bor[1] /á:rbər/ 名 C 《植》低木 (shrub) に対する**高木**.
語源 ラテン語 *arbor* (=tree) が初期近代英語に入った.
【派生語】**arbóreal** 形. **arboretum** /à:rbərí:təm/ 名 C 樹木園.

ar·bor[2], 《英》**-bour** /á:rbər/ 名 C 〔一般語〕公園や庭園にあるつたなどをはわせた格子作りのあずまややトンネル状の樹木が作る**木陰**.
語源 ラテン語 *herba* (=herb) に由来する古フランス語 (h)*erbier* (=herbarium) が中英語に (h)*erber* (=grass; garden) として入り, arbor[1] に影響されて語形が変わった.

arc /á:rk/ 名 C 動 本来自 〔一般語〕曲線や円の一部がなす弧, 弧形, 弓形,《電》電弧, アーク. 動 として弧を描く.
語源 ラテン語 *arcus* (弓) が古フランス語を経て中英語に入った. arch と同語源.
【複合語】**árc làmp [light]** 名 C アーク灯. **árc wèlding** 名 U アーク溶接.

ar·cade /a:rkéid/ 名 C 〔一般語〕片側または両側に商店が並んだ屋根付き街路, アーケード.
語源 ラテン語 *arcus* (=arch) に由来するイタリア語 *arcata* (=arch) がフランス語 arcade を経て 18 世紀に入った.

Ar·ca·dia /a:rkéidiə/ 名 固 アルカディア (★古代ギリシャの中央高原の理想郷).
語源 ギリシャ神話 Zeus の子 Arkas, Arkad- に因む *Arkadia* がラテン語を経て初期近代英語に入った.
【派生語】**Arcádian** 形 アルカディアの. 名 CU アルカディアの住人, アルカディア方言.

arch[1] /á:rtʃ/ 名 C 動 本来他 〔一般語〕 一般義 半円形や弓形に湾曲したアーチ, 追持[その他] アーチ形のものを広く指し, アーチ形の門[記念碑, 天井], 足の土踏まずの部分など. 動 としてアーチ形に曲げる[曲がる], アーチを掛ける.
語源 ラテン語 *arcus* (=bow; arch) が古フランス語 *arche* を経て中英語に入った.
用例 a triumphal *arch* 凱旋門/fallen *arches* 扁平足/an *arch* in the sky 虹/The cat *arched* its back. その猫は背を丸くした.
【派生語】**árched** 形.
【複合語】**árchwày** 名 C 《建》アーチ道, 道路上のアーチ.

arch[2] /á:rtʃ/ 形 〔形式ばった語〕ちゃめっ気のある, いたずらっぽい.
語源 arch- より. ほめ言葉が裏返しの悪い意味で用いられるようになり, 「ずるがしこい」意を経て現在の意味になった.
【派生語】**árchly** 副.

arch- /á:rtʃ/ 連結 「主な, 第一の, 大...」などの意.
語法 母音の前で arch-, 子音の前で archi- となる.
語源 ギリシャ語 *arkhein* (=to begin; to rule) からの *arkh*(*i*)- (=first; chief) がラテン語 *arch*(*i*)- を経て古英語に入った.

-arch /à:rk, ərk/ 連結 「支配者, 君主」の意.

ar·chae·ol·o·gy, ar·che·ol·o·gy /à:rkiálədʒi|-ɔ́-/ 名 U 〔一般語〕**考古学**.
語源 ギリシャ語 *arkhaios* (=ancient) から派生した *arkhaiologia* (=study of what is ancient) がラテン語を経て初期近代英語に入った.
【派生語】**àrchaeológical, àrcheológical** 形. **àrchaeólogist, àrcheólogist** 名 C.

ar·cha·ic /a:rkéiik/ 形 〔一般語〕**古風な, 時代遅れの, すたれた**.
語源 ギリシャ語 *arkhaios* (=old) の派生形 *arkhaikos* がフランス語 *archaique* を経て 19 世紀に入った.
【派生語】**árchaism** 名 UC 古文体, 古語.

arch·an·gel /á:rkeindʒəl/ 名 C 《キ教·ユダヤ教·イスラム教》**大天使**.
語源 ギリシャ語 *arkhangelos* が後期ラテン語, 古フランス語を経て中英語に入った.

arch·bish·op /à:rtʃbíʃəp/ 名 C 《キ教》カトリックでは司教の最高位である**大司教**, プロテスタントでは**大監督**, 英国国教ではカンタベリー及びヨークの**大主教**.

ar·che·ol·o·gy /ɑ̀ːrkiálədʒi|-ɔ́-/ 名 ＝archaeology.

arch·er /ɑ́ːrtʃər/ 名 C 〔一般語〕弓の射手, 弓術家, (the A-) 射手座(Sagittarius).
語源 ラテン語 arcus (＝bow) から派生した後期ラテン語 arcuarius が古フランス語 archier を経て中英語に入った.
【派生語】**árchery** 名 U 弓術, アーチェリー.

ar·che·type /ɑ́ːrkitaip/ 名 C 〔一般語〕他のものの手本, 基本となる原型, 典型.
語源 ギリシャ語 arkhetupon がラテン語 archetypum を経て初期近代英語に入った. ⇒arch-, type.
【派生語】**àrchetýpal** 形.

ar·chi- /ɑ̀ːrki/ 連结 ⇒arch-.

ar·chi·pel·a·go /ɑ̀ːrkipéligou/ 名 C 〔一般語〕周囲の海を含めた一群の小島, 多島海, 群島.
語源 エーゲ海を意味するギリシャ語 arkhipelagos (arkhi- chief＋pelagos sea) がイタリア語を経て初期近代英語に入った.

ar·chi·tect /ɑ́ːrkitekt/ 名 C 〔一般語〕[一般義] 建築家, 建築技師. その他 庭や船などの設計者や設計技師, 一般的に物事の考案者, 製作者, 立案者.
語源 ギリシャ語 arkhitektōn (arkhi- chief＋tektōn carpenter) がラテン語 architectus, 古フランス語 architecte を経て初期近代英語に入った.
用例 Who was the *architect* who drew these plans? これらの平面図を書いた建築家は誰だったのだろうか/the great *architect* of the universe 宇宙の創造主/John was the *architect* of this scheme. ジョンがこの計画の立案者だった.
関連語 artist; designer; planner.
【派生語】**àrchitéctural** 形 建築上の, 建築学の. **árchitecture** 名 U 建築学, 建築技術, 建築様式.

ar·chives /ɑ́ːrkaivz/ 名 [複] 〔一般語〕歴史的に重要な公文書, 私文書, 記録, 古文書など, またその保管所.
語源 ギリシャ語 arkhē (＝government) から派生した arkheia (＝public records) がラテン語で archiva となり, フランス語を経て初期近代英語に入った.

arc·tic /ɑ́ːrktik/ 形 《しばしば A-》北極の, 北極地方の, 比喩的に極寒の. 名 として《the A-》北極地方.
語源 「熊, 大熊座, 北」を意味するギリシャ語 arktos の 形 arktikos がラテン語, 古フランス語を経て中英語に入った.
対照語 antarctic.
【複合語】**Árctic Círcle** 名《the ～》北極圏. **Árctic Ócean** 名《the ～》北極海. **Árctic póle** 名《the ～》北極. **Árctic Zòne** 名《the ～》北極帯.

ar·dent /ɑ́ːrdənt/ 形 〔一般語〕熱心な, 気持ちや視線が燃えるような.
語源 ラテン語 ardere (＝to burn) の現在分詞 ardens が古フランス語を経て中英語に入った.
類義語 enthusiastic; passionate.

ar·dor,《英》**-dour** /ɑ́ːrdər/ 名 UC 〔形式ばった語〕燃えるような心, 熱意, 情熱, 意気込み.
語源 ラテン語 ardere (＝to burn) の派生形 ardor (＝flame) が古フランス語を経て中英語に入った.
【派生語】**árduous** 形 仕事などが骨の折れる, 坂道などが険しくて登りにくい.

are¹ /ɑːr/ 名 C 〔一般語〕面積の単位のアール《★＝ $100m^2$; 記号 a》.
語源 フランス語 area から 19 世紀に入った.

are² /ɑːr, 弱 ər/ 動 be の一, 二, 三人称複数・直説法・現在形, および二人称単数・直説法・現在形.

ar·e·a /éəriə/ 名 UC [一般義] 面積, 地方.
その他 面積の意があり, 転じてある面積を占める「地域」の意となった. またある目的のための場所, 地区, 比喩的に活動や研究などの範囲, 分野, 領域.
語源 ラテン語 area (＝vacant place; courtyard; play ground) が初期近代英語に入った.
用例 Most of the government offices are collected to the metropolitan *area*. 官庁の大部分は大都市圏に集まっている/This garden is twelve square metres in *area*. この庭は 12 平方メートルの広さがある/Do you have any experience in this *area*? この分野での経験はありますか.
類義語 area: district; region; zone: **area** は一般的な語で, 地図上で一定の範囲とわかるような地域をいう. **district** は行政上の地区. **region** は他の地域とは異なった文化的, 社会的, 地理的な特徴を持った地域をいう. **zone** は特色があり, 特に地図上で境界線で囲まれた地帯をいう.
【複合語】**área còde** 名 C 《米》電話の市外局番《★最初につけられる 3 けたの番号》. **área stùdies** 名《複》エリアスタディー, 地域研究.

a·re·na /əríːnə/ 名 C 〔一般語〕もともと古代ローマの闘技場のこと, 現在ではこれに似た周囲を堀や壁で囲んだスポーツの競技場をいう. また比喩的にはげしい競争, 闘争の場, ...界の意.
語源 ラテン語 (h)arena (＝sand; sandy place) が初期近代英語に入った.
用例 enter the political *arena* 政界に入る.

Ar·gen·ti·na /ɑ̀ːrdʒəntíːnə/ 名 固 アルゼンチン《★南米の共和国》.
語源 ラテン語で「銀の国」の意.
【派生語】**Argentine** /ɑ́ːrdʒəntain/ 形 アルゼンチン(人)の. 名 C アルゼンチン人, 《the ～》アルゼンチン (Argentina).

ar·got /ɑ́ːrgət, -gou/ 名 C 〔一般語〕犯罪者, コンピューターハッカーなど特殊な同業者グループが用いる隠語.
語源 19 世紀にフランス語から入った. 語源不詳であるが, 一説には「盗人仲間」の意から.

arguable ⇒argue.

ar·gue /ɑ́ːrgjuː/ 動 [本来義] 〔一般語〕[一般義] 言い争う, 口論する, 賛否の理由を述べて議論する, 論争する. その他 理論立てて主張する, さらに証拠をたてることにより証明する, その結果賛成[反対]論を唱える, 相手を理屈で説得する.
語源 ラテン語 arguere (＝to make clear; to prove) が古フランス語を経て中英語に入った.
用例 The two brothers are always *arguing* with each other. 二人の兄弟はいつも言い争っている/I *argued* for accepting the plan. 私はその計画を受け入れるに賛成した/He *argued* against our joining the Common Market. 彼は私たちがヨーロッパ共同市場に参加するのに異を唱えた/He *argued* her out of buying the dress. 彼は彼女を説得してその服を買うのをやめさせた/He *argued* that my plan was im-

practicable. 彼は私のプランは実用的でないと論じた.
[類義語] argue; discuss; debate; dispute: **argue** は理論や証拠に基づき,自分の意見や立場を主張すること. **discuss** は好意的にお互いの意見を交換しながら討論すること. **debate** は正式に公開で行なわれる二つの対立するグループ間での討論をいう. **dispute** はしばしば感情的な対立を含んだ議論をいう.
【派生語】**árguable** 形 主張できる,議論の余地がある. **árguably** 副 (文修飾副詞として)論証できるけれが,おそらく. **árgument** 名 C 議論,論争,口論,論旨,主張. **àrgumentátion** 名 UC 立証,論証. **àrguméntative** 形 論争的な,けんか腰の,理屈っぽい. **àrguméntatively** 副.

a·ri·a /áːriə/ 名 C【楽】アリア,詠唱.
[語源] イタリア語が 18 世紀に入った.

-ar·i·an /ɛəriən/ [接尾]「…する(人),…主義の(者),…才の(人)」などの意の形容詞や名詞をつくる.例: octogenarian(80 才の,80 才の人); utilitarian (功利的な,功利主義者).
[語源] ラテン語-*arius* から.

a·rise /əráiz/ 動 [本来自] (過去 -rose; 過分 -risen) [形式ばった語] [一般義] ある考え,疑問や問題,困難,論争などが**生じる**,**起こる**,ある事態が結果として**生じる**,**発生する**. [その他] 人が**立ち上がる**,煙や臭いなどが**立ち登る**.
[語源] 古英語 a-(=out)+risan(=to rise) による arisan から.
[用例] We can come earlier if the need *arises*. 必要が生じれば我々はもっと早く来られます/These problems have *arisen* as a result of your carelessness. これらの問題は君の不注意の結果生じたのだ.

a·ris·toc·ra·cy /ærístákrəsi|-5-/ 名 UC [形式ばった語] [一般義] (the ~)**貴族全体**,**貴族社会**. [その他] **貴族政治**,**貴族政治の国**,また**一流の人々**.
[語源] ギリシャ語 aristos(=best) から派生した *aristokratia*(=rule of the best) が後期ラテン語を経て初期近代英語に入った.
[関連語] democracy.
【派生語】**aristocrat** /ərístəkræt|ǽris-/ 名 C **貴族**の一員,貴族政治主義者,上流階級の人,スポーツなどでりっぱな成績をあげて貴族扱いされる人,貴族趣味の人,最高級品. **àristocrátic** 形. **àristocrátically** 副.

arith·me·tic /əríθmətik/ 名 U, /æriθmétik/ 形 [一般義] [本来義] **算数**,**算術**. [その他] **計算**,**計算能力**,**勘定**,【数】**数論**,**整数論**. 形 として算数の,算数に関する.
[語源] ギリシャ語 *arithmein*(=to number; to count) から派生した *arithmētikē (tekhnē)*(=(the art of) counting) がラテン語,古フランス語を経て中英語に入った.
[用例] The laws of *arithmetic* is the foundation of mathematics. 算数の解法は数学の基礎である/People use *arithmetic* so frequently in everyday life. 日常生活では頻繁に計算を行います.
[関連語] algebra (代数); geometry (幾何学); mathematics (数学).
【派生語】**àrithmétical** 形 = arithmetic. **àrithmétically** 副. **arithmetícian** 名 C 計算の巧みな人.
【複合語】**àrithmétic progréssion [séries]** 名 C

【数】等差数列.

Ar·i·zo·na /ærizóunə/ 名 固 アリゾナ《★米国南西部の州; 略 Ariz., AZ》.
[語源] 先住民の言葉で「小さな泉」の意.
【派生語】**Àrizónan**, **Àrizónian** 形 C アリゾナの(住人).

Ar·kan·sas /áːrkənsɔː/ 名 固 アーカンソー《★米国中部の州; 略 Ark., AR》, (the ~)アーカンソー川《[語法] /aːrkǽnzəs/ とも発音する》.
[派生語] **Arkánsan** 形 C アーカンソーの(住人).

arm[1] /áːrm/ 名 C [一般義] [本来義] 肩から手首までの**腕**,**手**. [その他] 猿,熊などの脊椎動物の**前脚**,たこ,いか,ひとでなどの無脊椎動物の**足**(tentacle). 形態,機能の点で腕状のもの指し,レコードプレーヤーの**腕**(tone arm), 衣服のそで,建築用の**腕木**,機械の**腕**,木の**大枝**,眼鏡のつる,ソファーやいすなどのひじ掛け(armrest), 海の**入り江**, 川の**支流**, 組織の**部門**, 軍隊の**隊**など.
[語源] 古英語 *earm* から.
[用例] She was holding a large box in her *arms*. 彼女は両腕で大きな箱をかかえていた/He has broken both his *arms*. 彼は両腕を折ってしまった/He threw with his heart more than with his *arm* in the baseball game. 野球の試合で彼は腕というよりも気力で投げた/There's a hole in the *arm* of this sweater. このセーターのそでに穴があいている.
[関連語] forearm (ひじから手首,または指先までの部分,前腕); upper arm (肩からひじまでの部分,上腕).
【慣用句】*a baby [a child; an infant] in arms* 歩けない赤ん坊. *arm in arm* 腕を組んで. *as long as your [my] arm* 〔くだけた表現〕非常に長い. *at arm's length* 腕を伸ばした距離に,少し離れて. *cost [charge] an arm and a leg* 〔くだけた表現〕法外な金がかかる〔金を請求する〕. *fold [lock] one's arms* 腕組みをする. *give one's right arm* 〔くだけた表現〕人のためにどんな犠牲もいとわない. *make a long arm for …* 〔くだけた表現〕〔英〕物をとるために腕をぐいと伸ばす. *on …'s arm* 人の腕に寄りかかって. *the (long) arm of the law* 法の力, 〔俗語〕警察(の力). *the right arm* 頼みの綱, 右腕. *twist …'s arm* 無理強いする. *under one's arm* わきの下に. *with one's arms folded = with folded arms* 腕組みをして, 傍観して. *with open arms* 両手を広げて, 心から歓迎して.
【派生語】**ármful** 名 C 腕いっぱいの量, ひと抱え (armload). **ármless** 形. **ármlet** 名 C 腕飾り, ブレスレット, 海や湖の小さな入り江. **ármlike** 形.
【複合語】**ármbànd** 名 C 腕章 (brassard), 喪章. **ármchàir** 名 C ひじ掛けいす. 形 理論だけで実際的経験のない, 机上の空論的な. **ármguàrd** 名 C 手首を保護するために巻かれる革, 腕当て. **ármhòle** 名 C 服のそでぐり. **ármpìt** 名 C わきの下. **ármrèst** 名 C いすなどのひじ掛け〔語法〕 単に arm ともいう》. **ármtwìsting** 形 強い圧力の. **árm wrèstling** 名 U 腕相撲.

arm[2] /áːrm/ 動 [本来他] [一般義] **武装させる〔する〕**, (通例受身で)必要なものを備えさせる. 自として**武装する**.
[語源] ラテン語 *arma*(⇒arms) から派生した 動 *armare*(=to equip) が古フランス語 *armer* を経て中英語に入った.

ar·ma·da /ɑːrmάːdə, -méi-/ 图 C 〔文語〕艦隊, 飛行機部隊.
[語源] ラテン語 armare (=to equip) の過去分詞女性形 armata がスペイン語 armada を経て初期近代英語に入った.
[用例] the Invincible *Armada*＝Spanish *Armada* スペインの無敵艦隊.

armful ⇒arm¹.

ar·mi·stice /ɑ́ːrmistis/ 图 C 〔一般語〕普通短期間の休戦, 停戦.
[語源] ラテン語 armistitium (arma arms＋sistere to stop) が 18 世紀に入った.

armless ⇒arm¹.
armlet ⇒arm¹.
armlike ⇒arm¹.

ar·mor, 《英》**-mour** /ɑ́ːrmər/ 图 C 動 [本来義] 〔一般語〕 [一般義] 以前戦いで身を守るために人や馬がつけた鎧(よろい)・兜(かぶと). [その他] 現在は車, 船, 飛行機などを守るための装甲. また魚のうろこのように外敵から身を守る動植物の防護器官をいう. さらに 動 として装甲する.
[語源] ラテン語 armare (⇒arm²) の派生形 armatura (=equipment) が古フランス語 armure を経て中英語に入った.
【派生語】**ármored**, **ármoured** 形 装甲の, 装甲車を有する. **ármorer**, **ármourer** 图 C 兵器製造者, 兵器係.

armorial ⇒arms.

arms /ɑːrmz/ 图 (複) 〔一般語〕 [一般義] 武器, 武力, 戦争. [その他] 盾(たて)の形の紋ということから, 一族の紋章.
[語源] ラテン語 arma《複》 (=weapons) が古フランス語 armes を経て中英語に入った.
[用例] British policemen do not usually carry *arms*. イギリスの警官は普通は武器を携帯しない.
【慣用句】**be up in arms** ひどく怒っている. **take up arms against ...** ...と戦いを始める.
【派生語】**armórial** 形 紋章の.

ar·my /ɑ́ːrmi/ 图 C 〔一般語〕 [一般義]《しばしば the ～》狭義で海軍, 空軍に対して陸軍 (語法 1 国の陸軍をいう場合は the A-). [その他] 2 軍団 (corps) 以上からなる方面軍 (field army). 広義で軍(隊), 兵役, またある目的のために組織された軍隊的集団. さらに an [the] ～ of で)...の大群, 大勢の,《形容詞的に》陸軍の.
[語源] ラテン語 armare (=to arm) の過去分詞 armatus の女性形 armata (=army; fleet) が古フランス語 armée を経て中英語に入った.
[用例] His dream in life is to become an officer in the *army*. 彼の人生における夢は陸軍将校になることだ／He left the *army* at the age of 50. 彼は 50 歳の時に除隊した／the Salvation *Army* 救世軍／an *army* of tourists 大勢の観光客.
[関連語] air force (空軍); navy (海軍).
【慣用句】**be in the army** [**Army**] 陸軍の軍人である.
【複合語】**ármy** [**driver**; **legionary**] **ánt** 图 C 〔虫〕軍隊あり (★大群で行動する熱帯産の肉食性のあり). **ármy còrps** 图 C 軍団 (語法 単に corps ともいう). **ármy lìst** 图 C 《英》陸軍現役将校名簿 (《米》army register). **ármy sùrgeon** 图 C 軍医 (★軍医内では medical officer).

a·ro·ma /əróumə/ 图 UC 〔一般語〕 [一般義] その物本来の良い香り, 芳香. [その他] その物本来の性質, 雰囲気, 風格, 気品など.
[語源] ギリシャ語 arōma (=sweet spice) が 19 世紀に入った.

a·rose /əróuz/ 動 arise の過去形.

a·round /əráund/ 前 形 〔一般語〕 [一般義]...を囲んで, ...の周りに[を]. [その他]...の周りを回って, かどを曲がって, ある地域を迂回して, 障害物や困難などを避けて, 漠然とした方向を示し, ...の辺りに, ...のあちこちに[を], 〔くだけた語〕《米》およそ...(about). 比喩的に人や物事を取り巻いて, ...について, ...に合わせて. 副 として周りを囲んで, 輪になって, 周囲の長さが...で. またぐるぐる回って, ぐるっと回って, 向きを変えて, 何かを避けて, 遠回りして, 時が経過して, 時期や季節が巡って, 漠然と周りに[を], 辺りに[を], 〔くだけた語〕どこか, 近所に. あちこち回って, みんなで行き違うように, 外に出回って, 人に意識を回復してなどの意を表す. 形 として《通例述語用法》元気で, 動き回って(up and around), 存在している (《語法》最上級の後へ置くこともある).
(語法) 前 は主に《米》で is round を用いる. また副 の「回って」の意では,《米》で around のみ,《英》で around または round を用い, around が優勢になりつつある.
[語源] 中英語 a-(=on)＋round から.
[用例] They built forts *around* the inlet. 彼らは入江の周りにとりでを建てた／Her arms were *around* his neck. 彼女の両腕は彼の首に巻きついていた／*Around* 600 million yuan will be turned over to the Ministry of Railways. 約 6 億元が鉄道省に引き渡されるでしょう／evidence plain as day all *around* him どこから見ても余りに明白な彼についての証拠／He's always fooling *around* with his friends. 彼はしょっちゅう友達とふざけてばかりいる／He poked *around* in the freezer. 冷凍庫の中を探し回った／bring him *around* 彼の意識を回復させる.
【慣用句】**all around** ぐるりと, 至る所に, みんなに: The pasture was enclosed with fences all *around*. その牧場は柵でさくをめぐらしてあった. **around and around** ぐるぐる回って. **from all around** あたり一帯から. **have been around** 〔くだけた語〕人生経験が豊富である, 世間ずれしている. **the other way around** 方向, 事情が逆に.
【複合語】**aróund-the-clóck** 形 《米》《通例限定用法》24 時間ぶっ通しの (《英》round-the-clock). **aróund-the-wórld** 形 《米》《通例限定用法》世界一周の (《英》round-the-world): her annual *around-the-world* cruise 彼女の例年の世界一周の船旅.

arousable ⇒arouse.
arousal ⇒arouse.
arouse /əráuz/ 動 [本来義] 〔一般語〕 [一般義] 感情を刺激する, 刺激して...させる (語法 性的な意味で用いられることもある). [その他] 無気力な状態から気持ちを奮い起こさせる, 怒り, 興味, 疑い, 同情などを呼び起こす 〔形式ばった語〕人を眠りから目覚めさせる (語法 この意味では awake, rouse のほうが一般的, wake up のほ

うがくだけた語). ⓔ 目を覚ます.

[語法] 再帰用法もある.

[語源] a-(強意)＋rouse として初期近代英語から.

[用例] His actions *aroused* my suspicions. 彼の行動は私の疑念を呼び起こした/He was *aroused* from a deep sleep. 彼は深い眠りから目覚めた.

[対照語] calm; quiet.

【派生語】**aròusability** 名U. **aróusable** 形. **aróusal** 名U 性的に目ざめること. **aróuser** 名C.

ar·raign /əréin/ 動 [本来義]【法】主に重罪を犯した被告を罪状認否をするため法廷へ召喚する, また一般に非難する.

[語源] ラテン語 *adrationare* (= to talk reasonably; *ad-* to＋*ratio* reason) がアングロフランス語 *ar(r)ai(g)ner* を経て中英語に入った.

【派生語】**arráignment** 名U.

ar·range /əréindʒ/ 動 [本来義] [一般義] 物事をきちんと整える, 整頓する. [その他] 順序を立てて配列する, 分類する, 事柄が円滑に運ぶように旅行, 予約, 会合などを取り決める, 準備する, 話し合いがつく, 専門的に紛争などを調停する, 措置をとる, 曲を編曲する, 作品, 特に劇を脚色する. ⓔ としても用いられる.

[語源] 古フランス語 *arangier* (*a-* to＋*rangier* to range) が中英語に入った.「軍隊を配置する」の意から「ばらばらのものを順序よく並べかえる」意となった.

[用例] *Arrange* these books in alphabetical order. これらの本をアルファベット順にきちんと並びかえなさい/Mother *arranges* flowers in a vase every morning. 母は毎朝花びんに花を生ける/Let's *arrange* the date of the meeting. 会合の日取りを決めよう/It was *arranged* that Donny (should) visit a psychologist for testing. ドニーは心理学者の検査を受けに行くことになっていた (★that 節の動詞は通例《米》仮定法現在,《英》should を伴う)/I've *arranged* with him to meet on Sunday. 日曜日に彼と会う予定です/She has *arranged* for a trip north. 彼女は北の方への旅の準備をした.

[類義語] order.

[反義語] disarrange.

【派生語】**arrángement** 名UC 整理, 整頓, 配列, 協定, 打ち合せ, 取り決め,《通例複数形で》準備, 手配, 計画: *arrive at* [*come to*] *an arrangement* 話し合いがつく/*make arrangements for ……*の準備をする. **arránger** 名C 編曲者.

【複合語】**arránged màrriage** 名C 見合い結婚.

ar·ray /əréi/ 動 [本来義] 名UC 〔形式ばった語〕 [一般義] 軍隊などを戦闘に備えて整列させる. [その他] 盛装させる. 名として整列, 整然と並んだもの, 整列された部隊, 盛装, 美装,【数·統計】数, 記号の配列,【コンピューター】アレー, 配列.

[語源] ゲルマン語起源の俗ラテン語 *arredare (= to put in order) が古フランス語 *areer* を経て中英語に入った.

ar·rears /əríərz/ 名《複》[一般義] 支払い期限の過ぎた未払い金, 滞っている仕事.

[語源] ラテン語 *ad retro* (= to backward) からの古フランス語 *ar(i)ere* (= behind) が中英語に入った.

ar·rest /ərést/ 動 [本来義] 名UC [一般義] 犯した罪や何かの容疑で人を逮捕する, 検挙する. [その他]〔形式ばった語〕抑留する, 拘留する, 人目, 興味, 注意を引く, 動き, 病気, 出血などの進行を止める,

抑える, 一気に完全に阻止する. 名 として逮捕, 抑留, 抑制, 心臓, 判決などの停止.

[語源] ラテン語 *adrestare* (= to stop; *ad-* to＋*restare* to stand back) が中英語に入った. catch, capture の意味は 14 世紀以降.

[用例] The special investigation squad of the Tokyo District Public Prosecutor's office *arrested* the politician on suspicion of income tax evasion. 東京検察庁の特別検査官は所得税法違反の容疑でその政治家を逮捕した/My attention was *arrested* by a sudden movement. 突然物が動いたために私の注意はそちらにむいた/Economic difficulties *arrested* the growth of industy. 経済的困難が産業の成長を阻止した/Jurisdictional conflicts allowed criminals to evade *arrest* by crossing a city. 司法権の管轄争いで犯罪者に市の区域を越えさせてしまって, 逮捕のチャンスを逃してしまった/Crimes of violence do not account for the majority of *arrests*. 逮捕者のほとんどは暴力犯罪によるものではない.

【慣用句】*be under arrest* 逮捕されている. *be under house arrest* 自宅監禁[軟禁]である. *make an arrest* 逮捕する. *put* [*place*] *… under arrest* 人を逮捕する.

【派生語】**arréstable** 形【法】令状がなくても逮捕できる: **arrestable offence** 悪質な犯罪. **àrrestátion** 名U. **arrésting** 形 注意を引く. **arréster**, **arréstor** 名C 逮捕する人, 防止装置.

【複合語】**arrést wárrant** 名C 逮捕状(warrant of arrest).

arrival ⇒arrive.

ar·rive /əráiv/ 動 [本来自]〔一般義〕[一般義] 遠方の目的地に到着する. [その他] 年齢, 時期, 結論, 合意などに達する, 時機などが到来する, 赤ん坊が生まれる, ある目標へ到達することから〔くだけた語〕《米》成功する.

[語源] 俗ラテン語 *arripare (= to come to shore; *ad-* to＋*ripa* shore) が古フランス語 *arriver* を経て中英語に入った.

[用例] She'll *arrive* at Osaka at noon on May 23rd. 彼女は 5 月 23 日の昼に大阪に到着するでしょう/They had *arrived* at the different results. 彼らは各々違う結果に到達した/Bears will not come out until warm weather *arrives*. くまは暖かい天候がくるまで出てこないものだ/She is a great scientist who has definitely *arrived*. 彼女は確かに功成り名遂げた偉大な科学者だ.

[語法] ❶ *arrive* at は到着する場所が駅, 空港, 店などの場合. また町, 村など小さな地点, または大きな地点でも自分がそこにいないと考えられる場合: They greeted children upon *arriving* at Phnom Penh airport. プノンペン空港に到着してすぐに彼らは子供たちにあいさつをした. ❷ *arrive* in は国や大都市など広い地域, または小さな地点でも自分がその中にいると考えられる場合: He *arrived* in Tokyo. 東京に着いた/The auther at last *arrived* in the small village and lived there since then. 作家はついにその小さな村に着いて, それ以来そこに住みついた. ❸ *arrive* on/upon は continent, island, shore, scene などの語の前で用いられる.

[類義語] arrive; get to; reach: **arrive** はある一定の時間をかけて遠くに着くこと. またある行為の終了した状

態を重視することを示す 自 で, in, at, on などの前置詞をともなう. **get to** はくだけた表現で, reach に近い意味をもつ. reach は時間をかけたり, 努力したりして目的地に着くことを表し, arrive より積極性が含まれる 他 で, 前置詞を伴わない.

反意語 depart; leave.

【派生語】**arríval** 名 UC 到着, 到着物[者], 新しく生れた赤ん坊, 《the 〜》...の出現, 登場: *on ...'s arrival* 人が到着次第. **arríver** 名 C.

ar·ro·gant /ǽrəgənt/ 形 〔一般語〕横柄な, 傲慢(ごうまん)な.

語源 ラテン語 *arrogare* (⇒arrogate) の現在分詞 *arrogans* が中英語に入った.

【派生語】**árrogance** 名 U. **árrogantly** 副.

ar·ro·gate /ǽrəgeit/ 動 本来他 〔形式ばった語〕不当に横取りする, 法的権利がないのに自分のものにする, 自分のものと主張する.

語源 ラテン語 *arrogare* (= to claim as one's own; *ad-* to + *rogare* to ask) の過去分詞が初期近代英語に入った.

ar·row /ǽrou/ 名 C 本来他 〔一般語〕〔一般義〕矢. その他 矢に似た物, 矢印(arrow sign), 《英》投げ矢遊び(darts). 動 として矢印で示す. 自 矢のように突進する.

語源 古英語 *arwe* より.

用例 Their *arrows* could penetrate armor. 彼らの放った矢は甲冑を射貫くでしょう/You can't get lost—just follow the *arrows*. 迷うはずはない. ただ矢印に従って行きさえすればよいのだから/the slings and *arrows* of outrageous fortune 残酷な運命の矢玉 (Shakespeare *Hamlet* III. i. 58).

関連語 bow (弓).

【慣用句】(**as**) **straight as an arrow** 矢のように真っすぐに.

【派生語】**árrowless** 形. **árrowlike** 形. **árrowy** 形.

【複合語】**árrowhèad** 名 C 矢じり,〖植〗くわい. **árrowròot** 名 U 〖植〗くずうこん, その地下茎から採るくず粉.

ar·se·nal /ɑ́:rsinəl/ 名 C 〔一般語〕兵器庫, 兵器工場, 貯えられた兵器, 比喩的に資料などの蓄え.

語源「作業場」の意味のアラビア語がイタリア語を経て初期近代英語に入った.

ar·se·nic /ɑ́:rsənik/ 名 U 〖化〗砒(ひ)素 (★元素記号 As).

語源「金色の」の意のイラン語がもとになったギリシャ語 *arsenikon* (黄銅) がラテン語, 古フランス語を経て中英語に入った.

ar·son /ɑ́:rsn/ 名 U 〔やや形式ばった語〕放火(罪).

語源 ラテン語 *ardere* (= to burn) の過去分詞 *arsus* から派生した *arso* (= fire) が初期近代英語に入った.

【派生語】**ársonist** 名 C 放火犯人.

art /ɑ́:rt/ 名 UC 〔一般語〕〔一般義〕芸術, 美術(fine arts),《集合的》美術作品,《形容詞的に》芸術の, 美術の. その他 技術, 技能, 物事を表現したり行なったりするこつ(knack). 自然に対する人工,《悪い意味で》技巧, 狡猾(こうかつ), 策略.《複数形で》大学の教養科目(課程)(*liberal arts*),《複数形で単数扱い》人文科学(the humanities).

語源 ラテン語 *ars* (= skill; craft) が古フランス語を経て中英語に入った.

用例 a man of *art* 美術家/work of *art* 美術品/decorative *arts* 装飾芸術/Painters learned the *art* of ink painting from Chinese painters. 画家たちは中国から墨絵の技巧を学んだ/Driving a car in Tokyo during the rush hour is quite an *art*. ラッシュアワーに東京で車の運転をするのは実に特殊技術を要する/beauty of *art* 芸術の美/In spite of all his *arts*, he failed to persuade the girl to come to his room. あらゆる策を弄したが彼はその女性を説きふせて自室へ伴ってくることができなかった/the Faculty of *Arts* 大学の教養学部/History is an *arts* subject. 歴史学は人文系科目です/a Bachelor of *Arts* 文学士 (B.A.)/a Master of *Arts* 文学修士 (M.A.).

【慣用句】*art for art's sake* 芸術のための芸術, 芸術至上主義. *árts and cráfts* 名《複》美術工芸. *have (got) ... down to a fine art* ...は名人の域に達している.

【派生語】**ártful** 形 狡猾な. **ártfully** 副. **ártist** 名 C 芸術家, 美術家, 名人, 熟練家. **artiste** /ɑ:rtíst/ 名 C 芸能人 (★フランス語から). **artístic** 形 芸術的な, 美術的な. **artístically** 副. **ártistry** 名 U 芸術的手腕. **ártless** 形 ありのままの, 素朴な. **árty** 形《軽蔑的》芸術家ぶった.

【複合語】**árt còllege** 名 C 芸術大学. **árt crític** 名 C 美術評論家. **árt dèaler** 名 C 美術商. **árt exhibítion** 名 C 美術展. **árt gàllery** 名 C 画廊. **árt hístory** 名 U 美術史. **árt muséum** 名 C 美術館 (museum of art). **árt pàper** 名 U〖印〗アート紙. **árt schòol** 名 C 美術学校. **ártwòrk** 名 U 工芸品,〖印〗さし絵と図表, アートワーク, 版下. **árt wòrld** 名 U 美術界.

ar·te·fact /ɑ́:rtəfækt/ 名 = artifact.

arterial ⇒artery.

ar·ter·y /ɑ́:rtəri/ 名 C 〖解〗動脈, 比喩的に道路や鉄道の幹線, 主要河川.

語源 ギリシャ語 *arteria* (気管, 動脈) がラテン語を経て中英語に入った.

対照語 vein.

【派生語】**artérial** 形.

artful ⇒art.

ar·ti·cle /ɑ́:rtikl/ 名 C 動 本来他 〔一般語〕〔一般義〕新聞, 雑誌などの個々の記事, 論説, 論文. その他 個々のものという意味から, 同種のものの 1 個, 1 品や物品, 商品, 品物, 品目,〔形式ばった語〕文書, 法律, 契約などの条項, 項目, 条文, 定款, 個条,〖文法〗冠詞. 動 として契約によって縛る, 年季奉公させるの意.

語源 ラテン語 *artus* (関節) の指小語 *articulus* (= small joint) が古フランス語を経て中英語に入った.

用例 an editorial [《英》a leading] *article* 新聞の社説/He has written an *article* on Shakespeare for a literary magazine. 彼は文芸雑誌にシェイクスピア論を書いた/This shop sells *articles* of all kinds. 当店はあらゆる商品を売っています/Japan has renounced war for ever by establishing the ninth *article* of the Japanese Constitution. 日本国憲法第 9 条を定めることによって日本は永遠に戦争を放棄した/the definite [the indefinite] *article* 定 [不定]冠詞.

ar·tic·u·late /ɑ:rtíkjulit/ 形, /-leit/ 動 本来他 〔やや形式ばった語〕〔一般義〕言葉の一語一語または一音一音はっきりした, 明瞭な. その他 本来は関節のある. 動 てし

て言葉をはっきり**発音する**, 感情や思想を**明確に表現す**る, 関節でつなぐ. 自としても用いる.

[語源] ラテン語 articulus (⇒article) から派生した *articulare* (=to join) の過去分詞 *articulatus* (=furnished with joints) が初期近代英語に入った.

【派生語】**artìculated** 形 乗物の運転台が**本体から離れた**. **articulátion** 名 U **明確な発音[表現]**. **artículatory** 形《音》調音(上)の.

ar·ti·fact /áːrtifækt/ 名 U 〔一般語〕**人工品**.
[語源] ラテン語 *arte factum* (=something made by skill) から19世紀に入った.

ar·ti·fice /áːrtifis/ 名 CU 〔形式ばった語〕**上手な工夫, 手くだ, 術策**, また**器用さ**.
[語源] ラテン語 *ars* (=art) と *facere* (=to make) がもとになった *artificium* (=craft) が初期近代英語に入った.

ar·ti·fi·cial /àːrtifíʃəl/ 形 〔一般語〕[一般義]**人造の, 人工の**. [その他] **不自然な, わざとらしい**.
[語源] ラテン語 *artificium* (⇒artifice) から派生した *artificialis* (of art) が中英語に入った.
[用例] an *artificial* flower 造花/*artificial* legs 義足.
【派生語】**àrtificiálity** 名 U 人工的なこと. **àrtifícially** 副.
【複合語】**artificial intélligence** 名 U 人工知能. **artificial sátellite** 名 C 人工衛星.

ar·til·ler·y /ɑːrtíləri/ 名 U 〔一般語〕《集合的》主に砲台や軍艦などに固定した**大砲**, また**砲兵隊, 砲術**.
[語源] 古フランス語 *atillier* (=to arm; to equip) の別形 *artillier* の 名 *artillerie* が中英語に入った.

ar·ti·san /áːrtizən/ɑːtizǽn/ 名 C 〔形式ばった語〕腕のいい**職人, 職工**.
[語源] イタリア語 *artigiano* がフランス語 *artizan* を経て初期近代英語に入った.

artist ⇒art.
artistic ⇒art.
artistry ⇒art.
artless ⇒art.
arty ⇒art.

-ar·y /èri, əri/əri/ [接尾] 「…の, …に関する」などの意の形容詞をつくる. また「…する人, …に関する物, …に関する場所」などの意の名詞をつくる. 例: secondary; adversary; dictionary; sanctuary.
[語源] ラテン語 *-arius* (= pertaining to, connected with) から.

Ar·y·an /ɛəriən/ 名 C 形 〔一般語〕印欧祖語を用いたアーリア人, またそのご子孫. [古語]【言】アーリア語. 《語法》現在は Indo-European というのが普通. 形 としてアーリア人[語]の.
[語源] サンスクリット語 *ārya* (=of noble birth) が19世紀に入った.

as /æz, əz/ 副接代前 〔一般語〕同じ程度に, 同様に. 接として…するときに, …するにつれて. 比較を表す場合, …ほど, …くらい, …だけ, 様態を表す場合, …の通りに, 対比, 比例関係などを表して…であるのと同じように, 限定を表して…する限りでは, …する場合には, 原因, 理由を表して…なので, …だから, 譲歩を表し〔文語〕…のように. 代 として《関係代名詞》…するような, 先行または後続の節の内容をうけてそれは…であるが, …するように. 前 として…として, 目的補語を導いて…のように[な].

[語源] 古英語 all-swa (=wholly so; quite so; just so) が基となり, 音変化に伴い, all-so となり, その縮約形 als を経て現在の as となった. also と同語源の二重語.

[用例] Mary likes me *as* much *as* Jane. メアリーはジェーンと同じくらい私を好いている(⇒[語法])/I met John *as* I was coming home. 帰宅途中にジョンに会った/Do we say! 我々の言う通りやりなさい/I paid her generously, *as* she had done the work beautifully. 彼女が仕事をもののみごとにやってくれたので気前よく手当てを払った/Young *as* she was, she took good care of her little sisters well. 彼女は若かったけれども, 妹たちのめんどうをよくみた/I have the same problem *as* you have. 私は君と同じ問題を抱えている/*as* is often the case with … …にはよくあることだが/He is very stupid, *as* are all the members of his family. 彼は家族のみんなと同じように愚か者だ/Japanese learn English *as* a foreign language. 日本人は英語を外国語として学んでいる/He is generally regarded *as* one of the most famous conductors in Japan. 彼は日本で最も有名な指揮者の1人と見なされている.

[語法] **❶** as … as で用いる場合, 最初の as は副詞で, 後の as は接続詞または関係副詞である. Mary likes me *as* much *as* Jane. は Mary likes me *as* much *as* Jane likes me. とも Mary likes me *as* much *as* Mary likes Jane. の意ともとれる. 従って, 前者の意で用いる際は Mary likes me *as* much *as* Jane does. とすればより明確となる **❷** 時の意の as は when, while よりも同時性が強い. しかし, as は多義語であるので, 時を示す場合は when, while, 原因・理由を示す場合は because, since などが用いられることが多い **❸** 関係代名詞の as は通例 such, the same, as, so などと呼応して用いられる **❹** 前置詞の「…として」の意で用いる場合, as 以下に役職名などの名詞が来る場合は無冠詞で用いる.

【慣用句】*as for* …《通例文頭で用いて》既に話題にのぼっている事項を対比的に取り上げる場合に用い, …に関しては, …かといえば. *as if [though]* …《通例仮定法と共に用いて》まるで…であるかのように, …という訳ではあるまいし. *as to* …《文頭で用いて》…については, 《文中で用いて》…に関しての. *A is to B as [what] C is to D* ⇒what.

as·cend /əsénd/ 動 [本来義] 〔形式ばった語〕[一般義] 人が山などに登る, 上がる 《語法》climb より形式ばった語. [その他] 川を遡る, 煙などがたち昇る, 道などが登り坂になる, 地位などが上がる, 人の地位が高くなる, 時代を遡る, 【楽】音の調子が上がる. 他《文語》登る, 上がる.

[語源] ラテン語 *adscendere* (*ad-* to+*scandere* to climb) が古フランス語を経て中英語に入った.

[用例] The smoke *ascended* into the air. 煙が空にたち昇っていた/The boat *ascended* against a rushing stream. ボートが激流を遡っていた/The climbers slowly *ascended* the Alps. 登山家たちはゆっくりとアルプス山脈を登った.

[反意語] descend.

【慣用句】*ascend the throne* 王位につく.
【派生語】**ascéndancy, -dency** 名 U 優勢, 優越, 支配力. **ascéndant, -dent** 名 U 優勢, 優位. 形 優勢な, 優位な, 支配的な, 上ってゆく. **ascénsion** 名 U

上昇，昇ること，《the A-》キリストの昇天. **ascént** 名 UC 上昇，登ること，昇進，向上，登り坂，遡及(ちゅう).

as·cer·tain /æsərtéin/ 動 本末他 〔形式ばった語〕調査，実験などを通して物事を確かめる，...を突きとめる.
語源 古フランス語 *acertener* (= to make certain; *a-* to + *certain* certain) が中英語に入った.
用例 We *ascertained* that our daughter was killed in the plane crash. 娘がその飛行機の墜落事故で死んだことを我々は確かめた.
【派生語】**àscertáinable** 形. 確めることができる，確め得る．**àscertáinment** 名 U.

as·cet·ic /əsétik/ 名 C 形 〔一般語〕主に宗教的理由で快楽や快適さを避けている人，**禁欲主義者，苦行者**. 形 として**禁欲的な**.
語源 ギリシャ語 *askein* (= to exercise) から派生した *askētēs* (= monk; hermit) の 形 *askētikós* が名詞化して初期近代英語に入った.
【派生語】**ascéticism** 名 U **禁欲主義**.

as·cribe /əskráib/ 動 本末他 〔形式ばった語〕成功や失敗などをその原因や人のせいにする，功績などを人や物に属するものと認める.
語源 ラテン語 *ascribere* (*ad-* in addition + *scribere* to write) が中英語に入った.
【派生語】**ascríbable** 形. **ascríption** 名 UC.

ASEAN /eiːsiːən, æsiən/ 名 アセアン，東南アジア諸国連合(Association of Southeast Asian Nations).

ash[1] /æʃ/ 名 UC 〔一般語〕灰，燃え殻.
その他 《複数形で》焼けあとの残骸，廃墟，遺灰，遺骨，なきがら，《詩》遺灰が土にかえるところから，土，また 《地》火山灰.
語源 古英語 *asce*, *æsce* から.
【派生語】**áshy** 形 灰の，灰まみれの，灰色の.
【複合語】**áshtràay** 名 C 灰皿.

ash[2] /æʃ/ 名 CU 《植》とねりこ，またその材.
語源 古英語 *æsc* から.

a·shamed /əʃéimd/ 形 〔一般語〕良心の呵責(かしゃく)などから**恥じいる，恥ずかしい**.
語法 通例述部用法で用いるが，修飾語を伴って，a very ashamed boy (非常に恥じいった少年) のように，限定的に用いることもある.
語源 古英語 *āscamian* (= to feel shame) の過去分詞 *āscamod* から.
用例 He is *ashamed* of having done such a silly thing. (= He is *ashamed* that he did such a silly thing.) 彼はそんな愚かなことをしたことを恥じている.
日英比較 日本語の「恥ずかしい」には恥じいる意と引っ込み思案ではにかむ意があるが，英語では前者が ashamed で後者が shy に相当する.
反意語 proud.

a·shore /əʃɔːr/ 副 〔一般語〕浜へ[に]，岸へ[に]，浅瀬へ[に]. その他 水上，海上に対して陸上に.
語源 *a-* (= on; to) + *shore* として初期近代英語から.
用例 The boat people went *ashore* under cover of darkness. ボートピープルは夜陰に乗じて船から上陸した.

ashy → ash.

A·sia /éiʒə, -ʃə/ 名 固 アジア.
語源 アッカド語からのギリシア語 *Asia* がラテン語を経て英語に入った. 原義は「日の昇る地」.

a·side /əsáid/ 副 名 C 〔一般語〕わきへ，わきに，かたわらに. その他 中心からそれる意で，はずれて，離れて，別にして，取り除いて，除外して，またわきを向いての意でも用いる. 名 固 小声で言った言葉，ひそひそ話，余談，《劇》わきぜりふ.
語源 *a-* (= on) + *side* として中英語から.
用例 They stood *aside* to let her pass. 彼女が通れるように，彼らはわきへ寄って立っていた.
【慣用句】**aside from** ... 〔くだけた表現〕《米》...は別として，...を除いて(apart from): Everything was going well for her, *aside from* the problem caused by her boyfriend. ボーイフレンドが起こした面倒は別として，彼女は全てうまくいっていた.

ask /æsk│áːsk/ 動 本末他 〔一般語〕**一般義** 物事を人に**尋ねる，問う**. その他 物事を人に求める，人に物事をしてくれと頼む，するように要求する，請う，人を招待する，**招く，誘う**.
語源 古英語 *āscian* から.
用例 I'll *ask* him about his past career later. これまでの経歴について，後で彼に尋ねてみよう/I *asked* my boss for permission to leave the office earlier. 私は上役に会社を早退する許可を求めた/May I *ask* you a favour? = May I *ask* a favour of you? お願いがあるのですが/I *asked* her to go shopping with me. 私は彼女に一緒に買い物に行ってくれるよう頼んだ/I *asked* her for [to] dinner. 私は彼女を食事に招待した.
語法 ❶ He *asked* me many difficult questions. が普通で，He *asked* many difficult questions *of* me. は形式ばった言い方 ❷ 直接話法を間接話法に用いる場合，例えば He said to me, "Do you like baseball?" や He said to us, "What are you talking about?" では said は通例 ask を用いて書きかえ He *asked* me if [whether] I liked baseball. や He *asked* us what we were talking about. のようになる.
類義語 ask; inquire; question; interrogate: **ask** は「尋ねる」意の最も一般的な語. **inquire** (= enquire) はほぼ同義の形式ばった語. **question** は「尋問する」という少し厳しい意味. **interrogate** は「問い詰める」意で，無理に尋ねることを意味する.
対比語 answer; respond.
【慣用句】**ask after** ... 人の安否を尋ねる. **ask for** ... 物や助けなどを求める. **ask for trouble** 〔くだけた表現〕自ら災いを招く，自業自得. **ask out** 《米》辞退する；人を食事やパーティーなどに誘う. ***Don't ask me!*** 〔くだけた表現〕そんなことこっちだって知らないよ(I don't know). **I ask you** それじゃ，聞くけれども，本当にひどい，けしからん. **if you ask me** 〔くだけた表現〕私の考えでは，私に言わせれば (in my opinion).

a·skance /əskǽns/ 副 〔やや形式ばった語〕次の慣用句で: **look askance at** ... 不信，不賛成の念をもって**横目で見る**.
語源 不詳.

a·skew /əskjúː/ 副 形 〔一般語〕真直ぐになっていないことを表し，**斜めに[の]，ゆがんで**.
語源 *a-* (= on) + *skew* として初期近代英語から.

a·slant /əslǽnt│-áː-/ 副 前 〔形式ばった語〕斜めに，傾いて，前 として ...を斜めに横切って.
語源 *a-* (= on) + *slant*.

a·sleep /əslíːp/ 形 副 〔一般語〕**一般義** 眠っている. その他 活動を休止して，じっとして，比喩的に死んでいる

意. また感覚が眠っている状態をいい, しびれて, 無感覚で. 副 として眠りに, 休止状態に, 永眠状態に.
語法 形 は述語用法のみ, 限定的には sleeping を用いる. また比較級は存在しない.
語源 古英語 on slæpe (=in sleep) から.
用例 She was [fell] fast [sound] asleep because she worked very hard. 彼女はものすごく働いたのでぐっすり眠っていた[眠った]/They remained asleep despite the noise. 騒音がしているのに彼らは眠ったままだった/My feet are asleep. 足がしびれた.
対照語 awake.

as·par·a·gus /əspǽrəgəs/ 名 CU 〖植〗アスパラガス, また食用にするその芽.
語源 ギリシャ語 asp(h)aragos がラテン語を経て初期近代英語に入った.

as·pect /ǽspekt/ 名 CU 〔一般語〕 一般語 問題などの見方, 見地, 局面. その他 人の表情, 顔つき, 外見, 態度, 家などの向きや物などの面, 側, 〖文法〗動詞の様々な様態を表す文法形式としての相, アスペクト, 〖占星〗星の相, 星位.
語源 ラテン語 adspicere (ad- to+specere to look at) の過去分詞 aspectus が中英語に入った.
用例 We considered the problem from a different aspect. 私たちは異なった角度からその問題を考えた/His face had a frightening aspect. 彼の顔にはびっくりした表情が現われていた/As the house had a southerly aspect it was very sunny. この家は南向きなので日当たりがとてもよい.
類義語 aspect; appearance; look: aspect はある特定の時・環境・状況における外見を示し, 人・物両方に用いることができる. appearance は一般的な意味の外見, 外観であり, look は主に人間に対して用いる.

as·per·i·ty /æspériti/ 名 U 〔形式ばった語〕物の表面や音, 天候などが荒いこと, 厳しいこと, また気質や語調の辛らつさ, 冷たく当たること.
語源 ラテン語 asper (=rough) の派生形 asperitas が中英語に入った.

as·phalt /ǽsfɔːlt|-fælt/ 名 U 本来他 〔一般語〕アスファルト(で舗装する).
語源 天然の「瀝青(れきせい)」を意味するギリシャ語 asphalton がラテン語を経て中英語に入った.
用例 an asphalt pavement アスファルト舗装の道路.
複合語 ásphalt júngle 〘くだけた語〙《米》生存競争の厳しい大都会, 暴力のはびこる地区.

aspirant ⇒aspire.

as·pi·rate /ǽspərét/ 名 C, /-reit/ 動 本来他 〖音〗有気音, 帯気音, 気(息)音(として発音する).
語源 ラテン語 aspirare (⇒aspire) の過去分詞 aspiratus が初期近代英語に入った.

as·pi·ra·tion /ǽspəréiʃən/ 名 C 〔一般語〕 一般語《しばしば複数形で》大望, 熱望, 抱負, あこがれ, 野心, 願望の対象. その他 〖音〗帯気, 帯気音, 〖医〗吸引.
語源 ラテン語 aspirare (⇒aspire) の過去分詞 aspiratus からできた 名 aspiratio が中英語に入った.

as·pire /əspáiər/ 動 本来自 〔一般語〕偉大なものや価値の高いものに向かって上昇する, …に対して大望を抱く, あこがれる 〈after; for; to; toward〉, …したいと熱望する 《to do》.
語源 ラテン語 aspirare (ad- to + spirare to breathe) が古フランス語を経て中英語に入った. 「…に向って呼吸する」から「自分より上のものに向って望みで胸をふくらます」意となった.
用例 He aspired to the position of president. 彼は社長の地位に就きたいと熱望していた.
派生語 áspirant 名 C 〔形式ばった語〕大望大志を抱く人, 地位, 名誉, 昇進などを熱望する人. aspíring 形.

as·pi·rin /ǽspərin/ 名 UC 〖薬〗アスピリン(錠剤) (★下熱・鎮痛・頭痛薬として用いる; acetylsalicylic acid の別名).
用例 The child has a fever. Give her some [an] aspirin. この子には熱がある. アスピリンを飲ませてあげて下さい.

ass[1] /ǽs/ 名 C 〖動〗ろば(驢馬), また寓話などで頑固ではかな動物として描かれていることから, ばか者, 頑迷な人をいう. 語法 「ろば」では一般には donkey が普通.
語源 古英語 assa から.
類義語 donkey.

ass[2] /ǽs/ 名 C 〔卑語〕《米》けつ, しりの穴, 女性性器.
語源 arse の異形.
慣用句 kiss …'s ass ごまをする.
複合語 áss kìsser 名 C.

as·sail /əséil/ 動 本来他 〔形式ばった語〕激しく攻撃する, 襲う, 仕事などに敢然と当たる.
語源 ラテン語 assilire (=to leap upon) が古フランス語を経て中英語に入った.
派生語 assáilable 形. assáilant 名 C.

as·sas·sin /əsǽsin/ 名 C 暗殺者.
語源 アラビア語で「hashish-eaters (大麻を吸う人)」を意味する語が中世ラテン語 assassinus を経て中英語に入った. 十字軍の頃, キリスト教徒の重要人物を暗殺するイスラムの秘密テロリストが大麻を吸って理性を麻痺させてから事を行ったことによる.
派生語 assássinate 動 本来他 暗殺する. assàssinátion 名 UC 暗殺.

as·sault /əsɔ́(ː)lt/ 名 UC 動 本来他 〔一般語〕言葉または腕力, 武力を用いた激しい攻撃, 軍隊の急襲, 動 して襲撃する, 暴行する 語法 rape の婉曲語として用いられることもある).
語源 ラテン語 assilire (⇒assail) の過去分詞 assultus が古フランス語を経て中英語に入った.
派生語 assáulter 名 C. assáultive 形. assáultively 副.

assemblage ⇒assemble.

as·sem·ble /əsémbl/ 動 本来他 〔一般語〕 一般語 人や物をある目的のために集める. その他 を収集する, まとめる, 整理する, 機械, 部品などを組み立てる, 組み合わせて作る, 〖コンピューター〗アセンブリ言語で書かれたプログラムを機械語に翻訳する.
語源 ラテン語 assimulare (=to assemble; ad- to + simul together) が古フランス語 assembler を経て中英語に入った.
用例 The teachers assembled the students in the gymnasium. 教師たちは体育館に生徒を集めた/He assemled the model aeroplane in less than two hours. 彼は模型飛行機を2時間以内で組み立てた.
類義語 ⇒gather.
派生語 assémblage 名 CU 集合, 会合, 群衆, 組み立て, 〖美〗アッサンブラージュ. assémbled 形 集ま

assémbler [C]. **assembly** 名 ⇒見出し.

as·sem·bly /əsémbli/ 名 [C][U] 《⇒assemble》〔一般語〕[一般義] 集会, 集い, 会合. [その他] 議会, (the A-) 米州議会の下院. さらに部品の組み立て, 〖軍〗集合の合図, 〖コンピューター〗アセンブリ.
[複合語] **assémbly hàll** 名 [C] 集会場. **assémbly line** 名 [C] 流れ作業の組立てライン. **assémblyman**, **assémblywoman** 名 [C] 議員, (米) 州議会の下院議員. **assémbly plànt** 名 [C] 組立て工場. **assémbly ròom** 名 [C] 集会室, 会議室, 舞踏会などの会場, 組み立て工場. **assémbly [assémbler] làngage** 名 [C] 〖コンピューター〗アセンブリ言語.

as·sent /əsént/ 動 [本来他] 名 [U] 〔形式ばった語〕よく考えた上で同意する, 賛成する. 名 として同意, 賛同.
[語源] ラテン語 assentire (=to agree with; ad- toward+sentire to feel) の反復動詞 assentari が古フランス語を経て中英語に入った.

as·sert /əsə́ːrt/ 動 [本来他] 〔形式ばった語〕[一般義] 自信をもって物事を断言する. [その他] 要求, 権利などを強く主張する, 擁護する, 自分の権利を主張する, 出しゃばる, 幅をきかせる, 我を張る.
[語源] ラテン語 asserere (=to join to oneself; ad- to+serere to join) の過去分詞 assertus から初期近代英語に入った. 原義は「奴隷の頭の上に手を置いて, 奴隷を解放するか否かを決める」.
[用例] They asserted that he was innocent. 彼の無実が断言された/She asserted that she would not go. 行きたくないと彼女は言い張った.
[類義語] assert; insist; persist; declare; affirm; protest; maintain: **assert** は証拠などはないものの確信を持って主張する. **insist** は権威や論証により思慮分別に基づいて強く主張する. **persist** は自分の意のおもむくままに, また自分の信念などに基づいて, 繰り返ししつこく主張する. **declare** は assert の意味を公にする, あるいは公の前で宣言する. **affirm** は証拠などに基づいて確かであることを断定する. **protest** は疑いなどに対して抗議しながら主張する. **maintain** はしっかりとした信念に基づいて主張する意.
【慣用句】 *assert oneself* 自己主張をする, 出しゃばる, 自信をもって行動する, 物事が明らかになる.
【派生語】 **assértion** 名 [C] 断言, 主張. **assértive** 形 断定的な, 断言的な, 独断的な. **assértively** 副. **assértiveness** 名 [U].

as·sess /əsés/ 動 [本来他] 〔一般語〕税金, 資産, 罰金などのための評価額, 価値を査定する. …の品質, 資質, 重要性, 環境などを評価する, 見積りをする.
[語源] ラテン語 assidere (ad- near to+sedere to sit) の反復動詞 assessare が古フランス語を経て中英語に入った. 原意は「裁判官の傍に座って裁判の手助けをする」.
【派生語】 **asséssment** 名 [U][C] 財産, 収入などの査定, 土地や環境などの評価, 査定[評価]額, 割当金. **asséssor** 名 [C].

as·set /æset/ 名 [C] 〖法〗《複数形で》売却すれば借金を返済できるような家具, 不動産などのかなり高価な資産, 財産, 一般的に人の資産, 財産. また利点, 貴重なもの, 強み.
[語源] ラテン語 *ad satis* (=to the point of sufficiency; enough) が古フランス語 *asez* を経て初期近代英語に入った. assets の -s を複数語尾と誤解した逆成語.

assiduity ⇒assiduous.

as·sid·u·ous /əsídʒuəs|-dju-/ 形 〔形式ばった語〕[一般義] 仕事に対して勤勉で辛抱強い. [その他] 行き届いた, 注意深く念入りな.
[語源] ラテン語 assidere (=to attend to; ad- near to+sedere to sit) の派生語 assiduus が初期近代英語に入った.
[類義語] diligent.
【派生語】 **assidúity** 名 [U][C] 勤勉, 配慮, 《複数形で》行き届いた心遣い. **assíduousness** 名 [U].

as·sign /əsáin/ 動 [本来他] 〔一般語〕[一般義] 物事を人に割り当てる. [その他] 人を任務, 仕事などに就かせる, 人を職務などに指名する, 選任する, 日時, 場所などを決める, 指定する, 物事の原因や起源などを…に帰する, …のせいにする, …に属するものとする, 〖法〗財産や権利などを譲渡する.
[語源] ラテン語 assignare (=to mark out; ad- to+signare to make a sign) が古フランス語を経て中英語に入った.
[用例] My boss *assigned* the job to him. =My boss *assigned* him the job. 私の上司はその仕事を彼に割り当てた/Our professor *assigned* the day for our final exam. 教授は最終試験の日どりを決めた.
【派生語】 **assígnable** 形 割り当て得る, 指定し得る, 原因などを…に帰せられる, 〖法〗譲渡できる. **assignátion** /æsignéiʃən/ 名 [C] 指定, 任命, 任命の約束. **assígnment** 名 [C] 割り当て, 任務, 付与, 任命, 指示, 指定, 《米》大学の宿題, 研究課題, 〖法〗財産や権利の譲渡.

as·sim·i·late /əsíməleit/ 動 [本来他] 〔形式ばった語〕[一般義] 他民族などを同化する. [その他] 食物などを消化・吸収する, 知識や文化などを自分のものにする, 真に理解する. 自 順応する, 同化する.
[語源] ラテン語 assimulare (ad- to+simulare to make similar) の過去分詞が中英語に入った.
【派生語】 **assìmilátion** 名 [U] 同化(作用), 〖音〗同化.

as·sist /əsíst/ 動 [本来他] 名 [U] 〔やや形式ばった語〕[一般義] 人を助ける, 援助する. [その他] 人を手助けして…させる, 人が…するのを手伝う, 物事が…の助けとなる. また式典や会合などに参加する, 〖野〗補殺する. 名 として 《米》援助, 〖バスケット・ホッケー・サッカー〗アシスト, 〖野〗補殺.
[語源] ラテン語 assistere (=to stand by; ad- near to+sistere to stand) が古フランス語を経て中英語に入った.
[用例] My American friend *assisted* me in writing grammatically correct English. アメリカ人の友人が文法的に正しい英語を書くのを手伝ってくれた/My father *assisted* me with my homework. 父が宿題を手伝ってくれた.
[類義語] ⇒help.
[対義語] hinder; obstruct; oppose.
【派生語】 **assístance** 名 [U] 援助, 手伝い, 助け, 補助. **assístant** 名 [C] 助手, 補助者, 協力者, 助けとなる物, 《英》店員(《米》clerk). 形 補助の, …の助けとなる: assistant professor 《米》助教授.

as·so·ci·ate /əsóuʃieit/ 動 [本来他], /əsóuʃiət/ 名 [C] 形 〔一般語〕[一般義] 人, 物, 事を…と結びつけて考える,

...から...を連想する《with》. [その他]《通例受身または～ oneself で》連合させる, 提携させる, 仲間にする. 自 関係する, 提携する, 交際する,《化》物質などと結合する. 名 として仲間, 同僚, 友, 提携者, 共犯者, 連帯させる物, 学会などの準会員, (A-)《米》短期大学卒業生に与えられる準学士,《心》連想観念,《数》随伴エルミート行列. 形 として連想される, 仲間の, 同僚の, 準..., 副....

[語源] ラテン語 associare (= to unite; ad- to + sociare to join) の過去分詞 associatus が中英語に入った.

[用例] She always *associates* coconuts with Hawaii. 彼女はココナッツを思うといつもハワイを連想する/The company *associates* itself [is *associated*] with the famous accounting office. その会社は有名な会計事務所と提携している/I refuse to *associate* with thieves. 私は盗人とは交際したくない.

【派生語】 assòciátion 名 UC 連合, 共同, 提携, 交際, 結合, 連想, 団体, 会社, 協会,《心》観念連合,《数》結合,《化》会合,《生態》群集,《天》恒星集団: association football《英》サッカー(soccer). assóciative 形 連合の, 提携の.

【複合語】 assóciate proféssor 名 C《米》准教授(★教授 (professor) と助教授 (assistant professor) の間の地位). Assóciated Préss (the ～) 米国連合通信社(AP)(★米国では UPI と並ぶ2大通信社).

as·sort /əsɔ́:rt/ 動 本来他〔一般語〕種類別に分類する.

[語源] 古フランス語 assorter (= to classify; a- to + sorte kind) が初期近代英語に入った. ⇒sort.

【派生語】 assórted 形 各種のものを組み合わせた, 調和した: a well-[an ill-]*assorted* pair お似合い[不釣り合い]の二人. assórtment 名 UC 仕分け, 類別, 詰合わせもの.

as·suage /əswéidʒ/ 動 本来他〔形式ばった語〕怒り, 苦痛, 不安などを和らげる, 緩和する, 食欲などを静める, 満たす.

[語源] 俗ラテン語 *assuaviare (= to sweeten; ラテン語 ad- to + suaris sweet) が古フランス語を経て中英語に入った.

assumable ⇒assume.
assumably ⇒assume.

as·sume /əsjú:m/ 動 本来他〔一般語〕〔一般義〕物事を客観的に考えないで主観的に当然のこと受けとる, ...と思う, ...と仮定する. [その他] 任務職責などを引き受ける, 責任をとる, ある態度をとる, 習慣や衣服などを身につける, 性質や様相などを帯びる, ...のふりをする, 装う.

[語源] ラテン語 assumere (= to take to oneself; ad- to + sumere to take) が中英語に入った.

[用例] We all *assumed* that he would pass the entrance examination. 皆で彼が入学試験に当然受かるものと思っていた/He *assumed* the role of leader in the emergency. 緊急時には彼は指導的任務を引き受けた/Strangely enough, the coward sometimes *assumed* an agressive attitude. 奇妙なことに, その臆病者は時々攻撃的な態度をとった.

【慣用句】 *assuming that* ... ...と仮定して, ...だとすれば.

【派生語】 assúmable 形 仮定できる, 任務などを引き受けられる. assúmably 副 多分, 恐らく. assúmed 形 見せかけの, 偽の, 仮定された. assúming 形 出しゃばった, 生意気な. assumption /əsʌ́mpʃən/ CU 仮定, 想定, 推定, 引き受けること, ずうずうしさ, 見せかけ,《論》小前提: *on the assumption that* ... ...という想定のもとに.

assurance ⇒assure.

as·sure /əʃúər/ 動 本来他〔一般語〕〔一般義〕人に物事を保証する. [その他] ...であると請け合う, 人を納得させる, 確信させる,《英》...に生命保険をかける(insure).

[語源] 後期ラテン語 assecurare (= to make sure; ラテン語 ad- to + securus secure) が古フランス語 asurer を経て中英語に入った.

[用例] The doctor *assured* me that my son would completely recover from his illness soon. (= The doctor *assured* me of my son's complete recovery from his illness soon.) 医者は息子の病気がすぐに完治すると私に請け合ってくれた/We are *assured* of your innocence. きみの無実を確信している.

【慣用句】 *assure oneself of* ... [*that* ...] ...を確かめる.

【派生語】 assúrance 名 CU 保証, 請け合い, 確信, 確実性, 自信, 落ち着き, 厚かましさ,《英》生命保険. assúred 形 確実な, 保証された, 確信して, 自信のある,《英》生命保険をかけた. 名 C《英》保険金受け取り人. assúredly 副 自信を持って,《文全体を修飾して》確かに, 間違いなく.

As·syr·i·a /əsíriə/ 名 アッシリア (★現在のイラク付近にあった古代王国).

【派生語】 Assýrian 形 アッシリア(人, 語)の. 名 CU アッシリア人[語].

as·ter·isk /ǽstərisk/ 名 C 動 本来他〔一般語〕星印 (*). 動 として星印をつける.

[語源] ギリシャ語 astér (= star) の指小語 asterikos (= little star) がラテン語を経て中英語に入った.

a·stern /əstə́:rn/ 副《海・空》船尾に, 船尾の方へ, 航空機の後方に[へ].

[語源] a- (= to) + stern として初期近代英語から.

as·ter·oid /ǽstərɔid/ 名 C《天》火星と木星との間にある無数の小惑星, 動 ひとで.

[語源] ギリシャ語 astér (= star)から派生した asteroeidēs (= starlike)が19世紀に入った.

asth·ma /ǽzmə/ǽs-/ 名《医》ぜんそく(喘息).

[語源] ギリシャ語 asthma がラテン語を経て初期近代英語に入った.

【派生語】 asthmátic 形 名 C ぜんそくの(患者).

as·ton·ish /əstɑ́niʃ/-ɔ́-/ 動 本来他〔一般語〕人を驚かせる, びっくりさせる.

[語源] 俗ラテン語 *extonare (ラテン語 ex- out of + tonare to thunder)が古フランス語 estoner を経て中英語に astonen, astonien として入った. 一度消滅し, 16世紀に復活した.

[用例] Her perfect pronunciation *astonished* her teacher. 彼女の完璧な発音は先生を驚かせた.

[類義語] ⇒surprise.

【派生語】 astónished 形 驚いた, びっくりした. astónishing 形 驚くべき, 驚くほどの, びっくりさせるような, 目ざましい. astónishingly 副. astónishment 名 U.

as·tound /əstáund/ 動 本来他〔一般語〕《しばしば受身で》全く予期しないことでびっくり仰天させる.

[語源] 中英語 astonen (= to astonish) が astone と

なり，その過去分詞から．
[類義語] ⇒surprise.
【派生語】**astóunding** 形．**astóundingly** 副．

a·stray /əstréi/ 副 形 〔一般語〕**道に迷って，正しい道を踏み誤り堕落して**〔[語法] 形 は述語用法；限定的には stray を用いる〕．
[語源] ⇒stray.
[用例] The letter has gone *astray*. その手紙は紛失した／He's not a bad boy, but his friends lead him *astray*. 彼は悪い少年ではないが，友だちのせいで道を踏み誤まっている．

a·stride /əstráid/ 副 前 〔一般語〕**馬にまたがって，またがるような格好に両足を開いて**．
[用例] sit *astride* the horse 馬にまたがる／stand with legs *astride* 脚を開いて立つ．

astringency ⇒astringent.

as·trin·gent /əstríndʒənt/ 形 名 U 〔一般語〕
[一般義] 皮膚や血管などを引き締める性質のある，**収斂(しゅうれん)性のある**．[その他] 言葉などが厳しい，皮肉をこめた．名 として**止血，鎮痛，消炎などの作用を持つ収斂剤**，あるいは皮膚を引き締める化粧水，**アストリンゼン**．
[語源] ラテン語 *astringere* (*ad-* to+*stringere* to bind) の現在分詞 *astringens* が初期近代英語に入った．
【派生語】**astríngency** 名 U．

as·tro- /əstrou, -trə/ 連結 〔**星，天体，天文，宇宙**〕などの意．
[語源] 母音の前では通常 astr- になる．
[語源] ギリシャ語 *astron* (=star) から．

astrologer ⇒astrology.
astrological ⇒astrology.

as·trol·o·gy /əstrálədʒi/|-ɔ́-/ 名 U 〔一般語〕**占星術**．
[語源] ギリシャ語 *astrologos* (=astronomer; *astro-star+-logos* telling) から派生した *astrologia* がラテン語，古フランス語を経て中英語に入った．もとは「星学，天文学」の意であった．
[関連語] augury; fortunetelling; palmistry; physiognomy.
【派生語】**astróloger** 名 C **占星家**．**àstrológical** 形 **占星術の**．**àstrológically** 副．

as·tro·naut /ǽstrənɔːt/ 名 C 〔一般語〕**宇宙飛行士**．
[語源] astro-「宇宙」+ギリシャ語 *nautēs* (=sailor) として 1880 年から．それ以前は aeronaut が用いられていた．なお，ロシアの宇宙飛行士は cosmonaut という．

as·tron·o·mer /əstránəmər/|-ɔ́-/ 名 C 〔一般語〕**天文学者**．
[語源] ギリシャ語 *astronomos* (*astro-* star+*nomos* arranger) が後期ラテン語を経て中英語に入った．

astronomical ⇒astronomy.

as·tron·o·my /əstránəmi/|-ɔ́-/ 名 UC 〔一般語〕**天文学，**また**天文学の論文**．
[語源] ギリシャ語 *astronomos* (⇒astronomer) から派生した *astronomia* がラテン語，古フランス語を経て中英語に入った．
【派生語】**àstronómical, àstronómic** 形 **天文学上の，天文学用の，桁はずれに大きい，天文学的な**．

as·tro·phys·ics /ǽstroufíziks/ 名 U **天体物理学**．

as·tute /əstjúːt/ 形 〔一般語〕自己の利益になることに対して**機敏で抜け目のない，あるいは巧妙でずる賢い**．
[語源] ラテン語 *astus* (=craft) から派生した *astutus* (=crafty) が初期近代英語に入った．
[類義語] clever.
【派生語】**astútely** 副．

a·sun·der /əsʌ́ndər/ 副 〔文語〕もともと一つであったものがばらばらになって，**二つ以上のものの方向や位置が互いに離れ離れで**．
[語源] 古英語 on sundran (=apart) から．

a·sy·lum /əsáiləm/ 名 UC 〔形式ばった語〕
[一般義] 外国からの政治的亡命者に対して国や大使館が与える一時的な**保護**．[その他] 本来は罪人や債務者などが逃げこんだ寺院のような聖域の意味で，そこから一般に**安全な隠れ場，避難所**の意となり，古くは**精神病者などの収容施設**も意味した．
[語源] ギリシャ語 *asulon* (=sanctuary; *a-* without + *sulon* right of seizure) がラテン語 *asylum* を経て中英語に入った．

a·sym·met·ric /èisimétrik, æs-/ 形 〔一般語〕**不均整の，非対称の**．
[語源] ギリシャ語 *asummetria* (=not symmetry) の派生形から．
【派生語】**àsymmétrical** 形 =asymmetric.

at /ət, 弱 ət/ 前 〔一般語〕[一般義] ある一点に（において）．[その他] 場所を示し，...の所で，...に，...で，時刻，年齢，段階，順序などを示し...の時に，...からの，方向，目的，目標を示し...に向って，...に目がけて，状態，状況，立場を示し...の状態で，原因，理由，本源を示し...から，...より，...によって，...を見て，その他，程度，数量，割合，方法，様態などさまざまな意を表す．
[語源] 古英語 æt (=in; at) から．
[用例] You must sign your name *at* the bottom of the page. ページの下部に名前をサインしなければならない／The burglar broke into our house *at* [by] the back door. 泥棒は裏口から家に押し入った／*At* that time I was present *at* his wedding. その時私は彼の結婚式に出席していた／It rarely snows *at* Christmas in Tokyo. 東京ではクリスマスに雪が降ることはめったにない／I was surprised *at* the news. 私はその知らせを聞いて驚いた／He threw a stone *at* the barking dog. 彼はほえている犬めがけて石を投げた／My daughter is now *at* school. 私の娘は今学校で授業を受けています／The freighter is now *at* sea. その貨物船は今航海中です／He was driving *at* 150 kilometers per hour when he was caught by the police. 彼は警察につかまった時，時速 150 キロで運転していた／get some useful information *at* the source 情報の源から有益な情報を直接手に入れる／*at* best せいぜい／*at* cost 原価で／*at* a glance 一目見て／She is slow *at* learning. 彼女は覚えが悪い．
[類義語] at; in: at は単に一点と考えられるような狭い範囲の場所に対して用いるのに対して，in は広がりを感じる場所について用いる．従って，絶対的な面積ではなく，自分のいる場所など主観的に広がりの感じられる所については at よりも in を用いる．
【慣用句】***at about*** ... ...ごろ．***at that*** その上，しかも，それにもかかわらず，その通りに，その点に関しては．***be at*** ... 〔くだけた表現〕人に口やかましく言っている: Her mother *is* always *at* her to behave herself. 彼女の母親は行儀をよくしなさいと彼女にいつもうるさく言っている．***be it at*** 忙しくしている，よくないことをしている．

ate /éit|ét| 動 eat の過去形.

-ate /-ət, -it, -eit/ 接尾 名詞から「…の特徴のある, …を有する, …に満ちた」の意を表す形容詞をつくる. 例: fortunate; passionate. 動詞から過去分詞に相当する形容詞をつくる. 例: separate; animate. 名詞, 形容詞から「…させる, …する, …になる」の意を表す動詞をつくる. 例: captivate; actuate. 名詞, 形容詞から「…者」の意を表す名詞をつくる. 例: magistrate; candidate.《化》-ic で終わる酸に用いて「…酸塩」の意. 例: nitrate.
語源 発音は名詞, 形容詞で /-ət, -it/, 動詞で /-eit/. なお, 動詞のアクセントの位置は, 2 音節語では-ate に第一強勢, 3 音節以上の語では 2 音節前に第一強勢が来るのが一般的である.
語源 ラテン語-atus (中性-atum, 女性-ata) から.

ate·lier /ǽtəliéi/ 名 C 〔一般語〕アトリエ, 画室.
語源 古フランス語 astellier (=woodpile) からのフランス語が 19 世紀に入った. 木材が山と積まれている場は造船所, 造形物などの作業所であり, それから画家, 彫刻家などの制作室の意となった.

a·the·ism /éiθiizm/ 名 U 〔一般語〕無神論.
語源 ギリシャ語 atheos (a- without +theos god) がフランス語を経て初期近代英語に入った.
反意語 theism.
【派生語】**átheist** 名 C 無神論者.

Ath·ens /ǽθinz/ 名 固 アテネ.
【派生語】**Athenian** /əθíːniən/ 形 特に古代のアテネ(人)の. 名 C アテネ人.

ath·lete /ǽθliːt/ 名 C 〔一般語〕一般義 競争相手と競り合うスポーツをやる人, 運動選手. その他《英》陸上競技選手. また運動選手のように身体がたくましい人, がっしりした人.
語源 ギリシャ語 athlein (=to contend for a prize) の動作主を表す athlētēs がラテン語 athleta を経て中英語に入った.
用例 All the family were outstanding *athletes*. その家族全員が著名な運動選手であった/His strong body shows that he is an *athlete*. 彼の頑丈な身体から, 彼がスポーツをやる人であることがわかる.
類義語 athlete; sportsman: **athlete** は陸上競技や球技, 水泳などのように, 競争する相手やチームがある場合に用いる. **sportsman** は狩猟や釣り, 屋外運動を行なう人に用い, 必ずしも競争相手がいるわけではない.
【派生語】**athletic** /æθrétik/ 形 運動競技の, 体育の, 運動選手らしい, たくましい, 元気で活発な,《心》体型が闘士型の. **athletics** 名《複》運動競技,《英》陸上競技,《単数扱い》名詞で, 体育理論.
【複合語】**áthlete's fóot** 名 U 足にできる**水虫**.

-a·tion /éiʃən/ 接尾 動詞, 形容詞につけて「…の動作, …の結果, …の状態」の意を表す名詞をつくる. 例: alteration; moderation.
語源 ラテン語の第一活用動詞の過去分詞形語尾-tio から.

-a·tive /ətiv, èitiv/ 接尾 動詞, 名詞につけて「…の性質(傾向, 関係)を持つ」の意を表す形容詞をつくる. 例: decorative; informative.
語法 直前の音節に強勢がある場合は /ətiv/, 強勢がない場合は《米》/eitiv/,《英》/ətiv/ となる.
語源 ラテン語-ativus から.

At·lan·tic /ətlǽntik/ 形 名 〔一般語〕大西洋の, 大西洋沿岸(諸国)の. 名 として《the ~》大西洋.
語源 ラテン語 *Atlanticus* (=of the Atlas Mountains アフリカ北西部の山脈) が中英語に入った.
【複合語】**Atlántic Ócean** 名《the ~》大西洋.

at·las /ǽtləs/ 名 C 〔一般語〕地図書, 地図帳.
語源 昔, 地図書には地球を肩に担った Atlas の口絵をつけたことから.
関連語 map; chart.

At·las /ǽtləs/ 名 固《ギ神》アトラス (★Zeus に逆らった罰として天空を肩に担うことを命じられた巨人).
【複合語】**Átlas Móuntains** 名《複》《the ~》アトラス山脈 (★北アフリカにあり, モロッコからチュニジアにまたがる).

at·mo·sphere /ǽtməsfiər/ 名 UC 〔一般語〕一般義《the ~》地球をとりまく**大気**, 特定の場所の**空気**, 特定の場所がかもしだす**雰囲気や気分**, **環境**, 芸術作品が産み出す**趣**,《くだけた語》ムード, 情緒.《理》大気圏, 気圧(atmospheric pressure).
語源 近代ラテン語 *atmosphaera* (ギリシャ語 *atmos* vapor +*sphaira* sphere) が初期近代英語に入った.
用例 Man-made chemicals have altered the Earth's *atmosphere* since the Industrial Revolution. 人工の化学製品は産業革命以来地球の大気を変化させてきた/The *atmosphere* was hot and heavy with smoke. あたり一面が煙で暑く, 重苦しかった.
日英比較 日本語の「雰囲気, ムード」は, 場所や物に関する場合は atmosphere, 人に関する場合は air が相当することが多い.
関連語 ionosphere (イオン圏, 電離層); mesosphere (中間圏); stratosphere (成層圏); thermosphere (熱圏); troposphere (対流圏).
【慣用句】**clear the atmosphere** [**air**] その場から敵意, 緊張, 困乱, 不安を取り除く, もやもやをなくす.
【派生語】**àtmosphéric, -cal** 形 大気(中)の, 空気の: **atmospheric pressure** 気圧 (《語法》(air) pressure ともいう). **atmosphérically** 副. **atmosphérics** 名 U 空電によるラジオなどの雑音(electrical [atmospheric] disturbance).

at·oll /ǽto(ː)l/ 名 C 〔一般語〕輪形をしている珊瑚(さんご)島, **環礁**(かんしょう).
語源 インド洋のモルディブ (Maldive) の現地語 atolu が初期近代英語に入った.

at·om /ǽtəm/ 名 C 〔理〕原子, 一般的にきわめて小さいもの, 微粒子,《くだけた語》《an ~ of で》**少量**の….
語源 ギリシャ語 *atomos* (=indivisible; a- not +*temnein* to cut) がラテン語 *atomus* を経て中英語に入った. 原義は「これ以上分けられないもの」.
用例 The *atoms* of most elements can combine to form molecules. 大部分の元素の原子は結合して分子を構成する/There is not an *atom* of truth in his story. 彼の話には事実らしい一つもない.
類義語 iota; jot; whit.
【派生語】**atomic** 形 ⇒見出し. **atómical** 形 = atomic. **atomism** 名 U《理·哲》原子論. **àtomizátion** 名 U. **átomize** 動 本来us 原子化する, 微粒子化する, 霧状にする, 粉末にする, 核兵器で粉砕する. **átomizer** 名 C スプレー.

a·tom·ic /ətámik|-5-/ 形《⇒atom》〔一般語〕原子の, 原子力の, 微小の.
【複合語】**atómic áge** 名《the ~》《しばしば A- A-》原子力時代. **atómic bómb** 名 C 原子爆弾.

atómic clóck 名C 原子時計. **atómic énergy [pówer]** 名U 原子力. **Atómic Énergy Commíssion** 《(the ~)》《米》原子力委員会. **atómic fúsion** 名U 核融合. **atómic máss** 名C〖理〗原子質量. **atómic númber** 名C 原子番号. **atómic pówer plànt [stàtion]** 名C 原子力発電所. **atómic submarìne** 名C 原子力潜水艦. **atómic théory** 名U〖理〗原子論. **atómic wárfare** 名U 核戦争. **atómic wéight** 名C〖理〗原子量.

atomism ⇒atom.

atomize ⇒atom.

a·ton·al /eitóunəl/ 形 〖楽〗無調主義の.
【派生語】**àtonálity** 名U.

a·tone /ətóun/ 動 本来自 〔形式ばった語〕悪事や罪に対して反省や悔い改めを示すために償いをする《for》.
[語源] at one (=in harmony) からの中英語 atonen (=to become reconciled) から.
【派生語】**atónement** 名U 償い,〖キ教〗贖罪(しょくざい).

at·o·py /ǽtəpi:/ 名U〖医〗アトピー.
[語源] ギリシャ語 atopia (=strangeness) より20世紀から.

a·tro·cious /ətróuʃəs/ 形 〔形式ばった語〕一般義 《限定用法》ひどく残虐な. その他 《限定・述語用法》〔くだけた語〕実にひどい, 下手な.
[語源] ラテン語 atrox (=gloomy) が初期近代英語に入った.
[用例] an *atrocious* crime 残虐な犯罪/Your handwriting is *atrocious*. 君はひどい字を書くね.
【派生語】**atróciously** 副. **atróciousness** 名U. **atrocity** /ətrάsəti/ -ɔ́- / 名UC 残虐, 極悪, 残虐行為, ひどいもの.

at·ro·phy /ǽtrəfi/ 名U〖医〗体の一部や筋肉, 神経組織の衰退, 萎縮. 動 として衰退する, 萎縮する.
[語源] ギリシャ語 atrophia (a- not + trephein to nourish) がラテン語を経て初期近代英語に入った.

at·tach /ətǽtʃ/ 動 本来他 一般義 物, 事, 人を…に結び付ける《to》. その他 物を取りつける, はりつける, 署名や書類を付け加える, 価値や重要性を置く, 認める, 人を配属する, 《通例受身または ~ oneself で》所属させる, 随行させる, 加える, 愛情[愛着]を持たせる, なつかせる. 自〔形式ばった語〕付着する, 所属する,〖法〗差し押える.
[語源] ゲルマン語起源の古フランス語 estachier (=to fix) が attachier となり中英語に入った. attack と姉妹語 (doublet).
[用例] I'll *attach* my comments to this page. 私の意見をこのページにつけておきましょう/I don't *attach* much importance to it. そのことをそれほど重要視していません/He's very *attached* to his mother. 彼は母親をたいへん愛している.
[対義語] detach.
【派生語】**attáchable** 形. **attáched** 形 取り付けられた, 付属の, 付添の. **attáchment** 名UC 取り付け, 付着, 付属物, 付属装置, 結び付けるもの, ひも, ねじ, 愛情, 愛着,〖法〗差し抑え: There are several *attachments* for this food mixer. このミキサーにはいくつかの付属品がある/He has a special *attachment* for this town. 彼はこの町に特別の愛着がある.

at·ta·ché /ǽtəʃéi | ətǽʃei/ 名C 一般義 大使や公使の随行員, 大使[公使]館員.
[語源] フランス語 attacher (=to attach) の過去分詞. 19世紀に入った.
【複合語】**attaché case** /ǽtəʃéikèis | ətǽʃei-/ 名C 主に書類を入れるための小型かばん, アタッシュケース.

attachment ⇒attach.

at·tack /ətǽk/ 動 本来他 CU 〔一般議〕一般義 人や物に突然激しく襲いかかる, 敵を攻撃する. その他 口頭や文書で激しく攻める, 非難する, 病気, 害虫などが襲う, 冒す, 比喩的に精力的に取り組む. また女性を襲う, 強姦(ごうかん)する. 名 として攻撃, 非難, 仕事への着手, 発病, 発作,《the ~》〖スポ〗攻撃側.
[語源] ゲルマン語起源の stacca (=stake) から出た古イタリア語 (es)taccare (=to attack) がイタリア語 attaccare となり, フランス語 attaquer を経て初期近代英語に入った. ⇒attach.
[用例] He *attacked* me with a knife. 彼はナイフで私を襲ってきた/The Prime Minister's policy was *attacked* in the newspapers. 総理大臣の政策が新聞紙上で非難された/have a heart *attack* 心臓発作を起す.
[反義語] defend; protect.
【慣用句】**come [be] under attack** 攻撃[非難]されている. **be on the attack** 攻撃中である.
【派生語】**attáckable** 形. **attácker** 名C.

at·tain /ətéin/ 動 本来他 〔やや形式ばった語〕努力をして目的や望みなどを達成する, 果たす, 地位や名声などを獲得する, 時間, 目的地, 年齢, 身長などに到達する. 自 としても用いられる.
[語源] ラテン語 attingere (ad- to + tangere to touch) が古フランス語 attaindre を経て中英語に入った.
[用例] He *attained* all his ambitions. 彼は全ての大望を果たした.
[対義語] miss; lose.
【派生語】**attàinabílity** 名U. **attáinable** 形. **attáinableness** 名U. **attáinment** 名UC 到達, 成就,《複数形で》学識, 技能, 才能, 芸.

at·tempt /ətémpt/ 動 本来他 名C 〔一般語〕一般義 困難なことを試みる. その他 高山に登攀(とうはん)を試みる, 攻撃する. 名 として試み, 企て, 人の命などを狙うত্ম
[語源] ラテン語 attemptare (ad- to + temptare to try) が古フランス語を経て中英語に入った.
[用例] He *attempted* to reach the dying man, but did not succeed. 彼は死にかけている人に手をさしのべてつかもうとしたが, うまくいかなかった/He did not *attempt* the last question in the exam. 彼は試験で最後の問題に手がつかなかった/Her *attempts* to contact him was fruitless. 彼と連絡をとろうとする彼女の努力は実を結ばなかった.
[類義語] attempt; try: **attempt** は試みがしばしば失敗, 未遂に終わったことを暗示する. **try** は attempt よりもくだけた語で, 結果は問わない.
【慣用句】**make an attempt on …'s life** 〔形式ばった表現〕人を殺そうとする.
【派生語】**attèmptabílity** 名U. **attémptable** 形. **attémpted** 形 未遂の: *attempted* murder 殺人未遂. **attémpter** 名C.

at·tend /əténd/ 動 本来他 〔一般語〕一般義 会合や学校などに義務的にまた規則的に出席する, 通う, 儀式などに参列する. その他 職務として人に付き添う, 付き添って世話をする, 医師や看護師などが治療する, 看護

する，往診する．〔形式ばった語〕人，事，人の話などに注意を払う，貴人や目上の人に仕える，随行する，危険や困難などが伴う．⑧ としても用いられる．

[語法] ❶ 一時的の意味が強い ❷ ⑧ の前置詞は「出席する」で at，店員などが客を「応接する」，医者などが人の「治療する」では〔to〕，主人に「仕える」，病人を「看病する」では on, upon，「注意を払う」では to が一般的．

[語源] ラテン語 *attendere* (ad- to+*tendere* to stretch) が古フランス語 *atendre* を経て中英語に入った．「注意を向ける」「人に仕える，面倒を見る」「ある場所に行く」意に発展した．

[用例] The scholars were asked to *attend* the scientific conference. 学者たちは科学学会に出席するように求められた／Students *attend* high school. 学生たちは高校に通う〔語法〕attend to school とはいわない）／The Pope *attended* the dedication ceremony at the cathedral. 法王は大聖堂での献納式に出席した／Housewives must *attend* to cheap domestic needs because of inflation. 主婦はインフレのために安い家庭必需品に注意を払わなければならない．

[派生語] **atténdance** 图 UC 規則的な出席，参列，出席者，[形式ばった語] 随行，付き添い．**atténdant** 图 C ホテル，施設などの従業員，案内係，航空機などの接客乗務員 (flight attendant). 形 [形式ばった語] 付き添いの，列席の．**àttendée** 图 C 出席者．**atténder** 图 C 出席者．**atténding** 形．

at·ten·tion /ətén ʃən/ 图 UC （⇒attend）〔一般語〕[一般義] 人，物，事に対する注意，注目．[その他] 注意力，他人への配慮，考慮，人の世話，患者の治療．さらに〔形式ばった語〕〔複数形で〕親切，特に女性への求愛の時の親切な行為，軍隊などにおける気をつけの姿勢，号令．

[用例] He wants to draw [arrest; attract; call; turn] world *attention* to people suffering from exposure to radiation. 彼は世界中の注目の目を放射能を浴びて困っている人々に向けさせたがっている／His whole *attention* was centered in what he heard. 彼の全神経は耳に聞こえてくるものに集中されていた／We should pay *attention* to other's feeling. 他人には心配りをしなければならない．

【慣用句】 *Attention!*〔号令〕気をつけ《[語法] 発音は /ətén ʃən/，また 'shan /ʃán/ と略すこともある》．*Attention, please*.《人の注意を喚起して》お聞き下さい，お知らせします．*bring ... to ...'s attention* 人に…に注目させる．*for the attention of ...* …宛て《★会社，官庁などへの書面で，ある人，ある部課の前に付ける》．

【派生語】**atténtional** 形．**atténtive** 形 注意深い，よく気をつける，親切な，丁寧な．

at·test /ətést/ 動 [本来的]〔形式ばった語〕[一般義] ある物事を特に宣誓や署名などをして，真実である，あるいは本物であると証言する．[その他] ある事柄がある事を実証する，…の証明となる，人に誓いをたてさせる．⑧ …を証言する (to).

[語源] ラテン語 *attestari* (ad- to+*testari* to bear witness) をフランス語を経て初期近代英語に入った．

【派生語】**àttestátion** 图 UC．

at·tic /ǽtik/ 图 C 〔一般語〕屋根裏 (attic story), 屋根裏部屋 (attic room(s))．〔語法〕《米》では複数の部屋にも用いる）．

[語源] 古代ギリシャ南東部の「アッティカ地方 (Attica)」の意味の Attic から，当初アッティカ柱式 (Attic order) を模ろうした造りになっていたことから．

[類義語] attic; garret; loft: **attic** は不用になった家具や道具をしまっておくこぎれいな屋根裏部屋で，時にはロマンティックな連想を誘う．**garret** は特に天井が傾斜していて，暗く，汚らしい小部屋．**loft** は通例仕切りのない丸木小屋の屋根裏の物置場で，特に干し草を置くための部屋．

at·tire /ətáiər/ 图 U [本来的]〔形式ばった語〕[一般義] 衣服，特に高価で装飾のついたもの．[その他] 狩猟用語あるいは紋章で鹿の枝角（の付いた頭皮）．動 として（通例受身または〜 oneself で）衣服を着せる．

[語源] 古フランス語 *atirier* (=to arrange into order; a- to+*tire* order) が中英語に入った．

at·ti·tude /ǽtitjuːd/ 图 C 〔一般語〕[一般義] 意識，無意識を問わず，人や事に対する態度（toward; to; 〔くだけた語〕《米》about). [その他] 心構え，感じ方，考え方，意見，判断，[形式ばった語] 精神状態の表れとしての姿勢．

[語源] 後期ラテン語 *aptitudo* (=fitness) がイタリア語 *attitudine* (=disposition), フランス語を経て初期近代英語に入った．はじめは体の姿勢の意であったが，次第に「心の態度」を意味するようになった．

[用例] an *attitude* of concentration 集中力／an antidemocratic *attitude* 反民主主義的態度／The student took a thinking *attitude* when asked by his teacher. 学生は先生に質問された時考える仕草をした／The police took [assumed] an *attitude* of attention when they put up their flag. 警官隊は旗を掲げる時気を付けの姿勢をとった〔語法〕took の方が一般的．

【慣用句】*strike an attitude*〔やや古語〕気取った構えをする (pose for effect).

【派生語】**àttitúdinal**．**àttitùdinárian** 图 C =attitudinizer．**àttitúdinize** 動 [本来的] 気取った態度をする．**àttitúdinizer** 图 C 気取り屋．

at·tor·ney /ətə́ːrni/ 图 C 〔一般語〕[一般義]《米》法律家，弁護士 (attorney-at-law), 《英》昔の事務弁護士（★現在は solicitor). [その他]【法・商】法定代理人 (attorney-in-fact).

[語源] 古フランス語 *atorner* (=to appoint; a- to+*torner* to turn) の過去分詞 *atorne* が中英語に入った．困った時に「任命された人」の意．

[用例] *attorney* George Russ ジョージ・ラス弁護士／The *attorneys* for the plaintiffs say the government is guilty. 原告側の弁護団は政府は有罪であると言っている．

[類義語] lawyer; attorney; barrister; solicitor; counselor; advocate: **lawyer** は「法律家，弁護士」を意味する最も一般的な語．**attorney** は《米》で lawyer と同等に用いられる．**barrister** は《英》で法廷で弁護に当たる「法廷弁護士」，**solicitor** は《英》で法律相談や法律書類の作成や管理にあたる「事務弁護士」で，barrister より地位が低い．《米》ではこの区別はない．**counselor** は《米》で法廷専門弁護士を指す．**advocate** はスコットランドで barrister の意味に用いている．

【慣用句】*by attorney* 代理人によって(⇔in person). *power(s) of attorney*【法】委任権．*war-*

at·tract /ətrǽkt/ 動 [本来他] 〔一般語〕 [一般義] 人, 動物などをある魅力で引きつける, 魅惑する. [その他] 人の注意, 関心, 興味を引く, 【理】磁性などが物理的力が引きつける.
[語源] ラテン語 *attrahere* (*ad-* to+*trahere* to draw) の過去分詞 *attractus* が中英語に入った.
[用例] Sugar *attracts* ants. 砂糖はありを引きよせる/The bright students *attracted* attention in their hometowns. 聡明な学生は故郷で注目の的だった/The museum *attracted* more than 230,000 visitors. その博物館は 23 万人の参観人を集めた.
[反意語] distract; repel.
[派生語] attráctabílity 名 U. attráctable 形. attráctant 名 C ひき付けるもの, 誘引物. attrácter, attráctor 名 C. attráction 名 ⇒見出し. attráctive 形 ⇒見出し. attráctor 名 C.

at·trac·tion /ətrǽkʃən/ 名 UC (⇒attract) 〔一般語〕 [一般義] 魅力, 魅惑. [その他] 魅力あるもの, 呼びもの, アトラクション. また引きつけること, 誘引, 【物理】引力.
[用例] physical *attraction* 肉体的魅力/tourist *attractions* 観光客を引きつける物[場所].

at·trac·tive /ətrǽktiv/ 形 (⇒attract) 〔一般語〕 魅力的な, 人目につく, 【理】引力の, 引力のある.
[用例] an *attractive* young man 魅力ある好青年/an *attractive* proposition 魅力的な提案.
[派生語] attráctively 副. attráctiveness 名 U.
attractor ⇒attract.

at·trib·ute /ətríbjuːt/ 動 [本来他], /ǽtribjuːt/ 名 C 〔一般語〕 [一般義] 物事の原因, 結果などを…のせいにする, …に帰する《he》. [その他] ある根拠によって, ある時代[人]の作[もの]と考える, 人に…の性質があるとする, 事柄に…の原因があるとする. 名 として人や物が本来備えている属性, 特質, 付属物, 人, 地位などの象徴.
[語源] ラテン語 *attribuere* (*ad-* to+*tribuere* to allot) の過去分詞 *attributus* が中英語に入った.
[用例] She *attributed* feelings of jealousy to her cousin. =She *attributed* her cousin with feelings of jealousy. 嫉妬の原因はいとこにあると彼女は考えた/The play is *attributed* to Shakespeare. この劇はシェイクスピアの作と考えられている/Speech is a human *attribute* not found in other living animals. 話す能力は他の動物には見あたらない人間の属性である/Intelligence is one of his many fine *attributes*. 聡明さは彼が持っているたくさんのすばらしい特質の一つである.
[類義語] attribute; ascribe; impute: **attribute** は原因と結果の関係が不確実で, 時には個人的判断に基づく場合もある. 善悪いずれにも用いる. **ascribe** は原因と結果の関係が attribute よりもかなり明白に考えられる場合で, 通例良いことに用いる. **impute** は通例非難, 失敗などの悪いことを人に被せる, 転嫁すること.
[派生語] attríbutable …の…のせいである, …に起因する. àttribútion 名 U 〔形式ばった語〕 原因を…に帰すること, 作品の作者を特定すること. attríbutive 形 【文法】 限定的な, 限定用法の(⇔predicative): attributive use 限定用法. attríbutively 副.

at·tri·tion /ətríʃən/ 名 U 〔一般語〕 [一般義] 摩擦による磨滅, 繰り返し攻撃を受けたり, 心配することによって徐々に進む消耗, 弱化. [その他] ある組織や団体の人員の死亡や退職などによる減少.
[語源] ラテン語 *atterere* (=to rub away; to wear) の 名 *attritio* が中英語に入った.
[用例] a war of *attrition* 消耗戦.

at·tune /ətjúːn/ 動 [本来他] 〔楽〕楽器の調子を合わせる, 調律する. 比喩的に商売の経営動態などを世の中の傾向などに合せる.
[語源] *ad-*+*tune* として初期近代英語から.

au·burn /ɔ́ːbərn/ 形 U 〔一般語〕 特に毛髪の色が赤褐色(の), 赤茶色(の), とび色(の).
[語源] ラテン語 *albus* (=white) の派生語 *alburnus* (=whitish) が古フランス語を経て中英語に入った. 16, 7 世紀ごろから brown と語形が似ていることで, その意味が加わった.

auc·tion /ɔ́ːkʃən/ 名 CU [本来他] 〔一般語〕 競売. また=auction bridge. 動 として競売にかける, ブリッジで競り合う.
[語源] ラテン語 *augere* (=to increase) の 名 *auctio* (=public sale) が初期近代英語に入った.
【複合語】**áuction brídge** 【トランプ】 オークション・ブリッジ.

au·da·cious /ɔːdéiʃəs/ 形 〔形式ばった語〕 [一般義] あつかましいと思われるほど**大胆不敵**な. [その他] 法律, 宗教, 礼儀作法などをあなどったり軽蔑したりする, 《通例悪い意味で》無礼で**生意気**な, 厚かましい.
[語源] ラテン語 *avidus* (=eager) から派生した *audere* (=to dare) の 形 *audax* が初期近代英語に入った.
[派生語] **audáciously** 副. **audacity** /ɔːdǽsiti/ 名 U.

au·di·ble /ɔ́ːdəbl/ 形 〔一般語〕 音声などが十分聞き取れる.
[語源] ラテン語 *audire* (=to hear) の 形 *audibilis* が初期近代英語に入った.
[反意語] inaudible.
[派生語] **àudibílity** 名 U. **áudibly** 副.

au·di·ence /ɔ́ːdiəns/ 名 C 〔一般語〕 [一般義] 音楽会や演劇などの**聴衆**, 映画, 劇, スポーツなどの**観衆, 観客**, テレビの**視聴者**, ラジオの**聴取者**, 本, 新聞, 雑誌などの**読者** 《語義 単数形で複数扱いもある》. [その他] 〔形式ばった語〕 国王や高官などの公式会見, 拝謁, 法廷などの**会見陳述, 意見聴取**.
[語源] ラテン語 *audire* (=to hear) の現在分詞 *audiens* から派生した *audientia* (=hearing) が古フランス語を経て中英語に入った.
[用例] The *audience* of the concert consisted of young people only. 音楽会の聴衆は若者たちだけだった/He wanted to streamline the story to appeal to a general *audience*. 彼はその物語を一般大衆にも理解してもらえるように簡素化したかった/He had an *audience* with [of] the Pope. 彼は法王に拝謁した.
【複合語】**áudience chàmber** [**ròom**] 名 C 謁見室. **áudience ràting** [**shàre**] 名 C 視聴率.

au·di·o /ɔ́ːdiou/ 形 可聴周波の, 〔テレビ〕音声部分の(⇔video), 一般的に音響機器の. 名 として**可聴周波, 音声**(部分), **音響機器**.
[語源] ラテン語 *audire* (=to hear) の連結形 *audio-* が

【複合語】**áudio fàn** 名 C オーディオ愛好家(audiophile). **audio frèquency** 名 C 可聴周波.

au·di·o- /ɔ́ːdiou/ 連結 「音(声)の, 聴覚の, 音再生の」の意.
語源 ラテン語 *audire* (＝to hear) から.

au·di·o·lin·gual /ɔ̀ːdioulíŋgwəl/ 形 【言語教育】外国語学習において耳と口の練習を中心とした教授法の, オーディオリンガルの.

au·di·ol·o·gy /ɔ̀ːdiɑ́lədʒi|-ɔ́l-/ 名 U 〔一般語〕聴覚学.
語源 audio-＋-logy として 20 世紀から.

au·di·om·e·ter /ɔ̀ːdiɑ́mitər|-ɔ́-/ 名 C 〔一般語〕聴力計.

au·di·o·phile /ɔ́ːdioufàil/ 名 C 〔一般語〕オーディオ愛好家(audio fan).
語源 audio-＋-phile (愛する) として 20 世紀から.

au·di·o·tape /ɔ́ːdioutèip/ 名 U 〔一般語〕録音テープ.

au·di·o·vis·u·al /ɔ̀ːdiouvíʒuəl/ 形 名 〔一般語〕視聴覚教育の. 名 として《複数形で》＝audio-visual aids.
【複合語】**audio-vísual áids** 名 《複》視聴覚教材[教具].

au·dit /ɔ́ːdit/ 名 C 動 本来他 〔一般語〕一般義 会計検査, 会計監査, 会計検査[監査]報告書, また広くある問題についての徹底的な検査, 鑑定. 動 として検査[監査]する. 《米》大学の講義を聴講する.
語源 ラテン語 *audire* (＝to hear) から派生した *auditus* (＝act of hearing) が中英語に入った.
【派生語】**áuditor** 名 C 会計検査官, 会計監査, 聴衆の一員, 《米》大学の聴講生.

au·di·tion /ɔːdíʃən/ 名 CU 動 本来他 〔一般語〕一般義 俳優, 音楽家などを採用する際の聴取テスト, オーディション. その他 本来は聴覚, および特に批判的に聴き取る行為をいう. 動 として人をオーディションする. 自 オーディションを受ける.
語源 ラテン語 *audire* (＝to hear) の 名 *auditio* が初期近代英語に入った.

auditor ⇒audit.

au·di·to·ri·um /ɔ̀ːditɔ́ːriəm/ 名 《複 ～s, -ria》〔一般語〕会衆席, 観客席, また公会堂, 講堂など多数の聴衆のための座席のある場所.
語源 ラテン語 (＝lecture room) が 18 世紀に入った.

au·di·to·ry /ɔ́ːditɔ̀ːri|-təri/ 形 【解・生理】耳の, 聴覚の.
用例 *auditory* nerve 聴神経.
語源 後期ラテン語 *auditorius* (聴覚の)が中英語に入った.

Aug. (略) ＝August.

au·ger /ɔ́ːgər/ 名 C 【木工】穴あけ用のらせん錐(きり), また肉切り用, 土掘り用などの種々のねじ錐状の装置もいう.
語源 古英語 nafu (＝nave 車のこしき)＋gār (＝spear) による nafogār (＝nave-piercer) から. 現在の形は中英語 a nauger を an auger と誤解したことから.

aught /ɔ́ːt/ 代 副 〔文語〕ゼロ. 本来は何か少しでも (anything) の意.
語源 古英語 ā (＝ever)＋wiht (＝creature; thing) による āwiht から. a naught を an aught と誤異分析で naught (＝zero) の意味が加わった.
【慣用句】***for aught I care*** どうなろうと(一向に)構わない. ***for aught I know*** よくは分からないがおそらく.

aug·ment /ɔːgmént/ 動 本来他 〔形式ばった語〕数量, 大きさ, 長さ, 強度などを**増大[増加]**させる[する].
語源 ラテン語 *augere* (＝to increase) から派生した後期ラテン語 *augmentare* が古フランス語を経て中英語に入った.
【派生語】**àugmentátion** 名 U.

au·gur /ɔ́ːgər/ 名 C 〔形式ばった語〕古代ローマの公事の**占い師, 予言者**, 一般に**占い師**. 動 として占い師が**占う**, 一般に**予測する**, 何かがあることの**前兆となる**.
語源 ラテン語がそのまま中英語に入った.
【慣用句】***augur well [ill]*** 縁起が良い[悪い].
【派生語】**áugury** 名 U 占い術, 占い師による儀式, 前兆.

Au·gust /ɔ́ːgəst/ 名 **8月** 《語法 Aug. と略す》.
語源 8 月生まれのローマ帝国初代皇帝 Augustus Caesar(27 B.C.–A.D.14) の名にちなむ. 8 世紀から元老院が彼に敬意を表して第 6 月 (sextilis mensis) に代えて用いるようになった. 古代ローマ暦では 3 月が年の最初の月であったので当時の 6 月は現在の 8 月になる.
用例 on *August* 4th＝on the fourth of *August* 8 月 4 日に／in *August* 2003 2003 年 8 月に.

au·gust /ɔːgʌ́st/ 形 〔形式ばった語〕《通例限定用法で》畏敬の念を起こさせるほど**威厳のある, 堂々としている**.
語源 ラテン語 *augere* (＝to increase; to praise) から派生した *augustus* (＝venerable) が初期近代英語に入った.

aunt /ǽnt|ɑ́ːnt/ 名 C 〔一般語〕父または母の姉妹であるおば(伯母, 叔母) 語源 呼びかけではしばしば A-). 〔くだけた語〕《米》よそのおばさん 《語法 ❶ 通例子供が自分や両親の友人である年配の女性に対して用いる ❷ 人名 (例えば Mary Smith) で呼びかける場合, Aunt Mary, さらに親しみをこめると単に Aunt となる. ただし Aunt Smith のように姓につけることはない》.
語源 ラテン語 *amita* (＝father's sister) が古フランス語 *ante*, *aunte* を経て中英語に入った.
用例 an agony *aunt* 《英》新聞や雑誌などの身の上相談欄の回答者.
対意語 uncle.
【慣用句】***My (sainted) aunt!*** 〔くだけた表現〕驚き, 不信を表し, おや, まあ.
【派生語】**áunthood** 名 U. **áuntie, áunty** 名 C 〔くだけた語〕aunt の愛称, おばちゃん. **áuntlike** 形. **áuntly** 形.
【複合語】**áunt-in-láw** 名 C 義理のおば. **Áunt Sálly** 名 C 《主に英》嘲笑[攻撃, 批判]の的, パイプ落とし 《★縁日などで木製の人形(サリーおばさん)がパイプをくわえたり, 耳にはさんだりしているそのパイプを棒やボールで落としたり, その人形を倒したりする遊戯》.

au·ral /ɔ́ːrəl/ 形 〔形式ばった語〕《限定用法》耳の, 聴覚の.
語源 ラテン語 *auris* (＝ear)＋-al として 19 世紀から.

au·ro·ra /ɔːrɔ́ːrə/ 名 《複 ～s, -rae/riː/》【気】極光, オーロラ. 《A-》【ロ神】あけぼのの女神, 〔文語〕あけぼのの意.
語源 ラテン語 *aurora* (＝dawn) が中英語に入った. 大文字でローマ神話のあけぼのの女神.

【複合語】auróra austrális 名 C 南極光. **auróra boreális** 北極光.

aus·pice /ˈɔːspɪs/ 名 C 〔形式ばった語〕〔一般語〕《複数形で》保護, 主催, 後援. 〔その他〕《しばしば複数形で》前兆, 特に吉兆.
[語源] 古代ローマの僧官による鳥の行動観察を使っての公事の吉凶占いを意味するラテン語 *auspicium* (*avis* bird + *specere* to look at) が初期近代英語に入った.
[用例] under the *auspices* of … …の主催[後援]の下に.
【派生語】**auspícious** 形 幸先のよい, 縁起のいい: an *auspicious* start 幸先のよいスタート. **auspíciously** 副.

Aus·sie /ˈɔːsi | ˈɔːzi/ 形 〔俗語〕オーストラリア(人)の (Australian). 名 C オーストラリア人.

aus·tere /ɔː(ː)ˈstɪər/ 形 〔形式ばった語〕〔一般語〕人の態度や表情, 行動などが近づきにくいほど厳格な, 禁欲的な. 〔その他〕建物, 衣服, 食事など物事が装飾品やぜいたく品などがなく非常に質素な, 簡素な.
[語源] ギリシャ語 *austēros* (= dry; harsh) がラテン語, 古フランス語を経て中英語に入った.
【派生語】**austérely** 副. **austerity** /ɔː(ː)ˈstɛrəti/ UC 厳格, 質素, 簡素, 禁欲生活, 消費財の不足などによる緊縮経済.

Aus·tra·lia /ɔː(ː)ˈstreɪljə, -lɪə/ 名 固 オーストラリア (★正式名 Commonwealth of Australia; 英連邦の独立国で首都は Canberra; Austral. と略す).
[語源] ラテン語 *Terra Australis* (= the Southern Land) より.
【派生語】**Austrálian** 形 オーストラリア(人)の. 名 CU オーストラリア人, オーストラリア英語. **Austrálianize** 動 本来他.
【複合語】**Austrálian bállot** 名 C オーストラリア式投票用紙 (★全候補者の名前と公約が印刷されており, それに印をつける). **Austrálian béar** 名 C 【動】コアラ(koala). **Austrálian Cápital Térritory** 名 (the 〜) オーストラリア首都特別地域 (★Canberra を含む連邦直轄地).

Aus·tria /ˈɔːstrɪə/ 名 固 オーストリア (★正式名 the Republic of Austria; 首都 Vienna).
[語源] 古期高地ドイツ語 *ostarrih* (= *ostar* east + *rikki* realm) から.
【派生語】**Áustrian** 形 名 C.

au·then·tic /ɔːˈθɛntɪk/ 形 〔形式ばった語〕絵画, 著作などが本物の, 真正の, 情報, 書類などが事実と違わず確実な, 十分信頼できる.
[語源] ギリシャ語 *auto* (= self) + *hentēs* (= doer) から成る *authentēs* (= one who does things himself; master) の派生形 *authentikos* がラテン語, 古フランス語を経て中英語に入った.
〔類義語〕genuine.
【派生語】**authéntically** 副. **authénticate** 動 本来他 ある事柄が信頼でき, 真正であることを証明する. **authènticátion** 名 U 確認, 証明. **àuthentícity** 名 U 本物であること, 正確さ.

au·thor /ˈɔːθər/ 名 C 動 本来他 〔一般語〕〔一般語〕本や論文などの著者, 劇, 詩, バレエなどの作者, 執筆者. 〔その他〕ソフトウェアのプログラムなどの作者, 記事などの筆者, 作家, ある作家の作品, 著書. 〔形式ばった語〕計画, 政策の立案者, 悪事などの張本人. 動 として本などを書く, 著す (write), 何かを初めて作り出す, 生み出す.
[語源] ラテン語 *augere* (= to increase; to create) の過去分詞 *auctus* から派生した *auctor* (= he who brings about) が古フランス語 *autor* を経て中英語に入った.
[用例] Shakespeare, English *author* of *Hamlet*『ハムレット』を著した英国の作家シェークスピア/He is an associate professor of molecular genetics and an *author* of the study. 彼は分子遺伝学専攻の準教授で, その研究分野で著書を出している/I have never read this *author*. この作家は読んだことがない/Who is the *author* of this practical joke? この悪ふざけの張本人はだれだ.
[語法] ❶ 女性作家は特に女性であることを強調する場合以外は woman などの形容詞は通例つけない. 以前は authoress とも呼んだが, 今日では軽蔑的な響きがあり, まれな用法である ❷「作家」の意で自らを author と呼ぶのは尊大ぶっているように思われるので通例避ける.
〔関連語〕dramatist, playwright (劇作家, 脚本家); novelist (小説家); essayist (エッセイスト); poet (詩人); lyricist, lyrist (作詞家).
【派生語】**áuthoress** 名 C 〔古語〕女流作家. **authórial** 形 著者の, 著者による. **áuthorship** 名 U 作者であること, 著述業.
【複合語】**áuthor índex** 名 C 著者名索引. **áuthor(ing) lànguage** 名 U 《コンピューター》使用者に自分でプログラムを作らせるコンピューター言語組織.

authoritarian ⇒authority.

authoritative ⇒authority.

au·thor·i·ty /ɔː(ː)ˈθɔrəti, -ˈθɑr-/ 名 UC 〔やや形式ばった語〕〔一般語〕守られない場合は法的手段をとることができる命令, 許可などの権限. 権力, 職権, その影響力, 権威. また令状, 許可書, 《the -ties》権力を持つ当局. 一般に権威のある人[物], 大家, 信頼できる論拠, 論拠となる引用, 文献, 証言など.
[語源] ラテン語 *auctor* (⇒author) から派生した *auctoritas* (= invention; advice; command) が古フランス語 *auctoritée* を経て中英語に入った.
[用例] Congress has full *authority* to remove the president from office. 議会は大統領を解任するのに十分な権限を持っている/Congress gave both federal and state *authorities* the power to control dumping. 議会は連邦当局と州当局の両方にダンピングを取り締まる権限を付与した/The professor is an *authority* on tax matters. 教授は税金関係のことでは権威者です.
【慣用句】*be in authority* 権力を持っている, 権力の座にいる. *have it on good authority that* … 確かな筋から…と聞いている. *on* …*'s own authority* 人の独断で. *under the authority of* … 人の支配下で. *without authority* 無断で.
【派生語】**authòritárian** 形 《軽蔑の》権威主義の, 独断的な. 名 C 権威主義者. **authòritárianism** 名 U 権威主義. **authóritative** 形 当局からの, 高圧的な, 信頼すべき.

au·tho·rize /ˈɔːθəraɪz/ 動 本来他 〔一般語〕…に権限を与える, 委任する, 計画などを許可する, 認可する, 公認されたものと認める.
[語源] ラテン語 *auctor* (⇒author) から派生した中世ラテン語 *auctorizare* が古フランス語を経て中英語に入った.

用例 I *authorized* him to sign the documents. 私は彼に書類に署名する権限を与えた/I *authorized* the payment of £100 to John Smith. 私はジョン・スミスに100ポンド支払うことを許可した.
【派生語】 **àuthorizátion** 名 UC 権限の委任, 委任状, 許可書 **áuthorized** 形 公認の, 検定済みの.
【複合語】 **Áuthorized Vérsion** 名 (the 〜) 欽定訳聖書 (★英国王ジェームズ一世の認可により1611年に編集・出版された聖書. King James Version ともいう).

au·to /ɔ́ːtou/ 名 C 〔くだけた語〕《米》自動車 (automobile) (語法 現在では car が普通).
【派生語】 **áutowòrker** 名 C 自動車工場従業員.

auto- /ɔ́ːtou/ 連結 「自身, 自己」「自動の」「自動車の」の意.
語源 ギリシャ語 *autos* (=self) から.

au·to·bi·og·ra·phy /ɔ̀ːtəbaiɑ́grəfi |-ɔ́-/ 名 C 〔一般語〕自(叙)伝.
【派生語】 **autobiógrapher** 名 C 伝記作者. **autobiográphical** 形.

au·toc·ra·cy /ɔːtɑ́krəsi |-ɔ́k-/ 名 UC 〔形式ばった語〕一般義 独裁政治 (語法 despotism や totalitarianism ほど強い意味ではない). その他 本来は独裁権力の意で, さらに独裁政治形態, 独裁制の社会[国]も意味する.
語源 ギリシャ語 *autokrateria* (=absolute power; *auto-* self+*kratos* power) が初期近代英語に入った.
【派生語】 **áutocrat** 名 C 独裁者, 横暴で強情な人. **àutocrátic** 形.

au·to·fo·cus /ɔ̀ːtoufòukəs/ 形 〔一般語〕カメラなどが自動焦点の.

au·to·graph /ɔ́ːtəgræf |-grɑːf/ 名 C 動 本来他
〔一般語〕一般義 特に芸能人, スポーツ選手などがファンに与えるためにするサイン, 署名. その他 自分自身の手書きによって書かれた自筆原稿[文書, 手紙].
語源 ギリシャ語 *autographos* (*auto-* self+*graphos* written) がラテン語を経て初期近代英語に入った.
関連語 sign; signature.
【複合語】 **áutograph àlbum [bòok]** サイン帳, 署名帳.

au·to·mat /ɔ́ːtəmæt/ 名 C 〔一般語〕《米》(しばしば A-) 自動販売形式のレストラン, カフェテリア.
語源 商標名.

au·to·mate /ɔ́ːtəmeit/ 動 本来他 〔一般語〕(しばしば受身で) 工場や工程などをオートメ化する, オートメーションで製造する.
語源 automation からの逆成語.
【複合語】 **áutomated téller machine** 名 C 現金自動預け払い機 (語法 ATM と略す).

au·to·mat·ic /ɔ̀ːtəmǽtik/ 形 名 C 〔一般語〕
一般義 機械, 装置, 機能などが自動的な. その他 物事が自動的[必然的]に生じる, 動作や感情が無意識の, 習慣的な. 〔くだけた語〕自動変速装置つき自動車, オートマ(チック)車.
語源 ギリシャ語 *automatos* (=self-moving; *auto-* self+*matos* willing) が18世紀に入った.
用例 He graduated from each school by *automatic*-promotion policies. 彼はそれぞれの学校をところてん式に卒業した/She has an *automatic* washing machine. 彼女は自動洗濯機を持っている/Her response was completely *automatic*. 彼女の返事はまったく機械的だ.
類義語 involuntary; spontaneous.
対義語 manual.
【派生語】 **àutomátically** 副. **áutomatize** 動 本来他 自動化する.
【複合語】 **àutomátic dáta prócessing** 名 U 自動情報処理. **áutomatic dóor** 名 C 自動ドア. **áutomatic páyment** 名 U 口座引き落とし. **áutomatic [mechánical] péncil** 名 C シャープペンシル(《英》propelling pencil). **áutomatic pílot** 名 C 航空機の自動操縦装置. **áutomatic sìgnature** 名 C 盲判(がん). **áutomatic téller machìne** 名 C 現金自動預け払い機 (automated teller machine). **àutomátic transmíssion [drìve; shìft]** 名 C 自動変速装置, ノークラッチ, ノーギア (⇔ standard transmission).

au·to·ma·tion /ɔ̀ːtəméiʃən/ 名 U 〔一般語〕自動制御方式, オートメーション, 作業の自動化.
語源 autom(atic)+(oper)ation として20世紀から.
用例 *Automation* has resulted in some skilled people losing their jobs. オートメーションのために熟練工が失業をするはめになった.
関連語 mechanization; robot.

au·tom·a·tism /ɔːtɑ́mətizm |-ɔ́m-/ 名 U やや形式ばった語〕人や動物およびその生理作用などの自動的な状態, 自動的な運動, 自動性, 〔生理〕筋肉の反射運動, 〔生〕動物の自動行動性, 〔心〕自動現象.
語源 ギリシャ語 *automatismos* が19世紀に入った.

au·tom·a·ton /ɔːtɑ́mətən |-ɔ́m-/ 名 C 〔一般語〕自動機械[装置], ロボット.
語源 ギリシャ語 *automatos* (⇒automatic) の中性形がラテン語を経て初期近代英語に入った.

au·to·mo·bile /ɔ́ːtəməbìːl, -ˌ--ˈ-/ 名 C 〔形式ばった語〕《米》自動車(《英》motorcar), 《形容詞的に》自動車の.
語法 短縮して auto ともいう. 一般語としては英米共に car を用いる.
日英比較 日本語の「自動車」にはトラックやバスも含まれるが, automobile は乗用車のみ. なお, car には乗用車の他, 鉄道車輌を含む車のついた乗物の意があり, 「乗用車」という意味を明確にするには automobile が使われる.
語源 フランス語 (=self-movable) が19世紀に入った.
用例 the *automobile* industry 自動車産業/the *automobile* manufacturer 自動車メーカー.
【派生語】 **àutomobílism** 名 U 自動車の使用, 運転技術. **àutomobílist** 名 C ドライバー (語法 motorist のほうが普通).
【複合語】 **áutomobile insúrance** 名 U 自動車保険. **áutomobile tàx** 名 C 自動車税.

au·to·mo·tive /ɔ̀ːtəmóutiv/ 形 〔一般語〕自動運転の, 自動車の.

au·ton·o·my /ɔːtɑ́nəmi |-ɔ́-/ 名 UC 〔形式ばった語〕一般義 自治, 自治権. その他 独立国, 自治団体. また精神的自立, 自主性.
語源 ギリシャ語 *autonomia* (= independence; *auto-* self+*nomos* law) が初期近代英語に入った.
【派生語】 **àutonómic** 形. 自治の, 発生が自動的な, 自律神経系の: autonomic nervous system 自律

au·top·sy /ɔːtɑpsi -tɔp-/ 图C 本来自 〔一般語〕
一般義 検死, 死因調査のための解剖. その他 〔形式
ばった語〕過去の出来事や制度, 仕事などの詳細な調
査, 査定. 動 として死体を**検死する**. 〔形式ばった語〕事
後に詳細に調査する.
語源 ギリシャ語 *autopsia* (= seeing with one's
own eyes; *auto-* self + *opsis* sight) がラテン語を経
て初期近代英語に入った.
類義語 postmortem.

au·tumn /ɔːtəm/ 图UC 〔一般語〕 一般義《英》**秋**
(《米》fall) (★《米》では 9, 10, 11 月,《英》では 8,
9, 10 月). その他 (the ~の) **成熟期**, または人生などの
下り坂, 初老期. また (形容詞的に)秋の, 秋向うの
(《語法》autumnal より一般的).
語法《米》でも autumn は用いられるが, 形式ばった場
合や形容詞的用法の場合.
語源 エトルリア語起源と思われるラテン語 *autumnus*
(= autumn) が古フランス語を経て中英語に入った.
「秋」を意味する古英語は「収穫の時期」が原義の
hærfest (= harvest) で, この語は中英語でもずっと用
いられていた. 中英語に入った autumn は初期近代英
語になって harvest に取って代わりはじめた.
用例 Her book will be published in (the) early
autumn. 彼女の本は初秋に出版されるだろう(《語法》通
例 the はつけない)/The political party could not
await the *autumn* for an election. その党は選挙を
秋まで待てなかった(《語法》「その年の秋」の意では the を
つける).
【派生語】**autúmnal** 形 〔形式ばった語〕《通例限定用
法》秋の, 秋のような, 秋咲きの, 初老の: **autumnal
equinox** (the ~) **秋分**(⇔vernal equinox).

aux., auxil.《略》= auxiliary.
aux·il·ia·ry /ɔːgzɪljəri/ 形 图C 〔一般語〕補助的
な, 助力的な. 图 として〔形式ばった語〕助力者, 補佐
者, 補助物, 補助的[補足的]な機関[団体], 援軍, 外
人部隊,【文法】助動詞.
語源 ラテン語 *auxilium* (= help) の派生形 *auxilia-
ris* (= helpful) が中英語に入った.
【複合語】**auxiliary vérb** 图C【文法】助動詞.
AV, A.V.《略》= authorized version; audiovi-
sual.

a·vail /əvéɪl/ 動 本来自 图U 〔文語〕《通例否定文,
疑問文で》物, 事が**役に立つ, 益する, 効力がある**. 他 の
用法もある. 图 として**利益, 効用**.
語源 ラテン語 *valere* (= to be worth) が古フランス語
で *valoir* となり, 中英語で強意の a- がついて availen
となった.
【慣用句】***avail (oneself) of*** ... **機会, 申し出を利用
する. *avail* ... *nothing* = *be of no avail to* ...
には**全然役に立たない**. *of little [no] avail* ほとんど
[まったく]役に立たない. ***to no avail*** = *without
avail* 無益に, 役に立たずに.
【派生語】**available** 形 ⇒見出し.

a·vail·a·ble /əvéɪləbl/ 形 (⇒avail) 〔一般語〕
一般義 物, 場所などがすぐに利用できる, 役に立つ.
その他 《物》入手ができる, 得られる, 入手できる, 《人》手
がすいている, 忙しくない, 会って手伝ったりできる, 会合
などに**出席できる**.
用例 The halls are *available* on Saturday night.
ホールは土曜の夜なら空いています/The book will not
be *available* until late March. その本は 3 月末にな
らないと手に入らない.
【派生語】**aváilabílity** 图U 役に立つこと, 有効性.
aváilableness 图U. **aváilably** 副.

av·a·lanche /ævəlæntʃ -lɑːntʃ/ 图C 本来自
〔一般語〕**雪崩**(ﾅﾀﾞﾚ), 雪崩のように**殺到するもの**. 動 と
して圧倒的な数で**押し寄せる, 殺到する**.
語源 アルプス地方のフランス語の方言 *lavanche* が 18
世紀に入った. 現在の形は v と l が入れ替わったもの.

av·ant-garde /ævɑːŋɡɑːrd/ 图 形 〔形式ばった語〕
(the ~) 芸術の分野での**前衛派, アバンギャルド**. 形 と
してアバンギャルドの.
語源 フランス語 (= advance guard 前衛部隊) が 20
世紀初頭に入った.

av·a·rice /ævərɪs/ 图U 〔形式ばった語〕**貪欲, 強
欲**.
語源 ラテン語 *avere* (= to desire) から派生した *ava-
rus* (= greedy) の 图 *avaritia* が古フランス語を経て
中英語に入った.
【派生語】**àvarícious** 形.

ave., Ave.《略》= Avenue.
a·venge /əvéndʒ/ 動 本来他 〔形式ばった語〕自分や
仲間が受けた被害の**仕返しをする, 報復する**, 被害を受
けた仲間のかたきをうつ, 復讐する, (~ oneself で)自
分の恨みを晴らす.
語源 ラテン語 *vindicare* (= to claim; to avenge) が
古フランス語で *vengier* (復讐する)となり, a- (= to) がつ
いた *avengier* が中英語に入った.
【派生語】**avénger** 图C.

av·e·nue /ævənjuː/ 图C 〔一般語〕 一般義《米》時
には木などが植えられた市街の**大通り, 本通り**,《街路名
として》... **街**〔語源 通常 Ave. と略される〕. その他
《英》田舎で本道から大邸宅の玄関に続く**並木道**. 比
喩的に〔形式ばった語〕ある目的を達するための**道, 近づ
く手段**.
参考 New York 市では南北に通ずる道路を Ave-
nue, 東西に通ずる道路を Street と呼ぶ.
語源 ラテン語 *advenire* (*ad-* to + *venire* to come) が
中フランス語で *avenir* (= to approach) となり, その過
去分詞から派生した *avenue* (= way) が初期近代英
語に入った.
用例 We enjoyed shopping in a busy mall
down the *avenue* from the complex housing. 集
合住宅から出て大通りを下ったにぎやかなショッピングセン
ターで楽しく買い物をした/My address is 14 Madi-
son *Avenue*. 私の住所はマディソン街 14 番地です/
We had no *avenue* of escape. 私たちには逃れる手
段がなかった.
類義語 avenue; boulevard; highway; street;
thoroughfare: **avenue** は広い並木のある大通り.
boulevard は中央に街路樹やグリーンベルトのある通
り. **highway** は都市と都市を結ぶ幹線自動車路.
street は車道と歩道があり, 両側に建物が並ぶ街路.
thoroughfare ははじめから終わり往来の激しい主要道路.
【慣用句】***explore every avenue*** = ***leave no ave-
nue unexplored*** ... するためにあらゆる手段を尽くす
(to do).

a·ver /əvɜːr/ 動 本来他 〔形式ばった語〕真実であると**断
言する, きっぱりと言明する**.
語源 ラテン語 *adverare* (= to assert as true; *ad-* to

+*verus* true) が古フランス語 *averer* を経て中英語に入った.

av·er·age /ǽvəridʒ/ 名 C 形 本来語 〔一般語〕
一般義 平均, 平均値《語法 av. と略す》. その他 一般的な標準. 形 として平均の, 並の. 動 として平均する, 平均...となる.
語源 アラビア語起源の語で, フランス語 *avarie* (= damage to goods) より中英語に入った. 金銭的損失を投資者が平等に負担したことから.
用例 The *average* of 3, 7, 9 and 13 is 8. 3, 7, 9, 13 の平均は 8 だ/a high batting *average* 高い打率/My father is an *average* older person. 父はごく普通の老人だ/Her *average* commuting time to the office is 53 minutes. 彼女の職場までの平均通勤時間は 53 分である/I *average* three hours' work a day. 1 日平均 3 時間勉強します.
類義語 median; mean.
対照語 maximum; minimum.
【慣用句】**at [with] an average of** ... 平均...で. **above [below] (the) average** 平均以上[以下]の. **average out**〈くだけた表現〉...の平均を出す, 平均すると...になる《at; to》. **on (the; an) average** 平均して, 普通は. **the law of averages** 平均化の法則.

a·verse /əvə́:rs/ 形 〔形式ばった語〕〔述語用法〕気が進まない, きらいな《to》.
語源 ラテン語 *avertere* (⇒avert) の過去分詞 *aversus* が初期近代英語に入った.
【派生語】**avérsion** 名 U 激しい嫌悪, けぎらい.

a·vert /əvə́:rt/ 動 〔形式ばった語〕いやなものから目や考えなどをそらす, そむける, やっかいなことなどを防ぐ, 避ける.
語源 ラテン語 *avertere* (= to turn aside; *ab-* from + *vertere* to turn) が中英語に入った.

a·vi·a·tion /èiviéiʃən/ 名 U 〔一般語〕 一般義 飛行機の操縦技術. その他 集合的に航空機, 特に軍用機, 航空機産業.
語源 ラテン語 *avis* (= bird) がもとになったフランス語が 19 世紀に入った.

av·id /ǽvid/ 形 〔形式ばった語〕貪欲な, ...に飢えた, 熱心な.
語源 ラテン語 *avere* (= to crave) の過去分詞 *avidus* が 18 世紀に入った.
【派生語】**avídity** 名 U. **ávidly** 副.

av·o·ca·do /ævəkɑ́:dou/ 名 C 【植】アボカド, またその実.
語源 「睾丸(こうがん)」を意味するアメリカ・インディアン語によるスペイン語 *aguacate* が 17 世紀に入った.

av·o·ca·tion /ævəkéiʃən/ 名 C 〔形式ばった語〕本業以外に気晴らしにすること, 道楽, 趣味.
語源 ラテン語 *avocare* (*ab-* away + *vocare* to call) の名 *avocatio* が初期近代英語に入った.

a·void /əvɔ́id/ 動 本来語 〔一般語〕 一般義 不愉快, 危険な物や場所, 人などを意識的に避ける. その他 【法】契約や行為, 文書や宣告したものを無効にする.
語源 古フランス語 *esvuidier* (= to empty out) より派生したアングロフランス語 *avoider* (*a-* out + *voider* to empty) が中英語に入った.
用例 The human race should acquire wisdom to *avoid* another war. 人類はもう戦争は起こさないようにする知恵を身につけるべきである/He made an effort to *avoid* waste. 彼はむだ遣いはしないように努

めた/Japanese firms are trying to *avoid* dismissing or laying off workers. 日本の会社は労働者を解雇したり, 一時解雇したりするのを避けようとしている《語法 avoid to do は不可》.
【派生語】**avóidable** 形. **avóidance** 名 U.

a·vow /əváu/ 動 本来語 〔形式ばった語〕あまりよくない事柄や意外なことを公然と言明する, 素直に認める.
語源 ラテン語 *advocare* (⇒advocate) が古フランス語 *avouer* (認める) を経て中英語に入った.
【派生語】**avówal** 名 U. **avówed** 形. **avowedly** /əváuidli/ 副.

a·wait /əwéit/ 動 本来語 〔形式ばった語〕人が物事を待つ, 好機やある事態を待望する, 期待する, 物事や運命が人を待ちかまえている.
語源 古フランス語 *aguaitier* (*a-* to + *guaitier* to wait) がアングロノルマン語 *awaitier* を経て中英語に入った. -g- が -w- に変化するのはアングロノルマン語の特徴.
用例 long-*awaited* letter 待ち焦がれていた手紙/It is an environmental question that still *awaits* a solution. それは未だに解決されていない環境問題だ/Many submarines are probably *awaiting* disposal. たくさんの潜水艦が廃棄処分を待っているのであろう/The 12-nation community was *awaiting* the outcome of negotiations. 12 か国共同体は交渉の成り行きを待っていた.
類義語 expect; wait.

a·wake /əwéik/ 動 本来語《過去 awoke, 〜ed; 過分 〜ed, awoke, awoken》形 〔形式ばった語〕 一般義 眠りや無気力から目覚める《語法 wake (up) のほうが一般的》. その他 自分の責任, 環境, 罪などを自覚する, 怠情, 無関心から奮起する, 記憶, 興味, 感情, 恐れが呼び起される. 他 目覚めさせる, 自覚させる, 呼び起こす. 形 として目が覚めて, 油断のない, ...に気づいている, 悟っている.
語源 古英語 強意の a-+wacian (= to wake) による awacian から.
用例 As soon as Betty *awoke*, she told her father this dream. ベティーは目が覚めるや否や, この夢のことを父に語った/My flagging interest *awoke*. 衰えかけていた興味がわいてきた/I *awoke* him at seven o'clock. 私は彼を 7 時に起こした/He woke early. Or, rather, he was pulled *awake*. 彼は早々と目が覚めた. というより, ひっぱられて目が覚めたみたいだ.
対照語 sleep; asleep.

a·wak·en /əwéikən/ 動 本来語 〔一般語〕 一般義 (しばしば受身で) 記憶, 関心などを呼び起こす, ...を...に悟らせる《to》. その他 〔形式ばった語〕人を眠りから起こす. 他 目を覚ます.
語源 古英語 a- (= on) + wæcnian (= to waken) による āwæcnian から.
【派生語】**awákening** 名 C 目ざめ, 認識.

a·ward /əwɔ́:rd/ 動 本来語 〔一般語〕 一般義 審査, 判定などによって人や団体に賞などを授与する, 審査して人に栄誉などを与える, ...で人に報いる《with》. その他 裁判官による損害賠償などを裁定する, 裁定して賠償金などを与える. 名 として賞, 賞品, 【法】裁定 (額).
語源 アングロフランス語 *awarder* (= to judge after careful observation) が中英語に入った.

aware

[用例] The Royal Swedish Academy of Science *awarded* her the Nobel prize for [in] peace. スウェーデン王立科学アカデミーは彼女にノーベル平和賞を授与した/I *awarded* him a contract. = I *awarded* a contract to him. 彼と契約をした/He *was awarded* damages of ￡2,000. 彼は 2000 ポンドの損害賠償金を与えられた/The principal made [granted] an *award* to the winner. 校長は優勝者に賞を贈った/Winner of Two Academy *Awards* 2 つのアカデミー賞の受賞者(★新聞の見出し).
[類義語] award; prize; reward: **award** は審査の結果与える賞や賞品, 賞金を指す. **prize** はくじ, 競技, 競演などで得た賞金や賞品, あるいは功績などに対する褒賞(ほうしょう). **reward** は善行や努力などに対するほうび.
[慣用句] ***above award*** 《オーストラリア・ニュージーランド》法定最低賃金以上に.
[派生語] a**wárdable** 形. a**wardée** 名 © 受賞者.
[複合語] **awárd wàge** 《オーストラリア・ニュージーランド》法定最低賃金.

a・ware /əwéər/ 形 〔一般用法〕[一般義]《通例述語用法》感覚器官によって, 外界の事物や情報に気がついている(of; that 節). [その他]《通例副詞に修飾されて》ある分野, 領域に**意識が高い**. また《限定用法》物事や身の回りのことをよくわきまえた, **見聞の広い**.
[語法] ❶ 比較変化は more ~, most ~. ❷ acutely, deeply, fully, quite, only too, sharply, well などの副詞と共に用いられる. very は用いられない ❸ an *aware* person (物の道理をよくわきまえた人) のように限定用法で用いることには異議を唱える人もおり, 正式の文章などでは用いられない.
[語源] 古英語強意の ge-+*wær* (=aware; cautious) による gewær から.
[用例] She is well *aware* of her son's remarkable intelligence. 彼女は息子のすばらしい聡明さを強く感じている/The general became more *aware* of the separate entities of East and West. 東と西の本質が異なるものであることを将軍は一層意識するようになった.
[類義語] aware; conscious: **aware** は感覚的に気づくこと. **conscious** は aware したことを自分の心の中で消化し, 知覚として意識し自覚していること.
[反意語] unaware.
【派生語】a**wáreness** 名 Ⓤ 気づいていること, 知っていること; 意識.

a・wash /əwάʃ|-ɔ́-/ 副 形 〔一般用法〕沈没船などがちょうど水面であれわれて, 波にもまれて.
[語源] a-(=on)+wash として 19 世紀から.

a・way /əwéi/ 副 形 名 © 〔一般用法〕[一般義] ある場所や時間から**離れて**. [その他]移動して方向があちらへ, 向こうへ, **消え去って, いなくなって**, 時間的に先の方へ移行していくことから, **絶えず, せっせと**, 《スポ》試合が**遠征先**で, 《くだけた語》《米》副詞や前置詞を強めて, **はるかに**
[語法] しばしば 'way, way となり, こちらの方が普通. 最近では《英》でも使われるようになってきた. 形 遠い所へ行っている, **不在で, 留守で**, 《野》**アウト**になって, 《スポ》《限定用法》試合が遠征先での(⇔home). 名 として遠征試合(での勝利).
[語源] 古英語 on (=on)+*weg* (=way) による on-weg から. 「途上で」の意から「離れて」の意に変化した.
[用例] I think of the home *away* yonder in the States. 遥かなかの米国にある故郷のことを思う/He put the game *away* on a shot from short range. 短距離からのシュートでその試合のケリをつけた/He always throws *away* his old clothes. 彼はいつも古い衣服を捨ててしまう/He was *away* on a camping trip. 彼はキャンプに出かけていて不在だった.
[慣用句] ***away from*** ... ...から離れて, ...を留守にして: Here again is a woman you simply can't get *away from* anymore. そう容易には手を切れないような女がここにいる. ***far [out] and away*** 《比較級, 最上級を強めて》はるかに. ***from away*** 《米》遠くから. ***here away*** このあたりに. ***well away*** かなり進行して, 有利な立場に, 《くだけた表現》ほろ酔い気分で.

awe /ɔ́:/ 名 Ⓤ [本来地] 〔一般用法〕**畏敬**(いけい). 動 として《通例受身で》**畏**(おそれ)**させる**, 畏れさせて, ...の状態にさせる(into).
[語源] 古ノルド語 *agi* (=fear) が中英語に入った.
[類義語] dread; reverence.
[慣用句] ***be struck [seized] with awe*** 畏敬の念に打たれる. ***keep [hold]*** ... ***in awe*** 人に畏敬の念を持たせる. ***stand [be] in awe of*** ... ...を畏れ敬う. ***with [in] awe*** 畏敬の念を持って.
【派生語】**áwed** 形. **áwesome** 形 畏怖の念を起こさせる, 恐ろしい, 《くだけた語》《米》すばらしい. **áwful** 形 ⇒ 見出し.
[複合語] **áwe-inspìring** 形 〔形式ばった語〕畏敬の念を起こさせる, 荘厳な. **áwestrìcken, áwestrùck** 形 畏怖の念に打たれた, 恐れかしこまった.

aw・ful /ɔ́:ful/ 形 副 (⇒awe) 〔一般用法〕[限定義] 物事の状態がひどい, いやな, 《くだけた語》たいへんな, ものすごい. 本来は〔形式ばった語〕畏敬の念に満ちた, 崇高な, 堂々とした. 副 として《くだけた語》《米》**非常に**.
[語法] 比較級, 最上級は more ~, most ~.
【派生語】**áwfully** 副 《くだけた語》**とても, 非常に** 《語法》必ずしも悪い意味ではなく, ~ good [kind; cold] のように用いる》. **áwfulness** 名 Ⓤ.

a・while /əhwáil/ 副 〔文語〕**しばらく(の間), しばし**.
[語源] 古英語 āne hwīle (=(for) a while) から.
[語法] for a while の誤用で, for awhile とすることがある.

awk・ward /ɔ́:kwərd/ 形 〔一般用法〕[一般義] **ぎこちない, ぶざまな, 不器用な**. [その他] 物や物事が扱いにくい, やりにくい, **厄介な**, 取り扱いに注意を要する, 不便な, 立場がまずい, ばつの悪い.
[語源] 古ノルド語 *ǫfugr* (=turned the wrong way) が中英語に awk として入り, それに方向を表す副詞語尾 ward がついた語. 原義は in a wrong way.
[用例] an *awkward* stroke ぶざまな打ち方/He is *awkward* in his movements. 彼の動作はぎこちない/It's an *awkward* cupboard to reach. 手をのばして取るには不便な食器だなだ/There was an *awkward* silence when the child broke the expensive vase. 子供が高価な花びんを割ったとき気まずい沈黙が流れた.
[反意語] deft; graceful.
【慣用句】***make things awkward for*** ... ...に迷惑をかける, ...を困った立場に追いこむ.
【派生語】**áwkwardly** 副. **áwkwardness** 名 Ⓤ.
【複合語】**áwkward àge** 名 (the ~) 思春期 (★この時期は世間慣れしていないので言動に自信のないことから). **áwkward cùstomer** 名 © 《くだけた語》手に負

えない人[動物].

awl /ɔːl/ 名 C 〔一般語〕皮や木用の**突き錐**(ぎ).
[語源] 古英語 æl から.

awn·ing /ɔ́ːnɪŋ/ 名 C 〔一般語〕店先などの帆布製の**天幕, 日よけ, 雨よけ**.
[語源] 不詳.

a·woke /əwóuk/ 動 awake の過去・過去分詞
《語法》この形の過去分詞はまれ.

AWOL /éiwɔːl/ 形 名 C 【軍】**無断[無許可]離隊[外出; 欠勤](の者)**(absent without leave).

a·wry /ərái/ 副 形 〔一般語〕計画通りでなくそれて, 正しい形や位置でなくゆがんで, ねじれて《語法》形 は述語用法.
[語源] 中英語 on wry, awri から.

ax, 《英》 **axe** /æks/ 名 C 動 本来他 〔一般語〕
[一般義] 伐採, まき割り, 戦闘, 斬首などに用いる**斧**(ま), まさかり, 〔くだけた語〕《the ~》**解雇**,《英》人員, 経費の**削減, 縮小**,《俗》《米》ギター, サクソホン, ピアノ, オルガンなどジャズ用の**楽器**. 動 として**斧で切る**, 〔くだけた語〕**首にする, 計画などに大なたを振るう, 中止にする**, 人員, 経費を**削減する**.
[語源] 古英語 æcs から.
[用例] My ax has gotten pretty dull. 私の斧はまったくなまくらになってしまった/an ice ax 登山用のピッケル/They've axed 50% of their staff. 彼らは職員の半分を解雇した.
[関連語] chopper (なた); hatchet (柄が短い手斧); tomahawk (アメリカ先住民の戦斧).
【慣用句】***get the ax*** 〔くだけた表現〕首になる, 計画などがつぶれる, 退学になる, 恋人にふられる. ***give ... the ax*** 〔くだけた表現〕首にする, 計画などをつぶす. ***have an ax to grind*** 〔くだけた表現〕《通例否定文で》腹に一物ある, 復讐をたくらんでいる (★少年をうまくおだてて斧をとがせたというフランクリン (B. Franklin) の話から).
【複合語】**áxman,**《英》**áxeman** 名 C 木こり

(woodman), 人員の首切り役, 経費の削減をする人,〔俗語〕《楽》楽器演奏者, 特にギタリスト, 殺し屋.

ax·i·om /æksiəm/ 名 C 〔形式ばった語〕一般に認められている原理, **自明の理,**【数】**公理.**
[語源] ギリシャ語 axios (= worthy) の派生形 axiōma (= authority; authoritative sentence) がラテン語を経て中英語に入った.
【派生語】**àxiomátic** 形.

ax·is /æksis/ 名 C 《複 **axes** /æksiːz/》〔一般語〕**軸, 回転軸,** 地球の**地軸,** レンズの**光軸,**【数】**座標軸,** 平面を等分する**中心線,** また国家間の**枢軸,**《the A-》第 2 次大戦中の**日・独・伊の枢軸国.**
[語源] ラテン語 axis (= hub; axis; axle) が中英語に入った.

ax·le /æksl/ 名 C 【機】**軸, 車軸, 車軸の両端の心棒.**
[語源] 古ノルド語 öxull (= axle) + tré (= tree) による öxultre (車軸) が中英語に axeltre として入り, 前半部分の axle が 17 世紀から独立した.
【複合語】**áxlebòx** 名 C 軸箱. **áxletrèe** 名 C 車軸, 車軸の棒.

aye, ay /ái/ 名 C 副 〔一般語〕**賛成投票(者).** 副 として〔文語〕しかり, はい(yes)《語法》《英》で票決のときの返答, および船員用語で上官に対する返事以外にはあまり使われない.
[語源] 中英語 yai (= yea) から.

a·za·lea /əzéiljə, -liə/ 名 C 【植】**つつじ属の総称, アザレア.**
[語源] ギリシャ語 azaleos (= dry) の女性形名詞用法 azalea による近代ラテン語より. 乾いた土地で生育することから.

az·ure /æʒər, éi-/ 形 名 U 〔文語〕**空色(の), 淡青色(の).**
[語源] 空の青さを意味するペルシャ語起源で, 古フランス語 asur, azur が中英語に入った.

B

b, B /bíː/ 名 C《複 b's, bs, B's, Bs》ビー《★アルファベットの第 2 文字》，【楽】口音，ドレミファのシ音.《学校》では成績の良《А優は A，可は C，不可は F》．靴幅，パジャマなどのサイズ《★一般に A がいちばん小さく B，C と順に大きくなる》.

b.《略》= born.

B.《略》= British; Bachelor; Bible.

B.A. /bíː:éi/《略》= Bachelor of Arts.

baa /bǽː|báː/ 名 C 動 本来自 羊，やぎの鳴き声，めー．動 として，羊，やぎがめーと鳴く．

bab・ble /bǽbl/ 動 本来自 名 U《やや軽蔑的な語》 一般義 口早で聞きとりにくく，内容的にも不明瞭にぺちゃくちゃしゃべる． その他 小川などがさらさらと音を立てる．他 上記のような言い方で何かを言う，秘密などをぺらぺらと口走る．名 として，群衆のざわめき，赤ん坊のしゃべる切れ目のない言，小川のさざめき.
[語源] 中英語 babelen から．本来擬音語.
[用例] The speaker was too nervous. He could do no better than *babble*. 話し手はあがってしまって，とりとめのないことしか言えなかった／The *babbling* stream [The *babble* of the stream] was good to hear. 小川のせせらぎが耳に心地良かった／The audience stopped *babbling* when the curtain rose. 幕が上がると観客のざわめきが止んだ.
【派生語】**bábblement** 名 U．**bábbler** 名 C．

Ba・bel /béibəl/ 名 固【聖】バベルの都《★Babylon のこと》.
【複合語】**Tówer of Bábel** 名 固 バベルの塔《★昔バビロンの市民が天まで届く塔を作ろうとして失敗した》.

ba・boon /bæbúːn/ 名 C【動】ひひ.

ba・by /béibi/ 名 C 動 他自 一般義 赤ん坊，幼児．その他 動物の赤ん坊やひな，ある集団の中で最年少の者や小型の物．《軽蔑的に》赤ん坊のようにふるまう人，〔俗語〕女性，妻，愛人に対する呼びかけ．動 として〔くだけた語〕大事に扱う，赤ん坊扱いをする．形として子供用の，子供に関する，普通よりずっと小さい.
[語源] 中英語 babi に由来．赤ん坊の泣き声からの擬音語と思われる babe (= baby) の指小語.
[用例] the *baby* of the team [family] チーム[家族]の最年少者／Don't be a *baby*! 子供っぽいまねはしないで／Listen, *baby*. You take it easy. おい，お前さん，気楽に構えてろよ／The company developed a *baby* computer. その会社は超小型コンピュータを開発した.
[語法] 名詞 baby は複合語の中で形容詞的に baby boy「男の赤ちゃん」などとして用いる．また boy baby ともいう．特に性別を意識しない時や不明の場合は，代名詞は he や she に代わって it を用いる.
[類義語] **baby**; **infant**: baby は誕生直後からまだ腕に抱かれている頃までの赤ん坊を指すが，baby が平易で日常的に用いられるのに対して，infant は感情のこもらないやや形式ばった言い方．慣習法上の infant は 21 歳未満.

[日英比較] 基本的意味の「赤ん坊」をさす「ベビー」は日本語として用いられるようになり，「ベビーフェース」「ベビーブーム」なども定着した．しかし「ベビーサークル」は英語では playpen，「ベビーベッド」は baby's crib など和製英語とのずれもみられる．(ちなみに "childbed" は「産褥」).「乳母車」の意味の「ベビーカー」は英語では baby buggy とか baby carriage という．baby car は超小型の車を指す.
【慣用句】**be left carrying the baby [bag]** やっかいな他人の仕事をやらされるはめになる.
【派生語】**bábyhòod** 名 U 赤ん坊であること，赤んぼうだったころ．**bábyish** 形《軽蔑的》赤ん坊じみた，幼稚な，大人げない.
báby bòom 名 C 出生率の急増，ベビーブーム．**báby bòomer** 名 C 出生率急増の時に生れた人，団塊の世代．**báby bùggy** = baby carriage. **báby càrriage** 名 C 乳母車．**báby fàrm** 名 C 個人経営で有料で子供の世話をする場所，ベビー・ホテル．**báby-fàrmer** 名 C ベビーホテルの経営者．**báby gránd** 名 C 小型グランドピアノ．**bábysit** 名 C 動〔くだけた語〕両親が短時間留守の間，その子供の家で子守りをする．**bábysìtter** 名 C 雇われて子守りをする人．**báby tàlk** 名 U 赤ちゃん言葉.

Bab・y・lon /bǽbəlɑn/ 名 固 バビロン《★古代バビロニアの首都，悪徳の都とされる》.
【派生語】**Bàbylónia** 名 固 バビロニア《★メソポタミアの古代の国》**Bàbylónian** 形 バビロニアの．名 CU バビロニア人[語].

bac・ca・lau・re・ate /bækəlɔ́ːriət/ 名 C 形〔形式ばった語〕 一般義 学士号 (bachelor's degree)．その他〔米〕大学の卒業式での訓辞，フランスの中等教育最終試験.
[語源] 中世ラテン語 *baccalarius* (⇒bachelor) から派生した *baccalaureatus* が初期近代英語に入った.
[用例] the *baccalaureate* service 卒業式礼拝《★大学卒業式の直前の日曜日に行われる》.
[関連語] masterate; doctorate: **masterate** は master's degree (修士号)．**doctorate** は doctor's degree (博士号).

bac・cha・nal /bǽkənəl/ 名 C 形〔文語〕酒がまわって節度を忘れたどんちゃん騒ぎの(人).
[語源] ラテン語 *Bacchanalis* (酒神バッカスに属している)に由来．初期近代英語に入った.

Bac・cha・na・lia /bækənéiliə/ 名 C 古代ローマのバッカス祭，《b-》どんちゃん騒ぎ．
【派生語】**bàcchanálian** 形．**bàcchanálianism** 名 U.

bach・e・lor /bǽtʃələr/ 名 C《一般義》一般義 未婚の独身男性 [語法] 日常的には ummarried [single] man という．その他 学士号を持っている者，学士《[語法] a *Bachelor* of Arts (文学士)，a *Bachelor* of Science (理学士) のように用い，それぞれ B.A. (または A.B.), B.S. (または S.B.) と省略する》．中世に他の騎士に従う若い騎士，【動】繁殖期に相手のいない雄のオットセイ.
[語源] ラテン語 *baccalarius* (= tenant; advanced student) が古フランス語 bacheler (騎士を目指す若者)を経て中英語に入った．⇒baccalaureate.
[用例] At forty, he still remains a *bachelor*. 40 才で彼はいまだに独身だ／I received my *bachelor's* degree from this university. 私はこの大学で学士号

を取得した.

[関連語] 未婚の女性を表す法律用語として **spinster** があるが, この語は **old maid** 同様軽蔑的な意味合いを伴うので, 一般には unmarried [single] woman という.
【派生語】 **báchelordom** 名 ⓒ. **bàchelorétte** 名 ⓒ 若い未婚女性. **báchelorhòod** 名 Ⓤ.
【複合語】 **báchelor gírl**〔古風な語〕結婚しておらず, 仕事をもって自立している若い女性.

ba·cil·lus /bəsíləs/ 名 ⓒ (複 **-li** /laɪ/)《細菌》バチルス《★棒状の細菌》.

back /bǽk/ 副形名ⓒ動 本来自〔一般語〕後ろに, 後方へ. 名 として, 人や動物の**背中**, 空間的な**後部**, 背後, 裏側, 奥, 列の後部, 車の後部座席, 椅子の背もたれ, 衣類の背中の部分. 副 としては, 「**後ろへ**」から転じて, 昔へ, 元の場所へ. 動 としてあとずさりする[させる], 後ろに立つということから, **支援[後援]する**, 手形などに裏書き(保証)する.
[語源] 古英語 bæc から.
[用例] Stay *back* from us! 私たちに近寄らないで/He reset the alarm *back* one hour. 彼は目覚ましを一時間前にセットし直した/I always look *back* on my younger days with regret. 私は若い頃をふり返る度に悔恨の念を抱く/Go round to the *back* of the house. 家の裏手へ回ってくれ/He lay down on his *back*. 彼はあおむけに寝た/They found seats in the far *back* of the restaurant. 彼らはレストランのずっと奥の方に席を見つけた/He *backed* the car [The car *backed*] into the garage. 彼はバックで車をガレージに入れた[車はバックしてガレージに入っていった].
[類義語] back; rear: **back** は後ろ, 後方をさす日常語であるのに対して, **rear** (⇔front) は本来軍隊用語で軍隊の最後尾をさし, 現在では車の後部座席や建物の後部を指す.
[反意語] front.
[日英比較] 日本語の「後ろ」は「...の後ろに」のように離れた後方を意味するが, 英語の back は「後部」の意で离れた後方は意味しない. したがって日本語の「...の後ろ(の方)に」は英語では in back of ..., at the back of ... を用いる. in the back of ... は「...後部に」の意となる.
【慣用句】 ***at one's back***〔ややかたい表現〕He has his father at his *back*. 彼にはおやじさんがついている. ***at the back of ...*** ...の後方に, 事件の背後にいる(⇔in front of); 責任のある. ***back and forth*** 行ったり来たり, あちこちへ, 繰り返して. ***back away*** 後退する, 退く. ***back down***〔くだけた表現〕主義, 主張, 要求を**放棄する**, 計画, 事業から手を引く. ***back off[down]*** 譲歩する. ***back out***〔くだけた表現〕退却する, 事業や契約から手を引く. ***back up*** 支援する, 励まし後援する; 証拠だてる; 車を後退させる[が後退する]. ***behind ...'s back***〔ややかたい表現〕本人の知らない[居ない]所で, 隠れて. ***break one's back*** たいそう苦労する, ひどく忙しい目にあう. ***break the back of ...***〔くだけた表現〕仕事などの**最大の難関[峠]を越える**. ***get off one's back***〔くだけた表現〕やっかい払いをする: He *got* me *off* his *back* all right. 彼はまんまと俺をやっかい払いした. ***on one's back*** 彼はあおむけの; 万策つきて, 重荷[やっかいな物]を背負って. ***put one's back into ...***〔くだけた表現〕本腰を入れて[本気で]やる. ***put [get; set] ...'s back up***〔くだけた表現〕無礼な行為や物言いで**人を嫌な気持ちにさせる**, 怒らせる. ***see the back of ...***〔くだけた表現〕人や物のカ

タをつける, 関係を断つ. ***...'s back is turned***〔くだけた表現〕大人や管理者が居ない, 気付かない: He'll have his own way as soon as *my back is turned*. 私が居なくなったらすぐに彼は自分のやりたいようにするだろう. ***stab in the back***〔くだけた表現〕裏切る. ***the back of beyond***〔ややかたい表現〕中央からひどく離れたへき地. ***to the back*** 骨の髄まで, 徹底的に. ***turn one's back on ...*** ...に**無関心**でいる. ***with one's back to [against] the wall***〔くだけた表現〕背水の陣で, 追いつめられて.
【派生語】 **bácked** 形【複合語として】背の部分に...の付いた: a hump-*backed* bridge 太鼓(たいこ)橋/a leather-*backed* dictionary 背革製の辞書. **bácking** 名 Ⓤ 物を支えたり強くしたりするための背の部分, 裏張り, 物質的あるいは精神的な援助, 支え.

back·ache /bǽkèɪk/ 名 UC〔一般語〕背中の(特に下部の)痛み《★日本語の「腰痛」も含む》.
[語法] 本来不可算名詞だが, 不意に痛みに襲われた場合には〈米〉では可算となる: He suffers from *backache*./He is suffering from *a backache*.

back·bench /bǽkbèntʃ/ 名 ⓒ 《通例 the ~es》〈英〉下院の新米議員席.
【複合語】 **báckbèncher** 名 ⓒ〈英〉下院の新米議員.

back·bite /bǽkbàɪt/ 動 本来他 (過去 **-bit**; 過分 **-bitten, -bit**)〔軽蔑的な語〕本人に聞こえないまたは居ないところで中傷する, 陰口をたたく.
[用例] He will *backbite* you to the teacher. 彼は君のことを先生に告げ口するだろう.
[関連語] slander (口頭または書面で中傷し誹謗する).

back·bone /bǽkbòʊn/ 名 CU〔一般語〕[一般義] 背骨, 脊椎【その他】物や組織体などの最も基本的で重要な部分, **主力**, 比喩的に**気骨(きこつ)**の意.
[用例] The middle classes form the *backbone* of our culture. 中産階級が我々の文化の中軸となっている.
【慣用句】 ***to the backbone***〔ややかたい表現〕骨の髄まで, 徹底的に.

back·break·ing /bǽkbrèɪkɪŋ/ 形〔ややかたい語〕【限定用法】仕事などがひどくきつい**骨が折れる**.
[用例] a *backbreaking* task 骨の折れる仕事.

back door /bǽk dɔ́ːr/ 名 ⓒ〔一般語〕建物の裏口, 比喩的に秘密の手段.

back·door /bǽkdɔ̀ːr/ 形〔一般語〕建物の裏口の, 手段や経路が秘密の, 不正な.
[用例] He got a *backdoor* admission into the university. (=He entered [was admitted into] the university through the back door.) 彼は大学へ裏口入学した.

back·drop /bǽkdrɑ̀p|-drɔ̀p/ 名 ⓒ〔一般語〕劇場の背景幕, 写真撮影時の背後のたれ幕, 事件などの(時代)背景[状況].

back·field /bǽkfìːld/ 名 Ⓤ〖アメフト〗《集合的》後衛の選手たちのポジション.

back·fire /bǽkfàɪər/ 名 ⓒ 動 本来自〔一般語〕[一般義] 内燃機関などで弁の開閉期タイミングのずれから起きる**逆火(ぎゃっか)**, バックファイヤー.【その他】動 として, 期待はずれや逆効果を生んで**失敗に終る**, 裏目にでる.
[用例] Their marriage *backfired*. 彼らの結婚は裏目に出た.

back·ground /bǽkgràʊnd/ 名 CU〔一般語〕

[一般義] 風景，絵画，写真撮影などの背景，遠景．[その他] 事件などの(時代)背景や遠因事情，比喩的に人の家柄や学歴，経歴．
[用例] We took a picture with Mt. Fuji as the *background* [against the *background* of Mt. Fuji]. 私たちは富士山をバックに写真を撮った/one's brilliant *background* 輝かしい経歴．
[反意語] foreground.
【複合語】 **báckground informátion** 名 U 予備知識，素養．**báckground mùsic** 名 U 背景(に流す)音楽 《[日英比較] BGM と略すのは和製英語》．

back·hand /bǽkhænd/ 名 C 形 副 [本来自] [一般義] [通例単数形で]テニスなどの逆手打ち，バックハンド．[その他] 形としてバックハンドの[で]．動として手の甲[バックハンド]で打つ．
[用例] He showed an excellent *backhand* (stroke). (=He *backhanded* an excellent stroke.) 彼はすばらしいバックハンドを打った/She always writes *backhand*. 彼女はいつも左傾斜の字を書く．
[反意語] forehand.
[派生語] **báckhànded** 形 バックハンドの，字体が左傾斜の; 皮肉な: *backhanded* [left-handed] compliment 皮肉ないお世辞. **báckhànder** 名 C バックハンドによる一打，[くだけた語]〔英〕賄賂(一打)．

back issue /bǽk íʃu/ 名 C [一般義] バックナンバー 《★雑誌などの古い号》．

back·lash /bǽklæʃ/ 名 [単数形で]急な反動，巻き返し，社会的な反動．

back·num·ber /bǽknʌ̀mbər/ 名 C [一般義] [一般義] 雑誌などのバックナンバー《[語法] back issue ともいう》．[その他] [くだけた語]《軽蔑的》時代遅れで役に立たない人[物]．
[用例] We have only a small stock of *back-numbers* for this series. このシリーズのバックナンバーは在庫が限られております/That building is a real *back-number* now. あの建物は今では全く時代遅れのしろものだ．

back·pack /bǽkpæk/ 名 C 動 [本来自] [一般義] 《主に米》ジュラルミンの枠につけた登山や旅行用の箱型リュックサック，または背負った荷物．動として，食料や道具を入れたバックパックを背負って旅行[登山]をする．
[用例] The sack is too heavy to *backpack*. その袋は重すぎて背負って旅行するのは無理だ．
[派生語] **báckpàcker** 名 C.

back·rest /bǽkrest/ 名 C [一般義] いすなどの背もたれ．

back scratch·er /bǽk skrætʃər/ 名 C [一般義] 棒の先に手の形をしたものが付いた背中をかくための道具，孫の手．

back-scratch·ing /bǽkskrætʃiŋ/ 名 U [一般語] [くだけた語] 互いの私利私欲のために助け合うこと《★互いに背中をかき合うことから》．

back seat /bǽk síːt/ 名 C [一般義] [一般義] 車の後部座席．[その他] あまり重要でない地位．
[語法] 派生的意味で用いられる場合は，a のみが付加されるで可算名詞で, one などは付かず，複数形は不可．
【複合語】 **báckseat dríver** 名 C [くだけた語]《軽蔑的》後部座席から運転手にとやかく運転指示を与える人，おせっかいな人，指図がましく言う人． **báckseat drívíng** 名 U.

back·side /bǽksaid/ 名 C [一般義] [一般義] 後部，後方，裏側．[その他] 《俗語》[しばしば複数形で]尻，臀部，けつ．

back·slide /bǽkslaid/ 動 [本来自] [やや形式ばった語] 信仰を失ったり，社会的に失敗して，以前の悪い状態に逆もどりする，堕落する．
[用例] He improved slightly but was apt to *backslide* unless he was supervised. 彼は少し進歩したが，監督していると後退しがちだ．
[派生語] **báckslìder** 名 C 堕落者，背教者．

back·stage /bǽksteid3/ 形 副 名 C [一般義] [一般義] 《通例限定用法》劇場の楽屋の[へ]，舞台裏の[へ]．[その他] 秘密の[に]．名として〔劇〕舞台裏，楽屋．
[用例] *backstage* dealings 裏取り引き．

back·stroke /bǽkstròuk/ 名 U [一般義] 背泳ぎ．
[用例] do the *backstroke* 背泳ぎをする．

back talk /bǽk tɔ̀ːk/ 名 U 《米》[くだけた語] 目下の者などからの無礼な口答え《[語法]〔英〕では back-chat という》．
[語源] talk back に由来．

back·up /bǽkʌ̀p/ 名 UC [一般義] 支援，支援[支持]してくれる人[物]， すぐ代役をつとめることのできる代替要員，予備品．

back·ward /bǽkwərd/ 副 形 [一般義] [一般義] 後方に，後ろむきに [その他] 後ろから，逆行して，比喩的に過去を振り返って，悪い状態へ《[語法] 《主に英》backwards ともいう》．形として後ろ向きの，比喩的に文化・文明的に遅れた，後進性の．
[用例] Move *backward* from the white line on the platform. ホームでは白線よりうしろへ下がりなさい/Let's turn the screw *backward*. ねじを逆回ししてみよう/They show little interest in the *backward* regions. 彼らは後進地域にほとんど関心を示さない《[語法] この意味の backward は軽蔑的な意味を含むので用いない方がよい》．
[反意語] forward.
【慣用句】 ***backward(s) and forward(s)*** あっちへ行ったりこっちへ来たり，前後に(to and fro; back and forth). ***bend*** [***fall***; ***lean***] ***over backwards*** [くだけた表現]…しようと必死に頑張る (to 不定詞)，行き過ぎを直すために前と正反対の行動をとる．***know backwards*** (***and forwards***)[くだけた表現] 本や科目に精通している．
[派生語] **báckwardly** 副 逆行して，後方へ; しぶしぶ，ぐずぐず． **báckwardness** 名 U. **báckwards** 副《主に英》=backward.

back·wash /bǽkwɔ̀ːʃ, -wɑ̀ʃ/-wɔ̀ʃ/ 名 C [一般語] オールやプロペラなどで生じる水や空気の流れの反作用による逆流．[その他] 行動や災害のもたらした，通例よくない，また意図しない結果，余波，反響，あおり．
[用例] The family declined in the *backwash* of the war. その一家は戦争のあおりを受けて滅んだ．

back·wa·ter /bǽkwɔ̀ːtər, -wɑ̀t-/ 名 C [一般語] [一般義] 川などの，本流からよどんだ水の流れないより．[その他] 孤立していて，時代の波に洗われることのない辺境，僻地．

back·woods /bǽkwùdz/ 名《複》[一般語]《the ~》奥地の森林地帯，辺境の地．

back·yard /bǽkjɑ̀ːrd/ 名 C [一般語]《英》家の裏庭《★通常，舗装が施してある．アメリカでは通例単に yard といい，芝生が植えてある》．

ba·con /béikən/ 名 U 〔一般語〕ベーコン.
[語源] ゲルマン語起源の古フランス語 *bacon* が中英語に入った.
[用例] *Bacon* and eggs is my favorite breakfast. ベーコン・エッグは私の好きな朝食です.
【慣用句】*bring home the bacon* 〔俗語〕食糧を持ち帰ることから**生活費を稼ぐ**, 契約などを**首尾よく持ち帰る**. *save one's* [...*'s*] *bacon*〔ややくだけた語〕危うく難をのがれる[のがれさせる], 救う.

bac·te·ri·a /bæktí(:)əriə/ 名 〔複〕〔一般語〕微生物, バクテリア.
[語源] ギリシャ語 *baktron* (= rod) の指小語 *baktērion* からの近代ラテン語 *bacterium* の複数形が19世紀に入った.
[語法] この語は bacterium の複数形. 通常複数形で用いる.
[類義語] bacteria; germ; microbe: **bacteria** が微生物一般をさすのに対して, 特に病原菌を指す一般語として **germ** と **microbe** があり, germ の方が平易な一般語.
【派生語】**bactérial** 形. **bactèriólogist** 名 C 細菌学者.
bactèriólogy 名 U 細菌学.

bad /bǽd/ 形 《比較級 **worse** /wə́:rs/; 最上級 **worst** /wə́:rst/) 名 U 〔一般語〕[一般義] 悪い, 都合, 運, 品質などが**悪い**, 粗悪な. [その他] 人; 行為などが**道徳的に悪い**, 不良の, 不正な, 物が腐った, 下手な, 不十分な, 不適当な, 無効の. 名 として (the ~) 悪いこと[もの].
[語源] 中英語 badde (= inferior in quality) より. それ以前は不詳.
[用例] *Bad* news today for motorists. 《ラジオ, テレビのニュースなどで》ドライバーの皆さんに今日は悪いお知らせがあります/The meat has gone *bad*. 肉が腐ってしまった/The *bad* fish gave him a hard time. いたんだ魚を食べて彼はひどい目にあった/Many people are *bad* at spelling. 多くの人が綴りを書くのが下手だ/There has been a *bad* accident. ひどい事故があった/I had my *bad* tooth taken out. 私は虫歯を抜いてもらいました/He's caught a *bad* cold. 彼はひどい風邪をひいてしまった/Such a friend will give her a *bad* influence. そんな友達は彼女に悪影響を及ぼすだろう/It's too *bad* that you can't come. 君が来られないとは残念だなあ/Smoking is *bad* for your health. 喫煙は健康によくない.
[類義語] bad; poor; wrong; evil; wicked: **bad** は最も一般的な語で「悪い」程度の幅も広い. **poor** は bad より否定の感じが弱く, *poor* harvest (不作), *poor* cook (料理下手) などという. **wrong** は right の反意語で,「悪い」という日本語に相当することもあるが意意としては, 基準にぴったり一致しないか間違っていることを表す. **evil** は bad の多くの意味のうち特に「道徳的に悪い」の類義語として, 倫理にもとり邪悪であることを表し, good と *evil* (善悪) という対句に用いられる. **wicked** は evil より強い意味をもち, 道徳的に邪悪なこと, ひどく有害なことを指す.
[反意語] good.
【慣用句】*go from bad to worse* 弱り目にたたり目となる, 状況などがさらに悪化する. *go to the bad* 〔ややくだけた表現〕だめになる, 堕落する, 性格が悪くなる((語法)

この表現は徐々に使用されなくなっている). *in bad* 〔俗語〕《米》人の**不興を買う**, 気に入られなくなる((with)): He got *in bad* with his teacher. 彼は先生の機嫌をそこねてしまった. *make the best of a bad job* 〔ややくだけた表現〕難局にできる限りうまく対処する. *not half* [*too*; *so*] *bad* 〔くだけた表現〕なかなか良い, 非常に良い. *take the bad with the good* 人生の苦も楽も甘受する. *to the bad* 借金がある, 赤字で, アシが出てしまって: I am ¥1,000 *to the bad*. 千円足りない.
【派生語】**badly** 副 ひどく, 悪く(⇔well), 《want や need と共起して》是非, どうしても: The soldier was *badly* wounded. 兵士は重傷だった/I *badly* needed [wanted] his help. 彼の援助がどうしても必要だった [欲しかった]: **badly-off** 暮らし向きが悪い(⇔well-off) (《語法》比較級, 最上級は各々 worse-off, worst-off). **bádness** 名 U.
【複合語】**bád lóan** 名 C 不良債券. **bád-témpered** 形 気難しい, 機嫌の悪い.

badge /bǽdʒ/ 名 C 〔一般語〕[一般義] 金属, プラスチック, 布などでできた記章, 肩[袖]章, バッジ. [その他] 特定の地位, 身分, 資質, 能力や所属団体を示すしるし, 象徴.
[語源] 中英語 bage, bagge から. それ以前は不詳.
[用例] They were wearing pearl tiepins as *badges* of membership. 彼らは会員のしるしとして真珠のタイピンをしていた/Chains were once a *badge* of slavery. 鎖はかつて奴隷のしるしであった.

bad·ger /bǽdʒər/ 名 CU 本来義 [動] あなぐま, あなぐまの毛. 動 としていじめる, しつこくつきまとう, うるさくせがむ (★あなぐまを樽に入れて犬をけしかける昔の遊びから).

ba·di·nage /bǽdənɑ́:ʒ/ 名 U 〔形式ばった語〕軽い冗談, からかい.
[語源] フランス語 *badiner* (= to jest) の名がそのままの形で初期近代英語に入った. それ以前は不詳.

baf·fle /bǽfl/ 動 本来義 [一般語] [一般義] 人を**困惑させ**, まごつかせる. [その他] 計画などをくじく, 裏をかく.
[語源] スコットランド語 bauchle (= to disgrace) からのつづりの変化したもの. 初期近代英語に入った.
[用例] His remark *baffled* me into silence. 彼の言葉にたじろいで私は黙ってしまった/We were completely *baffled* in our search for victims. 被害者を探したが完全に失敗に終った.
【派生語】**báffling** 形.

bag /bǽ(:)g/ 名 C 動 本来義 〔一般語〕[一般義] 布製, 紙製, または皮製の**袋**, かばん, ハンドバッグ. [その他] 袋状のもの, 例えば目の下のたるみ, ズボンのひざがたるみ. 〔くだけた語〕狩猟用の**獲物袋**の意から,(通例単数形で)釣りや狩りでの**獲物**. 動 として**袋に入れる**,〔俗語〕悪気ではないが無断で他人の物を**失敬する**.
[語源] 古ノルド語 *baggi* (= bag) が中英語に入った.
[類義語] bag; sack; pouch: **bag** は最も意味範囲が広く, 柔らかい材質の入れ物で上部に口のあるものを広く指す. handbag, sandbag, saddlebag, sleeping bag, traveling bag など複合語も多い. **sack** は長方形ないし楕円形で粗い素材の大きな(麻)袋で, ごつい感じのものや手作り風の袋を指し, 穀物や石炭を入れる. **pouch** はポケット代わりの小さな袋, 小物入れで, 身につけたり手に持ち, 口紐やファスナーが付いていることが多い.
【慣用句】*a bag of bones* 〔くだけた表現〕骨と皮だけのようなやせっぽち(の人, 動物). *a bag of nerves* 〔くだけ

た表現]非常に神経質な[心配性の]人. *a mixed bag* 〔くだけた表現〕人や物のごた混ぜの状態: *A mixed bag of people showed up at the party.* パーティーにはにぎやかな顔触れがやってきた. *bag and baggage* 〔ややくだけた表現〕荷物を全部まとめて、いっさいがっさい: She left, *bag and baggage*. 彼女は荷物をまとめて出て行った. *bags of ...* 〔くだけた表現〕たくさんの. *be left holding the bag* 〔くだけた表現〕《米》=be left carrying the baby. 自分だけがありがたくない責任をおわされる. *in the bag* 〔俗語〕確実にうまくいきそうで、手中に入って: We know the contract was *in the bag*. 契約はいただきだと思っていた. *pack one's bags* 〔くだけた表現〕気まずくなったり不和を生じたりして立ち去る、いやなことをやめる: Why don't you *pack your bags* and go home? お前なんかさっさと家へ帰っちゃえよ. *the bag of tricks* 〔くだけた表現〕ある目的のために必要なすべてのもの、あらゆる術策.
【派生語】**bágfùl** 名 C 袋一杯分の量: two *begfuls* of potatoes じゃがいも 2 袋分. **bággy** 形 〔くだけた語〕だぶついた、袋のようにふくらんだ.

Bag·dad 名 =Baghdad.

bag·gage /bǽgidʒ/ 名 U 動 [一般義] [一般義] 旅行時の手荷物、かばん、スーツケースの類を総称する語. [その他] 『軍』テント、ベッドなど備品を輸送する際の行李、軍用荷物、会計など. 役に立たないものから、《軽蔑的》醜くてうるさい女、売春婦(★売春婦の意は彼女らが軍について回ったことから). [語法] 《英》では luggage だが、船や飛行機の手荷物には baggage を用いることが多い. また《米》でも上品な言い方として luggage を用いることがある. どちらも不可算名詞で、数えるには piece を用いる.
[語源] 中世ラテン語 *baga* (箱、袋) がフランス語 *bagues* (手荷物) を経て中英語に入った.
[用例] I have only a small piece of *baggage* to carry about. 持って回る手荷物は小さいのが一つだけです/He sent his *baggage* on in advance. 彼は前もって小荷物を送った.
【複合語】**bággage chèck** 名 C 手荷物預り証(《英》luggage ticket). **bággage clàim** 名 C 空港の手荷物引き渡し所. **bággage ràck** 名 C 列車、バスの網だな. **bággage ròom** 名 C 手荷物預り所(《英》left luggage office).

Bagh·dad /bǽgdæd/ 名 固 バグダッド(★イラクの首都).

bag·pipes /bǽgpàips/ 名〔複〕『楽器』バグパイプ(★スコットランドなどの革製の袋笛で、数種類あるという. [語法] 〔くだけた言い方で単に pipes ともいう〕.
[用例] play the *bagpipes* バグパイプを吹く.
【派生語】**bágpiper** 名 C.

bah /bá:/ 感 〔くだけた語〕ふん、ばかな(★人や物事をけなしたり、軽蔑や不快感を表す時に発する音).
[用例] *Bah!* What a mess! うへえ、ひどい散らかりようだな.

bail¹ /béil/ 名 U 動 [本来他] 《法》保釈、保釈金、保釈を許すこと.
[語源] ラテン語 *bajulus* (ポーター) の派生語 *bajulare* (荷物をになう、管理する) が古フランス語に入って *baillir* (配達する、保管同置する) となり、中英語 *bail* (=custody) に中英語に入った.
[用例] He paid 10 million yen *bail* [the *bail* of 10 million yen] for his son. 彼は息子のために一千万円の保釈金を払った.
【慣用句】*bail out* 保証人が保釈させる: His father *bailed* him *out*. 父親が彼の保釈金を出した. *stand* [*go*] *bail for ...* 人の保釈金を払ってやる、保釈保証人となる.

bail² /béil/ 名 動 [本来自] [一般義] 船底や容器の底に入ったあか水をくみ出すためのバケツ、手桶. 動 として水をくみ出す [語法]《英》ではしばしば bale ともいう).
[語源] ラテン語 *bajulus* (水の容器) がフランス語 *baille* (バケツ) を経て中英語に入った.
[用例] My friend rowed and I *bailed* in the leaky old rowboat. 水もれのするその古ボートで、友人がこいで私が水をかき出した.
【慣用句】*bail out* 苦境を脱する、飛行機からパラシュートで脱出する: When the airplane caught fire, the pilot *bailed* out. 飛行機が炎上した時、パイロットはパラシュートで脱出した.

bairn /béərn/ 名 C 〔一般義〕《スコットランド》子供.
[語源] 古英語 *bearn* (=child) から.

bait /béit/ 名 U 動 [本来他] [一般義] [一般義] 動物や魚を捕えるためのえさ. [その他] えさという意味から、犯人などを捕えるためのおとり、また、古くから猟のために獣に犬をけしかけるという意味で使われた. おとりを使って人をさそい出す、さらに「誘い出す」意から、相手の怒りを誘い出す、怒らせようとして人や動物をいじめる、意地悪くからかう.
[語源] 古ノルド語 *lūta* (かむ) から派生した *beita* (かませる) が中英語に入った.
[用例] He used a shrimp for *bait*. 彼は小えびをえさにした/He *baited* the fishhook with a shrimp. 彼は釣針にえさの小えびをつけた/The new shop offered free handkerchiefs as *bait* to get customers. 新規開店の店はお客を獲得するためのおとりとしてハンカチを無料で提供した/The whole village *baited* the newcomer. 村中で新参者をカモにした.
【慣用句】*rise to the bait* 魚がえさにつられて水面近くに出てくる、〔くだけた語〕人がからかわれて腹をたててしまう. *swallow the bait* えさを飲みこむ、比喩的にわなにかかる.

bake /béik/ 動 [本来他] 〔一般義〕パン、菓子、魚などの食物をオーブンで焼いて料理する、太陽熱でれんがや陶磁器などを焼く. ⓐ 焼ける、〔くだけた語〕人が暑いと感じる、熱くなる.
[語源] ギリシャ語 *phōgein* (ローストする) に由来する古英語 bacan から.
[用例] Mother is *baking* a pie in the kitchen. お母さんが台所でパイを焼いている/The gratin is *baking*. グラタンが焼けている/I'm *baking* in this heat. この暑さで体がほてっている.
[関連語] bake; broil; roast; toast: 料理法のうち、オーブンを使って材料から仕上げるのが **bake** で、直火をあてて焼くのが **broil** (《英》grill). 大きな肉のかたまりなどをオーブン直火かを問わず焼くのが **roast**. **toast** はでき上っている食物につける焦げ目をつけること.
【派生語】**báker** 名 C 焼く人、特に職業としてのパン屋、ケーキ屋: baker's dozen 13 個(★昔行商人が 1 ダースとして 13 個を買い、そのうちの 1 個をもうけとしたことから). **bákery** 名 C 《米》パン・菓子の製造(販売)所、ベーカリー、《米》パン・菓子類. **báking** 名 UC 焼くこと、一焼き: baking powder ふくらし粉.

bal·ance /bǽləns/ 名 UC 動 [本来他] 〔一般義〕

[一般語] つり合いがとれ平衡が保たれている状態, 平衡, バランス. [その他] 比喩的に心の調和, 落ち着き, 平静. 本来は天秤(弦), はかりの意で, 転じて「つり合い」となった. 《商》帳尻が合っていること, 差引き残高, 貸借勘定. 動 としてつり合う, 平衡を保つ. ⑩ つり合いをとる, つり合わせる, 比較する, 天びんにかける.
[語源] 後期ラテン語 bilanx (皿が2つ付いた; ラテン語 bis 二度 + lanx 皿) が古フランス語を経て中英語に入った.
[用例] The two act as balances to each other — she's calm and he's brash. あの二人はつり合いがとれている. 彼女はもの静かで彼の方はせっかちだ/The balance of power has brought forth a temporary peace. 勢力の均衡がかすかな平和を生んだ/Can you balance [keep your balance] on your toes? つま先で立ってもバランスを保てるかい/The entertainer skillfully balanced the plate on a stick. 芸人は上手に皿回しをして見せた/My bank balance is very small. 私の預金残高はひどく少ない.
[類義語] balance; equilibrium; poise: balance は各部分が互いにつり合いを示すこと. equilibrium は形式ばった語で外部的な力や支えに依存する平衡状態であって, 支えが無くなれば元の木阿弥(ξ)に戻ることを暗示する. poise は形式ばった語であい対立したり反対する物や重量, 力が完全に均衡の保たれている状態を指し, 比喩的に心の平衡, 落ち着きを指す.
[対照語] imbalance; umbalance.
【慣用句】 *in the balance* 未定で, どちらとも分らない. *off (one's) balance* バランスを失って, 混乱して, 困って: His question threw me *off* (my) *balance*. 彼の質問には困ってしまった. *on balance* すべてをはかりにかけてみれば [考慮すれば], 結局は. *strike a balance* つり合い [調和]をとる (between), 貸借を差し引きする. *tip the balance* 有利な方へ情勢を一変させる.
【複合語】 **bálanced díet** 名UC 均衡(のとれた)食事. **bálance of pówer** 名 U 勢力均衡. **bálance of tráde** 名 U 貿易収支. **bálance shèet** 名 C 《商》貸借対照表.

bal·co·ny /bǽlkəni/ 名 C 〔一般語〕建物の二階の壁から屋外または屋内へ突き出た囲いや手すりの付いた棚状の部分, バルコニー, 劇場の二階席.
[語源] イタリア語 balcone (足場, 処刑台, 野外の舞台) が初期近代英語に入った.
[用例] All the rooms in that hotel have *balconies*. あのホテルの部屋には全てバルコニーがついている.
[類義語] balcony; veranda(h); porch; terrace: **balcony** は建物の側面から突き出した部分で手すりや囲いが付いているが屋根は無い. **veranda(h)** は一階の外側にはり出した場所で, 椅子にかけたりその他の目的に使い, 屋根が付いている. **porch** は本来屋根付きの家への出入口の部分を指したが, 現在では veranda(h) とほぼ同義. ただし, あまり広いものは veranda(h) と呼ぶ. **terrace** は家に隣接した屋外の庭.

bald /bɔ́ːld/ 形 [一般語] 頭髪がなくはげている. [その他] 山の木や木の葉が少ない, 当然あるべき覆いや飾りがないことから, 飾り気のない, 話し方がぶっきらぼうな, 事実が包み隠しなくありのままの.
[語源] 中英語 balled から.
【慣用句】 *as bald as a coot* 〔くだけた表現〕特に男性がはげ頭の.
[派生語] **báldness** 名 U.

【複合語】 **báld éagle** 名 C はくとうわし (★米国の国章で貨幣に模様として用いられている). **báld-hèaded** 形 むきにでっかく, がむしゃらに.

bale /béil/ 名 C 動 [本来ис] 〔一般語〕運搬や貯蔵, 販売用に, スチールバンド, 鉄たが, ズックに包んだりして圧縮梱包(認)した品物, 梱(云), 俵 (★日本語の「米俵」などの一俵は容積の単位であるが, bale には明白な規定はない. ただしアメリカでは単位として用いられ, 500 ポンド相当の品物を表すこともある). 動 として梱包する.
[語源] 古フランス語 bale (= ball) が中英語に入った.
[用例] A farmer carried two *bales* of hay easily on his both shoulders. 農民は干し草2梱を楽々と両肩にかついで運んだ.

bale·ful /béilful/ 形 〔一般語〕悪意のある, 意地悪な.
[語源] 古英語 b(e)alu (= an evil) から.
[派生語] **bálefully** 副.

balk, baulk /bɔ́ːk/ 名 C 動 [本来ис] 〔一般語〕障害や力の限界に直面して, 目標に到達しないまま急に立ち止まって動かない, しりごみする. ⑩ として, 不愉快なことや難事を直視できない, 折合えない, 挫折する, 妨害する. 名 として妨害(物), 《野·馬術》ボーク.
[語源] 古英語 balke (土盛り, 塚)から.
[用例] He *balked* at the first hint of hard work. 仕事がきついとほのめかされただけで彼はしりごみした.
[派生語] **bálky** 形.

Bal·kan /bɔ́ːlkən/ 形 バルカン半島 [諸国, 山脈]の.
[用例] the *Balkan* States バルカン諸国.

ball[1] /bɔ́ːl/ 名 C U 〔一般語〕玉, 球, ボール. [その他] 球状の物, 地球, 眼球, 足の裏の親指のつけ根のふくらんだ部分, 弾丸, 雪玉, 粘土などのかたまり. また球技, 特に野球, ボールの投げ方, 投球, 《野》ボール (⇔ strike), (〜s)《卑》睾丸(⑫).
[語源] 古ノルド語 bollr が中英語に入った.
[用例] She used a *ball* of cotton for the head of the doll. 彼女は綿を丸めたものを人形の頭に使った/The batter missed the fast curve *ball*. バッターは速いカーブを打てなかった.
【慣用句】 *be on the ball* 〔くだけた表現〕抜け目がない, 有能である, 物事が有効である. *carry the ball* 〔くだけた表現〕責任をとる, 率先してやる, 重荷を負ってやる. *keep the ball rolling* 〔くだけた表現〕球技から比喩的に, 活動や会話をうまく続ける, 座が白けないようにする. *play ball* 野球などの球技の試合を始める, 再開する, 〔くだけた表現〕人と協力する. *start* [*get*; *set*] *the ball rolling* 〔くだけた表現〕活動や会話を始める, 皮切りをする. *The ball is in …'s court* 〔ややくだけた表現〕テニスなどから比喩的に, …がやる番である.
【複合語】 **báll béaring** 名 C, 《機》玉軸受け, ボールベアリング, ボールベアリングの玉. **báll bòy** 名 C 《野·テニス》ボールボーイ, 玉拾い. **báll gàme** 名 C 《野》球技. **báll pèn** 名 C 《まれ》 = ball-point (pen). **bállpàrk** 名 C 球技場, 野球場: *in the ballpark* おおむね正しい. **bállplàyer** 名 C 球技をする人, 特にプロ野球選手. **báll-pòint** (**pén**) 名 C ボールペン (Biro) ([日英比較] 日本語ボールペンをそのまま英語にした ball pen はめったに用いない).

ball[2] /bɔ́ːl/ 名 C 〔やや形式ばった語〕フォーマルな社交ダンスのパーティー, 大舞踏会.
[語源] ラテン語 ballare (= to dance) が古フランス語で baler となり, その派生形 bal (= dance) が初期近代英語に入った.

用例 We used to give a *ball* on Saturday night. 土曜日の夜にはきまって舞踏会を催したものだ/a fancy (dress) ball 仮装舞踏会.

【慣用句】 ***have a ball*** 〔くだけた表現〕素晴しい思いをする, 楽しいひと時を過ごす: Let's *have a ball* at the party. パーティではおおいに楽しもうよ.

【複合語】 **bállròom** 名 C 舞踏会場, 舞踏会用の広間.

bal·lad /bǽləd/ 名 C 〔一般語〕素朴な民間伝承の物語詩や物語をもりこんだ歌曲, バラッド, ゆったりしたテンポのロマンチックでセンチメンタルな流行歌, 俗謡.

語源 ball² と同じく後期ラテン語 *ballare*(踊る)に由来し, 古フランス語を経て中英語 balade, ballade となった.

【派生語】 **ballád·ic** 形. **ballade** /bəláːd/ 名 C バラード, 譚詩.

bal·last /bǽləst/ 名 U 本来他 〔一般語〕一般義 安定性を得るための舟の底荷. その他 鉄球に積んである砂袋, 鉄道や道路の敷き砂利, バラス, 比喩的に心や社会を安定させるもの, 安定感. 動 として底荷をつむ, バラスを敷く, 安定させる.

語源 不詳.

用例 They *ballasted* their boat with water tanks. 彼らは水を入れたタンクを積んでボートを安定させた.

【慣用句】 ***in ballast*** 底荷のみで, 空荷で.

bal·le·ri·na /bæ̀ləríːnə/ 名 C 〔やや形式ばった語〕女性のバレリーナ(danseuse), 特に主役の女性バレリーナ (prima ballerina).

語源 ラテン語 *ballare*(= to dance)に由来するイタリア語 *ballare*(= to dance)から派生したイタリア語 *ballerino*(= dancer)の女性形が18世紀末に入った. ⇒ball².

bal·let /bǽlei, -´-/-´-/ 名 UC 〔一般語〕一般義 音楽を伴なう舞踊劇, バレエ. その他 〖楽〗バレエ曲, バレエの踊り方〖公演, 台本〗, バレエ団.

語源 ラテン語 *ballare*(= to dance)に由来するイタリア語 *ballare*(= to dance)から派生した *ballo*(= dance)の指小語 *balletto* がフランス語 *ballet* となり, 初期近代英語に入った. ⇒ball².

用例 classical *ballet* クラシックバレエ(〖日英比較〗 classic ballet とはいわない).

【派生語】 **ballétic** 形.

【複合語】 **bállet dàncer** 名 C バレエダンサー. **bállet màster** [**mìstress**] 名 C バレエの教師[女教師]. **bállet slìpper** 名 C バレエ靴, バレエ靴状のかかとのない女性用靴. **bállet sùite** 名 C バレエ組曲.

bal·lis·tic /bəlístik/ 形 〖軍〗弾道(学)の.

語源 ギリシャ語 *ballein*(= to throw)に由来するラテン語 *ballista*(石弓に似た軍事用具)から. 18世紀より.

【複合語】 **ballístic míssile** 弾道弾(〖法〗 BM と略す; ⇒I.C.B.M.).

bal·loon /bəlúːn/ 名 C 動 本来自 形 〔一般語〕一般義 気球. その他 丸みをおびたものを広く指し, おもちゃの風船(玉), 漫画の登場人物の台詞を入れた風船形の囲み, 吹き出し. 動 として気球に乗って飛ぶ, 気球のように軽やかに飛ぶ, 物価などがどんどんふえる, 大きくなる, 丸くなる. 形 としてふくらんだ.

語源 イタリア語方言 *ballone*(= large ball)がフランス語を経て18世紀に英語に入った.

用例 The child's cheeks were as round as a *balloon*. その子供のほおは風船のように丸々としていた/A puff of smoke *ballooned* out of the gun. ピストルから煙がふわりと立った/*balloon* sleeves ふくらんだそで.

【慣用句】 ***go ballooning*** スポーツとして気球で旅行する. ***like a lead balloon*** 全く無効で. ***when the balloon goes up*** 〔くだけた表現〕特に予想し恐れていた通りの深刻な事態になった時.

【複合語】 **ballóonfish** 名 C 〖魚〗ふぐ. **ballóon-flòwer** 名 C 〖植〗りんどう, ききょう. **ballóon glàss** [**gòblet**] 名 C ブランデー・グラス. **ballóon-hèad** 名 C〔俗談〕〔軽蔑的〕まぬけ, ばか. **ballóon tìre** 名 C 自動車などの低圧タイヤ.

bal·lot /bǽlət/ 名 UC 動 本来自 〔一般語〕無記名投票(用紙), 投票総数, またくじ引き. 動 として, 無記名で投票する, くじ引きをする.

語源 イタリア語 *balla*(= ball)の指小語 *ballotta*(= small ball)が初期近代英語に入った. 元の意味は秘密投票に使った小さな球の意.

用例 Let's decide by *ballot*. 無記名投票で決めよう/They *balloted* for two new committee members. 彼らは2人の新しい委員を選ぶため投票をした.

類義語 ⇒vote.

【複合語】 **bállot bòx** 名 C 投票箱. **bállot pàper** 名 C 投票用紙.

balm /báːm/ 名 UC 動 本来他 〔一般語〕一般義 強い芳香のある薬用樹脂. その他 それから作った香油, 香膏(う). 芳香. 芳香のあるくちびるのはな, しそ, はっかなどの草木の種類. 蜜蜂が巣の内壁に塗るために出す粘液. 鎮痛剤, バルム剤, 比喩的に心の慰めとなるもの. 動 として慰めかする.

語源 ラテン語 *balsamum*(⇒balsam)が古フランス語を経て *basme*, *baume* として中英語に入った.

用例 Music is *balm* to my ears. 音楽は私の慰めだ.

【派生語】 **bálmy** 形〔ほめて〕空気, 天候がさわやかな, 心地よい, 樹木がさわやかな香りのある, 心身の傷をいやしてくれる, 心の慰めとなる.

類義語 odorous; fragrant.

bal·sam /bɔ́ːlsəm/ 名 UC 〔一般語〕一般義 バルサム, 油性, 芳香性の薬用樹液. その他 それから作った芳香のある薬品, 比喩的に心身をいやすもの. 〖植〗ほうせんか (garden balsam).

語源 ギリシャ語 *balsamon*(薬用樹皮)がラテン語 *balsamum* を経て古英語に入った.

【複合語】 **bálsam fír** 名 C 〖植〗バルサムもみ, バルサムポプラ.

bal·us·ter /bǽləstər/ 名 C 〖建〗階段の手すり, 欄干などを支える花びん形の短い小柱, 手すり子. テーブルや椅子の花びん形の足.

語源 ギリシャ語 *balaustion*(野性のざくろ)がラテン語を経てイタリア語 *balaustra* となり, その男性形 *balaustro* がフランス語を経て初期近代英語に入った. 手すり子の形がざくろの萼(がく)に似ていることから.

類義語 ⇒pillar; column.

関連語 balustrade.

bal·us·trade /bǽləstrèid/-´-´-/ 名 C バルコニーや橋, 階段など, 人が落ちる危険のある場所につける欄干, 手すり, すなわち, (石や木の)一連の baluster に手すりを渡したもの (banister).

語源 イタリア語で *balaustro*(柱)から *balaustra*

bam·boo /bæmbúː/ 名 CU 形 【植】竹, ささ, 家具などの素材としての竹材, 竹ざお, 竹の棒. 竹の色から灰色がかった黄色. 形 として 竹(製)の.
語源 マレー語起源と思われるが不詳.
用例 a *bamboo* blade 竹の葉/a *bamboo* stalk 竹の幹/a *bamboo* joint 竹の節.
【複合語】**bambóo cúrtain** 名 (the ∼) 竹のカーテン, すなわち第二次世界大戦後の中国と他国との間の様々な障壁 (語法 B- C- とも表す). ⇒iron curtain. **bambóo shòots [spróuts]** 名 (複) たけのこ. **bambóo thìcket [júngle]** 名 C 竹やぶ.

ban /bǽn/ 動 本来他 C 〔一般他〕 法律や社会的圧力によって**禁止する**. 名 として **禁止, 禁制, のろい, 叱責, 破門.**
語法 a ban on ... [on doing] (...(すること)の禁止), ban ... from doing とはいうが, ban ... to do とはいわない. 例: They *banned* me from smoking in the conference room. みんなは私の会議室での喫煙を禁じた.
語源 古英語 bannan (兵を召喚する) から. 「禁止」の意は古ノルド語 banna (= to prohibit, to curse) の影響と思われる.
用例 Teen-agers are *banned* from smoking. 未成年の喫煙は禁じられている/He was *banned* from entering the school grounds. 彼は停学になった/They've removed the [There's a] *ban* on pornographic magazines in this country. この国ではポルノ雑誌が解禁になった[禁止されている]/lift the *ban* 禁止を解除する/be under the *ban* 禁止されている/impose a *ban* on ... ...を禁止する.
類義語 ban; forbid; prohibit: **ban** は非難や感情が伴う禁止. **forbid** はこの中で最も一般的な語で, 権威による禁止で当然従われることを暗示する語. **prohibit** は法律など公正のための統制による禁止.

ba·nal /bənǽl, béinəl/ 形 〔形式ばった語〕〔軽蔑的〕ものごとが**平凡でつまらない, オリジナリティに欠ける.**
語源 古フランス語 ban (召喚状) に -al が付いて banal となった. 封建時代には強制賦役は一般的だったことから「平凡な」の意となった.
類義語 commonplace.
【派生語】**banálity** 名 U.

ba·nan·a /bənǽnə/-náːnə/ 名 C 【植】**バナナ(の実および木)** (語法 一ふさは a hand [bunch] of bananas), バナナの色, **灰色がかった黄色,** 〔卑語〕ペニス, 性交.
語源 ギニアなどアフリカ西部の原語に由来. ポルトガル語やスペイン語 banana (バナナの実), banano (バナナの木)から初期近代英語に入った.
〔慣用句〕***Bananas!*** 〔俗語〕ちょっとしたほら話などに対してまさか! そんな! ***go bananas*** 気が変になる, 頭にくる. ***the big [top] banana*** 〔俗語〕影響力をもつ重要人物.
〔派生語〕**banánas** 形 〔俗語〕〔述語用法〕気が変な, 頭にきた.
〔複合語〕**banána bàll** 〔俗語〕【ゴルフ】スライスがかって横に大きく曲がる打球. **banána fìsh** 名 C 【魚】そこいわし. **banána hèad** 名 C 〔俗語〕〔軽蔑的〕まぬけ, ばか. **banána repúblic** 名 C 〔俗語〕〔軽蔑的〕バナナ共和国 (★政治的に不安定で開発途上にある中南米諸国). **banána sèat** 名 C 細長い自転車用サドル. **banána stìck** 名 C 【野】〔俗語〕**粗悪なバット.**

band[1] /bǽnd/ 名 C 動 本来他 〔一般他〕 〔一般義〕 縛ったり締めたりするためのもの, 布や金属, 木, ゴム製などのひも, なわ, **帯, 輪ゴム, はちまき, ベルトなど.** その他 平らな**指輪** (★wedding band (結婚指輪) など). ひもや布に転じて, 目立たせるための**縞, 模様**や区分けるための**帯状の部分,** 動物の体や岩石の表面の**縞,** 【機】輪にかけるベルト, 【通信】周派帯, 【光】スペクトルの**色の帯,** レコードの一区切り, **一曲分,** 法的・精神的・道徳的に拘束する**義務, 責務.** 動 として ...をひもで縛る, **指輪, 足輪**などを付ける, **帯域に分ける.**
語源 古ノルド語 band (= tie) が中英語に入った. bond と同語源.
用例 The wooden tub was strengthened with *bands* of iron. 木製のおけは鉄のたがでしっかり丈夫になった/The tennis player wore a head*band* テニスの選手がはちまきをしていた/They *banded* the pigeon for identification. 彼らは目印に伝書ばとに足輪をつけた/A dark *band* of clouds was seen on the horizon. 暗い雲の縞模様がひとすじ水平線に見られた.
類義語 band; belt; ribbon: **band** は物を縛るひも類を表す最も一般的な語. **belt** は皮などの柔軟な材質でできたもので体などに巻くもの. **ribbon** は飾り用で織物.
関連語 armband (腕章); hatband (帽子のリボン); headband (はちまき, 髪をしばるリボン); neckband (飾りの首ひも, カラーを付ける部分, 台襟); rubber band (ゴムバンド, 輪ゴム); waistband (ウェストバンド, ズボンやスカートの上の端, セーターやブラウスの下の端の帯状部分); watchband (時計のバンド); wristband (シャツなどのそで口).
日英比較 ズボンの「バンド」は belt という.

band[2] /bǽnd/ 名 C 動 本来他 〔一般他〕〔一般義〕ポピュラー音楽などの**楽団.** その他 もとは軍隊などの武装集団の意であったが, 現在は**一団, 一行,** リーダーのいるグループ. 動 として, グループを集める, **結成[結合, 団結]させる.**
語源 ゲルマン語起源のフランス語 bande (隊, 群れ) が中英語に入った. 一団の兵士などが, 同じ色の帯やはちまきなどをしていたことからこの意味になったと思われる.
用例 They formed a brass *band*. 彼らはブラスバンドを結成した/The tenants *banded* together against the landlord. テナントたちが団結して大家に対抗した.
〔慣用句〕***to beat the band*** 〔くだけた表現〕〔米〕バンド演奏も負けそうな**大きな音で, 猛烈に, 大量に**: She lost her temper and kept yelling and crying *to beat the band*. 彼女は癇癪をおこして猛烈に泣きわめき続けた. ***when the band begins to play*** 〔俗語〕**事が大きく[深刻に]なる**と.
〔複合語〕**bándlèader** 名 C ダンス用のバンドの指揮者, **楽長. bándmàster** 名 C 軍楽隊, ブラスバンドの指揮者, **楽長. bándsman** 名 C バンドのメンバー. **bándstànd** 名 C 屋外のバンド演奏用ステージ. **bándwàgon** 名 C サーカスのパレードなどの先頭の**楽隊車,** 比喩的に時流に乗ったり, 力強さや目新しさ

ban・dage /bǽndidʒ/ 名 C 動 本来他 〔一般例〕包帯, 眼帯, 巻き布. 動 として包帯をする.
語源 中フランス語 bande (バンド, 縛りひも) の派生語 bandage が初期近代英語に入った.
用例 a roll of bandage 包帯一巻き/She's wearing a bandage on her finger. 彼女は指に包帯をしている/The doctor bandaged the wound [the boy's foot]. 医者は傷口[少年の足]に包帯をした.
関連語 plaster (膏薬, 絆創膏); sling (つり, 包帯, 三角巾).

B & B /bí: ənd bí:/ 〔略〕＝bed and breakfast (★英国の朝食付き民宿).

ban・dit /bǽndit/ 名 C 〔古風な語〕旅人をねらう追いはぎ, 山賊の一人.
語源 ゲルマン語起源のイタリア語 bandire (＝to outlaw) の過去分詞 bandito が初期近代英語に入った.
派生語 **bánditry** 名 U 山賊行為, 《集合的》強盗.

ban・do・lier, ban・do・leer /bændəlíər/ 名 C 〔一般例〕肩にかける弾薬帯.
語源 ゲルマン語起源の古スペイン語 bando (帯) からきたフランス語 bandoulière が初期近代英語に入った.

bandy[1] /bǽndi/ 動 本来他 〔やや形式ばった語〕
一般例 ボールなどを速く投げ合う, 打ち合う. その他 べらべらと言いふらす, いいかげんに扱う.
語源 フランス語 bander (テニスで打ち合う) に関連するかと思われるが, 詳細は不明.
用例 The tennis players bandied nice strokes. そのテニスの選手たちはすばらしいストロークの応酬をした/Sharp words were bandied about. 鋭い言葉がやりとりされた/He is bandying the story about. 彼はその話を言いふらしている.
【慣用句】**bandy words** 〔古風な表現〕人と口争いをする(with).

bandy[2] /bǽndi/ 名 UC 形 〔やや形式ばった語〕ホッケーの原型となった球技, バンディー, ボールを打つのに使う先の曲ったクラブ. 形 として外側へ曲っている, 《軽蔑的》がに股の.
語源 不詳.
対照版 pigeon-toed (うち股の).
【複合語】**bándy-lègged** 人ががに股の(bowlegged).

bane /béin/ 名 U 〔文語〕人や組織の破滅や死の原因, 難儀のもと, 〔詩語〕破滅, 死.
語源 古高地ドイツ語 bana (死) と同系の古英語 bana (=murderer) から.
【慣用句】**the bane of one's existence [life]** 命とり, 悪いことの原因: Alcohol was the bane of his life. 酒が彼の命とりとなった.
【派生語】**báneful** 形 破滅を招く, 有害の. **bánefully** 副.

bang[1] /bǽŋ/ 動 本来他 名 C 副 感 〔くだけた語〕
一般例 バン, ドシンという大きな音をたてて叩く. その他 ドアがバタンと開く, 鉄砲をズドンと打つ, 物をドシンと置く, 衝突, 爆発, 衝撃などの大きな音をたてる. 動作中の連想から, 人や物を荒々しく取り扱う, 〔卑語〕女性と性交する. 名 として大きな音. 副 として全くその通り, まさしく, ちょうど. 感 としてバン, ドカン, ドシン.

語源 古ノルド語 banga (つちでとんとん打つ) に関連する. 初期近代英語から.
用例 She banged the door shut. (＝She shut the door with a bang.) 彼女はバタンとドアを閉めた/The door banged shut in the wind. ドアは風でバタンと閉まった/Don't bang about upstairs. 二階でバタバタするな/Your answers are bang right. 君の答えはぴったし合っている/I'm bang on my way to your house. ちょうど君の家へ行くところだ.
【慣用句】**bang about** 〔くだけた表現〕荒々しく取り扱う, 虐待する. **bang around** 〔くだけた表現〕騒々しく部屋を歩きまわる, 騒ぎ回る. **bang away** 〔くだけた表現〕一生懸命働く, 頑張る, 〔卑語〕続けざまに性交する. **bang in the middle** 〔くだけた表現〕まっ最中. **bang one's head against a brick wall** 〔進行形で〕むだなことをする. **bang out** 〔くだけた表現〕大きな音をたてて仕事などを行なう, 楽器を騒々しく下手にひく. **bang [dead] to rights** 〔ややくだけた表現〕《英》現行犯で, 弁解の余地なく. **bang up** 〔くだけた表現〕《米》損傷を与える, 壊す. **bang up to date** 〔くだけた表現〕最新流行の. **go bang** ドアがバタンと閉まる, 希望や金などがあえなく消え去る. **with a bang** 〔くだけた表現〕《主に米》ドスンと, だしぬけに, 上首尾に, 非常にうまく: The party went over [off] with a bang. パーティは上々の首尾に終った.
【派生語】**bánger** 名 C 〔くだけた語〕《英》ポークソーセージ, 爆竹, 音をガタガタたてるポンコツ車.
【複合語】**báng-ùp** 形 〔くだけた語〕上できの, 一流の: a bang-up job 上々のでき.

bang[2] /bǽŋ/ 名 C 動 本来他 〔一般例〕《通例複数形で》ひたいのところでそろえて切った切り下げ前髪. 動 として前髪を切り下げる.
語源 bangtail (競走馬, 尾の短い野性の馬) から19世紀にアメリカでできた語.

Ban・gla・desh /bà:ŋɡlədéʃ/ 名 固 バングラデシュ (★インドの東に隣接与った共和国).

ban・gle /bǽŋɡəl/ 名 C 〔やや形式ばった語〕装飾用に腕やくるぶしにつける金属, ガラス, プラスチックなどのブレスレット, 腕輪, 足首飾.
語源 ヒンディー語 bangrī (手首につける色つきガラスでできた腕輪) が18世紀に入った.

ban・ish /bǽniʃ/ 動 本来他 〔形式ばった語〕 一般例 外国へ追放する. その他 一般に追い払う, とり除く, 片付ける.
語源 ゲルマン語起源の俗ラテン語 *bannire (＝to ban) が古フランス語を経て中英語に入った. ⇒ban.
用例 Rebels were banished from the country in those days. 当時, 反逆者は国外追放となった/Mother just can't banish cares from her mind. 母はなかなか心配性なんだ.
類義語 banish; exile; expatriate; deport: banish は国家や裁判所などや権威のある所からの法的な処置としての自国または自国以外の国からの追放. exile はやや文学的な語で, 国を強制的または自発的に理由によって立ち退かせることで, 時には自発的に亡命, 流浪することを表す. expatriate はこの他に自発的に自国を離脱して外国に帰化することも表す. deport は不法入国や治安を乱すなどの理由で外国人を強制送還すること.
【派生語】**bánishment** 名 U.

ban・is・ter, ban・nis・ter /bǽnistər/ 名 C 〔やや形式ばった語〕《複数形で》階段などの手すりを支える柱

ban·jo /bǽndʒou/ 名 C《楽器》バンジョー.
語源 アフリカの Kimbundu 語 *mbanza* が 18 世紀に入ったと思われる.
【派生語】**bánjoist** 名 C バンジョー奏者.

bank¹ /bǽŋk/ 名 C 動 本来義 〔一般語〕一般義 川や湖の**土手, 堤防, 川岸, 湖岸**. その他 長く盛り上がった盛り土の形状から, 雲[霧, 霞]の固まり, **層**, 庭や野原の**土の盛り上**げ, 丘, 道路の坂やレース場のカーブの**傾斜面**. 水中の盛り上がった所の意味より, 海などの**浅瀬や大陸棚の上部** (sandbank). 動 としては, 上記のような形状にすること[なること], **土手[堤]を築く**, 流れなどをせき**止める**, 土, まき, 灰などを**積み上げる** (up), 《航空》飛行機をターン時に外側を高くして**方向を変える**. 自 土手状になる, 積み重なる (up).
語源 古ノルド語 *bakki*, **banki* (=bank) が中英語に入った. 本来の意味は天然・人工を問わず棚状のものを指したと思われる. 古英語 benc (=bench) に関連がある.
用例 A lot of people came to the river *bank* to view cherry blossoms. 多勢の人が花見に堤防へやってきた/Suddenly, a *bank* of clouds came up. 突然もくもくと雲の峰がわいてきた/Snow piled up into a *bank* overnight. (=Snow *banked* up overnight.) 一晩で雪が大量に積もった/*Bank* (up) the fire before you go to bed. 寝る前に火に灰をかぶせておきなさい.

bank² /bǽŋk/ 名 C 動 本来他 〔一般語〕一般義 **銀行**. その他 大事なものを貯える場所の意味から, 〔くだけた語〕子供用の小型**貯金箱** (★通常豚の形をしているので piggy bank ともいう),《医》輸血や移植用の血液や臓器を**常備する所** (★eye bank (眼球銀行), blood bank (血液銀行), data bank (データバンク) など). ギャンブルの**貸元, 胴元**. 動 として, 銀行に**預金する**, 銀行と**取引きする**, 銀行を**経営する**, ギャンブルの**貸元になる**.
語源 ゲルマン語に由来する古イタリア語 *banca* (商取引人のテーブル, カウンター) よりフランス語 *banque* を経て初期近代英語に入った. 本来は両替商などの「勘定台」の意. 古英語 benc (=bench) と関連がある.
用例 I went to the *bank* to deposit [withdraw] some money. 銀行へ預金[引出し]に行った/The blood *bank* calls for more cooperation from the general public. 血液銀行は一般大衆からの一層の協力を呼びかけている/I *bank* with the *bank* in the center of town. 私は町の中心部の銀行と取引きしている/Be sure to *bank* the money before 3 o'clock. 必ず 3 時前に金を銀行口座に入金しておきなさい.
【慣用句】*bank on*〔ややくだけた語〕人の言葉, 援助をあてにする: Don't *bank on* his word. 彼の約束はあてにしちゃいけないよ. *break the bank* ギャンブルで**貸元を破産させる**, 人を破産させる. *in the bank*〔くだけた表現〕《英》借金して.
【派生語】**bánkable** 形 銀行が受け付ける, 融資を受けられそうな: a *bankable* project 資金ぐりのできそうなプロジェクト. **bánker** 名 C 銀行経営者: **banker's card** =bank card/**banker's draft** =bank draft. **bánking** 名 UC 銀行業務 日英比較 日本

ではバンカーを「銀行員」の意で用いるが, 英語の banker は「銀行経営者」の意).
【複合語】**bánk accòunt** 名 C 銀行預金口座(勘定). **bánk bàlance** 名 C 銀行(預金)残高. **bánk bìll** 名 C《米》=bank note;《英》銀行手形. **bánkbòok** 名 C 銀行預金通帳 語法 bank pass book, passbook ともいう. **bank [bánker's] càrd** 名 C 銀行が発行するキャッシュカード, クレジットカード. **bánk chèck** 名 C 銀行小切手. **bánk clèrk** 名 C《英》銀行出納係(《米》teller). **bánk dèposit** 名 C 銀行預金. **bank [bánker's] dràft** 銀行為替手形 (語法 B/D と略す). **bánk hòliday** 名 C《英》銀行が休みになる土・日曜日以外の休日, 一般公休日 (《米》legal holiday);《米》政府の命令で通貨危機に対処するために銀行を閉鎖する期間. **bánk lòan** 名 C 銀行ローン. **bánk mànager** 名 C 銀行の支店長. **bánk mòney** 名 C 銀行貨幣 (★小切手為替手形などのような計算貨幣). **bánk nòte** 名 C 銀行券, 紙幣. **Bánk of Éngland** 名 固 (the ~) イングランド銀行. **bánk pàper** 名 U 銀行券, 銀行が支払いを引き受ける手形(類). **bánk ràte** 名 C《英》イングランド銀行などの中央銀行の公定歩合. **bánkròll** 名 C 動 本来義 〔ややくだけた語〕**お金の供給** (をする); 札束, 使ってもよい手元資金.

bank·rupt /bǽŋkrʌpt/ 名 C 形 動 本来義 [形式ばった語] 一般義 **法的に破産を通告された(人)**. その他 一般に**借金を返せない(人)**, 〔軽蔑的〕ある良い**資質を失った(人)**, ある点でだめな(人), 精神的・道徳的に破綻した(人). 動 **破産させる**.
語源 イタリア語 *banca rotta* (*banca* 銀行+*rotta* 壊れた) がフランス語 *banqueroute* となり, 初期近代英語に入った. イタリア語 *rotta* はラテン語 *rumpere* (=to break) の女性形過去分詞 *rupta* から.
用例 He has been declared *bankrupt*. 彼は破産の宣告を受けている/The company went *bankrupt*. その会社は倒産した/He is a political *bankrupt*. (=He is politically *bankrupt*.) 彼は政治的に破綻をきたした/The manager's incompetence *bankrupted* the club. マネージャーの無能さのためそのクラブは倒産した.
語法「…を失った」の意味では bankrupt of … とし, 述語的に用いる: He was absolutely *bankrupt of* original ideas. 彼の当初の考えは完全に破綻をきたした.
類義語 bankrupt; insolvent: 以前 **bankrupt** は商取引する者の場合にのみ用いて, 一般の人の場合には **insolvent** を用いたが, 19 世紀半ばより法的な区別が無くなった. 一般にはそれより早いころから区別されなくなっていた. 現在では insolvent の方が形式ばっている.
【派生語】**bánkruptcy** 名 UC 破産(状態), 破滅, (軽蔑的)無能さ, 不適: We saw many *bankruptcies* during the depression era. 不況の時代には多くの倒産をまのあたりにした.

ban·ner /bǽnər/ 名 C 形 〔一般語〕一般義 スローガンなどを書いて頭上にかざして行進したり, 宣伝用に窓や壁に垂らす**横断幕, たれ幕**, のぼり. その他 新聞などの**全段抜き大見出し** (banner headline). 形 としては《米》ややくだけたほめ言葉として, **特別優秀な**, ずばぬけた.
語源 ゲルマン語 **banda* (=sign) に由来し, 古フランス語 *baniere* (旗) を経て中英語に入った. 形 は 19 世紀

より.

[用例] The demonstrators held up *banners* saying "Peace and Love". デモ隊は「平和と愛」と書いた横断幕をかかげた/*Banners* were hanging from the walls of the department store during the spring sale campaign. 春の大安売り期間中デパートの壁にたれ幕がかかっていた/a *banner* salesman びかーのセールスマン.

[類義語] banner; flag: **banner** は本来, 国王, 貴族, 軍隊などの個人の旗を指したが, 現在では横に長く, しばしば 2 本の棒の間に渡したものなどを指す. **flag** の方が日本語の「旗」に近い意味で一般的に用いられ, さおからたなびく四角い布を指す.

[関連語] placard (プラカード).

【慣用句】*carry the banner for* ... 〔ややくだけた表現〕習慣や考え方を支持し守り続ける. *under the banner of* ... 比喩的に…の大義名分[名]の下に, …の旗じるしの下に.

【複合語】**bánner héadline** 名 C 全段抜きの大見出し.

ban・quet /bæŋkwit/ 名 C 動 [本来自] 〔一般義〕[一般義] 乾杯やスピーチなどをともなうフォーマルな会食, 宴会. [その他] 意をこらした素晴らしいごちそう. 動 として宴会で食事する.

[語源] 古イタリア語 *banca* (テーブル, カウンター; ⇒ bank²) の指小語 *banchetto* がフランス語を経て中英語に入った.

[用例] Supper is going to be quite a *banquet*. 夕食はきっとすばらしいごちそうです.

ban・tam /bæntəm/ 名 C 形 【鳥】ちゃぼ, ちゃぼの連想から, 小さくて攻撃的な(人), 生意気な(人). またバンタム級の(ボクサー[レスラー])《★フライ級とフェザー級の間》.

[語源] 18 世紀より用いられ, ジャワの郡名に由来する. ここからヨーロッパへちゃぼが輸入されたとされているが, もともとは日本から入ったという説もある.

【複合語】**bántamwèight** 名 C 【ボクシング・重量あげ・レスリング】バンタム級の選手.

ban・ter /bæntər/ 動 [本来他] 名 U 〔一般義〕悪意でなくひやかす, からかう. 名 としてひやかし, からかい.

[語源] 不詳.

【派生語】**bántering** 形 ひやかしの: *bantering* remarks からかって言ったこと.

Ban・tu /bæntu:/ 名 CU アフリカのバンツー族の人, バンツー語.

baptise 《英》= baptize.

bap・tism /bæptɪzm/ 名 UC 【キ教】洗礼(式), 一般に心を清め洗ってくれるような経験, 目のさめるような体験, また命名式, 入会[党]式.

[語源] ギリシャ語 *baptizein* (水に浸す) がラテン語, 古フランス語を経て中英語に入った.

【慣用句】*baptism of* [*by*] *fire* 砲火の洗礼, 実戦の初体験, 厳しい試練.

【派生語】**baptísmal** 形. **báptist** 名 C 洗礼を施す人;《B-》バプティスト《★プロテスタントの一派で成人になっての洗礼を主張する》.

bap・tize《英》**-tise** /bæptáɪz, ´--/-´/ 動 [本来他] 《キ教》(しばしば受身で)洗礼(式)を行う, 洗礼式[クリスチャンネーム]を与える, 比喩的に強烈な体験[苦しい経験]をさせる.

[語源] ギリシャ語 *baptizein* (水に浸す) がラテン語, フランス語を経て中英語に入った.

bar /bɑːr/ 名 C 動 [本来他] 前 〔一般義〕[一般義] 細長くてまっすぐの木や金属の棒, 板. [その他] 形状と用途の両方から意味の派生が見られる. 形状だから, 石けんやチョコレート, 金, 鉄などの細長くてやや横幅のあるかたまり《★丸い棒状のものは stick という》,「細長い板」よりの派生で, 特定の飲食物を出すカウンター式の店, 酒を出すカウンターのある酒場, バー, 安い売り物のたくさん積んである売場, その他色や光, 模様などの横縞, 縦あるいは横に引いた線, 【楽】小節の区切りを示す縦線, 小節, 楽章の終りを示す二本線(double bars), メモなどの縦線. 横棒が遮断のために用いられることからかんぬき, 通行料徴収所の入口の遮断棒, 一般的に障害(物), 流れや動きを遮断するもの. 法廷の裁判官や弁護団, 検事側や被告の席の仕切りのさく, 仕切られた部分, 転じて法廷, (the ~)《集合的》法律家, 法界, 弁護士業. 動 としては, かんぬきをする, 閉じる, 閉じ込める, 閉め出す, 排斥する, 妨げる, 禁じる, 傍らによけておいて考慮しない, (通例受身で)線でしるしをつける. 前 として〔ややくだけた語〕…を除いては(barring).

[語源] 最終的な語源は不詳だが, 俗ラテン語 *barra* (= bar) が古フランス語 *barre* を経て中英語に入った. 動 は 13 世紀より, 名 は 14 世紀, 前 は 18 世紀より用いられた.

[用例] There is a *bar* on the door. (= The door is *barred*.) ドアはかんぬきがかかっている/Wealth is sometimes a *bar* to happiness. 富は時には幸福の妨げになる/They also serve snacks at the coffee [sandwich] *bar*. あのコーヒー[サンドイッチ]カウンターでは軽食もやっている/Try that socks *bar* for cheap items. あのソックス置場に安いのを置いてありますから見てください/Her father *barred* me from seeing her. 彼女の父親に彼女と会うのをさし止められてしまった/Some names on the page were *barred*. そのページのいくつかの名前は横線で消してあった/Everybody was present, *bar* Mary. メアリー以外は全員出席していた.

【慣用句】*bar none*〔ややくだけた表現〕例外なく, 断然: He is the best student *bar none*. 彼はまちがいなく最優等生だ. *behind bars*〔くだけた表現〕刑務所に入っている, 服役中の. *cross the bar*〔くだけた表現〕死ぬ. *prop up the bar*〔くだけた表現〕《英》酒場の常連である. *the prisoner at the bar* 法廷で裁かれる囚人.

【派生語】**bárring** 前 …がなければ, …を除いて.

【複合語】**bár còde** 名 C バーコード. **bár gràph** 名 C 棒グラフ(《英》bar chart). **bárkèep** 名 C = barkeeper. **bárkèeper** 名 C 酒場の所有者, バーテン. **bármàid** 名 C 酒場で働く女性. **bármàn** 名 C バーテン. **bártènder** 名 C《米》= barman. [日英比較] まず日本語の「バー」は「酒場」というごく限られた意味で借用された語である点に注意がいる. また英語の bar には「酒場」のほかに, 軽飲食を供する店, たとえば coffee bar, sandwich bar, snack *bar* などの店もある. これらの店はアルコール飲料を供するのが目的の店ではない. cf. sushi bar (⇒snack [日英比較]).

barb /bɑːrb/ 名 C 動 [本来他] 〔一般義〕[一般義] 矢尻や釣針などにつけ反対の方向にとがった部分, あご. [その他] 本来あごけげの意. 針のように刺すところから, 機知に富んでいるが人を傷つけるような言葉, いやみ. 動 としてかえしを付ける.

bar·bar·i·an /bɑːrbɛəriən/ 名C形 〔一般語〕
[一般義]《軽蔑的》未開文明のもとにある人, 野蛮人. [その他] 教養のない人, 粗野な人, 残酷な人, 人非人. 形として未開の, 野蛮な, 無教養な.
[語源] 印欧祖語 *barbar-（擬音語で異邦人の意味不明の言葉）に由来するラテン語 barbarus (=foreign; rude) から派生した barbaris (=foreign country) に-an がついた語. 古フランス語を経て中英語に入った. この語は元来ギリシア人, ローマ人やキリスト教徒が異邦人, 異教徒を指して用いた.
[用例] His manners are those of a *barbarian*. 彼の作法はまるで野蛮人のようだ/They abide by *barbarian* customs. 彼らは野蛮な風習を守っている.
[類義語] savage; barbarian; barbaric: **barbarian** よりさらに文明の発達度が低く, さらに残忍かつ狂暴な人を指したり, そのような性質を表す. (barbarian は軽蔑語で使わない方がよい.) **barbaric** は粗暴で自制心に欠けること.
【派生語】**barbáric** 形 野蛮な, 野蛮人のような, 残酷な. **bárbarìsm** 名UC〔やや形式ばった語〕《軽蔑的》粗野な状態[行動, 習慣, 風習, 言葉遣い], バーバリズム. **barbárity** 名UC 粗野な行動[ふるまい, 嗜好]. **bárbarìze** 動[本来他]野蛮にする, 作法や判断力がつかないようにする. **bárbarous** 形〔やや形式ばった語〕《軽蔑的》未開人独特の残忍で粗暴な(⇔civilized). **bárbarously** 副. **bárbarousness** 名U.

bar·be·cue /báːrbikjùː/ 名C動[本来他]〔一般語〕
[一般義] バーベキューパーティー. [その他] 本来は焼肉用の台.
[語源] 西インド諸島のハイティ語 barbacòa（柱の上に組みたてた木枠）に由来するスペイン語 barbacoa が初期近代英語に入った.
[用例] The steak is being grilled on the *barbecue*. バーベキュー台で肉が焼けている/We had a *barbecue* in our garden. 私たちは庭でバーベキューパーティをした.

bar·bell /báːrbèl/ 名C〔一般語〕重量挙げ, ボディービルのバーベル.
[語源] bar (横木)+(dumb)bell (亜鈴). 19世紀末から.

bar·ber /báːrbər/ 名C動[本来他]〔一般語〕
男性客を相手にする, 通常男性の理髪師, 理容師. [その他] 理髪店, 床屋. 動として散髪[理髪]をする. 自理髪を業とする.
[語法] barber は本来人を表し, 店を表す場合は barber's (shop) または《米》barbershop とするのが本来だが, 's が省略されることも多い.
[語源] ラテン語 barba（あごひげ）に由来する古フランス語 barbour が中英語に入った. ⇒barb.
[用例] I'll go to the *barber('s)* after lunch. 昼食をとったら床屋に行くつもり.
[関連語] hairdresser（女性客の髪を整える美容師）. 最近では男女とも barber に代って用いられることが多い.
【複合語】**bárber('s) pòle** 名C 理髪店の看板の三色の柱（★昔は英国では外科医もかねていたので, 赤は動脈血, 青は静脈血, 白は包帯を示している）. **bárbershòp** 名C《米》理髪店. 形〔くだけた語〕特に感傷的な歌の男声コーラスのハーモニーの良い: **barbershop quartet**《米》甘いポップソングを歌う男声四重唱団. **bárber's shòp** 名C《英》=barbershop 《語法》単に barber's ともいう.

bare /bɛər/ 形動[本来他]〔一般語〕[一般義] 通常あるべき覆いが無くむき出しの, 裸の. [その他] あるべきものが無いということから部屋にカーペットが敷いてない, 靴や靴下を履いていない, 棚に物が置いてない. また布地などが織り目が見えるほどすり減ってみすぼらしい, 古ぼけている. 「付加物が無い」ことから,《限定用法》質素な, ぜいたくでない. 否定的なニュアンスより, 単なる...(mere), ...にすぎない. 動としてbare な状態にする, あらわにする.
[語源] 古英語 bær から.
[用例] a *bare* shelf 何ものっていない棚/We were led on the *bare* carpet into a small room. 我々はすり切れたカーペットの上を通って小部屋に案内された/A *bare* word could not save her. 言葉だけでは彼女を救えなかった.
[類義語] bare; naked; nude: **bare** は本来あるべき特殊な覆いのない状態を指し, 身体に関する場合は, 身体の一部に何もついていないことを指す: *bare* hands 素手/*bare* foot 素足/*bare* head 無帽の頭. **naked** は他人に見られることを前提としない裸の状態を指す. **nude** は逆に, たとえば絵画のモデルのように, 他人に見られることを前提とした裸の状態を指す: a *nude* model ヌードモデル.
【慣用句】*bare one's head* 特に男性が敬意の表明として帽子を取る. *bare one's heart [soul] to ...*〔やや古風な表現〕人に胸中を打ちあける, 腹を割って話す. *bare teeth* 特に動物が怒って歯をむく. *lay bare* あらわにする, さらし出す. *(one's) bare hands* 道具などを用いない素手. *the bare bones* 最も重要な部分.
【派生語】**bárely** 副 ⇒見出し.
báreness 名U.
【複合語】**báreback** 副形 くらをつけずに馬に乗っている: a *bareback* rider 裸馬に乗る人/ride *bareback* 裸馬に乗る. **báreface d** 形〔一般語〕《軽蔑的》顔にひげがないところから, 顔を隠さない, 厚顔な, あつかましい, 無礼な. **bárefácedly** 副. **bárefóoted** 形[副] 靴や靴下などをはいていない, 素足の[で]. **bárehánded** 形副 素手の[で], 手袋をしていない; 道具[武器]を持たない[で]. **báreheáded** 形 帽子なしの[で]. **bare infinitive** 名C《文法》to を伴わない不定詞, 原形不定詞. **bárelégged** 形 ズボン, タイツ, ストッキングなどはいていない, 脚がむき出しの[で].

bare·ly /bɛ́ərli/ 副 (⇒bare) 〔一般語〕[一般義] かろうじて, ...である, ようやく...のことで...する. [その他] 物が乏しく窮乏して, 欠乏して. また古風な意として...にすぎない (only).
[用例] I could *barely* keep standing. 私は立っているのがやっとだった/He *barely* escaped the disaster. 彼はあやういところで[間一髪で]難をのがれた/We had *barely* enough food. 食料はほとんどなかった.
[語法] barely は scarecely や hardly と同様 had barely ... when [than] の構文に用いられる: I had *barely* taken my seat when the bell rang. 私が席に着くか着かないかにベルが鳴った.

bar·gain /bɑ́rgin | baːgin/ 图 動 本来自 〔一般語〕一般義 安い買物, 特売品. その他 本来は契約の意で, **売買契約**. また買い手有利な取引き[買物], 見切り品, 特価品. 労使間の取引き, **労働協約**. 《形容詞的に》**格安の, 特売の**. 動 としては, 契約や条約, 取り決めを**話し合う, 契約する, 値切る**.

語源 古フランス語 *bargaignier*（条件について言い争う）や, その名詞形 *bargaine* が中英語に入った. 語源の詳細は不明. 古英語 *borgian*（= to borrow）に関連があると思われる.

用例 There's no need to *bark* at me just because you're annoyed. 腹が立つからと言って私に向って怒鳴ることはないだろう / A *barking* dog seldom bite. 《ことわざ》吠える犬はめったにかまない.

用例 Your shirt really doesn't look like a *bargain*. 君のシャツ, 特売品には見えないな / a *bargain* price 特価 / She always *bargains* with the grocer. 彼女は八百屋でいつも値切る / He at last *bargained* the price down 30%. 彼は値切っついに 30 パーセント値引きさせた / They *bargained* that the workers should have more holidays. 従業員の休暇を多くするという労使協定を結んだ.

【慣用句】*bargain away* 安値で売る, たたき売りする. *bargain for ...* 〔くだけた表現〕…を考慮に入れる, …のつもりでいる, 期待する（《語法》《米》では bargain on ... ともいう; 否定文の中で用いられることが多い）: She didn't *bargain for* her son being sent abroad. 彼女は息子が外国へとばされるとは思っていなかった. *drive a hard bargain* 〔くだけた表現〕物事を自分に非常に有利に運ぶ, 大いに値切る. *in* [*into*] *the bargain* 〔くだけた表現〕おまけに, その上に. *make the best of a bad bargain* 困難な状況で最善を尽す, 困難に立ち向かう.

【派生語】**bárgainer** 图 C. **bárgaining** 图 U.

【複合語】**bárgain básement** 商店やデパートなどの**地下特売場**, 特価品売場. **bárgain còunter** 图 C 商店やデパートなどの特売品の置いてあるカウンター.

barge /bɑ́rdʒ/ 图 C 動 本来自 〔一般語〕一般義 河川や運河などで土砂など重い荷を積んだ, 通常曳航(ぇぃこぅ)される**平底の荷船, はしけ**. 本来は, はしけとして大きな船に積みこまれるボートの意で, 海軍の船に積んである高官用のモーターボート, 重要人物用に飾りたてた**大きめのボート**や**屋形船, 遊覧船**. 動 としてはしけで運ぶ, 〔くだけた表現〕ゆっくり重そうに進む, 人を押しのけて進む.

語源 古フランス語 *barge* が中英語に入った.

【慣用句】*barge in* [*into*] *...* 〔くだけた表現〕部屋などにいきなりおしつけに入る, 話のこしを折って**割り込む**.

【複合語】**bárgeman** 图 C *barge* の操縦者や作業員, はしけの船頭（語法《英》では *bargee* ともいう）.

bari·tone, bary·tone /bǽritòun/ 图 UC 形 《楽》バス（bass）とテナー（tenor）の中間の低音の**男声音, バリトン, バリトン歌手**.

語源 ギリシャ語 *barutonos*（*barus* deep + *tonos* tone）がイタリア語 *baritono* またはフランス語 *baryton* を経て初期近代英語に入った.

bar·i·um /béəriəm/ 图 U 《化》バリウム（★金属元素; 記号 Ba）.

語源 ギリシャ語 *barus*（= heavy）+ -*ium*（化学元素の名詞を表す）.

【派生語】**báric** 形 バリウム含有の.

【複合語】**bárium méal** 《医》バリウムがゆ（★消化器の X 線造影剤として用いる硫酸バリウム液）.

bark[1] /bɑ́rk/ 動 本来自 图 C 〔一般語〕一般義 **犬, きつねなどが鋭く, 短くほえる**. その他 人が**大声でどなる, エンジンや鉄砲などが鋭く短い音をたてる**. 图 として**吠え声, 荒々しい返答**[命令], **銃声, 砲声**.

語源 古英語 *beorcan*（= to bark）から.

【慣用句】*bark at* [*against*] *the moon* **むなしく抗議する**, いたずらに騒ぎたてる. *bark up the wrong tree* 〔くだけた表現〕**見当違いのことをする**, 間違って非難する. *keep a dog and bark oneslf* 〔くだけた表現〕犬を飼っているのに自分で吠える（仕事をするべき他人がいるのに自分でそれをやってしまう.

【派生語】**bárker** 图 C ほえる動物, どなる人; 〔俗語〕**呼びこみ屋, 客引き**.

bark[2] /bɑ́rk/ 图 U 動 本来他 〔一般語〕一般義 **樹木や木材のかたい表皮**. その他 **草などの茎の柔らかい表皮**. またキニーネを採る**キナ皮**, 皮なめし用の**タン皮**, 染色用の樹皮など, 材料としての樹皮. 〔俗語〕人間などの**皮膚**. 動 として**樹皮をはぐ**, **樹皮でおおう**, **すねなどの皮膚をすりむく**.

語源 古ノルド語 *börkr* が中英語に入った.

用例 The deer have eaten all the *bark* off that tree. 鹿がその木の皮をすべて食いつくしてしまった / He *barked* his shin on the wall. 彼は壁ですねをすりむいた.

【複合語】**bárk bèetle** 《昆》**木くい虫**.

bark[3], 《英》**barque** /bɑ́rk/ 图 C 《海》前部の2本が横帆, 後部の1本が縦帆の3本マストの帆船, **バーク船**; 〔詩語〕**小舟, 帆かけ舟**.

語源 古フランス語 *barque* が中英語に入った.

bar·ley /bɑ́rli/ 图 U 〔一般語〕一般義 穀草や穀物としての**大麦**（★食物として, またビールやウイスキーの材料として用いられる. 穀物の意味では不可算で grains of [a grain of] barley などとして用いる）.

語源 古英語 *bere, bære*（= barley）の形 *bærlic*（= of barley）から.

用例 *Barley* is [Grains of *barley* are] often used for making broth. 肉汁に大麦がよく用いられる.

関連語 wheat; rye; oat.

【複合語】**bárleycòrn** 图 C **大麦の粒**（★以前は, 麦粒の大きさから, 1/3 インチという長さの単位としても用いれた）. **bárley sùgar** 图 UC **大麦糖**（飴の一種）. **bárley wàter** 图 U 《英》精白した大麦を煎じて作った**鎮痛・解熱用の大麦重湯**（★strong barley water は「ビール」）. **bárley wìne** 〔くだけた表現〕《英》**非常に強いビール**.

barm /bɑ́rm/ 图 U 〔やや形式ばった語〕**泡状のビール酵母**, また**パン種**(たね).

語源 古英語 *beorma*（酵母菌）から.

関連語 yeast; froth.

【派生語】**bármy** 形.

barn /bɑ́rn/ 图 C 〔一般語〕一般義 **穀物や飼料, 農具を収納する農家の小屋, 納屋**（★アメリカでは家畜小屋も兼ねる）. その他 納屋のイメージから, **大きくて家具の少ない建物, 大きすぎて居心地が悪い家**, **電車などの車庫**. また《理》断面が広いという意味で as big as a barn という表現が用いられたことから, 核反応の起こる可能性を表す単位, バーン（=マグニチュード

$10 \cdot 24 cm^2$).
[語源] 古英語 bere (= barley) + ærn (= place; house) から成る bereærn (= barley house) から.
【複合語】**bárn dànce** 名 C フォークダンス, フォークダンスパーティー（★本来納屋で踊ったことから）. **bárnstòrm** 動 本来自〔くだけた語〕《米》地方巡業[遊説]する（★曲乗り飛行や遊覧飛行で地方をまわって生計をたてる時に納屋を格納庫代わりにしていたことから）. **bárnyàrd** 名 C 納屋の前庭, 農家の内庭. 形 粗野な, 下品な. **bárnyard gólf**〔くだけた語〕蹄鉄投げ遊び.

ba·rom·e·ter /bərámitər|-rɔ́m-/ 名 C〔気〕晴雨計, 気圧計, 比喩的に広く世論の傾向や変動を示す尺度, 徴候となるもの, バロメーター.
[語源] baro-「重量；気圧」+ -meter「…計」. 初期近代英語から.
[用例] The *barometer* is rising. It's going to clear up. 晴雨計の目盛りが上がっています. 晴れそうだ / Good appetite is a *barometer* of good health. 食欲は健康のバロメーターだ.
【派生語】**bàrométric**, **-cal** 形《限定用法》気圧(計)の: *barometric* pressure 気圧.

bar·on /bǽrən/ 名 C〔一般語〕一般義 男爵（★英国の世襲貴族の爵位のうち最下位; 尊称は英国内で Lord X, 英国外で Baron X）. その他 中世, した位の封建貴族を広く指した. また〔くだけた語〕《主に米》実業界などの大立物.
[語源] ゲルマン語起源の語でラテン語 baro (= man; warrior), 古フランス語 baron を経て中英語に入った.
[用例] an oil *baron* 石油王 / a press *baron* 新聞王.
【派生語】**bároness** 名 C 男爵夫人[未亡人, 令嬢], 女性の男爵. **báronet** 名 C 男爵の下, knight の上に位置する準男爵（★名の前に Sir を付けて Sir John のように呼ばれる; Bart., Bt. と略す）. **barónial** 形 男爵の, 男爵にふさわしい; すばらしく壮大な, 豪華な. **bárony** 名 C 男爵の領地[位, 身分]（★アイルランドでは county の区画, スコットランドでは大荘園を指す）.

ba·roque /bəróuk|-rɔ́k/ 形 名 UC〔建・美・楽〕（しばしば B-）装飾や曲線の多い建築術や美術, あるいは多声の対位法的音楽などのバロック様式の（★ヨーロッパで 1550-1700 年ごろに発達した）. 一般に装飾が多くて複雑すぎて怪奇的な, あくどい, 飾りの多い, 真珠などがいびつな. 名 として《the ~》バロック様式, またいびつな真珠 (baroque pearl).
[語源] 宝石商の用語で「真珠の形が悪い, でどころがあるしげな」の意のポルトガル語 *barroco*, スペイン語 *barrueco* がフランス語 *baroque* を経て 18 世紀に入った.
【複合語】**baróque órgan** 名 C バロック時代のオルガン. **baróque péarl** 名 C イガイから採れるいびつな真珠.
[関連語] rococo.

bar·rack /bǽrək/ 名 C 動 本来他〔一般語〕一般義《複数形で》兵舎（[語法] 単数または複数扱いで, 単数の場合は a barracks）. その他 作業員用の臨時の大きな簡易宿舎, 大きくておもしろみのない外見の悪い建物. 動 として兵舎に収容する[住む].
[語源] イタリア語 *baracca*, スペイン語 *barraca*（兵士用テント）がフランス語 *baraque* を経て初期近代英語に入った.
[日英比較] 日本語では粗末の小屋, ほったて小屋という意で「バラック」というが, 英語でこの意味に用いられるのはまれで, 通例 hut, shack, shanty などという. また barack は大きな建物を指すことが多い.

bar·rage /bərάːʒ|bǽrɑːʒ/ 名 C〔軍〕集中砲火, 弾幕, 比喩的に集中, 殺到.
[語源] フランス語 *tir de barrage* (= barrier fire) の前半が省略されて 20 世紀に入った.
[用例] a *barrage* of questions 質問の集中.

bar·rel /bǽrəl/ 名 C 動 本来他〔一般語〕一般義 木製で胴のふくれたたる. その他 一たるの量 (barrelful), 容量の単位としてのバレル（★1 バレルは, 通常《米》31.5 米ガロン, ただし石油は 42 米ガロン,《英》36 英ガロン. その他, 粉 196 ポンド, 肉 200 ポンドなど様々な量を表す単位として用いられる）,〔くだけた語〕《a ~ [~s] of》大量. たるに似た形の容器や物の筒状で空洞の部分を広く指し, 銃の銃身, 万年筆のインク室など. 動 たるに入れる, 詰める, たくわえる.
[語源] 不詳. 中英語から.
[用例] We had a *barrel* [*barrels*] of fun. ものすごく楽しかった / You cannot know wine by the *barrel*.《ことわざ》酒は樽によっては分からないもの（人は見かけによらぬもの）.
【慣用句】**be over a barrel** 窮地に陥っている, 他人の意のままに翻弄される（★溺れかけて水を飲んだ人をたるに乗せて水を吐かせたことから）. **have [get] ... over a barrel**〔くだけた表現〕特に金銭面で人を優位な状況に置き, 思い通りに動かす. **scrape (the bottom of) the barrel**〔くだけた表現〕人材や物資などの劣悪な残りものを用いる.
【派生語】**bárrelful** 名 C たる一杯分の量.
【複合語】**bárrel chàir** 名 C.《米》背もたれがたる形をした椅子. **bárrel-chèsted** 形 背のわりに胸が厚い. **bárrelhòuse** 名 C〔くだけた語〕《米》壁の棚にたるが並んでいる安居酒屋, 売春宿, そのような所で演奏される音楽, バレルハウス. **bárrel òrgan** 名 C つじ音楽師が使う手回しのオルガン.

bar·ren /bǽrən/ 形 名 C〔一般語〕一般義 土地が不毛の, 作物ができない. その他 植物が実を結ばない.〔古風な語〕女性・動物が子を産まない, 不妊の. 計画・努力などが実を結ばない, 望ましいある結論に達しない. 名 として《複数形で》北米やカナダの樹木の生えないかん木や砂地の荒野, 不毛地帯.
[語源] 古フランス語 *barhaine* が中英語に入った. それ以前は不詳.
[用例] The *barren* old soil [land] produced no vegetation. その不毛の地には草木が生えなかった / a *barren* discussion 不毛の議論 / His words were *barren* of sincerity. 彼の言葉には誠意が無かった.
[類義語] sterile.
[対照語] fertile; productive.
【派生語】**bárrenly** 副. **bárrenness** 名 U.
【複合語】**Bárren Gróunds [Lánds]** 名 固 バーレングラウンズ（★カナダ北部のハドソン湾西に広がるツンドラ地帯）.

bar·ri·cade /bǽrəkèid, ⌐–⌐/ 名 C 動 本来他〔一般語〕人の進出を妨げるために, 道路などに設けられた木やレンガなどで急きょこしらえた障害物, 防柵, バリケード (road block). 動 として, 道路などにバリケードを築く, バリケードを使って防ぐ, 守る.
[語源] フランス語 *barrique* (たる) + -ade (フランス語の名詞語尾) から成る *barricade* が初期近代英語に入った. 元来パリでたるを用いてバリケードを作ったことから.

barrier

[用例] The police put up *barricades* to keep back the mob. 暴徒を引き止めるために警察はバリケードを築いた.

[類義語] barrier; bar.

bar·ri·er /bǽriər/ 名 C [一般語] [一般義] フェンスや障壁など通行の妨害物. [その他] 比喩的に二者を隔てたり意志の疎通を妨げる障害, ことの成就をはばむもの. 二者の間の仕切り, 国境線, 検問所, 競馬のゲート.

[語源] 古フランス語 *barre*(= bar) から派生した *barrière*(= obstacle) が中英語に入った.

[用例] a tariff *barrier* 関税障壁/a language *barrier* 言語の障壁.

[類義語] obstacle; bar.

【複合語】**bárrier-frée** 形 バリアフリーの. **bárrier rèef**〖地理〗堡礁(ほしょう)(★海岸に平行してあるさんご礁. オーストラリア北東部の the Great Barrier Reef は有名).

bar·ris·ter /bǽristər/ 名 C〖法〗《英》**法廷弁護士** (★上位裁判所で弁論権を有する barrister-at-law の省略).

[語源] bar (法廷)の派生語. 初期近代英語から.

[類義語] lawyer; attorney.

[対照語] solicitor (法廷での弁論権の無い事務弁護士).

bar·row /bǽrou/ 名 C [一般語] 運搬用の2輪の手押し車(wheelbarrow).

bartender ⇒bar.

[語源] 古英語 beran (= to bear¹) から派生した bearwe (= basket) から.

bar·ter /bɑ́ːrtər/ 動 [本来義] 名 U〖形式ばった語〗お金を介さずに**物々交換する**, サービスとサービスを交換する. 名 として**交換される品物**.

[語源] おそらく古フランス語 *barater*(ごまかす, 交換する) が中英語に入った.

[用例] The farmers *bartered* crop for farm machinery. 農民たちは収穫物を農機具と取り換えた.

[類義語] trade.

[関連語] exchange; bargain; sell.

【慣用句】**barter away** 損な交換をする, 物を安く手放す: She *bartered away* her freedom for money when she married him. 彼女は結婚と同時に金遣いの自由を失った.

base¹ /béis/ 名 C 動 [本来義] [一般義] [一般義] **土台, 底部**. [その他] 最下部は拠り所となる重要な部分であることから, 計画や組織, 理論などのかなめとなる**基盤**, ある態度や行動などの**主成分**, 軍隊の(作戦)**基地**, 一般に**本拠地や本部**. 土台の意味から, ペンキなどの**下塗り**, 演劇のメーキャップ用クリーム. 最下部ははじめの部分であることから, 広くものごとの**出発点**.〖野〗**塁, ベース**,〖建〗柱や物体の下部である**礎盤, 礎石**,〖化〗**酸**と化合して**塩**となる物質, **塩基**,〖染色〗色を固定させる**色止め剤**,〖幾〗**底辺**,〖言〗**語幹**,〖数〗**基数, 根**. 動 として, 物事の基礎を築く, 基部となる, **基礎を置く**.

[語源] ギリシャ語 *basis*(踏み台, 立ち台)がラテン語 *basis*, 古フランス語 *base* を経て中英語に入った.

[用例] The soup is of vegetable *base*. スープは野菜を主材料にしている./He *based* his theory on the wrong facts. 彼は誤った事実に基づいて理論を組み立てた/He used the novel as a *base* for the film. 彼はその小説を下じきにして映画を作った.

[類義語] base; basis; foundation: **base** は下部構造や土台として支えるものを表す一般語. **basis** は特に抽象的なものの基礎, 基準, 共通の基盤を指す. **foundation** は堅固な支えを表し, 建物など恒久的なものの土台.

【慣用句】**get to [make; reach] first base**〔くだけた表現〕《米》〖野〗一塁に達する〔出る〕, 苦労して最初の第一の段階に到達する. **off base**〖野〗ベースから離れている(⇔on base), 〔俗語〗《米》考えや態度などが不健全な, 見当ちがいで. **touch base(s) with ...**〔くだけた表現〕...と意志の疎通〔接触〕がある, 連絡がある.

【派生語】**báseless** 形 根拠のない. **básement** ⇒見出し.

【複合語】**baseball** 名 ⇒見出し. **báse càmp** 名 C〖登山〗ベースキャンプ. **báse hít** 名 C〖野〗塁打, ヒット. **báseline** 名 C〖野〗底辺,〖測量〗三角測量術の**基線**,〖野〗塁と塁とを結ぶ線, 塁線,〖テニス〗コートのバックライン. **báseman** 名 C〖野〗...塁手: a first *baseman* 一塁手. **báse rùnner** 名 C〖野〗塁に出ている走者, ランナー. **báse pày** 名 U **基本給**(日英比較) 日本語で基本給を引き上げることを「ベースアップ」というが, 英語では賃金を上げることを《米》raise, hike, 《英》rise という).

base² /béis/ 形 〘やや形式ばった語〙〘やや軽蔑的〙[一般義] 人や行動が**卑しい, 下品な**. [その他] あさましい, ひきょうな, **利己的な**. 物の場合は, 品質が**劣っている**, 貨幣などが**偽造**である.

[語源] ラテン語 *bassus* (低い, 背の低い)が古フランス語 *bas* を経て中英語に入った.

[用例] a *base* act 卑劣な行為/*base* coins [currency] 偽造硬貨〔貨幣〕.

[類義語] base; mean: **base** はどん欲, おくびょうで自己の利を優先させる利己的卑劣さ. **mean** は度量が小さく, けちであること.

[対照語] noble; moral; virtuous.

【派生語】**báseness** 名 U.

【複合語】**báse-bòrn** 形 生れの卑しい, 庶出の, 性格が卑しい. **báse métal** 卑金属(⇔precious [noble] metal)(★銅, 鉛, 亜鉛, スズなど).

base·ball /béisbɔːl/ 名 UC (⇒base¹)〖スポ〗**野球** (★アメリカの国技), **野球**のボール.

[用例] a *baseball* game [player; fan; park] 野球の試合〔選手, ファン, 球場, 用具〕/He plays *baseball*, not football. 彼がやっているのは野球であって, フットボールではない.

baseless ⇒base¹.

base·ment /béismənt/ 名 C (⇒base¹).〔一般語〕建物の**地階, 地下室**.

[用例] the first [second] *basement* 地下1[2]階.

ba·ses /béisiːz/ 名 basis の複数形.

bash /bǽʃ/ 動 名 C〔くだけた語〕[一般義] **殴りつける, 激しく打つ**, 打ちこわす. ...の悪口を叩いてへこませる. 自 衝突する. 名 として**強打**, 激しさの連想でにぎやかなパーティー.

[語源] bang と smash の混成語. 初期近代英語から.

bash·ful /bǽʃfəl/ 形 [一般義] **内気な, はにかんだ, 照れた**.

[語源] abash の省略形 bash に -ful の付いたもの. 初期近代英語から.

[類義語] shy¹.

【派生語】**báshfully** 副. **báshfulness** 名 U.

ba·sic /béisik/ 形 名 [一般義] **基本的な, 本質的な**,

〖化〗塩基性の. 名 として〔複数形で〕基本的なこと, 基礎.
語源 base¹ + -ic. 19 世紀から.
【派生語】básically 副.
【複合語】Básic Énglish 名 固 ベーシックイングリッシュ《★C.K. Ogden の考案した 850 語を用いる英語を基本とした国際語》.

ba·sin /béisn/ 名 C 〔一般語〕一般義 丸くて大きく浅い, 側面が斜めになった水ばち. その他 水ばち一杯の分量. 水盤, 浴槽, 洗面器, 流し, 台所用の洗い桶, 食物を入れたりかき混ぜたりする浅い容器, 水たまり, 入江, 流域, 〖地理〗盆地, くぼ地, 低地.
語源 ラテン語 *bacca*(= water vessel)が後期ラテン語 *baccinum*, 古フランス語 *bacin* を経て中英語に入った.
用例 a wash-hand *basin* 手洗い鉢/a pudding *basin* プディング用のはち/a *basin* of hot water 洗面器一杯の湯/the *basin* of the Mississippi ミシシッピ川流域.
類義語 bowl.
【派生語】básinful 名 C たらい一杯の分量.

ba·sis /béisis/ 名 C (複 -ses/si:z/)〔一般語〕一般義 抽象的なものの基本, 基礎, 根拠. その他 理論, 知識の出発点としての原理, 原則, 基準. 〔形式ばった語〕抽象, 物質を問わず主要な構成要素, 薬などの主成分.
語源 ⇒base¹.
類義語 ⇒base¹.
用例 This idea is the *basis* of my argument. この考えは私の議論の基本だ/On the *basis* of what he said, I'd guess he'll make a success of it. 彼の言ったことを根拠として判断すると, 彼は成功すると思う.
【慣用句】 **on the basis of** … …を基盤[基礎]として, …に基づいて.

bask /bæsk | báːsk/ 動 本来自 〔やや形式ばった語〕一般義 人や動物が座ったり寝そべったりしながらひなたぼっこをする. その他 愛情や恩恵に浴す, 居心地良くひたる(in).
語源 古ノルド語 *batha*(= to bathe) の再帰形 *bathask*(= to bathe oneself)が中英語に入った.
用例 A dog was *basking* in the sunshine on the lawn. 犬が芝生の上でひなたぼっこをしていた /He *basked* in the approval of his friends. 彼は友人たちの賛意に気をよくしていた.
類義語 ⇒bathe.

bas·ket /bæskit | báːs-/ 名 C 〔一般語〕一般義 植物の茎や竹などを編んで作ったかご, ざる. その他 かご一杯の分量(basketful). 形や用途かごに類似しているもの, 気球のつりかご, ゴンドラ, 〖バスケットボール〗ゴールの網, 得点, スキーのストックのリング.
語源 古フランス語から中英語に入ったと思われるが詳細は不明.
【慣用句】 **be left in the basket** 売れ残る, 望み手がない **put all one's eggs in the basket** ⇒egg. **shoot a basket** 〔俗語〕〖バスケットボール〗得点する. **the pick of the basket** えり抜き, 精選品.
【派生語】 básketful 名 C かご一杯の分量. básketry 名 U かご工芸(品, 法).
【複合語】 basketball 名 ⇒bas-ket. básket càse 名 C 〔俗語〕〔軽蔑的〕情緒不安定などのものごとができない人, 全くの無能力者, うまく機能しない物. básket cháir 名 C 柳枝製のひじかけ椅子. básket hìlt 名 C かご状の剣のつか. básket stàr 名 C 〖棘皮(きょくひ)動物〗オキノテヅルモヅル《★網目状の体をした小さな海洋生物》. básket wèave 名 U 斜子(ななこ)織り, 籠織り. básket wòrk 名 U かご細工品(basketry).

bas·ket·ball /bæskitbɔːl | báːs-/ 名 UC (⇒basket) 〖スポ〗バスケットボール 《★1891年にアメリカ人 James A. Naismith により考案された》, バスケットボール用のボール.

bass /béis/ 名 UC 形 〖楽〗男声のもっとも低い, バリトンの下の音域, バス, ベース, この音域に属する声, およびその声の人. ダブルベース (= コントラバス)などの低音楽器. 形 としてはバス[低音]の.
語源 中英語 bas, base から(⇒base²). 現在はイタリア語 *basso* にならって bass とつづるが, 発音はもとのままである.
【複合語】 báss clarinét 名 C 〖楽器〗バスクラリネット. báss clèf 名 C 〖楽〗低音部記号. báss drúm 名 C 〖楽器〗大太鼓. báss hórn 名 C 〖楽器〗チューバ(tuba).

bas·soon /bəsúːn/ 名 C 〖楽器〗低音の木管楽器バスーン, ファゴット.
語源 イタリア語 *basso*(バス)の増大語 *bassone* がフランス語を経て 18 世紀に入った.
【派生語】 bassóonist 名 C バスーン奏者.

bas·tard /bæstərd/ 名 C 形 〔軽蔑語〕一般義 いやな奴, ひどい奴《語法 男性的に用いる. この語は現在では人前で用いてはならない語とされている》. その他 本来は非嫡出子の意. これから人に対する軽蔑語として, 劣ったもの, 大きさや形などが基準に合わないもの. 形 として〔形式ばった語〕まがいの, にせの, 形, 大きさなどが異状な, 変則的な.
語源 中世ラテン語 *bastardus* (= bastard)が古フランス語を経て中英語に入った. 語源には諸説があるが詳細は不明.
用例 He's a really mean *bastard*. あいつは本当にいやな奴だ/I hate you, *bastard*! お前なんか嫌いだ.
【慣用句】 **a bastard of a [an]** … 〔俗語〕非常にやっかいな, いまいましい.
【派生語】 bàstardizátion 名 U. bástardìze 動 本来他 〔形式ばった語〕本物ではなくする, 粗悪にする. bástardly 形. bástardy 名 U 庶出であること, 庶子をもうけること.

bat¹ /bæt/ 名 C 動 本来他 〔一般語〕一般義 野球のバットやクリケットのクラブ, 卓球, テニス, バドミントンのラケット. その他 本来は頑丈な棒という意味で用いられた, 乗馬などに用いる棒, 一般に打つ物を指す. また〔くだけた語〕一打, 一撃, 打撃順, 〔俗語〕ひとしきり飲み騒ぐこと. 動 としてバット(状の物)で打つ, 打率を有する.
語源 語源不詳の古英語 bat(木の棒)に由来するという説か, 古フランス語 *batte*(打つ)に由来するという説などがあるが詳細は不明.
用例 He *batted* more than .3. 彼は 3 割以上の打率だった.
【慣用句】 **at full bat** 〔俗語〕〔英〕非常に速く. **bat around** 〔俗語〕気楽にあれこれ論じる. **be at bat** 〖野・クリケット〗打席についている, 打順で立っている. **go to bat for** … 〔くだけた表現〕…の助っ人に入る. **off one's own bat** 〔くだけた表現〕自分のヒットにより得点することから, 他人の助力を許しによらず自分で: He must be very clever to have made it all *off his own bat*. 自分だけでやりおおせたとは彼はたいしたものだ.

(*right*) *off the bat* 〔くだけた表現〕即座に.
【派生語】**bátter** 名 C 〔野・クリケット〕打者.
【複合語】**bátsman** 名 C 打者, バッター.

bat² /bǽt/ 名 C 動 夜行性の哺乳類のこうもり.
[語源] 北欧語から中英語に入ったと思われる bakke の別形から.
【慣用句】*blind as a bat* まるで目が見えない. *have bats in the [one's] belfry* 〔俗語〕《米》頭がおかしい, 気違いじみたことを考えている. *like a bat out of hell* 〔くだけた表現〕大急ぎで, すばやく.
【派生語】**bátty** 形 〔くだけた語〕頭の変な, 気のふれた 《語法》(英) bats ともいう).

bath /bǽθ/ bá:θ/ 名 C 動 本来自 一般語 一般義 水や湯で体などを洗ったり, それにつかること, 入浴, 沐浴. その他 洗ったり体を暖めたりするための水や湯, それを入れる浴槽《米》bathtub), 浴室(bathroom), 《複数形で》入浴を治療の一環とする湯治場, 温泉, ギリシャ・ローマ時代の公衆浴場, 蒸気にあたるむし風呂 (steam bath), 日光浴(bath of sunshine). 〔写〕現像液, 〔医〕治療液(の入った器). 動 として (英) 入浴する. 他 子供などを入浴させる.
[語源] 古英語 bæth から. bake と同根.
[用例] She has cold *baths* three times a week. 彼女は週に冷水風呂に入る/I'll fill the *bath* with water for you. きみのためにおふろに水を一杯いれてあげよう/I'll *bath* the baby. ぼくが赤ん坊を風呂に入れよう.
[語法]「入浴する」は(英) have a bath, (米) take a bath. また(英)では, **bath** は自/他動詞として, 「汚れをとるために洗う」ことを意味し, have a bath と同義であるが, これに対して **bathe** は自動詞として「泳ぐ」を表し, 他動詞として「医療のために洗う」ことを意味する(例 *bathe* one's eyes). 従って **bathing** という語はその原形によって /bɑ:θiŋ/, /beiðiŋ/ と二通りに区別して発音する.
[類義語] shower.
[関連語] toilet.
【慣用句】*be bathed in* ... を入浴させる. *have a bath* (英) 入浴する. *take a bath* 入浴する, 〔俗語〕金銭上の大損をする. *take the baths* 湯治をする.
【複合語】**báthhòuse** 名 C 海の家(★脱衣場の付いた建物), 公衆浴場. **báth màt** 名 C 風呂用の足ふきマット. **báthròbe** 名 C バスローブ. **báthròom** 名 C 浴槽やシャワー, 洗面台, トイレの付いた浴室 《語法》アメリカでは単にトイレのみを指すこともある). **báth tòwel** 名 C バスタオル. **báthtùb** 名 C (米) 通常固定式の浴槽(★くだけた言い方として tub ともいう). **báthwàter** 名 U 浴槽の水[湯].

bathe /béið/ 動 本来自 一般語 一般義 (英) 水浴びする, 水泳をする/(米) swim. その他 〔形式ばった語〕入浴する(take a bath), 〔文語〕日光などを浴びる, 汗や涙にまみれる. 他 医薬療法として水や湯, 薬液に手足などをつける, 病人, 赤ちゃんなどを入浴させる. 名 として〔古風な語〕《英》水浴び, 水泳.
[語源] 古英語 bæth (=bath) の 動 bæthian から.
[用例] He *bathed* his feet to get the dirt off. 彼は泥をぬぐうために足を洗った/I'll *bathe* your wounds. 傷を水[薬液]に浸してあげましょう/Let's go for a midnight *bathe* in the pool. プールで真夜中の水泳をしましょう.

[類義語] swim.
【慣用句】*be bathed in* ... 〔文語〕...を浴びる: The hills are *bathed* in sunlight. 丘は陽光を浴びている.
【派生語】**báther** 名 C 〔古風な語〕《英》海水浴客, 泳ぐ人. **báthing** 名 U 水泳, 水浴び, 液体に漬けること. *bathing suit* 〔古風な語〕水着(swimsuit).

ba·thos /béiθɑs/-θɔs/ 名 U 【修辞】漸降法 (★荘重な文体を急にこっけいな調子に落とすこと).
[語源] ギリシャ語 *bathos* (=depth) が18世紀に入った.

ba·ton /bətɑ́n/bǽtən/ 名 C 〔やや形式ばった語〕オーケストラなどの指揮者の使う**指揮棒**, バトンガールの使うバトン, リレー競技で用いるバトン, 警官の持つ警棒, 官位や地位を示す杖(きえ).
[語源] 俗ラテン語 *basto* (=stick) が古フランス語 *baston*, フランス語 *bâton* を経て初期近代英語に入った.
[用例] The conductor raised his *baton*. 指揮者が指揮棒をふりあげた/the *baton* pass(ing) リレーのバトンタッチ (日英比較) baton touch とはいわない).
[類義語] stick¹.
【複合語】**batón twìrler** 名 C バトンガール 《日英比較》単に twirler ともいうが, baton girl とはいわない). ⇒ drum majorette.

bat·tal·ion /bətǽljən/ 名 C 【軍】大隊.
[語源] 俗ラテン語 *battalia* (=combat) がイタリア語, フランス語を経て初期近代英語に入った.

bat·ten /bǽtn/ 名 C 動 本来他 一般語 一般義 床張り板. その他 〔海〕当て木. 動 として床板を張る, 当て木をする.
[語源] baton (=stick) の変形.

bat·ter¹ /bǽtər/ 動 本来他 一般語 一般義 続けざまに打つ, 叩きつぶす, 打ちこわす, 破損させる. 対象物をばらばらにすることも結果的には表すが, もとの形を失わせるほどに打撃を繰返すことに重点がある. また衣類などを着つぶす, 使い切る, 人を虐待する, 理論をこきおろす.
[語源] ラテン語 *battuere* (=to strike) から派生した古フランス語 *batre* が中英語に入った.
[類義語] beat.

bat·ter² /bǽtər/ 名 U 一般語 牛乳, 卵, 小麦粉などの練り粉, バッター.
[語源] 古フランス語 *bature* (=beating) が中英語に入ったと思われる.

batter³ ⇒ bat¹.

bat·tery /bǽtəri/ 名 C 一般語 一般義 蓄電池, バッテリー. その他 この語は本来は「続けざまに打つ」という意味の batter の C で, 一連のドラムの連打や大砲の連続射撃, 砲列, 【軍】砲兵中隊の意となり, 一般化してつながったり並んだりした一連[一組]のものを広く表す. 蓄電池の意は電極板を入れた容器がからくも連なっているところから. その他〔法〕殴打, 暴行, 養鶏場の鶏の一連のケージ.
[語源] 古フランス語 *battre* (⇒batter¹) から派生した古フランス語 *baterie* (=一群の大砲) が中英語に入った.
[用例] He fired a *battery* of questions at me. 彼は私に矢つぎばやに質問を浴びせかけた/We found the *battery* had died during the night. 夜のうちにバッテリーがあがってしまっていたのがわかった.
【慣用句】*recharge one's batteries* 休んで元気を回復する, 充電する.

bat·tle /bǽtl/ 名 UC 動 本来自 一般語 一般義 軍

隊などによる1回の大規模な**戦闘**や**戦争**. その他 広くあらゆる戦い, 対立, 競争. 動 として戦う, 参戦する.
語源 ラテン語 *battuere* (⇒batter¹)から派生した後期ラテン語 *battualia* (剣や兵士による戦闘)が古フランス語 *bataille* を経て中英語に入った.
用例 That was the last *battle* of the war. それが戦争の最後の闘いだった/*battle* for promotion 昇進への戦い. 語法 この場合は不可算名詞.
類義語 war; battle; combat; skirmish: war は国家間の大規模な戦争. battle はある特定の時の特定の地域における戦闘. combat は武装した戦いを広く意味する. skirmish はちょっとした衝突や小ぜり合い.
関連語 fight; conflict; struggle; contest.
慣用句 (*a*) *pitched battle* 〔くだけた表現〕辛い[きつい]戦い, 激戦, 総力戦. (*a*) *running battle* 〔くだけた表現〕長い戦い. (*an*) *uphill battle* [*fight*; *struggle*] 〔くだけた表現〕非常に困難なことのための努力, 苦戦. *do battle* 戦う, 争う. *fight a losing battle* 成功の見込みのあまりない努力をする. *half the battle* 〔くだけた表現〕難事をやりとげるための重要な部分.
派生語 **báttlement** 名 C 〔通例複数形で〕城やとりでの最上部の**銃眼つきの胸壁**.
【複合語】**báttleàx(e)** 名 C 戦いの武器としての**斧**(゚゚), **戦斧**(゚゚゚), (俗語) (軽蔑的)不愉快で好かれぬ顔の女. **báttle crỳ** 名 C **鬨**の声, スローガン. **báttlefield** 名 C **戦場**, 比喩的に**争点**. **báttlefrònt** 名 C **戦線**, **前線**. **báttlegròund** 名 C =battlefield. **báttlescàrred** 戦闘による傷あとのある. **báttleshìp** 名 C **戦艦**. **báttlewàgon** 名 C 〔俗語〕《米》=battleship.

bat·tle·dore /bǽtldɔːr/ 名 C 〔一般語〕**羽子板**.
語源 不詳.

bau·ble /bɔ́ːbl/ 名 C 〔一般語〕**安びか物, 子供だまし**.
語源 古フランス語 *baubel* (=child's toy)が中英語に入った. それ以前は不詳.

baux·ite /bɔ́ːksait/ 名 U 〔鉱〕**ボーキサイト**《★アルミニウム原鉱》.

bawd·y /bɔ́ːdi/ 形 U 〔一般語〕**話などがわいせつな, みだらで下品な**. 名 としてわいせつな**話**[**行為**].
語源 不詳, 中英語より.
用例 *bawdy* jokes わい談.

bawl /bɔːl/ 動 本来自 C 〔一般語〕**大声で叫ぶ, どなる, 泣き叫ぶ**.
語源 不詳, 中英語より.
慣用句 *bawl out* 《米》人をしかりつける.

bay¹ /béi/ 名 C 〔一般語〕〔一般義〕**湾, 大きな入江**. その他 《米》森や山脈などに三方を囲まれて入江のようにひっこんだ山ふところ.
語源 中世ラテン語 *baia* に由来する古フランス語 *baie* が中英語に入った. bay³ となる古フランス語 *baée* と混同があったと思われる.

bay² /béi/ 名 C 本来自 〔一般語〕〔一般義〕**猟犬の深みのあるほえ声**. その他 **追いつめられた状態, 窮地**. 動 として, **大きな犬がほえる, 人がうなるように話す**. 他 **わんわんとほえて追いかける**, 比喩的に**窮地に追い詰める**.
語源 擬音語起源の古フランス語 *abai* に入って頭音を消失したものと思われる.
類義語 bark; howl.
慣用句 *be at bay* **逃げ場がない, 窮地に立っている**. *hold* [*keep*] ... *at bay* いやな人, 病気などを**寄**せつけない, 食いとめておく: I'm just managing to *hold* disaster *at bay*. 私はどうにか災害をくいとめている. *bay* (*at*) *the moon* 〔文語〕**価値の無いことにむだな努力をする**, 〔くだけた表現〕**絶えず愚痴を言う**. *bring to bay* **動物や人を逃げられないように窮地に追いつめる**.

bay³ /béi/ 名 C 〔一般語〕**建物内の特定の用途をもつ区画**, **仕切り部分**. その他 本来は〔建〕**格間**(゚゚), **柱間**《★支柱と支柱で区切られる四角な区画》. 転じて**ある物専用の区画**(荷物室, 駐車スペースなど), **鉄道の駅の引込み線**.
語源 古フランス語 *baer* (=to gape)の 名 *baee* が中英語に入った. ⇒bay¹.

bay⁴ /béi/ 名 C 〔植〕**げっけいじゅ**(laurel), 《複数形で》**月桂冠, 栄冠**.
語源 ラテン語 *baca* (=berry)が古フランス語 *baie* を経て中英語に入った.
【複合語】**báy lèaf** 名 C **げっけいじゅの葉, ベイリーフ**《★料理用の香料》.

bay⁵ /béi/ 形 UC 〔一般語〕**馬がくり毛の**. 名 として**くり毛色, くり毛の馬**.
語源 ラテン語 *badius* (=yellow; brown)が古フランス語 *bai* を経て中英語に入った.

bay·o·net /béiənit/ 名 C 動 本来他 〔一般語〕**銃剣**. 動 として, ...**を銃剣で突く**.
語源 最初の製作地フランスの Bayonne から. 初期近代英語より.

bay win·dow /béiwíndou/ 名 C 〔一般語〕**三面に張り出し窓**, 〔俗語〕**男性の太った腹, 太鼓腹**.
語源 ⇒bay³.

ba·zaar /bəzáːr/ 名 C 〔一般語〕**クラブや教会などで資金集めのために手製品や中古品などを売る慈善市, バザー**. その他 本来は東洋の**市場街, 商店街**, 一般的に**雑貨店, 特売場**.
語源 「市場」を意味するペルシャ語 *bāzār* がトルコ語, イタリア語を経て初期近代英語に入った.
用例 a charity *bazaar* 慈善市/Are you coming to the church *bazaar*? 教会のバザーに来ますか.

B.C. /bíːsíː/ 〔略〕=before (the birth of) Christ (キリスト誕生以前, 紀元前). 語源 100B.C. (紀元前100年)などとして用いる).
対照語 A.D.

be /強с bíː, 弱 bi/ 動 本来自 助《過去 was, were; 過分 been》〔一般語〕〔一般義〕A is B のように...**であるという連結動詞として用いられる**. その他 **人や物がいる, あるのように存在を表し, 事が生起する, 人が...になる**, ある**状態を保って...のままでいる**の意. 助 としての意味 ⇒ 語法.
日英比較 日本語では無生物が主語のときは「...がある」, 生物が主語のときは「...がいる」と区別するが, 英語ではそのような区別はない.
語法 助動詞として用いられる場合は, 過去分詞を伴って「...される」という受動形, 現在分詞を伴って「...しているところだ」という進行形, 不定詞を伴って必然性や予定, 可能性, 完了, if 節に不定詞を用いて仮定などを意味する. なお be の代りに get+過去分詞で受動を表す場合はくだけた表現となる.
語源 古英語 *beon* より. 本来三つの別個の語源に由来する. すなわち ❶ 存在を表す印欧祖語 **es-* ❷ 印欧祖語 **wes-* (=to stay; to remain) ❸ 印欧祖語 **bheu-* (to exist; to become) である. ゴート語においては ❶ と ❷ は別個の語であったが, ❶ が直説法・仮定法

の現在形しかもたなかったため,古英語のころには❷がその欠如を補うものとなって, am-was 体系がととのった. ❸は古英語においては依然として別個の動詞 beon であったが,現在形をそろえているものの過去形を持たないところから,しばしば am-was 体系の未来時制を表すものとして用いられた. 13 世紀initialに入り,不定法,分詞,命令法,仮定法現在が逐次 am-was に代わって❸の beon によって表されるようになって am-was-be の体系がととのい,現在ではその不定形により「be 動詞」と呼ばれるに至った.

[用例] I want to *be* [become] a doctor. ぼくは医者になりたい/I'd like to talk to Mrs. Johnson. *Is* she at home? ジョンソン夫人とお話ししたいのですが,ご在宅ですか/I *am* being followed. 私は尾行されている/When am I to leave? いつ出発すべきでしょうか/After his accident, he *was* never to walk again. 彼は事故のあと再び歩けるようにはならなかった/If he *were* to lose, I'd win. 彼が負けるとしたらぼくが勝つことになろう.

[慣用句] *be going to do* 近い将来に...しそうである,...するつもりである. *let* (...) *be* (...を)そっとしておく. *the be-all and end-all* 〔ややくだけた表現〕究極的でもっとも重要な目標: Is money *the be-all and end-all* of your life? 君は金がすべてなのかい (★シェークスピアの『マクベス』に由来する表現).

【派生語】 **béing** 名 U C 存在すること, 存在物, 生きもの: *beings* from outer space 宇宙よりの生命体.

be- /bi/ [接頭] 意味を強めて程度のはなはだしいことを表し,動詞に付いて全面的に,すっかり,まったくの意. 名詞や形容詞に付いて...にする, ...として扱うの意の他動詞を作る. また-ed 形の過去分詞に付いて...を身につけた,...を持った, ...で飾られたの意味になる. 例: beset (包囲する); befriend (友として力を貸す); belittle (小さくする); bewhiskered (ひげをはやした).

[語源] 古英語 bē- (=by) の弱強勢の形に由来する bi-から.

beach /biːtʃ/ 名 C [本来義] [一般義] 平たんな海岸や湖岸で, 波のうち寄せる砂浜, 波うちぎわ. [その他] 海水浴や日光浴をする場所としての海辺, 海水浴場. 動 として, ボートを砂浜に引き上げる.

[語源] 不詳.
[類義語] ⇒ shore¹.
[慣用句] *on the beach* 〔くだけた表現〕《米》水夫仲間の表現で, 乗り組んでおらず陸にあがっていることから, 失業中で.

【派生語】 **béachy** 形 砂地の.
【複合語】 **béach báll** 名 C 《米》ふくらませて使う水遊び用のボール, ビーチボール. **béachbòy** 名 C 海辺の監視人, ビーチボーイ. **béach bùggy** 名 C タイヤの大きい砂地用自動車, ビーチバギー. **béachcòmber** 名 C 大波, 海辺をうろつく浮浪者, 特に南洋諸島の白人のルンペン. **béachhèad** 名 C 《軍》上陸拠点, 橋頭堡. **béach umbrèlla** 名 C 《米》海辺や庭で用いるビーチパラソル ([日英比較] beach parasol とはいわない). **béach wàgon** 名 C 《米》=station wagon. **béachwèar** 名 U 水着, またはその上にはおるもの.

bea·con /bíːkən/ 名 C [一般義] 信号灯. [その他] 本来はかがり火, のろしの意. これらは信号の際に使われたことから, 広く信号関係のものとして用いられになった. 航空標識, 無線標識(radio beacon), 山, 川, 丘などの目じるし.

[語源] 古英語 bēac(e)n (=sign) から.
【複合語】 **béacon bòat** 名 C 無人灯船.

bead /biːd/ 名 C [本来義] [一般義] ガラスや木, 金属などの小さくて丸い玉で, 糸を通すための穴のあいたビーズ, 数珠(ジュ)玉, なんきん玉. [その他] [複数形で] 数珠, ネックレス, 祈りに用いる珠(ジ)ザリオ. また広く, 丸くて小さいものを表し, 水滴や泡, 汗や血のしずく, 鉄砲の銃口に付いている照星, ゴムタイヤの内側の出っ張り. 動としては, ビーズをつなぐ, 数珠つなぎにする, 玉で飾る.

[語源] 古英語 (ge)biddan (祈る) の 名 gebed (祈り) が中英語 bede を経て bead となったが, 祈りのときに数珠 (rosary) の玉で回数を数えることから, 次第に数珠の意となり, 玉の意に転移した.

[用例] a string of glass *beads* ガラス玉の首飾り/There were *beads* of sweat on his forehead. 彼のひたいには玉の汗が浮かんでいた.

[慣用句] *draw a bead on ...* 〔くだけた表現〕《米》人や物にねらいを定める, 人を注目する. *say* [*tell, count*] *one's beads* ロザリオを用いて祈る.

【派生語】 **béady** 形 目などが小さくてビーズのような, 物がビーズで飾ってある: the *beady* eyes of the blackbird ビーズのようなつぐみの目.
【複合語】 **béad cúrtain** 名 C 玉すだれ.

bea·gle /bíːɡl/ 名 C 〔動〕うさぎ狩り用のビーグル犬.
[語源] 古フランス語 *begueule* (=noisy person) が中英語に入った. 原義は「太いのど」. ビーグル犬は大声で吠えることから.

beak /biːk/ 名 C [一般語] [一般義] わし, たかなど猛鳥の鉤(^{カギ})状の鋭いくちばし. [その他] くちばしに似た形のものを広く指し, 昆虫, かめ, 魚などの口[鼻のさき]の部分, 水さしの口, 〔俗語〕人の大きな鉤鼻.

[語源] ケルト語起源のラテン語 *beccus* が古フランス語 *bec* を経て中英語に入った.

[用例] The thrush had a worm in its *beak*. つぐみはくちばしに虫をくわえていた.

[類義語] beak; bill: **beak** は獲物を襲ったり引き裂いたりするための猛禽類の鉤状の鋭くかたいくちばしを意味する. **bill** より一般的として, 水鳥などの細く長いくちばしや短くて円錐形のくちばしなどを広く指す. また bill はくちばしを表す鳥類学の術語でもある.

【派生語】 **béaked** 形 くちばしのある, くちばし状の.

bea·ker /bíːkər/ 名 C [一般語] 科学実験用のビーカー, 一般に大型コップ.

beam /biːm/ 名 C [本来自] [一般義] 一条の光, 帯状の光線. [その他] 船や飛行機にむけて灯台などから発する光線の束, 信号電波, 比喩的に晴れやかな微笑み, 輝き. 本来は建築用の長い角材や金属材, 特にそれらを横にして使った桁(ケタ), 梁(ハリ)や船の梁(フナバリ), 転じて船の横幅, すきの柄, 織機の巻棒, 天びんの軸. 動 として光を発する, 顔を輝かせる. 光, 信号などを発する.

[語源] ドイツ語 *Baum* (木) に関連しており, 古英語のころからあった「木, 板材」を意味する語. 古英語でラテン語 *columna lucis* (=column of light) を訳すのに beam を用いたため, 本来 column (=pillar) を表した語が light を表すようになった.

[用例] a *beam* of sunlight 一条の陽光/a moon*beam* 月光/This transmitter *beams* radio waves all over Britain. この送信機は英国中にラジオ電波を送る/A *beam* of pleasure lit up her face. (=She *beamed* with delight.) 彼女は喜びで顔を輝かせた.

[類義語] beam; ray: **beam** は光線の束で **ray** は一筋

の光線をさし, ray が集まったものが beam である.
【慣用句】*beam in one's own eye*〔くだけた表現〕自分に気付かない自分の大きな欠点(★聖書から). *broad in the beam*〔俗語〕ヒップの幅が広い, おしりの大きい. *off the beam* 飛行機などが指示された進路をはずれて, 〔くだけた表現〕考えや表現が間違って. *on the beam* ⇔off the beam. *on one's beam-ends*〔俗語〕船が転覆しそうになって, 方策や財力が尽きてしまって.
【派生語】**béaming** 形 光り輝く, 喜びにあふれた.

bean /bíːn/ 名 C 動 本来他 一般他 一般義 いんげん豆, 大豆などマメ科の植物の実, 豆, またその植物. その他 マメ科以外の植物の豆の形をした実, 例えばコーヒー豆, 豆の形をしたもの, 水鳥の頭にある突起, 〔俗語〕頭, 脳, 動 として, 石や棒などの武器を使って人の頭をなぐる, 〖野〗打者にビーンボールをくらわす.
語源 古英語 bēan から.
用例 Why don't you use your *bean*? アタマをつかったらどうだい.
類義語 bean; pea: **bean** は楕円形の実をつけるマメ科の植物を一般的に指すのに対し, **pea** はえんどう豆など球形の実をつけるマメ科の植物.
関連語 soy bean (大豆); broad bean (そら豆); small bean (あずき); kidney bean (いんげん豆); pod (さや).
【慣用句】*full of beans*〔くだけた表現〕本来えさを充分与えられている元気な馬を指したところから, 元気で活気のある, 〔米〕誤っている, 間違っている. *know how many beans make five*〔くだけた表現〕〔英〕抜け目がない, 頭がきれる, 物をよく知っている. *know one's beans*〔俗語〕〔米〕専門に通じている. *not have a bean*〔俗語〕bean は一番小さなコインを指すところから, 文無しだ:Could you lend me fifty pence? I *haven't (got) a bean* with me. 50 ペンス貸してもらえる? 文無しなんだ. *not know beans about* ...〔俗語〕〔米〕...を全然知らない 〖語法〗beans は否定文において複数形で用いる). *old bean*〔古風な表現〕〔英〕友人に呼びかけて, おい, 君. *spill the beans*〔くだけた表現〕うっかり秘密の情報をもらしてしまう.
【派生語】**béanery** 名 C 〔俗語〕豆料理を看板にするような安い食堂;〔方言〕豆が囚人の主食として出されることから, 刑務所. **béanie** 名 C 子供や大学の一年生がかぶるぴっちりとした笑いの帽子.
【複合語】**béanbàg** 名 CU お手玉, お手玉遊び. **béan bàll** 名 C 〔俗語〕〖野〗バッターの頭をめがけて投げたルール違反の投球, ビーンボール. **béan cùrd** 名 U 豆腐 〖語法〗tofu ともいう). **béan cùt** 名 C 〔俗語〕髪を短く刈ったヘアスタイル, 角刈り(〔米〕crew cut). **béan-hèad** 名 C 〔俗語〕ばかな人. **béanpòle** 名 C 〔米〕豆のつるの支え, 〔くだけた表現〕やせたのっぽの人. **béanshòoter** 豆 鉄 砲(peashooter). **béan sproùts** 名 (複) 豆もやし. **béanstàlk** 名 C 豆の茎: Jack and the *Beanstalk* 童話の『ジャックと豆の木』. **béan wàgon** 名 C 〔俗語〕立食い式の安い小食堂.

bear¹ /béər/ 動 本来他 (過去 **bore**, (古)**bare**; 過分 **borne, born**) 一般他 一般義 耐える, 我慢する, 辛抱する. その他 本来重いものを運ぶ意で, 武器などを身につける, 持っている, 伝言などを伝える, 重さを支える意となり「耐える」意となった. 比喩的に費用や責任を負担する. 〔やや形式ばった表現〕特質を帯びる, 名前や肩書きを持つ, 愛憎などの感情を抱く, ある方向に位置する, 関連がある. この語には「持ち運ぶ」と並んで古くから用いられた意味として「産出する」があり, 人間や動物が子を生む, 植物が葉[花, 実]をつける, 大地が植物を生育させる.
語源 古英語 beran から.
用例 He was unable to *bear* the pain any longer. 彼はそれ以上苦痛に耐えられなかった/I couldn't *bear* it if he left. 彼がいなくなるなんてがまんできない/Will the table *bear* my weight? テーブルは私の体重を支えられるだろうか/It doesn't *bear* thinking about. あんまり不愉快で考えられない〔考えるのも嫌だ〕/The pain *bears* heavily on her. 痛みが重く彼女にのしかかっている/He was *borne* shoulder-high after his victory. 勝ったあと彼は肩の高さにまでかつぎ上げられた/The check *bore* his signature. 小切手には彼のサインがしてあった/I *bear* you no ill-will. 私はあなたに何の悪意も抱いていません/She decided to *bear* witness of the accident. 彼女は事故のことを証言する決心をした/She has *borne* (him) several children. 彼女は(彼の)子を数人生んだ/She was *born* on July 7. 彼女は 7 月 7 日に生まれた.
類義語 bear; suffer; endure; tolerate; stand; put up with: これらはどれも我慢することを表すが, このうち **bear** は重みに耐えたり困難に耐えることを表す. **suffer** は受身的な受容やあきらめを表し, つらいことや有害なことに耐える場合に用いる. **endure** は長い苦しみを我慢することを表し, 持久力や耐久力, 忍耐力を強調する. **tolerate** と **stand** は嫌なことや腹のたつことに反対するのを控えることを表すが, このうち **stand** の方は bear に近い意味を持つ一般的でよく用いられるくだけた語. **put up with** は bear に近い意味のくだけた表現. Stand と put up with はどちらも bear と入れ換えて用いることもできる.
【慣用句】*bear a hand*〔古風な表現〕助ける, 〖海〗《命令文で》作業はじめ! *bear away* 賞などを持ち去る; 〖海〗風をよけて船の進路を保持したり変更したりして進ませる. *bear down (on)* 圧力をかけてつぶす. *bear fruit*〔やや形式ばった表現〕実を結ぶ, 良い結果を得る, 成功する. *bear in mind* 念頭に置く. *bear on [upon]* ... ...に関係がある: His speech *bears* on high-age society. 彼の演説は高齢化社会に関連したものだ. *bear out* 真実であると証明する. *bear up* 耐え抜く, 頑張る. *bring ... to bear on* ... ...が...に影響を与える, ...に集中する: She brought her sorrow *to bear on* her children. 彼女の悲しみが子供たちに伝わった.
【派生語】**béarable** 形 我慢できる. **béarer** 名 C 運ぶ人, 保持者; 小切手などを持参した人; 実をつける[花の咲く]木. **béaring** 名 ⇒見出し.

bear² /béər/ 名 C 動 くま, 《the B-》星座のくま座(★the Great Bear は大ぐま座(北斗七星), the Little Bear は小ぐま座(小北斗))〔くだけた語〕くまのイメージから, ぶかっこうで粗野な人, がさつな人, 気の荒い人, 〔俗語〕〔米〕beast 同様, 醜い女, 大物, 一流のすごい人物. 〖証券〗株などの値下がりを恐れて売る弱気筋(⇔bull).
語源 本来「茶色の動物」を表し, beaver と同系. 古英語 bera から.
【慣用句】*be a bear for punishment*〔くだけた表現〕ひどい仕打ちに合う覚悟がしっかりとでき上がっている, 悪条件に屈しない. *like a bear with a sore head*〔くだけた表現〕ひどく機嫌の悪い.

【派生語】**béarish** 形 くまのような, 荒々しい,【証券】株が値下がりする(よう仕向けている). **béarishly** 副. **béarishness** 名. **béarlike** 形 くまのような.
【複合語】**béarcàt** 名 C パンダ, クマネコ(binturong), 〔俗語〕ものすごく強く闘争心のある人や動物, 美人で威勢のいい若い女. **béar gàrden** 名 C くまいじめをする所, 類似した遊びをするくま園, 〔俗語〕がやがやとやかましく野卑な場所: The classroom turned into *a bear garden* during the recess. 休み時間には教室は蜂の巣をついたか騒ぎになった. **béar hùg** 名 C〔くだけた表現〕ぎゅっと強く抱きしめること;【レスリング】ベアハッグ. **béar màrket** 名 C【証券】下げ[弱気]相場の市場, 売り手市場. **béarskin** 名 UC くまの毛皮や皮, およびその製品, 英国近衛兵のかぶる黒く背の高い毛皮の帽子: a *bearskin* rug くまの毛皮の敷き物.

beard /bíərd/ 名 C 動 本来他〕〔一般語〕〔一般義〕男の口ひげの下の部分に生えるあごひげ,〔その他〕やぎなどのひげ, 麦の芒(のぎ)など穀物の穂先のひげ状の部分, 広くひげに似たもの. 動 として, 相手のひげをつかむ, 有力者などに勇敢かつ大胆に立ち向かう[反対する].
語源〕古英語 beard から.
関連語〕mustache (鼻の下の口ひげ); whiskers (ほおひげ); sideburns (もみあげ).
【派生語】**bearded** 形 あごひげのある. **beardless** 形.

bear·ing /béəriŋ/ 名 UC (⇒bear¹)[形式ばった語] 〔一般義〕自分の体を支えるということから, 態度, 姿勢, 風采, ふるまい,〔その他〕bear¹ の持つ様々な意味より, 特に相対的な方角, 関連性,〔複数形で〕地図上の位置, 位置感覚, また耐えること, 植物などが実をつけること[力, 期間], および実.〔通例複数形で〕【機】回転部を支える軸受け, 玉軸受け(ball-bearings).
用例〕He has a very military *bearing*. 彼はいかにも軍人らしい態度をしている/The ship's *bearing* is 55°(fifty-five degrees) west of the Scily Isles. 船の現在位置はシリー諸島の西 55 度のところだ/child *bearing* 出産.
【慣用句】**beyond [past] all bearing** まったく我慢ができない. **find [get; take] one's bearings** 自分の位置を知る[確かめる]:If we can find this hill, I'll be able to *get my bearings*. この丘が見つかれば自分の位置がわかる/He'll soon *find his bearings* in his new job. 彼は新しい仕事でもすぐに自分の役割を会得するだろう. **have a bearing on ... ...**に関連している:This has no *bearing on* the question we're discussing. これは我々が話し合っている問題とは関連性をもたない. **lose [be out of] one's bearings** 自分の立場や位置が(突然)分らなくなる.

beast /bíːst/ 名 C〔一般語〕〔一般義〕大きな四つ足の獣,〔その他〕牛, 馬などを家畜, (the ～) 人間の内にある野獣性,〔くだけた語〕〔軽蔑的〕どうもうで野蛮な人, 不愉快な人, 嫌いな人[ものごと].
語源〕ラテン語 bestia が古フランス語 beste を経て中英語に入った.
用例〕Arthur is a *beast* for refusing to come. 来るのをいやなんてアーサーはとんでもない奴だ/I hate the *beast* in him. 彼の野蛮なところが嫌いだ.
【慣用句】**a beast of a ...** 〔くだけた表現〕いやな[ひどい] ...: *a beast of a* day ひどい日. **a beast of burden** 牛, 馬, らくだなど荷物運搬用の動物, 役畜. **a beast of prey** ライオン, とらなど他の動物をえさにする猛獣.
【派生語】**béastly** 形 動物のような, 人がどうもうな, 野蛮な,〔くだけた語〕人や物が嫌な, いまいましい. 副〔くだけた語〕《英》非常に: We've had a *beastly* weather for the whole week. 我々はまる一週間ひどい天候に見舞われた.

beat /bíːt/ 動 本来他〕〔過去 ～; 過分 beaten, ～〕名 形〔一般語〕〔一般義〕敵や相手を負かす, 破る.〔その他〕本来の意味は棒などで繰り返し打つ, たたく. 転じて「打ち破る」「負かす」の意となった. 繰り返す意から波が打ち寄せる, 鳥が翼をばたばた上下させる,【楽】拍子をとる, ドラムをどんどん打つ, 心臓が鼓動する. 打つ目的に焦点をあてて, 罰するために打ちすえる, ほこりなどをおとすためにたたく, クリームなどを泡立てるためにかきまわす, 鳥をおびき出すためにやぶをつつく, 探索する, 太鼓などを打って合図する. 物を打って平らにする, 繰返し歩いて道をつける. 〔くだけた語〕参らせる, 当惑させる, だます.〔俗語〕ジャーナリズムで他社を出しぬいてスクープをとる. 名 として打つこと[音],【楽】強烈なリズム, 拍子, ビート, 巡査, 番人などの巡回地区. 形 として〔俗語〕肉体的情緒的に参っている, 疲れ切っている.
語源〕古英語 bēatan から.
用例〕Look at the waves *beating* the shore. 浜辺にうち寄せる波をごらん/Large birds usually *beat* their wings more slowly than small birds. 大きな鳥は通常小鳥よりもゆっくりと羽ばたく/I like the *beat* of that song. あの歌はビートがきいていて良い/The child was *beaten* for misbehavior. 子供はいたずらをしたのでしかんされた/Mother was *beating* dust from the carpet. お母さんはカーペットのほこりをたたき出していた/It *beats* me how you can walk so fast. 君の歩くのが速いのには参るよ.
類義語〕beat; pound; slap; spank; flog; thrash: たたくことをさす語. **beat** は繰返したたく. **pound** はげんこつや重い物で繰返したたく. **slap** は平手でたたく. **spank** は平手で子供の尻などをたたく. **flog**, **thrash** は罰として棒やむちでたたく.
【慣用句】**beat about** けん命に探す;【海】船が風や潮に逆らってジグザグに進む, 間切る. **beat about [around] the bush** もって回った言い方をする, 核心をつかない. **beat away** 〔俗語〕ほっつき歩く. **beat back** 押しもどす, 撃退する. **beat down** 太陽が上からかっかと照りつける; 値を下げさせる:We managed to *beat* the price down by £5. 我々は 5 ポンドの値下げにこぎつけた. **beat in** 打ち込む, 打ちつぶす. **beat [hop] it** 〔俗語〕《英》立ち去る〔語法〕子供に向かって命令文で用いることが多い): *Beat it*, or I'll hit you. あっちへ行かないとぶつ. **beat off** 押しのける, 払いのける. **beat one's way** 〔俗語〕無銭旅行する. **beat out** 〔俗語〕《米》ジャズなどでビートをきかせて演奏する; 速くタイプを打つ;《米》競争で人を打ち負かす; 金属を打ちのばす;〔野〕バントなどをきかせて塁に出てしまう. **beat the band** 〔俗語〕度のすぎたことをやる. **beat the drum** 〔俗語〕騒ぎ立てる, 鳴り物入りで大いに宣伝する. **beat the rap** 〔俗語〕《米》罰[叱責]を免れる. **beat up** 打ちのめす, なぐったりけったりしてけがをさせる; 卵などをよくかきまぜる. *Can you beat that [it]!* 〔俗語〕どうだい驚いたろう; こりゃたまげたね. *If you can't beat [lick] them, join'em*.《ことわざ》長いものには巻かれろ. **off [out of] one's beat** いつもと違って, 自分の専門外で. **on the beat** リズムにのって, 正しいテンポで (in tempo). *You can't beat ....*にはかなわない, ...がいちばんだ.

beatific

【派生語】**béaten** 形 打ち負かされた;《限定用法》泡立てた, 打ち延ばした, 踏みならした, 慣れた: keep to the *beaten* track 型通りに行なう/off the *beaten* track 人里はなれて, いつもの話題から抜け出て, 月並でなく. **béater** 名 C 打つ人[道具], 撹拌器: electric *beater* 電動式泡立て器. **béating** 名 UC 打つこと, 打ち負かす[負かされる]こと: *take a beating* 手ひどく打ち負かされる.

【複合語】**béat-óut**〔俗語〕身なりのみっともない, ぼさぼさ髪の. **béat-úp**〔俗語〕物がひどくくたびれた, おんぼろ.

beatific ⇒beatify.

beatification ⇒beatify.

be·at·i·fy /biǽtəfài/ 動 本来他〔一般語〕〔一般義〕人を至福にあずからせる. その他《カト》教皇が死者を列福する.

 語源 ラテン語 *beare*(=to make happy)の過去分詞 *beatus* から派生した後期ラテン語 *beatificare*(= to beatify)の過去分詞 *beatificus* が古フランス語を経て初期近代英語に入った.

【派生語】**beàtífic** 形 祝福を与える, 至福の. **beàtifìcátion** 名 UC 至福にあずかること, 受福,《カト》列福(式).

be·at·i·tude /biǽtətjùːd/ 名 U 《形式ばった用法》至福,《聖》(the Beatitudes) 八福(譬?)(★キリストの山上の垂訓中の 8 つの至福).

beau·te·ous /bjúːtjəs/ 形〔詩; 古語〕美しい.

 語源 中英語から. ⇒beauty.

 類義語 ⇒beautiful.

beau·ti·cian /bjuːtíʃən/ 名 C 〔一般語〕《米》整髪や化粧, 美肌術を施す**美容師**.

 語源 beauty+-ician. 20 世紀から.

 類義語 cosmetician; cosmetologist.

 関連語 hairdresser.

beau·ti·ful /bjúːtəfəl/ 形 名 感 《⇒beauty》〔一般語〕〔一般義〕目, 耳, 心に美しい. その他〔くだけた語〕すばらしい, みごとな, 快い. 名 として(the ~)美, 美しいもの[人たち]. 感 としてかっこいい, おいしい, 上首尾だ.

 用例 *Beautiful* flowers are soon picked.《ことわざ》美しい花はすぐに摘みとられる(美人薄命)/He made a *beautiful* speech last night. 彼は昨夜みごとな演説をした/It's a *beautiful* day today, isn't it? すばらしい日だね.

 類義語 beautiful; lovely; handsome; pretty; good-looking; beauteous: **beautiful** は五感に最高にすばらしい, 理想的だと感じられることを表す. **lovely** は愛情やほのぼのとした感嘆をさそう様子を表し, **handsome** は普通は男性に用いられて容姿がバランス良くまとまっていて男性らしさや威厳を感じさせることを表す. **pretty** は女性や小さい物が beautiful というほどではないが, 愛らしくて可愛らしいことを表す. **good-looking** は男女両性に用い, beautiful, handsome というほどではないが容姿のよいことを表すくだけた語. **beauteous** は beautiful と同義の詩語であるが, 皮肉や冗談で逆の意味にも用いられる.

 反意語 ugly.

【慣用句】*the beautiful people*〔くだけた表現〕有閑階級の**裕福**でかっこいい人々.

【派生語】**béautifully** 副 美しく, 見事に, すばらしく: *beautifully* dressed きれいな身なりの.

beau·ti·fy /bjúːtəfài/ 動 本来他 《⇒beauty》〔形式ばった語〕飾りつけるなどして美しくする.

 用例 She *beautified* herself before going to the dance. 彼女はダンスに出かける前に身づくろいをした.

beau·ty /bjúːti/ 名 UC 形 〔一般語〕〔一般義〕色, 形, 材質, 釣合い, 動きなど広く五感に快い美しさ. その他 美しい女性, 〔くだけた語〕美しいもの, 美しいこと,《the 〜》長所, 魅力,《俗語》最高[見事]なもの,《皮肉》ものすごくひどいもの.

 語源 ラテン語 *bellus*(= pretty)が古フランス語 *bealte* を経て中英語に *beaute* として入った.

 用例 This picture has great *beauty*. この絵はたいへん美しい/She was a great *beauty* in her youth. 彼女は若いころはたいした美人だった/His new car is a *beauty*. 彼の新車はすてきだよ/The black eye he got was a real *beauty*.《皮肉》彼は目のまわりにものすごいあざを作ってたよ(彼の目のまわりのあざはものすごかった).

【派生語】**beautician** ⇒見出し. **beautiful** ⇒見出し. **beautify** ⇒見出し.

【複合語】**béauty cóntest** 名 C 美人コンテスト. **béauty cúlture** 名 U《米》美容術. **béauty párlor [sàlon]** 名 C 美容院. **béauty quéen** 名 C 美人コンテストの第一位に選ばれた女性. **béauty slèep** 名 U〔くだけた表現〕体に良いといわれている夜 12 時前の就寝. **béauty shòp** 名 C《米》= beauty parlor. **béauty spòt** 名 C つけぼくろ, 本物のほくろ; 観光上の景勝地.

bea·ver /bíːvər/ 名 CU 《動》ビーバー(★水を止めるせきを作る働きものの動物), ビーバーの毛皮.

 語源 古英語 beofor から. 原義は brown animal.

【慣用句】*work like a beaver* せっせと働く.

be·cause /bikɔ́(ː)z/ 接〔一般語〕なぜなら, …という原因[理由]で, …だから.

 語法 The reason ... is *because* ... ではなく, The reason ... is *that* ... というべきだとされるが, 実際には because もしばしば用いられる.

 語源 中英語 bi(=by)+cause から.

 類義語 because; for; since; as: **because** が直接的な原因や理由をはっきり示す場合に用いられるのに対して, **for** は付随的な状況や原因を説明するのに用いられ, 文ръмлик: Birds were singing, *for* it was morning. **since** は because より理由を表す気持がやや弱くり, 行為や結果の説明としての理由を述べる. 文頭に置かれることが多いが, 文中にあることもある. **as** は純粋の理由に用いられることは少なく, 多くは時を表し, 理由というよりは漠然と状況を示す語として用いられる: *As* we were sitting there, we could view the boats on the river. (as は while, when, because のいずれともとれる).

 関連語 cause.

【慣用句】*because of* ... …の理由で, …のために: He stopped work *because of* ill-health. 彼は健康を害したため仕事をやめた.

beck·on /békən/ 動 本来他〔一般語〕**手招きする**, 招き寄せる, 来るように**合図する**. その他 自.

 語源 古英語 bēacen(=sign)から派生した bēcnan(= to beckon)から.

 用例 *Beckon* your friend over so that I can speak to him. あなたの友人をこちらに招いて下さい. お話ししたいから.

be·come /bikʌ́m/ 動 本来自 《過去 -came; 過分 -come》〔一般語〕〔一般義〕変化や成長などによってある

bed

状態になる.[その他]ある点に達する意から,一致する.他…に合う,似合う,ふさわしい.

[語源] be+cuman(=to come)から成る古英語 *becuman*(来る,届く,起こる)から.

[用例] He *became* mayor. 彼は市長になった/The climate *became* milder. 気候が前より温暖になった/It *became* clear that he was innocent. 彼は潔白であることが明らかになった.

[類義語] become; get; grow: **become** は最も一般的な語で,**get** はくだけた語.**grow** は成長によったり,または自然にゆっくりとなる状態になることを表し,**become** よりはくだけた語: The girl is *becoming* [*getting*; *growing*] fat. その娘は太ってきている.

[慣用句] *become of* …… …の身に起こる,…の運命をたどる: What *became of* her son? 彼女の息子はどうなったのですか/What's *become of* my jacket? 僕の上衣はどうなったの.

[派生語] *becóming* 形 着ているものなどがよく似合う,言葉や行動などが適切である,ふさわしい.名 U being に対する語として,存在するに至ったということ,ある状態になること: Your new hat is very *becoming*. 君の新しい帽子がとてもよく似合うよ/He made a speech *becoming*(to)the occasion. 彼はその場にふさわしい演説をした. *becómingly* 副 良い感じに似合っていて: The girl is *becomingly* modest. その娘は適度に控えめである.

bed /béd/ 名 CU 動 [本来他] [一般語] [一般義] マットレス,スプリング,フレーム,ふとんを含むベッド,寝台.[その他] 特にマットレスとスプリングを支える骨組の部分(bedstead),就寝時間(bedtime),広く睡眠,休息の場所,性交の場でもあることから,〔くだけた語〕性行為.整えられた平らな層や支え,土台,そこから,植物の苗床や花壇(flowerbed),そこで栽培される野菜や花,川や湖や海の底のくぼんだ所(riverbed; seabed),牡蠣(ｶﾞｷ)などが繁殖する所,貝などが付着する岩,鉄道のレールの下の敷石,レンガやタイルを敷くためのセメントなどの層や土台,[地] 地層(stratum).形状や柔らかさがベッドに似ているところから,落ち葉などの堆積物.動 として寝床を作る,寝かせる,しっかりすえつける,植える. 自 就寝する,性交する.

[語源] 古英語 bed(d)から.

[用例] The dog sleeps on a *bed* of straw. 犬はワラの寝床で眠る/It's high time for *bed*. もうとっくに寝る時間だよ/All she thinks about is *bed*. 彼女は寝ることばかり考えている.

[慣用句] *bed and board* 食事付きの宿泊,食寝をともにする結婚生活,夫婦生活. *bed and breakfast* 朝食付き宿泊 [語法] b & b と略す]. *bed down* 眠るためにベッドに入る[入れる]. *bed of nails* [*thorns*] 〔くだけた表現〕苦心地の悪い立場,針のむしろ. *bed of roses* 〔くだけた表現〕楽で居心地のいい状態: Life is not a *bed of roses*. 人生は花園ではない. *die in one's bed* 病気[寿命]で死ぬ,畳の上で死ぬ. *get up on* [*get out of*] *the wrong side of the bed* 〔くだけた表現〕機嫌が悪い. *go to bed* 寝る,…と性交する(with). *make the* [*one's*] *bed* ベッドを整える,ベッドメーキングをする: You've *made your bed* and you must lie on it. 〔ことわざ〕自業自得. *put* … *to bed* 子供や病人を寝かせる,〔俗語〕記事を印刷に回す. *take to one's bed* 病気に就く.

[派生語] *-bédded* 連結 …ベッドの: a doublebedded

room ダブルベッドの部屋. *bédding* 名 U 寝具,牛馬の寝わら.

[複合語] *béd báth* 名 C 病人を寝台に寝かせたまま体を拭いてやること,清拭(ｾｲｼｷ). *bédbùg* 名 C なんきん虫. *bédclòthes* 名 (複) 寝具,夜具. *bédcòver* 名 C シーツ,毛布などの寝具. *bédfèllow* 名 C ベッドを共にする人,仲間,同志,味方: Misfortune [Adversity] makes strange *bedfellows*. 〔ことわざ〕逆境に陥ると変った人間とも付合うようになる《★シェークスピア『嵐』から》. *bédpàn* 名 C 病人用の尿(ﾆｮｳ)びん,おまる. *bédpòst* 名 C ベッドの四隅の支柱. *béd-ridden* 形 寝たきりの. *bédròom* 名 C 寝室. *bédsìde* 名 C ベッドの脇,まくらもと. *bédsìtter* 名 C《英》寝食居間兼用の部屋,ワンルームアパート. *bédsitting ròom* 名 C = bedsitter. *bédsòre* 名 C 床ずれ. *bédsprèad* 名 C 寝台掛け,ベッドカバー《★昼間掛けておく装飾のためのカバー》. *bédstèad* 名 C ベッドのフレーム部分. *bédtime* 名 U 就寝の時間. *béd-wètting* 名 U 寝小便.

be·deck /bidék/ 動 [本来他] 〔やや文語的〕〔通例受身で〕人や物を飾り立てる.

be·dev·il /bidévəl/ 動 [本来他] 〔形式ばった語〕〔通例受身で〕いつも悩ませる,苦しませる,困らせる.

[語源] be-+devil. 初期近代英語から.

bed·lam /bédləm/ 名 U 〔一般語〕大混乱,大騒ぎ.

[語源] ロンドンの St.Mary of Bethlehem 精神病院の名から. 初期近代英語から.

be·drag·gled /bidrǽgld/ 形 〔一般語〕髪,衣服などが雨や泥でびしょぬれの,薄汚れた.

[語源] be+draggle(引きずって汚す). 18世紀から.

bee /bíː/ 名 C 〔虫〕蜂,特に蜜蜂(honeybee),比喩的に勤勉な働き者,《米》〔くだけた語〕共同の作業や娯楽のための会合,集まり.

[語源] 古英語 beo から.

[用例] a knitting *bee* 編み物の集い/a spelling *bee* 単語のつづりを競うゲーム.

[類義語] bee; wasp: **bee** は群れをなす蜜蜂を指し,忙しく働くイメージがあるのに対して,**wasp** は黄と黒のすずめばちを指し,刺すもの,気むずかしいものというイメージがある.

[慣用句] (*as*) *busy as a bee* とても忙しい. *have a bee in one's bonnet* [*head*] 〔くだけた表現〕奇妙な考えにこり固まっている: She *has a bee in her bonnet* about going to America. 彼女はアメリカへ行こうという妄想にとりつかれている.

[複合語] *béehive* 名 C 蜂の巣,蜜蜂の巣箱,比喩的に非常に忙しく活動が行なわれる繁華街,雑踏. *béeline* 名 C《米》蜂が,蜜を採った後最短距離の道すじを通って巣へ戻るところから,直線コース,最短距離: *make a beeline for* … 〔くだけた表現〕…へまっしぐらに突き進む. *béeswàx* 名 U 蜜ろう.

beech /bíːtʃ/ 名 C 〔植〕ぶなの木,ぶな材.

[語源] 古英語 bēce から.

beef /bíːf/ 名 UC《複 beeves, ~s》動 [本来他] 〔一般語〕〔一般義〕食用の牛肉.[その他]〔通例複数形で〕食肉用の飼育される成牛や若い牛,これらの牛を集合的に表すこともある.〔くだけた語〕人の筋肉や肉,力,余分な脂肪. 動 として〔俗語〕〔軽蔑的〕不満を言う,抗議する.

[語源] ラテン語 bos(=ox)が古フランス語 *boef* を経て中英語に入った.

been /bíːn/ 動 be の過去分詞.

beep /bíːp/ 名 C 動 本来義 〔一般語〕ブザーや警笛などがブーッと鳴る音. 動 としてブーッ[ビーッ]と鳴る[鳴らす]. 語源 擬音語から. 20世紀より.
【派生語】 **béeper** 名 C ポケットベル.

beer /bíər/ 名 U 〔一般語〕ビール 《語法 注文する時など, 1杯, 1本, 1缶の意で C》, アルコール分に関係のないソフトドリンク. 語源 古英語 bēor から.
用例 We produce four different *beers* in this brewery. この醸造所では4種類のビールを作っている/He ordered two *beers* and a whisky. 彼はビールを2杯とウイスキーを1杯注文した. 語法 不可算名詞としては order a pint [quart, bottle] of beer の表現をとる.
類義語 beer; ale: **beer** は大麦などから作るアルコール飲料で, 低温でゆっくり発酵させるのに対し, **ale** は高温で急激に発酵させる.
関連語 ginger beer 《ジンジャーエールに似た炭酸飲料で, ジンジャーエールより香りが強いもの》.
【慣用句】 *drink one's beer* 〔俗語〕話をやめて黙る. *not all beer and skittles* 〔くだけた表現〕楽しくて良いことばかりではない. *small beer* 〔くだけた, やや古めかしい表現〕重要でないもの[事, 人].
【派生語】 **béery** 形 ビールのような, ビールを飲んでいたと分かるようにビール臭い.
【複合語】 **béer hàll** 名 C ビヤホール. **béerhòuse** 名 C 《英》ビールだけを扱うパブ. **béer mòney** 名 U 小さな楽しみごとのための夫のへそくり.

beet /bíːt/ 名 CU 〔植〕砂糖大根, ビート.
語源 古英語 bēte から.

bee・tle /bíːtl/ 名 C かぶとむし, こがねむしなどの甲虫(ちゅう). 〔くだけた表現〕広くごきぶりなど*大きな黒い昆虫*. 〔俗語〕かぶとむしとの外見の類似から, 《B-》ドイツの国民車フォルクスワーゲン.
語源 古英語 bītan (=to bite) から派生した bitela から.
用例 A black *beetle* scurried across the bare floorboard. ごきぶりがじゅうたんの敷いてない床をちょろちょろと走った.

be・fall /bifɔ́ːl/ 動 本来他 〔過去 -fell; 過分 -fallen〕〔形式ばった語〕悪いことがふりかかる, およぶ, 起こる.

be・fit /bifít/ 動 〔形式ばった語〕…にふさわしい, 似合う, 適する.
【派生語】 **befítting** 形 適切な, ふさわしい. **befíttingly** 副.

be・fog /bifɔ́ːg/ 動 本来他 〔一般語〕霧で包む, 比喩的に…を惑わす, 困らせる, あいまいにする.

be・fore /bifɔ́ːr/ 前 接 副 〔一般語〕時間的に(…の)前に[の], その他 空間的に(…の)前方に[の]. 順序, 地位, 重要性において上位である.
語源 be- (=by; about) に foran (=from the front) が付いてできた古英語 beforan から.
用例 She was absent on the Monday *before*. 彼女はその前の月曜日には欠席した/I remember meeting him *before*. 彼には以前会った記憶がある/She died *before* she reached the hospital. 彼女は病院に着く前に死んだ/You should have done it long *before*. とうの昔にそうしてなきゃいけなかったのに/The criminal appeared *before* the judge. 犯人が裁判官の前に姿を現した/Victory was still *before* them. 勝利は未だ彼らの手中に入っていなかった/Honor *before* wealth. 富より名誉.
語法 **before** は, at two years *before*, a long time *before* などとして, 一定の時を表す名詞と用いる時は, 過去のある時点から見たそれ以前の過去を表すのに対して, **ago** は現在の時点から過去に言及する: The train had started a few minutes *before* (I reached the station). 列車は(私が駅に着く)数分前に出てしまっていた/He left home a year *ago*. 彼は(今から)一年前に家を出た.
類義語 **in front (of)**; **before**: 語源的に関連のある **in front (of)** は空間的な意味にのみ用いる. **before** は時間的, 空間的いずれにも用いられるが, 現在は時間を意味することが多い.
対照語 **behind** は空間的に背後にあることを表す. 時間に言及する時には **after** を用いることが多いが, 遅れていることを表すには **behind** を用いる. before and behind (前とうしろ)として頭韻を踏ませることもある.
反意語 after.
【慣用句】 *as before* 以前のように. *before long* 間もなく, ほどなく. *before one can say Jack Robinson* 〔くだけた表現〕大そう速く, あっという間に. *before one knows where one is* 〔くだけた表現〕何がなんだか分からないでいるうちに. *before one's time* 人の生きた時代より以前に, 時代に先がけているため世間に受け入れられない: His pictures were not appreciated in life. He was *before his time* with his art. 彼の絵は生前は評価されなかった. 彼の芸術は時代を先取りしすぎていたのだ. *before tax* 税が引かれる前の段階で, 税込みで.
【複合語】 **befórehànd** 副 前もって, あらかじめ. 形 《述語用法》性急な: If you're coming, let me know *beforehand*. もし来られるのなら前もって知らせて下さい.

be・friend /bifrénd/ 動 本来他 〔形式ばった語〕弱者や貧しい者の友人となる, 味方になる, …に理解を示す.

beg /bég/ 動 本来他 〔一般語〕〔一般語〕慈悲, 許し, 恩恵などをへり下って*求める*. 願う, 懇願する. その他 金品, 食物などを恵んでくれと頼む, 施しを請う. 自 として願う, 頼む, こじきをする. 犬がちんちんをして物をねだる.
語源 中オランダ語 *beggart* (=beggar) が古フランス語, アングロフランス語を経て中英語に beggen (=to beg) として入った.

[用例] I *beg* a favor of you. あなたにお願いがあります/The tramp *begged* me for money. 浮浪者は私に金を無心した/He *begged* five pounds from me. 彼は私に5ポンドせがんだ.
[語法] beg+物+of+人 あるいは beg+人+for+物 という語順をとり、たとえば beg a favor of you, beg you for a favor という。具体的な内容をねだる場合は beg money *from* me ともいう。I beg you. などは I beg *of* you. とすると形式ばった表現になる.
[類義語] beg; entreat: **beg** がへり下った態度を強調するのに対して，**entreat** はできる限りの説得力を駆使して一生懸命に頼むことを表す.
【慣用句】*beg off* 仕事，約束などを断る，免除してもらう. *beg the question* 論点を当然真実として論を進める；論点を避ける. *beg to differ* 不賛成である. *go begging* 物乞いをして歩く；買い手[貰い手；引き受け手]がない.
[派生語] **beggar** ⇒見出し.

be·get /bigét/ [動] [本来目] 《過去・過分 -got, -gotten》〔古風な語〕男が(妻によって)子を生む(bear).

beg·gar /bégər/ [名] [C] [動] [本来目] [一般義] 乞食(じき), 物乞い. [その他] 極度の貧困者, 被救済民, こじ(だけた訳) 愛情をこめたり冗談口調で人に言及して, こいつ, あいつ. [動] として乞食をする. 他〔形式ばった語〕貧困に陥し入れる.
[語源] 古フランス語 *begard*(=beggar) が中英語に beggere として入った. ⇒beg.
[用例] He was *beggared* by the collapse of his firm. 彼は会社の倒産で食うに困ってしまった[はだか同然になった]/His son is a cute little *beggar*. 彼の息子は可愛い良い子だよ.
【慣用句】*Beggars can't be choosers*. 《ことわざ》困っている時は選り好みをしていられない(与えられたものを受け入れるしかない). *beggar (all) description* あまりにも程度がはなはだしいため筆舌に尽くしたい.
[派生語] **béggardom** [名] [U] 乞食生活. **béggarly** [形]〔通例限定用法〕みすぼらしい. **béggary** [名] [U] 極度の貧困, 乞食行為, 乞食の集団.

be·gin /bigín/ [動] [本来目] 《過去 began; 過分 begun》[一般義] [一般義] 事柄や行為などが始まる. [その他] 人が出発する. 他 始める, 物事に着手する, ほんの少し…する(to 不定詞).
[語源] 古英語 beginnan から.
[用例] *Begin* at question 1 and answer all the questions. 第一問から始めて全問答えなさい/I *began* this book yesterday. 私はこの本を昨日読み始めた/She's *beginning* to understand the nature of the problem. 彼女が問題の性質が分かり始めている/Fighting *began* between the two men. 二人の男の間でけんかが始まった/The child doesn't *begin* to open up his mind. その子供はすこしも打ちとけてこない.
[語法] ❶ 否定文では「全く…しない」「…するどころではない」という意味になり, I don't *begin* to drive a car. 「車の運転どころではない」のように用いる. ❷ 主語が人でなく物の場合, begin が -ing の形の場合, あるいは感情や心を表す動詞の内容(feel; realize; love など)が後に続く場合には, 目的語には不定詞形を用いることが多い: She *began* to love him. また競争や旅行を始める場合や何かを創設するという意味では begin ではなく, start を用いる.
[類義語] begin; start; commence; initiate: **begin** は最も一般的に用いられ, 長続きしそうなことを始めることを指す. **start** には今まで止まっていたものが出発点を離れて動き始めるという意味がある. **commence** は形式ばった語で, 儀式など入念に用意された行為を始めることを表す. **initiate** はある過程の第一段階を踏み出すことを表す.
[反意語] end; finish.
【慣用句】*to begin with* まず第一に, はじめ(のうち)は: There are many reasons why I don't like her—*to begin with*, she doesn't tell the truth. 私が彼女を好きでない理由はたくさんある. 第一に彼女は本当のことを言わない.
[派生語] **beginner** [名] [C] 初心者, 初学者; 創始者. **beginning** [名] [C] 開始, はじめの部分, 本の書き出し, 《複数形で》初期のころ, 起源(origin).

be·go·nia /bigóunjə/ [名] [C] 〔植〕ベゴニア, しゅうかいどう.

be·grudge /bigrádʒ/ [動] [本来目] 〔一般語〕人に物をいやいや出す, 出ししぶる, 何かをするのをいやがる, 人のものをねたむ. 《[語法] しばしば二重目的語をとる》.

be·guile /bigáil/ [動] 〔形式ばった語〕人をだまし, 欺いて奪う. 退屈などを紛らす, 人を楽しませる.

be·half /biháef|-háːf/ [名] [U] 〔形式ばった語〕支援すること, 利益を守ること (《[語法] 慣用句としてのみ用いられる》).
[語源] 古英語 *be*(=by)+*healf*(=half; side) より, 中英語では on (mi) behalfe (=on (my) side) という熟語として用いられた.
【慣用句】*in* [《英》*on*] *behalf of* … …の(利益)のために; …を代表して, …に代わって: He is acting *on his own behalf*. 彼は自分自身のために行動している/I am speaking *on behalf of* all our members. 私は私たち皆会員のすべての代表として話しているのです. *in* [《英》*on*] *…'s behalf* …のために; …に代わって.

be·have /bihéiv/ [動] [本来目] [その他] 人がふるまう, 行動[反応]する. [その他] 子供が良いふるまいをする, 行儀よくする (《[語法] 再帰的にに〜 oneself として用いられることが多い》, 機械が機能する, 作用する, 物事が反応を示す.
[語源] 中英語 be-+*haven* (=to have; to hold) から.
[用例] He *behaved* badly to his wife. 彼は妻にひどいしうちをした/My car has been *behaving* well since it was repaired. ぼくの車は修理して以来調子が良い/Learn how to *behave*. マナーを覚えなさい/*Behave* (yourself)! 行儀よくしなさい.
[類義語] behave; conduct; comport: **behave** は特にマナーに言及し, **conduct** は目的や決意, 自覚をもって行動することを表す. **comport** は再帰的に用いて, 社会の規範に合った行動に言する形式ばった語.
[派生語] **-behaved** [連結] 行儀の…な: the best-*behaved* children 行儀のものすごくよい子供たち. **behávior**, 《英》**-iour** [名] [U]〔心・言〕人の行為, 行儀, 機械の調子, 機能, 刺激に対する物質の反応, 事象. **behávioral**, 《英》**-iour-** [形] 行動[マナー]に関する: **behavioral science** 行動科学. **behaviorism**, 《英》**-iour-** [名] [U]〔心・言〕行動主義. **behaviorist**, 《英》**-iour-** [名] [C]〔心・言〕行動主義者.

be·head /bihéd/ [動] [本来目] 〔一般語〕…を打首にする.

be·held /bəhéld/ [動] behold の過去・過去分詞.

be·he·moth /bihí:məθ/ 名 UC 【聖】(しばしば B-) 巨獣, [文語] 巨大なもの.
[語源] ヘブライ語起源のラテン語 *behemoth* が中英語に入った.

be·hest /bihést/ 名 〔単数形で〕[形式ばった語] 要請, 命令 (★通例 at the behest of ... の形で).
[語源] 古英語 behæs (=vow; command) から.

be·hind /biháind/ 副 前 名 C 〔一般義〕一般義 後ろの位置や後ろ向きの方向性を表し, ...の後ろに[へ], ...の背後に. [その他] 順序などが続続して, 物事の表面に生ないで背後に, 陰なみで. 時間的に遅れて, 時機を逸して, 抽象的に発達が遅滞して, 学業などが劣って. [くだけた語] 後ろについて支援して. 名として[くだけた語] おしり, 臀部.
[語源] 古英語 behindan (後ろの部分) から. ⇒be-; hind.
[用例] He was told never to look *behind*. 彼は決して後ろをふり向いてはいけないと言われた/Stand *behind* the door! ドアの外で立ってなさい/He was exhausted, and they had to leave him *behind*. 彼は疲れ切っており, 彼らは彼を置き去りにするしかなかった/Tourists always leave so much litter *behind* them. 観光客はいつもゴミをたくさん残していく/This train is running ten minutes *behind* the schedule. この列車は定刻に 10 分遅れて走行している/She was never *behind* in offering help. 彼女はいつも機を逃さず助力を申し出た/The child was rather *behind* (the others) in his language development. その子は言葉の発達が(他の者たちよりも)かなり遅れていた/My family always stayed right *behind* me. They helped me all along. 私にはいつも家族がついていてくれました. いつも私を助けてくれたので す/They kicked him in the *behind*. 彼らは彼のしりをけとばした.
[類義語] ⇒back.
[反意語] ahead.
【慣用句】***behind ...'s back*** [くだけた表現] ...のいないところで: He sometimes bullies his sister *behind his mother's back*. 彼は時々母親のいないところで[目にかくれて]妹をいじめる. ***behind the scenes*** 観客に見えない舞台裏で, 比喩的に一般人の知らないところで, 暗々裏に. ***behind the times*** [ややくだけた表現] 時代おくれの.
【複合語】**behíndhànd** 副 形 支払いなどが滞っている), 時間に遅れ(ている), 時代おくれになっている).

be·hold /bəhóuld/ 動 本来他 [過去·過分 -held]〔古風な語〕見る, 眺める, 凝視[注視]する.
[語源] 古英語 be-+healdan (=to hold) から成る behealdan から.
[派生語] **behólden** 形 [文語][述語用法] 人に恩恵を受けて. **behólder** 名 C [文語] 見る人, 観察者.

be·hoove /bəhú:v/ 動 本来自 [古風な語] (it を主語として)...にとって義務である, ...にふさわしい, ...にとってやりがいがある [語法] 進行形はない).
[語源] 古英語 behōfian (=to need) から.

beige /béiʒ/ 名 U 形 〔一般義〕ベージュ色(の).
[語源] フランス語 *beige* (綿や毛織物の自然の色) が 19 世紀に入った.

Bei·jing /bèidʒíŋ/ 名 固 ペキン(北京) (★中国の首都).

being /bí:iŋ/ 名 ⇒be.

Bei·rut /bèirú:t/ 名 固 ベイルート (★レバノンの首都).

be·lat·ed /bəléitəd/ 形 〔一般語〕手紙や報告書などが遅れた, 間に合わない.
[派生語] **beládedly** 副.

belch /béltʃ/ 動 本来自 C 〔一般義〕音をたててげっぷをする, 他 〔俗語〕苦情を言う, たれこみをする. 他 煙突や火山が煙や炎などを噴出する, 命令や悪態を激しい口調で言う, 怒りをぶちまける. 名 としてげっぷ, 噴出, [俗語] 苦情, たれこみ.
[語法] 激しさを表すには out を伴うことが多い.
[語源] 古英語 bealcan (=to bring up; to emit) から.
[用例] He gave a loud *belch*. 彼は大きなげっぷをした/Factory chimneys are *belching* (out) smoke. 工場の煙突が煙を吐き出している/I won't *belch* on a pal. 友達のことを(警察に)たれ込んだりしないさ.

be·lea·guer /bilí:gər/ 動 本来他 [形式ばった語] 難問などが...を悩ます, つきまとう. 【軍】包囲する [語法] 通例受身または過去分詞で).
[語源] オランダ語 belegeren (be about+*leger* camp) が初期近代英語に入った.

bel·fry /bélfri/ 名 C 〔一般語〕鐘楼.
[語源] ゲルマン語起源の古フランス語 berfrei (=bell tower) が中英語に入った.

Bel·gium /béldʒəm/ 名 固 ベルギー (★ヨーロッパの共和国).
[派生語] **Bélgian** 形 ベルギーの. C ベルギー人.

be·lie /bilái/ 動 本来他 [形式ばった語]...を偽って示す[伝える], ...が偽りであることを示す.
[語源] 古英語 belēogan (=to deceive) から. ⇒lie.

belief ⇒believe.

believable ⇒believe.

be·lieve /bilí:v/ 動 本来自 〔一般語〕真実であると信じる, 本当だと思う (通常進行形にはならない).
[語源] 古英語 geliefan から.
[用例] I couldn't *believe* my ears. 我が耳を疑った/I *believe* you. 君の言うことを信じるよ/He is *believed* to be honest. 彼は正直者と信じられている/Seeing is *believing*. 《ことわざ》 百聞は一見にしかず/I *believe* he's coming tomorrow. 彼は明日来ると思う.
[反意語] doubt.
【慣用句】***believe in*** ...の存在を信じる, ...の価値や能力を認める, ...が良いことであると信じる: I *believe in* God. 私は神の存在を信じる/Some doctors *believe in* a low-fat diet. 低脂肪食を良しとする医者もいる. ***believe it or not*** [くだけた表現] まさかと思うだろうが. ***make believe*** ふりをする: Father *made believe* he was Santa Claus. おとうさんがサンタのふりをした.
[派生語] **belíef** 名 UC (複 **beliefs**) 信念; 信仰: To the best of my *belief* I have never seen him before. 正直言って彼には会ったことがない.
belíevable 形.
belíevably 副.
belíever 名 C あるものの価値を信じている人 《in》.

be·lit·tle /bəlítl/ 動 本来他 [形式ばった語]...を見くびる, けなす, ...を小さくする[見せる].

bell /bél/ 名 C 動 本来他 〔一般語〕一般義 ベル, 鐘, 鈴. [その他] 鐘の音, 時鐘. 花や吹奏楽器の広がった部

分, ガラス器など形状が鐘に似たもの. 動 として鈴をつける. 自 鐘がなる.
語源 古英語 belle から. 本来擬音語であったとも考えられる.
用例 Our door*bell* is broken. うちの玄関のベルはこわれている/I think I heard the *bell*. ベルの音が聞こえた気がした.
慣用句 (*as*) *clear as a bell* 〔くだけた表現〕音が聞き取りやすい, 状況が把握しやすい. (*as*) *sound as a bell* 〔くだけた表現〕完璧で欠点がない, 人が健康そのものである: After the operation my heart is *as sound as a bell*. 手術のあとぼくの心臓は最高に良い調子だ. *bell the cat*〔やや古めかしいくだけた表現〕他人のために危険を伴う仕事をする (★ねずみが猫に鈴をつけるイソップ寓話より). *ring a bell*〔くだけた表現〕ベルが注意をひくことから, 忘れていたことを思い出させる, ぴんとくる. *saved by the bell*〔くだけた表現〕ボクサーがゴングによりまさのところで苦境から救われて, 土壇場で救われて. *with bells* (*on*)〔俗語〕〔陽気な感じで〕必ず: I'll be there *with bells on*. 絶対行くからね.
【複合語】**béllbòttoms** 名 (複) ラッパズボン, パンタロン. **béllbòy** 名 C (米) ホテルなどで荷物運びや雑用を足すベルボーイ (★ (米) で bellman とも (俗語) bellhop ともいう. 彼らのまとめ役が bell captain). **béllflòwer** 名 C (植) ほたるぶくろ, 一般に鐘形の花をつける植物, 釣鐘草, スズランなど. **béllpùll** 名 C ベルの引き手. **béllpùsh** 名 C ベルを鳴らすための押しボタン. **béll-rìnger** 名 C 教会で鐘を鳴らす人, (俗語) (米) 戸別販売員. **béll tòwer** 名 C 鐘塔.

bel·li·cose /bélikòus/ 形〔形式ばった表現〕好戦的な.
語源 ラテン語 bellum (=war) から派生した形 bellicosus (=war-like) が中英語に入った.
【派生語】**béllicosely** 副. **béllicoseness** 名 U.

bel·lig·er·ent /bəlídʒərənt/ 形〔形式ばった表現〕好戦的な, 交戦中の.
語源 ラテン語 bellum (=war) から派生した belligerare (=to wage war) の現在分詞 belligerans が初期近代英語に入った.
【派生語】**belligerence**, **-cy** 名 U.

bel·low /bélou/ 動 本来自 C 〔一般語〕牛が大声でなく, 人がどなる. 名 として牛の鳴き声, 人のどなり声.
語源 古英語 bylgian から.

bel·lows /bélouz/ 名 (複) ふいご, ふいご状のもの (★両手で使うので複数形).
語源 古英語 belg (=belly) の複数形から.
用例 a pair of *bellows* 一対のふいご.

bel·ly /béli/ 名 C 本来自 C 〔くだけた表現〕〔一般語〕人間や動物, 魚などの腹, 腹部. (その他) 広く back に対する前部. 特に胃を指すことから, 食欲, 貪欲, 腹腔をも表すところから, 筋肉のもり上り, バイオリンやびんの胴, 船の帆のふくらみ. 動 としてふくらむ, 突き出る.
語源 古英語 belg (皮の袋) から. 元来「ふくらむ」という意味を持つ.
用例 the *belly* of a ship 船の中, 船倉/The *belly* has no ears. 《ことわざ》空腹の時は聞く耳を持たない (衣食足って礼節を知る).
類義語 abdomen.
関連語 stomach; bowels.
慣用句 *belly out* ふくらませる, ふくらむ. *belly up*〔俗語〕(米) カウンターや手すりなどにつかつかと近寄る: He bellied *up* to a bar and ordered a drink. 彼はバーにつかつかとやってきて酒を注文した. *go* [*turn*] *belly up*〔俗語〕魚などが腹を上に向けて死ぬ, 失敗する, 破産する.
【派生語】**béllyful** 名 C 〔俗語〕《a ~》腹いっぱい, いやというほどいっぱい.
【複合語】**béllyàche** 名 UC 動 本来自 胃または腸の痛み, 腹痛, (俗語)〔軽蔑的〕不当な苦情を言う. **béllybùtton** 名 C 〔くだけた表現〕へそ. **bélly dànce** 名 C ベリーダンス (★腰や腹をくねらせる踊り). **bélly lànding** 名 C 飛行機の胴体着陸. **bélly làugh** 名 C 〔くだけた表現〕心からの高笑い (もとになるもの), 抱腹絶倒.

be·long /bilɔ́ːŋ|-lɔ́ŋ/ 動 本来自 〔一般語〕一般語 何かに所属する (*to*). (その他) 所属することから付属している, ある土地の出身である. 団体の一員としてふさわしい, 資格がある, ひと組みである, 対である (*with*). 然るべき場所にいる [ある], 利益になる. 〔俗語〕所有主である.
語法 進行形なし.
語源 中英語 be- + longen (=to be suitable) から成る belongen から.
用例 Britain *belongs to* EU. 英国は EU に加盟している/This shoe *belongs with* that shoe. この靴はあれと対です/This chair *belongs* in the next room. この椅子は隣の部屋のです/A pot that *belongs* to many is ill stirred and worse boiled. 《ことわざ》多くの人が共有する煮物の鍋はかき回し方がうまくないので, 煮え方はますますひどいものとなる (船頭多くして船山に上る).
【派生語】**belóngings** 名 (複) 人の所有物, 持物.

be·loved /bilʌ́vid/ 形 C 〔形式ばった表現〕一般語 《one's ~》最愛の(人), いとしい(人). (その他) 愛用の (物). また妻, 夫, 恋人への呼びかけとして, ねえ, あなた, (集合的) 親愛なるみなさん.
語源 中英語 beloven の過去分詞.
用例 My *beloved* left me for another. 私の愛する人は他の人のもとへ去ってしまった.
類義語 favorite.

be·low /bilóu/ 前 副 形 〔一般語〕一般語 相対的に (...より) 下の方に. (その他) 建物の下の方の階から, ページの下方に, あとの方のページに, 空や天に対して地上に, 地上のこの世に対して地獄に; ...より低い地位に[の], 年齢が...より下で[の], 数値が...より小さくて[小さい], 人の品位にふさわしくなく下品で.
語源 中英語 bi- (=by) + looghe (=low) から成る biloghe から.
用例 It was *below* you to say that. あんなことを言うとは君も語るに落ちたよ (君の品位をそこめたよ)/Her skirt reached *below* her knee. 彼女のスカートはひざ下まできていた/We looked down from the mountain at the houses (down) *below*. 私たちは山から下方の家々を見おろした.
類義語 below; under; beneath; underneath: **below** は真下を含めて下方の平面を広く指すのに対し, **under** は真下, またはおおうように下にあることを表す. **beneath** は below と under の両方の意味をそなえている. **underneath** はあるもののためにその下のものが隠れて見えない場合などに用いる.
反義語 above.

belt /bélt/ 名 C 動 本来他 〔一般語〕一般語 腰に巻く革製の帯, ベルト. (その他) 帯状のものを広く指し, 機械用のベルト, 帯状に広がある特定の分布地域, 地帯,

《米》環状の道, 高速道路. 動 としてベルトで締める, 帯やひもで結ぶ, ベルトで人を打つ, 〔俗語〕こぶしや平手, バットなどで人や物を殴る, 酒を一気にあおる.
[語源] ラテン語 *balteus* (=belt) が古英語に入った.
[用例] He put on a leather *belt* (around his waist). 彼は(腰に)革のベルトをした/She *belted* her coat. 彼女はコートのベルトを締めた/The *belt* of my vacuum cleaner is broken. 掃除機のベルトが切れている/You can't build houses there—it's a green *belt*. そこには家屋を建てられない. 緑地帯だから.
[類義語] belt; band: **belt** は衣服を留めるために腰に巻く通常革製の帯で, **band** はより広く木や金属, ゴム製の巻きつけて留めたり束ねたりするもの.
[慣用句] ***below the belt*** 〔くだけた表現〕フェアでなく, 反則をして, 汚い手段で (★ボクシングで鼠径(ﾃｲ)部を打つことからこの意味になった): hit ... *below the belt* ベルトの下を打つ, 卑怯なことをする. ***belt out*** 〔くだけた表現〕**大声**で歌う; 大音量で演奏する. *belt up* 〔俗語〕黙る 〔文法〕命令を表す文脈で用いることが多い). ***tighten one's belt*** 〔くだけた表現〕飢えや難儀に耐えて頑張る, 検約して暮らす; 難事に備える. ***under one's belt*** 〔くだけた表現〕《米》経験の一部として, 身につけて.
【派生語】**bélted** 形. **bélting** 名 U ベルトの素材, 《集合的》; 〔俗語〕人を打つこと, せっかん.
【複合語】**béltlìne** 名 C 《米》鉄道や路面電車の環状線.
béltwày 名 C 《米》市街地の周りの高速道路, 環状道路.

be·moan /bimóun/ 動 [本来他] 〔形式ばった語〕悲しむ, 《〜 oneself で》嘆く.

bench /béntʃ/ 名 C 動 [本来他] [一般語] [一般語] 木製の硬い数人用の長い腰掛け, ベンチ (★背もたれはあってもなくてもよい). [その他] (the 〜) 法廷の裁判官の席, 法廷. 《集合的》裁判官たち. また手仕事などのための作業台, 川岸の台地の部分など広く台のような形状のものを指す. 品評会などで犬の立つ台, または犬の品評会自体. 《スポ》《米》控えの選手の席, 《集合的》控えの選手たち. 動 としてベンチを備える. 台の上に上らせる, 《米》選手をベンチに下げる, 退場させる.
[語源] 古英語 benc (=bench) から. ⇒bank².
[用例] They sat on a park *bench*. 彼らは公園のベンチに腰かけた/You'll be appearing before the *bench* in January. 君は1月に法廷に出頭することになろう.
[類義語] chair.
[慣用句] ***be [sit] on the bench*** 法廷で**裁判官**をつとめる. ***warm the bench*** 《米》補欠でいる, 試合に出ないで控え選手としている.
【派生語】**béncher** 名 C 判事や国会議員など**判事席**[議席]を占める人, 《英》国会議員.
【複合語】**bénch jòckey** 名 C 〔俗語〕《米》ベンチから相手の選手や審判員に**野次をとばす選手**. **bénch màn** 名 C ラジオ・テレビの**修理屋**, 作業台で仕事をする人. **bénch màrk** 名 C 土地測量に用いる**水準基標**, 品質などをはかる基準. **bénch shòw** 名 C **小動物**の品評会. **bénch wàrmer** 名 C 〔俗語〕控えにいる**補欠選手**.

bend /bénd/ 動 [本来他] 〔過去・過分 bent〕名 C 〔一般語〕[一般語] 長い物, まっすぐでない, 薄い物などを曲げる. [その他] 人の気持を曲げさせて屈服させる, 身体を曲げる, かがむ. 弓的的をねらうように注意心や視線, エネルギーを向ける, 《受身形で》固く決意している, 自 曲がる, 身をかがめる, 弓などが別の方向に向かう. 名 として曲げる[曲がる]こと, 曲がり角, 湾曲(部), (the 〜s) 潜水夫などの潜水病.
[語源] 古英語 bendan (足かせをかける; 弓を引く)から. 弓を引く意から「曲げる」意が派生した.
[用例] The plumber *bent* the water pipes. 水道屋は水道管を曲げた/He *bent* his head in prayer. 彼は頭(ﾂﾞ)を垂れて祈った/Can you *bend* your knee? ひざを曲げられますか/The road *bends* to the right along here. 道はこの辺で右へ曲っている/He didn't want to *bend* his daughter to his will. 彼は娘を自分の意のままに従わせたくなかった.
[類義語] curve.
[慣用句] ***round the bend*** 〔くだけた表現〕《英》頭がおかしい: He really drives me *round the bend*. 彼にはまったくアタマにくるよ.
【派生語】**béndable** 形. **bénded** 形 ひざを折って, へり下って: on one's *bended* knees ひざまずいて, 懇願して. **bénder** 名 C **曲げるもの[人]**, 〔俗語〕《米》酒宴. **béndy** 《英》〔くだけた表現〕道が曲がりくねった; 物が曲げやすい.

be·neath /bini:θ/ 前 副 〔形式ばった語〕[一般語] (...より)下の方に[で], [その他] 物の表面の真下に[で], 下になって隠れて. 比喩的に地位, 価値, 品位が(...より)劣っている), 行為などがふさわしくない, ある人などの**影響**[指導]の下に(いる).
[語源] 古英語 be-+neothan (=down) から成る be-neothan から.
[用例] He buried the body *beneath* the floorboard. 彼は死体を床下に埋めた/We went through the difficulty *beneath* his experienced guide. 我々は経験を積んだ彼の指導の下に難局を切り抜けた.
[類義語] ⇒below.

Ben·e·dic·tine /bènidíkti(:)n/ 名 C 《カト》ベネディクト会修道士.

ben·e·dic·tion /bènidíkʃən/ 名 CU 〔形式ばった語〕《キ教》祝福, 祝祷.
[語源] ラテン語 *benedicere* (=to bless; *bene* well + *dicere* to say) の過去分詞 *benedictus* から派生した *benedictio* (=blessing) が古フランス語を経て中英語に入った.

ben·e·fac·tor /bénifæktər/ 名 C 〔一般語〕**恩恵を施す人**, 後援者.
[語源] ラテン語 *benefacere* (=to do well; *bene* well + *facere* to do) の派生形が中英語に入った.
【派生語】**bénefàctress** 名 C 恩恵を施す女性.

beneficence ⇒benefit.
beneficent ⇒benefit.
beneficial ⇒benefit.
beneficiary ⇒benefit.

ben·e·fit /bénəfit/ 名 UC 動 [本来語] 〔一般語〕[一般語] 人や団体の**利益**, 利点. [その他] 状況の改善に対する貢献, 貢献するもの, 利益, 助力となるもの, 具体的には特定の**募金活動**, バザー, ダンス, 試合などの慈善事業. また 《複数形で》保険金などの**給付金**や国などからの手当. 動 (無生物を主語として) 益を与える. 自 ...で**益を得る** 《from》.
[語源] ラテン語 *bene facere* (=to do well) の過去分詞 *bene factus* が古フランス語 *bienfait* (親切な行為)

を経て中英語に入った．
[用例] He got a lot of *benefit* from their friendship. (=Their friendship was a great *benefit* to him.) 彼らの友情は大いに彼のためになった/He had the *benefit* of college background. 彼には大学卒という利があった/This game is a *benefit* for John Anderson. (=This is John Anderson's *benefit* game.) これはジョン・アンダーソンのための募金試合です/He now lives on unemployment *benefits*. 彼は目下失業手当で暮している．
[類義語] benefit; profit: **benefit** は精神や肉体, 道徳などの面で向上や改善を表す．**profit** は主に物質的な利得, もうけを表す．
[慣用句] **benefit of clergy** 特に結婚式などにおける教会による認可と儀式: They are living together without the *benefit of clergy*. 彼らは結婚式をあげないまま一緒に暮している．**for the benefit of** … …のために．**give** … *the benefit of the doubt* 証拠不十分なので疑わしい点を有利に解釈してやる．
【派生語】**bénéficence** 名 U 親切; 慈善, 善行. **bénéficent** 形 慈善心に富む, 情け深い. **bènefícial** 形 ためになる, 有益である. **bènefíciary** 名 C 利益を受ける人, 年金や保険の受給者, 受取人, 遺言による遺産の受取人.
【複合語】**bénefit society [assòciátion]** 名 C 《米》共済組合(《英》friendly society).

be·nev·o·lent /bɪnévələnt/ 〔形式ばった語〕情深い, 慈悲の, 優しい.
[語源] ラテン語 *benevolens* (=wishing well; *bene* well+*volens* willing) が古フランス語を経て中英語に入った．
【派生語】**benévolence** 名 UC 情深さ, 慈悲, 慈善行為, 善行.

be·night·ed /bɪnáitɪd/ 形〔文語〕旅人などが行き暮れた, 比喩的に未開の, 無知な.

be·nign /bɪnáɪn/ 形〔形式ばった語〕[一般義] 性格的に優しい, 恵み深い, 親切な. [その他] 運命が幸運な, 気候などが温和な.
[語源] ラテン語 *benignam* (=kindly; *bene* well+ *genus* birth) が古フランス語を経て中英語に入った．
【派生語】**benignant** /bɪnígnənt/ 形 優しい, 慈悲深い; 〖医〗病気が良性の. (⇔malignant) **benignantly** 副 優しく, 恵み深く. **benígnly** 副. **benígnness** 名 U.

bent /bént/ 動 形 C bend の過去・過去分詞. 形 として曲がった, …の方を向いた. 名 として〔形式ばった語〕精神的傾き, 性向.
[用例] He has a *bent* for mathematics. 彼は数学向きだ/He's of a studious *bent*. 彼は勉強家だ．

be·numb /bɪnám/ 動 本来他〔形式ばった語〕《通例受身で》寒さなどが感覚を失わせる.
[語源] 古英語 be+*niman* (=to take) から成る beniman (=to take away) の過去分詞 benumen から．
【派生語】**benúmbed** 形 無感覚な, かじかんだ.

ben·zene /bénziːn, -´-/ 名 U 〖化〗ベンゼン.
ben·zine /bénziːn/ 名 U 〖化〗ベンジン.
ben·zol /bénzɔːl/ 名 U 〖化〗ベンゾール (★精製していない benzene).

be·queath /bɪkwiːθ/ 動 本来他〔形式ばった語〕遺言で譲る, 後世に伝える.
[語源] 古英語 be+*cwethan* (=to say) から成る becwethan から. 遺言として言い残す意.
【派生語】**bequést** 名 C 遺贈物, 遺産.

be·rate /bɪréɪt/ 動 本来他〔形式ばった語〕人をしかりつける, 小言を言う.

be·reave /bɪríːv/ 動 本来他《過去・過去分 ~d, bereft》〔形式ばった語〕[一般義] 事故や病気が人から生命や幸福などを奪い取る. [その他] 怒りや驚きのため人から希望や喜びを奪う, 失わせる.
[語源] 古英語 be·+*rēafian* (=to rob) から成る berēafian から．
[用例] She was *bereaved* of her son. 彼女は息子に死なれてしまった《語法》この意味では bereaved の方が普通/The homeless was *bereft* of all hope. ホームレスははらゆる希望を失った．
【派生語】**beréaved** 形 愛する者が死んで後に遺された, 《the ~》遺族(⇔the deceased): a *bereaved* mother 残された母親. **beréavement** 名 U 死別.

be·ret /bəréɪ/ 名 C 〔一般義〕ベレー帽.
[語源] フランス語 *béret* が19世紀に入った．

berg /bə́ːrg/ 名 C 〔一般義〕氷山(iceberg).

ber·i·ber·i /bèribéri/ 名 〖医〗かっけ.
[語源] スリランカのシンハラ語 (Singhalese) で「弱さ」の意. 18世紀に入った．

Ber·lin /bəːrlín/ 名 固 ベルリン(★ドイツの首都).

ber·ry /béri/ 名 C 〔一般義〕いちご状の果実の柔かい実(★堅い木の実は nut). [その他] 〖植〗皮が薄くて肉厚で水分の多い果実, 漿果(しょうか). またコーヒー豆や小麦粒などさまざまな植物の種, エビやザリガニの卵. 動 として漿果をつける, いちご狩りをする.
[語源] 古英語 *berie* から．
[関連語] blackberry; blueberry; cranberry; raspberry; strawberry.

ber·serk /bəːrsə́ːrk/ 形 〔一般義〕狂暴な, たけり狂った.
[語源] 古ノルド語 *berserkr* (=wild warrior) がアイスランド語を経て19世紀に入った．

berth /bə́ːrθ/ 名 C 〔一般義〕船, 列車などの寝台. [その他] 〖海〗安全のための操船余地, 船の停泊位置, 一般化して自動車などの停車位置. 比喩的に居心地のよい地位, 職.
[語源] 不詳.

ber·yl /bérəl/ 名 UC 〖鉱〗緑柱石.
[語源] 産地のインドの町の名がギリシャ語, ラテン語, 古フランス語を経て中英語に入った．

be·seech /bɪsíːtʃ/ 動 本来他《過去・過分 -seeched; -sought》〔形式ばった語〕人に慈悲, 許可などを嘆願する, 人に何かを懇願する.
[語源] 古英語 be·+*sēcan* (=to seek) から成る besēcan から．
【派生語】**beséeching** 形. **beséechingly** 副. **beséechingness** 名 U.

be·set /bɪsét/ 動 本来他《過去・過分 ~》〔形式ばった語〕《通例受身で》困難, 誘惑などがつきまとう, 襲う, 押し寄せる, 取り囲む.
[語源] 古英語 be·+*settan* (=to set) から成る besettan から．
【派生語】**besétting** 形 たえずつきまとう.

be·side /bɪsáɪd/ 前〔一般義〕…のそばに[で], …の傍らに[で]. [その他] 傍らの意味から, …に比べると, …に加えて, …の他に. 近くではあるが外れていることから, まとを得ていない. ただし「…に加えて」と「…の他に」

意味では現在では besides を用いることが多い.
[語源] 古英語 *bi sidan* (=by side) から.
[用例] She looks ugly *beside* her sister. 彼女は姉[妹]と比べるとブスだ.
[類義語] beside; by; near: **beside** は静的な並置の状態を表すが, **by** は前やうしろも含む「すぐそば」を表し, また「...のそばを行進する, 歩く」などとして動きをも表す. **near** は近いことを強調する.
【慣用句】 *beside oneself* 恐怖や怒りで我を忘れて, 思わず⟨with⟩. *beside the point* 的外れで.

be·sides /bisáidz/ [副][前] 〔一般語〕〔一般義〕(...に)加えて, ...の上に. 〔その他〕その他に, ...の他にも, ...を除いて.
[語源] beside に副詞的属格の -s が付いた語.
[用例] The weather was excellent, and *besides*, I was with my lover. 天気はすばらしかったし, おまけに恋人も一緒だった/Is anyone coming *besides* John? ジョン以外にも誰か来るのかい/She has three sons and an adopted one *besides*. 彼女には息子が三人と, その他に養子が一人いる.
[類義語] also.

be·siege /bisíːdʒ/ [動] [本来他] 〔一般語〕城や町などを軍隊が包囲する, 取り囲む.
[語源] ⇒siege.
【派生語】**besíeger** [名] Ⓒbesíegement [名] Ⓤ.

be·smear /bismíər/ [動] [本来他] 〔形式ばった語〕油, 泥などを一面に塗りつける, 名声などを汚す.

be·smirch /bismə́ːrtʃ/ [動] [本来他] 〔形式ばった語〕汚す, 汚くする, 名声などに泥を塗る.

be·som /bíːzəm/ [名] Ⓒ 〔一般語〕ほうき, 小枝で作った戸外用の庭ほうき,《スポ》カーリング用のほうき.
[語源] 古英語 besma (=broom) から.

be·sot·ted /bisátid/ -sɔ́t-/ [形] 〔一般語〕酒に酔った, 何かに夢中になってぼうっとなった.

be·speak /bispíːk/ [動] [本来他] (過去 **-spoke**; 過分 **-spoken**) 〔文語〕前もって頼む, 約束する, 事物が...の前兆となる, ...の証拠となる.
[語源] 古英語 besprecan から.

be·spec·ta·cled /bispéktəkld/ [形] 〔形式ばった語〕めがねをかけた. [語法] ややこっけいな感じ.

best /bést/ [形][副][名][動] [本来義] 〔一般語〕〔一般義〕good [形] と well [副] の最上級形. 他より優れていて最も良い[良く]. 〔その他〕最も道徳的で善良で(ある), 最も望ましい, 適切な[に], 利益[効果]がある, 最も上手な[に]. [名] として (the ~) 最も上手な[上手な]人や物, こと, (one's ~) 晴れ着, できる限りのこと, (the ~) あるものの大部分. [動] として打ち勝つ.
[語法] the best of the two などとして二者の比較の場合も用いられる. また, a best ... として「非常に良い...」の意味にもなる.
[語源] 印欧祖語 **bhad-** (=good) がゲルマン祖語で **bat-** となり, それに最上級を表す語尾 **-st** が付いた古英語 **betst** から.
[用例] (dressed in one's) Sunday *best* 日曜日用のよそゆき(を着て)/She is my *best* friend. 彼女は私の親友です/She sings *best* (of all). 彼女は一番歌がうまい/He was *bested* in the argument. 彼は議論で言い負かされた.
[関連語] good と well は原級, better はこれらの比較級.
[反意語] worst.

【慣用句】 *all for the best* 結局は何もかもうまくい

く: She was sorry that they had to part but it was *all for the best*. 彼女は別れが悲しかったが, 結局それで良かったのだった. *All the best!* 〔くだけた表現〕幸あれ ⟨★乾杯や別れの時, または手紙の結びの文句として, 幸福や成功を祈る表現として用いられる. 「万歳!」にも相当する場合がある. 間接話法においても用いられる⟩: In his speech he wished them *all the best*. スピーチの中で彼は彼らを祝福した. *as best one can* できるだけ. *at best* 最も良い場合でも, せいぜい(⇔at worst). *at one's best* 最高の状態で: The roses are *at their best* in June. バラは6月が最高だ[一番美しい時期だ]. *at the best of times* 最高の状態の時ですら 〔語法〕否定的な内容の文中で用いられることが多い. *do one's best* 最善を尽くす, 頑張る. *do one's level best* 〔くだけた表現〕できるだけ努力する 〔語法〕通常失敗に終るような場合に用いる. *get [have] the best of ...* 〔くだけた表現〕...を負かす, 出しぬく. *had best* ...するべきである(⇒had better (had の慣用句)) 〔語法〕(米)では would best ともいうが,《英》では would best は誤りと感じられる: I'd *best* go, or I'll be late. 行かないと遅れてしまう. *make the best of ...* 失敗や難局に際して最上の処置をする, できる限りのことをする. *put one's best foot forward* できる限り前向きの姿勢で頑張る. *the best part of ...* 〔くだけた表現〕...の大部分: I've read the *best part of* two hundred books on the subject. そのテーマについての200冊の本はあらかた読んでしまった. *to the best of one's knowledge [belief, ability]* 知っている限り[信じるところによれば, できる限り]. *with the best (of them)* 〔くだけた表現〕経験を積んだ人と同じような能力や技術のさえをみせて, だれにも劣らず: Although he is a beginner he can compete *with the best*. 彼は初心者だが上位陣にひけをとらない.

[語法] best-...ing, best- 過去分詞で [形]「最もよく...する, ...された」の意味の複合語になる: best-looking 顔だちの一番良い/best-meaning この上ない善意の/best-selling もっともよく売れている/best-bred 最高の家柄の/best-fed 最もよく食わされた.

【複合語】 **bést féllow** [名]〔俗語〕(one's ~) 女性にとっての愛人, 恋人. **bést gírl** [名]〔俗語〕(one's ~) 男性にとっての愛人, 恋人. **béstman** [名]《単数形で》《米》花婿の介添人. **bést-séller** [名] Ⓒ《米》本, CDなどのベストセラー.

be·stir /bistə́ːr/ [動] [本来他] 〔形式ばった語〕(~ oneself で) 奮起する, 努力する.

be·stow /bistóu/ [動] [本来他] 〔形式ばった語〕〔一般義〕上の人が下の人に称号や賞などを授ける, 贈与する ⟨on⟩. 〔その他〕本来「置く」の意で, 転じて「与える」となり, 時間や労力などを費やす 意へと転じた.
[語源] 中英語 *bi* (=by) + *stowen* (=to place; to put) より.
[用例] The Queen *bestowed* a knighthood on him. 女王は彼に騎士の称号を授けた.
[類義語] ⇒give.
【派生語】 **bestówal** [名] Ⓤ.

be·strew /bistrúː/ [動] [本来他] (過去 **~ed**; 過分 **~ed, bestrewn**) 〔文語〕床や地面などに...をまき散らす, ...が散り積る, 散らばる.
[語源] 古英語 bestrēowian から.

be·stride /bistráid/ [動] [本来他] (過去 **-strode**; 過分

bet /bét/ 動 [本来他]《過去・過分 ～, ～ted》名 C 〔一般語〕金を賭(か)ける, 賭けてもいいほど自信がある, きっと…だと思う, 断言する. 名 として, 結果に対する賭け, ギャンブルの賭け, さらに賭け金, 賭けの条件, 《米》賭けの対象となる人[物].
[語源] 不詳.
[用例] I'm *betting* a pound on that horse. ぼくはあの馬に1ポンド賭けてるんだ/I('ll) *bet* you were angry. 絶対に君は怒ってたね/I lost my *bet* with him. ぼくは彼に賭けて負けた/Place your *bets*, gentlemen! みなさん, 賭けて下さい[賭け分をかけて下さい]/That candidate is a good *bet* (to win). あの候補者は有力だ[あたりそうだ].
[慣用句] *bet one's boots* [*bottom dollar*; *shirt*] *on* ... [*that* ...] [くだけた表現]…に確信がある《★相手にとられては困る靴, あり金, シャツなどを賭ける意から》. *cover* [*hedge*] *one's bets* [くだけた表現] 複数のものに賭けておいて身の安全をはかる[表現] 必ず; I *bet* he is gonna win. きっと彼が勝つよ. *You bet!* [くだけた表現] もちろん, そうだとも《語法》 You *bet* your life. の省略した形. *take a bet on* ... …に賭ける: Are you willing to *take a bet* on whether he'll come or not? 彼が来るかどうか賭けてみるかい.
[派生語] **bétting** 名 U. **bétter** 名 C.

be·ta /béitə, bíː-/ 名 C ベータ《★ギリシャ語アルファベットの第2文字, β》.
【複合語】 **béta cárotène** 〔生化〕 ベータカロチン. **béta wàve** 〔生理〕 脳波のベータ波.

be·take /bitéik/ 動 [本来他]《過去 -took; 過分 -taken》〔文語〕《〜 oneself to で》…におもむく, 行く(go to).
[語源] 中英語より使われ始めたがそれ以前は不詳.

Beth·le·hem /béθlihèm/ 名 固 ベツレヘム《★イスラエルのエルサレム南方の町. キリスト生誕の地》.
[語源] ヘブライ語で「パンの家」の意.

be·tide /bitáid/ 動〔文語〕不幸などが…に起こる, ふりかかる. 自 としても用いられる.
[語源] 現在は主として Woe *betide* ...!《(...に災あれ)のフレーズで用いる.
[語源] 中英語 bi- + tiden (= to happen) から成る bi-tiden から.

be·to·ken /bitóukən/ 動〔形式ばった語〕…の前兆がある, …を示す.
[語源] 古英語 betacnian (= to signify) から.

be·tray /bitréi/ 動 [本来他]〔やや形式ばった語〕〔一義〕人や人との約束や信頼を裏切る, そむく. [その他] 国や友人などを裏切って, 敵に秘密などを暴露する, 我知らずのうちに心の内を外に出す, うっかり表す, 物事の徴候や経過などを表面にさらけ出す. また deceive に近い意味で, だます, 特に誘惑していうときは 捨てる.
[語源] bi- (= be-) + traien (= to betray) から成る中英語 bitraien から. traien はラテン語 tradere (手渡す)が古フランス語 *trair* を経て中英語に入った.
[用例] The general *betrayed* the king's trust by organizing a rebellion. 将軍は謀反を企てて王の信頼を裏切った/He *betrayed* his own brother to the enemy. 彼は自分の兄[弟]を敵に売り渡した/Her pale face *betrayed* her fear. 彼女の青ざめた顔が恐怖心を物語っていた.
[関連語] traitor; treason.
[派生語] **betráyal** 名 UC. **betráyer** 名 C.

be·troth /bitrάθ|-tróuð/ 動 [本来他]〔古語〕《しばしば受身で》婚約させる, 《〜 oneself to で》女性が…と婚約する.
[語源] bi- + trouthe (= truth) から成る中英語 bi-trouthen から.
【派生語】 **betróthal** 名 UC 婚約. **betróthed** 形 婚約した, いいなずけの. 名《通例 one's ～》婚約者, (the 〜) 婚約した二人, 婚約者たち.

bet·ter /bétər/ 形 副 CU [本来他]〔一般語〕[一般義] good 形 と well 副 の比較級形. 他より優れていて良い[良く]. [その他] 文脈に応じて, 他より望ましい, 適切な[に], 上手な[に], 上位の[で]. 体の具合がよくなって, 気分がよい[よく], より良い, より多い, [くだけた語] 半分以上の. 名 より良いもの[状態], 半分以上の分[量], 目上の人. 動 として〔形式ばった語〕人に勝る, 出し抜く, …を改善する(improve).
[語源] 印欧祖語 *bhad- がゲルマン祖語で *bat- となり, これに比較級を表す語尾-era が付いた古英語 betera から. ⇒best.
[用例] His chances of winning are *better* than mine. ぼくより彼が勝つ見込みの方が大きい/*Better* to do it now than later. あとでやるより今やる方がいい/He's the *better* of the two. 二人のうちで彼の方が良い《語法》二者の比較では比較級に the を付ける/Don't be rude to your *betters*. 目上の人に失礼なことがあってはいけない/She tried to *better* herself by marrying a rich man. 彼女は金持ちの男と結婚して身分の向上をはかろうとした/I'm nearly [completely] *better* now. ほとんど[完全に]回復した《語法》この場合 than ... は付けない).
[関連語] ⇒good.
[反意語] worse.
[慣用句] *be better than one's word* [くだけた表現] 約束以上のことをする, 言葉より行動が上回る. *Better luck next time!* [くだけた表現] この次頑張れ!《★今回うまくいかなかった場合に励ます表現》. *better off* [くだけた表現] より良い状況にある, 特により裕福である: She'd be *better off* if she divorced him. 彼女は彼と離婚した方が幸せだろう. *for better or (for) worse* 良い時も悪い時も, 順調な時ばかりでなく逆境においても《★キリスト教の結婚式で用いられる表現》, 一般化して良かれ悪しかれ, いやでも応でも. *for the better* より良い方向へ. *get the better of* ... [くだけた表現]…にうち勝つ, 出し抜く. *go one better* [くだけた表現] 以前よりも少しでも進歩する. *had better* ⇒ had の慣用句. *have seen better days* [くだけた表現] 落ち目である, 下り坂である. *little* [*no*] *better than* ... ...と同じようなものだ《語法》悪いものをひき合いに出していう): The child is *little better than* a gangster. あの子供はキャング並みの悪さだ. *the better part of* ... [くだけた表現]…の半分以上: He talked for *the better part of* an hour. 彼は30分以上もしゃべった.
[派生語] **bétterment** 名 UC〔形式ばった語〕改善, 〔法〕修理・改善のため財産価値が増すこと.
【複合語】 **bétter hálf** 〔俗語〕《one's ～で》妻, 時には夫.

be·tween /bitwíːn/ 前 副 〔一般語〕2 つの物や事, 2 人の人...との間に[で, を, の], 《位置, 時間, 数量, 関係などで》...の間から2者の中から片方を.

語源 be (=by) と *tweon (=twos) の与格形 *tweonum* から成る古英語 *betweonum* から.

用例 *between* 2 o'clock and 2:30. 2時から2時半の間に/the love *between* mother and child 母と子の愛/the difference *between* right and wrong 善悪のちがい/We bought the house *between* us. 我々は共同でその家を買った/Divide the chocolate *between* you. 君たちでチョコレートを分けなさい/She couldn't choose *between* the two boys. 彼女は二人の男の子のどちらか一方を決めかねた.

類義語 between; among: *between* のあとには 2 つのものを表す語が続くのが普通で, 例えば *between each house and the next* (隣り合う家々の間に) といい, *between each house* は実際にはよく用いられるが, 文法に適っていないと感じられる. それに対して三者以上の間についていうときは among を用いるのがよいとされるが, 実際には三者以上に言及する時でも, それらの中の各個別の関係に注目して言うときには *between* を用いることができる. 従って, 三者以上に囲まれた地点や地域などをはっきり示す場合などにも *between* が用いられる: negotiations *between* the four nations 四か国交渉/California lies *between* Oregon, Nevada, Arizona and the Pacific Ocean. カリフォルニアはオレゴン州, ネバダ州, アリゾナ州, 太平洋に囲まれている.

慣用句 *between ourselves* [*between you and me*; *between you, me, and the gatepost*] [くだけた表現] ここだけの話だが, 我々だけの秘密だが. *come* [*stand*] *between* ...の間に入る, 仲裁する; ...を別れさせる, 仲を裂く. *in between* (中)間に, 最中に. *in between times* 合い間の時間に: She does not eat much at meal times but eats a lot *in between times*. 彼女は食事どきにはあまり食べないが, 大いに間食をする. *nothing* [*little*] *to choose between them* ほとんど違いがない. *There is no love lost between them*. [くだけた表現] 彼らは互いに嫌い合っている(★コーヒー, 紅茶, ソフトドリンクなど).

複合語 bet·wéentimes 副 間隔をおいて. be·twéenwhiles 副 =betweentimes.

be·twixt /bitwíkst/ 前 副 〔古語〕=between.
慣用句 *betwixt and between* [くだけた表現] どちらつかずで, 宙ぶらりんで未決定の, 良くも悪くもない: The trip we had during the weekend was *betwixt and between*. 週末の旅行は可もなく不可もなしだった.

bev·el /bévəl/ 名 C 本末他 〔一般語〕直角を除くあらゆる角, 斜角, 傾斜, 斜面. 動 として...に斜角をつける, 斜めに切る.
語源 古フランス語 *baif* (口を開いて) から派生した中フランス語 *bevel* が初期近代英語に入った.

bev·er·age /bévəridʒ/ 名 C 〔形式ばった語〕水, 薬以外の種々の飲料(紅茶, ソフトドリンクなど).
語源 ラテン語 *bibere* (飲む) に由来する古フランス語 *bevrage* (=a drink) が中英語に入った.

be·ware /biwéər/ 本末自 〔形式ばった古めかしい語〕用心する, 警戒する (*be careful of*) 《語法》通例命令文や不定詞構文で用いられる. 命令形は掲示文などに用いられることが多い).
語源 古英語 *warian* (=to guard) に由来する wær (=cautious) が中英語で Be war. 《命令文》として用いられるようになり, 後に1語として用いられるようになった.
用例 *Beware* of the dog. 犬にご用心/He told them to *beware*. 彼は彼らに警戒せよと言った.

be·wil·der /biwíldər/ 動 本末他 〔形式ばった語〕《通例受身で》複雑なことに直面してどうしようもなく**当惑させる**, **混乱させる**.
語源 be-+wilder (道に迷わせる) が比喩的に用いられて現在の意味になった. 初期近代英語から.
用例 She *was* completely *bewildered* when her husband suddenly left her. 夫が突然彼女のもとを去った時, 彼女はすっかりうろたえてしまった.
類義語 puzzle.
派生語 bewíldering 形 人を当惑させるような. bewílderingly 副. bewílderment 名 U.

be·witch /biwítʃ/ 本末他 ...に魔法をかける, うっとりさせる, 魅惑する. ⇒witch.
派生語 bewítched 形 魔法をかけられた, うっとりさせられた. bewítching 形 人を魅惑するような, うっとりさせる. bewítchingly 副.

be·yond /bijánd | -jɔ́nd/ 前 副 名 U 〔一般語〕
一般義 ある地点を過ぎた所を表し, (...の)向こうに[へ, で, の]. その他 時刻を過ぎて, すぐれて, 《否定文, 疑問文で》...のほかに, 以外に. 名 として 《the ～》遠くにあるもの, 死後の世界 《語法 the great beyond ともいう》.
語源 be-+geondan (遠い方の側より) から成る位置を表す古英語 *begeondan* から.
用例 I'll attend you to the entrance, but not *beyond*. 入口までは付添ってあげるけど, その先はだめだよ/She never stays *beyond* 8 o'clock at night. 彼女は夜8時過ぎまでいることは絶対ない/The problem is *beyond* me. その問題は私の手に負えない/What is there to say *beyond* what's already been said? すでに言われたことの他に何を言うことがあるだろう.
慣用句 *beyond a joke* 冗談の域を出ている, 笑えない. *beyond compare* [*all praise*] 《やや文語的な表現》すばらしく上首尾に. *beyond one's hopes* [*one's wildest dreams*] 期待以上に. *beyond one's means* 値段が高すぎる, 費用がかかりすぎる: He lives well *beyond his means*. 彼は身分不相応の[収入をはるかに上まわる]暮らしぶりをしている.

bi- 接頭 「二つ」「二度」「二方向」「両側」など「2」に関するものを広く表す.
語源 ラテン語 *bi-, bis* (=twice) から. ⇒di-; twi-.
語法 「2」に関することを表すため, 例えば biweekly は「2週に1度の」と「1週に 2 度の」との両方の意味を持ち, まぎらわしい. このような混乱を避けるため, 後者の意味では bi- の代わりに semi- や half- を用いることが多い. また bi- は母音で始まる語の前では bin- となり(例 binary), c や s で始まる語に付く時は bis- となる(例 bissextile).
関連語 mono-「1つ」, tri-「3 つ」, quadri-「4 つ」, demi-「半分の, 準」, hemi-, semi-「半分の」.

bi·an·nu·al /baiǽnjuəl/ 形 〔形式ばった語〕 一般義
一年に二度の, 半年に一度の(semi-annual; half-yearly). その他 二年に一度の(biennial).
語法 意味のあいまいさを避けるため, 「1年に 2 回の, 半年ごとの」の場合には semiannual, half-yearly を用いることがある.

語源 bi-+annual. 19 世紀から.
用例 She took her *biannual* medical checkup yesterday. 彼女は昨日半年一度の健康診断を受けた.
【派生語】**biánnually** 副.

bi·as /báiəs/ 名 CU 形 動 本来他 〔一般語〕 一般義 充分な根拠のない感情的, 精神的な**偏向, 偏見, 先入観**, えこひいき. その他 感情や精神の向き, 傾向. また布地を織り目とはすかいに裁断した斜線, バイヤス, ローンボーリングで球の片側につけた**重み**. 形 副 として**斜めの**[に]. 動 として〔形式ばった語〕**偏見[先入観]を抱かせる.**
語源 フランス語 *biais* (斜めの)が初期近代英語に入った. それ以前は不詳.
用例 He has a *bias* against [in favor of] people of different races. 彼は人種の異なる人に対して偏見[好意]を抱いている/He was *biased* by the report in the newspaper. 彼は新聞の報道で片寄った意見を植えつけられた/Her artistic *bias* was not appreciated by her family. 彼女の芸術への傾倒を家族は喜ばなかった.
類義語 prejudice.
【慣用句】*on the bias* 斜めに, バイヤス地に.
【派生語】**bíased**, 《英》-ss- 形 片寄った: a *biased* judgement 片寄った判断.

bi·ath·lon /báiæθlən/ 名 U 〔スポ〕バイアスロン《★クロスカントリースキーと射撃を合わせた競技》.
語源 bi-+ ギリシャ語 *athlon* (=contest) として 1950 年代に作られた.

Bi·ble /báibl/ 名 C 〔一般語〕 一般義 《the ～》キリスト教の旧約および新約からなる**聖書**. 参考 英語史上では特に 1611 年に英国王 James I 世の裁可によって編集·英訳された欽定訳聖書(《英》the Authorized Version, 《米》the King James Version)が有名. ユダヤ教では旧約聖書のみを指す. その他 1 冊の**聖書**, 《b-》一般に宗教の経典, **聖典**, さらに**権威がある書物**や**文献, 必読書, トラの巻**.
語源 ギリシャ語 *biblia* (=books) がラテン語 *biblia*, 古フランス語 *bible* を経て中英語に入った. ギリシャ語 *biblia* は *biblion* の複数形だが, ラテン語では単数形と誤解され, 英語にも単数形として入った.
用例 He had a *Bible* in his hand. 彼は手に一冊の聖書をもっていた/This book is the car mechanic's *bible*. この本は車の修理工のトラの巻だ.
関連語 the scripture.
【派生語】**Bíblical, bíblical** 形 聖書の, 聖書の内容に合致した, 聖書的な. **Bíblicist** 名 C 聖書の言葉を文字通り受け入れる人, または**聖書の研究家**.
【複合語】**Bíble bèlt** 原理主義者 (fundamentalists) の勢力の強いアメリカ南部の一帯, バイブルベルト 《★1925 年に言語学者 H. L. Mencken が用いた表現》. **Bíble pàper** 薄くて強い聖書や辞書用の紙, インディア紙(india paper).

bib·li·o- /bíbliou/ 連結 「本の」「聖書の」の意.
語源 ギリシャ語 *biblion* (=book) から.

bibliographer ⇒bibliography.
bibliographic ⇒bibliography.

bib·li·og·ra·phy /bìbliágrəfi|-ɔ́g-/ 名 CU 〔一般語〕 一般義 **参考文献目録**, ある著者またはテーマについての**著書[文献]目録**. その他 書誌学.
語源 biblio-+-graphy. フランス語から初期近代英語に入った.
【派生語】**bìbliógrapher** 名 C 参考文献目録作者.
bìbliográphic, -cal 形.

bib·li·o·phile /bíbliəfàil/ 名 C 〔やや形式ばった語〕**愛書家, 蔵書家**.
語源 biblio-+-phile. 19 世紀から.

bi·bu·lous /bíbjuləs/ 形 〔文語〕酒好きの, 飲酒にふける.
語源 ラテン語 *bibere* (=to drink) から派生した *bibulus* が初期近代英語に入った.

bi·cam·er·al /bàikǽmərəl/ 形 〔形式ばった語〕議会が二院制の.
語源 bi-+ ラテン語 *camera* (=chamber)+-al. 19 世紀から.

bi·car·bon·ate /bàiká:rbənèit/ 名 U 〔化〕重炭酸ソーダ, 重曹.

bi·cen·ten·a·ry /bàisenténəri/ 形 名 《英》=bicentennial.

bi·cen·ten·ni·al /bàisenténiəl/ 形 名 C 〔一般語〕《米》200 年目の, 200 周年(記念)の. 名 として 200 年祭.
語源 bi-+centennial. 19 世紀から.

bick·er /bíkər/ 動 本来自 名 C 〔一般語〕《軽蔑的》つまらぬことで**口論する**. 名 として 口論.
語源 不詳.

bi·cy·cle /báisikl/ 名 C 動 本来自 〔一般語〕二輪の**自転車** (語法 短縮して cycle, くだけた語で bike ともいう). 動 として**自転車に乗る, 自転車旅行をする**.
日英文化 日本語の「バイク」はオートバイ (motorcycle) のみを指すが, 英語の bike は自転車とオートバイの両方に用いる.
語源 bi-+cycle. 「二つの輪」の意で 19 世紀から.
用例 She was learning how to ride a *bicycle*. 彼女は自転車の練習中だった/He *bicycled* slowly up the hill. 彼は自転車でゆっくりと丘をのぼった.
語法 bicycle や horse, scooter に「乗る」は ride on, mount または get on(to), 「降りる」は dismount from や get off という. 一方, car や taxi などに「乗る」は ride in や get into で (get on は不可), 特に自分が運転することを表すのが drive, 「降りる」は get out of.
類義語 vehicle.
【派生語】**bícycler, bícyclist** 名 C. **bicýclic, -cal** 形 環が 2 つある, 《化》双〔二〕環式の.

bid /bíd/ 動 本来他 《過去 bade, ～; 過分 bidden, ～》 名 C 〔一般語〕 一般義 競売, 入札などで自分のつけた値を言うから, ある金額の値をつける. その他 この語の本来の意味から, 助力や愛顧などを得ようとして**説得する, あからさまに公言する**, 〔トランプ〕 ブリッジで何組取るかを宣言する, コールする. 〔形式ばった語〕**命令する, あいさつを述べる**, 〔くだけた語〕《米》会員になるよう**誘う**. 名 としても用いられる. 名 としてつけ値, 入札, 努力, 企て, 〔トランプ〕 ブリッジで何組取るかを宣言するビッド. 〔くだけた語〕《米》入会の誘い.
語源 古英語 biddan (頼む, 懇願する, 命令する)から中英語 bidden となったものと, 古英語 bēodan (公言する, 命令する)から中英語 beden となったものとが形と意味の両面で融合した.
用例 John *bid* £500 for the painting. ジョンはその絵に 500 ポンドの値をつけた/My firm is *bidding* for the contract for the new road. わが社は新道路の契約に入札している/He *bid* for her love by refer-

ring to high income. 彼は高収入であることにふれて彼女の愛を得ようとした/The child *bid* hostility to the teacher. 子供は教師に向って敵意をあからさまに口にした/He *bade* me farewell. 彼は私に別れを述べた/He accepted the *bid* from the fraternity [club]. 彼はその友愛会[クラブ]からの入会の誘いに応じた.

語法 「命令する」の意味では, 過去・過去分詞は bade, bidden 用いることが多い: Do as you are *bidden*. 言われた通りにしろ.

類義語 command.

【慣用句】 *bid fair* 見込みが強い: John *bids fair* to win. ジョンは勝ちそうだ. *bid in* 《米》競売で自分の所有物を保持するためにそれにつけられた最高額以上の値をつける. *bid up* 値をつり上げる. *make a bid for* ...を得ようとする: He *made a bid for* freedom but was captured. 彼は自由を求めたが捕えられてしまった.

【派生語】 **bídder** 名 C. **bídding** 名 U 競り, 入札; 命令, 要求, 依頼, 招待, 招請: *do ...'s bidding* ...の命令に従う.

bi·det /bidéi/ 名 C 〔一般語〕トイレの女性局部洗浄器, ビデ.
語源 pony (子馬)を意味するフランス語から.「跨るもの」の意の婉曲語. 18 世紀に入った.

bi·en·ni·al /baiéniəl/ 形 名 C 〔やや形式ばった語〕二年に一度の,《植》二年生の. 名 として, 隔年の催し物, ビエンナーレ, 二年生の植物.
語源 *bi*- (=two)+*annus* (=year) から成るラテン語 *biennis* (二年の) や *biennium* (二年間) に-al が付いた. 初期近代英語より.

類義語 biannual.

【派生語】 **biénnially** 副.

bier /bíər/ 名 C 〔一般語〕棺架, ひつぎ台, 棺桶にのせた棺.
語源 ゲルマン諸語に共通し「運ぶためのもの」が原義. 古英語では bær. beran (=to carry) と同根. 現在のつづりはフランス語 *bière* (=coffin) の影響で 17 世紀から. ⇒bear².

bi·fo·cal /bàifóukəl/ 形 C 〔一般語〕2 焦点の. 名 として《複数形で》2 焦点眼鏡.

bi·fur·cate /báifərkèit/ 動 本来自 〔形式ばった語〕道や川などが二またに分かれる, 分岐する.
語源 ラテン語 *bifurcare* (=to bifurcate; *bi*-+*furca* fork) の過去分詞 *bifurcatus* が初期近代英語に入った.

【派生語】 **bifurcátion** 名 UC 二またに分かれること, 分岐点.

big /bíg/ 形 副 〔ややくだけた語〕一般語 大きさ, 高さ, 広さ, 数量, 形, 規模などが大きい. その他 大きさのみでなく普通以上に重い, 強い, 重要な. 背が高い, 大人である, 年長である, 妊娠がすすんでいて腹が大きい, 満杯である, ふくらんでいる. great に対応するくだけた語として, 重要な地位にいる, 他をぬきん出ている, 事が重大である, 同じくだけた語として, 自慢げな, 大ぶるしめきの, 寛大な, 心が広い, 《Mr. B- で》〔くだけた語〕陰の大物, 黒幕, リーダー. 副 として偉そうに, いばって, 首尾よく, うまく.
語源 不詳. 北欧語起源の語と思われるが 13 世紀に「力がある, 強い」という意味で用いられるようになった.「大きい」という意味は 14 世紀末ごろにはじめて用いられた.

用例 He has not much money but he has *big* ideas. 彼はお金は大してないけれど夢は大きくもっている/This is your *big* day. 今日は君にとって重大な日だよ/She is a *big* eater. 彼女は大食いだ/That singer is very *big* in Hawaii now. あの歌手は今ハワイですごい人気だ.

類義語 ⇒large.

反意語 little.

【慣用句】 *be big of* ... 〔くだけた表現〕《時に皮肉》...は気前がいい: "I'll buy you a drink tonight." "Thank you. That's quite *big of* you."「今晩一杯おごるよ」「そいつはどうも. 君にしてはえらく気前がいいじゃないか」. *Big deal!* 〔俗語〕《米》《軽蔑的》そいつは結構じゃないか!: He bought a motoboat! *Big deal!* I've got an airplane of my own. 彼はモーターボートを買ったと. それはそれは. ぼくは専用飛行機を持ってるがね. *make it big* 〔俗語〕特に事業などで大成功をおさめる: He started as a waiter. Now he has *made it big* and he owns a chain of restaurants. 彼は給仕として出発して今では大成功をとげてチェーンレストランのオーナーだ. *talk big* 〔くだけた表現〕偉そうな口をきく, ほらを吹く: He likes to *talk big*. 彼はほらを吹きたがる. *too big for one's boots* [*breeches*] 〔くだけた表現〕自分を過大評価する, うぬぼれている.

【派生語】 **biggish** 形 〔くだけた語〕非常に大きい. **bígness** 名 U.

【複合語】 **big báng** 名 《the ~》《天》ビッグバン《★宇宙の起源とされる大爆発》, 比喩的に新しい制度や体制の始まり. **Bíg Bén** 名 ビッグベン《英国国会議事堂の大時計(塔)》. **bíg bróther** 名 C 兄. **bíg búsiness** 名 C 〔くだけた語〕大企業. **bíg gáme** 名 U ライオンや虎, 象など大きな獲物《★ただし鹿やトナカイはさいわない》: a *big-game* hunter 大物ねらいの狩人. 日英比較 「大試合」の意味はない. **bíg héad** 名 C 〔くだけた語〕うぬぼれ屋. **bíg mán** 名 C 大物, 有力者. **bíg náme** 名 C 〔くだけた語〕有名人, 第一級なグループ. **bíg tíme** 名 〔俗語〕《the ~》スポーツや芸能の世界で頂点, 成功: The comedian is in the *big time* now. あのコメディアンは今あぶらがのりきっている/Many young players dream to make the *big time*. 多くの若い選手が成功を夢見る. **bíg tímer** 名 C 〔俗語〕第一人者. **bíg tòp** 名 C サーカスの大テント. **bígwig** 名 C 〔くだけた語〕《軽蔑的》おえらいさん, 顔役.

big·a·my /bígəmi/ 名 U 〔一般語〕重婚.
語源 *bi*- 「2」+ギリシャ語 *gamos* (=marriage) に由来するラテン語 *bigamus* (=bigamous) の派生形が古フランス語を経て中英語に入った.

【派生語】 **bígamous** 形. **bígamist** 名 C 重婚者.

bight /báit/ 名 C 〔一般語〕海岸の湾曲部, 入り江, 縄などのたるんだ部分.
語源 古英語 *byht* (=bend; bay) から.

big·ot /bígət/ 名 C 〔軽蔑的〕頑固な偏見を持つ人, 偏屈者.
語源 不詳.

【派生語】 **bígoted** 形 頑固な. **bígotry** 名 U 頑固な偏見(をもつこと).

bike /báik/ 名 C 〔動 本来他〕〔くだけた語〕《米》自転車, オートバイ. ⇒bicycle.
語源 *bicycle* の短縮形として 19 世紀末より.

【派生語】 **bíker** 名 C.

【複合語】bíkewày 名 C 自転車専用道路.

bi·ki·ni /bikíːni/ 名 C 〔一般語〕ビキニの水着.
語源 太平洋のマーシャル群島中の環礁 Bikini における 1946 年の水爆実験の衝撃に 1947 年のフランスのビキニ水着の登場のだとたえたもの. 20 世紀半ばより.
【派生語】bikínied 形.

bi·la·bi·al /bàiléibiəl/ 形 名 C 〖音〗両唇音(の).

bi·lat·er·al /bàilétərəl/ 形 〔一般語〕一般義 両者間の, 二国間の. その他 本来は両側のある, 二面の (two-sided) の意.〖法〗双方の, 双務的に,〖人類学・社会学〗父母両系の, 両親から遺伝した,〖解〗体の両側に見られる.
【派生語】bìlaterally 副. bìlateralness 名 U.

bile /báil/ 名 U 〖生理〗胆汁,〔形式ばった語〕癇癪, 不機嫌.
語源 ラテン語 bilis (＝bile) がフランス語を経て初期近代英語に入った.
【派生語】bílious 形 胆汁の, 気むずかしい, 不機嫌な, 怒りっぽい.

bilge /bíldʒ/ 名 CU 〔一般語〕船底, 船底にたまった汚れ, 樽などの胴.
語源 不詳.

bi·lin·gual /bailíŋgwəl/ 形 名 C 〔一般語〕一般義 ほぼ同じ流暢さで二言語が使える. その他 本来は二言語を用いた, 二言語併用の意で, 辞書や文書, 地域の言語状況などについていう. 名 として二言語を話せる人.
語源 ラテン語 bilinguis (＝bilingual; bi- two＋lingua tongue) から. 19 世紀半ばより.
用例 a bilingual dictionary 二言語辞典/He is bilingual in English and French. 彼は英語とフランス語の二言語が使える.
【派生語】bilíngualism 名 U 二言語併用. bilíngually 副.
【複合語】bilíngual educátion 二言語による教育 (★英語圏の学校でマイノリティの生徒に彼らの母語で教えるしくみ. 1972 年にアメリカではじめて用いられた).

bil·ions ⇒bile.

bilk /bílk/ 動 本来他 〔一般語〕一般義 勘定などを踏み倒す, ごまかす, 代金をべんねにかける.
語源 不詳. もとはトランプ遊びの用語.

bill¹ /bíl/ 名 C 動 本来他 〔一般語〕一般義 項目別に金額を並べた勘定書, 請求書. その他 値段表, 料金表, 献立表, 劇場のプログラムなどの一覧表. 印刷された案内やビラ, ちらし, ポスター, 従来公文書の類を意味したところから, 法律の法案, 議案,〖商〗証券, 為替手形,《米》紙幣,《俗語》100 ドル(札). 動 として, 人に請求書を送る, ビラなどで宣伝[広告]する.
語源 ラテン語 bulla (気泡, 盾の鋲, 飾りボタン) が中世ラテン語で「特許状などに付く封印」に意味を変え, さらに「封印の付いた文書」から広く「公文書, メモ, 請求書, 紙」と意味の変遷をみた後, アングロフランス語を経て中英語に bille という形で入った.
用例 I received an electricity bill today. 私は今日, 電気代の請求書を受け取った/Stick no bills on this wall! この壁にビラを張るな/Has the Women's Rights Bill become law yet? 婦人権法案はもう立法化しましたか/a five-dollar bill 5 ドル紙幣/We'll bill you next month for your purchases. お買い上げになった分は来月請求します.
日英比較 英語の bill の様々な意味のうち, 請求書と証券が「ビル」, ちらしの類が「ビラ」として日本語に入っているが,「ビラ」はむしろ handbill に近い.

【慣用句】*a clean bill of health*〔くだけた表現〕人が健康であるとか, 物などが健全・良好であるという証明(書). *fill [meet] the bill*〔くだけた表現〕満足させる, 要求にこたえる, 適している: We are looking for a holiday cottage and this will *fill the bill*. 我々は休日用の別荘を探しているのだがこれならぴったりだ. *foot the bill for* ...〔くだけた表現〕...を責任をとって支払う: He footed the bill for the meal. 彼が食事の費用をもった. *top [head] the bill*〔くだけた表現〕最重要であるとしてリストのトップにあがる, 出演者のうち最初に名前が出る.
【派生語】bíllable 形.
【複合語】bíllbòard ポスターの掲示板. bíllfòld 名 C 《米》二つ折り式の札入れ. **bill of fáre**〔形式ばった, または冗談めかした表現〕レストランなどのメニュー, 仕事や予定のリスト: What's our *bill of fare* for tonight? 今晩の我が家のメニューは何だね.

bill² /bíl/ 名 C 動 本来自 〔一般語〕一般義 鳥のくちばし. その他 広くくちばし状のものを指し, 亀の口, 錨のつめの先, 帽子のひさし,《英》(固有名詞として大文字で)海の突き出た細長い土地, 岬. 動 としてくちばしを合わせる.
語源 古英語 bill から.
用例 Lighthouse *Bill* 灯台岬.
類義語 ⇒beak.

bil·let /bílit/ 名 C 動 本来他 〖軍〗民家などを借りあげた兵士の宿舎, 宿営. 動 として, 兵士に宿舎を割り当てる, 家主などに兵舎としての借り入れを命令する.
語源 ラテン語 bulla (⇒bill¹) に由来する中フランス語 bulla (＝document) の指小語 billette が中英語に入った.

bil·liards /bíljərdz/ 名《複》〔一般語〕《単数扱い》ビリヤード, 玉突き.
語源 ラテン語 billa (＝branch) に由来する古フランス語 bille (＝log) の指小語 billette から派生した *billiard* (玉突きのキュー) が初期近代英語に入った.

bil·lion /bíljən/ 名 C 形 〔一般語〕一般義《米》10 億(の) (＝a thousand millions) 《語法》《英》では以前, 兆 (＝a million millions) を表したが, 今日では《米》と同様 10 億を表すことが多い. その他 大げさに言う時に膨大な数(の).
語源 bi-(＝two)+million.
関連語 million; trillion.
【慣用句】*billions of* ... 数十億の..., 非常に多くの....
【派生語】bíllionàire 名 C 億万長者, 大金持.

bil·low /bílou/ 名 C 動 本来自 〔一般語〕一般義 大波のように起伏するもの, 《～s of で》大量に渦巻く....〔文語〕大波. 動 として大波が立つ, 海などが逆まく.
語源 古ノルド語 bylgja (＝billow) が初期近代英語に入った.
【派生語】bíllowy 形 大波のような, 波打つ, 逆まく.

bil·ly /bíli/ 名 C 〔くだけた語〕《英・豪》キャンプなど野外用のブリキの炊事容器.
語源 不詳.
【複合語】bílly clùb 名 C 警官の短いこん棒.

bi·month·ly /bàimʌ́nθli/ 形 副 〔一般語〕一か月に2回[の], 隔月に[の], 一か月に 2 回の (semimonthly).

bin /bín/ 名 C 〔一般語〕木または鉄製の大箱, 物入れ, 《英》ごみ入れ, 仕切りをした置場, 貯蔵庫.

[語源] 古英語 binn (=manger) から.

bi·na·ry /báinəri/ 形 〔一般語〕二つを含む, 二連の, 二者択一の, 《数》二進法の.
[語源] ラテン語 *binarius* (=consisting of two) が中英語に入った.
【複合語】**bínary dígit** 名 C 《数》二進法の数字, 二進数字. **bínary notátion** 名 U《コンピューター》二進法(による表記法). **bínary sýstem** 名 C 《理·化》二成分系,《数》二進法.

bind /báind/ 動 [本来自] (過去·過分 **bound**/báund/) 名 〔一般語〕(ひもなどで)**縛る, 結ぶ, ゆわえる**. [その他] ベルトをする, ひもを巻きつける, 〈~ up として〉包帯をする, ぐるぐる巻きにする. またくっつける, 粘着させる, 本の装丁をする, 製本する, 飾りや保護, 安全などのためにテープなどで端をくるむ, 腸を締めるということから, 便秘する. 比喩的には, 何らかの絆で結びつける, 義務感や愛情, 忠誠などで**束縛する, 団結させる, 年季奉公をさせる**. 誓いや契約, 法の力によって**強制する**. 名として (英) (俗語) (a ~) 困った状況, 窮境.
[語源] 本来, ひも (band) で縛る, 固定させることを意味した. 古英語 bindan から.
[用例] The burglars *bound* my legs with a rope. 強盗は私の両足をロープで縛った/The nurse *bound up* the wound with bandage. 看護婦は傷の箇所に包帯をした/*Bind* this book in leather. この本に皮の装丁をしてもらいたい/The contract *binds* you to pay me £100. 契約によると君はぼくに100ポンド支払う義務がある/He's in too much of a *bind* to keep himself in good shape. 彼はひどく困って体の調子をくずしてしまった.
[類義語] bind; tie; fasten: **bind** はひもなどを巻きつけて 2 つの物をしっかり固定することに意味の重点がある. **tie** はひもやロープなどで結んで 2 つの物をつなぐことを表す. bind と tie は入れ換えて用いることのできる場合が多い. また **fasten** は広い意味に用いられ, ゆわえたり巻いたり, ピンや釘を打ったり, ドア, 窓などを鍵や錠で固定すること.
[関連語] **knot** も結ぶことを表すが, ひもとひもを結んだり, または一本のひもで結び目を作ることを意味する.
[慣用句] **be bound to** ⇒bound. ***bind down*** 〈しばしば受身で〉人をがんじがらめにする, 厳しい制約の下に置く: She seems to be *bound down* by too many kind suggestions. 彼女はあれこれと好意の忠告を受けすぎて身動きがとれないようだ. ***bind … over*** 法の力で人を拘束する, 出頭を命じる, 執行猶予にする: The judge *bound* the juvenile delinquent *over* for six months. 判事はその非行少年を 6 ヶ月間保護観察の下に置いた/The suspect was *bound over* to appear in court. 容疑者は法廷への出頭を命じられた. ***bind … to …***〈後に名詞をおいて〉…を義務づけることを明言する: The program committee decided to *bind* the participants *to* attendance for at least 10 days. 企画委員会は参加者に最低 10 日間出席することを義務づける旨決定した.
【派生語】**bínder** 名 C bind する人[もの], 書類とじ込み用のバインダー; 製本屋[機]. **bíndery** 名 C (米) 製本所. **bínding** 名 UC 形.

binge /bíndʒ/ 名 C 〔くだけた語〕どんちゃんさわぎの酒宴.
[語源] 不詳.

bin·go /bíŋgou/ 名 C 《ゲーム》ビンゴ(ゲーム). 感 として〔くだけた語〕やった! 大当たり.
[語源] ゲームに勝った人の歓声から, 20 世紀より.

bin·oc·u·lar /bainάkjulər, bi-|-nɔ́k-/ 名 C 形 〔一般語〕〈複数形で〉双眼鏡, オペラグラス. 形 として両眼用の, 両眼を同時に使う.
[語源] ラテン語 *bini* (=two each)+*oculi* (=eyes). 18 世紀から. 以前は「眼が二つある」の意味にも用いられた.
[用例] a pair of *binoculars* 双眼鏡 1 個/a binocular telescope 双眼鏡.
【派生語】**binoculárity** 名 U. **binócularly** 副.

bi·no·mi·al /bàinóumiəl/ 形 名 C 《数》二項式(の).

bio- /báiou/ [連結]「生命」「生物」の意 [語源] 母音の前では bi- となる). 例: *biochemistry* (生化学); *biology* (生物学); *biography* (伝記).
[語源] ギリシャ語 *bios* (=life) から.

biochemical ⇒biochemistry.
biochemist ⇒biochemistry.
bi·o·chem·is·try /bàioukémistri/ 名 U 《科学》生化学.
【派生語】**bìochémical** 形. **bìochémically** 副. **bíochémist** 名 C.

biographer ⇒biography.
biographic ⇒biography.
bi·og·ra·phy /baiάgrəfi/-ɔ́g-/ 名 UC 〔一般語〕[一般義] フィクションなどに対して**伝記文学**. [その他] 書物としての**伝記**.
[語源] ギリシャ語 *biographia* から.
[類義語] biography; autobiography: **biography** が本人以外の人間によって書かれるのに対し, **autobiography** は自叙伝.
【派生語】**biógrapher** 名 C 伝記作家. **bìográphic, -cal** 形. **bìográphically** 副.

biological ⇒biology.
biologist ⇒biology.
bi·ol·o·gy /baiάlədʒi/-ɔ́l-/ 名 U 《科学》生物学. ある地域の動植物相, 生物に特有の生活現象.
[語源] bio-「生物」+-logy「…学」. 19 世紀から.
【派生語】**bìológical** 形. **bìológically** 副. **biólogist** 名 C 生物学者.
【複合語】**biológical wárfare** 名 U 細菌戦(germ warfare).

bi·o·phys·ics /bàioufíziks/ 名 U 《科学》生物物理学.

bi·o·tech·nol·o·gy /bàiouteknάlədʒi/-nɔ́l-/ 名 U 《科学》生物工学, 人間工学.

bi·par·ti·san /bàipάərtəzən/ 形 〔一般語〕二党の, 二大政党提携の.

bi·par·tite /bàipάərtait/ 形 〔一般語〕二つの部分から成る, 二者が分けもつ, 二者間の.

bi·plane /báiplèin/ 名 C 《空》複葉機.

birch /bə́ːrtʃ/ 名 CU 《植》かばのき, かば材.
[語源] 古英語 beorc から.

bird /bə́ːrd/ 名 C 動 [本来自] 〔一般語〕[一般義] **鳥** (★二本足で, 羽とくちばし, 翼のあるものを広く指す. ダチョウのように飛べないものも含む). [その他] 猟鳥 (partridge). 〔一般語〕人, やつ, 〔俗語〕若い女, 〔俗語〕(米) 少し変った人, 〔俗語〕(英) 刑期. 動 として鳥を射[捕らえる], バードウォッチングをする.
[語源] 古英語 *bridd* (=bird) より, 15 世紀頃から

bridd が bird と音位転換した. 本来, ひな鳥を表した. この語は他のゲルマン諸語に対応する語のない英語特有の語.

[用例] The *bird* is known by his note, the man by his words. 《ことわざ》鳥は歌束で, 人は言葉で評価される/He has brought up a *bird* to pick out his own eyes. 《ことわざ》彼は恩を仇で返された/There are no *birds* of this year in last year's nests. 《ことわざ》ものごとは以前のままではない (あとの祭だ) ★..., and there may be no fish in the old river. 《ことわざ》...

[類義語] bird; fowl: **bird** は広く鳥類を表す. **fowl** は従来 bird と同義であったが現在では七面鳥や鶏など食肉用の家禽を表す.

【慣用句】*a bird in the bush*〔くだけた表現〕**不確かなもの**(⇔a bird in the hand): A bird in the hand is worth two *in the bush*. 《ことわざ》現実の小利は不確実な大利に勝る. *a little bird told me*〔くだけた表現〕**何となく耳に入った**(★情報源を尋ねられてあいまいな返事をする場合に用いる). *an early bird*〔くだけた表現〕**早起きの人, 早く到着する人**: The early bird catches the worm. 《ことわざ》早起きは三文の得. *a rare bird*〔くだけた表現〕**まれな人, 変わった人**(★ラテン語 rara aris の英訳). *be* (*strictly*) *for the birds*〔俗語〕**((米))ばからしい, くだらない**. *birds of a feather*〔くだけた表現〕〔軽蔑的〕羽が同じ鳥, 好みや性格の似ている人, 同じ穴のむじな: Birds of a feather flock together. 《ことわざ》類は友を呼ぶ. *do bird*〔俗語〕((英))**服役する**, かごの鳥である. *eat like a bird* 小食である, 食が細い. *free as a bird* **非常に自由な**. *give the bird*〔俗語〕ぶーっと非難の声を浴びせる. *kill two birds with one stone*〔くだけた表現〕**一石二鳥である**. *like a bird*〔くだけた表現〕車などが非常に速く. (*the*) *bird has flown*〔くだけた表現〕**目当ての人物が逃げてしまっていた, 立ち去ってしまっていた**. (*the*) *birds and the bees*〔くだけたユーモアのある表現〕**性教育の初歩, 子供に教えるための性の基本的なことがらの解説**: Do you talk about *the birds and the bees* to your children? 子供に性のイロハの話をしますか.

【複合語】**bírd bràin** 名C〔くだけた語〕ばか. **bírd-bràined** 形〔くだけた語〕ばかな. **bírd càge** 名C鳥かご. **bírd càll** 名C〔俗語〕小鳥に似せた音声, それを出す道具. **bírd dòg** 名C((米))ポインターなどの, 鳥猟犬(gun dog), 〔くだけた語〕タレント探しや尋ね人探しなどをする人, スカウト. **bird-dòg** 動 本来他〔くだけた語〕根気よく探索[追求]する. **bírd fàncier** 名C愛鳥家. **bírdlìme** 名U鳥もち, わな. **bírdmàn** 名C鳥を扱う仕事の人, 鳥類学者, はく製の〔くだけた語〕パイロット. **bírd of íll ómen** 名C. 悪い知らせを伝える人, 不運な人. **bírd of páradise** 名C〔鳥〕極楽鳥. **bírd of pássage** 名C〔鳥〕渡り鳥, 比喩的に流れ者, 旅がらす. **bírd of péace** 名C はと (★聖書の創世記 8:8～12 に由来). **bírd of préy** 名C 猛禽(類)類の鳥. **bírdsèed** 名U 小鳥の粒餌. **bírd's-èye víew** 名C 鳥瞰[ちょうかん]図, 概要, 概観. **bírd wàtcher** 名C 野鳥観察者. **bírd wàtching** 名U 野鳥観察, バードウォッチング.

bird·ie /bə́ːrdi/ 名C〔幼児語〕小鳥, 〔ゴルフ〕バーディ.

[語源] bird+-ie (愛称や幼児語を作る語尾).

birth /bə́ːrθ/ 名 UC〔一般義〕一般義 母親の胎内からの**出生, 誕生**. その他 生む行為, **出産, 生まれつき, 素性**, 特に良い家柄, 比喩的に広くものごとの**誕生, 起こり**.

[語源] 古ノルド語 *byrth* が古英語に入った⇒bear.

[用例] She had a difficult *birth*. 彼女は難産を体験した/She's Scots by *birth*. 彼女はスコットランド人だ/Pablo Picasso was an artist by *birth*. パブロ・ピカソは生まれつき[根っからの]芸術家だった/Birth is much, but breeding is more. 《ことわざ》/They celebrated the *birth* of a new nation. 彼らは新国家の誕生を祝った.

【慣用句】*give birth to* ... ...**を生む**, 比喩的に...**をもたらす**, 生じさせる.

【複合語】**bírth certíficate** 名C **出生証明書** (★ 20 世紀より用いられるようになった語. 日本では特に出生証明書としては無く, 戸籍謄[抄]本や母子手帳がこれに相当する). **bírth contròl** 名U ((米))**産児制限, 避妊**. **birthday** 名 ⇒見出し. **bírthmàrk** 名C 生まれつきのあざ[ほくろ]. **bírthplàce** 名C 生まれた場所, 出生地, 比喩的にものごとの発祥地. **bírthràte** 名C **出生率** (★通常 1000 人あたり 1 年間の人口増加を調べる). **bírthrìght** 名 UC **生得権**. **bírth-stòne** 名C **誕生石**.

birth·day /bə́ːrθdèi/ 名C (⇒birth)〔一般義〕一般義 人の**誕生日**. その他 ものごとの**開始, 創設の日, その記念日**.

[用例] Today is his *birthday*. 今日は彼の誕生日です.

[関連語] anniversary.

【慣用句】*in one's birthday suit*〔くだけたユーモラスな表現〕**生まれたままの姿で, 素裸で**: I saw him walking around the room *in his birthday suit*. 私は彼が素裸で部屋の中を歩きまわっているのを見かけた.

【複合語】**bírthday càke** 名 UC **バースデーケーキ**. **bírthday càrd** 名C 誕生祝いに贈るバースデーカード. **bírthday pàrty** 名C **バースデーパーティー**.

bis·cuit /bískit/ 名 UC〔一般義〕一般義((英))**ビスケット**(((米))cookie; cracker). その他 ((米))手軽な作り方のある**小型のパン**. またビスケットのような**薄茶色, 光沢をほどこす前の素焼きの陶磁器**.

[語源] 古フランス語 *bescoit* が中英語に入った. 16–18 世紀の英語では発音のとおり *bisket* と綴っていたが, 近代フランス語 *biscuit* により綴りのみが変化した. ラテン語 *bis* (=twice) と *coquere* (=to cook) の過去分詞 *coctus* (=cooked) が連結した *bis coctus* (= twice cooked) より.

【慣用句】*a cold biscuit*〔俗語〕**おもしろくない女, 性的魅力に欠ける女[男]**. *take the biscuit*〔俗語〕((英))**一番悪い[良い]**(★競争で商品や褒美をもらうことからこの意味になった. 驚きや信じられない気持ちを表す): For cunning, he really *takes the biscuit*. ずるにかけては彼が一番だ.

bi·sect /báisèkt/ 動 本来他〔一般義〕一般義 **2 分する, 折半する**. 自 道などが二つに分かれる.

【派生語】**biséction** 名 UC **2 分, 折半, 2 分された部分**. **biséctional** 形.

bi·sex·u·al /baisékʃuəl/ 形C〔一般義〕一般義 **男女, 雌雄両性の, 両性の生殖器官のある, 〔精神分析〕両性に愛を感じる**. 名 として〔生〕**両性体, 両性愛者**.

【関連語】heterosexual (異性愛の); homosexual (同性愛の).

【派生語】**bìsexuálity** 名 U.

bish·op /bíʃəp/ 名 C 〖キ教〗英国国教会, ギリシャ正教の**主教**, ローマカトリック教の**司教**, またチェスの駒の**ビショップ**.

参考 キリスト教聖職者は位の高い順に archbishop, bishop, suffragan (bishop), priest, deacon, subdeacon である. pope (教皇)はローマの bishop であると同時にローマカトリック教の首長である.

語法 肩書きとして用いる時は大文字で始める.

語源 ギリシャ語 *epi-*(=on)+*-skopos*(=looking)から成る *episkopos*(監督者)がラテン語 *episcopus* を経て古英語に *bisceop* として入った.

【関連語】episcopal.

【派生語】**bíshopric** 名 U bishop の職[地位, 管轄区].

bit[1] /bít/ 名 C 〖一般語〗一般義 **小片, 少量**. その他 程度が軽い, 範囲が狭い, 時間や距離が短いことなどを表す**ちょっと**, 食物の**一口**, 〔くだけた〕《米》**8 分の1ドル**〔★これは本来 8 分の 1 スペインペソに相当する小さな銀硬貨を指したことに由来する. 通常 two bits, four bits などとして 2 倍数で数える〕, **小さな硬貨**, 《米》bit part の略として劇場用語で**芝居の端役, ちょい役**, 〔くだけた〕ありきたりの**陳腐な表現[表情, 動作, スタイル]**.

語源 古英語 bitan (=to bite) に関連する bita (=a bite) より.

用例 That's not worth two *bits*. あんなもの一銭の値打ちもない.

類義語 bit; little: **bit** も **little** も量の少なさや程度の低さ, 時間の短さなどを表し, bit by bit と little by little はほぼ同義であるが, bit の方がよりくだけた語. not a *bit* ... は「全然...でない」だが, not a *little* は「非常に, 大いに」(=quite a *bit*) の意.

【関連語】bite.

【慣用句】*a bit* 〔くだけた表現〕《副詞的に》**少し, ちょっと**: Wait *a bit* longer. もうちょっと待ってくれ. *a bit at a time* =bit by bit. *a bit of ...* 〔くだけた表現〕《不可算名詞の前につけて》**少しの..., 一片[個]の...**: Let me give you *a bit of* advice. 君にちょっと忠告しておきたいんだね. *a bit of a ...* 〔くだけた表現〕特に非難する場合に用いて, **かなりの**: He's *a bit of a* liar. 彼は相当の二枚舌だ. *a bit of all right* 《英》〔くだけた表現〕**魅力のある異性, 特に女性, 大変良いこと**. *a [...'s] bit of skirt [stuff; crumpet; tail]* 〔くだけた表現〕《軽蔑的に》**性的魅力のある女**. *a bit on the side* 〔くだけた表現〕**婚外の性交渉, 不倫の相手**. *bit by bit* **少しずつ, 徐々に** (little by little). *bits and pieces* 〔くだけた表現〕**いろいろな小さなもの, こまごまとした物**. *do one's bit* 〔くだけた表現〕**ある状況で自分に期待されている役割をつとめる, 本分を尽くす**. *every bit as ... as ...* 〔くだけた表現〕**...と同じ程度に...**: She is *every bit as* pretty *as* her sister. 彼女はお姉さんに負けず劣らず可愛らしい. *not a bit* 〔くだけた表現〕**全然, 少しも**: I *don't* like it *a bit*. それは全然気に入らない/"Was he upset?" "*Not a bit* (of it)."「彼怒ってた?」「全然」. *quite a bit of ...* 〔くだけた表現〕**かなりの量の...**: *quite a bit of* water かなりの量の水. *tear to bits* 〔くだけた表現〕**綿密に吟味する, 手厳しく批判する**. *thrilled to bits* 〔くだけた表現〕**非常に興奮している, 大喜びしている**. *to bits* **こなごなに, ばらばらに** (to pieces): The toy just fell *to bits*. おもちゃが落ちてばらばらに壊れてしまった.

【派生語】**bítty** 形 〔くだけた表現〕**断片的な**.

bit[2] /bít/ 名 C 〖一般語〗馬具のくつわのはみ〔★馬の口にかませる部分〕, **パイプの口にくわえる部分**, **刺したり切ったりする道具の刃のついた部分**.

語源 古英語 bite (=act of biting) から. かむ部分または刃がついていて物にくいこむ部分の意. なお, 古英語の 動 は bitan.

bit[3] /bít/ 名 C 〖コンピューター〗**ビット**〔★情報量の最小単位〕.

語源 binary digit (2 進法の数字) から 20 世紀半ばに作られた語.

bit[4] /bít/ 動 bite の過去形.

bitch /bítʃ/ 名 C 〔軽蔑語〕本来は**雌犬**の意. 今日では比喩的に 《俗語》**いやな女, あばずれ女**の意. 女性に対する軽蔑語としてタブー語.

【慣用句】*Son of a bitch!* 《主に米》**この野郎, こんちくしょう** 語法 タブー表現で公衆の面前で使ってはならないとされる.

【派生語】**bítchy** 形 〔タブー語〕女性について, **意地悪な, 人の悪口ばかり言う**.

bite /báit/ 動 本来他 《過去 bit; 過分 bitten》 名 CU 〖一般語〗一般義 **人や動物が歯をたてるか使っていため, かみつく**. その他 かむ動作に類似した種々の意味を表し **虫が刺す, へびがかむ, かにがはさむ, 魚が餌に食いつく**, **刃物などで切り込む**, 比喩的に**酸などが腐食する**, **浸食する**, 道具や機械で物をがっちりつかむ, **車輪などが地面にくい込む**, 寒さが肌を刺す, ごしょうなどがひりひり**刺激する**, 霜が植物などをいためる, 《俗語》**困らす, 悩ます**, 他もある. 名 としては, **かむこと, かみ傷, 刺し傷**, **魚が餌に食いつくこと**, あたり, ぴりっとした**辛み, 刺激**, しめつけるような**不快**. かみ切った分の食べ物ということから**一口分, 一片の食物, 軽い食事, スナック**. 〖歯〗上下の歯の**咬合**(こうごう), 〔くだけた表現〕《米》**税金など差し引かれる額**.

語源 古英語 bitan から.

用例 He *bit* into the apple. 彼はりんごにかぶりついた/The drill won't *bite* (into this wood) very well. ドリルが(この木材に)なかなかうまく入っていかない/He ate the whole cake in three *bites*. 彼は丸々一個のケーキを三口で食べた/She has a mosquito *bite* on her leg. 彼女は足に蚊の刺し傷がある/Come and have a *bite* (to eat) with us. うちへ来て一緒に軽く食事をしていけよ/I've been fishing for hours without a *bite*. 何時間も釣りをしているのだが一度も魚がかからない.

類義語 bite; chew: **bite** は「かむ」「かみつく」の意. **chew** も同じ意味をもっているが, かみついてから歯でかみ砕いたりすりつぶしたりすることを表す.

【慣用句】*bite back* 〔くだけた表現〕**抑制して言わないでおく**. *bite off more than one can chew* 〔くだけた表現〕**能力を超えたことをやろうと試み, 実力以上にことを引き受ける**. *bite one's lips* 〔くだけた表現〕**怒りや不快を隠そうとする**. *bite ...'s head off* 〔くだけた表現〕**つっけんどんで無礼な受けこたえをする**. *bite the bullet* 〔くだけた表現〕**辛い状況に毅然として耐える**〔★麻酔が無かったころ, 戦場での手術の際に弾丸をかんで耐えたことから〕. *bite the dust* 《俗語》**倒れて死ぬ, てんぱんに負ける, 訴えや提案などが却下される[退けら

れる]. ***bite the hand that feeds one***〔くだけた表現〕恩を仇で返す. ***bitten with [by]*** ...〔くだけた表現〕...にとりつかれた: He's been *bitten by* the urge to travel. 彼は旅に出たいという思いにとりつかれている. ***once bitten, twice shy***〔くだけた表現〕1度かみつかれると2度目からは臆病になる. ***put the bite on*** ...〔俗語〕《米》人に料金や費用を請求する, ...にたかる.

【派生語】**bíting** 形 鋭い, しんらつな, 非常に冷たい, 腐食性の: a *biting* wind 身を切るような風. **bítingly** 副.

bitten /bítn/ 動 bite の過去分詞.

bit·ter /bítər -ta/ 形 副 C|U 動 本来他 〔一般語〕
一般義 ブラックコーヒーやビールなどが舌を刺すように苦い. その他 風などが突き刺すように激しい. つらい, 悲しい, 無情な, 皮肉[怒り, 敵意]が激しい, 言葉がしんらつな, 打撃が手ひどい. 副 として激しく, ひどく. 名 として苦み, 《英》ホップをよくきかせた苦みの強いビール, ビター. 動 として苦くする.
語源 古英語 *bitan*(= to bite)と同根の *biter*(= bitter; sharp)より.
用例 These plums are *bitter*. このプラムは苦い味がする/He was taken captive by *bitter* enemies. 彼は憎い敵方に捕われの身となってしまった/They are still *bitter* about the quarrel. 彼らは今だにけんかのことで気をもんでいる/The wind was *bitter* cold. (= The wind was *bitter* and cold [bitterly cold].)風は突き刺すように冷たかった(語法 副詞としての bitter はこのように bitter cold という句の中で主に用いられる)/She learned from *bitter* experience. 彼女は苦い経験から学んだ/Two pints of *bitter*, please. ビターを2パイントお願いします.

類義語 bitter; sour; acid: **bitter** と **sour** は共に甘みやさわやかさのない不快な舌を刺す味を表すが, **bitter** がキニーネやアロエなどの持つ本来の苦い味を表すのに対し, **sour** は発酵によって甘みが失われて酸っぱくなったまずい味を表す. **acid** は甘みはなくても新鮮な酸味のきいたレモンなどの味を表す.

反意語 sweet.

【慣用句】***a bitter pill to swallow*** 受け入れねばならない嬉しくない事実.

【派生語】**bítterly** 副. **bítterness** 名 U.

【複合語】**bítter énd** 名 C 〔海〕ロープや錨鎖の端(★この bitter は bitt「係柱」に由来する); 動きがとれずどうしようもない状態, どんずまり: ***to the bitter end*** 死ぬまで, つらくても最後まで: Although the party was very noisy we stayed *to the bitter end*. パーティーは騒々しかったが我々は最後まで居合った. **bítterénder** 名 C〔くだけた語〕《米》勝ち目や望みがないのに頑張る人, 折り合おうとしない人. **bíttersweét** 形 名 C ほろ苦い(味), 比喩的に喜びや快さの中に悲しみが交っている(こと).

bitty ⇒ bit¹.

bi·tu·men /bitjúːmin/ 名 U 〔地質〕瀝青(セᡟゃう).
語源 ラテン語 *bitumen*(= mineral pitch)が中英語に入った.
【派生語】**bitúmenìze** 動 本来他 瀝青化する. **bitùminizátion** 名 U. **bitúminous** 形.

bi·valve /báivælv/ 名 C〔貝〕二枚貝 (★はまぐり, かき, しじみなど).

biv·ou·ac /bívwæk/ 名 C 動 本来自 〔一般語〕野宿(する), 露営(する), ビバーク(する).

bite the hand that feeds one 〔くだけた表現〕恩を仇で返す.
語源 フランス語 *bivouac* が18世紀に入った. それ以前は不詳.

bi·week·ly /bàiwíːkli/ 形 副 〔一般語〕一週間おきの[に], 2週間に1回の[に].

bi·zarre /bizáːr/ 形 〔一般語〕奇妙な, 異様な, 奇怪な.
語源 イタリア語 *bizarro* (= brave; fantastic) がフランス語を経て初期近代英語に入った.
【派生語】**bizárrely** 副. **bizárreness** 名 U.

blab /blǽb/ 動 本来自 名 U〔くだけた語〕くだらないおしゃべり(をする), 秘密などをべらべらしゃべる(こと).
語源 古ノルド語の擬音語が中英語に入ったと思われる.

blab·ber /blǽbər/ 動 本来自 = blab.

black /blǽk/ 形 名 U|C 動 本来他 〔一般語〕
一般義 黒い, 黒色の. その他 明りがなく真っ暗な, 皮膚が黒い, 黒人の. 黒いことから, コーヒーなどがミルクもクリームも入れない, 息がつまって顔が紫色になっている, 〔くだけた語〕泥などで汚れている. 比喩的に邪悪な, 有害な, 非常に悲しい, 陰うつな, 怒っている, 望みがない, 悪い性質が根深い, ユーモア, 風刺などが病的に皮肉な. 名 として黒色, 暗やみ, 黒人 (語法 B- と大文字にすることもある. Negro よりも軽蔑的な意味合いが弱く, 好んで一般的に用いられる). 黒衣, 喪服. 動 として黒くする, 靴などを黒くみがく, 《英》労働組合が商品や会社のボイコットを宣言する.
語源 印欧祖語 **bhel*-, *bhleg*-(= to shine; to burn)に遡ることができる語で, ゲルマン祖語 **blakaz*(=burned)を経た古英語 *blæc* から. ラテン語 *flagrare*(炎が燃える上)と関連する. 本来炎が出て焦げて黒いことやすす黒いことを表した.
用例 a very *black* night (月も星も無い)やみ夜/Your hands are *black*! 手が真っ黒に汚れているじゃないの/I take my coffee *black*. 私はコーヒーはブラックでいただきます/a *black* lie 害のあるうそ/*black* despair 救いようのない絶望/She gave him a *black* look. 彼女は彼に怒った顔を見せた/I *blacked* his eyes [I gave him a *black* eye] in the fight. ぼくはけんかでやつの目のまわりにあざをつくってやった/This type of cargo has been *blacked* by the strikers. このタイプの荷物はスト参加者がボイコット宣言している.
反意語 white.

【慣用句】***as black as one is painted***〔くだけた表現〕評判通りに悪い (語法 通常疑問文か否定文で用いる). ***as black [dark] as pitch*** 夜[空]が非常に暗い. ***as black as the ace of spades***〔くだけた表現〕非常に黒い, 汚ない. ***black out*** 書いたものを黒く塗りつぶす; 気絶する, 記憶を喪失する; 停電する, 灯火管制をする: He *blacked out* for almost a minute. 彼は1分近く気を失っていた. ***go black*** 気絶したために視界から消える, 見えなくなる (語法 囲りの景色などを主語にすることが多い): When the ball hit me everything went *black*. ボールが当たった時, 目の前がまっ暗になった[気が遠くなった]. ***in black and white*** 文字[文書]になって, 口頭でなく書いたもので; 白黒がはっきりと: He always sees things *in black and white*. 彼はいつも単純に割り切ったものの見方をする. ***in the black***《米》収支が黒字の (★収益を帳簿に黒インクで記入したことに由来する): be *in the black* 黒字である/get [go] *into the black* 黒字になる. ***swear black is white***〔くだけた表現〕黒を白と言い張る, 欲することのためにどんなことでもする. ***Two blacks [wrongs]*** *don't make a white [right].* 《ことわざ》悪事をこらしめるに悪事をもってしても良い結果は得られない.

【派生語】**blácken** 動 本来他 黒く[暗く]する, 靴を黒くみがく, 中傷する, 汚名をきせる: She *blackened* his character. 彼女は彼の人格を傷つけた. **blácking** 名 U 靴を黒くみがくこと. **bláckish** 形〔くだけた語〕黒っぽい. **bláckly** 副 陰気に, 怒って. **bláckness** 名 U.

【複合語】**bláck-and-blúe** 形 なぐられたり打撲傷などのためあざになって. **bláck-and-white** 形 白い紙に黒いインクで書いた, 絵や写真, テレビなどの白黒の, 考えなどが黒か白かと単純に割り切った, 二者択一的な.

bláck and white 名 U ⇒慣用句 in black and white; 単彩(画), 墨絵, 〔俗語〕《米》バニラアイスにチョコレートソースをかけたクリームソーダ《主に東部で用いられる》. **bláck bélt** 名 C 空手や柔道の黒帯; 《the ～》ジョージア州からアラバマ, ミシシッピ州にかけての黒人の多い地帯, その辺りの肥沃な黒土地帯. **bláckbòard** 名 C 黒板(chalkboard)《★緑色のものにも用いる》. **bláckboard eráser** 名 C 黒板消し. **bláckboard júngle** 名 C.〔くだけた語〕暴力学園[教室]. **bláck-bòok** 名 C ブラックリストをメモした帳面, えん魔帳. **bláck bóx** 名 C 飛行機の自動飛行記録装置や操縦室内記録装置を収めた不燃性容器, ブラックボックス, 〔俗語〕使う側には内部の仕組みが分からない複雑な電気的機械装置. **Bláck Déath** 名《the ～》黒死病, ペスト《★14 世紀にアジア, ヨーロッパで流行した》. **Bláck Énglish** 名 U アメリカ黒人の間で話される非標準的な英語, 黒人英語《★1969 年に初めて用いられた》. **bláck éye** 名 C なぐられてできた目のまわりの黒あざ, 比喩的に〔くだけた語〕《米》恥辱, 評判を落とすこと. **bláck-éyed** 形 目のふちが黒あざになった. **bláck-héarted** 形 腹黒い, 邪悪な. **bláck hóle** 名 C《天》光を含むすべてのものが引き寄せられてしまうとされるブラックホール, 〔くだけた語〕むさくるしい混雑した場所. **bláck húmor** 名 U 本来笑えないような人生の暗い部分を題材にした笑いの冷談, ブラックユーモア. **blácklég** 名 C《英》スト破りの人. **bláck líght** 名 U 不可視の電磁光線, 赤外線と紫外線. **blácklist** 名 C 動 本来他 ブラックリスト(に載せる, 差別視する): They *blacklisted* him as a leftist. 彼らは彼を左翼として差別した. **bláck mágic** 名 U 悪い目的に用いられる魔術: practice *black magic* 悪い魔法をかける. **bláckmàil** 名 U 動 本来他 ゆすり, 恐喝; ゆする, 恐喝する, …から金をゆすりとる. **bláckmàiler** 名 C ゆすりを働く者, 恐喝者. **Bláck María** 名 C 〔くだけた語〕《英》囚人護送車. **bláck márket** 名 C やみ市. **bláck marketéer** 名 C やみ商人. **bláckòut** 名 C 劇などの暗転; 敵に見えないようにするための灯火管制, 停電, 消灯; 飛行士などが一時的に起こす気絶, 記憶喪失, 報道管制. **bláck pówer** 名 U 政治·経済上の平等を求めるアメリカの黒人運動, ブラックパワー《★1966 年に初めて用いられた》. **bláck shéep** 名 C 一族や集団の中の嫌われ者, やっかい者. **Bláck Stréam** 名《the ～》黒潮. **bláck téa** 名 U 紅茶. ⇒tea. **bláck tíe** 名 C 黒の蝶ネクタイ《★正装用》. **bláck wídow** 名 C《動》ヒメグモ科の毒ぐも, 〔俗語〕もてない娘.

black·smith /blǽksmiθ/ 名〔一般義〕**一般義** 鍛冶(じ)屋, 蹄鉄屋.

語源 錫(すず)などの white metal に対して, black metal と呼ばれた鉄を扱う smith（金属を扱う人）ということから. 初期近代英語から.

関連語 whitesmith（ブリキ職）; goldsmith（金細工師）; gunsmith（鉄砲鍛冶）.

【派生語】**blácksmìthing** 名 U 鍛冶屋仕事.

blad·der /blǽdər/ 名 C《解》膀胱(urinary bladder), 動物などの体内の空気や液体を入れてふくらませた袋状の部分, 魚の浮き袋, 植物のふくらんだ果皮, 海草の気胞, フットボールの中のゴム袋, 《医》水ぶくれ, 火ぶくれ.

語源 古英語 blædre から.

関連語 kidney.

blade /bléid/ 名 C〔一般語〕**一般義** 武器や刃物の刃, 刃身.〔その他〕本来は平らで長い葉や萼(がく), 花弁の意. 刃と同様の形をしているオールの水かきやプロペラの羽根, バットやクラブの球を当てる部分やスケート靴のブレード, 道具や機械の広く平らな部分. 肩甲骨(shoulder blade),《音》舌先に続く舌端,〔詩語〕剣士(sword; swordsman).

語源 古英語 blæd（葉）から.

用例 His penknife has several different *blades*. 彼のペンナイフにはいろいろな刃がいくつか付いている.

【派生語】**bláded** 形 刃の付いた.

blame /bléim/ 動 本来他 名〔一般語〕**一般義** 欠点や落度などについて人をとがめる, 非難する.〔その他〕人に責任を負わせる, 人のせいにする, 〔俗語〕《米》のろう. 名 として, 過失などの責任, 非難.

語源 ラテン語 *blasphemare*（冒とくする）が古フランス語 *blasmer*（悪く言う）を経て中英語に blamen として入った.

語法 (blame＋人＋for＋物や事) または (blame＋事物＋on＋人) の語順をとる: He *blamed* me for what happened. 彼はことの成行きを私のせいにした / He *blamed* the failure on me. 彼は失敗を私のせいにした.

用例 A bad workman always *blames* his tools.《ことわざ》腕の悪い職人は道具のせいにするものだ / I *blame* the wet road for the accident. 事故が起きたのはぬれた道路のせいだ / She always puts the *blame* on me. 彼女はいつもぼくにとがをきせる.

類義語 blame; criticize; censure; condemn; denounce; accuse: **blame** は誤りや欠点の責任の所在を強調する語. **criticize** は最も一般的な語で, 批判することや非難することを表す. **censure** は形式ばった語で, 権威のある者が厳しくとがめることを表す. **condemn** は強く非難したり, 有罪であることを言い渡すといった意味のやや形式ばった語. **denounce** は世論が非難する場合に用いる. **accuse** は不注意なども含めて軽重さまざまな罪をとがめる場合に用い, 法律によって告発することも表す.

【慣用句】*be to blame* …は…の責任である, …が悪い (for). *take [bear] the blame for* ……の責めを負う.

【派生語】**blámed** 形〔くだけた語〕《主に米》いまいましい, ひどい. **blámeful** 形 けしからぬ, 非難に値する. **blámeless** 形 非難の余地のない, 欠点のない, 文句のつけようのない. **blámelessly** 副. **blámelessness** 名 U.

【複合語】**blámewòrthy** 形 責められるべき, 非難に値する.

blanch /blǽntʃ / blá:ntʃ/ 動 本来他〔一般語〕**一般義** 野菜などを日光を当てないで白くする, ゆでて色

抜きする. [その他] 本来は白くするの意. 色抜きする, 年齢が髪を白くする. ⓐ 白くなる, 恐怖などで顔面が蒼白となる.

⇒blank.

bland /blǽnd/ 形 〔一般語〕 [一般義] 食物に味がない, 刺激がない. [その他] 本来は態度が温和なの意. 転じて話, 映画などが刺激がない, つまらないの意.
[語源] ラテン語 blandus (= smooth tongued) が初期近代英語に入った.
【派生語】**blándly** 副. **blándness** 名 U.

blan·dish /blǽndiʃ/ 動 [本来他] 〔一般語〕 こびへつらう, 甘言を言う, お世辞を言う.
[語源] ラテン語 blandire (= to flatter) が古フランス語を経て中英語に入った. bland と同語源.
【派生語】**blándishments** 名《複》お世辞, 追従, 甘言.

blank /blǽŋk/ 形 C 動 [本来他] 〔一般語〕 [一般義] 白紙の, 空白の. [その他] 本来は無色の, 白色のの意. 何も書き入れていないことから, 壁などに飾りや出入口などあるべき特徴や内容がない, テープなどが録音されていないからの, 表情が虚ろな, 性格におもしろみの無い, 頭が空っぽでアイデアが浮かばない, 行為に実りのない, 拒絶などがきっぱりしていてとりつくしまのない, 全くの, 完全な. 名として空欄, 空白, 余白, 《米》書込用紙, 空所という意味に発展した. その他ねらい目, 的の中心, また口の時代, 空虚さ. 省略を表すダッシュ (―). 動として, 物を見えなくする, 空白にする, 《米》試合などで相手を無得点におさえる.
[語源] 古フランス語 blanc (= white) が中英語に入った. 古英語 blanca (白馬) と関連がある. 原義は to shine で, 「輝くように白い」の意.
[用例] a blank sheet of paper 一枚の白紙/You are supposed to fill in the blanks. 空所を埋めなさい/At that moment my mind was a complete blank [went completely blank]. そのときとたんに頭の中が空っぽになってしまった/I led blank days long after the sad event. その悲しい出来事のあと長い間私は虚ろな日々を送った.
【慣用句】 **blank out** 線を引いたり塗りつぶしたりして隠す. **draw a blank** くじではずれる, 〔くだけた表現〕努力してきたことがうまくいかない.
【派生語】**blánkly** 副 ぼんやりと. **blánkness** 名 U.
【複合語】**blánk cártridge** 名 C 弾丸の入っていない空砲. **blánk chéck** 名 C 未記入の小切手, 署名だけしてある小切手, 比喩的にお金, 権限, 威信などを必要なだけ自由に使ってもよいという許し. **blánk endórsement** 名 C 受取人名の記入してない小切手. **blánk vérse** 名 C 韻をふまない, 無韻詩.

blan·ket /blǽŋkit/ 名 C 形 動 [本来他] 〔一般語〕 [一般義] 毛布. [その他] 広く毛布に似たもの, 雪, 暗闇, 木の葉など毛布のようにおおい隠すもの. 形 として包括的な, 総括的な. 動 として毛布をかぶせる, 毛布をかぶせるように一面におおい隠す, カバーするということから, 規則や料金などが一律[包括的]に適用される. 毛布が風を防ぐことから, 妨げる, 抑圧する.
[参考] 少し古い日本語では「ケット」といった (例: 赤ゲット).
[語源] 古フランス語 blanc (⇒blank) の指小語 blanquet が中英語に入った.
[用例] The earth lay quiet under a blanket of fallen leaves. 地面は落ち葉の毛布の下でしんとしていた/The hills were blanketed in snow. 丘は雪におおわれていた.
【慣用句】 **blanket out** 完全に遮断する: The music blanketed out the storm outside. 音楽で外の嵐は聞こえなかった.

blare /bléər/ 動 [本来自] C 〔一般語〕 らっぱ, 人声などが鳴りひびく, 騒がしい音を立てる. ⓐ 騒がしく鳴らす. 名 として《a [the] ～》やかましい音.
[語源] 擬音語として中英語より. 不詳.

blar·ney /blá:rni/ 名 U 〔くだけた語〕お世辞, おべっか (flattery).
[語源] アイルランドの Blarney 城の石で, それにキスした人にお世辞の技術が与えられるという言い伝えのある Blarney stone から. 19 世紀より.

blas·pheme /blæsfí:m/ 動 [本来他] 〔形式ばった語〕神など神聖なものを冒瀆(ぼうとく)する, 不遜(ふそん)な言葉をはく.
[語源] ラテン語 blasphemare (冒瀆する) が古フランス語を経て中英語に入った.
【派生語】**blasphémer** 名 C 冒瀆する人. **blásphemous** 形. **blásphemously** 副. **blásphemy** 名 UC 冒瀆, 不遜な行為や言葉.

blast /blǽst/ blá:st/ 名 C 動 [本来他 自] 感 〔一般語〕 [一般義] 爆発, 爆破. [その他] 本来は一陣の強風という意味で, 強風のびゅーと吹く音, 広く大きく荒々しい音. また強風に似ているところから, 人工的に作った空気[蒸気]の突出, さらに一般義の爆発という意味が派生した. 植物の立枯れ病, 〔野〕強打のヒット, 〔俗語〕どんちゃん騒ぎ. 動 として爆破する, 銃で撃つ, 水・空気などを噴出する, 警笛などをけたたましく鳴らす, 激しく打つ, 非難する, こきおろす, 台無しにする.
[語源] 古英語 blǽst (一陣の風) から.
[用例] A blast of cold air 吹き込む冷気/Music blasted out from the radio. 音楽がラジオから飛び出してきた/He was knocked down by the blast from the explosion. 彼は爆発の爆風で倒れこんでしまった/The storm blasted the wedding. 嵐で結婚式が台無しになった/Blast (it)! ちくしょう!
[類義語] explode; blow.
【慣用句】 **at full blast** 最高速度[馬力, 限度]で: He had the radio going at full blast. 彼はラジオのボリュームをいっぱいにあげていた. **blast off** 《米》ロケットやミサイルが発射される 〔日英比較〕日本語の「発射する」に当たる英語には一般的には fire があるが, これは本来点火することであり, 銃などを射つことをいう. fire a rocket とも言うが, 打ち上げる意味には launch a rocket が普通, また blast off は打ち上げの瞬間に重点がある).
【派生語】**blásting** 名 U 炭鉱で岩などを爆破すること.
【複合語】**blást fùrnace** 名 C 溶鉱炉. **blást-òff** 名 U 《米》ロケットの発射.

bla·tant /bléitnt/ 形 〔一般語〕いやに騒々しい, やかましい, はなはだしい, ずうずうしい.
[語源] Edmund Spenser が Faerie Queen (1596) で用いた擬音語. 詳細不詳.
【派生語】**blátantly** 副.

blaze¹ /bléiz/ 名 C 動 [本来自] 〔一般語〕 [一般義] 激しく燃える炎, めらめらとおこる火. [その他] 火事, 火災, 比喩的に燃え立つような色[光], 興奮, 怒りなどの感情のほとばしり. 動 として, 火が燃え立つ, 明かりなどで輝く, 人がかっとなる, 激怒する.

blaze

[語源] 古英語 blæse (=torch) から.

[用例] He shouted at them in a *blaze* of fury. 彼はかっと怒って彼らを怒鳴った/The sun *blazed* in the sky. 太陽で空でぎらぎらと照りつけていた.

[類義語] blaze; flame; flicker; flare; glow; glare: **blaze** は非常にまぶしく熱い, 大きくて安定した炎. **flame** はろうそくなどのゆらゆらする炎. **flicker** は今にも消えそうなちらちらする炎. **flare** は突然明るく燃えて闇に消える炎. **glow** は蛍光灯のような炎を伴わず熱もない安定した落ち着いた光. **glare** は裸電球などの安定はしているが不愉快でまぶしい光.

[慣用句] ***blaze away*** 鉄砲を連続して射ち放つ, 比喩的に熱っぽく興奮して話す, まくしたてる. ***Go to blazes!*** [くだけた表現] ちくしょう! (★Go to hell! と同義のえん曲な表現)

[派生語] **blázer** 名 C 明るい色や縞模様などの軽い上着, ブレザー (★学校やクラブの制服になることも多い). **blázing** 形.

blaze² /bléɪz/ 動 本来他 [一般語] 言い触らす, ニュースなどを広める.

[語源] 中期低地ドイツ語 blasen (=to blow) が中英語に入った.

blaze³ /bléɪz/ 名 動 本来他 [一般語] 牛馬の顔面の白いぶち, 木の皮に目印につけた白いあと. 動 として, 樹皮に印をつける, 道を切り開く.

[語源] 古ノルド語と思われるが不詳.

bla·zon /bléɪzn/ 名 C 動 本来他 [一般語] 紋章. として, 紋章などを描く, 紋章で飾る, blaze² との混同から大々的に公表する.

[語源] 古フランス語 blason (楯, 楯型の紋章) が中英語に入った.

bleach /bliːtʃ/ 動 本来他 名 UC [一般語] 漂白する, 白くする, 脱色する. 名 として漂白剤, 脱色剤.

[語源] 古英語 blǽcan (=to make pale) から.

[派生語] **bléacher** 名 C 漂白剤, (複数形で)屋根のない観覧席, ブリーチスタンド.

bleak /bliːk/ 形 [一般語] [一般義] 風や寒気にさらされて身を寄せる木一つないようなわびしく寒々とした. [その他] 冷たくて厳しいことから, わびしい, 陰気である, 将来の見込みや希望がない.

[語源] 古ノルド語 bleikr (=shining; white) や古高地ドイツ語 bleih (=pale) に関連する古英語 blāc (=shining; pale) から.

[用例] She married a man with a *bleak* future. 彼女は見込みのない男と結婚した.

[派生語] **bleakish** 形. **bleakly** 副. **bleakness** 名 U.

bleary /blíəri/ 形 [一般語] 疲れ, 眠気などで目かすんだ, ぼうっとした, ぼんやりした.

[語源] 不詳.

bleat /bliːt/ 動 本来他 名 C [一般語] [一般義] 羊ややぎなどがめえとなく (日英比較 日本語では子牛は「めえ」とはなかないが, bleat は子牛のなき声も意味する). [その他] 人がぶつぶつと不平をならす. 名 として, 羊ややぎのなき声, めえ, それに似た音[声], 人の愚かしそうな話し方, 哀れっぽい話し方.

[語源] 古英語 blǽtan (=to bleat) から. ラテン語 flere (=to weep) や古英語 bellan (=to roar) に関連がある.

[用例] Oh, do stop *bleating* about being tired. もう, 疲れた疲れたとぶつぶつ言うのはよしなさい.

[類義語] whine.

[派生語] **bléater** 名 C.

bleed /bliːd/ 動 本来他 [過去・過去分 **bled**] 名 C 形 [一般語] [一般義] 出血する. [その他] 戦いや正義の闘争などで傷を負う, 死ぬ, 精神的に苦しむ, 心が傷つく. また果汁や樹液がにじみ出る, 衣類などが水洗いで色おちする, 印刷物の文字がページの端からはみ出してしまう. [他] 昔の西洋医学で治療のために血を抜き取る, 放血する, 樹木の樹液を抜き出す, [くだけた語] お金を強要する, ごっそり払わせる. 名 形 として [印] 断ち切りにした(ページ).

[語源] 古英語 blēdan から. ⇒blood.

[用例] He was *bleeding* badly from a large cut. 彼は大きな切り傷からひどく出血していた/He *bled* me of all my money. あいつは私の金をすっかりまきあげてしまった.

[慣用句] ***bleed ... white*** [くだけた表現] 人のお金を全部まきあげる. ***My heart bleeds (for you)***. [形式ばった表現] 同情して悲しい (語法 皮肉の意味で用いることも多い): You've too much money? *My heart bleeds for you!* お金がありすぎるだって? そいつぁご愁傷さまだね.

[派生語] **bléeder** 名 C 出血性の人, 血友病患者. **bléeding** 名 U 形 出血(している), [俗語] [英] ひどい, つらい.

bleep /bliːp/ 名 C 動 本来他 [一般語] ぴーという音. 動 としてぴーという音を立てる. [他] 信号音で人を呼び出す.

[語源] 擬音語として, 20 世紀から.

[派生語] **bléeper** 名 C ポケットベル (★beeper または pager ともいう). [日英比較] ポケットベルは和製英語.

blem·ish /blémɪʃ/ 動 本来他 名 C [やや形式ばった語] 傷つける. 名 として欠陥, 汚点.

[語源] 古フランス語 blesmir (=to make pale; to wound) が中英語に入った.

[類義語] blemish; defect; flaw: **blemish** は表面の汚れ, 外見上の欠点を指し, **defect** は重要な性質が欠落していることを表す. **flaw** は時には決刻になりうるようなちょっとした欠陥を表し, ひび割れのような全体の連続性, 一貫性をそこなうものを指す.

blend /blénd/ 動 本来他 名 C [一般語] [一般義] 茶, たばこ, 酒などを好みの味や香りにするために数種類混ぜる. [その他] 一般に異質のものを混ぜ合わせる. [他] として混ぜる, 調和する. 名 として, 混ぜた結果できた混種, 〖言〗 smoke と fog からできた smog のような混成語.

[語源] 古英語 blandan (=to mix) から.

[用例] *Blend* the cake mix, two eggs and a cup of water (together). ケーキミックスと卵2個, 水1カップを混ぜなさい/The new principal *blends* well with the board of education, teachers and parents. 新任の校長は教育委員会や教員, 保護者としっくりいっている/I always buy this *blend* of coffee. 私はいつもこのブレンドのコーヒーを買うことにしている/a pleasant *blend* of charm and simplicity 魅力と質朴の快い調和.

[類義語] ⇒mix.

[派生語] **blénder** 名 C =liquidizer. **blénding** 名 U.

bless /blés/ 動 本来他 [一般語] [一般義] 神が祝福する, 恵みを与える. [その他] 本来は神に犠牲を捧げる儀式によって神聖にするの意で, 神聖であるとしてたたえる, 祝福

する，神の**祝福**を乞う，キリスト教の礼拝の最後で聖職者が会衆に**神の祝福**を祈る，神の恵みを乞う，人や物の上で十字を切る．
[語源] 古英語 blōd (=blood) から派生した blēdsian, blētsian (祭壇に血を振りかけて清める)から．
[用例] The priest *blessed* the bread and wine. 牧師はパンとワインを清めた/The priest *blessed* the newly wed couple. 牧師は新婚の夫婦に祝福を与えた/*Bless* this ship. この船に神の加護がありますように/She's been *blessed* with many children. 彼女はたくさんの子宝に恵まれた．
【慣用句】(*God*) *bless me* [*my soul*]! おやおや，これはこれは 《★驚いたり喜んだりうろたえたりした時に発する表現，機嫌の良い感じを伴う》． (*God*) *bless you!* 大事に，神のご加護を 《★くしゃみをした人に向かって言う表現．くしゃみをすると体内から魂が抜け出すと思われたことから》．*bless oneself* 〖カトリック〗額，口，胸に指で十字を切って自らを清める．
[派生語] **blessed** /blésid/ [形] 神聖な，至福の, (皮肉) いまいましい [語法] damned に代わるえん曲語として用いられる, (the ～) 〖キ教〗死んで天国にいる人々; 福者: *Blessed* Virgin 聖母マリア/No one ever offered me a *blessed* help. 誰も助けようなんて言い出したやつはいない． **bléssedly** [副] ありがたいことに． **bléssedness** [名] ⓤ 幸福: to live in single *blessedness* 独身貴族を楽しむ． **bléssing** [名] ⓒ 祝福の言葉[行為]，神への祈り，喜びを与えてくれるもの: The *blessing* of God be upon you! あなたに神のご加護 [祝福] がありますように/give one's *blessing* to ... …を祝福する，…によろしく/a *blessing* in disguise ありがたくはないが実は有益であるもの/a mixed *blessing* 長短両面があるもの，ありがたくも迷惑でもあるもの/ask a *blessing* 食前の祈りをする/Her daughter was a great *blessing* to her. 彼女には娘がだいじな宝だった．

blight /bláit/ [名] ⓊⒸ [本来他] [一般語] [一般義] 〖植〗胴枯れ病．[その他] 元気，希望などをくじくもの．[動] として，植物を枯らす，害する，希望などをくじく．
[語源] 不詳．

blind /bláind/ [形] [動] [本来他] [名] ⓒ [副] [一般語]
[一般義] 目が見えない，目の不自由な．[その他] (the ～) 名詞的に目の不自由な人々，盲人，施設，装備などが盲人用の，視力がないことから，比喩的に理解力や注意力，判断力，知識・情報，方向性，論理などに欠ける，正しく見たり分別したりしようとしない，飛行機を計器類にのみ依存して操縦する，植物が欠陥があって花や実をつけない，壁などに開口部がない，(俗語) ひどく酔っぱらった．[動] として視力を奪う，一時的に見えなくする，隠す，目をくらませる．[名] としては，目隠しの役を果たすもの，日よけのブラインド，狩猟の際に身を隠すやぶの繁み，隠れ場所，判断を誤らせるためのおとり，目くらまし，ポーカーで自分の持ち札を見る前に置く賭け分．[副] として**目隠し状態**で，知識なしで; まったく．
[語源] 印欧祖語の *bhel- (=to shine) から派生した *bhlendh- (=to become dim or dark) に遡ることのできる古英語 blind から．印欧祖語の「輝く」の意が「目がくらむ」の意を経て「目が見えない」意となった．
[用例] a *blind* shool 盲学校/She is *blind* to his faults. 彼女には彼の欠点が見えない/She has a *blind* love toward her son. 彼女は息子を溺愛している/There's a *blind* driveway ahead. 前方に目につきにくい私有車道があります/a *blind* flying 計器飛行/I did that as a *blind*. 私はカムフラージュするためにそれをしたのだ．
[関連語] deaf.
【慣用句】(*a case of*) *the blind leading the blind* 盲人が盲人の手を引く(ような場合) 《★危険なことの形容》．*not a blind bit of ...* 少しの…もない．*turn a blind eye to ...* …を無視する，見て見ないふりをする，大目に見る．
[派生語] **blínder** 《米》《複数形で》横を見ないようにするための馬の**目隠し**《英》blinkers, 《俗語》《英》乱ちきパーティー，《くだけた語》好プレー，上出来: The play was a *blinder*. 芝居は最高だった．**blínding** [形] 〔限定用法〕目をくらませる，突然の: a *blinding* shower of sparks 目のくらむ火花の嵐．**blíndly** [副] やみくもに，めくら滅法に．**blíndness** [名] Ⓤ.
[複合語] **blind álley** [名] ⓒ 袋小路，比喩的に行き詰まって先の見えない考え [企て]: This is a *blind alley* of a job. 今度のは先の見込みのない仕事だ．**blind cópy** [**cárbon**] [名] ⓒ 手紙などの受取人には知らせずに作ってあるコピー．**blind dáte** [名] ⓒ 《くだけた語》《米》見知らない同志の男女を合わせること，見合い，またその当人．**blind síde** [名] ⓒ 視線の向いてない方，見えない側，無防備な側．**blind spót** [名] ⓒ 目の盲点，見えない箇所，比喩的に本人の気付かない偏見や弱点，苦手な科目，ラジオの受信が困難な地域．

blind·fold /bláindfòuld/ [動] [本来他] [名] ⓒ [形] [副] [一般語] 目に包帯をしたり布やはちまきを巻いて**目隠しをする**，比喩的に**理解を妨げる**．[名] として**目隠しの布**，**妨害となるもの**．[形] [副] として**目隠しした**[して]，**目隠しされた**[されて]．
[用例] She was *blindfold* when she came into the room. 部屋に入ってきた時彼女は目隠しをされていた．

blink /blíŋk/ [動] [本来自] [名] ⓒ [一般語] [一般義] 意図的または非意図的にまばたきをする．[その他] まぶしくて目をしょぼしょぼさせる，驚いて目をパチパチさせる．目をつぶるということから，無視する，見て見ないふりをする，逃避する．フラッシュなどがパチパチする，光や星がまたたく．[名] としてまばたき，またたき，ちらっと見ること，一瞥(いちべつ)．
[語源] 不詳．中英語から．
[用例] She tried to *blink* away her tears. 彼女は涙を切ろうとしてまばたきをした/He *blinked* at the splendid landscape. 彼は素晴らしい景色に目をパチクリさせた/He *blinked* at his son's mistake and grinned instead. 彼は息子の誤りには目をつむって微笑んでみせた．
[類義語] blink; wink: **blink** は意図的または非意図的なまばたきで，連続的であるのに対し，**wink** は特に合図をするために意図的に一度または連続して片目をつぶることを表す．
【慣用句】*blink the fact that ...* 〔くだけた表現〕《英》…に目をつぶる，考えないようにする．*on the blink* 〔くだけた表現〕《米》機械がうまく作動しない，調子が悪い．
[派生語] **blínker** [名] ⓒ 《米》明滅信号灯，自動車の点滅式**方向指示器**，警告灯; 《複数形で》防護眼鏡，ゴーグル, 《英》馬の目隠し (blinders).

bliss /blís/ [名] ⓒ 〔形式ばった語〕精神的な**幸福感**，天国にいるような**満ち足りた気分**，至福，またその幸福の原因となるもの．
[語源] 古英語 blīthe (⇒blithe) の派生語 blīths から．
[派生語] **blíssful** [形]．**blíssfully** [副]．**blíssless** [形]．

blis・ter /blístər/ [名] [C] [動] [本来他] 〔一般語〕 [一般義] 火傷などで肌にできる**水疱**. [その他] **水疱の原因**(となること). 水疱に似たもの、ペンキなどの表面の小さな固まり、包装物中のショックよけビニールに付いている**透明のつぶつぶ**. [動] として**水疱をつくる**; 言葉で手ひどく**痛めつける**.
[語源] 古フランス語 *blestre*(＝swelling) が中英語に入った.
[用例] The heat *blistered* the paint. 熱のためペンキの表面に固まりができた/His skin *blisters* easily. 彼はすぐ皮膚にまめができる.
[派生語] **blístery** [形] 水疱のある, 水疱だらけの.

blithe /bláiθ, bláið/ [形] 〔一般語〕 [一般義] (軽蔑的)のんきな, 軽快な, 気楽な. [その他] 〔文語〕陽気な, 楽しげな.
[語源] 古英語 blíthe(＝happy, merry) から.
[派生語] **blíthely** [副].

blitz /blíts/ [名] [C] 〔一般語〕 [一般義] **電撃的奇襲, 奇襲爆撃**.
[語源] ドイツ語 *Blitzkrieg* (*Blitz* lightning＋*Krieg* war) から第二次大戦中に入った. 最初は第二次大戦中のドイツ軍によるロンドンの空襲を指していった.

bliz・zard /blízərd/ [名] [C] 〔一般語〕長時間にわたる**大吹雪**, 比喩的にプレゼントや手紙などが圧倒されんばかりにどっと押し寄せる事・物.
[語源] 不詳. 19 世紀より.
[派生語] **blízzardy** [形].

bloat・ed /blóutid/ [形] 〔一般語〕 [一般義] 人や動物の腹などが液体や気体でひどくふくれ上った. [その他] 比喩的にうぬぼれ[**虚栄心, プライド**]でいっぱいである, 数字などが過度という意に**膨張**している. [語法] bloat という.
[語源] 古ノルド語 *blautr*(＝soft) が中英語に *blout*(＝soft) として入った. ball に関連がある.
[用例] You'll get *bloated* after eating so much, I warn you. 言っとくけどそんなに食べると腹がぶよぶよになるよ.
[類義語] bloated; inflated: **bloated** は水ぶくれ、空気太りなど不愉快な感じが強い. **inflated** はより一般的な語で、気体から人に使われていることに.

blob /bláb/ [名] [C] 〔一般語〕どろっとした**液体のかたまり**, しみ, ぼんやりした形のもの.
[語源] 不詳. 擬音語と思われる.

bloc /blák/ [名] [C] 〔やや形式ばった語〕利害を共にする国家や政党, 政治家などの間の一時的な**連盟, ブロック**.
[語源] 中期オランダ語 *block*(丸太, 板) がフランス語を経て 20 世紀に入った.
[対照語] group.
【慣用句】**en bloc** 全部まとめて一度に.

block /blák/ [名] [C] [動] [本来他] [形] 〔一般語〕 [一般義] 建材として用いられる木, 金属, 石などの四角い**塊, ブロック**. [その他] 子供の遊び用の**積み木**, ブロック(building block), また類似の形状の**肉切り台**, まき割り台, 競売の台. ひとかたまりということから, 事務所やアパートなどの集合体である**大きな建物**, 建物が立ち並んだ**一街区**,《米》1街区の**1区画の距離**, **一単位**となされる物や人, 四枚一組の**切手シート**.〔俗語〕人の頭. 物品の流通や交通をさえぎるかたまりということから, 抽象的に**妨害(物)**, 【医】体内の平常機能をさえぎるもの, 【精神医】情緒不安定による発話および思考の停止, 【スポ】**妨害行為**, 【印】**ブロック体**. [動] として, 道をふさぐ, **封鎖**し, 進行を妨げる, …の障害となる, 財産などを凍結する, 【スポ】相手を妨害する, ブロックする.
[語源] 中期オランダ語 *block*(丸太, 板) が古フランス語を経て blokke として中英語に入った. ⇒bloc.
[用例] *Blocks* of stone are often used in building. 建築用によく石のブロックが用いられる/an office [apartment] *block* 事務室[アパート]棟/The police set up a road *block* to catch the thieves. 警察が窃盗犯を捕えるために道路を封鎖した/My house is five *blocks* away.《米》ぼくの家は 5 ブロック先にあります.
【慣用句】**block and tackle** 滑車装置. **block in …** を閉じ込める; 概略を示す. **block out …** を閉め出す; 概略を示す, およその計画を立てる. **block up** 道いっぱいに立ちふさがる, 妨害物で道をうめ尽す, ブロックや積み木を積み重ねる. **do one's block**〔俗語〕《オーストラリア》ひどく怒る, 頭にくる. **go to the block** 断頭台で打首になる, 競売に出る. **knock …'s block off**〔俗語〕…をなぐる, 打ちのめす. **on the block**《米》競売に出ている.
[派生語] **blockáde** [名] [C] [動] [本来他] 海路や陸地の往来・通信を遮断するための港や地域の**閉鎖**, バリケード. [動] としては**封鎖する, 妨害する**: break a *blockade* バリケードを突っ切る/raise [lift] a *blockade* 閉鎖をとりやめる/run a *blockade* バリケードを破って物品を持ち込んだり運び出したりする. **blóckage** [名] [UC] **閉鎖された状態; 閉鎖の原因**: There's a *blockage* in the pipe, so the water has stopped flowing. パイプが詰まっていて水の流れが止まってしまっている. **blócked** [形] 詰まっている, 閉じられている: I have a bad cold. My nose is *blocked*. ひどい風邪をひいて鼻が詰まっている. **blóckish** [形] イマジネーションに乏しい, 石頭でばかな.
【複合語】**blóckbùster** [名] [C]〔くだけた語〕《米》1 街区を破壊するような**大型爆弾**; 大きな影響力のあるヒット作品; 街区破壊商法をする不動産業, 地上げ屋. **blóckbùsting** [名] [U]〔くだけた語〕《米》**大ヒットの**; 街区破壊商法, 地上げ. **blóckhèad** [名] [C]〔くだけた語〕(軽蔑的)**ばか, とんま**〔通例男性に対して用いる〕. **blóckhèaded** [形]. **block lètter** [名]《通例複数形で》**ブロック字体**, 手書きの活字体.

blond /blánd | blɔ́nd/ [形] [名] [C] 〔一般語〕 [一般義] 髪が**黄かっ色の, 金髪の** (★通常肌の色が白く, 眼は青または灰色であることが多い). [その他] 肌の色が白くピンクがかっている, 家具などが薄い色の. [名] として**金髪の人**.
[語源] ゲルマン語起源と思われる古フランス語 *blond*(＝yellow haird; 女性形は *blonde*) が英語に入った.
[対照語] brunet(te).

blonde /blánd | blɔ́nd/ [名] [C] [形] 〔一般語〕**金髪の女性**, また本来はクリーム色をしていた**絹レース**(blonde lace). [形] として＝blond.
[語源] フランス語 *blond*(⇒blond) の女性形から.
[用例] Last night I took a *blonde* to dinner. 昨夜は金髪女を食事に連れていった.

blood /blád/ [名] [U] [動] [本来他] 〔一般語〕 [一般義] 脊椎動物の**血液**. [その他] 人や動物の**気質**, 情熱, あるいは流血, 殺人(bloodshed). 血液から派生して, 脊椎動物の類似の**体液**, 植物の液汁. 抽象的に**血縁関係, 血統, 家系, 出身国, 人種**, new *blood*, young *blood* などとして新参者や若い者. [動] としては, 猟犬にえものの血の臭いや味を覚えさせる, 狩猟や戦いなど新しい経験の手ほどきをする.
[語源] 古英語 *blod* より. ⇒bleed.
[用例] His *blood* is up. 彼はカッときている[怒っている]/

No *blood* was shed in the struggle for freedom. 自由のための闘争で流血は見ずに済んだ/He is of royal *blood*. 彼は王族の血を引いている.
【慣用句】*Blood is thicker than water*. (ことわざ) 血は水より濃い(血縁の絆は強い). *have* [*get*] *one's blood up* 怒る. *have* [*get*] *...'s blood up* …を怒らせる. *have someone's blood on one's head* 人の死や不幸に責任がある. *in cold blood* 残忍にも, 知っていてわざと. *in one's blood* 生れつきの特質や才能として(持ち合わせている). *make ...'s blood boil* ひどく怒らせる. *make ...'s blood run cold* おびえさせる, 血も凍る思いをさせる.
【派生語】blóoded 形 馬や家畜の血統が良い;《複合語で》気質が…の: hot-blooded 激しやすい. blóodily 副. blóodiness 名. blóodless 形 血液の無い, 貧血の, 青白い, エネルギーや生命力の乏しい; 血の通わない, 残忍な, 事件などが流血をみない. blóody 形 出血している, 血にまみれた; 残忍な, 血生臭い, 《俗語》《英》いまいましい.
【複合語】blóod bànk 名 C 《米》血液銀行. blóod bàth 名 C 大量虐殺. blóod bróther 名 C 血のつながった兄弟, 血の契りをかわした兄弟. blóod cèll 名 C 血球: red [white] blood cells 赤[白]血球. blóodcùrdling 形 ぞっとする, 血の凍る. blóod donàtion 名 UC 献血. blóod gròup 名 C 《英》= blood type. blóod hèat 名 U 人体の平常時の 37℃ 弱の体温. blóod hòund 名 C 犬の一種で, 警察犬としてよく用いられる頭部にしわの多いブラッドハウンド, 《くだけた語》探偵. blóodlètting 名 U 流血, 【医】放血(★昔の医術). blóod lìne 名 C 家畜などの血統. blóod mòbile 名 C 《米》献血車. blóod prèssure 名 U 血圧. blóod-rèd 形 血で赤く染まっている, 血のように濃い深紅色の. blóod relàtion [rélative] 名 C 血縁者. blóod-shòt 形 目が血走っている, 充血している. blóod spòrts 名 《複》闘鶏, 狩猟, その他動物を殺すことをスポーツ. blóodstàin 名 C 血痕. blóodstàined 形 血のついた, 血まみれの, 血染めの. blóodstrèam 名《the ～》体内の血流. blóod sùcker 名 C ひるなど吸血性の動物, 比喩的に人から金をまきあげたり他人を食いものにする人. blóod tèst 名 C 血液検査, 血液鑑定. blóod-thìrsty 形 非常に残忍な, 殺人など血を見たくてうずうずする, 映画などに殺人シーンの多い. blóod transfùsion 名 UC 輸血. blóod tỳpe 名 C 血液型. blóod vèssel 名 C 血管.

bloom /blúːm/ 名 CU 動 本来自 〔一般自〕〔一般義〕一つ一つの花, 〔その他〕集合的に花, 花をつける植物. 開花の状態[時期], 比喩的に健康, 力, 美しさにあふれた人の全盛期, ものごとの最高潮. 若者のほほの健康そうな桜色, 熟した果実や葉にふく白っぽいろう粉. 動 として花が咲く, 開花する, 比喩的に栄える, 花開く, 女性や子供が血色がいい, 元気である.
語源 古ノルド語 blōm (=flower), blomi (=prosperity) が中英語に入った.
用例 Daffodils *bloom* in spring. 水仙は春に花を咲かせる.
類義語 ⇒flower.
【慣用句】*in* (*full*) *bloom* 花が咲いて(まっ盛りの). *in the bloom* 全盛期の[で]. (*in*) *the bloom of youth* 青春の盛り(に). *take the bloom off ...* 〔くだけた表現〕…から良い部分を取り去る: His sickness took *the bloom off* the honeymoon. 彼の病気のためにハネムーンはぱっとしないものになった.
【派生語】blóomer 名 C 開花時が…の花[植物], 比喩的に最盛期が…の人; 《俗語》《英》ばかな間違い(blooming error): a late *bloomer* 遅咲きの植物, 晩成型の人. bloomers 名《複》ブルーマー《★昔の女性用運動パンツ》. blóoming 形 開花している, 盛んな;《くだけた語》とんでもない《★bloody に代る婉曲表現》: The *blooming* idiot! 全くのあほう. blóomy 形 花が満開の, 果実に粉がふいている.

blos·som /blásəm|blɔ́s-/ 名 CU 動 本来自 〔一般語〕〔一般義〕食用になる実をつける木の花. 〔その他〕開花, 開花の時, 比喩的に人や物事の成熟した段階, 全盛期. 動 として開花する (out; forth), 比喩的に栄える, 成功する, 女性が成長して…になる.
語源 古英語 blostma から.
用例 She *blossomed* into a beautiful woman. 彼女は成長して美しい女性になった.
類義語 ⇒flower.
【慣用句】*in* (*full*) *blossom* 花盛りの[で], 全盛の[で].
【派生語】blóssoming 名. blóssomless 形. blóssomy 形 花の多い; 花盛りの.

blot /blát|blɔ́t/ 名 C 動 本来他 〔一般語〕〔一般義〕インクのしみ, 〔その他〕ペンキや泥の汚れ, 比喩的に物事や人格などの完璧さを損なう欠点, 汚点. 動 としては, しみをつけて汚す, 名声などけがす, 紙などで余分なインクを吸い取る. 自 として, インクがにじむ.
語源 不詳. 古英語で 14 世紀より用いられた.
用例 *Blot* your signature before you fold the paper. 紙を折りたたむ前に署名のところのインクを吸い取り紙で取っておきなさい/Give me a pen which does not *blot*. しみないペンをくれ.
【慣用句】*a blot on one's* [*the*] *escutcheon* 〔文語〕《ユーモラス》家紋のついた盾のしみ, 家の恥, 人生の汚点《★日本語の「看板に泥をぬる」に近い》. *a blot on the landscape* 周囲の景観をそこなる醜いもの. *blot out* 真黒に塗りつぶして見えなくする, 隠す, ぼかす, 〔俗語〕こわす, 殺す: I've *blotted out* all memory of that terrible day. 私はその恐ろしい日の記憶を全て塗りつぶしてしまった.
【派生語】blótter 名 C 吸い取り紙などインクやその他の液体を吸い取るもの, 〔俗語〕《米》警察の永久保存に回す前の事件簿 (police blotter).
【複合語】blótting pàper 名 U 吸い取り紙.

blotch /blátʃ|blɔ́tʃ/ 名 C 〔一般語〕皮膚の変色した部分や, blot より大きく形の定まらないしみ.
語源 blot と botch の合成語であろうと考えられる. 初期近代英語から.
【派生語】blótchiness 名 U. blótchy 形 あざのような, しみで覆われた.

blot·to /blátou|blɔ́t-/ 形 〔俗語〕《英》酔っ払って意識のない.

blouse /bláuz/ 名 C 動 本来他 〔一般語〕女性用のブラウス. 本来は労働者や農夫の着るひざ丈ベルト付きのゆったりした作業着, 兵士の着るゆったりした上着. 動 として, 腰でたぐり上げてゆるくひだを寄せる.
語源 フランス語に由来するが詳細不明. 19 世紀から.

blous·on /blúːsɑn|-zɔn/ 名 C 〔一般語〕ブラウス形の短い上着, ブルゾン.

blow¹ /blóu/ 動 本来自 《過去 blew /blúː/; 過分 blown /blóun/》 名 C 〔一般義〕風や空気が

勢いよく動く, 吹く. その他 様々な方法, 様態, 目的, 結果などを伴って風や空気が出ることを表し, 口で風を送る, あえぐ, 汽笛を鳴らす, 風が吹き荒れる, ものが風で飛ばされる, 息や風で音をたてる, くじらが潮を吹く, タイヤがパンクする, ヒューズがとぶ(out), 比喩的に〔くだけた語〕ほらを吹く, 急いで立ち去る, そそくさと逃げる. 他 風を吹き飛ばす, 人が息を吹いて物を暖めるに[冷ます], 汽笛を鳴らす, 管楽器を吹く, シャボン玉を作る, 熱いガラスを吹いて形を整える, 爆弾で爆破する, はえが...に卵を生みつける, 〔くだけた語〕お金を使いまくる, 〔俗語〕チャンスを吹きつぶしてしまう, 麻薬を吸う,...からさっと立ち去る, 逃げ出す. また damn の婉曲語としてのののしりの表現にも用いられる 《語法》この場合は過去分詞 blowed》. 名 として, 息のひと吹き, 一陣の風, 鼻をかむこと.
語源 古英語 blāwan より. なお blow「打撃」は語源の異なる別個の語.
用例 The door must have *blown* shut. ドアは風で閉まったにちがいない/The horse was *blowing* slightly after the race. 馬はレースのあと少し息を荒げていた/*blow* ... a kiss 投げキスをする/*blow* a building with a time bomb 建物を時限爆弾で爆破する.
【慣用句】*blow a fuse*〔俗語〕癇癪(かんしゃく)をおこす. *blow hot and cold about* ...に関して良くなったり悪くなったり風向きが変る. *blow in*〔俗語〕〔米〕突然やってくる, 入ってくる. *Blow it [me]!*〔俗語〕〔米〕ちくしょう! *blow off* 蒸気やガスを吹き出させる,〔くだけた表現〕〔米〕大声でしゃべったりして感情のはけ口をみつける,〔俗語〕〔英〕大きな音でおならをする. *blow one's own trumpet* 自分の技量やとりえを自慢する. *blow ... open*〔くだけた表現〕公けにする, バラす. *blow out* 吹き消す. タイヤをパンクさせる, ヒューズを飛ばす. *blow over* 嵐がやむ, 雨雲が彼方へ去る, 比喩的に事が忘れられる. *blow ...'s mind*〔俗語〕LSD で幻覚をおこさせる. *blow town* 突然町を去る. *blow up* ...を爆破する; 空気やガスがたまって爆発する, 癇癪をおこす, 写真を引き伸す, 誇張する, ニュースや噂を広める. *It's blowing (up) a storm [gale]*.〔くだけた表現〕嵐になりそうだ.
派生語 blówer 名 [C] ほら吹き; 送風機. blówy 形 = windy.
【複合語】blów-dríed 形 ヘアドライアーで乾かした. blow-drý 動 本来他 ヘアドライアーで乾かす. blów-drýer 名 [C] ヘアドライアー. blówfish [魚]ふぐ. blówhàrd 名 [C]〔俗語〕大声でほらを吹く人. blów-ìn 名 [C]〔俗語〕〔オーストラリア〕歓迎されない新入り, よそ者. blówhòle 名 [C] くじらの潮吹き穴, トンネルなどの空気口. blówjòb〔卑語〕=fellatio. blówòff 名 [C]〔俗語〕ほら吹き. blów-òut 名 [C] タイヤのパンク, ヒューズがとぶこと,〔俗語〕腹のふくれる食事[宴会]. blówpìpe 名 [C]〔化〕吹管(すいかん). blówtòrch 名 [C] 小型発炎装置.
blow² /blóu/ 名 [C]〔一般語〕ハンマー, げんこつなどによる強打, 打撃, 痛手, 不幸, 災難.
語源 中英語 blaw, blow より. それ以前は不詳.
用例 He received a *blow* on the head. 彼は頭に一撃くらった/Her husband's death was a real *blow*. 彼女の夫の死は大変な痛手だった.
【慣用句】*come to blows* 殴り合いを始める. *strike a blow at* ... = *strike ... a blow* ...に一撃を加える.
blub·ber /blábər/ 動 本来自〔一般語〕子供がおいおい泣く. 他 泣きながら言う.
語源 擬音語. 中英語から.

blud·geon /bládʒən/ 名 [C] 動 本来他〔一般語〕こん棒(club). 動 として, こん棒でなぐる, 打ちたおす, 一般に攻撃する, やりこめる.
語源 不詳.

blue /blúː/ 形 名 [UC] 動 本来他〔一般語〕一般義 青い, あい色の, 紺色の. その他 顔色などが青い, 青ざめた《★ pale のほうが一般的》. 比喩的に憂うつな, 暗い気持の, 陰気な.〔くだけた語〕わいせつな, ポルノの, きわどい. 名 として, 空や海の青い色.〔文語〕(the ~) 空, 海. 広く緑と紫の中間に属する色系を表し, 洋服, 絵の具, 染料その他青い物. university color のユニフォームの色より, ケンブリッジ大学(青色)とオックスフォード大学(紺色)各々を代表するスポーツ選手, 軍服の色より, (B-) 南北戦争当時の北軍兵士,《複数形で》水兵の制服. (the ~s)〔くだけた語〕憂うつな気分(blue devils).《複数形で; 単数または複数扱い》短調のスローテンポでものうげな歌詞のつく黒人音楽, ブルース. 動 として青くする[なる].
語源 印欧祖語 *bhlēwo-「明るい色の」に由来する古フランス語 bleu が中英語に入った.
用例 He's a Cambridge *blue*. 彼はケンブリッジの代表選手だ/His jokes were a bit *blue*. 彼の冗談は少しきわどかった/He's got the *blues* today but he's usually very cheerful. 彼は今日はふさいでるが普段はとても陽気だ/a *blue* film ポルノ映画.
日英比較 日本語で「青」は赤っぽい色に対しての緑をも含めた青っぽい色を広く表すが英語の blue は緑は含まない.
【慣用句】*a bolt from [out of] the blue*〔くだけた表現〕予期しない不快なこと, 青天のへきれき. *into the blue*〔くだけた表現〕遠い所へ, 未知のところへ, 海や空の彼方へ. *once in a blue moon* ⇒moon. *out of the blue*〔くだけた表現〕空から落ちてきたように, 突然予告なしに. *scream [shout] blue murder*〔くだけた表現〕大声で叫ぶ. *till one is blue in the face*〔くだけた表現〕いつまでも甲斐なしに, 徹底的に. *true blue* 信念の強い人(⇒true).
派生語 blúish 青っぽい. blúely 副. blúeness 名 [U].
【複合語】blúe bàby 名 [C] 心臓奇形による先天性青白症児. blúebèll 名 [C]〔植〕一般に青い小さなつり鐘型の花の咲く草, ブルーベル. blúebìrd 名 [C]〔鳥〕北米産の小鳥, ブルーバード, (the B- B-) 青い鳥《★メーテルリンクの劇に出てくる幸福追求の象徴》. blúe-blàck 形 黒と青の間の深い青色の. blúe blòod 名 [UC] 高貴な血統(の人). blúe-blòoded 形. blúe bòok 名 [C]《しばしば B- B-》〔英〕政府発行の青表紙の報告書,〔米〕有名人名簿, 試験答案用の青表紙の白紙帳. blúe-chíp 名 [C] ポーカーで一番高い札, ブルーチップ,〔くだけた語〕優良で安定した株, 秀れて値打ちのあるもの. blúecòat 名 [C]〔くだけた語〕19 世紀の米国兵士, 警官. blúe-cóllar 形 作業衣のシャツの色より, 熟練工でない工員の(⇔white-collar): a *blue-collar* worker 工場労働者. Blúe Cróss 名 固 ブルークロス《★米国の被雇用者と家族のための非利益団体の健康保険組合》. blúe dévils 名《複》うつ病の発作(the blues). blúe-èyed bóy 名 [C]〔くだけた語〕〔英〕〔軽蔑的〕お気に入り, アイドル〔米〕fair-haired boy》: He will get promotion—he's the boss's

blue-eyed boy. あいつは出世するだろうء. 上役のお気に入りだからね. **blúe jéans** 名《複》ブルーのジーパン. **blúe láw** 名 C《米》植民地時代のピューリタン的厳法(★日曜にダンス, スポーツその他の娯楽を禁じる法律). **blúe nòse** 名 C〔くだけた語〕《米》ピューリタン的な人, 自分の道徳観を他人におしつける人. **blúe-péncil** 動 本来他 青鉛筆で編集する, 検閲修正する. **blúe-pláte spécial** 名 C《米》仕切りのついた本来青い色の皿に盛って出る安い定食. **blúeprint** 名 C 動 本来他 建築設計図などの青写真, 広く原案; 動 として青写真を作成する. **blúe ríbbon** 名 C《米》最優秀賞, ブルーリボン賞. **blue-ský** 形〔くだけた語〕《米》値打ちのない. **blúe-ský láw** 名 C《米》一部の企業がいわば「青空を独占」することを防ぐための証券・株券の不正取引を禁じる法律. **blúestòcking**〔くだけた語〕《軽蔑的》18世紀ロンドンの文学会の中心的メンバーの女性達が珍しい青い靴下をはいていたことより, 学者ぶる女, 勉強ぶれの女. **blúe stréak**〔くだけた語〕電光石火: talk a blue streak 早口でよくしゃべる.

bluff¹ /bláf/ 名 C 形〔一般語〕《米》高く険しく幅の広い崖や土手. 形 として, 前面が凹凸がなく広くて切り立った, 人に用いて態度などがぶっきらぼうだが憎めない. 語源 元来は航海用語でオランダ語 blaf (= flat; broad) に由来すると思われる. 初期近代英語より.
用例 He's a *bluff* old man who doesn't hesitate to say what he thinks. 彼は言いたいことをはばからずに言うぶっきらぼうな老人だ.
【派生語】**blúffly** 副. **blúffness** 名 U. **blúffy** 形.

bluff² /bláf/ 動 本来他 名 UC〔一般語〕 一般義 虚勢をはる, いばりはる. その他 虚勢をはって人を惑わす, はったりをかける. 本来はポーカーで低いカードしか持ち合わせない時に相手を惑わすために高いかけをする. 名 として虚勢, こけおどし, またはそのようなことをする人.
語源 オランダ語 bluffen (= to boast) がポーカー用語として19世紀に入った.
【慣用句】**bluff ... into doing** こけおどしで...にまんまと...させる. **bluff it out**〔くだけた表現〕虚勢をはり通してうまく逃げおおせる. **call ...'s bluff** はったりに感づいて, できるものならこてみろと挑む.
【派生語】**blúffer** 名 C.

bluish ⇒blue.

blun·der /blándər/ 動 本来自 名 C〔一般語〕 一般義 へまをする. 不器用で愚かな間違いや気のきかない発言をする. その他 本来の意味として, 目が見えないのようにまごつきながら進む, つまずく. 名 として大失敗, ばかげた大間違い.
語源 古ノルド語 blunda (目を閉じる; いねむりをする) が中英語に入った.
用例 They made a real *blunder* when they insulted the President. 社長を侮辱するなんて彼らは本当にばかなことをしたものだ/He *blundered* through [into] the darkness. 彼は暗闇の中をつまずきながら進んだ[まごついているうちに闇にまぎれ込んだ].
類語 ⇒error.
【派生語】**blúnderer** 名 C. **blúnderingly** 副.

blunt /blánt/ 形 副 本来形 一般義 知覚が鈍くてのろまな. その他 ナイフなどの刃が鈍い, 鉛筆の先がとがってない. 態度や言葉が洗練されておらずぶっきらぼうな, 無骨な.
語源 不詳. 中英語から.

【派生語】**blúntly** 副. **blúntness** 名 U.

blur /blá:r/ 動 本来自 名 C〔一般語〕 一般義 輪郭がはっきりせず, ぼやけている. その他 知覚, 記憶などがぼんやりしている, 他 として, 境界, 相違などを不鮮明にする, 涙が目を曇らせる. 名 としてぼんやりしたもの, 不鮮明な記憶.
語源 不詳. 初期近代英語から.
用例 The issue was *blurred* by the lack of information. 情報不足で問題の焦点がはっきりしなかった/ Everything is just a *blur* when I take my spectacles off. めがねをはずすと何もかもぼやけて見える.
【派生語】**blúrriness** 名 U. **blúrry** 形.

blurb /blá:rb/ 名 C〔くだけた語〕《軽蔑的》《米》本のカバーや帯などに印刷した出版社のつける短い褒め言葉, 宣伝文句.
語源 ユーモア作家 Gelett Burgess が *Burgess Unabridged* の中で1914年に初めて使った造語.

blurt /blá:rt/ 動 本来他〔一般語〕《やや軽蔑的》我知らず不意に声を出すことから, 言うべきでないことを考えなしにしゃべってしまう《out》.
語源 擬音語として初期近代英語から.
用例 He *blurted* the truth *out*. 彼は本当のことをうっかり漏らしてしまった.
【派生語】**blúrter** 名 C.

blush /bláʃ/ 動 本来自 名 CU 形〔一般語〕 一般義 恥ずかしくて赤面する. その他 恥ずかしいと思う, 困る《at; for》, 赤みがさす, ばら色になる. 名 形 として赤面, 赤み, ばら色(の).
語源 古英語 blȳsian (燃える) に関連する blȳscan (= to become red) から.
用例 His words brought a *blush* into her cheeks. 彼の言葉に彼女はほほを染めた.
【慣用句】**at first blush** ひと目で, 第一印象で. **put ... to the blush**〔やや古めかしい表現〕恥ずかしがらせる, 困惑させる. **spare ...'s blushes**〔くだけた表現〕赤面させない, 照れさせない.
【派生語】**blúsher** 名 C すぐ赤面する人; ほお紅. **blúshful** 形. **blúshing** 形. **blúshingly** 副.

blus·ter /blástər/ 動 本来自 名 U〔一般語〕 一般義 風が吹き荒れる. その他 比喩的に荒々しくふるまう, 他人を思い通りに動かそうとしていばりちらす, 脅す《★ただし本人の空回りに終わることが多い》. 名 として吹き荒れる風の音, 荒々しい態度, 脅しの言葉.
語源 中英語 blusteren から. それ以前は不詳.
用例 He's only *blustering*, since he can't really carry out his threats. 彼はこけ脅しをしてるだけだよ, だって本当にその脅しを実行することなんかできっこないんだから.
【派生語】**blústerer** 名 C いばり屋. **blústering** 形. **blústery** 形 風が断続的に強く吹く: Yesterday the weather was very *blustery* [was a very *blustery* day]. 昨日は風がひどかった.

boa /bóuə/ 名 C〔動〕熱帯アメリカ産の大蛇, ボア《★boa constrictor とも呼ばれる》. ボアのような形から婦人用の毛皮や羽毛のえり巻き, 肩掛け, ボア.

boar /bɔ́:r/ 名 C〔動〕去勢してない雄ぶた, 毛が長くてきばと長い鼻をもった野性のぶた, いのしし(wild boar).
語源 古英語 bār から.
類語 ⇒pig.

board /bɔ́:rd/ 名 CU 動 本来他〔一般語〕 一般義 板. その他 様々な用途の長方形の板材, 台, 黒板, 新建

材，ボール紙．〔古風な気取った語〕《複数形で》**本の表紙**．板から製品に注意が広がって，会議用の**机**，そこで会議をする会社や団体の**役員団**，〔古風な語〕**食事の並んだ食卓**，**食事**，**賄**，賄い料，《the ～s》劇場のステージということから，**演劇の仕事**，**役者業**．また《米》株取引の**掲示板**，**株取引**．動 としては，**板で囲う[覆う]** (up)，電車・バス・飛行機などの乗物に**乗る**，賄い付きで**下宿[宿泊]させる[する]** (lodge)，人のペットを預って世話をする，敵船の**横腹につける**．

語源 古英語 bord (=board; table; shield) から．原義は「切り出された板」．

用例 The windows of the old house had *boards* nailed across them. その古い家の窓には板が釘で打ちつけてあった/*board* up a hole 穴に板を張りつける/He's been elected to (be a member of) the *Board* of Education. 彼は教育委員会のメンバーに選出された/He *boards* at Mrs Smith's during the week. 彼はその週はスミス夫人の家で下宿する．

慣用句 *above board* 〔くだけた表現〕ビジネスが公明正大な，ガラス張りの《★トランプで手を卓の下に入れないことから》．*across the board* 〔くだけた表現〕規則などがあらゆる階級の**全員に適用する**: The President announced a 7% wage increase *across the board*. 社長が一律 7% の賃上げを発表した．*board out* 子供やペットを一時的に他所に預けて食物などを賄ってもらう；**外食する**: They have to *board* their dogs *out* every time they go abroad on business. 彼らは仕事で外国へ行く度にそれを予けねばならない．*go by the board* 〔くだけた表現〕**見捨**てられている，完全に失敗している，守られていない: Self-sacrifice *goes by the board* these days. このごろは自己犠牲の精神も地に落ちた．*on board* (=aboard) 床の張ってある乗り物に乗っている: go *on board* the train (=*board* the train) 列車に乗りこむ．*sweep the board* 〔くだけた表現〕競技会でどの種目にも優勝する．

【派生語】**bóardable** 形 賄い可能な．**bóarder** 名 C 寄宿人，下宿人，寄宿舎の生徒；敵船への切り込み隊．**bóarding** 名 U 床，板囲い；乗船；下宿，賄い；**boarding house** 食事付き下宿．**bóarding lìst** 名 C 乗客名簿．**boarding school** 全寮制の学校．**bóard sàiling** 名 U ボードセーリング．

boast /bóust/ 動 本来自 名 C 〔一般義〕〔やや軽蔑的〕自分や身内のことに関してたいそう**自慢する** 《about; of》．その他 他 として，市・町・村や団体などが幸運にもあるものを持っている，**恵まれている**．名 として**自慢**，**自慢の種**．

語源 ドイツ語方言 *baustern* (=to swell) が中英語に入った．原義は「感情がふくらむ」．

用例 Our office *boasts* the finest view for miles. 当事務所は数マイルにわたる最高の眺め[景観]に恵まれています/His *boast* is that he has never yet lost a match. 彼はいまだ試合に負けたことがないと大口をたたいている．

類語 boast; brag: **boast** は brag より基本的な語として誇りと満足感を表し，**brag** はこれみよがしの態度でうぬぼれて大げさに自慢することを表す．

【派生語】**bóaster** 名 C．**bóastful** 形．**bóastfully** 副．**bóastfulness** 名 U．**bóastingly** 副．

boat /bóut/ 名 C 動 本来自 〔一般義〕オールや帆，エンジンで動かす小型の屋根のない舟，**ボート**．その他 大きな船，〔くだけた語〕**客船**．舟の形をした**深皿**．動 として，遊びとして舟をこぐ，ボートを漕ぎに行く．

語源 古英語 bāt から．原義は「木をくりぬいて作ったもの」．bite と同語源．

用例 We're going to cross the Atlantic in a passenger *boat*. 私たちは客船に乗って大西洋を横断するつもりだ/We go *boating* every Sunday. 私たちは毎週日曜にボートこぎに行く．

類語 boat; ship; vessel; craft: **boat** は本来屋根なしのオールをささえこぐ小舟を指すが，広義に船一般を表す．**ship** は特に大きな船を表し，ロマンチックな感じを伴なう．**vessel** は乗客や荷物の輸送を強調する語で，**craft** は本来はしけ引き船，消防艇などに仕事をする小型船を表したが，現在では boat を含めて広くあらゆる船，航空機を表す．

関連語 fishing boat (釣り舟); sailing boat (帆舟); row(ing) boat (手こぎボート).

慣用句 *burn one's boats* [*bridges*] (*behind one*) 〔くだけた表現〕**背水の陣**をしく．*in the same boat* 〔くだけた表現〕**不快な状況に居あわせる**，危険に向って運命を共にする．*miss the boat* [*bus*] 〔くだけた表現〕せっかくのチャンスを**無にする**．*push the boat out* 〔やや古めかしいくだけた表現〕普段より派手にお金を使って豪勢に楽しむ．*rock the boat* 〔くだけた表現〕平和ながらに**波風を立てる**．*take to the boat* 船が沈むのでボートに乗り移る．

【派生語】**bóating** 名 U レクリエーションとしてのボートこぎ，ヨット遊び．【複合語】**bóathòuse** 名 C ボート置き場．**bóatlòad** 名 C 船で運ぶだけの**乗客定員**，船荷の量，運搬される荷物．**bóatman** 名 C 船の修理や賃貸，販売にたずさわる人；**船頭**．**bóat ràce** 名 C ボートレース，競艇；《the ～》《英》毎年春にテームズ河で催される Oxford 大学と Cambridge 大学のボートレース．**bóat tràin** 名 C 船との乗り継ぎのために時刻を合わせて組んである**臨港列車**．

boat·swain /bóusn/ 名 C 〔やや形式ばった語〕甲板作業員やロープ，いかり，ボートの監督を任務とする**甲板長**．《語法》bosun; bo'sn と略す．

語源 古英語 bātswegen (=ship attendant) から．⇒boat; swain.

Bob /báb/bɔ́b/ 名 固 男の名，ボブ《★Robert の愛称》．

bob¹ /báb/bɔ́b/ 動 本来自 C 〔一般義〕繰り返し上下に動く，**浮き沈みする**．その他 急に上に出てくる[下へ消える] (up; below)，不意に頭を動かす，子供がぴょこんとおじぎをする．名 として，上下にひょいと動かすこと，頭をぴょこんと下げる**会釈**，魚釣の**浮き**．

語源 擬音語と思われるが不詳．中英語から．

【派生語】**bóbber** 名 C 釣りの浮き．

bob² /báb/bɔ́b/ 名 C 動 本来他 〔一般義〕少女や女性のショートヘア，ボブカット．その他 短く切った馬のしっぽ．動 として**切り詰める**．髪をボブカットに切る．

語源 中英語 bobbe (花束) から．それ以前は不詳．

【複合語】**bóbtàil** 名 C 馬や犬の短く切られた尾，そのような馬や犬など．

bob·bin /bábin/bɔ́b-/ 名 C 〔一般義〕ミシンなどの糸巻き，ボビン．

語源 不詳．初期近代英語から．

bob·by /bábi/bɔ́bi/ 名 C 〔くだけた語〕《英》**警官**．

語源 19 世紀にロンドン警察を再編成した Robert (=

bób・by pín /bábi pìn|bɔ́b-/ 名 C 〔一般語〕《米》平たい金属製の小さなヘアピン.
[語源] おそらく bob² から.

bób・by sócks /bábi sàks|bɔ́bi sɔ̀ks/ 名《複》〔一般語〕《米》少女用の足首までのソックス.
[語源] 不詳.
【複合語】**bóbby sòxer [sòcker]** 名 C〔くだけた語〕《米》特に 1940 年代の 10 代の女の子.

bob・cat /bábcæt|bɔ́b-/ 名 C 〔動〕北米産の山猫, ボブキャット.
[語源] bob(tail)+cat. しっぽの短いところからこう呼ばれる.

bob・sled /básblèd|bɔ́b-/ 名 動 《米》=bobsleigh.

bob・sleigh /básblèi|bɔ́b-/ 名 CU 動 本来自〔一般語〕ハンドルの付いた二人乗り以上の競技用長そり, ボブスレー(に乗る).
[語源] bob² + sleigh (そり) として 19 世紀より. 短いそりを組み合わせることから.

bode¹ /bóud/ 動 本来自〔形式ばった語〕良いことや悪いことの前兆となる(★悪いことの方が多い).
[語源] 古英語 boda (= messenger) から派生した bodian (予告する) から.
[類義語] foretell; omen.
【慣用句】**bode ill [well] for** … にとって凶事[吉事]の前兆である: This bodes well for the future. これは先に良いことのあるしるしだ.
【派生語】**bódement** 名 U 前兆, 兆候.

bode² /bóud/ 動 bide の過去形.

bod・ice /bádis|bɔ́d-/ 名 C 〔一般語〕婦人服の肩からウエストまでの部分,〔古語〕胸から腰までの体にぴったり合った女性用下着, ボディス.
[語源] body の複数形 bodies の変形したもので初期近代英語から.

bodiless ⇒body.
bodily ⇒body.

body /bádi|bɔ́di/ 名 C 動 本来他〔一般語〕[一般義] 人間や動物, 植物の全体, 体.[その他] 体から頭や手足, 尾を除いた胴体, 胴体を被う衣服, 胴着, 男体, 死体, 物体に対する肉体(flesh). 比喩的に一体となって機能する人々やものを表し, 一団, 団体,〔法〕法人, 大量, 多量, 実体, 主要部という意味から乗物の車体, 船体, 書物から序や付録を除いた本文, 弦楽器の箱状の部分, 胴,〔印〕活字の身, 広く縦・横・奥ゆきのあるもの,〔物理〕物体, 体(★固体, 気体などの), 酒類などのこく, 味わい, 繊維や生地のしっかりした手触り, 音質の豊かさ.〔くだけた語〕人や人の身体を表し, 呼びかけにも用いる. 動として実質を与える, あるものの一部となる.
[語源] 古英語 bodig から.
[用例] A sound mind in a sound body.《ことわざ》健全な身体に健全な精神/a huge body of evidence ぼく大な量の証拠/a large body of soldiers 多勢の兵隊/a heavenly body 天体/This shampoo will give your hair some body. このシャンプーで髪がいく分しゃんとしてくるでしょう.
[類義語] body; corpse; remains; carcass; cadaver: **body** は人や動物の死体を指すのに対し, **corpse** は特に人の死体を指し, これを婉曲的に **remains** である. **carcass** は動物の死体を指し, 人の死体を軽蔑的に指すのにも用いる. **cadaver** は解剖用の死体.
[対照語] soul; mind.
【慣用句】**body and soul** 身も心も, すっかり, 全く. **in a body** 一体になって. **keep body and soul together**〔くだけた表現〕なんとかお金や食物を得て生き続ける. **over my dead body**〔くだけた表現〕私を殺してからにしろ, 私の目の黒いうちは絶対反対 [語源] 間接話法でもない限り一人称 my を用いる): You marry him? Over my dead body! あいつと結婚するだと. 絶対だめだ. **own … body and soul** 人がすっかり自分のもので支配できる: He thinks he owns his son body and soul. 彼は息子を自分の所有物と思っている.
【派生語】**-bódied** [連結]「… の body を持った」の意味の複合語を作る. 例: full-bodied flavor (こくのある味わいの香り). **bódiless** 形 [実体]のない.
bódily 形 副 体の, 体ごと, 本人が (in person): bodily ills 肉体の病気. [類義語] bodily は肉体やその器官を直接表すが, これとほぼ同義の physical はより間接的で包括的な語である. これらはともに mental の反意語体. corporeal は spiritual の反意語として, 体を構成する物質, 手で触れられるものを表す. corporal は体に悪い影響が及ぶ場合に用い, corporal punishment「体罰」などという.
【複合語】**bódy blòw** 名 C 大きな痛手. **bódybuilder** 名 C ボディービル用の器具[食物], ボディービルをする人. **bódybuilding** 名 U ボディービル. **bódychèck** 名 C アイスホッケーやレスリングで, 体を使って敵の動きを止める行為. [日英比較] 空港などで行うボディチェックは body search. **bódy clòck** 名 C 時計時代になるような体内のリズム, 体内時計. **bódyguàrd** 名 C 政治家などのボディーガード. **bódyimage** 名 C【心】自分の体のイメージ. **bódy làngueage** 名 U 身ぶり言語 (★ジェスチャーによる伝達). **bódy mechànics** 名《複; 単数または複数扱い》健康のための運動. **bódy òdor** 名 U 体臭, わきが. **bódy pólitic** 名 (the ~) 政治的存在としての国[国民]. **bódy sèarch** 名 C (空港などでの)身体検査, ボディーチェック. **bódy shìrt** 名 C = body suit. **bódy shòp** 名 C 車の修理工場. **bódysùit** 名 C. ぴったりした胴着, ボディースーツ. **bódywòrk** 車などの外見: The bodywork of his new car has rusted already. 彼の新しい車にはさびができている.

bog /bág, bɔ́:g|bɔ́g/ 名 UC 動 本来自〔一般語〕腐敗した植物質のため足が沈むほど軟らかくなっている土地, 沼地, またなかなか進歩・進行しないものごと,〔俗語〕《英・オーストラリア》便所. 動 として泥沼にはまり込む, 動きがとれなくなる,他として泥沼にはまり込ませる.
[語源] ゲール語あるいはアイルランド語 bog (=flexible; soft) が中英語に入った.
[用例] I'm getting bogged down in all this paperwork. ぼくはこの事務で泥沼にはまりこんでいく(はかどらない).
[類義語] bog; swamp; marsh: **bog** と **swamp** は同義. 一方, 地理的に低いために湿地帯となっているのは **marsh**.
【派生語】**bóggy** 形 湿っている, 沼になっている.

bo・gey¹ /bóugi/ 名 C 動 本来他〔一般語〕[一般義] おばけ, 悪霊(bogy¹; bogie¹; bogeyman)(★子供が言うことをきかない時に大人がおどしに用いる想像上の恐ろしい物).[その他] 人が想像して恐れているものを表す. 幼児用語で乾いた鼻くそを表す俗語としても用いられる.
[語源] スコットランド語 bogle (幽霊) が 19 世紀に入っ

た.

[用例] Unemployment is a financial *bogey* to many workers. 失業は経済的な意味で多くの従業員が恐れている/Flying has always been a *bogey* to her. 飛行機に乗るなんてことは彼女には常に恐怖の代名詞だった.

【複合語】**bógeymàn** [名] [C] =bogey.

bo·gey[2] /bóugi/ [名] [C] 《米》《ゴルフ》平均的なプレーヤーのパー(基準打数), またはそれより一つ多い打数.

bog·gle /bágl/ bɔ́gl/ [動] [本来自] [名] [C] 《くだけた語》驚いたり恐れたりしてたじろぐ, そのために失敗する.
[語源] スコットランド方言 bogle (幽霊) に由来し初期近代英語より用いられた.
[用例] His mind *boggled* at the idea of jumping into the current. 急流に跳び込むのかと思うと彼はひびった.

boggy ⇒bog.

bo·gie[1] /bóugi/ [名] [C] =bogey[1]; bogy[2].

bo·gie[2] =bogey[2]; bogy[2].

bo·gus /bóugəs/ [形] 《軽蔑的に》《米》偽の, まがいもの.
[語源] 19世紀に, にせ金製造機を bogus apparatus と呼んだことより.
[類義語] ⇒sham.
【派生語】**bóguly** [副]. **bógusness** [名] [U].

bo·gy[1] /bóugi/ [名] [C] =bogie[1].

bo·gy[2] /bóugi/ [名] [C] =bogey[2].

boil /bɔ́il/ [動] [本来自] [名] [一般義] 液体が沸騰する. [その他] 沸騰点に達する, 煮える, ゆだる, 比喩的に《くだけた語》とても暑い, 煮えたつ様子に似ていることから, 興奮に沸き立つ, 騒然とする, かっとなる, 怒り狂う. ⑩ 沸騰させる, 料理の一方法として煮る, ゆでる. [名] として《a ~》沸騰, 沸点, 《a ~; the ~》沸騰状態, 沸騰点.
[語源] ラテン語 bulla (=bubble) から派生した bullire (=to boil) が古フランス語 boillir を経て中英語に入った.
[用例] A watched pot never *boils*. 《ことわざ》心配してやきもきしていてもその分速くことが成就するわけではない (じっくり待つことが肝心だ)/I am *boiling* in this thick coat. こんな厚手のコートを着てるせいでまるでゆでだこだわ/She was *boiling* at the mess of the room the children had made. 彼女は子供が部屋をめちゃくちゃにしたので湯気をたてて怒っていた.
[語法] やかんのお湯が沸騰していることを表すのに, The kettle is boiling. (=The water in the kettle is boiling.) といってもよい.
[反意語] freeze.
【慣用句】*boil away* 沸騰して蒸発する. *boil down* 煮つめる, ⑩ として煮つめる, 比喩的に論文などの内容を煮つめる, 要約する. *boil over* 煮こぼれる, ふきこぼれる, かんかんに怒る, 興奮する. *keep the pot* [*kettle*] *boiling* 《くだけた表現》暮らしを立てていく, 活躍のレベルを維持する, The project has started to be materialized, but we need more money to *keep the pot boiling*. 計画が実現のきざしを見せている. しかしこの調子を維持するにはもっと資金が要る. *make ...'s blood boil* ⇒blood. *off the boil* 《くだけた表現》もう熱かない, やる気のない. *on the boil* 《くだけた表現》沸騰している, やる気がある, 積極的な気分の. *to the boil* 沸騰点に向かって: Bring the water *to the boil*.

湯を沸騰させてくれ.
【派生語】**bóiled** [形]. **bóiler** [C] ボイラー: boilersuit オーバーオールの作業衣. **bóiling** [形] [名] [U].
【複合語】**bóiling pòint** 《the ~》ある液体の沸騰点《★水は100°C (=212°F)》.

bois·ter·ous /bɔ́istərəs/ [形] 《形式ばった語》[一般義] 人がやがやと騒々しい, 子供などが大騒ぎで手に負えない. [その他] 海や風が荒れ狂う.
[語源] 不詳. 中英語から.
[類義語] clamorous.
【派生語】**bóisterously** [副]. **bóisterousness** [名] [U].

bold /bóuld/ [形] [一般義] [一般義] 人が危険に立ち向かう気構えがあって勇敢な, [その他] 計画などが勇気のいる, 大胆な, 崖などが険しい, 大胆なことから力強い, 自由奔放な, ものがくっきり目立ってよく分る, 《印》太字(boldface)の. 《悪い意味で》特に女性にあつかましくて恐れを知らない, 大胆ということが好き勝手でしたい放題の.
[語源] 古英語 beald (=bold; brave) から. 原義は「感情がふくらんだ」. 「ふくらんだもの」が原義の ball と同語源.
[用例] a dress with *bold* stripes くっきりした縞もようのワンピース/He writes a *bold* hand. 彼はくっきりした字を書く/Would you think me *bold* if I asked how much your hat cost? あなたの帽子がいくらかなんて尋ねたらぶしつけだと思われるかしら.
[類義語] ⇒brave.
【慣用句】*as bold as brass* 《くだけた表現》厚かましくも, 無礼に, 横着に. *make* [*be*] (*so*) *bold* (*as*) *to* ... 敢えて...する. *make bold with* ... ...を勝手に使う, ...に手をつける.
【派生語】**bóldly** [副]. **bóldness** [名] [U].
【複合語】**bóldfàce** 《印》太字, ゴシック(⇔light face): The basic words are entered in *boldface* in this dictionary. 基本語はこの辞書では太字で載っている. **bóldfáced** 《軽蔑的》厚かましい, 厚顔の, 遠慮のない;《印》太字の.

bo·le·ro /bəléərou/ [名] [C] 《楽》ギターやカスタネットで伴奏するスペインの舞踊, ボレロ, またその曲. ブラウスの上に着る短いジャケット.
[語源] スペイン語 borelo が18世紀に入った. それ以前は不詳.

Bol·she·vik /bóulʃivik/ bɔ́l-/ [名] [C] 《複 ~s, -viki》1903年創立のロシア社会民主党の左翼多数派, ボルシェビキ, また1917年の革命で共産党が結成されたところから, 《ソ連》共産党員, 《b-》一般に政治的過激論者.
[語源] ロシア語 bolshoi (偉大な, 大きい) から派生した bolshe (多数, 過半数) からできた語が20世紀に入った.
[反意語] Menshevik.
【派生語】**Bólshie**, **bólshy** [形] [C] 《くだけた語》《英》《軽蔑的》政治的に過激な(人), 反抗的で扱いにくい(人). **Bólshevist** [名] [U]. **Bólshevism** [C].

bol·ster /bóulstər/ [名] [C] [動] [本来他] 《やや形式ばった語》[一般義] 細長いクッションや枕. [その他] 支えのための詰め物, あて物, 《建》支えのための横ばり, 肱(ひじ)木. [動] として支える, 強化する 《up》.
[語源] 古英語 bolster から.
[用例] We're getting a loan to *bolster* (up) the economy. 我々は経済を支えるためにローン貸付けを受けている.

bolt

bolt /bóult/ 名 C 動 本来他 副 〔一般語〕 一般義 ナットで締めつける頭付きのねじ, ボルト. その他 本来は石弓の矢の意. 矢の形状と矢の速い動きから様々な意味が派生し, ドアや門の錠をかうためのかんぬき, 矢のように速い電光, いなずま, 突然の動き[できごと], 逃亡, 突進. 動 としてボルトで締めつける, 錠をかける, 《米》政党などを脱退する, 食物を丸のみ込みする. 自 ボルトで締まる, かんぬきがかかる, 逃げようとして突然駆け出す, 《米》政党から突然離脱する, 椅子などから跳び上る, 植物が時機をまたずに早熟する. 副 ⇒慣用句 bolt upright.
語源 古英語 bolt (矢) から.
用例 He *bolted* the door. 彼はドアにかんぬきをかけた/The horse *bolted* in terror. 馬は恐慌して駆け出した/The child *bolted* her food. 子供は食べ物をごくんとのみ下した.
関連語 thunderbolt.
対照語 nut.
【慣用句】 *a bolt from the blue* ⇒blue. *bolt upright* 直立して: She sat *bolt* upright in the chair with her back very straight. 彼女は背中をのばして椅子にまっすぐに腰かけていた. *make a bolt for …* 懸命に速く逃げる: He made a bolt for the door. 彼はドアめがけて駆け出した. *shoot one's bolt* 〔英〕努力して力を出しきる.
【複合語】 **bólthòle** 逃げ口, ぬけ穴, 安全な隠れ場所.

bomb /bám│bóm/ 名 C 動 本来他 〔一般語〕 一般義 爆弾, 手りゅう弾. その他 形の類似からガスボンベ, 治療用放射性物質の入った容器, さらに意味が一般化して突然おそった不快なできごと, 〖地〗火山から噴き出た溶岩のかたまり, 〔俗語〕《米》演劇などのひどい失敗. 動 として爆弾で攻める, 爆破する, 《米》大失敗する, 《英》〔くだけた語〕猛スピードで飛ばす.
語源 本来深く響くボーンという音を表す擬音語で, ギリシャ語 *bombos* がラテン語 *bombus*, イタリア語 *bomba*, フランス語 *bombe* を経て初期近代英語に入った.
用例 A time *bomb* explodes some time after it is placed in position. 時限爆弾はしかけてしばらくたってから爆発する/The play *bombed* on the first night. その演劇は初日に大しくじりをやった.
【慣用句】 *go like a bomb* 〔くだけた表現〕速く走る, 飛ぶように売れる, パーティーなどが非常にうまくいく. *make [spend; cost] a bomb* 〔くだけた表現〕大金を稼ぐ[を使う, がかかる].
【派生語】 **bómber** 名 C 爆撃機; 爆弾仕かけ人; 〔俗語〕マリファナたばこ. **bómbing** 名 U.
【複合語】 **bómbshèll** 名 爆弾, ショッキングな事件, 〔俗語〕センセーショナルな程セクシーな女. **bómbsìte** 名 C 爆撃で破壊された地域, 被爆地.

bom·bard /bambá:rd│bɔm-/ 動 本来他 名 C 〔形式ばった語〕 一般義 大砲や鉄砲による激しい集中攻撃(をする). その他 質問などで激しく攻撃する, 〖理〗イオンを生成したり核変化をおこさせるために高エネルギー粒子を連続的にあてる. 本来の意味として, 石のたまを発射する旧式の大砲.
語源 ラテン語 *bombus* (⇒bomb) に由来し, フランス語 *bombarde* (石のたまの大砲) から派生した *bombarder* (石などを投げつける) が中英語に入った.
【派生語】 **bòmbardíer** 名 C 爆撃手, 砲兵. **bombárdment** 名 U 砲撃, 爆撃.

bom·bast /bámbæst│bɔm-/ 名 U 〔やや形式ばった語〕〔軽蔑的〕立派そうにきこえるが中味のない言葉や文, 大言壮語.
語源 ラテン語 *bombax* (=cotton) が古フランス語 *bombace* を経て初期近代英語に入った. 綿は中身が薄いことから.
【派生語】 **bombástic** 形 言葉が大げさで内容のない, 人が口先だけで誠実味のない. **bombástically** 副.

bo·na fi·de /bóunə fáidi/ 形 副 〔形式ばった語〕正直で誠意のある, 言い訳がうそでなく本当の, 宣伝が言葉通りである. 副 として誠実に, 本当に, 善意で.
語源 ラテン語が初期近代英語に入った.
用例 It's a *bona fide* agreement. それは正真正銘の合意だ.
【派生語】 **bóna fídes** 名 U 〖法〗正直, 善意.

bo·nan·za /bənǽnzə, bou-/ 名 C 〔くだけた語〕《米》大当たり, 思いがけず突然現れた富, もうけの源. 本来は幸運にも見つかった非常に豊かな金脈や鉱脈.
語源 ギリシャ語 *malakós* (やさしい) より派生した *malakía* (海が穏やかなこと) が, ラテン語で *malacia* に *bona* (=good) が付加されて混成語 *bonacia* となった後期スペイン語 *bonanza* (良い天候, 繁栄) を経て19世紀に英語に入った.

bon·bon /bánbàn│bɔ́nbɔ̀n/ 名 C 〔くだけた語〕ナッツなどを砂糖やチョコレートなどでくるんだお菓子, ボンボン.
語源 フランス語 *bon* (=good) をくり返して意味を強めたもの.

bond /bánd│bɔ́nd/ 名 CU 動 本来他 〔一般語〕 一般義 契約, 約定, 証文, 契約書. その他 本来はひも, ロープなどの縛るものの意で, さらに広くつなぐものを固定するものを表し, 糊, 接着剤, 〔複数形で〕足かせ, 束縛. 比喩的に絆や約束, その他広く束縛[拘束]するものの意を経て一般義の「契約」の意となった. また契約によって生じる義務, 抵当. 動 として, 絆で結びつける, 物を接着する. 自 として結びつく(with), 接着される, くっつく.
語源 ゲルマン祖語 **band-* (=tie) に由来する中英語 *bond*, *band* より. ⇒band¹.
用例 a *bond* of friendship 友情の絆/They released the prisoner from his *bonds*. 彼らは囚人を釈放した.
【慣用句】 (bottled) in bond 関税支払いその他の条件が満たされるまで(倉庫で)保管してある.
【派生語】 **bóndable** 形. **bóndage** 名 U 束縛, 束縛を受けること, 奴隷の身. **bónded** 形 保税倉庫に預けられた; 公債[債権]で保証された: **bonded warehouse** 保税倉庫 (★契約条項が満たされるまで物品を保管する政府の認可のおりている倉庫). **bónder** 名 C.
【複合語】 **bóndman** 名 C 封建時代の農奴 (語源 bondwoman, bondsman ともいう. また bondwoman, bondmaid, bondservant). **bónd pàper** 名 UC 《米》契約書その他用の丈夫な上質紙, ボンド紙. **bóndsman** 名 C 保証人, 保釈人.

bone /bóun/ 名 CU 動 本来他 〔一般語〕 一般義 脊椎動物の骨. その他 〔複数形で〕脊椎動物の骨格全体やがい骨, 〔複数形で〕脊椎動物の骨格, 体, 死骸. 骨質, 骨でできたもの, 骨に似たもの全て, くじらのひげや下着に入れるプラスチックの芯, さいころ, 傘の骨. 動 としては, 料理などで骨をとり去る, 細い芯を入れてかたくする, 肥料として骨粉をほどこす.
語源 古英語 *bān* (=bone) から.

【慣用句】*a bone of contention* いざこざのもと、いつも意見の不一致をもたらすもの《★一本の骨をとり合う犬の意から》. *bone up* 〔俗語〕《米》がり勉する: He's *boning up* on the exam. 彼は試験に備えてガリガリやっている. *bred in the bone*〔くだけた表現〕考えや習性が深く根づいていて抜きがたい《語法》人や社会集団に関して用いる》: Equal opportunity seems to be *bred in the bone* in this company. 機会均等の精神はこの会社にしみ通っているようだ. *cut (down) to the bone*〔くだけた表現〕要点のみにしぼる、できる限り削減する: I've *cut* my expenses *(down) to the bone*. 出費をぎりぎりにおさえた. *feel in one's bones*〔くだけた表現〕《米》直感的に確信がある. *have a bone to pick*〔くだけた表現〕けんかの種がある、不満がある《★一本とっつき合う骨、つまりけんかの種をいう》: I *have a bone to pick* with you. お前に文句をいいたいことがある. *make no bones about ...*〔くだけた表現〕隠し気がない、率直である、やぶさかでない. *near [close] to the bone*〔くだけた表現〕発言などが痛いところを突いて、冗談などがわいせつな、きわどい. *the bare bones*〔くだけた表現〕要点、本質. *to the bone*〔くだけた表現〕完全に、すっかり、全く: I was chilled *to the bone*. 骨まで凍るほどだった.
【派生語】bóned 形 骨をとり去った: *boned* fish 骨を抜いた魚. -bóned 連結 …の骨格をした. bóneless 形. bóny 形.
【複合語】bóne-drý 陽にさらされた骨のようにすっかり乾いた; 州などが酒類を厳禁している. bóne chína 名 U 燐酸カルシウムや骨灰を加えた白ねん土で作った半透明の磁器、ボーンチャイナ. bónehèad 名 C〔俗語〕がんこ者、ばか者. bóne-ídle 形〔くだけた語〕ひどく怠惰な. bónesètter 名 C 骨つぎ師、接骨医《★医師の資格のない場合が多い》.

bon·fire /bánfàiər|bɔn-/ 名 C 祝い事や遊びなどの戸外の**大かがり火**、たき火.
[語源] 本来 bone fire として火葬用のまきの山を表したが、つづりが変化した. 中英語から.

bo·ni·to /bəníːtou/ 名 C 〔魚〕かつお.

bon·net /bánit/ 名 C〔一般語〕あごの下でリボンを結ぶ婦人や子供、幼児用の帽子、ボンネット. [その他] スコットランドで少年や男性、兵士がかぶる縁なしの**平たい帽子**、《英》車の**フード**《《米》hood》. 煙突やストーブの**通風帽**.
[語源] ゲルマン語起源と思われる古フランス語 *bonet* (=hat) が中英語に入った.

bon·ny, bon·nie /báni|bɔ́ni/ 形〔やや文語的〕〔一般語〕《主にスコットランド・英方言》赤ん坊が丸々と太ってほほが桜色でかわいい. [その他]《スコットランド・英方言》女性が美人で**魅力的な**、一般的に**陽気な、感じが良い、腕前が良い**.
[語源] ラテン語 *bonus* (=good) に由来する古フランス語 *bon* が初期近代英語に入った.
【派生語】bónnily 副. bónniness 名 U.

bo·nus /bóunəs/ 名 C〔一般語〕サラリーに追加して支払われる特別給与金、ボーナス. [その他] 広く一定の額以上にもらえるもの、〔くだけた語〕期待されていたものにさらに加わった良いことや嬉しいこと、《米》政府から帰還兵・退役軍人に支払われる**支給金**、《英》保険契約者や株主に対する**配当金**、〔俗語〕わろく.
[語源] ラテン語 *bonus* (=good) が18世紀に入った.
[用例] a Christmas *bonus* クリスマス特別給付金/ The extra two days holiday was a real *bonus*. さらに2日の休みというのは本当にもうけものだった.

bon voy·age /bɔ̀ːn vwɑːjáːʒ/ 感 道中ご無事で! ごきげんよう!《★本来 good journey を表すフランス語で、旅に出る者に対しての別れの言葉として用いられる》.
[語源] フランス語から初期近代英語に入った.

boo /búː/ 感 名 C 動 [本来他]〔くだけた語〕反対や非難、驚きを表す音、ブー(を出す).
[語源] 擬音語. 19世紀より.
[用例] The crowd *booed* (him). 群衆は(彼に対して)非難の声をあげた.
【慣用句】*would not say boo to a goose*〔くだけた表現〕非常に臆病である.

boob /búːb/ 名 C 動 [本来自]〔くだけた語〕《英》へまな失敗(をする).
[語源] booby からの逆成による.

boo·by /búːbi/ 名 C〔くだけた語〕〔一般語〕**ばか者**. [その他] ゲームなどでビリの者. 〔鳥〕熱帯地方の海鳥、かつおどり.
[語源] ラテン語 *balbus* (どもりの) に由来するスペイン語 *bobo* (=fool) が変形して初期近代英語に入った.
【複合語】bóoby hátch 〔俗語〕《米》**精神病院**. bóoby prize 《米》試合などでビリの者に冗談まじりで贈られる賞、ブービー賞. bóoby tràp 仕掛け爆弾、落とし穴などのいたずら.

book /búk/ 名 C 動 [本来他] 〔一般語〕〔一般語〕**本、書物、単行本、著作**. [その他] 広くひとつづりの紙に表紙のついたものや本などに類似したもの、白紙またはカードなどの印刷された**帳簿**、《複数形で》そこに記入された内容やビジネス等の記録、《the B-》**聖書**(the Bible)、競馬などの**賭け帳、電話帳**、劇の**台本**、ブリッジの一そろい6枚の**カード**、マッチや切符などの一つづり、**冊**. 動 として、帳面などに**記入する、記録する**、部屋、切符などを**予約する**.
[語源] 本来「ぶなの木」(beech) を意味する古英語 bōc から. ぶなの木の皮を紙代りにして文字などを記したところから.
[用例] Where is my exercise *book*? ぼくの練習帳はどこ/a *book* of matches [stamps] ブック型のマッチ[切手帳]/Ask me anything about this author. He is an open *book* to me. この著者のことなら何でも聞いてよ. ぼくくわしいんだ 〔語法〕 無知のことや人、苦手なことは a closed *book*)/He was *booked* for speeding. 彼はスピード違反で警察の記録簿に載ってしまった/All the rooms are *booked up*. 部屋はすべて予約済みで満員です.
[類義語] book; magazine; journal: **book** は最も基本的であって広く書物を表す. 日本語でいう「単行本」は book である. **magazine** は様々な内容の読み物や記事を集めた定期刊行物を表し、**journal** はそのうちでも特に学術的・専門的雑誌を表す. magazine や journal は book には含まれない.
[関連語] hardback; hard-cover book; paperback.
【慣用句】*bring … to book*〔くだけた表現〕…に弁明を強制する. *by [according to] the book*〔くだけた表現〕規制や慣習の通りに: You can't raise your children *by the book*. 子供をきまったやり方で育てるなんてことは無理だ. *close the book* 帳簿を締め切る、捜査などを終らせる、募集を締め切る. *cook the books*〔くだけた表現〕帳簿の内容を修正して会社などのお金を横領する. *in one's book*〔くだけた表現〕…の意見では:

In my book he is a creep. ぼくはあいつは人間のくずだと思っている。 *in* [*into*] *one's good books* 〔くだけた表現〕気に入られて, 好意から。 *in* [*into*] *one's bad* [*black*] *books* 〔くだけた表現〕嫌われて, 目をつけられて: I must have gotten *into her bad* [*black*] *books* by blowing today's test. 今日のテストができなかったから, ぼくは彼女にもうだめだと思われたに違いない。 *in the book* 〔くだけた表現〕《米》あることに関してありとあらゆる: The child knows every bug *in the book*. その子供は虫のことなら何でも知っている。 *keep the books* 記録する, 帳簿をつける。 *know like a book* 〔くだけた表現〕よく知っている。 *make book* 〔俗語〕《米》賭けに加わる。 *one for the books* 〔くだけた表現〕大きなショック, 非常に驚くこと。 *on* [*off*] *the books* 〔くだけた表現〕メンバーとして登録されている[いない], 記録に載っている[いない]。 *read … like a book* 〔くだけた表現〕…の人が何から何までよく分る。 *suit …'s book* 〔くだけた表現〕…にとって都合が良い, 気に入る（★賭け元が自分の損にならないように帳面と相談して賭けることより）。 *throw the book at …* 〔俗語〕《米》できる限りの極刑にふす（★犯罪の記録簿を投げつけて記載されている罰をすべてその者のせいにするところから）。 *without book* 〔くだけた表現〕暗記して, 典拠もなしに。

【派生語】bóokable 形 予約可能の。 bóoking 名 UC 帳簿記入, 出札,《英》予約: booking office 切符売場（《米》ticket office）。 bóokish 形 本の好きな, 本に関わりのある, 文語的な, 堅苦しい。 bóoklet 小冊子, パンフレット。

【複合語】bóokbìnder 名 C 製本屋。 bóokbìnding 名 U。 bóokbìndery 名 CU。 bóokcàse 名 C 本箱。 bóokènd 名 C ブックエンド。 bóokjàcket 名 C 本のカバー(dust jacket)。 bóokkèeper 名 C 簿記係。 bóokkèeping 名 U 簿記。 book-léarned 形 C bóok léarning 名 U 実地経験に対する机上の学問(formal education)。 bóoklèt 名 C (薄い)小冊子, ブックレット。 bóoklòre 名 U 本による知識。 bóokmàker 名 C 本の編集者, 出版者, 賭け元, のみ屋。 bóokman 名 C 学者肌の人, 出版・販売などに関わりのある職業の人。 bóokmàrk 名 C しおり。 bóok mátches 名《複》《米》ブック型のマッチ。 bóok mobìle 名 C《米》移動図書館。 bóokràck 名 C 本棚, 書見台。 bóok revíew 名 C 書評。 bóoksèller 名 C 書店の所有者や経営者。 bóokshèlf 名 C 本棚。 bóokshòp 名 C《英》書店(《米》bookstore)。 bóokstàck 名 C《米》図書館などの一連の書棚。 bóokstàll 名 C 街頭かの新聞・雑誌の売店(《米》newsstand; news kiosk;《英》newsstall)。 bóokstànd 名 C 書見台。 bóokstòre 名 C 本屋(《英》bookshop)。 bóok tóken 名 C 図書券。 bóokvàlue 名 U 資産から負債を差し引いた正味の価値。 bóokwòrk 名 U =bookleaning。 bóokwòrm 名 C 読書狂, 本好きの人; 本につく虫, しみ。

boom¹ /búːm/ 名 C 動 本来自 〔一般語〕深く響くボーンという音(を出す), 雷や大砲, 食用がえるなどの出す音。
[語源] 本来擬音語で中英語 bomber から。
[用例] His voice *boomed* out over the loudspeaker. 彼の声が拡声器にのって響いてきた。

boom² /búːm/ 動 本来自 名 C 〔一般語〕重要性, 活気などが急に増す, ビジネスなどが急成長する, 急に人気が出る[繁栄する], ブームになる。名 としてにわか景気, 急激な人気, ブーム。
[語源] ⇒boom¹。
[用例] Business is *booming* this week. 今週は景気が急によくなった。
【複合語】bóom tòwn 名 C にわか景気にわく町。

boom³ /búːm/ 名 C 動 本来自〔海〕帆船の帆げた, 荷を上げ下げする起重機の腕木,〔映・テレビ〕カメラやマイクの移動装置,〔製材〕《米》川などで木材の流失を防いだり船が入りこまないための防材, いかだ, バリヤー。動 として, 船が最高速度で進む,《米》超スピードで走る。他 として, 帆をブームで張る, 川に防材を置く, 起重機でつり上げる。
[語源] オランダ語 boom (= tree; pole) が初期近代英語に入った。beam と同語源と思われる。
【慣用句】*lower the boom on …*〔くだけた表現〕《米》…を急に猛烈に攻撃する, やっつける, 罰する。

boom·er·ang /búːməræŋ/ 名 C 動 本来自〔一般語〕一般語 オーストラリア原住民の用いる狩猟用のカーブした棒で, 投げるともとへ戻ってくるブーメラン。その他 言い出した人に戻ってくる非難, やぶへび, 高さが自由になる照明台。動 としてもとへ戻って来る, やぶへび[身から出た錆]になる。
[語源] オーストラリア原住民の言葉が19世紀に入った。
[用例] His evil plot *boomeranged* on him. 彼の腹黒い陰謀はかえって彼を窮地に陥れた(彼自身にとばっちりがきた)。
【類義語】⇒backfire。

boor /búər/ 名 C 〔軽蔑的な語〕無礼な無骨者。
[語源] 古英語 gebur (= peasant) から。
【類義語】rude。
【派生語】bóorish 形。

boost /búːst/ 動 本来他 名 C 〔一般語〕一般語 増加する, 増強する, 増進する。その他 本来後ろや下から押し上げる, 突き上げるの意。それから比喩的に「増加, 増強する」の意となり, 給料などを増額する, 電気量や水力を上げる, 志気を向上させる, 景気づける, 計画を促進する, 人やものごとを後援する, 褒め上げる,〔俗語〕"さくら"になって販売の値をつり上げる。名 として〔通例 a ~〕増加, 増進, 促進, 景気づけ, 後援, 押し上げるもの, 盛り上げるもの。
[語源] boom + hoist の混成語。19世紀より。
[用例] We've *boosted* the sales figures. 我々は売り上げ高を増加した。
【派生語】bóoster 名 C 熱烈な支持者,〔俗語〕"さくら",〔電〕昇圧器,〔ラジオ・テレビ〕増幅器,《米》免疫を維持するための第二次予防注射(booster shot; booster injection): That was a real morale *booster* for me. あれのお陰でぼくはやる気が出た/a *booster* against polio ポリオの第二次ワクチン投与。
【複合語】bóoster ròcket 名 C 多段式ロケットの第一段目, ブースターロケット。

boot /búːt/ 名 本来他〔一般語〕一般語《通例複数形で》くるぶしより上までくる靴, ブーツ。その他 足を保護するための皮や布, ゴム製のはきものを広く指す。靴の上に重ねるつかパー, 馬の足のカバー, 機械や装置のカバー, 駐車違反車に付ける車輪ロック,《英》車のトランク(《米》trunk); (a ~) けること, けり, けることの連想から〔俗語〕(the ~) 解雇, 絶交;《米》新兵。動 として靴をはかせる, ける,〔野〕ゴロをとり損なう,〔俗語〕会社をくびに

する, 友人と絶交する, 人をけなす, 機会をふいにする, 駐車違反車に**車輪止めを付ける**, 《コンピューター》コンピューターを起動する.
[語源] 古フランス語 bote (=boot) が中英語に入った.
[用例] He got *the boot* for always being late. 彼はいつも遅刻するのでくびになった.
[類義語] shoe.
【慣用句】*die with one's boots on* [*in one's boots*] 仕事中に死ぬ, 殉職する. *have one's heart in one's boots* 〔くだけた表現〕恐れている. *lick the boots of ...*〔くだけた表現〕…に従う, へつらう. *put the boot in* 〔俗語〕〔英〕すでに参っている者を不公正にもさらに攻撃する, しつこく嫌がらせをする, 問題をこじらせる. *the boot is on the other foot* 〔くだけた表現〕状況が正反対になった, 形勢が逆転した. *too big for one's boots*〔くだけた表現〕高慢ちきである, うぬぼれている.
【派生語】**bóotee** 名 C 〔くだけた語〕〔通例複数形で〕短いブーツ, 軽い靴カバー, 乳幼児用の布や毛糸で作った柔らかい靴. **bóots** 名〔複; 単数扱い〕〔くだけた語〕ホテルなどの靴磨き係.
【複合語】**bóot láce** 名 C ブーツ用の強い靴ひも. **bóotlèg** 動 [本来他] 〔俗語〕〔米〕ブーツの中に隠すことから**酒類を密造[密売]する**, 《アメフト》ボールを隠して運ぶ. 形 名 UC 密造[密造, 密売]の(酒類). **bóotlègger** 名 C 酒の密造[密売]業者. **bóotlick** 動 [本来他]〔くだけた表現〕〔米〕へつらう. **bóotlicker** 名 C.
booth /búːθ|búːð/ 名 C 〔一般語〕一般に**仕切り席**, 投票所の**仕切り**(polling booth), 公衆電話ボックス(telephonebooth), LL 教室のブース, 市場や縁日などの**屋台**, 街の切符販売所, 《米》安いレストランなどの背付きのベンチ風腰かけと長テーブルの付いた席.
[語源] 古ノルド語 *buth* (小屋)が中英語に入った.
boot·less /búːtlis/ 形 〔文語〕**益の無い**.
[語源] 古英語 *bōt* (=remedy) +-less.
booze /búːz/ 動 [本来自] 名〔俗語〕**大酒を飲む**, としては U 酒.
[語源] 中期オランダ語 *busen* (= to drink) が中英語に入った.
【慣用句】*be on the booze* 大酒を飲んでいる.
【派生語】**bóozer** 名 C 大酒飲み. **bóozy** 形 酒びたりの.
bor·der /bɔ́ːrdər/ 名 C 動 [本来他] 〔一般語〕[一般義] 国境などの**境界**, 《the B-》スコットランドとイングランドの**境界辺り**. [その他] ふち, 端, へり, ハンカチの**縁飾り**, 庭などで縁に並べた花や低木. 動 として…と境を接する, …に面する, …にへりを付ける, …を縁どる, 自 として境を接する 〈on; upon〉, …に近い〈on; upon〉.
[語源] ゲルマン語 *bord* (=edge) に由来する古フランス語 *border* (= to border) から派生した *bordure* が中英語に入った.
[用例] a *border* patrol 国境パトロール/a flower *border* 花の縁取り/a *border* town 国境の町.
[類義語] ⇒boundary.
【複合語】**bórderlànd** 名 C 境となる辺り, **辺境地帯**, 比喩的にどちらともはっきりきめられない状態. **bórderline** C 境界線, どっちつかずの状態. 形 かろうじて受け入れられる程度の, 疑わしい:He was on the *borderline* between passing and failing. 彼は合否のボーダーラインにいた/a *borderline* case どっちつかずの事件.
bore¹ /bɔ́ːr/ 動 [本来他] 名 C 〔一般語〕つまらない話や

単調さのためにうんざりさせる. 名 として, うんざりさせる人[物].
[語源] 不詳.
[用例] He *bores* everyone with stories about his travels. 彼は旅行の話をしてみんなをうんざりさせる/bore ... to death [tears] ひどく退屈させる/It's a *bore* to have to go out again. また出かけなきゃいけないなんていやになっちゃうな.
【慣用句】*bore ... to death* …をひどく退屈させる.
【派生語】**bóredom** 名 U. **bóring** 形.
bore² /bɔ́ːr/ 動 [本来他] 名 C 〔一般語〕錐(きり)などで**穴をあける**, 井戸, トンネルなどを**掘る**, 《競馬》馬が他の馬を押しのける, 自 として穴をあける, 穴があく, ボーリングをする. 名 としてはあけた穴, 試掘の穴.
[語源] 古英語 *borian* (= to pierce) から.
boring ⇒bore¹.
born /bɔ́ːrn/ 動 [本来他] 形 bear の過去分詞. 形 として, 才能や性質が**生れついての**, 生れながら, 天性の.
[用例] She is a *born* singer. 彼女は生れついての歌手だ/He was *born* French, and then his family moved to England. 彼はフランス生れだがその後家族でイギリスへ移したのだ.
【慣用句】*be born of ...* 物事が…に**由来する**: His ambition to be a doctor *was born of* his little brother's death. 医者になりたいという彼の望みは弟の死に起因する. *be born yesterday* 〔くだけた表現〕生れたばかりのように無知でだまされやすい. *born and bred* ある土地で生れ育った, 生粋の〔★土地柄が性格形成に影響を及ぼしていることを表す〕: She was *born and bred* in Paris. 彼女は生粋のパリっ子だ. *born before one's time* 時代を先取りしすぎていて**現代では理解されない**. *in all one's born days* 〔古めかしいくだけた表現〕今まで. *There is one born every minute.* 〔ことわざ〕いつの世にもだまされやすい[だまされやすい]者がいるものだ.
【複合語】**bórn-agáin** 形 **生れ変った**, 更生した, 《キ教》福音主義の信仰に目ざめた: a *born-again* Christian 新生キリスト教徒, 信念の強い人.
borne /bɔ́ːrn/ 動 bear の過去分詞.
bor·ough /bə́ːrou, -rə|bʌ́rə/ 名 C 〔形式ばった語〕《米》自治を行なう**町**, ニューヨーク市の 5 つの行政区. 本来は 《英》勅許状によって特権を与えられた**自治都市**, 現在では国会に 1 人以上下院議員を送出できる市, ロンドンと合せて Greater London (大ロンドン) を成す 32 の行政区.
[語源] 古英語 *burg* (=fortified town) から.
bor·row /bɔ́rou, bə́ːr-|bɔ́r-/ 動 [本来他] 〔一般語〕[一般義] **借りる**, 借用する. [その他]「返す」という観念が失われ, 理論などをとり入れる, 言葉を外来語としてとり入れる, 算数の引き算で, 上の桁から借りきて下の桁の計算にあてる.
[語源] 古英語 *borgian* (借りる; 貸す) から.
[用例] Can I *borrow* your bicycle? 自転車を借りてもいいですか/English *borrows* words from French. 英語はフランス語から語を借用する.
[類義語] borrow; rent; lease: **borrow** がごく一般的な語で, 友達や知り合いの間のやり取りをも含めて, 無料で借りることを意味するのに対し, 契約により期間を定めて有料で借りるのが **rent** である. **lease** は不動産, 大型機械などを有料で借りること. なお, rent と lease は「有料で貸す」意にもなる.

対照語 lend.

日英比較 borrow は物のやり取りが意味の重要な要素であるため、「トイレを借りる」「場所を借りる」などの場合には borrow は用いず use などを用いる。また、日本語では有料で借りるのも無料で借りるのも区別ない「借りる」であるが、英語では無料で借りるは borrow, 有料の場合は rent と明らかに区別する。

【慣用句】*live on borrowed time* 思いがけず長生きする、死期の近い病人などが何とか生き長らえている。

【派生語】**bórrower** 名 C. **bórrowing** 名 U.

bos·om /búzəm/ 名 C 形〔やや形式ばった語〕一般義 人間、特に女性の胸、その他〔文語〕感情が宿るところ、心、衣服の胸の部分。形 として愛する、親しい。

語源 古英語 bōsm から。

用例 a *bosom* friend 親友/Pity stirred within his *bosom*. 彼の心に哀れみの気持がおこった。

【慣用句】*in the bosom of* … …と親交を結びながら、…のふところに抱かれて: All his life he has lived *in the bosom of* his family. 生れてこのかた彼はずっと家族に囲まれて暮してきた。

【派生語】-**bósomed** 連結 …の胸をした. **bósomy** 形〔くだけた語〕胸の大きな。

boss /bɔ́:s, bɑ́s|bɔ́s/ 名 C 動 本来他 形〔くだけた語〕一般義〔米〕雇い主や支配人など仕事の上で権限のある人、上役、上役。その他〔一般に責任者、監督する立場の人、政治団体を動かす政治屋 (political boss). 動 として長として行動する、あれこれ指図がましく命令する。形 として〔俗語〕すばらしい、ピカ一の。

語源 オランダ語 baas (=master) が初期近代英語に入った。

用例 Father is definitely the *boss* in my family. うちの父さんが断然えらい/Stop *bossing* everyone about. 誰にでも指図がましくするのはよしなさい。

類義語 chief.

【派生語】**bóssism** 名 U 親分的支配、ボス政治. **bóssy** 形〔軽蔑的〕おしつけがましい、いばりちらす。

botanic, -cal ⇒botany.

botanist ⇒botany.

botanize ⇒botany.

bot·a·ny /bátəni|bɔ́t-/ 名 UC〔形式ばった語〕一般義 植物の研究、植物学。その他 ある地域の植物（の生態）。

語源 botanical からの逆成で初期近代英語から. botanical はギリシャ語 *boskein*（草を食べさせる）から派生した *botanē*（植物、草木）の 形 *botanikos*（植物に関連のある）がラテン語 *batanicus* を経て初期近代英語に入った。

対照語 zoology.

【派生語】**botánic, botánical** 形 植物の、植物学の: **botanical garden(s)** 植物園. **bótanist** 名 C. **bótanize** 動 本来自 植物学の研究のため植物を採集する、植物を実地研究する。他 ある場所の植生を研究する。

botch /bátʃ|bɔ́tʃ/ 動 本来他 名 C〔くだけた語〕下手なつぎ当てやへまな修理をして台なしにしてしまう、仕事や演技などでへまをする (up). 名 として下手際、へま。

語源 不詳、中英語から。

用例 He really *botched* the job. 彼は全く不細工なことをした/He made a *botch* of mending the table. 彼はテーブルを修理するはずが滅茶苦茶にしてしまった。

派生語 **bótcher** 名 C. **bótchy** 形。

both /bóuθ/ 代 形 接 副 〔一般語〕ひとまとめの概念としての二者(の)、二つあるうちの両者(の)、両方(の)（語法 通常 and と共起する）。

語源 古ノルド語 *bathir*（=both）が中英語に入った。

用例 *Both* (men) are dead. (=The men are *both* dead). その男たちは二人とも死んだ/She has been successful *both* as a novelist and as a playwright. 彼女は小説家としても劇作家としても成功している/He's been to *both* France and Italy. 彼はフランスとイタリアのどちらも行ったことがある。

語法 ❶ 意味の上では重複することになるが実際上 equally, as well, alike, together などと共起することが多い。❷ not both は「両方が…というわけではない」という部分否定となる。全部否定は neither または not either.

関連語 either; neither.

both·er /báðər|bɔ́ð-/ 動 本来他 名 UC 感 〔一般語〕一般義 悩ます、困らせる、うるさがらせる、迷惑をかける。その他 面倒でもわざわざ…する、苦にする、悩む. 名 として、心配している状態、面倒、苦労、悩み、悩みの種となっている人やもの. 感 として《英》〔やや軽蔑的〕軽い困惑の叫び、うるさい。

語源 不詳. 18 世紀から。

用例 They say raw fish tastes good, but the idea *bothers* me. 刺身(生の魚)はうまいと聞くが考えると気持悪い/Don't *bother* to write—it isn't necessary. わざわざ手紙をくれなくても結構、必要ないから/Don't *bother* (if you're busy). (忙しいのなら)気にしないで/What a *bother* all this is! やれやれこれは面倒なことだ。

類義語 bother; annoy; vex: **bother** はちょっとした心の乱れ、軽いとまどいや面倒を表す. **annoy** は嫌なことに耐えねばならないことを表し、これも bother と同様悩みの程度が軽く、一時的なものである場合が多い. **vex** はこれより深刻にいらいらさせることを表す。

【慣用句】*bother oneself [one's head] about* … …を心配する. *cannot be bothered*〔くだけた表現〕わざわざしたくない: I *cannot be bothered* to do the laundry today. 今日は洗濯なんかしたくない。

【派生語】**bóthersome** 形 うるさい、面倒な。

bot·tle /bátl|bɔ́tl/ 名 C 動 本来他〔一般語〕一般義 ガラスや陶器、プラスチックなどでできたびん. その他 びん、びん一本分の量、《the ~》酒、《英》〔くだけた語〕勇気、度胸. 動 としてびんに入れる、ガスなどを圧縮して携帯用タンクなどに詰める, 〔俗語〕割れたびんの先を突きつけて人にけがをさせる。

語源 後期ラテン語 *buttis*（小ぶりの桶、たる）から派生した中世ラテン語 *butticula*（びん）が古フランス語 *boteille* を経て中英語に入った。

関連語 box; can; container.

【慣用句】*bottle up* 強い感情を抑えつける、〔くだけた表現〕敵などを閉じこめる: It does you no good to your mental health to *bottle up* your feelings. 感情をためこむのは精神衛生に悪い. *hit the bottle*〔俗語〕《米》酒を大量に飲む. *on the bottle*〔くだけた表現〕大量の飲酒を常としている。

【派生語】**bóttled** 形 びんに入った、びん詰めされた. **bóttleful** 名 C びん1本の量. **bóttler** 名 C びん詰めをする人〔装置、会社〕。

【複合語】**bóttle báby** 名 C〔俗語〕人工栄養育ちの

赤ん坊. **bóttle clùb** 名 C. 《米》キープしてある自分のボトルから酒を飲むクラブで,禁酒の法律や定められた閉店時間に違反して飲む場所. **bóttle-fèd** 形 《本来他》人工栄養育ちの. **bóttle-fèed** 動 《本来他》赤ん坊を粉ミルクなど人工栄養で育てる(⇒breastfeed). **bóttlenèck** 名 C びんの首,交通が渋滞する細い道やせまい場所,ものごとが滞る箇所. 動 《本来他》進行を妨げる. **bóttle wàsher** 名 C びん洗い係[機]; 〔くだけた表現〕召使い,下男,下女,雑用係.

bot·tom /bátəm | bɔ́t-/ 名 C|U 形 動 《本来他》〔一般語〕[一般義] ものの最も低い部分,底. [その他] 他のものの下敷きになったり土台になる部分,椅子の台座,〔くだけた語〕腰をおろすということから,人のしり. また一般的に低い所や深い所, 遠い所を表し, 路地の内奥部での突き, 《複数形で》パジャマなどと上下揃いの服の下の部分, 〔野〕各回の裏. 形 として底の,最下位の,最低の,根本的な, 水底に住む. 動 として,いすなどに座部を付ける,議論・理論などの真相を究める,理論などを...に基づかせる.

[語源] 古英語 botm (地面, 土) から.

[用例] *bottom* prices 底値/It's on the *bottom* shelf. 一番下の棚にあるよ.

[対照語] top.

【慣用句】**at bottom** 基本的には, 外見と違って実際は: At *bottom*, he's really a very shy person. 心底では彼はとても内気な人です. **be at the bottom of** ... 《軽蔑的》(...)の真の原因である: Who's at the *bottom of* these nasty rumors? 誰がこの意地の悪いうわさの張本人なのだろう. **bottom out** 《米》値が下がったりしてもうゼロになる, 最下点に達する. **bottom up** さかさまに. **Bottoms up!** 〔くだけた表現〕飲み干せ! 乾杯! **get to the bottom of** ... の真実を突き止める. **knock the bottom out of** ... やっつける, 根底から覆す: The newly discovered fact *knocked the bottom out of* the theory. 新たに発見された事実が理論を根底から覆した. **start at the bottom of the ladder** 〔くだけた表現〕どん底からスタートする, 裸一貫から始める.

【派生語】**bóttomless** 形 底[下]の部分がない, とても深い, 無尽蔵の. **bóttommòst** 形 最低の, 最も基本的な.

【複合語】**bóttom dráwer** 名 C 〔古風な語〕《英》最下段の引き出しということで, 若い女性が結婚を夢見てシーツ・テーブルクロスの類やナイフ・フォーク類を集めてとっておく容れ物(《米》hope chest). **bóttom géar** 名 U 《英》車の最低速ギア. **bóttom líne** 名 C 《米》最終的な収益額; 受け入れられる最低限; 結論.

bough /baʊ/ 名 C 〔やや形式ばった語〕木の大枝.

[語源] 古英語 bōg, bōh (=shoulder; arm; bough) から.

[類義語] ⇒branch.

bouil·la·baisse /bùːljəbéis/ 名 C 〔一般語〕魚介と野菜のリッチなスープで, サフランなどの香料をきかせたブイヤベース.

[語源] 19世紀にフランス語より入った. 本来「煮込む」の意味.

[関連語] chowder.

bouil·lon /búljɑn | búːjɔːŋ/ 名 U 〔一般語〕牛肉でだしをとった澄んだスープ, ブイヨン.

[語源] フランス語 *bouillir* (=to boil) から派生した *bouillon* が17世紀に入った.

[類義語] bouillon; consommé; potage: **bouillon** は牛肉で作ることが多い. **consommé** は鶏肉など肉類と野菜で作った澄んだスープ. **potage** はどろっとしたスープ.

【複合語】**bóuillon cùbe** 固形スープの素.

boul·der /bóʊldər/ 名 C 〔形式ばった語〕水にさらされたりして月日の経つうちに角がとれた大きな岩, 建築用の丸石.

[語源] 古ノルド語から中英語に入った. boulder stone の短縮形.

boul·e·vard /búl(ə)lvɑ̀ːrd/ 名 C 〔一般語〕並木などできれいに飾られた大通りや遊歩道《語法》... Boulevard として通りの名称によく用いられる).

[語源] ゲルマン語起源のフランス語が18世紀に入った. 本来は城壁の上の平らな部分を使った遊歩道の意.

[類義語] ⇒street.

【派生語】**bòulevardíer** 名 C パリの大通りをよく歩くファッショナブルな人.

bounce /báʊns/ 動 《本来自》名 C|U 〔一般語〕[一般義] ボールなどがかたい表面や地面にあたってはね返る, 弾む. [その他] 弾むことから, 人が嬉しさなどで突然はげしく跳び上る, とび出る, はね返って戻ってくることから, 小切手が不払いになって戻る. 他 として, 球を弾ませる, はね返らせる, バウンドさせる, 人を跳び上らせる, 赤ん坊などをはずませ, 不払いになるような小切手を切る, 〔俗語〕《米》急にある場所から追い払う, くびにする. 名 としてはね返り, バウンド, 弾力性, 〔くだけた語〕《英》弾むような元気のよさ, バイタリティー, 〔俗語〕《米》解雇.

[語源] 中英語から. それ以前は不詳. 本来擬音語と思われる.

[用例] She was *bouncing* up and down with excitement. 彼女は興奮して跳びはねていた/She suddenly *bounced* out of the room. 彼女は突然部屋からとび出て行った/The check I wrote may *bounce*. ぼくの出した小切手は不渡りになるかも/With one *bounce* the ball went over the net. ボールは一度弾んでネットを跳び越えた/She has a lot of *bounce*. 彼女には活力がある.

[類義語] bounce; bound; rebound; spring: **bounce** は何度も続けて弾むことやその場で跳びはねることを表す. **bound** はぴょんぴょんと跳んで前へ進むことを表し, spring よりも力強い感じを伴う. **rebound** は bounce の一般義と同義で, 跳ね返ることを表すやや形式ばった語. **spring** ははねのように弾む一回の動作を表す.

[関連語] skip; jump; leap.

【慣用句】**bounce back** 〔くだけた表現〕《米》すぐに力や元気, 明るさなどを取り戻す, 衝撃から立ち直る. **give [get] the bounce** 〔俗語〕《米》仕事をくびにする[なる]: The company *gave* him *the bounce*. 会社は彼をくびにした.

【派生語】**bóuncer** 名 C はね返るもの, 〔野〕ゴロ, 〔俗語〕ナイトクラブなどのやっかいな客などを追い払う用心棒. **bóuncing** 形 健康で元気のいい: a *bouncing* baby 元気な赤ちゃん. **bóuncy** 形 よく弾む, 元気のいい.

bound¹ /báʊnd/ 動 《本来他》形 〔一般語〕bind の過去形・過去分詞. 形 として縛られている, くくられている, 比喩的に絆に拘束されている, 義務がある, 強い結束[関連]のある. 強い見込みを表して, ...するに決まっている, きっと...する. くくられていることから, 製本してある, 便秘

しているという意ともなる.

[用例] I felt *bound* to mention it. そのことに触れなきゃいけないという気持ちだった.

【慣用句】**be bound to do** …きっと…する, 必ず…するはずである. ***bound hand and foot*** 動きがとれない, にっちもさっちもいかない. ***bound up in*** …に没頭[熱中]している, …で大忙しである. ***bound up with*** … …と密接に関わり合っている. *I'll be bound!* 〔くだけた表現〕絶対だ, 自信がある.

bound² /báund/ 動本来自 名 C 〔一般語〕〔一般語〕跳びはねて進む. [その他]「跳びはねる」という部分が強調されて, かたい表面に当たってはね返る(bounce), 心臓がどきっとする. 名 として弾み, はね返り, バウンド.
[語源] ラテン語 *bombus* (ぶーんという音)に由来する古フランス語 *bondir* (こだまを返す, 跳ぶ)が初期近代英語に入った.
[用例] The dog *bounded* over eagerly to where I was sitting. 犬は私のすわっている所まで懸命に駆けてきた.
[類義語] ⇒bounce.
【慣用句】**by leaps and bounds** ぴょんぴょんと不規則な跳び方で跳んで, とんとん拍子に.

bound³ /báund/ 形 〔一般語〕…行きの, …へ行く途中の, 行くつもりの(for).
[語源] 古ノルド語 *bua* (=to prepare)の過去分詞 *buinn* が中英語に boun (=ready)として入ったが, その後-d が語尾に加わった.
[用例] She is *bound for* college. 彼女は大学進学を志している.

bound⁴ /báund/ 名 C 動本来他 〔やや形式ばった語〕〔一般語〕《複数形》限界, 限界. [その他]《複数形》境界線近くの地域, 境界線で囲まれた地域. 動 として (しばしば受身で)境界を設ける. 他 …と境を接している(on).
[語源] 中世ラテン語 *bodina* (=boundary)が古フランス語を経て中英語に入った.
[用例] Japan is *bounded* by water on every side. 日本は四方を海に囲まれている/The State of Ohio *bounds on* the State of Indiana. オハイオ州はインディアナ州と境を接している.
[類義語] limit.
【慣用句】***go beyond [step outside] the bounds*** …の範囲を越える. ***know no bounds*** 怒りや悲しみ, 喜びなどの感情が非常に激しい: When his son left him, his disappointment *knew no bounds*. 彼の息子が彼のもとを去ったとき彼の落胆は大変なものだった. ***out of bounds*** 境界線の向こう側にある, 届かない, 禁じられている: The cinema was *out of bounds* for the boys from the boarding school. 寄宿制学校の少年たちに映画はご法度だった.
【派生語】**bóundless** 形 広い, 際限のない, 尽きることのない. **bóundlessly** 副.

-bound /báund/ 形 〔一般語〕〔複合語の第 2 要素として〕…に支配されている, …のため動きがとれない(★bound¹ より), …行きの(★bound³ より).
[用例] be job-*bound* [bound to job] 仕事一本やりである/a north*bound* train 北行きの列車.

bound·a·ry /báundəri/ 名 C 〔一般語〕境界線または境界の目印となるもの, 目に見えない意識の上での境や想定された境界線. 比喩的に知識や能力の限界.

[語源] *bound*⁴ より派生し, 初期近代英語から.
[用例] the *boundary* between the possible and the impossible 可能と不可能の境.
[類義語] boundary; border: **boundary** は厳密な意味での境界線を意味するのに対し, **border** は山, 川などの地理的条件による境界で, 境界地帯の意にもなる.

bounteous ⇒bounty.
bountiful ⇒bounty.

boun·ty /báunti/ 名 CU 〔形式ばった語〕〔一般語〕有害な動物や犯罪人を捕えたりした場合に政府などが出す**報賞金, 奨励金**. 本来は気前のよいことの意で, 贈り物, 穀物などの**豊作, 多量**.
[語源] ラテン語 *bonus* (=good)の派生形 *bonitas* (=goodness)が古フランス語 *bonté* を経て中英語に入った.
[用例] There's a *bounty* for foxes in some countries. 国によってはきつねに賞金のかかるところがある.
【派生語】**bounteous** 形 ものがたくさんある: *bounteous* gifts たくさんの贈り物. **bounteously** 副. **bounteousness** 名 U. **bountiful** 形 =bounteous. **bountifully** 副. **bountifulness** 名 U.

bou·quet /boukéi, bu:-/ 名 C 〔形式ばった語〕〔一般語〕切り花の**花束, ブーケ**. [その他]花束の美しさや香りから, 耳に快い**賛辞**, ワインやブランデーの**芳香**, 演技や芸術作品の放つほのかな気品.
[語源] ゲルマン語起源と思われる古フランス語 *bosc* (森)の指小語 *boschet* (=little wood)から派生したフランス語 *bouquet* (=bunch)が 18 世紀に入った. bush 関連語から.
[用例] This wine has an excellent *bouquet*. このワインはすばらしい香りがする.
【複合語】**bouquét garní** 名 C スープやシチューに入れるセロリ, ロリエなどの香草の束, ブーケガルニ.

bour·bon /bə́:rbən/ 名 U 形 〔一般語〕《米》ライ麦や麦芽の他にとうもろこしを 50% 以上使用したアメリカ産の蒸留ウイスキー, バーボン.
[語源] 発生の地ケンタッキー州 Bourbon 郡にちなむ. 19 世紀より.

bour·geois /búərʒwɑ:/ 名 C 《複 ~》 形 〔形式ばった語〕〔一般語〕中産階級に属する人, ブルジョア.
[日英比較] 日本語の「ブルジョア」のように「金持ち」という意味はなく, 物質主義的な中産階級を批判的に表す語. [その他]マルクス主義でいう**資本家**, **有産階級**. 形 として中[有]産階級の, 《軽蔑的》保守的な, 趣味が悪い.
[語源] 後期ラテン語 *burgus* (城; とりで)に由来する古フランス語 *burgeis* (市民)が初期近代英語に入った.
[用例] He has a *bourgeois* lifestyle. 彼はブルジョア的な生き方をしている/His taste in furniture is very *bourgeois*. 彼の家具の好みはとても俗物的だ.
[関連語] capitalist.
【派生語】**bourgeoisie** /bùərʒwɑ:zí:/ 名 (the ~) 中産階級(middle class), マルクス主義では, プロレタリアート (proletariat) に対する**資本家階級, ブルジョアジー**.

bout /báut/ 名 C 〔ややくだけた語〕本来は畑を耕す時のように行ったり来たり向きを変えたりするような**一続きの仕事**の意. 現在ではレスリングやボクシングの**一試合**, 一勝負, 病気の**一連の発作**.
[語源] 中英語 bought (=turn) より.
[用例] a boxing *bout* ボクシングの試合/a severe *bout*

of flu ひどいインフルエンザ/a *bout* of fifteen five-minute rounds 1回5分で15ラウンド．

[類義語] spell (ひと続きの期間)．

bou·tique /buːtíːk/ [名] [C] 〔気取った語〕しゃれた高級衣料の専門店，またはデパート内のそのような売り場，ブティック．

[語源] ギリシャ語 *apothēkē* (=storehouse) に由来するフランス語 *boutique* が18世紀に入った．apothecary (薬屋) に関連がある．

bo·vine /bóuvain/ [形] [名] [C] [動] ウシ属の(動物)．一般には《軽蔑的》牛のようにのろまで**鈍感な**, **無神経な**．

[語源] ラテン語 *bos* (=ox; cow) から派生した後期ラテン語 *bovinus* が19世紀に入った．

[類義語] cattle.

[派生語] **bóvinely** [副]．

bow¹ /báu/ [動] [本来自] [名] [C] 〔一般語〕[一般義] 敬意や謝意，同意を示すため**会釈する**，**おじぎをする**．[その他] 圧倒されてぺちゃんこになる，権威に従う，服従する．⑩ 頭を下げる，首やひざなどを曲げる，人を屈伏させる．[名] としておじぎ．

[日英比較] 日本の慣習ではおじぎをするのは日常的だが，欧米ではおじぎは目上の方々の高い人に会うときか，舞台から演奏者などが聴衆に礼をするときなどかなり格式ばったときに限られる．例えば授業の始めなどに起立しておじぎをするなどということは欧米では行なわれない．

[語源] 古英語 *būgan* (体を曲げる) から．

[用例] He *bowed* [made a *bow*] to the ladies. 彼は女性たちにおじぎをした/The trees were *bowed* down with apples. りんごの木々は枝もたわわに実をつけていた/I always *bow* to his opinions. ぼくはいつも彼の意見に従う[を聞き入れる]．

[慣用句] ***bow and scrape*** 〔くだけた表現〕《軽蔑的》目上の人などに極度にうやうやしく頭下った態度を取る (★*scrape* は「片足を後ろへ引きながらおじぎをする」)．***bow down to* …** …におじぎをする，屈服する．***bow out*** きちんとあいさつして格式ばって辞去する．***bow to nobody*** 誰にもひけをとらない: I *bow to nobody* in my loyalty to my country. 国への忠誠心では私は誰にも負けない．***take a bow*** 紹介されたり拍手された時などにおじぎ[会釈]をして応じる．

[派生語] **bówed** [形] 頭(⁻²)をたれた，おじぎをしている: All the while he stood with *bowed* head. 彼はずっと頭を下げたままだった．

bow² /bóu/ [名] [C] [動] [本来自] 〔一般語〕[一般義] 弓．[その他] 弓に似ているもの，バイオリンや弦楽器の弓，はさみの輪の部分，《米》眼鏡のフレームや特に耳の辺りでぐるりと曲がっている部分，曲がりループ状になっているところから，リボンや**蝶ネクタイ**，靴ひもなどの**蝶結び**(bow-knot)．弓の**射手**．[形] として曲がった，**弓なりの**．[動] として，弦楽器を弓でひく，ものを**弓形にたわめる**．⑩ として，弓形に曲がる．

[語源] 古英語 *boga* から．

[用例] Tie your belt in a *bow*. ベルトを蝶結びにしなさい．

[慣用句] ***have more than one string [have two strings] to one's bow*** 〔くだけた表現〕チョイスがあって**選択できる**，人がいろいろな可能性[能力]を持っている．

[派生語] **bówing** [名] [U] 弦楽器の**弓の使い方**，テクニック．

[複合語] **bówknòt** [名] [C] 蝶結び．**bów lègs** 《複》**O 脚**．**bówman** [名] [C] 弓の射手，弓術家．**bówshòt** [名] [C] 〔文語〕射手から的までの距離．**bówstring** [名] [C] 弓の弦(る)，細くて丈夫なもの．**bów tìe** [名] [C] 蝶ネクタイ．**bów wíndow** 弓形張出し窓．

bow³ /báu/ [名] [C] [海] 〔通例複数形で〕**船首**．

[語源] 中オランダ語 *boeg* (=bow; shoulder) が中英語に入った．

[用例] The waves broke over the *bows* of the boat. 波が船首にあたって砕けた．

[反意語] stern.

[慣用句] ***on the port [starboard] bow*** [海] 左舷 [右舷]45度の方向に．

[複合語] **bowline** /bóulin, -làin/ [海] 帆船のはらみ綱，もやい結び (bowline knot)．

bowd·ler·ize /báudləràiz, bóud-/ [本来義] [形] ばった所の〔軽蔑的〕あたりさわりのある台詞を原本から**削除する**，**不穏当な表現をとり去る**．

[語源] 1818年に削除訂正版シェークスピアを出版したイギリス人編集者 Thomas Bowdler(1754-1825) の名から．

[用例] His mother *bowdlerizes* his homework of composition. 彼の母親は彼の作文の宿題を勝手に直してしまう．

[派生語] **bówdlerìsm** [名] [U]．**bòwdlerizátion** [名] [U]．

bow·el /báuəl/ [名] [C] [動] [本来義] 〔一般語〕《通例複数形で》人の**大腸**や**小腸**．[その他] 広く**内臓**を表し，〔形式ばった表現〕**船**や山，地球など事物の**内奥部**．[動] として…のはらわたを取る．

[語源] ラテン語 *botulus* (ソーセージ) の指小語 *botellus* が古フランス語 *bo(u)el; boele* を経て中英語に入った．

[用例] Have the child's *bowels* moved today? その子は今日通じがありましたか．

[慣用句] ***move one's bowels*** 大便を排泄する．***the bowels of the earth*** 地球の奥底．

[複合語] **bówel mòvement** [名] [UC] 便通, 大便．

bow·er /báuər/ [名] [C] [動] 〔文語〕木の枝やぶどう棚などでとり囲まれた**木陰の場所**，〔詩語〕ひなびた小屋，**隠居所**．

[語源] 古英語 *būr* (部屋; 小屋; 住居) から．

[派生語] **bówery** [形] 木陰の多い．

bowl¹ /bóul/ [名] [C] 〔一般語〕[一般義] 丸い**深皿**，**鉢**．[その他] **一杯分の量** (bowlful)．鉢に似た形状のものを広く表し，スプーンのくぼんだ部分，パイプの**火皿**，手洗いの流し，トイレ**ボウル**，地表のくぼみ，《米》**円形劇場**，フットボール競技場，シーズン終了後に毎年好成績チーム間で行われるフットボールの試合(bowl game)．

[語源] 古英語 *bolla* (=cup) から．ball¹ に関連がある．

[派生語] **bówlful** [名] [C]．

bowl² /bóul/ [名] [C] [動] [本来義] 〔一般語〕[一般義] 重くて指の穴のあいたボウリング用のボール．[その他] 《複数形で；単数扱い》**ローンボウリング** (★**芝生** (bowling green) の上で大きい玉を the jack と呼ばれる小さい玉の近くまで転がす競技)，その際に用いる木製で重心の片寄ったいびつな形のボール．[動] として**ボウリングをする**，【クリケット】打者に投球する，〔くだけた語〕車などがスムーズに走る《along》．⑩ ボールを投げて転がす，ボウリングで…点を出す．

[語源] ラテン語 *bulla* (泡, あぶく) が古フランス語 *boule* を経て中英語に入った．

[用例] play *bowls* ボーリングをする/He *bowled* along in his new car. 彼は新車ですいっと走った．

【慣用句】**bowl over** 転がって行ってひき倒す, 打倒する, 〔くだけた表現〕びっくりさせる, ろうばいさせる: His generosity *bowled* me *over*. ぼくは彼の気前の良さに仰天した.
【派生語】**bówler**² 名 © ボウリング[ローンボウリング, クリケット]をする人. **bówling** 名 U ボウリング (★数種ある. 「ボウリング」はアメリカで始まった tenpin bowling). **bówling àlley** 名 © ボウリングのレーン, ボウリング場.

bowl·er¹ /bóulər/ 名 © 〔一般語〕《英》フェルト製でかたく, てっぺんが丸く下細い縁が反っている帽子, 山高帽, ダービーハット(《米》derby).
[語源] 19 世紀のロンドンの帽子屋 Bowler にちなむ.

bowler² ⇒bowl¹

bow·wow /báuwáu/ 名 動 本来自 形 〔くだけた語〕〔一般語〕犬の鳴き声, わんわん. (その他)〔幼児語〕犬 (dog). 動 として, 犬がほえる, 犬のようにほえる. 形 として けたたましい, 独断的でごうまんな.
[語源] 擬音語. 初期近代英語から.

box¹ /báks|bóks/ 名 動 本来他 形 〔一般語〕〔一般義〕木やボール紙など堅いものでできた四角い, ふた付きの容器, 箱. (その他)箱一杯分の量 (boxful). 箱に似たものを広く表し, money box, letter box, telephone box などの複合語として用いられ, 列車の仕切った客室, コンパートメント, 劇場や競技場のボックス席, 法廷の陪審席(jury box), 記者席(press box), 〔野〕ボックス, 新聞, 書物, 辞書などの囲み記事や縁どりをした広告, 馬車の御者席の下の道具箱から派生してセダン型自動車の運転席, 《英》ひつぎ, 箱に入っていたところから, クリスマスの贈り物, 〔くだけた語〕(the ~)テレビ. 動 として箱に入れる, 囲み記事にする.
[語源] ギリシャ語 puxos (= boxwood「つげの木」)がラテン語 buxus となり, 後期ラテン語 buxis を経て古英語に box (つげの木; つげの木で作った入れ物)として入った.
[関連語] post-office box (郵便局の私書箱).
【慣用句】**box in** とじ込める, とり囲む, 競争相手のじゃまをして前をふさぐ, 他の車の近くに駐車して動けなくする. **box up** とじ込める, 箱に入れる, 出られなくする. **in a box** 困った状況で, ジレンマに陥っている. **out of one's box**《英》酔っぱらって; 頭が変で.
【派生語】**bóxful** 名 © 1 箱分の量. **bóxing** 名 U 箱詰めの行為, 箱型の枠: **Boxing Day** 《英》クリスマス後の最初のウィークデー (★従業員に贈り物(Christmas boxes)を与える日として休日に指定されている). **bóxlike** 形.
【複合語】**bóx lùnch** 名 © 《米》ランチボックスに入れた昼食用**弁当**. **bóx nùmber** 名 © 新聞広告などで full address の代りに用いる**私書箱番号**: There was no telephone number in the advertisement—only a *box number*. 広告には電話番号は載っておらず私書箱番号のみだった **bóx òffice** 名 © 劇場などの**切符売場**. **bóx-òffice** 形 ショーなどが**大当たり**の, 大人気の. **bóx sèat** 名 © 劇場などのボックス席 (box) の中の座席, ボックスシート.

box² /báks|bóks/ 動 本来他 名 © 〔一般語〕手, こぶしで耳の辺りや側頭部をなぐる, 人とボクシングをする. 名 として, 耳のあたりに食らわす張り手, 一撃.
[語源] 不詳. 中英語から.
【派生語】**bóxer** 名 © ボクシングの選手. **bóxing** 名 U ボクシング, 拳闘: **boxing glove** ボクシンググラブ/**boxing ring** ボクシングのリング.

boy /bói/ 名 © 感 〔一般語〕〔一般義〕少年, 男の子. (その他)形容詞的に男の, 〔くだけた語〕年若い息子, 恋人(boyfriend), (the ~s)一団の男性の友人たち. 〔くだけた語〕《米》年齢に関りなく…者, …のやつ, …出身の男, 以前は白人でない男の召使いを表したが現在は軽蔑的な語となっている. 感 としては, 驚き, 軽蔑, 喜びなどを表し, わあー, すごい.
[語源] 不詳. 中英語より「男の召使い」の意味で用いられた. それ以前は gurle, girle (= girl) が男女にかかわらず young person の意で使われていた.
[用例] She has three girls and one *boy*. 彼女には娘が 3 人と息子が 1 人いる/a local *boy* 地元の男/a country *boy* 田舎者.
[対照語] girl.
【慣用句】**a blue-eyed boy** お気に入りの人. **Boys will be boys**. 男の子はやはり男の子だ, 男の子のいたずらは仕方がない. **an old boy**《英》以前任生徒だった人, 卒業生, 〔くだけた表現〕親しみをこめて男性.
【派生語】**bóyhood** 名 U 少年時代: *boyhood* memories 少年の日の思い出. **bóyish** 形 少年っぽい, 少年らしい. **bóyishly** 副. **bóyishness** 名.
【複合語】**bóyfriend** 名 © 恋愛相手の男性, 深い付合いの男友達, 恋人. **bóy scòut** 名 © ボーイスカウトの団員 (語法)単に scout ともいう, 〔俗語〕《米》ナイーブな理想主義者. **Bóy Scòuts** 名 ボーイスカウト協会 (★1908 年にイギリスで創始された).

boy·cott /bóikɑt|-kɔt/ 動 本来他 名 〔一般語〕不買同盟をさせる. (その他)商品などをボイコットする. 名 としてボイコット, 不買同盟.
[語源] アイルランドの土地配分人 Captain Boycott (1832–97) の名より. ボイコット戦術によって苦しめられた.

bra /brá:/ 名 © 〔くだけた語〕《米》= brassiere.

brace /bréis/ 動 本来他 名 © 〔やや形式ばった語〕〔一般義〕きゅっと強く締める. (その他)しっかりくくりつける, 突っ張りやかすがいをかって支える, 補強する. 空気が身を引き締めるように刺激的である, (~ oneself で)ショックや困難にそなえて気を引き締める. 名 としては, かすがいや突っ張り, 歯列矯正用の金具, 足や腕などの補強用金具(bracer), 表記法で大かっこ ({}), (複数形で)《英》ズボンつり(suspenders). 本来の「一対の」の意味の名残りとして, a brace of pheasants 「二羽のきじ」といった, 一対の猟鳥を表す.
[語源] ギリシャ語 *brachiōn* (= arm) がラテン語で *brachium* となり, その複数形 *brachia* (= a pair of arms) が古フランス語 *brace* を経て中英語に入った. 当時は「つかい, 一対」の意で使われた. また 動 は古フランス語 *bracier* (締める, 抱擁する) を経て中英語に入った. embrace と同語源.
[用例] He *braced* himself for the struggle. 彼は闘争にむけて気を引き締めた.
【慣用句】**brace up** 失望や挫折の後, 奮起する.
【派生語】**brácelet** 名 © 手首や腕につける装身具, ブレスレット, 〔くだけた語〕《米》手錠. **brácer** 名 © 支えるもの, 締めるもの, 張り綱; 〔俗語〕アルコール入りの飲みもの. **brácing** 形 空気がすがすがしい, 気持さわやかにする.

brack·en /brǽkən/ 名 U 〔植〕わらび, わらびの茂み.
[語源] 古ノルド語より中英語に入った.

brack·et /brǽkit/ 名 © 動 本来他 〔一般語〕〔一般義〕

角型かっこ《★square brackets[ ]と angle brackets( )とがある》.[その他]〔くだけた語〕大かっこ(braces)《{}》,〔英〕丸かっこ(parentheses); round brackets(( )). かっこでくくるようにひとまとめにされたグループ,層. 本来の意味に近いものとして【建】壁から張り出した**持ち出し, 持ち送り**, その角張った形の類似から「角型かっこ」の意味が生じた. L 型の木, それで支えられた**棚**. 動 としてひとまとめにする, とり囲む, 包括する, L 型の腕木などで支える.

[語源] ケルト語起源のフランス語 brague(ひざ丈のズボン)の指小語 braguette(15-16 世紀の男子ズボンの前垂れ)が初期近代英語に入った.

[用例] He's in a very high tax *bracket*. 彼は高額納税者層にいる／The shelf fell down because the *brackets* were not strong enough. 支えがしっかりしていないから棚が落ちてしまった／Don't *bracket* me with him just because we work for the same company. 同じ会社に勤めているというだけでぼくを彼と同類扱いしないでくれ.

brad·awl /brǽdɔ:l/ 名 C 千枚通し, 小錐(さきり).
[語源] brad (無頭くぎ)+awl (錐).

brag /brǽg/ 動[本来他] 名 UC〔一般語〕《軽蔑的》自分の手柄や持ち物のことを偉そうに**自慢する**. 名 として, 自慢そうな**話しぶりや様子, 自慢の種, 自慢する人**.
[語源] 不詳. 中英語から.
[用例] He did not fulfil his *brag* that he could drink ten pints of beer. 彼はビールを 10 パイントも飲めるように偉そうに吹聴してたができずじまいだった.
[類義語] ⇒boast.
【慣用句】***nothing to brag about***〔くだけた表現〕あまり良くない, 大したできでない.
【派生語】 **brággart** 名 C. **自慢屋**. 形 自慢する.
brágger 名 C. **brággingly** 副.

Brah·man /brά:mən/ 名 C 【ヒンズー教】インドのカースト制度における第一階級である祭司階級に属する人, バラモン(婆羅門). また【動】インド原産で肩にコブのある暑さに強いこぶうし.
[語源] サンスクリット語 *brāhman* (祈り, 崇拝) がギリシャ語, ラテン語を経て中英語に入った.
【派生語】**Brahmánic, -cal** 形. **Bráhmanìsm** 名 U バラモン教. **Bráhmanist** 名 C.

Brah·min /brά:min/ 名 C 【ヒンズー教】バラモン (Brahman).《米》特にニューイングランド地方の名門の出身で教養のある保守的で横柄な**人物**, 一般に社会的または知的スノップ, 俗物.
【派生語】**Brahmínic, -cal** 形. **Bráhminìsm** 名 U 気取った態度, 俗物根性.

braid /bréid/ 動[本来他] 名 UC〔一般語〕3 本以上の糸などを互い違いにからみ合せる, 組みひもを**編む**. [その他] 髪を三つ編みにする, ブレードで縁飾りをする. 名 として組みひも, ブレード, 編んだ髪.
[語源] 古英語 bregdan (速く動く, 織り合せる) から.
[用例] She *braided* rug strips to make a rug. 彼女は布の切れ端を編んで敷物を作った.
【派生語】 **bráided** 形. **bráider** 名 C. **bráiding** 名 U.

Braille, b- /bréil/ 名 U 動[本来他]〔形式ばった語〕指の触感によるブライユ式**点字法**, その中で用いる各々の**点字**. 動 として点字で打つ.
[語源] 盲目のフランス人教師でありこの点字法を考案した Louis Braille (1809-52) の名から.

[用例] read *braille* 点字を読む.

brain /bréin/ 名 CU 動[本来他]〔一般語〕**脊椎動物の脳**(★大脳 (cerebrum), 小脳 (cerebellum), および脳幹 (brain stem) で成る. [その他]《複数形で; 単数扱い》脳を満している物質, **脳みそ**,《複数形で》**頭の良さ, 知力, 知性**.〔くだけた語〕**優れた頭脳の持ち主**,《複数形で; 単数扱い》組織の中の**知的企画者, 指導者**. 動 として**頭をたたきつぶす**,〔俗語〕ひどく**頭をなぐる**.
[語源] 古英語 brægen から.
[語法] 形 としては cerebral をよく用いる.
[用例] *brain* injury 脳の損傷／A monkey's *brains* is said to be good for some kind of disease. ある種の病気には猿の脳みそが効くと言われている／You've plenty of *brains*—why don't you use them! 君は頭がすごく良いのだから. 頭を使えよ／He's one of the best *brains* in the country. 彼は国中で最高の知恵者の一人だ／When the thief broke in I *brained* him with a hammer. どろぼうが押し入った時私はハンマーでそいつの頭を打ちつけた.
【慣用句】***beat* [*rack; cudgel*] *one's brains*** 頭をしぼって考える, 一生懸命思い出す. ***have ... on the brain*** ...が頭から離れない, いつも念頭にある. ***pick* ...*'s brains***〔くだけた語〕...の知恵を借りる.
【派生語】 **bráinless** 形 頭の悪い, 愚かな. **bráiny** 形〔くだけた語〕頭の良い.
【複合語】 **bráincàse** 名 C =brainpan. **bráin cèll** 名 C 脳細胞. **bráinchìld** 名 C〔くだけた語〕《米》頭を使って考え出したこと, 知的労働の産物. **bráin-dèad** 形 脳死の. **bráin dèath** 名 U 脳死. **bráin dràin** 名 C〔くだけた語〕科学者や技術者の移住などによる国や地域からの頭脳流出. **bráinpàn** 名 C 頭蓋骨(braincase). **bráinstòrm** 名 C《米》突然脳にひどい異常をきたすこと,〔くだけた語〕突然のインスピレーション: He had a *brainstorm* and killed his wife. 彼は発作的に妻を殺した. **bráinstòrming** 名 U《米》会議などで参加者全員からどんどんアイデアや意見が出ること. **bráin trùst** 名 C《米》専門家の一団, ブレーン, 特にルーズベルトの New Deal 政策時の行政顧問団. **bráinwàsh** 動[本来他]〔くだけた語〕《米》**洗脳する**. **bráinwàshing** 名 UC〔くだけた語〕《米》強烈かつ徹底的に考えなどをたたき込んで信念をがらりと変えさせること, **洗脳**. **bráin wàve** 名 C《通例複数形で》**脳波**,〔くだけた語〕インスピレーション (brainstorm).

braise /bréiz/ 動[本来他]〔一般語〕肉や野菜を油で炒め, 少量の水を加えて蒸し煮にする, 炒め煮にする.
[語源] ゲルマン語 *brasa* (あかあかと燃える石炭) に由来するフランス語 *braise* (=hot charcoal) の 動 *braiser* (=to stew) が 18 世紀に入った.
[類義語] cook.

brake /bréik/ 名 C 動[本来他]〔一般語〕車などの**ブレーキ**. [その他] 一般に機械類の**制止装置**, 比喩的に動きを鈍らせたり**進歩を遅らせるもの**. 動 として**ブレーキをかける**. 自 の用法もある.
[語源] 廃語 brake (手綱) などの馬具の転用とする説もあるが詳細は不詳. 18 世紀から.
[用例] He *braked* (the car) suddenly. 彼は急にブレーキをかけた.
【慣用句】***put the* [*a*] *brake on*** ... ...に歯止めをかけ

る，…を抑制する: The mayor *put* the *brake on* the too much fuss going on at the fair. 市長は市のひどいお祭り騒ぎをおさえた.
【派生語】**brákeless** 形.
【複合語】**bráke drùm** 名 C ブレーキドラム. **bráke pèdal** 名 C ブレーキペダル. **bráke shòe** 名 C ブレーキシュー.

bram·ble /bræmbl/ 名 C 〔植〕 ブラックベリー (blackberry), ラズベリー (raspberry) などバラ科のとげのある低木.

branch /bræntʃ|brɑːntʃ/ 名 C 動 本来句 〔一般語〕一義 木の枝. その他 木の枝のように分れたものという比喩的意味で, 支店, 支部, 支社, 学問などの分野, 分家, 川の支流, 鉄道の支線, 〖言〗分類上の語派. 動 として枝を出す, 分岐する.
語源 ラテン語 *branca* (犬・猫などの手足) が古フランス語 *branche* (枝) を経て中英語に入った.
用例 The supermarket has a few *branches* in this city. そのスーパーはこの町にもいくつか店がある.
類義語 branch; bough; twig; shoot; limb: **branch** は最も一般的な木の枝についての語として用いることができる. **bough** は木の幹から出ている大枝で, とくに葉をつけたり花や実をつけている枝を表す. **twig** は小さく細い枝を表し, **shoot** は新芽や若枝を表す. **limb** は bough と同じく幹 (trunk) から直接出ている大きな枝.
【慣用句】*branch off* 道路などが分岐する. *branch out* 〔くだけた表現〕枝をのばす, 比喩的に関心や活動の幅を広げる: The company *branched out* into computers. その会社はコンピューターの分野にも手をのばした.
【派生語】**bránched** 形. **bránchlike** 形.
【複合語】**bránch wàter** 名 U (米) 小川の水, ウィスキーを割る水 (★川の支流の意から).

brand /brænd/ 名 C 動 本来句 〔一般語〕一義 商品の銘柄, ブランド, 種類, 商標. その他 本来は燃え木, 燃えさしを意味し, 現在でも文語でその意がある. その後, 所有者を明示するために動物などにつける焼き印, 罪人の体につけた烙(?)印, そのための焼きごての意となり, さらに「商標」や「銘柄」の意となった. 〔詩語〕燃えるたいまつ, 剣. 動 として焼き印[烙印]を押す, 汚名を着せる, 何かを心に強く印象づける.
語源 古英語 *brand* (炎, たいまつ, 剣) から. biernan (= to burn) に由来し, burn と関連ある.
用例 She likes this *brand* of coffee. 彼女はこのブランドのコーヒーが好きだ/People pick up their gifts from famous *brands*. 贈り物には有名ブランドの品が選ばれる/He has his own *brand* of humor. 彼には独特のユーモアがある/His name is *branded* on my memory forever. 彼の名は私の心に永遠に焼きついている/He was *branded* for life as a thief. 彼は生涯どろぼうの烙印を押された.
日英比較 **brand** には日本語の「ブランド」のような「有名銘柄」の意味はない.
【派生語】**bránder** 名 C 焼印を押す人[道具].
【複合語】**bránd lóyalty** 名 U いつも決まった銘柄の商品を買う習慣 (★日本語の「ブランド志向」のように「有名品好み」の意味はない). **bránd nàme** 名 C 会社が商品につけた名称で, 他会社の同種の商品と区別するためのブランド名 (trade name). **bránd-nàme** 形 有名銘柄の. **bránd-néw** 形 「火の中から出したばかりの」ということから, 真新しい, 最近加わったばかりの, 入

手したばかりの. **bránding ìron** 名 C 焼きごて.

bran·dish /brændɪʃ/ 動 本来句 〔やや形式ばった語〕おどすように剣やむちを振り回す, 棒などを振りかざして誇示する.
語源 古フランス語 *brandir* (= to wave a sword) が中英語に入った.
【派生語】**brándisher** 名 C.

bran·dy /brændi/ 名 U 〔一般語〕ブランデー.
語源 オランダ語 *brandewijn* (蒸留したワイン; *branden* to burn + *wijn* wine) が初期近代英語に入った. 初めは brandywine の形であった.
【複合語】**brándy snàp** 名 C クリーム入りの軽い巻き菓子, ブランデースナップ.

brash /bræʃ/ 形 〔一般語〕生意気な, せっかちな, 軽はずみの.
語源 不詳.
【派生語】**bráshly** 副. **bráshness** 名 U.

brass /bræs|brɑːs/ 名 UC 形 〔一般語〕一義 真鍮(しんちゅう), 黄銅. その他 (しばしば複数形で) 真鍮の製品, 金管楽器, (the ~) オーケストラの金管楽部. (くだけた語) (英) 〔一義〕真鍮のように面の皮が硬く厚いらしいことから, 鉄面皮, 厚かましさ, (the ~) (米) 高級将校, 高級官僚 (★金モールや飾りなどをごてごてつけたの意). 形 として真鍮の, 金管楽器の, 真鍮色の.
語源 古英語 *bræs* (= brass; bronze) から.
用例 I want to be a *brass* player in a big orchestra. 大オーケストラの金管楽器奏者になりたい/a solid *brass* flowerpot 本物の真鍮の植木鉢.
【慣用句】*as bold as brass* 〔くだけた表現〕大胆不敵な. *have the brass to …* 厚かましくも…する. *the top brass* 〔軽蔑的な表現〕軍隊やビジネスの上層部の人々.
【派生語】**brássily** 副 厚かましくも. **brássiness** 名 U. **brássy** 形 真鍮の, 真鍮色の, 真鍮で飾った, 金管楽器の; 厚かましい.
【複合語】**bráss bánd** 名 C 吹奏楽団, ブラスバンド. **bráss hát** 名 C 〔軽蔑的な俗語〕(英) 軍隊の高官. **bráss néck** 名 U 厚かましさ. **bráss tácks** 名 C (複) 〔くだけた語〕真鍮のびょうは物をつなぐ役目をすることから, 基本的なことがら, 問題の核心: Let's stop arguing about nothing and get down to the *brass tacks*. 空論はやめにして本質に迫ろう. **bráss wínd** 名 (the ~) の金管楽器.

bras·siere /brəziər|bræziə/ 名 C 〔一般語〕女性の下着の一つ, ブラジャー (bra).
語源 古フランス語 *bras* (腕) から派生した *braciere* (腕を保護するもの) が古フランス語 *brassière* (コルセット) を経て 20 世紀に入った.

brassy ⇒brass.

brave /breɪv/ 形 名 C 動 本来句 〔一般語〕一義 人が危険や難事, 痛みなどを恐れず勇敢な, 勇敢な. その他 行為などが勇気に満ちている, 勇敢な. 名 として勇敢な人, (米) アメリカインディアン (北米先住民) の戦士. 動 として (形式ばった語) 危険などに勇気をもって立ち向う.
参考 かつては, 勇敢なことから「はでな」「見栄えがいい」「すばらしい」 (例: a *brave* new world—Shakespeare: *Tempest*) という意味が派生していたが, 現在ではまれである.
語源 イタリア語 *bravo* (勇敢な) が古フランス語を経て中英語に入った.
用例 *brave* attempts [actions] 勇敢で立派な試み

[行動]/Let us *brave* the dangers! 危険に勇敢にたちむかおう.

[類義語] brave; courageous; bold: **brave** は行動の勇気を強調する語で最も一般的な語. **courageous** はくじけず恐れない精神的な勇気を強調する語. **bold** は向う見ずな勇気を意味し, 勇敢というよりも大胆不敵なことや挑戦的な行動をいい, 必ずしもよい意味にならないこともある.

[反意語] cowardly.

【慣用句】 ***brave it out*** 勇敢に立ちむかう.

【派生語】 **brávely** 副. **bráveness** 名 ⓤ. **brávery** 名 ⓤ 勇敢さ.

bra·vo /brάːvou/ 感 ⓒ 〔くだけた語〕いいぞー, よくやった(という叫び声).

[語源] イタリア語が 18 世紀に入った. ⇒brave.

brawl /brɔ́ːl/ 動 [本来自] 名 ⓒ 〔一般自〕 [一般義] 公けの場所などでどなったりして, 騒々しく口論する, けんかする. [その他] 水などが音高くざあざあと流れる. 名 として, 人前での騒々しい口論, けんか, 〔俗語〕《米》どんちゃん騒ぎのパーティ.

[語源] 中期低地ドイツ語 *brallen* (=to boast) が中英語に入った.

[類義語] quarrel.

【派生語】 **bráwler** 名 ⓒ 騒々しくけんかする人.

brawn /brɔ́ːn/ 名 ⓤ 〔一般自〕 [一般義] よく発達した筋肉. [その他] 知力に対して筋力, 《英》豚の頭や足などを味つけてゼラチンで固めた料理 (headcheese).

[語源] フランス語 *braon* (後脚の肉) が中英語に入った. 古英語 *brǣde* (=flesh) に関連ある.

【派生語】 **bráwniness** 名 ⓤ. **bráwny** 形 筋肉たくましい, 屈強な.

bray /bréi/ 動 [本来自] 名 ⓒ 〔一般自〕 [一般義] ろばが甲高い声で鳴く. ⇒heehaw [その他]《軽蔑的》人が耳ざわりな音を立てる. 名 としてろばの鳴き声, それに似た大きな笑い声[音].

[語源] 俗ラテン語 **bragere* (=to cry out) が古フランス語 *braire* を経て中英語に入った.

[用例] a *braying* noise of a horn 角笛の大きくうつろな音.

【派生語】 **bráyer** 名 ⓒ.

bra·zen /bréizn/ 形 [本来自] 〔一般自〕 [一般義] 厚かましい, ずうずうしい, 恥しらずの. [その他] 〔文語〕真鍮(しんちゅう)(brass)の, 真鍮製の, 真鍮色の, 真鍮のような. 真鍮のような耳ざわりなきんきんした音を立てる, から比喩的に顔が真鍮のように固い, 鉄面皮な, から「厚かましい」の意となった. 動 として, 非難などにずうずうしく対決する.

[語源] 古英語 *bræsen* (真鍮の) から.

【慣用句】 ***brazen it out*** 鉄面皮にやり通す.

【派生語】 **brázenly** 副. **brázenness** 名 ⓤ.

【複合語】 **brázen-fáced** 形 厚かましい, ずうずうしい.

bra·zier /bréiʒər|-zjə, -ʒə/ 名 ⓒ 〔一般自〕 暖房や料理のための, 石炭や炭を入れる通常ポータブルの金属製火桶, 火鉢.

[語源] フランス語 *braise* (あかあかと燃えている石炭) が初期近代英語に入った. ⇒braise.

Bra·zil /brəzíl/ 名 固 ブラジル (★南米の共和国).

[語源] brazilwood (ブラジルすおう) の生えた土地の意から.

【派生語】 **Brazílian** 形 ブラジル(人)の. 名 ⓒ ブラジル人.

breach /bríːtʃ/ 名 ⓤⓒ [本来他] 〔一般自〕 [一般義] 規則, 法律, 規準などの違反, 約束の不履行. [その他] 本来は割ること, 割れることを意味し, 転じて壁や防御細の破れ目, 突破口, 穴, ほころび, 岩や船にあった波が割れること, そして比喩的に「違反」の意となった. 友情がこわれた絶交, 集団の分裂. 動 として, 約束などを破る, 契約に違反する, 割れ目を作る, 突破する.

[語源] 古英語 *brecan* (=to break); *brǣc* (=breaking) から. ⇒break.

[用例] There is a *breach* in our security. 我々の安全対策には落とし穴がある.

[関連語] break.

【慣用句】 ***stand in the breach*** 攻撃の矢面に立つ, 難局のもっとも辛い部分を受け持ち耐える. ***step into the breach*** 緊急のときに救援する, 緊急の場合の代役を務める《[語法] (step and) fill the breach ともいう》. ***throw oneself into the breach*** =step into the breach.

【複合語】 **bréach of prómise** 名 ⓤⓒ 〔法〕 約束を破ること, 特に婚約の不履行. **bréach of the péace** 名 ⓤⓒ 〔法〕 治安妨害, 騒乱. **bréach of trúst** 名 ⓤⓒ 〔法〕 信託違反.

bread /bréd/ 名 ⓤ 動 [本来他] 〔一般自〕 [一般義] パン. [その他] 聖餐式に用いるパン切れ, 広くパンに似たケーキの類や食物一般, さらに生活の糧や生計, 〔俗語〕金 (money). 動 としてパン粉をまぶす.

[語源] 古英語 *brēad* から, brew や burn に関連がある.

[用例] a loaf of *bread* ひとかたまりのパン (★まるのままの食パンや, 切らない前のパン)/She earns her *bread* as a cleaning lady. 彼女は掃除婦をして生計を立てている/I don't make enough *bread* in this job. 私はこの仕事では食べていけない.

[関連語] **cake, pastry** は粉の他に卵やバター, 砂糖などを使い, イーストではなくふくらし粉などを用いて作る. また bread や cake, pastry を売る店は一括して **bakery** という.

[対照語] **wine** はキリスト教でキリストの血を象徴し, **bread** は肉を表す.

【慣用句】 ***break bread with ...*** 〔形式ばった表現〕人と食事を共にする. ***cast one's bread upon the waters*** 〔形式ばった表現〕報酬を期待せずに善行をおこなう, 他人に気前よくする (★旧約聖書「伝道の書」11:1). ***know which side one's bread is buttered on*** 〔くだけた語〕損得に明るい, どの人やどのことが自分の利になるかを心得ている. ***Man cannot live by bread alone.*** 〔ことわざ〕人はパンのみにて生きるにあらず, 肉体のみでなく精神も人にとって重要である (★新約聖書「マタイ」4:4). ***one's daily bread*** 〔くだけた表現〕生きるのに必要な食物や金 (★新約聖書「マタイ」6:9 の主の祈りの文句 "Give us this day our daily bread" より). ***take the bread out of ...'s mouth*** 〔くだけた表現〕生活手段を奪い取る. ***the greatest thing since sliced bread*** 〔くだけた表現〕非常にもてはやされる人[もの].

【派生語】 **bréaded** 形 パン粉をまぶした.

【複合語】 **bréad and bútter** 名 ⓤ. バターを塗ったパン; 生計 (living): Singing is now her *bread and butter*. 歌は今では彼女のなりわいとなっている. **bread-and-bútter** 形 生活にとって基本的な, 日常的な, ありふれた, 芝居の出しものなどに必ず客をひいて収益があてに

なる, 《米》もてなしに感謝する: 'Showgirl' has been the *bread-and-butter* play of the actress. 「ショーガール」はその女優の当り役だったはこだった]/a *bread-and-butter* letter [note; call] もてなしされたことへの礼状[お礼の電話]. **bréadbàsket** 名C パンを入れて食卓に置いたり運んだりするパンかご, 《the ～》穀物のよく採れる地域. **bréadbòard** 名C パン切り台, パンをこねる台, 《電》実験的に配列した容易に修正のきく電子回路. **bréadbòx** 名C パンを入れておくパンケース. **bréadcrùmbs** 名《複》パン粉. **bréadfrùit** 名CU 【植】パンの木(の実) (★太平洋諸島で見られ, 実はオーブンで焼いたりローストするとパンに似た味がする). **bréad-knìfe** 名C パン切り用のナイフ. **bréadline** 名C 《米》政府の無料配給食料を待つ貧民の列: *on the breadline* 〔くだけた表現〕貧乏な暮らしをして. **bréadstùff** 名U 《米》パンをつくる粉, パン.

breadth /brédθ; brétθ/ 名UC 〔一般語〕〔一般義〕ものの表面の幅. その他 比喩的に知識, 関心, 視野などの広さ, 芸術作品などのもつ雄大さ.
  語源 古英語 brādu から. 中英語で length との類推で-th が付加された.
  用例 What is the *breadth* of this road? この道路の道幅はどのくらいですか/How many *breadths* of the pool can you swim? このプールの横を何往復できますか/He is noted for his great *breadth* of outlook. 彼は視野の広さで知られている.
  【慣用句】*hair's breadth* ほんの少しの間隔〔時間, 量〕: a *hair's-breadth* escape (=a hairbreadth escape) 間一髪の逃亡. *the Length and breadth of* ... 〔形式ばった表現〕ものごとのあらゆる面, すべての点.

break /bréik/ 動 本末他 《過去 broke; 過分 broken》名C 〔一般語〕〔一般義〕急激に力を加えることによって物を 2 つ以上の部分に引き離す, 割る, 壊す, 砕く. その他 物の本体から一部分をちぎり取る, 金を両替して細かくする, 整列をくずす, 解散する. 「破損」に関する比喩的意味として, 沈黙を破る, 記録を破る, 秘密を明かす, 従来の均衡を破ってある事を突然起す, 従来のくせをやめる, やめさせる (of), 絆に突然終止符をうつ, 旅行を中断させる, 《米》一時的に仕事など活動を休止する. さらに, 人を破滅[破産]させる, 法を破る, 法律などに違反する, 無理に道を切り開く, 動物や子供などを馴(な)らす. 自 として働ける, 壊れる, 波が岸にあたって砕ける, 声変りする, 魚が水面を破って跳び上る, 《米》〔野〕ボールが直線コースからはずれるという意味で, カーブする, 必しも急激ではなくゆっくりと事物が崩壊していく, 物自体ではなく機能が一時的に働かなくなる, 壊れる, 秘密が明らかになる. ある事が突然起こる, 長く続いた天候や財政状況が突然変る, 物価が急変する, 興奮したりして声の調子が突然乱れる, 健康が弱る, 人が中休みする, 脱獄して脱走する. 名としては, 破損の結果としての破れ目, ひび, 骨折部分, 破損箇所, 絶交, 休憩, 脱獄, 脱走, 《複数形で》省略の点線 (...), 〔くだけた語〕幸運.
  日英比較 break は日本語の「壊す, 壊れる」よりもっと意味領域が広く, 「割る」「折る」「破る」「ちぎる」「切る」などにも当たる. しかし, 原意は一つの物が二つ以上の部分になってしまうような力を加えることをいう.
  語源 古英語 brecan から.
  用例 The child *broke* an ear off this vase. その子がこの花びんの取っ手を取ってしまった/They gently *broke* the news of his death to his wife. 彼らは彼の死をその妻にそっと知らせた/She's *broken* all her bad habits. 彼女は悪癖(ミミ)を全部やめた/I have *broken* her of all her bad habit. ぼくが彼女の悪癖を全部直してやった/She *broke* her journey in London. 彼女は旅行をロンドンで中断してしばらく滞在した/This expense will *break* me. この出費はひどくこたえる/My voice *broke* when I was twelve. ぼくは12 才で声変わりした/Let's *break* for lunch. お昼休みにしよう/This is your big *break*. これは大きな幸運が君にまわってきたんだ.
  類義語 break; tear; smash; crack; burst; shatter; split; crush; crash; fracture: **break** は最も意味の広い一般的な語で過激な力によって物を2つ以上の部分に分離させること. **tear** は平面的なものを無理やり引っ張ったりまたは過激な力によって引き裂くこと. **smash** はさらに激しくひどい暴力によって無意味にたたきつぶす行為を表す. **crack** は本来 break する時の音を表し, 自 として, かたい物が壊れることまたは壊れないまでもひびが入ることなどを表す. **burst** は内圧によって外へあふれ出たりして壊れること. **shatter** は多くの破片にしてしまうこと, こなごなに砕くことを表す. **split** は特にたて長に切ったり割ったりすること. **crush** は 2 つのかたい物の間にはさんでつぶすことを表し, **crash** はたたきつけて壊すこと. **fracture** は骨や岩など非常に堅固なものを壊すことやひび入らせることを表す.
  【慣用句】*break awáy* 突然去る, 脱会する, 逃げる, レースなどで合図前にとび出す, つながりや忠誠心を断ち切る, *break camp* 荷作りしてキャンプを引きあげる. *break dówn* 打ち壊す, 分解する, 打ち破る; うまく機能しなくなる, 機械が故障する, 泣きくずれる, 肉体的, 精神的に参る, 物質が化学変化を起す; 反対者に打ち勝つ: The negotiations *broke down*. 交渉は不成功だった/She *broke down* and wept. 彼女は泣きくずれた. *break éven* 〔ややくだけた表現〕損も得もせず, とんとんです, 引き分けになる. *break (new) gróund* 新しいことを始める, 新発見や改良を果たす. *break ín* 強引に押し入る, 話の腰を折る, 馬や初心者を訓練する, 《米》新品をならして使いやすくする, 寝てかたさを取り除く. *break in on [upon]* ... 話の腰を折る, ...に割り込む. *break ínto* ... に突然侵入する, 話に割り込む, 突然叫び[歌い, 微笑み]始める. *break lóose* 綱からはずれる, 逃げる. *break óff* 突然話を中断する, 絶交する, 本体からちぎり取る. *break one's báck* 〔くだけた表現〕一生懸命働く, 働きすぎる. *break one's néck* 〔くだけた表現〕危険なことをして死ぬ. *break óut* 火事や戦争などが勃発(はっ)する, 突然逃亡する, 急に発疹が出る: Her face has *broken out* in a rash. 彼女は顔に突然吹き出物ができた. *break shórt* 予定より早く切り上げる. *break ...'s héart* 悲しませる, 失恋させる. *break the báck of ...* 〔くだけた表現〕最悪の部分を終える, ...の峠を越える. *break the bánk* カードゲームで全額勝ち取る, 賭け元を破産させる. *break the íce* 〔くだけた表現〕開始する, 会話の口火を切ってよそよそしさを取り除く: Let's *break the ice* by inviting our new neighbours for a meal. 新しいお隣りを食事に呼んで近づきになろう. *break thróugh* 通り抜ける, 突破する, 太陽が雲から現れる, 日が射し込む, 長い努力のあと新天地を開く, 反対をおして進む; ...を通り抜ける, 超える. *break úp* 別れる, 解散する, 笑いころげる; 壊してしまう, 粉々に

する，〔くだけた表現〕《米》ひどく苦しませる，不安にさせる．*break wind* げっぷをする，おならをする．*make a break for it* 〔くだけた表現〕脱獄する，脱走する．*without a break* 休みなしに，ひっきりなしに．
【派生語】**bréakable** 形 壊れやすい．**bréakage** 名 U 破損，破損箇所，《複数形で》破損物，破損額．**bréaker** 名 石や石炭を砕く装置，岸や岩礁にあたって砕ける波，《電》ブレーカー．
【複合語】**bréakawày** 名 C 分離，脱退．形 分離した．**bréak dòwn** 名 C 突然の落ち込み，衰退，故障，破損，中断，集団から出ること，スポーツで防御位置あるいは突然攻撃に出ること，《米》《劇》ちょっとの力で壊れるように作られた小道具．**bréaking pòint** 名 C 引っ張ったり力を加えることによって物質が破壊される点，破壊点，決裂点，自制心がくずれる点，忍耐の限界点．**bréaknèck** 形 非常に危険な．**bréakòut** 名 C 囚人などの集団脱走．**bréakthròugh** 名 C 抵抗を乗り越えて突破すること，突破口，非常に重要な発明や発見，進歩．**bréakùp** 名 《複数形で》絶縁，絶交，分割，解体．**bréakwàter** 名 C 防波堤．

break·fast /brékfəst/ 名 UC 動 本来自 〔一般語〕一日の最初の食事，朝食，動 として朝食を食べる．
[語源] break＋fast で「断食 (fast) をやめる」の意で中英語から．
[用例] They *breakfasted* on eggs this morning. (＝They had eggs for *breakfast* this morning.) 彼らは今朝，朝食に卵を食べた．
[関連語] brunch; lunch; supper; dinner.

bream /brí:m/ 名 C 《魚》コイ科の小魚で，うぐい，はやの類のヨーロッパ産淡水魚．

breast /brést/ 名 C 動 本来他 〔一般語〕[一般義] 女性の乳房．[その他]《文語》胸 (chest)，動物の胸部，胸囲，衣服の胸の部分．比喩的に《形式ばった語》胸のうち，胸中，心に秘めた思い．動 として正面から立ちむかう，坂などを登る．
[語源] 古英語 breost から．原義は swelling．
[類義語] bosom.
【慣用句】*beat one's breast* 〔文語〕大げさに嘆き悲しむ．*make a clean breast of …* …をすっかり告白する（★通常愚行や罪悪感など悪いことを告白する場合に）．
【複合語】**bréastbòne** 名 C 胸骨．**bréastdèep** 胸の深さの，胸まで沈んだ．**bréast-fèd** 動 本来他 母乳で育てる，母乳をやる (nurse)．**bréast-fèd** 形．**bréast pòcket** 名 C 胸ポケット．**bréaststròke** 名 U 平泳ぎ．

breath /bréθ/ 名 UC 〔一般語〕[一般義] 息，呼吸．[その他] ひと呼吸，ひと息の休憩，《単数形で》呼吸のように低いささやき声，香気，悪臭，空気の動き，そよ風．
[語源] 古英語 brǣth (呼気，臭気) から．
[用例] He brushes his teeth after each meal to keep his *breath* clean. 彼は口臭がしないように毎食後歯をみがく／Please take a deep *breath*. 深呼吸をしてください／I had no *breath* left after running. 走った後は息切れがした．
【慣用句】*at a breath* ひと息に．*below [under] one's breath* 声を抑えて，ささやくで，ひそひそと．*catch one's breath* はっと息をのむ，あえぐ，息切れがおさまるまで休む．*get one's breath (back) (again)* 息をととのえる，ほっとする．*hold one's breath* 息をころす，かたずをのむ: She *held her breath* and hoped that they wouldn't see her. 彼女は息をひそめて見つからないことを願った．*in one breath* ひと息に，一気に．*in the same breath* 一斉に，同時に，と言うとすぐ．*out of breath* 疲れて息切れして，あえいで．*save one's breath* 話しても無駄な時に黙っている．*take one's breath away* あっと息をのませる，感動させる．*the breath of life* 重要なもの，必要不可欠のもの: Love is *the breath of life* to her. 彼女には愛が生命なのだ．*waste one's breath* 何の結果もない時に話す，言葉を無駄に費やす．
【派生語】**bréathily** 副 声がかすれて．**bréathiness** 名 U．**bréathless** 形 息をのんだ，かたずをのんだ，息を切らした，息もつけないほど緊張[興奮]した，張りつめた: children asked question after question in *breathless* excitement. 子供らは息を切らすほど興奮して質問をあびせかけた．**bréathlessly** 副．**bréathlessness** 名 U．**bréathy** 形 声がかすれた．
【複合語】**bréathtàking** 形 はっとさせる，あっと言わせる．**bréathtàkingly** 副．

breath·a·lyze /bréθəlàiz/ 動 本来他 《英》飲酒運転を調べるため運転者の呼気検査をする．
【派生語】**bréathalỳzer** 名 C 《英》呼気検査機（★もと商標名）．

breathe /brí:ð/ 動 本来自 〔一般語〕[一般義] 呼吸する，息をする．[その他] 呼吸していることから，生きている，何かが香気[臭気]を放つ，そよ風が吹く，ひと息入れる，休む，小声で話す．他 吸い込む (in)，吐き出す (out)，言葉などを口にする，ささやく，生気などを吹き込む．
[語源] breath．
[用例] The workers had *breathed in* large quantities of poisongas. 労働者達は多量の毒ガスを吸い込んでいた／She *breathed* a sigh of relief. 彼女はほっと安堵の息をついた／He *breathed* tobacco smoke into my face. 彼は私の顔にタバコの煙を吐きかけた．
[関連語] inhale; exhale.
【慣用句】*breathe again [freely; easily]* ほっと安心する．*breathe down …'s neck* ⇒neck．*breathe one's last* 〔形式ばった表現〕息をひきとる，死ぬ．
【派生語】**bréathable** 形．**bréathed** 形《音》無声音の (voiceless)；《…の〜として》…な口臭のする，…な息の仕方の．**bréather** 名 C 《…の〜として》…の[な]呼吸の仕方をする人，〔くだけた表現〕息切れのする運動，〔くだけた表現〕休憩，ひと休み: I must have a *breather* before I walk any furthur. ひと息つかなきゃこれ以上は歩けない．**bréathing** 形 呼吸している，生きている．名 C 呼吸，休憩，一呼吸(の時間)，《音》アスピレーション．

bred /bréd/ 動 breed の過去・過去分詞．

breech /brí:tʃ/ 名 C 〔やや形式ばった語〕銃の最下部，銃尾．
[語源] 古英語 brōc の複数形 brēċ より．本来は「下の部分，尻の部分」の意．
【派生語】**bréech bírth** ＝breech delivery．**bréech delìvery** 逆子(さかご)出産．

breech·es /brítʃiz/ 名《複》〔形式ばった語〕《breech の複数形として》乗馬用の半ズボン，〔くだけた表現〕ズボンの類．
【慣用句】*too big for one's breeches* 〔くだけた表現〕身のほどをわきまえずに出しゃばる，無遠慮な．
【複合語】**bréeches bùoy** 名 C キャンバス地のズボン

型救命具.

breed /bríːd/ 動 本来他 〈過去・過分 bred〉 名 C 〔一般語〕 一般義 人が動物を飼育する, **繁殖させる**. その他 本来は動物が**子を生む**, 卵をかえす 〔語法〕人に用いるのは軽蔑的), 転じて人が動物を「飼育する」意が出て, 動物を掛け合せる, **交配させる**, 植物などの**新品種を作り出す**, 人を**養育する**, **育てる**, 子供をもうける, 比喩的に好ましくない事などを**生じさせる**, ...のもとになる. 自 として, 動物が子を生む, **繁殖する**, 好ましくないことが生じる. 名 として, 生物の**品種, 種類, 血統** 〔語法〕単数形のときに複数扱い).

語源 古英語 brēdan (= to breed) から.

用例 I *breed* dogs and sell them as pets. 私は犬を飼育し, ペットとして販売している/Inconsistent attitudes on the parent's side *breed* confusion among youngsters. 親の態度が一貫していないと子供は混乱する/Cold climate *breeds* people who have patient disposition. 冷飯な気候が忍耐強い気質の人間をつくる/She's a totally new *breed* of teacher. 彼女は全く新しいタイプの先生だ.

【派生語】**-bred** 形 〈複合語で〉...育ちの: A pure-*bred* dog often has a long pedigree. 純粋種の犬には長い血統書の付くことが多い. **bréeder** 名 C 子孫を残す動植物, 動植物を**飼育[栽培]**する人, 増殖炉 (breeder reactor), ものごとの原因. **bréeding** 名 U 子孫を**生むこと**, 子の養育, しつけ, 品種改良のための動植物の飼育, 栽培: **breeding ground** ある動植物の**生息地**, ものごとの発生する所: Broken homes are the *breeding ground* of delinquency. 崩壊家庭は非行の温床となる.

breeze /bríːz/ 名 CU 動 本来自 〔一般語〕 一般義 そよ風, 微風. その他 〔米〕容易にできること, 楽な仕事, 〔くだけた語〕〔英〕いさかい, けんか, 騒ぎ. 動 として, 風がそよそよと吹く, 比喩的に人が**楽々と...する, すいすいと行く**.

語源 古スペイン語 briza (北東の風) に由来すると思われる. 初期近代英語より.

用例 Sitting at a desk for several hours is just a *breeze* to her. 数時間机にむかっていることなど彼女には朝めし前だ/She *breezed* in as though nothing had happened. まるで何ごともなかったかのように彼女はさわやかな足どりで入ってきた.

類義語 ⇒wind.

【慣用句】*in a breeze* 〔くだけた表現〕〔米〕楽々と. *shoot the breeze* 〔俗語〕むだ話をする, 気楽なおしゃべりをする.

【派生語】**bréezily** 副. **bréeziness** 名 U. **bréezy** 形 〔くだけた語〕そよ風の吹く, 快活な.

breve /bríːv/ 名 C 〔音〕無強勢母音や短母音の上につけるアクセント記号, ブリーブ (「 ˘ 」の記号), 〔楽〕2全音符 (★今は用いない).

語源 ラテン語 brevis (=brief) より. 中英語から.

brev·i·ty /brévəti/ 名 U 〔形式ばった語〕**短さ, 簡潔さ** 〔語法〕brief の 名 であるが, briefness より形式ばった〕.

語源 ラテン語 brevis (=brief; short) が古フランス語に bref として入り, その 名 brieveté が中英語に入った.

用例 The next speaker is well known for the *brevity* of his speeches. 次のスピーカーはスピーチの短いことで有名だ.

類義語 shortness.

brew /brúː/ 動 本来他 名 UC 〔一般語〕 一般義 ビールやエールなどを**醸造する** 〔語法〕ウイスキーを作るのは distill, ワインなどを作るのは make, produce). その他 お茶やコーヒーをいれる. 醸造することの比喩として, 陰謀など悪いことをたくらむ. 自 として, お茶やコーヒーはいる, 陰謀などがたくらまれる, 嵐などが迫っている, **発生しかけている**. 名 として**醸造酒, 醸造量**[法]. お茶・コーヒーなどを入れた**1回分の分量**.

語源 古英語 brēowan から.

用例 Tea is *brewing* in the pot. ポットに紅茶が入ってますよ/There's something unpleasant *brewing*. 何かおもしろくないことが起こる気配だ/This is an excellent *brew*. これはすばらしい造りの酒だ.

【派生語】**bréwage** 名 C ビールの類の醸造酒, 醸造すること. **bréwer** 名 C 醸造業者. **bréwery** 名 C 醸造所. **bréwing** 名 U 醸造すること, 一回分の醸造量.

【複合語】**bréw-ùp** 名 C 〔くだけた語〕〔英〕お茶やコーヒーを入れること, **一休み**.

briar ⇒brier.

bribe /bráib/ 名 C 動 本来他 〔一般語〕 一般義 **賄賂**. 動 として**贈賄する**.

語源 古フランス語 bribe (物乞いに与えられたパン, 施し) が中英語に入った. それ以前は不詳.

用例 He *bribed* the guards to let him out of prison. 彼は看守に賄賂を使って刑務所から出た.

【派生語】**bríbable** 賄賂のきく. **bribée** 名 C 収賄者. **bríber** 名 C 贈賄者. **bríbery** 名 U 贈賄, 収賄, 汚職.

bric-a-brac /bríkəbræk/ 名 U 〔くだけた語〕〔軽蔑的〕大して価値のない装飾的**古物**, がらくたの**骨董品**.

語源 フランス語 à bric et à brac (= by hook or crook; at random) が bric-à-brac となり, 19 世紀に入った.

brick /brík/ 名 UC 動 本来他 形 〔一般語〕 一般義 長方形のれんが. その他 いろいろな形のれんが, 〔英〕積み木 〔米〕block), 氷, アイスクリームなど, 長方形でれんが状のもの, またれんが色, 〔くだけた語〕あてになる信頼できる人, **立派な人** (★特に男性). 動 としてれんがを敷く, れんがで建造物を作る. 形 としてれんがの, れんがで作った, れんが色の.

語源 中期オランダ語 bricke (bake した粘土) が中英語に入った. それ以前は不詳.

【慣用句】**brick over** れんがですっかり覆う. **brick up [in]** れんがでかこむ[ふさぐ]. **drop a brick** 〔くだけた表現〕〔英〕うっかりした言葉を口にする. *like a ton of bricks* 〔くだけた表現〕猛烈に. *make bricks without straw* わらをつなぎに使ってれんがを焼いたところから, **必要な材料や資金なしで何かをしようとする, 無謀なことをする**.

【派生語】**brícky** 形.

【複合語】**bríckbàt** 名 C 怒って投げつける堅い物, **批判的な言葉**. **brick chèese** 名 U 〔米〕れんが形で小穴のあいたアメリカのチーズ. **bríckfìeld** 名 C = brickyard. **brícklàyer** 名 C れんが職人. **brícklàying** 名 U れんが建築, れんがを道に敷き詰めること. **brick réd** 名 U 赤茶色, れんが色. **brick-réd** 形. **brickwòrk** 名 U れんがづくりの建物, れんがでできた部分. **bríckyàrd** 名 C 〔米〕れんが製造工場 〔英〕brickfield).

bridal ⇒bride.

bride /bráid/ 名 C〔一般語〕花嫁, 新婦.
[語源] 古英語 brȳd から.
【派生語】**brídal** 形 花嫁の, 結婚の: bridal gown 花嫁衣装, ウェディングドレス.
【複合語】**brídegròom** 花むこ. **brídesmàid** 結婚式で花嫁に付きそう未婚の花嫁付き添い女性. **bride-to-bé** 名 間もなく花嫁となる女性.

bridge[1] /brídʒ/ 名 C 動 本来他〔一般語〕[一般義] 川や鉄道, 高速道路などの橋. [その他] 比喩的に人と人, または文化のかけ橋, 連絡をよくするもの. 形状や機能の類似から様々なものを表し, 鼻梁(ょう), めがねのフレームの鼻梁にかかる部分, 〖歯〗入れ歯と本物の歯をつなぐブリッジ, 〖ビリヤード〗玉突きをする際に指で作る支え, 〖楽〗弦楽器の弦を支えて張った状態を保つための木片, ブリッジ, 楽節の間のつなぎの箇所に. 動 として, 川に橋をかける, 橋渡しとなる, 溝などを埋める.
[語源] 古英語 brycge から.
[用例] He *bridged* the awkward silence with a funny remark. 彼はおもしろいことを言って気まずい間(ま)をつないだ.
【慣用句】***A lot of water has flowed under the bridge since then.*** あれからいろんなことがあった. *burn one's bridges* 背水の陣をしく, 後戻りできない状態をもたらす.
【複合語】**brídgehèad** 〖軍〗橋頭堡(ほ) 〔★橋や川, 谷など, 狭い場所をはさんだ敵側の地につくった味方の要塞, 行動の足場〕, 比喩的に進歩に向けての第一歩, きっかけ. **brídgewòrk** 名 U 《米》〖歯〗義歯のブリッジ. **brídging lòan** 名 C つなぎ融資.

bridge[2] /brídʒ/ 名 U 〖トランプ〗ブリッジ.
[語源] 不詳だが多分ロシア語から. 19世紀より.

bri·dle /bráidl/ 名 C 動 本来他〔一般語〕[一般義] 馬を制御するための headstall (おもがい), bit (はみ), rein (手綱)の総称, 馬勒(ろく). [その他] 支えたり引いたりするためのY形のロープ, 〖機〗輪ぶりなど動きを抑える装置, 広く制御[抑制]する手段. 動 として馬勒をつける, 比喩的に感情などを抑える. 自 馬が手綱を引かれた時のように, きっとふり返って敵意, 嫌悪を示す.
[語源] 古英語 brīdel から.
[用例] You should learn to *bridle* your emotions. 感情を抑えられるようにならなくちゃね/He *bridled* at her insulting comments. 彼は彼女の侮辱的な言葉にきっとなった.
【派生語】**brídler** 名 C.
【複合語】**brídle pàth** [《英》wày] 名 C 乗馬専用道.

brief /brí:f/ 名 C 動 本来他〔一般語〕[一般義] 時間や長さが短い. [その他] 語数が少ない, 表現が簡潔である, 態度がぶっきらぼうである. 名 として要約, アウトライン, 〖法〗弁護士が作成する事件のあらましを述べた事件摘要書, 手short の指示を出し合せ, 細かい要領の指示, 《複数形で》男性用のぴっちりした丈の短いパンツ, 女性用のパンティ. 動 として要点を話す; 事前に指示・情報を与える.
[語源] ラテン語 brevis (=short) が古フランス語 bref を経て中英語に入った.
[用例] The policeman was *brief* with me when I asked him for directions. 道をたずねた時警官はそっけない返事をした/The astronauts were *briefed* before the space mission. 宇宙飛行士たちは宇宙への任務の前に段取りの指示を受けた.
[類義語] short.
【慣用句】***hold a [no] brief for*** ... ...を支持して議論する[しない], 賛成する[しない]. *in brief* 手短に言えば, 要約すると.
【派生語】**bríefing** 名 CU 細かい手順を指示するための会合, 打ち合わせ会, 指示の内容: We got together for the last time to have a *briefing*. 我々は集まって最後の打ち合わせをした. **bríefless** 形 弁護士が依頼人のいない状態. **bríefly** 副. **bríefness** 名 U 短いこと, あっさりしていること.
【複合語】**bríefcàse** 名 C 書類かばん, ブリーフケース.

bri·er /bráiər/ 名 C 〖植〗野ばら, いばら, いばらの茂み, いばらの枝(briar).
[語源] 古英語 brer, brær から.
【派生語】**bríery** 形 野ばらの茂った.

bri·gade /brigéid/ 名 C 〖軍〗旅団, 軍隊に似た組織で通常ユニホームを着た団体, 例えば救助隊(rescue brigade), 消防隊(fire brigade).
[語源] イタリア語 *brigare* (=to fight) から派生した *brigata* (=troops) がフランス語を経て初期近代英語に入った. それ以前は不詳.
【派生語】**brigadíer** /brìgədíər/ 名 C brigade の隊長; 准将: brigadier general 《米》陸[空]軍準将.

bright /bráit/ 形〔一般語〕[一般義] 明るい, 輝いた. [その他] 色や音がはっきりしていて強烈である, 水が透明である, 人が快活な, 頭の回転が速く機知に富んだり, 頭がいい, 広く素晴らしい, 際立っている, 将来が希望に満ちている, 毎日が幸せである. 副 として明るく, 輝いて.
[語源] 古英語 bryht から.
[用例] He drives a *bright* red car. 彼は派手な赤い色の車を乗り回している/She's always *bright* and happy. 彼女はいつも明るく幸せそうだ.
[類義語] bright; brilliant; shining; radiant; luminous; lustrous: **bright** は一般語で, 様々な程度の明るさを表す. **brilliant** は特に強烈な輝きやひらめきを表し, **shining** は持続的な光を表す. **radiant** は光線や熱を自ら発している[ように見える]ことを強調する. **luminous** は宝石など拡散する光を発することや, 暗やみの中でも明るく目立つことを表す. **lustrous** は特に表面のつやや光沢に注目する.
[反意語] dull; dim.
【慣用句】***look on [at] the bright side (of things)*** ものごとの明るい[良い]面を見る, 困難にめげず希望をもつ.
【派生語】**bríghten** 動 本来他 より明るくする, 元気づける. 自 明るくなる, 元気になる: They *brightened* up as soon as you arrived. 君が到着するや彼らは元気が出た. **bríghtly** 副. **bríghtness** 名 U.

bril·liant /bríljənt/ 形 C〔一般語〕[一般義] 宝石や海, 色彩が明るく輝く, きらきら光る. [その他] 印象が強烈である, 才能, 技量, 肉体的能力などが際立っててすばらしい. 名 としてブリリアントカットのダイヤモンド.
[語源] イタリア語 *brillare* (光る, ひらめく) がフランス語を経て初期近代英語に入った.
[類義語] ⇒bright.
【派生語】**brílliance, -cy** 名 U 光り輝くこと, 光沢, すぐれた才気. **brílliantine** /bríljəntì:n/ 名 U 髪をおさえてつやを出すための男性用の香料入り調髪油. **brílliantly** 副.

brim /brím/ 名 C 動 本来自〔一般語〕[一般義] コップやグラス, 鉢などの縁(ふち), へり 〖語法〗中味が一杯に満たさ

れている場合に用いる). その他 突き出した物やとび出た物の端, 帽子などのつば. 動 としてあふれる, あふれそうになる.

語源 不詳. 中英語より.

用例 The jug was filled to the *brim*. ジョッキはなみなみと注いであった/Her eyes were *brimming* with tears. 彼女の目には涙が一杯たまっていた.

【慣用句】**brim over with** … …があふれている, 流れ出している: She's *brimmed over with* excitement. 彼女は興奮してとり乱している.

【派生語】**brímful** 形 …が上まで一杯に入っている (of): She's *brimful* of ideas. 彼女の頭にはアイデアが一杯詰まっている. **brímfully** 副. **brímless** 形. **brímmer** 名 C 上まで一杯に入ったコップ[グラス], なみなみと注いだ杯(さかずき). **brímming** 形 あふれるばかりの. **brímmingly** 副.

bring /bríŋ/ 動 本来他 (過去・過分 **brought**/brɔ́:t/)
〔一般語〕一般義 話し手のところへ人[物]を連れて[持って]くる, 話し手自身が人[物]を連れて[持って]行く(語法 come が「来る」だけでなく, 話し手本人がある場所へ「行く」意味になるのと同じく, bring も話し手が「連れて行く」意にもなる; ⇒take). その他 話し手は当該の人のところへ**来**させる, 物が何かをもたらす, 招来する, 何かが…を導いて連れて来る, でき事や状況を生じさせる, ある状態に至らしめる, 〖法〗訴訟を提起する, 証拠を提示する.

語源 古英語 bringan から.

用例 Will you *bring* Tom to the restaurant and join me? トムをレストランまで連れて来て合流しませんか/They *brought* with them plenty of food for the starving children. 彼らは飢える子らのために食料をたっぷり持って来た/What in the world *brought* you here? 一体どうしてここに来たの/Gold *brings* a high price today. 今日では金は高く売れる/*bring* a case against … …に対して訴訟を起こす.

対照語 take.

【慣用句】**bring about** 出来事を引き起こす, 生じさせる, 結果を招く. **bring around** 説得する, なだめたりして機嫌をよくする; 意識や健康を回復させる; 船などの向きを変える. **bring back** 持って帰る, 連れ帰る, 戻す, 返す, 物事が人に…を思い出させる, とり返す, 政策や法律を復帰させる: That *brought* it all back to me. それですっかり思い出した. **bring down** 降ろす, 飛行機などを撃墜する, 人をつまずかせる, おとしめる, 負傷させる, 殺す, 政府などを打ち倒す; 値を下げる, 割り算などで上の桁の数字を下げる. **bring down … on** …に…をもたらす. **bring forth** [形式ばった表現] …をもたらす, 案などを提出する. **bring forward** 計算, 理論などを**紹介**する, 証拠を示す; 期日などを**繰り上げる**, 〖簿記〗繰り越す: His birthday party was *brought forward* because it falls on a weekday. 彼の誕生日パーティーは週日にあたるため繰り上げになった. **bring … home to** … 人に…を痛感させる: His pale face *brought home* to us the seriousness of his illness. 彼の青白い顔を見て病気の重さが痛い程に分かった. **bring in** 持ち込む, 収入をもたらす, 風習やファッションなどを持ち込む, 輸入する, 法案を導入する; 陪審員団が評決を答申する, 警察を**行**させる: They *brought in* a verdict of guilty. 彼らは有罪の評決を下した. **bring off** 苦労したり予想を覆して**事を成就する**. **bring on** 病気などを起こす, 戦争などを引き起こす, 学力などを**進歩**させる: You *brought* the trouble *on*. お前のせいで面倒なことになった/The new method *brought* you *on* in your English [*brought on* your English]. 新方式で君の英語力が向上した. **bring oneself to** … やっと…する気になる: I can't *bring myself* to sack the old man. あの老人を首にする気にはなれない. **bring out** 公の場へ持ち出す, 出版する, 世に出す, 作り出す, 製品化する; 引っ込み思案をなおす: I tried hard to *bring* him *out* of himself. 彼に自分の殻から抜け出させようと一生懸命やってみた. **bring over** 海外などから持ってくる, 説得して意見などを変えさせる; 帆の向きを変える. **bring round** = bring around. **bring … through** …を運び入れる, 連れて入る, 比喩的に難事を切り抜けさせる, 重病人などの生命を救う. **bring to** **停船**させる; 正気に戻す. **bring together** 人やグループをいっしょにする, 人を**出会わせる**, 人と人を結びつける. **bring … under** …を政治力で打ち負かす, 鎮圧する. **bring up** 育てつける; 議論をもちかける, 急に止まらせる, 話などをやめさせる; 規準に合うよう高める: *Bring* the matter *up* at the next meeting. 次回の会合でそのことをとり上げてください. **bring … up against** … 人を…に**直面**させる.

【複合語】**bríng-and-búy sàle** 名 C (英) くだけた形式の, 慈善の催しとしての持ち寄りセール.

brink /bríŋk/ 名 C (やや形式ばった語) 一般義 今にも悪いことや大事件が起こりそうな**瀬戸際**, **寸前**. その他 〔文語〕崖など険しいものの端(edge), 穴やみぞのふち, 落っこちそうな裂け目. 転じて比喩的に「瀬戸際」の意となった. (語法 この語は転落の危険があるような場合に用いられる).

語源 古ノルド語 brekka (= steep hill) が brinke として中英語に入った.

【慣用句】**on [at] the brink of** … 今にも…しそうで, …に瀕して.

【派生語】**brínkmanship** 名 U (米) 国際関係などで危険なことをぎりぎりまでおし通すこと, 瀬戸際政策.

brisk /brísk/ 形 動 本来他 〔一般語〕一般義 動きが速く**活発**な. その他 動作がきびきびしている, 口調でてきぱきしている, 取引などが**活発**である, 比喩的に空気がひんやりと**新鮮**でさわやかな, **心地よい**. 動 として**活発**にする, 活躍させる, 自 として**活気**づく.

語源 フランス語 brusque (唐突な, ぶっきらぼうな) が初期近代英語に入ったと思われる.

用例 Business was *brisk* today. 今日の取引は活況を呈した.

類義語 active.

【派生語】**briskly** 副. **briskness** 名 U.

bris・tle /brísl/ 名 UC 動 本来自 〔一般語〕一般義 いのししなど動物の短く突っ立った**剛毛**. その他 男性の顔のかたいひげ, ぶたなど動物のブラシ用の毛や人工ブラシの毛. 動 として, 毛や羽その他が剛毛のように逆立ち, 怒ったりして毛を逆立てる, 態度を硬化させる, 怒る《with》.

語源 古英語 byrst から. 音位転換により中英語で bristel となった.

用例 The dog's *bristles* rose when it was angry. 犬は怒って毛を逆立てた/She often *bristles with* anger. 彼女はよくぷんぷんと怒る.

【慣用句】**set up one's bristles** 怒ったりしてきっとする, 態度が硬直する.

【派生語】**brístly** 形 剛毛で覆われている、怒りっぽいので扱いにくい。

Brit·ain /brítn/ 名 固 英国《語法》Great Britain ともいう。正式には the United Kingdom of Great Britain and Northern Ireland》．
【派生語】**Britannia** /británjə/ 名 固 ブリタニア《★ローマ時代の Great Britain, 特にその南部の名称; Britain の女性形》. 《詩》英国。

Briticism /brítəsizm/ 名 U 〔一般語〕イギリス英語法。

British /brítiʃ/ 形 名 〔一般語〕英国の。名 として (the ～) 英国人。
【派生語】**Brítisher** 名 C 《やや古風で形式ばった語》《米》グレート・ブリテン生まれの人、イギリス人。
【複合語】**Brítish Áirways** 名 固 英国航空。**British Bróadcasting Corporàtion** 名 固 (the ～) 英国放送協会《★BBC と略す》. **Brítish Émpire** 名 固 (the ～) 大英帝国《★英国およびその自治領、植民地の旧称》．**Brítish Énglish** 名 U イギリス英語《★ロンドンを中心とする英国南部英語》．**Brítish Muséum** 名 固 (the ～) 大英博物館。**British Ráil** 名 固 英国国有鉄道。

Brit·on /brítn/ 名 固 〔古風な語; 新聞用語〕英国人。〔史〕ローマが進攻した当時のブリテン島の住民、ブリトン人 (★ケルト人).

brit·tle /brítl/ 形 〔一般語〕かたくて弾力が無くもろい、こわれやすい、砕けやすい。《その他》口調や態度が鋭い、人が過敏な、性質がかたくなな、暖かみに欠ける。名 として《米》ナッツの入ったかたいキャンディ.
語源 古英語 breotan (= to break) に由来する。
用例 Glass and dry twigs are *brittle*. ガラスや乾いた枝はもろい。
類義語 fragile.
【派生語】**bríttlely** 副．**bríttleness** 名 U．

broach /bróutʃ/ 動 本来他 名 C 〔形式ばった語〕〔一般語〕話を持ち出す、話題を導入する。《その他》たるなどの栓を抜いたり穴をあけたりして液体を出す。〔機〕穴を大きくする。自 鯨や潜水艦が浮上する。名 としては、本来の意味である鉄製や木製の焼き串、たるなどに穴をあける錐(きり)、穴ぐり器、またブローチ(brooch).
語源 ラテン語 *broccus* (歯の尖った) から派生した俗ラテン語 *brocca* (長釘) が古フランス語 *broche* (ピン、釘、焼き串) を経て中英語に入った。
用例 I hate to *broach* the question of dismissal again. 解雇の話をまた持ち出したくない.

broad /brɔ́ːd/ 形 名 C 〔一般語〕〔一般義〕横幅が広い。《その他》幅が…である。また広々としている、さえぎるものがなくたっぷりある、ゆったりしている、比喩的に心などが広い、寛大である。たっぷりあることから、〔限定用法〕あふれんばかりの、幅が広いことから大ざっぱ、大まかな。また明らかな、あからさまな、言語などがきわ立った、なまり丸出しの、《音》精密表記 (narrow transcription) に対して簡略表記の。名 として《英》浅い湖、《俗語》《米》《軽蔑的》女、売春婦.
語源 古英語 brād から。
用例 two meters *broad* 幅2メートル/*broad* laughter あけっぴろげな笑い/*broad* daylight 昼日中/*broad* sunshine さんさんとそそぐ陽光/We discussed the plans in *broad* outline. 我々は大まかに計画を検討した/His accent is very *broad*. 彼はなまり丸出しだ.
類義語 ⇒ wide.

反意語 narrow.
【慣用句】(*it is*) *as broad as it is long* 〔くだけた表現〕どちらにせよ同じこと (★幅と長さが同じことから): Whichever man she is to marry, *it's as broad as it is long*. 彼女がどっちの男と結婚しようと大して変わりない.

【派生語】**bróaden** 動 本来他 広げる、広める: *broaden* the mind 見聞を広める. **bróadly** 副 広く、大ざっぱに: *Broadly* speaking I'd say your chances are poor. 大ざっぱに言えば君の見込みは薄いよ. **bróadness** 名 U.

【複合語】**broadcast** 動 形 名 副 ⇒ 見出し. **bróad gáuge** 名 C〔鉄道〕広軌 (★56.5 インチの standard gauge より広いもの. 現在では、たいていこの広軌の方が用いられている). **bróad júmp** 名 固 (the ～) 《米》走り幅跳び (long jump). **bróad-mínded** 形 心が広い、寛大な. **bróad-míndedly** 副. **bróad-míndedness** 名 U. **bróadside** 名 C 船の舷側、《集合的に》一つの舷より発砲できる砲、その一斉射撃、批判などの一斉攻撃. 副 船が横向きになって.

broad·cast /brɔ́ːdkæst|-kà:st/ 動 《過去・過去分, ～ed》名 C 形 〔一般語〕〔一般義〕ラジオやテレビで放送する. 《その他》本来は広い範囲に種などをばらまく意. 転じて一般にゴシップや情報を広める、「放送する」意となった. 名 として放送、放送番組。形 として放送の、放送された、ばらまかれた. 副 として広い範囲にばらまいて.
【派生語】**bróadcàster** 名 C 放送番組出演[担当]者. **bróadcàsting** 名 U.

Broad·way /brɔ́ːdwèi/ 名 固 ブロードウェイ (★アメリカのニューヨーク市の劇場・娯楽街).

bro·cade /broukéid/ 名 U 〔本来語〕〔形式ばった語〕金糸・銀糸を用いた錦織りの布、ふくれ織りの布. 動 として錦織りにする.
語源 イタリア語 *broccare* (刺しゅうする) の過去分詞 *broccato* がスペイン語 *brocado* を経て初期近代英語に入った.

broc·co·li /brákəli|brɔ́k-/ 名 CU 〔植〕ブロッコリー (★cauliflower (カリフラワー) の一種である野菜).
語源 イタリア語 *broccio* (芽, 茎) の指小語 *broccolo* (キャベツの芽) の複数形 *broccoli* が初期近代英語に入った.

bro·chure /brouʃúər|bróuʃuə/ 名 C〔一般語〕商業、宣伝用パンフレット.
語源 フランス語 *brocher* (縫う, かがる) から派生した *brochure* (縫った物) が18世紀に入った.
類義語 brochure; pamphlet: **brochure** が比較的豪華な内容紹介などであるのに対し、**pamphlet** は簡単な綴じ込み小冊子.
日英比較 日本語で「パンフレット」といっているもののかなりのものは brochure である.

brogue¹ /bróug/ 名 C 〔一般語〕《通例複数形で》短靴、鋲を打った靴.
語源 ケルト語起源と思われるケルト語 *brog* (= shoe) が初期近代英語に入った.

brogue² /bróug/ 名 C 〔一般語〕《通例単数形で》アイルランドなまり.
語源 不詳.

broil /brɔ́il/ 動 本来他 名 UC 〔一般語〕〔一般義〕《米》肉などを直火で焼く (《英》grill). 《その他》太陽や炎暑などが焦がす. 自 焼ける、焦げる、比喩的に熱くなる. 名 と

して直火で焼くこと, 直火で焼いた料理《語法》通常オーブンで焼くことは bake というが, 上火のみ使って bake より高温で焼くのが broil).

語源 ゲルマン語起源と思われる古フランス語 broiller (=to burn) が中英語に入った.

用例 It's broiling hot today. 今日はうだるような暑さだ.

類義語 ⇒cook.

【派生語】**bróiler** 名 C 焼肉用若どり; 焼肉器.

broke /bróuk/ 動 break の過去形.

bro·ken /bróukən/ 動 形 break の過去分詞. 形として〔一般語〕 一般義 物がばらばらに**壊れている, 破れている, 折れている**, 機械が**故障している.** その他 比喩的に約束や法律が破られる, 経済的に破たんした, 家族が崩壊した, 結婚話が破談となった, 言葉が文法的でなく構文が不整合の, 人が病気や老齢で衰弱した, くじけた. また表面がでこぼこである, 光線がさえぎられて**断続的**である, 線が折れ曲がっている, 天候が**不順**である, 数字が整数 (round number) に対して**分数**である.

用例 broken enterprise 倒産した会社 / broken sleep 睡眠の妨害 / broken times [hours] はんぱになった時間 / The surface was broken and uneven. 表面はでこぼこしてならかではなかった.

【派生語】**brókenly** 副 つかえつかえに, 唐突に, 不完全に, 壊れた状態で.

【複合語】**bróken-dówn**《やや軽蔑的》機械が**故障している**, 壊れている, 機能しない, 調子の悪い, 長く使用してくたびれ切った, おんぼろの. **bróken-héarted** 形 悲しみなどでうちひしがれた, **失恋**した (heart-broken). **bróken hóme** 名 C 別居, 離婚による片親の欠けた家庭. **bróken líne** 名 C 破線 (-----).

bro·ker /bróukər/ 名 C 動 本来他 〔一般語〕 一般義 **ブローカー, 仲買人**《語法》複合語で用いることが多い). その他 本来はワインの小売り販売人を表したが, 後には広く小売り商人を表したり, 物を買ってまたそれを売る仲買業者, 自国の商人, 質屋などを表すようにした. 〔英〕法的な資格をもつ差し押さえ物件の**評価販売人**. 動 として**仲介**する.

語源 古フランス語 brochier (たるに穴をあける, 栓をする) がワインをたる口から小売りする意となって中英語に入った.

用例 She took her jewellery to the pawnbroker. 彼女は宝石を質屋へもっていった.

【派生語】**brókerage** 名 U 〔形式ばった語〕**仲介業**, 仲介業者の事務所, その料金.

bro·mide /bróumaid/ 名 CU 〔化〕**臭素化合物**, 〔薬〕**鎮静剤**,〔写〕**ブロマイド印刷**,〔古めかしい俗語〕〔米〕**陳腐**なこと.

語源 brom-「臭素を含む」+-ide「化合物」. 19 世紀から.

日英比較 日本語で芸能人などの小型写真を「ブロマイド」というが, これは英語の bromide paper (ブロマイド印画紙) の略語を発音を誤って借用したもの. 英語には「スターの写真」の意はない.

bron·chus /bráŋkəs/ brón-/ 名 C (複 **-chi** /kai/) 〔解〕**気管支**.

語源 ギリシャ語 brógkhos (気管) がラテン語を経て 18 世紀に入った.

関連語 trachea 〔形式ばった語〕および windpipe〔一般語〕は共に気管を表す.

【派生語】**brónchial** 形 気管支の: brónchial túbe

主要な 2 本の気管支, あるいはそこから枝分かれる気管支. **bronchitis** /brəŋkáitis | brɔn-/ 名 U 〔医〕**気管支炎**.

bronze /bránz | brɔnz/ 名 UC 形 本来動 〔一般語〕 一般義 **青銅, ブロンズ**, 銅をベースにした合金を広く表す. ブロンズ像などの作品やブロンズ製品, ブロンズ色 (★赤みがかった茶色). 形 として青銅製の, ブロンズ色の. 動 としてブロンズ色にする.

語源 本来ペルシャ語 birinj (銅) に由来すると思われるイタリア語 bronzo がフランス語を経て 18 世紀に入った.

関連語 brass (銅と亜鉛の合金).

【派生語】**brónzy** 形.

【複合語】**Brónze Àge** 名 (the ~) 青銅器時代. **brónze médal** 銅メダル (★gold medal, silver medal に次ぐもの).

brooch /bróutʃ/ 名 C 〔一般語〕留め金のついた飾りピン, **ブローチ**.

語源 ⇒broach.

brood /brúːd/ 名 動 本来自 〔一般語〕 一般義《集合的》動物の子, 特に同時にかえった鳥や蛇, 昆虫などのひと腹の子. その他《やや軽蔑的》**家族**, 家族の中の**子供全員**, 特定の性質を共有する同種の者たち. 動 として**卵を抱いてかえす**, そのじっとしている様子から, **陰気にうつうつと考えをめぐらす**, 雲などが重く空を覆う (over).

語源 古英語 bród から.

用例 a brood of chickens 一かえりの鶏のひな / The hen is brooding. めんどりが卵を抱いている / The dark clouds brooded over the horizon. 暗雲が地平線にたちこめていた.

【派生語】**brooder** 名 C ひな保育器; もの思いにふける人. **broodiness** 名 U. **broody** 形 ふさぎ込んだ; 鳥が巣につきたがる.

brook /brúk/ 名 C 〔一般語〕river よりも小さな**小川** (rivulet).

語源 古英語 bróc (=stream) から.

類義語 stream; river.

broom /brúːm, brum/ 名 C 動 本来名 〔一般語〕 一般義 **ほうき**. その他〔植〕えにしだ. 本来はこの砂地, 荒地に生える木の枝や葉などからほうきの意となり, ほうきの意となった. 動 としてほうきで掃除する.

語源 古英語 brom (低木の茂み) から.

【慣用句】*a new broom* 新任の役職者などに**抜本的な変革をしたがっている者**: *A new broom sweeps clean.*《ことわざ》新しいほうきはよく掃ける (新任はとかく大改革をしたがる).

【複合語】**bróomstick** 名 C ほうきの**長柄**, ほうきに乗った魔女の連想から,〔俗語〕**女房**, やせっぽちの女.

broth·el /bráθəl/ brɔθ-/ 名 C 〔一般語〕《軽蔑的》**売春宿**,《オーストラリア》散らかった汚い場所.

語源 古英語 brēothan (=to break; to destroy; to ruin) の過去分詞 brothen (=ruined) が中英語で brothel (=worthless person; prostitute) となった. このように brothel は本来人を表すが古フランス語から借用した bordel (売春宿) との混同で場所を表すようになった.

broth·er /brʌ́ðər/ 名 C 感 〔一般語〕 一般義 両親を同じとする**兄弟** 日英比較 日本語では兄, 弟と年上か年下かで語が分かれるが, 英語ではとくに必要のない限りそのような区別はしない. したがって brother だけでは兄か弟かは前後関係で判断するしかない. 必要な場合は兄

は elder [older] brother, 弟は younger brother, 小児用語では兄は big brother, 弟は little brother. その他 片親を同じくする兄弟('P), また stepbrother (まま兄弟すなわちまま親とその前の配偶者との息子) や foster brother (養子である兄弟) の省略形としても用いられる。男の親友, 仲間, 《B-》修道士. 慣 として 《俗語》《米》困惑, 驚き, 不快の感情をこめてお似かい, 驚いたなあ, ひどい.
語源 古英語 brōthor から.
関連語 fraternal.
【慣用句】 *brothers in arms* 戦友.
【派生語】 **brótherhood** 名 U 兄弟の間柄, 兄弟愛, 仲間. **brótherliness** 名 U. **brótherly** 形 兄弟としての, 兄弟らしい, 親切な, 忠実な: *brotherly love* 兄弟愛.
【複合語】 **bróther-in-làw** 名 C 義理の兄弟 (★妻または夫の兄弟, 妹の夫, 妻または夫の姉妹の夫, すなわち, 結婚によって兄弟の関係に入ることになった人).

brow /bráu/ 名 C 〔一般語〕 一般義 《通例複数形で》まゆ(毛)(eyebrow). その他 まゆの上の額(forehead), 顔の表情, 比喩的に崖や丘などの突出した頂上部.
語源 古英語 bru から. 古英語では主に「まつげ」を表していたが, やがて「まぶた」を表すようになり,「まゆ」から「額の突出部」「額全体」と, 広い意味に用いられるようになった.
【慣用句】 *knit one's brows* 〔文語〕 顔をしかめる.

brow·beat /bráubìːt/ 動 本来他 〔過去 ~; 過分 -beaten〕 《ユーモラスな語》 眉をしかめてこわい顔で威圧して人に…をさせる(into), …をやめさせる(out of).
語源 brow + beat. 初期近代英語から.

brown /bráun/ 形 名 UC 動 本来他 〔一般語〕 一般義 褐色の, 茶色の (★同量の赤と緑と青を少し混ぜた色とも, 赤, 黒, 黄を混合した色ともいわれる). その他 日焼けした, 色黒の. 名 として褐色, 茶色, 料理の焦げ色. 動 として日焼けさせる[する], 焦げ色のつくまで焼く.
語源 古英語 brun から. 原義は dark.
用例 She was very *brown* after her holiday in Greece. ギリシャでの休暇の後で彼女はよく日焼けしていた/You'll *brown* in the sun today. 今日は良い具合に日焼けしそうだよ.
【慣用句】 *be browned off* 〔くだけた表現〕《英》うんざり[いらいら]している.
【派生語】 **brównish** 形 褐色がかった.
【複合語】 **brówn bréad** 名 U 黒パン(⇔white bread). **brown-nòse** 動 本来他 《俗語》《米》 へつらう. 名 C へつらう人. **brown-òut** 動 本来他 《くだけた語》 節電のため街の灯りを減らす. **brówn ríce** 名 C 玄米. **brównstòne** 名 C 《米》赤茶色の砂岩, それを正面に用いた家 (★ニューヨークの高級住宅に多く見られる). **brówn súgar** 名 U 赤砂糖, ざらめ.

brown·ie /bráuni/ 名 C 〔一般語〕《米》 チョコレート菓子の一種, 《スコットランド伝説》 家人が夜眠っている間に出てきて仕事を手伝ってくれる妖精 (★妖精が茶色をしていることから), 《英》 6-8 才のガールスカウト団員.
語源 brown の親愛形として初期近代英語より.
【複合語】 **Brównie Póint** 名 C 《通例複数形で》 ガールスカウトの得点の意から転じて, 上役にとり入って上った評価.

browse /bráuz/ 動 本来他 U 《やや形式ばった語》 一般義 本を拾い読みする, 商品の陳列にざっと目を通 す. その他 家畜が草をはむ, 《コンピューター》 資料を探索する. 自 としても用いられる. 名 として 木の芽, 《a ~》 拾い読み, 立ち読み.
語源 ゲルマン語起源の古フランス語 brost (=young sprout) の 動 broster (=to sprout) が中英語に入った. 家畜が木の芽や葉などをさがし回って食べることから「拾い読みする」意となった.
用例 I don't want to buy a book—I'm just *browsing*. 本を買いたいわけではなくて, 見ているだけです.
【派生語】 **brówser** 名 C.

bruise /brúːz/ 動 本来他 C 〔一般語〕 一般義 皮膚を破らないまま体に傷を与える, 打撲傷を与える. その他 広く食物などで物をたたきつぶす, 比喩的に感情を傷つける. 名 として打撲傷, それによってできたあざ.
語源 古英語 brysan (=to crush) より.
用例 She *bruised* her forehead when she fell. 彼女は転倒して額を打った/She *bruises* easily. 彼女はすぐあざになる.
【派生語】 **brúiser** 名 C 強いけんか好きな男, プロボクサー.

brunch /brʌ́ntʃ/ 名 〔くだけた語〕《米》昼食を兼ねたおそい朝食.
語源 br(eakfast)+(l)unch として 20 世紀に造られた.

bru·net, bru·nette /bruːnét/ 形 C 〔一般語〕 前者は白人男性で髪が黒[黒褐色]の, 後者はそのような女性.
語源 古フランス語 brun (=brown) の指小語 brunet が初期近代英語に入った.

brunt /brʌ́nt/ 名 U 〔形式ばった語〕 強い打撃, 衝撃, 比喩的にものごとの最も辛く苦しい部分.
語源 不詳.
【慣用句】 *bear the brunt of* …... …に耐える, …の矢おもてに立つ.

brush /brʌ́ʃ/ 名 C 動 本来他 〔一般語〕 一般義 ブラシ (★broom「ほうき」より毛が短く, 全体に小さい. 用途も多様). その他 広くブラシ状のもの, 絵筆, 毛筆など. 動 としてブラシをかける, さっとなでる, すばやくかすめ過ぎる.
語源 古フランス語 brosse (ブラシ, しば) が中英語に入った.
【慣用句】 *brush aside* 注意を払わない, 横へどける, 棚に上げる (brush away). *brush down* 手やブラシで汚れやちりをはらう. *brush up* …の勉強をやり直す. *tarred with the same brush* ある一団の者たちが同じ欠点を持っている.
【派生語】 **brúshy** 形 もじゃもじゃの.
【複合語】 **brúsh-òff** 名 《俗語》(the ~)拒絶: give the *brush-off* きっぱり断る / get the *brush-off* 冷たくあしらわれる. **brúshùp** 名 C 勉強のやり直し, きれいにすること: have a wash and *brushup* 顔を洗って身繕いする. **brúshwòod** 名 U しば, 小枝. **brúshwòrk** 名 U 筆づかい, 画風, 筆法.

brusque /brʌ́sk, -úː/ 形 《やや形式ばった語》態度や言動がぶっきらぼうな, 唐突な.
語源 イタリア語 brusco (=sour; sharp) がフランス語を経て初期近代英語に入った.
類義語 brusque; blunt: **brusque** は明らかに無礼でつっけんどんなことを表すが, **blunt** は鈍感で相手の気持ちに心を配らないために無遠慮で愛想が無いことを表す.

【派生語】**brúsquely** 副. **brúsqueness** 名 U.

Brus·sels /brʌ́slz/ 名 固 ブリュッセル（★ベルギーの首都）.

bru·tal /brúːtl/ 形 〔⇒brute〕〔一般語〕 一般義 獣のような, 残忍, 野蛮, 狂暴または冷酷な. その他 真実などが残酷なまでに衝撃的でひどい, 気候が厳しい, ものの言い方や態度が直接的でぶしつけな.
用例 His treatment of her was *brutal*. 彼は彼女に対して粗暴なあしらいをした.
類義語 cruel.
【派生語】**brutálity** 名 U, 《複数形で》brutal な行為: police *brutality* 警察の横暴. **brùtalizátion** 名 U. **brútalìze** 動 本来他 brutal にする[なる]. **brútally** 副.

brute /brúːt/ 名 C 形 〔一般語〕 一般義 けだもののような人, 人でなし（★特に男性）. その他 〔文語〕けだもの, 野獣, 《the ～》人間の中の野獣性, 動物的衝動, 〔くだけた語〕ひどいやつ. 形 として理性のない, 残忍な, 非情な.
語源 ラテン語 *brutus*（理性に欠ける, 愚鈍な）に由来し, 古フランス語を経て中英語に入った.
用例 My dog died yesterday, the poor *brute*. ぼくの犬が昨日死んでね, 可哀そうに/You're a *brute* not to take me to the party. 私をパーティーに連れてってくれないなんてひどい人ね/*brute* force [strength] 動物的な力, 一生懸命.
類義語 ⇒animal.
【派生語】**brutal** 形 ⇒見出し. **brútehood** 名 U brute の状態, brute のレベル, 下劣であること. **brúteness** 名 U. **brútish** 形. **brútishly** 副.

BSE /bíːesíː/ 名 U 【医】狂牛病（★bovine spongiform encephalopathy の略）.

bub·ble /bʌ́bl/ 名 C 動 本来自 〔一般語〕 一般義 《しばしば複数形で》あぶく, 気泡. その他 広く泡に類似した形状のもの, 比喩的にすぐにつぶれてしまうような夢のような考え[計画], みかけ倒しのもの, 泡立つ, 沸き立つ, 喜びや憤りで満ちあふれる.
語源 スカンジナビア語系の擬音語で, 中英語 bobel から. スウェーデン語で *bubbla*, デンマーク語で *boble*, オランダ語で *babbel* という.
用例 Children love blowing *bubbles*. 子供はシャボン玉遊びが大好きだ/*bubble* scheme もろい企て.
類義語 bubble; foam: **bubble** は個々のあぶく, **foam** は bubble の集まったもので, 通常白い色をしており, アルコールが発酵する時などにできる.
【慣用句】***bubble over*** 沸々としてあふれ出る, 興奮を表して現れす.
【派生語】**búbbler** 名 C《米》水が上向きに出る水飲み器 (drinking fountain). **búbbly** 形 泡を出す, 泡だらけの, 泡のような, 元気でぴちぴちしている. 名 U〔俗語〕シャンペン: Let's celebrate with a bottle of *bubbly*. シャンペンで乾杯しよう.
【複合語】**búbble and squéak** 名 U 《英》キャベツ, ポテト, 肉を炒めた料理, バブルアンドスクイーク（★炒める時の音より）. **búbble bàth** 名 CU 《米》泡風呂, 泡風呂用の入浴剤. **búbble càr** 名 C 《英》透明なドーム形の屋根のついた小型の三輪自動車. **búbble gùm** 名 C 風船ガム. **búbblehèad** 名 C 〔俗語〕ばか, 頭がからっぽの人.

buc·ca·neer /bʌ̀kəníər/ 名 C 動 本来自 〔形式ばった語〕海賊（★特に 17, 18 世紀にアメリカ大陸のスペイン植民地やカリブ海に出没した海賊）.
語源 フランス語 *boucanier* が初期近代英語に入った. 原義は「野牛の肉を火であぶる人」.

buck¹ /bʌ́k/ 名 C 動 本来自 形 〔一般語〕 一般義 雄の鹿（⇒doe）. その他 鹿だけでなく, となかい, カンガルー, やぎ, うさぎなどの雄, 〔俗語〕髪のはげ上がった強壮な若者. 動 として, 馬やらばなどが乗り手をふるい落とそうとしては上る, やぎなどが頭を下げて突進する, 転じてフットボールなどで頭を下げて突撃する, 〔くだけた語〕《米》頑として抵抗する, はむかう, 車が急にぐいと前進する. 形 として雄の.
語源 古英語 bucca（雄やぎ）と buc（雄鹿）との混成語として中英語から.
【慣用句】***buck for ...*** 〔俗語〕《米》昇進などが目あてでせっせと働く. ***buck up*** 〔一般的表現〕ふるいたたせる, 元気づく, せかす, 急ぐ, 改善する: You'd better *buck up* if you want to catch the bus. バスに間に合いたいなら急がなくちゃ.
【複合語】**búckskin** 名 UC 鹿や羊などのなめし革, バックスキン, その製品. 形 バックスキンの, 黄色がかった. **búcktóoth** 名 C《軽蔑的》そっ歯, 出っ歯. **búcktóothed** 形.

buck² /bʌ́k/ 名 C 〔俗語〕《米・オーストラリア》ドル.
語源 buckskin の省略形として 19 世紀から. 西部開拓当時になめし皮が北米先住民との交易の単位として用いられたことから.
用例 a hundred *bucks* 百ドル.

buck·et /bʌ́kit/ 名 C 動 本来他 〔一般語〕 一般義 バケツ, 手おけ（★本来消火用の水を運ぶ容器から野井戸から水をくみ出す容器を指した）. その他 バケツ一杯の分量 (bucketful), バケツに似たもの, ショベルカーなどの土をすくい上げる部分, 水車の水受け, タービンの水出口, 〔くだけた語〕量の多いこと. 動 として, 水をバケツですくう. 自 車がかたわた進む.
語源 不詳. 中英語から.
類義語 bail.
【慣用句】***bucket about*** 〔くだけた表現〕《悪い意味で》...を連れ回す, あてもなく引きずり回す. ***bucket down*** 〔くだけた表現〕雨が激しく降る. ***bucket out*** 〔くだけた表現〕バケツでくみ出すようにすっかり空っぽにする. ***come down in buckets*** 〔くだけた表現〕雨が激しく降る. ***kick the bucket*** 〔戯言的〕死ぬ（★句源は不詳）.
【派生語】**búcketful** 名 C バケツ一杯分.
【複合語】**búcket brigàde** 名 C 消火のバケツリレーの列. **búcket sèat** 名 C 車などの一人用座席. **búcket shòp** 名 C《米》株や証券, 商品などを不正に取引する悪徳業者（★本来もぐりの小規模な穀物取引所で, get a bucketful（投機家を多勢つかまえる）という表現を使ったことから）.《英》〔くだけた語〕航空券の安売り店.

buck·eye /bʌ́kài/ 名 C 【植】北米産のとちのき. オハイオ州でとちのきが多く生育するため, 州の木に指定されているところから,《B-》オハイオ州の住人, 出身者. Buckeye State で「オハイオ州」.
語源 buck¹+eye. とちのきの実の形や色が雄鹿の目に似ていることに由来する. 19 世紀から.

buck·le /bʌ́kl/ 名 C 動 本来他 〔一般語〕 一般義 ベルトの留め金, バックル. その他 靴などに付いている, バックル型の飾り. 動 として, バックルで締める[締まる].
語源 ラテン語 *buccula*（ヘルメットのあごひも）に由来し,

古フランス語を経て中英語に入った.
[用例] *Buckle* (up) your seat belt. シートベルトを締めなさい.
【慣用句】 *buckle down* 〔くだけた表現〕《米》懸命にまたは本気でやり始める: You must just *buckle down* to the new job. 新しい仕事に本腰を入れなさい. *buckle to* 仕事に精を出す: You must *buckle to* or go. 一生懸命やるか辞めるかしかない.

buck·saw /bʌ́ksɔː/ 名 C 〔形式ばった語〕《米》大枠のこぎり.
[語源] buck (木挽台)+saw (のこぎり). 19 世紀より.

buck·wheat /bʌ́khwiːt/ 名 CU 形 【植】そば, そばの実, そば粉 (★鶏の飼料などに用いる. アメリカでは黒パン (brown bread) の材料にもする).
[語源] オランダ語 *boekweite* (*boeke* beech+*weite* wheat) が初期近代英語に入った. 種子がぶな (beech) の実に似ていることから.

bud[1] /bʌ́d/ 名 C 動 [本来自] [一般義] [一般義] 咲き始めの花, つぼみ, 芽. [その他] 比喩的に未熟な人, 未発達のもの. 動 として芽を出す, 芽が出る, 伸び始める.
[語源] 不詳. 中英語から.
【慣用句】 *in bud* 芽ぐんで, つぼみである, 発達中の. *nip in the bud* 考えや運動を未然に止める.
[派生語] **búdding** 形 成長し始めている, 芽を出しかけている; 新進の, 売り出し中の. 芽分芽: I think he is a *budding* poet. 彼はこれから伸びる詩人だと思う.

bud[2] /bʌ́d/ 名 C 〔俗語〕《米》buddy の略語として, 男性や少年に呼びかける時に用いる.

Bud·dha /búːdə/ 名 固 [一般義] 仏陀, 釈迦(563-483 B.C. 頃)(★インドの哲学者・宗教家で仏教の創始者, 釈迦牟尼 (Sakyamuni). 普通名詞として C 仏像, 仏画.
[語源] サンスクリット語 *bodhati* (悟る, 知る) の過去分詞 *buddhá* (悟った(者)) が初期近代英語に入った.
[派生語] **Búddhahood** 名 U 悟りの境地. **Búddhaship** 名 U 仏陀の位に就いていること. **Búddhism** 名 U 仏教 (語法 Boudhism, Budhism, Booddhism ともいう). **Búddhist** 名 C 形 仏教徒 (語法 Boudhist ともいう). **Buddhístic** 形.

bud·dy /bʌ́di/ 名 C 〔くだけた語〕《米》男の親友, 仲間, 相棒.
[語源] brother の変形で 19 世紀より.
[類義語] friend.
【複合語】 **búddy-búddy** 形 〔くだけた語〕《米》親しい, 仲のよい, なれなれしい.

budge /bʌ́dʒ/ 動 [本来自] 〔やや形式ばった語〕ほんの少し動く[動かす] (語法 通常否定的な文に用いて頑固に動かないでいることを表す. 比喩的に考えなどが変わらない場合にも用いる).
[語源] ラテン語 *bullire* (=to boil) に由来する古フランス語 *bouger* (動く) が, 初期近代英語に入った.
[用例] They wouldn't *budge* from their way of living. 彼らは生活様式を頑として変えようとしない/ The theory is as difficult to *budge* as a stone building. その理論は石造りの建物同様なかなか動揺しない.

budg·et /bʌ́dʒit/ 名 C 形 [本来他] [一般義] [一般義] 予算, 予算案. [その他] 本来はバッグや財布およびの中味の意で, それから予算の意になった. また予算金額. 動 として予算に組み込む, …の予算を立てる, 〔くだけた語〕〔形容詞的に〕価格が安い.

[語源] 古フランス語 *bouge* (袋) の指小語 *bougette* が中英語に入った.
[用例] a family *budget* 家計/a *budget* price 低廉な価格.
【慣用句】 *balance the budget* 帳尻を合わせる. *budget for* … のため計画的に節約・貯金する: He's *budgeting* for buying a car. 彼は車を買うためにきりつめている. *on a (tight) budget* 限られた予算で(の). *on [over] budget* 予算通り[超過]で. *within [under; below] budget* 予算内で(の).
[派生語] **búdgetary** 形 予算の: the government's *budgetary* measures 政府の予算案. **bùdgetéer** 名 C 予算を立てる人, 予算通りにやっていく人.

buff[1] /bʌ́f/ 名 CU 形 [本来他] [一般義] 水牛などの淡い黄色のもみ革. [その他] この革でできた軍服, みがいたり掃除したりするための革張りの棒(buffer), 淡黄褐色. 形 として淡黄褐色の. 動 として, もみ革で磨く.
[語源] イタリア語 *bufalo* (水牛) がフランス語を経て初期近代英語に入った.
【慣用句】 *buff up* みがきを上げる. *in the buff* 〔くだけた表現〕まっ裸で.
[派生語] **búffer**[2] 名 C 掃除したり磨いたりする人, みがき棒, みがき車 (buffing wheel), 〔くだけた語〕《英》老人, じいさん: He's a bit of an old *buffer* but I like him. あいつは役立たず爺(じじい)だけどぼくは好きだ.

buf·fa·lo /bʌ́tvfəlou/ 名 C 形 [本来他] 動 インドの水牛(water buffalo), アメリカの野牛(bison), ひざ掛けや毛布として用いる野牛の毛皮. 動 として 〔俗語〕《米》野牛のイメージから, 人を困惑させる.
[語源] ギリシャ語 *boubalos* (とかい, 水牛) に由来するラテン語 *bufalus* (野牛) が, イタリア語 *bufalo* を経て初期近代英語に入った.

buff·er[1] /bʌ́fər/ 名 C 動 [本来他] 〔形式ばった語〕 [一般義] 緩衝器, 緩衝剤. [その他] 【鉄道】ショックを吸収する緩衝装置, 【化】酸やアルカリを中和して溶液の水素イオン濃度を安定させる緩衝剤, 【コンピューター】一時的にデータを蓄える緩衝記憶装置.
[語源] 本来は何かがそっとぶつかる音を表す擬音語で, 中英語 *buffe* より派生して 19 世紀から.
[用例] My agent acts as a *buffer* between the newspaper reporters and me. 代理人が新聞記者と私との間のショックよけになっている.
【複合語】 **búffer stàte** 名 C 敵対する大国の間に位置して緩衝の役割を果たしている国, 緩衝国. **búffer zòne** 名 C 緩衝地帯.

buffer[2] ⇒buff.

buf·fet[1] /bəféi, bu- búfei/ 名 C 〔形式ばった語〕 [一般義] パーティーなどの立食料理. [その他] 本来は食器戸棚の意であったが, 現在では立食用のカウンター, カウンター形式の簡易食堂.
[語源] フランス語 *buffet* (=bench) が 18 世紀に入った.
[用例] They had a *buffet* at the wedding 彼らはビュッフェ式の結婚式をした/a *buffet* supper ビュッフェ風の夕食.

buf·fet[2] /bʌ́fit/ 名 C 動 [本来他] 〔形式ばった語〕 [一般義] 手やこぶしでなぐる, 打撃を与える. 〔しばしば受身で〕比喩的に波風や苛酷な事実, 困難などが人を痛めつける. 名 として打撃, 運命などの痛めつけ.
[語源] 古フランス語 *buffe* (一撃) の指小語 *buffette* が中英語に入った. 本来擬音語であると考えられる.

【用例】 the *buffets* of fate 運命の衝撃/The boat was *buffeted* by the waves. 船は波にたたかれた.
【派生語】 **búffeter** 名 C. **búffeting** 名 U.

bug /bʌ́g/ 名 C 動 本来自 〔くだけた語〕 一般義 なんきんむし(bed-bug; housebug), ごきぶりなどの小さな害虫. その他 広く小さな昆虫, ビールスやバクテリアなど病原となる微生物, 形状・機能などの類似より, 〔俗語〕〔米〕盗聴用の小型マイク, コンパクトな小型車. 動 としては, 害虫がしつこくつきまとうように困らす, 盗聴する.
語源 不詳. 初期近代英語から.
【用例】 a fire *bug* 放火魔/There's a flu *bug* going around. インフルエンザが流行っている.
【慣用句】 ***be*** [***get***] ***bitten by the*** (...) ***bug*** ...にとりつかれている, 夢中になっている. ***bug off*** 〔俗語〕〔米〕しつこく困らすのをやめて去る《〔英〕bugger off》. ***bug out*** 〔俗語〕〔米〕逃げる, ずらかる. ***have the ... bug*** ...に夢中になっている. Mary *has* the photo [camera] *bug*. メアリーはカメラ狂だ.
【派生語】 **búggy**² 形 虫がくっている: He threw away the *buggy* old sofa. 彼は虫食いの古いソファを処分した.
【複合語】 **búg-èyed** 形 〔俗語〕〔米〕驚いたりして目玉のとび出た. **búghòuse** 名 C 〔俗語〕〔米〕〔軽蔑的〕精神病院. 形 気の狂った, 精神病の (★**bug**+(**mad**) **house** として20世紀より). **búghùnter** 名 〔俗語〕採集をする昆虫学者. **búgjùice** 名 U 〔俗語〕〔米〕安ウイスキー.

bug·gy¹ /bʌ́gi/ 名 C 一般義 一般義 〔米〕小型乳母車(baby buggy). その他 一座席で一頭立ての馬車《★〔米〕では4輪, 〔英〕では2輪のものが多い》, 砂地用自動車(beach buggy), 一般に〔俗語〕古い自動車, ポンコツ車.
語源 不詳. 18世紀より.
【慣用句】 ***the horse-and-buggy days*** 〔くだけた表現〕自動車の無い時代.

bug·gy² ⇒bug.

bu·gle /bjúːgl/ 名 動 本来自 〔形式ばった語〕軍隊の呼び出し合図やファンファーレなどに用いるらっぱ. 動 としてらっぱを吹きならす, らっぱを吹いて知らせる.
語源 ラテン語 *bos* (=ox)の指小語 *buculus* (若牛)が古フランス語を経て中英語で bugle horn (=ox horn)の短縮形として用いられるようになった.
【派生語】 **búgler** 名 C らっぱ手.

build /bíld/ 動 本来自 (過去・過分 built) 名 UC 〔一般義〕 一般義 建物や鉄道橋などを建てる, 作る, 建設する. その他 比喩的に生み出す, 成長・発展させる, 理論を構築する, ビジネスを設立する. 自 建築業にたずさわる, 善意など感情を募らせる《up》. 名 として, 建物の様式, 建て方, 人の体格, 姿.
語源 古英語 byldan (=to build) より.
【用例】 Roma was not *built* in a day. 〔ことわざ〕ローマは一日にして成らず/Our friendship is *built* on mutual trust. 我々の友情は互いの信頼に基づいている/a man of heavy *build* どっしりした体つき.
類義語 build; construct: **build** はビルディングからおもちゃ, 鳥の巣箱まで, 様々な物を作り上げる意味の一般的な語. **construct** はやや形式ばった語で, 大がかりなものを計画・設計にもとづいて建設する意.
反意語 destroy.
【慣用句】 ***build in*** 〔通例受身で〕家具などを作りつけにする, 比喩的に...を組み込む. ***build ... into*** 《通例受身で》...に作りつけにする, 組み込む. ***build on*** 増築する, 発展形に...を基礎として用いる: The hospital is bigger now—They *built* a new wing *on* in 1977. 病院は前より大きくなっている. 1977年に新病棟を建て増したから/You've had some success— you must *build on* it now. 君は幾ばくかの成功をおさめた. 今度はそこからさらに伸びなくてはいけない. ***build up*** 増大する, 増強する, 増進する, 宣伝する, もてはやす, 増える, 強まる: The traffic begins to *build up* around five o'clock. 交通は5時あたりから混み始める/They *built* him *up* until I couldn't wait to meet him. 彼らは彼をたいそう持ち上げたので, 私は会うのが待ち遠しくてたまらなかった.
【派生語】 **búilder** 名 C 建築業者. **búilding** 名 CU 建物; 建てること, 建造: **building blòck** 積み木, 比喩的に理論を支える事実/**building sociéty** 〔英〕住宅金融会社.
【複合語】 **búildùp** 〔くだけた語〕増加, 軍隊の増強, 宣伝, 売り込み.

built /bílt/ 動 形 build の過去・過去分詞. 形 として 《複合語》 ...の建て方の, ...形の, ...の素材でできた, ...の場所で建てられた.
【用例】 well-*built* よくできている/wooden-*built* 木造の/Japanese-*built* 日本で建造された.
【複合語】 **built-ín** 形 〔米〕作りつけの, 内在的な. **built-úp** 形 建物が林立している: a *built-up* area 建物で埋めつくされた地域.

bulb /bʌ́lb/ 名 C 〔一般義〕 一般義 電球(light bulb), 真空管. その他 本来は「たまねぎ」の意で, それからゆり, ダリア, シクラメン, クロッカスなどの球根, 球茎の意となった. また球根を持つ植物.
語源 ギリシャ語 *bolbos* (=onion) がラテン語 *bulbus* を経て中英語に入った.
【用例】 a *bulb* of garlic にんにく一個.
【派生語】 **búlbous** 形 〔軽蔑的〕球根のように太って丸い, 〔形式ばった語〕球根[球茎]の.

bulge /bʌ́ldʒ/ 名 C 動 本来自 〔一般義〕 一般義 ふくらみ, 出っ張り. その他 樽などの胴, 急増. 動 としては, 内側からの圧力で外に向かって突き出す[出ている]. 突然大きくなる, 価値を増す.
語源 ラテン語 *bulga* (=bag)が古フランス語 *boulge*, *bouge* を経て中英語に入った. 本来の意は「革の袋」.
【用例】 There was a *bulge* in the birthrate after the war. 戦後, 出生率の急上昇があった/His muscles *bulged*. 彼の筋肉がもり上った.
類義語 projection.

bulk /bʌ́lk/ 名 UC 本来名 形 〔一般義〕 一般義 かさ, 大きさ, 堆積 《★特にそれが大きい場合に用いる》. その他 大きな物やかたまり, 象や人の大きな図体, 《the ～》物事の大部分, 大多数. 動 として大きくなる, 重要性を増す, かさむ 《up, out》.
語源 古ノルド語 *bulki* (船荷, 山積み) が bulk として中英語に入ったが, bouk との混同で「胴体, 体」の意味が加わり, 後者の意味より派生的に「かさ, 大きさ」を表すようになったと思われる.
【用例】 *bulk* buying 大量買い/His huge *bulk* appeared round the corner. 彼の大きな体かどを曲ってやってきた/The *bulk* of his money was spent on drink. 彼の金の大半は飲み代に消えた.
【慣用句】 ***in bulk*** 小口に包装しないで山積みのままで, 大量に: sell [buy] *in bulk* 大口販売[購入]する.

bulk large 重要に見える: The coming election started to *bulk large* in my mind. 来たるべき選挙が私には重みをもって迫ってきた.

【派生語】**búlkily** 副. **búlkiness** 名 U. **búlky** 形 重さの割に大きい, かさばる, 大きく扱いにくい.

【複合語】**búlkhèad** 船や飛行機などで, 一ヶ所に出火, 圧力変化その他の非常事態が生じた時に他の部分に広がるのを防ぐため作られた隔壁.

bull /búl/ 名 C 動 本来他 〔一般語〕 一般義 去勢されていない成長した雄の牛 (★獰猛な性質の動物とされる). その他 象, おおじか, せいうち, れ, 鯨など大きな動物の成長した雄, 比喩的に大きくて力の強そうな攻撃的な男, 〔俗語〕〔米〕警官, 看守. 〖株式〗買い方, 強気筋 (⇔bear). (★この語はまた bulldog, bullfight, bullshit の略語としても用いられる). 動 として押し進める, 株の値をつり上げる. 自 乱暴をする, 押し進む, がむしゃらに我を通す, 〖株式〗買い進む, 株が値上がりする, 景気が上向く. 形 として雄の, 雄牛のような, 〖株式〗買い方の, 強気の.

語源 古英語 bula から.

用例 The whale was a *bull*. その鯨は雄だった / They tried to *bull* the stock market. 彼らは株式市場を上向きにしようとした / a *bull* market 買い手市場.

類義語 bull; cow; ox; steer; bullock; calf: **bull** は牛その他の大きな動物を表し, それが成長した雄であることを強調する. 種牛として用いられる. **cow** は bull に対して成長した雌であることを強調し, 乳牛として用いられる. **ox** は野生のものも含めて広く牛を表すし, 特に, 役牛として用いられる去勢された雄の成牛を表す. **steer** は去勢された若い雄の肉牛を表し, **bullock** は steer に対して役牛として用いられる去勢された若い雄 (young ox). **calf** は雄・雌にかかわらず若い牛, その他の大きな動物の若いもの.

対照語 cow.

【慣用句】*a bull in a china shop* なんでもぶち壊すようなはた迷惑な人, 不器用な人, へまなことをして話をぶち壊す人 (★瀬戸物店に暴れ込んだ牛の意から). *shoot the bull* 〔俗語〕〔米〕とりとめのない話をする. *take the bull by the horns* 果敢に難事に立ち向かう.

【派生語】**búllish** 形 雄牛のような; 頑固な; 〖株式〗強気の, 買い気の. **búllishly** 副.

【複合語】**búlldòg** 名 C ブルドッグ (★頭の形が牛に似ていたところから, または, 牛いじめ (bullbaiting) に使われたところから, こう呼ばれるようになった. 英国人の象徴とされる). **búllfight** 名 C スペインなどの闘牛. **búllfighter** 名 C 闘牛士. **búllfighting** 名 C 闘牛. **búllfrog** 名 C 〔米〕うしがえる, 食用がえる. **búllhèad** 名 C とげだらけの頭と大きな口をしたなまずの類の魚. **búllhèaded** 形 頑迷な. **búllhòrn** 名 C 〔米〕携帯用電子拡声器. **búllnèck** 名 C 北米の野生の牛かも. **búllnècked** 形 ずんぐりした短い首の, 首ない. **búllpèn** 名 C 〔米〕牛を入れておく囲いや柵, 〔くだけた語〕多数の人を入れる部屋や部分, 警察の留置所, 〖野〗リリーフ投手のウォーミングアップのための練習場, ブルペン. **búllring** 名 C 闘牛場. **búll sèssion** 〔米〕少人数の男達のくだけた話し合いの場. **búll's èye** 牛の目との関連で様々な丸いものを表し, 標的の中央の円, 金的, 丸い採光用の窓や通気孔, 厚い凸レンズ, 丸いかたいキャンディーなど 〔語法〕単に bull ともいう): *hit the bull's eye* 的中する, 図星をつく

す. **búllshìt** 〔タブー語〕ばか話やうそ, ほら, また広く嫌なことを指して不愉快さを表すのに用いる. 動 本来自 でたらめを言う. 他 人にうそをつく.

bull·doze /búldòuz/ 動 本来他 〔一般語〕ブルドーザーで地ならしをする, 掘削する, 〔くだけた語〕こけおどしをして気遅れさせる, 力で人を思いのままにする.

語源 bull + doze より 19 世紀のアメリカで造られ, 本来「薬や体罰を大量に与える, ひどく打ちのめす」という意味に用いられた.

用例 He *bulldozed* her into voting. 彼は彼女に無理やり投票させた.

【複合語】**búlldozer** 名 C ブルドーザー, 〔くだけた語〕人をおどす人, 強引な人.

bul·let /búlit/ 名 C 動 本来他 〔一般語〕一般義 小銃・拳銃の弾, 弾丸. その他 ケースも含めた弾丸のカートリッジ, 広く形や働きが弾丸に似たもの, 弾丸のように速いもの.

語源 ラテン語 *bulla* (=round swelling) から派生したフランス語 *boule* (=ball) の指小語 *boulette* が初期近代英語に入った. bowl (ボウリングのたま) に関連がある.

関連語 shell (大砲の弾).

【慣用句】*bite (on) the bullet* ⇒bite の慣用句.

【複合語】**búlletheàded** 名 C 〔軽蔑的〕弾丸型の頭, 比喩的に頑固者, つむじ曲がり. **búlletpròof** 形 防弾の. 他 防弾にする: a *bulletproof* theory 理論的堅固な理論. **búllet tràin** 名 C 弾丸列車 (★日本の新幹線など).

bul·le·tin /búlətin, -li-/ 名 C 〔形式ばった語〕一般義 官報, 公報. その他 学会の紀要, 定時報告, ニュースレター, テレビやラジオのニュース速報, 協会などの定期刊行物.

語源 イタリア語 *bulla* (勅令) の指小語 *bulletta* から派生した *bullettino* がフランス語を経て初期近代英語に入った.

【複合語】**búlletin bòard** 名 C 掲示板.

bull·ock /búlək/ 名 C 去勢牛.

bul·ly /búli/ 名 C 動 本来他 形 〔一般語〕一般義 いじめっ子, がき大将. その他 本来「恋人」や「すばらしい男の友人」を表したが, 現在ではこの意味はない. 動 としていじめる, ...ににばり散らす. 形 感 として〔くだけた語〕すばらしい, すごい.

語源 中期高地ドイツ語 *buole* (=lover) がオランダ語を経て初期近代英語に入った. 現在の意味は bull の影響で 17 世紀に.

用例 He's always *bullying* people (into doing things). 彼はいつも人を権力ずくで動かす.

bul·wark /búlwərk/ 名 C 〔形式ばった語〕砦(とりで)の城塞や保塁, 比喩的に強い防御となる物[人].

語源 中期オランダ語 *bolwerc* (*bole* 木の幹 + *werk* work) が中英語に入った.

bum /bám/ 名 C 動 本来他 〔一般語〕一般義 〔米〕怠け者. その他 浮浪者, ゲームなどに凝る人. 動 として, 人にたかる, ねだる. 自 としてのらくらと暮らす.

語源 ドイツ語 *Bummler* (=tramp) から 19 世紀に入った bummer からの逆成.

bump /bámp/ 動 本来自 名 C 〔一般語〕一般義 物が何かにどんと突き当たる, 衝突する (into; against). その他 物に当たりながらがたがた[どたばた]進む (along). 他 どんと突き当てる, ぶつける. 名 として, 物がぶつかった時のごつん, どすんといった鈍い音, 地面でこぼこ, 打撲によるこぶ.

[語源] 擬音語として初期近代英語から.
[用例] This road is full of *bumps*. この道はでこぼこだらけだ.
[類義語] bump; thump: **bump** は物がぶつかる時の音を表し, **thump** はこん棒で打った時のような重い音を表す.
【慣用句】 *bump into* ...〔くだけた表現〕...に不意に出会う, 出くわす. *bump off* 〔俗語〕殺す, ばらす. *bump up* 〔くだけた表現〕値段などを上げる. *bumper-to-bumper* 車がじゅずつなぎで.
【派生語】 búmper 名 C ショックよけ, 特に車のバンパー: **bumper sticker** 車のバンパーに貼るステッカー. búmpily 副. búmpiness 名 U. búmptious 形 〈軽蔑的に〉傲慢な, 横柄な. búmptiously 副. búmptiousness 名 U. búmpy 形 道がでこぼこの, 車・飛行機などががたがた揺れる.

bun /bʌ́n/ 名 C 〔一般語〕丸パン, ロールパン, 女性の束髪.
[語源] 中英語 bunne から. それ以前は不詳.

bunch /bʌ́ntʃ/ 名 C 動 本来自 〔一般語〕 一般義 ぶどうやバナナの房, その他 一点で留められているもの, 鍵などの束, 同種のものの集まり, 人間に対して用いる時はユーモラスな感じで...の一団, 一味, 広く収集物やグループ. 動 として束になる, 一団になる, スカートなどがひだになる. 他 束の意で, 一団とする, ひだにする.
[語源] 不詳. 中英語から.
[用例] The child wears her hair in *bunches*. その子は髪を二つ分けにして結っている/Tom is the best of the *bunch*. トムが仲間うちでは最高だ/Traffic often *bunches* on a motorway. 高速道路でよく車が渋滞する.
[類義語] ⇒bundle.
【派生語】 búnchiness 名 U. búnchy 形 房[束]になった, 房[束]のような, ひとかたまりの.

bun·dle /bʌ́ndl/ 名 動 本来他 〔一般語〕 一般義 たくさんの物を簡単にまとめて包まれている包み, その他 束ねる意から大量, 多量. 動 として束ねる, くくる, 包みにする, つめこむ, 大ざっぱに束ねるところから, トラブルの後または後難を避けて急いで追い払わせる.
[語源] 中期オランダ語 binden (=to bind) の 名 bond の指小語 bondel が中英語に入った.
[用例] a *bundle* of rags 一束のぼろ布/I feel like a *bundle* of nerves before the curtain rises. 幕が上がる前は私はすっかりあがってしまう/They *bundled* him out of the room. 彼らは彼を部屋から追い出した.
[類義語] bundle; package; pack; bunch: **bundle** は運んだり蓄えたりしやすいようにひとからげにしたものを表し, 大きさを問わず体裁も構わない. **package** は送ったり売ったりするために入念に体裁良く箱などに詰められたものを表し, 大きすぎず手ごろなサイズのもの. **pack** はコンパクトにまとめ一定の基準に従った大きさのもの: a *pack* of cigarettes タバコ一箱. **bunch** は同種のものを束ねたもの.
【慣用句】 *bundle ... off* 人を追い払う. *bundle up* 束にする, 包み込む, 厚着させる: *Bundle up* all your things and bring them with you. 荷物を全部まとめて持って行きなさい.

bung /bʌ́ŋ/ 名 C 動 本来他 〔一般語〕たるの栓, たる口. 動 としては, たるに栓をする, 穴などをぴったりふさぐ.
[語源] 中期オランダ語 bonghe が中英語に入った. それ以前は不詳.

bun·ga·low /bʌ́ŋɡəlòu/ 名 C 〔一般語〕バンガロー《広いベランダのある木造の別荘風の家》.
[語源] ヒンディー語 banglā (=house in the Bengal style) が初期近代英語に入った.

bun·gee /bʌ́ndʒi/ 名 C 〔一般語〕バンジー(bungee cord) 《★緩衝ゴムの両端にひっかけ用の鉤(かぎ)のついたもの. もとは艦艇などの繋止用に使われていた》.
[語源] 不詳.
【複合語】 búngee júmping 名 U バンジージャンプ 《★バンジーを足に結びつけて高所から飛び降りること》.

bun·gle /bʌ́ŋɡl/ 動 本来他 〔一般語〕...をへたにやる, ...にしくじる. 自 しくじる. 名 として《a ~》へま, しくじり.
[語源] 不詳. 初期近代英語から.
【派生語】 búngler 名 C へまをやる人, 不器用者.

bunk /bʌ́ŋk/ 名 C 動 本来自 〔一般語〕列車, 船などの壁に作りつけの寝台 (berth). 動 として寝台で寝る.
[語源] 不詳. 18 世紀から.
【複合語】 búnk béd 名 C 二段ベッド.

bun·ker /bʌ́ŋkər/ 名 C 〔一般語〕 一般義 ゴルフのバンカー《★砂地の障害地》. その他 元来固定した大箱のこと. 船の燃料庫, 戸外の石炭入れ. 動 として, 船の燃料庫に燃料を積み込む, ゴルフでボールをバンカーに入れる.
[語源] スコットランド語 bonker (=chest; box) から. それ以前は不詳.

bun·ny /bʌ́ni/ 名 C 〔小児語〕うさぎ(ちゃん).
[語源] ゲール語の bun (=rabbit) の幼児語. 初期近代英語から.
【複合語】 búnny gírl 名 C 〔米〕ナイトクラブでうさぎに似た衣装をつけたホステス, バニーガール.

bunt /bʌ́nt/ 名 C 動 本来他 〔野〕バント(する).
[語源] butt³ の変異形. 19 世紀より.

bun·ting /bʌ́ntɪŋ/ 名 U 〔一般語〕旗, まんまく用布地, 布や紙などの小旗をつけた飾り, 万国旗.
[語源] 方言の bunt (古布) から. 18 世紀より.

bu·oy /búːi, bɔ́ɪ/ 名 C 動 本来他 〔一般語〕浮標, ブイ, 救命ブイ. 動 として《通例受身で》ブイを付ける, ブイで示す, ブイを付けて浮かすことから. 比喩的に心を浮き立たせる, 激励する.
[語源] 中期オランダ語 boeie が中英語に入った.
【派生語】 búoyancy 名 U 浮力, 景気の上昇傾向, 気性などの楽天性. búoyant 形 浮力のある, 快活な. búoyantly 副.

bur·ble /bə́ːrbl/ 動 本来自 名 C 〔一般語〕川などがぶくぶくと音を立てる, さらさらと音を立てて流れる, 人がぺちゃくちゃしゃべる. 名 としてぶくぶくいう音, ぶつぶつ言うこと.
[語源] 擬音語. 中英語より.
【派生語】 búrbler 名 C. búrbly 副.

bur·den /bə́ːrdn/ 名 CU 動 本来他 〔形式ばった語〕 一般義 心の重荷, 負担, 義務. その他 本来は荷, 重荷の意で, 荷や紙などの「負担」の意が出た. 船の積載量《★通常トン数で表す》. 動 として〔形式ばった語〕重荷を負わせる, 比喩的に悩ます, 苦しめる.
[語源] 古英語 byrthen (=load) より.
[用例] I won't *burden* you with my troubles. 君に自分の悩みをぶちまけたりはしないよ.
[類義語] burden; load: **burden** は重くて運ぶのに骨の折れるものを表し, 現在では精神的な重荷をいうのが普

通. load は一般的に荷を表す意味の広い語.
反意語 動 unburden.
【慣用句】*a beast of burden*〔形式ばった表現〕馬やラクダなどの運搬用の動物. *a ship of burden*〔形式ばった表現〕商船.
派生語 **búrdensome** 形 運び難い, 負担になる, 重い, やっかいな.
複合語 **burden of proof**《the ～》法 立証責任: The *burden of proof* rests with you. 立証責任はあなたにある.

bur·dock /báːrdɑk|-ɔ-/ 名 C 植 ごぼう.

bu·reau /bjúərou/ 名 C 〔一般義〕 一般義 《米》官庁の局 (★department (省) の下の事務局). その他 本来は (英) 引出し付きの大机.(米) 鏡付きの寝室だんす. また情報収集のための事務局.
語源 フランス語 *bureau* (=desk; office) が初期近代英語に入った.
派生語 **buréaucracy** 名 U《集合的》官僚, 官僚主義, 官僚制度. **búreaucràt** 名 C 官僚,《軽蔑的》官僚主義者. **bùreaucrátic** 形. **bùreaucrátically** 副. **buréaucratìze** 動 本来他 官僚化する.自 官僚的になる. **bureàucratizátion** 名 U.

bur·geon /báːrdʒən/ 動 本来自 名 C 〔形式ばった語〕急に成長する. その他 〔古語〕芽生える, 芽を出す. 名 として芽 (bud; shoot).
語源 古フランス語 *burjon* (=bud) が中英語に入った.

burg·er /báːrɡər/ 名 C 〔くだけた語〕=hamburger. また《複合語で》…バーガー (★cheese*burger*, shrimp*burger* など).

bur·glar /báːrɡlər/ 名 C 〔一般義〕夜間の押込み強盗.
語源 ラテン語 *burgus* (強盗)から派生した 動 *burgāre* (強盗をする)の過去分詞 *burgātus* から造られたアングロラテン語 *burgulātor* がアングロフランス語を経て初期近代英語に入った. 動 burgle は burglar からの逆成で19世紀から. また burglarize も 19 世紀に burglar ＋-ize として造られた.
類義語 thief.
【派生語】**búrglarìze** 動 本来他 …へ強盗に押し入る.自 強盗を働く. **búrglary** 名 U. **búrgle** =burglarize.
複合語 **búrglar alàrm** 名 C 強盗報知器. **búrglarpròof** 形 盗難防止装置のついた.

burial ⇒bury.

bur·lesque /bərlésk/ 名 CU 形 動 本来他 〔一般義〕一般義 ストリップショー. その他 文学作品などをふざけたり, 茶化したりして作り変えたもの, バーレスク. 形 としては茶化した, ストリップの. 動 として, 文学作品などを茶化して, ふざけて作りなおす.
語源 イタリア語 *burla* (=joke) から派生した *burlesco* がフランス語を経て初期近代英語に入った.

bur·ly /báːrli/ 形 〔一般義〕体の大きな, たくましい, 頑丈な.
語源 不詳. 中英語から.

Bur·ma /báːrmə/ 名 固 ビルマ (★ミャンマー (Myanmar) の旧名).
【派生語】**Bùrmése** 形 ビルマの, ビルマ人[語]の. 名 CU ビルマ人[語].

burn /báːrn/ 動 本来自 (過去・過分 ～ed, burnt) 名 C 〔一般義〕一般義 火が燃える, 焼ける. その他 焦げる, 日に焼ける, 比喩的に燃えるように輝く, 激しい感情を持つ, ほてる, かっとなる, 興奮する. 他 燃やす, 焼く, 焼いて焦がす, やけどをさせる, 焦がして穴をあける, れんが, 陶器などを焼いて作る, 火刑に処す. 名 としてやけど, 焼けこげ, ロケットエンジンなどの噴射, 筋肉などの痛み.
語源 古英語 birnan から.
用例 A fire is *burning*. 火が燃えている/The fish is *burning*. 魚が焦げている/She is *burning* with anger. 彼女は怒りに燃えている/His cigarette *burned* a large hole in my coat. 彼のたばこでぼくのコートに大きな焦げ穴ができてしまった.
語法 過去形・過去分詞に burned を用いるのは 自 の場合と比喩的用法の場合に限定される.《米》では常に burned を用いる. burnt は *burnt* steak (焦げたステーキ) のように普通は 形 として用いる.
【慣用句】*burn away* 焼けて消滅する, 燃えつきる; 燃やしつくす. *burn down* 建物を焼き払う,《受身で》全焼させる. 自 全焼する. *burn ... into ...* …を…に焼きつける: *burn* the disaster *into* one's memory その災害を心に焼きつける. *burn off* 焼き払う; 太陽が朝もやや霧などを消す; もや, 霧などが消える. *burn oneself out* 働きすぎて消耗する, 燃えつきる. *burn one's fingers* 〔くだけた表現〕干渉してひどい目にあう, むこうみずのため痛手を負う. *burn out* 人を焼け出す, 焼きつくす; 燃料切れで燃焼が終了する, 燃えつきる. *burn the candle at both ends* 〔くだけた表現〕昼夜の別なく働くなどして働きすぎる, やり方が過激である. *burn the midnight oil* 〔くだけた表現〕夜遅くまで勉強する, 夜なべ仕事をする. *burn up* 燃えつきる.
派生語 **búrnable** 形 可燃性の. **búrner** 名 C 調理器具などのバーナー, 焼く人. **búrning** 形 燃えている, 燃えるような, 感情が激しい, 差し迫って重大な. 名 U 燃焼.
複合語 **búrned-óut** 形 焼け切れた, 勢力を使い果した. **búrnòut** 名 CU ミサイルの燃焼終了, 仕事などのストレスによる神経衰弱.

bur·nish /báːrniʃ/ 動 本来他 名 U 〔形式ばった語〕金属を磨く, つやを出す. 自 としてぴかぴかになる, 光沢が出る. 名 としてはつや, 光沢.
語源 古フランス語の *burnir* (=to make brown) が中英語に入った.

burnt /báːrnt/ 動 形 burn の過去・過去分詞. 形 として焼いた, 焦げた.
【複合語】**búrnt-óut** 形 =burned-out.

burp /bəːrp/ 名 C 動 本来自 〔くだけた語〕げっぷ(する, させる).
語源 擬音語として 20 世紀から.

burr /báːr/ 名 C 〔一般義〕ぶーん, びゅーんという音.
語源 擬音語として 18 世紀から.

bur·row /báːrou/ 名 C 動 本来他 〔一般義〕野うさぎ, きつねなどの穴. 動 として, 穴を掘る. 自 穴を掘り進む.
語源 中英語 burgh, borow から. それ以前は不詳.

burst /báːrst/ 動 本来自 (過去・過分 ～, ～ed) 名 C 〔一般義〕一般義 破裂する, 爆発する. その他 破裂することから, おきゅなどが噴き出る, ダムが決壊する, ぴんと張ったロープが切れる, つぼみがほころびる, 戸がぱっと開く, タイヤが破裂[バースト]する, 花火がぱっと開く,《進行形で》いっぱいではち切れそうである. 比喩的に胸が張り裂ける, 急に飛び出す, 現れる, …する, 戦争が起こる. 他 破裂させる, 破る, ダムなどを決壊させる. 名 として破壊, 爆発, 突然起こること, 突発.

【語源】古英語 berstan から
【用例】The house *burst* into flames. 家からはめらめらと火の手があがった/He *burst* open the door and marched in. 彼はドアを押し開けてのりこんで来た[行った]/The river *burst* its banks. 川の土手が決壊した/His pocket is *bursting* with coins. 彼のポケットは小銭ではちきれそうだ.
【慣用句】**burst in** 突入する. **burst on [upon]** ... 話などに急に割り込む. **burst into** ... 突然...の状態になる; ...に乱入する. **burst out** 突然現れる, 飛び出す; 突発する, 突然...と言い出す. **burst out doing** 突然...し始める: burst out crying 突然泣き出す. **burst out of** ... から飛び出す.
【派生語】**búrster** 图 Ⓒ 破壊する人, 爆発物.

bury /béri/ 動 本来他 〔一般語〕 一般義 死体を埋葬する, 葬る. その他 本来の意味である隠す, 保護するから, 埋める, 埋めて隠すの意となり「葬る」意となった. 手や枕に顔をうずめる. 比喩的に嫌なことなどを心から払いのけて忘れ去る, 水に流す, 仕事などに没頭する.
【語源】古英語 byrgan (= to bury) から. 現在の綴りの u は中西部・南部方言から. 発音の /e/ はケント方言から入ったために綴りと発音がくい違っている.
【用例】They *buried* him in the grave yard by the church. 彼らは彼を教会の側の墓地に葬った/My socks *buried* somewhere in this drawer. 私のくつ下はこの引き出しのどこかに入り込んでいる.
【慣用句】**bury oneself [be buried] in** ...に没頭する: He's *buried* himself in his work. 彼は仕事にのめり込んでいる.
【派生語】**búrial** 图 ⓊⒸ 埋めること, 埋葬: burial ground 墓地 / burial service 埋葬式, 葬式.

bus /bás/ 图 Ⓒ 動 本来他 〔一般語〕 一般義 乗合バス (《語法》《英》では市内バスのみ, 遠距離用のバスは coach という). 動 としてバスで送る, 子供をバスで通学させる. 自 としてバスで行く.
【語源】ラテン語 omnis (= all) の複数・与格 omnibus (⇒ omnibus) の略として 20 世紀の始めから.
【複合語】**bús làne** 图 Ⓒ バス専用車線. **búsman** 图 Ⓒ バス運転手. **búsman's hóliday** 图 Ⓒ バス運転手が休日に家族ドライブするように, 休暇や休日を職業と似た活動をして過ごすこと. **bús sèrvice** 图 Ⓤ Ⓒ バスの運行. **bús shèlter** 图 Ⓒ 屋根つきバス停. **bús stàtion** 图 Ⓒ バスターミナル. **bús stòp** 图 Ⓒ バスの停留所.

bush /búʃ/ 图 Ⓒ 動 本来自 形 〔一般語〕 一般義 幹がなく小枝の出りした低木 (shrub). その他 低木の茂み, 比喩的にあごひげのふさふさした尾, 〔俗語〕ひげ, 〔くだけた語〕もじゃもじゃの毛. 動 として低木で広がる. 他 として低木で覆う.
【語源】古英語 bysc から.
【慣用句】**beat around [about] the bushes** 〔くだけた表現〕要点を言わず遠回りの言い方をする (《日英比較》日本語の「やぶをつつく」とは異なる).
【派生語】**búshily** 副. **búshy** 形 低木の繁った, もじゃもじゃの.

bush·el /búʃəl/ 图 Ⓒ 〔一般語〕 一般義 ブッシェル (★《米》穀物や果実などの乾量 (dry measure) の単位で約 35 リットル, 《英》乾量及び液量 (liquid measure) の単位で約 36 リットル; bu. と略す). その他 1 ブッシェル入りの容器, 相当のおもさ, 〔くだけた語〕大量.

【語源】本来「手のひら」を表し, 次に「片手でもてる量」を表した. 古フランス語 boisse (1 ブッシェルの 6 分の 1) から派生した boissel が中英語に入った.
【慣用句】**hide one's light under a bushel** けんそんのため能力や長所を隠す (★新約聖書「マタイ伝」5 章 15 節より).

busily ⇒ busy.

busi·ness /bíznis/ 图 ⓊⒸ 〔一般語〕 一般義 商売, 取り引き, 実業. その他 広く生産も含めての生活の糧としての仕事, 職業. 業務, 事務, 業務を行う所という意味から店, 会社, 職場. 仕事, 務め, 職務, 個人的な用事, 日程, 用件.
【語源】古英語 bisig (= busy) + -nisse (= -ness) から成る bisignisse から.
【慣用句】**Business is business**. 利益の話には友情など個人的感情が介入されない. **do business with** ... と商取引がある. **get the business** 〔俗語〕《米》ひどい目に合う, いたずらを仕掛けられる. **give a person the business** 人をひどい目に合わせる, 罰する. **have no business to do [doing]** ...する権利がない, 立場にない. **like nobody's business** 〔俗語〕こともなげにうまく速く. **mean business** 本気である, 真剣である. **Mind your own business.** 他人のことに干渉するな. **no business of yours** 〔くだけた表現〕お前さんには関りない. **on business** 商用で, 仕事で. **That's none of your business.** よけいなお世話だ, お前には関係ないことだ.
【派生語】**búsinesslike** 形 人や動作がビジネス的である.
【複合語】**búsiness administrátion** 图 Ⓤ 経営管理(学). **búsiness còllege [schóol]** 图 Ⓒ 専門学校. **búsiness ènd** 图 《the ~》〔くだけた語〕道具の柄に対する切れる側, 弾丸の出る方など, あぶない方の端. **búsiness Ènglish** 图 Ⓤ 商業英語. **búsiness hòurs** 图 《複》営業時間. **búsiness lètter** 图 Ⓒ 商業通信, ビジネスレター. **búsinessmàn** 图 Ⓒ 実業家 (日英比較) 英語では経営者, 管理職の人を指し, 日本語の「ビジネスマン」のように「会社員」の意ではない). **búsiness òffice** 图 Ⓒ 《米》会社の財務を扱う事務所. **búsiness sùit** 图 Ⓒ ビジネスマンの着るよう背広, ビジネススーツ. **búsiness wòman** 图 Ⓒ 《米》女性実業家, ビジネスウーマン.

bust¹ /bást/ 图 Ⓒ 〔一般語〕 一般義 女性の胸部, 胸回り, バスト. その他 本来は胸像の意.
【語源】ラテン語 bustum (= tomb) がイタリア語を経て初期近代英語に入った. 墓の上に胸像が立てられることから胸像の意となった.

bust² /bást/ 動 本来他 图 Ⓒ 〔くだけた語〕 一般義 破壊する, 破裂させる. その他 破産させる, 〔俗語〕《軍》将校などを降格させる. 人を打つ, なぐる, 〔俗語〕警察が手入れする, 逮捕する. 图 として〔俗語〕失敗, 破産, 破裂, 爆発, 強打, 酒宴.
【語源】burst の変形. 18 世紀から.
【慣用句】**bust up** 〔くだけた表現〕仲たがいする, 離婚する; 人をだめにする, 仲たがいさせる.

bus·tle /básl/ 動 本来自 图 〔一般語〕 一般義 せかせか動き回る, せわしく働く, 大さわぎする. 他 人を急き立てる. 图 として〔単数形で〕大騒ぎ, けたたましさ, ざわめき.
【語源】古ノルド語起源の廃語 buskle (= to prepare) からの変形と思われる. 初期近代英語から.

busy /bízi/ 形 本来他 〔一般語〕 一般義 忙しい, 多

忙な. [その他] 活動が活発に行なわれていることから, にぎやかな, 通りなどが混雑している, 人や車の通りが多い. 人のみでなく物が使用中の意味で, 《米》部屋がふさがっている, 電話がお話し中である, 《軽蔑的》デザインや色使いなどがごちゃごちゃとしていてくどい, 不愉快な. [動] として忙しくさせる.

[語源] 古英語 bisig (=occupied, diligent) から. 現在の綴りの u は中西部・南部方言から, 発音の /i/ は中東部方言から入ったために綴りと発音がしにくい違いがある.

[反意語] free.

【慣用句】*as busy as a bee* [*bees*] ひどく忙しい.
【派生語】**búsily** [副]. **búsyness** [名] Ⓤ.
【複合語】**búsybòdy** 《軽蔑的》おせっかい屋. **búsy sìgnal** [名] Ⓒ 《米》電話の話し中の信号音. **búsywòrk** [名] Ⓒ《米》時間つぶしにしかならないような仕事.

but /bÁt, 弱 bət/ [接][副][前][代] 〔一般語〕〔一般義〕しかし, だが, けれども (★前に述べたことと対比的なことを否定的な感じで導入する語). [その他] 否定語に後続して, …ではなくて, …である, 前に述べたことの修正を加えて, …ですが, しかしの意. また no doubt but … などとして that の代行をしたり, 文頭に生起して不賛成の意や驚きを表すことも. 〔古風な語〕…しないでは, …しないほど. [前] として…を除いて, …のほかは ([語法] no, all, nobody, anywhere, everything のあとや, who, where, what といった疑問詞のあとにのみ用いられる. except や save にはやはりこの制限は無い). [接] として 〔形式ばった語〕ただ単に…, …したばかり. [代] として 〈関係代名詞〉…でないもの. [名] として反対, 不賛成.

[語源] 古英語 ūt (=out) に由来し, be (=by) + ūtan (=out; from without) から būtan (=without; outside) となり現在に至った. [前][接] で outside, without, except (that) などの意であった.

[用例] John was there but Peter was not. ジョンは来ていたがピーターは来なかった/"It's time to go home." "*But* it's only nine o'clock!"「家へ帰る時間だ」「だってまだ 9 時じゃないか」/It never rains *but* it pours. 降れば必ずどしゃ降り/He is anything *but* an athlete. 彼はスポーツだけはだめだ/She's nothing *but* a child. 彼女はほんの子供だ/the last [the next] person *but* one うしろから二人め[次の次の]人/I couldn't *but* admit that he was right. 彼が正しいと認めるしかなかった/I heard of the accident *but* now. たった今事故のことを聞いたばかりだ/There's no one *but* knows it. それを知らない者はない.

[類義語] but; yet; however; nevertheless; still: これらはどれも前に述べられたことと否定的に対比する内容を導くが, このうち **but** がもっとも一般的である. **yet** は前述の内容を認め譲歩した上で「それでもなお…だ」と主張する場合に用い, 意味が強い. and yet, but yet などともいう. **however** は but と同意の形式ばった語で, 文頭, 文中, 文尾のいずれにも生起しうる. **nevertheless** は形式ばった語で「それでもやっぱり, 依然として…」という意味に用いられ, 'but, nevertheless' という形になることもある. **still** は nevertheless と同意で, より口語的な語.

[対照語] and.

【慣用句】***but for*** 〔形式ばった表現〕もし…がなかったら (without; were it not for): *But for* your help we would have been late. 君の助けがなかったら我々は遅れていただろう. ***But me no buts.*** 〔ユーモラスで文語的な表現〕「しかし, しかし」と言わないでくれ, 言い訳を言うな, 口答えをするな. ***but that*** 否定的な文脈において that [接] と同義に用いられる: I have no doubt *but that* he did it. 彼がやったということは間違いないと思う. ***but then*** しかしそれなら: She is very beautiful—*but then* so are her sisters. 彼女はとても美しいが, 彼女の姉妹もこれまた美しいんだ. ***(There are) no buts about it.*** 〔くだけた表現〕それについては「でも」はない, つべこべ言うな (★命令・指示などで).

bu·tane /bjúːtein/ [名] Ⓤ 〔化〕ガス状炭化水素, ブタン.

butch·er /bútʃər/ [名][動] [本来義] 〔一般語〕〔一般義〕肉屋, 屠殺(とさつ)業者. [その他] 〔軽蔑的〕比喩的に残虐な殺りくを行う者, 殺し屋. [動] として屠殺する, 人を殺しくする, 〔くだけた表現〕修理しそこなったりして台なしにする.

[語源] 古フランス語 *bouc* (=he-goat) から派生した *bochier*, *bouchier* が中英語に入った.

【派生語】**bútchery** [名] Ⓤ 屠殺場 (slaughterhouse), 屠殺・製肉業, 比喩的に大量殺りく.

【複合語】**bútcher knife** [名] Ⓒ 肉切り包丁.

but·ler /bÁtlər/ [名] Ⓒ 〔一般語〕執事, 使用人頭, 食堂支配人.

[語源] 古フランス語 *bouteille* (=bottle) から派生した *bonteillier* (ワイン貯蔵室の管理者; 原義は bottle carrier) が中英語に入った.

butt¹ /bÁt/ [名] Ⓒ [動] [本来義] 〔一般語〕〔一般義〕たばこの吸いさし. [その他] 武器, 道具などの太い方の端, 銃の台尻, 床尾, やりの石突きなど, 〔くだけた表現〕《米》尻. [動] として…の端をつなぐ.

[語源] *buttock* (尻) の略として中英語から.

butt² /bÁt/ [名] Ⓒ 〔一般語〕的, 標的, 比喩的にあざけりなどの対象.

[語源] 古フランス語 *but* (=aim) が中英語に入った. それ以前は不詳.

butt³ /bÁt/ [動] [本来義] 〔一般義〕獣などが頭で…を突く, 押し, ぶつかる. [自] 突き当たる.

[語源] ゲルマン語起源の古フランス語 *bo(u)ter* (=to thrust) がアングロフランス語を経て中英語に入った.

butt⁴ /bÁt/ [名] Ⓒ 〔一般語〕ぶどう酒, ビールなどを入れる酒の大だる.

[語源] ラテン語 *butta* (=vessel) が古フランス語を経て中英語に入った.

but·ter /bÁtər/ [名] Ⓤ [動] [本来義] 〔一般語〕〔一般義〕バター. [動] としてバターを塗る, 〔くだけた表現〕人にお世辞を言う.

[語源] ギリシャ語 *bouturon* (*bous* 牛 + *turos* チーズ) がラテン語を経て古英語に butere として入った.

【慣用句】***butter up*** お世辞をいう. ***look as if butter would not melt in one's mouth*** 〔くだけた表現〕虫も殺さぬような顔をしている, 無邪気そうに見えるが実はそうではない (★口の中でバターもとけないような冷めた顔をしているのに実はそうではないこと).

【派生語】**búttery** [形] バターのように固まった, バターを塗った, バターの入った, 〔くだけた表現〕お世辞を言う, おべんちゃらの.

【複合語】**búttercùp** [名] Ⓒ 〔植〕きんぽうげ. **bútterfàt** [名] Ⓤ 乳脂肪. **bútterfingered** [形] よく物を落とす (★バターが付いてぬるぬるしているかのようによく物を落としたりつかみそこねたりすること). **bútterfingers** [名] Ⓒ (複 〜) よく物を落とす人. **bútterfly** [名] バターを切ったり塗ったりするための刃の鈍いナイフ, バターナイフ. **bútter mìlk** [名] Ⓤ 牛乳からバターを採ったあとのすっぱい液体, バターミルク. **bútterscòtch** [名] Ⓤ バ

ターと赤砂糖でできたキャンディー.

but・ter・fly /bʌ́tərflài/ 名 CU 形 《昆虫》蝶(ちょう). 愛情の対象や興味の対象などが変わりやすい人, 移り気な人, 特に女性を表す. また水泳のバタフライ(butterfly stroke),《形容詞的に》蝶が羽を広げたような形の.
[語源] 古英語 buttor (= butter) + flēoge (= fly) から成る buttorflēoge から. 魔女が蝶の姿でバターやミルクを盗むという伝説から, 初めは黄色の蝶のみを指していた.
[慣用句] *have butterflies in one's stomach* 〔くだけた表現〕ドキドキして不安である, あがっている.
[複合語] **bútterfly stròke** 名 U 水泳のバタフライ泳法. **butterfly tàble** 名 C 不要時には両端を下方に落とせるようになっている拡張テーブル.

buttery ⇒butter.

but・tock /bʌ́tək/ 名 C《通例複数形で》尻.
[語源] 中英語 buttok より. それ以前は不詳.

but・ton /bʌ́tn/ 名 動 本来他 一般他 一般義 洋服などのボタン.〔その他〕ボタンに似たもの, 押しボタン (push button), 若いマッシュルーム, ガラガラ蛇の尾の先. 動 として...のボタンをとめる. 自 ボタンでとまる.
[語源] 古フランス語 buter (= to thrust) から派生した boton が中英語に入った. 「突き出たもの」の意がボタンに移行した.
[用例] This *button* turns the radio on. このボタンを押すとラジオがつく.
[慣用句] *as bright as a button* 頭の回転が速い. *button up (one's lips)* 〔俗語〕しゃべるのをやめる, 黙る, 秘密を守る. *have all one's buttons on* 〔俗語〕正気だ. *on the button* 〔俗語〕《米》まさにその通りである, ぴったり正しい.
[派生語] **bútony** 形 ボタンの, ボタンのような, ボタンのたくさん付いた.
[複合語] **bútton-dòwn** 形《米》ボタン留めの. **bút-toned-dówn** 形 保守的な, 型にはまった, 因習的な. **búttoned-úp** 形.〔俗語〕無口な, 自己表現の下手な; 作品などがよく仕上げられた. **búttonhòle** 名 本来他 ボタン穴(を作る), 上着の襟ボタンの穴の挿し花, 上着のボタンをつかむようにして引きとめて長話をする.

but・tress /bʌ́trəs/ 名 C 動 本来他《建》隠を補強する控え壁, 支え壁, 比喩的に支えとなるもの, 補強材, 支持者. 動 として, 控え壁で補強する, 比喩的に支持する, 理論・主張などを証拠などで補強する.
[語源] 古フランス語 *bouterez* が中英語に入った. 原義は「突き出たもの」で butt³ と同語源.

bux・om /bʌ́ksəm/ 形 〔一般義〕女性が丸ぽちゃで, 美しい. 肉付きがよい, 胸が豊かな, 健康で快活な.
[語源] 古英語 bugan (= to bend) から. 「曲がりやすい」から「柔軟な」の意となり, さわればぽちゃぽちゃしている意となった.

buy /bái/ 動 本来他《過去・過分 **bought**/bɔ́:t/》名 C 〔一般義〕買う.〔その他〕比喩的に犠牲を払って手に入れる, わいろを使って入手する, わざと手間どってまで時間をかせぐ, 〔くだけた語〕《米》価値を認めて賛成する, 受入れる. 名 買い物, 買い得品.
[語源] 古英語 bycgan から.
[用例] He has *bought* a car. 彼は車を買った / You cannot *buy* freedom. 自由は金では買えない / He tried to *buy* time by giving vague answers. 彼はあいまいな返答で時間をかせごうとした / a good [bad] *buy* よい[下手な]買い物.

[類義語] buy; purchase: **buy** は買うことを表す一般語で, 日常的な買物の場合によく用いる. **purchase** は buy より形式ばった語で, 大規模な買物の場合に用い, 交渉や手続きを経て不動産や多量の物品を購入すること.
[対照語] sell.
[慣用句] *buy back* 買い戻す. *buy in* 商店などに品物を仕入れる, たくさん買い込む. *buy off* 人を買収する. *buy out* 株などを買い占める, 会社の所有権を買いとる. *buy up* 買い占める, 会社を買い取る.
[派生語] **búyable** 形 金銭で入手できる. **búyer** 名 C 買い手, 消費者, 仕入れ屋, バイヤー.
[複合語] **búybàck** 名 C 株式の買い戻し. **búyòut** 名 C 事業の買い占め, 買収. **búyer's màrket** 買い手市場(⇔seller's market)《★需要より供給の多い経済状態》.

buzz /bʌ́z/ 名 C 動 本来自 一般自 一般義 蜜蜂などのたてるブンブンという音.〔その他〕ブザーのブーという音.《単数形で》低く興奮気味の話し声やざわめき, 活動の息吹, 〔くだけた語〕飛行機などが物のごく近くや低空をかすめるようにして飛ぶこと. 動 としては, 蜂, はえなどがブンブンいう, 人や場所がざわめく, がやがやする, また忙しく動き回る, ブザーを鳴らす. 他 人にブザーで合図をする.
[語源] 擬音語として中英語から.
[用例] The crowd was *buzzing* with excitement. 群衆は興奮でざわめいていた / Give me a *buzz* sometime. そのうち電話してね.
[慣用句] *buzz about [around]* せわしなく動き回る. *buzz off* 〔くだけた表現〕《英》急いで立ち退く.
[派生語] **búzzer** 名 C ブザー, ブザーの音.

by /bái, bai/ 前 副 一般義 行為者や手段, 原因, 理由などを表して...によって.〔その他〕本来の意味は場所の近接を表し, ...のそばに, ...を通って, ...に沿って. また時間の近接を表して, by noon (お昼までに) などのように, ...までにの意. by day (昼間) のように...の間. by the pound (ポンド単位で, 1ポンドいくらで) のように...を単位として. 動作の対象となる身体の部分を示す前置詞として, catch a person *by* the arm (人の腕をつかむ) のように人の...を取って. 程度を表して...だけ. ...については, ...に関して言うと, 《数》《乗除》で...で掛けて[割って]《★縦横の寸法にも用いる》. 副 としてそばに, 通り過ぎて, 人の家などに立ち寄って, わきにおいて, 蓄えて.
[語源] 古英語 bī, be から. at ..., near ... の意で, 本来, 場所の不変化副詞として空間的近接を表し, 現在でも副詞としてはこの意味でのみ用いる.
[用例] Telephone was invented *by* Thomas Edison. 電話はトマス・エジソンによって発明された / He earns his living by writing novels. 彼は小説を書いて生計を立てている / He gripped me *by* the throat. 彼は私ののど元をつかんだ / 4 meters *by* 2 meters 横4メートル, 縦2メートル / She is a teacher by profession. 彼女は職業が教師だ / They left, one *by* one. 彼らは1人, また1人と去っていった / come *by* 近くに来る / pass *by* 通りすぎる.
[慣用句] *by and by* 〔くだけた表現〕そのうち, やがては. *by and large*《米》全体として, 総合的に見て. *by the by = by the way* ちなみに《★通りすぎる途中でおきたりきた事に言及したところから言われる》.
[複合語] **bý-and-bý**《the ~》将来, 未来.

by- /bái/ 連結「副次的な, わきの, 本道から外れた, 内部の, 間接の」などの意.

bye /bái/ 感 =bye-bye.

bye-bye /báibài/ 感〔幼児語; くだけた語〕さよなら, バイバイ(good-bye)《語法 by-by とも書く; 単に bye ともいう》.
【慣用句】 *go bye-bye*〔幼児語〕お出かけする, ねんねする. *go to bye-byes*〔幼児語〕ねんねする.

by(e)-election /báiilèkʃən/ 名 C 《英》国会の補欠選挙.

by·gone /báigɔ̀:n/ 形 名〔一般語〕過去の, 過ぎ去った. 名《複数形で》過ぎ去ったできごと, 使われなくなった家庭用品[機械].

by·law /báilɔ̀:/ 名 C 《米》会社などの内規, 細則.

by·pass /báipæs|-pà:s/ 名 C 動 本来他〔一般語〕一般義 自動車などのための迂回道路, バイパス. その他 ガスや水道の側管や補助管, 『電』側路, 『医』血液などの循環をよくするためのバイパス(手術). 動 として迂回する, バイパスを付ける, 正規のルート[手続き]を無視する, バイパス手術を行う.
用例 We *bypassed* the busy shopping street. 我々は交通の激しいショッピング街を避けて通った.

by·path /báipæθ|-à:-/ 名 C〔一般語〕わき道, 間道.

by·play /báiplèi/ 名 U〔一般語〕芝居のわき演技.

by·prod·uct /báipràdʌkt|-ɔ̀-/ 名 C〔一般語〕副産物, 副次的な結果.

by·stand·er /báistændər/ 名 C〔一般語〕傍観者, 野次馬.

by·way /báiwèi/ 名 C〔一般語〕わき道, 抜け道.

Byz·an·tine /bíznti:n|bizǽntain/ 形 名 C ビザンティン帝国(the Byzantine Empire)の, またビザンティウム(Byzantium, すなわち Constantinople)の. 名 としてビザンティウムの人.

C

c, C /síː/ 名 ⓒ〔一般語〕シー（★アルファベットの第3番目の文字）、ローマ数字の100（★例えば CIV=104）、〖楽〗ハ音、ド音（★ハ長調の第1音）。

c.《略》= circa（約）; centimeter（センチメートル）; cent（セント）; century（世紀）。

C.《略》= Celsius, Centigrade（摂氏）; Catholic（カトリック）。

CA《略》《米》〖郵便〗= California.

ca.《略》= circa（約）。

cab /kǽb/ 名 ⓒ〔一般語〕一般義 タクシー. その他 トラックやバス、機関車などの運転台.

語源 cabriolet（1頭立て2輪ばね馬車）の短縮形で、hansom（1頭立て2輪馬車）や brougham（1頭立て4輪馬車）などの辻馬車を意味したが、自動車の発達によって motor-cab と呼ばれ、タクシーの意味になった。この新しい乗り物の名称は motor-cab の他に taximeter-cab やその短縮形の taxi-cab、さらにこの短縮形の taxi が使われる。

用例 take a *cab* タクシーに乗る / call a *cab* タクシーを呼ぶ / flag down a *cab* 手を上げてタクシーを止める.

類義語 taxi.

【派生語】**cábby**, **cábbie** 名 ⓒ タクシーの運転手.

【複合語】**cábdriver** 名 ⓒ タクシーの運転手. **cábman** 名 ⓒ タクシーの運転手. **cáb ránk** 名 ⓒ《英》タクシー乗り場. **cábstànd** 名 ⓒ《米》タクシー乗り場.

cab·a·ret /kæ̀bəréi/ 名 ⓒ〔一般語〕キャバレー、レストランなどのフロアショー.

語源 ラテン語 *camera*（= chamber）に指小辞の付いた古フランス語 *camberete*（= small room）が中オランダ語 *cabret* を経て初期近代英語に入った。

cab·bage /kǽbidʒ/ 名 ⓒⓤ〔一般語〕一般義 野菜のキャベツ. その他 《くだけた語》《英》無気力な人、ものぐさ人間.

語源 古ノルマンフランス語 *caboce*（= head）が中英語に入った。

cabbie ⇒ cab.

cabby ⇒ cab.

cab·in /kǽbin/ 名 ⓒ〔一般語〕一般義 船の客室. その他 航空機の客室、乗務員室。本来は簡素な小屋、個室、現在では丸太小屋。寝泊りできる簡素な小屋の意から、これに類した船や飛行機などの客室、乗務員室、さらにトレーラーの住居部分.

語源 ラテン語 *capanna*（= hut）が古フランス語を経て中英語に入った。

用例 The natives live in a log *cabin* near the river. 原住民は川の近くの丸太小屋に住んでいる / The *cabin* of this jumbo jet seats more than three hundred passengers. このジャンボ機の客室には300人以上の乗客がある.

類義語 cabin; hut; lodge: **cabin** は人の住むことのできる丸太などで作られた簡素な小屋および船、飛行機など人が寝たり食事ができる部屋. **hut** は人が住むだり、避難所として使われる極めて簡素な造りの小屋で cabin より小さく粗末なものをいい、部屋の意味はない. **lodge** は使用人のための小さな家、避暑、狩猟、登山などのために特定の期間使用される山小屋.

関連語 shack; shed; barn: **shack** は簡単な造りの小屋で人が住む小屋、避難小屋の意味で用いられるが、転じて特定の用途の部屋を表す: a radio *shack* 無線室. **shed** は普通平家建てで物置、倉庫、仕事場などに用いられる立て掛け小屋、正面、わきなどが開いている納屋風のこと. **barn** は農場にある大きな建物で、家畜の飼料、穀物などの貯蔵のために用いられる納屋.

日英比較 日本語の小屋は山小屋、芝居小屋などを除いて普通、動物飼育のための小屋や物置など、人の使用を目的としない小屋をいうが、cabin は人が住むものをいう.

【複合語】**cábin bóy** 名 ⓒ 船室係付きまたは高級船員の室付き給仕. **cábin cláss** 名 ⓒ 客船の2等（★ tourist class より上で first class より下）. **cábin crúiser** 名 ⓒ cabin の付いた大型モーターボート. **cábin pássenger** 名 ⓒ 1等［2等］船客.

cab·i·net /kǽbinit/ 名 ⓒ〔一般語〕一般義 物をしまったり飾ったりする戸だな、用だんす. その他《しばしば C-》内閣.

語源 cabin の指小語で cabin よりさらに小さな小屋の意味で初期近代英語から。フランス語 *cabinet* の意味に影響を受け、小部屋、宝石箱、宝物庫、引き出しや仕切りなどの付いた飾り戸だな、たんすの意が生じた。ここからラジオ、テレビを入れるキャビネットの意味にもなった。また小部屋で主要閣僚が会合を開いたことから会議室の意味が生じ、さらに閣議や閣議を行う内閣の意味となった。

用例 a room furnished with a *cabinet* キャビネットが備え付けてある部屋 / The *Cabinet* was chosen mainly from his own faction. 内閣は主に彼自身の派閥から選ばれた / a *cabinet* minister 閣僚 / a *cabinet* session 閣議 / a shadow *cabinet*《英》影の内閣.

【複合語】**cábinetmàker** 名 ⓒ 家具師、家具職人. **cábinet phòtograph** 名 ⓒ《英》キャビネ判写真.

ca·ble /kéibl/ 名 ⓒⓤ 動 本来義〔一般語〕一般義 針金をより合わせた太綱. その他 ゴム、プラスチックなどで被膜した電線、地下電線、海底電線、その電線で送られる海底電信、外国電報. 動 として、海底電線で電信を送る、外国電報を打つ. の用法もある.

語源 ラテン語 *capere*（= to take; to hold）から派生した *capulum*（= rope）が古フランス語 *chable*、ノルマンフランス語 *cable* を経て中英語に入った。

用例 a telephone *cable* 電話ケーブル / The correspondent *cabled* the news of the coup d'etat to his country. 特派員はクーデターのニュースを本国に打電した.

類義語 rope.

【複合語】**cáble cár** 名 ⓒ ケーブルカー. **cáblegràm** 名 ⓒ 海外電報、海底電信. **cáble léngth** 名 ⓒ〖海〗鎖⟨⟨゙⟩⟩《★通例 1/10 海里; 英海軍 185.4 メートル、米海軍 219.5 メートル》. **cáble ràilway** 名 ⓒ ケーブル鉄道. **cáble relèase** 名 ⓒ〖写〗ケーブルレリーズ.

ca·boo·dle /kəbúːdl/ 名《次の慣用句のみで》**the whole (kit and) caboodle**《くだけた表現》全部、みんな.

語源 boodle（たくさんのもの）に強意の接頭辞 ca- が付いたものと思われる。19世紀より。

ca·boose /kəbúːs/ 图 C 〔一般語〕《米》貨物列車の最後尾の**車掌室**,《英》商船の上甲板の**調理室**.
[語源] 18 世紀にオランダ語から入ったが, 詳細は不明.

ca·cao /kəkáu/ 图 C カカオの実[木]《★実はチョコレート, ココアの原料》.
[語源] ナワトル語 *cacahuatl* (= cacao) がスペイン語を経て初期近代英語に入った.

ca·chet /kæféi ⸍⸍/ 图 UC 〔文語〕良質, 本物であるという**威信**, 高い社会的地位, 〔一般語〕そのようなことを示す印, **特徴**, 〔医〕苦い薬を包んで飲みやすくする薄紙状のカシェ剤.
[語源] フランス語 *cacher* (押し付ける) が初期近代英語に入った. フランス王の手紙に付けられた私印 (letter of cachet) から, 公文書, 手紙の封印を表すようになり, さらに他の物と異なる特徴, 良質であることを示す印の意味, 優秀なこと, 高い社会的地位などを表すようになった.
[類義語] stamp.

cack·le /kǽkl/ 動 本末自 UC 〔一般語〕 [一般義] めんどりが産卵後にかん高くこっこっと鳴く, [その他] めんどりに似た声でぺちゃぺちゃしゃべる, げらげら笑う. 图 として, めんどりの**鳴き声**, かん高い**笑い声**, くだらないおしゃべり.
[語源] 擬音語として中英語から.
[類義語] cackle; cluck; crow; gabble; quack: **cackle** はめんどりが特に産卵後にかん高く鳴く. **cluck** はめんどりがひなを呼んだり卵を温めている時, 低く鋭い声で鳴く. **crow** はおんどりがかん高く鳴く, ときの声を上げる. **gabble** はがちょうがガーガー鳴く. **quack** はあひるがガーガー鳴く.

ca·coph·o·ny /kəkάfəni | -kɔ́f-/ 图 〔形式ばった語〕〔単数形で〕**耳障りな音**, **不協和音**.
[語源] ギリシャ語 *kakophōnia* (*kakos* bad + *phōnē* sound) がラテン語, フランス語を経て初期近代英語に入った.
[派生語] **cacóphonous** 形 耳障りな, 不協和音の.

cac·tus /kǽktəs/ 图 C (複 ~es, -ti/tai/)〔植〕さぼてん.
[語源] ギリシャ語 *kaktos* (= pricky plant) がラテン語を経て初期近代英語に入った.

cad /kǽd/ 图 C 〔やや古風な語〕〔軽蔑的〕品行のよくない**男**[少年].
[語源] フランス語 *cadet* (職を身に付けるために軍隊に入った貴族の次男·三男たち)に由来する語で, 元来は英国の大学生達が使い走りの少年や召使い, さらに都会の人に対して軽蔑的に用いた語で, これから品行の卑しい人を意味するようになった. ゴルフの caddie は cadet のスコットランド方言から. ⇒cadet.
[派生語] **cáddie**, **cáddy** 图 C ゴルフのキャディー《★もとは使い走りの少年 (errand boy) の意味》. **cáddish** 形 下劣な, 野卑な.

ca·dav·er /kədǽvər|-déi-/ 图 C 〔医〕人の**死体**《★特に解剖用のもの》.
[語源] ラテン語 *cadere* (= to fall) から派生した *cadaver* (= dead body) が初期近代英語に入った.
[派生語] **cadáverous** 形 死人のような, 死人のように青ざめた. **cadáverously** 副. **cadáverousness** 图 U.

cad·die ⇒cad.
caddish ⇒cad.
caddy ⇒cad.

ca·dence /kéidəns/ 图 UC 〔楽〕曲の終末部.〔形式ばった語〕文の終わりの**下降調**, 声の**抑揚**, ダンスなどのリズム.
[語源] ラテン語 *cadere* (= to fall) から派生したイタリア語 *cadenza* が中英語に入った.

ca·den·za /kədénzə/ 图 C 〔楽〕カデンツァ《★協奏曲の楽章の終末近くの独奏楽器による無伴奏の華やかな演奏部分》.
[語源] ⇒cadence.

ca·det /kədét/ 图 C 〔一般語〕陸·海·空軍の**士官学校の生徒**, **警察学校の生徒**, **見習い生**.
[語源] 元来フランス語で職を得るために軍隊に入った世襲財産のない貴族の次男以下の息子を意味し, ここから陸·海·空軍の士官学校の生徒, 警察学校の生徒, その他の職業の見習い生などを指すようになった.
[用例] a naval cadet 海軍士官候補生/a police cadet 警察学校の幹部候補生.
[派生語] **cadétship** 图 C **cadet**の身分.
[複合語] **cadét còrps** 图 C 英国の小中学校の**軍事教練隊**.

cadge /kǽdʒ/ 動 本末自 〔軽蔑語〕ものごいする, たかる.
[語源] cadger からの逆成で初期近代英語から. 元来 cadger は行商人の意で, それが歩き回ること, 物ごいをしながら歩き回ることから, こじきをすること, 厚かましくねだることによって物を手に入れる意味に転じた.
[派生語] **cádger** 图 C 人にたかって暮らす人.

Cad·il·lac /kǽdəlæk/ 图 C 〔商標名〕キャデラック《★アメリカ製の高級乗用車の一つ》,《the ~》〔くだけた語〕《特に米》くだけた品, 高級品.

cad·mi·um /kǽdmiəm/ 图 U 〔化〕カドミウム《★元素記号 Cd》.

Cae·sar /síːzər/ 图 固 シーザー Julius Caesar (100–44B.C.)《★ローマの将軍·政治家》, C カエサル《★ローマ帝国皇帝の称号》.
[派生語] **Caesárean** 形 シーザーの, 皇帝の: **Caesarian** [**Cesarean**] **section** 〔医〕**帝王切開**《★Julius Caesar がこの手術によって生まれたとの伝説から》.

ca·fé, **ca·fe** /kæféi ⸍⸍/ 图 C 〔一般語〕軽食や飲み物を出す小レストラン《★》《米》では主にアルコールを,《英》ではアルコール以外の飲み物を出す店をいう》.
[語源] フランス語 *café* (コーヒー, コーヒー店) が 19 世紀に入ったが, まだ英語になりきっていない. コーヒー, コーヒー店の意味から, 料理店, さらに《米》では酒場, キャバレー, ナイトクラブなどの意味で用いられる.
[複合語] **café au lait** /kæféiouléi/ 图 U カフェオレ.

caf·e·te·ri·a /kæ̀fətíəriə/ 图 C 〔一般語〕セルフサービスの食堂, **カフェテリア**.
[語源] スペイン語で「コーヒー店」の意味. 20 世紀の借用語. もとアメリカ用法が現在では《英》でも用いる.

caf·feine, **caf·fein** /kæfíːn/ 图 U 〔化〕**カフェイン**.
[語源] *café* (= coffee) + *-ine* (アルカロイド·窒素塩基名を表す接尾語) としてできたフランス語 *caféine* が 19 世紀に入った.

cage /kéidʒ/ 图 C 動 本来v 〔一般語〕[一般義] 小鳥や動物を入れるかご, **檻**(おり). [その他] かごや檻に類似したものを指し, エレベーターの箱, 銀行の窓口, バスケットボールのゴールのかご, ホッケーなどのゴール, 野球のバッティング·ケージ. さらに柵, 塀などで囲った**刑務所**, **捕虜収容所**. 動 として檻などに入れる, 閉じ込める, 比喩的に**自由を束縛する**.

[語源] 印欧祖語 *keue-(=to swell) に遡ることのできるラテン語 cavus(=hollow) から派生した cavea(=cavity; cage) が古フランス語を経て中英語に入った. cave と同語源で, 「ふくらむ (swell)」と物体が「うつろ (hollow)」となり「ほら穴 (cave)」の状態となることから.

[用例] My father keeps a parrot in the *cage*. 父は鳥かごにおうむを飼っている/I feel pity when I see wild animals kept in a small *cage*. 狭い檻に野生の動物が飼われているのを見ると気の毒になる.

[関連語] pen; fold: **pen** は豚, 羊, 牛など家畜飼育用の囲いで, 普通柵で囲まれている. cage より相当広い場所を占める. **fold** は主に羊の飼育用の囲い, 檻をいう.

[日英比較] cage に対応する日本語は「かご」と「檻」の 2 語である. 「檻」は獣や罪人などを閉じ込める堅固な囲いや部屋をいい, cage とほぼ意味が重なる. 一方「かご」は竹や針金などで線状のもので編まれた器物で, 特に「鳥かご」のように複合語になる場合を除いては容器として用いられるものをいうが, cage は容器の意味はなく, 鳥や動物などを閉じ込めておく物を指すという点で意味がずれている. 「かご」の意味では英語では basket が用いられる.

【複合語】**cáge bírd** 名 ⓒ かごに入れて飼う鳥.

Cai·ro /káiərou/ 名 固 カイロ (★エジプトの首都, ナイル川河口近くにある).

cais·son /kéisən/kəsúːn, kéisən/ 名 ⓒ 〖土木〗ケーソン, 潜函(せんかん) (★鉄筋コンクリート製の箱で, 水中に沈めて工事をする).

[語源] ラテン語 capsa(=chest) がフランス語を経て 18 世紀に入った.

【複合語】**cáisson disèase** 名 Ⓤ ケーソン病.

ca·jole /kədʒóul/ 動 本来他 〔一般語〕人を甘言でだます, うまく説得する, おだてて…させる. 自 としても用いられる.

[語源] フランス語 cajoler (=to flatter) が初期近代英語に入った.

【派生語】**cajólery** 名 Ⓤ 丸めこみ.

cake /kéik/ 名 ⓒⓊ 動 本来他 〔一般語〕〔一般義〕小麦粉, バター, 砂糖, 卵などを材料としたケーキ. 〔その他〕食物をケーキのように平たく丸めて焼いたもの, 食物以外のものを一定の形に圧縮した塊, 固形物, また比喩的によいもの, おいしいもの. 動 として厚くおおう, 固める. 自 固まる.

[語源] 古ノルド語 kaka から中英語に入った. 中英語では平たい丸型やその他の一定の形をした裏表を堅く焼いた小型のパンを意味した. スコットランドでは現在も薄い堅焼きのオートミールパン (oat cake) がある. イングランドではこのパンの材料に砂糖やバター, 香料, 干しぶどうなどが加えられ, 現在の菓子, ケーキとなった.

[用例] a piece of *cake* ケーキ 1 個 (〚語法〛cake は丸いケーキ 1 個全体をいうので, 日本語でいう 1 個, つまりナイフで切ったもの 1 つは a piece [slice] of cake, 2 つは two pieces [slices] of cake のようにいう)/a fancy [decorated] *cake* デコレーションケーキ (〖日英比較〗デコレーションケーキは和製英語)/a wedding *cake* ウェディングケーキ/Mother is baking a *cake*. 母はケーキを焼いている/She cut me a slice of *cake*. 彼女は私にケーキを 1 切れ切ってくれた/You cannot eat your *cake* and have it. (ことわざ) お菓子は食べたら残らない (良い事にはそれに伴う不都合もある)/a fish *cake* 魚肉のボール/a *cake* of chocolate 板チョコ 1 枚/a *cake* of soap 石けん 1 個/a *cake* of dry clay (衣服に付いた) 泥の固まり/His shoes were *caked* with mud. 彼のくつには泥の塊がついていた.

[類義語] cake; bun; pancake; scone: **cake** は練り粉に砂糖や卵その他を型に入れて焼いたもので, しばしばクリームやチョコレートなどの衣がかかっている. **bun** は発酵させた練り粉から作られる小型で丸くやわらかい甘いケーキの一種. (米) では普通やや甘みのある干しぶどう入りのロールパンのことをいう. **pancake** はフライパンで薄く平たく焼いたホットケーキで, hot cake, griddlecake ともいう. **scone** は (英) で小麦粉, バター, 卵で作られる, やわらかいホットケーキの一種.

[日英比較] cake は日本でいうケーキより意味が広く, 一般に練り粉を焼いたやわらかい菓子をいう. なお, 日本では欧米のように自分の家でケーキを作らず, 洋菓子店で切ったものを買ってくるせいもあるが, 「ケーキ 1 個」という場合, 普通は切ったものをいうことが多い. それに対して, 英米では丸ごとのものを a cake という点の日英のずれに注意する必要がある. biscuit (ビスケット) や tea cake ((米) お茶と一緒に食べるクッキー, (英) 小型菓子パン) なども cake の一種. また団子状にした食物, さらに石けんなどの固形物, 泥, 雪の塊も意味する.

【慣用句】*a piece of cake* 〔くだけた表現〕〔主に英〕たやすいこと. *cakes and ale* 人生の楽しみ. (*sell*) *like hot cakes* 勢いよく [盛んに] (売れる). *take the cake* 賞を得る.

【派生語】**cákey** 形 ケーキ状の; 固まりになった.

calamitous ⇒calamity.

ca·lam·i·ty /kəlǽməti/ 名 ⓒⓊ 〔一般語〕肉親の死, 視覚・聴覚を失うことや洪水, 火災, 大地震などの大きな不幸, 災害 (★冗談として, ささいなことに対して用いることがある).

[語源] ラテン語 calamitas (=injury; damage) がフランス語 calamité を経て中英語に入った. 主に戦争の惨事, 敗北を表した.

[用例] He suffered the *calamity* of losing his parents when young. 彼は若い時に両親を失うという不幸にあった/A big earthquake will result in a *calamity* for the coastal area. 大地震は沿海地方に大災害をもたらすことになろう/the *calamity* of war 戦禍/I met a little *calamity* on my way—the tire went flat. 途中でちょっと困った事になった. タイヤがパンクしたんだ.

[類義語] calamity; catastrophe; disaster: **calamity** はこの中ではやや形式ばった語あるいはやや古い語で, 個人の大きな不幸をいうことが多く, 社会的な災害をいう場合にはやや抽象的な意味で用いられる. **catastrophe** はこの中で一番意味が強く, calamity や disaster より大きくて致命的な大災害を表す. **disaster** は最も一般的な語で, 種々の災害に対して用いるが, 特に突然の災害に用いる.

【派生語】**calámitous** 形 不幸な, 悲惨な, 痛ましい.

cal·ci·fy /kǽlsifài/ 動 本来他 〔一般語〕…を石灰化する. 自 石灰質になる.

[語源] ラテン語 calcis (=lime) より. 19 世紀から.

cal·ci·um /kǽlsiəm/ 名 Ⓤ 〖化〗カルシウム (★元素記号 Ca).

[語源] ラテン語 calx (=lime) に物質を示す語尾 -ium が付いた. 19 世紀の造語.

【複合語】**cálcium cárbonate** 名 Ⓤ 〖化〗炭酸カルシウム.

calculable ⇒calculate.

cal·cu·late /kǽlkjulèit/ 動 [本来他] 〔一般語〕
[一般義] 数字や数学を使って**計算する**, 算定する. [その他] (やや形式ばった語として用いる)見積もる, 推測する, (通例受身で)人の心理などを計算して事を企てる, 計画する,〈くだけた語〉〈米〉思う(think). 自 計算する, 見積もる, また計算に入れることから, 人の援助などを当てにする, 予期する.
[語源] ラテン語 *calculus* (数えるのに用いられた小石)から派生した *calculare*(=to calculate)の過去分詞 *calculatus* が初期近代英語に入った.
[用例] Our little son can't *calculate* the number of days in a week yet. うちの子供はまだ1週に何日あるか数えられない/The astronomer *calculated* the orbit of the newly found comet. 天文学者は新しく発見された彗星の軌道を計算した/"The total expenditure amounts to about 10,000 dollars," he *calculated*. 「全部で約1万ドルの出費だ」と彼は数字をはじいた/The pilot *calculated* that the fuel would last two hours' flight. パイロットは燃料が2時間飛ぶだけあると見積もった/The report is *calculated* to mislead readers. その記事は読者に誤解を与えるよう企てられている/Her indifference was *calculated* to irritate me. 彼女が冷淡なのは私をいらだたせようとしたものだった/She *calculates* to visit Paris during her travel around Europe. 彼女はヨーロッパ旅行中にパリを訪れるつもりだ/Don't *calculate* on his assistance. 彼の援助は当てにするな.
[類義語] calculate; compute; estimate; reckon: **calculate** は高度で複雑な数学を用いて正確な計算をすることに重点があり, 特に直接測定できないものを算定することをいう: *calculate* the distance between stars. **compute** は数値または単純な算数的計算を意味し, 直接求められる数値や資料をもとに計算することを表す. **estimate** は概算を求める, おおよその見積もりをすることを意味し, 評価の意味が強い. **reckon** は compute とほぼ同じ意味のくだけた語. また暗記や計算器でできる簡単な計算を表す.
[関連語] count.
【派生語】 **càlculabílity** 名 Ⓤ. **cálculable** 形 計算できる; 当てになる. **cálculàtedly** 副. **cálculàted** 形 数学的に計算された; 計算ずくの, 計画的な, 故意の: a *calculated* risk 予測される危険率 (★失敗する危険性をあらかじめ計算しておいた上でのもの) / a *calculated* plan to cause trouble 故意にごたごたを起こそうとする計画. **cálculàting** 形 計算する;〈軽蔑語〉抜け目ない, 打算的な: **calculating machine** 計算機[器]. **càlculátion** 名 Ⓤ Ⓒ 計算, 計算や推測によって得られる結果, 答; 打算. **cálculàtive** 形. **cálculàtor** 名 Ⓒ 計算者, 計算器: a pocket [portable] *calculator* 電卓.

cal·cu·lus /kǽlkjuləs/ 名 Ⓤ Ⓒ (複 -li/lài/, ~es) [数] 微積分学, [医] 結石.
[語源] ラテン語 *calculus*(=stone; pebble)が初期近代英語に入った.「微積分学」はラテン語では小石を勘定に使ったことから. ⇒culculate.

Cal·cut·ta /kælkʌ́tə/ 名 固 カルカッタ (★インドの港湾都市).

cal·de·ra /kældéərə, -díə-/ 名 Ⓒ [地] カルデラ (★火山の爆発によって生じた大きな凹地).
[語源] ラテン語 *calda*(=hot water)の 形 *caldaria* (=used for hot water)から派生したスペイン語 *caldera*(大釜, カルデラ)が初期近代英語に入った.

Cal·e·do·nia /kælidóunjə, -niə-/ 名 固 カレドニア 《Scotland の古名》.
[語源] 「森」を意味するケルト語から入ったラテン語名.

cal·en·dar /kǽlindər/ 名 Ⓒ 〔一般語〕 [一般義] 暦, カレンダー, 暦法. [その他] 1年の行事や予定, 法廷の議事などの日程を載せた**年間日程表, 年中行事一覧表**.
[語源] ラテン語 *calendarium* (会計簿, 利子台帳)が中英語に入った. ローマ暦の朔日(ついたち) (*calendae*) が借金の支払い期日であったことによる.
[参考] ローマ暦では *Martius*(=March)から1年が始まり, 以下 *Aprilis, Maius, Junius, Quintilis, Sextilis, September, October, November, December* の10か月であったが, 後に *Januarius* と *Februarius* が加えられ12か月となった. やがて *Januarius* が年の始めの月となり, Julian calendar (ユリウス暦)で *Quintilis* と *Sextilis* がそれぞれ Julius Caesar の名に因んだ *Julius*, Augustus Caesar の名に因んだ *Augustus* と改名され現在の月名のもとが作られた. 16世紀に Gregorian calendar (グレゴリオ暦)ができたが, 英国でこれが正式に取り入れられたのは1751年で, それ以前は Julian calendar が使用されていた. また新暦の導入以前は3月25日が新年の始まりであった.
[用例] the solar [lunar] *calendar* 太陽[太陰]暦/the Gregorian [Julian] *calendar* グレゴリオ[ユリウス]暦/ What does the mark on the *calendar* stand for? カレンダーにある印は何を表していますか/turn over a *calendar* カレンダーをめくる/a perpetual *calendar* 万年暦/a school *calendar* 学校の年間行事予定表/a gardener's *calendar* 園芸ごよみ/a *calendar* of social events 社会行事の日程表.
【派生語】 **caléndric, -cal** 形.
【複合語】 **cálendar dáy** 名 Ⓒ 暦日 (★夜の12時から次の夜の12時までの1日). **cálendar mónth** 名 Ⓒ 暦月 (★ある日から翌月の同じ日までの1か月). **cálendar yéar** 名 Ⓒ 暦年 (★ある日から翌年の同じ日までの1年).

cal·en·der /kǽlindər/ 名 Ⓒ 動 [本来他] 〔一般語〕紙, 布などをなめらかにしたり, 光沢を出すローラー式の機械, カレンダー. 動 として, カレンダーでつや出しする.
[語源] ラテン語 *cylindrus* (ギリシャ語で roll の意)がフランス語 *calendre* を経て初期近代英語に入った.

calendric ⇒calendar.
calendrical ⇒calendar.

calf[1] /kǽf | ká:f/ 名 Ⓒ Ⓤ 〔一般語〕 [一般義] **子牛**, 象, 鯨, かば, あざらしなど大型動物の**幼獣**. [その他] 子牛の**皮**, 子牛のぎこちない動作からの連想で〈くだけた語〉未熟な[不器用な]若者, 愚かな若者.
[語源] 古英語 *cealf* から.
[関連語] cub; whelp: **cub** はライオン, くま, おおかみなど野獣の子. **whelp** は主に子犬を表すが, その他肉食獣の子をいう.
【慣用句】 *kill the fatted calf* 歓待の用意をする 《★新約聖書 Luke 15:23》.
【複合語】 **cálf-bòund** 形 書物が**子牛革装丁の**. **cálf lòve** 名 Ⓤ 幼な恋. **cálfskin** 名 Ⓤ 子牛の革, なめし皮.

calf[2] /kǽf | ká:f/ 名 Ⓒ 〔一般語〕 人間のふくらはぎ.
[語源] 古ノルド語 *kalfi* が中英語に入った.

cal·i·ber, 〈英〉 **-bre** /kǽlibər/ 名 Ⓒ Ⓤ 〔一般語〕 [一般義] 弾丸, 砲弾, シリンダーなど円形の断面の**直径**,

銃の**口径**, 管などの**内径**. その他 弾丸の直径や銃の口径などが1/100インチ(または1ミリ)を基準に測った大きさをいうことから, 転じて人や物の大きさ, すなわち能力, 資質の**水準**, 程度, さらに**才能, 力量**.
語源 アラビア語 *qalib* (金属を鋳造する鋳型) が古イタリア語, フランス語を経て初期近代英語に入った.

cal·i·brate /kǽləbrèit/ 動 本来他 〔一般義〕一般他 口径 (caliber) を測定する. その他 温度計, 計量器などの正確な目盛りの位置や容量を決定する, 確認する, または調整する.
語源 caliber＋-ate (動詞語尾) として19世紀から.
【派生語】 **càlibrátion** 名 UC 口径測定, 目盛り調べ; 目盛り. **cálibràtor** 名 C 口径[目盛り]測定器.

calibre ⇒caliber.

cal·i·co /kǽlikòu/ 名 UC 〔一般義〕《米》さらさ (★いろいろな模様にプリントされた綿布),《英》キャラコ (★無地の白い綿布).
語源 インドの原産地名 *Calicut* (現Kerela 州 Kozhikode 市) に由来する.

calif ⇒caliph.

Cal·i·for·nia /kæləfɔ́(ː)rnjə/ 名 固 カリフォルニア (★米国西海岸の州; 略 Calif., Cal.; 〖郵〗CA).
語源 空想上の島の名のスペイン語から.
【派生語】 **Càlifórnian** 形 カリフォルニアの. 名 C カリフォルニア人.

cal·i·pers, cal·li·pers /kǽlipərz/ 名〔複〕動 本来他 〔一般義〕厚さ, 内[外]径などの測定に用いるコンパス状の計器, カリパス (★**caliper compasses** とも呼ばれる; 内径用カリパス (inside calipers) と外径用カリパス (outside calipers) とがある). 動 としてカリパスで測定する.
語法 数を数えるときは a pair of ～, two pairs of ～ のようにする.
語源 caliber の異形.

ca·liph, ca·lif /kéilif, kǽ-/ 名 C 〔一般義〕 (しばしば C-) 以前イスラム教国の宗教上・政治上の最高権力者を表すのに用いられた称号, カリフ.
語源 アラビア語 *khalifa* (＝successor; モハメッドの後継者に付けられた称号) が古フランス語を経て中英語に入った.

calisthenic ⇒calisthenics.

calisthenical ⇒calisthenics.

cal·is·then·ics, cal·lis·then·ics /kæləsθéniks/ 名 U 〔一般義〕《複数扱い》健康で力強く優美な身体を発達させるための軽い体操, **健康[美容]体操,**《単数扱い》**健康[美容]体操, 体操法**.
語源 ギリシャ語 *kalos* (美)＋*sthenos* (力)＋-ics (名詞語尾) として19世紀から.
用例 radio *calisthenics* ラジオ体操.
【派生語】 **càl**(**l**)**isthénic**, -cal 形.

calk /kɔ́ːk/ 名 C 本来他 〔一般義〕蹄鉄や靴底のすべり止めの金具[くぎ] (をつける).
語源 ラテン語 *calcaneum* (＝heel) に由来する calkin (＝calk) からの逆成と思われる. 初期近代英語から.

call /kɔ́ːl/ 動 本来他 名 UC 〔一般義〕一般義 人に電話をかける, 電話する. その他 本来は声をあげて人を**呼ぶ**の意. 単に声をあげて**叫ぶ**ことも, 何かを伝えたり, または何かの目的で**大きな声をあげる**ことも意味する. 後者の意味から, 人を用事で**呼ぶ, 呼び出す, 人に呼びかける, 名簿を大声で読みあげる, 点呼する**, さらに大声で会を**招集する, 宣言する, 命令する**. 命令することから, ゲームで**中止を命ずる**, また, 人を呼ぶという意味が公式に用いられると, 議会や会合を**召集する**, 法廷などに人を**召喚する**の意となり, 呼び出すの意の一つとして人を電話に呼び出す, すなわち「**電話をかける**」という一般義が生じた. さらにさせる, 記憶を呼び起こす, 注意を喚起する, また呼ぶという意味が転じて, 人[物]を…と呼ぶの意味となり, **名づける, 称する**, さらに…と**みなす, 考える**. また, 昔戸口で来訪を知らせたり, 用件を伝えるために大声で叫ぶことを call at a door といったが, ここから家を**訪問する, 立ち寄る**の意が生じ, さらに人を**訪問する**《on》という意味も生じた. 名 として**電話をかけること, 通話, 呼び出し, 呼ぶ声, 叫び声, 人を呼ぶこと, 呼び出し, 目ざましの合図, 召集, 点呼, 人の家への訪問,**《疑問・否定文で》**理由, 必要**.
語源 古ノルド語 *kalla* (＝to call; to name) が古英語に入った. 古英語では主に「**呼ぶ**」という意で用いられたが, 中英語ではこの意味は cry や shout で表すようになり, call は現在の意味に近いものになった. また本来の意味であった「大声をあげる, 叫ぶ」は次第に補助的なものになった.
用例 "Tom, your mother is *calling*."「トム, 君のお母さんが呼んでいるよ」/I *called* and *called* but no one answered. 呼べど叫べど返事はなかった/Someone *called* from outside. 誰かが外で呼んだ/Please wait here till your name is *called*. 名前を呼ぶまでここで待っていて下さい/Shall I *call* you a taxi? (＝Shall I *call* a taxi for you?) タクシーを呼びましょうか/The mountain is *calling* me. 山が私を引きつける[呼んでいる]/When I went into the classroom, our teacher was just *calling* the roll. 私が教室に入って行くと, 先生はちょうど出席をとっていた/The union *called* a strike. 組合はストを指令した/The ball game was *called* on account of rain. 球技[野球]は雨のため中止となった/The chairman *called* the meeting. 議長は会を召集した/The police *called* him in question. 警察は尋問のため彼を呼び出した/I will *call* you later. 後で電話します/Do not *call* the office in the morning. 午前中は事務所に電話しないで下さい/*Call* me early tomorrow morning. 明日は早く起こして下さい/We *call* him Ron. 私達は彼をロンと呼んでいる/I don't *call* her fat. 私は彼女をでぶだとはいっていない/Let's *call* it a day. きょうはこれでおしまいにしよう/What do you *call* this flower in English? この花は英語でなんといいますか/I *call* it unfair. それは不公平だと思う/There were noisy *calls* of the vendors on the street. 通りでは物売りのさわがしい呼び声がしていた/a curtain *call* カーテンコール (★俳優などを舞台に呼び出すこと)/The delegates made a *call* at the Kremlin. 代表団はクレムリンを短時間訪問した/a port of *call* 寄港地/There was a *call* while you were away. 留守中に電話がありました/make a (telephone) *call* 電話をかける/a collect *call* 受信人払いの通話/the *call* of the wild [sea] 野生[海]の魅力.
語法 ❶「叫ぶ, 大声を出す」の意味では call out が用いられる. ❷「電話」の意味では《英》では ring がしばしば用いられる. ❸「人[物]を…と呼ぶ, …と考える」は S＋V＋O (人·物)＋C (名·形) の文型で用いられる.
類義語「大声を出す, 叫ぶ」 call; shout; cry;

scream: **call** と **shout** は大声でいう,叫ぶの意味であるが,call は何かを伝えるために大声で呼んだり,明瞭な声で言ったりすることに重点があり,shout は何かを伝えることより,大声をあげること自体に意味の重点がある.この2語に対し **cry** は苦痛,悲しみ,驚きなどで声をあげることを表し,大声をあげる意味では cry out という. **scream** も恐怖や苦痛,驚きなどで声をあげるが,特にかん高い声で叫ぶことを表し,女性や子供に対して用いられることが多い.「訪問する」⇒visit.

【慣用句】**call at** ... 短時間建物や施設を**訪問する**, 立ち寄る: Can I *call at* your house tomorrow? 明日お宅へ伺っていいですか. **call away** 呼んで行かせる; 呼び出す. **call back** 相手の呼びかけに答えて呼び返す, 人を元の場所に**呼び戻し**, 記憶を呼び起こさせる, 思い出させる; 体力などを回復する, 言ったことを撤回する, 不良品などを回収する; あとで電話をかけ返す: The incident *called* him *back* to his memory of the nasty past. あの出来事は彼に不快な過去を思い出させた/I'll *call* you *back*. あとでお電話します. **call down** 下に向かって呼ぶ[叫ぶ], 降りていて叫ぶ. **call for** ... ...を求める, 要求する, ...を必要とする; 人を呼びに立ち寄る, 物を取りに立ち寄る: The bank robbers are *calling for* more money. 銀行強盗たちはもっと金を出せと要求している/I'll *call for* you at eight o'clock. 8時に迎えに行きます. **call in** çûれ声で叫ぶ, 招待する, 助けなどを求める, 通貨や故障品などを回収する, 貸したものの**返却[支払い]を求める**; ちょっと立ち寄る: *call in* a doctor (=*call* a doctor *in*) 医者を呼ぶ. **call off** 大声で叫んでやめさせる, やめる, 中止する, 取り消す: The game was *called off* because of rain. 雨で試合は中止になった. **call on** ... 人を**訪問する**, 何かするよう人に**求める**, 教師が生徒を指名する: May I *call on* you next Sunday? 次の日曜日にお伺いしてもよろしいでしょうか/I was *called on* to state my opinion. 私は意見を述べるよう求められた. **call out** 大声で叫ぶ, 叫んで**呼び出す**, 軍隊や消防隊を**出動させる**, 能力や資質などを引き出す, **誘い出す**; 大きな声で発表する, **宣言する**, ストライキを指令する. **call over** 呼び寄せる; 欠席をとるために名簿などで名前を呼び上げる. **call ... to mind** 思い出す. **call up** 呼び出す, 記憶を呼び起こす, 思い出させる, 兵役などに**召集する**;(米)**電話をかける**;(英)ring up). **what is called** いわゆる(so-called). **within calling (distance)** 呼べば聞こえる距離に, 近くに.

【派生語】**cálled** 形 試合中止を命じられた: a *called* game コールドゲーム. **cáller** 名 C 呼ぶ[叫ぶ]人[物], 短時間の訪問者, スクエアダンスなどでステップの号令をかける人. **cálling** 名 UC 呼ぶこと, 招集, 訪問; 職業, 天職 (★occupation のほうが一般的); 神のお召し; 職業や義務などに対する強い意欲: **calling card** (米)訪問用の名刺(英)visiting card).

【複合語】**cáll bòx** 名 C (英)公衆電話ボックス, (米)警察[消防署]連絡用の緊急電話(ボックス). **cállbòy** 名 C 俳優に舞台への出番を伝える係り, ホテルなどのボーイ. **cáll gìrl** 名 C 電話で呼び出す売春婦,コールガール.

calligraphic ⇒calligraphy.
cal·lig·ra·phy /kəlígrəfi/ 名 U 〔一般語〕きれいな手書き,**習字**,特に芸術性の高い**書道**.
語源 ギリシャ語 *kalligraphia* (*kallos* beauty+*gra-phein* to write) が初期近代英語に入った.

関連語 penmanship.
【派生語】**calligrapher** 名 C 能書家,書家. **calli-gráphic** 形. **calligraphist** 名 C.

callipers ⇒calipers.
callisthenics ⇒calisthenics.
cal·los·i·ty /kælɔ́siti | -lɔ́s-/ 名 UC 〔一般語〕
一般語 たこ, まめなどの**皮膚の硬結**. その他 皮膚の硬さから, 比喩的に心のかたくなさ, **冷淡**, **無情**, **無感覚**.
語源 ラテン語 *callus* (=hard skin) から派生した *cal-losus* (=hard-skinned) の 名 *callositas* (=hard-ening of the skin) が古フランス語を経て初期近代英語に入った.

cal·lous /kǽləs/ 形 〔一般語〕皮膚が硬くなった, また心や感情のかたさを表して, かたくなな, **無神経な**, **無感覚な**.
語源 ラテン語 *callosus* (⇒callosity) が中英語に入った.

cal·low /kǽlou/ 形 〔一般語〕 一般語 (軽蔑的)若く未熟な, 青二才の, うぶな. その他 本来は鳥がまだ十分に羽毛のはえていないの意.
語源 古英語 calu (=bald; bare) から. 頭が禿げている意味で用いられ, 鳥の羽毛が生えそろっていないという意味で用いられるのは初期近代英語になってから, 未熟であること, 青二才であることの意味は若者にひげ(beard)が生えていことから起こった.

類義語 immature.
【派生語】**cállowly** 副. **cállowness** 名 U.

cal·lus /kǽləs/ 名 C 《医》たこ, まめなど**皮膚硬結**.
語源 ラテン語 *callus* (⇒callosity) が初期近代英語に入った.

calm /kɑːm/ 形 動 本来他 名 U 〔一般語〕 一般語 天候が穏やかな, 動揺のない. その他 天候が穏やかで波風がないことから, **凪**(なぎ)**である**, **平穏な**, 人の精神や気持ちが抑制されて動揺していない, **落ち着いている**. 動 としてなだめる, 静める. 自 静まる. 名 として《時に a ～》静けさ, 平穏.
語源 ラテン語 *cauma* (=heat) が古イタリア語, 古フランス語を経て中英語に入った. ラテン語では暑さ, 特に日中の暑さを意味し, ここから日中の暑さを避けるための間の休息を表すようになり, さらに動きがないこと, 静かなことの意味となった.

用例 The weather remained *calm* for a whole day. 天気はその日一日中穏やかであった/There came a *calm* on the sea after the storm. 海は嵐のあと凪になった/He couldn't keep *calm* at her provocative words. 彼女の挑発的な言葉を聞いて彼は冷静にはしていられなかった/The first decade of the century was *calm*. その世紀の初めの10年間は平穏であった/The nurse *calmed* the crying baby. 乳母は泣く赤ん坊をなだめた/The wind *calmed* down. 風はおさまった.

類義語 calm; quiet; silent; tranquil: **calm** が動きそのものがないことを表すのに対して, **quiet** は物音がしないことや動きが少ないことを表し, 特に動きの静かさに意味の重点がある: a *quiet* engine. また人の性格などについて述べる場合, quiet は出しゃばったりしない, 口数の少ない人を意味するのに対して, calm は精神的動揺のない, 落ち着いた人を表す. **silent** は声や音のなさに重点がある: keep *silent* 黙っている. **tranquil** は calm に意味が近いが, calm がそれ以前の動揺, 荒れなどを含蓄し,

一時的な平穏さや静かさを意味することが多いのに対して, tranquil はもっと本質的, 永続的な静かさをいう: a *tranquil* life 平穏な生涯.

[反意語] stormy.

【派生語】cálmly 副. cálmness 名 U.

caloric ⇒calorie.

cal·o·rie, cal·o·ry /kǽləri/ 名 C 【理・栄養】カロリー《★1気圧で1グラムの水の温度を摂氏1度上げるのに必要な熱量を gram calorie または small calorie (略cal) と呼び, 1キログラムの水の温度を1度上げるのに必要な熱量を kilo(gram) calorie または large calorie (略Cal) と呼ぶ; 食物の栄養価を表す場合は kilo calorie が用いられる》.

[語源] ラテン語 *calor* (=heat) がフランス語 *calorie* を経て19世紀に入った.

【派生語】calóric 形. calorífic 形 熱を生じる. calorímeter 名 C 熱量計.

ca·lum·ni·ate /kəlʌ́mnièit/ 動 [本来他] 〔形式ばった語〕うそや悪口を言って人を中傷する.

[語源] ラテン語 *calumniari* (=to slander) の過去分詞 *calumniatus* が初期近代英語に入った.

[類義語] slander.

【派生語】calùmniátion 名 U. calúmniàtor 名 C.

calumnious ⇒calumny.

cal·um·ny /kǽləmni/ 名 CU 〔形式ばった語〕他人の評判や人格を傷つけるためのうそ, 悪口, 中傷.

[語源] ラテン語 *calvi* (=to deceive) の 名 *calumnia* (=deception) が古フランス語を経て中英語に入った.

【派生語】calúmnious 形.

Cal·vin /kǽlvin/ 名 固 カルビン John Calvin(1509–64)《★フランス生まれのスイスの宗教改革者》.

【派生語】Cálvinism 名 U カルビン主義. Cálvinist 名 C カルビン主義者.

ca·lyp·so /kəlípsou/ 名 C 【楽】カリプソ《★アフリカ起源の西インド諸島の民謡から出たダンス音楽》.

[語源] 不詳.

ca·lyx /kéiliks/ 名 C 【植】花のがく.

[語源] ギリシャ語 *kalyx* (=pod) がラテン語を経て初期近代英語に入った.

cam /kæm/ 名 C 【機】カム《★回転運動を往復運動に変える装置》.

[語源] オランダ語 *kam* が18世紀に入った.

ca·ma·ra·de·rie /kà:məráːdəri | kæm-/ 名 U 〔形式ばった語〕仲間としての温い親しみや信頼の感情, 友情.

[語源] フランス語 *camarade* (=comrade) から派生した *camaraderie* が19世紀に入った.

cam·ber /kǽmbər/ 名 UC 動 [本来他] 〔一般的〕船の甲板や梁などの凸状の湾曲, 上反り. 動 として上反りにする.

[語源] ラテン語 *camur* (=arched) がフランス語を経て初期近代英語に入った.

Cam·bo·di·a /kæmbóudiə/ 名 固 カンボジア.

【派生語】Cambódian 形 カンボジアの. 名 CU カンボジア人[語].

Cam·bri·a /kǽmbriə/ 名 固 カンブリア《★英国のウェールズ(Wales)の古名》.

【派生語】Cámbrian 形 カンブリアの; 【地】カンブリア紀の. 名 C ウエールズ人; (the ~) 【地】カンブリア紀.

Cam·bridge /kéibridʒ/ 名 固 ケンブリッジ《★England 中東部の都市でケンブリッジ大学の所在地, また米国東部の Massachusetts 州の都市でハーバード大学の所在地》.

[語源] 古英語 Grantanbrycge (Gratan 川にかかる橋から.

cam·el /kǽməl/ 名 C 【動】らくだ.

[語源] ギリシャ語 *kamēlos* がラテン語 *camelus* を経て古英語に入った.

[用例] the Arabian *camel* ひとこぶらくだ/the Bactrian *camel* ふたこぶらくだ.

ca·mel·lia /kəmíːliə/ 名 C 【植】つばき, さざんか.

[語源] Moraria のイエズス会の宣教師 G.J.Kamel (1661–1706) に因む18世紀の造語.

cam·e·o /kǽmiou/ 名 C 【動】 [一般義] カメオ(細工)《★浮彫りにしたものか, 貝殻など》. [その他] 浮彫りにすることから, 場面, 登場人物などを浮彫りにするように描いた珠玉の短篇, 映画, 演劇などの名場面, 観客の関心をひくわき役の俳優.

[語源] イタリア語 *cameo* が初期近代英語に入った. それ以前は不詳.

cam·er·a /kǽmərə/ 名 C 〔一般的〕カメラ, 写真機, 撮影機, テレビカメラなど.

[語源] ラテン語 *camera* (丸屋根, 丸天井) が18世紀に入った. 現在のカメラの意味は *camera obscura* が元で, dark chamber すなわち暗箱を表した.

[用例] a foolproof [an idiotproof] *camera* シャッターを押すだけで写るカメラ/a single-lens reflex *camera* 1眼レフ.

【複合語】cámeramàn 名 C カメラマン, 新聞社などの写真班員, 映画の撮影技師. cámera-shỳ 形 写真ぎらいの.

cam·i·sole /kǽmisoul/ 名 C 〔一般的〕ブラウスなどの下に着るスリップ型の腰丈の女性用下着, キャミソール.

[語源] スペイン語 *camisa* (=shirt) の指小語 *camisola* がフランス語を経て19世紀に入った. 男性用のであるジャケットの意味でも用いられたが, 現在は女性用の下着や短いネグリジェを表す.

cam·ou·flage /kǽməflà:ʒ/ 名 UC 動 [本来他] 〔一般的〕主に軍隊用語として, 敵の目をあざむくためのカムフラージュ, 擬装, 迷彩, また色を塗ったり自然の保護色を利用している変装, 偽装. 動 としてカムフラージュする, 迷彩を施こす, 擬装して隠す.

[語源] フランス語 *camoufler* (=to disguise) の名詞が20世紀に入った.

[用例] Leaves and twigs were put on the tank as *camouflage*. カムフラージュに葉や枝が戦車の上にのせられた/Many animals have a natural *camouflage* which hides them from their enemy. 多くの動物には カムフラージュがあって, それによって敵から身を守っている/She *camouflaged* her anxiety by chattering. 彼女はおしゃべりで不安をごまかした.

camp /kæmp/ 名 CU 動 [本来自] 〔一般的〕 [一般義] 野外のテントや小屋でのキャンプ. [その他] 軍隊や軍隊などの野営地, キャンプ場[村], 駐留地, テントや簡単な小屋での野営設備, あるいはキャンプする人々, テント集団. またキャンプの意味から拡大して, キャンプ生活, 軍隊生活, 合宿, 収容所. さらに一緒にキャンプする仲間の意味から, 宗教や政治上の仲間, 同志, 陣営. 動 として野営する, キャンプする.

[語源] ラテン語 *campus* (=field) がイタリア語, フランス

[用例] a base camp 登山隊のベースキャンプ/Camp Zama 座間米軍駐屯地/We spent a week in the camp. 私達は1週間キャンプ場で過ごした/The climbers made camp on a steep slope. 登山者達は急な斜面にキャンプした/pitch a camp テントを張る/strike [break] (a) camp テントをたたむ/Our club had a training camp last year. 私達のクラブは昨年は強化合宿を行った/The two rival statesmen belong to different camps. 2人のライバルの政治家は異なった陣営に属している/The soldiers camped at the foot of a mountain. 兵士は山のふもとで野営した/We go camping every summer. 毎年夏にはキャンプに行く.
[慣用句] **camp out** キャンプをする; 一時的に住む.
[派生語] **cámper** 名 C キャンプする人; (米) キャンピングカー (《日英比較》キャンピングカーは和製英語).
[複合語] **cámpfire** 名 C キャンプファイヤー. **cámpgròund** 名 C (米) キャンプ場, 野営地. **cámpsìte** 名 C キャンプ場.

cam·paign /kæmpéin/ 名 C 動 [本来義] [一般語]
[一般義] ある目的で一定期間行われる一連の**行動, 運動, キャンペーン.** [その他] 本来は《軍》一連の**軍事行動, 戦役,** 従軍. 軍事行動の類推から, 社会的, 政治的または商業的に組織された**計画**された**運動, 活動,** また政治的運動の1つとして**選挙運動, 遊説.** 動として**運動する, 出征する.**
[語源] ラテン語 campus (=field) から派生した後期ラテン語 campania (=countryside) をフランス語 campagne を経て初期近代英語に入った. 初めは広々とした土地や原野の意味で用いられたが, やがて軍事的な意味で用いられるようになり, さらに軍事行動からの類推により, 一定期間の活動, 闘争的な運動に対しても用いられるようになった.
[用例] The general planned a campaign to capture the enemy's most important city. 将軍は敵の最重要都市を占拠するための作戦行動を計画した/The opposition parties began a campaign against the government. 野党は反政府運動を始めた/a campaign against smoking 禁煙運動/Our company is now on campaign for new merchandise. わが社は今, 新商品のキャンペーン中だ/The election campaign begins years before the actual election. 選挙戦は実際の選挙の数年前に始まる/We have campaigned against racism. 私達は人種差別反対の運動をした.
[類義語] campaign; movement; activity: **campaign** は主として選挙, 商業セールスなどに対して用いられ, 比較的短い期間の, 作戦計画にもとづく宣伝を中心とする活動をいうのに対して, **movement** は the women's liberation movement (ウーマンリブ運動) や a religious movement (宗教運動) などの表現に見られるように, ある目的に向かって幅広く, 一般大衆や大勢の人々をまきこんだ社会的運動や政治的運動を表す. また **activity** は個々の具体的な活動をいう語で, political movement (政治運動) も religious movement (宗教運動) もそれらの過程において種々の political activities (政治活動) や religious activities (宗教活動) を伴うし, election campaign (選挙運動) も別の言い方をすれば一連の political activities ということができる.

[派生語] **campáigner** 名 C 社会的, 政治的な**運動家; 従軍者.**

cam·pa·ni·le /kæmpəníːli/ 名 C 《~s, -li /liː/》
[一般語] 他の建物から独立した高い**鐘楼.**
[語源] イタリア語 campana (=bell) から派生した campanile (=bell tower) が初期近代英語に入った.

camper ⇒camp.

cam·phor /kæmfər/ 名 U 《化》**樟脳**(しょうのう).
[語源] アラビア語起源のラテン語 camphora が古フランス語を経て中英語に入った.

cam·pus /kæmpəs/ 名 C 形 [一般語] 大学などの**構内, キャンパス**をいい, 建物も含めていうこともある. また総合大学の**分校, 学舎.**
[語源] ラテン語 campus (=field) が18世紀に入った. camp, campaign と同語源.
[用例] a campus life 学園生活/on (the) campus 学内で/off campus 学外で/a university campus 大学の構内.

can[1] /kǽn, 弱 kən/ 助 [一般語] [一般義] 知識や能力があり...することができる. [その他] 知識や能力に関係なく, 一般的に...できる, さらに権限や資格があれば...することができる. また「できる」からしてもよいという許可やしてもさそうなものだという意味となり, さらにしなさいという軽い命令にも用いられる (⇒語法). また能力の意味から転じて...できうる, ありうるという可能性や推量の意味を表す (⇒語法). 可能の意味が否定や疑問と結び付くと, ...のはずがないという強い否定, ...ということがありうるだろうかという強い疑問や驚きを表す.
[語源] 古英語 cunnan (=to know; to have power to) から. 古英語では「知っている, 知的能力がある」を意味し, cnāwan (=to know) と同語源で, 肉体的能力を表した mæg (=may) と対をなしていた. 古英語では動詞として用いられ, 「知っている, 覚えている」を意味していたが, やがて助動詞として用いられるようになり,「...の仕方を知っている, 知的能力がある」, さらに知的にも肉体的にも「できる」ということになった. can が可能性を表すのは初期近代英語になってからである. 現在の意味の中心である「できる」という意味は古英語では mæg (=may) の方が多く用いられたが, やがて may は許可や可能性を表す意味に重点が移った.
[参考] can は元来 preterite-present verb (過去現在動詞) と呼ばれる動詞であった. 印欧祖語では過去現在動詞は強変化動詞の過去形 (完了形) が現在の意味に用いられたもので, 例えば can の原義は (I) have learned「習ったことがある」という完了を表す意味から「知っている」という現在の意味に転化したもの. この元来の過去分詞が新たに弱変化を起こして現在の助動詞の一部となった. またこのために過去現在動詞に由来する助動詞は原形や過去分詞, ~ing 形を欠く defective verb (欠如動詞) とも呼ばれる. can の他に, may, must, ought, shall などが過去現在動詞のグループになる.
[用例] He can speak several languages. 彼は数か国語話すことができる/Can you drive a car? 車の運転ができますか/Many of my pupils cannot do a simple calculation. 私の受け持ちの生徒の多くは簡単な計算もできない/Bright stars can be seen before it gets dark. 明るい星は暗くなる前に見える/You can buy almost everything with money. (=Money can buy almost everything.) お金があればたいていの物は買える/Can I help you? どうしました

か《★困っている人に援助を申し出る》; 何を差し上げましょうか《★店員が客に》/You *can* [may] go if you want to. 行きたければ行っていい/May [May] I ask a favor of you? お願いがあるのですが/You *can* at least say "hello" when you see someone you know. 誰か知っている人に会ったら「こんにちは」くらい言いなさい/Climbing the mountain *can* be very dangerous in winter. 冬にその山に登るのは非常に危険なことがある/She *cannot* be a teacher. 彼女は教師のはずがない/He *cannot* have done such mischief. 彼がそんなわるさをしたはずがない/*Can* it be true? そんなことがあり得るだろうか.

[語法] 許可を表す語は元来 may であったが, 現在では may は形式ばった表現と考えられ, 話し言葉や形式ばらない書き言葉では can の方が一般的な表現として用いられる. これは平叙文で 2 人称に対して may を用いるは許可が話し手の意志によるものであり, 横柄な感じを与えることがあるのに対して, can は行為が話し相手の選択にまかされるということで, それだけ柔軟な感じがするためと思われる. しかし, 逆に疑問文で相手の許可を求める場合には May I ...? のほうがていねいに感じられ, can は多少そんざいに感じられるといわれてきたが, 現在では Can I ...? と May I ...? の区別はあまり厳密にはされていない. 許可の意味の否定文では cannot は軽い禁止, may not は不許可を表す. 可能性を表す場合 may と can はしばしば交換可能であるが, perhaps の意味では may が用いられ, その他の意味では can が用いられる: The road can be blocked. = It is possible to block the road./The road may [could; might] be blocked. = Perhaps the road is blocked.

[類義語] can; be able to; be capable of: この 3 つの表現いずれも能力があることを表す. **can** が使われる所ではだいたい **be able to** も使え, 原形や ...ing, 過去分詞を欠く can の代わりに be able to が用いられる. 例えば助動詞の can は別の助動詞と共に用いることはできないから, I'll *be able to* go, となる. 一方現在時制では be able to より can の方が好まれる. 過去時制では肯定文の場合, could より was [were] able to が普通であるが, また could がしばしば仮定法の意で「…すればできる」や丁寧表現に用いられるためである. ただし, 否定文の場合はその限りではない. 一方 **be capable of** は受容力や資格, 能力があって「…できる」ことを表す.

許可・可能性を表す類義語は ⇒may.

[日英比較] can は知的能力や肉体の能力があり「…することができる」という意味を中心に, 許可・命令・依頼・可能・推量などの意味の次が持つ語であるのに対して, 「…することができる」という日本語は主に能力や可能性を表すことに意味の重点がある. 従って日本語では許可・命令・依頼などは表さない. また日本語の表現は能力と可能の差が必ずしも判然としない. 例えば「この川は歩いて渡ることができる」という文は, 可能性を表す他に, 能力とも考えられる. 他方 I can walk across the river. という英文は能力を表す. また「…することができますか」という場合, can を用いると英語では能力を尋ねる意味が強くなって失礼な聞き方と感じられ, 特に能力を問題にするのでなければ can を避けることがよくある. 例えば Can you speak Japanese? より Do you speak Japanese? の方が好まれる.

can² /kǽn/ [名] [C] [動] [本来他] [一般他] [一義] 普通ふたや取っ手が付き液体やごみなどを入れたりして運搬するための容器; 各種の缶, 金属製容器. [その他] 缶詰, 缶詰の缶(《英》tin), 金属製の水飲み, 1 缶の分量(canful), また「容器」の意より,〔《俗語》監獄,《米》便所. [動] として缶詰にする(《英》tin),〔くだけた語〕音楽などを録音する.

[語源] 古英語 canne (= cup; container) から. 元来液体を入れた水飲み用の器として使われ, 大きさも形もさまざまな金属製の容器をいったが, 現在では普通円筒形でふたや取っ手の付いたものをいう.

[用例] a milk *can* ミルク缶/a garbage *can* ごみ入れ用の缶/a *can* of fish 魚の缶詰/a *can* of juice ジュース 1 缶分/*canned* meat 肉の缶詰.

[日英比較] 日本語では「缶」は缶詰の缶, 菓子缶, 茶の缶など主に円筒形の容器と結び付くが, 英語では a sprinkling *can*(じょうろ)や an oilcan(油さし)のように取っ手や注ぎ口のある容器も意味する.

【慣用句】 ***in the can*** 映画などが撮影が完成して封切りの用意のできた;〔《俗語》刑務所に入って.

【派生語】 **cánful** [名] 缶 1 杯. **cánnery** [名] [C] 缶詰工場.

【複合語】 **cán òpener** [名] [C]《米》缶切り(《英》tin opener).

Can·a·da /kǽnədə/ [名] [固] カナダ.
[語源] 北米先住民語で village の意だが, それを地名と勘違いしたことから.
【派生語】 **Canádian** [形] カナダ(人)の. [名] [C] カナダ人.

ca·nal /kənǽl/ [名] [C]〔一般語〕[一般義] 運河. [その他] 灌漑や排水などの水路, 火星の運河と呼ばれる細長い線,〔生.解〕管, 導管.
[語源] ラテン語 canalis (= water pipe) またはイタリア語 canale がフランス語を経て中英語に入った. channel と同語源で, 初めは送水管の意味で用いられたが, やがて現在と同じ運河の意に用いられるようになった.
[用例] the Suez [Panama] *Canal* スエズ[パナマ]運河/an irrigation *canal* 用水路.
【派生語】 **cánalize, -ìse** [動] [本来義] 運河を掘る, 運河にする.

can·a·pé /kǽnəpi(:)/ [名] [C]〔一般語〕カナッペ《パン, トースト, クラッカーにキャビア, アンチョビ, チーズなどのせた料理の一種で飲み物と共に供される》.
[語源] フランス語 canapé (= sofa) が 19 世紀に入った. パンをキャビアやアンチョビの台に見立てていることから.

ca·nary /kənéəri/ [名] [CU]〔鳥〕カナリア, またカナリア色.
[語源]「カナリア諸島 (Canary Islands) 原産の(鳥)」という意味のスペイン語 canario がフランス語を経て初期近代英語に入った. Canary Islands の名はラテン語 canis (= dog) からで, 同諸島産の犬から.

Can·ber·ra /kǽnbərə/ [名] [固] キャンベラ《★オーストラリアの首都》.

can·can /kǽnkǽn/ [名] [C]〔一般語〕(通例 the ~) フランスのカンカン踊り.
[語源] フランス語 canard (あひる) の小児語が 19 世紀に入った. 鳴き声からの連想で「騒がしい踊り」が原義か.

can·cel /kǽnsəl/ [動] [本来義]〔《米》-l-,《英》-ll-〕[UC]〔一般語〕[一般義] 約束, 注文, 計画などを取り消す, 中止する. [その他] 取り消すために線を引いて文字などを抹消する, 切手, 券, 切符などに印を押す, はさみを入れる,〔数〕約分, 消去する, 負債などを取り消して帳消しにする, 足りない所を他のもので埋め合わせる, 相殺する《★この意味ではしばしば out を伴う》, さらにここか

ら釣り合いをとる，**中和する**．**名** として**抹殺，取り消し，削除**．

[語源] ラテン語で「格子」の意味の *cancellus* の**動** *cancellare*（格子を付ける，消す）が中英語に入った．中英語では文字に「格子状の線を引いて抹消する」の意味で用いられ，ここから比喩的に「取り消す」の意味になった．

[用例] She *canceled* her order for a new car. 彼女は新車の注文を取り消した/*cancel* a ticket reservation 券の予約を取り消す/All the flights of the day were *canceled* because of the weather. 荒天のためその日のフライトはすべて欠航となった/He *canceled* the names of the absentees on the list. 彼はリストから欠席者の名前を抹消した/a *canceled* stamp 消印のある切手/Her beauty cannot *cancel* out her defects. 彼女の美貌をもってしても欠点は埋め合わせできない．

[類義語] cancel; call off; annul: **cancel** は約束や計画などを取り消すことを表す普通の言い方で，特に注文，予約，申し込みなどを取り消すことに用いる．**call off** は cancel よりくだけた言葉で，試合，会合，約束などで予定されていたことを何かの都合で中止したり取り消すことを表す．**annul** は結婚を法的に無効にしたり，法令，契約などを無効にしたり取り消すことを表す形式ばった語．

【派生語】**càncellátion** 名 UC.

can・cer /kǽnsər/ 名 UC 〔一般語〕 〔一般語〕 **悪性腫瘍，癌(%)．**[その他] 比喩的に〔やや形式ばった語〕癌のように社会や個人に広がる**害悪**．《C-》かに座，巨蟹(%)宮．

[語源] ラテン語 *cancer*（= crab）が中英語に入った．「かに」とこの病気の関係は，病気に冒された部分の周囲の静脈のはれがかにの脚に似ていることによるといわれている．

[用例] lung *cancer*（= *cancer* of the lung）肺癌/stomach *cancer* 胃癌/Violence is the *cancer* of our society. 暴力は社会の害悪だ．

【派生語】**cáncerous** 形 癌性の．

can・de・la・brum /kæ̀ndəlɑ́:brəm/ 名 C 〔一般語〕**枝付き燭台**．

[語源] ラテン語 *candela*（= candle）から派生した *candelabrum*（= candlestick）が 19 世紀に入った．

can・did /kǽndid/ 形 〔一般語〕 〔一般語〕言葉や行為などが**率直な，公平な**．[その他] 意見など率直を通り越して遠慮がなくなり，**ぶっきらぼうな，厳しい**，また写真やインタビューで**飾らない，ポーズをとらない**．

[語源] ラテン語 *candidus*（= white; bright）が初期近代英語に入った．「白い」「輝く」の意から「汚れのない」「無垢な」の意を表すようになり，さらに現在使われている「偏見のない」「率直な」の意になった．

[用例] a *candid* observer 公平な観察者/*candid* critics ずけずけ物を言う[厳しい批評家]/a *candid* picture スナップ写真．

[類義語] frank.

【派生語】**cándidly** 副．**cándidness** 名 U.

candidacy ⇒candidate.

can・di・date /kǽndideit | -id/ 名 C 〔一般語〕**候補者，志願者**．

[語源] ラテン語 *candidatus*（白衣を着た人）が初期近代英語に入った．古代ローマで官職の志願者が白いガウンを着たことから．

[用例] a *candidate* for president（= a presidential *candidate*）大統領候補者/a *candidate* for admission 入学志願者/That player is one of the *can-* *didates* for the 'Man of the Match' award. あの選手は最優秀選手賞候補者の1人だ．

【派生語】**cándidacy** 名 U 立候補．**cándidatùre** 名 U 《英》= candidacy.

candidly ⇒candid.

candidness ⇒candid.

can・dle /kǽndl/ 名 C 〔一般語〕**ろうそく**．

[語源] ラテン語 *candere*（= to shine）から派生した *candela*（= light; torch）が古英語に入った．

[用例] light [burn] a *candle* ろうそくに火をともす/a tallow *candle* 獣脂ろうそく．

【慣用句】*be not worth the candle* **割に合わない**《★もと，ろうそくの灯りでトランプをした際に掛金がろうそく代にもならないという意から》．*burn the candle at both ends* 仕事や遊びに精力や金銭などを浪費する，**無理をする**《★朝早くから夜遅くまで灯をともして活動する意から》: Young people like to enjoy life, and they often *burn the candle at both ends*. 若者は楽しい生活を送りたいと思うあまりしばしばはめをはずす．*cannot hold a candle to* … …と比べてずっと劣る《★人の仕事にろうそくの灯をかかげてやることもできないの意から》: He *can't hold a candle to* John when it comes to learning foreign languages. 外国語をおぼえるという点では彼はジョンに側が劣る．

【複合語】**cándlelìght** 名 U ろうそくの明かり；灯ともしごろ（twilight）．**cándlepòwer** 名 U 燭光《★光の強さ，単位はカンデラ（candela）》．**cándlestìck** 名 C 受け台の付いたろうそく立て．**cándlewìck** 名 CU ろうそくの芯；キャンドルウィック《★木綿布の一種》．

can・dor，《英》**-dour** /kǽndər/ 名 U 〔一般語〕**悪意や偏見がなく公平なこと，率直なこと**．

[語源] ラテン語 *candere*（= to shine）から派生した *candor*（輝くような白さ，無垢）が中英語に入った．

can・dy /kǽndi/ 名 UC 動 〔本来語〕 〔一般語〕《主に米》**キャンディー**（《英》sweets）の総称；**種類をいうとき**は，《主に英》**氷砂糖**（《米》rock candy）．動 として，果物などを**砂糖漬けにする**．

[語源] アラビア語 *qand*（= cane sugar）から派生した *qandi*（= sugar candy）が古フランス語を経て中英語に入った．

[用例] a piece of *candy* キャンディー1個/*candied* fruits 果物の砂糖漬け．

[日英比較] 「キャンディー」は日本語では各種の「あめ玉」をいい，砂糖菓子全体を表す総称としては用いないのに対して，英語では砂糖やシロップに香料やチョコレート，果物，ナッツ，バター，ミルクなどを加えて作る固形の各種菓子類の総称として用いる．また個々の種類をいう場合も日本語のキャンディーより意味が広く，キャラメル，ドロップ，氷砂糖，マシュマロ，ゼリーなども含まれる．またアイスキャンデーは和製英語で，普通 Popsicle（商標名）という．

【複合語】**cándy stòre** 名 C 菓子屋《★タバコ，アイスクリーム，雑誌なども売る店》．

cane /kéin/ 名 CU 動 〔本来語〕 〔一般語〕 〔一般語〕**竹，籐(š)，砂糖きびなど細い節のある植物の茎**．[その他] 籐などで作られた**ステッキ**，処罰に使われる**むち**．動 として，家具などを**籐で作る，むちで打つ**．

[語源] ギリシャ語 *kanna*（葦(š)）がラテン語，古フランス語を経て中英語に入った．

[用例] give [get] the *cane* 罰にむちで打つ[打たれる]．

【複合語】**cáne cháir** 名 C 籐いす．**cáne sùgar** 名

U 砂糖きびから採った砂糖, 蔗糖(とよ). **cánewòrk** 名 U 籐細工.

canful ⇒can².

ca·nine /kéinain/ 形 名 C [形式ばった語] 犬(の), イヌ科の(動物).
語源 ラテン語 canis (=dog) の 形 caninus が中英語に入った.
【複合語】 **cánine tòoth** 名 C 犬歯(ﾏﾐ), いときり歯.

can·is·ter /kǽnistər/ 名 C 〔一般語〕 一般義 コーヒーや茶などの保存に用いられるふた付きの小型の缶[箱]. その他 箱型の電気掃除器, 円筒型の催涙ガス弾.
語源 ギリシャ語 kanna (=reed) から派生した kanastron (パンや果物などを入れる枝編みのかご)がラテン語 canistrum を経て初期近代英語に入った.

can·ker /kǽŋkər/ 名 UC 動 本来他 〔医〕特に口中の潰瘍, 〔動〕慢性の炎症, 〔植〕癌腫病, 比喩的に腐敗, 害毒. 動 として徐々に破壊する, ただれさせる.
語源 ラテン語 cancer (かに, 悪性腫瘍)と同語源. 17世紀に cancer に悪性腫瘍の意味がラテン語から再借入されるまでは cancer と同じ意味で用いられていたが, 18世紀になってからせまい意味が分かれた.
【派生語】**cánkerous** 形 潰瘍のような.

can·na /kǽnə/ 名 C 〔植〕カンナ.
語源 ギリシャ語 kanna (=reed) に由来する近代ラテン語が初期近代英語に入った.

can·na·bis /kǽnəbis/ 名 U 〔植〕インド麻, 大麻, また麻薬としての大麻.
語源 ギリシャ語 kannabis (麻, 大麻)が近代ラテン語を経て18世紀に入った.

cannery ⇒can².

can·ni·bal /kǽnibəl/ 名 C 形 〔一般語〕 一般義 人食い人. その他 人食い人の意味が一般化して共食いする動物. 形 として人食いの, 共食いの.
語源 スペイン語 canibales (=savages) による. 西インド諸島の食人種の1部族を表す Caribes に由来し, コロンブスがキューバの大陸のカリブ人を呼ぶのに用いたとされている. カリブ語では「強い人」の意味. 初期近代英語に入り, 固有名詞として用いられた.
【派生語】 **cánnibalism** 名 U 人肉を食う風習. **cànnibalístic** 形 人食いの, 共食いの. **cánnibalize** 動 本来他 (ややくだけた語) 部品再利用のため古い機械などを解体する, 部品を取りはずす.

cannily ⇒canny.

canniness ⇒canny.

can·non /kǽnən/ 名 C 動 本来自 〔一般語〕2輪の砲架や砲座に据えた旧式の大砲, カノン砲 (★今は (large) gun が用いられる), また飛行機の20 mm機関砲. 動 として大砲を撃つ.
語源 ギリシャ語 kanna (=reed) に由来するイタリア語 cannone (=large tube) が中英語に入った. 初めは「管, 筒」の意味で用いられたが, 初期近代英語に入って「大砲」の意味が加わってよく使われるようになった.
類義語 gun.
【複合語】 **cánnonbàll** 名 C 旧式の鉄製の大砲の玉; 比喩的に «米» 弾丸[特急]列車; 〖テニス〗速く低いサーブ.

can·not /kǽnɑt|-nɔt/ =can not.

can·ny /kǽni/ 形 〔一般語〕抜け目のない, 用心深い.
語源 can (できる)+-y (形容詞語尾)として初期近代英語から.
【派生語】 **cánnily** 副. **cánniness** 名 U.

ca·noe /kənúː/ 名 C 動 本来自 〔一般語〕カヌー (★本来は1本の木をくり抜いて作った丸木舟をいったが, 現在では広く paddle を使ってこぐ軽量のボートを指す). 動 としてカヌーをこぐ, カヌーで行く.
語源 カリブ語 kanoa がスペイン語 canoa を経て初期近代英語に入った.
類義語 boat.
【派生語】 **canóeist** 名 C カヌーのこぎ手.

can·on /kǽnən/ 名 C 〔神学〕キリスト教会によって定められた教理や戒律, 教会法規, この意味が一般化して〔形式ばった語〕判断の基準となる規範, 規準. また教会が公認した聖書の正典(⇔apocrypha「外典」), 一般に著者の本物の作品, 真作品一覧表さらにカトリックの聖者名簿, 最も重要で神聖なミサ典文, 〖楽〗対位法の1種, カノン.
語源 ラテン語 canon (=rule) が古英語に入った.
類義語 law.
【派生語】 **canónical** 形 教会法にかなっている; 権威がある, 正統である: **canonical hours** 祈禱[礼拝]の時間. **cànonizátion** 名 UC 列聖(式). **cánonize** 動 本来他 ローマ·カトリック教会で正式な手続きによって故人を聖人として認める.
【複合語】 **cánon láw** 名 U 教会法.

can·o·py /kǽnəpi/ 名 C 動 本来他 〔一般語〕 一般義 ベッドや王座の上にかける覆い, 天蓋(ﾃﾝｶﾞｲ). その他 天蓋のような種々の覆いを表し, 建物のひさし, 通路の日よけや雨よけの覆い, 自動車の車蓋, 飛行機の操縦室の透明な円蓋, パラシュートの傘体, 覆うように茂った木の葉, 木の枝, また比喩的に空. 動 として天蓋で覆う.
語源 ギリシャ語 kōnōps (=mosquito) から派生した kōnōpeion (=mosquito net) がラテン語を経て中英語に入った.
用例 the canopy of the heavens 空/a canopy of branches 頭上を覆う木の枝.

cant¹ /kǽnt/ 名 C 動 本来他 〔一般語〕 一般義 犯罪者や特定の職業の人々に用いられる隠語, 専門語. その他 隠語のように他人に内容がわからない言葉だけでなく, 内容がない言葉も表し, 〔軽蔑語〕口先だけの偽善的な言葉遣い, 習慣的に使われる通り言葉, 古い使われた常套句. 動 として隠語[偽善的な言葉]で話す.
語源 ラテン語 cantus (=song) が初期近代英語に入った. 初めはラテン語の歌の意味で用いられたが, 乞食の物乞いの言葉遣いやジプシー, 犯罪者などの隠語などの意味で用いられるようになった.
類義語 ⇒slang.

cant² /kǽnt/ 名 C 動 本来他 〔形式ばった語〕 一般義 斜面, 傾斜. その他 傾いたり, ひっくり返る原因となる突然の動き, 縦揺れ, 揺れによる傾き. 動 として斜面をつける, 急に押して傾ける.
語源 ラテン語 cant(h)us (=tire of a wheel; side; corner) がフランス語を経て中英語に入った. 近代英語以前の使用例はまれ. 初期近代英語では建物のかどを意味し, その後かどに付けた斜線や土手の傾斜面を意味するようになった.
類義語 slope.

can't /kǽnt|káːnt/ cannot の短縮形. ⇒can¹.

can·ta·bi·le /kɑːntáːbileɪ|kæntáːbili(ː)/ 形 副 〖楽〗歌うような[に], カンタービレで[の]. 名 としてカンタービレの楽章.
語源 ラテン語 cantare (=to sing) から派生した cant-

abilis (=worthy to be sung) がイタリア語を経て18世紀に入った.

Can·ta·brig·i·an /kæntəbrídʒiən/ 形 ⓒ 〔一般語〕ケンブリッジ(Cambridge)の(住民)《★英国の都市も米国マサチューセッツの都市も表す》, ケンブリッジ[ハーバード]大学の(学生, 卒業生).
[語源] Cambridge のラテン語形 *Cantabrigia* が初期近代英語に入った.
[関連語] Oxonian.

can·tan·ker·ous /kæntǽŋkərəs/ 形 〔くだけた語〕意地の悪い, 短気でけんか好きな.
[語源] 不詳. 18 世紀から.
【派生語】**cantánkerously** 副. **cantánkerousness** 名 Ⓤ.

can·teen /kæntíːn/ 名 ⓒ 〔一般語〕[一般義] 携帯用の水筒. [その他] びんや食器, ナイフやフォークなどを入れるよう仕切られた携帯用の箱, 《英》ナイフ, フォーク, スプーンなどの収納箱. また飲み物を運ぶのという連想から, 兵舎に付設された酒保(PX), 売店, 軍人のためのバー, 娯楽施設, 食堂. さらにここから, 一般に若者向きの娯楽センター, 軽食堂, 被災地での炊き出しのための移動式の食堂, 《英》会社や学校などの食堂, 売店.
[語源] イタリア語 *cantina* (ぶどう酒貯蔵所)がフランス語 *cantine* (=bottle case, 酒商商人の店)を経て 18 世紀に入った.

can·ter /kæntər/ 名 ⓒ 動 [本来他] 〔一般語〕(通例単数形で) 馬のややゆっくりした駆け足 《★gallop (疾駆)と trot (速足)の中間の速度; ⇒gallop》. 動 として, 馬をゆっくり駆けさせる. ⓘ 馬が ゆっくり駆ける.
[語源] Canterbury gallop の短縮形で 18 世紀から. カンタベリー寺院に詣でる巡礼者が馬を駆った速さによる.
[用例] go off at a *canter* ゆっくりした駆け足の馬に乗って立ち去る.

Can·ter·bury /kæntərbèri | -bəri/ 名 ⓖ カンタベリー 《★英国 Kent 州の都市》.

can·ti·cle /kǽntikl/ 名 ⓒ 《楽》聖歌.
[語源] ラテン語 *cantus* (=song) の指小語 *canticulum* が中英語に入った.

can·ti·le·ver /kǽntilìːvər/ 名 ⓒ 《建》片持梁(かたもちばり) 《★壁面から突き出た梁》.
[語源] 不詳. 初期近代英語から.

Ca·nute /kənjúːt/ 名 ⓖ カヌート 《★Dane 人の 11 世紀のイギリスの王》.

can·vas /kǽnvəs/ 名 ⓤⓒ 〔一般語〕[一般義] 麻や綿などで織られたきめの粗い布, ズック. [その他] この布地で作られた**帆布**, **画布**, **カンバス**, また画布に描かれた**油絵**.
[語法] canvas shoes (ズック靴)のように形容詞的にも用いる.
[語源] ラテン語 *cannabis* (=hemp) が古フランス語を経て中英語に入った.
【慣用句】*under canvas* 軍隊が野営中で; 船が帆を揚げて.

can·vass /kǽnvəs/ 動 [本来他] ⓒ 〔一般語〕[一般義] 票集めのために選挙区を回って**選挙運動をする**. [その他] 本来の意味は**調べる, 調査する**. 人々の考えを調べたり商品の注文を取ったりするため, ある地域を回る, 回って**勧誘する**, また意識[世論]**調査する**. ⓘ として**選挙運動, 世論調査**, また一般的に**調査**, **検討**.
[語源] canvas の異綴りと思われる. ふるいにかけることに麻布が使われたことから, 麻布の上で上下に揺することを表

し, スポーツや罰として麻布の上で揺する意味となった. こからさらに, 人を襲う, 批判することを表し, 比喩的に用いられて検討する, 詳細に調査できるよう議論する意が生じた.
【派生語】**cánvasser** 名 ⓒ 選挙運動員; 外交員, 注文取り.

can·yon /kǽnjən/ 名 ⓒ 〔一般語〕高い断崖にはさまれた, 普通川の流れる深い**峡谷**.
[語源] ラテン語 *canna* (=reed) に由来するスペイン語 *cañón* (=hollow) で 19 世紀に米語に入った.

cap /kǽp/ 名 ⓒ 動 [本来他] 〔一般義〕ふちのない帽子(⇔hat). [その他] 形や機能が帽子に似ているものを指し, きのこのかさ, 鳥のとさか状の羽毛, 《建》柱頭(capital). また, 頭や頭に相当する所や物, 突起された所や先端部を被ったり保護したりするもの, ふた, びんの口金, ペンやカメラのレンズのキャップ, 歯にかぶせる冠. 動 として**帽子をかぶせる**, 器具などにふた[キャップ]を付ける, また地位や名誉のしるしに帽子を与えることから, **学位を授ける**, 《英》選手帽を与えて**正選手にする**, さらに一番上の部分を**覆う**. また, この意味が転じて人に**抜きん出る**, **勝る**.
[語源] ラテン語 *caput* (=head) から派生した後期ラテン語 *cappa* (=cape; hooded cloak) が古英語に入った. 初めは頭を覆うもの, フード付きの外套を意味した. やがて女性の室内帽子, ボンネットの下にかぶる帽子や男性や子供のかぶる hat と異なるふちなしで hat より柔らかい材料で作られた帽子を意味するようになった.
[用例] Put on [Take off] your *cap*. 帽子をかぶりなさい[取りなさい]/a baseball *cap* 野球帽/a swimming *cap* 水泳帽/a nurse's *cap* 看護婦の制帽/Don't forget to remove the *cap* when you take a photo. 写真を撮る時, キャップをはずすのを忘れないように/a bottle *cap* (=the *cap* on a bottle) びんのふた/*cap* an ink bottle インクびんのふたをする/He was *capped* for England at football. 彼はサッカーのイングランド代表選手になった/A white cloud *capped* the mountain. 山を白い雲が覆った/a mountain *capped* with snow 雪に覆われた山/Each of the two clowns *capped* the other's last joke. 2 人の道化たちはそれぞれ相手が最後に言ったジョークよりさらにおもしろいジョークを言った.

[類義語] cap; hat; bonnet: **cap** は主に子供や男性のかぶるふちなし帽子だが, 色によりまた, スポーツの選手や身分, 職業を表す制帽として用いられる: a cardinal's *cap* 枢機卿帽/a soldier's *cap* 軍帽/a college *cap* 大学帽. **hat** はふちのある帽子で. **bonnet** は主に女性や小児用の帽子で, あごの下でひもを結ぶようになったもの.

[日英比較] cap は「帽子」にあたるが, 日本語はふちのない cap とふちのある hat を区別しない点で異なる. また英語では cap を比喩的に多く用い, 「きのこのかさ」など帽子に相当するものをいろいろ cap というが, 日本語の「帽子」にはこのような言い方は少ない. さらに英語は「帽子」からの転意として「ふた・キャップ」の意味があるが, 日本語では帽子と「ふた・キャップ」の意味のつながりは感じられない.

【慣用句】*a feather in ...'s cap* 自慢できるもの, 栄誉. *cap and gown* 大学の教授・学生の正装. *cap in hand* かしこまって. *put on one's thinking cap* 問題や疑問を**一生懸命考える**. *set one's cap for [at]* ... 女性が男性の愛を得ようとする.

capability ⇒capable.

ca·pa·ble /kéipəbl/ 形 〔一般語〕 [一般義] 物事をする**能力がある**. [その他] 特に実際的な能力や技術を必要とする能力があることをいい, **有能な, 巧みな, 頭のいい**. また何かをする能力があることから, **資格がある, できる, 可能な**, (悪い意味で) 悪事などをしかねない.

[語源] ラテン語 *capere* (=to take; to seize) から派生した後期ラテン語 *capabilis* (=able to take) がフランス語を経て初期近代英語に入った. 初めは「取り入れることができる, 受け入れることができる」ことを表した.

[語法] 「有能な」の意味では限定用法で a *capable* secretary という言い方も, 述語用法で My secretary is *capable*. という言い方も可能である. 一方「…できる, …しかねない」の意味では述語用法のみで, (be) capable of … […ing] の形で用いられる: a car *capable of* great speed/This car *is capable of* doing 150 miles an hour.

[用例] He is proud of being a *capable* artisan. 彼は自分が腕のいい職人であることを誇りにしている/She is *capable* as a dress designer. 彼女はドレスデザイナーとして有能だ/Are you *capable of* operating the machine? その機械を操作する資格がありますか《[語法] Are you able to operate the machine? もほぼ同じ意味を表すが, able を使うと単に「…できる」ことを意味するのに対して, capable は資格や能力があることに重点がある》/The ship is *capable of* carrying 500 cars. その船は 500 台の自動車を運ぶことができる/The regulation is *capable of* a different interpretation. その規則は異なった解釈ができる《[語法] この例のように be capable of は受身的な意味に用いることがある》/These juvenile delinquents are *capable of* any crime. こうした非行少年達はどんな犯罪も犯しかねない.

[類義語] 「平均的な能力を超えている」**capable**; **able**; **competent**: **capable** は特にある仕事をするための実際的な能力や適応性があることをきす. また訓練を受けた有能さを表す. **able** はもっと一般的な能力や潜在力を意味し, 将来性を表すことにも用いられる. また **competent** は特定の仕事を遂行するのに要求される能力を備えていることをいい, 優秀であるというより, 適切な能力があることを表す.

「…できる」(be) capable of; (be) able to; possible: (**be) capable of** は人, 動物などを主語にして「(できる)」「**資格がある**」「しかねない」などの意味にも, 無生物を主語として「可能な」の意味にも用いられる. (**be) able to** はしばしば can の代わりに用いられ, この中では最もよく使われる表現である. しかし be capable of が無生物の主語とも結び付くのに対して, be able to は生物主語のみと結び付く. 一方 **possible** は人など生物を主語にできない. 従って He will be possible to do the job. とはいえないで, It will be *possible* for him to do the job. または He will *be able to* do the job. が用いられる.

【派生語】 **càpabílity** 名 UC 能力;《複数形で》 **将来性**. **cápably** 副 上手に, うまく.

ca·pa·cious /kəpéiʃəs/ 形 〔形式ばった語〕 [一般義] 容積や容量の**大きい, 広い**. [その他] 比喩的に**心の広い, 記憶力がよい**.

[語源] ラテン語 *capere* (=to take; to hold) から派生した *capax* (=capable; spacious) が初期近代英語に入った.

[用例] a *capacious* wardrobe たくさん入る洋服だんす/a *capacious* memory よい記憶力.

[類義語] spacious.

ca·pac·i·tor /kəpǽsitər/ 名 C 〔電〕 コンデンサー.
[語源] capacity+-or (動作主名詞語尾) として 20 世紀から.

ca·pac·i·ty /kəpǽsiti/ 名 UC 〔一般語〕 [一般義] 建物の**収容力**, 容器などの**容量, 容積**. [その他] 一般に容量を表すことから, **熱容量, 電気容量**, トラックなどの**積載量**, 劇場などの**収容人員**. ここから形容詞的にも用い, 収容力の最大限の, **満員の**. また知識や記憶などの知的収容力の意味から, **能力, 才能, 適性**, これが物に用いられて**性能**. 潜在的な能力の意味から**潜在力, 可能性**. さらに〔形式ばった語〕**資格, 地位**, 〔法〕 **法定資格**.

[語源] ラテン語 *capax* (⇒capacious) から派生した *capacitas* が古フランス語を経て中英語に入った.

[用例] This can has a *capacity* of 18 liters. この缶は 18 リットル入りだ/What is the carrying *capacity* of the trailer? そのトレーラーの積載量はどのくらいありますか/the seating *capacity* of the theater 劇場の収容定員/Dr. Brown's lecture was far beyond my *capacity*. ブラウン博士の講義は私の能力をはるかに超えていた/He lacks the *capacity* for management. 彼は経営の才に欠ける/This factory has a productive *capacity* of 200 cars a day. この工場は 1 日 200 台の車の生産能力がある/I am questioning you in my *capacity* as a policeman. 私は警官として君を尋問しているのだ.

[類義語] ⇒ability.

【慣用句】 **filled to capacity** 満員の, 収容限度いっぱいの.

cape¹ /kéip/ 名 C 〔一般語〕 肩から掛けるそでなしの外套, **ケープ**.
[語源] 後期ラテン語 *cappa* (=cloak) がプロヴァンス語, フランス語を経て初期近代英語に入った. ⇒cap.

cape² /kéip/ 名 C 〔一般語〕 **岬**.
[語源] ラテン語 *caput* (=head) が古フランス語を経て中英語に入った.

Cape Horn /kéip hɔ́:rn/ 名 固 **ホーン岬**《★南米大陸最南端の岬》.

ca·per /kéipər/ 動 [本来自] C 〔やや文語的な語〕 子やぎのように陽気にふざけて**跳ね回る**. 名 として**跳ね回ること**, 〔くだけた語〕**悪ふざけ, 犯罪行為**.
[語源] ラテン語 *caper* (=goat) に由来する capriole の短縮縮語と思われる.

capillarity ⇒capillary.

cap·il·lary /kǽpəlèri|kəpíləri/ 形 C 〔一般語〕 [一般義] **毛の, 毛のような**. [その他] 毛のように細い管を表し, **毛管の, 毛管現象の**. 名 として**毛(細)管, 毛細血管**.
[語源] ラテン語 *capillus* (=hair) の 形 *capillaris* が初期近代英語に入った.

【派生語】 **càpillárity** 名 U 〔理〕 毛管現象.
【複合語】 **cápillary tùbe** 名 C 毛(細)管.

cap·i·tal /kǽpitl/ 名 CU 〔一般語〕 [一般義] **首都, 首府**. [その他] 元来 「頭に関する」 という意味であるところから首位にあるものを指し, 首都の意から出た. さらに最初にあるという意味も生じ, ここから**頭文字, 大文字**を表す. また最初のものという意味から元になるもの, 基本になるもの, すなわち**元金, 資本**となり, ここからさ

らに**資本家**という意味となる.また〚建〛**柱頭**の意味にも用いる.形として**首位の, 重要な, また死刑の, 死罪に値する, 大文字の, 資本の.**
[語源] ラテン語 *caput* (=head) の 形 *capitalis* (=of the head) が中英語に入った.英語では初め「頭の, 頭に関係する, 生命にかかわる」という意味で用いられ, ここから「死刑, 死刑に値する」という意味が生じたが, これは古くは斬首によって死刑が行われたことによる.この意味を除いては現在では「頭」から派生した比喩的な意味が中心的意味となっている.
[用例] Kyoto was once the *capital* of Japan. 京都はかつては日本の首都だった/His deposit amounts to about ten thousand dollars *capital* and interest totaled. 彼の預金は元利合計で約1万ドルになる/fixed *capital* 固定資本/circulating *capital* 流動資本/*Capital* and Labor 資本家側と労働者側/It is of *capital* importance for the airplanes that the engines are dependable. 飛行機はエンジンが信頼できるということが極めて重要だ/Murder in cold blood is a *capital* offense. 冷静に殺人を犯すことは死刑になる罪である.
[慣用句] **make capital of** ... ...を利用する.
【派生語】**cápitalism** 名 U 資本主義.**cápitalist** 名 C 資本家, 富豪.形 資本主義の.**càpitalístic** 形 資本主義の.**càpitalizátion** 名 UC 資本化, 投資, 大文字を使うこと.**cápitalize** 動 本来他 資本化する, 現金化する; 利用する; 大文字で書く.**cápitally** 副 すばらしく, 見事に.
【複合語】**cápital gáins** 名 複 資本所得.**cápital góods** 名 複 資本財.**cápital létter** 名 C 頭文字, 大文字(⇔small letter).**cápital púnishment** 名 U 死刑.

cap·i·ta·tion /kæpitéiʃən/ 名 C 〔一般語〕頭割り, 人頭税.
[語源] ラテン語 *caput* (=head) から派生した *capitatio* (=poll tax)が初期近代英語に入った.

Cap·i·tol /kǽpitl/ 名 C 〔一般語〕(the ~) ワシントンにある米国連邦議会議事堂, また 通例 c-) 米州議会議事堂.
[語源] 古代ローマのジュピターの神殿を意味する.

ca·pit·u·late /kəpítʃuleit|-tju-/ 動 本来自 (やや形式ばった語) 条件付きで**降伏する**, また一般に**屈服する**.
[語源] 中世ラテン語 *capitulare* (=to draw up in heads) の過去分詞 *capitulatus* が初期近代英語に入った.この語はラテン語 *caput* (=head) の指小語 *capitulum* に遡る語で, 「項目 (heads) にならべる」ことから「降伏の条件を整理して相談する」意味となった.英国でも古くは「項目に整理する, 話し合って協定を結ぶ」という意味に用いられた.
[類義語] yield.
【派生語】**capitulátion** 名 UC.

ca·price /kəprí:s/ 名 CU 〔形式ばった語〕 一般義 **気まぐれ, むら気.** その他 思考や行動が気まぐれであることから, **気ままな性質,** 比喩的に**天候などの変りやすさ.** また〚楽〛**奇想曲, 狂想曲.**
[語源] イタリア語 *capriccio* (=head with hair standing on end; *capo* head + *riccio* hedgehog) がフランス語を経て近代英語に入った.「気まぐれ」という意味はイタリア語の *capro* (=goat)の意味の影響もある.
[用例] The small ship was at the mercy of the *caprice* of the wind. 小船は変りやすい風に翻弄されていた.
【派生語】**caprícious** 形 変りやすい, 気まぐれな.**caprícously** 副.**caprícousness** 名 U.

cap·size /kǽpsaiz, -´-´-/ 動 本来他 〔一般語〕 **ボートなどを転覆させる, ひっくり返す.** 自 **ひっくり返る.**
[語源] スペイン語 *capuzar* (=to sink (a ship) by the head) が18世紀に入ったと思われる.
[用例] Angry waves *capsized* the boat. ボートは荒波でひっくり返った.
[類義語] upset.

capsular ⇒capsule.

cap·sule /kǽpsəl|-sju:l/ 名 C 形 動 本来他 〔一般語〕 一般義 **さや状の入れ物, カプセル.** その他 さやのような形をしたものをさし, ゼラチン製容器でできた**薬のカプセル,** これに形が似た**宇宙カプセル** (space capsule), 軍用機などの**射出できる密閉操縦室,** あるいは**タイムカプセル.** また〚植〛**蒴(⁏), 蒴果,** 〚生理〛**被膜.** 動 として**カプセルに入れる, 圧縮する.** 形 として**圧縮した, 要約した.**
[語源] ラテン語 *capsa* (=box) の指小語 *capsula* がフランス語を経て初期近代英語に入った.初めは「箱, 容器, 蒴」の意で用いられたが, やがて薬の「カプセル」を表すようになった.
[用例] take a *capsule* 1カプセルの薬を飲む/a *capsule* comment 寸評.
【派生語】**cápsular** 形.

cap·tain /kǽptin/ 名 C 動 本来他 〔一般語〕 一般義 **船長, 艦長, 機長.** その他 人の頭, 長になる人のことで, そこから**船長, 機長**などスポーツの**主将, キャプテン,** また**陸軍大尉, 海軍大佐, (米) 空軍大尉,** 警察や消防署の管区の**隊長** [語法] 称号として書く場合はしばしば Capt. と省略する).動 として, captain として**指揮する.**
[語源] ラテン語 *caput* (=head) から派生した後期ラテン語 *capitaneus* (=chief) が古フランス語を経て中英語に入った.
[用例] "Hard aport!" cried *Captain* Ahab. 「取り舵一杯」とエイハブ船長は叫んだ/He is our new baseball *captain*. 彼は野球チームの新キャプテンだ.
【派生語】**cáptaincy** 名 CU **キャプテンの身分[地位, 任期].**

cap·tion /kǽpʃən/ 名 C 動 本来他 〔一般語〕 一般義 新聞記事や論説の**見出し,** 本の章や節の**表題.** その他 さし絵や写真などの**説明書き,** 映画の**字幕.** また〚法〛作成の日時, 場所, 権限などを示す法律文書の**頭書.** 動 として**表題[説明, 字幕]を付ける.**
[語源] ラテン語 *capere* (⇒capture) の 名 *captio* が古フランス語を経て中英語に入った.古い意味は「逮捕」「差し押え」で, やがて法律用語で起訴状などに付けた「頭書」, さらに本の章や新聞の記事の「題」の意味が生じた.

cap·ti·vate /kǽptivèit/ 動 本来他 (やや形式ばった語) 美しさ, 優秀さなどによって**人の心を捕らえる, 魅惑する.**
[語源] ラテン語 *captivus* (⇒captive) から派生した後期ラテン語 *captivare* (=to take captive) の過去分詞 *captivatus* が初期近代英語に入った.元来は捕虜にするという意味であったが, 身体を捕らえることから転じて心を捕らえることを意味するようになった.
[類義語] fascinate.
【派生語】**càptivátion** 名 U.

cap・tive /kǽptiv/ 名C 形 〔一般語〕戦争などで捕らえられた**捕虜**, 恋などのとりこ. 形 として捕らえられた, とりこになった.
|語源| ラテン語 *capere* (⇒capture) の過去分詞 *captus* から派生した *captivus* が中英語に入った.
|用例| The general was taken *captive* when his troop lost the battle. 部隊が戦に敗れ将軍は捕虜になった.
【派生語】captivity 名U とらわれ(の身).
【複合語】cáptive áudience 名C その場から逃れられず否応なしに聞かされる聴衆. cáptive ballóon 名C 係留気球.

cap・ture /kǽptʃər/ 動 |本来他| 名UC 〔やや形式ばった語〕〔一般義〕力や戦略, 技量などによって**捕らえる**, 支配する. |その他| 人や動物を捕らえる, 捕獲する, また賞品や戦利品として物を**獲得する**, 戦争で敵の陣地などを**占領する**, さらに人の心に[注意]を**捕らえる**. 名 として捕らえる行為, 占領, 支配, また分捕り品, 獲物.
|語源| ラテン語 *capere* (=to take; to seize) の過去分詞から派生した 名 *captura* が初期近代英語に入った.
|用例| Native hunters *capture* the animals with a club. 地元のハンター達はこん棒を使って動物を捕獲する/Our scout was *captured* by the enemy. 味方の斥候は敵に捕らえられた/The music *captured* the heart of the young. その音楽は若者のハートを捕らえた/the *capture* of the enemy's stronghold 敵の要塞の攻略/The hare was the biggest *capture* of the day. 野うさぎがその日の一番大きな獲物だった.
|類義語| ⇒catch.
|日英比較| 日本語の「捕らえる」は catch の方に近いことが多い. capture は単に捕らえるのではなく武力や戦略を用いる点, また catch が人や動物の他に都市をも表すのに対して capture は人や動物の他に都市を占領したり賞品を得ることも表す点で異なる.

car /káːr/ 名C 〔一般義〕**乗用車**, 車. |その他| 《主に米》鉄道の**車両** (★客車も貨車も指す (《英》でも用いる). restaurant car や sleeping car などは《英》でも用いる), **市街電車**, ケーブルカー, また意味の拡大により車輪のない乗り物にも用いられ, 気球や飛行船のゴンドラ, エレベーターのかご, ケージ.
|語源| ラテン語 *carrus* が古ノルマンフランス語を経て中英語に入った. ラテン語の意味は「荷車」を表すが, 本来は「2輪の戦車」の意味で, ケルト起源であるといわれている. 英語では初め馬車や荷車, 2輪戦車など一般的に乗り物を意味したが, 16世紀以降は主に詩で2輪戦車 (chariot) の意味で用いられるようになった. これが19世紀になると《米》で鉄道の車両の意味で用いられるようになり, 後に《英》でもこの意味で用いられた. さらに19世紀の終わりには自動車, 乗用車の意味が生じ, 現在ではこの意味が一般的となっている.
|用例| Do you drive a *car*? 車の運転をしますか/buffet *car* 軽食堂車/a freight *car* 貨車.
|類義語| car; motorcar; automobile: **car** は自動車を表す最も一般的で広く使われている語. **motorcar** と **automobile** はそれぞれ《英》と《米》で car と同じ意味を表すが, **motorcar** は形式ばった語として使用される. 《米》では automobile のくだけた短縮語の auto という形もあるが, やはり car が一般的には用いられない.
|日英比較| 英語の car と日本語の「自動車」には多少のずれがある. 日本語では乗用車, トラック, バス, トレーラーなどをすべて一括して「自動車, 車」と呼び, 時には2輪車も「車」と呼ぶことがある. これに対して car は普通乗用車を意味し, バスやトラックはそれぞれ bus, truck (《英》lorry) である. 日本語のようにあらゆる「車」を意味するは vehicle である. ただし vehicle は列車なども含む.
【複合語】**cárbarn** 名C 《米》電車, バスの車庫. **cárfare** 名C 電車賃, バス代. **cár fèrry** 名C カーフェリー. **cármàker** 名C 自動車製造業者. **cármàn** 名C 電車の乗務員. **cárport** 名C 自動車置き場, カーポート. **cársick** 形 車酔いした. **cár wàsh** 名C 洗車場.

car・a・mel /kǽrəməl | -mèl/ 名UC 〔一般義〕
|一般義| 着色や香料に用いられる焼き砂糖, カラメル. |その他| カラメルやミルク, バターなどから作られる菓子, キャラメル.
|語源| 後期ラテン語 *calamellus* (= small reed; tube) から派生したポルトガル語 *caramelo* (=icicle) がスペイン語, フランス語を経て18世紀に入った.

car・at /kǽrət/ 名C 1 〔一般義〕カラット (★ダイヤモンドなどの宝石の重さの単位で0.2グラムに相当する; 《英》では金の純度を表す単位としても用いる (karat)).
|語源| ギリシャ語 *keration* (イナゴマメ, 軽量)がアラビア語, イタリア語, フランス語を経て初期近代英語に入った.

car・a・van /kǽrəvæn | -́ - -́ / 名C 〔一般義〕
|一般義| 長い列になって旅する**人[動物, 乗り物]の集団**. |その他| 元来砂漠を旅する**隊商**の意味で用いられ, またサーカス, ジプシーの**幌馬車**を意味した. ここから車の意味が強くなり, 《米》列を組んで進む**車の一団**, 《英》車の後に付けて走る居住用の**トレーラーハウス**.
|語源| ペルシャ語 *kārwān* (=caravan) がイタリア語を経て初期近代英語に入った. 17-18世紀に幌の付いた(乗り合い)馬車の意味で用いられるようになり, ここから有蓋トラックの意味が生じ, caravan を短縮した van が用いられる.
|用例| a *caravan* of camels crossing the desert 砂漠を横切るラクダの一隊/a *caravan* of army trucks 1列になって進む軍用トラック.

car・bide /káːrbaid/ 名U 〔化〕炭化物, カーバイド, 特に炭化カルシウム.
|語源| carb(o)-「炭素を含む」+ -ide「化合物」. 19世紀から.

car・bine /káːrbain, -biːn/ 名C 〔一般義〕カービン銃 (★普通のライフル銃より小型で射程の短い自動小銃).
|語源| フランス語 *carabin* (=mounted rifleman) から派生した *carabine* (小火縄銃) が, 初期近代英語に入った. 初めは銃身の短い騎兵銃を意味した.

car・bo・hy・drate /kàːrbouháidreit/ 名CU 〔化〕炭水化物.

car・bon /káːrbən/ 名UC 〔化〕**炭素** (★非金属元素; 記号C). また炭素や炭などから作られた製品を表し, アーク灯に用いる**炭素棒**, **カーボン紙**, **カーボンコピー**. 限定用法の形容詞としても用いる.
|語源| ラテン語 *carbo* (=coal; charcoal) を基にしたフランスの化学者 Lavoisier の造語で, 18世紀に入った.
【派生語】**cárbonàte** 名U 炭酸塩. 動 |本来他| 炭酸塩化する, 炭化させる. **carbónic** 形. **carboníferous** 形 石炭を含む (the C-)石炭紀. **càrbonizátion** 名U 炭化. **cárbonìze** 動 |本来他| 炭化させる.
【複合語】**cárbon pàper** 名UC カーボン紙. **cárbon**

cópy 名 C カーボン紙でとったコピー; 比喩的に非常によく似たもの. **cárbon dàting** 名 U 放射性炭素による年代測定法. **cárbon dióxide** 名 U 二酸化炭素. **cárbon monóxide** 名 U 一酸化炭素.

car·boy /kάːrbɔi/ 名 C 〔一般語〕かごや木枠に入った**大型のガラスびん**(★腐食性の液体を入れるのに用いられる).

語源 ペルシャ語 *qarāba*(=large leather milk bottle)が18世紀に入った.

car·bun·cle /kάːrbʌŋkl/ 名 C 《医》赤く炎症を起こし、うみと悪性の吹き出物, でき物, 癰.

語源 ラテン語 *carbo*(=charcoal)の指小語 *carbunculus*(=small coal; gem)が古フランス語を経て中英語に入った. もとは一般に赤色の宝石をいった.

car·bu·ret /kάːrbjurèit/ 動 本来他 〔一般語〕 炭素と化合させる, 炭素(化合物)を混入する.

語源 carb-「炭」+-uret「化合物」. 19 世紀か.

【派生語】**cárburètor**,《英》**-rèttor** 名 C 《機》エンジンの気化器, キャブレター.

car·cass,《英》**-case** /kάːrkəs/ 名 C 〔一般語〕一般義 動物の死体(★特に食肉用に屠殺されたものを指す). その他 この死体の意味が俗語やくだけた表現で冗談に, あるいは軽蔑的に用いられ, 人間の**身体, 死体**. また死体の意味が比喩的に用いられ,《やや軽蔑的》古い建物などの**残骸, 船舶やビルなどの骨組み**.

語源 古フランス語 *carcois* に由来しているが, 以上の語源は不詳. 中英語に入り人間や動物の死体の意味で用いられたが, 近代英語になると人間の死体の意味で軽蔑的に用いられるほかには用いられなくなり, 代りに corpse が用いられる.

card¹ /kάːrd/ 名 C 動 本来他 〔一般語〕一般義 普通長方形の堅い紙やボール紙製の札, カード. その他 紙製の札やカードまたはそれに類するものに文字や図柄などが記載されたもの, さらにプラスチック製のものも指し, トランプの**札**(playing card), **名刺**(calling [《英》visiting] card), **はがき**(postal card), **あいさつ状**(greeting card), **身分証明書**(identification card), **クレジットカード**(credit [bank] card), **搭乗券**(boarding card)のような各種の券. トランプの札の意味から,《複数形で》**トランプゲーム**, また good card, sure card など形容詞が付いて比喩的な意味に**成功を約束するもの**, これが転じて〔くだけた語〕**必ず…してくれる人, おもしろい人**. さらに, 堅紙に印刷したメニュー, スポーツやイベントの**番組表, プログラム**, スポーツの試合の個々の組み合わせ, **カード**. 動 として**カードに記入する, …にカードを付ける**.

語源 ギリシャ語 *khartēs*(=leaf of paper)に由来し, 中英語に入った. 初めトランプの意味で用いられ, やがてトランプの札くらいの大きさのカードの意味に用いるようになった. このカードは短い手紙や招待状などに用いられ, 現在のような意味になっていった.

用例 The lexicographer recorded every new word on a *card*. 辞書編集者は新語すべてカードに記録した/a pack of *cards* トランプ1組/play *cards* トランプをする/a birthday *card* バースデーカード/a Christmas *card* クリスマスカード/a library catalog *card* 図書館のカード式目録/a queer *card* 変わり者/He says that he will let the secret out, it is the last *card* he has. 彼は秘密を口外すると言っている, それが彼の最後の切り札だ/If you like baseball, you can enjoy a drawing *card* on TV tonight. 野球が好きでしたら今夜テレビで好カードがあります.

慣用句 *have a card up one's sleeve* 〔くだけた表現〕**奥の手がある**. *in [on] the cards* 〔くだけた表現〕**ありそうな, 起こりそうな**(★カード占いによる). *lay [put] one's cards on the table* 〔くだけた表現〕**隠さず自分の立場や計画を公開する, 正直に振る舞う**. *one's best card* **議論などでの切り札**. *play one's cards right [well]* 〔くだけた表現〕**ことを上手に処理する**. *stack the cards* **トランプでインチキする; 不利[不公平]になるようにする**. *throw up one's cards* **負けを認める; 計画を放棄する**.

【複合語】**cárdbòard** 名 U **厚紙, ボール紙**. **cárd-càrrying** 形 **正式な会員[党員]である; 正式な**: a *card-carrying* member of the Labour Party 労働党の正式な党員. **cárd càtalog** 名 C 《米》**カード式目録**. **cárd gàme** 名 C **トランプ遊び**. **cárd index** 名 C **カード式索引**. **cárd plàyer** 名 C **トランプをする人**. **cárd tàble** 名 C **トランプ用テーブル**.

card² /kάːrd/ 名 C 動 本来他 〔一般語〕一般義 **毛や綿などを紡ぐ前に梳(す)くための金属性の梳きぐし**. その他 **梳毛(そもう)[梳綿]機, けば立て機**. 動 として, 繊維などを梳く, 布などにけばを立てる.

語源 後期ラテン語 *cardus*(=thistle)が古フランス語を経て中英語に入った.

car·di·ac /kάːrdiæk/ 形 名 C 《医》**心臓に関係する, 心臓の病気である**. 名 として**心臓病患者, また心臓の働きを刺激する強心剤**.

語源 ギリシャ語 *kardia*(=heart)の 形 がラテン語, フランス語を経て初期近代英語に入った.

【複合語】**cárdiac múscle** 名 C **心筋**.

car·di·gan /kάːrdigən/ 名 C 〔一般語〕**普通ボタンで留める前が開くえりなしの長そで毛糸編みのセーター, カーディガン**(★cardigan sweater [jacket] ともいう).

語源 イギリスの将軍であった Cardigan 伯爵 (1796-1868)にちなむ.

car·di·nal /kάːrdinəl/ 名 CU 形 〔形式ばった語〕一般義 **ローマカトリック教会の枢機卿**. その他 **枢機卿が緋色の法衣を着用することから, 緋色, 深紅, 雄が赤い色なども紅冠鳥**(cardinal bird). 形 として**基本的な, 重要な, 緋色の**.

語源 ラテン語 *cardo*(=door hinge)の 形 *cardinalis*(=pertaining to a hinge)が中英語に入った. 蝶つがい(hinge)がドアの要であることから「重要な, 主要な」という意味が生じた.

用例 Disarmament is one of the *cardinal* issues of the world. 軍備縮小は世界の最も重要な問題の1つである.

【複合語】**cárdinal númber** 名 C《文法》**基数詞**.

care /kέər/ 名 UC 動 本来自 〔一般語〕一般義 **気にかかること, 心の重荷となること**. その他 **気にかかることから, 悩み, 不安, 心配**, さらに具体的な**悩みの種, 心配事**. また気にかけることから, 行動や動作に対する**注意, 用心**, 注意することから, 子供などに対する**世話, 保護**, 病人に対する**看護, 配慮**, 一般に**管理, 監督**, 人や物事を気にかけることから, **関心, 興味**. 動 として**注意する, 気を付ける**,《疑問・否定文で》**心配する, 気にする**,《やや形式ばった語》《疑問・否定文, 条件節で》**…したがる, 望む, 好む**.

語源 古英語 caru から.「悲しみ, 嘆き」の意味で主に用いられ, 他に「心配, 不安, 注意」などの意味を表した. そして中英語で「好き, 保護」などの意味も生じた.

[用例] The happiest man won't be free from *care*. どんなに幸福な人でも心配がないわけではない/*Care* killed a cat. 《ことわざ》9 つの命を持つといわれる猫さえ気苦労で死んだ(心配は身の毒)/Many mothers are troubled by the *cares* of raising children. 多くの母親は子育ての悩みにわずらわされている/Please carry the china with *care*, it is very fragile. 磁器を注意して運んで下さい、こわれやすいから/My father is under Dr. Smith's *care*. 父はスミス先生のお世話になっている/The legacy is in the *care* of his lawyer. 遺産は彼の弁護士が管理している/The scholar showed no *care* with money. その学者は金には関心を示さなかった/My boy is *caring* for a puppy. 息子は子犬の世話をしている/Do you *care* if I smoke? たばこを吸ってもかまいませんか/I don't *care* to be ordered by others. 他人に命令されるのは好まない/She doesn't *care* a bit what her parents say. 彼女は親の言う事などちょっとも気にかけない.

[類義語]「心配, 不安」care; concern; worry; anxiety: **care** は恐怖や懸念、大きな責任などが原因となる心の重荷の意味で、ここから「悩み」や「心配」さらに「注意」などを表す. **concern** は関心や関係のある人や物に対する精神的な不安を表す客観的な感じを持つ語. **worry** は強い不安やいらいらした気持を表し、しばしば不必要な、または過度の心配を意味する主観的な感じを与える語. **anxiety** はやや文語的な語で、不確かさからくる恐れや不安を表す.

[慣用句] *care for* … …の世話をする, 《否定・疑問・条件文で》…を好む, …したい. *care of* …, 《米》*in care of* … …方, 気付《★手紙などのあて名に用い, c/o と略す》. *have a care* 気を付ける. *take care* 気を付ける. *take care of* … …を気をつける; …に気を付ける: Who *takes care of* the baby while her mother is out? 母親の外出中はだれが赤ん坊の世話をしますか. *take care of oneself* 体に気を付ける. *Who cares?* だれがかまうものか.

【派生語】careful 形 ⇒見出し.

careless 形 ⇒見出し.

【複合語】cárefrèe 形 心配することがなく気楽な, のんきな. cáretàker 名 C 家屋や土地などの管理人, 番人, 《英》学校などの用務員; 小さな子供などの世話をする人. 形 暫定的な: a *caretaker* government 暫定政府.

ca·reen /kərí:n/ 動 [本来他] 〔一般語〕 [一般義] 船を傾ける, 横に倒す. [その他] 船を傾けた状態で修理する, 清掃する. 自 船が風で傾く, 左右に揺れる, 《米》車が横に揺れながら走る.

[語源] ラテン語 *carina* (= keel of a ship) がフランス語を経て初期近代英語に入った.

ca·reer /kəríər/ 名 C 〔一般語〕 [一般義] 生涯の仕事として訓練を受け, 従事する専門職, 職業. [その他] これまで従事してきた職業や生涯の経歴, 履歴, 《形容詞的に》専門職をもった, 本職の.

[語源] ラテン語 *carrus* (⇒car) から派生した中世ラテン語 *carraria* (= road for vehicle) がフランス語を経て初期近代英語に入った. 英語では初め「競馬場」の意味で, これが転義した人の通る「道路」を意味した. この意味が「生涯の過程, 経歴」の意味に結び付いて, さらに「職業」を表すようになった. 一方「競馬場」の意味から「馬の全速疾走」を表す意味となり, ここから「疾走, 速力, 進行」の意味が生じ, 現在でも in full career (全速力で) などに用いられる.

[用例] Many *careers* which had long been closed to women are now open to them. 長い間女性に閉じられていた職業の多くが今では開放されている/A presidential candidate is thought privileged if he has a *career* as a soldier. 大統領候補者は兵役の経歴があれば有利だと考えられている/a *career* woman キャリアウーマン/a *career* soldier 職業軍人.

[類義語] occupation.

[日英比較] 英語には職業を表す語は career の他に occupation, job, profession, vocation, work などがあり, 日本語より意味が細分化されている. この中で日本語の「職業」に近いのは job および occupation である. career はむしろ「職歴」に近く, 人生の職業に関する部分の過程, もしくはある時までの職業上の経歴をいう. 従って「彼の現在の職業は何ですか」のようにある特定の時の職業という意味では用いられない. What is his *career*? と聞けば, 「彼はずっと今まで何をしてきた人か」という意味の質問となる. しかも, career は「生涯続ける職業」という意味の含蓄があるので, a *career* woman (結婚や出産より職業に重きを置く女性) のような表現が生まれた.

【派生語】caréerist 名 C 《軽蔑的に》立身出世主義者.

care·ful /kéərful/ 形 《⇒care》 〔一般語〕 [一般義] 過ちや危険などを避けようとして注意深い. [その他] 注意深くすることから, 用心する, 気をつける, 綿密である, 念入りな, 言動などに注意する, 慎重な.

[語源] 古英語 carful (⇒care + -ful) から.

[用例] a *careful* person 注意深い人/Our mother is *careful* about hygiene. 母は衛生に気をつけている/Be *careful* not to miss your footing on the ladder. はしごを踏み外さないよう注意しなさい/She is not very *careful* of other people's feelings. 彼女はあまり他人の気持ちに頓着しない/A bank clerk should be *careful* with money. 銀行員はお金に注意深くなくてはならない/His observation of wild animals is *careful*. 彼の野生動物に対する観察は細心だ/The painting shows a *careful* touch of the master. その絵は巨匠の入念な筆遣いが見える/She wrote a letter of apologies in *careful* language. 彼女は言葉遣いに気をつけてわび状を書いた.

[反意語] careless; negligent.

【派生語】cárefully 副.

cárefulness 名 U.

care·less /kéərlis/ 形 《⇒care》 〔一般語〕 [一般義] 言動が不注意な, 思慮に欠けた. [その他] 軽率な, うっかりした, 慎重でない, また不注意というより関心そのものがないことを表し, 〔形式ばった語〕 無関心な, 無頓着な.

[語源] 古英語 carlēas (⇒care + -less) から. 古英語では主に「心配や気懸りがない」ことを表したが, この意味は近代英語になると使われなくなり, 古英語のもう1つの意の「関心のない」という意味から転義した「不注意な」の意味で用いられるようになった.

[用例] a *careless* remark 不注意な発言/His paper was full of *careless* errors. 彼の答案は軽率な誤りがいっぱいあった/You are *careless* to say such a thing before a stranger. (= It is *careless* of you to say such a thing before a stranger.) 知らない人がいる前でそんなことをいうとは君は不注意だ/She is

careless of her dress. 彼女は服装に無頓着だ.
類義語 careless; heedless; negligent; thoughtless: **careless** は怠慢さから思慮を十分に働かせないとによる不注意を表す. **heedless** は怠慢によるのではなく, 無関心であったり無頓着なことによる不注意をいう. **negligent** は性格的に怠慢で, そのために不注意になったり雑であったりすることをいう. **thoughtless** は思慮が足りないために不注意になることを意味し, 特に他人に対する思いやりに欠けることを表す.
反意語 careful; thoughtful.
【派生語】**cárelessly** 副. **cárelessness** 名 U.

ca·ress /kərés/ 動 本来的 名 C 〔一般語〕 一般義 愛情の表現としてやさしく抱いてなでたり, さすったり, キスしたりして**愛撫**(ぶ)**する**. その他 比喩的に声や音楽が心地よく耳をくすぐる. その他 文語で**愛撫, 抱擁**.
語源 ラテン語 carus (= dear) に由来するイタリア語 carezza (= fondness) がフランス語 caresse を経て初期近代英語に入った.
用例 The mother *caressed* her baby lovingly. 母親はいとおしげに赤ん坊をなでた/the sweet twitter of a bird that *caresses* the ear 耳に心地よく響く甘い小鳥のさえずり.
【派生語】**caréssingly** 副.

car·et /kǽrət/ 名 C 【印】書き物などの校正で脱落した文字を加える場所を示す記号, **脱字記号**《∧》.
語源 ラテン語 carere (= to lack) から派生した caret (= there is lacking) が初期近代英語に入った.

car·go /ká:rgou/ 名 CU 〔一般語〕船, 飛行機, トラックなどで運搬される1分け [1車分, 1機分] の**積み荷**, また一般に**荷物, 貨物**.
語源 後期ラテン語 carricare (= to load) に由来するスペイン語 cargo (= load) が初期近代英語に入った. ⇒charge.
用例 a ship loaded with a *cargo* of cars 一船分の車を積んだ船.
類義語 ⇒load.
【複合語】**cárgo bòat** 名 C 貨物船. **cárgo plàne** 名 C 貨物輸送機.

Ca·rib·be·an /kæribí(:)ən, kəríbiən/ 形 国 カリブ海の, 西インド諸島の. 名 として《the ~》カリブ海 (the Caribbean Sea).

car·i·bou /kǽribù:/ 名 C【動】カリブー《★北米産のとなかい》.
語源 北米先住民の言語から.

car·i·ca·ture /kǽrikətʃər, kǽrikətjúər/ 名 C 動 本来的 〔一般語〕 一般義 人や文体などの特徴や癖を滑稽に誇張した**風刺画**[漫画], **戯画**. その他 風刺的な特徴をもつ文学や芸術を表し, **風刺文, 戯作**(ぎさく), 人の声色(こわ), 仕草を滑稽にまねる**声帯模写**, また冗談として, 風刺漫画から抜け出したようなおかしな人[物]. 動として戯画[文]にかく, **戯作化する**.
語源 後期ラテン語 carricare (= to load) に由来するイタリア語 caricatura (= overloading; distortion) がフランス語を経て初期近代英語に入った.
用例 *caricatures* of politicians 政治家を描いた漫画/The comedian entertained his audience with *caricatures* of a famous politician imitating his voice and manners. コメディアンは有名な政治家の声色や仕草をまねた声帯模写で観客を楽しませた/Our professor is a *caricature* of an absent-minded scholar. 私達の先生は漫画にでもありそうなうっかりした先生だ.
類義語 ⇒cartoon.
【派生語】**cáricatùrist** 名 C 風刺画家, 漫画家.

car·il·lon /kǽrələn|kəríljən/ 名 C 〔一般語〕半音階に調律された大小の鐘からなる**組み鐘**《★教会の鐘楼などに据え付けられ, 鍵盤で曲が演奏される》, また組み鐘で奏でられる曲.
語源 ラテン語 quattuor (= four) に由来するフランス語 carillon が18世紀に入った. 元来 4 つの鐘からなっていたことによる.

car·mine /ká:rmin, -main|-main/ 名 U 形 〔一般語〕**洋紅色(の)**.
語源 アラビア語 qirmiz (= crimson) がラテン語, フランス語を経て 18 世紀に入った.

car·nage /ká:rnidʒ/ 名 U〔形式ばった語〕戦争などによる**大虐殺, 殺戮**(さつ).
語源 ラテン語 caro (= flesh) から派生した carnaticum (肉の捧げ物) がイタリア語を経て初期近代英語に入った.

car·nal /ká:rnəl/ 形〔形式ばった語〕 一般義《限定用法》精神ではなく**肉体の**. その他 悪い意味で肉体に関することを指し, **肉欲的な, 性欲の**. また精神と対立する肉体という意味から, **物質的な, 世俗的な**.
語源 ラテン語 caro (= flesh) に由来する carnalis が中英語に入った.
用例 *carnal* desire [lust; appetite] 性欲.
類義語 carnal; fleshly; sensual: **carnal** は特に性欲を生む所としての「肉体の」という意味を持ち, 知性や道徳の欠如に重点がある. **fleshly** は肉体的で, carnal のような悪い意味はないが, 肉体が当然要求する欲望や満足に意味の重点がある. **sensual** は肉感的なことやそれに対する喜びを表し, 好色さ, 下品さを含蓄する.
【派生語】**cárnalism** 名 U 現世主義. **carnálity** 名 U 肉欲, 性欲, 現世欲. **cárnally** 副.

car·na·tion /ka:rnéiʃən/ 名 CU【植】カーネーション, またカーネーションの花の色から, ピンク, 淡紅色, 赤い色.
語源 ラテン語 caro (= flesh) に由来する後期ラテン語 carnatio (= fleshiness) がフランス語を経て初期近代英語に入った. 元来 color of human flesh の意味に用いた.

Car·ne·gie Hall /ká:rnəgi hó:l/ 名 国 カーネギーホール《★ニューヨーク市マンハッタンのコンサートホール》.

car·ni·val /ká:rnivəl/ 名 C 〔一般語〕 一般義 **カーニバル, 謝肉祭**《★カトリック教国の祝祭; 四旬節 (Lent) の直前の 3 日から 1 週間に行われる飲めや歌えの祭り》. その他 謝肉祭でお祭り騒ぎをすることから, 一般に祭りや仮装行列などを含むお**祭り騒ぎ, 飲めや歌えの浮かれ騒ぎ**, さらにお祭り的な**催し物, 大会,**《米》**巡業娯楽ショー**.
語源 イタリア語 caro (= flesh) + levare (= to raise; to lift) に由来し, イタリア語から初期近代英語に入った. 文字通りには「肉食の中止」.
用例 *carnival* in Rio de Janeiro リオのカーニバル/All children like merry-go-rounds and sideshows at *carnivals*. 子供たちはみんなカーニバルのメリーゴーラウンドや出し物が好きだ/a winter *carnival* 冬の祭典.

car·ni·vore /ká:rnivɔ̀:r/ 名 C【動】ネコ科やイヌ科など牙のある**肉食動物**《★まれに食虫植物についてもいう》.

[語源] ラテン語 *carnivorus* (=carnivorous; *caro* flesh+*vorare* to devour)からの逆成と思われる.carnivorous は16世紀から,carnivore は19世紀から.
[対照語] herbivore.
【派生語】**carnivorous** 形 肉食性の. **carnivorously** 副. **carnivorousness** 名 U.

car·ol /kǽrəl/ 名 C [本来目] 〔一般語〕祝い歌,賛歌,特にクリスマス祝歌.動 として祝い歌を歌う,歌って祝う.
[語源] ギリシャ語 *khraulēs* (= accompanist; *khoros* chorus+*aulein* to play a reed instrument)がラテン語,古フランス語を経て中英語に入った.英語では初めサークルダンス(circle dance)を意味した.このダンスに伴って歌われた歌が発達したのが現在の意味になっている.
【派生語】**cároler,** 〈英〉-ll- C 祝い歌を歌う人.

Car·o·li·na /kærəláinə/ 名 固 カロライナ (★米国南部の North Carolina, South Carolina の両州を合わせた地域).
[語源] ラテン語 *Carolus* (=Charles)の女性形.英国の Charles I に因む.

carousal ⇒carouse.

ca·rouse /kəráuz/ 動 [本来自] C 〔形式ばった語〕浮かれ騒いで大酒盛りをする,痛飲する.名 として酒宴.
[語源] ドイツ語 *gar aus* (*trinken*) (= (to drink) right out)がフランス語を経て初期近代英語に入った.
【派生語】**caróusal** 名 C〔文語〕大酒宴. **caróuser** 名 C.

car·ou·sel, car·rou·sel /kærəsél/ 名 C 〔一般語〕〈米〉回転木馬,空港の乗客手荷物運搬,引き渡し用の円形コンベヤー.
[語源] イタリア語 *carosello* (馬上試合)がフランス語を経て初期近代英語に入った.

carp¹ /káːrp/ 名 C 〔魚〕こい,またコイ科の魚やこいに似た魚を総称的にいう.
[語源] 後期ラテン語 *carpa* が古フランス語を経て中英語に入った.

carp² /káːrp/ 動 [本来自] 〔軽蔑語〕取るに足らないことで難癖をつける,あら探しをする.
[語源] 古ノルド語 *karpa* (= to brag)が中英語に入り,ラテン語 *carpere* (= to slander)の意味の影響を受けた.

car·pen·ter /káːrpəntər/ 名 C [本来自] 〔一般語〕大工(♂).動 として大工仕事をする.
[語源] ケルト起源の語で car と関係がある.ラテン語 *carpentum* (= two wheeled carriage)から派生した後期ラテン語 *carpentarius* (車を作る人)がノルマンフランス語を経て中英語に入った.
[類義語] carpenter; cabinetmaker; joiner: **carpenter** が家や船などの中の重要な大工仕事をする人を表すのに対して,**cabinetmaker** は高級家具を作ったり建物の壁などの装飾 (molding) を行う職人をいう.**joiner** は〈米〉では carpenter と呼ばれ,建具や窓枠,階段など室内の木部の大工仕事をする職人を意味する.
【派生語】**cárpentry** 名 U 大工仕事; 木工品.

car·pet /káːrpit/ 名 C [本来他] 〔一般語〕床や階段を覆う厚い織物地の**敷物**,じゅうたん.[その他] 敷物の意味が比喩的に用いられ,〔やや文語的な語〕一面の花や草などあたり一面を敷き詰めるもの.動 として じゅうたんを敷く,比喩的に一面を覆う.
[語源] ラテン語 *carpere* (= to pluck) に由来する古イタリア語 *carpita* (= thick woolen cloth)が古フランス語を経て中英語に入った.最初現在の意味の他にテーブル掛け,ベッド掛けの意味にも用いた.
[用例] a *carpet* of snow 一面の雪.
[類義語] carpet; rug; mat: **carpet** は床や階段などを全面に覆う厚手の敷物をいう.**rug** は織物や毛皮の敷物をいい,carpet と違って床全体を覆うのではなく炉の前やテーブルの下に敷く小型の敷物を表す.**mat** は藺()やわら,ロープなど生地の粗い材質で織られた敷物で,carpet や rug と同じように床に敷くこともあるが,靴の泥ぬぐい (door mat) や花びんなどの下敷きに用いる.
【慣用句】**on the carpet** 審議中で(★carpet がテーブル掛けに用いられたことから「会議のテーブル上にある」という意味); 叱られて.
【派生語】**cárpeting** 名 U じゅうたん地; 敷物類.

car·rel /kǽrəl/ 名 C 〔一般語〕図書館の個人閲覧室.
[語源] 中世ラテン語 *carola* (=something round) が初期近代英語に入った.

car·riage /kǽridʒ/ 名 CU 〔一般語〕人や物を運ぶ車輪のある乗り物,車.[その他]〈英〉鉄道の客車(〈米〉car),乳母車(baby carriage).従来は四輪馬車の意.また重い物を乗せて運ぶ台車,特に大砲の砲架,タイプライターのキャリッジ,その他の可動台部.さらに〈主に英〉運送の手段ではなく運送すること自体を表して,運搬,輸送,その料金を表して,運賃.また運ぶ行為からその様態に意味の重点が移って,〔形式ばった語〕身の運び,身のこなし,姿勢,態度 《[語法] この意味では普通無冠詞形容詞を伴う》.
[語源] ノルマンフランス語 *cariage* (=cart)が中英語に入った.なお cariage の古い語形の *carier* は carry の語源になっている.
[用例] a *carriage* and pair [four] 2 頭 [4 頭]立て馬車/a typewriter *carriage* タイプライターのキャリッジ/The *carriage* of goods by air costs more money but it takes less time. 品物を空輸するとお金はかかるが時間は少なくてすむ/Our headmaster has an imposing *carriage*. 私達の学校の校長は堂々とした物腰をしている.

carrier ⇒carry.

car·ri·on /kǽriən/ 名 U 形 〔一般語〕ハイエナ,はげたかなどに食われる動物の死肉,腐肉.[その他] 腐肉にというへどがでるほどいやなもの.形 として腐肉を食う,醜悪な.
[語源] ラテン語 *caro* (=flesh) から派生した俗ラテン語 **caronia* (=carcass) が古フランス語を経て中英語に入った.

car·rot /kǽrət/ 名 CU 〔植〕にんじん,また鼻先ににんじんをぶらさげてろばを働かせたことにより,褒美,あめ,おとり.
[語源] ギリシャ語 *karōton* (=carrot)がラテン語,フランス語を経て初期近代英語に入った.
【慣用句】**carrot and stick** あめとむち.
【派生語】**cárroty** 形 にんじんのような色の; 赤毛の.

carrousel ⇒carousel.

car·ry /kǽri/ 動 [本来他] 名 UC 〔一般語〕ある場所から他の場所に何かを**運ぶ**.[その他] 多くの場合,運ぶと支えることの2つが結合した意味を持ち,一般的にものを運ぶときにはその方法に特に限定なく,手で持って行く,かかえて行く,背負って行く,車などにのせて

運ぶ, 運送するなどを意味するが,「支える」意味が入っているから引きずったりしないで運ぶことが含意されている. また物を身に着けて持ち運ぶ, **携帯する**, **...を帯びる**; ...を含む, 責任や義務などを**負っている**, **伴う**, あるいは**...を持っている**, **...がある**, 店が品物を置いている, **在庫がある**. さらに重みを支えるということに意味の比重が傾いて,〔古風または形式ばった語〕**子をはらんでいる**, **妊娠している**. また運ばれるものが具体的なものでない場合も表し, 音や話, 知らせなどを**伝える**, 新聞や雑誌が記事として**載せる**, **報道する**, 熱や水を**通す**, **導く**, 病原体などを**媒介する**, うつす, 理由や特徴が人を...**に行かせる**, **至らせる**. 一方運ぶことより支える動作や支えているという状態に意味の比重が置かれると, 重量を**支える**, 〔(ややくだけた語)...の**重さをになう**, 〕資金などを**援助する**, また選挙などで**支持を得る**, **勝利を得る**, 聴衆などの共感を得て**引きつける**. 重さを支えるという意味に近い表現として《〜 oneself で》身体の一部, 特に頭を支えて姿勢を...**に保つ**, ...の動作をする, 支えながら通すという意味で自分の意見を**通す**, また《通例受身で》動議, 法案を**通過させる**. 自 運搬する, 音や知らせ, 弾丸などが伝わる, 届く, 達する, 動議などが**通過する**. 名として**運送**, **射程**, **弾の飛距離**.

〔語源〕ラテン語 carrus (=car) に由来するノルマンフランス語 carier (=to convey in a car) が中英語に入った. charge と二重語. 英語では元来「荷馬車で運ぶ」意味に用いられた.

〔用例〕The porter will *carry* your baggage. ポーターがあなたの手荷物を運んでくれる/There are some places in the world where people *carry* things on their head. 世界には物を頭にのせて運ぶ地方がある/*Carry* your umbrella in case of rain. 雨になるかも知れないからかさを持って行きなさい《〔語法〕この意味では take の方が普通》/The man *carried* a fresh scar on his right cheek. 男は右頬に新しい傷跡があった/The chairman *carries* responsibility for the management of the committee. 議長は委員会の運営に責任を負っている/This store *carries* books on history. この店は歴史関係の図書を置いている/Air *carries* the sound at a speed of about 1,100 feet a second. 空気は秒速約1,100 フィートの速度で音を伝える/Fleas from infected rats *carry* the plague. 感染したねずみにつくのみがペストを媒介する/Many papers *carried* the story of the incident. 多くの新聞がその事件の記事を載せた/A new project *carried* him to Egypt. 新しい企画で彼はエジプトに行った/The conservative party will *carry* the next election. 保守党が次の選挙で勝利を得るだろう/Two cables *carry* the whole weight of the suspension bridge. 2本の太綱がつり橋の全重量を支えている/The boy *carried* himself bravely. 少年は勇敢に行動した/The bill was *carried* unanimously. 法案は全員一致で通過した/Her keen voice *carries* very far. 彼女のかん高い声はとても遠くまで届く/This gun *carries* about 20 miles. この大砲は約20マイルの射程がある.

〔類義語〕carry; bear; transport; convey: **carry** は広い意味で運ぶことを表し, このグループで最も一般的な語である. 同時に重さを支えるという意味も加った意味である. **bear** は重い荷物を運ぶ意味に用いられるが, 重荷を支えたり, 重荷に耐えることに意味の重点があり, 運ぶことは必ずしも意味しない. **transport** は carry より形式ばった語で, やや専門的に輸送することを表す. また carry より意味が狭く, 普通遠い目的地に船や車両などの輸送機関を用いて運搬することを表す. **convey** は輸送するという意味も比喩的に伝えるという意味も表す点で carry に近いが, この類義語中最も形式ばった語である.

【慣用句】*carry a [the] torch* ...に恋している; 忠誠を示す. *carry around [about]* ...を持ち歩く, 携帯する: I *carry* a traveler's check *around* with me when I visit foreign countries. 外国を旅行する時は旅行者用小切手を持ち歩く. *carry away* ...を運び [連れ]去る; 夢中にさせる: Some men came and *carried* your things *away*. 数人の男がやって来て君の物を運び去った/The audience was *carried away* by her beautiful singing. 聴衆は彼女の美しい歌に夢中になった. *carry back* 元の場所に戻す; 思い出させる: I will *carry* the table *back* into the room after the garden party. ガーデンパーティーの終わったらテーブルをへやに戻します/This picture *carries* me *back* to my childhood. この写真を見ると子供時代のことが思い出される. *carry forward* 次のページへ繰り越す, 先へ進める. *carry on* 続ける; 事業など営む: He is determined to *carry on* the work. 彼はどうしてもその仕事を続ける決心である. *carry out* ...を実行する; 運び出す: The researchers *carried out* an experiment in chemistry. 研究員たちは化学の実験を実行した/The thief could not *carry out* the heavy safe. 泥棒は重い金庫を運び出すことができなかった. *carry the ball* 責任者の役割を果たす. *carry through* 仕事などをやり遂げる; 困難を切り抜けさせる.

【派生語】**cárrier** 名 C 運ぶもの[人], 運搬設備[容器], 自転車などの荷物台, **輸送機**, **運送業者**, 《主に米》郵便[新聞]配達人, 〔医〕伝染病の媒介体, **保菌者**: carrier pigeon 伝書ばと.

【複合語】**cárryàll** 名 C 《米》旅行用**大型かばん**. **cárry-òn** 形 《米》機内に持ち込める. 名 C 機内持ち込み手荷物. **cárryòut** 形 《米》持ち帰りの(takeout). 名 C 持ち帰り料理(店). **cárry-òver** 名 C 〔簿記〕繰り越し.

cart /káːrt/ 名 動 本末他 〔一般語〕〔一義語〕二輪または四輪の**荷車**. 〔その他〕もとは1頭立ての**二輪荷馬車**を意味したが, 現在ではトラクター用の**荷車**, 《主に米》スーパーなどにある買物用の**手押し車**, ゴルフクラブを運ぶためのカート. 動 として**荷車で運ぶ**.

〔語源〕古英語 cræt (= cart) と同系の古ノルド語 kartr (= cart) が中英語に入った. 初めは荷車や二輪馬車 (chariot) の意味で用いられた.

〔用例〕a shopping *cart* 買い物用の手押し車/a golf *cart* ゴルフカート.

【慣用句】*put the cart before the horse* 順序をあべこべにする, 本末を転倒する.

【派生語】**cártage** 名 U 荷車による**運搬(料金)**. **cárter** 名 C 荷車業者; **荷馬車屋**.

【複合語】**cárthòrse** 名 C 荷馬車用の馬. **cártlòad** 名 C 荷車; 1台分の荷. **cártwhèel** 名 C 荷車の車輪; 《俗語》《米》**大型硬貨**, 特に1ドル銀貨;〔体操〕**側転** (★車輪のように回転すること).

carte blanche /káːrt bláːnʃ/ 名 U 〔一般語〕白紙委任(状), 自由裁量(権).

〔語源〕フランス語で「白い紙」(white card) の意味. 18

世紀に入った．

用例 The ambassador is given *carte blanche* in this matter. 大使はこの件で自由裁量権を与えられている．

car・tel /kɑːrtél/ 名 C 《経》価格協定や生産制限などによる市場独占を目的とした**企業連合**, カルテル, また《政》政党の連合,《しばしば C-》国家間の**政治ブロック**．

語源「企業連合」の意味ではドイツ語 *Kartell* が 20 世紀に入った．この語は元来イタリア語 *carta* (=card) の指小語 *cartello* (挑戦状, 決闘状) がフランス語を経て, 初期近代英語に入ったもので, 交戦国間の捕虜交換協定の文書の意味でも用いられた．

関連語 trust.

carter ⇒cart.

car・ti・lage /kɑ́ːrtilidʒ/ 名 UC 《解》脊椎動物の**軟骨**(組織).

語源 ラテン語 *cartilago* (食肉のすじ, 軟骨) が古フランス語を経て中英語に入った．

【派生語】**càrtiláginous** 形 軟骨の.

car・ton /kɑ́ːrtən/ 名 C 〔一般義〕〔一般義〕商品などを入れる**段ボール箱**.〔その他〕液体を入れる防水加工した堅い**紙製**[プラスチック製]**容器**, さらにこれらの**容器の内容物**．

語源 イタリア語 *carta* (=card) の派生語 *cartone* (= pasteboard) がフランス語を経て 19 世紀に入った．

用例 a *carton* of eggs 卵 1 箱/two *cartons* of milk 牛乳 2 カートン/A *carton* of cigarettes usually contains twenty packs. たばこ 1 カートンは普通 20 箱入りである.

car・toon /kɑːrtúːn/ 名 C 動 本来義 〔一般義〕〔一般義〕新聞や雑誌などの**時事漫画**, 戯画 (★単例 1 コマのもの).〔その他〕2, 3 コマ以上の絵も指し, **続き漫画** (comic strip), **アニメーション**(animated cartoon), また《米》壁掛けやフレスコ壁画などの**実物大の下絵**．動として時事漫画に描く, 漫画化する.

語源 イタリア語 *cartone* (⇒carton) がフランス語を経て初期近代英語に入った．もともと美術で厚紙に描いた下絵を意味した．

類義語 comic.

【派生語】**cartóonish** 形. **cartóonishly** 副.
cartóonist 名 C 漫画家. **cartóonlike** 形.

car・tridge /kɑ́ːrtridʒ/ 名 C 〔一般義〕装填用の容器, カートリッジ.〔その他〕本来は銃の**弾薬筒**を指し, 転じて機械などに装填してガスや液体などを供給する各種の容器を表し, 万年筆やボールペンの交換用インクのカートリッジ, 針の運動を電気信号に換えるレコードプレーヤーのカートリッジ, フィルムのカートリッジ, また録音や録画をしておく磁気テープのカセットを意味する.

語源 フランス語 *cartouche* (=cartridge) が cartage として初期近代英語に入った．この綴りは現在では廃止.

carve /kɑ́ːrv/ 動 本来義 〔一般義〕〔一般義〕ある形を作るため, その材料を**切る**, 削る, 刻む.〔その他〕石や木などを刻んだり切ることによって彫刻を**造る**, 像などを**彫る**, また調理した肉を特に食卓で**切り分ける**, 薄く切る, 比喩的に進路や運命を**切り開く**. 自 肉を切り分ける, 彫刻を生業とする．

語源 古英語 ceorfan (=to cut) から.

用例 He *carved* me a brooch out of wood. 彼は木を彫って私にブローチを作ってくれた/Many names are *carved* on my school desk. たくさんの名前が私の学校の机に刻んである/It's my father's job to *carve* up meat at table. 食卓で肉を切り分けるのは父の役目だ.

類義語 cut.

【派生語】**cárver** 名 C. **cárving** 名 UC 彫刻, 彫り物: **carving knife [fork]** 肉切り用**大型ナイフ**[フォーク].

cas・cade /kæskéid/ 名 C 動 本来義 〔一般義〕〔一般義〕特に幾筋にも分かれて落ちる**小滝**.〔その他〕滝のように次々と続くものや流れ出るような様子を表し, 降りそそぐ**火花**, 幾重にもなったレースの**縁飾り**などを表す. 動として**滝のように**[にとって]**落ちる**.

語源 ラテン語 *casus* (=fall) に由来するイタリア語 *cascare* (=to fall) から派生した *cascata* (=fall) がフランス語を経て初期近代英語に入った．

用例 *cascades* of laughter 笑いさざめく声.

類義語 waterfall.

関連語 cataract (一筋の大きな滝).

case[1] /kéis/ 名 C 〔一般義〕〔一般義〕出来事や事実を具体的に示す**例**, **事例**.〔その他〕出来事の特定の例をあげて, …の場合, …の件, また議論や調査, 考察を要する**問題**, **状況**, 犯罪の具体例としての**事件**, 病気の具体例の意味で**症例**, 病気にかかった人, すなわち**患者**.《法》裁判の**判例**, **訴訟事件**, また法廷での自分の立場の**主張**, それを立証する**論拠**．

語源 ラテン語 *cadere* (=to fall) の過去分詞 *casus* (=falling; happening) が古フランス語を経て中英語に入った．文法の「格」の意味はギリシャ語 *ptōsis* のラテン語訳による．英語では初め「誰の身にも起こるような事, 出来事」の意味で用いられた．

用例 a typical *case* 典型的な例/a special *case* 特例/The bankruptcy of the company is an obvious *case* of mismanagement. その会社の倒産は経営の失敗の明らかな例だ/Car accidents, in most *cases*, come from carelessness or recklessness. 交通事故はたいていの場合, 不注意か無謀が原因だ/If you find the plan impracticable, then you just quit it in that *case*. 計画が実行不可能とわかったら, その場合にはやめてしまえばよい/It was a *case* of conscience whether to confess her own past to him. 自らの過去を彼に告白するかどうかということは良心の問題だった/The widow is in sorry *case*. その未亡人は気の毒な状況にある/The police are investigating the murder *case* [the *case* of murder]. 警察はその殺人事件を調査している/The child has a *case* of flu. その子は流感にかかっている/terminal cancer *cases* 末期癌の患者/win [lose] a *case* 訴訟に勝つ[負ける]/the lawyer's *case* for the suspect 容疑者のための弁護士の論拠.

類義語 case; example; instance: **case** は特に具体的な例や状況を表し, **example** は物事の典型的な例を意味する. **instance** はある事柄を述べるための例証としてあげる 1 例の意味.

【慣用句】*as is often the case* よくあることだが: The bus came late *as is often the case*. よくあることだがバスは遅れて来た. *as the case may be* 場合により, 臨機応変に. *be the case* 事実である, 真相である: I don't think that's really the *case*. それは実際の真相ではないと思う. *case by case* 一件ずつ. *in any case* とにかく, いずれにしても, どうあろうと: His excuse doesn't sound true, but I'll forgive him *in any case*. 彼の言い訳は本当だとは思えないが, とにかく許し

てやろう. *in case* 万一に備えて: Take your umbrella just *in case*. 万一に備えてかさを持って行きなさい. *in case of ...* ...の場合《語源》主に悪い意味や緊急の意味に用いる》: *In case of* fire, dial 119. 火事になったら119番に電話しなさい. *(in) nine cases out of ten* 十中八九. *in no case* 決して...ない.

【複合語】cáse hístory 名C あることの全記録;【医】病歴. cáse stúdy 名C ケーススタディー《★個人, 事物などの個々の行動などをその環境などとともに研究すること》. cásewòrk 名U ケースワーク《★個人の社会への不適応を調べ正常な生活に復帰させるための助言や指導を与える仕事》. cáseworker 名C 社会福祉司, ケースワーカー.

case[2] /kéis/ 名C 動 本来他〔一般語〕〔一般義〕物を入れる箱, ケース. その他 箱状の容器, 物入れ, 袋, さや, また特定の物の入れ物として, 用途を示す形容詞や名詞を伴って, 本箱(bookcase), 化粧道具入れ(dressing case), 枕カバー(pillow case)《★英米の枕カバーは袋状になっている》. 品物が入った一箱(ケース)(の量)の意味で用いることもある. また物入れの意から物を保護するものとして, 時計の側, 美術品の展示ケース, 商品などのガラス戸棚, またドアや窓の外枠. 動 として, ...を箱[ケース]に入れる, ...を覆う, 包む.
《語源》ラテン語 *capere*(=to hold) の *capsa*(=box; chest) が古ノルマンフランス語 *casse* を経て中英語に入った.
《用例》She keeps her favorite accessories in a small *case*. 彼女は好きなアクセサリーを小箱にしまっている/a packing *case* 輸送用荷箱/a knife with a leather *case* 革のケース付ナイフ/a *case* of beer ビール1箱/a pencil *case* 筆箱/a watch *case* 時計の側/We buy apples by the *case*. うちではりんごは箱ごと買う/This door doesn't fit well in its *case*. このドアはうまく枠に納まらない.
《類義語》box.

case·ment /kéismənt/ 名C〔一般語〕ドアのようにちょうつがいで開閉する開き窓《★しばしば左右にひらく観音開きの窓》;〔詩語〕窓.
《語源》古ノルマンフランス語 *encassement*(=frame) の頭音消失形が中英語に入った.

cash /kǽʃ/ 名U 動 本来他 形〔一般語〕紙幣や硬貨などの現金, また現金に限らず小切手なども含めた金(⑫). 動 として現金に換える. 形 として現金の.
《語源》ラテン語 *capsa*(⇒case[2]) が古イタリア語 *cassa*(=money box), フランス語を経て初期近代英語に入った.
《用例》Will you pay by *cash* or on account? 現金払いにしますかつけにしますか/You can *cash* this traveler's check at any bank. この旅行者用小切手はこの銀行でも現金化できます.
《類義語》money.

【慣用句】*cash down* 即金で. *cash in on ...* 〔くだけた表現〕…を利用してもうける: He is the sort of person who *cashes in on* other people's misfortunes. 彼は他人の不幸を利用してひともうけしようという種類の人間だ. *cash on delivery* 代金引換え払いで《★C.O.D. と略す》.

【派生語】cashíer 名C 商店などの会計係, レジ; 銀行などの出納係. cáshless 形 現金のいらない, キャッシュレスの.

【複合語】cásh accòunt 名C 現金勘定. cásh-and-cárry 形 名U 現金払い店頭渡し(の). cásh càrd 名C キャッシュカード. cásh dispènser 名C 現金自動支払機《★CD と略す》.

cash·ew /kǽʃuː | kəʃúː/ 名C【植】カシュー《★西インド諸島産》, またその実, カシューナッツ(cashew nut).
《語源》トゥピー語 *acajú* がポルトガル語を経て初期近代英語に入った.

cashier ⇒cash.

cashless ⇒cash.

cash·mere /kǽʃmiər/ 名UC〔一般語〕カシミア(の織物)《★Kashmir のやぎからとれる良質の毛》, またカシミア製のショール[セーター, コート].
《語源》北インドの地名 *Kashmir* から. 初期近代英語より.

ca·si·no /kəsíːnou/ 名C〔一般語〕ルーレットやトランプなど賭博を行う娯楽場, カジノ.
《語源》イタリア語 *casa*(=house) の指小語 *casino* が18世紀に入った.

cask /kǽsk | káːsk/ 名C〔一般語〕円筒形で中央がふくらんだ大きなたる《★液体, 特に酒類を入れる》.
《語源》スペイン語 *casco*(=helmet; earthen pot) がフランス語を経て中英語に入った. スペイン語の *casco* は *cascar*(=to break into pieces) から派生した語だが, 「土器片」の意味はあるものの「木の酒樽」の意は英語にしかなく, 詳細不明.

cas·ket /kǽskit | káːs-/ 名C 動 本来他〔一般語〕宝石など貴重品を入れる小箱,《米》婉曲的に高価でこった棺(coffin).
《語源》古フランス語 *casse*(⇒case[2]) の指小語 *cassette* が中英語に入ったと思われる.

Cas·pi·an Sea /kǽspiən síː/ 名固《the ～》カスピ海.

cas·se·role /kǽsəròul/ 名CU〔一般語〕むし焼き鍋, またなべ焼き料理.
《語源》プロバンス語 *cassa*(=pan) に由来するフランス語 *casserole* が18世紀に入った.

cas·sette /kəsét, kæ-/ 名C〔一般語〕テープレコーダーなどのカセット, フィルムのパトローネ.
《語源》古ノルマンフランス語 *casse*(⇒case[2]) のフランス語の指小語 *cassette* が18世紀に入った.

【複合語】cassétte tàpe 名C カセットテープ.

cas·sock /kǽsək/ 名C〔一般語〕聖職者の法衣.
《語源》イタリア語 *casacca*(厚地の外套)がフランス語を経て初期近代英語に入った.

cast /kǽst | káːst/ 動 本来他 名C〔一般語〕〔一般義〕選挙などで票を投じる. その他 この語は本来は「物を投げる」の意であったが, 投げる具体的な動作として, 〔やや古風な語〕釣り糸や針を投げる, 網を打つ, 錨を降ろす, さいころを振る. 比喩的な意味では, 〔やや形式ばった語〕視線を投げかける, 注ぐ, 目を向ける, 非難や賞賛を浴びせる, 疑いをかける, 光を当てる, 影を落す,【劇】人に役を振り当てる, 役につける. また物が投じられて型ができることを表し, 鋳型に入れる, 鋳造する, 鋳造により不要の物を投ずるということで, 投げ捨てる, 衣服などを脱ぎ捨てる, へびなどが脱皮する. 名として投げること, 投げた距離, さいころの一振り,【劇】配役, キャスト, さらに鋳型, ギプス, 鋳型に入れて作ったもの, 人間の型, 気質, 特徴, また色合い, …の気味.

《語法》単に「投げる」の意味では cast は古い語で cast a vote, cast dice のような特定の表現を除いては現在で

は多くの場合 throw が用いられる. 比喩的な意味では cast は現在でも用いられるが, throw と交換可能である場合は形式ばった語と感じられる.「配役」や「鋳造」およびこれらの動詞の意味では cast は一般語として用いられる.

[語源] 古ノルド語 kasta (= to throw) が中英語に入った.「投げる」の意味は古英語では weorpan (現在の warp) が用いられていたが, 中英語になると cast がこれに代って用いられるようになった. 中英語では throw より cast の方が一般的であった.

[用例] I *cast* my vote for the younger candidate. 私は若い方の候補者に票を投じた/The fisherman *cast* his net into the sea. 漁師は網を海に打った/*cast* [drop] anchor 錨を降ろす(停泊する)/She *cast* a glance of contempt at the man. 彼女は男に軽蔑のまなざしを向けた/He *cast* her a hard eye [look]. 彼は彼女に厳しい視線を注いだ/The incident *cast* a dark shadow on her past. その事件は彼女の過去に暗い影を落した/She hopes that the director will *cast* her as the prima donna. 彼女は監督が自分にプリマドンナの役を当ててくれるよう望んでいる/*cast* coins in copper 銅貨を鋳造する/The statue is *cast* in bronze. その像はブロンズで造られている/This caterpillar *casts* its skin several times before it becomes a pupa. この幼虫はさなぎになる前に数回脱皮する/She kept her child within stone's *cast*. 彼女は子供を石を投げて届くほどの所に留めておいた/At his third *cast* he caught a fish. 三度目に釣り糸を投げた時, 魚がかかった/an all-star *cast* スター総出演.

[類義語] ⇒throw.

[関連語] broadcast; forecast; newscast.

[慣用句] **cast around** 捜し回る. **cast aside** 人や物を捨てる. **cast away** 浪費する;《しばしば受身で》あらしなどが船を難破させる. **cast down** 品位を落とす; 元気をなくする. **cast off** 衣服などを脱ぎ捨てる; 船のもやい綱をとく. **cast out** 追い出す, 追放する. **cast up** 波が船を打ち上げる; 土を盛り上げる. **The die is cast**. さいは投げられた《★Caesar が軍隊を率いてルビコン川を渡った時の言葉と伝えられる. 決断を下し, 後には引けないという意味で用いられる》.

【派生語】**cáster** 名 C 鋳造師; 家具, いす, 機材などの脚に付いているキャスター. **cásting** 名 UC 投げること; 配役; 鋳造, 鋳物: **casting vote** 賛否同数のとき, 議長が投ずる決定票.

【複合語】**cástawày** 名 C 形 投げ捨てられた(物), 見捨てられた(人), 難破した(船, 人). **cástòff** 形 《くだけた語》不要になって (脱ぎ)捨てられた. 名 C 捨てられた物, 古着.

cas·ta·nets /kæstənéts/ 名《複》【楽器】カスタネット.

[語源] ラテン語 *castanea* (= chestnut) がスペイン語を経て初期近代英語に入った. 形が栗の実に似ていることから.

caste /kæst | káːst/ 名 CU 〔一般語〕[本来他] 世襲の社会階級, カースト(★特にインドのヒンズー教徒の Brahman (司祭者・僧侶), Kshatriya (王族・武士), Vaisya (庶民), Sudra (奴隷) の四姓 (the four castes) からなる階級をいう). [その他] 一般に家柄, 財産, 職業, 地位などによる社会階級, そのような階級制度, 身分制度, また職業や宗教による排他的な社会集団,【昆虫】ありやはちのように集団社会を作る昆虫の階級も表す.

[語源] ラテン語 *castus* (= pure; chaste) に由来するポルトガル語 *casta* (= breed; race) が初期近代英語に入った.

[用例] worker *caste* of an ant 働きアリ.

cas·tel·lat·ed /kǽstəleitid/ 形【建】城造りの, 城郭風の.

[語源] ラテン語 *castellare* (要塞化する) の過去分詞 *castellatus* が初期近代英語に入った.

caster ⇒cast.

cas·ti·gate /kǽstigèit/ 動 [本来他]〔形式ばった語〕厳しく罰する, 非難する, 特に非常に厳しく批判する.

[語源] ラテン語 *castigare* (= to purify; to chastise) の過去分詞 *castigatus* が初期近代英語に入った.

[類義語] punish.

【派生語】**càstigátion** 名 UC.

casting ⇒cast.

cas·tle /kǽsl | káːsl/ 名 C 動 [本来他] 〔一般語〕
[一般義] 中世の王や貴族の要塞たる城. [その他] 城のように大きな家, 大邸宅, また安全な場所, 隠れ家,【チェス】ルーク(城将). 動 として城を築く,【チェス】王をルークで守る.

[語源] ラテン語 *castrum* (砦) の指小語 *castellum* がノルマンフランス語を経て中英語に入った.

[用例] An Englishman's house is his *castle*. 《ことわざ》英国人にとって家は城である(他人の干渉を受けない神聖な場所である).

【慣用句】*a castle in the air* [*in Spain*] 空中楼閣, 空想.

cas·tor oil /kǽstər ɔ́il | káːs-/ 名 U 〔一般語〕ひまし油 (★とうごま, ひまなどの実から取れる無色または黄ばんだ油で, 下剤や潤滑油に用いられる).

[語源] castor はギリシャ語 *kastōr* (= beaver) がラテン語を経て中英語に入った. castor oil は 18 世紀から使われるようになり, ビーバーから取れるにおいの強い油性物質を表した.

cas·trate /kǽstreit | -́-/ 動 [本来他] 〔一般語〕動物や人を去勢する, また活力[生気]を失わせる.

[語源] ラテン語 *castrare* (= to prune; to cut) の過去分詞 *castratus* が初期近代英語に入った.

【派生語】**castrátion** 名 U.

cas·u·al /kǽʒuəl/ 形 C 〔一般語〕[一般義] よく考えたり計算した上でのことではない, 何気ない, 思いがけない. [その他] この語は本来は「偶然の」の意で, そこから「何気ない」の意が生じ, さらにくつろいだ, 不用意な, いいかげんな, 関心のない, この意からうわべだけの, 軽い. また衣服などについて特に考えを凝らしたものでなくさりげないという意味で, ふだん着の, 略式の. さらによく考えて計画されたものでないことの, その時その時の, 不定の, 臨時の. 名 としてふだん着, 軽装, カジュアルウェア, 臨時の労働者, 日雇い.

[語源] ラテン語の *casus* (⇒case¹) から派生した後期ラテン語 *casualis* (= by chance) が古フランス語を経て中英語に入った.

[用例] I had a *casual* encounter with a friend on a street. 通りで偶然にも友達に出会った/pay a *casual* visit to ... ...をちょっと訪問する/I like the *casual* atmosphere of this club. 私はこのクラブのくつろいだ雰囲気が好きだ/His *casual* remark offended her. 彼の不用意な発言が彼女を怒らせた/The officer met the situation with *casual* concern. その役人はそっけなく事態に処した/a *casual* friendship 表面的な友達関係/Her clothes were too *casual* for the occasion. 彼女の服装はその場には軽装すぎた/*casual* shoes カジュアルシューズ/He is jobless now, so he is willing to work as a *casual*. 彼は今失業中なので臨時雇いででも働きたがっている.

[類義語] casual; accidental: 共に計画したものではなく偶然であることを表すが, **casual** が前もって考えておいたり, 意図したものでないことに意味の重点があるのに対して, **accidental** は偶然性に意味の重点がある. 「形式ばらない」については ⇒informal.

[反意語] formal.

[派生語] **cásually** 副.

ca·su·al·ty /kǽʒuəlti/ 名 C [一般論] [一般義] 不慮の災難や事故による**死傷者**.

[その他] もともと死傷者を出すという**重大な事故**, **災害**. このほか, 特に戦争による死傷者や捕虜になったり行方不明になったり病気になった者など戦争の**犠牲者**, **損害**. また [こっけいな語] 事故などによって役に立たなくなった**無用なもの**, **壊れた物**.

[語源] ラテン語 *casus* (⇒case¹) から派生した後期ラテン語 *casualitas* が古フランス語を経て中英語に入った. 「偶然の」の意味から事故による災難に転意した.

[用例] There were heavy *casualties* in the bus accident. バス事故で多数の死傷者が出た/The military clash along the boarder caused hundreds of *casualties*. 国境地域沿いの軍事衝突で数百人の死傷者が出た/*casualty* insurance 障害保険/That table was a *casualty* of our house removal. あのテーブルは家の引っ越しで不要になったものだ.

ca·su·ist /kǽʒuist/ 名 C [形式ばった語] (軽蔑的) 詭弁家.

[語源] ラテン語 *casus* (⇒case¹) に由来するスペイン語 *casuista* がフランス語を経て初期近代英語に入った.

[派生語] **càsuístic** 形. **cásuistry** 名 U 詭弁.

cat /kǽt/ 名 C [動] 猫, ネコ科の動物, また性格などが猫を思わせるところのある人, (軽蔑語) 特に**意地の悪い女**, うわさ好きの女.

[語源] 古英語 catte, catt から. この語はヨーロッパ諸語に共通形がある (ドイツ語 *Katze*, フランス語 *chat*). 恐らくラテン語 *cattus* に由来すると思われる.

[用例] A *cat* has nine lives. (ことわざ) 猫は9回生まれ変わる (しぶとくて容易に死なない)/A *cat* may look at a king. (ことわざ) 低い身分の者でも相応の権利はある/Care killed a *cat*. (ことわざ) 心配は身の毒 (9つの命を持つと言われる猫さえ殺した).

[関連語] tomcat; pussy(cat); kitten.

【慣用句】**bell the *cat*** 危険な仕事をする (★ねずみが猫の首に鈴を付ける相談をするイソップ寓話による). ***It rains cats and dogs.*** どしゃ降りに降る. **let the *cat* out of the bag** 秘密を漏らす. **like a *cat* on a hot tin roof** びくびくして. **see [watch] which way the *cat* jumps** 形勢を静観する, 日和見をする.

[派生語] **cátty** 形 猫のような; 意地悪な.

【複合語】**cát-and-dóg** 形 仲の悪い, けんかばかりしている ((日英比較) 日本語では「犬猿の仲」がこれに当たる). **cátnàp** 名 C 動 [本不他] うたたね (する). **cát's crádle** 名 U あや取り遊び. **cát's-èye** 名 C 道路の夜間反射装置; [宝石] 猫目石. **cát's-pàw** 名 C (古語) 手先に使われる人. **cátwàlk** 名 C 高所の狭い通路.

cat·a·clysm /kǽtəklìzəm/ 名 C [形式ばった語] 社会的な**大変動**, 洪水や地震などの**大異変**.

[語源] ギリシャ語 *kataklysmos* (=deluge) がラテン語, フランス語を経て初期近代英語に入った.

[派生語] **càtaclýsmic** 形.

cat·a·comb /kǽtəkòum, -kù:m/ 名 C [一般に] (通例複数形で) 回廊状の地下道の両側に納骨用のくぼみがある墓, **地下墓地, 地下納骨所**.

[語源] 後期ラテン語 *catacumba* が古フランス語を経て中英語に入った. ローマ近くの Appian Way と St. Sebastian にある地下墓地の名称による.

cat·a·lep·sy /kǽtəlepsi/ 名 U 《医》 強硬症 (★精神病で一時的に同じ姿勢を保ち続ける症状).

[語源] ギリシャ語 *katalēpsis* (=seizure) がラテン語を経て中英語に入った.

[派生語] **càtaléptic** 形.

cat·a·log, cat·a·logue /kǽtəlɔ̀:g, -lɑ̀g | -lɔ̀g/ 名 C [本不他] [一般論] [一般義] しばしば説明のついた, 一定の順番にならべられた品物の**一覧表**, **目録**. [その他] **商品目録**, 図書館のアルファベット順の**カード式蔵書目録**, (米) 大学の講座の一覧表, **要覧**, またこのような目録からなる**冊子, パンフレット**. 動 として**目録を作成する, 目録に載せる**.

[語源] ギリシャ語 *katalegein* (=to enlist; *kata-* completely+*legein* to gather) の名 *katalogos* (=list; register) が後期ラテン語, 古フランス語を経て中英語に入った.

[用例] I can't find the book in the school library *catalog*. 学校の図書館の目録ではその本が見つからない.

[類義語] ⇒list.

cat·al·y·sis /kətǽlisis/ 名 UC 《化》 触媒作用, 接触反応. また一般的に何かを引き起こす**誘引作用**.

[語源] ギリシャ語 *katalyein* (=to dissolve; *kata-* down+*lyein* to loosen) から派生した *katalysis* (=dissolution) が19世紀に入った.

[派生語] **cátalyst** 名 C 《化》 触媒. **catalýtic** 形.

cat·a·pult /kǽtəpʌlt/ 名 C 動 [本不他] [一般義] ミサイル発射装置, 航空母艦の**飛行機発進装置, カタパルト**. [その他] もとは古代から中世に用いられた**石弓, 投石器**, この物を発射する道具ということから一般義とした. さらに飛行機の**非常用脱出装置**, (米) おもちゃのパチンコ (米) slingshot). 動 として, 航空機を**カタパルトで発射する**, (英) **石などをパチンコで飛ばす**, **物を勢いよく放り出す**, 比喩的にある状況が人をある状態に**急に追いやる**. 動 **勢いよく飛び出る**.

[語源] ギリシャ語 *katapeltēs* (石弓; *kata-* against+*pallein* to toss) がラテン語を経て初期近代英語に入った.

cat·a·ract /kǽtərækt/ 名 C [一般論] [一般義] 垂直に落ちる**大滝, 瀑布**. [その他] 滝のように降る**豪雨, 洪水**, 《医》 **白内障**.

[語源] ギリシャ語 *katarassein* (=to break down; *kata-* down+*arassein* to break) から派生した *kataraktēs* (=waterfall; portcullis) がラテン語を経て中英語に入った. 初期は「雨を留める天の水門」の意味で用いた. 「白内障」の意味は廃用になった古い意味の「落とし格子」(portcullis) の転意により, 城門の落とし格子が入口をふさぐように視野をふさいでしまうものという意味から生じたと考えられている.

[類義語] waterfall.

ca・tarrh /kətáːr/ 名 U 【医】風邪などで起こる、のど、鼻などの粘膜の炎症、カタル《★たんや鼻水を分泌させる》.

[語源] ギリシャ語 *katarrhein* (=to flow down; *kata*- down＋*rhein* to flow) の 名 *katarrhous* が後期ラテン語、古フランス語を経て中英語に入った。

ca・tas・tro・phe /kətǽstrəfi/ 名 C 〔一般的〕
[一般的] 火事や洪水など破滅や不幸をもたらす突然の大災害. [その他] 地震や地殻の激変、大変動、大惨事がもたらす大きな不幸、また悲劇の大詰め、破局.

[語源] ギリシャ語 *katastrephein* (=to overturn; *ka-ta*-down＋*strephein* to turn) の 名 *katastrephē* (=overthrowing) がラテン語 *catastropha* を経て初期近代英語に入った。英語では初め劇、特に悲劇の「大詰め、破局」の意味で用いた。

[類義語] ⇒disaster.

【派生語】**càtastróphic** 形.

cat・call /kǽtkɔːl/ 名 C [本来的] 〔一般的〕劇やスポーツの試合などに対する嘲笑や非難を表すやじ、口笛. 動 としてやじる.

catch /kǽtʃ/ 動 [本来的] 《過去・過分 caught /kɔːt/》名 C 〔一般的〕 [一般的] 追いかけて捕える. [その他] ボールなど動いているものを受け止める、動物をわなかけて捕える、比喩的に人をわなに掛ける、だます. また何かが行われている所を捕えるという意味で、現場を押える、見つける、捕える対象が列車やバスの場合には、発車時間に間に合う、乗る. 人の動作では、追いつく、用事や連絡のためにつかまえる. 物理的に捕えることから転じて感覚や頭脳で捕えるという意味で、人の言ったことの意味をつかむ、理解する、言葉を聞き取る、物や事象が注意、視線、関心などを捕えるという意味から、引きつける、魅惑する. 捕える対象が迷惑なものの場合は受動的に被る、受ける、病気にかかる、火が燃えつく、雨やあらしが襲う、物が体に当たる、ぶつかる、からまる. 提案などが受け入れられる 《at》、引っかかる、火がつく、病気がうつる. 名 として捕えること、捕えたもの、捕獲高、捕えるためのわな、策略、戸などの留め金、掛け金、ボールを捕ること、捕球、キャッチボール、【野】捕手、また捕えるに値する、うまみのある結婚相手.

[語源] ラテン語 *capere* (=to take) に由来する *captare* (=to try to seize) が俗ラテン語 *captiare*, 古ノルマンフランス語 *cachier* (=to hunt) を経て中英語に入った。もとの意味は「追う」(chase) であったが、その意味は chase に取って代わられ、現在の意味に限定された。

[用例] The early bird *catches* the worm. 《ことわざ》早起きは三文の得(早起きの鳥は虫を捕える)/ be *caught* in a trap わなに掛かる/I *caught* him stealing (my watch). 彼が(私の時計を)盗むの現場を押えた/*catch* [miss] the train 列車に間に合う[遅れる]/His clear voice is easy to *catch*. 彼のはっきりした声は聞き取りやすい/*catch* measles はしかにかかる/be *caught* in a shower にわか雨にあう/The punch *caught* him on the chin. パンチが彼のあごに当たった/A drowning man will *catch* at a straw. 《ことわざ》おぼれる者はわらをもつかむ.

[類義語] catch; capture; seize; trap: **catch** は普通追いかけて捕えることを意味し、手で捕えると道具を用いて捕えることも表す. この中で最も広い意味で用いられる語. **capture** は catch より形式ばった語で、主に犯人や捕虜などを力ずくで捕えるという意味に重点がある.

seize は基本的に力ずくで、また突然つかむことを表すことから、しばしば奪い取るという意味で用いる. **trap** は動物をわなで捕えること、また比喩的に人をわなにかけることを表す.

【慣用句】 ***catch as catch can*** 手当たり次第に《[語法] catch-as-catch-can として限定用法の 形 としても用いられる》. ***catch it*** 子供が叱られる《[語法] 未来形で用いる》. ***catch one's breath*** かたずをのむ、はっとする、あえぐ. ***catch on*** 人気がでる; …を理解する《to》. ***catch out*** うそなどを見破る、誤りを明らかにする. ***catch up*** つかむ; 《受身で》巻き込む; 追いつく. ***catch up with*** …… …に追いつく.

【派生語】**cátcher** 名 C 捕えるもの[人], 【野】捕手, キャッチャー. **cátching** 形 伝染性の; 人を引きつける. **cátchy** 形 人目を引く、覚えやすい、わなのある、引っ掛けの: a *catchy* question 引っ掛け問題.

【複合語】**cátchpènny** 形 新聞や雑誌などがきもの的な、安びかの. **cátch phràse** 名 C 標語、キャッチフレーズ. **cátchwòrd** 名 C 標語、流行語; 辞書などの欄外見出し語.

catch・up /kǽtʃəp, kétʃ-/ 名 =ketchup.

catchy ⇒catch.

catechism ⇒catechize.

cat・e・chize /kǽtikàiz/ 動 [本来的] 〔一般的〕キリスト教の教義を問答形式で教える.

[語源] ギリシャ語 *katēkhein* (=to teach; *kata* down＋*ēkhein* to sound) が後期ラテン語を経て中英語に入った。

【派生語】**cátechìsm** 名 CU 教会の教義問答集、一般に質問攻め.

categoric ⇒category.

categorical ⇒category.

categorically ⇒category.

categorize ⇒category.

cat・e・go・ry /kǽtigɔ̀ːri | -gəri/ 名 C 〔形式ばった語〕
[一般的] ある共通点を持つ一つの種類、部類. [その他] 学問的な一体系としての部門, 【哲・論】範疇(ハンチュウ).

[語源] ギリシャ語 *katēgorein* (=to assert) の 名 *katēgoria* (=assertion; category of predicables) が後期ラテン語を経て初期近代英語に入った。

[用例] Geometry is one *category* of mathematics. 幾何学は数学の1部門である.

【派生語】**càtegórical**, **càtegóric** 形 無条件的な、絶対的な; 範疇に属する. **càtegórically** 副. **cátegorìze** 動 [本来的] 分類する、範疇に分ける.

ca・ter /kéitər/ 動 〔一般的〕 調理した食物や飲み物を宴会などに供する、仕出す《★レストランのようにその場で調理して食物を出す場合には用いない》. [その他] 食物以外のものを供することも表し、娯楽などを提供する、要求などを満たす、また低俗な精神に迎合する.

[語源] 俗ラテン語 *acceptare* (=to acquire) が古フランス語 *achatour* を経て中英語に *acatour* として入り、頭音消失が生じた. 元来は「食料の仕入れ屋」の意味であったが廃用となり、初期近代英語期に現在の意味で用いるようになった。

[用例] The hotel *caters* (for) all sort of parties from 5 to 500 people. そのホテルは5人から500人までのあらゆる宴会を引き受ける/We *cater* to the needs of the disabled. 私どものところでは身体障害者の皆様に満足していただけます.

日英比較 cater は日本語の「出前」とは異なり，パーティーなどの大口の仕出しのみに用いる．
【派生語】cáterer 名 C 仕出し屋，宴会世話係．

cat·er·pil·lar /kǽtərpilər/ 名 C 〔一般語〕ちょう，蛾(ｶﾞ)などの毛虫，いも虫．その他〔機〕無限軌道，《商標》キャタピラー式トラクター（★いも虫に形や動きが似ていることから）．
語源 ラテン語 catta (=cat)+pilosus (=hairy) に由来する古ノルマンフランス語 catepilose (= hairy cat) が中英語入った．

cat·er·waul /kǽtərwɔ̀ːl/ 動本来自 C 〔一般語〕猫がぎゃーぎゃー鳴く．名 として《通例単数形で》ぎゃーぎゃー鳴く声．
語源 中オランダ語 katerwauwen (kater male cat+ warwen to howl) が中英語に入ったと思われる．

cat·fish /kǽtfíʃ/ 名 C 〔魚〕なまず．
語源 初期近代英語から．なまずの頭が猫に似ていることによる．

ca·thar·sis /kəθάːrsis/ 名 U〔形式ばった語〕悲劇などを観ることによる精神の浄化作用，カタルシス，また〔医〕便通．
語源 ギリシャ語 katharsis (=cleansing) が近代ラテン語を経て 19 世紀に入った．
【派生語】cathártic 形 浄化をもたらす．

ca·the·dral /kəθíːdrəl/ 名 C 〔一般語〕司教 (bishop) 区の中央大聖堂，一般に大聖堂，大寺院．
語源 ラテン語 cathedra (=chair) から派生した後期ラテン語 cathedralis (ecclesia)(=(church) of a bishop's seat) が中英語に入った．もともと司教の法座 (cathedra) のある司教区の中心なる大聖堂を表す．

cath·e·ter /kǽθətər/ 名 C 〔医〕カテーテル《★血管などに入れる管》．
語源 ギリシャ語 kathienai (=to send down) から派生した kathetēr が後期ラテン語を経て初期近代英語に入った．

cath·ode /kǽθoud/ 名 C 〔電〕電極，蓄電池などの陰極．
語源 ギリシャ語 kathodos (=way down; kata down+hodos way) が 19 世紀に入った．
対照語 anode．

Cath·o·lic /kǽθəlik/ 形 名 C 〔一般語〕キリスト教のカトリック教会の，特にローマカトリック教会の．名 としてカトリック教徒．
語源 ギリシャ語 katholikos (=universal; kata completely+holos whole) が後期ラテン語を経て中英語に入った．元来「普遍の，正統の」という意味を持ち，そこから「普遍的なキリスト教会の，全キリスト教会の」，異教でなく「正統のキリスト教会の」という意味が生じた．
対照語 Protestant．
【派生語】Cátholicism 名 U カトリック教の教義．càtholícity 名 U 普遍性，寛容，度量．

cat·sup /kǽtʃəp | kǽtsəp/ 名 U 〔一般語〕ケチャップ（★catchup, ketchup とも）．
語源 中国語起源のマレー語 kēchap (=spiced fish sauce) が初期近代英語に入った．

cat·tle /kǽtl/ 名 〔一般語〕《複数扱い》集合的に家畜としての牛 《★数える時は ... head of cattle (牛…頭のようにいう)》．
語源 ラテン語 capitalis (=principal; chief) に由来する中世ラテン語 capitale (=property; stock) が古ノルマンフランス語 catel を経て中英語に入った．初めは個人の所有する財産の意味で用いられ，当時の主な財産である家畜一般を表すようになり，やがて家畜の中でも牛を表すようになり現在の意味となった．今日でも「家畜」の意に用いられることがある．
用例 five head of cattle 牛 5 頭/That farmer does not keep sheep but he keeps several breeds of cattle. あの農夫は羊は飼っていないが牛を数種類飼っている/dairy cattle 乳牛．
類義語 cattle; cow; bull; ox; steer; calf: cattle は集合的に牛を表すのに対して，個々には cow が乳牛，bull が雄牛(特に去勢されてない成牛)，ox が雄牛(去勢された成牛で農耕など役牛として利用される)，steer が去勢された若い雄牛，calf が子牛．
【複合語】cáttle brèeding 名 U 牧畜(業)．cáttleman 名 C 牛飼い，牛を飼う牧場主．cáttle shòw 名 C 畜牛品評会．

catty ⇒cat．

CATV 《略》=cable television．

Cau·ca·sia /kɔːkéiʒə | -ziə/ 名 固 コーカサス，カフカス（★黒海 (Black Sea) とカスピ海 (Caspian Sea) の間の地方; Caucasus ともいう）．
【派生語】Caucásian 形 コーカサス[カフカス]の，白人の．名 C カフカス人，白人 語法 この語は特に《米》で「白人」を意味する婉曲語として用いられる．

Cau·ca·sus /kɔ́ːkəsəs/ 名 固 C (the ～) コーカサス[カフカス]山脈 (Caucasus Mountains), またコーカサス，カフカス (Caucasia)．

cau·cus /kɔ́ːkəs/ 名 C 〔一般語〕政党の幹部会，また〔軽蔑語〕黒幕会議．
語源 不詳．北米先住民の言語からともいわれる．

cau·li·flow·er /kɔ́ːlifláuər | kɔ́l-/ 名 UC 〔植〕カリフラワー．
語源 イタリア語 cavolfiore (cavolo cabbage+fiore flower) が初期近代英語に入ったと思われる．

causal ⇒cause．
causality ⇒cause．
causative ⇒cause．

cause /kɔ́ːz/ 名 CU 動 本来他〔一般語〕〔一般義〕何らかの影響や結果を生ずる原因．その他〔しばしば悪い意味で〕あることの原因となる人[物]を表し，その原因が意図的であるなしに関係なく用いられる．また結果から見た原因とは逆の，ある行動を起こす，またはある事柄が起きる(正当な)理由，根拠，動機，個人や社会が行動を起こすための具体的な大義，目的，主義，主張のための運動．動 として…の原因となる，引き起こす，また…させるという使役動詞としても用いられる．
語源 ラテン語 causa (=cause; reason) が古フランス語を経て中英語に入った．
用例 Having no money is the cause of all my misery. 金のないことが私のすべての窮状の原因だ/The sexy secretary is the cause of his family discord. セクシーな秘書が彼の家庭不和の原因になっている/You had no cause to treat your wife so badly. 奥さんをそんなに虐待する理由はなかった/for [in] the cause of ... …のために，…の目的で/Too much eating will cause stomachache. 食べ過ぎは腹痛を引き起こす/He caused us to work harder. 彼は私達をもっと働くようにさせた．
語法 使役動詞としては cause は形式ばった語で，have, let, make などの方が普通に用いられる．

[類義語] cause; reason: **cause** はある結果を引き起こす原因やその原因となる人や物を表す. **reason** は行動や考えを説明したり正当化する根拠や理由を表す.
[関連語] because.
[対照語] effect.
【派生語】**cáusal** 形 原因の, 原因となる. **causálity** 名 U 因果関係, 因果律. **cáusative** 形 原因となる. 〖文法〗使役的な. 名 C 使役動詞(causative verb). **cáuseless** 形 原因のない, いわれのない.

cause・way /kɔ́ːzwèi/ 名 C 〔一般語〕**土手道**.
[語源] ラテン語 *calx* (= lime) に由来する俗ラテン語 **calciata* (= paved with limestone) が古ノルマンフランス語を経て中英語に入った.

caus・tic /kɔ́ːstik/ 形 UC 〔一般語〕**腐食性の**, 比喩的に**痛烈な**, **厳しい**. 名 として**腐食剤**.
[語源] ギリシャ語 *kaiein* (= to burn) から派生した *kaustikos* (= capable of burning) がラテン語を経て中英語に入った.
【派生語】**cáustically** 副.

cau・tion /kɔ́ːʃən/ 名 UC 〔本義〕〔やや形式ばった語〕〔一般義〕**危険や誤ちを避けるための注意**, **用心**. その他 警官や判事によって与えられる**警告**, **戒告**, 掲示などの**注意書**, **警告書**. 動 として**警告する**, **注意をうながす**.
[語源] ラテン語 *cavere* (= to be on one's guard) の 名 *cautio* が古フランス語を経て中英語に入った. 英語では初め契約を保証するもの, 保証金の意味で用いられた. 元来のラテン語の意味で用いられるようになったのは初期近代英語になってから.
[用例] The accident was a result of his lack of *caution*. 事故は彼が注意を怠ったせいだった/He was *cautioned* for drunken driving. 彼は飲酒運転で警告を受けた.
[類義語] caution; care; carefulness; wariness: **caution** は失敗を恐れる気持が強く, これを避けるための注意や用心を表す. **care**, **carefulness** は気掛りな不安や責任があり, これに対する注意, 用心深さを表す. **wariness** は caution より疑い深く, 油断がないこと, 困難や危険に対して警戒心が強いことを意味する.
【派生語】**cáutious** 形 用心深い, 慎重な. **cáutiously** 副.

cav・a・lier /kæ̀vəlíər/ 名 CU 形 〔古語〕**騎士**, また**騎士道精神**. として, 人, 態度が**尊大な**, またはおうような.
[語源] ラテン語 *caballum* (= horse) から派生した *caballarius* (= horseman) がイタリア語を経て初期近代英語に入った.
【派生語】**càvalíerly** 副.

cav・al・ry /kǽvəlri/ 名 U 〔一般語〕(the ～)**騎兵隊**, **機甲部隊**.
[語源] ⇒cavalier.
【複合語】**cávalryman** 名 C **騎兵**(の1人).

cave /kéiv/ 名 C 動 〔本来自〕〔一般語〕山腹などにある**横穴**, **ワインなどの貯蔵に利用される天然または人工の地下の貯蔵室**. 動 として**ほら穴を掘る**, **へこませる**, **ほら穴を探険する**.
[語源] ラテン語 *cavus* (= hollow) から派生した *cava* が古フランス語を経て中英語に入った.
[類義語] ⇒hole.
【複合語】**cávemàn** 名 C **石器時代の穴居人**, 〔くだけた語〕特に女性から見た**粗野な男**.

cav・ern /kǽvərn/ 名 C 〔文語〕**cave** より大きなほら穴.
[語源] ラテン語 *cavus* (⇒cave) から派生した *caverna* が古フランス語を経て中英語に入った.
[類義語] cave; cavern: **cave** が初めから日常語として用いられたのに対して, **cavern** は文語的に用いられ, cave より奥の深さ, 大きさを感じさせる.
【派生語】**cávernous** 形 ほら穴(状)の, くぼんだ.

cav・i・ar, cav・i・are /kǽviàːr/ 名 U 〔一般語〕**ちょうざめの卵の塩漬**. **キャビア**.
[語源] トルコ語起源の語でイタリア語を経て初期近代英語に入った.
【慣用句】*caviar to the general* 高級すぎて**一般受けしないもの** (★Shakespeare の *Hamlet* より).

cav・i・ty /kǽviti/ 名 C 〔形式ばった語〕〔一般義〕**穴のあいた所**, **空洞**, **くぼみ**. その他 虫歯による**歯の穴**, 〔解〕**腔**(?).
[語源] ラテン語 *cavus* (⇒cave) から派生した後期近代語 *cavitas* がフランス語を経て初期近代英語に入った.
[用例] Your teeth are full of *cavities*. 君の歯は虫歯で穴だらけだ/the oral [mouth] *cavity* 口腔.
[類義語] hole.

caw /kɔ́ː/ 名 C 動 〔本来自〕〔一般語〕**からすのかあかあという声**. 動 として, **からすが鳴く**.
[語源] 擬音語. 初期近代英語より.

Cax・ton /kǽkstən/ 名 **キャクストン** William Caxton 《★英国最初の印刷業者, また作家でもあった》.

CD /síːdíː/ 名 C **シーディー** 《★compact disc の略》.
【複合語】**CD-ROM** /síːdìːrám/ **シーディーロム** 《★ROM は read-only memory の略》.

cease /síːs/ 動 〔本来自〕〔形式ばった語〕**していたことや続いていたことが終わる**, **やむ**. 他 続けていたことをやめる, **中止する**, また徐々に…しなくなる.
[語源] ラテン語 *cedere* (= to withdraw) の過去分詞 *cessus* から派生した *cessare* (= to idle) が古フランス語を経て中英語に入った.
[用例] This foolishness must *cease* immediately! こんな馬鹿げたことは直ちにやめさせねば/The old man *ceased* to breathe. 老人は息をひきとった/*Cease* fire! 〔号令〕撃ちかたやめ.
[語法] 他動詞用法では to 不定詞を伴うのが普通で, …ing 形は文語的.
[類義語] ⇒stop.
【派生語】**céaseless** 形 **絶え間ない**, **不断の**. **céaselessly** 副.
cessátion 名 UC **中止**, **休止**.
【複合語】**céase-fìre** 名 C **停戦**(期間).

ce・dar /síːdər/ 名 CU 〖植〗**ヒマラヤ杉**, **ヒマラヤ杉材**.
[語源] ギリシャ語 *kedros* がラテン語 *cedrus* を経て古英語に入った.

ceil・ing /síːliŋ/ 名 C 〔一般語〕〔一般義〕**床** (floor) に対する部屋の**天井**. その他 比喩的に物価, 賃金などの**最高限度**, **制限高度**.
[語源] 語源ははっきりしない語で, 語形的にはラテン語 *celare* (= to hide; to conceal) が古フランス語 *celer* を経て中英語に入ったと考えられる. ただし意味はラテン語 *caelum* (= sky; vault of heaven) の影響を受けたと思われる.
[用例] There is a 10% *ceiling* on wages and prices this year. 今年は賃金と物価は最高 10 パーセントの

cel·e·brate /sélibrèit/ 動 本来他 〔一般語〕 一般義 祝日や記念日などを式を挙げて祝う. その他 卒業式など公の式典や宗教的な行事を形式に従って**挙行する**, また勝利や人の栄誉をほめたたえる.

語源 ラテン語 *celeber* (＝frequented; populous) から派生した *celebrare* (＝to frequent; to go in great numbers) の過去分詞 *celebratus* が中英語に入った. ラテン語は大勢で集まって祝う意.

用例 I'm *celebrating* (my birthday) today. 私は今日(誕生日の)お祝いをします.

類義語 celebrate; commemorate; congratulate: **celebrate** は特に喜ばしい行事や出来事を式を挙げて祝うことを表す. **commemorate** は人や出来事の思い出を記念したり, たたえるために祝う: a monument that *commemorates* the poet 詩人を記念する碑. **congratulate** は人の幸運や成功に喜びの言葉を述べて祝う.

【派生語】**célebràted** 形 名高い, 有名な. **cèlebrátion** 名 UC 祝賀(会); 賞賛. **celébrity** 名 UC 名声; 名士.

cel·ery /séləri/ 名 U 【植】野菜のセロリ.
語源 ギリシャ語 *selinon* (＝wild parsley) を語源とするフランス語 *celeris* が初期近代英語に入った.

ce·les·tial /siléstʃəl | -tjəl/ 形 〔形式ばった語〕 一般義 限定的用法 天空の, 天体の. その他 天空は神の住む所と考えられたことから, 天国の, 天国のような, さらに神々しい, 最上の.
語源 ラテン語 *caelum* (＝sky; heaven) から派生した *caelestis* が古フランス語を経て中英語に入った.
用例 Stars are *celestial* bodies. 星は天体である/*celestial* bliss 至福.
類義語 heavenly.
関連語 sky; heaven.
対照語 terrestrial.

celibacy ⇒celibate.

cel·i·bate /sélibit/ 形 名 C 〔形式ばった語〕独身の. 名 として独身者(unmarried person), 禁欲主義者.
語源 ラテン語の *celibatus* (＝unmarried) が19世紀に入った.
【派生語】**célibacy** 名 U 独身[禁欲](生活).

cell /sél/ 名 C 〔一般語〕 一般義 刑務所の**独房**, 小部屋. その他 本来は「小室」の意で, ここから修道院の**独居室**, また より大きな組織を構成する小さな単位を表し, 蜂の巣の個々の**穴**, 動植物を構成する最小の単位である**細胞**, 革新政党などの最も小さい活動単位である**下部組織**, 支部, さらに小さく区切られた区画の意味から, そのような構造になっている**蓄電池** (★ cell が集まったものが battery).
語源 ラテン語 *cella* (＝small room; hut) が古フランス語 *celle* を経て古英語に入った. ラテン語では同じ建物の中の同型の小室に付属した小修道院を表し, やがて隠者の庵（いおり）, 修道院の独居室の意味でも用いられるようになった.
用例 The human body is made up of *cells*. 人体は細胞から成っている/brain *cells* 脳細胞/a dry *cell* 乾電池.

cel·lar /sélər/ 名 C 〔一般語〕 地下または地階の食料品やぶどう酒の**貯蔵室**, **地下室**. その他 ぶどう酒が地下貯蔵室にしまってあることから, ぶどう**酒の蓄え**.
語源 ラテン語 *cella* (⇒cell) から派生した *cellarium* (＝storeroom) が古フランス語 *celier* を経て中英語に入った. もともとは単なる貯蔵室で地上, 地下の区別はなかった.

cellist ⇒cello.

cel·lo /tʃélou/ 名 C 〔複 ～s, -li〕 【楽器】チェロ (★ 'cello ともつづる).
語源 *violoncello* の短縮形で, イタリア語の *violone* (ビオローネ) の指小語.
【派生語】**céllist** 名 C チェロ演奏家.

cel·lu·lar /séljulər/ 形 〔一般語〕細胞の, 多孔質の, 【電話】セルラー式の.
語源 ⇒cell.
【複合語】**céllular phóne** 名 C セル方式の携帯電話.

cel·lu·loid /séljulɔ̀id/ 名 U 《商標》セルロイド.

cel·lu·lose /séljulòus/ 名 U 【化】セルロース, 繊維素.
語源 近代ラテン語 *cellula* (＝living cell) がフランス語を経て19世紀に入った.

Cel·si·us /sélsiəs/ 形 〔一般語〕摂氏目盛の (★C と略す). ⇒centigrade.
語源 18世紀のスウェーデンの天文学者 Anders Celsius の名から.
対照語 Fahrenheit.

Celt /sélt, kélt|kélt/ 名 C 〔一般語〕ケルト人, 《the ～s》ケルト民族 (★昔英国, スペイン, 小アジアに分布し, ケルト語を用いた古代インド・ヨーロッパ民族の一族. 現在はアイルランド, ウェールズ, スコットランド高地地方などの一部に住む).
語源 ギリシャ語 *Keltoi* がラテン語, フランス語を経て初期近代英語に入った.
【派生語】**Céltic** 形 ケルト人[語]の. 名 U ケルト語.

ce·ment /simént/ 名 U 動 本来他 〔一般語〕 一般義 セメント. その他 セメントのように固まって物を接合させるもの, **接着剤**, 虫歯の穴をうめる**充填剤**, 比喩的に〔形式ばった語〕信頼や友情をしっかり結び付けるもの, **絆**. 動 としてセメントを塗る, 接合する, 比喩的に関係などを**強固にする**.
語源 ラテン語 *caedere* (＝to cut) から派生した *caementum* (＝rough stone; chippings) が古フランス語を経て中英語に入った. ラテン語はモルタルを作るための石の削りくずを意味する.
用例 A large amount of *cement* is necessary to construct a dam. ダム建設にはたくさんのセメントが必要である/This agreement has *cemented* our friendship. 意見が一致したことで, 私達の友情はしっかりと結ばれた.
類義語 glue.

cem·e·tery /sémitèri|-mitri/ 名 C 〔一般語〕教会に付属しない大きな共同墓地.
語源 ギリシャ語 *koiman* (＝to put to sleep) から派生した *koimētērion* (＝sleeping place) が後期ラテン語を経て中英語に入った.
用例 His father is buried in a *cemetery* on a hill. 彼の父親は丘の上にある共同墓地に埋葬されている.
類義語 cemetery; churchyard; graveyard: **cemetery** が教会に属さない大きな共同墓地を表すのに対して, **churchyard** は教会堂の周囲の土地や墓地を意味する. 普通塀に囲まれている. **graveyard**

cemetery より小さな墓地をいうが, cemetery の墓所のことも churchyard の墓所も graveyard と呼ぶ.

cen·sor /sénsər/ 名 C 動 [本来他] 〔一般語〕出版物や手紙, 映画などの内容を取り締まる**検閲官, 風紀係**. 動 **…として検閲する**.
[語源] ラテン語 *censere* (=to value; to judge) から派生した *sensor* が初期近代英語に入った. 古代ローマでは人口調査や公衆の風紀を取り締まる監察官を表した.
[用例] His latest novel has been banned by the *censor*. 彼の最新作の小説は検閲官によって(発刊が)禁止になった.
【派生語】**censórious** 形 あら捜しの好きな. **cénsor·shìp** 名 U 検閲; 検閲官の職.

censurable ⇒censure.

cen·sure /sénʃər/ 名 U 動 [本来他] 〔形式ばった語〕人の不品行や欠点に対する**強い非難, 叱責, 酷評**. 動 **…として非難する, 厳しく批判する**.
[語源] ラテン語 *censor* (⇒censor) から派生した *censura* (=sensorship) が中英語に入った.
[用例] He was *censured* for staying away from work. 彼は仕事を休んでいたとして叱責を受けた.
[類義語] ⇒blame.
【派生語】**cénsurable** 形 非難すべき.

cen·sus /sénsəs/ 名 C 〔一般語〕定期的に公的機関が行う**人口調査, 国勢調査**.
[語源] ラテン語 *censere* (⇒censor) から派生した *sensus* (=registration of citizens) が初期近代英語に入った. 古代ローマで人口調査を行い, 課税のために財産を評価したことによる.
[用例] They're conducting a traffic *census* to find out how many cars use this road. 彼らはこの道路の利用状況を知るために交通量の調査を行っている.

cent /sént/ 名 C 〔一般語〕**セント** (★1ドルの$^1/_{100}$に相当する貨幣の単位), **また1セント銅貨**.
[語源] ラテン語 *centum* (=hundred) が古フランス語を経て中英語に入った.

centenarian ⇒centenary.

cen·te·na·ry /séntənèri, senténəri, sentí:nəri/ 名 C =centennial.
【派生語】**cèntenárian** 名 C 100歳(以上)の人.

cen·ten·ni·al /senténiəl/ 名 C 形 〔一般語〕100周年記念日, 100年祭. 形 として〔形式ばった語〕100年(目)の, 100年祭の(〔英〕 centenary).
[語源] ラテン語 *centum* (=hundred)+*annus* (=year)+-al. 19世紀から.
[用例] The firm is celebrating its *centennial* this year. その会社は今年100周年記念日を祝う.
[関連語] annual; decennial; bicentennial.
【派生語】**cènténnially** 副.

cen·ter, 〔英〕 **-tre** /séntər/ 名 C 動 [本来他] 〔一般語〕[一般義] 場所や物の**中心, 中心部**. [その他] 本来の円や球の中心点の意から一般義が生じ, さらにおおよその**中心, 中央**, 比喩的に人や物が集まる活動の**中心地, 中心施設**, 興味や影響の**中心**, 端末に指令を与える**中枢**, 事件の**核心**, 野球などの球技で中央に位置する人の意味で, **中堅, センター**, 軍隊の**中央部隊**, 政党の**中道派**. 動 として中心に置く, 〔やや形式ばった語〕**集中させる, 中心に集める**. 自 **中心に集まる**.
[語源] ギリシャ語 *kentein* (=to prick) から派生した *kentron* (=sharp point) に由来するラテン語 *centrum* (=center) が古フランス語を経て中英語に入った. ラテン語では元来コンパスで描いた円の中心点を意味した.
[用例] The monument was erected just at the *center* of the city. その記念碑は市の真ん中に建てられた/the *center* of gravity 重心/Everyone's attention was *centered* on the speaker. 皆の注意は話し手に集中した/a shopping *center* 商店街, ショッピングセンター/a medical *center* 医療センター/a control *center* 管理センター/the nerve *center* 神経中枢/She's the *center* of attention. 彼女は注目の的だ.
[類義語] middle.
【派生語】**céntral** 形 ⇒見出し. **céntrist** 名 C 中道主義者.
【複合語】**cénter fíeld** 名 C 【野】 センター, 中堅. **cénter fíelder** 名 C 【野】 センター, 中堅手.

centi- /sénti/ 連結 「100」「100分の1」の意.
[語源] ラテン語 *centum* (=hundred) から.

cen·ti·grade /séntigrèid/ 形 〔一般語〕**100分度の, また摂氏の**(Celsius) (★C, cent. と略す).
[語源] ラテン語 *centi-* (=hundred)+フランス語 *grade* (=degree) から成るフランス語の造語が19世紀に入った.
[用例] It's thirty-nine degrees *centigrade* now—the hottest record of the year! 現在39℃, 今年の最高記録です.
[対照語] Fahrenheit.

cen·ti·me·ter, 〔英〕 **-tre** /séntimi:tər/ 名 C 〔一般語〕**センチメートル** (★1メートルの100分の1; cm, c, C, cent. と略す).
[語源] フランス語 *centimètre* から19世紀に入った.

cen·ti·pede /séntipi:d/ 名 C 【虫】 **むかで**.
[語源] ラテン語 *centipeda* (*centi-*hundred + *pes* foot) が初期近代英語に入った.

cen·tral /séntrəl/ 形 〔一般語〕[一般義] **中央の, 中心をなす**. [その他] 地理的な中央を表し, 都市, 国などの中心部の, 中心にあって他を支配する最も重要である部分であることを表し, **重要な, 主要な**, さらに政治的に**中心の**, 各組織を支配する本部の, 通信を管理する**集中方式の**, 【解】 **中枢の, 中枢神経の**, 【音】 **中舌の**, 【政】 **中道派の**.
[語源] ラテン語 *centrum* (⇒center) の形 *centralis* が初期近代英語に入った.
[用例] Our school is in the *central* part of town. 私達の学校は町の中心部にある/the *central* districts 中部地方/the *central* government 中央政府/the *central* point of his argument 彼の議論の焦点/the *central* committee 中央委員会.
【派生語】**cèntralizátion** 名 U 中央集権(化), 集中. **céntralize** 動 中心に集める, 中央集権化する. **céntrally** 副 中心に.
【複合語】**Céntral América** 名 固 中央アメリカ. **Céntral Ásia** 名 固 中央アジア. **céntral bánk** 名 C 中央銀行. **céntral héating** 名 U 集中暖房, セントラルヒーティング. **Céntral Intélligence Ágency** 名 固 (the ~) 米中央情報局 (★CIA と略す). **céntral nérvous sỳstem** 名 C 中枢神経系. **Céntral (Stándard) Tíme** 名 U 米国の中部標準時.

centre ⇒center.

cen·trif·u·gal /sentrífjugəl/ 形 【理】 中心から外

cen・tri・fuge /séntrifjùːdʒ/ 图 C 《機》**遠心分離機**.
[語源] ⇒centrifugal.
⇒center.

centrist 图 C

cen・tu・ry /séntʃuri/ 图 C〔一般語〕**世紀**.
[語源] ラテン語 *centum* (=hundred) から派生した *centuria* (100 単位になったもの) が中英語に入った. 古代ローマで歩兵隊の百人隊や百人 1 組で投票権をもつ百人組を意味した.
[用例] He is one of the greatest scientists born in this *century*. 彼は今世紀生まれの最も偉大な科学者の 1 人だ.
[関連語] centennial; bicentennial.

ce・ram・ic /siræmik/ 形〔一般語〕粘土を焼いて作る陶(磁)器の, 陶製の, またその技術である**製陶術の**.
[語源] ギリシャ語 *keramos* (=potter's clay; pottery) の 形 *keramikos* (=made of clay) が 19 世紀に入った.
[用例] the *ceramic* industry 窯(ﾖｳ)業.
[派生語] **cerámics** 图《複》《単数扱いで》製陶術, 窯業,《複数扱いで》陶磁器, 陶芸品.

ce・re・al /síəriəl/ 图 C〔一般語〕〔通例複数形で〕麦や米などの穀物, **穀類**, 穀草. [その他] 穀物から作られた**加工食品**, シリアル (★ cornflakes や oatmeal など). 形 として穀類の.
[語源] ローマ神話の農業の女神 Ceres のラテン語 形 *cerealis* が 19 世紀に入った.
[用例] Pour milk over your *cereal*. シリアルに牛乳をかけなさい.
[類義語] cereal; grain; corn: **cereal** は普通複数形で食用穀物を総称的に表すのに対して, **grain**,《英》**corn** は不可算名詞としては穀物を集合的に表し, 可算名詞では穀粒や砂, 塩, 砂糖などの粒のように粒の意味に重点がある.

ce・re・bral /sərí:brəl, séri-|séri-/ 形《解》**脳の, 大脳の**, また**知的な**.
[語源] ラテン語 *cerebrum* (=brain) から派生したフランス語 *cérébral* が 19 世紀に入った.
[用例] *cerebral* hemorrhage 脳出血.
[派生語] **cérebrally** 副.

ceremonial ⇒ceremony.
ceremonious ⇒ceremony.

cer・e・mo・ny /sérimòuni|-mə-/ 图 C〔一般語〕
[一般義] 習慣や礼儀作法に則った厳粛な**式典, 儀式**.
[その他] 結婚式, 卒業式, 開会式, 葬儀のような形式が決まった**式**,〔形式ばった語〕厳密な作法で決まった形式に従う儀式ばった行為を表し, 外交儀礼, 礼儀, **虚礼**. さらに《やや滑稽に》あまり意味はないが必ず行う**習慣的行為**.
[語源] ラテン語 *caerimonia* (=reverent rite) が中英語に入った.
[用例] hold a *ceremony* 式を挙げる/a marriage [wedding] *ceremony* 結婚式/an awarding *ceremony* 表彰式/the inauguration *ceremony* 就任式/The first meeting began with the *ceremony* of introduction. 第 1 回の会合は儀式ばった紹介から始まった/He always liked pomp and *ceremony*. 彼はいつも華やかで儀式ばったことが好きだった/He opened the door without *ceremony*. 彼は(ノックしないで)いきなりドアを開けた.
[類義語] ceremony; rite; ritual: **ceremony** は決まった日に定まった形式で行われる式典を表す. 最も普通に用いられる語. **rite** は主に宗教的に定められた方法で行う儀式をいう: the funeral *rite* 葬儀. **ritual** は集合的な儀式を表す. また特定の宗教の儀式ということが多い.
【慣用句】*a master of ceremonies* 儀式, 余興などの進行係, **司会者** (★M.C.と略す). *stand on ceremony* 気がねする, 堅くなる.
[派生語] **cèremónial** 形 儀式上の, 儀式ばった. 图 CU 儀式. **cèremónially** 副. **cèremónious** 形 厳かな, 礼儀正しい, 儀式ばった. **cèremóniously** 副.

cer・tain /sə́ːrtn/ 形〔一般語〕これから起こることがはっきり分かって**確かな**, **確かだと信じている**.
[その他] 起こることがはっきり分かっていて確かであることから, 避けられない, **必ず...になる**. また話し手にははっきり分かっているがわざとぼかして, ある..., 量や程度をはっきり言わないで, **ある程度の, ある一定の**. 代 として〔形式ばった語〕**...の中のいくつか, いくらか**.
[語法] 「確信した」の意味では述語的に, 「ある...」「ある程度の」の意味では限定的に用いる.
[語源] ラテン語 *cernere* (=to distinguish; to decide) から派生した *certus* (=sure) に由来する俗ラテン語 *certanus* が古フランス語を経て中英語に入った.
[用例] It's *certain* that the world is round. 地球が丸いことは確かだ/I'm *certain* that he is honest. (=I'm *certain* of his honesty.) 彼が正直であることを確信している/He is *certain* to forget. 彼はきっと忘れるよ/*Certain* of the things he said were downright lies. 彼のいったことのうち, ある部分は全くのうそだ.
[語法] *certain* と *sure* は I'm *certain* [*sure*] ... の構文では交換可能だが, It's *certain* ... の構文では *sure* は使えない.
[類義語] sure.
【慣用句】*for certain* **確かに**, はっきり: I don't know the matter *for certain*. そのことははっきりとは知りません. *make certain* **確かめる**, 確実に...する: Make *certain* that you have not left anything behind. 何も置き忘れがないか確かめなさい.
[派生語] **cértainly** 副 依頼や質問に対して, ええどうぞ, **いいですとも**, **確かに承知しました** [語法] yes より丁寧で強い感じを与える. 否定は certainly not (とんでもない); 文副詞として, **確かに**, はっきり: "May I use your computer?" "*Certainly* (you may)!"「コンピューターを借りていいですか」「ええ, どうぞ」/I'll *certainly* pay the money back in time. お金は必ずすぐにお返し致します. **cértainty** 图 UC **確実性, 確実なこと**: with *certainty* 確実に.

certifiable ⇒certify.
cer・tif・i・cate /sərtífəkit/ 图 C, /-kèit/ 動 本来地
〔一般語〕[一般義] あることが事実であることを公式に保証する**証明書**. [その他] 証明の種類を特定する語と複合語を形成して種々の**証明書**を表すが, 特に技能や学業の課程を修了し, その分野の資格を有することを示す**免状**, 品質を証明する**証書**, **証券**, 借用証. 動 として**証明書を与える, 免許を与える**.
[語源] 後期ラテン語 *certificare* (⇒certify) の過去分詞 *certificatus* が中世ラテン語, 古フランス語を経て中

英語に入った.
[用例] a birth [death] *certificate* 出生[死亡]証明書/a medical *certificate* 診断書/a teacher's *certificate* 教員免許状/a share *certificate* 株券.
【派生語】cèrtificátion 名 UC.
certified ⇒certify.
cer·ti·fy /sə́ːrtifài/ 動 [本来他][形式ばった語][一般義] 権限のある人が公式に証明する, 保証する. [その他] 事実であることや品質, 価値を認証する, 認定する, また証明書[免許状]を与える.
[語源] 後期ラテン語 *certificare* (ラテン語 *certus* certain + *facere* to make) が古フランス語を経て中英語に入った.
[用例] I *certify* that I witnessed the signing of his will. 私は彼の遺言の署名に立ち会ったことを証明します.
【慣用句】 This is to certify that ...＝I hereby certify that ... .であることを証明する (★証明書の決り文句).
【派生語】 cértifiable 形 証明できる, 保証できる. cértified 形 証明書[免許]をもっている, 公認の, 保証された (★cert. と略す): certified check 支払小切手/certified mail 《米》配達証明郵便/certified public accountant 《米》公認会計士(《英》chartered accountant).
cessation ⇒cease.
Cess·na /sésnə/ 名 C 《商標》軽飛行機, セスナ.
Cey·lon /silán|-lɔ́n/ 名 セイロン島, また Sri Lanka 共和国の旧名, セイロン.
【派生語】Cèylonése 形 セイロン島(人)の. 名 C セイロン島人.
cf. /kámpɛər, kənfə́ːr, síːéf/《略》 ...を参照せよ, ...と比較せよ.
[語源] ラテン語 *conferre* (＝to compare) の命令形 *confer* の略. 19 世紀から.
chafe /tʃéif/ 動 [本来他][形式ばった語][一般義] 皮膚などをすりむく. [その他] 本来は手などをこすって暖めることから比喩的にすり減らす, いらいらさせる. (自) すりむける, いらつく.
[語源] ラテン語 *calefacere* (＝to warm) から派生した俗ラテン語 *calefare* が古フランス語 *chaufer* を経て中英語に入った.
[用例] She *chafed* the child's cold feet. 彼女は子供の冷たい足をこすって暖めた/These tight shoes *chafe* my feet. この靴はきつくて足の皮がすりむける.
chaff /tʃǽf|tʃɑ́ːf/ 名 U [一般義] もみ殻, 切りわら, 比喩的につまらないもの, がらくた.
[語源] 古英語 *ceaf* から.
cha·grin /ʃəgrín|ʃǽgrin/ 名 U 動 [本来他][形式ばった語] 無念, 悔しさ. 動 として, 人を悔しがらせる.
[語源] フランス語 *chagrin* が初期近代英語に入った. それ以前は不詳.
【慣用句】 to one's chagrin 残念[無念]なことには.
chain /tʃéin/ 名 C 動 [本来他][一般義][一般義] 縛ったり, 連結するために用いられる(金属の)鎖, チェーン. 自転車のチェーン, 犬をつなぐ鎖, ネックレスなど装飾品としての鎖もいう. 鎖のようにつながったものの意味で, 連続, 一続き, 連鎖, つなぎチェーン店(chain store) の意. すなわち会社が所有する数々の店やレストラン, 《化》原子の連鎖, 《複数形で》束縛, 拘束. 動 として, 囚人や犬を鎖に

つなぐ, 縛りつける, 比喩的に束縛する.
[語源] ラテン語 *catena* (＝chain) が古フランス語 *chaine* を経て中英語に入った.
[用例] The dog was fastened to the kennel by a *chain*. 犬は鎖で犬小屋につながれていた/a gold *chain* 金の鎖/a watch and *chain* 鎖付きの懐中時計/a *chain* of events 連続して起った事件/When her father became ill, she was *chained* to the house. 父親が病気になると彼女は家をあけられなかった.
[類義語] series.
【慣用句】 in chains 捕われの身となって.
【複合語】 cháin lètter 名 C 連鎖手紙 (★幸福の手紙のように受取人が次々に何人もの人に同じような手紙を出すように依頼するもの). cháin reàction 名 C 連鎖反応. cháin sàw 名 C チェーンソー. cháin smóker 名 C チェーンスモーカー. cháin stítch 名 UC 鎖編み[縫い]. cháin stòre 名 C チェーン店.
chair /tʃɛ́ər/ 名 C 動 [一般義] 背もたれのある 1 人用のいす. [その他] 座席としてのいすから比喩的に権力の座の意味が生じ, 議長席, 会長席, 判事席, 司教席. さらにこのような権力のある地位や身分の意味で用いられ, 議長, 会長, 大学教授の職, 講座, 《米》大統領[知事]の職, 《英》市長の職. 動 として, 人をいすに座らせる, 会議などの議長を務める.
[語源] ギリシャ語 *kathedra* (＝seat) がラテン語 *cathedra*, 古フランス語 *chaiere* を経て中英語に入った. ⇒cathedral.
[用例] My grandmother used to sit in [on] a *chair* knitting. 祖母はよくいすに座って編物をしていた/the *chair* of Philosophy 哲学教授の地位/He *chaired* the meeting last night. 昨晩の会議は彼が議長を務めた.
[類義語] chair; bench; sofa; stool: **chair** は 1 人用の背もたれ付きのいすで, しばしばひじがあり普通 4 脚. **bench** は 2 人以上座ることができる長い腰掛けをいい, 普通固い座席をもち, 背もたれはある場合もない場合もある. **sofa** は背もたれ, ひじのあるクッションのよくきいた長いす. **stool** は 1 人用の, 背もたれやひじのないいすで, 3 脚か 4 脚のことが多く, 「丸いす」「踏み台」などがこれに当たる.
[関連語] seat (座席).
[日英比較] chair は上述したように 1 人用の背もたれのある「いす」をいうのに対して, 日本語の「いす」は背もたれのあるものもないものに, さらに数人が座れるものもいう点で異なる. 比喩的意味でも chair は「議長席」「議長」と結びつくことが多いが, 「いす」にはそのような意味はない.
【慣用句】 be in the chair 議長である. take the chair 会議の議長を務める, 議長の席につく.
【複合語】 cháirman 名 C 議長, 司会者; 委員長, 会長, 理事長; 大学の学科長[主任] (《語法》呼び掛けは男性には Mr.Chairman, 女性には Madam Chairman という). cháirmanship 名 C 議長の地位[任期]. cháirpèrson 名 C 議長, 委員長 [語法] chairman が男女両方を指すのに対して, 女性だけを指す chairwoman という語があるが, 性差別的であるとして性別のない語を作るべきだという運動から生まれた語. しかし, chairperson の使われる場合は多くは女性であることか

cha・let /ʃǽlei, -́-/ 名 C〔一般語〕シャレー《★スイス山地の山小屋》.
[語源] ラテン語 casa (=house; hut) に由来する古フランス語 chasel がスイスフランス語の指小語 chalet を経て18世紀に入った.

chalk /tʃɔ́ːk/ 名 U 動 本来他〔一般語〕[一般義] 黒板に文字などを書くのに用いるチョーク, 白墨. [その他] チョークの原料の多孔質の石灰石, 白亜, 白亜質. 動としてチョークで書く[印を付ける].
[語源] ラテン語 calx (=limestone) が古英語に cealc として入った. 中英語ではとの石灰岩からイングランド東南の海岸の崖に見られる白亜を意味するようになった.
[語源] チョーク1本 [2本] は a piece [two pieces] of chalk が普通.
【慣用句】**(as) different as chalk and [from] cheese**＝**like chalk and cheese** 見かけは似ているが中味は全く異なった, 似て非なる. **can't tell [doesn't know] chalk from cheese** 重要な違いが区別できない. **chalk out** …の輪郭を描く, 概要を述べる. **chalk up** 勝利などを得る; 責任などを…に帰す.
[派生語] **chálky** 形 白亜質の, チョークのように白い.

chal・lenge /tʃǽlindʒ/ 名 CU 動 本来他〔一般語〕[一般義] チャンピオンに対する挑戦, 決闘などの申し込み. [その他] 比喩的に人の能力を試すような難しい問題, 興味をかきたてる課題, また番兵などが不審者の身分や目的を調べるために呼び止めること, 誰何(すいか), 〔形式ばった語〕疑問などに対する説明の要求, 異議申し立て, 〔法〕陪審員に対する忌避. 動として, 相手に試合を申し込む, 挑戦する, …してみろと挑む, 事物が人の関心などを呼び起こす, 奮起させる, また誰何する, 人に説明などを要求する, 人の意見や権威, 正当性に疑問を呈する, 異議を申し立てる, 陪審員を忌避する.
[語源] ラテン語 calumnia (=false accusation) が古フランス語 chalenge (=accusation; claim) を経て中英語に入った. 英語では初め「非難」の意味で用いられ, ここから事物の説明を求める, 争いや競技に呼び出す, 挑戦の意が生じた.
[用例] I don't get enough *challenge* in this job. この仕事はどうしてもやってやろうという気持をかきたてられない/He *challenged* his brother to a round of golf. 彼は兄に1ラウンドのゴルフの試合をしようと申し込んだ/The young scholar *challenged* the logical consistency of the standard theory. 若い学者がその標準理論の論理的一貫性に疑義を唱えた.
[日英比較] 日本語の「チャレンジ」は「エベレストにチャレンジする」「太平洋横断にチャレンジする」のように成し遂げるのに困難を伴うことに挑むことをいうが, この意味では英語の challenge は人間だけを対象とし, 自然や物事を目的語としない.
[派生語] **chállenger** 名 C 挑戦者. **chállenging** 形 挑戦的な; 興味をそそる, やりがいのある.

cham・ber /tʃéimbər/ 名 C〔一般語〕[一般義] 立法[司法]機関の会議所, 会議室. [その他] もとは個人の部屋, 私室, 特に寝室の意. 部屋の意味から裁判所内にある判事室, 会館, 議事堂の会議所, さらに会議所で会議を行う議院, 司法府. また動植物の体内にある小室, 房, 銃の薬室.
[語源] ギリシャ語 kamara (=vault) に由来する後期ラテン語 camera (=chamber; room) が古フランス語 chambre を経て中英語に入った. 部屋の意味では gas chamber (処刑用のガス室) のような特殊な部屋を表す複合語では現在でも用いるが, 普通は room が使われ, chamber は意味が特殊化して会議所を表す.
[用例] The king retired to his *chamber*. 王様は寝室に下がられた/the Upper and Lower *Chambers* 上院と下院.
[類義語] ⇒room.
[派生語] **chámberlain** 名 C 侍従, 執事.
[複合語] **chámbermàid** 名 C ホテルなどの部屋係のメイド. **chámber mùsic** 名 C 室内楽. **chamber of cómmerce** 名 C 商工会議所. **chámber òrchestra** 名 C 室内楽団. **chámber pòt** 名 C 寝室用の便器.

cha・me・leon /kəmíːljən/ 名 C【動】カメレオン, またカメレオンは色が変わることから比喩的に気が変わりやすい人, 浮気な人, 無節操な人.
[語源] ギリシャ語 khamaileōn (khamai on the ground + leōn lion) がラテン語, 古フランス語を経て初期近代英語に入った.

champ /tʃǽmp/ 名 C〔くだけた語〕優勝者, チャンピオン [★champion の略].

cham・pagne /ʃæmpéin/ 名 U〔一般語〕シャンペン《★発泡性の白ワイン; 高級酒でぜいたくな生活の象徴と見なされている》, またシャンペン色《★淡い黄褐色または緑黄色》.
[語源] フランスの地方名 Champagne が初期近代英語に入った. もともとこの地方で作られたワインをいった.
[類義語] wine.

cham・pi・on /tʃǽmpiən/ 名 C 動 本来他〔一般語〕[一般義] 競技の優勝者, 選手権保持者. [その他] 元来戦う人, 戦士を意味した. ここから, 人のために戦う闘士, 主義などのために戦う擁護者, 《形容詞的に》優勝した, 非常に優れた. 動として, 主義や主張のために戦う, 運動などを擁護する.
[語源] ラテン語 campus (=field; place for fighting) から派生した後期ラテン語 campio (闘技場で戦う人) が古フランス語を経て中英語に入った. 英語でも初めは「戦士」の意味で用いた.
[用例] He is this year's golf *champion*. 彼は今年のゴルフのチャンピオンだ/the *champion* team 優勝チーム/He *championed* the cause of human rights for many years. 彼は何年も人権を擁護するために戦ってきた.
【派生語】**chámpionshìp** 名 C 選手権, 選手権試合.

chance /tʃǽns, tʃάːns/ 名 UC 動 本来自〔一般語〕[一般義] 原因や結果からは説明のできない偶然, 運. [その他] 「運」の意味から特に運に恵まれていることをいい, ここから好機, 機会, チャンス, また出来事が起る見込み, 可能性, さらに可能性, 好運にかけることから, 冒険, 危険, 賭け, この最後の意味から宝くじの券. また《形容詞的に》偶然の, 不意の. 動として〔形式ばった語〕偶然…となる, 偶然に起こる.
[語源] ラテン語 cadere (=to fall) に由来する俗ラテン語 *cadentia (=happening) が古フランス語 cheance を経て中英語に入った.
[用例] You must leave nothing to *chance*. 何ごとも運まかせにしてはいけない/I missed a *chance* to go to

Paris. パリに行く機会を逃した/There is a fifty-fifty *chance* that you will succeed. 君が成功する見込みは5分5分だ/I *chanced* to see him last week. 先週偶然彼に会った.

[類語] chance; opportunity; occasion: **chance** は偶然に訪れる機会, 好機を表す. この中で最も一般的な語で, chance と交換可能な場合が多い. 何かを始めるのによい機会を表す. **occasion** は事を行うのに時間的に都合のよいことをいう.

「運, 巡り合わせ」については ⇒fortune.
【慣用句】*by any chance* ひょっとしたら. *by chance* 偶然に. *chance on* [*upon*] ... 偶然に出会う, たまたま見つける. *take a chance* [*chances*] 思い切ってやってみる. (*The*) *chances are* (*that*) ... 〔くだけた表現〕たぶん...: *Chances are that* you both know each other. きっとお互いにお知り合いでしょう.

chan·cel·lor /tʃǽnsələr|tʃɑ́ːn-/ 图 C 〔一般語〕(英)(しばしば C-) 大蔵大臣, 大法官, ドイツやオーストリアの首相, (米) 一部の大学の学長.
[語源] 後期ラテン語 *cancellarius* (=secretary) が古フランス語 *chanceler* を経て中英語に入った. 英語でも初め「秘書」の意で用いられた.

chan·de·lier /ʃændəlíər/ 图 C 〔一般語〕シャンデリア.
[語源] ラテン語 *candelabrum* (=candlestick) がフランス語を経て初期近代英語に入った.

change /tʃéindʒ/ 動 本来他 图 CU 〔一般語〕〔一般義〕別のものに[性格]に変える. その他 意見や気持を変える, 改める, ある物を別の物に取り換える, 交換する, 替える, 電車などを乗り換える, 衣服などを着替えさせる, 金を両替する, 高額紙[貨]幣を小額貨幣にくずす. 自 変わる, 改まる, 着替える. 图 として変化, 変更, 交換, 交替, また小銭, つり銭.
[語源] ラテン語 *cambire* (=to exchange; to barter) が古フランス語 *changier* を経て中英語に入った.
[用例] I have *changed* my plan. 僕は計画を変更した/The magician *changed* the girl into a lion. 奇術師は少女をライオンに変えた/Let's *change* the seats. 席を替わろう/I want to *change* my traveler's check into cash. 私は旅行者用小切手を現金に替えたい/*Change* trains at the next station. 次の駅で列車を乗り換えなさい/He has *changed* a lot since I saw him last. 最後に会って以来, 彼はずい分変わった/There may be a *change* in the weather. 天気が変わるかも知れない/I have no small *change* for the bellboy. ホテルのボーイあての小銭がない.
[語法] 同種のものと交換する時は, change trains のように目的語を複数形にして表す.

[類語] 「変える」change; alter; shift: **change** は全く別のもの, 別の性質に変えることを表す. この中で最も一般的な語. **alter** は部分的に変える, 一部を変更すること. **shift** は主に場所や方向を変えることをいう.

「交換する, 取り替える」change; exchange; replace: **change** と **exchange** は交換可能なことが多く意味の重なりが大きいが, **exchange** の方が等価のものをやりとりする意味が強い. **replace** は古くなったり, 故障したりしたものが代わりに取り替えることをいう.

【慣用句】*a change for the better* [*worse*] 状況などの好転[悪化]. *a change of air* [*climate*] 転地. *a change of pace* 気分転換. *change color* 顔色を変える 《★怒りなどで顔を紅潮させたり, 青白くなると》. *change hands* 家, 土地などの所有者が変わる. *change horses in the middle of a stream* [*midstream*] 重大な局面にある時に新しい計画を立てる, 新しい指導者を選ぶ. *change off* 仕事などを交替でやる. *change over* 切り替える. *for a change* 気分転換に.

【派生語】**chángeable** 形 変わりやすい: *changeable* weather 変わりやすい空模様. **chángeableness** 图 U. **chángeful** 形 変化に富む, 変わりやすい. **chángeless** 形 変化のない, 単調な.

【複合語】**chángeòver** 图 C 政策などの転換.

chan·nel /tʃǽnəl/ 图 C 動 本来他 〔一般語〕〔一般義〕船の運行ができる河川や港湾などの水路. その他 もともとの意味は河床, 川底, ここから水路の意味が生れ, さらにこの意味から海峡, また船の通路としての水路から比喩的にものの通り路を表し, 報道, 伝達の経路, 道筋, 手段, 貿易などの流通経路, 思考や行動の方向, 通信に用いる通信路, テレビ, ラジオの電波が送られる周波数帯, チャンネル. 動 として水路を作る, 水路で運ぶ, 比喩的関心, 精力をある方向に向ける.
[語源] ラテン語 *canalis* (=pipe; channel) が古フランス語 *chanel* を経て中英語に入った. canal と二重語.
[用例] The tankers have to follow a very narrow *channel* because the sea is not deep enough around here. このあたりは水深が浅いのでタンカーは非常に狭い水路を通らねばならない/the information through the official *channels* 公式ルートの情報/What *channel* is the baseball on? 野球はどのチャンネルでやっていますか.

[類語] channel; strait: **channel** はかなり幅の広い海峡, **strait** は狭いものをいう: the English *Channel* イギリス海峡 《★「海峡」の意味ではしばしば大文字で地名を表す》/the *Strait* of Dover ドーバー海峡.

chan·son /ʃɑːnsɔ́ːn|ʃɑ́ːnsɔːŋ/ 图 C 《楽》フランスのシャンソン.
[語源] ラテン語 *canere* (⇒chant) から派生した *cantio* (=song) がフランス語を経て初期近代英語に入った.

chant /tʃǽnt|tʃɑ́ːnt/ 图 C 動 本来他 〔一般語〕〔一般義〕繰り返し唱えられる詠歌, 聖詠歌, 同じリズムで繰り返されるシュプレヒコール, 単調な繰り返し. 動 として, 聖歌を歌う, 詠唱する, スローガンなどを繰り返し唱える. 自 としても用いる.
[語源] ラテン語 *canere* (=to sing) の反復形 *cantare* が古フランス語 *chanter* を経て中英語に入った.
[用例] a Gregorian *chant* 〔カト〕グレゴリオ聖歌/*chant* one's prayers お祈りを言う.

【派生語】**chánter** 图 C 詠唱者; 聖歌隊員.

cha·os /kéiɑs|-ɔs/ 图 U 〔一般語〕ひどく混乱した状態, 無秩序, 〔文語〕(しばしば C-)天地創造以前の混沌(なぎ).
[語源] ギリシャ語 *khaos* (=empty space; chaos) がラテン語を経て中英語に入った.
[用例] The place was in utter *chaos* after the burglary. そこは押し込み強盗に入られてめちゃめちゃになっていた.

【派生語】**chaótic** 形. **chaótically** 副.

chap /tʃǽp/ 图 C 〔くだけた語〕《主に英》男, やつ.
[語源] 古語となった chapman (=trader) の短縮形で 18 世紀から.
[用例] He is the sort of *chap* everyone likes. 彼は誰からも好かれるようなやつだ.

[類義語] fellow.

chap・el /tʃǽpl/ 名[C]〔一般語〕[一般義] キリスト教の教会に付属する礼拝堂, チャペル. [その他] 学校, 病院, 軍の駐屯地などの付属礼拝堂. 礼拝堂の意味から, 学校などの礼拝堂で行う礼拝《[語法] この場合は無冠詞で集合的》. また〔英〕英国国教会, ローマカトリックに属さない宗派の教会堂.
[語源] 後期ラテン語 *cappa*(=cape¹)から派生した中世ラテン語の指小語 *cappella* が古フランス語 *chapele* を経て中英語に入った. 元は St. Martin の法衣(cape)が保存された神聖な場所の意味.
[関連語] church.

chap・lain /tʃǽplən/ 名[C]〔一般語〕礼拝堂付き牧師, 従軍牧師.
[語源] 中世ラテン語 *cappella*(⇒chapel)から派生した *cappellanus*(=chaplain)が古フランス語を経て中英語に入った.

chap・ter /tʃǽptər/ 名[C]〔一般語〕[一般義] 書物の中の大きな文章の区切り, 章《★ch., Ch., chap., Chap.と略す》. [その他] 比喩的にある時代や生涯などの区切り, 一時期, また区切りの意味から《主に米》クラブ, 協会などの地方支部.
[語源] ラテン語 *caput*(=head)の指小語 *capitulum* が古フランス語 *chapitre* を経て中英語に入った. ラテン語の *capitulum* は「小さな頭」の意味で, ここから本などの各区分ごとの「出だし」すなわち「章」の意味となった. またキリスト教会で教会法の1章が読まれる会合から「司教座聖堂参事会」の意味も生じている.
[用例] There are fifteen *chapters* in his new book. 彼の新しい本は15章から成る/The French Revolution marked a new *chapter* in the history. フランス革命は歴史に新しい一時代を記した.
[慣用句] *a chapter of accidents* 一続きの災難. *chapter and verse* 正確な典拠.

char¹ /tʃɑːr/ 名[C] 動[本来though]〔古風な語〕《主に英》掃除婦, 家庭の雑用, 雑仕事, 家事. 動として掃除婦として働く.
[語源] 古英語 *cierr*(=time)から. もともとパートタイムの雑用の意.
[複合語] **chárwòman** 名[C] 掃除婦.

char² /tʃɑːr/ 動[本来義]〔一般語〕木を黒焦げにする, 炭にする. ⓐ 黒焦げになる.
[語源] charcoal からの逆成.

char・ac・ter /kǽrəktər/ 名[UC]〔一般語〕[一般義] 人や事物を他の人や事物から区別する特色, 特質. [その他] ある地方に特有な性質や事件などの特徴, 特に人の言動, 考え, 態度などに現れる性格, 人格, 集団のもつ特質, 国民性, いろいろな性格のうち道徳的に優れた人格, 品性. さらに〔形式ばった語〕性質ではないが人のもつ資格, 地位, 身分, また評判, 名声, さまざまな特質をもつ人の意味で, 人物, 歴史上の有名人物, 本や芝居, 映画などである性格を与えられた人物, 登場人物,〔くだけた語〕他の人と異なったおかしい人, 変人, よい意味で個性的な人. 一方この語の原義である他のものとの区別のための「刻印」の意味から, ある意味を表す印, 記号, さらにここから文字, 特に表意文字《★表意文字は letter》.
[語源] ギリシャ語 *kharassein*(=to engrave)から派生した *kharaktēr*(=distinctive mark)がラテン語, 古フランス語を経て中英語に入った. 元来は所有者などを示す「刻印, 烙印」で, ここからある意味を表す

「記号, 文字, 字体」の意味が生じ, さらに比喩的に他の物との区別になる「特徴, 性格」などの意味となった.
[用例] Some people think they can tell a man's *character* from his handwriting. 書体からその人の性格がわかると考えている人がいる/Many old cities have distinctive *characters* of their own. 多くの古都はそれ自体の独特の特徴がある/a man of *character* 人格者/Falstaff is one of the most interesting *characters* in Shakespeare's works. フォルスタッフはシェイクスピアの作品の中で最も面白い人物の1人だ/a musical *character* 楽譜記号/Chinese *characters* 漢字.
[類義語] character; disposition; personality; temperament: **character** は他の人と区別できる特徴をいうが, しばしば道徳的な性格, ひととなりについていう. **disposition** は生活上での通常の性質や生活に対する態度を表す: a mild *disposition* 穏やかな態度. **personality** は他の人と異なった精神的, 感情的な特徴, 個性をいい, character のような道徳性は問題としない: a strong *personality* 強い個性. **temperament** は個人の思考や感情などに影響を与える生まれ持った性質, 気性をいう: melancholic *temperaments* ふさぎ性.
[慣用句] *in character* はまり役の. *out of character* 役に合っていない.
[派生語] **cháracterful** 形 性格の強い; 著しい特色のある. **chàracterístic** 形 …に特有な, 独特な. 名[C]《しばしば複数形で》特色, 特性: She likes the smooth touch of the cloth *characteristic* of silk. 彼女は絹特有の布のなめらかな手ざわりが好きだ/It is one of his *characteristics* to be obstinate. 頑固なのが彼の特色の1つだ. **chàracterístically** 副 特徴的に;《文副詞として》いかにも…らしい事だが. **chàracterizátion** 名[U] 特徴づけ. **cháracterìze** 動[本来義]《しばしば受身で》人や事物を…と特徴づける, また人や事物の特徴[特色]を述べる: This town is *characterized* by its steep streets. この町は通りが急勾配なのが特徴となっている/*characterize* ... as aggressive …の特徴を積極的であると述べる. **cháracterless** 形 特徴のない.

cha・rade /ʃəréid/-rá:d/ 名[C]〔一般語〕[一般義]《複数形で; 単数扱い》単語を音節に分解し, それを身振りなどでその語を当てるジェスチャーゲーム, シャレード. [その他] 個々のシャレードのジェスチャー, また比喩的に, 見えすいた動作, へたな芝居.
[語源] プロバンス語 *charrá*(=to chat)から派生した *charrado*(=chatting)がフランス語を経て18世紀に入った.

char・coal /tʃɑ́ːrkòul/ 名[UC]〔一般語〕[一般義] 燃料や鉛筆などの原料として用いられる炭, 木炭. [その他] 炭の色, チャーコールグレー, また木炭を用いて描く木炭画(charcoal drawing).
[語源] 中英語 *charcole* より. これは恐らく charren(=to turn)+cole(=coal)から成り, 「炭化した木」という意味を表すものと思われる.

charge /tʃɑːrdʒ/ 名[UC]〔一般語〕動[本来義] [その他] 元来「荷物を積む, 容器に物を詰める」の意で, ここから重荷を課す, さらに負担を負わせる, 特に金銭的な負担を負わせる意味となり, 料金などを請求することを表すようになった. また代金などを「つけ」という負担にすることから, 買い物をつけ

にする, クレジットカード払いにする の意. また 〔形式ばった語〕仕事や義務などの責任を負わする, 権限のある者や機関が指示を与える, 命令する, 公式に非難する, 告発する. 物を詰めるという古い意味から, 電池に充電する, 銃に弾丸を装填する, 銃に弾丸を詰めて敵を攻撃する, 突撃する, 〖スポ〗チャージングする, また〈受身で〉ある場所を一定の雰囲気で満たす. 自 支払い請求をする, 突撃する. 名 として料金, 経費, また責任, 義務, 管理, 監督, 世話, 世話の意味から, 世話をすべき子供, 病院の患者, さらに非難, 告発, 告訴, また攻撃, 充電.

[語源] ラテン語 *carrus* (⇒car) に由来する後期ラテン語 *carricare* (=to load a vehicle with) が古フランス語 *chargier* を経て中英語に入った.

[用例] The restaurant *charges* extra fee for the show. そのレストランではショーには特別料金を請求する/The woman was *charged* with shoplifting. その女性は万引きのかどで告発された/The car's battery is dead; I'll have to *charge* it. 車のバッテリーがあがっている. 充電しなければならない/What is the *charge* for a telephone call? 1回の通話料金はいくらですか/The project was acknowledged as an official *charge* of the state. その計画は国家が正式に責任を負うものであると認められた/The doctor made every possible effort to save his *charge*. その医者は彼にまかせられた患者を救うためにできうる限りの努力をした.

【慣用句】*at the charge of* ……の費用で. *bring a charge against* ……を告発する. *charge off* 会計簿で損失として処理する. *face a charge* 告発される. *have charge of* ……を預っている. *in charge* …係の, 担当の: Ask him about it. He is *in charge*. そのことは彼に聞いてくれ. 彼が係だ. *in …'s charge* …に預けられている: Leave your children *in my charge* while you are away. 君がいない間は子供たちは私に預けなさい. *make a charge* 請求する; 攻撃する. *on charge of* ……の罪で. *take charge of* ……を受け持つ.

【派生語】*chárgeable* 形 責任を負うべき; 費用, 税金などが課せられるべき. *chárged* 形 感情のこもった, 緊張した. *chárger* 名 C 充電器.

【複合語】*chárge accòunt* 名 C 〔米〕掛け勘定, つけ. *chárge càrd* 名 C クレジットカード.

char·i·ot /tʃǽriət/ 名 C 〔一般義〕馬にひかせた古代ローマの2輪戦車. また4輪荷馬車.

[語源] ラテン語 *carrus* (⇒car) に由来する古フランス語 *char* の指小語が古英語に入った.

cha·ris·ma /kərízmə/ 名 U 〔一般義〕人を引きつける人間的魅力, カリスマ.

[語源] ギリシャ語 *kharisma* (=favor; gift) が初期近代英語に入った.

【派生語】*chàrismátic* 形.

charitable ⇒charity.

charitably ⇒charity.

char·i·ty /tʃǽrəti/ 名 UC 〔一般義〕慈善, 施し. [その他] 本来この語は思いやりを表し, ここから貧しい人に対する施し, 慈善, さらに慈善のための金, 慈善の品を意味することにもなり, 慈善を実践する行為や団体を表し, 慈善事業, 福祉機関, 慈善団体. この語の元来の意味であるキリスト教的愛(神の人間に対する愛, 人間の神に対する愛, 同胞に対する愛)も表す.

[語源] ラテン語 *carus* (=dear; high priced) から派生した *caritas* (=costliness; affection) が古フランス語を経て中英語に入った. 英語では初め「キリスト教的愛」を意味した. これはギリシャ語の新約聖書の *agape* を表す語として用いたことによる. 「キリスト教的愛」の意味から寛大さ, 寛容さを伴う「愛, 思いやり」の意味などが生じた.

[用例] She gave money to the old man out of *charity*. 彼女は気の毒に思って老人に金を与えた/There were crowds of poor children begging *charity* everywhere in the country. その国にはいたる所に施しを求める貧しい子供達がいた.

[類義語] mercy.

【慣用句】*(as) cold as charity* 非常に冷淡な.

【派生語】*cháritable* 形 慈悲深い, 寛大な. *cháritably* 副.

char·la·tan /ʃɑ́ːrlətən/ 名 C 〔軽蔑的な語〕にせ医者, いかさま師, ぺてん師.

[語源] イタリア語 *ciarlare* (=to chatter) から派生した *ciarlatano* がフランス語を経て初期近代英語に入った. それ以前は不詳.

Charles /tʃɑ́ːrlz/ 名 固 男性の名, チャールズ.

charm /tʃɑ́ːrm/ 名 CU 動 本来他 〔一般他〕〔一般義〕人の心を引きつけたり捕える力, 魅力. [その他] 古くは魔力があるとされる語句を唱えることを表し, ここから呪文, まじない, さらに呪文と同じような魔力があると考えて身に着ける魔よけ, お守り, また魔よけとしてブレスレットやネックレスにつける飾り, 小装身具. このような魔力の意味から人をとりこにする力, さらに一般義の魔力を表すようになった. 動 として…に魔法をかける, 美しさや楽しさでうっとりさせる, 魅了する.

[語源] ラテン語 *canere* (⇒chant) から派生した *carmen* (=song; verse) が古フランス語 *charme* を経て中英語に入った. 初めは人を危害から守って逆に人を傷つける魔力があると信じて唱えられた呪文の意味で用いられた.

[用例] Her *charm* made up for her lack of beauty. 彼女はあまり美しくない分を魅力で補っている/Some women wear (lucky) *charms* on a bracelet. 腕輪に(幸運の)お守りをつけておく女性がいる/We were all *charmed* by her beautiful song. 私達はみんな彼女の美しい歌にうっとりした.

[類義語] fascinate.

【慣用句】*work like a charm* みごとに事が運ぶ.

【派生語】*chármer* 名 C 魅力のある人 (★若い男女). *chárming* 形 魅力的な (attractive): She has a *charming* smile. 彼女は笑顔がチャーミングだ. *chármingly* 副.

chart /tʃɑ́ːrt/ 名 C 動 本来他 〔一般他〕〔一般義〕必要な情報を載せた図表, 地図. [その他] 天候や経済動向の表, 経路などの所在地を示す白地図, 略図, 水深や海岸線を示す海図, 航空路を示す航空図, 医療用のカルテ, 〈複数形で〉ポピュラーレコードの売り上げ表, ヒットチャート. 動 として〔やや形式ばった語〕図表にする, 海図などを作図する, 表を作って事を進めることから, 計画を立てる.

[語源] ギリシャ語 *khartēs* (=paper) に由来するラテン語 *charta* がフランス語を経て初期近代英語に入った. 初めは紙片に書かれた地図の意味に用いられたが, やがて地図でも特に海図のように必要な情報を図にしたものという意味で用いられるようになった.

[用例] a weather *chart* 天気図/a statistical *chart*

統計表/The candidates are *charting* the course of their election campaigns. 候補者たちは選挙運動の方針を計画している.

類義語 ⇒map.

char·ter /tʃɑ́ːrtər/ 名 CU 動 本来он 〔一般語〕 一般義 組織や団体がその目的, 趣旨などを述べた憲章. その他 本来この語は一枚の紙に書かれた文書の意で, ここから特許状, 許可書. また許可を与えることから, 特にバスや船, 飛行機などの貸借契約, さらにチャーターされた航空機, 船の意味で, チャーター便, チャーター機[船], また〔形容詞的に〕チャーターの, 貸し切りの. 動 として特許状を与える, 認可する. またチャーターする, 借り切る.

語源 ラテン語 *charta* (⇒chart) の指小語 *chartula* (=small piece of paper) が古フランス語を経て中英語に入った.

用例 People's *Charter* 人民憲章/the United Nations *Charter* 国連憲章/the Great *Charter* 大憲章 《★1215 年に John 王が貴族と結んだ契約; Magna Carta ともいう》/a *charter* plane チャーター機/They *chartered* a bus for the firm's outing. 会社の遠足にバスを借り切った.

類義語 charter; lease: **charter** はバス, 船, 飛行機などの大型交通機関を一時的に借り上げることを表す. **lease** は土地や建物またはコンピューターのような普通長期に渡って使用するものの貸借たり.

【派生語】 cháretered 形 公認の; 貸し切りの: **chartered accountant** 《英》公認会計士.
【複合語】 chárter flight 名 C チャーター便. chárter mémber 名 C 団体の設立メンバー. chárter pàrty 名 C 用船契約.

chase /tʃéis/ 動 本来他 名 C 〔一般語〕 一般義 逃げるもの, 走っているものを捕えるために素早く追う, 追跡する. その他 捕えるために追うことから, 獲物を狩る, 異性の心を捕えようと追い回す, しつこく言い寄る, 夢などを追い求める, 追求する, また追いかけて行って追い払う. 自 としても用いられる. 名 として追跡, 追求, 〔形式ばった語〕 《the ~》狩猟.

語源 ラテン語 *capere* (⇒catch) に由来する古フランス語 *chacier* が中英語に入った. catch が「追いかける」「捕える」の 2 つの意味のうち「捕える」の意味となったのに対して, chase は元来「獲物を追いかける」「捕えるために狩る」の意味であったのが「追う」という意味が強くなって現在に到っている.

用例 Cats *chase* mice. 猫はねずみを追う/He's always *chasing* after women. 彼はいつでも女性を追い回している.

類義語 chase; pursue; follow: **chase** は逃げるもの, 走るものなど動くものの後を捕えるために追いかける意味で, そのための素早さや熱心さが要求される. **pursue** は形式ばった語で, 動くものを追いかける他に, 目的や快楽などを追い求める意味がある. **follow** は先に行ったものの後に続くこと, 追って行くことを表すが, chase のように素早い動きや捕えることは表さない.

【慣用句】 *chase away* [*off*] 追い払う: I often have to *chase* boys *away* from my fruit trees. しばしばうちの果樹から少年たちを追い払わねばならない

【派生語】 cháser 名 C 追跡者, 狩猟家; 強い酒の後に飲むビール[水], チェーサー.

chasm /kǽzm/ 名 C 〔一般語〕地面や岩石の割れ目, 比喩的に〔形式ばった語〕感情や意見などの隔り, 相違.

語源 ギリシャ語 *khasma* (=yawning; hollow) がラテン語を経て初期近代英語に入った.

chaste /tʃéist/ 形 〔古語〕貞淑な, 純潔な, 比喩的に言動などが上品な, 高潔な, 芸術などが簡素な.

語源 ラテン語 *castus* (=clean; pure) が古フランス語を経て中英語に入った.

【派生語】 chástely 副. chástity 名 U 貞節, 純潔.

chat /tʃǽt/ 動 本来自 名 CU 〔一般語〕くだけて気軽に世間話をする, 雑談をする. 名 として雑談, 世間話.

語源 chatter の短縮語. 中英語から.
用例 We had a *chat* over coffee. 私達はコーヒーを飲みながらおしゃべりをした.
【派生語】 chátty 形 おしゃべりの.

chat·ter /tʃǽtər/ 動 本来自 名 U 〔一般語〕 一般義 くだらないことを早口にぺらぺら話す. その他 もともと鳥や猿が短く不明瞭にぎゃーぎゃー鳴くの意で, ここから一般義の意味不明のくだらないことを「早口で話す」の意となり, さらに鳥のかたかたという鳴き声に似ていることから, 寒さなどで歯ががたがたと鳴る, 調子の悪い機械ががたがた音を立てる. 名 としてくだらないおしゃべり, ぎゃーぎゃー鳴く声, がたがたう音.

語源 擬音語. 中英語から. もとは色々な鳥の鳴き声をいったが, 現在では「かささぎ」など人に近い声を出す鳥のさえずり声に用いられる.

用例 The children *chattered* when the teacher left the room. 子供たちは先生が教室からいなくなるとぺちゃくちゃおしゃべりをした/My teeth were *chattering* with [in] terror. 恐ろしさのあまり歯ががたがた鳴っていた.
【派生語】 chátterer 名 C.
【複合語】 chátterbòx 名 C 〔くだけた語〕おしゃべりな人.

chatty ⇒chat.

Chau·cer /tʃɔ́ːsər/ 名 固 チョーサー Geoffrey Chaucer (1340?-1400) 《★*The Canterbury Tales* を書いた中英語時代の英国の作家》.

chauf·feur /ʃóufər/ 名 C 動 本来他 〔一般語〕金持ちなどが自家用車の運転のために雇うお抱え運転手. 動 として, ...のお抱え運転手として働く, ...を車に乗せて行く.

語源 フランス語 *chauffer* (=to heat) の派生語 *chauffeur* が 19 世紀に入った. 文字通りには蒸気機関車などの「火夫」.
類義語 driver.

chau·vin·ism /ʃóuvinizm/ 名 U 〔一般語〕《軽蔑的》盲目的愛国心, 異常な排他主義, ショービニズム, また排他主義ということから, 特に女性に対する男性優越主義 (male chauvinism).

語源 ナポレオンを崇拝した盲目的愛国主義者の兵士 Nicolas Chauvin の名から. 19 世紀に入った.
【派生語】 cháuvinist 名 C. cháuvinístic 形. cháuvinístically 副.

cheap /tʃíːp/ 形 〔一般語〕 一般義 品物などが安い. その他 維持費などが安上がりの, 定価より安い, 割引きの, 安売りの, 安いので簡単に手に入る, 安いために品質も悪くて価値がない, つまらない, 安っぽい, 安物の, さらに比喩的に人の言動などが下品な, 卑しい, また安く上げようとすることから〔くだけた語〕《米》けちな. 副 として安く, 安価に.

語源 ラテン語 *caupo* (=tradesman) に由来する古英語 *cēap* (=trade; bargain) から. 中英語「得な買い

物で」の意at god chep が短縮されて「安い」の意味になった.

[用例] It's too expensive, I'd like one *cheaper*. それは高すぎる. もっと安いものが欲しい/a *cheap* store 安売り店/*cheap* entertainment 粗末なもてなし/a *cheap* victory 楽勝.

[語法] cheap は「安物」の意味になるので, 店の人が客に安いものをすすめる場合 cheap を用いず, inexpensive などを用いることが多い.

[類義語] cheap; inexpensive; reasonable; moderate: **cheap** は安くて, 費用がかからないことを表すが, しばしば安物であること, 質も劣ることが含意される. **inexpensive** は cheap より形式ばった語で, cheap にある安物の意味はないので, しばしば cheap の代わりに用いられる. **reasonable, moderate** は price を修飾して, 手ごろな値段であることを表すことから, 婉曲に安いことを表すことも多い.

[日英比較] cheap は日本語の「安い」に対応する語であるが, 日本語とは修飾語としての用法をやや異にする. 日本語の「安い靴」「安い給料」のように品物に対しても値段に対してもいうのに対し, cheap は品物を修飾し, 値段を表す語は修飾しない. 従って cheap shoes とはいうが, cheap salary [price] とはいわず, low salary [price] となる.

[反意語] expensive.

【慣用句】 ***cheap and nasty*** 安かろう悪かろうの. ***dirt cheap*** ばか安の. ***feel cheap*** きまりの悪い思いをする. ***go cheap*** 安く出回る. ***hold ... cheap ...*** を見くびる. ***make oneself cheap*** 自分を安っぽくする, 軽はずみな行いをする. ***not come cheap*** 安くは手に入らない, 金がかかる. ***on the cheap*** 低料金で.

【派生語】 **chéapen** 動 [本来他] 安くする, 価値を落とす. **chéaply** 副. **chéapness** 名 U.

cheat /tʃíːt/ 動 [本来他] 名 C [一般語] [一般義] 人をだます. [その他] 人から金品などをだまし取る, (くだけた語) 配偶者をあざむきひそかに浮気をする. ⓐ 自 ずる, 試験でカンニングする, トランプでいかさまをする, 不正を行う. 名 として詐欺, いかさま, カンニング, まただます人, 詐欺師. [語源] 中英語 eschete (=to revert) の頭音消失形 chete から. 小作人が死んだ時, その土地を封建領主に「復帰させる」(revert) ことになっていたが, 自分達の土地を返さなければならなくなった家族が領主に土地を不当に奪われると感じたことから「物をだまし取る」という意味になった.

[用例] He tried to *cheat* me (out) of my money. 彼は私から金をだまし取ろうとした/He *cheats* at cards. 彼はトランプでいかさまをする.

[類義語] deceive.

[日英比較] cheat はごまかすことを表し, 試験で不正行為をすることを表すことからカンニングの意味となる. 日本語の「カンニング」は cunning (ずるい) からできた和製英語.

【派生語】 **chéater** 名 C 詐欺師, カンニングする人[学生].

check /tʃék/ 動 [本来他] 名 CU [一般語] [一般義] 正確 [正常] であるかどうか調べる, 検査する. [その他] もともと【チェス】王に王手をかけるが原義で, ここから王の危険を防ぐために敵の進行, 行動を止めるという意味が生じ, 一般に動きなどを阻止する, 自分の感情を抑える, さらに動きを止めて調べることから検査するという一般義に結びついている. また二つのものを比べて正しいかどうか調べることから, 照合する, 照合の印をつける, また札をもらって荷物を一時預ける. ⓐ 調べる, チェックする, 符号する, 障害にあって急に止まる, 【チェス】王手をかける. 名 としては, 阻止, 停止, 妨害, 阻止する物[人], あるいは点検, 照合, 照合の印 (《✓》), 署名などを照合のうえ受取人に指示した金額を支払うことを銀行に依頼する小切手(《主に英》 cheque), 《主に米》 レストランなどの支払請求書, 手荷物預り所で預け主を照合, 確認するために渡す合い札, 引換券. またチェス盤の模様から市松模様, 格子じま, チェックの織物, 【チェス】王手, チェック.

[語源] ペルシャ語 *shāh* (=king) に由来する古フランス語 *eschec* (=check at chess) の頭音消失形が中英語に入った.

[用例] Will you *check* my addition? 私がした足し算を確かめて下さいませんか/A deep river *checked* his advance. 深い川があって彼は進めなくなった/a *check* on the quality 品質検査/Will you cash this *check*? この小切手を現金にして下さいませんか/a *check* pattern チェック模様.

[類義語] check; examine: **check** が誤り, 異常がないか調べたり, 1つ1つ点検することを表すのに対し, **examine** はもっと一般的に物の性質や状態を調べることで, 詳しく検査することをいう.

「止める」については ⇒stop.

【慣用句】 ***check in*** ホテルや空港で手続きをする, チェックインする. ***check off*** 照合済みの印を付ける. ***check out*** ホテルやスーパーで料金を支払って出る, チェックアウトする. ***check over*** 調べる, 点検する. ***check (up) on ...*** 精査する. ***hold [keep] ... in check*** を食い止める. ***keep a check on ...*** ... を監視する. ***take a rain check*** 別の機会にする.

【派生語】 **chécker** 名 C チェックする人, 点検者, スーパーなどのレジ係.

【複合語】 **chéckbòok** 名 C 小切手帳 (《英》 chequebook). **chéckìn** 名 チェックイン, ホテルの宿泊手続き, 飛行機の搭乗手続き. **chécklìst** 名 C 照合のためのリスト, 照合簿. **chéckòff** 名 UC 労働組合費の天引き. **chéckòut** 名 C ホテルのチェックアウト, スーパーの買物の支払い; 支払い台 (checkout counter). **chéckpòint** 名 C 国境などの道路に設けられた検問所. **chéckròom** 名 C 駅, 空港, 劇場などの手荷物一時預り所. **chéckùp** 名 C 検査, 特に健康診断.

check·er[1], 《英》 **che·quer** /tʃékər/ 名 [一般語] [一般義] チェス盤の模様, 格子じま, [その他] 《複数形で; 単数扱い》 《米》 チェッカー (《英》 draughts) (《★チェス盤の上で 2 人がそれぞれ 12 のこまで相手のこまを取り合うゲーム》, また個々のこま.

[語源] 古フランス語 *eschec* (⇒check) から派生した *eschekier* (=chessboard) が中英語に入り, 頭音消失が生じた. 英語では初めはチェス盤の意で用いられた.

【複合語】 **chéckerbòard** 名 C 《米》 チェス盤, チェッカー盤 (《英》 draughtboard) (《★64 升(穽)の盤》.

checker[2] ⇒check.

check·mate /tʃékmèit/ 名 CU 動 [本来他] 【チェス】王が詰むこと, 詰み, また一般に行き詰まり, 失敗, 敗北. 動 として, 相手や計画を行き詰まらせる, 挫折させる.

[語源] ペルシャ語 *shāh māt* (=the king is dead; *shāh* king+*māt* he is dead) に由来する古フランス語 *eschec mat* の頭音消失形が中英語に入った.

[用例] *Checkmate*! 詰み/The unions and bosses have refused to meet—they've reached *check-*

cheek /tʃíːk/ [CU] 〔一般語〕〔一般義〕人や動物などの**頬**(ほお). (★口の両側の肉質部分または目からあごに至る部分). [その他] 〔複数形で〕道具などで形が頬に似ているものをいい, 万力, 金づちなどの**側面**, 〔俗語〕**尻**(buttock). またこの語の古い意味である「あご」から, 〔くだけた語〕**生意気, 厚かましさ**.

[語源] 古英語 cēoce (=jaw; jawbone) から. 古英語では動物のあご, あご骨, 頬を意味した. このあごの意味が19世紀になって話すことに結びつき, さらに話し方が生意気なことを表すようになり, 現在の話し方, 態度が生意気であること, 厚かましいことをいうようになった.

[用例] She hit me on the right *cheek*. 彼女は私の右頬を打った/burning *cheeks* 燃えるように赤い頬/He had the *cheek* to refuse me entrance. 彼は生意気にも私が入るのを拒んだ.

[慣用句] *cheek by jawl* 密接して, 親しく. *None of your cheek!* 生意気いうな. *turn the other cheek* 仕返ししないで我慢する (《聖》 Matthew 5:39 から). *with tongue in cheek* からかって, 皮肉に.

【派生語】 **chéekily** 副. **chéeky** 形 生意気な.
【複合語】 **chéekbòne** [C] 《しばしば複数形で》頬骨.

cheer /tʃíər/ 動 [本来他] [C] 〔一般語〕〔一般義〕みんなで声をあげて**応援する, 声援する, 喝采**(かっさい)**する**. [その他] 応援することから, **励ます, 元気づける**. 名 として**歓呼, 喝采, 励まし**, 〔やや古風な語〕**活気,** (よい)**機嫌, 喜び, 陽気**.

[語源] ギリシャ語 kara (=head; face) に由来する後期ラテン語 cara (=face) が古フランス語 chiere を経て中英語に chere (= face; state of mind) となった. 「顔」の意味から「顔色, 外面的な態度に表れる気持, 感情」の意味となり, 特に good cheer の意味が一般化して「陽気, 元気, 喜び」を表し, さらに喜んでもてなすこと, もてなしとして「食物, ごちそう」, 勇気を与える「励まし, 元気づけ」, 励まし称賛の「歓呼, 喝采」の意味となった.

[用例] The crowd *cheered* the new champion. 群衆は新チャンピオンにかっさいした/Her kind words *cheered* me up. 彼女のやさしい言葉に励まされた/Everyone clapped and *cheered* when the concert was over. みんなコンサートが終ると拍手かっさいした.

[類義語] encourage.

【慣用句】 *cheer on* 声援を送る, 大声で励ます. *Cheers!* 《主に英》乾杯. *cheer up* 元気を出す[出させる]. *give three cheers* (*for*...) (...に)万歳三唱をする (★Hip, Hip, Hurray! のように言う).

【派生語】 **chéerful** 形 機嫌のいい, 元気のよい; 楽しい. **chéerfully** 副. **chéerfulness** 名. **chéering** 形 元気づける, 激励する. 名 U 声援. **chéerless** 形 陰うつな, 気がめいるような. **chéerlessly** 副. **chéerlessness** 名 U. **chéery** 形 元気のいい.
【複合語】 **chéerlèader** 名 [C] 女子の応援団員, チアリーダー ([日英比較] 日本語の「チアガール」に当る).

cheese /tʃíːz/ 名 U 〔一般語〕発酵させた牛乳, やぎなどの乳をかためて熟成させた食品, **チーズ**.

[語源] ラテン語 caseus (= cheese) が古英語に入った.

【派生語】 **chéesy** 形 チーズのような; 〔俗語〕《米》下品な, 下等な.

【複合語】 **chéesebòard** 名 [C] チーズを切る台, チーズボード; (the ~)チーズボードに載せたチーズ. **chéesebùrger** 名 [C] チーズバーガー. **chéesecàke** 名 [UC] チーズケーキ, 〔俗語〕女性のヌード写真. **chéeseclòth** 名 U 薄地で目の粗い綿布, チーズクロス. **chéesepàring** 名 U しみったれ. 形 けちな.

chee·tah /tʃíːtə/ 名 [C] 動 チータ.

[語源] サンスクリット語 *citra* (= variegated (まだらの)) から派生した *citraka* (= panther) がヒンディー語を経て初期近代英語に入った.

chef /ʃéf/ 名 [C] 〔一般語〕**料理長, コック長, シェフ**.

[語源] フランス語 *chef de cuisine* (= head of the kitchen) の *chef* が19世紀に入った.

chem·i·cal /kémikəl/ 形 [C] 〔一般語〕化学に**関する, 化学の, 化学的の**. 名 として, 化学によって作られたもの, **化学製品, 化学薬品**.

[語源] 後期ギリシャ語 *khēmeia* (= alchemy) に由来し, 初期近代英語から.

[用例] a *chemical* formula 化学式/*chemical* change 化学変化/a *chemical* reaction 化学反応.
【派生語】 **chémically** 副.
【複合語】 **chémical enginéering** 名 U 化学工学. **chémical wárfare** 名 U 毒ガスなどを使う化学戦.

che·mise /ʃəmíːz/ 名 [C] 〔一般語〕スリップに似た女性用下着, シュミーズ, またシュミーズ型の婦人用ドレス.

[語源] 後期ラテン語 *camisia* (= shirt) が古フランス語を経て中英語に入った.

chem·ist /kémist/ 名 [C] 化学者, 《英》薬剤師, 薬屋.

[語源] 中世ラテン語 *alchimista* に由来する近代ラテン語 *chimista* が初期近代英語に入った. 初めは「錬金術師」の意.

【派生語】 **chémistry** 名 U 化学, 化学作用, 化学的性質; 神秘的な作用, **相性**: organic *chemistry* 有機化学/inorganic *chemistry* 無機化学.

cheque /tʃék/ 名 [C] 〔一般語〕《英》小切手 (⇒ check).

chequer ⇒ checker¹.

cher·ish /tʃériʃ/ 動 [本来他] 〔やや形式ばった語〕〔一般義〕**子供などを大事に世話する, かわいがる**. [その他] 物を**大切に保存する**, 希望や考えを心に大事にしまっておくことから, **心に抱く, ...を大事に思う, 思い出などを胸に秘める**.

[語法] この語は普通, 進行形では用いない.

[語源] ラテン語 *carus* (= dear) に由来する古フランス語 cher の派生語 cherir (= to hold dear) が中英語に入った.

cher·ry /tʃéri/ 名 [CU] 〔一般語〕〔一般義〕**さくらんぼ**. [その他] 〔植〕サクラ属の木の総称, **桜材**, またさくらんぼの色から, **紅色(の)**.

[語源] ギリシャ語 *kerasos* (= cherry tree) に由来する古ノルマンフランス語 *cherise* が中英語に入った. 古ノルマンフランス語の *cherise* の -se が複数形と考えられ, 中英語では cherry となった.

[用例] *cherry* jam さくらんぼジャム/*cherry* pie さくらんぼパイ/This cabinet is made of *cherry*. このキャビネットは桜材で作られている/*cherry* blossoms 桜の花/a *cherry* tree 桜の木.

[日英比較] 「桜」というと日本人には「桜の花」が浮ぶが, cherry と英語でいう場合は「実」すなわち「さくらんぼ」をいう.

【慣用句】 ***have [get] two bites at the cherry*** 2度チャンスを得る. ***lose one's cherry*** 〔俗語〕処女を失う.

cher·ub /tʃérəb/ 名 C 《複 ～s, またケルビムの意では **cherubim**/tʃérəbim/》〔聖〕 九天使中第2位の智天使, ケルビム, また〔米〕 翼を持った天使童子, 一般的に丸々太ったかわいい子供.
【語源】 ヘブライ語 *kĕrūbh* がギリシャ語, ラテン語を経て古英語に入った.

chess /tʃés/ 名 U 〔一般語〕 チェス 《★各16のこま (chessman) を使ってするゲーム》.
【語源】 古フランス語 *eschec* (⇒check) の複数形 *esches* が中英語に入り, 頭音消失が生じた.
【用例】 Let's play *chess* after supper. 夕食後チェスをしよう.
【複合語】 **chéssbòard** 名 C チェス盤. **chéssmàn** C チェスのこま 《★普通白と黒; king, queen, 2つの rook [castle], 2つの knight, 2つの bishop, 8つの pawn からなる》.

chest /tʃést/ 名 C 〔一般語〕 **一般義** 胸, 胸部. その他 貴重品などを貯蔵するための普通ふたのある大きく堅牢な箱が原義で, ここからたんす(chest of drawers), 金庫. この頑丈な箱の意味から肋骨や胸骨に守られた心臓や肺のある部分すなわち胸部を意味する.
【語源】 ギリシャ語 *kistē* (=box; basket) がラテン語を経て古英語に入った. 初め頑丈な箱の意味で用いられ, 近代英語になって胸部の意味で生じた.
【用例】 "He has a severe pain in his *chest*." "Is it a heart attack?" 「彼は胸部に激しい痛みがあります」「心臓の発作ですか」/a tea *chest* 茶箱/a medicine *chest* 薬箱/the community *chest* (社会福祉のための)共同募金.
【類義語】 chest; breast; bust; bosom: **chest** は肋骨や胸肉に覆われた心臓や肺, 胸の表面など胸部全体をいう. **breast** は胸の表面, 胸肉, 衣服の胸部をいう. とくに女性の乳房をいうことが多い. この意味では男性の胸は chest で表す: man's *chest* and woman's *breast*. **bust** は女性の胸, 乳房を表す. またウェスト, ヒップとともに身体と衣服の寸法としての胸回りをいう. **bosom** は文語で胸をいうが, 比喩的に感情の源としての胸, 心中を意味することが多い.
【日英比較】 chest は日本語の「胸, 胸部」に当たるが, 日本語の「胸」が連想させる比喩的な意味である「気持, 思い, 心」などは表さない. 従って, I have a pain in my *chest*. は文字通り「胸が痛む」ことを表し,「心配する, 気の毒に感じる」という意味はない.「胸中」の意味では breast, bosom などで表す.
【複合語】 **chést of dráwers** 名 C たんす.

chest·nut /tʃésnʌt/ 名 CU 〔一般語〕 **一般義** 栗(ᴋ)の実. その他 〔植〕 栗の木, および種々のブナ科の樹木. また材木, 栗の実の色から, **栗色(の), 栗毛の馬**.
【語源】 ギリシャ語 *kastanea* (=chestnut tree) がラテン語, 古フランス語を経て中英語に入り, これに nut を付けた chesten-nut から現在の語形になった.

chew /tʃúː/ 動 本末他 名 C 〔一般語〕 **一般義** 食物をかみくだく, よくかむ. その他 人の意見などを呑み込む前によくかみしめるという意味. 比喩的によく**考える**, じっくり**検討する**. 名 としてかむこと, そしゃく, また食べ物.
【語源】 古英語 *cēowan* (=to bite; to chew) から.
【用例】 If you *chew* your food properly it is easier to digest. 食物をよくかめば消化しやすい.
【類義語】 chew; bite; gnaw: **chew** は消化を助けるために食物をよくかむことを表す. **bite** は消化のためではなく単にかむこと, かみ切ることをいう. また犬などがかみつくこと, 蚊やのみが刺す, 食うことを意味する. **gnaw** は物を削るようにかむこと, ねずみが壁をかじって穴をあける: Rats *gnawed* holes in the wall. ねずみが壁をかじって穴をあけた.
【慣用句】 ***chew out*** ひどく叱る. ***chew over [on]*** よく考える. ***chew the rag [fat]*** 〔くだけた表現〕 長々とおしゃべりをする.
【派生語】 **chéwy** 堅くてなかなかかめない.
【複合語】 **chéwing gùm** 名 U チューインガム.

Chi·ca·go /ʃikáːgou/ 名 固 シカゴ 《★米国 Illinois 州の都市》.

chick /tʃík/ 名 C 〔一般語〕 ひよこ, ひな, 転じて人間の子供, 〔やや古風な語〕 〔差別的に〕 若い女.
【語源】 chicken の尾音消失. 中英語から.

chick·en /tʃíkən/ 名 CU 〔一般語〕 鶏, 特に若い鶏. その他 鶏以外のひな鳥, また鶏(ひな鳥)の肉. ひな鳥から比喩的に〔くだけた語〕 若い人, 若い女, 未熟な人, 〔俗語〕 鶏のように臆病な人.
【語源】 古英語 *cycen* (=little cock) から.
【用例】 Our *chickens* lay lots of eggs every morning. うちの鶏は毎朝たくさん卵を産む/We ate some fried *chicken*. 私達はフライドチキンを食べた.
【関連語】 fowl (成長した鶏).
【慣用句】 ***be no (spring) chicken*** 〔くだけた表現〕 もう若くない. ***count one's chickens before they are hatched*** 取らぬ狸(たぬき)の皮算用をする.
【複合語】 **chícken-and-égg** 形 鶏が先か卵が先か式の. **chíckenhéarted** 形 臆病な, 気の弱い. **chícken pòx** 名 U 水ぼうそう, 水痘.

chic·o·ry /tʃíkəri/ 名 U 〔植〕 チコリ, きくにがな.
【語源】 ギリシャ語 *kikhoreia* がラテン語, 古フランス語を経て中英語に入った.

chief /tʃíːf/ 名 C 形 〔一般語〕 **一般義** 組織, グループの**長**, **頭(**ホヒ**)**, **指導者**. その他 集団の中で最も地位, 権威の高い人をいい, **長官, 局長, 部長, 所長, 主任**, 部族の長である**酋長, 族長**. 形 《限定用法》 もっとも地位が高いことから**最高位の, 主席の**, 従って重要な, **主な, 主要な**.
【語源】 ラテン語 *caput* (=head) が古フランス語 *chef*, *chief* を経て中英語に入った. 初めは身体の「頭」や物の「最上部, 頂き」の意味で, そこから人々の「長」の意となった.
【用例】 Her father is the *chief* of the fire department in the city. 彼女のお父さんはその町の消防署長だ/a Mohican *chief* モヒカン族の酋長/the *chief* justice 裁判所長/the *chief* magistrate 元首, 大統領/What are the *chief* products of our country? 我が国の主要産物は何ですか.
【語法】 職名の後に ... in chief として「...の最高位」であることを示す: the commander in chief 最高指揮官/the editor in chief 主幹, 編集長.
【類義語】 chief; main; principal: **chief** は身分, 地位, 権威が最高位であることから, 重要であり, 他のことが従属的であることを含意する: Working is of *chief* importance in school. 学校では勉強は一番大切だ. **main** は1つの体系をなす全体の中で, 大きさ, 力, 重要性の上で主要であることを意味する: the *main* line 鉄道の本線. **principal** は以上の2語より形式ばった語

で, 支配的, 指導的であることから「主な」という意味で, 大きさ, 地位, 重要性の点で他に優先していることを表す.
【派生語】**chíefly** 副 主に; とりわけ.
【複合語】**Chief Exécutive** 名《the ~》《米》行政長官. **Chief Exécutive Offícer** 名 C 最高経営責任者. **Chief Jústice** 名《the ~》《米》最高裁判所長官.

chief·tain /tʃíːftən/ 名 C 〔一般語〕部族や一族の長, 族長, 山賊などの親分.
語源 後期ラテン語 *capitaneus*(=chief)が古フランス語を経て中英語に入った.

child /tʃáild/ 名 C 《複 **children**》〔一般語〕一般義 大人に対する子供(★普通幼児から思春期前の子供をいう). その他 広くは胎児から成人に達する前までの若者まで含めるが, 一般的には小学校くらいの児童, 学童. 子供の意味が転じて, 〔軽蔑語〕興味, 判断, 行動が未熟な人, また年齢に関係なく親からみた子供, すなわち息子, 娘, 親に対する子供の関係から比喩的に弟子, 追随者, 〔やや形式ばった語〕時代, 環境などが生み出す人や物の意味で...の所産, ...の産物.
語源 古英語 cild から. 初めは〔胎児, 幼児〕の意味であったが, 意味の拡大により思春期前までの子供を指すようになった. また, 親に対する子供は古英語では bearn といったが, 12 世紀には child がこの意味でも用いられるようになった.
用例 The *child* is father of the man. 《ことわざ》三つ子の魂百まで《子供は大人の父である; Wordsworth の詩から》/a *child* of ten 10 歳の子供/His mother and mine are always on the telephone talking about their *children*. 彼のお母さんとうちの母は子供のことを話題にいつも電話している/a *child* of fortune 幸運児/Invention is the *child* of necessity. 発明は必要の所産.
類義語 child; infant; baby; toddler: この中で一番年齢の幅が広く一般的に用いられるのが **child** で, 新生児から思春期くらい(14 歳前後)までの子供をいう. **infant** と **baby** はともにまだ歩めない幼児, 赤ん坊を指すことが多い. baby は日常的な語で親の愛情や世話を必要とすることを含意する. また兄弟中の末子, グループの中で最年少者をいうことがある. infant は baby より形式ばった, 冷たい感じの語で, 法律用語では未成年者をいう. **toddler** は 1–2 歳のよちよち歩きの幼児を表す.
日英比較 child は大人に対する子供, 親に対する子をいう点では日本語と一致するが, 英語では人間の子供のみを表し, 動物などの子供は表さない. この点, 日本語では「犬の子」のように動物や「竹の子」のような植物をいうのと異なる. 英語では動物の子は, 全体的に表す場合は young を用い, 個々の動物によってそれぞれの子を表す表現が異なる(例: 犬の子 puppy, 猫の子 kitten, ライオンやくまの子 cub).
【派生語】**chíldhòod** 名 U 幼年期, 子供であること. **chíldish** 形 子供らしい, 子供の; 〔悪い意味で〕大人が子供じみた, 幼稚な, 子供っぽい. **chíldishly** 副. **chíldishness** 名 U. **chíldless** 形 子供がいない, 子供ができない. **chíldlessness** 名 U.
【複合語】**chíld abùse** 名 U 児童虐待. **chíldbèaring** 名 U 出産. **chíldbìrth** 名 U 出産, 分娩. **chíldlìke** 形 〔良い意味で〕子供らしい, 大人が子供のような, 無邪気な. **chíldpròof** 形 子供が操作しても安全に動かない, 子供が扱っても安全な. **child psychólogy** 名 U 児童心理学.

chil·dren /tʃíldrən/ child の複数形.

Chi·le /tʃíli/ 名 チリ(★南米の国).
【派生語】**Chílean** 形 チリ(人)の. 名 C チリ人.

chill /tʃíl/ 名 C 形 動 本来義 〔一般語〕一般義 《単数形で》身体に不快な感じを与える寒さ, 冷気. その他 転じて恐怖や発熱による悪寒, 〔比喩的に〕人の気持ちを冷たくするもの, がっかりさせるものをいい, 冷淡な態度, 興をそぐもの. 形 として〔文語〕冷たい, 寒ばかった. 動 として冷たくする, 冷やす, 特に食品を保存するために凍らせない程度に冷やす, 冷蔵する, 〔やや形式ばった語〕がっかりさせる, 熱意を失わせる.
語源 古英語 ciele(=coldness)から. この語は元来天候上の「寒さ」を表したが 15 世紀ころまでに廃用となった. その後 動 から新しく語形成され, 17 世紀ころ 名 の用法が復活した. これに伴って気候の寒さの意味は cold が表し, chill は身体に不快な感じを与える寒さや病気の症状に現れる悪寒の意味に重点が移った. ⇒ cold.
用例 There's a *chill* in the air. 空気はひやりと冷たい感じがする/have [catch] a *chill* 悪寒がする/Have you *chilled* the wine? ワインを冷しましたか.
類義語 ⇒ cold.
【派生語】**chílled** 形 冷した, 冷蔵の: *chilled* beef 冷蔵牛肉. **chílliness** 名 U. **chílling** 形 冷たい, ぞっとする. **chílly** 形 冷え冷えした; 冷淡な. 類義語 ⇒ cold.

chime /tʃáim/ 名 C 動 本来義 〔一般語〕一般義 音階に調律された 1 組の鐘, チャイム. その他 チャイムの音, チャイムと同じような旋律を奏でる装置やその音をいい, テレビやラジオ, 時計の時報, 玄関のチャイム, 【楽器】管鐘. 動 として, チャイムを鳴らす.
語源 ラテン語 *cymbalum*(=cymbal)が古フランス語を経て中英語に入った.
用例 I woke up at the *chime* of the clock. 私は時計のチャイムで目が覚めた.
【慣用句】**chime in**《with ...》 人の会話に割って入る; 調子を合わせる, 調和する.

chim·ney /tʃímni/ 名 C 〔一般語〕一般義 空筒の排煙装置, 煙突. その他 ランプの芯の周囲を囲む煙突状のガラス管, 火屋(ほや), 煙突のように垂直に長く延びた岩壁の裂け目, チムニー.
語源 ギリシャ語 *kaminos*(=oven; fireplace)がラテン語, 古フランス語を経て中英語に入った. 初め「暖炉」の意味で, やがて暖炉の上にある通気孔, 煙道, 煙突の意味となった.
【複合語】**chímney pòt** 名 C 煙突頂部の煙の出口. **chímney stàck** 名 C《英》組合わせ煙突.

chim·pan·zee /tʃìmpænzíː/ 名 C 【動】チンパンジー.
語源 バントゥー語 *kimpenzi* が 18 世紀に入った.

chin /tʃín/ 名 C 本来義 〔一般語〕一般義 下あご, 下あごの先端. 動《~ oneself で》鉄棒で懸垂をする.
語源 古英語 cinn から.
用例 His beard completely covers his *chin*. 彼のあごひげはすっかり下あごを覆っている.
類義語 chin; jaw: **chin** は下あごや下あごのとがった先の部分をいう. **jaw** は上あごと下あごから成り, 歯も含まれる. 上下のあごをいう場合は jaws となる.
【慣用句】**keep one's chin up** くじけないで頑張る. **lift [thrust out] one's chin** あごを突き出す《★反抗

や自己主張の態度）. *rub one's chin* あごをなでる（★考えごとをする動作）.

[日英比較] 日本語では「あごを出す」や「あごで使う」のように，あごは疲れた様子や高慢な態度が表れる場所と考えられているが，英語の chin は元気さや意志，主張が表れる場所と考えられている．

【派生語】**chínless** 形 あごの小さい；《英》いくじのない．

Chi·na /tʃáinə/ 名 固 中国（★the People's Republic of China (中華人民共和国)が正式名）．

[語源] 中国語 *Chin*, *Ch'in* (秦王朝)が初期近代英語に入った．

【派生語】**Chinése** 形 中国(人，語)の: **Chinese lantern** ちょうちん. 名 CU 中国人[語].

【複合語】**Chínatown** 名 CU チャイナタウン，中国人街．

chi·na /tʃáinə/ 名 U 〔一般語〕磁器（★粘土を高熱で焼いた白く堅い焼き物）．また陶器も含めて陶磁器，瀬戸物．

[語源] ペルシャ語 *chīnī* (=Chinese porcelain) が初期近代英語に入った．もとは中国から輸入された磁器をいった．

[用例] She used her best *china* for the tea-party. 彼女はティーパーティーに一番上等な磁器を使った．

[類義語] porcelain.

【複合語】**chína cláy** 名 U 陶土, 高陵石. **chína-wàre** 名 U 陶磁器.

Chinese ⇒China.

chink¹ /tʃíŋk/ 名 C 〔一般語〕細い裂け目，ドアやフェンスなどのすき間．比喩的に法律における抜け道．

[語源] 古英語 *cinu* (=crack) から．

【慣用句】*a chink in …'s armor* 議論，性格の弱点．

chink² /tʃíŋk/ 名 C 擬音語．初期近代英語から．

chinless ⇒chin.

chip /tʃíp/ 名 C 動 [本来他] 〔一般語〕〔一般義〕木の切れ端，石や瀬戸物などのかけら．[その者 他]はこのように切り取られたり欠けたりしてできたものやその形に似ている物をいい，瀬戸物などが欠けてできる欠け目，(通例複数形で)食品の薄切り，《米》ポテトチップ(《英》crisps)，《英》フライドポテト(《米》French fries)，また〔電子〕集積回路などに用いるチップ(microchip; silicon chip)，賭博やゲームで金の代りに使う小さなプラスチック円板，チップ(counter)，帽子やかごの材料になる経木（きょうぎ）．また切れ端ということから比喩的に価値のないもの，つまらないもの．動として，瀬戸物などを欠く，割る，木片などを薄く削る，そぐ．

[語源] 中英語 *chippe* から．古英語 *forcippian* (=cut off) などの-cippian から中英語で名詞が作られたものと思われる．

[用例] There's a *chip* of glass over there. そこにガラスのかけらがある．

【慣用句】*a chip off the old block* 《普通よい意味で》性格が父親によく似た息子．*chip away* 徐々に削り取る．*chip in* 会話に口を差し挟む．*have a chip on one's shoulder* けんか腰である．*in the chips* 〔俗語〕急に金持になった，金回りのよい．*when the chips are down* いざという時（★賭博でチップを目の前に積んで賭けることから）．

【派生語】**chípping** 名 C （通例複数形で）《英》切れっぱし，木片，砂利．

【複合語】**chípbòard** 名 U 樹脂合板．**chíp shòp**

名 C 《英》フィッシュアンドチップスの店．**chíp shòt** 名 C 〔ゴルフ〕チップショット．

chip·per /tʃípər/ 形 〔一般語〕《米》元気のいい，活発な．

[語源] イギリス北部方言 kipper から．19 世紀より．

chipping ⇒chip.

chirp /tʃə́ːrp/ 動 [本来自] 名 C 〔一般語〕小鳥や虫が短く甲高い声でちゅっちゅっと鳴く，比喩的に人が甲高い声で話す．名 として，小鳥や虫の甲高い鳴き声．

[語源] 擬音語．中英語から．語末の p 音は鳥のくちばしの動きを示すといわれた．

[用例] The crickets are *chirping*. こおろぎがころころ鳴いている．

【派生語】**chírpily** 副. **chírpy** 形.

chir·rup /tʃírəp, tʃə́ːr-/ 名 C 動 [本来自] 〔一般語〕小鳥などのちゅんちゅんという鳴き声．動 としてちゅんちゅんと鳴く．

[語源] chirp の変形．初期近代英語から．

chis·el /tʃízl/ 名 C 動 [本来他] 〔一般語〕木を彫るのに使うのみ，石や金属を刻んだり切るためのたがね．動 として，のみ，たがねで彫る，彫って…を作る，〔俗語〕不当な手段で取ってだまし取る．

[語源] ラテン語 *caedere* (=to cut) の過去分詞 *caesus* に由来する俗ラテン語 **cisellum* が古ノルマンフランス語を経て中英語に入った．

[用例] He *chiseled* the wood into the shape of a horse. 彼はのみで木を彫って馬を作った．

【派生語】**chíseled** 形 目鼻立ちが整った．

chit-chat /tʃíttʃæt/ 名 U 〔くだけた語〕おしゃべり，世間話．動 として雑談する．

[語源] chat の重複形．18 世紀から．

chivalrous ⇒chivalry.

chivalrously ⇒chivalry.

chiv·al·ry /ʃívəlri/ 名 U 〔形式ばった語〕中世の騎士道，騎士道的精神（★勇気，名誉，女性に対する礼儀正しさ，弱い者に対する思いやりを重んずる）．

[語源] 古フランス語 *chevalier* (=knight) の派生語 *chevalerie* が中英語に入った．英語ではもともと騎士や騎馬兵の一団をいった．

【派生語】**chívalrous** 形 騎士のような，騎士道時代の．**chívalrously** 副.

chlo·ride /klɔ́ːraid/ 名 U 〔化〕塩化物．

[語源] chlor(o)-「塩素を含む」+ -ide「化合物」．ドイツ語から 19 世紀に入った．

chlorinate ⇒chlorine.

chlorination ⇒chlorine.

chlo·rine /klɔ́ːriː(ː)n/ 名 U 〔化〕塩素（★元素記号 Cl）．

[語源] ギリシャ語 *khlōros* (=light green) をもとにした chlor(o)- + -ine (ハロゲン化合物)．19 世紀に造られた．塩素が緑色であることによる．

【派生語】**chlórinàte** 動 [本来他] 塩素で消毒する．**chlòrinátion** 名 U.

chlo·ro·form /klɔ́ː(ː)rəfɔ̀ːrm/ 名 U 動 [本来他] 〔化〕クロロホルム（★麻酔薬）．動 としてクロロホルムで麻酔をかける．

[語源] chloro-「塩素を含む」+ formyl「ホルミル」．フランス語から 19 世紀に入った．

Chlo·ro·my·ce·tin /klɔ̀ːroumaisíːtən/ 名 U 〔商標〕クロロマイセチン（★抗生物質）．

chlo·ro·phyll, -phyl /klɔ́ː(ː)rəfil/ 名 U 〔生〕葉

緑素.
[語源] chloro-「緑」+ -phyll「葉」. フランス語から19世紀に入った.

chock /tʃάk|tʃɔ́k/ [名][動][本来義]〔一般語〕くさび, 輪止め, 止め木. [動] として, ...をくさびで止める, ボートを止め木に載せる.
[語源] 不詳.

choc・o・late /tʃάkəlit|tʃɔ́k-/ [名][UC][形]〔一般語〕
[一般義] チョコレート《★カカオ (cacao; cocoa) の種を煎って挽いた粉》. [その他] チョコレート菓子, 飲料のココア, またチョコレート色(の).
[語源] ナワトル語 chocolatl がスペイン語を経て初期近代英語に入った. 原義は「苦い水」かと思われる.

choice /tʃɔ́is/ [名][UC][形]〔一般語〕[一般義] いくつかの中から好みによって選ぶこと, 選択. [その他] 選択することができること, 選択権, 選択の自由, 選ぶために十分な種類や数量が必要であることから, 選択の種類, 選択範囲, また選んだ[選ばれた]人[物], 選ばれたよいもの, えり抜き. [形] としてえりすぐりの, 上等の.
[語源] ゴート語 kausjan (= to chose) に由来する古フランス語 choisir の名 chois が中英語に入った.
[用例] He made a foolish *choice*. 彼はばかな選択をした/Which car was your original *choice*? あなたが初めに選んだのは何でしたか/wine made from *choice* grapes えりすぐりのぶどうから作られたワイン.
[類義語] choice; option; selection: **choice** は自分の判断を自由に働かせて選択することや, そのような権利を表す. **option** は形式ばった語で, 権限を持つ人や団体から与えられたり保障された中からの選択や選択権の意味に用いる. **selection** は選択の幅の広い中から注意深く区別して選ぶことを表す.
【慣用句】*by choice* 好んで. *for choice* 選ぶとすれば. *have no choice* (*but to do* ...)(...するより)道はない, 仕方ない: You *have no choice*—you must do it. それをやるより他にない. *of choice* えり抜きの. *of one's choice* 自分で選んだ. *without choice* 無差別に.
【派生語】**chóicely** [副] えりすぐって.

choir /kwáiər/ [名][C]〔一般語〕[一般義] 教会の合唱団, 聖歌隊. [その他] 聖歌隊が教会で占める場所である聖歌隊席. また教会の合唱団だけでなく一般に合唱団, 舞踏団.
[語源] 中世ラテン語 chorus (= company of singers) が古フランス語を経て中英語に入った. ⇒chorus.
【複合語】**chóirbòy** [名][C] 少年聖歌隊員. **chóirgìrl** [名][C] 少女聖歌隊員. **chóirmàster** [名][C] 聖歌隊指揮者.

choke /tʃóuk/ [動][本来義][名][C]〔一般語〕[一般義] のどを絞めて息を詰まらせる, 窒息させる. [その他] 涙や煙が息を詰まらせる, むせさせる, 息が詰まった状態にすることから比喩的に発達や成長, 自由な動きを抑える, 妨げる, また空気の通路であるのどを絞めることから転じて, 通路をふさぐ, また音を高くするために気化器の空気吸入をしぼる, チョークを引く. [名] として窒息, 【機】チョーク.
[語源] 古英語 ācēocian (= to choke) から.
[用例] He *choked* her to death. 彼は彼女の首を絞め殺した/This pipe was *choked* with dirt. このパイプは泥で詰まっていた/The weeds *choked* the garden plants. 雑草のために草花が大きくなれなかった.
[類義語] choke; smother; strangle; suffocate:

choke はのどや首を絞めて息を詰まらせること, むせさせること. **smother** は煙やほこりで息苦しくすること, 口や鼻を厚く覆って窒息させること. **strangle** は首を絞めて殺すことで, **choke** より致命的な力で絞めること. **suffocate** は空気の欠乏や有害ガスなどで息ができなくなること, 窒息することを意味する.
【慣用句】*be choked up* 怒る, 平静を失う. *choke back* 感情をぐっと抑える. *choke down* 食物をのことで飲み込む; 激情をなんとか抑える. *choke off* 突然止めるばならせる.
【派生語】**chóker** [名][C] 息を詰まらせるもの; 首の周りにぴったりつける短いネックレス; 高い立ちカラー. **chóking** [形] 窒息しそう; 声を押し殺した.

chol・er・a /kάlərə|kɔ́l-/ [名][U]【医】コレラ.
[語源] ギリシャ語 *kholē* (胆汁)から派生した *kholera* がラテン語を経て中英語に入った. コレラが胆汁からくる病気と信じられていたことから.

cho・les・ter・ol /kəléstəròul|kəléstərɔ̀l/ [名][U]【生化】コレステロール.
[語源] ギリシャ語 *kholē* (胆汁) + *stereos* (固い) + -ol (水酸基を含む化合物). 19世紀の造語. この物質が胆石中で発見されたことから.

choose /tʃú:z/ [動][本来義][過去 chose/tʃóuz/; 過分 chosen/tʃú:zn/]〔一般語〕[一般義] いくつかのある中から適当と思うものを選ぶ. [その他] 選ぶ意味が弱くなって単に...のほうが適当であると判断する, ...のほうがよいと思う, よいと思うから...しようと決心する. [自] 好む, ...したい, 望む.
[語源] 古英語 cēosan から.
[用例] Always *choose* (a book) carefully. いつも注意して(本を)選びなさい/He was *chosen* (as) chairman. 彼は議長に選ばれた/If he *chooses* to resign, let him do so. もし彼が辞めた方がよいと決心しているのならそうさせなさい.
[類義語] choose; select; pick; elect: **choose** はいくつかある中から判断力を働かせて自分の好きなもの, よいと思うものを選ぶ. **select** は多くの中から注意深く選ぶ. **pick** も多くの中から選ぶ意味であるが, select よりくだけた語で, また注意深さも要求されない. **elect** は選挙で人や物を選ぶことを表す.
【慣用句】*cannot choose but* ...〔文語〕...せざるを得ない. *choose up*《スポ》選手を選んでチームを決める, チームに分ける. *nothing* [*not much*] *to choose* 選ぶところがない, あまり変わらない. *pick and choose* 非常に注意して選ぶ.
【派生語】**chóoser** [名][C] 選ぶ人; えり好みする人. **chóosy**, **chóosey** [形] 好みのうるさい.

chop¹ /tʃάp|tʃɔ́p/ [動][本来義][名][C]〔一般語〕[一般義] おの, なたで何度も強打してたたき割る, たたき切る. [その他] 繰り返しして切る, 肉や野菜を乱切りにする, おのなどを降り下ろす動作からボクシングや空手で鋭くブローを降り下ろして**一撃**する, テニスなどでボールを切る. [名] にしることで, ぶつ切りにされた普通あばら骨つきの**厚切り肉**, また降り下ろす一撃, チョップ.
[語源] 中英語 choppen から. chap の異形. 語源ははっきりしないが古フランス語 choper (= to cut) と中オランダ語 cappen (= to chop off) が混同されたものと思われる.
[用例] Father *chopped* down the dead oak. 父は枯れたオークの木を切り倒した/She *chopped* the meat into pieces. 彼女は肉を数片に切った/mutton *chop*

羊のあばら肉.
【派生語】chópper 名C 切る物[人], 肉切り包丁, おの, なた; ヘリコプター.

chop² /tʃáp|tʃɔ́p/ 動 本来自 [一般語] 一般義 風が急に変わる《about; (a)round》. その他 比喩的に意見や計画がくるくる変わる[変える].
語源 古英語 cēapian から.
【慣用句】*chop and change* 考えが終始変わる: I wish you'd stop *chopping and changing*. 終始考えをくるくる変えるのはやめてもらいたい. *chop logic* へ理屈をこねる.
【派生語】chóppy 形 風が絶えず変わる, 水面に三角波が立つ.
【複合語】chóplògic 名U 誤った意見をもっともらしく主張する議論, へ理屈.

chopper ⇒chop¹.

chop·sticks /tʃápstiks|tʃɔ́p-/ 名《複》[一般語] 箸(はし).
語源 中国の Pidgin English より. 初期近代英語から.

choral ⇒chorus.

cho·rale /kəræl|-rá:l/ 名C《楽》聖歌, 賛美歌, コラール.
語源 中世ラテン語 *cantus cholaris* (= choral song) のドイツ語訳 *Choralgesang* の短縮形が 19 世紀に入った.
【複合語】chorále prélude 名C コラールプレリュード, 衆賛前奏曲.

chord /kɔ́:rd/ 名C《楽》和音, コード, また楽器の弦,《数》弦.
語源「和音」の意は accord の頭音消失.「弦」の意はギリシャ語 *khordē* (=gut; string) がラテン語を経て中英語に入った.
【慣用句】*strike* [*touch*] *a chord* 人の共感を呼ぶ.

chore /tʃɔ́:r/ 名C [一般語] 家事など日課としてする決まりきった簡単な仕事, つまらない半端仕事,《複数形で》雑用.
語源 古英語 *cierr* (=turn; job) に由来する chare の変形. 18 世紀から.
用例 She always does her *chores* in the morning. 彼女はいつも午前中に雑用を済ませる.
類義語 task.

choreograph ⇒choreography.
choreographic ⇒choleography.

cho·re·og·ra·phy /kɔ̀(:)riágrəfi|-ɔ́g-/ 名U [一般語] バレエの振付け法, 舞踏法.
語源 choreo-「舞踏」+ -graphy「書法」. 18 世紀から.
【派生語】chóreogràph 動 本来他 バレエの振付けをする. chòreógrapher 名C 振付け師. chòreográphic 形.

cho·rus /kɔ́:rəs/ 名C 動 本来自 [一般語] 合唱団, 合唱隊. その他 オペラ, ミュージカルで一団となって歌ったり踊ったりする歌手と踊り子の一団, コーラス団, また合唱団や歌手たちが全員で歌う合唱曲, 曲の合唱部, 声をそろえて歌うこと, 合唱, コーラス, さらに音楽と限らず言葉を声をそろえて言うこと, 一斉に発した声[音]. 動 合唱する, 口をそろえて言う.
語源 ギリシャ語 *khoros* (=dance; band of dancers or singers) がラテン語を経て初期近代英語に入った. 古代ギリシャ劇のコロス(集団で歌い踊ることによって劇の筋を説明する役の合唱団)により, 英語でもエリザベス王朝時代の劇でこれにならってプロローグや筋の説明を 1 人でする人がいた.
用例 She was a member of the *chorus* but now she is the star of the show. 彼女はコーラス団の一員だったが今ではショーの人気者になっている/They sang *choruses* round the campfire. 彼らはキャンプファイヤーの周りで合唱曲を歌った/His proposal was greeted with a *chorus* of objection. 彼の提案は一斉の反対の声に見舞われた.
日英比較 日本語の「コーラス」は普通合唱することの意味に用いるが, 英語では合唱隊, コーラス団の意味が普通である. また, 単に歌だけではなく, 声をそろえて言葉を発する意味でも用いる.
【慣用句】*in chorus* 声をそろえて.
【派生語】chóral 形 合唱曲[隊]の, 合唱の.

chow /tʃáu/ 名U《俗語》食物, 食事.
語源 中国語 *chiao* (=meat) が 19 世紀に入ったと思われる.

Christ /kráist/ 名 固 感 イエス・キリスト Jesus Christ (★旧約聖書で予言されたユダヤ人のための救世主, メサイア), またキリスト像, キリストの絵. 感 として, キリスト教ではみだりに神の名を呼ぶことを禁じているが, そのためかえって Christ の名が乱用されて, とんでもない, ちくしょうなど, 困惑, 驚きを表すダジャー語として用いられる.
語源 ギリシャ語で「聖油を塗られた者」という意味の *Khristos* がラテン語 *Christus* を経て古英語に Crīst として入った. ギリシャ語はヘブライ語の *māshīah* (= Messiah) の訳であるが, Christ という言葉ははもとは称号で Jesus the Christ のように用いられたが, 後に名前の一部となった.
【慣用句】*before Christ* 紀元前 (★B.C., b.c. と略す; ⇒A.D.).
【派生語】Chrístlike 形. Chrístly 形 キリストのような.

chris·ten /krísn/ 動 本来他 [一般語] 一般義 キリスト教徒にするために洗礼を施す. その他 洗礼の時に洗礼名(Christian name)を付けることから, 命名する, 転じて進水式などの儀式になぞらえて, 船に命名する,《くだけた語》《おどけて》儀式ばった方法によって新しい物を初めて使う.
語源 ラテン語 *Christianus* (⇒Christian) に由来する古英語 cristen から派生した cristnian (= to christen) より.
用例 The priest *christened* three babies today. 牧師は今日 3 人の赤ん坊に洗礼を施した/Let's have a drink to *christen* our new whiskey glasses. 一杯やって新しいウィスキーグラスの使い初めをしよう.
【派生語】chrístening 名UC 洗礼命名(式).

Chris·ten·dom /krísndəm/ 名U《古風な語》世界のキリスト教国, キリスト教徒 (★全体).
語源 古英語 cristen (= Christian)+-dom (= -dom) から.

christening ⇒christen.

Chris·tian /krístʃən/ 名C 形 [一般語] 一般義 キリスト教徒. その他 キリスト教徒らしい立派な人. 形 としてキリスト教の, キリスト教徒の, キリスト教徒らしい, 立派な, 人間らしい.
語源 ギリシャ語 *Khristos* (⇒Christ) の 形 *khristianos* がラテン語 *christianus* を経て初期近代英語に入った.

[用例] He had a *Christian* upbringing. 彼はキリスト教徒らしい教育を受けた.
【派生語】**Chrístiánity** 名 U キリスト教, キリスト教的精神. **Chrístianìze** 動 本来他 …をキリスト教徒にする, キリスト教に教化する.
【複合語】**Chrístian náme** 名 C 洗礼名(first name).

Christlike ⇒Christ.
Christly ⇒Christ.

Christ·mas /krísməs/ 名 U〔一般語〕キリスト降誕祭, クリスマス(Christmas Day)(★12月25日に祝われるイエス・キリストの誕生日; Christ に当たるギリシャ語の最初の文字が X (=khi) であることから Xmas と書くこともある).
 [語法] X'mas と書くのは誤り.
 [語源] 古英語 Cristes mæsse (=Christ's Mass) から.
【複合語】**Chrístmas càke** 名 CU クリスマスケーキ (★干した果物が入り周囲に砂糖の衣を付けたフルーツケーキの1種). **Chrístmas càrol** 名 C クリスマスの祝い歌, クリスマスキャロル. **Chrístmas Dáy** 名 UC クリスマス. **Chrístmas Éve** 名 U クリスマス前夜[前日], クリスマスイブ. **Chrístmas hólidays** 名〔複〕《英》=Christmas vacation. **Chrístmas prèsent [gift]** 名 C U クリスマスの贈り物. **Chrístmastide** 名 U 《古語》=Christmastime. **Chrístmastìme** 名 U クリスマスの季節(★12月24日から1月1日(英国では1月6日)までをいう). **Chrístmas trèe** 名 C クリスマスツリー(★普通もみの木 (fir) が用いられ, 飾りつけをしたり贈り物をつるす). **Chrístmas vacátion** 名 (the ~) 《米》クリスマス休暇, 冬休み.

chro·mat·ic /kroumǽtik/ 形〔一般語〕色彩の, 着色の,【生】染色性の,【楽】半音階の.
 [語源] ギリシャ語 *khrōma* (=color) の 形 *khrōmatikos* がラテン語を経て初期近代英語に入った.

chrome /króum/ 名 U〔一般語〕クロム(chromium), クロム染料.
 [語源] ギリシャ語 *khrōma* (=color) がフランス語を経て19世紀に入った.
【派生語】**chrómium** 名 U【化】クロム(★元素記号 Cr).
【複合語】**chróme stéel** 名 U クロム鋼. **chróme yéllow** 名 U クロムイエロー(★顔料); 黄色.

chro·mo·some /króuməsòum/ 名 C【生】染色体.
 [語源] chromo-「色」+-some「体」. 19世紀から.

chron·ic /kránik | krɔ́n-/ 形〔一般語〕病気が長く続く, 慢性の(⇔acute). [その他] 病気以外の好ましくないことが長く続く, くせ[習慣]になっている.
 [語源] ギリシャ語 *khronos* (=time) の 形 *khronikos* がラテン語, フランス語を経て初期近代英語に入った. 元来時間に関するという意味であるが, 後期ラテン語では病気の期間という意味の拡大があって, ここから慢性のという意味が生じた.
 [用例] a *chronic* disease 慢性病/a *chronic* complainer いつでも不平をこぼしている人.
【派生語】**chrónically** 副.

chron·i·cle /kránikl | krɔ́n-/ 名 C 動 本来他〔一般語〕[一般義] 事実や出来事をありのまま年代順に載せた記録, 年代記. [その他] 広い意味で 歴史, 物語. また事実や出来事を記録することから, 新聞の名に付けられることがある. 動 として 年代記に載せる.
 [語源] ギリシャ語 *khronikos* (⇒chronic) の複数形 *khronika* (=annals) がラテン語, 古フランス語を経て中英語に入った.
【派生語】**chrónicler** 名 C 年代記作者.

chronological ⇒chronology.
chronologically ⇒chronology.

chro·nol·o·gy /krənálədʒi | -nɔ́l-/ 名 UC〔一般語〕[一般義] 歴史上の出来事の年代を研究する学問, 年代学. [その他] 出来事を年代順に配列すること, また年代順に並べたもの, 年代記, 年表(chronological table).
 [語源] chrono-「時」+-logy「言葉」. 初期近代英語から.
【派生語】**chrònológical** 形. **chrònológically** 副. **chronólogist** 名 C 年表学者.

chro·nom·e·ter /krənámitər | -nɔ́m-/ 名 C〔一般語〕高精度時計, クロノメーター.
 [語源] chrono-「時」+-meter「…計」. 18世紀から.

chry·san·the·mum /krisǽnθəməm/ 名 C【植】菊.
 [語源] ギリシャ語 *khrusanthemon* (=golden flower; *khrusos* gold + *anthemon* flower) がラテン語を経て初期近代英語に入った.

chub·by /tʃʌ́bi/ 形〔一般語〕人, 動物が 丸々とした, ずんぐりした, 丸ぽちゃの.
 [語源] 北欧語からと思われるが詳細は不明.

chuck /tʃʌ́k/ 動 本来他 名 C〔くだけた語〕ほいと投げる, 投げ捨てる, 比喩的に 仕事などをやめる, 人を見捨てる, 軽くたたく.
 名 として 《英》解雇.
 [語源] 不詳.
【慣用句】**chuck … under the chin** …のあごの下を軽くつつく(★愛情の表現).

chuck·le /tʃʌ́kl/ 動 本来自 名 C〔一般語〕[一般義] 愉快なことがあったり満足を覚えたりし, 低い声で静かに笑う. [その他] 広く 含み笑い[くすくす笑い]をする. またこの語の本来の意味として, 雌鳥がコッコッと鳴く. 名 としてくすくす笑い.
 [語源] 鶏の鳴き声の擬音語である chuck に反復を表す動詞語尾-le が付いたものと思われる. 初期近代英語から. 初めは大声で笑う (laugh) 意味でも用いられたが, 現在は声を抑えた笑いをいう.
 [用例] He sat *chuckling* over a funny book. 彼は面白い本を読んでくすくす笑って座っていた.
 [類義語] ⇒laugh.
【派生語】**chúcklingly** 副.

church /tʃə́ːrtʃ/ 名 CU〔一般語〕[一般義] キリスト教徒の信仰の場としての 教会, 教会堂. [その他] 教会で行う 礼拝, 組織としての 教会, …教会, キリスト教の 教派, 宗派, またキリスト教を信仰して教会に入ることを表し, 牧師の職, 聖職, さらに教会の最高位にあるイエス・キリストを信仰する人々を表し, (the C-) 全キリスト教徒, (集合的に) 会衆.
 [語源] 「主の(家)」を意味するギリシャ語 *kuriakon (dōma)* から派生した後期ギリシャ語 *kurikon* が古英語に cir(i)ce として入った.
 [用例] Do you go to *church* every Sunday? 日曜日の度に教会[礼拝]に行きますか/the Roman Catholic *Church* ローマカトリック教会.
 [類義語] church; chapel; cathedral: **church** はこの

中で中心となる語で，一般にキリスト教の教会をいう．**chapel** は普通教会や学校などに付属する礼拝堂をいうが，英国では英国国教会 (the Church of England) 以外の教会をいうことがある．**cathedral** は教会の中でも司教座 (bishop's seat) のある，その地域の中心となる大聖堂(または単に大教会)を表す．
[関連語] shrine; temple; mosque; synagogue: **shrine** は聖人の遺物・遺骨を収めた教会堂内の聖堂，また日本の神社．**temple** はキリスト教以外の宗教の寺院・神殿で，仏教の寺も含まれる．**mosque** はイスラム教寺院．**synagogue** はユダヤ教の教会．
[慣用句] *as poor as a church mouse* ひどく貧乏な．*enter* [*go into*; *join*] *the church* 聖職につく．*talk church* 宗教談義をする．
[複合語] **chúrchgòer** 名 C 規則正しく**教会へ礼拝に行く人**．**Chùrch of Éngland** 名 固 (the ~)英国国教会．**chúrch sèrvice** 名 C 教会の礼式式．**chúrchyàrd** 名 C 教会付属の墓地(⇒cemetery [類義語]); 教会の境内．

churl /tʃə́ːrl/ 名 C [古風な語] 粗野な男，野卑な男，けちんぼう．
[語源] 古英語 ceorl (=man) から．
[派生語] **chúrlish** 形 粗野な，無作法な．

churn /tʃə́ːrn/ 名 動 [本来他] [一般義] [一般義] バターを作るのに用いる撹乳(かくにゅう)器．[その他] [英]牛乳運搬用の大型の缶．動 として，撹乳器で牛乳を強くかき混ぜる，また水などを激しくかき回す，波立たせる，比喩的に頭を活発に働かせて考えを**生み出す**．自 激しく動く，胃がむかつく．
[語源] 古英語 cyrin から．動 は中英語以降．
[用例] We *churn* our own butter. うちでは撹乳器で自家製のバターを作る/My stomach's *churning* with anxiety. 心配で胃がむかつきそうだ．
[慣用句] *churn out* (くだけた表現) (しばしば悪い意味で) 同じような物をいくつも**作り出す**，粗製濫造する．

chute /ʃúːt/ 名 C [一般義] [一般義] 荷物，洗濯物，ごみなどを運搬，移動のために高い所から落とした滑落させる管や樋，シュート．[その他] 本来は滝，川の急流の意で，この上から下への移動ということから一般義が生じ，(英) 遊び場やプールのすべり台．(くだけた語) パラシュート．
[語源] ラテン語 *cadere* (=to fall) に由来するフランス語 *chute* (=fall of water)が 19 世紀には入ったが，これに英語の shoot の意味が加えられている．ここから元来の滝，急流，ダムなどに作られる射水路の他に，鉱石，石炭，穀物などを勢いよく落下させて下にある貯蔵所などに運搬する装置の意味が生じている．

CIA /síːàiéi/ 名 固 (the ~)シーアイエー (★Central Intelligence Agency (米国中央情報局)の略).

ci·ca·da /sikéidə,-káː-/ 名 C (複 ~s, -dae/di:/) [昆] **蝉**(せみ) (★(米)では locust ともいう).
[語源] ラテン語 *cicada* が中英語に入った．

Cic·er·o /sísərou/ 名 固 キケロ Marcus Jullius Cicero(106-43 B.C.) (★古代ローマの政治家・作家・雄弁家).

ci·der, (英) **cy-** /sáidər/ 名 U [一般義] りんごのしぼり汁, りんごジュース (sweet cider), (英) りんごジュースを発酵させたりんご酒(hard cider).
[語源] 元来アルコール飲料をいい，ヘブライ語 *shēkhār* (=strong drink of grain and honey) を訳したギリシャ語 *sikera* (=intoxicating drink) が後期ラテン

語，古フランス語を経て中英語に入った．英語に入る前からりんご酒の意味があった．
[日英比較] 英語の cider はりんごまたは他の果物の果汁をいい，日本語の「サイダー」とは全く別物である．「サイダー」に相当するのは soda pop．

ci·gar /sigáːr/ 名 C [一般義] 喫煙用にたばこの葉を巻いたもの，**葉巻**(はまき).
[語源] スペイン語 *cigarro* が 18 世紀には入ったが，それ以前の詳細は不明．マヤ語 *sicar* (=to smoke rolled tobacco leaves) に由来するという説もある．
[類義語] ⇒cigarette．

cig·a·rette, cig·a·ret /sìgərét, ⹁—⹁/ 名 C [一般義] 紙巻きたばこ．
[語源] スペイン語 *cigarro* (⇒cigar) に由来するフランス語 *cigare* の指小語 *cigarette* が 19 世紀には入った．
[類義語] cigarette; cigar; tobacco: **cigarette** は刻んだたばこの葉を紙で巻いた普通のたばこ．**cigar** はたばこの葉をそのまま巻いたもの．**tobacco** は喫煙用バイブ用の刻みたばこをいい，たばこの葉や植物のたばこも表す．

Cin·der·el·la /sìndəréla/ 名 C シンデレラ (★童話の女主人公).

cin·e·ma /sínəmə/ 名 C [一般義] [一般義] (主に英) 映画館 (米)movie theater. [その他] (the ~)映画，映画の上映，映画芸術，映画製作，映画産業．
[語源] *cinematograph* の略．
[用例] They don't build many *cinemas* nowadays. 近頃は映画館はあまり建てられない．
[類義語] ⇒movie.

cin·e·mat·o·graph /sìnəmǽtəgræf|-gràːf/ 名 CU (英)映画撮影機，映写機，映画館, (the ~)映画制作技術．
[語源] ギリシャ語 *kinēma* (=motion) にフランス語 *-graphe* (=-graph) が結合された *cinématographe* が 19 世紀に入った．
[派生語] **cinematógrapher** 名 C 映画撮影技師．**cìnematográphic** 形．**cìnematógraphy** 名 U 映画撮影技術．

cin·na·mon /sínəmən/ 名 CU [植] 肉桂(にっけい)の木，薬用，調理用に用いる桂皮，シナモン，またシナモン色，黄褐色．
[語源] ギリシャ語 *kinnamon* がラテン語，古フランス語を経て中英語に入った．

ci·pher, (英) **cy-** /sáifər/ 名 C 動 [本来他] [一般義] [一般義] 前もって決めた規則や記号に基づく**暗号**(法). [その他] 元来この語は数字のゼロ (0) の意で，ゼロであることから**重要性**[価値]のない人[物]，また数字の意味が拡大されて 1 から 9 のアラビア数字も意味するようになり，数字が暗号として利用されたことから一般義が生じ，さらに暗号によって書かれた文，**暗号文**も意味する．動として暗号にする，暗号で書く(encipher)．
[語源] アラビア語 *ṣifr* (=zero)が中世ラテン語，古フランス語を経て中英語に入った．
[用例] He could not read the message because it was written in *cipher*. その書信は暗号で書かれていたので彼には読むことができなかった/He's a mere *cipher* in this organization. 彼はこの組織の中では全く取るに足らない人間だ．

cir·ca /sə́ːrkə/ 前 [形式ばった語] 年号など主に数字の前に付けて，およそ(about) (★学術論文など文章に用い，c., ca. と略すことが多い).
[語源] ラテン語 *circum* (=around; about) から派生

した *circa* が 19 世紀に入った.

[用例] Socrates was born *circa* [c.] 470 B.C. ソクラテスはおよそ紀元前 470 年に生まれた.

cir·cle /sə́:rkl/ [名] [C] [本来義] [一般語] [一義] 図形の円. [その他] 一般に円形をしたもの, また円の内部を含まず円周, 丸, ここから輪, 環, 【地理】緯度, 緯度圏, 惑星の円軌道. 一方, 円の意味が具体物などに拡大されて円形の建物や場所を表し, 円形広場, 円形橋, 劇場の円形バルコニー, 環状道路[線], 環状交差路(rotary). 円はぐるっと回って元に戻ることから, やや抽象的に, 周期(cycle), ひと巡り, 循環, 【論】循環論法. 比喩的にある中心の周りに集まって一つの世界, 社会を形成するものの意味で, …界, …社会, 仲間, 思想, 勢力, 交際, 影響力などの**範囲**. [動] として, …を旋回する, 丸で囲む.
[語源] ギリシャ語 *kirkos* (=ring) に由来するラテン語 *circus* (⇒circus) の指小語 *circulus* (=circle) が古フランス語を経て中英語に入った.
[用例] I find it difficult to draw *circles*. 円を描くのは難しいね/She was surrounded by a *circle* of admirers. 彼女はぐるりを求愛者たちに取り囲まれた/a half *circle*=semi*circle* 半円/the Arctic [Antarctic] *Circle* 北[南]極圏/the *circle* of seasons 四季の循環/The country is caught in a vicious *circle* of political and economic decline. その国は政治と経済の衰退という悪循環に陥っている/He still has a great influence on political *circles*. 彼はまだ政界に大きな影響力がある/literary *circle* 文学界/Please *circle* the word which you think is wrong. 誤りと思う語を丸で囲んで下さい.
[類義語] circle; club; group; society: **circle** は興味, 思想, 活動を中心としてその周りに集まった社会をいう. **club** は主にスポーツや娯楽などを中心に集まった人々の同好会. **group** は単に人や物などが何人[いくつ]か集まった集団をいう. また共通の特徴を持つためにそのように分類されたものをも指す. **society** は規則やしきたりを持つ社会や特定の目的を持つ集まり, 特定の社会, 階層をいう.
[関連語] square (四角形), triangle (三角形), globe (球), cone (円錐形).
[日英比較] 「サークル」という日本語はしばしばクラブ, 同好会の意味で用いられるが, スポーツなどの同好会は英語では club を用いる.
[慣用句] **come full circle** 一巡する. **in a circle [circles]** 輪になって, 円形で. **square the circle** 円と同面積の正方形を求める, **不可能なことを企てる**.
【派生語】**círclet** [名] [C] 小円; 女性の頭などに付ける輪飾り.

cir·cuit /sə́:rkit/ [名] [C] [本来義] [一般語] [一義] ある区域の周囲の**一周, 一巡, 巡回**. [その他] ぐるりと一周することから, **周遊[巡回]旅行**. 一周する地域の円周(の距離), 巡回路, 自動車レースの周回コース, サーキット. 真っ直ぐ行かず回っていくことから, **迂回, 迂回路**, 【電】電流が流れる**回線**, 電気器具の**回路**. 地域の巡回の意味から, 牧師や判事などが職務のために巡回する**巡回地域, 巡回裁判[説教]区**, 巡回して行う**巡回裁判**. 同一の映画, 演劇, ショーなどが巡回興行される**興行系列**, 各地方出身者で行う野球などの**スポーツの連盟, リーグ**. [動] として, …の周囲を回る, …を巡回する.
[語源] ラテン語 *circumire* (=to go around; *circum*- around+*ire* to go) から派生した *circuitus* (=going around) が古フランス語を経て中英語に入った.
[用例] the earth's *circuit* round the sun 地球が太陽の周りを回ること/He ran three *circuits* of the race-track. 彼は競走場を三周走った/short *circuit* 【電】短絡, ショート.
【派生語】**circúitous** [形] 回り道の; 遠回しの, 回りくどい. **circúitry** [名] [U] 電気回路機構. **circúity** [名] [U].
【複合語】**círcuit brèaker** [名] [C] 電気のブレーカー. **círcuit cóurt** [名] [C] 《米》巡回裁判所.

cir·cu·lar /sə́:rkjulər/ [形] [C] [一般語] [一義] 形や動きが円形の, 環状の, らせん状の. [その他] 円形に一回りすることから, 巡回の, 循環性の, 周遊の, 直線的でなくぐるぐる回ることから比喩的に**遠まわしの, 迂遠な, 議論などが堂々めぐりの**. 丸くぐるっと回るということから, **回覧の**. [名] として**宣伝ビラ, 案内状**.
[語源] ラテン語 *circulus* (⇒circle) から派生した後期ラテン語 *circularis* が古フランス語を経て中英語に入った.
[用例] *circular* motion 円運動/The rug is not *circular*—it is oval. その敷物は丸くありません. 卵形です/Your argument seems to be rather *circular*. あなたのおっしゃることはどうも循環論になっています.
[類義語] round.
【派生語】**circulárity** [名] [U] 循環性[論]. **círcularize** [動] [本来義] …に案内状を配る.

cir·cu·late /sə́:rkjuleit/ [動] [本来義] [一般語] [一義] 空気, 血液などが**循環する**. [その他] 循環の意味が拡大して, 事物が人から人, 場所から場所に次々と回されて行くことを表し, **情報, うわさなどが伝わる, 広まる**, 貨幣が**流通する**, 新聞などが**配布される**, パーティーでもてなしのため人の間を**動き回る**. [他] **循環させる**, 貨幣を**流通させる**, **情報を流す**, 書状などを**回覧させる**.
[語源] ラテン語 *circulus* (=circle) から派生した [動] *circulare* (=to form a circle) の過去分詞 *circulatus* が中英語に入った.
[用例] Blood *circulates* through the body. 血液は体内を循環する/There's a rumour *circulating* that she is getting married. 彼女が結婚するといううわさが流布している.
【派生語】**circulátion** [名] [UC] 循環; 伝播(ぱ), 流布; **流通; 発行部数**: What is the *circulation* of the local newspaper? その地方紙の発行部数はどのくらいですか. **círculatòry** [形] 【解】循環の: a *circulatory* system 循環系統.

cir·cum- /sə́:rkəm/ [接頭] 「…の周りに」の意.
[語源] ラテン語 *circus* (=circle) から派生した [前] *circum*- (=around) より.

cir·cum·fer·ence /sərkʌ́mfərəns/ [名] [C] [一般語] [一義] **円周**. [その他] 丸い物の**周囲(の長さ)**, また物, 場所の**外周, 周り**.
[語源] ラテン語 *circumferre* (=to carry around; *circum*- around+*ferre* to carry) から派生した *circumferentia* が古フランス語を経て中英語に入った.
[用例] the *circumference* of a circle [wheel] 円[車輪]の周囲.
【派生語】**cìrcumferéntial** [形].

cir·cum·lo·cu·tion /sə̀:rkəmləkjú:ʃən/ [名] [UC] 【形式ばった】間接的で不必要な**回りくどい, また長らしい言い方, 回りくどい話し方**.
[語源] ラテン語 *circumlocutio* (*circum*- around+*locutio* speaking) が中英語に入った.

cir·cum·nav·i·gate /sə́ːrkəmnǽvigèit/ 動
【本来他】〔形式ばった語〕周航する, 船で回る.
【語源】ラテン語 *circumnavigare* (*circum-* around + *navigare* to navigate) の過去分詞 *circumnavigatus* が初期近代英語に入った.
【派生語】**cìrcumnàvigátion** 名 CU 周航.

cir·cum·scribe /sə́ːrkəmskràib/ 動【本来他】〔形式ばった語〕〔一般語〕周囲に境界線を描く.〔その他〕境界線を引いて周囲を囲む.〔幾〕円を三角[四角]形などに外接させる. また周囲を囲むことから, 限界を示す, 範囲, 行動を制限する, 限定する.
【語源】ラテン語 *circumscribere* (*circum-* around + *scribere* to write) が中英語に入った.
【類義語】restrain.
【派生語】**circumscription**. 名 U.

cir·cum·spect /sə́ːrkəmspèkt/ 形〔形式ばった語〕慎重な, 用心深い, 周到な.
【語源】ラテン語 *circumspicere* (= to look around; *circum-* around + *specere* to look) の過去分詞 *circumspectus* が中英語に入った.
【派生語】**cìrcumspéction** 名 U 慎重さ. **círcumspèctly** 副. **círcumspèctness** 名 U.

cir·cum·stance /sə́ːrkəmstæns/ -stəns/ 名 C 動
【本来他】〔一般語〕《通例複数形で》行動などに影響を与える時間, 場所, 周囲の事情, 状況.〔その他〕周囲の状況, 環境ということから, 付随的な事柄, 偶然の出来事, また事柄などに付随する種々の情報を意味して, 事の次第, 詳細, 人を取り巻く状況の意味で, 人の境遇, 特に経済的な境遇, すなわち暮し向き. 動として《通例受身で》…をある状況に置く.
【語源】ラテン語 *circumstare* (*circum-* around + *stare* to stand) の現在分詞から派生した *circumstantia* (周囲を取り巻いているもの) が古フランス語を経て中英語に入った. 周囲を取り巻いているものということから事情, 状況の意となった.
【用例】In [Under] the *circumstances*, I don't see what I can do. そのような状況なので, 私には何ができるかわからない/Under no *circumstances* must you lend her money. どんな事情があろうが決して彼女には金を貸してはならない/She's in very bad *circumstances*—she's almost penniless. 彼女はとても暮しに困っている. ほとんど一文無しだ.
【類義語】situation.
【慣用句】*according to circumstances* 臨機応変に. *Circumstances alter cases*. 状況が人の取るべき態度を変える. *pomp and circumstance* 堂々とした威儀. *without circumstance* 儀式ばらずに.
【派生語】**círcumstànced** 形 …の事情にある ((語法) 副詞とともに用いる): *circumstanced* as we are 今の事情では. **cìrcumstántial** 形 状況による, 推定上の: *circumstantial* evidence〔法〕状況証拠. **cìrcumstántiàte** 動【本来他】状況を詳述する; 状況証拠を与える.

cir·cum·vent /sə̀ːrkəmvént/ 動【本来他】〔形式ばった語〕策略で巧みに逃れる, 人の計画などを先回りして阻止する, 出し抜く, 人を策略に陥れる.
【語源】ラテン語 *circumvenire* (= to surround; *circum-* around + *venire* to come) の過去分詞 *circumventus* が初期近代英語に入った. 本来は「取り囲む」「囲んで逃げ道を絶つ」の意.
【派生語】**circumvéntion** 名 U 阻止すること, 出し抜くこと, 回避.

cir·cus /sə́ːrkəs/ 名 C 〔一般語〕普通円形の興行場で行われるサーカス.〔その他〕もともと古代ローマで周囲に階段座席のある円形競技場を表し, ここからこれに類似する円形興行場, サーカス小屋, そこで行われる「サーカス」, そこで行うサーカスの一団, サーカスの道化や曲芸から,〔くだけた語〕愉快な人, にぎやかな人, そのような人々のお祭り騒ぎ. また円形競技場ということから, 一般に〔英〕円形広場(★地名に用いられる).
【語源】ラテン語で「円, 円形の競技場」を意味する *circus* が中英語に入った.
【用例】The children went to the *circus*. 子供達はサーカスに行った/Piccadilly *Circus* ピカデリーサーカス(★英国ロンドンの円形広場).

cis·tern /sístərn/ 名 C 〔一般語〕地下の貯水槽,〔英〕屋根の上または内側に設置された貯水用タンク, また水洗トイレの水槽.
【語源】ラテン語 *cista* (= box; chest) から派生した *cisterna* (= reservoir for water) が古フランス語を経て中英語に入った.
【類義語】tank.

cit·a·del /sítadl/ 名 C 〔一般語〕〔一般義〕都市を見渡す高台にあって都市を守る砦, 要塞.〔その他〕砦の意味から, 安全な場所, 避難場所, また比喩的に最後の拠りどころ.
【語源】ラテン語 *civitas* (⇒city) に由来するイタリア語 *cittade* (= city) の指小語 *cittadella* (= little city) がフランス語を経て初期近代英語に入った.
【用例】a *citadel* of freedom 自由の砦.
【類義語】fortress.

citation ⇒cite.

cite /sáit/ 動【本来他】〔一般語〕〔一般義〕文の一節や人の発言などを**引用**する.〔その他〕本来の意味として,〔法〕当事者または証人として法廷に出頭するよう**召喚**する. また人の手柄を公の場で言及して**表彰**するという意味でも用いる.
【語源】ラテン語 *ciere* (= to put into motion; to rouse) の反復動詞 *citare* (= to arouse; to summon) が古フランス語を経て中英語に入った.
【用例】He *cited* similar examples in his defence. 彼は自己弁護のために類似例を引き合いに出した.
【類義語】quote.
【派生語】**citátion** 名 UC 引用, 引用文: a *citation* form 引用形(★辞書の見出しにあるような語の形).

cit·i·zen /sítizn/ 名 C 〔一般語〕〔一般義〕出生または帰化によって市民権を持ち国家に忠誠の義務のある**国民, 市民**.〔その他〕一般に**住民**, 都市に住む**市民**, また軍人や警官に対する一般市民, **民間人**(civilian).
【語源】古フランス語 *cité* (⇒city) から派生した *citeain* がノルマンフランス語 *citezein* を経て中英語に入った. もともと都市の住人, 特に自由民, 自治都市の公民をいった.
【用例】He is French by birth but he is now a *citizen* of the U.S.A. 彼は生まれはフランス人だが現在はアメリカ合衆国の国民である/a *citizen* of the world 世界市民.
【派生語】**cítizenry** 名《the ~; 集合的》市民.

cítizenship 名U 市民としての身分, **市民権**.

cit·ron /sítrən/ 名CU 〔一般語〕[一般義] レモンに似た黄色の柑橘のシトロン. [その他][植] シトロンのなる木, ぶしゅかん, また砂糖漬けのシトロンの皮, またシトロン色, 単黄色.
[語源] ラテン語 *citrus* (= citron tree) が古フランス語 *citron* を経て中英語に入った.
【派生語】**cítrous** 形 柑橘類の. **cítrus** 名C 柑橘類の植物[果物]: **citrus fruit** 柑橘類 (★レモン, オレンジ, ライムなど).

city /síti/ 名C 〔一般語〕[一般義] 村や町より人口が多く重要性の高い自治体, 都市, 市 (★ (米) 町 (town) のうち重要で州の認可によりそれ自体の立法府・行政府を持つ自治体, (英) 町のうち勅許状を受けた自治都市で普通大聖堂 (cathedral) があるもの). [その他] 都市に住む人を表し, (the ~) **市民全体**. また (the C-) (英) ロンドンの中心部, シティ(the City of London), 〔史〕古代ギリシャの都市国家 (city-state). また 《形容詞的に》都市の, 市の.
[語源] ラテン語 *civis* (= citizen) から派生した *civitas* (= citizenship; state; city) が古フランス語を経て中英語に入った. 古英語 burh (= borough) に代って, 初めは人の住む所, 町を表した.
[用例] London is a large *city*. ロンドンは大都市だ/New York *City* ニューヨーク市 〔語法〕都市名の時は大文字]/the *city* police 市警察.
[関連語] village; town; borough: **village** は村, **town** は町, という中で city が市で, この順に規模が大きくなる. town はまた city の中心街・商業地区をいう場合がある. borough は (米) では city より小さい自治体村を, (英) では自治都市を表す.
【複合語】**cíty cóuncil** 名C 市議会. **cíty háll** 名C (米) 市役所. **cíty mánager** 名C (米) 市会から任命された市政担当官. **cíty plánner** 名C 都市計画立案者. **cíty plánning** 名U (米) 都市計画((英) town planning). **cíty-státe** 名C 古代ギリシャの都市国家.

civ·ic /sívik/ 形 〔一般語〕《限定用法》都市の, 市民の, 市民権の.
[語源] ラテン語 *civis* (⇒city) から派生した *civicus* が初期近代英語に入った.
[用例] It is your *civic* duty to keep the city tidy. 町をきちんとしておくのは市民としての義務だ/*civic* center 都市の中心地区, 都心.
【派生語】**cívics** 名U 公民科 (★市民の権利・義務などを扱う社会科の科目).

civ·il /sívil/ 形 〔一般語〕[一般義] 国家・地域社会に属し, 国・社会に対して権利と義務を有する国民の, 市民の. [その他] 軍人, 宗教人に対して一般国民, 市民であることをいい, 一般の人の, 民間の, 文民の, 〔法〕「刑事上の (criminal)」に対して民事の. 市民社会全体を表し, 国家の, 国内の, 市民社会に必要な秩序のあるということから, 野蛮でない, 文明的な, さらにここから礼儀正しい, 丁寧な (《語法》形式だけの礼儀, 冷淡な丁寧さの含みがある).
[語源] ラテン語 *civis* (⇒city) の形 *civilis* が古フランス語を経て中英語に入った. 上述の意味の展開は大体においてラテン語にすでにあったもので, 英語はそれを受け継いだもの.
[用例] *civil* rights 公民権/Divorce cases are covered by *civil* law. 離婚訴訟は民法で扱われる/He was not at all *civil*. 彼は少しも礼儀正しくない.
[類義語] ⇒polite.
【慣用句】*keep a civil tongue in one's head* 礼儀正しく話す.
【派生語】**civílian** 名C 一般国民, 軍人などに対する民間人, 文民. 形 民間(人)の, 一般の. **civílity** 名U 礼儀正しさ. **civilize** を見出し. **cívilly** 副 礼儀正しく, 市民らしく; 民法上.
【複合語】**cívil enginéer** 名C 土木技師. **cívil enginéering** 名U 土木工学. **cívil láw** 名U 民法, 民事法. **cívil márriage** 名UC 民事婚 (★宗教的な儀式をしないで行う結婚). **cívil ríghts** 名《複》市民権, 公民権. **cívil sérvant** 名C 公務員. **cívil sérvice** 名C 行政事務; 《集合的に》文官(部局). **cívil wár** 名CU 内戦, 内乱.

civilise ⇒civilize.

civilization ⇒civilize.

civ·i·lize, (英) **-lise** /sívilàiz/ 動 本来他 (⇒civil) 〔一般語〕[一般義] 原始的な社会や人々を文明化する, 文明国にする. [その他] 教育して社会秩序を身につけさせたり, 知識・作法・習慣などを向上させることをいい, 教化する, 洗練する, また(おどけて)人を礼儀正しくさせる.
[用例] The Romans tried to *civilize* the ancient Britons. ローマ人たちは古代ブリトン族を教化しようとした/Public schools claim to *civilize* their pupils. パブリック・スクールは生徒に教養をつけるといっている.
【派生語】**cìvilizátion** 名UC 文明, 教化; 文明諸国: The *civilization* of the savage tribes proved difficult. 野蛮な種族を教化することは困難であることがわかった. **cívilized** 形 文明化した, 教化された; 礼儀正しい, 洗練された(⇔barbarous).

clack /klǽk/ 動 本来自 〔一般語〕[一般義] 拍子木のような堅い物どうしを打ちつけた時にかちっ[ぱちっ]と鳴る. [その他] 音の類似から, 鶏などがこっこっと鳴く, 人がぺちゃくちゃしゃべる. 名 かちっ[ぱちっ]と鳴る音.
[語源] 擬音語. 古ノルド語 *klaka* (= to chatter) が中英語に入った.
[用例] His chair *clacked* on the floor as he walked around the room. 彼が部屋を歩くと椅子が床でかたかた鳴った.

clad /klǽd/ 形 本来他 〔文語〕…を着た, 身に着けた, …で覆われた, また〔冶〕さびどめや保護飾りとして他の金属を被覆した, クラッディングした. 動 として クラッディングする.
[語源] clothe の過去分詞の古形. 中英語から.
[用例] The man in the portrait was *clad* in silk. 肖像画の男は絹を着ていた/copper-*clad* steel 銅貼り鋼鉄.
【派生語】**cládding** 名U〔冶〕金属に被覆すること, クラッディング; 被覆金属; 建物の外装材.

claim /kléim/ 動 本来他 名CU 〔一般語〕[一般義] 当然の権利として要求する. [その他] 特に所有権を認めるよう主張する, 権利を認めるよう主張することから意味が拡大して, 自分の言うことが事実であると認めるよう主張することを表し, 一般に主張する, 言い張る, 公言する. また《物を要求して》物が要求するものを…が必要とする, 又, 犠牲を要求する, 特に事故などが人命を要求する, すなわち人命を奪う. 名 として, 権利の主張, 要求, 請求, そうした主張をする資格, 権利. また具体的な要求物の意味で請求金, 請求物, 払い下げ請求地.

[語源] ラテン語 *clamare*（＝to cry out）が古フランス語 *claimer*（＝to call; to claim）を経て中英語に入った. clamore と同語源.
[用例] You must *claim* your money back if the goods are damaged. 品物が壊れていたら金を返すよう要求すべきだ／She *claims* not to have met him before. 彼女は前に彼に会ったことはないと言い張っている／Does anyone *claim* this book? この本の持ち主はいませんか《★落し主を捜して尋ねる表現》／His work *claimed* too much of his time. 彼の仕事は時間をくい過ぎた／The car accident *claimed* five lives. その自動車事故は5人の命を奪った／a *claim* for damages 損害賠償請求.
[類義語] ⇒demand.
[日英比較] 商品や計画などに苦情をいうことを「クレームをつける」というが, これは英語の claim と一致しない. make a complaint がこれに相当する. claim は損害などに対する賠償請求の意味に用いる.
【慣用句】*lay claim to ...＝stake a claim to ...* ...に対する権利を主張する. *put [send] in a claim for ...* ...が自分のものだと申し立てる.
【派生語】**cláimant** 名 ⓒ 主張者, 《法》賠償などを請求する原告.
【複合語】**cláim chèck** 名 ⓒ 預かり証, 引換券. **cláim tàg** 名 ⓒ 預かり証.

clairvoyance ⇒clairvoyant.

clair·voy·ant /kleərvɔ́iənt/ 形 ⓒ〔形式ばった語〕[一般義] 視界にないものや普通の人には見えないものを感じ取る能力のある, 千里眼の, 透視力のある. [その他] 洞察力に富む. 名 として千里眼の人, 透視者, 心霊術者.
[語源] フランス語 *clairvoyant*（*clair* clear＋*voyant* seeing）が初期近代英語に入った.
[用例] She asked the *clairvoyant* to communicate with the spirit of her dead husband. 彼女は死んだ夫の霊と話をさせてくれるようにと心霊術者に頼んだ.
【派生語】**clairvóyance** 名 Ⓤ 透視力, 心霊術.

clam /klǽm/ 名 ⓒⓊ 動 [本来自] [一般義] はまぐり類の二枚貝. [その他] 食用にされる貝の肉, まれにつり二枚の貝殻を閉じた様子から比喩的に, 《俗語》無口の人, 口の堅い人. 動 として貝を採る, 潮干狩りに行く, 〈〜 up〉黙り込む.
[語源] 初期近代英語に「貝」の意味で用いられるようになった. 古英語の clamm（＝bond, fetter）に由来する clam（万力）という語の影響で, 二枚の貝が締めつける動作を表したものと思われる.
[用例] She *clammed* up when she discovered he was a policeman. 彼が警官であることがわかると彼女は口をつぐんでしまった.
【派生語】**clámmily** 副. **clámmy** 形 しっとり冷たくてねばつく.

clam·ber /klǽmbər/ 動 [本来自] 名 ⓒ [一般義] 手足を使って苦労してよじ登る(こと), はい登る[降りる](こと).
[語源] 中英語 *clambren* から. それ以前は不詳.
[用例] The children *clambered* over the rocks. 子供たちは岩の上に乗り越えた.
【派生語】**clámberer** 名 ⓒ.

clammily ⇒clam.
clammy ⇒clam.

clam·or, 《英》 **-our** /klǽmər/ 名 ⓒ 動 [本来自] [一般義] [一般義] 大勢の人々による大きく執拗な叫び, 喧噪. [その他] 特に不満や怒りを訴える激しく絶え間のない騒ぎ, また一般にけたたましい騒音. 動 として騒ぎ立てる, やかましい音を立てる.
[語源] ラテン語 *clamare*（＝to cry out）の 名 *clamor* が古フランス語を経て中英語に入った. claim と同語源.
[用例] There was a *clamor* from the audience to have their money returned. 金を返せと要求する観衆の騒ぎがあった／the strident *clamor* 甲高い喧噪.
[類義語] noise.
【派生語】**clámorous** 形.

clamp /klǽmp/ 名 ⓒ 動 [本来他] [一般義] [一般義] 物と物をしっかり留める道具, 締め金, 留め金. [その他] 建築などで用いるかすがい, はしばみ, 《複数形で》やっとこ, 比喩的に締めつけ, 制限. 動 として, やっとこなどで締める, 比喩的に締めつける, 強制する.
[語源] 中オランダ語 *klampe* が中英語に入ったと思われるが詳細は不明.
[用例] They *clamped* the iron rods together. 彼らは鉄の棒を留め合わせた.
【複合語】**clámpdòwn** 名 ⓒ 取締り, 弾圧.

clan /klǽn/ 名 ⓒ 動 [一般義] 先祖や婚姻によって相互関係をもつ集団, 一族, 一門. [その他] もとはスコットランド高地やアイルランドで共通の先祖, 姓を持ち同じ族長に従う**家族集団**. また一般に利害, 目的を共通にする**仲間, 徒党**を表す.
[語源] ラテン語 *planta*（＝plant; sprout）に由来するゲール語 *clann*（＝offspring; family）が中英語に入った.
[用例] All the higher-grade engineers have formed a little *clan* of their own. 高級技師たちはみんな独自の小さな一派を形成している.
【派生語】**clánnish** 形 （悪い意味で）党派的な, 排他的な.
【複合語】**clánsman** 名 ⓒ 同じ氏族の人, 一門の人.

clan·des·tine /klændéstin/ 形 〔形式ばった語〕《通例限定用法》悪い意図のために隠しておいた, 秘密の, 内々の.
[語源] ラテン語 *clam*（＝secretly）から派生した *clandestinus*（＝secret）がフランス語を経て初期近代英語に入った.
[用例] *clandestine* meetings 密会.
[類義語] secret.
【派生語】**clandéstinely** 副.

clang /klǽŋ/ 動 [本来自] 名 ⓒ [一般義] [一般義] 鐘や武器など金属を打った時にがらん[からん]と鳴る. [その他] 鶴などの鳥が耳障りな声で鳴く. また機械や車体などが金属音を立てて動く[進んで行く]. 名 としてがらん[かん, からん]という音, 鶴などの耳障りな鳴き声.
[語源] 擬音語. 初期近代英語から.
[用例] The heavy gate *clanged* shut. 重い扉ががらんと鳴って閉った.
[類義語] clang; clank; clink: **clang** は金属に固いものが当った時く響く音をいう. **clank** は clang より響きも長さも短い音をいう. **clink** は金属やガラスなどが当った時の鋭い小さな音をいう.
【派生語】**clángor**, 《英》**-gour** 名 Ⓤ 連続的な金属音, がらんがらん. **clángorous** 形. **clángorously** 副.

clank /klǽŋk/ 名 ⓒ 動 [本来自] [一般義] 重い金属が固いものに当って, かちん[がん]と鳴る(音).

clannish ⇒clan.

clap /klǽp/ [動] [本来他] [C] [〔一般語〕] [一般義] 手をたたく, 拍手する. [その他] 本来ものをたたいたり, 雷鳴, 銃などによって生じる「ばりばり, ぱーん, びしゃり」という破裂音やそのような音を伴う動きをすることを表し, 音を立てて物を激しく打ちつける, ぶつける, 戸などをぴしゃりと閉じる, また肩や背中などを親しみをこめて平手で軽くぽんとたたく, さらにこのような音を伴う動きからその動きの力強さ, 速さに重点が移り, 〔くだけた表現〕手早く〔さっと置く〔入れる, 当てる, 送る〕. [名] として打つ〔たたく〕こと〔音〕, 拍手.
[語源] 古英語 clæppan (=to throb; to beat) からと思われるが, 古北欧語 klapp (=to pat; to clap) や中ドイツ語 klaph (=to clap; to crack) が中英語に再び入ったものとも考えられる. 元来擬音語. 英語では初め破裂性の音を立てることを意味した.
[用例] When the singer appeared, the audience started to *clap* loudly. その歌手が現れると観衆は大きな音で拍手し始めた/*Clap* your hands in time to the music. 曲に調子を合わせて手をたたきなさい/He gave me a *clap* on the back. 彼は私の背中をぽんとたたいた/a *clap* of thunder 雷鳴.
[類義語] clap; slap; tap; pat: **clap** は手をたたくことを表すが, 相手の注意などを引くために軽くたたく意味でも用いる. **slap** は clap より強く平手でぴしゃりと打つことを表し, **tap** は指先や杖などで軽くこつこつ〔とんとん〕と打つことで, しばしば繰り返し打つことを表す. **pat** はやさしく勇気づけるように手でなでるように軽くたたくことを表す.
[慣用句] **clap eyes on** ...〔くだけた表現〕〔英〕...を見る. **clap on**〔くだけた表現〕すばやく身に付ける.
【派生語】**cl**á**pper** [名] [C] 拍手する人; 鐘〔鈴〕の舌; **clapperboard** [映] かちんこ (★撮影開始の合図に鳴らす).
【複合語】**cl**á**pbòard** [名] [C] 羽目板, 下見板. **cláptrap** [名] [U] 目立ったり称賛を受けることだけをねらった人気取りの話〔行為〕.

claque /klǽk/ [名] [C] 〔一般語〕雇われて政治集会や劇場などで拍手喝采する一団, さくら, また人につきまとうご機嫌取り, スターなどを取り巻く親衛隊.
[語源] フランス語の擬音語 *claquer* (=to clap) から派生した *claque* が 19 世紀に入った.

clar·et /klǽrət/ [名] [U] [形] 〔一般語〕フランスのボルドー産の辛口赤ぶどう酒, クラレット, また一般的に辛口の赤ぶどう酒, このぶどう酒の色から, 赤紫色(の).
[語源] ラテン語 *clarare* (=to clarify) の過去分詞 *claratus* が古フランス語を経て中英語に入った. 現在の意味は古フランス語 *vin claret* (=clarified wine) から.

clarification ⇒clarify.

clar·i·fy /klǽrifài/ [動] [本来他] [形式ばった語] [一般義] 説明したりして理解しやすくする, 明らかにする. [その他] 本来の意味として, 液体の不純物を除く, 澄ませる, またバター, 脂肪を加熱処理して浄化する.
[語源] 後期ラテン語 *clarificare* (=to make illustrious; *clarus* clear+*facere* to make) が古フランス語を経て中英語に入った. 初め暗やみをなくす, 明るくするという意味に用いられ, ここから澄ませることを表すようになった.
[用例] Would you please *clarify* your last statement? あなたが最後におっしゃったことをはっきりさせていただけませんか.
【派生語】**clàrificátion** [名] [UC].

clar·i·net /klærinét/ [名] [C] [楽器] 木管楽器のクラリネット.
[語源] 中世ラテン語 *clario* (⇒clarion) に由来するフランス語 *clarinette* が 18 世紀に入った.
[用例] He played a tune on the *clarinet*. 彼はクラリネットで曲を奏した.
【派生語】**clàrinétist, -néttist** [名] [C] クラリネット奏者.

clar·i·on /klǽriən/ [名] [C] [楽器] 中世時代の澄んだ明るい音色を出すトランペットの一種, クラリオン, また〔詩語〕人を奮い立たせるようなクラリオンの音色〔響き〕.
[語源] ラテン語 *clarus* (=clear) から派生した中世ラテン語 *clario* (=trumpet) が中英語に入った. 高い音色のらっぱで戦いの合図に用いられた.
【慣用句】***a clarion call*** 人を奮い立たせる音, 朗々たる響き.

clar·i·ty /klǽriti/ [名] [U] 〔一般語〕思考などの明晰(めいせき)さ, 明確さ, また音色や液体などの透明さ.
[語源] ラテン語 *clarus* (⇒clear) の [名] *claritas* が初期近代英語に入った.

clash /klǽʃ/ [動] [本来自] [C] 〔一般語〕 [一般義] 大きな音を立ててぶつかる, 衝突する. [その他] 物がぶつかってがちゃんと鳴る, 軍事的に衝突する, 競技などでぶつかる, 激突する, また比喩的に意見や利害などで対立する, 色彩などが互いに対立して調和しない, 釣り合わない, さらに二つのものがぶつかることから, 行事などが重なる, かち合う. [名] として, 意見や利害の衝突, 対立, 不調和.
[語源] 擬音語. 初期近代英語から. この語の始めの部分は clap, clack と共通し, 後半は dash, splash, smash, swash などと共通する. clash は clap が瞬間的な衝突音を表すのに対して, 衝突の結果壊れてがさっと騒音が継続することを表し, ここから衝突に意味の重点が移ったもの.
[用例] Cymbals *clashed*. シンバルがジャーンと鳴った/They *clashed* over the question of whether to approve the plan. 彼らはその計画を認めるかどうかという問題で衝突した/My English lecture *clashes* with my Spanish lecture. 英語の講義がスペイン語の講義とかち合う/a *clash* of opinion 意見の対立.

clasp /klǽsp | klάːsp/ [名] [C] [動] [本来他] 〔一般語〕 [一般義] ベルト, ハンドバッグなどの留め金, 2 つの金具を組み合わせて物を留める締め金. [その他] 物をからめて留めることから, 握りしめること, 握手, 抱擁. [動] として, 物をしっかり留める〔つかむ〕, 手で握りしめる, 腕で抱き締める, つるなどがからみつく.
[語源] 不詳. 中英語から.
[用例] The *clasp* of my necklace is broken. 私のネックレスの留め金はこわれている/She *clasped* the child in her arms. 彼女は子供を腕にしっかり抱き締めた.
[類義語] ⇒grasp.
【派生語】**clásper** [名] [C] 留め金; [植] 巻きひげ.
【複合語】**clásp knife** [名] [C] 折りたたみナイフ.

class /klǽs | klάːs/ [名] [CU] [動] [本来他] 〔一般語〕 [一般義] 共通の特徴を持つ人, 物が形成する種類, 部

類.[その他] 一緒に同じ教科を学ぶ生徒,学生が構成する**学級, クラス, 学年**, その学級で教えられる**授業, 講習会**, また**授業時間**, 《米》一緒に卒業する学生の集団である**同期生**. 本来の意味として, 経済や職業などによる**社会的地位, 社会階層, 社会階級**, 乗り物などに設けられた1等(車), 2等(車)などの**等級**, 品物の品質を表す**等級**, 特にこの等級中で権威のあるものの意味で**高級, 上流, 上品**.【生】同種の動植物の分類を表す**綱**(ミ)(★order より上位で phylum より下位の分類).[動]として**分類する, 等級をつける, ...を...と見なす, 考える**.

[語源] ラテン語 classis (= division of the Roman people; class) がフランス語を経て初期近代英語に入った. 古代ローマで市民を6階級に分類したことから, 英語でも社会階層か階級制度の意味に用いる. また学級, クラスの意味でも早くから用いられている.

[用例] The English *class* begins at ten in the morning. 英語の授業は午前10時から始まる/My father and her father were both in the *class* of 1960. 私の父も彼女のお父さんも1960年の同期生だ/the working *class*(es) 労働者階級/the upper *class*(es) 上流階級/The dog won first prize in its *class* in the dog show. その犬は品評会でその部の1等賞を獲得した/first [second, third] *class* 1 [2, 3] 等.

[日英比較] 日本語の「クラス」は学級を表すが, 英語のclass は授業の単位としてのクラスか, さもなくば「同期生」の意で, 学年全体をいう. 日本語の学級に当たるものは homeroom である.

[語法] 単数形で複数扱いになることがある: Our class is [are] making a model of a helicopter all together. 私たちのクラスでは全員でヘリコプターの模型を作っている.

[類義語]「階級」⇒rank¹.

【慣用句】**be [stand] in a class by oneself** 他に比類もない. **be not in the same class with ...** ...とは比べものにならない. **cut [skip] class** 授業をさぼる.

【派生語】**cláss·less** [形] 階級制度のない, どの階級にも属さない.

【複合語】**cláss-cónscious** [形] 階級意識の強い: She is so *class-conscious* that she won't speak to workmen. 彼女は非常に階級意識が強く労働者とは話もしない. **cláss-cónsciousness** [名] [U]. **cláss·mate** [名] [C] 同級生. **cláss·room** [名] [C] 教室. **cláss strúggle** [名] [U] 階級闘争.

clas·sic /klǽsik/ [形] [C] 〔一般語〕[一般級] 形式やスタイルなどが**古典的な, 伝統的な**.[その他] この語の本来の意味は一流の, 優れた, 最高の, ここから一流である古代ギリシャ, ローマの作品を指して, **古典的な**, またこのような優れたものは目指すべきモデルとなることから, **標準的な, 典型的な**. [名] として**一流の作家, 優れた芸術家, 一流の作品**, あるいは古代ギリシャ, ローマの**古典作品, 古典作家**, またスポーツで非常に重要な**伝統的試合**, さらに**典型, 代表例**.

[語源] ラテン語 classis (⇒class) から派生した classicus (= superior) が初期近代英語に入った. この語はローマ市民の6階級のうち最上位に属することを意味し, ここから権威のあることを意味した. かつて英国の大学で教えた最高級の文学はギリシャ・ローマの古典であったことからギリシャ・ローマの古典作家, 古典文学を表すようになった.

[用例] Hamlet is one of the *classic* works among the Shakespearean tragedies. ハムレットはシェークスピア悲劇の最高傑作の一つだ/Medical students will be able to learn about the *classic* cases of the disease through this textbook. 医学生はこの教科書でその病気の標準的事例を学ぶことができる/a *classic* method 典型的方法/a football *classic* フットボールの伝統試合/I have read all the *classics*. 古典は全部読みました/a *classic* design 正統派のデザイン.

[日英比較] 日本語で古典音楽を「クラシック」というが, 英語では classical music という.

【派生語】**clássical** [形] 《限定用法》文学, 芸術が**古代ギリシャ・ローマの, クラシック(様式)の**, **古典主義の**: He prefers *classical* music to popular music. 彼はポピュラー音楽よりクラシック音楽が好きだ. **clássically** [副]. **clássicism** [名] [U] 【芸術】**古典主義**. **clássicist** [名] [C] 古典主義者, 古典学者.

classification ⇒classify.
classified ⇒classify.

clas·si·fy /klǽsəfài/ [動] [本来語] 〔やや形式ばった語〕[一般級] ある体系や原則に従って**分類する**.[その他] 一般に**類別する, 等級に分ける**, 《米》公文書などを区別して**極秘扱いにする**.

[語源] ラテン語 classis (=class)+-fy. 18世紀から.

[用例] How are the books in the library *classified*? 図書館の本はどのように分類されていますか.

[類義語] classify; sort: **classify** が科学的, 知的規準などで種類別にすることを表すのに対して, **sort** はより口語的で, ある目的や便宜に従って分類すること, out を伴って選別することをいう.

【派生語】**clàssificátion** [名] [UC] 分類, 自然科学や図書の分類法. **clássified** [形] 分類した; 極秘扱いの: **classified ad** 新聞などの項目別広告, 三行広告.

classless ⇒class.

clat·ter /klǽtər/ [動] [本来語] [C] 〔一般語〕[一般級] かたかた[がちゃがちゃ]いう音を立てる.[その他] かたかたと音を立てて進む[行く], べちゃくちゃしゃべる. [他] かたかたと鳴らす. [名] としてかたかた[がちゃがちゃ]いう音, べちゃくちゃしゃべる声 (★rattle より鋭い音をいう).

[語源] 擬音語. 中英語から.

[用例] The children *clattered* downstairs. 子供たちはがたがた音を立てて階下にやって来た/They *clattered* the dishes in the sink. 流しで皿をがちゃがちゃさせた.

【派生語】**clátterer** [名] [C] おしゃべり屋. **clátteringly** [副].

clause /klɔ́:z/ [名] [C] 【文法】**節**, 【法】**約, 法律の条項**.

[語源] ラテン語 claudere (= to close) の過去分詞 clausus から派生した clausula (= closing) から逆成された中世ラテン語 clausa が古フランス語を経て中英語に入った.

[用例] a noun *clause* 名詞節/an adjective *clause* 形容詞節/an adverb *clause* 副詞節/This *clause* means that you cannot receive money until you are twenty-five. この条項はあなたが25歳になるまで金を受け取れないことを意味する.

claus·tro·pho·bia /klɔ̀:strəfóubiə/ [名] [U] 【医】**閉所恐怖症, 密室恐怖症**.

[語源] ラテン語 *claustrum* (= enclosed place)+

-phobia (=fear). 19世紀から.
[関連語] agoraphobia (広場恐怖症); acrophobia (高所恐怖症).
【派生語】**clàustrophóbic** 形名C 閉所恐怖症の(人).

clav·i·chord /krǽvəkɔ̀ːrd/ 名C 【楽器】クラビコード(★ピアノの前身).
[語源] ラテン語 *clavis* (=key)+*chorda* (=string) から成る中世ラテン語 *clavichordium* が中英語に入った.

clav·i·cle /klǽvikl/ 名C 【解】胸骨と肩甲骨を結ぶ一対の骨, 鎖骨(collarbone).
[語源] ラテン語 *clavis* (=key) の指小語 *clavicula* がフランス語を経て初期近代英語に入った. 戸のさし錠に形が似ていることからといわれている.

claw /klɔ́ː/ 名動 [本来他] [一般語] [一般名] 鳥類, 爬虫類, 動物の角質で鋭いかぎつめ. [その他] かぎつめのある足, かぎつめと同じような働きをする, えび, かに, さそりのはさみ, かぎつめに形の似たもの, 金づちのくぎ抜きなど. 動として, かぎつめで引っかく, つかむ, 裂く, 穴をあける.
[語源] 古英語 clawu から. 印欧祖語 *gel-* (=to form into a ball) に由来し, 「丸く固める」ことから「しっかりつかむ(もの)」が原義.
[用例] The cat sharpened its *claws* on the treetrunk. 猫は木の幹でつめを研いだ.
[類義語] nail.
【慣用句】 *claw back* 苦労して取り戻す.

clay /kléi/ 名U 〔一般語〕[一般名] 陶磁器の原料などに用いられる土, 粘土. [その他] 一般に土, 泥, また〔文語; 詩語〕神が人間を土から作ったといわれることから, 象徴的に肉体, 身体.
[語源] 古英語 clǽg から. 印欧祖語 *glei* (=to stick together) に由来し, 「べたべたくっつくもの」が原義.
[用例] My garden soil has a lot of *clay* in it. うちの庭の土は粘土質を多く含んでいる/*clay* bricks 粘土で作ったレンガ.
【派生語】 **cláyey** 形 粘土の.
【複合語】 **cláy cóurt** 名C テニスのクレーコート.

cláy pígeon 名C クレー射撃の粘土製の標的の; 〔俗語〕たやすい仕事, カモにされる人 (★粘土の標的のように動かず簡単に当たることから).

cláy pípe 名C 土管.

clean /klíːn/ 形 副 動 [本来他] 〔一般語〕物や体に汚れがなく, 清潔な. [その他] もともと汚れがなくきれいであることも, 汚れを除いてきれいにしてあることも意味し, このことから, 新しい, 未使用の, 洗いたての, 未使用で新しいということから, 特に紙や書物について, 何も書いてない, 白紙の, 書き込みがない, 原稿などに訂正のない, 比喩的に精神的, 道徳的に汚(けが)れのない, 無垢な, 犯罪を犯していない, スポーツなどのルールを守りフェアな. さらに広い意味に用いて, 障害がなくすっきりしている, ごてごてしていない, 格好のよい, 形が整っている, はっきりしている, 鮮やかな, あいまいな点がない, 完全な, 決定的な. 副 としてきれいに, すっかり, 全く. 動 としてきれいにする, 掃除する, 洗濯する.
[語源] 古英語 clǽne (=clean; pure) から. 初め光沢や透明さを曇らせるものがないことを表し, ここから汚れがなく清潔なことを意味するようになった.
[用例] a *clean* room 清潔な部屋/Cats are *clean* animals. 猫はきれい好きな動物だ/a *clean* sheet of paper 白紙(まだ使ってない紙)/He has a *clean* record. (=His record is *clean*.) 彼は犯罪歴はない/The ship has *clean* lines. その船はすっきりした船型をしている/a *clean* hit 快打, クリーンヒット/A new broom sweeps *clean*. 《ことわざ》新人はいろいろ変化をもたらす/*Clean* your room at once. すぐ部屋を掃除しなさい.
[類義語] clean; clear: この2語は英語では必ずしも類義語とはいえないが, 日本人には「きれいな」という共通の訳語によって類似しているように思われる. **clean** は汚れがなくて清潔であることを強調するのに対して, **clear** は輝いていることや, 遮る物がないことを強調する語である. 従って clear は「明らか」で「確か」で「じゃまがない」意に使われる.
[反意語] dirty; foul.
【慣用句】 *clean out* すっかりきれいに掃除する; 人を追い払う, 一掃する. *clean slate* 汚点のない経歴. *clean up* すっかり片づける, 仕事を完成させる; 〔俗語〕大もうけする. *come clean* 白状する. *have clean hands* やましいことがない. *keep one's nose clean* ごたごたに巻き込まれないようにする, 自分の仕事に専念する. *make a clean breast of it* 罪を認める, 告白する.
【派生語】 **cléaner** 名C きれいにする人[もの], 掃除器, クリーニング屋《人》,《複数形で》クリーニング店. **cléaning** 名U 掃除, 洗濯, クリーニング. **cléanly** 副 きれいに, きちんと. **cléanness** 名U.
【複合語】 **cléan-sháven** 形 ひげをきれいにそった. **cléanùp** 名C 大掃除, 一掃, 粛清, 浄化; 〔俗語〕大もうけ; 【野】4番打者.

cleanliness ⇒cleanly¹.

clean·ly¹ /klénli/ 形 〔形式ばった語〕きれい好きな.
[語源] 古英語 clǽnlīc (=pure) から.
【派生語】 **cléanliness** 名U.

cleanly² ⇒clean.

cleanness ⇒clean.

cleanse /klénz/ 動 [本来他] 〔形式ばった語〕傷口などを薬品を使って清潔にする, 比喩的に悪いものを追い払って清める, 浄化する.
[語源] 古英語 clǽne (=clean) の 動 clǽnsian から.
[用例] This cream will *cleanse* your skin. このクリームは肌の汚れを落とす/He felt that he had been *cleansed* of guilt. 彼は罪が洗い清められた気持がした.
【派生語】 **cléanser** 名C 洗剤, 磨き粉.

clear /klíər/ 形 副 動 〔一般語〕[一般名] 障害となるものや遮るものがなくはっきりした, 明白な, 鮮明な. [その他] 日や光を遮る雲や暗さがなく明るい, 晴れている, 色彩を暗くする濁りがなく澄んでいる, 冴えている, ガラスや水などに汚れがなく透明な, きれいな, 音不明瞭なものがなく音色が澄んでいる, 良心に濁りがなく潔白である, やましいことがない. また場所について, 道などに通行の妨げとなるものがない, 土地に木など障害がない, 広々としている. 副 としてはっきりと, 邪魔にならないように離れて, 全く, すっかり. 動 として, 邪魔なものを取り除く, 一掃する, テーブルから食器を片づける, 疑いを晴らす, 身の潔白を証明する, 邪魔な木を切って土地を開墾する, 船から積荷を片付ける, 降ろす, サッカーなどの球技でボールを外に出す, クリアーする, 電算機のデータを消去する. また借金, 関税を支払う, 勘定を清算する, 咳をしってたんを除く, 困難を乗り越える, 法案などが議会, 委員会を通過する, 承認を得る, 暗号を解読する, 問題を解く, 検査を通る.

[語源] ラテン語 *clarus*(=clear-sounding; clear; bright) が古フランス語 *cler* を経て中英語に入った. 光や色が明るいこと, 鮮やかであることが元来の意味であるが, これに clean の意味が結び付いて種々の意味が生じた. 多くの意味はすでにフランス語の時からあったものであるが, 障害を取り除いて邪魔なものがないことや, ここから派生した意味である片付ける, 通過するなどは英語独白の発展である.

[用例] a *clear* day 晴れた日/a *clear* blue 澄んだ青/She has a *clear* resonant voice. 彼女は明瞭で朗々たる声をしている/a *clear* conscience 良心にやましいことがないこと/He gave a very *clear* explanation. 彼は極めて明解な説明をした/Are you quite *clear* about what I mean? 私のいわんとすることがちゃんとわかってますか/a *clear* space 空き地/I hear you loud and *clear*. あなたの声が大きな音ではっきり聞えます/*Clear* the windshield of mist before you get in the car. 車に乗る前にフロントガラスの曇りをとりなさい/The athlete *cleared* the bar at his first jump. その選手は1回目の跳躍でバーをクリアした/The plan *cleared* the committee. その計画は委員会を通過した.

[類義語]「明るい」⇒bright.「明瞭な」⇒obvious.

【慣用句】*clear away* 片付ける, 掃除する: She *cleared away* the rubbish. 彼女はごみを片付けた. *clear of* ... ...から離れて: Stand well clear of the doors! ドアから離れていなさい. *clear off* 片付ける; 借金を払う;〔俗語〕突然立ち去る, ずらかる. *clear out* 建物から急いで出て行く, 不用品を処分する, 片付ける. *clear the air* 正直に話し合って誤解を取り除く. *clear up* 問題などを解決する, 説明してはっきりさせる, 片付ける; 空が晴れる, 元気が回復する. *in the clear*〔くだけた表現〕疑いが晴れて, 危険がなくなって. *out of a clear (blue) sky* 突然に, にわかに. *see one's way clear* 障害がないことがわかる. *steer clear of* ... 危険な人, ものを避ける, 迂回する.

[派生語] clárify ⇒見出し. clárity ⇒見出し. cléarance 名 UC 整理, 取り片づけ; 場所のゆとり, 余裕; 通関手続, 承認手続, 手形の清算; 大売り出し (★*clearance sale* ともいう): Have you received *clearance* from the managing director for that project? 常務からその企画の承認を得ましたか. **cléaring** 名 U 清掃, 障害を取り除くこと; 森林の開墾, 開墾地;〔商〕手形の清算; **clearing house**【商】手形交換所; 情報センター. **cléarly** 副 明瞭に, はっきりと;〔文修飾副詞として〕明らかに. **cléarness** 名 U 明るさ, 明晰(めいせき), 透明.

【複合語】**cléar-cút** 形 明確な, 輪郭のはっきりした. **cléarhéaded** 形 頭の冴えた. **cléar-síghted** 形 視力の鋭い, 明敏な.

cleavage ⇒cleave.

cleave /klíːv/ 動 [本来他]〔過去 ~d, cleft, clove; 過分 ~d, cleft, clove〕〔古語〕[一般義] 斧などでたたき割る, 裂く. [その他] 道などを切り開いて進む, 船が波を切るように進む.

[語源] 古英語 *clēofan* から.

[用例] He can *cleave* a tree with one blow of his axe. 彼は斧の一振りで木を切り裂くことができる.

[派生語] **cléavage** 名 C 裂け目, 社会階層などの溝;〔くだけた語〕女性の乳房の間のくぼみ: Men stared at her *cleavage*. 男達は彼女の胸の谷間をじろじろ見た.

cléaver 名 C 肉切り用の大包丁.

clef /kléf/ 名 C 【楽】音部記号 (★音符の音度を示す記号で, G (treble), F (bass), C (tenor or alto) の3種がある).

[語源] ラテン語 *clavis* (=key) がフランス語を経て初期近代英語に入った.

[用例] a G *clef* ト音記号/an F *clef* ヘ音記号/a C *clef* ハ音記号.

cleft /kléft/ 動 名 C 形〔一般語〕cleave の過去・過去分詞. 名 として裂け目. 形 として割れた, 裂けた.

【複合語】**cléft séntence** 名 C 【文法】分裂文 (★ It is ... that [who; which] ... のような強意構文).

clemency ⇒clement.

clem·ent /klémənt/ 形〔形式ばった語〕[一般義] 天候などが温暖な. [その他] 敵や違反者などに対して寛大な, 情け深い.

[語源] ラテン語 *clemens* (=merciful) が中英語に入った.

[用例] a *clement* autumn day 穏やかな秋日.

[反意語] inclement.

[類義語] mild.

[派生語] **clémency** 名 U. **cléments** 副.

clench /kléntʃ/ 動 [本来他] [一般義] こぶしを固める, 歯をくいしばる, 堅く口を結ぶ. [その他] 物をしっかりと握る, やや比喩的に, 身構えして心体を硬直させる. 名 として, 歯をくいしばること, 物を握りしめること.

[語源] 古英語 beclencan などの -clencan (= to make cling) の部分から.

[用例] The dying man *clenched* the doctor's hand in agony. 死にかけている男はもだえて医者の手をぎゅっと握った.

[類義語] grasp.

cler·gy /kláːrdʒi/ 名〔一般語〕(the ~; 複数扱い) 聖職者 [語法] priests, ministers, rabbis などを集合的に表す; 1人をいう場合は clergyman を用いる).

[語源] 後期ラテン語 *clericus* (⇒clerk) に由来する古フランス語 *clerc* から派生した *clergie* が中英語に入った.

[派生語] **clérgyman** 名 C 牧師 [類義語] clergyman; minister; parson; pastor: **clergyman** はこの中で一番意味が広く,《英》では英国国教会の bishop (主教)を除いた priest (司祭), deacon (執事または助祭)および教区牧師の rector (教区主任司祭), vicar (教区主任(代理)司祭),《米》では他の聖職者も含めて聖職者一般を表す. **minister** は主にプロテスタント教会系の牧師をいい,《英》では英国国教会に属さない宗派の牧師, 特に長老教会派の牧師を意味する. **parson** は《英》では英国国教会の教会・教区の司祭,《米》では一般に教会・教区牧師をいう. **pastor** も教会・教区を受けもつ牧師を一般に表す語で, 主に地方の教会牧師をいう.《英》では英国国教会以外の牧師, 特にプロテスタントの牧師を表す.

cler·ic /klérik/ 名 C〔一般語〕聖職者, 牧師.

[語源] ギリシャ語 *klēros* (=clergy) の 形 *klērikos* に由来する後期ラテン語 *clericus* が初期近代英語に入った.

cler·i·cal /klérikəl/ 形〔一般語〕[一般義] 牧師の, 聖職(者)の. [その他] 牧師が記録や書記の仕事をしたことから, 事務(員)の.

[語源] 後期ラテン語 *clericus* (⇒clerk) の 形 *clericalis* が初期近代英語に入った.

[用例] The fact that the wrong bill was sent to

you was the result of a *clerical* error. 間違った請求書があなたに送られたのは事務上の誤りの結果だった.
【派生語】**clérically** 副.

clerk /klə́ːrk | kláːk/ 名 C 〔一般語〕 一般義 会社, 役所などの**事務員, 職員**. その他 古くは**牧師, 聖職者**の意. ここから教会の書記や事務を行う一般人の意味が生じ, さらに法廷や議会などの記録をとる**書記, 事務官**, 一般義の「**事務員, 職員**」, 銀行の**行員**. さらに《米》商店の**店員, 売り子**, ホテルの予約登録や配室を行う**従業員, フロント**.
語源 ギリシャ語 *klērikos* (⇒cleric)に由来する後期ラテン語 *clericus* (=priest)が古英語に入った. 古くは牧師を表した. また当時読み書きができるのは学問のある聖職者であったため scholar と同じ意味で用いられた. 聖職者は記録, 公証人, 秘書の仕事を行ったので, ここから書記, 事務官[員]の意味となり, 他の意味は古語となった.
用例 a municipal *clerk* 市の書記[職員]/a bank *clerk* 銀行員/a file *clerk* 文書係/She is a *clerk* in the supermarket. 彼女はスーパーの店員だ.

clev·er /klévər/ 形 〔一般語〕 一般義 覚えや理解が速く**利口な**. その他 頭の回転が速く物事を巧みにこなすことから, **器用な, 上手な**, 考えや言葉に**如才がない**, また《悪い意味で》知恵や頭のよさが表面的で, 深さ, 健全さを欠くことを表す, **ずるい, 利口ぶった, 小利口な**.
語源 スカンジナビア語からともいわれるが不詳.
用例 a *clever* student 利口な学生/He's *clever* with hands. 彼は手先が器用だ/How *clever* his ideas are! なんて彼の考えは気が利いているんでしょう.
類義語 clever; bright; brilliant; intelligent; smart; wise: **clever** は頭のよさを表すが, 理解の深さや速さに意味の重点がある. **bright** は話し方, 態度に現れる利発さをいい, clever のような器用さは意味しない. **brilliant** は才気あふれ, 際立って聡明なことで, bright より意味が強い. **intelligent** は知的能力が高く適応力や問題解決のための力があることを表す. **smart** は人に先んずるような行動に現れる敏捷さを伴う頭のよさを意味するが, 「悪賢い」という意味でしばしば使われる. **wise** は状況に対する判断力, 人に対する思慮深さのあることを, 形式ばった語である.
【派生語】**cléverly** 副. **cléverness** 名 U.

clew /klúː/ 名 C 〔古語〕糸を巻いた玉, **糸玉, 毛玉**. また**糸口** (★clue の異形).
語源 古英語 *cliewen* から.

cli·ché, cli·che /kliːʃéi ́– ́–/ 名 CU 〔一般語〕 一般義 使い古されて表現力を失った**決り文句**, つまらない**慣用句**. 文学, 音楽, 美術などの**陳腐な筋立て[モチーフ]**, 特に行動, 話題, 考えなどの変りばえしない描き方, **月並み**, 食堂のメニューの品目がどこにでもあるありきたりのもの. また, この語の本来の意味も表し,《印》**クラッチ版**(★ステロ版・電気版の類).
語源 フランス語 *clicher* (=to stereotype)の過去分詞 *cliché* が名詞用法として 19 世紀に入った. 初めて印刷のステロ版を表し, そこからステロ版のように型にはまった決り文句が, 常套句の意味が生じた.
用例 'We're just good friends' has become a *cliché* among film stars.「私達は実に良い友人です」という表現は映画スターの間では決り文句になっている.

click /klík/ 名 C 動 本来義 〔一般語〕 錠や掛け金などがかかる時の軽く鋭い**かちっという音**. その他 かちっと鳴ってはまる[しまる]装置をいい, **掛けがね, 歯車止めの爪**. 動 としてかちっという音がする, かちっと音が鳴って装置に収まる, 転じて〈くだけた語〉言われたことの意味などがはっとわかる, ぴんとくる, 友人や男女などがしっくりいく, 映画, 劇が大当たりする, **大成功を収める**. かちっと鳴らす,《コンピューター》**クリックする**.
語源 擬音語. 初期近代英語から.
用例 Did you take the photograph? I didn't hear the *click* of the camera. 写真を撮りましたか. 私にはカメラのかちっという音が聞こえませんでしたが/The gate *clicked* shut. 扉はかちりと閉まった/It's just *clicked* what you meant me to do. 君が私に何をさせようとしたのかぴんときた.

cli·ent /kláiənt/ 名 C 〔一般語〕 一般義 **弁護士, 会計士などの専門家に助言や忠告を求める依頼人**(★会社などの組織も含む). その他 **医師の患者, 商店などの顧客**,《米》**福祉機関の援助を受けている人**.
語源 ラテン語 *cliens* (=follower; retainer)が古フランス語を経て中英語に入った. 元来保護を求めて他人に依存する人の意味で, 古代ローマの被護民を表し, 有力者の保護を求める人の意味から特に弁護士などの依頼人をいうようになった.
用例 That hairdresser is very popular with his *clients*. あの美容師は顧客にとても人気がある.
【派生語】**cliéntal** 形. **clièntéle** 名 C (the ∼または one's ∼)〔集合的〕**訴訟依頼人, 顧客, 患者**. **cliéntless** 形.

cliff /klíf/ 名 C 〔一般語〕海に面した**岩壁, 絶壁**, あるいは一般に**崖**(がけ).
語源 古英語 *clif* から.
用例 the *cliff* overhanging the sea 海に突き出ている絶壁/the white *cliffs* of Dover ドーバーの白亜の岩壁.
類義語 cliff; precipice: **cliff** は主に海岸の絶壁を表す. **precipice** は cliff より形式ばった語でほぼ同じ意味に用いられるが, cliff より険しい崖や山の断崖などをいう.
【複合語】**cliff hànger** 名 C **最後まではらはらさせる試合[映画]**.

climactic ⇒climax.
climactical ⇒climax.

cli·mate /kláimət/ 名 UC 〔一般語〕 一般義 長期的, 平均的に見た, ある地方に支配的な気象状況, **気候**. その他 一定の気候上の特徴を有する**地方**, またその**風土**, 比喩的にある地域, 社会, 時代に支配的な**傾向, 風潮, 思潮, 情勢, 精神的な風土**.
語源 ギリシャ語 *klima* (=inclination; slope)がラテン語, 古フランス語を経て中英語に入った. 本来赤道から両極に向かう地球の傾きを表し, 古い時代には地球の2つの緯線に挟まれた地帯, 地域をいい, 7つの惑星に支配された 7 地帯 (7 climates) があると考えられていた. ここからこの地帯に特有な気候を表すになった.
用例 Britain has a temperate *climate*. 英国は温暖な気候である/The doctor advised me to move to a warmer *climate*. 医者はもっと暖かい地方に転地するように私に忠告した/the political *climate* 政治風土.
類義語 ⇒weather.
【派生語】**climátic**, **-cal** 形. **climátically** 副. **clìmatólogy** 名 U **気候学, 風土学**.

cli·max /kláimæks/ 名 CU 動 本来義 〔一般語〕 一般義 経験や一連の出来事の中で興味や興奮が最高

点に達する部分, **絶頂**. 〖その他〗ドラマ, 文学や音楽で一番盛り上がる場面, **クライマックス**, **最高潮**, 女性的絶頂, オルガスム(orgasm), 〖修〗一連の句や文を徐々に高調させる修辞法の**漸層法**.
【語源】ギリシャ語 klinein (= to lean; to slope) から派生した klimax (=ladder) がラテン語を経て初期近代英語に入った. 英語では初め借用したラテン語の修辞法としての漸層法を意味したが, やがて誤用により絶頂の意味が加わり, これが一般的となった.
【用例】The trip to Rome will be the *climax* of our journey. ローマへの旅行は旅のクライマックスになるだろう.
【派生語】climáctic, -cal 形 クライマックスの.

climb /kláim/ 動 本来自名 C 〖一般語〗〖一般語〗歩いたり手を使ったりして, 山や階段などを登る, 木や塀などをよじ登る. 〖その他〗床の高い自動車に**乗り込む**, 飛行機に**乗る**, 足だけでなく手も使って登ることから, 苦労しながら進む, 徐々に登る, ゆっくり上昇することなども表し, 太陽や月などが**だんだん昇る**, 道が**登り坂になる**, 温度が**上昇する**, 数字が…に**達する**, 植物が巻きついて登る, 煙が**上がる**, 比喩的に努力して**地位を向上させる**, **出世する**, 知的に**向上する**. 他 としても用いられる. 名 として**登る**こと, **登山**, **上昇**, **上り坂**.
【語源】古英語 climban から.
【用例】He *climbed* up the ladder. 彼ははしごを登った/The prisoners tried to *climb* over the jail wall. 囚人達は刑務所の塀をよじ登って乗り越えようとした/The moon has just *climbed* on the horizon. 月はちょうど地平線の上に昇ったところだ/He *climbed* to the top of his company. 彼は会社の社長にまで出世した/*climb* a mountain 登山する.
【類義語】go up.
【日英比較】climb は「登る, 上がる」の意味に用いるが, 普通は人が手足を用いて登ることを表し, エレベーターなどで上がることは意味しない. エレベーターの場合は go up を用いる.
【慣用句】*climb down* 手足を使ってはい降りる; 引き下がる. *climb into [out of]* … 〔くだけた表現〕衣服をすばやく着る[脱ぐ]. *climb (up) the wall* 〔くだけた表現〕困難な局面に非常に緊張する, かっーとなる.
【派生語】clímber 名 C 登山者, よじ登る人; つたのようには登る植物. clímbing 名 U 登山, よじ登ること. 形 よじ登る; 〖植〗つる性の.
【複合語】climb-dòwn 名 C 〔くだけた語〕譲歩, 態度を軟化すること.

clinch /klíntʃ/ 動 本来他 名 C 〖一般語〗〖一般語〗板などに打ち込んで貫通させたくぎの先を曲げたりつぶしたりしっかり留める. 〖その他〗しっかり留めることから, 物をしっかり**締めつける**, **固定する**, ここから転じて, 〔くだけた語〕議論, 取引, 勝負などにはっきり**決着をつける**. 自 くぎの先を折り曲げる行為から, 相手に腕をからませる, 抱くことなどを表し, ボクシングで**クリンチする**. 〔くだけた語〕恋人などが**激しく抱擁する**. 名 として, 貫通したくぎの折り曲げ部分, **クリンチ**, **激しい抱擁**.
【語源】clench の異形.
【用例】The businessmen *clinched* the deal. その実業家達は取引を締結した/The lovers *clinched* passionately. 恋人達は激しく抱き合った.
【派生語】clíncher 名 C 〔くだけた語〕決定的な議論, 決め手.

cling /klíŋ/ 動 本来自 〔過去・過分 **clung**〕〖一般語〗〖一般語〗離れないようにしがみつく. 〖その他〗手で**抱きつく**, 物が**絡みつく**, のり付けしたようにぴったり**くっつく**, くっついているかのように離れないで**まつわりつく**, 比喩的に信念, 習慣, 伝統などに**固執する**, **執着する**, **頼る**.
【語源】古英語 clingan (= to adhere; to stick together) から.
【用例】The mud *clung* to her shoes. 泥が彼女の靴にこびり付いた/She *clung* to her husband as he said goodbye. 夫がさようならといった時彼女は夫にしがみついた/*cling* to old-fashisned belief 時代遅れの信念に執着する.
【類義語】stick².
【派生語】clínging 形 服がぴったりとした; 人にまとわりつく. clíngy 形 = clinging.

clin·ic /klínik/ 名 C 〖一般語〗外来患者を対象に専門科目の検査, 診察, 治療にあたる, 総合病院や大学病院に付属する**診療所**. 〖その他〗個人の専門的な病院, **クリニック**, 本人, 患者の診察, 治療などを学生に教える**臨床講義**, 《主に米》一般に人々の相談にのり助言や忠告を与える**相談所**, 各種の技能を教える**施設**, **学校**.
【語源】ギリシャ語 klinē (= bed) の 形 klinikos から派生した klinikē (= clinical method) がフランス語を経て初期近代英語に入った.
【用例】He is attending the skin *clinic*. 彼は皮膚科の診療所に通っている/a golf *clinic* ゴルフ教室.
【類義語】hospital.
【日英比較】日本語では「…クリニック」として個人の専門病院をいうが, 《米》では病院の各科の診察室をいい, 専門医がグループで研究・検査・診療を行う.
【派生語】clínical 形 臨床の, 臨床上の; 病院のように飾り気のない, 冷たい, 冷静な, 客観的な. clínically 副. clinícian 名 C 臨床医.

clink /klíŋk/ 名 C 動 本来自 〖一般語〗ガラスや金属片を打った時のような**ちりん[かちん]という音**. 動 としてち**りん[かちん]と鳴る**. 他 の用法もある.
【語源】中オランダ語の擬音語 klinken が中英語に入った.
【用例】The coins *clinked* in his pocket. 硬貨がポケットの中でちゃりんと音を立てた.
【類義語】⇒clang.
【派生語】clínker 名 C 溶鉱炉の中にできる不純物の塊, **クリンカー**; 〔俗語〕へま, 失敗, 特に音楽の演奏で音を外すこと.

clip¹ /klíp/ 動 本来他 名 C 〖一般語〗〖一般語〗はさみで**切り込みを入れる**, **切り取る**. 〖その他〗髪を切る, 羊の毛を刈り取る, 新聞, 雑誌などの記事を**切り抜く**, 切符にはさみ[パンチ]を入れる. 切って短くすることから比喩的に, 音節, 語の一部を**短縮する**, **省略する**, 権力などを削ぐ. 物を切り取ることから, 〔俗語〕人から金をだまし取る, 特に料金を取る. また打つ動作との類似から, 〔俗語〕**素早く鋭くなぐる**. 自 **切り抜く**, **素早く動く**. 名 として切る[刈る]こと, 一季節に刈り取った羊毛の量, 新聞, 雑誌などの**切り抜き**, フィルムの一部を切り取ったもの, 〔くだけた語〕**強打**.
【語源】古ノルド語 klippa (= to cut) が中英語に入った. はさみで切る意味に擬音語的影響が加わって「ぱちんと切る」という鋭い動作と結び付いた意味を持つようになったと思われる.
【用例】The shepherd *clipped* the sheep. 羊飼いは羊の毛を刈り取った/He *clips* his words when he

speaks, especially when he's in a hurry. 急いでいる時に特にであるが,彼は話す時に言葉をはしょる/She gave him a *clip* on the ear. 彼女は彼の横っ面をぶん殴った.
【慣用句】*clip one's wings* 力を削ぐ,したい放題ができないようにする.
【派生語】**clípped** 形 語の一部が省略された: clipped word 切株語《★gym, math のような語》. **clípper** 名 C《複数形で》はさみ,バリカン,クリッパー船《★19世紀に用いられた快速帆船で船首が鋭い》. **clípping** 名 UC 切ること,切り取ったもの.
【複合語】**clíp jòint** 名 C《俗語》料金をぼる店.

clip² /klíp/ 名 動 本来比 〔一般語〕一般義 ものを挟んで留める留め具,クリップ. その他 書類を留める紙ばさみ,万年筆の留め金具,ネクタイ留め,クリップ留めの装身具. 動 として,クリップでしっかり留める.
語源 古英語 clyppan (=to embrace) から. 名 は中英語から.
用例 a tie *clip* ネクタイピン/a paper *clip* 紙ばさみ/*Clip* these papers together. この書類を一緒に留めて下さい.
【複合語】**clíp àrt** 名 U《コンピューター》文書中に挿入するための既成の画像データ,クリップアート. **clípbòard** 名 C 紙ばさみ付き筆記板.

clipped ⇒clip¹.
clipper ⇒clip¹.
clipping ⇒clip¹.

clique /klíːk/ 名 C〔一般語〕《悪い意味で》少人数の排他的なグループ,徒党,派閥.
語源 フランス語 *cliquer* (=to make a noise) の 名 が18世紀に入った. 本来は擬音語.
用例 a golf-club *clique* ゴルフクラブの仲間.
【派生語】**clíquish** 形 排他的な,徒党的な.

clit·o·ris /klάitəris, klít-/ 名 C〔解〕陰核,クリトリス.
語源 ギリシャ語 *kleitoris* (=small hill) に由来する近代ラテン語が初期近代英語に入った.

cloak /klóuk/ 名 C 動 本来比 〔一般語〕一般義 通常そでなしのゆったりした外套(がいとう),マント. その他 外套ですっぽり覆うこと,覆うもの,隠すもの,比喩的に口実,仮面. 動 として《形式ばった語》覆い隠す.
語源 中世ラテン語 *clocca* (=bell) が古ノルマンフランス語を経て中英語に入った. 形が鐘に似ていることによる. clock と二重語.
用例 The discussions were *cloaked* in secrecy. 議論は秘密につつまれた.
【慣用句】*under (the) cloak of ...* ...を口実に,...に隠れて: They arrived *under cloak of* darkness. 彼らは夜陰にまぎれて到着した.
【複合語】**clóakròom** 名 C 劇場,ホテルなどの携帯品一時預かり室;《英》《婉曲的》便所《日英比較》日本語では「クローク」というが,英語では 'room' が付く.

clock /klάk│klɔ́k/ 名 C 動 本来比 〔一般語〕一般義 掛け時計,置き時計. その他 形が時計に似た測定器や記録計をいい,車の中のスピード計,日本比較 タクシーメーター,圧力計,タイム・レコーダー (time clock). 動 として,ストップウォッチなど時間を計る,測定器で仕事量などを計る,記録する.
語源 ケルト起源の擬音語に由来する中世ラテン語 *clocca* (=bell) が古ノルマンフランス語,中オランダ語を経て中英語に入った. ⇒cloak.
用例 a cuckoo *clock* かっこう時計/My car has 120,000 miles on the *clock*. 私の車の走行計は12万マイルを示している/What time did he *clock* for the race? 彼はレースでどれ位のタイムを記録しましたか.
類義語 **clock; watch**: **clock** は時計台の時計,壁掛け時計,柱時計,置き時計など携帯しない時計をいい,**watch** は腕時計,懐中時計など携帯用の時計をいう. 日英比較 日本語の「時計」に相当する総称が英語にはなく,大きく clock と watch に分類できる. 時計類全体を表す timepiece という語があるが,古風な専門語であり,一般的ではない. また clock は日本語の「時計」より意味が広く,時間を利用した種々の測定器,記録計や,形が時計に似た器具類をも表す. 特に日本語でタイム・レコーダーと呼んでいるものは英語では clock または time clock ということに注意.
【慣用句】*around the clock* = *the clock around* 一日中ぶっ通しで,昼夜兼行で. *beat the clock* 定刻前に仕上げる. *clock in [out]* タイムレコーダーで出勤時[退出時]を記録する. *clock up* 走行距離を記録する. *put [turn] back the clock* 時間をさかのぼる,時勢に逆らう.
【派生語】**clóckwìse** 副 形 時計回り[右回り]に[の]《⇔counterclockwise》. **clóckwòrk** 名 U ぜんまい仕掛け,時計仕掛け: *like clockwork* 正確に,支障なく.

clod /klάd│klɔ́d/ 名 C〔一般語〕土や粘土の塊,土くれ,人を侮蔑的に土くれと表現することから《くだけた語》ばか者,のろま.
語源 古英語 clod から.
用例 *Clods* of soil stuck to the spade. 土の塊が鋤(すき)にくっついた.
【派生語】**clóddish** 形. **clóddishness** 名 U. **clóddy** 形.
【複合語】**clódhòpper** 名 C 農夫,田舎者,不器用な人,《複数形で》農夫のはくような大きくて重い長靴,靴,どた靴.

clog /klάg│klɔ́g/ 名 C 動 本来比 〔一般語〕一般義《通例複数形で》本来は人や動物が逃げないように足に付ける木製のおもり,ここから動きを妨げる邪魔物,さらに一般的に「木靴」,木靴でリズムをとって踊る木靴ダンス (clog dance). 動 として,動きを妨げる,管を詰まらせる.
語源 中英語 clogge (=lump of wood) から. この語は clod+logge (=wood) から成ると思われるもので,木の厚い切れ端や短い幹などを表したが,ここから動物や人の動きを妨げる木のおもりの意味となった.
用例 The drain is *clogged* (up) with hair. 配水管は髪で詰まっている.
【派生語】**clóggy** 形 詰まりやすい.

clois·ter /klɔ́istər/ 名 C 動 本来比 《形式ばった語》一般義 修道院,教会,大学などの中庭を囲む回廊《★修道院などの建物の一部になっている丸天井の廊下で,中庭側はあいていて柱だけで支えられている》. その他 元来世俗を離れた宗教の場である修道院,女子修道院の意で,ここからそのような場所での隠遁生活,また修道院のように世間から隔離した場所. 動 として修道院に閉じ込める.
語源 ラテン語 *claudere* (⇒close) から派生した

claustrum (=bolt; place shut in) が古フランス語を経て中英語に入った。世間から閉ざされた場所、宗教的隠遁の場である修道院を意味した。

clone /klóun/ 名 C 動 本来他 〖生〗1個の細胞から無性生殖によって増える細胞群、クローン、1つのものが増殖することから比喩的に〔くだけた語〕コピー、うり二つ、そっくりさん、〖コンピューター〗他機種の機能をそっくりまねたクローンコンピューター. 動 としてクローンとして発生させる。

語源 ギリシャ語 *klōn* (=twig) が 20 世紀に入った。元来、遺伝的に同じ資質を持った「小枝」の意。

clop /kláp/klɔ́p/ 名 C 〔一般語〕ぱっかぱっかという馬の足音。

語源 擬音語. 19 世紀から。

close /klóuz/ 動 本来他 名 C, /klóus/ 形 副 〔一般語〕 一般義 ドア、窓、本、口、目など開閉できるものを閉じる. その他 通路、傷口、穴などをふさぐ、店を閉める、閉店する、休業する、事業や営業をやめる、閉鎖する、話しを終える、議論、会議を終結する、契約を結ぶ. 自 会などが終わる、店が閉店する、蓋などが締まる、〖株式〗市場が...の終わり値で引ける。

名 としては、終結、終了、手紙の終わり、音楽の終止、終止法、また /klóus/《英》構内、校庭、袋小路。

形 として、閉じた状態にあることから、部屋などが閉めきられていて風通しが悪い、蒸し暑い、閉じた状態にあることから制限されていることを表し、自由な観察や接近が制限されて隠された、秘密の、入会などに制限があって閉鎖的な、非公開の、心を閉ざして打ち解けない、無口の。また空間的な制限な意味として、狭い、窮屈な、窮屈な、衣服がぴったりしている、〖音〗狭母音の。間隔が狭いことから、距離が接近した、ごく近い、時間的に近い、人間関係が親密な、血縁関係が近い、やや転じて観察や検査が精密な、正確な、注意深い、翻訳や写しが原典、原型に忠実な、よく似ている、試合や戦いで双方の力が接近していて互角である、勝負が肉薄している。

副 として近くに、ぴったりと、短く、密に、親しく。

語法「...に近い」は close to ... で、「ほとんど...である」の意味にもなる。

語源 ラテン語 *claudere* (=to close) が古フランス語を経て中英語に入った。皆は *claudere* の過去分詞 *clausus* が古フランス語を経て中英語に入った。

用例 All the windows and doors of the house are *closed*. 家の窓や戸はすべて閉まっている/Close your textbook. 教科書を閉じなさい/The highway is *closed* because of the snows. 積雪のため幹線道路は閉鎖になっている/The meeting *closed* with everyone in agreement. 皆の意見は一致し、会合は終った/a *close* room 風通しの悪い部屋/They're keeping very *close* about the whole business. 彼らはその事柄を一切秘密にしている/Her house is *close* to the park. 彼女の家は公園のすぐ近くだ/a *close* friend 親しい友人/Keep a *close* watch on him. 彼をよく見張っていなさい/a *close* inspection 綿密な検査/a *close* contest 接戦。

類義語 close; shut: 両方とも閉じる、ふさぐということを表し入れ換えて用いられることが多いが、close は一般的な語で、閉じる動作や結果として閉鎖すること、終了・終結することを広く表す. shut は close よりくだけた語で、閉じる動作に意味の重点がある. 従って道路や公園などは close を用いて入れなくすることを表すが、この場合 shut は用いることができない。

「終える」⇒end. 「接近した」⇒near.

反義語 open.

【慣用句】 *close around* [*round*] ... ...を取り囲む. *close at hand* 近い、間近な. *close down* 工場や店を閉鎖する、休業する. *close in* 四方を取り囲む、暗やみなどが迫る: The fog *closed in* on the lake. 霧が湖に立ちこめた. *close one's eyes to* ... 比喩的に...に目をつむる、考慮しない: She couldn't *close her eyes to* his faults. 彼女は彼の欠点に目をつむらなかった. *close out* 商品を売り尽くして店じまいする. *close ranks* 戦闘のために列を詰める、団結する. *close the books* 注文や予約などを打ち切る. *close the door* 比喩的に門戸を閉ざす: The decision *closed the door* to any more appeal. その決定が下ったため、訴えはそれ以上聞き入れられなくなった. *close up* すっかり閉ざす、間を詰める。

【派生語】 *clósed* 形 閉鎖された、排他的な、非公開の: *Closed*〖揭示〗閉店/a *closed* circuit 閉回路/*closed* circuit television 有線テレビ/a *closed-door* deal 闇取引/a *closed shop* 労働組合に加入した人だけを雇う雇用方式[事業所]. *clósely* 副 ぴたりと(くっついた); 綿密に、詳しく; 接近して、接戦で: She resembles her father *closely*. 彼女は父親にとてもよく似ている/Look *closely* at him. 彼をよく見てみなさい. *clóseness* 名 近いこと、親密さ; 密閉、息苦しさ. *clósing* 形 終わりの. 名 UC 閉じること、閉鎖; 終わりの部分、結びの言葉: *closing* time 終業時間、閉店時間. *clósure* 名 CU 閉鎖、締め切り、終止。

【複合語】 *clósedòwn* 名 C 工場などの閉鎖. *clósefísted* 形 締まり屋の、けちな. *clóse-fítting* 形 服などがぴったりと体に合う. *clóse-knít* 形 人間関係がしっかり結びついた. *clósemóuthed*, *clóselípped* 形 口数の少ない. *clóse-ùp* 名 C 〖写〗大写し、クローズアップ。

clos・et /klázit/klɔ́z-/ 名 C 形 動 本来他 〔一般語〕 一般義 衣類、食器、食料などを収納するための小部屋、クロゼット、物置. その他 家庭用品の収納場所を広いい、食器棚、押入れ、また読書や考えごとをしたり、人と内密の話しをするのに用いる私室、小部屋. 形 として秘密の. 動 として《通例受身で》私室や小部屋に閉じこもらせる。

語源 古フランス語 *clos* (= enclosure) の指小語 *closet* (= small enclosure) が中英語に入った。もともと私室を意味した。

用例 a clothes *closet* 衣服を吊しておく小部屋、納戸/a water *closet* 水洗便所、便器 (WC)。

日英比較 日本語の「クロゼット」は押し入れの意味に用いられているが、英語の closet は衣類(下着やシーツ、テーブルクロスも含む)のほか、陶磁器類の食器、缶詰などの食品などを収容する小部屋もいう。

closing ⇒close.

closure ⇒close.

clot /klát/klɔ́t/ 名 C 動 本来自 〔一般語〕 一般義 液体が柔らかく固まったもの、凝塊. その他 特に傷口の表面にできる血の固まり、血液中にできる血栓、また〔俗語〕ばか者 (clod).

語源 古英語 clott から. もともと凝結した固まりを表したが、clot の異形の clod が土の塊りを意味するようになり、clot は液体の固まり、特に血の固まりを表した。

用例 He died of a *clot* of blood on the brain. 彼は脳血栓で死んだ/Don't disturb the *clot* on the wound—it will start bleeding again. 傷口の血の

cloth /klɔ́(ː)θ/ 名 UC 〔一般語〕[一般義] 衣服などを作る材料としての布, 織物, 生地. その他 特定の用途に使う布きれ, テーブルクロス, 布巾, 雑巾, また聖職者の法衣.

語源 古英語 clāth (=cloth) から. この複数形 clāthas から現在の clothes が生じ, 単数形が材料としての布, 複数形が製品としての衣服の意味となった. 布の意味の複数形 cloths が 17 世紀ころから始まったが, cloths と clothes の意味が完全に別れたのは 19 世紀になってからで, 18 世紀にはどちらの意味にも普通 cloths が用いられた.

用例 This blouse is made of silk *cloth*. このブラウスは絹地だ/a wash*cloth* 手ぬぐい/a table*cloth* テーブルクロス.

clothe /klóuð/ 動 本来他 〔やや形式ばった語〕[一般義] 衣服を着せる. その他 比喩的に〔文語〕植物などが土地や物を覆う, 人に力や権利, 性質を与える.

語源 古英語 clāth (⇒cloth) から派生した clāthian より.

用例 The mountains were *clothed* [*clad*] in snow. 山々は雪に覆われていた.

類義語 ⇒dress.

【派生語】**clóthing** 名 U 〔集合的〕衣類, 衣料(⇒clothes) 類義語 He went out in warm *clothing*. 彼は暖かい身仕度で外出した.

clothes /klóuðz, klóuz/ 名 複 〔一般語〕身に付けるもの, 衣服, 又履くもの, 被るもの, シーツやベッドカバーも含めて洗濯できるものを一般的に表し, 家庭で用いる衣類, 寝具.

語源 古英語 clāthas (⇒cloth) から.

用例 Wear warm *clothes* in winter. 冬には暖かい衣服を着なさい.

類義語 clothes; clothing; garment; dress: **clothes** は衣類を表す最も一般的な語. **clothing** はほぼ同意語だが, より格式ばった語. **garment** は商品としての衣服の一つをいう語. **dress** は女性用の衣服.

【複合語】**clóthesbàsket** 名 C 洗濯物入れかご. **clótheshòrse** 名 C 干し物掛け. **clóthesline** 名 C 物干し綱. **clóthes mòth** 名 C 〔昆〕幼虫が衣類を食い荒らすが. **clóthespin**, 《英》**clóthes pèg** 名 C 洗濯ばさみ. **clóthes trèe** 名 C 枝状になっている洋服・帽子掛け.

cloud /kláud/ 名 CU 動 本来内 〔一般語〕[一般義] 雲. その他 形が雲に似たものをいい, 一面を覆う煙[ほこり, 蒸気], 一団になって空を移動する鳥やいなごなどの大群, 転じて大勢の人々, 集団. また雲が光りを暗くする性質を持つことから, 暗くするもの, 不明確にするもの, 透明なものを曇らせるもの, しみ, 傷, 比喩的に〔文語〕顔に表れる心の曇り, 不安, 懸念, 時代を覆う暗雲. 動 として雲で覆う, 曇らせる, 視界を暗くする, ほやかす, 心配を曇らせる, 不安にさせる, 思考を鈍らせる. 自 曇る, 暗くなる.

語源 古英語 clūd (=mass of rock; hill) から. 雲の重なり合っている形が岩山に似ていることから中英語で雲の意味が生じ, 現在の意味に展開した. clod と同語源.

用例 There are usually grey *clouds* in the sky before it rains. 雨が降る前には灰色の雲がある/Every *cloud* has a silver lining. 《ことわざ》暗雲にも銀色の裏側がある(憂いの極みには喜びがある)/a *cloud* of locusts いなごの大群/war *clouds* 戦雲/Old age *clouded* his judgement. 老齢で彼の判断力は鈍った.

【慣用句】*in the clouds* 空想にふけって, 非現実的で. *on cloud nine* 有頂天の, 浮き浮きした(★以前は on cloud seven といった; ユダヤ教で第 7 の天国が神のいる最高の天国とされていたことに由来すると思われる ⇒ seven).

under a cloud 疑惑を受けて, 面目を失って.

【派生語】**clóuded** 形 雲に覆われた, 曇った, 気持がふさいだ. **clóudily** 副. **clóudiness** 名 U. **clóudless** 形 雲のない. **clóudy** 形 曇天の; 心が曇った, 記憶がぼんやりした: a *cloudy* photograph [memory] ぼんやりした写真[記憶].

【複合語】**clóudbùrst** 名 C どしゃ降り.

clout /kláut/ 名 UC 動 本来他 〔くだけた語〕[一般義] 政治的な影響力. その他 本来は手などで強くたたく[殴る](こと).

語源 古英語 clūt (=a piece of cloth) からとされているが, 「たたく」「影響力」などの意味がこの語源と結びつくかどうかは疑問がある.

clo·ver /klóuvər/ 名 UC 〔植〕クローバー, しろつめくさ (white clover), あかつめくさ(red clover).

語源 古英語 clāfre から.

【複合語】**clóverlèaf** 名 C 高速道路の四つ葉のクローバー型の立体交差道路.

clown /kláun/ 名 C 動 本来自 〔一般語〕[一般義] サーカスなどの道化役. その他 〔軽蔑的〕いつも冗談を言ったりばかな事をする人, 道化者. 動 として道化役をする, おどける.

語源 初期近代英語 cloun から. それ以前の詳細は不明.

【派生語】**clównish** 形 〔軽蔑語〕道化じみた.

cloy /klɔ́i/ 動 本来他 〔古語〕〔しばしば受身で〕ごちそう, 快楽などで人をうんざりさせる, 飽食させる. 自 飽き飽きする, うんざりする.

語源 ラテン語 *clavus* (=nail) から派生した中世ラテン語 *inclavare* (=to nail up) が古フランス語を経て中英語に入り, 頭音消失が生じた. 原義は「釘で止める, 詰める」で, 「荷を積みすぎる」ことから「飽き飽きさせる」となった.

club /kláb/ 名 C 動 本来他 〔一般語〕[一般義] 先の方が太くなっているがっしりした棒, こん棒. その他 警官が用いる警棒, ゴルフやホッケーなどのクラブ. またクラブを図柄にしたトランプのクラブ札, こん棒の先がふくらんでいることから, 固まる, 集まるという意味が生じ, 同好会, サークル, 社交的なクラブ, 飲食物を提供する商業的なナイトクラブ, さらにクラブに集まる人々のためのクラブ室, 普通会員制で食事, 宿泊もできるクラブ会館. 動 としてこん棒[クラブ]で打つ.

語源 古ノルド語 *klubba* (=heavy stick) が中英語に入った.

用例 He used a *club* to defend himself against the fierce dog. 彼は狂暴な犬から身を守るためにこん棒を用いた/a tennis *club* テニスクラブ.

類義語 ⇒circle.

【派生語】**clúbbable** 形 《英》クラブ会員としてふさわしい, 付き合いのよい.

【複合語】**clúbhòuse** 名 C クラブ会館, クラブの建物[部屋], クラブの更衣室. **club sándwich** 名 C パン 3 枚に肉を挟んだサンドイッチ, クラブサンド.

cluck /klák/ 動 本来自 C 〔一般語〕めんどりがひな

を呼んだり卵を抱いてこっこっ鳴く(声).

[語源] 古英語 cloccian から. 擬音語.

clue /klúː/ 图 動 [本来的] 〔一般語〕 なぞや事件を解く**手がかり**. 動 として《通例 clue in で》人に**手がかりを与える**, 必要な情報を与える.

[語源] clew (糸玉) の異形. 初期近代英語から. 迷路から抜け出すために糸を引き出しながら道を見つけるときの「糸玉」が道を示すものという意となり, さらになぞを解く手がかりという意味になった. ⇒clew.

[用例] The car number was a *clue* to the identity of the murderer. 車のナンバーが殺人犯の身元を突き止める手がかりになった.

[類義語] hint.

【慣用句】 *not have a clue* 見当がつかない.

clump /klámp/ 图 C 動 [本来的] 〔一般語〕 草木や灌木の**群生**, やぶ. [その他] 本来塊, 集まりの意で, ここから**土の塊**, 菌体(バクテリア)や血球の凝集. またどしんどしんという**重い足音**. 動 として**群生する**, どしんどしんと**歩く**.

[語源] 低地ドイツ語 klump が初期近代英語に入ったと思われるが, 詳細は不明.

[用例] He *clumps* around in those heavy boots. 重いブーツで彼はどたどた歩きまわる.

clumsily ⇒clumsy.

clumsiness ⇒clumsy.

clum·sy /klámzi/ 形 〔一般語〕 [一般語] 動作がぎこちなくて**ぎこちない**, **不器用な**. [その他] 形が**不格好な**, 道具などが**扱いにくい**, 文体などが**たどたどしい**.

[語源] 古ノルド語起源で今では廃語となっている clumse (=benumbed with cold) から. 初期近代英語より. 初め寒さで手足がこわばっていることを表したが, ここから動作がぎこちないこと, 不器用であること, 下手なことを意味するようになった.

[用例] He's very *clumsy*—he's always dropping things. 彼は不器用でしょっちゅう物を落としている/ The wardrobe is a *clumsy* shape but it's very useful. その洋服だんすは形は不格好だがとても役に立つ/a *clumsy* apology 下手な弁解.

[類義語] awkward.

[派生語] **clúmsily** 副. **clúmsiness** 图 U.

clus·ter /klástər/ 图 C 動 [本来的] 〔一般語〕 人や動物が形成する密集した**群れ**, **集団**. [その他] ぶどうやさくらんぼなど果物の**房**, 藤の花のような一かたまりの**花房**, 銀河などの**星団**, 一かたまりになった家, **集落**, 〖音声〗 子音などの**連続**. 動 として**密集させる**, 群らせる. 〓 の用法もある.

[語源] 古英語 clyster (=cluster) から. 果物や花の房を意味し, 元来はぶどうの房をいったが, 現在はその意味は主に bunch が用いられる. clot と同語源.

[用例] The children stood in a *cluster* round the injured dog. 子供達は けがをした犬の周囲に集まっていた/a consonant *cluster* 子音連結.

clutch /klátʃ/ 動 [本来的] 图 C 〔一般語〕 手やつめで**しっかりつかむ**, しっかり**握る**. 图 として, しっかりつかむこと, 握ること, つかもうとする手, 爪, 比喩的に《複数形で》悪人などの**毒手**, **手中**, **支配**, さらに**危機**, **ピンチ**, 特につかむ装置をいい, 〖機〗回転軸の動きを別の回転軸に伝える**連動装置**, 特に自動車の**クラッチ**.

[語源] 古英語 clyccan (=to clench) から. 图 は中英語から.

[用例] She was *clutching* a pound note. 彼女は1ポンド紙幣を握りしめていた/I *clutched* at a floating piece of wood to save myself from drowning. 私はおぼれまいとして浮いていた木ぎれをつかもうとした/ He fell into the *clutches* of the enemy. 彼は敵の手中に落ちた.

[類義語] seize.

【慣用句】 *clutch at straws* 比喩的にわらにすがる: They hoped the operation might save the child's life although they knew they were *clutching at straws*. 彼らはわらにすがるようなものであることは分っていたが, 手術で子供の命が救われることを願った. *make a clutch at ......* をつかもうとする.

clut·ter /klátər/ 動 [本来的] 图 U C 〔一般語〕 場所に**物を散乱させる** [語源] 場所を主語にして受身にすることが多い). 🅐 騒ぐ, ぺらぺら分からないことをしゃべる, ばたばた走る. 图 として**乱雑な状態**, **散乱物**, 〖通信〗 レーダースクリーンを混乱させる障害物による干渉エコー, クラッター.

[語源] 中英語 clot (=lump) から派生した clotteren (=clot) の異形. 初期近代英語から. 元来「塊」の意味で, ここから団塊, 多くの物がごちゃごちゃしている状態, 大勢が無秩序にばたばた走ることなどを意味するようになった.

[用例] The children's room was *cluttered* with toys. 子供部屋はおもちゃで散らかっていた/My desk is always full of *clutter*. 私の机はいつもいろいろな物が散乱している/The house is in a *clutter*. その家は雑乱な状態になっている.

cm 《略》 =centimeter.

Co., co. /kóu, kámpəni/ 《略》 =company (会社); 《米》=county (郡).

co- /kóu/ 〔接頭〕「共に」の意. ⇒com-.

c/o, c.o. /kéərəv/ 《略》 =care of (...方, ...気付).

coach /kóutʃ/ 图 C 動 [本来的] 〔一般語〕 スポーツで選手を**指導するコーチ**. [その他] 歌手や俳優を**指導する人**, 受験などの特別の目的のための**家庭教師**. 本来は 16-17 世紀に駅馬車として用いられた, 御者台が別になった**大型四頭立て有蓋四輪馬車**を表したが, 現在では主に**儀式用の馬車**をいう. 馬車が一般的には使われなくなってからは他の乗物を意味するようになり, 鉄道の**客車**, セダン型自動車, 《英》大型の**長距離路線バス**, **観光バス**, 旅客機のエコノミークラス. 動 として**指導する**, **コーチする**.

[語源] 駅馬車が最初に作られたハンガリーの町 Kocs に由来する. ハンガリー語 *kocsi*, ドイツ語 *Kutsche*, フランス語 *coche* を経て初期近代英語に入った. スポーツなどのコーチの意味はかつて家庭教師が受験の時に学生を馬車で運ぶのが役目であったことによると考えられている.

[用例] the Queen's *coach* 女王陛下のお馬車/a *coach* trip 《英》バス旅行/He is the swimming-team's *coach*. 彼は水泳チームのコーチだ/They employed a *coach* to improve their son's knowledge of Latin. 彼らは息子のラテン語の知識を向上させようと家庭教師を雇った.

[類義語] coach; cab; carriage; cart; hansome; wagon: これらの語は現在ではそれぞれ新しい意味で用いられるのが普通だが, かつては馬車を表した. **coach** は大型有蓋四輪馬車で, 駅馬車 (stagecoach) としても用いた. **cab** は一頭立て二輪または四輪の辻馬車. **car·riage** は一般に自家用に用いた四輪馬車. **cart** は簡単な二輪の荷馬車. **hansome** は御者台が後方の高い

位置にある二人乗り一頭立て辻馬車. wagon は重い荷を運ぶ四輪馬車で, ほろ付き馬車 (covered wagon) として用いられた.
【複合語】cóachman 名 C 馬車の御者.
coagulable ⇒coagulate.
coagulant ⇒coagulate.
co·ag·u·late /kouǽgjulèit/ 動 本来他 〔一般語〕血液, 牛乳などの液体や溶液を凝固させる. 自 液体が固まる.
語源 ラテン語 *coagulare* (=to cause to curdle) の過去分詞 *coagulatus* が中英語に入った.
用例 He suffers from a disease that makes his blood *coagulate* too quickly. 彼は血液がすぐに凝固してしまう病気にかかっている.
【派生語】coàgulabílity 名 U. coágulable 形. coágulant 名 UC 凝固剤. coàgulátion 名 U. coágulàtive 形.
coal /kóul/ 名 UC 動 本来他 〔一般語〕〔一般義〕石炭. その他 木炭(charcoal), 石炭, まきなどの赤熱した燃えさし, おき. 動 として石炭を供給する, 積荷として石炭を積み込む.
語源 古英語 col から. もとは木炭や燃々と燃える石炭を意味した.
用例 Put some *coal* on the fire. 火に石炭をくべなさい/burn *coal* 石炭をたく.
【慣用句】*carry coals to Newcastle* 〔くだけた表現〕不必要なことをする 《★Newcastle が有数の石炭産地であったことから, 何でも揃っている所へ不要品を運ぶようなものであることを表す》. *heap coals of fire on ...'s head* 〔文語〕徳を以て仇に報い相手を恥じ入らせる(《聖》Prov. 25:22). *rake [haul] ... over the coals* ...をきつく叱る, 激しく非難する 《★刑罰として石炭の上を引きずり回したことから》.
【複合語】cóalfìeld 名 C 炭田. cóal gàs 名 U 石炭ガス. cóal mìne 名 C 炭鉱. cóal mìner 名 C 炭鉱労働者. cóal pìt 名 C 炭坑. cóal scùttle 名 室内用の石炭入れ. cóal tàr 名 U コールタール.
co·a·lesce /kòuəlés/ 動 本来自 〔形式ばった語〕集まったり, 混じり合って一体になる, 連合する, 合体する.
語源 ラテン語 *coalescere* (*co-* together+*alescere* to grow) が初期近代英語に入った.
用例 In time the ideas of the group of politicians *coalesced* to form a policy. やがて政治家連の考えが1つにまとまって政策となった.
【派生語】còaléscence 名 U.
còaléscent 形.
co·a·li·tion /kòuəlíʃən/ 名 UC 〔形式ばった語〕暫定的な, または特定の目的のための連立, 提携, 連立内閣, 提携団体, また連合, 合同.
語源 ラテン語 *coalescere* (⇒coalesce) から派生した中世ラテン語 *coalitio* が初期近代英語に入った.
用例 a *coalition* government [cabinet] 連立政権 [内閣]/A *coalition* was formed to defeat the governing party. 政権担当政党を打ち負かすために連合が組まれた.
類義語 alliance.
coarse /kɔ́:rs/ 形 〔一般語〕〔一般義〕繊維や組織, 粒子などのきめが粗い, 手ざわりがざらざらしている. その他 質が劣った, 並の, 物が粗末な, 仕事やでき上がりが粗雑な, 態度がぞんざいな, また言葉や趣味が粗野な, 下品な.

語源 中英語 *course* (=custom) から派生したと思われる *cors* (=ordinary) から, *coarse* という綴りで用いられるようになったのは17世紀になってからで, 初めは悪い意味で, 普通の, 並の, 品質の劣ったという意味で用いられた.
用例 This coat is made of *coarse* material. このコートはきめの粗い素材で作られている/Her skin is *coarse*. 彼女の肌は荒れている/*coarse* jokes 品の悪い冗談.
類義語 coarse; obscene; vulgar: **coarse** は美的または道徳的に見て態度や言葉が下品で, 粗野であることを表す. **obscene** は特に性的に下品なこと, わいせつである意味に用いる. **vulgar** は教養に欠け, 仕草や話が上品でないこと, 低俗なことをいう.
反意語 fine; refined.
【派生語】cóarsely 副. cóarsen 動 本来他 粗雑にする, ざらざらにする, 下品にする. cóarseness 名 U 粗雑, 生地などの粗さ, 下品.
coast /kóust/ 名 C 動 本来自 〔一般語〕〔一般義〕陸から見た場合の海岸, 沿岸. その他 《the ~》沿岸地方, 《the C-》《米》太平洋沿岸地方. またこの語の古い意味から, 《米》滑降斜面, そりなどの滑降. 動 そりで滑り降りる, 斜面を自転車や自動車が惰性で走り降りる, 一般に惰性で動く, 比喩的に過去の蓄積から努力せずにやっていく, 楽に進む, 楽に流す, 海岸に沿って航行する.
語源 ラテン語 *costa* (=rib; side) が古フランス語 *coste* (=rib; hill; shore) を経て中英語に入った. フランス語で意味の発達があって英語に入ったので, 英語の意味のつながりがうまくいかないが, 元来わき腹や物の側面を表し, ここから陸の側面 (the side of the land), すなわち「海岸」(sea-side) の意味となった. 一方フランス語の「丘」の意味から, カナダフランス語で丘の斜面を表し, ここからカナダ, 米国でそり用の「滑降斜面, 滑降」の意味が生じた.
用例 We spent a whole day on the *coast*. 私たちは1日中海岸で過ごした/on the *coast* 沿岸に/off the *coast* 沖に/He *coasted* for two miles after the car ran out of petrol. 彼は車のガソリンが切れてから2マイル(坂道を)惰性で走った.
類義語 ⇒shore[1].
【慣用句】*from coast to coast* 《米》国内の端から端まで. *The coast is clear.* 〔ややくだけた表現〕敵[危険]がいない, 今が好機だ.
【派生語】cóastal 形 沿岸の. cóaster 名 C 沿岸の貿易船, 客船; コップなどのコースター; 《米》ジェットコースター (roller coaster).
【複合語】cóast gùard 名 C 海難救助, 密貿易の取り締まりをする沿岸警備隊, 《the C- G-》米国運輸省管轄の沿岸警備隊. cóastline 名 C 海岸線.
coat /kóut/ 名 C 動 本来他 〔一般語〕〔一般義〕そもそも普通前開きで腰より長い防寒用の外套(がいとう), コート. その他 一般的に洋服の上着. またコートが身体を覆うように動物の体を覆う外皮, 毛皮, 羽毛, 穀物の種子を覆う殻(から), 皮, 表面を覆うものの意味に, ペンキなどの塗り, 塗装, めっき, 被覆, 物の表面に積ったほこりの層. 動 として, ペンキなどを塗る, めっきする, ほこりなどで覆う.
語源 ゲルマン語起源の語が, 古フランス語 *cote* (= coat) を経て中英語に入った. 古代には腰丈ぐらいの身体にぴったりした胴衣を表し, 戦いの時に用いる胴衣 (coat of mail) にもつながった. この名残として, 現代フ

ランス語の *cotte* (＝petticoat) のように，現在でも方言として複数形でペティコートやスカートを表す.

[用例] I must buy a new winter *coat*. 新しいウィンターコートを買わねばならない/an over*coat* オーバー/a tail*coat* 燕尾(びん)服/This wall will need two *coats* of paint. この壁はペンキを2度塗りする必要がある/She *coated* the biscuits with chocolate. 彼女はビスケットにチョコレートをコーティングした.

【慣用句】*a coat of arms* 盾形の紋章. *a coat of mail* 鎖かたびら. *cut one's coat according to one's cloth* 服を生地に合わせて裁断する，身分に応じた生活をする.

【派生語】**cóating** 名CU 上塗り，塗料；食べ物の皮，衣，レンズの反射防止用のコーティング.
【複合語】**cóat hànger** 洋服掛け，ハンガー（★単に hanger ともいう）. **cóattàils** 名《複》燕尾服の上着のすそ: *ride on …'s coattails* 他人の成功のおかげで自分も成功する.

co·au·thor /kouɔ́ːθər/ 名C 動本来他 〔一般語〕 著書の共同執筆者，共著者. 動 として共同で執筆する，共著［共編］者である.
[語源] co-＋author. 19世紀から.

coax /kóuks/ 動本来他 〔一般語〕 一般義 甘い言葉や態度で説得して［なだめすかして］…させる. その他 口車に乗せて…を奪う［手にいれる］，やや転じて物をうまく扱って思うようにする.
[語源] cokes (＝fool; ninny) から派生した古形 cokes (＝to fool) から. 初期近代英語より. この「ばかにする」という意味から愛撫する，甘やかすという廃用となった意味が生じ，ここから現在の意味となったものと考えられている.

[用例] He *coaxed* her to go to the dance by saying she was the best dancer he knew. 自分が知ってる中で君が一番踊りが上手だとなだめすかして彼は彼女をダンスパーティーに行かせた/He finally *coaxed* some applause from the audience. 彼は何とか観衆から幾ばくかの拍手を引き出した.

【派生語】**cóaxingly** 副.

co·balt /kóubɔːlt/ 名U 《化》コバルト（★元素記号 Co），またコバルトブルー，暗青色，コバルトブルーの絵の具.
[語源] ドイツ語 Kobalt が初期近代英語に入った. このドイツ語の古形の Kobold は「鉱山の悪鬼」の意味で，悪鬼が銀をコバルトに変えたと考えたことによる.
【複合語】**cóbalt blúe** 名U 絵の具のコバルトブルー，暗青色.

cob·ble¹ /kábl|kɔ́b-/ 名C 動本来他 〔一般語〕 丸石，玉石 (cobblestone)（★以前，道路に敷くのによく用いられた; pebble より大きいもの）. 動 として，道に丸石を敷く.
[語源] 語源がはっきりしない語であるが，元来「丸いもの」というゲルマン起源の語である cob に由来すると思われる. 初期近代英語から.
【複合語】**cóbblestòne** 名C.

cobble² ⇒cobble¹.

cob·bler /káblər|kɔ́b-/ 名C〔やや古語〕一般義 靴直し [語法] shoe repairer の方が普通. その他 靴修理店，また《米》ぶどう酒，レモン，砂糖に氷を入れた飲み物，深皿で焼いたフルーツパイの一種.
[語源] 中英語 cobelere からであるが，それ以前は不明.
【派生語】**cóbble** 動本来他 〔くだけた語〕 やっつけ仕事で仕上げる；〔古風な語〕靴を直す（★cobbler からの逆成語）.

COBOL /kóuboul, -bɔːl/ 名U 《コンピューター》事務用データ処理のための共通プログラム言語，コボル (common business oriented language).

co·bra /kóubrə/ 名C 〔一般語〕熱帯アジアやアフリカに住む毒ヘビ，コブラ.
[語源] ポルトガル語 *cobra de capello* (＝snake with a hood) の短縮形が19世紀に入った. 怒ると首の周囲の皮膚をフード状に広げることによる. *cobra* はラテン語 *colubra* (＝snake) に由来する.

cob·web /kábwèb|kɔ́b-/ 名C 〔一般語〕 一般義 くもの巣，くもの糸（★単に web ともいう）. その他 くもの巣のように薄く繊細なものを表し，薄地の織物，またくもの巣が昆虫をわなにかけることから，わな，陰謀，さらに《複数形で》頭の中のもやもや，混乱.
[語源] 中英語 coppeweb から. coppe (＝spider)＋web の複合語.

[用例] You can't have cleaned this room—there are *cobwebs* in the corner. 君はこの部屋を掃除したはずがない．すみにくもの巣があるもの/Her silk dress was as fine as a *cobweb*. 彼女の絹のドレスはくもの糸のように繊細だった.

【慣用句】*blow* [*clear*] *away the cobwebs*〔くだけた表現〕もやもやした気持ちを追い払う.

co·caine /koukéin, -́-/ 名U 《化》麻薬や麻酔剤として使われるコカイン（★コカの葉を乾燥して作る有機塩基）.
[語源] ケチュア語 *kuka* (コカ) に由来する. 19世紀から.

cock¹ /kák|kɔ́k/ 名C 動本来他 〔一般語〕 一般義 雄鶏(おんどり) [語法]《米》では単語の意味の連想を避けて rooster を用いる. その他 鶏の他に七面鳥，きじなどの雄鳥，《形容詞的に》鳥やえび，かにどの雄の，転じて男の意味で用いられ，親分，かしら．鶏の形をした風見鶏，雄鶏の頭の形を思わせることから，水道，樽，ガスの栓，コック，蛇口，さらに蛇口から出るものの連想で《卑語》ペニス．雄鶏の形から，銃の撃ち金，撃鉄，撃鉄を起こした状態. 動 として撃ち金を起こす，なぐるためにげんこつを後に引く，雄鶏が鳴く時に首を上向きにするところから，動物が耳をしばだてて立てる，人が帽子をあみだにかぶる，鼻やあごをつんと上向きにする，上目使いをする.
[語源] 古英語の擬音語 cocc から.

[用例] The old man kept a *cock* and three hens. 老人は雄鶏1羽と3羽のめんどりを飼っていた/a *cock* sparrow 雄のすずめ/The dog *cocked* its ears. 犬は耳をぴんと立てた.

[対義語] hen.

【慣用句】*a cock-and-bull story* ありそうもないばかげたほら話. *go off at half cock*＝*go off half-cocked* 早まった行動をとる. *the cock of the walk* グループの頭，親分.

【派生語】**cócked** 形 上向き［上反り］の: cocked hat 正装用の三角帽（★鶏のとさかに似ている）. **cóckerel** 名C 雄のひなどり（★1歳未満）. **cócky** 形 生意気な，うぬぼれの強い.
【複合語】**cóckcrow** 名C 《文語》鶏の鳴く時刻，夜明け，朝. **cóckeyed** 形 斜視の；《俗語》ゆがんだ，ばかな，酔っぱらった. **cóckfight** 名C 闘鶏. **cóckpit** 名C 飛行機やレーシングカーなどの操縦室，コックピット；闘鶏場；戦乱のちまた. **cóckscòmb** 名C 鶏のとさか；《植》けいとう. **cócksure** 形 確信しきっている，独断的

cock² /kák|kɔ́k/ 图 C 動 本来他 〔一般語〕小さな円錐形をした干し草, 穀物などの山. 動 として, 干し草を山積みにする.
[語源] 中英語 cok (=hill) から. ゲルマン語起源と思われる.

cock-a-doo-dle-doo /kákədù:dldú: | kɔ́k-/ 图 C 〔一般語〕こけこっこう (★雄鶏の鳴き声).
[語源] 擬音語.

cocked ⇒ cock¹.

cockerel ⇒ cock¹.

cock-le /kákl|kɔ́k-/ 图 C 《貝》 ざるがい, とりがい (★食用の二枚貝で, 貝殻はハート形でうね状の凹凸がある).
[語源] ギリシャ語 konkhulion (=shell) がラテン語 conchylium, 古フランス語 coquille を経て中英語に入った.
【慣用句】*delight* [*warm*] *the cockles of one's heart* 〔くだけた表現〕酒を飲んだり, 話や歌を聴いたりして充足した気分になる.

cock-ney /kákni|kɔ́k-/ 图 CU 形 〔一般語〕一般義 (しばしば C-) ロンドン子 (★特にロンドンの East End 地区で生まれた労働者階級の人々をいう). その他 ロンドンなまり, ロンドン方言 (★ /ei/ を /ai/ と発音し, 語頭の /h/ 音が入り込むなどが特徴; ユーモラスまたは軽蔑的な響きがあることに注意).
[語源] 中英語 cokeney から. これは coken (=of cocks) +ey (=egg) で, 文字通りには cock's egg の意味. 卵を小児語で cokeney と呼んだことによる. また小型の卵や形の変わった卵を cock's egg と呼び, ここから嘲笑的またはユーモラスに, なかなか乳離れしない子や甘えた子供を表すようになった. さらに嘲笑的に, 軟弱な都会育ちの人, 特に軽蔑的に他のイングランド人より劣っていると見なされたロンドン子を意味するようになった.
[用例] He had a *cockney* accent. 彼はロンドンなまりがある.

cock·roach /kákroutʃ|kɔ́k-/ 图 C 《昆》 ごきぶり (★《米》では roach ともいう).
[語源] スペイン語 cuca (=caterpillar) に由来する *cucaracha* が初期近代英語に入り, 通俗語源による変形が生じた.

cock·tail /kákteil|kɔ́k-/ 图 CU 〔一般語〕一般義 ぶどう酒または蒸留酒に芳香料と氷を加えたアルコール飲料, カクテル. その他 いろいろな物が混ざっているもの, 混合物, またフルーツジュースやトマトジュース, さいの目に切った果物, 辛いソースを付けたシーフードなどをカクテルグラスに入れた前菜.
[語源] 19 世紀からであるが, 詳細は不明.
【複合語】*cócktail drèss* 图 C カクテルドレス (★カクテルパーティーなどに着る婦人用のセミフォーマルドレス). *cócktail lòunge* 图 C ホテルなどのバー. *cócktail pàrty* 图 C カクテルがでるあまり形式ばらないカクテルパーティー.

cocky ⇒ cock¹.

co·coa /kóukou/ 图 U 〔一般語〕一般義 ココア (★カカオの実を煎って粉にしたもの. チョコレートの原料). その他 飲み物にしたココア (★《米》では hot chocolate という場合が多い). ココアの色からこげ茶色.
[語源] 中米のインディアン語に由来する. スペイン語の *cacao* が 18 世紀に入ったが, 誤って変形された.
【複合語】*cócoa bèan* 图 C カカオの実. *cócoa bùtter* 图 U カカオバター.

co·co·nut /kóukənÀt/ 图 CU 〔一般語〕ココやしの実, やしの実, 食用にするココやしの果肉.
[語源] coco + nut. 初期近代英語から.
【複合語】*cóconut mìlk* 图 U ココやしの果汁. *cóconut òil* 图 U やし油. *cóconut pàlm* 图 C ココやしの木, やしの木.

co·coon /kəkú:n/ 图 C 動 本来他 〔一般語〕一般義 かいこなどの昆虫の繭(まゆ). その他 繭が幼虫の成長を保護することから, 保護する被い, 機械類の防水やサビ防止のための被膜. 動 として, 繭などに...を包み込む, 保護する.
[語源] 中世ラテン語 coco (=shell; hull) がプロヴァンス語 coucoun (=egg shell), フランス語 cocon を経て初期近代英語に入った.

cod /kád|-ɔ́-/ 图 CU 〔複 ～, ～s〕《魚》たら, たらの肉.
[語源] 不詳. 中英語から.
【複合語】*cód-lìver òil* 图 U 肝油.

C.O.D., c.o.d. /sí:òudí:/ 〔略〕 = cash [collect] on delivery (代金引き換え払い).

co·da /kóudə/ 图 C 《楽》 曲または楽章の終結部, コーダ. 〔一般語〕小説, 劇, バレエなどの終末部.
[語源] ラテン語 *cauda* (=tail) がイタリア語 *coda* を経て 18 世紀に入った.

cod·dle /kádl|-ɔ́-/ 動 本来他 〔一般語〕沸騰させないように注意して卵などをとろ火で煮る, 子供などを甘やかす, 過保護に育てる.
[語源] 不詳.

code /kóud/ 图 動 本来他 〔一般語〕一般義 暗号, 符号. その他 本来は規則の体系, 社会や団体のきまり, 規律, おきて, 法典の意で, 転じてきまりとして作った「暗号, 符号」の意となった. 《コンピューター》 コード, 《生》 遺伝情報を伝えるコード. 動 として法典に作成する, 暗号文にする, 情報をコード化する.
[語源] ラテン語 *codex* (⇒codex) が古フランス語 *code* を経て中英語に入った. 初め後代のローマ皇帝の作った法典, 特にユスティニアヌス法典などローマ法典を意味した.
[用例] Hammurabi's *code* ハムラビ法典/the *Code* of Criminal Procedure 刑事訴訟法/*codes* of conduct 行動規範/a moral *code* 道徳律/Morse *code* モールス式電信符号/a zip *code* 郵便番号.
[類義語] law.
【慣用句】*break a code* 符号を解読する: We have broken the *code* at last. 私達はとうとう暗号を解読した.
【複合語】*códebòok* 图 C 記号[暗号]一覧表. *códe nàme* 图 C 記号名, コード名.

co·dex /kóudeks/ 图 C 〔複 -dices/disi:z/〕 〔一般語〕 聖書や古典の古写本.
[語源] ラテン語 *codex* (=wooden tablet; book; code of laws) が初期近代英語に入った. 初めは法典の意味で用いられたが, これは code が表し, 現在は古写本の意味に用いる.

cod·fish /kádfiʃ|-ɔ́-/ 图 CU 〔複 ～, ～es〕 = cod.

cod·i·fy /kádifai|kóud-/ 動 本来他 〔形式ばった語〕 法規, 規則を体系化する. 法典をつくる, 成文化する.
[語源] code + -fy による. 19 世紀より.
【派生語】*còdificátion* 图 U.

co-ed, co·ed /kóuèd/ 图 C 形 〔くだけた語〕《米》男

女共学校に通う特に大学の**女子学生**. 形 として**男女共学の**(coeducational).
語源 アメリカで19世紀になってから用いられるようになったが、女権拡大運動の結果、あまり用いられなくなりつつある.

co·ed·i·tor /kòuéditər/ 名 C 〔一般語〕新聞, 雑誌, 本など出版物の**共同編集者**.
【派生語】**coédit** 動 本来他.

co·ed·u·ca·tion /kòuèdʒukéiʃən│-dju-/ 名 U 〔一般語〕**男女共学**.
【派生語】**còeducátional** 形. **còeducátionally** 副.

co·ef·fi·cient /kòuəfíʃənt/ 名 C 《数》**係数, 率**.

co·erce /kouə́:rs/ 動 本来他 〔形式ばった語〕権力, 暴力, 脅しなどでむりやり…させる, **強制する, 強要する**. 国家権力や宗教的権力で抑圧する, 支配する.
語源 ラテン語 coercere (=to restrain; co- together + arcere to confine) を経て古フランス語 cohercier を経て中英語に入った. 英語で実際によく使われるようになったのは17世紀になってから, 秩序維持のために国などが権力で抑圧する意味で用いた.
用例 He was *coerced* into helping the thieves. 彼は無理やり泥棒の手伝いをさせられた.
類義語 ⇒force.
【派生語】**coércion** 名 U. **coércive** 形 **強制的な, 高圧的な**. **coércively** 副. **coérciveness** 名 U.

co·ex·ist /kòuigzíst/ 動 本来自 〔形式ばった語〕同一場所に**同時に存在する, 共存する**.
用例 After a few years the former enemies learned to *coexist* quite happily side by side. 2, 3年後かつての敵同士は互いにかなりうまく共存できるようになった.
【派生語】**coexistence** 名 U. **coexistent** 形.

cof·fee /kɔ́(ː)fi, káfi/ 名 UC 〔一般語〕〔一般義〕飲み物としての**コーヒー, 一杯のコーヒー**. その他 コーヒー豆 (coffee beans), コーヒーの木 (coffee tree), コーヒー色, 褐色.
語源 アラビア語 qahwa (=coffee) がトルコ語, イタリア語を経て初期近代英語に入った.
用例 I'd like my *coffee* black. コーヒーはブラックがよいのですが/Two *coffees* please. コーヒーを2杯下さい 《語法 2 杯のコーヒーは two cups of coffee が普通だが, くだけた表現の場合はこのようになる》.
【複合語】**cóffee bèan** 名 C **コーヒー豆** 《語法 単に coffee ともいう》. **cóffee brèak** 名 C 《米》**短い休憩時間** 《★午前10時頃または午後3時頃コーヒーなどを飲み中休み》. **cóffee cùp** 名 C **コーヒーカップ**. **cóffee hòuse** 名 C **喫茶店**. **cóffee màker** 名 C コーヒー沸かし器, コーヒーメーカー. **cóffeepòt** 名 C コーヒーポット. **cóffee shòp** 名 C 《米》ホテルなどの**軽食堂, 喫茶室**, 《英》コーヒー店《★飲むことも豆を買うこともできる》.

cof·fer /kɔ́(ː)fər/ 名 C 動 本来他 〔形式ばった語〕〔一般義〕金銭などを入れる大きく頑丈な**貴重品箱**. その他 金庫の意味から, 《複数形で》**資産, 財源**. 頑丈な箱の意味から, 河川などの土木工事の箱型の締切り, 潜函(せんかん). 動 として箱に入れる, 金庫に納める.
語源 ラテン語 cophinus (=basket) が古フランス語 coffre (=chest) を経て中英語に入った.
用例 The nation's *coffers* are empty. 国の金庫は空っぽである.

cof·fin /kɔ́(ː)fin/ 名 C 本来他 〔一般語〕埋葬用の**棺, ひつぎ** (casket). 動 として**納棺する**.
語源 ラテン語 cophinus (⇒coffer) から cofin (=basket; coffer) を経て中英語に入った. 初め「かご, 箱」の意味であったがやがて「死体を入れるための箱」に意味が限定された.
用例 The *coffin* was placed in the grave. ひつぎは墓に据えられた.
日英比較 日本では火葬して埋葬するが, 英米では普通火葬されず棺のまま墓地に埋葬する.

cog /kág, -ó-/ 名 C 〔一般語〕〔一般義〕**歯車の歯**. その他 **歯車** (cogwheel), 比喩的に大きな組織や機構の中での1つの歯車のイメージから, あまり重要でない[小さな役割を果す]**人[物]**をいう.
語源 古ノルド語起源と思われるが不詳. 中英語から.
用例 The chain came off the bicycle because some of the *cogs* were broken. 歯車の歯がいくつか壊れたのでチェーンが自転車から外れた.
類義語 gear.
【慣用句】*a cog in the wheel* [*machine*] 大きな組織や計画などの中の小さな[重要でない]役割の人, 組織の中の歯車(的存在): He's just *a cog in the wheel of local government*. 彼は地方政治の中ではほんの歯車の一員にしかすぎない.
【複合語】**cógwhèel** 名 C **歯車**.

co·gent /kóudʒənt/ 形 〔形式ばった語〕理由, 議論が**的確な, 説得力のある**.
語源 ラテン語 cogere (=to drive together; to collect) の現在分詞 cogens が初期近代英語に入った.
用例 His arguments were so *cogent* that they convinced everyone. 彼の議論は非常に的確だったので皆納得した.
【派生語】**cógency** 名 U.

cog·i·tate /kádʒiteit│kɔ́dʒ-/ 動 本来自 〔形式ばった語〕じっくり**客観的に考える, 熟慮する**.
語源 ラテン語 cogitare (=to think) の過去分詞 cogitatus が初期近代英語に入った.
用例 I spent a long time *cogitating* about my financial problems. 自分の経済上の問題について長い時間をかけて熟慮した.
【派生語】**cògitátion** 名 U. **cógitative** 形.

co·gnac /kóunjæk, kán-/ 名 U 〔一般語〕**コニャック** 《★白ぶどう酒を蒸留して作る高級ブランデー》.
語源 フランスの南西部の産地 Cognac から.

cog·nate /kágneit│kɔ́g-/ 形 名 《言語》言語が**同語族に属する**, 語が**同一語源である**. 本来は共通の祖先によって同族関係にある. 意味が拡大して性質などが**類似した**, 同種の. 形 として《言語》**同族言語, 同語源語, 同種のもの, 類似物**.
語源 ラテン語 cognatus (=related by birth; co- together + gnatus born) が初期近代英語に入った.
用例 English 'mother' is *cognate* with German 'Mutter'. 英語の mother はドイツ語の Mutter と同語源である.
類義語 related.
【複合語】**cógnate óbject** 名 C 《文法》**同族目的語** 《★live a happy *life*(幸せな生涯を送る), smile a friendly *smile*(親しげに笑う) など, 動詞と同じ意味の名詞が他動詞の目的語になっているものをいう》.

cog·ni·tion /kagníʃən│kɔg-/ 名 U 《哲・心》知覚, 記憶, 判断力など含む広い意味での**認識作用, 認知,**

具体的な知覚，認識，また認識されたもの，すなわち知識．

[語源] ラテン語 *cognoscere* (=to understand; *co-* together+*gnoscere* to know) の過去分詞 *cognitus* から派生した 名 *cognitio* (=knowledge) が中英語に入った．

[関連語] thought.

【派生語】 **cógnitive** 形 〖心〗 認知の: **cognitive psychology** 認知心理学/**cognitive science** 認知科学.

cog·ni·zance /kάgnizəns/kɔ́g-/ 名 U 〔形式ばった語〕 [一般義] 観察や情報によって得られる特定の認識，知覚. [その他] 〖法〗 事実について行われる裁判所の確認認知，事件として審理を行う権利，裁判所の管轄権．

[語源] ラテン語 *cognoscere* (⇒cognition) に由来する古フランス語 *conoissance* が中英語に入った．

[慣用句] ***take cognizance of*** …...に気づく，...を公式に認める. ***within*** [***beyond***; ***out of***] ***one's cognizance*** 知識の範囲内[外]である，認識している[いない]．

【派生語】 **cógnizant** 形．

co·hab·it /kouhǽbit/ 動 [本来自] 〔形式ばった語〕 [一般義] 未婚の男女が夫婦のように**同棲(ﾄﾞｳｾｲ)する**. [その他] 異種の動物が一緒に**棲息する**，異なるものが**共存する，両立する**．

[語源] 後期ラテン語 *cohabitare* (*co-* together+*habitare* to dwell) が初期近代英語に入った．

[用例] They have been *cohabiting* for years although they have never married. 結婚はしていないが彼らは何年も同棲している．

【派生語】 **cohabitátion** 名 U．

co·here /kouhíər/ 動 [本来自] 〔形式ばった語〕 論理などが無理なく結び付くことから，文章，論理が**首尾一貫する，理路整然とする，密着する**，〖理〗 分子が**結合[凝集]する**．

[語源] ラテン語 *cohaerere* (*co-* together+*haerere* to stick) が初期近代英語に入った．

[用例] I don't think the points in his argument *cohered* very well. 彼の議論の要点は余り首尾一貫していないと思う．

[類義語] stick².

【派生語】 **cohérence**, **-cy** 名 U 理論などの**首尾一貫性**, 筋が通っていること．**cohérent** 形．**cohérently** 副．

co·he·sion /kouhíːʒən/ 名 U 〔形式ばった語〕 [一般義] 物と物，部分と部分などの**結合，粘着**. [その他] 〖文法・修〗 文と文の**結束性**，すなわち前の文と後の文との間の代名詞などによる文法的つながり，文章のつながり，〖植〗 器官や細胞の**連着**，花弁の**合着**，〖理〗 分子の**凝集力**．

[語源] ラテン語 *cohaerere* (⇒cohere) の過去分詞 *cohaesus* がフランス語を経て初期近代英語に入った．

[類義語] adherence.

【派生語】 **cohésive** 形．**cohésively** 副．

co·hort /kóuhɔːrt/ 名 C [一般義] 〔単数形でもしばしば複数扱い〕人々の**一団，集団**. [その他] 元来古代ローマの**歩兵隊**(★300〜600人の集団で, legion (軍団)はこの10 倍で形成した)を表したことから，**軍隊**，〖統計〗 年齢や階級などで分類した統計上共通な因子を持つ**群れ**．また《主に米》《軽蔑的》**仲間，相棒**，ひいては**共犯者**．

[語源] ラテン語 *cohors* (=enclosure; enclosed company) が古フランス語を経て中英語に入った．

[用例] His supporters followed him round in *cohort*. 彼の支持者たちが集団になって彼の周囲について回った．

coif·feur /kwɑːfə́ːr/ 名 C 〔形式ばった語〕 男性の**理髪師，美容師**.

[語源] フランス語が19 世紀に入った．

[類義語] barber.

【派生語】 **coiffeuse** /kwɑːfə́ːz/ 名 C 女性の**理髪師，美容師**.

coif·fure /kwɑːfjúər/ 名 C 〔形式ばった語〕 女性の**髪の結い方，髪型**(hairstyle).

[語源] フランス語 *coiffer* (=to dress hair) から派生した *coiffure* が初期近代英語に入った．

coil /kɔ́il/ 動 [本来他] 名 C [一般義] [一般義] 針金，ロープなどを**渦巻状にぐるぐる巻く，巻きつける**. [その他] **輪のように丸くなる，巻になる**，へびなどが**とぐろを巻く**，川がくねくね曲る．名 として**ぐるぐる巻いたもの，一重の輪，針金，ロープの一巻き，巻き毛，避妊リング**，〖電〗 銅線などを渦巻状に巻いた**コイル**．

[語源] ラテン語 *coilligere* (=to gather together; *com-* together+*legere* to gather) が古フランス語 *coillir* (=to gather; to pick) を経て中英語に入った．

[用例] The snake *coiled* (itself) round the tree. へびは木に巻き付いた/a *coil* of thick rope 一巻の太いロープ．

[関連語] wind; twist; curl.

coin /kɔ́in/ 名 C 動 [本来他] [一般義] **貨幣**として用いられる**硬貨**. 動 として，金属から**硬貨を造る，硬貨を鋳造する**，比喩的に**新語を作り出す**，《悪い意味で》**うそを作り上げる**．

[語源] ラテン語 *cuneus* (=wedge) が古フランス語 *coing* (=wedge; stamp; corner) を経て中英語に入った．元来，壁，建物の基石，くさび形の石の意味で用いた．また硬貨に刻印を付ける打ち型 (die) の形がくさびに似ていること，または刻印を付ける行為がくさびを打ち込むのに似ていることから，硬貨に模様を付ける打ち型の意味に用い，さらに硬貨が価値を持たせるように刻印した金・銀・銅などの金属，すなわち硬貨の意になった．

[用例] What is the *coin* of that country? その国の貨幣は何ですか/The scientist *coined* a word for the new process. その科学者は新製法を表す言葉を作り出した．

[類義語] money.

[関連語] heads (硬貨の表); tail (硬貨の裏).

[慣用句] ***coin*** (***the***) ***money*** (***in***)=***coin it*** (***in***) 金をどんどんもうける. ***the other side of the coin*** 反対の**立場[意見]**, 問題の**反面**. ***toss*** [***flip***] ***a coin*** 硬貨を投げてどちらかにきめる(toss up).

【派生語】 **cóinage** 名 UC **貨幣の鋳造**，語句の新造，**新造語**. **cóiner** 名 C **貨幣鋳造者，新語などの考案者**．

【複合語】 **cóin láundry** 名 **コインランドリー**(《米》laundromat,《英》launderette). **cóin retúrn** 名 C コイン返却口. **cóin slít** 名 C コイン投入口．

co·in·cide /kòuinsáid/ 動 [本来自] 〔やや形式ばった語〕 出来事などが**同時に起こる**. [その他] 同時に同一の空間を占める，場所，数量などが**符合する，**意見，感情が**一致する，合う**．

[語源] 中世ラテン語 *coincidere* (*co-* together+*in-*

cidere to happen)が18世紀に入った.中世ラテン語では天文学に用いられた語で,英語でも点や線が同じ空間を占める,意味の意味で用いられた.
[用例] Her arrival *coincided* with his departure. 彼女が到着したちょうどその時彼は出発した/This *coincides* with what he told us. このことは彼が私達に話したことと一致する/Their tastes in music *coincide*. 彼らの音楽に対する趣味は一致している.
[類義語] agree.
[対照語] differ.
【派生語】**coíncidence** [名][U] 出来事が(偶然に)同時に起こること,偶然の一致,意見などの一致.

co·i·tion /kouíʃən/ [名][U] =coitus.
co·i·tus /kóuitəs/ [名][U] 〔形式ばった語〕特に人間の性交(sexual intercourse).
[語源] ラテン語 *coire* (*co-* together+*ire* to go)の過去分詞 *coitus* が18世紀に入った.

Coke /kóuk/ [名][商標] コカコーラ(Coka Cola).
coke¹ /kóuk/ [名][U] [動][本来他] 〔化〕石炭を高温で乾留して作る工業用燃料コークス. [動] として,石炭をコークスにする.
[語源] 不詳.初期近代英語から.

coke² /kóuk/ [名][U] [動][本来他] 〔俗語〕コカイン(cocaine),麻薬. [動] として,コカインで麻酔させる.
[語源] cocaine の短縮形.

col- /kəl, kɑ̀l|kɔ̀l, kɔ̀l/ [接頭] ⇒con-.
cold /kóuld/ [形][名][UC][副] 〔一般語〕 [一般義] 気温,温度が肌を刺すように不快に寒い,冷たい(⇔hot). [その他] 熱いまたは温かいはずの食物がさめて冷たい,冷やした(⇔warm). 比喩的に〔くだけた語〕人が冷たい,意識を失なった.また温度の低いことから転じて,人の態度や性格などに温かみがなく冷たい,冷淡である.心にこもっていない,無情な,あるいは興ざましの,がっかりさせる,悲しくさせる,女性が性的に熱しない,不感症の,人がかっと感情的にならない,冷静な,平然とした,色彩が冷たい感じを与える,寒色の.狩猟で hot (熱い→ほかほかの→新しい→獲物のにおいが強い)に対して,獲物のにおいが弱い,獲物から遠い,この狩猟の意味から,クイズや捜し物で正解[捜し物]から遠い,見当外れのという意味が生じている.
[名] として寒さ,冷気,病気などで起こる寒け,その原因である風邪,感冒. [副] として,(米)全く,完全に,いきなり.
[語源] 古英語 ceald, cald から.
[用例] It's very *cold* outside. 外はとても寒い/She felt *cold* at the sight. その光景を見て彼女は寒けがした/That soup is *cold*. そのスープは冷えている/His manner was *cold*. 彼は態度が冷たかった/We met with a *cold* reception. 冷たいもてなしをうけた/He gave me a *cold* comfort. 彼の慰めはよそよそしかった/I caught a slight *cold*. 少し風邪をひいた.
[類義語] cool; chilly; cool; icy: 一般に寒さが強くなる. **cool** が気持よい涼しさ,寒さを表すのに対して, **chilly** は肌寒く不快なこと, **cold** は冷たさを感じる程寒いことを表す. **icy** は氷のように冷たいこと.
[日英比較] cold は日本語の「寒い」「冷たい」の両方の意味に用いられるが英語の cold は不快な寒さ,冷たさで, cool は快い冷たさ・涼しさに意味の重点がある.
[慣用句] *leave* ... *cold* 人に何の興味も与えない,感動を与えない. *catch* (*a*) *cold* 風邪をひく. *come in from* [*out of*] *the cold* 追放の身から解放される,孤立状態から抜け出す. *have* (*a*) *cold* 風邪をひいている.
【派生語】**cóldly** [副] 冷淡に,無情に,平然と. **cóld-**

ness [名][U] 寒さ,冷たさ,冷淡さ.
【複合語】**cold-blóoded** [形] 血も涙もない,冷淡な,〔くだけた語〕冷え症の,〔動〕冷血の(★魚類,爬虫類など). **cold créam** [名][U] 化粧用コールドクリーム. **cóld féet** [名][複] 弱気,しりごみ: get [have] *cold feet* おじける. **cóld frónt** [名][気] 寒冷前線. **cóldhéarted** [形] 不親切な,冷淡な. **cóld meát** [名][U] 冷肉(★ハム,ソーセージなど),死体. **cold-shóulder** [動][本来他] 〔くだけた語〕人をすげなく扱う,無視する. **cóld stòre** [名][C] 冷蔵倉庫. **cóld swéat** [名][U] 冷や汗. **cóld wár** [名][C] 冷戦(⇔hot war). **cóld wàve** [名][C] 〔気〕寒波,コールドパーマネント).

col·i·se·um /kɑ̀lisí(:)əm|kɔ̀l-/ [名][C] 〔一般語〕 [一般義] スポーツ,演芸,展覧会などが行なわれる大(円形)競技場. [その他] 一般に大会場,大ホール. «the C-» ローマのコロセウム(Colosseum).
[語源] ラテン語 *colosseum* の異形.18世紀に入った.

col·lab·o·rate /kəlǽbəreit/ [動][本来自] 〔やや形式ばった語〕 [一般義] 同じ仕事を人と共同で行なう,共同して働く. [その他] 特に文学,芸術,科学などの分野で共同研究する,合作する,協力することを表す.敵国,占領軍に協力する,同調する.
[用例] He and his brother *collaborated* on a book about aeroplanes. 彼と彼の兄弟が共同で航空機に関する本を書いた.
【派生語】**collaborátion** [名][UC] 協力,共同,合作. **collábòrative** [形]. **collábòrator** [名][C] 協力者,共著者.

col·lapse /kəlǽps/ [動][本来自][名][UC] 〔一般語〕 [一般義] 支えや統一を失ったりまたは外的力が加わって物事が突然崩壊する,つぶれる. [その他] 建築物などが倒壊する,崩壊する,陥没する.比喩的に,計画や事業が失敗する,挫折する,株価などが急落する,病気や疲労で人が倒れる,卒倒する,健康や体力が急に衰弱する.つぶれて小さくなることから,器具などが折りたためる,小さくなる. [自] 崩壊させる,折りたたむ,小さくする. [名] として崩壊,倒壊,失敗,挫折,衰弱,価格の急落.
[語源] ラテン語 *collabi* (*col-* together+*labi* to fall)の過去分詞 *collapsus* が18世紀に入った.
[用例] The bridge *collapsed* under the weight of the traffic. 交通量の重みで橋が崩壊した/The talks between the two countries have *collapsed*. 二国間の話し合いは失敗した/She *collapsed* with a heart attack. 彼女は心臓発作で倒れた/This table *collapses* and can be put in a cupboard when not in use. このテーブルは使用しない時は折りたたんで押し入れにしまっておける.
[類義語] fall.
【派生語】**collàpsibílity** [名][U]. **collápsible** [形] 折り畳める.

col·lar /kɑ́lər|kɔ́l-/ [名][C] [動][本来他] 〔一般語〕 [一般義] 衣服の襟(え),カラー. [その他] 一般に首の周囲につけるものを指すことから,首飾り,襟飾りなどの装身具,犬や猫などの首輪.形が襟に類似したものの意味から,鳥,動物の首のまわりの変色部,植物の根と茎との境界部である頸(x)部. [動] として襟[首輪]をつける[つかむ],〔くだけた語〕つかまえる,逮捕する.
[語源] ラテン語 *collum* (=neck)から派生した *collare*

collate | 225 | collide

(=band or chain for the neck) が古フランス語 *colier* を経て中英語に入った. 【用例】This *collar* is too tight. この襟はきつすぎる/The dog's name was on its *collar*. 犬の名前は首輪に書いてあった/He *collared* the speaker as he left the room. 彼は講演者が部屋から出てきた所をつかまえた.
【慣用句】*hot under the collar* 〔くだけた表現〕怒って, 興奮して.
【複合語】cóllarbòne 名C 【解】鎖骨. cóllar stùd 名C カラーボタン.

col·late /kəléit/ 動 本来他 〔形式ばった語〕一般語 類似性, 差異点を調べるためにテキストや資料を比較検討する, 対照する. その他 【印】ページや図版などが適当な順序になっているか調べる, 落丁調べをする, 校合(きょうごう)する.
【語源】ラテン語 *conferre* (=to bring together; *con*- together + *ferre* to bring) の過去分詞 *collatus* が初期近代英語に入った.
【用例】The police *collated* the statements of the witnesses. 警察は目撃者たちの申し立てを比較検討した/He *collated* his bank statement with his own record of what he had spent. 彼は銀行の計算書と自分の支払記録とを照合した.
【類義語】⇒compare.
【派生語】colláton 名U 対照, 【印】校合; 軽食.

col·lat·er·al /kəlǽtərəl/ 形 UC 〔形式ばった語〕一般語 平行した, 相並んだ. その他 時間, 地位, 重要性などが並びあって対応する, 横に並んだ, やや転じて従属的な関係で存在することを表し, 付随する, 付帯的な, 傍系の, 二次的な, 間接の. また借金の貸付けなどに対応する財産的保証が存在することの意味で, 見返りの, 担保の. 名 として付帯的事実, 傍系親族, また担保, 見返り物資.
【語源】中世ラテン語 *collateralis* (*col*- together + *lateralis* of the side) が中英語に入った.
【用例】What *collateral* can you offer against such a large loan? そんな大きな融資に対してどんな担保を出すことができますか.

col·league /káli:g/ -ˊ-/ 名C 一般語 同僚, 仕事仲間 (★特に地位, 身分が同等のもの, 専門職や公務上の仲間をいう).
【語源】ラテン語 *collega* (=one chosen along with another; *col*- with + *legare* to appoint as deputy) がフランス語 *collègue* を経て初期近代英語に入った.
【用例】He gets on well with his *colleagues*. 彼は同僚とうまくやっている/*colleague* teachers 同僚の教師.

col·lect /kəlékt/ 動 本来他 形 〔一般語〕その他 人や物を1か所に集める. その他 一定の目的をもって切手や本などを趣味として収集する, 料金などを集金する, 税金を徴収する, 寄付を募る, ごみなどを集める. 物を1か所に集めてまとめることから比喩的に, 考えをまとめる, 乱れた心を落ち着かせる, 気を取り直す. 集めるために取りに行くことから,〔くだけた語〕受け取る, 手荷物を取りに行く, 人を連れてくる, 迎えに行く. 自 集まる, 雪や塵が積もる. 名 副 として〔米〕料金が受信人払いの[で], 着払いの[で].
【語源】ラテン語 *colligere* (=to gather together; *col*- together + *legere* to gather) の過去分詞 *collectus* が中英語に入った.
【用例】I *collect* stamps as a hobby. 趣味で切手を集めています/He's trying to *collect* his thoughts. 彼は考えをまとめようとしている/She *collects* the kids from school each day. 彼女は毎日学校へ子供たちを迎えに行く/I'll call my parents *collect*. 受信人払いで我し電話をかけよう.
【類義語】⇒gather.
【慣用句】*collect oneself* 気を取り直す, 心を落ち着ける.
【派生語】colléctèd 形 〔通例限定用法〕集められた, 〔述語用法〕落ち着いた, 冷静な: the *collected* poems of Robert Burns ロバート・バーンズ詩集. colléctedly 副 冷静に. colléction 名 UC 収集, 集金, 徴税, 教会の募金, ポストから郵便物の回収, 収集物(全体), 採集, ごみの山, 堆積. colléctive 形 〔形式ばった語〕集合的な, 集団の, 共同の. 名C 集団農場, 【文法】集合名詞 (collective noun): collective bargaining 労使間の団体交渉. colléctively 副 集合的に, 共同して. colléctivism 名U 集団主義. colléctivize 動 本来他 〔形式ばった語〕産業を集団化する. colléctor 名C 集める人, 収集家, 収税吏 (tax collector).
【複合語】collect on delivery 名〔米〕代金引換払い, 配達時[受取時]払い〔〔英〕cash on delivery)(【語法】COD, c.o.d. と略す).

col·lege /kálidʒ/ kɔ́l-/ 名C 〔一般語〕一般語 一般に大学. その他 総合大学 (university) に対する単科大学, 総合大学を構成する工学部, 文学部などの各学部. 広く高校卒業者を対象とした高等教育機関, 専門学校, 特殊学校,〔英〕Oxford および Cambridge 大学を形成する自治組織, 学寮,〔英・カナダ〕Eton など私立中等学校. 大学の校舎, 寮舎, 大学の教授陣, 事務員, 学生の全体. 仲間という古い意味から, 集合, 群, 協会, 団体.
【語源】ラテン語 *collega* (⇒colleague) から派生した *collegium* (=community; society; guild; fraternity) が中英語に入った. 仕事仲間やその他の社会, 団体, 協会, 共同生活をする聖職者の共同組織の意味で, ここから大学 (university) 内の学者の共同組織, 特に独立した自治組織を表すようになり, 「学部」の意となった.
【用例】My brother goes to *college*. 兄[弟]は大学に行っています/She is a junior *college* student. 彼女は短期大学生だ/She worked her way through *college*. 彼女は働きながら大学を出た/the *College* of Economics [Medicine, Agriculture] 経済[医, 農]学部/the electoral *college* 選挙人団.
【類義語】college; university; academy; school:「大学」を表す語は college, university で, しばしば交換可能である. しかし, 区別する場合は college が総合大学の学部, 単科大学, 短期大学 (junior college) などの undergraduate college のみを表すのに対して, university はいくつかの学部, 大学院, 研究所などから成る総合大学をいう. academy は特殊[専門]技術を教える学校をさす. なお school は普通高校までをいい大学は含まないが, 学部や大学院の意味では用いられる.
【派生語】cóllegiate 形 〔限定用法〕大学の, 大学生用の.

col·lide /kəláid/ 動 本来自 〔一般語〕物と物が激しくぶつかる, 衝突する. その他 比喩的に意見, 利害,

態度などが**衝突する, 一致しない, 食い違う**.

[語源] ラテン語 *collidere* (*col*- together+*laedere* to strike) が初期近代英語に入った.

[用例] The cars *collided* in the fog. 霧で車どうしが衝突した/The views of the two politicians *collide* violently. 2 人の政治家の見解は激しく対立している.

[類義語] crash; bump.

【派生語】**collísion** 名 UC 衝突, 意見・利害などの衝突, 対立.

col·lie /káli|kɔ́l-/ 名 C 《犬》コリー《★スコットランド産の牧羊犬》.

col·li·er /káliər|kɔ́l-/ 名 C〔一般語〕《主に英》炭鉱の**坑夫**(miner).

[語源] 中英語 col, cole(=coal)から.「坑夫」の意では初期近代英語から.

【派生語】**cólliery** 名 C《主に英》関係設備, 建物を含む**炭鉱**: There's been an accident at the local *colliery*. 地元の炭鉱で事故が起きた.

col·lo·cate /kálakeit|kɔ́l-/ 動 本来自《文法》語が特定の語と結びつく, すなわち**連語**をなす.

[語源] ラテン語 *collocare* (=to place together; *col*-together+*locare* ⇒locate)の過去分詞 *collocatus* が初期近代英語に入った.

[用例] 'Pretty' *collocates* with 'girl' but it does not with 'man'.「かわいい」という語は「少女」とは連語をなすが「男」とは連語をなさない.

【派生語】**còllocability** 名 U 連語性. **còllocátion** 名 UC 語の結び付き, 連語. **còllocátional** 形.

col·loid /kálɔid|kɔ́l-/ 名 U 形《化・医》コロイド, 膠質(こう).

[語源] スコットランドの化学者 Thomas Graham が 19 世紀にギリシャ語 *kolla* (=glue)と-oid から合成した造語.

col·lo·qui·al /kəlóukwiəl/ 形〔一般語〕言葉が日常会話の時に用いるような, くだけた, **口語体の, 口語的な**.

[語源] ラテン語 *colloqui* (*col*- together+*loqui* to speak)の派生語 *colloquium* (=conversation)+-al. 18 世紀から.

[用例] His speech was very *colloquial*. 彼の話し方はとても口語的であった.

[対照語] literary.

[類義語] conversational; informal.

[関連語] vernacular; vulgar; slangy.

【派生語】**collóquialism** 名 C 口語体, 口語的な語法. **collóquially** 副.

col·lude /kəlúːd/ 動 本来自《形式ばった語》不正な目的のために密かに**結託する, 共謀する**.

[語源] ラテン語 *colludere* (*col*- with+*ludere* to play)が初期近代英語に入った.

【派生語】**collúsion** 名 U. **collúsive** 形.

col·ly·wob·bles /káliwàblz|kɔ́liwɔ̀blz/ 名《複》〔くだけた語〕《the ~》**腹痛**など腹部の不調, **精神的不安**.

[語源] 腹痛の意味の colic と wobble (よろめき)の合成による語と思われている. 19 世紀から.

co·lon /kóulən/ 名 C《文法》句読記号の**コロン**(:)《★前節の説明, 補足, 次に図表, 例などが来る時, 数字で時刻を示す場合などに用いる》.

[語源] ギリシャ語 *kōlon* (=part of a verse; member; limb)がラテン語を経て初期近代英語に入った.

col·o·nel /kə́ːrnl/ 名 C〔一般語〕《米》陸軍, 空軍, 海兵隊の**大佐**, 《英》陸軍大佐の他に**連隊長**.

[語源] ラテン語 *columna* (⇒column)に由来する語. 縦隊(column)の先頭で指揮する人の意味による. 英語ではイタリア語の *colonna* (=column of soldiers) から派生した *colonnello*, フランス語の *colonel*, *coronel* を経て初期近代英語に coronel という形で入った.

[用例] He soon rose to the rank of *colonel*. 彼はやがて大佐の地位に昇進した.

【複合語】**Cólonel Blímp** 名 C《軽蔑的》初老の特に軍人あるいは役人などの尊大な**反動主義者**《★米国の政治漫画家 David Low (1963 年没)の漫画の登場人物にちなむ》.

colonial ⇒colony.
colonist ⇒colony.
colonize ⇒colony.

col·o·ny /káləni|kɔ́l-/ 名 C〔一般語〕〔一般義〕**植民地** [その他] さらに**開拓地**や入植した**植民, 移民**. 《the Colonies》アメリカ合衆国を形成した最初の 13 の英国植民地を指す. 転じて社会の中で特定の人々や同じ職業の人々が集まって形成する**居住地**, ...**人街**やその**居留民**. 《生》集団生活するありやみつばちの**一群**, 植物の**群落**, 細菌の**集落**.

[語源] ラテン語 *colere* (=to cultivate)の名 *colonus* (=farmer)から派生した *colonia* (=farm)が中英語に入った. ラテン語はローマ市民が入植した農地, 開拓地を意味した.

[用例] France used to have many *colonies* in Africa. フランスにはかつてアフリカに多くの植民地があった/a nudist *colony* ヌーディスト村/the Japanese *colony* in Los Angeles ロサンジェルスの日本人街.

[関連語] quarter; ghetto; slum.

【派生語】**colónial** 形. **colónialism** 名 U 植民地主義. **colónialist** 名 C 植民地主義者. **cólonist** 名 C 海外移住民. **colonizátion** 名 U. **cólonize** 動 本来動 植民する, 植民地化する. **cólonizer** 名 植民地入植者.

col·or, 《英》**-our** /kálər/ 名 UC 本来動〔一般語〕〔一般義〕**色, 色彩, 色調**. [その他]《主に複数形で》絵の具, 塗料, 染料, 自分の所属する隊, 団体などをすぐ確認できるよう彩色された**目印, 色リボン, 色記章, 軍旗, 旗**. 人に対して用いると人の**顔色, 血色**, 皮膚の色に用い, 白人の肌に対する**有色人の肌**, 特に黒人の皮膚の色, 集合的に遠まわしに**有色人種, 黒人**. 比喩的に人, 場所, 文学がそれぞれ独自にもつ**色合い, 特色, 個性, 生彩**, ...**的色彩, 味**, 色が表面的なものという考え方と結び付くと**外見, 真実をかくす見せかけ**.《形容詞的に》白黒に対する**カラーの, 色のついた**. 動 として**色を塗る, 色をつける**, 自 として**顔色を変える, 顔を赤らめる**, 木の葉などが**色づく**.

[語源] ラテン語 *color* (=tint; hue)が古フランス語 *color* を経て中英語に入った. 色彩を表す語としては古英語で hiw(=hue)が用いられていたが, 中英語期にこの語が入り, やがて最も一般的な語として用いられるようになった.

[用例] What *color* is her dress? 彼女のドレスは何色ですか/He paints in water-*color*. 彼は水彩絵の具で絵をかく/For some people *color* is a sensitive subject of conversation. ある人々には皮膚の色は微妙な話題である/There's plenty of *color* in his stories. 彼の話は大いに生彩に富んでいる/She *colored* at his compliments. 彼女は彼の世辞に顔を赤らめた.

[類義語] color; hue; shade; tint; tinge: **color** はこの中で最も一般的な語. **hue** は color に近い意味を持つが古語ないし文語. **shade** は色の明暗・濃淡を表し, 特に暗い色合いということが多い. **tint** は文語で明るい色合い. **tinge** はうすい色合いが基調となる色.

【慣用句】 *a horse of another* [*a different*] *color* 全く違った物. *change color* 青くなったり赤くなったりして**顔色を変える**, 木の葉などの**色が変る**. *give* [*lend*] *color to* ... 話を本当らしく見せる. *lose color* 青くなる, 色を失なう. *nail one's colors to the mast* 自分の主義を鮮明にする. *off color* 正常な色合い, 顔色が悪い; 退色した, いかがわしい. *put false colors upon* ... ...を実際とは違うように見せる. *see things in their true colors* 物事の真相を見極める. *show one's true colors* 本性を現わす. *stick to one's colors* あくまで主義を守る. *under color of* ... ...を口実にして, ...にかこつけて.

【派生語】 **cóloration** 名 [U] 着色(法), 配色, 生物の天然の色. **cólored** 形 色のついた, 誇張した, 黒人の. 名 [C] 黒人. **cólorful** 形 色彩に富んだ, 生き生きした. **cóloring** 名 [U] 着色, 彩色, 配色, 血色. **cólorless** 形 無色の.

【複合語】 **cólorbèarer** 名 [C] 軍旗の旗手. **cólorcàst** 名 [UC] カラー放送. **cólor film** 名 [C] カラーフィルム. **cólor líne** 名 [C] (米) 色の障害 [★白人と黒人の法的, 経済的, 社会的差別のこと]. **cólor télevsion** 名 [U] カラーテレビジョン. **cólor-blìnd** 形 色盲異常の.

colóssal ⇒colossus.

Col·os·se·um /kɑ̀ləsí(ː)əm/ 名 固 (通例 the 〜) コロセウム (★古代ローマの円形大演技場), (c-) 一般に**大競技場**.

[語源] ラテン語 *colosseus* (=gigantic) の中性形.

co·los·sus /kəlɑ́səs/|-lɔ́s-/ 名 (複 〜es, -si/sai/) (一般語) [一般義] **巨人, 巨大な物, 偉人.** [その他] 本来この語は像を指し, (the C-) Rhodes 島の Helios 神の 36 m の巨像から巨大なものを意味するようになった. また一般化して**大会社, 大国**など.

[語源] ギリシャ語 *kolossos* (=gigantic statue) がラテン語を経て中英語に入った.

[用例] Beethoven is a *colossus* among musicians. ベートーベンは音楽家の巨星である.

【派生語】 **colóssal** 形 〔くだけた語〕**非常に大きい, 巨大な, 途方もない. colóssally** 副.

colt /kóult/ 名 (一般語) [一般義] **雄の子馬** (★競走馬の場合 4 歳以下, 雌の子馬は filly). [その他] 比喩的に**若く未熟な馬, 新米(しんまい), スポーツで若く経験の少ない選手, 2 軍の選手.**

[語源] 若いろば, らくだの意味の古英語 colt.

[用例] He's not in the senior team—he plays for the *colts*. 彼は上級チームに入れなく, 初心者と一緒にプレーをしている.

【派生語】 **cóltish** 形 子馬のような, 未熟な, いたずらな.

Co·lum·bi·a /kəlʌ́mbiə/ 名 固 コロンビア (★米国首都 Washington があるコロンビア特別区 (the District of Columbia)). またアメリカ大陸発見者コロンブスにちなむ固有名詞として, New York にある Columbia University, South Carolina 州の州都, (the 〜) 北西部を流れるコロンビア川, 詩語としてアメリカ合衆国を擬人化し女性名として表す.

[語源] Christopher Columbus の名に由来する.

Co·lum·bus /kəlʌ́mbəs/ 名 固 コロンブス Christopher Columbus (1451–1506) (★イタリア生れの探検家. 1492 年に北アメリカ大陸に到達した). コロンバス (★米国オハイオ州の州都).

col·umn /kɑ́ləm|kɔ́l-/ 名 [C] (一般語) [一般義] **新聞・雑誌などの縦欄, 特別寄稿欄, コラム.** [その他] 本来は**柱, 円柱**などの意で, **柱状のもの, 軍隊の縦列. 船, 自動車, 人, 動物などの行列, 数字などの列**の意から「**縦欄**」の意となった.

[語源] ラテン語 *columna* (=column; pillar) が古フランス語を経て中英語に入った.

[用例] He writes a daily *column* about sport. 彼は毎日スポーツ記事をコラムに書いている/the carved *columns* in the temple 神殿の彫刻を施した円柱/a *column of fire* 火柱/a *cloumn of smoke* 柱状の煙.

[類義語] ⇒pillar.

【派生語】 **cólumnist** 名 [C] 新聞に定期的に特約寄稿する人, コラムニスト.

com- /kɑm, kəm|kɔm, kəm/ 接頭 ⇒con-.

co·ma /kóumə/ 名 [UC] [医] 病気や負傷によって引き起こされる**昏睡, 昏睡状態.**

[語源] ギリシャ語 *kōma* (=deep sleep) による近代ラテン語が初期近代英語に入った.

[用例] He was in a *coma* for several days after the accident. 事故後彼は数日間昏睡状態にあった.

【派生語】 **comatose** /kóumətòus/ 形 [医] **昏睡状態の, 昏睡状態にあるように緩慢な, 眠そうな.**

comb /kóum/ 名 [C] 動 本来他 (一般語) [一般義] **櫛(くし).** [その他] **櫛**ですくこと, **櫛のように歯のあるものを表し, 馬の毛や羊毛をすくう具, 形が櫛に似ていることから, 鶏のとさか, 波がしら, 等間隔に並んだ巣の区切りの壁が櫛の歯を思わせることからはちの巣 (honeycomb). 動 は櫛で, 髪, 毛を櫛わする具を通すこと, すく, くしげる, 髪をすくように隈なく櫛の目を通すことから, 場所を徹底的に捜す.**

[語源] 古英語 camb (=comb) から.

[用例] *Comb* your hair! 髪をとかしなさい/They *combed* the hills for the missing climber, but failed to find him. 彼らは行方不明になった登山者を求めて徹底的に山々を捜したが, 見つけることはできなかった.

【慣用句】 *comb out* 櫛ですき取る, 不用物や人などを取り除く, 徹底的に捜す, 調べる.

【派生語】 **cómber** 名 [C] **すく人[道具, 機械], 櫛の先に鋭い波頭を見せて寄せてくる波. cómbing** 名 《複数形で》すき取った髪の毛, 抜け毛.

com·bat /kɑ́mbæt|kɔ́m-/ 名 動 本来他 (一般語) [一般義] **武器を持って敵と戦う.** [その他] 一般に**人と争う, やや転じて困難, 苦しみ, 病気などと闘う, 抵抗する, 排除しようとする.** 名 として**戦闘, 格闘.**

[語源] 俗ラテン語 **combattere* (ラテン語 com- with + battuere to hit) が古フランス語 *combattre* を経て初期近代英語に入った.

[用例] The residents of the town tried to *combat* the government's plans to build a motorway. 町の住民は高速道路を建設しようという政府の計画と闘おうとした/She *combated* her cold with large doses of vitamin C. 彼女はビタミン C を大量に服用

して風邪を追い払おうとした《★大げさでこっけいな表現》/a close *combat* 白兵戦/a single *combat* 一騎打ち/a hand-to-hand *combat* 肉薄戦.
[類義語] fight.
[関連語] battle; war.
【派生語】**cómbatant** 名 C 戦闘員. 形 交戦中の, 戦闘に臨む.
cómbative 形 戦闘的な, 好戦的な, 意見など攻撃的な.

com·bi·na·tion /kɑ̀mbinéiʃən|-ə́-/ 名 UC 《⇒ combine》[一般義] [一般義] 2 つ以上の物, 人の組み合わせ, 結合. [その他] 結合の結果として組み合わせたもの, 連合, 同盟, 連合体, 組み合わさったもの,《複数形で》上下ひと続きの下着. また数字などの組み合わせ, 数字の組み合わせ錠.『化』化合, 化合物.
[語源] 後期ラテン語 *combinatio*(=joining two together)が古フランス語を経て中英語に入った.⇒com-bine.
[用例] The town was a *combination* of old and new architecture. その町は古い建物や新しい建物が入り混じってできていた/He couldn't open the safe as he had forgotten the *combination*. 組み合わせ番号を忘れてしまったので彼は金庫を開けることができなかった.
【派生語】**còmbinátional** 形.
com·bine /kəmbáin/ 動 [本来義], /kɑ́mbain|kɔ́m-/ 名 C [一般義] [一般義] 個々の性質が分からなくなる程しっかり**結合させる**. [その他] 力, 考え, 努力などを**結合させる**, 人や組織を連合させる, 併合させる,『化』2 つの物質を化合させる. 一般に異なった特徴を兼ね備える, 併有する.《主に米》コンバインを使って穀物を収穫する. 名として企業合同, 政治的連合, 刈り取り・脱穀の機能の両方を備えた農業機械, コンバイン.
[語源] 後期ラテン語 *combinare*(=to unite; ラテン語 *com*- together+*bini* two by two)が古フランス語 *combiner* を経て中英語に入った.
[用例] They *combined* (forces) to fight the enemy. 彼らは(軍隊を)連合して敵と戦った/He *combines* stupidity with cunning. 彼は愚かさとこうかつさの両方を備えている.
[類義語] ⇒join.
【派生語】**combination** 名 形 ⇒見出し. **cómbinàtive** 形 結合性の, 結合力のある. **còmbinatórial** 形 結合の, 組合せの.
【複合語】**combíning fòrm** 名 C『文法』連結形《★*Afro*-American, *Russo*-Japanese, *Sino*-Japanese などの Afro-, Russo-, Sino- などの形》.

com·bus·ti·ble /kəmbʌ́stəbl/ 形 C [形式ばった語][一般義] 物が**燃えやすい**. [その他] 着火しやすい, 可燃性の, 比喩的に人が興奮しやすい. 名 として《通例複数形で》燃えやすい物, 可燃物.
[語源] ラテン語 *comburere*(=to burn)から派生した中世ラテン語 *combustibilis*(燃えやすい)が古フランス語を経て初期近代英語に入った.
[用例] That material is highly *combustible*. その材料は極めて燃えやすい.
[類義語] flammable.
【派生語】**combústion** 名 U『化』燃焼: an internal-*combustion* engine 内燃機関.

come /kʌ́m/ 動 [本来自] 〔過去 **came**; 過分 **come**〕 [一般義] [一般義] 中心となる場所のほうにやって来る, 来 る. [その他] 中心となるのは多くの場合話し手であるので, 話し手のほうに「来る」ことをいうが, 逆に相手を中心に据えて話者がそこに行く, と言う意味ともなる. 比喩的に時間, 季節, 順番がやって来る, 巡って来る. 事が起こる, 生じる, 考えが浮かぶ, 音が聞こえる, 光景が目に入ってくる, ある段階に**到達している**状態に意味の重点があると, …まで届く, 達する, 合計が…になる,《to 不定詞を伴って》…するようになる, 〔くだけた語〕オルガスムスに達する. ものが自分の所に**到達する**ことを言えば, …が得られる, 遺産を手にする. 人がやって来る出身地や, 事柄が起こる原因に意味の重点があれば,《〜 from [of] で》…**出身である**, …に由来する, …から生じる, 起こる, …に原因がある. 〔いら立ち, 励ましなどを表して感嘆詞的に〕さあ! い!
[語源] 古英語 *cuman* から.
[用例] *Come* to my house tomorrow. 明日私の家にいらっしゃい/I'm *coming* soon. 今すぐ行きます/Christmas is *coming* soon. もうすぐクリスマスがやって来る/Suddenly the castle *came* into view. 突然城が視界に入ってきた/The water *came* to my breast. 水は私の胸にまで達した/We finally *came* to a decision. 私達はとうとう決定を下した/How did you *come* to break your leg? どうして脚を骨折したのですか/This book *comes* in paperback edition. この本はペーパーバック版で手に入る/She *comes* from a rich family. 彼女は裕福な家柄の出だ.
[日英比較] come は話者のほうに「来る」意味だが, 相手に視点を置いて I'm *coming*. などのように相手の所へ「行く」意味ともなり, この点で日本語の「来る」と異なる. 相手に視点を置くことは一種の敬語あるいは待遇表現と考えられるが, 日本語ではそれを「行く」の代りに「参る, 参上する, 伺う」などの語彙項目を使って表す手段をとっているといえる.
【慣用句】**come about** 起こる: How did that *come about*? それはどんな風に起こりましたか. **come across** 偶然出会う. **come around** 近くにやってくる, 回ってくる; 意識を取り戻す. **come back** 戻ってくる, 思い出される, 元の状態に復活する. **come by** …. …を手に入れる. **come into** … 遺産を受け継ぐ. **come off** ボタンなどがとれる, 外れる, ペンキなどがはがる. **Come off it!**〔くだけた語〕うそを言うな, かっこうつけるのをやめろ. **Come on!** 急げ, さあさあ. **come** [**go**] **it too strong**〔くだけた語〕あまりにも誇張する. **come out** 出版される, 写真が現像される. **come to** 意識を取り戻す. **come to be** … …となる. **come to oneself** 意識を取り戻す, 正気に戻る. **come to that**〔くだけた語〕そのことについて言えば, 実は. **come to think of it**〔くだけた語〕考えてみれば, そういえば. **how come …?**〔くだけた語〕なぜ…なのか, どういう訳で…か. **come up to** ….. …に達する. *First come, first served.* ⇒first. *when it comes to* … …のことになると.
【派生語】**cómer** 名 C 来る人《[語法] 複合語として用いることが多い》: a new-*comer* 新人. **cóming** 名 U 形.
【複合語】**còme-át-able** 形〔俗語〕近づきやすい, 手に入れやすい. **cómebàck** 名 C 元の地位, 状態への返り咲き, 復帰. **cómedòwn** 名 C〔くだけた語〕地位の失墜, 期待はずれ.

comedian ⇒comedy.
comedienne ⇒comedy.

com・e・dy /kámidi|-ə-/ 名 ［C］U〕〔一般語〕 一般義 喜劇あるいは喜劇映画. その他 演劇の部門としての喜劇, 喜劇的な出来事, 喜劇的要素.
語源 ギリシャ語 *kōmōidia* (*kōmos* banquet + *aoidós* singer) がラテン語 *comoedia*, 古フランス語 *comedie* を経て中英語に入った.
用例 We went to see a *comedy* last night. 私達は昨晩喜劇を見に行った/*comedies* and tragedies in life 人生の悲喜劇.
対照語 tragedy.
関連語 tragicomedy; farce; burlesque; charade.
【慣用句】 *cut the comedy* 〔俗語〕冗談[ばかげた行い]をやめる.
【派生語】 comedian /kəmí:diən/ 名 ［C］ 喜劇役者, 一般に〔けなして〕こっけいな人. comedienne /kəmi:dién/ 名 ［C］ 喜劇女優 語法 現在では女性にも comedian を使うのが普通.

comeliness ⇒comely.

come・ly /kʌ́mli/ 形 〔古風な語〕 一般義 主に女性が顔立ちのよい, 美しい. その他 審美的, 道徳的にふさわしい, りっぱな.
語源 「弱い, 繊細な」という意味の古英語 *cȳme* から派生した *cȳmlic* (=beautiful) から.
類義語 beautiful; good-looking.
対照語 homely.
【派生語】 cómeliness 名 ［U］.

com・et /kámit|-ɔ-/ 名 ［C］《天》 彗星(すいせい), ほうき星.
語源 ギリシャ語 *komḗtēs* (=long-haired) がラテン語 *cometa*, 古フランス語 *comète* を経て中英語に comete として入った. 「長い髪」から比喩的に「彗星の尾」を表すようになったもの.
用例 A new idea flashed like a *comet* through my brain. 新しい考えがほうき星のようにぱっと私の頭にひらめいた.
関連語 meteor; meteorite; meteoroid; shooting star; planetoid; asteroid.

com・fort /kʌ́mfərt/ 名 ［UC］ 動 本来義 〔一般語〕 一般義 不安や苦痛などの精神的または身体的苦痛に対する慰安, 慰め. その他 慰められると人は安楽, 快適な状態となり, そこから具体的に慰めとなる物[人], 冷暖房装置やテレビなど生活を快適で豊かにしてくれる調度[設備]を意味するようになった. 動 して, 精神的, 肉体的または物質的に人を慰める, 元気づける, 励ます.
語源 ラテン語 *confortare* (=to strengthen; *com*- 強意十 *fortis* strong) が古フランス語 *conforter* (=to comfort) を経て中英語に入った.
用例 The minister said a few words of *comfort* to the widow. 牧師は二言三言未亡人に慰めの言葉をかけた/They now live in *comfort*. 彼らは今では安楽に暮している/Her presence was a *comfort* to him in his grief. 彼女がいてくれたので彼は悲しみの中で慰められた/The child ran to its mother to be *comforted*. その子は悲しくなって母親の所へ飛んで行った.
類義語 comfort; consolation; solace: **comfort** は苦しみや悲しみを軽減したり, 元気づうける慰めや励ましによって与えられた安楽, 快適な状態を言うのに対して, **consolation** は人の死を悲しんだり, 落胆している時に寄せられる同情や励ましの慰めを表すやや形式ばった語. **solace** は心配・悩み・退屈・孤独感をいやす慰めで, 救いに近い意味.
対照語 torment; trouble; burden.
【慣用句】 *aid and comfort* 助力, 援助. *cold comfort* 慰めにならない慰め, ありがた迷惑な激励. *creature comforts* 肉体的快適さをもたらす物, 物質的快楽. *too close for comfort* 〔やや形式ばった表現〕時間[期日]が迫っていて不安で.
【派生語】 cómfortable 形 精神的, 身体的, 経済的に快適な, 安楽で, かなり裕福な, 収入などが十分な: I don't feel *comfortable* at formal dinner. 正式な晩餐会では居心地が悪い/He has a *comfortable* room with an air conditioner. 彼にはエアコン付の快適な部屋がある/a *comfortable* standard of living 十分な生活水準. cómfortably 副. cómforter 名 ［C］ 慰める人, 快適にしてくれるもの (★毛糸のマフラーや温かい掛けぶとんをいう), 《英》赤ん坊のおしゃぶり, ゴム製乳首. cómforting 形 元気づける, 慰めるような. cómfortingly 副.
【複合語】 cómfort stàtion 名 ［C］《米》〔婉曲的〕公衆トイレ(《英》public convenience).

com・ic /kámik|-ɔ-/ 形 〔一般語〕 一般義 喜劇(comedy)の. その他 喜劇のような, こっけいな, 漫画の. 名 として喜劇役者[作者], 人生や文学作品などの喜劇的要素, 《米》漫画本(comic book), 《複数形で》新聞などの漫画, 続き漫画(comic strips).
語源 ギリシャ語 *kōmos* (⇒comedy) から派生した *kōmikos* (=comic) がラテン語 *comicus* を経て中英語に入った.
用例 a *comic* actor 喜劇役者/He looked very *comic* in his father's clothes. 父親の衣服を着ると彼はとてもこっけいに見えた/That child never reads books, only *comics*. あの子は漫画ばかり読んで少しも読書はしない.
類義語 cartoon.
対照語 tragic.
【派生語】 cómical 形 こっけいな, ばかげた.
【複合語】 cómic bòok 名 ［C］ 漫画本[雑誌]. cómic ópera 名 ［C］ 喜歌劇. cómic strìp 名 ［C］ 新聞や雑誌の漫画.

com・ma /kámə|-ɔ-/ 名 ［C］ 《文法》 句読点のコンマ(,).
語源 ギリシャ語 *koptein* (=to cut off) から派生した *komma* (=切り離されたもの, 文中の節) がラテン語を経て初期近代英語に入った.
用例 Don't forget to put a *comma* after the phrase. その句の後にコンマを書くのを忘れてはいけない.
関連語 period (《英》full stop); dot; colon; semi-colon.
【複合語】 invérted cómmas 名 《複》逆コンマ, 引用符 (‘,').

com・mand /kəmǽnd|-ɑ́:-/ 動 本来義 名 ［CU］〔形式ばった語〕 一般義 権限のある者が命令する, 命令を下す. その他 軍隊などを指揮する, 何かに支配権を持つことから, 意のままにする, 自在に使いこなす, 自分自身の感情を支配する, 抑制する. 高い地位から支配するという意味で, 場所, 建物が要塞(ようさい)の地を占める, 見下ろす, 見渡す. 権限がそのようにいることから転じて, ...にふさわしい, ...に値する, 尊敬や同情の念を起こさせる. 名 として命令(権), 指揮(権), 支配(権), 《軍》司令官管轄下の部隊, 《C-》司令部. また自在に使いこなす能力, 熟達, あるいは支配する力, 抑制力, 見晴らし, 展

望,〖コンピューター〗操作指示.
[語源] 俗ラテン語 *commandare (ラテン語 com- 強意 + mandare to command) が古フランス語 commander を経て中英語に入った.
[用例] I command you to leave the room immediately! 直ちに部屋を出るよう君に命令する/The general commands his army. 将軍は軍隊を指揮する/The writer commands a large vocabulary. その作家は豊富な語彙を自由自在に使いこなす/My house commands a fine view over the bay. 私の家からは入り江の素晴らしい眺めが見下ろせる/Her good conduct commands respect. 彼女は行いが良いので信望を集めている/Who is the officer in command? 指揮官はだれですか/command of the air 制空権/The girl had a good command of Chinese. 少女はなかなか中国語が達者であった.
[類義語] ⇒order.
【慣用句】 **at one's command**〔文語〕…の指揮[命令]で, 自由に使いこなして. **take [have] command of** … …を指揮する.
【派生語】 **còmmandant** 名C 指揮官, 司令官. **còmmandéer** 動本来他 命じて人を兵役に徴用する, 私有物を軍用に徴発する. **commánder** 名C 指揮者, 軍などの指揮官: commander in chief 最高司令官, 軍の総司令官. **commánding** 形 指揮する, 態度, 風采が威厳のある, 堂々とした, 眺望のきく, 見晴らしのよい: He has a commanding appearance. 彼は堂々とした風采をしている/The house had a commanding position on the hill. 家は丘の見晴らしのよい位置にある. **commándment** 名C〖宗〗神の掟, 《C-》モーセの十戒 (the Ten Commandments) の一つ.
【複合語】 **commánd perfórmance** 名C 国家元首の臨席によって行われる御前上演. **commánd pòst** 名C〖軍〗戦闘司令所.

com·man·do /kəmǽndou|-máːn-/ 名C 〔一般語〕特別奇襲隊(員), コマンド, 一般に奇襲隊(員), 特攻隊(員), ゲリラ隊(員).
[語源] ラテン語 *commandare (⇒command) に由来するポルトガル語 commandar (= to govern; to command) の派生形 commando (= party commanded) がオランダ語, アフリカーンス語を経て19世紀に入った.
[用例] The commando(e)s made a raid on the terrorists. 特別奇襲隊がテロリストを襲撃した.

com·mem·o·rate /kəméməreit/ 動本来他〔形式ばった語〕一般義 儀式, 祝祭典などにおいて記念する, 祝う. その他 追悼する, 記念碑などが…の記念となる.
[語源] ラテン語 commemorare (com- 強意+memorare to remind) の過去分詞が初期近代英語に入った.
[用例] This inscription commemorates those who died. この碑銘は亡くなった人々を記念するものである.
[類義語] ⇒celebrate.
【派生語】 **commèmorátion** 名U. **commémorative** 形.

com·mence /kəméns/ 動本来自〔形式ばった語〕一般義 儀式, 裁判, 会議などに改まった行事を開始する, 始める. その他 物事に着手する, 《英》大学で修士号, 博士号の学位を受ける.
[語源] 俗ラテン語 *cominitiare (ラテン語 com- 強意+ initiare to begin) が古フランス語 comencier を経て中英語に入った.
[用例] The minister commenced the service with a hymn. 牧師は賛美歌で礼拝を始めた/Students in America generally commence their course in September. アメリカの学生は一般に9月に入学する.
[類義語] ⇒begin.
【派生語】 **commèncement** 名UC 開始, 《米》学位授与式, 高校・大学などの卒業式.

com·mend /kəménd/ 動本来他〔形式ばった語〕一般義 公式に人や物をほめる, 称賛する. その他 信頼して任せる, 託す, 人に推薦する (recommend).
[語源] ラテン語 commendare (= to entrust; com- 強意+mandare to commit to one's charge) が中英語に入った.
[用例] His ability was highly commended. 彼の能力は高く称賛された/I commend him to your care. 彼をあなたの世話に任せる.
[類義語] praise.
【慣用句】 **commend itself to** … …によい感じを与える, …の気に入る.
【派生語】 **comméndable** 形 立派な, ほめるに足る. **còmmendátion** 名U 表彰, 称賛, 推薦. **comméndatòry** 形 称賛の, 推薦の.

commensurable ⇒commensurate.

com·men·su·rate /kəménʃərit/ 形〔形式ばった語〕一般義 規模, 程度が同等の, 等しい. その他 同量の, 同期間の, 同程度の, …につり合った, ふさわしい, 対応する.
[語源] ラテン語 mensura (=measure) から派生した後期ラテン語 mensurare (=to measure) の過去分詞 mensuratus に接頭辞 com- (=with) が付いた commensuratus が初期近代英語に入った.
[用例] His salary is commensurate with his ability and experience. 彼の給料はその能力と経験にふさわしい.
[類義語] proportionate; corresponding.
【派生語】 **comménsurable** 形〖数〗同一単位で計れる, 約分できる, 比例した, つり合った.

com·ment /kɑ́ment|kɔ́m-/ 名C 動本来自〔一般語〕一般義 書物, 人物, 時事問題などに対して口頭で述べたり書いたりした評論, 論評. その他 意見, 批評, 解説, 注解. 動 として, 口頭や文字で論評する, 意見する, 批評する, 解説する, 注解する.
[語源] ラテン語 comminisci (=to contrive; to devise) の過去分詞 commentus の名 commentum (=invention) が中英語に入った.
[用例] Did he make any comment on my statement? 私が述べたことに対して彼は何か意見を述べましたか/Our teacher always writes his comments in the margin of our examination papers. 先生はいつも答案用紙の欄外に短評を書いてくれる.
【派生語】 **cómmentary** 名CU 論評, 行事や式典, 時事問題などに対する放送などの一連の解説, 本などの注解. **cómmentàte** 動本来自〔形式ばった語〕放送番組などで解説[論評]を行う, 解説者をつとめる. **cómmentàtor** 名C スポーツ番組, 時事問題などの解説者.
[類義語] remark.

com·merce /kɑ́mə(ː)rs|-ɜː-/ 名U 〔一般語〕一般義 物を売買する商取引き, 商業. その他 都市,

国家間などで行われるような大規模な**貿易**, **通商**, また社会的な**交流**, 人の**交際**, 意見の**交換**.
[語源] ラテン語 *commercium* (=trade; *com-* together + *merx* marchandise) が初期近代英語に入った.
[用例] Our company is engaged in *commerce* with Asian countries. わが社はアジア諸国との貿易をしている.
[類義語] trade; business.
【派生語】**commercial** 形 ⇒見出し.

com・mer・cial /kəmə́ːrʃəl/ 形 名 C 《⇒commerce》〔一般語〕一般語 商用の, 商業の, 貿易の. その他 営利的な, 営利を目的とした. 名 として, テレビ, ラジオなどの広告放送, コマーシャル.
[用例] Private cars are allowed to use this road but not *commercial* vehicles. 自家用車はこの道路を走ることができるが商用車はできない/I enjoyed the play but the *commercials* irritated me. 劇は面白かったがコマーシャルにはいらいらした.
【派生語】**commércialism** 名 U 営利主義, 商業主義 ([語法] 悪い意味で用いることが多い). **commércialize** 動 本来他 商業化する, 営利目的で用いる, 商品化する 《[語法] しばしば悪い意味で用いる》: Christmas has become *commercialized*. クリスマスは商業化されている. **commérciálly** 副.
【複合語】**commércial básis** 名 C 商業上の採算, コマーシャルベース. **commércial bréak** 名 C コマーシャルを放送する時間. **commércial jìngle** 名 C コマーシャルソング. **commércial láw** 名 U 商法. **commércial mèssage** 名 C 広告放送, コマーシャル.

com・mis・er・ate /kəmízəreit/ 動 本来自 〔形式ばった語〕人の不幸などを気の毒に思う, 哀れむ, 同情する.
[語源] ラテン語 *commiserari* (=to pity; *com-* 強意 + *miserari* to pity) の過去分詞 *commiseratus* が初期近代英語に入った.
[用例] She *commiserated* with him on the death of his mother. 彼女は彼の母が亡くなったことで彼に同情を寄せた.
[類義語] condole.
【派生語】**commiserátion** 名 U.

com・mis・sion /kəmíʃən/ 名 UC 本来他 〔一般語〕一般語 個人や団体に対する権限, 任務への委任, 委託. その他 権限の委任, 委任によって任される任務, 職権, 権限, 委任したことを示す委任状, 《軍》将校任命辞令やこれから生じた将校としての権限. 職務遂行のために権限を委託された委員会, 委員. 商取引きで代理店への業務の委託, 代理業務, 委託業務に対する手数料. 〔形式ばった語〕犯罪や過失を犯すこと, 犯行. 動 として, 権限を人や団体に委託する, …するように委任する, 人に仕事を依頼する.
[語源] ラテン語 *committere* (⇒commit) の過去分詞 *commissus* から派生した中世ラテン語 *commissio* (=delegation of business) が中英語に入った. 上記の意味はラテン語で既に発達したもので, 「犯行」と「委任」のように英語ではあまり結び付きのないものが含まれるのはそのためである.
[用例] She's had a *commission* to paint the president's portrait. 彼女は大統領の肖像画を描くよう依頼を受けている/My son got his *commission* last year. 息子は昨年将校に任命される辞令を受けとった/The insurance salesman doesn't earn a large salary but he gets a lot of *commission*. 保険外交員の給料は多くないが手数料はたくさん取っている/I was *commissioned* by the rest of the staff to tell the manager of our complaint. 私はほかの職員たちから経営者に不満を告げるように頼まれた.
【慣用句】*in commission* 委任を受けた, 機械などが使用できる状態にある, 軍艦などが就役中の. *on commission* 《商》委託されて, 代理で, 手数料で. *out of commission* 退役の, 機械などが故障中の.
【派生語】**commissioner** 名 C 《しばしば C-》政府の任命した政府機関などの長官, 理事, 委員, 《米》地方行政官, プロスポーツで最高の権限を委任されたコミショナー: police *commissioner*《英》警視総監,《米》警察本部長.
【複合語】**commissioned ófficer** 名 C 《軍》将校任命辞令を受けた士官, 将校.

com・mit /kəmít/ 動 本来他 〔一般語〕一般語 犯罪, 過失, 愚行などを犯す. その他 〔形式ばった語〕人や物を施設などに預ける, 委ねる, 物事を委託する, 議案, 記録などを…に付す, 金, 時間などを…に割く, 投入する. 《しばしば受身》特に人を刑務所, 病院に入れる, 収容する, 《自 または ~ oneself で》責任や危険を伴うことを引き受ける, 係わりを持つ, 約束などで身を縛る, 保証する, 言質を与える, のっぴきならぬ立場に身を置く, 係わりのある問題に対して自分の意見[態度]を表明する.
[語源] ラテン語 *committere* (=to bring together; to commit; *com-* together + *mittere* to send) が中英語に入った. 「罪を犯す」と「委託する」は英語に入る以前のラテン語にあったもので, 近代英語期にはフランス語からの意義借用と考えられている「名声, 体面などを危うくする」という意味もでている.
[用例] He *committed* the murder when he was drunk. 彼は酔って殺人を犯した/He was *committed* (to the mental hospital) in July. 彼は7月に(精神病院に)収容された/"Are you going to join the club?" "I don't want to *commit* myself yet."「クラブに入るつもりなのですか」「まだ態度をはっきり決めたくありません」/They deeply *committed* themselves to social welfare. 彼らは社会福祉に深く係わった/He *committed* the story to paper. 彼は物語を忘れないようにと紙に書き留めた.
[類義語] commit; entrust; confide: **commit** はこの中で最も中心的な語で, 人や物を他人の責任に委ねることを表す. **entrust** は相手を完全に信頼, 信用して任せることに重点があり, **confide** は信頼で委託されたものを相手が守ってくれることを期待してまかせる意.
【派生語】**commitment** 名 U 言質, 公約, 委託.

com・mit・tee /kəmíti/ 名 C 〔一般語〕調査, 検討, 報告などを行うための委員会,《集合的》委員会の委員全体をいう.
[語法] 委員会の一人一人に重点があれば複数扱い, 全体で一つの集合体と考えれば単数扱い.
[語源] ラテン語 *committere* (⇒commit) に由来するノルマンフランス語 *commettre* (=to commit) の過去分詞 *comité* が中英語に入った.
[用例] a steering *committee* 運営委員会/an advisory *committee* 諮問委員会/The *committee* meet(s) today. 委員会は今日会合がある/He is on several *committees*. 彼はいくつもの委員会の委員をしている.

[日英比較] committee は「委員会」と訳されるため、「委員会が行われた」のような場合に「委員会」を committee と英訳するのは誤りで、このような場合は committee meeting を用いなくてはならない.

【複合語】**commítteeman** 名 C 委員. **commítteewòman** 名 C 女性委員.

com·mode /kəmóud/ 名 C 〔一般語〕[一般義] 室内用便器. [その他] 〔古風な語〕引出し付きの背の高いテーブル, 整理だんす, 移動式洗面台.
[語源] ラテン語 commodus (=convenient) がフランス語を経て初期近代英語に入った.

com·mo·di·ous /kəmóudiəs/ 形 〔形式ばった語〕家, 部屋などが広くて便利な, ゆったりとしている.
[語源] ラテン語 commodus (=convenient) から派生した中世ラテン語 commodiosus が古フランス語を経て中英語に入った.
【派生語】**commódiously** 副.

com·mod·i·ty /kəmάdəti/-5-/ 名 C 〔形式ばった語〕[一般義] 《しばしば複数形で》商品として売買される日常必需品. [その他] 日用品として役に立つもの, 有用なもの. 商品のうち特に農産物, 鉱業産物など主要産物.
[語源] ラテン語 commodus (=convenient) から派生した commoditas が古フランス語 commodité を経て中英語に入った. 「役に立つもの」から「商品」の意味変化は英語で起った.
[用例] Household commodities include soap, washingmachines, brushes and cleaning fluids. 家庭用品には石けん, 洗濯機, ブラシ, 掃除用の液体や気体が含まれる.
[類義語] goods.
【複合語】**commódity agrèement** 名 C 国際間の商品協定. **commódity exchànge** 名 C 主要商品取引所. **commódity fùtures** 名《複》商品先物取引.

com·mo·dore /kάmədɔːr/ kɔ́-/ 名 C 〔一般語〕[一般義]《米》海軍准将 《★大佐と少将の間の階級; 1899 年に廃止されたが第二次大戦中一時的に復活された. 平時には用いない》. [その他] 古参の船長, 船長などに対する敬称として提督を意味し, Commodore Perry「ペリー提督」のように用いる. またヨットクラブの会長, 商船隊長に対しても敬称として用いる.
[語源] 古くは commadore, commandore とつづられ, おそらくオランダ語 kommandeur から初期近代英語に入った. オランダ語はフランス語 commandeur (=commander) による.

com·mon /kάmən/-5-/ 形 名 C 〔一般語〕[一般義] 普通の, よくある, ありふれた. [その他] 本来は共有の, 共同の, の意で, 公共の, 一般の, 公衆のという意になり, さらに転じて「普通の, よくある」意となった.《けなして》品のない, 野卑な, 粗末な. また多くの人々やものに共通することから特権や地位をもたない並の, 庶民の, 〘文法〙名詞の性が男性・女性のどちらでもよい通性の, 固有名詞に対する普通名詞の. 名として, 広場や公園など共有地, 現在では古語となっているが《複数形で》平民の意味では平民から選出される英議会の下院を意味する the House of Commons に残っている.
[語源] ラテン語 communis (=shared by all or many) が古フランス語 comun を経て中英語に入った.
[用例] This knowledge is common to all of us. このことは私達皆が知っていることです/common property 共有財産/The sparrow is a common bird in Britain. すずめは英国ではありふれた鳥です/a common sight よく見られる光景/She uses some very common expressions. 彼女はいくつかとても品のない表現を用いる/common people 特に地位の高くない平民/a common noun 普通名詞/common year 平年/Cows used to graze on the village common. 牛はよく村の共有地で草をはんでいた.
[類義語] common; ordinary; familiar; usual: **common** は特徴などが多くのものに共通しているのでありふれたことを表す. **ordinary** は他のものと比べて特別な所のない, 変っていない, 例外のないことをいう. **familiar** は日常生活などでよく見[聞き]慣れていてすぐ分かることを意味する. **usual** はいつものことなので, 予期されることを表す.
[反意語] uncommon.
【慣用句】(as) common as muck《軽蔑語》振舞が無作法な, 品のない. in common 共通に, 共同に.
【派生語】**cómmoner** 名 C 普通の人, 庶民, 平民,《英》給費生でない一般学生. **cómmonly** 副 普通は, 一般に.
【複合語】**cómmon divísor [fáctor]** 名 C 〘数〙公約数. **cómmon knówledge** 名 U 常識 (⇒common sense). **cómmon láw** 名 U 慣習法 (★成文法 (statute law) に対して一般慣習などに基づいた法). **cómmon-làw húsband [wífe]** 名 C 内縁の夫[妻]. **cómmon-làw márriage** 名 U 内縁(関係), 同棲. **Cómmon Márket** 名 《the ~》ヨーロッパ共同市場 (★正式には the European Economic Community; 1994 年 EU の実現により消滅). **cómmon múltiple** 名 C 〘数〙公倍数. **cómmon-orgárden** 形《くだけた語》ありふれた, ありきたりの. **cómmon práyer** 名 《the ~》英国国教会共通祈祷文, 聖公会祈祷書. **cómmon róom** 名 C《英》学校, 工場などの談話室, 控え室, 大学の教員の休憩室. **cómmon sénse** 名 U. 良識, 常識 [日英比較] 日本語の「常識」は common sense と common knowledge の両方にまたがる. 日常生活に当然要求される正しい判断力や道徳的基準の意味の常識は common sense, 誰もが知っているはずの基本的知識という意味の常識は common knowledge で表す).

com·mon·place /kάmənpleis/-5-/ 形 名 C 〔一般語〕[一般義] 日常ごくありふれた. [その他] 新味のない, わかりきった, さらにつまらない, 陳腐な. 名 としてありふれた事[物], きまりきった名文句.
[語源] ギリシャ語 koinos topos (=general topic) をラテン語に訳した locus communis (=common place) から英語に翻訳された語で,「共通性のある話題」の意. 初期近代英語から.
[用例] I thought his speech would be interesting but it was very commonplace. 彼の話しは面白いのだろうと思ったら, とてもありきたりのものだった.
【複合語】**cómmonplace bòok** 名 C 有名句, 名文句の書き込み帳, 備忘録.

com·mon·wealth /kάmənwelθ | kɔ́m-/ 名 C 〔一般語〕[一般義] 共和国. [その他] 公共の福祉を目的とし, 主権在民の国家, そのような共通の利益で結ばれた連邦. 《the C-》英連邦 (★the United Kingdom を中心としてカナダ, ニュージーランドなどからなる連邦. the Commonwealth of Nations ともいう). また米国の州 (★Kentucky, Massachusetts, Penn-

com·mo·tion /kəmóuʃən/ 名UC〔やや形式ばった語〕[一般義] 波や嵐などの**激動**. [その他] 比喩的に精神的な動揺や興奮, 社会的な騒動, **動乱, 混乱**.
[語源] ラテン語 *commovere* (to disturb; *com-* together + *movere* to move) の名 *commotio* が中英語に入った.
[用例] They were awakened by the *commotion* in the street. 彼女らは通りの騒動で目が覚めた.
[対照語] peace; calmness; quietness.

com·mune /kámju:n | kóm-/ 名C, /kəmjú:n/ 動
[本来自][一般語] フランス, ベルギー, イタリア, スイスなどの最小の自治行政区としての**コミューン**. [その他] 仕事や利益を共有して共同生活する人々の集団である**共同体, 生活共同体**, また中国など共産国の**集団農場, 人民公社**. 動 [文語] **親しく交わる, 語りあう**.
[語源] 中世ラテン語 *commune* (=that which is common) の複数形 *communia* が中英語に入った.
[用例] the *Commune* (of Paris) パリ・コミューン (★フランス革命期の 1789-94 年と 1871 年 3-5 月の 2 度に起きた政体).
[類語] community.
【派生語】**cómmunal** 形 **自治体の, 共同社会の, 公共の**.

communicable ⇒communicate.

com·mu·ni·cate /kəmjú:nikèit/ 動 [本来他]〔形式ばった語〕[一般義] 情報や意見を**伝える, 知らせる, 伝達する**. [その他] 元来光や熱, 運動のような実体の捕え難いものを**伝える**ことをいい, 転じて病気などを**うつす**, 話, 文書, 身振, 合図などによって情報や意見を伝える意味となった. 自として, 意見や情報などを**交換する, 相手と連絡をとる, 接触する, 理解し合う, 通じ合う, 文通する**, 〔形式ばった語〕場所が他の場所に, また電話などが他の部屋に**通じている**, 《キ教》聖餐(さん)を受ける, 《カトリック》聖体を拝領する.
[語源] ラテン語 *communicare* (= to share with others) の過去分詞 *communicatus* が初期近代英語に入った.
[用例] She reluctantly *communicated* the facts. 彼女はしぶしぶ事実を伝えた/It's difficult to *communicate* with her now that she has left the country. 彼女が国を離れた今となっては, 連絡をとるのはむずかしい/She and I don't *communicate* any more. 彼女とはもはや音信不通だ/These two rooms *communicate* by this door. この 2 室はこのドアで通じている.
【派生語】**commúnicable** 形 **意図などを伝達できる, 病気が伝染性の**. **communicatée** 名C **被伝達者**. **communication** 名 ⇒見出し. **commúnicàtive** 形 **通信の, 話好きな, 開けっぴろげな**. **commúnicàtively** 副. **commúnicàtiveness** 名U. **commúnicàtor** 名C. **commúnicàtory** 形.

com·mu·ni·ca·tion /kəmjù:nikéiʃən/ 名 UC 《⇒communicate》[一般義] 情報や意見の**伝達, 情報交換, 意志の疎通**. [その他] **通信, 交信, 交通, 交際**, 伝達される**情報, 伝言, 通信文**, 《複数形で単数扱い》**電話, ラジオ, 無線などの通信機関, 報道機関, 伝達手段**, あるいは**交通機関**. 病気の**伝染**, 熱などの**伝導**.
[用例] *Communication* is difficult in some remote parts of the country. その国の遠隔地には通信がむずかしい所がある/I received your *communication* in this morning's post. 朝の便であなたの伝言を受けとりました.
【複合語】**communicátions gàp** 名C 世代間などの**相互理解の欠如**. **communicátions sàtellite** 名C **通信衛星**. [語法] COMSAT と略す.

com·mu·nion /kəmjú:niən/ 名UC〔形式ばった語〕[一般義] **信仰的, 霊的な交感, 交流**. [その他] 信仰や感情面での**共感, 親交, 親しく語りあうこと**, また同じ信仰を持つ**信仰仲間, 宗教団体, 宗派, 《C-》《キ教》聖餐式, 《カトリック》聖体拝領**(Holy Communion).
[語源] ラテン語 *communis* (⇒common) から派生した *communio* (=sharing; fellowship) が古フランス語 *communion* を経て中英語に入った.
[用例] hold *communion* with nature 自然と親しく交わる/the Anglican *Communion* 英国国教会派/Did you go to *Communion* on Sunday? 日曜日には聖餐式に参加しましたか.

com·mu·ni·qué /kəmjù:nikéi, -́-- ́/ 名C〔一般語〕政府などの決定, 方針, 態度を発表する**公式声明, 公式発表, コミュニケ**.
[語源] ラテン語 *communicare* (⇒communicate) に由来するフランス語 *communiquer* (= to communicate) の過去分詞が 19 世紀に入った.
[用例] A *communiqué* about the King's health was posted on the palace gates. 国王の健康状態についての公式発表が宮殿の門に掲示された.

com·mu·nism /kámjunizəm | kóm-/ 名U〔一般語〕《しばしば C-》**共産主義**.
[語源] フランス語 *communisme* が 19 世紀に入った. ⇒ common.
[関連語] socialism; leftism; Marxism.
【派生語】**cómmunist** 名C《しばしば C-》**共産主義者, 共産党員**. 形 **共産主義(者)の**. **còmmunístic** 形. **còmmunístically** 副.

com·mu·ni·ty /kəmjú:niti/ 名 CU 〔一般語〕
[一般義] 宗教, 民族, 職業などの共通の利害を持つ人々によって形成される**地域共同体, コミュニティ**. [その他] 具体的に一つにまとまった**自治体**である**国家, 都市, 町, 村などの共同体[社会], 地域社会, 生活共同体**, 都市の特定地域や特定の人々によって形成される**…(人)社会, …界**. 《the ~》**社会一般, 大衆, 公衆**. 人の社会の意味から転じ**動物の群集, 植物の群落**. 〔形式ばった語〕利害, 思想, 財産などの**共有, 一致, 共通性**.
[語源] ラテン語 *communis* (=common) から派生した *communitas* (=community; fellowship) が古フランス語を経て中英語に入った.
[用例] the Jewish *community* in New York ニューヨークのユダヤ人社会/the scientific *community* 科学界/the financial *community* 財界/He did it for the good of the *community*. 彼は社会のためにそれを行なった.
[類語] society.
【複合語】**community anténna télevision** 名U **共同視聴アンテナテレビ**. **community cènter** 名C

commutable ⇒commute.
commutation ⇒commute.
commutative ⇒commute.

com·mute /kəmjúːt/ 〔一般語〕 [本来military] 〔一般義〕 通勤する, 通学する. [その他] 分割払いの代わりに一括払いにすることから, 切符を買う代わりに定期券や回数券で通勤することをいうようになった. 他 本来は取り替えるの意で, 支払い方法を変更する, 義務や刑罰を軽い方に代える, すなわち軽減する, 電流の方向を変える.
[語源] ラテン語 *commutare* (=to change; *com-* 強意 + *mutare* to change) が中英語に入った.
[用例] He *commutes* between Brighton and London. 彼はブライトンとロンドンの間を通勤している/His death sentence was *commuted* to life imprisonment. 彼は死刑から終身刑に減刑された.
【派生語】**commútable** 形 交換できる, 振り替えられる. **commutátion** 名 UC 交換, 変換, 支払方法の振り替え, 刑罰や義務の軽減, 《米》通勤; **commutation ticket** 《米》定期券, 回数券《英》season ticket). **commútative** 形 交換の, 可換の, 交互の, 相互の. **commúter** 名 C 定期券通勤者, 《形容詞的に》通勤(者)の: a *commuter*('s) ticket 定期券/a *commuter* train 通勤列[電]車.

com·pact /kəmpǽkt/ 形動 [本来に], /kámpækt/ -/-ɪ/ 名 C 〔一般語〕 〔一般義〕 物がぎっしり詰まった. [その他] 各部分, 要素が緻密に結び合わされている状態をいい, 織物などの目が細かい, 物質の密度が高い, 密集している. 密集していることから, 余り場所を取らない, 小型の, 車が小型で経済的な, 家などがこぢんまりした, 文体が引き締まる, 簡潔な. 動 として 形式ばった 圧縮する, 凝縮する, 固める. 名 として小型車(compact car), おしろい, 鏡などが携帯用に詰まっている化粧品入れ, コンパクト.
[語源] ラテン語 *compingere* (=to fasten together; *com-* together + *pangere* to fix) の過去分詞 *compactus* (=concentrated) が中英語に入った.
[用例] Our new house is very *compact*. 我が家の新しい家はとてもこぢんまりしている/He wrote a very *compact* account of the meeting. 彼は会議の大変簡潔な報告書を書いた/The snow on the road was quickly *compacted* by the heavy traffic. 道路の雪はすぐにはげしい交通のために固められた.
【派生語】**compáctly** 副. **compáctness** 名 U.
【複合語】**cómpact cámera** 名 C コンパクトカメラ. **cómpact cár** 名 C 小型自動車 (★日本でいう小型車より大きい. 日本でいう小型車は subcompact car, 《英》minicar》. **cómpact dísk** [《英》 dísc] 名 C コンパクトディスク (語法 CD と略す). **cómpact dísk pláyer** 名 C CD プレーヤー.

com·pan·ion /kəmpǽnjən/ 名 C 〔一般語〕 〔一般義〕 友人, 仲間といっしょにいる仲間. [その他] 気の合った友, 同好の友, 生涯の伴侶, また話し相手, 旅の道連れ, 雇われて病人や老人の世話をする住み込みの付添女性. 擬人化して絶えず付きまとうもの[概念, 恐怖]. 一組, 対をなすものの片方, 本の場合には手引き, 参考書, 書名に用いて...の友.
[日英比較] 日本語の「コンパニオン」は催し物, パーティーの女性接待役や博覧会や娯楽施設での案内係をいうが, 英語では guide または attendant という.
[語源] 「一緒にパンを食べる人」を意味する俗ラテン語 **companio* (ラテン語 *com-* with + *panis* bread) が古フランス語 *compaignon* を経て中英語に入った.
[用例] His dog is his constant *companion*. 彼の犬は彼にとって終生の伴侶である/The youth and his *companions* ran away when the police arrived. 若者と彼の仲間は警察がやって来ると逃げた/I met a *companion* in arms by chance yesterday. 昨日はからずも戦友に会った/Poverty was his life *companion*. 彼は一生貧困を友とした/The Oxford *Companion* to English Literature 《書名》『オックスフォード英文学の友』.
[類義語] friend.
【派生語】**companionable** 形 《通例限定用法》友にできる, 親しみやすい, 親しい. **companionship** 名 U 交際, 仲間付き合い.

com·pa·ny /kʌmpəni/ 名 CU 〔一般語〕 〔一般義〕 会社, 商社. [その他] 本来はある目的のために集まる仲間の意で, 仲間づきあいしている一団の人々, そこから生じる交際, 一緒にいること, 同席, 同行. 仲間うきあいする人の意からか, 《無冠詞単数形で》友達, 連れ, 来客, ある企業家を中心に仲間が集まって作った商・工業取り引のための組織, すなわち会社の意が生じた. 歌手や俳優などの一座, 一行, 陸軍の中隊, 船の乗組員全体.
[語源] 俗ラテン語 **companio* (⇒companion) に由来する古フランス語 *compaignie* (=companionship) が中英語に入った.
[用例] My father works for a trading *company*. 父は貿易会社に勤めています/The students went about in small *companies* during the school excursion. 学生たちは修学旅行中少人数のグループに分かれて歩き回った/a theater *company* 演劇の一座/My dog's *company* was a great relief when I was alone. 一人ぼっちの時えがいてくれてずいぶん慰められた/I'm expecting *company* tonight. 今晩は客が来ることになっている/I don't want to speak ill of her in the *company* of her friend. 彼女の友人のいるところでは彼女の悪口は言いたくない/A man is known [You can tell a man] by the *company* he keeps. 付き合う人を見ればその人がわかる.
[類義語] ⇒firm².
[日英比較] 日本語の「会社」は組織の意味にも職場の意味にも用いるが, 英語の company は組織を表すので, 勤め先, 職場には office または work を用いるのが普通.

【慣用句】**in company** 一緒に, 連れ立って, 人前で. **keep company with ...** 〔古風な表現〕人と交際する, 付き合う. **keep ... company** ...と一緒にいる[行く]. **part company with ...** 〔形式ばった表現〕...と別れる. **present company excepted**=**excepting present company** ここにいらっしゃる方々は別として.

comparable ⇒compare.
com·par·a·tive /kəmpǽrətɪv/ 形 名 (⇒compare) 〔一般語〕 〔一般義〕 比較(上)の, 比較による. [その他] 絶対に対する概念として比較的, 相対的, かなりの. 〖文法〗形容詞, 副詞の比較級の. 名 として 《the ~》比較級.

[用例] I'm majoring in *comparative* literature. 比較文学を専攻しています/She is a woman of *comparative* wealth. 彼女はかなりの金持ちだ.
【派生語】**compáratively** 副 比較的に, 割合に. **compárativeness** 名 U.

com·pare /kəmpéər/ 動 [本来義][名] U [一般義] [一般義] 人や物を比較する. [その他] 対照する, 参照する, ある物を…にたとえる, なぞらえる《to》.【文法】形容詞, 副詞の比較級・最上級などの比較変化形を作る. 自 比較した上で同等であると見られる, 匹敵する《語法》普通否定を伴って比較にならない, はるかに劣ることを表す》, ある物が…に似ている《with》. 名 として比較《語法》慣用句のみで用いられる》.
[語源] ラテン語 *comparare* (= to pair; to compare; *com-* with + *par* equal) が古フランス語 *comparer* を経て中英語に入った.
[用例] The dressmaker *compared* several samples of silk for a dress. 婦人服仕立屋は絹の服地の見本を幾つか比べてみた/If you *compare* his work with hers you will find hers more accurate. 彼の仕事と彼女の仕事を比較すれば彼女の仕事の方が正確なことがわかるでしょう/She *compared* him to a monkey. 彼女は彼を猿にたとえた.
【慣用句】(*as*) *compared with* [*to*] … …と比べて. *beyond* [*past*; *without*] *compare* 比較にならないほど, 比類なく. *not to be compared with* … …と比べものにならない, …よりはるかに劣って.
【派生語】**comparable** /kámpərəbl | kóm-/ 形 比較できる, 比較に値する, …とほぼ同等の, …に匹敵する: Oxford University is *comparable* with Cambridge University. オックスフォード大学はケンブリッジ大学と比較できる. **comparative** 形 ⇒見出し. **compárison** /kəmpǽrəsn/ 名 UC 比較, 類似: I think there's no *comparison* between Beethoven and pop music. ベートーベンとポピュラー音楽では比較にならないほど違う/beyond [without] *comparison* 比較にならないほど.

com·part·ment /kəmpάːrtmənt/ 名 C [一般義] [一般義] 箱や部屋などの仕切り, 区画. [その他] 囲まれたものの仕切られた部分, 小室, 分室, 特に列車の区切り客室, コンパートメント, 引出しなどの仕切り, 車のダッシュボードの小物入れ(glove compartment).
[語源] 後期ラテン語 *compartiri* (= to share out; ラテン語 *com-* 強意 + *partiri* to share) がイタリア語に *compartire* として入り, その派生形 *compartimento* がフランス語 *compartiment* を経て初期近代英語に入った.
[用例] We couldn't find an empty *compartment* in the train. その列車では空いた客室を見つけることができなかった/There was a special *compartment* for dangerous drugs in the medicine cupboard. 薬品戸棚には薬用の特別な仕切りがあった/In my handbag there is a *compartment* for money, another for cosmetics, a third one for a pocketbook. 私のハンドバッグはお金用, 化粧品用, 手帳用の三つに仕切られている.
[関連語] partition.

com·pass /kámpəs/ 名 C 動 [本来義] [一般義] 方角を測るコンパス, 磁石, 羅針盤(mariner's compass). [その他] (しばしば複数形で単数扱い) 円を描くコンパス. [形式ばった義] 境界, 範囲, 限界, 比喩的に能力の限界, 知的範囲, 《楽》音域. 動 として囲む, 知的に到達する, 理解する, 目標などに達する, 成し遂げる. 中英歩幅含意味で英語では初め悪事などを「計る, 企らむ」ことを表した.
[語源] 俗ラテン語 *compassare (= to measure off by steps; ラテン語 *com-* together + *passus* pace) が古フランス語 *compasser* (= to measure) を経て中英語に入った.
[用例] If he had carried a *compass* he would not have lost his way on the hills. 磁石を持って行ったならば, 彼は山で迷わなかっただろう/This matter is not within the *compass* of my department. この件は私の担当領域外の事だ/The high notes of the song were beyond the *compass* of her voice. その曲の高音部は彼女の声域を超えていた/A pair of *compasses* [A *compass*] is an instrument for drawing circles. コンパスは円を描く道具のことだ.

com·pas·sion /kəmpǽʃən/ 名 U [形式ばった語] 他人に対する深い同情(心), あわれみ.
[語源] ラテン語 *compati* (= to feel pity; ラテン語 *com-* together + *pati* to suffer) の過去分詞 *compassus* から派生した 名 *compassio* (= sympathy) が古フランス語を経て中英語に入った.
[用例] She was full of *compassion* for the others. 彼女は他人に対する同情の念に深いものがあった.
[類語] ⇒pity; sympathy.
【派生語】**compássionate** 形 あわれみ深い, 同情的な.

com·pat·i·ble /kəmpǽtəbl | -pǽt-/ 形 (やや形式ばった語) [一般義] (通例述語用法) 2 つまたはそれ以上のものがうまく共存できる, 両立できる. [その他] 互いの意見や理論などに矛盾がない, 他と気が合う, 適合する, 《コンピューター》互換性がある. 《化》いくつかの薬品が化学変化を起こさず融和性のある.
[語源] ラテン語 *compati* (⇒compassion) から派生した中世ラテン語 *compatibilis* (= sympathetic) が中英語に入った.
[用例] Her taste in music is not *compatible* with mine. 彼女の音楽の趣味と私のとは合わない/The two statements are not quite *compatible*. その二つの申し立ては完全に矛盾している.
【派生語】**compàtibílity** 名 U. **compátibly** 副 両立できるように.

com·pa·tri·ot /kəmpéitriət | -pǽtri-/ 名 C 〔形式ばった語〕 [一般義] 同国人, 同胞. [その他] (くだけた語) 同僚, 同輩や友人.
[語源] ラテン語 *compatriota* (*com-* together + *patriota* patriot) がフランス語 *compatriote* を経て初期近代英語に入った.
[用例] Many of his *compatriots* were killed in the war. 彼の同僚の多くが戦死した.

com·pel /kəmpél/ 動 〔形式ばった語〕 [一般義] 強い圧力をかけて人などに無理に…させる《語法》 force より形式ばった語》. [その他] ある状況, 心を動かすものに従わざるを得なくさせる, どうしても…させる, 強要する.
[語源] ラテン語 *compellere* (*com-* together + *pellere* to drive) が古フランス語 *compeller* を経て中英語に入った.
[用例] I was *compelled* to resign. 私は辞職せざるを得なくなった/Honesty *compels* me to say that I do not like him. 正直な所, 私は彼など好きでないと言わざるを得ないのだ/The captain *compelled* obedi-

ence from them. 船長は彼らに服従を強要した.
[類義語] ⇒force.
【派生語】compélling 形〔形式ばった語〕強制的な, 説得力のある, 人を動かさずにはおかない. compulsion 名 ⇒見出し.

com·pen·di·ous /kəmpéndiəs/ 形〔形式ばった語〕簡潔な, 簡潔にまとめた, 概説[概略]の.
[語源] ラテン語 *compendere* (to weigh together; *com-* together + *pendere* to weigh) から派生した *compendiosus* (= abridged) が中英語に入った.
[類義語] concise; brief.
【派生語】compéndium 名 C 要約, 概論.

com·pen·sate /kámpənsèit | kɔ́m-/ 動 [本来他]〔や や形式ばった語〕[一般義] 人などに損害, 損失の償いをする. [その他] 損失に対してしばしば金銭で埋め合わせる, 相殺する, 補償する, 賠償する, 《米》仕事などに見合う報酬を払う. 自 金品, 行為が...を補う, ...の埋め合わせになる《for》.
[語源] ラテン語 *compensare* (= to weigh one thing against another; *com-* with + *pensare* to weigh) の過去分詞 *compensatus* が初期近代英語に入った.
[用例] The manager wouldn't *compensate* me for my time and effort. 支配人は私の時間と労力に対する報酬を支払おうとしなかった / This payment will *compensate* you for the loss of her job. この支払は彼女の失業の補償になる / Her loyalty to the firm *compensates* for her lack of talent. 彼女は会社に対する忠誠心によって自分の才能の欠如を埋め合わせている / Nothing can *compensate* for the loss of our health. 健康あってのものだね.
[類義語] **compensate** は **make up for** とほぼ交換可能な語. 前者のほうが形式ばった表現. 報酬を支払う意味では ⇒pay.
【派生語】còmpensátion 名 U 補償, 賠償, 補償金, 賠償金, 《米》報酬, 給料. còmpensátional 形. cómpensatòry 形.

com·pete /kəmpíːt/ 動 [本来自]〔一般義〕賞, 利益, 地位などを勝ち取るために競う, 競争する. [その他] 特に人と運動競技などで競争する, 張り合う意から参加する, ...に匹敵する, 比べられる.
[語源] ラテン語 *competere* (= to strive together for; *com-* together + *petere* to seek) が初期近代英語に入った.
[用例] Ten teams *competed* for the cup. 10 チームが優勝杯をめざして競った / Are you *competing* with [against] her for the job? あなたはその仕事を手に入れようと彼女と張り合っているのですか / His store *competes* with mine for customers. 彼の店は客を取ろうとして私の店と張りあっている
[類義語] compete; contend; contest: **compete** は複数の相手との競争で賞などを得ようとして負けまいと最善をつくすことで, 求める対象が強調される. **contend** は相手に打ち勝つために激しい闘志をもやして闘うことを表す. 主に, 戦い, 争う相手に意味の重点がある. **contest** は討論, 論争, レース, 競技, コンクールなどで相手との優劣を決めるために争うことをいう.
【派生語】còmpetítion 名 UC 競争, 張り合うこと, 競争する人[商品], 競技者, 競技, 競技会, 試合, コンペ. compétitive 形. compétitor 名 C 競争者, 競争相手.

com·pe·tent /kámpitənt | kɔ́m-/ 形〔形式ばった語〕[一般義] 要求される能力が十分にある, 有能な. [その他] 十分な資質がある, 適任の, 適当な, 十分な, 満足のいく,《法》裁判官などが権限のある, 証人が資格のある.
[語源] ラテン語 *competere* (⇒compete) の現在分詞 *competens* が古フランス語を経て中英語に入った.
[用例] She was a *competent* pianist. 彼女は有能なピアニストだった / He is not *compentent* to drive such a big car. 彼はそんな大型車を運転できる能力がない.
[類義語] able.
【派生語】cómpetence 名 U 能力, 適性,《法》権限, 《言》言語能力.

com·pile /kəmpáil/ 動 [本来他]〔一般義〕辞書などを編纂(さん)する, 資料などをまとめて編集する.
[語源] ラテン語 *compilare* (剽窃(ひょうせつ)する; *com-* 強意 + *pilare* (柱を)積み上げる) が古フランス語を経て中英語に入った. 種々の文献から資料を集めて作ることから.
【派生語】còmpilátion 名 U. compíler 名 C.

com·pla·cent /kəmpléisnt/ 形〔形式ばった語〕《軽蔑的に》満足しきった, 満足そうな, 楽しそうな, また自己満足の, 得意な.
[語源] ラテン語 *complacere* (= to please greatly) の現在分詞が初期近代英語に入った.
【派生語】complácence, -cy 名 U 自己満足. complácently 副.

com·plain /kəmpléin/ 動 [本来自]〔一般義〕[一般義] 不満[不平]をいう.[その他] 人に不満, 苦痛, 悲しみなどを告げる, 訴える《of; about》, また警察などに苦情を正式に訴える, 告訴する. 他 としても用いる.
[語源]「(嘆いて)胸, 頭をたたく」という意味の俗ラテン語 *complangere* (ラテン語 *com-* 強意 + *plangere* to strike) が古フランス語 *complaindre* を経て中英語に入った.
[用例] He *complained* about the noise. 彼は音が騒がしいとこぼした / He's *complaining* of difficulty in breathing. 彼は息苦しいと訴えている / The residents *complained* to the police about the illegal dumping of waste. 住民はごみの不法投棄を警察に訴えた.
【派生語】compláinant 名 C《法》告訴人, 原告. compláiner 名 C. compláiningly 副. compláint 名 UC 不平, 不満, 病気, 症状, 不平の種.

com·ple·ment /kámplimənt | kɔ́m-/ /kámplimènt | kɔ́m-/ 動 [本来他]〔一般義〕補足して完全にするもの, 互いに補い合うもの,《文法》補語, 補文. 動 として補完する, 補足して完全にする, 補足する.
[語源] ラテン語 *complere* (= to fill up) の *complementum* (= something that fills up) が中英語に入った.
【派生語】còmplementárity 名 U 補足性, 相補性. còmpleméntary 形 補足の, 互いに補足し合う, 相補的な: **complementary distribution**《言語》相補分布.

com·plete /kəmplíːt/ 形 動 [本来他]〔一般義〕[一般義] 欠けた部分や要素がなくあらゆる点からみて完全な. [その他] 欠けた所がないことから完備した, 全部そろっている,《限定用法》まったくの, 仕上がっている, 完成した. 動 として, 物事を完成する, 完全にする, 終える.
[語源] ラテン語 *complere* (= to fill up; *com-* 強意 + *plere* to fill) の過去分詞 *completus* が古フランス語 *complet* を経て中英語に入った.

[用例] He has a *complete* set of Shakespeare's plays. 彼はシェークスピアの戯曲の全集を持っている/My car needs a *complete* overhaul. 私のくるまは徹底的に分解検査する必要がある/He is a *complete* stranger. 彼はまったく知らない人だ/My picture will soon be *complete*. 私の絵はまもなく完成する/When will you *complete* the job? いつ彼は仕事を終えますか.

[類義語]「完全な」perfect;「終える」finish.

【派生語】**complétely** 副 全く, 完全に. **compléteness** 名 U. **complétion** 名 U〔形式ばった語〕完成, 完了, 到達.

com·plex /kàmpléks, kəmpléks | kóm-, kəmpléks/ 形 C〔一般語〕複雑な, 入り組んだ. 〔その他〕多くの部分から成る, いろいろ複合する, わかりにくい,《文法》文が複文の. 名 として複合体, 複合物, 建物の集合体である団地, 共同ビル, 工業用語としてコンビナート,《心》観念複合, コンプレックス《★しばしば異常な行動を引き起す複合感情》, 一般にこれがあいまいに用いられて異常心理, 固定[強迫]観念.

[語源] ラテン語 *complecti* (=to encircle; *com*- with + *plectere* to weave) の過去分詞 *complexus* が中英語に入った.

[用例] A car is a *complex* machine. 自動車は多くの部品から成る機械である/You must make the instructions more simple—they are too *complex* for children. 説明をもっと簡単にしなければいけません. 子供にはあまりにもわかりにくい/She seems to have a superiority *complex* because she looks down on everyone. 彼女はみんなを見くだしているので優越感を持っているようだ/She has a *complex* about her feet being too big. 彼女は足が大きすぎることにコンプレックスを持っている/A housing *complex* is being built in front of the station. 住宅団地が駅の真向かいに建築中だ.

[類義語] complex; complicated; involved: **complex** は色々な部分や要素から成り立っているので, 複雑で理解するのに時間がかかること. **complicated** は非常に入り組んでいるので理解し解決するのが困難であることに意味の重点がある. **involved** は考え, 状況, 人間関係などがからみ入り組んだり混乱しているために複雑になっていること, 難解であることをいう.

[対照語] simple.

[関連語] mixed; blended.

【派生語】**compléxity** 名 UC 複雑さ, 複雑なもの.

【複合語】**cómplex séntence** 名 C《文法》複文.

com·plex·ion /kəmplékʃən/ 名 C〔一般語〕顔色, 色つや, あるいは様子, 様相.

[語源] ラテン語 *complexus* (⇒complex) から派生した *complexio* (=combination) が中世ラテン語で中世医療の熱, 冷, 湿, 乾などのまじり合ったもの, すなわち「体調の現れ」の意となり, 古フランス語を経て中英語に入った.

compliance ⇒comply.

compliant ⇒comply.

com·pli·cate /kámplikeit | kóm-/ 動 [本来義]〔一般語〕[一般義] 物事を込み入らせる, 複雑にする. 〔その他〕わかりにくくする, 病気などを悪化させる.

[語源] ラテン語 *complicare* (=to fold together; *com*- together + *plicare* to fold) の過去分詞 *complicatus* が初期近代英語に入った.

[用例] This will *complicate* matters even more. これで事態はさらに複雑になるだろう.

【派生語】**cómplicated** 形 複雑な, わかりにくい, やっかいな《[類義語]⇒complex》. **còmplicátion** 名 UC 複雑な状態, 複雑な事情, ごたごた,《医》合併症.

com·plic·i·ty /kəmplísəti/ 名 U〔形式ばった語〕共謀, 共犯.

[語源] ⇒accomplice.

com·pli·ment /kámplimənt | kóm-, -mènt/ 名 C, /-mènt/ 動 [本来義]〔一般語〕[一般義] 敬意や称賛を示すほめことば, 賛辞. 〔その他〕お世辞,《複数形で》礼儀上のあいさつの言葉, 時候のあいさつ. 動 としてほめる, お世辞をいう, 相手に敬意を示す, 敬意を表して…を贈呈する (with).

[語源] ラテン語 *complere* (=to fill up) に由来するスペイン語 *cumplir* (=to fill up; to accomplish) の名 *cumplimiento* (義務を果すこと; 礼儀をつくすこと; ほめことば) がイタリア語 *complimento*, フランス語 *compliment* を経て初期近代英語に入った.

[用例] He's always paying her *compliments*. 彼はいつも彼女にお世辞をいっている/He *complimented* her on her cooking. 彼は彼女の料理をほめた.

[類義語] compliment; flattery: **compliment** が相手に対して敬意を払ったり, 称賛を示す礼儀としての賛辞, ほめ言葉を表すのに対して, **flattery** は相手の機嫌をとるため, または度を越したお世辞, 見えすいたへつらいをいう.

【慣用句】**with …'s compliments, with the compliments of …** 謹呈《★人に贈り物をする時添えるあいさつの言葉》.

【派生語】**còmpliméntary** 形 称賛の, 敬意を表した; 無料の, 招待の: a *complimentary* ticket 招待券/a *complimentary* close 手紙の結び文句《★yours sincerely など》.

com·ply /kəmplái/ 動 [本来義]〔形式ばった語〕命令, 規則, 人の希望, 要求などに応ずる, 従う.

[語源] ラテン語 *complere* (⇒complete) が古フランス語を経て中英語に入った.

[用例] You must *comply* (with her wishes). あなたは(彼女の要望に)従わなければなりません.

[類義語] obey.

【派生語】**compliánce** 名 U 承諾, 従順さ. **compliant** 形 従順な, 人の言いなりになる.

com·po·nent /kəmpóunənt/ 名 C 形〔一般語〕機械などの構成部分, 部品, 成分, 構成要素. 形 として構成要素をなす, 部品の.

[語源] ラテン語 *componere* (=to put together) の現在分詞 *componens* が初期近代英語に入った.

【派生語】**còmponéntial** 形 成分の, 構成要素の: componential analysis《言語》成分分析.

com·pose /kəmpóuz/ 動 [本来義]〔一般語〕[一般義] 音楽を作曲する, 詩や文章を作る. 〔その他〕本来いくつかの部分を組み立てて一つのものを作るの意. また,《受身で》いろいろな要素, 部分から成り立つ (of), 材料を組み立てて作ることから「作曲[文]する」意が生じた. 活字を組む, 人の気を静める, 心を落ち着かせる, 争いを静める, 調停する. 自 としても用いる.

[語源] ラテン語 *componere* (=to put together) から派生した古フランス語 *composer* (*com*- with + *poser* to place) が中英語に入った.

[用例] A word is *composed* of several letters put

together. 単語はいくつかの文字が組み合わされてできている/Mozart began to *compose* when he was six years old. モーツァルトは 6 歳の時に作曲を始めた/Stop crying and *compose* yourself! 泣くのは止めて気持を落ち着けなさい.

【派生語】compósed 形 人が落ち着いた. compósedly 副. compóser 名 C 作曲家, 詩などの作者. compósure 名 U 平静さ, 落ち着き.

com·pos·ite /kəmpázit│kómpazit/ 形 C [一般語] 合成の, 混成の. 名 として合成物.
[語源] ラテン語 *compositus* (⇒composition) が初期近代英語に入った.
【派生語】compósitor 名 C 植字工.

com·po·si·tion /kàmpəzíʃən│kòm-/ 名 UC [一般語] 作文, 作詩, 作曲, の作品. その他 本来はいくつかの部分や要素を組み立てて一つのものを構成すること, また構成したものを意味し, 転じて「作文」「作品」の意になった. 作品の構造, 構図, 活字を組合せることから植字, 合成物, 混合物, 構成要素, 成分, 人を構成している成分の意味から気質, 性質.
[語源] ラテン語 *componere* (⇒compound) の過去分詞 *compositus* から派生した *compositio* が古フランス語 *composition* を経て中英語に入った.
[用例] The children had to write a *composition* about their holiday. 子供達は休日のことを作文に書かなければならなかった/He spent six months on the *compositon* of the symphony. 彼はそのシンフォニーの作曲に 6 か月を費した/Have you studied the *composition* of the chemical? その化学薬品の成分を調べましたか.
[類義語] make-up.
【派生語】còmpositíonal 形 作曲[詩]法の. compósitive 形 合成の.

compositor ⇒composite.
composure ⇒compose.

com·pound /kámpaund│kóm-/ 形, /kəmpáund/ 本来他 [一般語] [一般語] (通例限定用法) いくつかの材料や要素が混じってできた, 合成の, 複合の, 《文法》語が複合の, 文が重文の. 名 として混合物, 合成物, 《化》化合物, 《文法》複合語, 合成語. 動 として[形式ばった語]成分や要素を混合する, 特に薬品などを調合する, 合成する, またよくない要素が混ざって問題などをひどくする, 度を増す, 複雑にする, 《米》利子を複利にする, 複利計算をする.
[語源] ラテン語 *componere* (=to put together; *com-* together+*ponere* to put) が古フランス語 *compon(d)re* (=to arrange; to direct) を経て中英語に入った. 動 がもとで 形 名 が派生した.
[用例] Water is a *compound* of hydrogen and oxygen. 水は水素と酸素の化合物である/The painkilling drug was *compounded* of two different chemicals. その鎮痛剤は 2 つの異なる化学薬品を調合したものだった/The shortage of food was *compounded* by the arrival of six motorists stranded by the snowstorms. 食料不足は吹雪で立ち往生した 6 人の自動車旅行者が到着したことで一層悪化した.

【派生語】cómpound ínterest 名 U 複利. cómpound séntence 名 C 《文法》重文.

com·pre·hend /kàmprihénd│kòm-/ 動 本来他 [形式ばった語] [一般語] 意味, 重要性, 本質などを把握する, 十分理解する (語法) 進行形にならない). その他 全体を把握していることから, 包含する, 包括する.
[語源] ラテン語 *comprehendere* (=to grasp mentally; *com-* with+*prehendere* to seize) が中英語に入った.
[用例] It is difficult to *comprehend* the behavior of such a man. そのような男の行動は十分に理解しがたい/His lecture *comprehended* several aspects of the topic. 彼は講義の中でその論題のいくつかの面に触れた.
[類義語] ⇒understand; include.
【派生語】còmprehènsibílity 名 U わかりやすさ. còmprehénsible 形 理解できる, 理解しやすい. còmprehénsibly 副. còmprehénsion 名 U 理解(力). còmprehénsive 形 包括的な, 総合的な, 理解力のある: comprehensive school (英) 総合中等学校. còmprehénsiveness 名 U.

com·press /kəmprés/ 動 本来他, /kámpres│kóm-/ 名 C [形式ばった語] [一般語] 空気やガスなどの気体を圧縮する, 圧搾する. その他 容積などを小さくする意味から一般的に物事を縮める, 押し込める, 締めつける意となり, 時間を短縮する, 思想, 文章などを簡潔にする, 要約する. 名 として《医》止血用の圧迫包帯, 患部に押し当てて用いる湿布, 圧搾機.
[語源] ラテン語 *comprimere* (=to squeeze; *com-* together+*premere* to press) の過去分詞 *compressus* から派生した反復形の後期ラテン語 *compressare* が古フランス語 *compresser* を経て中英語に入った.
[用例] All his belongings were *compressed* into a very small suitcase. 彼の持物はすべて非常に小さいスーツケースの中に押し込められた/As there was so little time left, he *compressed* his lecture into ten minutes. 残り時間がほとんどなかったので彼は講義を 10 分間に要約した.
[類義語] contract.
[対義語] expand.
【派生語】compréssed 形. compréssible 形. compréssion 名 U. compréssional 形. compréssor 名 C 圧縮機, 圧搾ポンプ.

com·prise /kəmpráiz│kóm-/ 動 本来他 [一般語] ある一定の範囲内に包含する, 含む. その他 包含することから, 部分が集まってあるものを作り上げる(make-up), …を構成する.
[語源] フランス語 *comprendre* (⇒comprehend) の過去分詞 *compris* が中英語に入った.
[用例] Her family *comprises* two sons and a daughter. 彼女の子供は息子 2 人と娘 1 人の構成である.

com·pro·mise /kámprəmàiz│kóm-/ 名 UC 動 本来自 [一般語] [一般語] 相互に歩み寄ること, 妥協. その他 元来紛争当事者が互いに調停者の決定を受け入れる約束を表し, 転じて歩み寄り, 妥協の意味となった. 具体的な妥協案, 相互の考えを取り入れた折衷案, 折衷物. 動 として妥協する, 譲歩する, 和解する. 名 として, 妥協することにより《悪い意味で》名誉, 信用を傷つける, 汚す, 名誉を危険にさらす, 信用を落す, 疑惑にさらす.
[語源] 「仲介者の決定に従う約束をする」という意味のラテン語 *compromittere* (*com-* together+*promittere* to promise) の過去分詞 *compromissus* から派生した後期ラテン語 名 *compromissum* (= mutual

promise; compromise) が古フランス語 *compromis* を経て中英語に入った.

[用例] We argued for a long time but finally reached [arrived at] a *compromise*. 私達は長い間議論したが結局妥協することになった/They *compromised* by going to the cinema although she wanted to go to the theater and he wanted to go to the pub. 彼女は観劇に, 彼はパブに行きたかったのだが, 映画に行くことで彼らは妥協した.

【派生語】**cómpromising** 形 《通例限定用法》名誉[信用]を傷つけるような, 危ない.

com·pul·sion /kəmpʌ́lʃən/ 名 UC 〔形式ばった語〕無理強い, 強制, 《心》強迫.

[語源] ラテン語 *compellere* (⇒compel) の過去分詞 *compulsus* から派生した後期ラテン語 *compulsio* が初期近代英語に入った.

【派生語】**compúlsive** 形 強制的な, いやおうなしの, …しないではいられない: a *compulsive* drinker 酒を飲まずにはいられない人/a *compulsive* story 面白くて読まずにはいられない[心をとらえて離さない話][小説].
compúlsively 副.

com·pul·so·ry /kəmpʌ́lsəri/ 形 〔形式ばった語〕[一般義] 権威, 法律, 規則, 制度などが無理強いする, 強制的な. [その他] 義務的な, 《英》学科目が必修の《米》obligatory; required.

[語源] ラテン語 *compellere* (⇒compel) の過去分詞 *compulsus* から派生した中世ラテン語 *compulsorius* が初期近代英語に入った.

[用例] Is it *compulsory* for me to attend the meeting? 会合にはどうしても出席しなければなりませんか.

[対照語] voluntary.

com·pute /kəmpjúːt/ 動 [本来義] 〔形式ばった語〕[一般義] 数, 量を決める, 計算する. [その他] 計算して見積る. 現在ではしばしばコンピューターで計算することを指す. 自 コンピューターを操る.

[語源] ラテン語 *computare* (*com-* with+*putare* to reckon) が初期近代英語に入った.

[用例] He *computed* that the project would take four years to complete. 彼はその計画を完成するには 4 年かかると見積もった.

[類義語] ⇒count.

【派生語】**còmputátion** 名 U 計算, 算定, 計算結果; コンピューターの使用. **computer** 名 C 電子計算機[器], 電算機[器], コンピューター 《[日英比較] コンピューター恐怖症を意味するコンピューター・アレルギーは, 英語では cyberphobia, technophobia などという》. **compúterèse** 名 U コンピューター言語, プログラム語. **compùterizátion** 名 U. **compúterize** 動 [本来義] 情報などをコンピューターに入力する, コンピューターで処理する, コンピューターを備える, コンピューター化する. [複合語] **compúter gàme** 名 C コンピューターゲーム. **compúter gráphics** 名 《複》コンピューターグラフィックス. **compúter líteracy** 名 U コンピューター操作能力. **compúter vírus** 名 C コンピューターウイルス《★データ破壊プログラム》.

com·rade /kɑ́mræd | kɔ́mrid/ 名 C 〔やや形式ばった語〕[一般義] 同じ集団, 組織に属する男の**仲間**. [その他] 本来は「同室の方」「ルームメート」の意で一緒に仕事をして苦楽を共にする**親友**, 活動, 行動を共にする**僚友**, **戦友**, **学友**. 共産党員共産国で呼び掛けに用いたり, 姓の前に付けて用いる, **同志**, **党員**, 〔くだけた語〕《軽蔑的》**共産主義者**.

[語源] ラテン語 *camera* (⇒camera) に由来するスペイン語 *camarada* (=chamber mate) がフランス語 *camarade* を経て初期近代英語に入った.

[用例] *comrades* in battle [arms] 戦友/*Comrades*, we must joint forces against the bosses. 同志諸君, 我々は力を合わせて経営者に立ち向かわねばならない.

[類義語] friend.

【派生語】**cómradeshìp** 名 U 僚友関係, 同志の交わり.

con- /kən, kɑn | kən, kɔn/ 接頭 「共に」「一緒に」, また強意を表す「全く」を意味する.

[語法] l の前で col-, r の前で cor-, h, w, 母音の前で co-, b, m, p の前で com- となる.

[語源] ラテン語 *com* (=with) から.

con·cave /kɑnkéiv | kɔn-/ 形 凹面の, 凹状の.

[語源] ラテン語 *concavus* (=hollow) が中英語に入った.

[対照語] convex.

【派生語】**concávity** 名 UC 凹状, 凹面, くぼみ.

con·ceal /kənsíːl/ 動 [本来義] 〔形式ばった語〕[一般義] 人や物事を見えないように**隠す**. [その他] 気付かれないよう**秘密にする**, 感情などを表に出さない.

[語源] ラテン語 *concelare* (=to hide; *con-* together +*celare* to hide) が古フランス語 *conceler* を経て中英語に入った.

[用例] He *concealed* his disappointment from his friends. 彼は友達に落胆を見せなかった.

[類義語] ⇒hide.

【派生語】**concéalable** 形. **concéalment** 名 U.

con·cede /kənsíːd/ 動 〔形式ばった語〕[一般義] 相手の正しさや事実, 自分の敗北などをしぶしぶ認める. [その他] 相手の正しさや言い分を認めて**譲歩する**, 権利[特権]を与える.

[語源] ラテン語 *concedere* (=to withdraw; *con-* with+*cedere* to give way) が初期近代英語に入った.

[用例] He *conceded* that he had been wrong. 彼は自分が誤っていたことをしかたなく認めた/I'm willing to *concede* the right to live in this house to you. あなたがたにこの家に住む権利を気持ちよく譲ってあげましょう.

[類義語] admit. [対照語] deny.

【派生語】**concession** /kənséʃən/ 名 UC 譲歩, 譲与, 免許, 特許, 特権, 利益, 《米》場内売り場(使用権). **concéssive** 形 譲歩的な, 譲与の, 特権の, 利権の.

con·ceit /kənsíːt/ 名 UC [一般義] [本来義]《軽蔑的》自分自身に対する過大な評価, **うぬぼれ**. [その他] 〔文語〕考えを巡らせることから**空想**, 思いつき, とっぴな**着想**, 奇抜な文体[比喩].

[語源] 中英語 conceiven (=to conceive) の名. deceive と deceit, receive と receipt にならって造られた. ⇒concept.

[用例] He's full of *conceit* about his good looks. 彼は容貌が優れていることでひどくうぬぼれている/His writings are full of *conceits*. 彼の著作には奇抜な表現がいっぱいある.

【派生語】**concéited** 形 うぬぼれの強い, 思い上った.
concéitedly 副.

con·ceive /kənsíːv/ 動 [本来他] 〔形式ばった語〕
[一般義] 考えや計画などを思いつく〔語法〕進行形では用いない).[その他] 元来「自分の内に取り入れて保つ」という意味の語で物事を心に抱く, **想像する, …と考える, 理解する**. 子宮に種を宿す, 子を宿すことから 自 として **妊娠する**.
[語源] ラテン語 *concipere* (=to take in; *con-* together+*capere* to take) が古フランス語 *conceveir* を経て中英語に *conceiven* として入った. 英語では「種を宿す」がもとの意味.
[用例] Who *conceived* the idea of coming here for a holiday? 休日にここに来るという考えは誰が思いついたのですか/I can't *conceive* why you did that. どうして君がそんなことをしたのか想像できないよ.
[類義語] imagine; think.
【派生語】**concéivable** 形《通例限定用法》考えられる, 想像できる. **concéivably** 副 考えられるところでは, 《文副詞として》想像した所では, 多分, 恐らく. **concéption** 名 UC〔形式ばった語〕心に形成された抽象的考え, 概念《類義語》⇒concept), 妊娠.

con·cen·trate /kάnsəntreit|kɔ́n-/ 動 [本来他] [一般義] [一般義] 努力, 注意などを一つのもの[こと]に集中する.[その他] 光を一点に注ぐ, 精神などを集中する, また液体などを**濃縮する**. 自 …に集中する, 専念する, 力を注ぐ(on; upon).
[語源] con-+ラテン語 *centrum* (=center)+-ate で「いくつかのものを共通した中心に集める」の意. 初期近代英語から.
[用例] He has *concentrated* all his resources on that one project. 彼は全資産をあの一つの事業だけに注ぎ込んでいる/I wish you'd *concentrate* (on what I'm saying). (私が言っていることに)注意を集中して欲しいのですが.
[類義語] concentrate; focus: **concentrate** が散漫にならないように思考, 注意, 努力などを集中することをいうのに対して, **focus** はレンズ, 視線の焦点を合わせるように, あるものに対して鮮明な像や考えなどを得るために注意, 関心を集中させることを表す.
【派生語】**cóncentràted** 形 集中した, 濃縮した. **còncentrátion** 名 U 精神などの集中, 仕事への専念, 液体の濃縮, 濃度: **concentration camp** 政治犯の強制収容所.

con·cen·tric /kənséntrik/ 形 〔一般語〕球体, 円が同心の.
[用例] *concentric* circles 同心円.

con·cept /kάnsept|kɔ́n-/ 名 C 〔一般義〕心に形成された**考え, 思想, 概念**.[その他] 個々の例から一般化された**抽象概念, 観念, 理論**.
[語源] ラテン語 *concipere* (⇒conceive) の過去分詞 *conceptus* が初期近代英語から.
[用例] His *concept* of a woman's place in society is out of date. 女性の社会的地位に関する彼の考えは時代遅れである.
[類義語] concept; conception: **concept** は特にあるのから一般化された概念, 抽象概念をいうのに対して **conception** は概念作用やその結果得られた考え, 概念を表す.
【派生語】**concéptual** 形. **concéptualìze** 動 [本来他] 概念化する, 概念的に考える. **concéptually** 副.

conception ⇒conceive.

con·cern /kənsə́ːrn/ 動 [本来他]名 UC 〔一般義〕

〔一般義〕 人や物事が…に関係する, かかわる, 影響する《語法》進行形では用いない).[その他] 《通例受身または ~ oneself で》**関心がある**, 《やや形式ばった語》…に気になる, 心配する, 気懸かりである. 名 として **関係, 関係のある事柄, 関心事, 気になること, 不安, 心配**, また重要なこと, **利害関係**, 〔形式ばった語〕**事業, 商売**.
[語源] 後期ラテン語 *concernere* (=to mix in a sieve 一緒にしてふるいにかける; *com-* with+*cernere* to sift (ふるいにかける))が中英語に入った. 意味は「見分ける, 気づく」>「関心がある, 関係がある」>「心配する」と変化した.
[用例] This order doesn't *concern* us. この命令は私達には関係ない/So far as I'm *concerned*, you can do what you like. 私に関する限り, 君の好きなようにやってくれてよい/Don't *concern* yourself about his future. 彼の将来のことで心配しないように/His problems are not my *concern*. 彼の問題は私には関係ない.
[類義語] care; interest.
【慣用句】*as concerns* 〔文語〕…に関しては. *To whom it may concern* 《回覧文書, 推薦状などの宛名に用いて》関係各位殿.
【派生語】**concérned** 形 心配そうな, 《名詞の後に用いて》関係している: the authorities *concerned* 関係当局. **concérnedly** 副. **concérning** 前〔形式ばった語〕…に関して.

con·cert /kάnsərt|kɔ́n-/ 名 CU, /kənsə́ːrt/ 動 [本来他] [一般義] [一般義] 器楽曲, 声楽などの**演奏会, 音楽会**.[その他] 本来は相互理解の意で, 一致して行われた活動の意から **協調, 提携, 一致** の意となりさらに多数の音楽家が一緒に楽器を演奏する音楽会という意味が派生した. 動 として **協調する, 協調して計画・工夫する**.
[語源] イタリア語 *concertare* (=to bring in agreement) から派生した *concerto* がフランス語 *concert* を経て初期近代英語に入った.
[用例] Are you going to the school *concert*? あなたは学校の音楽会に行きますか/a piano *conert* ピアノコンサート.
【関連語】recital.
【慣用句】*in concert* 〔形式ばった語〕協力して, 同時に.
【派生語】**concérted** 形《限定用法》申し合わせた, 共同で企画された, 一致協力して行なわれた, 《楽》合唱〔合奏用〕に編曲された: a *concerted* effort 一致協力. **concértedly** 副.
【複合語】**cóncertgòer** 名 C 音楽会に(よく)行く人. **cóncert gránd** 名 C 演奏会用の**大型グランドピアノ**. **cóncert hàll** 名 C **演奏会場, コンサートホール**. **cóncertmàster** 名 C (米)コンサートマスター(《英》leader)(★主席バイオリン演奏者で指揮者の次席を務める). **cóncert pitch** 名 U 《楽》演奏会用標準ピッチ.

con·cer·to /kəntʃé(ː)rtou/ 名 C 〔複 ~s, -ti〕《楽》**協奏曲**.

concession ⇒concede.
concessive ⇒concede.

con·cil·i·ate /kənsíliet/ 動 [本来他] 〔形式ばった語〕
[一般義] 人の怒りや反感などを説得して **静める, 和らげる**.[その他] 友好的行為で**好意[好感]を得る**, 〔古語〕争いを**調停する, 調和させる**.
[語源] ラテン語 *concilium* (=assembly; council) の

派生形 *conciliare* (=to assemble; to unite; to win over) の過去分詞が初期近代英語に入った.
【派生語】**conciliátion** 名 U. **conciliatòry** 形.

con·cise /kənsáis/ 形 〔一般語〕文体や言葉などが手短でわかりやすく，また要領を得ていて簡潔な.
語源 ラテン語 *concidere* (=to cut off) の過去分詞 *concisus* (=cut off; brief) が初期近代英語に入った.
類義語 concise; terse; laconic; succinct: **concise** はできるかぎり余分な詳述を取り除き，わずかな言葉で簡潔に述べることをいう．**terse** はこれに加えて，よけいのない洗練された文体であることをいう．**laconic** はぶっきらぼう，あるいは不明瞭と言ってよいほど手短なことをいう．**succinct** は明確であるが，できるかぎり手短な言葉でこぢんまりと表現することをいう．
【派生語】**cóncisely** 副. **cónciseness** 名 U.

con·clave /kánkleiv|kɔ́n-/ 名 CU 〔形式ばった語〕
一般義 ローマカトリック教会の枢機卿一同が内密に行なう**教皇選挙会議**，またその会議に出席する**枢機卿団**.
その他 一般に**秘密会議や重要会議**.
語源 ラテン語 *conclave* (= かぎのかかる部屋; *con*- with + *clavis* key) が古フランス語を経て中英語に入った.

con·clude /kənklú:d/ 動 本来義 〔やや形式ばった語〕
一般義 結論を出す，考えた末に判断を下す．本来閉める，閉鎖する意味から，物語を...といって結ぶ，ある方法で結末をつける．**決心する，決定する**，検討して意見が一致し**条約などを締結する**.
語源 ラテン語 *concludere* (=to enclose; *con*- together + *claudere* to shut) が中英語に入った.
用例 We *concluded* (the meeting) with a vote of thanks. 私達は感謝決議で(会議を)終えた/We *concluded* that you weren't coming. 私達はあなたが来ないものと判断した《語法 この意味では進行形をとらない》.
類義語 ⇒end; decide.
【慣用句】*Concluded* 完結《★続き物の最終回》. *To be concluded* 次号完結.
【派生語】**conclúsion** 名 UC 結末，結び，結論，決定，断定，締結: There was applause at the *conclusion* of his speech. 彼の演説の結びの所で拍手が起こった/I came to the *conclusion* that the house was empty. その家は空っぽだと判断するに至った/in *conclusion* 結論として，要するに. **conclúsive** 形 〔形式ばった語〕決定的な，明確な: The evidence of the blood-stained knife was quite *conclusive*. 血の付いたナイフという証拠は非常に決定的であった．**conclúsively** 副.

con·coct /kənkákt|-kɔ́kt/ 動 本来義 〔形式ばった語〕
一般義 色々な材料を組み合わせて[混ぜ合わせて]作る，調合する．その他 うその話などをでっちあげる，作り出す，**捏造**(ねつぞう)**する**.
語源 ラテン語 *concoquere* (=to boil together; *con*- together + *coquere* to cook) の過去分詞 *concoctus* が初期近代英語に入った.
【派生語】**concóction** 名 U.

con·com·i·tant /kənkámətənt|-kɔ́m-/ 形 名 C 〔形式ばった語〕二次的のあるいは従属的の**付随な**. 名 として**付随物，付随状況**.
語源 ラテン語 *concomitari* (=to accompany; *con*- together + *comitari* to accompany) の現在分詞 *concomitans* が初期近代英語に入った.
【派生語】**concómitance** 名 U.

con·cord /kánkɔ:rd|kɔ́n-/ 名 U 〔形式ばった語〕
一般義 お互いの気持や意識などの**一致，調和**. その他 国と国との**友好的·平和的関係**，あるいはそういう関係を築く**協定**．《楽》**協和音**，《文法》数·性·人称などの**一致，呼応**.
語源 ラテン語 *concors* (=of the same mind; *con*- together + *cors* heart) の派生形 *concordia* (=union) が古フランス語を経て中英語に入った.
【派生語】**concórdance** 名 UC 一致，調和，ある特定の作家や作品の**用語索引**. **concórdant** 形.

con·course /kánkɔ:rs|kɔ́n-/ 名 CU 〔一般語〕
一般義 複数の道路や通路が寄り合っている**広い空間**，多数の人達が集まる駅舎空港ターミナルなどの中のホールや公園の中の**広場**. その他 本来の意味は一つに集まることで，**人の集まり，人だかり，群衆**.
語源 ラテン語 *concurrere* (=to run together) の過去分詞 *concursus* が古フランス語を経て中英語に入った.

con·crete¹ /kánkri:t|kɔ́n-/ 名 U 形 動 本来義 〔一般義〕建築材料の**コンクリート**. 形 として**コンクリート製の**. 動 として...に**コンクリートを塗る，コンクリートで固める**.
語源 ⇒concrete².
用例 The workmen mixed the *concrete* for our new garden path. うちの新しい庭の通路を作るために，職人達はコンクリートを混ぜた/a *concrete* pillar コンクリートの柱.
【複合語】**cóncrete míxer** 名 C コンクリートミキサー.

con·crete² /kánkri:t, –́ –́ |kɔ́n-/ 形 〔一般語〕
一般義 知覚できるはっきりした形のある，**具体的な**(⇔abstract). その他 もともと分子が結合した，結合して固まりになったという意味で，ものが**固体の，凝結した**の意．さらに**有形の，具象の，具体的な，明確な，現実な**などの意.
語源 ラテン語 *concrescere* (=to grow together) の過去分詞 *concretus* (=hardened) が中英語に入った．「結合して固まりになった」から砂利，砂などがセメントで固まったものを指す名詞の *concrete*¹ が近代英語になって生じた.
用例 Our plans are not yet *concrete*. 私達の計画はまだ具体的なものではない/*concrete* evidence はっきりした証拠.
【派生語】**cóncretely** 副. **cóncreteness** 名 U.
【複合語】**cóncrete nóun** 名 C 《文法》具象名詞: Cocoa is a *concrete* noun. ココアという語は具象名詞です.

con·cu·bine /kánkjubain|kɔ́n-/ 名 C 〔一般語〕
一般義 正式には結婚していないが**男性と同棲している女性，内縁の妻**. その他 一夫多妻制の社会における社会的·法的地位の低い**第2夫人**.
語源 ラテン語 *concubare* (=to lie with; *con*- with + *cubare* to lie down) の派生形 *concubina* が古フランス語を経て中英語に入った.

con·cur /kənkə́:r/ 動 自動 〔形式ばった語〕 一般義 意見が**一致する，提案に同意する，賛成する**. その他 いくつかの事柄や出来事が**同時に起る，あるいは共に発生する**，また共通の目標に向かって**協力する**.
語源 ラテン語 *concurrere* (=to run together; *con*- together + *currere* to run) が中英語に入った.

【派生語】**concúrrence** 名 U 同時発生, 協力, 同意,〖幾何〗共点性,〖法〗同一権利の競合. **concúrrent** 形.

con·cuss /kənkʌ́s/ 動 本来他 〔形式ばった語〕 一般義 打撃や衝突などで脳しんとうを起させる. その他 激しく震動させる.
語源 後期ラテン語 *concutere* (=to shake violently) の過去分詞 *concussus* が初期近代英語に入った.
【派生語】**concússion** 名 UC 震動, 衝撃,〖医〗(脳)しんとう.

con·demn /kəndém/ 動 本来他 一般義 一般義 人やその行為に過ちがあるとして強く非難する, とがめる. その他 一般的に人や物の行ないを責める意味から, 裁判などで証拠から有罪を宣告する, とくに死刑を宣告する. 公式に施設や物品が使用に適さないと宣言する, 不良・不適であると宣言する,〔通例受身で〕人を運命づける, 来世で罰を受ける宿命とする.
語源 ラテン語 *condemnare* (*con*- 強意+*damnare* to damn) が古フランス語を経て中英語に入った.
用例 Everyone *condemned* her for being cruel to her child. 子供に冷酷であると言ってみんなが彼女を非難した/She was *condemned* to death. 彼女は死刑を宣告された/These houses have been *condemned*. それらの家は取りこわしを宣告された.
【派生語】**còndemnátion** 名 U 非難, 糾弾, 有罪宣告.

condensation ⇒condense.

con·dense /kəndéns/ 動 本来他 一般義 一般義 圧縮して密度を濃くする, 濃縮する. その他 気体を凝縮する, 液化する. 比喩的に余分な要素を削って簡潔にする, 要約する. 自 濃くなる, 濃縮[凝縮]する.
語源 ラテン語 *condensare* (*con*- 強意+*densare* to make dense) が古フランス語を経て中英語に入った.
用例 *condensed* juice 濃縮ジュース/They *condensed* the book for children by taking out all the difficult passages. 彼らは難しい文章をすべて除いてその本を児童向けに縮めた.
類義語 thicken.
【派生語】**còndensátion** 名 U 濃縮, 凝縮, 圧縮, 液化. **condénsed** 形 濃縮した: *condensed* milk 加糖練乳, コンデンスミルク (日英比較 日本語ではコンデンスミルクというが, 英語では condensed milk となる). **condénser** 名 C 凝縮器,〖電〗コンデンサー, 蓄電器.

con·de·scend /kàndisénd│kɔ̀n-/ 動 本来自 〔一般語〕 一般義 自分より身分の低い相手にへりくだって...してくれる. その他 〔悪い意味で〕恩着せがましく...する, 優越感をわざと示しながら尊大で横柄な態度でふるまう.
語源 後期ラテン語 *condescendere* (=to stoop to; *con*-+*descendere* to descend) が古フランス語を経て中英語に入った.
用例 The Queen *condescended* to open our factory. 女王は我々の工場開きにわざわざおいで下さいました/Will you kindly *condescend* to remove your feet from my desk? ご親切なあなた様, しかない私の机からあし足をどけていただけませんか (★皮肉たっぷりの言い方).
【派生語】**còndescénding** 形. **còndescéndingly** 副. **còndescénsion** 名 U.

con·di·ment /kándimənt│kɔ́n-/ 名 UC 〔形式ばった語〕食べ物の味を高めたり, 風味を添えるために使用される薬味, 香辛料.
語源 ラテン語 *condire* (=to season) から派生した *condimentum* が古フランス語を経て中英語に入った.

con·di·tion /kəndíʃən/ 名 UC 動 本来他 〔一般義〕 一般義 人や物の状態, コンディション. その他 人の健康状態, 体調, ...の異常, 病気. 本来は承諾を与えたり, 事を実行するための条件, 必要条件を意味し, こうしたいけ内的な条件の意味から, 一般に物事が生ずる外的な条件, すなわち〔通例複数形で〕周囲の状況, 事情, さらに状態の意味から派生した. また人の裕福さの状態の意味から社会的地位, 身分. 動 として〔やや形式ばった語〕...に条件を設ける, 物事が...の条件をなす, 事情が...を制約する, 左右する, ...を調節する, コンディションを整える, 調整する.
語源 ラテン語 *condicere* (=to agree; *con*- together+*dicere* to speak) の 名 *condicio* (=agreement; situation) が古フランス語を経て中英語に入った. ラテン語で「同意」の意味であったが, 後にそのための「条件, 状況」の意味が生じ, これが英語に入った.
用例 He is in no *condition* to leave hospital. 彼は退院するような状態ではない/The experiment must be carried out under ideal *conditions*. 実験は理想的な状態で行なわれなくてはならない/It was a *condition* of his going that he should pay his own expenses. 彼は出張経費は自分で支払うというのが条件だった/His behavior was *conditioned* by his circumstances. 彼の行動はまわりの状況に左右された.
類義語 ⇒state.
【慣用句】**on condition that ...** ...という条件で, もし...ならば. **on no condition** どんなことがあっても...しない.
【派生語】**conditional** 形 条件付きの: *conditional clause*〖文法〗条件節. **conditionally** 副 条件付きで. **conditioned** 形 条件付きの, 制約のある, 冷暖房された (air-conditioned): *conditioned reflex [response]*〖生理・心〗条件反射. **conditioner** 名 C 調整器[者], 柔軟剤, コンディショナー, エアコン (air conditioner). **conditioning** 名 U 体調などの調整, 調節.

con·do /kándou│kɔ́n-/ 名 C 《米》〔くだけた語〕分譲マンション (condominium).

con·dole /kəndóul/ 動 本来他 〔形式ばった語〕悔やみを言う, 同情して哀悼する.
語源 ラテン語 *condolere* (=to suffer with; *con*-with+*dolere* to grieve) が初期近代英語に入った. 牧師用語であった.
【派生語】**condólence** 名 C〔しばしば複数形で〕悔みの言葉, 弔問.

con·dom /kándəm│kɔ́n-/ 名 C 〔一般義〕コンドーム.
語源 不詳.

con·do·min·i·um /kàndəmíniəm│kɔ̀n-/ 名 C 〔一般義〕《米》分譲のアパートやマンション. その他 2国以上による共同統治, 共同主権, また共同統治下にある領土や政府.
語源 近代ラテン語 *condominium* (*con*- together+*dominium* ownership) が18世紀に入った.

con·done /kəndóun/ 動 本来他 〔形式ばった語〕人の罪や過失などを許す, 大目に見る.
語源 ラテン語 *condonare* (=to forgive; *con*- 強意

+donare to give) が19世紀に入った.
con·dor /kándər | kɔ́ndɔː/ 图 C 〔一般語〕一般義 アンデス山脈の高地に生息する非常に大きなハゲワシの一種, コンドル. その他 コンドルの姿が刻印されている南米諸国の金貨.
語源 ペルーの先住民族の言語ケチュア語からスペイン語を経て初期近代英語に入った.

con·duce /kəndjúːs/ 動本来自 〔形式ばった語〕ある行為や事柄が望ましい結果に向かう, 導く, 貢献する.
語源 ラテン語 conducere (con- together+ducere to lead) が中英語に入った.
【派生語】**condúcive** 形 …のためになる, …に貢献する.

con·duct /kándəkt | kɔ́ndʌkt/ 名 U, /kəndʌ́kt/ 動本来自 〔一般語〕一般義 人を導く人の行ない, 行為. その他 元来導く行為を意味し, 転じて指揮, 監督, 管理, 業務の運営, 自分自身を導くこと, 管理すすることから自分を律する意味となり, 道徳的に見た人の行ないの意味が生じ, ふるまい, 品行を意味する. 動 として 〔やや形式ばった語〕人を導く, 案内する, 道を主語にして…に通じる, 特に楽団を指揮する, 業務などを行なう, 処理する, 【理】物体が熱, 電気を伝導する.
語源 ラテン語 conducere (con- together+ducere to lead) の過去分詞 conductus が中英語に入った.
用例 His *conduct* at school was disgraceful. 彼の学校でのふるまいは恥ずべきものだった/The government's *conduct* of the affair was not satisfactory. その事件に対する政府の対応は満足のいくものでなかった/We were *conducted* down a narrow path by the guide. 私達は狭い道を案内人に導かれて下って行った/Most metals *conduct* electricity. ほとんどの金属は電気を伝導する.
類義語 behavior; guide.
【派生語】**condúction** 名 U【理】熱, 電気の伝導, 管などで水を引くこと. **condúctive** 形 伝導性の. **cònductívity** 名 U【理】熱, 電気, 音などの伝導性, 伝導力, 【電】導電率. **condúctor** 名 C 導く人, 案内人, ガイド, バス, 列車などの車掌, 音楽の指揮者, 伝導体.

con·duit /kándju:it | kɔ́ndjuit, kɔ́ndət/ 名 C 〔一般語〕一般義 液体や気体を運ぶ自然にできた, あるいは人工的な狭い溝, 管. その他 電線やケーブルを保護するためのパイプ, 筒, 土管.
語源 conduct と二重語. 中英語より. ⇒conduct.

cone /kóun/ 名 C 〔一般語〕一般義 円錐, 円錐形[体]. その他 幾何学で用いる円錐の意味から, 一般に円錐形のものを表し, アイスクリームを入れるコーン (icecream cone), 道路工事などに用いる円錐標識, 火山の火山錐, 松かさなど球形の実, 球果, 【解】眼の円錐体.
語源 ギリシャ語 *kōnos* がラテン語 *conus* を経て中英語に入った. ギリシャ語は植物の球果の意味が原義で, ここから円錐の意味が生じた.
用例 The parking wardens put those *cones* there after I had parked my car. 駐車場監視員は私が駐車したあとそこに円錐標識を置いた.
【派生語】**cónic** 形 円錐の: conic section 【数】円錐曲線. **cónical** 形 円錐形の.

con·fab /kánfæb | kɔ́n-/ 名 UC 動本来自 〔くだけた語〕 =confabulation. 動 として =confabulate.
con·fab·u·late /kənfǽbjuleit/ 動本来自 〔一般語〕一般義 打ち解けた様子で語り合う, 談笑する. その他 議論する, 協議する, 【精神医】作話する.
語源 ラテン語 *confabulari* (=to talk together; *con-* together+*fabulari* to converse) の過去分詞形が初期近代英語に入った.
【派生語】**confàbulátion** 名 UC.

con·fec·tion /kənfékʃən/ 名 C 〔形式ばった語〕一般義 種々の砂糖菓子やアイスクリーム, ジャムなどのような甘い調理品をいう. その他 甘いものを混ぜ合わせた薬品, 特に糖衣錠などをいう. 本来この語はいろいろなものを混ぜ合わせることを意味し, 装飾品などたくさんつけた婦人服あるいは凝った建築物などもいう.
語源 ラテン語 *conficere* (=to make up; *con-*+*facere* to make) の過去分詞 *confectus* から派生した名 *confectio* が古フランス語を経て中英語に入った.
【派生語】**conféctioner** 名 C 菓子類製造販売業者. **conféctionèry** 名 UC 集合的に砂糖菓子類, 菓子製造(所), 菓子販売, 菓子屋.

con·fed·er·a·cy ⇒confederate.

con·fed·er·ate /kənfédərit/, 形名 C, /-eit/ 動本来自 〔一般語〕一般義 人や団体や国が同盟した, 連合した. 《C-》米国南北戦争当時の南部同盟の. 名 として 同盟者, 同盟国, 違法行為や陰謀などの共犯者, 共謀者, 《C-》米国南北戦争当時の南部同盟支持者. 動 として…と同盟させる, 同盟する.
語源 ラテン語 *foedus* (=league) から派生した *confoederare* (=to unite by a league) の過去分詞が中英語に入った.
【派生語】**confédéracy** 名 C 連盟, 同盟, 陰謀団, 《the C-》1860年と1861年にアメリカ合衆国を脱退した南部同盟諸州 《★正式には Confederate States of America》. **confederátion** 名 UC 連盟や同盟で結ばれていること, 同盟諸国, 連邦, 連合, 《the C-》1781–1789 年のアメリカ植民地13州の同盟, または1867年の Ontario, Quebec, Nova Scotia, New Brunswick 4地方のカナダ連合.

con·fer /kənfə́ːr/ 動本来自 〔形式ばった語〕一般義 それぞれの意見をもとに打ち合わせる, 相談する. その他 元来ラテン語で運び集める, 集めて比較・対照する, 集まって協議する意味があり, 転じて英語で打ち合わせるという意味となった. 他 ラテン語の授与する意味から, 特に地位の上の者が下の者に勲章, 称号, 学位などを授ける, 授与する.
語源 ラテン語 *conferre* (=to bring together; *con-* together+*ferre* to carry) が中英語に入った.
用例 The staff *conferred* (with the headmaster) about the new plans for the school. 教職員は(校長と)学校の新しい計画について相談した.
【派生語】**cónference** 名 UC 打ち合わせや議論のための会議, 協議, 相談: The conference of heart specialists was held in New York. ニューヨークで心臓の専門家の会議が開かれた. **conférment** 名 UC 〔形式ばった語〕勲章の授与, 叙勲.

con·fess /kənfés/ 動本来自 〔一般語〕一般義 誤りや罪など自己に不都合なことを告白する, 自白する. その他 不都合という程ではないが秘密にしていたことを打ち明ける. 【宗教】信仰を告白する, 神に懺悔(ざんげ)する, 【カトリック】神父に告解する.
語源 ラテン語 *confiteri* (*con-* together+*fateri* to acknowledge) の過去分詞 *confessus* が古フランス語を経て中英語に入った.

He *confessed* that he had broken the vase. 彼は花びんを割ったことを白状した/I must *confess* to being amazed at his ability. 実をいうと彼の能力には驚嘆している.

[類義語] acknowledge.

【派生語】 **conféssed** 形 自から認めた, 明白な, 定評のある: He is a *confessed* drug addict. 彼は自から認めた麻薬中毒者だ. **conféssedly** 副 自から認めるように, 自白によれば. **conféssion** 名 UC 罪などの告白, 自白, 信仰の告白, 懺悔, 告解. **conféssor** 名 C 告白者, 《カトリック》告解を聞く司祭.

con·fet·ti /kənféti(:)/ 名 《複》 [一般語] 《通例単数扱い》カーニバルや結婚式などの祝いごとの当日投げられる小さく切り刻んだ色紙や色テープ, あるいは前もってばらまかれる菓子類やボンボンなど.

[語源] ラテン語 *conficere* (=to prepare) の派生形がイタリア語に *confetto* (=sweetmeat) の形で入り, その複数形が19世紀に入った.

con·fide /kənfáid/ 動 本来自 [一般語] [一般義] 信頼して人に秘密や自分の考えていることを打ち明ける. [その他] 秘密を打ち明ける前提となる信頼に重点をおいて, 人やその言動を信用する, 信頼する. 他 信頼して人に…を打ち明ける, 〔形式ばった語〕相手を信頼して義務を委任する, 物などを預ける.

[語源] ラテン語 *confidere* (*con*- 強意+*fidere* to trust) が中英語に入った.

[用例] He *confided* in his brother. 彼は兄に秘密を打ち明けた/He *confided* his fear to his brother. 彼は兄に自分の不安を打ち明けた.

【派生語】 **cónfidànt** 名 C 〔形式ばった語〕信用して秘密や個人的なことを打ち明けられる腹心の友 《語法》女性は confidante). **confidence** 名 ⇒見出し. **confident** 形 ⇒見出し. **confiding** 形 人をたやすく信用する, 疑わない. **confidingly** 副 信用して, 信頼して.

con·fi·dence /kánfidəns│kɔ́n-/ 名 UC 《⇒confide》[一般語] [一般義] 人が秘密を守ってくれることから生まれる確固たる信頼, 信任. [その他] 事柄が確かであるという確信, 自己の能力に対する信念, 自信, 自信に由来する大胆さ, 〔やや形式ばった語〕人を信頼して打ち明けた秘密, 打ち明け話.

[用例] I have great *confidence* in you. あなたに大きな信頼をおいている/He lacks *confidence* in his own ability. 彼は自分自身の能力に自信がない.

【複合語】 **cónfidence gàme** 名 C 相手の信頼を逆用した詐欺, 取り込み詐欺.

con·fi·dent /kánfidənt│kɔ́n-/ 形 《⇒confide》〔一般語〕自己の能力に確信のある, 自信のある, 確信に満ちた.

[用例] I'm *confident* of winning. 私は勝つ自信がある.

【派生語】 **cònfidéntial** 形 秘密の, 内々の, 秘密が守れる, 頼りになる, 腹心の友: a *confidential* secretary 腹心の秘書. **cònfidentiálity** 名 U 〔形式ばった語〕秘密性, 機密. **cònfidéntially** 副 秘密に, 内々に. **cónfidently** 副 自信をもって, 確信して.

con·fig·u·ra·tion /kənfìgjuréiʃən/ 名 C 〔形式ばった語〕 [一般義] 部分や要素の相対的な配列. [その他] 配列の結果としての外形, 輪郭, あるいは地形, 《化》分子中の原子の(立体)配置, 《コンピューター》機器構成.

[語源] ラテン語 *configurare* (*con*-+*figurare* to form) の 名 *configuratio* が初期近代英語に入った.

con·fine /kənfáin/ 動 本来他 /ˈkɑːnfaɪn│-ɔ́-/ 名 C [一般義] ある範囲, 場所に限定する, 制限する. [その他] 建物や牢などに監禁する, 病気, 天候などが人を病床, 屋内に閉じ込める. 名 として〔形式ばった語〕《複数形で》境界, 国境, 領域, 比喩的に範囲, 限界.

[語源] 「境を接している」を意味するラテン語 *confinis* (*con*- with+*finis* end) の 名 *confinium* (=border) 《複 *confinia*》が古フランス語 *confinis* 《複》を経て中英語に入った. 動詞はフランス語 *confiner* から.

[用例] Mumps *confined* the boy to his house for a week. その少年はおたふくかぜで一週間家に閉じこもっていなければならなかった/*Confine* your attention to your own affairs. あなたは自分のことだけに注意を集中しなさい/She did as much as she could within the *confines* of her income. 彼女は収入の範囲内でできるだけのことをした.

[類義語] restrict.

【派生語】 **confíned** 形 狭い, 限られた, 〔形式ばった語〕《述語用法》監禁された, 床についている, 産褥(さんじょく)についている. **confínement** 名 U〔形式ばった語〕制限, 監禁, 禁固, 幽閉, 産褥につくこと, お産.

con·firm /kənfə́ːrm/ 動 本来他 [一般語] [一般義] 不確実なことを明確な事実, 確証によって確認する, 確かめる. [その他] 元来力を加えて強固にする, 強固なものをさらに堅牢にすることを表す. この意味では法律や制度に用いられ, 既に締結された条約に議会が同意を与え承認する, 批准する. また česky持っている考えや意見を事実などにより強固にする, 固める, 《キ教》人に堅信式を施す, うわさなど不確実な形で信じられていることを証拠によってその真偽を確かめる, 既に予約したホテル, 券などの確認を取る.

[語源] ラテン語 *confirmare* (*con*- 強意+*firmare* to strengthen) が古フランス語を経て中英語に入った.

[用例] Her remarks *confirmed* (me in) my opinion that she was a very rude young lady. 彼女の発言で彼女がたいへん無礼な女性だという私の意見を確認することになった/They *confirmed* their hotel booking by phone. 彼らは電話でホテルの予約の確認をとった.

[類義語] confirm; verify; identify: いずれも日本語で「確認する」になるが, かなり意味のずれがある. **confirm** は前提として不確実ながら契約や予約があったり, 意見や考えがあり, それに承認を与えたり, 念を押すことにより確実なものにする. また事実などから考えを固める意味を持つ. **verify** は化学的調査や証拠, 証言などにより客観的に真であることを実証・検証することをいう. **identify** は問題になっている物[人]と同一物[人]であることを確認する意味で用いる.

【派生語】 **cònfirmátion** 名 UC 事実関係の確認, 契約などの承認, 《キ教》堅信式. **confírmed** 形 確認された, 承認された, 強固にされた, 習慣などが凝り固まった, 常習的になった, 病気が慢性の: There have been no *confirmed* reports of the incident. その事件についての確認のとれた報告はありません/a *confirmed* bachelor 一人暮らしがすっかり板について結婚の意志のない独身の男.

con·fis·cate /kánfiskeit│kɔ́n-/ 動 本来他 形 [一般語] 違約などの罰として私有財産を国庫に没収する, 職権によって取り上げる, 奪う, 押収する. 形 として没収した[された].

con·fla·gra·tion /kànflagréiʃən | kɔn-/ 名 C〔形式ばった語〕[一般義] 火事, 特に悲惨で被害の大きい大火. [その他] 争い, 意見などの衝突.
[語源] ラテン語 *conflagrare*(=to burn up) の名 *conflagratio* が初期近代英語に入った.

con·flict /kánflikt|kɔ́n-/ 名 /kənflíkt/ 動
[本来自][一般義][一般義] 意見や主義の対立から生ずる争い, 論争. [その他] 本来は武力の衝突, 戦い, 闘争《★比較的長引く戦いをいうことが多い》, 武力による争いから転じて精神的な対立や感情による葛藤, 理想と現実との不一致, 矛盾, 利害や主張の対立, 争い. 動 として戦う, 争う, 意見や考えが相争って対立する, 衝突する, 矛盾する.
[語源] ラテン語 *confligere*(con- together + *fligere* to strike) の過去分詞 *conflictus* が中英語に入った.
[用例] There was considerable *conflict* about which plan should be accepted. どちらの計画が認められるべきかについて相当の論争があった/After the *conflict* there were many dead on both sides. その戦闘の後両者に多数の死者がでた/The two accounts of what had happened *conflicted* (with each other). その出来事に対する二つの説明は(互に)矛盾した.
[類義語] ⇒fight.
【派生語】**conflicting** 形 相争う, 矛盾する.

con·flu·ence /kánfluəns|kɔ́n-/ 名 UC〔形式ばった語〕[一般義] 川が合流すること, あるいは合流点. [その他] 比喩的に多数の人々や群衆が一か所に集合すること.
[語源] ラテン語 *confluere*(=to flow together; con- together + *fluere* to flow) の現在分詞が中英語に入った.

con·form /kənfɔ́ːrm/ 動 [本来自][一般義] 習慣, 制度などに順応する《語法〜 oneself としても同じ意味になる》. [その他]《英》特に英国国教会を信奉することをいう.
[語源] ラテン語 *conformare*(con- together + *formare* to form) が古フランス語を経て中英語に入った.
【派生語】**conformable** 形 適合する, 合わせるのが早い, 従順な,〔地〕地層が何の妨害も中断も受けずに整合した. **conformation** 名 UC 構成, 形成, 外形, 輪郭. **conformist** 名 C 体制順応者, (C-) 英国国教徒. **conformity** 名 U 適合, 一致, 調和, 従順, 体制順応主義, (C-) 英国国教信奉.

con·found /kənfáund/ 動 [本来他]〔形式ばった語〕[一般義] 人の気持を掻き乱して驚かせ狼狽させる. [その他] ものをごちゃ混ぜにする, 混じり合ったものを区別できない, ごっちゃにする, 混同する. また軽い悪態の言葉として…を呪(ﾉﾛ)う.
[語源] ラテン語 *confundere* (to mix up; con- together + *fundere* to pour) が古フランス語を経て中英語に入った. 英語では敵を「敗北させる, 消耗させる, 辱める」意味があったが現在では古語になっている.
[用例] Her attitude completely *confounded* me. 私は彼女の態度に全くめんくらってしまった/*Confound* you! くたばれ! ちくしょう.
[類義語] puzzle.

【派生語】**confounded** 形 混乱した, 狼狽した,〔くだけた語〕〔限定用法〕いまいましい, 途方もない: a *confounded* fool 途方もないばか者. **confoundedly** 副.

con·fra·ter·ni·ty /kànfrətə́ːrniti|kɔn-/ 名 C [一般義] 宗教や慈善事業の団体, 協会, 組合, 結社など.
[語源] ラテン語 *confrater*(=fellow; brother) から派生した中世ラテン語 *confraternitas* が古フランス語を経て中英語に入った.

con·front /kənfrʌ́nt/ 動 [本来他]〔一般義〕[一般義] 人が種々の事柄に直面する. [その他] 敢然と立ち向かう, 対抗する. 人をある事実や事柄に直面させる, 並ばせて比較する.
[語源] 中世ラテン語 *confrontare*(=to have a common border; con- together + *frons* forehead) が初期近代英語に入った.
[用例] We will *confront* a lot of difficulties in the future. 将来多くの困難に直面するだろう/*confront* a person with the evidence 人に事実を突きつける.
【派生語】**confrontation** 名 U 直面, 対面, 対決.

Con·fu·cius /kənfjúːʃəs/ 名 孔子(552-479B.C.)《★中国の思想家; 儒教の創始者》.
[語源] 中国語 *Kúng Fu-tse* (孔夫子) から.
【派生語】**Confucian** 形 名 C 孔子の, 儒教の; 名 としては儒者. **Confucianism** 名 U 孔子の教え, 儒教.

con·fuse /kənfjúːz/ 動 [本来他]〔一般義〕[一般義] ものごとを混乱させる. [その他] 混乱する, 取り違える, 転じて人の心を混乱させる, 困惑させる, まごつかせる, 狼狽させる.
[語源] ラテン語 *confundere*(⇒confound) の過去分詞 *confusus* が古フランス語を経て中英語に入った. この語は元来受身で用いられ, 能動形で用いられるようになったのはかなり後の段階で, それ以前は能動の意味では confound が用いられた.
[用例] He *confused* arrangements by arriving late. 彼が遅れてきたので手はずが狂ってしまった/I always *confuse* John and his twin brother. 私はしょっちゅうジョンと双子の兄弟を混同する/He completely *confused* me by his questions. 彼は質問ですっかり私をまごつかせた.
[類義語] puzzle.
【派生語】**confused** 混乱した, 困惑した. **confusedly** 副 混乱して, 困惑して, 途方に暮れて. **confusing** 形 混乱させる, 紛らわしい. **confusion** 名 UC 混雑, 混乱状態, 混同, 狼狽, 困惑: The books lay about in *confusion*. 本か乱雑にあちこちに置いてあった/He apologized for his *confusion* of their names. 彼は彼らの名前を混同したことをわびた.

confutation ⇒confute.

con·fute /kənfjúːt/ 動 [本来他]〔形式ばった語〕人の行為や意見などについて論駁(ﾊﾞｸ)する.
[語源] ラテン語 *confutare*(=to disprove; con- together + *-futare* to beat) が初期近代英語に入った.
【派生語】**confutation** 名 U. **confuter** 名 C.

con·geal /kəndʒíːl/ 動 [本来他]〔一般義〕[一般義] 液体を凝結させる. [その他] 本来の意味は凍らせて固まらせることで, 流動的であるものを固体化する, 硬直させる. 動 として固まる, 凍る, 凝結する, 血が凍るほど驚く, 恐れる.
[語源] ラテン語 *congelare*(con- together + *gelare* to freeze) が古フランス語を経て中英語に入った.

con·gen·ial /kəndʒíːnjəl/ 形〔形式ばった語〕
[一般義] お互いに同じ性質や気質を持っている，同性質の．[その他] 同じ趣味や興味を持って，仲がよく気の合っている，ある物や事柄のある人の要求や性分に合って楽しい，社交的で愛想がいい．
[語源] con- + genial として初期近代英語から．

con·gen·i·tal /kəndʒénitl/ 形〔一般義〕生まれつきの，先天的な．
[語源] ラテン語 congenitus (con- together + genitus born) が 18 世紀に入った．

con·gest /kəndʒést/ 動[本来自][一般義][一般義] 人や道路や交通を混雑させる，詰め込む．[その他] 血液を過度に蓄積させる，充血させる．
[語源] ラテン語 congerere (= to bring together; to pile up) の過去分詞 congestus が 19 世紀に入った．
[派生語] congésted 形．congéstion 名 U 混雑，人口過剰，渋滞，充血．

con·glom·er·ate /kənglɑ́mərit, -glɔ́m-/ 名 C U 形, /-reit/ 動[本来他]〔形式ばった語〕[一般義] 経営を多用化する目的で多くの会社を吸収合併した複合的企業．[その他] 様々な物質あるいは異なった人種などの集合，[地質] 礫岩，形．[地質] 団塊状の，複合的な，複合的企業の．動 として団塊状にする[なる]．
[語源] ラテン語の conglomerare (= to roll together; con- together + glomerare to gather into a ball) の過去分詞が初期近代英語に入った．
[派生語] conglòmerátion 名 UC 塊状の集積，凝塊，集塊．

con·grat·u·late /kənɡrǽtʃuleit/ 動[本来他]〔一般語〕[一般義] 幸運，成功を得た人に祝いの言葉を述べる，祝う．[その他]《〜 oneself で》よかったと思う，喜ぶ．
[語源] ラテン語 congratulari (con- 強意 + gratulari to wish joy) の過去分詞 congratulatus が初期近代英語に入った．
[用例] She congratulated him on passing his driving test. 彼女は彼に運転免許試験に合格しておめでとうと言った／He congratulated himself on his escape. 彼は逃げおおせてよかったと思った．
[派生語] congràtulátion 名 UC 人の慶事に対する祝い，祝辞，《複数形で》祝いのことば，祝辞；Congratulations on the birth of your baby. 赤ちゃんのご出産おめでとう．congrátulator 名 C．congrátulatòry 形〔形式ばった語〕祝いの．

con·gre·gate /kɑ́ŋɡrigeit|kɔ́n-/ 動[本来自], /-git/ 形〔一般義〕大勢の人が集まる．動 として集合させる．形 として集まった，集団的な．
[語源] ラテン語 congregare (con- together + gregare to collect into a flock) の過去分詞が中英語に入った．
[派生語] còngregátion 名 UC 人や物の集まり，宗教的な礼拝や説教のための集会，教会の会衆，特定の礼拝所の会員，組合教会制が設立されたころの初期のニューイングランド植民地における居留地や町や教区．còngregátional 形．

con·gress /kɑ́ŋɡrəs|kɔ́n-/ 名 C〔一般義〕[一般義]《C-》米国および中南米の共和国の立法府である議会，国会．[その他] 議会の会期，代表者，使節，委員会などによる正式な会議，評議員会，学術大会．
[語源] ラテン語 congredi (con- together + gradi to go) の過去分詞 congressus が中英語に入った．
[用例] He has been elected to Congress. 彼は議会に選出された／a member of Congress 国会議員／the Congress of Vienna ウィーン会議．
[類義語] Congress; Diet; Parliament: Congress は米国および中南米の共和国の国会，議会，the Diet は日本，デンマーク，スウェーデンなどの国会，Parliament は英国および英連邦内諸国の国会．
【派生語】congréssional 形 会議の，立法府の，《C-》米国などの議会の．congréssionally 副．
【複合語】cóngressman 名 C《C-》米国などの連邦議会議員，特に下院議員．cóngresswòman 名 C《C-》米国などの女性下院議員．

con·gru·ent /kɑ́ŋɡruənt|kɔ́n-/ 形〔一般義〕一致した，調和した，《幾》合同の．
【派生語】cóngruence 名 U 調和，一致，《幾》合同．congrúity 名 U．cóngruous 形 一致した，適合する，適切な．

co·ni·fer /kóunifər, -á-|kɔ́-/ 名 C 《植》球果植物，針葉樹．
[語源] ラテン語 conifer (= cone-bearing; conus cone + ferre to bear) が 19 世紀に入った．
【派生語】coníferous 形 球果植物の．

conjectural ⇒conjecture．

con·jec·ture /kəndʒéktʃər/ 名 CU 動[本来他]〔形式ばった語〕推測，推量，憶測．動 として推測[推量，憶測]する．
[語源] ラテン語 conjectura (= putting together; guess; inference) が中英語に入った．
【派生語】conjéctural 形．

con·join /kəndʒɔ́in/ 動[本来自他]〔形式ばった語〕別々のものを一緒に結合させる，連合させる．
[語源] ラテン語 conjungere (con- together + jungere to join) が古フランス語 conjoindre を経て中英語に入った．
【派生語】conjóined 形 = conjoint. conjóint 形 結合した，連合の，共同の．conjóintly 副．

con·ju·gal /kɑ́ndʒuɡəl|kɔ́n-/ 形〔形式ばった語〕婚姻に関する，夫婦に関する．
[語源] ラテン語 conjugalis (con- together + jungere to join + -alis -al) が初期近代英語に入った．
【派生語】cònjugálity 名 U 夫婦関係．

con·ju·gate /kɑ́ndʒuɡeit|kɔ́n-/ 動[本来他]《文法》動詞を活用させる，変化させる．
[語源] ラテン語 conjugare (= to join together; con- together + jugare to join) の過去分詞 conjugatus が中英語に入った．
【派生語】cònjugátion 名 UC《文法》動詞の活用．⇒inflection; declension．

con·junc·tion /kəndʒʌ́ŋkʃən/ 名 CU《文法》語，句，節を結ぶ接続詞．〔形式ばった語〕2 つまたはそれ以上のものを結び付けること，結合，連結，接合，連絡，いくつかの事柄が同時に起こる同時発生，《天》惑星などが結合するように見える合(ﾞ)，月の朔．
[語源] ラテン語 conjungere (⇒conjoin) の 名 conjunctio が古フランス語を経て中英語に入った．
[用例] a coordinate conjunction 等位接続詞／They work in conjunction with two other groups. 彼らは他の 2 つのグループと一緒に働く．
【派生語】conjúnctive 形《文法》接続的な．名 C 接続詞．conjúncture 名 C〔形式ばった語〕さまざまなできごとの結びつき，危機．

con·jure /kɑ́ndʒər, kʌ́n-|kʌ́n-/ 動[本来他]〔一

語］魔法でも使ったかのように…する，手品を使って…する《[語法] よい意味にも悪い意味にも使う》.
[語源] ラテン語 conjurare (= to conspire; con- together + jurare to swear) が古フランス語 conjurer を経て中英語に入った.
【派生語】cónjurer, cónjuror 名 C〔形式ばった語〕魔法使い，手品師.

conk /káŋk│kɔ́ŋk/ 名 C 動 [本来他]〔俗語〕頭(を殴る).
[語源] 不詳.
【慣用句】*conk out* くたくたになって寝込む，エンジンなどが止まる.

con·nect /kənékt/ 動 [本来他]〔一般語〕[一般義] 媒介物，道具などによって2つのものを1つに**結合する**，**連結する**. [その他] 互いの独自性を保った状態で2つのものを**結び付ける**，**つなぐ**，電話などで人または場所をつなぐ，コードで電源に**接続する**，《通例受身で》(…と)あることを…と結び付けて考える，関連させる，連想させる，人が職務などで…と関係させる，縁故[親類]関係を持たせる.⸺ 自 つながる，**連絡する**，特に列車，バスなどが接続する，連絡する，また…と**関連がある**，関係する 《with》.
[語源] ラテン語 connectere (con- together + nectere to bind) が中英語に入った.
[用例] This road *connects* the two farms. この道路は二つの農場を結んでいる／He *connected* the radio to the mains. 彼はラジオを電源に接続させた／This telephone line *connects* with the President. この電話の回線は大統領につながっている／This train *connects* with Shinkansen at Maibara. この列車は米原で新幹線と連絡します.
[類義語] ⇒join.
【派生語】connéctable, connéctible 形. connécted 形 つながっている，連続した，一貫した，関連した，血縁関係のある，縁故のある. connécter, connéctor 名 C. connéction 名 UC つながり，関係，関連，部分の接続，乗り継ぎ，電話の接続，《通例複数形で》縁故，縁者，親類: The *connection* to the lamp is faulty. ランプの接続が不完全だ／Most doctors see a *connection* between smoking and lung cancer. たいていの医者は喫煙と肺がんは関係があると思っている／I wish to talk to you in *connection* with my daughter's career. 娘の職業に関連したことであなたとお話ししたい／As the local train was late, I missed the *connection* to London. 普通列車が遅れたのでロンドン行きの接続列車に乗り遅れた. connéctive 形 連結[連絡]する，接続の. 名 C 連結物，《文法》連結詞. connéxion 名〈英〉 = connection.
【複合語】connécting ròd 名 C〔鉄道〕車輪をつなぐ**連結棒**(ぼう).

con·nive /kənáiv/ 動 [本来自]〔形式ばった語〕《軽蔑的》目をつぶって，悪いことを黙認する，見逃す，また《悪い意味で》…と共謀する 《with》.
[語源] ラテン語 conivere (= to close the eyes; to wink) が初期近代英語に入った.
【派生語】connívance 名 U 黙認.

con·nois·seur /kànəsə́ːr│kɔ̀n-/ 名 C〔形式ばった語〕美術，音楽，酒などの**鑑定家**，**目利き**.
[語源] ラテン語 cognoscere (= to get acquainted with) に由来するフランス語が18世紀に入った.

connotation ⇒connote.

connotative ⇒connote.

con·note /kənóut/ 動 [本来他]〔形式ばった語〕言葉の裏の意味を**暗示する**，**言外の意味として伝える**，《論》**内包する**.
[語源] ラテン語 connotare (con- together + notare to note) が初期近代英語に入った.
【派生語】cònnotátion 名 UC 含蓄，言外の意味，内包. cónnotative 形 含蓄のある，言外の意味を暗示する.

con·nu·bi·al /kənjúːbiəl/ 形〔形式ばった語〕= conjugal.

con·quer /káŋkər│kɔ́ŋ-/ 動 [本来他]〔一般語〕[一般義] 武力で敵を**征服する**，征服して**支配する**. [その他] 敵に勝つことの意味から転じて，努力によって障害や反対などの困難に**打ち勝つ**，**克服する**，征服する，精神力によって悪癖などを抑える，習慣などを**打破する**.⸺ 自 として征服する，勝利を得る.
[語源] 俗ラテン語 *conquerere (con- 強意 + quaerere to seek) が古フランス語 conquerre を経て中英語に入った.
[用例] The Normans *conquered* England in the eleventh century. ノルマン人は11世紀にイングランドを征服した／You must *conquer* your fear of the dark. 君は暗い所に対する恐怖心を克服しなければいけない.
[類義語] overcome; defeat.
【派生語】cónqueror 名 C 征服者. cónquest 名 UC 征服，支配，征served[努力によって]手に入れたもの，占領地，自分になびいた人，口説き落された人: the Norman *Conquest* ノルマン人によるイングランド征服／Her new boyfriend is quite a *conquest*—he's both rich and handsome. 彼女の新しいボーイフレンドはなかなかの獲物だ. 金持ちの上美男子だ.

con·quis·ta·dor /kɑnkwístədɔ̀ːr│kɔn-/ 名 C 征服者 《★特に16世紀にメキシコ，ペルーなどを征服したスペイン人》.
[語源] スペイン語 (= conqueror) が初期近代英語に入った.

con·san·guin·i·ty /kànsæŋgwíniti│kɔ̀n-/ 名 U〔形式ばった語〕同じ血を持っているということで，**血族**，**血縁(関係)**，**同族**.
[語源] ⇒sanguine.

con·science /kánʃəns│kɔ́n-/ 名 UC〔一般語〕善悪を道徳的に判断する力，**良心**，**道義心**，**自覚**.
[語源] ラテン語 conscire (= to be conscious; con- + scire to know) の名 conscientia (= moral sense; consciousness) が古フランス語を経て中英語に入った.
[用例] The injured man was on her *conscience* because she was responsible for the accident. 事故の責任は自分にあったから，彼女は怪我をした人に良心の呵責を感じた／She had a bad *conscience* about the injured man. 彼女は怪我をした人に対して良心がとがめた.
【慣用句】*for conscience('s) sake* 気休めに. *in all conscience* 道理上，公正に，本当に.
【派生語】cònsciéntious 形 良心的な，念入りな: conscientious objection 宗教的理由による良心的兵役拒否／conscientious objector 良心的兵役拒否者. cònsciéntiously 副. cònsciéntiousness 名 U.

【複合語】**cónscience móney** 名 U 罪滅ぼしにする献金. **cónscience-smìtten** 形 気がとがめた, 良心に責められた. **conscience-stricken** 形 =conscience-smitten.

con·scious /kánʃəs|kɔ́n-/ 形 〔一般義〕[一般義] 意識のある, 知覚のある, 思考力のある. [その他] 単に意識があることをいうだけでなく,《述語用法》意識した, …に気づいている,《限定用法》意識的な, 故意の, 自意識の強い.
[語源] ラテン語 conscius (知っている; con- together + scire to know + -us -ous) が初期近代英語に入った.
[用例] The patient was *conscious*. 患者は意識があった/They were *conscious* of his disapproval. 彼らは彼が不賛成であることは承知していた/class-*conscious* 階級意識のある[強い].
[類義語] ⇒aware.
[派生語] **cónsciously** 副. **cónsciousness** 名 U.

con·script /kənskrípt/ 動[本来他], /kánskript|kɔ́n-/ 名 C 形 〔一般義〕[一般義] 志願ではなく義務的に兵籍に入れる, 徴兵する. 名 として徴集兵. 形 として徴集された.
[語源] ラテン語 conscribere (= to enroll; con- with + scribere to write) の過去分詞 conscriptus が初期近代英語に入った.
[派生語] **conscríption** 名 U 徴兵(制度).

con·se·crate /kánsikreit|kɔ́n-/ 動[本来他] 〔形式ばった語〕[一般義] 神聖なものとして神にささげる, 神聖にする. [その他] ある目的, 特に崇高なもののためにささげる《to》.
[語源] ラテン語 consecrare (con- 強意 + sacrare to make sacred) の過去分詞が中英語に入った.
[派生語] **cònsecrátion** 名 U.

con·sec·u·tive /kənsékjutiv/ 形 〔一般義〕中断なく連続して, 引き続いて.
[語源] ラテン語 consequi (⇒consequence) の過去分詞 consecutus がフランス語を経て初期近代英語に入った.
[用例] for five *consecutive* days 連続5日間.
[類義語] successive.
[派生語] **consécutively** 副.

con·sen·sus /kənsénsəs/ 名 U 〔形式ばった語〕大多数の一致した意見[判断].
[語源] ラテン語 consentire (⇒consent) の過去分詞 consensus が19世紀に現在の形で使われるようになった.

con·sent /kənsént/ 動[本来自] 名 U 〔やや形式ばった語〕[一般義] 意見, 計画などに同意する, 賛成する. [その他] 提案, 要求などに同意して承認を与える, 許可する. 名 として承認, 同意, 互いに同意することから意見, 感情の一致.
[語源] ラテン語 consentire (= to agree; con- with + sentire to feel) が古フランス語を経て中英語に入った.
[用例] He refused to *consent* to my going abroad. 彼は私が外国に行くことに同意しなかった/You have my *consent* to sell the shares. あなたが株を売却することを承認致します.
[類義語] ⇒agree

con·se·quence /kánsikwəns|kɔ́n-/ 名 CU 〔やや形式ばった語〕[一般義] ある原因や出来事が影響して必然的に生じる結果, 成り行き. [その他] 実際に生じる結果以外に, 論理的に得られる帰結, 結論, 事物がある効果を生じたり, 影響力を持つことから, 重要さ, 重大性, 意義.
[語源] ラテン語 consequi (= to follow up; con- with + sequi to follow) から派生した consequentia が中英語に入った.
[用例] This decision will have important *consequences*. この決定は重要な結果をもたらすことになるだろう/A small error is of no *consequence*. 小さな誤りなどは取るに足らないことだ.
[類義語] ⇒result.
【慣用句】*in consequence* その結果, …の結果として《of》. *take the consequences* 結果の責任を取る, 報いを受ける.
[派生語] **cónsequent** 形 必然の結果として生ずる, 当然の: There will be a general election *consequent* upon the defeat of the government. 政府の敗北の結果, 必然的に総選挙があるだろう. **consequéntial** 形 結果として起こる, 必然的な, 重要な, 尊大な. **cónsequently** 副 その結果, それ故.

conservation ⇒conserve.
conservatism ⇒conserve.
conservative ⇒conserve.

con·ser·va·toire /kənsə̀ːrvətwáːr/ 名 C 〔形式ばった語〕芸術学校, 音楽学校(conservatory).
[語源] フランス語が18世紀に入った.

con·ser·va·to·ry /kənsə́ːrvətɔ̀ːri|-təri/ 名 C 〔一般義〕[一般義] 植物を育てたり, 展示したりするための温室. [その他] =conservatoire.
[語源] ラテン語 conservare (⇒conserve) + -tory. 初期近代英語から.

con·serve /kənsə́ːrv/ 動[本来他], /kánsəːrv|kɔ́n-/ 名 UC 〔一般義〕[一般義] 自然・環境などを完全な状態に保全する, 保存する. [その他] 資源などを節約する, ものを保全する意味から, 保存のために果物を砂糖漬けにする, ジャムにする. 名 として(しばしば複数形で)果物の砂糖漬け, ジャム.
[語源] ラテン語 conservare (con- 強意 + servare to keep) が古フランス語を経て中英語に入った.「保存する」意味では現在では一般的な語であるが中英語から初期近代英語ではこの語の方が一般的な語であった. 18世紀初めには preserve によってその地位が奪われたが, 19世紀になって同起源の conservation, conservative の影響で復活し,「保守する」意味で用いられるようになった.
[用例] We must *conserve* the country's natural resources. 我々はわが国の天然資源を保全しなければならない/*Conserve* your energy—you'll need it for climbing the hill tomorrow. 力をとっておきなさい. 明日山に登るのに必要になるから.
[類義語] preserve.
[派生語] **cònservátion** 名 U 保護, 保全, 節約, 特に自然や環境などの保存, 管理, 維持. **cònservátionist** 名 C 環境保全論者, 資源保護論者. **consérvatism** 名 U 保守主義, 保守性. **consérvative** 形 変化を嫌い現状を維持しようとする, 保守的な, 慎重な, 控えめの, おとなしい, 地味な,《英》《C-》保守党の. 名 保守主義者, 保守的な人, 控えめの人,《英》《C-》保守党員.

con·sid·er /kənsídər/ 動[本来他] 〔一般義〕[一般義] …であると思う, …を…とみなす. [その他] 本来天体を観察する意から発しているので, 注意深く観察する意から…

をよく考える, 熟考する, 思いやる, 斟酌(しんしゃく)する, 考慮に入れる.
[語源] ラテン語 considerare (= to observe; con- 強意 + sidus star) が古フランス語を経て中英語に入った. 原義は「星を観察する」.
[用例] We're considering going. 私達は出かけようと思っている/You must consider other people's feelings [points of view]. 他人の感情[見解]を考慮に入れなければいけません/They consider him unfit for that job. 彼らは彼がその仕事には不向きだと思っている 《[語法] この意味では進行形は用いられない. consider him as unfit のように, regard と同様 as を入れることもある》.
【派生語】 consíderable 形 量や大きさなどが相当な, かなりの. consíderably 副. consíderate 形 他人に対して思いやりのある. considerátion 名 UC 熟考, 考慮(すべき問題), 配慮, 思いやり, 《通例単数形で》心付け, 報酬: take ... into consideration ...を考慮に入れる/The cost of the journey is our main consideration. 旅の費用のことが主に考えなければならない問題だ/He stayed at home out of consideration for his mother. 彼は母親を思いやって家にいた. consídered 形 《限定用法》 熟考の上での. considering 前 接 ...を考慮に入れると, ...の割には. 《文の終わりに付け加えて用いる》.

con·sign /kənsáin/ 動 [本来自] 〔形式ばった語〕[一般義] 人, 物を引き渡す, 預ける, 委ねる. [その他] 商品を委託する, 託送する, 発送する.
[語源] ラテン語 consignare (= to mark with a seal) が古フランス語を経て初期近代英語に入った. 本来シールを貼って信頼する相手に委託する意.
【派生語】 consìgnée 名 C 荷受人, 受託者. consígnment 名 UC 委託, 委託販売(品). 形 委託された. consìgnór 名 (販売)委託者, 荷送り人.

con·sist /kənsíst/ 動 [本来自] 〔一般義〕[一般義] いくつかの構成要素あるいは部分から成る, ...で成り立っている 《of》. [その他]〔形式ばった語〕それを成り立たせる要素は本質的には...にある, 存在する (in). 他の要素と共に成り立つことから, 両立する, 矛盾しない《with》.
[語法] 進行形では用いない.
[語源] ラテン語 consistere (= to stand firm; con- 強意 + sistere to stand) が初期近代英語に入った.
[用例] The house consists of six rooms. その家は6部屋から成っている.
【派生語】 consístence 名 = consistency. consístency 名 U 首尾一貫性, 性格の堅固さ, 液体の濃度. consístent 形 言行などが首尾一貫した, 矛盾のない, 《述語用法》両立する, 一致する: The two statements are not consistent. 二つの声明は両立しない/The second statement is not consistent with the first. 二番目の声明は最初の声明と一致しない. consístently 副 首尾一貫して, いつでも.

con·sole[1] /kənsóul/ 動 [本来他] 〔形式ばった語〕 悲しんでいる人, 失望している人を慰める.
[語源] ラテン語 consolari (con- 強意 + solari to comfort) がフランス語を経て初期近代英語に入った.
[用例] She could not console the weeping child. 彼女は泣いている子供を慰めることができなかった.
【派生語】 cònsolátion 名 UC 慰め, 慰めとなる物[人] 《[類義語] ⇒ comfort》: consolation prize 2 位または敗者に与えられる残念賞. consólatòry 形 慰めの.

con·sole[2] /kánsoul|kɔ́n-/ 名 〔一般語〕[一般義] パイプオルガンの演奏台, 語学練習室 (LL) の操作台など電子・電気機器の操作卓. [その他] 卓上型に対して, 床に据えるタイプのコンソール型キャビネット, 乗用車の座席の間にある物入れ. 本来は〖建〗壁から突き出た装飾用の支え, 渦形持ち送り.
[語源] 建築の(軒)蛇腹を支えるものがフランス語で consolateur とよばれ, その短縮形が18世紀に入った.
【複合語】cónsole tàble 名 C 壁に付けた渦脚(うずあし)付小テーブル.

con·sol·i·date /kənsɔ́lideit|-sɔ́l-/ 動 [本来他] 〔一般語〕[一般義] 固める, 強化する. [その他] いくつかのものを統合する, 合体する, まとめる.
[語源] ラテン語 consolidare (= to make solid; con- 強意 + solidus solid) の過去分詞が初期近代英語に入った.
【派生語】 consólidàted 形. consòlidátion 名 U.

con·som·mé /kànsəméi|kənsɔ́mei/ 名 U 〔一般語〕澄ましスープ, コンソメ.
[語源] フランス語 consommer (= to boil down) の過去分詞の名詞用法. 19 世紀に入った.
[対照語] potage.

con·so·nant /kánsənənt|kɔ́n-/ 名 C 〔音〕母音に対する子音, 子音字. 形 として〔形式ばった語〕音調が調和した, 協和音の, ...と一致する《with; to》.
[語源] ラテン語 consonare (con- together + sonare to sound) の現在分詞 consonans が古フランス語を経て中英語に入った.「子音」の意味は必ず母音と一緒に発音されると考えられたことから生じたとされている.
[用例] His behaviour is not consonant with his government's policy. 彼の行動は彼の政府の政策と一致しない.
【複合語】 cónsonant létter 名 C 子音字.

con·sort[1] /kánsɔːrt|kɔ́n-/ 名 C 〔形式ばった語〕 国王, 女王などの配偶者. [その他] 仲間, 僚船, 16-18 世紀の古楽合奏[唱]団.
[語源] ラテン語 consors (= partner) が古フランス語を経て中英語に入った.
[用例] a prince consort 女王[女帝]の夫君/a queen consort 王妃.

con·sort[2] /kənsɔ́ːrt/ 動 [本来自] 〔形式ばった語〕悪い相手と交際する, 付き合う《with》.
[語源] ⇒ consort[1].
[用例] consort with a thief どろぼうと付き合う.

con·sor·ti·um /kənsɔ́ːrtiəm, -ʃi-/ 名 C 〖経〗共同融資団 (★国際的な資本合同).
[語源] ラテン語 consors (⇒ consort[1]) から派生した consortium (= fellowship) が 19 世紀に入った.

con·spec·tus /kənspéktəs/ 名 C 〔形式ばった語〕概観, 摘要.
[語源] ラテン語 conspicere (= to look at) の過去分詞が19世紀に入った.

con·spic·u·ous /ktenspíkjuəs/ 形 〔一般語〕[一般義] 人や事物などが人目を引く, 目立つ. [その他] 異彩を放つ, 著しい, 度を超えた, 派手な, 著名な.
[語源] ラテン語 conspicere (= to look at) から派生した conspicuus (顕著な, 明らかな) が初期近代英語に入った.
[用例] Her red hat was very conspicuous in church. 彼女の赤い帽子は教会の中ではとても目立った.

[類義語] noticeable.
【慣用句】 *make oneself conspicuous* 人目につくことをする.
【派生語】 conspícuous consúmption 名 U 社会的地位や財力を誇示するための消費. conspícuously 副 目立って, 著しく. conspícuousness 名 U.
conspiracy ⇒conspire.
conspirator ⇒conspire.
conspiratorial ⇒conspire.
con·spire /kənspáiər/ 動 本来自 〔一般語〕〔一般義〕(通例悪い意味で) 陰謀などを企てたりして共謀する. その他 できごとや状況などがある結果に向かって重なり合って一緒に作用する.
[語源] ラテン語 *conspirare* (=to breathe together; to agree; *con-*together+*spirare* to breathe) が中英語に入った.
[用例] They *conspired* with the terrorists to overthrow the government. 彼らはテロリストと共謀して政府転覆を企てた/Events *conspired* to make him a rich man. いろいろのできごとが重なった結果彼は金持になった.
【派生語】 conspiracy 名 U 共謀, 陰謀. conspírator 名 C 共謀者. conspiratórial 形.
con·sta·ble /kánstəbl | kʌ́n-/ 名 C 〔一般語〕《英》巡査, 警官 (巡査部長より一階級下).
[語源] ラテン語 *comes stabuli* (=officer of the stable) が中英語に入った.
【派生語】 constábulàry 形 警官の. 名 C 警察(の管区).
constancy ⇒constant.
con·stant /kánstənt | kón-/ 形 名 C 〔一般語〕
一般義 一定して不変の. その他 不変の意味が特に時間や気質に用いられ, 中断などしないで絶えず続く, 不断の, (文語)性質や態度が一定している意味から, 忠実な, 誠実な, 意志の固い. 名 として不変のもの, 数・理 定数, 定量.
[語源] ラテン語 *constare* (to stand firm; *con-* 強意+*stare* to stand) の現在分詞 *constans* が古フランス語を経て中英語に入った.
[用例] There's a *constant* noise in this place! ここでは絶えず騒音がしている 《語法 この意味では通例限定用法》/The force of gravity is *constant* at ground level. 地上では重力は一定である.
【派生語】 cónstancy 名 U 恒久性, 不変, 誠実さ. cónstantly 副 絶えず, しょっちゅう, いつでも, 一定に, 不断に: I'm *constantly* telling him to behave himself. 私はしょっちゅう彼に行儀よくするように言っている.
con·stel·la·tion /kànstəléiʃən | kɔ̀n-/ 名 C 〔天〕星座.
[語源] ラテン語 *stella* (=star) から派生した後期ラテン語 *constellare* (=to stud with stars) の 名 *constellatio* (=group of stars) が古フランス語を経て中英語に入った.
con·ster·na·tion /kànstərnéiʃən | kɔ̀n-/ 名 U 〔形式ばった語〕肝をつぶすような驚きや恐怖.
[語源] ラテン語 *consternare* (=to stretch out; to perplex) の 名 *consternatio* (=fright) が初期近代英語に入った.
con·sti·pate /kánstipeit | kɔ́n-/ 動 本来他 〔やや形式ばった語〕《通例受身で》便秘させる. 自 《くだけた語》便秘する.

[語源] ラテン語 *constipare* (=to press together) の過去分詞が初期近代英語に入った.
【派生語】 cònstipátion 名 U.
con·stit·u·en·cy ⇒constituent.
con·stit·u·ent /kənstítʃuənt/ 形 C 〔一般語〕《限定用法》全体を構成するのに必要な成分の, 要素の, 成分を成す, 代表代議士を選出・任命するのに必要な構成員のという意味で, 選挙権[指名権]を持つ. 名 として(やや形式ばった語)成分, 要素, 構成員, 選挙人, 有権者.
[語源] ラテン語 *constituere* (⇒constitute) の現在分詞 *constituens* が初期近代英語に入った.
[用例] He broke it down into its *constituent* parts. 彼はそれをその構成部品に分解した/Hydrogen is a *constituent* of water. 水素は水の構成要素の一つである.
[類義語] ⇒element.
【派生語】 constítuency 名 C 選挙区, 選挙民(全体), 商店などの顧客(全体).
con·sti·tute /kánstitjù:t | kɔ́n-/ 動 本来他 〔形式ばった語〕 一般義 いくつかの材料, 要素で構成する. 語法 進行形では用いない. その他 元来人やものを地位や場所などにしっかり据える意で, 転じて人を公職などに任命する, 指名する, 制定する, 規則を制定する, 確立する, 施設を設置する, 設立する. 材料などをしっかり結合させて構成する, …の構成要素となる.
[語源] ラテン語 *constituere* (*con-* 強意+*statuere* to set up) の過去分詞 *constitutus* が中英語に入った.
[用例] Eighty years *constitute* a longer-than-average lifetime. 80 年というのは平均寿命より長い年月を成す.
【派生語】 constitution 名 ⇒見出し.
con·sti·tu·tion /kànstitjú:ʃən | kɔ̀n-/ 名 CU (⇒constitute) 〔一般語〕 一般義 国を構成し治める基本原則の体系としての憲法. その他 各要素が体系的に結合して構造体を構成する働きをいい, 〔形式ばった語〕構成[組織]すること, 制度の制定, 役職, 公職への任命, 転じて法体系の構築された憲法の意となった. 一般的に構造, 構成, 組織, 人間の組織体としての人間の身体の特徴である体力, 体質, 気質.
[用例] The *Constitution* of the United States was written in 1787. アメリカ合衆国憲法は 1787 年に制定された/He has a strong *constitution*. 彼は体力がある.
【派生語】 cònstitútional 形 〔一般語〕憲法(上)の, 合憲の, 体質上の, 健康上の, 気質上の. 名 C 〔古風な語〕健康のためにする運動. cònstitútionalism 名 U 立憲主義, 立憲政治. cònstitútionalist 名 C. cònstitùtionálity 名 U 合憲性, 合法性. cònstitútionally 副.
con·strain /kənstréin/ 動 本来他 〔形式ばった語〕《通例受身で》人を強制や強い説得によって無理に…させる.
[語源] ラテン語 *constringere* (=to draw tight; to constrict) が古フランス語 *constraindre* を経て中英語に入った.
【派生語】 constráined 形 強制された, 動作などが不自然な, ぎこちない. constráinedly 副. constráint 名 UC 強制, 制限, 抑制.
con·strict /kənstríkt/ 動 本来他 〔やや形式ばった語〕 一般義 1か所や1部分で, たとえば血管などを狭めて圧

縮する, 収縮させる. その他 比喩的に制限する, 抑圧する, 考え方を狭量にする.

語源 ラテン語 constringere (⇒constrain) の過去分詞 constrictus が中英語に入った.

【派生語】constríction 名 UC 圧縮(するもの), 圧迫感. constrictive 形. constrictor 名 C 《解》括約筋,《動》獲物を締め殺す大蛇.

con·struct /kənstrʌ́kt/ 動 本来他, /kánstrʌkt | kɔ́n-/ 名 C〔形式ばった語〕 一般義 組み立てる, 建設する. その他 論理的な体系に組み立てる, 文章を構成する, 理論などを構築する,《幾》定規やコンパスを用いて作図する. 名 として 構造物, 理論的構築物,《心》構成概念.

語源 ラテン語 construere (con- together + struere to pile up) の過去分詞 constructus が初期近代英語に入った.

用例 They are planning to *construct* a new supermarket near our house. 彼らは家の近くに新しいスーパーマーケットを建設する計画を立てている/She is incapable of *constructing* a grammatical sentence. 彼女は文法的に正しい文章を組み立てることができない.

類義語 ⇒build.

【派生語】constrúction 名 UC 建物, 橋などの建設, 建造, 建設工事, 建物[建築]物, 建築様式, 文の組み立て, 構文, 法律や行為などの解釈: The *construction* of that factory will take several months. あの工場の建設には数か月かかるだろう/The bridge is still under *construction*. 橋はまだ建設中です/She always puts a wrong *construction* on what I say. 彼女はいつも私の言うことを曲解する. constrúctional 形 建造上の, 構文上の. constrúctive 形 建設的な(⇔destructive). constrúctively 副. constrúctor 名 C 建設者.

con·strue /kənstrúː/ 動 本来他〔形式ばった語〕 一般義 語句, 構文などを分析して解釈する. その他 一般に状況や行動などを理解する, 説明する.《文法》ある語句がある文脈の中で解釈[説明]できる.

語源 ラテン語 construere (⇒construct) が中英語に入った.

con·sul /kánsəl | kɔ́n-/ 名 C〔一般語〕領事,《史》ローマ時代の執政官.

語源 ラテン語 consul が中英語に入った. おそらく *consulere* (⇒consult) から.

【派生語】cónsular 形. cónsulate 名 CU 領事館, 領事の職[任期]: consulate general 総領事館. cónsulship 名 U 領事の職[任期].

【複合語】cónsul géneral 名 C 総領事.

con·sult /kənsʌ́lt/ 動 本来他 一般義 専門家に知識, 教示, 意見を求める, 相談する. その他 医者にかかる, 診察してもらう. また書物に知識や情報を求める意味に用いて, 辞書を引く, 参考書などを調べる. 自 として, 人と協議する, 相談する《with》, 会社などの相談役[顧問]を務める《for》.

語法 他動詞は専門家など優れた知識をもつ人に意見を聞くことを表すのに対して, 自動詞は一般に人に相談する意味を表す.

語源 ラテン語 consulere (=to take counsel) の反復形 consultare が初期近代英語に入った. ラテン語の元来の意味は, 人を招集して計画や問題を「審議する, 協議する」「よく考える」であったと考えられている.

用例 You should *consult* your lawyer. 君は弁護士に意見を聞くべきだ/*Consult* your doctor. 医者にみてもらいなさい/He *consulted* with me about what we should do next. 彼は次に我々がなすべき事を私に相談した.

【派生語】consúltant 名 C 専門的な助言を与える人, 相談役, 顧問, コンサルタント. cònsultátion 名 U 専門家に相談すること, 医者の診察を受けること, 人との協議, 協議のための会議, 審議会, 書物を調べること, 参照, 参考. consúltative 形〔限定用法〕相談の, 顧問の. consúlting 形〔限定用法〕相談の, 診察の, 諮問の, 顧問の.

con·sume /kənsjúːm/ 動 本来他〔形式ばった語〕 一般義 時間, 金, 物品などを消費する. その他 元来すっかり使い尽くすことを意味し, 浪費する, 体力などを消耗する, 消滅させる, 特に火災が建物を焼き尽くす, 人ががつがつ食う[飲む], 食い[飲み]尽くす.

語源 「使い尽くす」意のラテン語 consumere (con- 強意 + sumere to take) が古フランス語を経て中英語に入った.

用例 We *consume* less energy than before. 私達は以前よりエネルギーを消費しなくなった/The entire building was *consumed* by fire. 建物全体が火事で焼き尽された.

【派生語】consúmables 名 (複) 消耗品. consúmer 名 C〔一般語〕消費者(⇔producer): *consumer goods*《経》消費財/*consumer price index*《経》消費者物価指数. consúmerism 名 U 消費者保護運動. consumption /kənsʌ́mpʃən/ 名 U 消費, 消費量,〔古語〕体力を消耗してしまう病気の意味で, 肺病, 結核(★現在は tuberculosis が普通).

con·sum·mate /kánsəmeit | kɔ́n-/ 動 本来他, /kənsʌ́mit/ 形〔形式ばった語〕 一般義 物事を成し遂げ, 完成する. その他 元来性交によって結婚を完結する意で, それから比喩的に完成するの意となった(★よい意味にも悪い意味にも使われる). 形 として 完全な, 全くの.

語源 ラテン語 consummare (=to sum up; to finish) の過去分詞が中英語に入った.

【派生語】cònsummátion 名 U.

con·tact /kántækt | kɔ́n-/ 名 UC 動 本来他〔一般語〕 一般義 人と人, 物と物とが触れ合う[触れ合っている]こと, 触れ合い, 接触. その他《電》接触, 接点,《医》保菌者との接触, 接触者, 接触による保菌容疑者. 人と人の交際, 知り合い, 有力者との縁故, 人と人, 国と国の関係, 情報を得るための接触, 電話などによる接触の意味で, 連絡, やりとり, 連絡員. 動 として, 電話などによって接触する, 交信する, 連絡をとる.

語源 「接触する」意のラテン語 contingere (con- together + tangere to touch) の過去分詞 contactus が初期近代英語に入った.

用例 We don't come into *contact* with many foreigners here. ここではあまり外国人と接触がありません/Do you keep in *contact* with your old school friends? まだ昔の学友とやりとりがありますか/I made several good *contacts* in London. 私はロンドンに数人のよい知り合いができた/His radio is his only *contact* with the outside world. ラジオだけが彼の唯一の外界との交渉の手段だ.

日英比較 野球やテニスなどで「インパクトを前にした方がよい」のようにボールに当たる瞬間, 打点の意味で「インパク

ト」を用いるが，英語ではこの場合 contact を用い, at contact (当たる時に), contact point (打点) のようにいう．
[類義語] touch.
【複合語】**cóntact cláuse** 名 C 《文法》接触節（★関係代名詞が省略された形容詞節）. **cóntact flýing** 名 U 《空》有視界飛行(⇔instrumental flying). **cóntact léns** 名 C コンタクトレンズ.

con·ta·gion /kəntéidʒən/ 名 UC 《医》病気の接触伝染, 接触伝染病, 比喩的に《悪い意味で》思想や感情, 笑いなどの伝染, 伝播(ぱ), 影響(力).
[語源] ラテン語 contingere (⇒contact) の派生形 contagio が古フランス語を経て中英語に入った．
【派生語】**contágious** 形 接触伝染性の. **contágiously** 副.

con·tain /kəntéin/ 動 [本来他] [一般語] [一般義] 内に含む, 包含する《語法》進行形では用いない). [その他] 箱, 建物などがその中に物や人を入れている, 収容する, 物が場所を取り囲む, 薬などが成分や要素として含む. 入っている意味から, 入っているものが…と等しい, …に相当する, 《数》ある数を因数として含む, ある数で割り切れる, 図形で角をはさむ, 含む他. 中に入れていることを外に出さないように抑制する意と通じ, 〔形式ばった語〕感情を抑える, 我慢する, 力や影響を阻止する, 敵など食い止める, 封じ込める.
[語源] ラテン語 continere (con- together + tenere to hold) が古フランス語 contenir を経て中英語に入った．
[用例] All his possessions are *contained* in that box. 彼の持ち物はすべてあの箱の中に入っている/He could hardly *contain* his excitement. 彼はほとんど興奮を抑えられなかった.
[類義語] ⇒include.
【派生語】**contáined** 形 感情を抑えた, 落ち着いた, 平静な. **contáiner** 名 C 入れ物, 容器, コンテナ. **contàinerizátion** 名 U. **contáinerize** 動 [本来他] 貨物をコンテナ輸送(化)する. **contáinment** 名 U 内に入れておくこと, 特に敵対国に対する押え込み, 封じ込め政策.
【複合語】**contáinership** 名 C コンテナ船.

contaminate ⇒contaminate.

con·tam·i·nate /kəntǽmineit/ 動 [本来他] [一般語] [一般義] 外部からの汚物や不純物が物を汚染する. [その他] 思想, 精神などに悪影響をおよぼす.
[語源] ラテン語 contaminare (= to mingle) の過去分詞が中英語に入った．
[類義語] ⇒pollute.
【派生語】**contáminant** 名 C 汚染物資. **contàminátion** 名 U.

con·tem·plate /kántəmpleit | kɔ́n-/ 動 [本来他] [一般語] [一般義] じっくりと熟考する. [その他] 物を長い間じっと見つめる, 将来を見つめるという意味から…したいと思っている, あることを意図する.
[語源] ラテン語 *templum* (⇒temple¹) から派生した contemplari (to observe) の過去分詞 contemplatus が初期近代英語に入った．
【派生語】**còntemplátion** 名 U 熟考, 瞑想, 凝視. **contémplative** 形 〔形式ばった語〕《通例限定用法》瞑想的な.

con·tem·po·rar·y /kəntémpəreri | -rəri/ 形 C [一般語] [一般義] 現代の. [その他] 本来は…と同時代の (with) の意. …の当時の. 名 として同時代の人[もの], 同年者, 同期生.
[語源] 中世ラテン語 *contemporarius* (con- together + *tempus* time) が初期近代英語に入った．
[用例] a *contemporary* painting 現代画/That chair and the painting are *contemporary*—they both date from the seventeenth century. あの椅子と絵画は同時代のものです. どちらも17世紀のもです/Marlowe was *contemporary* with Shakespeare. マーローはシェイクスピアと同時代の人だった/she was one of my *contemporaries* at university. 彼女は大学の同期生の一人でした.
[類義語] modern.
【派生語】**contèmporáneous** 形 〔形式ばった語〕同時代に存在する, 同時代の. **contèmporáneously** 副.

con·tempt /kəntémpt/ 名 U [一般語] [一般義] 人やものに対するあなどりの感情, 態度, 軽蔑, 侮辱. [その他] 軽蔑されること, 恥辱, 《法》法廷に対する侮辱罪.
[語源] ラテン語 *contemnere* (con- 強意 + *temnere* to scorn) の過去分詞 *contemptus* が中英語に入った．
[用例] she spoke with utter *contempt* (of the people around her). 彼女は(自分の周囲の人々に対して)全く軽蔑的な態度で話した/He holds them in *contempt*. 彼は彼らを軽蔑している.
[類義語] scorn.
【慣用句】**beneath contempt** 軽蔑にも値しない. **bring … into contempt** …に恥をかかせる. **fall into contempt** 恥をかく.
【派生語】**contémptible** 形 軽蔑すべき, 卑劣な. **contémptuous** 形 《通例限定用法》軽蔑的な, 人をばかにした. **contémptuously** 副.

con·tend /kənténd/ 動 [本来自] 〔形式ばった語〕[一般語] 敵や困難と闘う, 争う. [その他] 元来奮闘する意で激しく言い争う, 論争する, 競技などで競争する. 他 として強く主張する.
[語源] ラテン語 *contendere* (= to strive after; con- 強意 + *tendere* to extend) が中英語に入った．
[用例] He's *contending* with problems of all kinds. 彼はあらゆる種類の問題と闘っている/He *contends* that your plan is still faulty. 彼はあなたの計画がまだ不完全だと主張している.
[類義語] struggle.
【派生語】**conténder** 名 C スポーツなどの競争者, 競争相手. **conténtion** 名 UC 争うこと, 特に論争, 口論, 論点, 主張. **conténtious** 形 論争好きの, けんか腰の, 論争を招く, 論争のある.

con·tent¹ /kəntént/ 形 [本来他] [一般語] 《述語用法》現状で十分満足した. 動 として満足させる, 《〜 oneself で》満足する.
[語源] ラテン語の *continere* (⇒contain) の過去分詞 *contentus* が古フランス語を経て中英語に入った．
[用例] He doesn't want more money—he's *content* with what he has. 彼はもっとお金を欲しいと思っていない. いま持っているお金で満足している/She's quite *content* to sit and read a book. 彼女はすわって読書することにすっかり満足している.
[類義語] ⇒satisfy.
【派生語】**conténted** 形 満足している, 満足そうな. **conténtedly** 副. **contentment** 名 U 満足.

con·tent² /kántent | kɔ́n-/ 名 CU [一般語] [一般義]

《複数形で;しばしば単数扱い》中に入っているもの,中身(全体). その他 書物などの内容や内容を示す目次. 形式に対するもの,中で扱っていることの意味,趣意,要旨. 容器の容量,容積,薬品などの中に含まれる含有量.

語源 ラテン語 continere (⇒contain) から派生した中世ラテン語 contentum が中英語に入った.

用例 He drank the *contents* of the bottle thinking it was lemonade. 彼はレモネードと思ってビンの中のものを飲んだ/a table of *contents* (本の)目次/The *content* of his speech was interesting but he spoke uninterestingly. 彼の話の内容は興味深かったが話し方は面白くなかった/Orange has a high vitamin C *content*. オレンジはビタミン C の含有量が多い.

【複合語】**cóntent wòrd** 名 C 《文法》内容語(⇔function word).

con·test /kántest/kɔ́n-/ 名 C, /kəntést/ 動 本来語
〔一般語〕一般義 勝利や賞を求めて争う競技,競争,コンテスト. その他 論戦,抗争,戦い. 動 として,勝利や賞をめざして争う,戦う,選挙で争う. 議論する,論争する,決定などに異義を唱える. 無効を訴える. 自 人と争う,競争する《with; against》.

語源 ラテン語 *contestari*(証人を集める; *con-* together+*testari* to bear witness)がフランス語を経て初期近代英語に入った.

用例 a beauty *contest* 美人コンテスト/a sporting *contest* 競技会/He's *contesting* the election next week. 彼は来週選挙戦に出る.

類義語 contest; competition: 2 語とも勝利を目ざしての争いを意味するが,**contest** は特に選ばれた専門家の審判が優劣を審査する競技,競争をいう. **competition** は力量,技能,能力などの争いに意味の重点がある.

【派生語】**contéstant** 名 C 競争者,競争相手,競技会出場者.

con·text /kántekst/kɔ́n-/ 名 〔一般語〕一般義 語句の正確な意味を決める働きを持つ前後の文や段落,文脈,文の前後関係. その他 出来事,性格,作品などを理解する上で必要な,関連した背景,環境.

語源 ラテン語 *contexere*(=to join together; *con-* together+*texere* to weave)の過去分詞 *contextus* が中英語に入った.

用例 This statement, taken out of its *context*, gives a wrong impression of the speaker's opinion. この声明は文の前後関連なしで引用されているので話し手の意見に誤った印象を与える/We must look at this incident in the broader *context* of the whole war. 私達はこの出来事を戦争全体というもっと広い背景の中で見なければならない.

類義語 environment.

【派生語】**contéxtual** 形 文の前後関係上の,文脈上の. **contéxtually** 副.

contiguity ⇒contiguous.
con·tig·u·ous /kəntɪ́gjuəs/ 形 〔形式ばった語〕あるものに**接触している**,**隣接している**.

語源 ラテン語 *contingere* (⇒contact) から派生した *contiguus* (=touching) が初期近代英語に入った.

【派生語】**contigúity** 名 U. **contíguously** 副.
continence ⇒continent².
con·ti·nent¹ /kántɪnənt/kɔ́n-/ 名 C 〔一般語〕一般義 **大陸**. その他 元大陸が続いている所を表し,

島に対する陸地,本土,広い陸地である大陸. 《the C-》英国からみたヨーロッパ大陸.

語源 ラテン語 *terra continens* (=continuous land) が中英語に入った. ⇒continent².

用例 the New *Continent* 新大陸/the Old *Continent* 旧大陸/the Dark *Continent* 暗黒大陸《★アフリカ大陸の旧称》.

【派生語】**còntinéntal** 形 大陸の,大陸風[性]の,《しばしば C-》ヨーロッパ大陸風の. 名 C 《通例 C-》ヨーロッパ大陸の人,《米史》独立戦争時のアメリカ植民地の兵士.

【複合語】**continéntal bréakfast** 名 C ヨーロッパ風[大陸風]朝食 《★トーストとコーヒーから成る; ⇔English breakfast》. **Continéntal Cóngress** 名 《the ~》《米史》独立戦争中に 2 回開かれたアメリカ植民地諸州の代表による**大陸会議**. **continéntal divíde** 名 C 大陸分水界,《the C- D-》ロッキー山脈分水界. **continéntal shélf** 名 C 大陸棚.

con·ti·nent² /kántɪnənt/kɔ́n-/ 形 〔形式ばった語〕一般義 尿[便]意を抑えられる. その他 自制する,とくに性行為を抑えて禁欲する.

語源 ラテン語 *continere* (⇒contain) の現在分詞 *continens* が中英語に入った. 「包含する,中に持つ」意から,特に肉体的欲望を自己の内に包含して外に出さないことの意味になった. また「一緒に持つ」意から,「空間的につながる,どこまでも続く」意となり,「大陸」をいうようになった.

【派生語】**cóntinence** 名 U.

con·tin·gent /kəntɪ́ndʒənt/ 形 〔形式ばった語〕一般義 ある事が起り得る,あるいはあるかもしれない. その他 偶発的な,偶然の,《述語用法》…次第の,…を条件としての《on; upon》. 名 としては,同盟軍などの各国が分担する**分遣隊**,**派遣団**.

語源 ラテン語 *contingere* (=to touch; to happen) の現在分詞 *contingens* が中英語に入った.

【派生語】**contíngency** 名 UC 偶発事件,偶然性.

continual ⇒continue.
continuance ⇒continue.
continuation ⇒continue.
continuative ⇒continue.
con·tin·ue /kəntɪ́njuː/ 動 本来語 〔一般語〕一般義 完結しないで**続く**. その他 道路などが続いている,同じ場所や地位に引き続いて留まる. 他 として,ある状態,活動を続ける,継続する,持続する,…し続ける,人を引き続き職にとどまらせる,留任させる,また一時的な中断のあと継続する,再び続ける,続行する,話を続けて述べる.

語源 ラテン語 *continere* (⇒contain) の過去分詞 *continuus* (=unbroken) から派生した *continuare* (つなぐ,結びつける) が古フランス語 *continuer* を経て中英語に入った.

用例 He will *continue* in his present job. 彼は今の仕事を続けるだろう/The road *continues* for a hundred and fifty kilometres. その道路は 150 キロにわたって続いている/They *continued* running. 彼らは走り続けた/He *continued* his talk after the interval. 彼は間をおいた後,話を続けた.

類義語 continue; last: **continue** は長く継続することより中断することなく継続することに意味の重点がある. **last** は一定期間継続することを表し,特に限定的に長く続くことをいう.

【慣用句】*To be continued*. 続く,以下次号《語法

連載物の末尾に用いる; ⇔To be concluded》.
【派生語】**contínual** 形 頻繁な, 連続する, 絶え間のない: I've had *continual* interruptions throughout the day. 一日中何度も何度も邪魔が入った. **contínually** 副. **contínuance** 名 U 〔形式ばった語〕継続, 存続. **continuátion** 名 UC 続くこと, 特に中断後の継続, 再開, 話などの続編. **contínuative** 形 継続的な, 連続的な: *continuative* use《文法》継続用法. **continúity** 名 UC 連続, 論理的連続性, 映画などで場面や話のつながりをつけて脚色する台本. **contínuous** 形〔限定用法〕連続した, 切れ目のない. **contínuously** 副.

con·tin·u·um /kəntínjuəm/ 名 C《複 -nua》〔形式ばった語〕分離できないものの連続(体).
[語源] ラテン語 *continuus* (⇒continue) の中性形名詞用法. 初期近代英語に入った.

con·tort /kəntɔ́ːrt/ 動 [本来他]〔形式ばった語〕正常な形のものを異様な形にゆがめる, ねじ曲げる, たとえば顔などを激しくしかめる.
[語源] ラテン語 *contorquere* (=to twist together) の過去分詞 *contortus* が初期近代英語に入った.
【派生語】**contórtion** 名 U. **contórtionist** 名 C 体を不自然な形にねじ曲げるアクロバット曲芸師.

con·tour /kántuər|kón-/ 名 C 形 動 [本来他]〔一般語〕[一般義] 曲線を伴ったものや不定形の輪郭, 輪郭の線. [その他] 物の輪郭となる形や特徴, 等高線. 形 として, 物の輪郭に沿って作られる, 等高線に沿った. 動 として, 物の輪郭を描き表す.
[語源] ラテン語 *tornare* (=to turn) に由来するイタリア語 *contornare* (=to go around; to sketch) の派生形 *contorno* がフランス語を経て初期近代英語に入った.
【複合語】**cóntour lìne** 名 C〔一般語〕等高線, 等深線. **cóntour màp** 名 C 等高線地図.

con·tra- /kántrə|kón-/〔接頭〕「反...」「逆」「反対」などの意味を表す.
[語源] ラテン語 *contra* (=against) から.

con·tra·band /kántrəbæ̀nd|kón-/ 名 U 形〔形式ばった語〕密輸, 密売買, その品物, 禁制品.
[語源] スペイン語 *contrabanda* (=smuggling) が初期近代英語に入った.

con·tra·bass /kántrəbèis|kón-/ 名 C《楽器》コントラバス, (ダブル)ベース(double bass)《★最も大型で最低音の弦楽器》.
[語源] イタリア語 *contrabasso* (*contra-* pitched below+*basso* bass) が初期近代英語に入った.

con·tra·cep·tion /kàntrəsépʃən|kòn-/ 名 U〔一般語〕器具, 薬剤による計画的避妊(法).
[語源] contra-+(con)ception (=pregnancy). 19世紀から.
【派生語】**concéptive** 形 避妊(用)の. 名 C 避妊薬[用具].

con·tract /kántrækt|kón-/ 名 C, /kəntrǽkt/ 動 [本来他] [一般義]〔一般語〕正式な文書による法的効力を持つ契約. [その他] 正式な売買の契約, 請負や結婚の契約である婚約, また契約を文書にした契約書. 動 として 契約する, 請け負う, 婚約, 親交を結ぶ, 積極的な関係を結ぶ意味から転じて, 不本意な関係を結ぶことや知りたくない負担をしょい込む意味となり, 病気にかかる, 借金をこしらえる, 悪い習慣をつける. 本来の「結合させる」意味から, 縮める, 筋肉を収縮させる, 縮小する, 語句を短縮する.
[語源]「引き寄せる, 合意させる」の意のラテン語 *contrahere* (to make a contract; *con-* together+*trahere* to draw) の過去分詞 *contractus* が中英語に入った.
[用例] He has a four-year *contract* (of employment) with us. 彼は我が社と4年間の雇用契約がある/They *contracted* to supply us with 1000 metres of cable. 彼らは1000メートルのケーブルを我々に供給することを請け負った/Metals expand when heated and *contract* when cooled. 金属は熱せられると膨張し冷却されると収縮する.
【派生語】**contrácted** 形 縮まった, 狭い, 短縮の: *contracted form*《文法》短縮形, 縮約形. **con·tráctile** 形〔形式ばった語〕収縮性の. **contráction** 名 UC 縮むこと, 縮約, 短縮, 病気にかかること, 負債をこしらえること, 癖がつくこと: *contraction* of the muscles 筋肉の収縮. **contráctor** 名 C 契約者, 請負人, 土建請負人. **contráctual** 形 契約上の. **contráctually** 副.
【複合語】**cóntract brìdge** 名 U《トランプ》コントラクトブリッジ.

con·tra·dict /kàntrədíkt|kòn-/ 動 [本来他]〔一般語〕[一般義] 人の発言を否定する. [その他] 人の発言に反論する, 議論や事実などが......と矛盾する.
[語源] ラテン語 *contradicere* (*contra-* against+*dicere* to speak) の過去分詞 *contradictus* が初期近代英語に入った.
[用例] It's unwise to *contradict* your boss. 上司の言うことに反論するのは賢明ではない/His second statement *contradicts* his first. 彼の二番目の発言は初めの発言と矛盾している.
【派生語】**contradíction** 名 UC 人の発言に対する反駁, 否定, 議論などの矛盾, 矛盾した言動. **con·tradíctory** 形 矛盾した, 反論する, 反抗的な.

con·tra·dis·tinc·tion /kàntrədistíŋkʃən|kòn-/ 名 UC〔形式ばった語〕明らかに異なったものの対照比較, 対比.
【慣用句】***in contradistinction to*** ......と対比して.

con·trail /kántreil|kón-/ 名 C〔一般語〕飛行(機)雲.
[語源] con(densation)+trail. 1940年代から使われるようになった.

con·tral·to /kəntrǽltou/ 名 C《楽》コントラルトの(歌手)《★女声の最低音域, アルト(alto)に同じ》.
[語源] イタリア語から18世紀に入った.

con·trap·tion /kəntrǽpʃən/ 名 C〔ややくだけた語〕よくわからないような奇妙な仕掛け(機械)(gadget).
[語源] con(trivance)+trap+(inven)tion と考えられ, 19世紀から使われ出した.

contrariety ⇒contrary.
contrariwise ⇒contrary.

con·tra·ry /kántreri|kóntrəri/ 形 名 副〔一般語〕[一般義]〔述語用法〕性質, 順序, 方向などが全く逆の, 正反対の. [その他] 反対になっていて相いれない, ...に反する《to》. また逆の意味で, 特に風向きや天候が好ましい方向の逆であることから, 都合の悪い, 不利な, 人が性格的に反抗ばかりすることを言い,《発音が /kəntréəri/ で》ひねくれた, いじな, 強情な. 名 として (the ~) 正反対, 正反対のもの. 副 として反対に, 逆に, ...に反して《to》.

【語源】ラテン語 *contra*（＝against）から派生した *contrarius*（＝opposite; opposed）が古フランス語を経て中英語に入った。
【用例】That decision was *contrary* to my wishes. その決定は私の願いとは正反対であった/*Contrary* to popular belief he is an able politician. 一般に考えられていることとは逆に，彼は有能な政治家だ/a *contrary* child 強情っぱりの子供.
【類義語】opposite.
【慣用句】**by contraries** 逆に，予想に反して. **on the contrary** それどころか，とんでもない《《語法》相手の言ったことや前言に反対して用いる》. **to the contrary**〔形式ばった表現〕それと反対の[に]: It may be true—there is no evidence *to the contrary*. それは事実かもしれない．反対の証拠がないからだ．
【派生語】**contrariety** /kɑ̀ntrəráiəti|kɔ̀n-/ 名 UC〔形式ばった語〕相反している状態[性質]，相対する点，矛盾点．**cóntrarily** 副 反対に，逆に，〔アクセントが contrárily で〕ひねくれて，強情に．**cóntrariness** 名 U．**cóntrariwise** 副 逆方向に，反対に，これに反して．

con·trast /kɑ́ntræst|kɔ́ntrɑːst/ 名 UC，/kəntrǽst|-trɑ́ːst/ 動 本来他〔一般語〕一般義 明暗，色，強弱などの対照．その他 対照によって示される差異，特に際立った差異，対照的なもの[人]，正反対のもの[人]．動 として，2つのものを比較対照する，対比させる．自 として，…とよい対照をなす（with），対照的である．
【語源】ラテン語 *contrastare*（*contra-* against＋*stare* to stand）がフランス語を経て初期近代英語に入った．もとは「反抗する」意味で英語に入ったが，現在の意味は美術用語としてイタリア語から入ったもので，美術効果をもたらすように対照的に明暗や色彩を配列することを意味するもの．ここから一般的に対照させる，対照することの意味が生じた．
【用例】The *contrast* between these books is very marked. これらの本の差異は非常に著しい/She's a complete *contrast* to her sister. 彼女は姉[妹]とは似ても似つかない/*Contrast* fresh and frozen vegetables and you'll find the fresh ones taste better. 生野菜と冷凍野菜を比較対照してごらんなさい．生野菜の方がよいことがわかりますよ．
【類義語】⇒compare．
【派生語】**contrástive** 形 対照的な．

con·tra·vene /kɑ̀ntrəvíːn|kɔ̀n-/ 動 本来他〔形式ばった語〕規則，法律などに違反する，議論に反駁(はんばく)する．
【語源】ラテン語 *contravenire*（*contra-* against＋*venire* to come）がフランス語を経て初期近代英語に入った．
【派生語】**contravéntion** 名 U．

con·trib·ute /kəntríbju(ː)t/ 動 本来他〔一般語〕一般義 金品を共同募金や社会事業団体などに寄付する．その他 雑誌，新聞などに記事を寄稿する，投稿するなど，多くの人々の協力を必要とすることに援助を与える，助言を与える．自 として寄付する，寄稿する，〈～ to で〉ある結果をもたらすことに力を貸す，貢献する，寄与する，一部責任を表し，…の一因[一助]となる．
【語源】ラテン語 *contribuere*（*con-* together＋*tribuere* to grant）の過去分詞が初期近代英語に入った．
【用例】Have you *contributed* (any money) to this charity? あなたは(お金を)この慈善施設に寄付しましたか/I've been *contributing* (written articles) to this paper for many years. 私はこの新聞に何年も(記事を)寄稿しています/His gambling *contributed* to his downfall. 賭博の原因で彼は没落した．
【派生語】**còntribútion** 名 UC 寄付，寄与，貢献，寄稿，寄付金，寄贈品: Would you like to make a *contribution* to this charity? この施設にご寄付をしていただけませんか．**contríbutor** 名 C 寄付者，寄稿家，貢献者．**contríbutory** 形 寄与する，…に貢献のある，年金などが拠出制の．

con·trite /kɑ́ntrait|kɔ́n-/ 形〔形式ばった語〕道徳・宗教上，罪を犯したことや悪い行動をとったことに対して深く悔い改めている．
【語源】ラテン語 *conterere*（*con-* together＋*terere* to rub）の過去分詞 *contritus*（＝worn out; ground to pieces）が中英語に入った．
【派生語】**contrítion** 名 U．

con·trive /kəntráiv/ 動 本来他〔形式ばった語〕一般義 計画や方策などを巧みに考案する，工夫する．その他 特に突然の出来事などに巧妙に工夫して対処する，うまく…する，困難なことをどうにか…する．巧みに方策を巡らせるから，悪い意味に転じて，よくないことをたくらむ，あざむいて…を企てる．
【語源】中世ラテン語 *contropare*（＝to compare; *con-* 強意＋*tropare* to compose）が古フランス語 *controver*（考え出す，工夫する）を経て中英語に入った．
【用例】He *contrived* to remove the money from her bag. 彼はまんまと彼女のバッグからお金を持ち去ることができた．
【類義語】manage; devise．
【派生語】**contrívance** 名 UC 工夫，考案，考案品，装置，**計略**，たくらみ．**contríved** 形 不自然な，無理な，わざとらしい: I did not like the ending of the play—it was a bit *contrived*. その劇の結末は気に入りませんでした．ちょっと不自然でした．

con·trol /kəntróul/ 名 UC 動 本来他〔一般語〕一般義 自由勝手な行動を制限する力，支配(力)．その他 管理，監督，取り締まり，また抑制(力)，制御，〖野〗制球(力)．さらに〈通例複数形で〉統制策[手段]，機械の制御装置をいう．動 としては，元来，控えの記録と照合することによって支払や勘定を調べたり確かめることを表し，会計などを監査する，監督するの意．転じて自由勝手な行動を制限する意となり，権限によって支配する，統制する，管理する，取り締まる，自分自身を支配・管理するから，感情などを抑える，抑制する．
【語源】中世ラテン語 *contrarotulus*（＝duplicate register; ラテン語 *contra-* against＋*rotulus* roll）が古フランス語 *contreroller* を経て中英語に入った．
【用例】She has *control* over all the decisions in that department. 彼女はその部門におけるすべての決定を支配している/I know you're angry but you must not lose *control* (of yourself). 君が腹を立てているのはわかるが自制心を失ってはいけないよ/birth *control* 産児制限/remote *control* 遠隔操作/The captain *controls* the whole ship. 船長は船全体の指揮をとる/The government is *controlling* prices and wages. 政府は物価と賃金を統制している．
【類義語】control; regulate: 両語とも規則によって統制することをいうが，**control** は権限を持つ者による統制

controversial

をいうのに対して, **regulate** は規則そのものに重点があり, 細かい規則や方針に従って規制することをいう.
【慣用句】*in control* …を管理[監督]して. *out of control* 制しきれない, 抑えがきかない. *under control* 抑えて(おく), 正常に制御された.
【派生語】contrŏller 图 C 管理する人, (会計)監査役, 管制官 (air traffic controller). contróllable 形 統御[統制]できる.
【複合語】contról tòwer 图 C 航空管制塔.
controversial ⇒controversy.
con·tro·ver·sy /kántrəvə̀ːrsi│kɔ́n-/ 图 UC 〔一般語〕対立した意見が衝突する議論, 論争, 論戦, 口論.
語源 ラテン語 *controversus* (反対側に向けられた; *contra-* against＋*versus* turned) の派生形 *controversia* (＝dispute) が中英語に入った.
用例 The *controversy* over the appointment of the new chairman lasted for several weeks. 新議長任命をめぐる論争は数週間続いた/His decision to publish the book gave rise to much *controversy*. 彼がその本を出版しようと決めたことで大いに議論が起こった.
類義語 argument.
【派生語】còntrovérsial 形 議論の余地のある, 論争を引き起こす. còntrovérsially 副. cóntrovèrt 動 本来他 …について議論[論争]する, 論駁(ばく)する, 否定する.
con·tu·ma·cious /kàntjuméiʃəs│kɔ̀n-/ 形 〔形式ばった語〕権威や法廷の命令などに対して, 頑として不服従な, 反抗的な.
語源 「頑固な」という意味のラテン語 *contumax* が中英語に入った.
【派生語】cóntumacy 图 U 不服従, 法廷侮辱(罪).
con·tu·me·ly /kəntjúːməli/ 图 UC 〔形式ばった語〕傲慢や軽蔑から発する無礼な言葉(遣い), 侮辱的な扱い[態度].
語源 ラテン語 *contumelia* (＝insult) が中英語に入った.
con·tuse /kəntjúːz/ 動 本来他 《医》 打撲[挫傷(しょう)]を負わせる.
語源 ラテン語 *contundere* (＝to beat; to bruise) の過去分詞 *contusus* が中英語に入った.
【派生語】contúsion 图 UC.
co·nun·drum /kənʌ́ndrəm/ 图 C 〔一般語〕語呂合せが答の中に入っているようななぞなぞ, 難問.
語源 不詳.
con·ur·ba·tion /kànərbéiʃən│kɔ̀n-/ 图 C 〔形式ばった語〕郊外の周辺都市を集合し一体とする大都市圏.
語源 con-＋ラテン語 *urbs* (＝city)＋-ation. 20世紀にできた.
con·va·lesce /kànvəlés│kɔ̀n-/ 動 本来自 〔一般語〕病後しだいに回復する, 徐々に快方に向かう.
語源 ラテン語 *convalescere* (*con-* 強意＋*valescere* to grow strong) が中英語に入った.
【派生語】convaléscence 图 U. convaléscent 形 C 回復期の(人).
con·vec·tion /kənvékʃən/ 图 U 《理》濃度や温度差のために流体の一部がともに動く対流.
語源 ラテン語 *convehere* (*con-* together＋*vehere* to carry) の過去分詞 *convectus* から派生した後期ラテン

語 *convectio* が初期近代英語に入った.
【派生語】convéctor 图 C 対流式暖房器.
con·vene /kənvíːn/ 動 本来自 〔形式ばった語〕共通の目的のために集合する. 他 として, 会議などを召集する, 被告などを召喚する.
語源 ラテン語 *convenire* (*con-* together＋*venire* to come) が古フランス語を経て中英語に入った.
con·ven·ient /kənvíːnjənt/ 形 〔一般語〕一般義 便利な, 重宝な. その他 時間的に便利な, 都合のよい, 交通が便利な, 近くて便がよい.
語源 ラテン語 *convenire* (⇒convene) の現在分詞 *conveniens* が中英語に入った.
用例 When would it be *convenient* for me to come? いつ伺ったらご都合がよろしいでしょうか/This house is *convenient* for the children's school. この家は子供の学校に便がよい.
【派生語】convénience 图 UC 便利, 好都合, 便利なもの, 文明の利器, 《複数形で》便利な設備, 《英》《婉曲に》公衆便所 (public convenience): at your *convenience* ご都合のよい時に/The shops are open late on Thursday for the *convenience* of the customers. 客の便宜のために店は木曜日は遅くまで開いている/We enjoy the *conveniences* of modern life. 私達は現代文明の衣食住の便を享受している. convéniently 副 便利に, 都合よく, 《文副詞として》都合のよいことに.
【複合語】convénience fòod 图 UC インスタント食品. convénience òutlet 图 C 室内コンセント. convénience stòre 图 C コンビニエンスストアー.
con·vent /kánvənt│-ò-/ 图 C 〔一般語〕女子修道院.
語源 ラテン語 *convenire* (⇒convene) の過去分詞 *conventus* (＝meeting) が中英語に入った.
対照語 monastery (男子修道院).
con·ven·tion /kənvénʃən/ 图 UC 〔一般語〕一般義 元来人が集まる意で会合や政治, 宗教, 社会上の重要な取り決めのための大会, 代表者会議, 《米》党大会. その他 会合で合意された取り決めの意味で, 協定, 申し合わせ, 国際協定, さらに社会全般のしきたり, 慣習, 慣行, 慣例, 因習.
語源 ラテン語 *convenire* (⇒convene) の 图 *conventio* (＝meeting; agreement) が古フランス語を経て中英語に入った.
用例 the Republican Party *convention* 共和党大会/Shaking hands when meeting people is a normal *convention* in many countries. 人が会った時に握手をすることは多くの国でよく行なわれている習慣である/You must observe local *conventions* when visiting a foreign country. 外国を訪れた時にはその地方のしきたりを守らなければならない.
類義語 custom; assembly.
【派生語】convéntional 形 習慣上認められた, 伝統的な, 慣習的な, 型にはまった, 紋切り型の, 因習的な, 兵器が在来型の, 核兵器に対して, 通常の: He's not very *conventional* in his behaviour. 彼はやることが余り型通りでない/*conventional* weapons 通常兵器(⇔nuclear weapons). convèntionálity 图 UC 〔形式ばった語〕慣例に従うこと, 型にはまっていること, 月並, 紋切り型, 慣例[伝統]尊重. convéntionally 副.
con·verge /kənvə́ːrdʒ/ 動 本来自 〔形式ばった語〕一

点に集まる, 同一場所[目標]に集まる, 《数》収斂(%)する.

語源 ラテン語 *convergere* (*con-* together+*vergere* to incline) が初期近代英語に入った.

反義語 diverge.

【派生語】**convérgence** 名 U. **convérgent** 形 一点に集まる, 収束性の.

con·ver·sant /kənvə́ːrsənt/ 形〔形式ばった語〕物事を熟知[精通]している《with》.

語源 ラテン語 *conversans* (⇒*converse*¹) の現在分詞 *conversans* が古フランス語を経て中英語に入った. 「ある場所に住む」「親しくつき合う」から「精通している」意となった.

用例 *conversant* with the history of Japan 日本の歴史に精通している.

con·verse¹ /kənvə́ːrs/ 動 本来自〔形式ばった語〕談話する, 会話する.

語源 ラテン語 *convertere* (⇒*convert*) から派生した *conversare* (=to turn around) の中動態(再帰動詞的な態)*conversari* が古フランス語を経て中英語に入った. ラテン語では元来「行ったり来たりする」意味から「人生を過ごす, 生活する, 人と付き合う」意となった. 英語では初め「場所に住む, 親しくつき合う, (性的な交わりを持つ)」意味で, この交わりを持つ意味から特に互いに話し合って意見を交す意味から, 談話を交す意味になった.

用例 It is difficult to *converse* with people who do not speak your language. 自分と同じ言葉を話さない人と会話をするのは困難だ.

類義語 talk.

【派生語】**cònversátion** 名 UC〔一般語〕会話, 対話: They were deep in *conversation*. 彼らはすっかり話し込んでいた/It's difficult to have [hold; carry on] a *conversation* with all this noise going on. こんな騒音が続く所で会話をするのは難しい. **cònversátional** 形〔通例限定用法〕会話の, 会話体の, 口語の, 話し好きな. **cònversátionalist** 名 C 話し好きな人, 話し上手な人.

con·verse² /kɑ́nvəːrs│kɔ́n-/ 形 名〔形式ばった語〕〔限定用法〕順序が反対の, 位置, 考えなどが逆の, 反対の. 名として(the ~)逆, 反対, 逆のもの, 逆の言い方 《★a quiet day and a noisy night ≠ a noisy day and a quiet night のような関係》, 《論》換位命題.

語源 ラテン語 *convertere* (⇒*convert*) の過去分詞 *conversus* が初期近代英語に入った.

用例 I think that the *converse* of your argument is true. あなたの議論の逆が本当だと思います.

類義語 opposite.

【派生語】**cónversely** 副.

conversion ⇒*convert*.

con·vert /kənvə́ːrt/ 動 本来他, /kɑ́nvəːrt│kɔ́n-/ 名 C〔形式ばった語〕〔一般語〕もとの性質, 形態, 機能を別のものに変える, 転換する.その他 元来位置や方向を変えることを表し, 転じて宗教, 宗派を変える, 改宗させる, 政策, 方針などを転向させる, 改心させる, 装置などを効率的なものに改造する, 改装する. またまったく等価のものに変える意味で用い, 通貨を交換する, 兌換する, 財産などの種類を転換する, 《ラグビー》トライをコンバートする. 自 として転換する, 転向する. 名 として改宗者, 改心者, 転向者.

語源 ラテン語 *convertere* (*con-* 強意+*vertere* to turn) が古フランス語を経て中英語に入った.

用例 He's *converted* the van into a motor caravan. 彼はバンをトレーラーハウスに改造した/This sofa *converts* into a bed. このソファはベッドにも変わる/He was *converted* to Christianity. 彼はキリスト教に改宗した.

類義語 change.

【派生語】**convérsion** 名 UC 変えること, 転換, 転化, 改宗, 転向, 変説, 通貨などの交換, 兌換, 装置などの改造, 改装,《文法》品詞の転換,《ラグビー》コンバート: the *conversion* of a castle into a hotel 城をホテルに改装すること. **convérter** 名 C《電》変換器, 変流器, ラジオの周波数変換器, テレビのチャンネル変換装置, コンピューターの変換装置. **convèrtibílity** 名 U 変換できること, 兌換性. **convértible** 形 転換できる, 改造できる, 交換できる, 兌換できる. 名 C 屋根なしに転換できる幌付き自動車, コンバーチブル.

con·vex /kɑnvéks│kɔ̀n-/ 形 /kɑ́nveks│kɔ́n-/ 名 C〔一般語〕凸面(状)の. 名 として凸面(体).

語源 ラテン語 *convexus* (=arched) が初期近代英語に入った.

用例 a *convex* lens 凸レンズ/a *convex* mirror 凸面鏡.

対照語 concave.

【派生語】**convéxity** 名 UC 凸状, 凸面.

con·vey /kənvéi/ 動 本来他〔形式ばった語〕〔一般語〕荷物, 乗客を大量にまたは流れるように運ぶ, 運搬する.その他 熱や音などを伝える, 伝染病をうつす, 言葉, 記述を伝え, 感情などを伝える, 伝達する, 知らせる, 意味する,《法》証書などによって財産を人に譲渡する.

語源 中世ラテン語 *conviare* (=to escort; *con-* together+*via* way) が古フランス語 *conveier* を経て中英語に入った. 古くは個々のものや小さいものを運ぶ意味にも用いられたが, 現在は輸送機関の荷物のように, 大量に輸送することを表す.

用例 Huge ships *convey* oil from the Middle East. 大型船が中東から石油を運搬する/This book *conveys* his ideas rather well. この本は彼の思想をかなりよく伝えている.

類義語 convey; transmit; transport: **convey** は運搬の意味では transport と, 伝達の意味では transmit と意味が重なるが, 特に流れるような連続した動きを伴って運搬することを表す. **transmit** は物を送る送り手や媒体に意味の重点があり, **transport** は特に長距離の輸送をすることをいう.

【派生語】**convéyance** 名 UC 運搬, 運送, 運搬のための輸送機関, 乗り物,《法》財産の譲渡, 譲渡証書. **convéyor, convéyer** 名 C 運ぶ人[もの], 運搬人, 伝達者, 運搬装置, (ベルト)コンベヤー: **conveyor belt** ベルトコンベヤー(beltconveyor).

con·vict /kənvíkt/ 動 本来他, /kɑ́nvikt│kɔ́n-/ 名 C〔形式ばった語〕〔一般語〕裁判で人を有罪であると証明[宣告]する.その他 転じて人に深く自己の罪や過失などを悟らせる 《of》. 名 として〔一般語〕有罪判決を受けた人, また有罪で刑を受けている人, 受刑者.

語源 ラテン語 *convincere* (⇒*convince*) の過去分詞 *convictus* が中英語に入った.

用例 The evidence *convicted* him. その証拠が彼の有罪を証明した/She was *convicted* of theft. 彼女は盗みで有罪を宣告された.

【派生語】**convíction** 名 UC 有罪判決, 罪や過失などを悟って真実を認めること, 自覚; 明白な理由, 証拠が

あって確信すること, **確信, 信念, 説得力**.

con·vince /kənvíns/ 動 [本来他] 〔一般語〕証拠や議論で人の疑念を晴らし**確信させる, 納得させる**.
[語源] ラテン語 *convincere*（議論で打ち負かす; *con-* 強意＋*vincere* to conquer）が初期近代英語に入った.
[用例] Her smile *convinced* me that she was happy. 彼女の笑顔を見て彼女が喜んでいることを確信した.
[類義語] persuade.
【派生語】**convínced** 形《述語用法》...を確信している(*of*),《限定用法》確信を持った: She is *convinced* of his innocence. (=She is *convinced* that he is innocent.) 彼女は彼の無罪を確信している. **convíncing** 形 説得力のある. **convíncingly** 副.

con·viv·i·al /kənvívial/ 形〔形式ばった語〕**陽気な, 宴会の, 浮かれ気分の**.
[語源] ラテン語 *convivium* (=banquet; *con-* 強意＋*vivere* to live) から派生した後期ラテン語の 形 *convivialis* が初期近代英語に入った.
【派生語】**conviviálity** 名 U 陽気さ, 宴会気分.

convocation ⇒convoke.

con·voke /kənvóuk/ 動 [本来他]〔形式ばった語〕会議や集会を**召集する, 召喚する**.
[語源] ラテン語 *convocare* (=to call together) が初期近代英語に入った.
【派生語】**cònvocátion** 名 UC **召集, 集会**, 英国国教会の聖職会議, 聖公会の会議. **cònvocátional** 形.

con·vo·lu·tion /kànvəlú:ʃən│kòn-/ 名 UC 〔一般語〕くるくる巻いた状態, **渦巻き状(のもの)**, 〔解〕高等な哺乳動物の脳の表面のひだ.
[語源] ラテン語 *convolvere* (=to roll together) の過去分詞 *convolutus* が初期近代英語に入った.

con·voy /kánvɔi│kɔ́n-/ 動 [本来他] 名 C 〔一般語〕**護衛する, 護送する**, 名 として**護衛, 護送, 護送船団** [部隊], 隊列を成して移動する船やトラックの**一団**.
[語源] ラテン語 *conviare* (⇒convey) が古フランス語 *conveier, convoyer* を経て中英語に入った.
【慣用句】*in convoy* 船団を組んで. *under convoy* 護衛されて.

con·vulse /kənváls/ 動 [本来他]〔一般語〕《通例受身で》**けいれんを起こさせる**, 笑い, 怒り, 悲しみなどで身もだえさせる, ひきつらせる《with》.
[用例] I was *convulsed* with laughter. 私は笑いころげた.
[語源] ラテン語 *convellere* (=to tear loose; *con-* 強意＋*vellere* to pull) の過去分詞 *convulsus* が初期近代英語に入った.
【派生語】**convúlsion** 名 C《通例複数形で》ひきつけ, けいれん, 爆笑: His jokes had us all in *convulsions* (of laughter). 彼女の冗談でわれわれ一同大爆笑だった. **convúlsive** 形 発作的な, けいれん性の. **convúlsively** 副.

co·ny /kóuni/ 名 CU 〔一般語〕**うさぎ(の毛皮)** (coney).
[語源] ラテン語 *cuniculus* (=rabbit) が古フランス語を経て中英語に入った.

coo /ku:/ 動 [本来自] 名 C 〔一般語〕はとがくうくう鳴く, 人が優しく[むつまじく]話しかける, 赤ん坊などになだめるように話す. 名 としてくうくうという鳴き声. 擬音語.

cook /kúk/ 動 [本来他] 名 C 〔一般語〕〔一般義〕熱を加えて**料理する, 煮る, 焼く, 揚げる**. [その他] 料理する意味が比喩的に用いられて, 人手を加えて作り出す意となり, **作り上げる, 準備する,**《悪い意味で》口実などをでっち上げる, 勘定に手を加える. 自 として, 食物が煮える, 焼ける, **調理される, 料理人として働く**. 名 として, レストランや邸宅などで働く**料理人, コック**, あるいは職業としてではなく一般に**料理をする人**.
[語源] ラテン語 *coquere* (=to cook) から派生した 名 *cocus* (=cook) が古英語に coc として入った. 古英語では男の料理人を表したが, 後には女性にも用いられるようになった. 動 は中英語時代に 名 から作られた.
[用例] One *cooks* a chicken, but makes or prepares a salad. 鶏は(加熱して)料理するがサラダは(熱を加えず)作る/This kind of rice *cooks* more quickly than that kind. こちらの種類の米はあちらの種類より早く炊ける.
[類義語] cook; make; prepare; fix: **cook** が火を使って料理することをいうのに対して, **make, prepare** は火を使う場合にも使わない場合にも用いられる. 従ってサラダのように火を使わないものは make, prepare を用いる. また cook が meat, fish, potato のように材料を目的語とすることが多いのに対し, make, prepare は a meal, breakfast, lunch, dinner や spaghetti, sandwich のような料理名を目的語とすることが多い. make と prepare はほぼ同じ意味に用いられるが, make のほうがやや口語的で意味が広く, 一般にものを作ることを表す.《米》では **fix** もほぼ同じ意味に用いる.
[関連語] boil (水を加えて煮る); bake (オーブンで焼く); roast (あぶる, 炒(い)る); broil (直火で焼く); fry (油でいためる, 揚げる).
【慣用句】*cook up*〔くだけた表現〕話, 口実などをでっち上げる《日英比較》日本語の「料理する」は火を使う料理も使わない料理も意味するが, 英語の cook は火を使う料理に限られる).
【派生語】**cóoker** 名 C《英》調理器具 (★なべ, かま, レンジなど), 料理用の果物 (★生で食べず, 熱を加えて料理する). **cóokery** 名 U 調理法: cookery book 《英》料理の本(《米》cookbook). **cóoking** 名 U 料理すること, 料理法. 形《英》料理(用)の: cooking stove《英》料理用レンジ(《米》cookstove).
【複合語】**cóokbòok** 名 C 《米》料理の本(《英》cookery book). **cóok hòuse** 名 C 調理室, 船の炊事室, キャンプの屋外炊事場. **cóokòut** 名〔くだけた語〕《米》野外料理, バーベキューパーティー. **cóokstòve** 名 C《米》料理用レンジ(《英》cooking stove).

cook·ie, cooky /kúki/ 名 C 〔一般語〕《米》**クッキー, ビスケット**(《英》biscuit),〔俗語〕《tough, smart, shrewd などの形容詞を伴って》**...なやつ**, 女性に用いて**かわいい子ちゃん**.
[語源] オランダ語 *koek* (=cake) の指小語 *koekje* が初期近代英語に入った. なお人を表す意味は cook＋-ie で「料理人助手」を表した.
[類義語] cookie; cracker; biscuit: **cookie** は甘味や香料を加えたもの, **cracker** は甘味のない薄くパリパリするもの.《英》では両方とも **biscuit** という. なお《米》biscuit は柔らかな菓子パンを意味する.

cool /kú:l/ 形 [本来他] 名 U 副 〔一般語〕〔一般義〕温度が体に心地よく**冷たい, 涼しい**. [その他] 暑くなくそれ程寒くない, **少し寒い**. 転じて見た目に**涼しそうな, 涼しげ**

な, 色が冷たい, 寒色の, 比喩的に人の感情や態度が興奮していない, かっかしていない, 冷静な, 落ち着いた, 感情を抑えた, さらに転じて物事が落ち着いている意で, 都市などに暴動や不安がなく落ち着いた, 〔くだけた語〕金額などに誇張がなく正味の, 掛け値なしの, 〔くだけた語〕冷静で理知的な感興を与える人や物に用いてしゃれた, 気のきいた, 〔俗語〕《主に米》かっこいい, 素敵な. 冷静な, 態度が冷たい, 冷淡な, 無関心な, 薄情な, 平然としててずうずうしい. 動 として冷たくする, 涼しくする, 冷やす, 比喩的に気持を冷静にする, 怒りを静める. 自 涼しくなる, 冷える, 冷静になる, 怒りが静まる. 名 として 《the ~》涼しさ, 冷気, 涼しい場所, 態度の冷淡さ. 副 として《play it ~で》冷静に.
[語源] 古英語 cōl から.
[用例] It's *cool* today. 今日は涼しい/He's very *cool* in a crisis. 彼は危機にあっても非常に冷静だ/He gave her a *cool* look. 彼は冷たく彼女を一瞥した/He looked *cool* in his new clothes. 彼は新しい服を着るとかっこよかった/She *cooled* her hands in the stream. 彼女は小川の中に手を入れて冷した/His affection for her has *cooled* recently. 彼女に対する彼の愛情が最近さめた.
[類義語] cool; calm: **cool** は困難な状況においても激さず理性的に落ち着いたことをいう. **calm** は心配したり興奮したりで心が乱されることなく, 静かで落ち着いていること.「冷たい」意味では ⇒cold.
[反意語] warm.
[日英比較] cool は日本語の「涼しい」「冷たい」に相当する. 温度について日本語の「涼しい」は身体に心地よい意味,「冷たい」は心地わい場合と不快の両方の場合がある. これに対し cool は「少し寒い」という意味もあるが, 基本的には身体に心地よい涼しさを表す. 比喩的な意味では, 日本語の「冷たい」は悪い意味にのみ用いるが, cool は「冷静な」という良い意味と「冷淡な」という悪い意味がある. ただし「冷淡な」という意味は英語では cold が普通.

【慣用句】**cool down** 冷える, 冷やす, さめる, さます, 静まる, 静める: He was very angry but he's *cooled down* a bit now. 彼はとても怒っていたが今は少し冷静になっている.　**cool it** 〔俗語〕落ち着く, 冷静にする. **cool one's heels** 〔くだけた表現〕長く待たされる. **keep one's cool** 〔くだけた表現〕冷静を保つ. **lose one's cool** 〔くだけた表現〕冷静を失う. **play it cool** 〔くだけた表現〕冷静に行動する.
【派生語】**cóolant** 名 UC 冷却液. **cóoler** 名 C 冷却装置, 冷却器, 冷蔵庫, 〔くだけた語〕クーラー, エアコン 〔語法〕airconditioner のほうが一般的). **cóolish** 形 少し涼しい[冷たい]. **cóolly** 副 冷淡に, 涼しく. **cóolness** 名 U 冷たさ, 涼しさ, 冷静さ, 冷淡.
【複合語】**cool-héaded** 形 冷静な, 落ち着いた. **cóoling-óff pèriod** 名 C 冷却期間(★ストライキなどの前に当事者間の協議のために設けられた), クーリングオフ期間(★消費者保護のための契約撤回期間).

coon /kúːn/ 名 C 〔米〕あらいぐま(racoon).

coop¹ /kúːp/ 名 C 動 本来他 〔一般語〕〔一般義〕家禽, 小動物を入れるかご, 囲い, 小屋. その他 鳥小屋のように狭苦しい所, 人を閉じ込める場所, 〔俗語〕牢獄. 動 として, 狭苦しい所に閉じ込める.
[語源] ラテン語 *cupa* (たる), 中期低地ドイツ語 *kūpe* (おけ) と関係のある語で, 中英語 *coupe* (かご) から.
[用例] a chicken-*coop* にわとり小屋/We've been *cooped* up in this tiny room for hours. 私たちはこの小さな部屋に数時間も閉じ込められた.
【慣用句】**fly the coop** 〔俗語〕《米》ずらかる.

co-op, coop² /kóuɑ̀p|-ɔ̀p/ 名 C 〔一般語〕生活協同組合, 生協(cooperative society), またその店 (co-operative store).

coop·er /kúːpər/ 名 C 動 本来他 〔一般語〕おけ屋. 動 として, おけやたるを作る, 修繕する.
[語源] 中英語 *couper* から. ⇒coop.

co-op·er·ate, co·op·er·ate /kouɑ́pəreit|-ɔ́p-/ 動 本来自 〔一般語〕〔一般義〕共通の目的, 相互の利益のために協力して行動したり働く, 協力する, 協同する. その他 《物事が主語で》生産や販売などの協業を行なう. 〔経〕生産や販売などの協業を行なう.
[語源] 後期ラテン語 *cooperari* (ラテン語 *co-* with + *operari* to work)の過去分詞 *cooperatus* が初期近代英語に入った.
[用例] They have promised to *co-operate* (with us) in the planning of the exhibition. 彼らは(私たちに)展覧会の計画作りに協力すると約束してくれた.
【派生語】**coòperátion, co-òperátion** 名 U 協同, 協力, 支援: I would be grateful for your *co-operation*. 協力して頂ければ有難いのですが. **coóperative, co-óperative** 形 協力的な, 協同の, 協同組織の. 名 C 生活協同組合(店): **cooperative society** 生活協同組合(coop)/**cooperative store** 生活協同組合店, 生協購買部 (coop). **coóperàtor** 名 C 協力者.

co-opt /kouɑ́pt|-ɔ́pt/ 動 本来他 〔形式ばった語〕投票により新会員に入れる[選出する], 派, 運動などの仲間に入れる[吸収する].
[語源] ラテン語 *cooptare* (*co-* with + *optare* to choose) が初期近代英語に入った.
[用例] She was *co-opted* on to the committee. 彼女はその委員会の新委員に選ばれた.
【派生語】**coòptátion, co-óption** 名 U. **coóptative** 形.

co·or·di·nate /kouɔ́ːrdənit/ 形 名 C, /-neit/ 動 本来他 〔形式ばった語〕〔一般義〕一系統の中で各部分が同等の, 同格の, 同位の. その他 〔文法〕等位の, 《米》男女共学の大学が同等の学位を与えるが男女別学の. 名 として同等のもの, 地位や権威が他と匹敵する同格者, 〔通例複数形で〕調和のある考え方家具一式, 服の組合せ, コーディネート, 〔数〕座標. 動 として調和させる, 同調して働かせる, 調整する.
[語源] coordination からの逆成. coordination は後期ラテン語 *coordinatio* (ラテン語 *co-* with + *ordinatio* ordination) から初期近代英語に入った.
[用例] In swimming the movement of one's arms and legs must be *coordinated*. 泳ぐときは, 腕と脚の動きは釣り合っていなければならない.
【派生語】**coórdinated** 形. **coórdinately** 副. **coòrdinátion** 名 U 調和, 調整, 協力, 同等, 同位. **coórdinàtor** 名 C 調整役, コーディネーター.
【複合語】**coórdinate conjúnction [cláuse]** 名 C 〔文法〕等位接続詞[節].

cop¹ /kɑ́p|kɔ́p/ 名 C 〔くだけた語〕〔軽蔑的〕巡査, おまわり.
[語源] cop² に -er がついた copper の短縮語と考えられている.

cop² /kɑ́p|-ɔ́-/ 動 本来他 〔俗語〕〔軽蔑的〕捕らえる,

盗む，麻薬などを手に入れる．

[語源] 古フランス語 caper (=to seize) が cap として18世紀に入った．

[慣用句] **cop it** 罰を受ける．**cop out** 責任を回避する．

co·part·ner /kòupáːrtnər/ 名 C〔一般語〕事業における**協同者**，協同組合員．

【派生語】**copártnership** 名 U 協同，雇用者と被用者の損益分担制．

cope[1] /kóup/ 動 [本来自]〔一般語〕[一般義] 問題，困難などをうまく**克服する**，状況にうまく対処する《with》．[その他] 古くは敵に遭遇する，敵と戦うことを表し，この意味は現在では相手と対等にわたり合う，互角に争うという意味で残っている．この意味が比喩的に用いられ，困難などに屈せずうまく対処する意となった．

[語源] 古フランス語 couper (=to strike) が中英語に入った．

[用例] I can't *cope* with all this work. この仕事をすべてうまく処理することなどできない／The widowed mother had a nervous breakdown because she couldn't *cope*. 未亡人になった母親は状況にうまく対処できなかったので，神経衰弱になった．

[類義語] manage.

cope[2] /kóup/ 名 C〔やや形式ばった語〕聖職者が儀式で着用するマント状の**外衣**，コープ．

[語源] ラテン語 cappa (=cap) の異形が中英語に入った．

Co·pen·hag·en /kòupnhéigən/ 名 固 コペンハーゲン（★デンマークの首都）．

Co·per·ni·cus /koupáːrnikəs// 名 固 コペルニクス Nicolaus Copernicus (1473–1543)（★地動説を唱えたポーランドの天文学者）．

【派生語】**Copérnican** 形 コペルニクスの，地動説の：**Copernican system**《the 〜》コペルニクスの**地動説**（★1543年発刊； Ptolemaic system に対する）．

copier ⇒copy.

co·pi·lot /kóupàilət/ 名 C〔一般語〕**副操縦士**．

co·pi·ous /kóupiəs/ 形〔やや形式ばった語〕〔通例限定用法〕物の数量，言葉，情報などが**豊富な**，内容豊かな．

[語源] ラテン語 copia (⇒copy) から派生した copiosus (=abundant) が中英語に入った．

[用例] a *copious* harvest 豊かな収穫．

【派生語】**cópiously** 副．

cop·per[1] /kápər, kóp-/ 名 UC 形 動 [本来自]〔一般語〕[一般義] **銅**（★元素記号 Cu）．[その他] 金属の銅からその色彩と製品を表す意味が生じ，**銅色**，**赤茶色**の，《昆虫》赤茶色の小型蝶べにしじみ，古くは銅製だったボイラー，炊事具，あるいは銅板や銅製品，《英》1ペニー銅貨，**銅**として銅色の，銅製の．動 として銅で包む［コーティングする］．

[語源] ギリシャ語 *Kúpros* (=Cyprus) に由来するラテン語 *Cyprium* (= metal of Cyprus) からの後期ラテン語 *cuprum* が coper として古英語に入った．キプロス島は豊かな銅鉱で知られた．

[用例] This pipe is made of *copper*. このパイプは銅でできている．

【派生語】**cóppery** 形 銅のような，銅色の．

【複合語】**cópperplate** 名 C 銅版，銅版画，銅版刷り．**cóppersmith** 名 C 銅細工師．

cop·per[2] /kápər, kóp-/ 名〔俗語〕=cop[1]．

co·pra /káprə, kóp-/ 名 U〔一般語〕コプラ（★ココやしの果肉を乾燥させたもの；やし油の原料）．

[語源] ドラビダ語 *koppara* (=coconut) がポルトガル語を経て初期近代英語に入った．

copse /káps, kóps/ 名 C〔やや形式ばった語〕定期的に薪などが切り出せるような**雑木林**．

cop·ter /káptər, kóp-/ 名〔くだけた語〕=helicopter．

cop·u·la /kápjulə, kóp-/ 名 C《論・文法》**繋**(ケイ)**辞**，連結動詞（★be, seem など）．

[語源] ラテン語 *copula* (=link; bond) が初期近代英語に入った．

cop·u·late /kápjuleit, kóp-/ 動 [本来自]〔形式ばった語〕**性交する**，交尾する《with》．

[語源] ラテン語 *copulare* (=to join together) の過去分詞 *copulatus* が中英語に入った．

【派生語】**còpulátion** 名 U．**cópulative** 形 連結の，性交の．名 C 連結詞，連結接続詞（★and など）．

cop·y /kápi, kóp-/ 名 CU 動 [本来他]〔一般語〕[一般義] 美術品，書物などの原物や原典の**写し**，**模写**．[その他] 複写により作られたものの意味で，印刷により原版から何部も製作された**本**，**雑誌**，**新聞**などの**冊**，**部**，**通**，また印刷には元の**原稿**，広告の**文案**，さらに原稿の意味が転じて新聞記事になるもの，**新聞種**．**模造品**，まがいもの．動として，手書きや複写版で**写す**，**複写する**，**模写する**，比喩的にまねる，試験などで人のものをまねて写すことから，《英》カンニングする．

[語源] ラテン語 *copia* (豊富，力) が中世ラテン語で「何度も書き写すこと」から「複写の権利」の意となり中英語に入った．

[用例] This painting isn't by Van Dyck—it's a *copy* by someone else. この絵画はヴァン・ダイクによるものではありません．誰か他の人による複写です／Can I have six *copies* of this dictionary, please? この辞書を6冊ください／*Copy* this passage into your notebook. この一節をノートに写しなさい．

[類義語] ⇒imitate．

【派生語】**cópier** 名 C 複写する人，複写機〔語法〕複写機の意味では duplicator の方が一般的）．**cópyist** 名 C 写字生，模倣者．

【複合語】**cópyright** 名 UC 文学作品，音楽，美術作品の**著作権**，版権．動 [本来他] 作品を著作権で保護する，作品の版権を取る．**cópywriter** 名 C 広告文案家，コピーライター．**cópyboy** 名 C 新聞社などの原稿運びや使い走りをする係，原稿係．**cópycat** 名 C《軽蔑的》人のすることを盲目的にまねする人，おまねさん．**cópy desk** 名 C《米》新聞社の編集机(ツクエ)．**cópy editor** 名 C 新聞社などの編集係．**cópygirl** 名 C 新聞社などの原稿係の女性．**cópyhòlder** 名 C タイプライターの原稿押え，校正の時原稿を読む校正助手．

co·quette /koukét, kɔ-/ 名 C〔やや形式ばった語〕〔悪い意味で〕男性の関心を得るためにこびを売る女．

[語源] フランス語 *cog* (=rooster) の指小語 *coquet* の女性形 *coquette* が初期近代英語に入った．

【派生語】**cóquetry** 名 U．**coquéttish** 形．

cor·al /kɔ́(ː)rəl, kór-/ 名 UC〔一般語〕さんご(虫, 製品, 細工, 色)．形 としてさんごの，さんご色の．

[語源] ギリシャ語 *korallion* (=coral) がラテン語 *corallium*, 古フランス語 *coral* を経て中英語に入った．

【複合語】**córal rèef** 名 C さんご礁.

cord /kɔ́:rd/ 名 UC 動 本来他 〔一般義〕〔一般義〕普通数本の撚(ょ)り糸からなる**太ひも**, **細綱**, **縄綱**(★string より太く, rope より細い).〔その他〕元来はひも, 綱など, 幅広い意味で用いられたが, 現在では電気のコードのような細いものに限られている. ひも, 綱に形が似ているものとして, 布地の表面にひも状の突起のあるあや織, 布地の表面にひも状の突起のある**コール天のズボン**, 身体の器官でひもに似た**索状組織**, **靭帯**(じんたい), ひも, 綱の縛る, 結び付ける機能から, 精神的・感情的きずな, **束縛縄**. 動 としてひも[縄, 綱]で縛る, 束ねる.

[語源] ギリシャ語 *khordē*(腸線)がラテン語 *chorda*(ひも), 古フランス語 *corde* を経て中英語に入った. chord is cord の異形.

[用例] The burglars tied up the night watchman with thick *cord*. 強盗たちは太い綱で夜警を縛った/ the spinal *cord* 脊髄/vocal *cords* 声帯.

[類義語] rope.

【派生語】**córdless** 形 コードのない, コードレスの.

cor·dial /kɔ́:rdʒəl-djəl/ 形 名 UC 〔形式ばった語〕〔一般義〕あいさつ, 態度などが**心からの**, **暖かい**.〔その他〕本来心臓の, 心のという意味で, 心臓に関係する意味として薬や飲料は強心性の, **元気をつける**. 名 として〔一般語〕心, 心臓を元気づける薬, 飲料, **強壮剤**, **強心剤**, コーディアル酒, リキュール.

[語源] ラテン語 *cor*(=heart)から派生した中世ラテン語の 形 *cordialis* が中英語に入った.

[用例] She greeted us with a *cordial* smile. 彼女は暖かい笑顔で我々を迎えてくれた.

[類義語] sincere.

【派生語】**còrdiálity** 名 UC 真心のあること, 誠実さ, 暖かい思いやり. **córdially** 副 心から, 真心こめて: *Cordially* yours=Yours *cordially* 敬具(★手紙の結び).

cor·don /kɔ́:rdən/ 名 C 動 本来他 〔一般義〕ある地域に人が入らないように警察や兵士や艦船による**警戒線**, **非常線**.〔その他〕本来「ひも」の意で, 飾りや記章などに用いられるリボンや組みひもの意もある. 動 として**警戒[非常]線を張る**(off).

[語源] 古フランス語 *corde*(⇒cord)の指小語が初期近代英語に入った.

【複合語】**cordon bleu** /kɔ́:rdoʊŋ blə́:/ 名 C 名料理人(★フランス語 = blue ribbon,「青綬(じゅ)」).

cor·du·roy /kɔ́:rdərɔ̀i/ 名 UC 形 〔一般義〕**コール天**,《複数形で》**コール天のズボン**.

[語源] 不詳.

core /kɔ́:r/ 名 C 動 本来他 〔一般義〕りんご, 梨などの果物の**芯**(しん).〔その他〕一般にものの中心部, 内部を表し, 電線などの**心**, 鋳物の**心型**, **中子**(なかご), 原子炉の**炉心**, コンピューターの**磁心**, **磁心記憶装置**(core memory), 地球の**中心核**, 都市の**中心部**, 比喩的に事柄, 問題の**核心**, **心臓部**, **心の奥底**. 動 として, 果物などの芯を抜く.

[語源] 中英語から. それ以前は不詳.

[用例] the *core* of a fruit 果物の芯/We must get to the *core* of the problem. 我々は問題の核心に迫らなければならない.

[類義語] core; heart; stone; kernel: 果物の中でりんご, 梨などのように果肉の部分より硬く, 小さな種を含む中心部を **core**, 桃, 梅のように果肉の中心にある大きな種, 核(かく)を **stone**, この中にある仁(じん)を **kernel**, 野菜などの芯, 花の中心部を **heart** という. また議論や問題の中心部分が **core**, その中でも一番重要な部分, 急所が **heart**, ものごとの基本となる核心が **kernel** である.

Co·rin·thi·an /kərínθiən/ 形 名 C 古代ギリシャのコリントの, コリント式の. 名 としてコリント人.

cork /kɔ́:rk/ 名 UC 動 本来他 〔一般義〕〔一般義〕**コルク樫**(がし)の外皮, **コルク**. その他コルクで作られた製品, 特にびんの**栓**, **断熱・防音材**, **浮き石材**. 栓の意味ではコルク製のものだけでなく一般化して, **ゴム栓**, **ガラス栓**にも用いられる. 動 として**栓をする**. 栓をして封をすることから, 比喩的に感情などを**抑える**.

[語源] オランダ語 *kork* またはスペイン語 *corcho*(=cork)が中英語に入った. 究極的にはアラビア語からとする説もある.

[用例] *Cork* floats very well. コルクはよく浮く/Put the *cork* back in the wine-bottle. またぶどう酒のびんに栓をしておきなさい.

[類義語] plug.

【派生語】**córker** 名 C 栓をする作業員[機械],〔俗語〕栓をして封じこめることから決定的議論, とどめとなる事柄, たいした人[もの].

【複合語】**córkscrèw** 名 C コルク栓抜き. 形 《限定用法》らせん状の: corkscrew curls くるくる巻いた巻毛.

cor·mo·rant /kɔ́:rmərənt/ 名 C 〘鳥〙**う(鵜)**, **鵜**は大食であることから比喩的にがつがつ食べる**大食家**.

[語源] 中世ラテン語 *corvum marinum*(=sea raven 海のからす)が古フランス語 *cormareng* を経て中英語に入った.

[用例] *cormorant* fishing 鵜飼い.

corn¹ /kɔ́:rn/ 名 UC 動 本来他 〔一般義〕〔一般義〕《米・カナダ・オーストラリア》**とうもろこし**, **とうもろこしの穂[実]**(Indian corn,《英》maize).〔その他〕元来穀くという粒を表し, **砂粒**, **塩の粒**, **穀物の種**, **穀粒**. この意味からその地方の主要な穀物を表すようになり, イングランドでは**小麦**, スコットランド, アイルランドではからす麦などの穀類. 動 として, 火薬を粒状にする, 肉などを塩の(粒)で保存する, **塩漬けにする**, 家畜に穀物を与える.

[語源] 古英語 corn から. 印欧祖語「すりへらす」に由来し,「細かくひいたもの」が原義. grain も同語源.

[用例] a field of *corn* とうもろこし畑.

[類義語] corn; grain; cereal: **corn** は主にとうもろこしや小麦など, その地方の主要な穀物, **grain** は小麦, 米, とうもろこしなど個々の穀物の種や実の意味にも総称的に穀粒一般の意味にも用いる, **cereal** は小麦, 米などの穀草, 穀類を総称.

【複合語】**córn béef** 名 =corned beef. **Córn Bélt** 名(the ~)米国中西部の**穀倉地帯**(★オハイオ西部からネブラスカ東部, カンザス東北部に広がる; とうもろこしやこれを飼料にした家畜の産地). **córn brèad** 名 U コーンブレッド(★コーンミール, 牛乳, 小麦粉, 卵, 砂糖などで作った平たいとうもろこしパン). **córncòb** 名 C とうもろこしの**穂軸**. **córncrìb** 名 C 通風設備のあるとうもろこし**貯蔵小屋**. **córned béef** 名 U 塩漬けにした牛肉, コーンビーフ. **córnfìeld** 名 C とうもろこし畑,《英》小麦畑. **córnflàkes** 名《複》コーンフレーク(★とうもろこし粉で作ったシリアル). **córn flòur** 名 U とうもろこし粉,《英》コーンスターチ. **córnhùsking** 名 UC とうもろこしの皮むき, 皮をむくための集まり(★隣人, 友人などが集まり, ダンスなどをしてお祭り騒ぎをする). **córnmèal** 名 U とうもろこしのひき割り粉. **córnstàlk** 名 C とうもろこしの茎. **córnstàrch** 名 UC とう

もろこしから取ったでんぷん, コーンスターチ.

corn² /kɔ́ːrn/ 名 C 〔一般он〕足指のたこやうおの目.
[語源] ラテン語 cornu (=horn) が古フランス語 corn を経て中英語に入った.
【慣用句】*tread on one's corns*〔くだけた表現〕〔英〕人の痛い所をつく.

cor・ner /kɔ́ːrnər/ 名 動 本来他 〔一般он〕 一般義
2 つの線や面が交差することによってできる角(゚). その他 道路の交差によってできる曲がり角, 街角. 角の内側の部分の意味にも用いられ, 部屋などの隅, ふち, サッカー場のゴールラインとサイドラインが交差する内側の部分, コーナー, ここから行なうコーナーキック, ボクシングリングのコーナー, 隅の意から目立たない所, 片隅, へんぴな所, 境界線近くの角地の意味に入った.〔複数形で〕いろいろな地方, 場所. 隅は動きのとりにくい所であることから窮地, 窮境, 角を飾るものの意味でアルバムなどのコーナー.　市場を独占して競争相手を窮地に追いこむことから商品の買占め. 動 として窮地に追い込む, 商品は買い占める. 自 角を曲がる.
[語源]「突出した部分, 角(゚)」の意味のラテン語 *cornu* が古フランス語を経て中英語に入った. ゲルマン語ではラテン語の k は h となるので, horn は同語源.
用例 There's a dangerous *corner* on this road. この道路には危険な曲がり角がある / Let's find a quiet *corner* and sit down. 静かな場所を見つけて腰をおろそう / every *corner* of the world 世界各地 / I'm in a bit of a *corner* just now regarding money. お金のことでは今, ちょっとピンチです.
[日英比較] 日本語では商店の売り場, テレビやラジオ番組の一部に設けられた特別の短い番組, 競技場の走路の曲がりをそれぞれ「コーナー」というが, 英語では「売り場」は counter, 「短い番組」は time for ..., 競技場の「曲がり」は turn を用いる.
【慣用句】*around the corner* 角を曲がった所に, すぐ近くに, もうすぐ. *cut corners* 近道をする, 十分な手間や金をかけずに切り詰める (《語法》しばしば仕上がりの劣ることを暗示する). *drive* [*put*] ... *into a corner* ...を窮地に追い込む. *turn the corners* 角を曲がる, 困難や危機を乗り越える.
【複合語】**córner kíck** 名 C〔サッカー〕コーナーキック (《語法》単に corner ともいう). **córnerstòne** 名 C 建物の角に設置する礎石 (★竣工の日付などが記される), 最も重要な部分, 基本, 基礎, 根本理念.

cor・net /kɔ́ːrnit/ 名 C〔楽器〕金管楽器のコルネットやコルネット奏者.《英》アイスクリームコーン.
[語源] ラテン語 *cornu* (=horn) が古フランス語 *corn* の指小語を経て中英語に入った.

cor・nice /kɔ́ːrnis/ 名 C 本来他〔建〕壁や建物の上部に飾りつけられた突起状のまわりぶち,〔登山〕雪山の尾根などに風雪で突き出た雪庇(゚).
[語源] フランス語 *cornice* が初期近代英語に入った. それ以前は不詳.

corn・y /kɔ́ːrni/〔くだけた語〕《軽蔑的》冗談や音楽などがつまらない. 古臭くて面白くない.
[語源] cornfed (とうもろこしで育った) の短縮形で, もとは音楽について田舎者が好みそうな流行遅れのという意味でのた. 中英語から.

cor・ol・lar・y /kɔ́ːrəlèri / kərɔ́ləri/ 名 C〔形式ばった語〕すでに証明されたことからわかる容易な推論や当然の結果.
[語源] ラテン語 *corolla* (=small garland) から派生した *corollarium* (=money paid for a garland 花束に払った金, つまり当然払うべきもの) が中英語に入った.

cor・o・na /kəróunə/ 名 C〔天〕日食で見られる太陽のコロナ, 月のかさ. 一般に冠や冠状のもの, たとえば教会のシャンデリア,〔建〕蛇腹 (cornice) の中腹部,〔植〕内花冠]冠,〔理〕コロナ放電 (corona discharge).
[語源] ラテン語 *corona* (=crown) が初期近代英語に入った.

cor・o・nar・y /kɔ́ːrənèri, ká- / kɔ́rənəri/ 形 冠の, 冠状の,〔医〕冠状動脈の, 心臓の.
[語源] ラテン語 *corona* (⇒corona) の 形 *coronarius* が初期近代英語に入った.
【複合語】**córonary thrombósis** 名 U 冠(状)動脈血栓症.

cor・o・na・tion /kɔ̀ː(ː)rənéiʃən, kà-/ 名 UC〔一般語〕戴冠[即位](式).
[語源] ラテン語 *coronare* (= to crown) の過去分詞 *coronatus* から派生した中世ラテン語 *coronatio* が古フランス語を経て中英語に入った.

cor・o・ner /kɔ́ː(ː)rənər/ 名 C〔一般語〕検死官.
[語源] アングロフランス語 *corouner* (= officer of the crown) が中英語に入った.
【複合語】**córoner's ínquest** 名 C 検視.

cor・o・net /kɔ́ː(ː)rənit, kár-/ 名 C〔一般語〕王・女王以下の貴族などの小冠や女性の頭飾り.
[語源] 古フランス語 *corone* (=crown) の指小語 *coronete* (=little crown) が中英語に入った.

cor・po・ral¹ /kɔ́ː(ː)rpərəl/ 形〔形式ばった語〕肉体の.
[語源] ラテン語 *corpus* (⇒corpus) の 形 *corporalis* (= bodily) が中英語に入った.
用例 *corporal* punishment むち打ちなどの体刑.

cor・po・ral² /kɔ́ː(ː)rpərəl/ 名 C〔軍〕陸軍の伍長 (《語法》称号のときはしばしば Corp. と記される).
[語源] ラテン語 *caput* (=head) に由来するフランス語 *corporal* が初期近代英語に入った.

cor・po・rate /kɔ́ː(ː)rpərit/ 形〔一般語〕《通例限定用法》法人(組織)の, 会社の, 団体の.
[語源] ラテン語 *corpus* (⇒corpus) から派生した *corporare* (= to make into a body) の過去分詞 *corporatus* が中英語に入った.
用例 a *corporate* warrior 企業戦士.
[類義語] incorporated.
【派生語】**córporately** 副.

cor・po・ra・tion /kɔ̀ː(ː)rpəréiʃən/ 名 C〔一般語〕一般義 個人と同等の権利, 義務を法律によって付与された工業, 経営, 商取引などを目的とする団体組織, 法人. その他 株式会社, 公社,《米》有限会社,《英》都市自治体, また一般に団体, 組合;《主に英》〔くだけた語〕太鼓腹 (★corpulent の連想による).
[語源] ラテン語 *corporatus* (⇒corporate) から派生した *corporatio* が中英語に入った.
用例 establish [set up] a *corporation* 法人を設立する / a multinational *corporation* 多国籍企業 / You're getting a huge *corporation*! 君はずい分腹がでてきたね.
【派生語】**córporative** 形 法人の, 団体の.
【複合語】**corporátion tàx** 名 C 法人税.

cor・po・re・al /kɔːrpɔ́ːriəl/ 形〔形式ばった語〕体の, 身体上の, 精神に対して肉体的な.
[語源] ラテン語 *corpus* (⇒corpus) の派生形 *corporeus* (= of the nature of body) が中英語に入っ

【派生語】**corpóreally** 副.

corps /kɔ́:r/ 名 C (複 ~/kɔ́:rz/)《軍》2-3 個師団からなる陸軍の**軍団**, 特殊任務の**部隊**, 一般に共同して事にあたる**団体**または**一団**.
[語源] フランス語 *corps* が 18 世紀に入った. ⇒corpse.
[用例] a diplomatic [press] *corps* 外交記者団/the Marine *Corps* /-z/《米》海兵隊/the Peace *Corps*《米》平和部隊.

corpse /kɔ:rps/ 名 C〔一般語〕特に人間の**死体**, **死骸**.
[語源] ラテン語 *corpus* (⇒ corpus) が古フランス語 *corps* を経て中英語に入った.

cor·pu·lent /kɔ́:rpjulənt/ 形〔形式ばった語〕《婉曲に》巨体を思わせるばかり太った.
[語源] ラテン語 *corpus* から派生した *corpulentus* (= fleshy) が中英語に入った.
【派生語】**córpulence** 名 U.

cor·pus /kɔ́:rpəs/ 名 C (複 -pora/-pərə/)〔やや形式ばった語〕[一般義] 資料, 文献, 特に語彙などの**集大成**, コーパス. [その他] 特定の著者や作家の作品の**集大成**, **全集**. 本来は人間や物事のもとになっている**主要部分**や**体**を意味する. 利子や収入のもとになる**元金**や**資本**.
[語源] ラテン語 *corpus* (=body) が中英語に入った.
[用例] the Brown *Corpus* ブラウン大学の作った言語資料コーパス.

cor·pus·cle /kɔ́:rpʌsl/ 名 C《医》**血球**(blood corpuscle),《理》粒子, 電子, 原子.
[語源] ラテン語 *corpus* の指小語 *corpusculum* (=little body) が初期近代英語に入った.
[用例] red [white] *corpuscles* 赤[白]血球.

cor·ral /kərǽl/kə(:)rá:l/ 名 C 動 [本来自] [一般義]《米》家畜用の**柵**, **囲い**. [その他] 防御のために荷馬車を円形に並べた**車陣**. 動 として, 家畜を柵に入れる, とじこめる, 荷馬車を円陣にする.
[語源] スペイン語 *corral* (=enclosure) が初期近代英語に入った. それ以前は不詳.

cor·rect /kərékt/ 形 動 [本来他]〔一般語〕[一般義] 間違いのない, 正しい. [その他] 品行などが**適切な**, 穏当な. 動 として, 間違い, 誤りを**訂正する**, 直す, [古風な語]〔間違った行為, ゆがんだ性格を矯正する, その為に**罰する**, たしなめる.
[語源] ラテン語 *corrigere* (cor- 強意+regere to make straight) の過去分詞 *correctus* が中英語に入った.
[用例] You are *correct* in thinking he is a fool. お考えのとおりまさしく彼は愚か者です/This page is *correct*. このページには誤りがない/These spectacles will *correct* his eye defect. この眼鏡をかければ彼の視力は矯正されます/Please *correct* me if I'm wrong. 間違っていたら直して下さい.
[類義語] right.
【派生語】**corréctable** 形 訂正できる. **corréction** 名 U 訂正, 改正, 矯正, 校正. **corréctitude** /-/〔形式ばった語〕行動の適切さ. **corréctive** 形〔形式ばった語〕**訂正[改善]のための**, 矯正の. 名 C 改善法. **corréctively** 副. **corréctly** 副 正しく, 正確に. **corréctness** 名 U 正確, 行為の正しさ.

cor·re·late /kɔ́:(:)rileit/ 動 [本来自]〔形式ばった語〕2つ以上の物の間で互いに**関連(性)を持つ**(with; to).
[語源] correlation からの逆成. correlation は中世ラ

テン語 *correlatio* (cor- together+*relatio* relation) が初期近代英語に入った.
[用例] The figures don't *correlate* (with the figures previously mentioned). その数値は[以前あげられた数値と]関連性がない.
【派生語】**còrrelátion** 名 U 相互[相関]関係. **corrélative** 形 相互[相関]関係にある. **correlative conjunction**《文法》相関接続詞(★both ... and, either ... or など).

cor·re·spond /kɔ̀(:)rəspánd | -spɔ́nd/ 動 [本来自]〔やや形式ばった語〕[一般義] 互に手紙をやりとりして**通信する**, **文通する**. [その他] 元来互に**答え合う**, 対応するの意. 互に対応するものがあることから**一致する**, 調和する, 性格, 機能が一致, 類似するから**相当する**, 該当する.
[語源] 中世ラテン語 *correspondere* (cor- together+*respondere* to respond) が古フランス語を経て初期近代英語に入った.
[用例] Do they often *correspond* (with each other)? 彼らは(互に)文通しますか/His treatment of his staff does not *correspond* with his political ideas. 彼の職員の取り扱いは彼の政治理念と一致しない.
【派生語】**còrrespóndence** 名 UC 文通, 文通で書いたり受け取った**手紙類**, 調和, 一致, 対応: **correspondence course** 通信教育/**correspondence school** 通信制学校. **correspóndent** 名 C **手紙をやりとりする人**, 文通者, 雑誌や新聞に投稿する人, 海外など遠距離地から記事やニュースなどを新聞社や放送局に送る**通信員**, 特派員, 定期的に商取引をする外国の**取引先**: He's a foreign *correspondent* for The Times. 彼はタイムズ紙の海外特派員だ. **correspónding** 形 対応する, 一致する, 相応の. **correspóndingly** 副.

cor·ri·dor /kɔ́:(:)ridər/ 名 C〔一般語〕[一般義] 大きなビルやホテルなどの各部屋を結ぶ長い**通路**, **廊下**, **寝台車**, 個室のある車両の**片側廊下**. [その他] 内陸国と海を結ぶ細長い地帯, **回廊地帯**.
[語源] ラテン語 *currere* (=to run) からのイタリア語 *correre* の派生語 *corridore* (=gallery; corridor) がフランス語を経て初期近代英語に入った.
[用例] Go along the *corridor* and up the stairs. 廊下を進みそれから階段を上りなさい.
【複合語】**córridor tràin** 名 C《英》側廊列車(《米》vestibule train).

cor·ri·gen·dum /kɔ̀(:)ridʒéndəm/ 名 C (複 -da)〔形式ばった語〕訂正の必要な誤り, 誤植(通例複数形で単数扱い)**訂正表**.
[語源] ラテン語 *corrigere* (=to correct) の動名詞が 19 世紀に入った.
[類義語] erratum.

cor·rob·o·rate /kərɑ́bəreit|-rɔ́b-/ 動 [本来他]〔形式ばった語〕新しい証拠を提供して事実や意見を**確実にする**, 確証する.
[語源] ラテン語 *corroborare* (=to strengthen; cor- 強意+*roborare* to strengthen) の過去分詞 *corroboratus* が初期近代英語に入った.
[用例] The witness's statement was *corroborated* by other evidence. 証人の陳述は他の証拠によって確実なものとなった.
【派生語】**corròborátion** 名 U. **corróborative** 形.

cor·rode /kəróud/ 動 [本来他] 〔一般語〕 [一般義] 酸化作用などにより金属などを徐々に**腐食させる**. [その他] 比喩的に悪い行為や嫉妬などがしだいに社会や人の心をむしばむ.
[語源] ラテン語 corrodere (=to gnaw to pieces; cor- 強意+rodere to gnaw) が古フランス語を経て中英語に入った.
[用例] Salt corrodes car bodies. 塩分が車体を腐食させる/Moral standards are gradually being corroded. 道徳的規準がしだいにむしばまれている.
[派生語] **corrósion** 名 U. **corrósive** 形 腐食性の, 意見や批評が**辛らつな**. 名 C 腐食性物質[剤].

cor·ru·gate /kɔ́(ː)rəgeit/ 動 [本来他] 〔一般語〕 しわ [ひだ] を寄せる, 紙や鉄板などを波形にする.
[語源] ラテン語 corrugare (=to wrinkle) の過去分詞 corrugatus が初期近代英語に入った.
[派生語] **córrugated** 形 しわの寄った, 波形の: **corrugated iron** 波形鉄板 [トタン板] / **corrugated paper** 段ボール. **còrrugátion** 名 UC.

cor·rupt /kərápt/ 形 [本来他] 〔一般語〕 [一般義] 道徳的に腐敗した. [その他] 元来果物や肉などの有機物が分解作用によって**腐敗した**という意味が一般化して物が**汚れた**, **汚染した**, **汚職の**, **わいろのきく**. 〔通例限定用法〕言葉がくずれた, なまりのある. 動 として**堕落させる**, **買収する**, 言葉をくずす.
[語源] ラテン語 corrumpere (cor- 強意+rumpere to break) の過去分詞 corruptus が中英語に入った.
[用例] Their government is corrupt. 彼らの政府は腐敗している/She speaks a corrupt form of English. 彼女はなまりのある英語を話す/He was corrupted by the bad influence of two friends. 彼は二人の友人の悪影響で堕落した.
[派生語] **corrúptible** 形 堕落[買収]しやすい. **corrúption** 名 UC 物理的な**腐敗**, 分解, 道徳的な**堕落**, 汚職, 贈収賄, 伝統や習慣などの**乱れ**, 悪化, 言語の**転訛**(てんか), 乱れ: That country is noted for the corruption of its government. その国は政府が腐敗していることで有名だ/Caterpillar is probably a corruption of the Old French word meaning 'hairy cat'. 毛虫という言葉は多分「毛のふさふさした猫」を意味する古フランス語の転訛でしょう. **corrúptive** 形 腐敗させる.

cor·sage /kɔːrsɑ́ːʒ/ 名 C 〔やや形式ばった語〕 [一般義] 襟や胸にピンでとめたり, 時には女性が手に持つ**花飾り**, コサージュ. [その他] 婦人服の胴部, コルサージュ, または胴着.
[語源] 古フランス語 cors (⇒corpus) から初期近代英語に入った. 「花飾り」は胸につけることから.

cor·sair /kɔ́ːrseər/ 名 C 〔史〕昔アフリカのバルバリ沿岸を荒らした**海賊**(船).
[語源] ラテン語 cursus (=running) から派生した中世ラテン語 cursarius (=running swiftly) がイタリア語 corsaro, 古フランス語 corsair (=pirate) を経て初期近代英語に入った.

cor·se·let, cor·se·lette /kɔ́ːrsəlit/ 名 C 〔一般語〕 [一般義] ガードルとブラジャー付きの女性用下着, コースレット. [その他] 中世に用いられた胴よろい. 〔語法〕corslet ともつづられる.
[語源] ラテン語 corpus (=body) に由来する古フランス語 cors (=body) に指小辞 -let が付いたものが中英語に入った.

cor·set /kɔ́ːrsit/ 名 C 〔一般語〕女性の整姿用や医療用のコルセット.
[語源] 古フランス語 cors (=body) の指小語 corset (=little bodice) が中英語に入った.

cor·tege, cor·tège /kɔːrtéiʒ/ 名 C 〔形式ばった語〕随員や従者の一行, とくに葬儀のときの行列.
[語源] ラテン語 cohors (=court) に由来するイタリア語 corteggio (従者の一行) がフランス語 cortège を経て初期近代英語に入った.

cor·tex /kɔ́ːrteks/ 名 C 〔複 -tices/təsliːz/〕〔解〕脳や腎臓などの**外皮**, 皮質, 〔植〕根などの**皮層**, 木の**樹皮**.
[語源] ラテン語 cortex (=bark 皮) が初期近代英語に入った.

cor·ti·sone /kɔ́ːrtisoun|-zoun/ 名 U 〔医〕副腎皮質から分泌するホルモン, **コーチゾン**.
[語源] 発見者 E. C. Kendall 博士の命名による corticosterone の短縮形.

cor·vette /kɔːrvét/ 名 C 〔軍〕コルベット艦 (★小型護衛艦).
[語源] 中期オランダ語 corf (=basket; small ship) の指小語として入ったフランス語 corvette が初期近代英語に入った.

co·sig·na·to·ry /kòusígnətɔ̀ːri|-təri/ 形 名 C 〔形式ばった語〕連署の. 名 として連署人.

co·sine /kóusain/ 名 C 〔数〕コサイン, 余弦.
[語源] 近代ラテン語 complementi sinus (=sine of the complement) の短縮形が初期近代英語に入った.

cos·met·ic /kɑzmétik|kɔz-/ 名 C 形 〔一般語〕〔通例複数形で〕特に顔のために使用される**化粧品**. 形 として**化粧用の**, 美容の, 表面やうわべを美しくするということから比喩的に〔悪い意味で〕**見せかけの**.
[語源] ギリシャ語 kosmos (=order) から派生した kosmētikos (=skilled in arranging) がフランス語を経て初期近代英語に入った.
[用例] She's quite pretty—she does not need to wear [use] so many cosmetics. 彼女はとてもきれいだ. そんなにたくさん化粧品を使う必要はない/cosmetic surgery 美容整形手術/cosmetic improvements 見せかけの改良.
[派生語] **còsmetícian** 名 C 化粧品製造[販売]業者, 美容師.

cos·mic /kɑ́zmik|kɔ́z-/ 形 〔天〕秩序性をもった**宇宙全体の**, 地球や太陽系のぞく**宇宙の**, 一般に**広大な, 壮大な**.
[語源] ギリシャ語 kosmos (⇒cosmos²) の 形 kosmikos が初期近代英語に入った.
[複合語] **cósmic dúst** 名 U 宇宙塵. **cósmic ráys** 名 〔複〕宇宙線.

cos·mog·o·ny /kɑzmágəni|kɔsmɔ́g-/ 名 U 〔天〕宇宙の発生, 宇宙進化論.
[語源] ギリシャ語 kosmogonia (宇宙創造) が 18 世紀に入った.

cos·mo·naut /kɑ́zmənɔːt|kɔ́z-/ 名 C ソ連の宇宙飛行士.
[類義語] astronaut.

cos·mo·pol·i·tan /kɑ̀zməpálitən|kɔ̀zməpɔ́l-/ 形 名 C 〔一般語〕 [一般義] 国籍的偏見にとらわれない**(全)世界的な**. [その他] 国際的で視野の広い見方ができる, 人や要素が**全世界にわたる**, また植物などが生態学

上, 世界に広く分布している. 名 として世界人, 国際人.
語源 ギリシャ語 *kosmopolitēs* (*kosmos* world + *politēs* citizen) が19世紀に入った.
【派生語】 **còsmopólitanism** 名 U 世界(同胞)主義.

cos·mos¹ /kázməs|kɔ́zmɔs/ 名 C (複 〜(es)) 〖植〗コスモス (★属名).
語源 ⇒cosmos².

cos·mos² /kázməs|kɔ́zmɔs/ 名 U 〔一般語〕《通例 the 〜》秩序ある統一体として考えられる宇宙, あるいは秩序, 調和, 秩序ある体系.
語源 ギリシャ語 *kosmos* (= order; universe) が初期近代英語に入った.
類義語 universe; galaxy.
反意語 chaos.

co·spon·sor /kòuspánsər|-spɔ́n-/ 名 C 動 本来他 〔一般語〕共同主催者[発起人, 後援者, スポンサー](になる).

cos·set /kásit|kɔ́s-/ 動 本来他 C 〔形式ばった語〕《悪い意味で》ペットのように子供などを甘やかす, 機嫌をとる. 名 として愛玩動物, ペット, 特に小羊.
語源 不詳. 初期近代英語に入った.

cost /kɔ́(:)st|kɔ́st/ 名 CU 動 本来他 (過去・過分 〜) 〔一般語〕[一般義] ものを手に入れるために必要な代価, 費用. その他 支払う側からみた値段, 価格, 費用. ある目的を達成するのにかかる経費, 原価. 比喩的にある目的を達成するのに必要とされる時間, 労力, 代償, 犠牲, 損失, 《複数形で》《英》訴訟費用. 動 として費用が…かかる, 時間や手間などがかかる, 要する, …を犠牲にさせる 〔語法〕古くは自動詞であったので受身には用いられない).
語源 ラテン語 *constare* (= to stand at a price; *con*- together + *stare* to stand) が中世ラテン語 *costare*, 古フランス語 *coster* を経て中英語に入った.
用例 What is the *cost* of this coat? このコートはいくらしますか / The victory *cost* two thousand lives. その勝利は2000人の生命を犠牲にした / That mistake will *cost* you your job. その誤りであなたは仕事を失うことになるでしょう.
類義語 ⇒price.
〖慣用句〗 **at all costs** = **at any cost** いくら費用がかけても, いくら犠牲を支っても. **at the cost of …** = **at one's cost** …を犠牲にして. **to one's cost** 自から損害を被って, 苦しい経験をして.
【派生語】 **cóstliness** 名 U. **cóstly** 形 高価な, 代償の大きい.
【複合語】 **cóst accòuntant** 名 C 原価会計士, 原価計算係. **cóst accòunting** 名 U 原価計算. **cóst price** 名 C 元値, 原価, 〖経〗費用価格.

co·star /kóustɑːr/ 名 C 動 本来他 〖映·劇〗共演スター. 動 として共演させる. 自 共演する (with).

cos·tume /kɔ́stjuːm|-tjuːm/ 名 UC 動 本来他 〔一般語〕[一般義] ある時代, 民族, 地方, 階級などに特有な衣装, 服装, 身なり (★髪型, 装身具も含まれる). その他 舞台などで用いられる一組の舞台衣装, 時代衣装, 《主に複合語で》特定の機会, 活動の為に着る服装, …着. 動 としては, そのような衣装を着せる.
語源 ラテン語 *consuetudo* (⇒custom) がイタリア語, フランス語を経て18世紀に入った. 原義は customary dress. もともと絵画, 彫刻に描かれたある時代や地方に特有な習慣, 衣装, 家具などを表す美術用語として用いられたが, 衣装の意味に転用された.
用例 We're going to the party in eighteenth century *costume*. 私達は18世紀の衣装でパーティーに出かけます / She needs a new swimming-*costume*. 彼女は新しい水着がいる.
類義語 costume; outfit; wear: **costume** はそれがどういう時代, 民族, 地方特有のものか, またどのような機会, 活動に着られるのかがわかるような衣装をいう. **outfit** は特定の目的のための服装や装備一そろいを表す: a bride's *outfit* 花嫁衣装. **wear** は身に付ける物, 特に衣装を表し, 主に複合語で…用の衣服, …着という意味に用いる: beachwear ビーチウェア.
【派生語】 **cóstumer** 名 C 主に舞台用の(貸し)衣装屋. **costúmier** 名 ⇒costumer
【複合語】 **cóstume jèwelry** 名 U 模造宝石類.

co·sy /kóuzi/ 形 〔英〕=cozy.

cot¹ /kát|kɔ́t/ 名 C 〔一般語〕[一般義] 赤ん坊や小さな子供を入れておく柵のついたベビーベッド (《米》crib). その他 折たたみ式のキャンプ用簡易ベッド, 船の中で使われるハンモック型ベッド.
語源 ヒンズー語 *khāt* (= bedstead) が初期近代英語に入った.

cot² /kát|kɔ́t/ 名 C 〔文語〕小屋, あばら屋. 〔一般語〕はとや羊などを入れておく囲いや小屋 (cote), ゴム製の指サック (fingerstall).
語源 古英語 cot (= cottage) から.

co·tan·gent /kòutǽndʒənt/ 名 C 〖数〗コタンジェント, 余接.
語源 ラテン語 *complementi tangens* (= tangent of the complement) が初期近代英語に入った.

cote /kóut/ 名 C 〔一般語〕はとや羊などのための小屋, 囲い, 〈英方言〉一般的に小屋.
語源 古英語 cote (= cot²) から.

co·te·rie /kóutəri/ 名 C 〔形式ばった語〕文芸や社交界のグループ, 同人, 常連 (★排他的グループという悪い意味で用いられることが多い).
語源 古フランス語 *coterie* (= association of tenants) が18世紀に入った.
用例 a literary *coterie* 文学仲間.

cot·tage /kátidʒ|kɔ́t-/ 名 C 〔一般語〕[一般義] 田舎, 郊外の一戸建の通例平屋作りの小住宅. その他 週末, 休暇などを過ごす避暑地, 郊外の別荘, 山荘, 農家, 猟師などの小屋.
語源 中英語 cot² のラテン語化されたアングロフランス語 *cotagium* が中英語に入った.
用例 We have a holiday *cottage* in Devon. うちはデボンに別荘があります.
【複合語】 **cóttage chèese** 名 U 《米》カテージチーズ (★白いやわらかなチーズ). **cóttage índustry** 名 C 家内工業. **cóttage púdding** 名 UC コテージプディング (★プレーンケーキに甘い果汁を熱してかけたもの).

cot·ton /kátn|kɔ́tn/ 名 UC 動 本来自 〔一般語〕[一般義] 綿, 綿花. その他 〖植〗綿の木, 綿から作られる綿糸, 木綿糸, 綿布, 《形容詞的に》綿製の, 木綿の. 動 として 〖くだけた語〗…を好きになる (to).
語源 アラビア語 *qutun* が古フランス語 *coton* を経て中英語に入った. 動 は絹と毛がよく混ざることから, 相性がよい, …が好きになる意となった.
用例 This shirt is (made of) *cotton*. このシャツは綿製です.
【複合語】 **Cótton Bèlt** 名 《the 〜》米国南部の綿花地帯 (★テキサスからカロライナに至る地帯). **cótton**

cándy 名C《米》綿菓子(《英》candy floss). **cótton gìn** 名C 綿繰り機. **cóttonsèed** 名C 綿の種子. **cóttonseed òil** 名U 綿実油(★綿実油,マーガリン,石けんの原料). **Cótton Státe** 名《the ~》米国アラバマ州の通称. **cótton wóol** 名U 原綿,《英》脱脂綿(《米》absorbent cotton).

couch /káutʃ/ 名C 動 本来自 〔一般語〕 〔一般義〕 座ったり横になるための寝いす,ソファー(★普通のソファーより背もたれが低く,ひじ掛が片方だけのものをいう(《米》でははっきり区別しない), 診察用ベッド. その他 《文語または古語》休憩,睡眠用の寝台, 獣が体を横たえる場所,巣,隠れ場. 動 として〔文語〕《~ oneself または受身で》横たわる,寝る,獣が獲物をねらってじっと体をかがめる.
語源 ラテン語 *collocare* (=to lay; *col-* together + *locare* to place) が古フランス語 *coucher* (=to lie down)を経て中英語に入った.
用例 There's room for four of us on the *couch*. その寝いすは私達 4 人が座れる.
類義語 ⇒sofa.

cou·gar /kú:gər/ 名C 〖動〗《米》ピューマ, アメリカライオン(★別名 puma, mountain lion, panther, catamount).

cough /kɔ́(:)f/ 名C 動 本来自 〔一般語〕せき,せきの出る症状[病気]. 他 としてせきをする,せきの警告のためにせき払いをする,比喩的には自動車が激しく(排気ガスを)出す. 他 のどなどにつまった物をせきをして吐き出す.
語源 古英語 cohhian (=to cough) から.
用例 I've had a smoker's *cough* for years. 何年もの間, たばこを吸うとせきが出て困っている / He's *coughing* badly because he has a cold. 彼は風邪をひいているので, ひどくせきをしている / My car's *coughing* smoke all over the place. ぼくの車はあたり一面に激しく排気ガスをまきちらしている.
類義語 sneeze.
【慣用句】 ***cough up*** たんなどをせきをして**吐き出す**,《くだけた表現》**お金や情報などをしぶしぶ出す**: I can't afford that dress—perhaps mother will *cough up* (the money) for it. 私はあのドレスを買う余裕がないから, おそらく母にしぶしぶお金を出してくれるでしょう.
【複合語】 **cóugh dròp** 名C せき止めドロップ.

could /kúd, kəd/ 助 can の過去形.

coun·cil /káunsəl/ 名C 〔一般語〕 〔一般義〕主に行政・立法などの問題を審議,助言するための**会議**, **審議会**, **協議会**. その他 地方自治体の**議会**, **市会**, 教義などを審議する**教会会議**, 大学などの運営を協議する**評議会**.
語源 ラテン語 *concilium* (=assembly) が古フランス語 *concile* を経て中英語に入った.
用例 The King formed a *council* of wise men to advise him. 国王は自分に助言をしてくれるための賢人会議を組織した / The *council* have voted to increase the rates this year. 地方議会は本年の地方税引き上げのための投票を行なった.
類義語 ⇒assembly.
【派生語】 **cóuncilor**, 《英》-ll- 名C 市議会, 町議会などの議員, 日本の参議院議員, 参事官, 顧問官: the House of *Councillors* (日本の)参議院.
【複合語】 **cóuncil chàmber** 名C 会議室. **cóuncilman** 名C《米》市会[町会, 村会]議員(女性). **cóuncilwoman** 名C《米》市会[町会, 村会]議員(女性).

coun·sel /káunsəl/ UC 動 本来他 〔過去・過分〕《英》-ll-)〔一般語〕〔一般義〕**助言**, **忠告**, **勧告**. その他 法律問題などの相談相手である**弁護士**, **弁護団**. 動 として**助言する**, **忠告する**, カウンセリングする, 助言して…するように勧める. 自 **相談する**, **協議する**.
語源 ラテン語 *concilium* (=consultation) が古フランス語 *counseil* を経て中英語に入った.
用例 He'll give you good *counsel* on your problems. 彼はあなたの問題によい助言を与えてくれるでしょう / He *counselled* me to go university. 彼は私に大学に進むよう勧めてくれた.
類義語 advice.
【慣用句】 ***keep one's*** (***own***) ***counsel*** 計画, 考えを秘密にする.
【派生語】 **cóunseling**, 《英》-ll- 名U 個人的な悩みごとについての専門の相談員による助言, カウンセリング. **cóunselor**, 《英》-ll- 名C 学校, 病院, 会社などで個人的な悩みなどについて助言を与える**相談員**, カウンセラー, 一般に相談を受ける人, 相談役, 顧問, 法廷弁護士.

count[1] /káunt/ 動 本来他 UC 〔一般語〕 〔一般義〕 1 つずつ順番に数を**数える**, 勘定する. その他 数を数えて計算する, 数えることから, **数に入れる**, **計算に入れる**, 考慮に入れる, **…と考える**, 見なす. 自 として**計算**, **勘定**, 数えた結果として**合計**, **総計**.
語源 ラテン語 *computare* (⇒compute) が古フランス語 *counter* を経て中英語に入った.
用例 *Count* (up) the number of pages. ページ数を数えなさい / There were six people present, not *counting* the chairman. 議長を含めないで 6 人が出席した / I *count* him among my best friends. 私は彼が最高の友人の 1 人だと考えている 〔語法〕 この意味では進行形に用いない. またやや形式ばった表現 / They took a *count* of how many people attended. 彼らは参加人数を数えた.
類義語 count; calculate; compute: **count** はこの中で最も基本的な語で単純な計算をすることを表す. **calculate** は count より高度で複雑な計算をすること. **compute** はもともとは calculate より単純な計算をすることを意味したが, 現在ではコンピューターを用いて演算すること.
【慣用句】 ***count for little*** 重要でない. ***count for much***《通例否定文で》重要である. ***count in*** 含める. ***count on*** **頼りにする**, 当てにする. ***count out*** 除外する, 《ボクシング》カウントアウトを宣する.
【派生語】 **cóuntable** 形 数えられる. 名C《文法》可算名詞(countable noun). **cóuntless** 形 数えきれない, 無数の.
【複合語】 **cóuntdòwn** 名C ロケット発射などの秒読み(★10, 9, 8 のように数をへらし最後の 0 になる). **cóunting fràme** 名C 算盤(そろばん). **cóunt nòun** 名C《文法》可算名詞(countable).

count[2] /káunt/ 名C〔一般語〕英国以外の国の**伯爵**(英国では earl)(〔語法〕 称号で用いるときは C-).
【派生語】 **cóuntess** 名C 伯爵夫人, 女性の伯爵(★ count および earl の女性形).

coun·te·nance /káuntənəns/ 名 CU 動 本来他〔形式ばった語〕〔一般語〕〔一般義〕**顔つき**, **表情**. その他 **容貌**, 顔に表れた賛成の表情の意味から, 支持, 賛成. 動 として**支持する**, **賛成する**.

[語源] ラテン語 *continere* (⇒contain) の 名 *continentia* (抑える気持) が古フランス語を経て中英語に入った.「顔つき」の意味は英語に入ってから生じたもので, 始めは態度や様子を表し, やがて態度が顔に表れることから現在の意味となった.

[用例] a sad *countenance* 悲しそうな顔つき/The whole *countenance* of the countryside has changed. 田舎の様子はすっかり変わってしまった.

【慣用句】 ***give countenance to ...*** ...に賛成する, 支持する.

count·er[1] /káuntər/ 名 C 〔一般語〕[一般義] 商店や食堂などの細長い売り台, カウンター. [その他] 元来計算する道具や人を表し, **計算器**, **計算者**, ゲームの計算に用いる計算器, トランプの得点計算用の細長い点棒, 銀行, 両替商の**勘定台**, 台所の**流し台**.

[語源] ラテン語 *computare* (⇒count) から派生した中世ラテン語 *computatorium* (勘定台) が古フランス語 *conteor* を経て中英語に入った.

[用例] Can you get me some sweets from the confectionery *counter*? 菓子の売り場から菓子をもってきてくれませんか/a bargain *counter* 特売場.

【慣用句】 ***across the counter*** 合法的に, 正当に. ***over the counter*** 《株式》 店頭で, 薬を買う時に医師の処方箋によらないで. ***under the counter*** 不正に.

coun·ter[2] /káuntər/ 副 形 名 C 動 [本来ми] 〔形式ばった語〕 方向や方法, 状態などが**逆に**, **反対に**. 形 として**反対の**, **逆の**.

名 として反対のもの, 逆のもの, 対抗策, 対策, 船首とは逆の方向につき出ている**船尾突出部**, 馬の**前胸部**, 《ボクシング》 **カウンター(パンチ)**, 《フェンシング》 剣先で円を描くような**受止め**, 《アメフト》 ボール保持者が予想とは逆の動きをするカウンタープレイ, 靴のかかとの突き出た部分を補強する**月形芯**, 《印刷》 活字面の**谷**.

動 として**反論する**, **対抗手段をとる**, 人や物事に反対する, 敵に反撃する.

[語源] ラテン語 *contra* (=against; opposite) が古フランス語 *countre* を経て中英語に入った.

[用例] The election is running *counter* to all the forecasts. 選挙はすべての予想と反対に動いている/This result is *counter* to what we expected. この結果はわれわれの期待していたものとは逆である/He *countered* (the awkward question) with a clever reply. 彼は(そのやっかいな質問に)巧妙な返答で反論した.

coun·ter- /káuntər/ [連結] 方向, 作用, 意図などが「反対の」「逆の」「対抗した」の意. 元来ラテン語系の語につつたが, ゲルマン系の語にも用いられる.

[語源] ラテン語 *contra-* (⇒conter[2]) が古フランス語 *countre* を経て中英語に入った.

[類義語] *counter-*; *anti-*: *counter-* は主に動詞および動作を示す名詞につき, 動作や作用が反対方向に働くことを表す. *anti-* は名詞, 形容詞につき, 人や組織, 制度, 思想などに**反対の**, **反...**, また病気や病原菌などを抑制, 治療する意味で**抗...**を表す. なお, 《米》 anticlockwise, 《英》 counterclockwise のように同じように用いられることもある.

coun·ter·act /kàuntəræct/ 動 [本来他] 〔一般語〕 物事に**反対する**, 薬などの作用を**中和する**, 毒や効果を打ち消す.

【派生語】 còunteráction 名 UC.

coun·ter·at·tack /káuntərətæk/ 名 C 動 [本来他] 〔一般語〕 **反撃(する)**, **逆襲(する)**.

[用例] The enemy made a *counterattack* at dawn. 敵は明け方に反撃してきた.

【派生語】 cóunterattàcker 名 C 反撃者.

coun·ter·bal·ance /káuntərbæləns/ 動 [本来他] 名 C 〔一般語〕 [一般義] 他と釣り合う. [その他] 反対の力や効果を**打ち消す**, **埋め合わせる**. 名 として**平衡**おもり, **釣り合う**力.

coun·ter·blast /káuntərblæst | -blà:st/ 名 C 〔形式ばった語〕 何かに対する激しい**反論**, 反駁(ばく)《to》.

coun·ter·claim /káuntərklèim/ 名 C 動 [本来自] 《法》 **反訴**. 動 として, ...に対して**反訴**する《against》.

coun·ter·clock·wise /kàuntərklákwaiz | -klɔ́k-/ 形 副 〔一般語〕 《米》 **時計の針と逆回りの**, **左回りの** (contraclockwise: 《英》 anticlockwise).

[反意語] clockwise.

coun·ter·es·pi·o·nage /kàuntəréspiənà:ʒ, -nidʒ/ 名 U 〔やや形式ばった語〕 敵のスパイ活動に対抗する**逆スパイ活動[行為]**, **スパイ防止活動**.

coun·ter·feit /káuntərfi(:)t/ 形 名 C 動 [本来他] 〔やや形式ばった語〕 [一般義] 〔悪い意味で〕 人をだます目的で作られた**模造の**, **偽の**. [その他] 本物ではないということで, 感情などが見せかけの, うわべだけの. 名 として**模造品**, **偽物**, 価値の高いものとまちがえられやすいもの. 動 として, 貨幣や文書などを**偽造する**, 態度などをよそおう, ふりをする.

[語源] ラテン語 *contrafacere* (*contra-* + *facere* to do; to make) から派生した古フランス語 *contrefaire* (= to make in opposition; to imitate) の過去分詞 *contrefait* が中英語に入った.

[用例] *counterfeit* money [documents] 偽造貨幣 [書類] / *counterfeit* sympathy 見せかけの同情.

【派生語】 cóunterfeiter 名 C.

coun·ter·in·tel·li·gence /kàuntərintélidʒəns/ 名 U 〔形式ばった語〕 組織的な**対敵スパイ活動**《★敵への情報封鎖, 敵からの政治[軍事]情報収集など》, **スパイ防止活動**.

coun·ter·mand /káuntərmænd | kàuntəmá:nd/ 動 〔形式ばった語〕 すでに出されていた命令や注文を**取消す**, **撤回する**, 軍隊や人を反対命令により呼び戻す.

[語源] 古フランス語 *contremander* (*contre-* against + *mander* to command) が中英語に入った.

coun·ter·march /káuntərmà:rtʃ/ 名 C 動 [本来自] 〔一般語〕 **反転行進(をする)**, 政治的デモ行進などで他の行進を妨害するような**反対行進(をする)**.

coun·ter·meas·ure /káuntərmèʒər/ 名 C 〔一般語〕 《通例複数形で》 **対抗手段**, **対(抗)策**.

[用例] The police have developed new *countermeasures* against terrorists. 警察はテロリストに対して新しい対抗手段をとった.

coun·ter·of·fen·sive /káuntərəfènsiv/ 名 C 《軍》 守勢にあった軍隊の大規模な**反撃**, **逆襲**.

coun·ter·part /káuntərpà:rt/ 名 C 〔形式ばった語〕 [一般義] 人や物の他に**相当[対応]する**もの, すなわち同じ**性質[特徴, 仕事など]をもっているもの** [語法] the または所有格のあとに用いる. [その他] 完全に同じ**代替物**, 他を補うものや著しく似ているもの.

[類義語] duplicate.

coun·ter·plot /káuntərplàt | -plɔ̀t/ 名 C 動

[本来他] 〔形式ばった語〕相手の裏をかく**計略, 対抗策**. [動] として, 相手の計略の裏をかく, 対抗策を講じる.

coun·ter·point /káʊntərpɔ̀ɪnt/ 名 U 【楽】対位法, 対旋律.
[語源] 中世ラテン語 *contrapunctus* (*contra-* against + *punctus* point; musical note) が古フランス語 *contrepoint* を経て中英語に入った. 和音中心でなく, 各声部の各音符が対応する形で多旋律からなる音楽, 多声音楽 (polyphony) の意.

coun·ter·poise /káʊntərpɔ̀ɪz/ 名 C 動 [本来他]
〔一般語〕釣り合いおもり, 対抗勢力. 動 として, 他と釣り合わせる, 平衡させる (counterbalance).

coun·ter·pro·pos·al /káʊntərprəpòʊzəl/ 名 C
〔一般語〕不満のある人が行う**反対提案**.

coun·ter·punch /káʊntərpʌ̀ntʃ/ 名 C 〔ボクシング〕カウンターパンチ, 比喩的に相手の攻撃の出ばなをたたく**反撃**.

coun·ter·rev·o·lu·tion /káʊntərrèvəlúːʃən/ 名 UC 〔形式ばった語〕革命によってできた政府や社会組織に対する革命, **反革命 (運動)**.

coun·ter·sign /káʊntərsàɪn/ 名 C 動 [本来他]〔一般語〕敵味方を識別するための合言葉, 暗号, 副署, 連署. 動 として, すでに人が署名した小切手や文書に**副署 [連署] する**.
【派生語】**còuntersígnature** 名 C 副署, 連署.

coun·ter·sink /káʊntərsìŋk/ 動 [本来他] (過去 《米》 -sunk, 《英》 -sank; 過分 -sunk) 名 C 〔一般語〕穴の口を円錐形に広げる, ねじや釘の頭を皿穴に埋める. 名 として皿穴.

coun·ter·spy /káʊntərspàɪ/ 名 C 〔一般語〕敵方のスパイを逆にスパイする**逆スパイ**.

coun·ter·tenor /káʊntərtènər/ 名 C 【楽】テノールより高い男声の最高音域, カウンターテナー, またその歌手.

coun·ter·vail /kàʊntərvéɪl/ 動 [本来他] 〔やや形式ばった語〕通例有害なものなどに対して反対の作用で相殺する, 同じ力で**対抗する**.

countess ⇒ count².

coun·try /kʌ́ntri/ 名 CU 〔一般語〕〔一般義〕政治・経済の単位としての**国, 国家**. [その他] 元来自分の反対側に果てしなく広がる土地の意味であったが, やがて一定の境界を持つ特定の**地域, 地方**を表すようになり, **国土, 国, 国民**の意となる. また自分が生れた国をいい, **故国, 祖国**の意味にも用いる. (the ~)都市に対する**田舎, 地方**, (形容詞的に)田舎の, 田園的な.
[語源] 中世ラテン語 (*terra*) *contrata* (= (land) lying opposite) が古フランス語 *cuntrée* を経て中英語に入った. 「眼前に広がる土地」の意.
[用例] Canada is a larger *country* than Spain. カナダはスペインより大きな国である/The whole *country* is in agreement with your views. 国中の人々があなたがたの見解に賛成している/She prefers living in the *country* to being in the town. 彼女は町にいるより田舎暮らしの方が好きだ.
[類義語] country; nation; state: **country** は国を意味する語の中では最も一般的に用いられ, 領土, 国土との結び付きが強い. **nation** は country より形式ばった語で, 国を構成する国民に意味の重点がある. **state** は最も形式ばった語で, a sovereign state (主権国家) のように政治組織としての国をいう場合が多い.
[語法] country は国の意味では形容詞的には用いられないので, 「国立の, 国家の」の意味では national, state が用いられる: a *national* bank 国立銀行/*national* [*state*] forests 国有森/*state* police 国家警察.
【派生語】**cóuntrified** 形 人が田舎じみた, 風景が田園的な.
【複合語】**cóuntry cóusin** 名 C おのぼりさん. **cóuntry dánce** 名 C カントリーダンス (★英国のフォークダンスの一種). **cóuntry géntleman** 名 C 地方の**大地主**. **cóuntryman** 名 C 田舎の人, 同郷の人. **cóuntry mùsic** 名 C 【楽】カントリーミュージック (★もとは米国南部の郷土音楽). **cóuntryseat** 名 C (英) 田舎の**邸宅**. **cóuntryside** 名 (the ~) 田舎, 地方, 地方の住民. **cóuntry sìnger** 名 C カントリーミュージックの歌手. **cóuntrywòman** 名 C 田舎の女, 同郷の女性.

coun·ty /káʊnti/ 名 C 〔一般語〕《米》郡 (★州で最大の行政区; Alaska と Louisiana を除く), 《英》州 (★英の州名は Oxfordshire のように -shire を付けたり, Essex のようにそのまま表す). 郡や州の住民.
[語源] ラテン語 *comes* (⇒count²) の派生形 *comitatus* (伯爵の領地) が古フランス語 *conté* を経て中英語に入った.
[用例] There are fifty-three *counties* in England and Wales. イングランドとウェールズとで 53 州がある.
[関連語] 英国では, 「州」を England と Wales で county, Scotland で region という. county, region の下位区分に district がある: Edinburgh *District*.
【複合語】**cóunty cóuncil** 名 C (米) 郡会, (英) 州会. **cóunty cóurt** 名 C (米) 郡裁判所, (英) 州裁判所 (★ (米) では刑事民事を, (英) では民事を扱う). **cóunty fáir** 名 C (米) 郡の農産物・家畜展. **cóunty séat** 名 C (米) 郡庁所在地. **cóunty tówn** 名 C (英) 州庁所在地.

coup /kúː/ 名 C 〔一般語〕小グループによる政府転覆活動, クーデタ (coup d'état) (★本来は突然の一撃や大成功の意で, 特に政治的にも用いる).
[語源] フランス語 *coup* (= blow; stroke) が中英語に入った.
【複合語】**coup d'état** /kùːdeɪtáː/ 名 C (複 **coups d'état** /kùːdeɪtáː(z)/) クーデター (★文字通りには = stroke of state). **coup de grâce** /kùːdəgrάːs/ 名 C (複 **coups de grâce** /kùːdəgrάːs/) 処刑者やひん死の重傷を負った人などの苦しみを終わらせるために加える情けのとどめの**一撃**.

coupe, cou·pé /kuːpéɪ, -́-/ 名 C 〔一般語〕セダン型よりも車体の小さい 2 ドアの小型乗用車**クーペ**.
[語源] フランス語 *couper* (= to cut) の過去分詞 *coupé* が 19 世紀に入った. 元来は 4 輪 2 人乗りの馬車.

cou·ple /kʌ́pl/ 名 C 動 [本来他] 〔一般語〕〔一般義〕同種類の 2 つのもの, **対** (⟨⟩), 2 つのもので成る**一組, つがい**. [その他] **一組の男女, 夫婦**, 婚約中の男女, ダンスなどの一組の男女. 数を表し, (a ~ of) 2 または 2, 3, 漠然と**少ない数** (くだけた表現では of を省略して形容詞的に用いることもある: a *couple* cups of coffee). 動 として**つなぐ, 連結する, 結び付ける**. 自 結合する, 動物が交尾する.
[語源] ラテン語 *copula* (= bond; link) が古フランス語を経て中英語に入った.
[用例] a married *couple* 夫婦/Can I borrow a *cou-ple* of chairs? 椅子を 2 つほどお貸りできますか/I al-

ways *couple* Hemingway and Steinbeck together as being typically American writers. 典型的なアメリカ人作家として私はいつもヘミングウェイとスタインベックを結び付けて考える.

類義語 couple; pair: **couple** は pair ほど結び付きが強くない. また a couple of dollars(2,3 ドル)のように必ずしも 2 でなくてよい. **pair** は 2 つのものの結び付きが非常に強く, a pair of scissors, a pair of glasses のように 2 つの部分が対になって一組を作っているものや, 必ず 2 つで一組のものに用いる.

【派生語】**cóuplet** 名 C 2 行脚韻句, 対句. **cóupling** 名 U C 結合, 連結, 鉄道車両の連結器.

cou·pon /kjú:pɑn|-pɔn/ 名 C 〔一般語〕一般義 点線部で切り取り式になっている切符や回数券の 1 片. その他 商品, 広告などについている優待券, 割引券, 景品券など, また公債, 債権などの利札.
語源 フランス語 *couper* (=to cut) から派生した *coupon* (=piece cut off) が19 世紀に入った.

cour·age /kə́:ridʒ|kʌ́r-/ 名 U 〔一般語〕困難, 危険などに立向う精神, 勇気, 度胸.
語源 ラテン語 *cor* (=heart) に由来する古フランス語 *corage* が中英語に入った.
用例 The soldier showed great *courage* in the battle. その兵士は戦闘で大いに勇気のあることを示した.

類義語 courage; bravery: **courage** が精神に意味の重点があるのに対して, **bravery** は勇敢な行動に意味の重点がある.

【派生語】**courágeous** 形 勇気のある, 勇敢な. **courágeously** 副.

cou·ri·er /kúriər/ 名 C 〔一般語〕一般義 旅行者の世話をする添乗員, ガイド. その他 本来は重要で緊急な知らせを運ぶ急便, 外交上の特使の意で, 秘密情報を伝えるスパイの意にも使われる. 情報を伝える意から, 大文字ではじめて新聞や雑誌等の名称に用いる.
語源 ラテン語 *currere* (=to run) に由来するイタリア語 *correre* (=to run) から派生した *corrier* が古フランス語を経て中英語に入った.

course /kɔ́:rs/ 名 C 動 本来体 〔一般語〕一般義 ものが移動していく方向, 道順, 進路, コース. その他 もともと「走ること」を表し, 定まった道を通る移動, 進行の意味が生じ, 移動していく方向, 進路の意味になった. 進路の意味から, 船や飛行機の航路, 針路, 川が流れる水路, レースの競走路, 抽象的に連続した時間の経過, 推移, 成り行き, 人がたどる経歴, またどういう順で行動するかという方針, ふるまい. さらに一定の順序に基づいて連続するものを表し, 学習課程, 大学の科目, 講座, 単位, 順々に出される食事の一品, 一皿, コース. 動 として, 猟犬を使って獲物を追う, 狩る. 自 水, 涙が流れる.
語源 ラテン語 *currere* (=to run) の過去分詞 *cursus* が古フランス語 *cours* を経て中英語に入った.
用例 Which *course* do we take when flying to Paris? パリに飛行機で行くときがの航路をとるのだろう/Things will follow [run; take] their normal *course* (of events) despite the strike. ストライキにもかかわらずもの事はいつも通りの推移をたどるだろう/I'm taking a *course* (of lectures) in sociology. 私は社会学の講義をとっている/a full-*course* dinner フルコースのディナー.
【慣用句】 *a matter of course* 当然のこと. *in the course* ...のうちに. *of course* もちろん, 当然: *Of course*, he didn't tell me any secret. もちろん彼は私に秘密を話しはしなかった. *off course* 正しい進路からはずれて. *on course* 進路どおりに.

court /kɔ́:rt/ 名 C U 動 本来体 〔一般語〕一般義 法廷, 裁判所, 法廷で行なわれる裁判, 公判, 《the ~; 集合的》裁判官. その他 元来建物や塀に囲まれた場所を意味し, 転じて中庭, 周囲を建物に囲まれた道幅の広い袋小路, 博物館などで天井から採り付いた中庭を模した展示用の一区画, 周囲が建物や塀で囲まれたテニス, バスケットボール用のコート. また中庭の周囲の建物や前庭の広い大邸宅の意味があったが, この意味は現在では Hampton Court など固有名詞に残っている. 多分この大邸宅の意味から,《しばしば C- 》君主やその家族の住む宮廷の意味が生じたものと思われる. 宮廷からは王室, 朝廷,《the ~; 集合的》宮廷に仕える廷臣, さらに宮廷で開催される司法・行政上の会議から法廷の意味が生まれた. 古〔一般語〕宮廷で表される敬意から, 有力者などの機嫌を伺うこと, 女性の機嫌を伺うことから言い寄ること, 求愛. 動 として機嫌を伺う, 機嫌をとって何か得ようとする, 求愛する.
語源 ラテン語 *hortus* (=garden) に由来する *cohors* (=enclosed yard) が古フランス語 *cort* を経て中英語に入った. 宮廷の意味は古フランス語で生じた.
用例 The accused is to appear before the *court* on Friday. 被告人は金曜日に出廷することになっている/the Supreme *Court* 最高裁判所/a *court* of justice 裁判所/a tennis *court* テニスコート/the *Court* of King Henry VIII ヘンリー 8 世の宮廷.
【慣用句】 *go to court* 裁判に訴える. *laugh ... out of court* ...を一笑に付す. *out of court* 法廷外で, 示談で. *pay court to ...* ...の機嫌をとる, 求愛する. *take ... to court* 人を訴える.
【派生語】**courtier** 名 C 廷臣. **cóurtliness** 名 U. **cóurtly** 形 宮廷の, 宮廷風の, うやうやしい, 上品な, 優雅な, へつらった. **cóurtship** 名 U C 求愛, 求婚, 求愛期間.
【複合語】**cóurthòuse** 名 C 裁判所. **cóurtmàrtial** 名 C 軍法会議. **cóurtròom** 名 C 法廷. **cóurt ténnis** 名 U 16-17 世紀の屋内テニス, コートテニス. **cóurtyàrd** 名 C 城, 大邸宅の中庭.

cour·te·ous /kə́:rtiəs/ 形 〔一般語〕人に対して言葉や態度が礼儀正しい, 親切な, 丁重な.
語源 古フランス語 *corteis* が中英語に入った. 16 世紀に元来の接尾辞 -eis が -eous と混同され現在の形になった.「宮廷 (court) に適った礼儀作法を持った」が原義.
【派生語】**cóurteously** 副. **cóurteousness** 名.

cour·te·sy /kə́:rtəsi/ 名 U C 〔一般語〕一般義 礼儀正しさ. その他 元来宮廷で見られるようないんぎんな礼儀作法さをいい,〔形式ばった語〕相手に対する思いやりのある言葉〔行動〕, 親切な行ない, 相手に尽す意味から, 好意ある行ない, 特別な扱い, 優遇措置.
語源 古フランス語 *curtesie* (⇒courteous) が中英語に入った.
用例 show *courtesy* 好意を示す/a *courtesy* visit 表敬訪問/He's always paying her little *courtesies*. 彼はいつも彼女にほとんど敬意を払わない.
【慣用句】 *by courtesy of ...* ...の好意で, ...の提供で.

courtier ⇒court.
courtly ⇒court.
courtship ⇒court.

cous·in /kÁzn/ 图 C 〔一般語〕 一般義 いとこ.
その他 本来共通の先祖から生まれ,兄弟・姉妹より離れた関係にある親類を集合的に表した.この意味が限定されて用いられ,おじ・おばの子供であることを意味するようになった. また大ざっぱに遠い親類を意味することもある.比喩的に何らかの関係や類似性があると思われる人や事物を表し,同類の人[物], 対応物, 等価物.
語源 ラテン語 consobrinus (=child of a mother's sister) が古フランス語 cosin を経て中英語に入った. sobrinus は soror (=sister) に由来する.
用例 a cousin on my mother's side 母方のいとこ/Poor people who immigrated to America felt somewhat happier than their European cousins. アメリカに移住した貧しい人々はヨーロッパの貧しい人々よりいくらか幸せだと思った/a first [ful] cousin (実の)いとこ/a second cousin またいとこ(親のいとこの子)/a third cousin 親のまたいとこの子/a first cousin once removed いとこの子/a first cousin twice removed いとこの孫.
【複合語】 **cóusin-in-láw** 图 C 義理のいとこ.

cou·ture /kuːtúər/ 图 U 高級婦人服仕立業, ファッションデザイン業. ⇒haute couture.
語源 フランス語 couture (=sewing) が 20 世紀に入った.
【派生語】 **coutúrier** 图 C 男性の高級婦人服デザイナー 《語法》女性は couturière /kuːtúriər/).

cove /kóuv/ 图 C 〔一般語〕小湾.
語源 古英語 cofa (=small, inner chamber) から.

cov·e·nant /kÁvənənt/ 图 C 動 本来地 〔形式ばった語〕2 人または 2 つのグループがそれ以上の間で公式かつ厳粛になされた誓約, 契約書. 動 として誓約する.
語源 古フランス語 co(n)venir (=to come together; to agree) の現在分詞 covenant が中英語に入った. ⇒convene.
用例 the Land of the Covenant 【聖】聖約の地 (★Cannan のこと).

cov·er /kÁvər/ 動 本来地 ○ CU 〔一般語〕 一般義 保護したり,隠すために物をかぶせる,覆う,その結果保護する,守る,かばう,覆う. その他 元来物の上に広げる意とし,物の上に広がる意がある. 具体的には,本などに表紙をつける,頭に帽子[頭巾]をかぶる,身体を布などで包む,箱などにふたをする,物に覆いをする,壁などにペンキや泥を塗る,版を張る. また予やほこりおもたりを覆う,比喩的に本などの内容がある範囲にわたる,包含する,及ぶ,ある時代を取り扱う,人などが距離を行く,踏破する,販売員のある地区を担当する,扱う,銃が敵を射程内におく,ねらう,銃を向けて味方を掩護(えんご)する, 野 塁をカバーする,保険などが損害を補う,補償する,費用を負う, 新聞などの記者が取材する,ニュースとして事件などを扱う,報道する. として,...の代わりをする,代用をする(for).
图 として覆い,カバー,包み紙,封筒,表紙,ふた,一人分の食器を並べた座席,また動物などの隠れ場所,潜伏所, 〔くだけた語〕隠れみの,口実,見せかけ,保証(金).
語源 ラテン語 cooperire (=co- 強意+operire to cover) が古フランス語 covrir を経て中英語に入った.
用例 They covered (up) the body with a sheet. 彼らはその遺体をシーツでくるんだ/cover one's face with the hands 顔を手で覆う/snow-covered mountains 雪に覆われた山々/a book covered with leather 皮表紙の本/Does this definition cover the figurative meaning? この定義は比喩的な意味を包含していますか/We covered 700 kilometers on the first day. 第一日目に 700 キロ走破した/Will £5 cover your expenses? 5 ポンドで君の費用が賄えますか/A reporter was sent to cover the plane crash. 墜落事故を取材するために記者が派遣された/His business trips abroad are a cover for his smuggling. 彼が商用で海外に出かけるのが密輸の隠れみのになっている.
日英比較 日本語の本などの「カバー」と英語の cover は意味が異なる. 日本語の「カバー」は本にかぶせる紙やビニールをいうのに対し,英語の cover は本の表紙をいう: to read a book from cover to cover は本を表表紙から裏表紙まで読む(初めから終りまで読む). 日本語の「カバー」は英語では (book) jacket または dust jacket という.
【慣用句】 **break cover** 獲物が隠れ場所から飛び出す. **cover up** すっかり覆う; 包みかくす, もみ消す. **take cover** 避難する. **under the cover of ...** ...にまぎれて, ...に隠れて; ...を口実に.
【派生語】 **cóverage** 图 UC 新聞などの報道,取材,保険の補償範囲. **cóvered** 限定用法 ふた付, 覆いのついた, 帽子つきの: covered wagon ほろ馬車. **cóverlet** 图 C ベッドの上かけ, ベッドカバー. **cóvering** 图 UC 覆い,屋根,遮蔽,外皮: covering letter [note] 品物などに同封される添え状,説明書.
【複合語】 **cóveralls** 图 【複】上着とズボンが一体になってすっぽり身体を包む仕事着. **cóver chàrge** 图 C レストラン,クラブなどの席料,サービス料. **cóver gìrl** 图 C 雑誌などの表紙の美人モデル. **cóver lètter [nòte]** 图 C =covering letter [note]. **cóver stòry** 图 C 雑誌の特集記事 (★表紙に掲示してある記事の意). **cóver-ùp** 图 C もみ消し,隠れみの,水着の上に着るビーチコートと上にはおる衣服.

cov·ert /kÁvərt/ 形 C 〔やや形式ばった語〕ひそかな,隠れた,あるいは明示されていない. 图 として,狩猟中の獲物の隠れ場所.
語源 古フランス語 covrir (=to cover) の過去分詞 covert が中英語に入った.
反意語 overt.
【派生語】 **cóvertly** 副.

cov·et /kÁvit/ 動 本来地 〔形式ばった語〕他人のものをひどく,あるいは不当に欲しがる,取りがる.
語源 ラテン語 cupiditas (=desire) から派生した俗ラテン語 *cupiditare (=to desire) が古フランス語 cuveitier を経て中英語に入った.
【派生語】 **cóvetous** 形 貪欲な, 強欲な. **cóvetously** 副. **cóvetousness** 图 U.

cow[1] /káu/ 图 C 〔一般語〕一般義 家畜としての雌牛, 乳牛. その他 野牛, 水牛などウシ科の動物の雌の成牛,象,鹿,あざらしなど大型動物の雌, 〔形容詞的に〕雌の.主に米西部で【複数形で】牛一般 (cattle). 〔くだけた語〕〔軽蔑的〕だらしない女, いやな女.
語源 古英語 cū から.
用例 He has ten cows and a bull. 彼は乳牛を 10 頭に雄牛を 1 頭飼っている/Silly cow! ばかな女だ!
類義語 cow; bull; ox; steer; calf; cattle: 家畜としての牛は, cow は去勢されていない雌牛, bull は去勢されていない雄牛, ox は荷車や農耕用に去勢された雄牛, steer は食肉用の若い去勢牛, calf は雄・雌に関係なく子牛, cattle は家畜用の牛すべてを集合的に表す. また象, 鯨, あざらしなどの雄は bull, 雌を cow, 子を calf という.

【複合語】**ców·bèll** 名 C 所在を示すように牛の首につけた鈴. **ców·boy** 名 C 牧童, カウボーイ. **ców·catcher** 名 C 機関車や路面電車の前部に取り付けた障害物を取り除くためのエプロン, 排障器. **ców·girl** 名 C 女性の牧童. **ców·hànd** 名 C 牧場の労働者, 牧童. **ców·hèrd** 名 C 放牧された牛を世話する人, 牛飼い. **ców·hìde** 名 C 牛皮, 牛革. **ców·man** 名 C 牧畜農場主, 牛飼い. **ców·pòx** 名 C 牛痘. **ców·pùncher** 名 C [くだけた語] カウボーイ (★牛を突いて追ったことから). **ców·shèd** 名 C 牛小屋, 牛舎.

cow[2] /káu/ 動 [本来］［形式ばった語］暴力や脅迫などでおどす, おびえさせる.
[語源] 古ノルド語 *kuga* (= to tyrannize over) が初期近代英語に入った.

cow·ard /káuərd/ 名 C 形 [一般語] 臆病者, 卑怯者, 競馬などで臆病馬. 形 として臆病な.
[語源] ラテン語 *cauda* (= tail) が古フランス語 *couard* を経て中英語に入った. おびえた動物がしっぽをまくことからといわれている.
[用例] The *cowards* ran away when they saw the enemy approaching. 敵が接近するのを見て臆病者たちは逃亡した.
【派生語】**cowardice** /káuərdis/ 名 U 臆病. **cówardliness** 名 U. **cówardly** 形 臆病な, 卑怯な.

cow·er /káuər/ 動 [本来] 恐怖, 苦痛, 恥ずかしさ, 寒さなどのためにちぢこまる, すくむ.
[語源] 不詳. 中英語から.

cowl /kául/ 名 C [一般語] [一般義] 修道士の着る頭巾付きの僧衣または頭巾そのもの. [僧帽の形をした煙の逆流をふせぐ煙突帽, 車の計器盤と前の窓をおおった部分, カウル, 飛行機のエンジンカバー (cowling).
[語源] 古英語 *cugele* から.
【派生語】**cówling** 名 C 飛行機のエンジンカバー (cowl).

cow·lick /káulik/ 名 C [一般語] 額の上のうまくなでつけられない立ち毛.
[語源] 初期近代英語から. 牛になめられたように見えることによる.

co-work·er /kóuwə̀ːrkər/ 名 C [一般語] 協力者, 同僚.

cox /káks/ 動 [くだけた語] = coxswain.

cox·comb /kákskòum | kóks-/ 名 C [古風な語] [一般語] 身なりばかり気を使う愚かなしゃれ男. [その他] = cockscomb.

cox·swain /káksn | kóks-/ 名 C 動 [本来］［形式ばった語］ [一般義] レース用ボートの舵をとり号令する人, コックス. [その他] 本来本船の付属小型ボート (cockboat) の艇長. 動 としてコックスを務める.
[語法] **cox** ともいう.
[語源] 中英語 *cok* (= cockboat) + *swain* から.

coy /kói/ 形 [一般語] 人の関心をひこうとして, 若い娘や女性が恥ずかしそうなふりの, おしとやかぶった.
[語源] ラテン語 *quietus* (= quiet) が古フランス語 *quei*, *coi* (= calm) を経て中英語に入った.
【派生語】**cóyly** 副. **cóyness** 名 U.

coy·ote /káiout | kɔióuti/ 名 C [動] 北米西部の大草原に住む小形のおおかみ, コヨーテ (prairie wolf).
[語源] 北米先住民の言葉から.

coz·y, (英) **co·sy** /kóuzi/ 形 C 名 C (米) こじんまりとして暖かく快適で居心地のよい. 名 として, ティーポットなどの保温カバー (tea cozy).
[語源] スカンジナビア語起源と思われるが不詳.
【派生語】**cózily**, (英) **cósily** 副. **cóziness**, (英) **cósiness** 名 U.

crab[1] /kráb/ 名 CU 動 [本来] [動] かに類の総称, かにの肉, 《the C-》 [天] かに座 (Cancer). 動 としていらいらさせる, 怒らせる (★かには気難しく怒りっぽい動物と思われている).
[語源] 古英語 *crabba* から.
【慣用句】**catch a crab** [競艇] オールを深く水中に入れすぎて漕ぎそこなってバランスをくずす.
【派生語】**crabbed** 形 判読しにくい, 気難しい. **crabby** 形 気難しい, 意地の悪い.

crab[2] /kráb/ 名 C [植] 野生のりんご, またはその木 (crab apple).

crab[3] /kráb/ 名 C 動 [本来自] [くだけた語] 怒りっぽい人, 気難しい人. 動 として, 不機嫌にぐちを言う, 意地悪く人のあら探しをする.
[語源] **crabbed** からの逆成とされる. ⇒ **crab**[1].

crack[1] /kræk/ 動 [本来自] 名 C [一般語] [一般義] 堅いものが割れたり破裂して鋭い音を立てる. [その他] 鋭い音を立てててから割れる, ひびが入る. 変声期などで突然声変わりする, 声の調子が急に変わる. 他 鋭く鳴らす, ぴしっと打つ, ひびを入れる, 割る, 砕く, 破る, [くだけた語] 金庫をこじあける, 破る, びんや缶などをあける, あけて飲む, 障壁を打破する, 問題などを解決する, 秘密を教える, 明かす, 暗号を解く, うまいことをいう, 冗談をとばす. 名 としては, ぱりっ, ぴしっ, ばーんなど鋭い音, ひと打ち, しわがれ声, 声変わり, ひび, 割れ目, すき間, 亀裂.
[語源] ゲルマン系の言語に共通する擬音語起源の語で, 「鳴り響く」意味の古英語 *cracian* から.
[用例] Her bone isn't broken—it's just *cracked*. 彼女の骨は折れたのではない, ひびが入っただけだ / My knees *cracked* when I knelt down. ひざをついた時, 両ひざがぽきっと音がした / People were employed to *crack* enemy codes during the war. 戦時中, 敵の暗号を解読するために人が採用された / a *crack* of the cup カップのひび.
[類義語] **crack**; **break**: **crack** はひび割れる意味で, 完全に切断したり粉々になることは意味しない. **break** は折れたり, 壊れて切断することを表す.
【慣用句】*a fair crack of the whip* 好機. *at the crack of dawn* 夜明けに. *have [get; take] a crack at ...* 難しいことを試してみる. *paper [cover] over the cracks* 欠陥をとりつくろって隠す.
【派生語】**crácked** 形 ひびの入った, われた, 声がつぶれた, しゃがれた, 声変わりをした, 信用などが落ちた. **crácker** 名 C 甘味のない薄い堅焼きビスケット, クラッカー, (英) 爆竹 (firecracker). **cráckers** 形 《述語用法》気がふれて, 無我夢中で.
【複合語】**cráckbrained** 形 気のふれた, ばかばかしい. **cráckdòwn** 名 C 厳重な取締まり, 弾圧. **cráck-ùp** 名 C 崩壊, 飛行機の墜落, 車の衝突, [くだけた語] 体や神経の衰弱, ノイローゼ.

crack[2] /kræk/ 形 [くだけた語] 《限定用法》最優秀の, 一流の.

crack·le /krækl/ 動 [本来自] 名 UC [一般語] 乾いたまきなどが燃えるときなどにぱちぱちという音を立てる. 名 としてぱちぱちという音, 細かいひび割れ, ひび焼きの陶器.
[語源] **crack** の反復形.
【派生語】**cráckling** 名 U ぱちぱち, ばりばりという音,

ローストポークのかりかりしたもろい茶色の上皮.
【複合語】**cráckleware** 名 U ひび焼き(陶磁器).

-cra·cy /krəsi/ 連結 「...政治」「政体」「...の支配」を表す. 例: autocracy (専制政治); democracy (民主政治).
語源 「支配, 力」を意味するギリシャ語 *kratos* からの *-ratia* が後期ラテン語 *-cratia*, フランス語 *-cratie* を経て入った.

cra·dle /kréidl/ 名 C 動 本来他 〔一般語〕 一般義 揺り軸付の赤ん坊用小型ベッド, 揺りかご. その他 赤ん坊を寝かせる揺りかごから, 文化, 民族などの発祥の地, 人生の初期, 幼年時代, 揺籃期. 揺りかご状のものを指し, 電話の受話器をのせる台, 船, 航空機修理用の架台, 自動車の下にもぐって修理する時使う寝台(鳫)など. 動として揺りかごに入れる, 揺りかごで眠らせる, 揺すってあやす, 受話器を受け台に戻す, 船などを架台で支える.
語源 「小さなかご」を意味する古英語 cradol から.
用例 from the *cradle* to the grave 揺りかごから墓場まで, 一生涯/the *cradle* of civilization 文明の発祥の地/She *cradled* the child in her arms. 彼女は子供を腕に抱いて揺すって寝かしつけた.
【複合語】**crádlesòng** 名 C 子守唄.

craft /kræft|-á:-/ 名 CU 動 本来他 〔一般語〕 一般義 手ári, 専門職などの特殊技術. その他 元来技術や技能を表し, 特殊技術や技巧, 巧みさ, またそうした技術を必要とする大工, 左官などは手工業的な職業, (the ~; 集合的)特殊技術を持つ職人たち, 同業組合員. 技巧を悪い意味で見ると, 悪だくみ, 悪知恵. さらに多分漁や交易に用いた小型の船を表す small craft によると思われる意味から, 船舶, 航空機. 動 として精巧な細工をする, 手で精巧に作る.
語源 古英語 craft (力) から. 「力」→「技術, 技巧」の意味変化が起った. 船の意味は漁師や船乗りの言葉から発生したと思われ, 本来の vessels of small craft が略されて craft だけで船の意味となったと考えられる.
用例 arts and *crafts* 美術工芸/I am learning the *craft* of pottery. 私は陶器の技術を学んでいます/*Craft* and deceit are often used by confidence trickers. 悪だくみや詐欺はしばしば詐欺師の使う手だ/a hovercraft ホバークラフト.
【派生語】**cráftily** 副. **cráftiness** 名 U. **cráfty** 形 悪がしこい, 狡猾な, ずるい.
【複合語】**cráftsman** 名 C 職人, 工芸家, 熟練工. **cráftsmanship** 名 U 職人の技量. **cráft ùnion** 名 C 職業別労働組合.

crag /kræg/ 名 C 〔一般語〕 高く険しいごつごつした岩や断崖.
語源 ケルト語起源. 中英語から.
【派生語】**cràggy** 形 岩だらけの, 顔がごつごつしていかつい.

cram /kræm/ 動 本来他 名 CU 〔一般語〕 物や人を収容能力以上に詰め込む, 〔くだけた語〕 試験などのために, 短期間で急いで詰め込み勉強をさせる[する]. 名 としてすし詰め状態, 詰め込み勉強.
語源 古英語 crammian (= to squeeze) から.
類義語 stuff.
【派生語】**crámmer** 名 C 〔くだけた語〕《英》詰め込み勉強をさせる教師[学校].
【複合語】**crám-fúll** 形 〔くだけた語〕《英》ぎっしり詰まった.

cramp[1] /kræmp/ 名 UC 動 本来自 〔一般語〕 筋肉のけいれん, こむらがえり. 動 としてけいれんを起こさせる, けいれんする.
語源 古フランス語 *crampe* が中英語に入った. おそらく cramp[2] から.

cramp[2] /kræmp/ 名 C 動 本来他 〔一般語〕 かすがい, 締め付け金具. 動 として...をかすがいで締め付ける, 束縛する, 狭い所に閉じこめる.
語源 中オランダ語 *krampe* (= hook) が中英語に入った.
【慣用句】*cramp ...'s style* 人の能力を十分に発揮させない.
【派生語】**crámped** 形 場所などが狭苦しい, 筆跡などがごちゃごちゃ書き込まれて読みにくい.

cran·ber·ry /krǽnberi|-bəri/ 名 C 〔植〕つるこけもも, クランベリー, またその実.
語源 低地ドイツ語 *kraanbere* (kraan crane + bere berry) が初期近代英語に入った. その雌しべが鶴のくちばしに似ていることから.
用例 *cranberry* sauce クランベリーソース.

crane /kréin/ 名 C 動 本来他 〔鳥〕 つる, あおさぎ, こうのとりなど, 脚, 胴の長い鳥一般をいう. 〔一般語〕 形が類似していることから, 起重機, クレーン. 動 としては何か見るときつるのように首を伸ばし, 物を起重機で上げる, 動かす.
語源 古英語 cran から. インド・ヨーロッパ諸語に類似した語があり, しわがれた鳴き声の擬音語.
用例 He *craned* his neck in order to see over the wall. 彼は塀ごしに見ようと首を伸ばした.
【複合語】**cráne flỳ** 名 C 〔昆虫〕蚊とんぼ, ががんぼ.

cra·ni·um /kréiniəm/ 名 C (複 **-nia**) 〔解〕脊椎動物の頭骨, 頭蓋.
語源 ギリシャ語 *kranion* (頭骨) が中世ラテン語 *cranium* を経て中英語に入った.
【派生語】**cránial** 形.

crank /krænk/ 名 C 動 本来他 〔一般語〕 一般義 機械, 自動車などの L 字形のハンドル, クランク. その他 ねじれたものという古い意味が元になっていてクランクの意味が生じた. また〔くだけた語〕奇妙な考えを持つ人, 変人, つむじ曲がり, 《米》気むずかし屋. 動 として, クランクを回してエンジンを始動する, 機械の出力を上げる, 活発にする.
語源 古英語 crancstæf (= weaving instrument) の cranc- から.
【派生語】**crànky** 形 〔くだけた語〕風変わりな,《米》怒りっぽい.
【複合語】**crànk càll** 名 C 〔俗語〕いたずら電話. **cránkshàft** 名 C 〔機械〕自動車などのクランク軸.

cran·ny /krǽni/ 名 C 〔やや文語的〕壁や岩などの小さく狭い割れ目.
語源 古フランス語 *cran* (=notch) に -y が付いた形が中英語に入った.

crap /kræp/ 名 U 動 本来自 〔卑語〕《特に米》くそ, 排便, またくだらないことがらくた. 動 としてくそをする.
語源 古英語 *crappe* (かす)が中英語に入った.

crape /kréip/ 名 CU 〔一般語〕腕などに巻く黒い喪章, またクレープの意味にもなる. ⇒crepe.
語源 ラテン語 *crispus* (= curled) がフランス語 *crêpe* を経て初期近代英語に入った.

crash[1] /kræʃ/ 動 本来自 名 C 副 形 〔一般語〕 一般義 がちゃん, どしん, ばりばりというすさまじい音を立てる, すさまじい音を立てて砕ける, 崩れる. その他 すごい勢

いで**突進する**, 車などが**衝突する**, 飛行機が**墜落する**. また(俗語)横になる, 寝る, 麻薬の高揚状態から気分が低下して元にもどる. さらに突然起こる崩壊の意味から転じて事業や計画が突然**崩壊する**, **失敗する**, 株式市場が**暴落する**. 故障などによりコンピューターが突然操作できなくなる. 他として, 物をたたきつけてがちゃんと**割る**, こなごなに**壊す**, **砕く**, **衝突させる**, **墜落させる**. 名として, 衝突, 崩壊のすさまじい**音**, また衝突, 激突, 墜落, 失敗, 挫折, 株式の暴落, コンピューターの故障. 副として がちゃんと, どすんと, すさまじい音を立てて. 形として〔くだけた語〕〔限定用法〕**緊急の**, 事業や計画が**大急ぎの**, **突貫工事の**.

[語源] 中英語の cracken (=crack) の異形 crashen から. また craze (ひび割れをつくる) と dash (たたきつける) の混成とも考えられる.

[用例] The glass *crashed* to the floor. グラスががちゃんと床に落ちた/He *crashed* (his car). 彼は衝突した(車を衝突させた)/The firm *crashed* soon after his death. 彼の死後まもなく会社はつぶれた/a plane *crash* 飛行機の墜落/a *crash* course in shorthand and typing 速記とタイプの集中コース.

【派生語】**cráshing** 形 全くの, 例外もない, すばらしい.
【複合語】**crásh dìve** 名 C 敵襲をのがれるために潜水艦が急角度で行う**急速潜航**. **crásh hèlmet** 名 オートバイなどに使う**安全ヘルメット**. **crásh-lánd** [本来自] 破損覚悟で飛行機を**緊急着陸[不時着]させる[する]**. **crásh lánding** 名 C **不時着**.

crash² /kræʃ/ 名 U 〔一般用〕タオル, カーテンなどに用いる目のあらいリンネル, **綿布**.
[語源] 不詳.

crass /kræs/ 形 〔やや形式ばった語〕〔限定用法〕**無知**, **愚鈍さ**, 無神経さなどがはなはだしい.
[語源] ラテン語 *crassus* (=thick) が初期近代英語に入った. 本来は織物が「ぼてぼてでざらざらの」を意味した.
[用例] a *crass* mistake ひどいまちがい.

-crat /kræt/ [接尾] 「支配階級の一員」「…政府[政体]の関係者, 支持者」を表す. 例: autocrat (専制君主); Democrat (米民主党員).
[語源] フランス語 *cratie* からの逆成による **crate** から. ⇒ -cracy.

crate /kreɪt/ 名 C 〔一般用〕ガラス, 陶器などを運ぶ**木枠**, 編みかご, **桶型用の箱**.
[語源] ラテン語 *cratis* (=hurdle) が中英語に入った.

cra·ter /kreɪtər/ 名 C 〔一般用〕火山の**噴火口**, 月や火星の表面にある**火口状のくぼみ**.
[語源] ギリシャ語 *krater* (=mixing bowl) がラテン語を経て初期近代英語に入った.

cra·vat /krəvǽt/ 名 C 〔一般用〕男性用の**スカーフ**, **ネッククロス**, **ネクタイ**.
[語源] フランス語 *cravate* (=Croatian) が初期近代英語に入った. クロアチアの兵士が首にまいたことによる.

crave /kreɪv/ 動 [本来自] 〔形式ばった語〕押さえられないほど強く**求める**, **切望する** [for; after].
[語源] 古英語 crafian (=to demand as right) から.
[類義語] demand.
【派生語】**cráving** 名 U 飲食物, 特に習慣となってしまう酒, タバコ, 麻薬などに対する異常な**切望**.

cra·ven /kreɪvən/ 形 C 〔文語〕〔軽蔑的〕全く勇気がないもの**臆病な(人)**.
[語源] 古フランス語 *cravanter* (=to overwhelm) の

過去分詞 *cravanté* が中英語に入った.

craw·fish /krɔ́:fɪʃ/ 名 CU 【動】《米》**ざりがに** (crayfish).

crawl /krɔ:l/ 動 [本来自] 名 U 〔一般用〕[一般義] へび, みみずなどの虫のように地面をはってゆっくり**進む**, **はって歩く**. [その他] 元米地面をはったり, 地表すれすれに進むことをいい, 腹ばい[よつんばい]で進む, クロールで**泳ぐ**, 赤ん坊がはいはいする. 比喩的にはって歩くように列車や車などの**のろのろ進む**, 病人がそろそろ歩く, 時間が徐々に過ぎる, 〔くだけた語〕虫のようにこそこそ**動き回る**, こそこそ歩きまわって人に**取り入る**, ぺこぺこする. 古い意味で地表をはうように植物の茎や枝がおおう意味から, 《進行形で》場所が虫などでいっぱいである 《with》, また虫がはうような感じがして皮膚がむずむずする, ぞっとする. 名 としては**はう**こと, **はい歩き**, 水泳の**クロール**, テレビ画面を横切って流れるお知らせ, 説明, 制作スタッフリスト.

[語源] 古ノルド語 *krafla* (前足でかく) が中英語に入った.

[用例] The baby can't walk yet, but she *crawls* everywhere. その赤ん坊はまだ歩くことはできないがどこにでもはって歩く/She's always *crawling* to the boss because she wants more money. もっと給料が欲しいので彼女はいつも上司に取り入ろうとしている/His hair was *crawling* with lice. 彼の髪にはしらみがうじゃうじゃしていた.

【派生語】**cráwler** 名 C はう人[動物], のろのろ走る車, 無限軌道トラクター (crawler tractor).

cray·fish /kreɪfɪʃ/ 名 CU 【動】ざりがに(《米》crawfish) や**小型のいせえび**, またその肉.
[語源] ゲルマン語起源の古フランス語 *crevice* が中英語に入った. 後に-vice は fish と混同された.
[類義語] lobster.

cray·on /kreɪən, -ɑn/ 名 C 動 [本来自] 〔一般用〕**クレヨン**. 動 としてクレヨンで**描く**.
[語源] ラテン語 *creta* (=chalk) によるフランス語 *craie* の派生形が初期近代英語に入った.

craze /kreɪz/ 動 [本来自] 名 C 〔一般用〕[一般義] 《通例受身で》**発狂させる**. [その他] 元米壊すことを表し, 転じて精神的に分裂させる, 発狂させることを意味する. 陶磁器などの表面にひびをいれる, ひび焼きにする. 名 として**狂気**, 一時的**熱狂**, **大流行**, 表面の細かなひび.
[語源] 古ノルド語 *krasa (粉々に壊す) が中英語に入った.
[用例] I am almost *crazed* with loneliness. 孤独でほとんど気が狂いそうだ.

【派生語】**cráziliy** 副. **cráziness** 名 U. **crázy** 形 〔くだけた語〕**気が狂った**, 夢中になった, 熱狂した: You don't have to be *crazy* to work here, but it helps. ここで働くには気も狂っていないとやって行けないよ/She's *crazy* about her current boyfriend. 彼女はいま付き合っているボーイフレンドに夢中だ.

creak /kri:k/ 名 C 動 [本来自] 〔一般用〕さびたドアのちょうつがいなどがたてる耳ざわりな**きいきいする音**. 動 として, アとする.
[語源] 中英語 creken より. 擬音語.
【派生語】**créaky** 形 きいきいいう, きしみやすい.

cream /kri:m/ 名 U 動 [本来他] 〔一般用〕[一般義] 牛乳の表面に浮く淡黄色の脂肪分, **乳脂**, **クリーム**. [その他] クリーム入り[クリーム状]の食物, **クリーム菓子**, 乳状の化粧品, 薬用品, クリーム, またクリーム色, **淡黄色**. 比喩的に《the ～》**最も優れた部分**, **精華**. 形とし

てクリーム入りの, クリームで作った, クリーム色の. 動として, 牛乳からクリームを分離する, コーヒーなどにクリームを加える, クリーム(ソース)で料理する, かき混ぜてクリーム状にする, 比喩的に最もよい部分を取る, えり抜く.

[語源] 古フランス語 craime, cresme が中英語に入った. フランス語は多分後期ラテン語 chrisma (聖油) と「表面, 被膜」を意味するケルト語起源の crama の混成によると思われる.

[用例] ice *cream* アイスクリーム/*cream* cake クリームケーキ/the *cream* of society 社会の最良の人々/the *cream* of the story 話の一番おもしろい部分/She *creamed* the milk. 彼女は牛乳からクリームを分離した/The new school *creamed* off the best pupils in the district. その新しい学校は地区の一番優れた生徒達をえり抜いた.

【派生語】**créamer** 名 C クリーム分離器, 食卓用クリーム入れ. **créamery** 名 C バター・チーズ製造所, 牛乳, クリーム, バターなどの販売店. **créaminess** 名 U. **créamy** 形 クリーム状の, クリームがたくさん入った, クリーム色の.

【複合語】**créam chèese** 名 U クリームチーズ. **créam pùff** 名 C シュークリーム. **créam sóda** 名 U バニラの香りをつけたソーダ水, クリームソーダ.

crease /kríːs/ 名 C 動 [本来他] 〔一般語〕ズボンなどの折り目, 布や紙, 顔などのしわ (★wrinkle よりも大きなしわをいう). 動 として折り目をつける, 折り目がつく, 《英》〔くだけた語〕大笑いさせる.

[語源] 不詳.

cre·ate /kri(ː)éit/ 動 [本来他] 〔一般語〕〔一般義〕それまで無いものを**作り出す, 創造する**. [その他] もともと神あるいは自然が無からものを**生じさせる**意で, この意味が拡大されて一般に創造する意味になり, 独創的なものを**創始する, 創設する**, 〔形式ばった語〕**騒ぎを引き起こす**, 評判を生む, 印象を与える.

[語源] ラテン語 *creare* (=to create) の過去分詞 *creatus* が中英語に入った.

[用例] How was the earth *created*? 地球はどのように創造されたのですか/The circus *created* great excitement. そのサーカスは大きな興奮を巻き起こした.

[類義語] make.

【派生語】**creátion** 名 UC 新しいものの創造, 創作(物, 品), 《the C-》天地創造, 創世, 神の創造した世界, 宇宙, 万物. the *creation* of the Roman Empire took many years. ローマ帝国の成立には長い年月がかかった. **creátive** 形 創造力のある, 生産的な, 独創的な, 想像力の豊かな. **creatívity** 名 U 創造性, 独創性. **creátor** 名 C 創造者, 創作家, 創設者, 《the C-》造物主, 神. **créature** /kríːtʃər/ 名 C 創造物である生き物, 動物, 人間, 《しばしば軽蔑や愛情, 同情をこめて》人, 特に女性, 比喩的にその存在を他に頼っている人を表し, 子分, 手下, 手先.

cre·dence /kríːdəns/ 名 U 〔形式ばった語〕他人の言葉や証言などに対する**信用**.

[語源] ラテン語 *credere* (=to believe) から派生した中世ラテン語 *credentia* (=belief; trust) が古フランス語を経て中英語に入った.

[用例] give *credence* to ... ...を信じる/a letter of *credence* 信任状.

cre·den·tials /kridénʃəlz/ 名 《複》〔形式ばった語〕〔一般義〕大使や公使などに授ける**信任状**. [その他] 一般に証明書, 保証書, 資格認定書, 資格, 業績, 経歴.

[語源] 中世ラテン語 *credentia* (⇒credence) の 形 *credentialis* が初期近代英語に入った.

cred·i·ble /krédəbl/ 形 〔一般語〕妥当性があり信用に値する.

[語源] ラテン語 *credere* (=to believe) から派生した *credibilis* が中英語に入った.

【派生語】**credibílity** 名 U 〔形式ばった語〕信用できること, 真実性, 信頼性: credibility gap 特に政治家などの言行の不一致やそれに伴う**不信感**. **crédibly** 副 確実に.

cred·it /krédit/ 名 UC 動 [本来他] 〔一般語〕〔一般義〕商取引上の信用, 信用貸し, 掛け売り, クレジット. [その他] もともと〔やや形式ばった語〕**信用, 信頼**を意味し, 転じて特に金銭上の信用をいい, 信用販売, 銀行の**融資, 貸付金**, 信用を得る基になる銀行の**預金, 預金残高**, 簿記の**貸し方**の意味に用いる. 信用に値する特質の意で名声, 評判, 名誉, 功績, 《米》科目を履修したことを証明する履修証明, 履修単位. 動 として信用する, 信ずる, 信用貸しにする, 貸し方に記入する, 功績などが...にある, 履修証明を与える.

[語源] ラテン語 *credere* (=to believe) の過去分詞 *creditus* がフランス語 *crédit* を経て初期近代英語に入った.

[用例] We don't give *credit* at this shop. 当店では掛け売りは致しません/The bank will not give you any more *credit* until you repay the previous loan. 前に貸した金を返済するまで, その銀行ではこれ以上あなたに融資はしてくれないでしょう/I don't *credit* her with much intelligence. 彼女にそれ程知性があるとは思いません.

【慣用句】*a letter of credit* 信用状. *do credit to ...* ...の名誉となる. *give ... (the) credit for ...* ...を...の手柄とする, ...は...がしたものとする. *on credit* 信用貸しで, クレジットで. *take (the) credit for ...* ...を自分の手柄にする. *to ...'s credit* ...の業績となって.

【派生語】**créditable** 形 〔やや形式ばった語〕称賛に値する. **créditably** 副 見事に, 面目をほどこすように. **créditor** 名 C 債権者, 簿記の貸し方.

【複合語】**crédit accóunt** 名 C 《英》掛け勘定 (《米》charge account). **crédit càrd** 名 C クレジットカード. **crédit hòur** 名 C 履修の単位時間. **crédit squèeze** 名 C 金融引締め. **crédit títles** 名 《複》映画などの俳優, 原作者, 製作スタッフなどの字幕.

cre·do /kríːdou, kréi-/ 名 〔一般語〕一般的なまたは宗教的な信条 (creed).

[語源] ラテン語 *credere* (=to believe) の直説法1人称単数現在の形. ラテン語の使徒信条およびニケア信条の最初の語が *credo* (=I believe) で始まっていたことから.

cred·u·lous /krédʒuləs|-dju-/ 形 〔一般語〕軽々しく信じこむ, だまされやすい.

[語源] ラテン語 *credere* (=to believe) から派生した *credulus* が初期近代英語に入った.

【派生語】**credúlity** 名 U. **credúlously** 副. **crédulousness** 名 U.

creed /kríːd/ 名 C 〔一般語〕主義, 信念, キリスト教の信条.

[語源] ラテン語 *credo* (⇒credo) が古英語に crēda として入った.

creek /kríːk/ 名 C 〔一般語〕《米》小川 (★brook よ

り大きく river より小さい),《英》海, 川, 湖の小さな入江, 湾.
[語源] 古ノルド語 *kriki*（=bend; winding）が「湾曲した入江」の意味で中英語に入った.
【慣用句】*up the creek*《俗語》窮地にある: We're really *up the creek* now—here we are, in a foreign country, with no money. 私たちはいま本当に困っている. 外国にいて, お金もない.

creep /kríːp/ 動 [本来自] （過去・過分 **crept**）〔一般語〕 [一般義] ゆっくり進む, こっそり進む. [その他] 人がはう, 腹ばいで進む, 比喩的に歳月が忍び寄る, つる草などが壁などにはうように繁る, からみつく, 虫などが皮膚をはっているような感じがしてむずむずする, 恐怖などでぞっとする, 長い間に高温や重圧で金属が徐々に伸びる, 変形する. 名 としてはうこと, 《the ~s》むずむずする感じ, 徐々に進む金属の変形.
[語源] 古英語 *crēopan* から. 本来ははへび, みみずなど足のない生物が「はう」意味であったが, 現在ではこの意味には主に crawl を用いる.
[用例] They arrived late and *crept* into the church. 彼らは遅れて到着したのでそっと教会に入っていった/The dog *crept* under the hedge. 犬は垣根の下をはって進んだ.
【派生語】**créeper** 名 はうもの, 昆虫, 爬虫類, つる草. **créeping** 形 はい回る, 植物のつるなどの性の, 知らないうちに忍び寄る, 進行性の, むずむずする. 名 U はうこと, 徐々に動くこと. **créepy** 形〔ややくだけた語〕むずむずする, ぞくぞくする.

cre·mate /kríːmeit, kriméit/ 動 [本来他] 死体を火葬にする.
[語源] ラテン語 *cremare*（=to burn up）の過去分詞 *crematus* が 19 世紀に入った.
【派生語】**cremátion** 名 UC. **cremátórium** 名 C 《英》火葬場. **crémató̀ry** 名 C 《米》火葬場, 火葬炉.

Cre·ole /kríːoul/ 名 CU〔一般語〕 [一般義] 西インド諸島や中南米で生まれ育ったヨーロッパ系の子孫, 特にスペイン系のクレオール人. [その他] 米国の Louisiana 州のフランス系移民の子孫であるクレオール人, 彼らが話すくずれたフランス語, クレオール語. 形 としてクレオール（人）の, クレオール語の.

cre·o·sote /kríːəsòut/ 名 U《化》医療および木材などの防腐に使うクレオソート.

crepe, crêpe /kréip/ 名 UC〔一般語〕 [一般義] 薄い縮みの入った布地, クレープ, ちりめん. [その他] 薄焼きのパンケーキ, クレープ, また黒いクレープの喪章 《語法》crape の方が普通.
[語源] 古フランス語 *crespe*（=curled）から派生した近代フランス語 *crepe* が 18 世紀に入った.
【複合語】**crépe pàper** 名 U クレープ地に似せて縮みじわをつけた薄い紙で, 造花やナプキンに用いるちりめん紙. **crépe rùbber** 名 U 靴底用に縮みじわをつけたクレープゴム.

crept /krépt/ 動 creep の過去・過去分詞.

cre·scen·do /krəʃéndou/ 副 形 名 C《楽》次第に強音で, クレッシェンドで. 形 名 としてクレッシェンドの（音, 一節）, また〔くだけた語〕感情などの盛り上がり, 最高潮.
[語源] イタリア語 *crescendo*（=increasing）が 18 世紀に入った.

cres·cent /krésnt/ 名 形〔一般語〕 [一般義] 半月より細い月, すなわち三日月 《★上弦も下弦もいう》.
[その他] その形状から, クロワッサン, 旧トルコまたはイスラム教の象徴である新月旗, 《英》三日月形の広場や街路（名）.
[語源] ラテン語 *crescere*（=to grow; to increase）の現在分詞 *crescens* が古フランス語を経て中英語に入った.

crest /krést/ 名 動 [本来自]〔一般語〕 [一般義] 動物や鳥の頭部の突起, 冠毛, 鶏のとさか. [その他] 馬などの首筋, たてがみ. 古代ローマ兵などのかぶとの羽毛飾り,《紋章》かぶと飾り, 屋根の棟飾り, 線や面をなすものの頂きをいい, 特に波頭, 山頂, 稜線. 動 として山頂に達する.
[語源] ラテン語 *crista*（=tuft; plume）が古フランス語を経て中英語に入った.
[用例] the *crest* of a wave 波頭/a mountain *crest* 山頂.
【慣用句】*on the crest of the* [a] *wave* 得意の絶頂に.
【派生語】**crésted** 形 冠毛のある. **créstfàllen** 形 冠毛をたれた, 元気のない, うなだれた.

cre·ta·ceous /kritéiʃəs/ 形 名《地質》白亜紀の, 白亜質の. 名 として《the C-》白亜紀.
[語源] ラテン語 *cretaceus*（=chalklike）が初期近代英語に入った.

cre·vasse /krivǽs/ 名 C〔一般語〕氷河などの深い割れ目, クレバス,《米》川の堤防の破れ口.
[語源] 古フランス語 *crevasse*（⇒crevice）から 19 世紀に入った.

crev·ice /krévis/ 名 C〔一般語〕壁, 岩, 地面などの狭くて深い割れ目.
[語源] ラテン語 *crepare*（=to crack; to creak）から派生した古フランス語 *crever*（=to split）の派生形 *crevasse* が中英語に入った.

crew /krúː/ 名 C 動 [本来自]〔一般語〕 [一般義] 船の乗組員, 飛行機の搭乗員, 列車の乗務員など乗員の全体をいう. [その他] 原義は「増援隊」の意で, そこから親方, 指導者の下で一緒に働くって一団を表し, 乗員の他に, 高級船員を除く船員, ボートレースのチーム, クルー,〔くだけた語〕仲間, 俳優などの一団. 動 として乗員として働く.
[語法] 単数形で複数扱いをすることもある.
[語源] ラテン語 *crescere*（=to grow; to increase）が古フランス語に *croistre* として入り, その女性形過去分詞 *creue* が「増援」の意味で中英語に入った.
[用例] an air *crew* 航空機の乗員/a racing shell for a *crew* of four 乗員 4 人用の競走用ボート/Will you *crew* for me this weekend? 週末私の代りに搭乗してもらえませんか.
【複合語】**créw cùt** 名 C 短い角刈り, クルーカット. **créwman** 名 C 乗員〔語法〕個人を指す）. **créw nèck** 名 C セーターなどの丸首のネックライン, クルーネック.

crib /kríb/ 名 C 動 [本来他]〔一般語〕 [一般義]《米》周囲に柵のついたベビーベッド（《英》cot）. [その他] 元来家畜用のまぐさおけの意味で, キリスト生誕の時にまぐさおけに寝かされたといわれることから, まぐさおけの中のキリスト像をも表す. まぐさおけから, 家畜小屋, 小さな家.〔くだけた語〕他人の作品の盗用やとらの巻, カンニングペーパー, まぐさおけ形の魚とり.
[語源] 古英語 *crib(b)* から.「編んだもの, かご」が原義で,「盗む, 盗用する」意味は泥棒の隠語である「かごに入れる」に由来すると言われている.

crick /krík/ 名 C 動 本来義 〔一般語〕首や背中などの痛い筋肉けいれん. 動 として 筋を違える.
語源 古ノルド語 *kriki*(=bend)が中英語に入った.
用例 a *crick* in one's neck 首の筋の違え.

crick·et¹ /kríkit/ 名 U 〔一般語〕野球に似た主に英国の球技, クリケット.
語源 不詳.
派生語 **cricketer** 名 C クリケット競技者.

crick·et² /kríkit/ 名 C 《昆虫》こおろぎ, またそれに似た昆虫.
語源 擬音語起源の語で, 古フランス語 *criquer*(=to creak)の 名 *criquet* が中英語に入った.

crier ⇒cry.

crime /kráim/ 名 CU 〔一般語〕一般義 法律上の犯罪. その他 一般的に罪悪, 犯罪的行為, 〔くだけた語〕残念なこと, けしからぬこと, 恥ずべきこと.
語源 ラテン語 *crimen*(=verdict)が古フランス語を経て中英語に入った.
用例 Shoplifting is a *crime*. 万引きは犯罪だ/The widespread destruction of wooded areas is a *crime* against nature. 森林地帯の広範囲な破壊は自然に対する犯罪的行為である/*Crime* does not pay. 犯罪は引き合わない《語法 集合的に用いる》.
派生語 **criminal** /kríminəl/ 名 C 犯罪人, 犯人. 形 犯罪の, 刑事上の, 犯罪的の, けしからぬ: **criminal law** 刑法(⇔civil law). **criminally** 副 有罪に, 刑法上. **criminólogy** 名 U 犯罪学.

crimp /krímp/ 動 本来他 〔一般語〕毛髪や布を縮らせる, ひだをつける, 波形にする. 名 としてひだ, 折り目, 《複数形で》縮れ毛.
語源 古英語 *crympan*(=to curl)から.
派生語 **crímpy** 形.

crim·son /krímzn/ 形 名 U 動 本来義 〔一般語〕濃紫がかった深紅色(の). 動 として 深紅色にする.
語源 アラビア語 *qirmizī*(=kermes 赤色染料)に由来し, 古スペイン語から中英語に入った.
用例 He was *crimson* with embarrassment. 彼は当惑のあまり顔が真赤になった.
類義語 crimson; scarlet: **crimson** がやや紫がかった濃赤色であるのに対して, **scarlet** は明るい鮮やかな深紅色.

cringe /krínd3/ 動 本来自 〔一般語〕恐怖などですくむ, ちぢこまる, しりごみする, へつらう.
語源 古英語 *cringan*(=to bend)から.

crin·kle /kríŋkl/ 動 本来自 名 C 〔形式ばった語〕顔や紙, 布にしわが寄る. 名 としてしわ, 紙などを曲げたりしわくちゃにしたときに出るカサカサという音.
語源 不詳.
派生語 **crínkly** 形.

crip·ple /krípl/ 名 C 形 動 本来他 〔一般語〕足や体が不自由な人, 身体障害者 《語法 意味が強く差別語として悪い意味に使われるので, disabled, handicapped の方が好まれる》. その他 比喩的に〔くだけた語〕効力を弱める, 無力にする.
語源 古英語 *crypel* から.
用例 The cost of the war has *crippled* the country's economy. 戦争費用でその国の経済は衰弱してしまった.

cri·sis /kráisis/ 名 C 《複 **crises**》〔一般語〕一般義 これからの運命を決定する重大局面, 危機. その他 もとも回復するか死に至るかを決めるの病状の重大な変化, 病気の峠を指し, 転じて重大局面, 特に政治・経済上の危機, 難局, 人生の危機, 別れ目.
語源 ギリシャ語 *krinein*(⇒critic)から派生した *krisis*(turning point)がラテン語を経て初期近代英語に入った.
用例 Although she is still very ill, she has passed the *crisis*. 彼女はまだ重病状だが, すでに危機は脱した/an economic *crisis* 経済危機.
派生語 **crítical** 形 ⇒critic.

crisp /krísp/ 形 名 動 本来他 〔一般語〕一般義《良い意味で》食べ物がぱりぱりする, かりかりする. その他 もともと2つの別の意味があり, 1つは食物が固く, しかも歯で割れやすいことを表し, この意味が転じて新鮮な, すがすがしい, 肌が切れてきぱきした, 話し方が歯切れのよい, 天気などさわやかなの意となった. もう 1 つは髪が細く縮れた, 物の表面に細く波立った, 細いひだ[しわ]のある. 名 として, クッキーなどうすくかりかりした食べ物, 《英》ポテトチップス(potato crisp; 《米》potato chip). 動 としてかりかりに焼く, また髪を縮らせる, 物の表面を波立たせる.
語源 「髪が縮れた」という意味はラテン語の *crispus*(=curled)により, 古英語 *crisp* の時代からあった. 「ぱりぱりする」は crisp の発音と擬音が結び付いたものと思われるが, はっきりしない. 初期近代英語になってから生じた意味.
用例 These biscuits are deliciously *crisp*. このビスケットはぱりっとしておいしい/The air was *crisp* and sharp. 空気はすがすがしく膚を刺すようだった/This speaker has a *crisp* style of delivery. この話し手は話し方が歯切れがよい.
派生語 **crísply** ぱりばりして, さわやかに, 歯切れよく. **crispness** 名 U. **crispy** 形 ぱりぱりする, かりかりする.

criss·cross /krískrɔ̀(:)s/ 名 C 形 副 動 本来他 〔一般語〕一般義 2 本の線が交差して作る十文字, ×じるし. その他 十文字形の交差, 交差模様, また交差することから 混乱, 矛盾. 形 《限定用法》十文字模様の, 十字に交差した. 副 として交差して, 食い違って. 動 として 十文字模様をつける, 交差させる.
語源 中英語 *christcross*(=Christ's cross)が変形して 19 世紀に crisscross となった.
用例 The roads around here *crisscross* all over the place. この辺の道路はあちらこちらで縦横に交差している.

cri·te·ri·on /kraití(:)əriən/ 名 C 《複 **~s, -ria**》〔形式ばった語〕何かを判断したり決定したりする基準や標準.
語源 ギリシャ語 *kritērion*(=means of judging)が初期近代英語に入った.

critic /krítik/ 名 C 〔一般語〕一般義 文学や芸術などの評論家, 批評家. その他 ある価値基準に従って人や物を判断する人, 特に職業として論評する評論家, 批評家. ものごとを厳しく批判する人, 酷評家, あら探し屋.
語源 ギリシャ語 *krinein*(=to separate; to choose)から派生した *kritikos*(=critic; able to decide)がラテン語 *criticus* を経て初期近代英語に入った.
用例 He has been the literary *critic* of the local newspaper for twenty years. 彼は 20 年間地方紙の文芸評論家をしている/His *critics* would say that he is unsuitable for the job. 彼を悪くいう人ならば彼がその仕事に向いていないというだろう.
派生語 **crítical** 形 評論の, 批評の, 批判的な, 酷評

croak /króuk/ 本来自 名C 〔一般語〕一般義 かえるやからすがあがあ鳴く. その他 からの鳴き声のようなしわがれた声を出す, ぶつぶつ不平を言う, 不吉なことを予告する, 〔俗語〕死ぬ. 名 としてあがあいう鳴き声.
[語源] 擬音語. 中英語から.
[用例] "I've got a sore throat," she *croaked*. 「私はのどが痛い」と彼女はガーガー声で言った.
【派生語】**cróaker** 名C があがあ鳴く動物. **cróaky** 形.

cro·chet /krouʃéi/ 名U 動本来他 〔一般語〕かぎ針を使って編むクローシェー編み(で編む).
[語源] フランス語 *croe* (=hook) の指小語 *crochet* が19世紀に入った.
【複合語】**cróchet hòok** 名C かぎ針.

crock /krák|krɔ́k/ 名C〔古風な語〕陶器のつぼ, かめ,《複数形で》陶器類.
[語源] 古英語 *croc(a)* (=pot) から.
【派生語】**cróckery** 名U 《主に英》陶製食器類 (《米》earthenware).

croc·o·dile /krákədail|krɔ́k-/ 名CU 動 わに《★alligator より大型で凶暴》, わに皮,《英》生徒が2列になって歩く長い列.
[語源] ギリシャ語 *krokodilos* がラテン語, 古フランス語を経て中英語に入った.
【複合語】**crócodile tèars** 名《複》そら涙, みせかけの悲しみ《★わには獲物を食べながら涙を流すという誤った考えから出た》.

cro·cus /króukəs/ 名C【植】クロッカス《★春を告げる花》.

croft /krɔ́(:)ft/ 名C 〔一般語〕住居に接している小さなスコットランドの**小作農地**.
[語源] 古英語 *croft* から.
【派生語】**crófter** 名C 小作人.

crois·sant /krwɑːsáːŋ/ 名C 〔一般語〕三日月形に焼かれたロールパン, クロワッサン.
[語源] ドイツ語 *Hörnchen* (=little horn) のフランス語訳が19世紀に入った. 17世紀末の対トルコ戦勝記念にトルコの新月旗に似せてウィーンで作られたのが始まり.

crone /króun/ 名C 〔軽蔑的な語〕醜いしわくちゃの老婆.
[語源] 不詳.

cro·ny /króuni/ 名C 〔くだけた語〕つき合いの長い親友や悪友.
[語源] ギリシャ語 *khronos* (=time) の派生形 *khronios* (=long-continued) によるものと思われる. 英国の学生の俗語.
【派生語】**crónyism** 名U《米》行政ポストに親友などを就ける身びいき, えこひいき.

crook /krúk/ 名C 動本来他 〔一般語〕一般義 心のねじ曲がった人, 詐欺師, 悪人. その他 本来は曲がっているもの, 曲がっている所, 屈曲, 湾曲. 転じて羊飼いの柄の曲がったつえ, 傘の曲がった柄. 動 として曲げる[がる], 湾曲させる[する]. 形 として悪い, ひどい.
[語源] 古ノルド語 *krókr* (=hook) が中英語に入った.
【派生語】**crooked** /krúkid/ 形 曲がった[て], ゆがんだ; 不正な[に]. **cróokedly** 副. **cróokedness** 名U.

croon /krúːn/ 動本来自 〔一般語〕子守歌や昔の流行歌などをセンチメンタルに口ずさむ, 低い声でやさしく感傷的に歌う.
[語源] 中期オランダ語 *kronen* (=to murmur) が中英語に入った.

crop /kráp|krɔ́p/ 名C 動本来他 〔一般語〕一般義 小麦, 綿, 果物などの農作物, 作物. その他 元来鳥などののどや食道の袋状のふくらみ, 餌袋や植物のふくらみを持つ頭部, 先の部分, 特に薬用, 料理用に収穫された花頭, 穂先, 若芽を意味した. 転じて収穫される植物から畑の作物, 農作物, (the ~s) 一季節一地方の農作物, 収穫高, 作柄, 年 (とし), 季節ごとに収穫される種々の産物, 一度に発生する群, 多数, 頭髪の刈り込み, その結果である短髪, いがぐり頭, 目印に動物の耳をはさみで切って付ける印, 耳標. 動 として, 植物の穂[枝先]を切り取る, 探む, 動物が草の端を食い切る, また作物を収穫する, 作付けする, 頭髪など短く切る, 刈り込む.
[語源] 古英語 *crop(p)* から. 原義は「丸いもの, かたまり, 植物などの頭」.
[用例] We grow a variety of *crops*, including cabbages, wheat, and barley. 私たちはキャベツ, 小麦, 大麦を含めていろいろな作物を栽培します / He's produced a whole new *crop* of theories. 彼は多数の新しい理論を生み出した / She's had her hair *cropped*. 彼女は短髪にしてもらった.
[類義語] harvest.
【派生語】**crópper** 名C 作物を植え付ける[刈り込む]人, 端切り機, 棒鋼の切断機.

cro·quet /kroukéi/ 名U クローケー《★ゲートボールに似た木球を用いるゲーム》.

cro·quette /krouḱét/ 名C 〔一般語〕コロッケ.
[語源] フランス語 *croquer* (=to crunch) から派生した *croqutte* が18世紀に入った.

cross /krɔ́(ː)s/ 名C 形 動本来他 〔一般語〕一般義 記号として用いる十字形《★+, ×など》. その他 古代の処刑用の垂直の柱の上部に横棒を渡したはりつけ台, 十字架を表す. この十字形がいろいろな意味に使われ, 境界, 墓碑, 町の中心などを示す十字標, 十字塔, 誤りやものの所在地を表す×印, 文字を書けない人が署名の代りに書く×印, (C-) 十字勲章. 交差から転じて, 動植物の交配, 異種間の交雑. 十字架でキリストがはりつけになったことから, (the C-) キリスト受難の十字架, キリストの受難, 十字架が象徴するキリスト教, 祈り, 祝福の時に胸や体中で切る十字のしるし, 比喩的に人が背負う十字架, 苦難, 試練, 障害. 形 として横の, 交差した, 相互の, 逆方向の, 反対の, 食い違った, また, 混血の, 人の性質があまりじゃくな, 片意地な, 〔くだけた語〕不機嫌な, 横線を引く, 横線を引いて文字や文を抹消する, 抹殺する, ものを交差させる, 人や手紙が行き違う, 人や橋などが道路, 川を横切る, 渡る, 2つの道が互に交差する, 交差することから逆らった方向に行く, 逆らう, じゃまする, 【生】交配する. 自 として十字を切る.
[語源] 「十字架」を表す語は古英語ではもともと *rōd* (=rood) が使われていたが, 古英語後期にラテン語 *crux*

(=cross)が地名の一部に取り入れられるようになった。英語で一般的に使われるようになったのは中英語になってから。

[用例] Jesus was nailed on the *Cross*. イエスは十字架にはりつけになった/I'm afraid that is a *cross* you will have to bear. それは君が負わねばならない試練のようだ/This dog is a *cross* between an alsatian and a labrador. この犬はシェパードとラブラドル犬との雑種だ/This road *crosses* the desert. この道路は砂漠を横切る/He sat down and *crossed* his legs. 彼は腰をおろして脚を組んだ/Our letters must have *crossed* in the post. 私達の手紙は郵便局で行き違ったにちがいない。

【派生語】 **cróssed** 形 交差した, ×印を付けた, ×印を付けて消した, 電話などが交錯した, 混線した. **cróssing** 名 CU 道路の交差点, 十字路, 横断歩道, 鉄道の踏切, 横断, 渡航, 異種交配. **cróssly** 副 逆に, 反対に, 不機嫌に. **cróssness** 名 U 不機嫌, 怒りっぽさ. **crósswise** 副 横断して, 交差するように, 逆に. 形 十字形の, 斜めの.
【複合語】 **cróssbàr** 名 C 横木, かんぬき, 走り高跳びやサッカーゴールなどの横棒. **cróssbèam** 名 C 建築で壁から壁へわたす横桁(けた). **cróssbrèd** 形 雑種(の), 交雑種(の). **cróssbreed** 動 [本来他] 名 C 雑種(をつくる), 交雑育種する. **cróss-chéck** 動 [ホッケー] 相手あるいはスティックに体を触れて妨害する. **cróss-country** 形 道ではなく田野横断の. 名 U [競技] 野外横断競走, クロスカントリー. **cross-cúltural** 形 異文化間の, 比較文化の. **cróssurrent** 名 C 他の流れを横切ったり逆方向に流れる逆流, 比喩的に反主流. **crósscùt** 動 [本来他] 横に切る, 横切って行く, 横切って近道をする. 形 横に切った, のこぎりが横ぴきの. 名 C 横ぴきのこぎり, 近道, 間道. **crósscut sáw** 名 C 横ぴきのこぎり. **cross-examinátion** 名 UC [法] 反対尋問, 厳しい追及, 詰問. **cross-exámine** 動 [本来他] [法] 反対尋問する, 厳しく追及する, 詰問する. **cróss-èyed** 形 寄り目の, 内斜視の. **cross-fèrtilizátion** 名 U [生] 交雑受精, 他家受粉. **cróss-fértilìze** 動 [本来他] [生] 交雑受精させる, 他家受粉させる. **cróss fìre** 名 U [軍] 十字砲火, 交差射撃, 比喩的に言葉の激しいやりとり, 質問の一斉攻撃. **cróss-gráined** 形 木目の不規則な, 比喩的にひねくれた. **crósshàtching** 名 U 網目模様(をつけること). **cróss-índex** 動 [本来他] 名 C 文書中で相互参照(を付ける). **crossóver** 名 CU 道の交差, 鉄道のわたり線, 踏切, 横断歩道, (主に英)歩道橋, 陸橋, [楽] ジャズにロックやソウルなど他の音楽が混じり合った音楽, クロスオーバー. **crósspàtch** 名 C 気むずかし屋. **crósspìece** 名 C 横木, 横材. **cróss-póllinate** 動 [本来他] [植] 他家受粉させる. **cross-pollinátion** 名 U [植] 他家受粉. **cróss-púrpose** 名 C 相反する目的: at cross-purposes 互に誤解し合っている. **cross-quéstion** 動 [本来他] 反対尋問(する). **cróss-réference** 名 C 相互参照. **cróssròad** 名 C 交差道路, 幹道に対する横道, (通例複数形で単数扱い) 交差点, 十字路. **cróss sèction** 名 C 横断面, 断面図, 全体が把握できるような代表的な一般的な例. **cróss-stítch** 名 CU ×字形の縫い, クロスステッチ. **cróss tàlk** 名 C ラジオや電話などの他局[他回線]による漏話, 言い合い. **crósswàlk** 名 C 横断歩道. **crósswòrd** (puzzle)

名 C クロスワードパズル.

crotch /krátʃ|krɔ́tʃ/ 名 C [一般語] 人体, ズボン, 樹木, 支柱などのまた(crutch).
[語源] 不詳.

crotch·et /krátʃit|krɔ́tʃ-/ 名 C [一般語] [一般語] 《英》四分音符(《米》quarter note). [その他] 気まぐれ, 奇抜.
[語源] 古フランス語 crothe (=hook) の指小語が中英語に入った.
【派生語】 **crótchety** 形 老人などが気まぐれな, 気むずかしい, 《英》機嫌の悪い.

crouch /kráutʃ/ 動 [本来自] 名 UC [一般語] 動物が獲物に飛びかかる時のように手足を身体に引きつけかがむ, うずくまる, 恐怖でちぢこまる, へつらって頭を下げる. 名 としてかがむこと, かがんだ姿勢.
[語源] 古フランス語 crochir (=to be bent) が中英語に入った.
[用例] The tiger was *crouching* ready to spring on its prey. とらはいまにも獲物に飛びかかろうとかがんでいた/a *crouch* start クラウチングスタート (★短距離競走などのしゃがんだ姿勢のスタート).

crow /króu/ 名 C [鳥] からす (★raven, rook, jackdaw, chough, carrion crow の総称).
[語源] 古英語 cräwe から.
【慣用句】 *as the crow flies* 一直線に, 直線距離にして. *eat crow* 間違いを認める.
【複合語】 **crów's-féet** 名 《複》目じりのしわ. **crów's nèst** 名 C 船のマスト上の見張台, やぐらの上の見張所.

crowd /kráud/ 名 C 動 [本来自] [一般語] [一般語] 大勢の人の集まり, 群衆, 人込み. [その他] 集まった大勢の人の意味から一般化され, 大衆, 民衆, 人の意味から転じて物が詰まっていること, 多数, たくさん, (くだけた語) 大勢の友達. 動 として, 人が大勢で押し寄せる, 群がる, 雑踏する, 押し合う. 他 …に群がる, ぎっしり詰める, 押し込める.
[語源] 古英語 動 crúdan (押す) によるが, 英語で一般に使われるようになったのは17世紀になってからで, 名詞の意味もそのころ生じた.
[用例] A *crowd* of people gathered in the street. 大勢の人々が通りに集まった/Over the last few weeks, I have met most of John's *crowd*. この数週間に私はジョンの友達のほとんどに会った/The police *crowded* everyone into a corner of the square. 警察は皆を広場の片隅に押しやった.
[類義語] crowd; multitude; throng: **crowd** は目的や秩序なく密集している人や物の集団をいう. **multitude** は crowd より形式ばった語で数の大きさに意味の重点がある. **throng** は形式ばったまたは文語的な表現で, 押し合いし合いしながら進んでいく群衆をいう.
【派生語】 **crówded** 形 込み合った, ぎゅうぎゅうの.

crown /kráun/ 名 C 動 [本来他] [一般語] [一般語] しばしば宝石をちりばめた王冠. [その他] 《the C-》王冠が象徴する王位, 帝位, 王権. もともと試合などの勝利の栄誉をたたえて頭にかぶせる花輪を意味し, 勝利の栄冠, 栄誉, スポーツなどの優勝者に与えられる選手権, タイトル, 王位. 王冠に形が似ているもの, 冠のように頭や頂上にかぶせるもの, [歯] 金冠, 歯冠, 頭部, 頭頂, 山の頂上, 帽子の山, 時計の竜頭, 《the ～》絶頂, 極地. 王冠印が付いている旧5シリング銀貨などのクラウン硬貨. 動 として王位につかせる, 王冠をかぶせる, 栄誉を与える,

栄誉に...で報いる, ...の最後を飾る, また...の頂にのせる, ...の上を覆う, 歯に歯冠をかぶせる, 《くだけた語》頭を殴る.

[語源] ギリシャ語 *korōnos*（= curved）の派生形 *korōne*（= anything curved; garland）がラテン語 *corona*, 古フランス語 *corone* を経て後期古英語に入った.

[用例] wear a *crown* 冠をかぶる/He hit him on the *crown* of the head. 彼は彼の脳天をなぐった/Success *crowned* her efforts. 彼女は努力が報われて成功した.

【派生語】**crówning** 形 この上ない, 最高の.

【複合語】**crówn prínce** 名 C 英国以外の皇太子（★英国の皇太子は Prince of Wales). **crówn princess** 名 C 英国以外の皇太子妃, 女王となる王女.

cru·cial /krúːʃəl/ 形 〔形式ばった語〕 一般義 あることを決定するのにきわめて重要な, あるいは決定的な. [その他] 元来十字架を意味したことから, 極度にきびしい, 苦しくつらい.

[語源] ラテン語 *crux*（= cross）によるフランス語 *crucial*（= cross-shaped）が18世紀に入った.

[用例] a *crucial* moment 決定的瞬間.

【派生語】**crúcially** 副.

cru·ci·ble /krúːsəbl/ 名 C 〔一般語〕 一般義 金属や鉱石などが溶解などのために高温処理される際に使われるるつぼ, 溶鉱炉の湯だまり. [その他] 〔文語〕火あぶりの刑に処するような厳しい試練.

[語源] 中世ラテン語 *crucibulum*（十字架像の前におかれたランプ）が中英語に入った.

cru·ci·fix /krúːsəfɪks/ 名 C 〔一般語〕 はりつけにされた十字架上のキリスト像, はりつけにされたキリスト像の付いた十字架.

[語源] 中世ラテン語 *crucifixus*（= fixed to a cross; the crucified Christ）が中英語に入った.

【派生語】**crùcifíxion** 名 UC 〔やや形式ばった語〕十字架へのはりつけ, 《the C-》キリストのはりつけ, またその画像.

cru·ci·form /krúːsəfɔːrm/ 形 名 C 〔形式ばった語〕十字形(の).

[語源] ラテン語 *cruci-*（= cross）+ form. 初期近代英語から.

cru·ci·fy /krúːsəfaɪ/ 動 本来他 〔やや形式ばった語〕 一般義 十字架ではりつけにする. [その他] 比喩的に人前で責め苦しめる, 迫害する.

[語源] 後期ラテン語 *crucifigere*（ラテン語 *crux* cross + *figere* to fix）が古フランス語を経て中英語に入った.

[用例] Christ was *crucified*. キリストは十字架にかけられた.

crude /krúːd/ 形 名 U 〔一般語〕 一般義 ものが加工されていない, 天然の. [その他] 比喩的に人の言動などが粗野だ, 露骨な, 下品な, 文芸・工芸作品が未完成の, 粗雑な, 色がけばけばしい. 名 として 原油.

[語源] ラテン語 *crudus*（生の, 粗野な）が中英語に入った.

[用例] *crude* oil 原油/*crude* material 原料/*crude* reality ありのままの現実/Don't be *crude*! 下品なことはやめろ.

[類義語] ⇒raw.

【派生語】**crúdely** 副 天然のままで, 粗野に. **crúdeness** 名 U. **crúdity** 名 UC 生であること, 未熟, 粗雑, 粗野な行い[言動], 未熟な作品.

cru·el /krúː(ː)əl/ 形 〔一般語〕 人やその行為が他人の苦痛を楽しむ, 残酷な, 凶虐な, 転じて状況が悲惨な, 無残な, 物事が苦痛を与える.

[語源] ラテン語 *crudus*（⇒crude）から派生した *crudelis* が古フランス語を経て中英語に入った.

[用例] He was *cruel* to his dog. 彼は犬を虐待した/Fate dealt him a *cruel* blow. 運命は彼にひどい一撃を与えた.

[類義語] cruel; brutal: ともに性質, 行為が残酷であることを表すが, brutal の方が意味が強い.

【派生語】**crúelly** 副 残酷に, ひどく. **crúelty** 名 UC 残酷, 無慈悲, 残虐な行為.

cru·et /krúːɪt/ 名 C 〔一般語〕 一般義 塩, こしょう, 酢, 油などを入れる食卓用薬味びん.

[語源] 古フランス語 *crue*（ミサ用のぶどう酒びん）の指小語 *cruet* が中英語に入った.

cruise /krúːz/ 動 本来自 名 C 〔一般語〕 一般義 楽しみなどのために安定速度で巡洋航海する. [その他] 車, 飛行機などが長い距離を経済速度で走行[飛行]する, またパトカーが巡回する, タクシーが流す, 《俗語》《米》同性愛者が相手を求めてうろつく. 名 として 巡洋航海, クルーズ.

[語源] ラテン語 *crux*（= cross）に由来するオランダ語 *kruis*（= cross）から派生した *kruisen*（= to cross）が初期近代英語に入った.

[用例] a *cruise* missile 巡航ミサイル/a *cruise* ship 観光遊覧用巡航船.

【派生語】**crúiser** 名 C 遊覧用モーターボート, 観光客船, 巡洋艦, パトカー, 流しのタクシー.

crumb /krám/ 名 C 動 本来他 〔一般語〕 一般義 《通例複数形で》パンなどのくず. [その他] 比喩的にほんのわずか, 《俗語》《米》つまらぬ人, 人間のくず. 動 として 《料理》 パン粉をまぶす.

[語源] 古英語 *cruma*（= scraping from bread crust）から.

crum·ble /krámbl/ 動 本来他 〔一般語〕 ぼろぼろにくずす. 自 建物などが崩壊する, 希望などがはかなく消える.

[語源] 古英語 *gecrymian*（= to crumble）から.

[用例] a *crumbling* building くずれかけた建物.

【派生語】**crúmblings** 名 《複》くずされたもの. **crúmbly** 形.

crum·my /krámi/ 形 〔一般語〕みすぼらしい, 安っぽい, うす汚い, 下等な.

[語源] スコットランド語起源. 18世紀より.

crum·ple /krámpl/ 動 本来他 名 C 〔やや形式ばった語〕 押したりねじ曲げたりしてくしゃくしゃにする, つぶす 《up》.

[語源] 古英語 *crump*（= crooked）から.

crunch /kránʧ/ 動 本来他 名 C 〔一般語〕 一般義 堅い食物をばりばり[ぼりぼり]かむ. [その他] ばりばり砕ける音をさせることを表し, 足や車輪が雪や砂利をざくざく踏む. 名 として ざくざく, ばりばりいう音, 《くだけた語》 《the ~》緊迫した状況を表し, 危機, どたんば.

[語源] 擬音語. 19世紀より.

【派生語】**crúncher** 名 C. **crúnchily** 副. **crúnchiness** 名 U. **crúnchy** 形.

cru·sade /kruːséɪd/ 名 本来自 〔形式ばった語〕 一般義 《通例 C-》聖地を守るための中世キリスト教国の十字軍, またその聖戦. [その他] 比喩的に社会悪や正義のための聖戦, 撲滅運動, 擁護運動. 動 として, その

ような**運動に加わる**《against; for》.

[語源] ラテン語 *crux*（=cross）に由来するフランス語 *croisade* とスペイン語 *cruzada* との混合語. 初期近代英語から.

[用例] He's leading a *crusade* against dishonest advertising. 彼ははんちき広告撲滅運動を指導している.

【派生語】**crusáder** 名 C.

crush /kráʃ/ 動 [本来自] 名 UC [一般語] [一般義] 強い力を加えて**押しつぶす**, **砕く**, [その他] 激しい衝撃音を伴なって打ち砕くことを表したが, ここから転じて強い力で押しつぶす, **圧搾する**, 穀物などひいて**粉にする**. 押しつぶしてしぼり取る, 比喩的に敵などを抵抗できないように**粉砕する**, **壊滅する**, 希望を**くじく**, 押しつけて形を変える, しわくちゃにする, 力を加えて**押し込める**, ぎゅうぎゅう詰める. 自 として押し合って入る, 殺到する. 名 として押しつぶすこと, 圧縮, 粉砕, 押し合い, 雑踏, 殺到する**群衆**.

[語源] ゲルマン語起源の古フランス語 *cruissir*（歯ぎしりする）が中英語に入った.

[用例] The car was *crushed* between the two lorries. その車は 2 台のトラックに挟まれて押しつぶされた/She *crushed* the dress by packing it badly. 彼女はへたな詰め方をしてドレスをしわくちゃにした/He was *crushed* by her refusal to marry him. 彼女との結婚を拒否されて彼はがっくりした.

【慣用句】**get [have] a crush on ...** …にべたぼれする.

【派生語】**crúshing** 形 《通例限定用法》圧倒的な, 壊滅的な: a *crushing* defeat 壊滅的な敗北. **crúshingly** 副.

crust /krást/ 名 UC 動 [本来自] [一般語] [一般義] パンの外皮の**堅い皮**, [その他] パイの**外皮**, 堅く乾いたパンの**一切れ**, 〔俗語:《オーストラリア・ニュージーランド》〕生活のかて, 生計の意. 意味が一般化して, 中味が湿って柔らかいものの外側に形成される堅い外殻, 雪の表面の**堅雪**, 傷口のかさぶた, 地球の**地殻**, えびなどの甲殻類の**甲殻**. 動 として, 表面に堅い皮を生じる, 外皮で包む.

[語源] ラテン語 *crusta*（=hard surface）が古フランス語 *crouste* を経て中英語に入った. 古フランス語で最も普通の意味は「パンの皮」であったが, 同時に医師達は傷口の「かさぶた」の意にも用いたとされる.

[用例] the *crust* of the bread パンの皮/the Earth's *crust* 地殻/the *crust* over the wound 傷口のかさぶた.

[類義語] shell.

【派生語】**crústed** 形 外皮のある, こちこちに凝り固った, ぶどう酒が酒あか（crust）を生じるぐらいよく熟した. **crústy** 形 外皮のある, 堅い殻を持った, なかなかなじみにくく気難しい.

crutch /krátʃ/ 名 C 動 [本来他] [一般語] 《通例複数形で》**松葉づえ**. [その他] 松葉づえに似ているボートのかい, また木, 比喩的に支え, 頼りになるもの.

[語源] 古英語 crycc から.

[用例] walk on *crutches* 松葉うえを使って歩く.

crux /kráks/ 名 C [形式ばった用法] [一般語] [一般義] 《通例単数形で》問題の**核心**, **難問**. [その他] 紋章の**十字架**, 《C-》〖天〗**南十字星**（Southern Cross）.

[語源] ラテン語 *crux*（=cross; torture）が 18 世紀に英語に入った.

[用例] the *crux* of the matter その問題の核心.

cry /krái/ 動 [本来自] 名 C [一般語] [一般義] 人が涙を出して**泣く**, [その他] 本来は**呼ぶ**, 大声をあげる, 叫ぶという意味であるが, 現在では上にあげた「泣く」が最も普通の意味である. 泣く場合に本来の意味からいえば**声をあげて泣く**ことであったが, 声を出さず涙を流すだけの場合にも用いる. また叫ぶ場合, 必ずしも大声をあげなくても, 驚いたりして思わず声が出る, あるいは心の中で叫ぶ意味にも用いる. 大声で叫ぶ意味を明確にするときは cry out という. 時に獣や鳥が鳴く意味でも用いるが, 一般的でなく, ある種の動物に限られる（⇒[語法]）. 名 として**泣くこと**, **叫び声**, 獣や鳥の**鳴き声**, 比喩的に**世論の声**.

[語法] 動物が「鳴く」という動詞は普通各動物ごとにコロケーションが決っていて, cat は *meow*, cow は *moo*, dog は *bark*; *growl*; *whine*, horse は *neigh*, lamb は *bleat*, mouse は *squeak*, sheep は *bee*; *bleat*, bird は *sing*; *chirp*, crow は *caw*, duck は *quack*, owl は *hoot* などである. cry は主として swan, seagull などに用いられる. また犬やおおかみの遠吠えなどを cry ということもある.

[語源] ラテン語 *quiritare*（=cry out for help）が古フランス語 *crier* を経て中英語に入った. なおラテン語 *quiritare* は, 何か事が起ったときに *Quirites*（=Roman citizens）に大声で助けを呼ぶという意味から出た語.

[用例] She *cried* when she heard of the old man's death. 彼女はこの老人の死を聞いて泣いた/the *cry* of a wolf おおかみの鳴き声.

[類義語] shout.

【慣用句】**cry down** けなす, やじり倒す. **cry for ...** …を泣いて求める, …をどうしても必要とする. **cry for the moon** ほしくもないものを欲しがる, 不可能なことを頼む. **cry off** 約束などを取り消す, 取引きを断わる. **cry out** 大声を上げる, 大声で何かを呼ぶ: She *cried out* for help. 彼女は大声で助けを呼んだ. **cry over ...** 不幸などを嘆く, 失敗を悔いる. **cry up** ほめそやす.

【派生語】**crier** 名 C 町のふれ役（town crier）《★昔ほかに伝達方法のなかった時代の役》. **crýing** 形 泣いている, 捨てておけない, 緊急な.

【複合語】**crýbàby** 名 C 泣き虫, ぐちをこぼす人.

crypt /kript/ 名 C [一般語] [一般義] 埋葬または礼拝所として用いられる**教会堂地下室**.

[語源] ギリシャ語 *krúpte*（地下納体堂）がラテン語を経て中英語に入った. 原義は「隠された所」.

【派生語】**crýptic** 形 秘密の, なぞのような: The letter you sent was very *cryptic*. 君の送ってきた手紙はわけがわからなかった. **crýptogràm** 名 C 暗号文. **cryptography** /kriptágrəfi/|-tɔ́g-/ 名 U 暗号解読法, 暗号文.

crys·tal /krístəl/ 名 UC 形 [一般語] [一般義] 鉱石の**水晶**. [その他] 水晶のように無色透明なものということから, クリスタルガラス, およびその製品, 時計の文字盤の透明なカバー, さまざまな電子製品の**透明なプラスチック物質**, 〖化〗**結晶（体）**. 形 として**水晶（質）の**, **透明な**.

[語源] ギリシャ語 *krustallos*（=ice; crystal）がラテン語 *crystallum*, 古フランス語 *crystal* を経て中英語に入った.

[用例] a *crystal* necklace 水晶のネックレス/*crystal* water 澄んだ水.

【慣用句】**crystal clear** 水晶のように透明で澄んだ, 何の疑いもなくよく分る.

【派生語】**crýstalline** 形 水晶のような, 透明な, 結晶（状）の: **crystalline lens** 〖解〗目の**水晶体**.

crystallizátion 名 U. **crýstallize** 動 本来自他 結晶させる, 計画などを具体化する, 果物などに砂糖をまぶす. 自 結晶する.
【複合語】**crýstal gàzer** 名 C 水晶占い師. **crýstal gàzing** 名 U.

cub /kÁb/ 名 C 動 本来自 〔一般語〕〔一般義〕きつね, ライオン, とらなど肉食獣類の子. 〔その他〕転じて**新米**や**見習い**, カブスカウト(cub scout). 動 として〔形式ばった語〕母獣が子を産む.
[語源] 不詳.
[用例] a *cub* newspaper reporter 駆け出しの新聞記者.
【複合語】**cúb scòut** 名 C ボーイスカウト (boy scout) の幼年団員, カブスカウト, 《the C- S-s》カブスカウト団 (★〔語法〕the Cubs ともいう).

Cu·ba /kjú:bə/ 名 固 キューバ(★共和国).
【派生語】**Cúban** 形 キューバ(人)の. 名 C キューバ人.

cube /kjú:b/ 名 C 動 本来他 〔一般語〕〔一般義〕立方体, 正6面体. 〔その他〕立方, 3乗. 動 として立方体のものを作る, 3乗する, さいの目に切る.
[語源] ギリシャ語 *kubos* (立方体, さいころ)がラテン語 *cubus* を経て中英語に入った.
[用例] The *cube* of 4=4×4×4=4^3=64. 4の3乗は64/If you *cube* 2, you will get the answer 8. 2を3乗すると8になる.
[日英比較] 日本語では「平方する」「立方する」よりも「2乗する」「3乗する」の方が日常的には一般的であるのに対し, 英語では square, cube の方が日常的には一般的である. 数学では「n 乗する」は raise to the nth power という. これを使えば「3乗する」は raise to the third power, 「4の3乗」は the third power of 4 となる.
【派生語】**cúbic** 形 立体の, 立方体の, 立方の: a *cubic* meter 立方メートル/a *cubic* foot 立方フィート/a *cubic* measure 容[体]積の単位. **cúbical** 形 = cubic. **cúbism** 名 U 〔美〕立体派, キュービズム. **cúbist** 名 C 立体派の人.
【複合語】**cúbe ròot** 名 C 立方根. **cúbe sùgar** 名 C 角砂糖(lump sugar).

cu·bi·cle /kjú:bikl/ 名 C 英国のパブリックスクール(全寮制の男子私立校)の寮の小さな個人用寝室, 図書館の個人用閲覧室, キャレル(carrel(1)).
[語源] ラテン語 *cubare* (=to lie down) から派生した *cubiculum* (=bedchamber) が中英語に入った.

cuck·oo /kúku:, kú-/ 名 C 動 本来自 形 〔鳥〕かっこう, その鳴き声. 動 として, かっこうのように単調に同じことを繰りかえして言う. 形 としてかっこうの(ような).
[語源] 擬音語. 中英語から.
【複合語】**cúckoo clòck** 名 C かっこう時計.

cu·cum·ber /kjú:kəmbər/ 名 C 〔植〕きゅうり.
[語源] ラテン語 *cucumer* が中英語に入った.
【慣用句】(*as*) *cool as a cucumber* 落ち着き払って, 非常に冷静に.

cud /kÁd/ 名 U 〔一般語〕牛などの反芻(ʃ)動物の食い戻し.
[語源] 古英語 cudu から.
【慣用句】*chew the cud* 反芻する, 決定する前によく考える: He sat *chewing the cud* for hours, but never wrote anything down. 彼は何時間もあれこれ考えたが, 何も書かなかった.

cud·dle /kÁdl/ 動 本来他 C 〔一般語〕愛情をこめて両腕に抱きしめる, 抱きしめてかわいがる. 名 として抱擁.
[用例] The child *cuddled* its teddy-bear. その子ちゃまのぬいぐるみを抱きしめた/The mother *cuddled* the child until he fell asleep. 母親はその子が寝入るまでやさしく抱いていた/*cuddle* together ぴったり寄り添って寝る.

cue¹ /kjú:/ 名 C 動 本来他 〔一般語〕〔一般義〕演劇で俳優のせりふや演技を始めるきっかけ, 合図, キュー. 〔その他〕演劇に限らず何かの行動を起すための合図, ヒント, 行動を起こさせるための刺激. 動 として, 人に合図[きっかけ]を与える, ドラマなどの途中に音響効果などを挿入する.
[語源] ラテン語 *quando* (=when) の略語 qu を俳優のスクリプトなどに書いたことから. 16世紀ごろから使われ出した.
[用例] give a *cue* to an actor 俳優に合図を与える/miss a *cue* きっかけをつかめない[つかみそこなう]/I've never been in this situation, so I'll take my *cue* from you. 私はこんな状況に置かれたことは一度もないので, あなたの言動をヒントに行動します.

cue² /kjú:/ 名 C 〔一般語〕玉突きの棒.
[語源] ラテン語の *cauda* (=tail) に由来するフランス語 *queue* が18世紀に入った.
【複合語】**cúe bàll** 突き玉, 白玉(⇔object ball).

cuff¹ /kÁf/ 名 C 動 本来他 〔一般語〕〔一般義〕服やワイシャツなどの袖口. 〔その他〕《米》ズボンのすその折返し (turn-up), 〔くだけた語〕《複数形で》**手錠**(handcuffs).
[語源] おそらく中世ラテン語 *cuffia* (=headcovering) が中英語に入った. 意味が拡大して頭だけでなく手にも使われるようになったもの.
【慣用句】*off the cuff* 〔くだけた表現〕準備なしで, 即座に, 非公式に: He spoke entirely *off the cuff*, with no notes. 彼はメモを見ないで全く即興で話した. *on the cuff* 《米》掛け売りで, つけで.
【複合語】**cúff links** 名 《複》カフスボタン(日英比較 カフスボタンは和製英語).

cuff² /kÁf/ 名 動 本来他 C 〔一般語〕頭などを平手で軽くぴしゃりと打つ(こと).
[語源] 不詳.
【慣用句】*cuffs and kicks* 打ったりけったり.

cui·rass /kwirǽs/ 名 C 〔やや形式ばった語〕胴よろい, 胸当て. 動 動物の体を保護する堅い骨板.
[語源] ラテン語 *corium* (=leather; hide) に由来する古フランス語 *curas* が中英語に入った.

cui·sine /kwizí:n/ 名 U 〔形式ばった語〕料理または料理法.
[語源] 後期ラテン語 *coquina* (=kitchen) からのフランス語が18世紀に入った. 古くは家やホテルの「台所, 調理室」のことをいった.
[用例] French *cuisine* フランス料理.

cu·li·nar·y /kÁlinèri/|-nəri/ 形 〔形式ばった語〕台所や料理に関係のあることを表し, 調理(用)の, 台所(用)の.
[語源] ラテン語 *culina* (=kitchen) から派生した *culinarius* が初期近代英語に入った.
[用例] *culinary* skills 料理の腕.

cull /kÁl/ 動 本来他 名 C 〔形式ばった語〕いくつかの中からよいものまたは悪いものを選び集める, えり抜く, 特に劣った動植物を間引く, 淘汰する. 名 として選ばれたも

の, 特に間引きされたもの, くず.

[語源] ラテン語 *culligere* (⇒collect) が古フランス語 *coillir* を経て中英語に入った.

[用例] His knowledge is *culled* from a huge number of sources. 彼の知識は非常に多くの情報源から集められている.

cul·mi·nate /kʌ́lmənèit/ 動 [本来自] [形式ばった語] いくつかの段階を経て最高点に達する, ついに...となる 《in》. [天] 天体が最高度に達する, 南中する.

[語源] ラテン語 *culmen* (＝top; summit) から派生した後期ラテン語 *culminare* (＝to reach the highest point) の過去分詞が初期近代英語に入った.

[用例] The town's bicentenary celebrations *culminated* in a firework display in the local park. その町の 200 年記念祭が町内の公園での花火大会で最高潮に達した.

【派生語】**cùlminátion** 名 [U] 《the 〜》最高点, 絶頂.

cul·pa·ble /kʌ́lpəbl/ 形 [形式ばった語] 厳しく責められるべき, ふらちな, 過失のある.

[語源] ラテン語 *culpa* (＝crime; fault) から派生した *culpare* (＝to blame) の派生形 *culpabilis* が古フランス語を経て中英語に入った.

【派生語】**cùlpabílity** 名 [U]. **cúlpably** 副.

cul·prit /kʌ́lprit/ 名 [C] [形式ばった語] 法律を犯したり, 義務などに違反した犯罪者, 容疑者《★未決囚と既決囚の両方を意味する》, 比喩的に悪いことの原因.

[語源] アングロフランス語 *cul* (＝culpable)＋*prest*, *pri* (＝ready) が初期近代英語に入った.「有罪であることをただちに証明できる」(ready to prove ... to be culpable の意).

cult /kʌlt/ 名 [C] [一般語] [一般義] 確立した既存宗教や宗派以外の比較的小さな宗派, 教団. [その他] 宗教的な崇拝, 儀式, または個人や主義に対する一時的な熱狂, 礼賛, 《しばしば悪い意味で》美術や音楽など芸術に対する一時的な流行, ...熱.

[語源] ラテン語 *cultus* (＝care; adoration) が初期近代英語に入った.

[用例] He belongs to a strange religious *cult*. 彼は奇妙な宗教的集団に属している / the *cult* of aerobics エアロビクス熱.

cultivable ⇒cultivate.

cul·ti·vate /kʌ́ltəvèit/ 動 [本来他] [一般語] [一般義] 土地を耕す, 耕作する. [その他] 耕すことから, 作物を栽培する, あるいは魚などを養殖する, 比喩的に才能, 趣味, 品性, 習慣などを養成する, 洗練する, 人を啓発する, 教養を与える. 交際範囲を開拓するということで, 《ときに悪い意味で》人との交際を広げる, 人と親密になるよう努める.

[語源] ラテン語 *colere* (＝to till) に由来する中世ラテン語 *cultivare* (＝to till) の過去分詞 *cultivatus* が初期近代英語に入った.

[用例] *cultivate* the poor soil やせた土地を耕す / He *cultivates* mushrooms in the cellar. 彼は地下室できのこを栽培している / *cultivate* good manners 行儀作法を修養する / She *cultivates* her next-door neighbours because they know a lot of important people. 彼女は隣人がお偉方をたくさん知っているので親密になろうとしている.

[日英比較] 日本語の「培(つちか)う」という語は英語の cultivate とある点で似ている.「培う」は元来草木の根に土をかけて育てるという耕作の語であって, 比喩的に品性, 資質などを養成する意となり, 学力を培う, 自立心などを培うのように使われる. 洋の東西を問わず農耕に関する語が比喩的に用いられるのはおもしろい.

【類義語】till²; grow; raise; nurture.

【派生語】**cúltivable** 形. **cúltivated** 形 教養ある, 洗練された, 耕された, 栽培された. **cùltivátion** 名 [U]. **cúltivàtor** 名 [C] 耕作者, 耕耘(こううん)機, 中耕機.

cultural ⇒culture.

cul·ture /kʌ́ltʃər/ 名 [UC] 動 [本来他] 〔一般語〕[一般義] すべての民族に学習と伝承によって伝えられている生活様式, 思考様式などを文化人類学的に総合して呼ぶ文化. [その他] すべての民族には, たとえ石器時代の生活をしていても文化はある. 衣食住などの生活様式, 祭りや芸能など, あるいは宗教などの世界観, 人生観などすべてが文化である. そういうことから, 工業技術 (technology) となんとなく対照的のイメージされる平和中の概念をこの語は持っている. そういうことから派生して教養, 人間的な知性の意味でも用いられ, また原意である「耕す」から植物や魚, 貝類などの栽培, 養殖の意にもなる. 動として栽培する, 養殖する, 培養する.

[語源] ラテン語 *colere* (＝to cultivate) の過去分詞 *cultus* から派生した *cultura* (＝cultivation) が古フランス語を経て中英語に入った.

[用例] the Japanese *culture* 日本文化 / He thinks that anyone who dislikes Bach is totally lacking in *culture*. 彼はバッハを嫌う人は全く教養がないと思っている / the *culture* of oysters かきの養殖 / water *culturing* 水栽培.

【対照語】civilization.

【派生語】**cúltural** 形 文化の, 文化的な, 教養の, 栽培上の: cultural anthropology 文化人類学. **cúltured** 形 教養ある, 洗練された; 養殖の.

【複合語】**cúlture shòck** 名 [C] 異文化や異言語に接した人の驚きや困惑, カルチャーショック.

cul·vert /kʌ́lvərt/ 名 [C] 〔一般語〕アーチ形の排水溝, 汚水管, 暗渠(あんきょ).

[語源] 不詳.

cum·ber·some /kʌ́mbərsəm/ 形 〔一般語〕大き過ぎたり重くて扱いがやっかいな, 扱いにくい.

[語源] 動 cumber (困らせる; 邪魔をする)＋-some (⇒encumber). 中英語から.

【派生語】**cúmbersomely** 副. **cúmbersomeness** 名 [U].

cum·mer·bund /kʌ́mərbʌ̀nd/ 名 [C] 〔一般語〕タキシードの下に巻く幅広の飾り帯, カマーバンド. 本来はインド人男性の飾り腰帯, ウエストバンド.

[語源] ヒンズー語 *kamarband* (*kamar* waist＋*band* band) が初期近代英語に入った.

cu·mu·late /kjúːmjuleit/ 動 [本来他] [形式ばった語] 一つにまとめて積み重ねる, 集積する.

[語源] ラテン語 *cumulus* (＝heap) から派生した *cumulare* (積み重ねる) の過去分詞 *cumulatus* が初期近代英語に入った.

【派生語】**cúmulative** 形 数量や力が次第に累積する, 累加的な: Frequent small doses of this drug have a *cumulative* effect. この薬をひんぱんに少量服用すれば累積効果がある / *cumulative* deficits 累積赤字 / *cumulative* evidence 〖法〗累積証拠. **cùmulátion** 名 [U].

cu·mu·lus /kjúːmjuləs/ 名 [C] 《複 -li /lai, 〜/》

〖気〗積雲.
[語源] ラテン語 *cumulus*(=heap)が初期近代英語に入った.

cu・ne・i・form /kjúːniəfɔ̀ːrm/ [形] [U] 〔一般語〕古代メソポタミア人の用いたくさび形文字(の), くさび形の(wedge-shaped).
[語源] ラテン語 *cuneus*(=wedge)+form による. 初期近代英語から.

cun・ni・lin・gus /kÀnəlíŋɡəs/ [名] [U] 〔形式ばった語〕女性の性器を舌やくちびるで刺激する性的行為, クンニリングス.
[語源] 近代ラテン語(ラテン語 *cunnus* vulva + *lingere* to lick). 19世紀末になって使われるようになった.
[関連語] felatio; sixty-nine.

cun・ning /kʌ́nɪŋ/ [形] 〔一般語〕〔一般義〕狡猾(こう)で悪賢い, ずるい. [その他] よい意味で賢い, 利口などという意味もあるが, 一般的には悪い意味で使われる. ただし〔くだけた語〕〔米〕子供や動物などが賢い, 可愛い, 物などが魅力的でおもしろいという意味で用いられることもある.
[語源] 古英語 *cunnan* (=to know) の現在分詞 *cunnende* から出た語だが, 古英語の時代には現在のような意味では使われなかった. 14世紀頃から knowledge という意味で使われ始め,「知識を持っている, 学問のある」という意味から「技術が優れている」「魔術を心得ている」などの意を経て「賢い」となり, 次第に悪い意味に使われるようになった.
[用例] *cunning* like a fox きつねのようにずるい《★よく使われる比喩》/Don't be fooled by any of her *cunning* tricks. 彼女のずるいたくらみなどにだまされるな/a *cunning* device for opening the high window 高窓をあける巧妙な仕掛け/What a *cunning* dress [baby]. なんてすてきなドレス[かわいい赤ちゃん].
[日英比較] 日本語の「カンニング」はこの語の用法だが, 試験の不正行為の意は英語にはない. 英語では cheating (on an exam) という.
[派生語] **cúnningly** [副]. **cúnningness** [名] [U].

cunt /kʌ́nt/ [名] 〔卑語〕〔一般語〕女性の性器(vagina). [その他] 〔タブー語〕女性との性交, 性交の対象としての女, 〔俗語〕男女に関係なくいやなやつ, 卑劣漢.
[語源] 中英語 *cunte*(=female genitals)が14世紀から cunt として使われた. ゲルマン起源の語と思われる. 古ノルド語にも類似した語がある.

cup /kʌ́p/ [名] [C] [動] [本来他] 〔一般語〕〔一般義〕普通は陶器の取っ手を有した紅茶やコーヒーを飲むための手のついた茶わん, カップ. [その他] 取っ手のつかない杯, 料理用の(計量)カップ. カップ一杯分の量, カップの形をしたもの, 女性のブラジャーのカップ, ゴルフのボールを入れるホール, 花の萼(がく). 競技の優勝者などに贈る優勝カップ, 聖書から出た比喩的な意味として運命の杯, 苦しみ, 喜びなどの人生経験. [動] として, 手などを椀(わん)状に丸くする, 物をカップに入れる, ゴルフのボールをホールに入れる.
[語源] ラテン語 *cupa*(おけ, たる) の変形と思われる *cuppa*(=cup)から. アングロ・サクソン人がまだブリテン島に侵入する以前の大陸時代に借用され, 古英語に入った. 英語における借用語としては最も古いものの一つである.
[用例] a *cup* of tea [coffee] 一杯の紅茶[コーヒー]/a brassiere *cup* ブラジャーのカップ/the gold *cup* 金賞/He *cupped* his hands to catch the ball. 彼はボールを取るために両手を丸くした/a *cup* and saucer セットになった茶わんと受け皿.

[日英比較] 日本語のカップとコップはいずれもラテン語 *cuppa* から出た同語源の借用語だが, カップは英語から, 始めは優勝カップの意で明治時代に借用され, コップはオランダ語 *kop*(=glass) から江戸時代に借用された. コップは英語では glass という.
[語法] 正式にはコーヒー 2 杯は two *cups* of coffee だが, 英米の喫茶店などでは cup を用いず, two coffees のような言い方をすることが多い.
[派生語] **cúpful** [名] [C] カップ一杯の量,《料理》1 カップ (=½pint=237ml).
[複合語] **cupboard** /kʌ́bərd/ [名] [C] 食器棚, 食器に関係なく小さな戸棚や押入れ. **cúpcàke** [名] [UC] カップ型に入れて焼いて作るカップケーキ.

Cu・pid /kjúːpɪd/ [名] 固 〖ロ神〗ビーナス(Venus)の子で恋愛の女神・愛の媒介する神キューピッド《★ギリシャ神話 Eros に当たる》.《(c-)一般に他人の恋愛の仲立ちをする人.
[語源] ラテン語 *cupido*(=desire; passion)の擬人化. 中英語から.
[複合語] **Cúpid's bòw** [名] [C] 二重弓形の形のよい上口唇(線).

cu・po・la /kjúːpələ/ [名] [C] 〖建〗屋根の上から突き出た丸屋根の小塔, 丸天井, 〖冶〗溶鉱炉, キューポラ.
[語源] ラテン語 *cupa* (⇒cup)の指小語 *cupula* がイタリア語 *cupola* を経て初期近代英語に入った.

cup・pa /kʌ́pə/ [名] [C] 〔くだけた語〕〔英〕紅茶1杯. cuppa tea (=cup of tea) から.

cur /kəːr/ [名] [C] 〔古風な語〕かみついたりして性質が悪く価値のない雑種犬, 駄犬, 比喩的に人間のくず, ひきょう者.
[語源] 中英語 *curren*(=to growl)+*dogge*(=dog)から成る curdogge の省略形からと思われる.

curable ⇒cure.

cu・ra・çao /kjúːərəsòu/ [名] [U] 〔一般語〕キュラソーオレンジの皮で味つけをした甘いリキュール酒, キュラソー.
[語源] オランダ領の西インド諸島にある Curaçao 島による. 19世紀から.

curacy ⇒curate.

cu・rate /kjúːərɪt/ [名] [C] 〔一般語〕英国国教会の副牧師, カトリックの補助司祭, 代理牧師.
[語源] ラテン語 *cura* (=cure of souls)から派生した中世ラテン語 *curatus*(魂の治療をまかされた人)が中英語に入った.
[派生語] **cúracy** [名] [U] curateの職[任期].

curative ⇒cure.

cu・ra・tor /kjúərèɪtər/ [名] [C] 〔一般語〕博物館, 図書館などの館長, 学芸員, 動物園の園長.
[語源] ラテン語 *curatus* (⇒cure)の派生形 *curator* (=manager; guardian)が中英語に入った.
[派生語] **cùratórial** [形]. **cúratorship** [名] [U] 博物館長などの地位や身分.

curb /kə́ːrb/ [名] [C] [動] [本来他] 〔一般語〕〔米〕歩道の縁石(ふちいし)《〔英〕kerb》. [その他] 馬のくつわ鎖, 比喩的に制御(するもの). [動] として, 馬にくつわ鎖をつける, 一般に制限する, コントロールする, 感情などを抑制する, 〔米〕歩道に縁石(ふちいし)をつける(〔英〕kerb).
[語源] ラテン語 *curvus*(=curved) が古フランス語 *courbe* を経て中英語に入った. 本来は馬のくつわ鎖のように曲げて作るものを意味して, 端を丸めて境界とすることから縁石の意が生じた.
[用例] pull over to the *curb* 歩道の縁石に沿って車

止める/You must *curb* your spending. あなたは金遣いを慎まなくてはなりません.
【慣用句】*put* [*keep*] *a curb on* …… …を抑える, 抑制する: We have to *put a curb on* his wild enthusiasm. 我々は彼のめちゃくちゃな熱中の仕方に少しブレーキをかけなくてはならない.
【複合語】cúrbstòne 名 C 縁石. cúrb sérvice 名 U 歩道に車を寄せて待つ客に飲食物などを届けるサービス.

curd /kə́ːrd/ 名 CU 動 本来名 〔一般語〕〔通例複数形で〕チーズの原料となる凝乳, 《複合語で》凝乳状の食品.
[語源] 古英語 crūdan (= to press) の類義語と思われる中英語 crud が音位転換したもの.
[用例] bean *curd* 豆腐 (tofu)/lemon *curd* レモンカード (lemon cheese).
[関連語] whey.
【派生語】cúrdy 形 凝固状の.
【複合語】cúrd chèese 名 U 《英》コテージチーズ.

cur・dle /kə́ːrdl/ 動 本来自 〔一般語〕〔一般義〕凝乳になる[する]. [その他] 一般的に物が凝結する[ものを凝結させる], 比喩的に恐怖などで血が凍る.
[語源] ⇒curd.
【慣用句】*curdle* …*'s blood* = *make* …*'s blood curdle* 人に恐怖で血の凍る思いをさせる: That shriek *curdled my blood*. その悲鳴で私は血が凍る思いだった.

cure /kjúər/ 動 本来他 名 CU 〔一般語〕〔一般義〕病気や人を治療する. [その他] 比喩的に悪癖などを矯正する, 悪習を除く. 派生的用法として魚や肉などを保存するために塩づけにする, あるいはゴムを加硫する, 硬化させる. 名 として, 病気の治療法, 治療薬, 転地療養, 病気からの回復, 悪癖, 悪習などの矯正手段, 解決策, 《キ教》魂の救済.
[語源] ラテン語 *cura* (= care) が古フランス語を経て中英語に入った. 動 はラテン語 *curare* から. この語は元来宗教的な意味での救済, 信仰上の世話という意味の 名 として使われ, 今でもローマカトリックなどではこの意味でも用いられる. たとえば教区助任司祭を curate とよぶのはこのためである.
[用例] It *cured* him of his headaches. それは彼の頭痛を治した/That will *cure* him of his bad habits. それは彼の悪い習慣をやめさせるだろう/They are trying to find a *cure* for cancer. 彼らはがんの治療法[薬]を発見しようと努めている.
[類義語] cure; heal; remedy: **cure** は主として病気や病人の治療について用い, **heal** はけがの治療に用いる. heal も cure と同じ意味で用いられることもあるが, 一般的ではない. **remedy** は病気の治療(薬)の意味もあるが, 一般的には悪弊や欠点などの「矯正」という比喩的な意味で用いられる.
[日英比較] 英語では病気の治療には cure, けがの治療には heal というように言葉が分かれているが, 日本語では病気の治療, けがの治療にいずれも同じ言葉が用いられる.
【派生語】cúrable 形. cúrative 形 病気を治す, 病気にきく. 名 C 治療薬.
【複合語】cúre-àll 名 万能薬.

cur・few /kə́ːrfjuː/ 名 CU 〔一般語〕〔一般義〕戒厳令下などの夜間外出禁止令. [その他] 《史》中世の消灯・消火を合図する晩鐘. 転じて主に夜間外出禁止時間という意味になった. そのような命令, 《米》《軍》帰営時刻, 門限の意.
[語源] 古フランス語 *cuevrefeu* (*couvrir* to cover + *feu* fire) が中英語に入った. ⇒cover; focus.
[用例] There's a *curfew* in force from ten o'clock tonight. 今夜は10時から外出禁止が実施される.

cu・rie /kjúəri, -́-/ 名 C 《理》放射能の強度の単位, キュリー (★略 Ci).
[語源] Pierre & Marie Curie の名にちなんで20世紀に作られた.

cu・ri・o /kjúəriòu/ 名 C 〔一般語〕骨董品.
[語源] curiosity の短縮形で19世紀から.

curiosity ⇒curious.

cu・ri・ous /kjúəriəs/ 形 〔一般語〕〔一般義〕人が好奇心の強い, 物を知りたがる. [その他]《悪い意味で》他人の事などについて詮索する, 物見高い. また好奇心をそそるようなということから, 奇妙な, 珍しい.
[語源] ラテン語 *cura* (⇒cure) から派生した *curiosus* (= careful) が中英語に入った. 英語での初期の意味は「人が注意深い」「観察が細かい」あるいは「物が注意深く作られた」であったが, 注意深くあるためによく調査して多くを知らなくてはならないということから, 現在の意味へと移行した.
[用例] I'm *curious* (to find out) whether he passed his exams. 彼が試験に受かったかどうか知りたい/He's too *curious* about other people's affairs. 彼は他人のことについて詮索しすぎる/a *curious* habit 奇妙な癖.
【派生語】curiósity 名 UC 好奇心, 詮索好き, 珍しい物, 骨董品. cúriously 副 物珍しそうに, 奇妙に, 《文修飾副詞》不思議なことに….

curl /kə́ːrl/ 名 UC 動 本来他 〔一般語〕〔一般義〕巻き毛, カール. [その他] 渦巻き状のもの, 丸くなったもの. 動 として, 頭髪をカールさせる, 一般化して物を巻き上げる, 渦巻き状にする, 丸くする《up》. 自 として, 頭髪がカールする, 物が丸くなる.
[語源] 中期オランダ語 *krollen* (カールさせる) が中英語に入り, 最初は crullen という形であったが, 音位が入れかわって curllen となり, 今日の curl になった.
[用例] My hair has very little *curl* in it. 私の髪にはカールがほとんどない/*curl* one's hair 髪をカールする/My hair *curls* easily. 私の髪はカールしやすい/The paper *curled* (up) at the edges. 紙の両端が丸くめくれていた.
【慣用句】*curl up* 葉や紙などが丸くまくれ上がる, 何かを巻き上げる, 丸くする: *curl* oneself *up* 人や猫などが丸くなって寝る.
【派生語】cúrler 名 C 頭髪用のカールクリップ, カーリングゲームの選手. cúrliness 名 U. cúrling 名 U 《競技》氷上で重いみがげ石を滑らせて円形のゴールに入れる競技, カーリング. 形 巻き毛の: curling iron 《通例複数形》頭髪のカールごて, ヘアアイロン/curling stone カーリングで使われる石. cúrly 形 巻き毛の, 渦巻き状の.

cur・rant /kə́ːrənt | kʌ́r-/ 名 C 〔一般語〕小粒の種なし干しぶどう, 《植》ふさすぐり, その実(★ゼリーやジャムに用いる).
[語源] 古フランス語 *raisins de Corinthe* (コリントの干しぶどう)がアングロフランス語を経て (reisins) of corauns として中英語に入った.
[関連語] red currant (赤ふさすぐり); black currant (黒ふさすぐり).

currency ⇒current.

cur·rent /kə́:rənt | kʌ́r-/ 形 名 CU 〔一般語〕
[一般義] 物事などが現在行なわれている, 現時点での, 今の. [その他] 現在通用している, よく知られている, 流行になっている. 名 として, 水や空気の流れ, 海の潮流, 『電気』電流, 比喩的に時勢の流れ, 世の中の風潮.
[語源] ラテン語 currere (=to run) が古フランス語で courre となり, その現在分詞 corant, curant が中英語に入った.
[用例] current English 時事[現在の]英語/current news 最新のニュース/current issues 現在の問題/the current month 今月/a cold current of air 寒気流/the current of the times 世相/alternating [direct] current 交[直]流.
[類義語] current; present: **current** が特に物事について現在進行中で, 一般の人に認められて行なわれているという動的意味が強く, また流行中で最新であるという新しさを強調するのに対して, **present** は現在眼前にあるという状態を静的に表す.
【派生語】**cúrrency** 名 CU 通貨, 貨幣の流通, 通用, 言語や思想などの流布, 流行, 通用: in foreign currency 外国通貨で. **cúrrently** 副 現在のところ, 広く.
【複合語】**cúrrent accòunt** 銀行の当座預金(口座).

curricular ⇒curriculum.

cur·ric·u·lum /kərikjuləm/ 名 C (複 -la, ~s) 〔一般語〕教育課程, 教科課程.
[語源] ラテン語 currere (=to run) の 名 curriculum (=running; course; race) が初期近代英語に入った.
【派生語】**curricular** 形.
【複合語】**currículum vítae** 名 C (複 curricula vitae)〔形式ばった語〕履歴書(《米》résumé).
[日英比較] 履歴は日本とは異なり現在から過去にさかのぼって書く.

currier ⇒curry².

cur·ry¹ /kə́:ri | kʌ́ri/ 名 UC 動 本来他 〔一般語〕カレー料理, またカレー粉. 動 としてカレー粉で料理する.
[語源] タミール語 kari (=sauce) が初期近代英語に入った.
【派生語】**cúrried** 形 カレー粉で調理した.
【複合語】**cúrry pòwder** 名 U カレー粉. **cúrry sàuce** 名 U カレーソース.

cur·ry² /kə́:ri | kʌ́ri/ 動 本来他 〔一般語〕馬ぐしをかけて馬の手入れをする.
[語源] 古フランス語 correier (管理する) が中英語に入った.
【慣用句】***curry favor with*** ... お世辞を言って...のきげんをとる.
【派生語】**cúrrier** 名 C なめし革の仕上げ工.
【複合語】**cúrrycòmb** 名 C 動 本来他 鉄製の馬ぐし(でこする).

curse /kə́:rs/ 名 C 動 本来他 〔一般語〕[一般義]「ちくしょう」などのような**悪態(の言葉)**. 本来は人に対するのろい(の言葉)の意味で, それから上記の意味になった. また悪態の対象になるもの, たたり, 災い, 動 としては, 神の名などにかけて相手をのろう, 人などに**悪態をつく**.
[語源] 古英語 名 curs から. それ以前の語源は不詳で, 他のヨーロッパ系言語にも類似の語はない.
[用例] Having to work is the curse of his entire life. 働かなくてはならないことは彼の生涯の災いのたねだった/He cursed (at his own stupidity) when he dropped the hammer on his toe. 彼はé:ちを上げて自分の足の親指に(自分の愚かさに)ちくしょうと言った.
[類義語] curse; swear: **curse** は本来「のろう」という望ましくない行為から出ているので, この語には怒りに燃えるあまり悪態をつくという感情がこもっている. それに対して現在はほぼ同じ意味で用いられる **swear** は, 元来神にかけて「誓う」というよい意味であったが, みだりに神の名を口にするのはキリスト教(あるいはユダヤ教)では ご法度であり, その意味から結局は同じ用法が生れた. しかし, swear には怒りという意識は少ない.
[日英比較] 日本語には英語のようなキリスト教の影響はなく, curse にも swear にも当たる語法がない. すなわち, 英語なら God damn (it)! Jesus Christ! などは「ちくしょう」に当たるのだが, 日本語では「南無三(法)!」といっても, せいぜい「しまった」という驚きの声にすぎない. 日本語では「くそ」「ちくしょう」など相手に対する軽蔑の語で悪態を表す.
【派生語】**cúrsed** /kə́:rsid/ 形 のろわれた, いまいましい. **cúrsedly** 副.

cur·sive /kə́:rsiv/ 形 名 C 〔一般語〕活字体に対する**筆記体の**, 続け書きの. 名 として**筆記体の字**.
[語源] ラテン語 cursus (⇒course) から派生した中世ラテン語 cursivus (=running) が 18 世紀に入った.

cur·sor /kə́:rsər/ 名 C 〔一般語〕移動して位置を示す印, 『コンピューター』モニターで示される矩形の印で入力キーの位置を示すもの, カーソル.
[語源] ラテン語 currere (=to run) の派生形 cursor (=runner) が「急使」の意で中英語に入った.

cur·so·ry /kə́:rsəri/ 形 〔形式ばった語〕(悪い意味で)仕事や読書などが速いがおおざっぱな, 雑な.
[語源] ラテン語 cursus (⇒course) から派生した後期ラテン語 cursorius (=of running) が初期近代英語に入った.
[用例] He gave it only a cursory glance. 彼はざっとしか目を通さなかった.
【派生語】**cúrsorily** 副 ざっと一通り, ぞんざいに.

curt /kə́:rt/ 形 〔一般語〕(悪い意味で)人やその言行がそっけなく失礼な, ぶっきらぼうな.
[語源] ラテン語 curtus (=shortened) が初期近代英語に入った.
[用例] a curt reply そっけない返事.
【派生語】**cúrtly** 副. **cúrtness** 名 U.

cur·tail /kə:rtéil/ 動 本来他 〔形式ばった語〕予定したよりも**短縮する, 切り詰める**, 出費などを**削減する**.
[語源] 中英語 curtailen から. これは古フランス語 courtauld (=short) と中英語 taillen (=to cut) が結び付いたものと思われる.
【派生語】**curtáiled** 形 省略した. **curtáiler** 名 C. **curtáilment** 名 U.

cur·tain /kə́:rtn/ 名 C 動 本来他 〔一般語〕[一般義]**窓などのカーテン**. [その他] 本来はベッドの回りにひくカーテンを意味したが, 劇場のステージの**幕**の意となり, いろいろな物の回りの幕や遮蔽するためのカーテンを意味するようになった. 比喩的に何かを**隔てるもの**ということで, かつての共産圏との境界という意味での iron curtain などという用法も生れた. さらに(くだけた語)〔複数形で〕終わり, お仕舞. 動 として〔形式ばった語〕カーテンを張る[下げる].

[語源] ラテン語 cortina (=enclosure) が古フランス語 cortine を経て中英語に入った. 意味の飛躍はギリシャ語の聖書をラテン語に翻訳する際に語彙の類似から「カーテン」の意味のギリシャ語に対する訳語として用いられたことから.

[用例] draw a curtain カーテンを開ける[閉める]/The curtain came down at the end of the play. 劇が終わって幕が下りた/The curtain rises [falls] at nine. 芝居は9時に始まる[終わる]/If you are late once more, it'll be curtains for you. 今度遅刻したら首にするぞ.

【複合語】cúrtain càll 名 C カーテンコール. cúrtain ràiser 名 C 開幕劇, 前座, 比喩的に大事の前の小事. cúrtain ròd 名 C カーテンレール.

curt・sy, curt・sey /kə́:rtsi/ 名 C 動 [本来自] 〔一般語〕女性が左足を引き, ひざを曲げ, 頭や肩を落としてするおじぎ (★高貴な人や観客に対するていねいな会釈). 動 としておじぎをする.

[語源] courtesy (礼儀正しさ) の変形.

curvaceous ⇒curve.

curvature ⇒curve.

curve /kə́:rv/ 名 動 [本来自] 〔一般語〕 [一般義] 曲線, カーブ. [その他] 曲線状のもの, あるいは曲線状になった箇所, 部分, (通例複数形で) (米) 女性の曲線美, 『野』曲球, カーブ. 動 として曲がる, 曲線を描く, カーブする. 他 曲げる, 湾曲させる.

[語源] ラテン語 curvus (=curved) が中英語に入った.

[用例] a curve in the road 道路のカーブ/the curves of her body 彼女の曲線美/The road curves gently towards the east. その道路はゆるやかに東に向かってカーブしている.

【派生語】cùrváceous 形 女性が曲線美の, 肉体美の. cúrvatùre 名 UC 湾曲, 屈曲, 『医』 背骨の湾曲. cúrved 形. cúrving 形. cúrvy 形.

【複合語】cúrve bàll 名 C 『野』 カーブ (《語法》単に curve ともいう).

cush・ion /kúʃən/ 名 動 [本来他] 〔一般語〕 [一般義] 座ぶとん, 枕, 背当て, クッション. [その他] 緩衝材, クッション, また緩和政策, 事を行うための段階的な措置. 動 として, 人を座ぶとんに座らせる, 家具などにクッションを備える, 衝撃を緩和する.

[語源] ラテン語 coxa (=hip) から派生した俗ラテン語 *coxinus (=hip rest) に由来する古フランス語 cossin が中英語に入った.

[用例] The sofa has four cushions. そのソファーにはクッションが四枚ついている/A hovercraft travels on a cushion of air. ホバークラフトは空気のクッションに乗って進む/This loan will cushion the effect of all the money you have spent on your house. このローンであなたの家の建築費の負担は和らぐでしょう.

cusp /kʌ́sp/ 名 C 〔形式ばった語〕三日月, 歯, 葉などのとがっている先端, 『数』2曲線の出合う尖点, 『建』ゴシック建築のアーチの内側のいばら, 『解』心臓弁膜の尖頭, 『占星』天宮図による運勢判断の宮の最初の部分.

[語源] ラテン語 cuspis (=point) が初期近代英語に入った.

【派生語】cúspidate, cúspidated 形 先のとがっている.

cuss /kʌ́s/ 名 C 動 [本来他] 〔俗語〕 (米) のろい, ののしり, いやなやつ, 変な野郎. 動 として, 人に悪態をつく, ののしる.

[語源] curse の異形で18世紀から.

【派生語】cussed /kʌ́sid/ 形 (米) 意地が悪くて極めて強情な.

cus・tard /kʌ́stərd/ 名 UC 〔一般語〕卵, ミルク, 砂糖, 香料を混ぜて蒸したり焼いたりして固めたデザート, カスタード, (英) カスタードソース[クリーム].

[語源] ラテン語 crusta (=crust) に由来するアングロフランス語 crustade (=a kind of pie) が中英語に入った.

【複合語】cústard píe 名 C カスタードパイ, パイを投げ合うどたばた演技. cústard pòwder 名 U (英) デザート用ソースとして用いる粉末カスタード.

cus・to・dy /kʌ́stədi/ 名 U 〔形式ばった語〕 [一般語] 後見人として裁判などで認められた保護・教育などの権利や義務, (米) 警察の監督下に置かれる拘留, 拘置, また安全なところでの保管, 管理.

[語源] ラテン語 custos (=guardian) から派生した custodia (=guarding) が中英語に入った.

[用例] in the custody of one's mother 母親の後見にまかされている.

【派生語】custódian 名 C 管理人, 用務員, 守衛, 後見人, 保護者: the custodian of an art collection 美術品収集の保管者/the custodian of public morals 公衆道徳の監督者.

cus・tom /kʌ́stəm/ 名 UC 〔一般語〕 [一般義] 社会的な慣習, 風習. [その他] 個人が意図的に繰り返し行っている習慣 (★これには爪を嚙んだり, 首を曲げたりするような無意識な癖は含まれない), あるいは成文法に対する慣習法. 古い習慣では土地主や領主への慣習的な負担の意から, 市場への商品に対する税の意を経て, 現在では (複数形で) 外国からの輸入品に対する関税, さらに (複数形で; 単数扱い) 関税を取るための検査場, 税関の意となった. また習慣のある店に買いに行くことから, (形式ばった語) ある商店へのひいき, 引立て, さらには顧客全体を指す.

[語源] ラテン語 consuescere (=to accustom) の過去分詞 consuetus の派生形 consuetudo (=custom) が古フランス語 custome を経て中英語に入った. costume と同語源.

[用例] Bathing in the River Ganges is a religious custom among the Hindus. ガンジス川で水浴することはヒンズー教徒の宗教上の慣習である/It's my custom to go for a walk on Saturday morning. 土曜日の午前中に散歩に行くのが私の習慣だ/pay customs on bottles of whisky ウイスキーに関税を払う/The new supermarket has taken away all my custom. 新しいスーパーが私の客を皆奪ってしまった.

[類義語] habit.

【派生語】cùstomárily 副. cústomary 形. cústomer 名 C 店の客. cústomize 動 [本来他] (米) 車などを注文して作らせる.

【複合語】cústom-bíult 形 車や家屋などが注文で作られた. cústomhòuse 名 C 税関. cústom-máde 形 洋服などがオーダーメードの, 注文品の. cústoms dùties 名 (複) 関税 (《語法》単に customs ともいう). cústomshòuse 名 =customhouse.

cut /kʌ́t/ 動 [本来他] (過去・過分 ~) 名 C 〔一般語〕 [一般義] 物を刃物などで切る, 切って傷をつける, 切りとる. [その他] 切り取って除く, 削除する, 短縮する, さらに切って止める, 関係などを断つ. また水路などを切り開く, 切り開いて進む, 逃げる, あるいは切り刻んで作る, 像や版画を彫刻する, 宝石などを削る, カットする, レコー

どなどを作る, 歯を生やす, 球技でボールを切る. 圓として, 刃物が切れる, 物が切りやすい, 道などが他の道と交差する, 人が突っ切って進む, 場面などが急に切り変わる, エンジンなどが止まる. 图 として切り傷, 切り口, 削除(された部分), 生地などの裁ち方, 髪の刈り方, 肉や魚の切り身, また分け前, 挿absorbing, カット, 球技でボールをカットすること, 授業などをさぼること.

[語源] 中英語から. それ以前は明らかではないが, アイスランド語 kuta(切る), ノルウェー語 kutte(切る)等の存在から北ゲルマン祖語の語ではないかと思われる.

[用例] He cut the paper with a pair of scissors. 彼ははさみで紙を切った/He had to cut the envelope open. 彼は封筒を切ってあけなくてはならなかった/She cut the bread into slices. 彼女はパンを切り分けた/They cut my wages by ten percent. 彼らは私の給料を10パーセントカットした/The pop star cut a new disc. そのポップスターの歌手は新しいレコードを出した/This saw cuts well. このこぎりはよく切れる/He cut through the park on his way to office. 彼は勤務先へ行く途中で公園を通り抜けた/a cut on the arm 腕の切り傷/ten percent cut in prices 値段の1割引.

【慣用句】*cut across* ……を横切って進む. *cut back* 出費や人員を削減する. *cut down* 木などを切倒す; 飲食などの量を減らす: *cut down on sugar* 砂糖を減らす. *cut in* 話をさえぎる, 列などに割り込む. *cut no ice* 効果がない. *cut off* 切り離す, 電話などを切る, ガス・水道などの供給を止める, 遺書に何も書かずに相続権を奪う. *cut one's teeth* 生まれて初めて歯が生える, 〔俗語〕初体験する. *cut one's way* 道を切り開いて進む, 船が水上を進む. *cut out* 話などを急に止める, 飲酒や喫煙などを止める: *Cut it out!* 冗談はよせ. そんなとはやめろ. *cut short* 短縮する, 話の途中で止めさせる.

【派生語】*cútter* 图 切る道具[人], 軍艦付きのボート: a glass *cutter* ガラス切り/a wood *cutter* きこり. *cútting* 图UC 切ること, フィルムや録音テープの編集, 切り取ったもの, 挿木用の枝, 新聞の切り抜き, 《英》鉄道の切り通し. 厖 風などが身を切るような, 皮肉や批判などが痛烈な: **cutting board** まな板/**cutting room** フィルムやテープなどの編集室.

【複合語】**cút gláss** 图UC カットグラス. **cútoff** 图C 停止, 終了, 遮断装置, 《米》近道. **cútout** 图C 切り抜き, 切り抜き細工, 〔電気〕安全器. **cut-ráte** 厖 割引の, 二流の. **cúthróat** 图C〔古語〕殺人者. 厖 凶暴な, 情け容赦のない. **cútwòrm** 图C〔昆虫〕夜盗虫($_{1}^{\dagger}$ど).

cute /kjúːt/ 厖〔一般語〕[一般義] 人や物, 動物などが小さくてかわいらしい (語法) 特にアメリカ英語で多く用いられる). その他〔やや軽蔑的〕人が利口で抜け目ない.

[語源] acute の短縮形として18世紀から使われ始めた.

[用例] a *cute* baby [dress] かわいい赤ん坊[ドレス].

【派生語】**cútely** 副. **cúteness** 图U.

cu·ti·cle /kjúːtikl/ 图C〔解〕表皮.

[語源] ラテン語 *cutis* の指小語 *cuticula* が初期近代英語に入った.

cut·lass /kátləs/ 图C〔やや形式ばった語〕昔海賊などが使った反り身で幅広の短剣 (語法) cutlas ともかける).

[語源] ラテン語 *culter*(=knife)の指小語 *cultellus* がフランス語を経て初期近代英語に入った.

【複合語】**cútlass fish** 图C〔魚〕たちうお.

cut·ler /kátlər/ 图C〔一般語〕刃物を製造・販売・修繕する刃物師.

[語源] ラテン語 *cultellus* (⇒cutlass)に由来する古フランス語 *couteliet* (=knife-maker)が中英語に入った.

【派生語】**cútlery** 图U ナイフ, フォーク, スプーンなどの食卓用金物.

cut·let /kátlit/ 图C〔一般語〕子羊や子牛の骨つき肉の切り身, またそれを揚げたカツレツ.

[語源] 古フランス語 *costelette*(*coste* rib+*-lette* 指小辞)が18世紀に入った.

[用例] lamb *cutlets* 子羊のカツレツ/vegetarian *cutlets* コロッケ.

cutter ⇒cut.

cuttle·fish /kátlfiʃ/ 图C〔動〕甲いか《★形からの連想で悪い意味に使うことが多い》.

[語源] 古英語 cudele(いか)による中英語 codel+fish から.

[類義語] squid.

-cy /-si/ 接尾 「性質」「状態」「身分」「地位」「階級」などを表す抽象名詞を作る.

[語源] ギリシャ語 -*k*(*e*)*ia*, -*t*(*e*)*ia*, ラテン語 -*cia*, -*tia* が古フランス語 *-tie*, *-cie* を経て中英語に入った.

cy·a·nide /sáiənaid/ 图U [本来itō]〔化〕猛毒の青酸カリ, シアン化物. 動 としてシアン化物で処理する.

[語源] cyan(o)-「シアン」+-ide「化合物」.

cy·ber·net·ics /sàibərnétiks/ 图U〔一般語〕人工頭脳学 《★人間や動物の頭脳の神経組織とそれにとって代わる機械的電子コンピューター制御組織との比較研究をする.

[語源] ギリシャ語 *kubernan*(=to steer) の派生形 *kubernētēs*(=pilot; governor)による20世紀の新造語.

【派生語】**cỳbernétic** 厖. **cỳbernétically** 副. **cỳbernéticist** 图C.

cy·borg /sáibɔːrg/ 图C〔一般語〕人工的に作られた改造人間, サイボーグ.

[語源] cybernetic+organism からの20世紀の造語.

cy·cla·men /síkləmən, sáik-/ 图C〔植〕シクラメン.

cy·cle¹ /sáikl/ 图C 動 [本来義]〔一般語〕[一般義] ある一連の事が完了する期間, 周期. その他 一定の期間に一巡して出発点に戻るような一連の出来事, また電波の周波, サイクルをいう. 動 として循環する, 一定の周期で繰り返す.

[語源] ラテン語 *cyclus*(=circle; wheel; cycle)が古フランス語を経て中英語に入った.

【派生語】**cýclic** /sáiklik, sík-/, **-cal** 厖. **cýclically** 副.

cy·cle² /sáikl/ 图C 動 [本来義]〔一般語〕自転車. 動 として自転車に乗る, サイクリングをする.

[語源] bicycle の略.

【派生語】**cýcling** 图U. **cýclist** 图C.

cy·clone /sáikloun/ 图C〔気〕インド洋などの強い熱帯性低気圧, サイクロン, 一般に暴風, 大あらし, 《米》中西部の大竜巻(tornado), また遠心分離装置.

[語源] ギリシャ語 *kuklos*(=circle)の 動 *kuklóein*(=to whirl)の現在分詞 *kuklôn* から. 19世紀に使われ始めた.

[関連語] typhoon; hurricane.

【派生語】**cyclónic** 厖.

【複合語】**cýclone cèllar** 图C 《米》竜巻避難用地

下室.

cy·der /sáidər/ 名 U 〔一般語〕《英》りんご酒 (cider).

cyl·in·der /sílindər/ 名 C 〔一般語〕一般義 エンジンの気筒. その他 本来の意味は円柱あるいは円筒(形)で、それから円筒形をしたものをよぶようになり、エンジンの気筒の他に、ピストルの回転弾倉、輪転印刷機の圧胴などもいう.
語源 ギリシャ語 *kulindros* (=roll) がラテン語、フランス語を経て初期近代英語に入った.
【派生語】**cylíndrical** 形. **cylìndricálity** 名 U. **cylíndrically** 副.

cym·bal /símbəl/ 名 C 《楽器》(通例複数形で)シンバル.
語源 ギリシャ語 *kumbē* (=hollow of vessel; bowl) から派生した *kumbalon* がラテン語 *cymbalum* を経て古英語に入った. chime と同語源.
【派生語】**cýmbalist** 名 C シンバル奏者.

cyn·ic /sínik/ 名 C 形 〔一般語〕一般義 皮肉屋、冷笑家《語法 悪い意味で使われる》. その他 本来は《the C-》物質的安楽を軽蔑したギリシャのキニク学派、犬儒学派、《C-》犬儒学派の哲学者. 形 =cynical.
語源 ギリシャ語 *kuōn* (=dog) から派生した *Kunikos* (犬儒学派の)がラテン語 *Cynicus* を経て初期近代英語に入った.

【派生語】**cýnical** 形 冷笑的な、世をすねた. **cýnicism** 名 U 皮肉な言葉、冷笑的な態度.

cy·pher /sáifər/ 名 動 《英》=cipher.

cy·press /sáiprəs/ 名 CU 《植》いとすぎ《★ヒノキ科の常緑樹で、悲しみや喪の象徴としてしばしば墓地に植えられる》、またその材.
関連語 Japanese cypress (ひのき).
【複合語】**cýpress vine** 名 C 《植》るこうそう《★ヒルガオ科のつる植物》.

Cy·prus /sáiprəs/ 名 固 キプロス《★地中海東部にある島、または共和国》.
【派生語】**Cýpriot** 名 C キプロス人.

czar /zɑːr/ 名 C 〔一般語〕《しばしば C-》帝政時代のロシア皇帝、また一般に大きな権威や権力を握っている人、独裁者、専制君主.
語源 ラテン語 *Caesar* (⇒Caesar) から多分ゴート語 *kaisar*, 古スラブ語 *tsiari*, *tsesari* (=emperor), ロシア語 *tsar* を経て初期近代英語に入った.
【派生語】**czárdom** 名 U 皇帝の地位、国土. **czarina** /zɑːríːnə/ 名 C 帝政ロシアの皇后.

Czech /tʃek/ 名 固 CU 形 チェコ共和国(the Check Republic). また〔一般語〕チェコ人[語](の).

Czech·o·slo·va·ki·a /tʃèkəsləváːkiə, -væk-/ 名 固 チェコスロバキア《★1993年チェコとスロバキアに分離独立した》.

D

d, D /diː/ 名 [U] ディー《★アルファベットの第 4 文字》, 【楽】二音, 二調, ローマ数字の500, 学校の成績の可, 乾電池の単1.

d. 《略》=date; diameter; died.

'd /d/ 助 would, had, did の略.

dab¹ /dæb/ 動 [本不自] 名 [C] 〔一般義〕〔一般義〕軽くたたく. 〔その他〕鳥がつっつく, また特にぬれた物や柔らかい物で軽くたたく, バターなどをべったり塗る, 絵や印刷で絵の具やインクをさっと塗るのにも用いられる. 自 としても用いられる. 名 として軽くたたくこと, ひと塗り, 塗りつけるものの量から少量, 《俗語》《複数形で》塗りつけられた結果うき出てくる指紋.
語源 擬音語. 中英語から.
用例 *dab* the sweat from one's forehead with a handkerchief ハンカチでたたくようにして額の汗をふく/ She gave the stain a *dab* with her wet cloth. 彼女は濡れた布でそのよごれを軽くたたいた.
類義語 tap¹.

dab² /dæb/ 名 [C] 《魚》まこがれい.

dab·ble /dǽbl/ 動 [本不自] 〔一般義〕〔一般義〕水中で手足をくり返し動かす. 〔その他〕水中で手足を動かして水をはねかす, その結果ぬらす. また水あそび[泥いじり]をする, 比喩的に遊び半分に何かをちょっとやる.
語源 dab と関係があると思われる中期オランダ語 *dabben* にくり返しを表す -le がついたものが初期近代英語に入った.
用例 *dabble* one's hand in the water 水中で手をバシャバシャさせる/ He *dabbles* in witchcraft. 彼は魔法を少しかじっている.
【派生語】**dábbler** 名 [C] 《軽蔑的》道楽半分[物好き]に事をする人.

dac·tyl /dǽktil/ 名 [C] 【詩】長短短格, 強弱弱格《★ -××, あるいは ´--》.
語源 ギリシャ語 *daktulos* (=finger) がラテン語を経て中英語に入った. 指の関節と同じく音節数が三つであることから.

dad /dæd/ 名 [C] 〔幼児語・くだけた語〕お父さん, パパ.
日英比較 日本語ではパパがごく一般的だが, 英語では dad が最も一般的.
語源 幼児の発音 da da から生れたと思われるが不詳. 初期近代英語から.

dad·dy /dǽdi/ 名 = dad.

dae·mon /díːmən/ 名 [C] 【ギ神】悪魔, 悪霊《★神と人間の中間にある神》. また demon の意.
語源 ギリシャ語 *daimōn* がラテン語を経て中英語に入った.

daf·fo·dil /dǽfədil/ 名 [C] 【植】らっぱ水仙.
語源 ラテン語 *asphodelus* (不凋花)が affodill を経て中英語に入った. 語頭の d- については不詳.

dag·ger /dǽgər/ 名 [C] 動 [本来他] 〔一般義〕先端のとがったナイフ, 短剣, 【印】ダガーマーク(†). 動 としてナイフで刺す, 傷つける, 【印】ダガーマークをつける.
語源 中英語 daggere から. それ以前は不詳.

類義語 knife.
【慣用句】*at daggers drawn* 今にもけんかが起りそうな
look daggers at … …をきつい目でにらむ.

dahl·ia /dǽljə, -áː-|-éi-/ 名 [C] 【植】ダリア.
語源 18 世紀の植物学者 A. Dahl の名から. 彼はメキシコでこの花を発見した.

dai·ly /déili/ 形 副 名 [C] 〔一般義〕毎日の, 毎日おこる[行なわれる], 1日1回の, 新聞などが日刊の. 副 として毎日, 1日1回. 名 として日刊紙.
【慣用句】**dáily bréad** 毎日の食べ物, 命の糧(かて)《★聖書から》. **dáily dózen** 名 [U] 毎日やる体操《★もとは 12 種類の組み合せであった》. **dáily hélp** 名 [C] 《英》通いのお手伝いさん.

dain·ty /déinti/ 形 [C] 〔やや文語的〕〔一般義〕人や物が優美できゃしゃな, 気品のある. 〔その他〕趣味や嗜好が高尚な, さらにそれの程度が過ぎて, 服装や食物の好みがむずかしいのある. 名 として《複数形で》おいしい物.
語源 ラテン語 *dignitatem* (=dignity) が古フランス語で *deintié* (=dignity; honor) となり, アングロフランス語を経て中英語に入った.
類義語 delicate; nice.
【派生語】**dáintily** 副 優美に, えり好みして. **dáintiness** 名 [U].

dair·y /déəri/ 名 [C] 〔一般義〕〔一般義〕搾乳場, バター・チーズ製造所, 酪農所. 〔その他〕酪農場(dairy farm), 乳製品を扱う店.
語源 古英語 *dæge* (=breadmaker) から中英語で *deierie* (=dairymaid, maidservent) となり現在に至る. 意味はパンをこねる女の意味から, 女性の召使いの意味になり, さらに乳牛の世話をする意になり現在の意味に変わった.
【派生語】**dáirying** 名 [U] 酪農業.
【複合語】**dáiry càttle** 名 《複》乳牛. **dáiry fàrm** 名 [C] 酪農場. **dáiry fàrmer** 名 [C] 酪農業者. **dáiry man** 名 [C] 酪農場主, 乳製品販売人. **dáiry pròducts** 名 《複》乳製品.

dai·sy /déizi/ 名 [C] 【植】ひなぎく, デージー.
語源 古英語 *dæges èage* (=day's eye; the sun)から. 花は太陽に似て, 中心街の黄色の花盤は日中は見え, 夜は閉じて隠れることから.
【慣用句】*fresh as a daisy* 元気よく.
【複合語】**dáisy chàin** 名 [C] ひなぎくの花輪, 《米》輪, 【コンピューター】デイジーチェーン式接続.

Da·ko·ta /dəkóutə/ 名 固 ダコタ《★米国中西部のもと準州》, 《the ~s》南・北ダコタ州.
語源 先住民の言葉で「同盟者」の意.
【派生語】**Dakótan** 形 ダコタ(人)の. 名 [C] ダコタ人.

dale /deil/ 名 [C] 〔やや文語・方言〕特に英国北部の谷間(valley).
語源 古英語 dæl から.
【複合語】**dálesman** 名 [C] 北イングランドの谷間に住む人.

dal·ly /dǽli/ 動 [本来自] 〔一般義・古語〕〔一般義〕ぶらぶら過ごす, 仕事などでぐずぐずする. 〔その他〕男が女性といちゃつく, …とふざける《with》.
語源 古フランス語 *dalier* (=to chat)が中英語に入った. それ以前は不詳.

dam /dæm/ 名 [C] 動 [本来他] 〔一般義〕〔一般義〕堰(せき), ダム. 〔その他〕ダムでせきとめられた水. またダムに似たもの, ビーバーの作るダム, 【歯】治療中にだ液で歯がぬれないよ

うにするダム(rubber dam). 動 として, ダムでせきとめる, 比喩的に感情などを抑える.
語源 中期オランダ語から中英語に入った.

dam·age /dǽmidʒ/ 名 UC 動 本来他 〔一般語〕
一般義 物や人が受けた**損害**, 被害. その他〔複数形で〕〔法〕**損害賠償金**,〔くだけた語〕〔こっけい〕**費用**, **代価**. 動 として**害を与える**, 体面を傷つける.
語源 ラテン語 damnum (=harm; loss)が古フランス語で dam(me) となり, その派生形 dammage が中英語に入った. ⇒damn.
用例 The typhoon caused [did] a lot of damage to the rice crop. 台風で米の収穫は大打撃だ/She claimed 5 million damages from his employer. 彼女は雇主に500万の損害賠償を請求した/The last war damaged cities in Japan. この前の戦争で日本の都市は打撃をうけた.
類義語 ⇒injure.
【派生語】**dámaging** 形 損害を与える, 有害な.

Da·mas·cus /dəmǽskəs/ 名 固 ダマスカス (★シリアの首都).

dame /déim/ 名 C 〔形式ばった語〕一般義《D-》《英》**デイム**《★ナイト(knight) および準男爵(baronet) の夫人の称号; 姓にはつけず, Dame Aliceのように名につける》. その他《D-》古くは一般に身分のある女性についての称号. 現在では擬人的に Dame Nature [Care; Fortune] として使われる. その他年輩の**既婚女性**,〔俗語〕《米》**女**の意.
語源 lord の意味のラテン語の女性形 domina (=lady)が古フランス語を経て中英語に入った.
類義語 lady.

damn /dǽm/ 動 本来他 名 形 副 〔くだけた語〕一般義 (感嘆詞的に)ちくしょう!くそいまいましい!しまった! その他 本来は〔一般義〕**不運に陥れる**, 神が人を永遠に**罰する**, **地獄へ落とす**, さらに**破滅させる**, 人をのろう, ののしる, ひどく**非難する**. 名 として (a~)下らないもの. 形 としていまいましい, ひどい. 副 としてまったく, ひどく, とてもなど.
語源 ラテン語 damnum (⇒damage) から派生した damnare (=to inflict loss on; to condemn) がフランス語を経て中英語に入った.
用例 The reviewers all damned the play. 批評家は皆彼の劇を酷評した/Damn! I've forgotten my purse. しまった! 財布を忘れた.
関連語 swear.
【慣用句】**damn with faint praise** 冷たく批判する. (I'm, I'll be) damned if I ... おれはまさか...はしないよ
【派生語】**dámnable** 形 のろうべき, いまいましい. **dámnably** 副. **damnátion** 名 U 永遠の破滅, 地獄に落ちること: May damnation take it! ちくしょう! **dámned** 形〔くだけた語〕くそいまいましい, ひどい.

damp /dǽmp/ 形 名 U 動 本来他 〔一般語〕**湿気の多い**, 冷たくじめじめした. 名 として**湿気**, 比喩的に**意気消沈した状態**. 動 として**湿らせる**, 意気消沈させる, 転じて火の勢いを弱くする, 弦楽器などの音を弱くする.
語源 「水蒸気, 煙」を意味する中期低地ドイツ語が中英語に入った.
用例 The walls were brown with (the) damp. 壁が湿気で茶色くなっていた.
類義語 ⇒wet.
【慣用句】**damp down** 火を弱める, 楽器の音を抑える.

【派生語】**dámpen** 本来他 湿らせる, 気持を湿っぽくする. **dámper** 名 C 湿らす物, 水をさす人, 雰囲気をこわす人, ストーブの調節弁, ピアノの止音器, バイオリンの弱音器, 《英》=shock absorber. **dámpness** 名 U.

dance /dǽns/ 名 C 動 本来他 〔一般語〕一般義 **踊り**, **ダンス**. その他 **ダンスパーティー**, 舞踏会, またダンス音楽. 動 として**踊る**, ダンスをする, 跳ね回る, 比喩的に木や葉が揺れる, 心臓が躍動する.
日英比較 日本語で「ダンスパーティー」というが, 英語では単に dance や dancing party という.
語源 古フランス語 dancier (=to dance)が中英語に入った. フランス語からと思われているが, それ以前は不詳.
用例 We're going to a dance next Saturday. 我々はこんどの土曜日にはダンスパーティーに行くつもりだ/She began to dance as soon as she heard the music. 彼女は音楽を聞くや否や踊り始めた/The leaves were dancing in the wind. 木の葉が風に揺れていた.
【慣用句】**lead ... a pretty [merry] dance**《英》人を引っぱりまわす, 迷惑をかける.
【派生語】**dáncer** 名 C 踊る人, 踊っている人, 専門家としての**踊り子**, **ダンサー**. **dáncing** 名 U 〔一般語〕ダンス, ダンスをする[練習する]こと: **dancing girl** プロの踊り子, ダンサー/**dancing shoe**《通例複数形で》ダンス靴.
【複合語】**dánce bànd** 名 C ダンス音楽のバンド. **dánce flòor** 名 C レストランなどの**踊れる**[踊り用の]フロア. **dánce mùsic** 名 U ダンス音楽. **dánce hàll** 名 C ダンスホール.

dan·de·li·on /dǽndilàiən/ 名 C 〔植〕たんぽぽ.
語源 中世ラテン語 dens leonis (=lion's tooth) がフランス語 dent de lion を経て中英語に入った. 葉の形がライオンの牙に似ていることから.

dan·dle /dǽndl/ 動 本来他 〔一般語〕赤ん坊などを腕に抱く, ひざにのせる, かわいがる.
語源 不詳.

dan·druff /dǽndrəf/ 名 U 〔一般語〕頭のふけ.

dan·dy /dǽndi/ 名 C 形 〔くだけた語〕《軽蔑的》服装や外見に異常に気を配る男の**しゃれ者**. 形 として《米》**素晴らしい**.

Dane /déin/ 名 C 〔一般語〕**デンマーク人**.《史》10世紀にイングランドに侵入したデーン人.

dan·ger /déindʒər/ 名 UC 〔一般語〕一般義 **危険**, **危険な状態**. その他 **危険な物**, 暗礁などの危険な障害物.
語源 ラテン語 dominus (=lord) の派生形 dominium (=lordship; power) が俗ラテン語を経て古フランス語で dangier となり, アングロフランス語を経て中英語に入った. 君主の絶対権力から, 逆らう者に危害を加える力の意となり,「危険」の意となった.
用例 In war soldier's life is full of danger. 戦争では軍人の生命は危険が多い/The canal is a danger to children. 運河が子供にとっては危険物だ.
類義語 danger; peril; risk; hazard: **danger** は危険, 危険を表わす一般語. **peril** は重大な, さし迫った危険. **hazard** は予知できるが避けようのない危険. **risk** は自分の意志で招く危機.
【慣用句】**be in danger** 危険な状態である. **be in**

danger of ...の危険にさらされている. *be out of danger* 危機を脱している.
[派生語] **dángerous** 形 〔一般語〕人や物が**危険な**: a *dangerous* road 危険な道路/It's *dangerous* to cross the road here. ここで道路を横断しては危険です. **dángerously** 副.
[複合語] **dánger list** 名 © 病院などでの重症患者のリスト. **dánger mòney** 名 Ⓤ 危険手当. **dánger signal** 名 © 危険信号.

dan·gle /dǽŋgl/ 動 [本来自] 〔一般語〕揺れるようにぶら下げる. [その他] 比喩的にある人の**子分[取り巻き]**になる, 女性にまとわりつく, あるいは女の尻を追い回す. 他 としても用いられる.
[語源] スカンジナビア系の借用語といわれるが不詳.
[派生語] **dángler** 名 ©. **dángling** 形.
[複合語] **dángling párticiple** 〘文法〙**懸垂**分詞 (★分詞構文の主語が主節の主語と一致しないもの. たとえば After marrying her, his trouble began. では分詞構文の主語は he であるはずだが, 主節の主語は his trouble となっている. 懸垂分詞は破格であるが, 慣用的に意味上の不明でないものは許容されている).

Dan·ish /déiniʃ/ 形 名 Ⓤ 〔一般語〕デンマーク(Denmark)の, デンマーク人[語]の. © としてデンマーク人[語].
[語源] the Danish でデンマーク人全体を指す. 1人のデンマーク人をいうときは a Dane.

dank /dǽŋk/ 形 〔一般語〕じめじめと湿った, **不快な**.
[語源] 不詳.
[類義語] moist.

dan·seuse /dɑːnsə́ːz/ 名 © 〔一般語〕バレリーナ.
[語源] フランス語 *danseur* (= dancer) の女性形. 19世紀から.

Dan·ube /dǽnjuːb/ 名 固 (the ~)ダニューブ川, ドナウ川 (★ドイツから黒海に注ぐ川).

Daph·ne /dǽfni/ 名 固 〘ギ神〙ダフネ (★Apollo に追われて月桂樹になった女).

dap·per /dǽpər/ 形 〔一般語〕(ときに軽蔑的)男性が小柄で動作がきびきびしている, 身なりが小ぎれいな.
[語源] 中期オランダ語 *dapper* (= heavy; strong; quick) が中英語に入った.
[派生語] **dápperly** 副. **dapperness** 名 Ⓤ.

dap·ple /dǽpl/ 動 [本来他] 形 〔一般語〕動物などをぶちにする, まだらにする. 形でまだらの.
[語源] 古ノルド語 *depill* (=spot) から中英語に入った.
[派生語] **dóppled** 形 まだらの.
[複合語] **dápple-gráy** 形 名 © うすい灰色の地に濃い目の灰色の斑点がある.

Dar·by and Joan /dɑ́ːrbi ən dʒóun/ 名 〈複〉〔くだけた語〕仲の良い老夫婦.
[語源] 18世紀に流行した歌詞から.
[用例] a *Darby and Joan* club 老人のサークル.

dare /déər/ 動 [本来自] 助 © 形 〔一般語〕**思い切って...する, 勇気を出して...する** (〔語法〕V+(to) do の文型となる. 否定文, 疑問文では dare の後は原形不定詞になることが多い). [その他] (悪い意味で)ずうずうしくも...する. また〔形式ばった語〕危険などをものともしない, 恐れない, ときならやってみると**挑戦する, 挑む**, (〔語法〕V+O+to 不定詞の文型で). (〔否定文, 疑問文, 条件文で〕**思い切って...する, あえて...する** (〔語法〕現在時制の場合が多く, 過去時制では V+to do の一般動詞としての用法が普通である). 名 として挑戦.
[語源] 古英語の過去·現在分詞 durran (=to dare) の過去形 deare から.
[用例] He wouldn't *dare* do a thing like that. 彼はそんなことをする勇気などないだろう/Don't you *dare* do such a thing again! こんなことを二度とやるのはありません/I *dare* you to do it. 私は君にそれをやれるものならやってみろと言いたい/I will *dare* any danger. どんな危ない事でもやるぞ/I *daren't* go. (=I don't *dare* (to) go.) 私は行く勇気がない (〔語法〕daren't は dare not の短縮形).
【慣用句】*How dare* ...? よくもまあ...できるものだ: *How dare* you say such a rude thing about me? 君はどうして僕のことをそんなにくさすのか. *I dare say* [déarsei] 多分, きっと, どうせ: I *dare say* she will come later. 多分[きっと]彼女は後から来るでしょう. *take a dare* 挑戦に応じる.
[派生語] **dáring** 形 思い切った, 大胆不敵な. 名 Ⓤ 大胆なこと. **dáringly** 副.
[複合語] **dáredevil** 名 © 無鉄砲な人, 向うみずな人. 形 向うみずな. **dàresáy** 動 (I ~で) 〈英〉= I dare say (⇒【慣用句】).

dark /dɑ́ːrk/ 形 名 Ⓤ 〔一般語〕光が無くて**暗い**. [その他] 色が濃い, 暗い感じの, 髪や瞳, 肌の色が黒い. 光のないことから比喩的に**秘密の, 未知の, 無知の,** 暗いことから**陰気な, ゆううつなな**どの意. 名 として (the ~) **暗がり, 暗い所**.
[語源] 古英語 deorc から.
[用例] It's getting *dark*. 暗くなってきた(日が暮れてきた)/Don't look on the *dark* side. (物事の暗い面を見るな/Her hair is *dark*. 彼女は黒髪だ/Don't go out in the car after *dark*. 日が暮れてから車で出かけるな/Don't leave the child alone in the *dark*. その子を一人で暗い所においとかないでください.
[類義語] dark; dim; dusky; gloomy: **dark** は光のない, すなわち暗い状態を表わす最も一般的な語. **dim** は物ははっきりと見えない状態. **dusky** も dim と同様にぼんやりとしか見えない状態をさすが, 灰色の, 陰のある状態のイメージを持っている. **gloomy** は曇った, うっとうしい暗さ.
【慣用句】*not darken one's door* [*way*] 〔古風な表現〕**自宅に帰らない, 敷居をまたがない**.
[派生語] **dárken** 動 暗くする[なる], 陰うつにする, 陰気になる. **dárkling** 副 形〔やや古語〕暗やみで[の]. **dárkly** 副 暗く, 陰気に, ひそかに. **dárkness** 名 Ⓤ. 暗さ, 暗やみ, 無知.
[複合語] **Dárk Àges** 名 (the ~) 暗黒時代 (★ローマ文明の灯が消えたヨーロッパの中世前半). **Dárk Cóntinent** 名 (the ~) 暗黒大陸, アフリカ (★西洋人にとって未知の部分が多く, また黒人が多かったため). **dàrk hórse** 名 © 競馬で予想外の力を発揮した馬, ダークホース.

dar·ling /dɑ́ːrliŋ/ 名 © 形 〔一般語〕(呼びかけ)かわいい人, いとしい人, 最愛の人 (夫婦, 恋人同士, 親から子へなど). [その他] 愛する人, お気に入りの人[もの]. 形 としてかわいい, かわいらしい, 魅力的な.
[語源] 古英語 deor (=dear) に指小辞-ling がついてきた.
[用例] Is that you, *darling*? あなたなの?/Jane is her father's *darling*. ジェーンはパパのお気に入りだ.
[類義語] honey.

darn[1] /dá:rn/ 動 本来他 名 C 〔一般語〕靴下など編んだ物を繕う. 名 として繕った箇所.
[語源] フランス語の方言 *darner* (=to mend) が初期近代英語に入った.
[類義語] mend.

darn[2] /dá:rn/ 動 本来他 名 C 形 副 〔くだけた語〕 damn の婉曲語.
[用例] *Darn* that dog! あの憎たらしい犬め／*Darn* it! ちくしょう！
dárned 形 副 damned の婉曲語.

dart /dá:rt/ 名 C 動 本来他 〔一般語〕〔一般義〕ダーツ遊びの投げ矢，《複数形で》矢を投げて得点を争う遊戯のダーツ. その他 (a ~) 突進, 急激な動き. また『洋裁』くさび形の縫い込み, ダーツ. 動 として, 矢ややりなどを投げる, 比喩的に光, 視線などを投げる. 自 矢のように走る, 突進する, 飛ぶ.
[語源] 本来はゲルマン系の語で, フランク語で「やり」を表す語が古フランス語を経て中英語に入った.
[用例] have a game of *darts* ダーツをして遊ぶ／She *darted* a look at him across the table. 彼女はテーブル越しにちらりと彼を見た／The mouse made a sudden *dart* into the hole. (= The mouse *darted* into the hole.) ねずみは穴にさっと逃げこんだ.
【複合語】**dártbòard** 名 C ダーツの標的の丸い板.

Dar·win /dá:rwin/ 名 固 ダーウィン Charles Robert Darwin (1809–82)《★英国の生物学者で進化論を提唱した》.
【派生語】**Darwínian** 形 名 C ダーウィン説の(信奉者). **Dárwinism** 名 U ダーウィン説, 進化論.

dash /dǽʃ/ 動 本来他 名 C 動 〔一般義〕激しく打ちつける, 投げつける, 打ち砕く. その他 水などを勢いよくぶっかける, はねかける. また希望などをくじく, 人をまごつかせる. 自 衝撃する, 短距離を突進する, 猛進する. 名 として突進, 短距離競走, (a ~) 少量, 気味, また記号のダッシュ (—)の意.
[語源] 中英語 dashe(n)(激しく打つ)から. それ以前は不詳.
[用例] He *dashed* the bottle to pieces against the wall. 彼はびんを壁にぶつけてこなごなにした／A man leapt out of the car and *dashed* into a shop. 一人の男が車から飛び降りて店に駆け込んだ／a 100 yard *dash* 100 ヤード徒競走.
【慣用句】*dash off* 一気に仕事を片づける. *at a dash* 大至急で *cut a dash* 目立つ. *make a dash for ...* ...に向かって突進する.
【派生語】**dáshing** 形 元気の良い, さっそうとした, 派手な, 人目を引くような. **dásher** 名 C 〔くだけた語〕元気のいい人.
【複合語】**dáshbòard** 名 C 自動車や飛行機の計器盤, ダッシュボード《★以前は泥よけのことをいった》.

data /déitə, dá:tə/ 名 〔一般語〕《複数または U》データ, 資料, 情報, コンピューターに入力するデータ.
[語源] ラテン語 *dare* の過去分詞 *datus* が 名 *datum* となり, 初期近代英語に入った. その際複数形 data ともに借用され, 後に data の方が優勢となった. 意味は「与えられたもの」すなわち「既知の事実」.
[用例] These *data* are [is] incorrect. このデータは不正確だ／All the *data* has [have] been fed into the computer. データはみなコンピューターに入れた.
【複合語】**dáta bànk** 名 C =database. **dátabàse** 名 C 〔コンピューター〕データベース. **dáta pròcessing** 名 U 〔コンピューター〕データ処理.

date /déit/ 名 C U 動 本来他 〔一般語〕〔一般義〕日付, 期日. その他 意味が拡大している時期, ある時代, 一定の継続期間, また一定の日時を決めてする会合の(約束)という意味から, 《主に米》異性との会合, デート, そのデートの相手の意. 動 として, 日付を入れる, ...日付の手紙である, さらに年代を決定[推定]する, ...から始まる, 時代遅れにする.
[語源] ラテン語の手紙の最初に書かれた *data* (⇒data), すなわち発信地と日時を述べる語が, 古フランス語を経て中英語に入った.
[用例] This letter has no *date* on it. (= This letter isn't *dated*.) この手紙には日付がない／The *date* of our party will be December 12. 我々のパーティーの日取りは 12 月 12 日だ／She was sad because he had never asked her for a *date*. 彼女は彼に一度もデートにさそわれなかったのて悲しかった／I can't *date* that book exactly, but it must be very old. その本の年代は正確にはわからないが相当古いものだ／They have been *dating* for years. 彼らは何年もずっとデートしつづけている.
【慣用句】*out of date* 時代遅れの, 期限切れの. *to date* 今までの. *up to date* 最新流行の. *date back to ...* ...にさかのぼる: Their quarrel *dates* back to last year. 彼らの仲たがいは去年からだ.
【派生語】**dáted** 形 ...の日付がある, 時代遅れの. **dáteless** 形 日付のない, 無限に続く, 古すぎて時代のわからない, 今でも通用する. **dáter** 名 C 日付を入れるスタンプ.
【複合語】**dátelìne** 名 C 新聞などの冒頭の日時・発信地欄. **date line** 名 (the ~) 日付変更線 (International Date Line). **dáte stàmp** 名 =dater.

da·tive /déitiv/ 形 名 C 〔文法〕与格の. 名 として与格(の語).
[語源] ラテン語の文法用語 *dativus* から中英語に入った. これはギリシャ語 *dōtikē* からの借用語で, data, date と共にラテン語の動詞 *dare* (= to give) に由来する語.
[関連語] genitive; nominative; accusative.
【複合語】**dátive vèrb** 名 C 授与[与格]動詞《★give のように目的語を2 つとる動詞》.

da·tum /déitəm/ 名 C 〔一般語〕〔一般義〕data の単数形.

daub /dó:b/ 動 本来他 名 U C 〔一般語〕〔一般義〕しっくい, 粘土, ペンキなどを壁などに塗る. その他 転じて物を汚す, 〔くだけた語〕絵具を塗りたくる, 下手な絵を描く. 名 として塗るもの, ペンキ, 塗料, 下手な絵などの意.
[語源] ラテン語 *albus* (= white) から派生した *dealbare* (= to whitewash) が古フランス語 *dauber* を経て中英語に入った.
[用例] He can't paint—he just *daubs*. 彼は絵は描けない, ただ塗りたくっているだけだ／He tried to sell us a couple of his *daubs*. 彼は1 組の下手な絵を我々に売りつけようとした.
[類義語] paint.
【派生語】**dáuber** 名 C 下手な絵を描く人. **dáubery, dáubry** 名 U 下手な絵を描くこと

daugh·ter /dó:tər/ 名 C 〔一般語〕〔一般義〕親に対しての娘. その他 息子の嫁, 孫娘, 妻の連れ子, 養女など血のつながりのない場合にも使われる. また娘のようなものの意から比喩的に結果, 産物, 《形容詞的に》親娘のような関係のある.

daunt 293 D.C.

[語源] 古英語 dohtor から.
[用例] She has two *daughters* and a son. 彼女には娘が2人, 息子が1人いる.
[対照語] son.
【派生語】**dáughterhood** 名 U 娘であること. **dáughterly** 形 娘らしい, 娘にふさわしい.
【複合語】**dáughter-in-làw** 名 C 義理の娘, 嫁. **dáughter cómpany** 名 C 子会社.

daunt /dɔːnt/ 動 [本来他] 〔やや文語〕相手を恐れさせる, 勇気をくじく.
[語源] ラテン語 *domare* (=to tame) の反復形 *domitare* が古フランス語 *danter* を経て中英語に入った.
[用例] She was somewhat *daunted* by the size of job. 彼女は仕事の量を見てがっくりきてしまった.
[慣用句] *nothing daunted* びくともしないで.
【派生語】**dáunting** 形 仕事などが困難な. **dáuntless** 形 人が恐れを知らない.

dav·en·port /dǽvənpɔːrt/ 名 C 〔一般語〕《米》大型ソファー,《英》引き出しのついたふたのある机 《★日本でいうライティングデスク》.
[語源] 製作者の名から. 19 世紀より.

da·vit /déivit|dǽvit/ 名 C 〔一般語〕船にボートを吊りさげておく一対のクレーン.
[語源] 旧約聖書の力と勇気の象徴 David 王の名から中英語に入った.

daw·dle /dɔ́ːdl/ 動 [本来自] 〔一般語〕怠ける, だらだらする.
[語源] 不詳.

dawn /dɔːn/ 名 UC [本来自] 〔文語〕〔一般義〕夜明け, 暁. [その他] 《the ~》比喩的に物事が始まること, その時期. 動 として夜があける, 物事や考え方が人にわかり始める〈on; upon〉.
[語源] 古英語 dagian (=to dawn) の派生形 dagung (=dawning; daybreak) からの逆成でできた語.
[用例] Morning [Day, It] *dawns*. 夜が明け(て朝にな)る 〔日英比較〕英語では, Night dawns. とはいわない〉/ the *dawn* of civilization 文明の夜明け/It suddenly *dawned* on me what he had meant. 突然彼が言いたかったことが分かった.

day /déi/ 名 CU 〔一般語〕〔一般義〕1日, 午前0時からの24時間. [その他] 本来は night に対して昼間の意. また1日の労働時間や学校の授業などまた日行なわれるものの一日分, 祝祭日などの特別の一日, 約束の日, 期日, 惑星の1自転に要する時間. さらに〔形式ばった語〕ある特定の一日に行なわれる競技や試合の勝敗の意味から《the ~》勝敗, 勝利, 《one's ~》全盛期,《複数形で》ある時代, 時期, 生涯, 一生を意味する.
[語源] 古英語 dæg から.
[用例] There are 24 hours in a *day*. 1日は 24 時間である/He works by night and sleeps by *day*. 彼は夜働いて昼間は寝ている/We are hired by the *day*. 我々は日給で雇われている/The school *day* ends at 3 o'clock. 授業は3時に終わる/How long is your working day? あなたの勤務時間は何時間ですか/We have won [carried] the *day*! 勝ったぞ!/He lived in the *days* of Queen Elizabeth I. 彼はエリザベス一世の時代に生きていた/Every dog has his *day*. 〈ことわざ〉娘十八, 番茶も出花.
[慣用句] *all day (long)*=*all the day* 一日中. *all in a [the] day's work* 当然の仕事 〔語法〕It's ~ の形で使われることが多い〉. *call it a day* 〔くだけた表現〕一日の仕事を終りにする: Let's *call it a day*. 今日はここまでにしよう. *day after day*=*day in(,) day out*=*every day* 毎日, 続けて. *day and night*=*night and day* 昼も夜も, ぶっ続けで. *day by day*=*from day to day*=*from one day to the next* (day) 一日毎に, 少しずつ. *day to day* 一日一日と. *every other day* 一日おきに. *have had one's day* 全盛期を過ぎた. *make …'s day* 人を楽しくさせる. *have seen better days* 昔はいい目を見ていた. *one day* ある日. *one of these (fine) days* 近いうちに. *this day fortnight* 《英》2週間後の今日. *to a [the] day* 厳密に, 細かく. *to this day* これまで.

【派生語】**dáily** 形 副 名 ⇒見出し.
【複合語】**dáybèd** 名 C ソファー兼用ベッド. **dáybòok** 名 C 取引の日記帳, 毎日記帳する帳簿. **dáybrèak** 名 U 夜明け. **dáy càre** 名 U 子供の昼間保育, 老人や障害者のデイケア. **dáy-càre cènter** 名 C《米》保育所, 託児所(day nursery), 介護センター. **dáydrèam** 名 C 白日夢, 現実ばなれした空想. **dáydrèamer** 名 C. **dáy làborer** 名 C 日雇い労働者. **dáylight** 名 U 日光, 昼の光, 夜明け (dawn). **dáylight róbbery** 名 U 料金を過剰にとること, 暴利. **dáylight sáving tìme** 名 U《米》夏時間《英》summer time). **dáy(-)lòng** 形 副 一日中続く. **dáy nùrsery** 名 C=day-care center. **dáy òff** 名 C 休日. **dáy retúrn** 名 C《英》通用期間一日の往復割引切符《米》round trip ticket). **dáy shìft** 名 C 昼間勤務(の労働者). **dáytime** 名《the ~》日中, 昼間.

daze /déiz/ 動 [本来他] 〔一般義〕《しばしば受身で》打撃, 恐怖, 突然の出来事などでぼんやりさせる, ぼう然とさせる. [その他] 目をくらませる(dazzle). 名 として《a ~》ぼう然とした状態.
[語源] 古ノルド語 dasa (=to become weary) が中英語に入った.
[用例] Banging his head on the bookcase *dazed* him for a moment. 頭を本箱にぶつけて彼はしばらく頭がぼうっとなった/She was *dazed* by the news. 彼女はその知らせにぼう然とした.
【派生語】**dazedly** /déizidli/ 副 ぼう然として.

daz·zle /dǽzl/ 動 [本来他] 〔一般語〕〔一般義〕強い光で目をくらませる. [その他] 比喩的に素晴らしい考えや発言などで相手を心理的に目のくらんだ状態にしてしまう. 名 として《a [the] ~》目をくらませること[もの], 目がくらむこと.
[語源] daze の反復形. 中英語から.
[用例] I was *dazzled* by the car's headlights. 私は車のヘッドライトで目がくらんだ/She was *dazzled* by his wit. 彼女は彼の魅力にぼうっとなった.
【派生語】**dázzling** 形 目がくらむような: a *dazzling* light [display of wit] 目もくらむような光[機知].

DC, dc /díːsíː/ 名 U 電気の直流(direct current).
D.C. /díːsíː/ 〔略〕=District of Columbia(コロンビ

ア特別区)(★米国連邦政府の直轄地域で首都 Washington がある. Washington, D.C. のように後に付ける).

de- /di:/ [接頭] 「…から離れて」「…を除去する, 分離する」「降下する」「非…化(する)」などの意.
[語源] ラテン語 de (=from) から.

dea・con /díːkən/ [名][C]《英国国教会》執事,《カト》助祭.
[語源] ギリシャ語 diakonos (=servant) がラテン語を経て古英語から.

dead /déd/ [形][副][名] 〔一般的〕[一般義] 生物が生命を失った状態を指し, 動物が死んでいる, 植物が枯れている. [その他] 生命を持たない場合にも使われ, 感覚などが麻痺(ま)した, 心理的に反応がない, 言語が死語の, 紙幣や証書などが無効の, ビールの気が抜けた, 井戸やびんが空の, 電流が切れているなどの意. また活気[生気]のない, 景気が悪い, 人気がよどんだ, 退屈な, まっ行きどまりなどの意. [副]としてまったく, 完全に, また真っ向から. [名]として《the ~》死者, 最も生気のない時.
[語源] 古英語 dēad から.
[用例] The man was *dead* on arrival in hospital. その人は病院に着いた時には死んでいた/*Dead* men tell no tales.《ことわざ》死人に口なし/Throw out those *dead* flowers. あの枯れた花を捨てて下さい/It's so cold and my fingers feel *dead*. とても寒くて, 指の感覚がない/The phone [engine] is *dead*. エンジンが止まった[電話が不通だ]/There was *dead* silence after her words. 彼女がしゃべった後はシンとしていた/*dead* asleep ぐっすり眠って/*dead* ahead 真正面に/in the *dead* of night [winter] 深夜に[真冬に].
[日英比較] ⇒die.
[対照語] alive; living.
[派生語] **déaden** [動] [本来以] 活気, 力, 光などを弱くする, 感情や苦痛などを和らげる. **déadly** [形] ⇒見出し. **déadness** [名] [U].
[慣用句] **beat** [*flog*] *a dead horse* いつまでも同じことばかり言う. **cut** ... *dead* …を知らない振りをする. **dead and gone** [*buried*] 死んで(埋葬されて). **dead as a doornail** 確実に死んで **dead to the world** よく眠って, 疲れ果てて. **over my dead body** 絶対に…させない: Don't it *over my dead body*! 私の目の黒いうちは絶対に許さない. (★「死んでからにしろ」の意).
[複合語] **déad-béat** [形]《くだけた語》疲れきって. **déad cénter** [名]《the ~》まん中. **déad énd** [名][C] 道などの行きどまり. **déad héat** [名][C] 同着のレース
[日英比較] 日本語のデッドヒートは三語では close race). **déad lánguage** [名][C] ある時期以降またに使われなくなった死語. **déad létter** [名][C] 配達することも返送することもできない返送不能郵便物, 時代遅れの慣習. **déadline** [名][C] 新聞や雑誌などの原稿の締切
[語源] 元はアメリカで刑務所内に引かれた線で, この線を越えて外に出ようとすると囚人は射殺されることもあった. それが比喩的に境界線のことを指すようになり, さらに時間的な境界・限度を指すようになった). **déadlòck** [名][CU] 意見が衝突してどうしようもなくなった状態: be at [come to; reach] total *deadlock* どうにもこうにも妥協のしようがない. **déad man's hándle** [名][C]《英》非常用ブレーキ. **déad márch** [名][C] 葬送行進曲. **déad pàn** [副][形]《くだけた語》無表情の顔で[の]. **déad réckoning** [名][U]《海》推測航法. **Déad Séa** [名]《the ~》死海. **déad sét** [名][C] 果敢な攻撃

(★本来は猟犬が獲物をねらってじっと構えること).
déadwéight [名][C]《a ~》自力で動かないものの重量, 比喩的に重荷, 車両の自重, 船の総重量.
déadwòod [名][U] 木立の枯木, 枯れた幹, 余計な物, 役に立たない人: cut out (the) *deadwood* 不要なものを除く.

dead・ly /dédli/ [形][副] (⇒dead) 〔一般的〕[一般義] 死の原因となるような, 致死の, 致命的の. [その他] 殺す力のあるの意から, 効果的な, 威力のある, また殺そうとねらっているの意から, 執念深い, しつこい. さらに死にそうな, 比喩的に退屈な, 活気のないなどの意となる. [副]として《くだけた語》極端な, ひどい.
[用例] a *deadly* poison 猛毒/a *deadly* weapon 凶器/the seven *deadly* sins 地獄に落ちる7つの大罪/She is in *deadly* earnest. 彼女は大まじめだ.
[派生語] **déadliness** [名][U].
[複合語] **déadly níghtshade** [CU]《植》ベラドンナ (belladonna).

deaf /déf/ [形] 〔一般的〕[一般義] 耳の不自由な, 耳の聞えない. [その他] 身体的な障害で聞えないの意から転じて, 身体的には問題がなくても人には聞く意志が無いために聞えない, つまりむとんじゃくな, さらにもっと強い意味で聞こうとしないという意味にもなる.
[語源] 印欧祖語 *dheubh- (=confusion, dizziness) に遡り, ギリシャ語 *tuphlos* (=blind) を経て, 古英語 dēaf から. dumb と同語源.
[用例] He was *deaf* to all arguments. 彼はあらゆる議論に耳を貸さなかった.
[関連語] blind (盲目の); dumb (口のきけない), mute (耳がきこえないために口のきけない); tone-deaf (音痴の).
[派生語] **déafen** [動] [本来以] …の耳を聞えなくする, 建物の壁などに防音装置を施す. **déafening** [形] 耳をつんざくような, [名] 防音装置. **déafningly** [副]. **déafness** [名][U].
[複合語] **déaf-aíd** [名][C] 補聴器. **déaf-and-dúmb** [形] 聾唖(ろうあ)者用の. **déaf-múte** [名][C][形] 聾唖(ろうあ)者(用の).

deal¹ /díːl/ [名][C] 〔一般的〕(通例 a ~) ある割り当てられた分量 [語法] 今日では主に以下の句で用いられる.
[語源] 古英語 dǽl から.
[慣用句] *a good deal of* ... かなりの量の. *a good* [*great*] *deal of* ... たくさんの, 多量の (much; a lot)《語法》後には不可算名詞が続く).

deal² /díːl/ [動] [本来以](過去・過分 dealt /délt/) [C] 〔一般的〕[一般義] 他《やや形式ばった語》打撃を与える, 加える, 仕事やゲームなどに仲間入りさせる. 自 人に振舞う, 行動する, 人を扱う, 問題を処理する, 会社や人などと取り引きする (with). [名] として取り引き, 契約, トランプなどの札を配ること, 配られたカード, 《a ~》処置, 扱い.
[語源] ⇒deal¹.
[用例] He *dealt* the boy a blow on the ear. 彼はその男の子の耳を打った.
[慣用句] *deal in* …の取引きをする, 商品を扱う: I think he *deals in* stocks and shares. 彼は株の売買を仕事にしているんだと思う. *deal out* トランプのカードなどを配る, 分配する. *deal with* …を扱う, 処理する, …を論ずる: I've *dealt with* your firm for years. 私はあなたの会社と何年も取引きしています
[派生語] **déaler** [名][C] ディーラー, 販売業者. **déal-**

ing 名 U 取引き, 取り引き関係, 《複数形で》交際, 関係.

deal³ /díːl/ 名 U 〔一般ında〕《英》もみ材, 松材.

dean /díːn/ 名 C 〔一般に〕主席司祭, 大学の学部長.
[語源] ラテン語 *decanus*(=chief of a group of ten)が, 古フランス語 *deien* を経て中英語に入った.
【派生語】**déanery** 名 C 主席司祭の職[邸宅]

dear /díər/ 形 名 副 感 〔一般に〕[一般義] 人について親愛な, いとしい. [その他] 元来高貴な, 価値の高いという意味で, それから貴重な, 大切なとなり, 親愛なの意となった. また物について《英》値段の高い, 高価な(《米》expensive). 名 としていとしい人の意で, 特に女性に対する呼びかけにも用いられる. 副 として高価で. 感 としてやや, まあもまして女性による驚きや同情などを表す.
[語源] 古英語 *dēore* から. オランダ語 *dier* (=beloved)と関係がある.
[用例] He is such a *dear* little boy. 彼はとても愛らしい少年だ/The *dear* houses are selling better than the cheaper ones. 高い値の家の方が安いのよりよく売れている/It cost me *dear*. それは高くついた/Mary, my *dear*, is that you? メアリ, お前かい.
[反意語] cheap.
【慣用句】**there's [that's] a dear** いい子だから, お願いだから.
【派生語】**déarest** 名 《しばしば my 〜として》最愛の人. **déarly** 副 心から.
【複合語】**Déar Jóhn (létter)** 名 C 絶交状, 妻からの離縁状《手紙の書き出しから》.

dearth /dɔ́ːrθ/ 名 U 〔形式ばった語〕品不足, 欠乏.
[語源] 古英語 *dēore*(=dear)から派生した *dierth* から. 物価が高く(dear)なるのは物の不足からの意.

death /déθ/ 名 UC 〔一般に〕[一般義] 人や動物の死亡, 死, 植物の枯れること. [その他] 瞬間的な死のみでなく死んでいる状態を指すこともある. また《the 〜》死の原因, すなわち死因の意となり, 宗教的にも神学的に考えれば(D-) 死に神になる. さらに死を無生物まで拡張すれば消滅, 終わりの意となる.
[語源] 印欧祖語 *dheu-* (=to die)に遡る古英語 *dēath* から.
[用例] Living outside London was *death* to him. ロンドンを離れて暮らすことは彼にとっては死ぬのと同然だった/His temper will be the *death* of him one day! 彼の気型はいつか彼の命取りになるだろう.
[日英比較] 日本語の「死」は人と動物のみについていうが, 英語の death は植物についてもいう: the *death* of the flowers 花が枯れたこと.
[反意語] life.
【慣用句】(*as*) *pale* [*still*] *as death* 死んだように青ざめた[動かない]. *be at death's door* 瀕死の状態にいる. *feel like death warmed up* 気分が悪い, 疲れている. *put ... to death* ...を殺す, 死刑にする. *to death* 死ぬまで, 死ぬほど.
【派生語】**déathless** 形 不死の, 不滅の(immortal). **déathlike** 形 死(人)のような. **déathly** 形 副 死んだような[に].
【複合語】**déathbèd** 名 C 死の床, 臨終. **déathblòw** 名 C 致命的打撃, 命取り. **déath certíficate** 名 C 死亡診断書[証明書]. **déath dùty** CU《英》=death tax. **déath màsk** 名 C デスマスク, 死面. **déath ràte** 名 C 死亡率. **déath tàx** U

C《米》遺産相続税. **déath tràp** 名 C 危険な建物[乗り物]. **déath wàrrant** 名 C 死刑執行令状.

de·bar /dibɑ́ːr/ 動 本来他 〔形式ばった語〕人をあることから除外する, あるいは人にあることを行うことを禁止する.
[語源] 古フランス語 *desbarrer* (=to unbar; *des-* dis- + *barrer* to bar)が中英語に入った.
【派生語】**debárment** 名 U.

de·bark /dibɑ́ːrk/ 動 《まれ》=disembark.
【派生語】**dèbarkátion** 名 =disembarkation.

de·base /dibéis/ 動 本来他 〔形式ばった語〕ある物の価値を下げる, 品位を落とす.
【派生語】**debásed** 形. **debásement** 名 U. **debáser** 名 C.

de·bate /dibéit/ 名 CU 本来名 〔一般に〕[一般義] 公開の席での討議, 論争, 討論. [その他] 学会・放送・テレビなどの討論会, 討議会, また討議するのに必要ということから, 熟考. 動 として討議する, あるいは相手を議論で打ち負かす.
[語源] 古フランス語 *debattre*(*de-* against each other + *battre* to fight)が中英語に入った.
[用例] There will be a *debate* on whether or not the club should admit women members. クラブで女性会員を認めるべきかどうかの議論がなされるだろう/Parliament *debated* until after midnight. 議会は深夜過ぎまで討議した.
[類義語] discuss; debate; argue; dispute: **discuss** はある問題について話し合い, 意見を交換することに重点がある. **debate** は公開の席上での通例賛成・反対に分かれて討議する. **argue** は自分の考えを理由や証拠を挙げて主張し, 議論する. **dispute** は形式ばった語で, 感情的な議論で相手の主張に異議をとなえ, それをくつがえそうとする意もある.
[日英比較] 日本語で「討論する, 議論する」という言葉に最も近い英語は debate であろう. 日本語では討論とディスカッションがほぼ同意と思われているが, 英語の discuss はお互いの意見を述べることに重点があるので, 話し合う(talk about)に近い語である.
【派生語】**debátable** 形 論争の余地のある. **debáter** 名 C.

de·bauch /dibɔ́ːtʃ/ 動 本来他 名 〔古風な語〕人を堕落させる, 女をたらしこむ, 誘惑する. 名 として放蕩.
[語源] 古フランス語 *des bauchier* が *débaucher* (=to turn away from one's duty)を経て初期近代英語に入った. それ以前は不詳.
【派生語】**dèbauchée** 名 C 放蕩者. **debáuchery** 名 UC 放蕩.

de·ben·ture /dibéntʃər/ 名 C 【経・証券】債務証書, 《英》社債, 《米》無担保社債.
[語源] ラテン語 *debere* (=to owe)の三人称複数現在・受動形 *debentur* が中英語に入った.

de·bil·i·tate /dibíləteit/ 動 本来他 〔形式ばった語〕衰弱させる, 弱らせる.
[語源] ラテン語 *debilitare* (=to make weak)の過去分詞が初期近代英語に入った.
【派生語】**debílity** 名 U 体の衰弱.

deb·it /débit/ 名 C 動 本来他 【簿記】借り方. 動 として借り方に記入する, 口座から引き落す.
[語源] ラテン語 *debitum* (⇒debt)が古フランス語を経て中英語に入った.
【慣用句】*be in debit* 超過引出しになっている.

deb·o·nair /dèbənéər/ 形 〔古風な語〕優しく丁寧な,

愉快な, 快活な.
語源 古フランス語 *de bon aire* (=of good disposition) からできた *debonaire* が中英語に入った.

de·bouch /dibúːʃ | -báutʃ/ 動 本来自 〔地理〕川が狭いところから広いところへ流れこむ (into). 〔軍〕軍隊が進出する.
語源 ラテン語 *buccam* (=cheek; mouth) に *de-* の形が加わった形のフランス語 *déboucher* (=to pour out) から 18 世紀に入った.

de·bris /dəbríː/ 名 UC 〔一般語〕残骸, 破壊の跡, 破片.
語源 ケルト語起源の古フランス語 *debrisier* (=to break to pieces) による現代フランス語 *débris* が 18 世紀に入った.

debt /dét/ 名 CU 〔一般語〕〔一般義〕借金, 負債.
その他 人に借りたものの意から, 恩義, 借りの意.
語源 ラテン語 *debere* (=to owe) の過去分詞 *debitum* (=something owed) が古フランス語 *dette* を経て中英語に入った.
【慣用句】*be in debt* 借金している *be in debt to ... = be in ...'s debt* …に借りがある. *be out of debt* 借金がない. *get* [*run*] *into debt* 借金する. *get out of debt* 借金をなくす.
【派生語】**débtor** 名 C 債務者, 借り方.

de·but /déibjuː/ 名 C 〔形式ばった語〕初登場[舞台], デビュー.
語源 フランス語 *débuter* (=to begin; to play first) から派生した *début* が 18 世紀に入った.
【慣用句】*make one's debut* 初登場する, デビューする.
【派生語】**débutante** 名 C 初めて社交界にでる女性.

Dec. 《略》12 月 (=December).

deca- /dékə-/ 接頭 10, 10 倍の.
語源 ギリシャ語 *déka* (=ten) がラテン語を経て入った.

de·cade /dékeid, -´-/ 名 C 〔一般語〕10 年間.
語源 ギリシャ語 *dekas* (=a group of ten) が後期ラテン語 *decas*, 中フランス語 *décade* を経て中英語に入った.

de·camp /dikǽmp/ 動 本来自 〔くだけた語〕逃亡する, …を持ち逃げする.

de·cant /dikǽnt/ 動 本来他 〔一般語〕酒などを別の容器へ移す.
語源 中世ラテン語 *de-* (=away from)+*canthus* (=edge, rim) より成る *decantare* (=decant) が初期近代英語に入った. 原義は「角張った注ぎ口のついた大コップ」.
【派生語】**decánter** 名 C デカンター (★食卓用のガラス製ワイン入れ).

de·cap·i·tate /dikǽpiteit/ 動 本来他 〔形式ばった語〕…の首をはねる, 草花などの頭部を切り取る.
語源 ラテン語 *decapitare* (=to behead; *de-* removal+*caput* head) の過去分詞が初期近代英語に入った.
【派生語】**decàpitátion** 名 UC 首切り.

de·cay /dikéi/ 動 本来自 名 U 〔一般語〕ものが徐々に悪くなる, 腐る, 衰える. 名 として腐り, 腐敗, 虫歯(の部分), 衰え, 衰退, 崩壊.
語源 俗ラテン語 **decadere* (=to fall down) が古フランス語 *decair* を経て中英語に入った.
【慣用句】*fall into* [*go to*] *decay* 衰える.
【派生語】**decáyed** 形 腐った, 朽ちた: a *decayed* tooth 虫歯.

de·cease /disíːs/ 名 U 動 本来自 〔法〕死亡. 動 として死ぬ.
語源 ラテン語 *decedere* (=to go away; to depart) の過去分詞 *decessus* が古フランス語を経て中英語に入った.
類義語 ⇒die.
【派生語】**decéased** 形 最近死んだ, 故人となった.

de·ceit /disíːt/ 名 U 〔一般語〕詐欺.
語源 ラテン語 *deceive* (⇒deceive) の過去分詞 *deceptus* の女性形 *decepta* が古フランス語を経て中英語に入った.
【派生語】**deceítful** 形 人をだます, うそつきの.

de·ceive /disíːv/ 動 本来他 〔一般語〕人をだます, 《~ oneself または受身で》思い違いをさせる.
語源 ラテン語 *decipere* (だまし取る) が中フランス語 *deceivre* を経て中英語に入った.
用例 The lights *deceived* him into thinking he was near a village. 明かりが見えたので彼は村の近くに来ていると錯覚してしまった/He was *deceived* by her innocent appearance. 彼は彼女の純真無垢な姿にだまされた.
類義語 cheat.
【派生語】**decéit** 名 ⇒見出し. **decéiver** 名 C だます人, 結婚詐欺師. **decéivingly** 副 偽って. **decéption** 名 ⇒見出し.

de·cel·er·ate /diːséləreit/ 動 本来他 〔一般語〕…の速度を落とす. 自 減速する.
対照語 accelerate.
【派生語】**decèlerátion** 名 U.

De·cem·ber /disémbər/ 名 U 12 月.
語源 ラテン語 *December* (*mensis*) (=the tenth (month)) から古語期に入った. ローマ暦では 3 月が年始であったので, 今の 12 月は第 10 番目の月であった.

de·cent /díːsnt/ 形 〔一般語〕〔一般義〕他人から見てみぐるしくない. 下品でない. 態度や行為がきちんとした. その他 きちんとしていることから, かなりの, 収入などが相当な, また〔くだけた語〕人に対してきちんとした態度をとれる, 親切な, 感じがよい.
語源 ラテン語 *decere* (=to be proper; to be fitting) の現在分詞 *decens* が中フランス語を経て初期近代英語に入った.
【派生語】**décency** 名 UC 礼儀正しさ, 〔古風な語〕《複数形で》礼儀, 作法. **décently** 副 きちんと, かなり, 親切に.

de·cen·tral·ize /diːséntrəlaiz/ 動 本来他 〔やや形式ばった語〕行政権などを分散させる, 地方分権にする.
語源 *de-* (=away from)+centralize より, 19 世紀に入った.
【派生語】**decèntralizátion** 名 U.

de·cep·tion /disépʃən/ 名 UC 〔一般語〕だますこと, 欺瞞(ぎまん), まただます行為, ぺてん.
語源 ラテン語 *decipere* (⇒deceive) の名 *deceptio* が中英語に入った.
【派生語】**decéptive** 形 人を欺くような, 当てにならない. **decéptively** 副. **decéptiveness** 名 U.

deci- /désə/ 連結 「10 分の 1」の意.
語源 ラテン語 *decem* (=ten) の派生形 *decimus* (=tenth) から.

dec·i·bel /désəbel/ 名 C 〔理〕デシベル《★音の大きさの単位》.

decide

de·cide /disáid/ 動 本来他 〔一般語〕一般義 人が…しようと決心する. その他 何かに結論を下す, 解決する, 決定する. 物事を決定するために判断する, 判定する. また物事が人に決心させる. 自 決める, 判決を下す.
語法 自 で decide on going のように使うことは可能であるが, decide to go の形が普通である.
語源 ラテン語 *decidere*(=to cut off; to determine) が古フランス語 *decider* を経て中英語に入った.
用例 I have *decided* to retire. 私は退職することにした/She *decided* not to go. 彼女は行かないことに決めた.
類義語 decide; determine; resolve: **decide** は討議や熟慮の結果決心すること. **determine** は decide より強く決心すること. **resolve** は形式ばった語で decide より強く, 最後までやりぬこうと決心すること.「結論を下す」という意味では **conclude**,「解決する」という意味では **settle** が近い.
【慣用句】*decide against* …. …しないことに決める, …に不利な判決を下す. *decide for* [*in favor of*] …. …に有利な判決を下す.
【派生語】**decided** 形 明確な, はっきりした, 決定的な. **decísive** 形 決定的な, 断固とした. **decísively** 副. **decísiveness** 名 U. **decision** 名 ⇨ 見出し.

de·cid·u·ous /disídʒuəs/ 形【植】落葉性の,【生】歯, 角などが抜け落ちる.
語源 ラテン語 *decidere* (=to fall off) から派生した *deciduus* が初期近代英語に入った.

dec·i·li·ter 〖英〗**-tre** /désiliːtər/ 名 C 【単位】10 分の1リットル, デシリットル.

dec·i·mal /désiməl/ 形 C 〔一般語〕10 進法の, 小数の. 名 として小数.
語源 ラテン語の *decimalis*(十分の一税の, 十進法の)がフランス語を経て初期近代英語に入った. 元になるラテン語は *decem*(= ten).
【派生語】**décimalize** 動 本来他 10 進法にする. **dècimalizátion** 名 U.
【複合語】**décimal fràction** 名 C 小数. **décimal pòint** 名 C 小数点. **décimal sỳstem** 名 U 《the ~》十進法.

dec·i·mate /désimeit/ 動 本来他 〔形式ばった語〕戦争などが多くの人を殺す.
語源 ラテン語 *decimare*(= to take the tenth man) の過去分詞 *decimatus* から初期近代英語に入った. 昔ローマで反乱などの刑罰に 10 人につき 1 人の人数を殺したことから.
【派生語】**dècimátion** 名 U.

de·ci·pher /disáifər/ 動 本来他 〔一般語〕暗号などを解読する, 読みにくい文字を判読する. ⇨cipher.
語源 de-(= reversal)+cipher より初期近代英語に入った.
【派生語】**decípherable** 形. **decípherer** 名 C. **decípherment** 名 U.

de·ci·sion /disíʒən/ 名 U (⇨decide) 〔一般語〕決定, 決心, 解決, 決断力.
語源 ⇨decide.
【複合語】**decísion-màker** 名 C 政策決定者. **decísion-màking** 名 U 意志[政策]決定.

deck /dék/ 名 C 動 本来他 〔一般語〕船の甲板. その他 甲板の意から板張りの床, そして電車やバスの階を意味する. さらに何かをのせる台, テープデッキ. 動としては《しばしば受身で》飾る, 装飾する, 美しく装う.
語源 中期オランダ語 *dec*(= covering) が中英語に入った.
【慣用句】*clear the decks* 活動の準備をする. *go on deck* 当直する. *on deck* 甲板へ[で], 用意ができて.
【複合語】**déck chàir** 名 C デッキチェア.

de·claim /dikléim/ 動 本来他 〔形式ばった語〕詩や言葉などを劇的に大げさに演出して朗読する, わざと気取った調子で発音する. 自 としても用いる.
語源 ラテン語 *declamare*(= to cry aloud) が中英語に入った.
【派生語】**dèclamátion** 名 U. **declámatòry** 形 朗読用の, 大げさな調子の.

declarative ⇒declare.
declaratory ⇒declare.

de·clare /dikléər/ 動 本来他 〔一般語〕一般義 宣言する, 明言する, 布告する, 公表する. その他 税関に申告する, 申し立てる.《トランプ》切札を宣言する.
語源 ラテン語 *declarare*(= to make clear; *de-* 強意+*clarare* to clear) が中英語に入った.
類義語 ⇨announce.
用例 War was *declared* this morning. 今朝宣戦布告がなされた/"I don't like him at all," she *declared*.「彼は嫌いだ」と彼女は明言した/He didn't *declare* the wine. 彼は関税でぶどう酒を申告しなかった.
【慣用句】*declare oneself* 意見を述べる, 身分を明かす.
【派生語】**dèclarátion** 名 CU 宣言, 発表, 税関などでの申告(書), 申し立て: **Declaration of Independence**《the ~》《米》1776 年の独立宣言. **declárative** 形 宣言の, 陳述する: **declarative sentence**《文法》平叙文. **declárator**y 形 宣言的な, 断定的な, 陳述的な.

de·clas·si·fy /diːklǽsifai/ 動 本来他 〔一般語〕書類などの秘密扱いを解く.
語源 *de-*(解除する)+classify.
【派生語】**dèclassificátion** 名 U.

de·clen·sion /diklénʃən/ 名 UC 《文法》名詞, 代名詞, 形容詞の性・数・格による語形変化, 変化形.
語法 動詞の変化は conjugation を使い, declension と両方合わせて inflexion という.
語源 ラテン語 *declinare*(⇨decline) の 名 *declinatio* が古フランス語を経て中英語に入った. 主格は「まっすぐな格」, 他の格は「傾いた格」の意から, 語形変化の意味となった.

declination ⇒decline.

de·cline /dikláin/ 動 本来自 名 〔形式ばった語〕一般義 丁寧に断わる. その他 本来は「傾く」の意で, 何かが低下する, 力などが弱まる, 衰える, 物価などが下落する. また土地などが傾く.《文法》名詞, 代名詞, 形容詞などが語形変化する. 動 断る, 辞退する. 名 として《a [the] ~》下り勾配, 低下, 下落, 衰え.
語源 ラテン語 *declinare*(= to turn aside; *de-* away+*clinare* to bend) から古フランス語 *decliner* を経て中英語に入った.「まっすぐな方向からはずれる」→「申し入れをそらす」→「断る」となった. また,「直線からはずれる」→「傾く」の意にもなった.
類義語 ⇒refuse.

【反意語】accept.
【慣用句】*be on the decline* 下り坂である. *fall* [*go*] *into a decline* 衰退する.
【派生語】**declénsion** 名 UC ⇒見出し. **dèclinátion** 名 U 傾くこと, [測量] 磁気偏角, [文語] 衰退. **dèclinátional** 形.

de·cliv·i·ty /dikliviti/ 名 C [形式ばった語] 下り坂.
[語源] ラテン語 *declivis* (=sloping down) の派生形が初期近代英語に入った.

de·code /di:kóud/ 動 本来他 [一般語] 暗号を解読する, 電子信号を復号する《符号を元に戻すこと》.
[語源] de-+code. 19世紀より.
【反意語】encode.

de·com·pose /di:kəmpóuz/ 動 本来他 [一般語] 分解させる, 変化させる, 腐敗させる. 自 分解する, 腐敗する.
[語源] フランス語 *décomposer*(*de-*+*composer*) が18世紀に入った.
【派生語】**dècomposítion** 名 U.

de·com·press /di:kəmprés/ 動 本来他 [一般語] 減圧する. 自 としても用いる. ⇒compress.
【派生語】**dècompréssion** 名 U.

de·con·tam·i·nate /di:kəntæmineit/ 動 本来他 [一般語] 汚染を除去する, 浄化する, 放射能を除去する. ⇒contaminate.
【派生語】**dècontàminátion** 名 U. **dècontáminator** 名 C.

de·con·trol /di:kəntróul/ 動 本来他 名 U [一般語] 統制を解除する, 管理を解く. 名 として統制解除. ⇒control.

dec·o·rate /dékəreit/ 動 本来他 [一般語] [一般義] 何かを飾る, 装飾する. [その他] たとえば部屋を飾るのにペンキを塗る, 壁紙をはるなどの意もある. また比喩的意味で, 人に勲章を授ける《with》.
[語源] ラテン語 *decus* (=ornament) から派生した *decorare* (=to decorate) の過去分詞 *decoratus* が初期近代英語に入った.
[用例] We *decorated* the Christmas tree with glass balls and lights. うちではクリスマスツリーをガラス玉と電球で飾った. He spent a weak *decorating* the living-room. 彼は居間のペンキ塗りに一週間かかった.
【類義語】decorate; adorn; ornament: **decorate** は具体的な物や場所をある目的のために飾る意. **adorn** は形式ばった語で, 本来は美しい人をさらに美しくすること. **ornament** は装飾品や装身具で飾ること.
【派生語】**dècorátion** 名 UC 装飾, 《しばしば複数形で》装飾品. **décorative** 形 装飾用の. **décorator** 名 C 内装[外装]業者, インテリアデザイナー《interior decorator; interior designer》. **décoratively** 副.

dec·o·rous /dékərəs, dikó:rəs/ 形 [形式ばった語] 礼儀正しい, 気品のある, 上品な.
[語源] ラテン語 *decor* (=beauty; grace) から派生した *decorus* が初期近代英語に入った.
【派生語】**décorously** 副. **decórum** 名 U 礼儀正しいこと.

de·coy /dí:kɔi/ 名 C 動 本来他 [一般語] 鳥をおびき寄せる仕掛け, おとりの鳥, 模型の鳥, 一般的におとり. 動 としておとりで誘う.
[語源] オランダ語 *de kooi* (=the cage) から初期近代英語に入った.

de·crease /di:krí:s/ 動 本来自 /-́-, -́/ 名 [一般語] ある物の数や量が減る, 少なくなる. 他 減少させる, 少なくする. 名 として, 減少, 縮少, 減少量.
[語源] ラテン語 *decrescere* (=to grow less) が古フランス語 *de*(*s*)*creistre* を経て中英語に入った.
【反意語】increase.
【慣用句】*be on the decrease* 次第に減少している.
【派生語】**decréasing** 形 減少している.

de·cree /dikrí:/ 名 C 動 本来他 [一般語] 法令, 政令, また《米》裁判所の判決. 動 として, 法令によって命じる, 布告する.
[語源] ラテン語 *decernere* (=to decide; *de-*「除去」+*cernere* to separate) の過去分詞 *decretus* の中性形 *decretum* (=something decided) が古フランス語を経て中英語に入った.
[用例] The king issued a *decree* forbidding hunting on loyal land. 王は領地で狩をすることを禁止した.

de·crep·it /dikrépit/ 形 [形式ばった語] 老いぼれの, よぼよぼの, 物が古くてがたがたの.
[語源] ラテン語 *decrepitus* (=broken down) が中英語に入った.
【派生語】**decrépitude** 名 U 老衰, もうろく, 老朽化.

de·cry /dikrái/ 動 本来他 [形式ばった語] 公に非難する, けなす.
[語源] 古フランス語 *decrier* (=to cry out, proclaim; *des-* dis-+*crier* to cry) が初期近代英語に入った. 原義は「硬貨の流通停止や価値切下げを宣言する」.

ded·i·cate /dédikeit/ 動 本来他 [一般語] ある目的のために何かを犠牲にする, 捧げる, 奉納する, 献呈する.
[語源] ラテン語 *dedicare* (to set apart) が中英語に入った. 原義は「厳粛な儀式によって神聖な使用に供する」.
【慣用句】*dedicate oneself to* ...に専念する.
【派生語】**dédicated** 形 献身的な. **dèdicátion** 名 U 献身, 奉仕, 奉仕の精神, 奉納, 献呈. **dédicator** 名 C.

de·duce /didjú:s/ 動 本来他 [形式ばった語] 与えられた材料から何かを演繹する, 推論する.
[語源] ラテン語 *deducere* (=to derive; *de-* away+*ducere* to lead) が中英語に入った.
【類義語】guess.
【反意語】induce.
【派生語】**deduction** 名 ⇒見出し.

de·duct /didʌ́kt/ 動 本来他 [形式ばった語] 控除する, 差し引く《from; out of》.
[語源] ラテン語 *deducere* (⇒deduce) の過去分詞 *deductus* が中英語に入った.
【派生語】**dedúctible** 形 控除できる. **deduction** 名 ⇒見出し.

de·duc·tion /didʌ́kʃən/ 名 UC 《⇒deduce; deduct》 [形式ばった語] 演繹法, 推論, あるいは控除, 控除額.
【派生語】**dedúctive** 形 《論》演繹的な.

deed /di:d/ 名 C 動 本来他 [文語] [一般義] 行動, 行為. [その他] [法] 権利証書. 動 として《米》権利書によって財産を譲渡する.
[語源] 古英語 *dæd* から.
【類義語】act; action; doing.

deem /di:m/ 動 本来他 [形式ばった語] ...を...と思う, 見なす, 判断する.

deep /dí:p/ [形] [副] [名] 〔一般用〕[一般用] 深さが深い, …の深さがある. 〔その他〕比喩的に色などが濃い, 眠りなどが深い, 声や音などが低い, 太い, 感情などが心の底からの, 真実の, 何かに深くはまり込んでいる, 夢中になっている, 問題などが深刻な, 重大ななどの意. [副] として深く, 真剣に, 過度に. [名] として〔the ～〕海や川の深い所〔詩〕海, 感情の不可解な部分.
[語源] 古英語 dēop から.
[用例] That water is too *deep* for the children to swim in. あの水場は子供たちが泳ぐには深すぎる/a *deep* lake 水深の深い湖/a hole six feet *deep* 深さ6フィートの穴/His voice is very *deep*. 彼の声は大変低い.
[類義語] deep; profound: **deep** は日常的に用いられ, 意味の広い語. **profound** は形式ばった語で, 主に抽象的な意味で用いられる: *profound* thought 深い考え.
[反意語] shallow.
【慣用句】 *in deep water*(*s*) 非常に困って. *deep down* 心の底では.
【派生語】 déepen [動] [本来他] 深くする[なる], 色を濃くする[なる], 音などを低く[太く]する[なる]: The flood water was *deepening* all the time. 洪水はどんどん増えていった/His troubles were *deepening*. 彼の問題はますます困った状態になっている. déeply [副] [意味]. déepness [名] [U] 深いこと. depth /dépθ/ [名] 深さ.
【複合語】 déep-fréeze [名] [C] 冷凍冷蔵庫. [動] [本来他] 冷凍貯蔵する. déep-frózen [形] 冷凍貯蔵された. déep-frý [動] [本来他] 油で揚げる, 天ぷらにする. déep-láid [形] 巧妙にたくらんだ. déep-réad 学識の深い, …に精通した. déep-róoted [形] 根深い. déep-séa [形] 深海の, 遠洋の: *deep-sea* fishing 遠洋漁業. déep-séated [形] 根深い, 頑固な. Déep Sóuth [名] 〈the ～〉(米)深南部(★Georgia, Alabama, Mississippi, Louisiana, South Carolina の諸州).

deer /díər/ [名] [C] 〔複 ～〕[動] 〔しか〕.
[語源] 古英語 dēor (四足獣) から. 鹿が角や斑点で他の動物たちと次第に区別されるようになった.
[関連語] stag (雄鹿, 特に5才以上の赤鹿); buck (雄鹿); hind (雌鹿, 特に3才以上の赤鹿); doe (雌鹿); fawn (子鹿); vension (鹿肉).
【複合語】 déerskin [名] [U] 鹿皮.

de·face /diféis/ [動] [本来他] 〔形式ばった語〕外観を損う, 碑銘などを削って読みにくくする.
[語源] 中フランス語 *desfacier* が中英語に入った.
【派生語】 defácement [名] [U] 破損.

de fac·to /díːfǽktou/ [副] [形] 〔形式ばった語〕事実上(の).
[語源] ラテン語 (=from the fact) から初期近代英語に入った.
[用例] a *de facto* chairman 事実上の議長.

de·fame /diféim/ [動] [本来他] 〔形式ばった語〕…の名誉を傷つける, 中傷する.
[語源] ラテン語 *diffamare* (=to spread a bad report; *dis*-「損なう」+*fama* fame) が古フランス語を経て中英語に入った.
【派生語】 defamátion [名] [U] 名誉毀損. defámatory [形] 中傷的な.

de·fault /difɔ́ːlt/ [名] [UC] [動] [本来自] 〔一般用〕[一般用] 義務などを怠ること, 怠慢, 不履行, 違約. 〔その他〕債務不履行, 〔法〕懈怠(たい). また〔形式ばった語〕競技などへの不参加, 欠場, 〔コンピューター〕デフォルト(★初期状態). [動] として〔形式ばった語〕義務を怠る, 欠場する.
[語源] 古フランス語 *defaillir* (=to be lacking) の *defaute* が中英語に入った.
【派生語】 defáulter [名] [C] 滞納者, 債務, 不履行者, 欠席者.

de·feat /difíːt/ [動] [本来他] [名] [UC] 〔一般用〕[一般用] 試合や戦いで相手を打ち負かす, 打ち破る. 〔その他〕計画や希望をくつがえす. [名] として, 打ち負かされた結果の敗北, 計画などの挫折, 失敗.
[語源] 中世ラテン語 *disfacere* (=to undo; to destroy; *dis*-+*facere* to do) が古フランス語 *de*(*s*)*faire* の過去分詞 *de*(*s*)*fait* を経て中英語に入った.
[用例] The motion was *defeated* by sixty votes to thirty. その動議は 60 票対 30 票で棄却された/His *defeat* in the last race depressed him. 彼は最後のレースで負けて落胆した.
【慣用句】 *be defeated in* … …で敗れる. *take defeat* 敗北を認める.
【派生語】 deféatism [名] [U] 敗北主義. deféatist [名] [C] 敗北主義者.

def·e·cate /défikeit/ [動] [本来他] 〔形式ばった語〕…から不純物をとり除く. [自] 排便する.
[語源] ラテン語 *defaecare* (=to cleanse from dregs; *de*- removal+*faecare* dregs「かす, くず」) の過去分詞 *defaecatus* が初期近代英語に入った.
【派生語】 dèfecátion [名] [U] 〔形式ばった語〕排便.

de·fect¹ /difékt/ [名] [C] 〔形式ばった語〕欠点, 欠陥.
[語源] ラテン語 *deficere* (=to desert; *de*- away from+*facere* to do) の過去分詞 *defectus* が中英語に入った. 何か不具合があってそのままにされたものという意味.
[類義語] fault; weakness.
【派生語】 deféctive [形] 欠点のある, 不完全な, 〔文法〕活用形の一部が欠けている. deféctively [副] 不完全に. deféctiveness [名] [U].

de·fect² /difékt/ [動] [本来自] 何かから離れる, 離反する, 脱落する, 敵側につく, 亡命する.
[語源] ⇒defect¹. 初期近代英語から.
[用例] The North Korean pilot *defected* to South Korea. 北朝鮮のパイロットが韓国に亡命した.
【派生語】 deféction [名] [UC] 離反, 亡命. deféctor [名] [C] 反逆者, 亡命者.

de·fence /diféns/ [名] 〈英〉=defense.

de·fend /difénd/ [動] [本来他] 〔一般用〕[一般用] 何らかの危険や攻撃に対して積極的に守る. 〔その他〕比喩的に意見などを弁護する, 法廷で被告を弁護する. 〔スポ〕守備をする.
[語源] ラテン語 *defendere* (*de*- off+*fendere* to strike) が古フランス語を経て中英語に入った.
[用例] The soldiers *defended* the castle. 兵隊たちはその城を守った/When attacked he *defended* himself with an umbrella. 襲われたとき彼は傘で身を護った.
[類義語] defend; guard; protect: **defend** は攻撃に抵抗して防ぐこと. **guard** は安全状態を保つために常に何かを監視すること. **protect** は危険を防ぐために道具を用いて防ぐこと.
[反意語] attack; accuse.
【派生語】 deféndant [名] [C] 被告. defénder [名] [C] 防御者, 弁護者.

de·fense, 《英》**de·fence** /diféns/ 图 UC 〔一般語〕[一般義] 危険や攻撃に対する**防御**. [その他] **防御物, 防衛手段**, (単数形で) 法廷での被告の**弁護, 抗弁**, また (the ~) **被告側**, 《スポ》**守備側**.
[語源] ラテン語 *defendere* (⇒defend) の女性形過去分詞 *defensa* が古フランス語を経て中英語に入った.
[用例] He spoke in *defense* of the government's plans. 彼は政府案を弁護する演説をした/She has no *defense* against his charm. 彼女は彼の魅力には勝てなかった.
[反意語] attack; offense.
【派生語】**defénseless**, 《英》**defénceless** 形 無防備の. **defénsible** 形 防御できる. **defénsive** 形 防御的な. **defénsively** 副. **defénsiveness** 图 U.

de·fer[1] /difə́:r/ 動 [本来自] 〔形式ばった語〕[一般義] **延期する**. [その他] **兵役を猶予する**.
[語源] ラテン語 *differre* (⇒differ) が古フランス語 *différer* (= to differ; to defer) を経て中英語に入った.
[用例] We shall *defer* judgement in the meantime. 判断はしばらくお預けにしておこう/They cannot *defer* their departure any longer. 彼らは出発をこれ以上延期できない.
[類義語] defer; postpone; delay; put off: **defer** は文語的な表現, **postpone**, **delay** はやや堅い表現である. **put off** はくだけた表現.
【派生語】**deférment** 图 UC 延期. **deférred** 形 延期した, 据え置きの.

de·fer[2] /difə́:r/ 動 [本来自] 〔形式ばった語〕通例敬意を表して人の意見や希望に従う.
[語源] ラテン語 *deferre* (= to carry away; to bring to; to submit) が古フランス語 *deferer* を経て中英語に入った.
[用例] I *defer* to your greater knowledge of the matter. 私はその件については, あなたがより熟知していることを認め, その意見に従います.
【派生語】**déference** 图 U 従うこと, 敬意. **dèferéntial** 形 敬意を表する.

de·fi·cien·cy /difíʃənsi/ 图 UC (⇒deficient) 〔一般義〕**不足, 欠乏, 欠陥, 不備**.
[用例] mental *deficiency* 知能障害/The child suffered from a *deficiency* of vitamin B. その子はビタミン B の欠乏症で苦しんだ.
[類義語] lack; shortage.
[反意語] excess.
【複合語】**deficiency disèase** 图 UC ビタミン欠乏症.

de·fi·cient /difíʃənt/ 形 ...が不足した, 不十分な, また**不完全な, 欠陥のある**.
[語源] ラテン語 *deficere* (= to desert; to lack) の現在分詞 *deficiens* が初期近代英語に入った.
[用例] Their food is *deficient* in vitamins. 彼らの食事はビタミンが不足している.
【派生語】**deficit** 图 ⇒見出し. **deficiently** 副.

def·i·cit /défisit/ 图 C 〔一般義〕特に金銭上の**欠損, 不足, 赤字**.
[語源] ラテン語 *deficit* (= to be lacking) がフランス語 *déficit* を経て 18 世紀に入った.
[反意語] surplus.
【複合語】**déficit spènding** 图 U 超過支出.

de·fine /difáin/ 動 [本来他] 〔一般義〕語句や概念などを**定義する**. [その他] 範囲を限定する, ある物の内容や性質を明らかにする.
[語源] ラテン語 *definire* (= to limit; to determine) が古フランス語を経て中英語に入った. 原義は「境界などを決定する」.
[用例] Words are *defined* in a dictionary. 語は辞書で定義される/The powers of a judge are *defined* by law. 裁判官の権限は法律で制限されている.
【派生語】**defínable** 形 定義できる; 限定できる. **definítion** 图 UC 定義, 限定, 明確化, レンズなどの解像力.

def·i·nite /définit/ 形 〔一般義〕**限定された, 一定の, 明確な**.
[語源] ラテン語 *definire* (⇒define) の過去分詞 *definitus* が中英語に入った.
[用例] I think I can come, but I'll give you a *definite* answer later. 多分来られると思いますが, はっきりした返事は後程差し上げます/She was very *definite* about having seen him. 彼女は確かに彼を見たと思った.
[反意語] indefinite.
【派生語】**définitely** 副 明確に, 確かに. **dèfinítion** 图 UC 定義, 辞書の語義, 音や画像の鮮明度: *by definition* 定義上, 当然. **defínitive** 形 決定的な, 最終的な. **defínitively** 副決定する[最終]的に.
【複合語】**définite árticle** 图 C (the ~)《文法》定冠詞.

de·flate /difléit/ 動 [本来他] 〔一般義〕[一般義] ふくらんだ物をしぼませる. [その他] タイヤなどの**空気を抜く**, 《経》通貨を**収縮させる**, 物価を引き下げる, デフレにする.
[語源] de-「逆」+(in)flate. 19 世紀末にできた.
【派生語】**defláTION** 图 UC 空気を抜くこと, 収縮, 《経》デフレーション. **deflátionary** 形.

de·flect /diflékt/ 動 [本来他] 〔一般義〕光線などの進路, 方向を**曲げる, そらす, 偏らせる**.
[語源] ラテン語 *deflectere* (*de-* away + *flectere* to bend) が初期近代英語に入った.
【派生語】**defléction** 图 UC それ, 偏より, 偏向.

de·fog·ger /dì(:)fɔ́(:)gər/ 图 C 〔一般義〕車などの曇り取り装置.

de·fo·li·ate /di:fóulieit/ 動 [本来他] 〔一般義〕植物を**枯れさせる**, 枯葉剤をまく.
[語源] 後期ラテン語 *defoliare* (*de-*「除去」+ *folium* leaf) の過去分詞 *defoliatus* から 18 世紀に入った.
【派生語】**defoliátion** 图 U. **defóliant** 图 UC 枯れ葉剤.

de·for·est /di(:)fɔ́(:)rəst/ 動 [本来他] 〔形式ばった語〕山林を切り開く, 樹木を切り払う.
【派生語】**defòrestátion** 图 U.

de·form /difɔ́:rm/ 動 [本来他] 〔形式ばった語〕**変形する, 不格好にする, 醜くする, 奇形にする**.
[語源] ラテン語 *deformare* (= to disfigure; *de-* + *formare* to form) が古フランス語を経て中英語に入った. 原義では必ずしも *de-* (= from; down from) の悪い意味を持っていたわけではないが, 英語に入って「悪化, 低下」の意味を持つようになった.
【派生語】**deformátion** 图 UC 不格好, デフォルメ. **defórmed** 形 形の崩れた 《人に用いれば差別用語》. **defórmity** 图 UC 不格好, 奇形.

de·fraud /difrɔ́:d/ 動 [本来他] 〔一般義〕物, 権利などを**だまし取る, 詐取する**. [語法] ~ a person of ... の形

de·frost /difró(:)st/ 動 [本来他] 〔一般他〕冷蔵庫などの霜をとる, 肉などを解凍する, 車の窓ガラスなどの氷を取り除く.
[語源] ラテン語 *defraudare* (*de*- from + *fraudare* to cheat)が中英語に入った.
【派生語】**dèfróster** 名 C 霜[曇り]取り装置.

deft /déft/ 形 〔形式ばった語〕巧みな, 器用な, 手際のよい.
[語源] 古英語 *dæfte* (= gentle; meek)から.
【派生語】**déftly** 副. **déftness** 名 U.

de·funct /difʌ́ŋkt/ 形 〔形式ばった語〕故人となった, 今はない, 消滅した.
[語源] ラテン語 *defungi* (= to finish; to accomplish one's duty)の過去分詞 *defunctus* が初期近代英語に入った.

de·fy /difái/ 動 [本来他] 〔一般他〕 一般義 挑戦する, 反抗する. [その他] 何かを拒否する, さらに無視する意になり, 転じて反抗する意となった.
[語源] 俗ラテン語 **defidare* (= to renounce one's faith; *dis*- 否定 + *fidere* to trust)が古フランス語 *defier* を経て中英語に入った.
[用例] I *defy* you to try and stop me. 私はあなたにできるものなら私にやめさせてごらんと言いたい／Are you *defying* my authority? お前は私の権威に反抗するつもりか.
【派生語】**defiance** 名 U 反抗, 挑戦, またはそのような態度. **defiant** 形 挑戦的な, けんか腰の. **defiantly** 副.

de·gen·er·ate /didʒénəreit/ 動 [本来他], /-rət/ 形 C 〔一般他〕退歩する, 退化する, 悪くなる, 堕落する. 形 として退歩した, 退化した, 堕落した. 名 として退化物, 退化動物, 堕落者.
[語源] ラテン語 *degenerare* (= to degenate; *de*- from + *genus* race)の過去分詞が中英語に入った.
【派生語】**degèneràtion** 名 U 退歩, 退化, 堕落. **degénerative** 形 退行性の, 堕落した.

de·grade /digréid/ 動 [本来他] 〔形式ばった語〕等級を落す, 品位[評価]を落す.
[語源] ラテン語 *degradare* (*de*- down + *gradus* step, grade)が古フランス語を経て中英語に入った.
【派生語】**dègradátion** 名 U 左遷, 低落. **degrading** 形 品位を下げるような, 卑しい.

de·gree /digri:/ 名 UC 〔一般他〕 一般義 程度, 度合い. [その他] 温度や角度などの物理的な度. また「度合い」は段階の意となり, 学問の程度を表わす意味から, 学位の意,【法】犯罪の等級,【文法】比較の級.
[語源] 俗ラテン語 **degradus* (*de*- down + *gradus* grade)が古フランス語 *degre* を経て中英語に入った. 原義は「階段, 階級, 相対的位置」.
[用例] The *degree* of skill varies considerably from person to person. 技能の度合いは人によってかなり違う／38℃摂氏 38 度 (★thirty-eight *degrees* Centigrade で)/at an angle of 90° 90 度の角度で／He took a *degree* in chemistry. 彼は化学の学位をとった.
[類義語] **grade** は知能, 熟達をいう場合に用いられ, **level** は知識, 難易度などをいう場合に用いられる.
[関連語] **minute** (分); **second** (秒).
【慣用句】**by degrees** 次第に. **in some [a certain] degree** 多少. **not ... in the slightest [least, smallest] degree** 少しも...でない: He is *not in the slightest degree* concerned about her. 彼は全く彼女のことを気づかっていない. **to some [a certain] degree** ある程度は. **to the last degree** 極度に.

de·hu·man·ize /di:hjú:məraiz/ 動 [本来他] 〔一般語〕...の人間性を失わせる, ...を獣的にする.
【派生語】**dèhùmanizátion** 名 U 非人間化.

de·hy·drate /di:háidreit/ 動 [本来他]【化】《しばしば受身で》化合物を脱水する, 野菜や果物を乾燥させる, 一般に水分を抜く, 比喩的に...の活力をなくさせる. 自 として, 脱水状態になる.
【派生語】**dèhydrátion** 名 U 脱水, 脱水状態.

deification ⇒deify.

de·i·fy /dí:əfai/ 動 [本来他] 〔形式ばった語〕...を神として祭る, 神格化する.
[語源] ラテン語 *deus* (= god)から派生した *deificare* (= to make a god of ...)が古フランス語 *deifier* を経て中英語に入った.
【派生語】**dèificátion** 名 U 神格化.

deign /déin/ 動 [本来他] 〔形式ばった語〕《主として否定文で》王や貴族, または目上の人がもったいなくも...して下さる, ...を遊ばされる《to do》.
[語源] ラテン語 *dignus* (= worthy)から派生した *dignare* (= to deem worthy)が古フランス語を経て中英語に入った.
[用例] She did not *deign* to reply. 彼女は答えようともしなかった.

de·ism /dí:izəm/ 名 U【哲】〔一般他〕理神論, 自然神論.
[語源] フランス語 *déisme* が初期近代英語に入った.
【派生語】**déist** 名 C 理神論者.

de·i·ty /dí:əti/ 名 CU 〔一般他〕 一般義 神(god; goddess). [その他] 神性, また(the D-)唯一の神.
[語源] ラテン語 *deus* (= god)から派生した後期ラテン語 *deitas* が古フランス語 *déité* を経て中英語に入った.

dé·jà vu /dèiʒɑ:vju:/ 名 U【心】既視感 (★初めて見るものをどこかで見たような気がすること). また(くだけた語)話や映画の場面などが見あきているもの, 時代遅れのもの.
[語源]「すでに見た」の意のフランス語が 20 世紀に入った.

de·ject /didʒékt/ 動 [本来他] 〔一般他〕《通例受身で》...の元気をくじく, 意力をなくさせる, 落胆させる.
[語源] ラテン語 *dejecere* (= to cast down)の過去分詞 *dejectus* が中英語に入った.
【派生語】**déjected** 形 がっかりした, 落胆した. **dejéctedly** 副 がっかりして, 元気なく. **dejéction** 名 U 落胆, 失望.

de ju·re /di:dʒúəri/ 副 形 〔形式ばった語〕法律上(の), 道理上(の), 正当に[な]. ⇒de facto.
[語源] ラテン語 *jus* (= law)の奪格に *de* がついたもの. 初期近代英語から.

Del·a·ware /déləweər/ 名 固 デラウエア (★米国東部の州).
【派生語】**Dèlawárean** 形 C デラウエア州の(人).

de·lay /diléi/ 動 [本来他] 名 CU 〔一般他〕遅らせる, 予定などを延期する [語法] put off のほうが一般的). 自 ぐずぐずする, 手間取る. 名 として遅延, 猶予 [語法] a 〜 となることがある).
[語源] 古フランス語 *delaier*, *deslaier* (*des*- off + *laier* to leave)の異形 *delayer* (出発を遅らせる)が中英語に入った.

入った.
[用例] We have *delayed* the publication of the book till the spring. 我々はこの本の出版を春まで延期した/I was *delayed* by traffic. 交通渋滞で遅れた.
[慣用句] ***without delay*** 遅れずで.

de·lec·ta·ble /dɪléktəbl/ 形 〔形式ばった語〕快い, 楽しい, おいしい.
[語源] ラテン語 *delectare* (=to delight) の 形 *delectabilis* が中英語に入った.
[派生語] **dèlectátion** 名 U 〔形式ばった語〕楽しみ, 娯楽.

dele·gate /déləgət/ 名 C, /-geit/ 動 [本来義]〔一般語〕会議などに出席する代表者, 代議員. 動 として…を代表者として派遣する, 代表者に権限などを委任する. 自 として, 権限を与える.
[語源] ラテン語 *delegare* (=to send away) の過去分詞 *delegatus* が中英語に入った.
[用例] The *delegates* met in the conference room. 代表者たちは会議場で会合した / He *delegates* a great deal of work to his assistant. 彼は仕事の大部分を秘書に任せている.
[派生語] **dèlegátion** 名 CU 《集合的》代表団, 派遣団, 代表任命, 委任: The British *delegation* arrived late at the conference. イギリス代表団は会議に遅刻して到着した.

de·lete /dɪlíːt/ 動 [本来他]〔形式ばった語〕文字などを消す, 削除する.
[語源] ラテン語 *delere* (=to blot out; to efface) の過去分詞 *deletus* が中英語に入った.
[派生語] **delétion** 名 UC 削除, 抹消, 削除箇所.

de·lib·er·ate /dɪlíbərət/ 形, /-reit/ 動 [本来義]〔一般語〕[一般義] 故意の, 計画的の. [その他] 本来「熟考する」意で, 慎重な, 思慮深い, 態度などが落ち着いた. 動として計画的なの意となった. 動として熟考する, 審議する. 自 としても用いる.
[語源] ラテン語 *deliberare* (=to consider carefully) の過去分詞 *deliberatus* の語幹から中英語に入った. *deliberare* は *de-*+*librare* (=to weigh; *libra*(=scale; pound) から) で, 何かの重さを計ることから, 心の中ではかりにかける, つまり熟考する意となった.
[用例] There was a *deliberate* insult. 故意の中傷があった / It wasn't an accident—it was *deliberate*. それは偶発的ではなく, 故意のしわざだ / He *deliberated* on the problems of youth. 彼は若者達のさまざまな問題をじっくりと考えた.
[派生語] **deliberately** 副 故意に, 慎重に. **deliberateness** 名 U. **delìberátion** 名 UC 熟考, 熟慮, 《複数形で》国会などでの審議, 討議: under *deliberation(s)* 審議中で. **delíberative** 形 審議の, 慎重な.

delicacy ⇒delicate.

del·i·cate /délikət/ 形 〔一般語〕[一般義] 繊細な, 優美な, 優雅な. [その他] 微妙な, こわれやすい, 細心の注意がいる, 扱いにくい, 色や香りがかすかな, ほのかな, 味があっさりしておいしい. また感覚が細かいことから, 鋭敏な, 敏感な, 思いやりのある, 礼儀正しいなどの意.
[語源] ラテン語 *delicare* (=to allure; *de-*+*lacere* to snare) の過去分詞 *delicatus* (=addicted to pleasure) が古フランス語を経て中英語に入った.
[用例] a *delicate* situation 微妙な情況 / the *delicate* skin of a child 子供の敏感な皮膚 / You will have to be very *delicate* in your handling of the situation. あなたはこのような事態に細心の注意を払って対処しなければならないだろう.
[派生語] **délicacy** 名 UC 繊細さ, 優美さ, きゃしゃなこと, か弱さ, おいしい物, ごちそう: the *delicacy* of the china 陶器のこわれやすさ / Caviare is considered to be a *delicacy*. キャビアはごちそうと考えられている. **délicately** 副 繊細に.

del·i·ca·tes·sen /dèlikətésn/ 名 UC 〔一般語〕ハム, ソーセージ, サラダなど調理ずみの食品, またその売店.
[語源] ラテン語 *delicatum* (=delicate) がイタリア語 *delicatezza* (=delicacy), フランス語 *délicatesse* を経てドイツ語に *Delikatesse* として入り, その複数形 *Delikatessen* が19世紀に入った. 異分析 (metanalysis) により, delicate+Essen (=food) と分析される.

de·li·cious /dɪlíʃəs/ 形 〔一般語〕食べ物の味がおいしい, 香りの良い, 非常に楽しい.
[語源] ラテン語 *delicia* (喜ばしい物) から派生した後期ラテン語 *deliciosus* (=delightful) が古フランス語 *delicious* を経て中英語に入った.
[語法] delicious ははめ言葉であるから, 否定文, 疑問文では使われない. 代りに good が用いられる.
[派生語] **deliciously** 副 大変おいしく. **deliciousness** 名 U.

de·light /dɪláɪt/ 名 UC 動 [本来他]〔一般語〕[一般義] 言葉や身ぶりに表われる大きな喜びやうれしさ. [その他] 喜び[楽しみ]となるもの, 大変嬉しいこと. 動 としてうれしがらせる, 大喜びさせる. 自 としては, 〔形式ばった語〕大喜びする, 大いに楽しむ.
[語源] ラテン語 *delectare* (=to allure; to charm) が古フランス語 *delitier* を経て中英語に入った. 「わなにかける」→「誘惑する」→「魅惑する」→「喜ばせる」と意味が変化した.
[用例] He *delights* in teasing me. 彼は僕をからかって大喜びしている.
[慣用句] ***to …'s delight***=***to the delight of …*** …にとってうれしいことには. ***take (a) delight in …***=***feel delight at …*** …を喜ぶ, 楽しむ.
[派生語] **delíghted** 形 喜んで, うれしがって (at; to do; that 節). **delíghtedly** 副. **delíghtful** 形 とても喜ばしい, うれしい. **delíghtfully** 副.

de·lim·it /dɪlímɪt/ 動 [本来他]〔形式ばった語〕…の範囲[限界, 境界]を定める.
[語源] ラテン語 *delimitare* (*de-* completely+*limitare* to limit) がフランス語 *délimiter* を経て19世紀に入った.
[派生語] **delìmitátion** 名 UC 限界の決定.

de·lin·e·ate /dɪlínieɪt/ 動 [本来他]〔形式ばった語〕線で描く, 輪郭を描く, 概要を書く.
[語源] ラテン語 *delineare* (=to sketch; *de-* completely+*lenea* line) の過去分詞 *delineatus* から初期近代英語に入った.
[派生語] **delìneátion** 名 UC 輪郭, 図形, 略画, 概略. **delíneator** 名 C 描写する人, 略画を描く人.

delinquency ⇒delinquent.

de·lin·quent /dɪlíŋkwənt/ 形 名 C 〔形式ばった語〕過失を犯した, 怠慢な, 《法》税金などを滞納した. 名 として非行者, 特に非行少年(juvenile delinquent).

[語源] ラテン語 delinquere (= to be at fault; to offend) の現在分詞 delinquens が初期近代英語に入った.

[用例] The police arrested the *delinquent* responsible for the damage which had been done. 警察はその損害を引き起こした責任で非行少年を逮捕した.

【派生語】**delínquency** 名 UC 過失, 犯罪, 非行. **delínquently** 副.

de·lir·i·um /dilíriəm/ 名 UC 〔形式ばった語〕【病理】精神錯乱, 譫妄(せんもう)状態, 一時的狂乱.

[語源] ラテン語 *delirare* (= to deviate; *de-* away from + *lira* furrow) から派生した *delirium* が初期近代英語に入った. 原義は「農耕中に急に立ち去る」.

【派生語】**delírious** 形. **delíriously** 副.

de·liv·er /dilívər/ 動 [本来他] [一般他] [一般義] 配達する, 送達する, 届ける. [その他] 本来は〔形式ばった語〕…を引き渡すの意で, そこから配達するの意となった. 引き渡す物が抽象的なものの場合は, 自分の考えを相手に渡す意味で使われ, 演説などをする, 述べる. 引き渡す意が拡張されて, 相手に一撃を与える, 相手に救いを与える意から, 救い出す, 解放する, 赤ん坊に救いを与える意から, 出産の手伝いをする, 赤ん坊をとりあげる. 自 女性, 動物の雌がお産をする, 〔くだけた語〕…をうまくやり遂げる, 約束などを果たす (on).

[語源] 後期ラテン語 *deliberare* (*de-* completely + *liberare* to liberate) が古フランス語 *delivrer* を経て中英語に入った.「解放する」→「苦痛を解放する」→「積み荷をおろす」→「積み荷を渡す」のように意味が変化した.

[用例] The postman *delivers* letters. 郵便屋さんは手紙を配達する / He *delivered* a long speech. 彼は長い演説をした.

【慣用句】**be delivered of** … …を産む: She *was delivered of* the twins safely. 彼女は無事にふたごを出産した. **deliver the goods** 〔俗〕約束を果たす.

【派生語】**delíverable** 名 C〔複数形で〕引渡しすべき商品[部品]. **delíverance** 名 U〔古風な語〕救出, 救助, 解放. **delíverer** 名 C 配達人. **delívery** 名 ⇒見出し.

de·liv·er·y /dilívəri/ 名 UC (⇒deliver)〔一般義〕[一般義] 配達, 配送, 配達品. [その他] 受け渡し, スピーチなどの話しぶり, 意見や考えの伝え方(の技術), あるいは分娩(ぶんべん).

【複合語】**delíverymàn** 名 C 配達人. **delívery ròom** 名 C 分娩室. **delívery trùck** 名 C 配達用トラック.

del·ta /déltə/ 名 C〔一般義〕[一般義] ギリシャ文字の第4文字, デルタ《δ, Δ》. [その他] ギリシャ語の文字の形からデルタ形の物を表し, 河口の三角州.

【複合語】**délta rày** 名 U【理】デルタ線. **délta wàves** 名〔複〕脳波のデルタ波. **délta wing** (áircraft) 名 C【空】三角翼(の超音速機).

de·lude /dilú:d/ 動 [本来他]〔形式ばった語〕人を欺く. また悪い意味だけに使われるわけではなく, 結果的に誤解させる, ((~ oneself で)) 思い違いをする, 勘違いするという意も持つ.

[語源] ラテン語 *deludere* (= to play false; to mock) が中英語に入った.

[用例] She *deluded* him into believing that she was wealthy. 彼女は彼に自分が裕福だと思い込ませた / She *deluded* herself into thinking he cared for her. 彼女は彼が彼女のことを心配していると勝手に思い込んだ.

[類義語] cheat.

【派生語】**delúsion** 名 C 欺くこと, 欺かれること, 思い違い, 妄想. **delúsive** 形 ごまかしの, 妄想的な. **delúsively** 副.

del·uge /délju:dʒ/ 名 動 [本来他]〔形式ばった語〕大洪水, 氾濫(はんらん), (the ~) ノアの大洪水, 比喩的に手紙などの殺到. 動 として洪水を起こす, 氾濫させる, 殺到させる.

[語源] ラテン語 *diluere* (= to wash away) から派生した *diluvium* (= flood) が古フランス語 *deluge* を経て中英語に入った.

[用例] Few people survived the *deluge*. 洪水で生き残った人はほとんどいなかった / We've been *deluged* with orders for our new book. 我々はその新しい本の注文の洪水に見舞われた.

de·luxe /dəlúks, -lʌ́ks/ 形 副〔一般義〕豪華な, ぜいたくな (語法) 名詞の後に置くこともある).

[語源] ラテン語 *luxus* (= luxury) より派生したフランス語 *deluxe* (= of luxury) が19世紀に入った.

[日英比較] 日本語の「デラックスな」という意味では対象物によって使う単語が違う点に注意が必要である: a *gorgeous* gown きらびやかなガウン / a *magnificent* house 壮大な邸宅 / a *luxurious* meal ぜいたくな食事 / a *deluxe* edition 豪華版 / a *deluxe* [*first-class*] hotel 最高級ホテル.

delve /délv/ 動 [本来他]〔形式ばった語〕[一般義] 深く探求する, 詮索する. [その他]〔詩語・文語〕掘る.

[語源] 古英語 *delfan* から. 本来は鍬(くわ)で地面を掘ることをいう. 転じて比喩的に使われて探求するという意味を持つようになった.

[用例] I've been *delving* into my family history. 私は自分の家系を詳しく調べている.

de·mag·net·ize /di:mǽɡnətaiz/ 動 [本来他]【理】…から磁気を除く, 録音テープから音を消す.

【派生語】**dèmàgnetizátion** 名 U.

dem·a·gog, dem·a·gogue /déməɡɔɡ | -ɔɡ/ 名 C〔一般義〕〔軽蔑的〕扇動する人, 扇動政治家.

[語源] ギリシャ語 *dēmagōgos* (= leader of the people; *demos* the people + *agogos* leading) が初期近代英語に入った.

【派生語】**dèmagógic** 形 扇動政治家の, 扇動的な. **démagòguery**, 《英》 **démagògy** 名 U 民衆扇動, デマ.

de·mand /dimǽnd | -áː-/ 名 CU 動 [本来他]〔一般義〕[一般義] 要求, 請求. [その他] 需要. 動 として要求する, 請求する, 物が何かを必要とする. また何らかの強要を伴って請求する, 答えを迫るの意ともなる.

[語源] ラテン語 *demandare* (= to entrust; *de-* 強意 + *mandare* to order) が古フランス語 *demander* を経て中英語に入った. 委任ないし命令するの意から何かを要求するという意味を持つようになった.

[用例] They refused to meet the workers' *demands* for more money. 彼らは労働者の賃上げ要求を拒否した / He *demanded* to know what we were doing. 彼は我々が何をしているのか知りたがった / I *demanded* an explanation. 私は説明を要求した / This *demands* careful thought. これについてはよく考えなくてはならない.

【類義語】demand; claim; require: **demand** は強制的に要求すること. **claim** は正当な権利として主張すること. **require** は当然必要なものを要求すること.
【慣用句】*in demand* 需要のある: She is *in great demand* as a baby sitter. 彼女は子守をよく頼まれる. *make demands on* … …に負担を要求する, 必要とする. *on demand* 要求があり次第. *supply the demand for* … …の需要を満たす.
【派生語】demánding 形 努力などを要する, 厳しい, 骨が折れる, 自己本位で要求の厳しい.
【複合語】demánd depòsit 名 C 《銀行》要求払い預金. (★普通預金, 当座預金などすぐ引き出せる預金).

de·mar·cate /dimá:rkeit/ 動 本来他 〔形式ばった語〕境界を定める, 限界を示す.
【語源】demarcation からの逆成. demarcation はスペイン語 *demarcar*(境界に印を付ける) の 名 *demarcación* から 18 世紀に入った.
【派生語】dèmarcátion 名 UC 境界, 限界, 区分, 《★不定冠詞を伴うことがある》.

de·mean¹ /dimí:n/ 動 本来他 〔形式ばった語〕《通例 ~ oneself》品位を落し, 卑しい行為をする.
【語源】de-+mean から 17 世紀に造語された.

de·mean² /dimí:n/ 動 本来他 〔形式ばった語〕《しばしば ~ oneself で》ふるまう, 行動を起こす, 事を運ぶ.
【語源】ラテン語 *minare*(=to drive) に *de-* のついた俗ラテン語 *deminare が古フランス語 *démener*(=to lead; to exercise; to practice) を経て中英語に入った. もともと動物を駆り立てることから何かを動かす意味で用いられ, これが古フランス語で再帰的に使われ,「ふるまう, 行動する」という意味を持つようになった.
【派生語】deméanor, 《英》-our 名 U ふるまい, 品行.

de·ment·ed /diméntid/ 形 〔一般語〕発狂した, 気が狂った.
【語源】ラテン語 *dementare*(=to deprive of mind) から初期近代英語に入った.

de·mer·it /dimérit/ 名 C 〔形式ばった語〕欠点, 落ち度, 《米》減点, 罰点.
【語源】ラテン語 *demerere*(=to be undeserving of) の過去分詞 *demeritus* の中性形 *demeritum* より古フランス語を経て中英語に入った. 本来この *de-* は強意の接頭辞であったが, 否定の *de-* と混同された.
【慣用句】*merits and demerits* 功罪, 得失.

de·mesne /diméin, -mí:n/ 名 UC 《法》土地の私有, 占有, また所有地, 地所, 国王の領地, 昔の領主の領地.
【語源】ラテン語 *dominus*(=master) から派生した *dominium*(=domain) が古フランス語に *demeine* として入り, アングロフランス語で *-s-* が加わり, 中英語に入った.

dem·i- /démi-/ 接頭 「半分の」「部分的」「準」などの意.
【語源】ラテン語 *dimidius*(=half; *dis-* apart+*medius* middle) が中英語に入った.

dem·i·god /démigàd/ -ɔ̀-/ 名 C 〔一般語〕半神半人《★神と人の間に生れた者》, 神格化された人.
【派生語】démigòddess 名 C 半神半人の女性.

de·mil·i·ta·rize /di:mílitəraiz/ 動 本来他 〔一般語〕非武装化する, 軍政から民政に移す.
【語源】*de-*+militarize.
【派生語】demìlitarizátion 名 U 非武装化.
【複合語】demílitarized zòne 名 C 非武装地帯.

de·mise /dimáiz/ 名 〔形式ばった語〕一般義 死去, 死亡, 消滅. その他 《法》死去などによる遺産, 不動産の権利譲渡. 動 として《法》権利などを譲渡する. 自 《(財産などを主語にして)》譲渡される.
【語源】ラテン語 *demittere*(=to send down) から古フランス語 *demettre* の過去分詞 *demis* の女性形が中英語に入った.

de·mist /di:míst/ 動 本来他 〔一般語〕《英》車の窓ガラスの曇りを取り除く《《米》defrost》.
【派生語】demíster 名 C.

demi·tasse /démitæs, -tà:s/ 名 C 〔一般語〕デミタス《★ディナーの後に出す小型のコーヒーカップ, あるいはその一杯分のコーヒー》.
【語源】フランス語 (=half-cup; *demi-* half+*tasse* cup) が 19 世紀に入った.
【複合語】démitasse spòon 名 C デミタス用のスプーン.

dem·o /démou/ 名 C 〔くだけた語〕実物宣伝, 実演販売, 《オーディションのために自分の歌などを吹き込んで審査用に送る録音盤[テープ]》.
【語源】demonstration の略.

de·mo·bi·lize /di:móubilaiz/ 動 本来他 〔形式ばった語〕《しばしば受身で》復員させる, 除隊させる.
【語源】フランス語 *démobiliser*(*dé-*「逆」+*mobiliser* to mobilize) より 19 世紀に入った.
【派生語】demòbilizátion 名 U 除隊, 復員.

de·moc·ra·cy /dimákrəsi/ -ɔ́-/ 名 UC 〔一般語〕民主主義, 民主政治, 民主主義国.
【語源】ギリシャ語 *dēmokratia* (*dēmos* people+*kratia* rule) がラテン語, 中フランス語を経て初期近代英語に入った.
【派生語】démocràt 名 C 民主主義者, (D-)民主党員. dèmocrátic 形 民主主義の, 庶民的な, 《米》民主党の. dèmocrátically 副 民主的に. demócratize 動 本来他 民主化する. demòcratizátion 名 U 民主化.

demographer ⇒demography.
demographic ⇒demography.

de·mog·ra·phy /dimágrəfi/ -ɔ́-/ 名 U 〔形式ばった語〕人口統計学.
【語源】ギリシャ語 *dēmos* (=people)+-*graphy*. graph はギリシャ語 *-graphos* (=written) から.
【派生語】demógrapher 名 C 人口統計学者. dèmográphic 形. dèmográphics 名《複》人口統計《★単数扱い》.

de·mol·ish /dimáliʃ/ -ɔ́-/ 動 本来他 〔一般語〕一般義 建物などを破壊する, 取り壊す. その他 比喩的に計画や制度, 主張などをくつがえす, 粉砕する, 信用などを傷つける. また〔くだけた語〕《英》がつがつ食べる, 平らげる.
【語源】ラテン語 *demoliri*(=to throw down; *de-*「逆」+*moliri* to construct) が中フランス語 *demolir*(語幹 *demoliss-*) を経て中英語に入った.
【派生語】demólisher 名 C. demólishment 名 U. dèmolítion 名 U 破壊, 取りこわし. dèmolítionist 名 C.

de·mon /dí:mən/ 名 C 〔一般義〕鬼, 悪魔, 悪霊. その他 比喩的の鬼のような人, 悪の権化, また仕事の鬼, 精力家, すごい働き手, 達人.

語源 ギリシャ語 *daimōn*(神)から派生したラテン語 *demon, daemon*(=evil spirit)が中英語に入った.

【派生語】**demóniac** 形 悪魔のような, 猛烈な. 名 C 悪魔に取りつかれた人. **demóniacal** 形 =demoniac. **demónic** 形 悪魔のような, 悪霊に取りつかれた.

dem·on·strate /démənstrèit/ 動 本来他 〔一般語〕一般義 何かを実物で説明する, 宣伝する. その他 実物で証明する, 実証する. さらに感情を表に現わす. 自 デモをする.

語源 ラテン語 *demonstrare* (to point out; *de-* completely+*monstrare* to show)の過去分詞 *demonstratus* から初期近代英語に入った.

用例 This *demonstrates* his ignorance. これによって彼の無知が明白である/He *demonstrated* the new vacuum cleaner. 彼は新型の掃除器の実演宣伝をした/A crowd collected to *demonstrate* against the new taxes. 群衆が集って新しい税制に反対してデモをした.

【派生語】**démonstrable** 形〔形式ばった語〕証明できる, 明らかな. **demònstrability** 名 U. **démonstrableness** 名 U. **démonstrating** 形. **dèmonstrátion** 名 CU 実演, 実物宣伝, 授業実演, デモ, 示威運動, 証拠, 証明, 感情の表出. **démonstrative** 形 感情的な, 実証的な. **démonstratively** 副 感情を表して, 実証的に. **démonstrator** 名 C デモ参加者, 実演者, 実物見本.

de·mor·al·ize /dimɔ́:rəlaiz/ 動 本来他 ...の士気をくじく, 人の気持をまごつかせる, 混乱させる.
語源 *de-*「逆」+*moral* が18世紀に入った.
【派生語】**demòralizátion** 名 U 士気阻喪.

de·mote /dimóut/ 動 本来他 〔形式ばった語〕...の階級[地位]を下げる.
語源 *de-*「逆」+(pro)*mote*. 19世紀末から.
【派生語】**demótion** 名 U.

de·mur /dimə́:r/ 動 本来自 名 U 〔形式ばった語〕...に異議を唱える, 異議.
語源 ラテン語 *demorari* (*de-* 強意+*morari* to delay)が古フランス語 *demorer* を経て中英語に入った.
【慣用句】*without demur* 異議なく.
【派生語】**demúrable** 形 異議を唱えられる. **demúrrage** 名 U 滞船料《★荷揚げの日数超過に対する船主への割増金》. **demúrrant** 形. **demúrrer** 名 C【法】異議申立人.

de·mure /dimjúər/ 形 〔一般語〕平静な, 落ち着いた, 遠慮がちの, 地味な,《悪い意味で》すました, 上品ぶった.
語源 古フランス語 *demourer* (to remain)の過去分詞 *demore* (=settled; quiet)が中英語に入った.
【派生語】**demúrely** 副. **demúreness** 名 U.

den /dén/ 名 C 〔一般語〕一般義 悪の巣窟, 隠れ家. その他 本来の意味は野獣の住む穴, 獣の巣. これから比喩的に悪い意味で使われるようになった. 不潔な住居, 小さい家などの意ともなる.
語源 古英語 denn(e) から.

de·na·tion·al·ize /di:nǽʃənəlaiz/ 動 本来他 〔一般語〕非国有化する, 民営化する(privatize).
【派生語】**denàtionalizátion** 名 U.

denial ⇒deny.

den·i·grate /dínigreit/ 動 本来他 〔形式ばった語〕侮辱する, 中傷する.
語源 ラテン語 *denigrare*(=to make dark; *de-* completely+*nigrare* to blacken)の過去分詞が初期近代英語に入った. *nigrare* は *niger* (=black)から.

den·im /dénim/ 名 U 〔一般語〕デニム《★厚地の綿布》. 形容詞的に用いることも多い.
語源 フランス語 *serge de Nim* の後半の部分から. *Nim* は南フランスの Nimes で, 綿布の産地. 初期近代英語から.

den·i·zen /dénəzn/ 名 C 〔文語〕ある土地に住んでいる人, 住民, 森などに生息している動物.
語源 古フランス語 *deing* (=within; 現在の *dans*)がアングロフランス語 *deinzein* を経て中英語に入った.

Den·mark /dénmɑrk/ 名 固 デンマーク《★ヨーロッパ北西部の王国》.
【関連語】Danish 形 名 ⇒見出し.

de·nom·i·nate /dinámineit/ -ɔ́- /動 本来他 〔形式ばった語〕...に名をつける, 命名する, ...を...と称する.
語源 ラテン語 *denominare* (*de-* completely+*nominare* to name)の過去分詞 *denominatus* が中英語に入った.

【派生語】**denòminátion** 名 C 命名, 名称, 種目, 部類, 宗教の教派, 宗派《★キリスト教では特にプロテスタントのメソジスト, バプテスト, ルーテル派など, その他の宗教にも用いる》, 貨幣の単位名《★yen, dollar, cent など》, 度量衡などの単位名. **denòminátional** 形 宗派の, 教派の, 名目上の. **denòminátionalism** 名 U 分派主義, 派閥主義. **denóminator** 名 C【数】分母(⇔numerator). **denóminative** 形.

de·note /dinóut/ 動 本来他〔形式ばった語〕...を示す, 記号などで表す, 語などが意味する.
語源 ラテン語 *denotare* (*de-* completely+*notare* to mark)が古フランス語を経て初期近代英語に入った.

【派生語】**dènotátion** 名 U 表示, 指示, しるし, 記号,【論】外延(⇔connotation). **denótative** 形 明示的な, 表示的な,【論】外延的な.

de·nounce /dináuns/ 動 本来他〔形式ばった語〕公然と非難する, 警察などへ告発する, 密告する, 条約などの廃棄を通告する.
語源 ラテン語 *denuntiare* (=to give official information)が古フランス語 *denoncier* を経て中英語に入った.
【派生語】**denóuncer** 名 C. **denóuncement** 名 U =denunciation. **denunciátion** 名 UC 公然の非難, 告発, 弾劾, 条約などの廃棄通告.

dense /déns/ 形 〔一般語〕一般義 気体などが濃い. その他 人や物が密集した, 込み合った. また中身が込み合ったために混乱していることも含み, 〔くだけた語〕頭の悪い(stupid)の意にもなる.
語源 ラテン語 *densus* (=thick, crowded)が中英語に入った.
【類義語】dense; thick; close: **dense** は内容物がぎっしり詰まっていること. **thick** はものが濃縮されていること. **close** は織物などの目が細かいこと.
【反意語】thin; sparse.
【派生語】**dénsely** 副 濃く, 密集して. **dénseness** 名 U 濃厚, 密集. **dénsity** 名 U 密度, 密集状態, 濃度: the *density* of population 人口密度.

dent /dént/ 名 C 〔一般語〕くぼみ, へこみ, 打った跡, 比喩的に相手をへこませること.
語源 *dint* の異形. 中英語から.

den·tal /déntl/ 形〔一般語〕歯の, 歯科の.
[語源] ラテン語 *dens*(=tooth)の派生形 *dentalis* が初期近代英語に入った.
【派生語】**déntist** 名 C 歯科医. **déntistry** 名 U 歯科学[医術].
【複合語】**déntal flòss** 名 U〔歯〕デンタルフロス(★歯間清掃用の縒りをかけていない糸). **déntal plàte** 名 C〔歯〕義歯板. **déntal súrgeon** 名 C〔形式ばった語〕歯科医(=dentist).

den·ture /déntʃər/ 名 C〔形式ばった語〕《複数形で》一組の義歯 (false tooth). また義歯床の意.
[語源] フランス語が19世紀に入った.

denudation ⇒denude.

de·nude /dinjúːd/ 動 本来他〔形式ばった語〕《通例受身で》…から~をはぐ, 剥奪する(of).
[語源] ラテン語 *denudare* (*de-* completely+*nudare* to make bare)が中英語に入った.
【派生語】**denudátion** 名 U〔形式ばった語〕はぎ取ること, はぎ取られた状態, 露出.

denunciation ⇒denounce.

de·ny /dinái/ 動 本来他〔一般語〕否定する. その他 相手の要求を拒絶する, 人に与えるべきものを許可しない, 禁じる.
[語源] ラテン語 *denegare* (=to say no; to refuse)が古フランス語 *deneier, denoier* を経て中英語に入った.
[用例] He *denied* the charge of theft. 彼は盗みの疑いを否定した/It cannot be *denied* that he is guilty. 彼が有罪であることは否定できない.
[反意語] acknowledge; admit.
【慣用句】**deny oneself** 自制する. **there's no denying (the fact) that …** …は否定できない, …は明らかだ.
【派生語】**deníal** 名 UC 否定, 否認, 拒絶.

de·o·dor·ize /díːoudəraiz/ 動 本来他〔形式ばった語〕…の臭いを抜く.
[語源] de-「除去」+odor+-ize. 19世紀より.
【派生語】**deódorant** 名 CU〔一般語〕防臭剤, デオドラント. 形 防臭効果のある.

de·part /dipáːrt/ 動 本来自〔形式ばった語〕〔一般語〕出発する. その他 本来は何かから分かれるの意で, それからはずれる, それる意となった.
[語源] ラテン語 *dispertire* (=to divide)が古フランス語 *departir* を経て中英語に入った.「部分 (part) に分ける」→「互いにいとまごいをする」→「出発する」と意味が変化した.
[類義語] start.
[反意語] arrive; reach.
【派生語】**depárted** 形 過去の, 過ぎ去った, 今はない, 死んだ. **depárture** 名 CU 出発, 発車, 逸脱, 離反, 新展開: a point of *departure* 出発点. **department** 名 ⇒見出し.

de·part·ment /dipáːrtmənt/ 名 C (⇒depart)〔一般語〕〔一般義〕部分, 部門. その他 デパートなどの売り場, 政府の部門である省, 局, 大学の学部, 学科など.
【派生語】**depàrtméntal** 形 部門の. **depàrtméntalism** 名 U 部門主義, 行政上の省局制.
【複合語】**depártment stòre** 名 C 百貨店, デパート.

de·pend /dipénd/ 動 本来自〔一般語〕本来は「ぶら下がる」の意味で, 頼りにする, あてにする, また《物が主語で》…による, …次第である《on; upon》.
[語源] ラテン語 *dependere* (*de-* down+*pendere* to hang)が古フランス語 *dependre* を経て中英語に入った.
[用例] He *depends* on his parents for his university fees. 彼は大学の学費を両親に頼っている/You can't *depend* on the weather being fine. 天気がよいかどうかは当てにならない/Our success *depends* on you. 我々の成功はあなたしだいです.
【慣用句】*depend upon it* 大丈夫だ, きっと. *It all depends.*=*That (all) depends.* 場合による, その時の事情による.
【派生語】**depèndabílity** 名 U 信頼度, あてになること. **depéndable** 形 信頼できる. **depéndence** 名 U 頼ること, 依存, 信頼, 信用. **depéndency** 名 C 保護領, 属国. **depéndent** 形 頼っている, …の世話になっている, …に扶養されている, …次第の. 名 扶養家族.

de·pict /dipíkt/ 動 本来他〔形式ばった語〕絵で描く, 言葉で説明する, 描写する.
[語源] ラテン語 *depingere* (*de-* completely+*pingere* to paint)の過去分詞 *depictus* から中英語に入った.
【派生語】**depíction** 名 UC 描写, 叙述.

de·pil·a·tory /dipílətɔːri|-təri/ 形 C〔一般語〕脱毛に効果のある. 名 として脱毛剤.
[語源] ラテン語 *depilare* (*de-*「除去」+*pilare* to deprive of hair)が初期近代英語に入った. *pilare* は *pilus* (=hair) より.

de·plete /diplíːt/ 動 本来他〔形式ばった語〕中身を減らす, 空にする, 体力や資金などを消耗させる.
[語源] ラテン語 *deplere* (*de-*「逆」+*plere* to fill)の過去分詞 *depletus* から19世紀に入った.
【派生語】**deplétion** 名 U 消耗, 使い尽すこと.

de·plore /diplɔ́ːr/ 動 本来他〔形式ばった語〕〔一般語〕不快, 不満な状態などを慨嘆する, 遺憾とする. その他 本来は嘆き悲しむ意で, 自分の罪, 過失などを悔いる, 遺憾に思う, 人の死などを悲しむ.
[語源] ラテン語 *deplorare* (*de-* completely+*plorare* to wail)が古フランス語 *deplore* を経て初期近代英語に入った.
[用例] We all *deplore* the actions of murderers and thieves. 殺人犯, 泥棒の行為は嘆かわしい.
【派生語】**deplórable** 形 嘆かわしい, 非難すべき, 悲しむべき. **deplórably** 副.

de·ploy /diplɔ́i/ 動 本来他〔軍〕軍隊を展開させる, 配置する, 準備する. 自 としても用いる.
[語源] ラテン語 *displicare* (=to unfold; *dis-*un-+*plicare* to fold)がフランス語 *déployer* を経て中英語に入った.
【派生語】**deplóyable** 形. **deplóyment** 名 U 軍の展開, 配置.

de·pop·u·late /diːpɑ́pjuleit|-ɔ́-/ 動 本来他〔形式ばった語〕《通例受身で》…の人口を減らす, 過疎にする.
【派生語】**depòpulátion** 名 U 人口減少, 過疎化. **depópulàtor** 名 C 人口減少を来すもの[原因となるもの]《★戦争, 病気, 出生率低下など》.

de·port /dipɔ́ːrt/ 動 本来他〔一般語〕〔一般義〕外国人を国外退去にする, 国外に追放する. その他〔形式ばった語〕どのように自身を運んでゆくかという意味から, 《~oneself で》身を処する, ふるまう.
[語源] ラテン語 *deportare* (*de-* away+*portare* to carry)が古フランス語 *deporter* を経て中英語に入った.

de·pose /dipóuz/ 動 [本来他]〔形式ばった語〕高位の人を追放する, 免職にする.
[語源] ラテン語 *deponere* (= to put down) とフランス語 *poser* (= to place) から成る語が古フランス語 *deposer* を経て中英語に入った.
[用例] They have *deposed* the emperor. その国では皇帝は退位された.
【派生語】**dèposítion** 名 ⇒見出し.

de·pos·it /dipázit/ |-5-/ 動 [本来他] 名 C 〔一般語〕[一般義] 預金する, 貯金する. [その他] 本来は〔形式ばった語〕ある物をある場所に置くの意で, それから預金するの意が出た. また物を人に預けるまたは供託するの意味がさらに発展して手付け金として支払う, また何かを置くという意味が自然現象にも使われ, 風や流れが堆積させる, 沈澱させるという意にもなる. 名として預金, 供託金[物], 手付け金, 堆積物など.
[語源] ラテン語 *deponere* (= to put down) の過去分詞 *depositus* が初期近代英語に入った.
[用例] He *deposited* the money in the bank. 彼はそのお金を銀行に預けた.
【慣用句】**have [put place] money on deposit** 金銭を預かっている[預ける]. **make [put down; pay] a deposit on ...** ...の頭金を支払う.
【派生語】**deposítion** 名 ⇒見出し. **depósitor** 名 C 預金者, 預託者. **depósitory** 名 C 保管所, 保管人.
【複合語】**depósit accòunt** 名 C 〔英〕通知預金(口座) (《米》 savings account).

dep·o·si·tion /dèpəzíʃən/ 名 UC (⇒depose, deposit)〔形式ばった語〕追放, 免職, また〔一般語〕預け入れ, 供託, 堆積(物), 沈澱(物).

depositor ⇒deposit.
depository ⇒deposit.

de·pot /dépou, -i:-/ 名 C 〔一般語〕[一般義] 鉄道の駅, またバスや飛行機などの小さい発着所. [その他] 貯蔵所, 倉庫.
[語源] ラテン語 *depositus* (⇒deposit) の中性形 *depositum* (何かを置く所) に由来するフランス語 *dépôt* が19世紀に入った.「何かを置く」→「貯蔵庫」→「鉄道の駅」のように意味が変化した.

de·prave /dipréiv/ 動 [本来他]〔形式ばった語〕《通例受身で》悪化させる, 堕落させる.
[語源] ラテン語 *depravare* (= to corrupt) が古フランス語を経て中英語に入った.
【派生語】**deprávd** 形. **deprávity** 名 U〔形式ばった語〕腐敗, 堕落.

dep·re·cate /déprəkeit/ 動 [本来他]〔形式ばった語〕非難する, 反対する, ...しないように願う.
[語源] ラテン語 *deprecari* (= to avert by prayer; *de-* away + *precari* to pray) の過去分詞 *deprecatus* が初期近代英語に入った.
【派生語】**déprecating** 形. **déprecatingly** 副. **dèprecátion** 名 UC 反対, 非難, 抗議.

de·pre·ci·ate /diprí:ʃieit/ 動 [本来他] 価値[値段]を下げる, 特に通貨を切り下げる, 比喩的に軽視する. 自 価値[値段]が下がる.
[語源] 後期ラテン語 *depretiare* (= to lower the price; *de-* down from + *pretium* price) の過去分詞 *depretiatus* が中英語に入った.
【派生語】**deprécíating** 形 軽視するような. **deprécíatingly** 副 = depreciating. **deprécíation** 名 UC 貨幣などの価値の下落.

dep·re·da·tion /dèprədéiʃən/ 名 C〔形式ばった語〕《通例複数形で》略奪(行為), 破壊の跡.
[語源] ラテン語 *depraedare* (= to plunder) の 名 *depraedatio* が古フランス語を経て初期近代英語に入った.

de·press /diprés/ 動 [本来他]〔一般語〕[一般義] 気落ちさせる, 落胆させる. [その他] 価格などを低下させる, 市場を不景気にする. レバーなどを押し下げる.
[語源] ラテン語 *deprimere* (= to press) の過去分詞 *depressus* から派生した *depressare* が古フランス語を経て中英語に入った.
[用例] This drug *depresses* the action of the heart. この薬を飲むと心臓の働きが鈍くなる / Trade was *depressed* by the rise in oil prices. 石油の高騰で商売は不景気になった / If you *depress* this lever, all the lights will go out. このレバーを押し下げるとすべての明かりが消えます.
[類義語] discourage.
[反意語] elate; exhilarate; cheer.
【派生語】**depréssed** 形 気落ちした, 不景気な. **depréssing** 形 気落ちさせるような, 気が滅入るような. **depréssingly** 副. **depréssion** 名 CU 不景気, 憂うつ, くぼみ. **depréssive** 形 憂うつな, 《医》うつ病の. **depréssively** 副.

deprivation ⇒deprive.

de·prive /dipráiv/ 動 [本来他]〔一般語〕何かから...を奪い取る《of》.
[語源] 中世ラテン語 *deprivare* (*de-* completely + *privare* to rob) が古フランス語 *depriver* を経て中英語に入った.
[用例] This move *deprived* the prisoner of his means of escape. この処置で囚人は脱走の方法がなくなった.
【派生語】**deprívd** 形 困窮した, 貧しい. **deprivátion** 名 UC 剥奪, 喪失, 損失, 不足, 貧困.

dept. 《略》= department.

depth /dépθ/ 名 UC (⇒deep)〔一般語〕[一般義] 深さ, 深度. [その他] 奥行き, 人の知識などの深さ, 深遠さ. 具体的に深い所, 深み, 本当の濃さ.
【慣用句】**in the depth of ...** ...の奥深いところに, ...のどん底で.
【複合語】**dépth bòmb [chàrge]** 名 C 対潜水艦用の爆雷.

de·pute /dipjú:t/ 動 [本来他]〔形式ばった語〕...を代理人とする, ...に代理を命じる, 人に委任する.
[語源] 後期ラテン語 *deputare* (= to assign) が古フランス語 *deputer* を経て中英語に「指名する」の意で入った.
【派生語】**dèputizátion** 名 U. **députize** 動 [本来他] ...を代理に指命する. 自 ...の代理を務める.

dep·u·ty /dépjuti/ 名 C 形〔一般語〕代理人. 形 として代理の, 副の.
[語源] 古フランス語 *deputer* (⇒depute) の過去分詞

depute が中英語に入った.「何かを割り当てられた人」が転じて代理人の意になった.
[用例] a *deputy* chairman 副議長.
【慣用句】*by deputy* 代理で.

de·rail /diréil/ [動][本来他] 〔一般語〕〔通例受身で〕...を脱線させる, 比喩的に計画などをだめにする. [自] としても用いる.
[語源] *de-*＋rail. 19 世紀から.
【派生語】deráilment [名][UC] 脱線(の事実).

de·range /diréindʒ/ [動][本来他] 〔一般語〕混乱させる, 乱し, 狂わせる, 人の心を錯乱させる.
[語源] ラテン語 *disreng*(=*dis-*「逆」＋*reng* line)が古フランス語 *desrengier*(=to disarrange)フランス語 *dêranger* を経て 18 世紀に入った.
【派生語】derânged [形] 発狂した, 錯乱した.
derángement [名][UC] 発狂(の事実), 錯乱.

der·e·lict /dérəlikt/ [形][C] 〔一般語〕船や家屋などが放棄された, かえりみられない, ぼろぼろの. [名] として, 海上の遺棄船, 漂流船.
[語源] ラテン語 *derelinquere*(=to forsake)の過去分詞 *derelictus* が初期近代英語に入った.
【派生語】dèrelíction [名][U] 放棄, 職務の怠慢.

de·ride /diráid/ [動][本来他]〔形式ばった語〕人をあざける, ばかにする, 愚弄する.
[語源] ラテン語 *deridere*(=to scorn)が初期近代英語に入った.
【派生語】derision /diríʒən/ [名][U] あざけり, 嘲笑: *bring ... into derision* ...を嘲笑の的にする; *hold ... in derision* ...をあざける. derísive [形] 嘲笑的な, ばかにするような, ばかばかしい. derísively [副]. derísory [形] =derisive.

derivation ⇒derive.
derivative ⇒derive.

de·rive /diráiv/ [動][本来他]〔形式ばった語〕〔一般義〕何かを他の物から引き出す, 得る. [その他] 言葉や習慣などの起源を求める. [自] ...に由来する《from》.
[語源] ラテン語 *derivare*(=to draw off water; *de-*off＋*rivus* stream)が古フランス語 *deriver* を経て中英語に入った. 原義は「川から水を引く」.
[用例] We *derive* a lot of comfort from his presence. 我々は彼がいてくれるおかげでだいぶ気が休まる.
【派生語】dèrivátion [名][U] 由来, 起源, 《文法》派生(語). derívative [形][名][C] 派生的(なもの), 独創性のない, 《文法》派生語.

der·ma·ti·tis /dəːrmətáitis/ [名][U]《医》皮膚炎.
[語源] dermat(o)-「皮膚」＋-itis「...炎」. 19 世紀から.

der·ma·tol·o·gy /dəːrmətálədʒi|-5-/ [名][U]《医》皮膚科学.
[語源] ギリシア語 *derma*(=skin)より, 19 世紀から.
【派生語】dèrmatológical [形]. dèrmatólogist [名][C] 皮膚科医.

der·o·gate /dérəgeit/ [動][本来自]〔形式ばった語〕名声, 品位, 価値などを減ずる, 名誉を損う《from》, 規準から逸脱する.
[語源] ラテン語 *derogare*(=to detract)の過去分詞 *derogatus* が中英語に入った.
【派生語】dèrogátion [名][U] 名誉, 価値などの減失, 低下, derógative [形] 品位を下げるような. derógatorily [副]. derógatory [形] 名誉, 価値などを下げるような.

der·rick /dérik/ [名][C]〔一般語〕起重機, つり上げ装置.
[語源] 17 世紀初頭のロンドンの死刑執行人の名 Derrick より.

der·rin·ger /dérindʒər/ [名][C]〔一般語〕《米》デリンジャー(★口径が太く銃身の短いポケット用ピストル).
[語源] 発明者 Henry Derringer より. 19 世紀から.

de·sal·i·nate /diːsǽlənèit/ [動][本来他]〔一般語〕海水などから塩分を抜く(desalt).

de·salt /diːsɔ́ːlt/ [動][本来他] =desalinate.

des·cant /déskænt/ [名][UC] /diskǽnt | des-/ [動][本来自]《楽》ディスカントス(★多声音楽のルネッサンス合唱曲でソプラノの声部). [動] としてディスカントスを歌う.
[語源] 中世ラテン語 *discantus*(*dis-* apart＋*cantus* melody)がフランス語を経て中英語に入った.

de·scend /disénd/ [動][本来自]〔形式ばった語〕〔一般義〕高い所から下る, 降りる(〔語法〕go down のほうが口語的). [その他] 坂が下り坂になる, 鳥が急に舞い降りる, 人などが急に襲う《on; upon》, 比喩的に財産, 権利などが子孫に伝わる, 血統などが系統を引く, 身分が落ちぶれる, 程度が低下する, 音が低くなる. [他] として, 何かを降りる, 下るの意.
[語源] ラテン語 *descendere*(=to sink)が古フランス語を経て中英語に入った.
[用例] The hills *descend* to the sea just beyond the town. 丘は町のちょうど向こうの海へと下っている / The soldiers *descended* on the helpless inhabitants of the village. 兵士たちは無力な村の住人たちを襲った.
[反意語] ascend.
【慣用句】*be descended from* ... ...の系統を引く, ...の子孫である.
【派生語】descéndant [名][C] 子孫. descéndent [形] 下行性の, 伝来の. descént [名][CU] 降下, 下り坂, 家系, 血統.

de·scribe /diskráib/ [動][本来他] 〔一般語〕どのような物人上であるかを詳しく述べる, 描写する, また場合により言葉で図形で描く(draw).
[語源] ラテン語 *describere*(=to write down; *de-*down＋*scribere* to write)が中英語に入った.
[用例] He *described* what had happened. 彼は起こった事件を説明した / Could you *describe* the man to me? その男の人相を言ってくれませんか.
【派生語】description [名][UC] 記述, 描写, 説明書, 人相書: *beyond description* ことばでは表せない, 筆舌につくし難い. descríptive [形] 記述的な: *descriptive linguistics* 記述言語学. descríptively [副]. descríptiveness [名][U].

de·scry /diskrái/ [動][本来他]〔文語〕遠くに見つける.
[語源] 古フランス語 *descrier*(=to cry)が中英語に入った. 昔, 敵や陸地を見つけたときに大声で知らせたことから.

des·e·crate /désikreit/ [動][本来他]〔形式ばった語〕...の神聖さを汚す.
[語源] des-「逆」＋(con)secrate. 初期近代英語から.
【派生語】dèsecrátion [名][U].

de·seg·re·gate /diːségrigeit/ [動][本来他] 〔一般語〕人種差別をなくす.
[語源] de-(解除する)＋segregate.

【派生語】desègregátion 名 U.

de·sert¹ /dézərt/ 名 CU 〔一般的〕砂漠.《★動とのアクセントの違いに注意》⇒desert².

[語源] ラテン語 deserere (= to forsake) の過去分詞 desertus から派生した後期ラテン語 desertum (= something left waste) が古フランス語を経て中英語に入った.

[用例] The parts of the country are so dry as to be almost *desert*. その国のある地域は大変雨が少なくほとんど砂漠である.

【派生語】desertificátion 名 U 砂漠化.

de·sert² /dizə́ːrt/ 動 本来他 〔一般的〕人や物を見捨てる, 見捨てて置き去りにする, 軍隊を脱走する, 勇気や信念などが…からなくなるなどの意.

[語源] ラテン語 *desertus* (⇒desert¹) から派生した後期ラテン語 *desertare* が古フランス語 *déserter* を経て初期近代英語に入った.

[用例] Why did you *desert* us just when we needed you? 我々が君を必要としているときにどうして君は我々を見捨てたのか/My courage *deserted* me. 勇気がなくなってしまった.

[類義語] ⇒abandon.

【派生語】desérted 形 人の住まない, さびれた. desérter 名 C 家族などを捨てた人, 脱走者. desértion 名 U 見捨てること, 脱走.

de·serve /dizə́ːrv/ 動 本来他 〔一般語〕…に値する, …されるにふさわしい, …される値打ちがある.

[語源] ラテン語 *deservire* (= to serve well; *de-* completely + *servire* to serve) が古フランス語を経て中英語に入った.

[用例] She *deserved* first prize. 彼女は1等賞に値いした/She *deserves* better than to be married to him. 彼女があんな男と結婚するなんて.

【慣用句】*deserve well* [*ill*] *of* … …に対して賞[罰]を受けるだけのことはある.

【派生語】desérvedly /dizə́ːrvidli/ 副 当然, 正当に. desérving 形 …を当然受けるべきで, …に値して 《of》.

desiccant ⇒desiccate.

des·ic·cate /désikeit/ 動 本来他 〔形式ばった語〕…を乾かす, 食物などを干物にする, 乾燥保存する.

[語源] ラテン語 *desiccare* (= to dry up) の過去分詞が初期近代英語に入った.

【派生語】désiccant 名 U 乾燥剤.

de·sid·er·a·tum /disìdəréitəm/ 名 C 《複 -ta》〔形式ばった語〕必要なもの, ぜひ欲しいもの, 切実な願い.

[語源] ラテン語 *desiderare* (= to desire) の中性形過去分詞が初期近代英語に入った.

de·sign /dizáin/ 名 UC 動 本来他 〔一般語〕デザイン, 図案.[その他]織物に盛られた模様, 柄. また建物などの設計, 設計図. 一般的に構想, 着想,《しばしば複数形で》陰謀, 企み. 動 としては図案を作る, 設計する, 計画する,〔形式ばった語〕比喩的にあることを計画する,《通例受身で》…するつもりである.

[語源] ラテン語 *designare* (⇒designate) が古フランス語を経て中英語に入った.

[用例] It is very modern in *design*. それはデザインがとてもモダンだ/The curtains have a flower *design* on them. カーテンには花模様がついている/A famous architect *designed* this building. 有名な建築家がこの建物を設計した/Who *designs* the clothes for that firm? あの会社の衣類はだれがデザインしたのですか/This was not what was *designed* to happen. これは起こることが予定されていなかったことだ.

【慣用句】*by design* 計画的に, 故意に. *have designs on* [*upon; against*] …をねらう, …を乗っ取ろうとする.

【派生語】desígnedly 副 故意に. desígner 名 C デザイナー, 設計者. desígning 名 U 設計, 図案, 陰謀. 形 たくらみのある.

des·ig·nate /dézigneit/ 動 本来他 〔形式ばった語〕《しばしば受身で》指名する, 任命する, 任ずる, 記号などで明示する.

[語源] ラテン語 *designare* (= to mark out; *de-* out + *signare* to sign) の過去分詞 *designatus* が中英語に入った.

[用例] He has been *designated* our next Prime Minister. 彼は次期の首相に任命された.

【派生語】designátion 名 U 指名, 任命, 名称. désignàtor 名 C 指名者.

desirable ⇒desire.

de·sire /dizáiər/ 名 UC 動 本来他 〔形式ばった語〕 一般語 強い願望, 欲望. [その他] 具体的に望みのもの, またしばしば性的欲望, 性欲を意味する. 動として願う, 望む, 性的に求める.

[語源] ラテン語 *desiderare* (= to long for; *de-* from + *sidus* star) が古フランス語 *desirer* を経て中英語に入った. 原義は「星がもたらすものを待つ」.

[用例] I have a sudden *desire* for a bar of chocolate. 私は突然チョコレートが食べたくなった/He claimed that she was the only woman who had ever aroused his *desire*. 彼女は彼の性欲をかき立てた唯一の女だと彼は言った.

[類義語] want.

【慣用句】*leave a lot* [*much*] *to be desired* 不完全な点が多い. *leave nothing* [*little*] *to be desired* 申し分ない.

【派生語】desírable 形 望ましい, 好ましい. desirability 名 U 望ましいこと, 性的魅力のあること. desírably 副. desírous 形 …を望んで 《of》, 欲しがって. desírously 副. desírousness 名 U.

de·sist /dizíst/ 動 本来自 〔形式ばった語〕やめる, 思いとどまる.

[語源] ラテン語 *desistere* (= to stop off) が初期近代英語に入った.

desk /désk/ 名 C 〔一般語〕 一般語 物を読み書きするための机. 《★table とは違い, 通常引き出しがついている》. [その他] ある目的のために特別に置かれた机, 例えばホテルや会社などの受付 (reception desk), 新聞社の編集部, デスク. また 《形容詞的に》机上の, 卓上の.

[語源] ラテン語 *discus* (= dish; disc) から派生した後期ラテン語 *desca* (= table) が中英語に入った. disc, dish, dais と意味的に同源.

【複合語】désktòp 名 C 形 机上の, 卓上の. désk wòrk 名 U 机上でする仕事, 事務.

des·o·late /désələt/ 形, /-leit/ 動 本来他 〔形式ばった語〕荒れ果てた, 人も住まない. 動 として, ある場所を荒れ果てさせる, 住む人をなくす, 比喩的に人を心細くさせる, 寂しくさせる.

[語源] ラテン語 *desolare* (= to make solitary) の過去分詞 *desolatus* が中英語に入った.

【派生語】désolately 副. dèsolátion 名 U.

de·spair /dispéər/ 名 U 本来自 〔一般語〕希望を失うこと, **絶望**, 断念. 動 として絶望する.
[語源] ラテン語 *desperare* (*de*-「逆」+ *sperare* to hope) が古フランス語 *desperer* を経て中英語に入った.
[用例] I *despair* of ever teaching my son anything. 私は息子に何かを教えようという希望は捨てている.
[反意語] hope.
【慣用句】**be the despair of ...** ...の手には負えないものである. **drive ... to despair** ...を絶望に追いやる. **in despair** 絶望して.
【派生語】**despáiring** 形 絶望的な. **despáiringly** 副 絶望して.

des·patch /dispǽtʃ/ 動 名 = dispatch.

des·per·a·do /dèspəráːdou|-réi-/ 名 C 〔古風な語〕向う見ずの無法者, 命知らずの悪党.
[語源] desperate + -ado (名詞語尾). 初期近代英語から.

des·per·ate /déspərət/ 形 〔一般語〕絶望的な, 捨てばちの, やけくその, またひどい, 最悪の.
[語源] ラテン語 *desperare* (⇒despair) の過去分詞 *desperatus* が中英語に入った.
[用例] He was *desperate* to get away. 彼は何とかして逃げようと必死だった / The situation is *desperate*. 状況は絶望的だ.
【派生語】**désperately** 副. **dèsperátion** 名 U 捨てばち, やけ, 自暴自棄.

des·pi·ca·ble /dispíkəbl/ 形 〔一般語〕卑しむべき, 見下げはてた, 卑劣な.
[語源] ラテン語 *despecari* (=to despise) の 形 *despicabilis* が初期近代英語に入った.
【派生語】**despícably** 副.

de·spise /dispáiz/ 動 他 〔やや形式ばった語〕見下す, 軽蔑する (look down on).
[語源] ラテン語 *despicere* (*de*- down + *specere* to look) が古フランス語 *despire* を経て中英語に入った.

de·spite /dispáit/ 前 〔形式ばった語〕...にもかかわらず (in spite of).
[語源] ラテン語 *despicere* (⇒despise) の過去分詞 *despectus* が古フランス語 *despit* (=defiance) を経て中英語に 名 として入った. そこで in despite of の形が生じ, その短縮形として despite が前置詞として使われるようになった. in despite of は古くは相手を「軽蔑して」の意味を持っていたが, 次第に「無視して」の意味から「...にもかかわらず」の意味を持つようになった.

de·spoil /dispɔ́il/ 動 本来他 〔形式ばった語〕人や場所から貴重品やящ有物を奪い取る, 略奪する.
[語源] ラテン語 *despoliare* (=to plunder; to rob) が古フランス語 *despoillier* を経て中英語に入った.

de·spond·ent /dispɔ́ndənt|-ɔ́-/ 形 〔形式ばった語〕先行きの希望も努力する勇気も失うほど**悲観した**, **落胆した**.
[語源] ラテン語 *despondere* (=to promise to give away; *de*- away + *spondere* to promise) が初期近代英語に入った. 古語動詞 despond の 形.
[類義語] hopeless.
【派生語】**despóndence** 名 = despondency. **despóndency** 名 U 悲観, 落胆: fall into *despondency* 意気消沈する. **despóndently** 副.

des·pot /déspat|-pɔt/ 名 C 〔軽蔑的な語〕暴君的な専制君主, 独裁者, 特にローマ帝国やビザンチン帝国の皇帝をいう.
[語源] ギリシャ語 *despotēs* (=lord) がラテン語 *despota* を経て初期近代英語に入った.
【派生語】**despótic** 形. **déspotism** 名 UC 独裁, 専制政治, 独裁君主国.

des·sert /dizə́ːrt/ 名 UC 〔一般語〕食事の最後に出される果物やアイスクリームなどのデザート.
[語源] フランス語 *desservir* (=to clear the table; *des*- dis- + *servir* to serve) の過去分詞が初期近代英語に入った.
【複合語】**desséertspòon** 名 C デザートスプーン. **desséertspóonful** 名 C デザートスプーン一杯の分量 (★ teaspoonful と tablespoonful の中間). **dessért wine** 名 UC デザートワイン.

destination ⇒destine.

des·tine /déstin/ 動 本来他 〔形式ばった語〕(通例受身で) 何かをある目的に**予定する**, **運命づける**.
[語源] ラテン語 *destinare* (=to make firm; to establish; *de*- completely + *stanare* to fix) が古フランス語 *destiner* を経て中英語に入った.「人やものを特定の目的に仕向けること」→「特定の場所へ行くように定められた」→「目的地」と意味が変化した.
[用例] This was *destined* to happen. これは起こるべくして起こったのだ / He was *destined* to enter the church. 彼は聖職者となる運命にあった.
【慣用句】**be destined for ...** ...となる予定である, ...行きである.
【派生語】**dèstinátion** 名 C 目的地, 行き先, 手紙や荷物などの届け先, あて先. **déstiny** 名 UC 運命, 宿命, 運命の力.

des·ti·tute /déstitjuːt/ 形 〔やや形式ばった語〕
[一般義] 衣食住などや生活必需品を持てないほど**貧困な**.
[その他] 〔述語用法〕必要で, しかも当然あるべき物, 事, 性格などがまったく**欠乏している** (of).
[語源] ラテン語 *destituere* (=to forsake; *de*- away + *statuere* to place) の過去分詞 *destitutus* が中英語に入った.
[用例] *destitute* of common sense まったく良識[常識]のない.
【派生語】**dèstitútion** 名 U 貧困, 欠乏.

des·troy /distrɔ́i/ 動 本来他 〔一般義〕何かを**破壊する**. [その他] 比喩的に希望や計画などを**打ち砕く**, だめにする.
[語源] ラテン語 *destruere* (=to pull down; *de*-「逆」+ *struere* to build) が古フランス語 *destruire* を経て中英語に入った.
[用例] His continual selfishness finally *destroyed* our relationship. 彼のわがままがたび重なって, ついに我々の関係がだめになった.
[類義語] destroy; demolish; ruin; wreck: **destroy** は物を壊すことをいう一般語. **demolish** は主に建物などを破壊すること. **ruin** は力で破壊することの他に徐々に荒廃することもいう. **wreck** は乱暴な手段で破壊すること.
[反意語] construct.
【派生語】**destróyable** 形. **destróyer** 名 C 破壊者, 《海軍》駆逐艦.

destruct ⇒destruction.

destructible ⇒destruction.

de·struc·tion /distrʌ́kʃən/ 名 U 〔一般語〕破壊 (すること, されること), 破壊の原因.

desultory | detour

【語源】ラテン語 destruere (⇒destroy) の過去分詞 destructus から派生した destructio が古フランス語を経て中英語に入った.
【派生語】destrúct 動 本来他 ミサイルなどを自爆させる《★distruction からの逆成》. destrúctible 形 破壊できる, 壊れやすい. destrúctive 形 破壊的な. destrúctively 副. destrúctiveness 名 U.

des·ul·to·ry /désəltɔːriǀ-təri/ 形 〔形式ばった語〕行動, 興味, 話題などが目的や計画なしに**次から次へと移り変る**, 散漫な.
【語源】ラテン語 desultor (=vaulter) の派生形 desultorius (=superficial) が初期近代英語に入った.
【派生語】désultorily 副 散漫に, 漫然と.

de·tach /ditǽtʃ/ 動 本来他 〔やや形式ばった語〕何かにある物を**取り外す**, 分離する.
【語源】古フランス語 destacher (des- apart+attacher to attach) が détacher を経て初期近代英語に入った. 原義は「銃を発射する」.
【派生語】detáchable 形 取り外せる. detàchability 名 U. detáched 形 《英》一戸建ての, 超然とした. detáchment 名 U 分離, 公平, 超然としていること, 無関心.

de·tail /díːteil, ditéil/ 名 CU 動 本来他 〔一般義〕細かく分けた**細部**. 〔その他〕(しばしば複数形で) 詳細, 詳しい説明, 細々したこと, 〖絵・建〗細部の描写[装飾]. 動 として〔形式ばった語〕詳しく述べる, 兵士などに特別な仕事を与える.
【語源】古フランス語 détailler (de-「分離」+tailler to cut) から派生した detail (=piece cut off) が初期近代英語に入った.
【用例】She paid close attention to the small details. 彼女は小さな細部にも十分気を配った.
【慣用句】*go* [*enter*] *into detail*(*s*) 詳しく述べる. *in detail* 詳細に.
【派生語】détailed 形 詳細な.

de·tain /ditéin/ 動 本来他 〔形式ばった語〕〔一般義〕人や物を引き留める, 遅らせる. 〔その他〕留置する, 監禁する, 生徒を罰として学校に居残りさせる.
【語源】ラテン語 detinere (=to hold back; de- away+tenere to hold) が古フランス語 detenir を経て中英語に入った.
【派生語】detainée 名 C 政治犯などとして警察に抑留されている人, 抑留者. detáinment 名 =detention. deténtion 名 U 拘留.

de·tect /ditékt/ 動 本来他 〔形式ばった語〕よくないものや秘密を**見つけ出す**, 発見する.
【語源】ラテン語 detegere (=to uncover; de-「逆」+tegere to cover) の過去分詞 detectus が中英語に入った.
【用例】I *detected* his presence by the sound of his voice. 私は彼の声で彼がいることがわかった.
【派生語】detéctable 形 見つけ出せる. detéction 名 U 見つけ出すこと, 発見. detéctive 名 C 刑事, 探偵: **detective story** 推理[探偵]小説/**detective writer** 推理作家. detéctor 名 C 検出器, 探知機.

de·ter /ditə́ːr/ 動 本来他 《過去・過分 ~red》〔やや形式ばった語〕恐怖や不安などによって人の行動を思いとどまらせる (*from doing*).
【語源】ラテン語 deterrere (de- from+terrere to frighten) が初期近代英語に入った.
【派生語】deterrence /ditə́ːrəns ǀ -tér-/ 名 U 思いと

どまらせること, 制止, 抑止. deterrent /ditə́ːrənt ǀ -tér-/ 形 名 C 制止[抑止]する(もの), 特に戦争などに対する抑止力.

de·ter·gent /ditə́ːrdʒənt/ 名 UC 形 〔一般語〕衣服や食器用の**合成洗剤**.
【語源】ラテン語 detergere (=to wipe off; de- away from+terger to wipe) から出たフランス語の detergent が初期近代英語に入った.

de·te·ri·o·rate /ditíəriəreit/ 動 本来他 〔やや形式ばった語〕質や価値を**低下させる**, 悪くする. 自 質や価値が悪くなる.
【語源】ラテン語 deterior (=worse) から派生した deteriorare (=to make worse) の過去分詞 deterioratus が初期近代英語に入った.
【派生語】detèrioráration 名 U 悪化, 堕落.

de·ter·mine /ditə́ːrmin/ 動 本来他 〔形式ばった語〕〔一般義〕人が何かをする事を**決定する**. 〔その他〕人に何かを決心させる, 自分に何かを決める, 決定する. また物理的に測定する. 自 として**決心する** 《on; upon》.
【語源】ラテン語 determinare (de- off+terminare to terminate) が古フランス語 determiner を経て中英語に入った. 原義は「境界を定める」.
【用例】He *determined* his course of action. 彼は自分の行動方針を決めた/He tried to *determine* what had gone wrong. 彼は何がいけなかったのかを突きとめようとした.
【類義語】⇒decide.
【派生語】detérminable 形 決定できる. detérminant 形 決定力のある. 名 C 決定要因. detérminate 形 限定された, 明確な. detèrmination 名 U 決心, 決断, 決定, 確定, 各種の数値などの測定: with *determination* 断固として. detérminative 形 決定力のある. 名 C 決定因. detérmined 形 堅く決心した, 断固とした. detérminer 名 C 〖文法〗決定詞[辞]《★冠詞・指示形容詞・所有格など》. detérminism 名 U 〖哲〗決定論.

de·test /ditést/ 動 本来他 〔形式ばった語〕ひどく憎み嫌う《語法》進行形には用いない》.
【語源】ラテン語 detestari (=to curse by calling God to witness; de- down+testari to witness) が初期近代英語に入った. 原義は「神を証人にしてののしる」.
【類義語】hate.
【派生語】detéstable 形. dètestátion 名 UC 大きらい, いやでたまらない人[物].

de·throne /diθróun/ 動 本来他 〔やや形式ばった語〕〔一般義〕国王を退位させる, 廃位する. 〔その他〕人を高い地位から引きずり降ろす.
【語源】de- from+*thronus* throne. 初期近代英語から.
【派生語】dethrónement 名 U.

det·o·nate /détəneit/ 動 本来自 〔一般語〕〔一般義〕爆弾などが突然大きな音を立てて**爆発する**. 他 大きな音を立てて爆発させる, また比喩的に急に活気づける, 突然活動的にする意にもなる.
【語源】ラテン語 detonare (=to thunder down; de- down+tonare to thunder) から派生したフランス語 détoner が 18 世紀に入った.
【派生語】dètonátion 名 UC. détonator 名 C 起爆剤[装置].

de·tour, dé·tour /díːtuər/ 名 C 動 本来他 〔一般語〕**回り道**(する).

de·tract /ditrækt/ 動 [本来自] 〔やや形式ばった語〕価値を落すや名声などを減じる《from》〔語法〕進行形にはならない). 他 注意などをそらす, 転ずる.
[語源] ラテン語 detrahere (= to pull down; to draw away) の過去分詞 detractus が中英語に入った.
[用例] The crack *detracted* from the value of the plate. きずは皿の価値を落した.
【派生語】 detráction 名 U 価値などの毀損(きそん), 中傷, 悪口. detráctor 名 C 悪口を言いふらす人, 人をけなす人.

det·ri·ment /détrəmənt/ 名 UC 〔形式ばった語〕[一般義] 人や物に与えられる損害. [その他] 損害の原因となるもの, あるいは得とはならないもの, 不利.
[語源] ラテン語 deterere (= to wear away) の名 detrimentum が中英語に入った.
【派生語】 detriméntal 形.

De·troit /ditrɔ́it/ 名 固 デトロイト《★米国ミシガン州の都市, フランス語で「流れ」の意. 最初はここを流れる川の名前に用いられた》.

deuce¹ /djúːs/ 名 UC 《球技》テニスなどのジュース《★テニスでは双方 forty となった場合で, 続けて 2 回得点して勝ちとなる》. 本来は数の 2 を意味し, さいころの 2 の目やトランプの 2 の札のこともいう.
[語源] ラテン語で「2」を意味する *duo* の男性対格 *duos* が古英語 *deus* を経て中英語に入った.

deuce² /djúːs/ 名 感 〔古語〕(the 〜) 悪魔, また怒り, 嫌悪などの感情を表して畜生, 《What the 〜で》一体全体.
[語源] もっとも低いさいころの目 deuce¹ が「不運」に転義した. 初期近代英語から.

Deut·sche mark /dɔ́itʃə màːrk/ 名 C [一般義]《通例 D- M-》ドイツマルク《★ドイツの通貨単位》.

de·val·ue /diːvǽljuː/ 動 [本来他] 〔やや形式ばった語〕通貨の平価を切り下げる.
【派生語】 deváluátion 名 U.

dev·as·tate /dévəsteit/ 動 [本来他] 〔形式ばった語〕[一般義] 国や土地を破壊し荒廃させる. [その他] 《主に受身で》破壊するほどの力, たとえば悲しみなどが人を無力にする, 圧倒する.
[語源] ラテン語 devastare (de- 強意+vastare to lay waste) の過去分詞 devastatus が初期近代英語に入った.
[用例] She was *devastated* by the terrible news. 彼女はその恐ろしい知らせに打ちひしがれた.
【派生語】 dévastating 形 荒廃させる, 壊滅的な, 圧倒的な, 厳しい. dèvastátion 名 U.

de·vel·op /divéləp/ 動 [本来他] [一般義] 能力などを発達させる, 伸ばす. [その他] 土地や資源などを開発する, 議論を展開する, 発展させる, また《悪い意味で》病気になる, 隠れていた事実を明るみに出すなど. 自 発達[発展]する, 痛みなどがひどくなる, 問題などが明るみに出る.
[語源] 古フランス語 developper, desveloper (= to unwrap; to expose; des- un-+voloper to wrap) が初期近代英語に入った. voloper の語源は不詳.
[用例] *develop* the waste land 荒れ地を開発する/The plan *developed* slowly in his mind. その計画は彼の頭の中で徐々に発展していった/She has *developed* into a very beautiful girl. 彼女は本当に美しい少女になったね.
【派生語】 devéloped 形 発達した, 開発された. devéloper 名 C 開発者, 宅地開発業者. devéloping 形 発達中の, 開発途上の: a *developing* country 開発途上国. devélopment 名 UC 発達, 発展, 開発, 開発品, 事件などの進展, 文章などの展開: the *development* of coastal areas 沿岸地区の開発.

deviant ⇒ deviate.

de·vi·ate /díːvieit/ 動 [本来自] 〔形式ばった語〕本来進むべき道からはずれる, 逸脱する.
[語源] 後期ラテン語 deviare (= to turn aside from the direct road; de- away from+via road) の過去分詞 diviatus が初期近代英語に入った.
【派生語】 déviant 名 C 形 常軌を逸した(人), 偏向者, 語の逸脱形. dèviátion 名 UC 逸脱, 《統計》偏差(値). dèviátionism 名 U 偏向主義. dèviátionist 名 C 偏向主義者.

de·vice /diváis/ 名 C [一般義] [一般義] 装置, 仕掛. [その他] 本来何か考案されたものの意で, 計画, 策略, 作戦, 修辞的技巧など.
[語源] 古フランス語 deviser (⇒ divide) の派生形 devis (= division; contrivance) と devise (= difference; plan) から中英語に入った. ⇒ devise.
[慣用句] *leave ... to ...'s own devices* ...に思いどおりにやらせる.

de·vil /dévl/ 名 C [一般義] [一般義]《通例 the D-》悪魔, サタン. [その他] 悪魔の意味が転じて悪魔のような人, 極悪人, またその程度が低くなって...なやつの意. また強調語として本来の意味を失い, 《the 〜》疑問語の後で一体, また強い否定を表し決して...でない.
[語源] ヘブライ語 Satan をギリシャ語に翻訳するために使われた diabolos (= slanderer) という語がラテン語を経て古英語で dēofol となった.
[用例] He is a bit of a *devil* with women. 彼は女性にとってはやや悪いたちの好きで/What the *devil* are you doing? いったい何をやっているんだい.
[慣用句] *a [the] devil of a ...* ものすごい...: have *a devil of* a time ひどい目にあう. *between the devil and the deep blue sea* 進退窮まって《★船員が船体の板の継ぎ目 (devil) にタールを塗るときに, 船体と海面の間にぶら下がることから》. *for the devil of it* いたずらで. *full of the devil* いたずらが大好きで. *give the devil his due* いやな人[悪い人]でもよい点は認めてやる. *go to the devil* 破滅する. *have a devil of a time* ...するのにひどく苦労する. *have the devil's (own) luck* とても運がよい. *in the devil*《what, where などの疑問詞に続けて》一体全体. *like the devil* 猛烈な勢いで, ものすごく. *play the devil with ...* ...をめちゃめちゃにする. *raise the devil* 大騒ぎを引き起こす. *the devil to pay* 後のたたり, やっかいな結末.
【派生語】 dévilish 形 悪魔のような, 極悪な. dévilment 名 CU ひどいいたずら, U いたずら心. dévilry 名 = devilment. déviltry 名 CU ひどいいたずら, 極悪非道な行為.
【複合語】 dévilfish 名 C 《魚》いとまきえい, たこ. dévil-may-cáre 形 向こう見ずな, 捨てばちな. dévil's ádvocate 名 C わざと反対の意見をいう人, あまのじゃく.

de·vi·ous /díːviəs/ 形 〔形式ばった語〕[一般義] 道が曲がっていてまっすぐでない. [その他] まっすぐでないことから,

遠まわりの, 比喩的に心がまっすぐでない, よこしまな, 不正なことをする.

[語源] ラテン語 *devius* が初期近代英語に入った. ⇒deviate.

[用例] We climbed the hill by a *divious* route. 我々は遠回りして丘に登った / He used *divious* methods to get what he wanted. 彼は欲しい物を手に入れるために不正な手段を用いた.

【派生語】**déviously** 副.

de·vise /diváiz/ 動 [本来他] 〔一般義〕[一般義] 何か方法を工夫する, 考案する. [その他]【法】不動産を遺贈する.

[語源] ラテン語 *dividere* (=to divide) の過去分詞 *divisus* が古フランス語 *deviser* (=to divide; to dispose; to design) を経て中英語に入った.「分ける, 分配する」→「遺産を法律によって割り当てる」→「遺贈するためにいろいろ考えて工夫する」と意味が変化した.

【慣用句】*devise and bequeath*【法】遺贈する.

de·vi·tal·ize /di:váitəlaiz/ 動 [本来他] 〔やや形式ばった語〕人から活気を奪い無力にする.

【派生語】**devitalizátion** 名 U.

de·void /divɔ́id/ 形 〔形式ばった語〕《述語用法》あるべきものが欠けている (of).

[語源] 古フランス語 *devoidier* (de- + *voidier* to empty) が中英語に入った.

[類義語] lack.

devolution ⇒devolve.

de·volve /divɔ́lv|-5-/ 動 [本来自] 〔形式ばった語〕義務として行うべきことが他の人に移る, 移譲される. 他 仕事や義務あるいは財産などを他人に譲渡する.

[語源] ラテン語 *devolvere* (=to roll down; *de-* down + *volvere* to roll) が中英語に入った.

[用例] The duty of disposing of the dead man's possessions *devolved* on him. 死者の財産処分の義務は彼にかかっていた.

【派生語】**devolútion** 名 U. 後継者への移譲, 伝承.

de·vote /divóut/ 動 [本来他] 〔一般義〕金や時間をある目的のために費やす, 自らの人生や財産をささげる, 献身する.

[語源] ラテン語 *devovere* (=to devote; *de-* completely + *vovere* to vow) の過去分詞 *devotus* が初期近代英語に入った.

[類義語] devote; dedicate; consecrate: **devote** はある目的のために何かを捧げるという意味では最も広い意味を持つ. **dedicate** は神聖な目的のために献納することを示す. **consecrate** は神聖化の儀式を表すのが本来の用法であり, devote や dedicate と同義の用法もあるが, これらの語が意味が強く, 宗教的と思われるほどの一途な献身を表すことが多い.

【慣用句】*devote oneself to* … …に身を捧げる, …に専念する.

【派生語】**devóted** 形 献身的な, …に専心して (to). **devótedly** 副 献身的に. **devotée** 名 C 熱心な人. **devóting** 形 献身的な. **devótion** 名 U 献身, 専念, 没頭, 信仰, 信心, 愛着. 《複数形で》祈祷, 勤行(ごんぎょう): His *devotion* to duty was admired by all. 彼の任務への献身はすべての人々に称讚された.

devótional 形 信仰上の, 信心深い.

de·vour /diváuər/ 動 [本来他] 〔形式ばった語〕〔一般義〕何かをがつがつ食べる, むさぼり食う.

[その他] 比喩的に何かを滅ぼす. また夢中になって読む[見る, 聞く].

[語源] ラテン語 *devorare* (*de-* completely + *vorare* to swallow) が古フランス語 *devorer* を経て中英語に入った.

[用例] The fire *devoured* half the forest. その火事で森の半分が焼き尽くされた.

【慣用句】*be devoured by* … ある感情で心がいっぱいである.

【派生語】**devóuring** 形 人を夢中にさせる, 熱烈な. **devóuringly** 副. **devóuringness** 名 U.

de·vout /diváut/ 形 〔形式ばった語〕信心深い, 《通例限定用法》誠実で心からの.

[語源] 後期ラテン語 *devotus* (=faithful) が中英語に入った. ⇒devote.

[用例] Please accept my *devout* thanks. 心からの感謝を申し上げます.

【派生語】**devóutly** 副. **devóutness** 名 U.

dew /djú:/ 名 U 〔一般義〕露.

[語源] 古英語 *dēaw* から.

【派生語】**déwily** 副 露のように, はかなく. **déwy** 形 露にぬれた, 露を帯びた: **déwy-éyed** 無心な目をした, 純情な.

【複合語】**déwdròp** 名 C 露のしずく. **déwlàp** 名 C 牛などののどぶくろ. **déw pòint** 名【理】(the ~) 露点.

dex·ter·ous /dékstərəs/ 形 〔形式ばった語〕《通例限定用法》《良い意味で》器用で機敏な.

[語源] ラテン語 *dexter* (=situated on the right) から出た語で, 本来「右ぎきの」の意. 初期近代英語に入った.

[用例] He is a very *dexterous* surgeon. 彼は手術の上手な外科医だ.

【派生語】**dextérity** 名 U. **déxterously** 副. **déxterousness** 名 U.

di- /dai/ 接頭 「2 つの」「2 倍の」「2 重の」の意.

[語源] ギリシャ語 *dis* (=twice) から. ラテン語 *di-*, 古フランス語 *di-*.

[類義語] bi-.

di·a- /daiə/ 接頭 「通過する」「完全に」「分かれる」「逆向きの」などの意.

di·a·be·tes /dàiəbí:ti:z/ 名 U【医】糖尿病.

[語源] ギリシャ語 *diabainein* (=to pass through; *dia-* through + *bainein* to go) の派生形 *diabētēs* が中性ラテン語を経て初期近代英語に入った. 原義は, この病気の症状の一つである「頻尿」のこと.

【派生語】**diabétic** 形 名 C 糖尿病の(患者).

di·a·bol·ic /dàiəbɑ́lik|-5-/ 形 〔形式ばった語〕悪魔のような, 残忍な.

[語源] ギリシャ語 *diabolos* (=slanderer) がラテン語 *diabolus* (=devil) を経て中英語に入った.

【派生語】**diabólical** =diabolic; 〔くだけた語〕状況などが全くひどい: Our working conditions are *diabolical*. 我々の労働状況は全くひどい. **diabólically** 副.

di·a·chron·ic /dàiəkrɑ́nik|-5-/ 形 【言】通時的な.

[語源] ギリシャ語 (*dia-* through + *khronos* time + *-ic* (形容詞語尾)) から. 19 世紀より.

[対照語] synchronic.

【派生語】**diachrónically** 副.

di·a·crit·ic /dàiəkrítik/ 名 C 形 【言】アクセント符号などの発音区別記号(diacritical mark). 形 = diacritical.

語源 ギリシャ語 *diakritikos* (=distinguishing) が初期近代英語に入った.
【派生語】**diacrítical** 形 名 C 他の物と区別できるような. 名 =diacritic: **diacritical mark** =diacritic.

di·ag·nose /dáiəgnòuz, -s, ⸌⸍/ 動 本来他 《医》医者が症状から病気の診断をする. また一般的な問題の原因などを判断する, 明らかにする.
語源 diagnosis からの逆成. diagnosis はギリシャ語 *diagignōskein* (=to distinguish; dia through + *gignōskein* to know) から派生した *diagnōsis* (=discernment) が近代ラテン語に借用された語.
【派生語】**diagnósis** 名 C (複 **-ses** /siːz/) 診断. **diagnóstic** 形 診断の, 病気の症状を示す. 名 C 病気の徴候, 症状.

di·ag·o·nal /daiǽgənəl/ 形 名 C 〔一般語〕対角線(の), 斜めの).
語源 ギリシャ語 *diagōnios* (dia across + *gōnia* angle) がラテン語 *diagonalis* を経て初期近代英語に入った.
【派生語】**diágonally** 副.

di·a·gram /dáiəgræm/ 名 動 本来他 〔一般語〕図, 図形, 図表, 図式. 動 として図で示す, 図を作成する.
語源 ギリシャ語 *diagraphein* (=to mark out by lines; to draw) から派生した *diagramma* がラテン語を経て初期近代英語に入った.
用例 This book has *diagrams* showing the parts of a car engine. 本書には自動車エンジンの部品が図示されている.
類義語 diagram; chart; graph: **diagram** は図解して説明するための図表, 図式. **chart** は折れ線グラフ (graph), 棒グラフ (bar chart), 円グラフ (pie chart) などのグラフ一般をいう. **graph** は一般的に折れ線グラフを指す. diagram は説明するという意図を含んでいる点で chart や graph と異なる.
【派生語】**diagrammátic** 形. **diàgrammátically** 副. **diàgrámmatize** 動 本来他 図表にする.

di·al /dáiəl/ 名 C 動 本来他 〔一般語〕時計や羅針盤などの文字盤. その他 広く文字や数字の書いてある板を指し, 電話, テレビ, 金庫などのダイヤルや日時計 (sundial) の意. 動 として, ダイヤルを回して電話をかける, テレビ, ラジオの番組にダイヤル[チャンネル]を合わせる, ダイヤルを合わせて選局する(tune). 自 ダイヤルで調整する, ダイヤルを回す, 電話をかける.
語源 ラテン語 *dies* (=day) の 形 *dialis* (=daily) から派生した中世ラテン語 *diale* (日時計の文字盤) が中英語に入った.
用例 The cabin of the aircraft was lined with panels full of mysterious *dials*. 飛行機の乗務員室にはたくさんの不思議な文字盤のパネルがずらりと並んでいた./He *dialed* New York direct [directly] every morning. 彼は毎朝ニューヨークに直通のダイヤル電話をした.
【慣用句】*(米) dial 911* =《英》*dial 999* 警察や消防署へ緊急電話をする. (★日本の110番に相当する)
【複合語】**díaling còde** 名 C 《英》市外局番 (《米》area code). **díal [《英》díaling] tòne** 名 C 電話の発信音.

di·a·lect /dáiəlekt/ 名 C 動 〔一般語〕ある言語の中の方言. その他 標準語から外れた地方なまりの発音. 文法の意から, 地理的な区分ではなく職業集団や階級などに特有の階級[職業]方言の意にもなり, ある共通祖語から分かれたと考えられる派生言語もいう.
語源 ギリシャ語 *dialegesthai* (=to converse) から派生した *dialektos* (=speech; language; dialect) がラテン語 *dialectus* を経て初期近代英語に入った.
【派生語】**dialéctal** 形.

di·a·lec·tic /dàiəléktik/ 名 U 形《哲》弁証法,《しばしば複数形で単数扱い》論理学, 論理大系. 形 弁証法の.
語源 ギリシャ語 *dialektikē* (*tekhnē*) (=(the art of) debate) がラテン語 *dialectica* を経て中英語に入った.
【派生語】**dialéctical** 形.

di·a·logue, 《米》**di·a·log** /dáiəl(ɔː)g/ 名 UC 動 本来他 〔一般語〕小説や映画などの中の 2 人 (以上)の対話や会話. その他 対話の形式による意見交換や対話体の文学作品[楽曲]など.
語源 ギリシャ語 *dialegesthai* (=to speak alternately; *dia* through + *legein* to speak) から派生した *dialogos* がラテン語, 古フランス語 *dialoge* を経て中英語に入った.
関連語 monologue.

di·al·y·sis /daiǽləsis/ 名 UC 《医》透析.
語源 ギリシャ語 *dialuein* (=to separate; to dissolve; *dia* apart + *luein* to loosen) から派生した *dialusis* (=separation) が近代ラテン語を経て初期近代英語に入った. 血液中の老廃物を分離するという意味.

di·am·e·ter /daiǽmətər/ 名 C 〔一般語〕〔一般語〕円の直径. その他《光学》顕微鏡の倍率.
語源 ギリシャ語 *diametros* (*dia* across + *metron* measure) がラテン語 *diametrus*, 古フランス語 *diametre* を経て中英語に入った.
用例 How wide is it in *diameter*? その直径はどれくらいですか.
関連語 radius; circumference.
【派生語】**diamétric, -cal** 形 直径の, 正反対の. **diamétrically** 副.

di·a·mond /dáiəmənd/ 名 UC 形 〔一般語〕〔一般語〕ダイヤモンド. その他 広くダイヤモンドの形をしたもの, ひし形をいう. 例えばトランプのダイヤの札や野球場の内野など.
語源 中世ラテン語 *diamas* が古フランス語 *diamant* を経て中英語に入った. *diamas* はラテン語 *adamans* (征服されない; 説得されない) から.
【慣用句】*a diamond in the rough* =*a rough diamond* 磨いてないダイヤモンド, 荒削りだが素質の優れた人.
【複合語】**díamond júbilee** 名 C (女)王などの即位60年[75年]祝典. **díamond wédding** 名 C 結婚60年の記念式, ダイヤモンド婚式.

Di·an·a /daiǽnə/ 名 固 女性の名, ダイアナ,《ロ神》月と狩猟の女神, ディアナ.

di·a·per /dáiəpər/ 名 UC 動 本来他 〔一般語〕〔一般語〕《米》赤ん坊のおしめ (《英》nappy). その他 本来はひし形の幾何学模様のついた布きれのこと. それから転じて, そのような布で作ったタオルやとくに赤ん坊のおしめをいうようになった. 動 として, 赤ん坊におしめを当てる.
語源 ギリシャ語 *diaspros* (=pure white; *dia* across + *aspros* white) が中世ラテン語 *diaprum*, 古フランス語 *diapre* を経て中英語に入った. 原義は

di·aph·a·nous /daiǽfənəs/ 形 〔形式ばった語〕
一般義 細糸で織った薄い絹織物のように半透明лак, 透けて見える. その他 薄い絹織物を通して見たように風景などがぼんやりともやのかかったような.
語源 ギリシャ語 *diaphanēs* (*dia* through + *phainein* to show) がラテン語 *diaphanus* を経て初期近代英語に入った.
用例 a *diaphanous* nightdress 透けて見える寝間着.

di·a·phragm /dáiəfræm/ 名 C 【解】横隔膜. 本来は隔てるもの, 隔壁, 障壁という意味で, 受話器の振動板や写真機のレンズの絞りをいう.
語源 ギリシャ語 *diaphrassein* (=to barricade; *dia*- completely + *phrassein* to enclose) から派生した *diaphragma* が後期ラテン語を経て初期近代英語に入った.

di·ar·rhea, di·ar·rhoea /dàiəríə/ 名 U 【医】下痢.
語源 ギリシャ語 *diarrhein* (=to flow through) の名 *diarrohoia* が後期ラテン語 *diarrhoea* を経て初期近代英語に入った.

di·a·ry /dáiəri/ 名 C 〔一般語〕一般義 日記, 日誌 その他 日記帳, メモなどする覚え書き帳.
語源 ラテン語 *diēs* (=day) から派生した *diarium* (=daily allowance; diary) が初期近代英語に入った. 「食べ物や給料の1日の割り当て量[額]」から「日々の出来事の記録」の意味になった.
類義語 diary; journal: **diary** は個人的な記録や感想を中心にしたものを指すのに対して, **journal** は公式の記録に用いることが多い.
関連語 record; memorandum; log.
【派生語】**díarist** 名 C 日記をつける人, 日誌係.

di·a·stase /dáiəsteis/ 名 U 【生化】ジアスターゼ.
語源 ギリシャ語 *diastasis* (=separation) から. 19世紀より.

di·a·ton·ic /dàiətánik|-ɔ́-/ 形 【楽】全音階の, 全音階的な.
語源 ギリシャ語 *diatonikos* (*dia* across + *tonos* tone) が後期ラテン語を経て初期近代英語に入った.
用例 the *diatonic* scale 全音階.

di·a·tribe /dáiətraib/ 名 C 〔形式ばった語〕演説や文章などで人や物を激しく非難攻撃すること, 酷評.
語源 ギリシャ語 *diatribē* (=pastime; discourse) がラテン語 *diatriba* (=learned debate) を経て初期近代英語に入った. 「気ままに過ごす」→「時間をすり減らす」→「研究する」→「学問的な討論[論文]」と意味が変化した. 現在の意味は19世紀から.

dib·ble /díbl/ 名 C 本来自 〔一般語〕種まきや苗植えのため, 地面に穴をあける先のとがった穴あけ道具 ((英) では **dibber** /díbər/ ともいう). 動 として, それを使って穴を掘る, 種や苗を植える.
語源 軽く物をたたく動きを表わす dab から中英語に入った.

dice /dáis/ 名 動 本来自 〔一般語〕さいころ 《語法》die の複数形. The *die* is cast. という語句以外では複数形で用いる). その他 さいころ形の物, 小立方体, さいの目の野菜[肉]など 《語法》この意味では dices という複数形も用いられる). 動 として, 野菜などをさいの目に切る.

語源 ⇒die². 古フランス語 *de* の複数形 *des* が中英語に入った.

【派生語】**dicey** /dáisi/ 形 〔ややくだけた語〕さいころを振るように危険で予測しがたい, 一か八かの.

di·chot·o·my /daikátəmi|-5-/ 名 C 〔形式ばった語〕相反した2つに分けること, 二分法.
語源 ギリシャ語 *diakhotomia* (=cutting into two; *dikho*- apart + *tomia* cutting) が初期近代英語に入った.
用例 the political *dichotomy* between the Right and the Left 右翼と左翼との政治上の対立.

Dick /dík/ 名 固 男性の名, ディック (★Richard の愛称).

dick·ens /díkinz/ 名 〔ややくだけた語〕感嘆詞的に使い, 下品な語とされる devil の婉曲語.
【慣用句】***The dickens!*** 驚きや不快の表現, 畜生!
What the dickens ...? いったい全体....
語源 Dickens の姓から初期近代英語に入った. Dickens と devil が頭韻を踏むことから.

dick·ey¹, dick·y¹ /díki/ 名 C 〔一般語〕取りはずせる女性用の飾り胸, 男性用の胸当て, いか胸, 取りはずしできるシャツカラー, 赤ん坊のよだれかけ. また【小児語】鳥(さん)(dickeybird).
語源 Dick の指小語 Dicky の転用.
【複合語】**díckeybird, díckybird** 名 C.

dick·ey², dick·y² /díki/ 形 〔ややくだけた語〕(英) いまにも倒れそうにふらふらする, あるいは健康があぶなっかしい.
語源 不詳.

dic·tate /díkteit/ 動 本来ж 〔一般語〕一般義 人に何かを書き取らせる, 口述する. その他 人に何かをさせる, 指図する, 命令する, 押しつける, 物事が要求する, 決定する. 名 の用法もある.
語源 ラテン語 *dictare* (=to speak) の過去分詞 *dictatus* が初期近代英語に入った.
用例 I certainly won't be *dictated* to by you. (= I won't do as you say.) おまえの言う通りなんかになるものか.
【派生語】**dictátion** 名 U 書取, 書取の試験, 口述, 命令, 指図. **dictátor** 名 C 独裁者, 書き取らせる人. **dictatórial** 形 独裁者の, 独断的な. **dictátorship** 名 UC 独裁政府, 独裁国, 独裁者の地位[権力].

dic·tion /díkʃən/ 名 U 〔一般語〕詩や文を書くときの語の選択, 語法, 特に《米》声を出して読むときの発音法, 朗読法.
語源 ラテン語 *dicere* (=to say) の名 *dictio* が中英語に入った.
用例 poetic *diction* 詩的語法/Her *diction* is always very clear. 彼女の発音はいつも明瞭だ.
類義語 speech; elocution.

dic·tion·ar·y /díkʃənèri|-nə-/ 名 C 〔一般語〕辞書, 辞典, (百科)事典.
語源 ラテン語 *dictio* (⇒diction) から派生した中世ラテン語 *dictionarium* (=manual), *dictionarius* (=book) が初期近代英語に入った. 原義は「語の本[手引き]」.
用例 Look up difficult words in your *dictionary*. 難しい語は辞書を引きなさい.
類義語 dictionary; encyclopaedia; lexicon; glossary: **dictionary** は主に語がどのような意味でち, どのように使われるかを説明するもの. **encyclopae-**

dia は百科事典を指す. **lexicon** は dictionary とほぼ同じだが, 特定分野や特定作家の語彙(ⓖ)の辞典やギリシャ語, ヘブライ語, シリア語などあまり一般的でない言語の辞典. **glossary** は主として特殊な語や難解な語, 特定の著者や著書の用語解.

dic·tum /díktəm/ 名 C (複 ~s, -ta) 〔形式ばった語〕〔一般語〕意見などの正式な表明, 公式見解.〔その他〕裁判官の言明, 格言, 金言.
[語源] ラテン語 *dicere* (=to say) の過去分詞 *dictus* の中性形が初期近代英語に入った.
[慣用句] obiter *dictum*〖法〗裁判官の付帯意見.

di·dac·tic /daidǽktik/ 形 〔形式ばった語〕教訓的な, 《軽蔑的》道学者的な, 教師然とした.
[語源] ギリシャ語 *didaskein* (=to teach) から派生した *didaktikos* (=skilled in teaching) が初期近代英語に入った.

did·dle /dídl/ 動 本来他〔くだけた語〕人をだます, だまして金をとる.
[語源] イギリスの戯曲 *Raising the Wind* (1803) 中の悪賢い人物 Diddler の名からの逆成.

didst /dídst/ 助 動〔古語〕do の二人称単数過去形
[語法] 主語は thou のときに用いる.

die¹ /dái/ 動 本来自〔一般語〕〔一般義〕人や動物が死ぬ, 植物が枯れる〔日英比較〕日本語では「死ぬ」は動物に用い, 植物には「枯れる」を用いるが, 英語ではそのような区別はない.〔その他〕火, 記憶, 名声, 感情, 表情などが消える, 音や光が薄らぐなどの意. また〔くだけた語〕死ぬかと思うほど…する, さらに《通例進行形で》死ぬほど…したい, 何かをしたくてたまらない, しきりに…したがっているなどの意となる.
[語源] 古ノルド語 *deyja* (=to die) が中英語に入った.
[用例] She just *died* of old age. 彼女はたんに老衰で死んだ/The music suddenly *died* as the radio was switched off. ラジオを切ると音楽はぱたっとやんだ/She is *dying* for her mother's love. 彼女は母の愛に飢えている/I'm *dying* to see her again. 無性に彼女と再会したい.
[類義語] die; decease; be killed; pass away [on]: **die** は生きているものが活動を停止するという意味で最も一般的な語である. **decease** は婉曲的な形式ばった語で今日では主に法律用語である. **be killed** は事故, 戦争, 殺人などのように, 外からの暴力や圧力によって死ぬこと. **pass away [on]** は婉曲的な語で, 「亡くなる, 他界する, 逝去する」に当たり, 人に用いられて死後における生命の存続を暗示する.
【慣用句】**die away** 風や音などが静まる. **die back** 草木が枝先から根元に向かって枯れ込む. **die by one's own hand** 自殺する. **die down** 音や光などが次第に消える, 音や嵐, 興奮などが静まる, 火などが消えそうになる, 下火になる, =die back. **die from** … 事故やけがなどで死ぬ. **die hard** なかなか死なない, 容易に滅びない, 激しく争って死ぬ. **die in one's bed** 病気・老衰で死ぬ, 畳の上で死ぬ. **die of** … 病気で死ぬ. **die off** 死に絶える, 次々に死ぬする. **die like a dog** 惨めな死にかたをする, のたれ死にする. **die out** 一人一人死に絶える, 絶滅する, 風俗や習慣などがすたれる, 火や感情などが消える. **die with dignity** 尊厳死をとげる. **die with one's boots on**=**die in one's boots** 〔勇敢に〕死ぬ, 変死[急死]する. **Never say die!** 〔くだけた語〕弱音を吐くな, あきらめるな.
[派生語] **dýing** 形 死にかかっている, 瀕死状態の, 末期の, 暮れようとする.
【複合語】**díe-hàrd** 形 最後まで頑張る, 頑固な. **díe-in** 名 C ★抗議して死者の振りをして地上に横たわるデモの一形態.

die² /dái/ 名 C 〖機〗金属の打ち抜き型, ダイス型, 雄ねじ切り, ダイス, 型打ちに用いる金型, 鋳型, 〖歯〗歯型.
[語源] 古フランス語 *de* (さいころ; 複 *des*) が中英語に入った. 鋳型がさいころ形をしていたことから. ⇒dice.
【複合語】**díe-càst** 名 本来自 ダイカストで製造る. 形 ダイカスト製造の. **die càsting** 名 UC 〖冶〗鋳型で鋳造すること, ダイカスト, またその鋳造物.

die³ /dái/ 名 (複 **dice** /dáis/) 〔一般語〕さいころ. ⇒dice.

die·sel /dí:zəl/ 名 C 〔一般語〕内燃機関の一種, ディーゼル機関(diesel engine).
[語源] 1892 年にエンジンを発明したドイツの技師 Rudolf Diesel にちなむ.
【複合語】**díesel èngine** 名 C. **díesel fùel [òil]** 名 U ディーゼル油.

di·et¹ /dáiət/ 名 C 動 本来自〔一般義〕日常の飲食物, すなわち常食.〔その他〕体重調整などのため食事制限された人の制限食, 規定食, ダイエット食.《形容詞的》低カロリーの. 動 として規定食を取らせる, 食事療法をさせる, 減食する, 減食する.
[語源] ギリシャ語 *diaita* (=course of life; daily food allowance) がラテン語 *diaeta*, 古フランス語 *diete* を経て中英語に入った.
[用例] She went on a *diet* to lose weight. 彼女は減量するために食事制限をしていた.
【慣用句】**be on a diet** 食事制限をしている: He *is on a* salt-free *diet* because he has a heart condition. 彼は心臓が悪いので塩分ぬきの食事だ. **put … on a diet** 人に食事療法をさせる.
[派生語] **díetary** 形 常食の, 規定食の, 食事療法の. **díeter** 名 C 食事療法を受けている人. **dietétic** 形 食事の, 規定食の. **dietétics** 名 U 栄養学. **dietítian, dietícian** 名 C 栄養学者, 栄養士.
【複合語】**díet pìll** 名 C やせ薬. **díet shèet** 名 C 規定食の食品リスト.

di·et² /dáiət/ 名 C 〔一般語〕会議, 議会, 《the D-》日本, スイス, デンマーク, スウェーデンなどの国会(★アメリカや中南米の国会は Congress, イギリス, カナダまたは英連邦の自治領の国会は Parliament という).
[語源] ラテン語 *dies* (=day) から派生した中世ラテン語 *dieta* (=day's work) が中英語に入った. 一日かかる仕事を指すことから会議という意味となった.
[関連語] the House of Representatives (日本の衆議院, アメリカの下院); the House of Councilors (日本の参議院); the Senate (アメリカの上院); the House of Commons (イギリスの下院); the House of Lords (イギリスの上院); the Lower House (一般に下院); the Upper House (一般に上院).

dif·fer /dífər/ 動〔一般義〕物事が何かの点で異なる.〔その他〕意見を異にする, 一致しない.
[語源] ラテン語 *differre* (=to deffer; to be different) が古フランス語を経て中英語に入った.
[用例] Her house *differs* from mine in having the staircase at the front. 彼女の家は正面に階段がある点で私の家と異なっている.
[反意語] agree.

【慣用句】*differ from* ... *to* ... ...によって違う《語法 ...に同じ名詞を入れる》: Cultures *differ from* country *to* country. 文化は国によって異なる.
【派生語】**difference** 名 CU 違い, 差, 意見の相違. **different** 形 異なった, さまざまな, (くだけた語)《米》普通でない, 変わった, 並外れた. **differéntial** 形 差異の, 区別を示す. 名 CU 〖形式ばった語〗数, 量などの差; 〖数〗微分: **differential calculus** 〖数〗微分(学)/**differential gear** 〖機〗差動歯車. **differéntiate** 動 本来他 〖形式ばった語〗区別する, 識別する. 自 生物などが分化する. 名 CU 区別, 分化. **differently** 副.

dif·fi·cult /dífikəlt/ 形 〔一般語〕一般義 難しい, 困難な, その他 理解しにくい, また難しくて成し遂げるのに骨が折れる, 苦労する, 人が気むずかしい, 扱いにくい, 頑固な.
語源 difficulty からの逆成. difficulty はラテン語 *difficilis* (*dis-* not + *facilis* easy) から派生した *difficultas* が中英語に入った.
用例 It was an explanation *difficult* to follow. それは理解しにくい説明だった/I think your mother is going to be *difficult* about it. 君のお母さんはそのことについてはとやかく言うと思うよ.
類義語 difficult; hard: **difficult** は複雑で技術を要するような難しさをいうが, 実現性を否定する含みはない. **hard** は difficult よりくだけた語で, 物理的な堅さか原義として, それが比喩的に用いられた困難さを示す. 特に大きな労力や努力を要する難しさをいう.
反意語 easy; simple.
【派生語】**difficulty** 名 UC 困難さ, 困ったこと, 不和, いざこざ, 《しばしば複数形で》難局, 苦境: be in *difficulty* 困った状態である, 困っている / make *difficulty* 文句をいう, 難くせをつける/with *difficulty* 苦労して何とか/without *difficulty* 難なく, 易々と.

dif·fi·dent /dífidənt/ 形 〖形式ばった語〗自信がない, 気おくれした, はにかんだ.
語源 ラテン語 *diffidere* (= to distrust) の現在分詞 *diffidens* が初期近代英語に入った.
用例 He is *diffident* about his achievement. 彼は成績に自信がない.
類義語 shy¹.
反意語 confident.
【派生語】**diffidence** 名 U. **diffidently** 副.

dif·fract /difrækt/ 動 本来他 〖理〗光線や音波, 電波を回折させる.
語源 diffraction からの逆成. diffraction はラテン語 *diffringere* (= to shatter) の 名 *diffractio* が初期近代英語に入った.
【派生語】**diffráction** 名 U 回折.

dif·fuse /difjúːz/ 動 本来他, /-s/ 形 〖形式ばった語〗一般義 光, 気体, 液体などを拡散させる, その他 臭いをまき散らす, 知識などを普及させる, 気分を伝播する. 形 として, 文体や演説などが言葉ばかり多用して的を得ない, 散漫な.
語源 ラテン語 *diffundere* (= to spread) の過去分詞 *diffusus* が古フランス語を経て中英語に入った.
用例 I like his novels but his style is so *diffuse* that it irritates some people. 彼の小説は好きだが, 文体がひどくまわりくどいので, 人によっては立ちを覚える.
類義語 spread.
【派生語】**diffúsely** 副 広く, 散漫に. **diffúseness** 名 U. **diffúsion** 名 U 光の乱反射, 拡散, 普及, 散漫.

dig /díg/ 動 本来他 《過去・過分 **dug** /dʌ́g/》名 UC 〔一般語〕一般義 地面や畑, 穴を掘る. その他 掘り起こす, 掘り返す, フォークなどを突き刺す, 突き立てる, 何かをつつく, 比喩的に何かを探し出す, 探求する, 発見する. 自 掘る, 掘り進むなどの意. 名 として掘ること, 〔くだけた語〕ひと突き, 当てこすり, 当てつけ.
語源 古英語 *dīc* から. ditch (溝) と関連する.
用例 They are *digging* up the road. 彼女らは道路を掘り起こしている/He *dug* his brother in the ribs with his elbow. 彼はひじで兄のわき腹をつついた《★冗談をわからせるときなどのしぐさ》.
類義語 dig; excavate; bore; mine; drill; trench: **dig** は「掘る」という意味の最も一般的な語である. **excavate** は dig よりも形式ばった語で, 特に遺跡などを発掘する. **bore** は錐(きり)やドリルで細かい穴を開ける, あるいは油田などの試掘をする. **mine** は石炭や鉱石を採掘する. **drill** はドリルで穴を開ける, あるいは油田などを掘る. **trench** は溝を掘ることをいう.
【慣用句】*dig for* ... ...を探して掘る, 苦労して探す. *dig in* 埋める, 埋め込む. *dig into* ... 仕事などを熱心に始める, がつがつ食べる. *dig oneself in* 穴を掘って身を隠す. *dig one's way* 掘って進む. *dig out* 土を掘って...を狩り出す. *dig over* ...を考え直す. *dig up* 発掘する, 発見する.
【派生語】**dígger** 名 C 掘る人. **digging** 名 U.

di·gest /didʒést, dai-/ 動 本来他 名 /dái-/ 〔一般語〕一般義 食物を消化する. その他 比喩的に物事をかみしめる, 熟考する, 理解する, 会得する, 内容を整理する, 要約する. 名 として要約, あらすじ, ダイジェスト.
語源 ラテン語 *digerere* (= to divide; to distribute; to dissolve; to digest) の過去分詞 *digestus* が中英語に入った.
用例 The invalid had to have food that was easy to *digest*. 病人は消化しやすい食物を口にしなければならなかった/It took me five minutes to *digest* what he had said. 彼の言葉を理解するのに5分かかった.
関連語 swallow; stomach.
【派生語】**digéstible** 形 消化しやすい, 要約できる. **digéstion** 名 UC 消化, 同化力. **digéstive** 形 消化を助ける. 名 C 消化剤.
【複合語】**digestive sỳstem** 名 C 消化器系統.

dig·it /dídʒit/ 名 C 〔一般語〕一般義 0 から 9 までの数字. その他 手足の指. 指や数を表すのに指を用いたところから 0 から 9 までのアラビア数字を指すようになった.
語源 ラテン語 *digitus* (= finger; toe) が中英語に入った.
用例 105 is a number with three *digits*. 105 は 3 けたの数である.
【派生語】**dígital** 形 数字を使う, デジタル方式の (⇔ analogue), 指の: **digital clock [watch]** デジタル時計. **dígitize** 動 本来他 デジタル化する. **dìgitizátion** 名 U デジタル化.

dig·ni·fy /dígnifai/ 動 本来他 〔一般語〕一般義 威厳をつける, 品位をつける, もったいぶる.
語源 ラテン語 *dignus* (= worthy) から派生した後期ラテン語 *dignificare* が古フランス語 *dignefier* を経て中英語に入った.

dignitary

用例 She decided that it would not be *dignified* to run for the bus. バスに乗ろうとして走れば品位を落とすことになるだろうと彼女は判断した.

対照語 abase; debase.

【派生語】*dignified* 形 威厳のある.

dignitary ⇒dignity.

dig·ni·ty /dígniti/ 名 UC 〔一般語〕一般義 態度などの重々しさ, 威厳. その他 尊厳, 品位, 気高さ, 荘重, また高位(の人), 高官.

語源 ラテン語 *dignus* (=worthy) の 名 *dignitas* が古フランス語 *dignite* を経て中英語に入った.

用例 Holding her head high, she retreated with *dignity*. 堂々と胸を張り, 威厳をもって彼女は退いていった.

関連語 pride.

反意語 indignity.

【慣用句】 *be beneath one's dignity* 体面にかかわる, 品位を落とす. *stand [be] on [upon] one's dignity* もったいぶる, いばる.

【派生語】*dignitary* 名 C 高位の人, 高僧.

di·graph /dáigræf|-grɑːf/ 名 C 〔音声〕2字で1音を表すもの, 二重音字 (★sh /ʃ/ など), また二重母音活字 (★æ など).

di·gress /daigrés, di-/ 動 本来自 〔形式ばった語〕議論や文中で主題から離れて別の話題に入る, 逸脱する.

語源 ラテン語 *digredi* (=to go aside) の過去分詞 *digressus* が初期近代英語に入った.

用例 He keeps *digressing* from the main topic of his speech. 彼は話の主題から脱線ばかりしている.

【派生語】*digréssion* 名 U.

dike, dyke /dáik/ 名 C 本来他 〔一般語〕一般義 洪水を防ぐために築いた堤防や土手. その他 本来の意味として 〔英〕排水溝. 溝を掘る時に掘った土が積み重なることから土手の意味になった. 動 として堤防を築く, 溝をつくる.

語源 古英語 *die* (=ditch) より.

di·lap·i·dat·ed /diléepideitəd/ 形 〔一般語〕古いため, また放りっぱなしであるために修理が必要なほどに破損している, 荒廃している.

語源 ラテン語 *dilapidare* (=to scatter as if throwing stones); *di-* apart + *lapid-* stone) が初期近代英語に入った. 「小石をまき散らしたような」→「荒廃した」となった.

用例 a *dilapidated* old building 荒れ果てた古い建物.

類義語 disrepair; ruinous; shabby.

【派生語】*dilàpidátion* 名 U.

di·late /dailéit, di-/ 動 本来他 〔形式ばった語〕一般義 眼球など丸いものを拡張させる, 膨張させる. その他 拡大させることから, 意見などを詳しく説く, 敷延する.

語源 ラテン語 *dilatare* (=to enlarge); *dis-* apart + *latus* wide) が古フランス語を経て中英語に入った.

類義語 expand; enlarge.

用例 The sudden darkness made the pupils of his eyes *dilate*. 突然の闇により彼の瞳孔が開いた.

【派生語】*dilátion* 名 U. *dilatory* /dílətɔːri|-tə-/ 形 人が行動するのに手間がかかる, のろい, 時間稼ぎをしている.

dil·do, dil·doe /díldou/ 名 C 〔俗語〕ぼっ起したペニスの形をしたゴム製の大人のおもちゃ.

語源 不詳.

di·lem·ma /dilémə/ 名 C 〔一般語〕どちらを取っても不利な二者択一をしなければならないこと, 板ばさみ, ジレンマ.

語源 ギリシャ語 *dilemma* (*di-* two + *lēmma* proposition) がラテン語を経て初期近代英語に入った.

【慣用句】 *on the horns of a dilemma* ジレンマに陥って.

dil·et·tan·te /dílətɑːnt, ⸌⸌⸌⸌ |dìlətǽnti/ 名 C 形 〔やや形式ばった語〕文学, 芸術, 学問などを浅く道楽半分に愛好する人, 好事家 (ごうずか), 素人芸術家, ディレッタント, 《軽蔑的》なまかじり屋. 形 としては素人の.

語源 イタリア語 *dilettare* (=to delight) の現在分詞の名詞用法. 18 世紀に入った.

diligence[1] ⇒diligent.

dil·i·gence[2] /dílədʒəns/ 名 C 〔古風な語〕昔フランスやスイスなどで使われた駅馬車, 長距離乗合馬車.

語源 フランス語 *diligence* (=speed). そののろさを皮肉ってこう呼ばれた. *carrosse de diligence* (=coach of speed) を短縮して, 初期近代英語から.

dil·i·gent /dílidʒənt/ 形 〔一般語〕一般義 勤勉な. その他 仕事が入念な, 苦心した.

語源 ラテン語 *diligere* (=to esteem highly; *dis-* apart + *legere* to choose) の現在分詞 *diligens* が古フランス語を経て中英語に入った.

用例 He is not clever but he is very *diligent*. 彼は頭はよくないがとても勤勉だ.

対照語 idle; lazy.

【派生語】*díligence* 名 U 勤勉. *díligently* 副.

dil·ly-dal·ly /dílidæli/ 動 本来自 〔くだけた語〕決心がつかずにぐずぐずする, 一つのことに腰が落ちつかずに他のことをしたり, ふらふらしたりして時間をむだにする.

語源 *dally* の反復形が初期近代英語に入った. *dally* は古フランス語 *dalier* (=to chat) から.

類義語 dally; loiter.

用例 She's always *dilly-dallying* on the way to school. 彼女は登校の途中いつも道草する.

di·lute /dailjúːt, di-/ 動 本来他 形 〔一般語〕一般義 液体に水などを加えて薄める, 希釈する. 形 として希釈した, 酸などを薄めた. その他 異なるものを混ぜて力や光沢, 効果を弱める, 薄弱にする.

語源 ラテン語 *diluere* (=to wash away) の過去分詞 *dilutus* が初期近代英語に入った.

類義語 weaken.

用例 This dye must be *diluted* in a bowl of water. この染料はボール一杯の水で薄めなければならない.

【派生語】*dilútion* 名 U.

dim /dím/ 形 本来他 〔一般語〕一般義 光などが不十分で薄暗い, ほの暗い. その他 物の形がぼんやりした, 見にくい, さらに光沢のない, くすんだこともの. 比喩的に記憶などがおぼろげな, 曖昧な, 人が頭が鈍い, まぬけな. 動 として薄暗くする, かすませる.

語源 古英語 *dim(m)* から.

用例 We saw a *dim* light in the distance. 遠くに薄明かりが見えた/I have only a *dim* memory of last night's events. 昨夜の出来事はほんのかすかにしか覚えていない.

反意語 bright.

【慣用句】 *dim down [up]* 照明を次第に弱くする[強くする]. *dim out* 照明を暗くする, 灯火管制をする. *take a dim view of* ... 物事を悲観的に見る.

【派生語】*dímly* 副. *dímness* 名 U. *dímmer* 名

©薄暗くするもの,減光装置: **dimmer switch** 明るさを調整する調光器.
【複合語】**dímòut** 名 C 灯火管制. **dímwìt** 名 C ばか,間抜け. **dímwìtted** 形 ばかな.

dime /dáim/ 名 C 〔一般語〕アメリカ・カナダの **10 セント硬貨**.
[語源] ラテン語 *decima* (10 分の 1) が古フランス語 *dime* を経て中英語に入った.
[用例] This isn't worth a *dime*. (=This isn't worth anything.) これは何の価値もない.
[関連語] dollar; quarter; nickel; penny; cent; coin.
【慣用句】*a dime a dozen* ありふれた,安っぽい (★1 ダースで10 セントの意).
【複合語】**díme nóvel** 名 C 三文小説. **díme stòre** 名 C 10 セントストアー,安雑貨店 (discount house).

di·men·sion /diménʃən/ 名 C 〔一般語〕[一般義] 長さ・幅・厚さの**寸法**, サイズ(size). [その他] 長さの意味から,《複数形で》**大きさ**, **面積**, **容積**, 比喩的に**範囲**, **程度**, 誤って**重要性**, **特質**, **要素**, **局面**, 『数・理』**次元**.
[語源] ラテン語 *dimetiri* (=to measure) の過去分詞 *dimensus* から派生した *dimensio* が古フランス語 *dimension* を経て中英語に入った.
[用例] The *dimensions* of the room are 15m long, by 5m wide by 2m high. この部屋の寸法は縦 15 m, 横 5m, 高さ 2m だ.
【派生語】**diménsional** 形 次元の.

di·min·ish /dimíniʃ/ 動 [本来義] [形式ばった語] [一般義] 量や数を**減らす**, **少なくする**. [その他] 質的なもの,例えば人の権威,地位,名誉や評判などを**落とす**,**傷つける**,**けなす**. 自 **小さくなる**, **減少する**.
[語源] 中英語で混成語として diminue と minish からできた語. diminue はラテン語 *deminuere* (=to break up small), minish はラテン語 *minutia* (=smallness) に由来する.
[用例] His reputation had been *diminished* by his failure to deal with the crisis. 彼の評判はこの危機を乗り切れなかったために落ちていた/Our supplies are *diminishing* rapidly. 我々の在庫量は急速に減少している.
[類義語] lessen.
【派生語】**dìminútion** 名 CU 減少, 縮小. **dimínutive** 形 小さい. 名 C 愛称(★Edward に対する Ed, Elizabeth に対する Liz, Beth など), 『文法』指小辞.

dim·ple /dímpl/ 名 C 動 [本来義] [一般義] 体の表面の小さい**くぼみ**,**えくぼ**. [その他] 地面や水面の小さいくぼみ,さざ波,水紋. 動 としてえくぼができる,くぼむ.
[語源] 古英語 *dympel* から.
[用例] Rain *dimpled* the surface of the water. 雨は水面に波紋を立てた.

din /dín/ 名 C 動 [本来義] 〔一般語〕連続するやかましい**音**, **喧噪**(けんそう). 動 として, やかましい音をたてる, がなりたてる, 人にやかましく言い聞かせる《into》.
[語源] 古英語 *dyne* (=loud noise) から.
[用例] What a terrible *din* that machine makes! あの機械は何とひどい音を立てるのだろう/She had the rules of grammar *dinned* into her at school. 彼女は文法規則を学校でガンガンたたきこまれていた.

dine /dáin/ 動 [本来自] [形式ばった語] 一日の主な食事としての**正餐**(せいさん) (dinner) をとる, 一般的に**食事をする**

(《語法》have dinner よりも改まった言い方). 他 人を**食事に招く**,食事を出す.
[語源] [断食を破る] の意の俗ラテン語 *disjunare* が古フランス語 *di(s)ner* (=to take the first meal of the day) を経て中英語に入った.
【慣用句】*dine in* 自宅で食事をする. *dine off [on]* ...を**食事にとる**: I *dined off [on]* hot tea and ham sandwitches. 温かい紅茶とハムサンドで食事をすませた. *dine out* **外食する**.
【派生語】**díner** 名 C 食事をする人, ディナーの客, 食堂車 (dining car): diner-out 外食する人. **dinétte** 名 C 《米》家庭の**小食堂**.
【複合語】**díning càr** 名 C 食堂車. **díning ròom** 名 C 食堂, ダイニングルーム. **díning tàble** 名 C 食事用テーブル, 食卓.

ding·dong /díŋdɔ́(:)ŋ/ 名 C 形 副 〔ややくだけた語〕[一般義] 鐘のかーんかーん, じゃんじゃんと鳴る音 [その他] 《英》『断続する議論(集会)』. 形 としてかーんかーん[じゃんじゃん]と鳴る, 騒々しい, 競走や試合などで**抜きつ抜かれつの**. 副 としてじゃんじゃん, 本気で.
擬音語. 初期近代英語から.

din·ghy /díŋgi/ 名 C 〔一般語〕本来はインド沿岸で使われた小舟を表したが, 現在では広く**小型ヨット**や小さな**手漕ぎボート**, 救命用ゴムボートをいう.
[語源] ヒンディー語またはベンガル語 *dingi* (=little boat) が19 世紀に入った.

din·gle /díŋgl/ 名 C 〔一般語〕樹木の茂った**小狭谷** (dell).
[語源] 不詳.

din·gy /díndʒi/ 形 〔一般語〕[一般義] 物や場所が**汚ない**. [その他] 色が暗く**地味な**, 一般的に**陰気な**, **みすぼらしい**.
[語源] 不詳. 18 世紀から.
【派生語】**díngily** 副. **dínginess** 名 U.

din·ky /díŋki/ 形 〔ややくだけた語〕《英》**小さくてきれいな**, 《米》**ちっぽけな**, **取るに足らない**.
[語源] スコットランドの方言. dink (=dainty) に由来する. 18 世紀から.

din·ner /dínə*r*/ 名 UC 〔一般語〕[一般義] 一日のうちで主要な**食事**, **正餐**(せいさん) (★通常は夕食で,この場合昼食は lunch, また昼間の場合は, 夕食は supper となる). [その他] 公けの**晩餐**(ばんさん)**会**, **午餐会** (dinner party).
[語源] 古フランス語 *disner* (⇒dine) の名詞用法が中英語に入った.
[用例] Do you have *dinner* in the evening or in the middle of the day? あなたのディナーは夕食ですか, それとも昼食ですか/He was the guest of honour at the *dinner*. 彼は晩餐会の主賓であった.
[関連語] breakfast; lunch; luncheon; supper; feast; banquet.
【慣用句】*ask [invite] ... to dinner* ...を食事に招く. *be at dinner* 食事中である.
【複合語】**dínner bèll** 名 C 食事を知らせるベル. **dínner jàcket** 名 C 紳士用略式夜会服(《米》 tuxedo). **dínner pàrty** 名 C 晩餐会, 午餐会. **dínner plàte** 名 C ディナー用皿. **dínner sèrvice [sèt]** 名 C 正餐用食器一式. **dínner tàble** 名 C 食卓, テーブル. **dínner tìme** 名 U ディナーの時間. **dínner wàgon** 名 C 手押し車付き食器台, ワゴン.

di·no·saur /dáinəsɔ:*r*/ 名 C 〔一般語〕**恐竜**.

dint /dínt/ 名 C 動 本来語 〔一語源〕打って生じたへこみや打つ時の力. 動 としてくぼませる, むりやり押し込む.
語源 古英語 dynt から.
類義語 dent.
【慣用句】**by dint of ...** 〔形式ばった表現〕...によって, ...の力で: He succeeded *by dint of* sheer hard work. 彼はひたすら努力することによって成功した.

di·o·cese /dáiəsəs/ 名 C 《キリ教》1人の司教[主教, 監督](bishop)の管理する教区.
語源 ギリシャ語 dioikēsis (=administration) がラテン語, 古フランス語を経て中英語に入った.

di·ode /dáioud/ 名 C 〔電子〕2 極管, ダイオード.
語源 ギリシャ語 dis (=two)+odos (=way) から 20 世紀に入った.

di·ox·ide /daióksaid|-ɔ-/ 名 U 〔化〕2 酸化物.
語源 di- (=double)+oxygene (=oxygen)+ide (=acid) が 19 世紀に入った.

di·ox·in /daióksin|-ɔ-/ 名 U 〔化〕ダイオキシン (★塩素化炭化水素; 発がん性の環境汚染物質として知られている).
語源 di (=two) ox- (=oxygen)+in (合成物を表す語末尾) が 20 世紀に入った.

dip /díp/ 動 本来語 名 C U 〔一語源〕〔一般語〕物を水などの液体にちょっと浸す. その他 さじやしゃもじなどをちょっとぬらす, それで物をすくい上げる, その動作から比喩的に, 旗や灯をちょっと下げてまた上げる. 自 土地や道路などが傾斜して下がる, 太陽などが沈む. 名 としてちょっと浸すこと, ひと泳ぎ, 道や土地の傾斜, 浸すための液.
語源 古英語 dyppan (=to immerse) から.
用例 He *dipped* his spoon into the soup. 彼はスプーンをスープの中にちょっとつけた / He *dipped* his lights as the other car approached. 対向車が近づいてきたので彼は自分の車のライトを下に下げた / The road *dipped* gently just beyond the crossroads. 道路は交差点をすぐ越えた所でなだらかな下り坂になっていた.
類義語 dip; soak; plunge; immerse: **dip** はちょっと浸すことをいい, **soak** はどっぷりつけることをいう. **plunge** は急に力づくで完全につけること. **immerse** は長時間たっぷりとつけること.
【慣用句】**dip in** 分け前にあずかる. **dip into** ... を ちょっと調べる, お金などを取り出す.
【派生語】**dípper** 名 C ひしゃく, 《the D-》北斗七星 (the Big Dipper), 小北斗七星 (the Little Dipper), 《鳥》かわがらすなど水中にもぐってえさをとる鳥.

diph·the·ria /difθíəriə, dip-/ 名 U 〔医〕ジフテリア.
語源 ギリシャ語 diphthēra (=piece of leather) がラテン語, フランス語を経て 19 世紀に入った. 咽頭全体にできる粘膜が皮革に似ていることからか.

diph·thong /dífθɔ(ː)ŋ, dip-/ 名 C 〔音声〕2 重母音 (★/ai, au, ɔi, ou, ei/ など), また連字 (diagraph).
語源 ギリシャ語 diphthongos (=double sound) がラテン語を経て中英語に入った.

di·plo·ma /diplóumə/ 名 C 〔一語源〕〔一般語〕大学などの卒業証書, 学位状. その他 色々な資格の免状, 免許状, 特許状, 賞状.
語源 ギリシャ語 deinos (=fearful)+sauros (=lizard) に由来する近代ラテン語 dinosaurus が 19 世紀に入った.

語源 ギリシャ語 diploma (=folded letter) がラテン語を経て初期近代英語に入った. もとは折り畳んだ紙を意味し「公文書」を意味した.

diplomacy ⇒diplomatic.
diplomat ⇒diplomatic.

dip·lo·mat·ic /dìpləmǽtik/ 形 〔一般語〕外交の, 外交上の. その他 外向的な, 如才ない, 含みのある.
語源 ラテン語 diploma (⇒diploma) からできた近代ラテン語 diplomaticus (=connected with documents) がフランス語で diplomatique (外交文書の) となり, 18 世紀に入った.
【派生語】**díplomacy** 名 U 外交, 外交的手腕, 駆け引き. **díplomat** 名 C 外交官. **dìplomátically** 副 外交上は. **dìplomátist** 名 C 外交家.
【複合語】**diplomátic còrps [bòdy]** 《the ～》外交団. **diplomátic immúnity** 名 U 外交官特権.

dipper ⇒dip.

dip·so·ma·nia /dìpsəméiniə/ 名 U 〔医〕飲酒狂, アルコール依存症.
語源 ギリシャ語 (dipsa thirst+-mania「...狂」) が近代ラテン語を経て 19 世紀に入った.
【派生語】**dipsomániac** 名 C アルコール依存症の患者(alcoholic).

dip·stick /dípstik/ 名 C 〔一般語〕車のオイルの量を計る目盛りのついた金属製の棒, 計量棒.

dire /dáiər/ 形 〔形式ばった語〕〔一般語〕非常に強い恐怖や苦痛を喚起する, 恐ろしい, ものすごい, 不吉な. その他 程度がはなはだしい, 極度の, 事態が緊急を要する, 緊急の.
語源 ラテン語 dirus (=fearful) が初期近代英語に入った.
用例 *dire* necessity 差し迫った必要性 / the *dire* sisters 復讐の 3 女神.

di·rect /dirékt, dai-/ 形 副 動 本来語 〔一語源〕〔一般語〕一直線の, 真っすぐな. その他 直接の, 直通の, 比喩的に率直な, 単刀直入な, 全くの, 絶対の. 副 として一直線に, 直接に, 率直に. 動 として〔形式ばった語〕視線などを...の方向に向ける(to; toward), 指揮する, 指導する, 人に道を教えるなどの時.
語源 ラテン語 dirigere (=to straighten; di- apart +regere to guide) の過去分詞 directus が中英語に入った.
用例 He has a *direct* telephone link with the President. 彼の電話は大統領と直通している / She was very *direct* about it. その件に関して彼女はとても率直だった / Her opinions are the *direct* opposite of his. 彼女の意見は彼のと正反対だ / A policeman was *directing* the traffic. 警官が交通整理をしていた.
類義語 direct; immediate; personal; firsthand: **direct** と **immediate** は「直接の」という意味で入れ替えが可能であるが, direct はある段階を経てつながっている場合があるのに対し, immediate はつながっている点が異なる. **personal** は本人とじかに交渉を持つことをいい, **firsthand** は資料などからじかに情報や知識などを得ることをいう.
【派生語】**diréctly** 副 真っすぐに, 直接に, じかに, 率直に. 接 ...するとすぐに(as soon as). **diréctness** 名 U.
【複合語】**diréct cúrrent** 名 U 〔電〕直流. **diréct**

évidence 名 U 〖法〗直接証拠. diréct máil 名 U ダイレクトメール(DM). diréct narrátion [spéech] 名 U 〖文法〗直接話法. diréct óbject 名 C 〖文法〗直接目的語. diréct táx 名 CU 直接税.

di·rec·tion /dirékʃən, dai-/ 名 CU 〔一般語〕 [一般義] 方向, 方角. [その他]（通例複数形で）行動の指示, 使用法[説明]. また〔形式ばった語〕指示, 監督, 指揮.
[語源] ラテン語 *dirigere* (⇒direct) の 名 *directio* (= arrangement; management) が中英語に入った.
[用例] I have very little sense of *direction*. 私の方向感覚は悪い/I have lost the *directions* for this washing-machine. この洗濯機の説明書をなくしてしまった.
【慣用句】*under …'s direction*＝*under the direction of …* …の管理のもとで, …の指導で.
【派生語】diréctional 形 方向の, 指向性の. diréctive 形〔形式ばった語〕指示的な. 名 指令(書).
【複合語】diréction finder C 方向探知機, 方位測定器. diréction indicator 名 C 自動車の方向指示器.

di·rec·tor /diréktər, dai-/ 名 C 〔一般語〕[一般義] 導く人, 指導者. [その他] 官庁の局長, 部長, 会社の取締役, 理事, 重役, 学校の校長, 主事, 大学の指導教官, 映画, テレビなどの製作責任者, 監督, 演出家,《主に米》オーケストラなどの指揮者など.
[語源] ⇒direct.
【派生語】diréctorate 名 C 重役会, 理事会. diréctorship 名 U director の職[任期]. diréctory 名 C 人名簿, 電話帳 (telephone directory), 規則書, 指令集, 〖コンピューター〗ディレクトリー: **directory assistance** 電話番号案内.

dirge /dɔ́ːrdʒ/ 名 C 〔形式ばった語〕埋葬式に歌われる物悲しい歌や曲, 哀悼歌, 挽歌.
[語源] ラテン語 *dirige* (=to direct; to make straight) が中英語に入った. *dirige* はラテン語の埋葬式で交唱された聖歌の冒頭の語. その歌の性質から哀悼歌の意となった.

dir·i·gi·ble /dírɪdʒəbl, -´--/ 名 C 〔一般語〕飛行船(airship).
[語源] ラテン語 *dirigere* (=to direct)+-ible として 20 世紀から. 「操縦できる」→「操縦できる気球 (dirigible balloon)」→「飛行船」と意味が変化した.

dirt /dɔ́ːrt/ 名 U 〔一般語〕[一般義] 皮膚, 衣類, 建物などに付着するほこり. [その他] ごみ, どろ, 土, さらに排泄物, 汚い物, 不潔な物, 比喩的に無価値な物, 悪口, 中傷など,《米》わいせつな文章, わいせつな言葉, ゴシップ.
[語源] 古ノルド語 *drit* (=excrement) から入ったと思われる中英語 *drit* より. その後音位転換が起こった.
[類義語] dirt; dust: 両方とも「きたないもの」や「土, ほこり」を指すが,《米》では通例 dirt がその意味で用いられる. dust は「ちり, ほこり」だけでなく「粉末状のもの」を指し, dust tea (粉茶), gold dust (砂金)などという表現は不潔感を伴わないものである. dirt は性についてのわいせつな話や書物を表すことがあり, dust の方は価値のないものや不名誉な状態, 自信喪失の状態を表すことがある.
【慣用句】*(as) cheap [common] as dirt* ばか安い, 女性の下品な, 低階層な, 無価値な. *do dirt*《俗語》人に卑劣な仕打ちをする, 汚い真似をする. *eat dirt*《俗語》屈辱を耐え忍ぶ, 敗北を認める. *treat … like dirt* 人をごみのように手ひどく扱う.
【派生語】**dirty** 形 ⇒見出し.
【複合語】dírt-chéap 形〔くだけた語〕ばか安い[く]. dírt fármer 名 C 《米》自作農. dírt róad 名 C 《米》未舗装の道路. dírt tràck 名 C 泥土のトラック, オートバイの競走路. dírt wàgon 名 C 《米》ごみ運搬車, 清掃車(《米》 dust cart).

dirty /dɔ́ːrti/ 形 動 本来味 副 《⇒dirt》〔一般語〕[一般義] 汚い, よごれた, 泥だらけの. [その他]（軽蔑的な）道徳的に汚い, 卑劣な, 下劣な, 不正な, いやらしい, 卑猥(な)の. 動 として汚す, 汚らしくする. 副 としてみだらに.
[語源] ⇒dirt.
[用例] His feet are *dirty*. 彼の足は汚い[泥だらけだ]/ *dirty* books 卑猥な本/a *dirty* trick 汚い[卑劣な]やり方.
【派生語】dírtily 副. dírtiness 名 U.

dis- /dɪs/ 〔接頭〕動詞につけて「逆, 非…, 不…」などの意. また名詞につけて「分離」を表す.
[語源] ラテン語 *dis-* から. この形は印欧祖語の *dvis-* という形に由来し, ギリシャ語の *duo* (=two) から派生した *dis* という形のもとで, 原義は two ways, in twain. 「二つの」が転じて「分離」という意味を持つようになった. なお古フランス語では *des-* である.

dis·a·ble /diséibl/ 動 本来他〔やや形式ばった語〕 [一般義]（しばしば受身で）人を障害者にする. [その他] 機械などを作動しないようにする. また人を法律的に無能力[無資格]にする.
[用例] He was *disabled* during the war. 彼は戦争中に負傷して障害をもつようになった.
【派生語】disabílity 名 UC 身体障害, 無(能)力, 無資格. disábled 形 障害のある. 名 (the ~; 複数扱い) 障害者 (disabled people). disáblement 名 UC.

dis·a·buse /dìsəbjúːz/ 動 本来他〔形式ばった語〕人から誤りを取り除く, 迷信や誤解などを人に悟らせる.

dis·ad·van·tage /dìsədvǽntɪdʒ, -áː-/ 名 C 〔一般語〕[一般義] 不利な状態, 不利な立場. [その他] 不利益や損害, 損失, デメリット.
[語源] 古フランス語 *désavantage* が中英語に入った.
[用例] The steep path up to the house is its only *disadvantage*. その家に向かう急な登り坂が唯一の不便な点だ.
【慣用句】*at a disadvantage* 不利な立場で. *to …'s disadvantage* …にとって不利となって.
【派生語】disadvántaged 形 社会的に不利な, 貧しい. disàdvantágeous 形〔形式ばった語〕不利な, 都合の悪い. disàdvantágeously 副.

dis·af·fect·ed /dìsəféktɪd/ 形 〔形式ばった語〕政府などに不満をいだいた, 謀叛心のある, 離反した.
[用例] *disaffected* soldiers 離反兵士たち.
[類義語] discontended; disloyal; rebellious.
【派生語】dìsafféction 名 U.

dis·af·fil·i·ate /dìsəfílieit/ 動 本来他〔形式ばった語〕連盟などの組織団体から個人を除名する, 脱退させる,《~ oneself で》…との交わりを断つ(from).
[類義語] detach.

dis·af·for·est /dìsəfɔ́(ː)rəst/ 動 本来他〔形式ばった語〕土地から森林を伐採する,《英》〖法〗森林法の適用を解いて土地をふつうの土地にする, 廃林する.
[語源] 中世ラテン語 *disafforestare* が中英語に入った.
【派生語】dìsaffòrestátion 名 U.

dis·agree /dìsəgríː/ 動 本来自 〔一般語〕 一般義 意見が合わない, 同意しない. その他 人が口論する, けんかする. 人や気持ちが事実と合わない, 一致しない, 食べ物や気候が体に合わない.
語源 古フランス語 *désagréer* が中英語に入った.
用例 We *disagree* about almost everything. われわれはほとんど全ての点で意見が異なる/Sounds and letters often *disagree* in English. 英語では音声と文字が一致しない場合が多い.
【派生語】**disagréeable** 形 不愉快な, いやな, 付き合いにくい, 気難しい. **disagréeableness** 名 Ⓤ. **disagréeably** 副. **disagréement** 名 ⓊⒸ 不一致, 意見の相違, 相違点.

dis·al·low /dìsəláu/ 動 本来他 〔やや形式ばった語〕 一般義 要求などを許可しない, 却下する. その他 真実でない, 不法である, 無効であるなどとして拒否する.
類義語 refuse; reject.

dis·ap·pear /dìsəpíər/ 動 本来自 〔一般語〕 一般義 人や物が見えなくなる, 視界から消える. その他 人や物が姿を消す, 消えてなくなる, 消滅する.
語源 中英語から.
用例 The sun *disappeared* slowly below the horizon. 太陽はゆっくりと地平線の下に見えなくなった/A search is being carried out for the small boy who *disappeared* from his home on Monday. 月曜日に自宅から姿を消した少年の捜索が行われている.
類義語 disappear; vanish; fade: **disappear** は消えるという最も一般的な語. 突然消えることも徐々に消えることも含む. **vanish** は突然消えてなくなることをいう. **fade** は徐々に消えてなくなること.
【派生語】**disappéarance** 名 ⓊⒸ 見えなくなること, 失踪, 消滅.

dis·ap·point /dìsəpɔ́int/ 動 本来他 〔一般語〕 一般義 人や物事が人を失望させる, がっかりさせる. その他 〔形式ばった語〕 人の期待に背く, 裏切る, 計画をだめにする, 妨げる.
語源 古フランス語 *desappointer* が中英語に入った.
【派生語】**disappóinted** 形 がっかりした, 失望した, 挫折した. **disappóinting** 形 がっかりさせる, 案外の. **disappóintment** 名 ⓊⒸ 失望, 期待はずれ(の物, 人).

dis·ap·pro·ba·tion /dìsæprəbéiʃən/ 名 〔やや形式ばった語〕 = disapproval.

disapproval ⇒disapprove.

dis·ap·prove /dìsəprúːv/ 動 本来自 〔一般語〕 一般義 人の行動や物事が悪いものや不適切なものと考えて賛成しない, 承認しない, 認可しない. その他 非難する, よくないと思うの意で, 不満を示す.
用例 She *disapproved* the arrangements for the wedding. 彼女は結婚式の準備に同意しなかった.
【派生語】**disappróval** 名 Ⓤ 不承知, 不賛成, 非難. **disappróvingly** 副.

dis·arm /dìsáːrm/ 動 本来他 〔一般語〕 一般義 人や敵から武器を取り上げる, 都市などを武装解除する. その他 比喩的に用いて, 怒りなどを取り去り心を和らげる, 危害を取り去って無害[無力]にする. 自 国が軍備を縮小する.
用例 When peace was made, the victors began gradually to *disarm*. 講和がされると, 勝者たちは次第に軍備を縮小した.
【派生語】**dísarmament** 名 Ⓤ 武装解除, 軍備縮小. **disárming** 形 敵意や警戒心を取り去るような, 他意のない.

dis·ar·range /dìsəréindʒ/ 動 本来他 〔形式ばった語〕 整頓を乱す, 乱雑にする.
用例 Th strong wind had *disarranged* her hair. 強風で彼女の髪が乱れていた.
【派生語】**disarrángement** 名 Ⓤ.

dis·ar·ray /dìsəréi/ 動 本来他 〔形式ばった語〕 一般義 混乱させる, 乱雑にする. その他 特に服装が整っておらずだらしない. 名 として混乱, だらしない服装.
類義語 disorder.
用例 By the third day of fighting the army was in complete *disarray*. 戦闘3日目には, 陸軍は完全に混乱していた.

di·sas·ter /dizǽstər |-áː-/ 名 ⓒⓊ 〔一般語〕 一般義 突然の大災害, 惨事. その他 〔くだけた語〕 大失敗, 災難, 不幸などの意.
語源 イタリア語 *disastro* がフランス語 *désastre* を経て初期近代英語に入った. *disastro* (*dis*-「否定」+ *astro* star) は占星術の言葉で良くない星のために起こる災害の意.
用例 The earthquake was the greatest *disaster* the country had ever experienced. 地震はその国が被った最悪の災害であった/That dress I made was a *disaster*! 私の作ったドレスはさんたんたるものであった.
類義語 disaster; calamity; catastrophe: **disaster** は台風や洪水, 航空機事故などのように思いがけず生命や財産を失ったりする大きな不幸. **calamity** は多大の苦しみや悲しみをもたらす災害や不幸. 特にその時の気持ちに重点がある. **catastophe** は悲劇的な結末, 終局に重きをおく語.
【派生語】**disástrous** 形 大災害の, 悲惨な. **disástrously** 副.
関連語 accident; casualty; fatality; adversity.

dis·a·vow /dìsəváu/ 動 本来他 〔形式ばった語〕 知識や責任を否認する, 承認を拒否する.
【派生語】**disavówal** 名 ⓊⒸ 否認.

dis·band /disbǽnd/ 動 本来他 〔形式ばった語〕 軍隊, 集団, 法人などを解散する. 自 の用法もある.
用例 The regiment *disbanded* at the end of the war. その連隊は戦争の終りに解散した.
【派生語】**disbándment** 名 Ⓤ.

disbelief ⇒disbelieve.

dis·be·lieve /dìsbilíːv/ 動 本来他 〔形式ばった語〕 信じない, 信用しない 《語法 believe の否定形のほうが一般的》.
【派生語】**disbelief** /dìsbilíːf/ 名 Ⓤ 信じないこと, 宗教の不信仰. **disbelíever** 名 Ⓒ.

dis·bur·den /disbə́ːrdn/ 動 本来他 〔やや形式ばった語〕 荷物を降ろす, 心配事, 悲しみ, 秘密などを打ち明けて精神的な負担を軽くする, ほっと安心する.
類義語 unload; relieve.

dis·burse /disbə́ːrs/ 動 本来他 〔形式ばった語〕 別のことのためにとっておいた金から支払いをする, 支出する.
類義語 pay.
【派生語】**disbúrsement** 名 ⓊⒸ 支払, 支出.

disc /disk/ 名 = disk.

dis·card /diskáːrd/ 動 本来他, /ˊ-ˊ/ 名 Ⓒ 〔形式ばった語〕 トランプで手札を捨てる, 習慣や意見などで不用な物を捨てる. 名 として, トランプの捨て札, 一般的に捨てられた物[人], 廃棄物.

[用例] They *discarded* the empty bottles. 彼らは空きびんを捨てた.
【慣用句】***throw into the discard*** 不用物として捨てる.

dis·cern /disə́ːrn, -z-/ 動 [本来他] 〔形式ばった語〕目で見て, あるいは心で認識してはっきり**見分ける**, **見抜く**.
[語源] ラテン語 *discernere* (=to distinguish) が古フランス語を経て中英語に入った.
[用例] We could *discern* from his appearance that he was upset. 彼の顔つきから動転しているのが我々にはわかった.
[類義語] distinguish.
【派生語】**discérnible** 形 見分けられる. **discérning** 形 識別力のある. **discérnment** 名 Ⓤ 識別力, 認識.

dis·charge /distʃɑ́ːrdʒ/ 動 [本来他] /-́-/ 〔形式ばった語〕[一般義] 病院, 刑務所, 軍隊, 会社などのような束縛を伴う場所から**解放する**, 退院させる, **釈放する**, 放免する, 除隊させる, 解雇する. [その他] 気体や液体を閉じられた内部から外部へ**放出する**, 排出する, うみなどを出す, 銃を発射する, 発する, 飛行機や船などの乗物から人や積み荷を降ろす, 吐き出す, 荷揚げする, 〖電〗放電する. さらに義務や責任, 職務の負担を免除する, 取り除く, 責任を果たす, 借金などを返済する. 自 銃が**発射される**, 液体や気体が排出するなどの意. 名 として**解放**, 放出, 免除, 解雇, 排出, 発射, 荷降ろし, 義務の遂行などの意.
[語源] 俗ラテン語 **carricare* (*dis*- 逆 + *carricare* to load) が古フランス語 *descharger* を経て中英語に入った.
[用例] She was *discharged* from hospital. 彼女は退院した / He *discharged* his gun at the policeman. 彼は警官にむかって銃を発射した / He *discharged* his duties conscientiously. 彼は誠実に義務を果たした / The chimney was *discharging* clouds of smoke. 煙突からもうもうたる煙が出ていた / The ship *discharged* bananas at the dock. ドックでは船からバナナが荷揚げされた.

dis·ci·ple /disáipl/ 名 Ⓒ 〔やや形式ばった語〕[一般義] 師や宗派の教えを信じ従う人, **弟子**. [その他] 特に, キリストの12使徒の1人.
[語源] ラテン語 *discere* (=to learn) から派生した *discipulus* (=learner) が古英語に入った.
[類義語] follower.
[用例] Jung was a *disciple* of Freud. ユングはフロイトの弟子だった / Jesus and his twelve *disciples* イエスと十二使徒たち.

disciplinarian ⇒discipline.
disciplinary ⇒discipline.

dis·ci·pline /dísiplin/ 名 ⓊⒸ 動 [本来他] 〔一般義〕[一般義] **訓練**, **鍛錬**. [その他] 個人的な**訓練**, しつけ, さらに集団的な**規律**, 統制, 統制を維持するための**懲罰**. 集団に対する「訓練」という意味が転じて訓練法, 学習法, 〔形式ばった語〕学問(分野), (大学の)専門分野. 動 として**訓練する**, しつける, 懲戒する.
[語源] ラテン語 *discipulus* (⇒disciple) から派生した *disciplina* (=teaching; learning) が古フランス語を経て中英語に入った.
[用例] All children need *discipline*. 子どもはだれでもしつけられなければならない / You must *discipline* yourself so that you do not waste your time. 時間を無駄にしないように自らを鍛えなくてはならない / The students who cause the disturbance have been *disciplined*. 騒動をひきおこした学生たちは懲罰に付された.
[反義語] indiscipline.
【派生語】**dìsciplinárian** 名 Ⓒ 厳格な人, 訓練主義者. **dísciplinary** 形 訓練の, 規律上の, 専門分野の.

dis·claim /diskléim/ 動 [本来他] 〔やや形式ばった語〕関係, 責任, 請求権などを**否認する**, 放棄する.
[用例] I *disclaimed* all responsibility. 私はすべての責任を否認した.
[類義語] deny.
【派生語】**discláimer** 名 Ⓒ 放棄, 否認, 広告などのただし書き.

dis·close /disklóuz/ 動 [本来他] 〔形式ばった語〕[一般義] 秘密などを**暴く**, **暴露する**, 明らかにする. [その他] 秘密などを**打ち明ける**, 思っていることや考えていることを発表する. また覆いを取って何かを見せる, あらわにする.
[語源] 古フランス語 *desclore* (*des*- 反対 + *clore* to close) の現在分詞 *desclos*- が中英語に入った.
[用例] He refused to *disclose* his identity. 彼は身元を明かすことを拒んだ.
[類義語] ⇒reveal.
[対照語] conceal; hide.
[関連語] acknowledge; declare.
【派生語】**disclósure** 名 ⓊⒸ 秘密などをあばくこと, 発表, 打ち明け話.

dis·co /dískou/ 名 Ⓒ 〔くだけた語〕レコードにあわせて客が踊るダンスホール, **ディスコ**, そこで用いられるビートのきいた音楽.
[語源] discotheque の短縮形. 20世紀から.

dis·col·or, 《英》**-our** /diskʌ́lər/ 動 [本来他] 〔形式ばった語〕汚れて**変色する**. 他 **変色させる**, 色あせる.
[用例] The wallpaper had *discoloured* with the damp. 壁紙は湿気のために変色した.
[類義語] fade; stain.
【派生語】**discòlorátion**, 《英》**-our-** Ⓤ 変色, しみ.

dis·com·fit /diskʌ́mfit/ 動 [本来他] 〔形式ばった語〕本来は打ち負かすことや敗走させることを表すが, 現在では主に人の計画や期待をくじく, その結果**当惑させる**, まごつかせる意を表す.
[用例] Our surprise attack *discomfited* the enemy. 我々の奇襲が敵を破った.
[類義語] defeat; embarrass.
【派生語】**discómfiture** 名 Ⓤ.

dis·com·fort /diskʌ́mfərt/ 名 ⓊⒸ 動 [本来他] 〔形式ばった語〕満足感に欠け**不安**, 不愉快, 不便であること, 不満. [その他] 困難や苦痛など不満の原因. 動 として**不安にする**, 不愉快にする.
[用例] Her broken leg caused her great *discomfort*. 彼女の骨折した足は非常に苦痛を与えた.
[類義語] distress.

dis·com·pose /diskəmpóuz/ 動 [本来他] 〔形式ばった語〕心の落着きを失わせる, **不安にする**.
【派生語】**discompósure** 名 Ⓤ 心の動揺.

dis·con·cert /diskənsə́ːrt/ 動 [本来他] 〔形式ばった語〕[一般義] 疑心や不安によって心の平静を失わせる, **当惑させる**. [その他] 計画の裏をかいて挫折させる.
[類義語] embarrass; upset.
[用例] He was a little *disconcerted* by the amount he had to pay. 彼は支払わなければならない金額に少し当惑した.

【派生語】disconcértingly 副.

dis·con·nect /dìskənékt/ 動 [本来他]〔やや形式ばった語〕電気、電話回線、水道など公共のものを差し止める、電話が相手とつながらない、切れてしまう.
[用例] Our phone has been *disconnected*. うちの電話は止め止めになっている.
【派生語】disconnécted 形 前後の連絡のない, **支離滅裂な**. **disconnéction** 名 Ｕ.

dis·con·so·late /dìskánsəlit/-5-/ 形 〔形式ばった語〕何も慰めとならないほど**悲しい**, 喪失感などのために場所や情景などが**陰鬱な**.
[用例] She was *disconsolate* over the death of her cat. 彼女は猫の死に意気消沈した.
[類義語] gloomy.
【派生語】disconsolately 副.

dis·con·tent /dìskəntént/ 名 ＵＣ 形 動 [本来他]〔やや形式ばった語〕もっと多く欲しいため, あるいは他のものが欲しいために気が安まらないこと, **不満**. 形 として **不満のある**. 動 として, **人に不満を抱かせる**.
[用例] There is a lot of *discontent* among young people. 若者の間に不満が募っている.
[類義語] dissatisfaction.
【派生語】disconténted 形 不平, 不満を抱いている. **disconténtment** 副. **disconténtment** 名 Ｕ.

dis·con·tin·ue /dìskəntínju:/ 動 [本来他]〔形式ばった語〕[一般義] 長く使用してきたり行ってきたことをやめる, **終りにする**. [その他]〔法〕訴訟を取り下げる.
[用例] I have *discontinued* my visits here. 私はここを訪問するのをもうやめました.
[類義語] stop.
【派生語】discontínuance 名 Ｕ. **discontinúity** 名 ＵＣ 中断, 不連続. **discontínuous** 形 途切れる, 断続する. **discontínuously** 副 継続的に.

dis·co·phile /dískəfail/ 名 Ｃ 〔一般語〕レコード収集家, レコードに詳しい人.
[語源] disc (レコード) + phile (愛する人). 20世紀から.

dis·cord /dískɔ:rd/ 名 ＵＣ, /-́-/ 動 [本来他]〔形式ばった語〕[一般義] 意味, 考え, 目的などの**不一致**. [その他] **不和, 仲たがい**, 内輪もめ, 〖楽〗**不協和音**. 動 として **一致しない, 不和である**.
[語源] ラテン語 *discors* (=discordant; *dis-* apart + *cor* heart) から派生した *discordia* (=strife) が古フランス語 *descorde* を経て中英語に入った.
[用例] Their house was full of *discord*. 彼らの家はもめ事が絶えなかった.
[対照語] concord; harmony.
【慣用句】be in discord 調和していない.
【派生語】discórdance 名 Ｕ 不一致, 不調和, 〖楽〗不協和. **discórdant** 形 調和しない, 調子はずれの. **discórdantly** 副.

dis·co·theque /dískətèk, -́--́/ 名 Ｃ 〔一般語〕ディスコ (テック) (《語法》discoと短縮されることのほうが多い).
[語源] フランス語 *discothèque* (=disc library) が20世紀に入った.

dis·count /dískaunt/ 名 Ｃ, /-́-́/ 動 [本来他]〔一般語〕[一般義] 物品などの通常の値段からの**値引きや手形の割引**. [その他] 数字で具体的に示される割引率や割引額. 動 として **割引する**, 割引いて売る, 比喩的に人の話を**割引いて聞く**.
[語源] ラテン語 *discomputare* (*dis-* 逆 + *computare* to count) が古フランス語 *descompter, desconter* を経て初期近代英語に入った.
[用例] He gave me a *discount* of 20%. 彼は20%割引いてくれた/I have *discounted* most of what he said as being the words of a lunatic. 彼の言う大部分のことがらは狂人のたわごととして割り引いて聞くことにしている.
[対照語] boost.
【慣用句】at a discount 割り引きして.
【派生語】díscount hòuse [stòre; shòp] 名 Ｃ ディスカウント・ショップ, 割引店. **díscount ràte** 名 Ｃ 商業手形割引率, 《米》公定歩合.

dis·coun·te·nance /dìskáuntənəns/ 動 [本来他]〔やや形式ばった語〕[一般義] 顔色 (countenance) を失わせることから, 人に**面目を失わせる, 困らせる**. [その他] 色々けちをつけて**賛成しない, 気をくじく**.

dis·cour·age /diskə́:ridʒ/ 動 〔一般語〕[一般義] 勇気, 希望, 自信, 興味, 熱意, スタミナなどを**失わせる, がっかりさせる, 落胆させる**. [その他]〔形式ばった語〕計画や事業, 行動を思いとどまらせる, **邪魔する**.
[語源] 古フランス語 *descoragier* (*des-* 逆 + *corage* courage) が中英語に入った.
[用例] She *discouraged* all his attempts to find where she lived. 彼女は彼が居所を見つけようとするのをことごとく邪魔した/The rain *discouraged* him from going camping. 雨のため彼はキャンプに行くのを思いとどまった.
[類義語] discourage; dishearten; dispirit: **discourage** は勇気や自信の喪失だけではなく, ふるいたたせる力がなくなり恐怖心が伴い始めること. **dishearten** は心的状態や気分だけではなく目的や目標を達成しようとする意志の喪失も強調されている. **dispirit** は元気や希望がなくなることを強調する.
[対照語] encourage.
【派生語】discóuraged 形 がっかりして. **discóuragement** 名 Ｕ 思いとどまらせること, がっかりさせること. **discóuraging** 形. **discóuragingly** 副.

dis·course /dískɔ:rs, -́-/ 名 ＣＵ, /-́-́/ 動 [本来自]〔やや形式ばった語〕[一般義] 長くまとまった内容の話をすること, **講演**. [その他] 人と語り合うこと, 会話をして意見を交換すること, **談話**. 動 として **語る, 演説する, 論述する**.
[語源] ラテン語 *discurrere* (=to run about) の過去分詞 *discursus* が中英語に入った. 「走り回る」ことから「議論」「談話」の意となった.
[類義語] speech; talk.
【複合語】díscourse anàlysis 名 ＵＣ 〖言〗談話分析.

dis·cour·te·ous /dìská:rtiəs/ 形 〔形式ばった語〕無作法で礼儀に欠ける, **失礼な**.
[用例] It was very *discourteous* of him not to reply to my letter. 私の手紙に返事を出さないとは彼は非常に失礼だった.
[類義語] impolite; rude.
【派生語】discóurteously 副. **discóurtesy** 名 ＵＣ **無作法**, 失礼な言動.

dis·cov·er /diskʌ́vər/ 動 [本来他]〔一般語〕[一般義] 未知のものを偶然**発見する**, **見つけだす** [語法] 同の ほうがよかったか. [その他] 事柄, 事実などを**知る, 悟る, 分かる**. また《通例受身で》世に出ていない俳優などの人間を**発掘する, 才能を見出す**.
[語源] 後期ラテン語 *discooperire* (*dis-* 逆 + *cooperire*

dis·cred·it /dìskrédit/ 動 〚UC〛 動 〖本来他〗〖形式ばった語〗 〚一般義〛あることを真実ではないとして信用しないこと, **不信**, **疑惑**. 〖その他〗信用を落とすもの, つらよごし, 信用を落とした結果生じる**不名誉**. 動 として**信用[信頼]しない**, 〖評判〗を落とす.

〖用例〗Her untidy garden is a *discredit* to the whole street. 彼女の雑然とした庭は街全体の恥だ/ He was *discredited* by the details which now came into light. 今詳細が明るみに出て彼は信用を落とした.

〖派生語〗**discréditable** 形 信用を傷つけるような, 不名誉な. **discréditably** 副.

dis·creet /dìskríːt/ 形 〖形式ばった語〗〚一般義〛思慮のある, 分別のある. 〖その他〗用心深い, 慎重な. さらに意味が転移して控え目な, 目立たない, ゆえに奥ゆかしい.

〖語源〗ラテン語 *discernere* (= to separate) の過去分詞 *discretus* が古フランス語 *discret* を経て中英語に入った.「分離する」→「分離する能力がある」→「分別がある」と意味が変化した. discrete と二重語.

〖用例〗You must be very *discreet* in giving opinions. 意見を述べる時には慎重にしなければいけないよ.

〖反意語〗indiscreet.

〖派生語〗**discréetly** 副.

dis·crep·an·cy /dìskrépənsi/ 名 〚UC〛 〖形式ばった語〗2 つの物が一致せず食い違うこと, **相異**, **矛盾**.

〖語源〗ラテン語 *discrepare* (= to sound differently) の現在分詞 *discrepans* が中英語に入った.

〖用例〗There is some *discrepancy* between the two accounts of what happened. 出来事に関する二つの陳述にはいくらか食い違いがある.

〖類義語〗conflict.

dis·crete /dìskríːt/ 形 〖形式ばった語〗ばらばらに離れていて, **区別されている**, 分離していて, 不連続である, 関連がない.

〖語源〗*discretus* (⇒discreet) が中英語に入った.

〖類義語〗separate.

〖派生語〗**discrétely** 副.

dis·cre·tion /dìskréʃən/ 名 〚U〛 〖形式ばった語〗 〚一般義〛**思慮分別**, **慎重な判断**. 〖その他〗判断[選択], 行動]の自由, **自由裁量**.

〖語源〗ラテン語 *discretus* (⇒discreet) から派生した後期ラテン語 *discretio* が中英語に入った. ⇒discreet; discrete.

〖用例〗*Discretion* is the better part of valor. 《ことわざ》慎重さは勇気の大部分である(君子危きに近よらず).

〖派生語〗**discrétionary** 形 任意の, 自由裁量の.

dis·crim·i·nate /dìskrímineit/ 動 〖本来他〗〚一般義〛2 つの物事や 2 人を**区別する**, **見分ける**. 〖その他〗特に微妙で細かな差異を**識別する**, 弁別する, 聞き分ける. 自 **差別する**, 差別待遇する, 区別する.

〖語源〗ラテン語 *discrimen* (= distinction) から派生した *discriminare* の過去分詞 *discriminatus* が初期近代英語に入った.

〖用例〗He was accused of *discriminating* against women employees. 彼は女性の従業員を差別したことで訴えられた.

〖関連語〗compare; separate; divide.

〖慣用句〗***discriminate in favor of*** ... ...を優遇する.

〖派生語〗**discríminating** 形 区別できる, 目の肥えた; = discriminatory. **discriminátion** 名 〚U〛 差別, 差別待遇, 区別. **discríminatory** 形 差別的な, 偏見を持った, 特徴的な, 識別する感覚のある.

dis·cur·sive /dìskə́ːrsiv/ 形 〖形式ばった語〗話題などの内容が広範囲に移ってとりとめのない, **散漫な**. また〖哲〗前提から結論へ論理的に推論する, 直観的でない.

〖語源〗ラテン語 *discursus* (⇒discourse) から派生した中世ラテン語 *discursivus* が初期近代英語に入った.

〖用例〗His treatment of the subject is rather *discursive*. 彼のその主題の論じ方はかなり散漫だった.

dis·cus /dìskəs/ 名 〚C〛 〖一般義〛競技用の**円盤**, (the ~)《競技》**円盤投げ**.

〖語源〗ラテン語 *discus* (輪投げの輪, 円盤) が初期近代英語に入った. disc, disk の語源.

dis·cuss /dìskʌ́s/ 動 〖本来他〗 〚一般義〛〚一般義〛**議論する**, **討議する**. 〖その他〗話し合う, 相談する, 話題にする, うわさする 《語法》talk about のほうがくだけた語).

〖語源〗ラテン語 *discutere* (= to dash to pieces; *dis-* apart + *quatere* to shake) が後期ラテン語で investigate, discuss の意となり, その過去分詞 *discussus* が中英語に入った.「物を粉々に打ち砕く」→「分散させる」→「一つ一つおして調べる」→「討議する」→「話し合う」のように意味が変化したと考えられる.

〖用例〗We had a meeting to *discuss* our plans for the future. 私たちは会議で将来の計画を検討した/ She can talk, but she can't *discuss*. 彼女はおしゃべりはできるが話し合いのできない人だ.

〖類義語〗⇒debate.

〖関連語〗explain; discourse; consider.

〖派生語〗**discússion** 名 〚UC〛 論議, 討議.

dis·dain /dìsdéin/ 名 〚U〛 動 〖本来他〗 〖形式ばった語〗**軽蔑の念や態度**, **侮蔑**. 動 としてさげすむ, また卑劣な行為などをするのを見下げたこととして**恥じてしない**, **潔よしとしない**.

〖語源〗ラテン語 *dedignari* (= to scorn; *de-* not + *dignare* to consider worthy) が古フランス語を経て中英語に入った.

〖用例〗She *disdained* to save herself by telling lies. 彼女は偽りを言って助かるのを潔しとしなかった.

〖類義語〗contempt; scorn.

〖派生語〗**disdáinful** 形. **disdáinfully** 副.

dis·ease /dìzíːz/ 名 〚UC〛 〚一般義〛〚一般義〛病名がつくような具体的な**病気**, **疾患**. 〖その他〗精神や道徳, 社会などの**不健全な状態**, 腐敗, 堕落.

〖語源〗古フランス語 *desaise* (= lack of ease; *des-* 逆 + *aise* ease) が中英語に入った.

〖用例〗She is suffering from a *disease* of the kidneys. 彼女は腎臓を患っている/ Violent crime is one of the most serious *diseases* of modern society. 凶悪犯罪は現代社会の最も深刻な病弊の一つだ.

[類義語] illness.
[関連語] syndrome; complaint.
【派生語】**diseased** 形 病気にかかった.

dis·em·bark /dìsimbɑ́ːrk/ 動 [本来他] 〔形式ばった語〕人や積荷などを船や飛行機などから降ろす, 上陸させる, 陸揚げする. 自 降りる, 上陸する.
[語源] 古フランス語 *desembarquer* (*des-* 逆＋*embarquer* to embark) が初期近代英語に入った.
[用例] We *disembarked* soon after breakfast. 朝食をとるとすぐに上陸した.
【派生語】**dìsembarkátion** 名 U 陸揚げ, 下船, 上陸.

dis·em·bod·ied /dìsimbɑ́did|-ɔ́-/ 形 〔形式ばった語〕[一般義] 霊魂などが肉体から離れて存在する. [その他] 声や姿の見えない所から聞こえてくる, 一般的に実質のない, 現実から遊離している.

dis·em·bow·el /dìsimbáuəl/ 動 [本来他] 〔形式ばった語〕腸を取り除く, 取り出す, 《～ oneself で》切腹する.

dis·en·chant /dìsintʃǽnt|-ɑ́ː-/ 動 [本来他] 〔形式ばった語〕魔法を解く, 迷いや夢, 幻想などから目ざめさせる.
[類義語] disillusion.
【派生語】**dìsenchántment** 名 U.

dis·en·cum·ber /dìsinkʌ́mbər/ 動 [本来他] 〔形式ばった語〕人から苦労や障害となるものを取り除く, 重荷を解く.
[類義語] disburden.

dis·en·gage /dìsinéidʒ/ 動 [本来他] [一般義] 何かから離す, 解く, 外す 《from》, 義務や責任などから解放する, 《～ oneself で》解放される, 自由になる. 自 離れる, 自由になる, 〖軍〗戦闘を中止する.
[用例] The armies *disengaged* at nightfall. 軍隊は日暮れに戦いをやめた.
【派生語】**disengáged** 形 人, 場所, 時間があいている, 予約のない, 機械が稼働していない. **dìsengágement** 名 U.

dis·en·tan·gle /dìsintǽŋgl/ 動 [本来他] 〔形式ばった語〕ひもや髪などのもつれを解く, ほぐす. [その他] 混乱や紛争などの問題を解決する.
[用例] He *disentangled* himself from the brambles. 彼はいばらから身をふりほどいた.
[類義語] release.
【派生語】**dìsentánglement** 名 U.

dis·es·tab·lish /dìsistǽbliʃ/ 動 [本来他] 〔やや形式ばった語〕すでに確立されている慣例や制度などを廃止する, これまでの身分や地位を剥奪する, 〔英〕国教会 (established church) への国の援助をやめる.
[類義語] deprive.

dis·fa·vor, 〔英〕**-vour** /disféivər/ 名 U C 動 [本来他]〔やや形式ばった語〕[一般義] 好意を持たないこと, 嫌うこと, 冷遇, 嫌悪, 不賛成. [その他] 嫌われている状態, 人気, 不評, 不親切な行為を表す. 動 として冷遇する, 意地悪をする.
[用例] He was in *disfavour* because he had stayed out late. 彼は夜遅くまで外出していたので白い眼で見られた.
【慣用句】*fall into disfavour* 人気を失う. *in disfavour with* …に嫌われている.

dis·fig·ure /disfígjər|-gər/ 動 [本来他] 〔形式ばった語〕[一般義] 外観を傷つける, 醜くする. [その他] 比喩的に美点, 価値, 評価などを傷つける.
[用例] That scar will *disfigure* her for life. その傷跡は一生残るだろう.
[類義語] deface.
【派生語】**disfígurement** 名 U.

dis·fran·chise /disfrǽntʃaiz/ 動 [本来他] 〔形式ばった語〕[一般義] 人から選挙権・公民権を奪う. [その他] 人や企業, 都市などから特権[免許]を奪う.
【派生語】**disfránchisement** 名 U.

dis·gorge /disgɔ́ːrdʒ/ 動 [本来他] 〔形式ばった語〕[一般義] 人や動物が食べ物を吐き出す 《[語法] vomit の方が一般的な語だが, disgorge は飲みこんだ骨を吐き出すなど, もとのままの状態で吐き出すという意味がある》. [その他] 比喩的に川や乗物などの無生物が中に入っているものを外へ出す, 人がこっそり貯めこんだものや不正利得などをいやいやながら返す.
[用例] She reluctantly *disgorged* the missing papers. 彼女はしぶしぶ行方不明だった書類を返した.

dis·grace /disgréis/ 名 U C 動 [本来他] 〔一般義〕[一般義] 人の行為や言葉により生じた**不名誉, 不面目.** [その他] 不名誉な 《a ～》不名誉なこと[もの, 人], 不名誉の原因, 恥さらし, 面よごし. 動 としては, ある行為が何かの恥となる, はずかしめる, 《受身で》不名誉なことがきっかけで公職から**失脚する.**
[語源] 古イタリア語 *disgrazia* (*dis-* not ＋ *grazia* grace) がフランス語 *disgrâce* を経て初期近代英語に入った.
[用例] He is in *disgrace* because of his behavior. 彼は自らの行動で顰蹙(ひんしゅく)をかっている／You are a *disgrace* to your family. おまえは家族の面よごしだ.
[類義語] shame.
【派生語】**disgráceful** 形 〔軽蔑的〕恥じるべき, 不名誉な. **disgrácefully** 副.

dis·grun·tled /disgrʌ́ntld/ 形 〔やや形式ばった語〕何かに**不満**がある 《at; with》, そのため**機嫌が悪い**.
[語源] dis- 強意＋*gruntle* to utter little grunts. 初期近代英語から.
[類義語] sulky; dissatisfied.

dis·guise /disgáiz/ 動 [本来他] 名 U C 〔一般義〕[一般義] 人や物を**変装させる, 偽装させる.** [その他] 姿を変えることから, 正体を隠し, 感情や病気などを隠す, 事実を偽るの意となる. 名 として変装, 仮装, 偽装, 見せかけ, 偽り, 口実など.
[語源] 古フランス語 *desguis(i)er* (＝to disguise; *des-* 逆＋*guise* appearance) が中英語に入った. 原義は「ふだんの身なりを変える」.
[用例] He *disguised* himself as a pirate. 彼は海賊のかっこうをしていた／I *disguised* my error from my friends. 自分のまちがいを友人には隠した.
【慣用句】*in disguise* 変装して, 姿を変えて: I can't help feeling that his attitude is just racism *in disguise*. 彼の態度は形を変えた人種差別主義だと思わずにはいられない. *in [under] the disguise of* …… と偽って. *throw off one's disguise* 仮面をかなぐり捨てる.
[関連語] camouflage; clook; dissemble.

dis·gust /disgʌ́st/ 名 U 動 [本来他] 〔一般語〕[一般義] むかむかするほどの**嫌悪(感)**. [その他] 反感, 愛想づかし. 動 として嫌悪感を抱かせる, むかむかさせる, 気分を悪くさせる, 吐き気をもよおさせる.
[語源] 中フランス語 *desgouster* (＝to disgust; *des-*

逆+*gouster* to taste) が初期近代英語に入った.
[用例] My *disgust* at what he had said grew stronger all the time. その間ずっと彼が言ったことに対してますます胸くそが悪くなっていった/I was *disgusted* at his behaving that way. 彼のそのような振舞いにつくづく嫌気がさした.
[類義語] dislike.
[関連語] offend; outrage.
【派生語】**disgústed** 形 嫌気がさした，むかむかする. **disgústedly** 副. **disgústing** 形. 胸くそが悪くなるような. **disgústingly** 副 むかむかさせるほど，とてもひどく.

dish /díʃ/ 名 C 動 [本来他] 〔一般語〕[一般義] 料理を入れてテーブルまで運ぶ深い大きな盛り皿. [その他] 皿にのっている料理や食物，ごちそう，また皿[鉢]一杯の量 (dishful). 皿の意味が拡大して，皿の類，(the ～es) 食器類一般を表す. 動 として皿[鉢]に盛る.
[語源] ラテン語 *discus* (=quoit, dish, disk) が古英語に disc (=plate; bowl; platter) として入った.
[類義語] dish; plate; saucer; platter: **dish** は皿を総称して指す場合もあるし，特に料理を盛ってテーブルまで運ぶ大きな盛り皿をいう場合もある. **plate** は dish から各自が取る浅く平たい取り皿. **saucer** はコーヒーなどの cup をのせる受け皿. **platter** は《米》で肉や魚を盛る楕円形の大きな皿.
【慣用句】*do the dishes* 食器類を洗う，皿をかたづける. *dish it out* 〔くだけた表現〕わめきちらす，罰をくらわす. *dish out* 〔ややくだけた表現〕料理を皿に取り分ける. *dish up* 〔ややくだけた表現〕食べ物を皿に盛る.
【派生語】**díshful** 名 C 一皿分(の料理).
【複合語】**díshclòth** 名 C 皿洗い用のふきん. **díshcòver** 名 C 料理保護用の皿覆い. **díshmàt** 名 C 鍋敷き. **díshpàn** 名 C 皿，鍋などを洗う洗い桶(窒)，皿洗い容器. **díshpan hánds** 名《複》炊事，洗濯などの家事で荒れて赤くなった手，洗剤による皮膚炎. **dísh ràg** 名 C 《米》=dishcloth. **dísh tòwel** 名 C 《米》皿ふき用のふきん(《英》tea towel [cloth]). **díshwàsher** 名 C 〔自動〕皿洗い器，食堂などの皿洗い係. **díshwàter** 名 U 皿洗いの水，皿を洗った後の水.

disharmonious ⇒disharmony.

dis·har·mo·ny /dishá:rməni/ 名 UC 〔やや形式ばった語〕調和が欠けていること，不一致，《楽》不協和音.
【派生語】**dishármónious** 形.

dis·heart·en /dishá:rtn/ 動 [本来他] 〔形式ばった語〕勇気や熱意をくじく，がっかりさせる.
[類義語] discourage.
【派生語】**disheártening** 形. **disheárteningly** 副. **disheártenment** 名 U.

di·shev·eled, 《英》**-elled** /diʃévəld/ 形 〔形式ばった語〕髪がぼさぼさに乱れている.
[語源] 古フランス語 *deschevelé* が中英語に入った. 原義は with disarranged hair.
[類義語] untidy.

dis·hon·est /disánəst|-ɔ́-/ 形 〔一般語〕[一般義] 不正直な，不誠実な. [その他] ずるい，不正を働く，信用できない，詐欺的行為をする.
[語源] 古フランス語 *deshoneste* (*des-* 逆+*honeste* honest) が中英語に入った.
[用例] She was *dishonest* about her qualifications when she applied for the job. 彼女はその仕事に応募したとき資格を偽った.
[類義語] deceitful.
[対照語] conscientious; upright; straightforward.
【派生語】**dishónestly** 副. **dishónesty** 名 U.

dis·hon·or, 《英》**-our** /disánər|-ɔ́-/ 名 UC 動 [本来他] 〔やや形式ばった語〕[一般義] 不名誉や恥，あるいは名誉を汚すこと. [その他] 不名誉[恥]の原因となる事物[人]. また《商》手形の不渡り，あるいは支払い[引き受け]拒絶. 動 として名誉を汚す，手形を不渡りにする.
[用例] You have *dishonoured* your family by your actions. 行いによって君は家の名誉を傷つけた.
[類義語] disgrace; shame.
【派生語】**dishónorable**, 《英》**-our-** 形. **dishónorably**, 《英》**-our-** 副.

dis·hon·our /disánər|-ɔ́-/ 名 動《英》= dishonor.

dis·il·lu·sion /dìsilú:ʒən/ 動 [本来他] 名 U 〔形式ばった語〕幻滅を感じさせる，今までの幻影から解放して迷いをさまさせる.
名 として幻滅，覚醒(笠)(〔語法〕disillusionment のほうが普通).
【派生語】**disillúsionment** 名 U. **disillúsionize** 動. **disillúsionary** 形. **disillúsive** 形.

dis·in·cen·tive /dìsinséntiv/ 名 C 〔形式ばった語〕行動意欲を妨げるもの，《経》生産性向上[経済成長]を妨げるもの，...を抑制するもの《to》.

disinclination ⇒disincline.

dis·in·cline /dìsinkláin/ 動 [本来他] 〔形式ばった語〕(しばしば受身で)ある事をするのにいや気を起させる，あるいはしたくない気にさせる.
[類義語] reluctant.
【派生語】**disinclinátion** 名 U《★単数形で》いや気，気乗りうす. **disinclíned** 形《述語用法》...するのを嫌がっている，したくない《for; to do》: I am *disinclined* to attend the meeting. 会議に出る気がしない.

dis·in·fect /dìsinfékt/ 動 [本来他] [一般義] 有害な微生物を殺菌する，消毒する. [その他] 比喩的に何か不快なものを取り除く.
[類義語] cleanse; sterilize.
【派生語】**disinféctant** 名 UC 殺菌剤. **disinféction** 名 U. **disinféctor** 名 C 消毒器[薬]，消毒する人. **disinféctive** 形.

dis·in·fest /dìsinfést/ 動 [本来他] 〔形式ばった語〕建物や植物などからねずみ，ごきぶりなどを，また体内から寄生虫などを駆除する.
[用例] *disinfest* the cellor *of* cockroaches 地下室からごきぶりを駆除する.
【派生語】**disinféstant** 名 UC 害虫駆除剤. **disinfestátion** 名 U. **disinféstor** 名 C 駆除するための道具[薬品].

dis·in·fla·tion /dìsinfléiʃən/ 名 U 《経》生産高，雇用，投資の縮小を招かないで消費者の購売力を増し，インフレ状態を収めること(★ 動 は disinflate).
【派生語】**disinflátionary** 形.

dis·in·gen·u·ous /dìsindʒénjuəs/ 形 〔形式ばった語〕実際はよく知りもしないのに知ったかぶりをしたりして，不誠実な，不正直な，表裏のある.

dis·in·her·it /dìsinhérit/ 動 [本来他] 〔形式ばった語〕

一般遺言書を書いて、法定相続人 (heir apparent) から相続する権利を奪う、廃嫡する. その他 一般化して、既得の社会的特権[人権]を奪う.
【派生語】 disinhèritance 名 Ⓤ 廃嫡, 相続権排除.

dis·in·te·grate /dísintəgrèit/ 動 本来他 〔形式ばった語〕 崩壊させる, 分解する, 風化させる.
【派生語】 disintegrátion 名 Ⓤ 崩壊, 分解, 【地質】風化(作用).

dis·in·ter /dìsintə́:r/ 動 本来他 〔形式ばった語〕 一般 《しばしば受身で》墓から特に人間の手で埋められた物を発掘する. その他 比喩的に明るみに出す.
類義語 dig; exhume; unearth.
【派生語】 dìsintérment 名 ⓊⒸ 発掘, 発掘物.

dis·in·ter·est·ed /disíntristid/ 形 〔形式ばった語〕 一般 人, 行為などが公平無私な. その他 興味のない, 関心のない.
語法 この意味での使用は誤りとされ, uninterested が正しいとされる.
類義語 fair; impartial; indifferent.
【派生語】 disínterestedly 副. disínterestedness 名 Ⓤ.

dis·joint /disdʒɔ́int/ 動 本来他 形 〔形式ばった語〕 一般 ばらばらにする, 引き離す. その他 関節をはずす (dislocate), つながった物を解体する, 話を支離滅裂にする. 形 【数】集合が互いに共通元をもたない.
類義語 dismember.
【派生語】 disjóinted 形 〔文語〕 ばらばらの, ちぐはぐな, 【昆虫】頭部・胸部・腹部がくびれによって分離している. disjóintedly 副. disjóintedness 名 Ⓤ.

disk, disc /dísk/ 名 Ⓒ 一般 一般 平らな薄い円盤. その他 一般に円盤状の物, レコード盤, 太陽や月のような地球から見て円形の平らな表面を指す. 【医】椎間板, 【コンピューター】データを保存する円盤状の磁気記憶装置のディスク.
語源 ラテン語 discus (=quoit [輪投げの輪]) がフランス語 disque を経て初期近代英語に入った.
用例 From the earth, the full moon looks like a silver *disc*. 地球から見ると満月は銀の円盤のようだ/ a floppy *disk* フロッピーディスク.
慣用句 *slip a disk* 椎間板ヘルニアになる.
複合語 dísc [dísk] bràke 名 Ⓒ 自動車のディスクブレーキ. dísc drìve 名 Ⓒ 【コンピューター】ディスクドライブ. dísk hàrrow 名 Ⓒ 円盤すき (★トラクター用農機具の一つ). dísc [dísk] jòckey 名 Ⓒ ディスクジョッキー (DJ) 日英比較 英語では人をいう.

dis·like /disláik/ 動 本来他 名 ⓊⒸ 一般 何かをすることを嫌う, いやがる. 名 として嫌うこと, 嫌悪物, 反感.
用例 I *dislike* going to work so early every day. 毎日そんなに早く出勤するのは嫌だ.
類義語 hate.
慣用句 *have a dislike of* [*for*] ... ...が嫌いだ. *likes and dislikes* 好きなものと嫌いなもの. *take a dislike to do* ...するのが嫌になる.
【派生語】 disík(e)able 形 好きになれない. dislíking 名 Ⓤ.

dis·lo·cate /dísləkeit/ 動 本来他 〔一般語〕 計画を狂わせる, 【医】脱臼させる, 【地質】変位させる, 断層させる 〔語法 この意味では fault の方が普通〕.
【派生語】 dìslocátion 名 ⓊⒸ 脱臼, 混乱.

dis·lodge /dislɑ́dʒ|-ɔ́-/ 動 本来他 〔形式ばった語〕 一般 努力の結果人や物を固定された位置からどかす.
その他 敵や厄介なものを追い払う. 自 有利な位置から離れる, 軍隊が宿舎から出る, 物がはずれる.
【派生語】 dislódgeable 形. dislódg(e)ment 名 Ⓤ.

dis·loy·al /dislɔ́iəl/ 形 〔形式ばった語〕《軽蔑的》不誠実な, 裏切りの.
類義語 faithless; traitorous; treacherous.
【派生語】 dislóyalist 名 Ⓒ 裏切り者. dislóyally 副. dislóyalty 名 Ⓤ Ⓒ 不実, 不実な行為.

dis·mal /dízməl/ 形 〔一般語〕 一般 物事が陰気な, もの悲しい, 寂しい. その他 見る[聞く]にたえない, みじめな, 人の気分などが憂うつな, 暗い, 〔くだけた語〕 才能や技などが情けないほどの, みじめな.
語源 中世ラテン語 *dies mali* (=evil days) がアングロフランス語 *dis mal* (=evil day) を経て中英語に入った. 中世では月に 2 日の「縁起の悪い日」があると考えられたことから.
用例 What a *dismal* (-looking) person you are! なんと気味の悪い人なんだ, きみは.
類義語 dismal; depressing; gloomy; melancholic: **dismal** は極端に陰うつなことを示すやや堅い語. **depressing** は希望, 元気さを失わせ, 気が滅入るような, **gloomy** は光がほとんどなく暗いことで, そこから気をめいらせる, 憂うつな. **melancholic** は人の気質から生じてものの, 長い間続きも, ふさぎ込んだの意.
対照語 lively; gay.
【派生語】 dísmally 副.

dis·man·tle /dismǽntl/ 動 本来他 〔形式ばった語〕 一般 家, 機械, 船などから部品や設備を取りはずす.
その他 組織を機能させなくする.
【派生語】 dismántlement 名 Ⓤ. dismántler 名 Ⓒ.

dis·may /disméi/ 動 本来他 名 Ⓤ 一般 《しばしば受身で》心配や恐怖でうろたえさせる 〔語法 fear より堅苦しい語〕. 名 として仰天, 幻滅, 意気消沈, 突然のひどい落胆 (disappointment より堅苦しい語).
語源 ラテン語 *des-* not ＋ ゲルマン語 *may* to be able から派生した俗ラテン語 **desmagare* (=to deprive of power) が古フランス語を経て中英語に入った.
類義語 discourage; horrify; intimidate.
反意語 relief; satisfaction.
【派生語】 dismáying 形. dismáyingly 副.

dis·mem·ber /dismémbər/ 動 本来他 〔形式ばった語〕 ...の手足を切り離す. その他 国を分割する, 主要部分を削除して不完全にする.
【派生語】 dismémbered 形. dismémberer 名 Ⓒ. dismémberment 名 Ⓤ.

dis·miss /dismís/ 動 本来他 〔形式ばった語〕 一般 解雇する, 免職にする. その他 本来は追い払う意で, それから考え, 思いなどを心から捨てる, 退ける, 忘れ去る, また集会, クラスなどを解散させる, 権力者が面前から人を下がらせる, 去らせる, 【法】訴訟を却下する.
語源 ラテン語 *dimittere* (=to send away) に相当する中世ラテン語 *dismittere* の過去分詞 *dismissus* が古フランス語 *desmis* を経て中英語に入った.
用例 He was *dismissed* from his post for being lazy. 彼は怠慢の理由でその地位を首になった/ She *dismissed* him with a wave of the hand. 彼に立ち去るようにと彼女は手を振った.
【派生語】 dísmissal 名 ⓊⒸ 解散, 解雇, 訴訟の棄却. dismíssive 形 態度などがそっけない, 冷淡な.

dis·mount /dismáunt/ 本来自 名 C 〔形式ばった語〕馬, 自転車から降りる《from》(《語法》一般にまたがって降りる場合に用いる; 現在では他動詞用法の方が普通). 他 …から降りる, 物を台から降ろす, エンジンなどを台座から取りはずす, 機械, 銃を分解する. 名 として下馬, 下車, 〖体操〗高い位置から床への着地, フィニッシュ.
【類義語】alight; descend.
【派生語】dismóuntable 形. dismóunted 形.

Dis·ney /dízni/ 名 固 ディズニー Walt(er) Disney (1901-66) 《★アメリカの映画制作者》.

disobedience ⇒disobey.
disobedient ⇒disobey.

dis·obey /dìsəbéi/ 本来他 〔形式ばった語〕親や上司の言うことを聞かない, 規則や命令に違反する, 従わない. 自 にも用いる.
【類義語】defy; violate.
【派生語】disobédience 名 U 不従順, 命令違反. disobédient 形. disobédiently 副. disobéyer 名 C.

dis·oblige /dìsəbláidʒ/ 動 本来他 〔形式ばった語〕一般義 人の希望にそむく, 人の望みをかなえてやらない. その他 人を軽んじたりして侮辱する, 怒らせる, 人に迷惑をかける.
【派生語】disoblíging 形. disoblígingly 副.

dis·or·der /disɔ́ːrdər/ 名 UC 動 本来他 一般義 無秩序, 混乱. その他 不法, 無規律, 無規則, 《しばしば複数形で》社会の騒乱, 暴動, 人の心身の不調, 病気. 動 として, 秩序を乱す, 心身の調子を狂わせる.
用例 The strike threw the whole country into *disorder*. ストライキのため国全体が混乱に落ち入った/He was suffering from nervous [mental] *disorders*. 彼は神経[精神]障害で苦しんでいた.
【類義語】confusion.
【慣用句】throw ... into disorder …を混乱させる
【派生語】disórdered 形 混乱した, 乱れた, 不調の. disórderliness 名 U. disórderly 形 無秩序な, 乱雑な.

dis·or·ga·nize /disɔ́ːrgənaiz/ 動 本来他 …の組織[秩序]を破壊する, 混乱させる.
【派生語】disòrganizátion 名 U 秩序などの破壊, 混乱. disórganized 形. disórganizer 名 C.

dis·ori·ent /disɔ́ːrient/ 動 本来他 〔形式ばった語〕一般義 《通例受身で》(米) 人に方向感覚を失わせる(《英》 disorientate) この語には「東向きにする」 (⇒orient; orientation) という意味を否定することから方向をわからなくさせる, 時間, 場所, 人や物に対する認識を混乱させる.
【派生語】disórientate 動《英》= disorient. disòrientátion 名 U.

dis·own /disóun/ 動 本来他 〔形式ばった語〕一般義 自分のものであることを認めない, 自分と関係があることを認めない (《語法》進行形では用いない). その他 自分と子供との関係を拒否して勘当する, 縁を切る.
【派生語】disówner 名 C. disównment 名 U.

dis·par·age /dispǽridʒ/ 動 〔形式ばった語〕人や物事を悪くいう, さげすむ, 悪くいって評判を落す.
語源 古フランス語 *desparagier* (=to marry one of inferior rank) が中英語に入った. *parage* (=equality) はラテン語の *par* (=equal) から出た語で peer (同等の者, 貴族の一員)の意.
【派生語】dispáragement 名 U. dispáragingly 副.

dis·pa·rate /dísp(ə)rit/ 形 名 C 〔形式ばった語〕考えや物が本質的に異なっている, 比較できない, 共通性がない 〔語法〕 different よりも意味が強い).
語源 ラテン語 *disparare* (= to separate) の過去分詞 *disparatus* が中英語に入った.
用例 *disparate* treatment 〖法〗 不平等な扱い/from totally *disparate* points of view まったく角度の違う観点から (《語法》 totally や wildly と共に用いることが多い).
【派生語】dísparately 副. dísparateness 名 U.
dispárity 名 UC 大小, 量などの相違, 不均衡.

dis·pas·sion /dispǽʃən/ 名 U 〔形式ばった語〕人の言動が個人的な感情や偏見に影響されず冷静であること, 平静, 公平.
【派生語】dispássionate 形. dispássionately 副.

dis·patch /dispǽtʃ/ 動 本来他 名 CU 〔形式ばった語〕一般義 国や軍が人や物を急送する, 特派する. その他 手紙や小包, 電報を発送する, 投函《⌒》する, 食事や仕事などをさっさとすませる, 《婉曲表現》人や動物を殺す. 名 として至急便, 至急報, ニュース特報, 急送公文書, また急送, 特派, 迅速.
語源 後期ラテン語 *impedicare* (= to entangle; *in-* + *pedica* 足かせ) に古フランス語で *des-* が加わり *despeechier* (足かせを外す) となり, イタリア語, スペイン語を経て初期近代英語に入った. 意味は足かせを外す→解放する→送り出すと変った. ラテン語の *pedica* は *pes* (= foot) より.
用例 He *dispatched* several letters asking for financial help. 彼は財政援助を求める手紙を数通投函した/She *dispatched* several pieces of business in quick succession. 彼女はいくつかの用事をやつぎばやに済ませた.
【慣用句】with dispatch 手早く, 迅速に.
【派生語】dispátcher 名 C 使いなどを急派する人, トラックやバスなどの発車係.
【複合語】dispátch bòx [càse] 名 C 通常鍵つきの公文書[書類]発送箱, (英) 書類かばん (attaché case).

dis·pel /dispél/ 動 本来他 〔形式ばった語〕霧, 雲, 闇など無形のものや心配, うわさ, 疑いなど観念的なものを追い散らす, 追い払う.
語源 ラテン語 *dispellere* (= to drive; *dis-* away + *pellere* to push) が中英語に入った.
【類義語】disperse.
【派生語】dispéller 名 C.

dispensable ⇒dispense.
dispensary ⇒dispense.
dispensation ⇒dispense.

dis·pense /dispéns/ 動 本来他 一般義 一般義 物を分配する. その他 配る, 分け与えるという意味から, 薬を調合する, 投与する, 法律の権利を人々に与えるの意で, 法律を施行する.
語源 ラテン語 *dispensare* (検量する) が古フランス語 *dispenser* を経て中英語に入った.
用例 Chemists seriously *dispensed* medicine for the sick. 薬剤師たちは真剣に病人に薬を投与した/The judge *dispensed* justice in the same court for over twenty years. 裁判官は 20 年以上

も同じ裁判所で法を施行した.
[類義語] distribute.
【慣用句】*dispense with* ... 法律やキリスト教などで罪の免除を分与する意から「義務を免除する」意となり，次いで...なしで済ませる(do without), ...を不要にする.
【派生語】**dispénsable** 形 必ずしも必要でない.
dispénsary 名 C 病院などの薬局, 医務室, 保健室.
dispensátion 名 U 分配, 法の施工, 規則などの適用免除. **dispénser** 名 C 薬剤師, 施す者, ディスペンサー(★紙タオル, 紙カップ, かみそり, 石けんなどの日用品や食品, 飲料などを一個ずつ取り出せる容器), 自動販売機, 《英》銀行の自動支払機.
【複合語】**dispénsing chémist** 名 C 《英》薬剤師.

dispersal ⇒disperse.

dis·perse /dispə́ːrs/ 動 [本来他] 〔形式ばった語〕
[一般義] 人や物を四方八方に散らす, 分散させる. [その他] 敵を追い散らす, 会を解散させる, 役職などを追い払う, 雲や霧を消散させる. また分散させる意味から軍隊などを分散配置する, 病気などをまきちらす, 知識を広める.
[語源] ラテン語 *dispergere*(=to scatter) の過去分詞 *dispersus* が古フランス語を経て中英語に入った.
[類義語] dispel; scatter.
【派生語】**dispérsal** 名 U =dispersion《語法》dispersal がその過程・作用を強調するのに対して, dispersion は主にその結果をいう》. **dispérsion** 名 U 分散, 散乱,【理・化】分散.

dis·pir·it /dispírit/ 動 [本来他] 〔形式ばった語〕《通例受身で》意気消沈させる.
[類義語] depress; discourage; dishearten.
【派生語】**dispirited** 形. **dispiritedly** 副. **dispiritedness** 名 U. **dispiriting** 形.

dis·place /displéis/ 動 [本来他] 〔形式ばった語〕
[一般義] 正常または通常の位置から無理に移す, はずす. [その他] 力を加えて位置を移す意味で, 役職にある人をやめさせる, 解任する. また意図しない力が加って正常な位置からはずしてしまう意味で, 骨を脱臼する, 従来あるものを押し出して位置を移すことを表して, ...に取って代わる,【化】置換する, 船が浮かぶとき水を押しのける意から, 排水量が...ある.
[用例] The ship *displaces* 15,000 tons. その船は排水量15,000トンだ.
[類義語] replace.
【派生語】**displáceable** 形. **displáced** 形〔古風な語〕本拠地を失った, 流民の, 難民の: **displaced person** 難民, 亡命者《語法》DP と略す; 通例複数形で》.
displácement 名 U とって代ること, 解職,【造船】排水量. **displácer** 名 C 建築用の埋め石,【薬】調剤用浸出器.

dis·play /displéi/ 動 [本来他] UC 〔やや形式ばった語〕[一般義] 作品や商品, 品物を陳列する, 展示する. [その他] 性質, 能力, 感情などをはっきり示す, 表に出す, 露出する, 発揮する, それらが度をすぎると見せびらかし, 誇示することになる.《コンピューター》データを表示する. 名 として展示, 陳列, 展示会, 能力や感情を表に出すこと, 表示, 露出, 発揮, 《悪い意味で》見せびらかし, 誇示,《コンピューター》文字や図形を表示する装置, ディスプレー.
[語源] ラテン語 *displicare*(=to scatter) が中世ラテン語で unfold, unfurl の意味を持ち, 古フランス語 *despleier* を経て中英語に入った.
[用例] The china was *displayed* in a special cabinet. その陶器は特別陳列ケースに展示されていた/She *displayed* a talent for mimicry. 彼女は物まねの才能をひらかした.
[類義語] ⇒show.
【慣用句】*be on display* 陳列されている, 展示中である.

dis·please /displíːz/ 動 [本来他] 〔形式ばった語〕人を不機嫌にする, 怒らせる.
[語源] ラテン語 *displacere*(=to displease; *dis*-+*placere* to please) から入った古フランス語 *desplaisir*, *desplaire* の語幹 *desplais*- が中英語に入った.
[用例] The children's behavior *displeased* their father. 子どもたちの振舞に父親は怒った.
【派生語】**displéased** 形 ...が気に入らない, ...に不快になって. **displéasing** 形. **displéasure** 名 U 不満, 不機嫌, 不快.

dis·port /dispɔ́ːrt/ 動 [本来他] 〔形式ばった語〕《~ oneself で》積極的に楽しませる.
[語源] ラテン語の *portare*(=to carry) に *dis*- が付いた形が古フランス語で *desporter*(=to carry away; to divert) となり中英語に入った. 原意の「別の所へ運ぶ」意から, 気をそらせる, 気分転換をする, 楽しませるの意味が派生した.
[用例] *disport* oneself at golf ゴルフを楽しむ.

dis·pos·able /dispóuzəbl/ 形 名 C (⇒dispose)
〔形式ばった語〕[一般義] 処分できる, 処分できる. [その他] 特定の用途に限らず自由になる, 処理できることを表し, ここから用が済んだら自由に捨てられる, 使い捨てのという意味が生じた. 名 として使い捨て用品.
[用例] *disposable* paper plates 使い捨て紙皿/*disposable* income 可処分所得.
[関連語] durable goods.
【派生語】**dispòsabílity** 名 U. **dispósableness** 名 U.

dis·pos·al /dispóuzəl/ 名 U [一般義] [一般義] 処分, 処理. [その他] 使用する権利, 〔形式ばった語〕として, 配置, 配列.
【慣用句】*at ...'s disposal* ...の自由になって, ...が自由に使える.
【複合語】**dispósal bàg** 名 C 乗り物などの汚物処理袋. **dispósal cénter** 名 C ごみ処理場.

dis·pose /dispóuz/ 動 [本来他] 〔形式ばった語〕[一般義] 人や物事を適切な場所に配列する, 配置する. [その他] 人をある状態や順序に配置する意から, ある傾向を与える, ...しがちにさせる, ...する気にさせるの意.
[語源] ラテン語 *disponere*(=to arrange; *dis*- in different directions+*ponere* to put) が古フランス語 *disposer* を経て中英語に入った.
[用例] He refused to rest until things were *disposed* as he wanted them. 気に入ったように物が配置されるまで休憩をとるのを彼は拒んだ.
【慣用句】*dispose of ...* ...を処分する, 片づける.
【派生語】**dispósable** ⇒見出し. **dispósal** 名 ⇒見出し. **dispósed** 形 ...したいと思う, ...の気持ちである; ...の傾向がある.《to; toward; to do》. **dispóser** 名 C ディスポーザー, 生ごみ処理機 (garbage disposer).
disposition 名 ⇒見出し.

dis·po·si·tion /dìspəzíʃən/ 名 CU (⇒dispose)
〔形式ばった語〕[一般義] 性質, 気質. [その他] 《a ~》

事をしたい意向[気分, 傾向]. 建物や軍隊などの配置, 配列, 物事の整理, 処分, 処置, 財産の譲渡, 売却.

[語源] ラテン語 *disponere* (配分する)に由来する *dispositio*「配分する」から古フランス語 *disposition* を経て中英語に入った. この語が「性質, 気質」の意味を持つようになったのは占星術におけるある星の配置, 配列をいうことからで, 人の性質は星に左右されると考えられたことから.

[用例] The child has a naturally placid *disposition*. その子は生れながらに穏やかな性質をしていた/the *disposition* of the warehouses 倉庫の配置.

[類義語] disposition; disposal:「計画に従った, あるいはその場にふさわしい配置, 配列」という意味では共通だが, 英米共にこの意味では **disposition** の方が好まれる. **disposal** のほうは「処理, 処分」の意味で使う傾向がある.

dis·pos·sess /dìspəzés/ 動 [本来他] 〔形式ばった語〕...から取り上げる, 奪う.
[用例] He was *dispossessed* of all his lands after the uprising. 彼は暴動の後ですべての土地を奪われた.
【派生語】**dìspossession** 名 U. 奪取.

dis·proof ⇒disprove.

dis·pro·por·tion /dìsprəpɔ́:rʃən/ 名 UC 動 [本来他] 〔形式ばった語〕大きさ, 数, 量, 年齢などの不釣り合い, また不釣り合いなもの. 動 としては不釣合いにする.
【派生語】**dìspropórtional** 形. **dìspropórtionate** 形 動 [本来自] 不釣り合いな.《化》不均化を起こす. **dìspropórtionately** 副. **dìspropòrtionátion** 名 U《化》不均化.

dis·prove /dìsprú:v/ 動 [本来他] 〔形式ばった語〕主張, 断言に対して反証をあげる.
[類義語] refute.
【派生語】**disproof** /dìsprú:f/ 名 UC 反証, 反駁(ばく), 反証物件. **dispróvable** 形. **dispróval** 名 U =disproof.

disputable ⇒dispute.
disputant ⇒dispute.
disputation ⇒dispute.
disputatious ⇒dispute.

dis·pute /dìspjú:t/ 動 [本来他] 名 CU 〔一般語〕[一般義] 物事について激しく議論する, 討論する. [その他] 論じる, 反論する, 異議を唱える. 名 として論争, 口論, 争議, 紛争.
[語源] ラテン語 *disputare* (=to estimate) が古フランス語 *desputer* を経て中英語に入った.
[用例] They *disputed* the ownership of the land for years. 彼らは何年間も土地の所有権をめぐって論争していた/a border *dispute* 国境紛争.
[類義語] ⇒debate; argue; discuss.
【慣用句】**beyond** [**without**] **dispute** 疑いなく, 確かに. **in** [**under**] **dispute** 論争中の, 未解決の.
【派生語】**dispútable** 形 議論の余地のある, 疑わしい. **dispútably** 副. **dispútant** 名 C〔形式ばった語〕論争者, 議論家. **dìsputátion** 名 U 論争, 討論. **dìsputátious** 形 論争的な, 論争好きの. **dìsputátiously** 副. **dispúting** 形.

disqualification ⇒disqualify.

dis·qual·i·fy /dìskwálifai/ -si-/ 動 [本来他] [一般義] 人の資格を剥奪する. [その他] 違反があったり基準に達しない人を失格させる, 不適格とする. 《スポ》出場資格を取りあげることなどを表す.
[用例] She was *disqualified* from driving for three months because of speeding. 彼女はスピード違反で3か月の免停になった.
【派生語】**disqualificátion** 名 U.

dis·qui·et /dìskwáiət/ 動 [本来他] 名 U 〔形式ばった語〕人の心を不安にする. 名 として, 心の不安, 社会的不安, 不穏.
[類義語] anxiety; worry.
【派生語】**disquíeting** 形. **disquíetly** 副. **disquíetness** 名 U. **disquíetude** 名 U〔文語〕不安[不穏]な状態.

dis·qui·si·tion /dìskwizíʃən/ 名 C 〔形式ばった語〕〔軽蔑的〕長すぎるくらい長い論文[論考], 長々しい講演.
[語源] ラテン語 *disquirere* (=to inquire) の過去分詞 *disquisitus* の名 *disquisitio(n-)* (=investigation) が初期近代英語に入った.
【派生語】**disquisítional** 形.

dis·re·gard /dìsrigá:rd/ 動 [本来他] 名 U 〔形式ばった語〕警告, 反対などを無価値として無視する, 軽視する.
[語法] ignore ほど意味が強くない). 名 として...の無視, 軽視 《of; for》.
[類義語] ⇒neglect.
【派生語】**disregárdful** 形.

dis·re·pair /dìsripéər/ 名 U 〔形式ばった語〕修理, 手入れ不足による破損, 荒廃.
[用例] fall into *disrepair* 破損する.

disreputable ⇒disrepute.

dis·re·pute /dìsripjú:t/ 名 U 〔形式ばった語〕評判を落とすこと, 不評, 悪評.
【派生語】**disrèputabílity** 名 U. **disréputable** 形《通例限定用法》《軽蔑的》評判の悪い, いかがわしい, みすぼらしい. **disréputably** 副.

dis·re·spect /dìsrispékt/ 名 U 動 [本来他] 〔形式ばった語〕相手に対する敬意や礼を欠くこと, 無礼, 法律などの軽視. 動 として...に無礼な態度をとる.
【派生語】**disrespèctabílity** 名 U. **disrespéctable** 形. **disrespéctful** 形. **disrespéctfully** 副. **disrespéctfulness** 名 U.

dis·robe /dìsróub/ 動 [本来他] 〔形式ばった語〕人に礼服などの衣服を脱がせる 《of》. 自 衣服を脱ぐ.

dis·rupt /dìsrápt/ 動 [本来他] 〔形式ばった語〕[一般義] 制度や国家を分裂させる. [その他] 分裂, 分断させる意味から, 特に通信や交通を混乱させる, 中断させる, 集会や業務, スピーチなどを中断させる意味に用いる.
[語源] ラテン語 *disrumpere* (=to break apart) の過去分詞 *disruptus* が初期近代英語に入った.
[類義語] rupture; shatter.
【派生語】**disrúpter** 名 C. **disrúption** 名 U. **disrúptive** 形 混乱を起こさせるような. **disrúptively** 副.

dissatisfaction ⇒dissatisfy.
dissatisfactory ⇒dissatisfy.

dis·sat·is·fy /dìssǽtisfai/ 動 [本来他] 〔一般語〕[一般義] 人に不満[不平]を抱かせる. [その他] 人を不快にさせる, 失望させる.
[用例] The teacher was *dissatisfied* with the pupil's behavior. 先生はその生徒の態度に失望した.
【派生語】**dìssatisfáction** 名 U 不満. **dìssatisfáctory** 形 不満足な. **dìssatisfíed** 形 不満そうな,

不満で.

dis·sect /disékt|daisékt/ 動 本来他 〔形式ばった語〕
一般義 人体や動植物を解剖する, 切開する. その他 欠点を見付けようと問題や文章, 理論を詳細に分析する, 批評する.

[語法] 「ばらばらにする」の意で,「2つに切る」の意ではない.

[語源] ラテン語 *dissecare*(=to cut apart)の過去分詞 *dissectus* が初期近代英語に入った.

[類義語] anatomize.

【派生語】 **disséctéd** 形 解剖した. **disséctible** 形 解剖できる. **disséction** 名 UC 解剖, 詳細な分析, 解剖体 (★検死解剖は autopsy). **disséctive** 形 解剖に関する. **disséctor** 名 C.

dis·sem·ble /disémbl/ 動 本来他 〔形式ばった語〕本当の意志や感情, 計画などを隠す, 偽る. また〔古語〕…のふりをする.

[語源] ラテン語 *dissimulare*(=to disguise)が古フランス語の *dessembler* と混成し, 中英語に入った.

【派生語】 **dissémblance** 名 U. **dissémbler** 名 C〔軽蔑的〕偽善者. **dissémblingly** 副.

dis·sem·i·nate /disémineit/ 動 本来他 〔文語〕思想, 知識, ニュース, 病気などを広める.

[語源] ラテン語 *disseminare*(*dis-* in different directions+*seminare* to sow)の過去分詞 *disseminatus* が初期近代英語に入った.

【派生語】 **dissèminátion** 名 U 種まき, 流布. **dissèminátor** 名 C.

dissension ⇒dissent.

dis·sent /disént/ 動 本来自 名 UC 〔形式ばった語〕
一般義 多数意見と意見を異にする, 同意しない (from). その他 意見を異にすることから, 特に (英)(しばしば D-) 国教に反対する. 名 として意見の相違, 異議, (英) 国教離脱, (米) 判事の少数意見(dissenting opinion).

[語源] ラテン語 *dissentire*(*dis-* apart+*sentire* to feel)が中英語に入った.

[反意語] assent.

【派生語】 **dissénsion** 名 U. **dissénter** 名 C 異議を唱える人, 反体制者, (英) 国教反対者 (nonconformist). **dissénsient** 形 C 意見を異にする(人), 反対する(人). **dissénting** 形. **disséntingly** 副.

dis·ser·ta·tion /dìsə(ː)rtéiʃən/ 名 C 一般義 …についての論考, 論文 (on), 大学院の学位論文.

[語源] ラテン語 *disserere*(=to discuss)が後期ラテン語 *dissertare* の 名 *dissertatio* を経て初期近代英語に入った.

[用例] a doctoral *dissertation* 博士論文.

【派生語】 **dissertátional** 形. **díssertator** 名 C 論文執筆者.

dis·ser·vice /dissə́ːrvis/ 名 UC 〔形式ばった語〕 ひどい仕打ち (to), 損害.

[類義語] harm; injury.

dis·sev·er /disévər/ 動 本来他 〔文語〕…から分離する (from), いくつかに分割する.

【派生語】 **disséverance** 名 U. **disséverment** 名 U.

dis·si·dent /dísidənt/ 形 名 C 〔形式ばった語〕〔通例限定用法〕体制や組織, 他の人などと全く意見を異にする (from), 反体制の. 名 として意見の違う人, 政府などに対する反体制者(dissenter).

[語源] ラテン語 *dissidere*(=to disagree; *dis-* apart+*sidere* to sit)の現在分詞 *dissidens* が初期近代英語に入った.

【派生語】 **díssidence** 名 U. **díssidently** 副.

dis·sim·i·lar /disímilər/ 形 〔形式ばった語〕(しばしば否定文で)品質, 性質, 外観などが…に似ていない (to; from).

[類義語] unlike.

【派生語】 **dissimilárity** 名 UC. **dissímilarly** 副. **dissímilate** 動 本来他 相違させる, 《音》異化する. **dissimilátion** 名 UC. **dìssimílitude** 名 UC 不同, 相違点, 対比.

dis·sim·u·late /disímjuleit/ 動 本来他 〔形式ばった語〕本心を偽り隠す, …でないふりをする.

【派生語】 **dissìmulátion** 名 U とぼけ. **dissímulative** 形. **dissímulator** 名 C.

dis·si·pate /dísipeit/ 動 本来他 〔形式ばった語〕
一般義 群衆, 雲, 霧などを跡形無く消散させる. その他 雲などの具体的なものを散らす意味から転じて憂うつ, 悲しみ, 恐怖などの心の曇りを消す, 追い払う, 追い払って消散させてしまうことから, 時間, 精力, 財産を浪費する, 放蕩(ほうとう)する, 特に身を損うまで酒や賭博で遊蕩する意になった.

[語源] ラテン語 *dissipare*(=to disperse)の過去分詞が中英語に入った.

【派生語】 **díssipated** 形. **díssipatedly** 副. **díssipater**, **díssipator** 名 C. **dissipátion** 名 U 道楽, 放蕩, 消散. **díssipative** 形 浪費的な, 《理》 熱が消散的な.

dissociable ⇒dissociate.

dissocial ⇒dissociate.

dis·so·ci·ate /disóuʃieit/ 動 本来他 〔形式ばった語〕人や組織との関係を分離する, 関係を絶つ (from), …と分離して考える. 形 として, 分離[分裂]した.

[語源] ラテン語 *dissociare*(=to disunite; *dis-* 逆+*sociare* to associate)の過去分詞 *dissociatus* が初期近代英語に入った.

【慣用句】 ***dissociate oneself from*** …との関係を絶つ.

【派生語】 **dissóciable** 形 分離できる, 調和しない, 社交的でない. **dissócial** 形 反社会的な, 社交的でない. **dissóciálize** 動 本来他. **dissóciated** 形. **dissociátion** 名 U 分離, 《心》解離, 《化》電離. **dissóciative** 形 《精神医学》分裂性の: *dissociative disorder* 解離障害.

dissoluble ⇒dissolve.

dis·so·lute /dísəluːt/ 形 〔形式ばった語〕〔軽蔑的〕人や生活が放蕩(ほうとう)な, 身持ちの悪い.

[語源] ⇒dissolve.

【派生語】 **díssolutely** 副. **díssoluteness** 名 U.

dissolution ⇒dissolve.

dis·solve /dizálv|-ɔ́-/ 動 本来他 〔一般語〕 一般義 物を溶解する, 分解する, 分解させる. その他 …から比喩的に解散する, 結婚のような契約, 関係を解消する, 取り消す, 問題を解く. 自 溶ける, 消える, 解散する.

[語源] ラテン語 *dissolvere*(*dis-* apart+*solvere* to loosen)が中英語に入った.

[用例] He *dissolved* the pills in water. 彼は錠剤を水に溶かした / The morning mist *dissolved* as the sun rose. 太陽が昇るにつれて, 朝もやは晴れた.

【類義語】⇒malt.
【慣用句】*dissolve in* [*into*] *tears* [*laughter*] こらえ切れずに泣く[笑う].
【派生語】**dissóluble** 形 分解できる. **dìssolútion** 名 UC 分解, 溶解, 解散, 解消. **dissólving** 形.

dissonance ⇒dissonant.

dis·so·nant /dísənənt/ 形【楽】**不協和音の.** 転じて《限定用法》気質や意見などが**調和しない**, 思考と行為が**首尾一貫しない**.
[語源] ラテン語 *dissonare* (=to be inharmonious; *dis*- apart+*sonare* to sound) の現在分詞が古フランス語を経て中英語に入った.
[反意語] consonant.
【派生語】**díssonance** 名 UC 【楽】**不協和(音)**《語法》discord より専門的な用語, 一般に不一致. **díssonantly** 副.

dis·suade /diswéid/ 動 [本来他] [形式ばった語] 説得, 忠告して行為や考えを**思いとどまらせる**(*from*).
[語源] ラテン語 *dissuadere* (*dis*- 逆+*suadere* to persuade) が初期近代英語に入った.
[反意語] persuade.
【派生語】**dissuáder** 名 C. **dissuásion** 名 U. **dissuásive** 形. **dissuásively** 副. **dissuásiveness** 名 U.

dis·syl·lab·ic /dìsiləbik/ 形 =disyllabic.

dis·syl·la·ble /dísiləbl/ 名 =disyllable.

dis·taff /dístæf|-a:-/ 名 C [古風な語] **糸巻き棒**, (the ~) **糸紡ぎ**, **女性の仕事**, (the ~; 集合的) **女性**.
[語源] 古英語 *distæf* から. 「女性」の意味は糸紡ぎは伝統的に女性の仕事であったことから生じた.
[複合語] **dístaff sìde** 名 [文法] (the ~) **家系で父方に対する母方, 母系**(⇔spear side) [語法] 現在ではこっけいな表現; maternal side].

dis·tance /dístəns/ 名 UC 動 [本来他] [一般語]
[一般義] **液体を蒸留する**. [その他] ウイスキーなどを蒸留して製造する, 蒸留して最も重要な部分を**抽出する**, 比喩的に書物や思想などを抽出する, 文体などを**洗練する**.
[語源] ⇒distant.
[用例] What's the *distance* from here to London? ここからロンドンまでのどのくらいの距離か/Your dress looks all right at a *distance*. 少し離れて見ると君の服は申し分ない.
【慣用句】*go to the distance* スポーツなどで**最後までやり抜く**. *in the distance* **遠くに**. *keep ... at a distance* ...と距離を置く, 遠ざける. *keep one's distance from* ... ...との距離を保つ, ...とあまり親しくならない.

dis·tant /dístənt/ 形 [一般語] [一般義] **距離的あるいは時間的に離れている**, **遠い**. [その他] 親類関係に使って**遠縁の**, 人間関係がみずくさい, よそよそしい, 記憶などが**かすかな**.
[語源] ラテン語 *distare* (*dis*- apart+*stare* to stand) の現在分詞 *distans* が古フランス語を経て中英語に入った.
[用例] We live many miles *distant* from one another. 私たちはお互いに数マイルも離れた所に住んでいる/Her manner was rather *distant*. 彼女の態度はかなりよそよそしかった.
[類義語] far.

[対照語] close; near.
【派生語】**dístance** 名 ⇒見出し.

dis·taste /distéist/ 名 UC [形式ばった語]《しばしば a ~》いやなものや好きでない飲食物などに対する比較的弱い**嫌悪**. [語法] dislike より嫌悪の意味が弱い).
【派生語】**distásteful** 形《通例述語用法》...が**嫌いで** (*to*), [古語] 味がまずい(tasteless). **distástefully** 副. **distástefulness** 名 U.

dis·tem·per¹ /distémpər/ 名 U【獣医学】**ジステンパー**(★犬などの動物の急性伝染病). [古語] 精神, 肉体の異常, 不調.
[語源] 中世ラテン語 *distemperare* (*dis*- 逆+*temperare* to temper) が「調子を狂わせる」の意の 動 として中英語に入った.
【派生語】**distémperature** 名 U 精神, 肉体の**病的状態**.

dis·tem·per² /distémpər/ 名 U 動 [本来他] 【美】**壁画などに用いる泥絵の具**, **ディステンパー**. [その他] それを用いた**ディステンパー画**やその画法をいう. また広く**水性塗料**の意味でも用いる.
[語源] 中世ラテン語 *distemperare* (*dis*- 強意+*temperare* to mingle properly) が「溶かす」の意の 動 として中英語に入った.
[類義語] tempera.

dis·tend /disténd/ 動 [本来他] [形式ばった語] 内部の圧力によって四方に**膨張させる[する]**.
[語源] ラテン語 *distendere* (*dis*- apart+*tendere* to stretch) が中英語に入った.
[類義語] swell.
【派生語】**disténsible** 形. **disténsion** 名 U =distention. **disténtion** 名 U 膨張.

dis·till, (英) **dis·til** /distíl/ 動 [本来他] [一般語]
[一般義] **液体を蒸留する**. [その他] ウイスキーなどを蒸留して製造する, 蒸留して最も重要な部分を**抽出する**, 比喩的に書物や思想などを抽出する, 文体などを**洗練する**.
[語源] ラテン語 *distillare* (*de*- down+*stillare* to drip) が古フランス語を経て中英語に入った.
[用例] *distill* wine into brandy ぶどう酒を蒸留してブランデーを作る.
[関連語] brew.
【派生語】**dístillate** 名 U 【化】**蒸留液**. **dìstillátion** 名 U. **dístillatory** 形 蒸留の. **distílled** 形 蒸留した: *distilled* water **蒸留水**/*distilled* liquor(s) **蒸留酒**. **distíller** 名 C 蒸留酒の**製造者[会社]**. **distíllery** 名 C **蒸留酒製造所**.

dis·tinct /distíŋkt/ 形 [一般語] [一般義] **明瞭な**, **明確な**, 紛れもない. [その他] 本来「他と区別された」の意で, 他とは異なる, 全く別な, 他と異なることから明瞭な意になり, さらに**目立つ**, 目覚ましいの意.
[語源] ラテン語 *distinguere* (⇒distinguish) の過去分詞 *distinctus* が中英語に入った.
[用例] There are *distinct* differences between the two. その二つには明確な違いがある/There was a *distinct* coldness in her reply. 彼女の返事はまぎれもなくよそよそしかった.
[類義語] clear.
[反意語] indistinguishable; indistinct.
【派生語】**distínction** 名 CU **区別**, **差別**, **差異**, **特徴**, 特質, 相違点, **優秀性**, 傑出, 卓越, 名誉, 殊勲. **distínctive** 形 **特色のある**, 特有の, **他と区別できる**. **distínctively** 副 特徴的に, 明瞭に. **distínctly** 副

輪郭などがはっきりと, 疑いもなく. **distínctness** 名 U.

dis·tin·guish /distíŋgwiʃ/ 動 [本来義] 〔形式ばった語〕[一般義] ある物を別の物とはっきりと区別する, 識別する. [その他] 見分ける, 聞き分ける. また区別する意から, 特徴を示す, 特徴をはっきり認める, はっきり示すことから, 目立たせる意となり, 《~ oneself で》有名になるの意.
[語源] ラテン語 *distinguere*(＝to separate)が古フランス語 *distinguer* を経て中英語に入った.
[用例] He could just *distinguish* the figure of a man running away. 彼は逃げて行く男の姿だけは識別することができた/He *distinguished* himself at school by winning a prize in every subject. 彼はどの科目でも賞を取ったので, 学校で有名になった.
[類義語] discriminate.
【派生語】**distínguishable** 形 はっきりと聞こえる[見える], 区別できる. **distínguished** 形 著名な, 優れた.

dis·tort /distɔ́ːrt/ 動 [本来義] [一般義] [一般義] 事実や真理などや物事を歪(ゆが)める, 歪曲する. [その他] 意味や表現を曲解する, 誤って伝える. また顔や手足を歪める, ねじる, 映像を歪める, 音声をひずませる.
[語源] ラテン語 *distorquere*(*dis-* apart+*torquere* to twist)の過去分詞 *distortus* が初期近代英語に入った.
[用例] He had a habit of *distorting* the truth. 彼は事実を歪曲するくせがあった/Her face was *distorted* with pain. 彼女は苦しみのあまり顔をゆがめた/Metal *distorts* under stress. 金属は圧力をくわえると曲がる.
[類義語] distort; contort; warp: **distort** は正常な姿, 形, 方向などを歪めることや, 判断, 事実, 陳述が回りの状況とか人の意図によって歪められること. **contort** は distort よりも歪み方が激しく, 不快な痛ましい結果をもたらすこと. **warp** は乾燥してちぢんだり, 平らなものが曲がったり, 歪んだりすること. また何らかの外圧によって判断, 性格, 真実, 意味などが歪むこと.
[関連語] bend; curve; twist; deform.
【派生語】**distórtion** 名 UC 歪めること, 歪み, 歪められた語, 映像などのひずみ.

dis·tract /distrǽkt/ 動 [本来義] 〔やや形式ばった語〕[一般義] 人や注意や気持ちをそらす, まぎらす. [その他] 人の心を混乱させる, 当惑させる.
[語源] ラテン語 *distrahere*(*dis-* aside+*trahere* to draw)の過去分詞 *distractus*(ばらばらになった)が中英語に入った.
[用例] He had slipped out while her attention was *distracted*. 彼女が注意をそらしている間に, 彼はこっそり逃げ出した.
【派生語】**distrácted** 形 取り乱した. **distráctedly** 副. **distráction** 名 UC 気晴らし, 逆上, 注意散漫.

dis·train /distréin/ 動 [本来義] 〔法〕《主に米》財産や物件を担保として差し押える《on; upon》.
[語源] ラテン語 *distringere*(=to pull asunder; *dis-* apart+*stringere* to draw)が中世ラテン語で「強制する」になり, 古フランス語 *destreindre* を経て中英語に入った.
【派生語】**distráinable** 形. **distrainée** 名 C 被差し押さえ人. **distráiner, distráinor** 名 C 差し押さえ人. **distráint** 名 U 動産の差し押え.

dis·trait, dis·traite /distréi/ 形 〔文語〕不安, 心痛, 恐怖でうわの空の, 不注意な《[語法] distraite は女性形》.

[語源] ラテン語 *distractus*(⇒distract)が古フランス語を経て 18 世紀に入った.

dis·traught /distrɔ́ːt/ 形 〔文語〕気も狂わんばかりに心を取り乱した, 頭が混乱した.
[語源] *distract 形 の異形が中英語に入った.
[語法] distraught→distracted→distrait の順で意味が弱くなる.

dis·tress /distrés/ 名 U 動 [本来義] 〔形式ばった語〕[一般義] 悩み, 苦悩. [その他] 困難, 貧苦, 災難, また悲しみ, 悲嘆や悩みの種, 緊急の救助を必要とするような船の遭難, 海難. 動 として悩ませる, 苦しめる.
[語源] ラテン語 *distringere*(⇒distrain)の過去分詞 *districtus* から派生した古フランス語 *distresse* が中英語に入った.
[用例] She was in great *distress* over his disappearance. 彼がいなくなったので彼女は深い悲しみに落ち入った/I'm *distressed* by your lack of interest. きみが興味を失ったので胸が痛む思いだ.
[類義語] sorrow.
[対照語] comfort.
【派生語】**distréssed** 形 苦しんで, 困って. **distréssful** 形 苦悩の多い. **distréssing** 形 苦悩を与えるような, 痛ましい. **distréssingly** 副.
【複合語】**distréss càll** 名 C 遭難信号《★SOS, Mayday などのあらかじめ決められた救援信号》. **distréss sìgnal** 名 C 遭難信号《★火, 旗, SOS などの信号電波》.

dis·trib·ute /distríbju(ː)t/ 動 [本来義] [一般義] [一般義] 物を配る, 分配する. [その他] 商品などを一定の地域に供給する, 配達[配送]する, 物を広い範囲に散布する, 分布する, 分けて分担する.
[語源] ラテン語 *distribuere*(=to divide up; *dis-* apart+*tribuere* to assign)の過去分詞 *distributus* が中英語に入った.
[用例] Food and blankets are *distributed* among refugees as a relief effort. 救援活動として難民に食料と毛布が配られている/Our shops are *distributed* all over the city. われわれの店は町中のあちこちにある.
[類義語] distribute; share; divide: **distribute** は人々に広く物を分配することを表し, 分ける人は自分では受け取らない. **share** は比較的少数の人々が物を共有したり, 分け合うことで, 分ける人も自分の分があることをいう. **divide** は全体をいくつかの部分に分けることを強調する.
[対照語] collect; gather.
[関連語] apportion; allot.
【派生語】**distribútion** 名 U 分配, 配布, 配達, 配置, 分布. **distríbutive** 形 分配の, 配給の. **distríbutor** 名 C 配給者, 配電器, ガソリンエンジンのディストリビューター.

dis·trict /dístrikt/ 名 C [一般義] [一般義] 地方, 地域. [その他] 行政, 教育, 郵便, 選挙などの必要から区分された地区, 区域.
[語源] ラテン語 *distringere*(=to draw apart)の過去分詞 *districtus* が中世ラテン語で「司法権(が及ぶ領土)」を指すようになり, フランス語を経て初期近代英語に入った.
[用例] an agricultural *district* 農業地区/a residential *district* 住宅地区/a school *district* 学区.
[類義語] district; region; zone: **district** は比較的

小さな行政上の区分, あるいは土地の特徴などによる地域. **region** は比較的広い範囲の区分で, 行政区域を越えた漠然とした特徴をもつ地域の意味を含む. **zone** は用途, 生息している動植物などの種類で分けた地域.
【複合語】**dístrict attórney** 名 C 《米》地区主席検事. **dístrict cóurt** 名 C 地方裁判所. **District of Colúmbia** 名 固 (the ～) コロンビア特別区(★アメリカ合衆国の首都 Washington のことで, 連邦政府の直轄地; DC と略す).

dis·trust /distrʌ́st/ 動 [本来他] 名 UC 〔形式ばった語〕信用しない, 疑う. 名 として《★しばしば a ～として》不信感, 疑惑.
【派生語】**distrúster** 名 C. **distrústful** 疑い深い. **distrústfully** 副. **distrústfulness** 名 U.

dis·turb /distə́ːrb/ 動 [本来他] 〔一般義〕[一般義]休息, 睡眠, 平静, 行動などを妨げる, 妨害する, じゃまをする. [その他]人の心を不安にする, かき乱す, 悩ます, 迷惑をかける, いつもの位置・順番などを変え, 混乱させる.
[語源] ラテン語 *disturbare* (*dis*- 強意+*turbare* to disorder) が古フランス語 *desto(u)rber* を経て中英語に入った.
[用例] This news has *disturbed* me very much. この知らせのため大変不安になった/A violent storm *disturbed* the surface of the lake. 激しい嵐が湖の表面を波立たせた.
[類義語] disturb; prevent; hinder; interrupt; obstruct: **disturb** が眠りや仕事を妨げる意であるのに対し, **prevent** はある行為またはその進行を完全に阻止すること, **hinder** は一時的に妨げるという意味のやや形式ばった語である. **interrupt** は話の腰を折ったり, 仕事を妨害すること. **obstruct** は進行の途中に障害物を置いて妨害をすること.
[対照語] set; settle.
【派生語】**distúrbance** 名 UC 妨害, じゃまになるもの, 社会的な騒動, 心の動揺, 不安. **distúrbed** 形 精神障害のある, ノイローゼの, 動揺した. **distúrbing** 形.

disunion ⇒disunite.

dis·unite /dìsju(ː)náit/ 動 [本来他] 〔形式ばった語〕意見などの不一致が分離させる, 分裂させる, 離反させる.
【派生語】**disúnion** 名 U 分裂, 内輪もめ. **disunited** 形 〖馬術〗馬の歩調が不ぞろいな, 分離した. **disuníter** 名 C. **disúnity** 名 U.

dis·use /disjúːs/ 動, /-júːz/ 動 [本来他] 〔形式ばった語〕使われなくなる(こと), 使われていない(こと)《〖語法〗abolish のほうが一般的な語》. 動 として...の使用をやめる.
【派生語】**disúsed** 形.

di·syl·la·ble, dis·syl·la·ble /disíləbl/ 名 C 〖音〗二音節語.
[関連語] monosyllable; polysyllable; trisyllable.
【派生語】**disyllábic, dissyllábic** 形.

ditch /ditʃ/ 名 C 動 [本来他] 〔一般義〕[一般義]灌漑(かんがい)や排水のための**溝, どぶ**. [その他]用途によって, **排水溝, 用水路, 掘り割り, 堀**などの意味になる. 動 として, 飛行機を水面に不時着させる, 車を溝に落とす, 列車を脱線させる, 人を見捨てる, 不用になったものを捨てるなどの意.
[語源] 古英語 *dic* から.
[用例] He climbed over the fence and fell into a *ditch*. 彼は塀をのりこえて溝に落ちてしまった/He *ditched* the girl after going out with her for only three months. 彼はその少女をたった3か月付き合っただけで捨てた.
[関連語] gutter (道路や家の回りの排水溝); groove (レコードの溝や何かの表面にほった細い溝).
[慣用句] ***as dull as ditch water*** 人や本などがまったくつまらない, 退屈きわまりない. ***die in a ditch*** のたれ死にする. ***die in the last ditch*** 最後まで戦って死ぬ. ***in the ditch*** 〔俗語〕《米》酔っ払って. ***to the last ditch*** 最後の最後まで.

dith·er /díðər/ 名 動 [本来自] 〔くだけた語〕《単数形で》精神的な動揺, 興奮. そのために決断できない状態をいい, うろたえ, 混乱, ちゅうちょなどの意. 動 としておろおろする, ぐらぐらする.
[語源] 方言 didder (=to tremble) の変形が初期近代英語に入った.
【派生語】**díthered** 形. **dítherer** 名. **díthery** 形.

dit·to /dítou/ 名 UC 副 形 [本来来] 〔一般義〕すぐ上やすぐ前の語句と同じであること, 同上, 同前, また〔くだけた語〕そっくりなもの, コピー. 副 形 として同上[同前][の], 同様に[の]. 動 としてコピーする, 人と同じことを言う[する].
[語源] ラテン語 *dictus* (=said)に由来するイタリア語の方言 *ditto* (=said)が初期近代英語に入った.
[慣用句] ***say ditto to*** ...〔くだけた表現〕〔戯言的〕人に右へならえする.
【複合語】**dítto màrk** 名 C 繰り返し符号(〃).

di·uret·ic /dàijuərétik/ 形 名 UC 〖医〗利尿作用のある. 名 として利尿薬.
[語源] ギリシャ語 *diourein* (=to pass urine)に由来する後期ラテン語 *diureticus* が中英語に入った.

di·ur·nal /daiə́ːrnəl/ 形 〔文語〕毎日の, 昼行性の, 〖天〗天体が日周の, 〖動〗昼行性の(⇔nocturnal), 〖植〗昼間開花性の.
[語源] ラテン語 *dies* (=day)から派生した *diurnalis* (=daily)が中英語に入った. journal と二重語.
【派生語】**diúrnally** 副.

di·van /diváen, dáivaen/ 名 C 〔一般義〕[一般義]背もたれ, ひじかけのない大型で低い**長椅子, 寝椅子**. [その他]元来はトルコの調度の整った**国政会議室, 法廷, 謁見室**.
[語源] ペルシャ語 *diwan* (=small book)がアラビア語, トルコ語, フランス語を経て初期近代英語に入った. 会議室, 裁判所など多様な意味があった.

dive /dáiv/ 動 [本来自] 〔過去 dove, 《英》～d; 過分 ～d〕名 C 〔一般義〕[一般義]水の中に飛び込む. [その他]水に潜る, 潜水する, 鳥や飛行機が急降下をする, 比喩的にもぐり込む, 手を突っ込む, 建物などに駆け込む, 仕事などに没頭するなどの意. 名 として飛び込むこと, 潜水, 急降下, 潜り込むこと.
[語源] 古英語 *dȳfan* (=to dip)から.
[用例] He *dived* off a rock into the sea. 彼は岩から海中に頭から飛び込んだ/The eagle *dived* on its victim. 鷲は獲物めがけて急降下した.
【派生語】**díver** 名 C 水に飛び込む人, 潜る人, 潜水夫. **díving** 名 U 潜水, 〖スポ〗飛び込み: **diving bell** 釣り鐘型の潜水器/**diving board** 飛び込み板/**diving suit** 潜水服.
【複合語】**díve-bòmb** 動 [本来他] 急降下爆撃する. **dive bòmber** 名 C 急降下爆撃機.

di·verge /divə́ːrdʒ, dai-/ 動 [本来自] 〔形式ばった語〕[一般義]線路や道路などが一点から分岐する. [その他]共

通点から分かれることから，放射状に広がる，逸脱する，意見が異なることをいう．

[語源] ラテン語 dis- (=in two ways)+vergere (=to turn) に由来する中世ラテン語 divergere (=to turn aside) が初期近代英語に入った．

【派生語】divérgence 名. divérgent 形 分かれて異なった，分岐する，発散する．divérgently 副.

di‧verse /daivə́ːrs, di-/ 〔形式ばった語〕種類，考えなどがさまざまの，…と異なった《from》．

[語源] ラテン語 divertere (=to turn in separate ways) が古フランス語を経て中英語に入った．divers の変形．

[類義語] various.

【派生語】divérsely 副．divérseness 名 U．diversificátion 名 U 多様化，変形．divérsified 形．divérsify 動 [本来他] 多様性をもたせる．divérsity 名 UC 多様性．

diversion ⇒divert.

di‧vert /divə́ːrt, dai-/ 動 [本来他] 〔一般義〕流れや方向を変える，そらす．[その他] 比喩的に注意をそらす，気分を転換する．さらに〔形式ばった語〕人の気分を晴らさせる，楽しませる．

[語源] ラテン語 divertere (di- dis-+vertere to turn) が古フランス語 divertir を経て中英語に入った．

[用例] Traffic had to be *diverted* because of the accident. 事故が起きたので交通の流れを変えなければならなかった．

[類義語] turn.

[対照語] set; fix; settle.

【派生語】divérsion 名 UC 方向の転換，気分転換．divérting 形 気晴らしになる．

di‧vest /divést, dai-/ 動 [本来他] 〔形式ばった語〕[一般義] (通例受身または～ oneself で) 人から財産，地位，権利，栄誉などを奪う．[その他] 元来衣服，特に礼服などを脱がせる，転じて地位や権利などを奪う意となる．

[語源] 中世ラテン語 divestire (dis- dis-+vestire to vest (財産などを人の管理にまかせる)) が初期近代英語に入った．

【慣用句】**divest oneself of** … 幻覚，うぬぼれなどを捨て去る．

【派生語】divéstiture 名 U 権利などの剥奪，投下資本の引き上げ．

di‧vide /diváid/ 動 [本来他] [一般義] 名 C [一般義] 何かを分ける，分割する．[その他] 分けて何かを区分する，分配する，配分する，配分する，分類する，仕事や時間を割り振る，割り当てる，分担する．また分けることから，分裂させる，対立させる，不和にする，《数》割る．自 分かれる，等しく配分する，割り算をする．名 として分界線，相違，分水界．

[語源] ラテン語 dividere (to force apart) が中英語に入った．

[用例] The wall *divided* the garden in two. 壁によって庭は二分されていた／We are *divided* (=We do not agree) as to where to spend our holidays. 休日をどこで過ごすかについて意見は分かれている．

[類義語] divide; separate; part: **divide** は分配のために切ったり割ったりしていくつかの部分に分けること．**separate** はもともとつながりのある物を切り離すこと．**part** は密接な関係にある物を引き離すこと．

[対照語] unite.

【派生語】divíded 形 分割された，分かれた: **divided highway** 《米》中央分離帯のある高速道路／**divided usage**《文法》慣用の揺れ，分割語法（★2 以上の言い方があって語法的に揺れがあるもの．たとえば different from … と different to … など）．divídend 名 C 分配金，株式や保険の配当(金)．divíder 名 分けるもの，仕切り，《複数形で》割りコンパス，ディバイダー．

【複合語】divíding líne 名 C 境界線．divíding rídge 名 C 《地理》分水嶺．

divination ⇒divine.

di‧vine /diváin/ 形 動 [本来義] 〔形式ばった語〕[一般義] 神の，神性の，神格の．[その他] 神から授かった，神をたたえる，神にささげる，宗教上の，また神聖な，神々しい，〔古風な語〕すばらしい，すてきな．動 として，未来を占う，人の心を見抜く．

[語源] ラテン語 divus (=god) の派生形 divinus (予言者) が古フランス語 devin を経て中英語に入った．

[用例] I *divined* the truth by a combination of guesswork and inside information. 当て推量に内部情報を結びつけて真相を突き止めた．

[類義語] holy.

[関連語] human; spiritual.

【派生語】divinátion 名 U 占い，予言．divínely 副 神の力で，神々しく，〔古風な語〕すばらしく．divíner 名 C 占い師．divínity 名 UC 神性，神格，神《the D-》キリスト教の神．

【複合語】Divíne Cómedy 名 固《the ～》ダンテ作の叙事詩『神曲』．divíne ríght (of kíngs) 名《the ～》帝王の神権，《史》王権神授説．

divisible ⇒division.

di‧vi‧sion /divíʒən/ 名 UC [一般義] [一般義] 分けること，分割．[その他]（U, ときに a ～）分配，配分．また分けられたもの，部分，《植》植物分類の門，組織上の局，《米》課，意見の分かれることから，不一致，《数》割り算，除法，《軍》師団，境界(線)．

[語源] ラテン語 dividere (⇒divide) の名 divisio が中英語に入った．

【派生語】divísible 形 分けることができる，割りきれる．divísional 形 《限定的》分割上の，師団の，除法の．divísive 形 分裂を起こさせるような．

【複合語】divísion màrk [sìgn] 名 C《数》除法記号 (÷).

di‧vi‧sor /diváizər/ 名 C《数》除数，除法，約数．

[語源] ラテン語 dividere (⇒divide) の派生形 divisor (分配者) が中英語に入った．

di‧vorce /divɔ́ːrs/ 名 UC 動 [本来他] [一般義] [一般義] 離婚．[その他] 〔形式ばった語〕分離，絶縁．動 として離婚させる[する]．

[語源] ラテン語 divortium (=separation; divorce) が古フランス語 divorce を経て中英語に入った．

[用例] They were *divorced* two years ago. 彼らは 2 年前に離婚した．

[対照語] marry; marriage.

【派生語】divorcé /divɔːrséi, -síː/ 名 C 離婚した男性．divórced 形 離婚した．divorcée /divɔːrséi, -síː/ 名 C 離婚した女性．

di‧vulge /diváldʒ/ dai-/ 動 [本来他] 〔形式ばった語〕私事，秘密などをあばく，もらす．

[語源] ラテン語 divulgare (=to publish widely) が中英語に入った．

【派生語】**divúlgement** 名 U. **divúlgence** 名 U.

Dix·ie·land /díksi(:)lænd/ 名 U 《楽》ディキシーランド《★伝統的なジャズ音楽の一形式》.
[語源] Dixie の語源には定説はないが，ルイジアナ州で発行された 10 ドル紙幣にフランス語で dix (=ten) と印刷されていたため，ルイジアナ州のあだ名が Dix's Land となり，それが南部全体を指すようになったという説や，奴隷に優しく対応した所有者の名前が Dixie で，Dixie's Land は安住の地を意味するようになり，時を経て南部全体を表すようになったという説もある.

diz·zy /dízi/ 形〔一般語〕[一般義] 目まいがする. [その他] 場所や状態から高かったり異常だったりして目がくらむ(ような)，目まいを起こさせる. また比喩的に当惑した，混乱した，〔くだけた〕ばかげた，おろかな.
[語源] 古英語 dysig (=foolish) から.
[用例] If you spin round and round like that, you'll make yourself dizzy. そんなにぐるぐる回ると目まいがする.
【派生語】**dízzily** 副 めまいがするように. **dízziness** 名 U めまい.

Dja·kar·ta /dʒəkáːrtə/ 名 固 ジャカルタ《★インドネシア共和国の首都. Jakarta ともつづる》.
[語源] スンダ語で Glorious Fortress の意.

DNA /díːènéi/ 名 U 《生化》ディーエヌエー《★*deoxyribonucleic acid*（ディオキシリボ核酸）の略；生物の遺伝子の本体》.

do /dúː, 弱 du, də/ 動 本来義 (過去 **did**; 過分 **done**) 助 (過去 **did**) 名 C〔一般語〕[一般義] ある動作，行為をする，物事を行う. [その他] いろいろな目的をもってきな名詞に関連した動作を行う. 特に物事を処理する，《完了形・受身で》…してしまう，終わらせる，仕上げる. 具体的には義務を果たす，最善を尽くす，皿を洗う，髪を整える，花を生ける，問題を解く，学位を取る，料理する，映画を作る，役を演ずる，観光地を見て回る，くだけた表現で刑期をつとめる，服役する，人に…してやる，人に害を与えるなどの意で. 自として行動する，ふるまう，暮らす，やっていく，《物が主語で》間に合う，役に立つ. また一般動詞の反復をさけるためにその代わりに用いられる. 助 としては，一般動詞と共に用いて否定文・疑問文を作る働きがある. これはそれ自体に意味を持たず，形式的な語である. また一般動詞と共に用いて，その意味を強調する. 名 として《主に英》祝宴，パーティ，《do's and don'ts の形で》なすべきこと，守るべきこと，《英口語》騒動，髪型.
[語源] 古英語 dōn から.
[用例] *do* the dishes 皿を洗う/*do* one's homework 宿題をする/*do* one's hair 髪の毛を整える/*do* the flowers 花を生ける/*do* Hamlet ハムレットの役を演じる/They tried to *do* London in four days. 彼らは 4 日間でロンドンを見物しようとした/It won't *do* him any harm. それは彼にはまったく害にはならない.
[日英比較] 日本語では名詞に「する」を付けた動詞が多くあるが，英語では「する」にあたる do を使わずに 1 語の動詞を作ることが普通である. たとえば「勉強する」study, 「約束する」promise, 「旅行する」travel など. 日本語と同じように「する」に相当する動詞を使う場合もある. たとえば *do* the washing, *do* teaching [lecturing], *do* sports, *do* exercises などである.
[関連語] deed.
【慣用句】**be to do with** … …と関係がある. **could** [**can**] **do with** … …が必要である，欲しい. **do away with** … …を廃止する，除く. **do by** … …にふるまう，…を扱う. **do for** …の代りになる，間に合う，…に役立つ. **do in** … 殺す，へとへとに疲れさせる. **do ... out of** … 人からだまして…を取り上げる. **do over** 課題などをやり直す. **do well** うまくやる，うまく行く. **do up** … きちんと包む，留める. **do with** … …を処理する: What did you do with …? …はどうしたのか. **do without** … …なしで済ませる. **have done with** … …を済ませてしまう，…と縁を切る. **have something** [**nothing**] **to do with** … …と関係がある[ない]. **make do** やりくりをする，やっていく. **make do with** …=**make ... do** 手近な物で間に合わせる. **make do without** … …なしで済ませる.
【派生語】**dóer** 名 C 行為者，実行者. **dóing** 名 U すること，実行，《複数形で》活動，行動. **dóne** 形 済んだ，料理された，〔くだけた語〕《英》だまされた: be done doing《米》…は済んだ/be done for [in]〔くだけた表現〕参っている/be done with … …を済ます.
【複合語】**dó-góod** 形 《軽蔑的》非現実的な社会改良家の，〔くだけた語〕慈善家ぶった. **dó-góoder** 名 C. **dó-it-yoursélf** 形〔通例限定用法〕修理，組み立てなどを素人が自分で行う，日曜大工用の《[語法] DIY, D.I.Y. と略す》. 名 U 日曜大工: **dó-it-yoursélfer** 名 C.

dob·bin /dábin/ -ɔ́- / 名 C〔文語〕おとなしくよく働く農耕馬.
[語源] Robert の愛称として初期近代英語から.

doc /dák|dɔ́k/ 名 C〔くだけた語〕医者(doctor), 《通例 D-》先生《★しばしば親しみをこめて呼び掛けで用いる》.

do·cent /dóusənt|dousént/ 名 C 《米》大学の非常勤の講師や美術館などの案内人，員外講師.
[語源] ラテン語 *docere* (=to teach) の現在分詞 *docens* がドイツ語を経て初期近代英語に入った.

doc·ile /dásil|dóusail/ 形 人や動物の性格が従順な，素直な.
[語源] ラテン語 *docere* (=to teach) から派生した *docilis* (=teachable) が初期近代英語に入った.
[類義語] obedient.
【派生語】**dócilely** 副. **dócility** 名 U.

dock[1] /dák|-ɔ́-/ 名 動 本来義 〔一般語〕[一般義] 船舶の修理や建造をするためのドック. [その他] 《米》波止場，船着き場，造船所，港湾施設. 動 として，船をドックに入れる，宇宙船をドッキングさせる. 自 船がドックに入る，宇宙船がドッキングする.
[日英比較] 健康診断を意味する「人間ドック」は和製英語. 英語では medical examination や check-up という.
[語源] 中低ドイツ語または中オランダ語 *docke* (=channel) から中英語に入った.
[関連語] wharf; pier; quay.
【慣用句】**in dock** 船がドックに入って，人が入院して，車などが修理中で. **out of dock** 船がドックから出て，人が退院して，車などが修理終わって.
【派生語】**dóckage** 名 U ドック使用料. **dócker** 名 C 《英》港湾労働者《《米》longshoreman》.
【複合語】**dóckland** 名 U 港湾隣接地域. **dóckside** 名 《the ~》埠頭(ふとう)隣接地. **dóckyard** 名 C 造船所.

dock[2] /dák|dɔ́k/ 名〔一般語〕《the ~》刑事裁判法廷の被告席.

[語源] 不詳.

dock³ /dák|dɔ́k/ [動][本来他][名]〔一般語〕[一般語] 馬, 羊, 犬の尾, 毛, 耳などを短く切る. [その他] [他] 金額などである意味から転じて〔くだけた語〕給料, 供給, 年金などを削減する, 差し引く.

[語源] フリジア語 dok (=bunch) と関係があると考えられる. 中英語より. 原義は「動物の尻尾の根元部分」.

【派生語】**dóckage** [名] [U].

doc·tor /dáktər|-ɔ́-/ [名] [C] [動][本来他]〔一般語〕[一般語] 医者. [その他] 外科医 (surgeon), 歯科医 (dentist) に対して内科医 (physician) を指すこともある. また医学に限らず学位としての博士号を持つ人, 博士. [動] として〔くだけた語〕証拠や書類に手を加える, 改ざんする, 飲食物に毒を入れる, 一服盛る. [自] として医者をする, 治療にあたる.

[語源] ラテン語 docere (=to teach) の派生形 doctor (=teacher) が古フランス語 docteur を経て中英語に入った.

[用例] I'll have to see the *doctor*. 医者に診てもらわなければならない/Someone *doctored* her drink and she was very ill. 誰かが彼女の飲物に一服盛ったので, 重病におちいった.

【慣用句】*be under the doctor* 医者にかかっている. *doctor oneself* 自家療法をする.

【派生語】**dóctoral** [形] 博士の: a *doctoral* [Ph.D.] program 大学院の博士課程. **dóctorate** [名] [C] 博士号.

[日英比較] ボクシングなどで危険な試合に医者がかけるドクターストップは和製英語. 英語では doctor's order warning, ドクターストップをかけるは stop the fight という.

doctrinal ⇒doctrine.

doc·trine /dáktrin|-ɔ́-/ [名] [CU]〔一般語〕[一般語] 他国に対する国家の主義, 公式宣言. [その他] 教義, 教理, 政治, 宗教, 学問上の主義, 信条.

[語源] ラテン語 doctor (=teacher) から派生した *doctorina* (=teaching) が古フランス語を経て中英語に入った.

[用例] the Monroe *Doctrine* モンロー主義.

【派生語】**dóctrinal** [形] 教義上の, 学説上の. **dóctrinally** [副]. **dòctrináire** [形]〔軽蔑的〕空想空論の, 教条主義の.

doc·u·ment /dákjumənt|-ɔ́-/ [名] [C], /-ment/ [動] [本来他]〔一般語〕[一般語] 文書, 書類, 公文書. [動] として, 文書で証明する, ...に証拠書類を提出する, 実証する.

[語源] ラテン語 docere (=to teach) から派生した *documentum* (=official paper) が古フランス語を経て中英語に入った.

[用例] This period of histroy is remarkably well *documented*. この時期の歴史には非常に多くの実証文献が残されている.

【派生語】**dòcuméntary** [形] 文書の, 文書による, 事実を忠実に記録した. [名] [C] 映画, テレビなどの実録, ドキュメンタリー: *documentary* film 記録映画. **dòcumentátion** [名] [U] 文書化, 証拠資料.

dodge /dádʒ|-ɔ́-/ [動][本来他][名] [C]〔一般語〕[一般語] 人や攻撃からひらりと身をかわす. [その他] [他] 危険を避ける, パンチをよける, 比喩的に責任や義務から逃れる, 税金などをごまかす, 問題や質問などを巧みにそらす, はぐらかす. [自] として, すばやく身をかわす. [名] として身をかわすこと, 〔くだけた語〕ごまかし, 言い抜け, 工夫, 妙計, 策略, 計画などの意.

[語源] 不詳.

[用例] Politicians are very good at *dodging* difficult questions. 政治家は難しい問題を巧みにはぐらかすのがうまい/She *dodged* the blow. 彼女はひらりと一撃をかわした.

[対implications] face; challenge.

【派生語】**dódger** [名] [C] ひらりと身をかわす人, ごまかすのがうまい人, ぺてん師. **dódgy** [形]〔くだけた語〕〔英〕危険な, ずるい.

【複合語】**dódge bàll** [名] [U] ドッジボール.

doe /dou/ [名] [C] [複 ~(s)] [動] 雌鹿, かもしか, うさぎ, ねずみなどの雌をいう. また〔形容詞的に〕鹿やかもしかなどが雌の.

[語源] 古英語 dā より.

[類義語] ⇒buck; deer.

does /dʌz, 弱 dəz/ [動] do の三人称単数直説法現在形.

do·est /dú:ist/ [動]〔古語〕do の二人称単数直説法現在形《[語法] thou を主語とする》.

do·eth /dú:iθ/ [動]〔古語〕do の三人称単数直説法現在形.

dog /dɔ́(:)g/ [名] [C] [動][本来他] [動] 犬, 特に雄犬, またおおかみ, きつね, ジャッカルなどイヌ科の動物の雄を指す. 〔やや古風なくだけた語〕くだらない奴, 下劣な男, 形容貌を伴なって, やっこさん, 男の意. [動] として, 人や足跡をつけまわす, つきまとう.

[語源] 後期古英語 docga より. 古英語を含め, ゲルマン系諸語で本来犬を表す語は hunt (=hound). dog は犬の一品種であったものが広まって hunt に代って一般の犬を指すようになったと言われる.

[用例] Every dog has its day.《ことわざ》どんな人にも盛んな時があるものだ/You can't teach an old *dog* new tricks.《ことわざ》老犬に新しい芸は仕込めない/He's a bit of a dirty *dog*. 彼は少々きたない奴だ/She *dogged* his footsteps. 彼女は彼の足取りを慎重に追った.

[関連語] puppy; hound; bitch; bowwow; yelp.

【慣用句】*a dog in the manger*〔くだけた表現〕他人に対して意地悪な人, ひねくれ者. *die like a dog*〔ややくだけた表現〕悲惨な[不名誉な]死に方をする. *go to the dogs*〔くだけた表現〕人が堕落する, 組織がだめになる, 破滅する. *let sleeping dogs lie*〔くだけた表現〕寝た子を起こさない, 藪蛇(やぶへび)にならないようにする.

【派生語】**dógged** /dɔ́(:)gid/ [形] 頑固な. **dóggedly** [副] 粘り強く. **dóggedness** [名] [U] 頑固, 強情.

【複合語】**dóg bìscuit** [名] [C] 犬のビスケット. **dógcàrt** [名] [C] 軽装2輪馬車, ドッグカート, 犬のひく小型2輪車. **dóg còllar** [名] [C] 犬の首輪. **dóg dàys** [名]〔複〕盛夏の時期, 土用. **dóg-èar** [名] [C] 本のページの隅の折れ. [動][本来他] ページの隅を折る. **dóg-èared** [形] 本や書類などのページのすみがめくれあがった. **dóg eat dóg** [名] [U].〔くだけた語〕同種が相食むような凄惨な争い, 冷酷な生存競争. **dóg fìght** [名] [C] 犬のけんか, けんか, 空中戦. **dóghòuse** [名] [C]《米・カナダ》犬小屋 (★kennel よりくだけた語で, しばしば kennel が何匹もの大型の小屋に対して個人の家の犬小屋をいう): *in the doghouse* 面目を失って. **dóg pàddle** [名] [U] 犬かき. **dóg shòw** [名] [C] 犬の品評会. **dóg slèd** [slèdge] [名] [C] 犬ぞり. **dóg's lìfe** [名]〔ややくだけた語〕みじめな人生[生活]. **dóg-tíred** [形] 疲れきった. **dóg-**

wòod 名 C 【植】みずき, はなみずき.

dog·gie, dog·gy /dɔ́(:)gi/ 名 C 形〔小児語〕わんわん, 小犬.
[類義語] pup; puppy; whelp.
【複合語】**dóggie [dóggy] bàg** 名 C 食べ残し持ち帰り袋（★実際には人間が食べることが多いのだが、レストランなどの食べ残しを体面上犬にやるからと言って持ち帰る袋）.

dog·gone /dɔ́(:)gɔ́(:)n/ 動 本来他 感〔俗語〕〖米〗のろう（★damn の婉曲表現）. 感 畜生！ しまった.

dog·gy /dɔ́(:)gi/ 名 = doggie.

dog·ma /dɔ́(:)gmə/ 名 UC〔形式ばった語〕教会などが権威に基づいて確立した**教義, 教理**（★信者の側から見たものは creed）,〔軽蔑的〕**独断的見解**.
[語源] ギリシャ語 *dokein* (= to seem; to think) から派生した *dogma* (= opinion; belief) がラテン語を経て初期近代英語に入った.
[類義語] creed; doctrine.
【派生語】**dogmátic** 教義の, 独断的な. 名 C 独断家. **dogmátical** 形. **dogmátically** 副. **dógmatism** 名 U 独断的主張, 教条主義. **dógmatist** 名 C. **dógmatize** 動 本来自 独断的な主張をする.

doi·ly, doy·ley, doy·ly /dɔ́ili/ 名 C〔一般義〕皿、花びんなどの下に敷くレースなど飾りの付いた布や紙製の敷物, 小型ナプキン, ドイリー.
[語源] ロンドンの布地屋の名前 Doiley [Doyley] から. 初期近代英語より.

Dol·by /dɔ́(:)lbi/ 名 U〔商標〕ドルビー方式（★テープノイズ低減回路方式）.
[語源] 考案したアメリカの技術者の名前 Ray M. Dolby より.

dol·drums /dɔ́ldrəmz|-ou-/ 名《複》【海】（通例 the ～）赤道付近海上の**熱帯無風帯**. 一般的に動きや活気のないことを表し、経済的な**不況, 沈滞**, 気分の**ふさぎこみ**を表す.
[語源] dull からと考えられる. 18 世紀より.

dole /dóul/ 名 C 動 本来他〔くだけた語〕〔一般義〕困窮者に対する金銭, 食物, 衣類などの**配給, 施し**. その他〔くだけた語〕〖英〗(the ～) 政府による**失業手当**(dole money).〔一般義, で困窮者に…を分けてやる〕(out).
[語源] 古英語 *dāl* (= share, portion) から.

dole·ful /dóulfəl/ 形〔形式ばった語〕悲しげな, 陰気な.
[語源] ラテン語 *dolum* (= grief) に由来する古フランス語 *doel* (= mourning) が中英語に入った.
【派生語】**dólefully** 副. **dólefulness** 名 U.

doll /dɑ́l|-ɔ́-/ 名 C 動 本来他〔一般義〕〔一般義〕**人形**. その他 人に用いて,〔俗語〕**可愛い女の子, 美しいが愚かな女**,〔くだけた語〕女からみた**親切な人**. 動 として（通例 受身または～ oneself で）**着飾る**.
[語源] 人名 Dorothy の愛称からの転用で初期近代英語から.
[関連語] baby.
【派生語】**dólly** 名 C〔小児語〕お人形さん.
【複合語】**dóllhòuse** 名 C **人形の家**, おもちゃのような小さな家.

dol·lar /dɑ́lər|-ɔ́-/ 名 C〔一般義〕〔一般義〕**米国, カナダ, オーストラリアなどの通貨単位としてのドル**（★dol. と略す; 記号 $, $). その他 **1 ドル紙幣, 1 ドル銀貨**. さらに**ドル相場, 米国の通貨制度**などの意.
[語源] ドイツ語 *Taler* が低地ドイツ語 *daler* を経て初期近代英語に入った. ドイツ語 *Taler* はドイツの Erzgebirge にある Joachimst(h)al (= Joachim's valley) の谷より産出した金属から作られた銀貨に由来する.
【慣用句】*feel (like) a million dollars*〔くだけた表現〕健康ですごく調子がいい, 気分は最高である.
【複合語】**dóllar diplómacy** 名 U **ドル[金力]外交**.

dol·phin /dɔ́lfin/ -5-/ 名 C〖動〗**いるか**,《the D-》【天】**いるか座**(Delphinus).
[語源] ギリシャ語 *delphin* が古フランス語 *da(u)lphin* を経て中英語に入った.

-dom /dəm/ 接尾 名詞語尾として「…の領土」「…の土地」「…の地位」「…の状態」の意.
[語源] 古英語 *dōm* (= judgement; statute; jurisdiction) から.

do·main /douméin/ 名 CU〔形式ばった語〕〔一般義〕活動, 興味, 知識, 学問などの**範囲**. その他 元来貴族が所有する土地のことを指し, この英語に入り**領土**, またその**所有権**の意となった. さらに比喩的に用いられ, ある人物や物事の及ぶ**影響力の範囲**の意が加わった.【法】**土地の完全所有権**,【数】**変域**,【インターネット】**ドメイン**.
[語源] ラテン語 *dominus* (= lord) から派生した *dominicum* (貴族所有の土地) が古フランス語を経て中英語に入った.
[類義語] area; field.

dome /dóum/ 名 C〔一般義〕**丸屋根, 丸天井, ドーム**, その他半球状の構造物や円頂.
[語源] ラテン語 *domus* (= house) がイタリア語 *duomo* (= house; house of God; cathedral; cupola), フランス語 *dôme* (= church) を経て初期近代英語に入った.
【派生語】**dómed** 形 丸屋根のある, 半球の.

do·mes·tic /dəméstik/ 形〔一般義〕**家庭の, 家事の**. その他 動物などが飼いならされた, 人になれた. また国の中と外を対比的にとらえて、外国に対して**国内**の.
[語源] ラテン語 *domus* (= house) の 形 *domesticus* が古フランス語 *domestique* を経て中英語に入った.
[用例] This carpet is designed for *domestic* use. このカーペットは家庭用にデザインされている. I'm afraid I'm not very domestic—I hate housework. 私はあまり家庭的ではないと思います. 家事が大嫌いですから.
【派生語】**doméstically** 副. **domésticate** 動 本来他〔やや形式ばった語〕動物を飼いならす, 飼育する, 植物を栽培する〘日英比較〙日本語では動物は「飼育する」, 植物は「栽培する」というが, 英語ではいずれにも domesticate を用いる. **domèsticátion** 名 U. **domèsticity** 名 U〔形式ばった語〕**家庭的であること, 家庭生活**.
【複合語】**doméstic science** 名 U **家政学, 家庭科** (home economics).

dom·i·cile /dɑ́məsàil, -sil|dɔ́misíl/ 名 C 動 本来他〔形式ばった語〕**住所, 住居, 居住地**. 動 として, 人を定住させる.
[語源] ラテン語 *domus* (= house) から派生した *domicilium* (= place of residence) が古フランス語を経て中英語に入った.
dom·i·ciled /dɑ́misild/ 形【法】**居住している**.

dominance ⇒dominant.

dom·i·nant /dɑ́minənt/ -5-/ 形 名 C〔一般義〕〔一般義〕**支配的な, 優位を占める**. その他 他より抜きん

出たの意から，顕著な，重要な，山がそびえている．[名] として〘遺伝〙優性，〘楽〙音階の第 5 音，属音．

[語源] ラテン語 dominari (⇒dominate) の現在分詞 dominans が古フランス語を経て中英語に入った．

[関連語] predominant.

[派生語] dóminance [名] U.

dom·i·nate /dámineit/-/-/ [動] [本来他] [一般語]
[一般義] 人などを力ずくで**支配する**, **統治する**. [その他] より優勢を占める, 比喩的に山や塔などが…の上にそびえる, 見おろす.

[語源] ラテン語 dominus (=lord) に由来する dominari (=to rule) の過去分詞 dominatus が古フランス語を経て初期近代英語に入った．

[用例] The castle on its rock *dominates* the town. 岩山の上にある城は町を見おろしている/He *dominates* the history of modern political thought. 彼は現代政治思想史では断然ぬきんでている．

[類義語] ⇒govern.

[派生語] dòmi·nátion [名] U 支配, 統治. dómi·na·tor [名] C 支配者. dom·i·néer [動] [本来他] 威張り散らす, 制圧する, 支配する. dom·i·néer·ing [形] 横暴な, 傲慢な．

Dom·i·ni·ca /dàməni:kə/-/-/ [名] [固] ドミニカ (★西インド諸島の共和国).

[派生語] **Do·min·i·can** [形] C ドミニカ共和国の(人), 〘カト〙ドミニコ修道会の(修道師).

[語源] 発見者コロンブスの命名による．1493 年の日曜日に発見したが, 日曜日はラテン語で *dies dominica* (= the Lord's day) と言う．

do·min·ion /dəminjən/ [名] UC [形式ばった語]
[一般義] **支配(権), 統治(権), 主権.** [その他] **領土, 領地, 個人の所有地.**

[語源] ラテン語 *dominium* (=lordship; property) から派生した中世ラテン語 *dominio* が古フランス語 *dominion* を経て中英語に入った．

[類義語] dominion; territory: 支配者の権力の及ぶ範囲の意味での **dominion**, 所有の土地という観点からの領土が **territory**.

[関連語] supremacy.

[複合語] **Domín·ion Dày** [名] U カナダの**自治記念日** (★7 月 1 日).

dom·i·no /dáminou/-/-/ [名] C [一般語] ドミノ牌(はい), 《複数形で; 単数扱い》ゲームのドミノ．

[語源] ラテン語 *dominus* (=lord) がフランス語を経て初期近代英語に入った．「冬に僧侶がかぶる頭巾」のことを指した．

[複合語] **dómino effèct** [名] 《単数形で》ドミノ効果 (★ドミノ倒しのように起こる政治的連鎖反応をいう). **dómino thèory** [名] 《the ~》ドミノ理論．

don /dán/-/-/ [名] C [一般語] 《D-》スペインの貴族の男子の洗礼名の前につける敬称, ドン．《米》マフィア一家の**親分**, 《英》Oxford 大学や Cambridge 大学の**教員**.

[語源] ラテン語 *dominus* (=master; lord) がスペイン語で *don* となり, 初期近代英語に入った．

do·nate /dóuneit/dóuneit/ [動] [本来他] [一般語]
[一般義] **お金などを慈善目的で寄付する, 寄贈する.** [その他] **血液や臓器などを提供する.**

[語源] 19 世紀アメリカの donation からの逆成語. donation はラテン語 *donare* (=to present) の [名] *donatio* が中英語に入った．

[派生語] do·ná·tion [名] U. dó·nor [名] C 寄付者, 寄贈者, 臓器提供者: a blood *donor* 献血者/a kidney *donor* 腎臓提供者．

done /dán/ [動] do の過去分詞．

don·key /dáŋki/-/-/ [名] C [動] **ろば**, 《軽蔑的》ろばのような人という意味でばか**者, とんま, 頑固者**.《米》民主党の党徴, ドンキー．

[語源] 人名 Duncan の短縮形 Dun に由来し monkey と韻を踏むために donkey になった．初期近代英語から．

[用例] Don't be such a *donkey*. ばかなことを言うな[するな].

【慣用句】**talk the hind legs off a donkey** [**mule**] 〔くだけた表現〕長い間べらべらとしゃべりまくる．***donkey's years*** 〔くだけた表現〕非常に長い間 (★ろばの長い耳 ears を years にかけて).

[複合語] **dónkey èngine** [名] C 〘機〙小型補助蒸気機関. **dónkey jàcket** [名] C 《英》厚地の防水ジャケット, ドンキージャケット. **dónkywòrk** [名] U 〔くだけた表現〕《英》単調な骨折り仕事．

donor ⇒donate.

Don Qui·xote /dàn kwíksət, -kihóuti/dón kwíksət/ [名] [固] ドンキホーテ (★スペインの作家 Cervantes の風刺小説名, またその主人公の名), ドンキホーテのような非現実的な理想家．

do·nut /dóunət/-nət/ [名]=doughnut.

doo·dle /dú:dl/ [動] [名] C [一般語] 考え事などをしながらいたずら書きをする. [名] としていたずら書き．

[語源] 低地ドイツ語 *dudeltopf* (=simpleton) が初期近代英語に入った．

doom /dú:m/ [名] [動] [本来他] [文語] [一般義] 不幸な**運命, 宿命, 凶運, 悲運**. [その他] **破滅, 滅亡死**. またそのような結果をもたらす不利な**判決**や**宣告**, 神による**最後の審判**. [動] として運命を定める, 運命づける．

[語源] 古英語 *dōm* (=statute, judgement) から．

[用例] The whole place had an atmosphere of *doom*. その場所全体に何か宿命的な雰囲気がただよっていた．

[類義語] ⇒fate.

[派生語] **dóomed** [形] 不運の, 運のつきた. **dóomful** [形] 不吉な, 凶運の．

[複合語] **dóomsday** [名] U 《しばしば D-》最後の審判の日 (the day of the Last Judgment): Doomsday Book 中世英国の**土地台帳** (★最後の審判のように厳正に調べた本の意; Domesday Book ともつづる).

door /dɔ́:r/ [名] C [一般語] [一般義] **ドア, とびら, 戸**. [その他] **戸口, 出入口**, ドアのある場所として, 家 1 軒, 1 戸, 1 部屋, 比喩的に目的に至る**方法, 道, 門戸**.

[日英比較] 一般的に英米の家には日本の玄関に当たるスペースはない．小さい家ではドアを開けるとすぐに居間であり, 大きな家では廊下に続く広間 (hall) となっていることが多い．

[語源] 古英語 duru から．

[用例] He knocked loudly on the *door*. 彼はけたたましくドアをノックした/The *door* to success stood open at last. 成功へのとびらはやっとのことで開いた．

[関連語] entrance; gate; portal; postern; gateway.

【慣用句】***at the door of*** …=***at*** …***'s door*** 家のすぐ近くに, 近所に. ***be at death's door*** 死に瀕している.

by the back door 秘密に, こっそりと. *close* [*shut*] *the door on* [*to*] ... ...に門戸を閉ざす. *from door to door* 一軒ごとに, 戸別に. *in doors* 屋内で *leave the door open for* ... ...の余地を残しておく. *open the door to* ... ...を入れるためにドアを開ける. *out of doors* 戸外で. *show ... the door* ドアを指して人を外に追い返す. *show ... to the door* 人を戸口まで見送る. *shut the door in* ...*'s face* 人に門前払いを食わせる, 計画を実行させない. *throw open the door to* ... ...に門戸を解放する, ...を可能にする道を開く. *within doors* 屋内に[で]. *without doors* 屋外に[で]

【複合語】**dóorbèll** 名 C 呼び鈴. **dóorjàmb** 名 C 戸口のわき柱. **dóorkèeper** 名 C 門番. **dóorknòb** 名 C ドアの取っ手. **dóorman** 名 C ドアボーイ. **dóormàt** 名 C ドアマット. **dóornàil** 名 C ドアの装飾用のびょうぎ. **dóorplàte** 名 C ドアに取り付けた標札. **dóorpòst** 名 C =doorjamb. **dóorstèp** 名 C 戸口の上がり段. **dóorstòp, dóorstòpper** 名 C ドアを開けたままにしておくための戸止め. **dóor-to-dóor** 形 副 各戸ごとの[に], 戸別の[に]. **dóorwày** 名 C 戸口. 玄関. **dóoryàrd** 名 C (米) 戸口の前庭.

dope /dóup/ 名 UC 本来地 (くだけた語) 一般義 ヘロイン, マリファナなどの麻薬. その他 本来は濃い液体の意で, それから燃料, 爆薬などの添加剤の意となり, さらに麻薬の意となった. また運動選手や競走馬などの能力を高める薬物, 催眠薬. 麻薬中毒者という意味から, (俗語) ばか, まぬけの意にも使われる. 多分, 麻薬との関連で, 〔古風な語〕信頼すべき陰の情報の意としても用いられた. 動として麻薬を飲ませる, 飲食物などに麻薬を入れる.

語源 オランダ語 *doopen* (=to dip) の 名 *doop* (=sauce) が 19 世紀に英語に入った.

用例 They discovered that the racehorse had been *doped*. その競走馬は興奮剤を飲まされていたことがわかった.

類義語 drug.

dorm /dɔ́ːrm/ 名 (くだけた語) =dormitory.

dor·mant /dɔ́ːrmənt/ 形 一般義 機能, 活動などが休止状態の. その他 本来は「眠っている」という意味で, 動物が冬眠中の, 植物が休眠中の, 火山が活動を休止している, 比喩的に能力や計画, 資金などが使用されていないなどの意.

語源 ラテン語 *dormire* (=to sleep) が古フランス語 *dormir* となり, その現在分詞が中英語に入った.

類義語 inactive.

dor·mer /dɔ́ːrmər/ 名 C 一般義 屋根に突き出た屋根裏部屋の明り取り窓, 屋根窓 (dormer window).

語源 ラテン語 *dormire* (=to sleep) から派生した古フランス語 *dormeor* (=sleeping chamber) が初期近代英語に入った. 本来は寝室の明かりとり.

【複合語】**dórmer wíndow** 名 C.

dor·mi·to·ry /dɔ́ːrmɪtɔ̀ːri|-təri/ 名 C 形 〔一般語〕 (米) 大学, 会社などの寮, (英) 多人数用の寝室. 形 として (英) 都市近郊にある郊外住宅の, ベッドタウンの.

語源 ラテン語 *dormire* (=to sleep) の過去分詞 *dormitus* から派生した *dormitorius* (=of sleeping) が中英語に入った. 元の意味は修道院などの寝室.

日英比較 「ベッドタウン」は和製英語で, (米) では a bedroom suburb, a bedroom town, (英) は a dormitory suburb, a dormitory town という.

Dor·o·thy /dɔ́ːrəθi/ 名 固 女性の名, ドロシー (★愛称は Dolly).

dor·sal /dɔ́ːrsəl/ 形 C 〔動·解〕特に動物の器官などが背中にある, 背の, 〔音〕軟口蓋と後舌面で調音されて出される, 舌背(ぜっぱい)の. 名 として 〔音〕舌背音, 背びれ, 脊椎.

語源 ラテン語 *dorsum* (=back) から派生した後期ラテン語の 形 *dorsalis* が中英語に入った.

【複合語】**dórsal fín** 名 C 魚, 背びれ. **dórsal vértebra** 名 C 〔解〕胸椎.

do·ry /dɔ́ːri(ː)/ 名 C 〔魚〕まとうだい (John Dory).

語源 古フランス語 *dorer* (=to gild) の女性形過去分詞 *dorée* が中英語に入った. この魚は細いうろこでおおわれ輝いて見えることから.

dose /dóus/ 名 動 本来地 〔一般語〕 一般義 薬の1服, 1回分の服用量. その他 放射線の1回分の量. 薬になるものは特に苦い薬, 苦い経験となり, 〔くだけた語〕いやなもの, そのような不快, 不運な事柄の一定量, 分量. 動 としては...に投薬する.

語源 ギリシャ語 *didonai* (=to give) から派生した *dosis* (=giving; gift; portion of medicine) が後期ラテン語 *dosis*, 古フランス語 *dose* を経て中英語に入った.

用例 It's time you had a *dose* of cough-mixture. そろそろ咳止め薬をのんでもいい時間ですよ.

【派生語】**dósage** 名 C 1回分の投薬量.

dost /dʌ́st, 弱 dəst/ 動 〔古語〕do の二人称単数直説法現在形 (主語を thou とする).

dot /dɑ́t|-ɔ́-/ 名 C 動 本来地 〔一般語〕 一般義 i, j などの点や小数点, 終止符などの小さな点. その他 点のようにみえるもの, ポチ, しみ, 斑点, 小さい点状のもの, 〔電信〕モールス信号のトン・ツーのトン, 短点. 動 として点を打つ, 点在させる.

語源 古英語 *dott* (吹出物の頭)から.

用例 She marked the paper with a *dot*. 彼女は書類に点でしるしをつけた / The lawn was *dotted* with daisies. 芝生にはひなぎくが点在していた.

【慣用句】*dot one's* [*the*] *i's and cross one's* [*the*] *t's* 物事をきちんとする. *on the dot* 時間がきっかりに.

【派生語】**dótted** 形 点のついている, 点線入りの: **dotted line** 点線. **dótty** 形 点のある, 点のような, 点在的な.

dotage ⇒dote.

dote /dóut/ 動 本来地 〔一般語〕 一般義 人を愚しいほど可愛がる, 溺愛する (on; upon). その他 本来は年老いてぼれる, もうろくする.

語源 中期低地ドイツ語 *doten* (=to be silly) などと同じく, 本来ゲルマン系の語. 中英語より.

【派生語】**dótage** 名 U : in one's *dotage* もうろくして. **dóter** 名 C. **dóting** 形 ぼけた, もうろくした, 溺愛している. **dótingly** 副.

doth /dʌ́θ, 弱 dəθ/ 動 〔古語〕do の三人称単数直説法現在形 (現在の does).

dotty ⇒dot.

dou·ble /dʌ́bl/ 形 副 名 UC 本来地 〔一般語〕 一般義 数量, 強さ, 重さ, 価値などが2倍の. その他 二重の, 対(つい)の意で, ベッドが二人用の, 花が重弁の, 八重の, 映画で一人二役の, 人格に表裏のある, 陰険な, 意味が二様にとれる, あいまいな, 〔楽〕音程が1オクターブの低音をもつ. 動 として 2 倍だけ, 対で, 2 つで. 名 とし

て2倍(の数量), 倍数, 倍額, 【テニス】《複数形で》ダブルス, 【野】二塁打, ウイスキーのダブル, 生き写しの人, 俳優の替え玉. ■として2倍にする, 2重にする, 重ねる. ■2倍になる, 2重になる, 二役を勤める, 兼用になる.

[語源] ラテン語 duo (=two) と plicare (=to fold) から派生した -plus (=multiplied) からなる duplus (=twofold) が古フランス語 doble, duble を経て中英語に入った.

[用例] He is my father's double. 彼は私の父にうりふたつだ/The history teacher doubled as a hockey coach. 歴史の先生はホッケーのコーチを兼ねていた.

[関連語] single; triple; duplicate.

【慣用句】 double back もと来た道を引き返す. double up おかしさや痛みで体を二つ折りにする.

【派生語】 dóublet 名 C ダブレット 《★16-17世紀ごろ流行した男性用の胴衣》. dóubly 副 2倍に, いっそう...に.

【複合語】 dóuble-bárreled 形 二連発式の. dóuble báss 名 C 【楽器】ダブルベース, コントラバス (contrabass). dóuble bèd 名 C ダブルベッド. dóuble bógey 名 C 【ゴルフ】ダブルボギー. dóuble-bréasted 形 前あわせが前前の, ダブルの. dóuble chèck 名 C 再点検, 再検査, 再選択. dóuble-chéck 動 本来他 再点検する, 再検査する. dóuble chìn 名 C 二重あご. dóuble-clíck 動 《コンピューター》ダブルクリックする. dóuble cróss 名 C 二枚舌, 裏切り, 寝返り. dóuble-cróss 動 本来他 二枚舌を使う. dóuble-déaler 名 C 裏表のある人, 二枚舌を使う人. dóuble-déaling 名 C 二枚舌. dóuble-décker 名 C 二階付きバス, 二層[二階]式のもの. dóuble-dígit 形 二桁の. dóuble-édged 形 両刃の, あいまいな. dóuble éntry 名 U 【簿】複式記帳法. dóuble-fáced 形 両面のある, 両面仕上げの, 二心のある, 不誠実な. dóble fáult 名 C 【テニス】ダブルフォールト. dóubleheáder 名 C 【野】ダブルヘッダー, 機関車2台付きの列車. dóuble hélix 名 C 【生化】二重らせん. dóuble-jóinted 形 前後左右に動くしなやかな二重関節を持った. dóuble negátion 名 UC 【文法】二重否定. dóuble négative 名 C 二重否定. dóuble-párk 動 本来他 二重駐車させる. dóuble pláy 名 C 【野】ダブルプレー. dóuble quíck 形副 駆け足の[で], 大急ぎの[で]. dóuble quótes 名 《複》二重引用符. dóuble stándard 名 C 二重標準. dóuble stéal 名 C 【野】ダブルスチール. dóuble táke 名 C 意外な物事を見過ごし後で気が付いてはっと驚くこと, またはその仕草. dóuble-tálk 名 U わけのわからないしゃべり方. dóuble tíme 名 U 週末や休日に働く人のための倍額支給.

doubt /dáut/ 動 本来他 UC [一般語] [一般義] 疑う. その他 疑わしいと思うことから, 信じない, ...していないと思う. 名 として疑い, 疑惑, 疑念, 不信, 疑問点.

[語源] ラテン語 dubitare (=to waver; to hesitate) が古フランス語 doter, duter を経て中英語に入った. 本来はラテン語 dubitare の du (=two) が示しているように「二者の間で決めがたい」という意味.

[用例] She is very suspicious and ready to doubt. 彼女はとても猜疑心が強くて, すぐに疑う.

[類義語] suspect; distrust.

[対照語] trust.

【慣用句】 beyond all [a] doubt 疑う余地なく. (be) in doubt 疑って. no doubt むろん, おそらく. without a doubt 疑いなく.

【派生語】 dóubter 名 C 疑う人. dóubtful 形 人が疑いを抱いている, 疑わしい. dóubtfully 副. dóubtingly 副 疑わしそうに. dóubtless 副 恐らく, 多分, 疑いもなく, 確かに. dóubtlessly 副 = doubtless.

douche /dúːʃ/ 名 UC 動 本来他 【医】注水, 灌水 (灸ん), またそのための灌水器. 動 として灌水する, 洗浄する.

[語源] ラテン語 ductus (送水管) に由来するイタリア語 doccia がフランス語 douche を経て18世紀に入った.

dough /dóu/ 名 U [一般語] [一般義] 小麦粉に水を加えて練ったパン生地. その他 パン生地状のもの. いつもどこでも同じものの意から, 〔俗語〕《米》金, 銭 (money) の意.

[語源] 古英語 dag から.

【派生語】 dóughy 形 パン生地の (ような), しまりのない.

【複合語】 dóughnùt 名 C ドーナツ.

dour /dúər/ 形 〔やや形式ばった語〕気むずかしい, 頑固な, 不機嫌な.

[語源] ラテン語 durus (=hard) が中英語に入った.

【派生語】 dóurly 副. dóurness 名 U.

douse, dowse /dáus/ 動 本来他 [一般語] [一般義]...に水をかける, ...を勢よく水に突っ込む. その他 水をかける意から, 明かりや火を消す. 初期近代英語より.

[語源] 擬音語と考えられる.

dove /dáv/ 名 C 【鳥】はと (鳩). その他 鳩は平和, 純潔の象徴であることから, 比喩的にかわいい人, 柔軟な人, 政治的にはハト派の人, 平和主義者を指す.

[語源] 古英語 dufe から.

[類義語] dove; pigeon: dove は特に小型の野生の鳩で手品で使われたり, 平和の象徴となるもの. pigeon は一般的な飼い鳩で伝書鳩にも使われるもの.

【慣用句】 (as) gentle as a dove 鳩のように優しい.

【派生語】 dóvish 形 ハト派的な, 穏健派の.

【複合語】 dóvecòte 名 C 鳩小屋. dóvetàil 名 C 【木工】ありつぎ 《★鳩の尾形に先が広くなったほぞでつなぎあわせる方法》.

Do·ver /dóuvər/ 名 固 ドーバー 《★イングランド南部の港市》, またドーバー海峡 (the Strait of Dover).

dovish ⇒ dove.

dow·a·ger /dáudʒər/ 名 〔一般語〕亡夫の財産, 土地, 爵位を受け継いだ貴族の未亡人, 〔くだけた語〕威厳のある金持ちの老婦人.

[語源] ラテン語 dotare (=to endow) が古フランス語 douagiere を経て初期近代英語に入った.

dow·dy /dáudi/ 形 名 C 〔一般語〕[一般義] 身なり, イメージなどが流行遅れの, やぼったい. その他 本来は女性がだらしない服装の, 魅力がない. 名 として, 身なりが野暮ったい女.

[語源] 不詳.

[類義語] shabby.

【派生語】 dówdily 副. dówdiness 名 U. dówdyish 形.

dow·er /dáuər/ 名 UC 動 本来他 【法】寡婦 (かふ) 産 (権). 〔古語〕持参金 (dowry). 動 として寡婦産を与える.

[語源] ラテン語 dotare (=to endow) から派生した後期英語 dotarium が古フランス語 douaire を経て中英語に入った.

Dow-Jones av·er·age /dáudʒounz ǽvəridʒ/ 名 【株式】ダウ平均株価 《★商標名; Dow, Dow-

Jones (index) ともいう》, ダウジョーンズ指数.
【語源】考案者であるアメリカの経済学者 Charles H. Dow と Edward D. Jones の名から.

down¹ /dáun/ 副 前 名 動 [本М他] 〔一般語〕 [一般義] 高い所から低い方へ, 下の方へ, 下へ. [その他] 下流へ, 地図の上で下に当たる南の方へ, 時間が後代へ, 順序で上から下へ, 物の大小を比べて小さい方へ. また風がおさまって, 温度や価格, 品質などが下がって, 落ちて, 力が弱ったという意味から, 押さえつけて, 抑圧して. さらに物事を固定させる意や, 強意にも用いられる. 現金で, 即金で, 頭金としての意味もある.
前 として…より低い方へ, …の下の(方)へ, 年月を経て.
形 として下に向かう, 下りの, 低い所の, 人が元気のない, 病気などで寝込んだ, コンピューターなどが故障した, また現金の, 即金の, 頭金の. 名 として下り, 下降, 不運, 逆境.
動 として降ろす, なぐり倒す, 屈服させる, 弱める, 抑える, 〔くだけた語〕飲み物などをぐいっと飲む. 自 として下る, 落ちる, 弱まる.
【語源】古英語 dūne, dūn より. dūn は丘の意で, of dūne (=from the hill) が adūne となり, 頭音が消えて dūne となった. つまり「丘から(下って), 下の方へ」の意.
【用例】He climbed *down* to the bottom of the ladder. はしごの一番下の段まで降りた/The recipe has been passed *down* in our family for years. その料理法は長年にわたって我が家で代々継承されてきた/Water poured *down* the drain. 水が排水溝に流れこんだ.
[対照語] up.
【慣用句】*be down and out* 落ちぶれている, 困窮している. *be down on …* …を批判している, 嫌っている. *be down to …* …が原因である, …の責任である. *be down with …* …病で寝ている. *down tools* 労働者がストライキに入る. *Down with …!* …をおろせ, 追放しろ, 倒せ. *up and down …* …を上がったり下がったり. **派生語** dówner 名 C 鎮静剤, 気の滅入るようなこと, うんざりさせる人. dównward 形 下向きの, 下方への 副 =downward. dównwards 副 =downward.
【複合語】dównbèat 名 C 〔楽〕強拍, 下拍. 形 〔くだけた語〕映画や歌が陰気な, 憂うつな. dówncàst 形 うなだれた, がっかりした, 伏目の. dówndràft, 《英》dówndràught 名 C 煙突から部屋に入ってくる吹き込み, 下向き通風, 山からの吹き降ろし. dównfàll 名 C 急激な落下, 転落, 雨や雪の大降り, 没落, 滅亡. dówngràde 副 下り坂の[で]. 名 C 下り坂. 動 [本Ш他] 人の地位を落とす, 格下げする. dównhéarted 形 落胆した. dównhéartedly 副. dównhill 副 下り坂の, 衰えて, 滑降競技の, 楽な. 名 C 下り坂, 衰退, 〔スキー〕ダウンヒル競技. dównlòad 動 [本Ш他] 〔コンピューター〕ダウンロードする. dówn páyment 名 C 頭金, 手付金. dównpòur 名 C どしゃ降り. dównright 副 悪いことが徹底的に[に], あからさまに[に]. dównstàge 副 形 舞台前方で[の]. dównstàirs 副 階下へ[の], 一階で[の]. 名 (the ~) 階下, 下の階. dównstréam 副 形 下流に[の]. dówn-to-éarth 形 〔良い意味で〕性格や考えが現実的な, さばけた. dówntówn 副 形 [CU] 町の中心街(へ, の), 繁華街(へ, の). dówntròdden 形 踏みにじられた, 虐げられた. dównturn 名 C 景気や物価などの下降, 沈滞.

dównwind 形 副 風下に[の].
down² /dáun/ 名 U 〔一般語〕 [一般義] 若鳥の綿毛. [その他] 赤ん坊のぶう毛, 果実や植物などの綿毛, タンポポの冠毛など.
【語源】古ノルド語 dūnn (ほこりのように細かい) が中英語に入った.
【関連語】feather.
派生語 dówny 形 綿毛のような, 柔らかい, わた毛でできた, 〔俗語〕《英》抜け目のない.
【複合語】**dówn jàcket** 名 C 羽毛が中につめられている防寒着, ダウンジャケット.

Downing Street /dáuniŋ striːt/ 名 固 〔一般語〕 [一般義] ダウニング街 (★イギリスのロンドン中心部の官庁街; No. 10 Downing Street は首相官邸を指す; イギリス首相とその内閣, イギリス外務省, イギリス政府の意としても用いられる).
【語源】かつてのこの地の所有者でイギリスの外交官 Sir George Downing(1624〜1684) の名から.

Downs /dáunz/ 名 〔一般語〕《the ~; 複数扱い》英国南部の小高い高原地.
【語源】古英語 dūn (=hill) から.

downward ⇒down¹.
downy ⇒down².
dow·ry /dáuəri/ 名 C 〔一般語〕 [一般義] 新婦の持参金, 嫁入り道具. [その他] 比喩的に天賦の才, 資質.
【語源】ラテン語 dotare (=to endow) から派生した後期ラテン語 dotarium が古フランス語 douaire を経て中英語に入った.

dowse¹ /dáus/ 動 =douse.
dowse² /dáuz/ 動 [本Ш自] 〔形式ばった語〕占い杖[棒] で鉱脈[水脈]を探る. 【語源】不詳.

doze /dóuz/ 動 [本Ш自] [UC] 〔一般語〕 [一般義] 短時間うとうと眠る. [その他] うとうとして時間を過ごす, ぼんやりしている, ぼうっとしている. 名 としてまどろみ, うたた寝, 居ねむり.
【語源】古ノルド語 dūsa (=to doze) と関連あると思われる. 初期近代英語より.
派生語 dózer 名 C. dózy 形 眠い, 眠そうな, 眠気を催すような, 《米》木や果実などが腐った, 〔くだけた語〕《英》怠惰な. dóziness 名 U.

doz·en /dázn/ 名 C 形 〔一般語〕 [一般義] 1 ダース (★12 個からなる; doz., dz と略す). [その他] かなりたくさん, (~s of で)数十の, 多数の. 形 として 1 ダースの, 12 の.
【語源】ラテン語 duodecim (duo two+decim ten) が古フランス語を経て中英語に doseine として入った.
【慣用句】*by the dozen* 1 ダース単位で. *talk* [*speak*] *nineteen* [*twenty*; *forty*] *to the dozen* 絶え間なくしゃべる.

dozy ⇒doze.
drab /dræb/ 形 U 〔一般語〕 [一般義] 淡褐色の, さえない色の. [その他] 単調な, つまらない, 明るさを欠いた. 名 として淡褐色, くすんだ色.
【語源】後期ラテン語 *drappus* (=cloth) が古フランス語 *drap* を経て, 初期近代英語に入った. 原義は「染色していない布地」.

drach·ma /drǽkmə/ 名 C 《複 ~s, -mae/mi/》 〔一般語〕 [一般義] 現代ギリシャの通貨単位, ドラクマ. [その他] 古代ギリシャのドラクマ銀貨. 古代ギリシャの重量単位.
【語源】ギリシャ語 *drakhmē* (衡量単位) がラテン語を経て初期近代英語に入った.

Dra·cu·la /drǽkjulə/ 名 固 ドラキュラ《★Bram Stoker の小説 (1897) のタイトルで吸血鬼の王子の名》,転じて一般に **吸血鬼**, 薄気味悪い人物, 恐ろしい**人[物]**.
語源 小説はルーマニア西部の Transylvania 地方に 1400 年代に住んでいた殺人鬼 Vlad Tepes (=Vlad the Impaler) の話にもとづく. 彼は体にくいを打ち込んで人を殺したという.

draft, (英) **draught** /drǽft/-áː-/ 名 C U 形動
本来他 [一般語] 一般義 下書き, 草稿. その他 語源的に「引くこと」を意味し, 線を引いて書くことから, 下書きや草稿, さらに**設計図**, 図面の意となった. 語法 これらの意味では (英) でも draft. また「引き入れること」から, 空気を引き入れるの意で, すきま風, **通風**, 風を引き入れる装置として, **通風装置**, 通風孔, 液体を引き入れるの意で, **一息に飲むこと[飲み量]**, 転じて誰かを何かの団体に入れることから,《スポ》ドラフト制度, (米)(the ~)**徴兵(制度)**. また「引き出すこと」から, 酒類の樽(たる)**抜き**, 樽出しのビール, **生ビール**, 金を引き出す意から, 《主に(英): draft》小切手, 為替手形. 魚の網を引くこと, 一網の漁獲高. 形 として起草された, 草案の, 牽引用の, 樽抜きの, 生の. 他 として下書き[草案]を書く, 下絵を描く, **選抜する**, 派遣する, (米)**徴兵する**.
語源 ゲルマン祖語 *dragan (=to draw) が古ノルド語 drahtr, dráttr を経て中英語で draht として入ったか, あるいは古英語 dragan (=to draw) からと考えられる.
用例 This is a rough *draft* of my speech. これは私の演説の草稿である/He was *drafted* into the Navy. 彼は海軍に徴兵された.
関連語 sketch.
【派生語】**draftée** 名 C (米) 被徴兵者, 召集兵 ((英) conscript). **dráfty**, (英) **dráughty** 形 すきま風の入る.
【複合語】**dráft** [(英) **dráught**] **béer** 名 C 生ビール. **dráftsman**, (英) **dráughtsman** 名 起草者, 立案者, 製図工, デッサンの優れた人. **dráft dòdger** 名 C (米) 徴兵忌避者.

drag /drǽg/ 動 本来他 名 U C [一般語] 一般義 重い物や人を引っ張る, **引きずる**. その他 (~ oneself で) 重い体を**引きずるように歩く**. また何か重いものを引き出す, 川などを引き網を引いてさらう, 畑をまぐわでならす. さらに比喩的に困難や争いなどに人を**引きずり込む**, 人を何かに無理に引っ張り出す, 連れていく,《コンピューター》マウスをドラッグする,《野球》ドラッグバントをする. 自 として引っ張る, 引きずられる, 足を引きずって歩く, 遅れる. 名 として引きずること, 足手まとい, じゃまもの, また**地引き網**, 底引き網, 重いまぐわ, 大型のそり.
語源 古英語 dragan (=to draw) から.
用例 His coat was so long it *dragged* on the ground at the back. 彼のコートは長かったので裾を引きずっていた/Police are *dragging* the canal to try to find the body. 警察は遺体を捜索するために運河をさらっている.
類義語 pull; draw.
対照語 push.
【慣用句】**drag along** 引きずっていく. **drag behind** 手間取って遅れる. **drag down** 引きずり下ろす. **drag in** 引きずり込む, よけいなことを持ち出す. **drag on** だらだら長引く. **drag one's feet [heels]** わざとぐずぐずする. **drag out** 引きずり出す, 長引かせる. **drag up** いやな話題などを持ち出す, むしかえす.
【複合語】**drág bùnt** 名 C《野球》ドラッグバント. **drágnèt** 名 C 底引き網, 地引き網, 警察が敷く捜索の網, 包囲網.

drag·gle /drǽgl/ 動 本来他 [一般語] 泥やぬれた芝生で衣服のすそなどをひきずってよごす, ぬらす. 自 として地面をひきずる, ひきずるようにゆっくりとついて行く, のろのろ進む.
語源 drag の反復形. 初期近代英語より.

drag·on /drǽgən/ 名 C [一般語] 一般義 伝説上の火を吐く動物である**竜**, ドラゴン. その他《天》(the D~) 竜座.〔くだけた語〕気性の激しい人, きつい中年女性.
語源 ギリシャ語 drakon (=snake) がラテン語 draco, 古フランス語 dragon を経て中英語に入った. 原義は「よく目のきくもの」.
用例 Her mother is a real *dragon*. 彼女の母はほんとうに気性が激しい.

drag·on·fly /drǽgənflai/ 名 C《昆虫》とんぼ.

dra·goon /drəgúːn/ 名 C 動 本来他《史》竜騎兵, また重装備の騎兵. 動 として, 竜騎兵をさし向けて**攻撃する**, 武力で弾圧する.
語源 フランス語 dragon が初期近代英語に入った. 歩兵のマスケット銃が「火を吐くもの」のたとえで, dragon が転用された.

drain /dréin/ 動 本来他 名 C [一般語] 一般義 物から**水を抜く**, 排水をする. その他 水気を切る, 水分をとる, 容器から水を抜く, 容器を空にする, 飲み干す. また比喩的に財産, 体力, 希望などを使い尽くす, しだいに**消耗させる**. 自 として水がはける, 排水される, 人材や富が外国に流出する. 名 として**配水管**, 排水路, 下水の溝,（複数形で）下水設備,（単数形で）人材や富の流出, 浪費.
語源 古英語 drēahnian (=to strain liquid; to dry out) から.
用例 If this wet land was *drained* it would be good farmland. もしこの湿地が排水されればよい耕地になるものだが/The expense *drained* us of all the money we had. その出費で我々は有り金全部使い果たした/The water *drains* out of the flowerpot through the holes in the bottom. 水は植木鉢の底の穴から出ていく.
類義語 deplete.
【派生語】**dráinage** 名 U 排水, 水はけ, 排水路: **drainage basin** 河川の流域. **dráiner** 名 C 配管工, 排水機. =drainboard. **dráining** 名 U 排水工事. =drainboard.
【複合語】**dráinbòard**, (英) **dráining bòard** 名 C 台所の**水切り台**. **dráinpipe** 名 C 排水路, 下水管. **dráin pùmp** 名 C 排水ポンプ.

dram /drǽm/ 名 C [一般語] 一般義 重量の単位, ドラム (★¹/₁₆オンス=1.77 グラム). その他 小量単位を表すことから, 一般に**少量**, 微量の酒.
語源 ギリシャ語 drachmē (=handful) がラテン語, 古フランス語を経て中英語に入った.

dra·ma /dráːmə, -ǽ-/ 名 C U [一般語] 一般義 **劇**, 戯曲. その他 脚本,（しばしば the ~）**劇文学**, 演劇. また比喩的に劇的な事, 劇的な事件.
語源 ギリシャ語 dran (=to do; to act) の名 *drama* (=play) が後期ラテン語を経て初期近代英語に入った.
用例 Life here is full of *drama*. ここでの生活は劇

的事件の連続だ.
[類義語] drama; play: 共に「戯曲, 芝居」を意味するが, **drama** は個々の劇, 脚本ばかりでなく, 広く劇芸術を指す: a student of the *drama* 演劇の研究者. **play** は drama よりくだけた語で個々の劇, 脚本をいう: go to a *play* 芝居を見に行く.
[関連語] comedy; tragedy; show; stage; theater.
【派生語】**dramátic** 形 劇の, 戯曲の, 演劇の, 劇的の, 目ざましい, 芝居がかった. **dramátically** 副. **dramátics** 名 U 演出法, 演技;《複数扱い》《軽蔑的》芝居がかった言動. **drámatist** 名 C 劇作家. **dràmatizátion** 名 UC 劇化, 脚色. **drámatize** [本来他] 劇にする, 脚色する, 大げさに表現する.
dram·a·tis per·so·nae /drǽmətis pəːrsóuni, dráːmə-, -nai/ 名《複》《劇》登場人物, 配役表.
[語源] 近代ラテン語 (= characters of the drama). 18 世紀より.
dramatist ⇒drama.
dramatize ⇒drama.
drape /dréip/ 動 [本来他] 名 C 〔一般語〕[一般義] 布やカーテンなどを飾りとして掛ける. [その他] 衣服などをだらりと垂らすように手足をだらしなく下げる. 名 として《複数形で》掛け布, 垂れ布, どん帳, 《米》厚手のカーテン.
[語源] 古フランス語 *drap* (= cloth) から派生した *draper* (= to weave) が中英語に入った.
【派生語】**dráper** 名 C (英) 服地や反物を売る衣料品商 [語源] 現在では使われなくなっている). **drápery** 名 UC 優美なひだのある掛け布[垂れ布], 着衣のひだ(取り), 《米》厚手のカーテン, 《英》服地, 織物, またそれらを売る服地商.
dras·tic /drǽstik/ 形 〔形式ばった語〕行動や手段などが思い切った, 激しい, 徹底的な.
[語源] ギリシャ語 *dran* (= to do) から派生した *drastikos* (= violent) がフランス語を経て初期近代英語に入った. drama と同語源で, 元来薬効が強烈だという意味に用いた.
【派生語】**drastically** 副.
drat /drǽt/ 動 [本来他] 感 〔古風な俗語〕...をのろう. 感 として畜生 (★軽いののしりの言葉).
[語源] (Go)d rot (= God rot it) (rot: 腐らせる, 堕落させる)の婉曲的な言い方と思われる.
[用例] *Drat* it! いまいましい.
draught ⇒draft.
draughts /drǽfts | -áː-/ 名 U 《ゲーム》《英》チェッカー(=《米》checkers).
【複合語】**dráughtbòard** 名 C (英) チェッカーやチェスで用いる白黒交互 64 の目があるチェッカー盤(《米》checkerboard); ⇒draftsman. **dráughtsman** 名 C (英) チェッカーの駒(≈); = draftsman.
draughty /drǽfti | -áː-/ 形 (英) = drafty.
draw /drɔ́ː/ 動 [本来他] (過去形 drew; 過去分 drawn) 名 C 〔一般語〕[一般義] 物を引く, 引っ張る. [その他] 中のものを外へ引き出す, 取り出す, 水などをくみ出す, 預金を引き出す, 「引く」の意で, 集中的に物事を引き寄せる, 人などを引き寄せる, 注意や関心を引く, 涙などを誘う, 息を吸い込む, また釘を引き抜く, 刀剣を抜く, ピストルの引き金を引く, くじを引く, はらわたを出す, 試合を引き分け, 教訓を得るなどの意. 平面的に引く意から, 線を引く, 絵や図を描く, 文書を作成する, 書く. 自 として引ける, 抜ける, 引かれるように動く, 近づく. 名 として引っ張ること,

引き分け, くじ引き, 抽選, また人気のあるもの[人], 呼び物, 大当たり, たばこのひと吸い, 一服などの意.
[語源] 古英語 dragan (= to draw) から.
[用例] All water had to be *drawn* from the well. 水はすべて井戸からくまなければならなかった/Christmas is *drawing* closer. クリスマスがだんだん近づいている/I think our new bargain-counter should be a real *draw*. 我々の新しい特売品売り場はきっと人気が出ると思うよ.
[類義語] pull.
[慣用句] *draw apart* ...から離れていく. *draw around* ...のまわりに集まる. *draw away* ...から離れる. *draw back* 退く, しりごみする; ...を引き戻す, 引っ込める. *draw down* 日除けや帽子などを引き下ろす. *draw in* 引き入れる. *draw it fine* 支出を切り詰める. *draw off* 抜き[取り]出す, 軍隊などを撤退する. *draw ... on* 人に...するように促す, すすめる《to do》. *draw on* [upon] ...に頼る, ...を利用する, 数字する. *draw out* 引き延ばす, ...にしゃべらせる, 銀行から預金を引き出す. *draw up* 車などが止まる; 文書や案などを作成する, 引き上げる.
【派生語】**dráwer**¹ 名 C 引出し. **dráwer**² 名 C 引く人, 製図家. **dráwers** 名《複》〔古語〕ズロース, ズボン下. **dráwing** 名 UC 引くこと, 絵, 図: **drawing board** 面板, 製図板/**drawing card** 人気番組, 人気俳優/**drawing pin** (英) =《米》thumbtack/**drawing room** 応接間, 客間, 居間. **dráwn** 形 勝負無しの, 引き分けの.
[複合語] **dráwback** 名 C 障害, 払い戻し, 撤去, 短所. **dráwbridge** 名 C はね橋.
drawl /drɔ́ːl/ 動 [本来他] 名 UC 母音を引き伸ばしてゆっくりしゃべる. 名 としてゆっくりした話しぶり.
[語源] draw に動作の反復を表す動詞尾 -le がついたもの. 初期近代英語から.
dread /dréd/ 動 [本来他] 名 UC 〔形式ばった語〕[一般義] 恐れる, びくびくする. [その他] 極度に心配する, その結果物事をするのを嫌に思う, したくないの意. 名 として, 未来に起こることに対する恐怖心, 不安, 心配.
[語源] 古英語 ondrǽdan, adrǽdan (= to regard with awe) の頭辞が消失したもの.
[用例] We were *dreading* his arrival. 彼がやってくるのではないかとびくびくしていた/Cats *dread* water. 猫は水におびえる.
[類義語] fear; horror.
[慣用句] *dread to think* ...を考えると怖くなる. *have a dread of ... ...*を恐れる.
【派生語】**dréadful** 形 恐ろしい, こわい, 実にひどい. **dréadfully** 副 ひどく, とても.
dream /dríːm/ 名 C 動 [本来] 〔過去·過分 〜ed, dreamt /drémt/〕[一般語] [一般義] 夢. [その他] 夢 (見心地, 夢うつつな状態, 夢に似たこと, 空想, 理想. 〔形容詞的に〕夢のような, 理想的な, すばらしい. 動 として夢をみる, 夢想にふける. 他 ...という夢を見る, 《否定文で》...と思う, ...を考えてみる.
[語源] 古英語 drēam (= joy; music) から. 現在の意味は古ノルド語 *draumr* (= dream) の影響で中英語から.
[用例] I had a terrible *dream* last night. ゆうべ恐ろしい夢をみた/Don't sit there in a *dream*. ぼうっとしてそこに座っているな/She lives in a *dream*. 彼女は夢心地で暮している.

【関連語】fancy; daydream; fantasy; nightmare; vision.
【慣用句】*beyond one's wildest dreams* 想像[予期]した以上の[に]. *dream a ... dream* ...な夢を見る. *dream away* 夢うつつで過ごす. *dream up*〔くだけた表現〕《軽蔑的》とんでもないことを考え出す. *like a dream* 楽々と, 完全に.
【派生語】**dréamer** 名 Ⓒ 夢みる人, 空想家. **dréamily** 副 夢うつつに, ぼんやりと. **dréaminess** 名 Ⓤ. **dréamless** 形 夢のない. **dréamlike** 形 夢のような. **dréamy** 形 夢見るような, 空想にふけった, 夢のような, すばらしい.
【複合語】**dréam càr** 名 Ⓒ 新式の装置やアイディアに満ちた試作車, ドリームカー. **dréam fàctory** 名 Ⓒ 米国ハリウッドの映画撮影所, 映画産業. **dréamlànd** 名 ⓊⒸ 夢の国, ユートピア, 睡眠. **dréam mèrchant** 名 Ⓒ 夢を売る人, 映画制作者, 広告業者, 小説家. **dréam tèam** 名 Ⓒ 最高のメンバーからなる夢のチーム. **dréam wòrld** 名 Ⓒ 夢の世界, 幻想の世界.

drea·ry /dríː)əri/ 形 〔一般語〕〔一般義〕ものさびしい, 荒涼とした. その他 憂うつな, 人を悲しませる, 〔くだけた語〕仕事や人の話などがおもしろくない, 退屈な.
[語源] 古英語 drēorig (=bloody) から.
[用例] I've got to go to another *dreary* meeting tomorrow. 明日もうひとつの退屈な会合に出席しなければならない.
[類義語] dismal; dull.
【派生語】**dréarily** 副. **dréariness** 名 Ⓤ.

dredge[1] /dréd3/ 名 Ⓒ 動 本来義 〔形式ばった語〕水底の泥や砂などをすくう浚渫(しゅんせつ)機, 浚渫船. 動 として浚渫する.
[語源] drag の派生形または中期オランダ語 *dregghe* (四つ爪錨)からと考えられる. 中英語より.
【派生語】**drédger** 名 Ⓒ.

dredge[2] /dréd3/ 動 本来義 〔形式ばった語〕小麦粉などの粉をまぶす, 振りかける.
[語源] ギリシャ語 *tragēmata* (砂糖菓子)がラテン語 *tragemata*, 古フランス語 *dragie* を経て中英語に入った.

dregs /drégz/ 名 〔複〕〔一般語〕〔一般義〕液体の底に残るかす, おり. その他 かすの意から, くず, とるに足らないつまらないもの, 残り物の意.
[語源] 古ノルド語 *dregg* (酒に生じるかす)が中英語に入った.

drench /dréntʃ/ 動 本来義 名 Ⓒ 〔一般語〕〔一般義〕《しばしば受身で》ずぶぬれにする. その他 元来家畜に水薬を飲ませるの意. 名 として, 動物に飲ませる水薬, 液体に浸すことをいう.
[語源] 古英語 drencan (=to force to drink) から. drink と同語源.
[用例] get *drenched* to the skin with [in] rain 雨でびしょぬれになる.

dress /drés/ 名 ⓊⒸ 動 本来義 〔一般語〕〔一般義〕女性用の衣服, ドレス, ワンピース. その他 ⓒ として着物を着せる, ある服装をさせる, 髪をととのえる, 食卓などの用意する, 食べ物の下ごしらえをする, 調理する, 傷の手当をする, 包帯をする. 自 としてしたくをする, 服を着る, 正装[盛装]する, 美しく飾る, 傷口に薬を塗る, 包帯をするとの意となる.
[語源] ラテン語 *dirigere* (=to set straight) の過去分詞 *directus* から派生した俗ラテン語 *directiare* が古フランス語 *dresser* を経て中英語に入った. もとの意は何かをまっすぐ置くことで, そこから自分の身なりを正すという意味につながり, 正装するという意味が生まれた.
[用例] Her *dress* was always a little peculiar. 彼女の着ている服はいつも少々変わっている/He was in formal *dress*. 彼は正装をしていた/We *dressed* in a hurry and my wife *dressed* the children. 私たちは急いで服を着たし, 妻は子供たちに服を着せた/She *dressed* a salad. 彼女はサラダにドレッシングをかけた.
[関連語] clothes; suit; costume; uniform.
【慣用句】*be dressed* (*up*) *to kill* 〔くだけた表現〕女性が人の目を引くような派手な[けばけばしい]服装をしている. *be dressed* (*up*) *to the nines* 〔くだけた表現〕盛装している. *dress down* 〔くだけた表現〕しかる. *dress oneself* 身にしける, 正装する. *dress up* 正装する, 仮装する.
【派生語】**drésser**[1] 名 Ⓒ 着付けをする人, ...の服装の人. **drésser**[2] 名 Ⓒ 鏡台. **dréssing** 名 Ⓤ 着付け, 飾り付け, サラダなどにかけるドレッシング, ソース, 傷口の手当, 包帯: dressing case 旅行用化粧道具入れ/dressing-down 厳しくしかること/dressing gown 部屋着, ガウン/dressing room 劇場などの楽屋, 化粧室/dressing table 寝室用の鏡付きの化粧台. **dréssy** 形 正装のようにあらたまった, 粋(いき)な, はでな.
【複合語】**dréss círcle** 名 Ⓒ 劇場の特等席. **dréss cóat** 名 Ⓒ 燕尾(えんび)服. **dréssmàker** 名 Ⓒ 婦人服の仕立屋, 洋裁師. **dréssmàking** 名 Ⓤ 婦人服仕立(業), 洋裁. **dréss rehéarsal** 名 Ⓒ 衣装をつけて行う仕上げの舞台げいこ, 本げいこ. **dréss shírt** 名 Ⓒ 礼装用のワイシャツ. **dréss sùit** 名 Ⓒ 男子の夜会服.

drib·ble /dríbl/ 動 本来義 名 Ⓒ 〔一般語〕液体をしたたらせる, ほたほた落とす, 〖球技〗ボールをドリブルする. 自 したたる, よだれを垂らす. 比喩的に金・時間などを少しずつ費す. 名 としてしたたり, 少量, 〖球技〗ドリブル.
[語源] drip の変形.

drift /dríft/ 動 自 本来義 名 ⓊⒸ 〔一般語〕〔一般義〕漂流する, 漂う. その他 あてもなく放浪する, 漠然と時を過す. 他 として漂わせる, 押し流す. 名 として漂流, 流されること, 流れ, さらに漂流物, 吹き寄せられた物, それらが集まる吹きだまり, 吹き寄せ. また漂流することが或一定の流れの方向の場合, 傾向, 時流, 大勢などの意味となる.
[語源] 古英語の *drifan* (=to drive) と同語源の古ノルド語 *drift* (=snowdrift)が中英語に入った.
[用例] The wind *drifted* the snow against the door. 風のため雪はドアに吹き寄せられていた/His car stuck in a *drift* during the snowstorm. 彼の車は吹雪の中の雪だまりで動けなくなった.
【慣用句】*catch* [*get*] *the drift of* ... ...の要旨を理解する. *drift along* あてどもなくさまよう. *drift apart* 漂流して離れ離れになる, 疎遠になる, 気が合わなくなる.
【派生語】**dríftage** 名 Ⓤ 漂流(作用), 押し流される距離. **drífter** 名 Ⓒ 放浪者, 浮浪者.
【複合語】**dríft ice** 名 Ⓤ 流氷. **dríftnèt** 名 Ⓒ 流し網. **dríftwòod** 名 Ⓤ 流木.

drill[1] /drí/ 名 ⓊⒸ 動 本来義 〔一般語〕〔一般義〕ドリル, きりなどの穴あけ器. その他 穴を開けるように同じ動作を繰り返すすということから, 反復練習, 訓練, 特に軍隊で行われる軍事教練. 動 として穴を開ける, 反復練習させる, 訓練する.
[語源] 中期オランダ語 *drillen* (=to bore) が初期近代

[用例] The soldiers *drilled* the door with bullets. 兵士たちは小銃を撃ってドアに穴を開けた.
[関連語] exercise; practice; perforate.
[複合語] **dríll bòok** 名 C 軍事教練用指導者, 学習用練習帳. **drillmàster** 名 C 軍隊の教練係の教官, 厳しく教える人.

drill² /dríl/ 名 C 〔一般語〕種をまくための小畦(うね), 筋まき機.
[語源] 不詳. 18 世紀から.

drink /dríŋk/ 動 [本来自]《過去 **drank**; 過分 **drunk**》名 UC 〔一般語〕[一般義] 飲み物を飲む. [その他] 飲み干す, 飲んで容器などをあける, 人のために乾杯する. また飲み込む, 水分を吸収する, 空気などを体内に入れ, 比喩的に給料などを飲んでしまう. 自 としては 《しばしば副詞を伴って》飲酒する. 名 として飲み物, 飲料, 酒, またひと飲み, 一杯, ひと口などの意.
[語源] 古英語 drincan (=to drink) から. オランダ語 drinken, ドイツ語 trinken と関連する.
[用例] He *drank* thirstily from a green bottle. 彼は緑のびんの飲み物をごくごくんと飲んだ/He has a *drink* problem. 彼はアルコール中毒だ.
[関連語] beverage; liquor; alcohol.
[派生語] **drínkable** 形 飲める, 飲用に適する. **drínker** 名 C 飲む人, 酒飲み. **drínking** 名 U 飲むこと, 飲用, 飲酒: **drinking fountain** 駅, 公園などの噴水式**水飲み器/drinking water** 飲料水.

drip /dríp/ 動 [本来自]名 CU 〔一般語〕[一般義] 液体がぽたぽた落ちる. [その他] しずくを垂らす, 比喩的に…であふれている (with). 他 としてしたらす. 名 としてしずくが落ちること, したたり, ぽたぽた落ちる音, 〖医〗点滴(装置), 点滴剤, 比喩的に退屈な人, 変な奴.
[語源] 古英語 dryppan から.
[用例] Rain *dripped* slowly off the roof. 雨が屋根からぽたりぽたりと落ちていた/Her coat *dripped* water into a puddle on the floor. 彼女のコートから床の上にしずくが垂れて水たまりになっていた.
[派生語] **drípping** 名 UC したたること, しずく, 焼肉から落ちる油汁. 形 副 しずくの垂れる(ほど).
[複合語] **dríp còffee** 名 C ドリップコーヒー. **drip-drip**, **dríp-dròp** 名 C したたり, しずく. **dríp-drý** 動 [本来自] 衣類など絞らずに干して乾かす, ノーアイロンの.

drive /dráiv/ 動 《過去 **drove**; 過分 **driven**》名 CU 〔一般語〕[一般義] 車を運転する. [その他] 人を車に乗せて行く, 車で送る. 本来は牛などを追い立てる, 駆り立ての意で, 追いやる, 追い込むから, 比喩的に力ずくで動かす, 無理に何かをさせる, 人を酷使する, こき使う. これは人以外の物にも使われ, 水・風などが物を動かす, 機械を動かす, 釘や杭を打ち込む, ねじを締め込む, トンネルや井戸を掘る, 〖スポ〗ボールを強打する, 強くうつ. 自 として運転する. 名 として乗って行くこと, 遠乗り, ドライブ, その道のり[距離], 自動車道路, 家畜や獲物を駆りたてること, 無理にすることから, 努力, 推進力, さらに活力, 本能的な運動, ゴルフやテニスの強打, 〖機〗駆動装置.
[語源] 古英語 drīfan (人や動物を前進するように促す) から.
[用例] My mother is *driving* me to the airport. 母が空港まで車で送ってくれます/Two men and a dog were *driving* a herd of cattle across the road. 犬をつれた二人の男が家畜の群れを追いながら道路を渡っていた/Do you want to *drive* or shall I? 運転したいのかい, それともしようか.
[関連語] ride; walk; run.
[慣用句] **be driving at** … …をするつもりである. ***drive away*** …を追い払う, 人を車で送って行く. ***drive away at*** … …に精を出す. ***drive … home*** 釘などをしっかり打ち込む, 知識などを徹底的に教え込む, 納得させる. ***drive in*** 知識などをたたき込む, 釘などを打ち込む. ***drive off*** 走り去る; …を追い払う. ***drive on*** 運転し続ける, …を駆り立てる. ***drive up*** 車でのばす. ***go for a drive*** ドライブに出かける. ***let drive at*** … …をねらって投げる, …に殴りかかる. ***make a drive for*** … …に向け努力する. ***take a drive*** ドライブをする. ***take … for a drive*** …をドライブに連れて行く.
[派生語] **dríven** 形 雪などの降り積もった. **dríver** 名 C 車の運転者, 運転手, 牛追い, 〖ゴルフ〗長打用のクラブ: **driver's license** 《米》運転免許証/**driver's seat** 運転席. **dríving** 名 U 運転の仕方, 推進. 形 力強い, 推進の, 駆動の: **driving licence** 《英》= driver's license/**driving school** 自動車教習所/**driving test** 運転免許試験/**driving wheel** 蒸気機関車の動輪.
[複合語] **drive-ìn** 形 名 C ドライブイン(式の). **drivewày** 名 C 公道から玄関や車庫までの私道 [日英比較] 日本語のドライブウェイはドライブに適した観光用の道路をさすが, 英語では scenic drive [route; highway] のようにいう).

driv·el /drívəl/ 動 [本来自]〔一般語〕[一般義] たわいないことを言う, くだらないおしゃべりをする. 他 としても用いる.
[語源] 古英語 dreflian (よだれを垂らす) から.
[派生語] **dríveler** 名 C.

driz·zle /drízl/ 動 名 UC [本来自]〔一般語〕[一般義] 霧雨, こぬか雨(が降る).
[語源] 古英語 dreosan (=to fall) から.
[派生語] **drízzly** 形.

drogue /dróug/ 名 C 〔一般語〕[一般義] 捕鯨の際に用いる銛(もり)の綱に付けるブイ. [その他] 風見用の吹き流し, 戦闘機などの減速用パラシュート, 吹き抜け袋型の海錨(いかり), 空中給油機の給油用円筒または円錐筒型の装置をいう.
[語源] drag の変形と考えられる. 19 世紀から.

droll /dróul/ 形 〔一般語〕おどけたり, ひょうきんでおもしろい, こっけいな.
[語源] フランス語 drôle (=comic) が初期近代英語に入った.
[類義語] facetious.
[派生語] **dróllery** 名 C 〔古風な語〕ひょうきんな所作, おもしろい話.

drone /dróun/ 名 C 動 [本来自]〔一般語〕[一般義] 蜜蜂の雄蜂. [その他] 蜜蜂の雄が働かないところから, 比喩的になまけ者, リモートコントロールにより操縦されている飛行機[ミサイル]. 蜂などがぶんぶんする音, 単調な話をする人, 〖楽〗バグパイプの類の楽器の持続低音管. 動 として, 蜂や機械などがぶんぶんうなる, ものうげな声で話す, のらくらと過ぎ[生活する].
[語源] 古英語 dran, dræn から.
[類義語] buzz.
[関連語] bee (働き蜂).

drool /drúːl/ 動 [本来自]〔一般語〕[一般義] ごちそうなどを見てよだれを垂らす. [その他] 〔くだけた語〕《米》締りのな

い[くだらない]ことを言う.
[語源] drivel の短縮形と考えられる. 19世紀から.
[類義語] drivel.

droop /drúːp/ 動 [本来自] 名 U [形式ばった語] [一般語] 力なくうなだれる. [その他] 元気が衰える, しょんぼりする, 比喩的に植物がしおれる.
[語源] 古ノルド語 *drúpa* (=to droop) が中英語に入った.
[用例] It had been a hard day and we were all *drooping* visibly. つらい一日だったので, 我々はみんな目に見えて消耗していた.
【派生語】**dróopy** 形 垂れた, 打ちしおれた. **dróopingly** 副.

drop /dráp|-ɔ-/ 名 C 動 [本来自] [一般語] しずく, したたり, 水滴. [その他] 落ちること, 落とすこと, 落下, 墜落, 落差, 落下物. 液体類の少量, 微量, (通例複数形で)点滴薬. しずく形をしたもの, ドロップ, あめ玉, また《主に米》郵便箱の差し入れ口, 投入口. 動 としては, 物が偶然に落ちる, ぽたぽた落ちる, 比喩的にばったりと倒れる, 温度や値段が下がる, 勢いが衰える, 学校の成績が落ちる, 脱落する, 不意の落下の意から, ふっとあるいは自然にある状態になる, 何かの言葉がふと漏れるなどの意となる. 他 として落とす, 荷物を降ろす, 郵便物を投函する, 短かい便りを出す, 勢いを衰えさせる, 突然やめる, 人と絶交する, 問題や事件を打ち切る, 除名する, 解雇する.
[語源] 古英語 dropa から. drip, droop などと同語源.
[用例] From the top of the mountain there was a sheer *drop* of a thousand feet. 山頂からは垂直に千フィートの落差があった/If you want more wine, there's a *drop* left. もっとワインを飲みたければ, まだ少しは残っている/She *dropped* a whole box of pins all over the floor. 彼女はピンの入った箱をまるごと落として床一面にまきちらした.

[類義語] fall に対して drop は急激な不意の落下を意味する. 従って木の葉が落ちるという場合は fall を使うが, drop は不適当.

【慣用句】 *a drop in the bucket* [*ocean*] 大海の一滴, 焼石に水. *at the drop of a hat* 待ってましたとばかり. *drop across* ...に偶然に会う. *drop around* =drop by. *drop away* 次第になくなっていく. *drop back* 後退する, 遅れる. *drop behind* 仲間などから遅れる. *drop by* 立ち寄る. *drop by drop* 一滴ずつ, 少しずつ. *drop dead* 急死する. *drop in* ちょっと立ち寄る. *drop into* ... 知らないうちに...になる. *drop off* 落ちる, 下がる, ボタンなどがとれる, 車などから降りる, 下車する, 離れていく, うとうと眠ってしまう; 人や物や物を車から降ろす. *drop on* ... ...に偶然出くわり, 人に嫌な仕事を押し付ける, 人を不意に訪問する. *drop out* 学校を中退する, 競技などから脱落する. *drop over* 予告なしにひょっこり訪ねる. *drop through* 企画などがだめになる, 失敗する. *have had a drop too much* 飲み過ぎて酔っている. *in drops* 一滴ずつ, ゆっくりと. *take a drop* 酒を一杯飲む, 一杯ひっかける.

【派生語】**dróplet** 名 C 小滴. **drópper** 名 C 落とす[人]物, 点滴器. **drópping** 名 U 滴下, 落下, (複数形で)落下物, 鳥獣のふん.
【複合語】**dróp-in** 名 C ふらりと立ち寄る人, dropout したあと社会に復帰した人. **drópòut** 名 C 脱退者, 落伍者. **drópkìck** 名 C《スポ》ドロップキック.

drop·sy /drápsi|-ɔ-/ 名 U《医》水腫, 浮腫.

[語源] ギリシャ語 *hudōr* (= water) から派生した *hudrōps* (=dropsy) がラテン語, 古フランス語を経て頭音消失後中英語に入った.

dross /drɔ́(:)s/ 名 U [一般語] [一般語] 溶けた金属や製塩時に出る残りかす. [その他] 比喩的に無価値なもの, ごみ, かす, くず.
[語源] 古英語 *drōs* (=dregs; dirt) から.

drought /dráut/ 名 UC [一般語] [一般語] 大気の乾燥, 作物に害を及ぼす長期の日照り, 干ばつ. [その他] 渇水の意味から一般化して長期の不足, 欠乏.
[語源] 古英語 *drugath* (=dryness) から.

drown /dráun/ 動 [本来自] [一般語] [一般語] おぼれ死ぬ, 水死する. 他 として溺死(でき)させる, 何かを水に浸す, 浸水させる, 水ばかりでなくケチャップなどの食品に浸す, あるいはケチャップをかける, 比喩的に水をかけるように, 大きな音が他の音を消す.
[語源] 中英語 drounen から. それ以前は不詳.
[用例] The river had overflowed its banks and *drowned* the low-lying farmland. 川は堤防を越えてあふれ, 低い農地を水浸しにした.
[日英比較] 「おぼれる」という日本語は死ぬことにも死にそうになることにも使うが, 英語の drown は死ぬことを意味する. 死にそうになることは nearly drown, almost drown のように言う. また日本語の「おぼれる」という言葉は何かをむさぼるという意味にも使われるが, 英語では快楽やぜいたくにふけることは indulge in, 夢中になることは give oneself up to, 恋人にうつつを抜かすことは be infatuated with, 盲目的に何かをすることは be blinded by などと表現する.
【慣用句】 *drown oneself* 川や海に身を投げる, 投身自殺をはかる, 没頭する. *drown one's sorrow* 酒を飲んで憂さ晴らしをする.
【派生語】**drówned** 形 おぼれ死んだ.

drowse /dráuz/ 動 [本来自] 名 UC 〔文語〕うとうと(する), 居眠り(をする)《語法》doze のほうが一般的).
[語源] drowsy の逆成として初期近代英語から. drowsy は, 古英語 drusian (=to be languid) から.
【派生語】**drówsy** 形 眠い, うとうとしている, 眠気を誘う, 鈍い, のろい, 不活発な, 町などが静まりかえった. **drówsily** 副. **drówsiness** 名 U.

drub /dráb/ 動 [本来他] [一般語] [一般語] 棒, こん棒などで打つ. [その他] 比喩的に考えなどをたたき込む (into), たたき出す (out of), 相手をしたたかにやっつける, 大差で打ち負かす.
[語源] アラビア語 *daraba* (=to beat) に由来し, 初期近代英語から. 東洋の刑罰として足の裏をこん棒で叩くこと *bastinado* から.
【派生語】**drúbbing** 名 U.

drudge /drʌ́dʒ/ 名 C 動 [本来自] [一般語]単調で骨の折れる仕事にあくせく働く(人).
[語源] 中英語 druggen から. それ以前は不詳.
【派生語】**drúdgery** 名 U 退屈な骨折り仕事.

drug /drʌ́g/ 名 C 動 [本来他] [一般語] [一般語] 覚醒剤などの麻薬. [その他] 本来は薬, 薬品 (語法) この意味では通常 medicine を使う). 動 としては麻薬を加える, 麻薬[麻酔薬]を飲ませる, 飲食物に薬物を入れる, 中毒させる. 他 として麻薬を使う.
[語源] 古フランス語 *drogue(s)* が中英語に入った. それ以前は不詳.
[用例] She has been prescribed a new kind of

drug for her stomach pains. 彼女は胃痛用に新薬を処方してもらった.
【慣用句】*a drug on the market*〔くだけた表現〕あり余って**売れない商品**《[語法]この drug は「人を飽きさせるもの」という古い意味》. *be on drugs* **麻薬をやっている**, 麻薬中毒である, 〘俗語〙〘米〙頭がおかしい: He behaves as though he *is on drugs*. 彼はまるで麻薬中毒にかかっているような行動をとる.
[派生語]**druggist** [名][C] **薬屋**, 薬剤師, ドラッグストアーの経営者.
[複合語]**drúg àddict** [名][C] **麻薬常用者**. **drúg detéction dòg** [名][C] **警察の麻薬探知犬**. **drúgstòre** [名][C]〘米〙**ドラッグストアー**《★薬品類のほか日用雑貨, 化粧品, たばこ, 本, 文具, 写真用品なども売っていて, 軽い食事もできる》.

drum /drÁm/ [名][C][動][本来義]〔一般的〕[一般義]**太鼓, ドラム**. [その他]**太鼓を打つ音, ドラムのようなどんどんという音**, また**耳の鼓膜, ドラム缶など太鼓の形をした物**. [動] として**太鼓[ドラム]を打つ[演奏する], こつこつたたく**. 他 としても用いる.
[語源]低地ドイツ語の擬音語 *trom* からと思われる. 初期近代英語から.
[用例] Stop *drumming* (your fingers) on the table! (指で)テーブルを叩くのはやめてくれ.
【慣用句】*beat* [*bang*] *the drum for* ... …**を盛んに宣伝する**. *drum ... into ...* **人に…をやかましく教え込む**. *drum ... out of ...* **人を…から追放する**. *drum up ...* **人を鳴り物入りで集める**.
[派生語]**drúmmer** [名][C] ドラム奏者.
[複合語]**drúmbèat** [名][C] **ドラムの音**, 宣伝される主義, 主張. **drúmfire** [名][C] **太鼓のような連続集中砲火**, 質問や批判などが相次ぐ攻撃. **drúmhèad** [名][C] **ドラムの皮**, 鼓膜. **drúm màjor** [名][C] **鼓手長**《★行列の先頭でバトンを振る人》. **drúm majorètte** [名][C] **バトンガール**(baton twirler). **drúm stìck** [名][C] **太鼓[ドラム]のばち**, 〔くだけた表現〕料理した鳥の**下腿(脚)**.

drunk /drÁŋk/ [動][形][名][C] drink の過去分詞. [形] として**酔った, 酔っぱらった, 夢中になった, うっとりした**. [名] として**酔っぱらい, のんべえ**.
[派生語]**drúnkard** [名][C] 〔形式ばった語〕〔軽蔑的〕**酔っぱらい, 飲んだくれ**. **drúnken** [形] **酔っぱらった, 酔ってたあげくの**. **drúnkenly** [副]. **drúnkenness** [名][U].
[複合語]**drúnk drìver** [名][C] **酔っぱらい運転をする人**. **drúnk drìving** [名][U] **酔っぱらい運転**《★〘英〙drink-driving》.

dry /dráI/ [形][本来義][C]〔一般的〕[一般義]**乾いた, 乾燥した**. [その他]天候に関して**日照り続きの, 雨の降らない**, 人体についての**どが乾いた, 口やのどからからの, 涙やせきでない, 涙が出ないことから薄情な. 乾いて水がないことから**, 池, 川, 井戸が**干上がった, かれた, あるいはインク[燃料]が出ない, 乳牛が乳の出ないなどの意. 水分が少ないことから, 酒が辛口の, 酒のないことから, 禁酒の. また比喩的に飾らない, ありのままの, 面白みのない, 無味乾燥な, また禁酒法賛成論者. [名] として**日照り, 干ばつ**, また禁酒法賛成論者. [動] として**乾かす, 何かをふいて水気をとる**.
[語源]古英語 drȳge から.
[用例] The leaves of this plant have become *dry* and withered. この植物の葉は水分がなくなり枯れてしまった/He has such a *dry* sense of humour that a lot of people miss his jokes altogether. 彼のユーモアのセンスはとてもさりげないので多くの人には彼の冗談がまったくわからない.
[反意語] wet, drenched.
【慣用句】(*as*) *dry as a bone*〔くだけた表現〕**全く乾ききって, 干上がって**. (*as*) *dry as dust*〔ややくだけた表現〕**人や本が砂を噛むような無味乾燥な, 退屈な**. *bleed ... dry* **人や会などから金を絞り取る**. *cut and dried*〔ややくだけた表現〕計画や協定などが確立した, 態度や意見が型にはまった. *dry off* [*out*] **すっかり乾く[乾かす]**. *dry oneself* **体をふく**. *dry up* 蒸発してなくなる, 底をつく. *run dry* 水が渇れる.
[派生語]**dríer** [名] =dryer. **dríly** [副]. =dryly. **drýer** [名][C] **乾燥器**, ヘアードライヤー. **drýly** [副] **乾燥して, 無味乾燥に, 冷淡に**. **drýness** [名][U] 乾燥(状態), 無味乾燥, 冷淡, 酒の辛口.
[複合語]**drý bàttery** [**cèll**] [名][C] **乾電池**. **drý-cléan** [動][本来義]. ドライクリーニングする. **drý cléaner** [名][C] **ドライクリーニング屋**. **drý cléaning** [名][U] **ドライクリーニング**. **drý dòck** [名][C]〘造船〙**乾ドック**. **drý éye** [名][U] **ドライアイ**. **drý-èyed** [形] **泣かない, 悲しみを表さない**. **drý gòods** [名]〘複〙〘米〙**生地, 呉服, 小間物類**. **drý íce** [名][U] **ドライアイス**. **drý méasure** [名][U] **乾量**. **drý mílk** [名][U] **粉ミルク**. **drý núrse** [名][C] **授乳しない乳母**. **drý rót** [名][U] **木材の乾燥腐敗**. **drý-shòd** [形] **靴[足]を濡らさない**.
[日英比較]日本語のドライ・フラワーは英語では dried flower, ドライ・フルーツは dried fruit という. また, 日本語で「情緒や義理人情に欠ける」という意味の「ドライな」は, 英語では businesslike や realistic や practical で表す.

dry·ad, -æd/ [名][C]〘ギ神〙《しばしば D-》**ドリュアス, 森の精**.
[語源]ギリシャ語 *druas* (=tree nymph) がラテン語, 古フランス語を経て中英語に入った.

du·al /djú(ː)əl/ [形][本来義]〔一般的〕[一般義]**二つの, 二つの部分から成る, 二重の**, 〘文法〙古英語, アラビア語などの**両数(の)**.
[語源]ラテン語 *duo* (=two) の [形] *dualis* (=containing two) が初期近代英語に入った.
[用例] a *dual* character [personality] 二重人格/*dual* nationality 二重国籍.

dub¹ /dÁb/ [動][本来他][C]〔一般的〕[一般義]主に新聞などで**事件や出来事等の特徴をうまく, またはユーモラスに表すような名前[あだな]をつける**. [その他] 元来国王が肩を剣で軽くたたいて人にナイト位を授けるの意, ここから新しい名称を授ける意味が生じた.
[語源]古英語 dubbian (=to strike) から.

dub² /dÁb/ [動][本来他][C]〔一般的〕[一般義]**映画やテレビ番組などに台詞, 音楽, 効果音を加えて再録音する**. [その他] **外国語に吹き替える, 録音済みの音をレコード, テープ, CD に複製する, ダビングする**. [名] として**二重[追加]録音したもの, 吹き替え**.
[語源]double の短縮による. 20 世紀から.

du·bi·ous /djúːbiəs/ [形]〔形式ばった語〕[一般義]**物事や言葉などが疑わしい, はっきりしない**. [その他]**人物, 性質, 行動が疑いを起こさせる, 怪しい, いかがわしい**, また結果や成り行きが**心もとない**, 《述語用法》**怪しいと思う**《*of*; *about*》.
[語源]ラテン語 *dubiosus* (=doubtful) が初期近代英語に入った.

[用例] I am *dubious* about the wisdom of this action. こうすることが賢明なことなのか怪しいと思う.
[派生語] **dúbiously** 副. **dúbiousness** 名 U.

Dub·lin /dʌ́blin/ 名 固 ダブリン〔★アイルランド共和国の首都〕.

ducal ⇒duke.
duchess ⇒duke.
duchy ⇒duke.

duck[1] /dʌ́k/ 名 C U 〔鳥〕あひる, かも, またその肉.
[語源] 古英語 duce, dūce (=diver) から. これらの形は ˚dūcan (⇒duck[2]) に由来する.
【慣用句】 *a dead duck*〔くだけた表現〕役に立たなくなったもの[考え], 役に立たず. *a lame duck*〔くだけた表現〕自力では何もできなくなった駄目な人[組織]. *a sitting duck*〔くだけた表現〕攻撃[非難]されやすい人[物]. *ducks and drakes* 水切り遊び. *like water off a duck's back* 何の効き目もなく. *play ducks and drakes with money*〔くだけた表現〕金を湯水のように使う. *take to ... like a duck to water* ...に自然になれる.
[派生語] **dúckling** 名 C あひるの子, 子がも.

duck[2] /dʌ́k/ 動 本来日 〔一般語〕〔一般義〕ひょいと水に潜る. 〔その他〕なぐられたり見つからないようにするためにひょいと頭を下げる, 身をかわす, 〔くだけた表現〕義務や責任をかわす, 回避する (out of).
[語源] 古英語 ˚dūcan (=to dive) から.
[用例] He *ducked* as the ball shot over his head. 彼はボールが頭の方に飛んで来たのでひょいと頭を下げた.
[類義語] dip.
[対照語] face.

duck[3] /dʌ́k/ 名 U C 〔一般語〕テント, 帆布, 袋, 衣類, ズック靴などに用いる厚地の丈夫な綿布, ズック, (通例複数形で) この綿布を使った主に白色のズボン.
[語源] オランダ語 *doek* (=linnen cloth) が初期近代英語に入った.

duct /dʌ́kt/ 名 C 〔一般語〕空気, 水, ガス, 電線などを通す管, ダクト. 〔その他〕液体や空気などの通る動植物の管, 道を表し, 〔解〕管, 〔植〕導管, 脈管.
[語源] ラテン語 *ducere* (=to lead) の過去分詞 *ductus* が初期近代英語に入った.

dud /dʌ́d/ 名 C 形 〔くだけた語〕役に立たない人, (複数形で) 衣類. 形 として役立たずの.
[語源] 不詳.

dude /djúːd/ 名 C 〔くだけた語〕《米》西部へ遊びに来る東部の人, 都会育ちの人.
[語源] 不詳.

due /djúː/ 形 名 C 副〔やや形式ばった語〕〔一般語〕〔述語用法〕負債などを当然支払うべき. 〔その他〕元来金銭について使われた意味が拡張されて当然なすべき, するはずであるという意味が, 賞賛, 敬意, 考慮などが当然払われるべきの意となった. さらに具体的な意味として, 手形などの当然支払うべき期日の来た, 満期になった, 〔一般語〕人や乗物が到着する予定である. 名 として《単数形で》当然払う[受け取る]べき金, 《複数形で》料金, 使用料. 副 として, 方向がまさしく, ちょうど.
[語源] ラテン語 *debere* (=to owe) の過去分詞 *debitus* にあたる俗ラテン語 ˚*debutus* (=owed) が古フランス語 *deu* を経て中英語に入った.
[用例] I think I'm *due* several pounds in expenses. 費用を 4, 5 ポンド当然もらえると思う/We paid *due* attention to the problem. その問題に然

るべき注意を払った/Our thanks are *due* (to) the doctor. お医者さまには当然感謝申し上げます〔[語法]《米》ではしばしば to を省略〕/The bus is *due* in three minutes. バスは 3 分で到着する予定だ.
【慣用句】 *due to ... ...*のために〔[語法] due は本来 形なので due to を文頭で用いないのがよいとされる. 文頭では Owing to や Because of のほうがよいと考えられている〕: The game has been cancelled *due to* frost. 霜のために試合は中止になった. *in due course* [time] そのうち, やがて. *give the devil his due*〔ややくだけた表現〕いやな[悪い] 相手でも公平に認めるべき点は認める, 公平な目で評価を与える.
[派生語] **dúly** 副 正しく, 当然に, 適当に, 滞りなく.

du·el /djúː(ə)l/ 名 C 動 本来日 〔一般語〕〔一般義〕決闘, 果たしあい. 〔その他〕古くは剣, 銃による決闘をいった. ここから二者間, 二党間の争い, 勝負, 闘争の意でも用いられるようになった.
[語源] 中世ラテン語 *duellum* (*duo* two+*bellum* war) が中英語に入った.
[派生語] **dúeler**, 《英》-ll- 名 =duelist. **dúelist**, 《英》-ll- 名 C 決闘者.

du·et /djuː(ː)ét/ 名 C 動 本来日 〔楽〕二重唱[奏](曲). 動 としてデュエットする.
[語源] ラテン語 *duo* (=two) の指小語のイタリア語 *duetto* が 18 世紀に入る.

duff[1] /dʌ́f/ 名 C 〔一般語〕干しぶどうやその他の干し果物入りのプディング.
[語源] dough の変形. 19 世紀から.

duff[2] /dʌ́f/ 動 本来日 〔俗語〕《主に英》品物をごまかす, 古い物を新しく見せかける. 《豪》盗んだ牛の焼き印を変えてごまかす.
[語源] duffer からの逆成. 19 世紀から.

duf·fel, duf·fle /dʌ́fl/ 名 U C 〔一般語〕〔一般義〕厚手の粗織りラシャ(のシャツ). 〔その他〕キャンプ用品一式.
[語源] この織り物が最初に作られたベルギーの都市名から初期近代英語に入った.
【複合語】 **dúffel** [**dúffle**] **còat** 名 C ダッフルコート. **dúffel** [**dúffle**] **bàg** 名 C ダッフルバッグ, 雑嚢(ぞう).

duf·fer /dʌ́fər/ 名 C 〔くだけた語〕理解の遅い人, ばか, 〔古い俗語〕いかもの, まやかし物.
[語源] 不詳.

dug /dʌ́g/ 動 dig の過去・過去分詞.
【複合語】 **dúgout** 名 C 丸太を彫り抜いて作った丸木船, 古代人が住居用に掘った横穴, 縦穴, 〔軍〕待避壕, 〔野〕ダッグアウト, ベンチ.

duke /djúːk/ 名 C 〔一般語〕公爵, ヨーロッパ大陸で公国の君主, 小国の元首, 公(ミシ).
[語源] ラテン語 *ducere* (=to lead) から派生したラテン語 *dux* (=leader) が古フランス語 *duc* を経て中英語に入った.
[関連語] 貴族階級 (peerage) については以下の表を参照, 最初が男性名, 次が女性名.

[英国の貴族階級]
公爵 duke; duchess 侯爵 marquess; marchioness 伯爵 earl; countess 子爵 viscount; viscountess 男爵 baron baroness

[英国以外の貴族階級]
公爵 prince; princess 侯爵 marquis; marquise 伯爵 count; countess 子爵 viscount; viscountess 男爵 baron; baroness

[派生語] **dúcal** 形 伯爵の. **dúchess** 名 C 公爵夫

人[未亡人], 女公爵. **dúchy** 名 C 公国, 公爵領, 英国の王族公領. **dúkedom** 名 C 公爵領, 公国, 公爵の身分[位].

dull /dʌ́l/ 形 [本来他][一般他][一般義] 退屈な, つまらない. [その他] 本来は頭が鈍い, ばかなの意. それから感覚が鈍い, 動作がのろい, 退屈なの意となった. また人間以外の物について, 刃物などが鈍い, なめらかな, 色, 光, 音がはっきりとしない, 明るくない, 天気が曇った, どんよりした, 市場などが不活発な. 動 として, 色や光などを曇らせる, 痛みなどをやわらげる, 色や光を弱くする, 感覚などを鈍らせる, 刃などを鈍くする.
[語源] 古英語 dol (=stupid) と同語源の中期低ドイツ語, 中期オランダ語 dul が中英語に入った.
[類義語] foolish; stupid.
[対照語] clever; bright; intelligent; sharp.
【慣用句】 (*as*) *dull as dishwater* [(英) *ditchwater*] [くだけた表現] 沈滞しきって, 退屈きわまりない.
[派生語] **dúllard** 名 C のろま, とんま. **dúlly** 副 く, ぼんやりと. **dúllness, dúlness** 名 U 鈍さ, 鈍感.

duly ⇒due.

dumb /dʌ́m/ 形 [一般他][一般義] 発声器官の障害のため言語能力を失った, 口のきけない, 物を言えない. [その他] 驚きや恐怖で口がきけない, 物が言えない, また黙っている, 言をこうしない, 物事が口で言い表わせない, 言葉では伝えられない, 物から音が出ない. [くだけた語] 《米》ばかな, 愚かな.
[語源] 古英語 dumb (=mute) から.
[用例] Not unnaturally, this remark struck us *dumb*. 全く当然なことだがこの意見にあきれて物も言えなかった.
[類義語] dumb; mute; voiceless; speechless.
dumb はこの中で最も普通の語で言語機能が欠けていて物が言えない場合をいい, 差別語になるので今日では通例動物について用いられる. **mute** はしばしば生まれつき耳が聞えないために話すことができない人について用いる. dumb, mute はいずれも驚きや恐怖で一時的に口がきけない状態を指すこともある. **voiceless** は先天的であれ後天的であれ声を持たない場合に用いる. **speechless** は感動や驚きなどで一時的に声がでなくなること.
[関連語] blind; deaf.
【派生語】 **dúmbly** 副 無言で. **dúmbness** 名 U 口のきけないこと, 沈黙.
【複合語】 **dúmbbèll** 名 C 木製または鉄製の亜鈴, ダンベル. **dumbfóund, dumfóund** 動 [本来他] (通例受身で) 唖然(ぁぜん)とさせる, 物が言えないほどびっくりさせる. 【派生語】 **dúmb shòw** 名 UC 無言の身振り, パントマイム. **dúmbwàiter** 名 C 《米》料理などの運搬用の小型エレベーター, 《英》移動式配膳台.

dum·my /dʌ́mi/ 名 C 形 [一般義] 本物の代りになるように似せて作った模造品. [その他] 本来は口のきけない人の意味で, ここから [くだけた表現] 黙っていて何もしない人, ばか, とんま, また黙って他人の指示通りに動く人, また手先, 替玉, さらに本物らしくその場を占めているだけの模造品の意味となり, マネキン人形, 《軍》擬製物, 展示用の見本, 模型, 《英》赤ん坊用のおしゃぶり, 《コンピューター》実際には機能を果さない変数などのダミー. 形 としておしの, 偽の, 名義だけの.
[語源] dumb + y. 初期近代英語から.

dump /dʌ́mp/ 動 [本来他][一般他] 名 C [一般義] ごみなどをどさっと投げ捨てる. [その他] トラックなどからどさっと落とす. 「どさっと出す」意から比喩的に《コンピューター》情報を打ち出す, 商品を外国市場に投げ売りする, ダンピングする, [くだけた表現] 無責任に放り出す, 人をやっかい払いする. 名 としてごみ捨て場.
[語源] 擬音語からか. 中英語より.
[用例] She *dumped* the heavy shopping-bag on the table. 彼女はテーブルの上に重い買物袋をどさっと置いた.
【慣用句】 *down in the dumps* [くだけた表現] 人がふさぎこんで, しょげて.
【派生語】 **dúmper** 名 C 《英》=dump truck. **dúmping** 名 U ごみを投げ捨てること, 投げ売り, ダンピング. **dúmpy** 形 人がずんぐりした.
【複合語】 **dúmp trùck** 名 C ダンプカー (日英比較) ダンプカーは和製英語. 《米》dump truck, 《英》dumper (truck), tipper lorry, tip-truck という).

dump·ling /dʌ́mpliŋ/ 名 C [一般他][一般義] 小麦粉を練ってゆでたり蒸したりしただんご (普通スープに入れたり, 肉と一緒に食べる). [その他] 果物入りの丸い焼き菓子.
[語源] 不詳. 初期近代英語から.

dun[1] /dʌ́n/ 形 [やや形式ばった語] くすんだ灰色がかった茶色の. 名 としてこげ茶色, またこの色をした馬, 月毛の馬.
[語源] ケルト語 *dun(n)* (=brown) に由来すると考えられる古英語 dun, dunn から.

dun[2] /dʌ́n/ 動 [本来他] 名 C [一般他][一般義] 借金の返済をうるさく催促する. [その他] うるさく悩ます. 名 として借金をうるさく取り立てる人.
[語源] フランスの港町 Dunkirk を本拠地とし, 英国の通商を脅かした私掠船 (Dunkirk privateer) の略称から初期近代英語に入った.

dunce /dʌ́ns/ 名 C 覚えの悪い人, ばか, まぬけ, のろま, 劣等生.
[語源] スコラ学派の神学者 John Duns Scotus の弟子を, 文芸復興期の人文主義者たちが dunsmen, dunses とののしったことによる. 初期近代英語から.

dune /djú:n/ 名 C [一般他][一般義] 砂漠や海岸の砂丘.
[語源] 古英語 *dūn* (=hill) と関係のある中期オランダ語 *dūne* が 18 世紀に入った.

dung /dʌ́ŋ/ 名 U 動 [本来他][一般他][一般義] 牛, 馬などの動物の糞(ふん). [その他] こやし, 一般に汚ならしいもの. 動 として, 動物が糞をする, 畑に肥やしを施す.
[語源] 古英語 dung から.
【複合語】 **dúnghìll** 名 C 堆肥(たいひ), こやしの山.

dun·geon /dʌ́ndʒən/ 名 C 動 [本来他][一般他][一般義] 城内にある地下牢, 土牢. 動 として [古語] 地下牢に入れる.
[語源] ラテン語 *dominus* (=lord) が古フランス語で *donjon* (=lord's tower) となり中英語に入った. 本来は城の本丸や天守閣を意味した.

dunk /dʌ́ŋk/ 動 [本来他][一般他][一般義] パンやクッキーなどをコーヒーなど飲み物に浸す. [その他] [くだけた表現] 《米》短時間液体に浸す意. また 《バスケ》 ダンクシュートをする (★ボールを上から押し込む).
[語源] ドイツ語 tunken (=to dip) がペンシルヴェニアドイツ語を経て 20 世紀に入った.

duo /djú:ou/ 名 C 《楽》二重奏[唱]者. 一般に 2 人, ペアー, 特に芸人などの 2 人組をいう.
[語源] ラテン語 *duo* (=two) がイタリア語を経て初期近代英語に入った.

duo·dec·i·mal /djù:oudésiməl/ 形 U 《数》 12 を一単位とする, 12 進法の. 名 として 12 分の 1, 《複数

形で)**12 進法**.
[語源] ラテン語 *duodecim* (=twelve)+-al. 18 世紀から.

du·o·de·num /djùːoudíːnəm/ 名 C (複 -na)
〖解〗**十二指腸**.
[語源] ラテン語 *duodeni* (=twelve each) から派生した中世ラテン語が中英語に入った. 十二指腸の長さが指 12 本分の横幅くらいであることに由来する.
【派生語】**dùodénal** 形.

dupe /djúːp/ 名 C 〔本来他〕〔一般義〕**だまされやすい人, かも**. 動 としてだます, だまして...させる 《into doing》.
[語源] フランス語方言 *dupe* (『鳥』やつがしら)が初期近代英語に入った. この鳥の連想からか.

du·plex /djúːpleks/ 形 名 C 〔一般義〕**二重の, 重複の**, 『機』**複式の**, 『通信』**二重電信方式の**. 名 =duplex apartment; duplex house.
[語源] ラテン語 *duplex* (*duo* two+*plex* -fold) が 19 世紀に入った.
【複合語】**dúplex apártment** 名 C 《米》上・下 2 階で 1 戸用になっている重層式アパート. **dúplex hóuse** 名 C 《米》二世帯用住宅.

du·pli·cate /djúːplikət/ 形 名 C, /-keit/ 動 〔本来他〕〔一般義〕**全く同じで二重の, 二重の**, 『写真・絵画などが**複製の, 写しの, また一般的にそっくりの**. 名 として**写し, 控え, 複製, 同意語**, 『写』**複製ネガ**. 動 として**...の写しを作る, ...を複製する, 書類などを正副 2 通作る, ...を繰り返す**.
[語源] ラテン語 *duplicare* (=to double) の過去分詞形 *duplicatus* が中英語に入った.
【派生語】**dùplicátion** 名 UC. **dúplicator** 名 C.
du·plic·i·ty /-/ 名 U 〔形式ばった語〕**言動に表裏があること, 陰ひなた, 二枚舌, 重複, 二重性**.

du·ra·ble /djú(ə)rəbl/ 形 〔形式ばった語〕〔一般義〕**酷使に耐え耐久性のある, ずっと変わらない, 永続的な**. 名 として〔複数形で〕**耐久消費財**.
[語源] ラテン語 *durare* (=to last) の派生形 *durabilis* が古フランス語を経て中英語に入った.
[類義語] lasting.
【派生語】**dùrabílity** 名 U. **dúrably** 副.
【複合語】**dúrable góods** 名 (複) **耐久消費財**.
dúrable préss 名 U 織物の型くずれやしわを防ぐ形態固定加工(permanent press).

du·ra·tion /djuəréiʃən/ 名 U 〔形式ばった語〕**ある状態, 感情などの継続や持続期間**.
[語源] ラテン語 *durare* (=to last) から派生した中世ラテン語 *duratio* が中英語に入った.

du·ress /djuərés/ 名 U 〔形式ばった語〕**脅迫, 強制**.
[語源] ラテン語 *duritia* (=hardness) が古フランス語を経て中英語に入った.

dur·ing /djúəriŋ/ 前 〔一般義〕〔一般義〕**ある特定の期間, 動作・状態が続いていることを表し, ...の間ずっと**. その他**特定の期間中に動作や事件が生じたことを表し, その間のいつかに**.
[語源] ラテン語 *durare* (=to last) に由来する古フランス語 *durant* が中英語に入った.
[用例] We couldn't get cigarettes *during* the war. 戦時中にはたばこが手に入らなかった.

dusk /dʌ́sk/ 名 U 〔やや文語的〕**夕闇, たそがれ**.
[語源] 古英語 *dox* (=dark; swarthy) から.
[用例] *Dusk* sets in early in winter. 冬は日の暮れるのが早い.
[関連語] darkness; evening.
【慣用句】**at dusk** 夕暮れに.
【派生語】**dúskiness** 名 U. **dúsky** 形 **薄暗い, 陰うつな, 皮膚が浅黒い**.

dust /dʌ́st/ 名 U 〔本来他〕〔一般義〕**ちり, ほこり**. その他**砂ぼこり, 土ほこり. ほこりに似たこまかいものとして粉末, 粉末状の物, 花粉, 灰, 比喩的につまらないもの, 人間の遺骨, 死体などを埋める土**. 動 としては, **ちりほこりを払う, 粉などをまく, ふりかける**.
[語源] 古英語 *dūst* から.
[用例] She *dusted* the sweets with icing sugar. 彼女はデザートに粉砂糖をまぶした.
[関連語] sawdust.
【慣用句】(as) **dry as dust** 無味乾燥な, とてものどが乾いて. **bite [kiss; lick] the dust** 地上に打ち倒される, 屈辱を受ける, 敗北する. **dust and ashes** ちりと灰, つまらないもの. **dust down** ...のほこりを払う, ...をしかる. **dust off** ちりを払ってきれいにする, 長い間使わなかった物を使い始める. **in the dust** 死んで. **kick up [make; raise] a dust** 騒動を巻き起こす. **rise from the dust** 屈辱から再起する. **shake the dust off [from] one's feet** 席をけって憤然と去る. **throw dust in [into] ...'s eyes** 人をだます. **when [after] the dust settles** ほとぼりがさめた時に, 後で.
【派生語】**dúster** 名 C **はたき, ふきん, ぞうきん, 掃除人 [機], ダスターコート** 《★ほこりよけに着る上着, あるいは女性用の軽い夏用のコート》. **dústy** 形 **ほこりっぽい, ほこりのような, 粉末状の**.
【複合語】**dústbin** 名 C 《英》**ゴミ入れ缶**. **dústbinman** 名 C =dustman. **dúst bòwl** 名 C 《米》**黄塵地帯** 《★干ばつや砂嵐のひどい地域》. **dúst jàcket** 名 C **本のカバー** (語法) 単に jacket ともいう. **dústman** 名 C 《英》**ごみ収集人**. **dústpàn** 名 C **ちり取り**. **dúst stòrm** 名 C **砂塵嵐**.

Dutch /dʌ́tʃ/ 名 形 CU 〔一般義〕**オランダ(the Netherlands)の, オランダ人[語]の**. 名 として《the ～; 集合的》**オランダ人, またオランダ語**(Netherlandish).
[語源] 中期オランダ語 *Dutsch*; *Duutsch*; *Duutsc* (=Dutch, Netherlandish, German) から *Duch* として中英語に入った.
[関連語] Holland; Low Countries.
【慣用句】**beat the Dutch** 人を驚かせる. **go Dutch** 割り勘にする. **in Dutch** 困って, 問題を起こして.
【複合語】**Dútch áuction** 名 CU **逆せり, 競り下げ** 《★競売人が値を段々下げていく方式》. **Dútch càp** 名 C **オランダ帽, ペッサリー** 《★女性用避妊具》. **Dútch consolátion [cómfort]** 名 U **せめてこのくらいでよかったというあきらめ, あまりありがたくない慰め**. **Dútch cóurage** 名 U **酒の上のから元気**. **Dútchman** 名 C **オランダ人** (語法) 《米》では Hollander の方が普通. **Dútch óven** 名 C **重いふた付きの鉄なべ**. **Dútch tréat** 名 UC **費用自弁の食事[宴会], 割り勘の食事[宴会]**. **Dútch úncle** 名 C **ずけずけ批判する人**. **Dútch wífe** 名 C **手足を載せる籐製の台, ダッチワイフ** 《★男性の自慰用の等身大の人形》.

duteous ⇒duty.
dutiable ⇒duty.
dutiful ⇒duty.
du·ty /djúːti/ 名 UC 〔一般義〕〔一般義〕**法律的, 道義的あるいは良心的義務, 義理, 本分**. その他**職務, 任**

務, 目上の人に対する敬意, 尊敬, 《しばしば複数形で》社会的な義務としての税, 関税.
[語源] アングロフランス語 *du(e)* (=due) から派生した *duete* が中英語に入った.
[用例] I do my *duty* as a responsible citizen. 責任ある市民としての義務を果たします/You must pay *duty* when you bring wine into the country. 国内にワインを持ち込む時には関税を払わなければならない.
【慣用句】***do duty for ...*** 物事が...の代用になる. ***on [off] duty*** 勤務時間中[外]で.
[類義語] duty; obligation: **duty** が正義感・道徳心・良心・法律などに従って人が感じる義務であるのに対し, **obligation** は duty より意味が狭く, 特定の協定・約束・契約・慣習・慣行・礼儀作法などによって負わされる個々の義務をいう. なお, duty は長期にわたる義務であるが, obligation は 1 回限りのものをいう.
【派生語】**dúteous** 形 =dutiful. **dútiable** 形 課税されるべき, 有税の. **dútiful** 形 本分を守る, 忠実な.
【複合語】**duty-frée** 形 関税[税関]のかからない, 免税の.

dwarf /dwɔ́ːrf/ 名 C 形 動 本来自 〔一般語〕 [一般義] 童話などにでてくる小びと. [その他] 矮(性の動物[植物], 非常に背丈の低い人, 〖宇宙〗矮星. 形 として小型の. 動 として比較によって小さく見せる, 人の知能などの発達[発育]を妨げる.
[語源] 古英語 dweorg から.
[類義語] dwarf; midget: **dwarf** は身体の各部分の発達がアンバランスであるものを指し, **midget** は身体全体のバランスはとれているものの背が極端に低いものを指す.
【派生語】**dwárfish** 形.

dwell /dwél/ 動 本来自 (過去・過分 **dwelt**, ～ed) 〔文語〕 [一般義] 住む, 居住する 〔語法〕 live のほうが一般的. [その他] 人がある状態で暮らす, 物事がある状態で心の中に存在する, 宿る, 残っている, また動いている機械などのある一定時間動かないでいる, 運転される.
[語源] 古英語 dwellan (=to lead astray) から. 「惑わす」→「誤る」→「遅れる」→「ある場所にしばらくとどまる」→「長くとどまる」→「住む」のように意味が変化したと考えられる.
【慣用句】***dwell on [upon]*** ... ...をつくづく思う, ...についてくどくど話す, ...にこだわる: It doesn't help to *dwell on* your problems for too long. 自分の問題にあまり長くこだわっていてもむだだよ.
【派生語】**dwéller** 名 C 住人, 居住者. **dwélling** 名 UC 居住, すみか: **dwelling house** 〖法〗店舗, 事務所に対して住宅/**dwelling place** 居所, 住居.

dwin·dle /dwíndl/ 動 本来自 〔一般語〕 数, 量, 価値, 人気などが着実に減少する.
[語源] 古英語 dwinan の反復形から.

dye /dái/ 名 UC 本来自 〔一般語〕 染料. 動 として, 布や服などを染める, 色をつける.
[語源] 古英語 deagian (=to dye) から.
[用例] I'm sure she *dyes* her hair. きっと彼女は髪を染めているのだろう.
[関連語] color.
【派生語】**dýeing** 名 U 染色(法), 染め物業. **dýer** 名 C 染め物師, 染め物屋.
【複合語】**dýestuff** 名 U 染料. **dýeworks** 名 《複》染め物工場.

dy·nam·ic /dainǽmik/ 形 U 〔一般語〕 [一般義] 人が活動的な, 精力的な. [その他] 元来力や動きを表し, 動的な, 起動的な, 〖理〗力学上の, 力学的な. 名 として原動力, 動力.
[語源] ギリシャ語 *dunamis* (=force) の 形 *dunamikos* (=powerful) がフランス語を経て 19 世紀に入った.
[反意語] static.
【派生語】**dynámically** 副. **dynámics** 名 《複》《単数扱い》〖理〗力学, 動力学, 〖楽〗強弱法.《複数扱い》一般的な意味での原動力, 変化や成長などの歴, 歴史. **dýnamism** 名 U 活動力, 動力, 〖哲〗力本説.

dy·na·mite /dáinəmait/ 名 U 本来自 〔一般語〕 [一般義] ダイナマイト. [その他] 比喩的に強い衝撃を与える人[物], 危険な人[物]を表す. 動 としてダイナマイトで爆破する, ...にダイナマイトを仕掛ける.
[語源] ギリシャ語 *dunamis* (=force) から, 発明者の Alfred Nobel により命名された. 19 世紀から.

dy·na·mo /dáinəmou/ 名 C 〖電〗ダイナモ, 自転車などの発電機, 〔くだけた語〕エネルギッシュな人.
[語源] dynamoelectric machine の短縮形で dynamo-machine をさらに短縮してできた語. 19 世紀から.

dynastic ⇒dynasty.

dy·nas·ty /dáinəsti/di-/ 名 C 〔一般語〕 [一般義] 歴代の王朝. [その他] 比喩的にある分野の権力者群, 支配者層.
[語源] ギリシャ語 *dunasthai* (=to be able) から派生した *dunasteia* (=lordship; domination) が後期ラテン語 *dynastia* を経て初期近代英語に入った.
【派生語】**dýnastic** 形. **dýnastically** 副.

dyne /dáin/ 名 C 〖理〗力の単位, ダイン.
[語源] ギリシャ語 *dunamis* (=force, power) がフランス語を経て 19 世紀に入った.

dys·en·ter·y /dísəntèəri/ 名 U 〖医〗赤痢.
[語源] ギリシャ語 *dusenteria* (=afflicted in the bowels) がラテン語 *dysenteria* を経て中英語に入った.

dys·pep·si·a /dispépʃə/ 名 U 〖医〗消化不良.
【派生語】**dyspéptic** 形 名 C 消化不良(の人).
[語源] ギリシャ語 *duspeptos* (=difficult to digest) がラテン語を経て 18 世紀に入った.

dys·tro·phy /dístrəfi/ 名 U 〖医〗栄養[発育]障害, 特に筋肉の萎縮や発育異常を表し, 筋萎縮症, 筋ジストロフィー (muscular *dystrophy*).
[語源] 近代ラテン語 *dystrophia* (dys-「不良, 悪化」+-*trophia*「栄養」から).

E¹, e¹ /iː/ 名 C (複 E's, e's; Es, es) イー《★アルファベットの第 5 文字》. 〖楽〗ホ音, ホ調.

E², e²《略》= East, east; earth; energy; English.

each /iːtʃ/ 形 代 副 〔一般論〕2 人 [2 つ] 以上の人 [もの] の集まりで, 学校のクラスや, ある会合の参加者など全体の数が限定されている集団の中の個々をとりあげて指す言葉, **各々(の), それぞれ(の)**.

[語源] 古英語 ælc が中英語 ech となり現代に至った.

[用例] There are lampposts on *each* side of the street. 道の両側に街灯柱がある《[語法] on both sides of と内容的には同じだが, each のほうが意味が強い. また both には複数名詞が続くが, each には単数名詞が続く》/He gave a pencil to *each* boy. 彼は男の子それぞれに鉛筆を1本ずつやった/*Each* of them won a prize. 彼らのそれぞれが賞をもらった/The oranges are 8 p *each*. オレンジは1個8ペンスです.

[語法] each はふつう単数の可算名詞の前に用いられるが, Tom, Mary and Jane [They] each won a prize./Tom and Jane [They] each have won a prize. のように, 複数形の名詞・代名詞の後で副詞的に用いられることがある. その場合動詞は複数形の [代] 名詞に一致し, 前の例では all を, 後の例では both を代わりに用いることができる. また, *Each* of the students must do *his* best. のように従来は Each を his で受けるのがふつうであったが, 性差別の問題から現在では his or her または his/her とするのが一般的である. また the students が全て女性の場合には her で受けることは自然である. なお, 口語用法に限られていた their もしばしば用いられる.

[類義語] each; every: ともに単数の可算名詞の前に用いられ, 個々を取りあげて指すという点でよく似ているが, **every** は all と同じように全体を意識する場合に用い, **each** はある決められた範囲内の各々を強調する. each は 2 人 [2 つ] の人 [もの] のそれぞれを意味することがあるが, every にはこの意味はない. また every には代名詞用法はないので, each of them はいえるが, every of them はいえない. この場合には every one of them とする.

[日英比較] each にあたる日本語の中で「各々(の), それぞれ(の)」などの場合は each に非常によく似ているから問題はないが, 日本語の「みな」「すべて」「...ずつ」などが each に対応する場合もあるので注意がいる: All the children were given two pieces of cake *each*. = *Each* child was given two pieces of cake. 子供たちはみなケーキを 2 個ずつもらった/*Each* member of this club must perform his or her given duty. このクラブのメンバーはすべてその与えられた義務を果たさなくてはならない.

【複合語】**èach óther** 代《動詞の目的語として, 前置詞のあとで, また所有格で用いて》2 人 [2 つ] 以上の人 [もの] がお互いに(, の): They loved *each other*. 彼らはお互いに愛し合っていた/He and his mother wrote letters to *each other*. 彼と母親はお互いに手紙を出し合った/They stared at *each other's* face. 彼らは互いに相手の顔をじっと見つめ合った《[語法] each other を 2 者について, one another を 3 者以上に用いる人もいるが, これらは区別しないで使われることが多い》.

ea·ger /íːɡər/ 形 〔一般論〕強い興味や願望をもって, あることに**熱心な, しきりに...をしたがる**.

[語源] ラテン語 *acer* (=sharp) の対格 *acrem* が古フランス語を経て中英語に入った. ラテン語 *acer* にはすでに原義の「鋭い」という意味以外に「(感情が)激しい, 熱烈な」という意味もあった. 古フランス語では「鋭い, 熱烈な, すっぱい(鋭く味覚を刺激することから)」の意味があり, 近代フランス語では「すっぱい」の意味が残り, 近代英語では「熱烈な」がさらに変化した「熱心な」という意味だけが残り, 他はなくなった.

[用例] She is *eager* in her studies. 彼女は勉強熱心だ/He listened to the story with *eager* attention. 彼はその話に熱心に耳をかたむけた/He is too *eager* for success. 彼は功をあせりすぎている/He is *eager* to see her. 彼は彼女にぜひ会いたいと思っている.

[類義語] eager; keen; anxious: **eager** は願望の達成に熱心になあまり, しばしばあせりのニュアンスを持つ. **keen** は熱心な興味と行動の積極性を意味し, **anxious** は元来不安で心配であるという意味であったが, 不安だから早く結果を知りたいという意味に変わり, さらに熱心に望むという意味へと発展したもので, 願望が達成できないのではないかという不安な気持を含む.

[反義語] indifferent.

【派生語】**éagerly** 副. **éagerness** 名 U.

ea·gle /íːɡl/ 名 C 〖鳥〗**わし(鷲), わし印**, 〖ゴルフ〗**イーグル**《★パー (par) より2つ少ない打数で1ホールを終えること》.

[語源] ラテン語 *aquila* (=eagle) が古フランス語 *aigle* を経て中英語に入った.

【複合語】**éagle-èyed** 形 眼の鋭い, 視力のよい. **éaglet** 名 C わしの子.

ear¹ /íər/ 名 C 〔一般論〕[一般論] 外耳・中耳・内耳からなる**耳**, 特に日常的には**外耳**, また聴覚をつかさどる器官としての耳. [その他] 耳の機能から**聴覚**という意味が生まれ, [形式ばった語] 何かをじっと聞くこと, **傾聴**, さらに音楽や言語における耳, つまり**音の識別能力**. また耳の形状から, 水差しなどの**取っ手**, 鐘の**つり手**など.

[語源] 古英語 *ēare* から.

[用例] That dog has long *ears*. あの犬は耳が長い/She has an *ear* infection. 彼女は耳に炎症をおこしている/Don't shout into my *ear* like that. そんなにがんがんどならないでください/He has sharp *ears*. 彼は聴覚が鋭い/She managed to get the teacher's *ear*. 彼女はやっと先生に話を聞いてもらえた/I have no *ear* for music. 私には音楽は分かりません.

[関連語] eye; nose.

【派生語】**éarful** 名 C 〔くだけた語〕たくさんのゴシップ, うんざりするような小言, びっくりするようなニュース.

【複合語】**éaràche** 名 UC **耳痛**: He often has *earache* in winter. 彼は冬になるとよく耳が痛くなる. **éardrum** 名 C **鼓膜**. **éarlòbe** 名 C **耳たぶ**. **éarmàrk** 名 C 家畜につける**耳印**, 一般的な**目印**. 動 [本来味] **目印をつける**, ある目的のために**資金などをとっておく**: This money is *earmarked* for our holiday. このお金を私達の休暇のためにとってある. **éarphòne** 名 C《複数形で》**イヤホーン, ヘッドホン**. **éarrìng** 名 C《しばしば複数形で》**イヤリング, 耳飾り**: pierced *earrings* ピアスのイヤリング/put on [take off] *ear-*

rings イヤリングを付ける[はずす]. **éarshòt** 名 U 耳に音の聞こえる範囲, 距離: *within* [*out of*] *earshot* 聞こえる[聞こえない]所に. **éarsplitting** 形 耳をつんざくような: *earsplitting* thunder 耳をつんざくような雷鳴.

ear² /íər/ 名 C 〔一般語〕麦や稲, とうもろこしなどの**穂**.
語源 古英語 ēar から. 原義は「とがったもの」.「耳」のear とは別語.

eardrum ⇒ear¹.

earful ⇒ear¹.

earl /ə́ːrl/ 名 C 〔一般語〕(英)**伯爵** (★英国以外のcount に相当する).
語源 古英語 eorl から. これは古ノルド語 *jarl* に対応し, ゲルマン諸語では, 元来, 自由人のうち「民衆」を意味する *ceorl* に対し「戦士」を意味した. 古ノルド語 *jarl* は 8-9 世紀ごろから王の下の氏族長を表すようになり, この意味が中英語に入って, 貴族, さらにはヨーロッパ大陸の count にあたる爵位としての意味を獲得するに至った.
関連語 countess (伯爵夫人, 女伯爵) (★earl には女性形はなく, countess は earl, count 両方の女性形).
【派生語】**éarldom** 名 C earl の地位[領地].

earliness ⇒early.

earlobe ⇒ear¹.

ear・ly /ə́ːrli/ 副 形 〔一般語〕 **一般義** 時間や時期が早く[い]. その他 《形は限定用法》時代的に早いことを表し, **初期に[の], 大昔に[の]**, また未来にも用いて近い**将来に[の]**.
語源 古英語 ær (=before) に副詞形成語尾 -lice がついた ærlice が中英語 erli を経て現在の形となる. 古英語では「早く」という意味の副詞としてのみ用いられ, 中英語でも形容詞用法はまれであった. 語尾の消失によって副詞と形容詞の区別があいまいになり, 形容詞の用法が広がったと思われる.
用例 They arrived *early* in the morning. 彼らは朝早く着いた/The bus was ten minutes *early*. バスは 10 分早く来た/keep *early* hours 早寝早起きをする/Humans *early* learned how to use fire. 人は大昔に火の使用を知った/*early* records 初期[昔]の記録/*early* or late 遅かれ早かれ/I hope for an *early* reply to my letter. 私の手紙への返事を早くいただきたい.
類義語 early; soon: **early** は「ある時期の初めのころ」あるいは「ある時点よりも早く」というように時間の流れの中での相対的な早い遅いということに意味の中心があるに対し, **soon** は「ある時点からすぐに」という意味を強調する語で, 時間の経過の迅速さや間隔の短さに重点がある. 例えば Come *early*.「(ある一定の時点よりも) 早く来なさい」という意味であるのに対して, Come *soon*. は「(今から)すぐに来なさい」という意味で用いる.
日英比較 日本語の「はやい」には「時間的なはやさ」をいう場合と「動きのはやさ」をいう場合がある. 英語では前者は early, 後者は fast と別語になる. 日本語でも文字で表す場合は普通「早い」「速い」と書き分ける.
反意語 late.
【派生語】**éarliness** 名 U.

earmark ⇒ear¹.

earn /ə́ːrn/ 動 本来他 〔一般語〕 **一般義** 金を働いて得る, かせぐ. その他 労働や努力の結果, 物質的なものばかりでなく, 名声なども得る. ある行為が人に努力の結果をもたらす.
語源 古英語 earnian (=to gain; to labor for) から. ゲルマン諸語にこれに対応する形がいくつか見られ, それらの意味から推測すると原義は「収穫の取り入れをする」ことであったらしい. その意味が「取り入れのために働く」「(労働に対する報酬などを)得る」という意味になったと思われる.
用例 He *earns* some $100,000 a year by writing novels. 彼は小説を書いて年に約 10 万ドルかせいでいる/*earn* one's living 生計を立てる/He *earned* the reputation of a good physician. 彼は名医だという名声を得た/My quick action *earned* me his praise. 私は敏速に行動したので彼にほめられた.
類義語 earn; gain; profit; get; make: **earn** は「金を得る, かせぐ」という意味で一般的な語で, 労働の報酬として金を得る, かせぐという点に意味の中心がある. **gain** は労働や努力の当然の結果として金を得ることを必ずしも意味せず, 利益として得ることをいう. **profit** は gain より形式ばった語. **get** は一般的な, あるいはくだけた日常語として How much do you *get* a week? (君は 1 週にどのくらいかせぐのか)のように, また **make** もくだけた日常語として She *makes* a lot of money in her job. (彼女の仕事は金になる) のように用いる.
【派生語】**éarnings** 名 (複) かせぎ高, 所得, もうけ.

ear・nest¹ /ə́ːrnist/ 形 〔一般語〕 **一般義** 態度や行為が誠実さや熱意をともなってまじめな, **真剣な, 熱心な**, (軽蔑的) まじめすぎる. 名 ⇒ 慣用句 in earnest. その他 ものごとが真剣な考慮を必要とする, 事柄などが重大な.
語源 古英語 名 eornost (=earnestness) の 形 eornoste から.
用例 He is an *earnest* student. 彼はまじめな学生だ/He made an *earnest* attempt to do it. 彼はそれをするのに真剣な努力をした/She is an *earnest* Christian. 彼女は熱心なクリスチャンだ/He is amusing but his brother is rather *earnest*. 彼はおもしろい男だが, 彼の兄[弟]はまじめ人間だ.
類義語 ⇒serious.
反意語 flippant; frivolous.
慣用句 **in earnest** まじめに, 本気で, 本式に.
【派生語】**éarnestly** 副. **éarnestness** 名 U.

ear・nest² /ə́ːrnist/ 名 〔形式ばった語〕《an ~》内金, 手付金.
語源 ラテン語 *arr(h)a* の(保証)が古フランス語 *erres* を経て中英語に入った. 語尾の -t は earnest¹ の影響. ヘブライ語起源の語.

earshot ⇒ear¹.

earsplitting ⇒ear¹.

earth /ə́ːrθ/ 名 C U 動 本来他 〔一般語〕 **一般義** 《the ~》太陽系の惑星の 1 つとしての**地球** 語法 他の惑星と共に列挙するときは (the) Earth). その他 《集合的》地球上の人々, 海に対して**陸**, 空に対して**地上, 大地, 地面**, 天国と地獄に対して**この世, 世間**. **土, 土壌**, 地面に接触することから (英)【電】**アース**((米) ground). 動 として ...に土をかぶせる 《up》, (英)【電】**アースさせる** ((米) ground).
語源 古英語 eorthe から. ゲルマン語に共通の語で「地球」の意味は天体の認識の発展に伴って中英語時代に生まれ, 「アース」の意味は電気技術の発達に伴って近代英語になって生まれた.
用例 The *earth* revolves round the sun. 地球は太陽の周りを回る/According to the Bible, the

whole *earth* was of one language. 聖書によれば,全世界の人々は1つの言語を持っていた/the *earth*, sea, and sky 陸・海・空/The bird fell to the *earth*. その鳥は地上に落ちた/He filled the pot with *earth* and planted a rose in it. 彼は植木鉢に土を入れ, ばらの花を植えた/Heaven is a dream of *earth*. 天国は現世の夢である/I have to *earth* up the potatoes. 私はじゃがいもに土をかぶせなければならない/Is your washing-machine properly *earthed*? 洗濯機のアースは大丈夫かい.

[類義語] earth; globe; universe; world: **earth** は他の天体に対して人間が住んでいる地球ということに意味の中心がある. **globe** は球形であることを強調する. **universe** は宇宙全体, あるいはそこに存在するものの全てに関して用いるが, 宇宙の一部としての地球が強調され, (人間の住む)世界, 全人類の意味でも用いる. **world** は意味が広く, universe の意味にも用いるが earth の意味でも用いるが, 特に人間の営みの場としての地球を表す.

【慣用句】**on earth** 地上の[に], この世で, 〔くだけた語〕疑問を強めて**一体**, 否定を強めて**全然**: Who *on earth* is she? 彼女は一体だれだ/It is no use *on earth*. それは全然役に立たない.

【派生語】**éarthen** 形 土で造った, 陶製の: **earthenware** 陶器, 土器. **éarthling** 名 C 地球人, 人間 (★SF などで). **éarthly** 形 ⇒見出し. **éarthy** 形 土の, 土壌の, 土質の, 土のような, 粗野な.

【複合語】**Éarth-friendly** 形 地球に優しい, 自然保護の. **éarthquàke** 名 C 地震 (〖語法〗形 には seismic を用いる): We had a strong *earthquake* last night. 昨晩強い地震があった/the *focus* of an *earthquake* 震源地. **éarth scìence** 名 U 地球科学 (★気象学, 地質学, 地球物理学など). **éarthwòrm** 名 C 〖虫〗 みみず.

earth·ly /ə́ːrθli/ 形 (⇒earth) 〔一般語〕 [一般義] 地上の. [その他] この世のから, 宗教的な世界や天国に対して**俗世の**, **物質的で**くだらないという意味が出た. また〔くだけた語〕〈否定を強めて〉**少しも, 全然**の意味でも用いる.

[語源] 古英語 eorthe (=earth) に形容詞語尾 -lic (=-ly) が付いた eorthlic から.

[用例] an *earthly* paradise この世の楽園/You have no *earthly* chance of winning. 君には勝つみこみは全然ないよ.

[類義語] earthly; terrestrial; worldly: **earthly** は heavenly に対立し, 「この世の, 俗世間の」という意味が中心である. **terrestrial** は celestial に対立し, earthly より形式ばった語でしばしば科学用語として「地球の」という意味で用いる. **worldly** は spiritual に対立し, 世俗の物質的欲望, 名誉欲などを強調して「世俗的な」の意.

[反意語] heavenly.

earthy ⇒earth.
ear·wig /íərwìɡ/ 名 C 〖虫〗 はさみむし.

[語源] 古英語 ēarwicga (=ear insect) から. 人の耳から頭の中へ入り込むと思われていた.

ease /íːz/ 名 U 形 動 〔一般語〕 [一般義] **容易さ, 平易**. [その他] 心の落ちつき, **平静, 安楽**, くつろぎ, 肉体的に**痛みがなく**〔軽減する〕こと, 衣服などがゆったりしていること, ゆとり. 動 として, 仕事などを**容易にする**, 苦痛などを**和らげる**, 気を**楽**にする, きつい衣服などをゆるめる, 物をそっと**動かす**. 自 **和らぐ**.

[語源] ラテン語 *adjacens* (=lying near) が古フランス語 *aise*, *eise* を経て中英語に入った. 古フランス語に入って「近くにある」が「手が届き易い(もの)」という意味になり,「容易さ, 便利, 快適, 安楽」の意味になった.

[用例] He led a life of *ease*. 彼は安楽に暮した/The medicine brought him some *ease*. その薬は彼の痛みを和らげた/The doctor gave her some medicine to *ease* the pain. 医者は痛みを和らげるために彼女に薬をくれた/The news *eased* her mind. その知らせは彼女をほっとさせた/Her dress has to be *eased* under the arms. 彼女のドレスは腕の下をゆったりさせる必要がある/He *eased* the wardrobe into the next room. 彼は洋服だんすをうまく動かして隣の室へ運んだ/The relationship between them has *eased* (off). 彼らの間の緊張がほぐれた.

[類義語] ease; comfort: **ease** は心配事, 苦痛, あるいは仕事の労苦から解放され, 精神的にも肉体的にもくつろいだ状態をいうのに対し, **comfort** が肉体的労苦からの解放というよりむしろ, 不安, 苦痛, 緊張がなくなって精神的にほっとしたこと, 満足感を強調する.

[反意語] unease, uneasiness, discomfort.

【慣用句】 **be** [**feel**] **at ease** くつろぐ, 安心する. **with ease** ⇒見出し.

【派生語】 **easy** 形 ⇒見出し.

ea·sel /íːzl/ 名 C 〔一般語〕 画架, イーゼル, 黒板などの台.

[語源] ラテン語 *asinus* (=donkey) の指小語 *asellus* がオランダ語 *ezel* (=little donkey) を経て初期近代英語に入った. 絵を画架に掛ける動作がろばに荷物を積むときのイメージに似ているところから.

eas·i·ly ⇒easy.
eas·i·ness ⇒easy.
east /íːst/ 名 U 形 副 〔一般語〕 [一般義] 〈通例 the 〜〉 方位としての**東, 東から東方**, 場所として**東部**. [その他] 西に対立する概念としての東という意味が, 地理的・政治的ニュアンスを持って, 西洋に対して**東洋**, 西ヨーロッパに対して**東ヨーロッパ**, かつては西欧中心の西側陣営に対して旧ソ連を中心とする**東側陣営**の意にも用いられた. 〈米〉 **東部地方**. 形 副 **東の**[に, へ], **東方の**[に, へ], **東部の**[に, へ], 風が東からの (〖語法〗 an *east* wind と The wind is blowing *east*. とでは風が吹く方向が逆になる).

[語源] 古英語 ēast から. 語源的に aurora (オーロラ), Aurora (ローマ神話のあけぼのの女神) と関係があり, 「夜明け」の意味で, 日が昇って明るくなることから東の意味になった.

[用例] He looked towards the *east*. 彼は東の方を見た/She is staying in the *east* of England now. 今彼女はイングランドの東部に滞在中だ/They live on the *east* coast. 彼らは東海岸に住んでいる/The *east* wind is one blowing from the *east*. 東風とは東から吹く風のことである/The room faces *east*. その室は東向きだ/The wind blows *east*. 風は東に吹いている/The ancient civilization flourished in the *East*. その古代文明は東洋で花開いた.

[語法] east, north, south, west など方位を示す語は in, to, on の 3 種類の前置詞のどれがつくかによって意味が異なる. 例えば in the east of ... は 「...の東部に」, to the east of ... は 「...の東方に」, on the east of ... は 「...の(に接して)東側に, 東隣りに」 となる: Japan lies *in the east of* Asia. 日本はアジアの東部にある/Japan lies *to the east of* China. 日本は中国の東方に位置している/Spain lies *on the east of* Portugal. スペインはポルトガルのすぐ東隣にある.

[関連語] 他の基本方位 (cardinal points) は north (北), south (南), west (西), その他の中間の方位は次のように言う:
NE=northeast
SE=southeast
SW=southwest
NW=northwest

[日英比較] 日本語では方位を列挙するときには「東」を先に置いて「東西南北」というが、英語ではふつう north, south, east and west という。

[派生語] **éasterly** 形 東の、東寄りの、風が東からの. 副 東に、東寄りに. 名 C 東風. **éastern** 形 東の、東向きの、《しばしば E-》東洋の、東ヨーロッパの、《米》東部地方の [語法] eastern は east ほど方位を正確に意識しない。このことは north と northern, south と southern, west と western についてもいえる. **éasterner** 名 C 東洋人、《米》東部の人. **éastward** 形 東への, 東に向かって[向かう]. **éastwards** 副 《英》=eastward.

[複合語] **éastbòund** 形 乗物が東行きの. **éasternmòst** 形 最も東の、東端の. **éast-nòrth-éast** 名 《the ~》東北東. **éast-sòuthéast** 名 《the ~》東南東.

East·er /íːstər/ 名 U 《キ教》復活祭《★キリストの復活を祝う祭で、3月21日以後の最初の満月後の日曜日に行われる》.

[語源] 古英語 ēastre から. 元来古代ゲルマン人の「あけぼのの女神」で、その祭が春にできた. ⇒east.

[用例] Christians celebrate *Easter* every year. キリスト教徒は毎年復活祭を祝う.

[複合語] **Éaster Dáy [Súnday]** 名 C 復活祭の日. **Éaster ègg** 名 C 復活祭の飾り物の色をつけた卵、イースターエッグ. **Éaster Éve** 名 U 復活祭の前日. **Éaster Mónday** 名 《英》復活祭明けの月曜日. **Éastertide** 名 U 復活祭シーズン、復活節.

easterly ⇒east.
eastern ⇒east.
easterner ⇒east.
eastward ⇒east.

easy /íːzi/ 形 副 (⇒ease) [一般義] 何かをするのに努力を必要としない、**楽な, 容易な**. [その他] 心配や苦労がなくて**気楽な、楽な**、さらにくつろいだ、衣服などがゆったりしている、ゆるやかな、人がゆったりして寛大な、速度などがゆるやかなの意. 副 として**容易に、気楽に、ゆっくりと、心配しないで**.

[語源] 古フランス語 *aisier* (=to *ease*) の過去分詞 *aisié* が中英語に esi として入った.

[用例] It is *easy* for us to solve the problem. その問題を解くのは私達にはやさしい/It is an *easy* task. それはやさしい仕事だ/She is *easy* to please. 彼女は気むずかしくない/an *easy* coat ゆったりとしたコート/I'm *easy*. 君の言うとおりにするよ、僕はどちらでもいいよ [語法] 《英》くだけた表現. /an *easy* pace ゆったりとした速度/*Easier* said than done. 言うは易く行うは難し/Take it *easy*. のんきな気持ちでやれよ、くよくよするな 《語法》何か問題をかかえたり、困難な仕事をしたりしている人にいうくだけた励ましの言葉》.

[反意語] difficult.

[派生語] **éasily** 副 **容易に, 楽に, 安楽に, 安らかに**、《may, can と共に用いて》**おそらく**、《最上級などに高い程度を示す表現と共に用いて》**間違いなく, 確かに**: It may *easily* rain tomorrow. おそらく明日は雨だろう/He is *easily* the most hardworking boy in the class. 彼は間違いなくクラスで一番よく勉強する. **éasiness** 名 U.

[複合語] **éasy chàir** 名 C 安楽いす. **éasygóing** 形 のんびりした、おっとりした、こだわらない.

eat /íːt/ 動 [本来他]《過去 **ate**/éit/ét/; 過分 **eaten**》
[一般義] [一般他] 食べ物を食べる, 食う、スープなどを飲む. [その他] 虫などが食い荒らす, 食って穴をあける, 比喩的に化学変化などで腐食する, 浸食する. 自 食事をする, 《くだけた語》《副詞(句)を伴って》食べ物が食べると…である.

[語源] 古英語 etan から.

[用例] I am forbidden to *eat* meat. 私は肉を食べるのを禁止されている/What would you like to *eat* for breakfast? 朝食には何を召しあがりますか/Lions *eat* meat. ライオンは肉食である/You must *eat* soup without making a noise. スープは音をたてずに飲みなさい/Termites *eat* and destroy timber. 白ありは木材を食い荒らし、だめにする/You have to *eat* to live. 生きるためには食べなければならない/*eat* and drink 飲み食いする/We are *eating* out. 私達は外で食事をするつもりです.

[語法] soup を目的語にとる場合, eat soup とも drink soup ともいえる. eat を用いると他の食べ物を食べる時の動作, つまりスプーンを使うことを意味し, drink を用いるとコーヒーなどを飲む動作と同様, cup から飲むことを意味する.

[類義語] eat; have; take: **eat** は食べる行為を直接的に表しすぎるために, 丁寧さが必要な時には **have** のほうが好まれることがある. **take** は前の2語に比べて「食物を食べる」という意味ではやや形式ばったニュアンスがあるが, 薬を飲む意味では日常的に用いる. また breakfast, lunch, dinner など食事を目的語ととる場合, eat, have, take のいずれも用いる《with》. eat はくだけた表現で, 《米》では《英》に比べて多用される傾向がある. have は一般表現としてもくだけた表現としても用いられる. take は《米》ではあまり用いず, 《英》でもかなり形式ばった表現である.

[慣用句] **eat away** 食い荒らす、腐食[浸食]する. 海や川が岸を**浸食する**《at》: The acid *eats away* the metal. 酸は金属を腐食する/Carbonic acid *eats away* the limestone. 炭酸は石灰岩を浸食する. **eat up** 食べ物などをすっかり食べてしまう, たいらげる, 比喩的に使い果たす, 消費する, 《通例受身で》嫉妬や好奇心などで心を一杯にする《with》: *eat up* the dinner 夕飯を平らげる/He was *eaten up* with curiosity. 彼はとても好奇心にかられていた.

[派生語] **éatable** 形 《述語用法; 通例定文で》食物が**食べるのに適している, 食べられる**. 名 C 《くだけた語》《複数形で》食物. ⇒edible. **éater** 名 C 食べる人: He is a big *eater*. 彼は大食家だ. **éating** 名 U.

eaves /íːvz/ 名 《複》[くだけた語] 軒, ひさし.

[語源] 古英語 efes から. 原義は「おおいかぶさるもの」. 語尾の s は複数を表すものではないが, 近代英語では勘違いされて複数として扱われている.

[用例] There are birds nesting under the *eaves*.

軒下に小鳥が巣ごもっている.
【複合語】éavesdròp 本来自 人の会話をこっそり立ち聞きする, 盗み聞きする: The teacher was *eavesdropping* on his pupils' discussion. 先生は生徒たちの議論を盗み聞きしていた. éavesdròpper 名 C.

ebb /éb/ 名 UC 動 本来自 〔一般語〕〔一般語〕(the ~)引き潮. その他 比喩的に衰退, 減退. 動 として, 潮が引く, また衰退[減退]する.
語源 古英語 ebba, 動 ebbian から. 語源的に of, off と関連があり, "running off" の意が原義.
用例 The tide is on the *ebb*. 潮が引いている／She was at a low *ebb* after the operation. 彼女は手術後元気がなかった／Her strength was *ebbing* away. 彼女の体力はだんだん衰えていった.
反意語 flow; flood.
【複合語】ébb tìde 名 UC 引き潮, 衰退(期).

eb·o·nite /ébənait/ 名 U 〔一般語〕硬質ゴム, エボナイト.
語源 ebony＋-ite. 19 世紀に造られた.

eb·o·ny /ébəni/ 名 CU 形 〔植〕こくたん(黒檀), またその材. 形 として黒檀(材)の, その色が強調されて, 漆黒の.
語源 元来セム語で, ギリシャ語 ebenos, ラテン語 ebenus を経て中英語に eban として入り, 現在では詩語になっている ebon となり, その変形として ebony の形ができた.

ebullience ⇒ ebullient.

ebul·lient /ibʌ́ljənt/ 形 〔形式ばった語〕〔一般語〕あふれんばかりの喜びや興奮を表し, 歓喜して, 熱狂して. その他 本来は 沸騰している.
語源 ラテン語 *ebullire*(＝to boil up) の現在分詞 ebulliens が初期近代英語に入った.
用例 She is in an *ebullient* mood. 彼女は喜びでおどり上らんばかりだ／Lava was in an *ebullient* state. 熔岩は沸きたっていた.
【派生語】ebúllience 名 U 感情などの激発, ほとばしり, はつらつさ, 沸騰.

ec·cen·tric /ikséntrik/ 形 名 C 〔一般語〕〔一般語〕人やその行動が他から違い, 風変りな. その他 2つ以上の円について, 中心が異なることをいい, 〔数・機・天〕偏心[離心]的な. 名 として変り者, 〔数〕離心円, 〔機〕離心器.
語源 ギリシャ語 *ekkentros* (*ek* out of＋*kentron* center)がラテン語を経て中英語に入った. 本来は「中心から外れた」の意.
用例 He had an *eccentric* habit of collecting stray cats. 彼にはのら猫をあつめる風変りな習慣があった／*eccentric* circles 離心円／Children often laugh at *eccentrics*. 子供達はしばしば奇人を馬鹿にする.
類義語 ⇒ strange.
反意語 ordinary.
【派生語】eccentrícity 名 UC 常軌を逸していること, 奇行, 〔数〕離心率, 〔機〕偏心[離心]率.

ec·cle·si·as·tic /ikli:ziǽstik/ 名 C 形 〔形式ばった語〕キリスト教の聖職者, 牧師. 形 ＝ecclesiastical.
語源 ギリシャ語 *ekklēsia*(教会) の 形 *ekklēsiastikos* (教会の, 教会に属する, 聖職者の)がラテン語を経て中英語に入った.
類義語 priest.
反意語 layman.
【派生語】ecclèsiástical 形.

ech·e·lon /éʃəlɑ̀n|-lɔ̀n/ 名 UC 動 本来自 〔一般語〕〔一般語〕軍隊, 船, 飛行機の梯(は)形編成, 梯陣, 梯目. その他 梯子(はし)の形からさらに段階の部分が強調されて, 〔通例複数形で〕組織などの階級, 段階. 動 として梯形に配置する, 梯団をつくるには].
語源 ラテン語 scala (梯子)に由来する古フランス語 *eschelle* から「梯子の横木」を意味するフランス語 *échelon* が生れ, これが18 世紀に入った. scale の姉妹語.
用例 the upper *echelons* of society 社会の上層階級.

ech·o /ékou/ 名 C 動 本来自 〔一般語〕〔一般語〕こだま, 反響する音. その他 〔形式ばった語〕比喩的に他人の説や意見の繰り返し, 模倣, 繰り返し, また模倣者. あるいは〔電〕レーダーなどの電磁波の反射, エコー. また《E-》〔ギ神〕Narcissus への恋が実らず身はやせ細り声だけが残ったという(~) こと, エコー. 動 として反響する[させる], 他人の意見を繰り返す, 模倣する.
語源 ギリシャ語 *ēkhō* (＝sound; echo) がラテン語, 古フランス語を経て中英語に入った.
用例 We can hear the *echoes* of our voices in the cave. 洞窟の中では自分の声のこだまが聞こえる／*Echoes* of Shakespeare can be found in his work. 彼の作品にはシェークスピアを模倣したところが見られる／A student is often an *echo* of his teacher. 生徒はしばしば先生の模倣者である／Their voices *echoed* in the large hall. 彼らの声は大ホールで響いた／She always *echoes* her husband's opinion. 彼女はいつも夫の意見を繰り返す／The colour scheme *echoed* the taste of the 1930s. その色彩の配合は1930 年代の趣きを模倣している.
【派生語】echóic 形 反響性の, 〔言〕擬音[声]語の, 擬音[声]的な. échoism 名 U 反響, 擬音.

é·clair /eikléər/ 名 C 〔一般語〕ケーキの一種エクレア.
語源 フランス語から 19 世紀に借用された語で, フランス語の意味は「稲光」で, エクレアの形や光沢から付けられたもの.

é·clat /eiklɑ́ː|-ˋ-/ 名 U 〔形式ばった語〕大成功, 大かっさい, 華やかな名声.
語源 元来ゲルマン語で, 古フランス語 *esclater* (裂く, 裂ける, 破裂する)から派生したフランス語 *éclat* (破裂すること, 閃光, 輝き, 評判) が初期近代英語に入り, 比喩的な意味だけが定着した.

ec·lec·tic /ikléktik/ 形 名 C 〔形式ばった語〕いろいろな考えや方法から良い部分だけを選び出す, 取捨選択的な, 折衷的な. 名 として折衷的考えの人.
語源 ギリシャ語 *eklektikos* (＝selective) が初期近代英語に入った. 元来哲学用語.
用例 He always thinks in an *eclectic* way. 彼はいつも折衷的な考え方をする.

e·clipse /iklíps/ 名 CU 動 本来他 〔天〕太陽や月の食, 比喩的に名声や権力の喪失. 動 として, ある天体が別の天体を食する, 暗くする, 名声などを失墜させる, 凌駕(りょうが)する.
語源 ギリシャ語 *ekleipsis* (食(は))がラテン語, 古フランス語を経て中英語に入った.
用例 When was the last total *eclipse* of the sun? この前の皆既日食はいつでしたか／Her reputation is now in *eclipse*. 彼女の名声はいまや落目だ／The sad news *eclipsed* her happiness. その悲しい知らせで彼女の幸せな気持は暗くなった／His great success

eclipsed his brother's achievements. 彼の大成功は兄の業績を凌駕した.
【派生語】 eclíptic 名《the 〜》【天】黄道. 形 食の, 黄道の.

e·co- /íːkou-, é-/ 連結 「生態(学)」「環境」「自然」の意.
語源 ecology から.

e·co-friend·ly /íːkoufrèndli, é-/ 形 〔一般語〕環境に優しい.

e·col·o·gy /ikɑ́lədʒi | ikɔ́l-/ 名 U 〔一般語〕〔一般義〕生物とその環境との関係を研究する生態学. その他 動植物の生態, 生活環境.
語源 ドイツ語 Ökologie (ギリシャ語 oikos 家, 住居＋ドイツ語 -logie -logy) から. 19 世紀より.
用例 *Ecology* is a study which began in the nineteenth century. 生態学は 19 世紀に始った学問である/Pollution has a disastrous effect on the *ecology* of a region. 汚染は地域の生態に悲惨な影響を及ぼす.
【派生語】 ècológical 形. ecólogist 名 C 生態学者.

economic ⇒economy.
economist ⇒economy.
economize ⇒economy.

e·con·o·my /i(ː)kɑ́nəmi | -kɔ́n-/ 名 UC 形 〔一般語〕〔一般義〕家, 企業, 国家などの経済, 経済組織. その他 節約, 倹約. 形 として節約になる, 安い.
語源 ギリシャ語 *oikonomos* (=manager of a household); *oikos* house＋*nemein* to manage) から派生した *oikonomia* (=management of a household) がラテン語 *oeconomia*, 古フランス語 *economie* を経て initial近代英語に入った. この語はけでにギリシャ語で「家庭の経済」のみならず,「国家の経済」の意味もあった.
用例 The *economy* of the country depends on heavy industry. その国の経済は重工業に依存している/The two countries have the different *economies*. その 2 か国は異なった経済組織を持っている/You must use electricity with *economy*. 電力は節約して使わなくてはいけません/a man of *economy* 倹約家/An *economy* class air ticket costs much less. エコノミークラスの航空券はずっと安い/*economy* size 徳用サイズ.
類義語 economy (形 economical); thrift (形 thrifty); frugality (形 frugal): いずれも「倹約」の意を表すが, **economy** は金銭管理の巧みさ, 無駄のない生き方をすることを意味し, さらに thrift はそのおかげで繁盛することにもつながる. また economy は thrift より意味領域が広く, economy of time (時間の節約) のように比喩的に用いることができる. それに対し, **frugality** はぜいたくをせず, 質素な生き方をすることに意味の中心がある.
【派生語】 èconómic 形 経済(学)の. èconómical 形 人が倹約する, つましい, 物が経済的の. èconómically 副 経済(学)上, 財政的に; 倹約して, つましく, 経済的に. èconómics 名 U 経済学. ecónomist 名 C 経済学者. ecónomize 動 節約する, 経済的に使う. ecónomìzer 名 C 節約家.

e·co·sys·tem /íːkousìstəm/ 名 C 【生態学】生態系.

ec·sta·sy /ékstəsi/ 名 UC 〔一般語〕喜びや悲しみな どの強い感情によって我を忘れて茫然とした状態, 歓喜からくる有頂天, 無我夢中, 恍惚.
語源 ギリシャ語 *ekstasis* (ek- out＋*histanai* to place) がラテン語, 古フランス語を経て中英語に入った. 元々ある場所から何かを外へ移すことを意味したが, のちに比喩的に魂が心から離れることから, 我を忘れる程の感情のたかまりを意味するようになった.
用例 He is in an *ecstasy* of delight [grief]. 彼は喜び[悲しみ]に茫然としている/She went into *ecstasies* over that television programme. 彼女はそのテレビ番組を見て狂喜した.
類義語 ecstasy; rapture; transport: **ecstasy** は我を忘れる程の感情のたかまりを表し, 喜びだけでなく悲しみなどで意識や感覚を失い茫然とした状態に意味の中心がある. **rapture** は喜びに夢中になっていることを表し, ecstasy のように忘我の状態にまでたかまった感情を必ずしも意味しない. **transport** は ecstasy 同様, 喜びやそれ以外の怒りなどの強い感情で我を忘れることを意味するが, しばしばその感情が強く表に現れることに意味の中心がある.
【派生語】 ecstátic 形 夢中の, うっとりした, 忘我の, 有頂天になった. ecstátically 副.

ec·u·men·i·cal /èkju(ː)ménikəl | ìːk-/ 形 〔形式ばった語〕全キリスト教会の, キリスト教会の統一をはかる.
語源 ギリシャ語 *oikein* (=to inhabit) から派生した *oikouménē* (=the inhabited world) の 形 *oikoumenikos* (全世界 (から)の) が後期ラテン語 *oecumenicus* を経て初期近代英語に入った.

-ed /-d, -t, -id, -əd/ 接尾 規則動詞の過去・過去分詞をつくる. また名詞について所有を表し「…を持った, …のある」という形容詞をつくる.
語源 規則動詞の過去形の語尾は古英語の弱変化動詞の過去形の語尾 -(e)de, -ade, -ode に, 過去分詞の語尾は動詞的形容詞を表す印欧祖語の *-tós から派生した古英語 -ed, -ad, -od, -ud から来ている. 名詞に付く -ed は「…を持った」という意味のゲルマン祖語から派生した古英語 -ede から.
語法 /d/ をのぞく有声音のあとで /d/, /t/ をのぞく無声音のあとで /t/, /d/ /t/ のあとで /id, əd/ となる.

ed·dy /édi/ 名 C 動 本来語 〔一般語〕流れ, 風, ほこりなどの渦, 渦巻き. 動 として〔文語〕渦を巻いて流れる, 比喩的に人が渦を巻くように動きまわる.
語源 おそらく古ノルド語 *itha* (渦, 渦巻き) が中英語に入ったと思われる.
用例 The little boat was caught in an *eddy*. その小さなボートは渦に巻き込まれた/The river *eddies* around there. 川はあのあたりで渦を巻いている/The crowd *eddied* about in the square. 群衆は広場をぐるぐるり動き回った.

edel·weiss /éidəlvàis/ 名 C 【植】エーデルワイス.
語源 ドイツ語 *Edelweiss* (=noble white) が 19 世紀に入った.

Eden /íːdn/ 名 固 【聖】Adam と Eve が神のいいつけにそむく前に住んでいたというエデンの園. 比喩的に地上の楽園.
語源 元来ヘブライ語で delight, pleasure の意.

edge /edʒ/ 名 C 動 本来語 〔一般語〕〔一般義〕中央部に対して, 端, 縁, へり. その他 比喩的に時, 状態などの境目. 瀬戸際, 危機. また端が鋭い状態から, 刃物の刃, 比喩的に鋭さ, 激しさ. 動 として…にへりをつける, 縁どり

する, 端をずらすように少しずつ動かす, 刃をつける, 鋭くする. 自 少しずつ[じりじり]動く[進む].

[語源]「刃, 刀」の意味の古英語 *ecg* から.「端」の意味は中英語になって現れた.

[用例] Don't put the knife so near the *edge* of the table. ナイフをそんなにテーブルの端に置いてはいけない/He is standing on the *edge* of the cliff. 彼はがけっぷちに立っている/The company is on the *edge* of bankruptcy. その会社は倒産しそうだ/the *edge* of an ax 斧の刃/This cheese has quite an *edge* to it. このチーズは味が強い/The handkerchief is *edged* with blue. そのハンカチには青い縁どりがしてある/He *edged* (himself) to the front of the crowd. 彼はじりじり群衆の前に出た.

[類義語] border.

【慣用句】 *have the edge on* ... 《米》...より優勢である. *on edge* いらいらしている. *put an edge on* ... 刃をつける, 研ぐ. *set [put]* ...*'s teeth on edge* 歯がういたような状態にする, いら立たせる. *take the edge off* ... ...を和らげる, 弱める, ...の興をそぐ.

[派生語] **édging** 名 [U|C] 縁どり, 縁かざり. **édgy** 形 刃などが鋭い, (くだけた語)いらいらした (on edge). **édgeways** 副 相手に端[刃]を向けて, 端[縁]に沿って: He sawed the plank *edgeways*. 彼は端からのこぎりで切った/get a word in *edgeways* 人の話している最中に口をはさむ. **édgewise** 副 =edgeways.

ed·i·ble /édəbl/ 形 名 食用に適した, 食べられる. 名 として (通例複数で) 食物.

[語源] ラテン語 *edere* (=to eat) から派生した後期ラテン語 *edibilis* (食べられる)が初期近代英語に入った.

[用例] I cannot tell the difference between *edible* and poisonous berries. 私には食べられる実と有毒な果実の区別がつきません.

[類義語] eatable.

[反義語] inedible.

e·dict /í:dikt/ 名 C 〔形式ばった語〕 勅令, 布告, 命令.

[語源] 「布告する」という意味のラテン語 *edicere* (ex- out + *dicere* to speak) の過去分詞 *edictum* から中英語に入った.

edification ⇒edify.

ed·i·fice /édəfis/ 名 C 〔形式ばった語〕宮殿や教会のような大きく壮麗な建築物.

[語源] ラテン語 *aedificare* (⇒edify) から派生した *aedificium* (=building) が古フランス語を経て中英語に入った.

ed·i·fy /édəfai/ 動 [本来他] 〔形式ばった語〕...を教化する, 啓発する.

[語源] ラテン語 *aedes* (=house) から派生した *aedificare* (=to build) が古フランス語を経て中英語に入った.「建てる」という意味はすでに古語で, 比喩的に「宗教心を築き上げる」ことから現在の意味になった.

[用例] I was greatly *edified* by his lecture. 私は彼の講義に大いに啓発された.

【派生語】 **èdificátion** 名 U.

Ed·in·burgh /édinbə(:)rə/ 名 固 エディンバラ (★スコットランドの首都).

ed·it /édit/ 動 [本来他] 〔一般語〕本, 辞書, 原稿, 新聞, 雑誌, 映画フィルム, テープなどを編集する.

[語源] editor からの逆成.

[用例] The dictionary was *edited* by that linguist. その辞書はあの言語学者によって編纂された/It is a laborious task to *edit* the film. 映画フィルムの編集は大変な仕事である.

【慣用句】 *edit out* 削除する.

ed·i·tion /idíʃən/ 名 C 〔一般語〕 [一般義] 本, 新聞, 雑誌などの1回に発行される部数全体あるいはその1冊[部], 版. [その他] 発行の際の本などの体裁, 版, 型, 比喩的に複製(版)の意.

[語源] ラテン語 *edere* (⇒editor)の過去分詞 *editus* から派生した後期ラテン語 *editio* が古フランス語を経て中英語に入った.

[用例] the second *edition* 第2版/a revised *edition* 改訂版/A paperback *edition* is much cheaper than a hardback one. ペーパーバックはハードカバーよりずっと安い.

[類義語] edition; impression; printing; reissue: いずれも同じ組み版から印刷される発行物を表す語で, first edition と second edition の違いは, 内容が改訂されたことにあるが, first **impression** と second impression とは同じ組み版のままで増刷したという点で内容に変りはない. **printing** は impression と同じ意味で用いられることが多いが, printing が変る時には多少の訂正が加えられることがある. **reissue** は絶版になった作品の再出版・翻刻を意味し, しばしば装丁や紙質を変えたり, 場合によっては改訂を加えることも意味する.

ed·i·tor /édətər/ 名 C 〔一般語〕 [一般義] 本, 辞書, 雑誌などの編集者. [その他] 新聞などの編集責任者から, 編集(局)長, 編集に基づいて解説する論説委員.

[語源] ラテン語 *edere* (=to publish; ex- out + *dare* to give) の過去分詞 *editus* から派生した後期ラテン語 *editor* (=publisher) が初期近代英語に入った.

[用例] a dictionary *editor* 辞書編集者/He was appointed news *editor*. 彼は論説委員に指名された.

【派生語】 **éditorship** 名 U editor の職[地位], 編集方針.

ed·i·to·ri·al /èdətɔ́:riəl/ 形 〔一般語〕 編集者の, 編集(上)の. 名 として, 新聞や雑誌の社説, ラジオ, テレビの解説.

[語源] ⇒editor. 名 は19世紀から.

[用例] It is necessary to make some *editorial* changes in that book. あの本の編集を少し変える必要がある/When I read a newspaper, I usually start with the *editorial*. 私は新聞を読むとき, ふつう社説から始めます.

【派生語】 **èditórialist** 名 C 社説の書き手. **èditórialize** 動 [本来自]《米》社説に書く, 社説風に論じる. **èditórially** 副 編集上, 社説で.

editorship ⇒editor.

educable ⇒educate.

ed·u·cate /édʒukeit/-dju-/ 動 [本来他] 〔一般語〕 人を教育する, 学校にやる, 訓練する.

[語源] ラテン語 *educare* (=to bring up; to educate) の過去分詞 *educatus* が中英語に入った.

[用例] He was *educated* at a private school. 彼は私立学校で教育を受けた.

[類義語] teach.

【派生語】 **éducable** 形 (やや形式ばった語) 教育できる. **éducated** 形 教育を受けた, 教育のある,《米》知識・経験に基づいた. **education** 名 ⇒見出し. **éducative** 形. **éducator** 名 C 教育者, 教師, 教育学者.

ed·u·ca·tion /èdʒukéiʃən/-dju-/ 名 U|C 〈⇒edu-

cate)〔一般語〕[一般語] **教育**, 訓練. [その他] 教育や訓練の結果としての**教育**, 教養, また学問としての**教育学**, 教授法.
[用例] He is willing to pay for his children's *education*. 彼は子供の教育に喜んで金を出す/He has had a good *education*. 彼はよい教育を受けてきた/She wants to go to a college of *education*. 彼女は教育学部に行きたがっている.
【派生語】**èducátional** 形. **èducátionalist** 名 C 教育家, 教育学者. **èducátionally** 副. **èducátionist** 名 C =educationalist.

educative ⇒educate.

educator ⇒educate.

educe /idjúːs/ 動〔形式ばった語〕既知の事実から結論などを引き出す, 推論する.
[語源] ラテン語 *educere* (*ex*- out+*ducere* to lead) が中英語に入った.
[用例] He *educed* a good answer to the question. 彼はその問題に対してよい答を引き出した.

-ee /-iː/ [接尾] 行為者を表す-er, -or に対して, 他動詞について「...される者」という行為を受ける者を意味する名詞を形成する. また受動的意味がなくなり, 「...する者, ...と関係のある者」という意味の名詞も形成する. 例: appointee (任命された人); absentee (不在者).
[語源] 元来ラテン語の *-atus* で終る過去分詞に由来し, フランス語で *-é* となり, これが -ee として中英語に入った. フランス語では最後の音節にアクセントがあるため, 英語でもその特徴を残し, 普通 -ee に第一強勢がある.

eel /iːl/ 名 C 〖魚〗うなぎ, うなぎに似た魚.
[語源] 古英語 *æl* から.

-eer /-íər/ [接尾] 名詞について, 「...と関係を持つ者, ...を取り扱う者」という意味の名詞を形成する. 時に軽蔑的にも用いられることがある. 例: engineer (技師); mountaineer (登山家, 登山する); profiteer (暴利商人, 不当な利益を得る).
[語源] ラテン語の *-arius* に由来するフランス語の *-ier* が中英語に入った. フランス語の最後の音節にアクセントを持つという特徴を残し, 第一強勢は -eer にある.

ee·rie, ee·ry /í(:)əri/ 形 〔やや形式ばった語〕迷信などの連想から恐ろしいという気持を伴って, **薄気味の悪い, 不気味**なの意.
[語源] 中英語のスコットランド方言 *eri* から. それ以前は不詳.
[用例] It is *eerie* to walk in a graveyard at night. 夜, 墓地の中を歩くのは気味が悪い.
【派生語】**éerily** 副. **éeriness** 名 U.

ef·face /iféis/ 動〔形式ばった語〕[一般語] 文字などを消す, ぬぐい去る. [その他] 比喩的に記憶などをぬぐい去る, 忘れる. 《~ oneself で》自分を目立たなくする.
[語源] 古フランス語 *effacer* (*ex*- out+*face* face) が中英語に入った. 「表面をこすって見えなくする」の意.
[用例] Someone has *effaced* the name on the tombstone. だれかが墓石の名前を消してしまった/I cannot *efface* the memory of my dead wife. 私は死んだ妻の記憶をぬぐい去ることができない/You had better *efface* yourself at such a party. そのようなパーティーでは目立たなくふるまう方がよい.
[類義語] ⇒erase.
【派生語】**efface·ment** 名 U efface すること, 削除.

ef·fect /ifékt/ 名 UC 動 [本来義]〔一般語〕[一般語] **効果, 効き目, 影響**. [その他] この語は本来ある事がなされた結果という意味で, **効果, 影響**の意となった. また見聞いたりした結果, 心理的に引き起こされるもの, すなわち**印象**. 熟考の結果という意味, **趣旨**. 獲得という意味, (*通例複数形で*) **所有物, 財産**. 動として〔形式ばった語〕**生じさせる, もたらす**.
[語源] ラテン語 *efficere* (=to accomplish; *ex*- out+*facere* to do) の過去分詞 *effectus* が古フランス語を経て中英語に入った.
[用例] cause and *effect* 原因と結果/The drug had an anesthetic *effect*. その薬には麻酔の効果があった/sound *effect* 音響効果/The color produces a pleasing *effect*. その色はよい印象を与える/He did it for *effect*. 彼は体裁をととのえるためにそれをした/He spoke to the same *effect*. 彼は同じ趣旨のことを言った/personal *effects* 身の回り品/They tried to *effect* the unification of the country. 彼らはその国を統一しようとした.
[類義語] ⇒result; consequence.
[反意語] cause.
【慣用句】**bring [carry] into effect** 実行する. **come [go] into effect** 実施される. **give effect to** ... ...を実施[実行]する. **have an effect on** ... ...に影響を及ぼす. **in effect** 実際に, 事実上. **take effect** 法律が効き目を現す, 発効する. **to the effect that** ... ...という趣旨の.
【派生語】**efféctive** 形 **効果のある, 実際の**(⇒efficient [類義語]). **efféctively** 副 効果的に, 実際上. **efféctiveness** 名 U. **efféctual** 形〔形式ばった語〕**有効な**(⇒efficient). **efféctuate** 動 [本来義]〔形式ばった語〕ある結果をもたらす, 成し遂げる.

effeminacy ⇒effeminate.

ef·fem·i·nate /ifémənit/ 形 〔やや形式ばった語〕《軽蔑的》男について用いて, **女性的な, 女のような, 女々しい, 軟弱な**.
[語源]「女」を意味するラテン語 *femina* から派生した *effeminare* (女性的にする)の過去分詞 *effeminatus* が中英語に入った.
[用例] He walks in a very *effeminate* way. 彼は女のような歩き方をする.
[反意語] mannish.
【派生語】**efféminacy** 名 U 女性的であること, 女々しさ, 柔弱. **efféminately** 副.

ef·fer·vesce /èfərvés/ 動 [本来自]〔形式ばった語〕[一般語] ガスを出しながらあわ立つ, **沸騰する**. [その他] 比喩的に**活気づく, 陽気になる**.
[語源] ラテン語 *effervescere* (*ex*- out+*fervescere* to start to boil) が18世紀に入った.
[用例] The champagne *effervesced* in the glasses. シャンペンはグラスの中であわ立った/She always *effervesces* at a party. 彼女はパーティーではいつも陽気にふるまう.
【派生語】**èffervéscence** 名 U あわ立ち, 興奮, 活気. **èffervéscent** 形.

ef·fete /efíːt, if-/ 形 〔形式ばった語〕[一般語] 《軽蔑的》人が**活力を失った, 疲れ果てた**. [その他] 活力を失って弱々しいという意味から, 男が**女性的な, 組織や制度が古くなって活力を失い時代遅れの, 衰退した**. 《米》動植物が**生産量[生殖能力]のない**.
[語源] ラテン語 *effetus* (=worn out by childbearing; *ex*- out+*fetus* child) が初期近代英語に入った. 最初のうちは動物などが生殖能力がないという意味の

用いられていたが、だんだん比喩的な意味で用いられることが多くなった.

[用例] He is rather *effete*, though he is young. 彼は若いのに疲れきった様子をしている/The system is old but by no means *effete*. その制度は古いが決して時代遅れではない.

ef·fi·ca·cious /èfəkéiʃəs/ 形 〔形式ばった語〕薬や治療などがよい結果をもたらす, **効き目のある, 効力のある**.

[語源] ラテン語 *efficere* (⇒effect) から派生した 形 *efficax* (=efective) が初期近代英語に入った.

[用例] The medicine is *efficacious* for the cold. その薬は風邪に効き目がある.

[類義語] ⇒efficient.

[反意語] inefficacious.

【派生語】**èfficáciously** 副 有効に. **éfficacy** 名 U 効能, 効力.

efficiency ⇒efficient.

ef·fi·cient /ifíʃənt/ 形 〔一般語〕[一般義] 行為や道具などがよい結果を生み出す, **効果のある, 能率的な**. [その他] 人が能率的に仕事をする力がある, **能力のある, 有能な**.

[語源] ラテン語 *efficere* (⇒effect) の現在分詞 *efficiens* が中英語に入った.

[用例] The new machine is much more *efficient* than the old one. 新型の機械は旧式のものよりずっと能率的だ/That secretary looks very *efficient*. あの秘書はとても有能にみえる.

[類義語] efficient; effective; effectual; efficacious: **efficient** は行為や道具, さらには人が能率的によい結果をもたらすという点に意味の中心があり, **effective** は一定の効果を生み出す, あるいは人が力があるという点を強調する. **effectual** は形式ばった語で, 望んだ結果や意図が達成されたという点で効果的であることを意味し, **efficacious** も形式ばった語で, 特に薬や治療がよい結果を生む, 効き目があることを意味する.

[反意語] futile; inefficient.

【派生語】**efficiency** 名 U 能率, 能力, 効き目. **efficiently** 副.

ef·fi·gy /éfidʒi/ 名 C 〔やや形式ばった語〕人をかたどった彫像や肖像, また比喩的に**偶像**.

[語源] ラテン語 *effingere* (表現する, まねて作る) から派生した *effigies* (像) がフランス語 *effigie* を経て初期近代英語に入った.

ef·flo·resce /èflərés/ 動 [本来自]〔形式ばった語〕[一般義] 文化などが**開花する, 栄える**. [その他]〔化〕水分がなくなって物質の表面が細かい粉状になる, **風解する**, また壁などが塩をふく.

[語源] ラテン語 *flos* (=flower) がもとになった *efflorescere* (=to blossom out; *ex-* out + *florescere* to start to blossom) が18世紀に入った.

[用例] In Greece art *effloresced* in ancient times. ギリシャでは古代の芸術の花が開いた/The walls of limestone caves often *effloresce*. 鍾乳洞の壁にはしばしば白華(はっか)を生じる.

【派生語】**èfflorésceｎce** 名 U **開花(期)**,〔化〕風解, 風化. **èfflorésceｎt** 形.

effluence ⇒effluent.

ef·flu·ent /éfluənt/ 名 U 〔形式ばった語〕工場などから流れ出す**廃水, 廃液**.

[語源] ラテン語 *effluere* (=to flow out) の現在分詞 *effluens* が中英語に入った.

[用例] *Effluent* is a cause of pollution. 工場からの廃水は汚染の一因である.

【派生語】**éffluence** 名 UC 流出(物).

ef·fort /éfərt/ 名 UC 〔一般語〕[一般義] 精神的あるいは肉体的な**努力, ほねおり**. [その他] 努力した**成果, 労作**.

[語源] 古フランス語 *esforcier* (=to show strength; 再起用法で「努力する」) から派生した 名 *esforz, esfort* (=effort) が中英語に入った.

[用例] make *effort* 努力する/without *effort* 努力せずに, 楽に/Learning a foreign language requires *effort*. 外国語を学ぶには努力が必要だ/Their *efforts* to be friendly were unsuccessful. 彼らは仲良くしようと努力したがうまくいかなかった/His painting is a good *effort*. 彼の絵は労作である.

[類義語] effort; endeavor; exertion: **effort** は最も一般的で, はっきりした目標をもって努力することを意味する. **endeavor** は形式ばった語で, しばしば価値ある目標を達成するために真剣に努力することに意味の中心がある. **exertion** もやや形式ばった語で, 特定の目標に向かって努力することを必ずしも意味せず, 肉体的な力を使うことを強調する.

[関連語] pains; trouble; labor.

[反意語] ease; sloth.

【派生語】**éffortless** 形 努力の必要がない, 楽な.

ef·fron·tery /ifrʌ́ntəri/ 名 UC 〔形式ばった語〕**ずうずうしさ, 厚かましさ**.

[語源] 後期ラテン語 *effrons* (=shameless; ラテン語 *ex-* out of + *frons* forehead) がフランス語に *effronté* としてに入り, その派生形 *effronterie* が18世紀に入った.

[用例] He had the *effrontery* to call me a liar. 彼はずうずうしくも私をうそつきと呼んだ.

effulgence ⇒effulgent.

ef·ful·gent /ifʌ́ldʒənt/ 形 〔文語〕**光り輝く**.

[語源] ラテン語 *effulgere* (*ex-* out + *fulgere* to shine) の現在分詞 *effulgens* が18世紀に入った.

【派生語】**effulgence** 名 U **光輝**.

ef·fuse /ifjúːz, ef-/ 動 [本来他] ifjúːs, ef-/〔一般語〕液体, ガス, 光などを**放出する, 発散する**. 自 流れ出る, にじみ出る. 形 として〔植〕まばらに広がった.

[語源] ラテン語 *effundere* (*ex-* out + *fundere* to pour) の過去分詞 *effusus* が中英語に入った.

[用例] A soft light was *effused* from her room. 彼女の室から柔らかい光がもれていた/*effuse* lichens まばらに広がった地衣類.

【派生語】**effúsion** 名 U 発散, 流出, 比喩的に《軽蔑的》感情を大げさに表すこと, 感情の発露. **effusive** 形 《軽蔑的》感情をおさえないで表に出す, 大げさな. **effúsively** 副. **effúsiveness** 名.

EFL /íːèfél/〔略〕=English as a Foreign Language (外国語としての英語)の略.

e.g.〔略〕=ラテン語 *exempli gratia* (=for example) たとえば.

[語法] /íːdʒíː/ または for example と読む.

[用例] He has mastered a lot of languages, *e.g.* English, French, German, etc. 彼は, たとえば, 英語, フランス語, ドイツ語などたくさんの言語をマスターした.

egal·i·tar·i·an /igæ̀lətéəriən/ 形 C 〔一般語〕

平等主義の. 图 平等主義者.
[語源] ラテン語 aequalis (=equal) から派生した aequalitas (=equality) が古フランス語に égalité として入り, 後にその派生形 égalitaire が19世紀に入った.
[用例] Hierarchy is rejected in the *egalitarian* society. 階級組織は平等主義社会では拒絶される.
[反意語] authoritarian; hierarchical.
【派生語】egàlitárianism 图 U 平等主義.

egg[1] /ég/ 图 C 〔一般義〕[一般義] 鳥類, 爬虫類, 昆虫類の卵, 特に鶏卵. [その他] 哺乳類の雌の卵子, 卵細胞 (ovum; egg cell). 卵形のもの, 〔くだけた語〕こぶ, 手りゅう弾, 育ち切ってないものということから, 《軽蔑的》青二才, 〔俗語〕…な奴.
[語源] 古英語 æg が中英語で ei となったが, 古ノルド語 egg がこれにとってかわった.
[用例] The bird lays big white *eggs*. その鳥は大きな白い卵を生む/They use many *eggs* in the cake. そのケーキにはたくさんの卵を使う/a boiled *egg* ゆで卵/The *egg* is fertilized by the male sperm. 卵子は雄の精子によって受精する/The boy had a big *egg* on his forehead. その男の子のひたいには大きなこぶがあった.
【慣用句】*as sure as eggs are* [*is*] *eggs* 〔くだけた表現〕明らかな. *have an egg on one's face* 〔くだけた表現〕《英》へまをして顔にこぶをつくる, 馬鹿げてみえる. *in the egg* 初期のうちに. *put all* (*one's*) *eggs in one basket* 〔くだけた表現〕危険をおかして事業に金資産をつぎ込む. *teach* (*one's*) *grandmother* (*to suck eggs*) 〔くだけた表現〕自分のおばあさんに卵の吸い方を教える, 釈迦に説法する.
【複合語】égg cèll 图 C 〖生〗卵細胞, 卵子 [語法] 単に egg ともいう). égg cùp 图 C 食卓でゆで卵を立てておくカップ, エッグカップ. égghèad 图 C 〔くだけた語〕《軽蔑的》利口者, 知識人. égg plànt 图 C 〖植〗なす. égg-shàped 形 卵形の. éggshèll 图 C U 形 卵の殻, 壊れやすい(もの), 薄い黄色の(の): *eggshell* china 薄手の磁器/*eggshell* paint 薄い黄色のペンキ.

egg[2] /ég/ 動 [本来他] 〔くだけた語〕《~ on to do で》人を扇動して…させる, おだてて…させる.
[語源] 古ノルド語 *egg* (=edge) から派生した 動 *eggja* が中英語に入った. 古ノルド語 *egg* は英語の edge と姉妹語で, 「卵」を意味する *egg* とは語源的に関係はない.
[用例] She *egged* her son on to prepare for the examination. 彼女は息子をおだてて試験の準備をさせた.

e·go /í:gou, é-/ 图 C 〔一般義〕[一般義] 他人や外界に対して, 自分自身, 自己. [その他] 自尊心, うぬぼれ, 〖心〗自我, エゴ, 〖哲〗自我, 主観, 〖民族〗親族関係の基点となる自己, エゴ.
[語源] ラテン語 *ego* (=I) が18世紀に入った.
【派生語】**égoism** 图 U 《軽蔑的》利己主義, 利己心, うぬぼれ [語法] egoism と egotism は自己中心的なものの考え方を表す点で類似し, また形が似ていることもあって, 混同されやすい. egoism は他人のことはさしおいて, 自己の利益を第一に考えることに意味の中心があり, egotism は人の考えや意見を無視して自分を表面に出し, 人の関心を自分にひきつけたいという気持ちを強調する. また, どちらも軽蔑的な語だが, egotism の方が軽蔑の程度が強い. egoist と egotist の間の関係も同様である). **égoist** 图 C 《軽蔑的》利己主義者, 自分

勝手な人. **ègoístic, -cal** 形 利己主義の. **ègoístically** 副 利己的に. **égotism** 图 U 《軽蔑的》自己中心的な考え方, 特に I, my, me などの代名詞をやたらと用いて自分のことばかりしゃべること, また, 自分が他人より偉いと思いこむことから, うぬぼれ. **égotist** 图 C 《軽蔑的》自己本位な人, 自分のことばかり話したがる人, うぬぼれの強い人. **ègotístic, -cal** 形 自己本位の. **ègotístically** 副 自己本位に.

e·go·cen·tric /ì:gouséntrik, è-/ 形 C 《軽蔑な語》自己中心的な, 自己中心主義の. 图 として自己中心主義者.

egoism ⇒ego.
egoist ⇒ego.
egotism ⇒ego.
egotist ⇒ego.

e·gre·gious /igrí:dʒəs/ 形 〔形式ばった語〕《軽蔑的》悪い意味を持つ名詞を修飾して, 実にひどい.
[語源] ラテン語 *egregius* (*ex-* out+*grex* herd) が初期近代英語に入った. 文字どおりの意味は「群を抜いている, 非常に優れている」で, ラテン語では良い意味で使われていた.
[用例] He made an *egregious* mistake. 彼は実にひどいまちがいを犯した.

e·gress /í:gres/ 图 U C 〔形式ばった語〕[一般義] 外へ出ること. [その他] 〖法〗出入権. 出口.
[語源] ラテン語 *egredi* (*ex-* out+*gradi* to go) の過去分詞 *egressus* が初期近代英語に入った.

E·gypt /í:dʒipt/ 图 固 エジプト (★アフリカ北東部の共和国; 正式名 the Arab Republic of Egypt).
【派生語】**Egýptian** 形 エジプト(人)の. 图 C エジプト人.

eight /éit/ 图 U C 代 形 〔一般語〕数としての8, 用いられる文脈に応じて, 8(の), 8人(の), 8個(の), 8ドル[ポンド](の). 時刻を示して8時, 8分, 年齢を示して8歳, トランプの8の札, 8人漕ぎボートおよびその選手たち, エイト.
[語源] 古英語 eahta から.
[用例] Four and four is [are; make(s); equals] *eight*. 4と4は8, 4+4=8/I bought the book for *eight*. 私はその本を, 8ドル[ポンド]で買った/There were *eight* of us present. 私たち8人が出席していました/He is *eight* (years old). 彼は8歳です/the *eight* of diamonds トランプのダイヤの8/Did the Cambridge *eight* defeat the Oxford *eight*? ケンブリッジ大学のエイトはオックスフォード大学のエイトを負かしましたか.
【派生語】**éighth** /éi(t)θ/ 形 图 C 第8(の), 8番目(の), 8分の1(の).

eigh·teen /éitì:n/ 图 U C 代 形 〔一般語〕数としての18, 文脈に応じて, 18(の), 18人(の), 18個(の), 18歳(の), 18ドル[ポンド](の).
[語源] 古英語 eahtatīene から.
【派生語】**eightéenth** 形 图 C 第18(の), 18番目(の), 18分の1(の).

eighth ⇒eight.
eightieth ⇒eighty.

eight·y /éiti/ 图 U C 代 形 〔一般語〕数としての80, 文脈に応じて, 80(の), 80人(の), 80個(の), 80ドル[ポンド](の). 《the [one's] -ties で》80年代, 80歳代, 80番代.
[語源] 古英語 (hund)eahtatig から. 古英語では70か

ら120までの数詞には hund- が語頭につくことがある。
[用例] in the nineteen *eighties* [1980's; 1980s] 1980年代に/in one's *eighties* 80歳代で.
【派生語】**éightieth** 形名 第80(の), 80番目(の), 80分の1(の).

ei·ther /íːðər | ái-/ 代 形 副 接 〔一般語〕[一義] 2つ[2人]のうちのどちらかの(語法 3つ[3人]以上のうちのどれか[だれか]には any を用いる).[その他] not などの否定を表す語といっしょに用いて, 2つ[2人]のうちどちらの...も...ないという意味になり, 事実上 neither と等しくなる. either の用法は今日では古めかしく感じられ, また意味があいまいなため, each や both のほうが好まれる).

代 としてどちらか一方, (否定文で)どちらも...ない.
副 としては, 否定の文を受けて, ...もまた...ないという意味になり, これも事実上 neither と等しい(語法 肯定の場合の also, too に対応する).
接 としては, either A or B のように用いて, **A か B か, どちらか一方**, また(否定文で) **A も B も...しない**の意で, neither ... nor ... と同じ意味になる.

[語源]「2つ[2人]のそれぞれ, 両方」を意味した古英語 æghwæther が短縮されて æghær となり, 中英語を経て今日に至る. 古英語の意味は形容詞にのみ残り,「どちらか」の意味の古英語 āhwæther, āwther との混同が影響し, 14世紀のはじめごろから「2つ[2人]のうちのどちらか」という意味が, 原義にとってかわった.

[用例] You may have *either* cake. どちらのケーキでもお食べください/*Either* will do. どちらでもいい/You can have *either* of the two books. その2冊の本のどちらでもお取りください/I don't want *either* of them. (=I want neither of them.) 私はそれらのどちらも欲しくない.

[語法] ❶ either が主語になった場合, 書き言葉では Is *either* of the dictionaries useful?(どちらの辞書が役に立ちますか) のように単数扱いにすることが普通だが, あとに複数の名詞が続くときはくだけた表現では Are *either* of the dictionaries useful? のように複数扱いにすることもある.
❷ either A or B に呼応する動詞の数は B に一致することが多い: *Either* my sons or my wife *is* coming./*Either* my wife or my sons *are* coming.
❸ not ... either ... or ... (=neither ... nor ...) は I don't know *either* of them. =I know neither of them. (私は彼らの両方を知らない)のように, 2つ[2人]の両方を否定するが, これに対して both が否定文で用いられると, I don't know both of them. (私は彼らの両方は知らない, つまり一方だけ知っている) のように部分否定する.

e·jac·u·late /idʒǽkjuleit/ 動 本来他 〔医〕液を射出する, 特に射精する, 〔古風な語〕突然叫ぶ.
[語源] ラテン語 *ejaculari* (=to throw out) の過去分詞 *ejaculatus* が初期近代英語に入った.
[用例] "What is that?" he *ejaculated* in surprise.「あれは何だ」と彼は驚いて叫んだ.
【派生語】**ejàculátion** 名 UC.

e·ject /idʒékt/ 動 本来他 〔一般語〕[一義] 何かをあるものの中から発射する, 放出する, 排除する.[その他] 人について用いられると, しばしば強制的に家や土地から立ち退かせる, 追い出す. 自 乗物などから脱出させる.
[語源] ラテン語 *ejicere* (=to throw out; *ex-* out + *jacere* to throw) の過去分詞 *ejectus* が中英語に入った.
[用例] They *ejected* the bomb from the aircraft. 彼らは飛行機から爆弾を発射した/The police *ejected* the mob from the building. 警察がそ の建物から立ち退かせた.
【派生語】**ejéction** 名 UC 放出(物), 追い立て, 放逐: **ejection seat** 飛行機の緊急脱出用の射出座席.
ejéctor 名 C 放逐する人, 排出器, 蹴子(しゅうし) (★銃の空薬莢(やっきょう) を除去する装置).

eke /íːk/ 動 本来他 〔一般語〕(通例~ out で)長もちさせるために足りない分を補う, 特に生計をやりくりして立てる.
[語源] 古英語 *eacan, eacian* (=to increase) から.
[用例] She *eked* out her income by working at a part-time job. 彼女はアルバイトをして収入の足しにした.

e·lab·o·rate /ilǽbəreit/ 本来他, /-rit/ 形 〔一般語〕何かを念入りに仕上げる, 文章を練る, 話をくわしく述べる. 自 何かについて詳しく述べる, 詳細を検討する (on). 形 として念入りに仕上げた, 精巧な, 複雑な.
[語源] ラテン語 *elaborare* (=to work out; *ex-* out + *laborare* to work) の過去分詞 *elaboratus* が初期近代英語に入った.
[用例] They *elaborated* the system. 彼らは組織を念入りにつくりあげた/You need not *elaborate* on your idea. 君の考えを詳しくいう必要はない/He made an *elaborate* plan. 彼は綿密な計画を練り上げた.
【派生語】**eláborately** 副. **elàborátion** 名 U.

e·lapse /ilǽps/ 動 本来自 〔形式ばった語〕時間が過ぎ去る, 経過する.
[語源] ラテン語 *elabi* (=to slip away; to glide off) の過去分詞 *elapsus* が初期近代英語に入った.
[用例] Three months have now *elapsed* since she went away. 彼女が行ってしまってもう3か月が経過した.

e·las·tic /ilǽstik/ 形 名 UC 〔一般語〕[一義] 物体が弾力に富む, 伸縮自在の.[その他] 比喩的に人の性格が苦しさなどから立ち直ることのできる, 順応性のある, 規則などが融通性に富む. 名 としてゴムひも, ゴムバンド, 輪ゴム.
[語源]「駆る」という意味のギリシャ語 *elaunein* から派生した *elastikos* (推進力のある, 弾みのある) がラテン語 *elasticus* を経て初期近代英語に入った.
[用例] Rubber is an *elastic* substance. ゴムは弾力性に富む物質です/He has an *elastic* character. 彼の性格は順応性がある.
[反意語] stiff; rigid.
【派生語】**elástically** 副. **elàstícity** 名 U.
【複合語】**elástic bánd** 名 C ゴムバンド, 輪ゴム (rubber band).

e·late /iléit/ 動 本来他 〔一般語〕人を意気揚々とさせる, 喜ばせる.
[語源] ラテン語 *efferre* (=*ex-* out + *ferre* to elevate) の過去分詞 *elatus* が中英語に入った.
[用例] He was *elated* by his son's success. 彼は息子の成功に得意になった.
【派生語】**eláted** 形 意気揚々とした, 得意な. **elátion** 名 U 意気揚々, 得意満面.

el·bow /élbou/ 名 C 動 本来他 〔一般語〕[一義] 肘(ひじ).[その他] 服の肘, また肘のような形をしたもの, パイ

ブ, 管, 煙突などの曲った部分, 川や道路の急に曲った箇所. 動 として肘で押す[突く].

語源 古英語 el(n)(=arm)+boga (弓)から成る el(n)boga から.「腕の弓のように曲るところ」の意.

用例 You must not rest your *elbow* on the table. テーブルに肘をついてはいけない/He wears a coat with holes in the *elbows*. 彼は両肘に穴のあいたコートを着ている/She *elbowed* her way through the crowd. 彼女は群衆の中を肘で押しわけながら進んだ.

【慣用句】 *at ...'s elbow* いつでも手助けできるように人のそばに. *lift one's elbow*〔くだけた表現〕酒を飲みすぎる. *out at elbow*〔形式ばった表現〕みすぼらしい服装をした, 服がすりきれた, 穴のあいた.

【複合語】 **élbow chàir** 名 C 肘掛け椅子. **élbow ròom** 名 C 自由に肘を動かせる空間という意味から, 十分なゆとり, 自由に活動できる余地.

el·der¹ /éldər/ 名 C 〔一般語〕 類義語 〔英〕兄弟姉妹の中で他より**年長**の, 年上の (語法 older とともに old の比較級; この意味では〔米〕では通常 older).
その他 同じ名前の息子に対して父親であることを表し, 日本語の**大…**に対応する. 名 として**年上の者**,《複数形で》**年上の人たち**, 先輩. また議会やイギリスの長老教会 (Presbyterian Church) などの**長老**.

語源 古英語 eald, ald(=old)の比較級 eldra から. 後に規則的な形にするために older が現れ, elder の機能のほとんどを担うようになった. 最上級 eldest と oldest との関係も比較級になったもの.

用例 He has two *elder* brothers. 彼には兄が 2 人いる/His *elder* son is dead. 彼の上の息子は死んだ/the *elder* Pitt=Pitt the *elder* 大ピット《★息子は the younger Pitt=Pitt the younger》/She is his *elder* by five years. 彼女は彼より 5 歳年上だ/Respect your *elders*. 年長者を敬いなさい.

日英比較 日本語の「兄」あるいは「姉」に対する英語として一般的には elder brother や elder sister が用いられるが,〔米〕では older brother [sister] といい, くだけた文脈では big brother [sister] も用いられる. ただし, 日本語では兄・弟, 姉・妹のようにどちらが年長あるいは年少であるかをはっきり示すが, 英語では elder や older を用いず, 単に brother あるいは sister だけできょうだい関係を示し, 年齢的な上下関係を表現しないのが普通である.

【派生語】 **élderly** 形 婉曲的に old の意味を表す丁寧な語で, 人が年をとりつつある, **年配の**, 初老の: It is important for the *elderly* to keep warm in winter. 人は年をとってくると冬は暖かくすることが大切です.

el·der² /éldər/ 名 C 〔植〕にわとこ.
語源 古英語 ellærn から. d は後の挿入.

el·dest /éldist/ 形 名 C 〔一般語〕〔英〕兄弟姉妹の中で, 3 人以上のうち**最年長の**(語法 oldest とともに old の最上級; この意味では〔米〕では通常 oldest). 名 として**最年長の人**.
語源 ⇒elder.
用例 Her *eldest* I〔米〕oldest] daughter started school. 彼女の長女が学校に行き始めた.

El Do·ra·do /èldərá:dou/ 名 固 想像上の**黄金の国**, 黄金郷《★南米アマゾン川の近くにあると考えられた》.
語源 スペイン語 (=the gilded) から.

e·lect /ilékt/ 動 本来目 形 〔形式ばった語〕 一般義 選挙などで投票によって**選ぶ**, **選出する**. その他 〔形式ばった語〕決断して…する方を選ぶ《to do》. 形 としては,《名詞の後に置いて》**選ばれた**, また**神によって選ばれた**. 名 で**選ばれた者, 神の選民**.

語源「選ぶ」の意味のラテン語 eligere の過去分詞 electus が中英語に入った.

用例 He was *elected* (to be) chairman. 彼は議長に選ばれた/They *elected* him (as) President. 彼らは彼を大統領に選んだ/He *elected* to become a scientist. 彼は科学者になる方を選んだ/the governor *elect* 当選した知事/God's *elect* 神の選民.

類義語 ⇒choose.

【派生語】 **eléction** 名 UC 選ぶ[選ばれる]こと, **選挙, 選出**. **elèctionéer** 動 本来自 候補者や党のために選挙運動をする, 興奮させる. **eléctive** 形〔形式ばった語〕**選挙の**, 選挙による,〔米〕特に大学の授業で科目が選択の《〔英〕optional》. 名 C 選択科目. **eléctor** 名 C 有権者,〔米〕大統領選挙人《★electoral college の一員》. **eléctoral** 形 選挙人の: **electoral college**〔米〕州ごとに構成される大統領**選挙人団**. **eléctorate** 名 C《集合的》**選挙民, 有権者**.

E·lec·tra com·plex /iléktrə kὰmpleks | -kɔ̀m-/ 名 C 〔精神分析学〕**エレクトラコンプレックス**《★ギリシャ神話でアガメムノン (Agamemnon) とその不貞の妻クリュテムネストラ (Clytemnestra) との間の娘エレクトラ (Electra) が弟のオレステス (Orestes) と協力し, 母とその情人アエギストス (Aegisthus) を殺して父のかたきを討ったことから, 娘が母親を憎み父親を潜在的に思慕する心理をいう》.

対義語 Oedipus complex.

elec·tric /iléktrik/ 形 名 C 〔一般語〕 一般義 **電気の, 電気を生じさせる**. その他 **電気によって生じる**[動かされる], **電気仕掛けの**. 比喩的に**電気ショックのように衝撃的な, 興奮させる**. 名 として**電気で動くもの**, **電車, 電気自動車**, 《the ~s》〔英〕電気設備.

語源「輝く太陽」の意のギリシャ語 ēlektōr と関連のある「琥珀(ِこ)」の意の ēlektron からラテン語 electrum として入り, その形 electricus から. 琥珀をまさつすると電気が起こることから, イギリスの物理学者 William Gilbert が 1600 年に造った語.

用例 an *electric* circuit 電気回路/an *electric* car 電気自動車/an *electric* shock 電気ショック, 感電/Her speech had an *electric* effect. 彼女の演説は電撃的興奮を引き起した.

語法 electric と electrical は用法が類似しているが, 「電気を生じさせる」「電気によって作用する」の意味を持つ場合は electric を用い, 人やその職業について「電気関係の」という意味や, 一般的に「電気に関する」という意味の場合には electrical を用いる. 従って, 電気技師は electrical engineer といい, もし electric engineer というと, electric eel と同じように電気を帯びた技師という意味になってしまう.

【派生語】 **eléctrical** 形 **電気の, 電気に関する, 電気関係の** (⇒electric 語法). **eléctrically** 副 電気で, 電気に関して, 電撃的に. **elèctrícian** 名 C **電気工, 電気技師**. **elèctrícity** 名 U **電気**, 電流, 電気ショックのような興奮. **elèctrificátion** 名 U **充電**, 帯電, 電化, 強い衝撃を与えられること. **eléctrifỳ** 動 本来目 **電気を流す**, **電化する**, 電気ショックのような**衝撃を与える**, びっくりさせる, **興奮させる**.

【複合語】 **eléctric cháir** 名 C 死刑用の**電気椅子**. **eléctric cúrrent** 名 C **電流**. **eléctric éel** 名 C

electro-

【魚】電気うなぎ. **eléctric guitár** 图C 電気ギター, エレキギター. **eléctric lámp** 图C 電灯. **eléctric líght** 图U 電灯の光, 電灯. **eléctric pówer** 图U 電力. **eléctric wáve** 图C 電波, 電磁波. **eléctric wíre** 图U 電線.

e·lec·tro- /iléktrou-/ 連結「電気の」を意味する.

e·lec·tro·chem·is·try /ilèktroukémistri/ 图U 電気化学.

e·lec·tro·cute /iléktrəkjùːt/ 動本来他〔一般的に〕電気で人を殺す, 感電死させる, 電気椅子で死刑にする. 語源 electro-+(exe)cute として19世紀に造られた. 【派生語】**elèctrocútion** 图UC 電気椅子による処刑.

e·lec·trode /iléktroud/ 图C 《しばしば複数形で》電極. 語源 electr(o)-+-ode「道」として19世紀に造られた.

e·lec·trol·y·sis /ilèktráləsis|-trɔ́l-/ 图U 【理・化】電気分解, 【医】電気針で毛根を破壊してむだ毛を取り除く整形法の一種, **電気分解療法**. 語源 electro-+-lysis「分解」として19世紀に造られた.

e·lec·tro·lyte /iléktrəlàit/ 图C 【理・化】電解質. 語源 electro-+-lyte「分解物」として19世紀に造られた.

e·lec·tro·lyze /iléktrəlàiz/ 動本来他【理・化】電気分解する, 電解する. 語源 electrolyte から analyze などの類推によって19世紀に造られた.

e·lec·tro·mag·net /ilèktroumǽgnit/ 图C 【電】電磁石. 【派生語】**elèctromagnétic** 形 電磁石の, 電磁気の. **elèctromágnetism** 图U 電磁気(学).

e·lec·tron /iléktrɑn|-trɔn/ 图C【電・理・化】電子, エレクトロン. 語源 「琥珀(𝑒𝑙𝑒𝑘𝑡𝑟𝑜𝑛)」を意味するギリシャ語 *ēlektron* に由来する. 1891年アイルランドの物理学者 G.J. Stoney が現在の意味で初めて用いた. ⇒electric. 【派生語】**elèctrónic** 形 電子の, エレクトロンの, 電子工学の: **electrónic enginéering** 電子工学/**electrónic máil** 電子メール, Eメール/**electrónic músic** 電子音楽. **elèctrónics** 图U 電子工学, エレクトロニクス. 【複合語】**eléctron mìcroscope** 图C 電子顕微鏡. **eléctron tùbe** 图C 電子管.

e·lec·tro·plate /iléktrəplèit/ 動本来他 图C 【電】電気めっきをする. 图として《集合的に》銀器などの電気めっき製品.

elegance ⇒elegant.

el·e·gant /éligənt/ 形〔一般的に〕〔一般義〕ほめ言葉として, 上品な, 優雅な. その他〔くだけた語〕上等な, 一級品の, すばらしい. 語源 ラテン語 *eligere* (=to select; *ex*- out+*legere* to choose) の過去分詞 *elegans* (=choice; fine) が古フランス語を経て中英語に入った.

用例 an *elegant* dress 上品なドレス/*elegant* beef 一級品の牛肉.

【派生語】**élégance** 图UC 上品, 優雅, 《通例複数形で》上品優雅な事物. **élegantly** 副.

elegiac ⇒elegy.

el·e·gy /éledʒi/ 图C〔一般的に〕悲歌, エレジー, 死者を悼む哀歌, 挽歌. 語源 悲しみの歌を意味したギリシャ語 *elegos* から派生した *elegeia* (哀歌) がラテン語 *elegia*, フランス語 *élégie* を経て初期近代英語に入った. 【派生語】**elegiac** /èlidʒáiək/ 形 哀歌(調)の, 哀愁に満ちた.

el·e·ment /éləmənt/ 图C〔一般的に〕〔一般義〕あるものを構成する基本的な成分, 要素. その他【化】元素, 【数】要素, 【電】電池, 【光学】素子, 《通例複数形で》聖餐式に必要な物であるパンとぶどう酒. ...の幾許(𝑖𝑘𝑢) か (of). 基本的な部分という意味は, 初步にひろがり, 《複数形で》学問などの原理, 初步. 古代ギリシャで物質を構成する要素は earth, air, fire, water の四大元素であると信じられていたことから, それらのよってひきおこされる自然現象の意が生まれ, 《the ~s》自然の力, 暴風雨, 生物はそれらの要素のどれかを選んで住むことから, 生物の固有の環境, 比喩的に人の**活動領域, 本領**. 語源 ラテン語 *elementum* (原理, 要素, 初步) が古フランス語 *élément* を経て中英語に入った.

用例 Industry is an essential *element* of a scholar. 勤勉さは学者に欠かせない要素である/*elements* of the sentence 文の要素/Oxygen, hydrogen, iron, etc. are *elements*. 酸素, 水素, 鉄などは元素である/an *element* of truth 少しばかりの真実/the *elements* of grammar 文法の要綱/Water is the *element* of fish. 水は魚のすみかである.

類義語 element; component; constituent; ingredient: **element** が最も一般的で, 具体物ばかりでなく抽象的なものの部分・成分・要素を意味する. **component** は個々の成分がはっきり認められ, それらが組み合わされて全体を構成することに意味の中心がある. **constituent** はあるものの欠かすことのできない重要な構成要素であることを強調する. **ingredient** は食物, 飲物, 薬のように混ぜ合わせてつくられるものの成分を意味する.

慣用句 *in one's element* 自分に適した環境にいる, 本領内で. *out of one's element* 自分に適さない環境にいる, 畑違いで.

【派生語】**eleméntal** 形 本質的な; 元素の, 要素の. **eleméntary** 形 基本の, 初步の, 初步的な, 【化】元素の: **eleméntary schóol** 《米》小学校(grade school; 《英》primary school)/**eleméntary párticle**【物】素粒子.

el·e·phant /éləfənt/ 图C 【動】ぞう(象). 語源 元来セム語起源と思われるギリシャ語 *eléphās* がラテン語, 古フランス語を経て中英語に入った. 【派生語】**elephántine** 形 《軽蔑的に》象のような, 大きくぶざまな.

el·e·vate /éləveit/ 動本来他〔やや形式ばった語〕〔一般義〕何かを持ち上げる, 高める. その他 具体的なものだけでなく, 音声の高さやボリューム, 地位などを上げる. 比喩的に〔一般的に〕精神的に**向上させる, 人を元気づける**, の意を盛んにする. 語源 ラテン語 *elevare* (=to lift up; *ex*- up+*levare* to lighten) の過去分詞 *elevatus* が中英語に入った.

用例 She suddenly *elevated* her voice. 彼女は突然声をはり上げた/A glass of whisky *elevated* his mood. 一杯のウィスキーが彼の気分を高揚させた.

【派生語】**élevated** 形 高められた, 高尚な, 鉄道が高架の. 图C〔くだけた語〕《米》=elevated railroad.

elevated railroad [railway] 高架鉄道.
èlevátion 名 UC 高くすること, 向上, 高揚, 海抜, 小高い所, 丘, 立面図, 正面図. **élevator** 名 C 物を持ち上げる装置,《米》エレベーター(《英》lift), 飛行機の昇降舵, 穀物などのつり上げ機, その機械を備えた穀物倉庫.

e·lev·en /ilévən/ 名 UC 形〔一般語〕数の11(の), 文脈によって11人(の), 11個(の), 11時, 11歳, 11ドル[ポンド, セント]など. 11人で競技するサッカーやクリケットなどのチーム.
 [語源] 古英語 endleofan から. 原意は「10 数えた後で 1」. end は an (=one) の変形, leofan は lifan (= leave; remain) と関係がある.
 【派生語】**eléventh** 形 名 C 第11(の), 11番目(の), 11分の1(の), 月の11日.

elf /élf/ 名 C 〔一般語〕民話などに出てくる小妖精, 小人, いたずらな子供.
 [語源] 古英語 elf から. 原意は「白くかすんだもの」.
 【派生語】**élfin** 形〔やや文語的〕小妖精の(ような). **élfish** 形 小妖精のような, いたずらな.

e·lic·it /ilísit/ 動〔形式ばった語〕事実や情報などを引き出す, うまく聞き出す.
 [語源] ラテン語 elicere (ex- out + lacere to deceive) の過去分詞 elicitus が初期近代英語に入った.
 [用例] I *elicited* her telephone number from her brother. 私は彼女の電話番号を弟から聞き出した.

el·i·gi·ble /élidʒəbl/ 形 C〔一般語〕選ばれる資格のある, ふさわしい, 望ましい. 名 として有資格者, 適任者.
 [語源] ラテン語 eligere (⇒elect) から派生した 形 eligibilis が古フランス語を経て中英語に入った.
 [用例] He is *eligible* for the club. 彼はそのクラブに入る資格がある.
 【派生語】**èligibílity** 名 U 適格, 適任, 被選挙資格. **éligibleness** 名 U. **éligibly** 副.

e·lim·i·nate /ilímənèit/ 動 本末他〔形式ばった語〕除く, 排除する, 消去する, 競技・試合で失格させる.
 [語源]「敷居, 入口」を意味するラテン語 limen から派生した eliminare (戸外に放り出す) の過去分詞 eliminatus が初期近代英語に入った.
 [用例] You should *eliminate* the grammatical mistakes from your composition. 君は作文で文法的な誤りをなくすべきです/He was *eliminated* from the tennis match. 彼はテニスの試合で予選落ちした.
 [類義語] ⇒exclude.
 【派生語】**èliminátion** 名 U.

e·li·sion /ilíʒən/ 名 U 〔音〕音の省略, 〔文法〕語末母音省略.
 [語源] ラテン語 elidere (削除する) の過去分詞 elisus から派生した 名 elisio が初期近代英語に入った.

e·lite, é·lite /eili:t/ 名 C 形〔一般語〕(the ~) 社会的にえり抜きの人達, エリート集団. 形 えり抜きの, エリートの.
 [語源] ラテン語 eligere (⇒elect) に由来する古フランス語 eslire の女性形過去分詞が近代フランス語になってから19世紀に入った. 原義は「選ばれたもの」.
 [用例] He is regarded as one of the *elite* in the company. 彼は会社ではエリートと思われている.
 【派生語】**élitism** 名 U 《軽蔑的》エリート主義, エリート尊重主義. **elítist** 名 C 形《軽蔑的》エリート主義者(の).

E·liz·a·beth /ilízəbəθ/ 名 固 エリザベス (★愛称は Bess, Beth, Betty, Eliza, Lisa, Liz, Lizzy など).
 【派生語】**Elìzabéthan** 形 C エリザベス一世時代の, エリザベス朝の(人).

el·lipse /ilíps/ 名 C 〔数〕長円, 楕円.
 [語源] ギリシャ語 elleipein (= to fall short) から派生した elleipsis (不足, 欠陥, 欠けた円の意)から楕円) がラテン語 ellipsis を経て18世紀に入った.

el·lip·sis /ilípsis/ 名 UC (複 -ses/si:z/) 〔文法〕省略.
 [語源] ラテン語 ellipsis (= defect; omission) が初期近代英語に入った.

el·lip·tic /ilíptik/ 形〔数·文法〕楕円(ellipse)の, 省略(ellipsis)の.
 【派生語】**ellíptical** 形.

elm /élm/ 名 CU 〔植〕にれ(楡), またその材,《形容詞的に》にれの.
 [語源] 古英語 elm より. 原義は「赤茶けた木」.

el·o·cu·tion /èləkjú:ʃən/ 名 U 〔やや形式ばった語〕発声に留意して人前で上手に演説する技術, 演説法, 弁論術.
 [語源] ラテン語 eloqui (= to speak out) の過去分詞 elocutus から派生した 名 elocutio が中英語に入った.
 【派生語】**èlocútionary** 形. **èlocútionist** 名 C 演説法の専門家, 雄弁家.

e·lon·gate /iló(:)ŋgeit/ 動 本末他〔一般語〕あるものを長くする, 伸ばす. 自 植物などが伸びる. 形 植物などが細長い.
 [語源] ラテン語 elongare (長くする) の過去分詞 elongatus が初期近代英語に入った.
 [反意語] shorten.
 【派生語】**èlongátion** 名 U.

e·lope /ilóup/ 動 本末自〔一般語〕男女が結婚を目的として駆落ちする, また特に妻や恋人と駆落ちするという意味で用いる.
 [語源] アングロフランス語 aloper が14世紀ごろ英語に入ったが, 元米は古英語 ahleapan (= to run away) に由来する.
 [用例] They *eloped* and were married in the next town. 彼等は駆落ちして隣町で結婚した.
 【派生語】**elópement** 名 U 駆落ち.

eloquence ⇒eloquent.

el·o·quent /éləkwənt/ 形〔形式ばった語〕聞く[読む]人を感動させるような上手な話し方[書き方]をする, 雄弁な, 比喩的に何かが表現力のある.
 [語源] ラテン語 eloqui (= to speak out; ex- out + loqui to speak) の現在分詞 eloquens が古フランス語を経て中英語に入った.
 [用例] an *eloquent* speaker 雄弁な話し手/Eyes are more *eloquent* than lips.《ことわざ》目は口ほどに物を言い.
 [類義語] vocal.
 [反意語] tongue-tied; clumsy.
 【派生語】**éloquence** 名 U 雄弁, 表現力のあること. **éloquently** 副.

else /éls/ 形 副〔一般語〕不定代名詞または疑問代名詞のすぐ後で用いて, そのほかの, 他の, 不定副詞または疑問副詞のすぐ後で用いて, そのほかに.
 [語源] 合成語の要素として現れる古英語 el- (= other) の副詞的属格の形 elles (= otherwise) から. ギリシャ語 allos (= other), ラテン語 alius (another) も同語

elucidate

[用例] I'd like to have something *else*. 私は何か他のものが欲しい/He used someone *else's* pen. 彼はだれか他の人のペンを使った/What *else* can I do for you? 何か他にすることはありますか/Can I go anywhere *else*? どこか別のところに行ってもいいですか.
[慣用句] ***or else*** さもないと: You must hurry up, *or else* you will be late for school. 急がないと学校に遅れますよ/Drive slowly, *or else*! ゆっくり運転しなさい、さもないと! 《語法》くだけた表現.
[複合語] **élsewhère** 副 よそに[へ], どこかほかの所で[へ], 比喩的にほかの場合に.

e·lu·ci·date /ilúːsədèit/ 動 [本来義] 〔形式ばった語〕何か難解なことや不思議なことを解明する, 明らかにする.
[語源] 後期ラテン語 *elucidare* (=to make clear; ラテン語 *ex*- out+*lucidus* bright) の過去分詞 *elucidatus* が初期近代英語に入った. この語はラテン語 *lux* (=light) から派生した.
[用例] He was unable to *elucidate* the reasons for it. 彼はその理由を解明できなかった.
[類義語] clarify.
[派生語] **elùcidátion** 名 U.

e·lude /ilúːd/ 動 [本来他] 〔形式ばった語〕 [一般義] 人や事実からうまく逃れる, 避ける. [その他] ある事実が人の記憶をすりぬける, 人に理解できない.
[語源] ラテン語 *eludere* (to finish play; *ex*- out+*ludere* to play) が初期近代英語に入った. 「闘技で相手に勝つ」から「ほこ先をかわす; あざむく; うまく逃れる」という意味になった.
[用例] He succeeded in *eluding* the police. 彼はうまく警察の手から逃れた/I remember his face but his name *eludes* me. 彼の顔は覚えているが, 名前を思い出さない.
[類義語] escape.
[反意語] catch.
[派生語] **elúsion** 名 U 逃避, 回避. **elúsive** 形 つかまえにくい, 理解[表現]しにくい: He is an *elusive* man. 彼はとらえどころのない性格だ.

'em /əm/ 代 〔くだけた語〕them=
[語源] 古英語の第 3 人称・複数・与格の人称代名詞 *him*, *heom* が中英語で *hem* となり, 直接目的語としても前置詞の後でも用いられるようになったが, これが近代英語で語頭の h が落ちして 'em となったもの. 中英語期に, すでに古ノルド語の第 3 人称・複数・与格の人称代名詞 *theim* に由来する *them* が勢力をまし, 現在ではくだけた話し言葉だけに英語本来の 'em が残っている.
[用例] Let's go and get 'em. さあやつらをつかまえに行こう/Won't you give 'em something to drink? 彼らに何か飲みものをやってくれませんか/I hate both of 'em. 私はその両方とも大嫌いです.

em- /im-, em-/ [接頭] 《b, m, p, ph の前で》en- の異形.

e·ma·ci·ate /iméiʃièit/ 動 [本来他] 〔やや形式ばった語〕《通例受身で》やせ衰えさせる.
[語源] ラテン語 *macer* (=meager やせた) から派生した *emaciare* の過去分詞 *emaciatus* が初期近代英語に入った.
[用例] The poor old man was *emaciated*. その老人はかわいそうにやせ衰えていた.
[派生語] **emàciátion** 名 U. **emáciated** 形.

em·a·nate /émənèit/ 動 [本来自] 〔形式ばった語〕考え, 影響, 光, ガス, 臭いなどが出る, 発する.
[語源] ラテン語 *emanare* (*ex*- out+*manare* to flow) の過去分詞 *emanatus* が 18 世紀に入った.
[用例] A bad smell *emanated* from the rotten eggs. 腐った卵からひどい臭いがした.
[類義語] spring.
[派生語] **èmanátion** 名 U 発散, 放射.

e·man·ci·pate /imǽnsəpèit/ 動 [本来他] 〔やや形式ばった語〕束縛や奴隷の身分などから解放する, 自由にする, 《ローマ法》子供を父権から解放する.
[語源] ラテン語 *emancipare* (*ex*- out of+*mancipium* ownership) の過去分詞 *emancipatus* が初期近代英語に入った.
[用例] Women are being *emancipated* little by little. 女性は少しずつ解放されつつある.
[類義語] free.
[派生語] **emàncipátion** 名 U. **emáncipator** 名 C 奴隷などの解放者.

em·balm /imbáːm/ 動 [本来他] [一般義] 死体に香料や防腐剤をつめて保存する. [その他] 何かに芳香を満たす, 比喩的に長く記憶にとどめておく.
[語源] 古フランス語 *embaumer* (=to put on balm; *en*- in+*basme* balm) が中英語に入った. 現在の綴りに現れる l はラテン語にもどって新たにつくり直されたため. ⇒balm.
[参考] 昔エジプトで行われていたような死体が腐らないように保存することを意味する語に embalm の他に mummify (ミイラにする) がある. mummify は embalm した死体をさらに乾燥させて保存をより完全にすることを意味し, そのようにしてできたものが mummy (ミイラ) である. つまり embalm は mummify する前段階の処置を施すことを意味する.

em·bank /imbǽŋk/ 動 [本来他] 〔一般義〕堤で囲む, 特に川などに堤防を築く.
[語源] en-+bank として 18 世紀から.
[派生語] **embánkment** 名 C 堤を築くこと, 堤防.

em·bar·go /imbáːrgou/ 名 C 動 [本来他] 〔一般義〕政府が外国船の出[入]港を禁止する(こと), ある特定品目の輸出[入]を禁ずる(こと).
[語源] スペイン語 *embargar* (妨げる, 差し押える) が 18 世紀に入った. 語中の bar は中世ラテン語 *barra* (出入を妨げる遮断物 barrier) から.
[用例] The government laid an *embargo* on certain goods. 政府はある品物の輸出を禁じた/They have lifted the *embargo* on trade with that country. その国との通商が解禁された
[類義語] embargo; sanctions: **embargo** は政府が外国船の出入港を禁止して通商を禁止することに意味の中心があるが, **sanctions** は国際法に違反した国に対して, 数か国が共同で制裁として通商をストップすることに意味の中心がある.

em·bark /imbáːrk/ 動 [本来自] 〔やや形式ばった語〕[一般義] 船や飛行機に乗り込む. [その他] 比喩的に困難な仕事や事業などに乗り出す, 始める. 他 として, 船や飛行機に乗客を乗り込ませる, 物などを積み込む.
[語源] 後期ラテン語 *imbarcare* (=to embark) がフランス語に *embarquer* を経て初期近代英語に入った. 語中の bark はラテン語 *barca* (小船) から.
[用例] She *embarked* at Copenhagen for Oslo. 彼女はコペンハーゲンからオスロ行きの船に乗った/He *embarked* on a new enterprise. 彼は新しい事業に乗り

出した/The ship *embarked* a lot of passengers at Yokohama. その船は横浜で多くの乗客を乗せた.
[類義語] board.
【派生語】**èmbarkátion** 名 U.

em·bar·rass /imbǽrəs/ 動 [本来他]〔一般語〕
[一般義]《通例受身で》人を**当惑させる**, 人にきまりの悪い[恥ずかしい]思いをさせる. [その他] 本来は妨害するの意で,〔やや形式ばった語〕財政的に**苦境**に陥らせる.
[語源] フランス語 *embarrasser* が初期近代英語に入った. 語中の *barra* は中世ラテン語 *barra*(障害物)から.
[用例] She was *embarrassed* when asked her age. 彼女は年を聞かれて当惑した/It *embarrassed* our freedom of movement. それが我々の行動の自由を妨げた/They are *embarrassed* by debts. 彼らは借金で困っている.
[反意語] relieve.
【派生語】**embárrassing** 形. **embárrassment** 名 U 困惑, 気まずさ; 妨害, 財政的苦境.

em·bas·sy /émbəsi/ 名 C 〔一般語〕**大使館**, また大使の職,《集合的》**大使館員**.
[語源] ゲルマン語起源の古フランス語 *ambassee* が初期近代英語に入った.
[関連語] ambassador; legation; consulate.

em·bed /imbéd/ 動 [本来他]〔一般語〕[一般義] あるものを他のものの中に**埋め込む**. [その他] 比喩的に**心[記憶]にしっかりとどめる**.
[語源] en-+bed として 18 世紀から.
【派生語】**embédding** 名 U. **embédment** 名 U.

em·bel·lish /imbéliʃ/ 動 [本来他]〔やや形式ばった語〕
[一般義] 装飾をほどこして**美しく飾る**. [その他] 比喩的に話などに**尾ひれをつけて面白くする**.
[語源] 古フランス語 *embelir* (=to beautify; *en*-「...にする」+*bel* beautiful) の延長語幹 *embeliss*- が中英語に入った.
[用例] She *embellished* the dress with a pink ribbon. 彼女はドレスをピンクのリボンで飾った/He *embellished* the story of his trip. 彼は尾ひれをつけて旅の話をした.
[類義語] decorate.
【派生語】**embéllishment** 名 U.

em·ber /émbər/ 名 C〔やや形式ばった語〕《通例複数形で》石炭やまきなどの**燃えさし, 燃え残り**.
[語源] 古英語 æmerge が中英語 eymere, eymber (語中の b は発音をたやすくするために m と r の間でしばしば現れる非語源的なもの)となり現在に至る.

em·bez·zle /imbézl/ 動 [本来他]〔一般語〕公金などを**使い込む, 横領する**.
[語源] 古フランス語 *besillir* (=to destroy) から派生したアングロフランス語 *embesiler* (=to make away with) が中英語に入った. それ以前は不詳.
【派生語】**embézzlement** 名 UC. **embézzler** 名 C 横領者.

em·bit·ter /imbítər/ 動 [本来他]〔やや形式ばった語〕
[一般義]《しばしば受身で》**苦い思いをさせる**. [その他] 怒らせる, 憤慨させる.
[語源] en-+bitter として中英語から.「苦い味をつける」という意味で生まれたが, 現在では比喩的に用いるのが普通である.

em·blem /émbləm/ 名 C 〔一般語〕**印, 象徴, 記章**.
[語源] ギリシャ語 *emballein* (=to throw in; *en*- in+*ballein* to throw) の名 *emblēma* (=insertion) が

ラテン語で「象眼細工」の意になり, 中英語に何かを象徴的に表す絵という意味で入った.
[類義語] symbol.

embodiment ⇒embody

em·body /imbádi|-bɔ́di/ 動 [本来他]〔やや形式ばった語〕[一般義] 思想や感情などを**形に表す, 具体化する**. [その他] 本来は精神を肉体化するという意味であったが, 現在では上記の意味が普通. また体の一部となるという意味から, **中に組み込む, 含む**.
[語源] en-+body として初期近代英語から.
[用例] His ideal is *embodied* in his book. 彼の理想はその著書に表されている/The new car *embodies* many improvements. その新型の車には多くの改良点ある.
【派生語】**embódiment** 名 U.

em·bold·en /imbóuldən/ 動 [本来他]〔形式ばった語〕《しばしば受身で》...に**勇気を与える, 大胆にする**.

em·bol·ism /émbəlizm/ 名 C〔医〕**塞栓**(₂₊)(症).
[語源] ラテン語 *embolismus* (=insertion) が中英語に入った.

em·bos·om /imbúzəm/ 動 [本来他]〔文語〕《通例受身で》**囲む, 包む, 心に抱く**.
【派生語】**embósomed** 形.

em·boss /imbás|-bɔ́s/ 動 [本来他]〔一般語〕《しばしば受身で》...に**浮彫り細工を施す, 浮き彫りにする**, 模様などを**打ち出す**.
[語源] 古フランス語 *embocer* (=to put a boss in 浮き出し飾りを付ける; *en*- in+*boce* boss) が中英語に入った.

em·brace /imbréis/ 動 [本来他] 名 C 〔一般語〕
[一般義] 愛情の表現として**抱き締める, 抱き合う**. [その他] 比喩的に〔形式ばった語〕申し出, 運命などを**喜んで受け入れる**, 種々の考え, 概念などをあるものの一部として**包みこむ, 含む**.
[語源] 古フランス語 *embracer* (*em*-+*brace* arm) が中英語に入った.
[用例] She *embraced* her brother warmly. 彼女は弟をあたたかく抱き締めた/Usage is a concept that *embraces* many aspects of language. 語法とは言語の多くの面を含む概念である.
[類義語] embrace; hug; caress; fondle: **embrace** は愛情の表現として抱き締めることが基本的意味で, **hug** は embrace よりくだけた文脈で用いる. **caress** は愛情や欲望をもってやさしく embrace することに意味の中心があり, **fondle** は caress よりくだけた語で, 抱き合うことよりも手による愛撫を強調する.

em·broi·der /imbrɔ́idər/ 動 [本来他]〔一般語〕
[一般義] ...を**刺繍**(ः)**する**, ...に**刺繍をする**. [その他] 比喩的に物語などに**潤色する**, 話に**尾ひれをつける**.
[語源] 古フランス語 *enbrouder* が中英語に入った. 本来古英語の *brord* (=point) と関係あるゲルマン語に発した語.
[用例] The child *embroidered* her name on her handkerchief. その子はハンカチに自分の名前を刺繍で入れた.
【派生語】**embróidery** 名 UC 刺繍.

em·broil /imbrɔ́il/ 動 [本来他]〔一般語〕《しばしば受身で》事態や話などを**混乱させる**, 人を**争いに巻きこむ, 反目させる**.

em·bryo /émbriou/ 名 C 〔一般語〕**胎児**.
[語源] ギリシャ語 *embruon* (*en*- in+*bruein* to grow)

がラテン語 embryo を経て初期近代英語に入った。原義は「胎内で育つもの」.
【派生語】èmbryólogy 名 U 発生学, 胎生学. èmbryónic 形.

em·cee /émsíː/ 名 C 本来自 〔くだけた語〕《米》司会者(を務める)(MC).
master of ceremonies の略.

e·mend /i(ː)ménd/ 動 本来自 書籍の本文などを校訂する, 修正する.
語源 ラテン語 emendare (=to correct; ex- 除去＋mendum fault) が中英語に入った.
【派生語】eméndátion 名 UC 校訂, 修正,《しばしば複数形で》修正箇所.

em·er·ald /émərəld/ 名 C 形 〔一般語〕鮮やかな緑色の宝石, エメラルド, またエメラルド色(の).
語源 ギリシャ語 smaragdos (エメラルドなどの緑宝石) がラテン語 smaragdus, 古フランス語 esmeraude を経て中英語に入った. 現在の語尾-ld はおそらくイタリア語 smeraldo, スペイン語 esmeralda の影響によると思われる.

e·merge /imɔ́ːrdʒ/ 動 本来自 〔一般語〕〔一般語〕事実などが隠れたものの中から現れる. その他 本来の意味は水中から現れるであるが, 現在では上記の比喩的意味が普通. 困難な状態を切り抜ける, 低い身分から身を起す, 有名になる.
語源 ラテン語 emergere (ex- out of +mergere to dip) が初期近代英語に入った.
用例 The true facts began to emerge. 真実が明らかになり始めた/The swimmer emerged from the water. 泳ぎ手は水の中から現れた/emerge from poverty 貧困から身を起す.
類義語 appear.
反意語 submerge.
【派生語】emérgence 名 U 出現, 発生. emérgency 名 UC 緊急の事態[場合]: emergency exit 非常口/emergency hospital 救急病院/emergency stairs 非常階段. emérgent 形 不意に現れる, 緊急の,《限定用法》国などが新しく発展する, 新興の: emergent countries 新興国.

e·mer·i·tus /imérites/ 形 〔一般語〕名誉退職の.
語源 ラテン語 emereri (=to earn by service; ex- out of＋mereri to earn) の過去分詞 emeritus が18世紀に入った.
用例 a professor emeritus 名誉教授 (語法 女性の場合は professor emerita).

emigrant ⇒emigrate.

em·i·grate /émigrèit/ 動 本来自 〔一般語〕ある国や地域を出て他の国や地域に移住する. 他 として移住させる, 移住の手助けをする.
語源 ラテン語 emigrare (ex- out＋migrare to migrate) の過去分詞 emigratus が18世紀に入った.
関連語 migrate (人や鳥, 魚が大量に群をなして移動し, しばしば定期的・季節的に移動する); immigrate (ある国へよその国から移住してくる).
【派生語】émigrant 形 名 C 他の国や地域に移住する(人). èmigrátion 名 UC 他国への移住, 移民,《単数形で》移民《全体》; 空港などの出国管理.

eminence ⇒eminent.

em·i·nent /éminənt/ 形 〔やや形式ばった語〕〔一般語〕優れて目立つ, 顕著な. その他 本来は高く突出している, 高くそびえ立つの意で, 比喩的に身分や地位が高い, 高名な, 著名な.
語源 ラテン語 eminere (=to stand out); ex- out＋-minere to stand) の現在分詞 eminens が中英語に入った.
用例 an eminent lawyer 優れた弁護士.
類義語 famous.
【派生語】éminence 名 U 目立つこと, 高名, 高位, 高台. éminently 副 抜きん出て, 著しく.

e·mir /imíər/ 名 C 〔一般語〕イスラム教国の首長.
語源 アラビア語の amir (=commander) が初期近代英語に入った.
【派生語】émirate 名 C emir が治める首長国.

emissary ⇒emit.

emission ⇒emit.

e·mit /imít/ 動 本来自 〔形式ばった語〕〔一般語〕光, 熱, 香り, 音などを放出する, 発散する. その他 法令などを発令する, 比喩的に意見などを述べる.
語源 ラテン語 emittere (=to send out) が初期近代英語に入った.
【派生語】émisary 名 C 使者, 密使, 密偵. emíssion 名 UC 放出(物), 放射, 電源などの送波,《生理》排泄.

e·mo·tion /imóuʃən/ 名 CU 〔一般語〕〔一般語〕《しばしば複数形で》喜怒哀楽を精神的・肉体的に表す感情. その他 さらに強い感情のたかまりを示し, 感動, 激情.《心》情動.
語源 ラテン語 emovere (=to stir up; ex- out movere to move) に由来するフランス語 émouvoir (=to excite) の 名 émotion が初期近代英語に入った.
類義語 ⇒feeling.
【派生語】emótional 形 感情に訴える, 感情的な, 情緒的な. emótionally 副. emótionless 形 無感動の. emótive 形 感情の, 感情に訴える.

em·pa·thy /émpəθi/ 名 U 〔心〕感情移入.
語源 en-＋-pathy. ドイツ語 Einfühlung の翻訳による.

em·per·or /émpərər/ 名 C 〔一般語〕帝国 (empire) の皇帝, 日本の天皇 (★emperor の下に複数の king が存在することがある).
語源 「命令する」の意のラテン語 imperare の派生形 imperator (= commander) が古フランス語 empereor を経て中英語に入った.
対応語 empress.

em·pha·sis /émfəsis/ 名 UC 〔複 -ses/siːz/〕〔一般語〕重要であることを示すために語句などを強調すること, あるいは強調する点, 重点.
語源 ギリシャ語 emphasis (=appearance) がラテン語を経て意味が強くなり, 初期近代英語に入った.
用例 In writing we sometimes underline words to show emphasis. 書く際に, 強調を示すために語に下線をほどこすことがある.
類義語 emphasis; stress; accent: emphasis は重要な点を強調する努力に意味の中心があり, 感情のたかまりをを含意する. stress はしばしば emphasis と同じような意味で用いられるが, ほとんどの場合, 重さや圧力を感じさせ, 人間に関しては緊張の重圧によるストレスという意味にもなる. accent は stress のように重さを感じさせることはなく, 何かを引きたてるための美的な効果をねらった強調を意味する.
【派生語】émphasìze 動 本来他 強調する, 目立たせる: He emphasized the importance of working

hard. 彼は勤勉さの重要性を強調した. **émphasìzing** 形.

em·pha·tic /imfǽtik/ 形 〔一般語〕強調した, 目立つ, 信念などが強固な.
語源 ギリシャ語 *emphainein* (=to exhibit) から派生した *emphatikos* (=exhibited) が18世紀に入った.
【派生語】**emphátically** 副.

em·pire /émpaiər/ 名 CU 〔一般語〕[一般義] 皇帝 (emperor) などの統治者によって支配される**帝国**（★普通 kingdom より広く, empire の下に kingdom が複数属することがある). その他 帝国の**支配, 支配権**. 比喩的に多くの会社を傘下に持つ現代の**大企業**.
語源 ラテン語 *imperare* (=to command) から派生した *imperium* (=command; empire) が古フランス語 *empire* を経て中英語に入った.
用例 the British *Empire* 大英帝国/He owns a washing-machine *empire*. 彼は洗濯機の大会社を持っている.

em·pir·ic /impírik/ 形 〔一般語〕=empirical.

em·pir·i·cal /impírikəl/ 形 経験的な, 実証的な, 実験的な, 経験主義の.
語源 ギリシャ語 *peira* (=trial; experiment) の 形 *empeirikos* (=experienced) がラテン語を経て初期近代英語に入った.
用例 Chemistry is an *empirical* branch of science. 化学は実験科学です.
【派生語】**empírically** 副. **empíricism** 名 U 経験論. **empíricist** 名 C 経験論者.

em·ploy /implói/ 動 本来他 名 U 〔一般語〕[一般義] 賃金を払って人を使う, **雇う**. その他 《受身または~ oneself で》何かをするのに時間や労力を費やす, 何かに**従事する**, 〔形式ばった語〕時間, 労力, 道具などを**利用する**. 名 として 〔形式ばった語〕雇用.
語源 ラテン語 *implicare* (=to involve; to implicate) が古フランス語 *employer* を経て中英語に入った.
用例 He *employs* three assistants. 彼は3人の助手を雇っている/She was busily *employed* (in) writing letters. 彼女は忙しそうに手紙を書いていた/It is necessary to *employ* a little tact. テクニックを少し使う必要がある.
類義語 employ; hire: **employ** は公文書のような書類にも用いられ, しばしば権威のある雇主に関して使われる. それに対して **hire** はくだけた文脈で, 個人的な賃金労働者を雇ったり一時的な雇い方をする場合に多く用いる. hire は古英語以来の語であり, employ はフランス語からの借用語であるが, 在来語と借用語が類義語の関係にある場合, 一般的に前者はくだけた文脈で, 後者は改まった文脈で用いることが多い.
【派生語】**emplóyable** 形. **emplóyée** 名 C 雇われた人, 使用人, 従業員. **emplóyer** 名 C 雇い主, 雇用者, 使用者. **emplóyment** 名 U 雇用, 仕事, 職業; **employment agency** 〔英〕私設職業紹介所, 〔米〕職業安定所.

em·po·ri·um /impɔ́ːriəm/ 名 C 〔形式ばった語〕商業の中心地, また大商店, 特に**大型百貨店**.
語源 ギリシャ語 *emporos* (=traveler; traveling salesman; over-+*póros* journey) から派生した *emporion* (=market) がラテン語 *emporium* を経て初期近代英語に入った.

em·pow·er /impáuər/ 動 本来他 〔形式ばった語〕(し ばしば受身で)...に**権力を与える, 権限を委任する**, ...に...することを可能にさせる 《to do》.

em·press /émpras/ 名 C emperor の女性形で, **女帝**, または**皇后**.

emp·ty /émpti/ 形 名 動 本来他 〔一般語〕[一般義] 容器や家などが**空**（ｶﾗ）である, 中に何も入っていない, 誰もいない. その他 胃の中になにも入っていないということで 〔くだけた語〕**空腹**である. 内容や意味がないことから,《軽蔑的の》**値うちのない, くだらない**. 名 として 〔くだけた語〕**空の容器, 空車**. 動 **容器などを空にする, 中身をあける, 移す**. 自 として **空になる, 川が海に注ぐ**.
語源 古英語 *æmetta* (=leisure) の 形 *æm(et)tig* (=at leisure; unoccupied) が中英語 emti, empti (p は m と t の間で発音が容易なようにしばしば現れる非語源的なもの) を経て現在に至る.
用例 an *empty* bottle 空のびん/He *emptied* the glass. 彼はグラスを空にした/The hall *emptied* quickly. ホールにはすぐに誰もいなくなった/feel *empty* 空腹を感じる/This sentence is *empty* of meaning. この文章は意味がない/The milkman collects the *empties*. 牛乳配達は空びんを集める.
類義語 empty; vacant; void; devoid: **empty** は古英語以来の語であり, 最も一般的な語で意味が広く日常的に用いられる. **vacant** はしばしば empty とよく似た意味で用いられるが, empty がある特定の時に一時的に空になっているのを示すのに対して, 本来あるべきものがないことを表す. 例えば *empty* house は住んでいる人が(一時的に)留守にしている意味し, *vacant* house は現在住む人がいないことを意味し, 売家や貸家になる可能性がある. **void** は形式ばった語で, empty より意味が強いが, 普通抽象的な意味で用いる. **devoid** も void と類似しているが, やや古めかしい文語である.
【派生語】**émptiness** 名 U.
【複合語】**émpty-hánded** 形 手ぶらの. **émpty-héaded** 形 頭が空っぽの, 無知な.

e·mu /íːmjuː/ 名 C 〔鳥〕**エミュー**《★だちょうに似たオーストラリアの翼のない鳥》.

em·u·late /émjuleit/ 動 本来他 〔形式ばった語〕...に負けないように頑張る, 熱心に見習う, ...と張り合う, ...に**匹敵する**.《コンピューター》エミュレートする.
語源 ラテン語 *aemulari* (=to try to be equal) の過去分詞 *aemulatus* が初期近代英語に入った.
用例 He knew he could never *emulate* his brother at sport. 彼はスポーツでは兄に絶対かなわないとよくわかっていた.
【派生語】**èmulátion** 名 U 張り合い, 競争意識,《コンピューター》模倣.

emulsify ⇒emulsion.

e·mul·sion /imʌ́lʃən/ 名 UC 〔一般語〕**乳液, 乳剤**, 〔理〕**乳濁液,** 〔写〕**感光乳剤**.
語源 ラテン語 *emulgere* (=to milk out) の過去分詞 *emulsus* から派生した近代ラテン語 *emulsio* が初期近代英語に入った.
【派生語】**emúlsify** 動 本来他 乳状にする.

en- /in-, en-/ 接頭 名詞について「...の中に入れる」という意味の動詞を形成する. また動詞について「...の中に」という意味を加えたり, 意味を強めたりする. さらに名詞あるいは形容詞について「その状態にする」という意味の動詞を形成する. 例: endanger (危険に陥れる); enfold (包む); enslave (奴隷にする); ensure (確実にする).
語法 b, m, p, ph の前では em- となる.

-en

[語源] ラテン語 in- が古フランス語で en- となり, これが中英語入った. inclose と enclose のように in- と en- の両形を有する場合もある.

-en[1] /-ən/ [接尾] 形容詞または名詞について, その形容詞または名詞の意味する状態にする[なる]という意味の動詞を形成する. 例: brighten (明るくする[なる]); lengthen (長くする[なる]).

[語源] ゲルマン語に共通の動詞形成語尾で, 中英語 -ien, -en より.

-en[2] /-ən/ [接尾] 物質名詞について「…の, …からなる, …製の」という意味の形容詞を形成する. 例: wooden (木の).

[語源] ゲルマン語に共通の形容詞形成語尾.

en·a·ble /inéibl/ [動] [U] [やや形式ばった語] 特に人に手段や力を与えて何かをすることができるようにする.

[語源] en-+able として中英語から.

[用例] The money I inherited *enabled* me to go on a world cruise. 私は相続したお金のおかげで世界一周の航海にでかけることができた.

en·act /inækt/ [動] [本来他] [やや形式ばった語] 法律として制定する, 劇を上演する, 役割を演じる.

[語源] en-+act として中英語から. 「法令」の意の act に en- がついて「制定する」という意味の動詞が生れ, 「演じる」の意の act に en- がついて「上演する, 演じる」という二次的な動詞が生れたために, 2 つの表面的には隔った意味を持つ.

[用例] The law was *enacted*. その法律が制定された/A strange scene was *enacted* before his eyes. 彼の目前で不思議な場面が演じられた.

【派生語】**enáctment** [名] [UC] 法律の制定, 法令.《★「上演」という意味の [名] としては用いない》.

en·am·el /inæməl/ [名] [U] [一般語] エナメル, ほうろう, 陶器の釉(うわぐすり)/[歯] ほうろう質.

[語源] ゲルマン語起源の語で, 古フランス語の esmail (=enamel) がアングロフランス語を経て中英語に入った.

【複合語】**enámelwàre** [名] [U] ほうろう(鉄)器.

en·camp /inkæmp/ [動] [本来自] [一般語] 野営[さ せる].

【派生語】**encámpment** [名] [UC] 野営(地).

en·cap·su·late /inkǽpsjuleit/ [動] [本来他] [一般語] カプセルに入れる, 内部に閉じこめる, 比喩的に要約する.

【派生語】**encàpsulátion** [名] [UC].

en·chant /intʃænt|-tʃá:nt/ [動] [本来他] [やや形式ばった語] [一般語] 人をうっとりさせる, 魅惑する. [その他] 本来は[文語]人に魔法をかける, 魔法で迷わすの意.

[語源]「人に対して呪文を繰り返す」という意味のラテン語 incantare (in- 強意+cantare to sing) が古フランス語 enchanter を経て中英語に入った.

[用例] A wizard had *enchanted* her. 魔法使いはすでに彼女に魔法をかけていた/I was *enchanted* by the children's concert. 私は子供達のコンサートにうっとりした.

[類義語] attract.

【派生語】**enchánted** [形]. **enchánting** [形]. **enchántment** [名] [U]. **enchántress** [名] [C] 魅惑的な女, 魔女.

en·cir·cle /insə́:rkl/ [動] [本来他] 《しばしば受身で》取り囲む.

【派生語】**encírclement** [名] [U] 囲むこと, 包囲.

en·clave /énkleiv/ [名] [C] [一般語] 飛び領土《★他国に入り込んでいる自国の領土, または自国内に入り込んでいる他国の領土》.

[語源] 俗ラテン語 *inclavare (=to shut in) による古フランス語 enclaver から派生したフランス語 enclave が 19 世紀に入った.

en·close /inklóuz/ [動] [本来他] [一般語] [本来他] 手紙などに同封する. [その他] 本来は垣根や塀で囲む, 囲いをするの意.

[語源] ラテン語 includere (=to shut in) に由来する古フランス語 enclore の過去分詞 enclose が中英語に入った.

[用例] He *enclosed* the garden with a high wall. 彼は庭を高い壁で囲った/I *enclose* a cheque for £2.00. 2 ポンドの小切手を同封致します.

【派生語】**enclósing** [形]. **enclósure** [名] [UC] 囲うこと, 手紙などの同封物, 囲い地.

en·code /inkóud/ [動] [本来他] 《しばしば受身で》【コンピューター】情報などをコード化する, 暗号化する(⇔decode).

【派生語】**encóding** [名] [U].

en·com·pass /inkámpəs/ [動] [本来他] [形式ばった語] 含む, 取り囲む, 取り巻く, 包囲する.

[用例] The teachers, pupils, lessons and buildings are *encompassed* by the word 'school'. 教師, 生徒, 授業, 建物はみな「学校」という語の中に含意される.

en·core /á:ŋkɔ:r|ɔŋkɔ́:-/ [感] [一般語] 再演を要求するときのアンコール, もう一度《★フランス語ではこの語ではなく, bis という》.

[語源] フランス語 encore (=again) が 18 世紀に入った.

en·coun·ter /inkáuntər/ [動] [本来他] [名] [U] [形式ばった語] [一般語] 予期せずに人に出会う. [その他] 困難なことに出会う, 直面する, また戦いなどで人に対抗する, 立ち向かう. [名] として [C] 出会い, 遭遇, 対抗, (競技の)顔合わせ.

[語源] 俗ラテン語 *incontrare (ラテン語 in- in+contra against) が古フランス語 encontrer を経て中英語に入った.

[用例] She *encountered* the manager in the hall. 彼女はホールで支配人にばったり出会った/I expect to *encounter* many difficulties in the course of this job. この仕事をやっていく上で多くの困難に出会うことを覚悟しています/The *encounter* between the armies was fierce. その軍隊の衝突は激しかった.

[類義語] meet.

en·cour·age /inkə́:ridʒ|-kʌ́r-/ [動] [本来他] [一般語] [一般語] 人を勇気づける, 励ます. [その他] 人にあることをするように勧める, 促す, さらに行為や事実を表す名詞を目的語にとって, 助長する, 促進する.

[語源] 古フランス語 encoragier (en-「…状態にする」+corage courage) が中英語に入った.

[用例] I felt *encouraged* by his praise. 私は彼に誉められて勇気づけられた/You must *encourage* him to try again. 君は彼がもう一度やってみるように勧めなければならない/You should not *encourage* him in his extravagance. 君は彼のぜいたくを助長すべきではない.

[反意語] discourage.

【派生語】**encóuragement** [名] [U]. **encóuraging** [形].

en·croach /inkróutʃ/ [動] [本来自] [やや形式ばった語]

他人の所有地，財産，権利などを**侵害する** 《on; upon》，海が陸地を**浸食する**.

[語源] 古フランス語 *encrochier* (=to catch in a hook; *en-* in+*croc, croche* hook) が中英語に入った．当時は他動詞として「不法に財産や権利を奪う」という意味で用いられたが，この意味は現在ではない．

[用例] In making his garden larger, he *encroached* on Mr Brown's wood. 庭を広げる時に，彼はブラウン氏所有の森を侵害した．

[類義語] intrude.

【派生語】 **encróachment** 名 U.

en·crust /inkrʌ́st/ 動 [本来他] 〔一般語〕**外皮[皮]で覆う**，…の表面にかぶせる，ちりばめる．

en·cum·ber /inkʌ́mbər/ 動 [本来他] 〔形式ばった語〕《通例受身で》**妨害する**，じゃまする，場所を…でふさぐ，重荷や負担などを**負わせる** 《with》．

[語源] 古フランス語 *encombrer* (*en-* in+*combre* hindrance) が中英語に入った．

【派生語】 **encúmbrance** 名 C やっかい物，邪魔物，足手まとい．

en·cy·clo·pe·dia, 《英》 **en·cy·clo·pae·dia** /insàikləpíːdiə/ 名 C 〔一般語〕**百科全書，百科事典**，ある分野の専門事典．

[語源] ギリシャ語 *enkuklios paideia* (=general education)に由来する *enkuklopaideia* が中世ラテン語で *encyclopaedia* となり，中英語に入った．

【派生語】 **encỳclopédic**, 《英》 **encỳclopáedic** 形 **百科全書[事典]の**，博学な．

end /énd/ 名 C 動 [本来他] 〔一般語〕 [一般義] 細長い物の片一方の**端，先端，末端**．[その他] 端は「終わり，限界」につながり，時間や期間の**終わり，末期，**存在の終わりという意味から，〔形式ばった語〕**死**という意味にもなる．一連の行為や事実などの**終わり，結末，結果**，意図的な結果，すなわち**目的，ねらい**，《通例複数形で》**切れ端**．動 として**終わらせる，終える**．自 として**終わる**．

[語源] 古英語 ende, endian から．

[用例] at the *end* of the road 通りの端／She is coming home at the *end* of the week. 彼女は週末に戻る予定です／The old man is at the *end* of his strength. その老人は力が尽きようとしている／The soldiers met their *end* bravely. 兵士達は勇敢にその死を迎えた／To what *end* are you working so hard? 君は何の目的でそんなに一生懸命に働いているのですか／The ash-tray was full of cigarette *ends*. 灰皿はたばこの吸い殻でいっぱいだった／How should I *end* (off) this letter? この手紙をどんな風に終わらせようか．

[類義語] end; close; conclusion; finish; termination: **end** は「終わり」を意味する最も一般的な語で，意味が強く，意味領域も広い．**close** は終わりをもたらすこと，締め切りを意味し，**conclusion** はある特定の結果に至ることを強調する．**finish** は始まったものが終わることに意味の中心があり，仕上げの意味につながり，**termination** は形式ばった語で，特に時間的な終わりを意味する．

[反意語] beginning.

【慣用句】 ***at a loose end*** [《米》 ***loose ends***] すること がなくて，定職がなくぶらぶらして．***bring … to an end*** …を終わらせる．***come to an end*** 終わる．***draw to an end*** 終わりに近づく．***end to end*** 端と端を合わせて．***end up*** 最終的には…になる．***from end to end*** 端から端まで．***go off the deep end*** 〔形式ばった表現〕自制心をなくす，怒る．***in the end*** 結局．***make an end of …*** 〔形式ばった表現〕…を終わりにする．***make (both) ends meet*** 収支を合わせる，収入の範囲内で暮す．***no end*** 〔くだけた表現〕限りなく，非常に．***on end*** 直立して，まっすぐに，続けて．***put an end to …*** 〔形式ばった表現〕…を止める．***without end*** いつまでも，永久に．

【派生語】 **ending** 名 C **結末，末尾**，《文法》屈折語尾．**éndless** 形 **終わりのない，果てしない，絶え間ない．éndlessly** 副．**éndmost** 形 **最末端の．**

【複合語】 **éndways, éndwise** 副 **前向きに，縦に．**

en·dan·ger /indéindʒər/ 動 [本来他] 〔一般語〕**危険にさらす，危くする．**

[用例] Drunk drivers *endanger* the lives of others. 酔っぱらい運転者は他人の生命を危険にさらす．

en·dear /indíər/ 動 [本来他] 〔形式ばった語〕**かわいく思わせる，慕わせる．**

【派生語】 **endéaring** 形 かわいらしい，愛らしい．**endéaringly** 副．**endéarment** 名 UC 親愛，寵愛，愛情を表す言葉．

en·deav·or, 《英》 **-our** /indévər/ 動 [本来自] UC 〔形式ばった語〕**…しようと努める，努力する** 《to do》．名 として**努力**．

[語源] 「義務」を意味する古フランス語 *devoir* に *en-* がついて endeveren として中英語に入った語．古フランス語 *se mettre en devoir* (=put oneself in duty「…しようと努める」)の影響と思われる．

[用例] He *endeavored* to attract the waiter's attention. 彼はウェイターの注意をひこうと努めた／All his *endeavors* proved unsuccessful. 彼の試みは全て不成功に終わった．

[類義語] attempt.

endless ⇒end.

endmost ⇒end.

en·dorse /indɔ́ːrs/ 動 [本来他] 〔一般語〕 [一般義] 手形に**裏書きする**．[その他] 〔形式ばった語〕意見や行為などを**認める，承認する．**《英》自動車の運転免許証の裏面に**交通違反の事実を書き込む．**

[語源] ラテン語 *indorsare* (=to put on the back; *in-* in+*dorsum* back) が古フランス語を経て中英語に入った．

[用例] The bank refused to cash the cheque as it was not *endorsed*. 銀行はその手形に裏書きがないという理由で現金化を拒否した／The court *endorsed* the judge's decision. 法廷は裁判官の判決を承認した．

[類義語] approve.

[反意語] disapprove.

【派生語】 **endórsement** 名 U.

en·dow /indáu/ 動 [本来他] 〔一般語〕 [一般義] 大学や病院などの施設に**資産を贈与する**，基金などを**寄付する**．[その他] 〔やや形式ばった語〕《通例受身で》**能力**などを人に**授ける**．

[語源] ラテン語 *dotare* (=to provide with dowery [持参金])による古フランス語 *douer* (=to bestow) に強意の *en-* がついた *endouer* が中英語に入った．

[用例] She *endowed* a bed in the local hospital in memory of her husband. 彼女は夫をしのんで地元の病院にベッドを寄付した／She was *endowed* with great beauty. 彼女は大変な美人に生れついていた．

endurable ⇒endure.

endurance ⇒endure.

en·dure /indjúər/ 動 [本来him] 〔一般語〕困難や苦痛などを耐える, がまんする. 自 〔形式ばった語〕忍耐する, もちこたえる, 記憶や名声などが残る.

語源 ラテン語 *durus*（=hard）から派生した *durare*（=to harden; to hold out）に強意の *in-* がついた *indurare* が古フランス語を経て中英語に入った.

用例 She has to *endure* great pain. 彼女は大きな苦痛に耐えなければならない / The memory of her great acting has *endured*. 彼女の偉大な演技の記憶は今も残っている.

類義語 ⇒bear.

【派生語】**endúrable** 形. **endúrance** 名 U. **endúring** 形 長持ちする.

endways ⇒end.

endwise ⇒end.

en·e·ma /énəmə/ 名 C【医】浣腸(かんちょう).

語源 ギリシャ語 *enema*（=injection）がラテン語を経て初期近代英語に入った.

en·e·my /énəmi/ 名 C 形 〔一般語〕戦争での敵, 敵兵, 比喩的に人に対して悪意を持ったり害を与えたりする人, 敵.[限定用法] 敵の.

語源「友達」を意味するラテン語 *amicus* に否定の接頭辞 in- がついた *inimicus* がフランス語で *enemi* となり中英語に入った.

用例 The *enemy* attacked them unexpectedly. 敵兵は不意に彼らを攻撃した / He is an *enemy* of progress. 彼は進歩の敵だ / *enemy* forces 敵の軍隊.

類義語 enemy; foe: **enemy** は一般語で, 憎しみからくる敵意を持っていることに意味の中心がある. **foe** はやや形式ばった語で, 文語的なニュアンスを持ち, 積極的な敵意を示すことを強調する.

関連語 opponent; antagonist; adversary.

反意語 friend.

energetic ⇒energy.

en·er·gy /énərdʒi/ 名 UC 〔一般語〕精力, 気力, 表現の力, 力強さ,《通例複数形で》活動力, 行動力の意.【理】エネルギー.

語源 ギリシャ語 *energós*（=active; *en-* at+*ergon* work）から派生した 名 *energeia* がラテン語 *energia* を経て初期近代英語に入った. なお, 歴史をもっとさかのぼれば英語の work と同語源である.

用例 He has amazing *energy* for his age. 彼は年の割には驚くべき精力を持っている / I must devote my *energies* to gardening today. 今日は造園に力を注がなければならない / nuclear *energy* 核エネルギー.

類義語 power.

【派生語】**energétic** 形. **energétically** 副. **energétics** 名 U【理】エネルギー論.

【複合語】**énergy-sáving** 形 省エネの.

en·fee·ble /infí:bl/ 動 [本来him] 〔形式ばった語〕《しばしば受身で》人を弱らせる, 衰弱させる, 疲れさせる, 弱々しくする.

en·fold /infóuld/ 動 [本来him] 〔一般義〕包む. [その他] 〔形式ばった語〕腕や翼にかかえる, 人を抱きしめる.

en·force /infɔ́:rs/ 動 [本来him]〔やや形式ばった語〕〔一般義〕法律などを実施する, 施行する. [その他] 行為などを強いる, 強請する, 命令, 忠告などを強く主張する.

語源 古フランス語 *enforcier*（=to make strong; *en-*「...状態にする」+*force* force）が中英語に入った.

用例 The law must be strictly *enforced*. その法律は厳しく施行されなければならない / *enforce* payment 支払いを強請する

【派生語】**enfórceable** 形. **enfórcement** 名 U. **enfórcer** 名 C.

en·gage /ingéidʒ/ 動 [本来him] 〔形式ばった語〕〔一般義〕《受身で》仕事などに従事させる, 精を出させる (in).[その他] (～ oneself 受身で)...と婚約させる (to). 他 人や物をある(仕)事にひきつけることから, 注意や関心をひきつける, 部屋や座席などを予約する, 仕事を与えることから, 人を雇う, 機械などに関して, 歯車をかみ合わせる, 掛け金をかける, 人を戦いなどにひきつけることから, 交戦させる, ...と交戦する. 自 としても用いる.

語源 古フランス語 *engagier*（*en-* in+*gage* pledge）が中英語に入った. 担保を入れて約束することから, 人によって人を束縛する, 手付金によって人を雇うなどの意味が生まれていった. wage（賃金）とは語源的に関連がある.

用例 She is *engaged* in social work. 彼女は社会事業に従事している / She is *engaged* to Bob. 彼女はボブと婚約している / That book *engaged* his attention for hours. あの本は彼の注意を何時間もひきつけた / We have *engaged* a room at the hotel. 私達はそのホテルに室を予約した / He *engaged* a new secretary. 彼は新しい秘書を雇った / The driver *engaged* second gear. 運転手はセカンドギヤを入れた / The two armies were fiercely *engaged*. 双方の軍隊は激しく戦った / I will *engage* in trade. 私は貿易に従事するつもりです / We will *engage* on a new enterprise. 私達は新しい企画にとりかかるつもりです.

【派生語】**engáged** 形. **engágement** 名 CU 婚約, 約束; 交戦; 応用; 歯車などのかみ合い: **engagement ring** 婚約指輪. **engáging** 形《良い意味で》人の心をひきつける, 魅力的な.

en·gen·der /indʒéndər/ 動 [本来him] 〔形式ばった語〕事態, 感情などを引き起す, かもし出す, 発生させる.

語源 ラテン語 *ingenerare*（=to produce）が古フランス語を経て中英語に入った.

en·gine /éndʒin/ 名 C 〔一般義〕機関, エンジン.[その他] エンジンを備えたものとして, 特に機関車.

語源「持って生まれた才能, 天才」の意のラテン語 *ingenium* が古フランス語 *engin* を経て中英語に入った. 最初は英語でも「持って生まれた才能」さらに「新しい物を生み出す才能」という意味で用いられていたが, そのような才能によって作り出されたもの, 機械という意味になり, 近代英語になって現在の意味が確立した.

類義語 machine.

en·gi·neer /èndʒəníər/ 名 C 動 [本来him] 〔一般義〕〔一般義〕技術者, 技師. [その他] 工学者,【軍】工兵. 機関士,（米）【鉄道】機関士(《英》engine driver). 巧妙に事を処理する人.

動 として計画する, 設計する,《しばしば軽蔑的》画策する.

語源 ラテン語 *ingenium*（⇒engine）から派生した *ingeniare*（=to contrive）の過去分詞 *ingeniatus* から派生した中世ラテン語 *ingeniator*（=contriver）が古フランス語を経て中英語に入った.

用例 an electrical *engineer* 電気技師 / a civil *engineer* 土木技師 / a first *engineer* 一等機関士 / He *engineered* my promotion. 彼が私の昇進を画策した.

[派生語] **ènginéering** 名 U 工学(技術), 工事.

Eng·land /íŋɡlənd/ 名 イングランド(★ブリテン島のスコットランド (Scotland) とウェールズ (Wales) を除いた地方).

[語源] かつては英国を総合的に表す地名として用いられたこともあったが, それはスコットランドやウェールズの人々には不快であり, 現在では純粋にブリテン島南部の地域に限って使われる. 英国を総合的に表すのは United Kingdom (連合王国) または略称で Britain.

[語源] サクソン人に対して「アングル人の土地」を意味する古英語 Englaland から.

Eng·lish /íŋɡliʃ/ 名 U 形 〔一般語〕[一般義] 英語. [その他] (the ~) イングランド人の総称. 形 として 英語 の, あるいはイングランド人(の). [語源] 「アングル人 (Angles) の」を意味する古英語 Englisc から.

[用例] He is *English*, not Scottish. 彼はイングランド人で, スコットランド人ではない.

[複合語] **Énglish bréakfast** 名 C 英国風朝食 (continental breakfast よりより内容豊富). **Énglish hórn** 名 C 〔楽器〕イングリッシュホルン. **Énglishman** 名 C イングランド人, イギリス人. **Énglish múffin** 名 C イングリッシュマフィン (★平たい円形のパン). **Énglish-spèaking** 形 英語を話す. **Énglishwòman** 名 C イギリス人(女性).

en·graft /ɪnɡrǽft|-ɡrɑ́ːft/ 動 [本来他] 〔一般語〕接ぎ木する, 接ぎ穂する, 比喩的に思想などを移植する, 植えつける.

en·grave /ɪnɡréɪv/ 動 [本来他] 〔一般語〕木, 石, 金属に銘や絵などを刻み込む, 彫る, 比喩的に人の心に刻み込む.

[用例] He *engraved* her initials on the tree-trunk. 彼は彼女のイニシャルを木の幹に彫り込んだ/The scene was *engraved* in his memory. その光景は彼の記憶に刻み込まれた. [類義語] carve.

[派生語] **engráver** 名 C 彫版師, 彫刻師. **engráving** 名 UC 彫版(術), 版画.

en·gross /ɪnɡróʊs/ 動 [本来他] 〔一般語〕(しばしば受身で)人の注意, 時間などを奪う, 人を...に専心没頭させる (in). [その他] 本来は大きな字で書くの意で, 大きな特殊な文字で法律文書を書くことから, 〖法〗法律文書を書く, 大きな字で書くことが転意して, 大きくまとめて扱う意となり, 全部を集める, ...を全部占有するの意から人の注意, 時間などを奪う意となった.

[語源] ラテン語 *ingrossare* (=to write in large letters; *in-* in +*grossa* large letter) が古フランス語, アングロノルマン語を経て中英語に入った.

[用例] She started to read the book, and quickly became *engrossed* (in it). 彼女はその本を読みはじめたが, すぐに熱中してしまった.

[派生語] **engróssing** 形 心を奪う, ひどく面白い.

en·gulf /ɪnɡʌ́lf/ 動 [本来他] 〔文語〕(通例受身で)海, 渦, 炎などの中に飲み込む, 飲み込む, 包み込む.

en·hance /ɪnhǽns|-hɑ́ːns/ 動 [本来他] 〔形式ばった語〕程度, 価値, 魅力などを強める, 高める, 大きくする.

[語源] ラテン語 *inaltiare* (=to raise; *in-* 強意+*altus* high) が古フランス語, アングロノルマン語を経て中英語に入った.

[用例] The soft evening light *enhanced* her beauty. 柔らかい夕暮の光が彼女の美しさをいっそうわだたせた.

[派生語] **enháncement** 名 CU 高揚, 増強.

e·nig·ma /ɪníɡmə/ 名 C 〔一般語〕なぞ, なぞの人[物, 事件].

[語源] ギリシャ語 *ainos* (=fable) から派生した *ainissesthai* (=to speak in riddles) から *ainigma* (判じ物, なぞ) が生まれ, ラテン語を経て初期近代英語に入った.

[用例] Why he goes on working here is a complete *enigma*. なぜ彼がここで働きつづけているのかは, まったくのなぞです. [類義語] mystery.

[派生語] **ènigmátic** 形. **ènigmátically** 副.

en·join /ɪndʒɔ́ɪn/ 動 [本来他] 〔形式ばった語〕命じる, 命令する, また命令によって...を禁じる.

[語源] ラテン語 *injungere* (=to impose; *in-* in +*jungere* to join) が古フランス語を経て中英語に入った. 本来は「接合する」意から, 転じて「...に加わる」となりさらに罰などを「課する」「命令する」意となった.

en·joy /ɪndʒɔ́ɪ/ 動 [本来他] 〔一般語〕[一般義] 物事や経験から喜びを得る, 楽しむ, 楽しく...する (doing). [その他] 何か良いもの, 有益なものを楽しむ, その恩恵を受けるということから, そのようなものを経験する, 享受する, 持つ.

[語源] 古フランス語 *joir* 「喜ぶ」に *en-* (=in-) がついた形 *enjoir* が *enjoien* として中英語に入った.

[用例] I *enjoyed* the meal. 私は食事を楽しんだ/He *enjoyed* swimming. 彼は水泳を楽しんだ/He *enjoyed* good health all his life. 彼は一生ずっと健康だった.

[類義語] like¹.

[慣用句] *enjoy oneself* 楽しく過ごす.

[派生語] **enjóyable** 形. **enjóyably** 副. **enjóyment** 名 U.

en·kin·dle /ɪnkíndl/ 動 [本来他] 〔古風な語〕感情を燃え立たせる, 激情をあおる, 争いなどを起こさせる.

en·large /ɪnláːrdʒ/ 動 [本来他] 〔やや形式ばった語〕大きくする, 写真を引き伸ばす, 本などを増補する. 自 として 大きくなる, 写真を引き伸ばせる, 話しなどを詳しく述べる, 長々としゃべる 《on; upon》.

[用例] He *enlarged* the rose garden. 彼はバラ園を拡張した/We had the photograph *enlarged*. 私達はその写真を引き伸ばしてもらった/He *enlarged* upon his holiday plans. 彼は休み中の計画を長々としゃべった.

[類義語] increase.

[派生語] **enlárgement** 名 UC 拡大, 増大, 増補, 敷衍(ふえん), 引き伸ばし(写真). **enlárger** 名 C 〖写〗引き伸ばし機.

en·light·en /ɪnláɪtn/ 動 [本来他] 〔やや形式ばった語〕[一般義] 啓蒙する, 教化する. [その他] ...を人に教える, 知らせる 《on; about; as to》.

[用例] Will someone please *enlighten* me as to what is happening? どなたか何が起こっているのか私に教えてください.

[派生語] **enlíghtened** 形 啓蒙された, 正しい見識を持った. **enlíghtening** 形. **enlíghtenment** 名 U 啓蒙, 啓発, (the E-) 18 世紀にヨーロッパで起こった啓蒙運動.

en·list /ɪnlíst/ 動 [本来他] 〔一般語〕[一般義] 兵籍に入れる. [その他] 人に力を借りる, 協力を求める. 自 兵籍に入

る, 応募する.

用例 They were *enlisted* in the air force. 彼らは空軍に入隊した/I've *enlisted* George's help to raise the money. 資金を集めるためにジョージの力を借りた/I will *enlist* after graduation. 私は卒業後軍隊に入ります.

派生語 enlístment 名 U.

複合語 enlísted màn 名 C《米》男性の下士官, 兵. enlísted wòman 名 C 女性の下士官, 兵.

en·liv·en /ɪnláɪvn/ 動 本来他 〔形式ばった語〕活気づける, 人や状況を活発にする, 景気づける.

en·mesh /ɪnméʃ/ 動 本来他 〔一般語〕《通例受身で》網にからませる, 網にかける, 比喩的に困難などに巻き込む, 窮地に陥らせる.

en·no·ble /ɪnóʊbl/ 動 本来他 〔形式ばった語〕人を気高くする, 貴族にする, 爵位を与える.

en·nui /ɑ:nwí:/ónwí:/ 名 U 〔文語〕倦怠, 退屈, もの憂さ.

語源 フランス語 *ennui*（=annoyance）が 18 世紀に入った.

e·nor·mi·ty /ɪnɔ́:rmɪti/ 名 UC 〔形式ばった語〕一般義 極悪非道, 無法. その他《通例複数形で》極悪非道な行為. また《俗語》巨大さ.

語源 ラテン語 *enormis*（⇒enormous）の名 *enormitas*（巨大さ, 常軌を逸したこと）が古フランス語を経て初期近代英語に入った.

語法 この語は語源的に enormous とつながりがあるため, その名詞形として「巨大さ」という意味で俗語で用いられるが, この用法には非難があり, enormousness を「巨大さ」, enormity を「極悪非道」の意味で用いるのがよいとされる.

用例 The *enormity* of his assault on the little girl 少女への暴行という彼の極悪非道/the *enormities* committed during the war 戦時中の極悪非道な行為/The *enormity* of the task discouraged him. 仕事のでっかさが彼を落胆させた.

enor·mous /ɪnɔ́:rməs/ 形 〔一般語〕巨大な.

語源 「規格はずれの, 巨大な」を意味するラテン語 *enormis*（ex- out+*norma* norm）が中英語に入った.

用例 The new building is *enormous*. その新しい建物は巨大だ.

類義語 enormous; huge; vast; immense; tremendous: **enormous** は大きさ, 量, 程度が規格からはずれて大きいことを意味する, **huge** は enormous よりくだけた文脈でも用い, 体積, 容積が非常に大きいことを意味する. また **vast** は特に広がりを強調し, 程度の大きいことも意味し, **immense** は計ることのできないような大きさの広がりに意味の中心がある. また **tremendous** はくだけた文脈で多く用い, 驚きの気持ちを表す.

反意語 tiny.

派生語 enórmously 副. enórmousness 名 U.

e·nough /ɪnʌ́f/ 形 副 代 〔一般語〕望むだけの, あるいは必要なだけの数や量がある, 十分な, に), 代 として十分な数[量].

語源 古英語 *genōh* から.

用例 We had *enough* food for everyone. 私達には全員に十分な食べものがあった/There is food *enough*. 十分な食べものがある《語法 *enough* 形は名詞の前でも後でも用いるが, 後で用いる方が形式ばった表現》/Is it hot *enough* (for him) to go swimming? （彼が）泳ぎに行けるほどの暑さですか/He swam quickly *enough* to pass the test. 彼はずい分速く泳ぎテストに合格した《語法 enough 副は修飾する形容詞・副詞の後に置くのが普通》/I had *enough* to eat. 私には食べものが十分あった《★この enough は代》.

類義語 enough; sufficient; adequate; ample: **enough** は最も一般的な語で, あらゆる文脈で用いられ, 特に望むだけ十分にあることに意味の中心がある. またこのままの形で副詞として用いることも他の 3 語とは異なっている. **sufficient** は enough に比べるとやや形式ばった語で, 特に必要を満たすに十分であることを意味し, しばしば程度を表す. また enough 副 とは sufficient の副詞形 sufficiently が, 形容詞の場合と同じように意味的に対応する. **adequate** は特定の必要性を満たすために十分であることを強調し, **ample** は十二分にある（more than enough）ことを意味する.

反意語 insufficient.

慣用句 *enough and to spare* 必要以上の（もの）, あり余るほどの（もの）. *Enough is enough.* もうたくさんだ. *Enough said.* もう十分わかった. *fair enough* 〔くだけた表現〕申し分ない, 満足できる. *more than enough* 十二分の（量）, 必要以上の（量）. *oddly* [*curiously; strangely*] *enough* 奇妙[不思議]なことに. *sure enough* 〔くだけた表現〕やっぱり, 期待どおりに.

en·quire /ɪnkwáɪər/ 動 =inquire.

派生語 enquírer 名 =inquirer. enquíry 名 =inquiry.

en·rage /ɪnréɪdʒ/ 動 本来他 〔形式ばった語〕《通例受身で》ひどく怒らせる, 激怒させる.

語源 古フランス語 *enrager* が中英語に入った.

用例 He was *enraged* at [by] the rude remarks. 彼は無礼な言葉に激怒した.

en·rap·ture /ɪnrǽptʃər/ 動 本来他 〔形式ばった語〕《通例受身で》うっとりさせる, 熱狂させる, 狂喜させる.

用例 The child was *enraptured* by the sight of the Christmas tree. その子はクリスマスツリーを見て熱狂した.

en·rich /ɪnrítʃ/ 動 本来他 〔一般語〕一般義 物質的に豊かにする, 富ませる. その他 比喩的に人の心を豊かにする, 食物などに何かを加えることによって, 味, 香り, 栄養価を豊かにする, 良くする, 土地などを肥沃にする, 《原子力》放射性元素などを濃縮する.

語源 古フランス語 *enrichir*（en- in+*riche* rich）が中英語に入った.

用例 The discovery of uranium *enriched* the country. ウラニウムの発見がその国を豊かにした/Reading *enriches* the mind. 読書は心を豊かにする/Some cream will *enrich* the sauce. クリームを少し入れるとソースの味がよくなるでしょう/Fertilizers *enrich* the soil. 肥料が土地を肥沃にする.

反意語 impoverish.

派生語 enríchment 名 CU.

en·roll, 《英》**en·rol** /ɪnróʊl/ 動 本来他 〔一般語〕人を名簿（roll）に加える, 入会させる, 入学させる, 兵籍に入れる.

用例 You must *enrol* your child before the start of the school term. あなたは新学期が始まる前に子供の入学手続きをしなければならない.

派生語 enróllment, 《英》enrólment 名 U.

en route /ɑ:n rú:t/ 副 〔一般語〕途中で.

語源 フランス語（=on the way）が 18 世紀に入った.

用例 We are *en route* from London to Edin-

en·sem·ble /ɑːnsάːmbl|ɒnsɔ́m-/ 名C 副 〔一般語〕〔楽〕アンサンブル, 合奏団〔曲〕. 1そろいの婦人服, アンサンブル, 各部分を総合的に考えた**全体**, 総体.

語源 ラテン語 *insimul* (=at the same time; *in*-+*simul* at the same time) が古フランス語 *ensemble* を経て 18 世紀に入った.

用例 She wore a matching *ensemble*. 彼女はよく似合うアンサンブルを着ていた/The costumes and scenery were combined in an effective *ensemble*. 衣装と背景が組み合わさって効果的な全体をなしていた.

en·shrine /inʃráin/ 動 本native 〔形式ばった語〕…を神として社殿に祭る, 比喩的に心の中に思い出として秘める.

【派生語】 **enshrínement** 名 U.

en·shroud /inʃráud/ 動 本native 〔形式ばった語〕〔通例受身で〕経帷子(きょうかたびら)を着せる, 比喩的におおい隠す, 包みこむ.

用例 The town was *enshrouded* in mist. その町は霧におおわれていた/The affair is *enshrouded* in mistery. その事件は謎に包まれている.

en·sign /énsain/ 名C 〔一般語〕〔英〕**国旗**, 旗, 《米》記章, 〔米海軍〕海軍少尉.

en·slave /insléiv/ 動 本native 〔一般語〕**奴隷にする**, 比喩的に…のとりこにする.

【派生語】 **enslávement** 名 U. **enslaver** 名C.

en·snare /insnέər/ 動 本native 〔文語〕〔しばしば受身で〕わなにかける, 比喩的に**誘惑する**, 陥れる.

en·sue /insjúː/ 動 本intr 〔形式ばった語〕続いて起こる, 後から起こる(follow).

語源 ラテン語 *insequī* (=to follow) から入った古フランス語 *ensivre* の過去分詞 *enseu* から中英語に入った.

【派生語】 **ensúing** 形.

en·sure /inʃúər/ 動 本native 〔やや形式ばった語〕**確実にする**, 保証する.

用例 You must *ensure* that your television set is switched off at night. 夜, テレビのスイッチを切ることを必ず確認しなさい/No one could *ensure* her success. 誰も彼女の成功を保証できなかった.

en·tail /intéil/ 動 本native 〔法〕不動産の相続人を限定する, …に限嗣(げんし)不動産を設定する, 一般的に結果を**伴う**, 必然的に伴う, 〔論〕意味を含む, 含意する.

語源 古フランス語 *taillier* (=to cut) の派生形 *taille* (=cut) が中英語に入り taylе として入り, en-+tayle で「限定する」が原意. それから不動産の相続人を限定する法律用語となり, さらに相続人に「残す」意から「結果を伴う」となり, さらに論理学・意味論用語で「意味が残る」「…の意味を含む」意となった.

【派生語】 **entáilment** 名 U〔法〕相続人限定, 〔論〕含意.

en·tan·gle /intǽŋgl/ 動 本native 〔一般語〕〔しばしば受身で〕からませる, もつれさせる, 比喩的に事件などに**巻き込む**.

語源 en-+tangle (大型の海藻) として初期近代英語から. 本来は船に海藻がからみつくことを意味した.

用例 His long scarf *entangled* itself in a thorn bush. 彼の長いスカーフはいばらの茂みにからまった/He was *entangled* in an unhappy love affair. 彼は不幸な恋愛に巻き込まれた.

【派生語】 **entánglement** 名 UC もつれさせること; 〔複数形で〕ごたごた.

en·tente /ɑːntάːnt/ 名 UC 〔一般語〕国家間の外交上の相互了解, **協約**, 協商.

語源 古フランス語 *entendre* から派生したフランス語 (=understanding) が 19 世紀に入った.

en·ter /éntər/ 動 本native 〔一般語〕 一般義 ある場所, 建物, 室などに**入る** 〔語法〕come in, go in に比べると形式ばった語). 〔その他〕学校や団体などに**入学〔入会〕する**, 人を**入学〔入会〕させる**, 書類に名前や日付などを**記入する**, 競技などに**登録する**. さらに新しい仕事などに入ることから, 始めるという意味にもなる. 自 入る, 入学する, 加入する, …に**参加を申し込む**《for》, 交渉や議論, 仕事などに**取りかかる**, 議論《into》, 人の気持ちなどを察する, 共鳴する《into》.

語源 ラテン語 *intra* (=inside; within) からできた動 *intrare* (=to enter) が古フランス語 *entrer* を経て中英語に入った.

用例 He slowly *entered* the room. 彼はゆっくりと部屋に入った/She will *enter* the college next year. 彼女は来年その大学に入学します/I would like to *enter* my son in that school. 私は息子をあの学校に入れたい/Did you *enter* your name in the visitors' book? 宿泊者名簿に記名しましたか/He *entered* for the race. 彼は競争に参加の登録をした.

〔語法〕❶ 他 の場合でも, 受身は用いない. ❷ ある場所に入るという意味では 他 を用い, enter into は今日では enter into business (実業界に入る) のように比喩的に「入る」という意味でのみ用いる.

【慣用句】 **enter on [upon]** …〔形式ばった表現〕…を始める, 取りかかる.

en·ter·prise /éntərpraiz/ 名 CU 〔一般語〕 一般義 大胆さや勇気が必要な企て, **企画**. 〔その他〕そのような企てをする機関, **企業**, 会社, 企てをする**冒険心**, **進取の気性**.

語源 古フランス語 *entreprendre* (=to undertake; *entre* between+*prendre* to take) の過去分詞の女性形 *enterprise* が中英語に入った.

用例 a bold *enterprise* 大胆な企て/He started several business *enterprises*. 彼はいくつかの事業を始めた/We need someone with *enterprise* and enthusiasm to lead the expedition. 私達は探検隊を率いてくれる進取の気性と熱意を持つ人を必要としています.

【派生語】 **énterprising** 形. **énterprisingly** 副.

en·ter·tain /èntərtéin/ 動 本native 〔一般語〕 一般義 事前に準備や計画をして人を**楽しませる**, 喜ばせる. 〔その他〕客を**招待してもてなす**, 〔文語〕意見や感情などを**心に抱く**.

語源 俗ラテン語 *intertenere (ラテン語 *inter* among+*tenere* to hold) が古フランス語 *entretenir* (=to maintain) を経て中英語に入った. 近代英語では「維持する, 保持する」という意味が廃れてしまったが, 比喩的な「心に抱く」という意味が文語に残っている. この「楽しませる, もてなす」という意味は「人と人との間をとりもつ」ことから生まれたといえる.

用例 His stories *entertained* us for hours. 彼の話は何時間も私達を楽しませた/They *entertained* us to dinner. 彼らは私達を夕食に招いてくれた/He *entertained* a belief that his wife would return one day. 彼は妻はそのうち戻ってくるという確信を持っていた.

類義語 ⇒amuse.

【派生語】 **èntertáiner** 名 C 流行歌手, ダンサー, コメディアンのような芸人, エンターテイナー. **èntertáining** 形 楽しませる, おもしろい. **èntertáiningly** 副. **èntertáinment** 名 UC 娯楽, 余興, 演芸.

en·thrall, 《英》**en·thral** /inθrɔ́ːl/ 本来義 〔形式ばった語〕《通例受身で》...の心をとりこにする, 魅了する.
用例 He was completely *enthralled* by her beauty. 彼は彼女の美しさに完全に魅了された.
【派生語】 **enthrálling** 形. **enthrállingly** 副. **enthrállment** 名 UC 魅惑, 魅了.

en·throne /inθróun/ 動 本来他 〔形式ばった語〕《通例受身で》王位につける, 《カト》司教(bishop)にする.
【派生語】 **enthrónement** 名 UC.

enthuse ⇒enthusiasm.

en·thu·si·asm /inθjúːziæzəm/ 名 U 〔一般語〕熱中, 熱狂, 熱意.
語源 *theos* (=god)がもとになったギリシャ語 *enthousiazein* (=to be inspired by a god)から派生した *enthousiasmos* (=inspiration)が後期ラテン語を経て初期近代英語に入った.
用例 He has a great *enthusiasm* for sport. 彼はスポーツにとても熱中している.
類義語 ⇒passion.
【派生語】 **enthúse** 動 本来自 〔くだけた語〕熱中する[させる]《語法 enthusiasm からの逆成によってできた動詞で, 形式ばった文体では好まれない傾向がある》. **enthúsiast** 名 C 熱中する人, 熱狂的な人. **enthúsiástic** 形. **enthùsiástically** 副.

en·tice /intáis/ 動 本来他 〔一般語〕悪に誘う, おびき寄せる, 誘惑する.
語源 ラテン語 *intitiare* (=to set on fire; *in-* in- + *titio* firebrand)が古フランス語 *enticier* (強く引きつける)を経て中英語に入った.
用例 He *enticed* the child into his house by promising her sweets. その男は子供にお菓子をあげるからと約束して自分の家に誘い込んだ.
【派生語】 **entícement** 名 U 誘惑. **entícing** 形. **entícingly** 副.

en·tire /intáiər/ 形 〔一般語〕 一般義 全体の. その他 欠けたところがないことから, 完全な, さらに程度を強めて全くの意.
語源 ラテン語 *integer* (=whole; untouched)が古フランス語 *entier* を経て中英語に入った.
用例 I spent the *entire* day on the beach. 私は浜辺でその日一日を過した/an *entire* set 全てそろった一組/They are in *entire* harmony. それらは完全に調和がとれている.
類義語 ⇒whole.
【派生語】 **entírely** 副. **entírety** 名 U 〔形式ばった語〕全体, 完全.

en·ti·tle /intáitl/ 動 本来他 〔一般語〕《通例受身で》権利[資格]を与える, また本などに表題をつける.
用例 You are *entitled* to think what you like. 君には好きなことを考える権利がある/The novel is *entitled The Grapes of Wrath*. その小説には『怒りの葡萄』という題がついている.

en·ti·ty /éntiti/ 名 UC 〔形式ばった語〕実在, 存在, 実在物.
語源 ラテン語 *esse* (=to be)の現在分詞 *ens* から派生した中世ラテン語 *entitas* (=existence)が初期近代英語に入った.
用例 an abstract *entity* 抽象的な存在/a physical *entity* 物理的存在, 実在するもの.

en·tomb /intúːm/ 動 本来他 〔形式ばった語〕《通例受身で》墓に入れる, 葬る.

en·to·mol·o·gy /èntəmálədʒi|-mɔ́l-/ 名 U 〔一般語〕昆虫学.
語源 ギリシャ語 *entomon* (=insect)による連結形 entomo-「昆虫の」+ -logy として 18 世紀から.
【派生語】 **èntomológical** 形. **èntomológically** 副. **entomólogize** 動 昆虫を研究する, 昆虫を採集する. **entomólogist** 名 C 昆虫学者.

en·trails /éntreilz/ 名《複》〔一般語〕内臓, 腹わた.
語源 ラテン語 *interaneum* (=internal)の中性複数形 *interanea* から派生した中世ラテン語 *intralia* が古フランス語 *entrailles* を経て中英語に入った.

en·trance /éntrəns/ 名 CU 〔一般語〕 一般義 入口, 玄関. その他 入ること, 入場, 入学, 入会, またそのような入る権利.
語源 古フランス語 *entrer* (⇒enter)の派生形 *entrance* が中英語に入った.
用例 A fall of rock had blocked the *entrance* to the tunnel. 岩が崩れてトンネルの入口がふさがれていた/The actor made the second *entrance*. その役者は 2 度目の登場をした/He has applied for *entrance* to university. 彼は大学入学を志願した.
反意語 exit.
【複合語】 **éntrance examinátion** 名 CU 入学[入社]試験. **éntrance fèe** 名 C 入場[入会]料.

en·trant /éntrənt/ 名 C 〔一般語〕新入生, 新入社員[会員].
語源 フランス語 *entrer* (⇒enter)の現在分詞.

en·trap /intrǽp/ 動 本来他 〔形式ばった語〕《通例受身で》わなにかける, 陥れる.

en·treat /intríːt/ 動 本来他 〔形式ばった語〕熱心に, 真剣に頼む, 懇願する.
語源 古フランス語 *entraitier* (=to deal with; *en-* + *trait(i)er* to treat)が中英語に入った.
用例 I *entreat* you to help me. お願いだから私を助けてください.
類義語 ⇒beg.
【派生語】 **entréatingly** 副 懇願するように. **entréaty** 名 UC.

en·trée, en·tree /áːntrei|ɔ́n-/ 名 CU 〔形式ばった語〕 一般義 料理のメインディッシュ, アントレ. その他 本来は 入場許可, 入場権.
語源 ⇒entry.

en·trench /intrént ʃ/ 動 本来他 〔一般語〕《通例受身で》都市などを塹壕(ざんごう)で囲む, ...の回りに堀めぐらす, 比喩的に固く身を守る, 考え, 習慣などを確立する.
【派生語】 **entrénched** 形. **entrénchment** 名 CU 塹壕(の構築).

en·tre·pre·neur /àːntrəprənə́ːr|ɔ́n-/ 名 C 〔一般語〕しばしば自分で会社を興す企業家, アントレプレナー, 興行主.
語源 古フランス語 *entreprendre* (⇒enterprise)の派生形.

en·tro·py /éntrəpi/ 名 U 《理》エントロピー(★物質

の無秩序の状態を数量化したもの; 宇宙論で平衡化の仮説), 〔形式ばった語〕**無秩序, 混乱**.
[語源] ドイツ語 *Entropie* (*en-* in＋ギリシャ語 *tropē* turn) が19世紀に入った.

en·trust /intrʌ́st/ 動 [本来他] 〔やや形式ばった語〕**信用して人に管理などを任せる, ゆだねる**.
[用例] I *entrusted* my jewellery to her. 私は彼女に宝石の管理を任せた.
[類義語] commit.

en·try /éntri/ 名 UC 〔一般語〕[一般義] **入ること, 入場**. [その他]〔やや形式ばった語〕**加入, 入る権利**, さらに競技などへの**参加, 登録**, また**その参加者**. **入る場所, 入口のホール**, 《米》**入口, 玄関**.
[語源] 古フランス語 *entrer* (⇒enter) の過去分詞女性形からできた 名 *entree* が中英語に入った.
[用例] They were silenced by the *entry* of the headmaster. 彼らは校長先生が入ってくると静かになった／We at last gained (an) *entry* to the private library. 私達はついにその個人の書庫へ入館した／There were only a few *entries* for the competition. 競争にはわずか2, 3人しか登録しなかった／Don't bring your bike in here—leave it in the *entry*. 自転車をこの中に持ち込んではいけません. 入口のホールに置いてください.
[類義語] entrance.
【複合語】**éntry vìsa** 名 C **入国査証**. **éntrywày** 名 C **入口, 通路**.

en·twine /intwáin/ 動 [本来他]〔一般語〕《しばしば受身で》**からみ合わせる, 組み合わせる, からませる**. 自 **からまる**.

E number /í: nʌ̀mbər/ 名 C 〔一般語〕《英》**食品添加物を示した E で始まる番号, E 番号**〔★E の後に特定の食品添加物を数字化して示す〕.

e·nu·mer·ate /injú:məreit/ 動 [本来他]〔やや形式ばった語〕**数えあげる, 列挙する**.
[語源] ラテン語 *enumerare* (＝to count; *ex-* out＋*numerus* number) の過去分詞 *enumeratus* が初期近代英語に入った.
[用例] He *enumerated* my faults—laziness, vanity etc. 彼は私の怠惰さ, 虚栄心などの欠点を数えあげた.
[類義語] count.
【派生語】**enùmerátion** 名 U.

e·nun·ci·ate /inʌ́nsièit/ 動 [本来他]〔形式ばった語〕[一般義] **理論, 主義などを明確に宣言する**. [その他] **語をはっきりと発音する**.
[語源] ラテン語 *enuntiare* (*en-* out＋*nuntiare* to announce) の過去分詞 *enuntiatus* が初期近代英語に入った.
[用例] He carefully *enunciated* each syllable of the word. 彼はその語の各音節を注意深く明確に発音した.
【派生語】**enùnciátion** 名 UC **言明, 明言, 発音, 明らかな発音**. **enúnciàtive** 形. **enúnciàtor** 名 C. **enúnciatòry** 形.

en·vel·op /invéləp/ 動 [本来他]〔一般語〕**包む, とり囲む**.
[語源] 古フランス語 *envoloper* (*en-* in＋*voloper* to wrap) が中英語に入った.
[用例] She *enveloped* herself in a thick cloak. 彼女は厚い外套に身を包んだ.
[類義語] enclose.
【派生語】**envélopment** 名 U.

en·ve·lope /énvəlòup/ 名 C 〔一般語〕[一般義] **封筒**. [その他] **包み, おおい, 《英》などの気嚢**(のう).
[語源] 古フランス語 *envoloper* (⇒envelop) の 名 *envelope* によるフランス語 *enveloppe* が18世紀に入った.
[用例] The letter arrived in a long *envelope*. その手紙は長封筒に入って来た.

en·ven·om /invénəm/ 動 [本来他]〔形式ばった語〕《通例受身で》**…に毒を入れる, 有毒にする**, 比喩的に **…に敵意を抱かせる, …に憎悪を含ませる**.
[語源] *en-*＋venom. 初期近代英語から.

enviable ⇒envy.
envious ⇒envy.
environed ⇒environment.

en·vi·ron·ment /inváiərənmənt/ 名 UC 〔一般語〕**人や組織などの成長や発達, 発展に影響を与える環境, 周囲の状況, 人間をとり囲む自然環境**.
[語源] 古フランス語 *environ* (＝around) から派生した *environer* (＝to encircle) が中英語に入り, それに -ment をつけて17世紀ごろから用いられ始めた.
[用例] An unhappy home *environment* may drive a teenager to crime. 不幸な家庭環境はティーンエイジャーを犯罪にかりたてることがある／Many people think that we should protect the *environment* from destruction by modern chemicals etc. 現代の化学薬品などによる破壊から環境を守るべきだと思っている人は多い.
[類義語] environment; surroundings: **environment** は人間の感情や思考に影響を与える周囲の状況という点に意味の中心があり, **surroundings** は単に場所をいう.
【派生語】**envíroned** 形〔形式ばった語〕**ある場所が囲まれた**《〔語法〕*environ* (とり囲む) の過去分詞からできた形容詞だが, 動詞の方は現在ではあまり用いない》. **envìronméntal** 形 **環境の, 環境保護の: envìronméntal pollútion 環境汚染, 公害**. **envìronméntalism** 名 U **汚染から自然を守る環境保護論**. **envìronméntalist** 名 C **環境保護論者, 環境問題の専門家**. **envírons** 名《複》〔やや形式ばった語〕**都市の周囲, 近郊, 郊外**.
【複合語】**envìronment-fríendly** 形 **環境に優しい**〔配慮した〕.

en·vis·age /invízidʒ/ 動 [本来他]〔形式ばった語〕**心に描く, 予測する, 予想する**.

en·vi·sion /invíʒən/ 動 ＝envisage.

en·voy /énvɔi/ 名 C 〔やや形式ばった語〕**使節**, 特に ambassador の下に位する**(全権)公使**.
[語源] フランス語 *envoyer* (＝to send) の過去分詞 *envoyé* が初期近代英語に入った. 「派遣された者」が原義.
[用例] He was sent to France as the king's *envoy*. 彼は王の使節としてフランスに送られた.

en·vy /énvi/ 名 U 〔一般語〕**うらみ, ねたみ, 嫉妬**(しっと). 動 として, **人や物をねたむ, うらやむ**.
[語源] ラテン語 *invidere* (＝to look at with malice; *in-* in＋*videre* to look) の 名 *invidia* が古フランス語 *envie* を経て中英語に入った.
[用例] She could not conceal her *envy* of me. 彼女は私へのねたみをかくせなかった／They *envy* your suc-

cess. 彼らは君の成功をねたんでいる/She *envied* him his money. 彼女には彼のお金がうらやましい/I *envy* you. 私は君がうらやましい.

[類語] envy; jealousy: **envy** は人の財産や所有物あるいは成功や幸運などをねたましく思うことに意味の中心があり, **jealousy** は自分の独占欲から他人をねたむ気持ちを強調する. それぞれの形容詞 envious と jealous に関しても同様のことがいえる.

【派生語】 **énviable** 形 人をうらやましがらせる. **énviably** 副. **énvious** 形 人がうらやましがる, 嫉妬深い. **énviously** 副. **envyingly** 副.

en·wrap /inrǽp/ 動 [本来転] 〔形式ばった語〕包む, くるむ, 比喩的に気分や雰囲気などに包む.

en·zyme /énzaim/ 名 C 【生化】酵素.
[語源] ドイツ語 *Enzym* から 19 世紀に入った.

EP /íːpíː/ 名 C 〔一般語〕レコードの EP 盤(extended play).

ep·au·let, ep·au·lette /èpəlét/ 名 C 〔一般語〕将校の軍服についている肩章.
[語源] フランス語 *épaule* (肩) の指小語 *épaulette* (肩当, 肩章) が 18 世紀に入った.

e·phem·er·al /ifémərəl/ 形 一日限りの, 短命な, はかない.
[語源] ギリシャ語 *ephēmeros* (=lasting only for a day; *epi-* upon+*hēmera* day) が初期近代英語に入った.
[用例] *ephemeral* pleasures つかのまの楽しみ.

ep·i·cen·ter, 《英》**-tre** /épisèntər/ 名 C 【地】地震の震央 (★震源地の真上の地点), 一般的に中心, 核心.
[語源] epi-「上」+center として 19 世紀から.

ep·i·cure /épikjùər/ 名 C 〔一般語〕食通, 美食家.
[語源] ギリシャの哲学者, 快楽主義者の Epicurus の名より.
【派生語】 **épicurism** ⇒名 U.

epicurean ⇒Epicurus.

Ep·i·cu·rus /èpikjúərəs/ 名圀 エピクロス(★紀元前 4-3 世紀のギリシャの哲学者で快楽主義者)
【派生語】 **èpicuréan** 形〔やや形式ばった語〕快楽主義の, 快に食い道楽の, (E-) エピキュロス派の. 名 C 美食家, 食通, (E-) エピキュロス学派の人. **èpicuréanism** 名 U.

ep·i·dem·ic /èpidémik/ 形 名 C 〔一般語〕病気が一時期流行する, 伝染する, 比喩的に思想や風俗などが流行する. 名 として流行, 伝染病.
[語源] フランス語 *épidémie* (伝染病の流行) の 形 *épidémique* が初期近代英語に入った. もとはギリシャ語 *epidēmia* (*epi* among+*demos* people) で,「人々の間に広がったもの」が原義.
[用例] *epidemic* diseases 伝染病/an *epidemic* of measles はしかの流行.

ep·i·der·mis /èpidə́ːrmis/ 名 UC 【解】表皮, 上皮.
[語源] ギリシャ語 *epidermis* (=outer skin) がラテン語を経て初期近代英語に入った.

ep·i·glot·tis /èpəɡlɑ́tis |-ɡlɔ́t-/ 名 C 【解】《通例単数形で》喉頭蓋.

ep·i·gram /épiɡræm/ 名 C 〔一般語〕警句, 短い風刺詩.
[語源] ギリシャ語 *epigramma* (=inscription) がラテン語, 古フランス語を経て中英語に入った.

【派生語】 **èpigrammátic** 形.

ep·i·lep·sy /épəlèpsi/ 名 U 【病理】てんかん.
【派生語】 **èpiléptic** 形名.

ep·i·logue, 《米》 **ep·i·log** /épəlɔ̀(ː)ɡ/ 名 C 〔一般語〕詩, 物語などの結び(の言葉), 【劇】納め口上, 【楽】終楽章.
[語源] ギリシャ語 *epilogos* (=conclusion) がラテン語, 古フランス語を経て中英語に入った.

e·pis·co·pal /ipískəpəl/ 形 【キ教】監督[主教, 司教]の, 監督制の, あるいは英国国教会の.
[語源] ラテン語 *episcopus* (=bishop) から派生した後期ラテン語 *episcopalis* が中英語に入った.
[用例] the *Episcopal* Church 英国国教会, 聖公会/the Methodist *Episcopal* Church メソジスト監督派教会.
【派生語】 **Episcopálian** 形 監督制(教会)の. 名 C 監督教会員, 聖公会員.

ep·i·sode /épisòud/ 名 C 〔一般語〕[一般義] 物語や戯曲などの中の挿話, または挿話的な出来事, エピソード. [その他] ラジオ, テレビの連続番組の一回分.
[語源] ギリシャ語 *epeisodios* (=coming in besides; *epi-* in addition+*eisodos* entering) が名詞化したものから.
[用例] The *episode* of [about] the donkeys is in Chapter 3. ろばの挿話は第 3 章にある/That is an *episode* in her life that she wishes to forget. それは彼女の人生で忘れたいと思っているエピソードです/This is the last *episode* of the serial. 今回がシリーズの最終回です.
【派生語】 **episódic** 形.

e·pis·tle /ipísl/ 名 C 〔形式ばった語〕長文の手紙, 《the E-》新約聖書の使徒の書簡.
[語源] ギリシャ語 *epistolē* (=message; letter) がラテン語, 古フランス語を経て中英語に入った.
【派生語】 **epístolàry** 形 手紙の, 手紙による, 書簡体の.

ep·i·taph /épitæ̀f |-tàːf/ 名 C 〔一般語〕碑文, 特に墓石に書かれた碑銘.
[語源] ギリシャ語 *epitaphios* (*epi-* on+*taphos* tomb) が名詞化し, ラテン語を経て中英語に入った.

ep·i·thet /épiθet/ 名 C 〔やや形式ばった語〕ある人や物の特質を典型的に表す形容語句, 添え名, 例えば the *blue sky* や Alfred *the Great* のようなの.
[語源] ギリシャ語 *epitithenai* (=to add; *epi-* on+*tithenai* to put) から派生した *epitheton* (=addition) がラテン語を経て初期近代英語に入った.
【派生語】 **èpithétic, -cal** 形.

e·pit·o·me /ipítəmi/ 名 C 〔形式ばった語〕[一般義] 縮図, 典型. [その他] 文芸作品などの要約.
[語源] ギリシャ語 *epitemnein* (=to abridge) の 名 *epitomē* がラテン語を経て初期近代英語に入った.
【派生語】 **epítomize** 動 [本来他] 要約する, 縮図的に示す: His treatment of his wife *epitomizes* his attitude to women. 彼の妻の扱い方は彼の女性に対する態度の縮図である.

ep·och /épək | íːpɔk/ 名 C 〔一般語〕新紀元, 新時代, 画期的な時代[時期], またはそのような新時代を画する出来事.
[語源] ギリシャ語 *epekhein* (=to take up a position; *epi-* on+*ekhein* to hold) から派生した *epokhē* (=position) が中世ラテン語 *epocha* を経て初期近代

英語に入った.「天体の位置」から「ある特定の時間・時期」を意味するようになった.
[用例] The invention of printing marked an *epoch* in the history of education. 印刷術の発明は教育の歴史上, 新時代を画した.
[類義語] period.
【複合語】**époch-màking** 形 ある出来事が**新時代を画する**, 画期的な.

ep·si·lon /épsələn | epsáilɔn/ 名 C 〔一般語〕エプシロン (★ギリシャ語アルファベットの第 5 文字 e, E).

eq·ua·ble /ékwəbl/ 形 〔一般語〕[一般義] 気持が**平穏**な, 落ち着いた. [その他] 本来一様な, 均等な, 温度などが**安定している**, **急激な変化のない**, むらのない.
[語源] ラテン語 *aequare* (= to make equal) から派生した *aequabilis* (= that can be made equal) が初期近代英語に入った.
【派生語】**èquabílity** 名 U 平静, 落ちつき, 一様. **équably** 副.

e·qual /íːkwəl/ 形 名 C 動 [本来義] 〔一般語〕[一般義] 大きさ, 数, 価値, 位などが**等しい**. [その他] 人が**等しい権利を持つ**, 平等である, また何かをするのに**等しい力を持つ**, あることをする**資格がある**. 名 として**同等のもの**, **匹敵するもの**. 動 として…**に等しい**, **匹敵する**, あるものが…に**結びつく**.
[語源] ラテン語 *aequus* (= even; level) から派生した *aequalis* (= equal) が中英語に入った.
[用例] These coins are of *equal* value. これらの貨幣は同じ価値を持っている / Women want their wages to be *equal* with men's wages. 女性たちは自分たちの賃金が男性の賃金と同等になることを望んでいる / I am not his *equal* at running. 走ることでは私は彼にかないません / I cannot hope to *equal* him. 私には彼と対等になることは望めない / Two and two *equals* four. 2 たす 2 は 4.
[類義語] same.
【派生語】**equàlitárian** 名 C 平等主義者. **equálity** 名 U 等しいこと, 平等. **èqualizátion** 名 U. **équalize** 動 [本来義] 等しくする, 同等[平等]にする. **équally** 副.

e·qua·nim·i·ty /íːkwəníməti/ 名 U 〔形式ばった語〕心の落ち着き, 平静.
[語源] ラテン語 *aequanimis* (= even-tempered; *aequus* equal + *animus* mind) の派生形 *aequanimitas* が初期近代英語に入った.

e·quate /ikwéit/ 動 [本来義] 〔一般語〕等しくする, 同等にみなす.
[語源] ラテン語 *aequus* (⇒equal) から派生した *aequare* (= to make equal) の過去分詞 *aequatus* から中英語に入った.
[用例] He *equates* money with happiness. 彼はお金を幸福と同一視している.
【派生語】**equátion** 名 U《数》等式, 方程式; 等しいこと, 平衡状態. **equátional** 形.

e·qua·tor /ikwéitər/ 名 C《the ~》赤道, 《天》天球赤道.
[語源] ラテン語 *aequare* (⇒equate) の動作主名詞 *aequator* が中英語に入った. 太陽が天球の赤道にあるときに昼と夜の長さが等しくなることからこの名が生れた.
[用例] It is very hot at the *equator*. 赤道付近はとても暑い.
【派生語】**èquatórial** 形.

equer·ry /ékwəri/ 名 C 〔一般語〕英国王室の侍従.
[語源] 不詳.

e·ques·tri·an /ikwéstriən/ 形 名 C 〔形式ばった語〕馬術の, 乗馬の. 名 として騎手.
[語源] ラテン語 *equestris* (= of a horseman) から初期近代英語に入った. ラテン語 *equus* は「馬」の意.

equi- /íːkwə, ikwí/ [連結]「等しい」を意味する.
[語源] ラテン語 *aequus* (= even; equal) から.

equi·dis·tant /íːkwədístənt/ 形 〔形式ばった語〕…から等距離の《from》.

equi·lat·er·al /íːkwəlǽtərəl/ 形 〔形式ばった語〕等辺の.
[用例] an *equilateral* triangle 正三角形.

e·qui·lib·ri·um /íːkwəlíbriəm/ 名 U 〔一般語〕平均, 釣り合い, 均衡, 均勢, 心の平衡状態, 平静.
[語源] ラテン語 *aequilibrium* (= even balance; *equi-* even + *libra* balance) が初期近代英語に入った.

e·quine /íːkwain/ 形 〔一般語〕馬のような, 馬についての.
[語源] ラテン語 *equus* (= horse) の派生形 *equinus* が 18 世紀に入った.

e·qui·nox /íːkwənɑks | -nɔks/ 名 〔一般語〕昼夜平分時, 春分あるいは秋分.
[語源] 中世ラテン語 *aequinoxium* (ラテン語 *aequi-* equi- + *nox* night) が古フランス語を経て中英語に入った.
[用例] the vernal *equinox* 春分 / the autumnal *equinox* 秋分.

e·quip /ikwíp/ 動 [本来義] 〔一般語〕人や物に必要なものを備える, 装備する, 身支度する.
[語源] 「船に艤装する」の意のフランス語 *équiper* が初期近代英語に入った. 元々ゲルマン語で英語の ship などと関連がある.
[用例] He was fully *equipped* for the journey. 彼は十分な旅支度ができていた / Her kitchen is *equipped* with labour-saving devices. 彼女の家の台所には労力を省いてくれる道具が備っている.
【派生語】**equípment** 名 U 設備, 備品; 装備, 準備.

equitable ⇒equity.

eq·ui·ty /ékwəti/ 名 U 〔形式ばった語〕公平, 公正, 《英法》衡平法 (★法決定に人の良心と自然的公正の原則を適用すること).
[語源] ラテン語 *aequus* (⇒equal) の派生形 *aequitas* が中英語に入った.
【派生語】**équitable** 形 公平な, 公正な. **équitably** 副.

equivalence ⇒equivalent.

e·quiv·a·lent /ikwívələnt/ 形 名 C 〔一般語〕価値, 力, 意味などの点で**等しい**, **同等である**. 名 として**同等物**, **等価物**.
[語源] ラテン語 *eaquivalere* (= to be equal in value; *aequi-* equal + *valere* to be strong) の現在分詞 *aequivalens* が古フランス語を経て中英語に入った.
[用例] A meter is not quite *equivalent* to a yard. 1 メートルは 1 ヤードとは全く等しいというわけではない / This word has no *equivalent* in French. フランス語には, この単語に相当する語はない.
[類義語] same.

【派生語】**equívalence** 名 U.

e·qui·vo·cal /ikwívəkəl/ 形 〔形式ばった語〕言葉が二つの意味にとれる，あいまいな，人が疑わしい，行動がはっきりしない．

語源 後期ラテン語 *aequivocus* (=of equal meaning); ラテン語 *aequi-* equal+*vox* voice) が中英語に入った．

【派生語】**equívocate** 動 本来他 わざとあいまいな発言をする，言葉を濁す．**equivocátion** 名 U.

-er[1] /-ər/ 接尾 形容詞(あるいは時に 2 音節)の形容詞・副詞について比較級を形成する．

語源 古英語の比較級形成語尾は，形容詞 -ra, 副詞 -or であったが，中英語 -re, -er を経て現在に至る．

-er[2] /-ər/ 接尾 動詞について「…する人［もの］」，名詞について「…に住む人，…を作る人，…に従事する人，…と関係のある人，…を持つ人［もの］」などの意味の語を形成する．例: learner (学習者); New Yorker (ニューヨーク市民); double-decker(2 階仕てバス).

語源 ラテン語の動作主を表す語尾 *-arius* との関係も考えられるゲルマン語に共通の語尾で，古英語 -ere が中英語 -er(e) を経て現在に至る．

era /íərə/ 名 C 〔一般語〕新しい社会秩序などが起る時代，年代，紀元．

語源 ラテン語 *aes* (銅, 銅貨)の複数形 *aera* が「銅製の計算器「表された数」，年代を表すようになり「年代」の意味が生れ，初期近代英語に入った．

用例 The *era* of the steam engine is over. 蒸気機関の時代は終った/the Elizabethan *era* エリザベス朝時代．

類義語 period.

e·rad·i·cate /irǽdikèit/ 動 本来他 〔一般語〕雑草などを根こそぎにする，望ましくないものを根絶する，一掃する．

語源 ラテン語 *eradicare* (=to root out; *ex-* out+*radix* root) の過去分詞 *eradicatus* が中英語に入った．

用例 Smallpox has almost been *eradicated*. 天然痘はほぼ絶滅した．

【派生語】**eràdicátion** 名 U. **erádicàtor** 名 C 根絶させる人［もの］; しみ抜き，インク消し．

e·rase /iréis|iréiz/ 動 本来他 〔一般語〕書かれたり彫り込まれたりした文字などをこすったり削ったりして消し去る．その他 〔米〕黒板に書かれた文字などを消す(〔英〕clean). また，こすって消すという実際の動作にはともなわないが，テープレコーダーなどに録音したものを消す，【コンピューター】消去する，比喩的に記憶や心の中にあるものを消し去る，ぬぐい去る，〔俗語〕人を消し去る，殺す．

語源 ラテン語 *eradere* (=to scrape out; *ex-* out+*radere* to scrape) の過去分詞 *erasus* が初期近代英語に入った．

用例 He accidentally *erased* the file that stored precious data. 彼は貴重なデータが入っているファイルをうっかり消してしまった/*Erase* the blackboard. 黒板を消しなさい/He couldn't *erase* the event from his memory. 彼はそのできごとを記憶から消し去ることはできなかった．

類義語 erase; efface; delete: **erase** は書かれたり印刷されたりした文字を消すの最も一般的な語で，こすって消し去ることに意味の中心がある．**efface** はやや形式ばった語で，erase より意味が強く，表面から完全に消しさることをいう．**delete** は編集などの際に不要なものを削除するという意味で用いることが多い．

【派生語】**eráser** 名 C 消しゴム，〔米〕黒板ふき(〔英〕rubber). **erásure** 名 UC 〔形式ばった語〕こすって消すこと，消した場所［跡］，削除(箇所，語句).

ere /éər/ 前 〔古語・詩語〕…の前に(before).
古英語 ēr, ær から．

e·rect /irékt/ 形 動 本来他 〔形式ばった語〕〔一般語〕人や柱などの細長いものが曲がらずまっすぐに立っている．その他 髪の毛などが逆立った，茎や葉などが直立した，さらに性器が勃起しているという意味でも用いる．動 としてまっすぐにする，直立させる，〔形式ばった語〕建物などを建てる，建設する．

語源 ラテン語 *erigere* (=to set up; *ex-* out+*regere* to direct) の過去分詞 *erectus* が中英語に入った．

用例 She walks in a very *erect* way. 彼女はとてもまっすぐな姿勢で歩きます/stand *erect* 直立する/with hair *erect* from fright 恐怖で髪を逆立てて/an *erect* stem 直立茎/The soldiers *erected* their tents behind the hill. 兵士達は丘の背後にテントを張った/They *erected* a monument in memory of the poet. 彼らはその詩人の記念碑を建てた．

【派生語】**erection** 名 U 建設，組み立て; 勃起．**eréctly** 副 直立して，真っすぐに．**eréctness** 名 U 直立，垂直．

er·go /ə́ːrgou/ 副 それ故に(therefore).
参考 Cogito *ergo* sum. (=I think therefore I am.) (★チルトの言葉).
語源 ラテン語 *ergo* より．

e·rode /iróud/ 動 本来他 〔一般語〕(通例受身で)酸などが金属を腐食する，風雨が浸食する．自 浸食を受ける．

語源 ラテン語 *erodere* (=to eat away; *ex-* out+*rodere* to gnaw) がフランス語を経て初期近代英語に入った．

用例 Water has *eroded* the rock. 水が岩石を浸食した．

【派生語】**erósion** 名 U 浸食．**erósive** 形 腐食性の，浸食的な．

e·rot·ic /irátik|irɔ́t-/ 形 〔一般語〕性愛の，性的欲望をそそるような，エロチックな．

語源 ギリシャ語 *erōs* (=love; desire) の 形 *erōtikos* が初期近代英語に入った．

用例 *erotic* films 性愛映画．

類義語 erotic; sexy; sexual: **erotic** は芸術作品についていうことが多い．**sexy** はくだけた語で，人などが性的魅力のある，人に性的連想をいだかせるという意味で用いる．**sexual** は「性差別」(sexual discrimination) や「生殖器」(sexual organs) など，性に関するという中立的な意味で用いる．

【派生語】**erótica** 名 (複)（しばしば単数扱い）エロ本，好色本．**erótically** 副．**erótism** 名 U エロティシズム，性愛的傾向，好色．

err /ə́ːr/ 動 本来他 〔形式ばった語〕過ちを犯す，間違う．

語源 「さまよう」の意のラテン語 *errare* が古フランス語 *errer* を経て中英語に入った．道を間違えてさまよう，正しい道から外れるという意味から，間違いを犯すという意味が強調されて定着した．

用例 You *erred* in not obeying your parents. 両親のいうことを聞かないのは君の間違いだった/To *err* is human, to forgive divine. 過ちを犯すのは人，許

【慣用句】**err on the side of** ... …し過ぎる: It is better to *err on the side of* leniency when punishing a child. 子供を罰する時には寛大すぎる方がよい.

er·rand /érənd/ 名 C 〔一般語〕他の人のための使い, 使い走り, あるいはその使いの目的, 用事を意味する.
[語源] 古英語 ærende (=message) から.
[用例] He has gone on an *errand*. 彼は使いに行っています/I sent my son on an *errand*. 私は息子を使いに出した/She accomplished her *errand*. 彼女は用事を終わらせた.
【慣用句】**an errand of mercy** 〔文語〕援助の旅. **on a fool's errand** むだ足で, 骨折り損で.

er·rant /érənt/ 形 〔形式ばった語〕修業のために遍歴する, さまよい歩く, 巡回の, 比喩的に正道からはずれた, 誤った.
[語源] ラテン語 *iter* (=road) から派生した *itinerari* (=to travel in quest of) が古フランス語で *errer* となり, その現在分詞 *errant* が中英語に入った.

er·ra·ta /erá:tə/ 名 (複) 〔一般語〕erratum の複数形, また《通例単数扱い》正誤表.

er·rat·ic /irǽtik/ 形 〔一般語〕とっぴな, 風変りな, 並はずれた.
[語源] ラテン語 *errare* (⇒err) から派生した *erraticus* (=wandering) が古フランス語を経て中英語に入った.
【派生語】**errátically** 副.

er·ra·tum /erá:təm, iréi-/ 名 C (複 **-ta** /-tə/) 〔一般語〕誤り, 誤植. ⇒errata.
[語源] ラテン語 *errare* (⇒err) の過去分詞 *erratus* の中性形 *erratum* が初期近代英語に入った.

er·ro·ne·ous /iróuniəs/ 形 〔形式ばった語〕誤った, 間違った《(語法) 人については用いない》.
[語源] ラテン語 *errare* (⇒err) から派生した *erroneus* (=wandering about) が中英語に入った.
[用例] Your conclusions are *erroneous*. 君の結論は間違っている.
【派生語】**erróneously** 副.

er·ror /érər/ 名 C 〔一般語〕〔一般語〕無知や不注意のために犯す間違い. その他 〔古風な語〕道徳的な過ち, 非行, また 〔野〕失策, エラー, 〔数〕誤差, 〔法〕判決などの誤り, 誤審.
[語源] ラテン語 *errare* (⇒err) の派生形 *error* (放浪, 誤り) が古フランス語 *errour* を経て中英語に入った.
[用例] That child's exercise is full of *errors*. あの子の練習問題は間違いだらけだ/the *errors* of one's youth 若気の過ち/trial and *error* 試行錯誤.
〔類義語〕error; mistake; blunder; slip: **error** が最も広い意味領域で広く, 正しい基準からはずれているという意味での間違い, 誤りをいう. **mistake** は error ほど意味が強くなく, うっかりした間違いをいい, また error のような道徳的間違い, 非行という意味で用いることはない. **blunder** は不必要な馬鹿げた大きな誤り, 大失策を意味し, **slip** はうっかりした軽い間違いを意味する.
【慣用句】**in error** 間違って(いる): You are *in error* if you think that. そんな風に考えるとしたら, 君は誤っている.

er·u·dite /érjudàit/ 形 〔形式ばった語〕博識な, 学識豊かな.
[語源] ラテン語 *erudire* (=to instruct) の過去分詞 *eruditus* が中英語に入った.
【派生語】**èruditely** 副. **èruditeness** 名 U. **èrudítion** 名 U 博識.

e·rupt /irʌ́pt/ 動 本来自 〔一般語〕〔一義語〕火山が噴火する, 爆発する. その他 比喩的に抑えられていた感情が一気にほとばしり出る, 言葉などがせきを切ったように出る, 暴動などが勃発する, 病気が急に流行する. また発疹(はっしん)が吹き出る, 皮膚が発疹する, 歯が生える.
[語源] ラテン語 *erumpere* (=to break out; *ex-* out+*rumpere* to break) の過去分詞 *eruptus* が初期近代英語に入った.
【派生語】**erúption** 名 UC. **erúptive** 形. **erúptively** 副.

-er·y /-əri/ 接尾 「…の状態, 性質」「…の場所」「…業, 術」「…類」の意味の名詞を形成する. 例: slavery (奴隷の身分); brewery (ビールの醸造所); fishery (漁業); machinery (機械類).

es·ca·late /éskəleit/ 動 本来自 〔一般語〕戦争など段階的に拡大する, 激しくなる, 物価や賃金などがだんだん上昇する. 他 政府や軍隊が戦争を拡大する, 激化させる.
[語源] escalator からの逆成によって 20 世紀に造られた語.
[用例] How can we stop the war from *escalating*? どうしたら戦争の拡大を妨げるだろうか/Prices are *escalating*. 物価はだんだん上昇している.
【派生語】**èscalátion** 名 U.

es·ca·la·tor /éskəlèitər/ 名 C 〔一般語〕エスカレーター《〔語法〕〔英〕では説明的に moving staircase ともいう》.
[語源] escalade (はしごで登る) +-tor として 19 世紀末に造られた語.

es·ca·lope /èskəlóup/éskəlòp/ 名 C 《料理》エスカロップ《★肉のソテー, フライ》.
[語源] 古フランス語 *escalope* (=shell) から.

es·ca·pade /éskəpèid/ 名 C 〔一般語〕とっぴな行為, はめをはずす行為, いたずら.
[語源] スペイン語 *escapada* (=escape) がフランス語を経て初期近代英語に入った.

es·cape /iskéip/ 動 本来自名 UC 〔一般語〕〔一義語〕閉じ込められている所から逃げる, 脱出する, 逃亡する 《from; out of》. その他 追跡, 危険, 危険, 苦痛, 心配事, 責任などからのがれる, 免れる. 逃げることは外に出ることにつながるので, 容器やパイプから液体やガスが漏れる, 物事が記憶などから消え去る. 他 追跡(者)などから逃げる, 危険, 災難, 罰などをのがれる, 免れる, 物事が人々の記憶などに残らない, 人に気づかれない, 言葉やため息が人から思わず出る, 漏れる. 名 として脱出, 逃亡, 避難, 回避, 流出, 漏れ, また脱出の手段, 非常口.
[語源] 俗ラテン語 *excappare* (= to take off one's cloak; *ex-* out of + 後期ラテン語 *cappa* cloak) が古ノルマンフランス語 *escaper* を経て中英語に入った.
〔語法〕本来は自動詞で, 他動詞の用法は, 古英語の時代に区別していた対格と与格が中英語であいまいになったため, 目的語ではない与格が目的語と思われて成立した. 現在でも他動詞の目的語には古い時代の「…から」という与格で表した意味が残っており, 純粋に他動詞化したとは考えられないので, 受身には用いない.
[用例] He *escaped* from prison. 彼は刑務所から逃げた/The gas *escaped* from the hole in the pipe. ガスはパイプの穴から漏れた/He *escaped* the infection.

彼は伝染を免れた/His name *escapes* me [my memory]. 私は彼の名前が思い出せない/His *escape* from prison was soon discoverd. 彼の刑務所からの逃亡はすぐに発見された/The explosion was caused by an *escape* of gas. 爆発はガス漏れが原因だった/a fire *escape* 非常階段.
【慣用句】*have an escape from* … …から逃げる, …を免れる. *make one's escape* うまく逃げる.
【派生語】**escápee** 名 C 逃亡者, 脱走者. **escápement** 名 C 時計の歯車の逃がし止め, タイプライターの文字送り装置. **escápism** 名 U 逃避主義, 現実逃避. **escápist** 名 C 逃避主義の人, 現実から逃避する人.

es·car·got /èskɑːrgóu|-káː-/ 名 C 〔一般語〕食用のかたつむり, エスカルゴ.
[語源] 19世紀末にフランス語から借用された.

es·chew /istʃúː/ 動 本来他 〔形式ばった語〕ある行為, 望ましくないことを*避ける*, 控える, 慎む.
[語源] ゲルマン語起源の俗ラテン語 *scivare* (= to avoid) が古フランス語 *eschiver* を経て中英語に入った.

es·cort /éskɔːrt/ 名 CU, /iskɔ́ːrt/ 動 本来他 〔一般語〕〔一般義〕保護や儀礼のために付き添う人〔車, 船, 飛行機など〕. その他 特にパーティーなどで女性に付き添う男性, エスコート役. 付き添って保護する行為, 護衛, 付き添い, 案内. として護衛[護送]する, 付き添う, エスコートする.
[語源] イタリア語 *scorgere* (導く, 案内する) から派生した 名 *scorta* がフランス語を経て初期近代英語に入った.
[用例] He offered to be my *escort* round the city. 彼はその町を見物するのに案内役をかって出てくれました/Four police motorcyclists *escorted* the president's car along the route. オートバイに乗った4人の警官が, 途中, 大統領の車を護送した.

es·cutch·eon /iskʌ́tʃən/ 名 C 〔紋章〕盾.
[語源] ラテン語 *scutum* (= shield) が中フランス語を経て中英語に入った.

-ese /-íːz/ 接尾 形容詞形成語尾として「…国の, …地方の」の意. また名詞形成語尾として「…人」「…語」, 軽蔑的に「…的な文体, …に特有な用語」の意. 例: Japanese; journalese (新聞用語); officialese (官庁用語).
[語源] -ese を用いるのは, 英語圏外の地名に限られる. すなわち, 英語ではこの -ese という語尾は, 外国のもの, 不自然なものというニュアンスがあり, そのために, 文体などについて軽蔑的な用法は生まれたと考えられる.

e·soph·a·gus /isáfəgəs|isɔ́f-/ 名 C (複 **-gi**/gai/) 〔解〕食道.
[語源] ギリシャ語 *oisophagos* (*oiso* food + *pherein* to carry) がラテン語 *esophagus* を経て中英語に入った.

es·o·ter·ic /èsətérik/ 形 〔形式ばった語〕深遠な, 難解な, 一部の人にみにわかる.
[語源] ギリシャ語 *esō* (= within) の比較級から派生した *esōterikos* (= inner) がラテン語を経て初期近代英語に入った.

es·pe·cial /ispéʃəl/ 形 〔形式ばった語〕特別な, 特殊の (語法 今日では special を用いることが多い).
[語源] ラテン語 *specialis* が古フランス語 *especial* を経て中英語に入った. ⇒special.
[用例] You must treat this with *especial* care. これは特に注意してとり扱ってください.
[類義語] ⇒special.
[反義語] common.
【派生語】**espécially** 副 〔一般語〕特に, 特別に, とりわけ (語法 一般に -ly のつく副詞はもとになった形容詞の方が重要である場合が多いが, especially については形容詞 especial より副詞 especially のほうが使用頻度が高く, especial が形式ばった語であるに対して, especially は一般に広く用いる. また, especially はすでに話題にのぼっているものの中からあるものをとり立てて言う場合に使われる: These insects are quite common, *especially* in hot countries. これらの昆虫は, 特に熱い国ではごく普通に見られる).

Es·pe·ran·to /èspəræntou/ 名 U 〔一般語〕エスペラント語 (★人工の国際補助語; ポーランド人 Zamenhof が1887年に考案した).
[語源] ラテン語 *sperare* (= to hope) から造られたエスペラント語の *esperei* の現在分詞が esperanto で, 原義は 'one who hopes' である.
【派生語】**Èsperántist** 名 C エスペラント語使用者.

es·pi·o·nage /éspiənɑ̀ːʒ/ 名 U 〔形式ばった語〕スパイ行為, 諜報(ちょうほう)活動.
[語源] イタリア語 *spia* (= spy) に由来するフランス語 *espionnage* が18世紀に入った.

espousal ⇒espouse.

es·pouse /ispáuz/ 動 本来他 〔形式ばった語〕主義や説などを*支持*する.
[語源] ラテン語 *sponsare* (婚約させる) が古フランス語 *espouser* を経て中英語に入った. 本来の意味は現在では古語となっている.
[用例] He enthusiastically *espoused* Marxism in his student days. 彼は学生時代にはマルクス主義を熱狂的に支持した.
【派生語】**espóusal** 名 UC.

es·pres·so /esprésou/ 名 UC 〔一般語〕細かく挽いたコーヒー豆に蒸気を押し通して入れた濃いコーヒー, エスプレッソ.
[語源] イタリア語 (*caffè*) *espresso* (= pressed-out (coffee)) が20世紀に入った.

es·prit /esprí:/ 名 U 〔一般語〕精神, 特に機知, 才気ある精神.
[語源] ラテン語 *spiritus* (= spirit) からのフランス語 *esprit* が初期近代英語に入った.

es·py /ispái/ 動 本来他 〔形式ばった語〕見つける, 発見する.
[語源] 古フランス語 *espier* (⇒spy) が中英語に入った.

Esq., Esqr. 《略》= Esquire.

es·quire /iskwáiər/ 名 C 〔形式ばった語〕《主に英》 (E-) 改まった手紙や公式文書などのあて名で男性の姓名の後につけて, …殿, …様 (語法 Esq. または Esqr. と略す). 本来は昔の大地主, 郷士 (★knight に次ぐ身分).
[語源] 古フランス語 *esquier* が中英語に入った. 元来 squire (盾持ち) と同語源で, knight の盾を持つ小姓, 従者の意味で用いられていた.
[用例] Henry Jones *Esq.* ヘンリー・ジョーンズ殿[様].

-ess /-is, -əs/ 接尾 名詞について女性を表す語尾. また動物の雌を表すこともあるが, これは例外的. 例: stewardess (スチュワーデス); lioness (雌ライオン).
[語源] -ess をつける女性形は, しばしば女性に対する差別語として嫌われる傾向がある.

es·say /ései/ 名 C, /-´-/ 動 本来他 〔一般語〕〔一般義〕随筆, 論文, 学校で生徒の書く作文など. その他 〔形式

ばった語)/-ɪ/ ためそうとすること, 試み. 動 としてためす, 試みる.

[語源] ラテン語 *exigere* (＝to weigh out; *ex-* out＋*agere* to do) に由来する古フランス語 名 *essai* (＝trial), 動 *essayer* (＝to try) が中英語に入った. 「随筆」はモンテーニュ (Montaigne) の用語をベーコン (Bacon) が借用して生まれた.

[用例] an *essay* on Japanese culture 日本文化に関する随筆/The examination consists of four *essays*. 試験は 4 つの論文から成っている/I made my first *essays* at writing a novel. 私は初めて小説を書くことを試みた/You would be foolish to *essay* this task. この仕事をやろうとするのは愚かなことです.

[日英比較] 英語の essay は論文, 評論, 作文の意で, 日本語の「随筆」よりは広い意味で使われる.

【派生語】**éssayist** 名 C 随筆家, エッセイスト.

es·sence /ésns/ 名 UC 〔形式ばった語〕物や物事の最も重要な部分を意味し, また存在する証(あかし)となるもの, **本質**. [その他] ある物の本質的な部分を蒸留して採った精, エキス, エッセンス.

[語源] ラテン語 *esse* (＝to be) から派生した *essentia* (本質) が古フランス語 *essence* を経て中英語に入った.

[用例] Tolerance is the *essence* of friendship. 寛容さは友情の最も重要な部分である/vanilla *essence* バニラエッセンス.

【慣用句】*in essence* 本質的には. *be of the essence* 非常に重要である: Time *is of the essence* in this project. この計画では時間が非常に重要である.

es·sen·tial /isénʃəl/ 形 C 〔一般語〕[一般義] ある物[事]が存在するために欠かせない, **本質的な**, **重要な**. [その他] ある物から本質的な部分を蒸留して採った精の(ような), エキスの. 名 として 〔複数形で〕本質的要素, 要点.

[語源] ラテン語 *esentia* (⇒essence) からの 形 *essentialis* が中英語に入った.

[用例] There is no *essential* difference between our two opinions. 私達の 2 つの意見には本質的な違いはない/Strong boots are *essential* for mountaineering. 登山には頑丈な靴が必要だ/*essential* oil 精油/Everyone should learn the *essentials* of first aid. 誰でも応急手当の要点を知っておくべきだ.

[類義語] essential; necessary; indispensable: **essential** は物[事]が存在するために欠かせない, 本質的に必要であることを表す. **necessary** は essential のように強い意味を持たず, 広くいろいろな文脈で用いられる一般語である. **indispensable** はやや形式ばった語で, ある特定の目的を達成するために欠かすことのできない必要性を示す.

【派生語】**esséntially** 副. **esséntialness** 名 U.

Es·sex /ésiks/ 名 固 エセックス 《★イングランド南東部の州》.

[語源] 古英語からで, 原意は the East Saxons (東サクソン人の国). ⇒Wessex.

-est[1] /-ist/ [接尾] 1 音節および多くの 2 音節の形容詞・副詞について, 最上級を形成する語尾.

[語源] 古英語-est, -ost より.

-est[2] /-ist/ [接尾] 〔古語〕動詞の直説法・現在・2 人称・単数を示す語尾で, 主語 thou に呼応する.

[語源] 古英語-est, -ast より.

es·tab·lish /istǽbliʃ/ 動 [本来義] 〔一般語〕[一般義] 施設, 建物, 組織などを**設立する**, **設置する**, **創設する**. [その他] 比喩的に習慣, 制度, 名声などを**確固たるものにする**, **確立する**, 人を地位, 職業などに**安定させる**, 落ちつかせる, 事実などの正しさを示す, **確証する**, 信仰がある宗教の立場を確固たるものとして認めることから, **国教にする**.

[語源] ラテン語 *stabilis* (安定した) から派生した *stabilire* (安定させる, 確固とした状態にする) が古フランス語で *establir* となり, その複数変化の語幹 *establiss-* が中英語に入った.

[用例] They *established* a new university in the city. その市に新しい大学が設立された/He *established* his fame as a scientist. 彼は科学者としての名声を確立した/He *established* himself as a jeweller. 彼は宝石商として身を立てた/The police *established* that he was guilty. 警察は彼が有罪であるという確証を持った/Islam has long been *established* in Iran. イスラム教がイランの国教になって久しい.

[類義語] establish; set up; found: 施設や組織などを設立することを指すが, **establish** には原義の「確固たるものにする」という意味が依然にあり, 設立あるいは創立したのち, その組織などが確固たるものとして長く存続することに意味の中心がある. **set up** は日常的な語で, establish よりも平易で, くだけた文脈でも用いる. **found** は設立の基盤をつくることに意味の中心があり, establish のようにその後の存続を意味しない.

【派生語】**estáblished** 形 確立した, 確定した, 国教として認められた. **estáblishment** 名 U 設立, 創立, 制定, 〔形式ばった語〕設立されたもの, 施設, 《英》(the E-) 《軽蔑的》支配階級, 体制. **estàblishmentárian** 名 C 形 体制支持者(の). **estàblishmentárianism** 名 U 体制主義.

es·tate /istéit/ 名 CU 〔一般語〕[一般義] 個人あるいは複数の人が所有する通例かなりある広い**土地**, **地所**. [その他] 工場や住宅を建てる**土地**, **団地**, 《法》土地だけでなく家屋その他の他の所有物を含めた**財産**, **遺産**. また〔古風な語〕**状態**, **身分**, **立場**.

[語源] ラテン語 *stare* (＝to stand) から派生した *status* (＝state) が古フランス語 *estat* を経て中英語に入った. state とは同語源である. 英語に入った 13 世紀ごろは原義の「状態, 状況」という意味で用いられたが, 「社会における状態, 身分, 立場」という意味になり, 「財産の所有の状態」という意味にもなった. これから「財産」そのものをさすようになったのは初期近代英語のころで, 財産の一部, 特に「地所」を指すようになったのは 18 世紀になってである.

[用例] They have an *estate* in Ireland. 彼らはアイルランドに地所を持っている/a housing *estate* 住宅団地 《★《米》a housing development》/His *estate* was divided among his sons. 彼の遺産は息子たちの間で分けられた/The family is of high *estate*. その家族はいい身分である/real *estate* 不動産.

【複合語】**estáte àgency** 名 C 《英》不動産会社. **estáte àgent** 名 C 《英》不動産業者 (《米》real estate agent; realtor). **estáte càr** 名 C 《英》ワゴン車 (《米》station wagon).

es·teem /istí:m/ 動 [本来義] 〔形式ばった語〕 [一般義] 価値を認めて人や人の性質などを**尊敬する**, **尊重する**, **称賛する**. [その他] ...が...であると思う, 信じる. 名 として尊敬, 尊重, 評価.

[語法] 進行形では用いない.

es·thete /ésθi:t/ 名 《米》=aesthete.
【派生語】**esthétic** 形 《米》=aesthetic. **esthétics** 名 《米》=aestheics.

es·ti·ma·ble /éstiməbl/ 形 〔形式ばった語〕尊敬すべき, 尊重すべき.
[語源] ラテン語 *aestimare* (=to esteem) の 形 *aestimabilis* が中英語に入った.

es·ti·mate /éstimeit/ 動 [本来他], /-mət/ 名 C 〔一般語〕[一般義] あるものの大きさ, 量, 値段などを正確に計らずに大まかに判断する, 見積もる, 評価する. [その他] ものの価値などについて考える, 判断する. 〔自〕[見積もり]をする. 名として見積もり, 評価, 《通例複数形で》見積書.
[語法] 進行形では用いない.
[語源] ラテン語 *aestimare* (=to value; to estimate) の過去分詞 *aestimatus* から中英語に入った. ラテン語 *aestimare* が古フランス語 *estimer* を経て英語に入ったのが esteem であり, 古フランス語 *estimer* の異形 *amer* から英語に入ったのが aim (★原義は「方向を見積もる」で, 転じて「ねらう」という意味が生れた)である.
[用例] He *estimated* that the journey would take two hours. 彼はその行程は2時間かかるだろうと見もった/I did not *estimate* my chances of escape very highly. 私は逃げ出せる見込みはあまり高くないと判断した/He gave us an *estimate* of the cost of repairing the stonework. 彼はその石造物の修理費を見積ってくれた.
[類義語] estimate; appraise; evaluate; assess: **estimate** はものの価値などを個人的な立場から大まかに評価することを意味し, **appraise** は形式ばった語で, ものや人の価値などを専門的な立場から正確に値踏みすることに意味の中心がある: *appraise* land 土地を鑑定する. **evaluate** は appraise と同じように専門的評価をすることを意味するが, ものの値段などの見積もりについてよりも, 学生の成績などの評価の意味で用いる. **assess** は税金などの査定の前に評価額を正確に見積もることを強調する.
【派生語】**èstimátion** 名 U 判断, 意見, 見積もり; 〔形式ばった語〕尊敬, 尊重 [語法] 動詞は esteem). **éstimator** 名 C.

Es·to·ni·a /estóuniə/ 名 固 エストニア (★バルト海沿岸の共和国).
【派生語】**Estónian** 形 エストニア(人, 語)の. 名 CU エストニア人[語].

es·trange /istréindʒ/ 動 [本来他] 〔形式ばった語〕人の仲を裂く, よそよそしくさせる (from).
[語源] ラテン語 *extraneus* (=strange) から派生した中世ラテン語 *extraneare* (=to treat as a stranger) が古フランス語 *estrangier* を経て初期近代英語に入った.
[用例] After her second marriage, her daughter became *estranged* from her. 再婚後, 彼女の娘はよそよそしくなった.

es·tu·ary /éstʃuèri|-əri/ 名 C 〔一般語〕淡水と海水が出会う川の河口.
[語源] ラテン語 *aestus* (=tide) から派生した *aestuarium* が初期近代英語に入った.

et al. /etǽl/ 《略》論文などで中心人物のあとにつけて, およびその他の人たち.
[語源] ラテン語 *et alii* (=and others) の省略形.

etc. /etsétərə/ 《略》…など, その他.
[語法] 日常的な文章を書く時には and so forth を用いることが多く, etc. と書いても通例 and so forth [on] と発音する. また, *et* の飾り文字&を用いて&c. と書くこともある.
[語源] ラテン語 *et cetera* (=and the rest) の省略形.
[用例] The refugees need food, clothes, blankets *etc*. 難民には食糧, 衣服, 毛布などが必要である.

et cetera /et sétərə/ ⇒etc.

etch /etʃ/ 動 [本来他] 〔一般語〕[一般義] 酸や腐食剤を用いて銅または他の金属板に絵や模様を食刻する, エッチングする. [その他] 比喩的に心や記憶に刻む, とどめる.
[語源] 中期高地ドイツ語 *ezzen* (現代高地ドイツ語 *essen* = to eat) の使役形 *etzen* (=to cause to eat) が現代高地ドイツ語 *ätzen* (腐食させる, エッチングする) となり, これがオランダ語 *etsen* を経て初期近代英語に入った.
【派生語】**étching** 名 UC エッチング(の技法).

e·ter·nal /itə́:rnəl/ 形 〔一般語〕[一般義] 初めも終りもなく常に存在している, 永遠の, 永久の. [その他] 〔くだけた語〕《限定用法》しばしば迷惑なことなどがいつまでも続く, 果てしない.
[語源] ラテン語 *aevum* (=age; eternity) の 形 *aeternus* (=of an age; eternal) の後期ラテン語 *aeternalis* が古フランス語を経て中英語に入った.
[用例] God is *eternal*. 神は永遠だ/I am tired of your *eternal* complaints. 君のくどいぐちに私はうんざりしている.
[類義語] eternal; everlasting; endless; permanent; immortal: **eternal** は初めも終りもないことに意味の中心があり, **everlasting** はひとたび作られると永久に存在すること, 永続することを意味する. **endless** はこの中で最もくだけた語で使用領域も広く, 特に終わりのないことを強調する. **permanent** は絶え間なく続くことに意味の中心があり, **immortal** は生きものが死ぬことなしに生き続けて不滅であることを意味する.
[反義語] temporary.
【派生語】**etérnally** 副. **etérnity** 名 U.

-eth /-iθ/ [接尾] 〔古語〕動詞の直説法・現在・3 人称・単数をつくる語尾. ⇒-th.

e·ther, ae·ther /í:θər/ 名 U 〔一般語〕エーテル, 麻酔剤.
[語源] ギリシャ語 *aithein* (=to burn) から派生した *aithēr* (= the upper; bright air) がラテン語 *aether* を経て中英語に入った.
【派生語】**ethéreal** 形.

eth·ic /éθik/ 名 U 形 〔一般語〕倫理, 道徳律.
[語源] ギリシャ語 *ēthikē technē* (=ethical technique) の形容詞 *ēthikē* がラテン語, 古フランス語を経て中英語に入った.
[用例] the Christian *ethic* キリスト教倫理.
【派生語】**éthical** 形 倫理の, 道徳の, 倫理学の, 道徳的に正しい. **éthics** 名 《複》《単数扱い》倫理学, 倫理;《複数扱い》道義, モラル.

E·thi·o·pi·a /ì:θióupiə/ 名 固 エチオピア (★アフリカ

eth·nic /éθnik/ 形 名 C 〔一般語〕[一般義] 少数民族の. その他 人種の, 民族の. 名 として少数民族の人.
語源 ギリシャ語 ta ethnē はユダヤ教徒から見た異教徒, すなわちキリスト教徒を意味した. その後 ethnos として人種, 民族を表す語となり, ラテン語を経て中英語に入った. しかし, 現在でも「異教徒」という意味は残っており, これが主流でない民族, すなわち少数民族という意味につながっている.
【派生語】**éthnical** 形 名 =ethnic. **éthnically** 副.

eth·nog·ra·phy /eθnágrəfi|-nɔ́g-/ 名 U 〔一般語〕民族誌(学).
語源 ethno-「民族」+-graphy.
【派生語】**ethnógrapher** 名 C 民族誌学者. **èthnográphic** 形 民族誌学の. **èthnográphical** 形 = ethnographic.

eth·nol·o·gy /eθnálədʒi|-nɔ́l-/ 名 U 〔一般語〕民族学, また文化人類学(cultural anthropology)という意味でも用いる.
語源 ethno-「民族」+-logy.
【派生語】**èthnológical** 形. **èthnológically** 副. **ethnólogist** 名 C 民族学者.

e·thos /í:θɑs|-θɔs/ 名 U 〔一般語〕個人やグループの持つ特質, 習慣, 風潮, エトス.
語源 ギリシャ語 ethos (=character; disposition) が19世紀に入った.

eth·yl al·co·hol /éθil ǽlkəhɔ(:)l/ 名 U 〔化〕エチルアルコール.

et·i·quette /étikət/ 名 U 〔一般語〕礼儀作法, エチケット.
語源 フランス語 étiquette が18世紀に入った. ゲルマン語の「付ける, 貼る」から派生し, フランス語では「札, レッテル」が原義で, ticket は同語源. 礼儀作法の意は, 宮廷で着席順位の「札」を付けたことから, 宮廷における作法を意味するようになり, さらに一般の礼儀作法を意味するようになって生まれた.

E·ton /í:tn/ 名 固 イートン 《★英国イングランドの中部の都市; public school の名門 Eton College がある》.

-ette /-ét/ 接尾 「小さいもの」「女性」を表す語尾. 例: cigarette (紙巻きたばこ); usherette (劇場などの案内嬢).
語法 この語尾のつく語は-ette に第一強勢がある.
語源 古フランス語-ete (現代フランス語-ette) が中英語に入った.

étude /éitju:d/ 名 C 〔楽〕練習曲, エチュード, 〔美〕絵画, 彫刻などの習作.
語源 ラテン語 etudium (=study) によるフランス語が19世紀に入った. フランス語では「勉強」が原義で, 「練習」の意味となり, 「練習曲, 習作」の意味が生まれ, 最後の意味だけが英語に入った.

et·y·mol·o·gy /ètəmálədʒi|-mɔ́l-/ 名 UC 〔一般語〕語の起源を歴史的にさかのぼって研究する語源学, 語源研究, あるいはそれにもとづいて説明される語源.
語源 ギリシャ語 etumologia (etumon true sense of a word + logy study) がラテン語を経て中英語に入った.
【派生語】**ètymológical** 形. **ètymológically** 副. **etymólogist** 名 C 語源学者.

EU /í:jú:/ 名 固 イーユー, 欧州連合 (European Union).

eu·ca·lyp·tus /jù:kəlíptəs/ 名 C 〔植〕ユーカリ 《★オーストラリア原産の常緑樹で, コアラ (koala) の餌》.
語源 近代ラテン語(ギリシャ語 eu- well + kaluptos covered) が19世紀に入った. この木の花は開花する前はがくにおおわれていることから, こう名付けられた.
日英比較 日本語には前半のみがとられ, 「ユーカリ」となった.

Eu·cha·rist /jú:kərist/ 名 U 〔キ教〕《the ~》プロテスタントで聖餐(さん), 聖餐に用いるパンとぶどう酒. ローマカトリックで聖体.
語源 ギリシャ語 eukharistos (=grateful) から派生した eukharistia (=gratitude) が後期ラテン語, 古フランス語を経て中英語に入った.

Eu·clid /jú:klid/ 名 固 ユークリッド, エウクレイデス 《★紀元前300年ごろの Alexandria の数学者・物理学者》.
【派生語】**Euclídean, -ian** 形 ユークリッドの: Euclídean geómetry ユークリッド幾何学.

eu·gen·ic /ju:dʒénik/ 形 〔一般語〕[一般義] 優生学の, 優生学的な. その他 一般的に用いて, 健康で優秀な子供を生む.
語源 ギリシャ語 eu- (=well) + gen- (=to produce) +-ic として19世紀にできた語.
反意語 dysgenic.
【派生語】**eugénics** 名 U 優生学. **eugénicist** 名 C 優生学者. **éugenist** 名 C = eugenicist.

eulogist ⇒ eulogy.
eulogistic ⇒ eulogy.
eulogize ⇒ eulogy.

eu·lo·gy /jú:lədʒi/ 名 UC 〔形式ばった語〕大称賛, 賛美, 特に故人に対する称賛の言葉.
語源 ギリシャ語 eû légein (=to speak well of) から派生した eulogíā (=praise) が中世ラテン語を経て中英語に入った.
【派生語】**éulogist** 名 C 称賛者. **èulogístic** 形 大称賛の. **éulogize** 動 本来地 大称賛する.

eu·nuch /jú:nək/ 名 C 〔一般語〕中国の宦官(かん), 比喩的に無能者.
語源 ギリシャ語 euné (=bed) から派生した eunoúkhos (=chamber attendant) がラテン語 eunuchus を経て中英語に入った.

eu·phe·mism /jú:fəmìzəm/ 名 U 〔修辞〕婉曲語法.
語源 ギリシャ語 euphēmos (=fair of speech) から派生した euphēmizein (=to speak fair) の 名 euphēmismós が初期近代英語に入った.
【派生語】**èuphemístic** 形. **èuphemístically** 副.

euphonious ⇒ euphony.

eu·pho·ny /jú:fəni/ 名 U 〔言〕言葉の響きが快いこと, 快い音, 快音調.
語源 ギリシャ語 eúphōnos (=well-sounding) から派生した euphōníā が後期ラテン語を経て初期近代英語に入った.
反意語 cacophony.
【派生語】**euphónious** 形.

eu·pho·ri·a /ju:fɔ́:riə/ 名 U 〔形式ばった語〕幸福感, 陶酔.
語源 ギリシャ語 euphoros (=easy to bear; eu- well

+*pherein* to bear) から派生した *euphoria* が近代ラテン語を経て 18 世紀に入った.

【派生語】**euphóric** 形.

Eu·phra·tes /juːfréitiːz/ 名 固 《the ～》ユーフラテス川《★トルコからペルシャ湾に注ぐ大河, その流域は古代文明発祥の地》.

Eur·a·sia /juəréiʒə/ 名 固 ユーラシア《★ヨーロッパとアジアを 1 つとみなした名称》.

語源 Eur(ope) + Asia として 19 世紀につくられた語.

【派生語】**Eurásian** 形.

eu·re·ka /juəríːkə/ 感 〔一般語〕わかった! 見つけた!《★アルキメデス (Archimedes) が王冠に含まれる金の割合を発見した時に叫んだといわれる言葉》.

語源 ギリシャ語 *heurískein* (= to find) の完了形 *heúrēka* (= I have found) の語頭の h が落ちて英語に入った.

eu·ro /júərou/ 名 C 〔一般語〕ユーロ《★1999 年 1 月から EU が導入した単一通貨単位; 記号€, €》.

Eu·ro·dol·lar /júəroudɑ̀lər|-dɔ̀l-/ 名 C 【経】ユーロダラー.

Eu·rope /júərəp/ 名 固 ヨーロッパ, 欧州《語法 Eur. と略す》.

語源 セム語の「日の沈む土地」からきたという説のあるギリシャ語 *Eurṓpē* がラテン語を経て初期近代英語に入った. 初めはギリシャの中央部, 次にギリシャ全体, 後にはまわりの土地も意味するようになった.

【派生語】**Èuropéan** 形 ヨーロッパの. 名 C ヨーロッパ人: **European Community** 《the ～》欧州共同体/**European Economic Community** 《the ～》欧州経済共同体/**European Union** 《the ～》欧州連合《語法 EU と略す》. **Èuropeanìze** 動 本来他 ヨーロッパ化する, ヨーロッパ風にする.

eu·ryth·mics /juəríðmiks/ 名 《複》〔一般語〕《単数または複数扱い》リズム体操.

eu·tha·na·si·a /jùːθənéiʒə/ 名 U 〔一般語〕安楽死.

語源 ギリシャ語 *euthanasíā* (= painless, happy death; *eû*- good + *thánatos* death) が初期近代英語にとり入れられた.

用例 Doctors are not allowed to practise *euthanasia*. 医者は安楽死を施すことを認められてはいない.

【派生語】**èuthanásic** 形. **éuthanìze** 動 本来他 安楽死させる.

eutrophic ⇒eutrophy.

eu·tro·phy /júːtrəfi/ 名 U 【生態】湖や河川の富栄養.

語源 ギリシャ語 *eutrophos* (= well-nourished) が 20 世紀に入った.

【派生語】**eutróphic** 形.

e·vac·u·ate /ivǽkjuèit/ 動 本来他 〔一般語〕一般義 危険を避けるために, ある場所から撤退させる, 立ち退かせる. その他 軍隊を撤退させる, 避難させる, 疎開させる. 《形式ばった他》腸が排泄する.

語源 ラテン語 *evacuare* (= to empty out; *ex*- out + *vacuus* empty) の過去分詞 *evacuatus* が中英語に入った.

用例 The troops *evacuated* their position because of the enemy's advance. 軍隊は敵の進軍のため陣地から撤退した/Children were *evacuated* from London to the country during the war. 戦時中, 子供たちは田舎に疎開させられた.

【派生語】**evàcuátion** 名 U. **evàcuée** 名 C 避難者, 疎開者.

e·vade /ivéid/ 動 本来他 〔やや形式ばった語〕一般義 敵や追跡者などから巧みに逃げる, 避ける. その他《軽蔑的》義務などを回避する, 質問などをはぐらかす.

語源 ラテン語 *evadere* (*ex*- out + *vadere* to go) が初期近代英語に入った.

用例 He managed to *evade* his pursuers. 彼は追跡者からうまく逃げた/He tries to *evade* paying income tax. 彼は所得税の納入を回避しようとしている/He *evaded* my questions about my future plans. 彼は将来計画についての私の質問をはぐらかした.

類義語 escape.

【派生語】**evásion** 名 U 回避, 言い抜け, 逃げ口上. **evásive** 形. **evásively** 副 回避的に, あいまいに, ごまかして. **evásiveness** 名 U.

e·val·u·ate /ivǽljuèit/ 動 本来他 〔やや形式ばった語〕一般義 価値や能力などを専門的立場から評価する. その他 学生や生徒の成績を評価する.《数》数値を求める.

語源 evaluation からの逆成. evaluation はフランス語 *évaluation* から 18 世紀に入った.

用例 It is difficult to *evaluate* him as a writer. 作家としての彼を評価することはむずかしい/If $x = 1$ and $y = 2$ we can *evaluate* $x^2 + y^2$. $x = 1$, $y = 2$ であるならば, $x^2 + y^2$ の数値を求めることができる.

類義語 ⇒estimate.

【派生語】**evàluátion** 名 UC 評価.

evanescence ⇒evanescent.

ev·a·nes·cent /èvənésnt/ 形 〔形式ばった語〕すぐに消えていく, 忘れられる, つかの間の.

語源 ラテン語 *evanescere* (= to vanish; *ex*- out + *vanus* vain) の現在分詞 *evanescens* が 18 世紀に入った.

【派生語】**èvanéscence** 名 U 消えること, 消失, はかなさ.

e·van·gel /ivǽndʒəl/ 名 C 【聖】福音 (gospel), 福音書《★新約聖書の Matthew, Mark, Luke, John》. 一般的に福音のような良い便り, 吉報, 政治などの分野で, 指導原理.

語源 ギリシャ語 *euangelos* (= bringing good news; *eû*- good + *angellos* messenger) から派生した *euangelion* (= good news) がラテン語 *evangelium*, 古フランス語 *evangile* を経て中英語に入った. なお, gospel は古英語 *gōd* (= good) + *spel* (= news) として意味に忠実に訳した語.

語法 「福音(書)」の意では evangel よりも gospel を用いることのほうが一般的には多い.

【派生語】**èvangélical** 形 福音書の, 福音主義の. 名 C 福音派の人. **evángelìsm** 名 U 福音主義. **evángelist** 名 C 福音伝道者, 《E-》福音書の著者 (Matthew, Mark, Luke, John). **evàngelístic** 形. **evàngelizátion** 名 U. **eván·gelìze** 動 本来他 福音を説く, 伝道する.

e·vap·o·rate /ivǽpərèit/ 動 本来自 〔一般語〕一般義 液体が蒸気となり消え去る, 蒸発する. その他 物や人が蒸発するように消えてなくなる. 自 蒸発させる, 野菜や果物などの水分を抜く, 乾燥させる.

語源 ラテン語 *evaporare* (*ex*- out + *vaporare* to emit vapor) の過去分詞から中英語に入った.

用例 The small pool of water *evaporated* in the

sunshine. 日が照って小さな水たまりは蒸発した/His enthusiasm soon *evaporated*. 彼の熱はすぐにさめた/Heat *evaporates* water. 熱は水を蒸発させる.
[派生語] **eváporated** 形. **evàporátion** 名 Ⓤ. **eváporàtor** 名 Ⓒ 蒸発器, 乾燥器.

evasion ⇒evade.
evasive ⇒evade.
evasiveness ⇒evade.

eve /íːv/ 名 Ⓒ 〔一般語〕 [一般義] 《通例 E-》祭日などの前夜, 前日. [その他] 比喩的に事件や出来事の直前. 〔文語〕夕方, 晩(evening).
[語源] even² の n が脱落したもので, 原義は「一日の後半, 終わり」→「夕方, 晩」だが, ある特別な日の前の晩という意味から転じて, 現在はこの意味が中心的である.
[用例] Christmas *Eve* クリスマスイブ/New Year's *Eve* 大みそか/on the *eve* of (the) battle 戦いの直前に.

e·ven¹ /íːvən/ 副 形 動 [本来他] 〔一般語〕 [一般義] ...でさえ(も), ...ですら. [その他] この語は本来は 形 で, 平らな, 水平の意であった. それから, ...と同一平面にある, 同じ高さの(with), 直線の, 配列などが規則正しい, むらのない, 均一の, 数量が均等の, 同一の, 比喩的に暮らしが平穏な, 扱いなどが公平な, 平等な, さらに平等であることから, 借りがない, 精算ずみの, 力などが五分五分の, 五角の, 数字に関しては同じ数に割り切れることから, 偶数の(⇔odd)の意. 副 としては, 平らに, 均等にの意から, 意外と思われるものも結局は「同じレベルのもの」だという意味合いから, 強調語として用いられるようになり, ...でさえ, ...ですら, あるいは「そればかりではなく」本当は...も, 実に...の意にもなる. また比較級を強めてさらに, なお, 同一性, 同時性を強調してまさに, ちょうど, 正確に...の時なども意味する. 動 としては, 平らにする, ならす, 同一にする, 均等にする.
[語源] 古英語 efen (=level) から.
[用例] *Even* the winner got no prize. 勝者でさえも賞は貰わなかった/They take *even* the cat on holiday with them. 彼らは休暇の旅行には猫までも連れて行く/Keep the room at on *even* temperature. 部屋の温度を一定にしておいてください/Their examination marks were *even*. 彼らの試験の点は同一だった/2, 4, 6, 8, 10 are *even* numbers. 2, 4, 6, 8, 10 は偶数である/My boots were dirty but his were *even* dirtier. 私の靴も汚れていたが, 彼のはさらに汚れていた/Smith's goal *evened* the score. スミスの得点で同点となった.
【慣用句】 ***even as*** ... 〔形式ばった表現〕まさに...したときに, ちょうど...と同時に. ***even if*** ... たとえ...としても: *Even if* I leave now, I'll be too late. たとえ今出発しても遅れてしまうだろう. ***even out*** 平らにする, 平等にする. 自 均一になる, 平らになる. ***even so*** たとえそうでも: It rained, but *even so* we enjoyed the day. 雨は降ったが, 降っても その日は楽しかった. ***even though*** ... たとえ...でも, としても: I like the job *even though* it's badly paid. たとえ給料は低くても私はその仕事が好きだ. ***even up*** 均一にする, ならす. ***get even with*** ... ...に仕返しをする.
[派生語] **évenly** 副 平らに, 互角に, 一様に, むらなく. **évenness** 名 Ⓤ 水平, 平等, 公平, 平静.
【複合語】 **éven chánce** 名 Ⓒ 《an ~または複数形で》五分五分の可能性. **éven-hánded** 形 公平な, 公明正大な. **éven-témpered** 形 気性の穏やかな, 平静な.

e·ven² /íːvən/ 名 Ⓒ 〔詩語〕夕べ, 晩.
[語源] 古英語 æfen から.

eve·ning /íːvnɪŋ/ 名 Ⓤ Ⓒ 〔一般語〕 [一般義] 1日 (day) のうちの午後 (afternoon) と夜 (night) との間, 日没あるいは夕食ごろから夜寝るまでの間, すなわち, 夕方, 晩. [その他] 夕方·晩に催されるパーティー, 夜会, 催しものの夕べ, 〔形式ばった語〕比喩的に人生などの最後の時, 晩年.
[語源] ドイツ語 *Abend* (晩) と関係のある古英語 æfen (⇒even²)から派生した 動 æfnian (夕方になる) の動名詞 æfnung から.
[用例] He leaves the house in the morning and returns in the *evening*. 彼は朝家を出て夕方戻る/There will be a meeting on Tuesday *evening*. 火曜の晩に会合があります/in the *evening* of her life 彼女の人生の晩年.
[語法] evening に用いる前置詞は in が普通だが, 特定の日の夕方の意では on を用いる.
[類義語] evening; night: **evening** は日没ごろから寝るまでを指し, 人々がまだ活動している夕食時を含む時間帯をいう. 一方, **night** は日が沈んで暗くなってから, 夜明けまでを指し, 特に人が寝る時間帯をいう.
【慣用句】***Good evening.*** こんばんは, さようなら(★夕方から晩にかけて人に会ったときの, あるいは別れのあいさつ. 通例, 相手への呼びかけを後に添える).
【複合語】 **évening dréss** 名 Ⓤ Ⓒ 夜会服, 女性用のイブニングドレス. **évening páper** 名 Ⓒ 夕刊. **évening schóol** 名 Ⓤ Ⓒ 夜間学校. **évening stár** 名 《the ~》宵の明星(★金星; the morning star ともいう).

e·vent /ɪvént/ 名 Ⓒ 〔一般語〕 [一般義] 重要な出来事, 行事, 大事件. [その他] スポーツ, 競技などで行われる種目. あることから起こった結果.
[語源] ラテン語 *evenire* (=to come out; *ex-* out + *venire* to come) の過去分詞 *eventus* (起こったこと, 起こった結果)が古フランス語を経て初期近代英語に入った.
[用例] That night a terrible *event* occurred. その夜, ひどい出来事が起こった/The long-jump was to be the third *event*. 走り幅跳びは第 3 番目の種目の予定だった.
[類義語] event; occurrence; incident; happening: **event** はふつう重要な注目すべき出来事を意味し, **occurrence** は一般的な出来事を表す語である. **incident** は主要な事件に付随して起こる出来事を指し, **happening** はふつう複数形で, occurrence と同様に用いる.
【慣用句】 ***at all events*** とにかく. ***in any event*** 何が起ころうとも, とにかく. ***in either event*** どちらが起ころうとも, いずれにしても. ***in that event*** その場合には. ***in the event*** 結局. ***in the event of*** ... 〔形式ばった語〕...が起こった場合, ...の場合には. ***in the natural [normal] course of events*** 順調に行けば.
[派生語] **evéntful** 形 重要な出来事に富んだ. **evéntfully** 副.

even·tide /íːvəntàɪd/ 名 Ⓤ 〔詩語〕夕暮れ.
[語源] 古英語 æfentíd から. tid (= time).

even·tu·al /ɪvéntʃʊəl/ 形 《やや形式ばった語》《限定用法》結果としての, 最終的な.
[語源] ラテン語 *eventus* (⇒event)+-al として初期近代英語から.

【派生語】**evèntuálity** 名 C 万一の場合, 不慮の事件, 偶発性. **evéntually** 副 最後には, 結局は.

ev·er /évər/ 副 〔一般語〕 一般義 「いつも, 常に」が原義だが, 現在では, 《否定文で》いつも(...でない), 決して(...でない), かつて(...したことがない)という意味で用い, 《疑問文で》いつか何らかのときの意味である. その他 《比較を表す as to, than の後で》かつて経験したうちで, いままでになく, 《最上級とともに用いて》今だかつて...したうちで. さらに強意語として, 《疑問詞の後で用いて》一体(全体) 語法 この用法では Who ever did it? のように, 疑問詞と ever を離して書くのが正しいとされるが, しばしば Whoever did it? のように1語として綴ることがある). また【古風】《(米)《be 動詞+主語+~ ...として》強い感嘆を表してひどく, えらく, 〔古風な語〕《肯定文で》いつも, 常に 語法 複合語の要素としては現在でも普通に用いる).

語源 古英語 æfre が中英語を経て現在に至ったが, この語は他のゲルマン語に対応する形を持たない英語特有の語で, 最終的な語源はよく分からない.

用例 Nobody *ever* visits us. だれも決して訪ねてこない/Have you *ever* ridden on an elephant? あなたはこれまでに象に乗ったことがありますか/If I *ever* see him again I shall get my revenge. いつか彼にまた会うことがあれば, 仕返しをしてやるぞ/Your work is better than *ever*. あなたの仕事はこれまでになく良い/It was the brightest star they had *ever* seen. それは彼らがこれまでに見たこともない明るい星だった/What *ever* shall I do? 一体私は何をしましょう/Was it *ever* terrible! それは本当にひどかったんだよ/They lived happy *ever* after. 彼らはその後ずっと幸せに暮した.

【慣用句】***Did you ever?*** まさか (★そんなこと[もの]を見たり聞いたりしたことがあるかという反語的な感嘆詞的発話). ***ever so ...*** 〔くだけた表現〕 《英》非常に, とても. ***ever such a ...*** 〔くだけた表現〕 《米》実に, とても. ***for ever*** 永遠に(forever). ***never ever*** 〔くだけた表現〕=never. ***Yours ever=Ever yours*** 〔くだけた表現〕手紙の末尾の署名の前に書かれる言葉.

【複合語】**évergrèen** 形 樹木が常緑の. 名 C 常緑樹, ときより, 《複数形で》クリスマス装飾用のときより木の枝. **èverlásting** 形 〔形式ばった語〕永遠に続く, 不朽の, 〔一般語〕長もちする, 耐久力のある, 〔くだけた語〕《軽蔑的》長たらしい: I'm tired of your *everlasting* grumbles. 私は君のくどくどと長いぐちにはあきあきしている. **èverlástingly** 副. **èvermóre** 副 永久に: He said that he would love her (for) *evermore*. 彼は彼女を永久に愛すると言った.

Ev·er·est /évərist/ 名 固 (Mount ~)エベレスト(★チベット語名チョモランマ).

語源 インドの測量長官だったイギリス人 George Everest の名より.

ev·er·y /évri/ 形 〔一般語〕 一般義 単数名詞を修飾して3 者以上の人やもののうちの個々をとりあげて用いその, どの...も, すべての. その他 数詞や other, few などと共に用いて, ...ごとに, 毎... hope, chance, reason などの抽象名詞と共に用いて, 可能な限りの, あらゆる, 否定文で部分否定を表し, どの...も...というわけではない.

語法 ❶ 常に 形 として限定用法でのみ用いる. したがって, each of them のように不定代名詞としては用いないので, every one of them のように用いなければならな

い. ❷ 常に3 者以上について用いるので, each (of the two), both (of the two)のように2 者だけのそれぞれという意味では用いない. ❸ every+名詞を受ける代名詞はふつう単数形だが, くだけた表現で Every boy started waving *their* flags. (どの少年も旗をふり始めた)のように複数形で受けることもある. 時に性差別を意識して his/her のように言うわずらわしさをさけるために用いられることも多い.

語源 古英語 ælc (=each)に強めの副詞 æfre (=ever)がついて ælc となり, これが中英語で everiche となり, 語尾が落ちて現在の形になった.

用例 *Every* room is(=All the rooms are) painted white. どの室も白く塗られている/I go to the supermarket *every* four or five days. 私はそのスーパーマーケットに4, 5日毎に行きます/'*Every* other day' means 'every two days' or 'on alternate days'. every other day(1日おきに)は every two days あるいは on alternate days を意味する/We have *every* reason to believe that she will get better. 彼女は回復するだろうと信じるにたるあらゆる理由がある/I don't know *every* one of them. 私は彼等の全員を知っているわけではない.

類義語 ⇒each.

【慣用句】***every bit as ...*** ちょうど...と同じように: You're *every bit as* clever as he is. 君は彼とまったく同じようにかしこい. ***every man jack*** 〔くだけた表現〕だれもかれも, みんな. ***every now and then [again]*** 時々. ***every so often*** 時々.

ev·er·y·bod·y /évribàdi/-bɔ̀di/ 代 《不定代名詞》 〔一般語〕だれでもみんな, すべての人(everyone), 《否定文で》部分否定を表わし, だれでも...というわけではない.

語法 ❶ everybody と everyone はほとんど同じように用いられるが, everybody のほうが口語的だといえる. ❷ everybody, everyone は単数扱いで, *Everybody* loves his country. のように he で受けることが一般的だが, 意味的には複数であることから, 《英》くだけた表現で Everybody loves their country. のように複数の代名詞で受けることもある(ただし動詞は単数). everybody が意味する対象は男女両性であるため, 代名詞には he だけでなく, he or she を用いることもあり, この傾向は男女平等をはかる最近の情勢から一般的になりつつある. he/she とも書く.

語源 every+body として初期近代英語から, body は古くは person の意味があり, 元々 2 語で使われた.

用例 *Everybody* in this street has a car. この街の人はみんな車を持っている/*Everybody* does not know it. だれもがそれを知っているわけではない(語法 Nobody knows it. となると全体否定).

ev·er·y·day /évridèi/ 形 〔一般語〕毎日の. その他 毎日のように起こるという意味から, ふだんの, ありふれた.

語法 ❶ 常に限定的に用いる ❷ every day と2 語で綴る副詞で,「毎日」という意味になる.

用例 Her *everyday* duties include cooking meals for old people. 彼女の毎日の職務の中に, お年寄りに食事をつくることが含まれる/Train delays are an *everyday* event. 列車の遅れは日常茶飯事です.

ev·er·y·one /évriwÀn/ 代 =everybody.

語源 中英語 everich (=every)+on (=one)から成る everichon として 13 世紀頃から用いられた. 中間

の ch は every の場合と同様脱落した.

[語法] every one はある特定数のうちのそれぞれを意味するため、every one of them のようにいえるが、every-one は everybody 同様、後に of ... は来ない.

ev·er·y·place /évripleìs/ 副 《くだけた語》《米》...のところはどこでも(everywhere).

ev·er·y·thing /évriθìŋ/ 代 《不定代名詞》《U》〔一般語〕全てのもの、何もかも、《否定文で》部分否定を表し、全てが...というわけではない. 名 としては、ある人にとっての全て、すなわち最も大切なもの[人].
[用例] Do you have *everything* you want? あなたは、ほしいものの全てを持っていますか/His child is/means *everything* to him. 子供は彼にとって全てです.
[慣用句] *and everything* 〔くだけた表現〕その他何やかや、...など(and so on).

ev·er·y·where /évrihwèɚr/ 副 〔一般語〕どこでも、あらゆるところで、《否定文で》部分否定を表し、どこでも...というわけではない.
[語法] 副詞だが、名詞的に用いて主語になったり、接続詞として用いたりもする.
[用例] The flies are *everywhere*. はえはどこにでもいる/You cannot find it *everywhere*. あなたはそれをどこでも見つけることができるわけではない/*Everywhere* is covered with dust. どこもかしこもほこりをかぶっている/*Everywhere* I go, he follows me. 私がどこへ行っても、彼がついてくる.

e·vict /ivíkt/ 動 本来他 〔一般語〕《通例受身で》法の定めによって人を土地や家屋から立ちのかせる、追い立てる.
[語源] ラテン語 *evincere* (=to vanquish) の過去分詞 *evictus* が中英語に入った.
【派生語】**evíction** 名 UC 追い立て、立ちのき(命令).

evidence ⇒evident.

ev·i·dent /évidənt/ 形 〔一般語〕目で見て、あるいは周囲の状況から判断してある結論が出せるほど**明らかな、明白な、明瞭な**.
[語源] ラテン語 *evidere* (=to see out; *ex-* out + *videre* to see) の現在分詞 *evidens* (明白な) が古フランス語を経て中英語に入った.
[用例] He signed his name with *evident* satisfaction. 彼は明らかに満足して署名した/It is *evident* (to everyone) that you have misunderstood me. あなたが私を誤解していることは(誰の目にも)明らかです.
[類義語] evident; apparent; obvious; manifest: **evident** は視覚的に、あるいは周囲の状況からすぐに結論に達することができる明白さを表し、**apparent** は目で見たものから推論して分ることを表す. **obvious** は隠すことができないほど明らかなこと. **manifest** は evident より意味が強く、やや形式ばった語で、推論がいらないほどに、表面に現れた事実が明白に状況を示していることを強調する.
【派生語】**évidence** 名 UC あることを信じるのに明白な理由、証拠、証言、形跡. **évidently** 副.

e·vil /íːvl/ 形 UC 〔やや形式ばった語〕〔一般義〕考え方や行動が**非常に悪い、邪悪な**. 〔その他〕人を**傷つける、よこしまな、また不快な、有害な、不幸をもたらす、不運な、不吉な**. 名 として**罪悪、害悪、不幸**.
[語源] 古英語 *yfel* (=evil) から.
[用例] He has no *evil* intentions. 彼にはよこしまな意図はない/He has an *evil* tongue. 彼は人を中傷してばかりいる/in an *evil* hour 運の悪い時に、運悪く/He tries to ignore all the *evil* in the world. 彼は世間の悪の全てを無視しようとしている.
[類義語] bad.
【派生語】**évilly** 副 邪悪に、ひどく.
【複合語】**évildoer** 名 C 悪人. **évil éye** 名 C 人をにらみつけて害を与える**悪魔の目**. **évil-mínded** 形 《軽蔑的》邪悪な心をもった、意地の悪い、みだらな.

e·vince /ivíns/ 動 本来他 〔形式ばった語〕感情などを**明示する、はっきり表す、また明らかにする、証明する**.
[語源] ラテン語 *evincere* (=to vanquish) が初期近代英語に入った.
[用例] The child *evinced* remarkable powers of reasoning. その子は驚くべき推理力を発揮した.

e·vis·cer·ate /ivísərèit/ 動 本来他 〔形式ばった語〕...の**内臓をとる、わたを抜く**, 比喩的に議論などを**骨抜きにする**.
[語源] ラテン語 *eviscerare* (=to disembowel; *ex-* 除去 + *viscera* 内臓) の過去分詞が初期近代英語に入った.

evocation ⇒evoke.
evocative ⇒evoke.

e·voke /ivóuk/ 動 本来他 〔形式ばった語〕人の心に記憶や感情などを**喚起する**.
[語源] ラテン語 *evocare* (*ex-* out + *vocare* to call) がフランス語 *évoquer* を経て初期近代英語に入った.
[用例] The child's tears *evoked* sympathy. その子の涙は同情を呼び起こした.
【派生語】**èvocátion** 名 UC. **evócative** 形.

evolution ⇒evolve.
evolutionary ⇒evolve.
evolutionist ⇒evolve.

e·volve /ivɑ́lv/ |-ɔ́-/ 動 本来他 〔一般語〕**発展させる[する], 進化させる[する]**.
[語源] ラテン語 *evolvere* (=to unroll; *ex-* out + *volvere* to roll) が初期近代英語に入った.「包んだものを開ける」から「広げて見る」「結果を引き出す」と意味変化をした.
[用例] He *evolved* a system for making money quickly. 彼はすぐに金もうけのできるシステムを発展させた/Man *evolved* from the apes. 人類は猿から進化した.
【派生語】**èvolútion** 名 UC. **èvolútionary** 形. **èvolútionist** 名 C 進化論者.

ewe /júː/ 名 C 〔一般語〕**雌羊**.
[語源] 古英語 *eōwu* より.
[関連語] ram (雄羊); lamb (子羊).

ew·er /júːɚr/ 名 C 〔やや形式ばった語〕口の広い大きな**水差し**.
[語源] ラテン語 *aqua* (水)に由来する俗ラテン語 *aquaria* (水差し) が古フランス語 *evier*, アングロフランス語を経て中英語に入った.

ex-¹ /iks, eks-/ 接頭 「外へ、外に」の意. また時には後続の動詞の強調. 例: exempt (免除する).
[語法] 基本的には ex- だが, f の前で ef-, b, d, g, l, m, n, r, v の前で e-, c, s の前でしばしば ec- となる. 例: efface (消し去る); erupt (噴出する); ecstacy (有頂天).
[語源] ギリシャ語 *ex* (=out of), ラテン語 *ex* (=out; out of) から.

ex-² /éks-/ 接頭 人を表す名詞の前につけて「前..., 前の...」の意. 例: ex-wife (前妻); ex-ambassador (前

意. **exálted** 形.

ex・am /igzæm/ 名 C〔くだけた語〕**試験**(examination).
用例 an English *exam* 英語の試験/*exam* papers 試験問題用紙.

examination ⇒examine.

ex・am・ine /igzǽmin/ 動 本来他〔一般語〕一般義 あるものについての事実, 本質, 状態などを**厳密に調べる**. その他 医者が人の健康状態を調べることから, **診察する**, **検診する**,《法》証人や被告を**尋問する**, **審問する**, 警察や税関などの公けの機関が**検問する**, **調査する**, **検査する**. 〔やや形式ばった語〕先生などが生徒に**試験をする**.
語源 ラテン語 *examen*(= weighing)から派生した *examinare*(= to weigh accurately)が古フランス語 *examiner* を経て中英語に入った.
用例 They *examined* the animal tracks and decided that they were those of a fox. 彼らは動物の足跡を調べて, それはきつねのものだと結論を下した/The doctor *examined* the child and said she was healthy. 医者はその子供を診察し, 健康であると言った/The lawyer *examined* the witness in the court case. 弁護士は裁判で証人を尋問した/The police must *examine* the facts. 警察はその事実を調査しなければならない/She *examines* pupils in mathematics. 彼女は生徒に数学の試験をする.
類義語 examine; investigate; inspect; scrutinize: **examine** はものの本質や状態を知るために厳密に調べることを意味し, **investigate** は何か新しい事実が見つからないかと思って調査することに意味の中心がある. **inspect** は専門的見地から, 誤りや欠点がないかどうかを調べるという意味で, **scrutinize** は細部に至るまで調べることを強調する.
【派生語】**exàminátion** 名 UC 試験《語法 学生のくだけた語として, しばしば exam と略される》, **検査**, 診察, 調査, 尋問: give (...) an *examination* is (...に)...の試験をする/take [《英》sit for] an *examination* 試験を受ける/fail [pass] an *examination* 試験に落ちる[合格する]: examination paper 試験の問題用紙, 答案用紙. **exàminée** 名 C 調べられる人, 受験者. **exáminer** 名 C 調べる人, 検査官, 調査官, 試験官.

ex・am・ple /igzǽmpl | -zá:m-/ 名 C〔一般語〕一般義 **全体の特徴を典型的に表す例**, **実例**. その他 良い行為の例, **手本**, **見本**, **模範**, あるいはそのような手本となるもの[人], してはならないことの例, **見せしめ**, **いましめ**.
語源 ラテン語 *eximere* (⇒exempt)から派生した *exemplum* (例としてとり出されたもの)が古フランス語を経て中英語に入った. なお古フランス語には *essample* という形があり, その語頭音が消失したのが sample である.
用例 This vase is an *example* of early Greek sculpture. この花びんは初期ギリシャ彫刻の実例です/Her courage was an *example* to us all. 彼女の勇気は私たちみんなの模範だった/She was an *example* to the rest of the class. 彼女はクラスの他の者たちの手本であった/Let this be an *example* to you, and never do it again. このことをいましめとし, 2度と繰り返してはいけない.
類義語 example; instance; illustration; sample; specimen: **example** はある種などの特徴を典型的に

---

ex・ac・er・bate /igzǽsərbèit/ 動 本来他〔形式ばった語〕病気や情況などを**悪化させる**, **一層悪**くする.
語源 ラテン語 *exacerbare*(= 怒らせる; *ex-* completely + *acerbus* harsh)の過去分詞 *exacerbatus* が初期近代英語に入った.
【派生語】**exàcerbátion** 名 UC 悪化.

ex・act /igzǽkt/ 形 動 本来他〔一般語〕一般義 計量の対象となるものが, 少しのくるいもなく**正確な**, **きっちりした**. その他 方法, 考え方, 言葉などが**厳密な**, **精密な**, 人に用いて, 性格がきちょうめんな. 動 として〔形式ばった語〕税などを強いる, **強要する**, **厳しく[きっちりと]とり立てる**, 転じて**要求する**, **必要とする**.
語源 ラテン語 *exigere*(= to drive out; *ex-* out + *agere* to lead)の過去分詞 *exactus* が初期近代英語に入った. 「税を厳しくとり立てる」ことから「厳密な」, 厳密に計量した結果「正確な」という形容詞の意味に発展していった.
用例 What are the *exact* measurements of the room? 室の正確な広さはどの位ですか/Scientists usually have very *exact* minds. 科学者は通常厳密な頭を持っている/to be *exact* 厳密にいえば/We should *exact* fines from everyone who drops litter on the streets. 通りにごみを落した人みんなから罰金をとりたてるべきです/He *exacted* obedience from his children. 彼は自分の子供たちに従順さを要求した.
類義語 correct.
【派生語】**exácting** 形 強要する, 厳しい, つらい. **exáction** 名 UC 強要, 強制取り立て, 要求, 要求物. **exáctitude** 名 U〔形式ばった語〕正確さ, 厳密さ. **exáctly** 副 正確に, きっかり, 《問に対して肯定の答として》そのとおり. **exáctness** 名 U.

ex・ag・ger・ate /igzædʒərèit/ 動 本来他〔一般語〕**大げさに言う[思う]**, 実際よりも**誇大に表現する**, **誇張する**. 自 としても用いる.
語源 ラテン語 *exaggerare* (*ex-* completely + *aggerare* to pile up)の過去分詞が初期近代英語に入った. 英語でも pile it on くだけた語で「大げさに言う」という意味で用いられる.
用例 You seem to be *exaggerating* his faults. あなたは彼の欠点を誇張しすぎているように思われます/You can't trust her. She always *exaggerates*. 彼女のいうことは信用できません. いつも大げさに言う人ですから.
【派生語】**exággeràted** 形. **exàggerátion** 名 UC.

ex・alt /igzɔ́:lt/ 動 本来他〔形式ばった語〕人を高い地位に上げる, **高める**. その他 人を高めることから, **ほめやす**.
語源 ラテン語 *exaltare*(= to raise; *ex-* up + *altus* high)が古フランス語 *exalter* を経て中英語に入った.
【派生語】**exàltátion** 名 U 高めること, 昇進; 大得

示す実例という意味が中心的で, **instance** も example と同じようにも用いるが, 特に一般的な陳述の支持や反対のため具体的という意味で用いる. また **illustration** は説明を分かりやすくするための図や表による説明を意味する. **sample** は商品などに多く用いて, 無差別に抽出した1つが, 他の同じ性質を持つ代表であることを強調し, **specimen** は科学的調査の結果得られる sample, 標本である.

【慣用句】 *follow the example of* ...＝*follow* ...'s *example* ...の例にならう. *For example* 例えば《語法》しばしば e.g. と略す》. *give an example of* ... ...の例をあげる. *make an example of* ... ...を見せしめにする. *set a good [bad] example to* ... ...によい[悪い]手本となる.

ex·as·per·ate /igzǽspəreit/ 動 本来他 〔一般語〕人をひどくいらいらさせる, 怒らせる.

語源 ラテン語 *exasperare* (= to irritate; *ex-* entirely＋*asperare* to roughen) の過去分詞 *exasperatus* が初期近代英語に入った.
用例 She was *exasperated* by the lateness of the train. 彼女は電車が遅れたのでいらいらした.
類義語 irritate.
【派生語】 **exásperatedly** 副. **exásperating** 形. **exásperatingly** 副. **exàsperátion** 名 Ｕ.

ex·ca·vate /ékskəveit/ 動 本来他 〔一般語〕〔一般語〕 地面を掘って穴をあける, 掘る. その他 考古学などで埋もれた遺跡などを掘り出す, 発掘する.

語源 ラテン語 *excavare* (*ex-* out＋*cavare* to hollow) の過去分詞 *excavatus* が初期近代英語に入った.
用例 They *excavated* a pit. 彼らは落し穴を掘った/ The archaeologist *excavated* a Stone-Age tomb. その考古学者は石器時代の墓を発掘した.
【派生語】 **èxcavátion** 名 ＵＣ. **éxcavàtor** 名 Ｃ 発掘者, 掘削機.

ex·ceed /iksí:d/ 動 本来他 〔一般語〕〔一般語〕 限界, 範囲, 程度などを上回る, 超す. その他 ...の点で人を上回る, 人よりすぐれる 《in》. 《軽蔑的》 法律で決められていることを必要なこと以上のことをする, 度を超える. 自 としても用いる.

語源 ラテン語 *excedere* (= to go beyond; *ex-* out＋*cedere* to go) が古フランス語 *exceder* を経て中英語に入った.
用例 His success *exceeded* his hopes. 彼の成功は望みを上回った/ She *exceeds* her classmates in beauty. 彼女はクラスメートたちより美しさの点でまさっている/ He *exceeded* the limit on the motorway. 彼は高速自動車道でスピード違反をした.
【派生語】 **excéedingly** 副 過度に, 非常に.

ex·cel /iksél/ 動 本来自 〔形式ばった語〕能力や行動力などの点で人より優れている, 勝る. 他 ...に秀でている 《at; in》.

語法 進行形では用いない.
語源 ラテン語 *excellere* (= to raise up; to excel) が古フランス語 *exceller* を経て中英語に入った.
用例 She *excels* them all at swimming. 彼女は水泳では彼らの全てに勝っている/ He *excels* in mathematics [at football]. 彼は数学[フットボール]が優れている 《語法》 能力の点で優れている場合には in, 行動力の場合は at を用いることが多い》.

excellence ⇒excellent.

Excellency ⇒excellent.

ex·cel·lent /éksələnt/ 形 〔一般語〕性質や技能が他を上回っている, 優秀な, 学校の成績が「秀」である.

語源 ラテン語 *excellere* (⇒excel) の現在分詞 *excellens* が古フランス語を経て中英語に入った.
用例 an *excellent* husband よくできた夫[夫として素晴らしい人]/ It is *excellent* that you succeeded in getting such a good job. あなたがそんなによい職を得たのはすばらしいことだ.
【派生語】 **éxcellence** 名 ＵＣ 優れていること, 優秀さ; 長所, 美点. **Éxcellency** 名 Ｃ 大臣, 大使, 僧正など政府の高官や教会の高僧に対する敬称, 閣下, 閣下夫人.
語法 直接に呼びかける時は Your Excellency, 間接的に指す場合は His [Her] Excellency を用いる. **éxcellently** 副.

ex·cel·si·or /eksélsiər/ 形 名 Ｕ 〔一般語〕 より高く 《★米国 New York 州の標語》. 名 として 《米》 細かい荷造り用の削りくず, 木毛(もくもう) 《★もと商標名》.

語源 ラテン語 *excellere* (⇒excel) の形容詞化した過去分詞 *excelsus* (= lofty; high; noble) の比較級.

ex·cept /iksépt/ 前 接 動 本来他 〔一般語〕〔一般語〕 同一種類の人, もの, 状態などの一部を除外することを意味し, ...を除いて, ...は除き. その他 全体の一部の除外というより, あることが成立するための条件として, ...がなければ, ...を除けばという意味でも用いる. 接 として 《副詞(句), 節》を伴って》 ...を除いて, ...でなければ, 〔くだけた語〕ただし, ... 動 として 〔形式ばった語〕例外とする, 除外する.

語源 動詞はラテン語 *excipere* (= to take out; *ex-* out＋*capere* to take) の過去分詞 *exceptus* が古フランス語 *excepter* を経て中英語に入った. 前置詞の用法は, 中英語で過去分詞の except が前あるいは後に名詞をとって「...を除けば」という意味の独立分詞構文をつくり, やがて前に名詞の前に置かれるようになった. 分詞構文という意識がうすれて生まれた. なお現在では, **except** 動 の過去分詞を用い, all European countries, France *excepted* (= except France) のように, かつての except の用法を思わせる独立分詞構文がある.
用例 They're all here *except* him. 彼を除けば, 彼らは全てここにいる/ You've done everything *except* what I asked you to do. 君は私がして欲しいと頼んだこと以外は全てやった/ at any time *except* on Sunday 日曜日を除いていつでも/ I like him *except* when he is drunk. 酔っぱらった時以外は, 私は彼が好きです/ I would give you the book, *except* it is too old. 私は君にその本をあげたいのだが, 古すぎます/ To be fair, I must *except* Mary from my criticism of the girls. 公平に見て, 少女たちに対する私の批判からメアリーを除外しなければならない.
類義語 except; but; save: これらは「...を除いて」という意味の前置詞である. すなわち, They were all there *except* [*but*; *save*] John. 《ジョン以外は彼らは皆そこにいた》という文では3語とも使える. しかし, The door is not opened *except* [*save*] in summer. 《ドアは夏でないと開かれない》という文のように, あることが起こるための条件として「...という点を除けば」という意味では, but は用いない. その点で but は意味が狭く, ふつう, no, all, any, every, each, nobody, everywhere あるいは wh- で始まる疑問詞の後で用い, 文頭

では現れない. except と save は同じように用いられるが, 後者の方が形式ばった語である.

【慣用句】**except for** ….を除けば, …がなかったら. **except that** …ということを除けば, …ということがなかったら: Your essay was good *except that* it was too long. 君のエッセイは, 長すぎるという点を除けばよくできていた.

[語法] except と except for は, *Except for* (=except) John, they all arrived punctually. (ジョンを除けば彼らはみんな時間どおりに着いた) のように, 同じように用いる場合もあるが, except の中心的意味が同一種類のものの一部の除外を表すのに対して, except for は成立条件の欠如を表すという点でむしろ except that に類似している. 例えば, Your report is good *except for* a few mistakes. (君のレポートは 2, 3 の間違いはあるが, その他はいい) は Your report is good *except that* there are a few mistakes. と同じ意味を持つ.

【派生語】**excépting** 前 (=except 《[語法] except より形式ばった語で, always, not, without の後で用いることが多い》): A good memory is important in most school subjects not *excepting* mathematics. 良い記憶力は数学も含めてほとんどの学科で重要である. **excéption** 名 UC 例外, 除外, 異議の申し立て. **excéptionable** 形 〔形式ばった語〕人が異議を申し立てそうな, 問題のある, 好ましくない. **excéptional** 形 例外的な, 特に優れた. **excéptionally** 副.

ex・cerpt /éksə̀ːrpt/ 名 C 〔一般語〕本, 会話, 音楽からの抜粋, 引用, 論文などの抜き書き.
[語源] ラテン語 *excerpere* (=to pick out) の過去分詞 *excerptus* が初期近代英語に入った.

ex・cess /iksés, ékses/ 名 UC 形 〔やや形式ばった語〕[一般義] 正常な, あるいは適当な限度を超えること, 過度. [その他] 超過分, 余分, (通例複数形で) 度を過ぎた行為, やり過ぎ. 形 として《限定用法》超過した, 余分の.
[語源] ラテン語 *excedere* (⇒exceed) の過去分詞 *excessus* が初期近代英語 *excès* を経て中英語に入った.
[用例] He ate well, but not to *excess*. 彼はよく食べたが, 食べ過ぎはしなかった/He found he had paid on *excess* of £2.50 over what was actually on the bill. 彼は実際の勘定書の額より 2 ポンド 50 ペンスも余分に払っていたことに気づいた/I continually forgave his *excesses* including his drunkenness. 私は酩酊を含む彼の度を超した行為をいつも許した/The firm were accused of making *excess* profits. その会社は過剰な利益を得たことで告発された.

【慣用句】**in excess of** ….を超過して, …より多く. **to excess** 過度に, 余分に.
【派生語】**excéssive** 形 過度の, 多すぎる, 法外な. **excéssively** 副 過度に, はなはだしく.

ex・change /ikstʃéindʒ/ 動 本来他 名 UC 〔一般語〕[一般義] 交換する, 取り替える, やりとりする. [その他] 特に外国の通貨と交換する, 両替する. 名 として取り替え, 交換, 両替, また取り替えられたもの, 為替, 為替相場, 商品の交換が行われる場所ということから, (英) 電話でのやりとりの機関としての電話交換局(telephone exchange). 〔形式ばった語〕言葉のやりとりから, 口論.
[語源] 俗ラテン語 ＊*excambiare* (ラテン語 *ex-* out + *cambiare* to change) が古フランス語 *eschangier* を経て中英語に入った.
[用例] They *exchanged* rings when they promised to marry each other. 彼らは結婚の約束をした時, 指輪を交換した/Can I *exchange* my traveler's cheques for pounds? トラベラーズチェックをポンドに両替できますか/What is the rate of *exchange* between the pound and the mark? ポンドとマルクの為替レートはどうなっていますか/An *exchange* of opinions is helpful. 意見交換は役に立つ/An angry *exchange* took place between the two brothers when their father's will was read. 父親の遺言状が読まれると兄弟の間で激論が起こった.

【慣用句】**exchange blows** けんかする. **exchange contracts** (英) 家の売買の最終契約を交わす. **exchange words** 口論する. **in exchange** 交換に: He gave me a pencil *in exchange* for the marble. 彼はビー玉のかわりに鉛筆を僕にくれた. **make an exchange of** …. …を交換する.

【派生語】**exchángeable** 形 交換できる. **exchàngeabílity** 名 U. **exchánger** 名 C.
【複合語】**exchánge proféssor** 名 C 交換教授. **exchánge ràte** 名 (the ～) 為替レート, 為替相場. **exchánge stúdent** 名 C 交換学生.

ex・che・quer /ikstʃékər/ 名 UC 〔一般語〕[一般義] (英) (the E-) 大蔵省 (米) the Treasury Department). [その他] 大蔵省で検討される国庫, 個人の財源, 資力.
[語源] 「チェス盤, 勘定台」を意味する古フランス語 *eschequier* から *escheker* として中英語に入った. ex- の形はラテン語の es- をラテン語 ex- からきたものと誤解して 16 世紀ごろ新しく変えた綴り. 勘定台にはふつう格子縞のテーブルクロスが掛けられていた.

excision ⇒excise¹

ex・cise¹ /iksáiz/ 動 本来他 〔形式ばった語〕切除する, 特に手術などで摘出する.
[語源] ラテン語 *excidere* (=to cut out; *ex-* out + *caedere* to cut) の過去分詞 *excisus* が初期近代英語に入った.
[用例] The surgeon *excised* one of her kidneys. 外科医は彼女の腎臓の片方を摘出した.
【派生語】**excísion** 名 U.

ex・cise² /éksaiz/ 名 UC 〔一般語〕消費税, 物品税.
[語源] 中期オランダ語 *excijs* が初期近代英語に入った.
[用例] the *excise* on whisky ウィスキーにかけられた物品税/*Excise* duty must be paid on whisky. ウィスキーには物品税を払わなければならない.

excitability ⇒excite.
excitable ⇒excite.

ex・cite /iksáit/ 動 本来他 〔一般語〕[一般義] 興奮させる, わくわくさせる. [その他] 広くさまざまな感情をひき起こす, 感情を刺激して…させる, また人の神経などを刺激する.
[語源] ラテン語 *exciere* (=to set in motion; to awaken) の反復形 *excitare* (=to call forth; to rouse up) が古フランス語 *exciter* を経て中英語に入った.
[用例] The movie *excited* the children very much. その映画は子供たちを非常に興奮させた/His letter did not *excite* my interest. 彼の手紙は私の興味をひかなかった/He *excited* his attendants to resist. 彼は付添人たちを刺激してがんばらせた/You should not *excite* the patient. 患者を興奮させてはいけません.

ex·claim /ikskléim/ 動 本来自 〔やや形式ばった語〕喜びや驚きなどの強い感情をもって突然に叫ぶ, 言う. 他 として…と叫ぶ, 言う.

語源 ラテン語 *exclamare* (＝to cry out; *ex-* out＋*clamare* to cry) がフランス語を経て初期近代英語に入った.

用例 "Good!" he *exclaimed*.「よし」と彼は叫んだ/ She *exclaimed* at the beautiful view. 彼女は美しい光景に感嘆の声をあげた.

類義語 cry.

【派生語】**exclamátion** 名 UC 叫び, 感嘆, 〖文法〗感嘆文〖詞, 符〗: **exclamation point** [《英》**mark**] 感嘆符 (!). **exclámatòry** 形 感嘆の, 感嘆気味の声の.

ex·clude /iksklú:d/ 動 本来他 〔やや形式ばった語〕
一般義 人やものを中に入ってこないようにする, 締め出す. その他 除外する, 可能性などを考慮に入れない, 疑いなどの余地を与えない, 何かを含まない. 追放する, 除名する.

語源 ラテン語 *excludere* (＝to shut out; *ex-* out＋*claudere* to close) が中英語に入った.

用例 They *excluded* her from the meeting. 彼らは彼女を会議から締め出した/Fill the bottle to the top so as to *exclude* all air. 空気を全部出してしまうためにびんの上まで満たしなさい/We cannot *exclude* the possibility that he was lying. 彼がうそをついているという可能性は否定できない.

類義語 exclude; shut out; rule out; eliminate: **exclude** はやや形式ばった語で, 外にあるものが中に入ってこないように締め出すことに意味の中心がある. **shut out** は類似の意味を持つ一般語. **rule out** は法律などの権威によって締め出すことを強調し, **eliminate** は内部にあるものを除外することに意味の中心がある.

反意語 include.

【派生語】**exclúding** 前 …を除いて (⇔including). **exclúsion** 名 UC. **exclúsive** 形 排他的な, 閉鎖的な, 独占的な, 唯一の, 一流の, 専門的な, 高価な, 《数詞の後につけて》計算から除外して, 数に入れないで. **exclúsively** 副. **exclúsiveness** 名 U.

ex·com·mu·ni·cate /èkskəmjú:nikeit/ 動 本来他 〖宗〗破門する, 除名する.

語源 ラテン語 *excommunicare* (*ex-* out＋*communicare* to share) の過去分詞が中英語に入った.

【派生語】**èxcommùnicátion** 名 U.

excrement ⇒excrete.

ex·cres·cence /ikskrésns/ 名 C 〔形式ばった語〕こぶ, いぼなどの異常増殖物.

語源 ラテン語 *excrescere* (＝to grow out) の現在分詞 *excrescent* が中英語に入った.

ex·crete /ikskrí:t/ 動 本来他 〔形式ばった語〕排泄(はいせつ)する.

語源 ラテン語 *excernere* (＝to sift out) の過去分詞 *excretus* が初期近代英語に入った.

【派生語】**excrement** /ékskrəmənt/ 名 U 排泄物, ふん便. **excrétion** 名 U 排泄(作用), 排泄物.

ex·cru·ci·ate /ikskrú:ʃieit/ 動 本来他 〔形式ばった語〕ひどい痛みを与える, 拷問にかけるように苦しめる.

語源 ラテン語 *excruciare* (＝to torture severely; *ex-* completely＋*cruciare* to crucify) の過去分詞が初期近代英語に入った.

【派生語】**excrúciàting** 形. **excrúciàtingly** 副.

ex·cul·pate /ékskʌlpèit/ 動 本来他 〔形式ばった語〕無罪にする, 罪を免れさせる.

語源 中世ラテン語 *exculpare* (*ex-* 除去＋ラテン語 *culpa* blame) の過去分詞が初期近代英語に入った.

ex·cur·sion /ikskə́:rʃən/ 名 C 〔一般語〕団体です観光旅行, 周遊, 修学旅行, 遠足.

語源 ラテン語 *excurrere* (＝to run out) の過去分詞 *excursus* から派生した *excursio* が初期近代英語に入った.

用例 The parents and children made an *excursion* to the seaside. その親子は海辺へ遊覧旅行に出かけた.

類義語 ⇒travel.

【派生語】**excúrsionist** 名 C.

excusable ⇒excuse.

ex·cuse /ikskjú:z/ 動 本来他, /-kjú:s/ 名 UC 〔一般語〕一般義 ささいな過ちや失礼なことに関して, 人やその行為を許す, 大目に見る. その他 自分の落ち度を人に大目に見てもらうことから, 《～ oneself で》弁解する, 言いわけをする. また義務などを果すことを大目に見ることから, 免除する. 名 として口実, 言いわけ, 欠席などの届け.

語法 **excuse** 動 は, 許す, 大目に見るという行為が中心的な意味だが, **excuse** 名 はまた許してもらうための理由, 口実, 言い訳, 弁解の意味で用いることが多い.

語源 ラテン語 *excusare* (とがから解放する; *ex-* 除去＋*causa* accusation) が古フランス語 *excuser, escuser* を経て中英語に入った. 発音上の動詞と名詞の区別は **use** や **advise, advice** の類推による.

用例 You must *excuse* him for being so late. 彼がひどく遅れたことを君は大目に見なければいかない/May I be *excused* from writing this essay? このエッセイを書くことを免除してもらえますか/Have you any *excuse* for your lateness? 君は遅刻したことに対してなにか弁解がありますか.

類義語 forgive.

【慣用句】*Excuse me*. ちょっと失礼します, 失礼しました, ごめんなさい. *Excuse me?* 申し訳ありませんがもう一度おっしゃってくれますか. *excuse oneself* 弁解する. *excuse oneself from* …を辞退する.

【派生語】**excúsable** 形 許せる, 申し訳の立つ. **excúsably** 副.

execrable ⇒execrate.

ex·e·crate /éksikrèit/ 動 本来他 〔古語〕のろう, いみ嫌う, ひどく憎む.

語源 ラテン語 *ex(s)ecrari* (＝to curse; *ex-* 逆＋*sacrare* to be sacred) の過去分詞 *ex(s)ecratus* が初期近代英語に入った.

【派生語】**éxecrable** 形 のろわしい, いまわしい. **éxecrably** 副. **èxecrátion** 名 C 呪文, のろいの言葉.

ex·e·cute /éksəkjù:t/ 動 本来他 〔やや形式ばった語〕一般義 死刑を執行する, 人を処刑する. その他 計画, 命令, 仕事などを実施する. 〖法〗法律を実施する, 施行する, 法律に基づいて遺言書の内容を実行に移す. さらに音楽, ダンスなど技術を必要とすることを実行する, 演奏する, 演じるという意味にもなる.

語源 ラテン語 *ex(s)equi* (＝to follow) から派生した

中世ラテン語 *executare* が古フランス語 *executer* を経て中英語に入った．

[用例] See that my orders are fully *executed*. 私の命令が完全に実行されるようとり計らってください／After the war many traitors were *executed*. 戦争が終ると，多くの反逆者達が処刑された／She *executed* a difficult turn on her skis. 彼女はスキーでむずかしい回転をしてみせた．

[類義語] ⇒perform.

【派生語】**èxecútion** 名 UC 処刑，死刑執行，命令などの遂行，職務の遂行，遺言などの執行，法の実施，演技． **èxecútioner** 名 C 死刑執行人． **executor** /igzékjutər/ 名 C 【法】指定遺言執行人． **executrix** /igzékjutriks/ 名 C 【法】executor の女性形．

ex·ec·u·tive /igzékjutiv/ 形 名 C 〔一般語〕[一般語] 決定などを実行する力のある，管理(職)の．[その他] 特に企業などで経営にたずさわる，執行力を持つ．また法律を実行することにかかわることから，行政上の，行政的なという意味にもなる．名 として重役，取締役，また行政官，行政部．

[語源] 中世ラテン語 *executivus* が中英語に入った．

[用例] He has *executive* status. 彼は執行権のある立場にいる／He is an *executive* in an insurance company. 彼は保険会社の重役である／*executive* authority 行政当局／a chief *executive* officer 企業の最高責任者（★CEO と略す）．

executor ⇒execute.

executrix ⇒execute.

ex·e·ge·sis /èksədʒí:sis/ 名 UC（複 **-ses** /-si:z/）〔形式ばった語〕聖書の解釈，比喩的に文書の綿密な解釈．

[語源] ギリシャ語 *exegēsis*（＝explanation）がラテン語を経て初期近代英語に入った．

ex·em·plar /igzémplaər/ 名 C 〔形式ばった語〕模範，手本，典型．

[語源] ラテン語 *exemplum*（⇒example）から派生した後期ラテン語 *exemplarium* が古フランス語 *exemplaire* を経て中英語に入った．

【派生語】**exémplary** 形 模範となる，りっぱな，典型的な．

exemplification ⇒exemplify.

ex·em·pli·fy /igzémplifài/ 動本来他〔形式ばった語〕…の例となる，例証する．

[語源] 中世ラテン語 *exemplificare*（＝to make an example）が古フランス語を経て中英語に入った．

[用例] This castle *exemplifies* the architectural style of the period. この城は当時の建築様式のよい例である／His originality as a composer is *exemplified* by the following group of songs. 作曲家としての彼の独創性は次の一群の歌によって例証される．

【派生語】**exèmplificátion** 名 UC．

ex·empt /igzémpt/ 動本来他 形〔形式ばった語〕義務，職務，支払いなどを免除する．形〔述語用法〕免除された．

[語源] ラテン語 *eximere*（＝to take out; *ex-* out＋*emere* to take）の過去分詞 *exemptus* が中英語に入った．

[用例] He was *exempted* from military service. 彼は兵役を免除された／Children under 16 are *exempt* from the usual charges for dental treatment. 16歳未満の子供は通常の歯科治療費を免除される．

【派生語】**exémption** 名 UC．

ex·er·cise /éksərsàiz/ 名 UC 動本来他 〔一般語〕[一体操] 健康のため体を動かすこと，運動，体操．[その他] 一定の方法に基づいて運動することから，練習，けいこ，知的な能力を向上させるための練習，習練，さらに練習問題，練習曲．体や精神力などを働かすこと，権力などの行使，〔複数形で〕軍事演習．動として，手足などを動かす，運動させる，人を練習させる，訓練する，体や精神力などを働かせる，権力などを行使する．名 として練習，運動する．

[語源] ラテン語 *exercere*（家畜を囲いの外に出す，働かせる）の過去分詞から派生した 名 *exercitium* が古フランス語 *exercice* を経て中英語に入った．

[用例] Swimming is one of the healthiest forms of *exercise*. 水泳は最も健康的な運動の1つである／ballet *exercise* バレエの練習／*Exercise* of the mind is essential to keep housewives from getting bored. 頭を使うことは主婦が退屈しないために必要不可欠なことである／Dogs should be *exercised* frequently. 犬はひんぱんに運動させなければいけない／She was given the opportunity to *exercise* her skill as a pianist. 彼女はピアニストとしての技術を披露する機会を与えられた／I can *exercise* my right to refuse. 私は拒否する権利を行使することができる／I *exercise* every morning. 私は毎朝運動します．

[類義語] ⇒practice.

【慣用句】**by the exercise of** …… …を使って，働かせて．

ex·ert /igzə́:rt/ 動本来他〔形式ばった語〕力や技術を用いる，行使する，《～ oneself で》努力する．

[語源] ラテン語 *ex(s)erere*（＝to thrust out; to put into active）の過去分詞 *ex(s)ertus* が初期近代英語に入った．

[用例] We must *exert* all our strength. 私達は力の限りを尽さねばならない／Please *exert* yourselves and try to finish this job. 君たちはがんばってこの仕事を終わらせるようにしてください．

【派生語】**exértion** 名 UC．

ex·e·unt /éksiʌ̀nt/ 動本来自〔一般語〕脚本のト書き用語で，2人以上の登場人物が退場する《★1人だけが退場する場合は exit を用いる》．

[語源] ラテン語 *exire*（＝to go out）の直説法・現在・3人称・複数形で 'they go out' の意．

[用例] *Exeunt* all.＝*exeunt* omnes /ámni:z | -ó-/ 一同退場．

[反意語] enter.

exhalation ⇒exhale.

ex·hale /ekshéil, egzéil/ 動本来他〔形式ばった語〕空気，ガス，息などを吐き出す，発散する．

[語源] ラテン語 *exhalare*（＝to breathe out）が古フランス語 *exhaler* を経て中英語に入った．

[用例] He *exhaled* a cloud of smoke. 彼はもくもくと煙を吐き出した／Asthma sufferers have difficulty in *exhaling*. ぜんそく患者は息を吐くのに骨を折る．

[反意語] inhale.

【派生語】**èxhalátion** 名 UC．

ex·haust /igzɔ́:st/ 動本来他 名 U 〔一般語〕[一般語]《しばしば受身で》疲労こんぱいさせる，すっかり消耗させる．[その他] すっかり使う，使い果たす，ある研究や主題について言い尽くす，述べ尽くす．使用済みのガスなどを排出する．名 として排気ガス，排気装置．

[語源] ラテン語 *exhaurire*（＝to draw out; *ex-* out＋

haurire to draw water) の過去分詞 exhaustus が初期近代英語に入った.

[用例] She was completely *exhausted* by her long walk. 彼女は長く歩いてすっかり疲れきってしまった/You're *exhausting* my patience. 私の忍耐も限界だ/We've *exhausted* that topic of discussion. 私達はその論題についてすっかり話し尽くした/*exhaust* gas 排気ガス.

【派生語】exháusted 形 疲れきった([類義語]⇒tired), 使い尽くされた. exhàustibílity 名 U. exháustible 形. exháusting 形 疲れさせる. exháustion 名 U. exháustive 形 徹底的な, 完全な. exháustively 副.

ex·hib·it /igzíbit/ 動 [本来ими] 名 C 〔一般語〕[一般義] 人の興味をひくような美術品などを展示する, 公開する. [その他] 性質などを示す, 見せる. ⓑ 展覧会などに作品を出す. 名 として展示品, 法廷に提出される証拠書類[物件].

[語源] ラテン語 *exhibere* (to hold forth; *ex-* out + *hebere* to hold) の過去分詞 *exhibitus* が中英語に入った.

[用例] My picture is to be *exhibited* in the art gallery. 私の絵は美術館に展示される予定です/He *exhibited* a complete lack of concern for others. 彼は他人に対する完全な無関心さを示した/One of my *exhibits* is missing. 私の展示品の1つが行方不明です/The blood-stained scarf was *exhibit* number one in the murder trial. その血のついたスカーフは殺人事件の裁判で証拠物件1号だった.

[類義語]⇒show.

【派生語】exhibition /èksəbíʃən/ 名 CU 展示会, 展示, 示すこと, 出品物, 模擬演技[演奏]. exhibítionism 名 U 《軽蔑的》自己顕示欲, 自己宣伝癖, 露出症. exhibítionist 名 C 目立ちたがりや, 自己顕示欲の強い人; 露出狂. exhibitionístic 形. exhibitor /igzíbitər/ 名 C 展示会などの出品者.

ex·hil·a·rate /igzíləreit/ 動 [本来語] 〔形式ばった語〕 人を陽気にさせる, 浮き浮きさせる.

[語源] ラテン語 *exhilarare* (*ex-* completely + *hilarare* to make cheerful) の過去分詞が初期近代英語に入った.

[用例] He was *exhilarated* by the walk. 彼は散歩をして心が浮き浮きした.

【派生語】exhílaràting 形. exhìlarátion 名 U.

ex·hort /igzɔ́ːrt/ 動 [本来語] 〔形式ばった語〕 人に何かをするように強く勧める, 熱心に説く.

[語源] ラテン語 *exhortari* (= to encourage; to incite) が中英語に入った.

[用例] I *exhorted* him to give up gambling. 賭けごとをやめるようにと私は彼に強く勧めた.

[類義語] urge.

【派生語】exhortátion 名 U. exhórtative 形.

ex-hus·band /ékshʌ́zbənd/ 名 C 〔一般語〕前夫 [語法] 単に ex ともいう).

exigence, -cy ⇒exigent.

ex·i·gent /éksədʒənt/ 形 〔形式ばった語〕[一般義] 物事が緊急の, さし迫った. [その他] 《軽蔑的》必要以上に何度もせがむ.

[語源] ラテン語 *exigere* (⇒exact) の現在分詞 *exigens* (= demanding) が初期近代英語に入った.

[用例] *exigent* circumstances 差し迫った状況/He was *exigent* in his demands for money. 彼は何度も金を強要した.

[類義語] pressing.

【派生語】éxigence, -cy 名 U.

ex·ile /éksail, égz-/ 名 UC 動 [本来語] 〔一般語〕 [一般義] 政治的な理由などで故国を捨てて長期間外国に滞在すること, 流浪, 亡命. [その他] 故国からの追放, 流刑, さらに亡命者, 流浪者, 追放された人. 動 として追放する, 流刑にする, 一般的に追い出す, はずす.

[語源] ラテン語 *exul* (= banished person) から派生した *exilium* (追放) が古フランス語を経て中英語に入った.

[用例] He was sent into *exile*. 彼は流罪に処された/He has been an *exile* from his native land for many years. 彼は長年故国を離れ亡命者として暮している/The king's friends were *exiled* by his enemies after his death. 王の友人たちは王の死後敵によって追放された.

[類義語] ⇒banish.

ex·ist /igzíst/ 動 [本来語] 〔一般語〕[一般義] 生きものや物が長期間存在する, 現存する. [その他]《哲・論》実存する, 存在する, 特に人に用いて, 不利な条件もとで存在しつづける, 生きてゆく.

[語源] ラテン語 *ex(s)istere* (= to stand forth; to appear) が初期近代英語に入った.

[用例] Do ghosts really *exist*? 幽霊は本当に存在しますか/No difficulties ever *existed* for him. 彼には困難なことが存在したことはなかった/He cannot *exist* on such low wages. 彼はそんな低い賃金で生きてゆくことはできない.

[類義語] be.

【派生語】exístence 名 U 存在, 生活, 《哲》実存. exístent 形 存在している, 現存の, 目下の. exìsténtial 形 存在に関する, 《論》存在的な, 存在の. exìsténtialism 名 U《哲・文》実存主義. exìsténtialist 名 C 実存主義者. 形 実存(主義)の. exísting 形 現存の, 目下の, 現行の.

ex·it /éksit, égz-/ 名 C 動 [本来語] 〔一般語〕[一般義] 建物などの出口. [その他] 元来外に出ることを意味し, 外出, 退出, 生からの退出, すなわち死という意味にもなる. さらに《劇》舞台からの退場. 動 として《劇》退場する.

[語法] ❶「出口」を意味する標識は, アメリカ英語では EXIT, イギリス英語では一般に WAY OUT その他. ❷ ト書きで「ハムレット退場」のように単数の役者が退場する時に *Exit Hamlet*. として用いる(複数の役者には exeunt). exit は元来ラテン語の動詞の3人称・単数・現在形であるから, 単数の役者が主語でも -s はつけないのがふつうだが, 最近では完全に英語化して *Hamlet exits*. のような形も見られる.

[語源]「出口」というのとしてはラテン語 *exire* (= to go out; *ex-* out + *ire* to go) の過去分詞 *exitus* が名詞化して初期近代英語に入った. 一方, 演劇用語としては *exire* の直説法・3人称・単数・現在形 *exit* が「退場する」という意味で初期近代英語に入り, *exitus* の語尾が落ちた *exit* と同形になった.

[用例] The *exit* was blocked. 出口は封鎖された/Where is the emergency *exit*. 非常口はどこにありますか/She made a noisy *exit*. 彼女はそうぞうしく出て行った/*exit* visa 出国ビザ/*Exit Macbeth* マクベス退場.

[反意語] entrance.

ex libris /eks líːbris/ 名 C 〔複 〜〕〔一般語〕本の所有者を示すための蔵書票, 所有者を象徴的に表す蔵書印《書物紙片のものは bookplate ともいう》. 本来は所有者のまえにつけて...の蔵書の意で, *ex libris* Henry Sweet (ヘンリー・スウィート所蔵)のように用いる. 語源 ラテン語 *ex libris* (= from the books) が 19 世紀に入った.

ex·o·dus /éksədəs/ 名 C 〔形式ばった語〕《通例単数形で》大勢の人がある場所から**外に出ること**, 特に移民するために国外に出ること. 《the E-》〔旧約聖書〕モーセに率いられたイスラエル人の**エジプト出国**, 《E-》創世記 (genesis) に続く第 2 番目の書, **出エジプト記**. 語源 ギリシャ語 *éxodos* (= going out; *ex-* out + *hodos* way)がラテン語 *exodus* を経て旧約聖書の用語として古英語に取り入れられた.

ex officio /éks əfíʃiòu/ 副 形 〔一般語〕**職権上の**. 語源 ラテン語 *ex officio* (= according to the duty) から初期近代英語に入った.

ex·or·bi·tant /igzɔ́ːrbətənt/ 形 〔やや形式ばった語〕値段や要求が常軌を逸している, **法外な, 非常に高い**. 語源 ラテン語 *exorbitare* (= to go out of the track) の現在分詞 *exorbitans* が中英語に入った. 用例 That shop charges *exorbitant* prices. あの店は法外な値をつけている/The war continued because the enemy's demands were *exorbitant*. 敵側の要求が法外なものであったから戦争は続いた.

ex·or·cise, ex·or·cize /éksɔːrsàiz/ 動 本来他 〔一般語〕祈祷によって**悪魔[悪霊]を追い払う**. その他 悪魔や悪霊にとりつかれた人や場所をはらい清める, 一般的に悪い考えや感情を心から**一掃する**. 語源 ギリシャ語 *exorkizein* (= to banish an evil spirit with an oath; *ex-* away + *horkos* oath) が後期ラテン語 *exorcizare*, 古フランス語 *exorciser* を経て中英語に入った. 用例 The priest *exorcized* the evil spirits from the haunted house. 司祭はそのとりつかれた家から悪霊を追い払った/They asked the priest to *exorcize* the haunted house of evil spirits. 彼らは司祭にとりつかれた家から悪霊を追い払うように頼んだ/She could not *exorcize* the bad memory. 彼女は悪い思い出をとりのぞくことはできなかった. 派生語 **éxorcism** 名 U 悪魔払いの**祈祷**. **éxorcist** 名 C 悪魔払いの**祈祷師**.

exorcism ⇒exorcise.

exorcist ⇒exorcise.

ex·ot·ic /igzátik/ -zɔ́t-/ 形 C 〔一般義〕《良い意味で》物や人, 言葉, 食べ物などが**異国風の, 異国情緒のある**. その他 特に熱帯地方の風俗の特徴をイメージして, 風変りな, **色彩に富んだ**, また動植物が**外国産の**, **外来の**. 名 として, 動植物の外来種. 語源 ギリシャ語 *exōtikós* (外国の) がラテン語 *exoticus* を経て初期近代英語に入った. 用例 She always wears rather *exotic* clothes. 彼女はいつもどても異国情緒のある服を着ている/*exotic* plants 外来植物/She uses *exotic* vegetables in her cooking. 彼女は料理に外国の野菜を使う. 派生語 **exótica** 名《複》異国風のもの; 異国風の文芸作品. **exótically** 副 異国風に. **exóticism** 名 U 異国情緒, 異国趣味.

ex·pand /ikspǽnd/ 動 本来他 〔一般語〕〔一般義〕あるものの大きさや量を**拡大する**, 広げる, 膨張させる. その他 具体物ばかりでなく, 抽象的に**拡大する**意にもなり, 特に議論などを**発展させる**, 敷衍(ふえん)する. 自 として広がる, **膨張する**, 拡張する, ...について**話を膨らませる**, 詳しく述べる《on》, 〔文語〕気持ちが膨らむことから, 人が**心を開く**, 多弁になる. 語源 ラテン語 *expandere* (= to spread out) が中英語に入った. 用例 He does exercises to *expand* his chest. 彼は胸を厚くするために運動をする/Metals *expand* when heated. 金属は熱すると膨張する/The school's activities have *expanded* to include climbing and mountaineering. 学校の活動に登山が含まれるようになった/He began to *expand* a little after he had had a glass of wine. 彼はワインを一杯飲むと少し陽気になり始めた. 反意語 contract. 派生語 **expánse** 名 C 空, 海, 陸などの広がり: the broad *expanse* of the sky 空の大きな広がり. **expánsion** 名 U 拡張, 拡大, 膨張; 展開. **expánsionary** 形. **expánsionism** 名 U 領土拡張主義. **expánsionist** 名 C 領土拡張論者. **expánsive** 形. **expánsively** 副. **expánsiveness** 名 U 広大であること, 広さ, 発展[開放]性のあること.

ex·pa·ti·ate /ekspéiʃieit/ 動 本来自 〔形式ばった語〕...について**詳述する**《on; upon》. 語源 ラテン語 *spatium* (⇒space)に由来する *ex(s)patiari* (歩いて外に出る, 道をそれる)の過去分詞 *ex(s)patiatus* が初期近代英語に入った. 用例 He expatiated on his state of health. 彼は健康状態について詳しく話した.

ex·pa·tri·ate /ekspéitrieit, -pǽtri-/ 動 本来他 /-ət/ 形 名 C 〔一般義〕強制的に, あるいは法の力によって人を**国外に追放する**. その他 《〜 oneself で》母国を捨てて**国外に移住する**, 亡命する. 自 としても用いる. 形 として**国外に追放された**. 名 として**国外に追放された人**, 亡命者[移住]者. 語源 ラテン語 *pater* (= father) から派生した *patria* (= fatherland) に *ex-* (= out of) がついてできた 動 *expatriare* (= to leave one's homeland) の過去分詞が 18 世紀に入った. 用例 Jews were *expatriated* from Germany. ユダヤ人はドイツから追放された/There are many Polish *expatriates* in America. アメリカには多くのポーランド人移民がいる/an *expatriate* community of Poles ポーランド人移民社会. 名 ⇒banish.

ex·pect /ikspékt/ 動 本来他 〔一般語〕〔一般義〕かなりの確信をもってあること(必ずしもよいこととは限らないが)が起こることを**予期する**, はずだと思う. その他 当然の権利として何かを**得ることを期待する**. また人が...ついて, ...**して欲しい**《to do》, 《通例進行形で》**あること**, 特に何か良いことが**今にも起こりそうだ**, あるいは**待ちのぞんでいる**, 人が今にも来そうだという気持ちも表し, 〔くだけた語〕赤ん坊を**待望する**, **はらんでいる**という意味にもなる. 〔くだけた語〕軽い気持ちで**...と思う**. 語源 ❶「予期する」の意では, 目的語に that 節をとり得るが, 節の中は内容が未来形が用いられ, that はふつう省略されない. 一方, 軽い気持ちで「...と思う」の意では, that 節の中の時制は決まっていないし, that もしばしば省略される ❷「予期する」の意では, expect ... to do の構文も可能で, I *expect* him

to come. は I expect that he will come. と同じ意味になる. 一方,「人に...して欲しい」も同様の不定詞構文をとるが, 両者の意味の区別は文脈によらなければならない.
[語源] ラテン語 ex(s)pectare (=to look out for; ex- out+spectare to look at) が初期近代英語に入った.
[用例] He expects to be home tomorrow. 彼は明日は家に帰れると思っている/I expect that he will be here tomorrow. 彼は明日ここに来ると思います/We expect her on tomorrow's train. 彼女は明日の列車で来ると私たちは思っている/They expect high wages for skilled work. 彼らは熟練を要する仕事には高い賃金を期待している/You are expected to tidy your own room. 君は自分の部屋をかたづけなければいけない/I'm expecting a letter today. 今日は手紙がきっとくると思います/I expect (that) you're tired. あなたはお疲れのことと思います.
[日英比較] 日本語の「期待する」は良い事のみに用いるが, 英語の expect はよい事, 悪いことの両方に用いる. 例えば We expect a very hot summer this year. (今年の夏はとても暑くなるようだ) のような場合,「期待する」という日本語には訳せない.
[類義語] expect; anticipate:「何かが起るということを予期する」という意味の類義語であるが, expect は予期に確信や根拠のあることを意味し, anticipate は予期した出来事をあてこんで何かを事前にするという点に意味の中心がある.
【派生語】expéctancy 名 UC 〔やや形式ばった語〕見込み, 予期: life expectancy 平均余命. expéctant 形 〔やや形式ばった語〕期待している, 待ち望んでいる: expectant mother 妊婦. expéctantly 副. èxpectátion 名 UC 見込み, 可能性;《しばしば複数形で》期待されているもの, 予期されている金額《遺産など》: in expectation of ... ... を期待して, ... を見込んで.

ex·pec·to·rate /ikspéktəreit/ 動 [本来他] 〔形式ばった語〕せきやせき払いをして痰(たん), つば, 血などを吐き出す.
[語源] ラテン語 pectus (胸) に由来する語で, expectorare (=to expel from the chest) の過去分詞 expectoratus が初期近代英語に入った.「胸の中のものを外に出す」が原義.

expedience, -cy ⇒expedient.

ex·pe·di·ent /ikspí:diənt/ 形 C 〔やや形式ばった語〕《通例述語用法》何かをする際に役に立つ, 好都合の. 名 として便宜的手段, 方策.
[語源] ラテン語 expedire (⇒expedite) の現在分詞 expediens が古フランス語を経て中英語に入った.
[用例] It is more expensive but expedient to pay by instalments. 分割払いは高くつくが便利です.
【派生語】expédience, -cy 名 U. expédiently 副.

ex·pe·dite /ékspədait/ 動 [本来他] 〔形式ばった語〕仕事や作業をはかどらせる, 促進する.
[語源] ラテン語 pes (足) がもとになった expedire (足かせをはずす) の過去分詞 expeditus が中英語に入った.
[用例] Can the government expedite their plans for improvement of the railway system? 政府は鉄道組織の改善計画を進めることができるだろうか.
【派生語】expeditious /èkspədíʃəs/ 形 迅速な, 手早い.

ex·pe·di·tion /èkspədíʃən/ 名 CU 〔一般語〕[一般義] ある目的をもって組織された旅行, 遠征, 探検. 〔その他〕 そのような旅をする団体ということから, 遠征隊, 探検隊, 調査団. 〔形式ばった語〕迅速さ, 手早さ.
[語源] ラテン語 expeditus (⇒expedite) から派生した expeditio が古フランス語を経て中英語に入った. 迅速な行動という意味から「旅行, 遠征」の意味が生まれた.
[用例] He took part in an expedition to the South Pole. 彼は南極探検に参加した/He was a member of the expedition which climbed Mount Everest. 彼はエベレスト山に登った遠征隊の一員であった.
【派生語】èxpedítionàry 形《限定用法》遠征(隊)の, 探検(隊)の.

expeditious ⇒expedite.

ex·pel /ikspél/ 動 [本来他] [一般義] 人をある場所から永久にかつ強制的に追放する. 〔その他〕学校から生徒や学生を放逐する, 退学させる, クラブや団体からのメンバーを除名する, 国から敵などを駆逐する. 〔やや形式ばった語〕あるものの中味を外に出す, 排出する, 吐き出す.
[語源] ラテン語 expellere (=to drive out) が中英語に入った.
[用例] The child was expelled for stealing. その子は盗みをしたため退学になった/an electric fan for expelling kitchen smells 台所の臭いを除く換気扇.
[類義語] ⇒eject.
【派生語】expulsion ⇒ 見出し.

ex·pend /ikspénd/ 動 [本来他] 〔形式ばった語〕時間, 物, 金, 精力などを使い果す, 費やす.
[語源] ラテン語 expendere (=to pay out; ex- out+pendere to weigh) が中英語に入った. 原義は「はかりにかける」で, 重さを計って金を支払ったことから.
[用例] He has expended all his energy on the scheme. 彼はその計画に全精力を費やした.
[類義語] ⇒spend.
【派生語】expéndable 形 消費してもよい, 犠牲にしてもよい: Generals sometimes regard soldiers as expendable. 将軍たちは時として兵士を犠牲にしてもよいと考える. expénditure 名 UC 支出, 消費, 費用.

ex·pense /ikspéns/ 名 UC [一般語] [一般義] 費用, 支出. 〔その他〕金銭ばかりでなく, 時間や努力の消費もいう.《通例複数形で》であることをするのに必要な費用, ... 費, 費用のかかる物[事].
[語源] ラテン語 expendere (⇒expend) の過去分詞の女性形 expensa がアングロフランス語 expense を経て中英語に入った.
[用例] She was put to (=had to bear) the expense of providing meals for them. 彼女は彼らに食事を出す費用を負担しなければならなかった/I've gone to a lot of expense to educate you well. 私はあなたに十分な教育を受けさせるためにずいぶん散財してきた/His firm paid his travelling expenses. 彼の会社は彼の旅行費用を払った/What an expense clothes are! 洋服は何と金のかかるものだろう.
[類義語] cost.
【慣用句】*at any expense* どんな犠牲を払っても. *at one's (own) expense* 自費で. *at the expense of ...* 人の費用で, ... を犠牲にして: She finished it *at the expense of* her health. 彼女は健康を犠牲にしてそれを終わらせた.
【派生語】expénsive 形 費用がかかる, 値段が高い《★costly (高級品だから高い) と違って品質の割に, あるいは自分の所持金から見て値段が高いの意》.

ex·pe·ri·ence /ikspíəriəns/ 名 UC 動 本来他 〔一般語〕 抽象的に経験, 体験. その他 書物からでなく体験を通して得られた知識. 具体的に人が経験[体験]したこと, 心に残ること. 動 として, 経験[体験]を通して感じる, 影響を受ける, 知る.
[語源] ラテン語 *experiri* (⇒experiment) の現在分詞 *experiens* から派生した *experientia* (= trial) が古フランス語 *experience* を経て中英語に入った.
[用例] Learn by *experience*—don't make the same mistake again. 体験から学びなさい. 同じ誤りを二度としてはいけません/Has she had much driving *experience*? 彼女は運転の経験は豊富ですか/The earthquake was a terrible *experience*. その地震は恐しい経験でした/I have never before *experienced* such rudeness. 私はこれまでにそんな不作法を経験したことはありません.
【派生語】 *experienced* 形 経験を積んだ, 経験のある. *experiential* 形 経験上の, 経験に基づいた.

ex·per·i·ment /ikspérəmənt/ 名 CU, /-ment/ 動 本来自 実験, 実験する, 試みる.
[語源] ラテン語 *experiri* (= to try) の名 *experimentum* が古フランス語を経て中英語に入った.
[用例] He performs chemical *experiments* in the laboratory. 彼は化学の実験を実験室で行なう/He *experimented* for years with various medicines to find the safest cure. 彼は最も安全な治療法を見つけるためにいろいろな薬の実験を何年間もした.
【派生語】 *experimental* 形 実験(用)の. *experimentally* 副. *experimentation* 名 U 〔形式ばった語〕実験をすること.

ex·pert /ékspə:rt/ 名 C 〔一般語〕訓練によってある特定分野の技術や知識をもっている人, 熟練者, 達人, 専門家. 形 として, 熟達した, 専門家の, 専門的な.
[語源] ラテン語 *experiri* (⇒experiment) の過去分詞 *expertus* (=tried; known by experience) が古フランス語を経て中英語に入った.
[用例] He is an *expert* in political history. 彼は政治史の専門家だ/She is an *expert* on the Bronze Age. 彼女は青銅器時代の専門家だ/an *expert* architect 熟達した建築家/He is *expert* at driving. 彼は運転に熟達している.
【派生語】 *expertise* /èkspərtí:z/ 名 U 専門的知識. *expertly* 副. *expertness* 名 U.

ex·pi·ate /ékspieit/ 動 本来他 〔形式ばった語〕罪をあがなう, …の償いをする.
[語源] ラテン語 *expiare* (*ex*- completely+*piare* 償う) の過去分詞 *expiatus* が初期近代英語に入った.
【派生語】 *èxpiátion* 名 U 罪ほろぼし.

expiration ⇒expire.

ex·pire /ikspáiər/ 動 本来自 〔形式ばった語〕〔一般義〕 ある一定の期間が終わる. その他 切符, 証明書などの期限が切れる (⇔inspire), 空気を吐き出す 〔文語〕死ぬ.
[語源] ラテン語 *exspirare* (息を吐き出す) が中英語に入った. 今日残っている意味は, breathe one's last (breath)(息をひきとる, 死ぬ) から比喩的に物事の終わりを示すようになったもの.
[用例] His three week's leave *expires* tomorrow. 彼の3週間の休暇は明日終わる/My driving licence *expired* last month. 私の運転免許証の期限は先月切れた/The old man *expired* after a long illness. その老人は長い病気の末死んだ.
【派生語】 *èxpirátion* 名 U 期限切れ, 満期, 期間終了. *expiry* 名 =expiration.
【複合語】 *èxpirátion dàte* 名 C 〔米〕食品などの賞味期限, クレジットカードなどの使用期限.

ex·plain /ikspléin/ 動 本来他 〔一般語〕〔一般義〕説明する. その他 あることの理由を言う, 弁明する.
[語源] ラテン語 *explanare* (平らにする; *ex*- completely+*planus* flat) が中英語に入った. なお, -plain の綴りは plain「明白な」の影響による. plain と plane は各々「平らな→明白な」,「平らな→平面」という意味変化を経たもので同語源である.
[用例] He *explained* what he was making. 彼は何を作っているかを説明した/Can you *explain* the railway timetable to me? 鉄道の時刻表を私に説明できますか/I cannot *explain* his failure. 私は彼の失敗の理由を説明できません/That *explains* his silence. それで彼の沈黙の理由が分かる.
【類義語】 explain; expound; explicate; elucidate: **explain** が最も一般的な語で, 知られていないこと不明確なことを分かりやすく人に知らせることを意味する. **expound** はやや形式ばった語で専門知識を持つ人が系統的にかつ完全に説明することを意味し, **explicate** はより形式ばった語で, 詳細な学問的分析に意味の中心がある. **elucidate** はやや形式ばった語で, むずかしいことや不可思議なことに光を当てること, 説明することを意味する.
【慣用句】 *explain away* 困難な立場をうまく説明して言い抜ける: She tried to *explain away* the fact that the money was missing by saying it had been stolen. 彼女は金が紛失した事実を, それが盗まれたと言って言いのがれようとした.
【派生語】 *expláiner* 名 C 説明[弁明]者, 説明[弁明]となるもの. *èxplanátion* 名 UC. *explánative* 形. *explánatory* 形.

ex·ple·tive /éksplətiv|ekspli-/ 形 名 C 〔やや形式ばった語〕〔一般語感嘆詞[語句]〕, 特にののしりの言葉. その他 〔文法〕補足して文を完全にする語, 虚辞.
[語源] ラテン語 *explere* (= to fill out) の過去分詞 *expletus* から派生した *expletivus* (=serving to fill out) が初期近代英語に入った.
[用例] He uttered several *expletives* when he realized he had missed the train. 電車に乗り遅れたことが分かると, 彼は数個ののしりの言葉を発した.

explicable ⇒explicate.

ex·pli·cate /éksplikeit/ 動 本来他 〔形式ばった語〕詳細に説明する.
[語源] ラテン語 *explicare* (=to unfold) の過去分詞 *explicatus* が初期近代英語に入った.
【類義語】⇒explain.
【派生語】 *éxplicable* 形. *èxplicátion* 名 UC.

ex·plic·it /iksplísit/ 形 〔やや形式ばった語〕陳述や規則などが十分に言い表された, 明白な, 明示的な, 人が隠さずものを言う, 率直な.
[語源] ラテン語 *explicare* (⇒explicate) の過去分詞の異形 *explicitus* が初期近代英語に入った.
[用例] He gave me *explicit* instructions on how to use the machine. 彼は私に機械の使用法について明確な指示を与えた/Can you be more *explicit* about your reasons for leaving? あなたが去る理由をもっとはっきり言って下さいますか.

[反意語] implicit.
【派生語】**explícitly** 副. **explícitness** 名 Ū.

ex·plode /iksplóud/ 動 本来自 〔一般語〕 一般義 爆弾や爆薬によって**爆発する**. その他 比喩的に感情, 態度などが**激しく起こる**, 人が感情を爆発させる, 人口が激増する. 爆弾や爆薬によって何かを爆発させる, **爆破する**, 定説などを**覆(㊗)す**, 迷信などを**打ち破る**.
[語法] go off ❶, blow up ❶ のほうが日常的に用いられる.
[語源] 元来は舞台用語で, ラテン語 *explaudere* (手をたたいて役者を舞台の外へ追い出す) が 17 世紀に英語に入ったが, 原義は現在では既にすたれており, 外へ出すときに大きな音を立てるという連想から 18 世紀末よりラテン語にはなかった英語独自の「爆発する」という今の意味が現れた.
[用例] The bomb *exploded* and caused great damage. 爆弾が爆発して大きな被害をひき起こした/The teacher *exploded* with anger. 先生は怒りを爆発させた/The police *exploded* the bomb where it could cause no damage. 警察は被害が起こらない場所で爆弾を爆発させた/The idea that babies should be fat was *exploded* years ago. 赤ん坊は太っていなければいけないという考えは何年か前に打破された.
【派生語】**explósion** 名 ŪC. **explósive** 形 名 CU 爆発性の, 爆発しそうな, 非常に危険な;〖音〗破裂音の. 名 として爆発物. **explósively** 副.

ex·ploit /iksplóit/ 動 本来自 /éksplɔit/ 名 C 〔一般語〕資源などを**開発する**, 特に労働者を**搾取する**, **食い物にする**. 名 として**偉業**, **功績**, **行為**.
[語源] ラテン語の過去分詞 *explicitus* (⇒explicit) の中性形 *explicitum* が古フランス語 *exploit* を経て中英語に入った.「開いて示されたもの」,「示された行為」を経て「開発する」意となった.
[用例] We must *exploit* fully the country's natural resources. 私たちは国の天然資源を十分に開発しなければならない/Many children were *exploited* as cheap labour in factories. 多くの子供たちが安い工場労働力として利用された/I was amazed at his military *exploits*. 私は彼の軍功に驚いた.
【派生語】**èxploitátion** 名 Ū. **exploíter** 名 C 開発者, 開拓者.

exploration ⇒explore.

ex·plore /iksplɔ́:r/ 動 本来自 〔一般語〕 一般義 **探検する**, **実地調査する**. その他 問題などを**探究する**, **調査する**, 〖医〗外科的に**精密検査する**.
[語源] ラテン語 *explorare* (= to search out; *ex-* out + *plorare* to cry aloud) が初期近代英語に入った.
[用例] Has that continent been fully *explored* yet? あの大陸はもう十分探検されたのですか/I'll *explore* the possibilities of getting a job here. 私は当地で職を得る可能性を調べます.
【派生語】**èxplorátion** 名 ŪC. **explóratòry** 形 探検の, 実地調査の. **explórer** 名 C 探検家.

explosion ⇒explode.

explosive ⇒explode.

ex·po /ékspou/ 名 C 〔くだけた語〕**博覧会**(exposition).

ex·po·nent /ikspóunənt/ 名 C 〔やや形式ばった語〕 一般義 芸術や技術などを専門的に**説明する人**, **説明者**, **解釈者**. その他 主義などの**主唱者**, **擁護者**.〖数〗**指数**.
[語源] ラテン語 *exponere* (⇒expound) の現在分詞 *exponens* が初期近代英語に入った.
[用例] He is an able *exponent* of music. 彼は音楽をうまく説明することができる/He was one of the early *exponents* of Marxism. 彼はマルクス主義の初期の提唱者の一人だった.

ex·port /ekspɔ́:rt/ 動 本来自 /–́–/ 名 ŪC 〔一般語〕**輸出する**. 名 として**輸出**, **輸出品**.
[語源] ラテン語 *exportare* (*ex-* out + *portare* to carry) が初期近代英語に入った.
[用例] Jamaica *exports* bananas to Britain. ジャマイカはバナナをイギリスに輸出している/the *export* of whisky to America アメリカへのウィスキーの輸出/Paper is an important Swedish *export*. 紙はスウェーデンの重要な輸出品である.
【派生語】**expórtable** 形 輸出できる. **èxportátion** 名 Ū. **expórter** 名 C 輸出業者.

ex·pose /ikspóuz/ 動 本来自 〔一般語〕 一般義 日光, 風雨, 危険などに**さらす**《to》. その他 犯罪や秘密などを**世間の目にさらす**, **暴露する**, 子供を保護なしに**戸外にさらす**, **捨てる**, 品物などを店頭にさらす, **陳列する**,〖写〗**露光する**, **露出する**.
[語源] ラテン語 *exponere* (⇒expound) の過去分詞 *expositus* がフランス語 *exposer* を経て中英語に入った.
[用例] Painting should not be *exposed* to direct sunlight. 絵画は直射日光にさらしてはいけない/Don't *expose* children to unnecessary dangers. 子供を無用な危険にさらすな/It was a newspaper that *exposed* the murderer of the child. 子供の殺人者を暴露したのは新聞であった.
[類義語] show.
【慣用句】**expose oneself** 性器を露出する. **expose oneself to** ... 危険などに身をさらす.
【派生語】**èxposítion** 名 ŪC 博覧会(〔語法〕expo と略す), 〔形式ばった語〕説明(〔語法〕動詞は expound). **expósure** 名 ŪC さらす[さらされる]こと, 暴露, 発覚, 陳列, 露出, 子供を捨てること.

expository ⇒expound.

ex·pos·tu·late /ikspástʃuleit | -pɔ́s-/ 動 本来自 〔形式ばった語〕**説諭する**, **いさめる**, **説いて聞かせる**.
[語源] ラテン語 *expostulare* (*ex-* entirely + *postulare* to demand) の過去分詞 *expostulatus* が初期近代英語に入った.
【派生語】**expóstulàtingly** 副. **expòstulátion** 名 Ū いさめ, 忠告, 苦言. **expóstulàtive** 形. **expóstulàtor** 名 C.

exposure ⇒expose.

ex·pound /ikspáund/ 動 本来自 〔形式ばった語〕**詳しく説明する**.
[語源]「さらす, 示す, 説明する」意のラテン語 *exponere* (*ex-* out + *ponere* to put) が古フランス語 *expondre* を経て中英語に入った. expose, exponent と同語源.
[用例] He *expounded* his theory to his colleagues. 彼は自説を同僚に詳述した.
[類義語] ⇒explain.
【派生語】**èxposítion** ⇒expose. **expósitory** 形 説明の, 解説的な.

ex·pres·i·dent /éksprézidənt/ 名 C 〔一般語〕**前大統領[会長; 学長]**.

ex・press /iksprés/ 動 本来他 名 ⓒⓊ 副 〔一般語〕
一般義 考えや感情などを言い表す,表現する. その他 人,表情,動作などが感情などを表す,示す. 形 ばった語 原義の押し出す,しぼり出すという意味でも用いる.さらに《米》運送会社便で送る,《英》速達で送る. 形 として《限定用法》はっきり述べられた,明白な,目的や意図がはっきりした,特別の,運送会社便が特別仕立ての,急行の,急便の,《英》速達の. 副 として急行で,至急便で. 名 として,列車,バス,エレベーターなどの急行,《米》運送会社(便),《英》速達便. 副 として急行で,急便で.
語源 ラテン語 *exprimere*(=to press out)の過去分詞 *expressus* から造られた二次動詞 *expressare* が中英語に入った.意味は「考えなどを頭の中から外に出す」「表現する」と変化した. 形 は *express* によるフランス語 *exprès* から.
用例 He *expressed* his ideas very clearly. 彼は自分の考えを非常にはっきりと表現した/You haven't *expressed* yourself clearly. あなたは自分の考えをはっきり言っていない/She smiled to *express* her agreement. 彼女は同意の気持ちを表すためにほほえんだ/She *expressed* milk from her breast. 彼女は乳房から乳をしぼり出した/Will you *express* this letter, please? この手紙を速達にしてください/You have disobeyed my *express* wishes. あなたは私がはっきり希望していることに逆らった/an *express* train 急行列車/the London to Cardiff *express* ロンドン発カーディフ行の急行/The parcel was sent by *express*. 小包は速達で送られた/He travelled *express*. 彼は急行で旅行した/Send your letter *express*. あなたの手紙を速達で送りなさい.
類義語 explicit.
【派生語】**expréssion** 名 ⓊⒸ 言葉による表現,表情,言い回し,表現力. **expressionism** 名 Ⓤ〔芸術〕(しばしば E-)表現主義(★impressionism(印象主義)に対する). **expressionless** 形 無表情な. **expréssive** 形 感情などを表す,表現力に富む. **expréssively** 副 **expréssiveness** 名 Ⓤ 表現の豊かさ. **expréssly** 副 明白に,はっきりと.
【複合語】**expréss còmpany** 名 Ⓒ《米》至急便運送会社《語法》単に express ともいう). **expréss delivery** 名 Ⓤ《英》速達便(《米》special delivery)(《語法》単に express ともいう). **expréssway** 名 Ⓒ《米》高速自動車道(《英》motorway).

ex・pro・pri・ate /ekspróuprieit/ 動 本来他〔やや形式ばった語〕土地,財産などを公用のために取り上げる,没収する,収用する.
語源 ラテン語 *expropriare*(財産を奪う; *ex-* 除去+*proprius* one's own)が初期近代英語に入った.
用例 Has the government the right to *expropriate* private gardens for public use? 政府が個人の庭園を公用のために取り上げる権利があるのか.
【派生語】**exprópriátion** 名 Ⓤ.

ex・pul・sion /ikspʌ́lʃən/ 名〔形式ばった語〕排除,除名,追放,特に学校からの追放,退学.
語源 ラテン語 *expellere*(⇒expel)の過去分詞 *expulsus* から派生した 名 *expulsio* が古フランス語を経て中英語に入った.
用例 His *expulsion* from school shocked his parents. 彼が退学させられて両親はショックを受けた.
語法 expulsion は学校側が強制的に退学させることを意味する.自主的に退学することは withdrawal (from school) という.
【派生語】**expúlsive** 形 排除する,追放する.

ex・punge /ikspʌ́ndʒ/ 動 本来他〔形式ばった語〕…を消す,解除する,比喩的に偏見,誤解などを拭い取る.
語源 ラテン語 *expungere*(*ex-* out+*pungere* to prick)が初期近代英語に入った.削除るために該当事項の箇所に穴をあけて印したことから.
【派生語】**èxpurgátion** 名 Ⓤ 削除.

ex・pur・gate /ékspərgèit/ 動 本来他〔形式ばった語〕書物のわいせつな,あるいは不穏当な部分を削除する. 自 としても用いられる.
語源 ラテン語 *expurgare*(*ex-* out+*purgare* to purge)の過去分詞が初期近代英語に入った.
【派生語】**èxpurgátion** 名 Ⓤ 削除.

ex・qui・site /ékskwizət, ikskwíz-/ 形 名 Ⓒ〔一般語〕一般義 物事の作られ方やなされ方の程度がきわめて高い,見事な,優雅な,精巧な. その他 痛みや楽しみ,その他の感覚の程度が高い,激しい,非常に大きい.
語源 ラテン語 *exquirere*(捜し求める)の過去分詞 *exquisitus* が中英語に入った.
用例 Her portrait of the child was *exquisite*. 彼女の描いた子供の肖像画は見事だった/*exquisite* manners 優雅なふるまい/*exquisite* pleasure 大きな楽しみ.
類義語 delicate.

ex・ser・vice・man /ékssə:rvismən/ 名 Ⓒ〔一般語〕《英》退役軍人(《米》veteran)(《語法》女性は ex-servicewoman).

ex・tant /ékstənt | ikstǽnt/ 形〔形式ばった語〕一般義 文書,記録,絵画,建物などが残っている,残存している. その他〔古語〕本来の意味で,突き出た.
語源 ラテン語 *ex(s)tare*(=to stand out)の現在分詞 *ex(s)tans* が初期近代英語に入った.意味は「突き出る」→「人に見られる」→「存在する」と変化した.
用例 Queen Mary's last letter, of 1587, is still *extant*. 1587 年のメアリー女王の最後の手紙が今も残っている.

ex・tem・po・ra・ne・ous /ekstèmpəréiniəs/ 形〔やや形式ばった語〕演説や演奏などが即席の,下原稿なしの,即興の.
語源 ラテン語 *ex tempore*(=out of the time)から派生した *extempraneus* が初期近代英語に入った.
用例 an *extemporaneous* speech 即席の演説.
類義語 extemporaneous; impromptu: **extemporaneous** は特に演説を書き出したり暗記したりせずに,ある程度の心の準備をしてから行うことをいう. **impromptu** はその時その場で思いついたということを強調する.
【派生語】**extèmporáneously** 副 即席に.

ex・tem・po・re /ekstémpəri/ 副〔やや形式ばった語〕演説が原稿などの事前の準備なしで[の],即席に[の].
語源 ラテン語の慣用句 *ex tempore*(即座に)がそのまま初期近代英語に入れられたもの.
用例 He had no time to make notes for his speech, so had to speak *extempore*. 演説のためのメモをとる時間がなかったので,彼は即席でしゃべらねばならなかった/*extempore* verses 即興詩/an *extempore* performance 即興劇.
【派生語】**extèmporizátion** 名 ⓊⒸ 即興演説[演奏,演劇]. **extémporize** 動 即席に作る,即興演説[演

奏]する.

ex・tend /ikaténd/ 動 本来処 〔一般語〕一般義 あるものの長さ, 広さ, 期間などを大きくする, **延長する, 拡張[大]する.** その他 手足などを伸ばす, 広げる, 手をさし伸べる, [形式ばった語] 親切などを施す. 他 としても用いる.
語源 ラテン語 *extendere* (*ex-* out＋*tendere* to stretch) が中英語に入った.
用例 He *extended* his vegetable garden. 彼は菜園を拡張した/Can you *extend* your holiday by a few days. 君は休暇を 2-3 日延長できますか/*Extend* your right arm. あなたの右手を伸ばしなさい/He always *extends* kindness to others. 彼は他人にいつも親切を施す.
類義語 「延長する」 extend; lengthen; elongate; prolong; protract: **extend** と **lengthen** は時間的・空間的に延長する, 拡張することを意味するが, **lengthen** は長さのみについている, 広さの拡大は意味しない. **elongate** は lengthen と類似の意味を持つが, 機械工学, 天文学, 植物学などの専門用語として用いる. **prolong** と **protract** は時間を延長する意味でもっぱら用い, 前者は決められた時間を越えて引き伸ばすこと, 後者は不必要にだらだらと引き伸ばすことに意味の中心がある.
「拡大する」 extend; expand; enlarge: **extend** は平面的に長くしたり, 広げたりすることに意味の中心があり, **expand** は立体的に, 体積や容積を大きくする, ふくらませることを強調する. また, **enlarge** は特に広さを強調する.
【派生語】**exténded** 形 伸ばした, 広げた. **exténsion** 名 UC 延長, 拡張, 延長 [拡張部分, 電話の**内線**, 大学での**公開講座**. **exténsive** 形 広範囲にわたる. **exténsively** 副.

ex・tent /ikstént/ 名 UC 〔一般語〕一般義 ものの広がりや長さ. その他 比喩的に広がりや長さの程度, 範囲, 限界という意味にもなる.
語源 ラテン語 *extendere* (⇒extend) の過去分詞の女性形 *extenta* が古フランス語を経て中英語に入った.
用例 The bird's wings measured 20 centimetres at their fullest *extent*. その鳥の羽はいっぱいに広げると 20 センチあった/The garden is nearly a mile in *extent*. 庭は距離にして 1 マイル近くある/What is the *extent* of the damage? 被害の程度はどの位ですか.
類義語 size.
【慣用句】**to a certain [some] extent** ある程度は: *To a certain extent* you are correct. ある程度は君は正しい. **to a great [large] extent** 大部分は.

ex・ten・u・ate /ikstényueit/ 動 本来処 〔形式ばった語〕言いわけをすることによって罪などを**軽くする**, 情状を**酌量する**.
語源 ラテン語 *extenuare* (*ex-* out＋*tenuare* to make thin) の過去分詞 *extenuatus* が初期近代英語に入った.
用例 Because of the *extenuating* circumstances, the judge ordered him to pay a fine rather than go to prison. 情状酌量によって裁判官は彼に服役で済む罰金を申し渡した.
【派生語】**extenuátion** 名 UC.

ex・te・ri・or /ikstíəriər/ 形 名 UC 〔一般語〕一般義 **外部の, 外部からの.** その他 比喩的に**外面上の, 外観上の.** 名 として, 物の**外部, 外側,** 人の**外面,** 『劇・映画』

屋外場面, 野外風景.
語源 ラテン語の前置詞 *ex* (外へ) の比較級 *exter, exterus* が原級の形容詞とみなされるようになって, さらに新しい比較級 *exterior* (より外の, 外側の) が生まれ, 初期近代英語に入った.
用例 an *exterior* wall of a house 家の外壁/The inhabitants of the village were not affected by *exterior* influences. 村の住民は外部の力に影響されなかった/The *exterior* of the house is in need of painting. 家の外側はペンキを塗る必要がある/He's a kind person in spite of his unattractive *exterior*. 外面は愛敬がなさそうだが, 彼は親切な人です.
類義語 ⇒external.
反義語 interior.

ex・ter・mi・nate /ikstə́ːrmineit/ 動 本来処 〔やや形式ばった語〕**根絶する, 皆殺しにする, 駆除する.**
語源 ラテン語 *exterminare* (＝to drive beyond the boundary; *ex-* out＋*terminare* to limit) の過去分詞が初期近代英語に入った.
用例 Rats must be *exterminated* from a building or they will cause disease. ねずみを建物から駆除しなければいけません. さもないと病気の原因になるでしょう.
類義語 exterminate; extirpate; eradicate: **exterminate** はその存在が望ましくないものを完全に根絶やしにすることを意味し, **extirpate** は種属などが再生できないように破壊・根絶すること. **eradicate** はしっかりと根を下ろしたものを根こそぎにすることを強調する.
【派生語】**extèrminátion** 名 U. **extérminàtor** 名 C 撲滅者, 害虫やねずみなどの駆除業者[剤].

ex・ter・nal /ekstə́ːrnəl/ 形 C 〔一般語〕一般義 **外部の, 外面の.** その他 国の外部という意味から, 対外的な, 国外の. 比喩的に**表面的な, うわべだけの,** 薬などが**外用の.** 名 として 『通例複数形で』 **外部, 外観**.
語源 ラテン語 *ex* (外へ) の比較級 *exter, exterus* からできた形 *externus* (外部の) が中英語に入った.
用例 Don't let *external* considerations affect your decisions. 外部の思惑にあなたの決定が影響されないようにしなさい/Chemists often label skin creams 'For *external* use only.' 薬剤師はスキンクリームにしばしば「外用使用のみ」というラベルをつける.
類義語 external; exterior: **external** は内部の (internal) ものから離れて外部に存在することを意味する: *external* enemies and internal traitors 外部の敵と内部の裏切り者. これに対して, **exterior** は外部に接する面を強調する: *exterior* walls 外壁.
【派生語】**extèrnalizátion** 名 U 具体化, 外面化. **extérnalize** 動 本来処 具体化する, 外面化する. **extérnally** 副.

ex・tinct /ikstíŋkt/ 形 〔一般語〕一般義 火や明かりが**消えた.** その他 比喩的に希望や感情などが**消えた.** また火山などが活動を止めて噴火しない, 生物の種類が**絶滅した,** 官職などが**廃止された.**
語源 ラテン語 *ex(s)tinguere* (⇒extinguish) の過去分詞 *ex(s)tinctus* が中英語に入った.
用例 That volcano was thought to be *extinct* until it suddenly erupted ten years ago. あの火山は 10 年前に突然噴火するまで噴火しないものと思われていた/Mammoths became *extinct* in prehistoric times. マンモスは有史以前に絶滅した.

ex・tinc・tion /ikstíŋkʃən/ 名 UC 〔やや形式ばった語〕

ex·tin·guish /ikstíŋgwiʃ/ 動 [本来他] 〔形式ばった語〕火や明かりを消す. [その他] 比喩的に**希望**などを**失わせる**.

[語源] ラテン語 *ex(s)tinguere* (*ex-* out + *stinguere* to extinguish) が初期近代英語に入った. なお 名 には extinction が用いられることがある.

[用例] The firemen could not *extinguish* the flames. 消防士は炎を消すことができなかった/Please *extinguish* your cigarettes. たばこの火をお消しください/All hope was *extinguished*. 希望は完全に失われた.

[類義語] extinguish; put out; quench; douse: **extinguish** はやや形式ばった語で, 火を水や消火器等で急に消すことを意味する. **put out** は一般的で, 日常語としても多用される. **quench** もやや形式ばった語で extinguish と似ているが, 消したあとで冷す意味が加わることがあり, 派生的な意味として渇きをいやすという意味も持つ. **douse** は特に水をかけたり, 水につけたりすることに意味の中心がある.

【派生語】**extínguisher** 名 C 消火器.

ex·tir·pate /ékstərpeit/ 動 [本来他] 〔形式ばった語〕**根絶する, 絶滅させる**.

[語源] ラテン語 *extirpare* (根こそぎにする; *ex-* out + *stirps* root) の過去分詞が初期近代英語に入った.

[用例] We should *extirpate* the bad social practice. その悪い社会習慣を根絶するべきです.

[類義語] ⇒exterminate.

【派生語】**èxtirpátion** 名 U.

ex·tort /ikstɔ́ːrt/ 動 [本来他] 〔一般義〕おどして人から金品などを取り立てる, 約束や自白などを**強要する**.

[語源] ラテン語 *extorquere* (=to twist out) の過去分詞 *extortus* が初期近代英語に入った.

[用例] He *extorts* money by blackmail. 彼は恐喝によって金を得ている/She *extorted* a confession from the child by torture. 彼女はその子を痛めつけて告白を強要した.

[類義語] educe.

【派生語】**extórtion** 名 UC 強要, ゆすり. **extórtionate** 形 強要的な, 価格などが法外な. **extórtioner** 名 C 強要する人. **extórtionist** 名 C =extortioner.

ex·tra /ékstrə/ 形 C 副 〔一般義〕普通あるいは必要以上にある, **余分な, 特別な**. 名 として**余分な額, 追加料金**, 新聞などに最新情報を載せた**特別号, 号外**, 映画やテレビで端役に雇われた人, **エキストラ**. 副 として**余分に, 特別に**.

[語源] extraordinary の省略されたもの.

[用例] They demand an *extra* £5 a week. 彼らは余分に週 5 ポンド要求している/The basic price of the car is £3,000—the radio is *extra*. その車の基本料金は 3,000 ポンドで, ラジオは別料金です/The college fees cover teaching only—stationery and other equipment are *extras*. 大学の授業料は教育費だけで, 文房具やその他の必要品は別料金です/*Extras* were rushed out with the news of the king's death. 王の死を報じる号外がどっと出された/The star had begun her acting career as an *extra* in a television program. その俳優はテレビのドキュメンタリー番組のエキストラとして俳優稼業のスタートをきった/an *extra* large box of chocolate 特別に大きい箱入りチョコレート.

ex·tra- /ékstrə-/ [接頭] 「...の外の」「...の範囲外の」「特に...の」の意.

[語源] 「...の外で[に]」の意のラテン語の前置詞・副詞 *extra* から.

ex·tract /ikstrǽkt/ 動 [本来他], /ékstrækt/ 名 UC 〔形式ばった語〕〔一般義〕あるものを力いっぱい, あるいは努力をして**引き出す**, **引き抜く**. [その他] 比喩的に情報や約束などを**引き出す**. また圧搾したり化学的方法であるものの中から物質の一部を取り出す, **抽出する**. 名 として一節を抜き出す, **抜粋する, 引用する**. 名 として**抽出物, エキス, 抜粋, 引用文(句)**.

[語源] ラテン語 *extrahere* (*ex-* out + *trahere* to draw) の過去分詞 *extractus* が中英語に入った.

[用例] I have to have a tooth *extracted*. 私は歯を抜いてもらわなければならない/How did you manage to *extract* the information [promise] from her? どのようにして彼女から情報[約束]をうまく引き出したのですか/Vanilla essence is *extracted* from vanilla beans. バニラエッセンスはバニラ豆から抽出される/He showed me two paragraphs that had been *extracted* from the report. 彼はその報告書から引用された 2 つのパラグラフを私に示した/beef *extract* 牛肉エキス/Let me read you a short *extract* from his novel. 彼の小説の短い抜粋を読んでお聞かせします.

[類義語] educe.

【派生語】**extráction** 名 UC 抜き取り, 引き抜き, 抽出, また同じ源から引き出されたもの, 系統, 血統. **extráctor** 名 C 抜きとるもの[人], 搾り器, 火薬などの抜き取り機, 換気扇: **extractor fan** 換気扇.

ex·tra·cur·ric·u·lar /èkstrəkəríkjulər/ 形 学校で正課外の, 課外の.

[用例] *extracurricular* activities 課外活動, クラブ活動.

ex·tra·dite /ékstrədait/ 動 [本来他] 〔形式ばった語〕外国からの逃亡犯人などを本国の官憲に**引き渡す**.

[語源] extradition からの逆成. extradition はフランス語から 19 世紀に入った.

【派生語】**èxtradítion** 名 UC 犯人の引き渡し.

ex·tra·mur·al /èkstrəmjúərəl/ 形 〔一般義〕**区域外の, 学校外の**, 《米》学校対抗の.

ex·tra·ne·ous /ekstréiniəs/ 形 〔形式ばった語〕外部からの, 外来の, **異質の**.

[語源] ラテン語 *extraneus* (=external; foreign) が初期近代英語に入った.

【派生語】**extráneously** 副. **extráneousness** 名 U.

extraordinarily ⇒extraordinary.

ex·tra·or·di·nar·y /ikstrɔ́ːrdəneri | -nəri/ 形 〔一般義〕普通の状態とかけ離れている, **異常な**,

並はずれた. その他 通常でないという意から,会議などが**特別の**, **臨時の**, 〔形式ばった語〕《名詞の後に用いて》官職などが**特別任用の**, 儀礼的な.
語源 ラテン語 *extra ordinem* (=out of order)からできた 形 *extraordinarius* (異常な) が中英語に入った.
用例 She is behaving in a most *extraordinary* way. 彼女は非常におかしな行動をしている/Her behaviour is *extraordinary*. 彼女の行動は異常だ/an *extraordinary* meeting 臨時会議/an ambassador *extraordinary* 特命大使.
【派生語】**extraórdinarily** 副 異常に,非常に《語法 アメリカ英語の発音では,副詞になるとしばしば形容詞のアクセントと異なる. この語も第一強勢が-nar- に置かれることがある》.

ex·trap·o·late /ikstrǽpəleit/ 動 本来他 〔形式ばった語〕既知の事実から将来を**予測する**,**推定する**,《数》既知の数値から未知の数値を**推定する**,**外挿**(がいそう)**する**.
語源 extra-+(inter)polate.
【派生語】**extràpolátion** 名 U 《数》外挿(法),推測.

ex·tra·sen·so·ry /èkstrəsénsəri/ 形 〔形式ばった語〕知覚外の,《心》超感覚的な.

ex·tra·ter·res·tri·al /èkstrətiréstriəl/ 形 名 C 〔形式ばった語〕地球外の,大気圏外の. 名 として**地球外生物**.

ex·tra·ter·ri·to·ri·al /èkstrətèritɔ́:riəl/ 形 〔形式ばった語〕領土外の,治外法権の.

extravagance ⇒extravagant.

ex·trav·a·gant /ikstrǽvəgənt/ 形 〔一般語〕**むだな**,**浪費する**,**ぜいたくな**,**無茶な**,**途方もない**.
語源 ラテン語 *extravagari* (=to wander beyond bounds; extra beyond+*vagari* to wander) の現在分詞 *extravagans* が古フランス語を経て中英語に入った.
用例 You are too *extravagant* with my money. 君は私の金を浪費しすぎる/The *extravagant* praise of the critics for his new novel 彼の新作の小説に対する批評家のとびはなれた称賛.
【派生語】**extrávagance** 名 UC ぜいたく,浪費,とっぴな言動. **extrávagantly** 副. **extràvagánza** 名 C《楽》狂想曲, 19 世紀にアメリカで流行した奇抜なコミックオペラ,豪華絢爛なショー.

ex·tra·vert /ékstəvɚ:rt/ 名 =extrovert.

ex·treme /ikstrí:m/ 形 C 〔一般語〕〔一般義〕《通例限定用法》通常よりずっと程度がはなはだしい,**極端な**. その他 最も外側の,もっとも遠くの,いちばん端の,先端の,比喩的にある方向に極端にかたよっている,さらに暴力的なニュアンスが加わり,《軽蔑的》意見や立場が**過激な**,**急激な**. 名 として末端,極端,《通例複数形》両極端.
語源 ラテン語 *exterus* (外の) の最上級 *extremus* が中英語に入った.
用例 The meeting gave her *extreme* pleasure. その会議は彼女に非常に大きな喜びを与えた/She is in *extreme* pain. 彼女は非常に苦しんでいる/the *extreme* south-western tip of England イングランドの南西端/the *extremes* of sadness and joy 悲しみと喜びの両極端/He is a member of the *extreme* left [right]. 彼は極左[右]のメンバーである/He holds *extreme* views on education. 彼は教育に関して過激な見解を持っている/He is always very *extreme* (in

his views). 彼はものの見方がいつも過激だ/The *extremes* of heat in the desert make life uncomfortable. 砂漠の極端な暑さは生活を心地のよくないものにしている.
反義語 moderate.
【慣用句】**go** [**run**; **be driven**] **to extremes** 極端に走る. **go to the extreme of … …**という極端な方法に訴える. **in the extreme** 〔形式ばった表現〕極度に,極端に: It was dangerous *in the extreme*. それは極度に危険だった.
【派生語】**extrémely** 副 極端に. **extrémism** 名 U 過激主義. **extrémist** 名 C 過激主義者. **extremity** /ikstréməti/ 名 CU 極端,先端,〔形式ばった語〕《複数形で》手足,過激な行為.

extricable ⇒extricate.

ex·tri·cate /ékstrəkeit/ 動 本来他 〔形式ばった語〕困難,紛糾などから**解き放つ**,**解放する**,**救い出す**,《化》遊離させる.
語源 ラテン語 *extricare* (くだらぬもめごとから解放する; ex- out+*tricae* perplexities) の過去分詞 *extricatus* が初期近代英語に入った.
【派生語】**éxtricable** 形 救出可能な. **èxtricátion** 名 U 救出,脱出.

ex·trin·sic /ekstrínsik/ 形 〔形式ばった語〕外部からの,外的な,あるいは非本質的な,偶然による.
語源 ラテン語 *secus* (=beside) に *im-* が付きさらに *exter* (=extra) が付いてできた 副 *extrinsecus* (=outwardly) の形容詞用法がフランス語を経て初期近代英語に入った.

extroversion ⇒extrovert.
extroversive ⇒extrovert.

ex·tro·vert /ékstrəvɚ:rt/ 名 C 形 《心》外向性の人. 形 として外向的な,外部に向けた.
語源 extro-(extra- の異形)+ラテン語 *vertere* (=to turn) が 20 世紀に入った.
【派生語】**èxtrovérsion** 名 U《心》外向性. **èxtrovérsive** 形《心》外向性の. **éxtrovèrted** 形 外向的な,社交的な.

extrudable ⇒extrude.

ex·trude /ikstrú:d/ 動 本来他 〔形式ばった語〕人や物を…から**押し出す**,**突き出す**《from》,金属などを型を通して**成形する**. 自 突き出る,形づくられる.
語源 ラテン語 *extrudere* (ex- out+*trudere* to thrust) が初期近代英語に入った.
【派生語】**extrùdability** 名 U. **extrúdable** 形. **extrúder** 名 C. **extrúsion** 名 UC 押し出し,押し出し成形による製品. **extrúsive** 形《地質》噴出性の,先などが突き出ている.

exuberance ⇒exuberant.

ex·u·ber·ant /igzjú:bərənt/ 形 〔形式ばった語〕〔一般義〕元気や気力が溢れるばかりの,**元気に満ちあふれた**,**活気のある**. その他 本来は植物が実を結ぶ,繁茂するの意で,比喩的に喜びや元気に満ちている,想像力が豊かな,言葉が華麗な,言葉数が多い.
語源 ラテン語 *exuberare* (=to be abundant; ex- out+*uberare* to be fruitful) の現在分詞 *exuberans* が古フランス語を経て中英語に入った.
用例 She was *exuberant* about passing her exam. 彼女は試験に合格したことで喜びに溢れていた.
【派生語】**exúberance** 名 U 溢れんばかりの**活気**,**元気**,**豊かさ**,**繁茂**. **exúberantly** 副.

ex·ude /igzjúːd/ 動 [本来自] 〔形式ばった語〕にじみ出る, しみ出る, 発散する. 他 …を発散する.

[語源] ラテン語 *ex(s)udare* (=*ex-* out+*sudare* to sweat) が初期近代英語に入った.

ex·ult /igzʎlt/ 動 [本来自] 〔形式ばった語〕狂喜する, 非常に喜ぶ, 有頂天になる, 勝ち誇る.

[語源] ラテン語 *exsilire* (*ex-* up+*salire* to leap) の反復動詞 *exsultare* が初期近代英語に入った.

[用例] They *exulted* in their victory [at the news of their victory]. 彼らは勝利の知らせに狂喜した/ She *exulted* over her rival. 彼女は好敵手に勝ち誇った.

【派生語】**exúltance** 名 U =exultation. **exúltant** 形 大喜びの, 狂喜した. **exúltantly** 副. **èxultátion** 名 U 狂喜, 大喜び, 勝ち誇り.

ex-wife /ékswáif/ 名 C 〔一般語〕前の妻, 先妻.

eye /ái/ 名 C 動 [本来他] 〔一般語〕[一般義] 視覚をつかさどる肉体の一部としての目. [その他] 特に目の中のひとみを指すこともあり, またまぶたやまゆ毛なども含む目のあたりを広く意味することもある. さらに目で見る力という意味から, 視力, 視覚, ものを見分ける力という意味から, 《通例 an ~で》観察力. また比喩的に針の穴, ボタンの糸通し穴, 鉤ホックの受け, ロープやワイヤでつくった輪, 台風の目などを指す. 動 としてじっと見る, よく見る.

[語源] 古英語 ēage から.

[用例] Open your *eyes*. 目をあけなさい/soft *eyes* やさしい目(つき)/She has blue *eyes*. 彼女は青い目(=ひとみ)をしている/a black *eye* なぐられて周辺があざのように黒ずんだ目/I have good *eyes*. 私は目がいい/He has an *eye* for beauty. 彼には審美眼がある/The *eye* of this needle is very small—I can't get the thread through it. この針の穴はとても小さいので, 私は糸を通せません/The thief *eyed* the policeman warily. どろぼうは警官を油断なくじっと見た.

[関連語] eye には英語本来の形容詞形がないので, 必要な場合にはラテン語からの借用語 ocular (目の, 視覚の) やギリシャ語からの借用語 optic (視力の, 目の) を用いる. これらは eye の持つ日常的な意味合いに比べると, 専門的で形式ばった感じがある. また, 眼科医を示す英語に eye doctor [specialist], oculist, ophthalmologist があるが, 最初の語が日常的に用いられる語であるのに対し, それぞれラテン語, ギリシャ語からとり入れられた後の 2 語は専門的なニュアンスが強い. なお, 語源的に共通な optician は「眼鏡屋」を意味する.

【慣用句】*an eye for an eye* 目には目を(★聖書の言葉). *be all eyes* 全身を目のようにしてじっと見る. *be up to the eyes in [with]* …... に非常に忙しい, 深く関わっている. *close [shut] one's eyes to* …... に目をつぶる, 見て見ぬふりをする. *drop one's eyes* 視線を落とす, 目を伏せる. *have an eye for* …... を見る目がある. *have an eye to* …... に目をつけている. *in the eye of* …... の見るところでは, …の意味では. *keep an eye on* …... から目を離さない. *lay [set] eyes on* …... 〔くだけた表現〕…に目を留める. *make eyes at* …... に色目をつかう. *not (be able to) take one's eyes off* …... から目を離せない. *one in the eye* 〔くだけた表現〕手びしい拒絶, 痛手. *see eye to eye* 〔通例否定文で〕意見が一致する. *turn a blind eye to* …... 〔くだけた表現〕気づかないふりをする. *under [before] one's very eyes* 目前で. *with an eye to* …... を目的として. *with one's eyes open* 事情をよく知って.

【派生語】**-eyed** 形 《複合語の第二要素として》...の目をした, 目が...の: one-*eyed* 片目の. **éyeful** 名 C ひと目で見渡せるもの, 人目をひくもの. **éyeless** 形 〔形式ばった語〕目のない. **éyelet** 名 C 靴のひも穴, ひも通しのはと目.

【複合語】**éyebàll** 名 C 眼球. **éye bànk** 名 C アイバンク. **éyebròw** 名 C まゆ(毛): raise one's *eyebrow(s)* まゆを上げる 《★非難, 驚きの表情》. **éye-càtching** 形 人目を引くような. **éye-càtchingly** 副. **éyeglàss** 名 C 眼鏡のレンズ, 《複数形で》眼鏡 〔語法〕単に glasses ともいう). **éyelàsh** 名 C まつげ. **éye-lèvel** 形 目の高さの. **éyelid** 名 C まぶた. **éyelìner** 名 C アイライナー. **éyelòtion** 名 U 目薬. **éye-òpener** 名 C 目を見はらせるようなできごと, 《米》起きぬけの一杯の酒. **éyeshàde** 名 C まびさし. **éye shàdow** 名 UC アイシャドー. **éyeshòt** 名 U 目の届く所[範囲]. **éyesight** 名 U 視力, 視覚. **éye sòcket** 名 C 眼窩(*). **éyesòre** 名 C 目障りな物. **éyestràin** 名 U 目の疲れ. **éyetòoth** 名 C 犬歯, 糸切り歯 《★目の真下にある歯という意から》. **éyewàsh** 名 U 目薬, 洗眼水, 〔くだけた語〕ごまかし, いんちき. **éyewìtness** 名 C 目撃者, 証人.

F

f, F /éf/ 名CU エフ《★アルファベットの第 6 文字》,〖楽〗ヘ音, ヘ調, 学校の成績の最低点, 不合格点, 不可.

F. 《略》=Fahrenheit; Fellow; French, February.

fa /fá:/ 名UC 〖楽〗ファ《★全音階の第 4 音》.

FA 《略》=Football Association (英国サッカー協会).

FAA 《略》Federal Aviation Administration (米国連邦航空局).

Fa·bi·an /féibiən/ 形名C 〔一般義〕持久戦術の. またフェビアン協会の. 名 としてフェビアン協会員.
語源 古代ローマの武将 Fabius に由来する.
〖複合語〗**Fábian Socíety** 名固《the ~》フェビアン協会《★19 世紀に英国で創設された平和的手段による社会主義団体》.

fa·ble /féibl/ 名CU 動本来自〔一般義〕動物を擬人化して人生の教訓を感じとらせる寓話. その他 超自然的な事象が生起する神話, 伝説という意味から, 作り話, うそ.
語源 ラテン語 *fari* (=to speak) から派生した *fabula* (=narrative; story) が古フランス語を経て中英語に入った.
用例 We could not decide if it was fact or *fable*. 私達はそれが事実か作り話かをはっきり決められなかった.
【派生語】**fábled** 形 物語で有名な, 架空の.　**fábulous** ⇒見出し.

fab·ric /fǽbrik/ 名CU 〔一般義〕織物, 生地. その他 元来何か部品を集めて組み立てたものという意味で, 現在では織物が最も一般的な意味で, さらに建造物, 構築物, 壁, 床, 屋根などの外部構造, 車・飛行機などの骨組み, 基本構造, 社会の仕組み, 構造.
語源 「物を作る人」を意味するラテン語 *faber* から派生した *fabrica* (作業場, 職業) が古フランス語を経て中英語に入った.
用例 I have enough *fabric* left over from my coat to make a skirt. コートを作った生地の余り布がスカート 1 枚作れる程残っている/The *fabric* of society is crumbling away. 社会の組織がもろくも崩れつつある.

fab·ri·cate /fǽbrəkèit/ 動本来他〔形式ばった語〕〔一般義〕部分的な物を寄せ集めて全体を作り上げる. その他 あることないことを寄せ集めてうその話を作り上げる.
語源 ラテン語 *fabrica* (⇒fabric) から派生した *fabricari* (=to fabricate) の過去分詞 *facricatus* が中英語に入った.
用例 I don't want to attend the meeting tonight—I shall *fabricate* some excuse or other. 私は今夜はその会合に出席したくない. 何らかの口実をでっち上げしよう.
類義語 make.
【派生語】**fàbricátion** 名UC. **fábricator** 名C う

そつき.

fab·u·lous /fǽbjuləs/ 形〔くだけた語〕〔一般義〕すばらしい, すてきな. その他 本来は〔形式ばった語〕伝説[神話]のような, 伝説や神話のように現実ばなれした, 空想的な.
語源 ラテン語 *fabula* (⇒fable) から派生した *fabulosus* が中英語に入った.
用例 That's a *fabulous* idea! それはすばらしい思いつきだ/You look *fabulous* in that dress. あなたはあのドレスを着ているととてもすてきに見える/The phoenix is a *fabulous* bird. 不死鳥は伝説中の鳥である/a *fabulous* sum of money 途方もない金額.
類義語 wonderful.
【派生語】**fábulously** 副. **fábulousness** 名U.

fa·cade, fa·çade /fəsάːd/ 名C 〔形式ばった語〕〔一般義〕建物の正面. その他 事物, 人などの外見, 見せかけ.
語源 俗ラテン語 *facia (⇒face) によるイタリア語 *faccia* の派生形 *facciata* (建物の正面) がフランス語 *façade* を経て初期近代英語に入った.
用例 an eighteenth-century *facade* 18 世紀の建物の正面/In spite of his brave *facade*, he was afraid. 勇敢そうな見かけにもかかわらず, 彼はこわがっていた.
類義語 front.
〖慣用句〗**put up a facade** 外観をつくろう.

face /féis/ 名C 動本来他〔一般義〕人間や動物の頭部の前面, 顔. その他 顔の特徴という意味から, 顔つき, 表情ある顔, 〔くだけた語〕平気な顔, ずうずうしさ, 《しばしば複数形で》しかめつら. また面目, 面子(ﾒﾝﾂ). さらに頭部の前面という位置関係から, 比喩的に事物の前面, 特に時計や磁石などの文字盤, 硬貨などの表面, トランプ札などの表(ﾃ), 建物や記念碑などの正面, 結晶体や多面体の面の意. 〖商業〗額面, 〖冶〗切羽(ﾊ), 〖印〗活字の字づら, 字型. また一般に外観, 様子, 形勢, 局面. 動 として…の方へ顔を向ける意から, 家などがある方向を向く, また特定の物に面する, さらに単に顔を向けるだけでなく, 自ら進んで直面する, 立ち向かう, 勇気を持って対抗する.
語源 ラテン語 *facere* (=to make) から派生した *facies* (形, 顔) が俗ラテン語 *facia, 古フランス語 *face* を経て中英語に入った.
用例 the *face* of the building 建物の外面/The building *faces* south. その建物は南向きだ/I'm afraid you'll just have to *face* the fact that you've failed. あなたは失敗したということをただ素直に認めなければならないと思う.
〖慣用句〗**face the music**〔くだけた表現〕堂々と批判[処罰]を受ける. **have the face to do** 厚かましくも[大胆にも]…する: I don't know how he *had the face to* come! 彼がどうして厚かましくもやれたのか分からない. **in the face of …** …にもかかわらず, …を物ともしないで. **keep a straight face**=**keep one's face straight** ことさら真面目くさった顔をする. **look … in the face** 人の顔をまともに見る, 物事と対決する. **lose (one's) face** 面目を失う, 面子がつぶれる. **make faces [a face]**=**pull faces [a face]** しかめつらをする. **pull [make; wear] a long face** 暗い顔をする, 嫌な顔をする. **save one's […'s] face** 自分の[人の]顔をたてる. **show one's face**《通例否定形で》顔出しする.

【派生語】fácial 形 顔の. 名 UC 美顔術. fáceless 形 個性のない, 無名の.
【複合語】fáce càrd 名 C トランプの絵札. fáce-clòth 名 C 洗顔用の柔らかい布, フェイスタオル. fáce-lìft(ing) 名 C 美容整形, 建物の外面などの化粧直し, 模様変え. fáce pòwder 名 U おしろい. fáce-sàver 名 C 〔くだけた語〕面子を立てるもの. fáce-sàving 形 面子を立てるような, 顔をつぶさない. 名 U 面子を立てること. fáce-to-fáce 形 面と向かっての, 差し向かいでの. fáce vàlue 名 UC 紙幣, 証券などの額面価格, 見かけの価値.

fac·et /fǽsit/ 名 C 〔一般語〕結晶体などの面, 比喩的に物事の面.
【派生語】-fáceted 形《複合語の末尾要素として》…面体の: multi-faceted 多面体の.

fa·ce·tious /fəsí:ʃəs/ 形 〔一般語〕《軽蔑的》こっけいな, ひょうきんな, 笑わせる, 不まじめな.
【派生語】facétiously 副. facétiousness 名 U.

faceless ⇒face.

facial ⇒face.

fac·ile /fǽsil/ -sail/ 形 〔一般語〕 [一般義] 余り苦しく努力しなくてもたやすい, 容易である. [その他] 苦しさを感じさせないほど上手であるという意味から, 口や手などが達者な, 流暢な, 解決法などが真剣な努力を払わず安易な, 底の浅い.
語源 ラテン語 facere (=to do) から派生した facilis (=easy to do) が古フランス語を経て中英語に入った.
用例 Such a facile victory was no credit to him. こんなに容易に手にした勝利は彼にとっては少しも手柄にはならなかった/Don't be so facile! Think a little before you speak. そんなに安直なことではいけない. 話す前にはちょっとは頭を使うように.
類義語 easy.
【派生語】fácilely 副. fácileness 名 U 軽薄さ, たやすさ.

fa·cil·i·tate /fəsíliteit/ 動 本来他 〔一般語〕物事が…を容易にする, 助長する, 促進する.
語源 ラテン語 facilis (⇒facile) の派生形から.
用例 It would facilitate matters if fewer people had to be consulted. 相談に来る人がもっと少なければ事は簡単におさまるのに/The new bridge will facilitate the access to the island. 新しい橋がその島に行くことを容易にするだろう.
【派生語】fàcilitátion 名 U 簡便化, 〔心〕促進.

fa·cil·i·ty /fəsíliti/ 名 CU 〔一般語〕 [一般義]《複数形で》設備, 施設. [その他] もともと〔形式ばった語〕容易さ, たやすさの意. それから似たもう一方の意である才能, 能力, 熟達の意となり, さらに物の機能, 便宜から, いろいろなことが行なわれる設備や施設の意となった.
語源 ラテン語 facilis (⇒facile) の 名 facilitas が中英語に入った.
用例 He showed great facility in learning languages. 彼は非常にすばらしい語学の才能を示した.
【慣用句】afford [give] every facility あらゆる便宜をはかる.

fac·sim·i·le /fæksímili/ 名 UC 動 本来他 〔一般語〕
[一般義] ファクシミリ, ファックス, 電送写真,《語法》くだけた語として短縮形 fax が用いられる. [その他] 複写, 複製という意味から, それを作成するための複写電送装置, またそれを使ったファクシミリの意. 動 として模写[複写]する.

語源 ラテン語 fac simile (=make (it) similar) が初期近代英語に入った. fac は facere (=to make) の命令形, simile は similis (=similar) の中性形.
用例 A facsimile of the medal was put on show at the museum. そのメダルの複製がその博物館で陳列された.
【慣用句】in facsimile 複写で, 生き写しに, 原物そのままに.
【複合語】facsímile tèlegraph 名 C 複写電送機.

fact /fǽkt/ 名 CU 〔一般語〕 [一般義] 実際に起こったことや事実に存在する事実. [その他] 動かせない事実という意味から, 実際, 真実, 現実, 現実の話, 《法》犯罪の事実, 犯行, 現行, 事件, また事実として扱われることという意味から, 申し立てること.
語源 ラテン語 facere (=to do; to make) の中性形過去分詞 factum (=what is done; deed) が初期近代英語に入った.
用例 Give me the facts, and I shall make my own conclusions. 私に事実を提示してくれれば自分で結論を出します/It is a fact that smoking is a danger to health. 喫煙が健康に危険であるというのは事実である/It is difficult to work how much of what she says is fact. 彼女の言う事のどこまでが本当なのかをつきつめるのは難しい.
【慣用句】a fact of life 人生の現実, 人生の厳しさ. as a matter of fact=in (point of) fact 事実上, 実際,《文副詞として》実は. in (actual) fact 実際は, 本当は,《直前の発言を打消したり訂正して》ところが本当は, むしろ,《前言と正反対なことを言うときに用いて》いやむしろ, それどころか. The fact is …. 実は…である. the facts of life 〔遠回しな表現〕性の実態, 性知識.
【派生語】fáctual 形 事実上の, 実際の: He tried to give a factual account of what had happened. 彼は生じたことの事実に基づく説明を行おうとした. fáctually 副.
【複合語】fáct-finding 名 U 実情[現地]調査. 実情調査の, 現地調査のための.

fac·tion /fǽkʃən/ 名 CU 〔一般語〕 [一般義]《通例悪意味で》政党中の党派, 派閥. [その他]《やや古風な語》党派同士の争いということから, 派閥争い, そのような争いを起こす党派心.
語源 ラテン語 facere (=to do; to make) の 名 factio (=acting; making) が古フランス語を経て初期近代英語に入った.
用例 There were various factions within the (political) party. 政党の中にはさまざまな派閥があった.
【派生語】fáctional 形. fáctionalism 名 U 党派心, 党派主義. fáctionally 副. fáctious 形 党派争いを好む, 党派本位の, 党派心の強い. fáctiously 副. fáctiousness 名 U.

fac·ti·tious /fæktíʃəs/ 形〔形式ばった語〕 [一般義] 人の手が加わって人為的な, 不自然な. [その他] 手を加えて見त़をもっともらしくすることから, まがいの, みせかけの.
語源 ラテン語 facere (=to do; to make) の過去分詞 factus から派生した facticius (=artificial) が初期近代英語に入った.
【派生語】factítiously 副. factítiousness 名 U.

fac·tor /fǽktər/ 名 C 動 本来他 〔一般語〕 [一般義] 結果を生み出すのに貢献する要素, 要因. [その他] もとも

と何かをする人, 行為者を表し, 特に他の人のために代理を務める人, 物を売買する人をいい, 仲買人, 問屋, 委託販売人を指した.《化·工》係数, 率,《生》遺伝因子,《数》因子, 因数.

[語源] ラテン語 facere (=to do; to make) の派生形 factor (=maker; doer) が古フランス語 facteur を経て中英語に入った.

[用例] There are various *factors* to be considered before you change your job. あなたが転職する前に考慮しなければならない様々な要因がある.

fac·to·ry /fǽktəri/ 名 C 〔一般語〕物を作る製作所, 工場.

[語法] a factory worker のように形容詞的にも用いる.

[語源] フランス語 *facteur* (⇒factor) の派生形 *factorie* が初期近代英語に入った.

[用例] There is a huge car *factory* employing thousands of men just outside the town. 何千人もの従業員を雇用している巨大な自動車工場が町を外れたすぐの所にある.

[関連語] workshop (作業場, 規模の小さい工場); plant (大規模な製造工場).

【派生語】**fáctorylike** 形 工場のような.

【複合語】**fáctory fàrm** 名 C 大量生産の飼育場. **fáctory-máde** 形 工場製の. **fáctory shìp** 名 C 工船.

fac·to·tum /fæktóutəm/ 名 C 〔形式ばった語〕《しばしばこっけい》あらゆる種類の仕事をするために雇われている雑働き, なんでも屋.

[語源] ラテン語 facere (=to make; to do) の命令形 fac に tolus (=all) の中性対格 totum を結んだ factotum (=do all) が初期近代英語に入った.

[用例] The new girl in the office is treated as a general *factotum*. 会社に新しく入った女性は雑働きとして扱われている(〔語法〕 general と連語関係にあることが多い).

fac·ul·ty /fǽkəlti/ 名 C 〔形式ばった語〕 〔一般語〕生まれつき備わっている物事を行う能力, 才能. [その他] 聴覚, 記憶力など人体器官の機能, 国家などから得た権能, 《主に米》技能, 手腕. さらに, 能力の分野という意味から, 《米》大学の学部, (集合的)学部の教授団, 大学の教職員全員, 一般的に知的職業の同業者全員.

[語法] 大学の学部の意味では, the Faculty of Arts (教養学部)のように, しばしば大文字で書かれる.

[語源] ラテン語 *facilis* (⇒facile) から派生した *facultas* (=capability; power) が古フランス語を経て中英語に入った.

[用例] He has a *faculty* for saying the right thing at the right time. 彼には適切な時に適切なことを言う才能がある/She is a very old lady but she still has all her *faculties*. 彼女はとても年老いた女性だが, 体の機能は全て依然として衰えていない.

fad /fǽd/ 名 C 〔くだけた語〕《やや軽蔑的》一時的に熱中して行ったり, 関心を示すこと, 気まぐれ, 一時的流行.

[語源] 不詳.

[用例] His interest in motorbikes is not permanent—it's only a *fad*. 彼のオートバイへの関心はどうせ長続きはしない. 気まぐれにすぎないのだ.

[類義語] fashion.

【派生語】**fáddish** 形. **fáddism** 名 U 一時的流行を追う傾向, 気まぐれ. **fáddist** 名 C. **fáddy** 形 気まぐれな,《英》好き嫌いのある: That child is very *faddy* about what he eats. あの子は食べ物の好き嫌いがとても激しい.

fade /féid/ 動 [本来自] 名 C 〔一般語〕 〔一般語〕徐々に力がなくなり消える. [その他] 花がしおれる, 色があせる, 元気が衰える, 容色がうつろう. 人や物が姿を消す, 音が消えてゆく, 比喩的に印象, 記憶, 感情などが薄らぐ, 《自動車》ブレーキがきかなくなる, 《ゴルフ》ボールが直線からそれる, 《ラジオ·テレビ》信号の強度が変化する. 名 として, 映像などの移動, フェード, 《自動車》ブレーキの減退.

[語源] ラテン語 *fatuus* (=foolish) に由来する古フランス語 *fade* (=pale) の派生形 *fader* (=to fade) が中英語に入った.

[用例] The sun will *fade* the curtains. 日が射すとカーテンが色あせるでしょう/Hope of finding the child alive is *fading* rapidly. その子を無事発見できるという希望は急速に薄れつつある.

【派生語】**fádeless** 形 衰えることのない. **fáding** 名 U 電波の強さが時間的に変動する現象, フェーディング.

【複合語】**fáde-ìn** 名 U《映·テレビ》溶明, 画像, 音が次第に大きくなること. **fáde-òut** 名 U《映·テレビ》溶暗, 漸伏, 音が次第に小さくなること.

fag¹ /fǽg/ 動 [本来自] 名 C 〔一般語〕つらい仕事でくたくたになる. [その他] イギリスの一部のパブリックスクールで上級生の雑用をする. 他 人を疲れさせる. 名 としてつらい仕事, また上級生に使われる下級生.

[語源] 不詳.

[用例] *fag* at a job 仕事を一生懸命やる.

fag² /fǽg/ 名 C 〔俗語〕《英》紙巻たばこ.

[語源] fag end の短縮形.

fag end /fǽg énd/ 名 C 綱や織物などのほぐれた端, 残り(の部分), 最後の残りかす.

[語源] 不詳.

fag·ot, 《英》**fag·got** /fǽgət/ 名 C 〔古風な語〕 〔一般語〕たきぎ束. [その他] フライ用の肉だんご. また〔俗語〕《米》ホモの男性.

[語源] 古フランス語 fagot が中英語に入った.「束」を意味するギリシャ語 phakelos に由来すると思われる.

【慣用句】***an old faggot*** いけすかないじじい.

Fahr·en·heit /fǽrənhàit/ 名 U 形 〔一般語〕華氏(の).

[語源] 華氏温度計の温度目盛りの考案者であるドイツ人物理学者 Gabriel Daniel Fahrenheit(1686-1736) の名前にちなむ.

[関連語] Celsius.

【複合語】**Fáhrenheit thermómeter** 名 C 華氏温度計(★氷点は摂氏 32 度, 沸点は 212 度となっている).

fail /féil/ 動 [本来自] 名 C 〔一般語〕 〔一般語〕失敗する. [その他] 試験の基準に達しないことから, 落第する, 耕作者, 生産者の目標に達しないことから, 不作[不足]である, 欠乏する, 債権者の期待に沿わないことから, 倒産する, 老齢, 病気などで体の機能が弱る, 衰える, 怠る, ...できない, 機械が故障する. 他 いざという時に人の期待を裏切る, 失望させる, 見捨てる, すべきなのに...しない, ...し損なう (to do), ...に落ちる, 落第する, 学生を落第させる. 名 として, 試験の失敗, 落第, 落第点.

[語源] ラテン語 *fallere* (=to deceive; to disappoint) が古フランス語 *faillir* を経て中英語に入った.

[用例] She has been *failing* since her eightieth birthday. 80歳の誕生日以来彼女の健康は衰えてきている/She felt she had *failed* her parents by not getting into university. 大学に進学しないことで両親を失望させたと彼女は感じた/She *failed* to win the prize. 彼女はその賞を獲得することができなかった/The examiner *failed* half the class. 試験官はクラスの半分を落とした.

[反意語] succeed.

【慣用句】 ***without fail*** 〔形式ばった表現〕**間違いなく, きっと.**

[派生語] **fáiling** 名 C **失敗, 欠点.** 前 **…がないので, …がなければ.** **fáilure** 名 UC **失敗, 失敗者, 落第(点), 怠慢, 不履行, 不足, 衰弱, 故障.**

[複合語] **fáil-sàfe** 形 **安全装置(のある).**

faint /féint/ 形 名 C 動 [本来日] [一般語] [一般義] 光, 音, 色などが弱い, ぼんやりした, かすかな. [その他] 考えなどがほんやりした, おぼろげな, 望みなどがかすかな, わずかな. また活動が気力がなく熱のこもらない, 気乗りのしない, 性格的に気が弱く [意気地のない], 気がくじける, 身体の機能が弱って力が抜けた. また《述語用法》ふらふらする, めまいがする. 名として (a ~) **気絶, 失神.** 動 として, 目まいがして**気が遠くなる**.

[語源] 古フランス語 *faindre*, *feindre* (⇒feign) の過去分詞 *faint* が中英語に入った.

[用例] The sound of shouting grew *faint*. 叫び声がかすかになった/A *faint* light shone in the distance. 遠くでかすかな光が輝いていた/Her *faint* gave everybody a fright. 彼女が気絶したのでみんなぎよっとした/She *fainted* on hearing the news of his death. 彼が死んだという知らせを聞いて彼女は気が遠くなった.

[派生語] **fáinting** 名 U 形 **気を失う(こと):** a *fainting* fit **卒倒. fáintly** 副. **fáintness** 名 U.

[複合語] **fáinthéarted** 形 **意気地のない, 臆病な.**

fair¹ /féər/ 形 [一般語] [一般義] **公平, 公正な.** [その他] 元来 foul の反意語として用いられ, [古語・詩語] **女性が美しい.** また色が明るいことを意味し, **人が色白の, 髪が金髪の.** 汚点がないことから, **清い, 潔白な,** 印刷や筆跡がきれいな, **はっきりした,** 汚点がないことは**真っすぐ**な, 平らなにつながり, 比喩的に**偏見がない, 一般義の公平な, 公正な**の意になった. また外面的な欠点のなさも度がすぎるとわざとらしさを感じさせることから, 言葉や約束などがまことしやかな, **口先だけの,** 欠点がなくても積極的に悪いとは言えないことから, 成績などが**まずまずの, 可もなく不可もない,** 額や量がかなりの, **相当の**を意味する. さらに欠点がないのを好ましいと考えることから, 天候が**晴れている**, 風が船にとって順風である**追い風**の, 将来の可能性について**見込みのある, 有望な**ことも意味する. 副として**公平に[正]に, まともに, 真っすぐに.**

[語源] 古英語 *fæger* (=beautiful) から.

[用例] You must be *fair* to both sides. 両方に公平にしなければならない/a *fair* maiden うるわしの乙女/Scandinavian people are often *fair*. スカンジナビアの人々は色白で金髪のことが多い/a *fair* businessman 高潔な実業家.

[類義語] fair; just; impartial; unbiased: **fair** は判断, 見方, 人の行為が不当あるいは不適切な影響を排していることを意味する最も一般的な語で, 徹底して自分の利害や感情, 偏見にとらわれずに他の人や物事を考慮しようとする気持ちや意図を意味する. **just** は決定されたことや正しいあるいは合法的であると承認されていることを規準として, それから外れないことを意味する. **impartial** は偏見がないこと, **unbiased** は impartial よりも意味の強い語で, 偏見や先入観念を持たずに全てに対して公平なこと.

【慣用句】 ***bid fair to do*** **… …する見込みが十分ある, …しそうである. by fair means or foul** **手段を選ばず, 是が非でも. fair and square** 〔くだけた表現〕**正しい, 正しく, 公明正大な[に]. fair enough** 〔くだけた表現〕(間投詞的に)**ごもっともです, まことに結構. Fair's fair.** 〔くだけた表現〕**お互いに公平にしよう. fair to middling** 〔くだけた表現〕**かなりの, まずまずの. give … a fair hearing** **釈明の機会を与える[得る]. in a fair way to do** **…する見込み十分だ.**

[派生語] **fáirly** 副 ⇒見出し. **fáirness** 名 U.

[複合語] **fáir-hàired** 形 **金髪の:** *fáir-hàired* bóy **目上の者のお気に入り. fáir-mínded** 形 **公正な, 公平な. fáir pláy** 名 U **公明正大な行為[態度]. fáir séx** 名 (the ~) 〔古風〕**女性. fáir-spóken** 形 **言葉の丁寧な, なるほどと思わせる, もっともらしい. fáir tráde** 名 U **互恵貿易, 公正取引. fáirwày** 名 C **川などの航路,** 〔ゴルフ〕**フェアウエイ. fáir-wèather** 形 《限定用法》**都合のいい時だけの:** **fair-weather friend** **いざという時頼りにならない友人** (⇒friend in need).

fair² /féər/ 名 C [一般語] [一般義] 《主に米》**祭日などに定期的に立ち, 屋台や余興のある農産物や家畜の品評会, 共進会.** [その他] 元来物々交換などを目的的な定期的に同様の時, **縁日**をいい, これに娯楽の要素が加わったもの. 同じ形式で開かれる**慈善市やバザー,** さらに国際的な各種の**博覧会, 見本市** (world fair), 《主に英》**遊園地** (funfair).

[語源] ラテン語 *feriae* (=holidays) から派生した後期ラテン語 *feria* が古フランス語 *feire* を経て中英語に入った.

[用例] She won a large doll at the *fair*. 彼女は共進会[縁日]で大きな人形を獲得した/A *fair* used to be held here every spring. 昔はここで毎年春になると定期市がここで開かれたものだった/They held a Christmas *fair* in aid of charity. 慈善事業に協力するために彼らはクリスマスのバザーを開催した.

[派生語] **fáirgròund** 名 C **市の立つ場所, 市場.**

fair·ly /féərli/ 副 (⇒fair¹) [一般語] [一般義] **態度や扱い方が利己的でなく公平に, 公正に.** [その他] 元来「きれいに」という意味で, さらに調和のとれた, 釣合いのとれたという程度を表わす言い方が生じ, **かなり, 相当に**の意になった. さらに〔くだけた表現〕**まったく, すっかり.**

[用例] He was *fairly* judged. 彼は公正な裁判を受けた/The work was *fairly* hard. その仕事はかなりつらかった.

fair·y /féəri/ 名 C 形 [一般語] [一般義] **小柄で美しく, 人間の姿と魔力を持つとされる空想上の生き物, 妖精, 小仙女.** [その他] 〔俗語〕**同性愛の女役の男.** 形 として**妖精の, 優美な, 妙な感じの.**

[語源] ラテン語 *fatum* (=fate) の派生形 *fata* (=goddess of fate) が古フランス語で *fee* (=fairy) となり, これに *-erie* (=-ery) が結びついた *faerie* が中英語に入った. 本来は「妖精の国, 妖精, 魔法」という意味だった.

[用例] Small children often believe in *fairies*. 幼い子供たちは妖精の存在を信じることが多い.

[派生語] **fáirylike** 形 **妖精に似た, 妖精らしい.**

faith /féiθ/ 名 UC 〔一般語〕[一般義] 宗教的な**信仰**. [その他] 人の善意や能力, 言葉, ものの価値などを**信じること**, **信頼**, **信用**. 信心の対象としての**教義**, **信条**, **宗教**. 信頼にこたえることから, **信義**, **誠実**, **忠実**. 信頼に訴えることから, **誓約**, **約束**.
[語源] ラテン語 *fides*(＝faith)が古フランス語 *feid*, *feit*を経て中英語に入った.
[用例] Years of hardship had not caused him to lose his *faith*. 何年間も辛い目にあっていたが, 彼は信仰を失うには至らなかった/He had *faith* in his ability to mend things. 彼は自分に物を修繕する能力があることを信頼していた.
【派生語】**faithful** 形 忠実な, 誠実な. **faithfully** 副 忠実に, 誠実に: Yours *faithfully* 敬具 (★事務的な手紙の結び). **faithfulness** 名 U. **faithless** 形 忠実でない, 不信心の, 信頼できない. **faithlessly** 副 不誠実にも. **faithlessness** 名 U 不誠実.
【複合語】**faith cùre** 名 U 信仰療法. **faith hèaler** 名 C 信仰治療師.

fake /féik/ 動 [本来他] 名 C 〔一般語〕[一般義] **偽造する**, **捏(ねつ)造する**. 相手の眼をだますことから, …のふりをする, 〖スポ〗プレーをするふりをする, フェイントをかける. 名 として**模造品**, **贋作**, **偽物**, **いかさま師**, 〖スポ〗**フェイント**. 形 として**偽の**, **いかさまの**, **模造の**.
[語源] 不詳.
[用例] Could you *fake* your brother's signature? 君の兄さんの署名を偽造できるかい/He pretended to be a doctor, but he was a *fake*. 彼は医者のふりをしたが, 偽医者だった.
【派生語】**fáker** 名 C ペテン師, 大道[露店]商人.

fal‧con /fɔ́ːlkən/ 名 C 〖鳥〗はやぶさ, また鷹(たか)狩り用の鷹, 訓練された**猛禽類**. 〖F-〗〖米空軍〗空対空ミサイルのファルコン.
[語法] falcon は雌を表し, 雄は tiercel という.
[語源] 後期ラテン語 *falcon* が古フランス語を経て中英語に入った.
【派生語】**fálconer** 名 C 鷹匠, 鷹使い. **fálconry** 名 U 鷹の訓練法, 鷹狩り (hawking).

fall /fɔ́ːl/ 動 [本来自] 〈過去 **fell**; 過分 **fallen**〉 名 CU 〔一般語〕[一般義] 高い所から低い所へ**落下する**. [その他] 雨, 雪, あられ, みぞれ, ひょうなどが**降る**, 霜が**降りる**, 葉などが**散る**, 比喩的に落ちるようにやって来る, 夜が来る, 静寂が訪れる, 眠りや悦惚が急に襲ってくる, こぼれ落ちるという意味で, ため息や言葉などが**漏れ出る**, 動物の子が**生まれる**. 落ちかかる, 当たるという意味で, 矢や弾が**当たる**, 光や影が**落ちる**, 視線が**向く**, とどまる, アクセントが**ある**, 特定の日が**やってくる**, 行事がある, …が…の日に**当たる**, くじなどが**当たる**, 遺産などが**渡る**, 〔形式ばった語〕〈it を主語として〉責任などが**かかってくる**, 容易だとわかりかかる. 落ち込むという意味で〈副詞句, 補語を伴って〉…の状態に**陥る**, ある, …に**分かれる**, 属する. 低い方へ移行するという意味から, 温度, 水銀柱などが**下がる**, 数量が**減少する**, 物価が**下がる**, 勢いなどが**衰える**, **弱まる**, 声が**低くなる**, 心が**沈む**, болい気分が[落胆]を示す, 暗くなる. 下に向かうという意味から, 髪や衣服などが**垂れ下がる**, 目が**下を向く**, **伏し目になる**, 土地が**傾斜している**, 下り坂になっている, 河川が**流れ下る**, 注ぐ. 直立の位置から平衡を失って**倒れる**, 人が倒れる, ころぶ, 建物が**倒壊する**, 崩れ落ちる, 比喩的に要塞などが**陥落する**, **落ちる**, 軍隊などが**降伏する**, 政府などが**倒れる**, 政治家などが**失脚する**, 地位のある者が**没落する**, 〔文語〕戦闘などで人が傷ついて**倒れる**, **死ぬ**, 〖クリケット〗打者が**アウト**になる. さらに誘惑に負けて**堕落する**, 罪を犯す, 〔古語〕女性が**貞節を失う**. 名 として, 物が**落ちること**, **落下**, **墜落**, 雨などが落ちること, **降雨[降雪](量)**, また葉が散ることから, 《米》**秋**(autumn), 《通例複数形で》**滝**(waterfall), さらに**下落**, **低下**, **転倒**, **崩壊**, 《単数形で》**陥落**, **失脚**, **没落**, **堕落**.
[語源] 古英語 *feallan* から.
[用例] The apple *fell* from the tree. りんごが木から落ちた/Darkness begins to *fall*. 闇が降りはじめる/I *fell* asleep watching TV. 私はテレビを見ながら寝入ってしまった/On what day does Christmas *fall* this year? 今年のクリスマスは何曜日に当たりますか/Prices have *fallen* recently. 物価は最近低下した/Her hair *falls* to the waist. 彼女の髪は腰まで垂れている/The river *falls* into the Pacific Ocean. 川は流れ下って太平洋へ注いでいる/He *fell* fighting bravely. 彼は勇敢に戦って死んだ/There was a sudden *fall* in temperature. 温度が急に下がった.
[類義語] fall; drop: ともに物体が落下したり, 数量などが減少することを表す点では意味が共通しているが, **fall** は望ましくない状態になるという含意がある: She *fell* ill. 彼女は病気になった/the *fall* of Rome ローマ帝国の滅亡. これに対して **drop** は中立的な語である. また fall が高所からの落下の道程に重点があるのに対して, drop は落ちるという動作に重点がある.
[関連語] descend (何かに沿って物体が緩やかに下降していく); sink (水中や空中をしばしば徐々にゆっくりと落ちる); decline (量や力が次第に減ったり衰えていく).
[反義語] rise.
【慣用句】**fall away** 土地が傾斜している. **fall back on** … 最後の手段として, …に頼る, よりどころとする. **fall behind** 支払などが遅れる. **fall down** 倒れる. **fall down on** … …がうまくいかない. **fall for** … …に夢中になる. **fall in love** 好きになる, 恋をする. **fall off** …から落ちる. **fall on (to) one's knees** ひざまずく. **fall out** 外へ落ちる, …と仲たがいする《with》. **fall over** 転ぶ. **fall short of** … …の目標に達しない. **fall through** 計画などが実現しない, 失敗する. **fall to** … …にとりかかる. **fall under** … …に当たる, …の部分に入る.
【派生語】**fállen** 形.
【複合語】**fálling-stàr** 名 C 流星(meteor). **fállòff** 名 《単数形で》減少, 衰退 (decline). **fállòut** 名 U 放射性降下物質, 死の灰.

fallacious ⇒fallacy.

fal‧la‧cy /fǽləsi/ 名 CU 〔形式ばった語〕[一般義] 誤った考え, 誤った考え方. [その他] 本来「人を欺くこと」という意味であったが, 結果的にそのような状態に導く傾向を意味するようになり, 議論や信念の根拠が薄弱なこと, **虚偽性**, 当てにならないことの意になった. 〖論〗推論や議論を行なう際の**論理上の誤り**[欠陥].
[語源] ラテン語 *fallere*(⇒fail)の 名 *fallacia*(＝deception)が古フランス語を経て中英語に入った.
[用例] The belief that all women want to have children is just a *fallacy*. 女性はみな子供を欲しがるものであるという考えは全くの誤りである/Did you no-

tice the *fallacy* in his argument? あなたは彼の議論の(論法上の)誤りに気付きましたか.
【派生語】**fallacious** /fəléɪʃəs/ 形. **fallaciously** 副. **fallaciousness** 名 U.

fall·en /fɔ́ːlən/ 動 fall の過去分詞.

fal·li·ble /fǽləbl/ 形 〔形式ばった語〕 一般義 人が誤った方向に導かれやすい, 欺かれやすい. その他 考え, 主義, 議論などが誤りやすい, 当てにならない.
語源 ラテン語 *fallere* (⇒fail) から派生した後期ラテン語 *fallibilis* (=deceivable) が中英語に入った.
用例 Human beings are *fallible*. 人間とは誤りを犯すものである/hopes that are *fallible* 見込みのない期待.
【派生語】**fàllibílity** 名 U.

fal·low¹ /fǽlou/ 形 名 U 〔一般義〕 淡黄(褐)色(の).
語源 古英語 f(e)alu (=yellow) から.
【複合語】**fállow déer** 名 C 【動】だましか (★ヨーロッパ産; 淡黄褐色をしている).

fal·low² /fǽlou/ 名 U 形 〔一般義〕 あるシーズンの間休耕すること, またその土地, 休耕(地). 形 として休耕中の.
語源 古英語 fealh, fealg (=a piece of plowed land) から. 耕されてはいるが種まきしていない土地の意となった.

false /fɔ́ːls/ 形 〔一般義〕 人の話や知らせなどが真実でない, 間違った, 偽りの. その他 元来相手を欺くという意味の語で, 陳述が故意に偽っている, 人が虚言を発する, 不誠実である, 偽物の, 偽造の, 人工の, 模造の, 【医】疑似の.
語源 ラテン語 *fallere* (⇒fail) の過去分詞 *falsus* (=deceived) が, 後に能動的な意味 (=deceitful) で使われるようになり, それが古フランス語 *fals* を経て後期古英語に入った.
用例 He made a *false* statement to the police. 彼は警察にうその供述をした/He made a *false* passport. 彼はパスポートを偽造した/*false* teeth 入れ歯/a *false* cholera 疑似コレラ.
類義語 false; wrong: 「正しくない」という意味で同義であるが, **false** はその語源である「人を欺く」という意味が含まれるのに対して, **wrong** にはそれがない. 従って, a *wrong* answer といえば, 単に答えが「誤っている」ことを示すだけであるが, a *false* answer はその意味の他に, 故意に答えを「偽っている」という含意がある.
反義語 true.
【慣用句】**play ... false** 人をだます (語法 この false は副). **put ... in a false position** 人を誤解されるような立場に置く. **take [make] a false step** へまをする. **under false pretenses** 事実を偽って, だまして.
【派生語】**fálsehood** 名 U. うそ, うそをつくこと. **fálsely** 副. **fálseness** 名 U. **fálsity** 名 UC 虚偽, 虚言.
【複合語】**fálse alárm** 名 C 誤警報. **fálse bóttom** 名 C 箱やトランクなどの二重底. **fálse-héarted** 形 信義のない, 不実な. **fálse stárt** 名 C 【スポ】フライング. **fálse téeth** 名 C 義歯, 入れ歯.

falsification ⇒falsify.

fal·si·fy /fɔ́ːlsɪfaɪ/ 動 本来他 〔一般義〕事実や記録などを偽って伝える. その他 書類などを変造する, また...の誤りを証明する, 反証をあげる.
語源 後期ラテン語 *falsificare* (ラテン語 *falsus* false + *facere* to make) が古フランス語 *falsifier* を経て中英語に入った.
【派生語】**fàlsification** 名 UC 偽造, 変造, 虚偽の立証.

fal·ter /fɔ́ːltər/ 動 本来自 名 U 〔一般義〕主に人が何かに圧倒されて不安定な動き方をする, よたつく, たじろぐ, ひるむ. その他 何か事を行なうに当って躊躇(ちゅうちょ)する, 決心や勇気がくじける. また話し方が不安定な様子を示し, 口ごもる, どもる, 人以外にも用いて, 物事が勢いや活力を失う, ふらつく. 他 口ごもりながら言う (out; forth).
語源 不詳. おそらく古スカンジナビア語から.
用例 Drinking so much, he walked home without *faltering*. かなり飲んでいたが, 彼はふらつきもせず歩いて家まで帰った/Her voice *faltered* several times. 彼女は何度も口ごもった/The economy *faltered*. 経済の力が弱まった.
【派生語】**fálterer** 名 C. **fáltering** 形. **fálteringly** 副.

fame /féɪm/ 名 U 〔一般義〕評判, 名声 (語法 悪い意味で用いる場合には形容詞の ill が必要).
語源 ラテン語 *fama* (=talk; rumor) が古フランス語を経て中英語に入った.
用例 a man of great *fame* 名声の高い人/His novels about country life brought him *fame*. 彼は田園生活を描いた小説で有名になった/ill *fame* 悪評.
【慣用句】**come to fame** 有名になる.
【派生語】**fámed** 形.

familial ⇒family.

fa·mil·iar /fəmíljər/ 形 名 C 〔一般義〕物事が人によく知られている. その他 元来「家族の, 家庭の」を意味し, 家族のように親しい, 親密な, また親しさの行き過ぎを表し, なれなれしい, 無遠慮な. ある事をよく知っている, 精通している, 物事がよく知られている, ありふれた. 名 として仲の良い友達, 親しい仲間.
語源 ラテン語 *familia* (⇒family) から派生した *familiaris* (=of a household; domestic) が古フランス語を経て中英語に入った.
用例 His voice was very *familiar* to me. (=I was very *familiar* with his voice.) 彼の声は私には非常になじみ深いものであった/The old lady was a *familiar* sight in the village. その老婦人の姿はその村でよく見かけられた/Are you *familiar* with plays of Shakespeare? あなたはシェークスピアの劇をよく御存じですか.
類義語 familiar; intimate; close: **familiar** は長い付き合いの結果, 家族の者に接するように, 心安く, 気楽な親しさをいう. **intimate** は親しい関係, 特に立ち入って男女の性的関係を表す意味が強い. **close** は関係が極めて近い, 緊密であることをいい, 双方が心を開いて, お互いに十分理解し合っているという意味が含まれる.
反義語 unfamiliar.
【慣用句】**make oneself familiar with ...** ...と親しくなる. **be on familiar terms with ...** ...と親しい仲である (★性的関係を暗示する).
【派生語】**famìliárity** 名 U 親しみ, 親交, よく知っていること. **famíliarize** 動 本来他 親しませる, 普及させる, 人になじませる: You must *familiarize* yourself with the job. 君はその仕事に馴れなくてはならない. **famíliarly** 副 親しく, なれなれしく, 打ちとけて.
【複合語】**famíliar spírit** 名 C 魔女に仕える使い魔.

fam·i·ly /fǽm(ə)li/ 名 CU 〔一般義〕同じ

つの家に住む**家族**全体, **一所帯**. その他 元来, 一軒の家に仕える使用人あるいは召し使いたちを意味していたのが, 彼らをふくめてその家にすべての人々に限定されるようになり, 血縁関係の近い人々に限定されて使われるようになった. さらにこの親戚関係または姻戚関係にある人々を表わす**一族**, **一門**, もっと広く**種族**, **民族**の意味で使われるようになった. さらにこの血縁あるいは縁故ということから, 共通の考えや特徴を有している集団をも表わすようになり, たとえば暴力団や犯罪組織で一人の長の下にまとまったグループ, 【言】**語族**, 【生】**科**. 《形容詞的に》**家族の, 家庭の, 家庭向きの**.

語源 ラテン語 *famulus* (=servant) から派生した *familia* (=household, servant of a household) が中英語に入ってきた.

用例 His *family* is very popular in this district. 彼の家族はこの地域では非常に評判がよい/He is a man of good *family*. 彼は名門の出だ/the Indo-European *family* インド・ヨーロッパ語族/The ash is a tree of the olive *family*. 西洋とねりこはオリーブ科の樹木である/a *family* affair 内輪の事.

【慣用句】*in a*【英】*family way*《くだけた表現》妊娠して. 語法 かつて pregnant の婉曲表現であったが, 現在では俗語化している): He put the woman *in a family way*. 彼はその女性を妊娠させた.

【派生語】**famílial** 形 《形式ばった語》**家族の, 家系間の, 家系上の.**

【複合語】**fámily dóctor** 名 C かかりつけの**医者**. **fámily màn** 名 C 世帯持ちの男. **fámily náme** 名 C **姓**. **fámily plánning** 名 U **家族計画, 産児制限**. **fámily ròom** 名 C 《米》一家団らん用の部屋, 居間. **fámily trée** 名 C **家系図**.

fam·ine /fǽmin/ 名 UC 〔一般語〕極端な食料の欠乏, **飢餓**. その他 一般的に**物の欠乏, 不足**.

語源 ラテン語の *fames* (=hunger) が古フランス語を経て中英語に入った.

用例 Some parts of the world suffer regularly from *famine*. この世界には飢えでいつも苦しんでいる人々がいる/Many people died during the water *famine*. 多くの人々がその水飢饉(ききん)で死んだ/a fuel *famine* 燃料不足.

fa·mous /féiməs/ 形 〔一般語〕一般義 (よい意味で) **有名な, 名高い**. その他《古風なくだけた語》すぐれた才能や技能などで多くの人々にしられている, すばらしい, **一流の**.

語源 ラテン語 *fama* (⇒fame) の 形 *famosus* が古フランス語を経て中英語に入った.

用例 She is *famous* for her beauty. 彼女は美人で有名である.

類義語 famous; well-known; celebrated: **famous** は「みんなに知られている」意を表わす最も一般的な語. **well-known** は famous とほぼ同義であるが, famous よい意味で有名な場合に用いられるのに対して, 悪い意味で有名な場合にも用いられる. **celebrated** は賞をもらうとか業績が顕著で名を知られているような場合をいう.

反意語 unknouwn.

関連語 notorious (悪名高い).

【派生語】**fámously** 副.

fan¹ /fǽn/ 名 動 本来味 〔一般語〕一般義 **風を送る道具, 扇, うちわ, 扇風機, 送風機**. その他 本来は穀物のもみがらを吹き分ける道具, (唐)箕(み)の意. また扇形のもの, 鳥の翼や尾, 飛行機などのプロペラ. 動 として, 扇などであおぐ, …に風を送る, たきつけるために火をあおる, 人の心をあおって相手の感情をかきたてる, **扇動する**. 自 として 【軍】**扇形に広がる**, 【野】**三振する**.

語源 ラテン語 *vannus* (唐箕)が古英語に fann として入った.

用例 Ladies used to carry *fans* to keep themselves cool. 以前, 女性たちは涼むために扇を持ち歩いていた/She has had a *fan* fitted in the kitchen for extracting smells. 彼女は臭いを除くために台所に換気扇を取り付けた/They *fanned* the fire until it burst into flames. 彼らは火をあおって炎を燃え上がらせた/Her words *fanned* my anger. 彼女の言葉が私の怒りをあおりたてた.

fan² /fǽn/ 名 C 〔一般語〕映画やスポーツなどの熱中的**愛好者, ファン**.

語源 fanatic の短縮語.

用例 She is a great *fan* of that singer. 彼女はその歌手の大ファンです/a Tigers *fan* タイガーズファン.

【派生語】**fán lètter** 名 C **ファンレター**. **fán màil** 名 CU 《集合的》**ファンからの郵便物**.

fa·nat·ic /fənǽtik/ 名 形 〔一般語〕特定の宗教や政治的信念などに対する**熱狂者, 狂信者**. 形 =fanatical.

語源 ラテン語 *fanum* (=temple) の 形 *fanaticus* (=of a temple) が inspired の意で使われるようになり, それが初期近代英語に入った.

用例 She is a religious *fanatic*. 彼女は(宗教の)狂信者だ/She is a *fanatic* about health-foods. 彼女は健康食品に熱中している/He is quite *fanatic* about physical exercise. 彼は運動に人一倍力を入れている.

【派生語】**fanátical** 形 **狂信的な, 熱狂な**. **fanátically** 副. **fanáticism** 名 U **狂信, 熱狂**.

fanciful ⇒fancy.

fan·cy /fǽnsi/ 名 UC 動 本来味 〔一般語〕自由奔放で取り留めのない**想像, 空想**. その他 **幻想, 妄想**, また **気まぐれな思いつき, 気まぐれな好み, 愛好**. 形 として, 想像力をかき立てるという意味で, **意匠をこらした, 装飾的な**, 想像をはるかに越えているという意味で, 値段などが**法外な**, 技などが**名人芸の, 曲技の**. 動 として **心に描く, 空想する**, 《命令文で》**驚きの気持ちを表して, 考えてもみない, …だなんて, あるいは…だろうと思う, …のような気がする**《that 節》. 《くだけた語》《英》**…を好む, …したい**.

語源 中英語 fantasie (= fantasy) の短縮形 fantsy から.

用例 He has a wild *fancy* of traveling round the world on foot. 彼は, 歩いて世界一周をするという取り留めもない空想を抱いている/He caught the *fancy* of her. 彼は彼女に気に入られた/My wife likes *fancy* cakes. 私の妻はデコレーションケーキが好きだ《日英比較》デコレーションケーキは和製英語》/He bought that car at a *fancy* price. 彼は法外に高い値段でその車を買った/*fancy* diving 曲飛込み/I don't *fancy* living in that cold house! 私はあんな寒々とした家には住みたくない/*Fancy* his making mistakes! 彼が過ちを犯すなんて！/I rather *fancy* that he is a spy. どうも彼はスパイのように思える.

類義語 ⇒fantasy.

【派生語】**fánciful** 形.

【複合語】**fáncy báll** 名 C 仮装舞踏会. **fáncy dréss** 名 U 仮装服. **fáncy-dréss báll** 名 =fancy ball. **fáncy gòods** 名 複 ピン, ボタンなどの**小間物** (《米》 notions). **fáncy wòrk** 名 U 手芸品, 編み物.

fan·fare /fǽnfɛər/ 名 C 〔一般語〕 一般義 行事の開始や人の入場に合わせて演奏されるトランペットなどのはなやかな**吹奏, ファンファーレ.** その他 比喩的に**誇示, 虚勢.**
語源 フランス語 fanfarer (トランペットを吹く)(擬音語)が初期近代英語に入った.

fan·tas·tic /fæntǽstik/ 形 〔くだけた語〕 一般義 信じられないほどすばらしい, **すてきな.** その他 大きさや量, 程度などが信じられないなどの, とてつもない. 一般語 想像上のが本来の意味で, 事物が現実には考えられない, **空想的な, 風変わりな, 異様な**, 人, 考え, 行動が**気まぐれな**, とっぴな, 計画などが**現実離れした, 夢物語のような.**
語源 ギリシャ語 phantazein (⇒fantasy)から派生した 形 phantastikos (心に描くことのできる) が後期ラテン語 phantasticus, 中世ラテン語 fantasticus, 古フランス語 fantastique を経て中英語に入った.
用例 'My Fair Lady' is one of the most *fantastic* musicals.「マイ・フェア・レディ」は最もすばらしいミュージカルの1つだ/You look *fantastic* in those clothes. その服を着ると君はとてもすてきに見える/She spent *fantastic* sums of money on horse races. 彼女は競馬に莫大な金を費やした.

【派生語】**fantástical** 形 =fantastic. **fantástically** 副.

fan·ta·sy, phan·ta·sy /fǽntəsi, -zi/ 名 UC 〔一般語〕途方もない夢のような考え, **空想, 幻想**, 《心》**白昼夢**, 《楽》**幻想曲**. 語法 fantasia /fæntéiziə/ ともいう, 《文学》怪奇的·神秘的な内容の作品の総称, **幻想的作品.**
語源 ギリシャ語 phainein (=to show)から派生した phantazein (=to make visible) の 名 phantasia (=appearance; perception)がラテン語 fantasia (=idea; notion), 古フランス語 fantasie (=fantasy)を経て中英語に入った.
用例 She was always having *fantasies* about becoming rich and famous. 彼女はいつも金持ちで有名になることを夢みていた/Children like the *fantasy* worlds of Disneyland. 子供はディズニーランドの空想の世界が好きだ.
類義語 fantasy; imagination; fancy: **fantasy** は現実離れした自由気ままで根拠のない空想あるいは**想像**を意味する. **imagination** は想像力を働かせて現実に存在するが目の前にないもの, または現実に存在しないのを心に描くことをいう, fantasy に比べて理性的で創造的な想像を意味する. **fancy** は fantasy に意味が近いが, 軽く陽気な想像を表す.

far /fáːr/ 副 〔一般語〕 一般義 空間的に**遠くはなれて, 遠くに.** 〔その他〕 時間的に, あるいは程度について遠く, **はるかに, ずっと.** 形 として**遠い, はるかな, 遠い方の**, 向こう側の, 極端な.
語法 ❶ 比較·最上級には farther-farthest および further-furthest がある. 後者は主に時間や程度に用いられるが, 空間用いることも多い ❷ 主として疑問文, 否定文用いられる: Is it very *far* from here? ここからは遠いのですか/His house is not *far* from here. 彼の家はここからそう遠くない所にある. 肯定平叙文では普通 a long way (off) などを用いる ❸ 名詞的に「遠い所」を意味する場合もある: He came from *far*. 彼は遠方からやって来た.
語源 古英語 feor(r) から.
用例 We had not gone very *far* when it began to rain. 我々がそれほど遠くへ行かないうちに雨が降り始めた/How *far* will you drive today? 今日はどの辺りまで車で行くつもりですか/Young people cannot look *far* into the future. 若者には遠く将来を見通す力がない/The night is *far* advanced, so you had better go home. 夜もかなりふけてきたから, 君は家に帰った方がよい/We cannot get very *far* in this project without some help. 何らかの援助がなければ, 我々にはこの計画をこの先それほど進めてゆくことができない/She is a *far* better speaker of English than he is. 彼女は彼よりずっと上手に英語を話す/She lives on the *far* side of the lake. 彼女は湖の向こう側に住んでいる.
反意語 near.

【慣用句】**as far as ... = so far as ...** 《距離·程度について》...の限りでは: *As far as* the eye can see, nothing is to be seen. 目に見える限りでは何も見えない. **by far** 《比較·最上級の前につけて》はるかに, ずっと: He is *by far* taller than his wife. 彼は奥さんよりはるかに背が高い. **carry ... too far** ...をやりすぎる. **far and wide = far and near** いたるところに. **in so far as ... = ...**の限りにおいて. **so far**《時間·場所·程度に関して》今まで, その点まで; *So far* our life has been so easy, but I am not sure about the future. 今までは我々の生活はのん気なものだった. しかし未来はどうかわからない. **so far as ... ...**までは, ...の限りは (as far as). **thus far** 〔形式ばった表現〕ここまでは.

【複合語】**faraway** ⇒見出し. **Fár Éast** ⇒見出し. **fárfétched** 形 無理にこじつけた, 不自然な. **fárflùng** 形 広範囲にわたる, 遠くはなれた. **fár-óff** 形 遠くはなれた, はるか昔の. **fár-óut** 形〔くだけた語〕先端的な, 前衛的な. **fár-réaching** 形 範囲, 程度, 影響, 効果が遠くまで及ぶ. **fár-séeing** 形 先見の明のある. **fár-síghted** 形 先見の明のある, 遠視の.

far·a·way /fáːrəwei/ 形 (⇒far) 〔一般語〕 一般義 場所, 時間, 程度などが**遠く離れている, 遠い** (語法 far がこの意味で使われるのは主に文語表現で, 普通はこの語を使う). 〔その他〕現実から離れたという意から目つき, 顔つきなどが**夢見るような, ぼんやりとした.**
用例 *faraway* countries 遠方の国々 /She had a *faraway* look in her eyes. 彼女は夢見るようなまなざしをしていた.
類義語 far.

farce /fáːrs/ 名 CU 動 本来他 〔一般語〕 一般義 現実にはありえそうにない人物·状況設定の下で行われる**笑劇.** 〔その他〕元来, 料理で鶏の詰め物の意味であったのが, 芝居の幕と幕の間を埋めるために行われる幕あいの茶番の意味で使われるようになった. さらにわざとらしく**無意味なこと, ばかげたことの意. 動** としてしゃれ**〔こっけい味〕を添える.**
語源 ラテン語 farcire (詰め物をする)の過去分詞女性形 farsa が古フランス語を経て中英語に入った.
用例 The play is a classic *farce*. その芝居は古典的な笑劇だ/The meeting was an absolute *farce*. そ

の会合はまったくくだらなかった/He farced the play with old jokes. 彼は昔やったジョークを取り入れて, その芝居にこっけい味を加えた.
【派生語】fárcical 形. fárcically 副.

fare /féər/ 名 CU [本来旨] [一般的] [一般義] 電車, バス, 船などの交通機関の**旅客運賃**. [その他] 主にタクシーなどに料金を払う**乗客**. また [古風な語] **飲食物**, **食事**を意味する. 動 として〔形式ばった語〕〔通常 well や badly などを伴って〕人が**やっていく**, **暮らしていく**, 《it を主語にして》事が**運ぶ**.
[語源] 古英語 faran (=to go) から.
[用例] He got on the bus and paid his fare. 彼はバスに乗り料金を払った./a railroad fare 鉄道料金/a round-trip fare 往復料金/The taxi-driver was asked by the police where his last fare got out. そのタクシー運転手は, 最後の客をどこで降ろしたかと警察で尋ねられた/good fare ごちそう/simple fare 粗食/a bill of fare 献立表/He fared well [badly] in the examination. 彼はその試験でうまくいった[いかなかった]/How did it fare with her?—it fared well with her. 彼女はどうでしたか. うまくいきました.
[類義語] fare; charge; fee: **fare** は乗物の運賃, **charge** は品物やサービスに対する料金, 費用, **fee** は学校の授業料, 免許や許可などに対する料金または入場料などをいう.

Far East /fáːríːst/ 名 《the ～》元来は英国から見て**極東**, **東アジアの国々**(★日本, 中国, 韓国, 朝鮮, モンゴルをいう. また東南アジアの国々を含む場合もある).
[日英比較] 日本語では極東という考え方に対し, 英語ではヨーロッパを中心に考えて, 北アフリカを含めて地中海の東側の国々を Near East (近東), その東側の諸国からインドまでの国々を Middle East (中東), インドよりさらに東の国々を Far East と呼ぶ.
【派生語】Fár Éastern 形 極東の.

fare·well /féərwél/ 感 名 UC [古語] さらば, ごきげんよう [語源] good-by よりも古い言い方. 名として 〔形式ばった語〕**別れ**, **告別**, **別れの言葉**の意.
[語源] 命令形の fare well (うまくやっていけ) から.
[用例] "Farewell for ever!" she cried. 「とわに別れを」と彼女は叫んだ./A Farewell to Arms!『武器よさらば』(ヘミングウェイの小説の題名)/They said thier farewells at the station. 彼らは駅で別れを告げた/a farewell party 送別会/a farewell present せんべつ.
[類義語] ⇒good-bye.
【慣用句】**bid farewell to** … =**bid** … **farewell** … に別れを告げる.

farm /fáːrm/ 名 C 動 [本来旨] [一般的] [一般義] 作物を栽培したり, 家畜を育てるための建物を含めた土地, **農場**, **農園**. [その他] 元来, 地代や税のような定期的に支払う「一定の額」を意味し, 一定額(税の徴収)で土地を貸し, さらにそのようにして貸し与えた土地を意味するようになり, 農場, また農場にある**農家**(farmhouse)の意となった. その他に何かを育てるという意味で, 家畜などを育てる**飼育場**, **牧場**, 魚などを育てる**養殖場**, また [野] 一軍選手を育てるところの意で**二軍**. 動 として, 土地を**耕作する**. ⓔ **農業をする**.
[語源] ラテン語 firmare (=to fix; to settle) から派生した中世ラテン語 firma (=fixed payment) が古フランス語 ferme を経て中英語に入った. ⇒firm.
[用例] All my family work on a farm. 私の家族はみな農場で働いている/At the farm they gave us bed and breakfast. 我々は農場で泊まらせてもらい, 朝食を食べさせてもらった/a chicken farm 養鶏場/My uncle farms 1,000 acres in California. 私のおじはカリフォルニアで 1000 エーカーの土地を耕している.
【派生語】fármer 名 C 自ら農場を経営している農場主, 農場経営者, または農場を借りて農業を営む農民: a landed farmer 自作 farmer/a tenant farmer 小作農. fárming 名 U 農業, 農場経営. 形 農業の.
【複合語】fármhànd 名 C 作男, 農場労働者. fármhòuse 名 C 農場にある農場主の住宅 ([語法] 単に farm ともいう). fármlànd 名 U 農地. fármyàrd 名 C 農家[農場]の庭.

fart /fáːrt/ 動 名 C 〔卑語〕**屁**(〜)**をする** ([語法] 普通は婉曲に break wind という). 名 として**屁**, 〔俗語〕**くだらないやつ**, **いやなやつ**, **ばかなやつ**の意.
[語源] 擬音語と考えられる. 古英語 feortan から.

far·ther /fáːrðər/ 副 形 [比較級] far の比較級で, 距離的により**遠くに[の]**, 《米》程度を表し, さらに, いっそう[の] (further).
[用例] I can go no farther. これ以上先へ行けない/They went on the farther shore. 彼らは向こう岸に上陸した.
【派生語】fárthermòst 形 最も遠い (farthest).

far·thest /fáːrðist/ 副 形 [一般的] far の最上級で, 距離的に**最も遠くに[の]**.
[用例] He can throw the ball (the) farthest in our team. 我々のチームでは, 彼が一番遠くまでボールを投げることができる/Some of them came from the farthest corner of the world. 彼らの中には世界の最も彼方からやって来た人たちもいる.

fas·ci·nate /fǽsineit/ 動 [本来旨] [一般的] [一般義] 美しさや非常に興味をそそるようなことで人を**魅了する**. [その他] 元来, 呪文にかけるという意味で, 転じて蛇がかえるなどを威嚇してすくませる, 相手の動きを**静止させる**という意味に使った, 魅了するの意が出た.
[語源] ラテン語 fascinare (=to bewitch; to charm) の過去分詞 fascinatus が初期近代英語に入った.
[用例] She was fascinated by the strange clothes and customs of the country people. 彼女は土地の人々の変わった衣装や風習に魅せられた/Her beauty fascinated him. 彼女の美しさは彼をとりこにした.
[類義語] ⇒attract.
【派生語】fáscinating 形. fàscinátion 名 U.

fas·cism /fǽʃizm/ 名 U [一般的] [一般義] 《しばしば F-》**一党独裁支配**, **軍国主義**, **民族国家主義**を旨とする政治体制, **ファシズム**. [その他] 《F-》第 1 次大戦後の 1922 年から 1943 年のイタリアで起こったムッソリーニ (Mussolini) を党主とする独裁的国家社会主義, **ファシズム運動**. さらに《しばしば F-》ドイツのナチ党などの**一党の力による独裁主義**, より一般的な意味で**極右的な国家主義**, **極右的な傾向**.
[語源] ラテン語 fascis (=bundle) によるイタリア語 fascio (=political group) の派生形 fascismo が 20 世紀に入った.
【派生語】fáscist 名 C 形 《しばしば F-》ファシズムの信奉者, **ファシスト**, 《F-》イタリアのファシスト党党員, 広くファシズム的な思想をもつ国粋主義者, 極右, 《軽蔑的》独裁的な人: The managing director is a real Fascist. その専務取締役は本当に独裁的な人だ.

Fascisti /fæʃísti:/ 名《the ~》イタリアのファシスト党.

fascist ⇒fascism.

fash·ion /fǽʃən/ 名 UC 本来義 〔一般語〕 一般義 ある時代, ある地域における服装, 風習などの**流行**. その他 もともと物の作り, できなどを意味する語で, 物を作る方法, 様式, 型, さらに何かを行なう仕方, 流儀, 特に服の着方, 日常の暮し方の意で使われるようになり, 流行の意が生じた. さらに流行の人[もの]の意味が派生し, **上流社会, 社交界**の意味にもなった. 動 として, 材料を使って何かを**形作る**, ...に**適合させる, 含ませる**(to).
語源 ラテン語 facere (=to make) の 名 factio (=making) が古フランス語 faceon を経て中英語に入った.
用例 My wife is very much interested in the latest *fashion*. 私の妻は最新の流行に大変興味がある/*Fashions* in music and art are always changing. 音楽と芸術における流行は絶えず変化している/She spoke in a very strange *fashion*. 彼女は, 非常に妙な話し方をした/That writer is a *fashion*. その作家は売れっ子だ/She *fashioned* the clay into a bowl. 彼女は粘土を使っておわんを作った.
類義語 fashion; style; mode; vogue: **fashion** は最も広い意味を持つ語で, 特定の時代, 地方の多くの人々に受け入れられた衣服や文体, 行動様式などをいう. **style** は fashion とほぼ同義であるが, これが裕福で趣味の良い人々の間の流行という含みがある. **mode** はやや形式ばった語で, 主に服装の流行や流行の型を表し, 優雅さや洗練さを求める人々の流行を表す. **vogue** は流行が一時的なものであり長続きしない意味を含む.
【慣用句】*after* [*in*] *a fashion* 曲がりなりにも. *in fashion* 流行している. *come into fashion* 流行している. *out of fashion* すたれている.
【派生語】**fáshionable** 形 流行の, はやりの, 上流社会の, 高級な. **fáshionably** 副.
【複合語】**fáshion shòw** 名 C ファッションショー.

fast¹ /fǽst|-á:-/ 形 〔一般語〕 一般義 動作や速度が**速い**, すばやい. その他 元来容易には動かない, **固定**しているの意で, 戸などが**固く**締まっている, 同盟や協定, あるいは人間同士が固いきずなで結ばれた, 色などが落ちない, また物と物がしっかりとつながれている, くっついている意から, 近接している, すなわち次のものがすぐ続く意味が生じ, ここから動作などが「速い」と解されるようになった. さらに時計が**進んでいる**(⇔slow), 仕事などが**時間のかからない**, 旅行などが**短期間の**, 走路が**高速用の**, 〖写〗**高速撮影用の**. また活力や精力をすぐに使い尽くしてしまう意から, 派手で次から次へと快楽を追う, **生活のすさんだ, 放らつな, 身持ちの悪い**.
副 として**速く, 急速に, 次から次へと, またしっかりと, 固く**.
語源 古英語 fæst (=firm) から. 古英語では 副 には fæste と語尾に -e が付いていたが, 中英語以後消失した.
用例 a *fast* train 急行列車/All the windows are *fast*. 窓はすべてしっかり締まっている/They are *fast* friends. 彼らは変わらぬ友情で結ばれている/If the colours are *fast*, you can wash the shirt in hot watar. 色が落ちない場合は, シャツをお湯で洗えます/He made *fast* the end of the rope to a tree. 彼はロープの端をしっかり木に結びつけた/Your watch is five minutes *fast*. 君の腕時計は 5 分進んでいる/She speaks too *fast*. 彼女は早口でしゃべりすぎる/The door was *fast* shut. その戸は固く締まっていた.
類義語 fast; rapid; quick; speedy: **fast** は動作や行動の主体である人や物が速いことに重点が置かれる; a *fast* runner 走るの速い人. これに対して **rapid** は動きそのものに重点が置かれることが多い: *rapid* calculation 速算. **quick** は速度よりもむしろ行動のすばやさや時間の短さに重点が置かれる: a *quick* reply 即答. **speedy** は比喩的なスピードについていう: a *speedy* recovery 迅速な回復. 反意語 slow.
【慣用句】*hold fast* しっかりとつかむ. *play fast and loose* 〔古風な表現〕もてあそぶ: He *played fast and loose* with his father's money. 彼は父親の金をもてあそんだ. *stand fast* しっかりと立つ, 断固として譲らない.
【派生語】**fastness** 名 UC 固着, 定着, 要塞, とりで.
【複合語】**fást bàll** 名 C 〖野〗**速球**, ストレート. **fást fóod** 名 U ファーストフード. **fást láne** 名 C 追越し車線.

fast² /fǽst|-á:-/ 動 本来自 名 C 〔形式ばった語〕主に宗教上の理由で**断食をする**, 特定の食物を断つ, 一般に**絶食する**, 極めて小量の食事に制限する. 名 として**断食, 断食期間**.
語源 古英語 fæstan (=to hold fast; to observe; to abstain from food) から.
用例 Muslims *fast* during the festival of Ramadan. イスラム教徒はラマダン(イスラム暦の 9 月)の期間中断食をする/She had to *fast* for twelve hours before her operation. 彼女は手術前の 12 時間何も食べてはいけなかった.
【慣用句】*break one's fast* 断食をやめる, 朝食(breakfast)をとる.
【複合語】**fást dày** 名 C 断食日.

fas·ten /fǽsn|-á:-/ 動 本来他 〔一般語〕 一般義 のり, ひも, ボタン, 留め具, 締め金などで**しっかり留める, 締める**. その他 固定するの意から, 物を結びつける, 縛る, ドアを掛け金でしっかり閉める, 戸締まりをする, 比喩的に視線や注意をしっかり向ける, **注ぐ**, 罪や汚名を人に**着せる**, 負わせるという意味になる.
語源 古英語 fæst (=fast) の 動 fæstnian から.
用例 Please *fasten* your seat belt. シートベルトをお締め下さい/She could not *fasten* the zip of her dress. 彼女はドレスのファスナーを締めることができなかった/She *fastened* a flower to the front of the dress. 彼女は, ドレスの胸のところに花をつけた/Don't forget to *fasten* the door. ドアを締め忘れるな/He *fastened* his eyes intently upon her face. 彼はじっと彼女に視線を向けた/She *fastened* the crime on her best friend. 彼女は親友にその罪を着せた.
類義語 tie.
【派生語】**fástener** 名 C 留め具, ファスナー, 締める人. **fástening** 名 U 締めること, 《通例複数形で》留め具.

fas·tid·i·ous /fæstídiəs/ 形 〔やや形式ばった語〕《やや軽蔑の》人の性格が**気難しい, えり好みの激しい**, 特に不潔なものや不快なものに嫌悪感が強く**潔癖な**.
語源 「軽蔑」の意のラテン語 *fastus* から派生した「嫌悪」の意の *fastidium* の 形 *fastidiosus* が中英語に入った.
用例 She is so *fastidious* about her food that she will not eat in a restaurant. 彼女は食事にはと

てもやかましく, レストランで食べることはしない.
【派生語】**fastídiously** 副.
fastídiousness 名 U.

fat /fǽt/ 名 UC 〔一般語〕━━ 一般義 でっぷり**太った**, **肥満の**. その他 食物などが**脂肪の多い**, 脂っこいが本来の意味. また中にいっぱいつまっているという意味で, 財布などがたくさん入った, 仕事などが**実りの多い**, 土地が**肥えた**, 書物などが分厚い, 活字が**肉太の**. 太っているということが動作の鈍さを連想させ, 《軽蔑的に》**頭の鈍い**, **間抜けな**. 図 として, 料理用の**油, 脂肪**, 食肉の脂身, 人の**皮下脂肪, 肥満**, 〔くだけた語〕**もうけ仕事**.
語源 古英語 fætan (= to make fat) の過去分詞 fætt から.
用例 She got very *fat* after she got married. 結婚後, 彼女は大変太った/I don't like *fat* meat. 私は脂肪の多い肉を好まない/It's a *fat* job. それはもうけ仕事だ/His business made a *fat* profit. 彼は仕事で大きな利益を得た/This is a *fat* year for apples. 今年はりんごの豊年だ/This meat has got a lot of *fat* on it. この肉は脂肪が大変多い.
類義語 「太った」fat; overweight; stout; plump: **fat** は太って脂ぎったということから軽蔑的な含意があり, 普通話し相手, あるいはさしさわりある人に対しては用いない. 婉曲表現として **overweight** が用いられる. また **stout** は体つきが頑丈なことをいうが, これもしばしば fat の婉曲表現になる. また **plump** はかわいらしくふっくらしたの含意があり, 主に女性や子供に対して用いられる: a *plump* baby まるまる太った赤ん坊.
反意語 lean.
【慣用句】*a fat lot of ...* 〔俗語〕ほとんど[まったく]ない.
chew the fat 〔俗語〕おしゃべりをする.
【派生語】**fátness** 名 U. **fátten** 動 本来味 太らせる. **fáttiness** 名 U 脂っこいこと. **fáttish** 形 太り気味の. **fátty** 形 脂肪質の, 脂っこい.
【複合語】**fáthead** 名 C 〔俗語〕ばか者, うすのろ.

fa·tal /féitl/ 形 〔一般語〕━━ 一般義 **致命的な, 命にかかわる**(★生きかえることのないことを表す). その他 〔形式ばった語〕元来**運命づけられた**, **宿命的な**の意で, 運命を決するほど**重要な**, **決定的な**, さらに死を避けることのできない, **致命的な**の意が生じた. また〔くだけた語〕行為や過失が**破滅的な**, **取り返しのつかない**, ひどい.
語源 ラテン語 *fatum* (⇒ fate) の 形 *fatalis* が中英語に入った.
用例 His injuries proved *fatal*. 彼のけがは致命的となった/She suffered a *fatal* wound in the traffic accident. 彼女は交通事故で致命傷を負った/Then the *fatal* day arrived. そして運命を決する日がやってきた/She made the *fatal* mistake of forgetting to invite him to her party. 彼女は彼をパーティーに招待し忘れるという取り返しのつかない失敗をしてしまった.
日英比較 「命にかかわる, 致命的な」という日本語は必しも死に至ることを表さないが, 英語の fatal は生き返る可能性がないことを表す.
類義語 mortal; deadly.
【派生語】**fátalism** 名 U 運命論. **fátalist** 名 C 運命論者. **fàtalístic** 形 運命論的な. **fatálity** 名 CU 事故などによる**不慮の死(者)**, 不運, 災難. **fátally** 副.

fate /féit/ 名 UC 動 本来味 〔一般語〕━━ 一般義 (しばしば擬人化され F-) 人間にはどうすることもできない**運命, 宿命**. その他 運命の意から, 人や物事の**将来**, **行く末**を表し, 特に不幸な運命を持つ人となり, その結果として生ずる**死, 破滅**の意で用いられる. 《ギ神》(the F-s) 人の一生を左右するといわれる運命の3姉妹の**女神**. 動 として《受身で》...する運命である (to do; that 節).
語源 ラテン語 *fari* (= to speak) の過去分詞 *fatus* の中性形 *fatum* (= what has been said) が古フランス語を経て中英語に入った. 「神のお告げ」の意.
用例 *Fate* prevented us from ever meeting again. 運命により我々は二度と再び会えなかった/Who knows what *fate* has in store? どんな運命が待ちうけているか誰もわからない/Is it my *fate* to remain in the same office for the rest of my life? 残りの人生も同じ会社で働くのが私の運命であろうか.
【慣用句】*(as) sure as fate* 必ず, 間違いなく. *meet one's fate* 最後を遂げる, 殺される: He went out bravely to *meet his fate*. 彼は勇敢に出陣し, 最後を遂げた.
類義語 fate; destiny; doom: **fate** と **destiny** は共に神など人間の力が及ばないものによって定められた避けられない運命という意味に用いられるが, fate が特に不運な宿命という含意があるのに対して, destiny にはそれがなく, 明るい運命にも暗い運命にも用いられるやや形式ばった語. **doom** は運命が不幸で悲惨なことに意味の重点がある.
【派生語】**fáteful** 形 宿命的な, 不吉な.
fátefully 副.

fa·ther /fá:ðər/ 名 C 本来味 〔一般語〕━━ 一般義 子供に対する**男親, 父親, 父**. その他 人間以外の動植物にも用いて, **種親, 雄親**. また生みの親ということから比喩的に**創始者**の意味が派生して, 人間の創造主, すなわち**神**, さらに神の代弁者, **神父**を指す. また親という意味が広義に解されて, **先祖**, あるいは**長老, 父と仰ぐ人**. 動 として〔一般義〕父親となる, 考えなどを創始する.
語法 ❶ 家庭内では冠詞をつけずに Father として用いることが多い. また「神」や「...神父」の意でも Father とする ❷ 家庭などで子供が呼びかける時には Dad, Daddy が普通 ❸ 小さな子供のいる母親が自分の夫を呼ぶとき英語でも father, dad のように言うことがあるが, 一般には Bill のような名前を呼ぶほうが普通である.
語源 古英語 fæder から.
用例 She does not know who the *father* of her child is. 彼女は自分の子供の父親が誰だかわからない/*Father* bought me this book on my birthday. 父は私の誕生日にこの本を買ってくれた/Our *Father* in heaven, hallowed be thy name. 天にいますわれらの父よ, 御名があがめられますように/*Father* Brown was very kind to everybody. ブラウン神父は誰にでも親切だった/She has been gathered to her *fathers*. 彼女は先祖のもとに召された(天に召された)《語法 この意味では通常複数形》/The city *fathers* came here yesterday. 市の長老たちが昨日ここに集まった/King Alfred was the *father* of the English navy. アルフレッド王は英国海軍の父であった/King Charles II *fathered* a great number of children. 国王チャールズ II 世は多勢の子供の父親であった/He *fathered* many ideas. 彼は色々なアイデアを考え出した.
対照語 mother.

fathom /fǽðəm/ 名 動 本来他 〖海〗ひろ《★水深を測る単位で6フィート(=1.83m)》. 動 として水深を測る, 比喩的に人の心を推しはかる.
語源 古英語 fathm (=outstretched arms)から. 両腕を広げた間隔ということから.

fa·tigue /fətíːɡ/ 名 U 動 本来he 〔形式ばった語〕
一般義 肉体的あるいは精神的に骨の折れる作業からくる強い疲労. その他 疲労の原因となる労働,〖軍〗雑役,《複数形で》作業に着る作業服(fatigue clothes),〖工〗金属などが繰り返し圧力を受けることによって生じる亀裂, 疲労, 金属疲労. 動 として, 人を疲れさせる.
語源 ラテン語 fatigare (=to weary)がフランス語 fatiguer を経て初期近代英語に入った.
用例 The mountaineer was suffering from *fatigue* when he was rescued. その登山家は救助されたとき疲れ切っていた/This air craft is showing signs of metal *fatigue*. この飛行機は金属疲労を示している/The soldiers are on *fatigue*. 兵士達は雑役に服している/We were *fatigued* with the work. 我々はその仕事で疲れた.
【派生語】**fatígued** 形 疲れた. **fatígueless** 形 疲れを知らない. **fatíguing** 形 疲れさせる, つらい.

fatten ⇒fat.
fattish ⇒fat.
fatty ⇒fat.
fatuity ⇒fatuous.

fat·u·ous /fǽtʃuəs/ 形 〔形式ばった語〕《軽蔑的》愚かな.
語源 ラテン語 fatuus (=foolish)がフランス語を経て初期近代英語に入った.
【派生語】**fatúity** 名 UC 愚かさ, 愚鈍, 愚行. **fátuously** 副.

fau·cet /fɔ́ːsɪt/ 名 C 〔一般語〕《米》水道やガスなどの栓, コック, 蛇口《(英)tap》.
語源 「たるの栓」の意の古フランス語 *fausset* が中英語に入った.

fault /fɔ́ːlt/ 名 UC 動 本来he 〔一般語〕一般義 失敗や誤りを犯したことに対する責任, 罪. その他 元来求められているものや必要なものが不足していること, 十分でないことから, 不完全なこと, 欠陥, 欠点, さらに過失, 誤りから, 過失, 誤りに対する責任, 罪の意が生じた. また〖テニス〗サーブの失敗,〖地〗地殻の割れ目に沿って地層がずれ食い違う現象, 断層,〖電〗漏電. 動 として〔形式ばった語〕〖疑問文, 否定文で〗あら探しをする,〖地〗断層を形成する.
語源 ラテン語 *fallere* (⇒fail)の過去分詞 *fallitus* の女性形 *fallita* から派生した古フランス語 *faulte* (=lack)が中英語に入った.
用例 It is my *fault* that he failed (in) this examination. 今回の試験に彼が失敗したのは私の責任だ/There is a *fault* in this machine. この機械には欠陥がある/There are many *faults* in her character. 彼女の性格は欠点だらけだ/He acknowledged his *faults*. 彼は自分の過失を認めた/an active *fault* 活断層/I couldn't *fault* his piano-playing. 彼のピアノ演奏には文句のつけようがなかった.
類義語 mistake.
【派生語】**fáultily** 副. **fáultless** 形 欠点のない. **fáulty** 形 欠点のある, 不完全な.
【複合語】**fáultfinder** 名 C あら探しをする人. **fáultfinding** 名 U 形 あら探し.

faun /fɔ́ːn/ 名 C 〖ロ神〗フォーンまたはファウヌス《★上半身は人間で下半身はやぎの姿をした林野の神; ギリシャ神話の satyr に当たる》.
語源 ラテン語から.

fau·na /fɔ́ːnə/ 名 UC 《複 **-nae** /niː/》〖動〗一地域またはある時代の動物相, 動物群, 全動物.
語源 ラテン語 Fauna (=sister of Faunus)より18世紀に入った.
関連語 flora 〖植物層〗.

fa·vor, 《英》**-vour** /féɪvər/ 名 UC 本来he 〔一般語〕一般義 好意, 親切. その他 好意の表れを意味し, 親切な行為, 世話, さらに具体的な好意の贈り物, 記念品などの意. また相手に対する積極的な好意という意味で, 支持, 賛成, 引き立て, 支援, 偏かの引き立てということでえこひいき. 動 として…に好意を示す, …を支持する, …をえこひいきする, …に有利である, 人に…してあげる.
語源 ラテン語 *favere* (=to favor)の名 *favor* が古フランス語を経て中英語に入った.
用例 Will you do me a *favour* and lend me your car? お願いがあるのですが, 車を貸してもらえませんか/They distributed wonderful *favors* to us at the party. 彼らはパーティーで私達に素晴らしい贈り物を配ってくれた/By doing that he showed *favour* to the other side. そうすることで, 彼は相手側への支持を示した.
【慣用句】**in favor of** … …に賛成して, …を支持して: They were *in favor of* the proposition. 彼らはその提議に賛成した. **in favor with** … …に気に入られて, …に人気がある: He was very much *in favor with* the prime minister. 彼はとても首相に気に入られていた. **in …'s favor** …に気に入られて, …に有利で: She is *in* the teacher's *favor*. 彼女は先生のお気に入りだ/The evidence was *in* our *favor*. その証拠は我々に有利であった.
【派生語】**favorable** 形 ⇒見出し. **fávored**, 《英》**-vour-** 形 好意を持たれた, えこひいきされた. **favorite** ⇒見出し.

fa·vor·a·ble, 《英》**-vour-** /féɪvərəbl/ 形 《⇒favor》〔一般語〕状況や時期が好都合の, 有利な, 意見や感事などが好意的な, 親切な.
用例 The weather was *favorable* for our start. 天気は我々が出発するのに好都合であった/He gave me a *favorable* answer. 彼は私に色よい返事をしてくれた.
反意語 unfavorable.
【派生語】**fávorably**, 《英》**-vour-** 副. **fávorableness**, 《英》**-vour-** 名 U.

fa·vor·ite, 《英》**-vour-** /féɪvərɪt/ 形 名 C 〔一般語〕どれよりも好きな, いちばん好きな, お気に入りの
《語法 favorite には最上級的な意味が含まれるので most は付かない》. 名 として好きな人[物], 人気者, 好物, またえこひいきの対象, お気に入り,〖競馬〗本命.
語源 イタリア語 *favorire* (=to favor)の過去分詞 *favorito* が中フランス語を経て初期近代英語に入った.

[用例] Hemingway is her *favorite* author. ヘミングウェイは彼女のお気に入りの作家だ/He was a general *favorite*. 彼はみんなから好かれる人気者だった/It was a disappointing race—the *favorite* came in last. それは期待はずれのレースだった．というのも本命馬がびりだったからだ．

【派生語】**fávoritism**, 《英》-vour- 名 Ⓤ 偏愛，えこひいき．

fawn[1] /fɔ́ːn/ 名 Ⓒ 〔一般語〕特に1歳以下の子鹿, 淡黄褐色．
[語源] ラテン語 *fetus* (胎児) から派生した俗ラテン語 *fetone* が古フランス語 *feon* を経て中英語に入った．

fawn[2] /fɔ́ːn/ 動 [本来義]〔一般語〕犬がなめたり, 尾を振ったりして愛情を表す, 比喩的に《軽蔑的》へつらう, ご機嫌を伺う．
[語源] 古英語 fagnian (= to rejoice) から．

fax /fǽks/ 名 ⓊⒸ 動 [本来義]〔一般語〕ファックス, またファックス送受信機. 動 としてファックスで送る．
[語源] facsimile (写真電送) の短縮形. fax の形では20世紀半ばに使われ出した．
[用例] Thank you for your *fax*. I'll send you the answer by *fax*. ファックス拝受. 返事はファックスで送ります.

faze /féiz/ 動 [本来義]〔くだけた語〕《米》人の心を騒がせる, あわてさせる.
[語源] feeze の変形．

FBI /éfbìːái/ 名 固 米政府の**連邦捜査局**, エフビーアイ (Federal Bureau of Investigation).

fear /fíər/ 名 ⓊⒸ 動 [本来義]〔一般語〕[一般義] 危険を感じることから生ずる恐れ, 不安, 心配. [その他] もともと突然の恐ろしい出来事を意味し, ここからそのような出来事に対する恐れを表すようになった. また恐ろしいことが起こる可能性, 恐怖[不安]の種, 神に対する恐れということで, 畏敬(いけい). 動として〔形式ばった語〕心配する, 懸念を持つ, 危ぶむ, 恐れる, 怖がる.
[語源] 古英語 fǽr (= sudden danger) から．
[用例] The child has no *fear* of water. その子は水を恐がらない/The soldier tried not to show his *fear* when he saw the enemy. その兵士は敵を見た時, 努めて恐怖心を見せないようにした/There is no *fear* of his failing (in) the exam. 彼が試験に失敗する恐れはない/She *fears* for her mother's safety. 彼女は母親の安否を気づかっている.
[類義語] fear; dread; fright; horror: **fear** は危険に対する恐怖心を表す一般的な語. これに対して, **dread** は危険な事やいやな事を予想する時に生ずる恐れの気持. **fright** は通常一時的な, 突然でどきっとするような恐怖. **horror** は身の毛のよだつような恐怖, 非常にいやな感じ, 嫌悪.
【派生語】**féarful** 形〔くだけた語〕ひどい, ものすごい, 〔形式ばった語〕《述語用法》恐れて, こわがって. **féarfully** 副. **féarfulness** 名 Ⓤ. **féarless** 形 何も恐れない, 大胆な. **féarlessly** 副 恐れることなく, 大胆に. **féarlessness** 名 Ⓤ. **féarsome** 形 顔などが恐ろしい, こわくてびくびくしている.

fea·si·ble /fíːzəbl/ 形〔形式ばった語〕[一般義] 計画や考えが実行可能な. [その他] 実際に使える, 便利な, 適した. また現実に起こり得るということで〔くだけた語〕もっともな, ありそうなの意.
[語源] ラテン語 *facere* (= to do) から派生した古フランス語 *faire* に「できる」の意の -able が付いた *faisable*

が中英語に入った.
[用例] That's a good idea but is it really *feasible*? それはよい考えだが, 本当に実行可能なのであろうか/There is only one *feasible* solution to the problem. その問題に対する可能な解答はただ一つだけである/There are many lands *feasible* for cultivation here. ここには耕作に適した土地が多くある.
[類義語] possible.
【派生語】**fèasibílity** 名 Ⓤ 実行可能性. **féasibly** 副.

feast /fíːst/ 名 Ⓒ 動 [本来義]〔一般語〕[一般義] お祝いや式典などで供される**豪勢で手のこんだ食事**, 饗宴, 祝宴. [その他] 主に宗教的な祝祭や祝祭日, 祝日を意味する語で, 転じて祝いの時に食べるごちそうを意味するようになった. さらに比喩的に目や耳を楽しませるもの, 楽しみ, 歓楽の意. 動 として, 祝宴などを開いて人にごちそうする, もてなす, 美しいものなどで目と耳を楽しませる. (自) 祝宴に列する, ごちそうになる, 大いに楽しむ.
[語源] ラテン語 *festus* (= festal; joyful) から派生した *festum* (= festival) の複数形 *festa* が古フランス語を経て中英語に入った.
[用例] The king invited them to a *feast* in the palace. 王は彼らを宮殿内で催される饗宴に招待した/Christmas is an immovable *feast*. クリスマスは定祭日だ/The scene was a *feast* for the eyes. その光景は目を楽しませてくれた/She *feasted* all her friends. 彼女は友だちみんなをもてなした/We *feasted* all day on the best food and drink. 我々は最高の食べ物や飲み物で一日中大いに楽しんだ.
【複合語】**féast dày** 名 Ⓒ 宗教的な祝日, 祭日.

feat /fíːt/ 名 Ⓒ〔やや形式ばった語〕[一般義] 技術, 忍耐, 豪胆さなどを要求され, 行うのがとても困難な事, 離れ業. [その他] 実行困難な事を行った結果得られる, 手柄, 功績など.
[語源] ラテン語 *factum* (= ⇒ fact) が古フランス語 *feit* (= action) を経て中英語に入った.
[用例] Arranging that business successfully was quite a *feat*. その仕事をうまくまとめることは大変な事であった/He achieved many *feats* in the war. 彼はその戦争で多くの手柄をたてた.

feath·er /féðər/ 名 ⓊⒸ 動 [本来義]〔一般語〕[一般義] 鳥の羽, 羽毛. [その他]《集合的》鳥類, 猟鳥. 羽毛によく似たもの, またはそれから連想されるもの転じ, 矢羽, 帽子や衣装の**羽飾り**など. 動 として〔やや形式ばった語〕羽毛で覆う, 帽子に羽根飾りを付ける.
[語源] 古英語 fether から.
[用例] They cleaned the oil off the seagull's *feathers*. 彼らはその海かもめの羽毛についた油をきれいにふきとった/Fine *feathers* make fine birds.《ことわざ》すばらしい羽毛はすばらしい鳥を作る(馬子にも衣装)/Birds of a *feather* flock together.《ことわざ》同類の鳥はおのずから一所に集まる(類は友を呼ぶ)/fur and *feather* 猟獣と猟鳥/The eagle *feathers* its nest with down from its own breast. わしは自分の胸の綿毛で巣を覆ってゆく.
[慣用句] *in fine* [*high; full*] *feather* 上機嫌で, 元気で. *make the feathers fly* 騒ぎを起こす, けんかになる. *show the white feather* 臆病風を吹かす.
【派生語】**féathered** 羽毛をつけた, 鳥が飛ぶように速い, 迅速な. **féathery** 形 羽毛をつけた(feathered), 羽毛のように軽い, 柔らかな.

【複合語】féatherbéd 名 C 羽毛ぶとん. féatherbràin 名 C ばか者, うすのろ. féatherbràined 形. féatherwèight 名 C ボクシングなどのフェザー級選手. 形 フェザー級の.
関連語 feather; down; plume: feather は翼や体の大部分を覆う羽根の意, down は若鳥の柔らかい羽や feather におおわれた内側の羽毛のない綿毛. plume は帽子などの飾りに用いる大きな羽根.

fea·ture /fí:tʃər/ 名 C 動 本来せ 〔一般語〕一般義 他のものと区別ができるような, 目立った, または顕著な**特徴, 特色**. その他 元来人や物の姿や形を意味する語で, 他と区別できる目立った点ということから特徴, 特色の意味が生じ, かれに他の人と区別できる目, 鼻, 口など顔の**造作**, 《複数形で》**目鼻だち, 顔だち, 容貌**の意味を持っている. さらに他と際立っているということから, **呼び物**, 新聞, 雑誌などの**特別記事**, テレビ, ラジオなどの**特別番組**, 映画における主要な上演物としての**長編(特作)映画**などの意味が派生した. 動 として, 番組, 映画などが...を**呼び物**とする. 記事が事件などを大きく**取り上げる**, 映画で俳優を**主演させる**. 倒 重要な役割を演ずる.
語源 ラテン語 facere (=to do; to make) の過去分詞 factus から派生した factura (=making; formation) が古フランス語 faiture を経て中英語に入った.
用例 The use of bright colours is one of the *features* of his painting. あざやかな色を使うのが彼の画法の特徴の1つである/She has very regular *features*. 彼女は非常に均整のとれた顔立ちをしている/The *Times* is doing a *feature* on holidays. 「タイムズ」は休日に特別記事を連載している/The prime minister *featured* among the politicians who attended the meeting. 首相はその会議に出席した政治家たちの中で際立っていた/The film *featured* many famous actors and actresses. その映画には数多くの有名な男優, 女優が出演していた.
慣用句 make a feature of ... ...を呼び物とする.
【派生語】féatureless 形〔やや形式ばった語〕特色のない, おもしろくない.
【複合語】féature fìlm 名 C 長編映画. féature stòry 名 C 特集記事. féature prògram 名 C 特集番組.

Feb·ru·ary /fébruèri|-əri/ 名 UC 〔一般語〕2月 (★Feb., F. と略す).
語源 2月15日に行われた宗教上の清めの儀式を意味するロマンス語 februa から派生した「償いの月」という意味のラテン語 Februarius (mensis) が古英語に入った.

fe·ces 《英》**fae·ces** /fí:si:z/ 名《複》〔形式ばった語〕排泄物, 糞便.
語源 ラテン語 faex (=dregs) が初期近代英語に入った.

feck·less /féklɪs/ 形〔形式ばった語〕《軽蔑的》無価値な, 無能な, 人が無気力な, 弱々しい, 不器用な.
語源 スコットランド語 fek (=effect) が初期近代英語に入った. effect の頭音消失したと考えられる.

fec·und /fí:kənd/ 形〔形式ばった語〕多産なる, 土地が肥えた, 比喩的に創造力豊かな.
語源 ラテン語 fecundus (=fertile) が古フランス語を経て中英語に入った.
【派生語】fécundate 動 本来他 多産にする, 土地を肥沃にする. fecúndity 名 U 多産, 肥沃, 豊かさ.

fed·er·al /fédərəl/ 形 C〔形式ばった語〕《限定用法》連合の, 中央政府をもとにした連邦制の, 《F-》アメリカの州政府に対する連邦政府の, アメリカ合衆国の, 《米史》南北戦争における連邦側の, 北軍の. 名 として 《F-》南北戦争における連邦支持者, 北軍の兵士.
語源 ラテン語 foedus (=league) が初期近代英語に入った.
用例 the *Federal* Government 連邦政府/the *Federal* court 連邦裁判所/They are *Federal* officers. かれらは米国連邦官吏である.
【派生語】féderalìsm 名 U 連邦主義. féderalist 名 C 連邦主義者. féderalìze 動 本来他 連邦化する. féderàte 動 本来他 連合させる[する], ...に連邦制を敷く. fèderátion 名 UC〔一般語〕連合(体), 中央政府をもつ州や国家などの連邦, 連邦(政府): the American *Federation* of Labor 米国労働総同盟.

fee /fí:/ 名 CU〔一般語〕一般義 医者や弁護士などの専門職に支払われる**謝礼, 手数料**. その他 元来一定のはたらきに対して領主から与えられる相続可能な土地, 封土を意味する語であったが, そのようにして土地を所有する権利を意味するようになり, さらに奉仕に対する報酬の意味を生じ, 専門職の報酬の意になった. さらに**入場料, 入会金, 会費**や一般に**手数料, 授業料**.
語源 ゲルマン語起源の古フランス語 fe (=inherited estate) がアングロフランス語を経て中英語に入った.
用例 That doctor's *fee* is too high. あの医者の診察料は高すぎる/the membership *fee* 会費/He can't pay his university *fees*. 彼は大学の授業料を払うことができない.
類義語 ⇒fare.

fee·ble /fí:bl/ 形 〔一般語〕一般義 特に老齢で体力的に弱い, 衰弱した. その他 力や効果が弱い, 音や光がかすかな, 言い訳や理由に根拠がない, 冗談や話が不十分な, 説得力を欠く, あるいは物が簡単に壊れる, もろい. また精神面が薄弱な, 低能な, 劣った.
語源 ラテン語 flere (=to weep) から派生した「涙もろい」を意味する flebilis が古フランス語を経て中英語に入った.
用例 The old lady has been rather *feeble* since her illness. その老女は病気をしてから以来めっきり衰弱してしまった/I heard a *feeble* moan. 私は弱々しいうめき声をきいた/That is a *feeble* excuse. それは根拠のない言い訳だ/He has a *feeble* mind. 彼は精神薄弱だ.
【派生語】féeblenees 名 U. féebly 副.
【複合語】féeblemínded 形 精神薄弱な. féeblemíndnees 名 U.

feed /fí:d/ 動 本来他《過去・過分 fed》名 UC〔一般語〕一般義 赤ん坊や病人, 動物などに**食物を与える**. その他 もともと赤ん坊のように自分で食べ物を取ることのできないものに食物を与えることを表し, 人間を含む生物の発育に必要な栄養を与えるという意味で, **養う, 飼う**, さらにこれが必要不可欠なものを供給すると解され, 機械に燃料や原料を**供給[補給]する**, 《コンピューター》データを送り込む, 《スポ》ゴールショットのために味方に送球する, 《劇》相手役に台詞のきっかけを与えるなどの意になった. また食物を与えることが「食欲を満たす」と解され, 要求を満足させる, 人の目や耳あるいは虚栄心などを楽しませる, 満足させるの意味でも使われるようになった. 名 として, 家畜などの動物のえさ, 飼料, 赤ん坊の授乳, 離乳食を与えること, 動物などがえさを食べること, 機械の原料, 燃料の供給, 送送装置.

[語源] 古英語 foda (=food) から派生した fedan (= to feed) から.

[用例] He *fed* the child with a spoon. 彼はその子にスプーンで食べ物を与えた/She *feeds* the baby every four hours. 彼女は赤ん坊に4時間おきに授乳する/She *fed* the fire with logs. 彼女は暖炉に丸太をくべて/They *fed* the data into a computer. かれらはそのデータをコンピューターにインプットした/His vanity was *fed* by the success. その成功で彼の虚栄心は満足した/bottle-*feed* [breast-*feed*] 赤ん坊をミルク[母乳]で育てる.

[類義語] feed; food: 動物のえさの中で家畜のえさは **feed**, ペットのえさは **food** を用いる.

[慣用句] *feed on* ... 動物が...をえさとする, 感情などが...によって増強される. *feed up* うまいものをたっぷり食べさせる. *be fed up with* ... ...にうんざりしている.

【派生語】**féeder** 名 ⓒ 動物や鳥に食べ物を与える人[もの], 飼い主, 飼育者, えさ箱, (自動給餌器, えさを食べる動物, 本流に水を供給する支流, 鉄道や航空路の支線. **féeding** 名 Ⓤ 食べさせること, 給餌(きゅうじ), 授乳, 給送: **feeding bottle** 哺乳(ほにゅう)びん/**feeding time** 動物の給餌時間.

【複合語】**féedbàck** 名 Ⓤ 商品や製品などを買った消費者, 使用者から生産者にもどってくる反応, 感想, [電] 出力側の信号の一部を入力側に返還する操作, 帰還, その他の分野での送還, フィードバック. **féedstùff** 名 Ⓤ 飼料.

feel /fíːl/ 動 本来自 〔過去・過分 **felt**〕 名 ⓒ 〔一般語〕 〔一般義〕 感じる, ...の気がする, ...の気がする. 〔その他〕 ...と思う, 物事が...と感じられる, 触って...の感じがする, 見ることが不可能なところを手探りする, 手探りで捜す (around; about; for). 他として, 手などで...を触る, 触って確かめる[調べる], ...が...するのを感じる, ...が...するのを気づく, 形状, 大きさなどのものの物理的な特徴を感じとる, 意識する. また知的感覚を通して喜び, 悲しみ, 怒りなどを覚える, 考える, 自覚する, 感情的に何となく思う, 信じる. 名 として手ざわり, 感触, 感じの意.

[語源] 古英語 felan から.

[用例] She *feels* sick. 彼女は気分が悪い/They are beginning to *feel* hungry. 彼らはおなかがすいたと感じはじめている/How does she *feel* about leaving Edinburgh? エディンバラを去るに当たって彼女はどういう思いだろうか/*feel* in one's pocket for a lighter ポケットの中のライターを探す/He *felt* the stone and saw how rough it was. 彼はその石を手で触れてみて, それがどんなにざらざらしているかがわかった/The doctor *felt* the bump on her head. 医者は彼女の頭にこぶがあるのを感じた/I *felt* the house shake. 私は家が揺れるのを感じた/I *felt* a sudden anger. 私は突然の怒りを覚えた/The old man *felt* his own power. 老人は自分の力を自覚した/She *feels* that the firm treated her badly. 彼女は会社からひどい扱いを受けたと感じている/This glass is smooth to the *feel*. このグラスは手ざわりがなめらかだ.

[慣用句] *feel like* ... 〔くだけた表現〕...をしたい気がする: She *felt like* crying. 彼女は泣きたい気がした. *feel (like) oneself* 精神や健康がいつもと変わりがない. *feel out* 人の意向や思いなどを探る. *feel up to* ... 〔くだけた表現〕 〔通例否定文, 疑問文で〕 仕事などできそうに思える.

【派生語】**féeler** 名 ⓒ 触って見る人, 触知者, 相手の気持ちなどを探知するための探り, 打診, 動物の触角. **feeling** 名 形 ⇒ 見出し.

feel·ing /fíːlɪŋ/ 名 ⒸⓊ (⇒feel) 〔一般語〕 〔一般義〕 心や体が感じるもの, 感じ, 気持ち. 〔その他〕 皮膚を通して感じられる感覚, 思考より感覚をもとにした意見, 考え, 《通例複数形で》 感情, 気持ちの意. また高ぶったり, 怒ったりする感情から, 興奮, 感動, 激情, 相手を思いやる感情, 同情, 思いやり, 芸術などを受け入れる感受性, 芸術などに対する感覚, 理解力を表す. 形 として感情のこもった, 心からの, 思いやりのある.

[用例] a *feeling* of happiness 幸福感/I have no *feeling* in my little finger. 小指に感覚がない/Her *feeling* was confused. 彼女の気持ちは混乱していた/Her angry words hurt my *feeling*. 彼女の怒りの言葉は私の感情を害した.

[類義語] feeling; emotion; sentiment: **feeling** はある状況に対して人が抱く主観的な感情一般を表す語であるに対して, **emotion** は愛, 憎しみ, 怒り, 恐れなどの強い感情を表し, **sentiment** は思考や理性を伴った優しくてややあたたまった感情を表す.

feign /féɪn/ 動 本来他 〔形式ばった語〕...に見せかける, ...のふりをする.

[語源] ラテン語 fingere (=to shape; to invent) が古フランス語 feindre を経て中英語に入った.

【派生語】**féigned** 形 偽の, にせの: His illness is *feigned*. 彼の病気は仮病だ.

feint /féɪnt/ 名 ⓒ 動 本来他 〔スポ〕打つふりをすること, 見せかけ, フェイント. 動 としてフェイントをかける.

[語源] 古フランス語 feindre (⇒ feign) の過去分詞 *feinte* から.

[用例] make a *feint* フェイントをかける.

fe·lic·i·tate /fəlísɪteɪt/ 動 本来他 〔形式ばった語〕祝う, 慶祝する, 《~ oneself で》...を嬉しいと思う, ...で幸せである 《on doing; that 節》.

[語源] ラテン語 felicitare (=to make happy) の過去分詞が初期近代英語に入った.

[用例] *felicitate* oneself on having been selected [that he had been selected] as ... ...に選ばれて幸せである.

【派生語】**felicitátion** 名 ⓊⒸ 《通例複数形で》祝賀, 祝辞.

felicitous ⇒felicity.

fe·lic·i·ty /fəlísɪti/ 名 ⓊⒸ 〔形式ばった語〕 〔一般義〕 非常な幸福, 至福. 〔その他〕 この上なく幸福な状態を表す意味から具体的なものに適用され, 書いたり, 話したり, 描写する際の表現のうまさ, 巧妙さ, 適切な表現, 名文句.

[語源] ラテン語 felix (=happy) から派生した felicitas (=happiness) が古フランス語 felicite を経て中英語に入った.

[用例] He spoke with *felicity*. 彼はさわやかな弁舌で話をした.

【派生語】**felícitous** 形 巧妙な, 適切な. **felícitously** 副.

fell¹ /fél/ 動 本来他 〔一般語〕 〔一般義〕 樹木を切り倒す 《〔語法〕 cut down のほうが一般的》. 〔その他〕 本来, 相手を打ち倒す, 投げ倒すの意. さらに 〔裁縫〕 縁を伏せ縫いにする.

[語源] 古英語 feallan (=to fall) の使役形 fellan (= to cause to fall) から.

[用例] They are *felling* all the trees in this area.

彼らはこのあたりの木をすべて切り倒している/He *felled* his opponent with a single blow. 彼は相手を一撃で打ち倒した.
【派生語】**féller** 名 C.

fell² /fél/ 動 fall の過去形.

fel·low /félou/ 名 C 形 〔くだけた語〕 一般語 〔古風な語〕しばしば親しみ, あるいは軽蔑の情を込めて漠然とした意味の仲間を表し, **男**, **やつ**. その他 一般語 「分け前を分かち合う人」の意から, 仕事, 義務などを共有する**仲間**, さらに階級や地位, 身分などが同等の人, **同僚**, 一対のものの**片方**, **相手**, 大学の**同輩**, **級友**, さらに《米》大学から奨学金を受けている**奨学金給費研究員**, 《米》大学の**特別研究員**. 形 として〔限定的用法〕**仲間の**, **同類の**.
語源 「共同の仕事に金を出す人」が原義の古英語 feolaga から.
用例 He's quite a nice *fellow* but I don't like him. 彼はとてもいいやつだが, 私は好きではない/I can't find the *fellow* to this glove. この手袋の片方が見つからない/*fellow* students 学友/*fellow* countrymen 同国人.
類義語 guy.
【派生語】**féllowship** 名 UC 仲間づきあい, 親しい仲, 利害や行動などを共にする共同体, 組合, **研究奨学金**.
【複合語】**féllow féeling** 名 U 共感, 仲間意識.
féllowmán 名 C 同胞.

fel·on /félən/ 名 C 〔法〕重罪犯人.
語源 ラテン語 *fellon* (= criminal) からとされるが詳細は不詳. ゲルマン語起源と言われている.
【派生語】**felónious** 形〔法〕重罪の. **félony** 名 CU 〔法〕重罪.

felt¹ /félt/ 名 UC 〔一般語〕羊毛などを重ね合せて圧縮し熱を加えて製した布, **フェルト**, またフェルト製品, フェルト状のもの.
語源 古英語 felt から.
用例 She bought a metre of *felt* to re-cover the card table. 彼女はトランプ用のテーブルを張り替えるために 1 メートル分のフェルトを買った.

felt² /félt/ 動 feel の過去・過去分詞.

fe·male /fí:meil/ 名 C 〔一般語〕**男性**, 雄に対して**女性の**, **雌の**. その他 植物に対しても用いて**雌木の**, **雌株の**. さらに**女性に特有の**, **女性的な**, **女らしい**, 〔機〕**雌型の**, **穴型の**. 名 として**女性**, **雌**, **雌木**, **雌株**.
語法 「女性」を表すのは woman が一般的で, female は生物学的に性を見る場合や, 資料で男女の別をあらわす時に限られる.
語源 ラテン語 *femina* (=woman) の指小語 *femella* が古フランス語 *femelle* を経て中英語に入った.
用例 He keeps a *female* cat. 彼は一匹の雌猫を飼っている/She has *female* weakness. 彼女には女性特有の弱さがある/I can't find any *female* screws. 雌ねじがどこにも見当たらない.
類義語 ⇒feminine.

fem·i·nine /fémənin/ 形 C 〔一般語〕一般義 女性にふさわしい特質を持った, **女性らしい**, **女性に特有の**. その他 〔軽蔑的〕**男が女ぽい**, **柔弱な**. 〔文法〕**女性の**, 〔楽〕**女性終止の**, 〔詩〕**女性韻の**. 名 として〔文法〕(the ~) **女性** (feminine gender), **女性形の語**.
語源 ラテン語 *femina* (⇒female) の 形 *femininus* が古フランス語を経て中英語に入った.
用例 She was a very *feminine* person. 彼女は非常に女性らしい人でした/He is too *feminine*. 彼は柔弱すぎる.
類義語 feminine; female: **feminine** は人間のみに用いて, 主にやさしさ, かよわさ, 繊細さなど女性特有と考えられる特質を有していることを含意している. **female** は基本的には動植物を含めてすべての生物に対して, 生物学的に male と区別する場合に用いられる.
【派生語】**fèminínity** 名 U 女らしさ, めめしさ. **féminism** 名 U 男女同権主義, フェミニズム. **féminist** 名 C 男女同権主義者 日英比較 日本語の「フェミニスト」は女性にやさしい男性を意味するが, 英語ではその意味はなく, gallant という).

fe·mur /fí:mər/ 名 C (複 femora /fémərə/) 〔解〕大腿骨.
語源 ラテン語 *femur* (=thigh) が 18 世紀に入った.

FEN /éfí:én/ 〔略〕= Far East Network (米軍極東放送).

fence /féns/ 名 C 動 本来他 〔一般語〕一般語 土地の境界を示したり, 動物や人の出入を防ぐための**柵**, **塀**, **フェンス**. その他 元来, 保護, 防御を意味する語で, 柵の意味から派生した. さらに大事なものを隠すの意に解され, 〔俗語〕**盗品買売者**, **盗品買売所**を指す. 動 として, 土地などに**柵を巡らせる**, **囲いをする**, 囲いをして**防護する**, かばう, 盗品を**故買する**. 自 として, 「自己を防御する」という意からフェンシングをするという意になり, さらに質問などをうまく**言い逃れる**.
語源 中英語で defens (=defense) が語頭字消失で fens となった.
用例 They put a *fence* round the field to keep the cows out. かれらは牛たちが中に入らないように畑のまわりに柵を設けた/The owner of the secondhand shop was known to be a *fence*. その古道具屋の主人は故買屋として知られていた.
類義語 fence; wall: **fence** は木や金属の柱を鉄線や板で結ぶ簡単な囲い. **wall** は石やれんがで強固に作った遮蔽物をいう.
【派生語】**féncer** 名 C フェンシング選手. **féncing** 名 U 柵[塀] (の材料), フェンシング.

fend /fénd/ 動 本来他 〔一般語〕**防ぐ**, **抵抗する**, 受け流す, そらす, 〔くだけた語〕**やりくりする**.
語源 defend の頭音消失による. 中英語から.
【慣用句】*fend for oneself* 自活する, 独力でやってゆく.
【派生語】**fénder** 名 C ⇒見出し.

fend·er /féndər/ 名 C (=fend) 《米》自動車やオートバイの車輪の上部にとりつけた金属の**泥よけ**, **フェンダー** (《英》wing). その他 もともと防護するためのものという意味で, 電車や機関車の前部につける**排障器**, 暖炉の前面において燃える石炭が落ちるのを防ぐ**炉格子**, あるいは船がドック入りする際に船を守るために舷に取りつけた**防舷材**など.
用例 He hung some old car tyres over the side of the boat to act as *fenders*. 彼はその船の舷に防舷材になるように古いタイヤを何本か吊り下げた.

fen·nel /fénəl/ 名 CU 〔植〕ういきょう (★セリ科), またその実 (★香辛料にする).

fer·ment /fá:rmént, /-´-/ 名 CU 動 本来他 〔一般語〕一般語 **酵母**. その他 **発酵**, 比喩的に**騒ぎ**, あるいは**人心の動揺**. 動 として**発酵させる**, **動揺させる**.
語源 ラテン語 *fervere* (=to boil) から派生した *fer-*

mentum (= yeast) が古フランス語を経て中英語に入った. 用例 The whole city was in a *ferment*. 町じゅうが大騒ぎだった.
【派生語】**fèrmentátion** 名 U 発酵.

fern /fə́ːrn/ 名 UC 【植】しだ類.
語源 古英語 fearn から.
【派生語】**férny** 形 しだのような.

fe·ro·cious /fəróuʃəs/ 形 〔一般語〕 一般義 動物が獰猛(ミミウ)な, 狂暴な. その他 人間の野蛮な, 行為が残忍な, 〔くだけた語〕食欲などがものすごい, 暑さ寒さがひどい, 強烈な.
語源 ラテン語 ferox (= wild; untamed) が初期近代英語に入った.
用例 Wolves are thought to be more *ferocious* than they actually are. おおかみは実際よりも獰猛だと思われている/He has a *ferocious* appetite. 彼の食欲はものすごい.
【派生語】**feróciously** 副. **ferócity** 名 U 獰猛, 狂暴.

fer·ret /férit/ 名 動 本来他 【動】白いたち, フェレット (★ヨーロッパけながいたちの白子). 動 として, フェレットを使って狩りをする.

fer·ro·con·crete /fèroukánkriːt | -kɔ́n-/ 名 U 【建】鉄筋コンクリート.
語源 ferro-「鉄の」+concrete. 20世紀から.

fer·rous /férəs/ 形 〔一般語〕 鉄の, 鉄を含む.
語源 ラテン語 ferrum (= iron)+-ous として19世紀から.

fer·ry /féri/ 名 C 動 本来他 〔一般語〕 一般義 渡し船, 連絡船, フェリー(ferryboat). その他 フェリーの発着場, 渡し場, 料金をとって船で運ぶ権利, 渡船営業権. 動 として, 人・車両などを船で渡す, 川などを船で渡る, 人, 物資などを空輸する, 車などで輸送する.
語源 古英語 faran (= to go) から派生した「船で運ぶ」という意味の ferian から.
用例 We took the cross-channel *ferry* from Dover to Calais. 我々は海峡横断フェリーに乗ってドーバーからカレーに渡った/a car *ferry* カーフェリー/We had lunch when we arrived at the *ferry*. 我々は渡し場に着いてから昼食をとった/He *ferried* us across the river in a small boat. 彼は小船で川の向こう岸まで我々を運んでくれた.
【複合語】**férrybòat** 名 C フェリー (語法 単に ferry ともいう). **férryman** 名 C 渡船業者.

fer·tile /fə́ːrtl|-tail/ 形 〔一般語〕 一般義 土地が肥えた, 肥沃な. その他 動植物が繁殖力のある, 生殖力のある, 女性が妊娠可能な, 比喩的に人が想像力に富んだ, 創意豊かな.
語源 ラテン語 ferre (= to bear) から派生した *fertilis* (= fruitful) が古フランス語を経て中英語に入った.
用例 This used to be a very *fertile* land. ここは以前大変肥えた土地だった/a *fertile* egg 受精卵/He has a *fertile* brain. 彼は創意豊かな頭脳の持ち主だ.
反意語 sterile.
【派生語】**fertílity** 名 U. **fèrtilizátion** 名 U. **fértilìze** 動 本来他 土地を肥やす. **fértilìzer** 名 U 肥料.

fer·vent /fə́ːrvənt/ 形 〔形式ばった語〕 非常に熱い, 燃える, 比喩的に熱烈な, 熱心な.
語源 ラテン語 *fervere* (= to boil) の現在分詞 *fervens* が古フランス語を経て中英語に入った.
【派生語】**férvently** 副.

fer·vid /fə́ːrvid/ 形 〔形式ばった語〕 熱烈な, 熱情的な.
語源 ラテン語 *fervere* (⇒fervent) から派生した *fervidus* (= fiery; burning) が初期近代英語に入った.
【派生語】**férvidly** 副.

fes·tal /féstl/ 形 〔形式ばった語〕 祭の, 陽気な, お祭り気分の.
語源 ラテン語 *festa* (⇒feast) からの古フランス語 *festal* が中英語に入った.

fes·ter /féstər/ 動 本来自 C 〔一般語〕 傷口がうむ, 腐る, 傷がうずく, 痛む. 名 として 潰瘍(ネネゥ), うみ.
語源 ラテン語 *fistula* (管, 管状の潰瘍) が古フランス語 *festre* を経て中英語に入った.

fes·ti·val /féstivəl/ 名 C 〔一般語〕 一般義 定期的な宗教的祝日, 祝祭. その他 宗教性を離れた通常定期的に行なわれる音楽や演劇などのお祭り, 催し物, …祭, 〈形容詞的に〉お祝いの, 楽しい(festive).
語源 ラテン語 *festivus* (⇒festive) から派生した中世ラテン語 *festivalis* が古フランス語を経て中英語に入った.
用例 In Italy, each village holds a *festival* once a year. イタリアでは, どの村にも1年に1度お祭りがある/Every three years the city holds a drama *festival*. その市では3年ごとに演劇祭が開かれる.

fes·tive /féstiv/ 形 〔一般語〕 祝祭の, また陽気な, 楽しい.
語源 ラテン語 *festus* (⇒feast) から派生した *festivus* が初期近代英語に入った.
【派生語】**festívity** 名 U お祭り気分, 陽気.

fetal =fetus.

fetch /fétʃ/ 動 本来他 〔一般語〕 一般義 別の場所に出かけて行って物を手に入れる, 取ってくる, 人を連れてもどってくる, 連れてくる. その他 誘い出されて行かずに人を来させる, 何かを出させる, 引き出す, 誘い出す, ため息などを漏らす. また〔くだけた語〕商品などが…で売れる, 人の心を引きつける, 観客などの人気を呼ぶ, 人に一撃を食わす.
語源 古英語 feccan, fetian から.
用例 I'll go (and) *fetch* it from my room. 私の部屋からそれをもって来ましょう (語法 この例のように go (and) fetch ということもよくある)/*Fetch* me a bottle of wine from the cellar. 地下室からワインを1本取って来てくれ/Please *fetch* her here. 彼女をここへ連れて来て下さい/The picture *fetched* £100 at the auction. その絵は競売で100ポンドの値がついた.
類義語 bring.

fet·ish /fétiʃ/ 名 C 〔一般語〕 未開人などに霊の宿るものとして崇拝されるもの, 呪物(ミモウ), 迷信の対象, 盲目的崇拝物, 【心】異常性欲の対象.
語源 ラテン語 *facticius* (= factitious) に由来するポルトガル語 *feitiço* (= charm; sorcery) がフランス語 *fétiche* を経て初期近代英語に入った.
【派生語】**fétishìsm** 名 U 呪物崇拝, フェティシズム. **fétishist** 名 C 呪物崇拝者.

fet·ter /fétər/ 名 C 〔一般語〕 一般義 〈通例複数形で〉囚人などの足にかける鎖, 足かせ. その他 動きの自由を奪うもの一般を指し, 束縛, 拘束. 動 として足かせをかける, 束縛する.
語源 古英語 fot (= foot) から派生した feter から.

用例 The prisoner was in *fetters*. その囚人は足かせをかけられていた/He was *fettered* by memories of the past. 彼は昔の思い出にとらわれていた.

fe·tus, foe·tus /fíːtəs/ 名 C 〔一般語〕胎児《★人間では妊娠9週間以後の胎児》.
語源 ラテン語 *fetus, foetus* (=offspring) が中英語に入った.
関連語 embryo.
【派生語】fétal, fóetal 形 胎児の.

feud /fjúːd/ 名 C 〔一般語〕不和, 恨み, 何代にもわたる宿恨.
語源 古フランス語 *faide* が中英語に入ったと考えられる. ゲルマン系の語で古英語 fah (=hostile) と同源.

feu·dal /fjúːdəl/ 形 〔一般語〕 —般義 領主が家臣に与える封土の. その他 封建制の, 封建的な.
語源 「封土」の意の中世ラテン語 *feudum* の 形 *feudalis* が中英語に入った.
用例 These are ancient *feudal* castles. これらは昔の封建時代の城です/*feudal* lords 封建領主.
【派生語】féudalìsm 名 U 封建制度. **fèudalístic** 形 封建制の, 封建的な.
【複合語】féudal sỳstem 名 《the ~》封建制度.

fe·ver /fíːvər/ 名 UC 〔一般語〕 —般義 病気による発熱, 熱. その他 高熱をともなう病気一般を指し, 熱病, さらに「熱を上げる」意から, 熱中, 熱狂.
語源 古英語 féfer, fēfor から.
用例 He is in bed with a high *fever*. 彼は高熱で床に伏している/yellow *fever* 黄熱病.
【派生語】févered 形 発熱した, 熱狂した, 強烈な. **féverish** 形 熱のある, 熱による, 熱狂した. **féverishly** 副 熱にうかされて, 夢中で. **féverishness** 名 U.

few /fjúː/ 形 代 名 〔一般語〕《可算名詞の複数形に付けて》わずかの, 少数の, ほとんどない, 《a ~》少しではあるが…ある, 多少の. 代 として 《複数扱い》少数の人[もの]. 名 として 《the ~》特に「選ばれた者たち」の意で, 少数者.
語法 ❶ few は数が少ないことに強調が置かれ否定的に「ほとんどない」の意に用いられるのに対し, a few は肯定的に「少ないが幾らかはある」を意味する. 両者の相違は, 数の大小によるものではなく, 話者の気持の問題である. 例えば試験で同数の間違いをした場合でも, He made few mistakes. といえば, 間違いが少なかったが強調されほめていることになるが, He made a few mistakes. というと, 多少なりとも間違えたことが指摘され責める気持も含まれる ❷ 不可算名詞には little が用いられる ❸ くだけた表現で few が述語的に用いられるのはまれである.
語源 古英語 féawe から.
用例 *Few* people visit me nowadays. 今では私の所を訪れる者はほとんどない/*Few* things interest him nowadays. 今日彼が関心を示すものはほとんどない/Such opportunities are *few*. そのような機会はほとんどない.
反意語 many.
【慣用句】a good few=quite a few かなり多くの. **no fewer than ……** ほども. **not a few** 〔形式ばった表現〕少からず. **only [just] a few** ほんのわずかの. **very few** ほとんどない: Very *few* of them came to last night's meeting. 彼らのほとんど誰も昨晩の会合には来なかった. **what few ...** 《複数詞を伴って》わずかながら全部の.

fi·an·cé /fìːɑːnséi/ 名 C 〔一般語〕女性からみた婚約者.
語源 フランス語 *fiancer* (=to betroth) の過去分詞. 19世紀に入った.
用例 The *fiancé* of the injured girl died later in hospital. 負傷した少女の婚約者はその後病院で死亡した.
【派生語】fiancée /fìːɑːnséi/ 名 C 男性からみた婚約者.

fib /fíb/ 名 C 動 本来自 〔くだけた語〕ささいなうそ(をつく), 他愛のない作り話(をする).
語源 不詳.
【派生語】fíbber 名 C.

fi·ber, 《英》-bre /fáibər/ 名 CU 〔一般語〕動植物や鉱物からの繊維. その他 繊維質, 繊維組織, 人工繊維, 織物の材料としての繊維, また一般に性格, 性質.
語源 「細糸」を意味するラテン語 *fibra* がフランス語 *fibre* を経て中英語に入った.
用例 a *fiber* of wool 羊毛繊維/synthetic *fiber* 合成繊維/optical *fiber* 光ファイバー/The mats were made of coconut *fibre*. このマットはココヤシの実の殻の繊維でできている/He is a man of strong moral *fibre*. 彼は強い道徳的性格の持ち主だ.
【複合語】fíberbòard 名 U 建築用の繊維材. **fíber glàss** 名 U ガラス繊維. **fíber óptics** 名 U 内視鏡などに用いるガラス繊維の束, 光ファイバー. **fíberscòpe** 名 C 光ファイバーによる装置, ファイバースコープ.

fi·bre /fáibər/ 名 《英》=fiber.

fick·le /fíkl/ 形 〔一般語〕変わりやすい, 気まぐれな.
語源 古英語 ficol (=deceitful) から.
【派生語】fíckleness 名 U.

fic·tion /fíkʃən/ 名 UC 〔一般語〕 —般義 架空の登場人物や出来事を描く文学の一部門としての小説, フィクション, また個々の作品. その他 元来「作りだしたもの」を意味し, 作り話, 作りごと, さらに 法 擬制.
語源 ラテン語 *fingere* (=to form; to mold) の過去分詞 *fictus* から派生した 名 *fictio* が古フランス語を経て中英語に入った.
用例 Fact is stranger than *fiction*. 《ことわざ》事実は小説より奇なり/The story of her rich uncle was *fiction*. 彼女の金持のおじさんの話は作り話だった.
類義語 novel.
【派生語】fíctional 形 作り事の, 小説の. **fìctionalizátion** 名 U. **fíctionalize** 動 本来他 小説化する. **fíctionally** 副. **fictítious** 形 〔やや形式ばった語〕架空の.

fid·dle /fídl/ 名 C 動 本来他 〔一般語〕 —般義 一般に弓を使って弾く弦楽器, 特にバイオリン 語法 親しみをこめて, あるいは多少おどけた表現で, 軽蔑的に用いることもある. その他 つまらないこと, 〔くだけた語〕ごまかし, 詐欺, ちょろまかし. 動 として, 曲をバイオリンで弾く, 〔くだけた語〕金額などごまかす. 自 バイオリンを弾く, 〔くだけた語〕もてあそぶ, いじる, あてもなくぶらぶらする 《around》.
語源 古英語 fithele から.
用例 He played a tune on the *fiddle*. 彼はバイオリンで曲を演奏した/He's working a *fiddle* over his taxes. 彼は税金をごまかしている.
【派生語】fíddler 名 C 〔くだけた語〕バイオリン弾き. **fíddling** 形 つまらない, くだらない.

【複合語】**fíddlestìck** 名 C〔くだけた語〕バイオリンの弓,〔通例複数形で〕くだらないこと,《感嘆詞的に》ばかばかしい!

fi·del·i·ty /fidéliti, fai-/ 名 U〔形式ばった語〕忠実, 誠実, 約束などの厳守, また真に迫っていること, 迫真, 正確さ, 忠実度.
語源 ラテン語 *fidelis* (=faithful) の派生形 *fidelitas* (=faithfulness) が古フランス語 *fidélité* を経て中英語に入った.

fidg·et /fídʒit/ 動 本来自 名 C〔くだけた語〕そわそわする, せかせかする, 気をもむ, じっとしていない. 他 そわそわさせる. 名 として《the ～s》そわそわすること, 落ち着きのない人.
語源 不詳.
用例 Stop *fidgeting* while I'm talking to you! 私が話している間そわそわするな.
【派生語】**fídgety** 形.

Fi·do /fáidou/ 名 固 ファイドー《★飼い犬の名. かつては普通であったが, 最近は減ってきている》.

field /fíːld/ 名 C 動 本来他〔一般語〕一般義 農作物を栽培するための畑や家畜を飼うための牧草地, 草原. その他 もともと平らで広々とした広がりを表し, 野原, 雪や水などの一面の広がりをいう. 転じてある特定の目的のために使われる区切られた土地の意となり, 畑, さらに鉱物の産地,「...場」を表し, 戦場, 競技場, 研究や調査などの現場, 現地, 比喩的に区切られた領域の意で, 活動の範囲, 研究, 学術の分野などをいう.《野・クリケット》守備側,《光学》視野,《理》力の場. 動 として《野・クリケット》打球を捕る, 守備につく.
語源 古英語 *fēld* から.
用例 Our house is in the country surrounded by *fields*. 私の家は野や畑に囲まれた田園にある/*fields* of wheat 小麦畑/She loved the flowers of *field*. 彼女は野の花を愛した/I wish I could fly in a *field* of sky like a bird. 鳥のように大空を飛べたらいいのに/This used to be a gold *field*. ここは以前金の産地だった/Many soldiers died in the *field* of battle. 多くの兵士がその戦場で死んだ/I am interested in the *field* of English linguistics. 私は英語学の分野に関心がある/That is completely outside my *field*. それは全く私の専門外です.
【派生語】**fíelder** 名 C《野・クリケット》野手. **fíelding** 名 U《野・クリケット》守備, フィールディング.
【複合語】**field evènt** 名 C 砲丸投げや幅跳びなど陸上競技のフィールド種目. **field glàsses** 名《複》双眼鏡. **field hòspital** 名 C 野戦病院. **field màrshal** 名 C《しばしば F- M-》《英》陸軍元帥《(米) General of the Army》. **field spòrts** 名《複》フィールド種目《field event》. **field trìp** 名 C 学生の校外見学. **fieldwòrk** 名 U 考古学, 言語学, 生物学などで行われる実地調査, 野外研究.

fiend /fíːnd/ 名 U〔古風な語〕一般義 悪魔, 悪鬼. その他〔くだけた語〕凝り性, ...狂, 麻薬などの常用者.
語源 古英語 *fēond* (=enemy) から.
用例 a fresh-air *fiend* いつも窓を開けたりしている新鮮な空気狂.
【派生語】**fíendish** 形 悪魔のような, 悪い, やっかいな, ひどい. **fíendishly** 副.

fierce /fíərs/ 形〔一般語〕一般義 気性や行動などが荒々しい, 獰猛な, 荒れ狂った. その他 暑さや強風が強烈な, 欲求や感情が猛烈な, さらにこの最後の意味から, 〔くだけた語〕鼻もちならない, 不愉快な.
語源 ラテン語 *ferus* (=wild; savage) が古フランス語 *fiers* を経て中英語に入った.
用例 That lion looks *fierce*. あのライオンは獰猛そうだ/He was a *fierce* fighter. 彼は好戦的な闘士だった/He has a *fierce* expression—he must be very angry. 彼はものすごい顔つきをしている. 激怒しているにちがいない/*fierce* wind 暴風/*fierce* heat 猛暑/He has a *fierce* desire. 彼は激しい欲望をいだいている.
【派生語】**fíercely** 副. **fíerceness** 名 U.

fi·er·y /fáiəri/ 形〔一般語〕一般義《限定用法》火の, 燃えている. その他 火から連想されるさまざまな状態を表し, 燃えるようにぎらぎら輝く, 熱い, 辛い, さらに人間の感情や性格に対して, 火のように熱烈な, 気の荒い, 激しやすい.
語源 中英語 fier (=fire)+-y から.
用例 He was almost thrown into a *fiery* furnace. 彼はもう少しで燃えさかる炉の中に投げ込まれそうになった/There was a *fiery* light in the sky. 空には火のように真赤に輝く光があった/They were suffering from *fiery* heat. 彼らは焼けるような暑さで苦しんだ/This soup has a *fiery* taste. このスープは舌が焼けるような辛さだ/He had a *fiery* temper. 彼は激しい気性の持主だった/She made a *fiery* speech. 彼女は熱弁をふるった.

fife /fáif/ 名 C《楽》ブラスバンド用の横笛.
語源 直接にはドイツ語の *Pfeife* (=pipe) から. ラテン語の *pipa* (=pipe) と同語源で, 古英語でも pipe が使用されていた.

fif·teen /fiftíːn/ 形 名 UC〔一般語〕15 (の).
語源 古英語 fif (=five)+-tene, -tyne (=ten) から成る fiftene から.
【派生語】**fiftéenth** 形 名 C.

fifth /fífθ/ 形 名 C 一般義 第 5 の, 5 番目の. 名 として 5 番目のもの, 日付に用いて 5 日, 分数で 5 分の 1.
用例 the *fifth* floor《米》5 階《英》6 階/the *fifth* of August 8 月 5 日/a [one] *fifth* 5 分の 1.

fif·ty /fífti/ 形 名 UC〔一般語〕50 (の).
語源 古英語 fif (=five)+-tig (=tens) から成る fiftig から.
【派生語】**fíftieth** /fíftiiθ/ 形 名 C 第 50 番目(の); 50 分の 1.
【複合語】**fìfty-fífty** 副 形〔くだけた語〕分け前が半々で(ある), 賛否が同数で(ある): His chances of survival must be about *fifty-fifty*. 彼の生存の見込みはおおかた五分五分といわねばならない.

fig /fíg/ 名 C《植》いちじく, またその実. さらに〔くだけた語〕《a ～》《軽蔑的に》わずか, 取るに足らないささいな事. また実の形状からの連想で, 2 本の指の間から親指を出して相手をばかにする下品な仕草.
語源 ラテン語 *ficus* に由来する古フランス語 *figue* が中英語に入った.
用例 *Figs* are full of seeds. いちじくには種がたくさんある/I don't give a *fig* for what he thinks. 私は彼の考えていることなどまったく気にしていない.

fig.《略》=figure(s); figurative; figuratively.

fight /fáit/ 動 本来自《過去・過分 fought /fɔ́ːt/》名 CU〔一般語〕主にこぶしなど腕を使い, 身体の一部を使って戦う. その他 広く戦争などで戦う, プロセしてボクシングをする, 論争や訴訟などで争う, 何かを得ようと努力する, 奮闘する. 他 として, ...と戦う, 戦争をする, 災害, 病気

などと戦う, ...と争う, **口論する**. 名 として戦い, 戦闘, 競争, けんか, 殴り合い, 口論, 闘志, ファイト.
[語源] 古英語の 動 feohtan (=to fight) から.
[用例] The two boys are *fighting* over some money they found. 2 人の少年は見つけた金のことでなぐり合いのけんかをしている/The two countries have been *fighting* each other for years. 両国の間で何年も戦争が続いている/We must *fight* against any attempt to deprive us of our freedom. 我々は我々から自由を奪い取ろうとするいかなる企てに対しても戦ってゆかなければならない/The fireman is *fighting* the fire. 消防士たちが火事と戦っている/They *fought* for a prize in a contest for the championship. 彼らは優勝戦で賞金を争った/We will *fight* the case to the supreme court. 我々は最高裁にその事件を争うつもりだ.

[類義語] fight; conflict; struggle; strife: **fight** は戦いや争いを意味する一般語であるが, 主に身体を使って素手と素手で格闘するという意味に重点が置かれる. これに対して, **conflict** は関心や考えなどについて激しく意見がぶつかり合うことを意味し, 主にその結果よりも途中の過程に強調が置かれる: the *conflict* between the two politicians 2 人の政治家の争い. **struggle** は身体的あるいは精神的な苦悩を含意する: the *struggle* for independence 独立への戦い. **strife** は個人の間で絶えず敵意をむきだしにして激しく反目し合っている状態を意味する: the *strife* between employers and employed 労使の間の争い.

【慣用句】 ***fight báck*** 抵抗する, 反撃する. ***fight it óut*** 決着がつくまで戦う. ***fight óff*** 撃退する, 寄せつけない. ***fight one's wáy*** 戦いながら前進する. ***fight óut*** 決着をつける.

【派生語】 **fíghter** 名 C 戦士, ボクサー, 戦闘機. **fíghting** 名 U.

fig·ment /fígmənt/ 名 C 〔一般語〕作りごと, 虚構.
[語源] ラテン語 fingere (=to shape; to form) から派生した figmentum (=formation; fiction) が中英語に入った.
【慣用句】 ***a fígment of the mínd [imagínation]*** 想像の産物, 虚構.

figurative ⇒figure.

fig·ure /fígjər/ 名 C 動 [本来他] 〔一般語〕数字にしてアラビア数字. [その他] 人の姿, 物形, また外見などから判断できる人影, 物影を意味し, また人の姿から, 人物の意が, さらに彫刻や絵画などに描かれた人物像の意味で使われる. また人物の形から, 図, 図形, 模様, 「数字」の意からその数字を使って表される金高, 価格, あるいは数字を用いて行なう計算, 算数, 計算上の位, 桁. 動 として図[数字]で示す, 描写する, 心に描く, 考える, 判断する. 自 ...として通る (as), ...の中に出てくる, 頭角を現す (in), 計算する, 計算が合う.
[語源] ラテン語 fingere (=to form; to shape) から派生した figura (=form; shape) が古フランス語を経て中英語に入った.
[用例] Could you add up this line of *figures*? この列の数字を合計していただけませんか/This table is square in *figure*. このテーブルの形は四角い/A mysterious *figure* came toward me. 怪しい人影が私に近づいてきた/This singer is a popular *figure* in our country. この歌手は我が国では人気者だ/The parts of a flower are shown in *figure* 3. 花の各部分は図 3 で示されている/Her present salary is into five *figures* (=between 10,000 and 99,999). 彼女は 5 桁の収入を得ている/I *figured* that you would arrive before half past eight. 君は 8 時半前には着くだろうと思っていた.

【派生語】 **fígurative** 形 〔やや形式ばった語〕図[記号]で表した, 象徴的な, 比喩的な, 転意の: He uses very *figurative* language in his poetry. 彼は詩の中でとても比喩的な表現を使う. **fíguratively** 副 比喩的に, 比喩的に言えば.

【複合語】 **fígure of spéech** 名 C 比喩, 比喩用法. **fígure skàte** 名 C 〔複数形で〕フィギュアスケート用のスケート靴. **fígure skàter** 名 C フィギュアスケートの選手. **fígure skàting** 名 C フィギュアスケート.

fig·u·rine /fìgjurí:n/ 名 C 〔一般語〕金属や陶器などの小人形.
[語源] イタリア語 figura (=figure) の指小語 figurina (=small figure) がフランス語を経て 19 世紀に入った.

fil·a·ment /fíləmənt/ 名 〔一般語〕電球の中の細い金属線, 条線, フィラメント, 一般に非常に細い糸, 単繊維.
[語源] ラテン語 filum (=thread) から派生した後期ラテン語 filare (=to spin) の派生形 filamentum がフランス語を経て初期近代英語に入った.

filch /fíltʃ/ 動 [本来他] 〔くだけた語〕値打ちのないものやさいなものを盗む.
[語源] 不詳. 中英語から.

file¹ /fáil/ 名 C 動 [本来他] 〔一般義〕書類や新聞などを整理しておくために用いるとじこみ帳, あるいは整理棚. [その他] 資料として使えるように整理された情報, さらに前後に整列した人や物の縦列 (⇒rank).
動 として, 項目別にとじこんで整理する, 記者が新聞社に記事を送る, 証書や書類を正式文書にして提出する, 《法》告訴や訴訟を起こす, 書類などを提出する, 1 列になって進む.
[語源] 後期ラテン語 filare (⇒filament) からの古フランス語 filer (=to spin) が「糸で文書をとじる」の意で中英語に入った.
[用例] Ask the secretary to get some more *files* from the stationer's. 秘書に文房具店でもっととじ込み帳を買ってくるように頼んでくれ/Shall I *file* these letters in alphabetical order? これらの文字をアルファベット順に整理しましょうか/She was *filing* a suit for divorce. 彼女は離婚訴訟を起こそうとしていた.
【慣用句】 ***fíle by fíle*** 続々と, 組をなして. ***on fíle*** 整理されて, とじ込まれて, 収録されて.
【派生語】 **fíling** 名 U 資料のとじ込み, 書類整理: **fíling clerk** 《英》=file clerk/**fíling cabinet** 書類整理棚.
【複合語】 **fíle clèrk** 名 C 《米》文書(整理)係.

file² /fáil/ 名 C 動 [本来他] 〔一般義〕工具としてのやすり. [その他] やすりで磨きあげること, 仕上げ, 《俗語》抜け目のないやつ, ずるいやつ. 動 として, やすりで磨きあげる.
[語源] 古英語 fēol (=file) から.
[用例] You had better use a flat *file* in such a case. そのような場合, 平型やすりを使わなければいけない/She sat there *filing* her nails. 彼女はそこに座り, 爪をやすりで磨いていた.
【派生語】 **fíling** 名 UC やすりかけ, 《複数形で》やすりくず.

fil·i·al /fíliəl/ 形 〔形式ばった語〕子としての, 子にふさわ

fil·i·bus·ter /fílibʌ̀stər/ 名 動 本来自 〔一般義〕《米》故意に長い演説をしたり議事に無関係の問題を取り上げて行う議事妨害、またそのような妨害戦術のためにする長演説や議事妨害者を指す。動 として議事を妨害する。

語源 スペイン語 *filibustero*（=freebooter）から。特に19世紀にラテンアメリカ諸国に武装兵を送り込み革命を扇動した者をいい、そこから故意に騒ぎを起す者の意となった。

用例 They tried to *filibuster* against the new bill. 彼らは新しい法案の通過を妨害しようとした。

fil·i·gree /fíligriː/ 名 U 〔一般義〕金線の細線細工。

語源 イタリア語 *filigrana*（*fili*-thread + *grana* grain）がフランス語を経て初期近代英語に入った。

Fil·i·pi·no /fìlipíːnou/ 名 C 〔一般義〕フィリピン人の男性。形 =Philippine.

〔派生語〕**Filipína** 名 C フィリピン人の女性。

fill /fil/ 動 本来他 名 C 〔一般義〕〔一般義〕容器、部屋、場所などの空間や時間を満たす。その他 喜びや悲しみなどの感情で人や心をいっぱいにする、食欲や要求を満足させる、穴や欠けている部分を埋める、血を埋める、約束や職務を果たす、注文に応じる、風が船の帆をはらませる。自 としていっぱいになる、充満する、帆が風をはらむ。名 として（所有格の後で）思う存分、腹一杯、容器一杯の量、1 盛り。

語源 古英語 *fyllan* から。

用例 Will you *fill* my cup with coffee, please? カップにコーヒーをついでいただけませんか/The students *filled* the classroom. 生徒たちで教室はいっぱいだった/The work *filled* every minute of the day. その仕事のおかげで一日中つぶされてしまった/The news *filled* me with joy. その知らせを聞いて私の心はよろこびでいっぱいになった/We can't *fill* such an order. そのような注文には応じられません/The wind *filled* the sails of the ship. 船の帆は風をはらんだ。

〔派生語〕**filler** 名 C 満たす人[もの]、詰めもの、新聞や雑誌の埋め草記事、ルーズ・リーフの替え紙。**filling** 名 UC 満たすこと、詰め物、パイやサンドイッチの中身、歯の充填(じゅう)(物); **filling station** ガソリンスタンド(gas [service] station)（日英比較 ガソリンスタンドは和製英語）。

fil·let /fílit/ 名 CU 動 本来他 〔一般義〕牛や豚の骨のない柔らかい腰肉、ヒレ肉、骨をとった魚の切り身。その他 本来は髪の毛の乱れを防ぐために頭の回りに巻く狭い長いひも、ヘアバンドの意。動 として、肉や魚を骨のない切り身にする、魚を三枚におろす。

語源 ラテン語 *filum*（=thread）による古フランス語 *fil* の指小語 *filet* が中英語に入った。

用例 a *fillet* steak ヒレステーキ (tenderloin)/*fillets* of sole 舌平目の切り身/Ask the fishmonger to *fillet* it for you. 魚屋に頼んでそれを三枚におろして切り身にしてもらいなさい。

fil·lip /fílip/ 名 C 動 本来他 〔一般義〕刺激、指はじき、軽くたたくこと。動 として指ではじく、軽くたたく。

語源 擬音語。中英語から。

fil·ly /fíli/ 名 C 〔一般義〕4 歳未満の雌の子馬、〔くだけた語〕おてんば娘。

語源 古ノルド語 *fylja*（雌の子馬）が中英語に入った。

film /film/ 名 C 動 本来自 〔一般義〕写真のフィルム。その他《英》映画。本来は薄皮、薄膜の意。表面に生じた被膜、ほこりなどの薄い層、あるいは薄葉などの意を経て写真のフィルムの意となった。また、薄膜から薄いかすみ、目のかすみの意ともなる。動 では映画化する、撮影する、薄い膜でおおう。

語源 動植物の組織の「薄膜, 皮膜」を意味する古英語 *filmen*（=membrane）から。

用例 a roll of *film* フィルム 1 本/Is there a *film* in your camera? 君のカメラにはフィルムが入っていますか/I have seen the *film* before. 私は以前その映画を見たことがある/A thin *film* of dust could be seen on the table. 机の上にはうっすらとほこりがたまっているのが見えるでしょう/She liked such a *film* of twilight. 彼女はそんな夕もやが好きだった/She could not see properly through a *film* of tears. 彼女は涙で目がかすんでよく見えなかった。

〔派生語〕**filminess** 名 U. **filmy** 形 薄皮の, 薄もやのような, かすんだ.

〔複合語〕**film stàr** 名 C 映画スター（《米》movie star）. **film strip** 名 C スライド用の長巻きフィルム.

fil·ter /fíltər/ 名 C 動 本来自 〔一般義〕濾過(ろか)装置。その他 フェルトをはじめ、砂, 紙, 布, 木炭などの濾過用多孔性物質。カメラのフィルター、たばこのフィルター（チップ）、【電】濾波器、【光】濾光器。動 として濾過する。自 液体がしみ入る、漏れる、比喩的に思想がしみ込む、情報が漏れるの意。

語源 濾過に用いられた「フェルト」を意味する中世ラテン語 *filtrum* が古フランス語 *filtre* を経て中英語に入った。

用例 A *filter* is used to make sure that the oil is clean and does not contain any dirt. 石油が純粋で不純物を含まないことを確かめるために濾過装置が使われている/The *filter* on a cigarette traps the nicotine. たばこのフィルターはニコチンをとる/If you are taking photographs in sun and snow, you should use a blue *filter*. 日光や雪の中で写真を撮るときは、青いフィルターを使うべきです。

〔複合語〕**filter bèd** 名 C 上下水道の濾床, 濾過池. **filter tìp** 名 C 紙巻きたばこ用のフィルター, フィルター付きの紙巻きたばこ. **filter-tipped** 形 紙巻きたばこがフィルター付きの.

filth /filθ/ 名 U 〔一般義〕ひどく汚く極端に不潔な汚物, 不潔物。その他 道徳的な汚らわしさの意で, 不道徳, 腐敗, 堕落, あるいは卑猥(ひわい)な考え[著作物]。

語源 古英語 ful（=foul）の派生語 fylth から。

用例 Look at all that disgusting *filth* on your boots! 君の長ぐつについているひどい汚れを見てごらん/That firm publishes nothing but *filth*. その会社はいかがわしい読み物しか出版していない。

〔派生語〕**filthily** 副. **filthiness** 名 U. **filthy** 形.

fil·trate /fíltreit/ 動 本来他 〔一般義〕濾過(ろか)液, 濾過水。動 として濾過する (filter).

語源 中世ラテン語 *filtrum*（⇒filter）から派生した *filtrare*（=to filter）の過去分詞 *filtratus* が初期近代英語に入った。

〔派生語〕**filtrátion** 名 U 濾過(作用).

fin /fin/ 名 C 〔一般義〕〔一般義〕魚のひれ。その他 ひれに形状が似ていることから、飛行機の垂直安定板、《複数

形で)潜水具の**ひれ足**(flippers), 船の**水平舵**, 自動車に取りつけてある後部走行安定板(tail fins),【冶】**鋳ばり**, (俗語)《米》人の**手や腕**.
[語源] 印欧語で「先のとがった棒」という意味の語に由来する古英語 finn から.

fi·nal /fáinl/ [形] [C] 〔一般語〕[一般義] 話や行動, 状態が**最終的な**, **究極の**. [その他] 議論を進めたり行動をとる余地がこれ以上ないということから, **決定的な**, **確定的な**. [名] として**最終のもの**, **決勝戦**, (通例複数形で)**最終[期末]試験**など.
[語源] ラテン語 finis (=end) の [形] finalis が古フランス語を経て中英語に入った.
[用例] He read carefully the *final* chapter of the book. 彼はその本の最終章を注意深く読んだ/The judge's decision is *final*. 裁判官の決定は最終的なものだ/I'm sitting [taking] my *finals* in June. 6月に最終試験を受ける.
[類義語] last.
【派生語】**finalist** [名] [C] 決勝戦出場者. **finálity** [名] [U] 結末, 決着. **fínalize** [動] [本来義] 終了させる, 決着をつける. **fínally** [副] ついに, とうとう, 最後に, 最終的に.

fi·na·le /fináːli/ [名] [C] (通例 the ~)【楽】**終楽章**,【劇】**終幕**, フィナーレ.
[語源] ラテン語 finalis (⇒final) によるイタリア語 finale が 18 世紀に入った.

finalist ⇒final.
finality ⇒final.
finalize ⇒final.

fi·nance /fínæns, fáinæns/ [名] [U] [動] [本来義] 〔一般語〕[一般義] 通貨の管理を扱う**財政**, **財務**. [その他] **財政学**. また (複数形で) 国家, 組織, あるいは個人の**財源**, **収入**, **財政状態**. [動] として [形式ばった語] ...に**融資する**, **資金を調達する**.
[語源] 古フランス語 fin (⇒fine²) から派生した finer (=to settle a debt) の派生形 finance が中英語に入った.
[用例] He had been Minister of *Finance* for several years before he resigned. 彼は数年間大蔵大臣を務めた後辞職した/He is an expert in *finance*. 彼は財政学の専門家だ/The government is worried about the state of the country's *finances*. 政府は国の財政状態を気にかけている/Will the company *finance* your trip to Germany? 会社はあなたのドイツ行きの資金を融通してくれますか.
【派生語】**fináncial** [形]. **fináncially** [副] 財政的に(は). **finàncíer** [名] 財政家, 融資者, 出資家. **fináncing** [名] [UC] 融資.

finch /fíntʃ/ [名] [C]【鳥】**あとり科の小鳥**, フィンチ.
[語源] 古英語 finc から.

find /fáind/ [動] [本来義] (過去・過分 **found** /fáund/) [C] 〔一般語〕[一般義] 物などを**見つける**. [その他] 精神的に認識することを表し, 調査や研究などの結果や未知のことを**探し出す**, **発見する**, あるいは実際に体験したりして**わかる**, **悟る**, **気づく**. また行きつく先を見いだすの意で, 弾丸, 矢, 光などが**達する**, **当たる**, 意見の一致を見いだすまたして, 裁判などで**判決を下す**. [名] として**発見物**, 比喩的に**掘り出しもの**.
[語源] 古英語 findan から. ゲルマン語の本来の意味は「行って出会う」.
[用例] The child *found* a ￡5 note in the street. その子は通りで 5 ポンド紙幣を見つけた/I looked everywhere for my book, and finally *found* it under the bed. いたる所を探したあげく, ついにベッドの下に本があるのを見つけた/At last he *found* a solution to the problem. ついに彼はその問題の解決法を見つけ出した/I *found* that I couldn't do the work. 私にはその仕事はできないということがわかった/He managed to *find* the courage to ask her to marry him. 彼は勇気をふりしぼってやっとの思いで彼女に求婚した/I *found* him (to be) a very good teacher. 私は彼が非常に立派な教師であることを知った/They *found* themselves in a dark wood. 気がつくと彼らは暗い森の中に迷い込んでいた/The bullet *found* its mark. 弾(だま)は的に当たった/They *found* him a guilty. 彼らは彼に有罪の判決を下した.
[類義語] discover.
【慣用句】**find out** 調査, 実験, 研究などを行ってその結果を**発見する**, 人の正体を**見破る**. **find oneself** ある場所や状態にある, 居る: How do you *find yourself*? いかがお過ごしですか, ご気分はいかがですか.
【派生語】**fínder** [名] [C] **発見する人(もの)**, カメラの**ファインダー**. **fínding** [名] [UC] **発見**, (複数形で)**発見物**, 調査や研究の結果, **決定**.

fine¹ /fáin/ [形] [動] [本来義] 〔一般語〕[一般義] 物の品質や人の性格, 能力が他よりもすぐれた. [その他] 天気が**「完成された」**の意で, 転じて**立派な**の意となり, 限りなく**良質な**, **すばらしい**, **完璧な**, また**不純物を含まない**, 天気が**晴れた**(語法 clear のほうが普通), 織物などのきめの**細かい**, 砂などの**粒の細かい**, 感覚が**繊細な**, ナイフなどが**切れ味の鋭い**, さらに体が調子のよい, **元気で**, 人や顔が**美しい**, **整った**, 技術がすぐれた, **巧みな**, 衣服が**派手な**, **しゃれた**. [動] として**立派に**, [動] として**細かく粉砕する**, **縮小する**, 不純物を**除く**, **純良にする**.
[語源] ラテン語 finis (=end) が古フランス語 fin を経て中英語に入った. 「終わり」は「完成された」「見事な」「純粋の」などの意に転移した.
[用例] She is a *fine* musician. 彼女は優秀な音楽家だ/He is a man of *fine* character. 彼は人格者だ/There are many *fine* paintings in the Louvre. ルーブル美術館にはたくさんのすばらしい絵画が展示されている/She gave a *fine* performance. 彼女は完璧な演技を見せてくれた/You've finished already—*fine*! もう終わったのかね. 大変結構だ/My watch is of *fine* gold. 私の時計は純金製です/*fine* sugar 精製糖/On a *fine* day you can see the snow-capped Mt. Fuji. 晴れた日には雪をいただいた富士山が見える/*fine* lace 目の細かいレース/*Fine* snow was falling that day. 粉雪が舞う日であった/This knife has a *fine* edge. このナイフはよく切れる/There is a *fine* distinction between the meanings of these two words. この 2 語には微妙な意味の違いがある/I was ill yesterday but I am feeling *fine* today. 昨日は体の具合が悪かったが, 今日は調子がよい/She was wearing a *fine* dress. 彼女は派手なドレスを身にまとっていた.
【慣用句】**run [cut] it fine** 金や時間をぎりぎりでやる, 最小限度の余裕しかない. **one fine day [morning]** ある日[朝] (語法 「晴れた」という意味はない).
【派生語】**fínely** [副] (やや形式ばった語) 立派に, 細かく. **fíneness** [名] [U] 細かさ, 繊細さ, 見事さ. **fínery** [名] [U] 派手な衣装.

【複合語】**fíne árt** 名U 美術, 《the ~s》芸術. **fíne chémicals** 名《複》精製(化学)薬品. **fíne prínt** 名《the ~》小さな活字で書かれた契約書などの細則.

fine² /fáin/ 名C 動 本来比 〔一般義〕罰金, 科料. 動 として, 人に罰金を科す.
語源 ラテン語 *finis*（＝end）が中世ラテン語で「支払い」を意味するようになり, 古フランス語 *fin* を経て中英語に入った.
用例 I was given a *fine* of £5 for parking my car in the wrong place. 違法な場所に駐車したため罰金 5 ポンドを払わされた/He was *fined* £10 for leaving rubbish on the road. 彼は路上にごみを捨てて 10 ポンドの科料に処せられた.

fin·ger /fíŋɡər/ 名C 動 本来比 〔一般義〕〔一般義〕手の親指 (thumb) 以外の指の1本. その他 手袋やグローブの指. また指状のもの, フィンガービスケット, 房になったバナナの1本, 時計の指針, 土地や物の指状に突き出した部分. さらにグラスのウイスキーを量る単位としての**指幅**(約 $3/4$ インチ), あるいは布の長さの単位としての指の**長さ**(約 $4\frac{1}{2}$ インチ) など. 動 として, 物に指をふれる, いじり回す. 楽器を指でひく, 〔俗語〕《米》容疑者を警察に**密告する**, 物を盗む.
語源 古英語 finger から. 印欧祖語で five を意味する語から派生したものと考えられる.
用例 She pointed a *finger* at the thief. 彼女はその泥棒を(人差し指で)指さした/She has injured her thumb and one of her *fingers*. 彼女は親指ともう1本の指をけがした/There's a hole in the *finger* of this glove. この手袋の指には穴があいている/She ate a *finger* of toast. 彼女は指状に細長く切ったトーストを食べた/The children ate *fish-fingers* and chips. 子供たちはポテトチップをそえたフィッシュフィンガー(細長い魚のフライ)を食べた/She *fingered* the keyboard of the piano absentmindedly. 彼女はうわの空でピアノの鍵盤をたたいた.
日英比較 日本語では手の指も足の指も「指」というが, 英語では手の指を finger, 足の指を toe といって区別している. また, finger は親指 (thumb) 以外の残りの4本の指をいい, first finger は「人差し指 (forefinger)」を意味する.
【慣用句】**be all fingers and thumbs**＝*one's fingers are all thumbs* まったく無器用である. *burn one's fingers*＝*get one's fingers burnt* 急に行動したり, おせっかいしたりして痛い目に会う. *by a finger's breadth* ほんのわずかの差で. *cross one's fingers* 人差し指の上に中指を重ねて幸運を祈る. *get one's finger out*〔くだけた表現〕仕事をてきぱきとやる[始める]. *have a finger in every [the] pie*〔ややくだけた表現〕同時にいろいろな事業にも関係する. *have light fingers*〔ややくだけた表現〕盗癖がある. *put [lay] one's fingers on ...* ...を的確に指摘する, 思い出す. *snap one's fingers* 指をぱちんと鳴らす, 人を軽蔑[無視]する. *work one's fingers to the bone* 身を粉にして働く.
【複合語】**fíngerbòard** 名C ギターやバイオリンの指板, ピアノの鍵盤. **fínger bòwl** 名C 食事の際, 手を洗う小鉢. **fíngerbrèadth** 名C **指幅**（語法 単に finger ともいう）. **fíngernàil** 名C 指のつめ. **fíngerpòst** 名C 指の形をした道標. **fíngerprìnt** 名C 指紋. **fíngertìp** 名C 指先, アー

チェリーなどで用いる指先にはめるサック.

fin·ick·y /fíniki/ 形〔ややくだけた語〕〔一般義〕細かい点を気にしすぎる. その他 性格が気難しい, 服装などをひどく気にする, 食べ物の好き嫌いが激しい, 作品が凝りすぎている.
語法 finical, finicking とほぼ同義に使われる.
語源 不詳. 初期近代英語から.
用例 She is a very *finicky* person. 彼女は非常に気難しい人間だ/There is too much *finicky* detail in the picture. その絵は細部をあまりに描きすぎている/That pattern is very *finicky*. その模様は凝りすぎている.
【派生語】**fínickily** 副. **fínickiness** 名U.

fin·ish /fínif/ 動 本来比 〔一般義〕CU〔一般義〕仕事, 読書, 食事など始めたものを終える, 修了する, 完了する. その他 さらに最終的に**仕上げをする**, 磨きをかける, 完成させる, 飲食物を平らげる, 食べ[飲み]つくす. また人や動物をやっつける, 殺す. 自 として 終わる, 済む, レースでゴールインする. 名 として 仕上がり, 終わり, 磨き, 競走のゴール.
語法 いったん始めたことを実際に終了させることを意味するため, 行為の「実現」を含意する動名詞を目的語にとり, 行為の「実現可能性」が含意される不定詞を目的語とすることはない.
語源 元来「土地の境界線」を意味したラテン語 *finis*（＝end）の 動 *finire*（＝to end）が古フランス語 *finir* となり, その語幹 *finiss-* が中英語に入った.
用例 She's *finished* her work. 彼女は自分の仕事を終えた/She *finished* (her speech) by thanking everybody. 彼女は全員に感謝の意を述べて話を終らせた/Have you *finished* your tea? お茶を飲み終えましたか/He *finished* the table with varnish. 彼はワニスでそのテーブルの最終仕上げをした/The wood has a beautiful *finish*. その木製品は見事な出来ばえだ.
類義語 ⇒end.
【慣用句】*finish up* 仕上げる, 最後に...する, 食物を平らげる. *finish with ...* ...を完了する, ...で終わりにする, 人と絶交する.
【派生語】**fínished** 形.
【複合語】**fínishing schòol** 名C 花嫁学校, 教養学校. **fínish lìne** 名C 競走のゴール.

fi·nite /fáinait/ 形 〔一般義〕数や程度に**制限がある**, 限定された, 《数》数の集合あるいは量について**有限の**, 《文法》動詞が主語の制限をうけて数・人称・時制, 法などによって形が定まる, **定形の**.
語源 ラテン語 *finire*（⇒finish）の過去分詞 *finitus* が中英語に入った.
用例 Human knowledge is *finite*, divine knowledge infinite. 人間の知識は有限であるが, 神の知識は無限である.
反義語 infinite.
【派生語】**fínitely** 副. **fíniteness** 名U.
【複合語】**fínite décimal** 名C《数》有限小数. **fínite vérb** 名C《文法》定形動詞.

Fin·land /fínlənd/ 名 固 フィンランド《★正式名 the Republic of Finland; フィンランド語名 Suomi; 首都は Helsinki》.
【派生語】**Fínn** 名C フィンランド人, フィン人. **Fínnish** 形 名U フィンランド(人, 語)の, フィン族の. 名 としてフィンランド語.

fir /fə́ːr/ 名 CU 【植】マツ科モミ属の総称, もみ(の木), もみ材.
[語源] 古英語 furh (=pine) から.

fire /fáiər/ 名 UC 動 本来他 〔一般語〕 一般義 火. その他 暖炉やストーブの炉火, 炭火, 火事, 火災, 銃火, 砲火. 火から連想されるものを意味し, 病気による熱, 熱病, 炎症, 星や宝石の輝き, 光輝, 比喩的に燃えるような情熱, 熱意, 活気. 動 として, 銃・砲を発射する, 発砲する, 火をつける, 発火させる, 比喩的に質問などを浴びせる, また「銃を発射する」の discharge と「任を解く」の discharge とをかけて〔くだけた語〕首にする, 解雇する.
[語源] 古英語 fȳr から.
[用例] Fire is one of man's greatest benefits. 火は人類の最大の恩恵の1つである/There was a warm fire in the sitting-room. 居間には暖かい炉の火があった/Several houses were destroyed in a fire in the town centre. 町の中心部の火事で数軒が焼き払われた/The soldiers were continually under fire. 兵士達は絶えず砲火を浴びた/The rubies shine with a sparkling fire. ルビーはまばゆいほどに光り輝いていた/His speech was lacking fire. 彼の話には熱がこもっていなかった/The pots must be fired before they can be decorated. つぼは色をぬる前に火で焼かなくてはならない.
【慣用句】*between two fires* 両方から攻撃を受けて, 板ばさみになって. *fight fire with fire* 目には目をもって報いる. *go through fire and water* 〔くだけた表現〕水や火をいとわない, あらゆる危険を冒す. *hang fire* 〔ややくだけた表現〕物事を遅らせる, ぐずぐずする. *play with fire* 〔ややくだけた表現〕火遊びする, 軽率にも危険なことに手を出す.
【派生語】**firing** 名 U 発火, 直火, 銃などの発砲, 発射.
【複合語】**fíre alárm** 名 C 火災警報, 火災報知器. **fírearm** 名 C 《通例複数形で》ピストルやライフルなどの携帯可能な銃砲. **fíreball** 名 C 火の玉, 大流星. **fíreboat** 名 C 消防艇. **fíre brigàde** 名 C 《英》消防隊. **fírecràcker** 名 C 祝典などで鳴らす爆竹. **fire depártment** 名 C 《米》消防隊, 自治体の消防署. **fíre drìll** 名 UC 消防演習, 火災避難訓練. **fíre-èater** 名 C 火を食う奇術師, 短気でけんか好きな人. **fíre èngine** 名 C 消防車. **fíre escàpe** 名 C 非常階段, 非常口, 避難ばしごなどの火災避難設備. **fíre extìnguisher** 名 C 携帯用消火器. **fíre fíghter** 名 C 消防士(fireman). **fírefly** 名 C 【昆】ほたる. **fíreguàrd** 名 C 暖炉の前の囲い. **fíre hòuse** 名 C 《米》=fire station. **fíre hỳdrant** 名 C 消火栓(fireplug). **fíre insúrance** 名 U 火災保険. **fíreman** 名 C 消防士 (【語法】現在では性差別排除の傾向によりあまり使われず, fire fighter に置きかえられつつある). **fíreplàce** 名 C 暖炉. **fíreplùg** 名 C =fire hydrant. **fíreproòf** 形 耐火性の, 不燃性の. 動 本来他 耐火[不燃]性にする. **fíre scrèen** 名 C =fireguard. **fíresìde** 名 C 炉ばた, 家庭, だんらん. **fíre stàtion** 名 C 消防署. **fírestòrm** 名 C 原子爆弾の爆発の際に見られるような大火による大熱風, 火災あらし, 《米》感情や抗議などの大荒れ. **fíre wàll** 名 C 防火壁. **fíreworks** 名 《複》花火, 花火大会.

firm[1] /fə́ːrm/ 形 動 本来他 〔一般語〕 一般義 力を加えても簡単には形や組織が変わらないほど堅い. その他 固定されていて動かない, ぐらつかない, 安定した, 信念や主義, 態度, 精神力, あるいは人と人の間のきずなどが確固たる, 断固とした, 強固な, 変わらない, 市価や市場が変動しない, 引き締まったなどの意. 動 として, 物や主義・主張を堅くする, 物価を安定させる.
[語源] ラテン語 *firmus* (=firm) が古フランス語を経て中英語に入った.
[用例] This table is made of *firm* wood. このテーブルは堅い木でできている/a *firm* handshake 堅い握手/The old man was unable to walk with *firm* steps. 老人はしっかりした足どりで歩けなかった/He was quite *firm* about travelling by train. 彼は列車での旅行をとても強固に主張した/She gave a *firm* refusal. 彼女は断固として拒否した/He is my *firm* friend. 彼は私の変わることのない親友だ.
[類義語] firm; hard; solid; stiff: **firm** が外部の圧力で簡単に変形しないという含意があるのに対して, **hard** は容易に切ったり, くずしたり, 穴をあけたりしてこわすことができない堅さに用いられる. **solid** は中身がぎっしりつまっていて堅いという意味. **stiff** は曲げたり延ばしたりしにくい堅さを意味する.
【慣用句】*stand firm* しっかりと立つ, 断固として譲らない.
【派生語】**fírmly** 副. **fírmness** 名 U.

firm[2] /fə́ːrm/ 名 C 〔一般語〕2人以上の合資で経営されている商会, 商店, 会社, 企業(体).
[語源] ラテン語 *firmus* から派生した *firmare* (=to confirm) (⇒firm[1])がイタリア語で「商談を確実な物にする, 署名する」の意味になり, その派生形 *firma* (=signature) が初期近代英語に入った.
[用例] His *firm* is closing down. 彼の会社は閉鎖中である/I work for an engineering *firm*. 私は土木会社で働いている.
[類義語] firm; corporation; company: **firm** は規模を問わず 2人以上からなっての商店, 会社を指す. **corporation** は法人として認められている株式[有限]会社を指し, 《米》でよく用いられる. **company** は規模, 内容にかかわらず物の製造や売買をする会社, 商会.

first /fə́ːrst/ 形 名 CU 副 〔一般語〕 一般義 順序や地位, あるいは出来事や行為が時間的の第1の, 1番目の. その他 地位, 価値, 重要性などに関して他のどれよりも最初に位置する, 第一位の, 首位の, 一流の, 最高の, 主要な, 最も重要な, 【楽】最高音部の. 名 として第1の人[物], 最初の人[物], 《the ~》月の1日, ついたち. 副 として**1番目**に, 第1に, 最初に, 《文のつなぎ語として》第一に, まず最初に, 初めて.
[語源] 古英語 fore の最上級の fyrst から.
[用例] She was the *first* person to arrive. 彼女は最初に到着した人/He came in *first* in the race. 彼はそのレースで1着に入った/That was the *first* time that I met him. その時彼に初めて会った/He is one of the *first* scholars of today. 彼は今日の第一流の学者の一人だ/He got a *first* in English. (英大学の優等試験で)彼は英語で主席となった/Do you your homework *first*. 最初に宿題をやりなさい/First come, first served. 《ことわざ》先んずれば人を制す(早いものがち, 先着順).
【慣用句】*first and foremost* まず第一に, 何よりもまず. *first and last* 完全に, 総じて, 概して. *first things first* 重要なことからまず先に. *for the first*

time 初めて. *in the first place* まず第一に.
【派生語】**fírstly** 副 まず第一に, 最初に.
【複合語】**fírst áid** 名 応急手当. **fìrst-áid** 形. **fírst cláss** 名 U 第1級, 一流, 列車や船などの1等. **fìrst-cláss** 形 副. **fìrst-degrée** 形 やけどやけがの第1度の, 犯罪の第1級の. **fírst fínger** 名 C 人差し指(forefinger). **fìrsthánd** 形 副 情報や知識などが直接得た. **fírst lády** 名 (the ～) (しばしば F- L-) 大統領夫人. **fírst náme** 名 C 姓 (last name; surname) に対しての名, 洗礼名. **fìrst-ráte** 形 一流の, 一級の, (くだけた語)すばらしく, 見事に. 副 (くだけた語)すばらしく, 見事に.

firth /fə́ːrθ/ 名 C (一般語) (スコットランド)入江, 湾, 河口.
語源 古ノルド語が中英語に入った.

fis·cal /fískəl/ 形 C (形式ばった語) 一般義 財政上の, 会計の. 本来は国庫の, 国税の. 名 として収入印紙, イタリア, スペインで検察官, スコットランドで地方検察官, フィリピンで検察官.
語源 「財布」を意味するラテン語 *fiscus* の 形 *fiscalis* がフランス語を経て初期近代英語に入った.
類義語 financial.
【複合語】**físcal yéar** 名 C (米)政府や企業の**会計年度**((英) financial year) (★アメリカで10月1日から9月30日まで). **físcal láw** 名 C 会計法.

fish /fíʃ/ 名 CU (複 ～, ～es) 動 本来義 一般義 一般義 魚. その他 食料としての魚肉. (複合語で)魚介, 水産物. さらに(くだけた語)冷血動物の魚の連想で, (軽蔑的に)簡単にえさにかかる知性のない人. また形が魚に似ていることから, 【天】(the Fishes で)魚座. 動 として, 釣りざおや網で魚をとる, 釣りをする, 比喩的に間接的かつ狡い方で手に入れようとする, 誘いかけて引き出す, さらにそこから**探す**意が派生した.

語法 ❶ 複数形は, 集合的に「魚類」を意味するときには fish を用いる. 種類の違いを強調する場合, five kinds of fish のような表現が一般的だが, five fishes ということもある ❷ fish が人をさす場合は, a loose *fish* (だらしない奴), a dull *fish* (鈍感な奴)のように軽蔑的な含意の形容詞を伴う.
用例 There are plenty of *fish* around the coast of Britain. 英国の沿岸には多くの魚がいる/There are plenty more *fish* in the sea. (ことわざ)海にはもっとたくさんの魚がいる (語法 人を慰める時などに用いる)/He deals in *fish* and meat. 彼は魚と肉の商売をしている/He is *fishing* for salmon. 彼はさけを釣っている/She is always *fishing* for compliment. 彼女はいつも人にそれとなくお世辞を言わせようとしている/She *fished* around in her handbag for a handkerchief. 彼女はハンドバッグに手を入れてハンカチを捜しくよった.
【慣用句】*a big fish in a little pond* (ややくだけた表現) 小さい組織の中でのみ影響力を持っている人, 井の中のかわず. *cry stinking fish* (くだけた表現)自分の努力, 仕事, 家庭などを**自分自身でけなす**こと(★No man cries stinking fish. (だれも臭い魚だと言いながら売る者はいない)ということわざから). *drink like a fish* 大酒を飲む. *fish in troubled [muddy] waters* 混乱に乗じてうまいことをする, 漁夫の利を得る. *have other fish to try* (ややくだけた表現) 他にやるべき大切なこと. *like a fish out of water* (ややくだけた表現) 陸(おか)にあがった河童(かっぱ)のような, 場違いな. *neither*

fish, flesh, fowl, nor good red herring (ややくだけた表現) どっちつかずな; はっきりした信念[性格]を持たない人, 得体の知れない人.
【派生語】**físher** 名 C 魚を捕食する動物, (古語)漁師: **fisherman** 漁師, 漁船. **fishery** 名 U 漁業水産業, (通例複数形で)漁場, 【法】漁業権. **fishing** 名 U 魚釣り, 魚とり, 釣場, (the ～)漁獲(高): **fishing line** (英) =fishline/**fishing rod** リール付きの釣ざお. **fishy** 形 魚のような, 魚くさい, (くだけた語) うさん臭い, 怪しい: There's something *fishy* about that man. あの男にはうさん臭いところがある.
【複合語】**físh and chíps** 名 U (英) フィッシュ・アンド・チップス (★たらなどの魚のフライに棒状のフライド・ポテトをつけ合わせた英国の fast food. 紙に包んで持ち帰り, 塩や酢をかけて指でつまんで食べる). **físhbòwl** 名 C ガラス製の金魚鉢. **físh cáke** 名 C 魚のすり身の揚げ物, 魚肉だんご. **físh fàrm** 名 C 養魚場. **físh fórk** 名 C 魚肉用フォーク. **físhhòok** 名 C 釣り針. **físhlìne** 名 C (米)釣り糸(=(英)fishing line). **físhmònger** 名 C (英)魚屋 (語法 店は fishmonger's). **físh shòp** (米)魚屋. **físhnèt** 名 CU 魚網, 網目の布地. **físhpònd** 名 C 養魚池. **físh stòry** 名 C (くだけた語)釣り人のでがら話には大げさなほらが多いことから, ほら話.

fis·sion /fíʃən/ 名 CU 本来義 一般語 分裂, 【理】原子核の**核分裂**(nuclear fission), 【生】無性生殖の1つの形態を指す**分体(生殖)**. 動 として核分裂する.
語源 ラテン語 *findere* (=to cleave) の過去分詞 *fissus* から派生した *fissio* (=cleaving) が19世紀に入った.

fis·sure /fíʃər/ 名 C (一般語) 裂け目, 割れ目, 亀裂. 語源 ラテン語 *fissus* (⇒fission) から派生した *fissura* (=cleft) が中英語に入った.

fist /físt/ 名 C 動 本来義 一般義 ぎゅっと握り締めた握りこぶし, げんこつ. その他 一握り, (くだけた語)手つき や把握, この形をしたもの, 【印】指じるし. 動 として, 手をげんこつにする, げんこつでなぐる.
語源 「握り締めた5本(指)」という意味で「5」を語源とする古英語 *fýst* から.
用例 He shook his *fist* at me in anger. 彼は怒って私にこぶしを振った/He clenched his *fists* in agony as the doctor cleaned the wound. 医者が傷口を消毒すると彼は痛みをこらえて両手をぎゅっと握った.

fit[1] /fít/ 動 本来他 (過去・過分 ～ted, ～) 形 C (一般語) 一般義 ある物の寸法や型が他の物の寸法や型に合う. その他 物理的にぴったり合う意から, 人の行動, 属性, 仕事, 目的などがある事柄に適している, ふさわしい, 調和する. 物や寸法, 目的などを**合わせる, 一致させる**, 人を仕事や状況に**適合させる**, 耐えるようにする, 鍵などを**差し込む, はめ込む**, 器具などを**取り付ける**. 自 として合う, 適合する. 形 で, 目的や条件, 状況にかなった, ぴったりの, 仕事や任務にふさわしい, 耐えられる, 有能な, 当を得た, 人や乗物が準備できている, 体の調子がよい. 名 として適合(性), 順応(性), 体にぴったり合うこと, (米)進学準備.
語法 (米)で過去・過去分詞に fit を用いることがある.
語源 fitten として中英語から. それ以前の語源は不詳.
用例 The coat *fits* (you) very well. そのコートはよくぴったりだ/That cover *fits* the armchair perfectly. そのカバーはひじ掛けいすにぴったり合っている/He always tried to make the punishment *fit* the

crime. 彼は処罰が犯罪に相応するようにいつも努めた/His speech *fitted* the occasion. 彼の話はその場にふさわしいものであった/She asked him to *fit* the ring to her finger. 彼女は指輪を指に合うようにして欲しいと彼に頼んだ/I'll *fit* my plan to suit you. 君に都合がよいように私の計画を合わせる/Hard study *fitted* him to the work. 猛勉強の末, 彼はその仕事がわかるようになった/You must *fit* a new lock on the door. ドアに新しい錠をつけなさい/He *fitted* the cupboard with shelves. 彼は食器棚に棚を取り付けた/Don't you think this man is *fit* for the job? この人には仕事にふさわしいと思いませんか/He has been ill and he's not completely *fit* yet. 彼は病気でいて, まだ完治していない/You are not *fit* (=you are too dirty, untidy etc.) to be seen. 君のその格好は(汚れすぎて; だらしなさすぎて)見られたものではない/Your dress is a very good *fit*. 君のドレスは君にぴったりだ.

類義語 fit; suit: fit が元来「大きさや形状が合う」という物理的な適合を含意するのに対して, suit は「特定の要求や必要性に応じえる」という意味がある.

【慣用句】*fit in* きちんと合う, 調和する, ...を適合させる, ...をはめ込む. *fit on* 服が合うかどうか着てみる. *fit out* 部屋などに備える. *fit up* 家具などを備えつける.

【派生語】**fitness** 图 U. **fitted** 形 家具などがぴったり合わせた, はめ込みの, 人の性格や心身の状態に適している, ふさわしい. 图 C 仮縫, 試着, 自動車などの付属品, 部品, 《通例複数形で》作り付け家具. **fittingly** 副.

fit[2] /fít/ 图 C 〖一般語〗〖一般義〗病気の発作やひきつけ. 〖その他〗突然襲ってくるものの意から, 感情の激発, 一時的興奮(状態), 気まぐれ.

語源 古英語 fitt (=conflict) から.

用例 She suffers from *fits*. 彼女は発作に苦しむ/She burst into a *fit* of laughter. 彼女は突然ぶっと吹き出した/When the *fit* was on him, he played with his child. 彼は気が向くと子供と遊んだ.

関連語 hysteria.

【慣用句】*beat* [*knock*] ... *into fits* 人を散々にやっつける. *by* [*in*] *fits and starts* 発作的に, 断続的に. *have* [〖米〗*throw*] *a fit* 〖くだけた表現〗ひどく興奮する, 卒倒する, かんしゃくを起こす.

【派生語】**fitful** 形. **fitfully** 副.

five /fáiv/ 代 图 C 〖一般語〗〖一般義〗基数の5. 〖その他〗として, 数としての5, 人, 物, 年齢, 時間などが数えあげて5になる場合を指し, 5人, 5個, 5歳, 5時などを意味する. また5人または5個で一組になっているのを指し, 特にバスケットボールの1チームの意. さらにトランプの5の札, さいころの5の目, 〖くだけた表現〗5ドル[ポンド]札の意で用いられる. 以上の意味で 形 としても用いられる.

語源 古英語 fif から.

【派生語】**fiver** 〖米〗图 C 5ドル[ポンド]札. **fivefold** 形 副 5重の[に], 5倍の[に].

【複合語】**five-and-tén** 图 C 〖くだけた表現〗〖米〗安物日用雑貨店 〖語法〗five-and-ten-cent store, あるいは five-and-dime ともいう. **five-dày wéek** 图 〈a ~〉週5日労働制, 週休2日制. **fívepènce** 图 5ペンス. **fívepènny** 形 5ペンスの. **fívestár** 形 5つ星の, レストランなどが超一流の.

fix /fíks/ 動 本来他 图 C 〖一般語〗〖一般義〗故障したり, こわれたものを修理する. 〖その他〗日時, 場所, 価格などを決定する, 考えや記憶などを心に留める, 視線, 注意, 愛情などを向ける, 引きとどめる, 注ぐ. 定位置に固定する, 定着させる. きちんとする, 食事の支度を用意する, 罪や責任などを負わせる, 〖くだけた語〗やっつける, 仕返しする, 八百長をさせる, 買収する. 〖写〗フィルムやプリントが色あせしないよう定着する. 〖化〗流動体を凝固させる, 空気中の窒素を固定させる. 〖生〗細胞や組織を標本として固定する. 自 固定する, 固まる, 表情などがこわばる. 图 として〈a ~〉〖くだけた語〗困った立場, 苦境, 八百長, 不正行為, 修理, 調整.

語源 ラテン語 figere (=to fasten; to attach) の過去分詞 fixus が中英語に入った.

用例 He has succeeded in *fixing* my watch. 彼は私の時計をうまく修理してくれた/He *fixed* the post firmly in the ground. 彼は柱を地面にしっかりと固定した/He *fixed* the shelf to the wall. 彼は棚を壁に取り付けた/A day for a meeting has not been *fixed* yet. 会合の日はまだ決定していない/He *fixed* his eyes on the door. 彼はドアをじっと見つめた/You must *fix* the fact in your mind. 君はその事実を心に留めておかなければならない/I'll *fix* dinner tonight. 今晩は私が夕食の用意をしましょう/I'll *fix* him! 彼に仕返しをしてやる/After printing the photograph you must *fix* it so that it doesn't fade. 写真を焼き付けた後は変色しないように定着させなければならない.

【慣用句】*fix on* [*upon*] ... 日取りなどを決める, ...に決める. *fix up* 修理する, 整える, 手配する. *in* [*into*] *a fix* [*pickle*] 〖くだけた表現〗困った状態になった. 苦境に陥った.

【派生語】**fixátion** 图 U 病的な執着, 固執. **fíxative** 形 固定させる. 图 UC 色止め剤. **fíxedly** 副. **fíxer** 图 C 〖くだけた語〗贈賄や八百長などの仲介をする黒幕. **fíxing** 图 UC 固定, 定着, 据え付け, 修理, 〖くだけた語〗〈複数形で〉部屋などの備品, 装飾品, 料理の材料. **fíxity** 图 UC 固定している状態, 〈主に複数形で〉固定したもの. **fíxture** 图 C 固定[定着]したもの, 電気設備など一般に建物に据え付けるものと決められているもの, 〈複数形で〉備品.

fizz /fíz/ 图 U 動 本来自 〖一般語〗〖一般義〗コーラやサイダーなどの発泡性飲料が泡立つ際にたてるシューという音. 〖その他〗これより発泡性飲料一般を意味し, 特にレモンジュース, 砂糖, 炭酸水を加えたアルコール飲料, フィーズ, 〖くだけた語〗シャンペンの意で用いられる. さらに勢いよく発泡することから, 活気, 元気の意味が派生した. 動 としてシューと音をたてて泡立つ, 活気づく.

語源 擬音語として初期近代英語から.

用例 This lemonade has lost its *fizz*. このレモネードは発泡しない(気がぬけている)/gin *fizz* ジンフィーズ/I like the way champagne *fizzes*. 私はシャンペンのシューという音が好きだ.

【派生語】**fizzy** 形.

fiz·zle /fízl/ 動 本来自 〖一般語〗かすかにシューという音を立てる, 〖比喩的にはじめはよくても線香花火のようにすぐだめになる, 失敗する.

語源 古語で fysel (音を立てずにおならをする) から.

fizzy ⇒fizz.

fjord /fjɔ́:rd/ 图 C 〖地理〗地峡に長く入り込んだ峡湾, フィヨルド.

語源 ノルウェー語が初期近代英語に入った.

FL 〖略〗〖米郵便〗Florida.

Fla《略》=Florida.

flab·ber·gast /flǽbərgæst|-gà:st/ 動 本来他 〔くだけた語〕《通例受身で》びっくり仰天させる, 大げさに驚かす.
語源 不詳.

flabbily ⇒flabby.

flab·by /flǽbi/ 形 〔一般語〕筋肉がゆるんだ, たるんだ, 締まりがない, 人が心がたるんだ, 気力がない.
語源 flappy の変形として初期近代英語より.
【派生語】**flábbily** 副. **flábbiness** 名 U.

flac·cid /flǽksid/ 形 〔形式ばった語〕筋肉や心がたるんだ, 締まりがない, 考えなどが軟弱な.
語源 ラテン語 *flaccidus* (=flabby) がフランス語を経て初期近代英語に入った.
【派生語】**flaccídity** 名 U.
fláccidly 副.
fláccidness 名 U.

flag¹ /flǽg/ 名 C 動 本来他 〔一般語〕 一般義 旗.
その他 バッジ, 記章, タクシーの空車標識, 旗を思わせるような犬のふさふさした尾. 動 として旗で合図する, 信号で示す, 手を振るのが旗振りに似ていることから, タクシーなどを手を振って止めようとする.
語源 不詳. 初期近代英語から.
用例 The national *flag* 国旗/The ship was flying the French *flag* from the mast. その船はマストにフランス国旗を掲げていた.
【慣用句】***flag down*** タクシーを手を振って止める. ***fly the flag*** 愛国心[信念]を示す. ***keep the flag flying*** 愛国心[信念]を固持する. ***lower one's [the] flag*** 降参する. ***show the flag*** 旗幟(き)鮮明にする, 態度をはっきりさせる. ***under the flag of ......*** ...の指揮下に[で].
【複合語】**flág bèarer** 名 C 旗手, 社会運動の指導者. **Flág Dày** 名 U 《米》国旗記念日 (★6月14日). **flag day** 名 (《英》《慈善事業のため街頭募金を行い, 募金者に胸につけるステッカーを渡す. かつては小旗を渡した). **flágpòle** 名 旗ざお.
flágstàff 名 =flag pole.

flag² /flǽg/ 名 《植》アヤメ科の長い剣状の葉を持つ植物の総称, きしょうぶなど.

flag³ /flǽg/ 動 本来自 〔一般語〕帆などがだらりとたれる, 植物がしおれる.
語源 不詳.
【派生語】**flágging** 形 だれ気味の, 弱った.

flag⁴ /flǽg/ 名 C 〔一般語〕敷石用の板石.
語源 古ノルド語 *flaga* が中英語に入った.

flagellant ⇒flagellate.

flag·el·late /flǽdʒəlèit/ 動 本来他 〔形式ばった語〕むち打つ, 比喩的に厳しく罰する.
語源 ラテン語 *flagellare* (=to whip) の過去分詞 *flagellatus* が初期近代英語に入った.
【派生語】**flágellant** 名 C むち打つ人. **flágellàted** 形. **flàgellátion** 名 U むち打ち. **flágellatòry** 形 むち打つような, 苦行の.

fla·gel·lum /flədʒéləm/ 名 C 《複 -la, ~s》《生》バクテリアなどの鞭毛(ミュッシ).
語源 ラテン語 *flagrum* (=whip) の指小語.

flag·on /flǽgən/ 名 C 〔古語〕ふた, 口付きの細口びん.

flagrance, -cy ⇒flagrant.

fla·grant /fléigrənt/ 形 〔一般語〕〔限定用法〕犯人, 犯罪などが極悪な, 悪さがひどく目立つ.
語源 ラテン語 *flagrare* (=to burn) の現在分詞 *flagrens* が中英語に入った. 炎さに目につくことから.
【派生語】**flágrance, -cy** 名 U 極悪非道. **flágrantly** 副.

flail /fléil/ 名 C 動 本来他 〔一般語〕脱穀に用いる殻さお. 動 として殻さおで打つ, 殻さおのように, バットやゴルフクラブなどを持って腕を動かす, 回す.
語源 ラテン語 *flagellum* (⇒flagellum) に由来する古英語 *flegil* から.

flair /fléər/ 名 UC 〔一般語〕《しばしば a ~》鋭い眼識, ひらめき, 才能.
語源 ラテン語 *flagrare* (=to burn) が古フランス語 *flair* (臭覚)を経て中英語に入った.

flake /fléik/ 名 C 動 本来自 〔一般語〕はがれる, あるいははがれた薄いかけら, 薄片, 食物のフレーク 語法 しばしば複合語を作る. 動 として, ペンキなどが薄片となってはがれる, 雪などがひらひら落ちる.
語源 おそらく古ノルド語が中英語に入ったと思われる.
用例 *flakes* of snow 雪片/a snow*flake* 雪片/corn*flakes* コーンフレーク/The paint is *flaking* off that door. あのドアのペンキがぼろぼろはげ落ちている.
【派生語】**fláky** 形 薄片から成る, 薄片状の, はげ落ちやすい.

flamboyance ⇒flamboyant.

flam·boy·ant /flæmbɔ́iənt/ 形 〔一般語〕豪華な, はでな, けばけばしい.
語源 フランス語 *flamboyer* (=to flame) の現在分詞が19世紀に入った.
【派生語】**flambóyance** 名 U.

flame /fléim/ 名 C 動 本来自 〔一般語〕 一般義 炎, 火炎. その他 炎の形をしたもの, 炎のような輝き, 光輝, 比喩的に〔文ök〕燃えるような情熱, 激情. 動 として炎をあげる, 燃え上がる, 炎のように輝く, 顔がさっと赤くなる, 情熱などが燃え上がる. 他 殺菌などのために炎で焼く, 火にかける.
語源 ラテン語 *flamma* (=flame) が中英語に入った.
用例 A small *flame* burned in the lamp. 小さな炎がランプの中で燃えていた/*Flames* leaped high in the fireplace. 暖炉の中で炎が高くあがっていた/ the *flames* of love 愛の激情/The fire *flamed* brightly. 火は赤々と輝いていた/Her cheeks *flamed* with embarrassment. 彼女はきまりの悪い思いで頬が赤くなった.
類義語 flame; blaze; flare: **flame** は最も一般的な舌の形をした炎. **blaze** は勢いよく燃え広がる火. **flare** は短時間にぱっと燃え上がる炎.
【慣用句】***flame up [out]*** 燃え上がる
【派生語】**flámeless** 形 無炎の. **fláming** 形 燃え立つ, 燃えるような, 激しい.
【複合語】**flámethròwer** 名 C 火炎放射器.

fla·men·co /fləméŋkou/ 名 CU 《舞踊》スペインのアンダルシア地方の踊り, フラメンコ.

fla·min·go /fləmíŋgou/ 名 C 《鳥》フラミンゴ (★紅色の鶴).

flam·ma·ble /flǽməbl/ 形 〔一般語〕燃えやすい, 可燃性の(inflammable).

flan /flǽn/ 名 U タルトの一種, フラン.

Flan·ders /flǽndərz/flɑ́:n-/ 名 固 フランダース (★フランス北部, ベルギー, オランダにまたがる地区).

flank /flǽŋk/ 名 C 動 本来他 〔一般語〕 一般義 建

物, 道路, 山などの側面. [その他] 本来横腹, わき腹の意で, 布陣した軍隊などの側面. 動 として〔しばしば受身で〕…の側面に置く, 側面に並べる, 側面から攻撃する. [語源] フランク語 *hlanca (= loin; side) に関連したゲルマン語起源で, 古フランス語を経て中英語に入った.
[用例] The prisoner appeared, *flanked* by two policemen. その囚人は二人の警官が両側について行った.

flan・nel /flǽnəl/ 名 UC 動 [本来自]〈過去・過分《英》-ll-〉〔一般自〕〔一般義〕布地のフラノ, ネル. [その他]〈複数形で〉フラノ[ネル]製品, フラノのズボン. また《英》タオル, 手拭い (washcloth). 動 として〔くだけた表現〕《英》取り入るようなことを言う, うまく言い逃れをする. [語源] 不詳. 一説にウエールズのゲール語からという.
[派生語] flànnelét, flànnelétte 名 U 綿ネル.

flap /flǽp/ 動 [本来自] 名 C 〔一般自〕〔一般義〕旗などがばたばたとはためく, ひらひらする, ひらひらとはためく. [その他] 鳥がはばたく. 何か平たいものでぴしゃりとたたく, 平手で打つ, 〔くだけ語〕そわそわする. 他 ばたばたとはためかせる, ばたばたと振る, 何かを平たいものでたたく《at》. 名 としてひらひらと垂れ下がるもの, 垂れぶた, 封筒などの折り返し, 飛行機の下げ翼, フラップ, はためく音, 騒ぎ, 動揺. [語源] 擬音語として中英語から.
[用例] The leaves were *flapping* in the breeze. 木々の葉がそよ風にゆらいでいた/The bird *flapped* its wings and flew away. その鳥は羽ばたいて飛んでいった/A *flap* of canvas formed the door of the tent. シートの垂れ下がりがテントのドアになった.
[派生語] flápper 名 C ばたばた動くもの, 垂れ下がったもの, 魚のひれ, 〔古風くだけ語〕落ちつきのない, うわついたなまいきな娘.
[複合語] fláp dòor 名 C はね上げ戸. flápjàck 名 C《米》パンケーキ, ホットケーキ.

flare /fléər/ 動 [本来自] 名 C 形 〔一般自〕〔一般義〕炎がめらめらと燃え上がる, 揺らめく. [その他] 比喩的に感情などがぱっと燃え上がる, また朝顔型に広がる, スカートなどをフレアーにする. 名 として〈a [the] ～〉ゆらめく炎[光], また朝顔型の広がり, フレアー. [語源] 不詳.
【慣用句】*flare up* 燃え上がる, 病気が再発する: The fire *flared up*. 火が燃え上がった.
[派生語] fláred 形 裾広がりの. fláring 形.
[複合語] fláre-ùp 名 C ぱっと燃え上がること, 問題などの再燃.

flash /flǽʃ/ 動 [本来自] 名 C 形 〔一般自〕〔一般義〕光がぱっと光る, ぴかぴか光る. [その他] 比喩的に考えや機知などがひらめく, ちらりと現れる. また《by, past など副詞を伴って》何かがさっと通り過ぎる, 飛び去る. 他 としてぱっと光らせる, 光で知らせる, 人に光で合図する, 感情や表現などをぱっと顔に出す, ちらりと見せる, またテレビ, ラジオなどでニュースをすばやく知らせる, 速報する, 〔くだけ語〕さっと見せる, 見せびらかす. 名 C として光, ひらめき, 閃光(光), きらめき, 考えや感情のひらめき, カメラのフラッシュ(装置), テレビなどのニュース速報, 軍隊の識別記章. 形 として《軽蔑的に》けばけばしい, はでな, 突発の, 突発的な. [語源] 擬態語起源と考えられ, 中英語から. なお, fl- で始まる語は次の2種類が多い. ❶ 光の動きに関する語: flash, flare, flame, flicker など. ❷ 空気(中)の動きに関する語: fly, flap, flit, flutter など.
[用例] A light *flashed* out from the window. 明りが窓からぱっと光った/The days *flashed* by. 月日があっという間に過ぎていった/The cars *flashed* past. 車がさっと通り過ぎた/He *flashed* a torch. 彼は懐中電灯をぱっとつけた/She *flashed* a smile at him. 彼女はにっこりとほほえんだ/She *flashed* her diamonds to impress all her friends. 彼女はすべての友人たちを感心させようといくつものダイヤモンドを見せびらかした.
【慣用句】*a flash in the pan* 一時的な成功, たまたま, まぐれ当たり, 竜頭蛇尾《★火打石銃の火皿の中での発火. つまり空発から》. *flash back* 記憶がふと昔に返る. *flash forward*《映画》場面が未来へ飛ぶ. *flash on* 考えがぱっと浮かぶ.
[派生語] fláaher 名 C 信号などの**点滅装置**. fláshily 副. fláshiness 名 U. fláshy 形《軽蔑的》けばけばしい, 安びかの.
[複合語] fláshbàck 名 C《映画》回想場面(の技術), フラッシュバック. flásh càrd 名 C《教育》生徒にさっと見せてヒントやきっかけにするためのカード, フラッシュカード. fláshcùbe 名 C《写》フラッシュキューブ. flásh flóod 名 C 鉄砲水. flásh-fórward 名 C《映画》未来へ飛ぶ画面(を挿入する技術). fláshlìght 名 C《米》懐中電灯, 《英》torch). flásh pòint 名 C《化》引火点, 我慢の限界.

flask /flǽsk -áː-/ 名 C 〔一般自〕〔一般義〕実験用のフラスコ. [その他] ガラスまたは金属製の筒型びん, 携帯用の酒びん, 〔くだけ語〕魔法びん (thermos flask). [語源] ラテン語 *flasco* (= bottle) が古フランス語 *flasque* を経て中英語に入った.

flat[1] /flǽt/ 形 副 名 動 〔一般自〕〔一般義〕凸凹がなく平らな, 平たい. [その他] 平たいことから,〔述語用法〕人や地面に大の字で寝そべって, 手足を伸ばして横になって, 壁などにぴったり張りついて. また倒れた, ぺちゃんこになった状態をいい, 植物などが風などに吹き倒された, 家が倒壊した, 車のタイヤがパンクした, 空気が抜けた. 凸凹がないことから, 主に否定的なことが例外のない, 完全な, きっぱりした, 平らなことから, 比喩的に平板な, つまらない, 退屈な, ビールなどが気が抜けた, 低い状態の持続から, 元気がない, 精彩を欠く, 市場が不振の. 《楽》半音低い変音の, フラットの,《文法》品詞を特徴づける語尾 (たとえば -ly) の付かない単純形の. 副 として〈単純形副詞として〉平らに, 平たく, 全く, すっかり, きっぱり, 前後のずれなくちょうど,《楽》半音低く, フラットで. 名 として《通例 the ～》平らな部分, 平面, 平地, 平原,《米》パンクしたタイヤ,《楽》変音記号, フラット (♭). 動《楽》半音下げる. [語源] 古ノルド語 *flatr* が中英語に入った.
[用例] I need a *flat* surface to work on. 私は仕事をするのに平らな所が必要だ/a *flat* denial きっぱりとした否定/I am not going and that's *flat*. 私は行かない. それははっきりしている/She spent a very *flat* weekend after her friends left. 彼女は友人が帰ったあとでとても退屈な週末を過ごした/My beer has gone *flat*. 私のビールは気が抜けてしまった/She was lying *flat* on her back. 彼女はあお向けに大の字になって寝ていた.
[類義語] flat; level; even: **flat** は水平とか斜めとか面の角度に関係なく表面に凸凹がない意. **level** は水平である意. **even** は面が水平でなくてもむらなくなめらかである意.

【慣用句】*fall flat* ばったり倒れる, 計画などが失敗する. *flat out* 全(速)力で, 《米》率直に. *knock* [*lay*] ... *flat* 打ちのめす.
【派生語】**flátly** 副 平らに, きっぱりと, 短調に, そっけなく. **flátness** 名 Ⅱ. **flátten** 動 本来他 平らにする, ぺっちゃんこにする, 倒す, 破壊する, 《楽》半音下げる. **fláttish** 形.
【複合語】**flátbòat** 名 C 平底船. **flát-bóttomed** 形 船が平底の. **flátcàr** 名 C 長物車 〔★レールなどの長い物を積む平台貨車〕. **flátchésted** 形 《軽蔑的》女性がぺちゃぱい. **flátfish** 名 C 《魚》かれい. **flát-fòot** 名 C 扁平足, 〔俗語〕警官, おまわり. **flát-fòoted** 形 扁平足の, 〔くだけた語〕《軽蔑的》ぶざまな, へまな. **flát ráte** 名 C 均一料金. **flát tìre** 名 C パンクしたタイヤ. **fláttòp** 名 C 〔くだけた語〕航空母艦, 空母.

flat² /flǽt/ 名 C 〔一般語〕《英》同じ階の数室を一戸とするアパート, マンション (《米》apartment).
[語源] 古英語 flet(t)(= floor; house)から. 究極的には flat¹ の語源と同じ.
【慣用句】*a block of flats* アパートの建物全体(《米》apartment house [building]).

flatfish ⇒flat¹.

flat·ter /flǽtər/ 動 本来他 〔一般語〕一般義 お世辞を言う, こびへつらう, おもねる. その他 お世辞にほめる, 嬉しがらせる, うぬぼれさせる, 得意がらせる, 写真や肖像画などが実物以上によく見せる, 衣装などが人を引き立たせる.
[語源] ゲルマン語系と思われる古フランス語 *flater* が中英語に入った.
[用例] If you want to please him, *flatter* him by complimenting him on his singing. もしも彼を喜ばせようと思うなら, 彼の歌がうまいとお世辞を言いなさい / The photograph *flatters* him. その写真は実物の彼よりもよく撮れている.
【慣用句】*flatter oneself that* ....とうぬぼれる, 自画自賛する: I *flatter myself that* I can speak French perfectly. 私は自分のフランス語は完璧だとうぬぼれている.
【派生語】**flátterer** 名 C おべっか使い. **fláttering** 形 へつらいの, お世辞の, 嬉しがらせる, 実物以上によく見せる. **flátteringly** 副. **fláttery** 名 UC お世辞, へつらい, お世辞の言葉.

flatulence ⇒flatulent.

flat·u·lent /flǽtʃulənt/ 形 〔一般語〕一般義 うぬぼれた, 慢心した, 大げさな. その他 本来は食物が胃腸でガスを生じやすい, 腹が張る, 鼓腸性の.
[語源] ラテン語 *flatus*(= blowing)から派生した近代ラテン語 *flatulentus* がフランス語を経て初期近代英語に入った.
【派生語】**flátulence** 名 U 鼓腸(感). **flátulently** 副.

flaunt /flɔ́ːnt/ 動 本来自 〔一般語〕羽毛, 旗などがはたはたと翻る. 他 として見せびらかす, 誇示する.
[語源] 不詳. 初期近代英語から.
【派生語】**fláunter** 名 C 誇示する人. **fláunting** 形 風に翻る, 見せびらかしの.

flau·tist /flɔ́ːtist/ 名《英》=flutist.

fla·vor, 《英》**-vour** /fléivər/ 名 UC 動 本来他 〔一般語〕独特の風味, 味わい, 香り. 動 として, 料理などに風味を添える, 味を付ける, 比喩的に話などに独特の趣を与える.
[語源] ラテン語 *flatus*(= blowing)の変形 *flator* が古フランス語 *flaor* (= smell; odor) となり, *savor* の影響で v- が加わり中英語に入った.
[用例] The tea has a wonderful *flavor*. その茶はすばらしい風味がある / There are many different *flavors* of ice-cream. アイスクリームには多種の味のものがある / The celebrations had an Eastern *flavor*. その祝賀行事には東方的な趣がある / She *flavored* the cake with lemon. 彼女はケーキをレモンで味付けした.
【派生語】**flávorful** 形 《米》味わいのある, 風味に富んだ. **flávoring**, 《英》**-vour-** 名 U 味付け, 調味料. **flávorless**, 《英》**-vour-** 風味のない. **flávoursome** 《英》=flavorful.

flaw /flɔ́ː/ 名 C 動 本来他 〔一般語〕一般義 欠点, 欠陥. その他 本来はきず, ひび, 割れ目などの意. 動 としてひびを入れる, 損なう, 台無しにする.
[語源] 古ノルド語 *flaga*(= slab of stone)が中英語に入った. 意味は「雪片」「薄片」から「ひび, 割れ目」を経て「きず」に変った.
[用例] There must be a *flaw* in that argument but I can't think what it is. その主張には欠陥があるに違いない. しかしそれが何だか私には思いつかない.
【派生語】**fláwed** 形 きずのある, 欠陥のある. **fláwless** 形 きずのない, 欠陥のない. **fláwlessly** 副.

flax /flǽks/ 名 U 《植》亜麻, 亜麻の繊維.
[語源] 古英語 flæx, fleax から.
【派生語】**fláxen** 形 亜麻の, 亜麻色[淡黄褐色]の: *flaxen* hair 亜麻色の髪.

flay /fléi/ 動 本来他 〔一般語〕一般義 人をこきおろす, 酷評する. その他 本来は動物の皮をはぐ. 比喩的に人から金品を強奪する, 身ぐるみはぐ.
[語源] 古英語 flēan から.

flea /flíː/ 名 C 《昆》のみ.
[語源] 古英語 flēa(h)から.
【慣用句】*a flea in one's ear* 耳の痛いこと, 苦言, いやみ, 叱責.
【複合語】**fléabàg** 名 C 〔くだけた語〕《米》安宿, 木賃宿. **fléabìte** 名 C のみに食われたあと. **flea còllar** 名 C 犬, 猫などののみよけ首輪. **flea màrket** 名 C 露店ののみの市. **fléapìt** 名 C 〔くだけた語〕《英》汚ない映画館.

fleck /flék/ 名 C 動 本来他 〔一般語〕斑点, 顔のそばかす. 動 として斑点をつける.
[語源] 古ノルド語 *flekkr*(= spot)が中英語に入った.

fledge /fléʤ/ 動 本来自 〔一般語〕鳥が飛ぶのに十分なほど羽が生えさせる. 他 ひなを巣立つまで育てる, 比喩的にひとり立ちさせる.
[語源] 古英語 flycge(= fledged)から. *fly¹* と同語源.
【派生語】**flédged** 形 羽が生えそろった, 飛べる. **flédgeless** 形 まだ羽の生えていない. **flédgeling** 名 C 羽の生えたてのひな, 青二才, 駆け出しの青年.

flee /flíː/ 動 本来自〔過去・過分 **fled**〕〔形式ばった語〕一般義 危険や追跡者などから逃れる, 逃げる. その他 退散する, 消え失せる. 他 ...から逃れる.
[語源] 古英語 flēon(= to flee)から.

fleece /flíːs/ 名 CU 動 本来他 〔一般語〕一般義 1頭分の羊毛. その他 羊毛状のもの, 羊毛状のけばの柔らかい布地. 動 として羊の毛を刈る, 比喩的に人から金品を巻きあげる, 強奪する.

語源 古英語 flēos から.
【派生語】fléecy 形 羊毛のような, ふわふわした.

fleet[1] /flíːt/ 名 C 〔一般語〕一般義 艦隊, 船団.
その他《the ～》一国の海軍全体. 車, 戦車, 航空機などの一団.
語源 古英語 flēotan (＝to float: to swim) から派生した fleot (＝ship) から.
用例 the Eighth *Fleet* 第8艦隊／a *fleet* of fishing boats 漁船団／He runs a *fleet* of taxis in London. 彼はロンドンでタクシー会社を経営している.
【複合語】fléet ádmiral 名 C 《米》海軍元帥.

fleet[2] /flíːt/ 形 動 本来自 〔文語〕速い, すみやかな, つかの間に過ぎる. 動 として〔古風な語〕急いで通る, 飛び去る, いつの間にか過ぎる.
語源 古英語 flēotan (⇒fleet[1]) から.
【派生語】fléeting 形 いつの間にか過ぎてゆく, はかない.
fléetingly 副. fléetingness 名 U.

Flem·ish /flémiʃ/ 形 名 U 〔一般語〕フランダース (Flanders) (人) の, フランダース［フラマン］語の. 名 として《the ～》フランダース人全体, またフランダース［フラマン］語 (★フランダースはフランス, ベルギー, オランダにまたがる沿岸地域).

flesh /fléʃ/ 名 U 他 本来他 〔一般語〕一般義 人または動物の肉. その他〔語法〕ただし人の食料としての肉は普通 meat を用いる), 果物などの果肉, 比喩的に〔文語〕《the ～》精神に対する肉体, 人間性, 肉欲, 肉欲. 動 として肉をつける, 太らせる, 〔古風な語〕犬, 鷹などに肉を食わせて狩への刺激を与える.
語源 古英語 flǣsc から.
用例 *flesh* of animals 動物の肉／the golden *flesh* of a peach 桃のすばらしく美味な果肉／He used to be very slim but he has a great deal of *flesh* now. 彼はとてもやせていたが, 今ではかなり太っている.
【慣用句】*flesh and blood* 〔文語〕人間性, 《one's own ～で》肉親, 子孫. *go the way of all flesh* 死ぬ (★聖書の「人のみな行くところに行く」の意より). *in the flesh* 生身で, 実物で, 自ら, 直接. *make ...'s flesh creep* 人をぞっとさせる.
【派生語】fléshiness 名 U. fléshless 形 肉のついていない, やせた. fléshliness 名 U. fléshly 形 肉の, 肉体的な, 肉欲にふける, 現世的な, 世俗的な. fléshy 形 肉付きのよい, 太った, 果実などが多肉質の.
【複合語】flésh-còlored 形 肉色［肌色］の. flésh-èater 名 C 肉食動物. flésh-èating 形 肉食性の (carnivorous). fléshpòt 名 C 肉料理用深鍋, 比喩的に《the ～s》美食, ぜいたくな暮らし. flésh wòund 名 C 骨には達せず肉の部分で止まった浅傷.

flex /fléks/ 動 本来他 名 U 〔一般語〕筋肉, 手足を動かす, 曲げる. 名 として曲げること, 屈曲.
語源 ラテン語 *flectere* (＝to bend) の過去分詞 *flexus* が初期近代英語に入った.
【派生語】flèxibílity 名 U 曲げやすいこと, 柔軟性, 融通性, 適応性. fléxible 形 曲げやすい, たわみやすい, 柔軟な, 素直で御しやすい, 融通のきく, 適応性のある. fléxibleness 名 U. fléxibly 副.
【複合語】fléxtime 名 U 《米》フレックスタイム (《英》flexitime) (★始業と終業の時刻を労働者が自由に選べる制度).

flex·i·time /fléksətaim/ 名 《英》＝flextime.

flick /flík/ 名 C 動 本来他 軽く打つこと, 指先などでぱっと動かすこと, ぱちっという音. 動 として軽く打つ, 指先などではじく, 軽く払いのける.
語源 擬音語として中英語から.
【慣用句】*flick through* 本などのページをぱらぱらとめくる, さっと目を通す.

flick·er /flíkər/ 動 本来自 名 C 〔一般語〕一般義 灯火や光などがちらちら揺れる, ゆらめく, 明滅する. 旗などがひるがえる, 木の葉やへびの舌などがちらちらと震える, そよぐ. 他 灯火を明滅させる, ゆらめかせる. 名 として明滅する光, 光のゆらめき, 木の葉のそよぎ, 比喩的に希望や元気などの兆し.
語源 古英語 flicorian (＝to flutter) から.
【派生語】flíckering 形. flíckeringly 副. flíckery 形.

flier ⇒fly[1].

flight[1] /fláit/ 名 CU 〔一般語〕一般義 航空機による飛行, 空の旅. その他 本来は空を飛ぶことを意味し, 鳥の渡り, 飛んでいる鳥の群, 飛ぶ距離, 飛行距離, 飛行機の便の意. 転じて「一飛びの距離」ということから, 踊り場から踊り場までの一続きの階段. 比喩的に考えなどの飛躍, 〔文語〕時間の早い経過をいう.
語源 古英語 flēogan (＝fly) の名 flyht から.
用例 the *flight* of a bird 鳥が飛ぶこと／How long is the *flight* to New York? ニューヨークまで(飛行機で)どのくらいの時間がかかりますか／A *flight* of steps led up to the front door. 階段を一登りすると正面入口に出た／a *flight* of fancy 空想の飛躍.
【慣用句】*in flight* 飛んでいる, 飛行中で［の］. *in the first flight* 《英》先頭に立って, 率先して. *take a flight* 飛ぶ, 飛行する.
【派生語】flíghtless 形 鳥, 昆虫などが飛べない. flíghty 形 《軽蔑的》考えや行動がとっぴな, 気まぐれな, うわついた.
【複合語】flíght atténdant 名 C 飛行機の客室乗務員 (★従来はスチュワーデス, パーサーと呼んでいた人たちのこと). flíght contròl 名 UC 航空管制, 航空管理官(全体), 航空管制塔. flíght dèck 名 C 航空母艦の飛行甲板. flíght lieuténant 名 C 《英》空軍大尉. flíght pàth 名 C 飛行機の飛行経路. flíght recòrder 名 C 飛行データを記録するフライトレコーダー. flíght sìmulator 名 C 模擬飛行操縦装置.

flight[2] /fláit/ 名 UC 〔一般語〕一般義 敗走, 逃走, 脱出, 《経》危険をさけるための資本の逃避.
語源 古英語 flēon (⇒flee) から flyht から.

flightless ⇒flight[1].

flighty ⇒flight[1].

flimsily ⇒flimsy.

flim·sy /flímzi/ 形 名 C 〔一般語〕一般義 薄っぺらな, もろい, こわれやすい. その他 材料が悪い, 質の悪い, 比喩的に口実などが薄弱な, 見えすいている, 浅薄な. 名 として薄っぺらな物, 薄紙, 女性用の薄い下着.
語源 おそらく film＋-sy. film の部分の音声が入れかわってきたと思われる. 18世紀から.
用例 You'll be cold in those *flimsy* clothes. そんな薄着では寒いですよ／They'll never believe that *flimsy* excuse. 彼らは決してその見えすいた言い訳を信用しないだろう.
【派生語】flímsily 副. flímsiness 名 U.

flinch /flíntʃ/ 動 本来自 名 C 〔一般語〕危険, 不愉快なこと, 恐怖, 苦痛にしりごみする, ひるむ, たじろぐ 《from》. 名 としてしりごみ, たじろぎ.

fling /flíŋ/ 動 〈過去・過分 flung〉 名 C 〔一般語〕[一般義] 強く投げる, 投げ飛ばす, 投げつける. [その他] 腕や首などを勢いよく振り動かす. 比喩的に放り出すように資金込む, 弁護士などに放り込む. 自 突進する, 飛び出す. 名 として投げつけること, 乱暴な振舞, したい放題, 楽しく遊ぶこと.
[語源] 古ノルド語 *flinga* が中英語に入ったと思われる.
[用例] *fling* a stone at a dog 犬に石を投げつける/She *flung* herself into a chair. 彼女はいすにどさっと座った/He *flung* out of the house and never returned. 彼は家から飛び出したまま二度と帰ってこなかった/have a *fling* 勝手気ままに遊ぶ.
【慣用句】 **fling away** 機会などを棒に振る. **fling off** 衣服をかなぐり捨てる, 何かを無雑作に言ってのける. **fling out** 暴言や怒りの言葉を発する; 飛び出す.

flint /flínt/ 名 CU 〔一般語〕[一般義] ライターの発火石, フリント. [その他] 本来は燧石(ひうちいし), 火打ち石. また一般に堅いもの, 非情な心, 頑固な態度.
[語源] 古英語 flint から.

flip /flíp/ 動 [本来自] 名 C 〔一般語〕[一般義] 指でぽんとはじく, 軽く打つ, はじき落す. [その他] ぱたぱたと動かす, ページなどをさっとくる, ぱらぱらめくる. 自 指ではじく, ひょいと動く, ぐいっと動く. 名 として指ではじくこと, ぽんと打つこと, ひょいと動くこと.
[語源] 擬音語として初期近代英語から.
【慣用句】 **flip a coin** コインを投げて[はじいて]決める. **flip over** 裏返しにする[なる].
【派生語】 **flípper** 名 C かめなどのひれ状の足, 潜水用の足ひれ.
【複合語】 **flíp-flòp** 名 C 〈くだけた語〉《米》心変り. **flíp side** 名 C レコードのB面.

flippancy ⇒flippant.

flip・pant /flípənt/ 形 〔一般語〕[一般義] 軽薄な, 軽率な.
[語源] おそらく flip+-ant. 初期近代英語から.
【派生語】 **flíppancy** 名 U. **flíppantly** 副.

flipper ⇒flip.

flirt /flə́ːrt/ 動 [本来自] 名 C 〔一般語〕[一般義] 男女がいちゃつく, ふざける. [その他] 異性といちゃつく《with》, 比喩的に考えなどをもてあそぶ, 何かに興味を示す《with》. ひょいと動かす, ぴくぴく動く. 他 鳥が羽を振り動かす, ぱたぱたさせる. 名 として〈軽蔑的に〉浮気な女[男].
[語源] 不詳.
[用例] She *flirts* with every man she meets. 彼女は会う男すべての気をひく/She *flirts* with the idea of going to America. 彼女はアメリカに行こうかと面白半分に考えている.
【派生語】 **flirtátion** 名 UC 男女のいちゃつき, 浮気, 気まぐれに考えること. **flirtátious** 形 いちゃつく, 浮気な. **flirtátiously** 副. **flirtátiousness** 名 U.

flit /flít/ 動 [本来自] 名 C 〔一般語〕[一般義] 鳥や蝶などがすいすい[ひらひら]飛ぶ, 飛び回る. [その他]〈くだけた語〉《英》借金取りなどを避けるために次々と引っ越す, こっそり逃げる. 名 として〈くだけた語〉《英》引越し, 夜逃げ.
[語源] 古ノルド語 *flytja* (=to convey) が中英語に入った.
[用例] Butterflies were *flitting* around the garden. 蝶が庭を飛び回っていた.

float /flóut/ 動 [本来自] 名 C 〔一般語〕[一般義] 水上または空中に浮く, 浮ぶ. [その他] 浮くことから, 漂う, 流れる, 比喩的に心の中に浮かぶ, うわさなどが広まる, あてもなく放浪する, 節操などが揺れる, ぐらつく, 会社などが設立される, 《経》通貨が変動相場制である. 他 浮かべる, 浮かせる, うわさなどを広める, 会社などを設立する, 《経》変動為替相場にする. 名 として浮くもの, いかだ, 救命具, 浮標, 魚釣りの浮き, 魚の浮き袋, 繋船用の浮き桟橋, 水上飛行機のフロート, 《経》変動為替相場. 祭などの山車(だし), 運搬用の台車, 《米》アイスクリームを浮かせた飲み物, フロート.
[語源] 古英語 flotian (=to float) から.
[用例] There was grease *floating* on the soup. スープに油が浮いていた/A piece of wood was *floating* in the stream. 流れに木片が浮いていた/The children often *float* their toys in the bath. 子供はよくお風呂におもちゃを浮かべる/*float* the yen 円を変動相場にする/If the *float* moves, there is probably a fish on the hook. もし浮きが動いたら針に魚がかかっているだろう/a coffee *float* コーヒーフロート.
【派生語】 **floatátion** 名 =flotation. **flóater** 名 C 浮かぶもの[人], 転々と住所や職業を変える人. **flóating** 形 浮かんでいる, 浮動する, 変動する. **floating bridge** 浮き橋/**floating dock** 浮きドック/**floating vote** 浮動票/**floating voter** 浮動票投票者. **flóaty** 形 浮きやすい, 船が喫水の浅い.

flock¹ /flák│flɔ́k/ 名 C 〔一般語〕[一般義] 動物の群れ. [語源] 特に羊, やぎ, がちょうなどによく使われる). [その他]〈くだけた語〉人の群れ,《複数形で》大勢, 多数. また聖書の中でキリストが羊飼い[司牧]をしていることから, 牧師, 神父に対してキリスト教信者, また教師, 父母を羊飼いと見なす比喩的に引率したり, 指導されたりする生徒たち, 子供たち. 動 として群れをなす, 群れる《together》, どこかへ群れをなして行く《to; into》.
[語源] 古英語 floc(c) から.
[用例] a *flock* of sheep 羊の群れ/the priest and his *flock* 司祭とその(管理下にある)信者/Birds of a feather *flock* together.《ことわざ》同じ色の羽の鳥は集まる(類は友を呼ぶ)/People *flocked* to the football match. 大勢の人々がフットボールの試合にやってきた.
【慣用句】 **in flocks** 大勢で.

flock² /flák│flɔ́k-/ 名 C 〔一般語〕[一般義] 一房の羊毛,《複数形で》毛くず, 綿くず.
[語源] ラテン語 *floccus* が古フランス語 *floc* を経て中英語に入った.

floe /flóu/ 名 C 〔一般語〕[一般義] 浮氷, 流氷.
[語源] おそらくノルウェー語 *flo* (=flat layer) から. 19世紀より.

flog /flág│-ɔ́-/ 動 [本来他] 〔一般語〕[一般義] むち打つ, むちで打つように激しく叱る,〈くだけた語〉《英》盗品を不法に売る.
[語源] 不詳. 初期近代英語から.
【派生語】 **flógging** 名 U むち打ち, 体罰.

flood /flʌ́d/ 動 [本来他] 名 CU 〔一般語〕[一般義] 洪水, 大水, 出水. [その他] あふれること, 氾濫(はんらん), 比喩的に大量, 殺到, 豊富, 上げ潮(flood tide),《F-》聖書にあるノアの洪水. 動 として水浸しにする, 川や湖などを氾濫させる, 大量の物が…に殺到する, 充満する, …を満たす. 自 氾濫する, どっと来る.
[語源] 古英語 flōd から.
[用例] If it continues to rain like this, we shall have *floods*. もしこの調子で雨が降り続いたら洪水にな

るだろう/a *flood* of letters どっと押し寄せてきた手紙/She left the water running and *flooded* the kitchen. 彼女は水を出しっ放しにしておいて台所を水浸しにしてしまった/The river has *flooded*. 川が氾濫した.

【派生語】 **flóoding** 名 Ⓤ 洪水, 出水.

【複合語】 **flóodgàte** 名 Ⓒ《しばしば複数形で》水門, 感情のはけ口, 出口. **flóodlìght** 名 ⓊⒸ 投光照明, ライトアップ,《しばしば複数形で》投光照明灯, 投光器. **flóod tìde** 名 Ⓒ 上げ潮, 満ち潮, 満潮.

floor /flɔ́ːr/ 名 Ⓒ 動 [本来義]〔一般語〕[一般義] 建物, 部屋などの床(ゅ), フロア, [その他] 家, ビルなどの階, 層. 比喩的に床のように平らで底にあるものということで, 海底, 湖底, 価格などの最低, 底値(⇔ceiling). また議場のフロアということで, 議員席, 議会での発言権. 動 として床を張る, 床に打ち倒す,〔くだけた語〕相手をやりこめる, 閉口させる.

[語法]「階」については,《英》では1階を the ground floor, 2階を the first floor, 3階を the second floor のようにいう.《米》では日本の数え方と同じ.

[語源] 古英語 flōr から.

[用例] The library has seven *floors*. その図書館は7階建である/My office is on the third *floor*. 私の事務所は3階【英】4階にある/We've *floored* the kitchen with plastic tiles. 家では台所の床にプラスチックタイルを張った/The question completely *floored* her. 彼女はその質問に全く答えられなかった.

【派生語】 **flóorage** 名 Ⓤ 床面積. **flóorer** 名 Ⓒ 床張り職人, 徹底的な打撃, 難問題. **flóoring** 名 ⓊⒸ 床張り, 床板.

【複合語】 **flóorbòard** 名 Ⓒ 床板. **flóor clòth** 名 Ⓒ 床の敷物, 床ぞうきん. **flóor èxercise** 名 Ⓒ《体操》床運動. **flóor làmp** 名 Ⓒ《米》フロアスタンド. **flóor lèader** 名 Ⓒ《米》政党の院内総務. **flóor plàn** 名 Ⓒ 建物の平面図. **flóor pòlish** 名 ⓊⒸ 床みがき剤. **flóor shòw** 名 Ⓒ ナイトクラブなどのフロアショー. **flóor wàlker** 名 Ⓒ《米》売場監督.

flop /flάp/flɔ́p/ 動 [本来自] ⓊⒸ 副〔一般語〕[一般義] ばったり倒れる, どさっと座る, ばたばた動く, [その他] どさっと[どすんと]音を立てる,〔くだけた語〕つぶれる, くずれる, 失敗する. 名 としてばったり倒れること, どさっと座る[落ちる]こと,〔くだけた語〕失敗(作). 副 としてどさっと, ばったりと, ばたばたと, ばたっと.

[語源] flap の異形として初期近代英語から.

[用例] She *flopped* into an armchair. 彼女はいすにどさっと座りこんだ/Her hair *flopped* over her face as she ran. 彼女が走ると髪がばさっと顔にかかった/She *flopped* around the house in her old slippers. 彼女は古いスリッパをはいて家の中をばたばた歩き回った/The show was a complete *flop*. ショーは完全な失敗作だった.

【派生語】 **flóppily** 副. **flóppiness** 名 Ⓤ. **flóppy** 形 ばたばたする, ぼさっと垂れる. 名 Ⓒ = floppy disk: **flóppy dìsk**【コンピューター】円盤形磁気記憶装置, フロッピーディスク.

【複合語】 **flóphòuse** 名 Ⓒ〔くだけた語〕《米》簡易宿泊所, 安ホテル.

flo·ra /flɔ́ːrə/ 名 ⓊⒸ (複 ~s, -rae /riː/)《植》ある地方, ある時代特有の全植物, 植物相.

[語源] 古代ローマの花の女神 Flora からの近代ラテン語. 初期近代英語より.

[関連語] fauna (動物相).

flo·ral /flɔ́ːrəl/ 形〔一般語〕花の, 花のような, 植物相 (flora)の.

[語源] ラテン語 Flora (⇒flora) の 形 Floralis が初期近代英語に入った.

Flor·ence /flɔ́(ː)rəns/ 名 固 イタリア北部の都市, フィレンツェ, フローレンス. また女性の名, フローレンス.

【派生語】 **Florentine** /flɔ́(ː)rəntiːn/ 形 フィレンツェの.

floricultural ⇒floriculture.

flo·ri·cul·ture /flɔ́(ː)rikʌltʃər/ 名 Ⓤ〔一般語〕花卉(き)園芸, 花卉栽培.

[語源] flori-「花」+culture として 19 世紀から.

【派生語】 **flòricúltural** 形. **flòricúlturist** 名 Ⓒ 花卉栽培者.

flor·id /flɔ́(ː)rid/ 形〔一般語〕華やかな, けばけばしい, 顔が血色のよい, 赤らんだ.

[語源] ラテン語 floridus (=flowery) がフランス語を経て初期近代英語に入った.

Flor·i·da /flɔ́(ː)ridə/ 名 固 フロリダ (★アメリカ南部の州; Fla.,《郵便》FL と略す).

【派生語】 **Flóridan, Floridian** 形 名 Ⓒ フロリダ州の(人).

flor·ist /flɔ́(ː)rist/ 名 Ⓒ〔一般語〕花屋, 花卉栽培者 (floriculturist).

[語源] ラテン語 flos (=flower) の語幹 flor-+-ist として初期近代英語から.

floss /flɔ́s/flɔ́s/ 名 ⓊⒸ 動 [本来他]〔一般語〕[一般義] 刺繍(しゅう)用の撚りをかけてない柔らかい糸, かま糸. [その他] 本来は繭(まゆ)のけば, 繭綿をいい, それから上記の刺繍用の糸や絹綿状の繊維,《歯》歯間掃除用の糸, デンタルフロスの意となった. 動 として, デンタルフロスで歯垢(こう)をとる.

[語源] 古フランス語 flosche (=down) によるフランス語 floche が 18 世紀に入った. それ以前は不詳.

【派生語】 **flóssily** 副. **flóssy** 形 けばの, けばのような, 軽くてふわふわした.

flo·ta·tion /floutéiʃən/ 名 Ⓤ〔一般語〕浮かぶこと, 浮揚. また新規株の発行.

[語源] float+-ation として 19 世紀から.

flo·til·la /floutílə/ 名 Ⓒ〔一般語〕小型艦の艦隊, 小型船隊.

[語源] 古ノルド語 floti (=fleet) による古フランス語 flote がスペイン語に flota として入り, その指小語が 18 世紀に入った.

flot·sam /flάtsəm|-ɔ́-/ 名 Ⓤ〔一般語〕遭難船の浮き荷.

[語源] ゲルマン語起源の古フランス語 floter (=to float) から派生したアングロフランス語 floteson が初期近代英語に入った.

【慣用句】 *flotsam and jetsam* 浮き荷と投げ荷, がらくた.

flounce[1] /flάuns/ 動 [本来自] 名 Ⓒ〔一般語〕怒って部屋などから飛び出す, 激しく体を動かしながら歩き回る. 名 として急な動き, あがき.

[語源] 不詳.

flounce[2] /flάuns/ 名 Ⓒ 動 [本来他]〔一般語〕スカートのひだ飾り(をつける).

[語源] 中英語 frounce (=wrinkle) から.

floun·der[1] /flάundər/ 動 [本来自]〔一般語〕もがく, あがく, 四苦八苦して仕事をする.

[語源] 不詳.

floun·der² /fláundər/ [名] [CU] 〘魚〙ひらめ, かれい, またその肉.

flour /fláuər/ [名] [U] [動] [本来語] 〔一般語〕小麦粉. [動]として小麦粉をまぶす, 振りかける.

[語源] flower に同じ. 17世紀ごろまでは flour と flower の綴り上の区別はなく, すべて flour であった.

【派生語】**flóury** [形] 小麦粉の, 粉状の.

【複合語】**flóur mill** [名] [C] 製粉工場.

flour·ish /flɔ́ːrɪʃ/ [動] [C] 〔一般語〕〔一般語〕事業などが繁栄する, 繁盛する. [その他] 草木が繁茂する, 人が活躍中である, 元気である. 他 武器などを振り回す. [名] として繁栄, 繁盛, 見せびらかし, また管楽器によるファンファーレ, 美辞麗句, 文字の飾り書きなど.

[語源] ラテン語 flos (=flower) から派生した florere (=to blossom) が古フランス語で florir となり, その語幹 floriss- が中英語に入った.

[用例] The children are *flourishing*. 子供たちは元気だ/The garden has been *flourishing* this year. 庭は今年は植物がよく育っている/His business is *flourishing*. 彼の事業はうまくいっている/Painting *flourished* in Italy in the fifteenth century. 絵画は15世紀にイタリアで盛んであった.

【派生語】**flóurishingly** [副].

flout /fláut/ [動] [C] 〔一般語〕ばかにする, 軽蔑する. [自] としても用いる. [名] として軽蔑的な態度[言葉].

[語源] 不詳. おそらく中英語 flouten (=to play the flute) から.

flow /flóu/ [動] [本来語] [名] [CU] 〔一般語〕〔一般語〕液体が流れる, 流れ出る. [その他] 比喩的に流れるように出てくる〔行く〕, すらすらと運ぶ, 潮が上げる, 満ちてくる, 髪がうねりと垂れる, 場所が...に満ちる, 充満する, 何かが結果として生じる, 起こる. [名] として《単数形で》流れ, 流出, 流水, 流量. またどっと流れ出ること, 洪水, 《the ~》上げ潮.

[語源] 古英語 flōwan から.

[用例] The river *flowed* into the sea. その川は海に流れ込んだ/Blood *flowed* from the wound. 血が傷から流れ出た/Money *flowed* into Britain when the value of the pound was low. ポンドの価値が低いときに金がイギリスへ流入した/The traffic began to *flow* normally again. 交通の流れは再び平常に復した/The boat left the harbour when the tide began to *flow*. その船は潮が満ちてきたときに出港した/The doctor could not stop the *flow* of blood. 医者は出血を止められなかった/the *flow* of traffic 交通の流れ.

【慣用句】***flow out*** 流出する.

【複合語】**flówchàrt** [名] [C] 流れ図, 工程表, フローチャート.

flow·er /fláuər/ [名] [CU] [動] [本来語] 〔一般語〕花, 草花. [その他] 満開, 開花, 盛り, 活躍期, 《the ~》最も美しい部分, よりすぐり, 精華. [動]として花が咲く, 開花する, 比喩的に才能などが花開く, 栄える.

[語源] ラテン語 flos (=flower) が古フランス語 flo(u)r を経て中英語に入った. flour (小麦粉) とは同語源で, 17世紀までは flour と綴られていた.

[用例] He gave her a bunch of *flowers*. 彼は彼女に花を与えた/Her garden has many *flowers* but no vegetables. 彼女の庭にはたくさん草花が植えてあるが, 野菜はない/the *flower* of the nation その国民のいちばんよい所.

[類義語] flower; blossom; bloom: **flower** は草花, **blossom** は桜, 梅など木の花, **bloom** はとくに木の花の中で観賞用のもの.

【派生語】**flówered** [形] 花模様の. **flówering** [形] 花の咲く: a *flowering* plant 花の咲く植物. **flówerless** [形] 花の咲かない. **flówery** [形]《限定用法》花のような, 花で飾った, 《やや軽蔑的》言葉などはでな, けばけばしい.

【複合語】**flówer arràngement** [名] [UC] 生け花. **flówerbèd** [名] [C] 花壇. **flówer bùd** [名] [C] 花のつぼみ, 花芽. **flówer gàrden** [名] [C] 花畑, 花園. **flówer gìrl** [名] [C] 花売り娘, 《米》結婚式での花嫁付添い少女. **flówerpòt** [名] [C] 植木鉢. **flówer shòw** [名] [C] 花の品評会, 花の展示会.

flown /flóun/ [動] fly の過去分詞.

flu /flúː/ [名] [U] 〔一般語〕流感, インフルエンザ.

[語法] 《米》では通例 the flu とする. 「流感にかかっている」は《米》have *the flu*, 《英》have *flu*.

influenza の短縮形.

fluc·tu·ate /flʌ́ktʃueɪt/ [動] [本来自] 〔一般語〕上下に揺れる, 株価などが変動する, 上下する, 比喩的に感情などが動揺する.

[語源] ラテン語 fluctuare (=to move as a wave) の過去分詞 fluctuatus が初期近代英語に入った.

[用例] The cost of living continually *fluctuate*. 生活費は常に変動している/He *fluctuates* between loving and hating her. 彼の心は彼女を愛したり憎んだりして揺れている.

【派生語】**flúctuàting** [形]. **flúctuàtingly** [副]. **flùctuátion** [名] [CU] 動揺, 変動.

flue /flúː/ [名] [C] 〔一般語〕炎や熱気を送り出すためのパイプ, 熱気送管, 小煙突.

[語源] 不詳. 初期近代英語から.

fluency ⇒fluent.

flu·ent /flúːənt/ [形] 〔一般語〕〔一般語〕弁舌がよどみない, 言葉が流暢な, 流れるような. [その他] 能弁な, 弁舌さわやかな, 行動, 動作が滑らかで滑らかな, 優美な.

[語源] ラテン語 fluere (=to flow) の現在分詞 fluens が初期近代英語に入った.

[用例] He spoke *fluent* French. 彼は流暢なフランス語を話した/He is a *fluent* speaker of several European languages. 彼はいくつかのヨーロッパの言語を流暢に話す.

【派生語】**flúency** [名] [U]. **flúently** [副].

fluff /flʌ́f/ [名] [CU] [動] [本来語] 〔一般語〕〔一般語〕綿毛, うぶ毛. [その他] 《英》ラシャなどのけば, 綿ぼこり. また一般にふわふわしたもの, 比喩的に取るに足らないもの, つまらないもの, 〔くだけた語〕つまらない誤り, とりい, 特に俳優のせりふ忘れ. [動] としてけば立つ, ふわふわになる, 〔くだけた語〕間違える, とちる.

[語源] 不詳. 18世紀から.

【派生語】**flúffiness** [名] [U]. **flúffy** [形].

flu·id /flúːɪd/ [名] [U] [形] 〔一般語〕流体, 流動体. [形] と流体の, 流動性の, 比喩的に状況などが流動的な, 意見などが変わりやすい, 表現や動作などが流れるような.

[語源] ラテン語 fluere (=to flow) の派生形 fluidus が古フランス語 fluide を経て初期近代英語に入った.

[用例] As it became warmer, the substance became more *fluid*. 暖かくなったのでその物質はより流

動的になった/*fluid* movements of a dancer 踊り子のなめらかな動き.
[関連語] gaseous (気体の); liquid (液体の); solid (固体の).
[派生語] **flúidal** 形 流体に関する. **flúidally** 副. **fluídity** 名 U 流動状態, 変わりやすいこと. **flùidizátion** 名 U. **flúidize** 動 本来自 流動体[液体]にする. **flúidly** 副. **flúidness** 名 U.
[複合語] **flúid óunce** 名 C 液量オンス (★(米)1/16 pint; (英)1/20 pint; fl. oz.と略す).

fluke[1] /fluːk/ 名 C [一般語] 錨鈎(いかりかぎ), 槍(やり), やすなどの爪, かかり, 鯨の尾びれ.
[語源] 不詳. 初期近代英語から.

fluke[2] /fluːk/ 名 C 《魚》ひらめ, かれい(flatfish).

fluke[3] /fluːk/ 名 C 〔くだけた語〕 まぐれ当たり, 幸運.
[語源] 不詳. 19世紀から.
【慣用句】**by a fluke** まぐれ当たりで.
[派生語] **flúky, flúkey** 形 まぐれの.

flung /flʌŋ/ 動 fling の過去・過去分詞.

flunk /flʌŋk/ 動 本来自 〔くだけた語〕 (米) 試験で失敗する, 落第する. 他 試験に失敗する, 落ちる, 教師が学生に落第点をつける, 落とす.
[語源] funk (しりごみする, 臆病になる) と flinch (しりみする) の混成語 (blend) として19世紀から. もとは学生の隠語.
[用例] *flunk* in an examination 試験にしくじる/He has *flunked* his French exam three times. 彼はフランス語の試験に3度も落ちた/They *flunked* half of the applicants for the university course. その学校では大学進学志願者の半分を落とした.

flun·ky, flun·key /flʌ́ŋki/ 名 C 〔軽蔑的な語〕 制服を着た使用人, 召使い, またおべっか使い.
[語源] 語源不詳のスコットランド語から.

flu·o·res·cence /fluərésns/ 名 U [一般語] 蛍光, 蛍光性.
[語源] fluorspar (蛍石)+opalescent (乳白光)から成る混成語 (blend) として19世紀から.
[派生語] **fluoréscent** 形 蛍光性の, 蛍光を発する: **fluorescent lamp [light; tube]** 蛍光灯.

fluoridate ⇒fluoride.

fluo·ride /flúəraid, flɔ́ːr-/ 名 U 《化》フッ化物.
[語源] fluor-「フッ素」+-ide として19世紀から.
[派生語] **flùoridátion** 名 U. **flúoridàte** 動 本来他 虫歯を防ぐために飲料水などにフッ化物をいれる.

fluorinate ⇒fluorine.

flu·o·rine /flú(ː)əriːn, flɔ́ːr-/ 名 U 《化》フッ素 (★元素記号 F).
[派生語] **flúorinàte** 動 本来他 《化》フッ化させる. **flùorinátion** 名 U.

flur·ry /fləːri | flʌ́ri/ 名 C 動 本来他 [一般語] [一般義] 《a ～》狼狽(ろうばい), 動揺, 混乱. その他 突風, 一陣の風, にわか雨, 風雪. 動 として 《通例受身で》あわてさせる.
[語源] 不詳. 初期近代英語から.
【慣用句】**in a flurry** あわてふためいて.

flush[1] /flʌʃ/ 動 本来自他 名 C [一般語] [一般義] 水がどっと流れる, 水があふれる, 水洗便所で水をどっと流す. その他 興奮, 運動などで顔が赤らむ, 紅潮する. 急に血液が顔面に流れる意と, 恐らく blush の影響から紅潮するのと なった. 他 として, トイレの水洗の水を流す, 《通例受身で》顔を赤らめる, 紅潮させる. 名 として, 水の紅潮, 赤面, 興奮, 感激, 《a ～》水をどっと流すこと, 水洗装置.
[語源] 不詳.
[用例] She *flushed* with embarrassment. 彼女ははつの悪さで赤面した/*flush* a toilet トイレの水を流す/A slow *flush* covered her face. 彼女の顔はだんだんと赤くなった/The *flush* isn't working very well. トイレの水洗の調子があまりよくない.
【慣用句】**in the first [full] flush of ...** ...の最盛期の勢いで.
[複合語] **flúsh tòilet** 水洗便所.

flush[2] /flʌʃ/ 形 [一般語] 水が川岸と平行するくらい流れる, あふれんばかりの, また周囲のものと同一面の, 同じ高さの (with), 〔くだけた語〕 豊富な, 豊かな, 金持ちの. 副 として豊かに, たっぷりと, 手かげんなく充分に, まともに.
[語源] 不詳. 初期近代英語から.
[用例] the switches *flush* with the wall 壁から出っぱらないようにしたスイッチ/I'm always *flush* after I receive my salary. 給料をもらったあとは, いつもたっぷり金がある.

flush[3] /flʌʃ/ 動 本来自 [一般語] 鳥がぱっと飛び立つ[立たせる].
[語源] おそらく擬音語. 中英語から.

flush[4] /flʌʃ/ 名 C 《トランプ》ポーカーで同一種の札のそろい, フラッシュ.

flus·ter /flʌ́stər/ 動 本来自 名 U [一般語] 混乱させる, 騒がしくる, めんくらわせる. 騒ぐ, めんくらう. 名 として 《しばしば a ～》混乱, 狼狽(ろうばい).
[語源] 不詳. 中英語から.
【慣用句】**all in a fluster** すっかりあわてて.

flute /fluːt/ 名 C 動 本来自他 [一般語] 《楽器》横笛, フルート. その他 フルートのような形をしたものの意で, 細長いフランスパン, 《建》柱の縦溝, 動 としてフルートを吹く. 他 《通例受身で》円柱に飾り用縦溝を彫る.
[語源] 古フランス語 *fleute* が中英語に入った. それ以前については不詳.
[派生語] **flúting** 名 C 《建》円柱の飾り用縦溝. **flútist** 名 C フルート奏者 ((英) flautist).

flut·ter /flʌ́tər/ 動 本来自他 名 CU [一般語] [一般義] 鳥が羽をはばたき動かす, 羽ばたきする, 羽ばたいて飛ぶ. その他 鳥の羽ばたきに似た動作をいい, 旗がはためく, ちらちらえる, 木がちらちら揺れて, また比喩的に人があわただしい, そわそわ動き回る, うろうろする, 心臓がどきどきする. 他 として, 鳥が羽をばたばたと動かす, 旗などをひるがえす, 人をあわてさせる, うろたえさせる. 名 として 《単数形で》鳥の羽ばたき, 旗などのはためき, 胸のときめき, 心の動揺, 《俗語》(英) 賭け, 博打(ばくち), またテープなどの再生のむら, テレビ画面のちらつき, 《医》心臓の異常鼓動, 《水泳》ばた足.
[語源] 古英語 flotian (⇒float) の反復動詞 floterian (=to float about) から.
[用例] The bird *fluttered* its wings wildly but it could not get off the ground. その鳥は羽を激しく動かしたが飛び立てなかった/The moth *fluttered* round the light. その蛾は灯りの回りを飛び回った/She felt a *flutter* in her chest. 彼女は胸がどきどきした/I had a *flutter* on a horse and won £10. 私はある馬に一山張って10ポンドもうかった.
【慣用句】**fall into a flutter** あわてる, どぎまぎする. **in a flutter** あわてて, うろたえて. **put ... in [into] a**

flutter …をうろたえさせる, どぎまぎさせる.

【複合語】**flútter bòard** 名 C 《水泳》ビート板. **flútter kìck** 名 C 《水泳》クロールなどのばた足.

flu·vi·al /flúːviəl/ 形 〔一般語〕川の, 《地質》河流作用でできた, 沖積の, 《生》河川に住む.

[語源] ラテン語 *fluvius* (=river) の奪格 *fluvialis* が中英語に入った.

flu·vi·o·graph /flúːviəgræf/ -àːf/ 名 C 〔一般語〕河川水量計.

[語源] fluvio-「河川」+ -graph「記録計」.

flux /flʌks/ 名 U 本来自 〔一般語〕〔一般義〕流れ, 流動. [その他] 絶え間ない変化, 変転, また潮の流れから, 上げ潮, 満ち潮, (a ~) 言葉などが滔々(とう)として流れ出ること. また《化·冶》融剤, 《理》液体, 電気などの流量. 動 としてどっと流れ出る. 他 融剤で処理する, 液体にする.

[語源] ラテン語 *fluere* (⇒flow) の過去分詞 *fluxus* が古フランス語を経て中英語に入った.

[用例] be in a state of *flux* 変転している, 流動的な状態である/a *flux* of words 滔々と流れ出る言葉.

fly¹ /flái/ 動 本来自 《過去 flew /flúː/; 過分 flown /flóun/》 名 C 〔一般語〕〔一般義〕鳥や飛行機などが空中を飛ぶ. [その他] 飛行機で行く, 空路で旅行する. 飛ぶ動作の連想から, 旗や髪が風になびく, ひるがえる, 比喩的に時などが飛ぶように速く過ぎる, 人が飛んで行く, 大急ぎで立ち去る, 逃げる(flee), 飛ぶように速くという意味で, ある状態に突然なる, さっと動く, 《野》フライを打つ. 他 として, 鳥などを飛ばす, 凧(たこ)をあげる, 航空機を操縦する, ある距離, 航路を飛行機上空を飛行する, 飛行機で渡る, 横断する, ある航空会社の飛行機に乗る, 利用する, 障害物を飛び越える, …から逃げる(flee). 名 として《野》飛球, フライ, 《英》《複数形で》ズボンの前隠し, ファスナー.

[語法] ❶「逃げる」意では過去·過分は fled となる. この意味では, 《英》で現在形に flee を用いるのは文語で, くだけた表現では fly が用いられる ❷「フライを打つ」意では過去·過分は flied となる.

[語源] 古英語 *flēogan* から.

[用例] The birds are *flying* south for the winter. 鳥たちが冬を越すために南の国へ飛んでゆく/Time *flies*. 光陰矢の如し/*fly* into a rage かっと怒る/The child wanted to *fly* his kite. その子は凧をあげたがった/The pilot *flew* (the plane) across the North Sea. 操縦士は北海を横断して飛んだ/He *flew* the Pacific. 彼は太平洋横断飛行をした/*fly* Northwest Airlines ノースウエスト航空の飛行機を利用する.

【慣用句】*fly in* [*into*] *pieces* こっぱみじんになる: The glass *flew into pieces*. そのコップは粉々になった. *fly off the handle* かっとなる, 怒る. *fly out* 飛び出す, 急に怒鳴り出す, 《野》フライを打ってアウトになる. *let fly* 石, 矢, 弾などを投げる, 飛ばす, 撃つ, 怒りなどを…に浴びせる《at》. *send* [*knock*] … *flying* ぶち当たって倒す, 突き飛ばす.

【派生語】**flíer** 名 C 飛行士, パイロット, 飛行機乗客, 飛行機利用客, 《米》広告のちらし, 《スポ》= flying start. **flýable** 形 飛行可能な, 飛行準備のできた. **flýer** 名 = flier. **flýing** 名 U 飛ぶこと, 飛行(flight). 形 飛んでいる, 飛ぶことのできる, 飛ぶように速い, 《英》大急ぎの, 《スポ》助走して行う: **flying doctor** オーストラリアの飛行機で往診する医師/**flying fish** 《魚》とびうお/**flying jump** 走り幅跳びや/**flying officer** 《英》空軍中尉/**flying picket** スト参加のためのオルグ/**flying saucer** 空飛ぶ円盤/**flying squad** 警察の特別機動隊/**flying start** 《スポ》助走スタート, 一般に早いスタート, 好調な滑り出し.

【複合語】**flýawày** 形 衣服などのすそがひらひらしている, ふわふわの, まとまりのない. **flýbỳ** 名 C 飛行機の低空飛行. **flý-by-night** 形 《軽蔑的》金について信用がおけない, 無責任な (★「夜逃げしそうな」の意から). **flýleaf** 名 C 《製本》書物の巻頭, 巻末の白紙のページ, 遊び紙. **flýover** 名 C 《英》立体交差の上の道路, 高架道路 《米》overpass), 《米》パレード飛行. **flýwày** 名 C 渡り鳥の飛行経路.

fly² /flái/ 名 C 《昆》はえ, 一般に飛ぶ虫, 《釣り》毛針, フライ.

[語源] 古英語 *flýge* から. 原義は「飛ぶもの」で究極的には fly¹ と同義語.

【慣用句】*a fly in the ointment* 玉に傷 (★旧約聖書より). *a fly on the wall* 人に気付かれずに聞いている[見ている]人. *There are no flies on* …. 〔くだけた表現〕《英》…は全く抜目がない, 非の打ちどころがない.

【複合語】**flýcàtcher** 名 C はえ取り器, はえたたき, 《鳥》アメリカ大陸のヒタキ. **flý fishing** 名 C 《釣》毛針釣り, フライフィッシング. **flýpàper** 名 UC はえ取り紙. **flý sprày** 名 UC はえ取り用のスプレー. **flý swàtter** 名 C はえたたき. **flýtràp** 名 C はえ取り器. **flýwèight** 名 C 《ボクシング·レスリング》フライ級の選手.

FM 《略》=Field Marshal; frequency modulation.

f-number /éfnÀmbər/ 名 C 《写》**f** 数, F ナンバー 《★レンズの口径に対する焦点距離の比率》.

foal /fóul/ 名 C 《動》馬, ろばの一歳未満の子.

[語源] 古英語 *fola* から.

【慣用句】*in* [*with*] *foal* 馬, ろばが妊娠して.

foam /fóum/ 名 U 動 本来自 〔一般語〕泡, 泡沫(ほうまつ), 《化》発泡体. 動 として, ビールなどが泡立つ, 泡を立てて流れる, 馬などが口から泡をふく.

[語源] 古英語 *fām* から.

【派生語】**fóamily** 副. **fóaminess** 名 U. **fóamy** 形 泡の多い, 泡だらけの, 泡のような, 泡立っている.

【複合語】**fóam rúbber** 名 U 気泡ゴム, フォームラバー.

fob¹ /fáb/ -ɔ́-/ 名 C 〔古風な語〕《英》懐中時計用のポケット, 懐中時計の鎖, ひも.

[語源] 不詳. 初期近代英語から.

fob² /fáb/ -ɔ́-/ 動 本来他 〔古風な語〕だます.

[語源] 不詳. 中英語から.

【慣用句】*fob … off* 人をうまくごまかす, 人に偽物をつかませる.

focal ⇒focus.

fo·cus /fóukəs/ 名 C 《複 ~es, -ci /sai/》動 本来他 〔一般語〕〔一般義〕レンズなどの焦点. [その他] 焦点距離, ピント, ピント合せ. 《the ~》地震の震源, 興味, 関心などの中心, 的. 動 として, …に…の焦点[ピント]を合せる, 注意などを…に集中させる. 自 焦点が合う, 注意などが集中する.

[語源] 「暖炉」の意のラテン語 *focus* が「火の燃える所 (burning point)」の意となり, 初期近代英語に入った.

[用例] the *focus* of a lens レンズの焦点/the *focus of* attention 注意の的/Remember to *focus* the

camera [picture] before taking the photograph. 写真を撮る前に必ずピントを合せて下さい.
【慣用句】**bring** [**get**] ... **into focus** ...に焦点を合せる. **in focus** 焦点[ピント]が合って. **out of focus** 焦点[ピント]が合っていない.
【派生語】**fócal** 形 焦点の, 焦点となっている: **fócal léngth**〚写・光学〛《the ～》焦点距離/**fócal póint**〚光学〛《the ～》レンズの焦点, 一般に興味や話題などの中心.

fod·der /fάdər/ -ɔ́-/ 名 U 〔一般語〕[一般義]家畜の飼料, かいば. [その他]《軽蔑的》いくらでも代りのあるもの, すぐかき集められる価値のないもの[人].
語源 古英語 fōd(d)or から. 本来は「食物」の意であった.

foe /fóu/ 名 C 〘文語〙敵(enemy).
語源 古英語 fo から.

foehn /fə́:n, féin/ 名 UC 〘気象〙フェーン(現象)(★山越えの乾いた熱風が吹くこと). 語源 ドイツ語 Föhn(生暖かい西風)が19世紀に入った.

foetal ⇒fetal.

foetus ⇒fetus.

fog /fɔ́(:)g/ /fάg/ 名 UC 〔一般語〕[一般義]霧, もや. [その他]立ちこめた煙, 煙霧, 比喩的にもやもやした状態, 混迷, 混惑, 混乱,〘写〙ネガの曇り. 動 として霧でおおう, 曇らせる, 濃霧で交通機関を運行不能にする, 比喩的に当惑させる, 混惑させる,〘写〙ネガを曇らせる. 自 霧やもやが立ちこめる, 曇ってぼんやりとなる.
語源 スカンジナビア系の語と思われるが不詳. 初期近代英語から.
用例 Her glasses were *fogged* up with steam. 彼女の眼鏡は蒸気で曇ってしまった.
【派生語】**fóggily** 副. **fógginess** 名 U. **fóggy** 形 霧がかった, 霧の深い, 霧の立ちこめた, 霧のような, もうろうとした.
【複合語】**fógbànk** 名 C 濃霧: The *fogbank* resulted in numerous accidents on the motorway. 濃霧のために高速道で多くの事故が起こった. **fógbòund** 形 濃霧で立ち往生の: The plane is *fogbound* at the airport. その飛行機は濃霧のために空港で足どめを食った. **fóghòrn** 名 C 濃霧のとき灯台などで鳴らす警笛. **fóg làmp** 名 C =fog light. **fóg lìght** 名 C 自動車のフォグランプ.

fo·gey, fo·gy /fóugi/ 名 C 〔一般語〕時代遅れの頑固者, 旧弊思想家(語法 old fog(e)y として用いる).
語源 不詳. 18 世紀から.

foggy ⇒fog.

fogy ⇒fogey.

foi·ble /fɔ́ibl/ 名 C 〔一般語〕ささいな欠点, 短所.
語源 フランス語 *faible*(=feeble)の古い形. 原義はフェンシングの「剣のしなる部分」.

foil[1] /fɔ́il/ 名 UC 〔一般語〕[一般義]金属箔, 金属の薄片, ホイル. [その他]食品やタバコなどを包むアルミ箔, 鏡の裏に塗る裏箔, 宝石などの光沢を良くするために下に敷く敷箔, 転じて引き立て役の人[物].
語源 ラテン語 *folium*(=leaf)が古フランス語を経て中英語に入った.
用例 aluminum *foil* アルミ箔.

foil[2] /fɔ́il/ 動 本来他 〔一般語〕[一般義]計画などをくじく, くつがえす, 裏をかく.
語源 不詳. 中英語から.

foil[3] /fɔ́il/ 名 C 〘フェンシング〙軽い剣, フルーレ, フォイル.
語源 不詳. 初期近代英語から.

foist /fɔ́ist/ 動 本来他 〔一般語〕価値のないものや嫌なものを偽って相手に押しつける.
語源 不詳. 初期近代英語から.
用例 The shopkeeper tried to *foist* his broken biscuits on to the lady. 店主は割れたビスケットをその婦人に押しつけようとした.

fold[1] /fóuld/ 動 本来他 名 C 〔一般語〕[一般義]紙や布などを折りたたむ. [その他]紙の端などを折り曲げる, 傘などをたたむ. 折りたたまの意から発展して, 腕を組む, 両腕で抱きかかえる, 紙などで包む, 紙などを巻きつける. 自 折りたためる, 折り重なる,《くだけた語》事業などが失敗する, 倒産する, 劇などが中止になる. 名 として折りたたみ, 折り目, しわ, 山ひだなど.
語源 古英語 fealdan(=to fold)から.
用例 She *folded* the paper in half and put it in the envelope. 彼女はその紙を二つに折って封筒に入れた/He *folded* his arms and waited. 彼は腕組みをして待った/The eagle *folded* its wings and settled on the branch. わしは翼をたたんで枝にとまった/Her dress hung in *folds*. 彼女の洋服は折りたたんで下げてあった/There was a *fold* in the page. そのページには折り目があった.
【慣用句】**fold away** 折りたたんで小さくする. **fold back** 紙や布などの端を折り返す. **fold in** 〘料理〙へらなどで切るようにして混ぜ合わせる. **fold up** 折りたたむ, たたみ込む; 折りたためる,〔くだけた表現〕事業などが失敗する, 芝居などが中止になる.
【派生語】**fóldable** 形 折りたためる, 折りたたみ可能な. **fólder** 名 C 折りたたむ人[器具], 紙挟み, 折りたたみ広告[地図, 図表]など. **fólding** 形 折りたたみ式の: a *folding* bed 折りたたみ式のベッド/a *folding* door アコーディオンドア.
【複合語】**fóldawày** 形 折りたたみ式の. **fóldòut** 本や雑誌などの折りたたみ, とじ込みページ.

fold[2] /fóuld/ 名 C 〔一般語〕[一般義]羊の囲い, おり. [その他]《the ～》囲いの中の羊の群れ, またキリストを良き羊飼いと考えて教会の信者たち.
語源 古英語 fald, falod から.

-fold /-fóuld/ 接尾 数字に続いて,「…倍の[に]」「…重の[に]」の意.
語源 古英語-f(e)ald から. ⇒fold[1].
用例 two*fold* 2 倍[重]の[に]/three*fold* 3 倍[重]の[に].

fo·li·age /fóuliidʒ/ 名 U 〘形式ばった語〙1 本の草木の葉全体, ゴシック建築や図案などの葉型装飾.
語源 ラテン語 *folium*(=leaf)に由来する古フランス語 *feuillage*, *foillage* が初期近代英語に入った.

fo·li·ate /fóuliit/ 形, /-eit/ 動 本来自 〘形式ばった語〙葉でおおわれた,《複合語で》…の葉のある. 動 として葉の形にする. 自 葉が出る.
語源 ラテン語 *folium*(=leaf)の派生形 *foliatus*(=bearing leaves)が初期近代英語に入った.
【派生語】**fóliated** 形 葉状の.

fo·lio /fóuliou/ 名 UC 〘形式ばった語〙〔一般語〕二つ折り判, フォリオ判. [その他]二つ折り判の紙[本], また写本などの丁数をかけた一葉, 刊本のページナンバー, ノンブル. 形 として二つ折り判の.
語源 ラテン語 *folium*(=leaf)の奪格 *folio*(=on leaf)が初期近代英語に入った.

folk /fóuk/ 名《複》形 〔一般語〕 一般義 《〜(s)で複数扱い》**人々**(people) 〔語法〕《米》ではしばしば〜s, 《英》では〜 〔その他〕《...'s 〜s》**家族, 親族, 身内の人々**, 《〜s》《呼びかけ》みなさん. 形として**民間の, 民衆の, 民俗の, 民族の**.
[語源] 古英語 folc から.
[用例] The *folk* in this town are very friendly. この町の人々はたいへん友好的だ／How are your *folks*? あなたのご家族はお元気ですか.
【派生語】**fólksy** 形〔くだけた語〕**社交的な, 人好きのする, 気取らない, うちとけた. fólky** 形 **庶民の, 民衆の.**
【複合語】**fólk dànce** 名 U **フォークダンス, 民族舞踊. fólklòre** 名 U〔形式ばった語〕**民間伝承, 民俗学. fólklòrist** 名 C **民俗学者. fólk mùsic** 名 C **フォークミュージック, 民俗音楽. fólk ròck** 名 U **フォークロック**《★ロックンロール風のフォークミュージック》**. fólk sìnger** 名 C **フォーク歌手, 民俗音楽[民謡]歌手. fólk sòng** 名 C **フォークソング, 民謡. fólktàle** 名 C **民話, 伝承物語.**

fol·low /fálou/ fɔ́l-/ 動 本来他 〔一般語〕 一般義 **...の後について行く. 〔その他〕順序として...の後に続く, ...に続いて起こる. 後に続くことから追う, 追跡する, 道に沿って行く, 道をたどる**, また後に従うことは逆らわないことに通じ, **慣習, 忠告, 命令などに従う, 服する, 言うとおりにする, 守る**. また文を引く性質(しばしば否定文, 疑問文で)**話などについて行く, 理解する, 説明などが分かる**, 視線を追うことから, **目で追う, 注目する**. 注目していることから, **関心がある, 興味を持っている**. 自 として, 人・物事などが後から行く[来る], **続く, 続いて起こる**, また《it 〜 that で》でき事などが論理的・必然性をもって**当然の結果として起こる, 結果として当然...となる**.
[語源] 古英語 folgian (=to follow)から.
[用例] I will *follow* (you). すぐ後から行きます／The storm was *followed* by beautiful weather. 嵐の後には好天が続いた／*Follow* this road until you get to the station. この道をたどって行けば駅に出ます／I *followed* his advice. 私は彼の忠告に従った／Do you *follow* (my argument)? 私の主張がわかりますか／He has been to Italy, but it does not *follow* that he understands the Italians. 彼はイタリアに行ってきたが, イタリア人を理解する結果にはならなかった.
[類義語] follow; pursue; chase; run after: **follow** は後に続く, 後から追いかける意の一般語で, 何のための追跡かは前後関係以外には明らかではない. **pursue** ははっきりした目的を持って執拗に追跡すること. 目的は捕えて打ち負かしたり, 研究している事実や真理であったり, 知識や快楽であったりさまざま. **chase** は逃げようとする相手を必死に追跡すること. **run after** は後から追いかけることだが, 相手はそのことを意識していない場合に用いる.
【慣用句】 *as follows* は次のとおりである: The program was *as follows*. プログラムは次のとおりである. *follow around* ...につきまとう. *follow on* すぐ後から続く. *follow out* 計画, 命令などを完遂する. *follow through*《球技》打球後バット, ラケット, クラブなどを**完全に振り切る**. *follow up* すぐ後に続く, 追跡調査をする, 強化徹底させる.
【派生語】**fóllower** 名 C **従者, 家来, 信奉者, 信者, 弟子, ファン, 追う人. fóllowing** 形《the 〜》**次の, 以下の, 次に続く**,《the 〜》**以下のもの[こと]**〔語法〕単数の内容の場合は単数扱い, 複数の内容の場合は複数扱い. 前 **...に引き続いて, ...の後で.**
【複合語】**fóllow-òn** 形 **次の, 継続する.** 名 CU **継続(するもの). fóllow-thròugh** 名 UC **打球の後で十分振り切ること. fóllow-ùp** 名 C **追跡調査, 新聞の続報, 詳報.** 形 **引き続いての, 追跡の結果の, 続報の.**

fol·ly /fáli/ fɔ́l-/ 名 UC 〔一般語〕 一般義 **愚かさ, 愚劣. 〔その他〕愚かな行為, 愚行, 愚かな考え, 金のかかるばかげた事業, 大金を投じた無用で奇抜な建築物.**
[語源] 古フランス語 fol (=fool) が中英語に入った.

fo·ment /fóument/ foumént/ 動 本来他 〔形式ばった語〕 一般義 **不和, 騒ぎなどを助長する, 誘発する. 〔その他〕本来は「暖めて患部などを癒す」の意で, 温湿布をする, 患部を暖める.**
[語源] ラテン語 *fomentare* (温かいものを当てる)が初期近代英語に入った.
【派生語】**fòmentátion** 名 U〔形式ばった語〕**助長, 誘発, 温湿布.**

fond /fánd/ -5-/ 形 〔一般語〕 一般義《述語用法》**...が大好きで, ...を好んで** (of).〔その他〕《限定用法》**優しい, 情深い, 情に甘い, 愛におぼれた, 他愛もなく, 楽観的な, 考え方が愚かな, 虫のいい**.
[語源] おそらく中英語 fonne (=fool) に-ed が付いた形から出たであろうと思われる. 中英語から.
[用例] I am *fond* of Bach's music. 私はバッハの音楽が好きだ／a *fond* mother 子供に甘い母親／His *fond* ambition was to be a film star. 彼の虫のいい野望は映画スターになることであった.
【派生語】**fóndly** 副. **fóndness** 名 U **いつくしみ, 慈愛, 溺愛.**

fon·dant /fándənt/ fɔ́n-/ 名 UC《菓子》**フォンダン**《★砂糖を煮つめた白い糖衣, キャンディー》.

fon·dle /fándl/ fɔ́n-/ 動 本来他 〔一般語〕**かわいがる, 愛撫する.**
[語源] fondling (=much-loved person) の逆成. 初期近代英語から.

fon·due, fon·du /fandjú, -́-/ fɔ́n-/ 名 CU《料理》**溶かしたチーズをとかしたものをパンにつけて食べるスイス料理, フォンデュ.**

font[1] /fánt/ fɔ́nt/ 名 C 〔一般語〕**教会の聖水盤.**
[語源] ラテン語 *fons* (=spring; fountain) が古英語に入り font となった.

font[2] /fánt/ fɔ́nt/ 名 C《印》**同一型活字の一そろい.**
[語源] フランス語 *fondre* (=to melt) から派生した *fonte* が初期近代英語に入った. 鉛をとかして活字を作る工程の意.

food /fú:d/ 名 UC 〔一般語〕 一般義 **食物, 食べ物. 〔その他〕いろいろの種類の食品, 植物などの栄養, 比喩的の心の糧, 思考, 反省などの材料.**
[語源] 古英語 foda から.
[用例] *food* and drink 飲食物《日英比較》日本語と順序が逆》／*food*, clothing and housing 衣食住《日英比較》衣食住が日本語と順序が逆》／cat *food* キャットフード／This liquid is the best *food* for your plants. この液体はあなたの植物のよい栄養になる／That's *food* for thought. それは考えてみるべきだ.
【派生語】**fóodie** 名 C〔くだけた語〕《英》**食通, グルメ.**
【複合語】**fóod àdditive** 名 C **食品添加物. fóod chàin** 名 C《生》**食物連鎖. fóod pòisoning** 名 U **食中毒. fóod pròcessor** 名 C **フードプロセサー**《★台所用の食材を切ったり, すったりする電動器具》**. fóod pỳramid** 名 C《生》**ピラミッド状食物連鎖**《★

上位にあるものから順に下位のものを餌にして生活する).
fóod stàmp 名 C (米)食料配給券, 貧しい人たちのための食料配給券. **fóod-stùff** 名 C [形式ばった語]《しばしば複数形で》食品材料.

fool /fúːl/ 名 C 形 動 [本来な] [一般語] [一般義] ばか者, 愚か者. [その他] 昔の王侯貴族に召しかかえられた道化師 (★現在のサーカスなどの道化師は clown). 形 として [くだけた語] (米)ばかな (foolish). 動 として, 人をだます, だまして…させる. 自 ふざける, 冗談を言う.
[語源] ラテン語 follis (=bellows; bag) が古フランス語 fol を経て中英語に入った. 「ふいご」から「中身が空っぽな人」の比喩的の意味が出た.
[用例] He is such a fool he never knows what to do. 彼は大変な愚か者なのでいったいどうすべきかわからない/He is no fool. 彼は決してばかではない(かなり賢い)/She completely fooled me with her story. 彼女のその話で私はすっかりだまされた.
【慣用句】**be a fool for one's pains** 骨折り損のくたびれもうけをする. **make a fool of …** …をばかにする, …を笑いものにする. **make a fool of oneself** ばかまねをする, 笑い物になる. **play [act] the fool** ばかまねをする, ふざける.
【派生語】**fóolery** 名 UC 愚かな振舞, ばか言動. **foolish** 形 ⇒見出し.
【複合語】**foolhàrdily** 副. **fóolhàrdy** 形 向うみずの, 無鉄砲な. **fóolpròof** 形 ばかでも間違えようのない, だれでも扱える, 器具などがどうやっても失敗も危険もない. **fóolscàp** 名 U 大判洋紙 (★もと道化師帽 (fool's cap)の透かしがあった). **fóol's érrand** 名 C 無駄足, 徒労. **fóol's páradise** 名《a ~》おめでたい考え, 幸福の幻影.

fool·ish /fúːliʃ/ 形《⇒fool》[一般語] ばかな, 愚かな, ま␣ばげた, きまりが悪い.
[用例] He is a foolish young man. 彼はばかな若者だ/It is foolish to run away from home. 家出をするなんて愚かなことだ/He looked very foolish. 彼はとてもきまり悪そうに見えた.
[類義語] foolish; silly; stupid: **foolish** は判断力, 常識が欠けていることで, 知能が低いという意味ではない. **silly** は foolish よりもっと常識はずれで, 笑い物になるような愚かさをいう. **stupid** は知能が低いことをいう. 本来の意味は以上のとおりであるが, stupid と silly はほぼ同じ意味の軽蔑語と考えてよい. foolish はそれに比べると判断の愚かさという意味が前面に出るので軽蔑感は少し低い.
【派生語】**fóolishly** 副. **fóolishness** 名 U.

foot /fút/ 名 C《複 **feet** /fíːt/》動 [本来な] [一般語] [一般義] 足 (★足首 (ankle) から下の部分). [その他] 物や物の足の部分, 足に似たもの, つま先からかかとまでの足の長さをもとにした英語圏での長さの単位で, フィート (12 inches, 30.480cm) (⇒[語法] ft. と略す; 数字の後ろに 3' のように ' を付けて表す). また人が体の下にあることから, 《the ~》物の最下部, 底, すそ, 山のふもと, さらに比喩的に最下位, 最末部, (人の) 歩み, 歩行, 足どり, 足の速さ, (英)《集合的に》歩兵 (infantry), [詩] 詩脚. 動 として歩く, 踊る. 他 …の上を歩く, 靴下などに足跡を付ける, [くだけた語] 勘定を支払う.
[語法] 長さの単位の「フィート」が数詞の後に来てさらにその後に名詞が続くときは, 小さな数 (大体 1 桁) の場合には five-foot string のように foot を用い, 大きな数のときは feet を用いる.
[語源] 古英語 fōt から.
[用例] Human beings have two feet. 人間は足が二本ある/John is six foot [foot] tall. ジョンは背丈が 6 フィートある/There are notes at the foot of the page. ページの下部に註がある/the foot of the bed ベッドのすそ/Her cottage stands at the foot of the hill. 彼女の別荘は丘のふもとにある/the foot of the table 食卓の末席.
【慣用句】**bring … to …'s feet** …を急に立ち上がらせる. **carry … off …'s feet** …を夢中にさせる. **fall [land] on one's feet** 首尾よく困難を切り抜ける. **find one's feet** 赤ん坊が立てるようになる, 比喩的に一人前になる, 新しい環境になじむ. **get [have] a foot in … **…に足掛かりをする, 手づるをつかむ. **get one's feet wet** 新しい環境になれる. **have (a) foot in both camps** 両陣営に属している, どっちつかずである. **have [keep] both [one's] feet on the ground** 両足が地についている, 実際的である, 慎重である. **have one's foot in the grave** 片足を墓に入れている, 死にかけている. **have two left feet** ぎこちない, 大変不器用だ. **off one's feet** 寝て, 横になって. **on foot** 歩いて, 徒歩で. **on one's feet** 立ち上がって, 病後起き上がって, 元気になって, 自立して. **put one's best foot forward** できるだけ急いでいく, 比喩的に全力を尽くす. **put one's feet up** 足を台などにのせて休む, 休養する. **put one's foot down** 足を踏みしめて立つ, [くだけた表現] 断固として行動する, 抑圧的になる. **put one's foot in one's mouth** [くだけた表現] 《英》どじなことをする, へまをする. **set foot in … **…に入る. **sit at the feet of …** [文語] 人に追随する, …の教えを受ける. **start on the right [wrong] foot** うまく[へまを]やる. **to one's feet** 立った状態に: get [rise] **to one's feet** 立ち上がる/jump **to one's feet** 跳び上がる/struggle **to one's feet** 必死になって立ち上がる. **under foot** 足下に, 足元が[に], 邪魔になって. **under …'s foot** 人の足元に, 人に服従して.
【派生語】**fóotage** 名 U フィート数, フィートによる長さ. **-fóoted** 形《複合語の第 2 要素として》足が…の, …足の. **-fóoter** 名 C《複合語の第 2 要素として》身長が…フィートの人: a six-footer 身長が 6 フィートの人. **fóoting** 名 U 足元, 足場, 比喩的に確実な地歩, 立場, 関係: He missed his footing and fell over. 彼は足を踏みはずして転んだ/We are on a friendly footing with all our neighbors. うちではすべての隣人と仲のよい関係にあります. **fóotless** 形 足のない, 根拠[より所]のない.
【複合語】**football** ⇒見出し. **fóotbridge** 名 C 歩道橋. **fóotfàll** 名 C [文語] 足音 (footstep). **fóotfàult** 動 [本来な] 名 C 【球技】フットフォールト反則にする. **fóotgèar** 名 U はき物 (★靴, スリッパ, 下駄などすべてのはき物類の総称). **fóothìll** 名 C《複数形で》山のふもとの丘陵地帯. **fóothòld** 名 C 足場, 足がかり, 確固たる地位, しっかりしたより所. **fóotlights** 名《複》舞台の脚光, フットライト. **fóotlòose** 形 足の自由な, 足の向くまま, 身軽で自由な. **fóotman** 名 C 制服を着た従僕, 召し使い. **fóotmàrk** 名 =footprint. **fóotnòte** 名 C [本来な] 脚註(をつける). **fóotpàth** 名 C (英)田舎の小道, 細道. **fóot-póund** 名 C [理] フィートポンド (★1 ポンドの重さのものを 1 フィート動かすのに必要な仕事量). **fóotprint** 名 C《しばしば複数形で》人や動物

物の足跡. **fóotràce** 名 C 徒競走. **fóotrèst** 名 C 足のせ台. **fóot rùle** 名 C フィート物差し. **fóotsòre** 形 足を痛めた, 靴ずれのできた. **fóotstèp** 名 C (しばしば複数形で) 足音, 足跡: *follow in* ...'s *footsteps* …の例にならう. **fóotstòol** 名 C 足のせ台. **fóotwèar** 名 U. はき物類. **fóotwòrk** 名 U 球技やボクシングなどのフットワーク.

foot·ball /fútbɔ̀:l/ 名 UC (⇒foot)【球技】フットボール (★(米)ではアメリカンフットボール,(英)ではサッカー (soccer) あるいはラグビー (rugby) を指す), またそのボール.
[用例] a *football* game [(英) match] フットボールの試合/ a *football* player フットボールの選手.
【派生語】**fóotbàller** 名 C プロのフットボール選手.
【複合語】**fóotball pòols** 名 (複) (英) サッカー賭博.

footless ⇒foot.

foot·sie /fútsi:/ 名 U (くだけた語) いちゃつき.
[語源] 幼児語「あんよ」から.
【慣用句】*play footsie with* ... …といちゃつく, (米) なれ合う, 親しくなる.

fop /fάp|-5-/ 名 C (古風な語)(軽蔑的) しゃれ者.
[語源] 不詳. 中英語から.
【派生語】**fóppish** 形 おしゃれの.

for /fɔ́:r, 弱 fər/ 前 接 [一般語][一般義] 利益や援助, 贈り物などの受け取り人を示して…のために[の]. [その他] 本来 fore と同語源で「…の前」という意味から, それから代理, 交換, 代償, 引き換え, 報酬の意となって, …の代りに, …と引き換えに, …の代償として, さらに目的, 追求の意となって, …を得るために, …を求めて, …のために, 利益や受領の予定者を示して, …のために, …の利益のために, …に与えるために, 相手の利益になることから, …に賛成して, 支持して, …に適した, …向きの, また時間, 距離を表して, …の間, 目的地を示して…に向かって, …行きの. 理由, 原因を示して, …のために, …のせいで, …の理由で. 関連を示して, …については, …に関して, …の割には. さらに (〜 ... to do で) 不定詞の意味上の主語を示して, …が…するの意. 接 として用いられるようになったのはかなり後代であるが, for the reason that [why] … などの省略形として使われはじめ, というのは, なぜならば [語法] 等位接続詞で, 書くときは前にコンマが必要; because より形式ばった語).
[語源] 古英語 for (=fore) より.
[用例] This letter is *for* you. この手紙はあなた宛てです/Will you do it *for* me. それを私の代りにやってくれませんか/He paid £2 *for* his ticket. 彼は切符の代を2ポンド払った/He asked me *for* some money. 彼は私に少々金を貸せと言った/He's working *for* an exam. 彼は試験のために勉強している/Are you *for* or against the plan? あなたはその計画に賛成ですかそれとも反対ですか/They waited *for* three hours. 彼らは3時間待った/They walked *for* three miles. 彼らは3マイル歩いた/We set off *for* London. 我々はロンドンに向けて出発した/The town is famous *for* its beautiful churches. その町は美しい教会があるので有名だ/It's quite warm *for* January. 1月にしてはとても暖かい/It's time *for* her to study music at college. 彼女が大学で音楽を勉強することはよいことだ/It must be morning, *for* the birds are singing. 鳥が鳴いているから朝に違いない.
[類義語] ⇒because.

【慣用句】*for all* ... …にもかかわらず: *For all* his faults, I like him very much. その欠点にもかかわらず私は彼が大好きだ. *for fear of* ... …を恐れて, …が心配で: She would not go swimming *for fear of* catching a cold. 彼女は風邪を引くのが心配で泳ぎに行こうとしなかった. *for fear that* ... …しないように, …するといけないので: I didn't tell it to him *for fear that* he would be angry. 彼が怒るといけないのでそれは彼には伝えなかった.

for·age /fɔ́(ː)ridʒ/ 名 U [本来自][一般語][一般義] 動物, 特に牛馬の飼料. [その他] (a 〜) 食糧などを捜し回ること. 動 として (食糧)を捜し回る. 他 食糧などを捜し回る, ある場所から略奪する.
[語源] ゲルマン語起源の古フランス語 *fuerre* (=fodder) の派生形 fo(ur)*rage* が中英語に入った.

for·ay /fɔ́:rei/ 名 動 [本来自][一般語] 略奪を目的とした短期間の侵略, 急襲, また慣れないことへちょっと入りこんでみること. 動 として急襲する, 略奪する.
[語源] 古フランス語 *fuerre* (⇒forage) から派生した *forrier* (=plunderer) に由来する. 中英語から.

for·bad /fərbǽd/ 動 forbid の過去形.

for·bade /fərbǽd, -éid-/ 動 forbid の過去形.

for·bear¹ /fɔːrbɛ́ər, fər-/ 動 [本来自] (過去 -**bore**; 過分 -**borne**) (形式ばった語) こらえる, 控える, 感情などを抑える (from). 他 …をこえる, 慎む.
[語源] 古英語 forberan から.
[用例] We must *forbear* from talking about it. 我々はそれについて話すことを控えなくてはならない.
【派生語】**forbéarance** 名 U 忍耐, 自制. **forbéarer** 名 C. **forbéaring** 形 我慢強い, 寛容な.

for·bear² /fɔ́:rbɛər/ 名 =forebear.

for·bid /fərbíd/ 動 [本来自] (過去 -**bade** /bǽd, béid/, -**bad**; 過分 -**bidden**) (形式ばった語) [一般義] (V+ 目的語+to do あるいは V+ 目的語+doing で) 人が…するのを禁じる, 禁止する. [その他] 人に…を禁じる, 物や事情などが…を妨げる, 不可能にする.
[語源] 古英語 forbēodan から.
[用例] Smoking is *forbidden*. 喫煙は禁止/The law *forbids* littering here. ここにごみを捨てることは法律によって禁じられています/He *forbade* me to go there again. =He *forbade* my going there again. 彼は私が再びそこへ行くことを禁じた/The deep moat *forbade* our approach to the castle. 深い堀で我々はその城に容易に近づけなかった. [類義語] prohibit.
【慣用句】*God* [*Heaven*] *forbid*! そのようなことがないように, そんなことがあってはたまらない.
【派生語】**forbíddance** 名 U 禁止. **forbídden** 形 禁じられた. **forbidden fruit** [聖] 禁断の木の実 (★旧約聖書にあるエデンの園の知恵の木の実)/**forbidden game** 保護鳥獣 (★捕っては ならない)/**forbidden ground** 踏み込んではならない土地, 比喩的に避けなくてはならない話題. **forbídder** 名 C 禁止者. **forbídding** 形 近づき難い, ものすごい, こわいような: *forbidding* cliffs 険しい岸/a *forbidding* look こわい顔つき. **forbíddingly** 副. **forbíddingness** 名 U.

for·bore /fɔːrbɔ́:r/ 動 forbear の過去形.

for·borne /fɔːrbɔ́:rn/ 動 forbear の過去分詞.

force /fɔ́:rs/ 名 UC 動 [本来自][一般語][一般義] 物理的な力, 肉体の力, 腕力, 勢い. [その他] 暴力, 強圧, 精神的な力, 意志, 気力, 物事や人の言動などの影響力, 支配力, 効力, 効果, 具体的な力ということで, 兵力

武力. 《しばしば複数形で》軍隊, 部隊. 勢力のある人, 有力者. 動 として, 力ずくで人に何かを強いる, 強制する, に暴行する, 力でもぎ取る, 押し進む, 押し込む, ドアや門などをこじ開ける, 押し入る, 笑いなどを無理にする. 🄰 押し進む, 強行軍する.

[語源] 名 はラテン語 fortis (=strong) から派生した俗ラテン語 *fortia が古フランス語 force (=strength) を経て, 動 はラテン語 fortiare が古フランス語 forcier を経て, いずれも中英語に入った.

[用例] the *force* of the wind 風力/the *force* of his argument 彼の主張の影響力[効果]/the police *force* 警察隊/the Royal Air *Force* 英国空軍/The *forces* played a large part in the parade. そのパレードでは軍隊が主役だった/He is a *force* in the Labour Party. 彼は労働党の有力者だ/He *forced* me to give him money. 彼は力ずくで強制的に私に金を出させた/He *forced* his way through the crowd. 彼は群衆の中をかきわけて進んだ/He *forced* the key into the lock. 彼は鍵を無理やり鍵穴にねじ込んだ/He *forced* a smile despite his grief. 彼は悲しいのにもかかわらず無理に笑った.

[類義語] force; compel; coerce: force は一般的な語で無理やりにさせる意, compel は force よりやや弱い意味の語. coerce は権力, 脅迫などで無理に従わせる意.

[慣用句] *by force of* …… の力で, ……によって. *come into force* 法律などが施行される. *force back* 気持ちなどを抑える. *force down* 押えつける, 飛行機を強制着陸させる. *force oneself to do* 無理して……する. *in force* 法律などが施行されて, 有効で. *join [combine] forces with* ……と協力する.

【派生語】**fórced** 形 強制的な, 強いて作った, 無理じいの, 緊急の際の手段としてと否応なしの, 促成栽培の: **forced landing** 飛行機の不時着/**forced march** 強行軍/**forced sale**《法》公売, 執達吏による競売（処分）. **fórcedly** 副. **fórceful** 形 力のある, 力強い, 強力な, 効果的な, 迫力のある. **fórcefully** 副. **fórcefulness** 名 U. **fórcible** 形 無理強いの, 力ずくの, 力強い, 強烈な. **fórcibly** 副.

【複合語】**force-féed** 動 本来他《過去・過分 -fed》動物などに無理に餌を食べさせる, 無理につめ込む. **fórce-òut** 名 C《野》フォースアウト, 封殺.

for·ceps /fɔ́ːrsəps/ 名《複》《医》鉗子(かんし), ピンセット.

[語源] ラテン語 *forceps* (=fire tongs; pincers) が初期近代英語に入った.

forcible ⇒force.

forcibly ⇒force.

ford /fɔːrd/ 名 C 動 本来他 〔一般語〕川や湖などの浅瀬. 動 として, 川などを歩いて渡る, 浅瀬を渡る.

[語源] 古英語 ford より.

fore /fɔːr/ 形 副 感〔形式ばった語〕《限定用法》前の, 前部の, 船首[機首]の, 前面の. 副 として前に, 前部に[へ], 前面に. 名 として (the ~) 前部, 船首, 機首, 前面. 感 として《ゴルフ》球の行く方の人に向かって(そちらへ)球が行くぞ!

[語源] 古英語 fore から.

【慣用句】*to the fore* 前に[へ], 前面に, 目立つ所に, 人々の眼の前に, 物が手近にあって: come to the fore 前面に出てくる, 目立ってくる/I wish she were *to the fore*. 彼女が私の前に[この場に]いてくれたらよいのに.

【複合語】**fóre-and-áft** 形《海》船首から船尾の, 船体と平行の, 船首尾の.

fore- /fɔːr-/ 連結 時間, 位置などが「前(もって)の」「前部の」「先に…, 予…」の意.

fore·arm¹ /fɔ́ːráːrm/ 名 C 〔一般語〕ひじから先の前腕.

fore·arm² /fɔ̀ːráːrm/ 動 本来受〔形式ばった語〕《しばしば受身で》あらかじめ武装する, 比喩的に事態に備えて準備する.

fore·bear /fɔ́ːrbɛ̀ər/ 名 C 〔形式ばった語〕《通例複数形で》先祖, 祖先(ancestor).

fore·bode /fɔːrbóud/ 動 本来他〔形式ばった語〕物事が悪いことの前兆となる, 人が悪い事が起こる予感がする. 🄰 不吉な感じがする.

[語源] 古英語 forebodian から.

【派生語】**forebóding** 名 U 不吉な予感, 虫の知らせ. 形 虫の知らせの, 不吉な予感の.

fore·cast /fɔ́ːrkæ̀st/ ; -kɑ̀ːst/ 動 本来他《過去・過分 ~, ~ed》名 C 〔一般語〕天候や出来事などを予報する, 予想する. 名 として予報, 予測, 天気予報 (weather forecast).

【派生語】**fórecastable** 形 予則できる. **fórecàster** 名 天気予報係 (weatherman), 気象予報士.

fore·cas·tle /fóuksl/ 名 C 《海》船首部の高くなった部分, 船首楼, またその下の船員室.

fore·close /fɔːrklóuz/ 動《法》抵当物を抵当流れにする, 抵当受け戻し権を失わせる.

【派生語】**fòreclósure** 名 U 抵当流れ, 受け戻し権喪失.

fore·court /fɔ́ːrkɔ̀ːrt/ 名 〔一般語〕建物の前庭, テニス, バドミントンなどのフォアコート（★サービスラインとネットの間）.

fore·doom /fɔːrdúːm/ 動 本来他〔形式ばった語〕《通例受身で》あらかじめ…の運命を定める.

fore·fa·ther /fɔ́ːrfɑ̀ːðər/ 名 C 〔文語〕《通例複数形で》男性の先祖, 祖先 (ancester).

fore·fin·ger /fɔ́ːrfìŋɡər/ 名 C 〔一般語〕人差し指 (index finger).

fore·foot /fɔ́ːrfùt/ 名 C《複 -feet》〔一般語〕動物の前足.

fore·front /fɔ́ːrfrʌ̀nt/ 名 〔一般語〕(the ~) 最前部, 第一線, 最も重要な位置.

fore·go /fɔːrɡóu/ 動 本来他《過去 -went; 過分 -gone》〔形式ばった語〕…の先に行く, …に先行する. 🄰 先立たれる.

[語法] 過去形はまれ.

【派生語】**fòreɡóinɡ** 形 (the ~) 先の, 前述の, 上述の. **fòreɡóne** 形 過ぎ去った, 過去の: *foregone* days 帰らぬ日々.

fore·gone /fɔːrɡɔ́(ː)n/ 動 forego の過去分詞.

fore·ground /fɔ́ːrɡràund/ 動 本来他〔一般語〕(the ~) 風景, 写真, 絵画などの前景, その他 最前面, 最も目立つ位置. 動 として前景に描く.

fore·hand /fɔ́ːrhæ̀nd/ 名 C 形 副《スポ》テニスなどのフォアハンド(の, で), (…'s ~で)…のフォアハンドサイド.

【派生語】**fórehánded** 形 フォアハンドの. また〔一般語〕《米》将来を考えた, 暮らし向きのいい.

fore·head /fɔ́(ː)rid, fɔːrhèd/ 名 C 〔一般語〕額(ひたい).

【慣用句】*rub one's forehead* 思い出そうとして額をこする.

for·eign /fɔ́(:)rin/ 形 [一般語] [一般義] 外国の, 外国人の. その他 外国にいる, 在外の, 外国から来た, 外来の, 外からのの意から [形式ばった語] 異質の, …と異なる, 無関係の.

[語源] ラテン語 *foranus* (= residing outside) が古フランス語 *forain* を経て中英語に入った.

[用例] a *foreign* country 外国/a *foreign* language 外国語/*foreign* students 外国人学生/*foreign* trade 外国貿易/*foreign* visitors to Britain イギリスへの外人観光客.

[対照語] domestic; home.

【派生語】**fóreigner** 名 C 外国人, 外人, 外来のもの[動物, 植物] (《語法》 本来「よそ者」という軽蔑のニュアンスがあり, 面と向かっている相手に対して用いると失礼感があるとされる. 日本語の「外人」には, 我々には軽蔑感はないと思っているが, 外国人はこの日本語も嫌う. では相手に向かって,「あなたは外人ですか」ときくのはどうすればよいかというと, いちばん当たり障りのないのは "Are you a *visitor* to Japan?" "Are you *visiting* this country?" などであろう). **fóreignize** 動 本来他 外国化する. **fóreignness** 名 U.

【複合語】**fóreign affáirs** 名 (複) 外務: the Minister of *Foreign Affairs* 外務大臣. **fóreign áid** 名 U 対外援助. **fóreign exchánge** 名 U 外国為替. **fóreign légion** 名 (the ~) 外人部隊. **Fóreign Mínister** 名 C 外務大臣. **Fóreign Óffice** 名 (the ~) 外務省. **Fóreign Sécretary** 名 (the ~) 外務大臣 (《参考》 《米》 では外務大臣はおらず, 国務長官 (Secretary of State) が外務を司る. 日本では英訳として Foreign Minister を用いている).

fore·knowl·edge /fɔ́:rnάlidʒ/-nɔ́l-/ 名 U [形式ばった語] 予知, 予見.

fore·land /fɔ́:rlənd/ 名 C [一般語] 岬, また前方の地ということで堤防の外側の土地.

fore·leg /fɔ́:rlèg/ 名 C [一般語] 四足動物の前脚.

fore·lock /fɔ́:rlὰk/-lɔ̀k/ 名 C [一般語] 人や馬の前髪.

【慣用句】 *take* [*seize*] *time by the forelock* 時は前方にのみ進むので, 過ぎ去ってからではつかまらないことから, 好機を逸しな.

fore·man /fɔ́:rmən/ 名 C (複 -men) [一般語] 職人の頭, 親方, 職場長, 《法》陪審長.

fore·mast /fɔ́:rmæ̀st/-ὰ:st/ 名 C 《海》船の前檣(しょう), フォアマスト.

fore·most /fɔ́:rmòust/ 形 副 [一般語] (the ~) 第1位の, 一番先の, 主要な. 副 として一番先に, 最も重要なこととして.

[語源] 古英語 *forma* (= first) の最上級 *formest* から.

fore·name /fɔ́:rnèim/ 名 C [形式ばった語] 姓に対して名 (first name, given name).

fore·noon /fɔ́:rnù:n/ 名 C [形式ばった語] 午前.

fo·ren·sic /fərénsik/ 形 《法》法廷の, 法廷で用いられる, 法廷用の. [一般義] 弁論の, 論争の, 討論の.

[語源] 古代ローマの「公共広場」を意味するラテン語 *forum* から派生した *forensis* (= public) が初期近代英語に入った.

【複合語】**forénsic chémistry** 名 U 法化学. **forénsic médicine** 名 U 法医学. **forénsic psychíatry** 名 U 法精神医学.

fore·ordain /fɔ̀:rɔ:rdéin/ 動 本来他 [形式ばった語] (しばしば受身で) あらかじめ…の運命を定める, …と運命づける.

[用例] be *foreordained* to die young 若死にする運命にあった.

fore·part /fɔ́:rpὰ:rt/ 名 C [一般語] 前の部分, 先端(部).

fore·run·ner /fɔ́:rrʌ̀nər/ 名 C [一般語] 先駆者, 先ぶれ, 前兆.

fore·sail /fɔ́:rsèil/ 名 C 《海》前檣(しょう)帆.

fore·see /fɔ́:rsí:/ 動本来他 (過去 -saw; 過分 -seen) [一般語] 先見する, 予期する, 見越す.

【派生語】**fòreséeable** 形. **fòreséer** 名 C.

fore·shad·ow /fɔ́:rʃǽdou/ 動 本来他 [文語] 将来を予示する, …の前兆となる.

【派生語】**fòreshádower** 名 C.

fore·shore /fɔ́:rʃɔ̀:r/ 名 C [一般語] (the ~) 浜, なぎさ, 前浜 (★満潮と干潮の間にある浜).

fore·short·en /fɔ́:rʃɔ́:rtn/ 動 本来他 《絵》遠近法によって奥行きを縮めて描く, 一般に縮少する.

fore·sight /fɔ́:rsàit/ 名 U [一般語] 先見の明, 洞察, 将来に対する配慮, 前途の見通し, 見込.

fore·skin /fɔ́:rskìn/ 名 C [一般語] 陰茎の包皮.

for·est /fɔ́(:)rist/ 名 UC [一般語] 森, 森林, 山林, 森林地 (woodland), 大森林.

[語源] ラテン語 *forestis* が古フランス語を経て中英語に入った.

[類義語] forest は天然の大森林(地帯)をいうのに対して, woods は人里近くの林をいう.

【慣用句】 *a forest of* … 林のようにたくさん立ち並ぶ…: *a forest of* chimneys 立ち並ぶ煙突. *cannot see the forest for the trees* 木を見て森を見ない, 小事にとらわれて大事を見落とす.

【派生語】**fórester** 名 C 森林監督官, 森林労務者. **fórestry** 名 U 林業, 林学.

【複合語】**fórest fíre** 名 C 山火事. **fórest rànger** 名 C 《米》森林監視員.

fore·stall /fɔ́:rstɔ́:l/ 動 本来他 [形式ばった語] …に先んずる, …の機先を制する, 前もって処理する.

[語源] 古英語 *foresteall* から.

fore·taste /fɔ́:rtèist/ 名 C 将来の喜び, 悲しみ, 苦しみなどを前もって味わうこと, 予想, 予期.

fore·tell /fɔ̀:rtél/ 動 本来他 (過去・過分 -told) [形式ばった語] 予告する, 予言する, 予示する.

fore·thought /fɔ́:rθɔ̀:t/ 名 U [形式ばった語] あらかじめの考慮, 先見, 深慮.

【派生語】**fórethòughtful** 形. **fórethòughtfully** 副.

for·ev·er, for ev·er /fərévər/ 副 [一般語] [一般義] (しばしば文尾に置いて) 永久に, 永遠に (《語法》 この意味では 《米》 forever, 《英》 for ever). その他 (《進行形とともに用いて》) いつも, …ばかりしている, 絶えず…, しょっちゅう (《語法》 この意味では 《米》 《英》 ともに forever).

[用例] He's *forever* making errors. 彼はいつも間違いばかりしている.

【慣用句】 *forever* [*for ever*] *and ever* = *forever and a day* 永遠に.

fore·warn /fɔ̀:rwɔ́:rn/ 動 本来他 [形式ばった語] あらかじめ警告する, 前もって注意する.

fore·wom·an /fɔ́:rwùmən/ 名 C (複 -women) [一般語] 女性職場長, 女性陪審長.

対照語 foreman.

fore·word /fɔ́ːrwə̀ːrd/ 名 C 〔一般語〕特に著者以外の人が書いた書物の序文.
類義語 ⇒preface.

for·feit /fɔ́ːrfit/ 名 CU 動 本来他 〔形式ばった語〕罰として没収されるもの, 罰金, 科料, 違約金, 没収, 喪失, 罰金遊び. 動 として, 処罰として…を没収される, …を失う.
語源 ラテン語 foris (=outside) と facere (=to do) がもとになった古フランス語 forfaire (=to commit a crime) の過去分詞 forfet (=crime; forfeit) が中英語に入った.
用例 He has *forfeited* his rights to the money by ignoring the lawyer's letters. 彼は弁護士の手紙も無視してその金に対する権利を失った.
【派生語】**fórfeitable** 形 没収されるべき. **fórfeiter** 名 C 没収処分を受ける人. **fórfeiture** 名 U 没収, 権利の喪失.

for·gath·er /fɔːrɡǽðər/ 動 本来自 〔形式ばった語〕集まる, 会合する, 偶然出会う.

for·gave /fərɡéiv/ 動 forgive の過去形.

forge¹ /fɔ́ːrdʒ/ 動 本来他 名 C 〔一般語〕 一般義 文書, 署名, 紙幣などを偽造する, 贋造する. その他 本来は鉄などを鍛えて…を作る, 鍛造するの意. 比喩的に計画などを案出する, うそなどを捏造するの意から, 「偽造する」意となった. 名 としてかじ屋, 鉄工所, 仕事場.
語源 ラテン語 fabricare (=to fabricate) が古フランス語 forgier (=to forge) を経て中英語に入った.
用例 He *forged* my signature on cheques. 彼は小切手の私のサインを偽造した/He *forged* a horseshoe out of an iron bar. 彼は鉄の棒を材料にして馬の蹄鉄を作った/Steel is manufactured in a *forge*. 鋼鉄は鉄工所で作られる.
【派生語】**fórger** 名 C 偽造. **fórgery** 名 UC 偽造, 贋造, 偽物. **fórging** 名 C 鍛造品.

forge² /fɔ́ːrdʒ/ 動 本来自 〔一般語〕(しばしば副詞(句)を伴って)船がゆっくりと進む. 比喩的にどんどん進む.
語源 不詳. 中英語から.

for·get /fərɡét/ 動 本来他 《過去 -got; 過分 -gotten, (米) -got》 一般語 一般義 何かを忘れる, 過去のことを思い出せない. その他 これからすることを忘れる, 怠る, …し忘れる, 物などを置き忘れる, 忘れて置いてきてしまう, 忘れて水に流す, 気にしない, 不同に付す, ないがしろにする, なおざりにする. 自 として忘れる, 忘却する, …について忘れる《about》.
語法 ❶ forget doing はこれまでにしたことを忘れる意. しばしば will never forget doing として用いられる: I'll never forget *playing* baseball with you. 君と野球をしたことは忘れない. ❷ forget to do はこれからすることを忘れる意: Don't *forget to mail* my letter. 私の手紙を投函するのを忘れないでくれ.
語源 古英語 forgietan から.
用例 He has *forgotten* my name. 彼は私の名前を忘れてしまった/She *forgot* to meet him at the station. 彼女は駅で彼に会う[彼を迎えに行く]のを忘れた/They *forgot* (that) she was coming to dinner. 彼らは彼女が晩さん会に出席するのを忘れていた/She has *forgotten* her handbag again. 彼女はまたハンドバッグを置き忘れた.
【慣用句】*before one forgets* 忘れないうちに. *Forget it.* 〈くだけた表現〉忘れて下さい, 気にしなくていい.

もういいです. *forget oneself* 怒って我を忘れる, 愚かなことをする.
【派生語】**forgétful** 形 物忘れしやすい, 忘れやすい, 怠りがちの. **forgétfully** 副. **forgétfulness** 名 U 健忘症. **forgéttable** 形 忘れられてしかるべき, 忘れられやすい. **forgétter** 名 C.
【複合語】**forgét-me-nòt** 名 C 【植】 忘れな草.

forgivable ⇒forgive.

for·give /fərɡív/ 動 本来他 《過去 -gave; 過分 -given》 一般語 人を許す, 過ちや罪などを許す, 勘弁する. その他 借金などを免除する.
語源 古英語 forgiefan から.
用例 He *forgave* her for stealing his watch. 彼は彼女の腕時計を盗んだことを許した/He *forgave* her angry words. 彼は彼女の怒りの言葉を許した.
【派生語】**forgívable** 形 許されてよい, 大目に見られる. **forgívably** 副. **forgíveness** 名 U 許す[許されること], 寛大さ: ask (for) *forgiveness* 許しを乞う/show great *forgiveness* to [towards] …. …に対して寛大な扱いをする. **forgíver** 名 C. **forgíving** 形. **forgívingly** 副. **forgívingness** 名 U.

for·go /fɔːrɡóu/ 動 本来他 《過去 -went; 過分 -gone》〔形式ばった語〕あきらめる, 見送る, …なしですませる, やめる.
語源 過去形はまれ.
語源 古英語 forgān (=to go over) から.

fork /fɔ́ːrk/ 名 C 動 本来自 〔一般語〕 一般義 食事用のフォーク. その他 くま手, フォーク状の道具, フォークリフト(forklift). フォーク状に分かれた枝, 道路, 川などの分岐点, 合流点. 【チェス】両あたり. 動 として, 道, 川などがフォーク状に分かれる, 分岐する, 分かれた道を行く. 他 フォーク状にする, 【チェス】両あたりする.
語源 古英語 forca から.
用例 We usually eat with a knife, *fork* and spoon. 我々は通常ナイフとフォークとスプーンを使って食事する/a garden *fork* 土掘り用まぐわ/The main road *forks* here—I don't know whether to go left or right. 幹線道路はここで二つに分かれる. 左に行くべきか右に行くかわからない/*Fork* right at the school. 学校のところで右に曲りなさい.
【派生語】**fórked** 形 分かれた, 分岐した, フォーク状の: **forked tongue** 二枚舌: speak with *forked tongue* 二枚舌を使う, 人をだまそうとする. **fórkedly** 副. **fórkedness** 名 U. **fórker** 名 C. **fórkful** U フォーク一杯分の量. **fórkless** 形 叉(また)のない.
【複合語】**fórkbàll** 名 C 【野】フォークボール《★フォーク状にした人差し指と中指の間にはさんで投げるボール》. **fórklìft** 名 C フォークリフト《語法 単に fork ともいう》.

for·lorn /fərlɔ́ːrn/ 形 〔文語〕見捨てられた, わびしい, 荒れ果てた.
語源 古英語 forlēosan (=to lose) が中英語で forlesen となりその過去分詞 forloren から.
【派生語】**forlórnly** 副. **forlórnness** 名 U.
【複合語】**forlórn hópe** 名《単数形で》決死隊《★オランダ語 verloren hoop (=lost group) から. hoop は heap と同語源で band, group の意. hoop は hope と誤解したため「空しい望み」の意となった》.

form /fɔ́ːrm/ 名 UC 動 本来他 〔一般語〕 一般義 物の形, 外形. その他 人の体, 体型, 外観, 姿, 人影, 〔古語〕形の美しさ. また物事の形態, 種類(kind), 表現や

議事進行, 手続きなどについて決まった**方法**, **形式**, **様式**, そのような形式に従った**書式**, 書式の決まった書類の書き込み用紙, **作法**, **礼式**. 《英》中等学校の**学年**, 学校などにある背もたれのない**長いす**, **ベンチ**. また競走馬や運動選手の**調子**, **コンディション**, 調子のよさ. 【論】【言】【文法】【数】など種々の専門語で**形式**をいい, 他に【印】**組版**, 【建】コンクリート打ち込み用の**型枠**. **動** として, 材料などを…に**形づくる**(into), **形成する**, 何かを作る, 作り上げる, 委員会などを**組織する**, **構成する**, …の**構成要素となる**, …の一員となる, 習慣などを**つくる**, つける, 思想, 意見などを**まとめる**. 【文法】文や節などを**組み立てる**, **構成する**. **自** として, 物が形を**成す**, **形成する**, 考え, 思想などが**生じる**, 現われる.

[語源] ラテン語 *forma* (＝form; beauty) が古フランス語を経て中英語に入った.

[用例] Squares and circles are geometric *forms*. 四角形や円は幾何学的形である/He saw a strange *form* in the darkness. 彼は暗闇の中に奇妙な物体を見た/What *form* of ceremony usually takes place? どんな種類の儀式がいつも行われるのですか/What is the correct *form* of address for a bishop? 司教[主教]への正しい呼びかけは何ですか/an application *form* 願書/It's a matter of *form* to say "How are you?" when one meets a friend. 我々が友人にあって「元気かい」というのは習慣的な[儀礼上の]ことである/He is in the sixth *form*. 彼は6年生である/He *formed* a circle with the matches. 彼はマッチ棒で円を作った/They decided to *form* a drama group. 彼らは演劇グループを作ることに決めた/The women *formed* (themselves) into three groups. 女性たちは3グループを作った.

[類義語] form; shape: **form** は「形」を表す最も一般的な語で, 具体的, 抽象的のいずれの形をもいう. またある種の物に共通の形や形式を意味する. **shape** は具体的で立体的な形をいい, form が circle や square, triangle などある種の物に共通の形をいうのに対して, a *shape* of a lion や a *shape* of figure 8 のようにある特定の物の独特の形をいうときに用いる.

[慣用句] *be in* [《英》*on*] *form* スポーツ選手などが調子がよい. *in the form of* … …の形で. *out of form* スポーツ選手などが調子が悪い. *take form* [形式ばった表現] 目に見える形となる, まとまって形を成す, 現われる: His ideas slowly *took form* until he was able to present the director with his plans for the company. 彼のアイデアは徐々にまとまり, やっと重役に会社のための計画書を提出することができた.

【派生語】**fórmer²** 名 C 作る人, 形成者, 構成者, 型, 模型. **formable** 形 形成可能な, 形成に適した. **formability** 名 U. **formless** 形 一定の形がない, 漠然とした, 不格好な.

for·mal /fɔ́ːrməl/ 形 C [一般語] [一般義] 公式の, 正式の. [その他] 本来語(form)の意で, 形の上での, 外形上の, 形式(上)のかった, 慣習的やり方に従った, 型通りの, 儀式ばった, 上記の公式の, 正式の, 表現や服装などが形式ばった, 改まった, 教育などが正規の, 学校で受けたのほかの. さらに形式にこだわった, 【文法】《悪い意味で》実体だけの形式だけの, 名目上の, 名ばかりの. 名 として《米》正装をしてゆくべき**正式舞踏会**, また夜会服, イブニングドレス.

[語源] ラテン語 *forma* (⇒form) の 形 *formalis* が中英語に入った.

[用例] a *formal* letter of thanks 公式な感謝の手紙/Is this visit *formal*? この訪問は公式ですか/To alight from a bus' is a *formal* way of saying 'to get off a bus.' To alight from a bus は「バスから降りる」の形式ばった言い方である/a *formal* dance 正装をしての正式舞踏会/She was very *formal* with him. 彼女は彼に対して堅苦しい[打ちとけない]態度をとった.

【派生語】**fórmalist** 名 U 《しばしば軽蔑的》**形式主義者**. **fòrmalístic** 形. **formálity** 名 UC 形式的であること, 堅苦しさ, 形式偏重,《複数形で》正式の手続. **fòrmalizátion** 名 U. **fórmalize** 動 [本来他] 形式化する, 正式にする. **fórmally** 副 正式に, 公式に, 形式上, 形の上では.

【複合語】**fórmal educátion** 名 U **正規の学校教育**. **fórmal fállacy** 名 CU 【論】**形式的誤謬**. **fór·mal grámmar** 名 U **形式文法**(★言語理論として言語の文法を論理学的に記述する文法). **fórmal lógic** 名 U **形式論理学**. **fórmal óbject** [**súbject**] 名 C【文法】**形式的目的語**[**主語**].

form·al·de·hyde /fɔːrmǽldəhàid/ 名 U 【化】**ホルムアルデヒド**.

for·ma·lin /fɔ́ːrməlin/ 名 U 【化】**ホルマリン**(★防腐, 消毒剤).

[語源] もとホルムアルデヒドの水溶液の商標名. 19世紀から.

formalist ⇒formal.
formality ⇒formal.
formalize ⇒formal.

for·mat /fɔ́ːrmæt/ 名 C 動 [本来他] [一般語] 本などの**型**, **体裁**, 番組などの**構成**, 【コンピューター】**フォーマット**, **形式**, **書式**. 動 として, 本, 番組などの形式, 体裁に作る, 【コンピューター】**初期化する**, データをあるフォーマットに配列する.

[語源] ラテン語 *formare* (＝to form) の過去分詞 *formatus* がフランス語を経て19世紀に入った.

for·ma·tion /fɔːrméiʃən/ 名 UC [一般語] [一般義] **構成**, **形成**. [その他] 構成物, 形態, 組織. また【軍】**隊形**, **飛行機の編隊**.

[語源] ラテン語 *formare* (＝to form) の 名 *formatio* が中英語に入った.

[用例] the *formation* of character 人格形成/*formation* flying 編隊飛行.

【派生語】**formátional** 形. **formátionally** 副. **formative** /fɔ́ːrmətiv/ 形 [形式ばった語] **形を作る**, **造形の**, **形成の**, **発達の**: the *formative* arts 造形美術. **fórmatively** 副. **fórmativeness** 名 U.

for·mer¹ /fɔ́ːrmər/ 形 [一般語] [一般義] 以前の, 前の, もとの. [その他] [形式ばった語]《the ～》前のもの(の), **前者**(の).

[語法] 一般には the first, the second などを用いる. 特に3つ以上のものの場合には the former, the latter (後者) は用いられない.

[語源] 古英語 *forma* (＝first) から. -er は formest (⇒foremost) からの類推による.

[用例] a *former* president 前の社長[会長].

【慣用句】*in former times* **以前は**, **昔は**.
【派生語】**fórmerly** 副 以前は, 昔は.

former² ⇒form.

for·mic ac·id /fɔ́ːrmik ǽsid/ 名 U 【化】**蟻**(ぎ)**酸**.

for·mi·da·ble /fɔ́ːrmidəbl/ 形 〔形式ばった語〕
一般語 恐るべき, 恐ろしい. その他 手におえそうにない, 侮りがたい, むずかしい. 驚きの念を起こさせる, 驚くほどに….

語源 ラテン語 *formidare* (=to fear) から派生した *formidabilis* (=causing fear) が古フランス語を経て中英語に入った.

用例 He had a *formidable* appearance. 彼は恐ろしい姿をしていた/They were faced with *formidable* difficulties. 彼らはむずかしい問題に直面した.

【派生語】**fòrmidabílity** 名 U. **fórmidableness** 名 U. **fórmidably** 副.

formless ⇒form.

for·mu·la /fɔ́ːrmjulə/ 名 C《複 ～s, -lae /-liː/》〔一般語〕本来定義【数】公式, 式,【化】式. その他 本来「形の決まったもの」の意で, 決まった言い方, 決まったやり方, 慣習的な方式の意であったが, 定式, 定則の意となり, 数学や物理・化学の「式, 公式」の意となった. 薬などの処方,《F-》レーシングカーのフォーミュラ.

語法 複数形の formulae は学術論文などで用いられる.

語源 ラテン語 *forma* (⇒form) の指小語が初期近代英語に入った.

用例 The *formula* for water is H₂O. 水の化学式は H₂O だ.

【派生語】**fòrmuláic** 形 公式の, 決まり文句の. **fòrmuláically** 副. **fòrmulalizátion** 名 U. **fórmulalize** 動 本来他 公式化する. **fórmulàry** 形 公式の, 定式の, 決まり文句の. 名 C 式文集, 決まり文句集, 薬の処方集. **fórmulàte** 動 本来他 公式化する, 組織的に述べる, 方法や体系などを編み出す, 作り出す. **fòrmulátion** 名 U 公式化. **fórmulator** 名 C.

for·ni·cate /fɔ́ːrnikeit/ 動 本来自 【法・聖】密通する, 不倫する.

語源 ラテン語 *fornicari* (=to visit a brothel) の過去分詞が初期近代英語に入った.

【派生語】**fòrnicátion** 名 U. **fórnicàtor** 名 C.

for·sake /fərséik/ 動 本来他《過去 **forsook**;過分 **forsaken**》〔形式ばった語〕親しい人たちを見捨てる, 習慣などを捨てる, あきらめる.

語源 古英語 forsacan (=to deny) から. sacan は dispute の意.

for·swear /fɔːrswéər/ 動 本来他《過去 **-swore**;過分 **-sworn**》〔形式ばった語〕誓って否定する, 誓ってやめる, 断念する.

語源 古英語 forswerian から.

for·syth·ia /fərsíθiə/ 名 U【植】れんぎょう《★庭木》.

語源 英国の植物学者 William Forsyth(1737-1804)の名より.

fort /fɔːrt/ 名 C〔一般語〕とりで, 要塞,《米》陸軍の駐屯地.

語源 ラテン語 *fortem* (=strong) が古フランス語を経て中英語に入った.

for·te¹ /fɔ́ːrtei/ 副 形 名 C【楽】フォルテで[の], 強音で[の]. 名 として強音部.

語源 ラテン語 *fortem* (=strong) がイタリア語を経て 18 世紀に入った.

forte² /fɔ́ːrt/ 名 C〔一般語〕《単数形で所有格とともに》長所, 得意. その他《フェンシング》剣の中央からつかまでの部分, 腰《★最も丈夫な部分とされる》.

語源 フランス語 *fort* (=strong) が初期近代英語に入った.

forth /fɔːrθ/ 副〔文語〕前へ, 先へ(forward), 外へ (out), 時間的に…以後, …以降.

語源 古英語 forth から.

用例 They went *forth* into the desert. 彼らは砂漠へと進んでいった/from this day *forth* 今日以降.

【慣用句】*and so forth* …等. *back and forth* ⇒ back.

forth·coming /fɔ̀ːrθkʌ́miŋ/ 形 〔一般語〕一般義 やがて来ようとする, もうすぐ現れる. その他《しばしば否定文で》手近に用意されている, すぐに使える(ready),《くだけた語》すぐに近づく意から, 人が愛想がいい, 社交的な, 協力的な.

語源 古英語 forthcuman (=to come forth) から.

用例 *forthcoming* events 近づいてくる行事/She wasn't very *forthcoming* about her work. 彼女は仕事についてはあまり協力的ではなかった.

forth·right /fɔ́ːrθràit/ 形 〔一般語〕率直な, あけすけな, ためらわない.

語源 古英語 forth rihte から. 本来は「直ちに」の意で,「まっすぐに」となり「率直な」の意となった.

forth·with /fɔ̀ːrθwíθ/ 副〔形式ばった語〕直ちに, 立ちどころに.

fortieth ⇒forty.

fortifiable ⇒fortify.

fortification ⇒fortify.

fortifier ⇒fortify.

for·ti·fy /fɔ́ːrtifài/ 動 本来他〔一般語〕一般義 肉体的, 精神的に強くする. その他 本来とりでや要塞などで町の防衛力を強くする意. 比喩的に勇気づける,《しばしば受身で》食品の栄養価やアルコール分を, 添加物などで強める, 高める.

語源 ラテン語 *fortis* (=strong) から派生した *fortificare* (=to strengthen) が古フランス語 fortifier を経て中英語に入った.

用例 He *fortified* himself against the cold with a heavy coat. 彼は厚手のコートを着て寒さにそなえた/The king *fortified* the castle against the attacking armies. 王は攻めてくる敵軍に対して城の守りを固めた/*fortify* oneself by prayer 祈りによって自分を勇気づける/The breakfast cereal is *fortified* with vitamine. 朝食用のシリアルはビタミンの補強がしてある.

【派生語】**fórtifiable** 形 強化することのできる. **fòrtificátion** 名 CU《複数形で》防御工事, 要塞, 要塞構築, 要塞化, 肉体や精神などの強化. **fórtifier** 名 C 強化剤.

【複合語】**fórtified wíne** 名 U 高アルコール度ワイン.

for·tis·si·mo /fɔːrtísimòu/ 副 形【楽】フォルテシモで[の], きわめて強く[い].

語源 イタリア語 forte (⇒forte¹) の最上級. 19 世紀に入った.

for·ti·tude /fɔ́ːrtitjùːd/ 名 U〔形式ばった語〕逆境, 苦痛にも耐えぬく不屈の精神, 我慢強さ.

語源 ラテン語 *fortis* (=strong) の派生形 *fortitudo* (=strength; courage) が中英語に入った.

fort·night /fɔ́ːrtnàit/ 名 C〔一般語〕《通例単数形で》《英》2 週間, 14 日間.

語源 古英語 fēowertīene niht (= fourteen nights) の短縮形から.

用例 a *fortnight* today = this day *fortnight* 再来週の今日.

【派生語】**fórtnightly** 形 副 《英》2 週間に 1 回の[ごとに].

FORTRAN, For·tran /fɔ́ːrtræn/ 名 U 《コンピューター》フォートラン(★プログラム言語).

語源 *formula translation* から 20 世紀半ばにできた語.

for·tress /fɔ́ːrtrəs/ 名 C 〔一般語〕要塞, 要塞都市.

語源 ラテン語 *fortis* (= strong) に由来する古フランス語 *forteresse* (= strong place) が中英語に入った.

for·tu·i·tous /fɔːrtjúː(ː)ɪtəs/ 形 〔形式ばった語〕偶然の, 偶然発生の.

語源 ラテン語 *fors* (⇒fortune) の奪格 *forte* (= by chance) から派生した *fortuitus* が初期近代英語に入った.

【派生語】**fortuítously** 副. **fortuítousness** 名 U.

for·tu·nate /fɔ́ːrtʃənɪt/ 形 〔一般語〕運のよい, 幸運な, 幸せな.

語源 ラテン語 *fortunare* (= to make prosperous) の過去分詞 *fortunatus* が中英語に入った. ⇒fortune.

用例 He is a very *fortunate* man to have such a beautiful house. こんなりっぱな家を持っているとは彼はとても運のよい男だ/It was *fortunate* that no-one was killed in the accident. その事故で一人も死者が出なかったのは幸いだった.

類義語 fortunate; lucky: **fortunate** は思いがけない幸運で, しかも人生を左右するような重要な幸運を表す. **lucky** は同じく幸運を意味するが, くだけた語で, 賭け事で勝つとか, たまたまある場所にいたことから幸運にめぐりあうような, 何の因果関係もなく, またそれほど重要でない幸運に用いる.

【派生語】**fórtunately** 副 幸いにも, 幸運にも, 運よく, 《文副詞として》幸いなことには. **fórtunateness** 名 U.

for·tune /fɔ́ːrtʃən/ 名 UC 〔一般語〕〔一般義〕幸運, 幸せ. 〔その他〕本来は幸運, 悪運の両方を含めた運の意. しかし, 多くは幸運の意に用い, 思いがけない金が手に入ることから, 富, 財産の意となる. 〔比喩形で〕運の盛衰, 人生の浮き沈み. 《F-》『ロ神』運命の女神.

語源 ラテン語 *fors* (= chance) の派生形 *fortuna* (= chance; good luck) が古フランス語を経て中英語に入った.

用例 He had the good *fortune* to marry a beautiful girl. 彼は幸運にも美しい女性と結婚した/That ring must be worth a *fortune*! あの指輪は一財産の価値があるに違いない/He went to London to make his *fortune*. 彼は成功しようとロンドンに行った.

反意語 misfortune.

【慣用句】**by good [bad] fortune** 幸運[不運]にも. **come into a fortune** 財産を手に入れる. **seek one's fortune** 故郷を離れて出世[成功]しようとする. **tell ...'s fortune** 人の運勢を占う.

【派生語】**fórtuneless** 形 不運な, 財産のない, 貧しい.

【複合語】**fórtune coòkie** 名 C 《米》中華料理店で出されるおみくじ入りクッキー. **fórtune hùnter** 名 C 《軽蔑的》結婚で財産を得ようとする人, 金目当てで結婚する人. **fórtune hùnting** 形. **Fórtune's whèel** 名 運命の女神のまわす紡ぎ車 (★人の運の浮き沈みの象徴). **fórtunetèller** 名 C 占い師, 易者. **fórtunetèlling** 名 U 占い, 易.

for·ty /fɔ́ːrti/ 代 名 形 〔一般語〕40 (の), 《forties または 40's で》40 (年, 歳)代の意.

語源 古英語 fēowerig から.

【派生語】**fortieth** /fɔ́ːrtiɪθ/ 形 C 《the ~》第 40 番目(の), 40 分の 1(の).

【複合語】**fórty-fíve** 名 C 45 口径のピストル. **fórty-nìner** 名 C 《米》1849 年のゴールドラッシュ (gold rush) でカリフォルニアへ殺到した人, 49 年組. **fórty wìnks** 名 《複》うたた寝, 午睡.

fo·rum /fɔ́ːrəm/ 名 C 〔一般語〕公開討論の場, 公開討論会. 〔その他〕古代ローマのフォーラム (★都市の中央の大広場で, 公事の集会に使われた).

語源 ラテン語 *forum* (= public place) が中英語に入った.

for·ward /fɔ́ːrwərd/ 副 動 〔本来義〕名 C 〔一般語〕〔一般義〕前方へ, 前へ, 先へ. 〔その他〕将来に向かって, 《自的の後に置いて》...以後, 日付けなどを繰り上げて, 飛行機や船などの前部へ[に]. 形 として方前への, 前部の, 進行方向に見える, 前進的な, 《軽蔑的》出すぎた, ずうずうしい. 時期が早い, 発育が早い, 早熟な, 積極的な, 急進的な, 将来の, 先払いの. 動 として, 郵便を回送する, 転送する, 《形式ばった語》促進する, 進める, 送る, 発送する. 名 として《球技》フォワード, 前衛.

語源 古英語 for(e)weard から.

用例 A pendulum swings backward(s) and *forward*(s). 振子は前後に振れる/She stepped *forward* to receive her prize. 彼女は賞を貰うために前に進み出た/from this time *forward* この時以後/a *forward* movement 前進/The *forward* part of a ship is called the 'bows'. 船の前部は舳(^(へさき))と呼ばれる/These crops are well *forward* this year. この作物は今年はとても成育が早い/She is a very *forward* young lady. 彼女はとても出しゃばりの娘です/I have asked the post office to *forward* my mail. 私は郵便局に私の郵便を回送してくれるように頼んだ/We shall *forward* the goods on receipt of your cheque. あなたの小切手を頂き次第品物を発送いたします.

対照語 backward.

【慣用句】**go forward with [on]** ... ...を押し進める. **look forward to doing** ...を楽しみに待つ: I'm *looking forward to visiting* your country. あなたの国を訪ねることを楽しみにしています.

【派生語】**fórwardness** 名 U 進歩, 時期などの早さ, 《英》《軽蔑的》出しゃばり, ずうずうしさ. **fórwards** 副 = forward.

【複合語】**fórwarding àddress** 名 C 郵便の回送先. **fórwarding àgent** 名 C 運送業者. **fórward-lòoking** 形 前向きの, 進歩的な.

for·went /fɔːrwént/ 動 forgo の過去形.

fos·sil /fɑ́sɪl/ fɔ́s-/ 名 C 形 〔一般語〕〔一般義〕化石. 〔その他〕《軽蔑的》時代遅れの人[物]. 形 として化石の, 発掘した, 時代遅れの.

語源 ラテン語 *fodere* (= to dig) から派生した *fossilis* (= dug up) が初期近代英語に入った.

用例 *Fossils* have been found here which may be a million years old. 百万年ほど昔のものと思われ

化石がここで発見された/He is just an old *fossil* who will not accept new ideas. 彼は新しい考えを受け入れようとしない時代遅れの人間だ.
【派生語】**fóssilist** 名 C 化石学者. **fòssilizátion** 名 U. **fóssilize** 動 [本来義] 化石化する, 比喩的に固定化する, 時代遅れにする[なる]: He seemed to *fossilize* when he went to live in the country. 彼は田舎に引っ込んでから時代遅れになったようだ. **fóssillike** 形 化石のような.
【複合語】**fóssil fùel** 名 C 化石燃料 (★石油, 石炭など).

fos·ter /fɔ́(:)stər/ 動 [本来他] 形 〔一般語〕 [一般義] 実子でないものを**養育する**. [その他] 養い育てることから, 比喩的に心に抱く, …を促進する, 育成する. 形 として, その親子でないものが養育関係で結ばれた, 養父母の, 養い子の.
[語源] 古英語 fōster (=nursing), 動 fōstrian (=to nurse) から.
[用例] She *fostered* the children for several months. 彼女はその子供たちを数か月間養育した/*foster* a hope [an idea] 希望[考え]を心に抱く.
【複合語】**fóster bróther [síster]** 名 C 乳(ち)兄弟[姉妹]. **fóster chíld [són; dáughter]** 名 C 養い子, 里子 (★「養子」は adopted child). **fóster hòme** 名 C 養家. **fóster móther** 名 C 里親, 乳母. **fóster párent [fáther]** 名 C 里親 (★「養父母」は adoptive parent).

fought /fɔ́:t/ 動 fight の過去・過去分詞.

foul /fául/ 形 [本来他] 名 C 〔一般語〕 [一般義] 不快な, 味や臭いがよくない, むかつくような. [その他] 不潔な, 汚ない, よごれた, 道などが泥んこの, 天候が悪い, 険悪な, 形式ばった語 道義上けしからぬ, 悪い, 不正な, 《スポ》ルール違反の, 反則の, 《野》ファウルの. 副 として不正に, 違法に. 動 として《スポ》反則して妨害する, 不潔にする, 〔形式ばった語〕よごす, 〔海〕網などをからめる, 網が…にからむ. 自《スポ》反則する, 《野》ファウルを打つ. 名 として《スポ》反則, 《野》ファウル.
[語源] 古英語 fūl から. 原義は「腐った」.
[用例] There's a *foul* smell in the kitchen. 台所でいやな臭いがする/His bedroom is in a *foul* mess. 彼の寝室は不潔にちらかっている/They are having *foul* weather on the east coast. 東岸地域では天候が悪化している/*foul* language いやらしい[猥せつな]言葉/He *fouled* his opponent. 彼は相手を妨害した/Dogs often *foul* the pavement. (ふんなどで)犬がしばしば歩道を汚す/The rope *fouled* the anchor. ロープが錨にからんだ/He has *fouled* three times already in this game. 彼はこのゲームですでに3度も反則をした/The other team committed a *foul*. 相手チームが反則をした.
【慣用句】*fall [go; run] foul of …* …と争いをする, けんかする, 船が…と衝突する. *foul out* 《スポ》反則で退場する, 《野》ファウルを取られてアウトになる. *play … foul* …にひきょうなことをする.
【派生語】**foully** /fáulli/ 副. **fóulness** 名 U.
【複合語】**fóul bàll** 名 C 《野》ファウル(ボール). **fóul line** 名 C 《野》ファウルライン. **fóul-móuthed** 形 口汚い, みだらなことを言う. **fóul pláy** 名 U 《スポ》反則, 一般に不正行為, ひきょうなやり方. **fóul-ùp** 名 C (くだけた語)混乱, 無秩序, 機械などの不調.

found¹ /fáund/ 動 find の過去・過去分詞.

found² /fáund/ 動 [本来他] 〔一般語〕 [一般義] 会, 団体, 学校などを**組織する, 創設する**. [その他] …に土台を据える, …の基を築く, 建物などを基礎の上に建てる, 比喩的に何かを…に基づいて作る《on; upon》, …に根拠を与える. 自 …に基づいて述べる《on; upon》.
[語源] ラテン語 *fundus* (= bottom) から派生した *fundare* (=to lay the bottom of) が古フランス語 *fonder* を経て中英語に入った.
[用例] The school was *founded* by Henry VI. その学校はヘンリー6世によって創立された/That publishing company was *founded* in 1800. あの出版社は1800年に設立された/The story was *founded* upon fact. その話は事実に基づいて作られた.
【派生語】**fóunded** 形 基礎が…の: well-*founded* 根拠の確かな. **fóunder** 名 C 創立者, 設立者, 開祖: founder member 《英》創立時のメンバー.
【複合語】**fóunding fáther** 名 C 〔形式ばった語〕創立者.

found³ /fáund/ 動 [本来他] 〔一般語〕 [一般義] 金属を**鋳る, 鋳造する**.
[語源] ラテン語 *fundere* (=to pour; to melt) が古フランス語 *fondre* を経て中英語に入った.
【派生語】**fóundry** 名 C 鋳造所, ガラス工場.

foun·da·tion /faundéiʃən/ 名 C U 〔一般語〕 [一般義] **財団, 基金, 協会**. [その他] 設立, 創設, (複数形で)**基礎, 土台**, 建物の下部構造, 比喩的に思想や考えなどの基礎, 根拠, 化粧下地, ファンデーション, 〔服飾〕芯(ん), 補強材.
[語源] ラテン語 *fundare* (⇒found²) の 名 *fundatio* が古フランス語を経て中英語に入った.
[用例] The British *Foundation* for Cancer Research 英国がん研究財団/the *foundation* of a new university 新しい大学の創設/First they laid the *foundations* then they built the walls. 先ず彼らは土台を作り, それから壁を建てた/His story has no *foundation* in fact. 彼の言っていることは全く事実無根である.
【複合語】**foundátion còurse** 名 C 《英》基礎講座. **foundátion crèam** 名 C U 化粧の下地クリーム. **foundátion stòne** 名 C 建物の礎石.

foun·der¹ /fáundər/ 動 [本来自] 〔文語〕 [一般義] 船が浸水して**沈没する**. [その他] 建物, 堤防などが崩れる, 陥没する, 馬がよろめく, 比喩的に計画などが**失敗する**. 他 船を浸水沈没させる.
[語源] ラテン語 *fundus* (=bottom) に由来する古フランス語 *fondrer* が中英語に入った.
[用例] Many of the Spanish ships *foundered* off the Scottish coast. 多くのスペイン船がスコットランド沖で沈んだ.

founder² ⇒found².

found·ling /fáundliŋ/ 名 C 〔文語〕親に見捨てられた子, 拾い子.
[語源] 中英語 finden (= to find) の過去分詞 founden + -ling (…の子)からと思われる.

foundry ⇒found³.

fount /fáunt/ 名 C 〔文語〕泉, ランプの油つぼ, インクつぼ.
[語源] ラテン語 *fontem* (=fountain) が中フランス語 *font* を経て中英語に入った.

foun·tain /fáuntin/ 名 C 〔一般語〕 [一般義] 噴水,

噴水池. [その他] 水の湧き出る所, 泉(spring), 川の水源(head), 水飲み場, 飲用水栓(drinking fountain), 比喩的に源, 源泉, 原点, 根源.

[語源] ラテン語 fontanus (=of a spring) の女性形 fontana が古フランス語 fontaine を経て中英語に入った.

[用例] Rome is famous for its beautifully carved stone *fountains*. ローマはその美しい石の彫刻の噴水で有名である/God is the *fountain* of all goodness. 神はすべての善行の根源.

[複合語] **fóuntainhèad** [名] [C] [文語] 源, 源泉, 原点. **fóuntain pèn** [名] [C] 万年筆.

four /fɔːr/ [代] [名] [形] [一般語] 4, 4つ, 4個, 4人, 4ドル[ポンド, etc], 4時, 4歳, トランプの4の札, さいころの4の目. [形] として4つの, 4人の, [述語用法] 4歳で.

[語源] 古英語 fēower から.

[派生語] **fóurfòld** [形] [副] 4倍の[に], 4重の[に]. **fóursome** [名] [C] ゲームなどの4人組, 4人一組でするゲーム, ペア2組: in a *foursome* 4人連れで. **fourth** ⇒見出し.

[複合語] **fóur-lèaf clóver** [名] [C|U] 四つ葉のクローバー. **fóur-lètter wórd** [名] [C] 四文字語, 卑猥語 (★fuck, cunt など). **fóur-póster** [名] [C] 昔の四柱式ベッド ([語法] four-poster bed ともいう). **fóurscòre** [形] [古風な語] 80 の (★score は古英語 scoru (=twenty) から). **fóursquáre** [形] 建物が真四角な, しっかりした, 堅実な. **fóur-stàr** [形] ホテルやレストランなどの4つ星の, [軍] 大将の. **fóur-whèel drìve** [名] [U] 4輪駆動車, 4WD と略す.

four·teen /fɔːrtíːn/ [代] [名] [形] [一般語] 14 (の).

[語源] 古英語 fēowertiene から.

[派生語] **fòurtéenth** [形] [名] [C]. [一般義] ((the ~)) 第14番目(の), 14 分の1(の).

fourth /fɔːrθ/ [形] [名] [C] (⇒four) [一般語] [一般義] ((the ~)) 第4の, 4番目の. [その他] 4分の1の. [名] として ((the ~)) 4位のもの[人], 第4位のもの[人], 月の第4日. 4分の1, ((the F-)) (米) 独立記念日(the Fourth of July).

[派生語] **fóurthly** [副] 第4番目には.

[複合語] **fóurth diménsion** [名] ((the ~)) 第4次元. **Fóurth of Julý** [名] ((the ~)) (米) 独立記念日 (Independence Day).

fowl /fául/ [名] [C|U] [本来自] [一般語] [一般義] 鶏, 家禽(かきん). [その他] 鶏肉, 鳥肉. [古語] 鳥. [動] として野鳥を捕らえる.

[語源] 古英語 fugol から.

[複合語] **fówling nèt** [名] [C] 鳥網. **fówling pìece** [名] [C] 猟銃.

fox /fáks|fɔ́ks/ [名] [C|U] [動] [本来自] [動] きつね, その毛皮. [軽蔑的] きつねのようにずるい人, くだけた語] (米) 魅力的な女, セクシーな女性. [動] として, 人をだます, 欺く, (通例受身で) 本をきつね色に変色させる.

[語源] 古英語 fox から.

[用例] sly [cunning] as a *fox* きつねのようにずる賢い.

[派生語] **fóxiness** [名] [U]. **fóxy** [形] [くだけた語] きつねのような, 悪賢い, 女性がセクシーな.

[複合語] **fóxglòve** [名] [C] [植] ジギタリス, きつねのてぶくろ (★薬用植物). **fóxhòle** [名] [C] [軍] 一人用の待避壕(ごう), たこつぼ. **fóxhòund** [名] [C] [犬] きつね狩り用の猟犬, フォックスハウンド. **fóxhùnt** [名] [C] きつね狩り. **fóxhùnter** [名] [C] きつね狩りをする人. **fóxhùnt-**

ing [名] [U] きつね狩り. **fóx tèrrier** [名] [C] [犬] フォックステリア ((★もときつねを穴から追い出すのに用いられた猟犬)). **fóx-tròt** [名] [C] [楽] フォックストロット (★社交ダンス曲).

foy·er /fɔ́iər/ [名] [C] [一般語] 劇場, ホテルなどの休憩室, ロビー.

[語源] ラテン語 focus (=hearth) から派生したフランス語 foyer (=fireplace) が 19 世紀に入った.

fra·cas /fréikəs/ [名] [C] [形式ばった語] けんか, 騒ぎ.

[語源] イタリア語 fracasso (=crash; uproar) がフランス語を経て 18 世紀に入った.

frac·tion /frǽkʃən/ [名] [C] [一般語] ほんの一部, 小部分, 断片, [数] 分数, 小数.

[語源] ラテン語 frangere (=to break) の [名] fractio が古フランス語を経て中英語に入った.

[派生語] **fráctional** [形] 断片的な, わずかの, [数] 分数の, 小数の. **fráctionally** [副]=fractional. **fráctionàte** [動] [本来自] 混合物を蒸留などによって分別する, 構成部分に分ける. **fràctionátion** [名] [U]. **fráctionìze** [動] [本来自] 小部分に分ける.

frac·tious /frǽkʃəs/ [形] [形式ばった語] 子どもが怒りっぽい, 気むずかしい, 手におえない.

[語源] ラテン語 fractio (⇒fraction)+-ous. 18 世紀から.

frac·ture /frǽktʃər/ [名] [U|C] [本来自] [形式ばった語] [一般義] 骨折. [その他] 破砕, 切断, あるいは割れ目. [動] として, 骨などを折る, くじく, ガラスなどを割る, 物を砕く, 破壊する, 規則を無視する. @ として骨折する, 割れる.

[語源] ラテン語 frangere (⇒fraction) から派生した fractura (=breaking) が古フランス語を経て中英語に入った.

frag·ile /frǽdʒil|-dʒail/ [形] [一般語] [一般義] 壊れやすい, もろい. [その他] 体質が弱い, 虚弱な, 弱々しい, 比喩的に薄弱な, 長続きしない, はかない.

[語源] ラテン語 frangere (=to break) から派生した fragilis が古フランス語を経て初期近代英語に入った.

[用例] Fragile. (掲示) こわれ物注意/a *fragile* child 虚弱な子供/*fragile* happiness はかない幸福.

[派生語] **fragílity** [名] [U].

frag·ment /frǽɡmənt/ [名] [C], /-ment/ [動] [本来自] [一般語] [一般義] 破片, 断片, かけら. [その他] 作品の一部, 未完遺稿. [動] としてばらばらになる, 分解する, こわれる. @ 分解する, こわす.

[語源] ラテン語 frangere (=to break) の [名] fragmentum が古フランス語を経て中英語に入った.

[派生語] **fragméntal** [形] [形式ばった語] 破片の, 断片的な. **frágmentàry** [形] 破片の, 断片的な, 切れ切れの. **frágmentàte** [動] [本来自] 破砕する, 分裂する. **fràgmentátion** [名] [U] 破砕, 分裂: fragmentation bomb 破砕性爆弾. **frágmented** [形] 破片となった, 断片的になった.

fragrance ⇒fragrant.

fra·grant /fréigrənt/ [形] [一般語] 香りのよい, 芳香性の, 芳しい.

[語源] ラテン語 fragrare (=to smell sweet) の現在分詞 fragrans が古フランス語を経て中英語に入った.

[派生語] **frágrance** [名] [U|C] 香りのよさ, 芳しさ, 芳香性, 香気. **frágrantly** [副].

frail /fréil/ [形] [一般語] [一般義] か弱い, 虚弱な, もろ

い, その他 誘惑に負けやすい, 意志薄弱な.
語源 ラテン語 *fragilis* (⇒fragile) が古フランス語 *fraile* を経て中英語に入った.
【派生語】**fráilty** 名UC 弱さ, もろさ, はかなさ, 弱点.

frame /fréim/ 名 動 本来他 〔一般語〕 一般義 窓などの枠, 枠組み, フレーム. その他 建造物の骨組み, 枠組み, 人間や動物の骨格, 体格, 一般的に構造, 構成, 組織. 枠型の器具,（複数形で）眼鏡のフレーム, 絵の額縁, まんがの一こま. 動 として枠にはめる, 枠にはめて形造る, 骨組みを作る, 組み立てる, 構成する,〔形式ばった語〕立案する, 計画を立てる,〔くだけた語〕偽りの証拠で人を罪に陥れる, わなにはめる.
語源 古英語 framian (=to further; to benefit) より, 古中英語に入った.
用例 the wooden *frame* of a canoe カヌーの木の枠/The *frame* of the building is now complete. その建物の骨組みができ上がった/to *frame* a picture 絵を額に入れる/I didn't do it—I have been *framed*. 私はそれをしていない. わなにはめられた.
【派生語】**frámeless** 形 枠のない, 眼鏡などが縁なしの. **frámer** 名C 組立て人, 額縁製造人. **fráming** 名U 組立て, 骨組, 構成, 立案.
【複合語】**fráme hóuse** 名C 枠板壁作りの木造家屋. **fráme-úp** 名C 人を陥れる陰謀. **fráme-wòrk** 名 骨組み, 枠組み, 構造, 体制.

franc /fréŋk/ 名C 〔一般語〕 もとフランス, スイス, ベルギーなどの通貨単位, フラン.

France /fréns/ -á:-/ 名固 フランス (★正式名 the Republic of France).
【派生語】**Frénch** 形 名 ⇒見出し.

fran·chise /fréntʃaiz/ 名CU 動 本来他〔形式ばった語〕一般義 親会社が特定の地域の業者に与える販売·営業特権. その他〔主に米〕政府が会社や団体, 個人に与える特権, 免許. また (the 〜) 投票する権利, 投票権.
語源 フランク族 (Franks) がゴール地区の唯一の自由民であったことから, frank が free の意となり, 古フランス語 *franc* (=free) の派生形 *franchise* (=freedom; privilege) が中英語に入った.

Fran·cis /frénsis/ 名固 男性の名, フランシス.

Fran·cis·can /frænsískən/ 形 名C フランシスコ修道会の(修道士),（the 〜s）フランシスコ会.

Fran·co- /frénkou/ 連結 「フランス(人)の」の意.

fran·co·phone /frénkəfòun/ 形 名C 〔一般語〕フランス語を話す(人).

fran·gi·ble /frændʒəbl/ 形 〔一般語〕折れやすい.
語源 ラテン語 *frangere* (=to break) から派生した中世ラテン語 *fragibilis* が古フランス語を経て中英語に入った.

Fran·glais /frɑːŋgléi/ 名U 〔一般語〕《時に f-》フラングレ (★英語からの借用語を多くまじえたフランス語).
語源 フランス語 *français* (=French) と *anglais* (=English) の混成語.

frank /fréŋk/ 形 動 本来他 名UC 〔一般語〕率直な, あけっぱなしの, ざっくばらんな, 包み隠しのない. 動 として, 郵便物を無料配達する, 無料配達の印[署名]を付ける, 料金収納とする. 名 として無料郵便, 無料郵便の印.
語源 フランク族 (Franks) がゴール[ガリア]地区唯一の自由民だったことからラテン語 *francum* (=free) が古フランス語 *franc* (=free) を経て中英語に入った. ⇒ franchise.
【派生語】**fránkly** 副 あからさまに, 率直に,《文頭に置いて》率直に言うと (frankly speaking; to speak frankly). **fránkness** 名U.
【複合語】**fránking-machine** 名C 料金別納などの郵便料金メーター.

Frank[1] /fréŋk/ 名固 男性の名, フランク.

Frank[2] /fréŋk/ 名C 〔一般語〕フランク人,《the 〜s》フランク族 (★昔ライン川流域にいたゲルマン族の一つ).
【派生語】**Fránkish** 形 フランク族の.

Frank·furt /fréŋkfərt/ 名固 フランクフルト (★ドイツ中部の都市).

frank·furt·er /fréŋkfə(ː)rtər/ 名C 〔一般語〕フランクフルト(ソーセージ).

frank·in·cense /fréŋkənsèns/ 名U 昔ユダヤ人が宗教行事に用いた乳香.

Frankish ⇒Frank[2]

fran·tic /fréntik/ 形 〔一般語〕 一般義 半狂乱の. その他〔くだけた語〕大あわての, 取り乱した.
語源 古フランス語 *frenetique* (⇒frenetic) が中英語に入った.
【派生語】**fránticaly** 副.

frap·pé /fræpéi/ 名UC デザートのシャーベット, フラッペ.

fra·ter·nal /frətə́ːrnəl/ 形 〔形式ばった語〕兄弟の, 兄弟らしい, 友愛の, 友好的な.
語源 ラテン語 *frater* (=brother) の形 *fraternalis* (=brotherly) が中英語に入った.
【派生語】**fratérnally** 副. **fratérnity** 名UC 友愛, 仲間, 同業者,（米）男子大学生社交クラブ (★ギリシャ文字の頭文字略字の名称を持つ; ⇒sorority). **fràternizátion** 名U. **fráternize** 動 本来自 兄弟のちぎりを結ぶ, 親しく交わる.

fraud /fróːd/ 名UC 〔一般語〕 一般義 詐欺, 欺瞞, いかさま. その他 偽物, 詐欺行為, 詐欺師.
語源 古フランス語 *fraude* から. それ以前は不詳.
【派生語】**fráudulence** 名U 詐欺. **fráudulent** 形.

fraught /fróːt/ 形 〔形式ばった語〕危険などをはらんだ, 不正に満ちた, 難儀な.
語源 中期オランダ語から中英語に入ったと思われるが不詳.

Fräulein /fróilain/ 名C 〔一般語〕お嬢さん, ...嬢.
語源 英語の Miss に当たるドイツ語.

fray /fréi/ 動 本来他 布のへりなどをすり切らす, ほぐす, 比喩的に神経などをすりへらす. 自 としてすり切れる, いらいらする.
語源 ラテン語 *fricare* (=to rub) が古フランス語を経て中英語に入った.

fraz·zle /frǽzl/ 動 本来他 〔一般語〕ぼろぼろにすり切らす, 人を疲れ果てさせる. 名 として《a 〜》くたくたの状態.
語源 fray と方言 fasle (=to ravel) の混成語. 19世紀から.
【派生語】**frázzled** 形 くたびれ果てた.

freak /fríːk/ 名C 形 動 本来他 名 〔一般語〕 一般義 変人, 変わり者, ...狂. その他〔くだけた語〕奇形, 変種. 形 として珍しい, 変わった, 異常な. 動 としてひどく興奮する, 怒る, 狂う《out》.
語源 不詳.

【派生語】**fréakish** 形 移り気な, 気まぐれな. **fréakishly** 副. **fréakishness** 名 U. **fréaky** 形《くだけた語》異常な, 変わった.
【複合語】**fréak-òut** 名 U 麻薬などによる幻覚状態.

freck·le /frékl/ 名 C 本来他〔一般語〕(しばしば複数形で)そばかす, しみ. 動 としてそばかす[しみ]を生じさせる.
[語源] 古ノルド語から中英語に入った.
【派生語】**fréckled** 形 そばかす[しみ]のある.

free /fríː/ 形 本来他〔一般語〕〔一般義〕自由な, 束縛のない, 監禁されていない. [その他] 義務がない, 金銭に縛られないの意から, 入場などが無料の, ただの, 無税の. 自由を享有する, 政治上自由主義の, 偏見などにとらわれない, 自由がある. つながれていない, 固定していない, 独立した, 危険, 制約などない, 勝手に...してよい, 仕事にわずらわされない, ひまで, 手があいて, 非番で, 障害がない, 自由に通れる,〔形式ばった語〕堅苦しくない, くつろいだ, 物惜しみしない,〔悪い意味で〕自制心のない, 勝手気ままな, なれなれしい, ずうずうしい. 副 として無料で, 自由に. 動 として自由にする, 解放する, 釈放する, ...から救う(from), ...を...から取り除く(of).
[語源] 古英語 frēo から. 原義は dear, favored.
[用例] The animals were *free* to wander over the hills. 動物は自由に丘の上を歩き回れた/The prison door opened, and he was a *free* man. 刑務所の戸が開いて, 彼は自由の身となった/It didn't cost me anything—I got it *free*! それは一銭もかからなかった. 無料で手に入れたのだ/She is *free* from pain now. 彼女は今では痛みもなくなりました/You are quite *free* to think what you like. あなたは何でも好きなことを自由に考えてよい/a *free* translation 意訳《★一つ一つの語にとらわれず意味を重点としての翻訳》/I shall be *free* at five o'clock. 私は5時にはひまになります/Are you *free* to come for a drink this evening? 今夜一杯やりに来られますか/Is this table *free*? このテーブルは空いてますか.
【慣用句】***Feel free!*** どうぞご遠慮なく, 自由に振舞って下さい. ***feel free to do*** 自由に...してよい. ***for free*** 無料で, ただで. ***set*** ... ***free*** ...を解放する: The prisoners have been *set free*. 囚人たちは解放された.
【派生語】**freebie** /fríːbi/ 名 C 《米》無料入場券. **fréedom** ⇒見出し. **fréely** 副 自由に, 勝手に, 喜んで, 進んで, 遠慮なく, 大まかに, 惜しげもなく.
【複合語】**frée ágent** 名 C 自由契約者. **frée assóciation** 名 U《心》自由連想(法). **frée bòoter** 名 C〔文語〕海賊. **fréebórn** 形 自由民として生まれた, 自由民にふさわしい. **frée cíty** 名 C〔史〕自由都市(★Venice, Florence など). **fréedman** 名 C 奴隷から解放された自由民. **frée-flóating** 形 主義, 政党に縛られない, 中立的な. **frée góods** 名《複》無税の輸入品. **frée hánd** 名《a ～》行動の自由, 自由裁量: get [have] *a free hand* 行動の自由を得る. **frée-hànd** 形 器具を用いず手で描いた. **frée-hànded** 形 大まかな, 気前のいい. **fréehòld** 名 U《法》不動産の自由保有権. **fréehòlder** 名 C. **frée kíck** 名 C サッカーなどのフリーキック. **frée-lànce** 名 C 自由契約の作家[記者, 俳優]. **fréeliver** 名 C. 道楽者. **frée-líving** 形 食道楽の. **fréeman** 名 C 自由民. **frée pórt** 名 C 自由港. **frée préss** 名《the ～》言論・出版の自由. **frée spéech** 名 U 言論の自由. **frée-spóken** 形 率直な,

あけすけの. **fréestánding** 形 建物などが支えなしで立っている. **fréestỳle** 名 U 形《水泳》自由形(の). **fréethínker** 名 C 自由思想家. **frée thrów** 名 C《バスケット》フリースロー. **frée tráde** 名 U 自由貿易. **frée tráder** 名 C 自由貿易主義者. **frée univérsity** 名 C 自由大学. **frée vérse** 名 U 自由詩. **frée vóte**《英》党に縛られない自由投票. **frée wày** 名 C《米》高速自動車道. **frée-whéel** 動 本来他 車を惰性で走らせる. **fréewìll** 名 自由意志の. **frée wíll** 名 U 自由意志. **frée wórld**《the ～》共産圏に対して自由主義諸国.

free·dom /fríːdəm/ 名 UC (⇒free)〔一般語〕〔一般義〕束縛のないこと, 自由, 自主, 独立. [その他] 行動の自由, 自主性, 気ままなこと, 義務, 責任, 負担から免れていること, 免除, 特権,《the ～》出入り自由の特権, 自由使用権.
[用例] The prisoner was given his *freedom*. その囚人は解放された/All people must be allowed complete *freedom* of thought. すべての人は完全な思想の自由を与えられるべきである.
[類義語] freedom; liberty: **freedom** は完全な自由を意味する. **liberty** はやや改まった語で, 基本的には同じ意味であるが, かつて束縛され, 抑圧された状態からの解放という形の自由を意味する. 慣用的にコロケーションが決まっていることが多い.

freeze /fríːz/ 動 本来他〈過去 **froze**; 過分 **frozen**〉名 U〔一般語〕〔一般義〕凍る, 凍りつく. [その他]《it を主語として》気温が氷点下になる, 水が張る, 凍えるほど寒い, 人や手足などが寒くてこごえる. 凍りつくように固くなる, じっとして動かない, 急に立止まって動かない, 釘などがさび付いたりして抜けない. 他 凍らせる, こごえさせる, 食物などを冷凍する, 比喩的にぞっとさせる, すくませる, 資産を凍結するなど. 名 として氷結, 凍結, 氷点下の寒波, 比喩的に賃金などの凍結.
[語源] 古英語 frēosan から.
[用例] The pond is *freezing*. 池は凍結しつつある/If it *freezes* again tonight all my tomato plants will die. もしまた今夜氷点下になると私のトマトは皆枯れてしまうだろう/If you had stayed out all night in the snow you might have *frozen* to death. もしもあなたが雪の中に一晩中いたとしたら凍えて死んでしまったでしょう/The liquid has *frozen* solid. その液体は凍って固体になった/"*Freeze!*" the man with a gun said to me. 「動くな」と銃を持った男が私に言った/The low temperature *froze* the pond. 低温で池が凍った.
【慣用句】***freeze in***(受身で)船を氷の中にとじこめる. ***freeze over*** 一面に氷が張る. ***freeze up*** 凍りつく.
【派生語】**fréezer** 名 C 冷凍庫, 冷蔵庫の冷凍室. **fréezing** 形 凍る(ような), 凍りつくような(= freezing cold): **freezing point**《the ～》氷点, 摂氏0度.
【複合語】**fréeze-drý** 動 本来他 食品を冷凍乾燥する.

freight /fréit/ 名 U 動 本来他〔一般語〕〔一般義〕貨物, 積荷(《英》goods). [その他] 長距離の貨物運送(〔語法〕《英》では陸上運送には用いない), 貨物運賃,《米》貨物列車. 動 として, 貨車, 船などに荷を積む, 運送する, 比喩的に作品などに意味を重く負わせる.
[語源] ゲルマン系の語で, おそらく中期低地ドイツ語から中英語に入った.
[用例] He charged me £100 *freight*. 彼は私に100

ポンドの運送費を請求した.
【派生語】**fréighter** 名 C 貨物船, 貨物機.
【複合語】**fréight càr** 名 C (米) 貨車 ((英) goods waggon). **fréight lìner** 名 C (英) コンテナ専用貨物列車. **fréight ràtes** 名 (複) 貨物運送. **fréight tràin** 名 C (米) 貨物列車.

French /fréntʃ/ 形 名 U フランス (France) の, フランス語の. 名 としてフランス語, 《the ~; 集合的》フランス人.
【複合語】**Frénch béan** 名 C (英) いんげん豆. **Frénch Canádian** 名 C フランス系カナダ人. **Frénch chálk** 名 U 〖洋裁〗チャコ. **Frénch cúff** 名 C フレンチカフス, ダブルカフス. **Frénch dréssing** 名 U フレンチドレッシング. **Frénch fríes** 名 (複) (米) フライドポテト ((英) chips). **Frénch hórn** 名 C 〖楽器〗フレンチホルン. **Frénch kíss** 名 C フレンチキス (★舌を互いにからめたディープキス). **Frénchman** 名 C 男性のフランス人. **Frénch pólish** 名 U フランスワニス. **Frénch-pólish** 動 本末他 家具にフランスワニスを塗る. **Frénch Quárter** 名 《the ~》フレンチクォーター (★もとフランス人の居住区). **Frénch Repúblic** 名 《the ~》フランス共和国. **Frénch Revolútion** 名 《the ~》フランス革命 (1789–1799). **Frénch séam** 名 U 〖裁縫〗袋縫い. **Frénch tóast** 名 U フレンチトースト. **Frénch wíndows** 名 (複) フランス窓. **Frénchwòman** 名 C 女性のフランス人.

fre·net·ic /frənétik/ 形 〔一般語〕逆上した, 狂乱の, 精神錯乱の.
〔語源〕ギリシャ語 *phrenitikos* (=insane) がラテン語 *phreneticus*, 古フランス語 *frenetique* を経て中英語に入った.
【派生語】**frenétically** 副.

fren·zy /frénzi/ 名 U 〔一般語〕《しばしば a ~》狂乱, 逆上, 熱狂, 激しい興奮.
〔語源〕ラテン語 *phreneticus* (⇒frenetic) から派生した *phrenesia* が古フランス語を経て中英語に入った.
〔用例〕in a *frenzy* 逆上して.
【派生語】**frénzied** 形. **frénziedly** 副.

Fre·on /frí:ɑn| -ɔn/ 名 U 〖化〗フレオン 《★フロン (fluorocarbon) の商品名》.

fre·quen·cy /frí:kwənsi/ 名 CU 〔一般語〕〔一般義〕頻度, 回数, 度数. 〔その他〕しばしば起こること, 頻繁, 〖無線〗周波数.
〔語源〕ラテン語 *frequens* (⇒frequent) の派生形 *frequentia* から.
〔用例〕The *frequency* of her visits surprised him. 彼女が頻繁にやってくるので彼はびっくりした / high [low] *frequency* 高 [低] 周波.
【複合語】**fréquency modulátion** 名 U 周波数変調, FM 放送 〔語法〕FM と略す).

fre·quent /frí:kwənt/ 形, /frí:kwént/ 動 本末他 〔一般語〕たびたびの, 頻繁な, 〖形式ばった語〗しばしば行く, 常に出入りする, 頻繁に訪れる.
〔語源〕ラテン語 *frequens* (=crowded) が古フランス語を経て中英語に入った.
〔用例〕He made *frequent* journey to France. 彼はしばしばフランスに旅行した / He used to *frequent* the bar of the George Hotel. 彼はジョージホテルのバーによく出入りしていた.
【派生語】**frèquentátion** 名 U しばしば訪れること.

frequéntative 形 〖文法〗反復の, 反復表示の. **fréquently** 副 しばしば, たびたび, しきりに.

fres·co /fréskou/ 名 UC 〖絵〗フレスコ画法, フレスコ画.

fresh /fréʃ/ 形 副 〔一般語〕〔一般義〕新鮮な, 新しい, できたばかりの. 〔その他〕気分がさわやかな, 清新な, 生き生きした, 元気な, 活発な, 印象などが鮮明な, 生々しい, 真新しい, 新しいから初心の, うぶな, 新米の, 食物が塩漬けなどではなく生の. 副 として新たに, 新しく, 最近, 今しがた.
〔語源〕古英語の *fersc* (塩漬けでない) から. ゲルマン語系の古フランス語 *freis* (=fresh) の影響を受けて意味が変化した.
〔用例〕*fresh* eggs 新鮮な卵 /*fresh* fruit 新鮮な [生の] 果物 (★かん詰めや冷凍などではないという意) /a *fresh* breeze from the sea 海からのさわやかな微風 /You are looking very *fresh* this morning even although you were at a party last night. あなたは昨夜パーティーに出ていたにもかかわらず今朝はとても元気そうですね /Is there any *fresh* news? 何か新しいニュースはありますか /After her divorce she tried to make a *fresh* start. 離婚の後彼女ははじめからやり直そうとした /He is *fresh* from the city. 彼はその市からやって来たばかりだ /*fresh* water 真水.
【派生語】**fréshen** 動 他 新しくする, 新鮮にする, 生き生きさせる. 自 新しくなる, 生き生きする: *freshen oneself up* 身の回りをさっぱりする, さっぱりした気分になる /*freshen up* 新しい気分にさせる; トイレに行く. **fréshener** 名 CU 新鮮にするもの[機械]. **frésher** 名 C (英) =freshman. **fréshly** 副 新しく, 新たに. **fréshness** 名 U 新鮮さ.
【複合語】**fréshman** 名 C 大学・高校の**新入生**, 一年生〔語法〕女性にも用いる. freshwoman という語は用いられない. 日本ではフレッシュマンを新入社員, 新社会人の意で用いるが, 英語の freshman にはその意味はない). **fréshwàter** 形 真水の, 淡水の, 淡水産の.

fret[1] /frét/ 動 本末自 〔一般語〕〔一般義〕やきもきする, いらだつ, じれる, 赤ん坊などがむずかる. 〔その他〕本来は「むさぼり食う」意で, 少しずつ食い込む, すりへる, 土地などが少しずつ浸食される意を表す. 他 じらす, やきもきさせる, いらだたせる, すりへらす, 浸食する.
〔語源〕古英語 *fretan* (=to devour; to consume) から.
〔用例〕The children *fret* when their mother is away. 子供たちは母親がいないとむずかる.
【派生語】**frétful** 形 いらだちやすい, 気難しい. **frétfully** 副. **frétfulness** 名 U.

fret[2] /frét/ 名 C 動 本末他 〔一般語〕万字つなぎの模様, 雷文(らい). 動 として《通例受身で》雷文で飾る, 格子細工にする.
〔語源〕不詳. 中英語から.
【派生語】**frétsàw** 名 C 引回し用の糸のこ. **frétwòrk** 名 C 雷文などの引回し細工.

Freud /frɔ́id/ 名 固 フロイト Sigmund Freud (1856–1939) (★オーストリアの精神分析医).
【派生語】**Fréudian** 形 フロイト(学派)の. 名 C フロイト学派の学者. **Fréudianism** 名 U フロイト学説.

Fri. (略) =Friday.

fri·a·ble /fráiəbl/ 形 〔形式ばった語〕こわれやすい, 砕けやすい, もろい.
〔語源〕ラテン語 *friare* (=to crumble) から派生した

friabilis がフランス語を経て初期近代英語に入った. 【派生語】**fríability** 名 U 砕けやすさ, もろさ.

fri·ar /fráiər/ 名 C 《カト》修道院外で仕事をする托鉢(なく)修道士.
語源 ラテン語 *frater* (= brother) が古フランス語 *frère* を経て中英語に入った.
【派生語】**fríary** 名 C 托鉢修道士の修道院.

fric·as·see /fríkəsi:/ 名 UC 動 [本来他] 《料理》フリカッセ 《★鶏や子牛などの肉を煮込んだフランス料理》. 動 として, 肉をフリカッセ料理にする.

fric·a·tive /fríkətiv/ 形 名 C 《音》摩擦音(の).
語源 ラテン語 *fricare* (= to rub) から. 19 世紀より.

fric·tion /fríkʃən/ 名 U 〔一般的〕摩擦, また比喩的にあつれき, 不和.
語源 ラテン語 *fricare* (= to rub) の過去分詞 *frictus* から派生した *frictio* がフランス語を経て初期近代英語に入った.

Fri·day /fráidei,-di/ 名 C 〔一般的〕(しばしば無冠詞で)金曜日, (形容詞的に)金曜日の 《語法》Fri. と略す).
語源 古英語 Frīge-dæg (= day of Frigg) から. ラテン語 *Veneris dies* (= day of Venus) のなぞり.

fridge /fríʤ/ 名 C 《くだけた語》冷蔵庫(refrigerator).
【複合語】**frídge-fréezer** 名 C 《英》冷凍冷蔵庫.

friend /frénd/ 名 C 〔一般的〕一般義 友人, 友. [その他] 好意を寄せる人, 味方, 後援者, 仲間, 同僚. また (F-) フレンド教会員 《★俗に Quaker という》.
語源 古英語 frēond から.
[用例] They are good *friends*. 彼らは仲のよい友人です /a *friend* in need いざという時の友 /He is my best *friend*. 彼は私の親友だ /She is a *friend* to everyone who is in need. 彼女は困っているすべての人の味方である.
【慣用句】**make friends with** ... ...と親しくなる.
【派生語】**fríendless** 形 〔形式ばった語〕友人のいない, 老人などがよるべのない. **fríendlessness** 名 U.
fríendly ⇒見出し. **fríendship** 名 UC 友愛, 親交, 交友関係.

friend·ly /fréndli/ 形 (⇒friend)〔一般的〕一般義 好意的な, 親切な, 優しい. [その他] 友好的な, 友人関係の, 友人らしい, 人なつっこい, 愛想のよい, また好意を寄せる, 支持する, 味方の.
[用例] She is very *friendly* to everybody. 彼女はだれにでも親切である /They have been *friendly* (with each other) for many years. 彼らは互いに長年の友人関係にある.
【派生語】**-fríendly** 形 ...にやさしい, ...本位の: environment-*friendly* vehicles 環境にやさしい乗物 /a user-*friendly* dictionary 使用者本位の辞書. **fríendliness** 名 U 友情, 好意.

friendship ⇒friend.

frier ⇒fry¹.

frig·ate /frígət/ 名 C 《海軍》フリゲート艦, 《史》18-19 世紀の帆走快速船.

fright /fráit/ 名 CU 〔一般的〕一般義 突然の恐怖, 驚き, [その他] 恐ろしい経験, (通例単数形で)ひどく醜い物[人].
語源 古英語 fyrhto の音位転換した形 fryhto から.
[用例] The noise gave me a terrible *fright*. その音を聞いて私は恐怖を感じた /You gave me a *fright* by coming into the room so quietly. あなたはそんなにそっと部屋に入ってくるので私はぎょっとした.
【慣用句】**get a fright** 大変びっくりする. *in a fright* ぎょっとして, 肝をつぶして. *take fright* ぎょっとする, おびえる.
【派生語】**fríghten** 動 [本来他] ⇒見出し. **fríghtful** 形 恐ろしい, ぞっとするような, 〔古風な語〕いやな, すさまじい, 大量の. **fríghtfully** 副. **fríghtfulness** 名 U.

fright·en /fráitn/ 動 [本来他] (⇒fright)〔一般的〕
一般義 (しばしば受身で)こわがらせる, ぎょっとさせる, びっくりさせる. [その他] 驚かす, 脅かす, 脅かして...させる.
[用例] She was *frightened* by a large dog. 彼女は大きな犬におびえた.
【派生語】**fríghtened** 形 おびえた, ぎょっとした, いつも...をこわがっている: She is *frightened* of spiders. 彼女はくもをこわがっている. **fríghtening** 形 ぎょっとさせるような, 驚くべき.

frig·id /fríʤid/ 形 〔形式ばった語〕一般義 気候, 場所が凍えるほど寒い, 極寒の. [その他] 温かみのない, 冷淡な, 女性が不感症の.
語源 ラテン語 *frigere* (= to be cold) から派生した *frigidus* が中英語に入った.
【派生語】**frigídity** 名 U 寒冷, 冷淡, 不感症. **frígidly** 副.
【複合語】**Frígid Zóne** 名 《the ~》寒帯.

frill /fríl/ 名 C 〔一般的〕フリル, ひだ飾り, 比喩的に無用の飾り, 余分なもの.
語源 不詳.
【派生語】**frílled** 形 フリルのついた. **frílliness** 名 U. **frílly** 形 フリルのついた.

fringe /frínʤ/ 名 C 動 [本来他] 〔一般的〕一般義 布, 肩掛けなどの房の縁飾り, フリンジ. [その他] へり, 外べり, 縁どり, 《英》女性の切り下げ前髪, さらに経済, 社会の周辺のグループ. 形 として周辺の, 外側の, 付加的な. 動 として縁をつける, 房で飾る, ...のへりになる, 縁どる.
語源 古フランス語 *frange* から中英語に入った. それ以前は不詳.
【複合語】**frínge bènefit** 名 C 《しばしば複数形で》交通費, 住宅手当, 健康保険などの給与以外の付加給付.

frip·per·y /frípəri/ 名 UC 〔一般的〕けばけばしい装飾, 安びかの服飾品, 文章などの気取り, 虚飾.
語源 フランス語 *friperie* (= old cloth) が初期近代英語に入った.

frisk /frísk/ 動 [本来自] 〔一般的〕ふざけて跳ね回る, 飛び回る. 他 急いで捜す, 特に隠し持った武器などを衣物の上から触って捜す. 名 として 《単数形で》跳ね回ること, ボディーチェック.
語源 ゲルマン語起源の古フランス語 *frisque* (= lively) が初期近代英語に入った.
【派生語】**frískily** 副. **frískiness** 名 U. **frísky** 形 元気にはね回る, 快活な.

frit·ter¹ /frítər/ 名 C 〔一般的〕揚げ物, フリッター.
語源 ラテン語 *frigere* (= to roast) の過去分詞 *frictus* が古フランス語 *friture* (= something fried) を経て中英語に入った.

frit·ter² /frítər/ 動 [本来他] 〔一般的〕つまらないことに時間や金を使う. 語源 不詳.

frivolity ⇒frivolous.

friv·o·lous /frívələs/ 形 〔一般語〕あさはかな, つまらない, くだらない, 不まじめな, 軽薄な.
[語源] ラテン語 *frivolus* (=silly) が中英語に入った.
[派生語] **frivólity** 名 UC 浅薄さ, 軽薄さ, 《通例複数形で》あさはかな言動, くだらないこと. **frívolously** 副. **frívolousness** 名 U.

frizz, friz /fríz/ 動 本来他 〔一般語〕毛髪を縮らせる. 自 毛髪が縮れる. 名 として 縮れ髪.
[語源] フランス語 *friser* (=to curl) が初期近代英語に入った.
[派生語] **frízzy** 形 毛髪が縮れた.

friz·zle /frízl/ 動 本来他 〔一般語〕肉などを油でじゅうじゅういためる, また日焼けさせる. 自 として, 焼く肉がじゅうじゅう音を立てる, 日に焼ける.
[語源] fry+sizzle の混成語. 19 世紀から.

fro /fróu/ 副 《次の成句のみ》*to and fro* あちらこちらへ, 行ったり来たり.
[語源] 古ノルド語 *frā* から. 古英語の fram (=from) と同語源.

frock /frák|frɔ́k/ 名 C 〔一般語〕黒色で, そでが長く丈も長い修道士の服.
[語源] 古フランス語 *froc* が中英語に入った. フランク語起源と思われるが不詳.
【複合語】**fróck còat** 名 C フロックコート《★男子の礼装》.

frog /frɔ́(ː)g/ 名 C 【動】かえる. 〔一般語〕かえるの形状からの連想と思われるが, 生け花の剣山, ヴァイオリンの弓の毛止め, レンガのくぼみ. フランス人はかえるを常食にすると思われていたことから, 〔くだけた語〕《軽蔑的》フランス人, かえるのしわがれた鳴き声からののどの痛み, しわがれ声.
[語源] 古英語 frogga から.
[用例] I find it difficult to tell the difference between a *frog* and a toad. 私には普通のかえるとひきがえるを区別するのは難しい/He has a *frog* in his throat. 彼の声はしわがれている.
【複合語】**frógmàn** 名 C 潜水夫.

frol·ic /frálik|frɔ́l-/ 動 本来自 〔一般語〕(a ~)ふざけ, 浮かれ騒ぎ, 宴会. 動 として 浮かれ騒ぐ.
[語源] 古高地ドイツ語 *vro* (=happy; glad) から派生した中期オランダ語 *vrolijc* が中英語に入った.
[派生語] **frólicsome** 形〔文語〕陽気な.

from /強 frám/, -5-; 弱 -ə-/ 前 らっ-ə 〔一般語〕動作や運動の起点からの出発を示し, ...から. その他 具体的には, 場所からの出発を示し, ...から離れてどこまでという距離や間隔, あるいはいつからずっと, 以来という時間, 何番目からという順序を示す. ある物事からの変化や推移, ある物事の相違, たくさんあるものの中からの区別, 人や物, 事からの除去, 義務や病気や仕事などから生じるさまざまな原因, 根拠, 動機, 手段を示し, ...なので, ...によって. また由来, 出所を示し, ...から出た, 材料, 原料を示し, ...から造られた, ...でできた.
[語法] from が運動の出発点を示すのに対し, to は到着点を示す. from ... to ... は「...から...まで」の意で用いられる.
[語源] 古英語 from から.
[用例] He traveled *from* France to Scotland. 彼はフランスからスコットランドまでの旅をした/The station is not so far *from* here. 駅はここからそう遠くありません/They work *from* Monday to Friday. 彼らは月曜日から金曜日まで働きます/She has been like that *from* her childhood. 彼女は子供のころからずっとそんな風でした/The prices range *from* £10 to £20. 価格は 10 ポンドから 20 ポンドまでです/I'm glad to hear that you have recovered *from* illness. 病気が回復したとお聞きして嬉しく思っています/Can you tell this flower *from* another? この花を別のと区別できますか/You had better exclude it *from* your plan. それをあなたの計画から除外しなければね/He is tired *from* overwork. 彼は仕事のし過ぎで疲れている/He is suffering *from* a cold. 彼は風邪で苦しんでいる/I painted it *from* memory. 私は記憶をたどってそれを描いた/The letter was *from* her father. その手紙は彼女の父親からのものだった/He comes *from* a wealthy family. 彼は裕福な家の出身です/Butter is made *from* milk. バターの原料はミルクである.
[語法] 「...でできた」の場合, 材料がすっかり原形から変わっているときは from を使い, 原形をとどめている場合は of を使うことが多い: The table is made of wood. そのテーブルは木でできている.
[対照語] to.

front /fránt/ 名 CU 形 動 本来他 〔一般語〕一般義 物の最前部, 前面. その他 建物の正面, 道路や湖水, 川などにそった隣接地や散歩道, 戦争においての最前線, 気象の前線をいう. 本人が問題に直面した際に顔に表れる表情の意から, 〔くだけた語〕見せかけ, 体裁, 見せかけ上の実権のない人物, 表看板, あるいは不法行為を隠すための表向きの仕事や事業, かくれみのなどの意. 形《限定用法》前面の, 前部の, 前方の. 動 として, 建物が...に面する, 向いている,《しばしば受身》...の前面につける.
[語源] ラテン語 *frons* (=forehead; front) が古フランス語を経て中英語に入った.
[用例] He sat in the *front* of the bus. 彼はバスの最前列に座った/I found myself standing at the *front* of a mansion. 気付くと私はある大邸宅の正面に立っていた/We walked along the (sea) *front*. 我々は(海辺の)遊歩道を歩いた/They are sending more soldiers to the *front*. ますます多くの兵士が最前線に送られている/They presented a united *front* against all opposition. 彼らはすべての反対勢力に対して共同戦線を張った/A cold *front* is approaching from the Atlantic. 寒冷前線が大西洋から接近している/He put on a brave *front* although he was really scared. 実際はおびえていたにもかかわらず, 彼は勇敢なふりをした/His café is a *front* for smuggling. 彼の経営する喫茶店は密輸のための隠れ蓑(みの)だ.
[日英比較] 日本語の「前」は物の「前部」と物から離れた「前方」の両方を意味するが, 英語の front は普通は「前部」を意味し, 「前方に」の意味の場合は in front of ... が用いられる: in the *front* of a bus バスの前部に/in front of a bus バスの正面に.
[対照語] back; front.
【慣用句】*come to the front* 正面に現われてくる, 顕著になる. *get in front of oneself* 〔くだけた表現〕《米》うろ, あわてる, まごつく. *in front of ... ...*の前に, 人の面前で.
[派生語] **fróntage** 名 C 建物の正面, 前面. **fróntal** 形.
【複合語】**frónt désk** 名 《the ~》ホテルなどの受付け

[日英比較] この意味で単に「フロント」というのは和製英語。 **frónt líne** 名《the ~》戦争の最前線, ある分野における最先端。 **frónt-páge** 形《くだけた語》ニュースが新聞の第一面に載せられた重大な。 **frónt páge** 名 C 本の扉, 新聞の第一面。 **frónt rúnner** 名 C レースなどでトップを走る人, 競馬の先行馬。

fron·tier /frʌ́ntiər/ 名 [一般語] [一般義] 開拓地と未開地の堺の**辺境**。 [その他] [形式ばった語] **国境**。 また比喩的に《複数形で》学問, 研究などにおける**未開拓の領域[分野]**, 物事の限界, 極限。
[語源] 古フランス語 *front* (⇒front) の派生形 *frontier* が中英語に入った。
[用例] Many families went to make a new life on the *frontier*. 多くの家族が辺境の地で新生活を始めに行った/We crossed the *frontier*. 我々は国境を越えた/He pushed back the *frontiers* of scientific knowledge. 彼は科学の分野で新開地を切り開いた。
[関連語] border; borderland.
【複合語】**frontiersman** 名 C 国境地方の住民, 辺境の住民。 **fróntier spírit** 名《the ~》開拓者精神。

frost /frɔ́(ː)st/ 名 UC [本来自] [一般語] [一般義] 霜。 [その他] 霜や霜柱ができる凍てつくほどの寒さということから, 厳冬, 《英》氷点下。 比喩的に人の態度や仕草の冷ややかさ, 冷淡さ, 雰囲気の陰気さ, よそよそしさ。 動 として 霜でおおう, 霜害を与える, 髪などを霜のように白くする, ガラスや金属をつや消しにする, 《米》ケーキに砂糖の衣をかける, 冷淡さで人の意気をくじく。
[語源] 古英語 frost から。
[用例] There is *frost* on the window. 窓に霜がかかっている/There'll be (a) *frost* tomorrow. 明日は氷点下の寒さになるでしょう/The windscreen [windshield] of my car *frosted* up last night. 私の車のフロントガラスに昨夜, 霜が降りていた。
[関連語] mist; fog; haze.
【派生語】**fróstily** 副。 **frósting** 名 U ケーキなどにかける糖衣, 卵白糖衣 (icing)。 **frósty** 形 霜の降りる, 凍るように寒い, 白い, 冷淡な。
【複合語】**fróstbìte** 名 U 霜焼け。 **fróstbìtten** 形 霜焼けにかかった, 植物などが霜で傷んだ。 **fróstbòund** 形 地面が凍結した。

froth /frɔ́(ː)θ/ 名 U [本来自] [一般語] ビールなどの泡, 比喩的に内容のうすい, くだらない話。 動 として泡を出す, 泡立つ, 苦しんで口から泡を吹く。
[語源] 古ノルド語 *frotha* が中英語に入った。
【派生語】**fróthily** 副。 **fróthiness** 名 U。 **fróthy** 形 泡の立つ, 泡だらけの, 空虚な。

frown /frάun/ 動 [本来自] [一般語] C 不満を感じたり, 立腹したり, 考え込んで眉(まゆ)をひそめる, しかめ面をする, 不賛成の意を表す。 他 しかめ面をして人を...にする, 渋い顔をして...を示す。 名 としてしかめ面, こわい顔, 渋面, 不賛成, 難色。
[語源] 古期フランス語 *froigne* (=sullen face) から派生した *froignier* (=to frown) が中英語に入った。
[用例] He *frowned* at her bad behavior. 彼は彼女のひどい態度を見て顔をしかめた/They *frowned* upon my scheme. 彼らは私の計画に難色を示した。
[対照類] grin; smile.

froze /fróuz/ 動 freeze の過去形。

fro·zen /fróuzn/ 動 形 freeze の過去分詞。 形 として [一般語] 凍った, 冷凍した, さらに極寒の, 凍傷などで動きできない, すくんだ, 価格や賃金, 事態などが固定化した, 預金が凍結された, 人の態度や表情が冷淡な, 冷酷な, 《米》事実が冷厳な。
[用例] I'm absolutely *frozen*. 凍てつくほど寒い/The girl sat *frozen* with terror. 少女は恐怖のあまりすくんだように座っていた/The situation remained *frozen*. 状況は膠着(こうちゃく)したままだった。
【慣用句】*frozen* [*chilled*] *to the bone* [*marrow*]《ややくだけた表現》身体がひどく凍えて, 骨の髄まで凍えついて。

fru·gal /frúːgəl/ 形 [形式ばった語] 倹約する, つましい, 節約する。
[語源] ラテン語 *frux* (=fruit; value) に由来する *frugalis* (=costing little) が初期近代英語に入った。
[用例] a *frugal* wife 倹約家の妻/a *frugal* meal つましい食事。
【派生語】**frugálity** 名 U。 **frúgally** 副 質素に, つましく。 **frúgalness** 名 U。

fruit /frúːt/ 名 UC [本来自] [一般語] [一般義] 食用となる汁の多い果実, **果物**。 [その他] 野菜, 穀物などの農作物, 〖植〗種子をもつ実, 果実。 比喩的に《通例複数形で》**結果, 成果, 所産, 報い**, 〔古風な語〕〖俗語〗同性愛の男性 (★旧約聖書でイブ (Eve) が禁じられた木の実を盗んで食べたことからの連想で「人目を忍ぶ快楽」の意)。 動 として, 植物が実を結ぶ。
[語法] 「果物」の意では U。ただし種類をいう場合には C となる。
[語源] ラテン語 *frui* (=to enjoy) の過去分詞 *fructus* (=enjoyment; produce; fruit) が古フランス語 *fruit* を経て中英語に入った。
[用例] The *fruit* of the vine is the grape. ぶどうの木にはぶどうの実がなる/Apples and oranges are my favorite *fruits*. りんごとオレンジは私の好きな果物です/Stolen [forbidden] *fruit* is sweetest.《ことわざ》盗んだ果物[禁断の木の実]は一番うまい/His success is the *fruits* of his hard study. 彼の成功は熱心な研究の結果である/A tree is known by its *fruit*. 木の良し悪しはその実によって判断される, 人は行動によって判断される《聖》マタイ福音書 12:33)。
【慣用句】*bear* [*produce*] *fruit* 実を結ぶ, 成果をあげる。
【派生語】**frúitful** 形。 **frúitfully** 副。 **frúitfulness** 名 U。 **fruition** /fruːíʃən/ 名 U 希望や目的などの**達成**, 実現, 所有や実現の喜び, 植物の結実。 **frúitless** 形 効果のない, 無益の, 実を結ばない, 不毛の。 **frúitlessly** 副。 **frúity** 形 果物の味[香り]がする, 果物のような, 音声が朗々とした。
【複合語】**frúitcàke** 名 UC フルーツケーキ。 **frúitknìfe** 名 C 果物を切るためのナイフ, 果物ナイフ。 **frúit sàlad** 名 UC フルーツサラダ。 **frúit sùgar** 名 U 果糖。 **frúit trèe** 名 C 果樹。

frus·trate /frʌ́streit/ 動 [本来他] [一般語] [一般義] 目的の達成や計画の成功を**阻む, 挫折させる**。 [その他] の結果, 人に**挫折感を与える, 欲求不満に陥らせる, 失望させる**。
[語源] ラテン語 *frustra* (=in vain) から派生した *frustrare* (=to disapoint) の過去分詞 *frustratus* が中英語に入った。
[用例] His efforts to be friendly were *frustrated* by her rudeness. 親しくなろうとした彼の努力も彼女

の無礼な態度でむだになった/Staying at home all day *frustrated* her because she had been a brilliant scientist before her marriage. 結婚前は有能な科学者だったため、一日中だだ家に居ることで彼女は欲求不満になった.

[対照版] accomplish; achieve.

【派生語】**frùstrátion** 名 U.

fry¹ /frái/ 動 [本来他] 名 C 〔一般語〕[一般義] 魚や肉を油を使ってフライパンなどで揚げる, 焼く, いためる. [その他] 冷えた料理をフライパンなどで温める. また〔俗語〕《米》電気椅子で処刑する. 自 として, 油で揚げられる, 焼ける. 名 として揚げ物, いため物, フライ料理.

[語源] ラテン語 *frigere* (=to fry) が古フランス語 *frire* を経て中英語に入った.

[用例] Shall I *fry* the eggs or boil them? 卵は焼きましょうかそれともゆでましょうか/The sausages won't take long to *fry*. そのソーセージはいためるのにそんなに時間がかからない.

[日英比較] 英語の fry は油を使って加熱調理をすることをいい, 油をたっぷり使って揚げる日本語の「フライ」あるいは「天ぷら」は fry の一部で, 英語で特に区別していう場合は, 動詞で deep-fry, またそうして揚げた料理は deep-fried food という.

【慣用句】*fry the fat out of* ... 〔俗語〕《米》人から金をしぼり取る, 政治献金をさせる.

【派生語】**frýer, fríer** 名 C 揚げ物をする人[器具], フライパン, 揚げ物用のひなどり.

【複合語】**frýing pàn, frýpàn** 名 C フライパン(《米》skillet).

fry² /frái/ 名 C (複 ~) 〔一般語〕ふ化したばかりの幼魚, 稚魚, かえるや蜂などの子, 〔くだけた語〕《集合的》子供たち, 人々.

[語源] 古ノルド語 *frjo* (=seed) と古フランス語 *fri* (=spawn) の混成による. 中英語に入った.

【慣用句】*(the) small fry* 《集合的》小魚, 小動物, つまらぬ連中, 雑魚[].

ft.《略》=feet; foot.

fuch·sia /fjúːʃə/ 名 C 〔植〕フクシア(★アカバナ科).
[語源] 発見者 Leonhard Fuchs の名から. 18世紀から.

fuck /fʌk/ 動 [本来他] 名 C 〔タブー語〕セックスする. 他 として...とセックスする. 名 として性交, セックス. また下品な感嘆詞として畜生!

[語源] オランダ語, スウェーデン語など北欧系の言語からと言われるが, 詳しいことは不明. 初期近代英語から.

[用例] *Fuck* you! このくそ野郎.

【派生語】**fúcker** 名 C ばか者. **fúcking** 形 いまいましい. 副 ひどく.

fud·dle /fʌdl/ 動 [本来他] 他 〔くだけた語〕《しばしば受身で》酔わせる, 頭を混乱させる. 名 として《a ~》混乱.

[語源] 不詳. 初期近代英語から.

fudge /fʌdʒ/ 名 U 動 [本来他] 〔一般語〕ファッジ(★砂糖, バター, 牛乳, チョコレート, バニラなどを使って作るキャンディー; 数えるのに a piece of, two pieces of を用いる). 動 として〔軽蔑的〕作り上げる, でっち上げる, だます, ごまかす.

[語源] 不詳. 初期近代英語から.

fu·el /fjúː(ə)l/ 名 UC 動 [本来他] (過去・過分《英》-ll-) 〔一般〕[一般義] 石炭, 石油, まき, ガスなどの燃料. [その他] 比喩的に感情を燃え立たせるもの, あおる力. 動 として燃料を供給する, 人や物を刺激する.

[語源] ラテン語 *focus* (=fireplace) の 形 *focalis* から派生した古フランス語 *fouaille* が中英語に入った.

[用例] Have you enough *fuel* for the winter? この冬は燃料が十分にありますか/The machine ran out of *fuel*. 機械の燃料が切れてしまった/His rudeness added *fuel* to her anger. 彼の無礼な態度は彼女の怒りをあおる結果となった.

【慣用句】*add fuel to the flames [fire]* 火に油をそそぐ, 感情をあおりたてる.

[関連語] gaseous fuel (気体燃料); liquid fuel (液体燃料); diesel fuel (ディーゼル燃料); fossil fuel (石油, 石炭などの化石燃料).

【複合語】**fúel cèll** 名 燃料電池. **fúel cỳcle** 名〔理〕核燃料サイクル. **fúel gàuge** 名 自動車などの燃料メーター(《米》gas gauge). **fúeling stàtion** 名 C 燃料補給所.

fu·gi·tive /fjúːdʒitiv/ 形 名 C 〔形式ばった語〕逃げる, 逃走する, 一時的な, はかない. 名 として逃亡者, 脱走者, 比喩的に見つけにくいもの, とらえ難いもの.

[語源] ラテン語 *fugere* (=to flee) の過去分詞 *fugitus* から派生した *fugitivus* (=running away) が古フランス語を経て中英語に入った.

fugue /fjúːɡ/ 名 C 〔楽〕フーガ, 遁走(́)曲.

[語源] フランス語 *fugue*, またはイタリア語 *fuga* が初期近代英語に入った. ラテン語 *fuga* (⇒fugitive) の派生形 *fuga* (=flight) にさかのぼる.

-ful /-fəl/ [接尾] 名詞につき「...に満ちた」「...の多い」「...の性質をもった」という意味の形容詞をつくる. 例: painful; joyful; beautiful. 動詞や形容詞について「...する能力がある, 傾向がある」という意味の形容詞をつくる. 例: forgetful; helpful; direful. 名詞について「...一杯の量」という意味の名詞をつくる. 例: cupful; handful.

[語源] 古英語 ful(l) (=full) から.

ful·fill, 《英》**ful·fil** /fulfíl/ 動 [本来他] (過去・過分 -ll-) 〔やや形式ばった語〕[一般義] 義務や約束を果たす, 実行する. [その他] 元来, 条件や要求を満たす, 満足させるという意味を持ち, 義務や約束を果たす意が生じた. 仕事や期限を完了する, 望みや目的を遂げる, 計画や予言を実現させる.

[語源] full + fill の重複語句. 古英語 *fullfyllan* から.

[用例] He always *fulfils* his promises. 彼はいつも約束を履行する/He couldn't *fulfil* our requirements. 彼はわれわれの要求を満たせなかった/*Fulfil* your duties. 各自の職務を果たしなさい/We will *fulfil* your hopes. 私たちとしてはあなたの希望をかなえるつもりです.

[類義語] satisfy.

【派生語】**fulfillment**, 《英》**fulfílment** 名 U.

full /fúl/ 形 副 動 〔一般語〕[一般義] 容器や場所などの空間が物や人で満ちられた, 一杯である. [その他] 物事がぎっしり詰っている, 満腹である, 頭の中がある事で一杯である意で熱中している. また経験や知識, 分量, 供給が十分な, 何一つ欠けていないの意で完全な, 大きさや程度, 強さなどの点で最高点に達している, 強烈な, 内容のある, 形がふっくらしている, 丸々とした, 太っている, 衣類がゆったりとしている, だぶだぶの, 血が完全になりっている意で両親が同一の. 副として最高, 絶頂, 十分, 全部. 動として, 衣服をゆったり[たっぷり]に作る.

[語源] 古英語 ful(l) より.

[用例] My basket is so *full* that I cannot carry it.

私のバスケットは中がぎっしり詰っているので運ぶことができない/Don't eat till you are *full*. 満腹になるまで食べてはいけません, because I had a *full* meal this morning. お腹は減ってません. 今朝は十分な食事をとってきましたから/She was abroad for a *full* year. 彼女ははる1年外国にいました/The flowers are in *full* bloom. 花が満開です/She has become quite *full* in the face. 彼女の顔がまんまるになった/The dress has *full* sleeves. このドレスは袖をたっぷりとってある/They are *full* brothers. 彼らは実の兄弟です.

[対照語] empty; vacant.

【慣用句】*be full of oneself* 〔くだけた表現〕《軽蔑的》自分のことしか考えない, 自己中心的である. *in full* 全部の, 完全に, 省略しないで. *to the full* 十分に, 心ゆくまで.

【派生語】**fúllness, fúlness** 名 U. **fúlly** 副 十分に, まったくに, あますところなく.

【複合語】**fúll-blóoded** 形 純血種の, 血気盛んな, 正真正銘の, 内容豊富な. **fúll-blówn** 形 満開の, 成熟しきった. **fúll-bódied** 形 酒などがこくのある, 実質のある, 人が肥満の. **fúll dréss** 名 U 正装, 礼装. **fúll-dréss** 形 正装の, 本格的な. **fúll-fáce** 形 副 正面を向いた[て]. **búll-flédged** 形 羽のはえそろった, 一人前の. **fúll-grówn** 形 すっかり成長した, 大人になった. **fúll hóuse** 名 C ポーカーのフルハウス. **fúll-léngth** 形 写真, 絵などが全身の, 映画や小説などが途中を省略していない, ドレスなどが床にまでとどく長さの. **fúll móon** 名 UC 満月(時). **fúll náme** 名 C 氏名. **fúll-scále** 形 実物大の, 全面的の. **fúll stóp** 名 C 終止符, ピリオド. **fúll tíme** 名 U 専任, 常勤. **fúll-tíme** 形 専任の, 常勤の. **fúll-tímer** 名 C 専任者, 常勤者.

ful·mi·nate /fúlmənèit/ 動 [本来義] 〔形式ばった語〕突然爆発する, 突然激しくなる, 激しく非難する.

[語源] ラテン語 *fulminare* (= to strike by lightening) の過去分詞が中英語に入った.

【派生語】**fúlmináting** 形. **fùlminátion** 名 U.

fulness ⇒full.

fum·ble /fʌ́mbl/ 動 [本来義] 名 C 〔一般語〕一般義 手さぐりで捜す, 手さぐりける. [その他] いじくり回す, へまをする. また方法などを模索する, もぞもぞと言う, 口ごもる, 《野》ボールをファンブルする, 《アメフト》ボールを手にしてから落す. 他 の用法もある. 名 として《野・アメフト》ファンブル(したボール).

[語源] スカンジナビア語から. 詳細は不明. 初期近代英語より.

[用例] He *fumbled* with the key. 彼は鍵を手さぐりで捜した/She *fumbled* about in her bag for her key. 彼女はバッグの中をもぞもぞと鍵を捜して手さぐりした/He *fumbled* the catch and dropped the ball. 彼はボールを受けるのにへまをして落してしまった[ファンブルしてしまった].

【派生語】**fúmbler** 名 C. **fúmbling** 形 不器用な, へまな.

fume /fjúːm/ 名 C 〔一般語〕一般義 《通例複数形で》臭気のある蒸気, ガス, 煙. [その他] 〔くだけた語〕のぼせた気持ち, もやもや, むかっ腹, 怒気, 毒気.

[語源] ラテン語 *fumus* (= smoke) が古フランス語を経て中英語に入った.

fu·mi·gate /fjúːməgèit/ 動 [本来他] 〔一般語〕煙で...をいぶす, 燻蒸消毒する.

[語源] ラテン語 *fumigare* (= to smoke) の過去分詞が初期近代英語に入った.

【派生語】**fùmigátion** 名 U 燻蒸消毒. **fúmigatòry** 形.

fun /fʌ́n/ 名 U 形 [本来自] 〔一般語〕一般義 娯楽, スポーツ, レクリエーションなどの楽しさ, 面白さ. [その他] そういった楽しさを与えてくれる面白い人[事, 物], 冗談, 戯れ. 形 として〔くだけた語〕楽しい, 愉快な. 動 として〔くだけた語〕ふざける, 冗談を言う.

[語源] 中英語 *fonne* (= fool) から. それ以前は不詳.

[用例] They had a lot of *fun* at the party. 彼らはパーティーで大いに楽しんだ/You are full of *fun*. 君は実に面白い人だ/Fishing is no *fun*, I think. 釣りなんか面白いものではないと思います/She had a *fun* time yesterday. 昨日彼女は楽しいひと時を過ごした/All of them *funned* about my picture. 彼らはみんな私の描いた絵をからかった.

【慣用句】*for* [*in*] *fun* 面白半分に, ふざけて. *fun and games* 〔くだけた表現〕《しばしば皮肉》お楽しみ, お祭[馬鹿]騒ぎ. *like fun* 〔くだけた表現〕決して...でない. *make* [*poke*] *fun of* ...をからかう.

【派生語】**fúnnily** 副 おかしく, こっけいに. **fúnny** 形 面白い, 〔くだけた語〕面白さの度が過ぎて奇妙な, 変わった, あやしい, いかがわしい: **fúnny pàper** 新聞の漫画欄.

func·tion /fʌ́ŋkʃən/ 名 C 動 [本来自] 〔一般語〕一般義 そのものの本来の働き, 機能. [その他] 仕事などにおけるその人の職務, 任務, その職業, 事柄の作用, 効用. 本来行なうべき事の意から, 社会的, 宗教的儀式, 祭典, 社交的会合, 大集会.《文法》機能,《数》関数.

[語源] ラテン語 *fungi* (= to perform) の過去分詞 *functus* から派生した 名 *functio* が古フランス語を経て初期近代英語に入った.

[用例] The heart's *function* is to pump blood around the body. 心臓の働きは血液を体じゅうに送り出すことです/His *function* is to welcome the guests at the door. 彼の役目は玄関先で客を出迎えることです/They often attend *functions* in the town. 彼らはよく町の会合に出席する.

[関連語] office; duty; work; task.

【派生語】**fúnctional** 形. **fúnctionalism** 名 U 機能主義. **fúnctionally** 副. **fúnctionàry** 名 C 《やや軽蔑的》役人, 職員.

【複合語】**fúnction wòrd** 名 C《文法》機能語 (★冠詞, 代名詞, 前置詞, 接続詞, 疑問詞, 助動詞, 関係詞など, 語の意味よりはその文法機能を中心として用いられる語 ⇒content word).

fund /fʌ́nd/ 名 C 動 [本来他] 〔一般語〕一般義 ある特別な目的に使うための資金, 基金. [その他] 言動などの基になる知識や才能, 経験の蓄積,《複数形で》所持金, 財源,《英》国債, 公債. 動 として資金を提供する, 知識や経験を蓄積する.

[語源] ラテン語 *fundus* (= bottom) が初期近代英語に入った.

[用例] Have you given money to the *fund* for the repair of the local church? 地元の教会の修復基金にお金を出しましたか/I'm a bit short of *funds* now. 今は手持金が不足している/He has a *fund* of funny stories. 彼は愉快な話をたっぷり知っている.

[関連語] money; capital.

【複合語】**fúnd ràiser** 名C 政党や福祉事業団体などのために**資金**を調達する人, 資金集めのパーティー. **fúnd ràising** 名U 資金調達.

fun·da·men·tal /fÀndəméntl/ 形C〔やや形式ばった語〕[一般語] 他のすべての基礎になっている, 基礎的な, 基本的な. [その他] 根本的な, 重要な, 生来のなどの意. 名として基本, 原則, 原理.
[語源] ラテン語 *fundare* (=to lay the bottom for) の 名 *fundamentum* の派生形. 中英語より. ⇒fund.
[用例] There is a *fundamental* difference in the political beliefs between the two parties. 両党の間にはその政治的理念に基本的な違いがみられる/There has been a *fundamental* change in his beliefs. 彼の考えに根本的な変化が生じた/Respect for law and order is *fundamental* to a peaceful society. 法と秩序を尊重することは平和な社会を作るための土台である.
[類義語] basic.
【派生語】**fùndaméntalism** 名U 根本主義, 原理主義. **fùndaméntalist** 名C 原理主義者. **fùndaméntally** 副.

fu·ner·al /fjúːnərəl/ 名C 形〔一般語〕葬式, 告別式などの葬儀, 葬列. 形として葬式の.
[語源] ラテン語 *funus* (=burial) の 名 *funeralis* の派生形 *funeralia* (=funeral rites) が古フランス語を経て中英語に入った.
[用例] His *funeral* was held at the local church. 彼の葬式は地元の教会で行なわれた.
【慣用句】***be* ...'*s funeral*** 〔くだけた表現〕…にとって不幸[不愉快]なことになる, …にだけかかわる事だ: It's not *my funeral*. = It's your own *funeral*. それは私の知ったことではない.
【派生語】**fúneràry** 形《限定用法》葬式の, 葬式用の. **funereal** /fjuː(ː)níəriəl/ 形 葬式の(funerary), 葬送にふさわしい, 悲しい.
【複合語】**fúneral diréctor** 名C〔形式ばった語〕葬儀屋. **fúneral hòme** [《英》pàrlour] 名C 葬儀場, 遺体安置場. **fúneral màrch** 名C 葬送行進曲. **fúneral sèrvices** 名《複》葬儀.

fungous ⇒fungus.

fun·gus /fÁŋgəs/ 名CU(複 -gi /dʒai/, ~es)〔一般語〕[一般語] きのこ, かびなどの菌類. [その他]〔軽蔑的〕かびのように急に生じてはびこる(いやな)もの. さらに【植】真菌, 【医】菌状腫.
[語源] ラテン語 *fungus* (=mushroom) が初期近代英語に入った.
【派生語】**fúngous** 形.

funk /fÁŋk/ 名C 動〔本来中〕〔くだけた語〕こわがっておじけづくこと, しりごみ, また臆病者. 動としてこわがる, しりごみする.
[語源] 18世紀のオックスフォード大学の学生俗語からと思われる.
[用例] He was in a *funk* over his exam results. 彼は試験の結果をひどくこわがっていた.
[類義語] cowardice.
【慣用句】***in a blue funk*** 〔くだけた表現〕非常にこわがって.
【派生語】**fúnky** 形.

fun·nel /fÁnəl/ 名C 動〔本来自〕〔一般語〕じょうご, じょうご形の筒, 特に蒸気機関車などの煙突. 動としてじょうご形になる, 比喩的に大勢の人が狭い所を通る. 他 じょうご形にする, 比喩的に精力などを注ぐ.
[語源] ラテン語 *infundere* (=to pour into) から派生した *fundibulum* が古プロバンス語を経て中英語に入った.

funny ⇒fun.

fur /fə́ːr/ 名UC 動〔本来中〕〔一般語〕[一般語] 哺乳動物の濃く柔らかかい短い毛皮, 柔毛. [その他] ミンク, きつね, うさぎなどの毛皮, それらの毛皮製品, 毛皮の服, あるいは毛皮獣. さらに柔毛状の付着物, 病気の際の舌苔(ぜったい), やかんなどに生ずる湯[水]あか. 動として毛皮の裏をつける, 人に毛皮製品を着せる, 湯[水]あかを生じさせる.
[語源] 古フランス語 *forrer* (=to cover) が中英語に furren として入り, その 名 furre から.
[用例] Bears have thick fur. 熊は濃い毛で覆われている/A woman likes a *fur* coat. 女性は毛皮のコートを好む/She was wearing her *fur*. 彼女は毛皮の服を身につけていた/Hard water causes *fur* on kettles. 硬水を使うやかんに湯あかが生じる.
[関連語] hide; down.
【慣用句】***make the fur [feathers] fly*** 〔くだけた表現〕大騒ぎをまきおこす.
【派生語】**fúrrier** 名C 毛皮商人, 毛皮職人. **fúrry** 形.
【複合語】**fúr sèal** 名C おっとせい.

fur·bish /fə́ːrbɪʃ/ 動〔本来他〕〔一般語〕[一般語] 道具や金属などを磨いてつやをだす. [その他] 古い物をみがきをかけて手入れをすることにより見ばえをよくする, 知識や芸術を刷新する.
[語源] ゲルマン語起源の古フランス語 *fourbir* (=to polish) が中英語に入った.
[用例] He likes to *furbish* a rusty sword. 彼はさびた剣をみがくのが好きだ/They *furbished* an age-old castle. 彼らは古い城を一新した.
[類義語] polish.

fu·ri·ous /fjúəriəs/ 形〔一般語〕[一般語] 人の言動や事柄に激怒した, 風や嵐などが荒れ狂っている, 速度や活動などが猛烈である, 激しい, 騒々しい.
[語源] ラテン語 *furia* (⇒fury) の派生形 *furiosus* (=full of fury) が古フランス語 *furieus* を経て中英語に入った.
[用例] She was *furious* with him about it. 彼女はそのことで彼に激怒していた / The motorcyclist drove at a *furious* speed. バイクのドライバーは猛スピードで運転した.
[類義語] ⇒angry.
【派生語】**fúriously** 副. **fúriousness** 名U.

furl /fə́ːrl/ 動〔本来中〕〔やや古語〕[一般語] 旗や帆などを旗ざおや帆柱に巻いて収める, 巻つける. [その他] かさ, 扇子, 翼など広げてあるものをたたむ, 比喩的に希望をすてる.
[語源] 古フランス語 *ferler* (*ferm* firm + *lier* to bind) (=to bind tightly) が初期近代英語に入った.
[用例] They *furled* the sails. 彼らは帆をたたんだ.

fur·lough /fə́ːrlou/ 名CU〔形式ばった語〕外国で働く軍人や公務員の休暇, 長期休暇, 休暇許可証.
[語源] オランダ語 *verlof* (=permission) が初期近代英語に入った.

fur·nace /fə́ːrnɪs/ 名C〔一般語〕[一般語] 炉やかまど. [その他] それぞれの用途に従って暖炉, 溶鉱炉を指し, それらはひどく熱い焦熱の場であることから, 比喩的に厳しい試練をいう. 動として〖冶〗炉の中で熱する.

furnish

[語源]「かまど」の意のラテン語 *fornax* が古フランス語 *fornais* を経て中英語に入った.
[関連語] heater; oven; stove.
[慣用句] **be tried in the furnace** 厳しい試練に会う.

fur·nish /fə́ːrniʃ/ [動] [本来他] [一般他] [一般義] 家や部屋に必要な家具を備え付ける, 取りつける. [その他] 本来は [形式ばった語] 必要なもの, あるいは有用なものなら何でも供給する, 提供する, 備えるの意.
[語源] ゲルマン語起源の古フランス語 *furnir* (=to supply) が中英語に入った.
[用例] We spent a lot of money on *furnishing* our house. 我々は家に家具を備え付けるのに大金を費やした/They *furnished* the library with new books. その図書館に新しい本が入った/He told me the story, but his wife *furnished* the details. 彼は私にその話をしてくれたが, 彼の妻の方は詳細を知らせてくれた.
[類義語] equip; supply.
【派生語】**fúrnished** [形] 家具付きの. **fúrnishings** [名] (複) カーテンなどの備え付け家具, 装身具. **furniture** [名] ⇒見出し.

fur·ni·ture /fə́ːrnitʃər/ [名] [U] (⇒furnish) [一般語] [一般義] いす, テーブル, ベッド, ソファーなど必要に応じて移動可能な家具の総称. [その他] 本来家具を備えつけることの意で, 家に備え付けられた備品, 調度品. 機械, 船, 自動車などの装備品, 付属品.
[語法] 家具を集合的に表し, 不可算名詞である: much [little] *furniture* 多くの[少ない]家具/three pieces [articles] of *furniture* 家具 3 点.
[語源] ⇒furnish.
[用例] Our office *furniture* is very old-fashioned. 我々の会社の事務用家具はとても古くさい/We didn't have much *furniture* in those days. 当時我々はあまり家具をもっていなかった.
[慣用句] **part of the furniture** [くだけた表現] 家具のように部屋の一部となってしまったような注意をひかない人, 目立たない人, つまらない人.
【複合語】**fúrniture restòrer** [名] [C] 家具修理業者. **fúrniture vàn** [名] [C] 家具運搬用大型車.

fu·ror /fjúərɔːr/ [名] [やや形式ばった語] [一般義] 文学や芸術などのもたらす激しい**熱狂的興奮, 大感激.** [その他] 突然大勢の人々にもてはやされる熱狂的大流行や熱狂的賞賛, また [文語] 激怒, 逆上.
[語源] ラテン語 *furor* (=raging) が初期近代英語に入った.
[類義語] craze; frenzy; uproar.

furrier ⇒fur.

fur·row /fə́ːrou | fʌ́r-/ [名] [C] [本来他] [一般義] 鋤で耕したみぞ, うね. [その他] 車や船の通った跡, わだち, 航跡, また [詩語] 耕地, 畑, 顔のしわ. [動] として, 畑などを鋤で耕す, うねをたてる, 顔にしわを寄せる.
[語源] 古英語に furh (=trench) から.
[用例] The party made deep *furrows* in the muddy road. 一行はぬかるみの道に深いわだちをつけた/The *furrows* in her foreheace made her look older. おでこにできた彼女にはしわが見えた/In spring the farmer *furrowed* the fields for planting. 春になると農夫は植物を植えるために鋤で畑を耕した.
[慣用句] **plough a lonely furrow** ひとりで仕事をする, 援助なしで目的を追求する.

furry ⇒fur.

fur·ther /fə́ːrðər/ [副] [形] [動] [本来他] [一般語] (far の比較級) [一般義] (主に英) 距離についてもっと遠くに[へ], もっと向こうに[へ]. [その他] 時間, 数量, 程度, 範囲などについてもっと進んで, さらに深く, それ以上に, またその上, さらに(furthermore). [形] としてもっと遠い, もっと進んだ, それ以上の, 余分の. [動] として [形式ばった語] 仕事, 計画, 目的などを促進する, 助長する.
[語法] (英) では距離について「もっと遠く」を意味する場合, further と farther を用い, (米) では farther だけを用いる. ⇒farther.
[用例] I can't go any *further*. もうこれ以上先には行けない/He spoke *further* on the subject. 彼はそのテーマについてなおいっそう語った/There's no *further* news. もうこれ以外のニュースはないや/He *furthered* our plans by obtaining official permission. 彼は正式な許可を得て我々の計画を促進した.
【派生語】**fúrtherance** [名] [U] 促進, 助長. **fúrthermore** [副] [やや形式ばった語] その上に, さらに. **fúrthermost** [形] [文語] 最も遠い(farthest).
【複合語】**fúrther educátion** [名] [U] (英) 成人教育 ((米) adult education).

fur·thest /fə́ːrðist/ [形] [副] [一般語] (far の最上級) =farthest.

fur·tive /fə́ːrtiv | fə́ː-/ [形] [形式ばった語] [一般義] 行動や意図を内密にする, こそこそした. [その他] 盗人のようにずるい, うさん臭い.
[語源] ラテン語 *furtivus* (=stolen) が初期近代英語に入った.
[用例] a *furtive* glance 盗み見/He looked very *furtive* with the parcel under his arm. 彼は小包をかかえて非常にうさん臭く見えた.
[類義語] secret; sly.
【派生語】**fúrtively** [副].

fu·ry /fjúəri/ [名] [U] [C] [一般語] [一般義] 普通の怒りより強い**憤激, 激怒.** [その他] 戦争, 天候, 病気などの激烈さ, 猛威, 行動の狂暴性. (the Furies) [ギ·ロ神話] 復讐の 3 女神, [くだけた語] ヒステリックに激怒する女性, 洋悍人.
[語源] ラテン語 *furere* (=to rage) の [名] *furia* が古フランス語を経て中英語に入った.
[用例] She flew into a *fury* (= She became very angry). 彼女は烈火のごとく怒った/The soldiers were killed in the *fury* of battle. 兵士たちは激戦のさなかで戦死していった/The ship was wrecked in the *fury* of a storm. 船は猛嵐のために難破した.
[類義語] ⇒anger.
[慣用句] **in a fury** かっとなって. **like fury** [くだけた表現] 猛烈に, やたらに.

furze /fəːrz/ [名] [植] はりえにしだ.

fuse[1] /fjúːz/ [名] [C] 爆発などの**信管, 導火線** (fuse wire), あるいは**起爆装置** (fuze).
[語源] ラテン語 *fusum* (=spindle) によるイタリア語 *fuso* が初期近代英語に入った.
[用例] He lit the *fuse* and waited for the explosion. 彼は導火線に火をつけて, 爆発するのを待った/He set the *fuse* for 10 o'clock and left the bomb under a table. 彼は起爆装置を10時に合わせ, テーブルの下に爆弾をしかけた.
【複合語】**fúse wire** [名] [C] 導火線.

fuse[2] /fjúːz/ [動] [本来他] [名] [C] [一般語] [一般義] 金属な

どを熱を加えて**溶かす**, 溶かして**融合する**. その他 比喩的に考, 計画, 制度などを**融和させる**. ヒューズを飛ばして電気機器などを**使えなくする**. ⓐ **溶ける**, **融合し合う**, ヒューズが飛んで**使えなくなる**. 名として【電】ヒューズ.
語源 ラテン語 *fundere* (=to pour; to melt) の過去分詞 *fusus* が初期近代英語に入った.
用例 They *fused* zinc and copper to make brass. 亜鉛と銅を溶かして真鍮(しんちゅう)が造られた/She *fused* all the lights by switching on too many electrical appliances at once. 彼女は電気機器のスイッチを一度に多く入れすぎたので, 家じゅうの照明が消えてしまった/Copper and tin *fuse* together to make bronze. 銅とすずが融合して青銅ができる/They disagreed at first but eventually their ideas *fused*. 最初彼らは意見を異にしたが, 結果的に彼らの考えは一致した/She had to send for the electrician because she could not mend the *fuse*. 彼女はヒューズを取り換えることができなかったので, 電気屋を呼びにやらねばならなかった.
類義語 mix; amalgamate.
慣用句 *blow a fuse* ヒューズを飛ばす, 〔くだけた語〕かっとなる.
派生語 **fúsible** 形 溶けやすい, 可融性の. **fúsion** 名 UC 金属の**溶解(物)**, **融合**, **核融合** (nuclear fusion), 政党などの**合同**: **fusion bomb** 水素爆弾 (hydrogen bomb).

fu·se·lage /fjúːzəlàːdʒ/ 名 C 【空】飛行機の**胴体**, **機体**.
語源 フランス語 *fuselé* (=spindle-shaped) の派生形 *fuselage* (=body) が 20 世紀に入った.

fusible ⇒fuse.

fu·sil·lade /fjúːzəleid/ 名 C 動 本来他 形式ばった語 一般義 **一斉射撃**. その他 質問, 批評などの**連発**, その他**集中**…, 【野】**集中打**. 動 として**一斉射撃を浴びせる**, **集中射撃する**.
語源 フランス語 *fusiller* (=to shoot) の派生形が 19 世紀に入った.
用例 The soldiers fired a *fusillade*. 兵士たちは一斉射撃をした/a *fusillade* of questions 質問攻め.

fusion ⇒fuse.

fuss /fás/ 名 動 本来自 〔一般語〕一般義 つまらないことに対する必要以上の**大騒ぎ**. その他 〔くだけた語〕仰々しい**口論**や**議論**, さらに**苦情**, **不満**. 動 として**大騒ぎする**, **やきもきする**, **激論する**.
語源 不詳. 初期近代英語より.
用例 Don't make such a *fuss* about that small cut on your finger. 指をちょっと切ったくらいで, そんなに大騒ぎをするな/He's always *fussing* about his health although he's never really ill. 実際は病気ではないのに, 彼はいつも自分の体のことでいらぬ大騒ぎをしている.
語法 ❶ 名詞の fuss は不可算名詞であるが, しばしば不定冠詞の a を伴う ❷ 動詞の fuss は自動詞としても用いられるのが普通であるが, くだけた表現では「つまらぬことで相手の気をもませる, 悩ませる」の意で他動詞としても用いられることもある.
慣用句 *kick up a fuss* 騒ぎたてる. *make a fuss of* [*over*] ... 〔くだけた表現〕大騒ぎして人をもてなす, ちやほやする.
派生語 **fússily** 副. **fússiness** 名 U. **fússy** 形 小うるさい, 衣装などが凝りすぎている, 面倒な, 細かすぎる

る.

fus·ty /fásti/ 形 〔一般語〕一般義 部屋や服などが湿っ てかび臭い, むっとする. その他 品物, 建物, 知識などが**古ぼけた**, **時代遅れの**, 人間が時代遅れで**頑迷な**.
語源 古フランス語 *fust* (=wine cask) が中英語に入り, それに -y がついた.
用例 a dark and *fusty* corridor 暗くかび臭い回廊.
類義語 musty; old-fashioned.

fu·tile /fjúːtəl|-tail/ 形 〔形式ばった語〕一般義 行ないが役にたたない, **無益な**. その他 人などが**軽薄な**, **無能な**, 事柄が**取るにたらない**.
語源 ラテン語 *futtilis* (=worthless) が初期近代英語に入った.
用例 His attempt to stop the war was *futile*. 戦争を阻止しようとした彼の試みはむだだった.
類義語 useless. 派生語 futility 名 U.

fu·ture /fjúːtʃər/ 名 UC 形 〔一般語〕一般義 **未来**, **今後**. その他 これから先に起こること, 人や事柄についての**将来性**, **前途**, **行く末**, 【商】〔通例複数形で〕**先物(契約)**, 【文法】**未来時制**, **未来形**. 形 として**未来の**, **今後の**.
語源 ラテン語 *esse* (=to be) の未来分詞 *futurus* (=about to be) が古フランス語を経て中英語に入った.
用例 He was afraid of what the *future* might bring. 彼は将来どうなるかを心配していた/Fortune-tellers claim to be able to tell the *future*. 占い師は将来起こる事を言い当てることができると断言する/In the *future*, I'll try to do what I believe is right. 今後, 私は正しいと信じることをするつもりです/The young couple will have a happy *future* together. 若い夫婦は幸せな将来を一緒に築き上げるでしょう/He had a bright *future* before him. 彼の前途は洋々としていた/deal in *futures* 先物取引をする.
関連語 present; past.
派生語 **fútureless** 形 将来見込みのない. **fúturism** 名 U 〔しばしば F-〕**未来派** (★第 1 次大戦の直前の 1910 年ごろ, イタリアで始まった芸術上の運動). **futuríst** 名 未来派の芸術家. **fùturístic** 形 未来派の. **futurity** /fjuː(ː)tʃúərəti/ 名 UC **未来**, **未来の出来事[状態]**, あの世, 《米》先取り競馬 (futurity race).
複合語 **fúture lífe** 名 〔the ~〕**来世**, あの世. **fúture pérfect** 名 UC 〔the ~〕【文法】**未来完了**. **fúture shòck** 社会の変化に対応できないために起きる精神的・肉体的苦痛や衝撃, フューチャー・ショック. **fúture ténse** 名 〔the ~〕【文法】**未来時制**.

fuzz /fáz/ 名 UC 動 本来他 〔一般語〕一般義 **軟らかいけば**, **うぶ毛**, **にこ毛**, **綿ぼこり**. その他 〔俗語〕《米》**警察や警察官**を指し, 'さつ', 'でか'. 動 として, 物を綿毛でおおう, 物を**不鮮明にする**.
語源 不詳. 初期近代英語から.
用例 The peaches were covered with *fuzz*. 桃はにこ毛におおわれている/Watch out for the *fuzz*! さつに注意しろ.
派生語 **fúzzy** 形 けばのような, はっきりしない, ぼやけた.

-fy /-fái/ 接尾 「…にする」「…化する」「…になる」などの意味の動詞を造る. 例: beautify; solidify; pacify.
語源 ラテン語 *facere* (=to make; to do) から派生した接尾辞の *-ficare* が古フランス語 *-fire* を経て中英語に入った.

G

g, G /dʒíː/ 名 C〔一般語〕ジー《★アルファベットの第7文字》,【楽】ト音, ト調.

g《略》= gram(s).

Ga.《略》= Georgia《★【郵】で GA》.

gab /ɡǽb/ 名 U 動 本来自〔くだけた語〕早口での無駄口, おしゃべり. 動 として早口でおしゃべりする, 無駄口をたたく.
[語源] gabble の短縮形と思われるが不詳. 中英語から.

gab・ar・dine /ɡǽbərdìːn, ⏗-⏐/ 名 UC〔一般語〕ギャバジン布, ギャバジン製のコート.
[語源] もと商標名. ⇒gaberdine.

gab・ble /ɡǽbl/ 動 本来自 名 U〔一般語〕わけのわからないことを早口でしゃべる. 名 として早口のおしゃべり.
[語源] 擬音語として初期近代英語から.

gab・er・dine /ɡǽbərdìːn, ⏗-⏐/ 名 UC〔一般語〕ギャバジン(gabardine). 本来は中世に特にユダヤ人が着用した男物のゆったりした長い上着.
[語源] 古フランス語 gauvardine (= pilgrim's frock)が初期近代英語に入った.

ga・ble /ɡéibl/ 名 C【建】破風(ﾊﾌ), 切妻.
[語源] 古ノルド語 gafl が古フランス語 gable を経て中英語に入った.
【派生語】**gábled** 形.

Ga・bon /ɡæbɔ́ːn/ 名 固 ガボン《★アフリカ西部の共和国》.

Ga・bri・el /ɡéibriəl/ 名 固【キ教】ガブリエル《★マリアにキリストの受胎を告知した天使》. また男子の名, ガブリエル.

gad /ɡǽd/ 動 本来自〔くだけた語〕遊び歩く, ほっつき歩く《about》.
[語源] 不詳. 中英語から.
【複合語】**gádabout** 名 C ほっつき歩く人.

gad・get /ɡǽdʒət/ 名 C〔くだけた語〕機械仕掛けの小道具, 簡単な装置.
[語源] 不詳. 19 世紀から.

Gae・a /dʒíːə/ 名 固【ギ神】大地の女神, ガイア.
[語源] ギリシャ語 gaia (= earth).

Gael /ɡéil/ 名 C〔一般語〕ゲール人《★アイルランド, スコットランド高地の人々》.
[語源] スコットランド方言の Gaidheal から初期近代英語に入った.
【派生語】**Gáelic** 名 U ゲール語. 形 ゲール語[人]の.

gaff /ɡǽf/ 名 C 動 本来他〔一般語〕大きな魚を陸揚げするときに使う魚かぎ. 動 として, 魚かぎで魚を陸揚げする.
[語源] フランス語 gaffe が初期近代英語に入った.
【慣用句】 ***blow the gaff*** 秘密を漏らす.

gaf・fer /ɡǽfər/ 名 C〔くだけた語〕田舎のじいさん, おやじ,《英》雇い主,《映》照明係主任.
[語源] godfather の変形. 初期近代英語から.

gag /ɡǽɡ/ 名 C 動 本来他〔一般語〕俳優が観客を笑わせるために入れる台本にない入れぜりふ, ギャグ, アドリブ, だじゃれ, 冗談.〔その他〕本来は物が言えないように人の口に詰め込む物, さるぐつわの意で, そこから口止め, 発言禁止, 言論圧迫の意となり, 演劇での「ギャグ」の意となった. 動 として, 人の口に詰め物を入れる, さるぐつわをはめる, 口止めをする, のどを詰まらせる, 人をむかつかせる, 一杯食わす, かつぐ. 自 …でのどが詰まる《on》, ギャグを言う.
[語源] 擬音語起源. 中英語 動 gaggen から. 喉をつまらせる音を真似たことから「冗談」の意味が生まれたと考えられる.
[用例] That comedian always tells the same *gags*. あのコメディアンはいつも同じだじゃれをいう.

gage /ɡéidʒ/ 名 C〔古風な語〕[一般語] 抵当, 担保
[語法] 現在では mortgage).〔その他〕中世の騎士が挑戦する時に手袋や帽子のようなしるしなるものを投げ, それを拾うが挑戦に応じることになったことから, 挑戦状を投げる, し.
[語源] 古フランス語 *gage* が中英語に入った.

gag・gle /ɡǽɡl/ 名 C 動 本来自〔一般語〕〔一般義〕がちょうの群.〔その他〕がちょうのがあがあ鳴く声から, 比喩的に〔くだけた語〕〔軽蔑的に〕騒がしくうるさい連中, あるいは報道陣. 動 として, がちょうががあがあ鳴く.
[語源] 擬音語起源. 中英語から.
[用例] a *gaggle* of teenage girls 騒々しい十代の少女たち.

gaiety, gayety ⇒ gay.

gaily ⇒ gay.

gain /ɡéin/ 動 本来名 名 UC〔一般語〕利益や経験などと良いものを獲得する.〔その他〕特に努力や労働によって勝利などを勝ち取る, 生計を得る. また人や物が体重や数量, スピードなどを増す, ふやす, 時計が…分[秒]進む,〔形式ばった語〕苦労の後, あるものに到達する. 自 としても用いられる. 名 として得ること[もの], 利益, 利得,〔複数形で〕もうけ, 収益, また増加, 増大, 進歩, 向上.
[語源] ゲルマン起源の古フランス語 *gaaignier* (= to earn; to gain) から中英語に入った.
[用例] He soon *gained* strength again after his illness. 彼は病後まもなく体力を回復した / With some difficulty, he at last *gained* the shore. 幾分難儀したが彼はついに岸に着いた.
[反意語] lose.
【慣用句】***gain on*** … …に追い迫る.
【派生語】**gáinful** 形〔形式ばった語〕利益になる. **gáinfully** 副. **gáinless** 形. **gáinlessly** 副. **gáinlessness** 名 U.

gain・say /ɡeinséi/ 動 本来他《過去・過分 -said》〔古語〕(否定文で)反対する, 否定する, 認めない.
[語源] 古英語 gēan (= against) に由来する "gain に sayen (= to say) に加わって, 中英語から.
[用例] There is no *gainsaying* that the country is in difficulties. この国が困った状態にあることはだれも否定できない.

gait /ɡéit/ 名 C〔やや形式ばった語〕歩きぶり, 足つき, 足どり.
[語源] 中英語 gate (= way; passage) の異形.

gai・ter /ɡéitər/ 名 C〔一般語〕編上靴の上から膝の下までを覆う布, ゲートル.
[語源] フランス語 guêtre が 18 世紀に入った.

gal /ɡǽl/ 名 C〔くだけた語〕《米》= girl.

ga・la /ɡáːlə, ɡéi-/ 名 C 形〔一般語〕お祭り, 祭礼.〔その他〕お祭り騒ぎ,《英》スポーツ大会. 形 としてお祭りの, お祭り騒ぎの, 特別な催しの.

galactic ⇒galaxy.

gal·axy /gǽləksi/ 图C 【天】銀河, 星雲, 《the G-》銀系, 天の川(the Milky Way). また比喩的に有名人, 名士などのきらびやかな集まり.
[語源] ギリシャ語 *gala* (=milk) から派生した *galaxias* がラテン語を経て中英語に入った.
【派生語】**galáctic** 形 銀河系の.

gale /géil/ 图C 〔形式ばった語〕 一般義 非常に強い風. その他 【気象】時速 45-90kmの強風 (★storm より弱く, breeze より強い). また〔米〕笑いや感情のあらわれ. 〔詩〕〔詩語〕そよ風.
[語源] 不詳. 初期近代英語から.
[用例] A great many trees were blown down in the *gale*. 多くの木が強風で倒された.
[類義語] ⇒wind.

Gal·i·lee /gǽləli:/ 图 圏 【聖】ガリラヤ (★現イスラエル北部の地区で, キリストの初期の宣教活動の場所).

gall /gó:l/ 图U 本来味 くだけた語〕 ずうずうしさ, 厚かましさ. その他〔古語〕本来は動物, 特に牛の胆汁の意から, 苦いもの[薬], 胆のうから発すると考えられた気概, 苦々しい思い. また〔一般義〕すり傷, すりむけの意味もある. 動 として, 皮膚をすりむく, 人をいら立たせる.
[語源] 印欧祖語 *ghol- (黄色く光る)に遡る古英語 gealla (胆汁)から.
【慣用句】**have the gall to** ... ずうずうしくも...する: I don't know how you *have the gall to* say you're my friend after being so rude to me yesterday. きのう私にずいぶん失礼なことをしたくせに, よくもずうずうしく私の友だちなんていえるのか.
[関連語] gallbladder; gallstone.

gal·lant /gǽlənt/ 形C 〔形式ばった語〕 一般義 勇敢な, 勇ましい, 雄々しい. その他 本来の楽しく過ごす意から, きらびやかな, 飾り立てた の意となり, すばらしい, 〔古風な語〕女性に親切な, 恋愛に関するなどの意となった. 图 として〔古風な語〕女性に親切な男, しゃれ男.
[語源] ゲルマン語起源の古フランス語 *galer* (=to have a good time) の現在分詞 *galant* が中英語に入った.
【派生語】**gállantly** 副. **gállantry** 图UC 勇壮, 勇ましい行為, 女性に対するやさしい言葉.

gall·blad·der /gó:lblædər/ 图C 【解】胆嚢(ﾀﾞﾝﾉｳ).

gal·le·on /gǽliən/ 图C 【史】ガレオン船 (★15-18世紀のスペインの大型帆船).

gal·ler·y /gǽləri/ 图C 動 本来他 〔形式ばった語; 一般義〕 一般義 画廊(ｶﾞﾛｳ), 美術館. その他 本来, 建物の外側に付いている細長い屋根付きバルコニー, 回廊, 歩廊, 細長い部屋を表す. さらにこうした回廊や部屋が美術品の展示に用いられ, ここから画廊, 画廊, 陳列される美術品などをいう. また回廊などと作りが似ていることから, 劇場の内壁から張り出した階上席や最上階の席, そこに座る天井桟敷の人々を表す言葉. 〔(the ~)観客, 一般大衆, あるいは特にテニスやゴルフの観衆を指す. 動 として ...に回廊[さじき]を設ける.
[語源] ラテン語 *Galilaea* (=Galilee)からの *galilaea* (礼拝堂入口)から派生した中世ラテン語 *galeria* が古フランス語 *galerie* を経て中英語に入った. 礼拝堂入口を聖地ガリラヤ (Galilee)にたとえたことから.
[用例] His painting are on display in the *gallery* in the Ginza. 彼の油絵は銀座の画廊で展示中です.
【慣用句】**play to the gallery** 大衆受けのするように演じる, 受けを狙う.

gal·ley /gǽli/ 图C 【史】ガレー船 (★昔地中海で使われ, 奴隷に漕がせた帆とオールの両方を使う船). 現在では航空機, 船などの調理室, 【印】ゲラ, ゲラ刷り (★ガレー船に似た形の細長い盆に1欄ずつの活字を載せることから).
[語源] 後期ギリシャ語 *galea* が中世ラテン語 *galea*, 古フランス語 *galie* を経て中英語に入った. ギリシャ語 *galee* (いたち)がいたちに似た魚で「さめ」, さめから「船」になったとする説もある.
【複合語】**gálley pròof** 【印】ゲラ刷り, 校正刷り.

gal·li·cism /gǽləsizəm/ 图UC 【言】《しばしば G-》フランス語法, フランス語からの借用語法.
[語源] ラテン語の地名 *Gallus* (=Gaul). 現在のフランス, 北イタリア, オランダなどの地域から. 初期近代英語より.

gal·lon /gǽlən/ 图C 〔一般義〕ガロン (★〔米〕液量単位で, 4クォート, 約3.8リットル, 〔英〕液量[乾量]単位で, 4クォート[1/8ブッシェル], 約4.5リットル; gal. と略す).
[語源] ケルト語起源の中世ラテン語 *galleta* (=jug; measure for wine) が古ノルマンフランス語 *galon* を経て中英語に入った.
【慣用句】**gallons of** ... 大量の液体.

gal·lop /gǽləp/ 動 本来自 C 〔やや形式ばった語〕馬が全速力で走る, 比喩的に人や事が速く進む. 他 全速力で走らせる, 速足で進める. 图 として 疾駆, ギャロップ (★馬の最も速い走り方), 一般的に速いペース, スピーディな行動.
[語源] 古フランス語 *galoper* が初期近代英語に入った. それ以前は不詳だが, フランク語起源と思われる.
[語法] 馬の進む速さは walk, amble, trot, canter, gallop の順に速くなる.
[用例] He *galloped* through his homework so that he could watch television. 彼はテレビを見ようと宿題を駆け足で済ませた/The horse broke into a *gallop*. 馬は全速力で走り出した.
【派生語】**gálloping** 形 急速に増大[進行, 進歩]している.

gal·lows /gǽlouz/ 图《複 ~es, ~》【史】絞首台, 《the ~》絞首刑.
[語源] 古英語 *galga* から.
【複合語】**gállows hùmor** U 薄気味悪い冗談, ブラックユーモア.

gall·stone /gó:lstoun/ 图C 【医】胆石.

Gal·lup poll /gǽləp pòul/ 图 圏 《the ~》米国のGallup Organization Inc. によるギャラップ世論調査 (★G. H. Gallup (1901-84) が創設した).

gal·van·ic /gælvǽnik/ 形 【理】直流電気の, 電流を生じる, 比喩的に電気ショックを受けたような, 発作的な.
[語源] イタリアの生理学者 Luigi Galvani(1737-98)の名から.
【派生語】**gálvanism** 图U ガルバーニ電気, 直流電気. **gàlvanizátion** 图U. **gálvanize** 動 本来他 ...に電流を通じる, 急に刺激する. 【冶】亜鉛にめっきする.

gàlvanómeter 名 C 検流計.

gam·bit /gǽmbit/ 名 C 〖チェス〗pawn などを捨て駒にするさし始めの一手, 比喩的に**手始め, 作戦, きっかけ**.

語源 ラテン語 gamba (= leg) から出たイタリア語 gambetto (人をつまずかせる行為) が初期近代英語に入った.

用例 As an opening *gambit*, he accused his opponents of lying. 彼の話の切り出しは相手がうそをついていると非難したことであった.

gam·ble /gǽmbl/ 名 C 動 本来自 〔一般他〕 一般自 《a ~》もうけをねらうが同時に損失の危険も伴う**賭け**. その他 普通トランプや競馬などの賭博を表すが, 広く一か八かやってみること, 危険を伴う事業, 投機などの意味にも用いる. 動 として**賭け事をする, 賭博をする, 危険を冒す, …を当てにする**(on). 他 一か八か…をやってみる.

語源 古英語 gamen (⇒game) から派生した gamenian (= to play; to sport) から. 中英語 gamenen の派生形 gamler (= player; gambler) の逆成によるものと思われる.

用例 It's a *gamble* whether the project will succeed or not. プロジェクトが成功するか否かは賭けだ/I was *gambling on* the fact that he would offer me a drink or two. 私は彼が酒の一杯をもおごってくれるだろうと当てこんでいた.

類義語 ⇒bet.

【慣用句】***take a gamble*** 敢えてやってみる, 賭けてみる.

【派生語】**gámbler** 名 C 賭博師. **gámbling** 名 U 賭博.

gam·bol /gǽmbəl/ 動 本来自 名 C 〔一般自〕 子羊, 子供などが**飛びはねる, はしゃぐ, ふざける**. 名 として, 子供などの**飛び回り, はしゃぎ**.

語源 ラテン語 gamba (= leg) に由来するイタリア語 gambata (= to trip up), フランス語 *gambade (= leap) を経て初期近代英語に入った.

game /géim/ 名 本来 CU 動 本来形 〔一般他〕 一般自 楽しみとして行う**遊び, 娯楽, 遊戯, ゲーム**. その他 勝ち負けを競う**競技, 試合** 〖語法〗《米》では野球, バスケットボールなど-ball のつく競技を表す. 一方では試合 (match) を構成するセット (set) 中の区切りとしての**ゲーム**, チェスやトランプなどの**勝負**, また遊び道具としての**ゲーム**, 《単数形で》ゲームに勝つために必要な**点数**や試合中の**得点**を指す. 比喩的に**駆け引き, 競争, 計略, 計画**や**企て,**〔くだけた語〕株取引などリスクを伴う**仕事**の意でも用いられる. またスポーツとしての狩猟から, 《集合的》**獲物,** その食用となる**肉**を表す. 動 として**勝負事をする, 賭け事をする**. 形 として**猟鳥[猟獣](肉)の**, また**闘志のある, 勇敢な**.

語源 古英語 gamen (= amusement; sport) から.

用例 Young children often play a *game* of pretending to be mothers and fathers. 小さい子供はよくお父さんお母さんごっこをする/We won [lost] the *game*. 試合に勝った[負けた]/I'm winning (by) three *games* to one. ぼくは 3-1 で勝っています/toys and *games* おもちゃとゲーム類/the *game* of politics 政治の駆け引き/I wonder what his *game* is. 彼のもくろみは何だろう.

類義語 game; play; sport; match: **game** は一定のルールで行われる身体的または知的な競技, 試合を表す. **play** は楽しんだり, 気晴らしのために身体を動かす意で, 子供の遊戯, 競技や試合に対する遊び, 機械のゆとりなどの意味を持ち, 競技や試合についても, 特定の動きや勝負のやり方に意味の重点がある: a fair *play*/a rough *play*. **sport** は球技や水泳, サイクリング, 狩猟, 釣り, 乗馬など戸外で行われる運動, 競技を指す. **match** は《英》では米国起源以外の試合を指し, 《米》ではボクシング, テニス, ゴルフなどの試合に用い, -ball のつく競技は普通 game を用いる.

【慣用句】***ahead of the game*** 〔くだけた表現〕《米》勝ちそうな. ***big game*** 猟の獲物としての**大型動物**, 〔くだけた表現〕重大な企ての目標. ***die game*** 戦いながら勇敢に死を迎える. ***fair game*** 本来は捕獲しても違反とならない獲物の意で, 嘲りや攻撃の**格好の対象[目標]** (⇔forbidden game): He was *fair game* for the laughter. 彼は笑われたのも当然だ. ***game away*** 賭けに負ける. ***game of chance*** 技量でなく運にまかせてするゲーム. ***give the game away*** うっかりして秘密を漏らす. ***have the game in one's hands*** 勝利を手中にする. ***make (a) game of ...*** 人をからかう. ***on [off] one's game*** 調子良く[悪く]. ***play the game*** 〔くだけた表現〕正々堂々と試合[行動]する. ***The game is up.*** 計画がバレた, もうじまいだ. ***Two can play at that game.*** その手を使えるのはお前さんだけじゃない.

【派生語】**gámely** 副 勇敢に. **gámeness** 名 U やる気のあること, 果敢さ. **gáming** 名 U 賭博: **gaming table** 賭博用のテーブル. **gámy** 形 猟鳥獣の肉の味[におい]がする, 肉のいたみかけて味[におい]が強い, わいせつな, 下品な.

【複合語】**gáme bírd** 名 C 猟鳥. **gáme còck** 名 C 闘鶏用の雄鶏(fighting cock), しゃも. **gáme fish** 名 C 釣りの対象になる魚, ゲームフィッシュ. **gáme fòwl** 名 C 闘鶏用の鶏, しゃも, 猟の対象になる鳥, 猟鳥. **gáme kèeper** 名 C 公有または私有の山林の狩猟場管理員. **gáme pòint** 名 CU 《米》あと1点で game を勝ち取れる点数, ゲーム・ポイント (★1949 年の造語). **gáme resérve** 名 C 鳥獣保護区域, 禁猟区. **gámesmanship** 名 U 策略を講じて状況を自分の利になるようにしていくこと, 反則すれすれの手段(で勝つこと).

gan·der /gǽndər/ 名 C 〖鳥〗雄のがちょう, がん. また〔くだけた語〕がちょうやがんが首を回してあたりを眺めることから, **一瞥, ちらっと見ること**.

語源 古英語 gan(d)ra から.

関連語 goose (雌のがちょう, がん).

gang /gǽŋ/ 名 C 動 本来自 〔一般他〕 一般自 《軽蔑的》**悪党や非行少年の一味, 一団, 暴力団, ギャング**. その他 元来歩くことや進むことを表し, ここから通路や一団となって進む人々の意味が生じ, 親方の指揮下による**労働者の一団**, 上記の悪党の一団, 非行少年のグループ, 一般に**仲間, 連中,** 何らかのつながりで集まっている男性のグループを表す. また**水牛や野犬の群れ**, 道具や機械の**セット, 一組**を指す. 動 として〔くだけた語〕《米》**徒党を組む, 団結して行動する**. 他 **一団にする, 道具などを一そろいにまとめる**.

語源 古英語 gong, gang (= going; journey; way) から. go と同語源.

用例 a *gang* of jewel thieves 宝石泥棒の一味/The children in our street have formed two *gangs* and they're always fighting each other. 我々の通りの子供たちは 2 つのグループを作っていつもけんかをしている/He went for a drink with the usual *gang* on Friday night. 彼は金曜日の夜, いつもの連

中と飲みに出かけた.
[日英比較] 日本語の「ギャング」は暴力団員をいうが，英語の gang は「一味，グループ」を意味し，一人を表さない．また仲間の意味でも用い，必ずしも悪い意味ではない．
【慣用句】**gang up on [against]** ...〔くだけた表現〕《米》〔軽蔑的〕一団となって...を攻撃する．**gang up with** ...《米》ある目的のために...と手を結ぶ，共に行動する．
【派生語】**gánger** 图 C 《英》労働者の一団の親方．**gángster** 图 C 《米》通常武装したギャングの一員．

Gan·ges /gǽndʒiːz/ 图 固 (the 〜) ガンジス川《★ベンガル湾に注ぐインドの川》．

gan·gli·on /gǽŋɡliən/ 图 C 【解】神経節，【医】結節腫．
[語源] ギリシャ語 ganglion (=tumor) がラテン語を経て初期近代英語に入った．

gangster ⇒gang.

gang·way /gǽŋwei/ 图〔一般語〕船のタラップ，《英》列車，飛行機，建物の中の通路(《米》aisle).
[語源] 古英語 gangweg (=road) から．

gaol /dʒéil/ 图 《英》= jail.

gap /ɡǽp/ 图 C 動 本来自〔一般語〕[一般義] 物と物のすきま，割れ目. [その他] 壁などの穴や裂け目から，山脈のとぎれである峡谷や山あいの道にまで，比較的小さなすきまからかなり大きな隔たり，空白，欠落までを表す．比喩的に意見や性質，状態のくい違いやずれ，断絶，不一致などの意. 動 としてすきま[割れ目]ができる．
[語源] 古ノルド語 gap (=chasm (岩の割れ目)) が中英語に入った．gapa (⇒gape) と関連がある．
[用例] Mind the gap. (ホームと電車のすきまに(はさまれないように)ご注意ください《★ロンドンの地下鉄駅での構内アナウンス》)/a gap in his knowledge 彼の知識の欠落部分．
[類義語] gulf は gap よりさらに広い溝，隔たりをいう．
【慣用句】**bridge [close; fill, stop] a gap** すきまをふさぐ，欠落を補う．

gape /ɡéip/ 動 本来自 图 C〔一般語〕[一般義]《軽蔑的》大口を開ける，驚き，好奇心からぽかんと口を開けて見とれる. [その他] 比喩的に裂け目などが大きく開く．图 として大口を開けて見とれること．
[語源] 古ノルド語 gapa (=to open the mouth wide in order to bite or swallow something) が中英語に入った．

ga·rage /ɡərɑ́ːdʒ|ɡǽrɑːʒ, -idʒ/ 图 C 動 本来他〔一般語〕[一般義] 自動車を入れておく建物，車庫，ガレージ. [その他] ガソリンスタンドを兼ねた自動車の修理工場. 動 として，車をガレージに入れる．
[語源] フランス語 garer (=to protect; to preserve) の派生形が 20 世紀に入った．
[用例] We are looking for a house with a garage. 私たちは車庫つきの家をさがしています．
【複合語】**garáge sàle** 图 C 《米》個人の車庫や庭先で不要な日用品を売るガレージ・セール．

gar·bage /ɡɑ́ːrbidʒ/ 图 U〔一般語〕[一般義]《米》生ごみ(《英》rubbish). [その他] くず，ごみ，比喩的に下らないこと，つまらないもの，『コンピューター』不要なデータ，ごみ．
[語源] 不詳．中英語から．
【複合語】**gárbage càn** 图 C《米》ごみ入れ(《英》dustbin). **gárbage collèction** 图 U ごみ集め[回収]. **gárbage colléctor** 图 C ごみ回収者. **gárbage dispòsal** 图 C《米》生ごみ処分機. **gárbage trùck** 图 C《米》ごみ回収トラック.

gar·den /ɡɑ́ːrdn/ 图 C 動 本来自 形〔一般語〕[一般義] 家の周囲の植物を植えた土地，庭，庭園. [その他] 家庭菜園や花園，(複数形で)花や樹木が植えられた公園，その他屋外飲食施設やショーなどが行われる大ホールをいう. 動 として庭いじりをする，園芸をする. 形 として庭の，園芸用の，栽培されている(⇔wild).
[語源] 俗ラテン語 *gardinum が古フランス語 jardin, 古ノルマンフランス語 gardin を経て中英語に入った．「囲まれた」が原義．garden も yard も印欧祖語 *gher- (=to enclose) に遡り，garden はゲルマン語経由で，yard はロマンス語経由で入った．
[用例] She enjoyed weeding and watering the garden. 彼女は楽しみながら庭の草取りと水やりをした/ She does not garden very much nowadays—she tires easily. 彼女は近ごろあまり庭いじりをしない．すぐ疲れてしまうのだ．
[類義語] garden; yard; court: **garden** は植木や草花などを植えた庭園，**yard** は芝生が植えてあったり子供が遊んだり，あるいは材木置場にするなど，特定の目的に使う場所を指す．**court** は大邸宅や公の建物にある周囲を囲まれた中庭を表し，しばしばテニスなどのスポーツを行う場所．
【慣用句】**lead ... up [down] the garden path**〔くだけた表現〕人をだます，間違わせる．
【派生語】**gárdenage** 图 U 園芸．**gárdener** 图 C 庭師，植木屋，園芸家．**gárdening** 图 U 庭仕事，造園術．
【複合語】**gárden apártment** 图 C《米》庭付き低層アパート. **gárden cènter** 图 C 園芸店. **gárden cìty** 图 C《英》田園都市. **gárden of Éden** 图 (the 〜) エデンの園，楽園. **gárden pàrty** 图 C 軽い飲みものなどの出る大庭園を利用してのガーデン・パーティー，園遊会. **gárden súburb** 图 C《英》garden city 沿いの田園住宅地.

gar·gle /ɡɑ́ːrɡl/ 動 本来自 图 CU〔一般語〕うがいをする，他 のどをすすぐ，图 としてうがい(の音)，うがい薬．
[語源] 古フランス語 gargouille (=throat) から派生した gargouiller (=to gargle) が初期近代英語に入った．

gar·ish /ɡéəriʃ/ 形〔一般語〕《軽蔑的》けばけばしい，ぎらぎら光る．
[語源] 不詳．初期近代英語から．
【派生語】**gárishly** 副．**gárishness** 图 U.

gar·land /ɡɑ́ːrlənd/ 图 C 動 本来他〔一般語〕[一般義] 飾りや勝利の印として頭や首につける花輪．[その他] 比喩的に栄冠，栄誉．動 として《しばしば受身で》花輪で飾る，花輪をつける．
[語源] 不詳．中英語から．

gar·lic /ɡɑ́ːrlik/ 图 U【植】にんにく．
[語源] 古英語 gār (=spear) + lēac (=leek) から成る gārlēac から．にんにくの 1 かけが槍の穂先に似ていることから．
[用例] a clove [bulb] of garlic 1 かけ [1 個] のにんにく．
【派生語】**gárlicky** 形 にんにく臭い．

gar·ment /ɡɑ́ːrmənt/ 图 C 動 本来他〔形式ばった語〕一着の衣服，(複数形で)衣類 [語義] clothes とほぼ同義となる．しばしば衣料メーカーや販売の関係者が coat, dress などの代わりに用いる). 動 として着せる，装う

せる.

語源 古フランス語 *garnir* (to furnish; to equip) の 名 *garnement* (=equipment) が中英語に入った.

【複合語】**gárment bàg** 名 C 持ち運び用の衣装袋 [かばん].

gar·nish /gáːrniʃ/ 動 本米他 名 C 〔一般語〕 〔一般義〕 飾る, 装飾する. その他 料理に付け合せをつける, つまを添える, 比喩的に文章などを美辞麗句で飾る. 名 として 装飾物, 飾り, 料理の付け合せ.

語源 古フランス語 *garnir* (=to prepare) が中英語に入った.

gar·ret /gǽrət/ 名 C 〔文語〕屋根裏部屋(attic).

語源 古フランス語 *garite* (=watchtower) から中英語に入った.

gar·ri·son /gǽrisn/ 名 C 動 本米他 【軍】守備隊, 駐屯軍[地]. 動 として守備隊を置く, 駐屯する.

語源 古フランス語 *garir* (=to defend) の 名 *garison* (=defense; fortress) が中英語に入った.

gar·ru·lous /gǽrjuləs/ 形 〔形式ばった語〕つまらないことをよくしゃべる, 多弁な, 口数の多い.

語源 ラテン語 *garrulus* (=chattering; talkative) が初期近代英語に入った.

gar·ter /gáːrtər/ 名 C 〔一般語〕 〔一般義〕 靴下留め. その他 〔英〕(the G-) ガーター勲章《★英国王室への功労者に授与される最古の最高位の勲章；左膝下につける濃紺のガーター, 首飾り, 星章から成る》.

語源 古フランス語 *garet* (=bend of the knee) から派生した *gartier* が中英語に入った.

gas /gǽs/ 名 UC 動 本米他 形 〔一般語〕 〔一般義〕 液体や固体に対する気体, ガス. その他 気体のうち特に燃料や調理用などのガス, 麻酔用のガスや排気ガス, 毒ガス, 胃腸にたまるガス, おならやげっぷ, (米)〔くだけた語〕ガソリン(gasoline). また気体には捕えにくく, はっきりしないことから比喩的に〔俗語〕くだらない話, ほら話, 《米》〔古語〕(a ~) わくわくと楽しいものや面白い人. 動 としてガスで攻撃する, ガス中毒とする, 〔くだけた語〕《米》給油する. 〔くだけた語〕くだらないおしゃべりをする.

語源 ギリシャ語 *khaos* (=chaos) をもとにベルギー人化学者 Van Helmont(1577-1644)が造った. オランダ語 *gas* から初期近代英語に入った. あらゆる物質には神秘的な原理があると考えられ, それを *khaos* とした. ギリシャ語の kh はオランダ語の g に相当する.

用例 Do you cook by *gas* or electricity? 調理はガスでしますか電気でしますか/She turned on the *gas*. 彼女はガスをつけた/He *gasses* on the phone for hours. 彼は何時間も電話でおしゃべりをする.

類義語 gas; air; vapor: **gas** は広く空気以外の気体を表し, **air** は地球をとりまく空気, 大気を表す. **vapor** は水蒸気など, 本来液体または固体であるべき物質が気化しているものを表す.

対照語 liquid (液体); solid (固体).

【慣用句】**gas up**〔くだけた表現〕《米》車にガソリンを入れる. **step on the gas**《米》アクセルを踏む, 急ぐ.

【派生語】**gáseous** 形〔形式ばった語〕気体の, ガス状の(gassy). **gàsificátion** 名 U. **gásify** 動 本米他 気化させる. **gássiness** 名 U. **gássy** 形 ガス(のような), ガスを含んだ, 〔くだけた語〕よくしゃべる.

【複合語】**gásbàg** 名 C 気球用ガス袋, 〔俗語〕おしゃべり屋. **gás bùrner** 名 C ガスバーナー, ガスの火 (gas jet), ガスの火口. **gás chàmber** 名 C 毒ガスによる処刑室, ガス室. **gás fìtter** 名 C 《英》ガス器具の修理・取り付け人, ガス工事業者. **gás hòlder** 名 C〔くだけた語〕《英》ガスタンク(gasometer). **gás jèt** 名 C ガス火口, ガスの火, ガスの火の口. **gás light** 名 U ガス灯の光, ガスの火. **gás lòg** 名 C《米》丸太に似せた暖炉用ガスバーナー. **gásman** 名 C ガス会社の従業員, ガス工事業者. **gás màsk** 名 C 防毒マスク, ガスマスク. **gás mèter** 名 C ガスの使用量を示すガスメーター. **gás òven** 名 C ガスオーブン, ガスによる火葬室, ガスによる処刑室. **gás ràngè** 名 C ガスレンジ. **gás rìng** 名 C《英》ガス台の部品のガスリング(★ガスの出る穴が環状に付いたもの). **gás stàtion** 名 C ガソリンスタンド(service station; filling station)《日米比較 ガソリンスタンドは和製英語》. **gás wèll** 名 C 天然ガス (natural gas) を採るガス井戸. **gáswòrks** 名 C (複 ~) ガス工場 (gashouse).

gash /gǽʃ/ 名 C 動 本米他 〔一般語〕 〔一般義〕 深い切り傷. その他 地面などの裂け目, 割れ目. 動 として, 人に深い傷を負わせる.

語源 古ノルマンフランス語 *garser* (=to scratch; to crack) が中英語に入った.

用例 He has to have the *gash* stitched up as soon as possible. 彼はなるべく早くその切り傷をぬってもらわなければならない.

gasify ⇒gas.

gas·ket /gǽskət/ 名 C 〔一般語〕水, ガスの漏れを防ぐパッキング, ガスケット.

語源 フランス語 *garcette* (小綱) が初期近代英語に入った. 現在の意味は 20 世紀から.

gas·o·line, gas·o·lene /gǽsəliːn/ 名 U 〔一般語〕《米》ガソリン(《英》petrol)《文法 しばしば gas と略される》.

語源 gas+-ol (=oil)+-ine (化学用語接尾辞)として 19 世紀から. もとは gasolene とつづった.

gas·om·e·ter /gæsámətər|-ɔ́m-/ 名 C 〔一般語〕ガス計量器, 使用量の目盛の付いたガス貯蔵容器, 《英》ガス工場のガスタンク.

語源 フランス語 *gazomètre* が 18 世紀に入った.

gasp /gǽsp/ 動 本米自 名 C 〔一般語〕 〔一般義〕息を切らしてあえぐ. その他 驚き, 怒りなどで息をのむ, 《英》〔進行形で〕ひどく欲しがる. 他 何かをあえぎながら言う(out). 名 としてあえぎ, 息切れ.

語源 古ノルド語 *geispa* (=to yawn) から中英語に入った.

【慣用句】**at the [one's] last gasp** 息を引き取る前に, 最後に. **to the [one's] last gasp** 死ぬまで, 最後まで.

gassy ⇒gas.

gas·tric /gǽstrik/ 形 【医】胃の, 胃部の.

語源 ギリシャ語 *gastēr* (=stomack) をもとにした近代ラテン語 *gastricus* がフランス語 *gastrique* を経て初期近代英語に入った.

gas·trol·o·gy /gæstrálədʒi|-trɔ́l-/ 名 U 【医】胃(病)学. また美食学(gastronomy).

語源 gastro-「胃」+-logy「...学」として 19 世紀から.

【派生語】**gastrólogist** 名 C 胃病専門医.

gastronome ⇒gastronomy.

gastronomic ⇒gastronomy.

gas·tron·o·my /gæstránəmi|-trɔ́n-/ 名 U 〔やや文語的〕美食法[学], 食道楽.

語源 紀元前 4 世紀のギリシャの詩人の美食遍歴をう

(gastro- stomach + -nomia -nomy)から。
[派生語] gastronome /gǽstrənoum/ 名 C 美食家, 食通. gàstronómic 形.

gas·tro·scope /gǽstrəskoup/ 名 C [医] 胃内視鏡, 胃カメラ.

gate /géit/ 名 C 動 本来他 [一般語] [一般義] 門, 出入口. [その他] 元来城門のように門扉のついた門をいうが, 広く乗降, 通行, 出入り, スタートなどを制御する出入口を表し, 空港の交通機関の乗降場 (starting gate), 《複数形で》スキーの旗門, 運河の水門, 国境などの関門などを指す. 比喩的に...へ至る道, 門戸の意味にも用いる. またゲートを通って劇場や展覧会, スポーツ競技場などに入った入場者総数, さらに入場料の総額 (gate money) を意味する. 動 として...に門をつける,《英》学生への罰として校門より外への外出を禁じる.
[語源] 古英語 geat の複数形 gatu から.
[用例] Shut the garden gate to stop the dog getting out. 犬が外に出ないように庭の門を閉めて下さい/Passengers for flight twelve proceed to Gate (number)7. 12 便のお客さまは 7 番ゲートにお進みください/Less important football teams have small gates. あまりパッとしないフットボールチームは観客数が少ない.
[類義語] exit.
【慣用句】 **get the gate** 〔俗語〕首になる. **give ... the gate** 〔俗語〕首にする.
【複合語】 **gátecràsh** 動 本来他 招待されていないのにパーティーにおしかける, 入場料を払わず入る. **gátecràsher** 名 C. **gátefòld** 名 C 《米》折りたたんである大きなページ (foldout). **gátehòuse** 名 C 門の近くの守衛所. **gátekèeper** 名 C 門衛. **gáteman** 名 C = gatekeeper. **gáteleg táble** 名 C ちょうがいで留めた足を出して支えにする折りたたみ式のテーブル. **gátepòst** 名 C 門柱. **gáteway** 名 C 塀や垣の出入口, 比喩的に...に接近する手段.

ga·teau /gætóu/ 名 UC 《英》デコレーションケーキのようなクリームをたっぷり使った大型のケーキ.
[語源] フランス語 gâteau (= cake) が 19 世紀に入った.

gath·er /gǽðər/ 動 本来他 [一般語] [一般義] 広く散らばっている物や人を一点に集める, 一箇所に来させる. [その他] いろいろなところから物や情報などを徐々に収集する, 蓄積する, 速度や勢いを増す. また集める事から, 花を摘む, 果物などを収穫する, 洋裁でスカートなどのギャザーを寄せる, 眉 (ﾏﾕ) を寄せる, 人の体や腕の中などに引き寄せる, 気力などをふるい起こす, また〔形式ばった語〕得た情報や印象などから...であると判断する, 推測するの意. 自 集まる, 増す, しわになる, おできが膿(ｳﾐ)をもってくる. 名 として《通例複数形で》ギャザー.
[語源] 古英語 gaderian から.
[用例] Gather (together) as many people as possible to listen to his speech. なるべく多くの人が彼の演説を聴けるように集めておいてください/She gathered her cardigan around her. 彼女はカーディガンを体にぴったりとかき寄せた/I managed to gather my courage to do it. 私は何とか勇気を奮い起こしてそれをすることができた/I gather you are leaving tomorrow. 明日出発するそうですね.
[類義語] gather; collect; assemble: **gather** は一般的に広く用い, **collect** は特に入念に選んで組織的に集める. **assemble** はある目的のために集める意.
【慣用句】 **be gathered to one's fathers** 〔形式ばった表現〕死ぬ (★旧約聖書の Judges (士師記)2:10 から). **gather in** 採り込む, 収穫する. **gather up** 拾い集める, 寄せてまとめる.
[派生語] **gáthering** 名 C 会合, 集まったもの, 群衆.

gauche /góuʃ/ 形 〔形式ばった語〕態度がぎこちない, 無器用な, 表現や文体が生硬な.
[語源] フランス語 gauche (= left; awkward) が 18 世紀に入った. 元来「左」は右手, 左手の関係から「右」より「弱い」「役に立たない」という意味があった.
[用例] Some of the girls at the party were a bit gauche. パーティーでは数人の少女がややぎこちなかった.

gaud /gɔ́ːd/ 名 〔文語〕けばけばしくて安っぽい装飾品, いわゆる安物.
[語源] 古フランス語 gaudir (= to be joyful) から中英語に入った.
[派生語] **gáudily** 副. **gáudiness** 名 U. **gáudy** 形〔軽蔑的〕服装などがけばけばしい, 派手すぎて品が悪い, 文体などが大仰な.

gauge /géidʒ/ 名 C 動 本来他 〔やや形式ばった語〕 [一般語] 計器, ゲージ. [その他] 標準寸法, 規格の意から, 比喩的に評価または判断の尺度や基準, 評価する方法などもいう. また銃の口径, 鉄板の厚さ, 針金の太さ,〔鉄道〕レールの軌間. 動 として測定する, 評価する, 標準規格に合わせる.
[語源] 古ノルマンフランス語 jauge (= standard measure) が中英語に入った.
[用例] a rain-gauge 雨量計/a narrow-gauge railway 狭軌鉄道/He tried to gauge her height from looking at her. 彼は目測で彼女の背丈を判断しようとした.
[類義語] measure.

Gaul /gɔ́ːl/ 名 固 ガリア, ゴール《★古代ローマ帝国の属州で, 今のフランス, 北イタリア, ベルギー, オランダ, スイス, ドイツを含む地域》. またガリア人, 特にフランス人.
[語源] ラテン語 Gallia (= Gaul) がフランス語 Gaule を経て初期近代英語に入った.

gaunt /gɔ́ːnt/ 形 [一般語] [一般義] 人がやせてひょろひょろの, やつれている. [その他] 場所が荒涼とした, ぞっとするほど寂しい.
[語源] 不詳. 中英語から.
[用例] She is growing more and more gaunt as her illness gets worse. 病気が悪化するにしたがって彼女は次第にやせてやつれていく.
[類義語] lean.
[派生語] **gáuntness** 名 U.

gaunt·let¹ /gɔ́ːntlət/ 名 C [一般語] [一般義] 作業用やフェンシング用などの長手袋. [その他]〔古語〕中世騎士の籠手 (ｺﾃ), また中世に籠手を投げて挑戦の印としたことから挑戦.
[語源] 古フランス語 gant (= glove) の指小語 gantelet (= small glove) が中英語に入った.
【慣用句】 **pick [take] up the gauntlet** 挑戦を受けて立つ. **throw down the gauntlet** 挑戦をする: He threw down the gauntlet by calling his opponent a liar. 彼は敵をうそつき呼ばわりして挑みかかった.

gaunt·let² /gɔ́ːntlət/ 名 C [一般語] [一般義] 多くの人々から一斉に攻撃や批判をされること, 一斉攻撃. [その他] 厳しい試練. 本来は〔古語〕2 列に並んだ人間の間を罪人を走らせて行う昔の軍隊のむち打ちの刑.

【慣用句】*run the gauntlet* 批評や危険などにさらされる.

gauze /gɔ́:z/ 名 U 〔一般語〕一般義 綿, 絹などの薄織り物, ガーゼ, 紗(しゃ), 絽(ろ)など. その他 虫除けの細かい金網, 薄もや.
語源 アラビア語 *kazz* (＝raw silk) がフランス語 *gaze* を経て初期近代英語に入った.
用例 She used a length of *gauze* to bandage his leg. 彼女はガーゼをひと巻き使って彼の脚に包帯をした.
派生語 **gáuzy** 形.

gav·el /ɡǽvəl/ 名 C 〔一般語〕議長や裁判官が静粛を命じたり, せりをする競売人が打つ**小槌**(こづち)(mallet), または石工の用いるハンマー.
語源 不詳. 19 世紀から.

ga·votte /ɡəvάt|-ɔ́-/ 名 C 《楽》17 世紀にフランスで流行した 4 分の 4 拍子の活発な舞曲, ガボット.
語源 プロバンス語 *Gavots* (＝dweller in the Alps) から. 「Gavots 達の踊り」が原意.

gawk /gɔ́:k/ 名 C 本来義 〔くだけた語〕《軽蔑的》気のきかないのろま. 動 としてほかんとながめる.
語源 不詳. 初期近代英語から.
類義語 lout; gape.
派生語 **gáwkily** 副. **gáwkiness** 名 U. **gáwk·ish** 形 ＝gawky. **gáwky** 形 間の抜けた.

gay /ɡéi/ 形 名 C 〔一般語〕一般義 特に男性が同性愛の, ホモの. その他 本来は**陽気な, 楽しい**, 色彩などが華やかな, 派手なの意から悪い意味に転じ, 道徳上きびしい基準からみて**放埒**(ほうらつ)**な, 気ままな, 不道徳な, 快楽にふける**の意となり, 現在では「ホモの」が一般的な意味になっている. 名 として同性愛者, ゲイ.
語源 古フランス語 *gai* が中英語に入った. それ以前は不詳. 「同性愛の」は1930 年代の刑務所内の俗語から.
用例 Is there a community of *gay* people in New York? ニューヨークには同性愛の人たちが集まって生活している場所がありますか/The children were *gay* and cheerful. 子供らは陽気で明るかった.
関連語 lesbian (同性愛の女性).
派生語 **gaiety, gayety** /ɡéiəti/ 名 U 〔形式ばった語〕愉快なこと, 陽気, お祭り騒ぎ. **gáily, gáyly** 副. **gáyness** 名 U.

gaze /ɡéiz/ 動 本来義 名 C 〔一般語〕驚き, あこがれ, 期待をこめて何かをじっと見る, 見つめる 《on; upon; into; at》. 名 として《単数形で》凝視, 注目.
語源 スウェーデン語の方言 *gasa* (＝to gaze) が中英語に入った.
用例 The child *gazed* in wonderment at the Christmas tree. その子は驚嘆してクリスマス・ツリーを見つめた.
類義語 gaze; stare; gape: **gaze** は賛美の念を伴って無意識に見つめてしまうことを表す. **stare** は恐怖心や怒りを伴ったり, 考えこんでみつめる. **gape** は驚いて口を開けて見る.

ga·zette /ɡəzét/ 名 C 動 本来義 〔一般語〕一般義 **新聞**《語法 … Gazette のように新聞名としてつける》. その他 官公庁で発行する**新聞, 官報, 公報**. 動 として, 官報に載せて**公示する**.
語源 ベニス方言 *gazeta* (*de la novita*) (＝newspaper sold for) a small copper coin) によるイタリア語 *gazzetta* がフランス語 *gazette* を経て初期近代英語に入った. 「代金が 1 gazeta の月報」が原意.
【慣用句】*be gazetted out* 人の辞職が官報に載せられる.

gaz·et·teer /ɡæzətíər/ 名 C 〔一般語〕**地名辞典**, 〔古語〕官報記者.

GCE 《略》＝General Certificate of Education (一般教育修了証明書[試験])《★英国で大学入学資格を認定するためには, 17-18 歳で受ける GCE 'A' level の証明書が必要である》.

GDP 《略》＝gross domestic production (国内総生産).

gear /ɡíər/ 名 UC 動 本来義 形 〔一般語〕一般義 **歯車, ギア**, 2 つ以上の歯車が互いに連動する**変速装置**. その他 本来は騎士, 兵士などの**衣服[道具]一式**の意だったが, 次第にある**装置**, 特に歯車によるものの意となった. また本来の意味の名残りとして, 特定の用途の道具一式や**衣類, 服装**などの意を表す. 動 としてギアをつける, ギアで機械を連動させる, 《受身で》…に**適合させる**. 形 として〔くだけた語〕**魅力的な**.
語源 古代スカンジナビア語 *gervi* (装備, 装置) から中英語に入った.
用例 Have you brought your fishing *gear*? 釣り道具は持ってきてるかい/Young people always want to wear the latest *gear*. 若者はいつでも最新のファッションを身につけたがる/This book has been *geared* to adult students. この本は社会人学生に照準を合わせてある.
【慣用句】*be in high* [*low*] *gear* 調子がよい[悪い]. *gear down* [*up*] スピードを緩める[上げる], 力を強める[弱める]. *in gear* 機械などがよく調整されていて使える状態にある. モーターにつながっている. *out of gear* 機械などが使える状態にない. モーターにつながっていない. *shift* [《英》*change*] *gears* ギアチェンジ[変速]する, 比喩的に問題の取組み方を変える.
【複合語】**géar bòx** 名 C 自動車の変速装置. **géar chànge** 名 C 《英》＝gearshift. **géarshìft** 名 C 《米》ギア変換装置.

gee[1] /dʒí:/ 間 〔一般語〕馬に命令する時に用い, **右へ行け**《～ up で》**急げ, はいしはいし**.
語源 不詳. 初期近代英語から.

gee[2] /dʒí:/ 間 〔ややくだけた語〕驚いたり, 軽く悪態をつく時のかけたまげた[ちぇっ]!.
語源 Jesus の婉曲的短縮. 20 世紀から.

geese /ɡí:s/ 名 goose の複数形.

gee-whiz /dʒí:hwíz/ 間 〔くだけた語〕＝gee[2].

gee·zer /ɡí:zər/ 名 C 〔やや古語〕変わった人, 変な老人.
語源 guiser (パントマイムの役者) の方言発音. 19 世紀から.

Gei·ger count·er /ɡáiɡər káuntər/ 名 C 《理》ガイガー計数器《★宇宙線や放射線に含まれる荷電粒子の数を数える機器》.
語源 ドイツの物理学者 Hans Geiger (1882-1945) の名から.

gel·a·tin, gel·a·tine /dʒélətin/ 名 U 〔一般語〕精製した**膠**(にかわ), ゼラチン, 《主に米》ゼラチン菓子, ゼリー製品.
語源 ラテン語 *gelare* (＝to freeze) に由来するイタリア語 *gelata* (＝jelly) がフランス語 *gélatine* を経て 19

世紀に入った.
【派生語】gelátinous 形.

geld[1] /géld/ 名 U 《英史》アングロサクソン時代などに地主が封建領主に納めた税.
語源 古英語 gield (=payment) から.

geld[2] /géld/ 動 本来他《過去・過分 ～ed, gelt》〔一般он〕動物を去勢する.
語源 古ノルド語 geldr (=barren) が中英語に入った.
【派生語】gélding 名 C 去勢された動物, 特に去勢馬.

gem /dʒém/ 名 C 動 本来他〔一般語〕一義 宝石, またはこれに準じた貴石でカットや研磨が施されたもの. その他 比喩的に美しい物, 価値あるもの, 特に小さくて上等のもの, 至宝, 珠玉. 動 として宝石で飾りつける.
語源 ラテン語 gemma (貴石) が古フランス語 gemme を経て中英語に入った.
用例 The jokes he tells are absolute *gems*. 彼のとばす冗談は正真正銘の逸品だ.
【複合語】gémstòne 名 C カットされる以前の宝石, 原石.

gen·der /dʒéndər/ 名 CU 《文法》文法上の性.
その他 肉体的または社会的状況から見た性, また男女の差異を表すジェンダーをいう.
語源 ラテン語 genus (=birth; family; nation) が古フランス語 gendre を経て中英語に入った.

gene /dʒíːn/ 名 C 《生》遺伝子.「遺伝を司る根本単位」が原意.
語源 ドイツ語 *Pangen* (ギリシャ語 *pan* all+*genos* race; offspring)の短縮形 *Gen* から 20 世紀に入った.「遺伝を司る根本単位」が原意.
用例 a defective [dominant; recessive] *gene* 欠陥[優性, 劣性]遺伝子.

ge·ne·al·o·gy /dʒì:niǽlədʒi/ 名 CU〔形式ばった語〕家系, 動植物や言語の系統, 家系[系統]図, また系図学.
語源 ギリシャ語 *genealogia* (*genea* race; generation+*-logia* speaking) が後期ラテン語を経て中英語に入った.
【派生語】gènealógical 形. gènealógically 副. gèneálogist 名 C 系図学者, 系図屋.

gen·er·a /dʒénərə/ 名 genus の複数形.

gen·er·al /dʒénərəl/ 形 C〔一般語〕一義 部分ではなく全体のという. その他 全体的な, 全般的なことから, 広く行き渡っている, よく見かけられる, 細部を省略して大まかに全体を把握している, 概略的な, 漠然とした, 学術や事業, 商売などで一つの専門に限定せず広く手がける, 一般的な, 総合的な, 雑多なものなど意を含む. 名 として, 全体を掌握しているという意味から, 宗教団体の長, 〔軍〕大将, 将軍の意.
参考 米国の軍隊では, 海兵隊で最上位, 陸軍と空軍では General の上に General of the Army [Air Force](陸軍[空軍]元帥)がある. 各軍ともその下に Lieutenant General (中将), Major General (少将), Brigadier General (准将)が順に続く. 海軍では admiral を使う.
語源 ラテン語 *genus* (=class; race) の 形 *generalis* (=belonging to a kind; relating to all) が古フランス語を経て中英語に入った.
用例 The *general* feeling is that you have made a serious mistake. 一般的感情としては君は大変な間違いを犯したということだ/I'll just give you a *general* idea of the plan. 君に計画の概略だけ教えておこう.
類義語 general; universal: **general** が大部分に関連するのに対し, **universal** は例外なくすべての部分や構成員に適用できることを表す.
対照語 particular.
慣用句 *in general* 一般的に, 普通に.

【複合語】generalissimo /dʒènərəlísəmòu/ 名 C 〔軍〕最高司令官, 大元帥 (★イタリア語 *generale* (=general) の最上級を表す語).
【派生語】géneralist 名 C 知識や経験が広く多岐に渡る人, ゼネラリスト(⇔specialist). gènerálity 名 UC 一般性, 一般法則, 《しばしば複数形で》一般論, (the ～) 大部分. gèneralizátion 名 一般化, 総合, 概括. géneralize 動 本来他 一般化する, 一般論として言う, 漠然と述べる, 大衆化する: He's trying to *generalize* from only two examples. 彼はたった2例から一般化しようとしている. géneally 副 一般に, 普通に, 通例, 広く.

【複合語】Géneral Américan 名 U 一般アメリカ語 (★アメリカ東部・南部を除く広い地域で用いられる英語). Géneral Assémbly (the ～) 国連総会, (米) いくつかの州で州議会. géneral delívery 名 U (米) 郵便の局留め. géneral educátion 名 《単数形で》大学の一般教育. géneral eléction 名 総選挙, (米) 本選挙. Géneral Eléction Dày 名 U (米) 本選挙日 (★ 4 年目ごとの 11 月の第 1 月曜日の次の火曜日). géneral héadquarters 名《複》〔軍〕総司令部. géneral hóspital 名 総合病院. géneral mánager 名 C 総支配人. géneral méeting 名 C 総会. géneral póst òffice 名 (the ～) (米) 各々の地区や町の郵便本局, 《the G-P-O》(英) ロンドン中央郵便局 (語源 GPO と略す), もと郵政省. géneral práctitioner 名 C 特に専門をもたない開業医. géneral stáff 名 (the ～) 〔軍〕参謀, 幕僚. géneral stóre 名 C (米) 雑貨店. géneral stríke 名 C ゼネスト.

gen·er·ate /dʒénəreit/ 動 本来他〔やや形式ばった語〕一義 電気, 火, 熱などを発生させる. その他 希望や考え, 感情を生む. また《数》点で線, 面を移動させて線や図形を生成する.
語源 ラテン語 *genus* (⇒genus) からの 動 *generare* (=to procreate (生む)) の過去分詞 *gereratus* から中英語に入った.
用例 His suggestion *generated* a lot of ill feeling. 彼の提案は大いに悪感情を生んだ.
類義語 generate; produce; engender; beget: **generate** は本来術語で「電気を生む」すなわち「発電する」の意で, 考えや感情, 情熱, 状態などを生むことも表すが, 通常, 人や動植物を生むという意味には用いられない. **produce** は広い意味で用いられ, 人や動植物, 物, 抽象物などを存在に至らしめることを表し, 人を輩出する, つぼみを出す, 本を著す, 物を製造するなど様々な場合に用いられる. **engender** は形式ばった語で, 突然に生まれ出ることを強調し, 抽象物の場合に用いることが多い. **beget** は古語で人間の男親が子をもうけること.

【派生語】gènerátion 名 UC 電気熱などの発生, 生成, 発生, 世代, 親, 子, 孫といった世代, および一世代の平均年月としての 30 年間, 同世代の人々 (語法 単数形でもしばしば複数扱い): generation gap (the ～) 考え方や感じ方, 関心の対象の世代間の断絶, ジェネ

レーションギャップ. **génerative** 形 生成能力のある: **génerative grámmar** 〖言〗生成文法. **génerator** Ⓒ 発電機, ガスなどの発生装置, 一般に発生させる人や物.

ge·ner·ic /dʒinérik/ 〔やや形式ばった語〕[一般義] 一般的に広く通用する, 総括的の. [その他]〖生〗属(genus)に特有な, 〖文法〗同類の全体を表す, 総称的な, 《米》商標登録による保護を受けていない, **一般名称の**.
[語源] ラテン語 *genus* (⇒genus)からのフランス語 *générique* が初期近代英語に入った.
[複合語] **géneric númber** 名Ⓤ〖文法〗総称数.

generosity ⇒generous.

gen·er·ous /dʒénərəs/ 形 〔やや形式ばった語〕
[一般義] 気前のよい, 物惜しみしない, 金離れがよい. [その他] 本来の高貴な生まれの意から, 高潔な, 利己的でない, **寛大な, 寛容な, 度量の大きい**, また土地などが肥沃な, 産出量の多い, ワインなどの香りが豊かで強いなどの意となる.
[語源] ラテン語 *genus* (⇒genus)から派生した *generosus* (高貴な生まれの, 優れた, 寛大な) が古フランス語を経て中英語に入った.
[用例] He has a *generous* heart. 彼は寛大な心の人だ/a very *generous* piece of cake とても大きく切ってあるケーキの一切れ.
[反意語] ungenerous.
[派生語] **gènerósity** 名Ⓤ 気前よさ, 寛大, 寛容. **génerously** 副 気前よく, 寛大に.

gen·e·sis /dʒénəsis/ 名Ⓒ(複 -ses/si:z/) 〔形式ばった語〕物事の**発生, 起源**. (G-)〖聖〗旧約聖書の**創世記**.
[語源] ギリシャ語 *genesis* (=origin) がラテン語を経て古英語に入った.

ge·net·ic /dʒinétik/ 形 〖生〗**遺伝学の**, 一般に発生に関する, 起源の.
[語源] ギリシャ語 *genesis* から 19 世紀に作られた.
[用例] That baby has a *genetic* abnormality. あの赤ん坊は遺伝的に異常である.
[派生語] **genétically** 副. **genéticist** 名Ⓒ 遺伝学者. **genétics** 名Ⓤ 遺伝学.
[複合語] **genétic códe** 名Ⓒ 遺伝情報. **genétic engineéring** 名Ⓤ 遺伝子工学.

Ge·ne·va /dʒiní:və/ 名 固 ジュネーブ (★スイスの都市).

ge·nial /dʒí:njəl/ 形 〔形式ばった語〕[一般義] 心が温かく愛想のよい, 親切な. [その他] 成長を促す意から, 気候などが温暖な, 快適な, 温和な.
[語源] ラテン語 *genius* (⇒genius) の 形 *genialis* (=productive) が初期近代英語に入った. 本来の意は「生まれの, 婚姻の」.
[類義語] friendly; pleasant.
[派生語] **gèniálity** 名Ⓤ Ⓒ 親切, 温暖, 親切な行為. **génially** 副.

gen·i·tal /dʒénətəl/ 形Ⓒ 〔形式ばった語〕生殖に関する, 生殖器の, 〖精神分析〗性器期の. 名として〖複数形で〗**生殖器, 性器**.
[語源] ラテン語 *gignere* (=to produce) から派生した *genitalis* (=concerning birth) が中英語に入った.
[複合語] **génital órgans** 名 複 (the ~)生殖器.

gen·i·ta·lia /dʒènətéiliə/ 名 複 〔形式ばった語〕外部生殖器, 外陰部.

gen·i·tive /dʒénətiv/ 形Ⓤ Ⓒ〖文法〗属格の. 名として**属格, 属格の語**〔構文〕.
[語源] ラテン語 *genetivus* (=relating to birth [origin]) が中英語に入った.
[関連語] possessive.

ge·nius /dʒí:niəs/ 名Ⓤ Ⓒ 〔一般語〕[一般義] 才能としての**天才**, またその才能を持つ人, **天才**. [その他] 人の天性, 性向, 人種や言語の**特徴, 特質**, 国民や時代の傾向, 精神の意. 本来の意味として (the ~, the G-)守護靈, このことから他人に影響を与えて感化する人物をも表す.
[語源] ラテン語 *genius* (=deity of generation and birth) が初期近代英語に入った. 本来人間には生れた時から守護の靈が付いており一生を導くという言い伝えから, 守護神の意であったが, *ingenium* (=natural quality) との混同され起こり, 人の性質, 性向の意から, 与えられた才能, しかもすぐれた才能の意となった.
[用例] a man of *genius* 天才/The child showed *genius* from an early age. その子供は幼い時から天才を発揮した.

gen·o- /dʒénou-/ [連結] 「人種」「性」「生成する」などの意.
[語源] ギリシャ語 *genos* (=race) から.

genocidal ⇒genocide.

gen·o·cide /dʒénəsaid/ 名Ⓤ 〔形式ばった語〕国民, 文化, 宗教などを計画的に絶滅させること, **集団大虐殺**.
[語源] ギリシャ語 *genos* race + *-cide* killing として 20 世紀から.
[派生語] **gènocídal** 形.

genre /ʒá:nrə/ 名Ⓒ 〔やや形式ばった語〕[一般義] 文学や芸術作品の**様式, ジャンル**. [その他]〖絵〗日常生活を描いた**風俗画**. また一般に物の**種類, 類型**. 形として.
[語源] フランス語 *genre* (=kind) が 19 世紀に入った.
[類義語] category.

gen·teel /dʒentí:l/ 形 〔やや古語〕[一般義] 《やや軽蔑的》いやにお上品ぶった, 紳士気取りの. [その他] 上流社会にふさわしい上品で礼儀正しい, 優雅な.
[語源] フランス語 *gentil* (=well-born) が初期近代英語に入った.
[派生語] **gentéelly** 副.

gentility ⇒gentle.

gen·tle /dʒéntl/ 形 動 [本来他] [一般語] [一般義] 気だてや口調などが穏やかな, 優しい, 洗練された. [その他] 本来は上流階級に属している意でそれにふさわしいということで上記の意となったが, さらに動作, 批判などが**荒々しくない, 厳しくない**, 性質が控えめの, 坂などが緩やかな, 動物がおとなしく**扱いやすい**意になる. 動として**優しく扱う, 馴らす**.
[語源] ラテン語 *gens* (=clan; family) の 形 *gentilis* (=of the same clan; of noble birth) が古フランス語 *gentil* (=of good family) を経て中英語に入った.
[用例] Mothers are usually *gentle* with their babies. 母親というものは自分の赤ん坊に対してふつう優しいものである/This slope is *gentle* enough for you to walk up. この坂は君が歩いて登れるくらい緩やかだ.
[派生語] **gentílity** 名Ⓤ Ⓒ 生まれのよさ, 上品, 上流気取り(の言動), (the ~; 集合的)上流社会の人々.

géntleness 名 U. **géntly** 副.

【複合語】**géntle bréeze** 名 C 【気象】時速 8-12 マイルの軟風. **géntlefólk** 名 (複)〔古語〕上流階級の人々. **gentleman** ⇒見出し. **géntle séx** 名〔やや形式ばった語〕(the ~) 女性.

gen·tle·man /dʒéntlmən/ 名 C (複 -men) (⇒ gentle)〔一般語〕紳士, 人品いやしからぬ人, 立派な男性. その他 本来名門の出で, 資産があって生活のために働く必要のない人の意. また〔やや古風な語〕丁寧語として男性, 殿方,〔複数形で〕〔英〕男性用便所.
語源 古フランス語 gentilz hom (=man of noble birth) の訳として中英語に入った.
対照語 lady.
【慣用句】**ladies and gentlemen**《呼びかけ》紳士, 淑女のみなさん. **the gentleman from ...**《米》...州出身の下院議員.
【派生語】**géntlemanlike** 形 紳士的な. **géntlemanly** 形〔形式ばった語〕=gentlemanlike.
【複合語】**géntleman's agréement** 名 C《米》法律ではなく信頼に訴えて取り決めたこと, 紳士協定. **géntleman's géntleman** 名 C 側用人(そばようにん), 従僕(valet).

gently ⇒gentle.

gen·try /dʒéntri/ 名 U〔形式ばった語〕(the ~; 複数扱い)英国で貴族と郷士の中間の階級, 紳士階級, または一般に名門の人々,《軽蔑的》特定の社会のグループ, 連中.
語源 古フランス語 genterie (=noble birth) が中英語に入った.

gen·u·ine /dʒénjuin/ 形〔やや形式ばった語〕一般義 にせや人工でない本物の. その他 比喩的に心からの, 正直な, 誠実な, 率直な, 純粋などの意.
語源 ラテン語 genu (=knee) から派生した genuinus (生まれついての) が初期近代英語に入った. 古代ローマでは, 新生児を膝の上にのせて, 自分が父親であることを認めるという慣習があったという.
用例 Is this necklace made with *genuine* pearls or imitation pearls? このネックレスは本物の真珠が使ってあるのですか, それとも模造真珠ですか.
類義語 real.
【派生語】**génuinely** 副. **génuineness** 名 U.

ge·nus /dʒí:nəs/ 名 C (複 **genera** /dʒénərə/)〔生〕動植物分類上の属,【論】類概念, 種類, 一般に部類.
語源 ラテン語 genus (=class; race) が初期近代英語に入った.

ge·o- /dʒí:ou-/ 連結 「地球」「地理に関する」の意.
語源 ギリシャ語 gē (=the earth) から.

ge·o·bot·a·ny /dʒì:oubátəni|-bɔ́t-/ 名 U〔一般語〕植物と亜成層圏の関係を研究する地球植物学.

ge·o·cen·tric /dʒì:ouséntrik/ 形〔一般語〕地球を中心とした, また地球の中心から測定した.
用例 The *geocentric* theory 天動説.

ge·o·chem·is·try /dʒì:oukémistri/ 名 U〔一般語〕地殻の化学的構成や化学変化を研究する地球化学.

ge·o·dy·nam·ics /dʒì:oudainǽmiks/ 名 U〔一般語〕地殻に影響を与える地球内の力を研究する地球力学.

ge·og·no·sy /dʒiágnəsi|-ɔ́g-/ 名 U〔一般語〕地球の構造を研究する地球構造学.
語源 フランス語 géognosie (géo- geo-+ ギリシャ語 gnosis knowledge) が 18 世紀に入った.

geographer ⇒geography.
geographic ⇒geography.

ge·og·ra·phy /dʒiágrəfi|-ɔ́g-/ 名 U〔一般語〕地理学, また《the ~》ある特定の場所の地理, 地勢, 建物などの間取り.
語源 ギリシャ語 geōgraphia (geō- geo-+-graphia writing) がラテン語, フランス語を経て初期近代英語に入った.
用例 I don't know the *geography* of my neighborhood because I moved into this house last week. 先週この家に引越したので近所の地理がわかりません.
【派生語】**geógrapher** 名 C 地理学者.
geográphic, -cal 形.
geográphically 副.

geologic ⇒geology.
geologist ⇒geology.

ge·ol·o·gy /dʒiálədʒi|-ɔ́l-/ 名 U〔一般語〕地質学, また特定の地方の地質, 岩石(構造), 天体地質学.
語源 近代ラテン語 geologia (geo- earth+-logia discourse) が 18 世紀に入った.
【派生語】**geológic** 形. **geólogist** 名 C.

ge·o·mag·net·ism /dʒì:oumǽgnətizəm/ 名 U〔一般語〕地球磁気学.

ge·o·me·chan·ics /dʒì:oumǝkǽniks/ 名 U〔一般語〕岩石と土の力学, 地力学.

geometric ⇒geometry.

ge·om·e·try /dʒiámətri|-ɔ́m-/ 名 U〔一般語〕幾何学, 幾何学的構造[配置].
語源 ギリシャ語 geōmetrein (=to measure land) の派生語 geōmetria geō- geo-+*metria* measuring がラテン語, 古フランス語を経て中英語に入った.
関連語 mathematics.
対照語 algebra.
【派生語】**geòmétric** 形 幾何学の: *geometric* design 幾何学模様. **geòmétrical** 形.

ge·o·mor·phol·o·gy /dʒì:oumɔ:rfálədʒi|-fɔ́l-/ 名 C〔一般語〕地形学.

ge·o·phagy /dʒiáfədʒi/ 名 U〔一般語〕幾つかの種族でみられる土や石灰を食べる習慣.
語源 geo-「土」+-phagy「食べること」として 19 世紀から.

geophysicist ⇒geophysics.

ge·o·phys·ics /dʒì:oufíziks/ 名 U〔一般語〕地球物理学.
語源 geo-+physics として 19 世紀に作られた.
【派生語】**geòphýsicist** 名 C 地球物理学者.

geopolitical ⇒geopolitics.
geopolitician ⇒geopolitics.

ge·o·pol·i·tics /dʒì:oupálətiks|-pɔ́l-/ 名 U〔一般語〕地理的要因の政治に対する影響を研究する地政学.
【派生語】**geòpolítical** 形. **geòpolitícian** 名 C.

George /dʒɔ́:rdʒ/ 名 固 男子の名, ジョージ.

Geor·gia /dʒɔ́:(r)dʒə/ 名 固 ジョージア (★米国南東部の州).
【派生語】**Geórgian** 形.

ge·o·sta·tion·ar·y /dʒì:oustéiʃəneri|-nəri/ 形《宇宙》人工衛星が地球から見て静止軌道にある.

ge·o·ther·mal /dʒìːouθɚ́ːrməl/ 形 〔一般語〕地熱に関する.

ger·i·at·ric /dʒèriætrik/ 形 【医】〈限定用法〉老人病に関する.
語源 ギリシャ語 *gēras*(=old age)+*iatrikos*(=of healing)から 20 世紀に作られた.
用例 a *geriatric* hospital 老人病(人)専門病院.
派生語 **gèriatrícian** 名 C 老人病専門医. **gèriátrics** 名 U 老人医学.

germ /dʒə́ːrm/ 名 C 〔一般語〕一般義 微生物, 細菌の意から, 病原菌, ばい菌. その他 〈the ～〉種や芽など新しいものの芽生え, 始まり.
語源 ラテン語 *germen*(seed; sprout)がフランス語 *germe* を経て初期近代英語に入った.「病気の種(たね)」が原意.
用例 Disinfectant kills *germs*. 消毒薬はばい菌を殺す.
慣用句 *the germ of an idea* もともとの考え, アイデアの萌芽.
【複合語】**gérm céll** 名 C 生殖細胞. **gérm wárfare** 名 U 細菌戦争(biological warfare).

Ger·man /dʒə́ːrmən/ 名 CU 〔一般語〕ドイツ(Germany)の, ドイツ人[語]の, またゲルマン人[語]の. 名 としてドイツ人[語], ゲルマン人[語].
語源 ラテン語 *Germani* が中英語に入った.

ger·mane /dʒəːrméin/ 形 〔形式ばった語〕問題となっている話題や考えなどに密接な関係のある 《to》, 重要な.
語源 ラテン語 *germen*(⇒germ)から派生した *germanus*(=of the same parents; genuine)が古フランス語を経て中英語に入った. 現在の意味は Shakespeare の *Hamlet* に由来する.
用例 The fact is not *germane* to the present argument. その事実は現在の議論に関係ない.

Ger·man·ic /dʒəːrmǽnik/ 形 名 C 〔一般語〕ドイツに関する, またゲルマン民族の, ゲルマン語に関する. 名 としてゲルマン語.
【複合語】**Germánic lánguages** 名 〈複〉ゲルマン諸語.

ger·ma·ni·um /dʒəːrméiniəm/ 名 U 【化】ゲルマニウム(★元素記号 Ge).
語源 発見者 C.Winkler の生国 Germany から.

Ger·ma·ny /dʒə́ːrməni/ 名 固 ドイツ(★正式名 Federal Republic of Germany; 首都 Berlin).
派生語 **German** 形 名 ⇒見出し.

ger·mi·cide /dʒə́ːrmisaid/ 名 CU 〔一般語〕殺菌剤.
語源 germ+-i-(連結辞)+-cide として 19 世紀から.

ger·mi·nate /dʒə́ːrmineit/ 動 本来自 【植】種子, 球根などが発芽する, 成体に生長する. 一般に発生[発達]する, 考えなどが生じる. 他 発芽させる, 考えなどを芽生えさせる.
語源 ラテン語 *germen*(⇒germ)から派生した *germinare*(=to sprout)の過去分詞 *germinatus* から初期近代英語に入った.
【派生語】**gèrminátion** 名 U.

ger·on·tol·o·gy /dʒèrəntάlədʒi/|-tɔ́l-/ 名 U 【医】老人病や老化現象など広く老人問題を研究する老年学.
語源 ギリシャ語 *geronto*-「老人の」+-logy として 20 世紀に作られた.

派生語 **gèrontológical** 形.

ger·ry·man·der /dʒèrimǽndər/ 動 本来他 名 C 【政】州や郡などの選挙区を自分の政党に有利になるよう改める, ゲリマンダーする, 一般に自分の都合のいいように勝手に作り変える, 不正に改変する. 名 としてゲリマンダー, ごまかし.
語源 Gerry+salamander(さんしょう魚)から 19 世紀に作られた. 米国の政治家 E. Gerry がマサチューセッツ州知事の時に選挙区を自分の都合のいいように作り替え, 選挙区の地形が salamander に似たものになったことから.

ger·und /dʒérənd/ 名 C 【文法】動名詞.
語源 ラテン語 *gerundum*(=something to be carried on)から派生した後期ラテン語 *gerundium* が初期近代英語に入った.
【派生語】**gerúndial** 形 =gerundive. **gerúndive** /dʒərʌ́ndiv/ 形 動名詞に関する.

ges·ta·tion /dʒestéiʃən/ 名 U 〔形式ばった語〕一般義 受精から出産までの妊娠期間, 妊娠. その他 思想や計画などが形成されること, 熟成.
語源 ラテン語 *gestare*(=to carry; to carry in the womb)の *gestatio* が初期近代英語に入った.

ges·tic·u·late /dʒestíkjuleit/ 動 本来自 〔形式ばった語〕ジェスチャーを交えて話す, 身ぶり手ぶりで話す.
語源 ラテン語 *gestus*(=action)の指小語から派生した *gesticulari* の過去分詞から初期近代英語に入った.
【派生語】**gesticulátion** 名 UC.

ges·ture /dʒéstʃər/ 名 CU 動 本来自 〔一般語〕一般義 考えや感情を表現したり強調するための体や手足の動き, 身ぶり, 手まね, 顔つき, ジェスチャー. その他 自分の意思を表すしるし, 意思表示, 形式上示すそぶり, 態度. 動 として身ぶりで示す.
語源 ラテン語 *gerere*(=to bear; to perform)の過去分詞 *gestus* から派生した中世ラテン語 *gestura*(=bearing; behavior)が中英語に入った.
用例 He *gestured* [made a *gesture*] to her to keep quiet. 彼は静かにするよう身ぶりで彼女に伝えた.

ge·sund·heit /gəzúnthait/ 感 〈米〉お大事に(★くしゃみをした人に対して言う).
語源 ドイツ語 *Gesundheit*(=health)から.

get /gét/ 動 本来他 《過去 got; 過分 got, 〈米〉gotten》名 C 〔一般語〕一般義 物を取得する, 受け取る, 手に入れる 《語法 手段は特定されない. 従って物を買う, 拾う, もらう, 取って来るなど非常に広い意味領域の語》. その他 物と限らず人や場所, 抽象物, 状態, 状況を手に入れる意から, 電話などで相手に通じる, 病気にかかる, 損害を受ける, ある行為をされる, 電車などに乗る, 食事を取る, 用意する, 人が...を聞き取る, 相手や意味を理解する, また物が何かをとらえる, 物事が人を怒らせる, 悩ます. さらに《補語を伴って》人, 物事をある状態にする, 《to 不定詞を伴って》人に...させる, してもらう, 物を...するようにする, 《過去分詞を伴って》物を...される, してもらうの意ともなる. 自 ある場所に着く 《to》, 《補語を伴って》ある状態になる, 《to 不定詞を伴って》...するようになる, 〔くだけた語〕〈米〉...することを許される, 《過去分詞を伴って》...される, 《現在分詞を伴って》...し始める. 名 として動物の子(を生ませること), 【テニス】難しい球を返すこと.
語源 古ノルド語 *geta*(=to get)が中英語に入った.
用例 A bullet *got* him and he died instantly. 弾丸が当って彼は即死した/What *gets* me is his stu-

pid smile. 彼のばか笑いが頭にくるんだ/I will *get a bellboy to carry your baggage.* ボーイにお荷物を運ばせましょう/I'll soon *get to know what you are planning.* 君が計画していることが間もなく分かるようになるだろう.

[類義語] get; receive; gain; obtain; acquire; win: **get** は広い意味に用いられ,努力や意思の有無に関わらず入手すること. **receive** は客観的に与えられることによっていや応なく手に入ること. **gain** は利になるものを努力して得ること. **obtain** は自ら欲して努力して得ること. **acquire** は長い時間をかけて得ること. **win** は競争したり奮闘して得たり成就したりすることを表す.

【慣用句】*get about*〔英〕動き回る, 病気が治って出歩けるようになる, 幅広く活動する, 話が広く伝わる: Now that they have sold their car, they don't *get about* a lot. 車を売ってしまってから彼らはあまり出歩かなかった. *get across*〔くだけた表現〕伝わる, 分かってくる; ...を分からせる: His plan is at last *getting across* to me. 彼の計画がようやく私にも分かってきた. *get across* ...を渡る,〔くだけた表現〕人をいらいらさせる. *get after* ...〔くだけた表現〕...を追跡する, 攻撃する. *get along* 先に進む, うまくやっていく,〔米〕立ち去る: I *get along* very well with him. 私は彼ととてもうまく行っている. *Get along with you!*〔くだけた表現〕まさか, 君の言うことは信じられない. *get around*〔米〕= get about;〔米〕打ち勝つ, うまくやる. *get around to* ...遅れた後やっと...する段になる, 時間を作って...する. *get at* ...〔くだけた表現〕...に手が届く, 突きとめる, 確かめる, 欠点などを指摘する, 暗示する,《受身で》お金で人が動かされる: What are you *getting at*? 何を言いたいのですか/The witnesses have been *got at*. 目撃者たちは抱きこまれている. *get away* 立ち去る, 逃亡する. *get away with* ...を持ち逃げする, 悪いことをしてうまく罪を逃れる: You'll never *get away with* such a nasty mischief. こんな悪いいたずらをしてただでは済まないよ. *get back* 戻る, 後退する; 取り戻す. *get back at* ......に復讐する. *get behind* 遅れをとる: I think I am *getting behind* in math. 数学が分からなくなってきている. *get by* 暮らしていく, 何とか通用する: How can you *get by* on 10,000 yen a week? 週一万円でどうやって食べていくの. *get by* ...を通り抜ける: The new movie may not *get by* the committee. 新作の映画は協会の審査をパスしないかもしれない. *get down* 降りる; ...を降ろす, 書きとめる, 悲しませる, 落ちこませる: Working in this place really *gets me down*. ここで働いていると全く気が滅入ってくる. *get down to* ...本腰を入れて...に取りかかる. *get in* 入る, 車に乗る, 到着する, 馴染む; ...を入れる, 医者などを呼んでくる, パンチなどを与える, あることをするための時間をかけて持つ: I hope to *get in* an hour's sleep. 一時間睡眠をとりたい. *get into* ...の中に入る, 車に乗る, よくないことに巻きこまれる, ある状態になる, ...に興味を持つ, 入れ込む: He *gets into* a temper if you argue with him. 口論になると彼はかんしゃくをおこす. *get it* わかる, 罰を受ける. *get nowhere*〔くだけた表現〕進歩しない, 成果が無い. *get off* 降りる, 出発する, 罰がれる; ...を降ろす, 脱ぐ, はずす, 除去する, 郵便物などを送る: The thief *get off* with a small fine. 盗人は少しの罰金で放免された. *get off* ...列車やバスなどを降りる, 場所から離れる, 話をや書くことを止める, 仕事などを終える: Can we *get off* this subject, please? この話は勘弁してもらえませんか. *get off on* ...〔俗語〕...を楽しむ. *get off with* ...〔くだけた表現〕...と男女の関係をもつ. *get on* 続けていく, 進歩する, 成長する, 暮らしていく, 折り合いをつけていく,《進行形で》年をとる; ...を着る, 身につける: I must *get on* (with my work). 仕事を続けていかなくてはならない. *get on* ...に乗る. *Get on with you!*〔くだけた表現〕まさか, 君の言うことは信じられない. *Get on with it!*〔くだけた表現〕急げ! *get out* 外に出る, 去る, 逃げ出す, 漏れる,《米》秘密が知れる; ...を外に出す, やっとのことで口に出して言う, 公表する, 出版する, 本を借り出す, 持ち出す. *get out of* ...から出る, 逃げる: *Get out of* my way. そこをどいてくれ. *get* ...*out of* ......から...を取り出す, 無理やり言わせる, ...から...の利を得る, ...に...を免れさせる. *get over* 渡る, 行く, 分かってくる(get across); ...を向こう側に渡す, 終わらせる. *get over* ...を渡る, 病気などから回復する, 困難などを乗りこえる, 克服する: *get over* the cold 風邪が治る. *get round* = get around. *get somewhere [anywhere]*〔くだけた表現〕何かを成就する, 進歩する: We don't seem to be *getting anywhere* in this discussion. こんな議論をしていてもらちがあかない. *get there*〔くだけた表現〕成功する, 目標に近づく. *get through* 切り抜ける, 合格する, 分かってもらえる, 電話がつながる, ...へ到着する(to): I just can't seem to *get through* to her any more. もう彼女に私の気持ちを分かってもらうことができないようだ. *get through* ...を切り抜ける, ...に合格する, ...を終える. *get through* ...に...させる, 合格させる, 分からせる: We can't *get it through* to him that smoking is bad for his health. 喫煙が健康に悪いということを私たちは彼に分からせることができない. *get to* ...に到達する, ...と話が通じる,〔くだけた表現〕《米》賄賂や脅しで人を意のままに動かす. *get together* 集まる,《米》同意に達する; ...を集める, 考えをまとめる. *get up* 起床する, 立ち上がる, 風などが強さを増す, 吐く; ...を起こす, 会などを準備する, 組織する, 気持を奮い起こす, スピードなどを増す,《通例受身で; 時に軽蔑的》奇抜で凝った身なりをさせる: Just look how she *is all got up*. 彼女のあのいでたちを見ろよ. *get up* ...山などを登る. *get up to* ...〔くだけた表現〕...に到達する, 悪いことに従事する: What will he *get up to* next? あいつ次は何をやらかすだろう. *have got to do* = have to do. ⇒gotta.

【複合語】**getátable** 形〔くだけた語〕手に入る, 近づきやすい(★get at+able より;〔名〕は getatability).

gétawày 名〔a ～〕逃亡.

gét-togèther 名 C 非公式な集まり, 会合, 親睦会.

gétùp 名 C〔くだけた語〕装い, 身なり, 風采.

gét-ùp-and-gó 名 U〔くだけた語〕元気, 熱意.

gèt-wéll cárd 名 C 見舞状.

gew·gaw /gjúːgɔː/ 名 C〔一般語〕見かけだおしの安物.

[語源] 不詳. 中英語から.

gey·ser /gáizər, -sər/ 名 C〔一般語〕[一般義] 間欠泉.[その他]〔英〕家庭用瞬間湯沸し器.

[語源] アイスランドの温泉地 *Geysir* から18世紀に入った. 字義は gusher.

Gha·na /gáːnə/ 名 固 ガーナ(★アフリカの共和国).

ghast·ly /géstli | gáːst-/ 形〔一般語〕[一般義] ぞっ

とするように恐ろしい, **気味の悪い**. [その他] 顔つきが死人か幽霊のように**青ざめた**, 病的に**青白い**, 〔くだけた語〕失敗などは**なはだしい**, ひどい, とてつもない. 副 として恐ろしく, ぞっとするほど.

[語源] *gast (=to terrify)に由来する古英語 gæstan から.

[用例] The *ghastly* movie kept me awake all night. 気味の悪い映画を見たので一晩中眠れなかった.

[類義語] horrible; pale; bad.

[派生語] **ghástliness** 名 U.

gher·kin /gə́ːrkin/ 名 C 〔一般語〕ピクルスにする小形のきゅうり.

[語源] オランダ語 *augurk* (=cucumber) の短縮形 *gurken* が初期近代英語に入った.

ghet·to /gétou/ 名 C 〔やや軽蔑的な語〕[一般語] アメリカの大都市のスラム街, 貧民街. [その他] かつてヨーロッパでユダヤ人が強制的に入れられたユダヤ人街.

[語源] イタリア語 *borgo* (=town) の短縮形 *borghetto* (=small section of a town) から初期近代英語に入った.「ユダヤ人の居住地」が原意.

ghost /góust/ 名 C 動 本来自 〔一般語〕[一般語] 死んだ人の**幽霊**, **亡霊** 《★通常青ざめて影が薄い》. [その他] 本来は魂や霊の意で, 今でも Holy Ghost [Spirit] としてキリスト教の**聖霊**を表す. 過去の人の**幽霊**ということから, ふと呼び戻される記憶, テレビなどにおける第二映像, ゴースト, 《単数形で》かすかな**痕跡**や**微候**, 〔くだけた語〕《米》ゴーストライター(ghostwriter) などの意. 動 として**代作**をする.

[語源] 古英語 *gāst* (霊, 魂)より. ドイツ語の *Geist* (精神), サンスクリット語の *hēda* (怒り)に関連がある.

[用例] They say *ghosts* haunt [appear in] the toilet. その便所には幽霊が出るといううわさだ/a *ghost* of an idea [smile] 漠然とした考え[かすかな微笑].

[類義語] ghost; spirit; specter; apparition; phantom: **ghost** と **spirit** はどちらも肉体の欠如した精神としての人の幽霊を指す. ghost がこの世に戻ってきた死人を表すのに対し, spirit は肉体が滅んだ後もこの世にとどまった魂の部分を表す. **specter** は形式ばった語で, ghost とほぼ同義にも用いられるが, 人と限らず様々なものの幽霊を表し, 神秘的であったり恐ろしいことを強調する. **apparition** と **phantom** はどちらも幻覚を意味する. このうち apparition の方が一般的でふいに現れる幻影を表すのに対し, phantom は精神の異常や興奮状態に由来する.

[慣用句] **give up the ghost** 〔くだけた表現〕**死ぬ**: Our old TV at last *gave up the ghost*. うちの古テレビがついにおしゃかになった. **the ghost of** ... 〔くだけた表現〕=the slightest ...

[派生語] **ghóstly** 形 幽霊のような, 幽霊の出そうな.

[複合語] **ghóst edition** 名 C 文献目録に載っていても実在しない本, 幻の本. **ghóst stòry** 名 C 幽霊の出てくる話. **ghóst tòwn** 名 C アメリカの中西部で鉱山などが絶えたために住人が移住してしまった町, ゴースト・タウン. **ghóstwrite** 動 本来自 《過去 -wrote》; 過分 -written》代作する. **ghóstwriter** 名 C 名目上の著者の影の作者, ゴーストライター.

ghoul /gúːl/ 名 C 〔一般語〕恐ろしい事や残忍なことに異常な興味を示して喜ぶ人. [その他] 売るために死体を墓場から盗む**死体盗人**. 元来イスラム教の伝説に出る墓をあばく鬼.

[語源] アラビア語 *gūl* (=desert demon) が 18 世紀に入った.

[派生語] **ghóulish** 形.

GHQ 《略》=General Headquarters (総司令部部).

GI /dʒíːái/ 名 C 形 本来自 〔ややくだけた語〕《米》現役, 退役, 男女を問わず**米国の下士官兵**, **米兵**. 形 として**官給品の**, 米兵の. 動 として, 床などをきれいに**掃除する**.

[語源] government issue (官給の)の略で第二次大戦時に生じた. もとは, G.I.shoes のように使った.

gi·ant /dʒáiənt/ 名 C 形 〔一般語〕おとぎ話などの**巨人**, また一般に**大男**, ばかでかいもの, 社会的, 経済的, その他において**大きな影響力をもつ者**や知力の並はずれた者. 《医》巨大症(gigantism)の患者. 形 として巨大な, 並はずれた.

[語源] ギリシャ語 *gigant-* がラテン語 *gigas*, 古フランス語 *geant* を経て中英語に入った. もとはギリシャ神話の巨人族 *Gaeo-* (=Earth) と *Uranus* (=Heaven) の息子たちの意.

[用例] His bodyguard was an absolute *giant*. 彼のボディーガードは掛け値なしの大男だ/Elvis Presley was a *giant* figure in rock music. エルビス・プレスリーはロック・ミュージック界の巨星だった.

[派生語] **giantess** 名 C 大女.

[複合語] **gíant pánda** 名 C 《動》ジャイアントパンダ 《★中国の四川省などの山林に生息する》.

gib·ber /dʒíbər, gíb-/ 動 本来自 名 U 〔一般語〕わけのわからないことを早口でしゃべる. 名 としてわけのわからないおしゃべり.

[語源] 擬音語として初期近代英語から.

[派生語] **gíbberish** 名 U わけのわからないおしゃべり.

gib·bet /dʒíbit/ 名 C 〔古語〕**絞首刑のさらし柱**, **絞首台**.

[語源] 古フランス語 *gibet* (=staff; gallows) から中英語に入った.

gib·bon /gíbən/ 名 C 《動》てながざる.

gib·bous /gíbəs/ 形 〔一般語〕[一般語] 月が半円よりふくらんだ, **凸月の**. [その他] 人の背が円く隆起している, せむしの, また中高で一方がふくらんだ, **凸面の**.

[語源] 後期ラテン語 *gibbosus* (=hump-backed) が初期近代英語に入った.

gibe, jibe /dʒáib/ 動 本来自 名 C 〔一般語〕他人の何かについて**口やかましくあざける** 《at》. 名 として**愚弄**, あざけり.

[語源] 古フランス語 *giber* (=to treat roughly) が初期近代英語に入った. それ以前は不詳.

gib·lets /dʒíblits/ 名 《複》〔一般語〕料理用の鶏などの**臓物**.

[語源] 古フランス語 *gibelet* (=stew of game birds) が中英語に入った.

gid·dy /gídi/ 形 〔一般語〕[一般語] **めまいがする**. [その他] 目がくらむような, 物が速く**回転するような**, 比喩的に人の性格や行動がうわついている, めまぐるしい, **軽はずみな**.

[語源] 古英語 *gydig* (=mad; possessed by a spirit) から.

[類義語] dizzy.

[派生語] **gíddily** 副. **gíddiness** 名 U.

gift /gift/ 名 C 動 本来自 〔一般語〕[一般語] **贈り物**. [その他] 神からの贈り物としての**天賦の才**. また贈り与える行為, **贈与**, **進呈**, 〔くだけた語〕《英》ただ同然に**安い物や容易に手に入る物**. 動 として〔形式ばった語〕《通例

受身で) 贈る.
[語源] 古英語 gift (結婚の時の妻への贈り物)から. give に関連する.
[用例] My daughter has a *gift* for music. 娘には音楽の才能がある/This painting was *gifted* by our former chairman. この絵は前議長から寄贈された.
[類義語] ⇒present².
【慣用句】**in ...'s gíft**〖形式ばった表現〗《英》**与えたり任命したりする権限がある**: The heirship is *in my father's gift*. 相続人は父が決める. **lóok a gíft hórse in the móuth** 馬の歯から年齢を当てるところから,《悪い意味で》贈り物のあら探しをする, 厚意にけちをつける《語法》否定形で用いる》.
[派生語] **gífted** 形 もって生まれた**才能のある**, 頭の良い.
【複合語】**gíft-wràp** 動 [本来他] 贈り物用としてきれいに包装する.

gig¹ /gíg/ 名 C〔一般語〕[一般義] 1 頭立て 2 輪馬車, ギグ. [その他] 艦船で船長や艦長専用の**小型ボート**.
[語源] 不詳. 18 世紀から.

gig² /gíg/ 名 C〔くだけた語〕[一般義] ジャズなど軽音楽の 1 回限りの出演契約, **一夜興業**. [その他] **仕事** (job).
[語源] 不詳. 20 世紀から.

gi·gan·tic /dʒaigǽntik/ 形 〖やや形式ばった語〗人が巨大のように, 事物が並外れて大きい, **巨大な**.
[語源] ギリシャ語 *gigant* (⇒giant) の 形 *gigantikos* が初期近代英語に入った.
[類義語] gigantic; huge; tremendous; enormous; immense: **gigantic** は巨人を連想させる. **huge** は非常に大きいことを意味する最も一般的な語. **tremendous** は大きくて圧倒的で驚異的であることを表す. **enormous** は断然並外れていることを表し, **immense** は通常の尺度では測りえないほどに並外れていること.
[用例] The waves were really *gigantic*. 波が本当に巨大だった/He is a man of *gigantic* learning. 彼は途方もない学識のある人だ.

gig·gle /gígl/ 動 [本来自] 名 C 〔一般語〕神経質そうに, または恥ずかしそうに笑う, **くすくす笑う**. 名 としてくすくす笑い.
[語源] 擬音語として初期近代英語から.
[用例] The girl *giggled* when I told her a silly joke. つまらない冗談をいったら, その女の子はくすくす笑った.
[派生語] **gíggly** 形.

gig·o·lo /dʒígəlou/ 名 C〔軽蔑的な語〕[一般義] 女性に養われる男, **男妾**, ひも, ジゴロ. ダンスホールで女性のダンスの相手となる男, 男の職業ダンサー.
[語源] フランス語 *gigolette* (= girl hired as a dancing partner; prostitute) からの逆成で 20 世紀に入った.

gild¹ /gíld/ 動 [本来他] 《過去·過分 ~ed, gilt》〔一般語〕[一般義] **金箔をかぶせる**, 金色にする, 金めっきする. [その他] 物の外見を飾って見ばえをよくする, **粉飾する**.
[語源] 古英語 gyldan から.
【慣用句】**gíld the líly** 美しいものによけいな手を加える, かえって醜くする.
[派生語] **gílded** 形 裕福な, 上流の. **gílding** 名 U. **gilt** 形 名 ⇒gilt.

gild² /gíld/ 名 C = guild.

gill¹ /gíl/ 名 C 〔一般語〕[通例複数形で]**魚のえら**. [その他] 形状が似ていることから, きのこの傘の下

だ, 七面鳥などの**肉垂**, 人の**あご[耳の下]の肉**.
[語源] スカンジナビア語から中英語に入った.

gill² /dʒíl/ 名 C〔単位〕[★**液量の単位**;《米》約 0.12 リットル,《英》約 0.14 リットル.
[語源] 後期ラテン語 *gillo* (=cooling jar for liquids) が古フランス語 *gill* (=tub) を経て中英語に入った.

gilt /gílt/ 形 U gild¹ の過去·過去分詞. 形 として**金めっきした**, 金箔を被せた, **金色の**, 比喩的にうわべを飾れた, **虚飾の**. 名 として金箔, 金粉.
[語源] gild の過去分詞から.
【複合語】**gílt-èdged** 形 金縁の, 優良の.

gim·crack /dʒímkræk/ 形 C〔軽蔑語〕**見かけ倒しの**, 安っぽくけばけばしい.
[語源] 不詳. 中英語から.
[類義語] cheap.

gim·let /gímlit/ 名 C 形〔一般語〕[一般義] 木に小さな穴を穿けるための T 字形の取っ手のある**錐**, コルク用**栓抜き**. [その他] 《主に米》ジンまたはウオッカにライムジュースを加えたカクテル, **ギムレット**. 形 として**突き刺すような**.
[語源] 古フランス語 *guimbelet* (=drill) が中英語に入った. カクテルの名前は, 突き刺すような味がすることからか.

gim·mick /gímik/ 名 C 形 [本来義]〔ややくだけた語〕[一般義] **手品のトリック**, 秘密の**仕掛け**. [その他] いかさま, 小細工. さらに映画や放送などで観客の注意を引きつけるための**巧みな身振りやせりふ**, **巧妙な趣向**. 動 として...に**巧妙な仕掛けをつける**.
[語源] magic のつづり換え語と考えられるが詳細不詳. 20 世紀のアメリカのスラングから.
[用例] Advertising agencies often try to find *gimmicks* to promote a firm's products. 広告代理店は会社の製品の販売を促進するために, しばしば新機軸を見つけ出そうとする.
[類義語] trick.

gin¹ /dʒín/ 名 U〔一般語〕杜松(ねず)の実で香りづけした強い蒸留酒, **ジン**.
[語源] オランダ語 *genever* (=juniper) が短縮されて 18 世紀に入った.
【複合語】**gín fízz** 名 U ジンに炭酸水, レモン汁, 砂糖を加えた飲み物, **ジンフィズ**. **gín rúmmy** 名 U《トランプ》**ジンラミー**.

gin² /dʒín/ 名 C〔一般語〕[一般義] 綿の種を取る**綿繰機** (cotton gin). [その他] 野生の動物を捕らえる**わな**.
[語源] 古フランス語 *engin* (⇒engine) が短縮されて gyn となり中英語に入った.
[類義語] trap.

gin·ger /dʒíndʒər/ 名 U [本来他] 形 [植] **しょうが (生姜)**, また食料としてのその根, 香辛料としてのその粉, またしょうが色, **黄[赤]褐色**,《口》赤毛の人. さらに元気のよいこと, 精力. 動 として(~ up として)**活気づける**. 形 としてしょうがの味がする, しょうが色の.
[語源] ギリシャ語 *zingiberis* がラテン語, 古フランス語を経て中英語に入った.
[派生語] **gíngerly** 形 副.
【複合語】**gínger ále** 名 UC ジンジャーエール 《★しょうが味の炭酸飲料》. **gínger béer** 名 U ジンジャービール 《★ジンジャーエールに似た炭酸飲料で極少量のアルコール分を含む》. **gíngerbrèad** 名 UC ジンジャーブレッド《★しょうがのケーキ, あるいは軟らかいクッキー》. **gíngergròup** 名 C《英》政党内の**行動派**. **gin-**

ginkgo / **give**

gersnàp, 《英》**gínger nùt** 名 C しょうが味の堅いクッキー.

gink·go, ging·ko /gíŋkou/ 名 C 【植】いちょう. 語源 日本語の「銀杏」を字訳して18世紀に入った. 【複合語】**gínkgo nùt** 名 C ぎんなん.

gip·sy /dʒípsi/ 名 = gypsy.

gi·raffe /dʒəræf, dʒɪrɑ:f,-ræf/ 名 C 動 きりん. 語源 アラビア語 zarāfah がイタリア語 giraffa を経て初期近代英語に入った.

gird /gə:rd/ 動 本来他 一般義 〔文語〕人,腰などをベルトや帯などで巻く,締める《with》. その他 ある場所を取り巻く,取り囲む. 語源 古英語 gyrdan より. 慣用句 *gird oneself for ...* [*to do*] 重大な事態や行動に対して気を引き締める,準備する. *gird oneself with ...* 帯やベルトなどを締める. 【派生語】**gírder** 名 C 【建】鉄製の梁(はり),桁(けた).

gir·dle /gə:rdl/ 名 C 動 本来他 一般義 ウエストからヒップを引き締める女性の下着,ガードル. その他 本来は〔古風な語〕帯,帯のように取り囲むもの. 語源 古英語 gyrdel から. 用例 She had to wear the tight *girdle* to make her look slimmer. 彼女はスマートに見せるために,きついガードルをつけていなければならなかった. 類義語 corset; sash.

girl /gə:rl/ 名 C 一般義 一般義 幼い女の子,少女,未婚の若い女性. その他 〔くだけた語〕娘(daughter), また広くあらゆる年齢層の未婚の女性. 語源 大人の女性の中には girl と呼ばれることを無礼と感じる人も多い;現在では成人女性は woman とよぶのが最も一般的の,恋人,売春婦などをいう. また お手伝いや女店員,売り子,女性案内人なども指す. 語源 中英語 girle, gurle から. それ以前は不詳. 当初は男性または女性の子供の意で, knave girl として少年で, gay girl として少女を表したが, boy が借用されたことにより意味が狭まり, 16世紀より現在の意味になった. 用例 The young men whistled at the *girls* as they walked past them. その若者たちは少女たちの横を通り過ぎるときに口笛を吹いた／How old are your *girls* now? お嬢さん方はいまいくつですか. 慣用句 *a girl of the town* 売春婦. 【派生語】**gírlhood** 名 U 少女時代,少女であること,女性であること. **gírlie** 形 〔くだけた語〕雑誌や写真が女性のヌードを使っている. **gírlish** 形 顔つきや言動,無邪気などが少女らしい,少女っぽい. 【複合語】**gírl Fríday** 名 C 雑多で広範囲の仕事をこなす信頼できる女性秘書(⇔man Friday). **gírlfrìend** 名 C 〔くだけた語〕男性にとっての恋人,《米》女性にとっての女の友人. **gírl guíde** 名 C ガールガイドの メンバーである少女, 《the G- G-s》ガールガイド(★アメリカの Girl Scouts に相当するイギリスの団体). **gírl scòut** 名 C ガールスカウトのメンバーである少女, 《the G- S-s》ガールスカウト(★少女の健全な人格形成をめざして1912年にジョージア州サバンナで Juliette Low によって組織されたアメリカの団体).

girt /gə:rt/ 動 gird¹の過去・過去分詞.

girth /gə:rθ/ 名 UC 動 〔形式ばった語〕一般義 人の胴まわりや木の寸法,太さ. その他 馬の荷やくらを締めるひもや腹帯. 語源 古ノルド語 gjorth (=belt) が中英語に入った.

類義語 circumference; band.

gist /dʒíst/ 名 〔やや形式ばった語〕《the ~》議論や物語などの要点,要旨,訴訟の基礎. 語源 アングロフランス語の法律用語 (*cest action*) *gist* (=*this action*) *lies*) から18世紀に入った.「(本訴訟は)成立する」という意味の成立の「基盤」に意味の重点が置かれて入った. 類義語 point.

give /gív/ 動 本来他 《過去 gave; 過分 given》 名 U 一般義 自分の物を無償で人に与える, 贈る. その他 所有権の移行などを一時的に手渡す, あるいは持ってもらう, 委ねる, 貸す, 運んでもらう, 比喩的に人に言葉などを伝える, 《米》人を電話口に出させる, 風邪などをうつす, チャンスや時間の猶予などを与える, 打撃や罰などを加える. また無償などに交換のために与える, 物を売る, 買うために支払う, 転じて自分自身の中から出して与えるということから, 言葉などを発する, ため息をつく, 行為や動作を行う, また, 何かを生じさせる, 実をならせる, パーティーなどを開くなどを意味する. 自 寄贈[寄付]をする, 力に負けて屈する, へこむ, 壊れる, 気候が緩む. 名 として弾力性, 順応性の意. 語源 古英語 giefan より. ドイツ語 geben に関連がある. 用例 Can you *give* me his telephone number? 彼の電話番号を教えてくれませんか／The ticket *gives* you the right to travel on our buses. その切符で我が社のバスに乗れます／The furniture *gave* the room an old-fashioned look. その家具のために部屋は古めかしい感じがした／This door looks solid, but it will *give* under the slightest pressure. この戸は頑丈に見えるが, ほんの少しの力ですぐ開く[壊れる]よ／The chair has a lot of *give* in it. その椅子はスプリングがよく効いている. 類義語 give; grant; present; donate; bestow; confer; impart: **give** は最も一般的な語で, 所有権の移行を意味する. **grant** は要請されたり望まれたりした後に与えることを表す形式ばった語. **present** は価値の高いものを行事に従った形で贈与する. **donate** は博愛的あるいは宗教的な動機で寄贈する. **bestow** はただ一方的に与えることを表す形式ばった語で, 優位の者からの施しを含意することも多い. **confer** は上位の者が名誉や特権として学位や称号, 役職などを与えることを表す形式ばった語. **impart** も形式ばった語で, 一部分を分け与えることを表す. 関連語 gift. 対照語 take. 【慣用句】*give as good as one gets* 〔くだけた表現〕口論や暴力などに関してやられただけこっちも打撃を与え, 互角にわたり合う. *give away* ...を贈る, 結婚の儀式に父親が花嫁を花婿に引き渡す, 〔くだけた表現〕暴露する, 裏切る. *give back* ...を返す, 回復させる: Three months' hospitalization *gave* him *back* the ability to speak. 3か月の入院で彼は再び話せるようになった. *give birth to* ...子孫や考えなどを生み出す. *give forth* ...を出す, 放つ, 発する. *give in* 戦いや論争で降参する. *give of* ...〔形式ばった表現〕時間, 努力, お金などを費やす, 与える: My mum *gave* lavishly *of* his money to educate me. おじが私の教育費を十二分に出してくれた. *give off* ...を出す, 放つ, 発する. *give on* [*onto*] ...に臨んでいる: The hotel *gives* on the sea. そのホテルは海に面している. *give one's*

life 〔形式ばった語〕戦争などで**死ぬ**, 命を捧げる: He *gave his life* for his country. 彼は国に命を捧げた. ***give or take*** プラスまたはマイナスして: I weigh sixty-five kilos, *give or take* a little. 私の体重は 65 キロ前後です. ***give out*** …を出す, 放つ, 発する, 公表する, 配布する,〔くだけた表現〕力尽きる, 底をつく: My patience *gave out*. 私も堪忍袋の緒が切れた. ***give over*** …を手渡す, 引き渡す, 〔形式ばった表現〕(通例受身で)特別の目的のためにとっておく, 〔俗語〕(通例命令文で)あることをやめる: This evening will be *given over* to discussion of this paper. 今晩は特にこの論文について話し合いましょう. ***give rise to***…〔形式ばった表現〕…を帰結する, …を招く. ***give up***…を断念する, やめる,（～ oneself で)…に没頭する, ひたる (to), 譲る, 縁を切る, やめる, 情報を明かす: I think I'll *give up* trying to solve it. それを解くのはあきらめよう/He *gave himself up* to the police. 彼は自首した/She *gave herself up* to despair [grief]. 彼女は絶望[悲しみ]にうちひしがれていた/You must *give up* your seat on the bus to an elderly person. バスの中ではお年寄りに席を譲らなければいけない. ***give up on***…〔くだけた表現〕…を見なす. ***give way*** 負ける, 降参する, 譲る. ***give way to***……を優先させる, …が続いて起こる, 仕方なく…に従う: His fear *gave way to* anger. 彼の恐怖は怒りに変わった. ***I give you***……に乾杯!: *I give you* the new Prime Minister! 新首相に乾杯! ***What gives?*** 〔くだけた表現〕驚いた気持ちを表し, 何が起きているの, どうしたんだい: Everyone seems to be in a bad mood—*what gives*? みんな不機嫌そうだが, どうなってるの.
【派生語】**given** 前 形 名 ⇒見出し. **gíver** 名 C (しばしば複合語で)**与える人**.
【複合語】**give-and-táke** 名 U. 知恵や力を平等に交換すること, もちつもたれつ, 相互利益. **gíveawày** 名 C (a～) うっかり漏らしてしまうこと[もの],《主に米》景品, 無料サンプル.

giv·en /gívn/ 動 前 形 名 C give の過去分詞. 前 として…を考えれば. 形 として所与の, 前提の, また…にふける, …中毒の (to). 名 として前提条件.
【複合語】**gíven náme** 名 C **姓に対する名**.

glacial ⇒glacier.

gla·cier /gléiʃər/ glǽsjər/ 名 C 〔一般語〕**氷河**.
[語源] ラテン語 *glacies* (=ice) が古フランス語 *glace* (=ice) を経て 18 世紀に入った.
【派生語】**glácial** 形 **氷河の**: **glácial èpoch** [**pèriod**] (the ～) **氷河期**.

glad /glǽ(:)d/ 形 〔一般語〕[一般義](述語用法) **嬉しい, 喜ばしい**. [その他](限定用法) 知らせ, 様子, 行為などが**喜ばしい**.
[語源] 古英語 glæd (=bright; shining) から.
[用例] I'll be only too *glad* to help you. 喜んでお手伝いいたしましょう/I am *glad* that the package arrived safely. 荷物が無事着いて嬉しいです/I'm very *glad* of your help. ご助力をどうもありがとう/Have you heard the *glad* news? 吉報, もう聞きたい.
[類義語] glad; happy: **glad** は嬉しい気持ちを強調し, 相手に対して積極的に自分の喜びを伝える言葉. **happy** は満足感や幸福感を表す.
[対照語] sad.
【派生語】**gládden** 動 本来他 〔形式ばった語〕**喜ばせる** (⇔sadden). **gládly** 副 〔やや形式ばった語〕**喜んで**,

嬉しそうに: I will *gladly* help you. 是非お力になりたい. **gládness** 名 U.
【複合語】**glád èye** 名 C 〔古めかしい俗語〕**色目**. **glád hànd** 名 C 〔古めかしい俗語〕うわべだけの**大歓迎**. **glád-hànd** 動 本来他 魂胆があって**大歓迎する**. **glád-hànder** 名 C. **glád ràgs** 名 (複)〔俗語〕**晴れ着** (★glad の本来の意味「(色などが)光っている, 派手な, 美しい」に由来する. この意味は 16 世紀初めまで用いられたが現在はすたれている).

glade /gléid/ 名 〔文語〕**林間の空き地**.
[語源] 不詳. 中英語から.

glam·our, (米) **glam·or** /glǽmər/ 名 U 〔一般語〕[一般義] 魔法をかけられて理性的な判断ができなくなるほどの美しさ, 女性やスターのうっとりさせるような**魅力** (語法)《米》でも glamour が普通. [その他]〔古語〕神秘的な力, **魔力, 魔法**.
[日英比較] 日本語の「グラマー」は体形が豊かでセクシーなことをいうが, 英語の glamour には体格のことは含まれない.
[語源] grammar (=learning; magic) のスコットランド異形から, 18 世紀に Walter Scott により一般に使われるようになった. grammar の元になったラテン語 *grammatica* には, 中世では「学問」の意味があり, 学問には「魔術的実践」の意味も含まれていた.
[用例] Many girls were attracted to the *glamour* of Hollywood. 多くの女性たちはハリウッドの魅力にひきつけられた.
【派生語】**glámorize** 動 本来他 **魅力的にする**, 美化する. **glámorous** 形.
【複合語】**glámour gìrl** 名 C 着こなしのうまい**魅力的な女性**.

glance /glǽns | -άː-/ 動 本来自 名 C 〔一般語〕[一般義] **ちらと視線を向ける**. [その他] 短時間ということから, 書類などに手短に目を通す, 談話などであることから**軽く批判する, 皮肉っぽく言及する**. また光線などが急に当たって表面が光る意ともなる. 名 としてちらっと見ること, **一瞥**(いちべつ), **閃光**(せんこう).
[語源] 古フランス語 *glacier* (すべる) が, 矢などが「的をかすめる」という意味で中英語に入った.
[用例] He *glanced* at his watch. 彼は腕時計に視線を走らせた/He *glanced* through the newspaper. 彼は新聞をざっと読んだ.
[類義語] glance; glimpse: **glance** は意図的に見ることを表すが, **glimpse** は偶然に一瞬目に入ることを表す.
【慣用句】***at a glance*** すぐに, 一目で. ***at first glance*** はじめは, ちょっと見には. ***cast a*** (***quick***) ***glance*** ちらと見やる.

gland /glǽnd/ 名 C 【解】分泌物を出す**腺**.
[語源] ラテン語 *glans* (=acorn) がフランス語 *glande* を経て初期近代英語に入った.
【派生語】**glándular** 形 **腺の**, 腺から成る, 生まれつきの, 先天的な. **glándulous** 形 腺の多い.

glans /glǽnz/ 名 C (複 **glandes** /glǽndiːz/) 【解】**亀頭**.
[語源] ラテン語 *glans* (=acorn) が初期近代英語に入った.

glare /gléər/ 動 本来自 形 名 UC 〔一般語〕**ぎらぎら光る**. 他 怒りや敵意などを**にらみつけて表す**. 形 として, 太陽やヘッドライトなどが目が痛いほどに**強烈でまぶしい**, 色などがどぎつくてけばけばしい, ぎらぎらして**不快である**. 名 としてぎらぎらする光, まぶしい光, またにらんだ**顔**.

glass /glǽs | -áː-/ 图 UC 動 本来他 形 一般義
一般義 ガラス. その他 ガラス製品, コップ, グラス, 《複数形で》眼鏡, 双眼鏡, 《単数形で》窓ガラス, 拡大鏡レンズ, 単眼鏡, 顕微鏡. またグラス一杯分の量(glassful). 動 として, 保護するためにガラスをはめる, びん詰めにする. 图 としてガラスの, ガラス製の.
[語源] 古英語 glæs より.
[用例] I need *glasses* when I watch television. テレビを見る時は眼鏡が必要です/People [Those] who live in *glass* houses should not throw stones. 《ことわざ》自ら欠点をもっている人は他人の欠点をあげつらってはいけない.
【慣用句】*raise a [one's] glass* 賛成や賞賛を表すために乾杯する: Let's *raise our glasses* to (welcome) our new teacher. 新しい先生を歓迎して乾杯しよう. *rose-colored glasses [spectacles]*〔くだけた表現〕楽観主義, 事実とかけ離れた楽天的な見方.
【派生語】**glássful** 图 C グラス一杯分の量. **glássily** 副. **glássy** 形 水面や表面が透明な, 鏡のような, 人の顔や目が無表情な: *glassy* surface 鏡のような水面/*glassy* stare 不気味な凝視.
【複合語】**gláss èye** 图 C 義眼. **glásshòuse** 图 C ガラス工場, 《英》温室(greenhouse), 〔俗語〕軍隊の刑務所. **glássware** 图 U ガラス製品. **glásswòrk** 图 U ガラス製造(業), ガラス取り付け, ガラス製品(glassware). **glásswòrks** 图 C(複 ~) ガラス工場.

glau·co·ma /glɔːkóumə/ 图 U〔医〕緑内障.
[語源] ギリシャ語 glaukōma (=cataract 白内障)がラテン語 glaucoma を経て初期近代英語に入った. 18世紀までは白内障と緑内障の区別がつかなかった.

glaze /gléiz/ 動 本来他 自 一般義 一般義 窓にガラスを取りつける, ガラスをはめる. その他 陶磁器や絵などに上薬をかける, ガラスのように物をつや出しする. 光沢をつける, 料理に照りをつける, 病気などで膜がかかったように目をどんよりくもらせる, かすませる. 自 光沢が出る, 目がどんよりする. 图 として, 焼き物の上薬(かけ), 料理の照り, グレーズ, 目のかすみ.
[語源] 中英語 glas (=glass) の動詞形 glassen から.
【派生語】**glázed** 形. **glázier** 图 C ガラス屋.

gleam /glíːm/ 图 C 動 本来自 一般義 一般義 通常暗いところで一瞬微かにきらめく光, または物のすき間からもれる明り, 日差し. その他《単数形で》比喩的に希望の光, 喜びなどのかすかな一瞬のひらめきをも表す.
[語源] 古英語 glæm から.
[用例] the *gleam* of her eye 彼女の目の輝き/a *gleam* of hope 一条の希望.

glean /glíːn/ 動 本来自 一般義 一般義 知識や資料などを少しずつ集める, 断片的に収集する. その他 本来は〔古語〕落ち穂拾いをする.
[語源] 後期ラテン語 glennare (=to make a collection) が古フランス語 glener を経て中英語に入った.
【派生語】**gléaner** 图 C. **gléaning** 图 UC 落ち穂拾い,《複数形で》拾い集めた落ち穂, 収集物, 選集.

glee /glíː/ 图 U〔やや形式ばった語〕一般義 陽気にはしゃぎたいほどの喜び, 大喜び. その他《楽》三部以上から成る主に男声の無伴奏合唱曲.
[語源] 古英語 glēo (=entertainment) から.
【派生語】**gléeful** 形 大喜びの, 大はしゃぎの, 楽しい.
【複合語】**glée clùb** 图 C 男性合唱団.

glen /glén/ 图 C〔方言〕主にスコットランドの高地地方に多い谷間, 狭谷.
[語源] 古アイルランド語 glenn がスコットランド·ゲール語 *gleann* を経て中英語に入った.

glib /glíb/ 形 一般義 一般義 口の達者な, おしゃべりの. その他《軽蔑的》口先だけで実の伴わない, 軽薄な.
[語源] 中期低地ドイツ語 glibberich (=slippery) が初期近代英語に入った.
[用例] a *glib* salesman 口の達者なセールスマン.
[類義語] talkative; superficial.
【派生語】**glíbly** 副. **glíbness** 图 U.

glide /gláid/ 動 本来自 图 C 一般義 スケートをする時や水上のボートのように滑らかで楽そうに滑る, 滑走する. その他《空》グライダーで飛行する. 图 として《空》滑空, 滑走,《音》一つの音から次の音に移行する際に出るわたり音,《楽》スラー(slur).
[語源] 古英語 glīdan から.
[用例] The months *glided* quickly by. その年月はいつの間にか過ぎた.
[類義語] glide; slide; slip: **glide** は音の無い, 流れるような滑らかな動きを強調し, **slide** は滑らかな表面との接触が継続していることを強調する. **slip** は一瞬つるっと滑ること.
【派生語】**glíder** 图 C.《空》グライダー,《米》ポーチのぶらんこ椅子. **glíding** 图 U 滑空, グライダー競技. 形 滑る(ような).

glim·mer /glímər/ 图 C 動 本来自 〔形式ばった語〕一般義 今にも消えてしまいそうにちらちらと光ること, 点滅する光, かすかな光. その他 あるかなきかの感じ, おぼろげな感じ, 感情などのわずかなしるし. 動 としてちらちら光る, 点滅する.
[語源] 不詳. 中英語から.
[用例] a *glimmer* of hope かすかな望み/A single candle *glimmered* in the hall. ホールの中で1本のろうそくの炎がゆらめいていた.
[類義語] gleam.

glimpse /glímps/ 图 C 動 本来他 一般義 一般義 通りすがりなどにちらりと目に入ること, 一見, 一瞥(いちべつ). その他 かすかな痕跡や徴候, かすかな感触. 動 としてちらりと見る.
[語源] 中期高地ドイツ語 glimsen (かすかに光る) に関連がある. 中英語から.
[類義語] glance.
【慣用句】*catch [get; have] a glimpse of …* …を見かける: You might *catch a glimpse of* the Queen. 女王がちらりと見えるかもしれません.

glint /glínt/ 動 本来自 图 C 一般義 短い時間明るく輝く, きらめく. 图 としてひらめき, また比喩的にかすかな気配, 現れ.
[語源] 不詳. 中英語から.
[類義語] gleam; flash.

glis·ten /glísn/ 動 本来自 〔やや形式ばった語〕ぬれたものや磨かれた表面などが輝く, 光る, きらめく.
語源 古英語 glisnian から.
用例 The tears were *glistening* on her cheeks. 涙が彼女の頬に光っていた.
類義語 gleam; shine.

glit·ter /glítər/ 動 本来自 名 U 〔一般義〕宝石などが反射によってきらきらと輝く. その他 比喩的に人がきらびやかである, 派手である. 名 としてきらめき, きらびやかさ, 髪にふりかけたりする光る飾り.
語源 古ノルド語 *glitra* (＝to shine) が中英語に入った.
用例 All is not gold that *glitters*. 《ことわざ》光るもの必ずしも金ならず／The party *glittered* with celebrities. パーティは有名人で光を放っていた.
【派生語】**glíttering** 形.

gloat /glóut/ 動 本来自 〔一般義〕《軽蔑的》自分に都合のよいことや利益のあることを満足そうにながめる《over》, 得をしてひとりほくそえむ.
語源 不詳. 初期近代英語から.
【派生語】**glóatingly** 副.

global ⇒globe.

globalism ⇒globe.

globe /glóub/ 名 C 動 本来他 〔ややくだけた語〕〔一般義〕《the ～》地球. その他 地球以外の天体(celestial globe). また地球儀や球形のもの, 丸い金魚鉢, 丸いランプのほや, 電球, 眼球などの意. 動 として球状にする.
語源 ラテン語 *globus* (球) が古フランス語を経て初期近代英語に入った.
用例 I've travelled to all parts of the *globe*. 私は地球上のどこもかも旅行してきた／If you want to know where Moscow is, look on the *globe*. モスクワがどこか知りたければ地球儀を見なさい.
【派生語】**glóbal** 形 《通例限定用法》全世界的な, 全体のことや全員のことを考慮に入れた: Environmental pollution is a *global* problem. 環境汚染は全世界的な問題だ／*global* warming 地球の温暖化. **glóbalism** 名 U 《米》世界的視野に立った考えや方針. **glóbally** 副. **glóbular** 形 〔形式ばった語〕球形の, 丸い (round).
【複合語】**glóbefish** 名 C 《魚》ふぐ(porcupine fish). **glóbe-tròtter** 名 C 世界各地を定期的に旅行する人.

glob·ule /glábju:l/ -5- 名 C 〔やや形式ばった語〕液体の小さな球, 小滴, しずく, 血球.
語源 ラテン語 *globus* (⇒globe) の指小語 *globulus* が初期近代英語に入った.
用例 *globules* of sweat 玉の汗.
類義語 drop.

gloom /glú:m/ 名 U 動 本来自 〔一般義〕気落ち, 憂うつ, 不機嫌. その他 〔詩語〕うす暗い場所, 暗がり. 動 として薄暗くなる, 陰気になる, 顔を曇らせる.
語源 おそらくスカンジナビア語 *glome* (むっつりと見つめる) から中英語に入った. gloomy からの逆成.
用例 The king's death cast a *gloom* over the whole country. 国王の死は全土に暗い陰を投げかけた.
【派生語】**glóominess** 名 U. **glóomy** 形 薄暗い, 陰気な, 憂うつな.

glorify ⇒glory.

glorious ⇒glory.

glo·ry /glɔ́:ri/ 名 UC 動 本来自 感 〔やや形式ばった語〕〔一般義〕栄誉, 名声. その他 栄光に満ちた状態, 至悦, 至福, 繁栄, 輝かしい美しさ, あるいは神を賛美し崇拝すること. また栄誉[名声]をもたらすもの, 誇りとなるもの, 絵画などで聖人の頭上に描かれる光輪(halo; nimbus)を意味する. 動 として喜ぶ, 誇りを感じる. 感 としてありがたい, しめしめ.
語源 ラテン語 *gloria* (＝great praise) が古フランス語 *glorie* を経て中英語に入った.
用例 He took part in the competition for the *glory* of the school. 彼は学校の名誉をかけてコンテストに参加した／Those churches are the *glory* of this city. あれらの教会はこの市の誇りです.
【慣用句】***Glory be!*** まあ(驚いた, 嬉しい). ***go to glory*** 天国へ行く(die). ***in one's glory*** 最高潮に, 一番幸せな時で.
【派生語】**glòrificátion** 名 U. **glórify** 動 本来他 〔形式ばった語〕立派に見せる, 飾る, 神を崇拝賛美する, 〔くだけた語〕実際以上に良く見せる: That book *glorified* war. あの本は戦争を美化した. **glórious** 形 栄光に満ちた, 栄光をもたらす, 栄光を受けるに値する, 〔くだけた語〕楽しい.

gloss¹ /glɔ́(:)s/ 名 U 動 本来他 〔一般語〕〔一般義〕つや, 光沢. その他 うわべ, 見せかけ. 動 としてつや出しする, うわべを飾る.
語源 不詳. 初期近代英語から.
【慣用句】***gloss over*** ...をうまく言い逃れる.
【派生語】**glóssy** 形 C.

gloss² /glɔ́(:)s/ 名 C 動 本来他 〔一般語〕本文の余白や行間につける注釈, 注解. その他 もっともらしい説明, こじつけ解釈. 動 として注釈をつける.
語源 ラテン語 *glossa* (＝unusual word requiring explanation) が初期近代英語に入った.
用例 You will have to *gloss* that phrase—it is so idiomatic that people will not understand it. その句匂には注釈をつけなければいけないでしょう. 慣用的なので人にはわからないから.
【派生語】**glóssary** 名 C 語彙集, 用語解, 巻末についている単語[用語]集, 用語辞典.

glottal ⇒glottis.

glot·tis /glátis/ -5- 名 C (複 ～es, glottides) 《解》声門.
語源 ギリシャ語 *glōssa* (＝tongue) からの近代ラテン語 *glottis* が初期近代英語に入った.
【派生語】**glóttal** 形 : **glóttal stóp** 名 C 《音》声門閉鎖(音).

glove /glʌ́v/ 名 C 動 本来他 〔一般語〕〔一般義〕5 本の指に分かれた手袋. その他 野球やボクシングのグローブ (baseball glove; boxing glove). 動 としては手袋[グローブ]をはめる.
語源 古英語 *glōf* から.
用例 When she does the dishes, she wears rubber *gloves*. 彼女は食器を洗う時はゴム手袋をします.
関連語 mitten.
【慣用句】***an iron hand [fist] in a velvet glove*** 表面的に柔和であるが裏に厳しさを隠していること, 内柔外剛. ***fit ... like a glove*** 人にぴったり合う: This suit *fits me like a glove*. このスーツは大きさがちょうど合う. ***hand in glove with ...*** 〔くだけた表現〕仕事などで...と行動を共にして, 力を合わせて, 連絡を密にして. ***handle [treat] with kid gloves*** 〔くだけた表現〕非常に

glow /glóu/ 名 U 本来義 〔一般語〕一般語 《単数形で》高熱のために発せられる白熱光や赤熱光, 灼熱光. 輝き, 白熱, 白熱色, 比喩的に顔色のよいこと, 《a ～》頬の紅潮, 目の輝き. 動 として燃えるように輝く, 熱と光を出して輝く, 白熱光を発する, 興奮などで顔が紅潮するなどする.

語源 古英語 glowan から.

用例 The little boy *glowed* with pride. 少年は誇りに輝いた.

【慣用句】**paint ... in glowing colors** ...を賛美すべき良いもののように描写する.

【派生語】**glówing** 形 物が白熱している, 顔がほてっている, 真っ赤な, 色が燃えるように鮮やかな, 熱中している, 熱烈な. **glówingly** 副 真っ赤になって, 熱烈に.

glow·er /gláuər/ 動 本来義 名 C 〔一般語〕人をにらみつける(at), こわい顔をする. 名 としてにらむこと, こわい顔.

語源 不詳. 中英語から.

類義語 frown.

【派生語】**glóweringly** 副 しかめっつらをして.

glue /glú:/ 名 UC 動 本来義 〔一般語〕本来は動物の皮や骨, 角などで作られるにかわ, 現在では天然および合成の接着剤, 糊を広く表す. 動 として接着する, 比喩的に《通例受身で》眼や耳, 人を...にくっつけて離さない, くぎ付けにする(to), 《～ oneself で》没頭する, 集中する.

語源 ラテン語 *gluten*(=glue) から派生した後期ラテン語 *glus* が古フランス語 *glu* を経て中英語に入った.

用例 What kind of *glue* should I use to stick plastic to wood? プラスチックを木にくっつけるにはどんな接着剤を使うの.

【慣用句】**be glued to the spot** 動けない.

【派生語】**glúey** 形 くっつく, 粘着性がある, 接着剤だらけの.

glum /glám/ 形 〔一般語〕陰気でふさぎ込んでいる, むっつりした, 浮かぬ顔をした.

語源 gloom の異形として初期近代英語から.

類義語 sullen; gloomy.

glut /glát/ 動 本来義 名 C 〔一般語〕人の食欲を満足させる, 満腹させる. その他 市場に商品を供給過多にする, 商品を過度に供給する. 名 として供給過多.

語源 ラテン語 *gluttire*(=to swallow) が古フランス語を経て中英語に入ったと思われる.

glu·ten /glú:tn/ 名 U〚化〛小麦の中にあるたん白質, グルテン.

語源 ラテン語 *gluten* (⇒glue) から初期近代英語に入った.

glu·ti·nous /glú:tənəs/ 形 〔一般語〕にかわ質の, 粘りのある.

語源 ラテン語 *gluten* (⇒glue) の派生形 *glutinosus* から中英語に入った.

glut·ton /glátn/ 名 C 〔軽蔑語〕一般語 がつがつ大食いする人, 大食家. その他 飽くことのない凝り性の人, 熱心家.

語源 ラテン語 *glutto*(=overeater) が古フランス語 *glouton* を経て中英語に入った.

用例 He's a *glutton* for work. 彼は仕事の虫だ.

【派生語】**glúttonous** 形 大食家の, 食い意地の張った. **glúttony** 名 U 暴飲暴食.

glyc·er·in, glyc·er·ine /glísərin/ 名 U〚化〛グリセリン.

語源 ギリシャ語 *glykeros*(=sweet) からのフランス語 *glycérine* が19世紀に入った.

gly·co·gen /gláikədʒən/ 名 U〚化〛グリコーゲン.

語源 ギリシャ語 *glykys*「糖」+ -gen「発生させるもの」から成るフランス語 *glycogèn* が19世紀にフランス人生理学者によって作られた.

G.M.T. 〚略〛=Greenwich Mean Time (グリニッジ標準時).

gnarl /ná:rl/ 名 C 〔一般語〕木のこぶ, 材木のふし.

語源 gnarled の逆成で19世紀から. gnarled は中英語 knarre (=rugged rock) より.

【派生語】**gnárled** 形 ふしだらけの, ふし状の.

gnash /nǽʃ/ 動 本来義 名 C 〔一般語〕苦しみや怒りのため歯をきしらせる, くいしばる, 歯ぎしりする. 名 として歯ぎしり.

語源 不詳. 中英語から.

用例 He was *gnashing* his teeth in fury as he watched the burglar ran away. 強盗が逃げていくのを見て, 彼は怒り狂って歯ぎしりをしていた.

gnat /nǽt/ 名 C〚昆虫〛ぶよ, またぶよに似た小型の吸血性の虫, (英) 蚊(か).

語源 古英語 gnætt から.

gnaw /nó:/ 動 本来義 名 U〔やや形式ばった語〕一般語 かじる, 噛んで穴をあける. その他 比喩的に人に精神的または身体的の苦痛を絶えず引き起こす, 苦しめる, さいなむ. 自 ...をかじる, さいなむ(at). 名 としてかじること, 《複数形で》激痛.

語源 古英語 gnagan から.

類義語 ⇒bite.

【派生語】**gnáwing** 形 かじる(ような), 食い入るような.

GNP 名 =gross national product (国民総生産). ⇒GDP.

go¹ /góu/ 動 本来義 《過去 **went**; 過分 **gone**》名 UC 形 〔一般語〕一般語 行く 《(語法) 出発点から目的地に到着する動作の全体または一部分を表す》. その他 「行く」の動作や状態から, 出発する, いなくなる, 進む, 人, 動物などに限らず道などが...から...まで延びている, 至る, 達する. 人が行動する, ...にする(to), 物が作動する, 物事が進行する, 《well などの副詞を伴って》ことの成り行きが...である, 物が納まる, お金が費やされる, 話が知られている, 文章が書いてある, 物事が通用するなどの意となる. また「行く」ことの比喩的意味として, 人が死ぬ, 視力などが衰える, 物が壊れて欠落する, 文章などが削除される, 物が売却される, 〔くだけた語〕トイレに行くなどの意. また《副詞, 形容詞を伴って》...の状態になることを表す. 名 として精力, 元気, (英) 試み, 機会, 《単数形で》出番, 《a ～》急病, 発作. 形 として〔くだけた語〕準備ができている, 正しく機能している, 流行の.

語源 古英語 gan (=to go) から.

用例 He's *gone* to New Zealand. He'll be back in a week. 彼はニュージーランドへ行っている. 1週間したら戻ります/Anything *goes* in this office. この事務所

では何でもまかり通る/The situation *went* from bad to worse. 状況は一段と悪化した/Spoons *go* in that drawer. スプーンはあの引出しに入れます/All her pocket-money *goes* on sweets. 彼女の小遣いは全部甘いものを買うのに消えてしまう/Honesty, courage, sympathy—these are the qualities that *go* to make a policeman. 正直, 勇敢, 同情心は警察官にふさわしい特質である/His energy is *going*. 彼は気力が衰えている/These pieces of furniture can *go* cheap [*go* for a low price]. こいらの辺の家具は安く売ってもよろしい/Five into ten *goes* two. 10割る5は2である/Five into three won't *go*. 5は3で割れない.

[日英比較] 日本語では話者の視点から, 外へ向かっていく行為は「行く」であり, 相手が話者のところへ向かっていくのは「来る」である. 日本語でこれを謙譲表現にするには, 話者の立場からは「参る」「伺う」「参上する」など, また, 相手に対しては「いらっしゃる」「お出でになる」「ご来駕」などの語彙的レベルで解決する. それに対して英語ではそのような語彙レベルでの差がないため, 視点を相手に移して, 相手のところへ行くことを come とすることで謙譲の気持を表す: May I *come* to your birthday party? あなたの誕生パーティーに伺っていいですか. なお, 相手が自分のところへ「来る」ことについての謙譲表現は, 文全体のスタイルでしか表せない.

【慣用句】*as ... go* 他の...と比べて: This new girl is quite good, *as* secretaries *go*. 今度の女性は他の秘書たちに比べるとなかなか有能だ. *be going to* 間もなく[近い将来に]...するつもり[予定]である. *from the word "go"* 〔くだけた表現〕《米》始めから: You should not expect love *from the word "go"*. いきなり愛情を期待すべきではない. *get going* 〔くだけた表現〕出発する, 退去する: Let's *get going*, shall we? そろそろ行こうじゃないか. *go about* 動き回る, うわさなどが流れる, 病気などがはやる (go around). *go about ...* ...をやる, ...に従事する: I don't know the best way to *go about* the job! 何の仕事にどう取り組むのが最良なのかわからない. *go about with ...* 〔くだけた表現〕...と一緒にいることが多い, ...と親交がある《[語法] 異性の場合が多い》. *go after ...* 〔くだけた表現〕...を追いかける. *go against ...* ...に反する, 対抗する. *go ahead* 前進する, あることをし始める《with》, 待たずにやる: Can I *go ahead* with this job now? もうこの仕事を始めてもいいですか. *go along* やっていく, 続ける, ...へ行く《to》. *go along with ...* 〔くだけた表現〕...と折合いをつけてやっていく, 協力する (get along with ...). *go (and) do* 〔くだけた表現〕...しに行く, 《強調して》...する: *Go* eat your breakfast. 朝食を食べなさい. *go around* =go about; 全員に行きわたるだけ十分ある: Are there enough sweets to *go around*? お菓子は十分足りるだけありますか. *go around ...* ...をとり囲む, ...をぐるりと一回りするほど長い. *go around with ...* =go about with .... *go as [so] for as* ...する気がある. *go astray* 紛失する. *go at ...* 〔くだけた表現〕人を攻撃する, 仕事などに猛烈に取り組む. *Go away [along] with you!* 〔くだけた表現〕君の言うことは信じない, さっさと行け: Get away [along] with you! *go back* 戻る, 帰る, 話題などを元へ戻す《to》, 一度やめたことを再び始める《to》: He has *gone back* to smoking cigars again. 彼はまた葉巻きをやるようになった. *go back on ...* 〔くだけた表現〕...などを裏切る, 約束などを破る: I never *go back on* my promises. 私は決して約束を破ることはしない. *go by* 通りかかる, 時が過ぎる. *go by ...* ...に基づいて考えたり行動する, ...によって知られている. *go down* 下へまたは階下へ降りる, 太陽や船が沈む, 〔くだけた表現〕食物などがのどを通る, しぼんだりして小さくなる, 書き留められる, 歴史に残って記憶される, 本の記述が過去にさかのぼる: His achievements will *go down* in history. 彼の業績は歴史に残るだろう. *go down well [badly]* 〔くだけた表現〕認められる[られない], 好評[不評]である: His jokes *went down* badly (with the audience). 彼の冗談は(客に)受けなかった. *go down with ...* 〔くだけた表現〕病気にかかる: He has *gone down with* flu. 彼はインフルエンザでやられてしまった. [語法] 伝染病に用いることが多い. *go for* 〔くだけた表現〕人が成功する, お金が力を発揮する, 物を買う: £5 doesn't *go for* nowadays. このごろは5ポンドで大したものが買えない. *go for ...* 〔くだけた表現〕物理的に, あるいは言葉によって...を攻撃する, ...が好きである, ...を勝ち取ろうとする, として世間に通っている, ...とみなされる, 《米》...を提案する, ...を支持する, ...にあてはまる: The kitchen is clean, and that *goes for* all the other rooms too. 台所は清潔で, 他の部屋も全部そうです. *go for nothing* 〔くだけた表現〕むだになる. *go in* 〔くだけた表現〕太陽や月が雲に隠れる, 仕事や学校が始まる. *go in for ...* 〔くだけた表現〕仕事, 趣味, 習慣として...を行なう, ...にふける, 試験などを受ける, 参加する: We don't *go in for* using people's surnames in this office. この職場では名字は使いません. *go into ...* ...を調査する, こと細かに論じる, 研究する, ...を職業とする. *go in with ...* ...と費用や義務を分かち合う, 仲間入りする. *go it* 〔くだけた表現〕普段より活発にやる, 速くやる. *go it alone* 〔くだけた表現〕だれの助けもなしにやる. *go off* 立ち去る, 爆発する, 事が成り行く, 目覚ましなどが突然鳴る. *go off ...* 〔くだけた表現〕...に嫌気がさす, 急が減る. *go off with ...* 〔くだけた表現〕...を取って逃げる, ...と駆け落ちする. *go on* 進み続ける, 態度や振舞いを続ける, 話や作業を続ける: The pianist played a piece by Bach, and then *went on* to play one of Beethoven's sonatas. ピアニストはバッハの曲を一つ弾いてから, 続けてベートーベンのソナタを一曲弾いた. [語法] ここでは一区切りついてからまた始めたことを表すが, 一つのことを続けていることを強調する時は go on ...ing あるいは go on with ... とする. *go on at ...* 〔くだけた表現〕...をしかる, 怒って文句を言う. [語法] しばらくの間言い続ける場合に用いることが多い. *go on (for) ...* 〔くだけた表現〕《進行形で》時間や年齢が...に近づく. *Go on (with you)!* =Go away with you! *go ... one better* 〔くだけた表現〕人に勝つ, 出し抜く. *go out* 外へ出る, 移住のため英国を離れる《to》, 社交や観劇のために出かける, 敗けて競技から抜ける, ストライキをする, 燃料などが尽きる, 灯などが消える, 種や類が絶滅する, 流行がすたれる, 潮が引く (⇔come in). *go out (for) ...* 〔くだけた表現〕...と親交がある, ...と一緒にいることが多い [語法] 異性との場合が多い. *go out like a light* 〔くだけた表現〕すぐに深い眠りにおちる. *go out to work* 仕事を持っている, 勤務している. *go over* 越える, 渡って行く, ...へ[から]変える[改宗する]《to; from》: I don't eat butter now—I've *gone over* to margarine. もうバターはやめてマーガリンにしたんだ. *go over ...* ...を調べる, 点検する, よく見る, もう一度やる,

練習する, 列挙する, 論議する: The police *went over* the whole room for clues. 警察は手掛かりを得ようと部屋中をつぶさに捜索した. ***go over well [badly]*** 演劇や行動が好評[不評]である. ***go round*** =go around. ***go some***〔くだけた表現〕《米》多大な業績を上げる. ***go through*** 同意にこぎつける. ***go through*** …を通過する, 耐え抜く, 使い切る, 調べる, 手順や順番のあるものを練習する: We have *gone through* all the food. 食べ物は全部食べ尽くしてしまった. ***go through with* …** …をやり抜く. ***go together*** 調和する, 似合っている,〔くだけた表現〕恋人同士である, よくデートする (go steady): The carpet and curtains *go together* very well. じゅうたんとカーペットがとてもよく合っている. ***go too far*** 極端にまで推し進める, やりすぎる, 考えすぎる. ***go under*** 事業などがだめになる: His company is sure to *go under* very soon. 彼の会社はきっとじきにつぶれるさ. ***go up*** 昇る, 上る, 建物が建てられる, 大きさや値段, 価値などが増す, 《英》より重要な場所や地位にまで行く, 達する, 大学へ進学する: Houses are *going up* all over this area. この辺り一帯に住宅が建てられている/ He has *gone up* in my estimation. 彼に対する私の評価が高まりました. ***go up in smoke [flames]*** 火事で燃えてしまう. ***go with* …** …と一緒に売られる[与えられる], …に似合う, …と味が合う, …と相伴う,〔くだけた表現〕=go steady with …. ***go without* …** …なしで生きていく[やっていく](do without …),《it goes without saying that … で》…は言うまでもない. ***have a go at* …** 〔くだけた表現〕…をやってみる. ***it's all go***〔くだけた表現〕とても忙しい, せわしない: *It's all go* in this office today. この職場は今日はえらく忙しい. ***(it's) no go***〔くだけた表現〕うまく行かない, むだである, 受け入れられない: *It's no go* asking for a raise. 昇給を願い出てもだめさ. ***let go*** 釈放する, 手をはなす, …をあきらめる《of》: I *let go* of my dream to be a lawyer. 私は法律家になる夢を捨てた. ***let oneself go***〔くだけた表現〕自分に誇りをなくす, 身なりなどを構わなくなる, のびのびと(自由に)行動する. ***make a go of* …** 〔くだけた表現〕…を成功させる. ***on the go***〔くだけた表現〕大変忙しい, 動き回っている. ***to go***〔くだけた表現〕残っている,《米》食物を持ち帰る, テイクアウトする: Is this for here or *to go*? これはこちらでお召し上がりですか, それともお持ち帰りですか. ***to go [to be going] on with***〔くだけた表現〕とりあえずの, 当座の足しになる: I am sending you some clothes *to go on with*. 当面の着替えを送ります. ***What goes?***〔俗語〕どうしたの(What's happening?)

【派生語】**góer** 名 C 形〔くだけた語〕…へ行く人, 速く動いたり事を行ったりする人や物, 特に性行動に関して積極的な人, 新しいこと. **góing** 名 U《しばしば複合語で》行くこと, 進行状況, 道の状態. 形 活動している, 事業などがもうかっている, 現存の, 入手可能な, 現行の: We'll have a party to celebrate your *going*. 君の出発を祝ってパーティをしよう/ I find talking to him very heavy *going*. 彼とは話がなかなか進展しなくてね/ He is the nicest person *going*. 彼は最高に良い人よ/ Is there any alcohol *going*? アルコールはありますか. **going-over**〔くだけた語〕徹底的な検査, 手入れ, 掃除/**goings-on**〔複〕変な出来事や振舞い.

【複合語】**gó-ahèad** 名《the ~》計画などに対する開始許可. 形 積極的な. **gó-betwèen** 名 C 2人または2つのグループ間の取引で仲介をする人, 仲裁人, 仲人. **gó-càrt** 名 C《米》歩行器《英》Babywalker), 乳母車, 一輪または二輪の手押し車(handcart), 庭園などにあるゴーカート《英》go-kart). **gó-gétter** 名 C〔くだけた語〕行動力があって積極的で欲しいものを勝ち取る人, やり手, 敏腕家.

go² /góu/ 名 U 〔一般語〕碁(ご), 囲碁.
[語源] 日本語「碁」から19世紀に入った.

goad /góud/ 名 C 動 本来は〔一般語〕家畜をせき立てるのに用いる突き棒, 一般に刺激物. 動 としてせき立てる.
[語源] 古英語 gād から.
[類義語] incite(ment); spur.

goal /góul/ 名 C 動 本来は〔一般語〕[一般義] フットボールやホッケーなどのスポーツのゴール. [その他] ゴールに入れた得点. また比喩的に獲得しようとするものや努力目標を表し, 通常努力して成就される場合に用いられる. 動 としてゴールする, 得点する.
[語源] 古英語 gǣlan (妨げる) より. 妨げるものを通過して達するものが目標という意味から.
[用例] The ball just missed the *goal*. ボールはほんのちょっとのところでゴールを外れた/ He scored six *goals*. 彼は6回得点した.
[日英比較] 英語の goal はボールが入らなくてはならない地帯ということで目標にはなるが, 日本語の「ゴール」のように競走の決勝点の意はない. その意味の英語は finish (line) という. また「ゴールイン」は和製英語で, 英語では finish または reach the finish line という.
【派生語】**góalie** 名 C =goalkeeper.
【複合語】**góalkèeper** 名 C ゲームで相手の得点を妨げるためゴールを守る選手, ゴールキーパー. **góaltènder** 名 C =goalkeeper.

goat /góut/ 名 《動》やぎ(山羊). やぎが奔放な性質であるところから,〔くだけた語〕〔軽蔑的〕助平じいさん, また旧約聖書(レビ記16:8-22)の人の罪を負って荒野に放たれたやぎの話から,〔くだけた語〕他人の罪を背負いこむはめに陥った者(scapegoat) の意. さらに《the G-》《天》山羊座(Capricorn).
[語法] 雄やぎは he-goat, 雌やぎは she-goat という.
[語源] 古英語 gāt より.
[用例] Some people drink *goat's* milk. やぎの乳を飲む人もいる.
【慣用句】***act [play] the goat***〔くだけた表現〕愚かなふるまいをする. ***get …'s goat***〔くだけた表現〕人を困らせる, 怒らせる: What *got my goat* was the way she kept laughing at my mistakes. 私があたまにきたのは私の間違いを笑ってばかりいる彼女の態度だった. ***separate the sheep from the goats*** ある面で優れた者を選び出す《★新約聖書マタイ伝 25:32-33 の最後の審判で, キリストが「羊飼いが羊をやぎから分けるように」, 義なる者をのろわれた者から分けた話に由来する》.
【派生語】**góatee** 名 C《米》やぎひげ.
【複合語】**góathèrd** 名 C やぎ飼い. **góatskìn** 名 U やぎ皮.

gob¹ /gáb | gɔ́b/ 名 C〔ややくだけた語〕ねばねばしたものの塊(かたまり),《複数形で》〔俗語〕《米》たくさん, 多量.
[語源] 古フランス語 gobe (=lump) が中英語に入った.

gob² /gáb | gɔ́b/ 名 C〔俗語〕《米》水兵.
[語源] 不詳. 20世紀から.

gob·ble¹ /gábl | gɔ́bl/ 動 本来は〔一般語〕[一般義] 音をたて, せわしなくがつがつ食う. [その他] 貪欲にかっさらう,

金などを使い尽くす，本をむさぼり読むなどの意.
[語源] 不詳．初期近代英語から.
[用例] You'll be sick if you keep *gobbling* your meals like that. そんなにがつがつ食事をしていると病気になりますよ.
【派生語】**góbbler** 名 C がつがつ食べる人，本をむさぼり読む人，乱読家.

gob·ble[2] /gábl|góbl/ 動 [本来自] 名 C 〔一般語〕雄の七面鳥がごろごろ鳴く，人が七面鳥のような声で怒って話す. 名 として七面鳥の鳴き声.
[語源] 擬音語として初期近代英語から.
【派生語】**góbbler** 名 C 雄の七面鳥.

gob·ble·dy·gook, gob·ble·de·gook /gábldigùk|góbl-/ 名 U 〔俗語〕役所などに特有のややこしい言葉遣い，お役所言葉.
[語源] gobble[2] から 20 世紀に作られた.

gob·let /gáblət/ 名 C 取っ手のない金属やガラス製の細い脚のついた酒杯，ゴブレット.
[語源] 古フランス語 *gobelet* (= little cup) が中英語に入った.

gob·lin /gáblən|-ɔ-/ 名 C 〔やや古語〕伝説に現われる人間に悪意を持つ醜い小妖精，小鬼.
[語源] 中期高地ドイツ語 *kobolt* が古フランス語 *gobelin* を経て中英語に入った.

god /gád|gɔ́d/ 名 C 〔一般語〕[一般義] (G-) キリスト教，ユダヤ教，イスラム教など一神教の神(Supreme Being; the Almighty)《語法》男性をイメージしている. 代名詞は He, Him などとして大文字にする.[その他] 多神教の神(deity)《語法》男性を表し，女神は goddess. なお deity は男女を問わない). また神のような人，最高の男，神と崇められる物の意で偶像，(複数形で)劇場の天井桟敷の観客などの意.
[語源] 古英語 god より.
[用例] I prayed to *God* that she would recover consciousness. 彼女が意識を取り戻すように神に祈った/*God* helps those who help themselves.《ことわざ》神[天]は自ら助ける者を助ける/the *gods* of Greece and Rome ギリシャとローマの神々/Money is his *god*. 彼はお金が神だと崇拝している]/We had to sit in the *gods*—we couldn't get any better seats. 我々は天井桟敷に座らねばならなかった．それしか席が無かったのだ.
[対義語] Satan.
【慣用句】***act of God*** 台風や洪水など，避けたり抑制したりできない**自然現象**. ***by God*** 神にかけて，〔くだけた表現〕なんと，まさか，もしくしょう，とんでもない. ***For God's [Christ's] sake*** 〔くだけた表現〕強くお願いする，後生だから: *For God's sake*, will you come at once! 後生だからすぐ来てちょうだい. ***God (alone) knows*** 言うことが不可能である，誰にも分からない. ***God [Heaven] forbid that ...*** …なんてことにならなければいいが. ***God willing*** = If God is willing もしすべてがうまく行けば. ***in God's [Heaven's; Christ's; hell's] name*** 〔くだけた表現〕一体全体: What *in God's name* have you done? 一体どんなことをしたというのか. ***Oh [My; Good] God!*** 驚いたり恐れたりした時の感嘆表現，おやまあ.《語法》Jesus Christ よりも God を用いた方が無難である). ***Thank God.*** 嬉しい時の感嘆表現，ありがたい.
【派生語】**góddess** 名 C 女神，賛美される女性，絶世の美女. **gódless** 形 神を信じない，邪悪な. **godlike** 形 神のような，神々しい. **gódliness** 名 U. **gódly** 形〔形式ばった語〕神の，神性の，神を敬う.
【複合語】**gód-áwful** 形 ひどく悪い，ひどい. **gódchild** 名 C 名付け子. **góddámn, góddámned** 形 [卑語] ひどく忌まわしい，ひどい. 副 ひどく，ちくしょう. **góddàughter** 名 C 名付け娘. **gódfàther** 名 C 名付け父 (★生まれた子供の洗礼の立会人となり宣誓の責任を持つ人)，(しばしば G-) マフィアなどの首領，ゴッドファーザー. **Gód-fèaring** 形〔古語〕神を恐れる心を持っている，敬虔(ケン)な. **gódforsàken** 形《軽蔑的》神に見捨てられた，堕落した，すさんだ，荒れ果てた. **gódmòther** 名 C 名付け母. **gódpàrent** 名 C 名付け親. **God's ácre** 名 C〔古語〕(米)特に教会の墓地などの埋葬場所，墓場. **gódsènd** 名 C (しばしば (a ~) まるで神から送られたようにタイミング良く思いがけず手に入った必要な物や望まれていた出来事，天の賜(タマモノ): Your cheque was an absolute *godsend*. 君からの小切手はまさに天の賜だった. **gódsòn** 名 C 名付け息子.

Goe·the /gə́ːtə/ 名 固 ゲーテ Johann Wolfgang von Goethe(1749-1832) (★ドイツの詩人，哲学者).

gog·gle /gágl|gɔ́-/ 名 動 [本来自] 〔一般語〕(複数形で)ちり除け[潜水]眼鏡，ゴーグル. 動 として，目玉がぎょろぎょろする，驚いて目をみはる. 形 として，眼が飛び出た，ぎょろ目の.
[語源] 不詳．中英語から.
【複合語】**góggle-èyed** 形.

gold /góuld/ 名 C 動 〔一般語〕[一般義] 金属としての金 (★元素記号 Au)，黄金.[その他] 金貨，金メダル，あるいは金色，黄金色，〔文語〕金(キン)，富. 形 として金の，金製の，金色の.
[語源] 古英語 gold より.
[用例] This watch is made of *gold*. この腕時計は金製だ/All that glitters [glisters; glistens] is not *gold*.《ことわざ》光るものが必ずしも金ではない(人や物は見掛けによらない)/Their curtains are *gold*. 彼らのカーテンは金色だ.
[関連語] silver; bronze.
【慣用句】***as good as gold*** 〔くだけた表現〕子供がとても**行儀が良い**. ***heart of gold*** 親切で同情心に富んだ**寛大な心**.
【派生語】**golden** ⇒見出し.
【複合語】**góldbèater** 名 C 金めっき用に金を打ち延ばす人，金箔師. **gold brick** 名 C 詐欺師の使うにせの金の延べ棒，見掛けだけで価値の無い物. **góld dìgger** 名 C 金採掘者. **góld dùst** 名 U 砂金，金粉: *be like gold dust* 〔くだけた表現〕まれで貴重である. **góldfield** 名 C 金鉱地，採金地. **góldfinch** 名 C 〔鳥〕ごしきひわ (★ヨーロッパ産で翼に金色の縞がある). **góldfish** 名 C 金魚. **góld fóil** 名 U 金箔. **góldléaf** 名 U 極薄い金箔. **góld médal** 名 C 競技の勝者に与えられる金メダル (★「銀」は silver medal，「銅」は bronze medal). **góld mìne** 名 C 金山，金鉱. **góld pláte** 名 C 《集合的》金の食器類，金めっき. **góldplàte** 動 [本来自] 金めっきする. **góld rùsh** 名 C ゴールドラッシュ (★1849 年のカリフォルニアの場合などのように，金の出た所へ人が押し寄せること). **góldsmith** 名 C 金細工師，金細工を扱う商人.

gold·en /góuldən/ 形 (⇒gold) 〔一般語〕[一般義] 金色の，黄金色の，金色に輝く.[その他]〔文語〕金の，

製の(gold), また金のように**大切な**, **貴重な**, チャンスなどがまたとない, 輝いていることから, **盛りである**, 将来などが**有望な**, 声などが**豊かで柔らかいなどの意**.
用例 Silence is *golden*. 《ことわざ》沈黙は金なり.
【複合語】**gólden áge** 名《the ~》黄金時代 (★ギリシャ神話で人類が最も幸福であった黄金時代から). **Gólden Fléece** 名《the ~》《ギ神》金の羊毛 (★Argonauts が持ち帰ったとされる). **Gólden Gáte** 名《the ~》金門峡 (★米サンフランシスコ港と太平洋との間の海峡). **Gólden Gàte Brídge** 名《the ~》ゴールデンゲートブリッジ (★金門峡にかかる橋). **gólden júbilee** 名 C 50 年記念祭(⇒jubilee). **gólden rúle** 名《the ~》《聖》黄金律 (★自分が他からしてもらいたいことを他にも行うこと). **gólden wédding** 名 C 金婚式 (★結婚 50 年記念).

golf /gɔ́(ː)lf/ 名 U 本来自《スポ》ゴルフ. 動 としてゴルフをする.
語源 不詳. 中英語から.
用例 He played nine holes of *golf* yesterday. 彼はきのうゴルフを半ラウンドした.
[派生語] **gólfer** 名 C ゴルフをする人, ゴルファー. **gólfing** 名 U ゴルフをすること.
【複合語】**gólf bàg** 名 C ゴルフバッグ. **gólf báll** 名 C ゴルフボール. **gólf càrt** 名 C ゴルフカート (★ゴルフコース内でプレーヤーや持ち物などを乗せて運ぶ手押し車または自動車). **gólf clùb** 名 C ゴルフの打球棒, あるいはゴルフをするために組織された団体, ゴルフクラブ. **gólf còurse** 名 C ゴルフ場. **gólf lìnks** 名 C = golf course. **gólf wìdow** 夫がゴルフにでかけて留守をすることが多い妻, ゴルフウィドー.

gol·ly /gáli/-ɔ́-/ 感 《古風な語》軽い驚きや喜びなどを表す語, おやまあ! へえ!
語源 God の婉曲語法から 19 世紀に生じた.

gon·do·la /gándələ/gɔ́n-/ 名 C 《一般語》一般義 イタリアのベニスの運河で用いる細長い小舟, ゴンドラ.
その他 軽気球やロープウェーのつりかご, ゴンドラ.
語源 イタリア語 *gondolà* (=to rock; to roll) から初期近代英語に入った.

gone /gɔ́(ː)n/ 動詞 go の過去分詞. 形 として過ぎ去った, 紛失した, 死んだ, 焼けおちたりして消滅した, 使い切ってしまってもう無い, 《~ ...で》...を過ぎて(いる) (past).
用例 We didn't get home until *gone* midnight. 我々は夜中すぎにやっと帰宅した/Considering that she's *gone* eighty she's very vigorous. 80 過ぎにしては彼女は元気旺盛だ.
慣用句 *far gone* 病気や中毒などがひどく**進行している**, 〔くだけた表現〕ひどく酔っ払っている: We tried to keep her from alcohol, but she was too *far gone* to do without it. 我々は彼女に禁酒させようとしたが, 彼女は酒なしではいられないほどおぼれていた. *gone on ...* 〔くだけた表現〕...に恋をしている: She is quite *gone on* the new teacher. 彼女は新しい先生に夢中だ.

gong /ɡɔ(ː)ŋ/ 名 C 《一般語》一般義 銅鑼(ど), ゴング.
その他 〔くだけた語〕《英》勲章.
語源 擬音語. マレイ語から 17 世紀に入った.

gon·or·rhea, gon·or·rhoea /gɑ̀nərí:ə|gɔ̀n-/ 名 U 《医》淋病.
語源 ラテン語 *gonorrhea* (=flow of semen) が精液を考えたのが初近代英語に入った. 淋病による分泌物を精液と考えた

め.

good /gúd/ 形《比較級 **better**; 最上級 **best**》名 副
感 〔一般語〕〔一般義〕物事や人の状態がよい. その他 内容がよいことから, **優良な**, **上等な**, **申し分ない**, 目的に合っている, **適している**, 自分や他人に好都合である, 有益である. お金や小切手が**本物である**, 切符などがまだ有効である. 人や物事の状態がよいことから, **健康である**, **丈夫な**, **健全な**, 土地が**肥沃な**. 優良であることから, 人が何かが**上手である**, **得意である**, **才能がある**, **うまい**, また行儀がよい, 感じがよい, 人や物が**楽しい**, **快い**, **魅力的な**. 人の徳を示して, **善良な**, **親切な**, **優しい**, **親しい**, **寛大な**, 物事が完璧なことを示して, **十分な**, **たっぷりの**, **相当な量の**. 名 としてよいこと, ためになること, 役立つこと, **善**, **徳**, **利益**, **幸福**, 「作る人々」と, 道徳的に**正しいこと**. 副 として〔くだけた語〕《米》よく(well). 感 としてよろしい, 結構.
語法「よい」の規準は一般の言語では社会通念と主観に左右されるのが普通である.
語源 古英語 *god* より.
用例 Is this sentence *good* English? この文は正しい英語ですか/He made a *good* job of the repairs. 彼はきちんとした修理をした/The water isn't *good* (to drink). その水は飲用水ではない〔その水はまずい〕/Exercise is *good* for you [will do you *good*]. 運動は体によい/I don't feel very *good* this morning. 今朝はあまり気分がよくない/He is *good* at tennis. 彼はテニスが上手だ/Give him my *good* wishes. 彼によろしく/What you need is a *good* night's sleep. 君に必要なのは一晩ぐっすり眠ることだ/Don't hide your grief—have a *good* cry. 悲しみを隠していないで, 泣いてしまいなさい/Leave a *good* margin at the side of the page. ページの横幅に余白をたっぷり残しておいて下さい/The good is said to die young. 善人は若死にすると言われている/The engine is running pretty *good*. エンジンは快調に動いている.
語法 good を副詞として用いるのは非標準語的, あるいはくだけた用法であると感じられる. 文法的には well を用いるのが正しい. ただしどちらも比較級, 最上級は各々, better, best と同形である. good の反意語 bad に対応する副詞は badly で, 比較級, 最上級はそれぞれ, worse, worst である.
類義語 good; right; virtuous: good は広い意味で「よい」を表す. right は good と思われる概念に合致していて正しいこと, そうあるべきことを表し, wrong の反意語である. virtuous は道徳的であること, 義であることを表し, vicious の反意語である.
反意語 bad; evil; poor.
【慣用句】*a good deal* もっとずっと, はるかに: This medicine will make you *a good deal* easier. この薬でずっと楽になりますよ. *a good [great] deal of ...* 多量の, 多額の (a lot of ...): You will need *a good deal of* money to go to college. 大学に行くにはお金がたくさんかかりますよ. *a good few [many]* 数多くの. *a good one* とても面白い冗談. *all in good time* そのうち適当な時に, 待ちなさい. *as good as ...* 実質上...と同じことだ, ほとんど...: He *as good as* ruined the party. 彼のせいでパーティーが台無し同然になってしまった. *as good as one's word* 約束を守る. *be as [so] good as to do* 親切にも...する: I was wondering if you'll *be as good as to drive* me home. 家まで送っていただけませんか. *be up to no good* 悪い

ことをしている, 悪いことを企んでいる. ***come to no good*** 失敗に終わる, 結局まずいことになる. ***do good*** 寛大な行いをする, 慈善をする. ***for good (and all)*** 永久に. ***for the good of …*** …のために. ***good and …*** 〔くだけた表現〕《米》後の語を強調して, とても…だ, 全く…だ: He sure was *good and* upset. 彼はほんとに頭にきていた. ***good for …*** …の期間もちこたえる, …分の価値をもっている, …に換えられる, …を得られる, …を生じさせる, …する気がある: The dog is really funny, and he's *good for* a laugh. あの犬が実におもしろきんで, 笑えるよ/Are you *good for* playing golf next Saturday? 今度の土曜日ゴルフできるかい. ***Good for [on] you!*** よかったね. ***Good grief [heavens]!*** 困惑や驚きを表して, あきれ. ***have a good time*** 楽しく過ごす. ***in good time*** 早く, 早めに. ***in one's own good time*** 〔くだけた表現〕人が準備できた時に, 都合のよい時に, 特に急ぐことなく: The party will be going on until midnight, so come and join us *in your own good time*. パーティーは夜中まで続くから都合のよい時に来ていいよ. ***it's a good thing [job]*** 幸運だ, よかった: *It's a good thing* she did not marry him. 彼女, あいつと結婚しなくてよかったよ. ***make good*** 成功する, 金持ちになる: Through decades of hard work he finally *made good*. 何十年も一生懸命働いて彼はとうとう身上を築いた. ***make good …*** 損害を償う, …が真であることを証明する, 約束などを実現させる: The damage you caused to my car must be *made good*. 君が僕の車に与えた損傷は何とかしてもらわなくちゃならない. ***no good*** 役に立たない, 価値が無い. ***too much of a good thing*** よいはずのことがあまりによすぎると長く続きすぎたりしてかえって不快なものになる. ***very good*** 〔古風な表現〕《英》承知しました. ***What's the good of [what good is] …?*** …をしてどうなるの, 何のために…するのですか: *What's the good of [what good is]* cooking when you have nobody to dine with? 一緒に食事する人もいないのに料理したって仕方がない.

【派生語】**góodish** 形 かなりよい, かなり大きい. **góodness** 名 U よいこと, よさ. 感 えっ! まあなんと, とんでもない 〔語法〕God の婉曲表現. **góody** 名 〔くだけた語〕キャンディー, 菓子. 感 〔小児語〕しめた, うまくいった. **góody-góody** 形 名 C 〔くだけた語〕〔軽蔑的に〕道徳家, 敬虔な信者, 完全無欠を気取っている(人), お利口さんぶった(子).

【複合語】**góod afternóon** 感 こんにちは, さようなら, ごきげんよう 〔★午後に人と会ったときの一般的な挨拶, 別れるときにも用いる. 親しい人との場合は hello や hi が一般的である〕. **gòod-býe, gòod-bý** 感 さようなら 〔★God be with ye. (神があなたと共におわしますように)の短縮形〕. **góod dáy** 感 〔古語〕こんにちは 〔★午前や午後の出会いや別れ際の挨拶〕. **góod évening** 感 こんばんは, さようなら 〔★夕方から夜にかけての出会いや別れ際の挨拶〕. **góod-for-nòthing** 形 名 C 役立たずの(人, もの), 価値の無い(人, もの). **Góod Fríday** 名 復活祭の前日に先立つ金曜日, 聖金曜日 〔★キリストの受難を記念する日〕. **góodhéarted** 形 親切で心の広い. **góod húmor** 名 U 元気, 陽気. **góod-húmored** 形 陽気な. **góod lóoker** 名 C ハンサムな人, 美人. **góod-lóoking** 形 顔立ちのよい, 外見のよい. **góod lóoks** 名 〔複〕魅力的な外見 [顔立ち]. **góod lúck** 名 U 幸運. 感 成功を祈る時の激励の言葉, いってらっしゃい, がんばって. **góod mórning** 感 おはよう, さようなら 〔★午前中の出会いや別れ際の挨拶〕. **góod-nátured** 形 気立ての良い. **góod níght** 感 おやすみなさい 〔★夜の別れ際や就寝時の挨拶〕. **góod sénse** 名 U 良識, 常識. **góod-sízed** 形 かなり大きい. **góod-témpered** 形 あまり短気を立てない, 温和な. **góodwíll** 名 好意, 親切心, 親善, 友好.

goods /gúdz/ 名〔複〕〔一般化〕〔一般義〕商品, 特に製造された品物.〔その他〕《法》不動産に対する動産, 家財 (movable property). このことから《英》道路や空路ではなく鉄道で運ばれる貨物,《米》freight),〔くだけた語〕(the 〜) 必要な素質, まさに必要な物.

〔語源〕good の複数形. 本来, 具象・抽象を問わず, 所有すれば有利なものを表したり, より目的などを表したが, 現在では上に挙げた意味に限定されている. 中英語から.

〔用例〕leather *goods* 革製品/frozen *goods* 冷凍食品/When I die, I shall leave all my worldly *goods* to you. 私が死んだら財産は全部おまえのものだ/This station is for passengers and *goods*. この駅は乗客と貨物の両方のために使われている.

【慣用句】***a piece of goods*** 〔俗語〕ひとりの人, いい人, 魅力ある人. ***deliver [come up with] the goods*** 〔くだけた表現〕するべきことを, 約束を果たす: I was always meaning to write a novel, but now I don't think I can *deliver the goods*. 私は常々小説を書く気でいたけれど, 今では果たせないと思っている. ***get [have] the goods on …*** 〔俗語〕人の有罪を示す証拠を握っている.

【複合語】**góods stàtion** 名 C 《英》貨物駅. **góods tràin** 名 C 《英》貨物列車. **góods wàgon** 名 C 《英》無蓋貨車(《米》freight car).

goody ⇒good.

goody-goody ⇒good.

goof /gú:f/ 名 動 〔本来自〕〔俗語〕《米》おろかな人, ばか, またおろかな人のしやすい失敗, へま. 動 としてへまをやる.

〔語源〕古フランス語 *goffe* (=clumsy) から出た方言の goff (間抜け)から生じたらしい. 20世紀から.

【派生語】**góofy** 形.

goose /gu:s/ 名 CU 〔複 geese/gi:s/〕動 〔本来自〕〔鳥〕がちょう, がん(wild goose), およびその仲間の鳥. 本来雌雄のどちらをも表すが, 特に雌を指す〔★雄は gander〕. また食用のかちょうの肉. さらにがちょうの首のように長い柄のついた職人用のアイロン 〔語源〕この場合の複数形は〜s〕, がちょうは頭が悪いと思われているところから,〔くだけた語〕愚かな人や単純な人を意味する. 動 として, がちょうが時々人間の子供にきちからつつくところから,〔俗語〕ふざけてうしろからポンと突く.

〔語源〕古英語 gōs より.

〔用例〕We had roast *goose* for Christmas dinner. わたしたちはクリスマスのごちそうにがちょうのローストを食べた.

〔関連語〕Mother Goose (英国伝承童謡の伝説的な作家).

【慣用句】***All …'s geese are swans.*** …は大げさに言う, 過大評価する, オーバーだ. ***can't [couldn't; wouldn't] say boo to a goose*** 〔くだけた表現〕がちょうもおどかせない, 臆病で, 勇気がない. ***cook one's goose*** 〔くだけた表現〕チャンスや希望を台無しにする. ***kill the goose that lays the golden eggs*** 一時の必要性に駆られて将来の大きな利を犠牲にする〔★

gooseberry

イソップ物語で，一日に一つ金の卵を生むちょうから一度にたくさんの金の卵を得ようとして殺してしまう話に由来する》． ***turn geese into swans*** 誇張する，買いかぶる．

【派生語】**góosey, góosy** 形 がちょうに似た，頭の悪い，〔俗語〕うしろから突かれるとすぐにびっくりする．

【複合語】**góose ègg** 名 C〔俗語〕ゼロ，零点，たんこぶ． **góoseflèsh** 名 U 鳥肌 《語法》goosebumps, goose pimples, goose skin ともいう》． **góose stèp** 名《the ~》軍隊式の膝を曲げずに足を高く上げて行進する歩きかた．

goose·ber·ry /gú(:)zbəri, -s-/ 名 C〔植〕グズベリー，西洋すぐり．また〔くだけた語〕〔英〕ふたりきりでいたがっている恋人たちにくっついているおじゃま虫．
[語源] 不詳．初期近代英語から．
【慣用句】***play gooseberry*** 恋人たちの邪魔をする，不粋にも同席する．

goosey, goosy ⇒goose.

G.O.P. 《略》 = Grand Old Party (米共和党の異名)．

gore¹ /gɔ́:r/ 名 U〔文語〕傷口から出た血の固まり，凝血．
[語源] 古英語 gor (=dirt) から．
【派生語】**góry** 形 血みどろの，血にうえた，残虐な，ぞっとする．

gore² /gɔ́:r/ 動[本来他]〔一般語〕牛などの動物が角や牙で人や他の動物を刺す，突く．
[語源] 古英語 gār (=to spear) から．
[類義語] pierce; stab.

gore³ /gɔ́:r/ 名 C 動[本来他]〔一般語〕円形スカートを作ったり，傘に張るための三角形の布きれ，【洋裁】まち，ゴア．動 としてゴアを入れる．
[語源] 古英語 gāra (=skirt front) から．

gorge /gɔ́:rdʒ/ 名 C 動[本来他]〔一般語〕[一般義] 峡谷，山峡．[その他] 元来「のど」の意で，のどのように物が通る狭い場所にという峡谷の意味になった．またのどに物を詰め込む意にもなり，大食，飽食，さらに通路や川をふさぐ大きな邪魔物，大きな塊を意味する．動 として《軽蔑的》腹一杯食べる，たらふく食べる．
[語源] ラテン語 gurges (=whirlpool) による俗ラテン語 *gurga (=throat) が古フランス語 gorge を経て中英語に入った．
[用例] The Lorelei is in the Rhine *gorge*. ローレライはライン川峡谷にある / He *gorged* himself (on fruit) at the party. 彼はパーティーで(果物を)腹一杯食べた．
【慣用句】***make one's gorge rise*** 人をむかむかさせる．

gor·geous /gɔ́:rdʒəs/ 形〔一般語〕美しさ，快さなどがきわ立っている，豪華な，華麗な，人の容姿，天気，時間などがすばらしい，とても楽しい．
[語源] 古フランス語 gorgias (=elegant) が中英語に入った．
[用例] We had a *gorgeous* day at the seaside. 私たちは海岸ですばらしい一日を過ごした．
[日英比較] 日本語の「ゴージャス」は「ぜいたくな」という意味になる．英語では luxurious という．
[類義語] showy; enjoyable.
【派生語】**górgeously** 副． **górgeousness** 名 U.

go·ril·la /gərílə/ 名 C〔動〕最大の猿の一種ゴリラ．
[語源] ギリシャ語 *gorillai* (毛深いアフリカ部族人) からの近代ラテン語が19 世紀に入った．

gory ⇒gore¹.

gosh /gáʃ/ -s-/ 感〔古風な語〕驚き，誓い，断言などを表す叫び，おや! えっ!
[語源] god の婉曲語法として 18 世紀に生じた．
【慣用句】***by gosh!*** = by God!

gos·pel /gáspəl/ -s-/ 名 UC《キ教》《しばしば the G-》福音，また《通例 G-》新約聖書の中でキリストの生涯と教えを書いた四書，福音書．一般に主義，信条．
[語源] 古英語 gōdspell (=good message) から．
[用例] the *Gospel* according to St. Luke ルカによる福音書．
【複合語】**góspel sòng** 名 C 黒人の宗教歌，ゴスペル． **góspel trúth** 名《the ~》絶対的真理．

gos·sa·mer /gásəmər/ gós-/ 名 U 形〔一般語〕[一般義] 空中に浮遊したり草むらにかかっている小ぐもの糸，遊糸(ゆうし)．[その他] クモの糸のように繊細な軽い織物，薄い布地．
[語源] 中英語 gos (=goose) + somer (=summer)，つまり「がちょうの夏」，昔 11 月の Indian summer (小春日和) にがちょうを食べる習慣があり，その頃くもの巣が増えることから．

gos·sip /gásip/ -s-/ 名 UC 動[本来自]〔一般語〕[一般義]《やや軽蔑的》人のうわさ話，むだ話，ゴシップ．[その他] 人のうわさ話の好きな人，おしゃべり．また〔やや古語〕とりとめのない軽いおしゃべり(idle talk)．
[語源] 古英語 godsibb (=godparent) から．名付け親のような親しい人の意から，親しい間柄の人，そして他人のことを親しく話をする人の意となった．
[用例] She's a dreadful *gossip*. 彼女は恐るべきおしゃべりだ / She dropped in for a cup of coffee and a *gossip*. 彼女はコーヒーを飲みがてらおしゃべりをしに立ち寄った．
[類義語] gossip; chat; rumor; hearsay: **gossip** は軽いおしゃべりと他人のうわさ話とを表す． **chat** はこのうちの前者のみを表し，会話が形式ばっておらずくつろいだものであることを強調する． **rumor** は後者，すなわち事実に基づかないうわさを表し，特にそれが広く流布していることを強調する． **hearsay** は単純に聞きかじりや真偽の明らかでないことを表す．
【派生語】**góssipy** 形《やや軽蔑的》うわさ話が好きな，おしゃべりな，雑談的な．
【複合語】**góssip còlumn** 名 C 俳優など有名人についての記事，ゴシップ欄． **góssipmònger** 名 C うわさをしゃべってまわる人(newsmonger; tattler)．

Goth /gɔ́(:)θ/ 名 C〔一般語〕《the ~s》3-5 世紀にローマ帝国に侵入し西欧に王国を建てたゲルマン民族の一派，ゴート人．また《g-》野蛮人の意．
[語源] 古英語 Gota から．
【派生語】**Góthic** 形 名 U ゴシック様式(の)，ゴート語(の)： **Gothic architecture** ゴシック建築/**Gothic type**〔印〕ゴシック体(black letter)，サンセリフ体(sansserif)．

gouge /gáudʒ/ 名 C 動[本来他]〔一般語〕丸のみ，丸たがね．動 として，丸のみで削る，〔俗語〕《米》人をだます．
[語源] 後期ラテン語 *gulbia* (=chisel) がフランス語 *gouge* を経て中英語に入った．
[類義語] chisel; extortion.

gourd /gúərd/ 名 C 動〔一般語〕[一般義] ひょうたんやぼかぼちゃなどの実．[その他] ひょうたんで作った容器，ひさご．またひょうたんなど外皮の堅い実をつけるウリ科の植物．
[語源] ラテン語 *cucurbita* が古フランス語 *gourde* を経

gour·mand /ɡúərmənd/ 名C〔やや形式ばった語〕おいしい食物に目のない人、**美食家**、《軽蔑的》過度に飲食する**大食家**。
[語源] 古フランス語 *gourmant*（=glutton）が中英語に入った.

gour·met /ɡúərmei/ 名C〔形式ばった語〕おいしい食物や飲み物を楽しむ**味覚の肥えた人**、**食通**、**美食家**、**グルメ**.
[語源] 古フランス語 *gromet*（=wine merchant's assistant）からの現代フランス語 *gourmet* が19世紀に入った.
[用例] A *gourmet* like him always eats in expensive restaurants. 彼のような食通はいつも値段の高いレストランで食べている.

gout /ɡáut/ 名U〔医〕手足の関節が痛む病気、**痛風**.
[語源] ラテン語 *gutta*（=drop）が古フランス語 *goute*（=gout）を経て中英語に入った. 中世医学では、この病気の素が血液から関節へしずく（dropping）となって入ると考えられた.
【派生語】**góuty** 形 痛風の、痛風にかかった.

gov·ern /ɡʌ́vərn/ 動 [本来他]〔やや形式ばった語〕[一般義] 国や州などを権威のある者や組織が**治める**、**統治する**、**支配する**. [その他] 意味が拡大して、分野、行動などを**左右する**、**抑える**、**支配する**、公共機関などを**管理する**、《文法》動詞や前置詞が後続名詞の**格を支配する**、エンジンやモーターのスピードを自動的にコントロールする.
[語源] ギリシャ語 *kubernan*（=to steer a ship）(操る)がラテン語 *gubernare*（=to steer; to rule）を経て古フランス語 *gouverner* となり、中英語に入った.
[用例] Britain is *governed* by Parliament, not by the Queen. 英国は議会によって治められている、女王によってではない.
[類義語] govern; rule; dominate; administer; control: **govern** は特に政治的な支配を表し、支配者の側に権威が存在することを強調する. **rule** は govern に近いが、これより単純に立憲的あるいは独裁的に単に支配すること. **dominate** は優勢で影響力を持って支配すること. **administer** は行政官として秩序正しく運営すること. **control** は一定の枠からはみ出さないように規制すること.
【派生語】**góverness** 名C 個人の家でその家の子供を教育したりしつけたりする、通常住み込みの**女性家庭教師**. **góverning** 形 権力の座にある、支配的に作用する: the *governing* party 政府与党. **góvernment** 名UC 政治、統治、管理、支配、統治機関、政府《[語法]特定の国の政府を指す時はthe G-》: local *government* 地方自治 / self-*government* 自治. **gòvernméntal** 形 政治の、統治の、政府の: *governmental* interference 政府による干渉. **góvernor** 名C 統治者、《米》州知事、《英》官庁や組織の長、《機械》エンジンやモーターの速度自動調節装置: He is on the board of *governors*. 彼は理事会のメンバーです. **góvernorship** 名U governor の地位、役職.

gown /ɡáun/ 名C 動 [本来自] [一般義] 化粧着、部屋着、ガウン（dressing gown）. [その他] 裁判官などの**法服**、僧服、儀式用の大学教授のガウン、女性用のフォーマルドレス（evening gown）、その他ゆったりした長い上着をいう. また女性用の**寝巻**（nightgown）の意もある.
[語源] 後期ラテン語 *gunna*（=fur garment）が古フランス語 *goune* を経て中英語に入った.

GPO《略》= General Post Office（《英》中央郵便局）.

grab /ɡrǽb/ 動 [本来他] 名C [一般義] 突然乱暴につかむ、ひったくる. [その他]《くだけた語》食事や睡眠などを急いでとる、物事が人の心をつかむ、興味を感じさせる. 名 としてひったくり、横領、略奪.
[語源] 中期低地ドイツ語 *grabben* が初期近代英語に入った.
[用例] I'll just *grab* a sandwich and a cup of coffee. サンドイッチとコーヒーをさっと取ろう.
[類義語] take.
【慣用句】**grab at** ... …をつかもうとする: He made a *grab at* the boy. 彼は少年につかみかかった. **up for grabs**《俗語》早いもの勝ちでだれでも手に入れられる、販売中である.
【派生語】**grábber** 名C ひったくり、欲張り.
【複合語】**gráb bàg** 名C 福袋.

grace /ɡréis/ 名 UC 動 [本来他] [一般義] 優雅、上品さ、気品、ゆかしさ. [その他] 外見上の気品から内面的なものをも表し、**好意**、**親切**、《複数形で》**魅力**、**美点**、たしなみ、また**思いやり**ということから、支払いの**猶予**（期間）. 〔形式ばった語〕神の慈悲、《キ教》神の恩寵（ホタイメ）、食事時に捧げる**短い折り**、また《His G-, Your G- として》大司教などの聖職者や公爵、公爵夫人に対する尊称として、**閣下**. 動 として〔形式ばった語〕臨席の栄を与える.
[語源] ラテン語 *gratia*（=favor; charm）が古フランス語 *grace* を経て中英語に入った.
[用例] The dancer's movements had very little *grace*. 踊っている人の動きには上品さがないといってよかった / You should have paid today but I'll give you a week's *grace*. 今日が支払い日なのだが1週間待ってやろう / We are grateful to you for *gracing* our dinner with your presence. 私共の晩餐にご来席たまわり有難う存じます.
【慣用句】**fall from grace** 神の恩寵を失う、上司の不興をかう、落ちぶれる. **have the grace to do** 親切にも…する、分別があって…する. **in the good graces of** ... = **in** ...'s **good graces**〔古風な表現〕…に気に入られて. **saving grace** 唯一の美点、悪い事物の救いとなるもの: His speeches are boring but they have the *saving grace* of being short. 彼のスピーチは退屈だが、短いのが救い柄だ. **with (a) bad grace** むっつりとして、いやいやながら. **with (a) good grace** 快く、いさぎよく.
【派生語】**gráceful** 形 気品のある、美しい. **gráceless** 形 品の無い、ぶざまな、間違っている. **grácious** 形 親切な、目下の者に優しい、暮らし向きがちゃんとした、神が慈悲深い. 感〔古語〕驚いた!(Good gracious): *Gracious!* I never expected you here. ああ、びっくりした. 君にここで会うとは.

grad /ɡrǽd/ 名C《くだけた語》《米》大学の**卒業生**（graduate）.

gradation ⇒grade.

grade /ɡréid/ 名C 動 [本来他] [一般義] 品質や年齢、大きさ、程度、地位などについての**段階**や**等級**. [その他]《米》学校の成績、評価、小・中学校の学年

(《英》form), 道路の**勾配**(《英》gradient). **動**として…に等級をつける, 段階に分ける, 《米》試験などの採点をする, 色などつける.

[語源] ラテン語 *gradus* (=step; degree) がフランス語を経て初期近代英語に入った.

[用例] Large-*grade* eggs L 級の卵/I always got good *grades* at school. 私はいつも学校の成績が良かった/She *graded* the students' reports for creativity. 彼女は学生のレポートを創造的で評価をつけた/Our teacher *grades* tests every week. ぼくたちの先生は毎週テストの採点をしている.

【慣用句】*at grade* 《米》同一のレベルに(ある). *make the grade* 〔くだけた表現〕《英》急勾配の頂点に行くことから, 比喩的に障害を克服してやり遂げる, 成功する.

【派生語】gradátion 名 C 変化, 発展などの段階, 等級, 段階的変化, 〖言〗母音交替(★sing-sang-sung など時制や意味による母音の交替). gráder 名 C 《米》…年生 《語法》 1st *grader*, 2nd *grader* のように序数詞を付けて用いる).

【複合語】gráde cròssing 名 C 《米》鉄道の水平交差. gráde schòol 名 C 《米》小学校(elementary school).

gra·di·ent /gréidiənt/ 名 C 〔形式ばった語〕[一般義] 道路や鉄道線路の勾配, 傾斜度. [その他]〖理〗温度や気圧の**変化度**, 傾度.

[語源] ラテン語 *gradiens* (=stepping) が 19 世紀に入った.

[類義語] grade.

grad·u·al /grǽdʒuəl/ 形 〔一般義〕段々の, **漸進的**な, 少しずつの, また次々に上って[下って]ゆく.

[語源] ラテン語 *gradus* (⇒grade) から出た *gradulalis* が初期近代英語に入った.

[用例] a *gradual* rise in temperature 緩やかな気温の上昇.

【派生語】grádualism 名 U 政治的社会的変革についての**漸進主義**. grádualist 名 C **漸進主義者**. grádually 副 徐々に.

grad·u·ate /grǽdʒueit/ 動 [本来義], /grǽdʒuit/ C 形 〔一般義〕大学, 高等学校などを**卒業する**(from)(《英》では大学のみに用いる). [その他] 学士号をとる, 資格をとる. また上の段階へ進む. 他 《米》学生を卒業させる, 学位を授ける, 《通例受身で》等級をつける, 目盛をつける. 名 として卒業生, 《米》大学院生. 形 として大学を卒業した, 学士号のある, 大学院(生)の.

[語源] ラテン語 *gradus* (⇒grade) から派生した中世ラテン語 *graduare* (=to take a degree) の過去分詞 *graduatus* から中英語に入った.

[用例] He *graduated* in German and French from Oxford. 彼はオックスフォード大学でドイツ語とフランス語を修めて卒業した/A thermometer is *graduated* in degrees. 温度計は度数目盛がついている/a *graduate* from [of] K University K 大学卒業生.

[関連語] undergraduate.

【派生語】graduátion 名 UC 卒業, 卒業式 (graduation ceremony) 《語法》《米》では commencement ということも, 〔形式ばった語〕等級別の, 格付け, 目盛(付け).

【複合語】gráduate schòol 名 C 《米》**大学院**. gráduate stùdent 名 C 《米》大学院生.

graf·fi·ti /grəfí:ti:/ 名 《複》〔やや形式ばった語〕公衆便所や掲示板などの壁に書かれた**落書き**.

[語源] イタリア語 *graffito* (=a little scratch) の複数形が 19 世紀に入った.

[用例] The walls of the toilet were covered with *graffiti*. そのトイレの壁は落書きだらけだった.

[類義語] drawing.

graft[1] /grǽft|-á:-/ 動[本来義] 他 C 〖園芸〗**接ぎ木をする**, 〖医〗組織を移植する. 名 として接ぎ穂, 移植用組織切片.

[語源] ギリシャ語 *graphein* (=to write) から派生した「鉄筆」の意の *grapheion* がラテン語, 古フランス語を経て中英語に入った. 接ぎ穂の先の形状から.

graft[2] /grǽft|-á:-/ 動[本来義] 他 C 〔俗語〕《米》政治的に高い地位や信用を利用して不正に金銭を手に入れること, **汚職**, **収賄**. 動 として**不正利得**を得る.

[語源] grave (=to dig) の方言の異形 graft (=hard work) から 19 世紀に入ったと考えられる. 「掘る」→「つらい仕事」→「もうけ仕事」→「不正な仕事」と意味が変化した.

【派生語】gráfter 名 C.

grain /gréin/ 名 CU 動[本来義] 〔一般義〕[一般義] 小麦, ライ麦, 米, とうもろこしなどの**穀物の粒**. [その他] 粒状のものを広く指し, 塩や砂糖, 砂などの粒, 物質の**粒子**や結晶, 例えば《a ~》ほんの少量, 一片. また商取引きの対象としての穀物, 穀類, 重量単位グレーン(★小麦1粒の重さから; ＝0.0648g). さらに粒の集まった形状から, 《しばしば the ~》木石, 紙の表面の自然にできたざらざらや**木目**(もく), 毛を抜いた皮の表側のつぶつぶした感じなどを意味する.

[語源] ラテン語 *granum* (種) が古フランス語 *grain* を経て中英語に入った.

[用例] sugar of fine *grain* 精製糖/There isn't a *grain* of truth in that story. その話には一片の真実も無い/Plane with [along] the *grain*, not against [across] it. かんなは正目に沿ってかけなさい. 板目でかけるな.

【慣用句】*go [be] against the grain* 感情や本性, 気持に逆らっている, **不快である**: It *goes against the grain* for me to tell lies. うそをつくなんて私の気性が許さない. *take ... with a grain [pinch] of salt* …を半信半疑で受け止める.

【派生語】gráined 形 粒状になった, 木目のある. gráiny 形 ざらざらした, 粒の多い.

【複合語】gráin àlcohol 名 U 穀類から製造したエチルアルコール.

gram, gramme /grǽm/ 名 C 〔一般語〕グラム《★メートル法における重さの基本単位; 記号 g》.

[語源] 後期ラテン語 *gramma* (軽量) に由来する. フランス語 *gramme* が 18 世紀に入った.

-gram /-grǽm/ 〔「書き付けられたもの, 記録されたりしたもの」の意. 例: pentagram (星印); telegram (電報).

[語源] ギリシャ語 *gramma* (=letter of the alphabet) から.

gram·mar /grǽmər/ 名 UC 〔一般語〕[一般義] **文法**, **文法学**, **文法書**. [その他] 文法的に正しいか否かの観点から見た時の**話し方**, 言葉遣い, さらに学問, 芸術, 技術の**基本**, **原理**の意. また〖言〗広義では言語の**規則全体**, 狭義では音韻論や意味論に対する形態論および統語論の分野をいう.

[語源] ギリシャ語 *gramma* (⇒-gram) に由来する

grammatikē (=art of letters) がラテン語 *grammatica*, 古フランス語 *grammaire* を経て中英語に入った. 17 世紀までは「ラテン語文法」のことを指した. 用例 He's an expert on French *grammar*. 彼はフランス語文法に精通している/Could you lend me your Latin *grammar*? ラテン語の文法書を貸してくれないか/This essay is full of bad *grammar*. この作文は言葉遣いがひどい.

【派生語】**grammárian** 名 C **文法研究家**, 文法書の著者. **grammátical** 形 **文法の**, 文法に合致している: a *grammatical* rule 文法規則/It would be *grammatical* to say that. その言い方は文法的に正しいです. **grammàticálity** 名 U **文法性**, 文法にかなっていること. **grammátically** 副 **文法的に**.
【複合語】**grámmar bòok** 名 C **文法書**. **grámmar schòol** 名 CU 《英》グラマースクール(★本来はラテン語を学ぶ学校を表していたが, 現在では 11 歳以上の子供に大学入学以前の教育をする公立中学校).

gramme /græm/ 名 =gram.

gram·o·phone /græməfoun/ 名 C 〔一般語〕《英》蓄音機(phonograph).
語源 19 世紀に発明者の Emile Berliner が phonogram (=sound recording) の 2 つの要素を入れ替えて造語した. エジソンが発明したろう管方式ではない音盤方式.
類義語 record player.

gra·na·ry /grǽnəri/ 名 C 形 〔一般語〕 一般義 穀物を収納する倉庫, 穀倉. その他 農産物を豊富に生産する地域, 穀倉地帯. 形 として, パンが全粒小麦で作られた.
語源 ラテン語 *granum* (=grain) から *gránārium* を経て初期近代英語に入った.

grand /grænd/ 形 名 C 〔一般語〕 一般義 **壮大な**, **雄大な**, **威厳がある**, **立派な**. その他 本来は同じ肩書きや称号をもつ者の中で地位や権威の点で上位にある者で, 重要な, 卓越している, 著名である, 模範的である, 逆に**威張っている**, **尊大である**, **気取っている**意にもなる. また**完全な**, **総括的な**, 《楽》規模が大きく形式が整っている, **大…な**, 〔くだけた語〕**素晴らしい**, **嬉しいなど**の意. 名 として 《俗》《米》《複数扱い》**千ドル**.
語源 ラテン語 *grandis* (=large; great) が古フランス語 *grand* を経て中英語に入った.
用例 The view from the top of this mountain is *grand*. この山の頂上からの眺めは壮大だ/The soldiers looked very *grand* in their white and red uniforms. 兵隊たちは白と赤の軍服を着て, たいそう立派だった.
類義語 grand; imposing; magnificent; stately; majestic: どれも**立派**で素晴らしいことを表すが, **grand** は大きいことや規模のあることを表し, **imposing** は感銘を与えることを強調する. **magnificent** は特に豊かさや美しさを表す. **stately** は建物などが大きく堂々としていること. **majestic** は **stately** にさらに崇高な感じが加わる.
【派生語】**grándly** 副 **壮大に**, 堂々と. **grándness** 名 U **雄大さ**, 壮大さ, 立派さ.
【複合語】**grándaunt** 名 C **祖父あるいは祖母の姉あるいは妹**, **大おば**(great-aunt). **Gránd Cányon** 名 (the ~) **グランドキャニオン** 《★米国アリゾナ州の大峡谷で国立公園》. **grándchild** 名 C 《複 -children》**孫**. **grándd̀ad** 名 C 〔くだけた語〕**おじいちゃん** 《語法 子供からの言い方》. **gránddàddy** 名 C 〔くだけた語〕**おじいちゃん**. **gránddàughter** 名 C **孫娘**. **grándfather** 名 C **祖父**, 敬意と親しみをこめて**年配の男性**, また男性の先祖(forefather), 元祖, 原型: **grandfather clock**, **grandfather's clock** 木製のケースに入った床置き式の大きな時計, グランドファーザー時計(longcase clock). **grándfàtherly** 形 **祖父らしい**, 優しい, 甘やかす. **gránd jùry** 名 C 《米》**大陪審** 《★12-23 人で成り, 正式起訴に先立って予審を行なう; ⇔petit jury》. **grándmà** 名 C 〔くだけた語〕**おばあちゃん** 《語法 子供からの言い方》. **grándmòther** 名 C **祖母**, 敬意と親しみをこめて**年配の女性**, また女性の先祖. **grándmòtherly** 形 **祖母らしい**, 優しい, 甘やかす. **grándnèphew** 名 C **甥[姪]の息子**, **兄弟姉妹の孫息子**. **grándnìece** 名 C **甥[姪]の娘**, **兄弟姉妹の孫娘**. **Gránd Òld Párty** 名 (the ~) アメリカの共和党(Republican Party)の愛称 《語法 G.O.P. と略す》. **gránd ópera** 名 C すべての台詞が歌曲になっているオペラ, **グランドオペラ**. **grándpà** 名 C 〔くだけた語〕**おじいちゃん** 《語法 子供からの言い方》. **grándpàrent** 名 C **祖父または祖母**. **gránd piáno** 名 C **グランドピアノ**(⇔upright piano). **gránd príx** /grɑ̀: prí:/ 名 C 《複 **grands prix**》競技などの**一等賞**, **グランプリ**. **gránd slám** 名 C 《ゴルフ・テニス》**全ての大会を制覇すること**, **グランドスラム**, 《野》**満塁ホームラン** (grand slammer ともいう), 《ブリッジ》**13 回のトリックを全て勝つこと** 《★13 回中 1 回を除いて全てのトリックに勝つことは little slam》. **grándsòn** 名 C **孫息子**. **grándstand** 名 C 《米》競馬場や競技場などの屋根付きの**正面観覧席**, **特別観覧席**. 動 本来 **正面観覧席の観客に受けるよう場当たりの人気取りをする**, **スタンドプレーをする**: **grándstànd pláy** 名 C 《米》**スタンドプレー** 《日英比較 「スタンドプレー」 は和製英語》. **gránd tótal** 名 C **総計**. **grándùncle** 名 C **祖父あるいは祖母の兄あるいは弟**, **大おじ**(great-uncle).

gran·deur /grǽndʒər/ 名 C 〔形式ばった語〕**力強さ**, **高貴さ**, また**立派さ**, **雄大**, **壮大**.
語源 古フランス語 *grand* (⇒grand) の派生形 *grandeur* が中英語に入った.

gran·dil·o·quence /grændíləkwəns/ 名 U 〔形式ばった語〕**大げさな言葉遣い**, **大言壮語**.
語源 ラテン語 *grandiloquus* (=speaking loftily; *grandis* great + *loqui* to speak) が初期近代英語に入った.
類義語 pomposity.
【派生語】**grandíloquent** 形.

gran·di·ose /grǽndious/ 形 〔形式ばった語〕一般義 人の態度や人の造った物などが**堂々として威厳のある**, **壮大な**. その他 《軽蔑的》人の態度や行動などがもったいぶって**大げさな**, **尊大な**.
語源 イタリア語 *grandioso* (=grand) がフランス語を経て 19 世紀に入った.
類義語 splendid; lofty.

grange /gréindʒ/ 名 C 〔一般語〕《英》付属する建物を含む**農場**, **農場主の屋敷**, 《米》 《the G-》**農業協同組合**.
語源 ラテン語 *granum* (=grain) からの中世ラテン語 *granica* (=granary) が古フランス語を経て中英語に入った.
類義語 farmhouse.

gran·ny, **gran·nie** /grǽni/ 名 C 〔くだけた語〕

た.

[類義語] graph; diagram; chart: **graph** は縦軸と横軸を用いて2つの要因の相互関係を示す. **diagram** は線や点, 記号を用いて全体像や体系を説明する. **chart** は図示的, 説明的なものを広く表し, graph とほぼ同義に用いられることもある.

【派生語】**gráphic** 形 図やグラフによる, 文字や記号を使った, 詳しい, リアルな, 手書きの: a *graphic* description of an accident 事故の手に取るような記述/graphic arts (the ～)グラフィックアート. **gráphically** 副. **gráphics** 名《複》《単数扱い》建築などの製図法, 図式計算法,《言》書記法,《複数扱い》グラフィックアート, グラフィックス.

【複合語】**gráph páper** 名 UC 方眼紙.

-graph /-græf|-á:-/ 連結 「書かれたもの, 図, 記録」「書くもの, 記録計」の意. 例: photograph; telegraph.

[語源] ギリシャ語 *graphein* (=to write) から.

graph·ol·o·gy /græfáládʒi|-ɔ́-/ 名 U〔一般語〕筆跡観相法, 筆相学.

[語源] grapho-「書くこと」+ -logy.

-gra·phy /-grəfi/ 連結「記述あるいは記録する方法, ...画法, ...誌, ...記」「記述的学問分野」の意. 例: lexicography.

grap·ple /grǽpl/ 動 本来他 名 C〔一般語〕一般語 手や物をしっかりと握る, つかむ. その他 格闘のため人と人が取っ組み合う, つかみ合う, 難しい問題を解決しようと取り組む, 解決に苦労する. 自 ...と取っ組み合う《with》. 名 しっかりとつかむこと, 格闘.

[語源] 古フランス語 *grapil* (=hook) が初期近代英語に入った. ぶどうの房の収穫で用いられる「引っ掛けかぎ」が原意.

[用例] The policeman *grappled* with the thief. 警官は泥棒と取っ組み合った.

[類義語] grasp; fight; cope.

grasp /grǽsp|-á:-/ 動 本来他 名 C〔一般語〕一般語 手や腕, 歯, 爪などでしっかりつかまえる, 握る. その他 比喩的に申し出などに飛びつく, 喜んで受け入れる. 名 としてしっかりつかむこと, 支配, 意味などの理解力, 把握力.

[語源] 中期低地ドイツ語 *grapsen* が中英語に入り, 音位転換によって graspen となった.

[用例] He *grasped* the opportunity to ask for a higher salary. 彼はその機会を逃さず給料の増額を願い出た/I can't *grasp* what he's getting at. 彼のいいたいことが理解できない.

[類義語] grasp; clasp; grip: **grasp** はしっかりつかまったり握って放さないこと. **clasp** は手の中で握り締めること. **grip** は非常に強くつかむことを表す.

【慣用句】*beyond one's grasp* ...の理解の範囲を超えている: His ideas are quite *beyond my grasp*. 彼の考えは私の理解の範囲を超えている. *within one's grasp* つかみ得る, 手の届く, 達成し得る.

【派生語】**grásping** 形 欲の深い.

grass /grǽs|-á:-/ 名 C 動 本来他〔一般語〕一般語 牧草, 芝. その他 牧草地, 芝地. また牧草のように葉が細長い麦やさとうきび, 竹などのイネ科の植物を指す. さらに《俗語》マリファナ,《英》警察への密告者, たれこみ屋. 動 として, 土地に草の種をまく, 家畜に草を食べさせる.《俗語》《英》密告する.

[語源] 古英語 *græs* より.

[用例] This *grass* is in need of cutting. ここの芝生

---

grant /grǽnt|-á:-/ 動 本来他 名 C〔形式ばった語〕願いや要請されたものを法的手続きを取って与える, 許可する, 授与する. 名 として許可, 授与, また交付金, 助成金, 研究のための奨学金.

[語源] ラテン語 *credere* (=to believe) から派生した俗ラテン語 *credentare* (=to gurantee) が古英語 *creanter*, アングロフランス語 *granter* を経て中英語に入った.

[用例] He *granted* the man permission to leave. 彼はその男に立ち去る許可を与えた/In Britain many students receive a *grant* in order to study at university. 英国では多くの学生が大学で研究するために奨学金をももらっている.

【慣用句】*granted (that)* ... = *granting (that)* ... 〔形式ばった表現〕たとえ...だとしても, ...なのは認めるが, 確かだが: *Granted that* you are right, we will have to move fast. 君の言うとおりだとしても我々は急いで動かなくてはならない. *take ... for granted* ... を当然のこと思う, 当然のこととして...に注意を払わない. *take it for granted that* ... ...は当たり前のこと思う, ...なのは当然とみなす.

【派生語】**grantée** 名 C《法》許可が与えられた人, 譲渡された人, 奨学金などの受給者.

granular ⇒granule.

granulate ⇒granule.

gran·ule /grǽnju:l/ 名 C〔形式ばった語〕砂や塩のような小さな粒, 顆粒(かりゅう).

[語源] 後期ラテン語 *granulum* (=small grain) が初期近代英語に入った.

【派生語】**gránular** 形 粒状の. **gránulate** 動 本来他 粒状にする: *granulated* sugar グラニュー糖.

grape /gréip/ 名 C《植》ぶどう, またその実, 黒ずんだ赤紫色のぶどう色,《the ～》ワイン.

[語源] 古フランス語 *grape* (=bunch of grapes) が中英語に入った.

[用例] He picked a bunch of *grapes* from the vine. 彼はぶどうの木からぶどうを一房もぎとった.

【慣用句】*sour grapes* 手に入らない物をいらないと負け惜しみを言う《★イソップ物語より》: He said he didn't want to be made the manager but it was just *sour grapes*. 彼は支配人にしてもらいたくないと言ったが, あれはただの負け惜しみだよ.

【複合語】**grápefrùit** 名 C《植》グレープフルーツ《★柑橘類であるがぶどうのように房になってなるところからこう呼ばれる. アメリカでは pomelo ともいう》. **grápe sùgar** 名 U《生 化》ブドウ糖 (dextrose). **grápevìne** 名 C ぶどうのつる[木],《the ～》人づてで伝わるうわさ《★grapevine telegraph の略》. 動 本来他《くだけた語》つるが広がるようにニュースやゴシップを耳にする: The news reached me through the *grapevine*. 私はうわさでそのことを知った.

graph /grǽf/ 名 C 動 本来他〔一般語〕グラフ, 図表.

[語源] graphic formula の略として19世紀にできた. graphic はギリシャ語 *graphein* (=to write; to draw) から出た *graphikos* (=belonging to drawing or writing) がラテン語を経て初期近代英語に入った.

[用例] He has made a *graph* of this year's sales figures. 彼は今年の売り上げ数値を表すグラフを作っ

は芝刈りが必要だ/He smoked *grass* only once. 彼は一度だけマリファナを吸ったことがある.
[関連語] weed (雑草).
[慣用句] *let the grass grow under one's feet* 足もとに草がはえるまでぐずぐずする, 時間や機会を無駄にやり過ごす. *put out to grass* 競走馬や人を引退させる.
[派生語] **grássy** [形] 牧草[芝]の生えた, 緑の.
[複合語] **grásshòpper** [名] [C] ばった, いなご, きりぎりすなどの虫, 緑色のカクテルのグラスホッパー, 〔軍〕〔俗語〕偵察飛行機: *knee-high to a grasshopper* 〔くだけた表現〕〔英〕子供が小さい, 幼い. **grásslànd** [名] [U] 牧草地, 草原. **grássroots** [形] 〔くだけた語〕一般大衆の, 草の根のように運動の母体となる: a *grassroots* movement 草の根運動. **gráss wídow** [widower] [名] [C] 〔こっけい〕夫[妻]と離婚した[別居中の]妻[夫], あるいは夫[妻]が留守がちな妻[夫] (★婚姻のベッドに対して, わらや草の寝床が不義を暗示するため).

grate[1] /gréit/ [名] [C] [動] 本来地] 〔一般義〕暖炉の**火格子**や肉を焼く**焼き網**, 建物の窓につける**格子**, 格子戸 (grating). [動] として, 窓に**鉄格子**をつける.
[語源] ラテン語 *cratis* (=hurdle) が古フランス語 *grate* (=grille) を経て中英語に入った.
[派生語] **gráting** [名] [C] 格子, 格子戸.

grate[2] /gréit/ [動] 本来地] 〔やや形式ばった語〕〔一般義〕ざらざらした荒い表面に強くこすりつける, 引っかく. [その他] 野菜やチーズなどをおろし金ですりおろす, すりつぶす. また人をいらだたせる, 不快な言葉などが人の神経にさわる.
(自) 物などがこすれてきしる, 耳障りな音を出す, 人の神経をさかなでする.
[語源] 古フランス語 *grater* (=to scrape) が中英語に入った.
[類義語] scrape; annoy.
[派生語] **gráter** [名] [C] おろし金. **gráting** [形] きしる, 耳障りな.

grate·ful /gréitfəl/ [形] 〔形式ばった語〕〔一般義〕助力などに対して**感謝している**, 恩を感じている. 〔語法〕贈り物などに対してはあまり用いない. [その他] 〔古語〕謝意を呼び起こすような, 喜ばしい, 心地よい.
[語源] ラテン語 *gratus* (=pleasing; thankful) に由来. pleasing を意味する廃語 grate+-ful として初期近代英語から. grace に関連がある.
[用例] I am *grateful* to you for your help. あなたのご援助に対して感謝しております.
[類義語] thankful.
[反意語] ungrateful.
[派生語] **grátefully** [副]. **grátefulness** [名] [U].

gratification ⇒gratify.
grat·i·fy /grǽtəfài, -grǽti-/ [動] 本来地] 〔形式ばった語〕〔一般義〕 人に喜びや満足を与える, 嬉しくさせる. [その他] 欲望や望みなどを実現させる.
[語源] ラテン語 *gratus* (⇒ grateful) から派生した *gratificare* がフランス語 *gratifier* を経て初期近代英語に入った.
[用例] She was *gratified* by her teacher's praise of her work. 彼女は勉強のことで先生からほめてもらって喜んだ.
[派生語] **gràtificátion** [名] [UC] 喜びの気持, 喜ばしい事柄: The feeling of doing something useful is one of the main *gratifications* of this job. 有益なことをしているという実感を持てるのがこの仕事のやりがいのひとつです. **gratifying** [形] 喜ばしい: The response was most *gratifying*. その返事はたいそう好ましいものだった. **grátifyingly** [副].

grat·is /grǽtis, gréi-/ [形] [副] 〔形式ばった語〕料金を払わなくてよい, **無料の[で]**〔語法〕free よりも形式ばった語〕.
[語源] ラテン語 *gratis* (=out of kindness) が中英語に入った.
[用例] That's such a small job, I'll do it *gratis*. それはそんなにささいな仕事だ. 私はただでやろう.

grat·i·tude /grǽtitjud/ [名] [U] 〔形式ばった語〕援助や厚意に対する**感謝の気持ち**, 謝意.
[語源] ラテン語 *gratus* (⇒grateful) から派生した中世ラテン語 *gratitudo* が初期近代英語に入った.
[用例] I wish there was some new way of showing my *gratitude* for all you have done for me. あなたが私にして下さったことに対して感謝の気持を表す方法が何かあればよいがと思います.
[類義語] thanks.
[反意語] ingratitude.
[慣用句] *owe a debt of gratitude to …* …に恩義がある.

gra·tu·i·tous /grətjú(ː)itəs/ [形] 〔形式ばった語〕**無料の**. [その他] **不必要な**, 理由のない, いわれのない.
[語源] ラテン語 *gratus* (⇒grateful) から派生した *gratuitus* (=given as a favor) が初期近代英語に入った.
[派生語] **gratúitously** [副].

gra·tu·i·ty /grətjú(ː)iti/ [名] [C] 〔形式ばった語〕〔一般義〕サービスのお礼として支払われる小額のお金, **チップ**, 心付け. [その他]〔英〕英国の軍隊を除隊する時に支払われる慰労金, 給与金.
[語源] ラテン語 *gratuitus* (⇒gratuitous) から派生した中世ラテン語 *gratuitas* (=present) が古フランス語 *gratuite* を経て初期近代英語に入った.
[用例] I left a 15% *gratuity* at a good restaurant. いいレストランで15%の心付けを置いてきました.

grave[1] /gréiv/ [名] [C] 〔一般義〕〔一般義〕**墓**, 墓石. [その他] 本来は墓穴の意. また《the ～》物事の終極や死を表す.
[語源] 古英語 *græf* (=cave) より.
[用例] The coffin was lowered into the *grave*. 棺が墓穴に下ろされた.
[類義語] grave; tomb: **grave** は死者を地中に埋葬する場所のことで, 広く一般に墓や墓所を指す. **tomb** は元来死者を祭る部屋や家のことで, 墓石のある大がかりな墓や霊廟, 記念墓地, 国立墓地などを指す.
[慣用句] *(as) silent as the grave* 静まりかえった, 黙りこくった. *dig one's own grave* 自ら墓穴を掘る. *from the cradle to the grave* 一生, 生まれてから死ぬまで. *have one foot in the grave* 棺桶に片足をつっこんでいる, 重い病気である, 死に瀕している. *make … turn (over) in …'s grave* 〔こっけい表現〕故人もびっくりするような途方もないことをする.
[複合語] **grávedigger** [名] [C] 墓掘り人. **grávestòne** [名] [C] 名前や碑文の掘られた墓石 (tombstone). **gráveyàrd** [名] [C] 墓地(cemetery).

grave[2] /gréiv/ [形] 〔形式ばった語〕〔一般義〕**重大な**, 危機的な. [その他] 人が威厳がある, まじめな, 物の様子が荘厳で落ち着いている, 色などが地味な, 音声が低く深い.
[語源] ラテン語 *gravis* (=heavy) がフランス語を経て初

期近代英語に入った.
[用例] *grave* news 重大なニュース/*grave* look 真剣な眼差し.
[類義語] important; serious.
【派生語】**grávely** 副

grave³ /gréiv/ 動 [本来他] 〔文語〕 [一般義] 心に強く印象づける, 心に銘記する. [その他] 彫刻する.
[語源] 古英語 grafan (=to dig) から.
[類義語] engrave; cut.
【派生語】**gráven** 形 〔古風〕心に刻み込まれた.

grav·el /grǽvəl/ 名 U [本来他] [一般義] 砂利, 砂礫(され), バラス. 動 として, 道や地面に砂利を敷く.
[語源] 古フランス語 *grave* (=gravel) の指小語 *gravele* (=pebbly ground) から中英語に入った.
[用例] a *gravelled* path 砂利道.
【派生語】**grávelly** 形 砂利の(多い), 砂利のような, 声がざらがらの.

graven ⇒grave³.

grav·i·tate /grǽviteit/ 動 [本来自] [形式ばった語] [一般義] 重力に引かれる, 引力によって物が移動する. [その他] 見えない力に引かれるように人がある方向へ移動する, 引きつけられる.
[語源] ラテン語 *gravitas* (⇒gravity) から派生した近代ラテン語 *gravitare* が初期近代英語に入った.
【派生語】**gravitátion** 名 U 〔理〕引力, 重力, 引きつけられること. **gravitátional** 形

grav·i·ty /grǽviti/ 名 U 〔物〕地球の引力, 重力. また〔形式ばった語〕情況などが楽観を許さぬか, 危機に直面した重大さ, 真剣に事態にあたること, 行動や態度のまじめさ.
[語源] ラテン語 *gravis* (⇒grave²) から派生した *gravitas* が初期近代英語に入った.
[類義語] weight; seriousness.

gra·vy /gréivi/ 名 〔一般義〕 [一般義] 肉を焼くなどの料理をしたときに肉から出る濃厚な汁, 肉汁, また肉汁に調味したソース, グレービー. [その他] 労せずに手に入る不正なもうけ, ぼろもうけ, うまい汁.
[語源] 古フランス語 *grané* (=sauce) を *gravé* と誤読したものと推測される. 中英語から.
【複合語】**grávy bòat** 名 C 舟形ソース入れ. **grávy tràin** 名 C ぼろもうけ.

gray, 《英》**grey** /gréi/ 形 副 UC 動 [本来自] 〔一般義〕 [一般義] 白と黒の中間の色, 灰色の, 灰色の模様のある, 灰色の服を着ている, 馬などの毛並みが灰色の, 髪が白髪まじりの. 明度が白と黒の中間であることから, 暗い, 陰うつなの意となり, さらに, 景色などがさびれた, 都市の一部がスラム化しつつある, 性格や意見がまとない, 恐怖や病気のため顔色が蒼白であるなどの意となる. 名 として灰色. 動 として灰色になる[する], 白髪になる.
[語源] 古英語 grǽg より.
[用例] He's turning [going] *gray* at the temples. 彼はこめかみのあたりが白くなっている/He used to have very black hair but he's *graying* a bit now. 彼は真っ黒な髪をしていたが今では少し白髪になっている.
【派生語】**gráyish**, 《英》**gréyish** 形 灰色がかっている, 灰色に近い.
【複合語】**gráybeard** 名 C 〔文語〕老人. **gráyhéaded** 形 白髪まじりの, 老いた.

graze¹ /gréiz/ 動 [本来自] 名 C 〔一般義〕家畜などが牧草を食べる. 他 牧草を食べさせる, 放牧する. 名 として放牧, 牧草.
[語源] 古英語 grasian (=to graze) より. grass と関連している.
[用例] The cows were *grazing* on the clover. 牛がクローバーを食べていた.
【派生語】**grázier** 名 C 《英》肉牛の飼育業者. **grázing** 名 U 放牧, 牧草地, 牧場.

graze² /gréiz/ 動 [本来他] 名 C 〔一般義〕通りすぎざまに軽く触る, ひっかく, 皮膚を擦りむく(abrade). 名 として擦り傷, かすり傷.
[語源] 不詳. 初期近代英語から.
[用例] The arrow *grazed* my cheek. 矢は私の頬をかすっていった/That's a nasty *graze* you've got on your hand. 手がひどく擦れているね.

grease /gríːs/ 名 U 動 [本来他] [一般義] 溶けた状態の獣脂, 油脂. [その他] 広く油性物質, 機械の潤滑油, グリース, さらに脱脂していない生羊毛(grease wool), 〔獣医〕 馬の球節から油分がにじみ出る皮膚炎, 水疱(すいほう)病を表す. 動 としてグリースを塗る, 滑りをよくする, すらすら運ばせる.
[語源] ラテン語 *crassus* (=thick; fat) に由来する古フランス語 *craisse* から中英語に入った.
[用例] Put some *grease* on the hinge of that door to stop it squeaking. ドアがきしむのを止めるために, ちょうつがいにグリースを少しつけなさい.
[類義語] oil; fat.
【慣用句】 ***grease the palm [hand] of ...*** 〔俗語〕賄賂などを使って…を買収する. ***in the grease*** 汚れをべころの, 油にまみれて汚い, 羊毛や毛皮が脱脂してない.
【派生語】**gréaser** 名 C グリースを差す人, 〔軽蔑的〕肌が脂じみていることからメキシコ人, スペイン系アメリカ人. **gréasily** 副. **gréasy** 形 油で汚れた, 脂の多い, ぬめめるして滑りやすい, おべっか使いの.
【複合語】 **gréase cùp** 名 C 機械に取り付けられた潤滑油入れ. **grease gùn** 名 C グリース差し. **grease mònkey** 名 C 〔俗語〕《米》車や飛行機の機械工. **grease pàint** 名 U ステージ用の油性化粧品, ドーラン. **grease spòon** 名 C 〔俗語〕《米》不衛生な状態の小さな安料理店.

great /gréit/ 形 副 名 C 〔一般義〕 [一般義] 物が普通よりも大きいことを表して, 非常に大きい, 並外れて大きい, 大.... [その他] 物事の量や程度が大きいことを表して, 多量の, たくさんの, 多数の, 時間, 距離が長い. 物が重要であることやすぐれていることを表して, 重要な, 重大な, 有名な, 人の業績, 身分, 技術がすぐれていることを表して, 顕著な, 卓越した, 身分が高い, すぐれた, 偉大な. また great-aunt (大おば) などように1世代隔てた親等を表したり, 〔くだけた語〕上手な, すてきなどの意. 副 として 〔くだけた語〕とても, すごく. 名 として 《複数形で》偉人, 重要人物.
[語源] 古英語 grēat より.
[用例] I heard a *great* noise outside. 外で大きな物音がした/He is said to be a *great* reader. 彼はたいへん読書家だといわれている/We are *great* friends. 私たちは親友だ/Everybody had a *great* time at the party. 皆がパーティーで大いに楽しんだ.
[類義語] ⇒large.
【慣用句】 ***a great [good] deal*** 多量の... (of), 多い に. ***a great many ...*** 非常に多くの...: A *great many* people believe in astrology. 非常に多くの人が星占いを信じている. ***great at ...*** 〔くだけた表現〕

《述語的に用いて》…が上手だ: John is *great at* football. ジョンはフットボールの名手だ. *great on* …〔くだけた表現〕…をよく知っている, …に熱狂している. *Great Scott!* おや, まあ驚いた. こりゃいけない. *the great majority of* … …の大多数.

[派生語] **gréatly** 副 大いに, 重大に, 寛大に. **gréatness** 名 U.

[複合語] **gréat-àunt** 名 C 祖父母の姉妹, 大おば (grandaunt). **Grèat Británn** 名 固 グレートブリテン島 (★イギリス本国のある島). **gréat-gránddàughter** 名 C 女性の孫. **gréat-grándfàther** 名 C 曽祖父. **gréat-grándmòther** 名 C 曽祖母. **gréat-grándpàrent** 名 C 曽祖父[母]. **gréat-grándsòn** 名 C 男性の孫. **Gréat Lákes** 名《複》(the ~) 米国とカナダの国境にある5つの湖, 五大湖. **Gréat Pláins** 名《複》(the ~) 米国とカナダのロッキー山脈の東にある乾燥した草原, 大草原. **gréat-úncle** 名 C 祖父母の兄弟, 大おじ (granduncle).

Grecian ⇒Greece.

Greece /ɡríːs/ 名 固 ギリシャ (★正式名 the Hellenic Republic; 首都 Athens).

[派生語] **Grécian** 形 顔立ち, 建築などがギリシャ的な, 古代ギリシャの理想のような. 名 C ギリシャ語[文学]の学者. **Greek** 形 ⇒見出.

greed /ɡríːd/ 名 U 〔一般的に〕富や食物などを他人のことを顧みずに必要以上に得たいという欲求, 貪欲, 強欲.

[語源] greedy からの逆成で初期近代英語から. greedy は古英語 grēdig より.

[用例] *greed* for money 強い金銭欲.

[類義語] greed; avarice; covetousness; voraciousness; gluttony: **greed** は広く様々なものに関して, 飽くことを知らないほどの強欲を表す. **avarice** は特に金銭欲を表し, 同時にひどいけちの守銭奴をいう. **covetousness** は他人の物などをむやみやたらと欲しがること. **voraciousness** と **gluttony** はがつがつとした食欲を表し, このうち gluttony は嬉々としてむさぼる感じを伴う.

[派生語] **gréedily** 副. **gréedy** 形 強欲な: He is *greedy* for money. 彼は金銭欲が強い. **gréedygùts** 名 C《複 ~》〔英〕大食い, いしんぼう (★子供がよく用いる表現).

Greek /ɡríːk/ 形 (⇒Greece) 〔一般的に〕ギリシャの, ギリシャ人[語]の. 名 C U ギリシャ人, ギリシャ語, 〔くだけた語〕ギリシャ文字のフラタニティー (fraternity) のメンバー.

[類義語] Hellenic.

[慣用句] *be all Greek to* …〔くだけた表現〕…にはさっぱり意味不明である.

[複合語] **Gréek álphabet** 名 (the ~) ギリシャ語アルファベット.

green /ɡríːn/ 形 U C 動 本来化 〔一般的に〕〔一般義〕若草色の, 緑色の. 地面などが草や葉で覆われていることを表し, 緑の, 冬に雪が無い, 気候が穏やかなの意. また果実が熟していない, 木材やたばこ, 肉などが未加工の, 比喩的に技術が未熟な, 世間知らずの, だまされやすい, 若々しい, 経験にすぐ乏しいなどの意としても, 《悪い意味で》嫉妬深い, 顔色が青白いの意にもなる. 名として《若》草色, 緑色, グリーン, 布地や野菜, 染料などで一般に緑色系の物. ゴルフコース, 共同緑地などある目的のために作られた草地, ごく青春, 生気に溢れていることなどを表す. 動 として, 都市などを緑化する.

[語源] 古英語 grēne より. grass に関連がある.

[用例] a *green* Christmas 雪のないクリスマス/Those tomatoes are too *green* to eat. それらのトマトは青すぎて食べられない/a village *green* 村の共有緑地/We should spend more money for the *greening* of our country. 国の緑化にもっとお金を使うべきだ.

[類義語] verdant.

[慣用句] *green with envy* ひどく妬んでいる.

[派生語] **gréenery** 名 U 草木, 若葉, 装飾用の樹木, 温室. **gréenish** 形 緑がかった. **gréenness** 名 U.

[複合語] **gréenbàck** 名 C 〔くだけた語〕〔米〕裏が緑色のドル紙幣. **gréenbèlt** 名 C U〔英〕都市周辺の公園や緑地に指定された帯状の地域, 緑地帯. **gréen còrn** 名 U 熟していない若いとうもろこし (★料理に用いる). **gréen-éyed** 形 緑色の目をした, 嫉妬にかられた, 嫉妬深い: the *green-eyed* monster 嫉妬. **gréen fíngers** 名《複》〔英〕園芸の才 (〔米〕green thumb). **gréenflỳ** 名 C〔英〕若い樹木の樹液を吸う緑色をしたあぶらむし. **gréengàge** 名 C 金緑色の大振りのプラム (★1725年に William Gage 卿がフランスからイギリスに移植した). **gréengròcer** 名 C 八百屋. **gréengrócery** 名 U 八百屋業, 青果物. **gréenhòrn** 名 C 新米, あまくだまされやすい人 (★若い動物からの連想). **gréenhòuse** 名 C 温室. **greenhouse effect** 温室効果, 地球の温暖化. **gréen líght** 名 C 交通の青信号,〔くだけた語〕進める許可 (⇔red light): give [get] the *green light* ゴーサインを出す[もらう]. **gréen pépper** 名 U〔野菜〕ピーマン. **gréenròom** 名 C 楽屋, 出演を待つ控え室 (★実際にあった楽屋の色から). **gréenstùff** 名 U キャベツ, レタスなどの青野菜. **gréen téa** 名 U 緑茶 (★紅茶は (black) tea). **gréen thúmb** 名 (a ~)〔米〕園芸の才 (〔英〕green fingers). **gréenwòod** 名 (the ~) 葉の茂った森,〔英〕ロビン・フッドのような追放者の住む森.

Green·wich /ɡrínɪdʒ, ɡrén-, -ɪtʃ/ 名 固 グリニッジ (★ロンドン南東部の自治区. ここを通る子午線を経度0度とする).

[複合語] **Gréenwich (Méan) Tíme** 名 U グリニッジ標準時. **Gréenwich Víllage** 名 固 ニューヨーク市のグリニッジビレッジ (★芸術家や作家の集まった地域).

greet /ɡríːt/ 動 本来他 〔一般的に〕〔一般義〕親愛の情や敬意を口頭あるいは文章で表す, 挨拶する. その他 挨拶して迎える, 歓迎する. また光や音などが突然目や耳に入る, 聞こえてくる.

[語源] 古英語 grētan より.

[用例] His proposals were *greeted* with cheers [dismay]. 彼の提案は大歓迎された[困惑をもって受け止められた]/When he opened the door, he could hardly believe the sight that *greeted* him. 彼はドアを開けた時に目にした光景をほとんど信じることができなかった.

[類義語] greet; salute: **greet** は一般的で広い意味に用いられるが, **salute** は特にお辞儀をしたり帽子に手をやったりという動作を伴って挨拶することを表し, 大砲を撃ったり旗を掲げたりして敬意などを表明することをも含む.

[派生語] **gréeting** 名 U C 挨拶,《複数形で》挨拶の言葉, 挨拶状: **greeting card** クリスマスカードや誕生

gregarious

日カードなど社交的な**挨拶状**.

gre·gar·i·ous /ɡrɪɡɛ́əriəs/ 形 〔やや形式ばった語〕
[一般義] 動物や植物が群れをなして生息する,**群居する,群生する**. [その他] 人間が集団の中にいることを好む,**社交的な**.

[語源] ラテン語 *gregarius* (= belonging to a flock; *greg* flock + -ous) が初期近代英語に入った.

[類義語] social; sociable.

[反意語] solitary.

【派生語】 *gregáriously* 副.　*gregáriousness* 名 ⓊЦ.

Gre·go·ri·an cal·en·dar /ɡrɪɡɔ́ːriən kǽləndər/ 名 (the ~) ローマ教皇グレゴリウスが改定した現在使われている**太陽暦**,グレゴリオ暦.

gre·nade /ɡrɪnéid/ 名 Ⓒ 〔一般語〕**手投げ弾,手榴(りゅう)弾,擲弾(てきだん),催涙弾,消火弾**.

[語源] スペイン語 *granada* (ざくろ) がフランス語を経て初期近代英語に入った. 形がざくろに似ていることから.

【派生語】 *grenadier* /ɡrènədíər/ 名 Ⓒ 昔の擲弾兵,《英》近衛歩兵第一連隊の兵士.

grey 形 名 動 《英》= gray.

grid /ɡrɪ́d/ 名 Ⓒ 〔一般語〕[一般義] 金属製の**格子**. [その他] 焼肉用**金網**,【電子工】電子管の格子,グリット,自動車後部の**荷台**. また**碁盤目,方眼**を表し,道路網,電気,ガス,水道などの**配管網**,カーレースで出走車が並ぶ格子模様のスターティンググリッド.

[語源] gridiron から 19 世紀に逆成された.

[用例] The streets of Kyoto form a *grid*. 京都の街路は碁盤の目になっている.

[類義語] gridiron; network.

grid·dle /ɡrɪ́dl/ 名 Ⓒ 動 本来他 〔一般語〕ホットケーキなどの菓子を焼くためのフライパン,料理用コンロの上で使う**鉄板**.

[語源] 古フランス語 *gredil* (= grill) が中英語に入った.

【複合語】 *gríddle cáke* ホットケーキ.

grid·i·ron /ɡrɪ́daɪərn/ 名 Ⓒ 〔一般語〕肉や魚を焼くための**焼き網**. [その他] 《米・カナダ》焼き網のように多数の平行線のあるアメリカンフットボール**競技場**.

[語源] 中英語 *gredile* (⇒griddle) の異形から.

grief /ɡrɪ́ːf/ 名 ⓊC (⇒grieve) 〔やや形式ばった語〕**深い悲しみや悲しみのもと**.

[語源] 古フランス語 *grever* (⇒grieve) から中英語に入った.

【慣用句】 ***come to grief*** 失敗に帰す,だめになる: The project *came to grief*. その計画は座礁した.

【複合語】 *gríef-stricken* 形 悲しみにうちひしがれた.

griev·ance /ɡrɪ́ːvəns/ 名 Ⓒ (⇒grieve) 〔やや形式ばった語〕**不平や苦情**,また**不平の種**.

[類義語] complaint.

【慣用句】 ***nurse a grievance*** 不平[不満]を抱く.

grieve /ɡrɪ́ːv/ 動 本来自 〔やや形式ばった語〕**深く激しく悲しむ,悲嘆にくれる**.

[語源] ラテン語 *gravis* (= heavy) から派生した *gravare* (= to burden) が古フランス語 *grever* を経て中英語に入った.

[用例] He was still *grieving* for his wife five years after she died. 彼は奥さんの死後 5 年経った今もまだ悲嘆にくれていた.

[類義語] grieve; mourn; deplore; lament: **grieve** が悲しみの感情を強調するのに対して,**mourn** は悲しみを何らかの形で表すことをいう. **deplore** は強い遺憾の念

を強調し,**lament** はそれを言葉などで表すことを指す.

【派生語】 *grief* ⇒見出し.　*grievance* 名 ⇒見出し.　*grievous* 形 つらく悲しい,重大な,ひどい.　*grievously* 副.

grill¹ /ɡrɪ́l/ 名 Ⓒ 動 本来他 〔一般語〕[一般義] **肉や魚を焼く焼網**. [その他] 《英》上に熱源のある網焼き器,**グリル** (《米》broiler). また**網焼き料理**. 動 として**焼網で焼く,ひどい熱や暑さにさらす**,〔くだけた語〕**手厳しく尋問する**. 自 焼かれる,強い熱にあたる.

[語源] 古フランス語 *grail, grille* (= gridiron) がフランス語 *gril* を経て初期近代英語に入った.

[用例] We *grilled* the hamburgers on the barbecue. 我々はバーベキュー鉄板でハンバーグを焼いた.

【複合語】 *gríllròom* 名 Ⓒ 網焼き料理のレストラン,クラブ.

grille, grill² /ɡrɪ́l/ 名 Ⓒ 〔一般語〕窓などの**格子,格子窓**,切符売場などの**格子窓口**,車などの**ラジエーターのグリル**.

[語源] ⇒grill¹.

grim /ɡrɪ́m/ 形 〔一般語〕[一般義] **厳しい,情け容赦の無い,冷酷な**. [その他] **固固とした,不屈の,ぞっとするように気味の悪い,顔の表情が怖い**,〔くだけた語〕**嫌気を催す,いやな**.

[語源] 古英語 *grimm* から. 本来,大声で叫びちらすことを表し,grumble (ぶつぶつ言う),ロシア語 *grom* (雷) に関連がある.

[用例] He made his way with *grim* determination. 彼は頑強に自分の道を進めた/The boss looks *grim* this morning. 職長は今朝は不機嫌そうだ.

【慣用句】 ***hold on like grim death*** 〔くだけた表現〕**懸命にしがみついている**.

【派生語】 *grímly* 副.　*grímness* 名 Ⓤ.

gri·mace /ɡrɪméis/ 名 Ⓒ 動 本来自 〔一般語〕**苦痛,怒り,おどけなどのために顔をゆがめること,しかめっつら**. 動 として**しかめっつらをする**.

[語源] フランク語起源の古フランス語 *grimace* が初期英語に入った.

grime /ɡrɪ́m/ 名 Ⓤ 動 本来他 〔一般語〕**たまってなかなか落ちない汚れ,積もった煤(すす),しみついた垢(あか)などどしつこい汚れ**. 動 として,**煤・垢・ほこりなどで黒くする,汚くす**る.

[語源] 中低地ドイツ語 *grimen より中英語に入った.

[類義語] dirt; soil.

【派生語】 *grímy* 形 汚い,汚れた.

grin /ɡrɪ́n/ 動 本来自 名 Ⓒ 〔一般語〕**喜びや満足で歯をむきだしにこり笑う,きまり悪さにでやりと笑う**. [その他] 犬が**歯をむく**,人が**苦痛,怒りなどで歯を見出す**. 他 **にこにこ[にやにや]笑って表す**. 名 として**歯を見きだし笑うこと,にこにこ[にやにや]笑い**.

[語源] 古英語 *grennian* (= to grimace) より.

[用例] She *grinned* her satisfaction at the result. 彼女はその結果に満足してにやりと笑った.

[類義語] grin; smile: **grin** は歯が見えるような微笑み方で気取りが無く陽気で,時にはばかみたいな感じを伴う. **smile** は一般的.

【慣用句】 ***grin and bear it*** 〔くだけた表現〕**苦しいことを受け入れ頑張る**.　***grin like a Cheshire cat*** 〔くだけた表現〕**大きくにんまりと微笑む** 《★ルイス・キャロル著『不思議の国のアリス』(1865) に由来》.

grind /ɡrɪ́nd/ 動 本来他 《過去・過分 *ground* /ɡrɪ́und/》 名 ⓊC 〔一般語〕[一般義] **すりつぶす,挽(ひ**

く, 挽いて粉にする. その他 刃物やレンズなどを研磨する, 物をこすりつける, 摩滅させる, すり減らす, 比喩的にひどく苦しめる, ぎゅうぎゅう教え込む. 動として擦れ合う, ぎしぎしいう, 〈くだけた語〉仕事や勉強などをせっせとやる《at》, 〈俗語〉ストリップなどで腰をくねらす. 名として挽く[砕く, こする]こと, 辛くて面白くない仕事, 〈くだけた語〉《米》〈軽蔑的〉がり勉, がり勉家.

語源 古英語 grindan より.

用例 This machine *grinds* wheat into flour [*grinds* flour]. この機械は小麦粉を挽く/He *grinds* his teeth while asleep. 彼は寝ているとき歯ぎしりする/He is *grinding* away for the exam. 彼は試験に備えて猛勉強している/Learning vocabulary is a bit of a *grind*. 単語を覚えるのは少々退屈な勉強だ.

類義語 grate.

【慣用句】**grind down** …を挽いて粉にする, 人をひどく苦しめる: The workers were *ground down* by hard work. 労働者たちはきつい労働に虐げられていた. ***grind out*** 〈くだけた表現〉〈やや軽蔑的〉こつこつと骨折って, お決まりのものを作り出す. ***grind the faces of …*** (*into the dirt*)〈文語〉…をひどく踏みつけにする. ***have an ax to grind*** 〈くだけた表現〉ひそかに利を狙っている, 腹に一物ある.

【派生語】**grínder** 名 C 研ぐ人 (もの), 研磨機, 挽き器, 〈くだけた語〉臼歯. **grínding** 形 きしむような, ぎしぎし音を立てる. **gríndingly** 副.

【複合語】**gríndstòne** 名 C 回転砥石(といし): *keep* [*have*; *put*] *one's nose to the grindstone* 着実に努力する, 休みなく働く/*back to the grindstone* 〈くだけた表現〉再び仕事に戻る.

grip /gríp/ 名 C 動 本来自 〔一般語〕一般義 手や歯, 道具などでしっかり握ること, つかむこと, 握力. その他 バットやクラブ, ラケットの握り方. 握る部分, 握り, 取っ手. 握力ということから比喩的に《単数形で》理解力, 習熟, 強い規制力, 支配力を表す. 動 としてしっかり握る, 機械がしっかりかかる, タイヤが路面をしっかりつかむ, 人の心をつかむ, ひきつける.

語源 古英語 gripe (=grasp) より.

用例 He has a very strong *grip*. 彼の握力は非常に強い/He has a good *grip* of the details of this project. 彼はこの計画の詳細をよく把握している.

類義語 grasp; hold.

【慣用句】***come* [*get*] *to grips with …*** …ととっ組み合いのけんかをする, …に取り組む. ***keep* [*get*] *a grip on …*** …をしっかり把握している, 統制している: She *kept a grip on* herself. 彼女は自分の感情を押さえた. ***lose one's grip*** 支配力を失う, 理解力がなくなる.

gripe /gráip/ 名 C 動 本来自 〔一般語〕一般義 《the ~s》激しい突然の腹痛, さしこみ. その他 不平, ぼやくこと. 動 として腹痛を起こす, 不平を言う, ぼやく.

語源 古英語 grīpan (=to grasp) から.

類義語 colic; complaint.

gris·ly /grízli/ 形 〔一般語〕恐怖を起こさせる, ぞっとさせる, 恐ろしい.

語源 古英語 grislīc から.

類義語 horrible.

grist /gríst/ 名 U 〔一般語〕製粉用の穀物, ひいた穀粉.

語源 古英語 grīst から.

【複合語】**gristmill** 名 C 粉ひき場, 製粉所.

gris·tle /grísl/ 名 U 〔一般語〕軟骨, 食肉のすじ.

語源 古英語 gristle から.

【派生語】**grístly** 形 肉が軟骨の多い.

grit /grít/ 名 U 本来自 〔一般語〕一般義 機械の運転の障害のもとになる細かい砂, 滑り止め用の小粒の石. その他 〈俗語〉度胸, 肝っ玉. 動 として歯ぎしりする, 興奮して歯を鳴らす.

語源 古英語 grēot (=sand) から.

【派生語】**grítty** 形 砂[小石]の入った, 意志の強い, 生々しい.

grits /gríts/ 名《複》〔一般語〕粗びきの小麦, 《米》粗びきとうもろこし.

語源 古英語 grytta から.

gritty ⇒grit.

griz·zle[1] /grízl/ 動 本来自 〔一般語〕〔文語〕灰色になる[する]. 名 として白髪まじりの髪, 葦毛(あしげ)(の馬). 形 として灰色の.

語源 古フランス語 gris (=gray) の指小語 grisel が中英語に入った.

【派生語】**grízzled** 形 白髪まじりの. **grízzly** 形 灰色がかった. 名 C 《鉱》目のあらいふるい, グリズリー; =grizzly bear.

【複合語】**grízzly bèar** 名 C 《動》灰色ぐま.

griz·zle[2] /grízl/ 動 本来自 〔一般語〕《英》〈軽蔑的〉子供が意味わけなくぐずる, 大人が不平を言う.

語源 不詳. 18 世紀から.

類義語 fret; sulk.

groan /gróun/ 動 本来自 名 C 〔一般語〕一般義 人が苦痛や非難の叫び声を発する, うめく. その他 ぎしぎしきしむような音をたてる. また虐げられてうめき苦しむ, 重圧に苦しむの意. 名 としてうめき声, うなり声, 不満の声.

語源 古英語 grānian から. grin に関連がある.

用例 The people *groaned* under heavy taxes. 人民は重税にあえいだ/The table was *groaning* with food. テーブルがきしむほど食物がどっさりとあった/He gave a *groan* of despair on hearing of his failure. 彼は失敗の報せを聞いて絶望にうめいた.

groats /gróuts/ 名《複》〔一般語〕grits より大きいひき割りからす麦[小麦].

語源 古英語 grotan から.

gro·cer /gróusər/ 名 C 〔一般語〕食料雑貨商, 《grocer's で》《英》食料雑貨店.

語源 ラテン語 grossus (=gross[1]) から派生した中世ラテン語 grossarius (=whole sale dealer) が古フランス語 grossier を経て中英語に入った.

用例 Could you get me a kilo of sugar at the *grocer* [*grocer's*]? 雑貨屋で砂糖を1キロ買ってきてくれませんか.

【派生語】**grócery** 名 UC 食料雑貨業, 《米》食料雑貨店, 《複数形で》食料雑貨類: **grocery store** 食糧雑貨店.

grog /grág|-ɔ́-/ 名 U 〔一般語〕ラム酒など強い酒を水または湯で割った飲み物, 水割り, お湯割り.

語源 1740 年に水割りのラム酒を支給した海軍大将 Edward Vernon のあだ名 Old Grog から.

【派生語】**gróggily** 副. **grógginess** 名 U. **gróggy** 形 足もとがよろよろの, ふらふらの, グロッキーな.

groin /gróin/ 名 C 〔一般語〕ももつけ根, 鼠径(そけい). その他 〈婉曲に〉男性の股間. 《建》円形天井の交わる線, 穹稜(きゅうりょう).

語源 古英語 grynde (=depression) からと考えられる.

grom·met /grámit|-ɔ́-/ 名C 〔一般語〕布などにひもを通すための穴となる金属の輪, はと目, 《海》索輪.
[語源] フランス語の廃語 *gourmette* (＝curb of bridle) が中英語に入った.

groom /grúːm/ 名C 動 本来他 〔一般語〕〔一般義〕馬の世話をする人, 馬丁. その他 〔bridegroom〕. 動 として, 人間や動物の身づくろいをする, 人間を仕事に向くように訓練する, 仕込む.
[語源] 中英語 grom (＝manservant) から. それ以前は不詳.
[用例] The bride and *groom* walked down the aisle. 新郎と新婦は祭壇に向かって歩いた[結婚した].
[類義語] train.

groove /grúːv/ 名C 動 本来他 〔一般語〕〔一般義〕レコードの溝のように木や金属につけた細い溝, 車のわだち. その他 決まったやり方, 慣例, 〔俗語〕最高のもの. 動 としては溝をほる, 〔俗語〕興奮させる.
[語源] オランダ語の廃語 *groeve* (＝furrow) が中英語に入った.
[類義語] furrow; channel; excite.
【派生語】**gróover** 名C. **gróovy** 形〔俗語〕かっこいい.

grope /gróup/ 本来自 名C 〔一般語〕〔一般義〕見えない所で物を手探りする〔for〕. その他 手探りで進む, 比喩的に苦労して答えなどを探し求める. 動 として手探り, 暗中模索.
[語源] 古英語 *grapian* (＝to touch; to seize) より.
[用例] He *groped* for the word he wanted. 彼は言うべき言葉を探した.
【慣用句】***grope one's way*** 手探りで進む: He *groped his way* through the smoke-filled room. 彼は煙の充満した部屋を手探りで進んだ.
【派生語】**gróper** 名C. **gróping** 形. **grópingly** 副.

gross¹ /gróus/ 形 〔一般語〕〔一般義〕全体の, 総体の. その他 本来は濃いの意で, 草木が生い茂った, 布地などがごわごわして厚ぼったい, ひどく太っている, ばかでかい, やり方や考えが大雑把な, 荒削りの, 言葉遣いが悪い, 下品などの意がある. また〔形式ばった語〕誤りなどが見落とせないほど目立ってひどい, 甚だしい, 〔くだけた語〕《米》人や物事がひどく不愉快な. 動として 《the ～》総体, 総額〔語法〕純益や正味の重量を表す net と対比する.
[語源] 後期ラテン語 *grossus* (＝thick) が古フランス語 *gros* (＝large) を経て中英語に入った.
[用例] the *grossest* racial discrimination 最悪の人種差別.
【慣用句】***by the gross*** 卸売りで. ***in the gross*** 全体で, 卸売りで.
【派生語】**gróssly** 副〔形式ばった語〕非常に粗野で, 実にひどい様子で, 〔一般語〕甚だしく, 非常に: I'm *grossly* underpaid in this job. この仕事は非常に割に合わない. **gróssness** 名U ひどいこと, 無礼.
【複合語】**gróss doméstic próduct** 名U 国内総生産〔語法〕GDP と略す〕. **gróss nátional próduct** 名U 国民総生産〔語法〕GNP と略す〕. **gróss weight** 名U 容器などを含めた品物全体の重量, 総重量.

gross² /gróus/ 名C 〔複 ～〕〔一般語〕12 ダース, グロス.
[語源] ⇒gross¹.

【複合語】**gróss tón** 名C 英トン(long ton).

gro·tesque /groutésk/ 形 名C 〔一般語〕〔軽蔑的〕奇怪な, 異様な. 〔その他〕ちくはぐな, ばけばけしい, 《芸術》グロテスク風の. 名として怪奇な物[人], 《the ～》《芸術》グロテスク風, 怪奇主義.
[語源] 古イタリア語 *pittura grottesca* (＝cave painting) からフランス語 *crotesque* を経て初期近代英語に入った. ローマ遺跡の洞窟のような部屋の壁の怪奇な絵から.
[類義語] fantastic; extravagant; strange.
【派生語】**grotésquely** 副. **grotésqueness** 名U.

grot·to /grátou|grɔ́-/ 名C 《複 **-to(e)s**》〔一般語〕小さな洞穴, 洞穴に似せて作った避暑用の美しい岩屋.
[語源] 後期ラテン語 *crypta* (＝vault) が古イタリア語 *grotta* を経て初期近代英語に入った.
[類義語] cave; cavern.

grouch /gráutʃ/ 名C 動 本来自 〔くだけた語〕《米》〔軽蔑的〕不平を言ってはすねること, 小言を言うこと, 不満の種, またすねる人, 気難し屋. 動 としてぶつぶつ言う, すねる.
[語源] 古フランス語 *grouchier* (⇒grudge) より中英語に入った廃語 grutch から 20 世紀に生じた.
[類義語] grumble; sulk.
【派生語】**gróuchy** 形 ぶつぶつ言う, 不機嫌な.

ground¹ /gráund/ 名CU 形 本来他 〔一般語〕〔一般義〕《the ～》地球の固い表面, 地面, 地上. その他 本来最も下に位置する部分を表し, 地面の他に水底も表す. また土壌, 土地, 何らかの目的で使われる場所, グランド, ...場, 《複数形で》敷地内で家屋に対して周囲の庭や芝生などの土地部分, 絵画などで下地として塗られた部分, 土台, 抽象的に意見や考えの領域や論題, 《複数形で》根拠, 動機などを表す. 動 としては地上に置く, 《通例受身で》根拠を置く, 基礎を与える, 《空》飛行機など地上に留まらせる, 飛行させない, 〔くだけた語〕《米》子供などの外出を禁止する.
[語源] 古英語 *grund* (＝ground; bottom) から.
[用例] Seeds are planted in the *ground*. 種は地面にまかれた／His argument is *grounded* on a series of wrong assumptions. 彼の議論は一連の誤った前提に基づいている／He has been well *grounded* in mathematics. 彼は数学をしっかりやってきている.
[類義語] ground; earth; soil; land: **ground** はある程度の広がりのある土地を表す. **earth** は空や空間に対しての地面や, **soil** と同様に植物の生育する土壌を表す. **land** はもっと広い農業用の土地を意味し, 海に対しての陸地をも表す.
【慣用句】***above ground*** 生きている, 地上で. ***below ground*** 死んで地下に埋葬されている. ***break ground*** 掘り起こす, 鍬(くわ)を入れる, 企てを開始する. ***break new [fresh] ground*** 今までに無かったことを始める. ***cut the ground from under ...*** [...*'s feet*] 人の土台を覆して自己弁護できなくさせる, 足元をすくう. ***from the ground up*** 基本から積み上げてきちんと. ***gain ground*** 前進する, 進歩する, 普及する. ***get off the ground*** 飛行機が離陸する, 〔くだけた表現〕始まる, 始める: The plan is *getting off the ground* 計画が実施されようとしている. ***give ground*** 譲歩して退く, 負ける. ***hold one's ground*** 攻撃されても頑張る, 立場を維持する: Although many people criticized his theories, he *held his ground*. 多くの人が彼の説を批判したが彼は自説を守り通した. ***home***

ground 本拠地, 精通している分野. *lose ground* 落ちこぼれる, 後退する, 負ける. *on delicate ground* 微妙な立場で, 慎重にある. *on firm ground* 証拠固めがしてある, 安全な. *on one's own ground* 自分の得意な分野を扱って, 状況がよく見えていて. *run into the ground* 〔くだけた表現〕長くあるいは過剰にする (overdo). *shift one's ground* 意見や弁解の内容を変える. *suit (right) down to the ground* 〔くだけた表現〕完璧に合っている, 適合している: The job [dress] *suits* her *down to the ground*. その仕事[洋服]は彼女にぴったりだ. *touch ground* 船が海底に当たる, 議論などが手応えのある結果に至る.

【派生語】gróunder 名 C 〔野〕ゴロ(ground ball). gróunding 名 U 基礎知識. gróundless 形 根拠の無い, 正当化できない. gróundlessly 副.

【複合語】gróund báit 名 C 〔釣り〕水底にまく寄せ餌. gróund báll 名 C 〔野〕ゴロ. gróund contról 名 U 飛行機の地上管制. gróund crèw 名 C 飛行機の地上整備員. gróund flóor 名 C 《英》建物の1階《米》first floor): *get in on [start from] the ground floor* 〔くだけた表現〕仕事などを下積みから始める, 企画などに始めから加わっている. gróundnùt 名 C 〔植〕アメリカホドいも(★茎を食用にする), 地下にできる豆が食用となる植物, 落花生(peanut)など. gróund plán 名 C 基本計画(floor plan). gróund rènt 名 UC 地代, 借地料. gróund rùle 名 C 〔野〕試合場規則, 一般に行動の原則, 活動のための規則. gróund stàff 名 《英》競技場の係員. gróund wàter 名 U 地下水. gróundwòrk 名 U 基礎, 基礎作業: His many years' experience abroad laid the *groundwork* for his fine personality. 長年の海外経験が彼の素晴らしい人柄の基礎になっている.

ground² /gráund/ 動 形 grind の過去・過去分詞. 形 として挽いた, すりつぶした, ガラスなどすって磨いた.

group /grú:p/ 名 C 動 本来自 一般自 人や物の群れ, 集団, 団体, グループ《語法》単数形で複数扱いになることがある). その他 ある共通の特徴によって分類されるものの, 種類, 群, 派, 企業グループ. 動 として群れにする, グループにする, 分類するの意.

語源 ゲルマン系の語で, イタリア語 *gruppo* (塊, こぶ)がフランス語 *groupe* を経て初期近代英語に入った.

用例 a folk *group* フォークソングのグループ/This *group* of chemicals all behave in the same way. この種類の化学物質は同じ働きをする/We should *group* together all the books by the same author. 同一の著者の本を全部ひとまとめにするべきだ.

類義語 group; set; circle: **group** は自然に集団を成すものを表し, 物理的にも近いものが多い. **set** と **circle** はどちらも人為的に作った集団を表し, set は比較的大きな集団であることが多い. circle は中心となるような人物がいたり, 共通の目的, 関心事などがある場合に用いられる.

【派生語】gróuping 名 C 組み分け, グループ分け.

【複合語】gróup dynámics 名 U 集団の中の人間関係およびその研究, グループ・ダイナミックス. gróup insùrance 名 U 団体保険. gróup márriage 名 C U 集団結婚. gróup práctice 名 UC 多角的医療. gróup prepositìon 名 C 〔文法〕群前置詞. gróup psychólogy 名 U 集団心理学. gróup thérapy 名 U 精神病患者の集団療法.

grouse /gráus/ 名 C 動 本来自 〔くだけた語〕ぶつぶつ言うこと, 不平, また不平を言う人. 動 として不平を言う.

語源 不詳. 19世紀に生じた.

類義語 grumble; complain.

grove /gróuv/ 名 C 〔文語〕一般義 小さな森, 林, 木立. その他 特に柑橘類などの果樹園. また木立や家の立ち並ぶ郊外の道を表し, 街路名として用いられ... Grove で...通り.

語源 古英語 *gráf* から. *graefa* (茂み)に関連がある.

grov·el /grávl/ -ʃ-/ 動 本来自 《過去・過去分 《英》-ll-》 一般義 一般義 《軽蔑的》他人の足元にひれ伏して卑屈に振舞う, 屈従する. その他 卑しい楽しみにふける (in).

語源 廃語 groof から派生した groveling (うつ伏せで)からの逆成で初期近代英語から. groveling は中英語 on grufe (=on one's face)からできた gruflinge の変形. -ling は状態を表す古い接尾辞.

類義語 cringe.

grow /gróu/ 動 本来自 《過去 grew; 過分 grown》 一般義 一般義 植物が生える, 生長する, 育つ, 伸びる. その他 人や動物が成長する, 育つ, 興味や友情が芽生える, 生じるなどの意. また物事や状態が次第に大きくなる, 増大する, 発達する, 《補語を伴って》次第に....するようになる, ...のようになっていく. 他 植物を栽培する, 育てる, 髪やひげなどを生やす, 伸ばす, 趣味や習慣, 考え方などを心で養う, 発展させる, 《通例受身で》土地などを草木で覆う.

語源 古英語 *growan* より. 本来「成長する, 緑になる」を表し, green や grass に関連がある.

用例 Carrots *grow* well in this soil. この土地では人参がよく育つ/Hasn't your little girl *grown*! お嬢さんもずいぶん大きくなりましたね/The soup is *growing* cold. スープが冷めますよ/She *grew* to hate her husband. 彼女は夫を憎むようになった/I intend to *grow* carrots in this part of the garden. 庭のこの部分には人参を植えるつもりだ.

【慣用句】*grow away from* ... ...と次第に疎遠になる. *grow into* ... 成長して...になる, 成長して服などが合うようになる: These shoes are a little too big for him, but he'll *grow into* them. この靴は彼には少し大きすぎるけれど, そのうち合うようになるさ. *grow on [upon]* ... ...に与える効果が増大する, ...にとってより好ましく思えてくる: I used to hate rock 'n roll music, but it has *grown on* me. ロックンロールは嫌いだったのに今ではやみつきになった. *grow on trees* 《英》《通常否定文で》容易に手に入る: Money doesn't *grow on trees*, you know. お金は木になっちゃいないのさ. *grow out of* ... 成長に伴って洋服などが小さくなる, 大きくなるにつれて子供っぽい癖や欠点がとれてくる: It's high time you *grew out of* biting your nails. いいかげんに爪をかむ癖は卒業しなさい. *grow up* 成長する, 植物が生えてくる, 習慣や事態などが発生する, 生じる.

【派生語】grówer 名 C 栽培する人, 《形容詞を伴って》生長が...の植物: This kind of corn is a rapid *grower*. この種のとうもろこしは生育が速い. grówing 形 成長する, 発育する, 次第に増大する. grówing páins 《複》成長期の手足の痛み, 成長期神経痛, 計画や仕事などの始めのうちの困難. grown 形 ⇒見出し. grówth 名 U 成長, 生長, 発

growl /rául/ 動 [本来自] 名 C [一般語] [一義語] 犬などののどの奥から低く長いうなり声を立てる. [その他] 人が怒ったように不機嫌そうに言う, 雷や大砲などがごろごろ鳴る. 名 としてうなり声, 怒鳴り声.
[語源] 古フランス語 *groullen* より18世紀に入った. grumble に関連がある.
[用例] The old man gave an angry *growl*. 老人は怒りのこもった声を出した.
[関連語] bark.
【派生語】**grówler** 名 C うなる動物, よく怒る人. **grówlingly** 副.

grown /gróun/ 動 形 grow の過去分詞. 形 として [一般語] 成熟した, 大人になった, 《修飾語を伴って》…に育った, …し成長した.
[用例] a *grown* man 大人の男/full-*grown* 十分に成長した/home-*grown* 国産の.
【複合語】**grówn-úp** 形 成熟した, 大人になった, 大人らしい. 名 C 大人: Can you call that a *grown-up* attitude? それが大人のとる態度と言えるの.

grub /gráb/ 動 [本来自] 名 C [一般語] [一義語] 地面を掘って根を取り出します, 根を掘り返す. [その他] 探し物やいやな仕事などを骨折って行う, あくせく働く, 探し回る, 〔俗語〕食う. 名 として, 甲虫の幼虫, 地虫, うじ虫, うじ虫のようにいやな奴.
[語源] 中期オランダ語 *grobben* (=to scrape together) と関連があり, 中英語から.
[類義語] dig; toil; eat.
【派生語】**grúbby** 形 うじのわいた, 虫がたかった, 汚い, 卑しい.

grudge /grádʒ/ 動 [本来自] 名 C [一般語] [一義語] 他人の幸運や過去に受けた不利益を恨む, そねむ, ねたむ. [その他] 他人に与えたり許可にしかたをしぶる, 与えるのを惜しむ. 名 として恨み, ねたみ, 悪意, 憎しみ.
[語源] 古フランス語 *grouchier* (=to complain) が中英語に入った. それ以前は不詳.
[用例] He has a *grudge* against me. 彼は私に恨みを持っている.
[類義語] envy; resent.
【派生語】**grúdging** 形.

gru·el /grú:əl/ 名 U 動 [本来自] 《過去・過分《英》-ll-》〔古語〕 [一般語] 老人や病人用の薄いオートミールのかゆ. [その他] 〔俗語〕《英》厳しい罰. 動 としてひどく罰する, へとへとに疲れさせる.
[語源] 古フランス語 *gruel* が中英語に入った.
【慣用句】**have [get] one's gruel** 〔俗語〕ひどく罰せられる.
【派生語】**grúeling**, 《英》-ll- 形 〔ややだけた語〕体力を消耗させるような, つらい.

grue·some /grú:səm/ 形 [一般語] 考えただけでも背筋が寒くなるような, 身の毛がよだつような.
[語源] スコットランド方言 *grue* (=to feel horror)+ *-some*. 初期近代英語から.
[類義語] spine-chilling; horrible.
【派生語】**grúesomely** 副.

gruff /gráf/ 形 [一般語] どら声の. [その他] 態度や言葉などが粗野でぶっきらぼうな, 粗暴な.
[語源] 中期オランダ語 *grof* (=coarse; thick) が中英語に入った.

[類義語] coarse; harsh; rude.
【派生語】**grúffly** 副.

grum·ble /grámbl/ 動 [本来自] 名 C [一般語] [一義語] ぶつぶつ不満や不平を言う. [その他] 雷などがごろごろと鳴る. 名 として不平, 苦情, 《the ~》雷の鳴る音.
[語源] 中期低地ドイツ語 *grommelen* が初期近代英語に入った. grim に関連がある.
[用例] Thunder *grumbled* in the distance. 遠くで雷がごろごろ鳴った.
【派生語】**grúmbler** 名 C 不平を言う人, こぼし屋. **grúmbling** 形 U. **grúmblingly** 副.

grump·y /grámpi/ 形 [一般語] とかく不平を言い気難しい, 不機嫌で意地の悪い.
[語源] 擬音語と考えられ, 18世紀から.
[類義語] surly; peevish.

grunt /gránt/ 動 [本来自] 名 C [一般語] [一義語] 豚が鼻を鳴らす, 人間がぶうぶうと不平の声を出す, うなる. 名 としてぶうぶういう音, 《魚》いさき, ひげだいなど, 〔俗語〕《米軍》兵士, 徒歩戦闘員.
[語源] 古英語 *grunnettan* から. 擬音語と考えられる.

Guam /gwá:m/ 名 固 グアム島 (★西太平洋のマリアナ諸島の主島. 米国領で軍事的要地).
[語源] スペイン語 (San) *Juan* (=St. John) の変形. 19世紀から.

guar·an·tee /ˌgærəntí:/ 動 [本来他] 名 C [一般語] [一義語] 保証する, 約束する, 請けあう. [その他] 保証人となる, 物事が…の保証となる. 名 として保証, 保証するもの, 保証書, 担保物件, 保証人, 借金などの連帯責任, 【法】被保証人.
[語源] *guaranty* の変形で初期近代英語から. *guaranty* はゲルマン語起源の古フランス語 *garant* (⇒warrant) の派生形 *garantie* より.
[用例] This watch is *guaranteed* for six months. この腕時計は6か月の保証付きです/I can't *guarantee* that what he told me is correct. 彼が私に言ったことが正しいかどうかは保証できない/This *guarantee* is valid for one year. この保証書は1年間有効です.
【慣用句】**under guarantee** 保証期間中である.
【派生語】**guaranteéd** 形. **guarantor** /ˌgærəntɔ́:r, ˌgǽrəntər/ 名 C【法】連帯責任者(surety): His father is acting as his *guarantor*. 彼の父親が連帯保証人になっている. **gúaranty** 名 C【法】保証, 保証(責任者), 担保となる物. 動 [本来他] =guarantee.

guard /gá:rd/ 名 CU 動 [本来自] [一般語] [一義語] 守衛, 警備員, ガードマン (日英比較) ガードマンは和製英語. [その他] 衛兵, 護衛, 《the ~》警備隊, さらに番人, 刑務所の看守, 《英》列車の車掌, 《スポ》ガード(選手). また見張り, 警備, 警戒, 用心, 《スポ》防御の構え, 防衛するものを表し, 手すり, 安全装置, 車の泥よけ, 機械のカバー, 《スポ》プロテクターなど. 動 として守る, 警備する, 見張る, 警戒する. 自 用心する.
[語源] ゲルマン系の古フランス語 *garder* (=to guard) が名詞化し *garde* となり, 中英語に入った.
[用例] security *guards* at the airport 空港のガードマン/Check your work thoroughly in order to *guard* against mistakes. ミスのないよう, やったことをよく点検しなさい.
[類義語] guard; protect; defend: **guard** は立って見張ることを暗示する. **protect** は遮蔽物を用いて保護すること. **defend** は攻撃や侵入に対抗して積極的に行動

すること. 【慣用句】**mount [stand] guard over ...** ...の見張りにつく. ***off (one's) guard*** 用心していない: I didn't mean to tell him our secret but he caught me *off guard*. 彼に我々の秘密を言うつもりはなかったのに,ふいをつかれてしまった. ***on (one's) guard*** に対して構えている. ***under guard*** 監視されて, 守られて. 【派生語】**gúarded** 形 守られている, 用心深い, 深入りしない, 病状が予断を許さない: a *guarded* reply 用心して口数の少ない返答, 言葉を選んだ受け答え. **guárdedly** 副.
【複合語】**guárd dòg** 名 C 番犬. **gúardhòuse** 名 C 【軍】軍本部や軍警察, 軍刑務所のある建物, 警衛所. **gúardràil** 名 C 道路や階段の手すり, 【鉄道】脱線止めの補助レール(《英》 checkrail). **gúard ring** 名 C 大事な指輪が抜け落ちないためにつける留め指輪(keeper ring). **gúardròom** 名 C 【軍】兵士の休憩室. **gúardsman** 名 C 《米》 National Guard の隊員, 州兵, 《英》近衛兵.

guard·i·an /gáːrdiən/ 名 C 〔やや形式ばった語〕 一般義 人間の命や財産などを保護・管理する人, 保護者, 管理人. その他 【法】未成年者や精神病者などを親に代って保護する後見人.
語源 古フランス語 *garder* (=to guard) の派生形 *gardien* が中英語に入った.
類義語 keeper; trustee; warden.
【派生語】**guárdianship** 名 U 保護, 守護.
【複合語】**guárdian ángel** 名 C 守護天使, (the G-A-s)成年自警団, ガーディアンエンジェルス.

gu·ber·na·to·ri·al /ɡjùːbərnətɔ́ːriəl/ 形 〔形式ばった語〕《米》州知事などや地方長官 (governor) に関する, 知事の.
語源 ラテン語 *gubernator* (=governor)+-ial として 18 世紀から.

guer·ril·la, gue·ril·la /ɡərílə/ 名 C 〔一般義〕 ゲリラ兵, ゲリラ戦.
語源 スペイン語 *guerra* (=war) の指小語が 19 世紀に入った.

guess /gés/ 動 本来自 C 〔一般義〕 推測する, 推量する. その他 考えて言い当てる. また〔くだけた語〕《米》思う〈語法 この意味では進行形は用いない〉. 自 ...を推測[推量]する (at; about). 名 として 推測, 推量.
語源 中英語 *gesse* から. スカンジナビア語に由来すると思われるが詳細は不詳.
用例 I *guess* I'll have to leave now. もう失礼しなければならないと思います/I would say, at a *guess* (=by *guessing*), that the building is about thirty meters high. 当て推量で言えばあの建物は高さ 30 メートルだ/My *guess* is that he's not coming. 思うに彼は来ないよ.
【慣用句】**an educated guess**〔くだけた語〕ある程度の情報がある時の当たっていそうな推量. ***anybody's guess*** 予測し難いこと: What the result of our negotiations will be is *anybody's guess* at present. 我々の交渉の結果がどうなるかは現段階では見当がつかない. ***keep ... guessing*** 人の想像に任せる, 気をもませる. ***Your guess is as good as mine.*** 私にもよくわかりません.
【派生語】**guéstimate** 動 本来他 〔俗語〕推測に基づいて評価する(guess+estimate). 名 C 見積り, 当て推量.
guésswòrk 名 U 当てずっぽう, 推測.

【複合語】**guest** /gést/ 名 C 形 本来他 〔一般義〕 一般義 家庭, 食事, 会合, 式に招待した人, 客. その他 劇場やレストランなどの客, ホテルの宿泊客, クラブなどの設備を利用する非会員, ビジター, 招待客, テレビやラジオ, ショーなどの特別出演者, 客演者, ゲスト. 形 として 客用の, ゲストとしての. 動 として 客としてもてなす. 自 ゲスト出演する.
語源 古英語 *giest* より.
用例 We are having *guests* for dinner. お客さんを食事に招待してあるのです/We have a *guest* bedroom. 我が家には客用の寝室があります.
類義語 guest; shopper; customer; patron; passenger; client: **guest** はもてなしを受ける客. **shopper** は店などの買物客. **customer** と **patron** はよく来る買物客を表し, **patron** は特にていねいで敬意のこもった感じを伴うやや形式ばった語である. **passenger** は電車, バス, 飛行機などの乗客. **client** は法律事務所や広告代理店, 銀行などで専門的サービスを受ける客を表す.
【慣用句】***Be my guest.*** 〔くだけた表現〕〔命令文で〕要請などに対する返答として好きなようにしなさい: "May I have a look at these books?" "*Be my guest.*"「こちらの本を見せてもらっていいですか」「どうぞ」.
【複合語】**gúesthòuse** 名 C 旅行者用の民宿. **gúest ròom** 個人の家の客用の寝室, 客間.

guf·faw /ɡʌfɔ́ː/ 名 C 動 本来自 〔一般義〕 突然大きく吠え返すこと, ばか笑い, 動 としてばか笑いをする.
語源 擬音語と考えられるが不詳. 18 世紀から.

guidance ⇒ guide.

guide /gáid/ 動 本来他 名 C 〔一般義〕 一般義 同行して **案内する** 道順を教える, 車の誘導をする. その他 人を教え導く, 指導する, 治める意が, さらに拡大して思想や感情を左右する. 名 として, 職業としてのガイド, 観光のガイドブック(**guidebook**), 各分野の入門書, 道標(**guidepost**), 指針, 手本など.
語源 ゲルマン系の語で, 古フランス語 *guider* (=to guide) が中英語に入った.
用例 The Government *guided* the country through its difficulties. 政府の指導で国は困難な時局を乗り越えた/A *guide* will show you round the castle. ガイドが皆さんにお城の案内をいたします/A person's clothes are not a *guide* to his intelligence. 人は服装によってその知力を判断することはできない/a *guide* to astrology 占星術の入門書.
類義語 guide; lead: **guide** は経験豊かな人による助力を強調し, **lead** は先導・引率し管理すること.
【派生語】**gúidance** 名 U 案内, 指導, 【教育】学生へのガイダンス.
【複合語】**gúided míssile** 名 C 誘導ミサイル. **gúide dòg** 名 C 盲導犬(Seeing Eye dog). **gúidelìne** 名 C 〔通例複数形で〕指針: We need a few *guidelines* before we start this project. この計画に取り掛かる前に幾つか方針を立てる必要がある. **gúidepòst** 名 C 道標, 道しるべ. **gúide wòrd** 名 C 辞書などの頁の欄外に記されたその頁の最初と最後の単語, 欄外見出し語(catchword).

guild /ɡíld/ 名 C 〔一般義〕 中世の商人・手工業者の団体, ギルド, 近代では同業組合や各種の親睦や慈善のための団体や協会.
語源 中期オランダ語 *gilde* (=money), 古ノルド

gild (＝payment), 古英語 gilde が融合した語. 中英語から.

【複合語】**guíldhàll** 名 C 市役所.

guil·der /gíldər/ 名 C 〔一般語〕ギルダー《★オランダの通貨単位》.

語源 中世オランダ語 *gulden* (＝golden) から.

guile /gáil/ 名 U 〔形式ばった語〕他人をあざむいたり悪だくみをするずるさ, 狡猾(こうかつ)さ.

語源 古フランス語 *guile* が中英語に入った.

類義語 craftiness.

【派生語】**guíleful** 形. **guíleless** 形.

gui·lo·tine /gílətiːn, ─ ─ ´/ 名 C 動 本来他 〔一般語〕一般義 断頭台, ギロチン. その他 《the ～》ギロチンの刑. また紙の裁断機, 《英》議案の討論打切りを指す. 動 としてギロチンで首を切る, 紙を裁断する.

語源 ロープや斧よりも人道的であるとして, 1789 年に断頭台の使用を唱えたフランスの医師 Joseph Ignace Guillotin の名から.

guilt /gílt/ 名 U 〔一般語〕法的あるいは倫理的に過ちや罪を犯したこと, そのための気の咎(とが)め, 罪の意識.

語源 古英語 gylt より.

用例 Fingerprints left in the room proved the murderer's *guilt*. 部屋に残された指紋によってその犯人が有罪であることが立証された.

類義語 sin.

【派生語】**gúiltily** 副. **gúiltiness** 名 U. **gúiltless** 形 罪の無い, 無邪気な, …を知らない, 経験していない《of》. **guílty** 形 罪を犯した, 罪の意識のある, 〖法〗有罪の《語法 反意語は innocent. 法廷での「無罪の」は not guilty》: a *guilty* conscience 良心の呵責/I feel *guilty* about not having written to you sooner. もっと早くお便りしなかったことで気が咎めています/The jury found the prisoner *guilty*. 陪審はその容疑者を有罪と評決した.

Guin·ea /gíni/ 名 固 ギニア地方《★アフリカ西部の沿岸地方》, またギニア共和国《★首都 Conakry》. 《g-》〔一般語〕C 英国の昔の金貨, ギニー《★ギニア産の金から作られた; ＝21 shillings》.

【複合語】**guínea fòwl** 名 C 〖鳥〗ほろほろちょう《★肉を食用にする》. **guínea hèn** 名 C ＝guinea fowl; その雌. **guínea(-)pìg** 名 C 〖動〗てんじくねずみ《★通称モルモット; 原産地は南アメリカであるが, Guiana を Guinea と混同してこの名称になったと考えられる》, 医薬の実験に使われることから, 実験台, 実験材料の意で用いられる.

Guin·ness Book of Rec·ords /gínis búk əv rékɔːdz/ 名 固 《the ～》ギネスブック《★世界の最新記録集》.

guise /gáiz/ 名 C 〔文語〕本心を偽って見せること, 見せかけ, ふり, 一般的に外観.

語源 ゲルマン語起源の古フランス語 *guise* (＝fashion; manner) が中英語に入った.

【慣用句】***under the guise of*** … …を装って: He did his evil deeds *under the guise of* friendship. 彼は友情を装って邪悪な行いをした.

gui·tar /gitáːr/ 名 C 〖楽器〗ギター.

語源 ギリシャ語 *kithara* (竪琴) がアラビア語 *qitara*, スペイン語 *quitarra*, フランス語 *quitare* を経て初期近代英語に入った.

【派生語】**guitárist** 名 C ギター奏者.

gulf /gʌ́lf/ 名 C 動 本来他 〔一般語〕一般義 陸地に食い込んだ形の湾, 入海《★bay より大きなもの》. その他 〔文語〕地の割れ目や深淵, 比喩的に心の隔たり, 溝. 動 としてのみ込む.

語源 ギリシャ語 *kolpos* (水底, 湾)が後期ギリシャ語 *kolphos* となり, イタリア語 *golfo*, 古フランス語 *golfe* を経て中英語に入った.

用例 the *Gulf* of Mexico メキシコ湾/the *Gulf* Stream メキシコ湾流/They used to be friends but a great *gulf* has developed between them. 彼らは以前は親しかったが, その後深い溝ができてしまった.

gull[1] /gʌ́l/ 名 C 〖鳥〗かもめ.

語源 不詳. 中英語から.

gull[2] /gʌl/ 名 C 動 本来他 〔古語〕だまされやすい人. 動 としてだます.

語源「毛の生えそろってない鳥」という意味の方言 gull からと考えられる. 初期近代英語から.

【派生語】**gùllibílity** 名 U. **gúllible** 形 だまされやすい.

gul·ly /gʌ́li/ 名 C 動 本来他 〔一般語〕一般義 水の流れによって作られた小渓谷. その他 雨水を流すための溝, 排水溝. 動 として…に溝を作る.

語源 フランス語 *goulet* (＝neck of a bottle) が初期近代英語に入った.

類義語 channel; ditch.

gulp /gʌ́lp/ 動 本来他 名 C 〔一般語〕一般義 食物を急いで飲み込む, がぶりと飲む. その他 感情や涙などを飲み込むようにして出さない, 感情や涙をこらえる, 息を大きく吸い込む. 名 としてひと飲み, ぐっと飲むこと[音, 量]などの意.

語源 擬音語起源. 中英語から.

類義語 swallow.

gum[1] /gʌ́m/ 名 UC 動 本来他 〔一般語〕一般義 (チューイン)ガム. その他 本来はゴムの木(gum tree)およびゴム樹液の意で, 広く松脂 (pine resin) などの樹脂を表す. またゴム樹液から作られた産業用ゴムやゴム糊(のり), アラビア糊, 一般的に粘着物質を表す. その他ゴム材(gunwood), 《英》ガムドロップ(gumdrop), 《複数形で》ゴム製のオーバーシューズなど. 動 としてゴムを塗る[引く], 糊付けする.

語源 エジプト語 *kemai* がギリシャ語 *kommi* となり, ラテン語 *gummi*, 古フランス語 *gomme* を経て中英語に入った.

用例 He chews *gum* when he's working. 彼は仕事中にガムをかむ/These two pieces of paper have to be *gummed* together. この 2 枚の紙は糊付けしなければならない.

類義語 gum; rubber: **gum** が樹木から直接採る樹液であるのに対して, **rubber** はある種の熱帯植物の白っぽい樹液 (latex) を凝固·乾燥させて作る弾力性のある物質.

【慣用句】***gum up*** (***the works***) 〔俗語〕活動を停止させる, めちゃめちゃにする.

【派生語】**gúmmy** 形 ゴムに似た性質の, ねばりのある, ゴムを含んだ, ゴムを被せた, ゴムを産出する.

【複合語】**gúmdròp** 名 C ゼリー状のキャンデー, ガムドロップ. **gúmshòe** 名 C 《複数形で》ゴム靴, ゴム製のオーバーシューズ, スニーカー, 〔俗語〕《米》探偵. **gúm trèe** 名 C 各種のゴムの木. **gúmwòod** 名 U ゴム材.

gum[2] /gʌ́m/ 名 C 〔一般語〕《通例複数形で》歯ぐき.

語源 古英語 gōma (＝palate) から.

G

【複合語】**gúmbòil** 名C〔くだけた語〕歯ぐきの膿瘍.

gum·bo /gámbou/ 名CU《植》《米》オクラ、またオクラスープ.
語源 バントゥー語 *kingombo*(＝okra)から19世紀に入った.

gummy ⇒gum¹.

gun /gán/ 名C 動 本来自〔一般語〕一般義 銃、鉄砲、大砲、ピストル、空気銃(air gun). その他 殺虫剤や塗料の吹き付け器(spray gun)、注油器(grease gun)など銃に形状の似ている物. 動 として銃で撃つ. 他 車のエンジンをふかす.
語源 古スカンジナビア語の女性名 *Gunnhildr* (*gunnr* battle＋*hildr* battle)に由来すると考えられる. 自動車や船に女性名がつけられるように、投石機のような武器にはよく女性名がつけられた. 中英語から.
用例 It is necessary to enact tougher laws for those who commit crimes with *guns*. 銃を使って犯罪を犯す者に対するより厳しい法律を制定することが必要である.
【慣用句】*go great guns* 〔くだけた表現〕てきぱきと行動する. *gun down* …を射殺する. *gun for* …〔くだけた表現〕…を追い求める、つけねらう、目の敵にする: He has been *gunning for* me ever since I criticized his new book. 私が彼の最近の著作を批判して以来、彼は私を目の敵にしている. *jump [beat] the gun* 〔くだけた表現〕合図の前に競走し始める、フライングをする 〔日英比較〕フライングは和製英語. *spike …'s guns* …を困らせる、妨害する. *stick to one's guns* 〔くだけた表現〕攻撃に遭っても意見を通したりせず立場を守る、断固たる構えでいる.
【派生語】**gúnner** 名C 軍隊の砲手、鉄砲を携えた狩人. **gúnnery** 名U 砲術.
【複合語】**gúnboat** 名C 海岸警備などの小砲艦、砲艦: **gúnboat díplomacy** 名U 武力外交. **gún contról** 名U 銃(砲)規制. **gúndòg** 名C 猟犬. **gúnfìght** 名C 銃を用いた撃ち合い. **gúnfire** 名U 発砲、砲撃、砲火、発砲音. **gúnlòck** 名C 爆発を起こさせる物、引き金. **gúnman** 名C 銃で武装した男、ギャング、殺し屋、テロリスト、銃の名人. **gúnpòint** 名C 銃口: *at gunpoint* 銃をつきつけられて. **gúnpòwder** 名U 火薬: Gunpowder Plot ⇒guy. **gúnshòt** 名C 発砲、射程、弾による一撃. 形 弾丸による、銃で撃たれた: a *gunshot* wound 銃創. **gúnsmìth** 名C 鉄砲鍛冶、銃工.

gur·gle /gə́:rgl/ 名C 動 本来自〔一般語〕一般義 水がごぼごぼと音を立てて流れる. その他 赤ん坊などが満足して気持ちよさそうにのどを鳴らす. 名 としてごぼごぼいう音、のどを鳴らす音.
語源 擬音語起源. 中英語から.

gush /gáʃ/ 動 本来自 名C〔一般語〕一般義 液体や音などが大量に流れ出る、噴出する. その他 大げさに話す. 名として噴出、感情が激しくほとばしること、感情の激発.
語源 擬音語からと考えられる. 中英語から.
【派生語】**gúsher** 名C 噴出油井. **gúshing** 形 ほとばしり出る、《軽蔑的》大げさにしゃべる. **gúshily** 副. **gúshy** 形 ＝gushing.

gust /gást/ 名C 動 本来自〔一般語〕一般義 急に激しく起きる突風、にわか雨. その他 急に激しく興奮すること、感情の激発. 動 として突風が吹く.
語源 古ノルド語 *gustr* から初期近代英語に入った.
【派生語】**gústy** 形.

gus·to /gástou/ 名U〔一般語〕一般義 話すときなどの心からの喜び. その他 本来は飲食のときのおいしさ、比喩的に喜びの意となった. また個人の好み、嗜好.
語源 ラテン語 *gustus* (＝tasting)からのスペイン語 *gusto* (＝taste)が初期近代英語に入った.
類義語 taste; enjoyment.

gut /gát/ 名C 動 本来他〔一般語〕一般義 腸、《複数形で》内臓. その他 動物の腸線で作られたバイオリンやラケットなどの弦、ガット. また〔くだけた語〕《複数形で》勇気や度胸があること、根性. 内臓の比喩的表現として《複数形で》物や書物などの内容、機械などの心臓部、問題の核心、物事のはらわたを出す、内容や要点を抜き取る、《受身で》内部を焼く、破壊する.
語源 印欧祖語 *gēotan* (＝to pour)に遡る古英語 *guttas* (＝bowels)から.「消化された食物が流れる管」が原意.
用例 He doesn't have the *guts* to swim in the deep sea. 彼は深い海で泳ぐ勇気がない.
【派生語】**gútless** 形 勇気のない. **gútsy** 形 勇気のある、大胆な.

gut·ter /gátər/ 名C 動 本来自〔一般語〕一般義 屋根の樋(とい)や道路ぞいの溝などのような細長い溝、排水溝. その他 〔ボウリング〕ガーター. また道路の排水溝沿いで生活するような貧困生活、《the ～》下層社会、貧民街. 動 として溝をつける、自 溝になる、細い筋になって流れる.
語源 古フランス語 *goute* (＝drop)がアングロフランス語を経て中英語に入った.

gut·tur·al /gátərəl/ 形 名C〔一般語〕喉(のど)の、喉から出る、しわがれた. 《音》喉頭音の. 名 として《音》喉頭音、軟口蓋音.
語源 ラテン語 *guttur* (＝throat)から派生した近代ラテン語 *gutturalis* (＝concerning the throat)が初期近代英語に入った.

guy¹ /gái/ 名C 動 本来他〔くだけた語〕一般義 男、やつ. その他 女性から見て彼、だんな、うちの亭主、《複数形で》《米》男女を問わず人たち、連中. また《英》 Guy Fawkes Night に焼かれる人形(★ぼろ布で作った Guy Fawkes に見立てた人形を引き回して燃やす風習がある)、もの笑いの種になる人. 動 として笑いものにする.
語源 1605年カトリック教徒による火薬陰謀事件の首謀者 Guy Fawkes より19世紀にできた.
用例 Where do you *guys* want to have a picnic? みなさん、どこでピクニックをしますか.
【慣用句】*a wise guy* 〔くだけた表現〕《軽蔑的》自惚れて知ったかぶりで口出しする役立たずの人.

guy² /gái/ 名C 動 本来他〔一般語〕一般義 起重機につるした重量物を支えるためのワイヤー、張り綱、また電柱、テント、煙突など高く立つものを支える支え綱. 動 として支え綱でしめる.
語源 不詳. 中英語から.

guz·zle /gázl/ 動 本来他〔一般語〕《軽蔑的》酒や食物をむやみに飲食する、がぶ飲みする、がつがつ食う.
語源 古フランス語 *gosillier* (＝to chatter; to vomit)からと考えられる. 初期近代英語から.
【派生語】**gúzzler** 名C 大食漢.

gym /dʒím/ 名CU〔一般語〕一般義 体操や体力トレーニングの施設、ジム、体育館. その他 ジムで行う運動、学校の体育授業(physical education).

【複合語】**gým bàg** 名 C 体育用かばん[バッグ]. **gým clòthes** 名《複》**体育着**. **gým shòe** 名 C《通例複数形で》体操用のゴム底のズック靴, スニーカー.

gym·na·si·um /dʒimnéiziəm/ 名 C《複 ~s, -sia》〔一般語〕**屋内体操場, 体育館**. もとは古代ギリシャの青年が裸で身体を鍛えた体操場.

語源 ギリシャ語 *gumnos* (=naked) に由来する *gumnazein* (=to exercise naked) の派生形 *gumnasion* (=school for gymnastics) がラテン語 *gymnasium* を経て初期近代英語に入った.

gym·nast /dʒímnæst/ 名 C〔一般語〕体育を専門にする人, **体操教師, 選手**など.

語源 ギリシャ語 *gumnastēs* (⇒gymnasium) から派生した *gumnastes* が初期近代英語に入った.

【派生語】**gymnástic** 形 体育の, 体操の. **gymnástics** 名《複》《複数扱い》**体操**, 運動, 《単数扱い》学科としての**体育**.

gynecologist ⇒gynecology.

gy·ne·col·o·gy, **gy·nae·col·o·gy** /gàinəkάlədʒi, dʒài-|-ɔ́-/ 名 U【医】**婦人科**.

語源 フランス語 *gynécologie* (= ギリシャ語 *gynaiko-* of woman + -*logie* study of) から 19 世紀に入った.

【派生語】**gỳnecólogist**, **gỳnaecólogist** 名 C 婦人科医.

Gyp·sy, Gip·sy /dʒípsi/ 名 CU〔一般語〕**ジプシー**(★ヨーロッパ各地で放浪しながら占いや辻音楽師を営む民族), **ジプシー語, ロマニー**(Romany). また色の浅黒いジプシー風の女[人], 放浪者の意で用いる.

語源 *Egyptian* が短縮された *gipcyan* から初期近代英語に入った. ジプシーはエジプトから来たと一般に考えられていたことによる.

gy·rate /dʒáireit|dʒaiəréit/ 動 本来自 形〔一般語〕軸の周りを**旋回する**, 渦を巻く. 形 としてらせん状の.

【派生語】**gyrátion** 名 U.

gyro /dʒáiərou/ 名 C〔くだけた語〕=gyroscope.

gy·ro- /dʒáiərou-/ 連結「回る」の意.

語源 ギリシャ語 *guros* (=ring; circle) から.

gy·ro·com·pass /dʒáiəroukʌ̀mpəs/ 名 C〔一般語〕**転輪羅針儀, ジャイロコンパス**.

gy·ro·scope /dʒáiərəskoup/ 名 C〔一般語〕**回転儀, ジャイロスコープ** (★回転の慣性を利用して航空機や船舶などの安定走行をさせる装置).

語源 gyro- + -scope. 1852 年にこの装置を作ったフランスの物理学者 Jean Foucault が造語した.

【派生語】**gỳroscópic** 形.

H

h, H /éitʃ/ 名 C 〔一般語〕エイチ(★アルファベット第8文字).

h 〈略〉= harbor; hard (★鉛筆の芯の硬度); height; hot; hour; hundred.

hab·er·dash·er /hǽbərdæʃər/ 名 C 〔古風な語〕紳士装身具商.〔英〕服飾小間物商.
[語源] アングロフランス語 *hepertas*(= petty merchandise)が中英語に入った.
【派生語】**háberdàshery** 名 UC 〔集合的〕紳士用装身具, 紳士用装身具店.

hab·it¹ /hǽbit/ 名 UC 〔一般語〕一般義 個人の癖, 習慣. その他 個人の気質, 性質, 動植物の習性.〔古語〕聖職者が常用する僧衣. 麻薬などの常用癖(addiction)もいう.
[語源] ラテン語 *habere*(= to have)の派生語 *habitus*(= condition; character)が古フランス語 (h)abit を経て中英語に入った.
用例 I am in the *habit* of going for a walk before I go to bed. 私は寝る前に散歩に行くのを習慣としている/a monk's *habit* 修道僧の服.
【派生語】**hábitual** 形 習慣の, 習慣的な, 常習的な, 生得の. **habítually** 副 **habítuate** 動 本来他 人を…に慣らす: *habituate oneself to* … …に慣れる.

hab·it² /hǽbit/ 動 本来他 〔古語〕…に住む.
[語源] ラテン語 *habitare*(= to inhabit)が中英語に入った.
【派生語】**hábitable** 形 住める, 居住できる(⇔inhabitable). **hábitat** 名 C 動物の生息地, 植物の自生地. **hàbitátion** 名 UC 住むこと, 居住地.

hack¹ /hǽk/ 動 本来自 名 C 〔一般語〕一般義 斧(ぉの)などで乱暴にたたき切る. その他 比喩的に道などを切り開く. 名 として切り刻むこと, 切り込み, 切る道具, また切るような感じから激しい空咳.
[語源] 古英語 *haccian*(= to cut)から.
【派生語】**hácker** 名 C 〔くだけた語〕他人のコンピューターシステムに不法侵入する者, ハッカー.

hack² /hǽk/ 名 C 〔一般語〕〔軽蔑的〕三文文士, 売れないジャーナリスト. その他 本来は貸馬(hackney)の意で, 役に立たないおいぼれ馬, あくせく働く人, 金銭ずくの人.
[語源] hackney の略.
用例 a *hack* writer 三文文士.

hack·le /hǽkl/ 名 C 動 本来他 〔一般語〕一般義〔複数形で〕犬などの動物の背中の逆毛. その他 怒ると毛が逆立つことから気分, 危険. 雄鶏の首回りの頸羽(けいう).〔釣り〕鳥の羽毛で作った疑似針, 長い金属針で作った麻などをすく櫛(くし). 動 として櫛でする.
[語源] 古英語 *hacel*(= hook)から.
【慣用句】*make* ..*.'s hackles rise* 人を怒らせる: His unnecessary rudeness really *made my hackles rise*. 彼のぶしつけな無礼さに本当に腹が立った.

hack·ney /hǽkni/ 名 C 形 動 本来他 〔一般語〕一般義 前膝を高く上げて速歩する英国ハックニー種の馬. その他 元来貸馬, 軍馬などと区別して普通の乗馬用の馬, さらに貸自動車, タクシー. 形 として賃貸しの. 動 として貸馬として使う, こき使う, 使い古す.
[語源] 不詳. 中英語から.
【派生語】**háckneyed** 形 表現が使い古された, ありふれた, 陳腐な.

had /hǽd/ 動 助 have の過去・過去分詞. 助 として have の過去形.
【慣用句】*had better* 《動詞の原形を伴って》…するのがよい, …しなさい, …すべきである: I'd *better* go now. もう行かなくてはならない/You *had better* go right now. すぐ行きなさい (語法) 第2人称に対して用いられるときはかなり強い命令調になる)/You'd *better* not see her today. 君は今日は彼女に会わない方がよい (語法) 否定形は had better not do の形となる).

haft /hǽft/ há:ft/ 名 C 斧(ぉの)やナイフなどの柄(ぇ).
[語源] 古英語 hæft(e) から. 類義語 hilt.

hag /hǽg/ 名 C 〔軽蔑的な語〕醜い老婆.
[語源] 中英語 *hagge*(= demon; witch)から. それ以前は不詳.

hag·gard /hǽgərd/ 形 〔一般語〕病気, 心労, 不眠などでやつれた.
[語源] 中フランス語(= wild)から. 元来 wild hawk のことで, 荒々しい目つきをしていることから.

hag·gle /hǽgl/ 動 本来自 名 C 〔一般語〕一般義 値段や条件のことで言い争う. その他 様々なことについて議論する, つまらぬことで口論する. 名 として押し問答, うまく値切ること.
[語源] スカンジナビア起源と思われるが不詳.

Hague /héig/ 名 C 《the ～》ハーグ(★オランダ(the Netherlands)の首都).

hail¹ /héil/ 名 UC 動 本来自 〔一般語〕一般義 あられ, ひょう. その他 雨あられのように降るもの. 動 として《it を主語にして》あられ[ひょう]が降る, 比喩的に悪口や強打などが雨あられと降る.
[語源] 古英語 hægl, hagol から.
用例 It was *hailing* as I drove home. 車で帰宅途中にあられが降っていた/a *hail* of arrows 雨あられと飛んでくる矢.
【派生語】**háily** 形 あられ混じりの.
【複合語】**háilstòrm** 名 C あられ[ひょう]混じりの嵐, 雨あられと降るもの.

hail² /héil/ 動 本来他 名 C UC 〔一般語〕一般義 人, 車などを大声で呼ぶ. その他〔形式ばった語〕人, 物などを歓呼して迎える, 歓迎する. 名 として呼びかけの声や挨拶.
[語源] 古ノルド語 *heill*(= whole; healthy)が中英語に入った.
用例 *hail* a taxi タクシーを呼ぶ/His discoveries were *hailed* as a great step forward in medicine. 彼の発見は医学における偉大な前進として讃えられた.
【派生語】**háiler** 名 C.
【複合語】**Háil Colúmbia** 名 ヘイルコロンビア(★米国の愛国歌). **háil-fèllow(-wéll-mét)** 形 名 C 仲よしの(の), 愛想のいい(人). **háiling distance** 名 C 呼べば聞こえる距離. **Háil Máry** 名 U アベマリア(聖母マリアにささげる祈り).

hair /héər/ 名 UC 〔一般語〕一般義〔集合的〕人の毛, 頭髪. その他 人や動物の体毛, 毛, 植物の葉や茎に生えた毛, C 一本一本の毛, さらに動物の毛で織

たもの, 特にらくだやアルパカの**毛織物**や, 比喩的に《a 〜》毛ほどのもの, 小さなもの, わずかなもの. [語源] 古英語から, hēr から.
[用例] He's got brown *hair*. 彼は茶色の髪の毛をしている/He brushed the dog's *hairs* off his jacket. 彼は上着から犬の毛をブラシで払い落とした/That knife missed me by a *hair*. ナイフは間一髪で私に当たるところだった.
[日英比較] 日本語の「毛」はかなり広い意味で用いられ, 頭に生えている毛は「髪」とか「髪の毛」という. 英語の hair は人に用いる場合, 特に生えている場所を示さなければ「髪の毛」を指す. また, 日本語では毛織物を動物によって区別しないが, 英語では「羊毛」の意味では wool が用いられる.
[慣用句] ***do not turn a hair*** 髪の毛一本動かさない, 平然としている. ***do one's hair*** 髪を結う. ***get in …'s hair*** 人をいらいらさせる. ***hair of the dog*** (*that bit one*) 二日酔いを治すための迎え酒《★犬にかまれるとかんだ犬の毛を焼いて傷につけると治るという迷信から, 毒をもって毒を制すの意となった》. ***keep one's hair on*** 平然として腹を立てない. ***let one's hair down*** 女性が髪をほどいてたらす, くつろぐ: I've had enough of formal meetings—tonight I'm going to a party to *let my hair down*. 堅苦しい会議ばっかりだったので, 今夜はリラックスしたパーティーに行きます. ***make …'s hair stand on end*** 身の毛をよだたせる, 怖がらせる: That horror film really *made my hair stand on end*. あのホラー映画は本当に怖かった. ***split hairs*** 髪の毛を裂くように不必要に細かい区別をする, つまらないことにくよくよする. ***tear one's hair*** いらいらして, あるいは失望して髪をかきむしる.
[派生語] **háiriness** 名 U 毛深いこと. **háirless** 形 毛のない, はげた. **háiry** 形 毛でおおわれた, 毛深い, 身の毛のよだつような, ぞっとするような.
[複合語] **háirbrèadth** = hairsbreadth. **háirbrùsh** 名 C ヘアブラシ. **háircloth** 名 U 馬巣(ばす)織《★綿糸と馬の尾毛やらくだの毛を織り込んだ織物》. **háircùt** 名 C 散髪. **háirdò** 名 C 女性の髪を結う[カットする]こと, ヘアスタイル. **háirdrèsser** 名 C 美容師, 美容院. **háirdrèssing** 名 U 調髪, 理髪. **háirdrìer** 名 C ヘアドライヤー. **háirlìne** 名 C 頭髪の生え際. **háirnèt** 名 C ヘアネット. **háir òil** 名 U 髪油. **háirpìece** 名 C ヘアピース. **háirpìn** 名 C Uピン留め, ヘアピン. 形 急カーブの. **háir-ràising** 形 髪の毛を逆立てさせるような, ぞっとするような. **háirsbrèadth, háifs-brèadth** 名 UC 間一髪, 《形容詞的に》間一髪の: by a *hairsbreadth* 間一髪で. **háirsplìtter** 名 C 不必要に細かいことにこだわる人. **háirsplìtting** 名 U 不必要に細かいことにこだわること. **háir sprày** 名 CU ヘアスプレー. **háirstỳle** 名 C ヘアスタイル, 髪型. **háir trìgger** 名 C 銃の触発引金. **háir-trìgger** 形 触発性の, すぐに反応する.

ha·la·tion /həléiʃən/ 名 UC 〘写・テレビ〙強い光による写真のぼやけやテレビ画面に現れる光の輪, ハレーション.
[語源] halo + -ation. 19 世紀から.

hale¹ /héil/ 形 《やや文語的》元気な, 健康な, 特に老人が壮健な, たくましい.
[語源] 古英語 hāl (= whole) から.
[慣用句] ***hale and hearty*** 元気旺盛な, かくしゃくとした.

[派生語] **háleness** 名 U.
hale² /héil/ 動 [本来他] 〘古語〙[一般義]人や物を力いっぱい乱暴に**引っぱる**. [その他]人を無理やり法廷などへ**引き立てる**.
[語源] haul と同語源. 中英語から.

half /hǽf|háːf/ 名 CU《複 **halves**/hǽvz|háːvz/》形 [一般義][本来他]一般義物を 2 等分にした一方, **半分, 2 分の 1**. [その他]《無冠詞で》30 分, (the ~) 〘球技〙**前半, 後半**, 野球の表, 裏. 《くだけた語》大人料金の半額ということから《英》子供用の切符, 《米》半ドル(half dollar). 形として半分の, 2 分の 1 の, 中途半端な, 不十分な. 副として半分, 半ば, いくぶんか, さらにかなり, ほとんど.
[語源] 古英語 healf から.
[用例] *Half* (of) the students failed their exams. 学生の半分は試験に落ちた/Rangers scored three goals in the first *half*. レンジャーズは前半で 3 ゴールを決めた/a *half* smile 薄笑い/It's *half* empty. それは半分空だ/He was *half* dead from cold and hunger. 彼は寒さと空腹でほとんど死にそうだった.
[慣用句] ***one's better half*** 《おどけた用法で》大きい方の半分という意味から, 夫婦の片方, 特に**妻**. ***by half*** 半分だけ. ***do things by halves*** 《否定文で》物事を中途半端にする. ***go halves with …*** …と半分ずつ払う, 割勘にする. ***in half*** 半分に. ***not half*** 少しも…でない, とても, 非常に: "Are you enjoying yourself?" "*Not half*!"「楽しんですか」「とっても」.
[複合語] **hálf-and-hálf** 副 半々で[の]: We can split the costs between us *half-and-half*. 費用は我々の間で折半できます. **hálf-báked** 形 生焼けの, 未熟な, 不完全な, ばかげた. **hálf blòod** 名 C 混血児, 雑種, 腹違い. **hálf-blòoded** 形 片親が共通である腹違いの. **hálf bòot** 名 C 《通例複数形で》半長靴. **hálf-brèed** 名 C 《軽蔑的》特に白人と黒人の混血児. **hálf bròther** 名 C 異母[父]兄[弟]. **hálf-càste** 名 C 白人とインド人の混血児, 異なった階級の両親を持つ人. **hálf-cócked** 形 銃の撃鉄が半分しか起こされていない半撃ちの, 安静段の, 準備が不十分の. **hálf-dóllar** 名 C 半ドル, 50 セント硬貨 [語法] 単に half ともいう. **hálf-hárdy** 形 半耐寒性の. **hálf-héarted** 形 気のりしない, 熱心でない. **hálf-héartedly** 副 気のりしない様子で. **hálf hóur** 名 C 半時間. **hálf-hóurly** 副 形 半時間毎(の): The buses to town run *half-hourly* during the day. 町に行くバスは昼間は 30 分おきに出ます. **hálf-léngth** 形 肖像画が半身の. 名 C 半身像. **hálf-lífe** 名 C 〘理〙放射性物質の半減期. **hálf-mást** 名 U 弔意を示す半旗の位置: at *half-mast* 半旗で. **hálf-mòon** 名 C 半月. **hálf nòte** 名 C 《米》〘楽〙2 分音符《英》 minim). **hálfpènce** 名 halfpenny の複数形; 少額のお金《英》で/héipəns/と発音する). **hálfpènny** 名 C 《複 **-pennies, -pence**》 半ペニー銅貨《★現在では廃止》, 少額のお金 [語法] 《英》では /héipni/と発音する). **hálf sister** 名 C 異母[父]姉[妹]. **hálf stèp** 名 C 〘楽〙半音(semitone). **hálf térm** 名 CU 《英》学期中の短い中間休み. **hálf-tímbered** 形 〘建〙木枠を外に見えるように出し, 間をしっくい等で固めた木骨造りの. **hálf tìme** 名 U 試合の中間休み, ハーフタイム. **hálf tòne** 名 CU 絵, 写真の半調部, 〘楽〙半音 (half step). **hálf-tràck** 名 C 半無限軌道装置(のついた装甲車).

hálf-trùth 名C 人を欺くため少ししか本当のことを言わないこと, ほんとうそ. **hálf-wáy** 副形 中間で[の], 中途で[の]. **hálf-wit** 名C《軽蔑的》まぬけ, 精神薄弱者. **hálf-witted** 形 知恵の足りない, まぬけ.
hálf-yéarly 副形 半年毎に[の].

語法 half は他の語の前について複合語を形成し,「半分の」という意味を付加する. 一方, ギリシャ語から入った hemi-(*hemi*sphere 地球の半球), ラテン語から入った semi-(*semi*annual 半年毎の, *semi*conscious 半ば意識のある), フランス語から入った demi-(*demi*tasse デミタスは文字通り「半分の」の意味のみあるが, half は半分という量をマイナスのイメージで見るか, プラスのイメージで見るかによって, 比喩的にも「中途半端な, 不十分な」あるいは「かなり, ほとんど」という意味にもなる点が大きな相違点となっている.

hall /hɔ́:l/ 名C 〔一般語〕 **一般義** 建物の玄関から他の部屋や階段に通じるところ, 玄関, 玄関のホール(= hallway). その他 大きな建物, ビルの入口にある広間, ロビー,《米》建物内の廊下, 通路. コンサートや会議などが催されるホール, 大広間, そのようなホールや大広間を有する建物, 会館,《英》大学の学生会館, 学生食堂, 学生寮.
語源 「豪族の家の広間, その建物」を意味する古英語 heall から.
用例 We left our coats in the *hall*. 私達は玄関にコートを置いた/a city *hall* 市役所.
【複合語】**hállwày** 名C 玄関, 廊下.

hal·le·lu·jah /hæ̀lilú:jə/ 間C 〔一般語〕 神を賛美する時に使う感嘆の言葉ハレルヤ, アレルヤ(alleluia). 名 としてハレルヤの叫び声, ハレルヤ聖歌.
語源 ヘブライ語 *hallelūyāh* (= plaise the Lord)から.

hall·mark /hɔ́:lmɑ̀:rk/ 名C 動 本来略 〔一般語〕 **一般義** 金, 銀, プラチナ製品の純分認証極印. その他 一般的に品質が優良であることを保証する品質証明や際立った特徴, 特質. 動 として品質証明の極印を押す, 太鼓判を押す.
語源 ロンドンの Goldsmith's Hall で金銀製品の純分を検証したことから. 18世紀より.

hal·lo /həlóu/ 間名 =hello.
hal·low /hælou/ 動 本来略 〔形式ばった語〕神聖なものにする, 神聖化してあがめる.
語源 古英語 hālig (= holy)の派生語 hālgian (= to consecrate)から.
【派生語】**hállowed** 形 神聖化された, 神聖な: a *hallowed* ground 聖地. **hállowedly** 副. **hállowedness** 名U.

Hal·low·een, Hal·low·e'en /hæ̀loui:n, hɑ̀:-/ 名 ハロウィーン(★万聖節(All Saints' Day)の前夜の10月31日; 米国では子供がかぼちゃのちょうちんを作ったり, 仮装して家々を回るなどの習慣がある).
語源 All Hallow Even (= All Saint's Eve)が短縮されたもの. 古代ケルト暦では1年の終わりの日で, 魔女の宴会が開かれると言われていた. 18世紀から.

hal·lu·ci·nate /həlú:sineit/ 動 本来略 〔形式ばった語〕幻覚を起こさせる.
語源 ラテン語 *hallucinari, alucinari* (= to wander in mind)の過去分詞が初期近代英語に入った.
【派生語】**hallùcinátion** 名CU 麻薬などの影響で生じる幻覚, 妄想, 幻影, 錯覚, 誤った概念. **hallúcinative** 形. **hallúcinator** 名C. **hallúcinatory** 形.

hal·lu·ci·no·gen /həlú:sənədʒən, hæljusín-/ 名UC 〔一般語〕 LSD, マリファナなど幻覚剤.
語源 hallucination から20世紀に造られた.

hal·lu·ci·no·sis /həlù:sənóusis/ 名U 《精神医》幻覚症.

ha·lo /héilou/ 名C 動 本来略 〔一般語〕 **一般義** 太陽, 月などの周りに現れる暈. その他 聖人の頭部周辺に描かれる光輪, 後光, 比喩的に有名な人または事物を取り巻く栄光, 光輝. またテレビのハロー現象. 動 として, あるものを後光で取り巻く.
語源 ギリシャ語 *halos* が中世ラテン語を経て初期近代英語に入った. 原義は「脱穀場」.
【派生語】**háloed** 形.

halt /hɔ́:lt/ 名C 動 本来略 〔やや形式ばった語〕 **一般義** 《a…》進行, 移動などの一時的な停止, 休止.《英》電車の止まる所の意から, 鉄道の小駅. 動 として止まる, 停止する. 他 止める, 停止させる.
語源 ドイツ語の軍事用語 *halt machen* (= to make halt)と訳したことから, 「停止」の意味となり, 動詞の意味も加わった. 初期近代英語から.
用例 The train came to a *halt*. 列車は停止した/The train *halted* at the signals. 列車は信号で止まった.
類義語 stop.
【慣用句】**bring … to a halt** …を止まらせる, 止める. **call a halt** 終わりにする, …に終りをもたらす《to》: It's time to *call a halt to* these stupid arguments. これらのばかげた議論を終わらせる時です.
【派生語】**hálter** 名C 牛, 馬の端綱(は), ホルターネック: **halterneck** ホルターネックの(服)(★肩と腕を露出させ首の周りにひもをあしらった婦人服).

halt·ing /hɔ́:ltiŋ/ 形 〔一般語〕ためらうような, もたもたする.
語源 古英語 healtian (= to be lame)から.
用例 He spoke in a *halting* voice. 彼はためらうような声でしゃべった.
【派生語】**háltingly** 副 ためらいながら.

halve /hæv/hɑ́:v/ 動 本来略 〔一般語〕 **一般義** あるものを2等分する. その他 費用などを半分にする, 半額にする, 比喩的に悲しみや問題などを半減させる.
語源 half から中英語で生まれた 動 halven の語尾が落ち現代英語に至った.
用例 He *halved* the apple. 彼はりんごを2等分した.

halves /hævz/hɑ́:vz/ 名 half の複数形.

ham /hǽm/ 名UC 動 本来略 〔一般語〕 **一般義** 塩漬けや薫製にした豚のもも肉, ハム. その他 豚などの動物のもも, しり.〔くだけた語〕へぼ役者, 大根役者, amateur がなまって ham となったアマチュア無線家, ハム. 動 として, 役者が大げさな演技をする.
語源 「ひざの湾曲部」を意味する古英語 ham(m)から. ハムの意は昔, 役者がメーキャップを落とすのに豚の油(hamfat)を用いたことから, hamfatter という語が生まれ, 前半のみが残ったといわれる.
用例 *ham* and eggs ハムエッグ(《日英比較》ハムエッグは和製英語)/There were two *hams* hanging in the butcher's shop. 肉屋に豚のもも肉が2本ぶら下がっていた/He's not a good actor—he's just a *ham*. 彼はいい役者ではない. 大根役者にすぎない.

【複合語】hám-hánded, hám-físted 形《軽蔑的》不器用な.

ham·burg·er /hǽmbərɡər/ 名CU 〔一般語〕
[一般義] ハンバーグステーキ (Humberg steak) を挟んだ丸パンのサンドイッチ, ハンバーガー [語法] burger ともいう). [その他] ハンバーグ(ステーキ)《[語法] humburg ともいう》, 《米》ハンバーグ用挽き肉.
[語源] ドイツ北部の都市 Hamburg＋er が, 19 世紀末に入った.
[用例] He ate a *hamburger* as he walked along the street. 彼は通りを歩きながら, ハンバーガーを食べた.

ham·let /hǽmlit/ 名C 〔一般語〕《英》小村, 特に教会のない小村落.
[語源] 古英語の hām (=home) と関連のあるゲルマン語起源の古フランス語 ham (=village) の指小語が中英語に入った.

Ham·let /hǽmlət/ 名固 ハムレット《★シェイクスピアの悲劇の主人公》.

ham·mer /hǽmər/ 名C 動 [本来他] 〔一般語〕
[一般義] 金づち, ハンマー. [その他] ハンマー状のもの, ピアノの弦をたたくハンマー, ベルや時計の打ち子, 銃の撃鉄, 競売の時に用いる木づち, ハンマー投げに使うハンマー. 動として, 金づちやハンマーでたたく, 試合やけんかで相手をたたきのめす, 比喩的に勉強や考えなどをたたき込む.
[語源] 古英語 hamor, hamer, homer から. 元来「石でできた鋭い武器」であったと思われる.
[用例] He *hammered* the nail into the wood. 彼は材木にくぎを打ち込んだ/Our local football team *hammered* their opponents last Saturday. 我が地元のフットボールチームは先週の土曜日, 相手を打ち負かした/The only way to teach him French verbs is to *hammer* them into his head. 彼にフランス語の動詞を教える唯一の方法は, 彼の頭にたたき込むことです.
【慣用句】*hammer away at* ... 問題などをこつこつ努力して考える. *hammer ... home* 人の頭に考えなどをたたき込む, 何かを人に分からせるために努力する. *hammer out* 努力して一致した考えなどを生みだす, 考え出す.
【複合語】hámmer thrów 名 U《the ~》《スポ》ハンマー投げ.

ham·mock /hǽmək/ 名C 〔一般語〕ハンモック, つり床.
[語源] 西インド諸島のタイノ語 (Taino) に由来するスペイン語 hamaca が初期近代英語に入った.
【複合語】hámmock cháir ズック張りのたたみ椅子.

ham·per¹ /hǽmpər/ 動 〔一般語〕自由な行動を妨げる, 邪魔をする. 名 として《海》平時には必要で荒天の場合には邪魔になる索具や綱具などの船具.
[語源] 中英語北部方言 hampren による.

ham·per² /hǽmpər/ 名C 〔一般語〕食料品を入れたり, 洗濯物入れに用いるふた付きの大型かご, 大型バスケット.
[語源] 古フランス語 hanap (=goblet) がアングロフランス語 hanaper (=case for a goblet) を経て中英語に入った.

ham·ster /hǽmstər/ 名C 〔動〕ハムスター.
[語源] 古高地ドイツ語 hamustro (=corn-weevil) がドイツ語を経て初期近代英語に入った.

hand /hǽnd/ 名C 動 [本来他] 〔一般語〕手首より先の部分, 手. [その他] 指し示すという手の機能から, 時計の針, 手を使った仕事をする人の意で, 農場や船での人手, 働き手, 乗組員, 手助け, 援助, 握る, 持つという手の機能から, 所有, 管理, 手をたたくことから, 拍手, 手で文字を書くことから, 筆跡,《トランプ》配られたカード, 手札, 手, ひと勝負. また手の横幅をもとにした長さの単位, ハンド《★4インチ(約10センチ); 馬の背たけを測る時に用いる》. 動 として手渡す, 渡す.
[語源] 古英語 hand, hond から. 他のゲルマン語にも同じ起源の語が見られる.
[用例] He had a knife in his *hand*. 彼は手にナイフを持っていた/a farm *hand* 農場の働き手/Give me a *hand* with this box. この箱を運ぶのに手を貸してくれ/This matter is now in the *hands* of my solicitor. この件は今では私の弁護士に任せています/Give the little girl a big *hand*, ladies and gentlemen. 皆さん, 女の子に大きな拍手をお願いします/He *handed* me the book. 彼はその本を私に手渡した.
【慣用句】*at hand* 近くに, 手近に. *at the hands of ...* ...の手から, ...によって. *be hand in glove with ...* ...と親密である. *by hand* 機械ではなく手で, 郵便によってではなく手渡しで. *change hands* 持ち主が変わる: This car has *changed hands* three times. この車は3度持ち主が変わった. *fall into the hands of ...* ...の手に落ちる. *force ...'s hands* ...に強制する, 無理にやらせる. *from hand to hand* 手から手へ. *get one's hands on ...*〔くだけた表現〕つかまえる, 手に入れる. *hand around [round]* 食べ物などを回す. *hand back* ...を返す, 戻す. *hand down* 重要なもの, 信念, 伝統などを次の世代に伝える: These customs have been *handed down* from father to son since the Middle Ages. これらの慣習は中世以来, 父から息子へ伝えられてきている. *hand in* ...を提出する, 渡す: The teacher told the children to *hand in* their exercise books. 先生は子供達に練習帳を提出するように言った. *hand in hand* 手に手をとって. *hand on* ...を次の人に与える, 伝える. *hand out* ...を配る, 与える. *hand over* ...手渡す, 送る. *hands down* 手を下げたままで,〔くだけた表現〕楽々と. *Hands off!*〔くだけた表現〕手を触れるな. *Hands up!* 手をあげろ, 手をあげなさい. *hand to hand* 接戦で, 接近して. *have a hand in ...*〔形式ばった表現〕...に参画している. *have (got) one's hands full* 手いっぱいである, 忙しい. *hold hands* 手を取り合う. *in good hands* よく世話[管理]されて. *in hand* 使わずに残って, 取り扱い中で, 着手して. *keep one's hands in* 時々練習して腕が鈍らないようにする. *keep one's hands off* 手を触れない, 触らない. *lay one's hands on ...* ...を手に入れる, 捕らえる. *off ...'s hands* ...の手[管理, 世話]から離れて. *on hand* 近くに, 手元に, 出席して. *on one hand ..., on the other (hand) ...* 一方では..., 他方では.... *out of hand* コントロールできないで, すぐに, 考えなしに. *shake hands with ...* =*shake ...'s hand* 握手する. *take ... in hand* 世話をする, しつける. *to hand* 手元に, 手の届くところに. *wash one's hands of ...* ...から手を引く, 足を洗う.
[派生語] **hándful** 名 手にひとつかみ, 少量, 小数,〔くだけた語〕やっかいなことを引き起こす者, 手に負えないの. **handy** 形 ⇒見出し.
【複合語】**hándbàg** 名C 女性用ハンドバッグ. **hánd**

bàggage 名 U 手荷物. hándball 名 UC〔スポ〕ハンドボール, ハンドボールに使用するボール. hándbarrow 名 C 二人用運搬車 (★前後に取って手があり二人で運ぶ). hándbill 名 C びら, ちらし. hándbook 名 C 手引き, 案内書. hándbrake 名 C ハンドブレーキ. hándcàrt 名 C 手押し車. hándclàsp 名 C 握手(handshake). hándcùff 動 本来地 手錠をかける. hándcùffs 名(複) 手錠. hánd glàss 名 C 手鏡. hándgrip 名 C 握ること, 刀などの握り, 《複数形で》接戦. hándgùn 名 C《米》けん銃, ピストル. hándhòld 名 C 登山で登るための手がかり. hándlùggage 名 U《英》手荷物. hándmáde 形 手作りの. hánd-me-dòwn 名 C《通例複数形で》古着, おさがりの服(《英》reach-me-down), 既製の安もの, 一般に中古品. 形 中古の, おさがりの, 考えながら受け売りの. hándòut 名 C 授業や発表の時に配るプリント,《軽蔑的》恵んでやるお金. 日英比較 この意味でプリントというのは和製英語. hándpicked 形 選び抜かれた, えり抜きの. hándràil 名 C 手すり. hándshàke 名 C 握手. hándstànd 名 C 逆立ち. hánd-to-hánd 形 接戦の. hánd-to-móuth 形 その日暮らしの[で]. hándwòrk 名 C 手仕事. hándwriting 名 U 筆跡, 手書き. hándwrìtten 形 手書きの.

hand·i·cap /hǽndikæ̀p/ 名 動 本来地〔一般語〕 一般義 個人の肉体的, 精神的, 社会的機能を制限する状態, **身体障害, 精神障害**. その他 一般に**不利な条件**, 競馬やゴルフのハンディキャップ, ハンディ. 動 として《通例受身で》ハンディキャップをつける, **不利な立場に置く**.

語源 賭の一種で, 参加者が賭け金を持った手を帽子に入れること (hand in cap) から生まれた語. 初期近代英語から. 18世紀に競馬のハンディキャップの意味に使われ, 19世紀にその他の競技にも用いられるようになった. さらに, 不利な条件が強調され心身障害の意味に発展していった.

用例 The loss of a finger would be a *handicap* for a pianist. 指をなくすことはピアニストにはハンディになるだろう/This school has been built for children with all forms of physical *handicap*. この学校はあらゆる種類の身体障害児のために建てられたものです/*handicap* horses 馬にハンディをつける.

【派生語】 **hándicapped** 形 身体, 精神に**障害のある**. 名 (the ～) 障害者.

hand·i·craft /hǽndikræ̀ft|-krɑ̀ːft/ 名 CU〔一般語〕一般義《通例複数形で》手仕事により作られた**手細工品, 手芸品**. その他 手先の器用さ.

語源 handcraft の変形. 中英語から.

【派生語】 **hándicrafter** 名 C.

handily ⇒handy.
handiness ⇒handy.

hand·i·work /hǽndiwɜ̀ːrk/ 名 U〔一般語〕一般義 **手仕事, 手細工**(handwork). その他 特定の人の特徴および手法, 悪い結果をもたらすようなしわざ.

語源 古英語 hand + geweorc (= something made) による.

hand·ker·chief /hǽŋkərtʃi(ː)f/ 名 C〔一般語〕**ハンカチ**.

語源 hand + kerchief. 初期近代英語から.

han·dle /hǽndl/ 名 C 動 本来地〔一般語〕一般義 ナイフなどの手で握られる部分, **柄やドア, 引き出しなどの取っ手**. その他 比喩的に手がかりになるものという意味で, **口実, 利用できるチャンス, 人を見分ける手がかりということから, 名前, 肩書, 手で触ること**から, 織物の手ざわり, **感触**. 動 として**手で触る, いじる, 道具などを取り扱う**, 比喩的に**人や物事を取り扱う, 処理する**, 品物を取り扱うことから, **商売をする**.

語源 古英語 hand (手) に道具を表す語尾-le がついてた handle から. 動 は hand に繰り返しを表す動詞語尾がついた handlian から.

用例 I've broken the *handle* off this cup. 私はこのカップの取っ手を壊してしまった/Please wash your hands before *handling* food. 食べものに触る前には手を洗って下さい/You should never *handle* animals roughly. 絶対に動物を乱暴に扱ってはいけない.

日英比較 日本語の自転車の「ハンドル」は英語では handlebar, 車の「ハンドル」は steering wheel あるいは単に wheel という.

【慣用句】 *fly off the handle*〔くだけた表現〕かんしゃくを起こす.

【派生語】 **hándler** 名 C 取り扱う人, 犬などの調教師. **hándling** 名 U 手で触れること, 取り扱い.

【複合語】 **hándlebàr** 名 C 自転車などのハンドル.

hand·some /hǽnsəm/ 形〔一般語〕一般義 男性の**顔立ちがいい, ハンサムな**. その他 女性が, 態度や体格などが堂々として顔立ちのよい, りりしい, また金額や量がかなりの, **相当な**, 行為が寛大な, **気前のいい**, 物がよくできた, **堂々とした**.

語源 hand + 接尾語の-some. 中英語から. 元来「手で扱いやすい, 手ごろな」の意味で, 「適度によい」という意味となりいろいろな意味に発展した. 男性が「ハンサムな」という意味は最も新しく初期近代英語から.

用例 a *handsome* man 美男子/a *handsome* sum of money かなりの額のお金.

類義語 beautiful.

【派生語】 **hándsomely** 副.

handy /hǽndi/ 形《⇒hand》〔一般語〕一般義 道具や物が使いやすく**便利な, ハンディーな**. その他 すぐ近くにあって便利な, **手近な**, また通例人が主語となって**器用な, 上手な**.

用例 a *handy* tool 便利な道具/This house is *handy* for the shops. この家は近くに店があって便利です.

【慣用句】 *come in handy* 役に立つ.

【派生語】 **hándily** 副. **hándiness** 名 U 便利さ.

【複合語】 **hándyman** 名 C 修理や庭いじりなど**家での仕事を器用にこなす人**.

hang /hǽŋ/ 動 名《過去・過分 hung》名 U〔一般義〕一般義 **物をかぎや釘などに掛ける, つるす**. その他 壁などに絵画などを**掛ける, 飾る**, 肉などが食べごろになるまで**ぶら下げる, つるす**, 人を**絞首刑にする**, ドアをちょうつがいで**取り付ける**, さらに掛けて固定するという意味が生まれ, 壁紙などを壁に**張る**. 自 **掛かっている, ぶら下がっている, 首をつる, 絞首刑になる**, ドアがちょうつがいに取り付けられている, さらに雲などが上にかかっている, 鳥が空中を漂っている, 浮いている, 比喩的にある事が決定されないで**未定のままである**. 名 として**ぶら下がっている状態, 物の掛かり具合, 下がり具合**.

語源 首をつる, 絞首刑にする意では規則変化となり hang-hanged-hanged となる.

語源 古英語 hangian から. 他のゲルマン語にも関連語が見られる. ちょうつがいの意味の hinge も「ドアがかかか

ているもの」が原義で hang と同語源.

用例 *hang* pictures on the wall 絵を壁に掛ける/Murderers used to be *hanged* in the United Kingdom, but no-one *hangs* for murder now. 英国では昔殺人者は絞首刑になったが, 今では殺人で絞首刑になる者はいない/A door *hangs* by its hinges. ドアがちょうつがいで取り付けられている.

【慣用句】 *get the hang of* ......のこつがわかる. *hang about* [*around*] 〔軽蔑的〕何もしないでぶらぶらする; 人につきまとう. *hang back* ためらう. *hang down* 垂れ下がる. *hang on* 待つ, ...につかまる〔*to*〕; ...にしがみついている. *hang out* 外へ垂れ下がる, 住む; 洗濯物などを干す, 看板などを掲げる. *hang together* 話などが首尾一貫している, 団結する. *hang up* ...を掛ける, 電話を切る. *I'll be hanged if I* .... 〔古風〕...したら首をやるよ, 絶対に...しない. *not care a hang about* ......を全然気にかけない.

【派生語】 hánger 名 C ハンガー: hanger-on (複 hangers-on) 〔軽蔑的〕金持ちや権力者にいつでも付きまとう人, 取巻き, 子分, 厄介者. hánging 名 UC 絞首刑, 〔複数形で〕カーテンなどの飾り布.

【複合語】 háng glìder 名 C ハンググライダー. hángman 名 C 絞首刑執行人. hángnàil 名 C ささくれ. hángòver 名 C 二日酔, なごり, 遺物. hángùp 名 C 〔くだけた語〕妄想.

han·ker /hǽŋkər/ 動 本来自 〔くだけた語〕長い間あこがれを抱く, 渇望する(yearn).
語源 hang と同起源と思われる. 初期近代英語から.
【派生語】 hánkering 名 あこがれ, 渇望: have a *hankering* for [*after*] ... ...にあこがれる, ...を切望する. hánkeringly 副.

han·ky-pan·ky /hǽŋkipǽŋki/ 名 U 〔くだけた語〕重大ではないが, いかがわしい取引や行動を指し, いんちき, ごまかし, 浮気.
語源 不詳. 19 世紀から.
【慣用句】 *be up to some hanky-panky* 何か後ろめたいことをしている.

han·som /hǽnsəm/ 名 C 《史》19 世紀に使われた 2 人分の客席のある 1 頭立てほろ付の 2 輪馬車, ハンサム (語法 hansom cab ともいう).
語源 19 世紀の建築家 Joseph A. Hansom の名から.

hap /hǽp/ 名 U 動 本来自 〔古語〕 一般義 偶然, 運. その他 偶然, 運, 幸運. 動 として偶然起こる, たまたま...する.
語源 古ノルド語 happ (= good luck) から中英語に入った.
【派生語】 hápless 形 不運な. háplessly 副. háplessness 名 U. háply 副 偶然に, おそらく.

hap·haz·ard /hǽphǽzərd/ 形 副 一般義 行きあたりばったりの, でたらめな. 副 として偶然の.
語源 hap + hazard. 初期近代英語から.
【慣用句】 *at* [*by*] *haphazard* 偶然に, でたらめに.
【派生語】 hàpházardly 副. hàpházardness 名 U.

hapless ⇒hap.

hap·pen /hǽpən/ 動 本来自 一般義 物事が偶然起こる. その他 人がたまたま...する〔*to do*〕.
語源 中英語 hap から派生し, hap に代って使われるようになった. 動 hap(pe)nen から.
用例 What *happened* next? それから何が起こったですか/What *happened* to you yesterday? 君は昨日どうしたのですか/I *happened* to see him there. = It (so) *happened* that I saw him there. たまたまそこで彼を見かけました.
類義語 happen; occur: **happen** は偶然または結果として「起こる」という意味の最も一般的な語. **occur** は happen とほぼ同じ意味の形式ばった語.
【慣用句】 *happen on* [*upon*] ... 偶然...に出くわす, 見つける.
【派生語】 háppening 名 C 〔通例複数形で〕偶然の出来事, 台本なしのハプニングショー, 即興のパフォーマンス.

happily ⇒happy.
happiness ⇒happy.
hap·py /hǽpi/ 形 一般義 一般義 自分の希望や願いがかなって幸福な, 満足した, 楽しい, うれしい, その他 〔述語用法〕喜んで...する〔*to do*〕. また語源的に古い意味が残り〔限定用法〕幸運な, 人を喜ばせるようなという意味から, 〔形式ばった語〕行動や考えが適切な.
語源 中英語 hap の 形 happy から. 「幸福な」という意味は初期近代英語で生れた. happen とは同語源.
用例 Are you *happy* with your present pay? あなたは今の給料で満足していますか/I am so *happy* to hear of your engagement. あなたの御婚約のことを伺ってとても喜んでいます/I'd be *happy* to help you. 喜んであなたのお手伝いをします/a *happy* chance 幸運な機会/a *happy* choice of words 適切な言葉の選択.
類義語 happy; glad: **happy** は自分の願望がかなわれて満足していることに意味の中心があり, **glad** は感情としてうれしい気持ちや喜びを表現することに力点がある. 従って, 「あなたが来てくれてうれしい」というとき, I am glad that you could come. に比べて I am happy that you could come. は話者側の満足した気持ちが強調され, 相手に失礼になることがある. また, happy は長期的, glad は一時的な喜びの気持ちを表すことが多い.
【派生語】 háppily 副. háppiness 名 U 幸福, 満足, 幸運.
【複合語】 háppy-gò-lúcky 形 楽観的な, 将来にくよくよしない.

ha·rangue /hərǽŋ/ 名 C 動 本来他 〔形式ばった語〕 一般義 人を叱ったり, 説得するためしばしば長時間がなり立てる高圧的な大演説, お説教. その他 動 として, 人に長々とどなって演説する, お説教する.
語源 古イタリア語 *aringare* (= to speak in public) の 名 *aringa* から古フランス語を経て中英語に入った.
【派生語】 haránguer 名 C.

ha·rass /hərǽs, hǽrəs/ 動 本来他 〔一般義〕繰り返し人をしつこく悩ます, いやがらせをする, 悩ますことで疲労させる, 〔軍〕繰り返し急襲かけて敵を悩ます.
語源 古フランス語で犬をけしかける時のかけ声 *hare* の派生形 *harer* (= to set a dog on) に由来する. 初期近代英語から.
【派生語】 haróssed 形 悩み疲れはてた. harásser 名 C. hárassment 名 U 悩ます[される]こと: *sexual harassment* 性的いやがらせ.

har·bin·ger /háːrbindʒər/ 名 C 動 本来他 〔文語〕何かが起こりそうなことを示す前触れとなる人やもの. 動 として, 何かの前触れとなる.
語源 古ノルド語起源の古フランス語 *herbergier* (=to

provide lodging for) から派生した *herbergeor* (= provider of lodging) が中英語に入った. 元来, 宿村調達のために軍隊や王室の一行より先に出発している先発者の意味. harbinger の -n- は中英語期に messenger からの類推で入った.

har・bor, (英) **-bour** /hɑ́ːrbər/ 名 動 [本来場][一般語][一般義] 船が停泊するための自然または人工の港. [その他] 船だけなく人の避難所, 隠れ場所. 動 として, 人に隠れ場所を与える, かくまう, 比喩的にしばしば悪い考えを心に抱く.

[語源] 古ノルド語 *herbergi* (人を泊める宿) が古英語に入り shelter, lodging の意味で用いられた. 「港」の意味は初期近代英語に入った.

[用例] All the ships stayed in the *harbor* during the storm. 全ての船は嵐の間港に停泊した/This part of town has been a *harbor* for criminals for years. 町のこの部分は長年犯罪者の隠れ場所になっている/He *harbors* a grudge against me. 彼は私にうらみを持っている.

【派生語】**hárborage**, (英) **-bour-** 名 UC 避難, 保護, 避難所[港].

har・bour /hɑ́ːrbər/ 名 動 (英) =harbor.

hard /hɑ́ːrd/ 形 [一般語][一般義] 物が壊れないほど堅い, 頑丈な. [その他] ひもなどの結び目がしっかりしていて固い, 卵が長くゆでられて堅い, 水などが硬質なの. 堅くしかりしていることから, 比喩的に情報などが確実な, 確かな, また硬いことは努力や忍耐が必要なことを表し, 難しい, ...しにくい, 非常に努力することから, 一生懸命な, 熱心な, 耐えるのが難しいことから, 厳しい, つらい, 激しい. 副 として熱心に, 一生懸命に, しっかりと, 堅く, 激しく.

[語源] 古英語 heard から.

[用例] The ground is too *hard* to dig. 地面はとても硬くて掘れない/Is English a *hard* language to learn? 英語は学ぶのが難しい言葉ですか/He is a *hard* worker. 彼は熱心に働きます/He stared *hard* at the man. 彼はその男をじっと見つめた/It was raining *hard* when I left. 私が出かけるとき, 雨が激しく降っていた.

[反意語] soft; easy.

【慣用句】**be hard at it** 非常に忙しい. **be hard of hearing** 耳が遠い. **be hard on** ... ... を厳しく批判する, つらく当たる. **be hard put to it** 困っている. **be hard up** 金に困っている. **be hard up for** ... ... がなくて困っている. **go hard with** ... ... にとってつらいことになる. **have a hard time (of it)** 苦労する.

【派生語】**hárden** 動 [本来場] 固く[堅く]する, 心を冷酷にする, 体をきたえる. [その他] 固く[堅く]なる, 冷酷になる, 強くなる. **hárdness** 名 U 固さ, 堅さ, 困難, 厳しさ, 無情. **hárdship** 名 U 苦難.

【複合語】**hárd-and-fást** 形 厳重な. **hárdbàck** 名 C 堅い表紙の本, ハードバック. **hárdbàll** 名 UC 硬球野球, 硬球. **hàrd-bítten** 形 頑強な, 頑固な. **hárdbòard** 名 U 建築用のハードボード. **hárd-bóiled** 形 卵が固ゆでの, 推理小説などがハードボイルドの. **hárdbòund** 形 本が堅い表紙の. **hárd cásh** 名 U 現金. **hárd cóal** 名 U 無煙炭. **hárd córe** 名 CU (しばしば悪い意味で) 中心的勢力. **hárd-córe** 形 中核をなす, ポルノが全て露出した. **hárdcòver** 名 C 堅い表紙の本. **hárd drínk** 名 U アルコールの強い飲みもの. **hárd-eárned** 形 苦労し

てかせいだ. **hárd hát** 名 C 安全帽. **hàrd-héaded** 形 抜け目のない, 現実的な. **hàrd-héarted** 形 冷酷な, 無情な. **hárd lábor** 名 U 刑罰としての重労働. **hárd líne** 名 C 強硬路線. **hàrd-líned** 形 強硬路線の. **hárd-líner** 名 C 強硬派の人. **hárd lúck** 感 残念! おしい! (bad luck). **hárd lúck stòry** 名 C かわいそうな身の上話. **hárd pálate** 名 C【解】硬口蓋(こうこう). **hárd séll** 名 C 押し売り. **hárd shóulder** 名 C 高速道路の硬路肩(かたじ). **hárdtàck** 名 U 乾パン. **hárdtòp** 名 C ハードトップ (★鋼板屋根で窓間に支柱のない乗用車). **hárdwàre** 名 U 金物類, コンピューターなどの機械部分(⇒software). **hárd wáter** 名 U 硬水(⇒softwater). **hàrd-wéaring** 形 なかなかすり切れない, 長持ちする. **hárdwòod** 名 UC かし, かえでなど広葉樹の硬材, 硬木(かたぎ). **hárdwórking** 形 勤勉な, 働き者の.

hardihood ⇒hardy.
hardily ⇒hardy.
hardiness ⇒hardy.

hard・ly /hɑ́ːrdli/ 副 [一般語][一般義]《否定の副詞として》ほとんど...ない [語法] しばしば can や could ととも に用いられる. また any, anything, anybody などの前に置かれ「ほとんど何も[誰も]...ない」の意となる). [その他] 遠回しな表現として恐らく...しない, とても...できない.

[語源] 古英語 heard (=hard) に副詞語尾-lice が付いた heardlice (=harshly) より. 否定の意味が生じたのは 16 世紀から.

[用例] My feet are so sore, I can *hardly* walk. 足がとても痛くてほとんど歩けません/*Hardly* anyone says that nowadays. このごろではほとんど誰もそんなことを言わない/He's *hardly* likely to forgive you after what you said about him. 彼のことで君が言ったことの後だから, 恐らく君を許しはしないだろう.

【慣用句】**hardly ever** めったに...しない. **hardly ... when [before]** ... ...するかしないうちに....

hardship ⇒hard.

har・dy /hɑ́ːrdi/ 形 [一般語][一般義] 人や動物が寒さ, 疲労, 重労働など困難な条件に耐えることのできるほど頑丈な. [その他] 植物が耐寒性の, 仕事やスポーツが勇気や忍耐を要する. [文語] 勇敢な, 恐れを知らぬ, 向こう見ずな, あつかましい.

[語源] ゲルマン語起源の古フランス語 *hardir* (=to become bold; to make hard) の過去分詞 *hardi* が中英語に入った.

[用例] You must be very *hardy* to sleep out of doors in winter. 冬戸外で眠るには非常に強壮でなければならない.

[類義語] robust; tough; stout; sturdy.

【派生語】**hárdihood** 名 U. **hárdily** 副. **hárdiness** 名 U.

【複合語】**hárdy ánnual** 名 C 耐寒性一年生植物, 《おどけて》例年定期的に持ち上ってくる問題. **hárdy perénnial** 名 C 耐寒性多年生植物.

hare /héər/ 名 C 動 野うさぎ.

[語源] 古英語 *hara* から. 原義はゲルマン語で「灰色の」で「灰色の動物」という意味で野うさぎを指すようになった. bear (くま) が brown と同語源で「茶色の動物」からきたのと同じ現象である.

[類義語] hare; rabbit: hare は「野うさぎ」, rabbit は「穴うさぎ」に相当し, hare の方が大きく耳, 後足が長

い, 地上のくぼ地に住み, rabbit は小型で足が短く, 深い穴の中に集団で住む.
【慣用句】*(as) mad as a March hare* 〔くだけた表現〕狂乱して(★3月はうさぎの発情期). *(as) timid as a hare* 野うさぎのように臆病な. *make a hare of ...* ...をばかにする. *run with the hare and hunt with the hounds* 〔英〕両方に味方する, 〔英・古風〕話をそらすために突然別の話題を持ち出す.
【複合語】**háre-bràined** 形 気まぐれな, 愚かな. **hárelìp** 名 C みつくち.

hark /háːrk/ 動 [本来自] 〔古語・文語〕《通例命令文で》耳を傾ける, 聞くの意.
[語源] 古英語 hieran (=to hear) の派生語 heorcnian によると思われる.
【慣用句】*hark away* [*forward*; *off*] 猟犬に向かって命令文で, それ行け. *hark back* 〔くだけた表現〕《時に軽蔑的》人が以前の出来事や問題などに再び言及する, 思い出す《to》; 猟犬を呼び戻す.

har·ken /háːrkən/ 動 =hearken.

Har·lem /háːrləm/ 名 固 ハーレム(★New York City の Manhattan 島北部にある黒人・ラテンアメリカ系人居住地区).
[語源] 17世紀に米国に入植したオランダ人が母国の都市名にちなんで名付けたもの.

harm /háːrm/ 名 U 動 [本来他] 〔一般他〕〔一般義〕人の身体やものに意図的に加える害, 危害. [その他] 比喩的に道徳的な害悪. 動 として, 人や物を害する, 傷つける.
[語源] 「害, 悲しみ」の意味の古英語 hearm から.
[用例] He meant no *harm*. 彼は悪意があるのではない[言った]のではない/There's no need to be frightened—he won't *harm* you. 怖がる必要はありません. 彼はあなたに危害を与えはしないでしょう.
[類義語] injure.
[反義語] good.
【慣用句】*come to harm* 害を受ける. *do ... harm* = *do harm to ...* ...に害を与える. *out of harm's way* 安全(な所)に.
【派生語】**hárm·ful** 形 有害な. **hárm·ful·ly** 副. **hárm·ful·ness** 名 U. **hárm·less** 形 無害な, 比喩的に罪のない. **hárm·less·ly** 副. **hárm·less·ness** 名.

harmonic ⇒harmony.

har·mon·i·ca /haːrmánikə|-mɔ́n-/ 名 C 〔楽器〕ハーモニカ (mouth organ), グラスハーモニカ (glass harmonica) 《水の入った一連のコップを指でこする》.
[語源] ギリシャ語 *harmonia* (=harmony) に由来するラテン語 *harmonicus* の女性形が18世紀に入った.

harmonious ⇒harmony.

har·mo·ni·um /haːrmóuniəm/ 名 C 〔楽器〕小型のリード・オルガン.
[語源] ラテン語 *harmonia* (=harmony) がフランス語を経て19世紀に入った.

harmonize ⇒harmony.

har·mo·ny /háːrməni/ 名 UC 〔一般義〕感情や意見などの一致, 調和, 〔楽〕ハーモニー.
[語源] ギリシャ語 *harmos* (継ぎ目) から派生した *harmonia* (つなぎ合わせること) がラテン語, 古フランス語を経て中英語に入った.
[用例] They lived as husband and wife, in perfect *harmony*. 彼らは夫婦として本当に仲良く暮らした/Your ideas are in *harmony* with ours. 君の考えは私たちと一致している/They sang in *harmony*. 彼女らの歌は息が合っていた.
【慣用句】*in harmony with ...* ...と一致[調和]して. *out of harmony with ...* ...と一致[調和]しないで.
【派生語】**harmónic** 形 調和の, 〔楽〕ハーモニーの. **harmónious** 形 調和した, 〔形式ばった語〕仲の良い, 悪感情を持たない, 〔楽〕美しい調子の. **harmóniously** 副. **harmóniousness** 名 U. **harmonizátion** 名 UC. **hármonize** 動 [本来自] 一致[調和]させる[する], 〔楽〕ハーモニーを加える: The colors in this room *harmonize* nicely. この部屋の色はすばらしく調和している.

har·ness /háːrnis/ 名 UC 動 [本来他] 〔一般語〕馬を馬車などにつなぎ制御するための皮ひもなどの馬具, シートベルト, 幼児の歩行用ベルト, パラシュートの装帯. 動 として, 馬に馬具をつける, また力を制御するために, 川, 滝, 自然の力, 原子力などを利用して動力化する, 利用する.
[語源] 古ノルド語 *hernest* (軍隊の装備) が古フランス語 *harneis* を経て中英語に入った.
[用例] Attempts are now being made to *harness* the sun as a source of heat and power. 太陽を熱・動力源として利用しようという試みが今なされている.
【慣用句】*die in harness* 仕事中に死ぬ. *in harness* 日常の仕事をして, 一緒に.

harp /háːrp/ 名 C 動 [本来自] 〔楽器〕ハープ, 竪琴. ハープに似ているもの. 《the H-》星座の琴座(Lyra). 動 としてハープを弾く.
[語源] 古英語 *hearpe* から.
【慣用句】*harp on* [*upon*] 〔くだけた表現〕《しばしば軽蔑的》...をくよくよ語る.
【派生語】**hárper** 名 C ハープ奏者, くどくど話す人. **hárpist** 名 C ハープ奏者.

har·poon /haːrpúːn/ 名 C 動 [本来他] 〔一般語〕捕鯨用などの網のついた銛. 動 として, 鯨などに銛を打ちこむ, 銛で捕らえる.
[語源] フランス語 *harpe* (=dog's claw) に由来する *harpon* が初期近代英語に入った.
【派生語】**harpóoner** 名 C 銛打ち人.
【複合語】**harpóon gùn** 名 C 捕鯨砲.

harp·si·chord /háːrpsikɔ̀ːrd/ 名 C 〔楽器〕ハープシコード 《チェンバロ(cembalo)とも呼ばれる. ピアノの前身の鍵盤楽器》.
[語源] 後期ラテン語 *harpa* (=harp) + *chorda* (=string) がフランス語を経て初期近代英語に入った.

har·ri·dan /hǽridən/ 名 C 〔一般義〕口やかましい意地悪ばばあ.
[語源] フランス語 *haridelle* (=old horse) から18世紀に入った.
[類義語] hag; shrew; vixen.

har·ri·er /hǽriər/ 名 C 〔犬〕うさぎ狩り用の小型猟犬, ハリア, 《複数形で》狩猟中のハリア犬の群と猟師との一団. また野山を走り回る種子から, クロスカントリーの競走者 (cross-country runner).
[語源] 中英語から. hare+er による.

har·row /hǽrou/ 名 C 動 [本来他] 〔一般義〕畑の土をならすのに用いるまぐわ. 動 として, まぐわで畑の土をならす, まぐわの刃で土を細かく砕くことから, 切り裂く, 比喩的に人の心を引き裂く, 精神的に苦しめる.
[語源] 古ノルド語 *herfi* (=harrow) が中英語に入った.
【慣用句】*be under the harrow* まぐわに引っかかれて, 苦しめられて.
【派生語】**hárrowed** 形 悩み苦しむ. **hárrowing** 形

心をひどく苦しめるような.

harsh /hάːrʃ/ 形 〔一般語〕 一般義 布の表面などの手触りが粗い, ざらざらした. その他 触覚だけでなく他の感覚にも用いて, 耳障りな, 目障りな, 刺激がきつい, 人やしつけなどが厳しい, 無情な, 苛酷な.

語源 中期低地ドイツ語 haer (=hair) の 形 harsch (=hairy) が初期近代英語に入った.

用例 a *harsh* voice 耳障りな音/The punishment is too *harsh*. その罪は厳しすぎる.

【派生語】**hárshly** 副. **hárshness** 名 U.

har·vest /hάːrvist/ 名 CU 動 本来義 〔一般語〕 一般義 穀物などの刈り取り, 取り入れ, 収穫. その他 刈り取りの時期, 収穫期, 収穫高, また比喩的に〔形式ばった語〕努力や行為の結果, 成果, 報い. 動 として, 穀物を収穫する, 結果として手に入れる.

語源 古英語 hærfest (=autumn) から.

用例 The farmer says he can't go on holiday until after (the) *harvest*. その農夫は収穫が終わるまで休暇は取れないと言っている/There's been a good *harvest* this year. 今年は作物がよくとれた/We're now reaping the *harvest* of our wrong decision. 私たちは今間違った決定の報いを受けている.

【派生語】**hárvester** 名 C 刈り取る人, 刈り取り機.

【複合語】**hárvest féstival** 名 C 《英》収穫祭. **hárvest hóme** 名 C 収穫物の運び込み, 収穫完了の祝い. **hárvest móon** 名 C 中秋の名月.

has /hǽz, 弱 həz, əz/ 動 have の 3 人称・単数・現在形.

hash·ish /hǽʃiːʃ/ 名 U 〔一般語〕インド麻 (hemp) から作る麻薬, ハシーシ.

語源 アラビア語から初期近代英語に入った.

hasp /hǽsp/ 名 C 本来義 〔一般語〕ドア, 窓, 箱などに取り付けてあるちょうつがい式の金属製掛け金. 動 として, ドアなどを掛け金で締める.

語源 古英語 hæpse より.

has·sle /hǽsl/ 名 C 〔くだけた語〕《米》いらいらさせるようなこと, やっかいなこと, 苦労, また口論, 紛争. 動 として, 人をひどくしつこく困らせる.

語源 不詳. 19 世紀から.

has·sock /hǽsək/ 名 C 〔一般語〕教会などでひざまずいて祈る時にひざの下に敷くくざぶとん, いすや足載せ台として使われる厚くて硬いクッション.

語源 古英語 hassuc から.

hast /hǽst, 弱 həst, əst/ 動 〔古語〕have の 2 人称・単数・直説法・現在形で, 主語 thou に呼応.

haste /héist/ 名 U 〔やや形式ばった語〕 一般義 急ぐこと, 早急, 迅速. その他 あせり, あわてること, その結果の軽率.

語源 ゲルマン語起源の古フランス語 haste が中英語に入った.

用例 It was done with great *haste*. それは大急ぎでなされた/*Haste* makes waste. 《ことわざ》急いては事を仕損じる.

類義語 hurry.

【慣用句】*in haste* 急いで. *make haste* 急ぐ.

【派生語】**hásten** 動 本来他 急がせる, 速める. 自 急ぐ. **hástily** 副 急いで. **hástiness** 名 U 急ぐこと, 性急. **hásty** 形 急いだ, 性急な, 短気な.

hat /hǽt/ 名 C 〔一般語〕縁のある帽子.

語源 古英語 hæt から.

用例 Women used always to wear *hats* in church. かつて女性はいつも教会では帽子をかぶっていた.

関連語 cap.

【慣用句】*hang up one's hat* 帽子をかける, 引退する. *keep ... under one's hat* 〔くだけた表現〕...を秘密にする. *pass* [*send*] *round the hat* 帽子をまわして寄付をもとめる. *take one's hat off to ... ...* に脱帽する, ほめる. *talk through one's hat* 〔くだけた表現〕見当違いのことを言う, でたらめを言う.

【派生語】**hátless** 形 帽子をかぶっていない. **hátter** 名 C 帽子屋.

【複合語】**hátbànd** 名 C 帽子についたリボン. **hátbòx** 帽子箱. **hátchèck** 名 C 携帯品一時預かりの. **hát pèg** 名 C 帽子掛け. **hátpìn** 名 C 婦人用の帽子を髪にとめるピン. **hátràck** 名 C 帽子掛け. **hát trìck** 名 C 《サッカー・アイスホッケー》ハットトリック (★ 1 人の選手が 1 試合で 3 点をとること),《野》サイクルヒット (★ 1 打者が 1 試合でホームラン, 三塁打, 二塁打, 単打を打つこと), 本来は奇術師が帽子を使って行う奇術, 後に劇場や会議などの席で帽子を置いて席取りをすること.

hatch¹ /hǽtʃ/ 動 本来義 名 C 〔一般語〕 一般義 鳥が抱いて卵をかえす, 孵化(か)する. その他 比喩的に陰謀などを心に抱くことから, たくらむ. 自 卵がかえる, ひなが生まれる. 名 として一かえりのひな, 孵化.

語源 中英語 hacche から.

用例 My hens have *hatched* ten chicks. 我が家のめんどりは 10 羽のひなをかえした/The thieves *hatched* their wicked scheme while in prison together. 泥棒たちは一緒に服役中に悪だくみをしていた.

関連語 lay (鳥が卵を産む); breed (動物が子を産む).

【派生語】**hátchery** 名 C 特に魚の卵の孵化場.

hatch² /hǽtʃ/ 名 C 〔一般語〕 一般義 船のデッキと船室などをつなぐ狭い昇降口, 出入口, ハッチ, 飛行機の昇降口. その他 台所と食堂との間の配膳用の窓, その他くぐり戸, 床窓, 天井窓など.

語源 古英語 hæc(c) (上下に分かれたドアの下半分) から.

用例 You should confirm where the escape *hatch* is. 緊急脱出口の場所を確認しておきなさい.

【複合語】**hátchbàck** 名 C 車後部の戸が上に開く車, ハッチバック. **hátchwày** 名 C 船のハッチ, はね上げ戸の出入口.

hatch·et /hǽtʃit/ 名 C 〔一般語〕 一般義 軽く柄の短い片手用の手斧(おの). その他 北米先住民が道具や武器としても用いるまさかり.

語源 ゲルマン語起源の古フランス語 hache (=ax) の指小語 hachette が中英語に入った.

関連語 tomahawk.

【慣用句】*bury the hatchet* 和睦する (★北米先住民が和睦するときにこれを埋めた風習より). *take* [*dig*] *up the hatchet* 戦いを始める. *throw the helve after the hatchet* 損の上に損を重ねる.

【複合語】**hátchet fàce** 名 C とがった細面 (の人). **hátchet-fáced** 形. **hátchet jòb** 名 C 〔くだけた語〕《米》口頭または文書での悪意に満ちた批判. **hátchet màn** 名 C 〔くだけた語〕殺し屋, 中傷の専門家, 会社の中で従業員や支出を削減することを仕事にしている人.

hate /héit/ 動 本来他 名 UC 〔一般語〕 一般義 嫌悪する, 憎む. その他 それほど強くなくいやである, いやがる程

hate 度に嫌う, ...したくない《to do; doing; that 節》, また〔くだけた語〕...するのを残念に思う意味で用いる. 名として憎しみ, 憎悪, 嫌いな人[もの].
語源 古英語 hatian から.
用例 I *hate* them for what they did to my father. 父にしたことで, 私は彼らを憎んでいる/The child *hates* eggs. その子は卵が嫌いだ/I *hate* to tell it to you, but he is not honest. こう言うのは残念ですが, 彼は正直ではありません.
派生語 **háteful** 形 憎むべき, いやな. **hátefully** 副. **hátefulness** 名 U 憎らしさ, いまいましさ. **hatred** /héitrid/ 名 U 憎しみ, 嫌悪感.

hath /hǽθ, 弱 həθ/ 動 〔古語〕have の 3 人称・単数・直説法・現在形.

hatless ⇒hat.

hatred ⇒hate.

hatter ⇒hat.

haugh·ty /hɔ́ːti/ 形 〔一般語〕《けなして》傲慢な, 高慢な, 横柄な.
語源 ラテン語 *altus*(=high) が中フランス語 *haut*(=high) を経て中英語に入った.
派生語 **háughtily** 副. **háughtiness** 名 U.

haul /hɔ́ːl/ 動 本来他 名 C 〔一般語〕一般義 人や物など重いものを力をこめて強く引っぱる. その他 重い物を引きずる意から, 運ぶ, 運搬する, 《海》帆を引っぱって船の向きを変えることから, 針路を突然変える. 自 強く引く, 行く, 《海》風が向かい風に変わる. 名 として強く引くこと, 運搬(物), 網を引くことから漁獲(高), 獲物, 《スポーツ》大量得点, また盗んだり, 不法な手段で大量に得たもの, 大量の盗品.
語源 ゲルマン語起源の古フランス語 *haler* が初期近代英語に入った.
用例 Coal is *hauled* by road and rail. 石炭は車や鉄道で運ばれる/He was *hauling* on the rope. 彼はロープを引っぱっていた/The fisherman had a good *haul*. その漁師は大漁だった.
慣用句 *a long* [*short*] *haul* 長[短]距離, 長[短]時間. *haul down one's flag* [*colors*] 降参する.
派生語 **háulage** 名 U 運搬, 運賃. **háuler** 名 C 引っぱる人, 運ぶ人. **háulier** 名 C 《英》運送会社.

haunch /hɔ́ːntʃ/ 名 C 〔一般語〕一般義 《複数形で》人の腰から脚(も)の部分の臀部(でんぶ), 尻. その他 食用動物のもも肉や腰肉, 《建》迫持(せりもち)(★アーチの底部から頂部まで).
語源 ゲルマン語起源の古フランス語 *hanche* が中英語に入った.

haunt /hɔ́ːnt/ 動 本来他 名 C 〔一般語〕一般義 特に幽霊などがある場所や家によく出る, 出没する. その他 ある場所にたびたび行く, しばしば訪れる, 比喩的に不愉快なことが人の心に絶えず付きまとう, 苦しめる. 名 として, 人や動物がよく行く場所, たまり場, 生息地.
語源 ゲルマン語起源の古フランス語 *hanter* が中英語に入った. home 「家」の意味, 幽霊などが出るという意味は 17 世紀にシェークスピアによって初めて用いられた.
用例 A ghost is said to *haunt* this room. この部屋には幽霊が出るそうだ/Her look of misery *haunts* me. 彼女のみじめな顔つきが私の脳裏を離れない.
派生語 **háunted** 形 幽霊などが出る: a *haunted* house 幽霊[お化け]屋敷. **háunting** 形 何度も心に浮かんでくる, 忘れられない.

haute cou·ture /òut kuːtjúər/ 名 U 〔一般語〕高級婦人流行服の仕立て販売業, 《集合的》その店, あるいはその製品, オートクチュール.
語源 フランス語(=high dressmaking) が 20 世紀初頭に入った.
用例 Not many women can afford *haute couture* nowadays. 現在オートクチュールを買える女性はあまりいない.

have /hǽv, 弱 həv, əv/ 動 本来他 助 《直説法・現在・3 人称単数 has; 過去・過去分 had》名 C 〔一般語〕一般義 状態を表しあるものを持っている, 所有している, ものなどにあるものが備わっている. その他 動作を表し, 手に入れる, 得る, 食べものや飲みものを摂る, 食べる, 飲む, 経験して得ることから経験する, 感情や考えなどを抱く, 病気などにかかる, 子を産む, もうける, 動作を表す名詞を目的語として...する, 行う. また, 《have＋目的語＋過去分詞》...される, ...している, 《have＋目的語＋現在分詞》...させる, 許す, 《have＋目的語＋原形》...させる. 《have＋目的語＋過去分詞》は have＋過去分詞＋目的語の語順もとるようになり, 例えば I *have* my work done.(私はなされた仕事を持っている)から, I *have* done my work.(私は仕事をしてしまった)が生まれ, この have の用法が...してしまったという完了形を作る助動詞として独立した機能を獲得するようになり, さらにずっと...している, ...したことがある等の継続や経験の意味にも拡大していった. 同様に, *have* something *to do*(すべきことがある)は *have to do* something の語順にもなり, したがって..., しなければならないという助動詞的な機能が発達した. 名 として《通例複数形で》資産, 資源を持てる者[国]を意味する.
語法 くだけた表現では所有を表す have は have got がよく用いられる. 例えば, 時間を聞く時, What time is it? より丁寧で特に親しくない人に対して用いる Do you *have* the time? は, しばしば Have you *got* the time? となる. また have got は, have が中立的であるのに対し, 一時の状態を表す. 例えば, You *have* a problem. (問題をかかえている)に対して, You *have got* a problem. は「今困ったことがある」になる. また You can *have* the book.(その本をお取りになって結構です)のように助動詞の後では have got は用いられない. なお, 《米》では get に 2 つの過去分詞 got と gotten があり, got は「所有」の意味, gotten は「獲得」の意味に使われるが, have got は前者に相当するため, have gotten とはいわない.
語源 古英語 *habban* から.
用例 You can *have* the change. おつりは差し上げます/I *have* breakfast at 7. 私は 7 時に朝食を食べます/*have* a cold 風邪をひいている/I want to *have* a talk with him about it. そのことについて彼と話しがしたい/She *has had* a baby. 彼女は赤ん坊を産みました/I'm *having* a tooth taken out. 私は歯を抜いてもらうつもりです/I will not *have* you wearing clothes like that! 私は君があんな服を着るのを許しません/I'll *have* him visit you. 彼にあなたを訪させましょう/He *has* lived here for a long time. 彼はここに長く住んでいます/*Have* you ever been there? そこへ行ったことがありますか/Society consists of the *haves* and *have-nots*. 社会は持てる者と持たざる者とから成っている.
日英比較 「所有」の意味を表すという点で英語の have と日本語の「持っている」は類似している. 一般に外界の

事物(例えば、本、お金、意見等)を所有する場合にはこの対応関係が成り立つ。しかし、体の一部であることを示す場合、例えば She *has* brown eyes. の日本語訳としては自然であり、Her eyes are brown. /His legs are long. 等に対応する「彼女の目は茶色の目をしている」/「彼は足が長い」という日本語にも相当する。さらに、「所有」の概念は、所有される側から見ると「存在」の概念につながることがある。He has a good son. の「彼はよい息子を持っている」は「彼にはよい息子がいる」、I have a lot of friends. の「私はたくさんの友達を持っている」は「私にはたくさんの友達がいる」となる。このように人が目的語になっている場合は、日本語では「存在」の表現の方が自然で、丁寧に聞こえる。また、Our house *has* five rooms. に対する日本語は「私たちの家は5部屋持っている」は不自然で、There are five rooms in our house. に対応する「私たちの家には5部屋あります」が自然である。これはふつう無生物が行為を表す動詞の主語にならない日本語の特徴と関係がある。

【慣用句】*have around*人を家に客として招く. *have back*物を返してもらう、人をお返しに招く. *have down*人を階下や田舎に客として招く、取り壊す. *have got*〔くだけた表現〕持つ(⇒ 語法). *have ... to do*〔くだけた表現〕=have to do. *have in*...を家に招き入れる. *have off*...を取り外す、...を休日とする. *have on*衣服を身につけている. *have ... on ... *...を身につけている、人の弱みとなる、...を握っている. *have out*...を外へ出す[出してもらう]、歯を抜いてもらう、外の食事などへ招く、決着をつけるため議論する. *have over*人を家に客として招く、...を終わらせる. *have round*=have around. *have to do*〔くだけた表現〕...しなければならない、〔否定文で〕...する必要はない、...にちがいない(語法)must 程意味が強くない). *have up*人を階上や部会に客として招く、〔くだけた表現〕《英》...を裁判沙汰にする.

【複合語】**háve-nòt**名 C〔通例複数形で〕資産、資源を持ってない人[国].

ha·ven /héivən/ 名 動 本来他 〔形式ばった語〕
一般義 安全で静かな休息の場所. その他 欲することが叶えられるような楽園、嵐などを逃れる港、避難所、(⇒ tax haven).
動 として、船などを港に避難させるの意.
語源 古英語 hæfen より.

hav·oc /hǽvək/ 名 U 動 本来他 〔形式ばった語〕ハリケーン、地震、戦争などによる大破壊、大混乱. 動 〔古風な語〕人や国を破滅させる、破壊する.
語源 古フランス語 havot (=to plunder) がアングロフランス語 havok を経て中英語に入った.

【慣用句】*cry havoc* 迫りくる危険[災難]を予め警告する(★元来は軍隊に略奪命令を下す). *play havoc with [among]* ...=*make havoc of* ...=*wreak havoc on* ...をさんざんに破壊する.

haw[1] /hɔ́ː/ 名 C 〔植〕さんざし(hawthorn)の実.
語源 古英語 haga (=hedge) より.

haw[2] /hɔ́ː/ 感 動 本来他 〔一般義〕話し手が口ごもって発する声、えー、うーん. 動 として口ごもる、言葉を濁す(語法)hem [hum] and haw の形で使われる).
語源 擬音語から.

haw[3] /hɔ́ː/ 感 動 本来他 〔一般義〕手綱の付いていない馬や牛などに対する左に曲れという意味のかけ声(⇒ gee). 動 として、馬などを左に曲らせる[曲る].
語源 不詳.

haw[4] /hɔ́ː/ 名 C〔解〕犬や馬などの目の瞬膜(nictitating membrane)、特に炎症を起こしたものをいう.
語源 不詳. 中英語から.

Ha·waii /həwáːiː/ 名 固 〔一般語〕ハワイ(★太平洋上にある米国第 50 番目の州)、またハワイ諸島最大の島、ハワイ島.
【派生語】**Hawáiian** 形 ハワイ(人、語)の. 名 CU ハワイ[語]: **Hawaiian guitar** ハワイアンギター/**Hawaiian Islands** (the 〜) ハワイ諸島.

hawk[1] /hɔ́ːk/ 名 C 動 本来他 〔鳥〕猛禽(もうきん)類のたか(鷹). またたか派の人、強硬派の人(⇔dove). 動 として、たか狩りをする、たかのように襲う.
語源 古英語 hafoc から.
【派生語】**háwker** 名 C たか使い. **háwkish** 形 たかのような、たか派的な.
【複合語】**háwkèye** 名 C たかのように目の鋭い人. **háwkèyed** 形 目の鋭い、注意深い.

hawk[2] /hɔ́ːk/ 名 C 動 本来他 〔形式ばった語〕商品を持って説明しながら家から家へ売り歩く、行商する.
語源 hawker からの逆成. 初期近代英語から. hawker は中期低地ドイツ語 hōker (=to peddle) から中英語に入った.
【派生語】**háwker** 名 C 呼び売り商人.

haw·ser /hɔ́ːzər/ 名 C〔海〕船を引いたり、埠頭につないだりするために使う大綱、ホーサー.
語源 ラテン語 *altus* (=high) に由来する古フランス語 *haucier* (=to raise) から派生したアングロフランス語が中英語に入った.
【複合語】**háwser bènd** 名 C〔海〕2 本の大綱の端をつなぐ結索法、ホーサー結び.

haw·thorn /hɔ́ːθɔːrn/ 名 C〔植〕さんざし(★生垣に多い; その赤い実は haw).
語源 古英語 haga (生垣) + thorn (とげのある植物) から成る hagathorn より.
【複合語】**háwthorn chìna** 名 U 暗い色の背景に梅花を描いた東洋風磁器.

hay /héi/ 名 U〔一般義〕干し草、まぐさ.
語源 ゲルマン語特有の語で「切り倒されたもの」が原義. 古英語 hēg. hew, hoe も同語源.
用例 There is enough *hay* in the barn for the cows in the winter. 納屋には冬の牛の用として十分な干し草があります/Make *hay* while the sun shines. (ことわざ) 鉄は熱いうちに打て.
【複合語】**háycòck** 名 C 円錐形の干し草の山. **háyfèver** 名 U 枯草熱、花粉症. **háyfòrk** 名 C 干し草積み上げ積み下ろし機、フォーク型くま手. **háylòft** 名 C 納屋などの屋根裏の干し草置き場. **háymàker** 名 C 干し草を作る人、〔くだけた表現〕《米》強力パンチ. **háymàking** 名 U 干し草作り. **háyrìck** 名 =haystack. **háystàck** 名 C 干し草の山. **háywìre** 形〔くだけた表現〕混乱した、故障した、もつれた、狂った、めちゃくちゃの: *go [be] haywire* 機械などが狂う[狂っている]、人が狂乱する[狂乱している].

haz·ard /hǽzərd/ 名 C 動 本来他 〔一般語〕一般義 健康、安全などに対して損失、損害をもたらしそうな危険. その他 元来さいころばくちの意で、偶然、偶然の出来事、〔ゴルフ〕川、池、砂場などの障害物の意味を表す. 動 として〔形式ばった語〕誤っているかもしれないことを思い切って言う、危険なことを思い切ってする、危

にさらす.

[語源] ペルシャ語またトルコ語起源の語で古フランス語 *hasard* (= game of dice) が中英語に入った. 賭け事の意から「偶然」「危険」の意になった.

[慣用句] **in [at] hazard** 危険にさらされて. **at all hazards** どんな危険を冒しても.

[派生語] **házardous** 形. **házardously** 副.

[複合語] **házard**(**wárning**) **lìghts** 名《複》車の危険警告灯.

haze[1] /héiz/ 名 CU 動 本来自 [一般語] [一般義] 煙, もや, 薄霧によるかすみ, もや. [その他] 透明な液体などのにごり, くもり, 転じて心にかすみがかかったようなもうろうとした状態. 動 としてぼやける, かすみがかかる, もうろうとする.

[語源] hazy からの逆成で初期近代英語から. hazy は語源不詳.

[用例] The mountains were covered in *haze*. 山々はもやにおおわれていた.

[類義語] fog.

[派生語] **házily** 副. **háziness** 名 U. **házy** 形 もやのかかった, かすんだ, ぼやけた,《くだけた語》人がある事について不確かな.

haze[2] /héiz/ 動 本来他 [一般語] [一般義] 新入生, 新入りに屈辱的でつらくつらい不快な作業をさせて**苦しめる**,《米》新入寮生歓迎の一環としていたずらしていじめる.

[語源] 廃用となったフランス語 *haser* (= to tease, insult) による. 初期近代英語から.

[派生語] **házer** 名 C.

ha・zel /héizl/ 名 CU 形【植】はしばみ, その実や木材, はしばみ材で作ったつえ. また目の色がはしばみ色(の), うす茶色(の).

[語源] 古英語 hæs(e)l から.

[複合語] **házelnùt** 名 C 食用となるはしばみの実, ヘーゼルナッツ.

hazer ⇒haze[2].

hazy ⇒haze[1].

H-bomb /éitʃbɑm|-bɔm/ 名 C 動 本来他 [一般語] 水爆(を投下する).

[語源] hydrogen bomb の略.

hdqrs.《略》= headquarters (本部, 司令部).

he /híː/, 弱 hi(ː)/ 代《所有格 his, 目的格 him, 独立所有格 his; 複 they》 C《人称代名詞》3人称・単数・男性: 主格を表す彼は[が] (⇔she). また 〈H-〉 神 (God) を指す. 名 として 男, 動物の雄,《主に複合語で》雄の.

[語源] 古英語 hē から.

[用例] When I spoke to John, *he* told me *he* had seen you. 私がジョンと話した時, 彼はあなたにあったことがあると言いました/Is a cow a *he* or a she? cow は雄ですか雌ですか/a *he*-goat 雄やぎ.

[複合語] **hé-màn** 名《複 **-men**》《くだけた語》男性的な男, 特に強さをひけらかす男.

head /héd/ 名 C 動 本来他 [一般語] [一般義] 人や動物の首から上, 頭, 頭部. [その他] 頭の働き, 頭脳, 能力, 体の一番上にあることから, 最上部, 先端, 先頭, 水源, 頂上,《くだけた語》ビールなどの表面の泡, 組織などの長, 頭(ɡɑʃʃʁ), 校長, 最高位, 新聞などの見出し, 題目. またその形の連想から球状の野菜の玉, うで頭の数を頭で数えることから, 1人, 1頭, 頭数(ﾕﾙﾗゼﾁ),《通例複数形で単数扱い》硬貨の肖像の顔のある表. その他《くだけた語》《a ~》二日酔い, 頭痛,【電子工学】テープレコーダーなどのヘッド. 動 として...の先頭に立つ, 一番上にいる, 比喩的に...の上に立つ, 統率する, 指揮する, 頭を向けることから, ...へ向かう, 記事や章の上に見出しをつける,《サッカー》ヘディングする. 自 ...へ向かって進む《for; toward》, 頭ができる, 結球する.

[語源] 古英語 hēafod から.

[用例] He hit me on the *head*. 彼は私の頭をたたいた/The horse won by a *head*. その馬は頭の差で勝った/A good idea came into my *head*. 良い考えが私の頭に浮んだ/She has a good *head* for figures. 彼女は数字には強い/the *head* of a nail 釘の頭/at the *head* of the staircase 階段の一番上で/the *head* of the Nile ナイル川の水源/the *head* of state 元首/a *head* of cabbage キャベツ1玉/15 *head* of cattle 牛15頭/I will toss a coin. *Heads* or tails? 私がコインを投げます. 表か裏か/Whose name *headed* the list. 誰の名前がリストの初めにありましたか/He *heads* a team of scientists investigating cancer. 彼がガン研究の科学者のチームを指揮している/His report was *headed* 'Ways of Preventing Industrial Accidents'. 彼の報告書は「産業事故防止法」という見出しがついていた/He *headed* the ball into the goal. 彼はボールをヘディングでゴールに入れた/The explorers *headed* south. 探検家たちは南に向かった.

[日英比較] 英語の head は首, 耳, 鼻などの顔を含む首から上の部分を意味するのに対して, 日本語の「頭」は髪のはえぎわから上の部分を意味することが多い. 従って, 場合によっては「顔」「首」の訳語になる.

[慣用句] **above ...'s head** = **above the head of ...** ...の頭には理解できない. **at the head of ...** ...の先頭で, ...で首席で. **bite ...'s head off** かみつくように非難する. **bring ... to a head** ...を頂点にもたらす, 機を熟させる. **bring one's head in sand** 現実を回避する. **cannot make head or tail of ...** = **can make neither head nor tail of ...** ...はまったく理解できない. **come to a head** できものが化膿する, 機が熟する. **count heads** 頭数を数える. **from head to foot [heel]** 頭のてっぺんから足先まで, 全身. **get it into one's head** 頭にたたき込む, 確信する. **give ... his head** 自由にふるまわせる. **have a head on one's shoulders** 実務の才がある, 賢い. **have one's head in the clouds** 非現実的な考え方をしている, 空想にふける. **keep one's head** 平静を保つ. **keep one's head above water** おぼれないでいる, 比喩的に借金せずに暮らしていく. **lay [put] heads together** 額(ひたい)を集めて相談する. **lose one's head** 首を切られる, かんしゃくを起こす. **off one's head**《くだけた表現》気が狂って. **on one's head** 逆立ちして, 自分の責任で. **over ...'s head** = **above ...'s head**. **shake one's head** 失望, 落胆, 感嘆の気持ちで首を振る. **take it into one's head** ...だと思い込む《that 節》, ...しようと思いつく《to do; that 節》. **turn ...'s head** ...をうぬぼれさせる.

[派生語] **héaded** 形 頭のある,《複合語で》頭が...の: a bald-*headed* old man 頭のはげた老人. **héader** 名 C ページや章の標題, 見出し,【コンピューター】ヘッダー, 頭からの飛び込み,《サッカー》ヘディング. **héading** 名 C 見出し, 表題, 船や飛行機の方位,《サッカー》ヘディング. **héadship** 名 U 長であること, 長の立場. **héady** 形 向こう見ずの, わがままな, 性急な, 気持ちがうきうきした, 酒などがすぐ酔わせる.

【複合語】**héadàche** 名C 頭痛, 比喩的に心配事. **héadbànd** 名C 鉢巻き. **héadbòard** 名C ベッドの頭板. **héadchèese** 名U《米》豚の頭や足の塩漬け肉. **héad còld** 名C 鼻風邪. **héaddrèss** 名C 頭飾り. **héadfírst** 副 頭から先に, 真っ逆さまに, あわてて. **héadgèar** 名C 帽子, ヘルメットなど頭にかぶるもの. **héadhùnter** 名C 首狩り族, 〔俗語〕人材スカウト会社. **héadlàmp** 名C ヘッドライト. **héadlànd** 名C 岬. **héadlìght** 名C ヘッドライト. **héadlìne** 名C 新聞の主な見出し, ニュースの主な項目. **héadlòng** 副 真っ逆さまに, あわてて. 形《限定用法》真っ逆さまの, あわてた. **héadman** 名C 頭(かしら), 長(おさ). **héadmàster** 名C 校長. **héadmìstress** 名C 女性の校長. **héad óffice** 名C 本社, 本店. **héad-ón** 副形 特に車などが真っ正面から(の). **héadphónes** 名《複》ヘッドホーン. **héadpìece** 名C かぶり物, 頭, 頭脳. **héadpìn** 名C《ボウリング》ヘッドピン. **héadquàrters** 名C《単数または複数扱い》本部, 司令部. **héadrèst** 名C 歯医者のいすや車の座席の頭乗せ, 頭ささえ. **héadròom** 名U 頭と天井までのスペース, 空(あ)き高. **héadsèt** 名C しばしばマイク付のヘッドホーン. **héadshrìnker** 名C《米》〔こっけい〕精神科医. **héadsman** 名C 首切り役人. **héadstànd** 名C 頭をつけた逆立ち〔★普通の逆立ちは handstand〕. **héad stárt** 名C 競技での早いスタート, 有利なスタート. **héadstòne** 名C 墓石. **héadstròng** 形 頑固な, わがままな. **hèad táble** 名C 主賓席. **hèad-to-héad** 副形 直接対決で[の], 大接戦で[の], (headroom). **héadwày** 名U 前進, 進歩, 空(あ)き具合. **héadwìnd** 名C 向かい風, 逆風. **héadwòrd** 名C 辞書の見出し語,《文法》主要語.

heal /hi:l/ 動 本来他〔一般語〕一般義 傷を治す. その他 《文語》人の病気を治す《語法》cure が普通. 比喩的に苦しみや悲しみなどを癒す, 軽くする. 自 傷や病気が治る, 悲しみなどが癒える.
語源 古英語 hāl (=whole; hale) から派生した 動 hǽlan から.
用例 This ointment will soon *heal* your cuts. この軟こうであなたの切り傷はすぐに治るでしょう/The wound will *heal* in a few days. その傷は2,3日で治るでしょう.
類義語 heal; cure: **heal** は病気を治すという意味でも用いるが特に切り傷や精神的な傷などを治す, 癒すことに意味の中心がある. 逆に **cure** は病気を治すことに意味の中心がある.
【慣用句】*heal up* [*over*] 傷が治る.
【派生語】**héaler** 名C 治すもの[人], 薬, 治療者: Time is a great *healer*. 時は偉大な癒し手である. **héaling** 名U 精神的な回復, 癒し.

health /hélθ/ 名U〔一般語〕一般義 人の心身の健康状態, 体の具合. その他 人が健康であること, 健全, 保健, 衛生. また財政や経済などの健全さ, 健全さの度合い.
語源 古英語 hāl (=whole; hale) から派生した 名 hǽlth から. 「全体がそろっていること, 欠けたところがないこと」から「健康」の意味になった.
用例 He has regained his *health*. 彼は健康を回復した/He seemed to be in good [poor] *health*. 彼は健康状態が良い[悪い]ようだった/the *health* of nation's economy 国家経済の健全さ.
【慣用句】*drink* (*to*) ...'s *health* 人の健康を祈って乾杯する. *enjoy good health* 健康である. *out of health* 健康を害して. (*To*) *your health!* 乾杯!
【派生語】**héalthful** 形 健康によい, 健康的な. **héalthily** 副. **héalthiness** 名U. **héalthy** 形 健康な, 健康によい, 健全な.
【複合語】**héalth càre** 名U 健康管理, ヘルスケア. **héalth cènter** 名C 保健所, 診療所. **héalth certìficate** 名C 健康診断書. **héalth fàrm** 名C 田舎にある健康道場. **héalth fóod** 名UC 健康食品. **héalth insùrance** 名U 健康保険. **héalth resòrt** 名C 保養地.

heap /hi:p/ 名C 動 本来他〔一般語〕一般義 山や塊のようにごちゃごちゃと積み重ねられたもの. その他 比喩的に物事が大量にあること, (a 〜または複数形で)どっさり, たくさん, 《くだけた語》《しばしば複数形で》副詞的にずいぶん, とても. また単なる鉄の塊ということから, 〔俗語〕ぼろ自動車, 古くてがたがたの車. 動 として山のように積み重ねる, 料理などを山盛りにする, 大量に与える.
語源 古英語 hēap (群れ, 一団) から.
用例 He enjoyed being surrounded by a *heap* of books. 彼は本の山に囲まれて悦に入っていた/We have *heaps* of time. 私たちにはたくさんの時間がある/I'm feeling *heaps* better now. 私はいまはずいぶん気分がいい/Ancient people *heaped* rocks as a tombstone. 古代人は岩を墓石として積み重ねた/He *heaped* his plate with vegetables. 彼は皿に野菜を山盛りにのせた/He *heaped* abuse on his opponent. 彼は相手に悪口を浴びせた.
【慣用句】*all of a heap*《くだけた表現》非常に驚いて, 突然. *in a heap=in heaps* 山になって.

hear /híər/ 動 本来他《過去・過分 **heard** /hə́:rd/》〔一般語〕一般義 意識しないで自然に聞こえる, 耳に入ってくる. その他 人のうわさなどが聞こえてくる, 伝え聞く. またある目的のために意識的に何かを聞く, 耳を傾ける, 人の意見や言い分を聞いてやる, 特に裁判官が言い分を聞くことから, 事件を審理する. 自 聞く力がある, 耳が聞こえる, うわさで聞く.
語源 古英語 hieran から.
用例 I can't *hear* you. あなたの声[言っていること]が聞こえません/I didn't *hear* you come in. あなたが入って来る音が聞こえませんでした/I *hear* (that) you are leaving. 出発なさるそうですね/People go to church to *hear* Mass. 人々はミサを聞くために教会に行く/A judge *hears* court cases. 裁判官は公判事件を審理する/He can't *hear* well. 彼は耳が遠い.
語法 「意識しないで自然に聞こえる」あるいは「うわさで聞く」という意味では進行形を用いない. 「意識して聞く」「審理する」の意味では進行形になり得る.
類義語 hear; listen: **hear** は無意識のうちに音や声が耳に入ってくる, 聞こえることが中心的な意味で, **listen** は意識して聞こうとして聞くことに意味の中心がある. hear と listen の関係は see と look の関係と同じである.
【慣用句】*be hearing things* 幻聴がある, そら耳である. *hear about* ... ...について聞く, ...のうわさを聞く. *hear from* ... ...から連絡[手紙, 電話]がある. *hear! hear!*《英》いいぞ, そのとおり, 賛成. *hear of* ... ...のことを聞く, ...のうわさを聞く. *hear out* ... ...を最後まで聞く. *hear tell of* ... [*that* ...]《やや古めかしい表現》人が...と言うのを聞く, うわさで聞く. *I hear* (*that*) ... ...だそうだ, ...と聞いている. *make oneself heard* 人

に自分の言い分を聞かせる, 聞いてもらう. *would not hear of ...* …するのを認めようとしない: He *wouldn't hear of* her going home. 彼は彼女が帰るのを認めようとしない.
【派生語】**hearing** 名 UC 聴力, 聞こえる範囲, [やや形式ばった語]聞こうとする態度, 審問, 聴聞会: **hearing aid** 補聴器.
【複合語】**héarsày** 名 U 伝聞, うわさ.

hear·ken, har·ken /háːrkən/ 動 本来自 [古語] 耳を傾ける, 十分に注意を払う.
[語源] 古英語 heorcnian から. hark と同起源.

hearse /háːrs/ 名 C 動 本来他 [一般語] 霊柩車. 動 として, 遺体を霊柩車で運ぶ, さらには埋葬する. また [カト]聖週 (Holy Week) で使う三角形の枝つき燭台.

heart /háːrt/ 名 CU [一般語] [一般義] 心臓. [その他] 心臓の近くの部分を含めて胸部, 体の最も中心的なものから《the ～》中心, 核心, 本質. また心臓の形を象徴的に表して, ハート形のもの (♥),【トランプ】ハート, 比喩的に心臓が象徴する感情的なものが強調されて, 心, 感情, さらに愛情, 同情あるいは勇気, 元気.
[語源] 古英語 hearte から.
[用例] How fast does a person's *heart* beat? 人の心臓はどの位の速さで鼓動しますか/He lives in the *heart* of the town. 彼は町の中心に住んでいる/Let's get straight to the *heart* of the problem. 問題の本質に入りましょう/a white cardigan with little pink *hearts* on it 小さなピンクのハート模様のついた白いカーディガン/He has a kind *heart*. 彼はやさしい心を持っている.
[類義語] heart; mind: **heart** は感情的な点を強調する「心」. **mind** は知性的な点を強調する「心」で, 文脈によっては「頭」と訳される. **weak-hearted**「気が弱い」, **weak-minded**「頭が弱い」にその差がよく現れている.
[慣用句] *after one's own heart* 自分の思いどおりの. *at heart* [形式ばった表現] 心の底では, 本当は. *break …'s heart*=*break the heart of …* 悲しませる. *cross one's heart* [くだけた表現] 胸に十字を切る. 特に子供が本当のことだと主張する. *do …'s heart good* [やや古めかしい表現] 人を喜ばせる. *from the bottom of one's heart* 心の底から, 真に. *get to the heart of …* …の核心を突く. *have a change of heart* よい方へ気が変わる. *have a heart* 同情する. *have … at heart* [形式ばった表現] …を気にかける, 心配する. *have one's heart in …* …に興味を持つ. *have one's heart in one's mouth* [*boots*] 非常にこわがっている, 心配している. *have the heart to do*《主として否定文, 疑問文で》大胆にも…する. *heart and soul* 身も心も, 完全に. *in one's heart of hearts* 心の底では. *learn* [*know*] *… by heart* を暗記している, 暗記する. *lose heart* 元気をなくす: The soldiers were beginning to *lose heart*. 兵士達は戦意を失い始めていた. *set one's heart on …* =*have one's heart set on …* …を非常に望む, 欲しがる. *take heart* 元気になる. 強くなる. *take … to heart* …を心に留める, 気にかける. *to one's heart's content* [くだけた表現] 満足のいくまで. *wear one's heart on one's sleeve* 愛情などの気持ちがはっきり分かるようにふるまう. *with all one's heart* 心から, 喜んで. *with half a heart* しぶしぶと.
【派生語】**héarted** 形 [複合語で]…の心を持っている, 心が…の: kind*hearted* 心の優しい. **héarten** 動 本来他 元気づける. **héartily** 副 心から, 元気に, たくさん, たらふく, 全く. **héartiness** 名 U 誠実, 元気. **héartless** 形 無情な, 冷酷な. **héartlessly** 副. **héartlessness** 名 U. **héarty** 形 心からの, 元気な, たくさんの, 食欲旺盛な.
【複合語】**héartàche** 名 UC 心痛, 深い悲しみ. **héart attàck** 名 C 心臓発作. **héartbèat** 名 CU 心臓の鼓動, 動悸. **héartbrèaker** 形 深く悲しませる人[物]. **héartbrèaking** 形 深く悲しませる. **héartbròken** 形 打ちひしがれた, 深く悲しんだ. **héartbùrn** 名 U 胸やけ, ねたみ. **héartbùrning** 名 U ねたみ, うらみ. **héart disèase** 名 UC 心臓病. **héart fàilure** 名 U 心不全, 心臓まひ. **héartfèlt** 形 [限定用法] 心からの. **héartrènding** 形 胸の裂けるような, 悲痛な. **héartsìck** 形 悲痛の, 意気消沈した. **héartstrìngs** 名《複》もと心臓を支えていると信じられていた腱, 神経の意から, 深い愛情, 心の琴線. **héartthròb** 名 C 心臓の鼓動, 愛人. **héart-to-héart** 形 心からの, 率直な. 名 C [くだけた語] 率直な話し合い. **héart tròuble** 名 UC 心臓病. **héart-wàrming** 形 心温まる.

hearth /háːrθ/ 名 C [一般語] [一般義] 暖炉の火をたく炉床. [その他] 炉床を含めた全体としての暖炉, 家庭生活を象徴する炉辺(ふくち), 家庭生活, 家庭. [冶] 溶鉱炉の床.
[語源] 古英語 heorth から. 原義は「燃える場所」.
[用例] She was cleaning the *hearth*. 彼女は炉床を掃除していた.
【派生語】**héarthrùg** 名 C 暖炉の前の敷物. **héarthsìde** 名 U 炉辺, 家庭. **héarthstòne** 名 CU 炉床に用いた炉石, 家庭.

heartless ⇒heart.
hearty ⇒heart.

heat /híːt/ 名 UC 動 本来他 [一般語] [一般義] 熱. [その他] 熱さ, 暑さ, 暖かさ, オーブンや暖房などの温度, 暖房.【物理】熱エネルギー. 比喩的に熱がこもった状態, 熱烈, 興奮, 激しい怒り, 雌の動物の発情(期). また《冶》一回の加熱,【スポ】1 回の競技, レース, あるいは予選. 動 として, 物を熱する, 暖める. 自 熱くなる, 温まる.
[語源] 古英語 hǽtu, hǽte, 動hǽtan から.
[用例] Would you test the *heat* of the water before I bath the baby? 私が赤ちゃんをお風呂に入れる前にお湯の熱さを確かめてください/I don't like the *heat* of summer. 私は夏の暑さが嫌いです/He talked loudly in the *heat* of the debate. 彼はディベートに興奮して乱暴なしゃべり方をした/Having won his *heat* he is going through to the final. 彼は予選に勝って決勝まで勝ち進んでいる/That small room will soon *heat* up. あの小さな部屋はすぐに暖まるでしょう.
[類義語] heat; temperature; fever: **heat** は物体の熱さ. **temperature** は人をはじめ動物の体温や気温という意味での熱をいい, 日本語の「熱を計る」は take …'s *temperature* である. **fever** は病気による高い体温, 高熱について用いる.
[反義語] cold.
【派生語】**héated** 形 熱せられた, 興奮した. **héater** 名 C ヒーター, 暖房器具. **héating** 名 U 加熱, 暖房(装置).
【複合語】**héat pùmp** 名 C 外気を利用した冷暖房装

heath /híːθ/ 名 UC 〔一般語〕〔一般義〕草や低木が茂る広大で平坦な荒野. その他 元来は荒野に自生するエリカやぎょりゅうもどきなどの低木の総称, ヒース(heather).
語源 古英語 hæth より.
【慣用句】*one's native heath* 生まれ故郷, 子供の頃を過ごした土地.
【派生語】**héathless** 形. **héathlike** 形. **héathy** 形.
【複合語】**héath-bèll** 名 C 鐘型のヒースの花. **héath-còck** 名 C 〖鳥〗 黒らいちょうの雄 (black cock). **héath-hèn** 名 C 〖鳥〗 黒らいちょうの雌 (gray hen).

hea·then /híːðən/ 名 C 形 〔やや古語〕〔一般義〕(軽蔑的)キリスト教徒, ユダヤ教徒, イスラム教徒のそれぞれから見た異教徒. その他 多神教の信者や宗教を一切信じない不信心者, 無宗教者. くだけた語 教養の低い人, 無作法な人.
語源 古英語 hæthen より. heath に住む人の意.
【派生語】**héathendom** 名 UC 異教信仰, 異教の国々〔人々〕. **héathenish** 形. **héathenism** 名 U.

heath·er /héðər/ 名 CU 〖植〗荒野に自生するツツジ科エリカ属の低木の総称, ヒース, ヘザー, 特にぎょりゅうもどき. ⇒heath.
語源 古英語 hadre, hedre から.
【慣用句】*set the heather on fire* 騒動を起こす. *take to the heather* 《スコットランド》山賊になる.
【派生語】**héathery** 形 ヒースの(ような), ヒースの生い茂った.
【複合語】**héather mixture** 名 UC 種々の色糸を混ぜて織った毛織物.

heathless ⇒heath.
heathlike ⇒heath.
heathy ⇒heath.

heave /híːv/ 動 本来義 名 C 〔一般語〕〔一般義〕重いものを力をこめて持ち上げる, 引っ張り上げる. その他 重いものを力をこめて放り投げる, 〖海〗いかりなどを持ち上げて投げ入れる. また息を吸いこんで胸をふくらませる, ため息やうめき声を苦しげに出す, 重苦しいうなり声をあげる. 自 海や地面が持ち上がる, 高くなる, 隆起する, 波などがうねる, 胸が波うつ, あえぐ, 吐くなどの意. 名 として, 重いものを持ち上げたり引っ張ること, 隆起, 吐き気.
語源 古英語 hebban から.
用例 They *heaved* the wardrobe (up) into the lorry. 彼らは洋服だんすをトラックに引っ張り上げた/He *heaved* a sigh of relief when he reached safety. 彼は安全な所に着くと安堵のため息をついた/The earthquake made the ground *heave*. その地震のため土地が隆起した.
類義語 raise.

heav·en /hévn/ 名 U 〔一般義〕(しばしば H-)死後の至福の場所にいて神が住み善人が行く所と思われている天国, また天国を治める神(God). その他 くだけた語 天国のような場所, 楽園, 極楽. (通例複数形で)単に天体としての天, 空(sky).
語源 古英語 heofon から. 原義は「おおうもの」.
用例 The little girl said she would like to be one of the angels in *Heaven*. その少女は天国にいる天使になりたいと言った/*Heaven* helps those who help themselves.《ことわざ》天は自ら助くる者を助く/"This is *heaven*," she said, lying on the beach in the sunshine. 日の照る砂浜に横になって, 「これこそ天国よ」と彼女は言った.
反意語 hell.
類義語 sky.
【慣用句】*be in heaven* 天国にいる, とても幸せである, 死んでいる. *by Heaven(s)* 神かけて, 必ず. *go to Heaven* 天国へ行く, 死ぬ. *(Good) Heavens!* 驚き, あわれみなどの強い感情を表して, 何と! おや! まあ! とんでもない! *heaven knows* 私は知らない, 確かに. *thank heavens*《感嘆詞的に用いて》ありがたい! しめた!: *Thank heavens* he isn't coming! しめた, 彼は来ないのだ/*Thank heavens* for that! それはありがたい.
【派生語】**héavenly** 形 天の, 天国のような, 神のような, すばらしい: heavenly body 天体. **héavenward** 副 形 天に向かって〔向かう〕, 天の方へ〔方の〕. **héavenwards** 副《英》=heavenward.
【複合語】**héaven-sènt** 形 天から降ったような, 幸運な.

heavy /hévi/ 形 名 副 〔一般語〕〔一般義〕持ち上げたり持ち運んだりするのが難しいほど重い, 重量がある. その他 単に重さが…ある. また, 量の多いことにつながり, 多量の, 多い, 多額の, 交通の量が多いことから, 混雑した, 程度のはなはだしさを強調し, 重度の, 激しい, 非常に大きい, つらい. 比喩的に気分が重苦しい, 頭が重い, 空がどんよりした, 陰気な. 重いことから軽快ではない, 鈍い, 不器用な, 文章などが内容が重すぎて読みづらい, 理解しにくい, 厄介な. 食べ物について用いて, 脂肪分やアルコール分が強くて胃に重たい, しつこい. また〖劇〗役を中心に暗い, 深刻な. 名 として暗い役, 深刻な役, かたき役, 〔俗語〕重要人物, 大柄でがっしりした用心棒. 副 として重く, ひどく.
語源 古英語 hefig から.
用例 This wardrobe is too *heavy* to carry. このたんすは重くて運べない/I wonder how *heavy* our little baby is. 私たちの赤ん坊はどの位の重さなのかしら/*heavy* snow 大雪/*heavy* taxes 重税/a *heavy* blow 激しい打撃/Books on philosophy are too *heavy* for me—I prefer fiction. 哲学書は私には難しすぎます. フィクションの方が好きです.
反意語 light.
【慣用句】*heavy going*〔くだけた表現〕厄介なこと: I found his book very *heavy going*. 彼の本はとても読みづらかった. *make heavy weather of*…〔くだけた表現〕…を大げさに考える, やさしいことを難しく考える.
【派生語】**héavily** 副 重く, 重そうに, 大量に, 激しく, 重苦しく, 密に. **héaviness** 名 UC 重さ, 重苦しさ, つらさ.
【複合語】**héavy-dúty** 形 酷使に耐えるような, 丈夫な, 耐久性のある. **héavy-héarted** 形 心の重い, 悲しげな, 憂うつな. **héavy hýdrogen** 名 U 〖化〗重水素. **héavy índustry** 名 U 重工業. **héavy-láden** 形 重荷を積んだ, 心配事のある. **héavy métal** 名 U 重金属. **héavy óil** 名 U 重油. **héavy-sét** 形 がっしりとした, ずんぐりとした. **héavy wáter** 名 U 〖化〗重水. **héavyweight** 名 C ボクシングなどのヘビー級の選手, 〔くだけた語〕重要人物, 大物.

Hebraic ⇒Hebrew.
Hebraism ⇒Hebrew.
He·brew /híːbruː/ 名 CU 形 〔一般語〕〔一般義〕ヘブラ

Hebrides

イ人[語](の)《★主に古代のヘブライ語[人]を表す).[その他]ヘブライ文化の.
[語源]「渡ってきた人」, すなわちユーフラテス川の東から川を渡ってきた人の意. 中英語に入った.
【派生語】**Hebraic** /hi(:)bréiik/ [形]. **Hebraism** /híːbreiìzəm/ [名][U] ヘブライ語法[表現], ヘブライ思想[文化]《★Hellenism とともにヨーロッパ文化の二大源流をなす).

Heb·ri·des /hébridìːz/ [名][固] (the ～) スコットランド西方のヘブリデス諸島.
【派生語】**Hèbridéan** [形][C] ヘブリデス諸島の(住民).

heck /hék/ [名][U][感]《くだけた語》困惑, 驚き, 嫌悪, 強調などを表し[一体全体]. [感] として[畜生], くそ, ちぇ.
[語源] hell の婉曲語. 19世紀から.
[用例] I had to wait a *heck* of a long time. うんざりするほど待たねばならなかった.

heck·le /hékl/ [動][本来他]〔一般語〕講演者や立候補者, またはその演説などをぶしつけな質問ややじで妨げる, 困らせる.
[語源] 中英語 hackle (亜麻すきぐし) の方言 heckle から.
【派生語】**héckler** [C].

hec·tare /héktɛər, -taːr/ [名][C]〔一般語〕ヘクタール《★面積単位；＝100 アール＝10,000m²》.
[語源] ギリシャ語 *hekaton* (=hundred) + are (アール). 19世紀から.

hec·tic /héktik/ [形][UC]〔一般語〕[一般義] 日程や行事などが興奮, 混乱, あわただしさでてんてこ舞の, てんやわんやの. [その他] 本来は結核などに伴う熱が繰り返す, 回帰熱の. [名][古風語][医]回帰熱.
[語源] ギリシャ語 *hektikos* (=habitual; consumptive) がラテン語を経て中英語に入った.
【派生語】**héctically** [副]. **hécticness** [名][U].

hec·to- /héktou-/ [連結]「百」を表す.
[語源] ギリシャ語 *hekaton* (=hundred) から.

hec·to·gram,《英》**hec·to·gramme** /héktəgræm/ [名][C]〔一般語〕ヘクトグラム《★重さの単位；＝100 グラム》.

hec·to·li·ter,《英》**-tre** /héktəlìːtər/ [名][C]〔一般語〕ヘクトリットル《★容量の単位；＝100 リットル》.

hec·to·me·ter,《英》**-tre** /héktəmìːtər/ [名][C]〔一般語〕ヘクトメートル《★長さの単位；＝100 メートル》.

hec·to·pas·cal /héktoupæskæl/ [名][C]【理】ヘクトパスカル《★圧力の単位》.

hec·tor /héktər/ [動][本来他]〔形式ばった語〕自分の言うことを聞かせるためにどなりつける. [名] として弱い者いじめをする者.
[語源] Homer の *Iliad* に出てくるトロイの勇者 Hector から. この人物はしばしば弱い者いじめをする人として描かれている. 中英語から.

he'd /hiːd, 弱 iːd, hid/《くだけた語》=he would; he had.

hedge /hédʒ/ [名][C][動][本来他]〔一般語〕[一般義]生け垣, 垣根. [その他] 比喩的に損失, 害, 批判などからの防御策, 防御手段, 特に【商】掛けつなぎ売買,【金融】ヘッジ. [動] として[生け垣を作る]. [形式ばった語] 質問に対して明確な答えを避ける, あいまいに答え, 投機などで損失を防止する.
[語源] 古英語 *hecg* から. 原義は「編み合わせた柵, 囲い」.
[用例] Our garden is separated from our neighbor's by a high *hedge*. 我が家の庭は高い生け垣で隣の庭から仕切られている/I bought some jewels as a *hedge* against inflation. 彼はインフレの防御策として宝石を買った/*hedge* a garden 庭を生け垣で囲む.
【慣用句】**be** [**sit**] **on the hedge** 生け垣の上にすわっている, 日和見をする. ***hedge one's bets*** 損失, 批判からの防御策を巡らす.
【派生語】**hédgehòp** [動][本来自]生け垣すれすれになるほど低空飛行する. **hédgerów** [名][C] 生け垣を作っている低木の列, 生け垣.

hedge·hog /hédʒɔ(ː)g/ [名][C]【動】はりねずみ,《米》やまあらし, また針のようなとげのある植物や実. 比喩的につきあいにくい人,【軍】四方を堅固に防御したはりねずみ陣や有刺鉄線などの防御用障害物.
[語源] hedge + hog. 中英語から.

he·don·ic /hiːdánik/ -5-/ [形]〔一般語〕快楽の, 快楽主義の.
[語源] ギリシャ語 *hēdonē* (快楽) の派生形 *hēdonikos* が初期近代英語に入った.
【派生語】**hedonism** /híːdənìzəm/ [名][U] 快楽主義, またそれに基づいた生き方や行動. **hédonist** [名][C]. **hèdonístic** [形].

hee·bie·jee·bies /hìːbi(ː)dʒíːbiːz/ [名][複]《くだけた語》(the ～) 不安感やいらいら.
[語源] 米国の漫画家 Billy De Beck(1890-1942) の造語から.

heed /híːd/ [動][本来他][U]〔形式ばった語〕人や忠告, 警告などに注意を払う, 心に留める. [名] として注意, 留意.
[語源] 古英語 *hēdan* より.
[類語] attention; caution; note; notice; care.
【慣用句】***pay*** [***give***] ***heed to*** ... ...に注意を払う. ***take heed of*** ... ...に注意を払う.
【派生語】**héedful** [形]. **héedfully** [副]. **héedfulness** [名][U]. **héedless** [形]. **héedlessly** [副]. **héedlessness** [名][U].

hee·haw /híːhɔː/ [名][C][動][本来自]〔一般語〕ろばの鳴き声, ひゃーん(⇒bray), またろばの鳴き声に似ていることから, ゲラゲラ笑い, ガハハ, ワッハッハッ. [動] として, ろばがいななく, 人がばか笑いをする(guffaw).
[語源] 擬音語. 19世紀から.

heel¹ /híːl/ [名][C][動][本来他]〔一般語〕[一義] 足のかかと. [その他] 靴下や靴のかかとの部分や手首のつけ根, かかと状のもの, パンの耳,《複数形で》女性用のハイヒール靴,【ゴルフ】クラブのヒール, また末端, 終わりの部分, ビンに残った小量の酒,〔古風語〕軽率なやつ, いやなやつ. [動] として, 靴にかかとをつける,《命令形で》犬に命令して(脇に)つけ,【ラグビー】かかとでボールを後方へ押し出す. [自] 後について行く.
[語源] 古英語 *hēla* から.
[用例] I have a blister on my *heel* because my shoe is too tight. 靴が小さすぎてかかとに水ぶくれができている/I have a hole in the *heel* of my sock. 私の靴下のかかとに穴があいている.
【慣用句】**at** [**on**] ***...'s heels*** ...のすぐ後について. ***cool*** [***kick***] ***one's heels***《くだけた表現》かなり長い間待つ[待たされる]. ***down at*** (***the***) ***heel***(***s***) 靴がすりへって, 人がみすぼらしく, 服装がだらしなく. ***head over heels***

heel
真っ逆さまに, 完全に. ***show a clean pair of heels***〔古風な語〕靴のかかとをはっきり見せるようにして走って逃げる. ***take to one's heels***〔くだけた表現〕一目散に逃げる. ***to heels*** 後について, 服従して. ***turn on one's heel*** 怒ったり, 気に入らないことがあって突然くるりと向きを変える.
【派生語】**héeled** 形《しばしば複合語で》かかとのある, かかとが...の: high-heeled shoes かかとの高い靴.

heel² /híːl/ 動 本来自 名 U 〔一般用〕積み荷が不均衡だったり風や波などのために船が**傾く**. 他 船を傾ける. 名 として, 船の傾き, 傾き度合い.
語源 廃語の hield (=incline) より. 初期近代英語から.

heft /héft/ 名 U 動 本来他〔くだけた語〕一般義 物や人の目方, 重さ. その他 比喩的に重み, 重要性, 影響力. 動 として, 重い物を**持ち上げる**, 持ち上げて重さを計る.
語源 cleave, cleft や weave, weft などに倣って, heave から派生したものと思われる. 中英語から.
【派生語】**héftily** 副. **héftiness** 名 U. **héfty** 形 ずっしりと重い, 大柄でたくましい.

hegemonic ⇒hegemony.
hegemonism ⇒hegemony.

he·ge·mo·ny /hidʒéməni | hí(:)gém-/ 名 U〔形式ばった語〕ある地域内などで他の国々を**支配**すること, 指導権, 覇権(はけん).
語源 ギリシャ語 hēgemōn (=leader) から派生した hēgemonia (=leadership) が初期近代英語に入った.
【派生語】**hegemonic** /hèdʒəmánik | hì:gimón-/ 形. **hegémonism** 名 U 覇権主義, 拡張主義.

heif·er /héfər/ 名 C〔一般用〕まだ子を生んだことのない**若い雌牛**(⇒cow).
語源 古英語 hēahfore より.

heigh /hái, héi/ 感〔古風な語〕激励, 喜び, 関心, 注意喚起, 質問提起などを表す声, おーい! ほほう! わー!.

heigh-ho /héihóu/ 感〔古風な語〕退屈, 驚き, 興奮などを表す声, ううん! ああ! やれやれ!.

height /háit/ 名 CU〔一般用〕一般義 人の足元から頭まで, ものの基部から一番上までの**高さ**. その他 地上からある程度の高さ, 高度, (通例複数形で)高地, 高台, 高所, 比喩的にあるものの**頂点**, 絶頂, 真っ盛り, 極みの意.
語源 古英語 hēah (=high) に名詞語尾-th のついた hēhthu, hīehthu から.
用例 What's the *height* of the tree? その木の高さはどの位ですか/The climber fell from a great *height*. 登山者は大変な高所から落ちた/The storm was at its *height*. 嵐のまっただ中にあった/His actions were the *height* of folly. 彼の行為は愚の骨頂だ.
類義語 height; highness: どちらも「高さ」を意味するが, **height** は具体的な高さを表し, **highness** は抽象的な高さについていう. なお, highness は, 人が高い地位にあることから, 王族や皇族に対する敬称「殿下」として用いられる.
【派生語】**héighten** 動 本来他 高くする[なる], 大きくする[なる].

hei·nous /héinəs/ 形〔文語〕人の性格や犯罪の内容がぞっとするほど**極悪の**, 凶悪な, 〔俗語〕ものなどが**劣悪な**.
語源 古フランス語 haïr (=to hate) が haïneus (=full of hate) を経て中英語に入った.
【派生語】**héinously** 副. **héinousness** 名 U.

heir /éər/ 名 C〔一般用〕財産, 称号などの**遺産相続人**, 前任者の仕事や地位, また思想などの**後継者**.
語源 ラテン語 hēres が古フランス語を経て中英語に入った.
用例 A king's eldest son is the *heir* to the throne. 王の長男が王位継承者である.
【慣用句】***fall heir to ...***〔形式ばった表現〕...の相続人となる.
【派生語】**héiress** 名 C 女の相続人.
【複合語】**héir appárent** 名 C《複 **heirs apparent**》法定推定相続人《★被相続人に子供など他の人の出現により相続権を奪われることのない人》. **héirloom** 名 C 法定相続動産, 先祖伝来の家宝. **héir presúmptive** 名 C《複 **heirs presumptive**》推定相続人《★兄弟など被相続人に子供が生まれれば相続権を失う人》.

he·li·cop·ter /hélikaptər | -kɔp-/ 名 C 動 本来自〔一般用〕ヘリコプター《語法 前半を省略して copter ともいう》. 動 としてヘリコプターで**飛ぶ**. 他 ヘリコプターで運ぶ.
語源 ギリシャ語 helix (=spiral) + pteron (=wing) をもとにしたフランス語 hélicoptère が19世紀に入った.
用例 A *helicopter* was sent to pick up the injured man from the sea. けがをした男性を海から助け上げるためヘリコプターが差し向けられた.

he·li·o·graph /híːliougræf | -gra:f/ 名 C 動 本来他〔一般用〕日光反射信号機, その信号. 動 として〔古風な語〕日光反射信号機で情報を**送る**.
語源 ギリシャ語 helio-「太陽」+ -graph による19世紀の造語.
【派生語】**héliographer** 名 C. **hèliográphic** 形. **hèliógraphy** 名 U.

He·li·os /híːliɑs | -ɔs/ 名 固《ギ神》太陽の神, ヘリオス.

he·li·o·trope /híːliətròup/ 名 CU《植》キダチルリソウ属の植物の総称, ヘリオトロープ, その花の色, 薄紫色.
語源 ギリシャ語 hēliotropion (hēlios sun + tropos turning) がラテン語を経て中英語に入った.
【派生語】**hèliotrópic** 形. **heliotropism** /hi:liátrəpìzəm | -liɔ́t-/ 名 U《植》向日性.

he·li·port /hélipɔ:rt/ 名 C〔一般用〕ヘリコプター発着所, ヘリポート(helipad; helistop).
語源 heli(copter) + (air)port.

he·li·um /híːliəm/ 名 U《化》ヘリウム《★元素記号 He》.
語源 ギリシャ語 hēlios (=the sun) + -ium. 太陽が発する輝線からその存在が推測されたことによる.

hell /hél/ 名 U 感〔一般用〕一般義《しばしば H-》**地獄**. その他 比喩的に地獄のような場所, 状態, この世の地獄, 猛烈な苦しみ, **苦境**, 魔境. 感 として〔卑語〕**畜生**!, 何をするくそっ..., 〔俗語〕(the ~)疑問文を強めて**一体全体**.
語源 古英語 hel(l) から. 「おおいかくされた場所」が原義.
用例 Drug-addicts go through *hell* when they try to give up drugs. 麻薬常用者は麻薬を断とうとする時地獄の苦しみを経験する/Oh, *hell*! I've lost my keys. えい, 畜生! 鍵をなくした/What the *hell*

have you got? 一体全体お前は何を持っているのだ. [反意語] heaven.
【慣用句】(*a*) *hell of a* ... 〔くだけた表現〕強め表現として, 良い意味でも悪い意味でも大変な[に]...: He's *a hell of a* (nice) fellow. 彼は大変いい奴だ/That's *a hell of a* big parcel. それは実にばかでかい包みだ. *for the hell of it* 〔くだけた表現〕はっきりした理由なしに, 面白半分に. *give hell to* ......を厳しくしかる. *Go to hell!* 〔俗語〕地獄に落ちろ!, くたばってしまえ! *play hell with* ... 〔くだけた表現〕...をめちゃめちゃにする, 大変な害を与える.
【派生語】**héllish** 形 地獄のような, 大変な苦しみを引き起こす, 非常に悪い, 非常に不愉快な.
【複合語】**héll-bènt** 形 決心した, 無謀につき進む. **héllcàt** 名 Ⓒ 性悪女, 魔性の女. **héllfìre** 名 Ⓤ 地獄の炎, 地獄の苦しみ.

he'll /hiːl/ 〔くだけた語〕=he will; he shall.

Hel·len·ic /helénik/ 形 〔一般語〕古代ギリシア人の, 古代ギリシア語[文化]の.
[語源] ギリシア語 *Hellēn* (ギリシャ人) から.

Hel·le·nism /hélinizəm/ 名 Ⓤ 〔一般語〕ギリシャ文化・思想, ヘレニズム 《★Hebraism と共にヨーロッパ思想の二大源流を成す》. [その他] 本来はギリシャの文化, 様式, 言葉などを採り入れるギリシャ化.
[語源] ギリシア語 *Hellēn* (ギリシャ人) の派生形 *Hellēnismos* (=imitation of the Greeks) が初期近代英語に入った.
【派生語】**Héllenist** 名 Ⓒ ギリシャ語・文化を採用した人, ギリシャ学者. **Hèllenístic** 形 ヘレニストの, ギリシャ式の, ギリシャ風の. **Héllenize** 動 [本来他] ギリシャ化する.

hellish ⇒hell.

hel·lo /helóu, ˊ-ˋ/ 感 名 Ⓒ 動 [本来自] 〔一般語〕 [一般義] あいさつの言葉として, やあ, こんにちは, 特に電話のあいさつでもしもし, 《[語法] 朝・昼・夜のいつでも用いられる; hallo, hullo とも》. [その他] 遠くの人々の姿が見えない時に注意を引くためのお~い, 驚き, 喜びを表しておや, まあ. 名 としてやあというあいさつ. 動 としてやあと呼びかける, あいさつする 《[語法] 3 人称・単数・現在形は~es》.
[用例] Say *hello* to your aunt. おばさんにあいさつしなさい.

helm /hélm/ 名 Ⓒ 動 [本来他] 〔一般語〕 [一般義] 船の舵(かじ), 舵柄(だへい), 舵輪(だりん). [その他] 比喩的に指導や支配, 指導的地位[立場]. 動 として, 船の舵を取る, 物事を差配する, 指導する.
[語源] 古英語 helma から.
【慣用句】*be at the helm of* ......を指導[支配]する立場にある. *take the helm of* ......を指導する, 支配する.
【複合語】**hélmsman** 名 Ⓒ 操舵手. **hélmsmanship** 名 Ⓤ 操舵術.

hel·met /hélmit/ 名 Ⓒ 〔一般語〕 [一般義] 安全帽, ヘルメット. [その他] 中世の騎士がかぶったかぶと, 兵士のかぶる鉄かぶと, また 〖植〗ラン科の花の萼片(がくへん).
[語源] 古英語 *helm* (かぶと) に指小辞-et がついた形で, 中英語から.
[用例] Soldiers wear *helmets* when fighting. 兵士は戦う時にヘルメットをかぶる.
【派生語】**hélmeted** 形 ヘルメットをかぶった.

help /hélp/ 動 [本来自] 名 Ⓤ Ⓒ 〔他〕 [一般義] 人の手伝いをする, 人が...するのを手伝う. [その他] 困っている人や危険に陥っている人を助ける, 救う, 《~ oneself で》人が自分自身を助けるから, 自分のことは自分でする, 自分で努力する, 自立する. 人が食べものを取るのを手伝ってやることから, 取ってやる, よそう, 勧める. 店などで客の用事をすることから, 店員が応対する. また物事が状態に役立つ, 状態をよくする, 促進する, 改善する, 薬などが病気を治す, 苦痛などを和らげる. さらに 《通例 can や cannot と共に用いて》防ぐ, 避ける. 名 助ける, 助けとなる, 役に立つ. 他 として 手伝い, 助け, 救助, コンピューターのプログラムのヘルプ. 《通例 a ~》助けになる人[もの], 役に立つ人[もの], お手伝い, 家政婦, 《通例否定文で》救済法, 治療法, 避けるべき方法.
感 して, 危険な時や困った時に用いて, 助けて!.
[語源] 古英語 動 helpan, 名 help から.
[用例] She *helped* me with my homework. 彼女は私の宿題を手伝ってくれた/He *helped* the old man (to) cross the street. 彼はそのお年寄りが通りを渡るのを手伝った/God *helps* those who *help* themselves. 《ことわざ》天はみずから助くる者を助く(天は自分で努力する人に手を差し伸べてくれるものである)/Can I *help* you to another slice of cake? ケーキをもう一切れお取りしましょうか/Can [May] I *help* you?《店で》いらっしゃいませ(何をお捜しですか)《[語法] may のほうがやや丁寧》/Henry's sensible suggestions *helped* the negotiations immensely. ヘンリーの分別ある提案は交渉に非常に役立った/An aspirin will *help* your headache. アスピリンで頭痛が治りますよ/I cannot *help* it. どうしようもない/I'll be happy if you *help*. 手伝ってくれればありがたいんだが/We need your *help*. あなたの助けが必要です/You're a great *help* to me. おかげで大変助かります/She has hired a new *help*. 彼女は新しい家政婦を雇った.
[類義語] help; save; aid; assist: **help** は「助ける」意で最も日常的に用いられる. **save** は「命を助ける, 危機を救う」という意で用いる. **help** の方が個人的で緊急性が感じられる. 危険に陥ってる人は Help (me)! と叫び, save は用いない. **aid** はやや形式ばった語でしばしば物質的・金銭的援助を意味し, **assist** は assistant (助手)に見られるように, 補助的な助け方が中心の意味である.
【慣用句】*be of help* 役に立つ, 役立っている. *cannot help but do* 〔くだけた表現〕《米》...しないわけにはいかない 《[語法] cannot but do と cannot help doing が一緒になったもの》. *cannot help doing* ...しないわけにはいかない. *help ... along* 手伝って...を進ませる. *help oneself to* ......を自分で取って食べる[飲む], 盗む. *help out* 手を貸す, 手から出してやる, 助けて切り抜けさせる. *help ... over* ......を手伝って...を越えさせる. *help ... up* ...を手伝って登らせる. *so help me* (*God*) 感嘆詞的に用いて, 誓って, 本当に.
【派生語】**hélper** 名 Ⓒ 助ける人, お手伝い, 救助者. **hélpful** 形 助けとなる, 役に立つ. **hélpfully** 副 役立つように, 有用に. **hélpfulness** 名 Ⓤ. **hélping** 名 Ⓤ Ⓒ 手伝うこと, 料理や食べ物の一人前, 一回分. **hélpless** 形 どうすることもできない, 助けのない, 無力な. **hélplessly** 副 頼るものもなく困って, どうしようもなく, 当惑して. **hélplessness** 名 Ⓤ.
【複合語】**hélpmàte** 名 Ⓒ 協力者, 特に妻, 時には夫.

Hel·sin·ki /hélsiŋki/ 名 固 ヘルシンキ 《★フィンランドの首都》.

hel·ter-skel·ter /héltərskéltər/ 副 形 名 Ⓒ 〔くだ

けた語] あわてふためいて[た]. 名 として狼狽(ろうばい), 《英》遊園地などにあるらせん状のすべり台.
[語源] 類似音の繰り返しの擬音語. 初期近代英語から.

helve /hélv/ 名 C 動 本来他 〔一般語〕斧や武器などの柄. 動 として柄を取り付ける.
[語源] 古英語 hielf (= handle) から.
【慣用句】**throw the helve after the hatchet** 損の上に損を重ねる.

hem¹ /hém/ 名 C 動 本来他 〔一般語〕〔一般義〕布や衣服の折り返して縫ってあるへり, へり. その他 一般にへり, 境界. 動 としてへり縫いをする, 人, 物, 場所をとり囲む (about; around).
[語源] 古英語 hemm から.
【慣用句】**hem in** …をとり囲んで動きを封じる.
【派生語】**hémmer** 名 C へり縫い職人[装置].
【複合語】**hémline** 名 C スカートなどのすそ. **hémstitch** 名 C 動 本来他 糸抜きへり飾り, ヘムステッチ(をする).

hem² /hém, hm/ 感 名 C 動 本来自 〔一般語〕咳払いの音で, 注意を促したり, 疑いやためらいを表すえへん! 名 として咳払い. 動 としてえへんという, 咳払いする.
[語源] 擬音語. 中英語から.
【慣用句】**hem and haw** 適当な言葉がなくて口ごもる, 言葉をにごす.

hemi- /hémi-/ 連結 「半分」の意.
[語源] ギリシャ語 hēmi- (= half) から. hemo- (血)の母音の前での形.

hemi·sphere /hémisfiər/ 名 C 〔一般語〕〔一般義〕赤道や黄道で等分された地球や天球などの半球. その他 [解] 脳半球. 転じて活動や知識の範囲, 領域.
[語源] ギリシャ語 hemi- 「半分」+ sphaira (= sphere)がラテン語, 古フランス語を経て中英語に入った.
[用例] the Eastern *Hemisphere* 東半球(★ヨーロッパ, オーストラリア, アジア, アフリカを含む)/the Western *Hemisphere* 西半球(★南北アメリカ, オセアニアを含む).
【派生語】**hèmisphéric, -cal** 形.

hem·lock /hémlɑk|-lɔk/ 名 CU [植] 毒にんじん(《英》 poison hemlock), …から採れる毒薬(★鎮静剤としても使われる). またどくぜり(water hemlock), 《米》つが(hemlock fir [spruce])やつが材.
[語源] 古英語 hymlic, hemlic から.

he·mo-, 《英》**hae·mo-** /híːmə, hémə/ 連結「血」の意.
[語源] ギリシャ語 haima (= blood) から.

he·mo·glo·bin, 《英》**hae·mo·glo·bin** /hìːməglóubin/ 名 CU [生化] ヘモグロビン, 血色素.
【派生語】**hèmoglóbinous** 形.

he·mo·phil·i·a, 《英》**hae·mo·phil·i·a** /hìːməfíliə/ 名 U [医] 血友病.
[語源] hemo- 「血」+ -philia (= loving) による. 19世紀から.
【派生語】**hèmophíliac** 名 C 血友病患者(bleeder). **hèmophílic** 形.

hem·or·rhage, 《英》**haem·or·rhage** /hémərɪdʒ/ 名 UC 動 本来自 〔一般語〕[医] 大量の出血, 比喩的に財産などの巨額の損失. 動 として大量出血する, 大量に失う.
[語源] ギリシャ語 haimorrhagia (haima blood + -rrhagia excessive discharge) がラテン語 haemorrhagia を経て初期近代英語に入った.
【派生語】**hemorrhagic** /hèməræd3ik/ 形.

hemorrhoidal ⇒ hemorrhoids.

hem·or·rhoids, 《英》**haem·or·rhoids** /hémərɔidz/ 名 《複》[医] 痔疾 (語法 一般的に piles を用いる).
[語源] ギリシャ語 haimorrhois (haima blood + -rrhoos discharging) がラテン語 haemorrhoida を経て中英語に入った.
【派生語】**hèmorrhóidal** 形.

hemp /hémp/ 名 [植] 麻(ぁさ), 大麻(たいま) (Indian hemp), またロープや布, 紙などに使われる麻[大麻]繊維, 大麻から作った麻薬. マニラ麻 (Manila hemp) を指すこともある.
[語源] 古英語 hænep から.
【派生語】**hémpen** 形.
【複合語】**hémp àgrimony** 名 [植] ひよどりばな. **hémp néttle** 名 [植] いたちぐさ. **hémpsèed** 名 CU 麻の実(★小鳥のえさや香辛料にする). **Hémp Státe** 名(the ~) Kentucky 州の愛称の一.

hen /hén/ 名 C 〔一般語〕〔一般義〕めんどり, 特に鶏の雌. その他 きじ, 七面鳥などの雌, えび, かになどの雌, [俗語]〔軽蔑的〕女, 特に中年女.
[語源] 古英語 henn から. 原義は「歌うもの」.
[用例] *Hens* lay eggs. めんどりは卵を産む/The *hen* is sitting on the nest. 雌は巣についている.
[対照版] rooster; cock.
【複合語】**hénhòuse** 名 C 鶏小屋. **hén pàrty** 名 C 〔くだけた語〕女だけのパーティー(⇔stag party). **hénpècked** 形 夫が妻の尻に敷かれた, かかあ天下の.

hence /héns/ 副 〔形式ばった語〕〔一般義〕前に述べたことを踏まえて, それゆえに, この理由から (therefore). その他 今から, 今後. [古語] この場所から, ここから.
[語源] 古英語 heonan, heonane (= from here) から. 現在の語形は初期近代英語以後.
[用例] go *hence* この世を去る(死ぬ)/*Hence*! 立ち去れ.
【複合語】**hénceforth, hénceforward** 副 これからは, 今後.

hench·man /héntʃmən/ 名 C (複 -men) 〔一般語〕〔一般義〕〔軽蔑的〕ギャングや政治家などに忠実に仕える部下, 取り巻き, 子分. その他 古くは高貴な人に仕える小姓 (page; squire).
[語源] 古英語 hengest (= horse) + man 「馬の世話係」から成る. 中英語から.

hep·a·ti·tis /hèpətáitis/ 名 U [医] 肝炎.
[語源] ギリシャ語 hēpar (= liver) + -itis (= inflammation) をもとにした 18 世紀の近代ラテン語による.

hep·ta·gon /héptəgɑn|-gən/ 名 C [数] 7 角形.
[語源] ギリシャ語 heptagōnon (hepta- seven + gōnia angle) が初期近代英語に入った.
【派生語】**heptágonal** 形.

her /həːr, 弱 hər/ 代 〈人称代名詞〉she の所有格として彼女の, [文語] 国や船などを女性扱いして, その. she の目的格として彼女を, 彼女に, [文語] 国や船などを女性扱いして, その.
[語源] 古英語の形は属格・与格で hire, 対格は hie であったが, 中英語の時代から 3 つの格が融合し, her として今日に残っている.

her·ald /hérəld/ 名 C 動 本来他 〔文語〕〔一般義〕まもなく起こることの象徴となる人やもの, 前触れ, 先触れ. その他 元来王によって遣わされる他国への使者, 国の重大事を公式に布告する伝令官, また《英》紋章官.

般に重大なニュースなどを発表する公式の**通報官**の意で, *New York Herald* とか *Herald Tribune* など, しばしば新聞の名称に用いられる. 動 として**発表[公表]する**, …の**前[先]触れとなる**, また**熱烈に歓迎する**.

[語源] ゲルマン語起源の古フランス語 *herault* (= commander of an army) が中英語に入った.

【派生語】**heráldic** 形. **héraldry** 名 U 紋章学, 紋章.

【複合語】**Hérald's Cóllege** 名 固 英国の紋章院 (★College of Arms とも呼ぶ).

herb /hə́ːrb/ 名 C 〔一般語〕草, 特に**薬草**, **香草**, **ハーブ** (★mint, thyme, basil, sage など).

[語源] ラテン語 *herba* (= grass) が古フランス語を経て中英語に入った.

【派生語】**hérbage** 名 U 〔集合的〕**草本類**, **牧草**. **hérbal** 形 草の, 草本の, 薬草の. 名 C (薬用)植物誌. **hérbalist** 名 C 植物採集者, 漢方医, 薬草商人. **hérby** 形 草の多い, 草本性の.

【複合語】**hérb bèer** 名 UC **薬草ビール** (★アルコール分を含まない). **hérb dòctor** 名 C **薬草医**. **hérb tèa [wàter]** 名 U **薬草湯**, せんじ薬. **hérb tobácco** 名 U **薬草たばこ**.

her·ba·ceous /hɑːrbéiʃəs/ 形 〔形式ばった語〕**草の**, **草本の**, 植物の本質でなく草質の.

[語源] ラテン語 *herba* (= herb) の派生形 *herbaceus* が初期近代英語に入った.

【複合語】**herbáceous bórder** 名 C 多年生草本が植えてある**花壇**. **herbáceous perénnial** 名 C **多年生草本**.

her·bi·cide /hə́ːrbisaid/ 名 C 〔一般語〕**除草剤** (weedkiller).

[語源] ラテン語 *herba* (= grass) + -cide (= killer) から成る 19 世紀の造語.

【派生語】**hèrbicídal** 形.

her·bi·vore /hə́ːrbivɔːr/ 名 C 〔一般語〕**草食動物**.

[語源] ラテン語 *herba* (= grass) + -vore「…を食するもの」から成る 19 世紀の造語.

【関連語】carnivore; omnivore.

【派生語】**herbívorous** 形.

herby ⇒herb.

Herculean ⇒Hercules.

Her·cu·les /hə́ːrkjuliːz/ 名 固 『ギ・ロ神話』**ヘラクレス** (★Hera から課された 12 の難業をやりとげた怪力の英雄), 『天』**ヘラクレス座**. また (h-) **怪力の大男**.

[用例] a labor of *Hercules* 大力や大変な努力を要する仕事/the Pillars of *Hercules* ヘラクレスの柱 (★Gibraltar 海峡の西側にそびえ立つ岸壁, 比喩的に地の果てを意味する).

【派生語】**Hercúlean** 形 ヘラクレスの, (h-) 怪力のある, 巨大な, 大力を要する, 非常に困難な.

herd /həːrd/ 名 C 本来U 〔一般語〕一般語 **家畜の群れ**, (軽蔑的) (the) 人の**群れ**, **大衆**. 動 群れとして動物・人が**群れる**なす. その他 牛を追い集める.

[語源] 古英語 *heord* から, shepherd の herd (= herdsman) とは同語族.

here /híər/ 副 感 〔一般語〕一般語 近くの場所を指してここに, **ここで**, **ここへ**. その他 近接した時を示してこの時に, この時点で, **今**, 近接した状況や問題点を示してこの点で, 到着した人や物に注意を引いてさあ, ほら. また 《~ is [are] で始めて》人や物の導入, 提示を示して(ほら)ここに, 《指示代名詞と共に用いて》近くのもの, 話題となっているものを強調してここの, その他の天体に対して**地球上で[に]**, あの世に対してこの世で, **現世で**. 感 近くにいる人に注意を促したり驚きを表したりしてさあ, ほら, ええっ, 点呼や出席をとられた時の返事として, ここにいるという意志表示の形で**はい**.

[語源] 古英語 *hēr* から.

[用例] He lives *here*. 彼はここ[この町, この国]に住んでいる/*Here* the speaker had to wait until the audience stopped cheering. この時話し手は聴衆が喝采を止めるまで待たねばならなかった/*Here* is where I disagree with you. この点で私はあなたに同意できないのです/*Here* comes the taxi. ほらタクシーが来た/*Here* it is. ここにあります. さあどうぞ/*Here* you are. さあどうぞ/*thís bòok hére* = this *here* book (ここにある)この本 (強調)/*Here!* what do you think you're doing? ええっ! お前は何をしているつもりなんだ/Shout '*Here!*' when I call your name. 名前を呼んだら大きな声で「はい」と答えなさい.

【慣用句】*from here* ここから, 地上から. *here and now* ここで今. *here and there* あちこちで, ここかしこで 《(日英比較) 日本語と語順が逆》. *Here goes!* 〔くだけた表現〕さあ始めるぞ. *Here's to … …*に乾杯. *here, there, and everywhere* 〔くだけた表現〕至るところで[に]. *Here we go!* = Here goes! *near here* この近くに. *neither here nor there* 重要ではない, 取るに足らない: His opinion of us is *neither here nor there*. 私たちのことを彼がどう思おうがどうでもよい. *over here* ここらに, こちらの方へ.

【複合語】**hereabòut**, **hereabòuts** 副 このあたりに. **hereáfter** 副 〔形式ばった語〕この後, 今後. 名 (the ~) 死後, 来世. **héreby** 副 〔形式ばった語〕(これ)によって, このことによって. **herèin** 副 〔形式ばった語〕ここに, この中に. **hereìnáfter** 副 〔形式ばった語〕法律文章などで以下に. **hereóf** 副 〔形式ばった語〕〖法〗これについて. **hèretó** 副 〔形式ばった語〕これに. **héretofóre** 副 〔形式ばった語〕これまでは, 以前は. **hèreupón** 副 〔形式ばった語〕ここにおいて, この後すぐに. **hèrewíth** 副 〔形式ばった語〕商用文でこれと共に, これに同封して.

hereditament ⇒heredity.

hereditary ⇒heredity.

he·red·i·ty /hirédəti/ 名 U 〔一般語〕一般語 **遺伝**. その他 **遺伝形質**. また親から子へと代々伝わることから, 称号, 役職, 権利の**世襲**, 人の**先祖**や**伝統**.

[語源] ラテン語 *hereditas* (= heirship) がフランス語を経て 18 世紀に入った.

【派生語】**heréditable** 形 = heritable. **herèditament** 名 C 〖法〗相続しうる**財産**. **heréditarily** 副. **heréditary** 形 性質や形質または病気などが**遺伝的な**, 先祖代々の, 世襲の.

heresiarch ⇒heresy.

heresiology ⇒heresy.

her·e·sy /hérəsi/ 名 UC 〔一般語〕宗教上の公式な教義に反する**異端**, **異論**, **異端**, また一般に受け入れられている考えに反する**異説**, **異論**, それを唱えること.

[語源] ギリシャ語 *hairesis* (= choice; sect) がラテン語, 古フランス語を経て中英語に入った.

【派生語】**heresiarch** /hərí:ziɑːrk/ 名 C 異教の**教祖**. **herèsiólogy** 名 U **異端研究**. **héretic** 名 C 形 **異端者(の)**. **herétical** 形.

her·i·ta·ble /hérɪtəbl/ 形 《法》財産や人が相続できる状態にある. 《生》遺伝性の.
語源 古フランス語 *heriter*(⇒heritage) の派生形が中英語に入った.
【派生語】**hèritabílity** 名 U.

her·i·tage /hérɪtɪdʒ/ 名 C 〔一般義〕国, 社会で世代を超えて受けつがれる文化的または景観的**遺産**や**伝統**, また相続される**財産**や個人の**遺産**.
語源 ラテン語 *hereditas*(⇒heredity) が後期ラテン語 *hereditare*(= to inherit), 古フランス語を経て中英語に入った.
用例 a cultural *heritage* 文化的遺産.

her·maph·ro·dite /hərmǽfrədaɪt/ 形 名 C 《生》男女, 雌雄それぞれ両性をそなえた. 名 として両性具有のもの, ふたなり, 《植》両性花.
語源 ギリシャ神話の Hermes と Aphrodite の間に生まれ, 妖精によって男女両性をもつようになった美青年 *Hermaphroditus* が中英語に入った.
【派生語】**hermàphrodític** 形.

her·met·ic /hərmétɪk/ 形 〔やや形式ばった語〕容器などを外気が入らないように**密封した**, 気密の(airtight), 外部の影響を受けない.
語源 魔法を使って密封する方法を考えたギリシャ神話の神 Hermes あるいはそれと同一視されたエジプトの神で錬金術などの祖とされる Hermes Trismegistus にちなむ. 初期近代英語から.
【派生語】**hermétical** 形 =hermetic. **hermétically** 副.

her·mit /hɜ́ːrmɪt/ 名 C 〔一般義〕とくに初期キリスト教時代に主に宗教的理由から世を捨て一人で暮らす**隠者**, 一般に**世捨て人, 遁世者**.
語源 ギリシャ語 *erēmos* (= solitary) に由来する *erēmitēs* (= living in the desert) がラテン語, 古フランス語を経て中英語に入った.
類義語 recluse.
【派生語】**hérmitage** 名 C 世捨て人の庵(いおり).

her·nia /hɜ́ːrniə/ 名 UC (複 ~s, -niae/nii:/) 《医》ヘルニア, 脱腸.
語源 ラテン語 *hernia* (= rupture) が中英語に入った.
【派生語】**hérnial** 形.

he·ro /híːroʊ/ 名 C 〔一般義〕[一義] 勇敢な行為のため人々に称賛される**英雄**, **勇士**. [その他] 広い意味で**理想とみなされる人, 英雄的な人物**, 劇や小説などの**主人公**, 《米》ヒーローサンドイッチ (★長いロールパンに肉, チーズ, 野菜などをはさんだもの).
語源 ギリシャ語 *hērōs* がラテン語を経て中英語に入った. 原義は「守護者」で, ギリシャでは半神半人の神格化された存在であった. 英語では初期近代英語から人間について用いられるようになった.
用例 The young soldier was regarded as a *hero* for saving his friend's life. その若い兵士は友人の命を救ったので英雄とみなされた/The *hero* of this book is a young American boy called Tom Sawyer. この本の主人公はトム・ソーヤーという名のアメリカ少年です.
対照版 heroine.
慣用句 *make a hero of ...* ...を英雄扱いする.
【派生語】**heroic** /hɪlóʊɪk/ 形 英雄的な, 勇ましい, 〔形式ばった語〕英雄詩の, 叙事詩の. 名 《複数形で》英雄気取りの話し方〔行為〕: **heroic verse** 英雄詩. **heróically** 副 英雄的に, 勇ましく. **heroine** /hérouɪn/ 名 C 女の英雄, 女傑, 劇や小説などの女主人公. **héroism** 名 U 英雄主義, 英雄的行為.
【複合語】**héro sándwich** 名 C 《米》ヒーローサンドイッチ (★単に hero, または submarine (sandwich) などとも呼ぶ). **héro wòrship** 名 U 英雄崇拝.

Her·od /hérəd/ 名 《聖》ヘロデ王 (★ユダヤの王).

heroic ⇒hero.

her·o·in /hérouɪn/ 名 U 《薬学》麻酔薬のヘロイン.
語源 ギリシャ語 *hērōs* (=hero) と化学物質を表すドイツ語 *-in* (=-ine) から成るドイツの商標名が19世紀に入った.

heroine ⇒hero.

heroism ⇒hero.

her·on /hérən/ 名 C 《鳥》あおさぎ.

her·pes /hɜ́ːrpiːz/ 名 U 《医》疱疹(ほうしん), ヘルペス.
語源 ギリシャ語 *herpein* (= to creep) の派生形 *herpēs* (= creeping) がラテン語を経て中英語に入った.
【複合語】**hérpes símplex** 名 U 単純疱疹. **hérpes zóster** 名 U 帯状疱疹.

her·ring /hérɪŋ/ 名 C 《魚》にしん.
語源 古英語 *hæring* から.
用例 a kippered *herring* にしんの薫製/a red *herring* 人の注意をそらすもの (★猟犬の訓練に薫製にしんの臭いを使ったことから).
【派生語】**hérringbòne** 名 U 杉綾模様, 杉綾織, 《スキー》開脚登高 (★共にしんの骨の形状から).

hers /hɜːrz/ 代 she の所有代名詞, 彼女のもの 語法 指すものが単数なら単数, 複数なら複数扱い; 《of ~ で》彼女の 語法 a, this, that, any, some などと併用できないで, a classmate *of hers* のようにいう).

her·self /hɜːrsélf, 弱 ər-/ 代 (複 **themselves**) she の再帰代名詞, 彼女自身を[に], また 《強意用法》彼女自身, 彼女自ら (語法 強勢が置かれる).
用例 She looked at *herself* in the mirror. 彼女は鏡に映っている自分の姿を見た/Mary answered the letter *herself*. メアリーはその手紙に自分で返事を書いた.

hertz /hɜːrts/ 名 C (複 ~) 《理》振動数, 周波数の単位, ヘルツ (語法 Hz と略す).
語源 ドイツの物理学者 Heinrich Rudolph Hertz (1857-94) にちなむ.

he's /hiːz, 弱 iːz, hɪz/ 〔くだけた語〕=he is; he has.

hesitancy ⇒hesitant.

hes·i·tant /hézɪtənt/ 形 〔一般義〕緊張のためまたは確信がなく**躊躇**(ちゅうちょ)**する, ためらいがちの, 気乗りしない**, また**口ごもる**の意.
語源 ラテン語 *haesitare* (⇒hesitate) の現在分詞 *haesitans* が中英語に入った.
【派生語】**hésitancy** 名 U. **hésitantly** 副.

hes·i·tate /hézɪteɪt/ 動 [本来義] 〔一般義〕[一般義] 緊張していたり, 確信がなくて言う〔行う〕のをためらう, ...のことで**躊躇**(ちゅうちょ)**する** (about; over). [その他] ...するのを**遠慮**する, ...するには**気が進まない** (to do), また一瞬**立ち止まる**, **口ごもる**.
語源 ラテン語 *haesitare* (= to stick fast; to be undecided) の過去分詞 *haesitatus* が初期近代英語に入った.
用例 The diver *hesitated* for a minute on the diving-board. ダイビング選手は飛び込み板の上で一瞬ためらった/Don't *hesitate* to tell me if you have

any complaints. 何か不平があれば遠慮なく言いなさい/He who *hesitates* is lost.《ことわざ》躊躇する者は機会をのがす.
【派生語】**hésitatingly** 副. **hèsitátion** 名 UC ためらい, 躊躇, 遠慮, 口ごもり.

het /hét/ 形〔くだけた語〕(～ up で)興奮した, かっかしている.
語源 heat の方言から.
用例 She's getting all *het up* about the money she lost. 彼女はお金を失くしてすっかり頭にきている.

het-ero- /héṭərou, -rə/ 連結 異なった, 他の《語法 母音の前では通例 heter-》.
語源 ギリシャ語 *heteros* (=other; one or other; different) から.
対義語 homo-; iso-.

het-er-o-dox /héṭərədɑks|-dɔks/ 形〔形式ばった語〕正統でない, 異説の.
語源 ギリシャ語 *heterodoxos* (hetero- other+*doxa* opinion) が初期近代英語に入った.
反義語 orthodox.
【派生語】**héterodoxy** 名 UC 正統でないこと, 異説.

heterogeneity ⇒heterogeneous.

het-er-o-ge-neous /hèṭərədʒíːniəs/ 形〔形式ばった語〕異種の, 異質の, 異成分から成る.
語源 ギリシャ語 *hetero* (=other)+*genos* (=a kind) が中期ラテン語を経て初期近代英語に入った.
反義語 homogeneous.
【派生語】**hèterogenéity** 名 U. **hèterogéneously** 副.

het-er-o-sex-u-al /hèṭərəsékʃəl/ 形 C〔形式ばった語〕異性愛の(人).
反義語 homosexual.

heu-ris-tic /hjuərístik/ 形〔やや形式ばった語〕教育や学習が体験学習的な, 自己で法則などを発見する, 発見的な, 規定の方法によらずに試行錯誤の,《コンピューター》プログラムが試行錯誤の解決の.
語源 ギリシャ語 *heuriskein* (=to discover) による近代ラテン語 *heuristicus* が 19 世紀に入った.
【派生語】**heurístically** 副. **heurístics** 名 U 発見的[体験的]教授法.

hew /hjúː/ 動 本来他〔過去 ～ed; 過分 ～ed, hewn〕〔形式ばった語〕斧などでたたき切る, 切り倒す.
語源 古英語 *hēawan* から.
類義語 cut; carve; chop; hack.
【慣用句】***hew one's way*** 道を切り開いて進む. ***hew out*** …を刻んで作る, 進路を切り開く.
【派生語】**héwer** 名 C 木や石を切る人, 採炭夫.

hewn /hjúːn/ 動 hew の過去分詞.

hex /héks/ 動 本来他 名 C〔ややくだけた語〕《米・カナダ》魔法を使って人に悪運をもたらす. 名として縁起の悪い言葉, 呪文, 魔女.
類義語 jinx.
語源 Pennsylvania 州東部に移住したドイツ人が用いたドイツ語 *hexe* が 19 世紀に入った.

hexa- /héksə-/ 連結「六」の意.
語源 ギリシャ語 *hex* (=six) から.

hexa-gon /héksəgɑn|-gən/ 名 C〔一般義〕六角形, 六辺形.
語源 ギリシャ語 *hexagōnon* (hexa- six+*gōnia* angle) が初期近代英語に入った.
【派生語】**hexágonal** 形.

hex-am-e-ter /hekséemiṭər/ 名 C 形《詩》6 歩格(の).

hey /héi/ 感〔くだけた語〕驚き, 喜びなどを表す, または注意を引くために使われるへえ! やあ! おい!
語源 フランス語 *haye* から中英語に入った.
用例 *Hey!* What are you doing there? おい, そこで何をやっているのだい.
【複合語】**héydày** 名 C 全盛期, 絶頂.

hi /hái/ 感〔くだけた語.〕一般義《主に米》挨拶の表現として, やあ!, こんにちは (《語法》hello! よりくだけた表現).
その他 注意を引く時の呼びかけとして, ねえ, おい, ちょっと と.《語法》愛称や親しい呼び名と共に用いる).
語源 中英語 hy, hei (=hey) の異形.

hiatal ⇒hiatus.

hi-a-tus /haiéiṭəs/ 名 C〔複 ～es, ～〕〔形式ばった語〕一般義 継続していた活動の比較的長期にわたる休止, 中断.〔原稿や演説の字や文の脱落,《音》2つの母音を連続して発音する時母音間のとぎれ 《★re-enter, cooperate など》.
語源 ラテン語 *hiare* (=to gape) の過去分詞 *hiatus* が初期近代英語に入った.
【派生語】**hiátal** 形.

hi-ber-nate /háibərneit/ 動 本来自〔一般義〕動物や植物が冬眠する.
語源 ラテン語 *hibernus* (=of winter) の派生語 *hibernare* (=to pass the winter) が 19 世紀に入った.
【派生語】**hìbernátion** 名 U 冬眠, 冬ごもり.

hi-bis-cus /haibískəs/ 名 C《植》ハイビスカス《★ハワイ州の州花》.
語源 ギリシャ語 *hibiskas* (=marsh mallow) がラテン語を経て 18 世紀に入った.

hic-cough, hic-cup /híkʌp/ 名 C 動 本来自〔一般義〕しゃっくり(をする)《★普通複数形で》, ちょっとした不具合, 遅れ.
語源 擬音語. 初期近代英語から. hiccough と綴るのは cough (せき) からの連想.

hick /hík/ 名 C 形〔くだけた語〕《主に米・やや軽蔑的な》物知らずの田舎者. 形 として 田舎者の, 田舎くさい.
語源 Richard の愛称 Hick による. 初期近代英語から.

hick-o-ry /híkəri/ 名 CU《植》北米産クルミ科の木, ヒッコリー, またその材《★堅いのでむちやステッキに用いられる》.
語源 北米先住民のアルゴンキン語 *pawcohiccora* (ヒッコリーの実を砕いた食べ物) の短縮形が初期近代英語に入った.

hid /híd/ 動 hide の過去・過去分詞.

hidden 動 hide の過去分詞.

hide[1] /háid/ 動 本来他〔過去 **hid**; 過分 **hidden**, **hid**〕〔一般義〕見つからないように物など を隠す, かくまう. その他 物が人や物を隠す, 情報などを他人に秘密にする, 感情などを包み隠す. 自 隠れる, 批判や責任を逃れる (*behind*). 名 として《英》野生動物観察のための隠れ場.
語源 古英語 *hȳdan* から.
用例 He is in love with her but he tries to *hide* his feelings. 彼は彼女に恋をしているのだがそんな気持ちを知られまいとしている.
類義語 hide; conceal; secrete: **hide** は隠すという意味で最も普通に用いられ, 隠すという意図の有無は問題ではない. **conceal** はやや形式ばった語で他人に知らせま

いとする意図を表している. **secrete** は目につかないようにするため注意深く隠す意.
[対照語] show; expose; display.
【慣用句】*hide one's head* 恥じて身を隠す, 人目を避ける. *hide out* 隠れる, 潜伏する.
【派生語】**hídden** 形 隠された, 秘密の. **híding** 名 UC 隠すこと, 隠れること, 隠れ場所: **hiding place** 隠れ場所, 隠し場所.
【複合語】**híde-and(-go)-séek** 名 U かくれんぼう. **hídeawày** 名 C 隠れ場所. 形 隠れた, 隠された, 人目につかない. **hídeòut** 名 C 犯人の隠れ場所, 潜伏所.

hide² /háid/ 名 UC 動 [本未他] [一般語] [一般義] なめした獣の皮. [その他] 厚かましさやがまん強さを表すつらの皮. 動 として〔くだけた語〕ひどくなぐる, むち打つ.
[語源] 古英語 hȳd (=skin) から.
【慣用句】*neither hide nor hair*＝*not hide or hair* 何もない, 全然何も残らない.
[関連語] cowhide; rawhide.
【複合語】**hídebòund** 形 皮が骨にくっつくほどやせた, 度量の狭い, 偏狭な.

hid·eous /hídiəs/ 形 [一般語] [一般義] 恐ろしい, 見るのもいやな, ぞっとする. [その他] 醜悪な, 道徳上憎むべき, またびっくりするような, ばかばかしい.
[語源] 古フランス語 *hidos* (=terror) が中英語に入った.
[用例] She looks *hideous* in that dress. 彼女はあのドレスを着るとひどい格好になる.
【派生語】**hídeously** 副 恐ろしく, ぞっとするほど.

hi·er·arch /háiərɑːrk/ 名 C [一般語] 最高位の聖職者, 高僧.
[語源] ギリシャ語 *hieros* (=holy)＋*arkhēs* (=ruler) から成る *hierarkhēs* が中期ラテン語を経て中英語に入った.
【派生語】**hierárchical** 形 階級制度の. **hierarchy** 名 CU 階級組織, 階級制度, 支配階級, 分類上の階層 (★本来は高位聖職者の階級制度であったが, 転じて社会的, 経済的階級制度の意となった).

hieroglyph ⇒hieroglyphic.

hi·ero·glyph·ic /hàiərəglífik/ 形 C [一般語] 古代エジプトの象形文字の, 象形文字で書かれた. 名 として象形文字, (複数形で) 象形文字で書かれた文書, 象形文字表記法.
[語源] ギリシャ語 *hieroguphikos* (*hiero* holy＋*gluphē* carving) が後期ラテン語 *hieroglyphicus* を経て初期近代英語に入った.
【派生語】**héroglyph** 名 ＝hieroglyphic.

hi-fi /háifái/ 名 UC 〔通信〕高忠実度再生 (high fidelity), またハイファイ音声再生装置.

hig·gle·dy-pig·gle·dy /hígldipígldi/ 副 形 〔くだけた語〕めちゃくちゃに[な], 乱雑に[な].
[語源] 多分雑多な豚を一つの群れにすることを表す類似音の繰り返しによる. 初期近代英語から.
[用例] His clothes were lying *higgledy-piggledy* in piles all over the room. 彼の衣類は部屋いっぱいにめちゃくちゃに積み重ねておいてあった.

high /hái/ 形 副 UC [一般語] [一般義] 一番下から一番上までの丈が高い. [その他] 大から下の距離とは関係なく高い, 高所にある, …の高さの, 動作が高所からの, 比喩的な意味で, 評価や評判が高い, 品物の品質が高級の, 上等の, 地位や身分などが高い, 高貴な, 給料や価格が高い, 高価の, また密度や割り合い, 程度が高い, 強い, 激しい, 速度が高速の, 色が濃い, 音や調子がかん高い, 時間や季節が盛りのたけなわの, 盛りの, 人や態度が高慢な, 精神が高揚した, さらに大得意の, 楽しい, 酒, 麻薬でハイになった. 物事が重要な, 深刻な. 副 として高い所に, 高く. 名 として高い所, 高地, 車の高速ギア, 〔気象〕高気圧(圏)(anticyclone), 〔くだけた語〕麻薬などによる興奮状態.
[語源] 古英語 *hēah* から.
[用例] This building is about forty foot [feet] *high*. 建物の高さは 40 フィートあります/He has a *high* opinion of her work. 彼女の仕事は大変すばらしいと彼は思っている/Their prices are too *high*. それらの値段はあまりにも高すぎる/The car was travelling at *high* speed. 自動車は高速で走っていた/His voice is very *high* for a teenage boy. 彼の声はティーンエイジャーにしてはすごくかん高い.
[類義語] high; tall: **high** は高度をいう語で地面からのつながりではなく空中の高さに重点がある. 従って人の背丈などには用いない. **tall** は地面から上に伸びた高さをいう語でいわば縦の長さの意. 従って人の背丈などに用いる. tower (塔) については高度と見れば high であり, 地面からの高さとなれば tall で, high も tall も用いられる. mountain (山) については tall も用いられるが, 普通は high である. また比喩的に評価や品質などが高いことは high を用い tall は用いられない.
[対照語] low.
【慣用句】*high and dry* 船が岸に打ちあげられて, 人が時勢に置き去りにされて. *high and low* あらゆる階級の(人々), いたるところに.
【派生語】**híghly** 副 実際の高さではなく比喩的に大いに, 非常に, 高く評価して, 大変好意的に, 値段が高く, 高価に: He thinks [speaks] very *highly* of you. 彼はあなたのことを大いに思っている. **híghness** 名 U 高いこと, 高価, (通例 His, Her, Your などを冠して) 殿下 (★皇族などに対する敬称).
【複合語】**hígh-and-míghty** 形 高慢な, いばった. **hígh-áverage** 形 平均値の高い, 高率の. **hígh blóod prèssure** 名 U 高血圧. **híghbórn** 形 高貴の生まれの. **híghboy** 名 C 〔米〕脚のついた背の高い洋だんす (〔英〕 tallboy). **híghbrow** 名 C 〔軽蔑的〕知識人, インテリぶる人. 形 知識人の, 知識人向きの. **hígh cháir** 名 C 幼児が盆の付いたベビーいす. **Hígh Chúrch** 名 (the ～) 高教会派 (★教会の権威や儀式を重んじる英国国教会の一派). **high-cláss** 形 高級な, 一流の. **high commíssioner** 名 C 高等弁務官 (★英連邦の構成国の代表や委託統治領・保護領などに駐在する政治代表). **higher-úp** 名 C (通例複数形で) 上司, 上役. **hígh explósive** 名 C 高性能爆薬. **high fáshion** 名 C 上流社会の流行のスタイル, ハイファッション. **high fidélity** 名 C 高忠実度, ハイファイ (hi-fi). **híghflier** 名 C 空高く飛ぶ人[鳥, 気球]など, 野心家. **high-flówn** 形 空想的な, 言葉が誇張的な. **híghflyer** 名 ＝highflier. **hígh fréquency** 名 C 高周波, 短波. **hígh géar** 名 C 〔米〕高速ギア/〔英〕top gear) (〔語法〕単に high ともいう). **hígh-gráde** 形 高級な, 優秀な, 純度の高い. **hígh-hánded** 形 高圧的な, 慎重な. **hígh-hát** 動 [本未他] 人をばかにする, 目下扱いにする; 尊大ぶる. 形 紳士気どりの. **hígh hórse** 名 C 傲慢な話しぶり, 横柄な態度: *be [get] on one's high horse* 〔くだけた表現〕えらそうな態度をとる. **hígh húrdles**

名《複》《the ～; 単数または複数扱い》高障害.
high-jack 動 =hijack. **high-jàcker** 名=hijacker. **high jùmp** 名《the ～》走り高跳び. **high-kéyed** 形 緊張した, 興奮した. **highland** 名 C 高地, 台地,《複数形で》高地地方,《the H-s》スコットランド高地. **high-land** 形 高地の,《地方》の. **highlander** 名 C 高地[山地]の住民,《H-》スコットランド高地人. **highlevel** 形 ハイレベルの, 上層部の, 上級の. **highlight** 名 C 写真や絵などの最も明るい部分, ニュースの中の重要事件, 呼び物. **High Máss** 名 C 荘厳ミサ, 歌ミサ. **high-minded** 形 高潔な, 気高い. **high-óctane** 形 ガソリンがオクタン価の高い, ハイオクタンの. **high-performance** 形 高性能の. **high-pitched** 形 高い調子の, かん高い, 屋根が急傾斜の, 高尚な. **high-powered** 形 強力な, 高性能の, 人が精力的な. **high-préssure** 形 高圧の, 高気圧の, 高圧的な, 強要する. 本来他 人に強引に売りこむ. **high-priced** 形 高価な. **high priest** 名 C 高僧, 祭司長, 大祭司. **high-ránking** 形 高い階級の. **high relief** 名 C 高浮彫. **high rise** 名 C 高層建築物. **high-ríse** 形 高層の, 高層建築物の多い, 自転車などがハンドルの高い. **highròad** 名 C《英》主要道路, 街道,《米》highway), 最も確実な[最善の]道. **high schòol** 名 C《米》ハイスクール《★通例 9, 10 年級から 12 年級までの 3, 4 年制の学校. 日本の中学校に相当する junior high school と高等学校に相当する senior high school のそれぞれ, または合併したのもいう). **high séas** 名《複》《the ～》公海. **high séason** 名 C《通例 the ～》最盛期, シーズン. **high-sóunding** 形 仰々しい, 大げさな. **high-spéed** 形 高速(度)の. **high-spírited** 形 元気のいい, 血気盛んな. **high spòt** 名 C 活動中特に目立つ部分, または楽しく思い出される部分. **high strèet** 名 C《英》大通り, 本町通り《《米》main street). **high-strúng** 形 過敏な, 緊張した. **high style** 名 C 流行の先端を行くファッション. **high téa** 名 UC《英》ハイティー《★夕方の 5-6 時ごろに出される紅茶に肉・サラダ・ケーキなどの付く軽食). **high-ténsion** 形 高圧の, 電気抵抗などが高圧電流用の. **high tíde** 名 U 満潮(時), 絶頂, 最高潮. **high tíme** 名 U ...すべき時, 楽しい時. **high-tóned** 形 高尚な, 格調高い, 気どった. **high tréason** 名 U 大逆罪, 国事犯, 主権者または政府に対する反逆. **high wáter** 名 U 高潮, 最高水位. **high-wáter màrk** 名 C 最高水位標[線], 最高水準.

high·ball /háibɔ̀:l/ 名 C〔一般語〕《米・カナダ》ハイボール《★ウイスキーやブランデー, ジンなどを水やソーダやジンジャーエールで割った飲み物で, 背の高いグラスに氷を入れて飲む).
日英比較 日本語の「ハイボール」に当たるのは whisky and soda.
語源 不詳. 多分バーテンダーの隠語から.

high·way /háiwei/ 名 C〔一般語〕一般義 公道,《主に米》都市の間を結ぶ幹線道路.〔その他〕比喩的に 王道, 近道, さらに本筋.
語源 古英語 hēiweg (=public road) より.
日英比較 日本語の「ハイウェー」は高速道路をさすが, 英語で「高速道路」は expressway; freeway; throughway;《英》motorway.
【複合語】**híghwayman** 名 C〔古語〕追いはぎ.

hi·jack /háidʒæk/ 動 本来他 名 C 飛行機の乗り物を乗っ取る(こと)(high-jack).
語源 hijacker からの逆成で 20 世紀初頭から. hijacker は high(wayman)+jacker で, jacker は多分 jacklight (夜間狩猟や釣りをする時, 獲物をおびよせるための携帯用照明を用いて狩りをする)+-er だと思われる.
用例 A young man tried to *hijack* the plane and force the pilot to fly to North Africa. 若者が飛行機を乗っ取り, パイロットにむりやり北アフリカに飛ぶようしむけようとした.
関連語 seajack; skyjack.
【派生語】**híjacker** 名 C ハイジャックの犯人(highjacker).

hike /háik/ 動 本来自 名 C〔一般語〕一般義 徒歩旅行する, ハイキングする.〔その他〕ずり上がる. 他 ぐいと引き上げる,〔くだけた語〕《米》値段や給料などを抜き打ちのに引き上げる. 名 として徒歩旅行価格などの高騰, 値上げ.
語源 おそらく hitch (ぐいと上げる) の方言的変形. 19 世紀から.
用例 He has *hiked* all over Britain. 彼は英国中を徒歩旅行してきた/go on a *hike* ハイキングに行く.
関連語 picnic.
【慣用句】**go hiking** ハイキングに行く, 徒歩旅行に行く. **take a hike**〔くだけた表現〕《米》《命令文で》うせろ, 立ち去れ.
【派生語】**híker** 名 C. **híking** 名 U.

hi·lar·i·ous /hiléəriəs, hai-/ 形〔一般語〕一般義 話や冗談などが非常におかしい, 大笑いするような.
語源 ギリシャ語 *hilaros* (=cheerful; glad) がラテン語 *hilaris* を経て 19 世紀に入った.
【派生語】**hilárity** 名 U.

hill /híl/ 名 C〔一般語〕一般義 丘, 丘陵.〔その他〕小山から, 小さい規模の傾斜を指し, 坂, 坂道, 作物の根元の盛り土, ありむどの塚.
語源 古英語 hyll から.
用例 We went for a walk in the *hills* yesterday. 私たちは昨日, 山歩きをした/This car has a lot of difficulty going up steep *hills*. この車は険しい丘を登るのには苦労しています.
関連語 mountain (高くそびえ立つ山).
【慣用句】**(as) old as the hills**〔くだけた表現〕非常に古い. **over the hill** 丘を越えて, 人が盛りを越えて, 病人などが危険を脱して. **take to the hills**〔ややくだけた表現〕山に逃げ去る, 逃亡する. **up hill and down dale** 丘を上り谷を下って, いたる所をくまなく.
【派生語】**híllock** 名 C 小丘, 塚. **hílly** 形 丘陵性の, 小山の, 小山のような, 小山の多い, 道険しい.
【複合語】**híllbilly** 名 C〔やや軽蔑的〕奥地の住人, 田舎者: **hillbilly music** ヒルビリーの音楽《★ギター, バンジョー, マンドリン, バイオリンを使用する民俗音楽). **híllside** 名 C 丘の中腹[斜面], 丘陵の斜面. **hílltòp** 名 C 小山[丘]の頂上.

hilt /hílt/ 名 C〔文語〕刀剣の柄(つか).
語源 古英語 hilt, hilte から.
【慣用句】**(up) to the hilt** 全面的に, 徹底的に: If you decide to do this, I'll back you *(up) to the hilt*. あなたがこれをすることを決めるのなら, 私は徹底的にあなたを支持しますよ.

him /hím, 弱 /im/ 代 he の目的格として彼を, 彼に.
語源 古英語 hē (=he) の与格.

H.I.M. 《略》 = His [Her] Imperial Majesty (皇帝[皇后]陛下)

Himalayan ⇒himalayas.

Hi·ma·la·yas /hìməléiəz/ 名《複》固 (the 〜) ヒマラヤ山脈 《語法》Himalaya Mountains ともいう.
【派生語】**Hìmaláyan** 形.

him·self /himsélf, 弱 im-/ 代《複 themselves》he の再帰代名詞. **彼自身を[に]**, また《強意用法》**彼自身, 彼自ら**《語法》強勢がある.
語源 古英語 him selfum「彼自身」の与格単数形.
用例 He kicked *himself*. 彼は自分を責めた/John *himself* played no part in this. ジョンは自分自身ではこれに何の役割も果たさなかった.

hind /háind/ 形 〔一般用〕《限定用法》動物の脚が**後部の**.
語源 古英語 behindan (= from behind) の短縮形と思われる. 中英語から.
類義語 back; rear; hinder; posterior.
反意語 fore.
【派生語】**híndmost** 形 **最もうしろの**.
【複合語】**hínd-síght** 名 C あと知恵.

hin·der[1] /híndər/ 動 本来他 〔一般用〕 一般義 人や物が物事の進行を**邪魔する, 妨げる**. その他 その結果物事をできないようにする, ...**させない, 遅らせる**.
語源 古英語 hindrian (= to hold back) から.
用例 All these interruptions *hinder* my work. このようにあれこれじゃまが入ると仕事ができない.
類義語 hinder; prevent; interrupt: **hinder** は物事の進行や人の行動を阻止したり, 遅らせたりして妨害するという意味で最も一般的な語である. **prevent** は予め防止する手段を講じて, 有効にまた完全に止める意で, hinder より積極的的な意味を含んでいる. **interrupt** は物事の進行や活動を一時的に停止させること.
対照語 advance; further.
【派生語】**híndrance** 名 ⇒見出し.

hin·der[2] /háindər/ 形 〔一般用〕**あとの, 後ろの**.
語源 古英語 hinderweard (= backward) に由来すると思われる. 中英語から.

Hin·di /híndi:/ 名 U 〔一般用〕**ヒンディー語**《★インドの公用語》.
語源 ウルドゥー語 Hind (= India) が 19 世紀に入った.

hindmost ⇒hind.

Hin·doo /hú:ndu:/ 名 形 = Hindu.

hin·drance /híndrəns/ 名 UC (⇒hinder[1]) 〔一般用〕人や物事の進行に対する**妨害, 障害**, また具体的な**妨害物, じゃま物, 妨害された状態**.
用例 Lack of education would be a *hindrance* to development in this country. 教育の欠如はこの国の発展の障害になるだろう.
類義語 hindrance; obstacle; obstruction: **hindrance** はものごとを行う上でじゃまになる人や物. **obstacle** は障害物のじゃま物. **obstruction** は通行妨害や議事の妨害, スポーツで反則となる妨害行為をいう.

Hin·du /hú:ndu:/ 名 C 形 〔一般用〕インドの**ヒンズー教徒**. 形 として**ヒンズー教(徒)の**.
語源 サンスクリット語 *sindhu* (インダス川) がペルシャ語 Hind (= India), ウルドゥー語を経て初期近代英語に入った.
【派生語】**Hínduism** 名 U **ヒンズー教**.

Hin·du·stan /hìnduːstǽn, -áːn/ 名 **ヒンドスタン**《★ヒンディー語が話されているインド中央部から北にかけての地域》.
【派生語】**Hìndustáni** 形 名 U **ヒンドスターニー語(の)**.

hinge /híndʒ/ 名 C 動 本来他 〔一般用〕 一般義 門や戸などの**ちょうつがい**, その他 比喩的に物事の**かなめ, 要点**. 動 として...に**ちょうつがいをつける**, ドアなどがちょうつがいで動く, 比喩的に物事が...**しだいで決まる**.
語源 中英語 hengen (= to hang) から.
用例 I must oil the *hinges* on that door. あのドアのちょうつがいに油をささねばならない/Whether we go to France or not *hinges* on the cost of transport. フランスへ行くか行かぬかは交通費次第だ.
【慣用句】*off the hinges* ちょうつがいが外れて, 身心の調子が狂って.

hint /hínt/ 名 C 動 本来他 〔一般用〕 一般義 物事に関する**暗示, ヒント**. その他 《しばしば複数形で》**助言, 心得**, またわずかな**徴候や気配**, 《a 〜》**微量**. 動 としてそれとなく言う, ほのめかす, **暗示する**.
語源 古英語 hentan (= to seize) より.
用例 He didn't actually say he wanted more money, but he dropped (= said) a few *hints*. 彼はもっとお金が欲しいと実際には言わなかったが, それらしいことを二, 三ほのめかした/There was a *hint* of fear in his voice. 彼の声にはかすかながらも恐怖心が感じられた.
類義語 hint; suggest: **hint** は遠回しにある考えを暗示する. **suggest** は hint より意味の広い語で, 連想によって何かを想起させたり, 時に提案するという意味にもなる.
対照語 express; declare; ask; demand.
【慣用句】*hint at* ...**...をほのめかす**. *take a hint* はのめかされてそれと感ずる, 暗示に従う.

hin·ter·land /híntərlænd/ 名 C 〔一般用〕**港の背後に位置する地域, 後背地**, また都市から遠く離れた地域, **僻地, 奥地**.
語源 ドイツ語 Hinterland (= hinder land) が 19 世紀に入った.

hip /híp/ 名 C 人や獣の**腰部, ヒップ**《日英比較》日本語の「ヒップ」は「しり」の意だが, 英語の hip は腰の左右に張り出した部分の一方を指す.「しり」は buttocks》,《しばしば複数形で》**腰回りの(寸法)**.
語源 古英語 hype より.
関連語 back; buttocks; waist.
【慣用句】*have [get; take] ... (up) on the hip* レスリングで相手を十分押さえつける, ...の優位に立つ. *with one's hands on one's hips* 両手を腰に当てて.
【複合語】**híp báth** 名 C **腰湯, 座浴**. **híp flàsk** 名 C しりのポケットに入れる酒入れ容器. **híp pòcket** 名 C ズボンのしりポケット.

hip·pie, hip·py /hípi/ 名 C 〔一般用〕**ヒッピー**《★1960 年代後半に現れた型にはまらない行動をする若者》.
語源 俗語の hip (世間ずれした, 流行に敏感な) から.

hip·po /hípou/ 名 C 《くだけた語》 動 **かば** (hippopotamus).

hip·po·pot·a·mus /hìpəpótəməs | -pɔ́t-/ 名 C 《複 〜es, -mi/-mai/》《動》**かば**《語法》短縮して hippo ともいう.
語源 ギリシャ語 *hippopotamos* (*hippos* horse + *potamos* river) がラテン語を経て中英語に入った.

hip·py /hípi/ 名 =hippie.

hire /háiər/ 動 本他 U 〔一般語〕 一般義 ある目的のために一時的に人を雇う. その他 〔米〕一般的に雇用する, また 〔主に英〕短期間賃借りする, 賃貸しする(〔米〕rent). 名 として雇用, 賃金, 報酬, また 〔英〕賃借り, 賃貸し, 賃借料, 使用料.
語源 古英語 hýrian (=employ for wages) から.
用例 Will you *hire* me your boat for the weekend? 週末にあなたのボートを貸してくれませんか.
日英比較 米英では日本のハイヤーとタクシーの区別が一般にない. ハイヤーをあえて英語で言うなら a hired car, an automobile on hire などになる. なお, 高級なハイヤーは a limousine という.
慣用句 **for [on] hire** 賃貸しの, 人が雇われて. **hire on** 雇われる. **hire out** ...を賃貸しする.
【派生語】**híreling** 名 C 〔軽蔑的〕金のために働く人. **hírer** 名 C 雇用者, 賃借人.
【複合語】**híre púrchase** 名 U 〔英〕分割払い(購入方式)(〔米〕installment plan). **híre-and-drive** 名 C 〔英〕レンタカー(〔米〕rent-a-car). **híre càr** 〔英〕レンタカー.

hir·sute /hə́ːrsjuːt/ 形 〔形式ばった語〕毛深い《語法 女性に対しては失礼な語》.
語源 ラテン語 *hirsutus* (=shaggy) が初期近代英語に入った.
類義語 hairy; shaggy; bristly.

his /hiz, 弱 iz/ 代 he の所有格, 彼の, また he の所有代名詞, 彼のもの.
語源 古英語 hē (=he; it) の属格.
用例 "Is this John's book?" "No, *his* is on the table." 「これはジョンの本ですか」「いいえ, 彼のはテーブルの上にあります」.

His·pan·ic /hispǽnik/ 形 C 〔一般語〕スペイン語を使用する国々の, 特に中南米のスペイン語を使用する国々の, スペイン系人の. 名 としてスペイン語使用者, 特に米国に住むラテンアメリカ系人.
語源 ラテン語 *hispanicus* (=Spanish) が初期近代英語に入った.

hiss /hís/ 動 本来自 C 〔一般語〕蒸気や空気がもれてシューという音をたてる, またシーッという音を出してしかる, 制止する, 追い払う. 名 としてシュー, シーッという音.
語源 擬音語. 中英語から.
用例 The children *hissed* (at) the witch when she came on stage. 子供たちは魔女が舞台に登場すると, (不満を表して)シーシーと言った.

his·ta·mine /hístəmì(ː)n/ 名 U 【生化学】ヒスタミン《★炎症・アレルギー反応として分泌される. 血管を拡張し血圧を下げる作用がある》.
語源 histidine (アミノ酸の一種)+amine (アミン)の混成語. 20 世紀から.

historian ⇒history.
historic ⇒history.
historical ⇒history.

his·to·ry /hístəri/ 名 UC 〔一般語〕 一般義 歴史, 歴史学. その他 歴史書, 体系的記述, 個人の経歴, 病歴, 由来, 沿革.
語源 ギリシャ語 *histōr* (=learned, wise man) から派生した *historia* がラテン語を経て中英語に入った.
用例 I'm writing a *history* of Scotland. 私はスコットランドの歴史を書いている/This desk has a very interesting *history*. この机の由来はとてもおもしろい.
慣用句 **go down in history** 歴史に残る, 歴史に名をとどめる. **have a history of** ......の前歴がある, ...の気(゜)がある. **make history** 歴史に残るようなことをする, 後世に影響を与える. **the dustbin** [**dustheap; scrapheap**] **of history** 歴史のごみ箱, 忘却の彼方. **The rest is history**. 〈くだけた表現〉後の話は御存知の通りだ.
【派生語】**histórian** 名 C 歴史家, 歴史学者. **histó ric** 形 歴史上重要[有名]な, 由緒ある, 歴史に残る. **histórical** 形 歴史に関する, 史実に基づく. **historical present**《the ～》【文法】歴史的現在《★過去の出来事を現在起こっているように生き生きと描写するために用いる現在時制》. **histórically** 副.

his·tri·on·ic /hìstriánik/-ɔ́n-/ 形 〔形式ばった語〕〔軽蔑的〕芝居がかって大げさでわざとらしい.
語源 ラテン語 *histrio* (=actor) が後期ラテン語を経て初期近代英語に入った.
【派生語】**histriónics** 名 〔複〕《単数扱い》演出(法), 《複数扱い》芝居がかった言動.

hit /hít/ 動 本来他 〔過去・過分 ～〕名 C 〔一般語〕 一般義 人や物を手や棒などでねらって打つ, 打撃を加える. その他 人に物をぶつける, 一撃をくらわす, ボールなどを打ち飛ばす, 機械などのスイッチやボタンをぽんと押す, 【野】安打を打つ, 矢や矢などを命中させる, 比喩的に天災などが場所を襲う, 痛手を負わせる, ある点や場所にうまく行き当たる, 答えなどをうまく言い当てる, 考えつく, 考えなどが人にふと思い浮かぶ. 【コンピューター】データなどが照合でヒットする, ヒット数が...に達する, の意. 名 として打撃, 衝突, 命中, 一突き, 映画, 芝居, 小説などの成功, 大当たり, 【野】安打, 【コンピューター】ウェブサイトの閲覧数, データ照合の検索数, 〔俗語〕殺し屋 (hit man) による殺人.
語源 古英語 hittan (=to come upon; to find) より.
用例 The ball *hit* him on the head. ボールが彼の頭に命中した/He *hit* his head on [against] a low branch. 彼は低い枝に頭をぶつけた/The farmers were badly [hard] *hit* by the lack of rain. 農民は雨不足のために大打撃を受けた/We were completely lost but we finally *hit* the right road by chance. 全く道に迷ってしまったが, ついに偶然にもちゃんとした道にうまくぶつかった.
類義語 hit; strike; beat; knock; punch; slap: **hit** はねらって打つこと. **strike** は hit よりやや形式ばった語で, 打つ, 衝突するという意味の一般語. **beat** は続けざまに繰り返し打つ場合に用いる. **knock** はこぶしや何か固いもので何回もたたくこと. **punch** はげんこつで殴ること. **slap** は平らな手のひらのようなもので打つこと.
慣用句 **hit and** [**or**] **miss** 〔やや形式ばった語〕成りゆきまかせに. **hit and run** ひき逃げする, 【野】ヒットエンドランをする. **hit it off** 仲よくやる, 折り合いがうまくいく. **hit off** ...を適切に表現する. **hit on** 問題の解決策などをふと思いつく 《at; against》. **hit out** 人を激しく非難する.
【派生語】**hítter** 名 C 打つ人, 打者.
【複合語】**hít-and-rún** 形 ひき逃げの[による], 【野】ヒットエンドランの. **hít màn** C 殺し屋. **hít-or-míss, hít-and-míss** 形 不注意な, 行き当たりばったりの.

hitch /hítʃ/ 動 本来他 C 〔一般語〕 一般義 縄, か

ぎ，輪などを物に引っかける．[その他] 牛や馬などの動物をくい車などに引いたものに引っかける，からませる，物をぐいと動かす，引きよせる，引き入れる，[くだけた語] ヒッチハイクで便乗する．[名] として引っかけ結び，故障，引っかかり．

[語源] 中英語 hytchen (= to move; to remove) より．

[用例] He *hitched* his horse to the fence-post. 彼は馬を柵の支柱につないだ / I can't afford the train-fare to London—I'll have to *hitch*. ロンドンまでの運賃の持ち合せがないので，ヒッチハイクせざるをえない．

[対照語] loosen.

【慣用句】*get* [*be*] *hitched* [古風な表現][俗語] 結婚する．*hitch up* ... ズボンなどをぐいと引き上げる，馬などを車につける，[俗語] 結婚する．*without a hitch* 支障なく円滑に，簡単に，すらすらと．

[複合語] hítchhíke [名] [C] ヒッチハイク(する)．hítchhìker [名] [C]. hítchhìking [名] [U].

hith·er /híðər/ [副] [形] [古風な語] こちらへ，こちらに．

[語源] 古英語 hider から．

[用例] *hither* and thither あちらこちらへ (here and there).

[対照語] thither.

[複合語] híthertò [副] 今まで，これまで．

hitter ⇒hit.

hive /háiv/ [名] [C] [本来他] [一般義] [一般義] みつばちの巣箱(beehive). [その他] 1つの巣箱に入っているみつばちの群れ，比喩的に人の群がる所，忙しそうな人々の群れ，群衆．[動] として，みつばちを巣に集める，みつを巣箱にためる，一般に貯える．[自] みつばちが巣箱にはいる．

[語源] 古英語 hyf から．

[用例] The shop was a *hive* of activity. その店は忙しくてみつばちの巣をつついたようであった．

【慣用句】*hive off* みつばちが分封する，グループの一部が分離独立する．

H.M. 《略》 = His [Her] Majesty (国王[女王]陛下，天皇[皇后]陛下).

H.M.S. 《略》 = His [Her] Majesty's Ship (英国軍艦); His [Her] Majesty's Service (《英》).

[用例] *H.M.S.* Belfast 女王陛下の船ベルファスト号．

ho /hóu/ [感] [文語] 呼びかけや注意，驚きなどを表す叫び声，ホー!, オーイ!.

[語源] 擬音語．中英語から．

hoar /hó:r/ [名] [U] [形] [古風な語] 霜(hoarfrost). [形] として灰白色の，白髪の(hoary).

[語源] 古英語 hār (=gray) から．

【派生語】hóary [形].

hoard /hó:rd/ [名] [C] [本来他] [一般義] 貯蔵物，蓄え．[動] として，大切な物を人目をさけて蓄える，隠して保存する．

[語源] 古英語 hord (=treasure) から．

【派生語】hóarding [名] [UC] 貯蔵，(複数形で) 貯蔵物，退蔵物．

hoard·ing[1] /hó:rdiŋ/ [名] [C] [一般義] 《英》建築工事現場などの仮設の板囲い．

[語源] 古フランス語 *hourd* (=palisade) が初期近代英語に hoard (=fence) として入り，その派生形．19世紀から．

hoarding[2] ⇒hoard.

hoar·frost /hó:rfrɔ(:)st/ [名] [U] [一般義] 白霜（《語法》単に hoar とも white frost ともいう).

hoarse /hó:rs/ [形] [一般義] 声がかれた，しゃがれ声の．

[語源] スカンジナビア語起源の古英語 hās から．

【派生語】hóarsely [副]. hóarseness [名] [U].

hoary ⇒hoar.

hoax /hóuks/ [動] [本来他] [名] [C] [一般義] ふざけて人をだます，かつぐ．[名] としていたずら，でっちあげ．

[語源] hocus-pocus からの変形と思われる．18世紀から．

hob /háb|-ɔ́-/ [名] [C] [古風な語] 暖炉の内部の両側に設けられた，やかんや鍋などを温めておくための棚，またガスや電気の調理器具の加熱用金属板，ホットプレート．

[語源] 不詳．

hob·ble /hábl|-ɔ́-/ [動] [本来自] [名] [C] [一般義] 病気やけがが原因で小またに，よたよた歩く．[他] 馬やろばの脚をしばって歩きにくくする．

[語源] 不詳．オランダ語か低地ドイツ語起源と思われる．中英語から．

hob·by /hábi|-ɔ́-/ [名] [C] [一般義] [一般義] 他と競うものではなく，切手集め，模型作りなど楽しみとする趣味，道楽（[語法] スポーツ，読書などは普通 hobby とはいわない). [その他] 棒馬(hobbyhorse), [古語] 子馬．

[語源] 棒の先端に馬の頭をつけた子供のおもちゃや踊り手が腰につける馬の像 hobbyhorse から．

[用例] He did not know what to do when he retired from work as he had no *hobbies*. 彼には趣味が無かったので，退職した時どうしてよいかわからなかった．

[対照語] labor; business.

[関連語] taste; pastime; recreation; avocation.

【慣用句】*ride a* [*one's*] *hobby* [*hobbyhorse*] 趣味や道楽にこる，他人に迷惑なほど自分の主張[考え]をふりかざす．

[複合語] hóbbyhòrse [名] [C] 棒の先端に馬の頭をつけた子供のおもちゃの棒馬，回転木馬の木馬，得意な話題，hobby から．

hob·gob·lin /hábgablin|hɔ́bgɔb-/ [名] [C] [一般義] いたずらっぽい小鬼，妖怪．

[語源] hob (いたずらな小鬼) + goblin (小鬼). 初期近代英語から．

hob·nail /hábneil|-ɔ́-/ [名] [C] [一般義] 靴底に打つ頭の大きい短い鋲(ぴょう).

[語源] hob (輪投げの的の杭) + nail. 初期近代英語から．

hob·nob /hábnab|hɔ́bnɔb-/ [動] [本来自] [ややくだけた語] [軽蔑的] 普通自分より地位が上の人や金持ちの人と親しく交際する．

[語源] 中英語 habben (=to have) + nabben (= not to have) から．「差つ差されつ」に相当．

ho·bo /hóubou/ [名] [C] [一般義] 《米・カナダ》季節労働者，浮浪者．

[語源] 不詳．19世紀から．

hock[1] /hák|-ɔ́-/ [名] [C] [一般義] 四足獣の後脚のひざとけつるの間にある関節，飛節（★人間の足のくるぶしに相当する)，豚の足肉．

[語源] 古英語 hōh (=heel) から．

hock[2] /hák|-ɔ́-/ [動] [本来他] [名] [U] [くだけた語] 《米》質に入れる(こと).

[語源] オランダ語 hok (=prison; debt) から．19世紀に入った．

[用例] My watch is in *hock* at the moment. 私の時計は今質に入っている．

hock・ey /háki/ -ś-/ 名U 《スポ》 ホッケー(field hockey). またアイスホッケー(ice hockey).
語源 不詳. 初期近代英語から.
【複合語】**hóckey stick** 名C ホッケー用のスティック《★これで puck を打つ》.

ho・cus-po・cus /hóukəspóukəs/ 名U 動本来他 〔一般語〕手品師が言う呪文, また奇術, ごまかし. 動 とし てだます, かつぐ.
語源 昔手品師が使ったラテン語まがいの文句の hax pax max Deus adimax による. 初期近代英語から.

hod /hád/ -ś-/ 名C 〔一般語〕れんが箱《★れんがしっ くいを運ぶための長い柄の先に V 字形の箱をつけた道 具》.
語源 古フランス語 hotte (=pannier) が初期近代英 語に入った.

hodge・podge /hádʒpadʒ/ hódʒpɔdʒ/ 名U 〔一 般語〕《英》ごた混ぜ, 寄せ集め(hotchpotch)
語源 hotchpotch の変形. 中英語から.

hoe /hóu/ 名C 動本来他 〔一般語〕土を耕したり除草 に用いる鍬(ś)や鋤(ś). 動 として, 鍬や鋤で耕す, 掘る, 取る.
語源 古フランス語 houe が中英語に入った.

hog /hɔ́(:)g/ 名C 動本来他 〔一般語〕食用の大型の 豚(⇒ 類義語), 〔俗語〕比喩的に貪欲な人, 利己的な 人, 下品な人. 動 としてむさぼり取る[食う], 分け前以上 に取る, 独り占めする.
語源 古英語 hogg から.
用例 He's such a hog he ate all the food before some people had sat down. 彼は非常に意地汚いや つで人が着席しないうちに食べ物を全部平らげてしまった.
類義語 hog; boar; sow; pig; swine: **hog** は《米》 食肉用で120 ポンド以上に成長した豚をいう, 《英》去 勢された食肉用の雄豚をいう. **boar** は去勢しない雄豚, またいのしし. **sow** は大きい雌豚. **pig** は《英》豚をいう 一般的な語, 《米》まだ十分に成長していない子豚. **swine** は文語で豚を指し, 集合的にも用いられる.
関連語 pork (豚肉).
【慣用句】**go (the) whole hog** 〔くだけた表現〕徹底的 にやる. **hog the road** 〔くだけた表現〕勝手な運転をす る. **live [eat] high off [on] the hog** 〔くだけた表 現〕ぜいたくに暮す. **make a hog of oneself** 〔くだけた 表現〕がつがつ食べる.
【派生語】**hóggish** 形 強欲な, 不潔な.
【複合語】**hógshèad** 名C 大だる, 液量単位ホグズ ヘッド《★238.48 リットル, 《米》63 ガロン, 《英》52.5 ガロン》. **hógwàsh** 名U 〔くだけた語〕《米》豚のえさ, 残飯, くだらない話.

hoist /hɔ́ist/ 動本来他 名C 一般義 滑車やロープを 使って揚げる. その他 重いものを持ち上げる. 名 として引 上げ機, 貨物の昇降機.
語源 方言の hoise (持ち上げる) の変形で, 過去分詞 形を示す-t がついたもの. 初期近代英語から.
用例 He hoisted the child up on to his shoulders. 彼は子供を肩にひょいと持ち上げた/Give me a hoist over this wall, will you? この壁の向こうに私 を持ち上げてくれませんか.
類義語 raise.
対照語 lower.

hoi・ty-toi・ty /hɔ́ititɔ́iti/ 形 〔古風な語〕もったいぶっ た, 横柄な.
語源 廃語の hoit (浮かれ騒ぐこと)による. 初期近代英 語から.

hold /hóuld/ 動本来他《過去・過去分 held》名UC 〔一 般義〕物などを一時, 手や腕などでしっかり持って, 握る. その他 抱える, つかむ, 落とさないように支える, 重 さに堪える. 何かを位置や状態などに保つ, 保持する, 維持する, 容器, 建物, 乗物などが収容できる, …まで入 る, 財産, 記録, 資格などを所有する, 役職や地位を占 める, 就いている. また会などを開く, 催す, 式や選挙を実 施する, 行う, 保つ意から, 押さえておく, 捕らえる, 抑え る, 拘束する, 留置する, 心の中に持つことから, 感情や 意見を抱く, 考える, 人を…と見なす. 自 持ちこたえる, 天候などが持つ, 続く. 名 として持つこと, 保持, 手でつ かまる所, 足場, 物, 人に対する支配力, 影響力.
語源 古英語 healdan から.
用例 He held the bag by the handle. 彼はバッグの 取っ手を持った/She held a beautiful baby in her arms. 彼女は両腕でかわいい赤ちゃんをしっかりと抱いて いた/The meeting will be held next week. 次週に は会議が開かれます/He was held captive. 彼は捕虜 になった/He is held in great respect. 彼は大いに尊 敬されている/Will the anchor hold in a storm? 錨 は嵐に持ちこたえられるだろうか.
類義語 hold; have; keep: **hold** は落ちないようにしっ かり「持つ」という意味. **have** は単に「持っている」とい う状態を表す語. **keep** はやはり所有の状態をいい, 物事 を保有する, 保有するなどの意味.
【慣用句】**hold away** …を離しておく, …から離れてい る. **hold back** 群衆などを押しとどめる, …を言わずにお く, 感情を抑える, 人の進歩を遅らせる. **hold down** … の自由を抑える, 仕事を維持する. **hold forth** 勝手に 長々と意見を述べる. **hold in** 感情などを抑える, 《oneself と共に用いて》自制する. **hold off** …を近寄 らせない, 延期する. **hold on** しっかりつかまっている, 電 話を切らないで待つ. **hold onto [on to]** ……をつかま えておく, そのまま持っている. **hold out** 手などを伸ばす, 差し出す, 可能性, 好например を提供する, 希望などを持た せる, 在庫などがもつ, 続く. **hold over** …を将来に持ち 越す, 延期する. **hold … over** ……を…の上にかざす, 人を…でおびやかす. **hold up** 手などをあげる, 持ち上げ る, 支える, 銃を向けて止まらせる, 進行を妨げる, 遅らせ る, ものが長持ちする, 手本として示す.
【派生語】**hólder** 名C 支える物, 容器, 所有者, 所持 人. **hólding** 名UC しっかりつかむこと, 農業用の借 地, 株や不動産などの所有財産, 《バスケット・バレーボー ル》ホールディング: **holding company** 持ち株会社, 親会社《★普通は実際の活動を行なわないで他社をその 傘下にしているもの》.
【複合語】**hóldall** 名C 旅行用の大きな手さげかばん. **hóldbàck** 名C 馬車の止め金, 妨害, 阻止. **hóldòver** 名C 残存物, 残留者, 続けて上演中の演劇 [映画]. **hóldùp** 名C 〔くだけた語〕列車や自動車など を止めて金品を強奪すること, ピストル強盗, 輸送などに おける停滞, 遅延, 《英》交通渋滞.

hole /hóul/ 名C 動本来他 一般義 壁などの 硬い物にできる貫通した穴. その他 必ずしも貫通してい ない穴として, 地面にできる割れ目やくぼみ, ゴルフのホー ル, 布地や衣類にできる穴, 小動物の住む穴, 巣, 〔くだ けた語〕人間の住むむさ苦しい住居[部屋, 場所], (a〜) 苦しい立場, 苦境. また比喩的に法律や議論の欠陥, 弱 点, 矛盾, あるいは欠点, 損失. 動 として穴をあける, 穴 に入れる, 《ゴルフ》球をカップインさせる.

語源 古英語 hol (=hollow place) から.
用例 The dog got out through a *hole* in the fence. 犬は塀の穴から抜け出した/I must mend the *holes* in my socks. 靴下の穴を繕わなければいけない/There's a *hole* in my tooth. 虫歯で穴がある/I'm in a *hole* and need your help. 苦境に落ち込んでいるので助けてほしい.
類義語 hole; hollow; cave: **hole** は本来無きであるべきものにある穴. **hollow** は表面のくぼみをいい、くぼ地、盆地また中空になったもの。木の幹のうろ穴など. **cave** は天然の洞穴、地中の穴をいう.
慣用句 *be in holes* 穴だらけである. *hole in one* 〖ゴルフ〗ホールインワンを達成する. *hole out* 〖ゴルフ〗球をホールに打ち込む. *hole up* 冬眠する、閉じ込もる. *in the hole* 借金して、窮地に立って. *make a hole in* ...〔ややくだけた表現〕...に大穴をあける、貯金などを使い果す、大量に使い込む. *pick [knock] a hole [holes] in* ......のあら捜しをする.
複合語 *hóle-and-córner* 形〔ややくだけた表現〕秘密の、人目を忍んだ.

hol·i·day /hálədei|hóladi/ 名 形 動 本来自 〔一般語〕 祝日、祭日. その他 休日、休暇、《通例複数形で》《英》学校の休暇《米 vacation》. 形 として休暇の、休日の、休日らしい、楽しい、華やかな. 動 として休暇をとる、休暇を過ごす.
語法 《米》では特にある事件や人物を記念して定められた公休日をさし、公休日以外の休日には vacation を用いる.
語源 古英語 hālig (=holy)+dæg (=day) から成る hāligdæg から.
用例 The summer *holidays* will soon be here. 夏期休暇が間もなくやってきます.
対照語 working day; workaday.
派生語 hólidays 副 休日《毎》に、休日などに(は).
複合語 hólidaymàker 名 C 《英》休日の行楽客《米 vacationer》.

holiness ⇒holy.

Hol·land /hálənd|-5-/ 名 固 オランダ（★the Netherlands の俗称. 16 世紀に独立した時の最も隆盛だった州の名をとって日本語ではオランダという）.
派生語 Hóllander 名 C 〔古風な語〕オランダ人 (Dutchman).

hol·ler /hálər|-5-/ 動 本来自 名 C 〔くだけた語〕大声で叫ぶ. 名 として叫び、大声.
語源 halloo（おーいと叫ぶ）の異形. 初期近代英語から.

hol·low /hálou|hól-/ 形 C 動 本来他 副 〔一般語〕 一般義 中味の入っていない、空(ホ)の、うつろな. その他 中空の状態のものに外から圧力を加えるとくぼんだ、へこんだ状態となり、比喩的に頬や目が落ちこんだ、ほおけた、また声や音のように響く、力のない、こもった、物事が実質のない、空疎な、内容のない、人が不誠実な、うわべだけの. 名 として穴、へこみ、くぼみ. 動 として中空にする、へこます、うつろにする［なる］. 副 としてうつろに、不誠実に.
語源 古英語 holh (=cave) から.
用例 Bottles, pipes and tubes are *hollow*. ビン、パイプ、チューブは空洞である/Don't make *hollow* promises. 空約束などするな/You can't see the farm from here because it's in a *hollow*. 農場は谷間にあるから、ここからは見ることが出来ません.
関連語 empty; hole.
慣用句 *beat ... (all) hollow*〔ややくだけた表現〕人を徹底的に打ち負かす. *hollow out* ...をくりぬく、木などをくりぬいて作る. *in the hollow of one's hand* 掌中にして、完全に支配して［握って］.
派生語 hóllowly 副 うつろに、うわべだけで. hóllowness 名 U.
複合語 hóllowwàre 名 C 深い容器、銀や陶器などの碗(ホン)、深皿など(⇔flatware).

hol·ly /háli/ 名 C -5-/ 名 C 〖植〗西洋ひいらぎ《★その赤い実のついた葉はクリスマスの装飾に用いられる》.
語源 古英語 holegen, holen の短縮形. 中英語から.

Hol·ly·wood /háliwud|hól-/ 名 ハリウッド《★米国 California 州、Los Angeles 市郊外の地区; 映画製作の中心地》として映画産業.

ho·lo- /hálou-|hó-/ 連複「全体の、完全な」「類似の、同種の」の意.
語源 ギリシャ語 *holos* (=whole; entire) から.

ho·lo·caust /hálə̀kɔ:st|hó-/ 名 C 〔形式ばった語〕 大虐殺、大破壊、《H-》ナチによるユダヤ人大虐殺.
語源 ギリシャ語 *holokaustos* (*holo-* whole+*kaustos* burnt) の中性形が後期ラテン語 *holocaustum* を経て中英語に入った.

ho·lo·gram /háləgræm|hó-/ 名 C 〖光〗ホログラム《★レーザー光線によって作り出される立体映像》.
語源 holo-+-gram. 20 世紀から.
派生語 hólograph 名 C = hologram. hólography 名 U ホログラムを作り出す写真術.

ho·lo·graph[1] /háləgræf|hóləgra:f/ 名 C 〔一般語〕自筆の文書、自筆原稿.
語源 ギリシャ語 *holographos* (=written in full) が後期ラテン語 *holographus* (=entirely written by the signer) を経て初期近代英語に入った.
用例 a *holograph* manuscript 自筆原稿.

holograph[2] ⇒hologram.

holography ⇒hologram.

Hol·stein /hóulstain, -sti:n|hólstain/ 名 C 〔一般語〕ホルスタイン種の乳牛. 語源 英国では Friesian と呼ばれる.
語源 ドイツの地名 Holstein に由来する. Holstein-Friesian の短縮形. 19 世紀から.

hol·ster /hóulstər/ 名 C 〔一般語〕ベルトや馬の鞍につけるピストルの皮ケース.
語源 オランダ語 *holster* が初期近代英語に入った.

ho·ly /hóuli/ 形 C 〔一般語〕 一般義 神聖な、尊い. その他 信心深い、聖人のよう、高徳な. C として神聖な場所、聖域、礼拝所、また《the ~》神聖なもの［人］.
語源 古英語 hālig から.
反意語 desecrated; profane; unholy.
慣用句 *a holy terror*《英》手に負えない人、わるがき. *the Holy of Holies* ユダヤ教の神殿などの至聖所、最も神聖な所.
派生語 hóliness 名 U 神聖であること、《His H-》ローマ法王［教皇］への尊称《語法 呼びかけは Your Holiness》.
複合語 Hóly Bíble 名《the ~》聖書《語法 The Bible ともいう》. Hóly Cíty 名《the ~》聖都《★宗教により、ユダヤ教徒・キリスト教徒の Jerusalem、イスラム教徒の Mecca と Medina、ヒンズー教徒の Benares など》、天国. Hóly Commúnion 名 U プロテスタントの聖餐式、カトリックの聖体拝領. Hóly Fáther 名

- **hom·age** /hάmidʒ|hɔ́m-/ 名 《形式ばった語》人前で示す敬意, 尊敬, 敬意を表す言葉や行為, 賛辞, 特に封建時代の君主に対する臣下の忠誠心.

  [語源] ラテン語 *homo*(=man) に由来する古フランス語 *hommage* が中世英語に入った.

  [用例] We should pay *homage* to this great man. この立派なお方に敬意を表すべきだ.

- **home** /hóum/ 名 UC 形 副 動 [本来of] [一般語]

  [一般義] 日常生活の中心となる家庭, 我が家; [その他] 自宅, 生家, さらに故郷, 本国を指す. また家, 住宅, アパート, 家のない人や病人などの収容施設や療養所などのホームや避難場所, 動植物の生息地, 物の原産地, 物事の発祥地, 組織本来の本拠地, 本部を指す. 他にゲームの決勝点, 〔野〕ホームベース, 本塁. 形 として家庭の, 本拠地の(⇔away). 副 として故郷へ, 我が家へ, もの事の中心へ, そのものずばりに, 急所に. 動 として故郷へ帰る, 家を構える.

  [語源] 古英語 hām (=house; dwelling; residence).

  [用例] He says he intends to make his *home*(=live) in France. 彼はフランスに定住するつもりだといっている/America is the *home* of jazz. アメリカはジャズの本場だ/We'll have to find a *home* for these dictionaries. How about that shelf? これらの辞書の保管場所を探さなければいけないね. あの戸棚はどうだろう/Kyoto is my spiritual *home*. 京都はわが心のふるさとだ.

  [類義語] home; house; residence: **home** は人の家庭生活の場である「家庭」が本来の意味, **house** は主として建物としての「家」をいう.「老人ホーム」は a nursing *home* というが, a nursing house とはいわない. home は家庭のような安らぎが伴う場所をさし, house は人を含まない建物だけをさすことが多いのである. ただし,《米》では不動産業者が home のほうが暖かみのある語であるので新築の家屋を house ではなく home として宣伝したことから, house と混用する語法が生まれた. **residence** は形式ばった語で, 通例高級な大住宅を指し, 一般的な家をさすのはまれ.

  【慣用句】 *at home* 在宅して, 自分の住む場所に[で], 本国に[で], 人の訪問を受けられる状態に, 精通して, くつろいで. *be away from home* 不在にする, 家を離れている. *bring … home to …* 人に…をよく理解させる. *bring oneself home* 経済的に立ち直る, 失ったものなどを回復する. *get home* 家に着く, 目的を達する. *go home* 家[国]に帰る, 的に当る, 命中[の]する. *hit home* 致命傷を与える. *make oneself at home* 他人の家で気楽に振舞う. *see … home* …を家まで送る. *take … home* …を家に連れていく. *write home*

家へ手紙を書く.

【派生語】 **hómebòund** 形 家[本国]へ帰る, 病気などで家に閉じ込められた. **hómeless** 形 家のない,《the ~; 集合的》家のない人々, ホームレス. **hómelike** 形 わが家のような, 心安まる. **hómeliness** 名 U. **hómely** 形 家庭的な, 地味な, 素朴な, 容姿が平凡な, やぼったい, 食事などが質素な. **hómer** 名 C 〔野〕ホームラン(home run). 動 [本来of] ホームランをする. **hómeward** 形 家路へ向かう, 帰途の. 副 家[本国]へ向かって. **hómewards** 副《英》=homeward. **hómey** 形 我が家の, 我が家のない, 気楽な, 居心地のよい. **hóming** 形 家へ帰る, 無人誘導式の: homing instinct 帰巣本能/homing pigeon 伝書ばと. **hómy** 形 = homey.

【複合語】 **hóme affáirs** 名《複》内政, 内務(domestic affairs; ⇔foreign affairs). **hóme báse** 名 =home plate. **hómebòdy** 名 C 家にばかりいる人, マイホーム型の人. **hómebréd** 形 国産の, 本国育ちの. **hóme brew** 名 自家醸造のビール. **hóme còming** 名 U 帰省, 帰国, 帰宅,《米》大学などの年1回の同窓会. **Hóme Depártment** 名 =Home Office. **hóme económics** 名 U 家政学. **hómegrówn** 形 自家製の, 出生地の, その土地で生まれた. **hóme hélp** 名 C《英》家政婦, ホームヘルパー. **hómeland** 名 C 自国, 故国. **hómemáde** 形 自家製の, 国産の, 素人くさい. **hómemàker** 名 C 主婦, 家政婦. **hómemàking** 名 U 家庭管理, 家政. **Hóme Óffice** 名《the ~》《英》内務省(★米国の Department of The Interior に当たる); [h-o-] 会社の本社, 本店. **hómeówner** 名 C 自家所有者. **hóme pláte** 名 C 〔野〕本塁, ホームプレート[ベース](home base). **hómeròom** 名 CU《米》学校のホームルームの教室, 時間. **hóme rúle** 名 U 地方自治,《英》(H- R-) アイルランドの自治(問題). **hóme rún** 名 C 〔野〕ホームラン, 本塁打(homer). **hómesìck** 形 ホームシックの. **hómesìckness** 名 U. **hómespùn** 形 手織りの, 手作りの, 地味な. 名 U 手織りの布地. **hómestày** 名 C ホームステイ(★留学生などが滞在国でそこの家庭に滞在して生活すること). **hómestéad** 名 C 畑地なを含めた農家の家屋敷, 農場, 宅地, 家産. [本来of]《米》the Homestead Act に基づいて…に入植する. **Hómestead Àct** 名《the ~》ホームステッド法(★1862 年一定の条件を満たす入植者に 160 エーカーの農地を与えることを定めた法律). **hómestèader** 名 homestead の所有者,《米》Homestead Act による入植者. **hómestrétch**, 《英》**hómestráight** 名 C《通例 the ~》競走の最後の直線コース, ホームストレッチ, 仕事の追い込み. **hómetówn** 名 C 形 現在住んでいる町[市](の), 故郷の町[市](の). **hóme trúth** 名 C《しばしば複数形で》胸にこたえる事実. **hómewòrk** 名 U 生徒の宿題, 家庭でする仕事, 内職.

[日英比較] ホームドラマは family situation comedy, family drama, 連続ホームドラマは soap opera, ホームコメディーは situation comedy, sitcom, ホームショッピングは telephone [catolog] shopping, ホームドクターは family doctor [physician], ホームドレスは housedress, ホームバーは bar (at home), ホームヘルパーは home helpy.

- **ho·me·op·a·thy**, **ho·moe·op·a·thy** /hòumiápəθi|-5-/ 名 U 〔医〕同種[毒]療法(★ワクチンの

homer ⇒home.

homeward ⇒home.

homey ⇒home.

hom·i·cide /hάməsaid|-5-/ 名 UC 《法》《主に米》あらゆる形の殺人 (★犯罪となる murder (謀殺), manslaughter (故殺), 犯罪にならない正当防衛や偶発事故による殺人すべてを含む), 《米》警察の殺人課, 〔古風な語〕殺人者.
語源 ラテン語 homo (=man) から派生した homicidium (=killing) が古フランス語を経て中英語に入った.
【派生語】hòmicídal 形.

hom·i·ly /hάməli|-5-/ 名 C 〔形式ばった語〕宗教的な説教や訓戒, 日常的な小言やお説教.
語源 ギリシャ語 homilia (=conversation; discourse) がラテン語, 古フランス語を経て中英語に入った.

ho·mo /hóumou/ 名 C 〔くだけた語〕同性愛者, 男のホモ.
語源 homosexual の短縮形. 20 世紀から.

ho·mo- /hóumou-/ 連体 「同一の」の意.
語源 ギリシャ語 homos (=same) から.

ho·moe·op·a·thy /hòumiάpəθi|-5p-/ 名 =homeopathy.

homogeneity ⇒homogeneous.

ho·mo·ge·ne·ous /hòumədʒí:niəs|hə̀-/ 形 〔形式ばった語〕人や物の構成や種類, 質などが同種の, 均一の.
語源 ギリシャ語 homogenēs (=of the same race or kind) が中世ラテン語を経て初期近代英語に入った.
反意語 heterogeneous.
【派生語】homogeneity /hòumədʒəní:əti|hə̀-/ 名 U. homógenize 動 本来義 同質にする, 均質化する. homógenous 形 =homogeneous.

ho·mo·graph /hάməgræf|hɔ́məgrɑ:f/ 名 C 《言》同形異義語 (★fine (立派な) と fine (罰金) など), 同形異音異義語 (★tear /tiər/ (涙) と tear /teər/ (裂く) など).
語源 homo-「同一」+ -graph から.

hom·onym /hάmənim|hɔ́m-/ 名 C 《言》同音異義語 (★異音同形異義語 (homophone) および同形異音異義語 (homograph)).
語源 ギリシャ語 homōnumos (=having the same name) の中性形がラテン語を経て初期近代英語に入った.

ho·mo·phone /hάməfoun|-5-/ 名 C 《言》異形同音異義語 (★weak (弱い) と week (週) など).
語源 homo-「同一」+ phone から.

Ho·mo sa·pi·ens /hóumou séipienz/ 名 U 〔形式ばった語〕ヒト (★学名).
語源 ラテン語 homo (=man) + sapiens (=wise) から成る 19 世紀の造語.

ho·mo·sex·u·al /hòuməsékʃuəl/ 形 名 C 〔一般語〕同性愛の(人), ホモ(homo).
語源 homo-(同一の) + sexual から成る造語.
対照語 heterosexual.
【派生語】hòmosèxuálity 名 U.

homy ⇒home.

hone /hóun/ 名 C 動 本来義 〔やや形式ばった語〕かみそりの刃などをとぐ砥石. 動 として, 砥石でとぐ, 比喩的に腕をみがく, 技術を向上させる.
語源 古英語 hān (=stone) から.

hon·est /ɑ́nist|5-/ 形 副 〔本来義〕 〔一般語〕人がその言行においてうそや不正がなく正直な, 誠実な. その他 人が特別だったり有名ではないまっとうな, 善良な, 物や仕事などがごまかしのない, 利益などを正当な手段で得た, 商品などが本物の, 副 として 〔くだけた語〕強調を示して, 本当に, 間違いなく.
語源 ラテン語 honos (=honor) の派生語 honestus が古フランス語を経て中英語に入った.
用例 To be perfectly honest, I don't like your hat at all. ざっくばらんに言えば, 君の帽子が全く気に入らぬ/The man said he was going to try to earn an honest living when he got out of jail. 男は出獄したらまっとうな生活費を稼ぐつもりであると言った.
反意語 dishonest.
【慣用句】honest to goodness [God] 〔ややくだけた表現〕まったく, ほんとうに.
【派生語】hónestly 副. hónesty 名 U.

hon·ey /hʌ́ni/ 名 C U 形 動 本来義 〔一般語〕蜂蜜(はちみつ). その他 花の蜜, 糖蜜, 蜜のようなもの. C 〔くだけた語〕《米》かわいいひと (★恋人, 子供などへの呼びかけに用いる男性語; 女性語は love や sweet). また素敵な人. 形 として 蜂蜜の, 蜜のような. 動 として 蜂蜜で甘くする, ...にお世辞を言う, へつらう.
語源 古英語 hunig から.
用例 She spread a piece of bread with butter and honey. 彼女はパンにバターと蜂蜜をぬった/Come on, my honeys. Let's have a picnic in the park. さあ, みんなおいで. 公園でお弁当を食べよう.
【慣用句】a land of milk and honey 〔文語〕幸せが約束された土地. as sweet as honey 蜜のように甘い, 大変愉快な, あいそのよい.
【派生語】hóneyed 形 蜜のある[多い], 密で甘くした, 声や言葉などが甘ったるい, お世辞の多い.
【複合語】hóneybèe 名 蜜蜂. hóneycòmb 名 C U 蜜蜂の巣. 動 本来義 蜂の巣状にする. 形 蜂の巣状の. hóneydèw 名 U 木に葉や茎などにしみ出る甘い液, 昆虫などが分泌する蜜.

hon·ey·moon /hʌ́nimù:n/ 名 C 動 本来自 〔一般語〕新婚旅行(期間), 結婚式後の 1, 2 か月の蜜月, 政治, 経済などの分野で, 初期の穏やかな協調関係. 動 として 新婚旅行をする.
語源 honey + moon. 初期近代英語から, 新婚期間に蜂蜜酒を飲んだスカンジナビアの習慣と, 夫婦の感情が月の満ち欠けのように下降するからと考えられている.
【複合語】hóneymòoner 名 C 新婚旅行中の人.

hon·ey·suck·le /hʌ́nisʌkl/ 名 C 《植》すいかずら類のつる性植物 (★甘い香りの黄色またはピンクの花が咲く).
語源 古英語 hunigsūce から.

Hong Kong /hɑ́ŋkɔ́ŋ|hɔ́ŋkɔ́ŋ/ 名 固 ホンコン(香港) ★中国東部珠江の河口にある特別行政区; 1997 年英国より返還された.

honk /hɔ́(:)ŋk/ 名 C 動 本来義 〔一般語〕 〔一般語〕がんの鳴き声. その他 自動車の警笛. 動 として, がんが鳴く,

警笛を鳴らす.
[語源] 擬音語. 19世紀から.

Ho·no·lu·lu /hànəlúːluː|hɔ̀-/ 名 固 ホノルル (★米国 Hawaii 州の州都; Oahu 島にある).

hon·or, (英) **-our** /ánər|ɔ́-/ 名 U 動 [本来他] [一般語] [一般義] 名誉, 名声, [その他] 名誉を重んじることによって生じる体面, 面目, 名誉に伴う信用, 信義, 道義心, その結果得る尊敬, 光栄, 栄誉, (an ~) 名誉となるもの[人], (複数形で) 勲章, 叙勲, 表彰, 礼遇, 特権, 大学の優等, 競技の褒賞, また (His [Her; Your] H-で) 裁判官や市長などに対する敬称, 叙爵. 動 [本来他] 人に栄誉を与える, 大いに尊敬する, [商] 手形を引き受けて期日に支払う.
[語源] ラテン語 honor (=repute; beauty) が古フランス語を経て中英語に入った.
[用例] He won *honor* on the field of battle. 彼は戦場で名声を博した/The politician must be a man of *honor*. 政治家は信義を重んじる人でなければならない/This ceremony is being held in *honor* of those who died in war. この儀式は戦死した人々を記念して行われている.
[類義語] fame.
[反義語] dishonor.
[対照語] disgrace.
【慣用句】 *do honor to* ... ...に敬意を払う. *do the honors* 〔くだけた表現〕パーティー, 食卓などで主人役[司会, 接待役]を努める. *have the honor of doing [to do]* 〔丁寧語〕...する光栄に浴する.
[派生語] **hónorable**, (英) **hónourable** 形 名誉に値する, 尊敬すべき, (the H-) 閣下: **honorable mention** 選外, 佳作, 等外賞. **hónorably**, (英) **hónourably** 副 立派に. **honorarium** /ànərɛ́əriəm|ɔ̀nə-/ 名 C 金額が一定していない謝礼金. **hónorary** 形 名誉上の, 名誉的な: **honorary degree** 名誉学位 /**honorary doctorate** 名誉博士号. **hònoríficic** 形 尊敬の, 敬称の. 名 C 敬称.
[複合語] **hónor ròll** 名 C 優等生名簿. **hónor sýstem** 名 C 無監督制, 自主管理制度 (★学生や囚人などが監督を受けずに自発的に規則を守って行動する制度).

hood /húd/ 名 C 動 [本来他] [一般語] 頭部を包むずきん, コートなどのフード, [その他] フード状のものを指し, 電灯や煙突の笠, カメラのレンズフード, (米) 自動車のボンネット ((英) bonnet), (英) 馬車や乳母車, オープンカーなどのほろ, 覆い. 動 としてフード状のもので覆う.
[語源] 古英語 hōd (帽子) から.
[用例] He raised the *hood* to look at the engine. 彼は自動車のボンネットをあげてエンジンを調べた.
[派生語] **hóoded** 形 フードを被っている, 覆いをつけた.

-hood /-hud/ [接尾] 名詞や形容詞に付いて, 状態, 性質, その性質を共有している集合体, ある性質が持続する期間などを表す名詞を作る. 例: motherhood (母であること, 母性); neighborhood (近隣の人々); childhood (子供時代).
[語源] 古英語 hād から. 元来は rank; condition; character の意味の名詞.

hood·lum /húːdləm/ 名 C 〔くだけた表現〕不良少年, よた者, 暴力団員.
[語源] 不詳. 一説には米国カリフォルニア州のギャングの首領の名 Muldoon を逆さ読みした語ともいわれる. ただし, この n は h に誤った. 19世紀から.

hoof /húːf/ 名 C (複 **hooves**/húːvz/) 動 [本来自] [一般語] [一般義] 牛や馬などのひづめ, [その他] ひづめを持った動物の足. 動 として, 早足で歩く, 舞台で踊る.
[語源] 古英語 hōf から.
[関連語] leg; foot; toe; paw; pad; claw; talon; web; sucker.
【慣用句】 *hoof it* 歩く. *on the hoof* 食肉用動物が屠殺(とさつ)前にまだ生きている.

hook /húk/ 名 C 動 [本来他] [一般語] [一般義] ものを引っかける鉤(かぎ), フック. [その他] 帽子掛け (hat hook), 洋服掛け (clothes hook), 電話の受話器掛け, 釣り針, 鉤針, わな, また人の注意を引きつけるもの, 衣服の留め金, ホック. また〖ボクシング〗ひじを鉤形に曲げて打つパンチ, 左[右]フック, 〖野〗カーブ, 〖ゴルフ〗プレイヤーの利き腕と反対の方向へ曲がるプレー, フックボール, 〖バスケット〗フックシュート, 〖楽〗8分音符や16分音符についている符尾. 動 として, 鉤で引っかける, 留める, 魚を釣り針で釣る, 物を鉤のように曲げる, 〖野〗ボールをカーブさせる, 〖ラグビー〗スクラムからボールを後方へけり出す. 〔くだけた語〕人をひっかける, だます.
[語源] 古英語 hōc から.
[関連語] ring; peg; pin; hanger.
【慣用句】 *by hook or by crook* どんな手段を講じても, 是が非でも. *hook it* 〔俗語〕(英) 逃げる. *off the hook* 〔くだけた表現〕困難, 苦境, 義務, 責任から解放されて. *on the hook* 〔くだけた表現〕縛られて, 窮地に陥って, 待たされて.
[派生語] **hóoked** 形 鉤形に曲がった, 〔くだけた語〕ひっかかった, だまされた, 麻薬などに中毒になった, ものごとに病み付きの: hooked schwa 〖音〗発音記号で鉤つきシュワ (/ɚ/). **hóoker** 名 C 引っかける物[人], 〔俗語〕(米) 売春婦. **hóoky** 形 鉤のある, 鉤形の. 名 U ずる休み: play hooky ずる休みする.
[複合語] **hóok and éye** 名 C ドアなどを開いたまま留めておくあおり留め, 衣服の鉤ホック. **hóok and ládder** 名 C 消防のはしご車. **hóok-nósed** 形 わし鼻の. **hóokùp** 名 UC 結合, 同盟, 接続(図), テレビの中継. **hóokwòrm** 名 C 動 腸に寄生する鉤虫(こうちゅう).

hoo·li·gan /húːligən/ 名 C 〔くだけた語〕不良少年, よた者.
[語源] 19世紀末のロンドンの Southwark にいたアイルランド人のならず者 Patrick Hooligan の姓から.
[派生語] **hóoliganism** 名 U 暴力行為.

hoop /húːp/ 名 C 動 [本来他] おけ, たるなどに用いられるたが, 輪回しやサーカスの輪くぐりなどの輪, 輪になったイヤリング, 〖バスケット〗ゴールのリング, (複数形で) バスケットボール. 動 としてたがを掛ける, 物に輪を巻く.
[語源] 古英語 hōp から.
【慣用句】 *go [jump] through (the) hoop(s)* 試練を経る, つらい目にあう. *put ... through the hoop(s)* ...をつらい目にあわせる, 鍛える.

hoop·la /húːplɑː/ 名 U [一般語] [一般義] 大騒ぎ, 大熱狂. [その他] 賞品目当ての輪投げ.
[語源] フランス語 houp-là! (動け, 歩け)が19世紀に入った.
[用例] He won the ashtray at *hoopla*. 彼は輪投げで灰皿を獲得した.

hoot /húːt/ 名 C 動 [本来自] [一般語] [一般義] ふくろうの鳴き声. [その他] ふくろうの鳴き声に似ていることから, 嘲笑の叫び, 笑い声, 汽笛, 警笛, サイレン, クラクション

hooves /húːvz/ 图 hoof の複数形.

hop¹ /hɑ́p/ -s- 動 本来自 © 〔一般句〕 一般義 人が片足でぴょんと跳ぶ. その他 両足ですばやくひょいと跳ねる, 小動物や鳥などが両足でぴょんと跳びはねる, 人, 動物, 物が急にひょいと動く. ひょいと飛び越える, ボールなどを弾ませる, 乗物に飛び乗る. 图 として片足跳び, 跳躍, 〔くだけた語〕小旅行, 短距離飛行行程, ボールのバウンド, 〔古風な語〕ダンス, ダンスパーティー.
語源 古英語 hoppian から.
用例 He *hopped* about in agony when the hammer fell on the foot. ハンマーが足に落ちた時, 彼は苦しさのあまり跳びまわった.
【慣用句】*a hop, skip [step] and jump*〔くだけた表現〕《米》短い距離, すぐそこ. *hopping mad* 跳びあがるほどひどく怒っている. *on the hop* 忙しい, 不意に.
【派生語】**hópper** 图 © ぴょんぴょん跳ぶ動物, 機械に加工材料を送入するためのじょうご.
【複合語】**hóp, stép, and júmp** 图 Ⓤ《陸上》三段跳び(triple jump).

hop² /hɑ́p/ -s- 图 ⒸⓊ 動 本来他 《植》ホップ（★つる性の多年草）,《複数形で》ビールに苦味と風味をつけるホップの乾燥した雌花, 〔古風な語・俗語〕麻薬. 動 としてホップで苦みをつけた.
語源 中オランダ語 *hoppe* が中英語に入った.
【複合語】**hópped-úp** 形《俗語》《米》麻薬で興奮した, 自動車の馬力を強くした.

hope /hóup/ 動 本来他 图 ⓊⒸ 〔一般句〕一般義 可能性を信じて, そうなってほしいと望む, 希望する. 图 として希望, 望み,《しばしば複数形で》希望を与える人[物], 期待をかけられている人[物].
語源 古英語 *hopian* (=to leap up in expectation) から.
用例 He's very late, but we are still *hoping* he will come. 彼はとても遅いけれど, 私たちは彼は来ると思っています/He has lost all *hope* of becoming the president. 彼は社長になるという望みをすべて失ってしまった/He is my last *hope*. 彼が最後の頼みの綱だ.
対照語 despair.
【慣用句】*have high hopes*〔ややくだけた表現〕大いに期待する. *hope and pray* 心から切に望む. *not have a hope in hell*〔くだけた表現〕万に一つの希望もない. *the (great) white hope*〔ややくだけた表現〕大いに期待される人[物], 大器.
【派生語】**hopeful** 形 希望に満ちた, 見込みのある, 有望な. **hópefully** 副《文副詞として》そうなるよう望むが, できれば. **hópefulness** 图 Ⓤ. **hópeless** 形 望みを失った, 絶望した, 見込みのない, どうしようもない, 救いようのない. **hópelessly** 副. **hópelessness** 图 Ⓤ.

Ho·pi /hóupiː/ 图 固 ホーピー《★北米先住民族の一部族》.

hopper ⇒hop¹.

Hor·ace /hɔ́ːrəs/ 图 固 ローマの詩人ホウチウス(65-8 B.C.). また男子の名, ホーレス.

horde /hɔ́ːrd/ 图 Ⓒ〔形式ばった語〕《やや軽蔑的な》群衆, 動物の大群, 移動する動物の群れ, 昆虫の群れ.

語源 トルコ語 *ordū* (=camp) がポーランド語を経て初期近代英語に入った.

ho·ri·zon /həráizn/ 图 Ⓒ 〔一般句〕一般義 陸や海が空と境界を接する地平線または水平線. その他 知力, 理解力, 興味, 経験などの範囲, 限界.
語源 ギリシャ語 *horízōn* (=bounding) がラテン語を経て初期近代英語に入った.
日英比較 日本語では地平線, 水平線を分けて用いるが, horizon はいずれも含む.
【派生語】**horizontal** /hɔ̀(ː)rizántl | -zɔ́n-/ 形 地上面と平行の, 水平な. **horizóntally** 副.

hor·mone /hɔ́ːrmoun/ 图 Ⓒ《生理学》ホルモン, 合成ホルモン.
語源 ギリシャ語 *horman* (=to stir up; to urge on) の現在分詞 *hormōn* が 20 世紀に入った.

horn /hɔ́ːrn/ 图 Ⓒ 動 本来他 〔一般句〕一般義 牛, 羊, やぎ, さいなどの角(ツノ). その他 角のような突起物, かたつむりの触手やみみずじの耳, 巻貝類や魚の角, 三日月の端, 岬などの先端, また角製品や角状の器,《楽器》ホルン, 転じて警笛, サイレン. 動 として角で突く, …に角を生やす.
語源 古英語 *horn* より.
用例 A ram has *horns*. 雄羊には角がある/The driver blew his *horn* when a child ran in front of his car. 運転手は子供が車の前へ走ってきた時クラクションを鳴らした.
【慣用句】*draw in one's horns* 角をひっこめる, 弱気になる, 引き下がる. *on the horns of a dilemma* 二者択一を迫られて, 逃げることなく. *take the bull by the horns* 困難などに, 逃げることなく正面からぶつかる.
【派生語】**hórned** 形 角のある, 角の形をした. **hórnless** 形. **hórny** 形 角(状)の, 皮膚が角質化した.
【複合語】**hórn of plénty** 图 Ⓒ《ギ神》豊饒(ほうじょう)の角(cornucopia)《★Zeus に乳を与えたやぎの角. そこから豊富な飲食物が出たという》, 一般的に豊富な蓄え. **hórnpipe** 图 Ⓒ《楽器》ホーンパイプ《★牛の角の吹き口のついたケルト族起源の管楽器》, またホーンパイプ(踊り)《★もとはホーンパイプに合わせて踊った》. **hórn-rìmmed** 形 眼鏡が角ぶちの, べっこうぶちの.

hor·net /hɔ́ːrnit/ 图 Ⓒ《昆虫》大型のすずめばち, くまんばち.
語源 古英語 *hyrnet* から.
関連語 bee; wasp.

hornless ⇒horn.

horny ⇒horn.

ho·rol·o·gy /hɔ(ː)rɑ́lədʒi | -rɔ́l-/ 图 Ⓤ〔形式ばった語〕時計学, 測時学, 時計製造法.
語源 ギリシャ語 *hōra* (=hour)+-logy から成る 19 世紀の造語.

horo·scope /hɔ́(ː)rəskoup/ 图 Ⓒ 動 本来他 〔一般句〕一般義 人の誕生時の天体の位置によって占う星占い. その他 占星術で用いる十二宮図, 天宮図, またそれによって占う人の運勢. 動 として星占いする.
語源 ギリシャ語 *hōroskopos* (=astrologer; *hōra* hour+*skopos* watcher) がラテン語 *horoscopus* を経て古英語に入った.
用例 My *horoscope* says that I will become rich and famous one day. 星占いによると, 私はいつか金持ちで有名になるとのことです.
関連語 zodiac.

hor·ren·dous /hɔ(ː)réndəs/ 形 〔くだけた語〕とても

いやな, ぞっとする, ひどい, 恐ろしい.
[語源] ラテン語 *horrendus* (=horrible) が初期近代英語に入った.

hor·ri·ble /hɔ́(:)rəbl/ 形 [一般語] [一般義] 物事が恐ろしい, ぞっとさせるような. [その他] 人や物事がひどくいやな, 転じてすごく不愉快な, とても不親切な.
[語源] ラテン語 *horrere* (⇒horror) の現在分詞形 *horribilis* が古フランス語 *horible* を経て中英語に入った.
[用例] A *horrible* sight met her eyes. 彼女は恐ろしい光景を目にした / How *horrible* of him to behave like that. あんな態度をとるなんて彼は実にひどい奴だ.
[類義語] fearful.
[対義語] pleasant.
【派生語】**hórribly** 副.

hor·rid /hɔ́(:)rid/ 形 [やや古風な語] [一般義]《主に英》恐ろしい, ひどい [語法] horrible に比べると horrid の方が穏やかである. [その他] [くだけた語] 物事が実に感じの悪い, 本当にいやな, 人の振舞いが薄情な, 憎らしい, ひどい [語法] これらの意味では女性の使用が多い.
[語源] ラテン語 *horrere* (⇒horror) の派生形 *horridus* (=frightful) が初期近代英語に入った.
[用例] She was *horrid* to me yesterday. 彼女は昨日私にひどくつれなかった.
【派生語】**hórridly** 副.

hor·rif·ic /hɔ(:)rífik/ 形 [一般語] ぞっとするほど恐ろしい, 身の毛のよだつような.
[語源] ラテン語 *horrere* (⇒horror) の派生形 *horrificus* が古フランス語を経て初期近代英語に入った.
【派生語】**hórrify** 動 [本来地] [一般語] 怖がらせる, ぞっとさせる, ショックを与える. **horrifying** 形.

hor·ror /hɔ́(:)rər/ 名 U [一般語] [一般義] ぞっとするような恐怖, 身の毛のよだつような恐れ, その他 U 嫌悪感を与えるような恐ろしいもの [人, 事], [くだけた語] ひどいもの [人], 悪がき, 《複数形で》事故, 大惨事.
[語源] ラテン語 *horrere* (毛が逆立つつ) の名 *horror* が古フランス語を経て中英語に入った.
[用例] She has an absolute *horror* of spiders. 彼女は蜘蛛を極端に怖がる / look at a person in *horror* 恐怖の眼差しで人を見る.
[類義語] dread; fear; fright; terror; thrill.
【複合語】**hórror film** [**mòvie**] 名 C ホラー映画. **hórror-strìcken**, **hórror-strùck** 形 恐怖におそわれた, ぞっとした.

hors d'oeu·vre /ɔ:r də́:rv/ 名 UC (複 ~, ~s) [一般語] オードブル, 前菜.
[語源] 18 世紀にフランス語をそのまま借用したもの. 原義は *outside of the work*.

horse /hɔ́:rs/ 名 動 [本来地] [一般義] 馬. [その他] 木馬, 体操用の鞍馬(かん), (the ~s) 競馬, 物をかけたり置いたりする台, 《集合的》騎兵. 動 として, 人や物を馬にのせる, 馬をつける, [くだけた語] ふざけ回る, 荒っぽくとびはねて遊ぶ (around).
[語源] 古英語 *hors* から.
[用例] This isn't beef, it's *horse*. これは牛肉じゃない, 馬肉だ / a towel *horse* タオルかけ / a hundred *horse* 騎兵100人.
[関連語] foal; colt; mare; stallion; pony.
【慣用句】*a dark horse* まだ真価を知られていない人 [物]. *a willing horse* [ややくだけた表現] 仕事熱心な人. *back the wrong horse* 間違って負け馬に味方する [賭ける]. *eat like a horse* 馬のようにもりもり食べる.

Hold your horses! [くだけた表現] あわてるな! 我慢しろ!
【派生語】**hórsy**, **hórsey** 形 馬(のような), 《時にけなして》馬好きの.
【複合語】**hórsebàck** 名 U 馬の背: *on horseback* 馬に乗って. **hórseflèsh** 名 U 馬肉. **hórseflỳ** 名 C 《昆虫》あぶ. **hórsehàir** 名 U 馬の毛 (★たてがみまたは尾の毛は織物に使われる). **hórselàugh** 名 C ばか笑い. **hórseman** 名 C 乗馬の名手. **hórsemanshìp** 名 U 乗馬術. **hórsemèat** 名 U 馬肉. **hórse òpera** 名 C 西部劇. **hórseplày** 名 U 騒々しく乱暴なふるまい, ばか騒ぎ. **hórsepòwer** 名 UC 馬力. **hórse ràce** 名 C 競馬の1回のレース. **hórse ràcing** 名 U 競馬. **hórserádish** 名 CU 《植》わさびだいこん, せいようわさび, レホール (香辛料). **hórse sènse** 名 U [俗語] 常識. **hórseshòe** 名 C 馬の蹄鉄, U 字形をしたもの. **hórse-tràding** 名 U 値段や契約条件などについての交渉, 取引き. **hórsewhìp** 動 [本来地] 馬のむちで打つ, こらしめる. **hórsewòman** 名 C 乗馬の上手な女性.

horticultural ⇒horticulture.

hor·ti·cul·ture /hɔ́:rtikʌ̀ltʃər/ 名 U [一般語] 園芸(学), 造園(術).
[語源] ラテン語 *hortus* (=garden) + (agri-)culture. 初期近代英語から.
【派生語】**hòrticúltural** 形. **hórticùlturist** 名 C.

hose[1] /hóuz/ 名 U [やや古語] 《複数扱い》靴下・タイツ類 (hosiery), また昔の男性がはいたぴったりしたズボン.
[語源] 古英語 *hosa* (=leg covering; stockings) から.
[関連語] pantyhose.
【派生語】**hósier** 名 C 靴下・下着類製造[販売]業者. **hósiery** 名 U 靴下・下着類, 洋品販売業.

hose[2] /hóuz/ 名 CU 動 [一般語] ホース [語法] ホース1本は a hose とも a piece of hose ともいう. 動 としてホースで水をかける.
[語源] hose[1] から.

hos·pice /háspis|-5-/ 名 C [一般語] [一般義] 末期患者のための病院, ホスピス. [その他] [古語] 修道会などが維持する旅人宿泊所.
[語源] ラテン語 *hospes* (⇒host[1]) の派生形 *hospitium* (=hospitality) がフランス語 *hospice* を経て19世紀に入った.

hos·pi·ta·ble /háspitəbl|-5-/ 形 [一般語] [一般義] 客人を喜んであたたかくもてなす, 手厚く歓待する. [その他] 物事を快く受け入れる意から, 親切な, 手厚い, また気候や風土が快適な.
[語源] ラテン語 *hospitare* (=to be a host to) から派生した近代ラテン語 *hospitabilis* がフランス語を経て初期近代英語に入った.
[用例] She is one of the most *hospitable* people I know. 彼女ほど人をあたたかくもてなすことのできる人を私は知らない.
[関連語] sociable.

hos·pi·tal /háspitl|hɔ́s-/ 名 C [一般語] 病院.
[語源] ラテン語 *hospes* (⇒host[1]) の派生形 *hospitalis* (=of a guest) から派生した中世ラテン語 *hospitale* (=inn) が古フランス語を経て中英語に入った. 原義は「客をもてなす場所」.
[用例] After the train crash, the injured people were taken to *hospital*. 列車の衝突事故が起きた後, 負傷者たちは病院に運びこまれた.

【関連語】clinic; hospice.
【派生語】**hospitálity** 名 U 客を親切にもてなすこと, 歓待. **hòspitalizátion** 名 U 入院(期間). **hóspitalize** 動 本来他 病院に収容する, 入院させる.

host¹ /hóust/ 名 C 動 本来他 [一般語] [一般義] 客を迎えてもてなす**主人役の男性**. [その他] 座談会やインタビュー, テレビ番組などの男の**司会者**. 国際会議や競技会の**開催国, 主催者**. また [生] 寄生動植物の**宿主**. 動 として...の主人役をつとめる, 主催する.
 語源 ラテン語 *hospes*(＝host; guest; stranger) が古フランス語 (*h*)*oste* を経て中英語に入った.
【派生語】**hóstess** 名 C 客をもてなす**主人役の女性**, 女性司会者, 宿屋の女主人.
【複合語】**hóst cóuntry** 名 C オリンピックなどの国際的行事の**主催国**.

host² /hóust/ 名 C [一般義] **大勢, 多数**.
 語源 ラテン語 *hostis*(＝stranger; enemy) が古フランス語を経て中英語に入った.

hos·tage /hástɪdʒ|hɔ́s-/ 名 CU [一般語] **人質**(の状態).
 語源 古フランス語 (*h*)*oste* (⇒host¹), もしくはラテン語 *obses*(＝人質) に由来する俗ラテン語 *obsidaticum (人質の状態) から派生した古フランス語 *hostage* が中英語に入った.

hos·tel /hástəl|-5-/ 名 C [一般語] 移住者や季節労働者などのための廉価な**宿泊所**, また旅行中の若者用のユースホステル.
 語源 中世ラテン語 *hospitale* (⇒hospital) が古フランス語を経て中英語に入った.
【派生語】**hósteler**, 〈英〉-ll- 名 C ユースホステル利用者.

hostess ⇒host¹

hos·tile /hástl|-tail|hóstail/ 形 [一般語] [一般義] 他の人や考え方に対して態度や表情が**敵意のある, 反感を持った**. [その他] 意見などに反対する, 敵対する, また敵の, 反友好的な. 〔商〕企業買収などが敵対的な, 状況や条件が実行困難な, 都合の悪い.
 語源 ラテン語 *hostis*(＝stranger; enemy) から派生した *hostilis* が中フランス語を経て中英語に入った.
 用例 His colleagues were *hostile* to his suggestions. 同僚は彼の提案に反感をもっていた.
【派生語】**hóstilely** 副 敵意を持って. **hostílity** 名 U 敵意, よそよそしさ.

hot /hát|-5-/ 形 動 本来他 [一般語] [一般義] **熱い, 暑い**. [その他] 比喩的に熱列な, 激しい, 性的に興奮している, 人が刺激的な, セクシーな. また論争を呼ぶ, 問題を引き起こす. 食物が辛い, ぴりっとする. またニュースなどが新しい, 料理ができたばかりの, 議論などが白熱した, 激しい, 音楽が強烈な, 〔電〕電流が通じている, 〈くだけた語〉商品や興行が人気の, 競技者がうまい, 正解などにもう少しの近さで**熱く, 熱心に, 激しく, 怒って**する. 動 として, 食べ物を**加熱する**.
 日英比較 日本語では「熱い」と「暑い」は区別があるが, 英語ではいずれも hot である.
 語源 古英語 *hāt* から.
 用例 Running makes me feel *hot*. ランニングをすると暑くなる/a *hot* curry 辛いカレー/the *hot* blood 熱血/*hot* news 最新ニュース.
【関連語】warm.
【対照語】cold; cool.
【派生語】**hótly** 副 熱く, 激しく.

【複合語】**hót áir** 名 U 熱気, ほら話. **hót béd** 名 C 温床. **hót-blóoded** 形 血気にはやる. **hót cáke** 名 CU ホットケーキ. **hót dòg** 名 C ホットドッグ. **hóthead** 名 C せっかちな人. **hótheaded** 形. **hóthòuse** 名 C 温室, 悪事などの温床. **hót líne** 名 C 緊急用直通電話(線), 身の上相談電話. **hót pláte** 名 C 料理用鉄板, 電気[ガス]こんろ. **hót spríng** 名 C 温泉. **hót potáto** 名 C 厄介な問題. **hót ród** 名 C 高加速度用に改造した車, ホットロッド. **hót sèat** 名 C 苦境, 〈俗語〉電気いす. **hót spòt** 名 C 紛争地帯, 歓楽街, 〔生理〕温点. **hót wár** 名 C 本格的な武力戦争(⇔cold war). **hót wáter** 名 U 熱湯, 〈俗語〉苦境. **hót-wáter bòttle** 名 C 湯たんぽ.

hotch·potch /hátʃpàtʃ|hɔ́tʃpɔ̀tʃ/ 名 U 〔一般語〕元来は羊肉と野菜のごった煮スープ, 転じて比喩的に考え方や様式などの寄せ集め, ごたまぜ/〈米・カナダ〉hodgepodge).
 語源 古フランス語 *hochepot* (*hocher* to shake＋*pot* pot) が中英語に入り, それが変形した. hotchpot は法律用語で「財産の統合」の意.

ho·tel /houtél/ 名 C [一般義] **ホテル**.
 語源 中世ラテン語 *hospitale* (⇒hospital) が古フランス語 *hostel*, フランス語 *hôtel* を経て初期近代英語に入った.
 類義語 hotel; inn; pension; motel; hostel: **hotel** は設備の整った近代的な宿泊施設. **inn** は家庭的な雰囲気のある古風な旅館. ただし, 〈米〉では古風な雰囲気をねらったホテルをいうこともある. **pension** はヨーロッパ風の民宿. **motel** は motor ＋ hotel の混成語で, 自動車旅行者のためのホテルで通常街道沿いにある. **hostel** は安い簡易宿泊施設.
【派生語】**hotelier** /hòutəljéi|-téliər/ 名 C ホテルの経営者.

hound /háund/ 名 C 動 本来他 [一般語] [一般義] きつね狩りなどに使われる猟犬. [その他] 一般的に犬, 猟犬が獲物を追うように何かに**熱中する人**, ...**狂**, 〔俗語〕**卑劣漢, 不愉快な奴**. 動 として猟犬で狩る, 追跡する, 追求する, 人をけしかける, 悩ます, 扇動する.
 語源 古英語 *hund*(＝dog) に.
 用例 The fox threw the *hounds* off the scent and escaped. きつねは猟犬をまいて逃げていった.
 類義語 dog.
【慣用句】**follow (the) hounds**＝**ride to hounds** 馬に乗り猟犬をかりたてて狩りをする. **run with the hare and hunt with the hounds** 〔やや形式ばった表現〕相反する双方とうまくやろうとする, 敵味方両方に通じる.

hour /áuər/ 名 C [一般語] [一般義] 時間の単位, **1 時間**. [その他] 時計で示される時刻, 正時, 時点. また区切りのある一定の時間帯として, 授業の時間, 時限, 特定の目的の時間として〔**複数形で**〕営業[勤務]時間, 食事[就寝, 起床, 帰宅]時間, あるいは1時間で行ける距離や行程.
 語源 ギリシャ語 *hōra*(＝time) がラテン語 *hora*(＝hour), 古フランス語 (*h*)*ore* を経て中英語 に入った.
 用例 He spent an *hour* trying to start the car this morning. 今朝, 彼は車を動かそうとして1時間もかかった/The mountain is an *hour* away from here. 山まで1時間ある/Hospital visiting *hours* are 2 p.m. to 6 p.m. 病院の面会時間は午後2時か

ら6時です.
[関連語] minute; second; time.
【慣用句】*at the eleventh hour* 最後の土壇場で. *improve each [the] shining hour* 《戯言》時間を有効に使う. *keep early [good] hours* 早寝する. *keep late [bad] hours* 夜更かしする. *on the hour* 1:00, 2:00 などきっかりの時刻に, 正時(しょうじ)に. *the (wee) small hours* 《ややくだけた表現》真夜中すぎの時間 《★夜中の1-4 時, 数字の小さい時間》. *the witching hour* [ややくだけた表現]真夜中, 丑(うし)三つ時《★魔女が活動する時間と考えられた》. *till all hours* 夜中の12時まで, 遅くまで. *twenty-four hours a day* 四六時中, 一日中.
[派生語] **hóurly** 形 副 一時間ごとの[に].
[複合語] **hóurglàss** 名 C 1時間用砂時計. **hóur hànd** 名 C 時計の時針, 短針.

house /háus 名, háuz/ 動 本末他 [一般語]
[一般義] 人が住み生活する建物としての**家**, **家屋**. [その他] 《the ~; 集合的》家に住む**家族**, **家庭**. また特別な目的のための建物を指し, 《the H-》**議事堂**, **議院**, 集合的に**議員**, 《通例単数形で》**劇場**, またその**観客**, **商社**, **企業**, 学校で生徒を寄宿させる**寮**, **寄宿舎**, 動物を飼うための**小屋**. 形 として家に適する, 家のための, 動物版が家で飼われている, ある特定の会社の, 社内向けの. 動 として家を与えて住まわせる, 収容する, 行事などの場所を提供する.
[語源] 古英語 hūs から.
[用例] a four-bedroom *house* 寝室が4部屋ある家/ a hen-*house* 鶏小屋/The actors were playing to full [empty] *house*. 俳優は満員[空]の客を相手に演技していた/The animals are *housed* in the barn. 家畜は納屋に入れられる.
[類義語] home.
【派生語】**hóuseful** 名 C 家一杯. **hóusing** 名 U 住宅供給: *housing* development《米》民間の住宅団地/*housing* estate《英》=housing development/*housing* project 特に低所得者, 老齢者向きの公営住宅団地.
[複合語] **hóuse àgent** 名 C 不動産屋. **hóuse arrèst** 名 U 権力による自宅軟禁. **hóusebòat** 名 C 住居用の平底屋形船. **hóusebòy** 名 C 《やや軽蔑的》住居やホテルの下働き, 下男. **hóusebòund** 形 病気などで引きこもっている. **hóusebrèaker** 名 C 押し込み強盗. **hóusebrèaking** 名 U 押し込み. **hóusebròken** 形 犬や猫などが家の中に住むように訓練された, しつけられた. **hóuse càll** 名 C 往診. **hóusecléaning** 名 U《英》家庭科. **hóusecràft** 名 C 大掃除. **hóusedòg** 名 C 飼い犬. **hóusedrèss** 名 C 家庭着, ホームドレス. **hóuseflỳ** 名 C《昆虫》いえばえ. **hóusehòld** 所帯を持つこと, 家の切り盛り, 家政, 家事, 家計費: We pay the electricity bill out of the *housekeeping*. 家計費から電気代を支払う. **housekeeping money [allowance]** 名 U 家計費. **hóusemàid** 名 C 女中, お手伝い. **hóusemòther** 名 C 寮母. **hóuse mòuse** 名 C《動》はつかねずみ. **hóuse nùmber** 名 C 番地, 家屋番号. **House of Cómmons** 名 C《the ~》英国, カナダ国の下院. **House of Cóuncilors** 名《the ~》日本の参議院. **House of Lórds** 名《the ~》英国の上院. **House of Represèntatives** 名《the ~》米国の下院, 日本の衆議院. **House of Párliament** 名《the ~》英国の国会議事堂. **hóuse pàrty** 名 C 田舎の邸宅にお客を数日間泊めて接待すること, ハウス・パーティー. **hóuse phòne** 名 C ホテルやアパートなどの内線電話. **hóuse physícian** 名 C 病院やホテルに住み込みの医師. **hóuse plànt** 名 C 室内用の鉢植え植物. **hóuse-pròud** 形 家事に熱中する, 家事自慢の. **hóuseròom** 名 C 家の中で人の住む[物を置く]場所. **hóuse sùrgeon** 名 C 病院に住み込みの外科医. **hóuse-to-hóuse** 形 戸別の, 戸別に訪問する, 軒なみの (door-to-door). **hóusetòp** 名 C 屋根. **hóuse tràiler** 名 C 移動住宅用トレーラー, ハウストレーラー. **hóuse-tràined** 形 =housebroken. **hóusewàrming** 名《複》家庭用品. **hóusewàrming** 名 C 新居のおひろめパーティー. **hóuse wìfe** 名 C (専業)主婦. **hóusewìfely** 形. **hóuse wìfery** 名 U 主婦の役割, 家政, 家事. **hóusewòrk** 名 U 家を維持するための掃除などの仕事, 家事.
[日英比較] 日本語の簡易栽培用温室の「(ビニール)ハウス」は英語では greenhouse, ブティックで自分の店の製品を着て店頭に立つ販売員の「ハウス・マヌカン」は《米》salesclerk in a boutique, 《英》shop assistant in a boutique という.

house·hold /háushould/ 名 C 形 [一般語]
[一般義]《集合的》一つの家に住んでいる**家族全員**. [その他]**世帯**, **家庭**の意. また《the H-》英国王室を表す. 形 として**一家の**, **家事の**, **身近な**.
[語源] 中英語 huushoold が中英語に入った.
[用例] a large *household* 大世帯/*household* economy 家計.
【派生語】**hóusehòlder** 名 C 世帯主.
【複合語】**hóusehold wórd** 名 C 誰でも知っている言葉[名前, ことわざ].

hove /hóuv/ 動 heave² の過去・過去分詞.

hov·el /hávəl|-ɔ́-/ 名 C 一般語 《やや軽蔑的》見すぼらしい掘っ立て小屋やあばら屋.
[語源] 不詳. 中英語から.

hov·er /hávər|-ɔ́-/ 動 本末自 名 C [一般語] 一般義 鳥や昆虫, 飛行船やヘリコプターなどが空中に浮かんで静止している. [その他] 人が一地点をうろつく, つきまとう, 温度, 価格などが一定の所に留まる, 比喩的に考えが堂々巡りをして決まらない, 迷う. 名 として空に舞うこと, 迷い.
[語源] 中英語 hoven(=to linger) から.
[用例] A hawk *hovered* in the sky above them. たかが1羽彼らの頭上を舞った/She *hovered* between life and death. 彼女は生死の境をさまよった.
【複合語】**hóvercràft** 名 C ホバークラフト《★高圧空気を下に吹き出して, 地上や水上を浮き上がって進む乗り物; もとは商標名》.

how /háu/ 副 UC 一般語 一般義 手段, 方法をたずねてどのようにして, いかなる方法で. [その他] 数量や程度についての程度, いくら, 天候, 健康状態などについてどんな状態で, どんな具合で, 理由をたずねてどうして, どういうわけで, 相手に説明や意見を求めてどうして, どうなのか. また感嘆文でなんと, なんとまあ. 名 としてやり方, 方法, 「どうして, どのようにして」という質問.
[語法] ❶ how が名詞節を導く時は接続詞 that の意味になることがある. また, 方法, 程度, 状態, 理由などの意味を表す先行詞を含んだ関係副詞とも考えられる ❷ 関係副詞と考えて, the way how の形をとるのはまれ

で, the way that, the way in which で置きかえる. the way how の場合は the way か how かいずれか一方を用いる: I know how [the way] he solved the difficult question. その難問を彼がどう解いたか知っている.
[語源] 古英語 h(w)ū から. who, what などと同語源.
[用例] *How* do you make bread? どうやってパンを作るのですか/*How* far is Paris from London? パリはロンドンからのくらい離れていますか/I have no idea *how* he came here. どうやって彼がここに来たのかわからない.
【慣用句】 *And how!* 〔くだけた表現〕本当だとも, 大いに. *How about …?* 〔くだけた表現〕《提案, 勧誘》…はどうですか, 意見や説明を求めて〕…についてはどう思いますか, …はどうしますか. *How are you doing?* 〔くだけた表現〕《米》元気かい. *How are you keeping?* 〔やや形式ばった表現〕久しぶりに会う友人に対しどお元気ですか. *How come …?* 〔くだけた表現〕《米》どうして, なぜ (why) (語法) しばしば驚きの感情が入る). *How do you do?* 初めまして, 《米》こんにちは. *How goes it?* 〔くだけた表現〕景気はどうですか, やあ変わりはないですか. *How so?* これはまたどうして, いったいなぜ. *How's that?* 〔くだけた表現〕《米》それはどういうわけですか, それをどう思いますか.

【派生語】 **hówdy** 間 やあ, こんにちは 《★How do you do? の短縮形》.

【複合語】 **hów-do-you-dó** 名 〔くだけた表現〕《a fine [nice; pretty] ~ で》困った状況 《how d'ye do /-di-/ ともいう》. **hów-tó** 形 入門書 [手引書] の, こつを教える.

how·e'er /hauéər|-éə/ 副 〔詩語〕=however.
how·ev·er /hauévər/ 副 〔一般用〕形容詞や副詞を修飾し, その程度を強調していかに〔どんなに〕…であろうとも. 動詞を修飾し, どのようにでも. つなぎ語として前述したことに反する, または対照的な内容を展開したしかしながら, にもかかわらず (語法) but に類似しているがより形式ばった語で, 文頭では次にコンマを置く. 文中では前後にコンマを置き, 文末では前にコンマを置く). また文頭に置いて誰問を発したい, ところで.
[語源] how と ever の複合語として中英語から.
[用例] *However* hard I try, I still can't do it. どんなに一生懸命やってもできないんだ/I don't like your suggestion. *However*, you may do as you please. 君の提案には感心しないが, でも君は自分の好きなようにしていいよ.

how·it·zer /háuitsər/ 名 C 《軍》曲射砲.
[語源] チェコ語 *houfnice* (=stone sling) がドイツ語, オランダ語を経て初期近代英語に入った.

howl /hául/ 動 本来自 C 〔一般用〕 〔一般義〕犬, おおかみなどが長く悲しげな声で遠ぼえする, 〔その他〕風 などがゴーゴー[ヒューヒュー]とうなる, 電話, ラジオ, マイクなどがピーピーいう, 人が苦痛, 怒り, 抗議のために泣きわめく, わめきちらす, 爆笑する. 他 大声で言う, 《通例 ~ oneself で》…させる (into). 名 で 遠ぼえ, 泣きわめく声, 爆笑, 風のうなり, ピーピーいう音, 《通信》ハウリング, ハウル, 〔俗語〕こっけいなもの[人].
[語源] 擬音語. 中英語から.
[用例] The wolves often *howl* at night. おおかみはよく夜ぼえる/The Winds *howled* around our cottage. 風が小屋のまわりをビュービュー吹いていた.
[関連語] bark; growl; whine; yelp.

【慣用句】 *howl down* [*off*] どなって…を黙らせる. *howl for* … …を要求してどなる.
【派生語】 **hówler** 名 C ほえたてる動物, 泣きむし, わめく人, 〔くだけた語〕こっけいな誤り, へま. **hówling** 形 《限定用法》遠ぼえする, わめく, 荒涼とした, 〔くだけた語〕途方もない.

hoy·den /hɔ́idn/ 名 C 〔古風な語〕おてんば娘.
[語源] 多分中オランダ語 *heiden* (=heathen) から初期近代英語に入った.

hp, HP 《略》=horsepower (馬力).
H.Q., h.q. 《略》=headquarters (本部, 司令部).
hr 《略》=hour(s)(…時間) (語法) h, H とも略す. 複数形は hrs とも略す.
H.R.H. 《略》=His [Her] Royal Highness (皇太子[皇太子女]殿下).
ht. 《略》=height (高度) (語法) hgt. とも略す.
hub /hʌ́b/ 名 C 〔一般用〕〔一般義〕車輪の軸受け部分, 中軸, こしき. 〔その他〕活動や組織, 地域などの中心, 中枢.
[語源] おそらく hob の異形. 初期近代英語から.
【複合語】 **húbcàp** 名 C 自動車の車輪のホイールキャップ.

hub·bub /hʌ́bʌb/ 名 U 〔一般用〕人が大勢集まって一度に話している時のがやがや声や騒々しい物音, また騒音.
[語源] 多分ゲール語 *ubub* (=exclamation of contempt) が初期近代英語に入った.

hub·by /hʌ́bi/ 名 C 〔くだけた語〕夫, うちの人 (husband).

huck·a·back /hʌ́kəbæk/ 名 U 〔一般用〕麻または木綿の吸水性のある粗い布地, ハッカバック.
[語源] 不詳. 初期近代英語から.

huck·le·ber·ry /hʌ́klberi|-bəri/ 名 C 〔植〕ハックルベリー, ブルーベリー(blueberry) 《★こけもの類の低木, 実は食用となる》.
[語源] 方言の huckle (=hip) に由来すると思われる. 初期近代英語から. この木の幹の形が hip に似ていることから.

huck·ster /hʌ́kstər/ 名 C 動 本来他 〔一般用〕口達者にいかがわしい方法で強引に物を売る人, 〔古風な語〕行商人, 《軽蔑的》ラジオやテレビのコマーシャル製作業者. 動 として呼び売りする, 強引に売り込む.
[語源] 中オランダ語 *hoeken* (小売りする) から派生した *hoekster* (小売商人) が中英語に入った.

hud·dle /hʌ́dl/ 動 本来自名 C 〔一般用〕〔一般義〕人や動物が寒さなどで身を寄せ合う. 〔その他〕内輪の決勝などのために少人数の一団が集まる. 〔アメフト〕次の作戦指示のために選手が集合する. また人が寒さや恐怖で体を縮こませる. 他 詰め込む. 名 として, 人や建物などの小集団, 寄せ集め, 〔アメフト〕作戦のための集合.
[語源] 低地ドイツ語起源と思われる. conceal の意味で初期近代英語から.
[用例] The cows *huddled* together in the corner of the field. 牛が野原の隅っこに身を寄せ合っていた/The old man *huddled* near the fire to keep warm. 老人は暖を取るため火のそばでうずくまっていた.

hue¹ /hjúː/ 名 C 〔形式ばった語〕色, …の色合い, 意見や考え方の特色, 傾向.
[語源] 古英語 *hiw* (=beauty) から.

hue² /hjúː/ 名 〔一般用〕《次の成句の》*a hue and*

huff

huff /hÁf/ 動[本来自]名[一般語] (**huff and puff** で) へとへとに疲れて激しく呼吸する, はあはあ息をする, また腹をたててあれこれ文句を言う. 名として (**in a huff** で) 怒って, むっとして.
[語源] 激しい呼吸の擬音語. 初期近代英語から.
[用例] get [go] into a *huff* むっとする.
[派生語] **húffily** 副 怒りっぽい. **húffy** 形 怒りっぽい. **húffish** 形 不機嫌な.

hug /hÁg/ 動[本来他]名C〔一般語〕[一般義] 愛情をこめて抱き締める 〔類義〕 embrace よりくだけた語). [その他] 荷物などを両腕で抱える, 考え, 偏見などを抱く, 固執する, 比喩的に船, 車, 人, 道などが抱きかかえるように縁石や岸のそばを通る, …のそばを離れない, 衣類が体にぴたりとくっつく. 名として抱きしめること, 抱擁.
[語源] 古ノルド語 *hugga* (=to soothe) が初期近代英語に入った. 原義は「子供を喜ばす」.
[用例] *Hug* him more, praise him more. うんと抱き締めて, うんとほめてあげなさい.
[関連語] bearhug (力強く抱擁する).
【慣用句】 **hug oneself on** [**for**; **over**] … …を喜ぶ, ほくそ笑む.

huge /hjúːdʒ/ 形〔一般語〕[一般義] 大きさ, 量, 程度が途方もなく巨大な, 莫大な, 膨大な. [その他] 概念が限界のない, 無限の.
[語源] 古フランス語 *ahoge* (a- 強調＋*hoge* height) が中英語に入った. 原義は「隆起したもの, 丘, 山」.
[用例] *Huge* drifts of snow piled up in the front of the house. 雪が途方もなく大きな吹きだまりとなって家の正面に山のように高く積もった.
[類義語] huge; enormous; giant; gigantic; immense; tremendous; vast: **huge** は大きさ, 量, 程度が時にはばかっこうならない大きい. **enormous** は形ばった語で, 広がり, 程度が並外れて釣り合いがとれないほど大きい. **giant, gigantic** は一定の範囲を越えた巨人のような大きさを指す. なお **gigantic** は通例比喩的用法で, これに類するものには colossal, mammoth などの誇張的表現がある. **immense** は普通の基準では計り知れないほど広い. **tremendous** はくだけた語で驚嘆するほど大きい, 量の大きいことを指す. **vast** はやや形式ばった語で, 広がり, 量の大きいことを指す.
[反意語] tiny.
[派生語] **húgely** 副 〔くだけた語〕大いに, 非常に. **húgeness** 名.

hug·ger(-)**mug·ger** /hÁgərmÁgər/ 名U 形 副〔文語〕乱雑(な[に]), 混乱(した), 秘密(に).
[語源] 不詳.

huh /hÁ/ 間〔一般語〕《米》文の最後につけて, 同意, 疑問, 驚き, 軽蔑などの意味合いをつける…だね…だって, そうだろう.
[語源] 擬音語. 初期近代英語から.

hu·la-hu·la /húːləhúːləː/ 名CU〔一般語〕ハワイの伝統舞踊, フラダンス (〔語法〕単に hula ともいう).
[語源] ハワイ語. 19 世紀から.

hulk /hÁlk/ 名C〔一般語〕係留したまま倉庫などにする廃船, 廃車, 廃業飛行機. [その他] 比喩的に体の大きい人やかさばる物.
[語源] ギリシャ語 *holkas* (=cargo ship) に由来する古英語 hulc (=light ship) から.
【派生語】 **húlking** 形 大きくて始末の悪い.

hull /hÁl/ 名C 動[本来他]〔一般語〕[一般義] 種や果実の皮, 殻, さや. [その他] 船体, 艇体. 動 として, 皮, 殻, さやなどをむく.
[語源] 古英語 *hulu* から. 船についてはオランダ語 *hol* から初期近代英語に入った.

hum /hÁm/ 動[本来自]名C〔一般語〕[一般義] 蜂, こま (top), 機械などがぶんぶん音をたてる. [その他] 蚊などがぶーんという, 人が鼻歌を歌う, 口ごもる, 不満気にふんという, 騒音を立てる, 〔(くだけた語)〕活気がある, 景気がよい, 準備でせわしい. 他 口を結んで歌う. 名としてぶんぶんいう音, 鼻歌, 遠方の雑音.
[語源] 擬音語. 中英語から.
[用例] He *hums* a tune when he walks alone at night. 彼は夜一人で歩く時鼻歌を歌う／The street *hummed* with traffic. 通りは人や車の往来でさわがしかった.
[類義語] buzz; croon; drone.
[関連語] howl; roar; shriek.
【慣用句】 **hum along** 車が勢いよく走る, 事業がうまくいく. **hum and haw** [**ha**]《英》《軽蔑的》口ごもる, ためらう.
【派生語】 **húmming** 形.

hu·man /hjúːmən/ 形〔一般語〕[一般義] 神, 動物に対し人間の, 人間らしい, 人間にありがちな. 名として〔ややくだけた語〕〔通例複数形で〕人間, (the ～) 人類.
[語源] ラテン語 *homo* (=man) から派生した *humanus* が中フランス語 *humain(e)* を経て中英語に入った.「人間の」(human) と「人間味のある」(humane) に分化したのは 18 世紀頃から.
[用例] Fruits have been an important part of the *human* diet. 人間の日常の食物の中で果物は重要な部分を占めてきた／Chimpanzees are the closest animals to *humans*. チンパンジーは生物学上人間に一番近い動物である.
[類義語] human; humane: **human** は人間性の善悪両面を表し, **humane** は特に心が優しく人間味のある, 人情あるという意味を表す: a *human* error 人的ミス／*humane* feelings 慈悲心.
[反意語] inhuman.
[関連語] animal, divine.
【派生語】 **humanism** C ⇒見出し. **húmanly** 副 人間らしく, 人知[人力]の範囲で. **húmanness** 名U.
【複合語】 **húman béing** 名C〔やや形式ばった語〕人間 (《単に human ということ；最近は性差別表現廃止の立場から man よりも多く用いられる傾向がある). **húman cápital** 名U《経済》人的資本 (★将来役立つように教育, 訓練された個人の能力, 技術). **húman cháin** 名C 物をリレーで運ぶための人の列, 人間の鎖. **húman ecólogy** 名U 社会生態学. **húman enginéering** 名U 人間工学. **húman geólogy** 名U 人文地理学. **húman grówth hormone** 名U《生化学》ヒト成長ホルモン. **Húman Immùnodefíciency Vírus** 名C ヒト免疫不全ウイルス (★エイズ (AIDS) を引き起こすウイルス; HIV と略す). **húman ínterest** 名U 人間的興味 (★新聞, 放送などでの受け手の側の態度). **húmankind** 名U〔文語・形式ばった語〕〔単数または複数扱い〕人類 (《★性差別表現廃止にともない最近では mankind に代

わって用いられつつある). **húman lóve** 名 U 人間愛 (humanity). **húman náture** 名 U 人間性, 人情.
húman ráce [spécies] 名 《the ~》人類, 人間.
húman relátions 名 《複》(単数扱い) 人間関係論, 《単数または複数扱い》社会, 職場などでの人間関係.
húman resóurces 名 《複》組織の人的資源, 人材.
húman ríghts 名 《複》人権. **húman végetable** 名 C 意識を失った植物人間. 語法 単に vegetable ともいう).

hu·mane /hjuːméin/ 形 〔一般語〕人間味のある, 人情のある, 人や動物の扱いが残酷でなく慈悲深い, 処置などが苦痛を最小に抑えた.
語源 ⇒human.
派生語 **humánely** 副 思いやりをもって, 慈悲深く.

hu·man·ism /hjúːmənizəm/ 名 U (⇒human) 〔一般語〕人間[人本, 人文]主義, ヒューマニズム.
日英比較 英語の humanism は, 本来, 神や超自然的な事柄ではなく, 人間の本性, 価値, 尊厳など人間の諸価値を合理的, 科学的に解決しようとする考え方を指す. 人道主義, 博愛主義を意味する日本語の「ヒューマニズム」は humanitarianism. また「ヒューマニスト」は humanitarian という. humanist は humanism を信奉する人の意.
派生語 **húmanist** 名 C 人間[人本, 人文]主義者, 人文科学者. **humanístic** 形.

hu·man·i·tar·i·an /hjuːmænətéəriən/ 形 名 C 〔一般語〕人の生活環境や人権の向上を目ざした, **人道主義(者)の, 博愛主義的な.** 名として人道主義者, 博愛主義者.
語源 humanity+-arian「主義者」. 19 世紀から.
派生語 **humànitárianism** 名 U 人道主義, 博愛主義.

hu·man·i·ty /hjuːmǽnəti/ 名 U 〔一般語〕〔一般義〕**人間一般, 人類.** 〔その他〕(通例よい意味で)**人間性, 慈悲, 人情, 親切, 思いやり.** また《the humanities》ギリシャの古典文学(研究), 古典語学(研究), 自然科学に対しての**人文科学(研究)**(★語学, 文学, 歴史, 哲学, 芸術など).
語源 ラテン語 *humanus* (⇒human) の派生形 *humanitas* が中英語に入った.
用例 A poor child's plea appeals to his *humanity*. あわれな子供の願いは彼の慈悲心に訴える.
反意語 inhumanity.

hum·ble /hʌ́mbl/ 形 動 本来義 〔一般語〕〔一般義〕人間として自分を低く考えて**偉ぶらない,** 人やその言行がつつましやかな, **控え目な, 謙遜な.** 〔その他〕身分や地位などが**卑しい, 低い, 物が粗末な, 粗末な, つましい.** 動として, 人や気持ちなどを**謙虚にする, ...を卑下する,** 人の品位を**落とす,** 誇り, 権力, 権威, 意志などをくじく, 人を**失意させる,** ...の**高慢の鼻をへし折る.**
語源 ラテン語 *humus* (=ground; earth) の派生形 *humilis* (=low; lowly; base) が古フランス語 *humble* を経て中英語に入った.
用例 The former king is leading a *humble* life now. かつての王は今やつつましい生活を送っている / I *humbled* her pride. 彼女の高慢の鼻をへし折ってやった.
類義語 humble; modest: **humble** は自らを低く見せるニュアンスが強い語であるが, **modest** は自己顕示的ではなく「控え目な」という意味で, 自らを低く見せるニュアンスはない.

反意語 proud.
【慣用句】 *eat humble pie* 屈辱に耐える, 過ちや失敗を認めてひたすらわびる. *humble oneself* 謙遜する, かしこまる.
派生語 **húmbleness** 名 U. **húmbly** 副.

hum·bug /hʌ́mbʌg/ 名 U 動 本来義 (ややくだけた語)人を欺く**不正直な言動,** ごまかし, たわ言, (古風な語)他人になりすましたりする**詐欺師,** ほら吹き. 動として, 人をぺてんにかける, だます.
語源 不詳. 18 世紀から.

hu·mid /hjúːmid/ 形 〔一般語〕空気中の水分が多くしめっぽい, **湿度が高い.**
語源 ラテン語 *umere* (=to be wet) の派生形 *umidus* が中英語に入った.
類義語 wet; damp; moist.
派生語 **humídifier** 名 C 加湿器. **humídify** 動 本来他. **humídity** 名 U 湿度. **humidor** /hjúːmədɔːr/ 名 C 加湿たばこ貯蔵室[器].

hu·mil·i·ate /hjuːmílieit/ 動 本来他 〔一般語〕人前で恥をかかせる, 自尊心を傷つける, スポーツの試合で相手を負かして屈辱を与える.
語源 ラテン語 *humilis* (⇒humble) から派生した後期ラテン語 *humilare* (卑しめる)が初期近代英語に入った. 名詞は中英語から.
派生語 **humilíating** 形 屈辱的な. **humiliátion** 名 UC.

hu·mil·i·ty /hjuːmíləti/ 名 U 〔一般語〕自分の地位, 富, 能力などに驕らないこと, **謙遜(けんそん), 謙虚.**
語源 ラテン語 *humilis* (⇒humble) から派生した *humilitas* が古フランス語を経て中英語に入った.

hum·ming·bird /hʌ́miŋbəːrd/ 名 C 《鳥》はちどり.
語源 humming+bird. 初期近代英語から.

hum·mock /hʌ́mək/ 名 C 〔一般語〕小高い円丘, 特に氷原上の氷の丘, 湿原の中で周囲より盛り上がった林地.
語源 不詳. 初期近代英語から.

hu·mon·gous /hjuːmǽŋɡəs, -ɔ́-/ 形 《俗語》《米》驚くほど大きい.
語源 huge, monstrous, tremendous の混成か. 20 世紀から.

hu·mor, 《英》**-mour** /hjúːmər/ 名 U 動 本来義 〔一般義〕おかしみ, こっけい, ユーモア, ユーモアのある話[文章], こっけいな**本[劇]やユーモアを理解する[表現する]力.** 〔文語〕一時的な**気分や機嫌, 気質, 気性.** 〔古語〕**体液.** 動として, 人や趣味, 気質などを**満足させる, の調子を合わせる, うまくあしらう, を扱う.**
語源 ラテン語 *humere* (=to be moist) の派生形 *umor* (=fluid; moisture) が古フランス語を経て中英語に入った. 元来は人間の性質や気質, 健康を決めると考えられた 4 種類の体液 (blood, phlegm, yellow bile, black bile) のこと.
用例 He has got a good sense of *humor*. 彼はユーモアの感覚がある.
関連語 wit; irony; satire; sarcasm; repartee.
【慣用句】 *out of humor* 〔文語〕不機嫌で.
派生語 **hùmorésque** 名 C 《楽》軽やかでユーモアのある器楽曲, ユーモレスク. **húmorist** 名 C ユーモア作家, ユーモア俳優, こっけいな人, ひょうきん者. **húmorless** 形 ユーモア感覚のない, 面白味のない. **húmorous** 形 こっけいな, 面白い, ユーモラスな.

hump /hámp/ 名 C 動 [本来自] 〔一般語〕らくだや人の背中のこぶ，丘や山など地表からこぶ状に突起したもの，出っ張り，隆起．また《英》速度抑制の道路のこぶ (road hump). 動 として背を丸める．
[語源] 低地ドイツ語 humpe が初期近代英語に入った．原義は「ぶつかってできたこぶ」(bump).
【派生語】**humped** 形.
【複合語】**húmpbàck** 名 C せむし，猫背，〔動〕ざとうくじら．**húmpbàcked** 形.

humph /hʌmf, hmh, hm/ 間〔くだけた語〕不満，軽蔑，疑いなどを表すふふん，ふーん．

Hump·ty Dump·ty /hámpti dámpti/ 名 固〔一般語〕ハンプティダンプティ（★マザーグース童謡に出てくる卵形の人で，ひとたびこわれると元にもどらない）．また《h-》ずんぐりむっくりの人．
[語源] 初期近代英語から．

hunch /hántʃ/ 名 C [本来自] 〔一般語〕背を丸める，上体を前屈みにする．名《a ～》予感，虫のしらせ．
[語源] 元来「押す」，注意をひくために「そっと突く」などの意から口語的に予感の意になったと思われる．中英語から．
【複合語】**húnchbàck** 名 C〔軽蔑的〕せむし．
【派生語】**húnchbàcked** 形.

hun·dred /hándrəd/ 名 C 形〔一般語〕[一般義] 基数の100. [その他] 100人，100個，100歳，100ドル，100ポンドなど，さらに〔くだけた語〕《米》100ドル紙幣，《英》100ポンド紙幣．また数が多いことから，《～s of ... で》多数．
形 として100の，100人[個]の，多数の．
[語源] 古英語 hundred から．ゴート語で hunda (= hundred) に -rath (= number) がついた語 hundarath が起源と推定されている．
[用例] three hundred 300 （[語法] hundreds とはしない．thousand の場合も同じ）/nineteen hundred 1900/hundreds of houses 何百もの家々/a hundred times 100 倍．
[関連語] thousand; million; billion.
【慣用句】**a hundred and one** 多数の．**a [one] hundred percent** 100パーセントの，完全に[な]．**a hundred to one** 十中八，九確実に，ほとんど確実に，ほとんど見込みのない．**by (the) hundreds = by the hundred** 何百となく，たくさん．**hundreds and thousands** 無数，《英》菓子の飾りなどとして振りかけるあられ菓子．**ninety-nine out of a hundred** ほとんど全部の．
【派生語】**húndredth** 形 名 C 第百(の)，100 番目(の)，100 分の1(の)．

Hungarian ⇒Hungary.

Hun·ga·ry /háŋɡəri/ 名 固 ハンガリー（★ヨーロッパ東部にある共和国；首都 Budapest; Hung. と略す）．
【派生語】**Hungarian** /hʌŋɡéəriən/ 形 ハンガリー(人，語)の．名 CU ハンガリー人[語]．

hun·ger /háŋɡər/ 名 U 動 [本来自] 〔一般語〕空腹，食糧不足による長期に及ぶ人々の飢え，ききん，比喩的に知識や情報に対する切望，渇望 (for). 動《文語》として切望する．
[語源] 古英語 hungor, hungur から．
【複合語】**húnger márch** 名 C 失業者のデモの一種，飢餓行進．**húnger strike** 名 CU ハンガーストライキ，ハンスト．

hun·gry /háŋɡri/ 形〔一般語〕[一般義] 人や動物が空腹な，飢えた．[その他] 比喩的に物事を切望して，熱望して，...に飢えた，また土地などがやせた，不毛の．
[語源] 古英語 hungrig, hungreg から．⇒hunger.
[用例] A hungry child often has a hungry look. 腹をすかした子供はよく飢えたような顔をしている/The islanders were hungry for news. 島民はニュースに飢えていた．
[関連語] thirsty; barren.
【慣用句】**(as) hungry as a hawk [hunter; wolf]** 非常に腹がへっている．**go hungry** 食べ物なしでいる，飢える．
【派生語】**húngrily** 副.

hunk /háŋk/ 名 C〔一般語〕より大きな塊から切り分けた肉やパンなどの大きな厚切り，塊，比喩的に〔くだけた語〕たくましくて頼もしい男，性的に魅力のある男．
[語源] フランデルス語 hunke が19世紀に入った．

hunt /hánt/ 動 [本来自] 名 C〔一般語〕[一般義] 野生の動物や鳥を狩る，狩りをして回る，狩猟する．[その他] 比喩的に人や物事を捜し求める，ある場所をくまなく捜す，捜し回る．創 の用法もある．名 として狩り，狩猟，狩猟区，狩猟隊，《英》きつね狩り，〔くだけた語〕《the [a] ～》追跡，捜索，長期間の探求．
[語法]《米》では狩猟一般，例えば獣や鳥を狩る時に hunt を用いるが，《英》では馬で，あるいは猟犬を連れて，銃できつねや鹿などを狩る時に hunt を用い，銃で鳥を撃つ時には shoot を用いる．
[語源] 古英語 huntian (= to hunt) から．
[用例] The police were hunting for the two escaped prisoners. 警察は2人の脱獄犯を捜し回っていた/a fox-hunt きつね狩り．
[関連語] pursue; chase; follow; trail.
【慣用句】**go hunting** 狩りに出かける．**go on a hunt** 狩りに出かける．**hunt high and low** くまなく捜す，すみずみまで捜す．**the hunt is on for ...** ...を捜す作業が始まっている．
【派生語】**húnter** 名 C 狩人，猟師，猟馬，猟犬，狩猟用のふた付き懐中時計，《H-》〔天〕オリオン座．**húnting** 名 U 狩猟，《英》きつね狩り，《米》銃猟，また追求，あさること，〔電〕乱調: house-hunting 家中を捜し回ること: **hunting crop** 狩猟用むち/**hunting dog** 猟犬/**hunting ground** 猟場，あさり場/**hunting horn** 狩猟用らっぱ，〔楽器〕狩猟ホルン．**húntress** 名 C 女の猟師，狩猟用雌馬．
【複合語】**húntsman** 名 C =hunter.

hur·dle /hə́ːrdl/ 名 C 動 [本来自] 〔スポ〕陸上競技や競馬の障害物，ハードル，《the ～s; 単数扱い》ハードル競走．比喩的に事を成し遂げるために克服しなければならない障害，難関．動 として，ハードルなどを跳び越える，困難や障害を乗り越え，克服する．
[語源] 古英語 hyrdel から．
【派生語】**húrdler** 名 C.
【複合語】**húrdle ràce** 名 C 障害物競走．

hur·dy-gur·dy /hə́ːrdigəːrdi/ 名 C〔一般語〕手押し車に乗せて街路でかなでる手回しオルガン (hand organ; barrel organ).
[語源] 擬音語．19世紀から．

hurl /hə́ːrl/ 動 [本来自] 名 U〔一般語〕[一般義] 大きくて重い物を乱暴に強く投げつける．[その他] 悪口などを人に浴びせる，〔野〕投球する．名 として投げつけること．
[語源] もとは低地ドイツ語の hurreln (= to toss; to throw; to push; to dash) ではないかとされ，風のすば

やい音を表わす擬音語が起源のようであるが、定かではない。中英語から。

[用例] The children *hurled* stones at their attackers. 子供たちは襲ってくる者たちをめがけて石を投げつけた/The boys *hurled* abuse at each other. 少年たちはお互いにののしりあった。

[類義語] throw.

【派生語】 húrler 图 C 《俗語》《野》投手。

hur·ly-bur·ly /hə́ːrlibə́ːrli/ 图 C 形 〔一般義〕大騒動やその場の状況がごった返していること。形 として混乱した。

[語源] hurl の -ing 形の繰り返しをもとに造語されたものと思われる。中英語から。

hur·ray /huréi, hə-/ 感 動 本来自 图 C 〔一般義〕歓喜、賛成、激励を表す叫び声、フレー、万歳、よくやったぞ。動 として万歳を唱える、フレーと叫ぶ。图 として万歳の声、歓呼の叫び。

[語法] 《米》では hooray また hurrah, hoorah /hurάː, -rɔ́ː/ ともいう。

[語源] 中期高地ドイツ語の叫び声の *hurr, hurrâ* がそのまま擬音語として用いられるようになったと考えられる。18世紀初頭から。

[用例] *Hurray* for the King [Queen]! 王様[女王陛下]万歳。

hur·ri·cane /hə́ːrəkein | hʌ́rikən/ 图 C 〔一般義〕一般義 西インド諸島に発生する熱帯性低気圧、ハリケーン。

[語源] 西インド諸島先住民族の言葉から借用されたスペイン語 *huracan* が初期近代英語に入った。

[用例] A *hurricane* hit the southern part of the island. ハリケーンが島の南部を襲った。

[関連語] cyclone; typhoon; storm; tornado; whirlwind.

hur·ry /hə́ːri | hʌ́ri/ 動 本来自 图 U 〔一般義〕仕事などをあわててする、あわてて急ぐ、場所へあわてて行く。他 人、物、仕事などを急がせる、せきたてる、またある場所に急いで運ぶ[送る、動かす]。图 として急ぐこと、大急ぎ、大あわて、大騒ぎ、《否定文、疑問文で》急ぐ必要。

[語源] 中期高地ドイツ語 *hurren* (= to whir) が初期近代英語に入った。擬音語をもとにしたと推測されているが定かではない。

[用例] She *hurried* to get to their meeting place on time. 彼女は待ち合わせ場所に定刻に着けるように急いだ/The ambulance *hurried* the injured man to the emergency hospital. 救急車はけが人を救急病院へ急いで搬送した/Is there any *hurry*? 何か急ぐ必要があるのか/In his *hurry* to leave, he fell and broke his arm. 彼は急いで出かけようとしたあまり、ころんで腕を折ってしまった。

[類義語] hurry; hasten; rush: hurry は日常的に用いられ、普段より早くする、迅速に行動する。その結果混乱や大騒ぎをもたらす意味を含む。hasten はせきたてられることにより、または他人の誤解をとくために分別を忘れ急ぐこと。rush は必要があってすばやく反応して突進すること。

[関連語] dash; race; run; tear; jog.

【慣用句】 *hurry up* 人をせきたてて急がせる。*in a hurry* 急いで、あわてて。*in no hurry* 急がないで。

【派生語】 húrried 形.

【複合語】 húrry-scúrry, húrry-skúrry 副 形 大あわてに[の]、大あわてで[の]、あわてふためいて。

hurt /hə́ːrt/ 動 本来他 《過去·過分 ～》 图 C 形 〔一般義〕一般義 人や身体の一部を傷つける、けがをさせる。その他 物に損害を与える、損なう、物事に悪い影響を及ぼす、名声などを傷つける、感情を害する、気を悪くする。また《it を主語にした否定文、疑問文で》…に差しさわる。自 身体などが痛む、痛みを感じる。图 として傷、けが、痛み、精神的な傷つき、苦痛、一般的に損害、損失、損傷。形 としてけがをした、精神的·肉体的に傷ついた、品物などが損害[損傷]を受けた。

[語源] 古フランス語 *hurter* (= to knock; to clash; to harm) が中英語に入った。ゲルマン語起源と思われるが、それ以前は不詳。

[用例] Nobody was seriously *hurt* in the accident. その事故でひどいけがをした者はいなかった/She was deeply *hurt* by his attitude [behavior]. 彼女は彼の態度[行為]でひどく傷ついた/My arm *hurts*. 腕が痛む。

[類義語] wound.

【慣用句】 *not hurt a fly* 虫も殺さない、心が優しい。

【派生語】 húrtful 形 傷をつける、有害な、損害を与える。

hur·tle /hə́ːrtl/ 動 本来自 〔一般義〕重量のあるものや危険なものがすごい速度である方向に進む、すっ飛んでいく。

[語源] 中英語 hurten (= to hurt) の反復形 hurtlen から。

hus·band /hʌ́zbənd/ 图 C 動 本来他 〔一般義〕妻に対する夫 [語法] 対でいうには husband and wife の順。動 として、家の主が家計の管理をしていたところから、節約する、節約して管理する。

[語源] 古ノルド語 *hús* (= house) と *būa, bōa* (= to dwell) の現在分詞 *būandi, bōandi* から成る *hūsbōndi* (= master of the household) が古英語に入った。

[対照語] wife.

【派生語】 húsbandry 图 U 農業、畜産、家畜育種法、管理、節約、倹約。

hush /hʌ́ʃ/ 動 本来他 感 图 UC 〔一般義〕一般義 話をやめさせ人を静かにさせる、泣いている子供を静かにするようにさせる。その他 話をしたり、騒いでいる人を黙らせる。自 静かにする、黙る。感 としてシッ、静かに!、黙れ! として静寂、沈黙、《音》シューという音、歯擦音。

[語源] 中英語の擬音語で hushtの t を過去分詞と誤解することに端を発して逆成された語と考えられ、初期近代英語から。

[用例] A *hush* came over the room. 部屋はしんと静まりかえった。

[関連語] hiss.

【慣用句】 *hush up* 不正や悪事などをもみ消す、人に口止めする。

【複合語】 húsh-húsh 形 《くだけた語》公文書や計画などに関して極秘の。húsh mòney 图 U 《くだけた語》口止め料。húsh pùppy 图 C ひき割りとうもろこしの小さな丸い揚げパン[菓子].

husk /hʌ́sk/ 图 C 動 本来他 〔一般義〕種子、果実、穀類などの表皮、さや、殻、比喩的に取り去って捨ててしまう無用のもの。動 として、外皮などをむく。

[語源] 中オランダ語 *huusken* (= little house) が中英語に入った。

【派生語】 húskily 副. húskiness 图. húsky 形 殻の(ような)、しわがれ声の、声のハスキーな。

hus・sar /huzá:r/ 名 C 〔一般語〕ハンガリーの軽騎兵にならったはでな礼装を着た英国**軽騎兵**.
[語源] ハンガリー語が初期近代英語に入った.

hus・sy /hÁsi, -zi/ 名 C 〔古風な語〕ふしだらな**女**, あばずれ女.
[語源] housewife の短縮語. 初期近代英語から.

hus・tings /hÁstiŋz/ 名 (複) 〔一般語〕(単数または複数扱い)《英》選挙演説(会場)や選挙運動.
[語源] 古ノルド語 *hūs*(=house)+*thing*(=assembly) から入った古英語 hūsting から.

hus・tle /hÁsl/ 動 [本来他] 名 U 〔一般語〕[一義義] 人を乱暴に押したり突いて**急いで移動させる**. [その他] 人を強く促して物事をさせる, 無理に...させる《into》, 急がせる, せかせる,《米》〈くだけた語〉押し売りをする, ペテンや不正をして金を手に入れる, 巻き上げる, 人をだます. 自 急ぐ, 乱暴に押す, 押し合う,〈くだけた語〉商売や事業に張り切る, ハッスルする, 不正手段で生計を得る, 売春する. 名 として大急ぎ, 押し合い, 張り切ること, ハッスル,《俗語》詐欺.
[語源] オランダ語 *husselen*, *hutselen*(=to shake; to toss) が初期近代英語に入った.
[用例] The boss *hustled* us off to the meeting. 上司は会議に行くように我々をせきたてた/Don't try to *hustle* me into making a sudden decision. 急に決断をさせるようにせかないようにしてくれ.
[慣用句] **get a hustle on**〔くだけた語〕急いでやる, ハッスルしてやる. **hustle and bustle** 押しへしあいの雑踏.
[派生語] **hústler** 名 C《主に米》押し売り, 詐欺師.

hut /hÁt/ 名 C 動 [本来他] 〔一般語〕[一義義] 丸太や草, 泥などで作った非常に粗末な平屋の**小屋**. [その他] 小屋に類した建設作業員用の仮設簡易住居, あばら屋,《軍》仮兵舎. 動 として**小屋[仮兵舎]に泊まらせる**. 自 仮泊する.
[語源] 古高地ドイツ語の *hutta* が中高地ドイツ語 *Hütte*, フランス語を経て初期近代英語に入った.
[類義語] hut; shed; cabin: **hut** は人が泊まれる程度の手軽な小屋で, 特に一時しのぎのもので登山家や羊飼いのためのヒュッテ(ドイツ語 Hütte)などを含む. **shed** は一般には納屋, 物置き, 倉庫, 作業用の小屋の意で, 人が泊まる場所ではない. **cabin** は小さな家で主に森林や山岳地帯の木造のものをいう.

hutch /hÁtʃ/ 名 C 〔一般語〕うさぎや鶏などを飼うおりや**小屋**,《軽蔑的》狭く小さい家,《米》収納用の箱, 食器棚.
[語源] 中期ラテン語 *hutica*(=a storage chest) が古フランス語を経て中英語に入った.

hy・a・cinth /háiəsinθ/ 名 C 《植》ヒヤシンス.
[語源] ギリシャ神話の美少年 *Hyacinthus* から. その血からヒヤシンスが生じたといわれる.

hy・ae・na /haií:nə/ 名 =hyena.

hy・brid /háibrid/ 名 C 形 〔一般語〕[一義義] 動植物の**雑種**. [その他] 一般的に混成された物,《言》混種語(★異系の言語作業から成り立っている語. foolish (フランス語 fool + 英語-ish), criticism (ラテン語 critic + ギリシャ語-ism) など).
[語源] ラテン語 *hibrida* (= hybrid; mongrel) が初期近代英語に入った.
[派生語] **hỳbridizátion** 名 U. **hýbridize** 動 [本来他] かけ合わせる, 交配させる, 混種語を作る.

Hyde Park /háid pá:rk/ 名 ハイドパーク(★ロンドン都心の西郊にある大公園).

hy・dra /háidrə/ 名 C《複 ~s, -drae/dri:/》〔一般語〕[一義義] 根絶し難い困難や悪. [その他] 本来は《ギ神》ヘルクレス (Hercules) に退治された**9 頭の蛇**で, 1 つの頭を切るとそこから新たに 2 つの頭が出たということから以後は上記の意となった. また《動》淡水産腔腸動物のヒドラ.
[語源] ギリシャ語 *hudra*(=water snake) から.

hy・drant /háidrənt/ 名 C 〔一般語〕**消火栓**, 給水栓.
[語源] hydro-「水」+-ant. 19 世紀から.

hy・drate /háidreit/ 名 UC 動 [本来他] 《化》**水和[水化]物**. 動 として水化させる[する].
[語源] ギリシャ語 *hudōr*「水」をもとにフランスで 19 世紀に造語された.

hy・drau・lic /haidrɔ:lik/ 形 〔一般語〕**水力の**, 水圧の, ブレーキなどが油圧の, 水力学の, セメントが水中で硬化する.
[語源] ギリシャ語 *hudraulos* (水圧オルガン) から派生したラテン語 *hydraulicus* が初期近代英語に入った.

hy・dro- /háidrou-/ [連結]「水の」「水素の」,《病理》「水分が貯留した, たまった」の意.
[語法] 母音の前では hydr- となる.
[語源] ギリシャ語 *hudōr* (= water) から.

hy・dro・chlo・ric acid /hàidrəklɔ́(:)rik Ǽsid/ 名 U《化》**塩化水素酸**, 塩酸.

hy・dro・elec・tric /hàidrəiléktrik/ 形 〔一般語〕水力発電の.

hy・dro・foil /háidrəfɔil/ 名 C《海》水中翼(船).

hy・dro・gen /háidrədʒən/ 名 U《化》**水素**(★元素記号 H).
[語源] *hudro-*「水」+*-genēs*「作るもの」をもとに 18 世紀にフランスで造語された.
【複合語】**hýdrogen bòmb** 名 C **水素爆弾**(〔語法〕H-bomb と略す).

hy・drom・e・ter /haidrámətər|-drɔ́m-/ 名 C 〔一般語〕液体比重計, 浮きばかり.

hy・dro・pho・bia /hàidrəfóubiə/ 名 U《医》**狂犬病**, 恐水症.
[語源] ギリシャ語 *hydr-*「水」+*phobia*「恐怖症」が後期ラテン語を経て初期近代英語に入った.

hy・dro・plane /háidrəplein/ 名 C 動 [本来自] 〔一般語〕《米》**水上飛行機**, 高速モーターボート, 水中翼船 (hydrofoil). 動 として水上を滑走する,《米》自動車がハイドロプレーニング現象を起こす.
[派生語] **hýdroplaning** 名 U 水でぬれた路面を高速で走行してハンドルがきかなくなるハイドロプレーニング現象.

hy・dro・pon・ics /hàidrəpániks|-pɔ́n-/ 名 U《農》水耕栽培(法).
[語源] hydro-「水」+ギリシャ語 *ponos*(=labor)+-ics「...学, ...術」による造語. 20 世紀から.

hy・dro・ther・a・py /hàidrəθérəpi/ 名 U《医》**水治療法**(★水中運動などによる治療法).

hy・e・na /haií:nə/ 名 C《動》**ハイエナ**(★アジア・アフリカ産のおおかみに似た動物).

hy・giene /háidʒi:n/ 名 U 〔一般語〕**衛生(学)**, 健康法.
[語源] ギリシャ語 *hugiēs* (=healthy) に由来するフランス語 *hygiène* が初期近代英語に入った.
[派生語] **hygienic** /hàidʒiénik|-dʒi:n-/ 形. **hygi-**

enics /hàidʒiéniks|-dʒíːn-/ 名 U 衛生学. **hýgienist** 名 C.

hy·grom·e·ter /haigrάmətər|-ɔ́-/ 名 C 〔一般語〕湿度計.
[語源] ギリシャ語 *hugros* (= wet) + *metron* (= measure) から初期近代英語で造られた.

hy·men /háimən/ 名 C 【解】処女膜.
[語源] ギリシャ語 *humēn* (= membrane) がラテン語 *hymen* を経て初期近代英語に入った. ギリシャ神話の婚姻の神 *Humēn* と同起源.

hymn /hím/ 名 C 動 本来他 〔一般語〕〔一義語〕教会で歌う賛美歌, 聖歌. その他 一般的に賛歌, 賛美の表現. 動 として〔詩語〕賛美歌などで神をたたえる, 神への感謝を歌う. 自 賛美歌を歌う.
[語源] ギリシャ語 *humnos* (= a song or ode in praise of gods or heroes) がラテン語を経て, 古英語に入った.
[用例] Let us sing *Hymn* 434. 賛美歌の 434 番を歌いましょう.
【派生語】**hýmnal** 名 C 形 賛美歌[聖歌]集(の).
【複合語】**hýmnbòok** 名 C 賛美歌[聖歌]集.

hy·per- /háipər-/ 接頭 「超越, 過度, 過多」,【数】「超...」の意を表す. 例: hyperactive (過度に活動的な); hyper-correction【言】過剰訂正.
[語源] ギリシャ語 *huper* (= over; above; beyond; exceeding) が入った.
[対照語] hypo-.

hy·per·bo·la /haipə́ːrbələ/ 名 C 【数】双曲線.
[語源] ギリシャ語 *huperballein* (⇒hyperbole) に由来する近代ラテン語が初期近代英語に入った.
【派生語】**hỳperbólic** 形.

hy·per·bo·le /haipə́ːrbəli/ 名 UC 【修】誇張(法).
[語源] ギリシャ語 *huperballein* (= to throw beyond; to exceed) の派生形 *huperbolē* (= excess) がラテン語 *hyperbole* を経て初期近代英語に入った.
【派生語】**hỳperbólic** 形.

hy·per·crit·ic /hàipərkrítik/ 名 C 形 〔一般語〕細かいことを過度に批判する人, 酷評家. 形 = hypercritical.
【派生語】**hỳpercrítical** 形 酷評する, あらさがしの. **hỳpercríticism** 名 U 酷評.

hy·per·mar·ket /hàipərmάːrkit/ 名 C 〔一般語〕《英》郊外の大型スーパーマーケット.
[語源] フランス語 *hypermarché* を 20 世紀に入って英語に翻訳したもの.

hy·per·sen·si·tive /hàipərsénsətiv/ 形 〔一般語〕感情的または肉体的に過敏症の, アレルギー体質の.

hy·per·son·ic /hàipərsάnik|-sɔ́n-/ 形 〔一般語〕極超音速の (★音速の 5 倍 (= 秒速約 1658 メートル)以上).

hy·per·ten·sion /haipərténʃən/ 名 U 【医】高血圧(症), また一般的に過度の緊張.

hy·phen /háifən/ 名 C 〔一般語〕ハイフン, 連符号 (-), またハイフン状のもの. 動 として, 2 語をハイフンで結ぶ, 複合語などをハイフンを用いて記す.
[語源] 後期ギリシャ語 *huphen* (= together) が後期ラテン語 *hyphen* を経て初期近代英語に入った.
[用例] a *hyphened* [hyphenated] word [name] ハイフンでつないだ語[名前].
【派生語】**hýphenate** 動 本来他 ハイフンでつなぐ, ハイフン付きで示す. 形 ハイフンで結ばれた. C ...兼...の人《★writer-player のように 2 つの仕事を兼ねている人》. **hýphenated** 形 ハイフン付きの: **hyphenated Americans** 《複》ハイフン付きの米国人 (★Japanese-American のように米国に帰化した人). **hỳphenátion** 名 U ハイフンでつなぐこと, ハイフンで示すこと.

hyp·no·sis /hipnóusis/ 名 UC 《複 -ses/siːz/》〔やや形式ばった語〕催眠(状態), 催眠術.
[語源] ギリシャ語 *huppos* (= sleep) をもとにした近代ラテン語が 19 世紀に入った.
【派生語】**hypnótic** 形 催眠状態の. 名 CU 催眠状態の人, 催眠剤. **hýpnotism** 名 U 催眠術. **hýpnotist** 名 C 催眠術師. **hýpnotize** 動 本来他 催眠術にかける, 暗示にかける.

hy·po /háipou/ 名 C 〔ややくだけた語〕皮下注射(器) (hypodermic).

hy·po- /háipə-/ 接頭 「下に[の], 以下[下位]の, 低い, 内側の」などの意を表す.
[語源] ギリシャ語 *hupo* (= under; from under; beneath) から.

hy·po·chon·dri·a /hàipəkάndriə|-kɔ́n-/ 名 U 【医】自分の健康を過度に心配すること, 憂うつ症, 心気症.
[語源] ギリシャ語 *hupokhondria* 「肋骨の下の柔らかい腹部」が後期ラテン語を経て中英語に入った. そこに黒胆汁(憂うつの原因)があると考えられていた.
【派生語】**hỳpochóndriac** 形 名 C 憂うつ症の(患者).

hypocrisy ⇒hypocrite.

hyp·o·crite /hípəkrit/ 名 C 〔一般語〕実際には持っていない信仰, 信念, 理念などを持っているふりをする人, 偽善者.
[語源] ギリシャ語 *hupokritēs* (= one who plays a theatrical part) が後期ラテン語, 古フランス語を経て中英語に入った.
【派生語】**hypócrisy** 名 UC 偽善, 偽善的行為. **hỳpocrítical** 形.

hy·po·der·mic /hàipədə́ːrmik/ 名 C 【医】皮下の. 名 として皮下注射(器) [語法] hypo ともいう.
[語源] hypo- 「下」 + ギリシャ語 *derma* (皮膚) + -ic から成る 19 世紀の造語.

hy·poth·e·sis /haipάθəsis|-pɔ́θ-/ 名 C 《複 -ses/siːz/》〔やや形式ばった語〕まだ証明されていない理論, 仮説, 【哲】前提.
[語源] ギリシャ語 *hupotithenai* (= to place under) の名 *hupothesis* (= proposal; suggestion; supposition) が後期ラテン語を経て初期近代英語に入った.
【派生語】**hỳpothétical** 形. **hỳpothétically** 副.

hys·te·ri·a /histíəriə/ 名 U 群衆などの異常な興奮, もの事に対する過剰反応, 【医】ヒステリー症, 病的興奮.
[語源] ギリシャ語 *hustera* (= womb) の派生形 *husterikos* (= suffering in the womb) からの近代ラテン語が初期近代英語に入った. 女性のヒステリーは子宮の不調から起こると信じられていた.
【派生語】**hystérical**, **hystéric** 形. **hystérically** 副. **hystérics** 名 《複》《通例単数扱い》ヒステリーの発作.

i, I /ái/ 图 C アイ《★アルファベットの第9文字》，またローマ数字の1.

I /ái/ 代《人称代名詞; 1人称単数主格》主格として用い私は[が]，また主格補語としても用いる．
語法 所有格は my，目的格は me，独立所有格は mine．
語源 古英語 ic から．中英語では ich と i(長音) が併存していたが，近代英語になって I に統一された．ic, ich は大文字で書かれなかったが，i 一文字となってからは，当時の小文字のiには点がなかったため，まぎらわしくないように長く延ばして書く習慣が生まれ，これが大文字使用につながった．It is *I*. それは私だ《語法 It's *me*. のほうが普通》/It is *I* who wrote this letter. この手紙を書いたのは私です《語法 強調構文では I が普通》．

IAEA《略》= Internatinal Atomic Energy Agency (国際原子力機関).

i·amb /áiæmb/ 图 C 《詩》弱強格 (‿´), 短長格 (‿ ̄).
語源 iambus の短縮形．19世紀に入った．
【派生語】**iambic** /aiæmbik/ 形 弱強格[短調格]の．图 C《通例複数形で》弱強格[短調格]の詩．

i·am·bus /aiæmbəs/ 图 C《複 -bi/bai/, ~es》= iamb.
語源 ギリシャ語 *iaptein* (=to attack verbally) から派生した *iambos* によるラテン語が初期近代英語に入った．

-i·an /iən|jən/ 接尾 -an の異形．例: Boston*ian* (ボストン人); Hegel*ian* (ヘーゲル学徒).

ib.《略》= ibidem.

I·be·ria /aibíəriə/ 图 固 イベリア《★イベリア半島地区の古名》，あるいはイベリア半島(Iberian Peninsula).
【派生語】**Ibérian** 形 イベリア(半島)の．

ibid.《略》= ibidem.

i·bi·dem /ibáidem/ 副 〔一般語〕同書[同箇所]に《語法 ibid. または ib. と略す》．
語源 ラテン語 *ibidem* (=in the same place). 初期近代英語から．

-i·ble /əbl/ 接尾 -able の異形．例: convert*ible* (転換できる); vis*ible* (目に見える).

IBM /áibì:ém/ 图 固 アイビーエム(International Business Machines Corporation)《★米国のコンピューター会社》．

IC /áisí:/ 图 C 〖電子工学〗集積回路(integrated circuit).

-ic /ik/ 接尾 名詞の語尾について，「…に関係のある，…の性質を備えた」「…によって生じた，…を生ずる」「…から成る，…を含む」などを意味する形容詞をつくる．例: scient*ific*; econom*ic*; alcohol*ic*.
語源 ラテン語 *-icus* から．

-i·cal /ikəl/ 接尾 = -ic.
語源 ラテン語 *-icalis* から．
語法 -ic で終わる形容詞と -ical で終わる形容詞はたいていの場合交換可能であるが，economic と economical, histric と histrical など意味が異なるものもある．この場合，-ic のほうは元の名詞の意味が強く残り，-ical のほうはその比喩的，転義的な意味合いをもつ．

ICBM《略》= intercontinental ballistic missile (大陸間弾道ミサイル).

ice /áis/ 图 UC 本来地 〔一般語〕一般義 氷．その他《the ~》一面に張りつめた氷，氷面，氷原，あるいは氷層．比喩的に態度の冷たさ，よそよそしさ．また氷のようなものを広く指し，《米》シャーベットのような氷菓子，《英》アイスクリーム，〔俗語〕《米》ダイヤモンドなど．さらにダイヤモンドと氷の冷たさからの連想で不当な金銭，〔俗語〕《米》ダフ屋が劇場主に支払う手数料や口止めのためのわいろ．動 として氷で冷やす，ケーキに糖衣(icing)をかける．
語源 古英語 *īs* から．
用例 The pond is covered with *ice*. 池は一面氷でおおわれている/Have an *ice*! アイスクリームを召し上がれ/She *iced* the cake. 彼女はケーキに糖衣をかけた．
【慣用句】**break the ice** 固い氷の壁を打ち砕く，相手と打ち解け合う，難しいことの解決の糸口をつける．**cut no ice**〔くだけた表現〕物事が効果がない，役に立たない．**keep ... on ice** 食べ物や飲み物を冷やしてとっておく，将来に備えて準備しておく，蓄えておく．**on thin ice**〔くだけた表現〕薄氷の上で，危険な状態に．
【派生語】**iced** 形 氷で覆われた，氷で冷した，糖衣をかけた．**icily** 副．**icing** 图 U 糖衣，アイシング．**icy** 形 氷に覆われた，氷のように冷たい．
【複合語】**íce àge, Íce Áge** 图《the ~》〖地〗氷河時代．**ice àx(e)** 图 C 登山用のピッケル．**ice bàg** 图 C 氷のう．**icebèrg** 图 C 氷山．**icebòund** 形 氷に閉ざされた．**icebòx** 图 C 氷を入れて冷やすアイスボックス，《米》電気冷蔵庫．**icebrèaker** 图 C 砕氷船，流氷よけ，砕氷器．**ice càp** 图 C 山頂の万年雪．**ice-cóld** 形 氷のように冷たい．**ice crèam** 图 C アイスクリーム．**íce-crèam còrn** 图 C ウエハースでできた円すい形のアイスクリーム・コーン．**íce-crèam scòop** 图 C アイスクリームすくい．**ice-crèam sòda** 图 UC クリーム・ソーダ．**ice cùbe** 图 C 冷蔵庫で作る角氷．**icefàll** 图 C 凍結した滝，氷河や氷山の崩落部．**ice fièld** 图 C 氷原，大浮氷原．**ice flòe** 图 C 板状の浮氷，氷盤．**ice hòckey** 图 C〖スポ〗アイスホッケー．**icehòuse** 图 C 貯氷庫，氷室．**íceman** 图 C 氷を売ったり配達する人，氷屋．**ice pàck** 图 C 浮氷群，砕氷を入れた氷のう．**ice pìck** 图 C 氷を割るのに用いるアイスピック．**ice rìnk** 图 C 室内のアイススケート場．**ice shèet** 图 C 氷河時代にみられたような長期間にわたって大陸の広範囲をおおう氷河，氷冠．**ice shòw** 图 C アイスショー．**ice skàte** 图 C《通例複数形で》スケート靴，氷靴．動 本来地 アイススケートをする．**ice skàter** 图 C アイススケートをする人[選手]．**ice skàting** 图 U アイススケート．**ice tòngs** 图《複》氷ばさみ．**ice wàter** 图 U 氷水(iced water).

Ice·land /áislənd/ 图 固 アイスランド《★北大西洋の島で共和国; 首都 Reykjavic》．
【派生語】**Ícelander** 图 C アイスランド人．**Icelándic** 形 アイスランド(人, 語)の．图 CU アイスランド人[語]．

i·ci·cle /áisikl/ 图 C 〔一般語〕つらら．
語源 古英語 *īs*(= ice)+*gicel*(= piece of ice) から成る īsgicel から．

icily ⇒ ice.

i·con, i·kon /áikɑn|-ɔ-/ 图 C 〔一般語〕[一般義] 東方正教会でビザンチン様式の油絵で描かれたキリスト, 聖母マリア, 聖徒などの**聖(画)像**. [その他] 絵画や彫刻などの**(肖像)**, 代表的なものを表す**象徴**, 『コンピューター』機能やメッセージを表す絵文字, **アイコン**.
[語源] ギリシャ語 *eikenai* (=to resemble) から派生した *eikōn* (=image) がラテン語を経て初期近代英語に入った.

i·con·o·clast /aikánəklæst|-ɔ́-/ 图 C 〔形式ばった語〕**偶像破壊者, 因習や既成概念を打破する人**.
[語源] 中世ギリシャ語 *eikonoklastēs* (=image breaker; *eikōn* likeness+*klan* to break) が中世ラテン語を経て初期近代英語に入った.
[派生語] **icònclástic** 形.

-ics /iks/ [接尾] 「学術, 技術, 学科名」などを表す名詞をつくる. 例: economics; linguistics; physics.
[語源] ラテン語 *-ica* から.
[語法] 一般に学問の名を表す場合は単数扱い. 具体的な活動や主義, 規則, 特性などを意味する場合は複数扱い, あるいは単数または複数扱いとなる. 例えば athletics は「体育原理」の意では単数扱い, 「運動競技」の意では複数扱いであり, politics は「政治学」の意では単数扱い, 「政治(活動), 政策」の意では単数または複数扱いとなる.

icy ⇒ice.

ID /áidí:/ 图 CU 〔一般語〕**身分証明(書)**.
[語源] identification [identity] (card) の略.
[複合語] **ÍD cárd** 图 C 身分証明書.

I'd /áid/ 〔くだけた語〕I would, I should, I had の短縮形.

i·de·a /aidí:ə|-díə/ 图 C 形 〔一般語〕[一般義] **ふと頭に浮かんだ考え**. [その他] 漠然と浮かんできた考え, **予感, 想像, 見当, 幻想**, はっきりまとまって浮かんできた考え, **意見, 信念, 発想, 計画**, 『哲』**イデア, イデー, 表象**, 『楽』**楽想, モチーフ**.
[語源] 実体 (reality) を伴わない「物の姿形, 外見」を意味するギリシャ語 *idea* がラテン語を経て中英語に入った.
[用例] This will give you an *idea* of what I mean. これを読めば[見れば, 聞けば], あなたは私の言いたい事がわかるでしょう/I have an *idea* for solving this problem. この問題の解決案が浮かんだ.
[類義語] idea; concept; thought; notion: **idea** はどんな形にせよ心に浮かんだ事を指す最も一般的な語である. **concept** はある物事に関しての一般化された考えを指す. **thought** は理性的によく考えた結果, 心に生じた考えを表す. **notion** は漠然としていて不十分な意図を含意する.
【慣用句】***get an idea of*** ... ...が大体わかる. ***run away with the idea that*** ....と早合点する. ***That's the idea!*** それがいい, その調子でいこう. ***What an idea!*** 何とおろかな, あきれた考えだ.

i·de·al /aidí:(ə)l/ 图 〔一般語〕[一般義] **理想**. [その他] 理想的な物[人], 手本(model), さらに努力の**目標(goal)**の意味がある. 形 として**理想的な, 申し分のない, あるいは想像上の, 架空の**, また『哲』**イデアの, 観念論的な**.
[語源] ラテン語 *idea* (⇒idea) から派生した後期ラテン語 *idealis* (観念の中に存在する)が中英語に入った. 「想像上の」→「理想」のように意味が変化した.
[用例] It is not so easy to realize your *ideals*. あなたの理想を実現することはたやすいことではない/In an *ideal* world everyone would be well-fed. 理想的な世界では誰もが栄養が行き届いているであろう/This tool is *ideal* for the job I have in mind. この道具は私の考えている仕事には理想的です.
【派生語】**idéalism** 图 U 理想主義, 『哲』観念論. **idéalist** 图 C 理想主義者, 『哲』 観念論者. **idèalístic** 形 理想主義の, 現実的でない, 空想的な. **idèalizátion** 图 U 理想化. **idéalize** 動 [本来他] 理想化する. **idéally** 副.

i·dem /áidem, íd-/ 代 形 〔形式ばった語〕**同著者(の), 同書(の)**(★id. と略す).
[語源] ラテン語 *idem* (=the same).

i·den·ti·cal /aidéntikəl/ 形 〔一般語〕[一般義] **同一の**. [その他] ほぼ同一といってよいぐらい似ていて, うりふたつの, **ほぼ等しい**, 『生』**一卵性の**などの意.
[語源] 後期ラテン語 *identitas* (⇒identity) から派生した中世ラテン語 *identicus* が初期近代英語に入った.
[用例] That is the *identical* car that I saw outside the bank just before the robbery. あれは強盗事件の直前に私が銀行の外で見たのと同一の車です/the *identical* person 本人/They wore *identical* dresses. 彼女たちは同じようなドレスを着ていた.
【派生語】**idéntically** 副. **idénticalness** 图 U.
[複合語] **idéntical twín** 图 C 一卵性双生児.

identifiable ⇒identify.
identification ⇒identify.

i·den·ti·fy /aidéntifai/ 動 [本来他] 〔一般語〕[一般義] **ある物または人が同一物[本人]であるとみなす, ...の身元を確認する**. [その他] (~ oneself または受身で) **感情や利害, 行動などを共にする, ...と緊密な関係を持つ** 《with》.
[語源] 後期ラテン語 *identitas* (⇒identity) から派生した中世ラテン語 *identificare* が初期近代英語に入った.
[用例] Would you be able to *identify* the man who robbed you? あなたの物を奪った男を確認できますか/He *identified* the coat as his brother's. 彼はそのコートが彼の兄[弟]のものであると確認した.
【慣用句】***identify oneself*** 身元を明らかにする, 名乗る. ***identify*** (*oneself*) ***with*** ... 物語中の登場人物などに自分を同一化する.
【派生語】**idéntifiable** 形. **idèntificátion** 图 UC 同一であると見なすこと, 身元や人物の確認, 身分証明(になるもの): **identification card** 身分証明書(ID).

i·den·ti·ty /aidéntiti/ 图 UC 〔一般語〕[一般義] **同一であること**. [その他] 他のものではなくその人[物]自身であることの意より, **身元, 正体**. また同一性ということから, **独自性, 主体性**の意.
[語源] ラテン語 *idem* (=the same) から派生した後期ラテン語 *identitas* が初期近代英語に入った.
[用例] We are united by an *identity* of interests. 我々は同一の利害で結ばれている/The police are still uncertain of the murderer's *identity*. 警察はいまだにその殺人者の身元がわかっていない.
【複合語】**idéntity cárd** 图 C **身分証明書**(ID). **idéntity crísis** 图 C 『心』特に青年期にかかる同一性の危機と呼ばれる一種のノイローゼ状態.

i·de·o·gram /ídiəgræm, áid-/ 图 C 〔形式ばった語〕漢字や象形文字のような**表意文字**, +や%のような**略語**(〔語法〕ideograph ともいう).
[語源] ギリシャ語 *idea* (=form) に *gramma* (=thing

ideological ⇒idiology

i·de·ol·o·gy /àidiάlədʒi, id-|-ɔ́-/ 名 CU 〔一般語〕
[一般義] 国や政治, 経済などの根本をなす思想, 観念形態, イデオロギー. [その他] 抽象的で非実際的な空理, 空論. また【哲】観念学[論].
[語源] ギリシャ語 idea (=form, pattern)に-logos (=discourse, compilation) が加わったフランス語 *idéologie* が 19 世紀に入った.
【派生語】**ideological** 形 イデオロギー上の, 観念形態の.

id·i·o- /ídiə/ 連結 「特殊の」「特有の」の意.
[語源] ギリシャ語 *idios* (=one's own) から.

idiocy ⇒idiot.

id·i·o·lect /ídiəlekt/ 名 C 【言】地域や社会の方言に対して, 各個人の特徴を備えた個人方言, 個人語.
[語源] idio (=own)に-lect (dialect の dia を省略したもの)が加わり, 20 世紀から.

id·i·om /ídiəm/ 名 C 〔一般語〕[一般義] ある言語に特有の慣用句, 熟語 (★kick the bucket (死ぬ) のように句の構成要素の意味の総和からは意味が察知できない独立の意味を持つ句). [その他] [形式ばった語] ある言語または分野の独特の言い回し, 独自の表現法. また音楽, 絵画, 美術などにおける画法, 作風, スタイルなどの意.
[語源] ギリシャ語 *idios* (=one's own) から派生した *idiōma* (=peculiarity) がラテン語を経て初期近代英語に入った.
[用例] the modern *idiom* 現代の作風.
【派生語】**idiomátic** 形 慣用的な, 独特のスタイルをもった. **idiomátically** 副.

id·i·o·syn·cra·sy /ìdiəsíŋkrəsi/ 名 C 〔形式ばった語〕 [一般義] ある特定の個人の特徴や行動の特徴. [その他] 個人の考え方や癖などに見られる特異性や常識とは異なった奇妙な性癖, またある食べ物や薬品にだけ反応する特異体質.
[語法] 良い意味でも悪い意味でも使われる.
[語源] ギリシャ語 *idiosynkrasia* (*idio-* one's own + *synkrasis* mixing together) が初期近代英語に入った.
[類義語] eccentricity.
【派生語】**idiosyncrátic** 形.

id·i·ot /ídiət/ 名 C 【心】3歳ぐらいまでの知能しかなく保護の必要な知能遅れ. 一般的に大ばか者, まぬけ.
[語法] 悪い意味で使われるが, 現在では知能の障害とは関係なく相手を罵倒する語として感嘆詞的に用いられることが多い.
[語源] ギリシャ語 *idios* (=private) の派生形 *idiōtēs* (=ignorant person) がラテン語 *idiota* を経て中英語に入った.
【派生語】**idiocy** 名 U 愚かな言動. **idiótic** 形 大ばかな. **idiótically** 副.

i·dle /áidl/ 形 〔一般語〕[一般義] 人が仕事などがなくぶらぶらしている. [その他] 怠惰な, 無精な, 仕事ぎらいな, 役に立つことはなにもしていないということから, むだな, 価値のない. また機械や工場などが稼動していない. 動 としてぶらぶらして過ぎ, 機械などが空回りする, アイドリングする[させる].
[語源] 古英語 idel (=empty; worthless) から.
[用例] These men are *idle* because there is no work for them. この人たちは仕事がないのでぶらぶらしている/There are ships lying *idle* in the harbor. 船が港で遊んでいる/The tongue of *idle* persons is never *idle*. 《ことわざ》 怠け者の舌は少しも休むことがない/You should not make an *idle* attempt. むだな試みなどすべきではありません/They kept the car engine *idling* while they checked their position with the map. 彼らは地図で自分たちの位置を確認している間, 車のエンジンをアイドリング状態にしていた.
【派生語】**ídleness** 名 U. **ídler** 名 C 怠け者. **ídling** 名 U. **ídly** 副.

i·dol /áidl/ 名 C 〔一般語〕[一般義] 崇拝の対象となる偶像. [その他] 偶像のように皆から崇拝されている人, アイドル. また石や木に刻まれた神像, 【哲・論】先入的に誤った認識, 認見, 誤謬の意.
[語源] ギリシャ語 *eidos* (=form) から派生した *eidōlon* (=image; phantom) がラテン語 *idolum* を経て中英語に入った.
[用例] Popular singers are sometimes known as teenage *idols*. ポピュラー歌手は10代のアイドルとして知られていることがある/The heathens bowed down before the *idol*. 異教徒たちは神像の前で腰をかがめて頭を下げた.
【派生語】**ídolater** 名 C 男女の偶像崇拝者. **ídolatress** 名 C 女の偶像崇拝者. **idólatrous** 形 偶像を崇拝する. **idólatry** 名 U 偶像崇拝. **idolizátion** 名 U. **ídolize** 動 [本来中] 偶像化する.

i·dyll, i·dyl /áidəl/ 名 C 〔やや形式ばった語〕[一般義] 田舎や田園地帯の理想的生活を描いた田園詩または田園文学. [その他] 田園的な情景, 【楽】田園曲の意.
[語源] ギリシャ語 *eidos* (=form; figure) の指小語 *eidullion* (=little picture) がラテン語 *idyllium* を経て初期近代英語に入った.
[類義語] pastoral.
【派生語】**idyllic** /aidílik/ 形 田園的な, のどかな, 牧歌的な.

i.e. /áií:, ðǽt iz/ 副 〔形式ばった語〕 すなわち, 言い換えれば (that is).
[語源] ラテン語 *id est* (=that is) の略.
[語法] 主に学術論文, 専門書, 辞書などの形式ばった文章に用いられ, その他の場合には that is (to say) が普通である.

-ie /i/ [接尾] 人や動物を示す単音節名詞について親愛の気持ちを表わす名詞をつくる. 例: Annie; doggie.
[語源] 愛称を表す指小辞-y のもとの形.
[語法] -ey, -y も-ie と同じ意味の名詞をつくる.

if /if/ 接 〔一般語〕[一般義] もし, 仮定を表す節を導きもし...ならば. [その他] 仮定法過去または過去完了の文の条件節を導いて仮に...ならば, あの時仮に...だったならばの意になり, たとえ...でも(even if) と譲歩の意にもなる. また間接疑問文において...かどうかという意味になる. 名 として不確実なこと, また何かをする条件.
[語源] 古英語 gif から.
[用例] He will have to go into hospital *if* his illness gets any worse. 病気がさらに悪化した場合には, 彼は入院しなければならないであろう《条件》/If he were to come along now, we would be in trouble. もし今彼がやって来るようなことになれば, 我々は困ったことになるであろう《未来についての純粋な仮定》/*If* I knew his address, I would call on him soon. もし彼の住所を知っていれば, すぐにでも彼を訪ねるのだが《現在の事実に反する仮定》/*If* you had been more

ig·loo /íglu:/ 图 ⓒ 〔一般語〕 一般義 一時的使用のために雪や氷のブロックでドーム状に造られたエスキモー人の家. その他 ドーム型の建造物.
語源 エスキモー語 ig(d)lu (=house) から 19 世紀に入った.

ig·ne·ous /ígniəs/ 形 《限定用法》《地》マグマや火山から生じた. 火成の. 本来の意味は火のような.
語源 ラテン語 ignis (=fire) の派生形 igneus (=of fire) が初期近代英語に入った.
【複合語】**ígneous róck** 图 ⓒ 火成岩.

ig·nis fat·u·us /ígnis fǽtʃuəs/ 图 (複 ignis fat·u·i /-tʃùai/) 〔形式ばった語〕 一般義 夜, 沼地などに燃え出て浮遊したりする鬼火, きつね火, 火の玉(will-o'-the-wisp; jack-o'-lantern). その他 そら頼み, 幻惑.
語源 ラテン語 ignis (=fire), fatuus (=foolish). 初期近代英語に入った.

ig·nite /ignáit/ 動 本来義 〔一般語〕 一般義 点火する. その他 炎が出るまで加熱する, 混合燃料などが発火する, 比喩的に怒りや憎しみなどを激しく燃やす.
語源 ラテン語 ignis (=fire) から派生した ignire (=to set on fire) の過去分詞 ignitus が初期近代英語に入った.
【派生語】**ignítion** 图 ⓤⓒ 点火(装置).

ig·no·ble /ign1noubl/ 形 〔文語〕 一般義 道徳的にも人間的にも劣った状態, つまり下品なさんだ. 下等な. その他 生まれの卑しい.
語源 ラテン語 ignobilis (in- not+gnobilis noble) が中英語に入った. gnobilis は nobilis (=noble) の古形.
【派生語】**ignóbly** 副.

ignominious ⇒ignominy.

ig·no·min·y /ígnəmini/ 图 ⓤⓒ 〔形式ばった語〕 一般義 名を汚したり, 評判を落としたりするような不名誉, 不面目, または恥辱. その他 恥ずべき行為.
語源 ラテン語 ignominia (in- without+nomen name) がフランス語 ignominie を経て初期近代英語に入った.
類義語 disgrace.
【派生語】**ignomínious** 形 《通例限定用法》不名誉な, 不面目な.

ig·no·ra·mus /ìgnəréiməs/ 图 ⓒ 〔文語〕《軽蔑的》無知な人.
語源 ラテン語 ignorare (⇒ignore) から派生した ignoramus (=we do not know) が初期近代英語に入った. 裁判用語で「証拠不十分」の意で使われた.

ignorance ⇒ignorant.

ig·no·rant /ígnərənt/ 形 〔一般語〕 一般義 全般的にあるいは特定分野や領域において無知の, 無学の. その他 言動や行為について無知のために起こる, 無知を示す, さらにあることを知らない, 気づかない.

語源 ラテン語 ignorare (⇒ignore) の現在分詞 ignorans が古フランス語を経て中英語に入った.
用例 He's very *ignorant* about money matters. 彼は金銭上の問題にはまったくの無知だ/He was totally *ignorant* of what was happening in the firm. 彼は会社で何が起こっているのかまったく気づいていなかった.
【派生語】**ignorance** 图 ⓤ 無知, 無学, あることを知らないこと.

ig·nore /ignɔ́:r/ 動 本来義 〔一般語〕 人や意見, 信号などを故意に無視する, 注意を払わない, 考えうとしない. その他 《法》起訴状を証拠不十分として却下する.
語源 ラテン語 ignorare (=not to know; to have no knowledge of) が初期近代英語に入った.
用例 He *ignored* all my warnings. 彼は私の警告のすべてに耳をかそうとしなかった/Try to *ignore* her— she is just trying to make you angry. 彼女のことは無視するようにしなさい. 彼女はただあなたを怒らせようとしているだけです.

i·gua·na /igwá:nə/ 图 ⓒ 《動》イグアナ, たてがみとかげ.
語源 アラワク語 *iwana* (=iguana) がスペイン語を経て初期近代英語に入った.

il- /il/ 接頭 《l の前で》in- の異形. 例: illegal; illuminate.

ill /íl/ 形 副 图 ⓤⓒ 〔一般語〕 一般義 正常な健康状態ではない, 病気の 《語法》《英》では述語用法で ill を, 限定用法で sick を用いる. 《米》では普通いずれも sick を用い, 述語用法で ill を用いるとやや形式ばった表現になる). その他 元来, 広く害や悪に結びつく悪い状態を意味し, 道徳的に悪い, すなわち不徳な, よこしまな, 対人的にみて意地悪い, 不親切な, 苦痛や苦しみを与える意で, 不快な, 有害な, 都合の悪い状態を指し, 不吉な, 不運な, 好ましくない, 人の要求に一致しているというとで, 間違った, 不適当な, 不十分な, 不満足などいう意味になる. 副 として悪く, 不十分に. 图 として悪, 災い, (複数形で)不幸なできごと, 災難.
語源 「悪い」の意の古ノルド語 *illr* から中英語に入った.
用例 She was *ill* [《米》sick] for a long time. 彼女は長い間病気だった/Ill news travels fast. 《ことわざ》悪い評判は速く伝わる(悪事千里)/She has *ill* feeling for me. 彼女は私に悪意を抱いている/These pills have no *ill* effects. これらの薬は身体への影響がまったくありません/I'm not the kind of person to wish anyone *ill*. 私は人の不幸を願うような人間ではない/He seems to carry all the *ills* of this world. 彼はこの世のすべての不幸を背負っているようだ.
【複合語】**ill-advísed** 形 無分別な, 無思慮な. **ill-bréd** 形 育ちの悪い, 不作法な. **ill-fáted** 形〔やや文語的〕不幸な結末を迎えるような, 不運な: an *ill-fated* expedition that ended in death 死という結末になった不運な探検. **ill-fávored**, 《英》**ill-fávoured** 形〔やや文語的〕顔立ちのよさにめぐまれず醜い, ぶきりょうな. **ill-gótten** 形〔やや形式ばった語〕不正手段で得た, 不当な: *ill-gotten* gains 不当利益. **ill-húmored**, 《英》**ill-húmoured** 形〔やや文語的〕陰うつな, 不機嫌で怒りっぽい. **ill-mánnered** 形〔やや形式ばった語〕無作法な, 行儀の悪い. **ill-nátured** 形〔やや形式ばった語〕気難しい, 意地が悪い. **ill-**

ómened 形〔やや形式ばった語〕**不吉な, 縁起の悪い, 不運の. ill-stárred** 形〔文語〕**星回りの悪い, 不運な. ill-témpered** 形〔形式ばった語〕**短気な, 気難しい. ill-tímed** 形〔形式ばった語〕**ころあいの悪い, 時期尚早の, 時機を失した. ill-tréat** 動 本来он 〔やや形式ばった語〕人や動物などを**虐待する, 冷遇する, 不公平に扱う. ill-tréatment** 名 U. **ill-úse** 動 本来он 〔やや形式ばった語〕**虐待する, 乱用する.** 名 U **虐待, 乱用.**

I'll /ail/〔くだけた語〕I will の短縮形.

il·le·gal /ilíːɡəl/ 形〔一般義〕**法で禁じられている, 違法の, 非合法の.**
語源 中世ラテン語 illegalis (in- not + legalis legal) がフランス語 illégal を経て初期近代英語に入った.
用例 It is *illegal* to park a car here. 車をここにとめるのは違法駐車です/*illegal* actions 不法行為/*illegal* sale 密売/*illegal* trade や み 取引き.
【派生語】**illegálity** 名 UC **違法, 非合法, 違法行為. illegalizátion** 名 U. **illégalize** 動 本来он 非合法化する. **illégally** 副. **illégalness** 名 U.

il·leg·i·ble /ilédʒəbl/ 形〔やや形式ばった語〕書き方や印刷の仕方が悪かったり年月を経て字の色があせてしまったために**判読できない, または読みにくい.**
語法 il- + legible (⇒legible). 初期近代英語から.
語源 内容的にお粗末で読むに堪えないような場合には unreadable を用いる.
【派生語】**illegibílity** 名 U. **illégibly** 副.

illegitimacy ⇒illegitimate.

il·le·git·i·mate /ìlədʒítəmit/ 形〔C〕〔一般義〕一般義 子供が法律上の婚姻関係でない男女から生まれた, **嫡出でない.** その他 法律上認可を受けずに**非合法な, 物事が論理的でない, また常軌を逸している, 言葉遣いなどが慣用的でない.** 名 として**非嫡出子.**
語源 後期ラテン語 illegitimus (in- not + legitimus lawful) が初期近代英語に入った.
類義語 illegal.
【派生語】**illegítimacy** 名 U.

il·lib·er·al /ilíbərəl/ 形〔形式ばった語〕一般義 人の表現の自由, 道徳観, 行動などを認めることができないような**心の狭い, 偏屈な.** その他 〔やや古風〕**物惜しみする, けちな.** また高等普通教育を受けていない, **教養のない, 洗練されていない**などの意.
語源 ラテン語 illiberalis (in- without + liberalis liberal) がフランス語を経て初期近代英語に入った.

il·lic·it /ilísit/ 形〔やや形式ばった語〕法律や社会的規範などに反している, **違法な, 不法な.**
語源 ラテン語 illicere (in- not + licere to be permitted) の過去分詞 illicitus がフランス語を経て近代英語に入った.
用例 the *illicit* sale of alcohol 酒の密売.
類義語 illegal.
【派生語】**illícitly** 副 **不法に, 不正に.**

il·lim·it·a·ble /ilímitəbl/ 形〔一般義〕**際限のない, 計り知れない, 無限の.**

Il·li·nois /ìlənɔ́i/ 名 固 **イリノイ**(★米国中西部の州; Ill. または IL と略す).

illiteracy ⇒illiterate.

il·lit·er·ate /ilítərit/ 形 名 C 〔一般義〕一般義 **読み書きのできない, 文盲の.** その他 読み書きができず語学や文学を知らない, **無学な, 教養のない, 言葉の慣用法[語法]や正しい発音などから外れている.** また特定の分野の基礎的知識が乏しい. 名 として**読み書きのできない人, 文盲.**
語源 ラテン語 illitteratus (in- not + litteratus lettered) が中英語に入った.
用例 He hasn't heard of Shakespeare? He must be *illiterate*. 彼はシェークスピアを聞いたこともないって. きっと文学を知らないんだ/musically *illiterate* 音楽の基礎的知識が乏しい.
類義語 ignorant.
【派生語】**illíteracy** 名 U **文盲, 無学.**

il·log·i·cal /iládʒikəl|-ɔ́-/ 形〔やや形式ばった語〕一般義 人や考え方が**筋道の通らない, 非論理的な.** その他 **物わかりが悪い, 道理をわきまえない.**
語源 il- + logical. 初期近代英語から.
【派生語】**illógically** 副.

il·lu·mi·nate /ilúːmineit/ 動 本来он 〔やや形式ばった語〕一般義 部屋などを照明で明るく**照らす.** その他 照らすの意より, 町や街路に**イルミネーション[電飾]を施す, あるいは写本などを彩色や金文字で飾る. 明るくする**ことから, 比喩的に無知な人々を**啓蒙する, 啓発する, 光を投げかける**ということで, **明らかにする, 解明する,** 光彩を添えるということで, **名声[栄光]を与える**などの意.
語源 ラテン語 illuminare (=to light up; in- in + luminare to light) の過去分詞 illuminatus が中英語に入った.
用例 The gardens were *illuminated* by hundreds of small lamps. 庭は何百もの小さなランプで明るく照らされた/If you don't understand this, I'll try to *illuminate* it for you. これがわからないのなら, 私が君のためにそれを解明してみよう.
【派生語】**illúminating** 形. **illuminátion** 名 UC **照明,** (複数形で)**電気装飾, イルミネーション, 彩色の装飾, 解明. illúminative** 形 **啓発する. illúminator** 名 C **光を与える人, 発光体.**

il·lu·sion /ilúːʒən/ 名 UC 〔一般義〕**幻覚, 幻影, 幻想, 錯覚.**
語源 ラテン語 illudere (=to mock) の過去分詞 illusus から派生した illusio (=mocking) が中英語に入った. 元来の意味は「人を欺くような外観 (deceptive appearance)」から生じた.
用例 Life is but an *illusion*. 人生は幻にすぎない/She is under the *illusion* that he is honest although he is cheating her. 彼女はだまされているにもかかわらず彼が正直者であるという幻想を抱いている/I have no *illusion* about her. 私は彼女のことをなんら思い違いしていません.
【派生語】**illúsionary** 形 **幻覚[錯覚]の, 思い違いの. illúsionism** 名 U **だまし絵技法. illúsionist** 名 C **手品師, だまし絵画家, 幻影家. illúsive** 形 =illusory. **illúsory** 形〔形式ばった語〕**幻覚[錯覚]による, 欺く, 架空の.**

il·lus·trate /íləstreit, ilʌ́s-/ 動 本来он 〔一般義〕一般義 本などに**挿絵[イラスト]を入れる, 図解する.** その他 **実例を用いたり, 図や表を用いたりして説明する.**
語源 ラテン語 illustrare (to shed light on; in- in + lustrare to light up) の過去分詞 illustratus から初期近代英語に入った.
用例 If you *illustrate* the book it will be more expensive. イラストを入れるとその本は値段がもっと高くつきます/I'll *illustrate* my point by referring to the behaviour of rabbits. 私の要点をうさぎの行動

を例にして説明しよう/This diagram will *illustrate* what I mean. この図で私の言いたいことの説明がつく. [派生語] **illustrated**, **illústrated** 形 挿絵[イラスト]入りの, 図解付きの. **illustrátion** 名 CU 挿絵, 図解, 解説, 用例, 図解などによる説明. **íllustrative** 形 説明的な, 実例となる. **íllustrator**, **illústrator** 名 C イラストレーター, 挿絵画家, 説明者. **illústrious** 形 〔形式ばった語〕著名な, 行動や功績などが輝かしい, はなばなしい. **illústriously** 副. **illústriousness** 名 U.

ILO《略》= International Labor Organization (国際労働機構).

im- /im/ 接頭《b, m, p の前で》in- の異形. 例: immoral; impossible.

im·age /ímidʒ/ 名 C 動 本来義 〔一般語〕 一般義 心に描く心理的な**像, 面影, 概念, イメージ**. その他 人や物をそっくりまねたものの意で, 彫刻, 絵画, 写真などの**像, 肖像, 偶像**, 鏡やレンズの光学的な**映像**,《単数形で》そっくりなもの, **生き写し**. また人や物の**印象, 心証**, あるものの**典型, 象徴**,【心】**心象**,【修】**比喩**あるいは**形象**,【数】**写像**.

[語源] ラテン語で *imago* (= imitation; copy) が古フランス語 *imagene*, *image* を経て中英語に入った.

[用例] I have an *image* of the place in my mind. 私の心にはその場所の面影が残っている/I saw an *image* of the Virgin Mary there. 私はそこで聖母マリアの像を見た/She looked at her *image* in the mirror. 彼女は鏡で自分の姿を見た/She's the very *image* of her sister. 彼女は彼女の姉[妹]にそっくりです/We must not do anything that would harm our *image*. 我々は自分たちの評判を落とすようなことはどんなことでもすべきでない.

[派生語] **ímagery** 名 UC 心に像を描くこと, 形象, 修辞的[比喩的]表現.

imaginable ⇒imagine.
imaginary ⇒imagine.
imagination ⇒imagine.
imaginative ⇒imagine.

i·mag·ine /imǽdʒin/ 動 本来義 〔一般語〕 一般義 実際にないことや体験していないことを心に描く, **想像する**. その他 **推測する**,《くだけた語》**思う, 考える**などの意.

[語源] ラテン語 *imago* (= image) から派生した *imaginari* (= to fancy) が古フランス語 *imaginer* を経て中英語に入った.

[用例] I can *imagine* how you felt. あなたがどんな気持だったか私には想像できます/Children often *imagine* that there are wolves under their beds. 子供はしばしばベッドの下に狼がいると思い込んでいる/I *imagine* (that) he will be late. 彼は遅くなると思います.

[派生語] **imáginable** 形 想像できる, 想像できる限りの. **imáginary** 形 実際には存在しない想像上の. **imàginátion** 名 UC 想像力, 想像. **imáginative** 形 想像的な, 想像力に富む.

im·bal·ance /imbǽləns/ 名 UC 〔形式ばった語〕人口, 人種, 経済, 政治などの諸部分における**不均衡, 不釣り合い, 不平等, アンバランス**,【医】眼筋肉や内分泌腺の働きの**平衡失調, 不安定状態**.

[語源] *in-* not + balance として 19 世紀から.

[用例] the trade *imbalance* between Japan and the United States 日米間の貿易不均衡/a racial [vitamin] *imbalance* 人種[ビタミン]の不均衡状態.

[日英比較] 日本語の「アンバランス」は英語の imbalace に相当する. unbalance は本来「バランスを失わせる」という意味の動詞であり, 名詞にもなるが, 特に「精神的不安定」をいう.

[派生語] **imbálanced** 形 不均衡な, アンバランスな.

im·be·cile /ímbisəl | -si(ː)l/ 動 名 C 〔一般語〕 一般義 **大ばか者**. 本来この語は idiot と moron の間程度の**知恵遅れ**の意味だが, 今はあまり用いない.

[語源] ラテン語 *imbecillus* (= physically or mentally feeble) がフランス語を経て 19 世紀に入った.

[類義語] stupid; fool.

[派生語] **imbecílity** 名 UC **愚鈍**, 愚かな行い[言葉].

im·bed /imbéd/ 動 本来義 = embed.

im·bibe /imbáib/ 動 本来義 〔形式ばった語〕 一般義 戯言に酒などを**飲む**. その他 空気などを**吸い込む**, 湿気などを**吸い取る**, 比喩的に考えや知識などを**吸収する**意にもなる.

[語源] ラテン語 *imbibere* (*in-* in + *bibere* to drink) が中英語に入った.

im·bro·glio /imbróuljou/ 名 C 〔やや形式ばった語〕 一般義 政治や個人間の**混乱状態**や**紛糾**. その他 演劇や小説などのこみ入った筋, 人を困らせるようなひどい**誤解**.

[語源] イタリア語 *imbrogliare* (= to confuse) が 18 世紀に入った.

im·bue /imbjúː/ 動 本来義 〔形式ばった語〕《通例受身で》思想や主義などを人にしみ**込ませる, 吹き込む**, 染料や水分を...に**吸い込ませる** (with).

[語源] ラテン語 *imbuere* (= to soak) が初期近代英語に入った.

[用例] He had been *imbued* with feelings of patriotism. 彼には愛国心がしみ込んでいた.

IMF《略》= International Monetary Fund (国際通貨基金).

im·i·tate /ímiteit/ 動 本来義 〔一般語〕 一般義 手本や見本になるものの行為, しぐさ, 言葉などを同じようにまねる, **まねる**. その他 対象となるものの型や色などをまねて作る, **模造する, 模写する, 似せる**.

[語源]「まねる」の意のラテン語 *imitari* の過去分詞 *imitatus* から初期近代英語に入った. ラテン語 *imago* (= image) と関係がある.

[用例] Children *imitate* their friends rather than their parents. 子供は親よりも友達のまねをするものだ/He could *imitate* the song of most common birds. 彼は普通の鳥ならたいていその鳴き声をまねできた/This house is designed to *imitate* the White House. この家はホワイトハウスをまねて作られている.

[類義語] imitate; copy; mimic; mock: **imitate** は「まねる」の意で最も一般的な語で, 必ずしもそっくりそのままの意は含意されない. **copy** は可能な限り正確にまねることを意味する. **mimic** は動作や話し方などをそっくりまねて, 人をからかったりばかにしたりする場合などに用いられ, **mock** は動作をまねて相手をあざけるときに使われる.

[派生語] **imitátion** 名 UC まね, 模倣, 偽物, 模造品: Young children learn how to speak by *imitation*. おさない子供は模倣により話し方を習得する/This isn't really a sixteenth-century chair—it's an *imitation*. これはほんとうは 16 世紀のいすではありません. 偽物です. **ímitative** 形 まねをする, 模倣の,

模造の. **ímitatively** 副. **ímitativeness** 名 U.
ímitator 名 C.

im·mac·u·late /imǽkjulit/ 形 〔形式ばった語〕
一般義 一点の汚れもない, 清浄無垢の. その他 汚れがないことから, 欠点のない, きずのない, 道徳的, 宗教的な罪がなく純潔な, 《生》動物が斑点やまだらがなく単色である.
語源 ラテン語 immaculatus (in- not + maculatus spotted) が中英語に入った.

immanence ⇒immanent.

im·ma·nent /ímənənt/ 形 〔形式ばった語〕 一般義
性質が内在する, 内在的な. その他 《神》汎神論的概念から, 神が宇宙遍在の, 全宇宙にわたって存在する.
語源 ラテン語 immanere (= to remain in or near) の現在分詞 immanens が初期近代英語に入った.
類義語 inherent.
関連語 transcendent.
【派生語】**ímmanence** 名 U 内在性. **ímmanently** 副.

im·ma·te·ri·al /ìmətíəriəl/ 形 〔形式ばった語〕
一般義 〔述語用法〕重要でない, 取るに足らない. その他 物質的でない, 実体のないなどの意味から, 霊的なという意味にもなる.
語源 in- not + material. 中英語から.
用例 It is immaterial to us what you do. あなたが行うことは, 我々には重要ではありません.

im·ma·ture /ìmətjúər/ 形 一般義 言動や精神面などが未熟で子供っぽい. その他 果実などが熟していない, 潜在的な能力がありながらも未発達な, 《地》山や谷などの浸食作用が始まったばかりで幼年期の.
語源 ラテン語 immaturus (in- not + maturus mature) が初期近代英語に入った.
用例 She is very immature for her age. 彼女は年齢の割には大変子供っぽい/The vine was covered in bunches of tiny, immature grapes. そのつるには小さくて熟していないぶどうの房がたくさんついていた.
【派生語】**immatúrity** 名 U.

im·meas·ur·a·ble /imézərəbl/ 形 〔一般語〕《限定用法》大きくて計[測]ることのできない, 広大な.
語源 in- not + measurable として中英語から.
用例 There has been an immeasurable improvement in his work recently. 最近の彼の仕事には大変大きな進歩がある.

immediacy ⇒immediate.

im·me·di·ate /imíːdiət/ 形 〔一般語〕 一般義 時間的に間を隔てることがないということで, 即座の, 即時の, すぐの. その他 空間的に間隔がない意で, すぐ隣の, 隣接した, 接触や関係などについて直接的な, じかの, 血統などがいちばん近いの意. さらに現時点から見て未来との間に分けるものがないの意で, 当面の, 当座の, さし当たってのという意味にも用いられる.
語源 ラテン語 immediatus (in- not + mediatus intervening) が古フランス語を経て中英語に入った.
用例 There was an immediate response to his request. 彼の要求に対して即座に反応があった/She was not aware of anything beyond her immediate surroundings. 彼女は隣近所のこと以外はいっさい気にかけなかった/His immediate successor was Bill Jones. 彼の直接の後継者はビル・ジョーンズであった.
【派生語】**immédiacy** 名 U 即時性, 直接性. **im·médiately** 副 すぐに, 直ちに, 直接に. 接《英》...するとすぐ (as soon as): Immediately she heard his voice, she trembled with fear. 彼女は彼の声が聞こえるとすぐに恐怖でふるえ出した. **immédiateness** 名 U.

im·me·mo·ri·al /ìmimɔ́ːriəl/ 形 〔一般語〕記憶や記録にないほど大昔の, 太古の.
語源 in- not + memorial として初期近代英語から.
【慣用句】*from* [*since*] *time immemorial* 大昔から.

im·mense /iméns/ 形 〔一般語〕 一般義 面積, 金額, 程度などが広大な, 莫(ば)大な. その他 〔くだけた語〕すばらしい.
語源 ラテン語 immensus (in- not + metiri to measure) の過去分詞が古フランス語を経て中英語に入った.
用例 an immense expanse of desert 広大な砂漠の広がり/immense amounts of money 莫大な金/The profits on that transaction were immense. その取り引きで得られた利益は計りしれないものであった.
類義語 ⇒huge.
【派生語】**imménsely** 副. **imménsity** 名 U 広大, 莫大, 《複数形で》広大な広がり, 莫大なもの.

im·merse /imə́ːrs/ 動 本来義 〔形式ばった語〕 一般義 液体の中へ全体がかくれるほどまでに浸す, 沈める (in). その他 《~ oneself または受身で》仕事や研究などに没頭させる.
語源 ラテン語 immergere (in- in + mergere to merge) の過去分詞 immersus から初期近代英語に入った.
用例 She immersed the vegetables in boiling water. 彼女は熱湯の中へ野菜を浸した/He was completely immersed in his work. 彼はすっかり仕事に没頭していた.
類義語 absorb.
【派生語】**immérsion** 名 U 熱中, 没頭, 《キ教》全身洗礼, 《言》学習している言語のみによる完全直接教授法, 没入法.

immigrant ⇒immigrate.

im·mi·grate /ímigreit/ 動 本来自 〔一般義〕特に定住を目的として, 他の国から移住してくる.
語源 ラテン語 immigrare (= to go or remove into; in- into + migrare to migrate) の過去分詞 immigratus が初期近代英語に入った.
用例 His family immigrated into this country ten years ago. 彼の家族は10年前にこの国に移住してきた.
類義語 immigrate; emigrate; migrate: **immigrate** と **emigrate** は「移住する」を意味する語であるが, 後者が先住地を去って新しい土地に「行く」ということが強調されるのに対して, 前者は元の土地から「やって来る」ことにポイントがおかれる. **immigrate** と **emigrate** が人だけに用いられるのに対して, **migrate** は人以外にも鳥や魚などにも使われるのである.
【派生語】**ímmigrant** 名 C 移住者. 形 移民[移住]に関する: The eastern part of the city is inhabited by immigrants. その町の東部には移民が住んでいる/the immigrant population 移住民. **immigrátion** 名 U 移住, 移民, 港や空港などでの入国審査: the immigration office 入国管理事務所.

imminence ⇒imminent.

im·mi·nent /ímənənt/ 形 〔一般語〕《悪い意味で》

危険, 不幸などが頭の上にのしかかってくるような切迫した, 今にも起こりそうな状態を表す.

語源 ラテン語 *imminere* (to overhang; *in-* upon, towards+*minere* to project) の現在分詞 *imminens* が初期近代英語に入った.「崖などが頭上に突き出ている」が原義.

用例 According to the radio, a storm is *imminent* in the North Sea. ラジオによれば北海に暴風雨が急接近中.

【派生語】**ímminence** 名 U 切迫, 急迫.

im·mo·bile /imóubil | -bail/ 形 〔形式ばった語〕ものが固定されていて動かせない, 動かしにくい, 動きがなく静止している.

語源 ラテン語 *immobilis* (*in-* not+*mobilis* mobile) が中英語に入った.

【派生語】**immobílity** 名 U. **immòbilizátion** 名 U. **immóbilize** 動 本来他 人や物を動かないようにする, 関節などを固定する.《経》貨幣や資本の流通を止める.

im·mod·er·ate /imádərit | -5-/ 形 〔形式ばった語〕理性的な範囲を越えて節度がない, 行き過ぎていて過度な.

語源 ラテン語 *immoderatus* (*in-* not+*moderatus* moderate) が中英語に入った.

類義語 excessive.

【派生語】**immóderately** 副.

im·mod·est /imádist | -5-/ 形 〔形式ばった語〕みだらな, 慎みがない, うぬぼれた, 厚かましく出しゃばっている《語法》普通は女性に関して悪い意味で使われる》.

語源 ラテン語 *immodestus* (*in-* not+*modestus* modest) から初期近代英語に入った.

【派生語】**immódestly** 副. **immódesty** 名 U 不作法, 不謹慎, 厚かましさ.

im·mo·late /íməleit/ 動 本来他 〔形式ばった語〕いけにえとして供する[殺す].

語源 ラテン語 *immolare* (=to sprinkle a victim with sacrificial meal) の過去分詞 *immolatus* から初期近代英語に入った. 古代ローマでは, いけにえとなる動物に粉と塩を混ぜたものをふりかけたことによる.

類義語 sacrifice.

【派生語】**immolátion** 名 U.

im·mor·al /imɔ́(ː)rəl/ 形 〔一般義〕一般義 社会一般で通用している道徳に一致していない, 不道徳な. その他 特に男女の性的モラルに反している, ふしだらな, 不品行な.

語源 *in-* not+*moral* として初期近代英語から.

用例 He considered cheating to be *immoral*. 彼はだますことは悪いことだと考えていた/*immoral* conduct 不道徳な行為/Everyone thought she was an *immoral* woman. 誰もが彼女はふしだらな女だと思っていた.

【派生語】**immorálity** 名 U 不道徳, 不品行, ふしだら. **ìmmórally** 副.

im·mor·tal /imɔ́ːrtl/ 形 〔一般義〕永遠に死なない, 不死の, 不滅の, 不朽の, 永久的な. 名 として不死の人, 〈the I-s〉ギリシャ・ローマの神々.

語源 ラテン語 *immotalis* (*in-* not+*motalis* mortal) が中英語に入った.

用例 A person's soul is said to be *immortal*. 人間の魂は永久不死であると言われている/the *immortal* poems of Milton ミルトンの不朽の詩.

【派生語】**immortálity** 名 U 不死, 不滅, 不朽.
immórtalize 動 本来他 不滅にする: He wrote a song *immortalizing* the battle. 彼はその戦いを不滅のものにする歌を書いた.

im·mov·a·ble /imúːvəbl/ 形 名 C 〔一般義〕
一般義 物がしっかりと固定した状態で, 動かされない. その他 比喩的に意志や態度が堅固な, 不動である, 周りからの影響を受けず冷静である, また日付などが変更不可能な. 名 として動かない[動かせない]もの.

語源 *im-* not+*movable* として中英語から.

【派生語】**immóvably** 副.

im·mune /imjúːn/ 形 〔医〕《述語用法》ある病気に対して免疫性がある《to》. また〔一般義〕《述語用法》義務, 法的制約, 納税などの負担と思われることで不快なことから免れている, 免除されている《from》, 批判や批評などに対して動じない, 影響されない《to》.

語源 ラテン語 *immunis* (=free from public service or obligations; *in-* not+*munis* ready for service) が中英語に入った.

用例 *immune* to measles はしかに対して免疫性がある/*immune* from taxes 免税されている/She is quite *immune* to criticism. 彼女は批判にまったく動じない.

【派生語】**immúnity** 名 U 免疫(性), 税や負債などの免除. **immunizátion** 名 CU 免疫法, 免疫処置. **ímmunìze** 動 本来他 ある病気に対して注射によって免疫性をつける《against》.

【複合語】**immúne bódy** 名 C 免疫(抗)体(antibody). **immúne respònse** 名 UC 免疫反応.

im·mure /imjúər/ 動 本来他 〔文語〕一般義 人を監禁する, 投獄する. その他 本来は壁で囲み, 囲いの中へ入れる意で, そこから監禁する意になった.《~ oneself で》引きこもる, また物などを壁に塗り込む意にも.

語源 ラテン語 *immurare* (*im-* into+*murus* wall) が初期近代英語に入った.

im·mu·ta·ble /imjúːtəbl/ 形 〔形式ばった語〕絶対に変えられない, 不変の.

語源 *im-* not+*mutable* として中英語に入った.

用例 *immutable* laws 不変の法則.

【派生語】**immùtabílity** 名 U 不変性, 不易性.

imp /imp/ 名 C 《ややくだけた語》一般義 小悪魔, 子鬼. その他 比喩的にいたずらっ子.

語源 古英語 *impian* (=to graft) から出た「接ぎ木された若枝」の意の *impia* から.「若芽, 若枝」→「貴族の子」→「悪魔の子供」→「小悪魔, いたずらっ子」のように意味が変化した.

【派生語】**ímpish** 形 《やや形式ばった語》子供がわんぱくな, ちゃめな. **ímpishly** 副. **ímpishness** 名 U.

im·pact /ímpækt/ 名 CU 動 本来他 〔一般義〕
一般義 事件や思想などの強い影響, 衝撃, 激しいぶつかり合い, 衝突の意. 動 として〔形式ばった語〕ものを詰め込む, 何かと衝突する, 《米》…に影響を与える.

語源 ラテン語 *impingere* (⇒impinge) の過去分詞 *impactus* から中英語に入った.

用例 The news did not make much *impact* on me. そのニュースは私にはたいした影響を与えなかった/He was thrown out by the *impact* of the car crashing into a wall. 車が壁に衝突した時の衝撃で彼は車外へ投げ出された.

【派生語】**impácted** 形 割り込んだ, 詰め込んだ, ぎゅっ

im·pair /impéər/ 動 本来他 〔形式ばった語〕物の価値や美点, 健康などを減ずる, 損なう, 悪くする.
[語源] ラテン語 *impejorare* (*in*- 強意+*pejorare* to make worse) が中フランス語 *empeirer* を経て中英語に入った.
[類義語] injure.
【派生語】**impáirment** 名 Ⓤ 損傷, 悪化.

im·pale /impéil/ 動 本来他 〔形式ばった語〕〔一般義〕槍やピンのようなとがったもので**突き刺す**. 〔その他〕拷問のためにとがったくしの上に乗せる意から, 柱などに縛りつけて**拷問する**意にもなる. また比喩的に視線などが人を**射すくめる**.
[語源] ラテン語 *impalare* (*in*- in+*palus* a stake) がフランス語を経て初期近代英語に入った.
[用例] He was *impaled* by her glance. 彼は彼女ににらみ目見られて動けなくなった.

im·pal·pa·ble /impǽlpəbl/ 形 〔形式ばった語〕〔一般義〕触っても感じられない, 触知できない. 〔その他〕比喩的に非常に微妙でつかみにくい, 理解しにくい.
[語源] *in*- not+*palpable* として初期近代英語から.

im·pan·el /impǽnəl/ 動 本来他 〔法〕陪審員などの名簿に載せる, 名簿から選ぶ.

im·part /impɑ́ːrt/ 動 本来他 〔形式ばった語〕ある特性, 知識, 情報などを人に与える.
[語源] ラテン語 *impartire* (to communicate; *in*- into+*partire* to divide) が中英語に入った.
[用例] She said she had vital information to *impart*. 伝えるべききわめて重大な情報があると彼女は言った/These curtains will *impart* an air of luxury to your bedroom. このカーテンはあなたの寝室に豪華な雰囲気を与えるでしょう.

im·par·tial /impɑ́ːrʃəl/ 形 〔やや形式ばった語〕一方に偏らない, 偏見がない, えこひいきせずすべてを**平等に扱う**などの意.
[語源] *in*- not+*partial*. 初期近代英語から.
[類義語] fair.
【派生語】**impàrtiálity** 名 Ⓤ 公平, 公正. **impártially** 副.

im·pass·a·ble /impǽsəbl|-áː-/ 形 〔一般義〕道路や地形が**通り抜けられない**, 通行できない, 横断できない. ⇒pass.

im·passe /ímpæs, ´-´/ 名 Ⓒ 〔形式ばった語〕〔一般義〕《通例単数形で》解決策や一致点の得られない**行き詰まり**. 〔その他〕本来は通り抜けできない袋小道の意.
[語源] フランス語 *impasse* (*in*- not+*passer* to pass) が 19 世紀に入った.

im·pas·sioned /impǽʃənd/ 形 〔形式ばった語〕《通例限定用法》演説や要望などが雄弁かつ**熱情が**こもった.
[語源] イタリア語 *impassionnare* (*im*- 強意+*passione* passion) から初期近代英語に入った.
[用例] an *impassioned* plea [appeal] 熱情あふれる嘆願訴え.
[類義語] passionate.

im·pas·sive /impǽsiv/ 形 〔形式ばった語〕行動や表情に感情が表れない, 無感動の, 平然としている.
【派生語】**impássivity** 名 Ⓤ.

impatience ⇒impatient.

im·pa·tient /impéiʃənt/ 形 〔一般義〕〔一般義〕忍耐の限度をこえるの意で, **我慢できない**, 耐えられない, 気短かでせっかちな. 〔その他〕我慢できないの意から, ...**したくてたまらない**, 切望する, 待ち遠しがるなどの意.
[語源] ラテン語 *impatient* (=not bearing; *in*- not+*pati* to suffer) が古フランス語を経て中英語に入った.
[用例] Don't be so *impatient*—it will soon be your turn. そんなにいらつかないで. すぐにあなたの順番になりますす/He is *impatient* of all opposition. 彼はあらゆる妨害に耐えられないでいる/I am so *impatient* to see you again. 私はもう一度あなたにお会いできることを首を長くして待っています.
【派生語】**impátience** 名 Ⓤ. **impátiently** 副.

im·peach /impíːtʃ/ 動 本来他 〔形式ばった語〕〔一般義〕...(の罪)で公職者を**告発する**, 弾劾する《for; of》. 〔その他〕〔法〕証人や証拠などに**異議を申し立てる**. また人格や公明さを疑う, **問題にする**.
[語源] ラテン語 *impedicare* (=to put in fetters; *in*- in+*pedica* fetter) が古フランス語 *empe(s)cher* を経て中英語に入った. 「足かせをかける」→「捕える」→「妨害する」→「告発する」のように意味が変化した.
[用例] Several politicians were *impeached* for accepting bribes. 数名の政治家が収賄の疑いで告発された.
【派生語】**impéachment** 名 ⓊⒸ.

im·pec·ca·ble /impékəbl/ 形 〔形式ばった語〕人柄, 品物, 言葉などが**欠点のない**, 完全無欠な.
[語源] ラテン語 *impeccabilis* (=not liable to sin; *in*- not+*peccare* to sin) が初期近代英語に入った.
【派生語】**impéccably** 副.

im·pe·cu·ni·ous /impikjúːniəs/ 形 〔形式ばった語〕《悪い意味で》自分の性の悪い癖などでいつも**お金がほとんどない**, 無一文の, 貧しい.
[語源] ラテン語 *pecunia* (=money) から派生した *pecuniosus* (=wealthy) を借用した英語 pecunious に接頭辞 *im*- (=not) がついたもの. 初期近代英語から.
【派生語】**ìmpecúniously** 副.

im·pede /impíːd/ 動 本来他 〔形式ばった語〕物事や状況が出発や活動の進行を**遅らせる**, 妨げる.
[語源] ラテン語 *impedire* (=to hold the feet; *im*- not+*ped* foot) が初期近代英語に入った. 「足を束縛する」が原義.
[類義語] delay; hinder.
【派生語】**impédiment** 名 Ⓒ 障害(物), 言語障害. **impèdiménta** 名《複》旅行の邪魔になるような**手荷物類**, 武器, 弾薬, 食糧などの軍備品, 輜重(しちょう).

im·pel /impél/ 動 本来他 〔形式ばった語〕〔一般義〕何かが人にどうしても何かをせざる得ないように**駆り立てる**, 無理に...させる. 〔その他〕語源的意味から, 推し進める, 前に動かす.
[語源] ラテン語 *impellere* (*in*- in+*pellere* to drive) が中英語に入った.
[用例] Hunger *impelled* the boy to steal. 飢えにかられて, その少年は盗んだ.
[類義語] force; move.
[慣用句] **be [feel] impelled to do** どうしても...しなければならない気持ちになる.

im·pend /impénd/ 動 本来自 〔一般義〕事件, 危機などが今にも**起ころうとしている**, 差し迫っている.
[語源] ラテン語 *impendere* (*in*- against+*pendere* to

hang）が初期近代英語に入った.「上にのしかかっている」が原義.

【派生語】**impénding** 形 何か恐ろしいこと不吉なことが差し迫っている, 切迫した: an *impending* danger さし迫った危険.

im·pen·e·tra·bly /impénitrəbli/ 副〔形式ばった語〕一般義 突き抜けられない, 通り抜けられない. その他 比喩的に何かを見抜けない, 見通せない. したがって理解できない, 不可解なという意味になる.

impenitence ⇒impenitent.

im·pen·i·tent /impénitənt/ 形 名 C〔形式ばった語〕悪い行いをしたことに対して悔い改めない, 頑固な. 名として改悛しない人.
語源 *im-* not + *penitent* として中英語に入った.
【派生語】**impénitence** 名 U.

im·per·a·tive /impérətiv/ 形 名 C〔形式ばった語〕一般義〔通例述語用法〕どうしてもしなくてはならない, 緊急を要する. その他 本来は命令的なの意味で, 命令を出す人は権力を誇示することから, 権力的な, うむをいわせないような, さらにどうしてもしなくてはならないの意になった. 名として命令, 急務, 《文法》命令法[形].
語源 ラテン語 *imperare* (= to command; *in*- towards + *parare* to prepare) から派生した後期ラテン語 *imperativus* が中英語に入った.
用例 It is *imperative* that this is finished by Friday. これを金曜日までに終わらせることは絶対に必要です/an *imperative* gesture [tone of voice] うむをいわせないような態度[声の調子].
【派生語】**impératively** 副. **impérativeness** 名 U.
【複合語】**impérative móod** 名 (the ~)《文法》命令法. **impérative séntence** 名 C《文法》命令文.

im·per·cep·ti·ble /impərséptəbl/ 形〔形式ばった語〕物の違いが非常にかすかで微細であるために目に見えない, 聞こえない, 気づかれない.
語源 ラテン語 *imperceptibilis* (*in*- not + *perceptibilis* perceptible) が中英語に入った.
用例 The scratch on the painting was almost *imperceptible*. 油絵のきずはほとんど気づかれないものだった.
【派生語】**ìmpercéptibly** 副.

im·per·fect /impə́rfikt/ 形 名 UC〔一般語〕完全な状態ではない, 不完全な, 不十分な. また《文法》未完了(の)(★英語には進行形に相当する).
語源 ラテン語 *imperfectus* (*in*- not + *perfectus* perfect) が初期近代英語に入った.
用例 This coat is being sold at half-price because it is *imperfect*. このコートは欠陥商品なので半額で売られている/the *imperfect* tense 未完了時制.
【派生語】**impérfection** 名 U. **impérfectly** 副.

im·per·fo·rate /impə́rfərit/ 形〔形式ばった語〕一般義 穴があいていない. その他 切手などがミシン目のない, 無目打ちの, 《解》異常閉鎖の.

im·pe·ri·al /impíəriəl/ 形 名 C〔一般語〕一般義 帝国の. その他 元来, 自国を統制する皇帝の, 皇室の を意味し, 比喩的に帝国にふさわしいので, 威厳のある, 堂々とした, 特大の, 高級なな どの意味になる. 名として, フランスのナポレオン三世 (Louis Napoleon) がはやしていた下唇の下のひげにならい, 皇帝ひげを指す.
語源 ラテン語 *imperium* (= command; empire) から派生した後期ラテン語 *imperialis* が古フランス語を経て中英語に入った. empire と同語源.
用例 an *imperial* crown 王冠.
【派生語】**impérialism** 名 帝国主義. **impérialist** 名 C 帝国主義者. 形 帝国主義の. **impèrialístic** 形 帝国主義的な. **impérially** 副.
【複合語】**impérial gállon** 名 C 英ガロン(=4.546 リットル). **Impérial Híghness** 名《所有格を伴って》殿下《語法》His [Her] Imperial Highness の形で日本の皇太子[皇太子妃]に対する敬称として用いられる). **Impérial Májesty** 《所有格を伴って》陛下《語法》His [Her] Imperial Majesty の形で日本の天皇[皇后]に対する敬称として用いられる).

im·per·il /impéril/ 動 本来他〔過去・過分 《英》-ll-〕〔文語〕人や生命, 財産などを危険にさらす, 危うくする.
語源 *in*- toward; into + *peril* として中英語より.
類義語 endanger.

im·pe·ri·ous /impíəriəs/ 形〔形式ばった語〕《軽蔑的》横柄な, 尊大な, 傲慢な.
語源 ラテン語 *imperium* (= dominion; empire) の派生形 *imperiosus* が初期近代英語に入った.
【派生語】**impériously** 副.

im·per·ish·a·ble /impériʃəbl/ 形〔形式ばった語〕品物などが腐敗しない, 不朽の, 不滅の, あるいは評判などが人の記憶から忘れられることのない.
【派生語】**impèrishabílity** 名 U. **impérishableness** 名 U.

impermanence ⇒impermanent.

im·per·ma·nent /impə́rmənənt/ 形〔形式ばった語〕永続的ではなく, 一時的な, 変わりやすい.
語源 *in*- not + *permanent* として初期近代英語より.
類義語 transient.
【派生語】**impérmanence** 名 U. **impérmanently** 副.

im·per·me·a·ble /impə́rmiəbl/ 形〔形式ばった語〕水などの液体を通さない (by), 《理》不浸透性の.
語源 ラテン語 *impermeabilis* (*in*- not + *permeabilis* passing through) が初期近代英語に入った.
用例 Clay is *impermeable* by water. 粘土は水を通さない.

im·per·son·al /impə́rsnəl/ 形〔一般語〕一般義 言葉遣いなどに個人の感情が表れていない, 事務的な, 冷淡な. その他 個人とは関係のない, 客観的な, あるいは人間的特徴をそなえていない, 《通例限定用法》《文法》非人称の.
語源 後期ラテン語 *impersonalis* (*in*- not + *personalis* of a person) が中英語に入った.
用例 Her letters are always formal and *impersonal*. 彼女の手紙はいつも堅苦しくて, 事務的だ.
【派生語】**impèrsonálity** 名 U. **impèrsonalizátion** 名. **impérsonalize** 動 本来他. **impérsonally** 副 個人的とは関係なく, 客観的に.

im·per·son·ate /impə́rsəneit/ 動 本来他〔やや形式ばった語〕人の行動, しぐさ, 癖などをまねる.
用例 The comedian *impersonated* the prime minister. 喜劇役者は総理大臣のまねをした.
【派生語】**impèrsonátion** 名 U. **impérsonator** 名 C.

impertinence ⇒impertinent.

im·per·ti·nent /impə́rtənənt/ 形〔やや形式ばった語〕一般義 目上の人などに対して無礼な (to), 生意気な, 厚かましい. その他 基準にはずれていることから, 見当

違いの, 場違いの, 不適切な.
[語源] ラテン語 *impertinens* (=not belonging) が中英語に入った.「礼儀作法などには関りがない」が原意.
[用例] She was *impertinent* to her teacher. 彼女は先生に対して無礼だった.
【派生語】 impértinence 名 U. impértinently 副.

im·per·turb·a·ble /ìmpərtə́ːrbəbl/ 形 〔形式ばった語〕容易に心が揺れ騒いだりしない, 物に動じない, 常に**落ち着いている**.
[語源] *in-* not+*perturbare* to disturb completely として中英語に入った.
[類義語] cool; calm.
【派生語】 impertùrbabílity 名 U.

im·per·vi·ous /impə́ːrviəs/ 形 〔一般義〕〔一般義〕〔通例述語用法〕物が水, 湿気, 光などを通さない《to》. [その他] 手荒い扱いなどに**損傷しない**《to》, 批判や説得に**影響されない**, 心を乱されない《to》.
[語源] ラテン語 *impervius* (*in-* not+*per* through+*via* way) が初期近代英語に入った. *pervius* は「物・光などを通す」の意.
[用例] a fabric *impervious* to rain 雨水を通さない生地/*impervious* to criticism 批判に動じない.
[類義語] impermeable.
【派生語】 impérviously 副. impérviousness 名 U.

impetuosity ⇒impetuous.

im·pet·u·ous /impétʃuəs/ 形 〔形式ばった語〕〔一般義〕行動や性格などが**衝動的な, 短気な**. [その他] 風などの勢いが激しい, 猛烈な.
[語源] ラテン語 *impetere* (=to attack) が古フランス語 *impetueux* を経て中英語に入った.
【派生語】 impetuósity 名 U. 激しい[性急な]行動. impétuously 副.

im·pe·tus /impətəs/ 名 U 〔形式ばった語〕行動の**原動力**, 盛んな活動のもとになる刺激や衝動, 《理》物体の**運動量**.
[語源] ラテン語 *impetere* (=to attack; *in-* towards+*petere* to seek) から派生した *impetus* が初期近代英語に入った.
【慣用句】 *give (an) impetus to* ......を刺激する, 促進する.

im·pi·e·ty /impáiəti/ 名 UC 〔形式ばった語〕**不信心**, 《通例複数形で》不信心な言動.

im·pinge /impíndʒ/ 動 [本来自] 〔形式ばった語〕〔一般義〕人の自由, 権利, 財産などを**侵害する, 阻害する**《on; upon》. [その他] 物を打つ, 物に衝突する, また影響を及ぼす《on; upon; against》.
[語源] ラテン語 *impingere* (*in-* in+*pangere* to strike) が初期近代英語に入った.「力まかせに突き刺す」→「勢いよく接触する」→「侵害する」のように意味が変化した.
[用例] The shade from the tree *impinged* on the adjoining garden. その木の影で隣の庭の日照が妨げられた.
【派生語】 impíngement 名 U.

im·pi·ous /impiəs/ 形 〔形式ばった語〕神や親を**敬わない, 不信心な**.
[語源] *in-* not+*pius* dutiful として初期近代英語に入った.
【派生語】 ímpipously 副.

impish ⇒imp.

im·plac·a·ble /implǽkəbl/ 形 〔形式ばった語〕なだめられない, なだめにくい, 和解しにくい.
[語源] ラテン語 *implacabilis* (*in-* not+*placbilis* appeasable) が中英語に入った.

im·plant /implǽnt|-áː/ 動 [本来他] 名 C 〔形式ばった語〕〔一般義〕思想などを人の心の中に**植え込む, 教え込む**《in; into》. [その他] 植物等を地面に**植える**, 物を差しこむ, 《医》皮膚などを**移植する, 埋めこむ**. 名 として**移植組織片, インプラント**.
[語源] *in-* into+*plantare* to plant から中英語に入った.

im·ple·ment /impləmənt/ 名 C, /-ment/ 動 [本来他] 〔形式ばった語〕〔一般義〕園芸用品や文房具など**簡単な用具**. [その他] 比喩的に目的を達成するための**手段, 方法**. 動 として, 実行のために手段[道具]を与える, 約束どおり**実行する, 履行する**.
[語源] ラテン語 *implere* (=to fill up) の 名 *implementum* (=action of filling up) が中英語に入った.
[類義語] ⇒tool.
【派生語】 ìmplementátion 名 U **実行, 履行**.

im·pli·cate /implikèit/ 動 [本来他] 〔形式ばった語〕〔一般義〕人を犯罪などに**関係させる, 掛かり合いにする**. [その他] 意味を含む, **含蓄する**.
[語源] ラテン語 *implicare* (=to enfold; to involve) の過去分詞 *implicatus* から中英語に入った.
[用例] The criminals' statements *implicated* a local policeman in the crime. 犯人の供述は, 地元の警察官が犯罪に係わっていることをほのめかした.
【慣用句】 *be implicated in* ......と掛かり合いになる.
【派生語】 ìmplicátion 名 UC 掛かり合い, 含み, 含意.

im·plic·it /implisit/ 形 〔一般義〕〔一般義〕**明言はされていないが暗に意味している, また暗黙のうちに了解されている**. [その他] 疑念をさしはさむ余地のない, **絶対的な, 盲目的な**, 《数》陰関数表示の.
[語源] ラテン語 *implicatus* (⇒implicate) の異形 *implicitus* (=involved; entangled) が初期近代英語に入った.
[用例] Her disapproval was *implicit* in what she was saying. 彼女が承知していないことは, 彼女の言葉の中にそれとなく表れていた/give an *implicit* consent 暗黙のうちに同意する.
[反意語] explicit.

im·plore /implɔ́ːr/ 動 [本来他] 〔やや形式ばった語〕人に...を**懇願する, 哀願する**《for; to do; that 節》, あるいは助けなどを切に求める.
[語源] ラテン語 *implorare* (*in-* in+*plorare* to weep) が初期近代英語に入った.
[用例] She *implored* her husband to give up his life of crime. 彼女は夫に犯罪の一生にならないようにと哀願した.
[類義語] beg.
【派生語】 implóring 形. implóringly 副.

im·ply /implái/ 動 [本来他] 〔一般義〕〔一般義〕**暗に意味する, ほのめかす, 暗示する**. [その他] あることを含意する意から, **...を必要条件とする, 当然...ということになる**.
[語源] ラテン語 *implicare* (⇒implicate) が古フランス語 *emplier* を経て中英語に入った.「からませる, もつれさせる」→「包む」→「意味を含む」→「暗示する」のように意味が変化した. implicate, employ は同源.
[用例] Speech *implies* a speaker and a hearer. 話

しことばには当然話し手と聞き手が考えられる/Are you *implying* that I am a liar? あなたは私がうそつきだと言いたいのですね

【派生語】impliéd 形.

im·po·lite /ìmpəláit/ 形 〔一般語〕無礼な, 失礼な, 礼儀をわきまえない.

【派生語】impolítely 副. impolíteness 名.

im·pol·i·tic /impálətik|-ɔ́-/ 形 〔形式ばった語〕物事を計画, 実行するにあたって, やり方の下手な, 不手際な, 愚かな.

im·pon·der·a·ble /impándərəbl|-ɔ́-/ 形 C 〔形式ばった語〕計り知れない, 評価できないほど重要な. 名 として《通例複数形で》計り知れないほどの重要性をもったもの.

im·port 動 /impɔ́ːrt/ 本来他, /ˊ-ˊ/ 名 UC 〔一般語〕 一般語 外から中へ持ち込む, 輸入する. その他 比喩的に意見や感情を持ち込むという意で, ある事を意味する, 表す. 自 意見をさしはさんだため重要な結果を引き起こすの意で, 〔形式ばった語〕重要である. 名 として輸入,《しばしば複数形で》輸入品, 《the ～》意味, 〔形式ばった語〕重要性.

語源 「重大な結果をもたらす」を含意するラテン語 *importare*(=to bring in; *in*- in + *portare* to carry) が中英語に入った.

用例 We *import* wine from France. 我々はワインをフランスから輸入している/Don't *import* your personal feelings into this discussion. この議論にあなたの個人的な感情を持ち込みないでほしい/I don't understand what her words *import*. 私には彼女の言葉が何を意味しているのかわからない/What he did doesn't *import* much. 彼のしたことはたいして重要ではない.

対照語 export.

【派生語】impórtable 形 輸入できる. importátion 名 UC 輸入, 輸入品. impórter 名 C 輸入業者.

importance ⇒important.

im·por·tant /impɔ́ːrtənt/ 形 〔一般語〕 一般語 一般に物事などが重要な, 重大な. その他 人が社会的に重要な, すなわち有力な, 偉い, 態度などが偉そうなことで, いばった, もったいぶったなどの意味で用いられる.

語源 ラテン語 *importare*(⇒import) が中世ラテン語で「重要である」の意になり, その現在分詞 *importans* が古フランス語を経て中英語に入った.

用例 It is very *important* to her that she gets the job. 彼女にとってその仕事につくことがとても重要だ/He comes from an *important* family. 彼は名家の出身だ/I don't like her *important* manner. 私は彼女のもったいぶった態度が気に入らない.

【派生語】impórtance 名 U 重要性, 重大さ, 重要な地位にあること, impórtantly 副.

importation ⇒import.

importunate ⇒importune.

im·por·tune /ìmpɔːrtjúːn/ 動 本来他 〔形式ばった語〕子供などが繰り返ししつこくねだる.

語源 ラテン語 形 *importunus*(=in convenient; unreasonable) から初期近代英語に入った.「港を守る神 Portunus がいない」が文字どおりの意で, 近づけない, 不適当な, 迷惑なという意味になった.

類義語 beg; urge.

【派生語】impórtunate 形 しつこい, うるさい. impórtunately 副. importúnity 名 UC.

im·pose /impóuz/ 動 本来他 〔一般語〕一般語 権威によって負担, 税, 罪などを人に負わせる, 課す. その他 相手を無視して自分の考えや意見などを押しつける, 強いる, さらに不良品や偽物を人にだましてつかませる, 売りつけるの意.

語源 ラテン語 *imponere*(=to inflict; to deceive; *in*- in + *ponere* to put) が古フランス語 *imposer* を経て初期近代英語に入った.

用例 The government have *imposed* a new tax on cigarettes. 政府はたばこに新たな税を課した/I will never be *imposed* upon any more. 私は決して二度とはだまされないぞ.

【派生語】impósing 形 堂々とした, 威圧するような. imposítion 名 UC 課税, 課すこと, 課されたもの, つけこむこと, 詐欺.

im·pos·si·ble /impásəbl|-ɔ́-/ 形 〔一般語〕 一般語 物事が不可能な. 不可能なことから, 容易でない, 信じられない. まある状態に我慢できない, 提案や計画が受け入れられない, 実際に使えないなどの意にもなる.

語源 ラテン語 *impossibilis* (*in*- not + *possibilis* possible) が中英語に入った.

用例 She set me an *impossible* task. 彼女は私にできそうもない仕事を押しつけた/It's *impossible* that she should have failed in the examination. 彼女が試験に落ちたなんてありえないことだ/That child's behaviour is quite *impossible*. その子供の態度はまったく我慢ならないものだ.

【派生語】impòssibílity 名 UC. impóssibly 副.

im·post /ímpoust/ 名 C 動 本来他 〔やや形式ばった語〕特に輸入品に課せられる税金, 輸入税. 動 として, 税金を課するために輸入品などを分類する, 税金を決定する.

語源 ラテン語 *imponere*(⇒impose) の過去分詞 *impositus*(=laid on) から派生した中世ラテン語 *impositum*(=tax; duty) が古フランス語 *impost* を経て初期近代英語に入った.

im·pos·ture /impástʃər|-ɔ́-/ 名 UC 〔形式ばった語〕偽名や職業を偽ることなどによる詐欺, ぺてん, いんちき.

語源 ラテン語 *imponere*(⇒impose) から派生した後期ラテン語 *impostura* が初期近代英語に入った.

impotence ⇒impotent.

im·po·tent /ímpətənt/ 形 〔一般語〕 一般語 …する能力がない《to do》, 無力な. その他 肉体的に虚弱な, 精神的に無気力な, 男性が性的不能の.

語源 ラテン語 *impotent*-(=powerless; *in*- not + *potent*- having power) が中英語に入った.

【派生語】ímpotence, -cy 名 U.

im·pound /impáund/ 動 本来他 〔形式ばった語〕 一般語 法律違反のため証拠書類などを押収する, 差し押さえる, 没収する, 駐車違反などの車を一時的に保管する. その他 本来は家畜などを囲いに入れる意で, そこから押収する意になり, さらに灌漑(かんがい)のために, 水を貯水池やダムに貯える意を表す.

語源 *in*- in + *pound* to shut in an enclosure として中英語から.

用例 The police *impounded* the car. 警察はその車を保管した.

類義語 confine.

im·pov·er·ish /impávəriʃ|-ɔ́-/ 動 本来他 〔形式ばった語〕 一般語《通例受身で》人を貧しくする.

その他 物の内容を**低下**させる, 土地などをやせさせる.
語源 古フランス語 *empovrir* (= to make poor) が中英語に入った.

im·prac·ti·ca·ble /imrǽktikəbl/ 形 〔一般語〕計画, 方法, 提案などが**実行できない**, **実現性のない**, 実際に使えない.
【派生語】**imprácticabílity** 名 U. **imprácticably** 副.

im·prac·ti·cal /imprǽktikəl/ 形 〔一般語〕方法や計画などが**現実的でない**, 実用にならない, また実践を伴わず**空想的な**ことも表す.
【派生語】**imprácticálly** 副.

im·pre·ca·tion /imprikéiʃən/ 名 U 〔形式ばった語〕**呪い**, **呪詛**(じゅそ).
語源 ラテン語 *imprecari* (= to invoke; *in-* towards + *precari* to pray) が中英語に入った.
類義語 curse.

im·preg·na·ble /imprégnəbl/ 形 〔形式ばった語〕**難攻不落の**, 攻め落とせない.
語源 古フランス語 *imprenable* (*in-* not + *prendre* to take) が中英語に入った.
【派生語】**imprègnabílity** 名 U.

im·preg·nate /imprégneit/ 動 本来他, /-nit/ 形 〔形式ばった語〕香りや洗剤などの化学物質を他の物にしみ込ませる《*with*》. その他 本来は人や動物を**妊娠**させるという意味で, 転じて土地や土壌を**実り豊か**にする, 肥えさせる, さらに思想, 感情, 主義などを人にふき込む, 教え込む《*with*》の意にもなる. 形 として**妊娠**した, しみ込んだ.
語源 後期ラテン語 *impraegnare* (ラテン語 *in-* + *praegnas* pregnant) の過去分詞から初期近代英語に入った.
【派生語】**impregnátion** 名 U.

im·pre·sa·ri·o /imprəsá:riou/ 名 C 〔やや形式ばった語〕楽団などの興行主やマネージャー, あるいはテレビのショーなどの**企画者**や**スポンサー**.
語源 イタリア語 *impresa* (= enterprise) の派生形. 初期近代英語に入った.

im·press /imprés/ 動 本来他, /--/ 名 C 〔一般語〕一般語 人に**感銘を与える**. その他 人にある**印象を与える**, 物, 事を心に刻みこむ, 銘記させる. また**押印**する, 印をつけるの意にも用いられる.
語源 ラテン語 *imprimere* (*in-* in + *primere* to press) の過去分詞 *impressus* が古フランス語を経て中英語に入った.
用例 I was most *impressed* by his good behaviour. 彼の行儀の良さにすっかり感心した / He *impressed* me as a gentleman. 彼は私に紳士だという印象を与えた / I must impress upon you the need for silence. 私は君に沈黙が必要であることを認識してもらわなければならない / She *impressed* the shape of a thistle on the shortbread. 彼女はバタークッキーにあざみの花の形を押しつけた.
【派生語】**impréssion** 名 C 印象, 感じ, 考え, 気持ち. **impréssionable** 形 感じやすい, 影響されやすい. **impréssionably** 副. **impréssionism** 名 U 印象主義. **impréssionist** 名 印象派画家. **impréssionístic** 形 印象主義の. **impréssionístically** 副. **impréssive** 形 感銘を与える, 印象的な. **impréssively** 副 印象的に. **impréssiveness** 名 U.

im·print /imprínt/ 動 本来他, /--/ 名 C 〔形式ばった語〕一般語 紙や書類に印鑑や判などを**押す**, 圧力を加えてしるす《*on*; *with*》. その他 人の記憶や心に焼きつける, **銘記する**《*on*; *in*》. 名 として圧力を加えて押した跡や痕跡, 顔などに現われている苦労などの**跡**, また書物のタイトルページの下や裏に記された**出版事項**, 出版社名の意味になる.
語源 ラテン語 *imprimere* (⇒ impress) に由来する古フランス語 *empreinter* が中英語に入った.
用例 That day will always be *imprinted* on my memory. あの日のことは私の記憶に常に焼きついていることだろう / His face showed the *imprint* of years of pain. 彼の顔には長年の苦労の跡がにじみ出ていた.

im·pris·on /imprízn/ 動 本来他 〔一般語〕(しばしば受身で) 人を**刑務所に入れる**, **閉じ込める**, **監禁する**.
語源 古フランス語 *emprisoner* (*em-* in + *prison*) が中英語に入った.
【派生語】**imprísonment** 名 U. confine.

im·prob·a·ble /imprábəbl/ -ɔ́- 形 〔一般語〕物事がありそうもない, 起こりそうもない, **本当らしくない**.
【派生語】**impròbabílity** 名 UC. **impróbably** 副.

im·promp·tu /imprámptju:/ -ɔ́- 形 副 名 C 〔一般語〕《良い意味で》詩や曲, 演説などが**即席の[で]**, **即興の[で]**. 名 として準備なしにつくられたもの, **即席の演説[演奏]**, **即興曲[詩]** など.
語源 ラテン語 *in promptu* (= in readiness) からフランス語を経て初期近代英語に入った.
用例 He spoke *impromptu* for ten minutes. 彼は原稿の用意なしで10分間話した.
類義語 improvised.

im·prop·er /imprápər/ -ɔ́- 形 〔一般語〕一般語 《やや軽蔑的》道徳・倫理基準として目的やその場にふさわしくない, **不適当な**. その他 真実, 事実, 規則などに合っていない, **誤った**, 妥当ではない, さらに礼儀や品を欠いている, **不作法な**, **下品な**, みだらな意味にもなる.
語源 ラテン語 *improprius* (*in-* not + *proprius* proper) が中英語に入った.
用例 I find her style of dress most *improper*. 私は彼女のドレスの形がまったくふさわしくないと思います / That was an *improper* use of the word. それはその語の誤用だった.
【派生語】**impróperly** 副. **impropriety** /imprəpráiəti/ 名 UC 〔形式ばった語〕不適当, 不穏当, 不作法な言動, 言葉の誤用.

im·prove /imprú:v/ 動 本来他 〔一般語〕一般語 質や状態を高めるために**改良する**, **改善する**. その他 時間や機会, 土地などを**有効に利用する**, **活用する**, あるいは**価値を高める**.
語源 アングロノルマン語 *emprower* (= to turn to profit; *en-* + *prou* advantage) が初期近代英語に入った.「利益を上げる, 価値を高める」が原意.
用例 They recently *improved* the design of that car. 最近彼らはその車のデザインを改良した / His work has greatly *improved*. 彼の仕事は大幅に改善された.
類義語 improve; better: は共に本質的に悪い点がないものに手を加えて現状よりも良くするという意味の語であるが, **improve** が不満や欠陥のあるものを改善するという意味に対して, **better** は形式ばった語で, 今以上に満足できるものにしてゆくという含意がある.

【派生語】**improvement** 名 UC 改善, 進歩, 改良点.

improvidence ⇒improvident.

im·prov·i·dent /imprάvədənt|-ɔ́-/ 形 〔形式ばった語〕《悪い意味で》将来に対して備えない, 先見の明がない. 【派生語】**improvidence** 名 U. **improvidently** 副.

improvisation ⇒improvise.

im·pro·vise /ímprəvaiz/ 動 本来他 〔一般語〕 一般義 あらかじめ何の準備もなく, 詩, 曲, 劇などを即興で作る[演奏する, 演じる]. その他 不測の事態などに対して, ありあわせの物で器用に間に合わせる.
語源 ラテン語 *improvisus* (＝unforeseen) によるイタリア語 *improvviso* の派生形 *improvvisare* が 19 世紀に入った.
用例 The pianist forgot his music and had to *improvise*. そのピアニストは自分の楽譜を忘れてしまい, 即興で演奏しなければならなかった.
類義語 impromptu.
【派生語】**improvisátion** 名 UC 即興(演奏, 演技), 即席の作品[演説]. **improvísed** 形.

imprudence ⇒imprudent.

im·pru·dent /imprú:dənt/ 形 〔形式ばった語〕《悪い意味で》言動や態度などが軽率な, 無分別な.
語源 ラテン語 *imprudent*- (＝not foreseeing) が中英語に入った.
【派生語】**imprúdence** 名 UC 軽率(な言動).

im·pu·dent /ímpjudənt/ 形 〔一般語〕《悪い意味で》厚かましい, 恥知らずな, ずうずうしい.
語源 ラテン語 *impudens* (*in*- not＋*pudens* modest) が中英語に入った.
類義語 impertinent; insolent.
【派生語】**ímpudence** 名 UC. **ímpudently** 副 厚かましくも, 生意気に.

im·pulse /ímpʌls/ 名 CU 〔一般語〕 一般義 心の衝動, はずみ, 出来心. その他 物理的な衝動, 衝撃, 推進力, 刺激,《生理・電》インパルス,《力学》力積など.
語源 ラテン語 *impellere* (⇒impel) の過去分詞から派生した *impulsus* (＝impelling force or motion) が初期近代英語に入った.
用例 I had an *impulse* to steal the chicken. その鶏を盗みたいという衝動にかられた / I stole the chicken on *impulse*. 出来心でその鶏を盗んでしまった.
【派生語】**impúlsion** 名 UC 衝動を与えたり受けたりすること[行為], 推進力, はずみ. **impúlsive** 形 衝動的な, 推進的な. **impúlsively** 副. **impúlsiveness** 名 U.
【複合語】**ímpulse búyer** 名 C 衝動買いをする人. **ímpulse búying** 名 U 衝動買い.

im·pu·ni·ty /impjú:nəti/ 名 U 〔形式ばった語〕罰や被害を受けないこと, 免責.
語源 ラテン語 *impunis* (without punishment; *in*-not＋*poena* punishment) の派生形 *impunitas* が初期近代英語に入った.
【慣用句】**with impunity** 罰や被害を受けないで.

im·pure /impjúər/ 形 〔形式ばった語〕 一般義 混ざりものある, 不純な. その他 不道徳な, みだらな.
【派生語】**impúrity** 名 U.

imputation ⇒impute.

im·pute /impjú:t/ 動 本来他 〔形式ばった語〕《通例悪い意味で》失敗や悪いことの原因を不当に…のせいにする《to》.
語源 ラテン語 *imputare* (*in*- in＋*putare* to consider) が古フランス語を経て中英語に入った.
類義語 attribute; credit; refer.
【派生語】**imputátion** 名 UC 罪などの人への転嫁.

in /ín/ 前 副 形 名 C 〔一般語〕 一般義 ある広がりをもつ場所, 位置を示し…の中で[に]. その他 動作の方向, 内側に向かう運動を示し…の中へ, 時間, 期間を示し…の間に, …のうちに, 存在, 所属を示し…の(中)に, …に従事して, 状況, 状態を示し…(の状態)で, 着用を示して…を身に着けて, 方法, 手段を示し…を使って, …で, 限定を示し…に関して, 割合, 比率を示して…のうちで, …につき, 様態, 形状を示し…のように, …の形でなどの意になる.
副 として中に[へ],《be 動詞以外の動詞と共に用いて》家の中で.
形 として中の, 中にいる[ある], 在宅で, また入ってくる, 到着の, 政党などが政権を握っている,《スポ》攻撃側の, 〔くだけた語〕何かが流行の, 流行っている.
名 C (the ～s) 与党(⇔the outs).
語源「…の中に」の意の古英語 in より.
用例 The sun rises *in* the east. 太陽は東からのぼる/He'll be back *in* a week. 彼は 1 週間にたら戻って来るでしょう/I have found a friend *in* him. 私は彼を友にした/Sound *in* body, sound *in* mind. 健全な身体に健全な精神/She came back, walking *in* the rain. 彼女は雨の中を歩いて帰ってきた/Women *in* love are always beautiful. 恋する女性たちはいつでもきれいだ/She was dressed *in* a white coat. 彼女は白いコートを身にまとっていた/Don't speak *in* such a loud voice. そんな大声で話してはいけない/You should begin by reading a book written *in* easier English. まずやさしい英語で書かれた本から始めるべきです/My son is much interested *in* mathematics. 私の息子は数学に大変関心をもっている/Please come *in*. どうぞお入り下さい/Is your father *in*? お父様は御在宅ですか/an *in* patient 入院患者/Short skirts are *in* at the moment. 短いスカートが今流行しています.
【慣用句】**have it in for** …〔くだけた表現〕《米》…に対して恨みをもっている. **in and out** 出たり入ったり. **in for** …〔くだけた表現〕何か悪いでき事に必ず出会う: We're *in for* some bad weather. きっと悪天候は免れない. **in on** …〔くだけた表現〕内情に通じている: Both of them are *in on* the secret. 彼らの両方がその秘密に関知している. **the ins and outs** 曲折, 複雑な事情, 詳細: He alone knows all *the ins and outs* of this scheme. 彼だけがこの計画の一部始終を心得ている.

in-¹ /ín/ 接頭 名詞, 形容詞, 副詞の前につけて否定の意味を表わす.
語法 l で始まる語の前では il-, b, m, p の前では im-, r の前では ir- となる. 語源 ラテン語 *in*- (＝not) から.

in-² /ín/ 接頭 動詞の前につけて, 位置 (in, on, within, etc) を表したり, 運動の方向 (into, toward, against, etc) を示す.
語法 l で始まる語の前では il-, b, m, p の前では im-, r の前では ir- となる.
語源 ラテン語 *in*- (＝toward; in; on; into) から.

in·a·bil·i·ty /ìnəbíləti/ 名 U 〔一般語〕力や能力や

手段が欠けていること, 無能, 無力.
[類義語] disability.

in・ac・ces・si・ble /ìnəksésəbl/ 形 〔形式ばった語〕近づき難い, 手に入らない.
【派生語】**ìnaccessibílity** 名 U. **ìnaccéssibly** 副.

inaccuracy ⇒inaccurate.

in・ac・cu・rate /inǽkjurit/ 形 〔一般語〕**不正確な**, 誤りのある.
【派生語】**inǽccuracy** 名 UC.

in・ac・tion /inǽkʃən/ 名 U 〔一般語〕**動きがないこと, 不活発, 怠惰**.

in・ac・tive /inǽktiv/ 形 〔一般語〕[一般義] **不活発な, 活動していない**ことから**怠惰**の意になり, 火山が**休火山**の, 〖軍〗**現役でない**, 〖化・理〗物質が**不活性な, 放射性のない**の意.
[用例] *Inactive* people tend to become fat. 動かない人は太る傾向がある/The volcano has been *inactive* for some years. その火山は数年間, 活動を停止している.
[類義語] idle; inert; passive.
【派生語】**inάctivity** 名 U.

inadequacy ⇒inadequate.

in・ad・e・quate /inǽdikwit/ 形 〔一般語〕[一般義] …に適さない, **不適な** 《to; for》. [その他] 資格などが**不十分な**というのが本来の意味で, 不適当の意となり, さらに仕事や状況に処理するのに**能力のない, 未熟な**の意にもなる.
[用例] There are so many problems in this job that I am beginning to feel quite *inadequate*. この仕事には非常にたくさんの問題があるので, 自分がまったく不適格であると感じはじめている.
【派生語】**inάdequacy** 名 UC **不適当**, 不完全, 不適当な[不備な]点. **inάdequately** 副. **inάdequateness** 名 U.

in・ad・mis・si・ble /ìnədmísəbl/ 形 〔形式ばった語〕《通例限定用法》許せない, 承認[容認]しがたい.

inadvertence ⇒inadvertent.

in・ad・vert・ent /ìnədvə́:rtənt/ 形 〔形式ばった語〕[一般義] 《通例限定用法》配慮が欠けていて生じるような間違いなどについて**不注意な, 無頓着な**. [その他] 故意ではない, 偶然の.
[語源] inadvertence の逆成として初期近代英語から.
【派生語】**ìnadvértence** 名 UC **不注意, 手落ち**. **ìnadvértently** 副.

in・ad・vis・a・ble /ìnədváizəbl/ 形 〔形式ばった語〕賢明でない, 得策でない.

in・al・ien・a・ble /inéiliənəbl/ 形 〖法〗権利などが**譲渡できない**, 奪うことのできない.

in・ane /inéin/ 形 名 UC 〔一般語〕**意味のない**, 愚かな, 空虚な, 全くしようもない, **空疎**の.
[語源] ラテン語 *inanis* (=empty) が初期近代英語に入った.
【派生語】**inanity** /inǽniti/ 名 UC〔形式ばった語〕空虚, 愚鈍(な言動). **inánely** 副. **ináneness** 名 U.

in・an・i・mate /inǽnimət/ 形 〔一般語〕[一般義] 生命のない, 無生物の, [その他] **活気のない**.
[語源] ラテン語 *inanimatus* (in- not+*animatus* alive) が中英語に入った.
[用例] A rock is an *inanimate* object. 石は無生物である.

[類義語] dead; lifeless; deceased.

in・a・ni・tion /ìnəníʃən/ 名 U 〔形式ばった語〕[一般義] 食物や水分の欠乏によって生ずる**体力消耗で衰弱**. [その他] 社会的, 道徳的, 知的な活力の欠如, **無気力, 意欲喪失**.
[語源] ラテン語 *inanis* (⇒inane) から派生した *inanire* (=to make empty) の名 *inanitio* が中英語に入った.

inanity ⇒inane.

in・ap・pli・ca・ble /inǽplikəbl/ 形 〔一般語〕**適用できない**, 応用できない, 当てはまらない.

in・ap・pre・ci・a・ble /ìnəprí:ʃiəbl/ 形 〔形式ばった語〕気がつかないほど**些細な**, あまりにも小さなことで**価値のない**.

in・ap・pro・pri・ate /ìnəpróupriət/ 形 〔一般語〕ある事がらや状況に当てはまらない, **不適切な** 《to; for》.

in・apt /inǽpt/ 形 〔一般語〕…**に適当でない**, ふさわしくない 《for》.
【派生語】**inάptitude** 名 U **不向き, 不適当, 素質がないこと. inάptly** 副. **inάptness** 名 U.

in・ar・tic・u・late /ìna:rtíkjulət/ 形 〔一般語〕[一般義] 言葉が**不明瞭ではっきりしない**. [その他] 意見などが**明確に表現できない, はっきりわからない**. また感情の高ぶりや恐怖などのためものが言えない状態とか, **言葉では言えない**などの意となる.
[語源] ラテン語 *inarticulatus* (in- not +*articulare* to utter distinctly) が初期近代英語に入った.
[用例] His speech was dull and *inarticulate*. 彼の話は退屈で言葉が不明瞭だった/*inarticulate* suffering 口では言えない苦しみ.

in・ar・tis・tic /ìna:rtístik/ 形 〔一般語〕[一般義] 作品などが**芸術性のない**. [その他] 人が芸術に理解を示さない, 芸術を好まない.

in・as・much as /ìnəzmΛtʃəz/ 接 〔形式ばった語〕**…だから, …という点から考えて, …である限りは**.
[語源] 古フランス語 *en tant* (*que*) (= in so much (as)) から中英語に入った. もとは in as much.
[用例] *Inasmuch as* funding is inadequate, the project has been delayed. 資金の調達が不十分だから, その計画は遅れている.
[類義語] because; since.

in・at・ten・tion /ìnətenʃən/ 名 U 〔一般語〕**不注意, 無関心**.
[類義語] inadvertence; carelessness.
【派生語】**inatténtive** 形. **inatténtively** 副.

in・au・di・ble /inɔ́:dəbl/ 形 〔形式ばった語〕音が小さかったり不明瞭で**聞きとれない**.
【派生語】**ìnaudibílity** 名 U. **ináudibly** 副.

inaugural ⇒inaugurate.

in・au・gu・rate /inɔ́:gjureit/ 動 本来他 〔形式ばった語〕[一般義] 《通例受身で》就任式を行って人を**就任させる**. [その他] 一般に儀式などを行って新しい活動や事業を**始める**, 公的に落成式などを行って建物や博覧会などを**開館する, 開始する**.
[語源] ラテン語 *inaugurare* (占いをする) の過去分詞から初期近代英語に入った. ローマ時代は, 公式な行事を始めるに当たって鳥の飛び方を見る占いが儀式と結びついていた.
[用例] The Queen *inaugurated* the new university buildings. 女王陛下が新大学の開校を宣した.
【派生語】**inάugural** 形 名 C **就任の(演説)**. **inàu-**

in·aus·pi·cious /ìnɔːspíʃəs/ 形 〔形式ばった語〕不運な, 不吉な, 不幸な.

in-be·tween /ínbitwíːn/ 形 副 名 C 〔一般語〕中間の[に], 中間的な. 名 として中間のもの[人].
[用例] She is at the *in-between* age, neither a child nor an adult. 彼女は子供でも成人でもない中間の年齢だ

in·board /ínbɔːrd/ 形 副 名 C《海·空》エンジンが船体[機体]内にある. 名 として船内エンジンや船内発動機船も意味する.
[反意語] outboard.

in·born /ínbɔ́ːrn/ 形〔一般語〕人の性質や素質が生まれたときからの, 生まれつきの, 先天的な.

in·bound /ínbáund/ 形 〔一般語〕船などが本国行きの, 乗り物が往復の場合, 帰りの, 上りの.
[反意語] outbound.

inbred ⇒inbreed.

in·breed /ínbríːd/ 動 [本来他]《過去·過分 -bred》〔一般語〕好ましくない要素を排除し, 良い形質を維持するために家畜などを同系[近親]交配させる.
【派生語】**ínbréd** 形 生まれつきの, 近親結婚的: *inbred* good manners 持ち前の行儀の良さ. **ínbréeding** 名 U 近親交配[結婚].

Inc. /íŋk/ 名《略》《米》=incorporated《語法》《英》Ltd. に当る.

inc. 《略》=inclosure; included; including; inclusive; income.

in·cal·cu·la·ble /ínkǽlkjuləbl/ 形〔形式ばった語〕[一般語] 数えきれないほどの, 計りしれない. [その他] 予測がつかない, 漠然としていてあてにならない, 気が変わりやすいの意.
【派生語】**incàlculabílity** 名. **incálculably** 副.

incandescence ⇒incandescent.

in·can·des·cent /ìnkǽndésənt/ 形 〔一般語〕高温, 高熱によって白熱光を発する. [その他] 物がまばゆいばかりに輝く, 比喩的に表現や才能などが群を抜いて光り輝く, 感情や気持が燃えさからんばかりに熱烈な.
[語源] ラテン語 *incandescere* (*in-* 強意+*candescere* to become white with heat) の現在分詞 *incandescens* が 18 世紀に入った.
[類義語] incandescent; luminescent: **incandescent** は高温で光る場合で, **luminescent** は蛍光のように低温で光る場合.
【派生語】**incandéscence** 名 U. **incandéscently** 副.

in·can·ta·tion /ìnkæntéiʃən/ 名 CU 〔形式ばった語〕魔法や奇術的な力を生みだすための呪文, また呪文を唱えること.
[語源] ラテン語 *incantare* (=to chant; *in-* 強意+*contare* to sing) の 名 *incantatio* が中英語に入った.

in·ca·pa·ble /ínkéipəbl/ 形 〔一般語〕[一般語]《通例述語用法》何かを行う能力がない, …できない (of). [その他] 或る事を行う余地がない, 事情や状況が実施を許さない, 法律上資格がない. また仕事や地位に対して人が不適任である, 無能な, さらにけがや過度の飲酒のために動けない, 正体をなくしたなどの意.
[語源] ラテン語 *incapabilis* (*in-* not+*capabilis* able to take in) が初期近代英語に入った.
[反意語] capable.

[用例] He is *incapable* of speaking. 彼は生まれつき言葉が話せない/He was found to be drunk and *incapable*. 彼は泥酔していた.
[類義語] incapable; unable: **incapable** は生まれつきまたは能力的にできない. **unable** は一時的で特定のことができない時に用いる.
【派生語】**incàpabílity** 名 U. **incápableness** 名 U. **incápably** 副.

incapacitate ⇒incapacity.

in·ca·pac·i·ty /ìnkəpǽsəti/ 名 UC 〔形式ばった語〕…できないこと, 無能, 無力, あるいは不適格, 無資格.
【派生語】**incapácitate** 動 [本来他] 人を無能力にする, 不適格にする, 《法》人を無資格にする. **incapàcitátion** 名 U.

in·car·cer·ate /ínkáːrsəreit/ 動 [本来他] 〔形式ばった語〕人を投獄する, 監禁する.
[語源] ラテン語 *incarcerare* (*in-* in+*carcerare* to imprison) の過去分詞 *incarceratus* から初期近代英語に入った.
[類義語] imprison; confine.

in·car·nate /ínkáːrneit, ́—–/ 動 [本来他], /-nət/ 形 〔形式ばった語〕[一義語]《通例受身で》計画などを具体化する. [その他] 本来は神や霊に人の形を与える, 与えるの意, 転じて比喩的に人の姿形を…の姿にする, 実体を与える, 形になっていないものを具現する, さらに具体化する意となった. 形 として肉体を持った, 人の姿をした.
[語源] ラテン語 *incarnare* (to make flesh; *in-* into+*carn-* flesh) の過去分詞 *incarnatus* から中英語に入った.
【派生語】**incarnátion** 名 UC 肉体を与えること, 肉体を与えられた化身, 神などが人間の姿をしたもの, あるいは具体化(したもの): Most Christians believe that Christ was the *incarnation* of God. ほとんどのキリスト教徒は, キリストは神がその体をかりて現れたものだと信じている.

in·cau·tious /ínkɔ́ːʃəs/ 形 〔形式ばった語〕不注意な, 軽率な.
【派生語】**incáutiously** 副. **incáutiousness** 名.

incendiarism ⇒incendiary.

in·cen·di·ar·y /ìnséndièri/ -diəri/ 形 名 C 〔やや形式ばった語〕[一般語]《通例限定用法》放火の. [その他] 本来は火災を起こすためのという意味で, 比喩的に派閥争やけんかなどをあおる扇動的な. 名 として放火者[犯人], 扇動者, 発火物.
[語源] ラテン語 *incendere* (=to set fire to) から出た *incendiarius* (=setting on fire) が中英語に入った.
【派生語】**incéndiarism** 名 U 放火, 扇動. 【複合語】**incéndiary bómb** 焼夷(しょうい)弾.

in·cense[1] /ínsens/ 名 U 動 [本来他] 〔一般語〕[一般語] 特に宗教的な儀式などで燃やされて芳香を発する香料や香, 同様の煙, 一般的によいにおいがするものや芳香. この意味から, 人によい印象を与える賞賛やつらいの意が生じた. 動 として…に香をたく, 焼香する.
[語源] ラテン語 *incendere* (=to set fire to; *in-* in+*candere* to glow) の過去分詞から派生した後期ラテン語 *incensum* (=something burnt) が中英語に入った.

in·cense[2] /inséns/ 動 [本来他] 〔形式ばった語〕《通例受身で》人の心を怒りで燃え上がらせる, 激怒させる.

incentive

[語源] ラテン語 *incendere* (⇒incense¹) の過去分詞 *incensus* が中フランス語を経て incense¹ の後から入った.

in·cen·tive /inséntiv/ 名 UC 形 〔形式ばった語〕人に行動をとらせるような外部からの刺激, 励まし, 動機, 報酬. 形 として刺激的な, 鼓舞する.
[語源] ラテン語 *incantare* (⇒incantation) から派生した *incentivum* (=something that sets the tune) が中英語に入った. 原意は「…にメロディーをつける」.

in·cep·tion /insépʃən/ 名 C 〔形式ばった語〕
[一般義] 企画や企業などの開始や開業, また広く物事の始まりを表す. [その他] かつては Oxford 大学や Cambridge 大学での学位授与(式).
[語源] ラテン語 *incipere* (=to begin) の過去分詞 *inceptus* から中英語に入った.

in·cer·ti·tude /insə́ːrtitjuːd/ 名 U 〔形式ばった語〕不確実, 不確定.

in·ces·sant /insésnt/ 形 〔形式ばった語〕望ましくないことが休みなく続く, 絶え間のない.
[語源] 後期ラテン語 *incessans* (in- not+*cessare* to cease) が中英語に入った.
[類義語] continual; continuous; constant.
【派生語】**incéssantly** 副.

in·cest /ínsest/ 名 U 〔一般義〕近親相姦(罪).
[語源] ラテン語 形 *incestus* (in- not+*castus* chaste) が中英語に入った.
【派生語】**incéstuous** 形.

inch /íntʃ/ 名 C 動 本来他 〔一般語〕〔一般義〕長さの単位インチ (★1 インチは 1/12 フィート=2.54 センチ; in. 《複 ins.》と略す). [その他] 1 インチという短い長さから, 分量, 金額, 距離などについて, 少量, 少額, わずかな距離などの意. 動 として少しずつ動く.
[語法] 数字の後に "という符号をつけて, 10 インチは 10" のように表す.
[語源] ラテン語の *unus* (=one) から派生した「12 分の 1」を意味する *uncia* が古英語に ynce として入った.
[用例] He is six *inches* taller than me. 彼は私より 6 インチ背が高い / There is not an *inch* of room to spare. 割く余地は少しもない / He *inched* (his way) along the narrow ledge. 彼はせまい岩棚を少しずつ進んだ.
【慣用句】**by inches** 少しずつ (inch by inch), かろうじて. **every inch** どの点から見ても: He is *every inch* a nobleman. 彼はどこから見ても申し分ない貴族だ. **to an inch** 寸分たがわず. **within an inch of** ... もう少しで…するところ: He came *within an inch of* failing the exam. 彼はもう少しで試験に失敗するところだった.

in·cho·ate /inkóuət/ 形 〔文語〕物事が始まったばかりの, 初期の, したがって未完成な, まとまりのない.
[語源] ラテン語 *inchoare* または *incohare* (=to begin) の過去分詞 *inchoatus* が初期近代英語に入った. 原意は *cohum* (軛(くびき)をつなぐ家畜の首かせの部分) から, つまり仕事を始める意.
【派生語】**inchóately** 副. **inchóateness** 名 U.

incidence ⇒incident.

in·ci·dent /ínsidənt/ 名 C 形 〔一般語〕〔一般義〕付随的に生じるささいな出来事, あるいは偶発的な事件. [その他] 戦争や暴動といった大きな事件に発展する可能性のある事変, 小紛争. 《法》付随する権利や義務などを示す付帯[付随]条件. 形 として…起こりがちな, 付随する (to).

[語源] ラテン語で *incidere* (=to fall upon; in- on+*cadere* to fall) の過去分詞 *incidens* が古フランス語を経て中英語に入った.
[用例] There was a strange *incident* in the supermarket today. 今日スーパーマーケットで奇妙な事件が起きた / a frontier *incident* 国境紛争.
【派生語】**íncidence** 名 U 《単数形で》影響や事件の範囲, 発生率, 《理》投射, 入射 **incidéntal** 形 付随的な, 二次的な, 重要ではない. 名 C 付随的な事件. **incidéntally** 副 ついでながら, 付随的に.

in·cin·er·ate /insínəreit/ 動 本来他 〔形式ばった語〕紙くずや落葉などを完全に燃やして灰にする, 焼却する.
[語源] 中世ラテン語 *incinerare* (in- into+*cinis* ashes) の過去分詞 *incineratus* から初期近代英語に入った.
【派生語】**incinerátion** 名 U. **incínerator** 名 C 焼却炉[装置].

incipiency ⇒incipient.

in·cip·i·ent /insípiənt/ 形 《医》病気が起こり始めたばかりの, 前兆の, 初期の.
[語源] ラテン語 *incipere* (=to begin) の現在分詞 *incipientem* が初期近代英語に入った.
【派生語】**incípiency** 名 U. **incípiently** 副.

in·cise /insáiz/ 動 本来他 《工芸》鋭い刃物で物の表面に図案や文字などを刻む, 彫り込む.
[語源] ラテン語 *incidere* (in- into+*caedere* to cut) の過去分詞 *incisus* がフランス語を経て初期近代英語に入った.
【派生語】**incísion** 名 U. **incísive** 形 (良い意味で) 批評などが鋭い, 鋭敏な, 刃物や歯などが良く切れる, 鋭利な. **incísor** 名 C 《歯》門歯.

in·cite /insáit/ 動 本来他 〔形式ばった語〕人を暴動や違法な行為に駆り立てる, 扇動する, そそのかす.
[語源] ラテン語 *incitare* (in- into+*citare* to set in rapid motion) が古フランス語を経て中英語に入った.
【派生語】**incítement** 名 UC 刺激すること, 刺激.

in·ci·vil·i·ty /insivíliti/ 名 UC 〔形式ばった語〕無作法または無礼な言動.

inclemency ⇒inclement.

in·clem·ent /inklémənt/ 形 〔形式ばった語〕《通例限定用法》天候が厳しい, 荒れ模様の.
[語源] ラテン語 *inclemens* (in- not+*clemens* mild weather) が初期近代英語に入った.
【派生語】**inclémency** 名 U.

inclination ⇒incline.

in·cline /inkáin/ 動 本来他, /-/ 名 C 〔一般義〕人に何かをしたい気持ちに傾ける. [その他] 本来は物などを傾ける, 傾斜させる, 体などを曲げるの意で, 比喩的に世俗的な方面で…したい気持ちに傾ける意になり, 体質や性格などの面で傾向を持たせるの意にも用いられる. 自 傾く, 傾斜する. 名 として斜面, 坂.
[語源] ラテン語 *inclinare* (in- towards+*clinare* to bend) が古フランス語を経て中英語に入った.
[用例] What he said *inclined* me to do so. 彼の言ったことを聞いて私はそうする気になった / He is *inclined* to take it easy. 彼はともすれば物事を簡単に考える傾向がある / There was a gentle *incline* up to the hotel from the beach. 海岸からホテルまではなだらかなのぼり坂になっていた.
【派生語】**inclinátion** 名 UC 好み, 意向, 傾向, 傾斜, 斜面, 《単数形で》傾くこと: I have no *inclina-*

tion to go to the party. 私はそのパーティーに行きたい気がしない. **inclíned** 形 …したいと思う, …になりがちである《to; toward; to do》.

in·close /inklóuz/ 動 [本来他] =enclose.
【派生語】**inclósure** 名 =enclosure.

in·clude /inklú:d/ 動 [本来他] [一般他] 場所, グループ, 数などについて, 全体の一部として**含む**, **包含する**. [その他] 考えの一部に含む意で用いられ, **勘定に入れる**, **算入する**などの意.
[語源] ラテン語 *includere* (*in-* in + *claudere* to shut) が中英語に入った.
[用例] Am I *included* in the team? 私はそのチームの一員ですか/Are taxes *included* in the price? それは税込の値段ですか.
[類義語] include; contain: **include** があるものを全体の一部として含むことを意味するのに対して, **contain** は容器などが何かを含むことを意味する: All his possessions are *contained* in that box. 彼の所有物すべてはその箱の中に入っている.
【派生語】**inclúding** 前 …を含む, 含めて (⇔excluding): All the students, *including* me, were to blame. 私も含めて生徒すべてに責任があった. **inclúsion** 名 UC 含む[含まれる]こと, 含まれる人[もの]. **inclúsive** 形 一切を含んだ, 包括的な, 《数字や日付の後に置いて》…を含めて: May 7 to May 9 *inclusive* is three days. 5 月 7 日から 5 月 9 日までは(両日を含めて)3 日間です. **inclúsively** 副 中に入れて, すべてを含めて, 総括して.

in·cog·ni·to /inkágnitòu/-ɔ́-/ 形 副 名 C [一般語] 有名な人物が**正体をかくした[して]**, **お忍びの[で]**, あるいは**変名の[で]**, **匿名の[で]**. 名 として**変名(者)**や**匿名(者)** [語法] incog と略す.
[語源] ラテン語 *incognitus* (=unknown; *in-* not + *cognoscere* to know) から派生したイタリア語が初期近代英語に入った.
[用例] He travelled *incognito* to Paris. 彼はお忍びでパリへ旅行した/a prince *incognito* お忍びの王子.

incoherence ⇒incoherent.

in·co·her·ent /inkouhíərənt/ 形 [形式ばった語] 話の筋道や論理性に**一貫性がない**, **支離滅裂な**.
[用例] She was so upset that her account of the accident was *incoherent*. 彼女は気が動転して, 事故の説明はつじつまが合わなかった.
【派生語】**incohérence** 名 U.

in·com·bus·ti·ble /inkəmbástəbl/ 形 名 C [形式ばった語] **燃えにくい**, **不燃性の**, **耐火性の**. 名 として《通例複数形で》**不燃性物**.

in·come /ínkʌm/ 名 UC [一般語] 定期的に入ってくる一定額の**収入**, **所得**. [語源] 中英語から, 古ノルド語 *innkoma* から派生し, 原意は「入口, 到着」.
[用例] He cannot support his family on his *income*. 彼の収入では家族を養ってゆけない.
【派生語】**íncoming** 形 入ってくる, 新任の. 名 UC 来入, 到来, 《通例複数形で》収入.
【複合語】**íncome tàx** 名 UC 所得税.

in·com·men·su·ra·ble /inkəménʃərəbl/ 形 [形式ばった語] 大きさ, 金銭, 距離などが…と同じ尺度で計ったり比較したりできない, けた違いの《with》.
[語源] ラテン語 *incommensurabilis* が初期近代英語に入った.

in·com·men·su·rate /inkəménʃərət/ 形 [形式

ばった語]《述語用法》2 つの物を比較して, 一方が他方と釣り合わない, 不相当な《with; to》.

in·com·mode /inkəmóud/ 動 [本来他] [形式ばった語] 人に**不便を感じさせる**, **迷惑をかける**.
[語源] ラテン語 *incommodare* (=to be inconvenient; *in-* not + *commodus* convenient) が初期近代英語に入った.

in·com·mu·ni·ca·ble /inkəmjú:nikəbl/ 形 〔一般語〕**伝達できない**, **相手に話したりすることができない**.

in·com·mu·ni·ca·do /inkəmju:niká:dou/ 形 副 〔一般語〕人が独房などに監禁されているような状態で**外部との連絡を絶たれている**, **禁じられている**.
[語源] スペイン語 *incommunicar* (=to deprive of communication) の過去分詞. 19 世紀にアメリカ英語として用いられ始めた.

in·com·mu·ni·ca·tive /inkəmjú:nikətiv/ 形 〔一般語〕**話したがらない**, **情報を与えたがらない**, **打ち解けない**.

in·com·pa·ra·ble /inkámpərəbl/-ɔ́-/ 〔一般語〕[一般語] **比類のない**, **無類の**. [その他] …と**比較できない**《with; to》.
【派生語】**incòmparabílity** 名 U. **incómparably** 副.

in·com·pat·i·ble /inkəmpǽtəbl/ 形 名 C 〔一般語〕[一般語] 物事, 考えなどが**相容れない**, **両立しない**, **矛盾する**《with》. [その他] 人間同士がそりが合わない, **仲よくやっていけない**, 地位や立場をひとりの人が**兼務できない**, 《論》2 つ以上の命題が**背反する**, 《医・薬》薬剤や血液を混ぜ合わせたり同時使用できない, 《数》方程式が論理的に成り立たない. 名 として《通例複数形で》**相容れない人[もの]**.
[語源] ラテン語 *incompatibilis* (*in-* not + *compatibilis* able to sympathize) が中英語に入った.
[用例] These two theories are *incompatible*. この二つの理論は両立しない/Although they are married, they are quite *incompatible*. 彼らは結婚しているが, まったくそりが合わない.
【派生語】**incompàtibílity** 名 U. **incompátibly** 副.

incompetence, -cy ⇒incompetent.

in·com·pe·tent /inkámpətənt/-ɔ́-/ 形 名 C 〔一般語〕仕事を遂行するのに必要な能力, 知識, 資格がない, **無能な**, **無資格の**. 名 として**無能者**, **不適格者**.
[語源] ラテン語 *incompetent* (=not being proper) から初期近代英語に入った.
【派生語】**incómpetence, -cy** 名 U.

in·com·plete /inkəmplí:t/ 形 〔一般語〕一部や数か所が欠如して**不完全な**, **未完成の**, **不十分な**.
【派生語】**incomplétely** 副. **incomplétenes** 名 U.

in·com·pre·hen·si·ble /inkàmprihénsəbl/-ɔ́-/ 形 [形式ばった語] 難解で**理解できない**, **分かりにくい**.
【派生語】**incòmprehénsibly** 副. **incòmprehénsion** 名 U 理解できないこと, 不可解, 無理解.

in·con·ceiv·a·ble /inkənsí:vəbl/ 形 〔一般語〕**想像したり信じたりできない**, **思いもよらない**.
【派生語】**inconcéivably** 副.
[類義語] unthinkable.

in·con·clu·sive /inkənklú:siv/ 形 [形式ばった語] 明確な決定や結果に至らない, 証拠などが決定的でない.

incongruity ⇒incongruous.

in·con·gru·ous /inkáŋgruəs|-ʃ-/ 形 〔一般語〕釣り合わない《with; to》, 不調和な, 不適当な, 不似合な.
[語源] ラテン語 *incongruus* (= not agreeing) から初期近代英語に入った.
【派生語】**incongrúity** 名 ①. **incóngruously** 副.

inconsequence ⇒inconsequent.

in·con·se·quent /inkánsəkwənt|-ʃ-/ 形 〔形式ばった語〕取るに足らない, 重要でない, 話などのつじつまが合わない, 非論理的な.
[語源] ラテン語 *inconsequent* (= not overtaking) が初期近代英語に入った.
【派生語】**incónsequence** 名 ①. **incònsequéntial** 形.

in·con·sid·er·a·ble /inkənsídərəbl/ 形 〔形式ばった語〕考慮に値しない, 重要でない, 少々で取るに足らない《語法》普通は not を伴って用いられる》.

in·con·sid·er·ate /inkənsídərit/ 形 〔一般語〕他人に対して思いやりのない, 他人の気持ちや権利などを察しない《of》.
【派生語】**incónsiderately** 副.

inconsistency ⇒inconsistent.

in·con·sis·tent /inkənsístənt/ 形 〔一 般 語〕一般義 首尾一貫しない. その他 うまく調和しない, 矛盾している, 無見定で気まぐれなどの意.
【派生語】**inconsístency** 名 ①. **inconsístently** 副.

in·con·sol·a·ble /inkənsóuləbl/ 形 〔形式ばった語〕人の不幸などが慰めようのない, 人が悲嘆にくれている.

in·con·spic·u·ous /inkənspíkjuəs/ 形 〔形式ばった語〕注意を引かない, 目立たない.
【派生語】**inconspícuously** 副.

inconstancy ⇒inconstant.

in·con·stant /inkánstənt|-ʃ-/ 形 〔形式ばった語〕人々の心や行いが変わりやすい, 一定でない, 人が移り気な, 気まぐれな.
【派生語】**incónstancy** 名 ①C.

in·con·test·a·ble /inkəntéstəbl/ 形 〔やや形式ばった語〕議論[反論]の余地のない, 疑いのない.

incontinence ⇒incontinent[1].

in·con·ti·nent[1] /inkántənənt|-ʃ-/ 形 〔形式ばった語〕老人などが便意をこらえられない, 失禁しての意.
[語源] ラテン語 *incontinens* (*in-* not + *continens* restrained) が中英語に入った.
【派生語】**incóntinence** 名 ①.

in·con·ti·nent[2] /inkántənənt|-ʃ-/ 副 〔古語〕即刻, ただちに.
[語源] ラテン語 *in continenti* (= in continuous time; without an interval) より中英語に入った.
【派生語】**incóntinently** 副.

in·con·tro·vert·i·ble /inkɑntrəvə́rtəbl|-kɔn-/ 形 〔形式ばった語〕あまりにも明白確実なので疑念をはさむ余地のない.
【派生語】**incontrovértibly** 副.

inconvenience ⇒inconvenient.

in·con·ven·ient /inkənví:njənt/ 形 〔一般語〕物事が人にとって不便な, 不自由な.
[用例] Will it be *inconvenient* for him to attend the meeting? 彼がその会合に出席すると何か不都合なことでもありますか/She went there at the most *inconvenient* time. 彼女は最も具合の悪い時にそこへ行ってしまった.
【派生語】**inconvénience** 名 ①. **inconvéniently** 副.

in·con·vert·i·ble /inkənvə́:rtəbl/ 形 【経】紙幣を硬貨に交換できない, 正貨である金[銀]貨に兌換できない.

in·cor·po·rate /inkɔ́:rpərèit/ 動 本動他, /-rit/ 形 〔一般語〕一般義 団体組織[法人]にする, 《米》株式会社にする. その他 ある団体に組み入れる. 形 として一体となった, 法人組織の(incorporated).
[語源] 後期ラテン語 *incorporare* (= to form into a body) の過去分詞 *incorporatus* から中英語に入った.
【派生語】**incórporàted** 形 合同[合併]の, 法人組織の, 《米》株式会社の《語法》 Inc. と略して, 会社名の終わりにつける》: **incorporated company** 《米》株式会社. 《英》limited company. **incòrporátion** 名 ① 結合, 合併, 会社[法人]設立, 法人.

in·cor·po·re·al /inkɔ:rpɔ́:riəl/ 形 〔形式ばった語〕一般義 実質的な形体を伴っていない, 実体のない. その他 実体のないことから, 霊的な, 抽象的な,【法】著作権のような無体財産権の.
[語源] ラテン語 *incorporeus* (= without body; *in-* not + *corporeus* of the nature of body) が中英語に入った.

in·cor·rect /inkərékt/ 形 〔一般語〕一般義 事実に照らし合わせて不正確な, 間違っている. その他 言動や行為がその場にふさわしくない, 不穏当な.
[用例] His answers were all *incorrect*. 彼の答はすべて間違っていた/It would be *incorrect* to offer to pay him for the book that he bought—it was obviously a present. 彼が買った本の代金を彼に払うと言い出すのはまずいでしょう. あれは明らかにプレゼントだったから.
【派生語】**incorréctly** 副. **incorréctness** 名 ①.

in·cor·ri·gi·ble /inkɔ́(:)ridʒəbl/ 形 名 C 〔形式ばった語〕《悪い意味で》矯正できない, 手におえない, あるいは変更できない. 名 として, そのような人や事を意味する.
[語源] ラテン語 *incorrigibilis* (= not correctable) から中英語に入った.
[用例] He's an *incorrigible* liar. 彼は性こりもないそつきだ.

in·cor·rupt·i·ble /inkərÁptəbl/ 形 〔形式ばった語〕一般義 道義的にくずれることがないことから, 廉潔な, 正直な, また買収されない. その他 本来物質などが腐敗しない, 溶解[分解]しない意を表し, ここから道徳的意味に転じた.
[用例] The police should be *incorruptible*. 警察は買収されてはいけない.

in·crease /inkrí:s/ 動 本動自, /́-/ 名 ①C 〔一般語〕数量, 大きさ, 程度などがふえる, 増加する, 増大する, 増進する. 他 ふやす, 大きくする, 増強する. 名 として 増加, 増大.
[語源] ラテン語 *increscere* (*in-* into + *crescere* to grow) が古フランス語を経て中英語に入った.
[用例] The number of tourists has *increased* greatly in recent years. 旅行者の数が近年大幅に増加した/They had to *increase* the size of the class to accommodate all the children. 子供たち

全員を収容するためにクラスサイズを大きくしなければならなかった/There has been a marked *increase* in the value of property recently. 最近地価が目立って上がってきた。

【派生語】**incréasing** 形. **incréasingly** 副.

in·cred·i·ble /inkrédəbl/ 形 〔一般語〕[一般義] 物事が信じられない. [その他] ありえそうにもないという意味から，〔くだけた語〕**不思議な，驚くべき**，強調的に**すばらしい**の意が生じた.

[用例] I found his story *incredible*. 私は彼の話が信じられないと思った/He does an *incredible* amount of work. 彼は途方もない仕事量をこなす/The boy's appetite was *incredible*. その子供の食欲ときたら驚くべきものであった.

【派生語】**incrèdibílity** 名 U. **incrédibly** 副.

incredulity ⇒incledulous.

in·cred·u·lous /inkrédʒuləs|-dju-/ 形 〔やや形式ばった語〕[一般義]〔通例述語用法〕提示されたものを疑って**容易に信じない，不信を表す** 《of; about》. [その他]《通例限定用法》目つきや表情などが**疑うような**，疑い深い.

[語源] ラテン語 *incredulus* (*in*- not+*credulus* believing) が初期近代英語に入った.

[用例] She was *incredulous* about his experiences in the Himalayas. 彼女は彼のヒマラヤでの経験をおいそれとは信じなかった.

[類義語] incredulous; incredible; unbelievable: **incredulous** は「信じられない」の意で「うさんくさい」という悪い意味のときに用いる. **incredible** は単に常識を超えていて「信じられない」という意味で，くだけた表現では信じられないくらい「すばらしい」という良い意味になる. **unbelievable** は信じられないほどに驚くべきことや途方もないことを誇張して使う表現である.

【派生語】**incredúlity** 名 U. **incrédulously** 副.

in·cre·ment /inkrimənt/ 名 CU 〔形式ばった語〕量や価値の**増加(量)**，《数》プラス，マイナスの**変化量**.

[語源] ラテン語 *increscere* (⇒increase) の派生形 *incrementum* が中英語に入った.

in·crim·i·nate /inkrímineit/ 動 [本来他]〔形式ばった語〕人を**有罪にする**.

[語源] ラテン語 *incriminare* (=to accuse a person) の過去分詞 *incriminatus* から 18 世紀に入った.

【派生語】**incriminátion** 名 U.

in·crust /inkrʌ́st/ 動 =encrust.

in·cu·bate /inkjubeit/ 動 [本来他]〔一般語〕[一般義] 鳥が体温で卵を**孵化(ふか)させる**. [その他] 細菌などを**培養する**, 着想や計画などをふくらませる，**具体化する**. 自卵がかえる，《医》病気が**潜伏する**.

[語源] ラテン語 *incubare* (=to lie on eggs; *in*- on+ *cubare* to lie down) の過去分詞 *incubatus* から初期近代英語に入った.

【派生語】**incubátion** 名 U. **íncubator** 名 C 孵卵器，培養器，未熟〔早産〕児用保育器.

in·cu·bus /inkjubəs/ 名 C 〔複 -**bi**/bai/〕〔やや文語的〕[一般義] 睡眠中の女性の上にのって犯すと信じられていた**男の悪魔**. [その他] 悪夢や病夢のように**心の負担となるもの**.

[語源] ラテン語 *incubare* (⇒incubate) から派生した後期ラテン語が中英語に入った.

[関連語] succubus (睡眠中の男性と交わる女の悪魔).

in·cul·cate /inkʌ́lkeit, ˊ-ˋ-/ 動 [本来他]〔形式ばった語〕たびたび繰り返すことによって，人に考えや振舞いの仕方などを**教え込む** 《in; with》.

[語源] ラテン語 *inculcare* (=to tread on) の過去分詞 *inculcatus* から初期近代英語に入った.

[用例] He *inculcated* the child with a love of wisdom. 彼はその子供に知識愛を教え込んだ.

in·cul·pate /inkʌ́lpeit, ˊ-ˋ-/ 動 [本来他]〔形式ばった語〕人に**罪を負わせる**，非難する.

[語源] ラテン語 *inculpare* (=to blame) の過去分詞から 18 世紀に入った.

incumbency ⇒incumbent.

in·cum·bent /inkʌ́mbənt/ 形 名 C 〔やや形式ばった語〕**義務としてかかる**，物が上にのしかかる. 名 として**現職者**，《英》教会所有牧師.

[語源] ラテン語 *incumbere* (*in*- on+ **cumbere* to lie) の現在分詞 *incumbens* が初期近代英語に入った.「のしかかる」→「義務として課す」→「仕事に力を傾ける」→「現職である」のように意味が変化した.

【派生語】**incúmbency** 名 UC **在職していること，在職期間**.

in·cur /inkəːr/ 動 [本来他]〔形式ばった語〕(悪い意味で) ある行為の結果，非難や危険，損害など不快なことを自らのせいで**招く**.

[語源] ラテン語 *incurrere* (=to run into) が中英語に入った.

[用例] He *incurred* her displeasure. 彼は彼女の不興をかった.

in·cur·a·ble /inkjúərəbl/ 形 名 C 〔一般語〕病気が治せない，一般に直しにくい，比喩的に**救い難い**.... 名 として**不治の病人**.

【派生語】**incùrabílity** 名 U. **incúrably** 副.

in·cu·ri·ous /inkjúəriəs/ 形 〔形式ばった語〕鈍感で正常な興味や好奇心がない，物事に**無関心な**.

in·cur·sion /inkə́ːrʒən|-ʃən/ 名 C 〔形式ばった語〕短期間の**侵入**，また時間などがくい込むこと，ある分野に**入り込むこと**.

[語源] ラテン語 *incurrere* (⇒incur) の 名 *incursio* が中英語に入った.

in·curve /inkə́ːrv/ 名 C 動 [本来他]《野》**インカーブ，内曲球**. 動 として**内側に曲げる**.

[対照語] outcurve.

【派生語】**íncurved** 形.

in·debt·ed /indétid/ 形 〔形式ばった語〕[一般義]《通例述語用法》好意や知識などをある人や本などのおかげとして**感謝している，恩恵をこうむっている** 《to ... for ...》. [その他] 本来は**借金がある，負い目がある**

[語法] この意味では be in debt to ... か owe を用いるのが普通.

[語源] 古フランス語 *endetter* (=to invole in debt) の過去分詞 *endetté* が中英語に入った.

[用例] I am *indebted* to you for your help. お手伝いをしていただき，心から感謝しております.

【派生語】**indébtedness** 名 U **恩義**，負債のあること.

indecency ⇒indecent.

in·de·cent /indíːsnt/ 形 〔一般語〕[一般義] (悪い意味で) 性的または道徳的に言葉，態度，服装などたしなみを欠いて**下品な**，わいせつな，あるいは不作法で**見苦しい**.

[語源] ラテン語 *indecens* (=not decent) が中フランス語を経て初期近代英語に入った.

【派生語】**indécency** 名 U. **indécently** 副.

in·de·ci·pher·a·ble /ìndisáifərəbl/ 形 〔形式ばった語〕文字, 筆跡, 暗号などが判読[解読]できない.

in·de·ci·sion /ìndisíʒən/ 名 U 〔一般語〕どの行動をとるかについて決断できないこと, 躊躇(ちゅうちょ), 優柔不断.

in·de·ci·sive /ìndisáisiv/ 形 〔一般語〕議論や返事などがどっちつかずの, 態度などが優柔不断な, 決断力のない.
【派生語】**indecísively** 副. **indecísiveness** 名 U.

indecorous ⇒indecorum.

in·de·co·rum /ìndikɔ́:rəm/ 名 U 〔形式ばった語〕常識的な作法やエチケットを欠いていること, 不作法.
〔語源〕ラテン語 indecorus (in- not + decorus seemly) から初期近代英語に入った.
【派生語】**indecórous** 形 不作法な. **indecórously** 副. **indecórousness** 名 U.

in·deed /indí:d/ 副 感 〔一般語〕〔一般語〕《文全体や名詞を修飾して, また形容詞や副詞のあとに置いて》実に, 全く, 本当に. 〔その他〕相手の言うことを一応確かめるときなどに用いて, なるほど, 確かに, おっしゃる通り, あるいは〔形式ばった語〕文修飾で前言を補足・確認するときに用いて, 実は, それどころか. 感 として, 驚き, 皮肉, 疑念などを表して, へえ! まさかなどにもなる.
〔語源〕中英語 in dede (=deed) から.
〔用例〕He is indeed a man of great talent. 彼は実に才能豊かな人です/He is very clever indeed. 彼は実に頭がいい/Thank you very much indeed. 本当にありがとうございます/"Do you remember your grandmother?" "Indeed I do!"「あなたのおばあさんについて記憶がありますか」「ええもちろんですよ」/"John said your idea was stupid." "Indeed!"「ジョンは君の考えがばかげていると言っていたよ」「まさか」.

in·de·fat·i·ga·ble /ìndifǽtigəbl/ 形 〔形式ばった語〕仕事や目的などの遂行に疲れを知らない, 根気強い.
〔語源〕ラテン語 fatigare (=to fatigue!) がもとになった indefatigabilis (=not completely wearing out) が初期近代英語に入った.
【派生語】**indefátigably** 副.

in·de·fen·si·ble /ìndifénsəbl/ 形 〔形式ばった語〕行為や主張などが誤っていて弁解の余地がない, 擁護できない, また相手や敵の攻撃から防御できない.

in·de·fin·a·ble /ìndifáinəbl/ 形 〔形式ばった語〕〔一般語〕《通例限定用法》的確に記述しにくい, 定義しにくい, いわく言いがたい.
〔用例〕She had an indefinable air of mystery. 彼女には言葉では言えないような神秘的な雰囲気がただよっていた.

in·def·i·nite /indéfinit/ 形 〔一般語〕〔一般語〕意味や内容が明確でない, 計画や見込みが漠然としている, 態度や自信があいまいな. 〔その他〕数量, 大きさ, 外形などが定まっていない, 〔文法〕指示するものが不定の.
〔語源〕ラテン語 indefinitus (in- not + definitus definite) が初期近代英語に入った.
〔用例〕His ideas are indefinite at the moment. 彼の考えは今のところはっきりしない/She invited her mother to stay for an indefinite time. 彼女は母親にいつまでも居るように勧めた.
【派生語】**indéfinitely** 副. **indéfiniteness** 名 U.
【複合語】**indéfinite árticle** 名 C 〔文法〕不定冠詞. **indéfinite prónoun** 名 C 〔文法〕不定代名詞.

in·del·i·ble /indéləbl/ 形 インクやしみなどがこすったり, 洗っても消すことができない, 比喩的に記憶から消し去ることができない.
〔語源〕ラテン語 indelebilis (=in- not+delibilis able to delete) が初期近代英語に入った.

indelicacy ⇒indelicate.

in·del·i·cate /indélikit/ 形 〔形式ばった語〕礼儀に反して不快な感じを起こさせる, 品のない, 粗野な.
〔用例〕Her remarks were rather indelicate for a lady. 彼女の発言は, 一女性のものにしてはたしなみに欠ける.
【派生語】**indélicacy** 名 UC 下品, 粗野, 下品な行為.

indemnification ⇒indemnify.

in·dem·ni·fy /indémnifai/ 動 本来他 〔形式ばった語〕被った負傷や損害などに対して補償する, 弁償する《for》, 〔保険〕将来の負傷, 損失, 損害を保障する, 保障する《from; against》.
〔語源〕ラテン語 indemnis (=unharmed; in- not + damnum damage)+-fy として初期近代英語から.
【派生語】**indèmnificátion** 名 U. **indémnity** 名 UC 損害の補償, 弁償, 賠償金.

in·dent /indént/ 動 本来他 C 〔一般語〕〔一義語〕物の表面や縁にぎざぎざの刻み目をつける. 〔その他〕文の段落の第1行を引っ込めて書く. またへこませるの意味に用いる. 名 としてぎざぎざ, 字下げ, 字下り, へこみ.
〔語源〕古フランス語 endenter (=to furnish with teeth; en- in+dent tooth) が中英語に入った. dent はラテン語 dens より.
〔用例〕Many people indent the first line of a paragraph. 多くの人は段落の第1行目を引っこめて始める.
【派生語】**indentátion** 名 UC ぎざぎざ(をつけること), 海岸線などの湾入, ぎざぎざした海岸線, 字下り. **indénted** 形. **indéntion** 名 UC 字下げ, 字下り, へこみ. **indénture** 名 C 契約[約定]書, 公的証明書, 特に古い時代に親方と徒弟が交した正式な徒弟契約書(★正しい契約書であることを証明するために, 同文の契約書をぎざぎざに切り離して照合できるようにしたことから).

independence ⇒independent.

in·de·pen·dent /ìndipéndənt/ 形 名 C 〔一般語〕〔一般語〕他のものや人に依存したり援助を受けることをせず独立している. 〔その他〕他から経済的に援助を受けないの意で, 自活できる, あるいは精神的に独立心の強い, 自主的な, 〔政〕党派的拘束を受けない, 無所属で, 無党派のを意味する. 名 として〔政〕無所属候補.
〔語源〕in- 否定+dependent として初期近代英語から.
〔用例〕That country is independent of Britain now. その国は今や英国から独立している/Three separate and quite independent factors have to be taken into account. 3 つの別々の, まったく独立した要素を考慮に入れなければならない.
【派生語】**indepéndence** 名 U 自主, 独立. **indepéndently** 副.
【複合語】**Indepéndent Dày** 名 U 米国の独立記念日(★7月4日の法定休日).

in-depth /índepθ/ 形 〔やや形式ばった語〕調査や研

in·de·scrib·a·ble /ìndiskráibəbl/ 形〔一般語〕対象が漠然としていたり極端であるために言い表せない.
[用例] The mess was *indescribable*. その混乱は言葉に絶した.
【派生語】**indescríbably** 副 言い表せないほど, 言葉を絶して. **ìndescríbableness** 名 Ⓤ.

in·de·struct·i·ble /ìndistrʌ́ktəbl/ 形〔形式ばった語〕堅固で破壊することができない, 不滅である.

in·de·ter·mi·na·ble /ìnditə́ːrminəbl/ 形〔形式ばった語〕確定できない, 決定できない.

in·de·ter·mi·nate /ìnditə́ːrminit/ 形〔形式ばった語〕性質や限界が漠然としている, 確定していない,〔数〕解法が無数にある, 不定の,〔植〕花序が無限の.
【派生語】**indetérminately** 副. **ìndetèrminateness** 名 Ⓤ. **indètermination** 名 Ⓤ.

in·dex /índeks/ 名 Ⓒ (複 **~es, -dices**/-disìːz/) 本来地〔一般語〕〔一般義〕書物の索引. その他 図書館などの目録. 本来は指し示すものの意で, 人差し指, 指標, 計器などの目盛, 指針,〔経・数〕指数 (=index number) を意味する. 動 として索引をつける, 索引に載せる, 指示する, 示す.
[語源] ラテン語 *indicare* (=to indicate; *in-* towards + *dicare* to make known) から派生した 名 *index* が初期近代英語に入った.
[用例] You can find the item by checking the *index* of this book. この本の索引を調べればその事項がわかります.
【複合語】**índex cárd** 名 Ⓒ 索引カード. **índex fìnger** 名 Ⓒ 人差し指 (〖語法〗単に index ともいう). **índex nùmber** 名 Ⓒ 指数 (〖語法〗単に index ともいう).

In·di·a /índiə/ 名 固 インド (★正式名称インド共和国 (the Republic of India); 首都 New Delhi).
[語源] インダス川 (the Indus) の名に由来する. なお Indus の原義はサンスクリット語 *sindhu* (=river).
【派生語】**Índian** 形 インド(人)の, (アメリカ)インディアンの. 名 Ⓒ インド人, (アメリカ)インディアン (American [Red] Indian) (〖語法〗現在では差別的表現とされ, 普通は Native American と呼ばれている): **Indian corn** 《英》とうもろこし (maize, 《米》corn) / **Indian Ocean** (the ~) インド洋 / **Indian summer** 米国北部やカナダでの晩秋から初冬に訪れる小春日和, インディアンサマー.
【複合語】**Índia pàper** 名 Ⓤ 辞書などに用いる上質の印刷用紙, インディア紙. **Índia [índia] rúbber** 名 Ⓤ 天然ゴム, 消しゴム (eraser).

In·di·an·a /ìndiǽnə/ 名 固 インディアナ (★米国中部の州; Ind. または IN と略す).

in·di·cate /índikeit/ 動 本来他〔一般語〕本来地 手や指を用いて身ぶりで明確に指し示す. その他 車, 運転者が右折[左折]の合図をする, 計器などが計測値を示す, まの意見を表す, 間違えなどを指摘する. さらに 〔形式ばった語〕間接的にほのめかす, 暗示する, 兆しを見せるなどの意味になる.
[語源] ラテン語 *indicare* (⇒index) の過去分詞 *indicatus* から初期近代英語に入った.
[用例] We can paint an arrow here to *indicate* the right path. 正しい道を示すためにここに矢印を描こう / A sneeze doesn't always *indicate* a cold. く

しゃみが風邪の徴候を示すとは限らずしも言えません.
【派生語】**indicátion** 名 ⓊⒸ 徴候, 印, 指示, 表示. **indicative** 形 指示する,〘文法〙直説法の. **índicator** 名 Ⓒ 指示する人[もの], 計器, 表示器, 文字盤, 指針, 自動車の方向指示器, 圧力計など.

in·di·ces /índisìːz/ 名 index の複数形.

in·dict /indáit/ 動 本来他〔法〕法律に基づいて正式に犯罪を起訴する (for; as; on).
[語源] ラテン語 *indecere* (=to proclaim) に由来する古フランス語 *enditer* (=to write down) が中英語で inditen となり, その異形から.
[用例] He was *indicted* on a charge of murder. 彼は殺人の容疑で起訴された.
【派生語】**indíctable** 形. **indíctment** 名 ⓊⒸ 起訴(状), 非難の理由.

indifference ⇒indifferent.

in·dif·fer·ent /indífərənt/ 形〔一般語〕〔一般義〕ものごとに対して無関心な, 冷淡な. その他 本来の別々の扱いをしないという意味から, どっちつかずの, 中立な, 公平な, さらに良くも悪くもない, 平凡な, 大きさや程度, 量などが中くらいの, 普通の, どちらでも良いということで, 重要ではない, どうでもよい, さらに無関心の意になった.
[語源] ラテン語 *indifferens* (*in-* not + *differens* different) が中英語に入った.
[用例] She is quite *indifferent* to other people's suffering. 彼女は他人の苦しみにはまったく無関心だ / He remained *indifferent* in his political party. 彼は自分の党内では中立を保った.
【派生語】**indífferenc** 名 Ⓤ 無関心, 無頓着, 冷淡. **indífferently** 副.

indigence ⇒indigent.

in·dig·e·nous /indídʒinəs/ 形〔形式ばった語〕動植物や鉱物が土着の, その地域に固有の (to).
[語源] ラテン語 *indigena* (=native) から初期近代英語に入った.
[用例] These plants are *indigenous* to northern Europe. これらの植物は北ヨーロッパ固有のものです / *indigenous* people 先住民.

in·di·gent /índidʒənt/ 形〔形式ばった語〕物やお金に困窮した, 貧乏な.
[語源] ラテン語 *indigere* (=to need) の現在分詞 *indigens* が中英語に入った.
【派生語】**índigence** 名 Ⓤ.

indigestible ⇒indigestion.

in·di·ges·tion /ìndidʒéstʃən, -dai-/ 名〔一般語〕不消化, 消化不良, また消化不良による病気である胃痛, の意味から知識や技術を消化できないことの意.
[用例] She suffers from *indigestion* after eating fatty food. 彼女は油っこいものを食べたあとは消化不良で苦しむ.
【派生語】**indigéstible** 形.

in·dig·nant /indígnənt/ 形〔形式ばった語〕特に不正なあるいは卑劣な行為, 扱いなどに対して憤慨した, 義憤を感じたの意.
[語源] ラテン語 *indignari* (=to deem unworthy; *in-* not + *dignus* worthy) の現在分詞が初期近代英語に入った.
[用例] She was *indignant* at being spoken to so rudely. 彼女はとても無礼な物の言い方をされて腹をたてた.
【派生語】**indígnantly** 副. **indignátion** 名 Ⓤ 憤

り, 怒り, 義憤.

in·dig·ni·ty /indígniti/ 名 UC 〔形式ばった語〕
[一般義] 人の威厳や自尊心を傷つけるような侮辱や軽蔑.
[その他] 具体的な行為としての侮辱的なあしらい[態度].
[用例] The soldiers who were captured suffered many *indignities* at the hands of enemy. 捕虜となった兵士たちは敵によって数々の辱めを受けた.

in·di·go /indigou/ 名 U 形 〖染色〗マメ科の植物から採る染料, 藍(ぁぃ), また藍色.
[語源] この植物の原産地であるインドを意味するギリシャ語 *Indikos* の派生形 *indikon* (=Indian dye) がラテン語 *indicum*, スペイン語 *indico* を経て初期近代英語に入った.
【複合語】**índigo blúe** 名 U 藍色.

in·di·rect /indirékt, -dai-/ 形 [一般義] [一般義] 間接的な, 遠回しの. [その他] 本来は道などがまっすぐでないの意で, それから比喩的に間接的なの意が出た. また曲がっているの意より, 不正の, ずるいという意味になる.
[語源] 中世ラテン語 *indirectus* (*in-* not+*directus* direct) が中英語に入った.
[用例] In order to find out exactly what happened I asked her several questions but she kept giving me *indirect* answers. 正確に何が起きたかを知るために私は彼女にいくつかの質問をしたが, そのつど彼女は遠回しで答えた.
【派生語】**indiréctly** 副. **indiréctness** 名 U.
【複合語】**indirect narrátion** 名 U 〖文法〗間接話法(indirect speech). **indirect óbject** 名 C 〖文法〗間接目的語. **indirect spéech** 名 =indirect narration. **índirect táx** 名 CU 間接税.

in·dis·cern·i·ble /indisə́ːrnəbl/ 形 〔形式ばった語〕小さかったり, 隠れていたり, 暗くて見分けることができない, はっきりと認識しにくい.

indisciplinable ⇒indiscipline.

in·dis·ci·pline /indisiplin/ 名 U 〔形式ばった語〕精神面や道徳面でのしつけや訓練ができていないこと, また規律心や自制心の欠如.
【派生語】**indisciplinable** 形 訓練できない, 御しがたい. **indisciplined** 形 無規律な.

in·dis·creet /indiskríːt/ 形 〔やや形式ばった語〕言動に正しい判断や認識のない, 特に言っていいことと悪いことがわからないの意から, 分別のない, 思慮のない, 軽率な.
[語源] ラテン語 *indiscretus* (=not distinguishable) が中英語に入った.
[用例] Do not tell her your secret—She is so *indiscreet* that she will tell everyone. 彼女に秘密をもらしてはだめだよ. あんなに分別のない人だから誰にでも話すよ.
【派生語】**indiscréetly** 副. **indiscretion** /indiskréʃən/ 名 UC 無分別, 無思慮, 軽率な行為.

in·dis·crim·i·nate /indiskríminit/ 形 〔形式ばった語〕物や人などの違いや価値が判断できない. 特に道徳的な価値判断ができない, 無差別の, 見境のない, 乱雑な.
[用例] There was *indiscriminate* killing of civilians and soldiers alike. 兵隊と市民の無差別殺戮
【派生語】**indiscríminately** 副.

indispensability ⇒indispensable.

in·dis·pen·sa·ble /indispénsəbl/ 形 C 〔やや形式ばった語〕 [一般義] 絶対に必要な, 欠くことができない. [その他] 義務などを避けることができない, 怠ることができない《to; for》.
[用例] This book is quite *indispensable*. この本は絶対に必要だ/This is an *indispensable* obligation for you. これは君にとっては避けては通れない義務だ.
【派生語】**indispènsabílity** 名 U. **indispénsably** 副 必ず, ぜひとも.

in·dis·posed /indispóuzd/ 形 〔形式ばった語〕《通例述語用法》具合の悪い, 気分のすぐれない. また...する気がない, 気になれない《to; toward; to do》.
[用例] She apologized that she could not come as she was *indisposed*. 気分が悪かったので来れなかったと彼女は弁解した.
【派生語】**indisposítion** 名 UC.

in·dis·pu·ta·ble /indispjúːtəbl/ 形 〔形式ばった語〕確実であり議論の余地がない, 疑問をさしはさむことができない, 明白な.
【派生語】**indispútably** 副. **indispútableness** 名 U.

in·dis·sol·u·ble /indisáljubl|-ɔ́-/ 形 〔形式ばった語〕物が分解[分離, 溶解]できない, 固い, 不変の, また解消できない, 解除できない, 永続的な.

in·dis·tinct /indistíŋkt/ 形 [一般義] 輪郭がぼやけている, 明確でない, 音が不明瞭な, ぼんやりしている, 意味がはっきりと理解できない.
[用例] an *indistinct* outline of a ship おぼろげな船影.
【派生語】**indistínctly** 副. **indistínctness** 名 U.

in·dis·tin·guish·a·ble /indistíŋgwiʃəbl/ 形 [一般義] 〔通例述語用法〕形や構造, 特徴などが他のものと見分けがつかない, 区別できない《from》.
[用例] This copy is *indistinguishable* from the original. このコピーはもとのものと見分けがつかない.

in·di·vid·u·al /indivídʒuəl/ 形 名 C [一般義] 個々の, 個人の. [その他] 個人的な, 個人用の, さらには独特の, 特有のなどの意. 名 として個人, 個体, 人.
[語源] ラテン語 *individuus* (*in-* not+*dividuus* divisible) から派生した中世ラテン語 *individualis* が中英語に入った. 「これ以上分割できない」が原意.
[用例] Customers in shops should be given *individual* attention. 店の客にはひとりひとり応対をしなければならない/He has a very *individual* style of painting. 彼は非常に独得の画法を身につけている/the rights of the *individual* in society 社会における個人の権利/He's an untidy *individual*. 彼はだらしない人物だ.
【派生語】**indivídualism** 名 U 個人主義, 利己主義. **indivídualist** 名 C 個人主義者. **indivìdualístic** 形. **indivìduálity** 名 UC 個性, 《複数形で》個人的個性. **indivìdualizátion** 名 U. **indivídualize** 動 [本来な] 個々に扱う, 個性化する. **indivídually** 副.

in·di·vis·i·ble /indivízəbl/ 形 [一般義] 細かい部分に分けることができない, 〖数〗割り切れない.
【派生語】**indivìsibílity** 名 U. **indivísibly** 副 不可分に.

In·do·chi·na, Indo-China /índoutʃáinə/ 名 固 インドシナ半島《★ミャンマー, タイ, ラオス, カンボジア, ベトナム, マレーシア, シンガポールから成るアジア南東

【派生語】**Índochínese** 形 C インドシナ(人).

in·doc·tri·nate /indάktrineit/-ɔ́-/ 動 本来他 〔一般義〕《形式ばった語》《悪い意味で》人に原理や基本を無批判に受け入れるように**教える**, 思想などを**吹き込む**《with》.
用例 The dictator tried to *indoctrinate* schoolchildren with the ideals of his party. 独裁者は学校の子供たちに自分の党派の理想を教え込もうとした.
【派生語】**indòctrinátion** 名 U. **índoctrinàtor** 名 C.

In·do-Eu·ro·pe·an /índoujùərəpí:ən/ 形 名 U〔言〕インド・ヨーロッパ語族(の)(★インド, 西アジア, ヨーロッパの各国の言語).

indolence ⇒indolent.

in·do·lent /índələnt/ 形 〔形式ばった語〕習慣的に活動, 努力などを嫌い怠惰な, 無精な, 〔医〕腫瘍, 潰瘍など痛みがない**無痛性**の, 病気の進行や治癒が**遅い**.
語源 後期ラテン語 *indolens* (=*in*- not+*dolens* feeling pain) が初期近代英語に入った.
類義語 lazy.
【派生語】**índolence** 名 U. **índolently** 副.

in·dom·i·ta·ble /indάmitəbl/-ɔ́-/ 形 〔形式ばった語〕簡単には屈服しない, **不屈**の.
語源 後期ラテン語 *indomitabilis* (=untameable) が19世紀に入った.
用例 He was a man of *indomitable* courage. 彼は不屈の勇気の持主だった.

In·do·ne·sia /ìndouní:ʒə, -ʃə/ 名 固 **インドネシア**(★共和国; 首都 Jakarta), またマライ諸島全体を指す.
語源 *Indo*- (⇒India)+ギリシャ語 *nesos* (=island) から.
【派生語】**Ìndonésian** 形 インドネシア(人, 語)の. 名 U インドネシア人[語].

in·door /índɔ:r/ 形 〔一般義〕**屋内**の, **屋内**で行なう, **屋内**用の, **屋内**に住む.
語源 within door の短縮形として18世紀から.
用例 *indoor* games 屋内競技/an *indoor* swimming-pool 屋内(用の)プール.
反意語 outdoor.
【派生語】**indóors** 副 屋内で.
【複合語】**índoor báseball** 名 UC インドアベースボール.

in·dorse /indɔ́:rs/ 動 =endorse.

in·drawn /índrɔ̀:n/ 形 〔形式ばった語〕〔一般義〕息などを吸い込んだ. その他 引っ込み思案であったり自己中心的で, 人にうちとけない, よそよそしい.

in·du·bi·ta·ble /indjú:bitəbl/ 形 〔形式ばった語〕事実などがあまりにも明白なために**疑う余地のない, 確実な**.
【派生語】**indúbitably** 副.

in·duce /indjú:s/ 動 本来他 〔一般義〕人にすすめて...させる, **勧誘する**. その他 物事が人に刺激や影響を与えて, 事を**引き起こす**, 生じさせる, 薬品が分娩を**引き起こす**, **分娩させる**, 〔理〕電磁誘導によって電流を**誘導する**, 結果を引き起こすことから〔論〕**帰納する**(⇔deduce).
語源 ラテン語 *inducere* (*in-* into+*ducere* to lead) が中英語に入った.
用例 Nothing would *induce* me to visit that place again! もう二度とあんな場所を訪れたいという気持ちが起こるものか.
【派生語】**indúcement** 名 UC 刺激, 誘因, 動機(となるもの). **indúcible** 形 誘納できる, 〔論〕帰納できる.

in·duct /indΛkt/ 動 本来他 〔一般義〕特別な儀式などで人を聖職や官職などの公の地位や立場に**就任させる**, 一般に人を会などに**加入させる**, **入会させる**, 《米》人を兵役に就かせる.
語源 ラテン語 *inducere* (⇒induce) の過去分詞 *inductus* から中英語に入った.

in·duc·tion /indΛkʃən/ 名 UC〔一般義〕〔一般義〕**手引き**, **誘導**, **誘発**, 内燃機関の吸入, 薬による**分娩誘発**, 〔理〕**誘導**, **感応**, 〔論〕**帰納(法)**(⇔deduction). その他 就任(式), 入会(式), 《米》徴兵, 就役手続.
【派生語】**indúctive** 形.
【複合語】**indúction còil** 名 C **誘導[感応]コイル**. **indúction còurse** 名 C 会社などの新入社員のための**研修**.

in·dulge /indΛldʒ/ 動 本来他 〔一般義〕〔一般義〕子供などに望みなど好きなことをやらせる, **甘やかす**. その他 欲望や好みを**満足させる**. 自〔くだけた語〕飲み食いなどの楽しみで度を過ごす, 思いっきり...する の意.
語源 ラテン語 *indulgere* (= to give free rein to) が初期近代英語に入った.
用例 You shouldn't *indulge* that child. その子を甘やかすべきではない/He *indulged* in sports in his school days. 学生時代彼はスポーツに夢中だった.
【派生語】**indúlgence** 名 U 気ままにさせる[する]こと, ほしい物を与えること, 寛大, 道楽, 恩寵, 免罪. **indúlgent** 形 寛大な, 甘い, 手ぬるい. **indúlgently** 副.

in·dus·tri·al /indΛstriəl/ 形 〔一般義〕**産業の**, **工業の**.
【派生語】**indústrialism** 名 U **産業主義**. **indústrialist** 名 C **産業経営者**, **実業家**, **産業主義者**. **indùstrializátion** 名 U. **indústrialize** 動 本来他 **産業化する**. **indústrialized** 形. **indústrially** 副.
【複合語】**indústrial árts** 名 U《米》特に実業学校で教える**工芸**. **indústrial desígn** 名 U 工業デザイン. **indústrial desígner** 名 C 工業デザイナー. **indústrial párk** [《英》**estáte**] 名 C 工業団地. **indústrial relátions** 名《複》企業などの**労使[労資]関係**. **Indústrial Revolútion** 名《the ~》18世紀末から19世紀初頭にかけて英国を中心に起こった**産業革命**. **indústrial schóol** 名 C **実業[産業]学校**. **indústrial únion** 名 C **産業別労働組合**.

in·dus·tri·ous /indΛstriəs/ 形 〔形式ばった語〕**勤勉な**.
語源 ラテン語 *industria* (⇒industry) がフランス語 *industrieux* を経て中英語に入った.
【派生語】**indústriously** 副. **indústriousness** 名 U.

in·dus·try /índəstri/ 名 UC 〔一般義〕〔一般義〕**産業**, **工業**. その他 産業の意から, 広く**産業界**の意. また〔形式ばった語〕仕事に対してつねに前向きに努力すること, **勤勉**, **勤労**を意味する.
語源 ラテン語 *industria* (=diligence) が中英語に入った. 「勤勉」の意から, それによって生み出される組織的な仕事, すなわち「産業」の意になった.
用例 The government should invest more money in *industry*. 政府は産業にもっと多額な金を投資すべきだ/the steel *industry* 鉄鋼業/the shipbuilding *industry* 造船業/the automobile *indus*-

try 自動車工業/the film *industry* 映画産業/He owed his success to both ability and *industry*. 彼の成功は能力と勤勉のおかげだった.

in·dwell·ing /índwelɪŋ/ 形 〔形式ばった語〕精神や原理などが活動的な状態で**内在している**,〖医〗排泄[排尿]のためにカテーテルなどが**体の中に入れられた状態**を表す.

語源 ラテン語 *inhabitare* (= to dwell in) の訳語から中英語に入った.

in·e·bri·ate /iníːbrieɪt/ 動 本来他 形 C 〔形式ばった語〕酒に酔わせる, 比喩的に酒でも飲んだかのように**有頂天にさせる**《語法 時としてこっけいな意味になる》. 形 として酔っ払った, のんだくれの. 名 として, 常習的に酔った人, 大酒飲み.

語源 ラテン語 *inebriare* (*in-* 強意+*ebriare* to make drunk) の過去分詞 *inebriatus* から初期近代英語に入った.

【派生語】 **inébriated** 形.

in·ed·i·ble /inédɪbl/ 形 〔形式ばった語〕食用に適さない.

【派生語】 **inèdibílity** 名 Ⓤ.

in·ed·u·ca·ble /inédʒukəbl/ 形 〔形式ばった語〕知恵遅れなどのために**教育不可能な**.

in·ef·fa·ble /inéfəbl/ 形 〔形式ばった語〕余りにもすばらしくて**言葉で言い表せない**, 逆にあまりにもひどくて, あるいは不愉快で**言いようのない**. また口にしてはならないほど**神聖な**, 反対にタブーなどのために**口で言ってはならない**, 口にするのがはばかられるの意.

語源 ラテン語 *ineffabilis* (*in-* not + *effabilis* utterable) が中英語に入った.

in·ef·face·a·ble /inɪféɪsəbl/ 形 〔形式ばった語〕印象や心の傷などを根本から消しさることができない, 払拭することができない.

語源 フランス語 *ineffaçable* (= not effaceable) が 18 世紀に入った.

in·ef·fec·tive /inɪféktɪv/ 形 〔形式ばった語〕意図や努力した通りの**効果を生み出さない**, **効果的でない**, 人が能率的に仕事ができない, **無能な**.

【派生語】 **inefféctively** 副. **ineffectiveness** 名 Ⓤ.

in·ef·fec·tu·al /inɪféktʃuəl/ 形 〔形式ばった語〕意図や予期した結果を生み出さない, **効果がない**, **むだな**, あるいは人が**無能な**.

【派生語】 **ineffectuálity** 名 Ⓤ. **inefféctually** 副. **ineffectualness** 名 Ⓤ.

inefficiency ⇒ inefficient.

in·ef·fi·cient /inɪfíʃənt/ 形 〔一般義〕〔一般義〕無駄や能力のなさにより人や機械などが**非能率的な**, **無能な**.

用例 They use very *inefficient* machinery in that factory. あの工場ではずいぶん能率のあがらない機械を使っている.

【派生語】 **inefficiency** 名 Ⓤ. **inefficiently** 副.

in·e·las·tic /inɪlæstɪk/ 形 〔やや形式ばった語〕変化する状況に**反応できるのでない**, **適応性のない**, **弾力性のない**, 〖経〗需要と供給の関係において**弾力性に乏しい**, 〖理〗衝突が**非弾性的の**.

inelegance ⇒ inelegant.

in·el·e·gant /inéligənt/ 形 〔形式ばった語〕**上品さに欠けた**, 優美でない, 好みの良くない.

用例 She was sprawled in a chair in a most *inelegant* fashion. 彼女はとてもはしたない格好で椅子に手足をだらりと広げて座っていた.

【派生語】 **inélegance** 名 Ⓤ. **inélegantly** 副.

in·el·i·gi·ble /inélidʒəbl/ 形 Ⓒ 〔形式ばった語〕《通例述語用法》人がある地位, 義務, 仕事などに対して選ばれるのに**適格でない**, **適任でない**, また法的にも**適格性がない**. 名 として**不適任[適格]者**.

用例 Children under eighteen years of age are *ineligible* to vote in elections. 18 歳以下の子供には選挙権がない.

【派生語】 **inèligibílity** 名 Ⓤ.

in·ept /inépt/ 形 〔形式ばった語〕**不器用な**, **ひどく不適当な**, ばかげた.

語源 ラテン語 *ineptus* (*in-* not + *aptus* suitable) がフランス語 *inepte* を経て初期近代英語に入った.

用例 His behaviour at the funeral was very *inept*. 葬式での彼の行動はまったく場違いで, 愚かな行動だった.

【派生語】 **inéptitude** 名 ⓊⒸ 不適当, 愚かな言動.

in·e·qual·i·ty /ini(ː)kwɒlɪti/ -/ 名 ⓊⒸ 〔一般義〕**不平等**, 《しばしば複数形で》**不平等な点**.

in·eq·ui·ta·ble /inékwɪtəbl/ 形 〔形式ばった語〕関係しているものすべてにわたって公平に扱わない, 公正でない, **不平等な**.

in·eq·ui·ty /inékwəti/ 名 ⓊⒸ 〔形式ばった語〕偏見やえこひいきにとらわれて人を公正, 平等に扱わないこと, **不公平**, **不公正**, また**不公正な事例**.

in·e·rad·i·ca·ble /inɪrædikəbl/ 形 〔形式ばった語〕伝染病などを**根絶できない**, 人の性格に根ざしていて取り除くことができない, **根深い**.

in·ert /inɜːrt/ 形 〔形式ばった語〕〔一般義〕**自力で動けない**, 物質が**自動力のない**. 〔その他〕人が生まれつき**活動したがらない**, 動きや行動が**非常に遅い**, **鈍い**, 〖化〗**不活性の**.

語源 ラテン語 *iners* (= unskilled; *in-* not + *ars* skill) が初期近代英語に入った.

用例 A stone is *inert*. 石は自動力がない/*inert* gases 不活性ガス.

in·er·tia /inɜ́ːrʃə/ 名 Ⓤ 〖理〗**慣性**, **惰性**. 比喩的に人や組織について行動, 努力, 変化をいやがること, **不活発**, **ものぐさ**.

語源 ラテン語 *iners* (⇒ inert) からの近代ラテン語が 18 世紀に入った.

in·es·cap·a·ble /inɪskéɪpəbl/ 形 〔形式ばった語〕**避けることができない**, **免れ難い**, **不可避の**.

用例 The unfortunate but *inescapable* conclusion is that he is a liar. 不幸なことだが, 避けては通れない結論は彼がうそつきだということだ.

in·es·sen·tial /inɪsénʃəl/ 形 名 Ⓒ 〔形式ばった語〕〔一般義〕本当に必要ではない, 重要でない, **本質的ではない**. 名 として《通例複数形で》必要不可欠でないもの, なければなくてよいものという意味になる.

用例 *inessential* luxuries なくてすむようなぜいたく品.

in·es·ti·ma·ble /inéstəməbl/ 形 〔形式ばった語〕《通例良い意味で》非常にすぐれていて**評価したり計算したりすることができない**, **計り知れない**.

語源 ラテン語 *inaestimabilis* (= not estimable) が中英語に入った.

類義語 invaluable.

【派生語】 **inéstimably** 副.

inevitability ⇒ inevitable.

in·ev·i·ta·ble /inévɪtəbl/ 形 〔一般義〕〔一般義〕どう

しても**避けることができない**. 〔その他〕避けられないことから, **当然起こる**, **必然的な**. 《the ～》名詞的に避けられないこと, 必然のこと; 〔くだけた語〕お決まりの, 相変わらずの意味にも用いられる.

【語源】ラテン語 *inevitabilis*（=not avoidable）が中英語に入った.

【用例】The Prime Minister said that war was *inevitable*. 首相は戦争は避けられないと言った/The Prime Minister's speech was accompanied by the *inevitable* jokes about members of other parties. 首相は他党のメンバーについての相変わらずの冗談を交えて演説を行った.

【派生語】**inèvitabílity** 名 Ù 不可避, 必然性. **inévitably** 副.

in·ex·act /ìnigzǽkt/ 形 〔形式ばった語〕事実や形, 詳細などが**正確でない**, **不正確な**, **厳密でない**.

【用例】The figures my colleague gave you last week were *inexact*. 先週, 同僚が示した数字は正確ではありませんでした.

【派生語】**ìnexáctitude** 名 Ù 不正確, 精密でないこと.

in·ex·cus·a·ble /ìnikskjúːzəbl/ 形 〔やや形式ばった語〕言動などが非常に悪くて**言い訳のたたない**, **許し難い**.

【用例】Her behaviour was *inexcusable*. 彼女の振舞いは申し開きのしようがなかった.

【派生語】**ìnexcúsableness** 名 Ù. **ìnexcúsably** 副.

in·ex·haust·i·ble /ìnigzɔ́ːstəbl/ 形 〔やや形式ばった語〕〔一般義〕大量にあるために使いきることのない, **無尽蔵の**. 〔その他〕人の忍耐力や活力がなくならない, **疲れを知らない**.

【用例】He seems to have an *inexhaustible* supply of bad jokes. 彼の悪い冗談はとどまるところを知らないようだ.

【派生語】**ìnexhàustibílity** 名 Ù. **ìnexháustibleness** 名 Ù. **ìnexháustibly** 副.

in·ex·o·ra·ble /ìnéksərəbl/ 形 〔形式ばった語〕行為, 結果などが哀願や懇請によって**動かせない**, **変えられない**, それほどに**冷酷な**, また物事が**避けようがない**.

【語源】ラテン語 *inexorabilis*（=not easily moved）が初期近代英語に入った.

【用例】the *inexorable* process of aging 加齢という回避不可能な作用.

【派生語】**ìnexorabílity** 名 Ù. **ìnéxorableness** 名 Ù. **ìnéxorably** 副.

inexpediency ⇒inexpedient.

in·ex·pe·di·ent /ìnikspíːdiənt/ 形 〔やや形式ばった語〕目的を達成したり利益を得る上で**適当でない**, **不得策な**, **不都合な**.

【派生語】**ìnexpédiency** 名 Ù. **ìnexpédiently** 副.

in·ex·pen·sive /ìnikspénsiv/ 形 〔形式ばった語〕価値に相応して妥当であり**安い**, **費用がかからない**, **手ごろな値段の**（《語法》婉曲的に cheap を意味するが, cheap より良い意味で用いられる）.

【用例】Those shoes seem very *inexpensive*. あの靴は非常に買得でしょう.

【派生語】**ìnexpénsively** 副. **ìnexpénsiveness** 名 Ù.

in·ex·pe·ri·ence /ìnikspíəriəns/ 名 Ù 〔一般義〕実地や実用となる**経験がないこと**, また経験から得られる技術や知識がなく**不慣れな**, **未熟な**.

【用例】He seems good at the job in spite of his youth and *inexperience*. あの若さで経験もないのに, 彼は仕事がよくできるようだ.

【派生語】**ìnexpérienced** 形.

in·ex·pert /ìnékspɚːrt, ìnikspɚ́ːrt/ 形 〔やや形式ばった語〕技術的に**未熟な**, **不器用な**, 何かが**不得手な**〈at; in〉.

【用例】I am hopelessly *inexpert* at baking. 私はパンを焼くのが下手で, あきらめています.

【派生語】**ìnéxpertly**, **ìnexpɚ́ːrtly** 副. **ìnéxpertness**, **ìnexpɚ́ːrtness** 名 Ù.

in·ex·pi·a·ble /ìnékspiəbl/ 形 〔形式ばった語〕罪や悪業を**消滅させられない**, **あがなうことができない**.

in·ex·pli·ca·ble /ìnéksplikəbl/ 形 〔やや形式ばった語〕原因や理由を**説明できない**, **不可解な**.

【用例】His *inexplicable* absence worried all of us. 彼の不可解な欠席は我々すべてを心配させた.

【派生語】**ìnèxplicabílity** 名 Ù. **ìnéxplicableness** 名 Ù. **ìnéxplicably** 副.

in·ex·pres·sive /ìnikspréssiv/ 形 〔一般義〕《通例限定用法》**表情のない**, あるいは表情や表現, 身ぶりに伴う**意味のない**.

【用例】an *inexpressive* face 無表情な顔つき.

【派生語】**ìnexpréssively** 副. **ìnexpréssiveness** 名 Ù.

in·ex·press·i·ble /ìnikspréssəbl/ 形 感情が高まって**表現できない**, **言うに言われぬ**.

【派生語】**ìnexpréssibleness** 名 Ù. **ìnexpréssibly** 副.

in·ex·tri·ca·ble /ìnékstrikəbl/ 形 〔形式ばった語〕複雑に込み入っていて**抜け出せない**, 結び目などをほどくことができない, **物事を解決できない**.

【派生語】**ìnèxtricabílity** 名 Ù. **ìnéxtricably** 副.

in·fal·li·ble /ìnfǽləbl/ 形 〔やや形式ばった語〕人や人の判断, 行動に**絶対に誤りがない**, また物事が**絶対確実な**.

【用例】To cure a cold, drink a glass of hot whisky before bedtime—it's *infallible*. 風邪を治すには, 就寝前にコップ一杯のホット・ウイスキーを飲みなさい. 絶対に効き目があります.

【派生語】**ìnfàllibílity** 名 Ù. **ìnfállibly** 副.

infamous ⇒infamy.

in·fa·my /ìnfəmi/ 名 Ù 〔やや形式ばった語〕不道徳なことや犯罪的なことによる**悪評**, **醜聞**, 《しばしば複数形で》**破廉恥な行為**, **非行**.

【語源】ラテン語 *infamis*（=infamous）の派生形 *infamia* が古フランス語を経て中英語に入った.

【用例】His *infamy* had spread through the country. 彼のまったくひどい悪評が国中に知れわたっていた.

【派生語】**ínfamous** 形 不名誉な, 恥ずべき.

infancy ⇒infant.

in·fant /ìnfənt/ 名 C 形 〔一般義〕〔一般義〕歩行前の**乳児**, **赤ん坊**. 〔法〕通例 7 歳未満の**幼児**, 《法》**未成年者**（★通例 18 歳未満）, また転じて**初心者**, **未熟者**の意になる.

【語源】ラテン語 *fari*（=to speak）の現在分詞 *fans* に否定の接頭語 *in-* がついてできた「まだ話せない（もの）」の意の *infans* が古フランス語 *enfant* を経て中英語に入った.

【用例】She is trained to look after *infants*. 彼女は

幼児の世話をする訓練を受けている.
【派生語】**infancy** 名 U 幼時, 初期, 【法】未成年: in one's *infancy* 幼時, 初期の段階で. **infanticide** /ínfæntəsàid/ 名 UC 幼児殺し, 幼児殺し犯人. **infantile** /ínfəntail, -til/ 形 幼児の, あどけない, 初期の.
【複合語】**infant mortàlity** 名 U 乳児死亡率. **ínfant pródigy** 名 C 神童. **ínfant schòol** 名 C 《英》5-7 歳の児童を教育する幼児学校.

in·fan·try /ínfəntri/ 名 U 【軍】《the ~; 通例複数扱い》陸軍の歩兵, 歩兵隊.
[語源] ラテン語 *infans* (⇒infant)の派生形 *infante* (=youth; foot soldier)がイタリア語 *infanteria* を経て初期近代英語に入った.
【複合語】**infantryman** 名 C 歩兵.

in·farc·tion /infá:rkʃən/ 名 U 【医】血管が詰まって組織が壊死する梗塞(こうそく).
[語源] ラテン語 *infarcire* (=to stuff in) の過去分詞 *infarctus* より 19 世紀に入った.

in·fat·u·ate /infǽtʃueit/ 動 本来他 《やや形式ばった語》《受身で》《やや軽蔑的》人が一時的に理性を失なって相手に対して夢中になる, のぼせ上がる.
[語源] ラテン語 *infatuare* (=to cause to behave foolishly) の過去分詞 *infatuatus* から初期近代英語に入った.
[用例] He is *infatuated* with her, and doesn't see her faults. 彼は彼女に首ったけで, 彼女の欠点が見えていない.
【派生語】**infàtuátion** 名 U 夢中になる[させる]こと, 有頂天.

in·fect /infékt/ 動 本来他 〔一般語〕 一般義 病原菌などが人体や傷などを冒す. その他 人に病気を感染させる《with》, 空気や水などを有害物で汚染する《with》, 比喩的に人の感情や思想に影響を及ぼす, 感化する.
[語源] ラテン語 *inficere* (=to taint; to dip in) の過去分詞 *infectus* から中英語に入った.
[用例] You must wash that cut on your knee in case it becomes *infected*. ひざの切り傷から病気が感染しないように切り口を洗いなさい/Her enthusiasm *infected* us all. 彼女の強い熱意に我々一同心を動かされた.
【派生語】**infécted** 形. **inféction** 名 UC 感染, 汚染, 感染症, 伝染病. **inféctious** 形 感染する, 感染性の, 気分などが人にうつる.

in·fe·lic·i·tous /ìnfilísitəs/ 形 〔形式ばった語〕言葉や表現がその場に適切でない, 不備な.

in·fer /infə́:r/ 動 本来他 〔形式ばった語〕〔一般語〕 一般義 既知の事実や証拠を基にして推論する, 推定する. その他 推論する意から, 結論を間接的に示す, ほのめかす, 暗示する.
[語源] ラテン語 *inferre* (=to bring in) が中英語に入った.
[用例] I *inferred* from your silence that you were angry. 私は君の沈黙から君が怒っていると判断した.
【派生語】**ínference** 名 U 推論, 推定, 推断, 結論. **inferéntial** 形.

in·fe·ri·or /infíəriər/ 形 名 C 〔一般語〕 一般義 質や程度が他と比べて劣っている, 良くない. その他 空間的に下方の, 下位の, 〔形式ばった語〕階級や地位が下級の, 下層の. 名 として《やや軽蔑的》劣ったもの, 下のもの.
[語法] 後に than ではなく to を伴う.
[語源] ラテン語 *inferus* (=low; below) の比較級. 中英語に入った.
[用例] Her brother's successes made her feel very *inferior* to him. 彼女は兄の成功で兄に劣等感を抱いた/This carpet is *inferior* to that. このカーペットはあれよりも質が良くない/We no longer speak of those in a lower social class as *inferiors*. 我々はもはや社会の下層階級に属するものを劣等者とは呼んだりはしない.
[語法] 一般に inferior to ... を強めるのは much を用いるが, very を使うこともある.
【派生語】**inferiórity** 名 U 劣等, 下級, 劣勢: **inferiórity còmplex** 【心】コンプレックス, 一般的な意味で劣等感《superiority complex》.

in·fer·nal /infə́:rnəl/ 形 〔文語〕 一般義 地獄の, 地獄のような. その他 悪魔のような, 〔くだけた語; 古風な語〕いまいましい, ひどい.
[語源] ラテン語 *infernus* (=underground; hell) から派生した後期ラテン語 *infernalis* が中英語に入った.
【派生語】**inférnally** 副 非常に《[語法]くだけた表現では良い意味でも悪い意味でも用いられる》.

in·fer·no /infə́:rnou/ 名 C 《複 ~s》〔文語〕焦熱地獄, また焦熱地獄のように炎につつまれた所.
[語源] 後期ラテン語 *infernus* (⇒infernal) からのイタリア語が 19 世紀に入った.
[用例] The house was a blazing *inferno*. その家は猛火につつまれていた.

in·fer·tile /infə́:rtil, -tail/ 形 〔一般語〕 一般義 土地が肥えていない, 不毛の. その他 人や動物が生殖能力がない.
[用例] The land was stony and *infertile*. 土地は石ころだらけで不毛の土地だった / An attack of mumps had made him *infertile*. おたふくかぜに襲われたので, 彼は子供がつくれなかった.
【派生語】**infertílity** 名 U 不毛, 不妊.

in·fest /infést/ 動 本来他 〔形式ばった語〕おびただしい害虫, 病気, 犯罪などがはびこる, 害を与える生物が寄生する.
[語源] ラテン語 *infestus* (=hostile) から派生した *infestare* (=to attack) が古フランス語 *infester* を経て中英語に入った.
[用例] The dog was *infested* with fleas. その犬にはのみがうじゃうじゃたかっていた.
【派生語】**inféstant** 名 C 侵食生物. **infestátion** 名 U.

in·fi·del·i·ty /ìnfidéləti/ 名 UC 〔形式ばった語〕 一般義 宗教を信じないこと, 不信心. その他 道徳的義務や責任に忠実でなく信頼を裏切ること, 背徳, 背信行為, 夫または妻の不貞(行為).
[用例] Her husband's *infidelity* towards her was well-known. 彼女に対して夫が不貞を働いていることはみんな知っていた.

in·field /ínfi:ld/ 名 C 【野】各塁線の内側の部分, 内野, また《集合的》内野手やその守備位置をいう. 【陸上競技】トラックに囲まれた内側の部分, インフィールド. 〔一般語〕元来, 農家の屋敷周囲の畑を表した.
【派生語】**ínfielder** 名 C 【野】内野手.
【複合語】**ínfield hít** 名 C 【野】内野安打.

in·fight·ing /ínfaitiŋ/ 名 U 〔やや形式ばった語〕グループや組織などの仲間内での長期化した激しい争い,

infiltrate

内紛, 内部闘争, 内部抗争, 《ボクシング》接近戦.
[用例] The organization was weakened by constant *infighting*. その組織はしょっちゅう内輪もめがあって弱体化した.

in·fil·trate /ínfiltreit, ´--/ [動] [本来他] 〔一般語〕 [一般義] 破壊工作などのために組織体の中に目立たないように少しずつ潜入させる, 侵入させる. [その他] 本来は液体などを物体の間隙や細孔から浸透させる, しみ込ませるの意. [自] ...に潜入する, 浸透する (into).
【派生語】**ìnfiltrátion** [名] [U]. **infíltrator, ínfiltrator** [名] [C] 潜入者.

in·fi·nite /ínfinit/ [形] [CU] 〔一般語〕 [一般義] 始まりも終りもない, 果てしなく無限の. [その他] これが数量的に用いられて, 無数の, 数えきれない, 無量の, 莫大な, 《数》無限の. 《文法》人称·数·法の限定を受けない不定詞や動名詞などを指し, 不定の, 非定形の. [名] として無限のもの, 《the I-》神を意味する.
[語源] ラテン語 *infinitus* (*in-* not + *finitus* finite) が中英語に入った.
[用例] We believe that space is *infinite*. 我々は宇宙は無限であると信じている / *Infinite* damage could be caused by such a mistake. そんな誤りをしたら大損害をこうむるだろう.
【派生語】**ínfinitely** [副]. **infínitive** [名] [C] [形] 《文法》不定詞: **infinitive phrase** 不定詞句. **infínitude** [名] [U] 無限, 無数, 無量. **infínity** [名] [U] 無限, 《数》無限大.

in·fin·i·tes·i·mal /ìnfinitésiməl/ [形] [名] [CU] 〔形式ばった語〕 限りなく小さいことを表し, 極小の, 微小(の), 《数》無限小(の). また非常に小さいの意をこっけいな意味あいで使うこともある.
[語源] ラテン語 *infinitus* (⇒infinite) に序数詞語尾 *-esimus* をつけた近代ラテン語 *infinitesimus* が 18 世紀に入った.
【複合語】**ìnfinitésimal cálculus** [名] [C] 《数》微積分.

infinitive ⇒infinite.
infinitude ⇒infinite.
infinity ⇒infinite.

in·firm /infə́ːrm/ [形] 〔形式ばった語〕 [一般義] 老齢などにより身体が衰弱した, 虚弱な, 弱い. [その他] 意志薄弱な, 優柔不断な, 一般化して構造などがしっかりしていない, 堅固でない.
[語源] ラテン語 *infirmus* (=not firm) が中英語に入った.
【派生語】**infírmity** [名] [UC] 虚弱, (複数形で) 病気, 欠陥.

in·fir·ma·ry /infə́ːrməri/ [名] [C] 学校や工場などの保健室, 診療所, また病院 (★時には大文字で病院の名称となる).
[語源] ラテン語 *infirmus* (⇒infirm) から派生した中世ラテン語 *infirmaria* が中英語に入った.

infirmity ⇒infirm.

in·flame /infléim/ [動] [本来他] 〔形式ばった語〕 [一般義] 憤激させる. [その他] 激怒などで顔を真っ赤にする, 目を血走らせる, また食欲などを刺激する, 敵意などを強める, 《医》体の組織に炎症を起こさせるなどの意.
[語源] ラテン語 *inflammare* (=to set on fire; *in-* into + *flamma* flame) が古フランス語を経て中英語に入った.
[用例] The manager's words *inflamed* (the anger of) the man even more. マネージャーの言葉はその男の怒りをさらにかりたてた / His face became *inflamed* with anger. 彼の顔は怒りで真っ赤になった / Her throat was very *inflamed* when she was ill. 彼女は病気でのどが大変な炎症を起こした.
【派生語】**inflámed** [形].

in·flam·ma·ble /inflǽməbl/ [形] [名] [C] 〔形式ばった語〕 [一般義] 火のつきやすい, 引火性の, 可燃性の. [その他] 人が激しやすい. [名] として引火物.
[語源] ラテン語 *inflammare* (⇒inflame) から派生した中世ラテン語 *inflammabilis* が中英語に入った.
【派生語】**inflàmmabílity** [名] [U]. **inflámmableness** [名] [U]. **inflámmably** [副]. **ìnflammátion** [名] [UC] 《医》炎症, 引火, 燃焼, 激情. **inflámmatorily** [副]. **inflámmatory** [形] 炎症性の, 怒らせる.

inflatable ⇒inflate.

in·flate /infléit/ [動] [本来他] 〔形式ばった語〕 [一般義] 空気やガスで風船やタイヤなどをふくらませる. [その他] 風船をふくらませて空高く舞上がらせるということからの連想で, 得意にさせる, 鼻を高くさせる. また正常な状態をこえて増大させる意から, 《経》通貨を膨張させる, 物価を上昇させるの意にも用いられる.
[語源] ラテン語 *inflare* (*in-* in + *flare* to blow) の過去分詞 *inflatus* が中英語に入った.
[用例] He used a bicycle pump to *inflate* the ball. 彼はボールをふくらませるのに自転車の空気入れを使った / Her recent success will *inflate* her sense of her own importance. 彼女は最近成功したことで自分が重要人物だとおおいに鼻を高くすることであろう.
【派生語】**inflátable** [形]. **infláted** [形]. **inflátion** [名] [U] ふくらますこと, 《経》インフレーション. **inflátionary** [形] インフレーションを誘発する: **inflationary spiral** 賃上げと物価高との悪循環により生ずる悪性インフレ.

in·flect /inflékt/ [動] [本来他] 〔一般語〕 [一般義] 声の高低(調子)を変える. [その他] 《文法》名詞, 形容詞, 動詞, 副詞などの語形〔語尾〕を変化させる, 屈折させる. 本来は直線を内側に曲げる, 湾曲させるという意味.
[語源] ラテン語 *inflectere* (*in-* into + *flectere* to bend) が中英語に入った.
[用例] Chinese is not an *inflected* language. 中国語は屈折言語ではない.
【派生語】**infléctable** [形]. **infléction**, 《英》**infléxion** [名] [UC] 声の調子の変化, 抑揚, 《文法》語形変化, 屈折, 屈折語尾 (★名詞と代名詞の格·数·性の語形変化を declension, 形容詞と副詞の比較級·最上級などの変化を comparison, 動詞の過去·過去分詞·現在分詞などの変化を conjugation といい, これらの総称が inflection である). **infléctional**, 《英》**infléxional** [形]. **infléctive** [形].

in·flex·i·ble /infléksəbl/ [形] 〔やや形式ばった語〕 [一般義] 物質が堅くて曲げられない, 曲がらない. [その他] 人や人の性格が柔軟性のない, 頑固な, 考え方や制度などが融通性のない, 硬直した.
[語源] ラテン語 *inflexibilis* (=not flexible) が中英語に入った.
[用例] They pleaded with him to change his mind, but he was *inflexible*. 彼らは彼に考えを変えるようにお願いしたが, 彼は融通がなかった.
【派生語】**inflèxibílity** [名] [U]. **infléxibley** [副].

inflexion ⇒inflect.

in·flict /inflíkt/ 動 [本来他] 〔形式ばった語〕人に苦痛や損害などを**与える**, 押しつける, 罰などを**負わせる**, 科す 《on; upon》.
[語源] ラテン語 *infligere* (*in-* on + *fligere* to strike) の過去分詞 *inflictus* が初期近代英語に入った.
[用例] Was it necessary to *inflict* such a punishment on him? 彼にあんな罰を与える必要があったのか.
【派生語】**infliction** 名 C 罰[苦痛]を与えること, 刑罰, 苦痛. **inflictive** 形. **inflictor, inflicter** 名 C.

in-flight /ínfláit/ 形 〔一般語〕〔限定用法〕飛行中の, 機内での.
[用例] *in-flight* movies 機内映画/*in-flight* meals 機内食.

in·flow /ínflòu/ 名 UC 〔一般語〕液体や気体, 資金などの流入, また流入する物.
[語源] in + flow として 19 世紀から.

in·flu·ence /ínfluəns/ 名 UC 動 [本来他] 〔一般語〕[一般義] 人や物が他に与える**影響**. [その他] 影響力, 勢力, 圧力, 説得力, また影響力のある人[もの]. 動 [他] で影響を与える, 左右する, …するよう働きかける, 促す《to do》.
[語源] ラテン語 *influere* (*in-* in + *fluere* to flow)の現在分詞 *influens* から派生した中世ラテン語 *influentia* が中英語に入った. 本来は「星の影響」の意で, 占星術で星から流れてくるエーテル状の液体が人の運命に影響を与えると考えられた.
[用例] It was through his *influence* that she became interested in sociology. 彼女が社会学に興味を持つようになったのは彼の影響であった/He used his *influence* to get her the job. 彼は自分の顔で彼女をその仕事に就かせた/He should not have driven the car under the *influence* of alcohol. 彼は酔っぱらっている状態で車を運転すべきではなかった/His mother was the strongest *influence* in his early life. 彼の母親は彼の幼年期に最も影響を与えた人物でした/Try not to be *influenced* by what he says. 彼の言うことに感化されないようにしなさい.
【派生語】**influential** 形 影響力のある, 有力な. **influentially** 副.

in·flu·en·za /ìnfluénzə/ 名 U 《医》インフルエンザ, 流行性感冒《語法》日常的には略して flu を用いる》.
[語源] 中世ラテン語 *influentia* (⇒influence)からのイタリア語 *influenza* が 18 世紀に入った. 伝染病も「星の影響」によるとしていたことによる.

in·flux /ínflʌks/ 名 UC 〔形式ばった語〕[一般義] 人や物の継続的で多数または大量の**流入**, **到来**, また特に突然の**殺到**. [その他] 川と川の合流点, 海や湖の河口.
[語源] ラテン語 *influere* (= to flow in)の過去分詞 *influxus* が後期ラテン語で 名 になり初期近代英語に入った.
[用例] We are to have yet another *influx* of visitors next week. 来週はさらに別の訪問客がどっとやってくることになっている.

in·fo /ínfou/ 名 U 〔くだけた語〕情報 (information).
【複合語】**info cènter** 名 C 情報センター.

in·form /infɔ́rm/ 動 [本来他] 〔形式ばった語〕[一般義] ある事に関する知識を相手に与える, **知らせる**, **通知する**, **報告する**. [その他] 「形を与える」という本来の意味から, 物事を**特徴づける**, ある特徴や感情などが物にみなぎっている, 浸透しているの意となる.
[語源] ラテン語 *informare* (= to give form to; *in-* 強意 + *formare* to form)が古フランス語を経て中英語に入った.
[用例] Please *inform* me of your intentions in this matter. この事に対するあなたの意向を私にお聞かせ下さい/I was *informed* that you were absent from the office. 私はあなたが会社を休んだと知らされました/You should *inform* him when you are going to start. あなたがいつ出発するのかを彼に知らせておくべきです.
【慣用句】***inform* against** …… …を密告する: He *informed* against his fellow thieves. 彼は泥棒仲間を密告した.
【派生語】**infórmant** 名 C 情報提供者, 言語研究の被調査者. **information** 名 U 情報, ニュース, 知識, 案内: **information desk** ホテルなどの受付, 駅の案内所 (information office)/**information industry** 情報産業/**information science** 情報科学/**information theory** 情報理論. **informational** 形. **informative** 形 情報[知識]を与えるような, 有益な, 教育的な. **informed** 形 情報に明るい, 知識のある. **informer** 名 C 密告者, 通報者.

in·for·mal /infɔ́rməl/ 形 〔一般語〕[一般義] 固定した習慣, 規則, 儀礼などに従わない, **形式ばらない**, 日常の, ふだんの. [その他] 非公式の, 略式の, パーティーなどが正装を必要としない, また堅苦しくない, 肩のこらない, 言葉が話し言葉の, くだけた.
[語源] in- (=not) + formal として中英語から.
[用例] The two prime ministers will meet for *informal* discussions today. 両国の総理大臣は本日非公式な討議を行うことになっている/Will the party be formal or *informal*? そのパーティーはフォーマルですかインフォーマルですか/Her office had a pleasant, *informal* atmosphere. 彼女の職場は楽しく打ち解けた雰囲気だった.
【派生語】**informálity** 名 UC 非公式, 略式, 形式ばらない行い. **infórmally** 副.

informant ⇒inform.
information ⇒inform.
informative ⇒inform.

in·frac·tion /infrǽkʃən/ 名 UC 〔形式ばった語〕法律, 権利, 規則などの**違反や違反行為**.
[語源] ラテン語 *infringere* (= to break off)の過去分詞 *infractus* より. 18 世紀から.

in·fra·red /ìnfrəréd/ 形 〔一般語〕赤外線の, また治療, 写真, 料理などが赤外線利用の.
[語源] ラテン語 *infra* (= below) + red による造語. 19 世紀から.
【複合語】**infraréd ráys** 名 《複》赤外線.

infrequency ⇒infrequent.

in·fre·quent /infríːkwənt/ 形 〔一般語〕めったにしか起こらない, たまの, まばらな, 珍しい.
[用例] His visits became more and more *infrequent*. 彼の訪問はますますまれにしかないものとなった.
【派生語】**infréquency** 名 U. **infréquently** 副 たまに, 《類義語》 seldom》.

in·fringe /infríndʒ/ 動 [本来他] 《法》法律や他人の権利を犯す, **侵害する**, 破る《語法》自 で用いるときは on や upon を伴う》.
[語源] ラテン語 *infringere* (= to break off)が初期近

in·fu·ri·ate /ɪnfjúərieit/ 動 [本来他] 〔形式ばった語〕人を激怒させる.

[語源] ラテン語 *furia* (⇒fury) がもとになった中世ラテン語 *infuriare* (=to enrage) が初期近代英語に入った.

[用例] I was *infuriated* by his words. 私は彼の言葉で逆上した.

in·fuse /ɪnfjúːz/ 動 [本来他] 〔形式ばった語〕[一般義] 液体を注ぐかのように優れた思想などを…に注入する《into》, 人に…を吹き込む, 感情などを満たす《with》. [その他] 《医》薬液などを注入する. また薬草や茶などを湯に浸し, 湯を注いで振り出す意にもなる.

[語源] ラテン語 *infundere* (=to pour in) の過去分詞 *infusus* から中英語に入った.

[用例] He was *infused* with the spirit of adventure. 彼は冒険心を奮い起こされた.

【派生語】**infúsion** 名 UC 注入, 鼓吹, 浸出, 振り出し汁, 《医》点滴.

in·fu·si·ble /ɪnfjúːzəbl/ 形 〔一般語〕溶解しない, 不溶解性の.

[語源] in- (=not)+fusible として初期近代英語から.

【派生語】**infùsibílity** 名 U.

infusion ⇒infuse.

-ing /-ɪŋ/ 接尾 動詞の原形について現在分詞, あるいは動名詞 (gerund) や動詞的名詞 (verbal noun) を形成する.

in·gath·er·ing /ɪ́ŋɡæðərɪŋ/ 名 UC 〔やや文語的〕集めること, 収穫, 人の集合.

[語源] in+gather+-ing として初期近代英語から.

in·gen·ious /ɪndʒíːnjəs/ 形 〔形式ばった語〕[一般義] 人が巧みに物を作り出す才能がある, 発明の才のある, 器用な. [その他] 物が巧妙にできている, 精巧な.

[語源] ラテン語 *ingeniosus* (=gifted with genius) が中英語に入った.

[用例] He was *ingenious* at making up new games for the children. 彼は子供のための新しいゲームを作る才能があった/an *ingenious* excuse 巧みな言い訳.

[類義語] clever.

【派生語】**ingéniousness** 名 U. **ingenúity** 名 U 独創力, 巧妙さ.

in·gen·u·ous /ɪndʒénjuəs/ 形 〔形式ばった語〕[一般義] 人やその行動や表情が率直な, 純真な. [その他] (しばしば悪い意味で) 単純な, うぶな.

[語源] ラテン語 *ingenuus* (=native; free born) が初期近代英語に入った.

[用例] It was rather *ingenuous* of you to believe such a liar. あんなうそつきを信じるなんて, 君はかなり単純だった.

[類義語] naive.

【派生語】**ingénuously** 副. **ingénuousness** 名 U.

in·gest /ɪndʒést/ 動 [本来他] 〔やや形式ばった語〕[一般義] 食物や薬などを摂取する. また比喩的に思想などを受け入れる, 吸収する.

[語源] ラテン語 *ingerere* (*in-* into+*gerere* to carry) の過去分詞 *ingestus* から初期近代英語に入った.

【派生語】**ingéstion** 名 U 食物摂取.

in·gle-nook /ɪ́ŋɡlnʊk/ 名 C 〔一般語〕《主に英》大きな暖炉周辺または炉端の座席《米》chimney corner).

[語源] ゲール語の *aingeal* (=fire; light)+*nok* (=hook) より. 18 世紀に入った.

in·glo·ri·ous /ɪnɡlɔ́ːriəs/ 形 〔文語〕恥ずべき, 不名誉な, 不面目な.

【派生語】**inglóriously** 副.

in·go·ing /ɪ́nɡoʊɪŋ/ 形 〔やや形式ばった語〕入ってくる, 新しくやってくる.

in·got /ɪ́nɡət/ 名 C 《冶》主にれんが型の金属の塊, 金などのインゴット, のべ棒.

[語源] *in-* (=into) に古英語 *geotan* (=to pour) の過去分詞 *goten* がついたものと考えられる. 中英語から. 原義は「注がれたもの」.

in·graft /ɪnɡrǽft|-ɑ́ː-/ 動 [本来他] =engraft.

in·grained /ɪnɡréɪnd/ 形 〔一般語〕取り除いたり破壊することができないほど深くしみ込んだ, 根深い. 比喩的に習慣などがこびりついた, うそつきやばかについて, 根っからの.

[語源] *engrained* の異形として初期近代英語から. 「先染めする」意の *engrain* の過去分詞より.

[用例] Caution was *ingrained* in his character. 慎重さが彼の生まれ付きの性分だった.

in·grate /ɪ́nɡreɪt|-´-/ 名 C 〔文語〕(軽蔑的) 恩知らずの人.

[語源] ラテン語 *ingratus* (=not grateful) が中英語に入った.

in·gra·ti·ate /ɪnɡréɪʃieɪt/ 動 [本来他] 〔形式ばった語〕(~ oneself で)(軽蔑的) おべっかを使って気に入られるようにする, 取り入る.

[語源] ラテン語 *in gratiam* (=into favour) より. 初期近代英語から.

[用例] He tried to *ingratiate* himself with the manager. 彼は支配人のご機嫌をとろうとした.

【派生語】**ingrátiating** 形. **ingrátiatingly** 副. **ingràtiátion** 名 U ご機嫌取り, 迎合.

in·grat·i·tude /ɪnɡrǽtɪtjuːd/ 名 U 〔一般語〕受けた親切を忘れること, 恩知らず.

in·gre·di·ent /ɪnɡríːdiənt/ 名 C 〔一般語〕[一般義] 食料品などの材料, 原料. [その他] 混合物の成分, 物事の構成要素, 要因.

[語源] ラテン語 *ingredi* (=to go into; *in-* into+*gradi* to walk) の現在分詞 *ingrediens* が中英語に入った. 「混合物の中に入り込むもの」が原意.

[用例] the *ingredients* of the cake ケーキの材料/Sympathy and understanding are two basic *ingredients* of a happy marriage. 思いやりと理解が幸せな結婚のもとになる二つの要因である.

[類義語] ⇒element.

in·gress /ɪ́nɡres/ 名 〔形式ばった語〕入ることや進入する権利, 入場権をいう.

[語源] ラテン語 *ingradi* (⇒ingredient) の過去分詞 *ingressus* から中英語に入った.

【派生語】**ingréssion** 名 U 進入.

in-group /ɪ́nɡruːp/ 名 C 〔一般語〕(単数または複数扱い)(やや軽蔑的) 排他的な小集団, 派閥, 《社》内集団(⇔out-group).

in·grow·ing /ɪ́nɡroʊɪŋ/ 形 《主に英》=ingrown.

in·grown /ɪ́nɡroʊn/ 形 〔一般語〕内側に成長した, 特に足の爪などが肉に食い込んだ.

in·hab·it /ɪnhǽbɪt/ 動 [本来他] 〔形式ばった語〕人間や動物が地域や家などに住む, 居住する, 生息する.

[語源] ラテン語 inhabitare (in- in+habitare to dwell) が古フランス語 inhabiter を経て中英語に入った.
[用例] Polar bears inhabit the Arctic region. 白くまは北極地方に生息している/That house is now inhabited by a Polish family. あの家には現在ポーランド人の一家が住んでいる.
【派生語】**inhábitable** 形 居住に適した. **inhábitant** 名 C 居住者, ある地域の生息動物. **inhábited** 形 人が住んでいる.

inhalation ⇒inhale.
inhalator ⇒inhale.
in·hale /inhéil/ 動 [本来他] 〔形式ばった語〕空気, 煙などを肺に吸い込む.
[語源] ラテン語 inhalare (in- in+halare to breathe) から18世紀に入った.
【派生語】**inhalation** /ìnhəléifən/ 名 UC 吸入, 吸入によって治療する薬や治療法. **inhalátional** 形. **ínhalator** 名 C 吸入器[装置]. **inháler** 名 C 吸入する人[装置], 酸素吸入器.

in·har·mo·ni·ous /ìnhɑːrmóuniəs/ 形 やや形式ばった語〕調和のとれていない, 不釣合の, 仲の悪い.

in·here /inhíər/ 動 [本来自] 〔形式ばった語〕性質, 特性, 権利などが人や物事に生来のものである, 固有のものである.
[語源] ラテン語 inhaerere (in- in+haerere to stick) が初期近代英語に入った.
【派生語】**inhérence** 名 U 固有, 生得. **inhérent** 形 固有の, 本来の, 生来の: The instinct for survival is inherent in everyone. 生存本能はだれにも生まれた時からそなわっている. **inhérently** 副.

in·her·it /inhérit/ 動 [本来他] 財産や権利などを相続する, 遺産相続する. [その他] 体質, 性格などを遺伝的に受け継ぐ, 事物を引き継ぐ.
[語源] 後期ラテン語 inheredītare (in- 強意+hereditare to inherit) が古フランス語 enheriter を経て中英語に入った. 元来「財産を相続人に譲る」の意.
[用例] He inherited the house from his father. 彼はその家を父親から相続した/She inherits her good teeth from her mother. 彼女の歯が良いのは母親譲りだ.
【派生語】**inhéritance** 名 UC 相続, 相続財産: **inheritance tax** 相続税. **inhéritor** 名 C 相続人, 後継者.

in·hib·it /inhíbit/ 動 [本来他] 〔形式ばった語〕言動, 感情などを抑制する, 人が何かを行うことをできなくする, 差し止める 《from》.
[語源] ラテン語 inhibere (in- not+habere to have) の過去分詞 inhibitus から中英語に入った.
[用例] Their shyness inhibited them from speaking English well. 彼らは恥ずかしがって英語がうまくしゃべれなかった.
【派生語】**inhíbited** 形 自己抑制的な, 内気な. **inhibítion** 名 UC 抑制, 抑制. **inhíbitive** 形. **inhíbitor** 名 C 抑圧するもの, 抑制剤. **inhíbitory** 形 抑圧[抑制]するような.

in·hos·pi·ta·ble /inháspitəbl, -ɔ́-/ 〔一般語〕 [一般語] 《軽蔑的》人に対してもてなしの悪い, 不親切な. [その他] 場所が気候や設備のために住みにくい, 宿る所のない, 荒れ果てた.
[用例] a bleak and inhospitable land 寒く, 荒涼たる土地.
【派生語】**inhóspitably** 副. **inhòspitálity** 名 U もてなしの悪いこと.

in-house /ínhaus/ 形 〔一般語〕外部からではなくグループや組織内で生じた, 内部の, 社内の.
[用例] an in-house publication 社内出版[刊行]物.

in·hu·man /inhjú:mən/ 形 〔一般語〕人間味のない, 残忍な, 残酷な, 人間としてあるまじき.
[用例] inhuman living conditions 人間には適さない生活条件.

in·hu·mane /ìnhju(:)méin/ 形 〔一般語〕普通の人間にあるべき慈悲心がない, 人間味のない, 人道的でない.
[用例] inhumane treatment of prisoners 捕虜に対する非人道的な扱い.
【派生語】**ìnhumánely** 副.

in·hu·man·i·ty /ìnhju(:)mǽniti/ 名 UC 〔一般語〕不人情, 冷酷,《複数形》残酷な行為.

in·im·i·cal /inímikəl/ 形 〔形式ばった語〕ある物事に対して極めて不利な, 有害な, あるいは敵意のある 《to》.
[語源] ラテン語 inimicus (=enemy) から派生した後期ラテン語 inimicalis が初期近代英語に入った.
[用例] The soil conditions here are inimical to the growth of raspberries. ここの土の状態はきいちごの生育には合わない.

in·im·i·ta·ble /inímitəbl/ 形 〔形式ばった語〕性質や特徴などが非常に優れていて他のものにはまねができない, 独特な.

iniquitous ⇒iniquity.
in·iq·ui·ty /iníkwiti/ 名 UC 〔形式ばった語〕はなはだしい不正, 不法, また不正[不法]の行為 《★こっけいな意味あいを持つことがある》.
[語源] ラテン語 iniquus (=unjust; in- not+aequus equal) の派生形 iniquitas が中英語に入った.
[用例] a den of iniquity 悪の巣窟.
【派生語】**iníquitous** 形.

in·i·tial /iníʃəl/ 形 名 動 [本来他] 《過去·過分《英》-ll-》〔一般語〕[一般語] 文字や音が語の初めにあることを指し, 語頭の. [その他] 物事の発生の段階が初めの, 初期の. 名 として頭文字, イニシャル,《生》始原細胞. 動 としてイニシャルで署名する.
[語源] ラテン語 initium (=beginning) の 形 initialis が初期近代英語に入った.
[用例] There were difficulties during the initial stages of building the house. その家を建てる初めの段階で数々の問題点があった/I know his surname but I don't know his initials. 彼の姓は知っているがイニシャルは知らない/Any alternation on a cheque should be initialled. 小切手の金額を変更した際はすべて頭文字で署名しなくてはならない.
【派生語】**initialization** 名 U. **initialize** 動 [本来他]《コンピューター》初期化する. **inítially** 副.

in·i·ti·ate /iníʃieit/ 動 [本来他] 形 名 C 〔形式ばった語〕[一般語] 計画や改革などの第一歩を開始する, 着手する, 《しばしば受身で》人が新しいことを始める手ほどきをする, 初歩を教える, 手ほどきとして秘伝[奥義]を教える, 特別な儀式をして入会させる意. 形 として手ほどきを受けた, 新入りの. 名 として手ほどきを受けた人, 秘伝を授けられた人, 新入会員などなど.
[語源] ラテン語 initium (=beginning) から派生した initiare の過去分詞 initiatus が初期近代英語に入った.

【用例】 On her first day at the office, she was *initiated* into their methods of working. 会社での初日，彼女は仕事のやり方について手ほどきを受けた．
類義語 ⇒begin.
【派生語】 **initiátion** 名 UC 着手，入会式． **initative** 形 見出し．

in·i·ti·a·tive /iníʃiətiv/ 名 UC 形 （⇒initiate）
〔一般語〕 一般義 物事を始めたり考案する際の主導権，イニシアチブ． その他 相手に先駆けて事を行う才能ということで，独創力，企業心，先取の精神を意味し，【政】発議権，選挙民の発案権の意にもなる． 形 として初めの，発端の．
【用例】 He took the *initiative* in organizing a search party to look for the girl. 彼が率先して捜索隊を編成しその少女を捜した／He is quite good at his job, but lacks *initiative*. 彼は自分の仕事はとてもよくできるが独創力に欠けている／My son actually went to the hairdresser's on his own *initiative* without being dragged there! 私の息子は無理やりではなく本当に自分から進んで美容院へ行ったんですよ．

in·ject /indʒékt/ 動 本来義 〔やや形式ばった語〕
一般義 身体の一部に注射針などによって薬液を注射する． その他 意見や提案を話や議論の中に差し挟む，何か新しいものを導入する意．
語源 ラテン語 *injicere* (*in-* in + *jacere* to throw) の過去分詞 *injectus* から初期近代英語に入った．
【用例】 The doctor *injected* the sedative into her arm. 医者は彼女の腕に鎮静剤を注射した／He has to be *injected* twice daily with an antibiotic. 彼は1日に2回抗生物質を注射してもらわなければならない／I wish I could *inject* some life into this class. このクラスに何か活気を吹き込めればいいのだが．
【派生語】 **injéction** 名 UC 注射，注射液．

in·ju·di·cious /ìndʒu(ː)díʃəs/ 形 〔形式ばった語〕言動などが賢明でない，愚かな．
【派生語】 **injudíciously** 副．

in·junc·tion /indʒʌ́ŋkʃən/ 名 C 〔形式ばった語〕命令，指令，【法】裁判所の強制命令，禁止命令．
語源 ラテン語 *injungere* (= to enjoin) の 名 *injunctio* が中英語に入った．

in·jure /índʒər/ 動 本来義 〔一般語〕 一般義 事故などで身体の一部をかなりひどく傷つける． その他 人の健康を害する，物の外見や正常な状態に傷をつける，動物を傷(いた)めつける，相手の感情やプライド，名声などを傷つける．
語源 injury の逆成． injury はラテン語 *injuria* (= a wrong) より．中英語から．
【用例】 They were not badly *injured* when the car crashed. 車が衝突した際彼らは大した傷を負わなかった／His feelings have been *injured* by her refusal. 彼女が拒絶したので彼の気持ちは傷ついた／A story like that could *injure* his reputation. そのような話は彼の評判をそこないかねない．
類義語 injure; hurt; damage; harm; wound: **injure** は意図的でなく身体面，精神面をはじめ，名声や地位といった抽象的な面も含めて傷つける意で，広義に用いられる． **hurt** は injure とほぼ同義に用いられるが，injure よりもけがの程度が軽い場合に用いられることが多い．これに対し，**damage** は価値や有用性を損なうということを含意し，無生物を目的語にとる． **harm** は人間をはじめ生物一般を目的語にとり，苦痛や痛手を与える意で用いられる． **wound** は武器などで意図的に傷を負わせることを意味する．
日英比較 日本語の「負傷する」は英語では be injured と be wounded に2分される．すなわち，意図的でない傷害が前者で，意図的なものが後者である．
【派生語】 **injured** 形． **injurious** /indʒúəriəs/ 形 〔形式ばった語〕 有害な，言葉などが中傷的な，侮辱的な，不法な． **ínjury** 名 CU けが，負傷，損害．

in·jus·tice /indʒʌ́stis/ 名 UC 〔一般語〕 正義に反すること，公正さに欠けることの意で，不法，不当，不公平，具体的な行為を指し，不法行為，不正行為．
【用例】 He complained of *injustice* in the way he had been treated. 彼は不当な扱いを受けたと不平を言った／They agreed that an *injustice* had been committed. 彼らは不正行為が行われたということで意見が一致した．

ink /íŋk/ 名 U 動 本来義 〔一般語〕 一般義 インク．その他 いか，たこなどの出す墨．また印刷用インクの意から，報道，宣伝の意． 動 としてインクで印をつける[塗る，書く]．
語源 ギリシャ語 *enkauton* (皇帝が署名に用いた紫色のインク) がラテン語 *encaustum*, 古フランス語 *enque* を経て中英語に入った．
【用例】 Please sign your name in *ink* rather than pencil. 鉛筆よりインクでサインして下さい／You have spilt red *ink* all over my dress. 君のこぼした赤インクが私の服一面にかかっちゃった．
【派生語】 **ínky** 形 インクの(ような)，インクで汚れた，墨のように黒い．
【複合語】 **ínk bòttle** 名 C インクびん． **ínkhòrn** 名 C 昔の(角でできた)インクつぼ: **inkhorn term** 〔古語〕ルネッサンス期に借用された特にラテン語系の難解語． **ínkpàd** 名 C インク台． **ínkpòt** 名 C インクつぼ． **ínkstànd** 名 C インクスタンド．
【派生語】 **ínkwèll** 名 C 机やインクスタンドにはめ込んだインクつぼ．

ink·ling /íŋkliŋ/ 名 〈単数形で〉 うすうす知っていること，また暗示，ほのめかしの意．
語源 不詳．初期近代英語から．

inky ⇒ink.

in·laid /ínleid, -́-́/ 動 inlay の過去・過去分詞．

in·land /ínlənd/ 形 名 C 副 〔一般語〕 一般義 海岸から遠く離れた内陸の，あるいは国境からはずれた奥地の． その他 国の中という意味で，《主に英》国内の，内国の． 名 副 として内陸(に)，奥地(に)．
【用例】 *inland* mail 《英》内国郵便(《米》 domestic mail)／These flowers grow better *inland*. こういった花は内陸でよく育つ／They travelled *inland* for several miles. 彼らは数マイル奥地へ入った．
【複合語】 **Ínland Séa** (the ～) 瀬戸内海．

in-law /ínlɔː/ 名 C 〔ややくだけた語〕 〈通例複数形で〉結婚によって生じる血のつながっていない親戚，姻戚，姻族，特に義理の両親．
語源 mother-in-law などからの逆成による造語． 19世紀から．

in·lay /ínlei, -́-́/ 動 本来義 〈過去・過去分詞 -laid〉, /-́-́/ 名 UC 〔一般語〕 一般義 物の表面や中に木片や金属を装飾または補強として埋め込む，象眼する． 名 としてはめ込み細工，象眼細工，はめ込み図案，またははめ込み細工の材料，【歯】充てん物，インレー．
【用例】 The top of the table had an elaborate

inlay of ivory. そのテーブルの上板には象牙の凝った象眼細工が施してあった.
【派生語】**ínlaid, inláid** 形 埋めこまれた, 象眼細工された.

in・let /ínlet/ 名 C 〔一般語〕 海, 湖, 川などが長細く陸地に入り込んだ場所, **入り江**. その他 燃料などの**注入口**や広く一般に**流入口**(⇔outlet). また物を押し込むこと, **挿入物**, はめ込みの意.

in・mate /ínmeit/ 名 C 〔一般語〕 施設に収容されている被収容者, 刑務所の**服役者**, 精神病院の**入院患者**など. 古くは**同居人**や**同室者**を指した.
語源 inn＋mate と考えられる. 初期近代英語から.

in me・mo・ri・am /in mimɔ́:riəm/ 副 前 〔形式ばった語〕墓碑銘の中で, (...を)偲んで, 悼みて, 記念して.
語源 ラテン語 *in memoriam* (＝in memory of) が 19 世紀に入った.
用例 *In memoriam* William Richardson 1880–1952 ウィリアム・リチャードソン (1880 生誕, 1952 没) を偲んで.

in・most /ínmoust/ 形 〔やや文語的〕〔限定用法〕空間的に最も深い, 比喩的に**心の奥**の, 感情など**奥深く秘めた**.
語法 innermost と同意.
用例 his *inmost* feelings 彼の最も内なる感情.

inn /ín/ 名 C 〔一般語〕〔一般義〕田舎にある古風なつくりの**宿屋**, **旅館**. その他 一般のホテルやモーテルなど (★古風な感じを出すために, ... Inn の名称のものがある). また《英》宿泊設備もあるような**居酒屋**, **パブ**, **飲み屋**,《I-》昔のロンドンの法学生のための**学生宿舎**.
語源 古英語「建物の中に」を意味する 副 inne から.
用例 We didn't stay at a large hotel—we stayed at a charming country *inn*. 我々は大きなホテルには泊まらず, 粋な田舎宿に泊まった/We had a drink at the Downberry Inn. 我々はダウンベリーの酒場で一杯やった.

in・nards /ínərdz/ 名 (複) 〔くだけた語〕動物の**内臓**, はらわた, またこっけいな意味で物の**内部**や**中身**の意味に用いる.
語源 inwards の変形で, 19 世紀から.

in・nate /inéit/ 形 〔一般語〕性質など**生まれ持った**, **生来の**, **内在的な**, **本質的な**.
語源 ラテン語 *innasci* (＝to be born in; *in-* in＋*nasci* to be born) の過去分詞 *innatus* が中英語に入った.
【派生語】**innátely** 副 生来, 生まれつき.

in・ner /ínər/ 形 〔一般語〕より**内側**に位置する, **内部の**, **内の**, 側近. その他 肉体の内側ということで精神的, 霊的な, 心の奥に秘めたの意で**秘密の**, **個人的な**, 心が互いに通じ合った意で**親密な**, **内輪の**などの意.
語源 古英語 inne (＝within) の比較級 innerrer から.
用例 I could not guess what his *inner* thoughts might be. 私には彼の心の奥底に秘めた思いを察することができなかった.
【派生語】**innermost** 形 =inmost.
【複合語】**inner círcle** 名 C 権力者を取り巻く少数の人々, 取り巻き, 側近. **inner cíty** 名 C 《米》大都市の都心部のスラム化した地域. **inner éar** 名 C 〔解〕**内耳**. **inner túbe** 名 C タイヤのチューブ: The *inner tube* of his tyre was punctured. 彼のタイヤのチューブは穴があいていた.

in・ning /íniŋ/ 名 C 〔野〕イニング, 回. また《通例複数形で単数または複数扱い》〔野・クリケット〕 **攻撃回**, 転じて《英》人の**活躍の機会**や**政権の担当期間**を差す.
語源 古英語 innian (＝to get in) の動名詞 innung から.
用例 The game was decided in the top [bottom] of the ninth *inning*. 試合は 9 回の表[裏]できまった.

innocence ⇒innocent.

in・no・cent /ínəsnt/ 形 C 〔一般語〕〔一般義〕**法律上の罪を犯していない**, **無罪の**. その他 **悪い事はしていないの意から**, **悪意からではないの意となり**, **悪気のない**, **無邪気な**, **汚れのない**, さらにこれが軽蔑的に用いられ, **無知な**, **単純な**, おめでたいといった意味になる.
語源 ラテン語 *nocere* (＝to do wrong to) の現在分詞 *nocens* に否定を表す *in-* がついた *innocens* が古フランス語を経て中英語に入った.
用例 A man should be presumed *innocent* of a crime until he is proved guilty. どんな人もその人の有罪が立証されるまでは無罪であると考えねばならぬ/ You can't be so *innocent* as to believe what advertisements say! 宣伝文句を信じるほど君はおめでたい人間ではないはずだ.
反義語 guilty.
【派生語】**ínnocence, -cy** 名 U **無罪**, **無邪気**, **世間知らず**. **ínnocently** 副.

in・noc・u・ous /inákjuəs| -5-/ 形 〔形式ばった語〕人の言動が相手を傷つけたり怒らせたりしない, **当たり障りのない**, **無害の**, また一般に**害がない**の意.
語源 ラテン語 *innocuus* (*in-* not＋*nocuus* harmful) が初期近代英語に入った.

in・no・vate /ínəveit/ 動 本来自 〔一般語〕新しい方式や考えを**取り入れる**, **刷新する**.
語源 ラテン語 *innovare* (*in-* 強意＋*novare* to renew) の過去分詞から初期近代英語に入った.
【派生語】**ìnnovátion** 名 UC **刷新**, **新機軸**. **ínnovative**, **ínnovator** 名 C **革新者**.

in・nu・en・do /injuéndou/ 名 CU 〔形式ばった語〕《軽蔑的に》不愉快なことや非難などを婉曲にいうことを意味し, 当てこすり, いやみ, 風刺. また〔法〕真意説明, 補足説明の意.
語源 ラテン語 *innuere* (＝to nod to) の動名詞 *innendum* の変化形 *innuendo* (＝that is to say) が初期近代英語に入った.

in・nu・mer・a・ble /injú:mərəbl/ 形 〔一般語〕数が多すぎて**数えきれない**, **無数の**.
用例 We'll have to face *innumerable* difficulties in the near future. 近い将来, 我々は無数の困難に立ち向かってゆかねばならないであろう.
【派生語】**innúmerably** 副.

in・oc・u・late /inákjuleit| -5-/ 動 本来他 〔医〕**予防接種**[注射]**をする**,《農》土壌改良のために微生物を植え付ける, また比喩的に人の心に思想などを植え付ける.
語源 ラテン語 *oculus* (＝eye; bud) がもとになった *inoculare* (＝to engraft a bud in another plant) の過去分詞 *inoculatus* から中英語に入った. 「予防接種をする」の意は, inoculation の逆成として 18 世紀から.
用例 Has he been *inoculated* against diphtheria? 彼はジフテリアの予防注射をしたのですか.
【派生語】**inòculátion** 名 UC **接種**, **感化**.

in·of·fen·sive /ìnəfénsiv/ 形 〔一般語〕人やその行為が害にならない, 当たり障りのない 〔語法〕良い意味にも悪い意味にもなる).

in·op·er·a·ble /inápərəbl|-ɔ́-/ 形 【医】病気の状態から手術ができない, 手術の施しようがない, また一般に物事の実施が不可能な.
[用例] an *inoperable* malignant growth 手術の施しようのない悪性腫瘍.

in·op·er·a·tive /inápərətiv|-ɔ́-/ 形 〔形式ばった語〕法律や規則などが機能を果たさない, 効力のない, また機械が平常通り操作できない, 調子が悪い.

in·op·por·tune /ìnàpərtjúːn|ìnɔ́pətjuːn/ 形 〔形式ばった語〕時間的に都合の悪い, 時機を逸した.
[用例] My arrival was rather *inopportune*—they were having dinner. 私の到着は間が悪かった. 彼らは食事中だった.
【派生語】**inòpportúnely** 副. **inòpportúneness** 名 U.

in·or·di·nate /inɔ́ːrdinit/ 形 〔形式ばった語〕限度を越えている, 大きすぎる, 多すぎる, 過度の, 法外な.
[語源] ラテン語 *inordinatus* (*in-* not + *ordinatus* arranged) が中英語に入った.
【派生語】**inórdinately** 副. **inórdinateness** 名 U 過度, 法外.

in·or·gan·ic /ìnɔːrgǽnik/ 形 〔形式ばった語〕無生物の, 有機的構造を欠いた, 【化】無機(物)の, 無機化学の.
【複合語】**inorgánic chémistry** 名 U 無機化学.

in·pa·tient /ínpeiʃənt/ 名 〔一般語〕入院患者.
〔関連語〕outpatient (外来患者).

in·put /ínput/ 名 UC 動 本来他 (過去・過分 ~, ~ted) 〔一般語〕〔一般義〕投入, 入力, インプット. 他 投入物, コンピューターによる入力情報のほか電子信号, 〔くだけた語〕情報の提供, 意見, アドバイス. 動 として【コンピューター】データやプログラムを入力する.
[用例] Her data *input* is very fast. 彼女のデータ入力はとても速い / She *input* [*inputted*] the figures into the computer program. 彼女はコンピューターのプログラムに数字を入力した.
〔対照語〕output.

in·quest /ínkwest/ 名 C 〔形式ばった語〕〔一般義〕急死, 不審死に犯罪の可能性があるとき行われる原因究明のための陪審前の検査や検視官の検視. 〔その他〕それらを行う検視団や陪審員団. また一般の取調べや調査.
[語源] ラテン語 *inquirere* (⇒inquire) に由来する俗ラテン語 **inquesta* (=inquiry) が古フランス語を経て中英語に入った.

in·qui·e·tude /inkwáiətjuːd/ 名 U 〔形式ばった語〕心の安らかでない状態, 不安.
[語源] ラテン語 *inquietus* (*in-* not + *quietus* quiet) の派生語形が中英語に入った.

in·quire /inkwáiər/ 動 本来自 〔形式ばった語〕疑問点や知りたい情報について尋ねる, 問い合わせる 《of; about》, 【法】審問する. 他 としても用いられる.
[語源] ラテン語 *inquirere* (*in-* into + *quaerere* to seek) が古フランス語を経て中英語に入った.
[用例] They *inquired* about trains to London. 彼らはロンドン行き列車について問い合わせた / He *inquired* the way to the art gallery. 彼はその画廊に行く道を尋ねた / He *inquired* whether she was warm enough. 彼は彼女に十分に暖かいかどうか尋ねた.
〔類義語〕ask.
【慣用句】*inquire after* … …を(心配して)尋ねる: He *inquired after* his mother. 彼は自分の母親のことを心配して尋ねた. *inqire for* … …を求めて問い合わせる: Several people have been *inquiring for* the new catalogue. 数人がその新しいカタログを探している. *inquire into* … …を調査する: The police are *inquiring into* the matter. 警察はその事件を調査している.
【派生語】**inquírer** 名 C. **inquíring** 形 不審そうな, 詮索好きな. **inquíry** 名 UC 問い合わせ, 調査: **inquiry office** (英)ホテルや駅などの受付, 案内所(information desk).

in·qui·si·tion /ìnkwizíʃən/ 名 C 〔形式ばった語〕個人の権利をほとんど配慮しない尋問や厳しい取調べ, 【法】陪審の審問, 《the I-》中世のローマ·カトリック教の異端審問や宗教裁判(所). また一般に念入りな調査をいう.
[語源] ラテン語 *inquirere* (⇒inquire) の 名 *inquisitio* が中英語に入った.
【派生語】**inquísitive** 形 (悪い意味で)他人のことに関して詮索好きな. **inquísitively** 副. **inquísitor** 名 C 審問者, 家裁裁判官. **inquìsitórial** 形 調査官のような, 執拗な取調べの, 詮索好きな.

in·road /ínroud/ 名 C 〔形式ばった語〕《通例複数形で》敵や競争相手の領域や分野への攻撃, 侵略, また比喩的に時間や蓄えを少しずつ侵すこと, 食い込み.
[語源] *in* + *road* として初期近代英語から. *road* は「襲撃」の意.
[用例] While unemployed, he made *inroads* into the money he saved. 失業中, 彼は貯金を食いつぶした.

in·rush /ínrʌʃ/ 名 C 〔やや形式ばった語〕お客などの殺到, 多量の液体などの流入.

ins. (略) =inches.

in·sane /inséin/ 形 〔一般語〕精神的傷害があって気が狂っている, 〔くだけた語〕非常識な, 行動などが気違いじみている, ばかげている.
[語源] ラテン語 *insanus* (*in-* not + *sanus* healthy) が初期近代英語に入った.
【派生語】**insánity** 名 U 狂気, 愚行, 精神錯乱[異常].

in·san·i·tar·y /insǽnitèri|-təri/ 形 〔形式ばった語〕非衛生的な.

insanity ⇒insane.

in·sa·tia·ble /inséiʃəbl/ 形 〔形式ばった語〕常により多くを望み飽くことを知らない, 貪欲な. ★通例, for を伴い, 良い意味でも悪い意味でも用いられる.
[語源] ラテン語 *insatiabilis* (=not satisfied) が古フランス語を経て中英語に入った.
[用例] He had an *insatiable* desire for adventure. 彼は冒険に対して飽くなき欲望があった.
【派生語】**insátiably** 副.

in·sa·ti·ate /inséiʃiit/ 形 〔文語〕=insatiable.

in·scribe /inskráib/ 動 本来他 〔形式ばった語〕〔一般義〕石碑や金属の板などに文字や記号などを彫る, 刻む, 記す. 〔その他〕姓名を名簿に載せる, 登録する. 自分の書いた書物に名前や言葉を書いて献呈する. 転じて心や記憶に刻み込む, 銘記するなどの意.
[語源] ラテン語 *inscribere* (*in-* in + *scribere* to

inscrutable

write)が初期近代英語に入った.
[用例] The date of her death was *inscribed* on the gravestone. 彼女の亡くなった日が墓石に刻まれた/He carefully *inscribed* his name in his new book. 彼は彼の新しい本に入念に自分の名前を書いて贈った/His name was *inscribed* on her heart. 彼の名前は彼女の心に焼きついた.
【派生語】**inscríption** 名 C 銘, 銘刻, 献詞. **inscríptive** 形.

in·scru·ta·ble /inskrúːtəbl/ 形 〔形式ばった語〕人や人の性格, 人の言っていることや考え方などが非常に理解しにくい, 計り知れない, 不思議な.
【派生語】**inscrútably** 副.

in·sect /ínsekt/ 名 C 〔一般語〕昆虫, 比喩的に虫と同様につまらない奴, 下等な人間などの意.
[日英比較] 日本語では「虫」という語で昆虫をはじめ, みみず, むかで, いも虫などの総称であるが, 英語では「這(は)う虫」が worm である.
[語源] ラテン語で「切れ目のある(動物)」を意味する (*animal*) *insectum* (=segmented (animal)) から.
[用例] We were troubled by flies, wasps and other *insects*. 我々は蝿, すずめばちをはじめ他の昆虫に悩まされた.
【派生語】**insèctícidal** 形 殺虫(剤)の. **ínsecticide** 名 CU 殺虫剤, 殺虫.
【複合語】**ínsect nèt** 名 C 捕虫網. **ínsect spráy** 名 C スプレー式の殺虫剤.

in·sec·ti·vore /inséktivɔːr/ 名 C 〔一般語〕食虫動物[植物].
【派生語】**insectívorous** 形.

in·se·cure /ìnsikjúər/ 形 〔やや形式ばった語〕[一般義] 自分に自信がない, 不安感を持っている. [その他] しっかりした支えがなく不安定な, 危なっかしい, あてにならない.
[用例] Whenever he was in a crowd of people he was [felt] anxious and *insecure*. 多勢の人の中にいると, 彼はいつも不安で落着かなかった/This chair-leg is *insecure*. この椅子の脚はぐらついている.
【派生語】**insecúrity** 名 U 不安, 不安定, 不確実さ.

in·sem·i·nate /insémineit/ 動 本来他 〔形式ばった語〕[一般義] 精液を注入する, 授精させる, 種つけする. [その他] 比喩的に思想などを心に植え付けるの意.
[語源] ラテン語 *semen* (=seed, semen)に由来する *inseminare* (*in-* in+*seminare* to sow)の過去分詞から初期近代英語に入った.
【派生語】**inseminátion** 名 UC 精液注入, 受精: artificial *insemination* 人工授精.

in·sen·sate /inénseit, -sət/ 形 〔形式ばった語〕[一般義] 感覚力がない, 無感覚の, 不感性の. [その他] 非情な, 冷酷な, 理性を欠いた, 愚かなの意.
[語源] 後期ラテン語 *insensatus* (=not gifted with sense)が初期近代英語に入った.
[用例] an unconscious and *insensate* patient 意識がなく外部からの物理的刺激に反応しない患者.
【派生語】**insénsately** 副.

in·sen·si·ble /inénsəbl/ 形 〔形式ばった語〕[一般義] 物事に気がつかない, 感じない. [その他] 感覚力がないという意味から, 意識がない, 人事不省の, さらに物や動きが細かく, わずかなので気づかないほどの, 目に見えないほどのという意味になる.
[語源] ラテン語 *insensibilis* (*in-* not+*sensibilis* sensible)が中英語に入った.

[用例] He lay on the floor bleeding and *insensible*. 彼は血を流し, 意識を失って, 床に倒れていた.
【派生語】**insènsibílity** 名 U 無感覚, 無意識. **insénsibly** 副.

in·sen·si·tive /insénsətiv/ 形 〔一般語〕[一般義] 《通例述語用法》《軽蔑的》人やその言動が他人の考えや感情などに思いやりがない, 同情心がない, 無神経な, 鈍感な. [その他] 肉体的にも無感覚な, また物理的, 化学的に光線などに反応しない.
[用例] He was *insensitive* to her grief. 彼は彼女の悲しみに対して無神経だった.
[類義語] insensitive; insensible: **insensitive** は主に人の気持に鈍いという悪い意味に用い, **insensible** は感覚や知覚そのものがないことをいう.
【派生語】**insénsitively** 副. **insènsitívity** 名 U 鈍感, 無感覚.

in·sep·a·ra·ble /inépərəbl/ 形 〔やや形式ばった語〕物を分けることができない, 分離できない, また人と人とが離れられない.
[用例] This question is *inseparable* from the main problem. この質問は中心問題とは切っても切れない関係がある.
【派生語】**inséparably** 副 分け[離れ]られないほどに.

in·sert /insɔ́ːrt/ 動 本来他 名 C 〔形式ばった語〕[一般義] 物を中に差し込む, はさみ込む, 挿入する. [その他] 契約書などに条項などを書き入れる, 新聞や雑誌に記事や広告を掲載する. 名 として挿入物, 新聞の折り込み広告, 挿入記事.
[語源] ラテン語 *inserere* (=to put in; *in-* in+*serere* to join)の過去分詞 *insertus* から初期近代英語に入った.
[用例] He *inserted* the money in the parking meter. 彼はパーキングメーターに金を入れた/An extra chapter has been *inserted* into the book. 余分に一章がその本に書き加えられた.
【派生語】**insértion** 名 UC 挿入(物), 書き込み.

in·ser·vice /insɔ́ːrvis/ 形 〔一般語〕現職中の, 現職者のための.
[用例] *in-service* training 現場[現職]教育.

in·set /insét/ 動 本来他 (過去·過分 ~, ~ted), /-´-/ 名 C 〔一般語〕ある物の中に別の物を追加物として差し込む, 挿入する. 名 として差し込まれたもの, 挿入図, 挿入写真.
[語源] 古英語 *insettan* (=to set in)から.

in·shore /ínʃɔ́ːr/ 形 副 〔一般語〕岸近くの, 岸の方に向かう. 副 として岸に向かって.
[反義語] offshore.

in·side /ínsáid, -´-, -´-/ 名 C 形, /-´-/ 副 前 〔一般語〕[一般義] 《the ~》物の内部, 内側, 中. [その他] 歩道の建物寄りの部分, 《野》内角, 物事の内情, 話の中味, また《くだけ語》《通例複数形で》人体の胃や腸などの内臓部分を指し, 腹, おなか. 形 として内部の, 内側の, 中の. 副 として中に, 内面に, 内部で, 内心は. 前 として…の中へ, …の内側に, …以内での意.
[語源] in+side として中英語に.
[用例] The *inside* of our house has been recently painted but not the outside. 我家は最近内装にはペンキを塗ったが, 外装はまだである/He ate too much and got a pain in his *inside*(s). 彼は食べ過ぎておなかを痛くした/The story is on the *inside* pages of the newspaper. その話は新聞の中のページに載ってい

る/He was given some *inside* information about the firm's plans. 彼はその会社の企画の内部情報を手に入れた/She shut the door and left her key *inside* by mistake. 彼女はあやまってキーを中に置いたままドアを閉めてしまった/You should stay *inside* in such bad weather. こんな悪天候の時は家に居るべきです.

【慣用句】 *indide out* 裏返しに, 〔くだけた表現〕完全に, すっかり: Haven't you got your shirt on *inside out*? きみはシャツを裏返しに着ているのではないですか/He knows the plays of Shakespeare *inside out*. 彼はシェークスピアの芝居を完全に知りつくしている.

【派生語】 **insíder** 名 C 内部の人, 会員, 内情に通じている人, (⇔outsider).

【複合語】 **inside jób** 名 C 〔くだけた語〕内部犯行.

ínside tráck 名 C トラックの**内側走路**, 有利な立場, 地位.

in·sid·i·ous /insídiəs/ 形 〔形式ばった語〕〔軽蔑的〕いやなことや謀反などを誰にも気づかれずに次第に進行させることをいい, **陰険な**, 油断がならない, また病気などが**潜行性の**.

語源 ラテン語 *insidere* (=to sit in or on) から派生した *insidiosus* (=lying in wait for; *in*- on+*sedere* to sit) が初期近代英語に入った.

用例 an *insidious* plot 陰謀/Cancer is often an *insidious* disease. 癌はしばしば潜行性の病気である.

【派生語】 **insídiously** 副.

in·sight /ínsait/ 名 UC 〔一般義〕特に直感によって物事の本質を見抜く力, **洞察力, 眼識, 理解**, 《心》**自己洞察**.

語源 in+sight として中英語から. 「内部の眼」や「心の眼」の意味.

用例 He shows remarkable *insight* for such a young man. 彼はとても若いのに洞察力に大変すぐれている/His job as a salesman gave him an *insight* into the toughness of the business world. セールスマンとしての彼の仕事は彼にビジネス界の厳しさを知る力を与えた.

in·sig·ni·a /insígniə/ 名 C (複 ~, ~s) 〔一般義〕権威や地位を表するしるび**記章, 標章, 勲章**.

語源 ラテン語 *insigne* (=sign) の複数形.

用例 The crown and sceptre are the *insignia* of a king. 王冠と笏(?)は王のしるしである.

insignificance ⇒insignificant.

in·sig·nif·i·cant /insignífikənt/ 形 〔一般義〕
〔一般義〕**重要ではない**. 〔その他〕数量や大きさなどがわずかな, **小さい**, 地位などが**低い**, **卑しい**, 語句や文が**無意味な**.

用例 His contribution to our project was *insignificant*. 我々の計画に対して彼はろくに貢献もしなかった/They paid me an *insignificant* sum of money. 彼らは私にほんのわずかな金しか払わなかった.

【派生語】 **insignificance** 名 U. **insignificantly** 副.

in·sin·cere /insinsíər/ 形 〔一般義〕〔軽蔑的〕見せかけだけの**誠意のない**, **偽善的な**.

【派生語】 **insincérely** 副. **insincérity** 名 U 不誠実.

in·sin·u·ate /insínjueit/ 動 本動他 〔形式ばった語〕嫌なことを態度や言葉の端々にほのめかす, **間接的に言う**, あてこする, また間接的な方法で相手にずるく取り入る.

語源 ラテン語 *insinuare* (=to introduce tortuously; *in*- in+*sinuare* to bend) の過去分詞 *insinuatus* から初期近代英語に入った.

【派生語】 **insínuatingly** 副. **insinuátion** 名 UC うまく取り入ること, あてこすり.

in·sip·id /insípid/ 形 〔やや形式ばった語〕〔一般義〕食べ物が**風味のない**, まずい. 〔その他〕人や物事に**活気がない**, **面白くない**.

語源 ラテン語 *insipidus* (=not tasty) が初期近代英語に入った.

用例 I don't know why he married such an *insipid* person! 彼がどうしてあんな面白くない人と結婚したのか私にはわかりません.

〔類義語〕 tasteless.

【派生語】 **insipídity** 名 U.

in·sist /insíst/ 動 本動自 〔一般義〕〔一般義〕自分の立場 (stand), すなわち考え方の上に立って譲れないという意味から, 強**く主張する**. 〔その他〕**強要する**, 迫るの意.

語源 ラテン語 *insistere* (=to stand on; *in*- on+*sistere* to stand) が初期近代英語に入った.

用例 She *insisted* on the necessity of changing this law. 彼女はこの法を変えるべきだと強く主張した/She *insisted* on coming with me. 彼女は私と一緒に行くと言ってきかなかった/I didn't want her to come but he *insisted* (on it). 私は彼女に来てほしくなかったが, 彼は(そのことで=彼女が来ることで)譲らなかった.

【派生語】 **insístence** 名 U 主張, 強要. **insístent** 形. **insístently** 副.

in·so·far as /insoufɑ́ːr əz/ 接 〔やや文語的〕...する限りにおいては(in so far as; in as far as).

用例 I gave him the details *insofar as* I knew them. 私の知っている限りにおいて, 彼に詳細を伝えた.

in·sole /ínsoul/ 名 C 〔一般義〕靴の**中底, 中敷や敷皮**.

insolence ⇒insolent.

in·so·lent /ínsələnt/ 形 〔一般義〕〔軽蔑的〕目上や同等の者に対して言動が**無礼な**, **傲慢な**.

語源 ラテン語 *insolens* (arrogant; *in*- not+*solere* to be accustomed) が中英語に入った. おそらく原意は unusual.

用例 *insolent* behavior 生意気な態度.

〔類義語〕 arrogant.

【派生語】 **insolence** 名 U 横柄, 生意気. **insolently** 副.

in·sol·u·ble /insáljubl|-ɔ́-/ 形 〔やや形式ばった語〕問題や困難な状況などを**解決できない**, **説明できない**, 《化》物質が液体に**溶解しない**.

語源 ラテン語 *insolubulis* (*in*- not+*solubilis* dissolved) が初期近代英語に入った.

用例 This chemical is *insoluble* (in water). この化学物質は(水に)溶けない/an *insoluble* problem 解決できない問題.

in·solv·a·ble /insάlvəbl|-ɔ́-/ 形 〔やや形式ばった語〕解くことができない.

insolvency ⇒insolvent.

in·sol·vent /insάlvənt|-ɔ́-/ 形 名 C 《法》会社や人が期日に負債の**支払い能力のない**, **破産した**. 名 として**破産者, 支払不能者**.

用例 I am in a temporarily *insolvent* state. 一時

的だが, 今は破産状態です.
【派生語】**insólvency** 名 U 支払不能.

in·som·nia /insɑ́mniə/ -ɔ́-/ 名 U 〖医〗**不眠, 不眠症.**
語源 ラテン語 *insomunis* (=sleepless; *in-* not + *somnus* sleep) の派生形. 初期近代英語に入った.
【派生語】**insómniac** 名 C **不眠症の人.** 形 不眠症の [にかかった].

in·so·much /ìnsoumʌ́tʃ/ 副 〔やや形式ばった語〕...だから《~ as ...》, ...するほどまでに《~ that ...; ~ as ...》.

insouciance ⇒insouciant.

in·sou·ci·ant /insúːsiənt/ 形 〔形式ばった語〕物事を陽気に受け止めような, 無頓着な. フランス語 (*in-* not + *souciant* caring) が 19 世紀に入った.
【派生語】**insóuciance** 名 U.

in·spect /inspékt/ 動 本来他 〔一般語〕一般義 欠点, 欠陥などを探すために念入りに**検査する, 点検する.** その他 公式に**視察する, 検閲する, 軍隊などを閲兵する.**
語源 ラテン語 *inspicere* (*in-* into + *specere* to look) の過去分詞 *inspectus* から初期近代英語に入った.
用例 He *inspected* the bloodstains. 彼はその血痕を詳しく調べた/Cafés must be regularly *inspected* to find out if they are kept clean. 飲食店は定期的に清潔であるかどうか検査を受けねばならない.
類義語 ⇒examine.
【派生語】**inspéction** 名 UC. **inspéctor** 名 C.

inspiration ⇒inspire.

in·spire /inspáiər/ 動 本来他 〔一般語〕一般義 人を**奮い立たせる, 鼓舞する, 激励して...をさせる.** その他 本来「息を吹き込む」を意味する語で, 人に生命を吹き込む, 人に神や神秘的な力によって霊感を与えると意味が拡大し, さらに感情や思想を相手の心の中に**吹き込む, 感動を起こさせる**などの意となった. また肺に空気を**吸い込む**(⇔expire)の意.
語源 ラテン語 *inspirare* (=to breathe into; *in-* into + *spirare* to breathe) が古フランス語を経て中英語に入った.
用例 His friend's words *inspired* him to try again. 友の言葉が彼にもう一度やってみる気にさせた/An incident in his childhood *inspired* the poem. 子供のころのある出来事が彼の詩にインスピレーションを与えた.
【派生語】**inspirátion** 名 UC 霊感, 感動, 妙案. **inspíred** 形 霊感を受けた, ひらめきのある. **inspíring** 形.

Inst. 《略》=Institute (研究所, 特殊講座, 大学の付属研究所); Institution (社会施設, 慈善団体).

in·sta·bil·i·ty /ìnstəbíləti/ 名 U 〔やや形式ばった語〕物事や人の性格の**不安定, 変わりやすさ, 優柔不断**などの意.
用例 Because of his *instability* he could not be trusted with any responsible job. 気持がすぐに変るので, 彼には責任ある仕事をまかせられなかった.

in·stall /instɔ́ːl/ 動 本来他 〔一般語〕一般義 装置などを**所定の位置に取り付ける**《~ oneself または 受身で》人をある場所に**落ち着かせる, 席につかせる.** また正式な形である地位や役職につける, **就任させる, 任命する,** 〖コンピューター〗ソフトウェアをシステムにインストールする.
語源 中世ラテン語 *installare* (*in-* into + *stallum* place) が古フランス語 *installer* を経て中英語に入った. 「人を権威ある新しい地位につける」が原義.
用例 When was the telephone [electricity] *installed* (in this house)? 電話[電気]は(この家に)いつ取り付けられたのですか/They soon *installed* themselves in the new house. 彼らは間もなく新居に落ちついた.
【派生語】**installátion** 名 UC 装置などの取り付け, 〖コンピューター〗インストール, 設備, 装置, 就任(式). **instáller**, (英)**instáler** 名 C 任命する人.

in·stall·ment[1], (英)**in·stal·ment**[1] /instɔ́ːlmənt/ 名 C 〔一般語〕一般義 月賦などの 1 回分の払い込み金. その他 連続物や連載物の1回分.
語源 ノルマンフランス語 *estaler* (=to fix as payments) の派生形 *estalement* から 18 世紀に入った.
用例 The new carpet is being paid for by monthly *instalments*. その新しいカーペットは月々のローンで払っています.
【複合語】**installment plan** 名 《米》(the ~) 分割払い方式((英) hire purchase).

installment[2], **instalment**[2] =installation.

in·stance /ínstəns/ 名 C 動 本来他 〔一般語〕一般義 代表的な例でなく, 個別的な**例, 実例.** その他 ある事象の意で一般化できるような場合, ある**過程の段階**などの意. 動 として〔形式ばった語〕...を例にあげる.
語源 ラテン語 *instans* (⇒instant) から派生した *instantia* (=presence; occurrence) が古フランス語を経て中英語に入った.
用例 As a social worker, he saw many *instances* of extreme poverty. ソーシャル・ワーカーとして彼は極度な貧困に苦しむ多くの人々を実際に見てきた/Some birds, penguins for *instance*, can't fly at all. 例えばペンギンのように, 鳥の中にはまったく飛べないものもいる/He *instanced* vandalism as one of the features of modern life. 彼は現代生活の特徴の 1 つとして蛮行を例にあげた.
類義語 ⇒example.

in·stant /ínstənt/ 形 名 C 〔一般語〕一般義 緊急に差し迫った, **即時の.** その他 食品などが**即席の, インスタントの,** その他すぐに結果が出る, 安直なという意味になる. また〖商〗《日にちの後につけて》今月のの意. 名 として**瞬間, 即時, インスタント食品,** 特にインスタントコーヒー.
語源 ラテン語 *instare* (to be present, to be at hand; *in-* upon + *stare* to stand) の現在分詞 *instans* (=urgent) が古フランス語を経て中英語に入った.
用例 Anyone disobeying these rules will face *instant* dismissal. この規則に従わない者は即刻解雇処分を受けることになるであろう/His latest play was an *instant* success. 彼の最新の芝居はたちどころに成功した/He climbed into bed and at that *instant* the telephone rang. 彼がベッドにもぐり込んだ瞬間に電話のベルが鳴った/I'll be there in an *instant*. すぐにそちらへ行きます.
【慣用句】**on the instant** すぐさま, たちどころに. **the instat** ...=as soon as .... **this instant** この場ですぐに: Give it back this *instant*! この場ですぐにそれを返しなさい.
【派生語】**instantly** 副 接.

in·stan·ta·ne·ous /ìnstəntéiniəs/ 形 〔やや形式ばった語〕瞬間の, 即座の.

[語源] ラテン語 *instans* (⇒instant) から派生した中世ラテン語 *instantaneus* が初期近代英語に入った.

[用例] The effect of this poison is *instantaneous*. この毒の効果は即座に表れます.

【派生語】**instantáneously** 副.

in·stead /instéd/ 副 〔一般語〕本来, 話の中ですでに言及されている人物や物事の場所に入ることは, 場所を入れ代わることになり, その代わりに, それよりもの意となる.

[語源] in+stead (=place) として中英語から.

[用例] I don't like coffee. Could I please have tea *instead*? コーヒーは好きではありません. 代わりにお茶をいただけませんか/His mother was too tired to go, so he took his aunt *instead*. 母親はたいへん疲れていたので, 彼は代わりにおばを連れて行った.

【慣用句】***instead of*** ... ...の代わりに: You should have been working *instead of* watching television. 君はテレビなど見ないで勉強しているべきだった/Could we go by car *instead of* by train? 電車の代わりに車で行ってもいいでしょうか.

in·step /ínstep/ 名 C 〔一般語〕足や靴, 靴下などの甲の部分を表す.

[語源] 不詳. 中英語から.

in·sti·gate /ínstigeit/ 動 本来的 〔形式ばった語〕[一般語] 人をそそのかして...させる, 扇動する. その他 暴動やストライキなどを扇動して起こす, ある行動を主導する.

[語源] ラテン語 *instigare* (to urge on; *in-* towards +*stigare* to prick) の過去分詞から初期近代英語に入った.

[用例] The boy committed the theft, but it was *instigated* by his father. その子供は盗みを働いたが, それは父親にそそのかされたものだった.

【派生語】**instigátion** 名 U 扇動, 刺激. **ínstigator** 名 C 扇動者.

in·still, in·stil /instíl/ 動 本来的 〔一般語〕一滴ずつ液体をたらすことから, 思想などを相手に徐々に確実に染み込ませる (into).

[語源] ラテン語 *instillare* (=to drip in) が古フランス語を経て中英語に入った.

[用例] The habit of punctuality was *instilled* into me early in my life. 若い頃に時間を正確に守るという習慣が私の体に染み込みました.

in·stinct /ínstiŋkt/ 名 UC 〔一般語〕[一般義] 本能や本能的反応, 食欲, 性欲など. その他 生得的な物事に対するひらめき, 才能, 性向を表したり, 《しばしば複数形で》物事に対しての直観や勘も表す.

[語源] ラテン語 *instinguere* (=to incite) の過去分詞 *instinctus* から中英語に入った.

[用例] As winter approaches, swallows fly south by *instinct*. 冬が近くなるとつばめは本能的に南の方へ飛んで行きます/He has an *instinct* for choosing the right clothes. 彼は状況に合った衣服を選ぶ才能がある.

【派生語】**instínctive** 形. **instínctively** 副.

in·sti·tute /ínstitju:t/ 名 動 本来的 〔一般語〕学術的あるいは社会的な目的で創設された学会, 協会, 研究所, 理工科系の大学 (語法 しばしば Inst. と略す). 動 として 〔形式ばった語〕会などを設立する, 規定などを制定するの意, さらに調査・研究などを開始するの意.

[語源] ラテン語 *instituere* (*in-* +*statuere* to set up) の過去分詞 *institutus* から中英語に入った.

[用例] There is a lecture at the Philosophical *Institute* tonight. 今晩哲学学会で講演が開かれます/When was the Red Cross *instituted*? 赤十字はいつ創立されたのですか.

【派生語】**institútion** 名 CU 学校, 学会, 教会, 病院などの公共的な団体または施設, 制度, 慣例, しきたり, 設立, 創立. **institútional** 形 制度上の, 学会の. **institútionalism** 名 U 社会事業などの制度, 制度主義. **institútionalist** 名 C. **institutionalizátion** 名 U. **institútionalize** 動 本来的 公共団体にする, 制度化する. **institútionary** 形.

in·struct /instrʌ́kt/ 動 本来的 〔一般語〕人に何かを指示する, 指図する. その他 人にあることを教える, 教授する, 〔形式ばった語〕何かを知らせる, 告知するの意.

[語源] ラテン語 *instruere* (to pile up; *in-* in +*struere* to build) の過去分詞 *instructus* から中英語に入った. 「知識を積み重ねてゆく」が原意.

[用例] He was *instructed* to come here at nine o'clock. 彼は9時に来るように指示された/I have already *instructed* you how to cook the meat. 私はすでに君に肉の料理の仕方を教えました.

【派生語】**instrúction** 名 UC 教授, 教育, 《複数形で》指図, 使用説明(書). **instrúctional** 形. **instrúctive** 形 教育的な, 有益な, ためになる. **instrúctor** 名 C 教師, 教官, 講師.

in·stru·ment /ínstrumənt/ 名 C 動 本来的 〔一般語〕主に学術的な目的で用いられる道具あるいは器具, 器械. その他 計器および楽器の意でも用いられる. また本来の道具の意より, 手段, 方便, 人に用いて手先, だし, さらに法的な手段の意で《法》証書, 文書の意となる.

[語源] ラテン語で「備える」の意の *instruere* (⇒instruct) から派生した *instrumentum* (= implement; tool) が古フランス語を経て中英語に入った.

[用例] surgical *instruments* 外科用器具/drawing *instruments* 製図器械/He can play the piano, violin and several other *instruments*. 彼はピアノ, バイオリン, その他いくつかの楽器を演奏することができる/That beautiful lady was really the *instrument* of the crime syndicate. あの美しい婦人が実はその犯罪組織の手先だった.

【派生語】**instruméntal** 形. **instruméntalist** 名 C 楽器の演奏家. **instrumentálity** 名 UC 尽力, 手段. **instrumentátion** 名 U 器具などの使用法, 《楽》管弦楽法.

【複合語】**ínstrument bòard** 名 =instrument panel. **ínstrument flýing** 名 U 《空》計器飛行. **ínstrument lánding** 名 U 《空》計器着陸. **ínstrument pánel** 名 C 自動車や飛行機などの計器盤.

in·sub·or·di·nate /ìnsəbɔ́:rdənət/ 〔形式ばった語〕《悪い意味で》目上の人や権威のある人に対して意図的に従順でない, 命令や指示をあからさまに受けようとしない.

【派生語】**insubòrdinátion** 名 UC.

in·sub·stan·tial /ìnsəbstǽnʃəl/ 形 〔形式ばった語〕[一般義] 内容が乏しい, 劣っている. その他 本来は実体がないの意で, 《悪い意味で》現実的でないという意味

insufferable

[用例] an *insubstantial* meal 内容の乏しい食事.

in·suf·fer·a·ble /ɪnsʌ́fərəbl/ 形 〔形式ばった語〕相手の態度や振舞いが横柄で**我慢がならない**.

insufficiency ⇒insufficient.

in·suf·fi·cient /ìnsəfíʃənt/ 形 〔形式ばった語〕能力, 才能, 財源, 資源などが**十分でない**.
【派生語】**insufficiency** 名 Ⓤ. **insufficiently** 副.

in·su·lar /ínsjʊlər/ 形 〔形式ばった語〕[一般義]《悪い意味で》人が孤立し心が狭い偏見に満ちている, また国民や民族などが**島国根性の**. [その他] 本来は島に関係がある, 島に居住しているという意味で, それから上記の意味が出た. また動植物がある特定の島に**孤立した生態系**をもっている, 《医》**島状細胞群の**.
[語源] ラテン語 *insula* (=island) から派生した後期ラテン語 *insularis* (=of an island) が初期近代英語に入った.
[用例] He has an *insular* outlook on life. 彼は人生に対して狭い見方をしている/There are some plants that grow only in an *insular* climate. 海洋性気候にしか育たない植物がある.
【派生語】**ínsularism** 名 Ⓤ 島国根性. **insulárity** 名 Ⓤ.

in·su·late /ínsjʊleɪt/ 動 [本来他] 〔やや形式ばった語〕[一般義] 電気, 熱, 音が出入しないように**絶縁する, 断熱する, 防音する**. [その他] 比喩的に人を不快または日常のつまらない経験から**切り離しておく**.
[語源] ラテン語 *insula* (=island) から派生した *insulatus* (=made like an island) から18世紀に入った.「土地を島のように孤立化させる」が原意.
[用例] All her life she has been *insulated* from the harsh realities of the world. 彼女は生まれてから今日まで世の中の厳しい現実から隔絶された生活を送ってきた.
【派生語】**insulátion** 名 Ⓤ. **ínsulator** 名 Ⓒ **絶縁体[物]**, 絶縁器, 碍子(がいし), 断熱[防音]材.

in·su·lin /ínsjʊlɪn/ 名 Ⓤ 《医》膵臓のランゲルハンス島 (islet of Langerhans) で作られるホルモン, **インシュリン**, また糖尿病の治療薬の**インシュリン製剤**.
[語源] ラテン語 *insula* (=island) + -in (薬品名をつくる語尾) として20世紀から.

in·sult /ɪnsʌ́lt/ 動 [本来他], /-/ 名 Ⓤ Ⓒ [一般義] 相手の感情やプライドを損ねる, **侮辱する**. 名として**侮辱, 無礼, 侮辱的な言動**.
[語源] ラテン語 *insultare* (=to leap upon; to assail) が中フランス語を経て中英語に入った.
[用例] He *insulted* her by telling her she was not only ugly but stupid, too. 彼は彼女のことを醜いばかりか愚かだと言って侮辱した/She was upset by his *insult* in refusing to shake hands with her. 彼女は彼から握手を拒むというひどい侮辱を受けたことで気が動転した.
【派生語】**insúlting** 形. **insúltingly** 副.

in·su·per·a·ble /ɪnsjúːpərəbl/ 形 〔形式ばった語〕問題などが難しすぎて**克服できない**.

in·sup·port·a·ble /ìnsəpɔ́ːrtəbl/ 形 〔形式ばった語〕《悪い意味で》振舞いや内容がひどくて**我慢できない**, あるいは議論などを**不当化できない, 支持できない**.

insurance ⇒insure.

in·sure /ɪnʃúər/ 動 [本来他] [一般義] 生命や財産などに**保険をつける**. [その他] **確実にする**の意より保証する.
[用例] ensure の異形. 中英語から.
[用例] Is your car *insured*? 君の車は保険に入っていますか/Employers have to *insure* employees against accidents. 雇用者は使用人に対して傷害保険をかけねばならない.
【派生語】**insúrance** 名 Ⓤ **保険, 保険金**: **insurance agent** 保険代理店/**insurance company** 保険会社/**insurance policy** 保険証券[証書]/**insurance salesman** 保険の外交員. **insúred** 形. **insúrer** 名 Ⓒ 保険業者.

in·sur·gent /ɪnsə́ːrdʒənt/ 名 Ⓒ 形 〔形式ばった語〕《通例複数形で》政府や権力に対して反乱や暴動を起した者, **反乱者, 暴徒**. 形 として〔限定用法〕**暴動に参加しているの意**.
[語源] ラテン語 *insurgere* (=to rise up) の現在分詞 *insurgens* が18世紀に入った.

in·sur·mount·a·ble /ìnsərmáʊntəbl/ 形 〔形式ばった語〕物事が大きすぎたり問題が難しすぎて**乗り越えられない, 解決できない**《(語法) 良い意味でも悪い意味でも用いる》.
[類義語] insuperable.

in·sur·rec·tion /ìnsərékʃən/ 名 Ⓤ Ⓒ 〔形式ばった語〕政府や権力に対する**反乱, 暴動**.
[語源] ラテン語 *insurgere* (⇒insurgent) から派生した後期ラテン語 *insurrectio* が中英語に入った.
[類義語] rebellion.

in·sus·cep·ti·ble /ìnsəséptəbl/ 形 〔やや形式ばった語〕物事を容易に受け入れない, 簡単に影響されない, 感覚が鈍い《of; to》.

in·tact /ɪntǽkt/ 形 〔叙述用法〕[一般義] 《通例述語用法》物が傷つくような経過があったが, もとのままで, **損傷を受けていない**. [その他] 比喩的に心などが傷ついていないこともいう. また体の関連臓器が除去されたり損傷していない, **特に動物が去勢をしていない**, 女性が**肉体的に純潔である**という意味.
[語源] ラテン語 *intactus* (=not touched) が中英語に入った.
[用例] Her self-confidence remained *intact* although she had been dismissed from her job. 彼女は首になったが, 自信は傷つかなかった.

in·take /ínteɪk/ 名 Ⓒ [一般義] 下水管などの取水口やジェットエンジンなどの**空気吸入部**. [その他] 栄養などの**摂取量, 取入れ高**, 会社や学校などの**採用人員**, 建物などの**収容人員**などの意.
[用例] The ventilation system broke down when something blocked the main air *intake*. 通気装置は空気の主取入れ口に何かがつまって故障してしまった/This year's *intake* of students is smaller than last year's. 今年の学生の募集人員は去年よりも少ない.

in·tan·gi·ble /ɪntǽndʒəbl/ 形 名 Ⓤ 〔形式ばった語〕[一般義] 感じられはするが**触れることができない**, 具体的に描写しえないもの. また**実体がない, 無形の**. 名 として, 株や特許権などの**無形資産**.
【派生語】**intangibílity** 名 Ⓤ.

in·te·ger /íntɪdʒər/ 名 Ⓒ 《数》**整数**.
[語源] ラテン語 *integer* (=whole) が初期近代英語に入った.

in·te·gral /íntɪɡrəl/ 形 名 Ⓒ 〔形式ばった語〕[一般義] 物事が完全になるために**必要欠くべからざる, 必**

修の. [その他] 欠けたところのない, 完全な, 全体の, 【数】整数の, 積分の. [名] として全体,【数】整数, 積分.
[語源] ラテン語 *integer* (= whole) から派生した中世ラテン語 *integralis* が初期近代英語に入った.
【複合語】**íntegral cálculus** [名] [U] 積分(学). **íntegral domáin** [名] [U] 【数】整域.

in·te·grate /íntəgreit/ [動] [本来他] 〔やや形式ばった語〕
[一般義] 全体の中に他の人々やものをまとめる, 融和させる. [その他] 種々の人種を融和させて人種差別をなくす,【数】積分する,【電子工学】回路を集積する. [自] 統合される, 融合する.
[語源] ラテン語 *integer* (⇒integer) から派生した *integrare* (= to make complete) の過去分詞 *integratus* から初期近代英語に入った.
[用例] The immigrants are not finding it easy to *integrate* into the life of our cities. 移民者は我々の都市の生活に融け込むのは容易ではないと感じている.
【派生語】**íntegrated** [形] 統合された, 完全な,《しばしば複合語で》人種や宗教などの差別をしない: **íntegrated círcuit** 〔電子工学〕集積回路 〔語法〕IC と略す. **integrátion** [名] 統合, 集成, 融合, 人種差別の撤廃,【数】積分. **integrátionist** [名] [C] 差別撤廃論者.

in·teg·ri·ty /intégrəti/ [名] [U] 〔形式ばった語〕
[一般義] 人が非常に高潔, 廉直であること. [その他] 物事の完全無欠な状態や分割されていないことを表す.
[語源] ラテン語 *integer* (⇒integer) の派生形 *integritas* が中英語に入った.
[用例] He is a man of absolute *integrity*. 彼は完全無欠の正直者だ/These arguments are threatening the *integrity* of the group. これらの議論はグループのまとまりを脅かすものだ.

in·tel·lect /íntəlekt/ [名] [UC] 〔一般語〕 [一般義] 物事を推論したり理解したり判断する能力, 知性, 知力. [その他] 優れた知性を持つ人,《the ~; 集合的》知識人, 知識階級.
[語源]「多くのものの中から適格に選び出す」という意味のラテン語 *intellegere* (*inter*- among + *legere* to choose) の過去分詞 *intellectus* から中英語に入った.
[用例] He was a person of great *intellect*. 彼は大変知性の優れた人物だった/She felt that she had come into contact with a great *intellect*. 彼女は大変な知識人と出会ったと思った.
【派生語】**ìntelléctual** [形]. **ìntelléctually** [副].

intelligence ⇒intelligent.

in·tel·li·gent /intélədʒənt/ [形] 〔一般語〕人や動物が知能が高い, 発言や行為が聡明な, 理性的な, 気のきいた.
[語源] ラテン語 *intellegere* (⇒intellct) の異形 *intelligere* (= to perceive; to understand) の現在分詞 *intelligens* が中英語に入った.
[用例] She's an *intelligent* child. 彼女は頭の良い子供だ/That dog is so *intelligent*. あの犬はとても利口だ/Her replies to my questions were *intelligent* and interesting. 私の質問に対する彼女の返答は気のきいた興味深いものだった.
[類義語] ⇒clever.
【派生語】**intélligence** [名] [U] 知能, 知性, 情報, 情報機関: **intelligence agent** 諜報部員/**intelligence department [bureau]** 情報部/**intelligence quotient** 〔心〕知能指数 〔語法〕IQ, I.Q. と略す). 【複合語】**intélligent tèst** [名] [C] 知能テスト.

in·tel·li·gen·tsia /intèlədʒéntsiə, -gén-/ [名] [U] 〔形式ばった語〕《通例 the ~; 単数または複数扱い》文化的, 社会的, 政治的分野に進歩的な考えをもつ知識階級.
[語源] ラテン語 *intelligentia* (= intelligence) がポーランド語 *intelligencja*, ロシア語 *intelligentsiya* を経て 20 世紀に入った.

in·tel·li·gi·ble /intélidʒəbl/ [形] 〔一般語〕理解できる, わかりやすい, 明瞭な.
[語源] ラテン語 *intelligere* (⇒intelligent) の派生形 *intelligibilis* が中英語に入った.
【派生語】**intèlligibílity** [名] [U]. **intélligibly** [副].

intemperance ⇒intemperate.

in·tem·per·ate /intémpərət/ [形] 〔形式ばった語〕節度のない, 度を越えている, 特に大酒飲みの, アル中の.
[語源] ラテン語 *intemperatus* (= not temperate) が中英語に入った.
[用例] She considered his behavior *intemperate*. 彼は勝手気ままに振る舞うと彼女は考えた.
【派生語】**intémperance** [名] [U].

in·tend /inténd/ [動] [本来他] 〔一般語〕 [一般義] ...しようと思う, ...をするつもりである《to do; doing》《[語法] くだけた表現では be going to do を用いる》. [その他] 人や物をある明確な目的に向けようとする, ...にするつもりである. また [文語]...を意味するという意味にもなる.
[語源]「欲しい物を求めて手を伸ばす」を意味するラテン語 *intendere* (*in*- toward + *tendere* to stretch) が,「ねらいを定める」→「意図する」の意に解され, 古フランス語を経て中英語に入った.
[用例] Do you still *intend* going [to go]? 君はまだ行くつもりですか/Do you *intend* that they should go too? あなたは彼らも行かせるつもりですか/I *intend* him to do the work. 私は彼にその仕事をしてもらうつもりです/His remarks were *intended* to be a compliment. 彼の言葉はお世辞のつもりだった/I don't understand what you *intend* by your words. 君の言葉はどういう意味なのか私には理解できない.
[類義語] mean[1].
【派生語】**inténded** [形] 意図された, 計画された, 婚約した, いいなずけの. [名]《くだけた語》《...'s ~で》婚約者, いいなずけ.

in·tense /inténs/ [形] 〔一般語〕 [一般義] 暑さ, 寒さ, 痛み, 色彩などの程度が強烈な, 激しい. [その他] 行動や感情面に表れる激しさを指し, 真剣な, 熱烈な, 情熱的な, さらに《しばしば軽蔑的》人が感情的な, 顔が緊張したなどの意.
[語源] ラテン語 *intendere* (⇒intend) の過去分詞 *intentus* の異形 *intensus* が中フランス語を経て中英語に入った.「ねらいを定める」→「一途になる」→「激しい」と意味が変化した.
[用例] *intense* heat 酷暑/*intense* pain 激痛/Her hatred of him was too *intense* for her ever to forgive him. 彼女の彼に対する憎悪の気持はすさまじく彼のことを決して許すことはねばいほどだった.
【派生語】**inténsely** [副]. **intènsificátion** [名] [U] 強化, 増大. **inténsifier** [名] [C] 強烈にするもの,【文法】形容詞や副詞の意味を強める強意語,【写】増感剤. **inténsify** [動] [本来他] 強める, 強烈にする, 激しくする.

ⓐ 強くなる, 激化する. **inténsity** 名 U 激しさ, 強烈さ, 強度, 強さ. **inténsive** 形 集中的な, 徹底的な, 強い, 激しい, 《文法》強意の. 名 C 《文法》強意語 (intensifier): **intensive care** 特に重病人に対する集中治療. **inténsively** 副.

in·tent[1] /intént/ 形 [一般義] 人が仕事や遊びなどに没頭している, 熱中している. [その他] 表情や態度が真剣な, 熱心な, また何かをしようとしている 《on; upon》.
[語源] ラテン語 *intendere* (⇒intend) の過去分詞 *intentus* が中英語に入った.
[用例] He's *intent* on marrying the girl. 彼はその女の子と結婚しよう一生懸命だ/He is *intent* upon revenge. 彼は復讐にもえている.

in·tent[2] /intént/ 名 U 〔形式ばった語〕[一般義] 意図, 意思 《《語法》intention より形式ばった語》. [その他] 意図されたもの, 目的, 計画, さらに趣旨, 趣意, 含意の意.
[語源] ⇒intent[1].
[用例] with good [evil] *intent* 善意[悪意]で/with *intent* to steal 盗む目的で.
[慣用句] ***to all intents (and purposes)*** ほとんどあらゆる点からみて.

in·ten·tion /inténʃən/ 名 UC 〔一般語〕[一般義] 何かを行おうとする意図, 意向. [その他] 意図されたものの意で, 目的, 目あて, 《くだけた語》《複数形で》結婚の意志の意.
[語源] ラテン語 *intendere* (⇒intend) の 名 *intentio* が中英語に入った.
[用例] He has no *intention* to leaving. 彼には去る意志がない/He went to see the boss with the *intention* of asking for a pay rise. 彼は賃金を上げてほしいと頼むつもりで上司に会いに行った.
【派生語】**inténtional** 形 故意の, 意図的な, 計画的な. **inténtionally** 副.

in·ter /intə́ːr/ 動 [本来他] 〔形式ばった語〕死者を土中や墓に埋葬する.
[語源] 俗ラテン語 *interrare (*in*- in + *terra* earth) が中フランス語 *enterrer* を経て中英語に入った.
【派生語】**intérment** 名 UC 埋葬, 土葬, 埋葬の儀式.

inter- /intər/ 接頭 「…中, …間の」「相互に, 交互の」の意. また名詞, 形容詞, 動詞について複合語をつくる. 例: intercultural (文化間の).
[語源] ラテン語 *inter* (=between; among) による *inter-* が古フランス語 *inter-*, *entre-* を経て中英語に入った.

in·ter·act /intərǽkt/ 動 [本来自] 〔一般語〕二つ以上の物や人が互いに作用し合う, 互いに影響し合う, …と交流する 《with》.
[語源] inter-+act として 18 世紀から.
【派生語】**interáction** 名 UC. **interáctive** 形 互いに作用し合う, 互いに協力し合う, 相互に影響を与える, 《通信》双方向の.

in·ter·breed /intərbríːd/ 動 [本来他] 〈過去・過分 -bred〉 〔形式ばった語〕特に限定された中で異種交配させる.
[類義語] interbreed, crossbreed, inbreed, hybridize: **interbreed** は一般に異種のものを交配させる意. **crossbreed** は同種間の異なった 2 つの種類のものを交配させる. **inbreed** は望ましくないものを除外し, 望ましいものを保存, 固定するために, 接近した種の間で近親交配させる. **hybridize** はまったく異なった 2 種間のものを交配させることをいう.

in·ter·cede /intərsíːd/ 動 [本来自] 〔形式ばった語〕二者間や二国間の争いを仲裁する, とりなす 《between》, また人を罪から救うために弁護する 《for》.
[語源] ラテン語 *intercedere* (*inter*- between + *cedere* to go) が初期近代英語に入った.
[用例] All attempts to *intercede* between the two warring nations failed. その 2 つの交戦国を仲裁するあらゆる試みは失敗した.
【派生語】**intercession** /intərséʃən/ 名 UC 仲裁, とりなし.

in·ter·cept /intərsépt/ 動 [本来他] /ˌ-ˈ-/ 名 C 〔一般語〕途中で止める, 《軍》ミサイルなどを迎撃する, 《球技》敵のパスを止める, 奪取する, 《数》2 点[線]によって切り取る. 名 として途中で止めること, インターセプト, 通信などの傍受, 《数》切片.
[語源] ラテン語 *intercipere* (*inter*- between + *capere* to seize) の過去分詞 *interceptus* から初期近代英語に入った.
[用例] The rebels *intercepted* the message before it reached the king. 反逆者たちは伝言が王様に届く前に奪取した.
【派生語】**intercéption** 名 UC 途中で止めること[止められた状態], 遮断, 通信などの傍受, 《軍》迎撃. **intercéptor** 名 C 途中で止める人[物], 《軍》迎撃戦闘機[ミサイル].

intercession ⇒intercede.

in·ter·change /intərtʃéindʒ/ 動 [本来他] /ˌ-ˈ-/ 名 C 〔一般語〕[一般義] 2 つの物や人を入れ替える, 交換する. [その他] 2 つの事を連続的に交互に行う. ⓐ 入れ替わる, 交互に起こる. 名 として交換, 交替, 高速道路のインター(チェンジ).
[語源] 中フランス語 *entrechangier* (*entre*- inter- + *changier* to change) が中英語に入った.
[用例] At conferences the *interchange* of ideas can be beneficial. 会議では意見のやり取りが有益になる.
[類義語] exchange.
【派生語】**interchángeable** 形 交換[交替]可能な.
【複合語】**ìnterchange stàtion** 名 C 《英》乗り換え駅.

in·ter·col·le·gi·ate /intərkəlíːdʒiət/ 形 〔一般語〕大学間の, 大学対抗の, 大学連合の. 名 として 《複数形で》大学対抗競技会.
[日英比較] 大学対抗競技会を指すカタカナ語の「インカレ」は英語では intercollegiates という. なおこの類推から生まれた全国高等学校対抗競技会を指す「インターハイ」は英語では inter-high school sports [athletics; athletic competition] あるいは interscholastic athletics などという.

in·ter·com /intərkɑm | -kɔm/ 名 C 〔ややくだけた語〕会社, 飛行機, 船などの内部通話装置[方式], インターホン(intercommunication system).
[用例] The pilot spoke to the passengers over the *intercom*. 機長は機内放送で乗客に話しかけた.

in·ter·com·mu·ni·cate /intərkəmjúːnikeit/ 動 [本来自] 〔一般語〕相互に連絡[通信]し合う.
【派生語】**ìntercommùnicátion** 名 U.

in·ter·con·nect /intərkənékt/ 動 [本来他] 〔やや形式ばった語〕相互に連絡させる[する].

in·ter·con·ti·nen·tal /ìntərkɑntinéntl | -kɔn-/ 形 〔一般語〕大陸間の, 大陸間にまたがって行われる.
【複合語】**intercontinéntal ballístic míssile** 名 ⓒ 大陸間弾道弾《語法》ICBM と略す.

in·ter·course /íntərkɔ̀ːrs/ 名 Ⓤ〔一般語〕[一般義] 性交, 肉体関係.[その他] 貿易あるいは商業上の国際間の交通, 交渉, 通商, 個人やグループなどの間の交際などの意.
[語源] ラテン語 *intercurrere* (=to intervene; *inter-* between+*currere* to run) の過去分詞 *intercursus* が古フランス語 *entrecours* を経て中英語に入った.「性交」の意味は 18 世紀から.
[用例] He was accused of having had *intercourse* with a young girl without her consent. 彼は幼い少女と無理やりに性交渉におよんだとして訴えられた/There has been no *intercourse* between the two countries for several years. ここ数年この 2 国間の通商は断たれている.

in·ter·cul·tur·al /ìntərkʌ́ltʃurəl/ 形 〔一般語〕異なった文化の間の.
[用例] *intercultural* communication 異文化(間)コミュニケーション.

in·ter·de·part·men·tal /ìntərdipɑ̀ːrtméntl/ 形 〔やや形式ばった語〕大学なら学部[学科]間の, 役所や会社なら省[庁, 部, 課]間の.

interdependence ⇒interdependent.

in·ter·de·pend·ent /ìntərdipéndənt/ 形 〔やや形式ばった語〕相互依存の, お互いにとって必要な.
【派生語】**ìnterdepéndence, -cy** 名 Ⓤ.

in·ter·dict /ìntərdíkt/ 動 本来他, /ˊ--ˋ/ 名 ⓒ〔形式ばった語〕公の命令や法的規制によって禁止する.《カト》礼拝などの重要な儀式への参加を差し止め, 職務停止する. また敵の供給線や攻撃などを阻止[破壊, 分断]する. 名として禁止令, 差し止め, 禁止.
[語源] ラテン語 *interdicere* (to interpose; to forbid *inter-* between+*dicere* to say) の過去分詞 *interdictus* が古フランス語を経て中英語に入った.
[用例] He was prevented from building a new garden wall by a court *interdict*. 彼は裁判所の差し止めによって, 庭に新しい塀がつくれなくなった.
[類義語] forbid.

in·ter·dis·ci·pli·nar·y /ìntərdísəplinèri | -nəri/ 形 〔形式ばった語〕2 つ以上の学問的[科学的, 芸術的]研究分野を含んだ, 学際的な.

in·ter·est /íntərəst/ 名 Ⓤ ⓒ 動 本来他 〔一般語〕
[一般義] 何かに対する関心, 興味.[その他] 関心事, 興味をそそるもの, これより, 重要性, 重大性, さらに万人の興味の対象となることの意で, 利害関係, 利権, 《複数形で》利益, 元金からの利益の意で, 利息, 利子, 利率, また利害関係を共にする者の意で, 同業者, 関係者. 動として興味を起こさせる.
[語源] ラテン語 *interesse* (*inter-* between+*esse* to be) の名詞用法で中英語 *interesse* (=concern) から「間にある」→「注意を引く」→「関心を引く」のように変化した.
[用例] A good teacher will always find some way of arousing his pupil's *interest*. 良い教師は生徒の関心を引き起こす何らかの方法を常に見つけ出す/A few photographs will add *interest* to this book. 2, 3 枚写真を載せればこの本におもしろみが加わるでしょう/Gardening is one of my main *interests*. 庭いじりは私の主な趣味のうちの 1 つです/The (rate of) *interest* of this loan is eight percent. このローンの利率は 8 パーセントです/Political arguments don't *interest* me at all. 政治的な議論には私はまったく関心がありません/Can I *interest* you in (buying) this dictionary? この辞書を買う気はありませんか.
【派生語】**ínterested** 形 興味を持った, 利害関係のある. **ínteresting** 形 おもしろい, 興味のある. **ínterestingly** 副.

in·ter·eth·nic /ìntəréθnik/ 形 異民族[人種]間の.

in·ter·face /íntərfèis/ 名 ⓒ 動 本来他〔形式ばった語〕[一般義] 2 つの物体や空間や面の境界面, 接触面.[その他] 独立したシステムや組織体が接して交信, 交流する共通領域, また境界領域間を結ぶ手段, 《コンピューター》インターフェース. 動として, 異なるものを結合して作動させる. 自 …と連動する《with》.
[用例] the man-machine *interface* 人間と機械の接触[境界]領域/Please *interface* the printer with the computer. プリンターをコンピューターと連動させてください.

in·ter·fere /ìntərfíər/ 動 本来自〔一般語〕[一般義] 必要とされないのに人や物事に干渉する, 口出しする.[その他] 本来の互いにぶつかり合う意より, 妨げる, 邪魔をする, 《スポ》インターフェアーする, さらに《理》光波, 音波, 電波などが干渉する, 《通信》混信する.
[語源] 古フランス語 *entreferir* (to strike each other; *entre-* between+*ferir* to strike) が中英語に入った.
[用例] I wish you would stop *interfering* (with my plans). 君が(私の計画に)口出しするのを止めてくれればいいのだが/Don't *interfere* in other people's business! 他人の事に干渉するな.
【派生語】**interférence** 名 Ⓤ 干渉, 介入, 妨害, 邪魔. **interféring** 形.

in·ter·fer·on /ìntərfíərɑn | -ɔn/ 名 Ⓤ《生化·医》インターフェロン《★ウィルス感染した動物細胞から生じ, 細胞内でのウィルスの増殖を妨げる一種の蛋白質》.

in·ter·im /íntərim/ 形 〔形式ばった語〕名 Ⓤ 中間の, 当座の, 暫定的な, 仮の. 名 として, 物事の中間の時間, 合間.
[語源] ラテン語 *interim* (=in the meantime) が初期近代英語に入った.
[用例] an *interim* report [measure] 暫定[中間]報告[案].
[慣用句] ***in the interim*** その間に, とかくするうちに.

in·te·ri·or /intíəriər/ 形 名 ⓒ〔一般語〕[一般義] 内部あるいは内側に位置している.[その他] 海岸や国境から遠く離れている意で, 内陸の, 奥地の, さらに国内の(domestic), 内地の, また比喩的に人間の心の内面的な, 精神的な意. 名として内部, 内側, 屋内, 内地, 内陸, 《the ~》内政, 内務.
[語源] ラテン語 *inter* (=between) の比較級 *interior* が古フランス語を経て中英語に入った.
[用例] the *interior* walls of a building 建物の内側の壁/The explorers landed on the coast and then travelled into the *interior*. 探検隊は海岸に上陸しそこから内陸へ進んだ.
[反義語] exterior.
【派生語】**intèriorizátion** 名 Ⓤ. **intériorize** 動 本来他 内面化する. **intériorly** 副.

【複合語】intérior desígn [decorátion] 名 U 室内装飾. **intérior desígner [décorator]** 名 C 室内装飾家.

interj.【略】= interjection.

in·ter·ject /ìntərdʒékt/ 動 本来他 〔形式ばった語〕人が話している時に質問や批判などを突然に差し挟む.
【語源】ラテン語 *interjicere* (*inter-* between + *jacere* to throw) の過去分詞 *interjectus* から初期近代英語に入った.
【用例】He told the story while she *interjected* a comment at intervals. 彼が話をしたが、ところどころで彼女が急にコメントを差し挟んだ.
【派生語】**interjéction** 名 C 〖文法〗感嘆[間投]詞, 感嘆の叫び声[言葉] (★Hey! Heavens! Oops! Dear me! Oh, my god! など). **interjéctional** 形.

in·ter·lace /ìntərléis/ 動 本来他 〔一般語〕〔一般語〕ひもや指などを組み合わせる. 〔他〕糸などを織りまぜる. また話の中にエピソードなどを絡ませる、織り込んで変化をつける, 点在させる 《with》.
【語源】ラテン語 *inter* (= between) + *laqueare* (= to ensnare; to entangle) から古フランス語 *entrelacier* となり中英語に入った.
【用例】She *interlaced* her hair with yellow ribbons. 彼女は髪の毛を黄色いリボンで編んだ.
【派生語】**interlácement** 名 U.

in·ter·lard /ìntərlá:rd/ 動 本来他 〔形式ばった語〕話や文章の中に、しばしば無関係のものを交ぜる, 演説などに変化をつける.
【語源】中フランス語 *entrelarder* (*entre-* inter- + *larder* to lard) が初期近代英語に入った.「赤身肉に脂肪を交互に挿入する」が原意.

in·ter·line¹ /ìntərláin/ 動 本来他 〔やや形式ばった語〕行間に書き入れる, 行間に印刷する.
【語源】ラテン語 *inter-* (= between) + *linea* (= line) より中英語に入った.
【派生語】**interlinear** /ìntərlíniər/ 形 C 行間に書き込まれた[印刷された](本): a Latin text with *interlinear* English translation 行間に英訳の付いたラテン語原典.

in·ter·line² /ìntərláin/ 動 本来他 〔一般語〕衣服に芯(しん)を入れる.
【語源】inter- + line². 中英語から.
【派生語】**interlíning** 名 U 表と裏の間に入れる芯, 芯地.

in·ter·lock /ìntərlák|-ɔ́-/ 動 本来自, /ˋ-ˊ-/ 名 UC 〔形式ばった語〕〔一般語〕機械などが相互に連結する. その他 物事が結合する, 組み合う. 他 連結させる, 組み合わせる. 名 として連結, 結合, 連動装置, インターロック.
【用例】The pieces of a jigsaw puzzle *interlock*. ジグソーパズルの各ピースは組み合わさるようになっている.

in·ter·loc·u·tor /ìntərlákjutər|-ɔ́-/ 名 C 〔形式ばった語〕〔一般語〕対談や会話の中での対話者あるいは対談者. その他 ミンストレルショー (minstrel show) の中で道化役に質問し、全体をとりまとめる司会者.
【語源】ラテン語 *interloqui* (= to speak between) の派生形が初期近代英語に入った.

in·ter·lope /ìntərlóup/ 動 本来自 〔形式ばった語〕他人のことに立ち入る, 出しゃばる.
【語源】inter- (= amid) + loper (走る人) から成る interloper からの逆成. 初期近代英語から.

【派生語】**ínterlòper** 名 出しゃばる人, もぐり商人.

in·ter·lude /ìntərlù:d/ 名 C 〔形式ばった語〕〔一般語〕2つの出来事や活動の間の時期, 休憩時間, 間に起きた出来事. その他 幕間(まくあい)狂言, 一般に幕間の余興, 〖楽〗間奏曲.
【語源】中世ラテン語 *interludium* (= performance between acts) が中英語に入った.

intermarriage ⇒intermarry.

in·ter·mar·ry /ìntərmǽri/ 動 本来自 〔やや形式ばった語〕宗教, 種族, 階級などが異なる者が結婚する, 姻戚関係になる. その他 同種族, 同集団, 同家族の中で近親結婚する, 血族婚の関係をもつ.
【用例】The invaders *intermarried* with the native population. 侵入者たちはその土地の人々と結婚した/In isolated areas, members of the same family tend to *intermarry*. 孤立した地域では同じ家族の者どうしで近親結婚する傾向がある.
【派生語】**intermárriage** 名 U.

intermediary ⇒intermediate.

in·ter·me·di·ate /ìntərmí:diət/ 形 C 〔一般語〕2つの物, 場所, 段階, 時間などの中間, 中間で起きる. 名 として介在物, 仲介者.
【語源】ラテン語 *intermedius* (*inter-* between + *medius* middle) から派生した中世ラテン語 *intermidiatus* が初期近代英語に入った.
【用例】This country is now at an *intermediate* stage of development between a primitive agricultural community and an advanced industrialized nation. この国は現在、原始的な農業社会と進歩した産業国家との中間の発展段階にある.
【派生語】**intermédiary** 形 仲介の, 中間の. 名 C 仲介者.
【複合語】**intermédiate ránge ballístic míssile** 名 C 中距離弾道弾（【語源】IRBM と略す）. **íntermediate schóol** 名 C 〔米〕中学校 (junior high school), または小学課程の第 4 学年から第 6 学年の 3 年間からなる学校.

interment ⇒inter.

in·ter·mez·zo /ìntərmétsou/ 名 C 〔複 ~s, -zi〕〖楽〗間奏曲, また歌劇などの幕間(まくあい)狂言.
【語源】ラテン語 *intermedium* (= interval) に由来するイタリア語 *intermezzo* が 19 世紀に入った.

in·ter·mi·na·ble /ìntə́:rminəbl/ 形 〔形式ばった語〕《軽蔑的》話や説教などが延々と続く, 長たらしい, 果てしない.
【語源】後期ラテン語 *interminabilis* (= not terminable) が中英語に入った.
【用例】I'm tired of *interminable* discussion about what colour the carpet should be. カーペットにはどの色がいいかという長い議論には飽き飽きしている.
【関連語】eternal; permanent.
【対照語】intermittent.

in·ter·min·gle /ìntərmíŋgl/ 動 本来自 〔形式ばった語〕多数, 多量の考えや物, 人などが混ざる 《with》.
【類義語】mix.

in·ter·mis·sion /ìntərmíʃən/ 名 CU 〔一般語〕〔米〕演劇や映画, テレビ番組などの休憩(時間)や幕あい, またはコマーシャルタイム. その他 物事の中断や一時休止.
【語源】ラテン語 *intermittere* (*inter-* between + *mittere* to send) の 名 *intermissio* が中英語に入った.

[類義語] interlude; break.

in·ter·mit·tent /ɪntərmítnt/ 形 〔一般語〕物事の動作や進行状態が断続的な，連続的でない．
[語源] ラテン語 *intermittere* (⇒intermission) の現在分詞 *intermittens* が初期近代英語に入った．
[用例] *intermittent* rain 時雨/The pain is *intermittent* but severe. 痛みは断続的だったが，激しかった．
【派生語】**intermíttently** 副．
【複合語】**intermittent féver** 名 U 〖医〗間欠熱 (★マラリアや回帰熱など).

in·ter·mix /ɪntərmíks/ 動 [本来他] 〔形式ばった語〕物を混ぜる．自 混ざる，混合する．
[語源] ラテン語 *intermiscere* (=to mix together) の過去分詞 *intermixtus* が初期近代英語に入った．

in·tern /ɪntə́ːrn/ 名 C, /-́-/ 動 [本来他] 〔一般語〕
━━[一般義] 病院で最終的研修または課程修了後の研修を受ける研修医，インターン (《英》 houseman). [その他] 学校や教室で研修を受ける教生(student teacher), 会社などの見習い．また被抑留者(internee)のことも指す．動としてインターンとして勤める．また [形式ばった語] 危険と思われる人や捕虜を一定区域内に抑留する，強制収容する，人の自由を制限する意を表す．
[語源] ラテン語 *internus* (=inward; internal) によるフランス語 *interne* が19世紀に入った．
【派生語】**internée** 名 C 被抑留者．**intérnment** 名 U 抑留，収容，監禁，監禁の身，抑留状態: **internment camp** 敵国人や政治犯などの収容[抑留]所 (★第2次世界大戦のナチスの収容所に代表されるものを concentration camp (強制収容所) とよぶ).
ínternship 名 C インターンの地位[身分], 研修期間．

in·ter·nal /ɪntə́ːrnl/ 形 名 C 〔一般語〕形 内部にある，内部の．[その他] 人や事物の内面と関係している，心的な，内在的な，本質的な，生物の体内にある，体内の，薬が内服用の，あるいは国内の，内政の，国務などの意．名 として〔複数形で〕内臓，また人や物の本質や属性などの意味にも用いられる．
[語源] ラテン語 *internus* (=inward) から派生した中世ラテン語 *internalis* が中英語に入った．
[用例] There is *internal* evidence, such as the style of the handwriting, to show that this document is his work. 例えば書体といった内在的証拠がこの文書は彼が書いたものであることを示している／The government's problems are *internal* rather than international in nature. 政府のかかえる諸問題は本質的には国際問題というよりむしろ国内の問題である．
【派生語】**intérnalize** 動 [本来他] 特に他人の意見，考え方，行動基準などを吸収し自分のものにする．**ínternally** 副．
【複合語】**intérnal-combústion èngine** 名 C 内燃機関．**intérnal médicine** 名 U 内科．**intérnal révenue** 名《the ~》《米》内国税収入．

in·ter·na·tion·al /ɪntərnǽʃənəl/ 形 名 C 〔一般語〕2か国あるいはそれ以上の国々に関係した，国家間の，国際的な．名 として〔複数形で〕国際競技(選手), 国際団体, 《I-》国際労働同盟．
[語源] inter-+national として18世紀に造語された．
[用例] The drug problem is *international*. 麻薬の問題は国際的なものである．
【派生語】**internationalism** 名 U 国際主義，国際性．**internátionalist** 名 C 国際主義者，国際法学者．**internàtionálity** 名 U 国際性．**internátionalization** 名 U．**internátionalize** 動 [本来他] 国際化する，国際管理下におく．**internátionally** 副．
【複合語】**International Atómic Énergy Àgency** 名《the ~》国際原子力機関．**International Cóurt of Jústice** 名《the ~》国際司法裁判所．**Ínternational Dáte Lìne** 名《the ~》東経180度に沿った日付変更線．**Ínternational Lábor Organizàtion** 名《the ~》国際労働機関 ([語法] ILO と略す). **international láw** 名 国際法．**International Olýmpic Commíttee** 名《the ~》国際オリンピック委員会 ([語法] IOC と略す). **International Phonétic Álphabet** 名《the ~》国際音標文字, 国際音声記号 ([語法] IPA と略す). **international relátions** 名《複》国際関係論．

in·terne /ɪntə́ːrn/ 名 C 〔一般語〕インターン(intern).

in·ter·ne·cine /ɪntərnéːsiːn/ 形 〔形式ばった語〕同じグループや国の中でお互いに大量に殺し合う，滅し合う，共倒れの．
[語源] ラテン語 *internecare* (=to massacre; *inter-* between+*necare* to kill) から派生した *internecius* が初期近代英語に入った．

internee ⇒intern.

in·ter·nist /ɪntə́ːrnɪst, -́-/ 名 C 〔やや形式ばった語〕外科医と区別して内科専門医．

internment ⇒intern.

internship ⇒intern.

in·ter·pel·late /ɪntərpéleɪt/ 動 [本来他] 〔形式ばった語〕議会などで公式な質問をする．
[語源] ラテン語 *interpellare* (=to interrupt by speaking; *inter-* between+*pellere* to drive) の過去分詞から19世紀に入った．
【派生語】**interpellátion** 名 UC.

in·ter·pen·e·trate /ɪntərpénətreɪt/ 動 [本来他] 〔形式ばった語〕━━[一般義] 2つの物の間や物の内部に完全にしみとおる．[その他] 相互に十分に浸透させ合う，貫通させ合う．

in·ter·per·son·al /ɪntərpə́ːrsənəl/ 形 〔形式ばった語〕個人間の，対人関係の．
[用例] *interpersonal* relationships 人間[対人]関係．
[関連語] intrapersonal.

in·ter·phone /ɪntərfoʊn/ 名 C 〔一般語〕《米》社内，学内，校内，列車内，船内など同一の建造物，組織体内の内部電話, インターホン(intercom).

in·ter·plan·e·tar·y /ɪntərplǽnətèri | -təri/ 形 〖天〗惑星間の, 太陽系内の．

in·ter·play /ɪntərpleɪ/ 名 U 動 [本来他] 〔形式ばった語〕2つ以上の物の相互作用, 交錯 (of; between).
[用例] They admired the *interplay* of light and shade in his paintings. 彼らは彼の絵画における光と陰の交錯を賞賛した．
[類義語] interaction.

In·ter·pol /ɪntərpoʊl/ 名 固 インターポール, 国際刑事警察機構(International Criminal Police Organization) (★1923年に設立された国際犯罪防止のための機関．本部は Paris にある).

In·ter·po·late /ɪntə́ːrpəleɪt/ 動 [本来他] 〔形式ばった語〕本文や原文，または会話の中に言葉を挿入する，差し挟む, 〖数〗既知の数字から中間項の値を計算する．

in·ter·pose /ìntərpóuz/ 動 [本来他] 〔形式ばった語〕
[一般義] 物事を間に置く, 挿入する. [その他] 会話に言葉を差し挟む, 話の邪魔をする, 話を中断する, 異議を唱える. また二つの争い事などの間に入る意から, 仲裁する, 権力などを介入させる.

[語源] ラテン語 *interponere* (= to put between) が中フランス語 *interposer* を経て初期近代英語に入った.

[用例] He *interposed* a few well-chosen words. 彼は2, 3のよく吟味した言葉を差し挟んだ／A judge *interposed* an objection at this point. 判事はちょうどこの時に異議を差し挟んだ.

【派生語】**interpóser** 名 C. **ìnterposítion** 名 CU 挿入, 介入, 挿入物.

in·ter·pret /intə́ːrprit/ 動 [本来他] 〔やや形式ばった語〕
[一般義] 物事を…と解釈する, 説明する. [その他] 人の言っていることを通訳する, 自己の解釈に基づいて演出する, 演奏するなどの意.

[語源] 「2つの側の間に立って世話をする」の意のラテン語 *interpres* から派生した *interpretari* (= to explain) が中英語に入った.

[用例] How do you *interpret* these lines of the poem? あなたはこの詩の意味をいかに解釈しますか／He spoke to the audience in French and she *interpreted* (it) into English for them. 彼はフランス語で聴衆に話し, 彼女がそれを通訳した／I *interpret* your remark as a threat. 私は君の意見を1つの脅迫と判断する.

【派生語】**interpretátion** 名 UC 解釈, 説明, 通訳. **intérpretàtive** 形. **intérpreter** 名 C.

in·ter·ra·cial /ìntərréiʃəl/ 形 〔やや形式ばった語〕
異人種間の, 人種の混合した.

in·ter·reg·num /ìntərrégnəm/ 名 C (複 ~s, -na) 〔形式ばった語〕
国王や元首の死去や退位などによる後継者即位までの空位期間. また政府などの通常の機能の停止期間, 空白期間.

[語源] ラテン語 (*inter*- between + *regnum* to reign) が初期近代英語に入った.

in·ter·re·lat·ed /ìntərriléitid/ 形 〔一般語〕
物事が相互関係にある, 密接な関係がある.

【派生語】**interrelátion** 名 UC 相互関係.

in·ter·ro·gate /intérəgèit/ 動 [本来他] 〔形式ばった語〕
[一般義] 人に対して職務上から正式に手順をふんで長時間質問する, 尋問する, 審問する. [その他] コンピュータなどに信号を送って, 適切な返答を引き出す.

[語源] ラテン語 *interrogare* (*inter*- between + *rogare* to ask) の過去分詞 *interrogatus* から中英語に入った.

[用例] The police spent five hours *interrogating* the prisoner. 警察は囚人を5時間にわたって取り調べた.

[類義語] ask.

【派生語】**ìnterrogátion** 名 UC 質問, 尋問: **interrogation mark [point]** 疑問符. **intérrogàtive** 形 名 C 疑問の, 疑問詞(の): **interrogative adjective [adverb; pronoun]** 疑問形容詞[副詞, 代名詞]／**interrogative sentence** 疑問文. **intérrogàtor** 名 C 質問者, 尋問者. **intérrógatory** 形 名 C 質問(の), 尋問(の).

in·ter·rupt /ìntərʌ́pt/ 動 [本来他] 〔一般語〕 [一般義]
話や仕事などに割り込んで相手の邪魔をする. [その他] 一定の流れや動きなどを中断する, 中絶する, あるいはまた視野などをさえぎるの意.

[語源] ラテン語 *interrumpere* (= to break apart; *inter*- between + *rumpere* to break) の過去分詞 *interruptus* から中英語に入った.

[用例] He *interrupted* her while she was speaking. 彼は彼女の話に口を挟んだ／He *interrupted* his work to eat his lunch. 彼は仕事を中断して昼食をとった／A block of flats *interrupted* their view of the sea. アパートが邪魔して彼らは海を眺めることができなかった.

【派生語】**ìnterrúpter** 名 C. **ìnterrúption** 名 UC 中断, 中絶, 妨害.

in·ter·scho·las·tic /ìntərskəlǽstik/ 形 〔やや形式ばった語〕《米》特に中学・高校について学校間の, 学校対抗の, インターハイの.

[日英比較] インターハイは和製英語. ⇒intercollegiate.

in·ter·sect /ìntərsékt/ 動 [本来他] 〔形式ばった語〕
[一般義] 線や道などがもう一方を横切る, 横断する. [その他] 一点で交わる, 交差する, また二つに分ける, 共通領域をしめる.

[語源] ラテン語 *intersecare* (*inter*- mutually + *secare* to cut) の過去分詞 *intersectus* から初期近代英語に入った.

[用例] The line AB *intersects* the line CD at X. 直線ABは点Xで直線CDと交差する／Where do the two roads *intersect*? 二本の道路はどこで交わるのですか.

【派生語】**ìnterséction** 名 UC 交差, 交差点, 【数】交点.

in·ter·sperse /ìntərspə́ːrs/ 動 [本来他] 〔形式ばった語〕[一般義] 物の中に他の物を間隔を置いて配置する, 挿入する. [その他] 点在させる, まき散らす, ちりばめる.

[語源] ラテン語 *interspargere* (= to scatter among; *inter*- between + *spargere* to scatter) の過去分詞 *interspersus* から初期近代英語に入った.

[用例] His talk was *interspersed* with jokes. 彼はところどころに冗談がまじっていた.

in·ter·state /ìntərstéit/ 形, /ˈ--ˈ-/ 名 C 〔一般語〕《米》アメリカ合衆国の各州間の. 名 として, 州と州とをつなぐ公道, 州連絡高速自動車道(interstate highway).

[対照語] intrastate.

in·ter·stel·lar /ìntərstélər/ 形 【天】星間の.

[語源] ラテン語 *inter*- between + *stellar* star から初期近代英語に入った.

[用例] *interstellar* space [gases] 星間宇宙[ガス].

in·ter·stice /intə́ːrstis/ 名 C 〔形式ばった語〕《通例複数形で》互いに接近し合っているものどうしの間隙や中間の空間, また出来事などの時間的な間隙, 合間.

[語源] ラテン語 *intersistere* (*inter*- in the middle of + *sistere* to stand) から派生した後期ラテン語 *interstitium* が中英語に入った.

in·ter·trib·al /ìntərtráibəl/ 形 〔形式ばった語〕異なった部族[種族]間の.

in·ter·twine /ìntərtwáin/ 動 [本来他] 〔形式ばった語〕お互いにより合わせる, 他の物とからみ合わせる.

in·ter·ur·ban /ìntərə́ːrbən/ 形 C 〔形式ばった語〕都市間の. 名 として都市間連絡鉄道(バス, 列車).

in·ter·val /íntərvəl/ 名 C 〔一般語〕〔一般義〕時間的な隔たり.〔その他〕空間的な間隔, 距離, 性質や程度などの差異,《英》芝居などの幕あい,《数》区間,《音》音程.
語源 ラテン語 *intervallum* (*inter-* between + *vallum* wall; rampart) が中英語に入った.
用例 He went out and I got some work done in the *interval* before he returned. 彼は出かけたので私は彼の帰ってくるまでの間に仕事をした / Short skirts returned to fashion after an *interval* of fifteen years. ミニスカートは 15 年の間隔を置いて再び流行した.

in·ter·vene /ìntərvíːn/ 動 本来自 〔形式ばった語〕〔一般義〕介入する, 仲裁する.〔その他〕間に入る, 介在する, 2 つの事の間に時間が経過する. また政府などが干渉する, 国が他国に内政干渉する,《法》第三者が訴訟に参加する.
語源 ラテン語 *intervenire* (= to come between; *inter-* between + *venire* to come) が初期近代英語に入った.
用例 He tried to *intervene* between the two angry men. 彼は怒っている 2 人の男たちの間に入ってなだめようとした / We could meet more often if the sea did not *intervene*. もし海が私たちの間を隔てていなければ, もっと会えるのに.
【派生語】**in·ter·ven·er** 名 C 仲裁人. **in·ter·ven·ing** 形 時間や物が間に挟まっている, 介在する. **in·ter·ven·or** 名 = intervener. **in·ter·ven·tion** 名 UC 仲裁, 調停, 介在. **in·ter·ven·tion·ism** 名 U 国の干渉政策.

in·ter·view /íntərvjuː/ 名 C 動 本来他 〔一般義〕就職の際などに行なう正式な面談, 面接.〔その他〕新聞記者やテレビ, ラジオのレポーターによる会見, 対談, インタビュー, またインタビュー記事. 動 として面接する, インタビューを行う意.
語源 古フランス語 *entrevoir* (= to see each other) の過去分詞から派生した *entrevue* が初期近代英語に入った.
用例 My *interview* for the job is next week. 私の就職面接は来週です / In the *interview* that he gave on television last night, the prime minister seemed optimistic. 昨晩のテレビのインタビューでは総理大臣は楽観的のように思えた / He was *interviewed* by reporters about his policies. 彼はレポーターたちに彼の政策について意見を求められた.
【派生語】**in·ter·view·ee** 名 C 面接される人. **in·ter·view·er** 名 C 面接者, 面接試験員.

in·ter·weave /ìntərwíːv/ 動 本来他 〔過去 -wove, ~d; 過分 -woven, ~d〕〔形式ばった語〕〔一般義〕糸やひもなどを編み合わせる, 織り交ぜる.〔その他〕記憶や思考などを混ぜ合わせる. 自 織り交ざる, 混在している.
【派生語】**in·ter·wov·en** 形.

in·tes·tate /intésteit, -tit/ 形 C 〔形式ばった語〕《通例述語用法》法律的に有効な遺言(書)を残していない, 土地や資産などが遺言によって処分されない. 名 として遺言を残さない死亡者.
語源 ラテン語 *intestatus* (*in-* not + *testatus* testified) が中英語に入った.
用例 He died *intestate*. 彼は遺言を残さずに亡くなった.

intestinal ⇒intestine.

in·tes·tine /intéstin/ 名 C 形 〔形式ばった語〕《通例複数形で》腸, 個別的には小腸, 大腸を指す. 形 として内部の, 体内の, また問題や事件などが国内の.
語源 ラテン語 *intus* (= within) から派生した *intestinum* (= inward; internal) が中英語に入った.
用例 the small [large] *intestine* 小[大]腸 / She had a blockage in her *intestines*. 彼女は腸閉塞症になった.
類義語 guts.
【派生語】**in·tés·ti·nal** 形 腸の, 腸で起こる.

intimacy ⇒intimate.

in·ti·mate /íntimət/ 形 C 〔一般語〕〔一般義〕心底から何でも話せるほど親密な 《語法》この語は男女間の肉体関係を含意するので, そのような誤解を招く文脈では使わないほうがいい).〔その他〕知識などが深い, 詳細な, 直接的な, 言動が親しみのわく, 部屋などが小さくまた個人的な, 内密な, あるいは婉曲表現で性的な関係があるの意にもなる. 名 として親友.
語源 ラテン語 *intus* (= within) の最上級 *intimus* (= inmost; deepest) から派生した *intimare* (= to make familiar) の過去分詞から初期近代英語に入った.
用例 They had been *intimate* for a long time. 彼らは長い間親しい関係だった / He has an *intimate* knowledge of French grammar. 彼はフランス文法の深い知識をもっている.
【派生語】**íntimacy** 名 U 親密, 親しい間柄. **íntimately** 副.

in·tim·i·date /intímideit/ 動 本来他 〔形式ばった語〕人を暴力などで脅す, 脅して…させる (to do; into doing), 脅して…させない (from doing).
語源 ラテン語 *intimidare* (= to make timid) の過去分詞 *intimidatus* から初期近代英語に入った.
用例 They were *intimidated* into giving him the money. 彼らは彼にお金を出せと脅された.
対照語 encourage; inspire.
【派生語】**in·tim·i·da·tion** 名 UC. **in·tím·i·da·to·ry** 副.

in·to /íntu(ː), -tə/ 前 〔一般語〕〔一般義〕外部から内部への移動を示し…の中に, …内へ.〔その他〕形状や形態の変化を表し…に(変わって). また外から中へ突き抜ける意から衝突を表し…に(ぶつかって),《数》割られる数を示し…を割って.
語法 /íntuː/ は主に文末に用いられ, /íntu/ は母音の前, /íntə/ は子音の前に用いられる.
語源 古英語 *intō* から.
用例 The eggs were put *into* the box. 卵は箱の中に入れられた / They disappeared *into* the mist. 彼らは霧の中へ姿を消した / A tadpole turns *into* a frog. おたまじゃくしはかえるになる / I sorted the books *into* piles. 私は本を分類していくつかに積み上げた / He terrified her *into* silence. 彼は彼女を脅して静かにさせた / The car ran *into* the wall. 車は壁にぶつかった / Two into four is two. 4 割る 2 は 2.
反意語 out of.

in·tol·er·a·ble /intálərəbl | -ɔ́l-/ 形 〔形式ばった語〕苦痛や高湿度など物事の状況がひどいために耐えられない, 我慢できない.
語源 ラテン語 *intolerabilis* (*in-* not + *tolerabilis* tolerable) が中英語に入った.
用例 *intolerable* pain 耐えがたい苦痛 / It is *intoler*-

able to have to wait so long for a bus. こんなに長時間バスを待たなければならないことには我慢ができない.
【派生語】**intólerabílity** 名 Ⓤ.　**intólerably** 副.　**intólerableness** 名 Ⓤ.

intolerance ⇒intolerant.

in·tol·er·ant /ɪntɑ́lərənt/-5-/ 形　[一般語]《悪い意味で》宗教的, 政治的, 社会的に自分と異なった考えや態度を受け容れない, 偏狭な.　[その他] ...に我慢できない, 薬品などに過敏である《of》.
[語源] ラテン語 *intolerans* (= not tolerant) が18世紀に入った.
[用例] He is always *intolerant* of new ideas. 彼は新しい考え方にいつも頑なな態度をとる.
【派生語】**intólerance** 名 Ⓤ.　**intólerantly** 副.

intonation ⇒intone.

in·tone /ɪntóʊn/ 動 [本来他]〔形式ばった語〕祈祷文, 賛美歌, 詩などを歌うような調子で読む, 詠唱する, また語などに抑揚をつける.
[語源] 中世ラテン語 *intonare* (= to utter in musical tone; *in-* into + *tonus* tone) が中フランス語 *entoner* を経て中英語に入った.
【派生語】**intonátion** 名 ⓊⒸ 声の抑揚, イントネーション, カトリック教会の聖歌の詠唱, ミサに捧げるグレゴリアン聖歌の始唱: He spoke very monotonously, with very little change in *intonation*. 彼はほとんど声に抑揚をつけず非常に単調に話をした.

intoxicant ⇒intoxicate.

in·tox·i·cate /ɪntɑ́ksɪkeɪt/-5-/ 動 [本来他]〔形式ばった語〕[一般義] アルコールや麻薬などによって精神的, 肉体的に酔わせる, 興奮状態にさせる.　[その他] 比喩的に成功などに有頂天にさせる, 陶酔させる《with; by》.
[語源] 中世ラテン語 *intoxicare* (= to put poison in; *in-* into + *toxicum* poison) の過去分詞 *intoxicatus* が中英語に入った.
[用例] Three pints of beer were enough to *intoxicate* him. 彼が酔っぱらうのには3パイントのビールがあれば十分だった/He was *intoxicated* by her beauty. 彼は彼女の美しさに酔いしれていた.
[対照語] sober.
【派生語】**intóxicant** 名 Ⓒ 形 酒や麻薬などのように酔わせる(もの).　**intòxicátion** 名 Ⓤ.

in·tra- /ɪntrə/ [接頭]「内の, 内部の, 内側の」などを意味し, 主に学術用語を作る.
[語源] ラテン語 *intra* (= within) による後期ラテン語 *intra-* から.

in·trac·ta·ble /ɪntrǽktəbl/ 形 〔形式ばった語〕[一般義] 子供などが強情な, 言うことをきかない, 扱いにくい.　[その他] 問題や事件, 状況などが扱いにくい, 解決法を見いだしにくい, 装置などが操作しにくい, 金属などが加工[細工]しにくい, 痛みや病気などが容易におさまらない, なかなか治らない.
[語源] ラテン語 *intractabilis* (= not tractable) が初期近代英語に入った.
[用例] That child is completely *intractable*. あの子供はまったく手に負えない.
【派生語】**intràctabílity** 名 Ⓤ.

in·tra·mu·ral /ɪntrəmjʊ́ərəl/ 形 〔形式ばった語〕学校内の, 同一学校内に関する.
[語源] *intra-* + *mural* (= wall) として19世紀から.
[用例] *intramural* games 学内競技.
[対照語] extramural.

intransigence ⇒intransigent.

in·tran·si·gent /ɪntrǽnsədʒənt/ 形 名 Ⓒ 〔形式ばった語〕《軽蔑的》政治的に妥協しない(人).
[語源] ラテン語 *transigere* (= to drive through) がスペイン語で *transigir* (= to compromise) となり, その現在分詞 *transigente* に接頭辞 *in-* (=not) がついた *intransigente* が19世紀に入った.
[用例] In the frontier dispute, both countries remained *intransigent*. 国境論争では, 両国は非妥協的だった.
[対照語] compromising.
【派生語】**intránsigence** 名 Ⓤ.　**intránsigently** 副.

in·tran·si·tive /ɪntrǽnsətɪv/ 形 名 Ⓒ 〔文法〕自動詞(の)([語法] i., int., intr., intrans. と略す).
[対照語] transitive.
【派生語】**intránsitively** 副.
【複合語】**intránsitive vérb** 名 Ⓒ 自動詞.

in·tra·state /ɪntrəsteɪt/ 形 [一般義]《米》州内の.
[対照語] interstate.

in·tra·u·ter·ine /ɪntrəjúːtərəm, -rən/ 形 〔医〕子宮内の, 子宮内で使用される.
【複合語】**intraúterine devíce** 名 Ⓒ 避妊リング([語法] IUD と略す).

in·tra·ve·nous /ɪntrəvíːnəs/ 形 〔医〕静脈内の, 静脈注射の, 静脈を経由して行われる.
[用例] *intravenous* injection 静脈注射.

in·trench /ɪntrént ʃ/ 動 [本来他] = entrench.

in·trep·id /ɪntrépɪd/ 形 〔形式ばった語〕大胆不敵な, 勇気のある.
[語源] ラテン語 *intrepidus* (*in-* not + *trepidus* alarmed) が初期近代英語に入った.
[用例] an *intrepid* explorer 剛毅な探検家.
【派生語】**intrepídity** 名 Ⓤ.　**intrépidly** 副.

intricacy ⇒intricate.

in·tri·cate /ɪ́ntrɪkət/ 形 〔形式ばった語〕[一般義] 要素や部分が複雑に入り組んだ.　[その他] 物事が複雑な, 錯綜した, 複雑なために解決できない, 分析できない, 難解な.
[語源] ラテン語 *intricare* (= to entangle; *in-* in + *tricae* trifles) の過去分詞 *intricatus* から中英語に入った.
[用例] This pattern is very *intricate*. この模様は非常に複雑に入り組んでいる/He told me the story but I couldn't understand all the *intricate* details. 彼は私にその話をしてくれたがこみ入った詳細な部分をすべて理解できたわけではなかった.
【派生語】**íntricacy** 名 Ⓤ.　**íntricately** 副.　**íntricateness** 名 Ⓤ.

in·trigue /ɪntríːɡ/ 動 [本来他, /-/-/ 名 ⓊⒸ [一般語] [一般義] 不思議なこと, 思いがけないことが興味や好奇心をかき立てる, 人の興味をそそる.　[その他] 何かを画策する, 陰謀を企てる. 名 として《軽蔑的》謀議, 策略, 〔文語〕密通.
[語源] ラテン語 *intricare* (⇒intricate) がイタリア語で *intrigare* となり, フランス語 *intriguer* を経て初期近代英語に入った.
[用例] The book *intrigued* me. その本は私の好奇心を大いに呼びさましました/Amongst the members of any profession there is a certain amount of *intrigue*. どんな職業の仲間の中にもある程度の策略は

in·trin·sic /intrínsik/ 〔形式ばった語〕物や人の価値や性質などについて外面ではなく**本質的な**，**本来そなわっている**，〖解〗筋肉や神経などのように**内在の**，〖医〗**内因性の**，〖理〗半導体が不純物を含まない**真性の**．

[語源] ラテン語 *intrinsecus* (= inward; *intra-* within + *secus* side) が中フランス語を経て初期近代英語に入った．

[用例] The necklace was made of glass, not diamonds, so it had little *intrinsic* worth. そのネックレスはダイヤではなくガラス製だったので，ほとんどネックレスとしての価値はなかった．

[対照語] extrinsic.

【派生語】**intrínsically** 副．

in·tro /íntrou/ 名 C 〔くだけた語〕イントロ (introduction; introductory).

in·tro- /íntrə/ 接頭 「中に」「内部へ」などの意．

[語源] ラテン語 *intro* (= inwardly) から．

in·tro·duce /ìntrədjúːs/ 動 〔一般語〕

[一般義] 人をその人と面識のない相手に引き合わせる，**紹介する**．[その他] 元来「中へ導く」の意で，人を**導き入れる**，案内する，話題や議案などを持ち出す，**提起する**，学説などを提唱する，**伝統**や**技術**などを初めて教える，**手ほどきする**，外国の風俗や習慣などを取り入れる，**伝える**，一つの特色となるようにある事を**導入する**，**加える**，〔形式ばった語〕鍵やコードなどを差し込む，**挿入する**などさまざまな意味に用いられる．

[語源] ラテン語 *introducere* (*intro-* inward + *ducere* to lead) が中英語に入った．

[用例] Let me *introduce* you to my mother. 母を紹介いたします / I know your name, although we have never been *introduced*. 自己紹介はお互いにまだですが，お名前は存じあげています / Why did you *introduce* such a boring subject (into the conversation)? どういうつもりでそんな退屈な話題を（会話の中に）持ち出したんですか / She *introduced* a suggestion that the committee should meet every week. 彼女は委員会を毎週開くよう提案した / Children are *introduced* to algebra at about the age of eleven. 子供たちは11歳前後で代数を初めておそわる．

【派生語】**introdúcible** 形．**introdúction** 名 UC 紹介，導入，採用，序文，序論，入門書．**introdúctive** 形 = introductory．**introdúctory** 形 紹介の，序文としての，入門の．

in·tro·spec·tion /ìntrəspékʃən/ 名 U 〔形式ばった語〕自己反省，内省．

[語源] ラテン語 *introspicere* (= to look into) の過去分詞 *introspectus* から初期近代英語に入った．

【派生語】**introspéctive** 形．

introversion ⇒introvert.

in·tro·vert /íntrəvəːrt/ 名 C, /ˌ-ˈ-/ 動 本来他 〖心〗内向的な人．動 として，何かを内に向ける，考えを自分に向ける，内向的にさせる．

[語源] ラテン語 *introvertere* (*intro-* inside + *vertere* to turn) が初期近代英語に入った．

[用例] He is such an *introvert* that he hardly ever talks to anyone. 彼はあんなに内向的な人間だから，めったに人と口をきかない．

[対照語] extrovert.

【派生語】**introvérsion** 名 U〖心〗内向性．

in·trude /intrúːd/ 動 本来他 〔一般語〕相手の同意なしに自分の考えなどを**押しつける**，**強いる**，《～ oneself into で》招かれてもいないのに押しかける，会話などに**割り込む**．自 **侵入する**，人のところへ押しかける，**邪魔する** (on).

[語源] ラテン語 *intrudere* (*in-* in + *trudere* to thrust) が中英語に入った．

[用例] He was always *intruding* his company on her. 彼はいつも彼女に交際を強引に迫っていた / The memory kept *intruding* itself into her mind. その記憶はいくら押さえても彼女の心に浮かんできた / I'm sorry to *intrude* on your time. お休みのところお邪魔して申し訳ありません．

【派生語】**intrúder** 名 C．**intrúsion** 名 UC 侵害，侵入，押しつけ．**intrúsive** 形．

in·trust /intrʌ́st/ 動 = entrust.

intuit ⇒intuition.

in·tu·i·tion /ìntju(ː)íʃən/ 名 UC 〔一般語〕**直観**，**直観力**，**直観的洞察**．

[語源] ラテン語 *intueri* (= to look at; to contemplate; *in-* upon + *tueri* to look) の過去分詞 *intuitus* から派生した後期ラテン語 *intuitio* が中英語に入った．

【派生語】**intuít** 本来他 〔やや形式ばった語〕物事を**直観で理解する** (★intuition からの逆成)．**intúitive** 形 直観的な．**intúitively** 副．

in·un·date /ínʌndeit/ 動 本来他 〔形式ばった語〕

[一般義] 《通例受身で》洪水によって場所や建物などを**水びたしにする**，**水浸させる** 《with》．[その他] 比喩的に洪水のように物事が押し寄せる，**殺到する**，**あふれる**．

[語源] ラテン語 *inundare* (= to surge; *in-* in + *undare* to flow) の過去分詞 *inundatus* から初期近代英語に入った．

[用例] The river burst its banks and all the fields were *inundated*. 川の水は堤防を決壊させ，すべての農地が冠水した．

【派生語】**inundátion** 名 U．

in·ure /injúər/ 動 本来他 〔形式ばった語〕《通例受身形で》不快や苦痛に人を**慣れさせる**．自 **役立つ**，〖法〗法律が**効力を生じる**．

[語源] ラテン語 *opera* (= work) がもとになった古フランス語 *euvre* (= to work) の 名 *ure* (= work) を用いたフレーズ *en ure* (= in use) がアングロフランス語の 動 *eneurer* を経て *enewre* の形で中英語に入った．

[用例] He was *inured* to pain [insults]. 彼は痛み[侮辱]に慣れた．

in·vade /invéid/ 動 本来他 〔一般語〕[一般義] 他国などを**侵略する**，**攻め込む**，[その他] 人の権利やプライバシーなどを**侵す**，**侵害する**．また無理に入り込むの意より，人がある場所にどっと**押し寄せる**，**殺到する**，病気や激しい感情などが**襲う**などの意味になる．

[語源] ラテン語 *invadere* (*in-* in + *vadere* to go) が中英語に入った．

[用例] Britain was twice *invaded* by the Romans. 英国はローマ人により2度侵略を受けた / He claimed that the newspaper reporters were *invading* his

privacy. 彼は新聞記者達が彼のプライバシーを侵害していると言い張った.
【派生語】**inváder** 名 C 侵略者, 侵入者. **invásion** 名 UC 侵略, 侵害, 殺到. **invásive** 形.

in·va·lid¹ /ínvəli(:)d/ 名 C 形 〔一般語〕長期にわたる慢性的な**病弱な**, 病弱者用の, 病人向きのなどの意.
語源 ラテン語 *invalidus* (=not strong) が初期近代英語に入った. invalid² よりも後から, 発音も変化して入った.
用例 He didn't have enough money to support his *invalid* mother. 彼には病弱の母親を養ってゆく十分な金がなかった/As I can't walk, I need an *invalid* chair. 私は歩けないので病人用の車椅子が必要です.
【派生語】**inválidity**¹ 名 U 病弱, 病身.

in·va·lid² /ínvəlid/ 形 〔一般語〕論拠が薄弱な, 議論などが役に立たない, 法律的に**無効な**.
用例 His whole argument is *invalid*. 彼の議論はどこをとっても論拠が薄弱です/Your passport is out of date and therefore *invalid*. あなたのパスポートは期限切れなので無効です.
【派生語】**inválidate** 動 本来他 法律的に無効にする, 無価値にする. **inválidátion** 名 U. **inválidity**² 名 U 無効, 無価値. **inválidly** 副.

in·valu·a·ble /ínvǽljuəbl/ 形 〔形式ばった語〕非常に価値があって計り知れない.
用例 This information was *invaluable* to him. この情報は彼にとって計り知れないほどの価値があった.
反意語 valueless.
【派生語】**inváluably** 副.

invariably ⇒invariable.

in·var·i·a·ble /ínvéəriəbl/ 形 名 C 〔一般語〕
一般義 変わらない, 変えらない. その他 一定不変の, 【数】一定の, 定数の. 名 として一定不変のもの, 【数】定数, 不変数[量].
反意語 variable.
【派生語】**inváriably** 副.

invasion ⇒invade.

invasive ⇒invade.

in·vec·tive /invéktiv/ 名 U 形 〔文語〕〔一般義〕悪口や毒舌. その他 時には呪いの言葉も入った激しい非難の言葉[表現]. 形 としてののしる, 非難する, 非難の.
語源 ラテン語 *invehere* (= to carry in; to attack with words) の過去分詞 *invectus* から派生した後期ラテン語 *invectivus* (=reproachful) が古フランス語を経て中英語に入った.

in·veigh /invéi/ 動 本来自 〔形式ばった語〕物事に対して激しく抗議する, 批判する, ののしる, 不満を述べる (against).
語源 ラテン語 *invehere* (⇒invective) の受動形 *invehi* から初期近代英語に入った.

in·vei·gle /inví:gl, -véi-/ 動 本来他 〔形式ばった語〕
一般義 相手をそそのかしたりお世辞を言ったりして, ある事を行動に巧みに**誘い込む** (into). その他 甘い言葉でたくみに相手からまきあげる, だましとる (from; out of).
語源 ラテン語 *ab oculis* (=lacking eyes) から派生した *avogle* (= to blind) が古フランス語 *aveugler* を経て初期近代英語に入った.
用例 He was *inveigled* into lending them ten pounds. 彼はうまく乗せられて, 彼らに 10 ポンド貸すはめになった.

in·vent /invént/ 動 本来他 〔一般語〕〔一般義〕新しい装置や方法などを**発明する**, **考案する**. その他 言い訳やうそなどを作り上げる, でっち上げる.
語源 ラテン語 *invenire* (to come upon; to discover; *in-* upon+*venir* to come) の過去分詞 *inventus* から中英語に入った.
用例 Who *invented* the microscope? 誰が顕微鏡を発明したのですか/I'll have to *invent* some excuse for not going with him. 私は彼と一緒に行けないとの言い訳を何か考えなくてはならないだろう.
【派生語】**invéntion** 名 UC 発明, 発明の才能, 発明品, 作り上げ, でっちあげ. **invéntive** 形. **invéntor** 名 C.

in·ven·to·ry /ínvəntɔ̀:ri | -tri/ 名 CU 動 本来他 〔一般語〕〔一般義〕現時点における資産や財産の**目録**. その他 商店, 会社の在庫式[目録], 棚卸し[表], 商品明細表. また資源調査, 趣味や能力, 性向などを調べた**個人調査**. 動 として目録[一覧表]を作る, 商品の棚卸しをする, また要約する.
語源 ラテン語 *invenire* (⇒invent) に由来する *inventarium* (=a list of what is found) が中世ラテン語 *inventorium* を経て初期近代英語に入った.

in·verse /ínvə́:rs, ´-´/ 形 名 C 〔一般語〕**反対の, 逆の**. 名 として逆, 反対, 【数】逆元, 【論】反対命題.
語源 ラテン語 *invertere* (⇒invert) の過去分詞 *inversus* から中英語に入った.
【派生語】**invérsely** 副.

inversion ⇒invert.

inversive ⇒invert.

in·vert /invə́:rt/ 動 本来他 /´-´/ 形 名 C 〔形式ばった語〕〔一般義〕物を逆にする, ひっくり返す. その他 位置や順序, 関係などを逆にする, 反対にする, 【楽】和音や音程などを転回する, 【化】転化させる. 形 として【化】反転の, 転化の. 名 として転倒物[者], 【心】性的倒錯者, 同性愛者 (homosexual).
語源 ラテン語 *invertere* (=to turn about; *in-* in+ *vertere* to turn) が初期近代英語に入った.
用例 He trapped the wasp by *inverting* a glass over it. 彼はすずめばちを上からコップをさかさまにかぶせてつかまえた.
【派生語】**invérsion** 名 UC 【文法】文の倒置, 【楽】転回, 【生理】染色体の逆位, 人体部分の逆位, 反転, 【化】化学構造の逆旋回, 【心】性的倒錯, 同性愛, 【気】温度と高度の関係の逆転, 【電】直流から交流への変換. **invérsive** 形. **invérter** 名 C 【電】直流と交流の変換機, 【電子】インバーター.
【複合語】**invérted cómmas** 名 (複) (英) 引用符 (quotation marks).

in·ver·te·brate /invə́:rtəbrit/ 形 名 C 【動】背骨のない, 脊椎のない, 無脊椎動物の. 名 として無脊椎動物.
対照語 vertebrate.

in·vest /invést/ 動 本来他 〔一般語〕〔一般義〕金や資本を利益を見込んで事業や不動産, 株式などに**投資する**. その他 時間や能力などを...に注ぎ込む. 本来は権力や地位の表象である衣服を**着用させる**, まとわせるの意味から人をある官職・地位につける, 〔形式ばった語〕勲章や記章, 権力などを授ける, 物をおおう, 包む, 【軍】包囲する.
自 投資する, 〈くだけた語〉物を買う (in).

【語源】ラテン語 investire (in- in + vestire to clothe) が初期近代英語に入った.

【用例】He *invested* (two hundred pounds) in a building firm. 彼は建設会社に(200 ポンド)の金を投資した/They've *invested* a lot of time and money in modernizing their house. 彼らは家を現代風にするのに多くの時間と金を費やした/The governor will be *invested* next week. 理事は来週任命されるでしょう/The ruined castle had been *invested* with mystery for years. その廃墟となった城は何年もの間なぞに包まれていた.

【派生語】invéstment 名 UC 投資,《しばしば複数形で》投資した資金. invéstor 名 C 投資家.

in·ves·ti·gate /invéstigeit/ 動 本来他 〔一般語〕事実を究明するために詳しく系統立てて組織的に**調査する**, **研究する**, また警察などが**捜査する**.

【語源】ラテン語 investigare (=to trace out; in- + vestigare to track) の過去分詞から初期近代英語に入った.

【用例】They are *investigating* ways of increasing their profits. 彼らは利益を上げる方法を検討している/The police are *investigating* the mystery. 警察はそのなぞを調べている.

【類義語】⇒examine.

【派生語】investigátion 名 UC 調査, 捜査, 研究. invéstigative 形 調査の, 取り調べの. invéstigator 名 C 調査者, 捜査員. invéstigatory 形 = investigative.

in·ves·ti·ture /invéstitʃər/ 名 CU 〔形式ばった語〕〔一般語〕王位や地位, 権力, 権戒, 官職などの**授与**, **仕官**, **授与式**, **仕官式**. その他 条約の**批准**. また着せる〔飾る〕こと[物], 衣装を指す.

【語源】ラテン語 investire (⇒invest) から派生した中世ラテン語 investitura が中英語に入った.

investment ⇒invest.
investor ⇒invest.

in·vet·er·ate /invétərət/ 形 〔形式ばった語〕〔一般語〕《軽蔑的》感情や気持ち, 病気などが**根深い**, **頑固な**. その他 習癖的な, 常習的な, 凝り固まった.

【語源】ラテン語 vetus (=old) から派生した inveterare (=to grow old) の過去分詞 inveteratus が中英語に入った.

in·vid·i·ous /invídiəs/ 形 〔形式ばった語〕〔一般語〕《悪い意味で》言動や仕事が人の反感を買うような, しゃくにさわる. その他 地位や名誉のことで人からねたまれる, 恨まれる, いやがられる.

【語源】ラテン語 invidia (=envy) から派生した invidiosus が初期近代英語に入った.

【関連語】hateful; detestable.

【派生語】invídiousness 名 U.

in·vig·i·late /invídʒileit/ 動 本来自 〔形式ばった語〕《英》不正行為がおきないように**試験監督をする** (at).

【語源】ラテン語 invigilare (=to be watchful; in- + vigilare to watch) の過去分詞から初期近代英語に入った.

【用例】I am going to *invigilate* (at) the English exam. 私は英語の試験の監督をします.

【類義語】proctor; supervise.
【関連語】vigilant.

in·vig·o·rate /invígəreit/ 動 本来他 〔形式ばった語〕人を**元気づける**, 人の**気分を爽快にする**.

【語源】ラテン語 invigorare (=in- towards + vigorare to make strong) から初期近代英語に入った.

【用例】I was *invigorated* by my walk in the cold air. 私は冷たい外気の中を歩いて気分爽快になった.

in·vin·ci·ble /invínsəbl/ 形 〔形式ばった語〕打ち勝つことのできない, **無敵の**.

【語源】後期ラテン語 invincibilis (=not vincible; in- not + vincibilis able to be overcome) が中英語に入った.

【用例】That general thinks that his army is *invincible*. その将軍は自分の軍隊が無敵であると考えている.

【派生語】invincibílity 名 U. invíncibleness 名 U. invíncibly 副.

【複合語】Invíncible Armáda 名《the ～》スペインのフィリップ II 世によって 1588 年に送られた**無敵艦隊**《類法》単に Armada ともいう).

in·vi·o·la·ble /inváiələbl/ 形 〔形式ばった語〕犯すことのできない, **神聖な**, **不可侵の**.

【語源】ラテン語 inviolabilis (=not violable) が中英語に入った.

【派生語】inviolabílity 名 U **不可侵性**, **神聖**. invíolableness 名 U. invíolably 副.

in·vi·o·late /inváiələt/ 形 〔形式ばった語〕汚されていない, **神聖のままの**, 約束などが**固く守られている**.

【語源】ラテン語 inviolare (in- not + violare to violate) の過去分詞 inviolatus から中英語に入った.

【類義語】sacred.

【派生語】invíolately 副.

in·vis·i·ble /invízəbl/ 形 C 〔一般語〕〔一般語〕肉眼では見えない. その他 姿を見せない, 顔をあらわさない, 資産などが公にされない, おもてに出ない, 違いなどが目につかないほど小さい, 見分けにくいなどの意. 名 として目に見えないもの, 《the ～》見えない世界, 霊界.

【語源】ラテン語 invisibilis (=not visible) が中英語に入った.

【用例】Only in stories can people make themselves *invisible*. 姿を消すことができるのは小説の中だけだ/The air is full of millions of *invisible* particles. 空気中には目に見えない微粒子が一杯ある.

【派生語】invisibílity 名 U.

invitation ⇒invite.

in·vite /inváit/ 動 本来他 C 〔一般語〕〔一般語〕正式な形で人を**招待する**. その他 〔形式ばった語〕丁重に頼むの意から, 質問や意見などを**求める**, **依頼する**, また**勧める**, **促す**, 比喩的に危険や非難などを無意識的に**招く**, **引き起こす**などの意. 名 として〔くだけた語〕**お呼ばれ**, **招待状**.

【語源】「頼む」の意のラテン語 invitare が古フランス語 inviter を経て中英語に入った.

【用例】They have *invited* us to dinner tomorrow. 彼らは我々を明日の晩さんに招待してくれた/He was *invited* to speak at the meeting. 彼はその会合で話をするように頼まれた/To go mountain-climbing in winter weather is just *inviting* trouble. 冬場の登山はトラブルを引き起こすだけだ.

【派生語】invitátion 名 UC. 【語源】**招待**, **招待状**, 《単数形で》**勧誘**, **魅力**: invitation card **招待状**/invitation ticket **招待券**. invíting 形 **招く**, **誘う**, 人を**引きつける**. invítingly 副.

invocation ⇒invoke.

in·voice /ínvɔis/ 名 C 動 [本来他] 《商》買い手に送る明細な商品リスト, 送り状 (★請求書も含まれていることがある). 動 として送り状を作成する, 送る.
[語源] フランス語 envoi (=message) から入った中英語の envoie の複数形から派生したものと考えられる. ⇒ envoy.
[用例] You must send an *invoice* with the books we ordered. 我々が注文した本の送り状を送って下さい/The two sets of books were separately *invoiced*. 2 組の本の送り状が送られた.

in·voke /invóuk/ 動 [本来他] [形式ばった語] [一般義] 法や権力などに訴える, 権利や正当性などを持ち出す. [その他] 本来は神に助けを求める, 神を呼ぶ意で, そこから法などに訴える意となったが, 他に呪文で悪霊などを呼び出す意もある.
[語源] ラテン語 invocare (=to call upon as a witness; in- upon+vocare to call) が中フランス語を経て中英語に入った.
[用例] Any woman who is ill-treated and beaten by her husband should be able to *invoke* the law for protection. 夫から虐待されたり, 殴られたりする女性はだれでも自分を守るために法に訴えることが可能であるべきである.
[類義語] beg.
【派生語】**invocátion** 名 UC 法に訴えること, 権力の発動, 神への祈り, 救いの求め, 霊の呼び出し.

in·vol·un·tar·y /inválənteri|-vólən-/ 形 [一般語] [一般義] 思わず知らずでの, 無意識の. [その他] 本意の, 心ならずもの, いやいやする, 強制された.
[語源] 後期ラテン語 involuntarius (=not voluntary) が中英語に入った.
[類義語] spontaneous.
【派生語】**invóluntárily** 副. **invóluntariness** 名 U.
【複合語】**invóluntary múscle** 名 C 《解》不随意筋.

in·volve /inválv|-ɔ́-/ 動 [本来他] [一般語] [一般義] 犯罪, 事件, 事故, 戦争などに人を巻き込む. [その他] 「中に巻き込む」の意から, 含む, 必ず…のようになる, を伴う,「中に含んでいる」の意から, 意味する, 必要とする,「人を包み込む」の意から, 人を熱中させる, 夢中にさせる, 従事させる, さらに物事を密接に関連させる, 関係づけるなどの意.
[語源] ラテン語 involvere (=to wrap; in- in+volvere to roll) が中英語に入った.
[用例] They tried to *involve* me in their quarrel. 彼らは私を口論に巻き込もうとした/Don't ask my advice—I don't want to be [get] *involved*. 私に忠告を求めないで下さい. 私は掛かり合いになりたくありません/His job *involves* a lot of travelling. 彼は仕事上多く旅行をしなくてはならない/I shall not accept that job until I know exactly what it *involves*. その仕事がどんなものかを私は引き受けるつもりはない.
【派生語】**invólved** 形 込み入った, 複雑な(⇒complex [類義語]). **invólvement** 名 UC 巻き添え, 介入.

in·vul·ner·a·ble /inválnərəbl/ 形 [形式ばった語] [一般義] 傷つけることができない, 損傷を受けることがない, 不死身の. [その他] 他からの攻撃に対してびくともしない, 難攻不落の, 持ちこたえられる, また議論などが容易に反論できない.
[語源] ラテン語 invulnerabilis (=in- not+vulnerabilis capable of being wounded) が初期近代英語に入った.
[用例] He is *invulnerable* to criticism. 彼は非難に対していささかもへこたれることがない.
【派生語】**invùlnerabílity** 名 U.

in·ward /ínwərd/ 形 副 名 [一般語] [一般義] 内側へ向う, 中向きの. [その他] 静的な位置を示し, 内側の, 内部の, さらにここから人の心の中を指して, 精神的な, 内面的な, 霊的なの意味にもなる. 副 として内側へ[に], 心の中で(《英》inwards). 名 として内部, 内側, 内心, 精神.
[語源] 古英語 inweard から. ⇒in-, -ward.
[用例] An *inward* curve in the coastline. 内側に曲がった海岸線のカーブ/his *inward* thoughts 彼の内心/When one of the eyes turns *inward*, we call the effect a squint. 一方の瞳が内側に向くことを斜視と呼ぶ.
[反義語] outward.
【派生語】**ínwardly** 副. **ínwardness** 名 U. **ínwards** 副 《英》=inward.

in-wrought /inrɔ́:t/ 形 〔文語〕模様などを織物に織り込んだ, 縫い込んだ, 刺繍してある.

IOC /áiousí:/ 名 略 《the ~》アイオーシー, 国際オリンピック委員会(International Olympic Committee).

i·o·dine /áiədain, -di:n/ 名 U 《化》沃素(ようそ), ヨード(★元素記号 I).
[語源] ギリシャ語 ioeidēs (=violet-colored) からフランス語 iode を経て 19 世紀に入った. ヨードは熱すると紫色の蒸気を発生することから.

ion /áiən, -an|-ɔn/ 名 C 《化·理》イオン.
[語源] ギリシャ語 ienai (=to go) の中性形現在分詞 ion が 19 世紀に入った. 反対の電極に向かって行くものということで, Michael Faraday によって命名された.
【派生語】**ionizátion** 名 U. **íonize** 動 [本来他] イオン化する, 電離する.

-ion /-jən, -ən/ [接尾] ラテン語の動詞, 過去分詞, 形容詞の語幹について, 動作, 状態, 結果を表わす名詞を造る. 例: legion; mission; union.
[語法] sh, zh, tsh, dzh の後で /ən/.
[語源] ラテン語-io, 古フランス語-ion から.

Io·ni·a /aióuniə/ 名 固 イオニア(★古代小アジアの地中海沿岸の地方).
【派生語】**Iónian** 形 イオニアの. 名 C イオニア人. **Iónic** 形 《建》イオニア式の.

ionize /áiounaiz/ ⇒ion.

i·on·o·sphere /aiánəsfiər|-ɔ́-/ 名 〔一般語〕《the ~》電離層.
[語源] iono-「イオン, 電離層」+-sphere として 20 世紀から.

IOU, I.O.U /áioujú:/ 名 C 〔一般語〕借用証(書), また借金や債務.
[語源] I owe you. の発音を略語化したもので, 初期近代英語から.
[用例] I had forgotten my wallet and I had to give the hotel an *IOU*. 財布を忘れたので, ホテルに借用書を書かなければならなかった.

IPA 《略》=International Phonetic Alphabet (国際音声標文字); International Phonetic Associa-

ip·so fac·to /ípsou fǽktou/ 副 〔形式ばった語〕その事実自体によって，事実上．
語源 ラテン語 *ipso facto* (= by the fact itself) が初期近代英語に入った．

IQ, I.Q. /áikjúː/ 名 UC 〔一般語〕アイキュー，知能指数(intelligence quotient)．
関連語 AQ, A.Q. (学業成績)．

Ir. 《略》= Ireland; Irish.

ir- /ir/ 接頭 r で始まる語の前での in-¹,² の異形．

IRA, I.R.A /áiàːréi/ 名 アイアールエー，アイルランド共和国軍(Irish Republican Army) 《★北アイルランドをアイルランドに併合しようとする反英的な過激派組織》．

I·ran /iərǽn, airǽn/ 名 固 イラン 《★正式名は Islamic Republic of Iran; 首都 Teheran; 旧名 Persia》．
派生語 **Iránian** 形 イラン(人，語)の．名 CU イラン人[語]．

I·raq /irάːk, irǽk/ 名 固 イラク 《★正式名は Republic of Iraq; 首都 Baghdad》．
派生語 **Iráqi** 形 イラク(人，方言)の．名 CU イラク人[方言]．

i·ras·ci·ble /irǽsibl/ 形 〔形式ばった語〕すぐにかっとなる，怒りっぽい．
語源 ラテン語 *irasci* (= to become angry) から派生した後期ラテン語 *irascibilis* が初期近代英語に入った．
用例 He became more *irascible* as he got older. 彼は年をとるにつれて一層短気になった．
対照語 gentle; mild.

i·rate /airéit/ 形 〔形式ばった語〕一般義 物事に関して人が怒り心頭に発している．その他 言葉や手紙などが怒りむき出しの．
語源 ラテン語 *irasci* (⇒irascible) の過去分詞 *iratus* から19世紀に入った．
用例 I became more and more *irate* as I waited for my friend who was very late in arriving. 到着が非常に遅れている友達を待っていると，ますます頭がかっとなった．
対照語 tolerant.
類義語 angry.

IRBM《略》= Intermediate Range Ballistic Missile (中距離弾道ミサイル)．

Ire.《略》= Ireland.

Ire·land /áiərlənd/ 名 固 Great Britain 島の西方にあるアイルランド島，およびアイルランド共和国 《★正式名は the Republic of Ireland; 首都 Dublin; Ir., Ire. と略す》．
派生語 **Irish** /áiəriʃ/ 名 アイルランド(人，語)の．
【複合語】**Írishman** 名 C アイルランド人(男性)．**Írishwòman** 名 C アイルランド人(女性)．

iridescence ⇒iridescent.

ir·i·des·cent /ìridésnt/ 形 〔形式ばった語〕一般義 シャボン玉のように色々に光る虹色の．その他 装飾などが虹色効果を出した，玉虫色の，比喩的に才気や才能などが光っている．
語源 ギリシャ語 *iris* (= rainbow) と*-escent* (= giving off light or exhibiting a play of color) から19世紀にできた．

関連語 prismatic.
派生語 **iridéscence** 名 U 虹色，真珠の光沢．

i·rid·i·um /irídiəm/ 名 U 【化】イリジウム《★元素記号 Ir》．

i·ris /áiəris/ 名 C 【解】眼球の虹彩，あるいはカメラの虹彩，絞り．また【植】アヤメ属の植物，あやめ，かきつばた，はなしょうぶ，アイリスなど．(I-) 【ギ神】神々の使者となる虹の女神イーリスから，比喩的に虹の意味にもなる．
語源 ギリシャ語 *iris* (= rainbow; iris plant; iris of the eye) がラテン語を経て中英語に入った．

Irish ⇒Ireland.

irk /ə́ːrk/ 動 本来他 C 〔形式ばった語〕〔通例 it を主語として〕人を疲れさせる，うんざりさせる．名 として退屈の種．
語源 古ノルド語 *yrkja* (= to work) が中英語に入った．
用例 It *irks* me to have to write letters. 手紙を書かなければならないのにはうんざりする．
対照語 please.
類義語 annoy.
派生語 **írksome** 形．

i·ron /áiərn/ 名 UC 形 動 本来他 【化】鉄《★元素記号 Fe》．〔一般語〕鉄製の道具，鉄製品の意で広く用いられ，アイロン，こて，【ゴルフ】頭部が鉄のクラブ，アイアン，【薬】鉄剤，含鉄強壮剤．また鉄の堅くて強いという性質から，比喩的に強固なもの，〔俗語〕ピストルを指す．形 として鉄の，鉄を含む，鉄のような，過酷な，確固とした．動 としてアイロンをかける．
語源 古英語 *īren, īsern* から．
用例 Steel is made from *iron*. 鋼鉄は鉄でできている/The ground is as hard as *iron*. 地面は鉄のように堅い/I borrowed an *iron* from the hotel kitchen. 私はホテルの炊事場でアイロンを借りた/He took his number three *iron* out of his golf bag. 彼はゴルフバッグから3番アイアンを取り出した/an *iron* will 強い意志/iron determination 固い決心/This dress needs to be *ironed*. このドレスにはアイロンをかける必要がある．
派生語 **íroning** 名 U アイロンかけ，アイロンかけの必要な衣類: **ironing board** アイロン台．
【複合語】**Íron Àge** (the ~) 【考古】鉄器時代．**íron cúrtain** 名 (the ~) 鉄のカーテン《★旧ソ連およびその勢力圏の国々が西ヨーロッパとの間に設けていた情報・思想・知識・文化などの伝達を妨げる障壁》．**íron fòundry** 名 C 製鉄所．**íron-gráy** 形 鉄灰色の．**íron hánd** 名 (a ~) 厳格で厳重な統制．**íron lúng** 名 C 人工呼吸装置として用いられる鉄の肺．**íronmònger** 名 (英) 鉄器商，金物屋 (米 hardware dealer)．**iron rátions** 名 《複》登山などに持ってゆく非常用の携帯食．**ironstòne** 名 U 鉄鉱石．**íronwàre** 名 U 《集合的》特に台所で用いられる鉄器．**íronwòrk** 名 U 鉄製品，鉄器，金物．**íronwòrks** 名《複》《しばしば単数扱い》製鉄工場，製鉄所．

ironic ⇒irony.

i·ro·ny /áiərəni/ 名 UC 〔一般語〕一般義 表面の意味とは正反対の意味の反語，皮肉．その他 運命的な意外な成り行きとか，言ったことと正反対の皮肉な結果などを意味する．さらに【修】反語法，文学技巧としての逆説的手法，アイロニーなど．
語源 ギリシャ語で「しらばくれること」を意味する

eirōneia がラテン語 *ironia* を経て中英語に入った.
[用例] "That was clever," he said with *irony*, looking at the burnt pan.「上手にできたね」と彼は焦げたフライパンを見ながら皮肉っぽく言った/The *irony* of the situation was that he stole the money which she had already planned to give him. 彼女がすでに彼に与えようと考えていたお金を彼が盗んだのは皮肉なめぐり合わせだった.
【派生語】**irónic, -cal** 形. **irónically** 副.

ir·ra·di·ate /iréidieit/ [動][本末也] 〔形式ばった語〕光を当てる, 光線を照らす, 《医》放射線を照射する.
[語源] ラテン語 *irradiare* (in- toward+*radiare* to shine) の過去分詞 *irradiatus* から初期近代英語に入った.
[類義語] illuminate.
【派生語】**irràdiátion** 名 U.

ir·ra·tion·al /iræʃənəl/ 形 C 〔形式ばった語〕理性を失った, 道理の分からない, 《数》無理数の. 名 として不合理なこと,《数》無理数.
[反意語] rational.
【派生語】**irrationálity** 名 U. **irrátionally** 副.
【複合語】**irrátional númber** 名 C 《数》無理数.

ir·rec·on·cil·a·ble /irèkansáilabl/ 形 名 C 〔形式ばった語〕二つの意見や考え方など強く対立する, 相入れない, …と調和しない, 調整ができない, 妥協できない 《with》.
[反意語] reconsiderable.

ir·re·cov·er·a·ble /irikávərəbl/ 形 〔形式ばった語〕[一般義] 物的にも精神的にも失ったものを取り戻せない. [その他] その結果回収できない, 回復できない, 誤りなどを直せない, 病気などが不治の, 事態が取り返しのつかない.
[用例] Lost time is forever *irrecoverable*. 失った時は永遠に戻らない.
[反意語] recoverable.
【派生語】**irrecóverably** 副.

ir·re·deem·a·ble /iridí:məbl/ 形 〔形式ばった語〕[一般義] 損失を買い戻しできない. [その他] 借金が完済できない, 国債や特殊社債などが満期以前には償還されない, 紙幣などが兌換できない, 比喩的に人柄や性格などの欠点や短所が直しようのない, 救いようのない, 不治の.
[反意語] redeemable.
【派生語】**irredéemably** 副.

ir·re·duc·i·ble /iridjú:səbl/ 形 〔形式ばった語〕単純化できない, 簡略化できない,《数》それ以上に約されない, 既約の.
[反意語] reducible.

ir·re·fut·able /iréfjutəbl/ 形 〔形式ばった語〕論理が非常にしっかりとしていて反論できない, 反駁(ばく)できない.
[用例] His argument is completely *irrefutable*. 彼の主張は非の打ち所がない.

ir·reg·u·lar /irégjulər/ 形 名 C 〔一般語〕[一般義] 不整な, 不ぞろいの, 不規則な, 《法》行為などのある種の道徳上の条件を満たしてない, 不法の, 反則の, 不道徳な, みだらな,《文法》動詞や形容詞などの語尾変化が不規則変化の, 形 として〔通例複数形で〕不正規兵,《米》規格外の品, きず物.
[用例] His attendance at classes was *irregular*. 彼は授業の出席が不規則であった/The surface of the table is very *irregular*. テーブルの表面はひどくでこ

こしている/It is extremely *irregular* for police officers to drink alcohol while on duty. 警察官が職務中に飲酒することは著しく規律に反していることだ/The plural of 'woman' is *irregular*. woman の複数は不規則変化をする.
[反意語] regular.
【派生語】**irrègulárity** 名 U. **irrégularly** 副.
【複合語】**irregular compárison** 名 UC 《文法》不規則比較変化. **irregular conjugátion** 名 U 《文法》不規則活用. **irregular plúral fòrm** 名 C 《文法》不規則複数形. **irregular vérb** 名 C 《文法》不規則動詞.

irrelevance, -cy ⇒irrelevant.

ir·rel·e·vant /iréləvənt/ 形 〔やや形式ばった語〕話し合っている内容や引用した事実がまったく見当違いの, 的はずれな, 無関係の.
[用例] Your remark is *irrelevant* to the present problem. あなたの指摘は現在の問題とは無関係です.
[反意語] relevant.
【派生語】**irrélevance, -cy** 名 U 無関係, 不適切, 見当違い. **irrélevantly** 副 無関係に, 不適切に.

ir·re·li·gious /irilídʒəs/ 形 〔やや形式ばった語〕無宗教の, 無信仰の, 不信心な, ひいては反宗教的な.
[反意語] religious.

ir·re·me·di·a·ble /irimí:diəbl/ 形 〔やや形式ばった語〕[一般義] ある状況や状態が悪く取り返しがつかない, 改善のしようがない. [その他] 病気やけがなどが治療できない, 不治の, 悪弊などが矯正できない.
[反意語] remediable.

ir·re·mov·able /irimú:vəbl/ 形 〔形式ばった語〕物を移動できない, 汚れやしみなどが取り除けない.
[反意語] removable.

ir·rep·a·ra·ble /irépərəbl/ 形 〔形式ばった語〕けが, 損傷, 損失などが回復できない, 修繕できない, 償えない, 取り返しのつかない.
[反意語] reparable.
[類義語] irrecoverable.
【派生語】**irréparableness** 名 U. **irréparably** 副.

ir·re·place·able /iripléisəbl/ 形 〔やや形式ばった語〕非常に貴重で, なくなったり傷がついたりしても他のものと置き換えられない, かけがえのない.
[用例] Don't drop that precious vase—it's irreplaceable. その貴重な花びんを落とさないでね. 取り換えのきかないものだから.
[反意語] replaceable.

ir·re·press·ible /iprésəbl/ 形 〔形式ばった語〕好奇心や衝動などの感情や行為を抑えられない, 制御できない.
[反意語] repressible.

ir·re·proach·able /iripróutʃəbl/ 形 〔形式ばった語〕人の行動, 振舞い, 性格などが非難の余地がない, 非の打ち所のない, 申し分のない.
[反意語] reproachable.
【派生語】**irrepròachabílity** 名 U. **irrepróachableness** 名 U.

ir·re·sist·ible /irizístəbl/ 形 〔やや形式ばった語〕[一般義] 気持ちや欲求が強くて抑えられない, 我慢できない, 抵抗できない. [その他] たまらないほど魅力的な, 愛くるしい.
[用例] She looked *irresistible* in the hat. 彼女は帽

子をかぶっているとたまらないほどに魅力的だった.
[反意語] resistible.
【派生語】**irresístibly** 副.

ir·res·o·lute /írézəluːt/ 形 〔形式ばった語〕決断力のない, 優柔不断な, ちゅうちょしている.
[反意語] resolute.
【派生語】**irrésoluteness** 名 U. **irresolútion** 名 U.

ir·re·spec·tive /ìrispéktiv/ …にもかかわらず, …に関係なく 《of》.
[用例] The pupils are all taught together, *irrespective of* age or ability. 生徒たちは年齢や能力に関係なく, 全員一緒に教えられている.
[類義語] regardless of.

ir·re·spon·si·ble /ìrispánsəbl|-ɔ́-/ 形 〔一般語〕無責任な, 無謀な.
[用例] It is *irresponsible* to leave a small child alone in the house. 家の中に小さな子供を一人にしておくのは無謀だ.
[反意語] responsible.
【派生語】**irrespònsibílity** 名 U.

ir·re·triev·a·ble /ìritríːvəbl/ 形 〔形式ばった語〕回復できない, 情報などが検索できない.
[反意語] retrievable.

irreverence ⇒irreverent.

ir·rev·er·ent /irévərənt/ 形 〔やや形式ばった語〕神聖なあるいは重要な物事や人物に対して尊敬の念がない, 非礼な, 無礼な.
[用例] He wrote an *irreverent* poem about his university professor. 彼は自分の大学の教授について非礼な詩を書いた.
[反意語] reverent.
【派生語】**irréverence** 名 U 不敬, 非礼, 不敬な言動.

ir·re·vers·i·ble /ìrivə́ːrsəbl/ 形 〔やや形式ばった語〕[一般語] 決定, 判決などが変更できない, 取り消せない. [その他] 衣類などを裏返せない, 逆にできない, 物事を逆転できない, 逆行できない.
[反意語] reversible.

ir·rev·o·ca·ble /irévəkəbl/ 形 〔形式ばった語〕[一般語] 取り消せない, 変更できない. [その他] 人が呼び戻せない, 物事が取り返しのつかない.
[用例] an *irrevocable* decision 取り消し不能の決定.
[反意語] revocable.

ir·ri·gate /írigeit/ 動 [本来他]〔一般語〕[一般義] 水路やスプリンクラーなどの人工的手段によって土地に水を供給する, 土地を灌漑(かんがい)する. [その他]《医》体の一部を洗浄する, 灌注する. また植物に水をやって生き返えらせる, 何かを蘇らせる.
[語源] ラテン語 *irrigare* (*in-* in+*rigare* to water) の過去分詞 *irrigatus* から初期近代英語に入った.
[用例] The paddy-fields were *irrigated* by a network of canals. 水田は網の目状の水路によって灌漑されていた.
【派生語】**irrigátion** 名 U.

ir·ri·ta·ble /írītəbl/ 形 〔一般語〕怒りっぽい, いらいらしている, 《医・生理》刺激に対して過敏な, 反応が鋭い, 炎症性の.
[語源] ラテン語 *irritare* (⇒irritate) の派生形 *irritabilis* が初期近代英語に入った.
[用例] The old man grows more *irritable* as his pain increases. 老人は痛みが増すにつれてますます短気になる.
【派生語】**irritabílity** 名 U 怒りっぽいこと, 過敏性, 刺激感受性.

ir·ri·tant /írītənt/ 形 C 〔形式ばった語〕刺激性の. 名 として刺激物, 刺激剤.
[語源] ラテン語 *irritare* (⇒irritate) の現在分詞 *irritans* から初期近代英語に入った.

ir·ri·tate /írīteit/ 動 [本来他]〔一般語〕相手の神経を刺激していらいらさせる, 《生理》身体や器官などを刺激する, 興奮させる, 《病理》炎症を起こさせる.
[語源] ラテン語 *irritare* (=to excite; to stimulate) の過去分詞 *irritatus* から初期近代英語に入った.
[用例] The children's chatter *irritated* him. 子供たちのおしゃべりが彼の神経を逆立てた/Wool can *irritate* a baby's skin. ウールは赤ちゃんの肌にはちくちくする.
【派生語】**írritated** 形 いらいらした, 怒った: I was feeling *irritated* with her. 私は彼女に対して腹立たしく感じていた. **írritating** 形 いらいらさせるような, 腹が立つような. **írritatingly** 副. **irritátion** 名 U.

ir·rup·tion /irʌ́pʃən/ 名 UC 〔形式ばった語〕突入, 乱入, 侵入, 《生態》自然の生態系のバランスが崩れたための動物などの急激な数の増加.
[語源] ラテン語 *irrumpere* (*in-* into+*rumpere* to break) の 名 *iruptio* が初期近代英語に入った.

is /iz, 弱 z, s/ 動 [本来他]〔一般語〕be の第 3 人称・単数・直説法・現在の語形.

-ise /-aiz/ [接尾]〔英〕=-ize.

-ish /-iʃ/ [接尾] 名詞, 形容詞について「…じみた, …のような」の意の形容詞をつくる 〔語法〕 -like が通例良い意味合いをもって使われるのに対して, -ish はあまり好ましくない意味合いをもつ. 例: babyish; coldish. また国名や地名を表す名詞について「その国や国民に属している」の意. 例: Turkish. さらに〔くだけた語〕数値について「おおよその」時刻や年齢などを表す. 例: fivish; sixtyish.
[語源] 古英語の指小辞-*isc* より.

Is·lam /ísla:m, íz-, -ˊ-/ 名 U 〔一般語〕[一義義] イスラム教. [その他]《集合的》イスラム教徒, またイスラム教の国を全体的に示し, イスラム世界, 回教文化の意味にも用いられる.
[語源] アラビア語で「神の意志への服従」を意味する *islām* から.
【派生語】**Islámic** 形.

is·land /áilənd/ 名 C 〔一般語〕[一般義] 島. [その他] 島のようなもの, 街路の真ん中にある安全地帯,《米・カナダ》大草原中の森林地帯,《鉄道》島式プラットホーム,《解》細胞の島.
[語源] 「水に囲まれた地」(watery land) を原義にもつ古英語 *iland* から. -s- はラテン語 *isle* の影響.
[用例] The *island* lay a mile off the coast. その島は岸から1マイルのところにあった/An oasis is an *island* of vegetation in the middle of the desert. オアシスは砂漠の真ん中にある草木の島である.
【派生語】**íslander** 名 C 島の住人, 島国民.

isle /áil/ 名 C 動 [本来他] 〔詩語〕島, 特に小島. また (I-) 〔固有名詞の一部として〕…島.
[語源] ラテン語 *insula* (=island) が古フランス語 *isle* を経て中英語に入った.
[用例] a tropical *isle* 熱帯の小島/the *Isle of Man* マン島.

is・let /áilət/ 名 C〔詩語〕非常に小さな島, ちっぽけな島.
[語源] isle の指小語.

ism /ízəm/ 名〔ややくだけた語〕《やや軽蔑的》政治や宗教などの主義, 学説, イズム.

-ism /-ìzəm/ 接尾「…主義, …説」の意の抽象名詞をつくる. 例: socialism; Darwinism. また-ize, -ise で終わる動詞について, 行為や結果を表す. 例: baptism; ostracism. 動詞以外の語にもつく. その典型的な行為, 行動, 状態, 特性, 特徴, 作用, 主張, 考え方などを表す. 例: heroism; Americanism; alcoholism; mannerism.
[語源] ギリシャ語 -ismos から中英語に入った.

i・so- /áisou-, -sə-/ 連結「等しい」(equal), 「同質の」(homogeneous) の意.
[語源] ギリシャ語 isos (=equal) から.

i・so・bar /áisəbɑ́ːr/ 名 C〖気〗等圧線, 〖理・化〗同重核 (★質量数が同じで原子番号の異なる原子核).
[語源] ギリシャ語 isos (=equal)+baros (=weight) として 19 世紀から.
[関連語] isotope.

i・so・late /áisəleit/ 動 本来動〔一般動〕他から引き離して孤立させる, 〖医〗伝染病の患者などを隔離する, 〖電〗絶縁する, 〖細菌〗細胞などを分離(培養)する, 〖化〗単離する.
[語源] isolated からの逆成. isolated はラテン語 insulatus (⇒insulate) に由来するイタリア語 isolato (孤立している人) から派生したフランス語 isolé を経て 18 世紀に入った.
[用例] Several cottages have been *isolated* by the flood water. 数軒の農家がその洪水で孤立してしまった/A child with an infectious disease should be *isolated*. 伝染病の子供は隔離しなければならない.
【派生語】**ísolated** 形. **isolátion** 名 U. **isolátionism** 名 U 国際的孤立主義 (★国際的な政治経済などに自国が関与することに反対する政策). **isolátionist** 名 C 国際的孤立主義者.

i・sos・ce・les /aisɑ́sǝliːz/ -/ 形〖幾〗二等辺の.
[語源] ギリシャ語 isoskelēs (=having equal legs; iso- equal+skelos legs) による後期ラテン語 isosceles (=having two equal sides) が初期近代英語に入った.
[用例] an *isosceles* triangle 二等辺三角形.

i・so・therm /áisəθəːrm/ 名 C〖気〗等温線, 〖理〗温度を一定にして圧力や体積の変化を表した等温線[式].
[語源] フランス語 isotherme (=having the same temperature; iso- equal+thermē heat) から 19 世紀に入った.

i・so・tope /áisətoup/ 名 C〖理・化〗同位体, 同位元素, アイソトープ (★原子番号が同じで質量数の異なるもの).
[語源] ギリシャ語 (iso- equal+topos place) から 20 世紀にできた.
[関連語] isobar.

Is・ra・el /ízriəl, -reiəl/ 名 固 イスラエル (★正式名は the State of Israel; 首都 Jerusalem).
[語源] ヘブライ語 yisrā'ēl (=contender with God) から.
【派生語】**Israeli** /izréili/ 形 イスラエルの. 名 C イスラエル国民. **Ísraelite** 名 形 イスラエル人(の).

is・sue /íʃuː/ 名 CU 本来動〔一般語〕一般語 論点, 争点, 問題(点). [その他] 語源の「外へ出ること」の意から, 液体などの流出, 流出口, 出口, さらに流出物, 比喩的に所産, 結果, あるいは問題(点)の意となる.「出る」から転じて, 切手や通貨, 新聞など公のものの発行, 刊行, また発行物, 刊行物. さらに血統の流れということで, 子孫, 子女. 物を流すということで, 供給, 配給, さらに供給物, 配給物の意. 動 として, …から出る, 流出する, 発行される, …から生じる《from》. 他 出す, 発行する, 支給する.
[語源] ラテン語 *exire* (=to go out; *ex-* out+*ire* to go) が古フランス語で *issir* となり, その過去分詞 *issue* が「外へ出ること」の意で中英語に入った.
[用例] The question of pay is not an important *issue* at the moment. 給料の問題は当座は重要な争点ではない/Stamp collectors like to buy new stamps on the day of *issue*. 切手収集家は新しく出た切手をその発行日に買いたがるものだ/Have you seen the latest *issue* of that magazine? あなたはその雑誌の最新号を見ましたか/Where is today's *issue* of the Times? 今日発行の「タイムズ」紙はどこにありますか/A strange noise *issued* from the room. 変な物音がその部屋からもれてきた/When were decimal coins first *issued* in Britain? 英国ではいつ 10 進法による通貨が発行されたのですか/Rifles were *issued* to the troops. ライフル銃が軍に支給された.
[類義語] ⇒problem.
【派生語】**íssuer** 名 C 発行人, 手形の振出人.

-ist /-ist/ 接尾 名詞に付いて, あるいは-ize, -ise で終わる動詞や-ism で終わる名詞に対応して,「…を行う人, …の専門家」「…主義者, …信奉者」を表す. 例: dentist; pianist; moralist; antagonist; pessimist.
[語源] ギリシャ語-istēs から.

isthmian ⇒isthmus.
isthmic ⇒isthmus.

isth・mus /ísməs/ 名 C〈複 ~es, -mi/mai/〉〖地理〗地峡, 〖解〗身体の峡部, 狭窄(きょうさく)部.
[語源] ギリシャ語 isthmos (=neck; narrow passage) によるラテン語 isthmus が初期近代英語に入った.
[用例] the *Isthmus* of Panama パナマ地峡.
【派生語】**ísthmian** 形 名 C 地峡の(住民). **ísthmic** 形.

it /it/ 代 名《人称代名詞; 三人称・単数》すでに述べられた, または話題になっている事物あるいは人や動物, 文脈上提示された文や事実などに照応してそれ. これ以外の用法は ❶ 動作主を言及する必要のない非人称動詞の主語となり, 天候, 時間, 距離, 状態などを表す ❷ 後に来る実際の主語, 目的語の代りとなって, 形式的な主語, 目的語を表す ❸ it is ... that [who; which; when] の形で, 強調構文の主語を表す ❹ くだけた表現で目的語あるいは補語として漠然としたものを表す. [参考] 名として, 鬼ごっこの鬼, 《くだけた語》大切なもの[人], まさにそのもの, 絶品などの意.
[日英比較] 日本語の「それ」は指示詞であり, 日本語には英語の人称代名詞と同じ機能のものがない. 一応「それ」という語訳が与えられるが, 指示詞でないことに注意しなければならない.
[語源] 古英語 hit より.
[用例] If you find my pencil, please give *it* to me.

もし私の鉛筆を見つけたら私にください/The dog is in the garden, isn't it? 犬は庭にいますね/I picked up the baby, because it was crying. 泣いていたので私はその赤ちゃんを抱き上げました/Is it raining very hard? 雨は激しく降っていますか ❶ /It is five o'clock. 5時です ❶ /It's, only two miles to the village. その村まではわずか 2 マイルです ❶ /It was nice of you to come. 来てくださってありがとう ❷ /It was you (that) I wanted to see, not Mary. 私が会いたかったのはメアリーではなくあなたです ❸ /Who is it that keeps borrowing my umbrella? 私のかさを借りて返さないのは誰ですか ❸ /My mother is ill and the worst of it is that our doctor is on holiday. 母はぐあいが悪いのですが、悪いことにかかりつけの医者が休みなのです ❹ /I'm leaving—I can't endure it any longer. 私は出てゆきます。もうこれ以上耐えられません ❹ /The car broke down and we had to walk it. 車が故障したので我々は徒歩で行かなくてはならなかった ❹.

Italian ⇒Italy.

ital·ic /itǽlik/ 形 名 〖印〗イタリック体の，斜体の．《I-》古代イタリア(人)の．名 として《複数形で》イタリック体，斜字体《★16 世紀はじめにイタリアの Venice で初めて用いられた》．
[語源] ギリシャ語 Italikos がラテン語 Italicus を経て初期近代英語に入った．
[用例] in italics イタリック体で．
[関連語] gothic; roman.
【派生語】**itálicize** 動 [本来他] イタリック体にする，斜字体で印刷する．

It·a·ly /ítəli/ 名 圏 イタリア《★正式名は the Italian Republic (イタリア共和国); 首都 Rome》．
【派生語】**Itálian** 形 イタリア(人，語)の．名 C イタリア人[語]．

itch /ítʃ/ 名 C 動 [本来他] 〔一般語〕[一般義] かゆみ，かゆさ．[その他]《通例 the 〜》皮膚病の疥癬(___)，また比喩的に精神的に不安定で何かをしたくてむずむずする願望．動 としてかゆい，何かしたくてたまらない，切望する．
[語源] 古英語 giccan より．
[用例] He had an itch in the middle of his back and could not scratch it easily. 彼は背中の真中がかゆかったが，かんたんにかけなかった/I have an itch to go to Malta. 私はマルタ島へ行きたくてうずうずしている/Some pills and medicines can cause the skin to itch. ある錠剤や薬剤によっては，皮膚がかゆくなることがある．
【派生語】**ítchiness** 名 U. **ítchy** 形．

it'd /ítəd/〔くだけた表現〕=it had; it would.

-ite /-ait/ [接尾] メンバーの1人，関係のある者，住人，子孫，信奉者などを意味する名詞語尾．例: Israelite; Hitlerite. 化石，鉱石，爆薬，塩類などを意味する名詞語尾．例: ammonite; hematite; dynamite; sulphite.
[語源] ギリシャ語 -itēs, ラテン語 -ita から．

i·tem /áitəm/ 名 C 〔一般語〕[一般義] 表，目録，記録などに含まれている項目，品目，条項など．[その他] 新聞記事あるいはその一項目の意．
[語源] ラテン語 item (=likewise) が中英語に入った．
[用例] He ticked the items as he read through the list. 彼はリストを読み上げながら各項目に照合印をつけていった/Did you see the item about dogs in the newspaper? あなたは新聞でその犬に関する記事を見ましたか．
【派生語】**ítemize** 動 [本来他] 箇条書きにする．

it·er·ate /ítəreit/ 動 [本来他] 〔形式ばった語〕しつこいくらいに繰り返し繰り返し言う[行う]，反復する．
[語源] ラテン語 iterum (=again) から派生した iterare (=to repeat) の過去分詞 iteratus から初期近代英語に入った．
【派生語】**iterátion** 名 U 繰り返し，反復，〖コンピューター〗同じやり方で繰り返しを行い結果を得ること．
íterative 形．

i·tin·er·ant /aitínərənt/ 形 C 〔形式ばった語〕布教師，判事，商人などが各地を短期間滞在しながら巡回する，巡業する．として，規則的に巡回する人．
[語源] 後期ラテン語 itinerari (⇒itinerate) の現在分詞 itinerans が初期近代英語に入った．
[用例] an itinerant preacher 巡回説教師．
[関連語] rambling.

i·tin·er·ar·y /aitínərèri|-rəri/ 名 C 〔形式ばった語〕旅程，旅路，また旅行日程(表)，旅行者用ガイドブック．
[語源] ラテン語 iter (=journey) から派生した後期ラテン語 itinerarius (=of journey) から中英語に入った．

i·tin·er·ate /aitínəreit/ 動 [本来他] 〔形式ばった語〕旅して歩く，巡回する．
[語源] ラテン語 iter (=journey) から派生した後期ラテン語 itinerari (=to travel) の過去分詞 itineratus から18世紀に入った．
【派生語】**itinerátion** 名 U.

-i·tis /-áitis/ [接尾] 身体の特定な部分や器官の「炎症」を意味する名詞語尾．例: appendicitis.

it'll /ítl/〔くだけた表現〕= it will.

its /íts/ 代 it の所有格形．

it·self /itsélf/ 代 it の再帰代名詞形．
[語法] 次の3つの用法に大別される ❶ 再帰用法 それ自身に[に]: The lion stretched itself like a cat. そのライオンは猫のように背伸びをした．❷ 強意用法 それ自身，そのもの自体: When her mother was young, she was beauty itself. 彼女の母親は若いころ美しさにおいて美しかった．❸ 名詞的に使われ，動物などの平常の状態を意味する: My dog is not itself today. 私の犬は今日は元気がない．
【慣用句】**by itself** それだけで，単独に，自動的に．**in itself** それ自体では，本来は，本質的に．

it·sy-bit·sy /ítsibítsi/ 形 〔幼児語〕おどけてちっちゃい，ちっぽけな．
[語源] little bit に当たる baby talk. 20世紀になって使われ始めた．

it·ty-bit·ty /ítibíti/ 形 =itsy-bitsy.

-i·ty /-iti, -əti/ [接尾] 形容詞に付いて，その状態，性質，程度などを表す抽象名詞を作る語尾．例: absurdity; purity.

-ive /-iv/ [接尾] 「...の性質を有している，...の傾向にある」を意味する形容詞・名詞語尾．例: aggressive; destructive; native.

i·vo·ry /áivəri/ 名 UC 形 〔一般語〕[一般義] 象牙(___)．[その他] かば，せいうちなどの象牙(__)もいう．また象牙のようなもの，あるいは象牙製品，象牙細工[製品]，象牙質．さらに象牙を材質にしていたことも，〔俗語〕《複数形で》さいころ，玉突きの玉，ピアノやアコーディオンなどの鍵盤，人間の歯なども指す．形 として象牙の(よう

な), 象牙色の.

[語源] ラテン語 *ebur* (＝ivory) の派生形 *eboreus* (＝of ivory) が俗ラテン語で名詞化して, 古フランス語 *ivurie, ivoire* を経て中英語に入った.

[用例] *Ivory* was formerly used to make piano keys. 象牙は以前ピアノの鍵盤を作るのに使われていた / This museum has a collection of Japanese *ivories*. この博物館にはたくさんの日本製象牙細工が陳列されている.

ivy /áivi/ [名] U [形] [一般語] [一般義] 一般につた(蔦).
[その他][植] 西洋きづた, アイビー, 触れるとかぶれることがある北米産のつたうるし. [形] として, 古い大学は建物がつたに覆われていることが多いことから, **学究的な, アカデミックな**, (I-) アイビー・リーグ(Ivy League)の.
[語源] 古英語 ifig から.

[用例] The walls of the cottage are covered in *ivy*. 小さな別荘の壁はつたでおおわれている.

【複合語】**Ívy Léague** [名] 《the ～》アイビー・リーグ《★米国北東部の有名 8 大学, すなわち Brown U., Columbia U., Cornell U., Dartmouth C., Harvard U., Princeton U., U. of Pennsylvania, Yale U.》, 《形容詞的に》アイビー・リーグの(学生の).
Ívy Léaguer [名] C アイビー・リーグの学生[卒業生].

-i·za·tion, 《英》**-i·sa·tion** /-izéiʃən|-aiz-/ [接尾] -ize, -ise で終わる動詞に対応する名詞語尾.

-ize, 《英》**-ise** /-aiz/ [接尾] 「…の状態にさせる」という意味の他動詞, あるいは「…の状態になる, …化する」という意味の自動詞を作る動詞語尾. 例: civilize; Americanize.

J

j, J /dʒéi/ 名 C ジェイ《★アルファベットの第10文字》.

ja /jáː/ 副 〔一般語〕はい, そうです.
[語源] ドイツ語 (=yes).

jab /dʒǽb/ 動 [本来他] C 〔一般語〕鋭利な物や物の先端などで素早く突く, 突き刺す, 《ボクシング》ジャブを繰り出す. 名 として, 素早い一撃, 突き, 《ボクシング》ジャブ.
[語源] job² の異形で19世紀から.
[用例] She *jabbed* the needle into her finger by mistake. 彼女は誤って指に針を刺した.

jab・ber /dʒǽbər/ 動 [本来他] 名 UC 〈くだけた語〉早口で支離滅裂にぺちゃくちゃしゃべる, また猿や鳥などがキャッキャッと叫ぶ. 名 として, 早口のしゃべり, キャッキャッという鳴き声.
[語源] 擬音語として中英語から.
[類義語] chatter.

ja・bot /ʒæbóu/ 名 C 〔一般語〕ブラウスなどの胸部や首回りなどに付いた, 通例レース製のひだ飾り.
[語源] フランス語が19世紀に入った.

Jack /dʒǽk/ 名 固 男子の名, ジャック《★John, Jacob, James の愛称》.

jack /dʒǽk/ 名 C 動 [本来中] 〔一般語〕〔一般義〕重い物を持ち上げるジャッキ, 起重機. [その他]《トランプ》絵札のジャック(knave), 《複数形で単数扱い》《ゲーム》子供のまりつき遊び, ジャックス. また (J-) 男子によくある名であることから, やつ, 男, 少年, 《呼びかけとして》おいきみ, あるいは召使い, 使用人, 労働者. 動 (up を伴って) ジャッキで持ち上げる, 値段を引き上げる, 品質や程度を高める.
[語源] 中英語 Jack から. ありふれた男の名前であることからトランプのジャックや普通の人, また人手を省ける種々の道具の意味が生じた.
[用例] You should always keep a *jack* in the car in case you need to change a wheel. タイヤ交換の場合に備えて, いつも車にはジャッキを入れておきなさい/*Jack* of all trades, and master of none.《ことわざ》何でもできる人はどれも満足にはできない (多芸は無芸, 器用貧乏).
【複合語】**jáckàss** 名 C 雄ろば, 《軽蔑的》ばか者, とんま, まぬけ. **jáckbòot** 名 C ひざの上までくる軍隊用または漁夫用の長靴. **Jáck Fróst** 名 固《やや文語的な語》擬人化された霜, 厳寒. **jáckhàmmer** 名 C《米》圧搾空気を利用した携帯用の削岩ドリル. **jáck-in-the-bòx** 名 C (複 jacks-in-the-box, ~es) びっくり箱. **jáckknìfe** 名 C (複 -knives) 携帯用で大型の折たたみ式のナイフ, ジャックナイフ. 動 [本来中] 列車やトレーラーなどが連結部のところで鋭角に折り曲がる: The lorry skidded on the ice and *jackknifed*, blocking the road. そのトラックは氷の上で滑り込み, くの字に曲がって道路をふさいだ. **jáck-of-áll-tràdes** 名 C (複 jacks-of-all-trades) よろず屋, 何でも屋. **jáck-o'-làntern** 名 C 鬼火, きつね火, また Halloween の祭に中身をくりぬいて, 目, 鼻, 口の穴をあけ, 夜はその中にろうそくをともすかぼちゃのちょうちん. **jáck-pòt** 名 C トランプのポーカーなどでジャックのペアかそれ以上になるまで積み立てられる積み立て賭け金, クイズなどの積み立て式の賞金, スロットマシンなどの大当たり, 一般に思いがけない好運, 大成功: hit the jackpot 大当たりをとる. **jáck ràbbit** 名 C 北米西部産の野うさぎ《★耳がろば (jackass) のように長いということでこう呼ばれる》.

jack・et /dʒǽkət/ 名 C 〔一般語〕〔一般義〕男性または女性の上着《★coatより短い》, また背広の上着也いう. [その他] 一般に覆いを表し, 本のカバー, レコードのジャケット《《英》sleeve), 書類などを保管する封筒《《英》open envelope), じゃがいもの皮, 過熱を防ぐ被覆物など.
[語源] 古フランス語 *jaque* (=sleeveless coat) の指小語 *jaquette* が中英語に入った. おそらく男子の名 *Jacques* (=Jack) から出た「農民」という意味から.
[用例] He wore brown trousers and a blue *jacket*. 彼は茶色のズボンをはき紺の上着を着ていた/the *jacket* of the book 本のカバー.
【複合語】**jácket cròwn** 名 C《歯》人工歯冠.

Ja・cob /dʒéikəb/ 名 固 男子の名, ジェイコブ《★愛称は Jack》.

jade¹ /dʒéid/ 名 UC 《鉱》翡翠(ひすい), 玉(ぎょく), また翡翠色, 青緑色, 黄緑色.
[語源] ラテン語 *ilia* (腹) から出たスペイン語 *ijada* (腹の石) がフランス語を経て初期近代英語に入った. 昔は翡翠が腹痛に効くと信じられていたことから.

jade² /dʒéid/ 名 C 動 [本来他] 《古風な語》〔一般義〕こき使われたやせ馬, 駄馬, 癖の悪い馬. [その他]《軽蔑的》あばずれ女, すれっからし. 動 として, 人を疲れさせる.
[語源] 古ノルド語 *jalda* (雌馬) が中英語に入った.
【派生語】**jáded** 形 疲れ切った, うんざりした.

jag¹ /dʒǽg/ 名 C 動 [本来他] 〔一般語〕のこぎりの歯のようなぎざぎざや岩石などの鋭いかど. 動 として...にぎざぎざの《歯》を刻み入れる, またをぎざぎざにする.
[語源] 不詳. 突然の動きを表す擬音語と考えられる. 中英語 jaggen (=to stab) から.
【派生語】**jagged** /dʒǽgid/ 形 ぎざぎざの, かぎ裂きの状態の. **jággedly** 副.

jag² /dʒǽg/ 名 C 〔俗語〕酒, 麻薬に酔った飲み[浮かれ]騒ぎ.
[語源] 不詳.

jag・uar /dʒǽgwɑːr|-gjuə/ 名 C《動》アメリカひょう, ジャガー.
[語源] 南米の先住民 Tupi 族の言葉 *jaguara* (肉食動物) がポルトガル語を経て初期近代英語に入った.

jail,《英》**gaol** /dʒéil/ 名 CU 動 [本来他] 〔一般語〕〔一般義〕刑務所, 拘置所. [その他] 刑務所への入獄, 拘置. 動 として投獄する, 拘置する.
[語源] 古風な語形は語源に近い gaol で, 《英》ではずっとこの形が用いられてきたが, 今では jail が一般的になってきた. ただし公用語では gaol を用いる.
[語源] ラテン語 *cavea* (=cage) に指小語 -*ola* がついた形が古フランス語で *jaiole* となり, その古ノルマンフランス語形 *gaiole* が中英語に入った.
[用例] He was sentenced to three months in *jail*. 彼は禁固3か月を宣告された/He was *jailed* for two years. 彼は2年間投獄されていた.
[類義語] jail; prison; penitentiary: jail が一般的な語である.《米》では1年未満拘留の場所で, 1年以上のものを **prison** という. **penitentiary**《《米》penn と

略す) は州または連邦の重罪刑務所を指す.
【慣用句】**be sent [put] to jail** 刑務所に入れられる, 投獄される. ***break jail***=**escape from jail** 脱獄する.
【派生語】**jáiler**, **jáilor** 名 C 看守.
【複合語】**jáil-bìrd** 名 C 囚人, 常習犯. **jáil-brèak** 名 C 脱獄. **jáil-brèaker** 名 C.

ja·lopy, **ja·lop·py** /dʒəlápi/ -ś-/ 名 C 〔くだけた語〕ぽんこつ自動車, おんぼろ飛行機.
語源 不詳.

jam¹ /dʒǽ(:)m/ 名 U 〔一般語〕ジャム, また〔くだけた語〕《英》容易なこと, 楽なこと.
語源 不詳. lam² の「詰め込む」からと考えられる. 18 世紀から.
用例 Have some raspberry *jam* on your bread.
パンにラズベリージャムを少し塗りなさい.
【慣用句】**money for jam** たやすく得た金, ぼろもうけ, 容易に得られるもの.
【複合語】**jám jàr** 名 C ジャムびん[つぼ]. **jám tomórrow** 名 U 〔くだけた語〕実現されない約束, 空手形.

jam² /dʒǽ(:)m/ 動 本来他 名 C 〔一般語〕一般義 物や人を押し込む, 詰め込む. その他 物を押しつける, はめ込む, 場所をいっぱいにする, ふさぐ, また群衆が狭い場所に群れる, 押し合う. ⑩ 何かがつまって機械などが動かなくなる. 名 として込み合い, 機械の運転停止,〔くだけた語〕苦境, 困難の意.
語源 不詳. 擬音語と思われる.
用例 The gateway was *jammed* with angry people. 入り口は怒り狂った人々でぎっしり詰まっていた.
【慣用句】**get into a jam** 困ったことになる. **jam on the brakes** 自動車のブレーキをぐっと踏み込む.
【複合語】**jám-pácked** 形 一定の場所にいっぱいに詰め込んだ, すし詰めの. **jám sèssion** 名 C ジャムセッション, 即興ジャズ演奏.

Ja·mai·ca /dʒəméikə/ 名 固 ジャマイカ《★西インド諸島の島で独立国》.
【派生語】**Jamáican** 形 ジャマイカ(人)の. 名 C ジャマイカ人.

jamb /dʒǽm/ 名 C 【建】ドアや窓などのわき柱, だき, また暖炉のだき石.
語源 後期ラテン語 *gamba* (=leg) がフランス語を経て中英語に入った.

jam·bo·ree /dʒæmbərí:/ 名 C 〔ややくだけた語〕陽気でにぎやかな会合や宴会, 政党やスポーツ団体などの余興付きの大会, ボーイスカウトの全国[国際]大会, ジャンボリー.
語源 不詳.

James /dʒéimz/ 名 固 男子の名, ジェイムズ《★愛称は Jim, Jimmie, Jimmy》. また【聖】キリストの 12 人の使徒の 1 人, ヤコブ, あるいはヤコブ書.

Jane /dʒéin/ 名 固 女子の名, ジェーン《★愛称は Janet, Jennie, Jenny》. (j-)《主に米》女性.
語源 John の女性形 Joanna による.

Jan·et /dʒǽnit/ 名 固 女子の名, ジャネット《★Jane の愛称》.

jan·gle /dʒǽŋgl/ 動 本来自 名 UC 〔一般語〕一般義 鐘やベルなどがジャンジャン鳴る, ガチャガチャ騒々しい音をたてる, また大声で口げんかをする. 他 人の(神経)をひどくいらだたせる. 名 として騒々しさ, 騒音をいう.
語源 古フランス語 *jangler* (=chatter) が中英語に入った. 擬声語.

jan·i·tor /dʒǽnitər/ 名 C 〔一般語〕一般義 ビルやアパート, 学校などの管理人, 用務員, 清掃人. その他 本来の意味として門番, 守衛.
語源 ラテン語 *Janus* (⇒Janus) から派生した *janitor* (門番) がラテン語を経て近代英語に入った.
【派生語】**jánitress** 名 C 雑役婦《語法 現在では通例 woman janitor という》.

Jan·u·ar·y /dʒǽnjueri/ -əri/ 名 UC 〔一般語〕1 月 《語法 Jan, Ja. と略す》.
語源 ラテン語 *Janus* (⇒Janus) の 形 *Januarius* が中英語に入った. ヤヌス神は二つの顔を持っており, 行く年, 来る年の両方に顔を向けることから, 1 年の最初の月となった.
語法「2005 年 1 月 4 日に」は on the 4th of *January* in 2005,《米》on *January* 4, 2005,《英》on 4 *January* 2005 と記し, 読みは《米》on *January* (the) fourth,《英》on the fourth of *January*.
用例 He is coming next *January*. 彼はこの 1 月に来る予定である.

Ja·nus /dʒéinəs/ 名 固【ロ神】ヤヌス《★顔が頭の前と後ろにあり, 物事の初めと終りを司る. 戸口や門の守護神》.
語源 ラテン語 *janus* (=gate; doorway) が初期近代英語に入った.
【複合語】**Jánus-fáced** 形 二つの顔を持った, 性格や態度が二面性を持った, 裏表のある.

Ja·pan /dʒəpǽn/ 名 固 日本《語法 Jan. または Jap. と略す》.
語源 中国語 *jihpên* (日本) から. マルコポーロの東方見聞録では *Zipangu* として紹介された.
【派生語】**Jàpanése** 形 日本(人, 語)の. 名 C 日本人[語]: the *Japanese* people 日本民族[国民]/the *Japanese* language 日本語/a *Japanese* (1 人の)日本人 / the *Japanese*《複数扱い》日本国民. **Jàpanésque** 形 日本流[式, 風]の. **Jápanize** 動 本来他 日本風にする[なる], 日本人にする[なる]. **Jàpanólogist** 名 C 日本研究家. **Jàpanólogy** 名 U 日本研究, 日本学.

ja·pan /dʒəpǽn/ 名 UC 本来他 〔一般語〕漆(°),あるいは漆器. 動 として…に漆を塗る.
語源 Japan から初期近代英語に入った.

ja·pon·i·ca /dʒəpánikə/ -ś-/ 名 CU 【植】つばき (camellia; Japanese quince).
語源 Japanese の意味の近代ラテン語(属名). 19 世紀から.

jar¹ /dʒáːr/ 名 C 〔一般語〕一般義 広口のつぼ, びん. その他〔くだけた語〕ビールのグラス 1 杯.
語源 フランス語 *jarre* または古プロヴァンス語 *jarra* から初期近代英語に入った. 起源はアラブ語で「土器」.
用例 She poured the jam into large *jars*. 彼女はジャムを大きいつぼに流し入れた.
類義語 **jar**; **bottle**; **pot**: **jar** はかめ, つぼ, びんなどの広口の容器. **bottle** は口のところが細いびん. **pot** は陶器または金属製の容器で, 形は円筒状で広さより深さに特徴がある.
日英比較 英語の jar には日本語の「ジャー」のように炊飯器や魔法びんの意味はない.
【派生語】**járful** 名 C びん 1 杯の量.

jar² /dʒáːr/ 動 本来自 名 C 〔一般語〕一般義 ガタガタ

揺れる. [その他] ギーギーきしむような**耳障りな音を出す**, さらに**不快な感じを**与える, 意見や行動が食い違う. 他 ガタガタ[ギーギー]いわせる, 人や神経をいらだたせる. 名 として振動, 耳障りな音.
[語源] 本来擬音語.
[用例] Her sharp tone *jarred* on my nerves. 彼女のかん高い声の調子が私の神経に障った.

jar·gon /dʒáːrgən/ 名 UC 〔一般的〕〔やや軽蔑的〕**隠語**, **特殊なグループの用語**, **職業問**, 一般にわけのわからない**語**.
[語源] 古フランス語の鳥の鳴き声の擬音語が中英語に入った.
[用例] Can't you explain the matter clearly, without all that sociological *jargon*? はっきりとその事柄を説明できないのですか.

jas·per /dʒǽspər/ 名 U 《鉱》**碧玉**(へき), 黒みがかった緑色.
[語源] ギリシャ語 *iaspis* (= a green precious stone) がラテン語, 古フランス語を経て中英語に入った.

jaun·dice /dʒɔ́ːndis/ 名 U 《医》**黄疸**(おうだん). 比喩的に〔一般的〕偏見, ひがみ, ねたみ.
[語源] 古フランス語 *jaune* (= yellow) から派生した *jaunice* が中英語に入った.
[派生語] **jáundiced** 形 黄疸にかかった, 黄疸のような色をした, 偏見を持った, ひがんだ.

jaunt /dʒɔ́ːnt/ 名 C 動 本来自 〔ややくだけた語〕行楽の**小旅行**, **遠足**. 動 として気晴らしの旅行をする, レジャーに出かける.
[語源] 不詳. 初期近代英語から.
[類義語] trip.

jaun·ty /dʒɔ́ːnti/ 形 〔一般的〕〔一般義〕人が**陽気で快活な**. [その他] 態度や服装が**気取った**, さっそうとした.
[語源] フランス語 *gentil* の変形. 初期近代英語から.
[派生語] **jáuntily** 副.

Ja·va /dʒáːvə/ 名 固 **ジャワ**(島)《★インドネシア共和国の首都のある島》.
[派生語] **Jàvanése** 形 ジャワ(人)の. 名 C (複 〜) ジャワ人.
[複合語] **Jáva màn** 名 U ジャワ原人.

jav·e·lin /dʒǽvəlin/ 名 CU 〔一般的〕**投げ槍**(やり), また競技としての**槍投げ**(javelin throw).
[語源] 古フランス *javeline* が中英語に入った. もとはケルト語.
[複合語] **jávelin thròw** 名 (the 〜) 槍投げ 〔語法〕単に javelin ともいう. **jávelin thròwer** 名 C 槍投げ選手.

jaw /dʒɔ́ː/ 名 C 〔一般的〕〔一般義〕**あご**, **あごの骨**《★歯を含む上顎(じょうがく)骨または下顎骨》. [その他] 〔複数形で〕あごと歯を含めた**口**, 谷などの狭い入り口, あごの形に似たもの, 〔機〕押さえる部分, あご. また〔俗語〕おしゃべり, 雑談.
[語源] 古フランス語 *joue* (= cheek) が中英語に入った.
[用例] His *jaw* was broken in the fight. 彼は格闘中あごの骨を折ってしまった.
[複合語] **jáwbòne** 名 C **あごの骨**, 特に下顎骨. **jáwbrèaker** 名 C 〔くだけた語〕発音しにくい言葉, たいへん堅いキャンディー.

jay /dʒéi/ 名 C 《鳥》**かけす**, 〔古風な語〕騒々しい鳴き声から比喩的におしゃべりな人, **ばか者**.
[語源] ラテン語 *gaius* が古フランス語 *jai* を経て中英語に入った.
[複合語] **jáywàlk** 動 本来自 〔くだけた語〕かけすに似た歩き方から, 交通規則や信号を無視して**道を横断する**. **jáywàlker** 名 C.

jazz /dʒǽz/ 名 U 動 本来他 《楽》**ジャズ**. ジャズ的な興奮や活気という意味から, 〔ややくだけた語〕ほら話, たわごと. 動 としてジャズ風に**演奏する**[編曲する].
[語源] 不詳. 20 世紀から.
[用例] She prefers *jazz* to classical music. 彼女はクラシック音楽よりジャズを好んでいる.
[慣用句] *jazz up* 原曲などをジャズ風に編曲して**活気づける**, 面白くする.
[派生語] **jázzy** 形 ジャズ風の, 派手な, 活気のある.

jeal·ous /dʒéləs/ 形 〔一般義〕**嫉妬深い**, そねむ, **羨望する**. [その他] 〔形式ばった語〕疑い深く**警戒心の強い**, きゅうきゅうと**油断がない**.
[語源] ギリシャ語 *zelos* (= zeal) に由来する中世ラテン語 *zelosus* (= jealous) が古フランス語 *gelos* を経て中英語に入った. zealous と重複混同された語.
[用例] She was *jealous* of her friend's good looks. 彼女は友人の美貌をねたんでいる / They are *jealous* of their rights [privileges]. 彼等は自らの権利[特権]を奪われまいとして守っている.
[類義語] jealous; envious: **jealous** は人の成功や幸運を羨望し, 嫉妬深く, 相手を憎む気持ちを含んでいる. **envious** は「他人の能力をうらやむ」意の動詞 envy の形容詞形で, 憎む気持ちよりもそれにあやかりたいという気持ちを表す.
[派生語] **jéalously** 副 嫉妬深く, ねたんで, 用心して. **jéalousy** 名 UC 嫉妬, ねたみ.

jean /dʒíːn/ 名 UC 〔一般的〕運動服や作業服に用いる**細あや織の生地**, また《複数形で》この生地やデニム地でできた**ジーンズ**, **ジーパン**を意味する.
[語源] jean fustian の略で初期近代英語から. 古くは Gene fustian でイタリアの「ジェノアのファスチアン織り」の意.
[用例] She wore a white sweater and blue *jeans*. 彼女は白いセーターを着て, 紺色のジーパンをはいていた.
[日英比較] 日本語の「ジーパン, G パン」は jeans と pants を合わせて作った和製英語.

jeep /dʒíːp/ 名 C 〔一般的〕小型で 4 輪駆動の**軍用自動車**, **ジープ**, また《J-》〔商標〕ジープ型の一般車.
[語源] 漫画に出てくる Eugene the Jeep と, G.P. (= general purpose) Car の発音が結びついてできた軍隊の俗語が元だといわれている.

jeer /dʒíər/ 動 本来他自 名 C 〔一般的〕人をひやかす, ばかにする, **あざける** 《at》. 名 としてあざけり, ひやかしの**言葉**.
[語源] 不詳. 初期近代英語から.
[派生語] **jéerer** 名 C. **jéeringly** 副.

Je·ho·vah /dʒihóuvə/ 名 固 《聖》旧約聖書の天地創造の神, 全能の唯一神, **エホバ**.
[語源] ヘブライ語から. 本来は Jahweh (ヤーウェ) と綴られるべき語が誤読されたもの.

je·june /dʒidʒúːn/ 形 〔形式ばった語〕〔一般義〕食物の**栄養分のない**. [その他] 土地が**不毛な**, 講演や小説がつまらない. また 《米》juvenile との混同からか, **未熟な**, 子供っぽいという意味にもなる.
[語源] ラテン語 *jejunus* (= fasting; empty) が初期近代英語に入った.

Je·kyll and Hyde /dʒíkil ən(d) háid/ 名 C 〔一

jell /dʒél/ 動 [本来自] 〔一般語〕[一般義] ゼリー状になる, 固まる. [その他] 計画, 考え, 意見などが固まる, 具体化する. [他] ゼリー状にする, 固める.
[語源] jelly からの逆成. 19世紀から.

jel·ly /dʒéli/ 名 UC 動 [本来自] 〔一般語〕[一般義] 透明な半固形のゼリー. [その他] ゼリー菓子, その他ゼリー状のもの. 動 としてゼリーになる, ゼリー状に固まる.
[語源] ラテン語 *gelare* (= to freeze) から出た中フランス語 *geler* の過去分詞 *gelé* の女性形 *gelee* が中英語に入った.
[用例] I've made ten raspberry *jellies* for the party. 私はパーティー用に10個のラズベリーゼリーを作りました.
【複合語】**jéllybèan** 名 C ゼリービーンズ (★さまざまな色の細長い豆形ゼリー菓子). **jéllyfish** 名 C 【動】くらげ, 〔くだけた語〕意志の弱い人. **jélly ròll** 名 CU ゼリーロール (★ゼリーやジャムを塗って巻いたロールカステラ).

Jen·ni·fer /dʒénəfər/ 名 固 女子の名, ジェニファー (★愛称は Jennie, Jenny).
[語源] ウェールズ語 *gwen* (= white) に由来する Guinevere の変形による.

Jen·ny /dʒéni/ 名 固 女子の名, ジェニー (★Jane, Jennifer の愛称).

jeopardize ⇒jeopardy.

jeop·ar·dy /dʒépərdi/ 名 U 〔形式ばった語〕死, 喪失などの危険, またはそのような危険にさらされること, 〔米〕【法】被告が有罪になる危険性.
[語源] 古フランス語 *jeu parti* (= divided game; even game) がアングロフランス語を経て中英語に入った. 「五分五分の試合」が不確実な偶然の意となり, 危険と結びついた.
[用例] This strike has put many men's jobs in *jeopardy*. このストライキのために多くの人の仕事は危うくなっている.
【派生語】**jéopardize** 動 [本来他] 危うくする, 危険にさらす.

Jer·i·cho /dʒérikou/ 名 固 【聖】パレスチナの古代都市エリコ. また〔くだけた語〕隠遁の地, 遠くへんぴな所.
[用例] Go to *Jericho*! どこへでも行ってくれ!

jerk[1] /dʒə́:rk/ 名 C 動 [本来他] 〔一般語〕[一般義] 急にぐいと引く[突く, 押す]こと. [その他] 筋肉のひきつれ, 引きつけ. 急な反射運動, 【重量挙げ】バーベルを肩の位置から一気に頭の上に押し上げるジャーク. 〔主に米〕〔くだけた語〕急な動きや下品なふるまいをする困り者, 見下げはてたばか. 動 として, 急にぐいと引く, 突く, 押す, ひったくる.
[語源] 不詳.
[用例] The car *jerked* to a halt. 車ががたんと止まった.
【慣用句】**give ... a jerk** ...をぐいと引く. **Put a jerk into it!** てきぱきやれ!, しっかりやれ.
【派生語】**jérkily** 副. **jérkiness** 名 U. **jérky** 形 ぐいと動く, 落ち着きのない.
【複合語】**jérkwàter** 名 C 〔くだけた語〕〔米〕ローカル線の鈍行列車 (★ボイラーが小さく, 頻繁に給水タンクのバルブを引いて給水しなければならなかったことから). 形 (やや軽蔑的)ローカル線の, ひどく辺鄙な, 取るに足らない.

jerk[2] /dʒə́:rk/ 動 [本来他] 〔一般語〕〔米〕牛肉などを細く切って乾燥する. 名 として乾燥(牛)肉(jerky).
[語源] jerky からの逆成. jerky はケチュア語 (Quechua) 起源のスペイン語 *charqui* (= jerky) からといわれる.
【派生語】**jérky** 名 U.

jer·ry-build /dʒéribild/ 動 [本来他] 〔軽蔑的な語〕家や建物を安普請する.
[語源] 名前の Jerry と「非常用の, 間に合わせの」の意の jury に由来するといわれる.
【派生語】**jérry-bùilder** 名 C 安普請専門の大工. **jérry-bùilding** 名 C 安普請の建物, バラック. **jérry-bùilt** 形 安普請の, バラック建ての.

Jer·sey /dʒə́:rzi/ 名 固 ジャージー(島) (★イギリス海峡の島). また C ジャージー種の牛.

jer·sey /dʒə́:rzi/ 名 CU 〔一般語〕ジャージー, セーター, ニットのシャツ, また, 機械編みのメリヤス生地, ニット生地.
[語源] Jersey から.

Je·ru·sa·lem /dʒərúːsələm/ 名 固 エルサレム (★古代パレスチナの首都. 現在はイスラエルの首都で, ユダヤ教徒, イスラム教徒, キリスト教徒の巡礼の聖地).

jest /dʒést/ 名 C 動 [本来自] 〔形式ばった語〕冗談, しゃれ. 動 として冗談を言う, 悪意からではなくひやかす.
[語源] ラテン語 *gesta* (= deeds) が古フランス語を経て中英語に入った.
[用例] I was speaking in *jest* when I suggested a swim before going to bed. 寝る前に一泳ぎするのはどうかと言ったのは冗談で言ったことだ.
[類義語] joke.
【派生語】**jéster** 名 C 道化師. **jéstingly** 副.

Jes·u·it /dʒézjuit/ 名 C イエズス会(Society of Jesus)の修道士, イエズス会信徒[会員]. また新教徒がイエズス会員をこう呼んだところから, 策謀家, 詭弁家.
[語源] 後期ラテン語 *Iesus* (= Jesus) がフランス語を経て入った.

Je·sus /dʒíːzəs/ 名 固 感 キリスト教の開祖, イエス(Jesus Christ). 感 として〔卑語〕こん畜生!, くそ! などののろいや驚き, 恐れ, 失望などを表す.
[語源] ヘブライ語で「主は救いなり」を意味する *Yēshūa'* がギリシア語, 後期ラテン語を経て入った.
【派生語】**Jésus Chríst** 名 固 感 イエス・キリスト (★Christ は本来「救い主」を指す普通名詞). 感 〔卑語〕こん畜生!, くそいまいまい.

jet[1] /dʒét/ 名 C 形 動 [本来自] 〔一般語〕[一般義] ジェット機. [その他] 本来はガス, 蒸気, 水流などの噴出, 噴射, またはその噴出口[口]の意. さらに気体の噴射によるジェットエンジン(jet engine)の意となり, ジェット機を指すようになった. 形 としてジェット機の, 吹き出す. 動 として射出する, ジェット推進で動く, 〔くだけた語〕ジェット機で行く.
[語源] ラテン語 **jacere* (= to throw) の反復動詞 *jactare* から派生した俗ラテン語 **jectare* が古フランス語 *jeter* を経て中英語に入った.
[用例] This gas *jet* is blocked. このガスバーナーの噴出口は詰まっている/They *jetted* over to the United States at least once a year. 彼等は少なくとも年に一度は合衆国までジェット機で行った.
【慣用句】**by jet** ジェット機で.
【複合語】**jét éngine** 名 C ジェットエンジン. **jét làg** 名 U 時差ぼけ. **jét pláne** 名 C ジェット機 ([語法] 単に jet ともいう). **jét-propélled** 形 ジェット推進式の.

jét propúlsion 名 U ジェット推進. **jét sèt** 名 (the ~) 《通例軽蔑的》ジェット機で観光したり遊び回る金持ちのジェット族. **jét strèam** 名 C ジェット気流《★対流圏最上層付近を吹く偏西風》，ジェットエンジンなどによって生じる噴流. **jétwày** 名 C 《商標》搭乗橋(《英》boarding bridge).

jet[2] /dʒét/ 名 U 【鉱】黒玉, また黒玉色, 漆黒. 形 として黒玉製の, 漆黒の.
[語源] ギリシャ語 gagatēs がラテン語 gagates, 古フランス語 jaiet を経て中英語に入った. 昔の産地の小アジアの町 Gagai の石の意.
【複合語】**jét-bláck** 形 髪などが漆黒の.

jet·sam /dʒétsəm/ 名 U 【海】船から投げ捨てられたがらくた, 漂流物.
[語源] jettison による. 初期近代英語から.

jet·ti·son /dʒétɪsn/ 動 本来他 【海】暴風雨などの緊急時に船や飛行機の機体を軽くするために, 貨物や燃料などを投げ捨てる, また不要なものや邪魔なものを捨てる.
[語源] ラテン語 jactare (= to throw) の 名 jactatio が古フランス語 getaison を経て中英語に入った.

jet·ty /dʒéti/ 名 C 動 本来自 一般義 港や桟橋を高波から守るための突堤, 防波堤. その他 桟橋, 波止場, また建物の突出部, 張り出し. 動 として突出する.
[語源] 古フランス語 jeter (⇒jet[1]) の過去分詞女性形 jetee が中英語に入った.

Jew /dʒúː/ 名 C 形 動 本来他 一般義 ユダヤ人, ヘブライ人(Hebrew), ユダヤ教徒. 形 として《軽蔑的》ユダヤ人の(ような). 動 として《軽蔑的》物をひどく値切る, 人をだます.
[語法] Jew といわれるのを好まないユダヤ人もいる. Jewish とするのが望ましい.
[語源] ヘブライ語 Yehūdāh, Judah がギリシャ語, ラテン語を経て中英語に入った.
【派生語】**Jéwess** 名 C 《軽蔑的》ユダヤ女. **Jéwish** 形 ユダヤ人の, ユダヤ教の.

jew·el /dʒúːəl/ 名 C 動 本来他 一般義 カットされ研磨された宝石. その他 宝石入りの装身具, 比喩的に宝石のような貴重な人や物, すばらしい人. 動 として宝石で飾る.
[語源] ラテン語 jocus (= jest) が古フランス語 joel を経て中英語に入った.
[用例] This painting by Manet is the *jewel* of his art collection. マネの描いたこの絵は彼の美術所蔵の中の最良のものである.
【派生語】**jéweler**, 《英》-ll- 名 C 宝石商, 宝石細工人, 貴金属商. **jéwelry**, 《英》-ll- 名 U 宝石類, 装身具類.

Jewess ⇒Jew.
Jewish ⇒Jew.
Jew's harp, Jews' harp /dʒúːz hàːrp/ 名 C 口にくわえ, 指ではじいて音を出す口琴, ビヤボン(《語法》j- ともつづる).
[語源] もと Jew's tromp (= Jew's trumpet). 「子供用トランペット」の意のオランダ語 jeugd (= youth) + tromp (= trumpet) が英語に借用されて, jeugd が Jew と混同された.

jib[1] /dʒíb/ 名 C 【海】船首の三角帆, ジブ, 【機】起重機の突き出した腕の部分, 回旋臂(°).
[語源] 不詳. 初期近代英語から.

jib[2] /dʒíb/ 動 本来自 一般義《主に英》馬が急に止まって前へ進もうとしない, 転じて人が考えや提案に対してためらってしりごみする, 二の足を踏む.
[語源] 多分フランス語 *regimber* (= to rear) が19世紀に入った.

jibe[1] /dʒáɪb/ 動 名 =gibe.
jibe[2] /dʒáɪb/ 動 本来自 【海】追い風などで船の向きが変わったときに, 帆や帆析がそれにつれて位置を変える. また《くだけた》《米》意見, 考えなどが…と調和する, 一致する 《with》.
[語源] 不詳. 19世紀から.

jif·fy /dʒífi/ 名 C 〔くだけた語〕ほんの短い間, 瞬間.
[語法] jiff ともいう.
[語源] 不詳. 18世紀から.
[用例] I'll be back in a *jiffy*. すぐに戻ってきます.

jig /dʒíɡ/ 名 C 動 本来自 一般義 通例4分の3拍子の, テンポの速い跳びはねる動作を伴うダンス, ジグ. 動 としてジグを踊る, また体や物を上下または前後に激しく動かす.
[語源] 多分ゲルマン語起源の古フランス語 *gigue* (= fiddle) から出た 動 *giguer* (= to frolic) が初期近代英語に入った.

jig·ger /dʒíɡər/ 名 C 〔くだけた語〕カクテルを作るときなどに酒の量を計るグラス, ジガー.

jig·ger·y-pok·er·y /dʒíɡəripóʊkəri/ 名 U 〔くだけた語〕《主に英》ごまかし, いんちき, 策略.
[語源] 多分スコットランド語 joukery-pawkery の異形. 19世紀から.
[類義] hokey-pokey; hanky-panky.

jig·gle /dʒíɡl/ 動 本来自 名 C 〔くだけた語〕上下または左右に小刻みに揺れる[揺らす]. 名 として揺れ, 揺さぶり.
[語源] jig に影響された joggle の変形. 19世紀から.

jig·saw /dʒíɡsɔː/ 名 C 動 本来他 (過去 ~ed; 過分 ~ed, -sawn) 一般義 曲線部分を自由に切れる糸のこ(ぎり), 細帯のこ. その他 ジグソーパズル(jig-saw puzzle). 動 として糸のこぎりで切る.
[語源] jig + saw から. 19世紀から.
【複合語】**jígsaw pùzzle** 名 C 切り抜きはめ絵, ジグソーパズル 《語法》単に jigsaw ともいう).

Jim /dʒím/ 名 固 男子の名, ジム (★James の愛称).

jim·jams /dʒímdʒæmz/ 名 〔俗語〕(the ~) 不安などによる過度のいらい, ぞっとする感じなど神経過敏な状態. またアルコール中毒の譫妄症(せん)(delirium tremens).
[語源] 初期近代英語から. もとは「小間物」の意味.

Jim·my /dʒími/ 名 固 男子の名, ジミー (★James の愛称).

jim·my /dʒími/ 名 C 動 本来他 〔ややくだけた語〕《米》強盗が窓などをこじ開けるために使う組み立てかなてこ. 動 としてかなてこでこじ開ける.
[語源] Jimmy による. 19世紀から. =jack.

jin·gle /dʒíŋɡl/ 名 C 動 本来自 一般義 小さな鈴や硬貨などのちりんちりん, ジャラジャラという音. 動 としてちりんちりん[ジャラジャラ]鳴る.
[語源] 擬声語として14世紀から.
[用例] The dog pricked up its ears at the *jingle* of its master's keys. その犬は主人の鍵がガチャガチャ鳴る音を聞いて, 耳をピンと立てた.

jin·go /dʒíŋɡoʊ/ 名 C 形 〔くだけた語〕《軽蔑的》好戦的で声高な愛国主義者, 強硬外交論者. 形 として対外強硬的な, 主戦論の.
[語源] もとは奇術師のかけ声で19世紀に愛国的な流行

歌に用いられたことによる.
[用例] by jingo!《驚きなどを表して》本当に, まったく, 誓って, 確かに.
【派生語】jíngoish 形. jíngoism 名 U 強硬外交政策, 盲目的愛国主義. jíngoist 名. jingoístic 形. jìngoístically 副.

jinx /dʒíŋks/ 名 C 動 本来他 〔くだけた語〕 一般義 悪運をもたらす縁起の悪い物[人]. その他 疫病神のようにつきまとう **悪運, 不運.** 動 として, 人に不運[不幸]をもたらす.
[語源] ギリシャ語 *iynx* (魔術に用いられた鳥の名) がラテン語 *jinx* を経て 20 世紀に入った.
[用例] The number 13 is considered a *jinx*. 13 という数字は縁起が悪いとされている.
[日英比較] 日本語の「ジンクス」は不運, 幸運を含む因縁, 縁起を指すのに対して, jinx は縁起が悪いことだけに使われる.

jit·ter·bug /dʒítərbʌ̀g/ 名 C 動 本来自 《ダンス》スイングに合わせて二人がペアになって激しい動きで踊るジルバ, またジルバを踊る人. 動 としてジルバを踊る.
[語源] jitter + bug による 20 世紀から.

jit·ters /dʒítərz/ 名 (複) 〔くだけた語〕(the 〜; 単数扱い) びくびく, もじもじして **落ち着かないこと, 神経過敏.**
[語源] 不詳. 20 世紀前半から.
[用例] Being alone in the house at night gives me the *jitters*. 夜一人で家にいると不安でびくびくします.
【派生語】jíttery 形.

jive /dʒáiv/ 名 UC 動 本来自 《楽》即興的でテンポの速いスイングミュージック, ジャイブ, ジャイブに合わせた踊り. 〔俗語〕わけのわからない **言葉,** ナンセンスでいいかげんな **話.** 動 としてジャイブに合わせて踊る, いいかげんな話をする.
[語源] 不詳. 20 世紀から.

job /dʒáb/|-ɔ́-/ 名 C 動 本来自 〔一般語〕一般義 給料を得るために行う **仕事.** その他 賃金の有無にかかわらずやらなくてはならない個々の仕事, また広く **事, もの.** 仕事に伴なう **責任, 義務;** 〔くだけた語〕犯罪者の仕事, すなわち **泥棒, 強盗,** 『コンピューター』作業単位, ジョブ. 動 として **賃仕事をする, 売買する, 品物を仲介する.**
[語源] 語源不詳. 初期近代英語から.
[用例] Some of the unemployed men have been out of *job* for four years. 失業者の中には4年間も定職にありつけないでいる者もいる/I have several *jobs* to do before going to bed. 床につく前にやっておく事がいくつかある.
[類義語] job; position; post; office: **job** は仕事, 勤め口などを意味する一般的な語. **position** は形式ばった語で, その人の立場がよく, 職場内の身分か高い方に属し, 専門職を指すことが多い. **post** は job の改まった感じの語で, 責任ある地位, 立場を指す. **office** は官職, 公職をいう.
[慣用句] *a bad [good] job* 無駄な[結構な]こと. *just the job* 思う通りのもの[こと]. *make a good job of it* うまくやる. *on the job* 機械などが動いて, 仕事中で[に]. *out of job* 失業中で.
【派生語】jóbber 名 C 株式仲買人. jóbbery 名 U 〔軽蔑的〕不正, 汚職. jóbbing 形 臨時雇いの. jóbless 形 失業中の.
【複合語】jób àction 名 C 労働争議の争議行為.

jób cèntre 名 C 〈英〉公共職業安定所. jób creàtion 名 U 就職幹旋(あっせん). jób description 名 U 職務内容説明書. jób dispúte 名 C 定雇者. jób-hòpper 名 C 職を転々と変える人. jób-hòpping 名 U 一層よい待遇を求めて職場を次々に移ること. jób lòt 名 C 大口商品, ひと山いくらでまとめて売る格安品.

jock·ey /dʒáki/|-ɔ́-/ 名 C 動 本来他 一般義 競馬の **騎手.** その他 乗り物, 機械の **運転士, 操縦者.** 動 として, 乗り物や機械をうまく **操縦する,** 比喩的に人をだまして[うまく操って]...させる.
[語源] スコットランドの男子名 Jock (= Jack) + -ey (愛称)として初期近代英語から. ⇒jack.
[慣用句] *jockey for position* うまく割り込んで **有利な位置に出る.**

jo·cose /dʒoukóus, dʒə-/ 形 〔形式ばった語〕冗談を言って, 人柄がこっけいな, ひょうきんな.
[語源] ラテン語 *jocus* (= joke) の派生形 *jocosus* が初期近代英語に入った.
【派生語】jocósity 名 U.
[類義語] humorous; witty.

joc·u·lar /dʒákjulər/|-ɔ́-/ 形 〔形式ばった語〕人や事柄がこっけいで楽しい, あるいは言葉などが **冗談として言われた.**
[語源] ラテン語 *jocus* (= joke) の指小語 *joculus* から派生した *jocularis* が初期近代英語に入った.
[用例] His remarks were meant to be *jocular* but she was upset by them. 彼は冗談で言ったつもりだったが, 彼女はその言葉に逆上した.
[類義語] humorous.
【派生語】jòculárity 名 U. jócularly 副.

joc·und /dʒákənd/|-ɔ́-/ 形 〔文語〕人などが **陽気な, 快活な.**
[語源] ラテン語 *juvare* (= to entertain) に由来する後期ラテン語 *jocundus* が中英語に入った.
【派生語】jocúndity 名 U.

jog /dʒág/|-ɔ́-/ 動 本来自 〔一般語〕一般義 人や馬がゆっくり走る, ジョギングする. その他 本来は揺する, 揺さぶるの意で, そこからちょっと押す, ちょっと押し促す, ちょっと動かす, 揺れながら進む, さらにジョギングの意となった.
[語源] *jag*¹ の異形.「刺す」意味で中英語から.
[用例] She *jogs* round the park for half an hour every morning. 彼女は毎朝 30 分間公園のまわりをジョギングする.
【派生語】jógger 名 C ジョギングをする人. jógging 名 U ジョギング.
【複合語】jóg tròt 名 C 馬や人のゆっくりした **歩調,** 決まりきった単調な生活のしかた.

jog·gle /dʒágl/|-ɔ́-/ 動 本来他 名 C 〔くだけた語〕左右または前後に軽く **揺さぶる, 振動させる.** 名 として軽く揺さぶること, 揺さぶり, 振動.
[語源] jog の反復形. 初期近代英語から.

John /dʒán/|-ɔ́-/ 名 固 男子の名, ジョン《★愛称は Jack, Johnnie, Johnny》. (j-) 〔俗語〕一般市民, 男, 〔口語〕**男子便所.**
[語源] ヘブライ語で「神は慈悲深い」の意. 中英語から.
【複合語】**Jóhn Búll** 名 固 ジョン・ブル《★擬人化した英国(民); John Arbuthnot が書いた *The History of John Bull*(1712) の主人公の名. ⇒Uncle Sam》, 典型的な英国人. **Jóhn Dóe** 名 固 《米》『法』ジョン・

ドウ（★訴訟で本名を出したくない場合や身元不明の場合に用いられる男性の仮名で, 当事者の一方を指す. Richard Roe ともいう. 女性の場合は Jane Doe）. 平均的な人.

join /dʒɔ́in/ 動 本来他 名 C 〔一般語〕 一般義 活動や団体に参加する, 加わる. その他 本来は結び合わせる, 結びつける, 結婚で人を結合することもいう. また 2 つ以上のものをつなぎ合わせる, 接合する, 川や道路などが…と合流する, 人と落ち合う, さらに団体や活動に加わる, 軍隊に入る. 自 結びつく, 一緒になる, 加わる, 接する. 名 として接合箇所[点, 線, 面], つぎ目.
語源 ラテン語 *jungere*（= to join）が古フランス語 *joindre* を経て中英語に入った.
用例 I *joined* the tennis club last month. 先月テニス部に入部した/He *joined* the two stories together to make a play. 彼は二つの物語を一つにまとめて劇を作った.
類義語 join; connect; unite; combine: **join** は直接に結びつける, 接続する. **connect** はある媒体を通して結びつけることでその結果連絡や接続がとれること. **unite** は 2 つ以上のものを結合させて新しい 1 つのものにする. **combine** は 2 つ以上のものが結合, 化合して, 元の状態が識別できない, また合体, 合同, 提携して, それぞれの特徴を残す場合にも用いられる.
反意語 separate; part; leave.
【慣用句】 ***join battle*** 交戦する. ***join … in …*** 人と共に…に参加する, …をやる. ***join on*** グループに入る. ***join up*** 合流する, 加入する, 志願兵として入隊する.
派生語 **jóiner** 名 C 建具屋, 指物師, 結合者[物], 各種クラブや団体に加入する人. **jóinery** 名 U 建具職, 建具類.

joint /dʒɔ́int/ 名 C 形 動 本来他 〔一般語〕 一般義 人, 動物の関節. その他 本来は結びつけた箇所, 結合[接合]された部分を表し, パイプの継ぎ目, 木材の継手, 岩石の割れ目, 植物の枝や葉の付け根,《英》肉を切り開いた骨付きの肉片, また人の集る場所, 安レストラン. 形 として共同の, 共有の. 動 として接合する, 継ぎ目でつなぐ[分ける], 肉を大きな切り身に分ける.
語源 古フランス語 *joindre* (⇒ **join**) の過去分詞 *joint* から中英語に入った.
用例 The plumber tightened up all the *joints* in the pipes. 配管工はパイプの接続箇所を全部しっかり締めあげた.
【慣用句】 ***out of joint*** 関節が外れて, 調子が狂って.
派生語 **jóinted** 形 継ぎ目のある. **jóintless** 形 継ぎ目のない. **jóintly** 副 共同で, 共有して.
複合語 **jóint accóunt** 名 C 家族が共同で一つの口座を作るなどの共同預金口座. **jóint commíttee** 名 C 議会の両院協議会, 合同協議会. **jóint stóck** 名 UC 共同資本. **jóint-stock còmpany** 名 《英》株式会社,《米》合資会社. **jóint vénture** 名 C 合併事業.

join·ture /dʒɔ́intʃər/ 名 C 【法】寡婦給与財産(権).
語源 ラテン語 *junctura*（= juncture）が古フランス語を経て中英語に入った.

joist /dʒɔ́ist/ 名 C 動 本来他 【建】床板や天井を支える根太(ねだ)や梁(はり). 動 として根太をつける, 梁を渡す.
語源 古フランス語 *giste*（= beam supporting a bridge）が中英語に入った.

joke /dʒóuk/ 名 C 動 本来他 〔一般語〕 一般義 冗談, しゃれ. その他 言葉だけでなく悪ふざけ, こっけいな出来事, 笑いぐさ. 動 としては冗談を言う, ふざける, からかう.
語源 ラテン語 *jocus*（= word play; jest）が初期近代英語に入った.
用例 He dressed up as a ghost for a *joke*. 彼はいたずらで幽霊に扮装した/a practical *joke* 悪ふざけ, いたずら.
【慣用句】 ***for a joke*** 冗談のつもりで. ***have a joke with … …*** と冗談を交わす. ***play a joke on …*** 人をからかう.
派生語 **jóker** 名 C 冗談を言う人, トランプのジョーカー. **jóking** 名 U 冗談. 形 冗談を言う, 下らない. **jókingly** 副 冗談に, しゃれて.

jollity ⇒ **jolly**.

jol·ly /dʒáli|-5-/ 形 副 動 本来他 〔古風な語〕 一般義 愉快な, 陽気な. その他 上機嫌の, すばらしい. 副 まったく, 非常に, 確かに. 動 として〔くだけた語〕人の機嫌をとる, おだてる.
語源 古フランス語 *jolif*（= gay）が中英語に入った.
用例 They had a *jolly* time at the party. 彼らはパーティに出席して楽しく過ごした.
反意語 sad; depressed; gloomy; melancholy.
【慣用句】 ***jolly well***《英》（動詞などを強調して）確かに, まったく.
派生語 **jóllity** 名 U 陽気, 愉快.

jol·ly boat /dʒáli bòut/ 名 C 〔一般語〕船舶付属の小型ボート, また遊覧用小型帆船.
語源 おそらくデンマーク語 *jolle*（小型帆船）による. 18 世紀から.

jolt /dʒóult/ 動 本来他 名 C 〔一般語〕 一般義 人や物を急激に揺する, 強打する. その他 物事が人に精神的動揺[ショック]を与える. 馬車などがガタガタ揺れる, 揺れながら進む. 名 として急激な動揺, ショック.
語源 不詳. 初期近代英語から.
派生語 **jólty** 形.

Jones /dʒóunz/ 名 固 英米の最も一般的な姓の一つ, ジョーンズ.

Jor·dan /dʒɔ́ːrdn/ 名 固 ヨルダン（★アジア南西部にある王国; 首都 Amman）. また《the ~》ヨルダン川（★パレスチナ地方を流れ死海に注ぐ）.

Jo·seph /dʒóuzif/ 名 固 男子の名, ジョーゼフ（★愛称は Jo, Joe）.

Jo·se·phine /dʒóuzifìːn/ 名 固 女子の名, ジョセフィン（★愛称は Jo, Josie, Jozy）.

jos·tle /dʒásl|-5-/ 動 本来他 UC 〔一般語〕 一般義 乱暴に押す, 突く. その他 ひしなどで押しのける, 何かを求めて激しく競い合う, 奪い合う. 自 押す, 押しのけて進む, 競う. 名 として押し合い, 混雑.
語源 中英語 *justen*（馬上槍試合をする ⇒ **joust**）の反復形からの *justle* から.
用例 I felt people *jostling* against me in the dark. 暗やみの中を人が押し寄せてくるのを感じた.

jot /dʒát|-5-/ 動 本来他 名 〔一般語〕（a ~; 通例否定文で）ほんの少し, ごくわずか. 動 として, 手早く簡潔に書き留める, メモをとる 〈down〉.
語源 ギリシャ語 *iōta*（i の字, 一番小さな文字）が中英語に入った.
派生語 **jótter** 名 C. **jótting** 名 C 〔くだけた語〕走り書き, メモ, 控え.

joule /dʒúːl, dʒául/ 名 C 【理】運動やエネルギーの絶対単位ジュール.

[語源] 19世紀の物理学者 James P. Joule の名から.

jour·nal /dʒə́ːrnəl/ 名 C 〔一般語〕[一般義] 学術雑誌, 紀要. [その他] 専門的内容の**定期刊行物**, 日刊新聞, 雑誌. 〔文語〕日記, 日誌(diary).
[語源] ラテン語 *diurnalis*(=daily) が古フランス語 *jurnal* を経て中英語に入った.
[用例] He writes for the *Historical Review* and other learned *journals*. 彼は『歴史評論』誌やその他の学術雑誌へ記事を書いている / They kept a *journal* of daily events. 彼らは毎日の出来事について日記をつけた.
[類義語] journal; magazine: **journal** は専門的な内容をもつ雑誌. **magazine** は特に専門性のない一般の週刊誌や月刊誌.
【派生語】**jòurnalése** 名 U 多少軽蔑的なこともある新聞雑誌類特有の**新聞文法**. **jóurnalism** 名 U ジャーナリズム, 新聞·雑誌界. **jóurnalist** 名 C ジャーナリスト, 放送や新聞, 雑誌など報道·言論関係者. **jòurnalístic** 形 ジャーナリズム[ジャーナリスト]の, 新聞·雑誌(記者)的な.

jour·ney /dʒə́ːrni/ 名 C 動 [本来自] 〔一般語〕[一般義] 陸上の比較的長い旅行, 旅. [その他] 旅行した距離[時間], 旅程. 〔文語〕比喩的に人生の旅路, 道程. 動 として〔文語〕旅行する.
[語源] ラテン語 *diurnum*(=daily portion) が古フランス語 *jornee*(=a day's journey) を経て中英語に入った.
[用例] By train, it is only a two-hour *journey* from here to London. ここからロンドンまで列車ではわずか2時間の距離です.
[類義語] ⇒travel.
【慣用句】*go* [*start; set out*] *on a journey* 旅に出かける. *make* [*take; undertake*] *a journey to* ... ...へ旅行をする.
【複合語】**jóurneyman** 名 C 年季を済ませた一人前の職人, また日[日]傭い職人.

joust /dʒáust/ 名 C 動 [本来自] 〔史〕中世の騎士が行った**馬上槍(ヤリ)試合**, またその大会. 動 として, 一般的に**競技[試合]**に出る, 新聞紙上などで**論争する**.
[語源] 古フランス語 *jouster*(=to bring together) が中英語に入った.

Jove /dʒóuv/ 名 固 〔ロ神〕ジュピター(Jupiter).
【慣用句】*by Jove*〔古語〕〈強調や驚きを表して〉おや, まあ, まあ.
[語源] ラテン語 *Juppiter*(=Jupiter) の属格 *Jovis* が中英語に入った.

jo·vi·al /dʒóuviəl/ 形 〔形式ばった語〕人柄や人の行動などが**陽気な**, 楽しい.
[語源] 中世ラテン語 *jovialis*(=of Jupiter) が初期近代英語に入った. 木星の下に生まれた人は陽気であると考えられていた.
【派生語】**jòviálity** 名 U. **jóvially** 副.

jowl /dʒául/ 名 C 〔一般語〕[一般義] 頬の下部, 特にたれ下がったり肉付のよい**頬**, あご, 下あご. [その他] 《米》豚のほお肉.
[語源] 古英語 *ceole* から.

joy /dʒɔ́i/ 名 C 動 [本来自] 〔一般語〕[一般義] 大きな喜び, うれしさ, 至福. [その他] 喜びの種, 満足をもたらす人. 動 として〔古語〕喜ぶ, 喜ばせる.
[語源] ラテン語 *gaudere*(=to rejoyce) の派生形 *gaudium*(=joy) が古フランス語を経て中英語に入った.
[用例] He could find no words to express his *joy* at the news. 彼はその知らせを聞いて喜びを表わす言葉が出なかった.
[類義語] joy; delight; pleasure: **joy** は delight よりも歓喜に満ち, 大きな喜び. **delight** は pleasure より一層強い感情面での喜び. **pleasure** は楽しみ, 満足, 喜びなどを表す最も一般的な語.
[反意語] sorrow.
【慣用句】*for joy* 喜んで, うれしくて. *to ...'s joy* ...が喜んだことには.
【派生語】**jóyful** 形 喜ばしい, 嬉しそうな. **jóyfully** 副 楽しく, 嬉しそうに. **jóyfulness** 名 U. **jóyless** 形 喜びのない, 楽しくない. **jóylessly** 副. **jóyous** 形〔文語〕喜ばしい, 楽しい. **jóyously** 副 うれしそうに, 楽しく.
【複合語】**jóyride** 名 C 盗難車などを使っての暴走ドライブ. 動 [本来自] 無謀なドライブをする. **jóyrider** 名 C. **jóystick** 名 C 〔俗語〕飛行機の**操縦桿(カン)**(★卑語で penis の意. おそらく操縦桿が股の前にあることから), また機械やコンピューターゲームなどに用いる操縦レバー.

JST 《略》 = Japan Standard Time (日本標準時).

jubilance ⇒jubilate.

jubilant ⇒jubilate.

ju·bi·late /dʒúːbileit/ 動 [本来自] 〔形式ばった語〕非常に喜ぶ, 記念祭(jubilee)を祝う.
[語源] ラテン語 *jubilare*(=rejoice) の過去分詞から初期近代英語に入った.
【派生語】**júbilance** 名 U. **júbilant** 形 歓声をあげるほど喜ぶ, 意気揚々としている. **jùbilátion** 名 UC 歓喜, 歓呼, 祝祭.

ju·bi·lee /dʒúːbili(ː)/ 名 C 〔一般語〕即位などの記念祭, 祝典. 特に25年祭 (the silver jubilee), 50年祭 (the golden jubilee), 60年祭 (the diamond jubilee) を指す.
[語源] ラテン語 *jubilaeus* (*annus*)(=(year) of jubilee) が古フランス語 *jubilé* を経て中英語に入った. 本来の意味はヘブライ語で雄牛の角で作る角笛. 記念祭の開催を告げるのに角笛が使われたことから.

Ju·dah /dʒúːdə/ 名 固 ユダ (★Jacob と Leah との第4子). またユダの子孫である**ユダ族**, ユダ族が建てた**ユダヤ王国** (★紀元前10-6世紀にパレスチナ南部にあった).
【派生語】**Judaic** /dʒuːdéiik/ 形 ユダヤ人の, ユダヤ教の. **Judaism** /dʒúːdəizəm|-dei-/ 名 U ユダヤ教, ユダヤ精神, ユダヤ的な生活様式. **Judaist** /dʒúːdaist|-dei-/ 名 C ユダヤ教徒.

jud·der /dʒʌ́dər/ 動 [本来自] 名 U 〔ややくだけた語〕《英》車などがガタガタ揺れる, または機械などが**異常震動する**. 名 として異常震動.
[語源] 擬音語. 20世紀から.

judge /dʒʌ́dʒ/ 名 C 動 [本来他] 〔一般語〕[一般義] 裁判官, 判事. [その他] 競技などの**審判員**, 審査員, 鑑定家. 動 として**判断する**, 裁く, 審判する, 審査する, また判断を下す.
[語源] ラテン語 *judex*(=judge) から派生した *judicare*(=to judge) が古フランス語 *jugier* を経て中英語に入った.
[用例] The *judge* asked if the jury had reached a verdict. 裁判官は陪審員に評決を行なったかどうかを

尋ねた。[類義語] judge; referee; umpire: judge は各種の競技会などでの審判員や, 討論会などでの審査員を指す。referee は通例レスリング, ボクシングなどの審判員に用いられ, umpire は野球, クリケットなどの審判員に用いられる。
【慣用句】 **judging from [by] …** …から判断すると, …から察すると。
【派生語】 **júdgment**, 《英》**júdgement** 图 UC 判断(力), 判決, 審判, 意見, 考え。

ju·di·ca·ture /dʒúːdikətʃər/ 图 U 〔形式ばった語〕[一般義] 司法(権), 裁判(権)。[その他] 司法行政, 裁判官の職権。また〔集合的〕裁判官, 司法当局。
[語源] ラテン語 judicare (⇒judge) の派生形 judicatura が初期近代英語に入った。

ju·di·cial /dʒu(ː)díʃəl/ 厖 〔形式ばった語〕《主に限定用法》裁判や司法に関する, 裁判官らしい, 公平公正な, 判断力がある。
[語源] ラテン語 judicium (=judgment) から出た judicialis が中英語に入った。
[用例] the *judicial* system 司法制度。
【派生語】 **judícially** 副. **judíciary** 厖 司法[裁判]の, 裁判官の. 图 C 政府の司法部, 一国の司法制度, 〔集合的〕裁判官。

ju·di·cious /dʒu(ː)díʃəs/ 厖 〔形式ばった語〕人やその言動などが思慮分別がある, 賢明な, 判断などが適当である。
[語源] ラテン語 judicium (=judgment) から派生した古フランス語 judicieux が初期近代英語に入った。
[用例] His choice of words was far from *judicious*. 彼の言葉の選び方はきわめて不適切であった。
【派生語】 **judíciously** 副.

ju·do /dʒúːdou/ 图 U 〔スポ〕柔道。
[語源] 日本語が 19 世紀に入った。
【派生語】 **júdoist** 图 柔道家。

jug /dʒʌɡ/ 图 C 〔一般義〕《英》広口で取っ手がついている水差し, つぼ(《米》pitcher), 《米》細首で口の狭い取っ手つきのガラスまたは陶器製の水入れ, ジャグ。
[語源] Joan, Judith など女性名の愛称 Jug によると思われる。初期近代英語に入った。
[用例] She put the milk into a *jug*. 彼女はミルクをミルクジャグに入れた。
[日英比較] 日本語でいうビールの「ジョッキ」は jug がなまったものであるが, 英語では mug という。
【派生語】 **júgful** 图 C 水差し[ジャグ] 1 杯の分量。

jug·ger·naut /dʒʌɡərnɔːt/ 图 C や形式ばった語〕[一般義] 戦争など巨大な破壊力を持つもの。[その他] 制度, 風習, 迷信など盲目的服従や犠牲を強いる抵抗不可能なもの。《J-》インド神話のクリシュナ神 (Krishna)。
[語源] クリシュナ神を指すヒンディー語 *jagannāth* (=lord of the world) が 19 世紀に入った。

jug·gle /dʒʌɡl/ 動 本来自 UC 〔一般義〕ボール, ナイフ, 皿, たいまつなどをお手玉のように投げ上げて次々に受け取る曲芸をする。[その他] 多くの活動をやりくりする, 巧みにさばく, 人や数字, 事実などを操作してごまかす, 人を欺いて金や物をだまし取る, 〔野〕あぶなっかしい手つきでボールをキャッチする, ジャッグルする。图 として手品, 曲芸, ごまかし。
[語源] ラテン語 *jocus* (=joke) から出た *joculari* が中フランス語を経て中英語に入った。
[用例] Any business company can *juggle* (with) the figures and appear to be doing better than it really is. どんな会社でも数字をごまかして, 実際より経営状態がよく見えるようにできるものである。
【派生語】 **júggler** 图 C 手品師, 詐欺師。

jug·u·lar vein /dʒʌɡjulər vèin/ 图 C 〔解〕頸(けい)静脈。
[対照語] carotid artery.

juice /dʒuːs/ 图 UC 動 本来他 〔一般義〕[一般義] 果物や野菜をしぼった汁, 果汁, ジュース。[その他] エキス, 体液, 胃液などの分泌液。また昔の生理学では体液の具合で人の体質, 気質が決まると考えられたことから, 〔古語〕本質, 元気, 活力; 〔口語〕転じてエネルギーを生み出すガソリン, 《米》電気, 動 として …の汁をしぼる。
[日英比較] 英語の juice は「しぼり汁」の意で, grape juice, orange juice のように種類をいうときに用いる。日本語の一般にいう合成飲料も含む「ジュース」は soft drink という。
[語源] ラテン語 *jus* (=soup; broth; vegetable juice) が古フランス語を経て中英語に入った。
[用例] She squeezed the *juice* out of the orange. 彼女はオレンジからジュースをしぼった。
【慣用句】 **juice up** 元気づける, おもしろくする, 話を盛り上げる。
【派生語】 **júicer** 图 C ジューサー, 果汁しぼり器. **júiciness** 图 U. **júicy** 厖 汁[水分]の多い, 他人のよくないことで興味をそそる。

juke·box /dʒúːkbὰks|-bɔ̀ks/ 图 C 〔一般義〕ジュークボックス。
[語源] 西アフリカ語起源の juke (売春宿) より. 20 世紀前半から。

Jul. 《略》=July.

Jul·ian cal·en·dar /dʒúːliən kǽlindər/ 图 《the ~》ユリウス暦(★紀元前 46 年に Julius Caesar が定めた旧太陽暦)。
[対照語] gregorian calendar.

Ju·liet /dʒúːljət/ 图 固 女子の名, ジュリエット。

Ju·ly /dʒuláɪ/ 图 UC 〔一般義〕7 月〔語法〕Jul., Jl., Jy. と略す〕。
[語源] ラテン語 *Jurius* (*mensis*) が中英語に入った。7 月生まれのローマの将軍 Julius Caesar の名から。

jum·ble /dʒʌmbl/ 動 本来自 图 U 〔ややくだけた語〕[一般義] 物や事をごちゃまぜにする。[その他] 考えなどを混乱させる。图 としてごちゃまぜの山, 寄せ集め, 混乱状態を指す。
[語源] 擬音語として初期近代英語から。
【複合語】 **júmble sàle** 图 C 《英》がらくた市, 特に教会や学校などで開かれる慈善バザー(《米》rummage sale)。

jum·bo /dʒʌmbou/ 图 C 厖 〔くだけた語〕とても大きなもの[動物, 人], 〔口語〕ジャンボジェット機 (jumbo-jet)。厖 としてばかでかい, 巨大な。
[語源] 19 世紀のアメリカのサーカス Barnum's show の大きなゾウ「ジャンボ」の名に由来。
【複合語】 **júmbo jèt** 图 C ジャンボジェット機. **júmbo sized** 厖 途方もなく巨大な。

jump /dʒʌmp/ 動 本来自 〔一般義〕[一般義] 人や動物が跳躍する, 跳びはねる, 跳び越える。[その他] 驚いて人や心がはっとする, 価格, 数量などが急にはね上がる. 他 跳ばせる, はね上がらせる, 障害物を飛び越える, 途中を飛ばす。图 として跳ぶこと, 比喩的に急上昇, 話の

躍, 〖スポ〗跳躍, ジャンプ, 馬術の**障害物**.
[語源] 足が着地するときの擬音語と思われる. 初期近代英語から.
[用例] He *jumped* into the car. 彼はその車に飛び乗った / There has been a *jump* in the price of potatoes. このところじゃがいもの価格が急騰している.
[類義語] jump; leap; spring; skip; hop: **jump** は最も一般的な語で, 上下, 左右いずれの方向にも跳ぶこと. **leap** は jump より生き生きと大きく跳び, 多少の移動を伴う動作であることが多い. **spring** は素早く, 急に跳び上がることをいう. **skip** は軽く連続的に小刻みに跳ぶこと. **hop** は skip ほど軽く跳ぶわけではないが, 片足, または両足で, かえるようにぴょんと跳んだり, ひょいと動くことを意味する.
【慣用句】*at a jump* ひと跳びで. *be [keep; stay] one [a] jump ahead of* ... ...に一歩先んじている. *get the jump on* ... ...の先手を取る, 一歩先んじる. *jump about* 躍(おど)り回る, 跳びはねる. *jump aside* 飛びのく. *jump at* ... ...に飛びつく, 襲いかかる. *jump in* 会話などに急に口をはさむ. *jump on* ... 飛びかかる, 襲いかかる, 鋭く批判する. *with a jump* 一跳びで.
【派生語】**júmper** 图 C 跳ぶ人, 跳躍選手, 《米》袖なしのワンピース, ジャンパースカート, 作業用上着, 《英》ニットの上着, セーター: **jumper cables** バッテリー接続用のブースターケーブル. **júmpily** 副. **júmpiness** 图 U. **júmping** 图 U 跳ぶこと. 形 跳ぶ, はねる: **jumping-off place** 旅行や事業などの起点, 出発点. **júmpy** 形 びくびくした, 乗物が激しく揺れる.
【複合語】**júmp jèt** 图 C 垂直離着陸ジェット機. **júmp-lèad** 图 C = jumper cables. **júmp ròpe** 图 C なわ飛び(のなわ). **júmp-stárt** 動 [本来の] ブースターケーブルを使って車のエンジンを始動する, 活動を始める. **júmp sùit** 图 C 落下傘降下服.

junc·tion /dʒʌ́ŋkʃən/ 图 CU [一般義] 接合部[点]. [その他] 道路の交差点, 合流点, 鉄道の連絡駅, 乗り換え駅, 川の合流点, 〖電〗接合器. また接合すること, 連結状態, 連結物, 接続装置.
[語源] ラテン語 *junctus* (⇒ juncture) から派生した *junctio* が18世紀に入った.
[用例] Our train waited for a long time in a siding at a *junction*. 私たちの列車は乗り換え駅の待避線で長い時間待った.
[類義語] junction; connection: **junction** は道路や鉄道のように二つ以上のものが合流して一つになる接合(点)を意味する. **connection** は接続, 連絡, 関係とかえし, junction のような接合や接触の意味を含まない.

junc·ture /dʒʌ́ŋktʃər/ 图 CU 〔形式ばった語〕[一般義] 活動や一連の出来事における**重大な時機, 重大な形勢[局面, 転機]**. [その他] 接合, 接続, 接合点, つなぎ目, 〖言〗連接.
[語源] ラテン語 *jungere* (= to join) の過去分詞 *junctus* から派生した *junctura* (= joining; joint) が中英語に入った.

June /dʒúːn/ 图 UC [一般義] 6月 (〖語法〗 Jun., Je. と略す). また 图 女子の名, ジューン. [一般義] **女子の名**.
[語源] ラテン語 *(mensis) Junius* (女神 Juno の月) が古フランス語 *Juin* を経て中英語に入った.
【複合語】**Júne bríde** 图 C 6月の花嫁 (★6月に結婚すると幸せになるといわれることから).

jun·gle /dʒʌ́ŋɡl/ 图 CU [一般義] **熱帯地方**に多く見られる草木のからみ合う**密林, ジャングル**. [その他] 複雑に入り組んで**錯綜**したもの, また食うか食われるかの**生存競争の激しい場[社会]**.
[語源] ヒンディー語 *jangal* (= forest) が18世紀に入った.
【複合語】**júngle gým** 图 C ジャングルジム.

ju·nior /dʒúːnjər/ 形 C [一般義] [一般義] **年下の**, 父親と息子が同名であるとき息子の名の後につける**2世**の(〖語法〗 Jr., Jun. と略す). [その他] 職場などで地位が**下位の, 後進の**, 《米》4年制大学[高校]の**3年生**の (★最上級学年より1年前の学年という意味. 3年制の高校では2年生). 图 として**年下の者, 後輩, 息子, 若い人**, 《米》**3年生**.
[語源] ラテン語 *juvenis* (= young) の比較級 *junior* が中英語に入った.
[用例] I'm referring to John Jones *Junior*, not John Jones Senior. 私はジョン・ジョーンズ1世のことでなく, ジョン・ジョーンズ2世のことを言っているのです / He is *junior* to me in the firm. 彼は会社では私の後輩[部下]です.
[反意語] senior.
【複合語】**júnior cóllege** 图 C 《米》通例2年制の**短期大学**. **júnior hígh (schòol)** 图 C 《米》**中学校**. **júnior school** 图 C 《英》**小学校**の一つ (★7-11歳の児童が就学する学校. 米国の elementary school (6-12歳) にほぼ相当する).

ju·ni·per /dʒúːnipər/ 图 CU 〖植〗ねず(杜松), 西洋びゃくしん (★常緑針葉樹で実は薬用に, 実から採る油はジンの香料として用いる).
[語源] ラテン語 *juniperus* (= tree) が中英語に入った.

junk¹ /dʒʌ́ŋk/ 图 U 動 [本来の] 〔ややくだけた語〕くず鉄, 紙くず, ぼろ布などの**廃品, がらくた, つまらぬもの**, 〔口語〕**ジャンクフード**(junk food), **麻薬, ヘロイン**. 動 として**廃品として捨てる**.
[語源] 不詳. 中英語で質の悪いロープの意味で用いられるようになった.
[用例] There's nothing but *junk* in this magazine. この雑誌の中味はがらくたばかりだ.
【複合語】**júnk fòod** 图 U **ジャンクフード (栄養価が低くカロリーの高いスナック菓子などの食品)**. **júnk màil** 图 U 《米》**ダイレクトメールなど大量に出されるくず郵便物**. **júnk shòp** 图 C **がらくた屋, 古道具屋, 骨董屋**. **júnk yàrd** 图 C **廃品置き場, くず物集散所**.

junk² /dʒʌ́ŋk/ 图 C [一般義] 中国, 東インド諸島海域などで用いられる3本マストの平底帆船, **ジャンク**.
[語源] ジャワ語 *djong* がポルトガル語を経て初期近代英語に入った.

jun·ket /dʒʌ́ŋkit/ 图 UC 動 [本来の] 〔くだけた語〕 [一般義] 《米》公費による**大名旅行, 接待旅行, 物見遊山の視察, 宴会, パーティー**. [その他] 本来は牛乳を凝固させて甘味を加えてつくるカスタードに似た凝乳食品, ジャンケット. 動 として**公費での大名旅行する**.
[語源] ラテン語 *juncus* が古フランス語 *jonquette* (いぐさのかご) を経て中英語に入った. その中でクリームチーズを作った.
【派生語】**júnketing** 图 U.

junk·ie, jun·ky /dʒʌ́ŋki/ 图 C 〔俗語〕 [一般義] **麻薬常習者や麻薬密売人**. [その他] あることに病みつきの人, **熱狂的なファン, マニア**.
[語源] junk¹ による. 20世紀前半から.

用例 a TV *junkie* テレビ狂.

Ju·no /dʒí:nou/ 名 固 〔ロ神〕Jupiter の妻で, ローマ最高の女神ユノー, ジュノー 《★女性と結婚の守護神とされ, ギリシア神話の Hera に相当》.《天》小惑星の中の最大の星ジュノー.

jun·ta /húntə, dʒántə/ 名 C 〔一般語〕〔やや軽蔑的〕クーデター直後などの臨時政府, 革命軍事政権, 暫定政府. またスペインや中南米の議会や評議会.
語源 ラテン語 *jungere*（＝to join）の女性形過去分詞 *juncta* に由来するスペイン語が初期近代英語に入った.

Ju·pi·ter /dʒú(:)pitər/ 名 固 〔ロ神〕主神で天界の支配者ジュピター 《★ギリシア神話の Zeus に相当》.《天》太陽系最大の惑星木星.

ju·rid·i·cal /dʒurídikəl/ 形 〔形式ばった語〕司法上の, 裁判上の, 法律上の.
語源 ラテン語 *jur*－（＝law）+*dicere*（＝say）をもとにした *juridicus* が初期近代英語に入った.

ju·ris·dic·tion /dʒùərisdíkʃən/ 名 U 〔形式ばった語〕司法権, 裁判権, および管轄権, 管轄区域. また一般に権力, 支配権.
語源 ラテン語 *jus*（＝law）の所有格 *juris*＋*dictio*（＝declaration）が中英語に入った.
用例 That school does not fall within the *jurisdiction* of this education authority. あの学校はこちらの教育当局の管轄外です.

ju·ris·pru·dence /dʒùərisprú:dəns/ 名 U 〔形式ばった語〕法(理)学. その他 一国の司法組織, 法体系, 法制.
語源 ラテン語 *jur*－（＝law）の所有格 *juris*＋*prudentia*（＝knowledge）が初期近代英語に入った.

ju·rist /dʒúərist/ 名 C 〔形式ばった語〕法学者, 裁判官(judge), 弁護士(lawyer)などの法律専門家.
語源 中世ラテン語 *jurista* が中英語に入った.

juror ⇒jury¹.

ju·ry¹ /dʒúəri/ 名 C 《法》陪審, 陪審員団 《★通例一般市民から選ばれた 12 名から成り, 裁判に出席して訴訟の事実問題を審議し, 有罪か無罪かの評決を裁判長や陪審長に報告する機関》. 一般的にコンクールや展示会などの審査員(全員).
語源 ラテン語 *jurare*（＝to swear）が古フランス語 *juree*（＝oath; legal inquiry）が中英語に入った.
用例 The verdict of the *jury* was that the prisoner was guilty of the crime. 陪審員団の評決は刑事被告人の有罪であった.
派生語 **júror** 名 C 陪審員, 審査員.
複合語 **júry bòx** 名 C 法廷における陪審員席. **júryman** 名 C 男性の陪審員. **júrywòman** 名 C 女性の陪審員.

ju·ry² /dʒúəri/ 形《海》仮の, 応急の, 間に合わせの.
語源 古フランス語 *ajurie*（＝aid）によるものと思われる. 初期近代英語から.

just /dʒást/ 副 〔一般語〕〔一般義〕時間的・空間的にちょうど, まさに. その他 本来は正しく, 公正に, 正当に. そこから正確に, ただ...だけ, やっとのことで. 形 として公正な, 公平な, 正当な, 当然の, 十分根拠がある, もっともな.
語源 ラテン語 *justus*（＝lawful; right）が古フランス語を経て中英語に入った.
用例 He left home *just* at eight o'clock. 彼はちょうど 8 時に家を出た/The head teacher was not being *just* when he punished only one of the boys. 校長が少年を1人だけ処罰したのは公正ではなかった.
反意語 unjust.
【慣用句】**just about**... ほぼ..., かろうじて..., およそ..., もう少しで.... **just as** ......と同じような, ちょうど...のとき. **just now** ちょうど今, ついさっき. **just on** ..《英》かれこれ..., ほとんど.... **just so** まったくそのとおり.
派生語 **jústly** 副 正しく, 公平に, 正確に, 当然. **jústness** 名 U 正しさ, 公正, 合法, 正当性.

jus·tice /dʒástis/ 名 UC 〔一般語〕〔一般義〕正義, 公正, 正当(性). その他 司法, 裁判, また裁判官, 判事 《★《米》では連邦や州の最高裁判所の裁判官. 《英》では高等法院の裁判官》.
語源 ラテン語 *justus*（⇒just）の派生形 *justitia*（＝justice; equity）がフランス語 *justice* を経て中英語に入った.
用例 Their dispute had to be settled in a court of *justice*. 彼等の争議は裁判所において解決されねばならなかった.
反意語 injustice.
【慣用句】**bring**...**to justice** 人を裁判にかける. **do justice to** ......を公平に扱う. ...**justice**...を公平に扱う, 絵などが...の真価を良く表している, ...を良く賞味する. **in justice to**... ...を公平に扱えば.
【複合語】**jústice of the péace** 名 C 治安判事 《★パート・タイムの裁判官で, 簡単な司法的職務を行う. 米国では州によって権限が異なる. 英国では 14 世紀から簡単な司法関係の職務のほか, 行政関係の任務も行ったりして, 地方行政上の役割を果たしていた》.

justifiable ⇒justify.
justification ⇒justify.

jus·ti·fy /dʒástifai/ 動 本来他 〔一般語〕〔一般義〕人の行為や意見などを正当化する, 正当性を証明する. その他 弁明する, 弁護する, ...の言い訳になる, ...が成り立つ理由になる.
語源 ラテン語 *justificare*（＝to justify）がフランス語 *justifier* を経て中英語に入った.
用例 How can the government *justify* the spending of millions of pounds on weapons? どうして内閣が何百万ポンドも武器に支出しているのを弁明できようか.
【慣用句】**justify oneself** 自分の行為を弁明する.
派生語 **jústifiable** 形 正当と認められる, 弁護できる. **jústifiably** 副 正当に, もっともなことに. **jùstificátion** 名 U.

jut /dʒát/ 動 本来自 名 UC 〔一般語〕物が突き出る, 張り出す (out; forth). 名 として突起, 突端, 突出部.
語源 jet¹ と同形. 初期近代英語から.
類義語 project.

ju·ve·nile /dʒú:vinail, -nil/ 形 名 C 〔やや形式ばった語〕〔一般義〕 年少者の, 年少者に特有の. その他 子供っぽい, 未熟で幼稚な, 動植物などが未成熟な, 若い. 名 として年少者, 児童, 繁殖に適さない未熟な動植物, 劇などの子役や児童書.
語源 ラテン語 *juvenis*（＝young; a youth）の派生形 *juvenilis* が初期近代英語に入った.
類義語 young; youth.
【複合語】**júvenile cóurt** 名 C 通例 18 歳未満の年少者を扱う少年裁判所. **júvenile delínquency** 名

jux·ta·pose /dʒʌ́kstəpòuz, ˌ-ˈ-ˌ/ 動 本来他 〔形式ばった語〕比較や対照などのために 2 つ以上のものを並べて置く, 並列する.
語源 juxtaposition からの逆成. juxtaposition はラテン語 *juxta* (=near)+position による. 19 世紀から.
【派生語】**jùxtaposítion** 名 U.

K

k, K /kéi/ 名 C ケイ (★アルファベットの第 11 文字). また《K》キロ(kilo-).

ka·lei·do·scope /kəláidəskoup/ 名 C 〔一般語〕万華鏡, 比喩的に絶えず目まぐるしく変化するもの.
語源 ギリシャ語 *kalos* (= beautiful)+ *eidos* (= form)+-scope. 19 世紀の造語.
【派生語】**kalèidoscópic** 形. **kalèidoscópically** 副.

kan·ga·roo /kæ̀ŋgərúː/ 名 C 【動】オーストラリア原産の草食有袋類, カンガルー.
語源 オーストラリアの先住民族の言葉から. 18 世紀に入った.
【複合語】**kángaroo cóurt** 名 C 〔軽蔑的〕いんちき裁判, 私的制裁, リンチ, つるし上げ (★カンガルーのように飛躍的に制裁が進むことから).

Kan·sas /kǽnzəs/ 名 固 カンザス (★米国中部の州).
語源 北米先住民族のスー族の言葉で「南風の人」の意.

ka·ra·o·ke /kɑ̀ːrəóuki | kæ̀r-/ 名 CU 〔一般語〕カラオケの機械, またカラオケで歌うこと.
語源 日本語が 20 世紀に入った.

kar·at /kǽrət/ 名 C 《米》カラット, 金位 (★純金を 24 karat として金の純度を表す単位; K., Kt. と略す).
語法 《米》では宝石には carat, 金には karat と区別して用いるが, 《英》ではどちらにも carat を用いる.
語源 ⇒carat.

ka·ra·te /kɑrɑ́ːti/ 名 U 〔一般語〕空手.
語源 日本語が 20 世紀に入った.

Kar·en /kǽrən/ 名 固 女子の名, カレン.

kar·ma /káːrmə/ 名 U 【仏教・ヒンズー教】業(ごう), 因縁, また〔くだけた語〕運命や宿命.
語源 サンスクリット語 *karma* (=fate) が 19 世紀に入った.

Kate /kéit/ 名 固 女子の名, ケイト (★Catherine, Katherine, Katharine の愛称).

Kath·er·ine /kǽθərin/ 名 固 女子の名, キャサリン (★愛称は Kate, Kathie, Kathy, Katy, Kay, Kitty, Kittie など).

kay·ak /káiæk/ 名 C 〔一般語〕イヌイットが狩猟用に使う皮張りの小舟, カヤック, またそれに似た競技用のカヌー型ボート.
語源 イヌイット〔エスキモー〕語から 18 世紀に入った.

keel /kíːl/ 名 C 動 本来他 【海】船底の中央部を船首から船尾まで貫通して船を支える柱, キール, 竜骨, 【植】マメ科の植物の舟形, 〔文語〕船.
語源 古ノルド語 *kjǫlr* が中英語に入った.

keen /kíːn/ 形 〔一般語〕〔一般義〕感覚や知力などが鋭い, 鋭敏な. その他 〔文語〕元来刃が鋭利な, 寒さや風などが身を切るような, 苦痛などが激しい, 言葉などが辛辣な, 競争などが激烈な. しきりに…したがる, 熱心な.
語源 古英語 *cēne* (= bold; fierce) から.
用例 That knife has a *keen* edge. そのナイフの刃は鋭い/He is a *keen* golfer. 彼はゴルフに夢中である.
類義語 keen; sharp: **keen** は刃物や剣などが比較的長い刃を持つものが鋭く, よく切れる場合に, **sharp** は先端や刃などが鋭い短い刃物の場合に用いられる. また, keen は洞察力や知力などが鋭い, 物事をよく判断するというニュアンスであり, sharp は賢いが, 抜け目のないといったニュアンスがある.
反意語 dull.
【派生語】**kéenly** 副 鋭く, 熱心に. **kéenness** 名 U 熱心.

keep /kíːp/ 動 本来他 《過去・過分 kept》名 UC 〔一般語〕〔一般義〕捨てたり, 返したりしないで持っている, 保持する, 保存する. その他 ある状態や動作を続ける, ひとを続け…させる, ある位置に保つ, 預かる, 家族などを扶養する, 動物を飼う, 店やホテル, 学校などを経営する, 戒律, 規則などを守る. 食物などが保存のきく, ある位置や場所に留まる, …し続ける, 我慢する, ひかえる. 名として, 食べ物や衣類などの生活必需品, それらの経費である生活費, また最後の砦となる城の本丸, 天守閣.
語源 古英語 *cēpan* (= to observe; to seek) から.
用例 She *kept* her sense of humour until the day she died. 彼女は亡くなる時まで, ユーモアのセンスを忘れなかった/*Keep* the window open. 窓を開けたままにしておいてください/The baby *kept* crying all day. 赤ん坊は一日中泣いていた.

〔慣用句〕 *for keeps* 永久に. *earn one's keep* 生活費を稼ぐ, 生計を立てる. *keep after …* …の後を追跡する, …するように人にしつこく言う (to do). *keep at …* …を根気よく続ける. *keep at …* ある場所に…を置いている, 人に…を続けさせる. *keep away* 近づかない; …を近づけない. *keep back* 後ろに離れている; 情報などを隠しておく, お金を差し引く. *keep down* 数, 体重, 物価などを抑制する; 身を低くしている. *keep from …* …するのを自制する, …を避ける. *keep from …* …を…にさせない, 事柄を…に知らせないでおく. *keep in* …を閉じ込めておく. *keep in with …* …と仲良くする, …とうまくやる. *keep off* 近づかない, 離れている, 雨や雪が降らない; …を近づけない, 寄せつけない, 目や注意などをそらす. *keep on* 持ち続ける, やり続ける, 前進する; 人を雇用し続ける. *keep (oneself) to one-self* 他人とあまりつき合いをしない. *keep out* 中に入らない(入れない). *keep out of …* …から離れている, 加わらない. *keep … out of …* …を…に寄せつけない, もめごとなどに巻き込まれないでおく. *keep … to …* …に沿って進む, …を堅く守る. *keep … to oneself* 何かを隠しておく. *keep under* 感情などを抑えておく, 火を消し止める. *keep up* 活動などを持続する, 価格や品質などを持ちこたえる; よい状態にある. *keep up with …* …に遅れ

keg /kég/ 名C 〔一般語〕通例10ガロン以内,《米》30ガロン以内のビールなどの保存用の小樽(೫).
[語源] 古ノルド語 kaggi が中英語に入った.
[類義語] barrel.

ke·loid /kíːlɔid/ 名U【医】火傷のあとにできる隆起した腺腫,ケロイド.
[語源] ギリシャ語 khḗlē (かにのはさみ)+-oid に由来し,フランス語より19世紀に入った.かにのはさみに似ていることから.
[派生語] kéloidal 形.

kelp /kélp/ 名U〔一般語〕昆布などの大型褐藻,ケルプ,また炭酸ソーダ,ヨードの原料になるケルプを焼いた灰,ケルプ灰.
[語源] 不詳. 中英語から.

ken /kén/ 名U〔一般語〕人の知識の範囲や視界.
[語源] 古ノルド語 kenna (知る)に由来する古英語 connan (=make known) から.

ken·nel /kénəl/ 名C 動本来他 〔過去・過分《英》-ll-〕〔一般語〕一般義 犬小屋. その他 比喩的に粗末な家,または繁殖,訓練,飼育などをする犬舎(語法《英》では複数形で単数または複数扱い)として,犬を犬小屋に入れる.
[語源] ラテン語 canis (犬) が俗ラテン語 *canile となり,アングロフランス語を経て中英語に入った.

Ken·tuck·y /kəntáki | ken-/ 名固 ケンタッキー(★米国東部の州).

Ken·ya /kíːnjə, kén-/ 名固 ケニア(★アフリカの共和国).
[派生語] **Kényan** 形 ケニアの. 名C ケニア人.

ker·chief /káːrtʃif/ 名C〔古語〕頭にかぶったり首に巻いたりするスカーフやネッカチーフ(neckerchief), またハンカチ(handkerchief).
[語源] 古フランス語 couvrir (=to cover)+chef (=head) が中英語に入った.

ker·nel /káːrnəl/ 名C〔一般語〕一般義 仁(೫)(★堅果の殻や果実の核の中の柔らかい部分). その他 豆,小麦などの穀粒. 物事の中心部, 核, 核心, 『文法』変形文法の核文(kernel sentence).
[語源] 古英語 cyrnel (=corn) から.

ker·o·sene, ker·o·sine /kérəsiːn, ⸗⸗́⸗/ 名U〔一般語〕《主に米》灯油(《英》paraffin (oil)).
[語源] ギリシャ語 kērós (=wax)+ 英語の接尾辞 -ene から成る19世紀の造語.

ketch /kétʃ/ 名C『海』2本マストの沿岸用縦帆船, ケッチ.
[語源] 中英語 chache の異形. 初期近代英語から. おそらく cachen (=to catch) の名詞.

ketch·up /kétʃəp/ 名U〔一般語〕トマトなどでできた調味料, ケチャップ(★catchup, catsup ともいう).
[語源] マレー語の kechap (=tomato juice) が初期近代英語に入ったと思われる.

ket·tle /kétl/ 名C〔一般語〕一般義 湯わかし, やかん. その他 鍋(೫). また氷河の作用でできた凹地, 鍋穴.
[語源] 本来はラテン語 catillus (料理用深なべ)から借入された語で, 古英語 cietel から.
【慣用句】**a pretty [fine; nice] kettle of fish** 困った状態, 混乱した事態 (★いろいろな魚が鍋でごっちゃに煮られることから).
【複合語】**kéttledrùm** 名C ケトルドラム, ティンパニー(timpani).

kew·pie /kjúːpi(ː)/ 名C《商標》キューピー人形.
[語源] cupid より. 20世紀から.

key[1] /kíː/ 名C〔一般語〕一般義 鍵(೫), キー. その他 鍵に形や機能が似たもののくさび, 止めピン, ボルト, ぜんまいを巻くねじ, (ピアノやコンピューターのキーボードの)鍵(೫), キー. 転じて問題解決や目的に向かう手がかり, 解答, 地図などの記号表, 『楽』ハ長調などの調, 声の調子, 時代や思想, 絵画などの基調, 調子, 様式. 形 として重要な. 動 として, 栓やボルトなどで締める, 楽器を調律[調整]する, 『コンピューター』キーボードから入力する.
[語源] 古英語 cǽg から.
[用例] This is the key to the maths exercises. これが数学の練習問題を解く鍵だ.
【慣用句】***all in the same key*** 全く同じ調子で, 一本調子に. ***get [have] the key of the street*** 夜間, 家から締め出される, 宿なしになる. ***in key*** …と調和して. ***key up*** 緊張させる, 鼓舞する, 楽器の調子を上げる. ***out of key*** …と不調和で, 一致しないで.
【派生語】**kéyed** 形 管楽器が有鍵の, くさびや止めピンで固定した.
【複合語】**kéybòard** 名C 鍵盤, キーボード. **kéyhòle** 名C 鍵穴. **kéy mòney** 名U 借家人が払う権利金. **kéynòte** 名C 音階の第一音, 主音, 演説などの要旨, 基調: a keynote address [speech] 基調演説. **kéypàd** 名C 電卓, プッシュホンなどの数字用ボタン, テンキー. **kéy pùncher** 名C キーパンチャー. **kéy ring** 名C 鍵輪. **kéy sìgnature** 名C 『楽』# や ♭で楽曲の主音を示す調号. **kéy stàtion** 名C ラジオ, テレビの親局, キーステーション. **kéystòne** 名C アーチの頂上にあるかなめ石, 組織の中心, 学説などの根本原理. **kéy wòrd** 名C 問題解決などに鍵となる語, キーワード, 主要語.

key[2] /kíː/ 名C〔一般語〕米国フロリダ沿岸などに見られる海からわずかに頭を出した平たんな砂州やさんご礁.
[語源] スペイン語 cayo が初期近代英語に入った.

kg《略》=kilogram(s).

kha·ki /kæki(ː), káː-/ 名UC 形 〔一般語〕くすんだ黄褐色, カーキ色. その他 カーキ色の服地, (通例複数形で)カーキ色の軍服. 形 としてカーキ色の, カーキ色地の.
[語源] ヒンディー語 khāki (=dusty; dusty colored) から. 19世紀に入った.

kib·butz /kibúːts/ 名C《複 **kibutzim** /kibutsíːm/》〔やや形式ばった語〕イスラエルの共同農場, キブツ.
[語源] ヘブライ語 qibbūs (=gathering) が20世紀に入った.

kib·itz /kíbits/ 動本来自〔くだけた語〕《米》トランプなどのゲームをしている人の持ち札を肩越しにのぞく, またその際によけいな助言をする, 一般によけいな口出しをする, おせっかいをする.
[語源] ドイツ語 kiebitzen (=to look on) がイディッシュ語を経て20世紀に入った.
【派生語】**kíbitzer** 名C.

kick /kík/ 動本来他 名C〔一般語〕一般義 ける, けとばす. その他 足をばたばたさせる 『スポ』けってゴールに入

れる.〔くだけた語〕麻薬や悪習を断つ. 自 ける, 銃が発射によって反動する. 名 としてけること, ひとけり, ける力, またスリル, 快感, 刺激性.
語源 中英語 *kiken* (=to strike with the foot) から. それ以前は不詳.
用例 He *kicked* the ball into the next garden. 彼はボールを隣の庭にけって入れた/His leg was injured by a *kick* from a horse. 彼の脚は馬にけられて傷ついた.
【慣用句】*kick against* ... ...に抗議する, 抵抗する. *kick around* [*about*] 人を乱暴に扱う, おどす; うろつき回る. *kick back* ...を返す; 跳ね返る. *kick in* ...にけやぶって入る, 割り前をお金などで出す. *kick off*〖スポ〗試合を開始する, 何かを始める, 靴などを脱ぎ捨てる. *kick out* 人を追い出す. *kick up* 騒動などを引き起こす, ボールなどをけりあげる.
【派生語】*kícker* 名 C ける人[物], フットボールのキッカー.
【複合語】*kíckbàck* 名 CU 激しい反応, 反動, リベート. *kíck òff* 名 C 試合開始. *kíck-stànd* 名 C 二輪車を駐輪するときのスタンド. *kíck stàrter* [stàrt] 名 C 内燃機関の足踏式始動装置.

kid /kíd/ 名 CU 動 本来物 〔くだけた語〕 一般義 子供 (child). その他 一般義 本来は子やぎ, その革, キッド.〔くだけた語〕若者, 親しい人への呼びかけとして, ねえ, やあ. 動 として, やぎ, かもしかが子を生む,〔くだけた語〕《米》冗談を言う, からかう.
語源 古ノルド語 *kith* (=young goat) が中英語に入った.
用例 There's a crowd of *kids* playing football in the park. 大勢の子供たちが公園でフットボールをしている.
【慣用句】*kid stuff* きわめて簡単なもの, 何でもないこと. *You're kidding!*=*No kidding?* 冗談でしょう, とうてい信じられない, まさか.
【派生語】*kíddie* 名 =kiddy. *kídder* 名 C からかう人. *kíddingly* 副 からかって. *kíddy* 名 C〔くだけた語〕子供, ちびっこ.
【複合語】*kid-glóve* 形 キッドの手袋をはめているように, 行動, やり方などがなまぬるい, 慎重な.

kid·nap /kídnæp/ 動 本来物 〔過去・過分 ~(p)ed〕 名 U 〔一般義〕身代金をとるために誘拐する. 名 として誘拐.
語源 kid+「盗む」の意の廃語. nap による造語初期近代英語から.
【派生語】*kídnaper*, *kídnapper* 名 C 誘拐犯. *kídnaping*, *kídnapping* 名 UC 誘拐.

kid·ney /kídni/ 名 C 〖解〗腎臓. また〔一般義〕食用の羊や豚の腎臓,〔形式ばった語〕人の気質, 気だて.
語源 不詳. 中英語から.
【複合語】*kídney bèan* 名 C いんげん豆 (★形が腎臓に似ていることから). *kídney machìne* 名 C 人工腎臓.

kill /kíl/ 動 本来物 名 C 〔一般義〕人や動物を殺す, 事故などが人を死亡させる, 植物を枯らす. その他 物事が人に死ぬ思をさせる, ひどい苦痛を与える, 悩ませる, 動揺させる, 態度や衣服などが人を悩殺する, きりかねないほど怒る比喩的に時間をつぶす, 希望, 愛情などを失わせる, 効果を損なう, 台無しにする, 薬物が痛みを鎮静する, 計画, 提案などを握りつぶす, 否認する,〖サッカー〗ボールを止める.〖テニス〗スマッシュする.〔くだけた語〕コンピューターのデータを消去する, エンジンを止める, スイッチを切る, 照明, 音響を消す. 名 として《the~》獲物を仕止めること, また その獲物.
語源 古英語 *cyllan* (=to strike; to beat) から.
用例 The outbreak of typhoid *killed* many people. チフスが突然発生したため多くの人が亡くなった/The sudden fog *killed* any hopes we had of getting home before midnight. 突然の霧で零時前に家に到着したいという希望も断たれた.
日英比較 日本語では人や動物を「殺す」, 植物を「枯らす」という. 英語ではその区別なく, 両方を含めて kill という. また, 日本語の「殺す」は意図的な殺人 (murder) を意味することが多いが, 英語の kill は意図的な殺人を含めて, 外部からの力によって生命を終わらせることを意味する.
類義語 kill; murder; execute; assasinate; massacre: kill は最も一般的な語で, 殺し方や目的, 動物や植物に関係なく使われる. **murder** は人が人を不法に, 計画的に殺す. **execute** は法の判決, または軍法によって処刑する. **assassinate** は暗殺する, 特に政治的目的で重要な人物を突然に殺す. **massacre** は抵抗できない人々を無差別に大量虐殺すること.
【慣用句】*be in at the kill* 獲物を仕留める時に居合わせる, 重要な場面に居合わせる, 最後を見届ける. *kill off* ...を絶滅させる. *kill oneself* 自殺する, 自ら死を招く,〔くだけた語〕無理をする. *kill two birds with one stone* 一挙両得をする, 一石二鳥である. *kill ... with kindness* 親切が過ぎて...をだめにする, 子供を甘やかしてだめにする.
【派生語】*killer* 名 C 殺人者, 殺し屋 (★人の他に動物, 昆虫, ウイルスなど), 命取りになるもの: *killer whale* しゃち. *kílling* 名 UC 殺すこと, 殺害, 獲物, 大もうけ. 形 致命的な, くたびれる.
【複合語】*kílljòy* 名 C 興をそぐ人[もの].

kiln /kíln, kíl/ 名 C 〔一般義〕石灰石やれんがを焼いたり, ホップなどを乾燥させたりするための窯(かま)や炉.
語源 ラテン語 *culina* (=kitchen, cooking stove) が古英語に入った.

ki·lo /kíːlou/ 名 C 〔くだけた語〕キログラム(kilogram,《英》kilogramme), キロメートル(kilometer,《英》kilometre).

kilo- /kíːlə-, kíːlou-/ 連結 ...の1000倍, 1000.
語源 ギリシャ語 *khilioi* (千) をもとにしたフランス語が入った. 1795年フランス語で初めて用いられた.

ki·lo·gram,《英》**ki·lo·gramme** /kíːləgræm/ 名 C 〔一般義〕キログラム (★=1000グラム; kg と略す).

ki·lo·hertz /kíːləhə˞ːrts/ 名 C 〖理〗キロヘルツ (★周波数の単位; =1000ヘルツ; kHz と略す).

ki·lo·li·ter,《英》**ki·lo·li·tre** /kíːləlìːtə˞/ 名 C 〔一般義〕キロリットル (★=1000リットル; kl と略す).

ki·lo·me·ter,《英》**ki·lo·me·tre** /kílɔmitə˞, kíːləmìːtə˞/ 名 C 〔一般義〕キロメートル (★=1000メートル; km と略す).

ki·lo·watt /kíːləwàt|-ɔ̀-/ 名 C 〖電〗キロワット (★=1000ワット; kW, kw と略す).
【複合語】*kílowatt hóur* 名 C 1キロワットで1時間に行われる仕事量, キロワット時.

kilt /kílt/ 名 C 動 本来物 〔一般義〕スコットランド高地人や軍人が着用する縦ひだのついた格子じまの丈の巻きスカート, キルト. 動 として, キルトのようにひだをつける.

[語源] スカンジナビア語起源で、中英語時代のスコットランド方言より.

ki·mo·no /kimóunə, -nou/ 图 C 〔一般語〕日本の**着物**, 和服, またそれに似た化粧着や部屋着.
[語源] 日本語から19世紀に入った.

kin /kín/ 图 U 〔古風な語〕〔集合的〕自分の**親族**, **親類**(★祖父母, おじ, おば, いとこを含む), また**親族関係**(★として《述語用法》親族関係にある, 類似関係にある.
[語源] 古英語 cynn(種族)より.
【派生語】**kínship** 图 U 〔形式ばった語〕親族関係, 親戚の間柄, 品質や性質などの類似, 共通性.
【複合語】**kínfòlk** 图《米》= kinsfolk. **kínsfòlk** 图〔古風な語〕〔複〕**親族**, 親類, 親戚. **kínsman** 图〔古風な語〕男の親族. **kínswòman** 图〔古風な語〕女の親類.

kind¹ /káind/ 形 〔一般語〕〔一般義〕人が思いやりがある, **親切**な. [その他] 優しい, 工業製品などが環境に優しい, **無害**な. 表現や表情が**寛容**な, 心からの, 天候などが穏やかな.
[語源] 古英語 gecynde (=natural; native)から中英語で「生まれのよい」意味となり, そこから現在の意味が生じた. ⇒kind².
[用例] It would be very *kind* of you to look after the children today. 今日あなたが子供たちをお世話してくださると大変ありがたいのですが.
[反意語] cruel.
[慣用句] ***be kind enough to do = be so kind as to do*** 親切にも...してくれる[...する].
【派生語】**kíndliness** 图 U 親切, 思いやり, 親切な行為. **kíndly**¹ 形〔古風な語〕親切な, 人の良い, 法律や規則が穏やかな, 気候や環境などが快い. (《語法》限定用法で用いられる). **kíndly**² 副 親切に, 思いやり深く, 誠意をもって, 恐れ入りますが: Would you *kindly* open the window? 恐れ入りますが窓を開けてください (《語法》場合によってはていねいすぎて皮肉なニュアンスを含むことがある)/*Kindly* open the window. すみませんが窓を開けてください (《語法》命令文では文頭に置かれる). **kíndness** 图 UC 親切, 情け深さ, 親切な態度や行為.
【複合語】**kíndhéarted** 形 心の優しい, 情け深い.

kind² /káind/ 图 CU 〔一般語〕同じ性質, 本質をもった人や物などの**種類**, 部類, それぞれの異同を決定する**性質**, **本質**.
[語源] 古英語 gecynd(e), cynd (=birth; nature)から,「生まれが同じもの」から親族, 同族, 同じ本質をもつ種類の意味になった.
[用例] He is not the *kind* of man who would be cruel to children. 彼は子供たちへひどい仕打ちをするような種類の人ではない.
[類義語] kind; sort: **kind** は人や物などの種類のことで, **sort** と大体同義であるが, sort の方がくだけた語である.
[慣用句] ***a kind of ...*** 一種の, ...といったようなもの (《語法》次に来る名詞は冠詞がつかず単数形). ***in a kind*** いくぶんか, ある程度, いわば. ***in kind*** 返報する際に同じ種類のもので, 金銭でなく品物で, 本質的に. ***kind of ...***〔くだけた表現〕...のようで, かなり, いささか. ***of a kind*** いいかげんの, 実質のない. ***nothing of the kind [sort]*** 全然別のもの. ***something of the kind [sort]*** その種のもの, まあそうだ.

kin·der·gar·ten /kíndərgà:rtn/ 图 CU

5～6 歳児の就学準備の**幼稚園**. (★《主に米》; それ以前の 3～5 歳児用の保育園は nursery school).
[語源] ドイツ語 (*Kinder* children + *Garten* garden)が19世紀に入った.
【派生語】**kíndergártner, kíndergàrtener** 图 C 幼稚園児, 幼稚園の先生.

kin·dle /kíndl/ 動本他〔一般語〕〔一般義〕たき木などに**火をつける**, **燃やす**. [その他] 感情などを燃え立たせる. 自 顔や目の表情などが明るく輝く.
[語源] 古ノルド語 *kinda* (=to kindle)が中英語に入った.
【派生語】**kíndling** 图 U たきつけ, 木っぱ.

kin·dred /kíndrid/ 图 U 形〔古風な語〕〔一般義〕〔集合的; 複数扱い〕血族, 親族, 親類縁者. [その他] 血族[親族]関係. 形 として〔形式ばった語〕〔限定用法〕血族の, 同族の, 同類の, 同様の.
[語源] 古英語 cynn (=family)+ 性質·状態を表す接尾辞-rede より成る中英語 kin(d)red(e) から.
【複合語】**kíndred spírit** 图 C 気心の合った者, 同好の士.

kindly ⇒kind¹.

ki·net·ic /kinétik, kai-/ 形 【理】運動に関する, 運動によって生じる.
[語源] ギリシャ語 *kiinein* (=to move)をもとに造語された. 19世紀より.
【派生語】**kinétics** 图 U 動力学, 運動力学.
【複合語】**kinétic árt** 图 U パーツが動いたり, 光や音の効果を利用した動く芸術, キネティックアート. **kinétic énergy** 图 U【理】運動エネルギー.

king /kíŋ/ 图 C 〔一般語〕〔一般義〕**王**, **国王**. [その他]《K-》神, キリスト. またある集団や分野の**大立て者**, **大勢力家**, ...王, 【トランプ·チェス】キング.
[語源] 古英語 cyning, cyng から.
[用例] the *king* of the jungle ジャングルの王(ライオン).
[類義語] king; monarch; sovereign; emperor: **king** は kingdom を統治する男性の王 (★女王および王妃は queen). **monarch** は王, 女王, 皇帝などの世襲君主, 元首. **sovereign** は主権者, 最高統治者をいい monarch と同じ意味の形式ばった語. **emperor** は帝国 (empire) の最高統治者である皇帝.
[慣用句] ***the king of the castle*** ある組織の中で最も重要な人物, お山の大将. ***the King of Kings*** 神 (God), 東洋的国王.
【派生語】**kíngdom** 图 C 王国, 王領, 【生】分類上の...界. **kíngly** 形 王にふさわしい, 堂々たる. 副 堂々と. **kíngship** 图 U 王の身分, 王位, 君主政治[政体](*his* [*your*] K- で)国王に対する敬称, 陛下: His Britannic Kingship 英国国王陛下.
【複合語】**kíngmàker** 图 C 政党などの実力者. **kíngpin** 图 C【ボウリング】1番ピンまたは5番ピン, 中心人物, 要石. **King's Énglish** 图《the ～》英国の標準英語, 純正英語 (《語法》女王が王位にある場合には Queen's English という). **kíng-size, kíng-sized** 形 特大の, 特別の.

king·fish·er /kíŋfiʃər/ 图 C【鳥】かわせみ.
[語源] もと king's fisher. 中英語から.

kingly ⇒king.

kingship ⇒king.

kink /kíŋk/ 图 C 動本他〔ややくだけた語〕〔一般義〕糸, 綱, 毛髪, 鎖などのもつれ, ねじれ. [その他] 筋肉の凝り, つり, 計画などの曲折.《軽蔑的》ひねくれ, へそ曲

り，風変わり，変わり者．〔俗語〕変態性欲の人．動としてもつれさせる，ねじれさせる．
語源 オランダ語から初期近代英語に入った．
【派生語】**kínky** 形 髪が縮れている．

ki·osk /kiásk|-ɔ́-/ 名 C 〔一般用〕一般義 街頭や駅などで新聞や飲み物を売る**売店**．その他 《英》**公衆電話ボックス**(telephone kiosk)．〔古語〕トルコやイランなどのあずまや．
語源 ペルシャ語 kūshk (= palace) がトルコ語 kösk (= villa) を経て初期近代英語に入った．売店の意は19世紀頃から．

kiss /kís/ 動 本来他 名 C 〔一般用〕一般義 **キスする**．その他 〔文語〕風が…に軽く触れる，〖ビリヤード〗他の玉に**接触する**．名 **キス，接吻**．
語源 古英語 cyssan から．
用例 The mother *kissed* her child on the cheek. 母親は子供のほほにキスした．
慣用句 *as easy as kissing one's hand* 実に容易に．*kiss away* 悲しみ，心配，怒りなどをキスして取り去る．*kiss and tell* 自分の情事を明かす．*kiss ... goodbye* [*goodnight*] …に別れ[お休み]のキスをする．*kiss off* 〔くだけた表現〕…を拒絶せる，首にする，キスして相手の口紅などを落としてしまう．*kiss the book* 聖書に口づけして誓う．*kiss the rod* 従順に罰やおしかりを受ける．
【派生語】**kíssable** 形 キスしたくなるような，魅力ある．**kísser** 名 C キスする人，口，顔．
【複合語】**kiss of déath** 名 (the ～) 致命的行為，〔くだけた表現〕表面はよさそうで危険な行為．**kiss of lífe** 名 (the ～) 口移しによる人工呼吸，活気を取り戻させるもの．

kit /kít/ 名 CU 動 本来他 〔一般用〕一般義 …用の**道具一式**．その他 組立材料一式，キット，《英》ある目的のための服，装具など．動として《主に英》…に装備させる．
語源 中オランダ語 kitte (= wooden vessel) が中英語に入った．
用例 He carried his tennis *kit* in a bag. 彼はバックにテニス用具一式を持っていた．
慣用句 *kit out* …に装備させる，道具をそろえてやる．*the whole kit and caboodle* だれもかれもみな，全部．

kitch·en /kítʃin/ 名 CU 〔一般用〕一般義 **台所，キッチン**，ホテルなどの調理場，〔くだけた表現〕オーケストラの打楽器部．
語源 ラテン語 coquina (= cooking) 起源の古英語 cycene より．
用例 We have breakfast in the *kitchen* but dinner in the diningroom. 私たちは朝食はキッチンで，夕食はダイニングルームでとります．
【派生語】**kitchenétte** 名 C 簡易台所，コンパクトな台所．
【複合語】**kítchen càbinet** 名 C 台所用戸棚，《米》大統領や州知事などの私設顧問団．**kítchen-díning ròom** 名 C ダイニング・キッチン (日英比較 ダイニング・キッチンは和製英語)．**kítchen drìnking** 名 U 主婦の台所での飲酒．**kítchen gàrden** 名 C 家庭菜園．**kítchenmàid** 名 C 調理人のお手伝いさん．**kítchen mídden** 名 C 貝塚．**kítchen sínk** 名 C 台所の流し(台)．**kítchen uténsil** 名 C 台所道具．**kítchenwàre** 名 U 台所用具 (★主として金物類)．

kite /káit/ 名 C 動 本来自 〔一般用〕一般義 **凧**(たこ)．その他 〖鳥〗とび．〔古風な語〕《英》飛行機，〔くだけた語〕《主に米》**不正小切手**[領収書]．動〔くだけた語〕《米》小切手を不正使用する，小切手の金額を不正に**書き変える**．
語源 古英語 cȳta (とび)から．
用例 The children were flying their *kites* in the park. 子供たちは公園で凧を揚げていた．
慣用句 *fly a kite* 凧を揚げる，融通手形を振り出す，世論を探る．*Go fly a kite!* 〔くだけた表現〕《米》あっちへ行け! うせろ!

kith /kíθ/ 名 U 《次の慣用句で》*kith and kin* 親類縁者．
語源 古英語 cythth (= knowledge; acquaintance)から．

kitsch /kítʃ/ 名 U 〔やや軽蔑的な語〕俗受けをねらった見てくれだけの**低俗な作品，駄作**．
語源 ドイツ語の方言 kitschen (汚す) の派生形 Kitsch (安びか物)が20世紀に入った．

kit·ten /kítn/ 名 C 〔一般用〕一般義 **子猫**，うさぎ，ビーバーなどの子．
語源 古フランス語 chitown, chetoun (= little cat) が中英語に入った．
用例 The cat had five *kittens* last week. その猫は先週5匹の子猫を生んだ．
慣用句 *(as) weak as a kitten* 身体の弱い，弱虫の．*have kittens* 心配事などでひどく動揺している，いらいらする．
【派生語】**kíttenish** 形 子猫のような，じゃれる，ふざける．

kit·ty[1] /kíti/ 名 C 〔くだけた語・幼児語〕**子猫，ニャーニャ**(kitten)《猫を呼ぶときの愛称》．

kit·ty[2] /kíti/ 名 C 〔ややくだけた語〕一般義 共同の目的に寄せられた**積立金，共同出資金**．その他 ポーカーなどの賭け金，積み金．
語源 不詳．19世紀から．

klax·on /klǽksn/ 名 C 〔一般用〕以前警察やその他の公用車に取付られていたクラクション，**警笛**(horn)《語法 英語ではほとんど用いられない》．
語源 製造会社の商標名．20世紀から．

klep·to·ma·ni·a /klèptəméiniə/ 名 U 〖心〗病的な**盗癖，窃盗強迫症**．
語源 ギリシャ語 kleptēs (= thief) と「強迫衝動」を表す英語の接尾辞 mania をもとにした19世紀の造語．
【派生語】**klèptomániac** 名 C 形 盗癖のある(人)．

knack /nǽk/ 名 C 〔ややくだけた語〕仕事を上手にするのに必要な技術，**こつ，要領，技巧**，…する癖，傾向 (of doing)．
語源 中英語の廃語 knack (= sharp blow) によるものと思われる．本来は擬音語．

knack·er /nǽkər/ 名 C 〔やや形式ばった語〕《英》死んだ動物や役に立たなくなった家畜を処理する**人**[業者]．
語源 初期近代英語から，馬具を作る人を表した廃語 knack によると思われる．

knap·sack /nǽpsæk/ 名 C 〔一般用〕兵士やハイカーの背負う**背のう，ナップサック**．
語源 低地ドイツ語から初期近代英語に入った．

knave /néiv/ 名 C 〔一般用〕一般義 トランプのジャック(jack)．その他 〔古語〕**ならず者，悪漢**．
語源 古英語 cnafa (= boy) から．ドイツ語の Knabe (= boy) と同語源．
【派生語】**knávish** 形 無頼の，不正な．

knead

knead /níːd/ 動 本来他 〔一般語〕 一般義 粉や粘土などをこねる，練る．その他 パンを練って作る，筋肉をもむ，こりをもみほぐす，比喩的に考えなどを練り上げる，人格などを磨く．
語源 古英語 cnedan から．

knee

knee /níː/ 名 C 動 本来他 一般義 ひざがしら，ひざ関節．その他 広くももひざのひざ関節部，ひざ（=lap），衣類のひざの部分．動 として…にひざげりをくらわす．
語源 古英語 cnēo(w) から．
用例 The child climbed on to her father's *knee* as he sat in the chair. 子供は父親がいすに座るとひざによじ登った．
類義語 knee; lap: knee は脚のひざ関節部，lap は人が腰かけたときの腰からひざにかけての部分．
慣用句 *at one's mother's knee* 母のひざ元で，子供の頃に．*bow [bend] the knee* 敬意を表して[恐れて]ひざまずく，服従する，ひざまずいて礼拝する．*bring ... to his [her] knees* 人をひざまずかせる，屈服させる．*get knee to knee with ...* …とひざを交えて話す．*give [offer] a knee to ...* ボクシングの試合などで…に介添えする，援助する．*on the knees of the gods* 仕事や試みなどが人の力の及ばない，いずれとも決まらない．
複合語 **kneecap** 名 C 【解】ひざのさら，膝蓋(しつがい)骨，《SP》ひざ当て．**knee-deep** 形 ひざまでの深さの，困難な事柄に動きがとれないほどはまり込んで．**knee-high** 形 ひざまでの高さの．**knee-length** 形 ひざまでの長さの．**kneepan** 名 = kneecap.

kneel

kneel /níːl/ 動 本来自 《過去・過分 knelt/nélt/, 《米》~ed》 〔一般語〕 ひざをつく，ひざまずく．
語源 古英語 cnēowlian から．
用例 He came forward and *knelt* in front of her. 彼は進み出て彼女の前にひざまずいた．
慣用句 *kneel down* ひざまずく．*kneel up* ひざをついて立ち上がる．

knell

knell /nél/ 名 C 動 本来他 〔形式ばった語〕 一般義 鐘の音，特に人の死や葬儀などを告げる教会の弔いの鐘の音．その他 比喩的に物事の終わりを厳粛に伝える知らせ[出来事]．動 として弔鐘が厳かに響く．
語源 古英語 cnyll (=bell-sound) および cnyllan (=to ring a bell) から．

knickerbockers

knick·er·bock·ers /níkərbɑkərz/|-bɔ-/ 名 《複》 〔一般語〕 昔のひざの下でくくるゆったりした半ズボン，ニッカーボッカー．その他 《K-》ニューヨークに初めて移住した，オランダ人移民の子孫，ニューヨーク人．
語源 ワシントン・アーヴィングが自著 *History of New York* (1809) の作者とした Diedrich Knickerbocker の名前による．この本でオランダ人移民の半ズボンをはいていたと記されていることから．

knickers

knick·ers /níkərz/ 名 《複》〔くだけた語〕《米》ニッカーボッカーズ(knickerbockers)，また 《英》婦人用ニッカーボッカー型の下着．

knickknack

knick·knack /níknæk/ 名 C 〔ややくだけた語〕 家や部屋の飾りにする安物の小物，装飾品．
語源 knack (手品師のわざ) の母音を換えた重composition．初期近代英語から．

knife

knife /náif/ 名 C 《複 knives/náivz/》 動 本来他 〔一般語〕ナイフ，小刀，包丁．その他 刀剣，機械などの刃，刃部，外科用のメス，《the ~》外科手術．動 として，人をナイフで刺す．自 ナイフで切るように切れる，裂ける．
語源 古英語 cnif より．
用例 I need a *knife* to spread butter on the bread. パンにバターをぬるナイフが必要だ．
慣用句 *before one can say knife* すばやく，瞬時に．*get [have] one's knife into [in] ...* 人に敵意をいだく，…を酷評する．*like a (hot) knife through butter* いとも簡単に．*play a good [capital] knife and fork* たらふく食べる．*under the knife* 〔くだけた表現〕外科手術を受けて．*war to the knife* 激戦，白兵戦．
複合語 **knife-èdge** 名 C ナイフの刃，鋭利なもの，狭い尾根: *on a knife-edge* はらはらして，微妙な状態で．

knight

knight /náit/ 名 C 動 本来他 〔一般語〕 一般義 中世の騎士．その他 英国のナイト爵，勲爵士（★非世襲で準男爵の下の位．Sir の称号が許される），政治，慈善団体，結社など…騎士会会員，【チェス】ナイト．さらに比喩的に女性に騎士のように付き添う護衛などを指す．
語源 古英語 cniht (=boy; youth) から．
用例 The Queen has made him a *knight* in recognition of his political work. 女王陛下は彼の政治上の業績を認めナイト爵を授けた．
慣用句 *a knight in shining armour* 輝く鎧(よろい)の騎士，特に女性に献身的な男性．*a knight of the road* 追いはぎ，巡回外交員，浮浪者．
派生語 **knighthood** 名 UC 騎士の身分，ナイト爵位，騎士道，騎士団．**knightly** 形 騎士の，騎士らしい．副 騎士らしく．

knit

knit /nít/ 動 本来他 《過去・過分 ~ed, ~》 名 UC 〔一般語〕 一般義 編む，セーターなどを編み作る．その他 【編物】表編みする(⇔purl)．また地域などを統合する，人々を団結させる，折れた骨などを接合する，まゆを寄せる．自 編物をする，まゆが寄る．名 としてニット生地，（しばしば複数形で）ニットの衣類．
語源 古英語 cnyttan (=to tie) から．
用例 She *knitted* him a sweater for Christmas. 彼女は彼にクリスマスのためにセーターを編んだ．
類義語 knit; sew; weave: knit は編み棒を使って糸を編む．sew は針と糸で縫う．また本を製本する．weave は糸を織り機で織る．
慣用句 *knit together* 物や人などをしっかり接合する，結び合わせる．*knit up* 編んで作る，編み上げる，議論などを終結する．
派生語 **knitter** 名 C 編む人，編み機．**knitting** 名 U 編むこと，編んだ物，編物製品，編物業[職]．**knitting machine** 編み機／**knitting needle** 編み針／**knitting pin** 編み棒．
複合語 **knitwear** 名 U ニットウェア，編んだ衣料品．

knob

knob /náb|-ɔ́-/ 名 C 動 本来他 〔一般語〕 一般義 ドアや引出しなどの取っ手，握り，機械の調節などをするつまみ，ノブ．その他 木の幹などのこぶ，節，砂糖やバターなどの小さなかたまり．動 として…に握りをつける．自 こぶができる．
語源 中英語 knobbe より．
用例 There were brass *knobs* on all the doors in the old house. その古い家のドアの全部にしんちゅうの取っ手がついていた．
慣用句 *(the) same to you with (brass) knobs on* 悪口を言われたことに対し，あなたの方もだ．*with (brass) knobs on* 《強調的に》さらに(よい)，著しく，《皮肉》おまけに，さらに．

【派生語】**knóbby** 形 こぶの多い, 節だらけの.

knock /nák|-ɔ́-/ 動 本来他 名 CU 〔一般語〕一般義 にぎりこぶしで人やものを打つ, たたく, ドアなどをノックする. その他 ...にぶつける, 突き当たる, 衝突させる, 強くたたいて穴をつくる, へこみをつくる, 〔くだけた語〕人や作品をけなす. 自 ぶつかる, 当たる, エンジンがノックする. 名 としてたたくこと, エンジンのノッキング, 経済的打撃, 酷評. 語源 古英語 cnocian (=to hit) から.
用例 She *knocked* on the window and told the children to stop fighting. 彼女は窓をとんとんとたたいて, 子供たちにけんかを止めるようにいった / He *knocked* the other man senseless. 彼は相手をなぐって気絶させた.
【慣用句】*knock about [around]* 人や物を手荒く取り扱う, 虐待する, ...に被害を与える; うろつく, 放浪する, ほったらかしにされている. *knock away* ...を続けて打つ, たたき落とす. *knock back* ...を打ち返えす, 一気にぐいっと飲む, ショックを与える. *knock down* ...を打ちのめす, 取り壊す, 競売でせり落とす. *knock in* くぎなどを打ち込む. *knock off* ...をたたき落とし, 仕事などを中止する, 止める. *knock on [forward]* 《ラグビー》ボールをノックオンする, 打って前進させる, 物事を促進する. *knock out* ...をたたき出す, 《ボクシング・野》ノックアウトする, 参らせる. *knock ... out of ...* ...を...から打ちまくって退却せる. *knock over* 打って[押して]...をひっくり返す, 殴り倒す, 車が人をはねる. *knock through* 続き部屋の壁を取り除く. *knock up* 物や人を傷つける, ドアをノックして目ざめさせる, 〔俗語〕《米》妊娠させる; 《テニス》試合前に軽く練習する.
【派生語】**knócker** 名 C ノックする人, 玄関のドアの取っ手のあるたたき金.
【複合語】**knóckdòwn** 形 家具などが組立て式の. **knóckòut** 名 C 《ボクシング》ノックアウト, 大打撃. 形 ノックアウトの, すばらしい. **knóck-ùp** 名 C 《テニス》試合開始前の練習, 試合などの前にするウォーミングアップ.

knoll /nóul/ 名 C 〔一般語〕頂上が丸い小山, 円丘, 塚.
語源 古英語 cnol(l) から.
類義語 mound; hill.

knot /nát|-ɔ́-/ 名 C 動 本来他 形 〔一般語〕一般義 糸やロープの結び(目). その他 装飾的な結び, リボン, 髪などのもつれ, 人や物の小集団, 集まり, 板や木材の節, 節目, 物に当ってできる体のこぶ, 《海》ノット(★1時間に1海里(約1,852m)進む速さの単位). 動 としては, ひもなどを結ぶ, 結び目をつくる, 髪などをもつれさせる, 筋肉を凝り固める. 自 緊張で胃が締めつけられる.
語源 古英語 cnotta (=knot) より.
用例 The wood was full of *knots*, which made it unsuitable for making furniture. その材木は節目が多いので家具製作には不適当である.
【慣用句】*tie the knot* 結婚する.
【派生語】**knótted** 形 節のある, 節だらけの. **knótty** 形 結び目の多い, 難しい.
【複合語】**knóthòle** 名 C 板の節穴.

know /nóu/ 動 本来他 《過去 knew; 過分 known》〔一般語〕一般義 知識や経験から知っている.
その他 人を知っている, 人と知り合いである. また物, 事を理解する, 認めている, 見て[聞いて]...とわかる, 識別する, 経験している[する]などの意. 自 の用法もある.
語源 古英語 cnāwan から.
用例 I *know* he is at home because his car is in the drive. 彼の車が自宅の車庫に通じる道においてあるから, 彼が自宅にいることがわかります.
類義語 know; comprehend; understand: **know** は事実として知る, 知っているという意味の一般語. **comprehend** は形式ばった語で, 深く理解し, 完全につかむ. **understand** 語の意味や人の言うこと, また言外の意味, 立場などを理解する.
【慣用句】*as far as I know* 私の知る限りでは. *as you know* ご存知のように. *become known* 知られるようになる. *before one knows where one is* いつの間にか, 知らないうちに. *for all I know* 多分, おそらくは...だろう. *God [Heaven] knows* ...は だれにもわからない 《wh 句·節, if 節》, 確かに...である 《that 節》. *know better than to do* ...しないくらいの分別はある, ...するほどばかではない. *know of* ... ...のことを間接的に聞いて知っている, ...のあることを知っている. *make known* 物事を明らかにする, ...に知らせる 《to》. *Not that I know of.* 私の知る限りではそうでない. *so far as I know* 私の知る限りでは. *(Well) what do you know (about that)?* それこれは驚いた, まさか. *Who knows?* だれもわからない, 何とも言えない. *you know* 《つなぎの言葉として》あのう, ほら, ええと, 《念をおすために, 文頭, 文中, 文尾に置いて》知っているだろう (が), いいかね. *you never know* ひょっとして, さっきのことははっきりとはわからない.
【派生語】**knówing** 形 もの知りの, 故意の. **knówingly** 副 知ったかぶりをして, 承知の上で, 故意に. **knówn** 名 C 既知数, 知られているもの. 形 知られている.
【複合語】**knów-àll** 名 C 《軽蔑的》物知り顔をする人. **knów-hòw** 名 U 〔くだけた語〕物事のやり方についての知識, ノウハウ, 専門技能[知識]. **knów-it-àll** 名 C =know-all. 形 物知り顔の. **knów-nòthing** 名 C 何も知らない人, 無知無学の人, 不可知論者. 形 無知の, 無学の, 不可知論の.

knowl·edge /nálidʒ|-ɔ́-/ 名 U 〔一般語〕一般義 経験や教育を通じて得る知識. その他 認識, 学問分野などへの精通, 理解, 知識の蓄積から学問.
語源 古英語 cnāwan (⇒know) をもとにした複合語 cnāwlǣcan (=to recognize) から.
用例 He had a vast store of *knowledge* about boats. 彼はボートについて広範な知識を持っていた / Science is a branch of *knowledge* about which I am completely ignorant. 科学は私が全く心得のない学問の一分野である.
【慣用句】*come to ...'s knowledge* 人に知られるようになる. *to (the best of) my knowledge* 私の知る限りでは. *without ...'s knowledge* ...に無断で.
【派生語】**knówledgeable** 形 知識のある, ...に精通している.

known /nóun/ 動 形 know の過去分詞. 形 ⇒ know.

knuck·le /nákl/ 名 C 動 本来他 〔一般語〕一般義 指関節, 特に指の付け根の関節. その他 《the ~s》指を曲げた状態の指関節部分, げんこつ. また四つ足獣の手[足]首の部分や膝関節(しっかんせつ)突起. 動 としてげんこつで打つ, 指関節を地面につけておはじきをはじく, 指関節で目などをこする, 押す.
語源 中オランダ語 *knoke* (=bone) の指小形

knokel が中英語に knokel として入った.

k.o., K.O., KO /keióu/ 名 C 動 本来他 《ボクシング》ノックアウト, ケーオー(knockout). 動 として, 相手をノックアウトする.

ko·a·la /kouáːlə/ 名 C 《動》オーストラリア産の有袋動物, コアラ.
語源 オーストラリアの先住民族の言葉から19世紀に入った.

kol·khoz /kəlkáz|kɔlhɔ́ːz, -kɔ́ːz/ 名 C 〔古風な語〕ソ連の集団農場, コルホーズ.

ko·peck, ko·pek /kóupek/ 名 C 〔一般語〕カペイカ(銅貨)(★ロシアの通貨単位で$1/100$ruble).
語源 ロシア語が初期近代英語に入った.

Ko·ran /kərǽn, kɔ(ː)ráːn/ 名 固 コーラン《★アラビア語で書かれたイスラム教の教典》.
語源 アラビア語 *karu'a* (=read) の名詞 *kur'ān* (recitation) が初期近代英語に入った.

Ko·rea /kəríə/ 名 固 朝鮮《★朝鮮半島と隣接する島から成る地域; 1948年に南北に分かれた》, 韓国 (South Korea) 《★正式名 the Republic of Korea 大韓民国; 首都 Seoul》, 北朝鮮 (North Korea) 《★正式名 the Democratic People's Republic of Korea 朝鮮民主主義人民共和国; 首都 Pyongyang》.
語源 10世紀の初めより14世紀終わりころまで朝鮮を統一した王朝「高麗」の読み *Koryu* がなまったもの. 初期近代英語に入った.
【派生語】**Koréan** 形 朝鮮(人, 語)の, 韓国(人, 語)の. 名 CU 朝鮮[韓国]人[語].

ko·sher /kóuʃər/ 形 動 本来他 名 UC 〔ユダヤ教〕食べ物がユダヤ教の掟に従って適正に処理された, 適法の, その結果清浄な. 一般的にまともな, 本物の. 動 として, 食べ物を適正[適法]に処理する, 清浄にする. 名 として適法な食品や適法な食品を扱う店, あるいはユダヤ教の料理の掟を守る人.

語源 ヘブライ語 *kāshēr* (=fit; proper) が19世紀に入った.

kow·tow /káutáu/ 名 C 動 本来自 〔古風な語〕尊敬や謝罪のために平伏して頭を地面につける昔の中国式の叩頭(こうとう)の礼. 動 として叩頭する, 比喩的にぺこぺこと人に卑屈に追従する.
語源 中国語 ko-tou「叩頭」が19世紀に入った.

kph, k.p.h.《略》=kilometer(s) per hour.

Krem·lin /krémlin/ 名 固 《the ~》モスクワ (Moscow) にあるクレムリン宮殿, 比喩的にロシア政府.
語源 ロシア語 *kreml* (=citadel 砦) が初期近代英語に入った.

kro·na /króunə/ 名 C 〔一般語〕スウェーデンの通貨単位, クローナ(★=100 öre; 複数形は kronor), アイスランドの通貨単位クローナ(★=100 aurar; 複数形は kronur), また1クローナ貨幣.
語源 スウェーデン語で crown. 19世紀に入った.

kro·ne /króunə/ 名 C 《複 -ner》デンマーク, ノルウェーの通貨単位, クローネ(★=100 öre, または1クローネ硬貨).
語源 デンマーク語で crown. 19世紀に入った.

Ku Klux Klan /kjúː klʌ́ks klǽn/ 名 固 クークラックスクラン, KKK 団《★南北戦争後, 白人優越の維持を目的として, 黒人を抑圧し北部人の流入を防ぐために南部白人が組織した秘密結社》.
語源 ギリシャ語 *kuklos* (=circle) と英語 clan によるものと思われる. 19世紀から.

Ku·rile Is·lands /kúːril áilənd | kuríːl-/ 名 固 《the ~》千島列島 《語法 Kuril Islands ともつづる》.

Ku·wait /kuwéit/ 名 固 クウェート《★アラビア半島北東部の共和国》.
【派生語】**Kuwáiti** 形 クウェート(人)の. 名 C クウェート人.

L

l, L /él/ 图C 〔一般語〕エル《★アルファベットの第12文字》,ローマ数字の50.

l〔略〕= liter.

L〔略〕= large size; left; Latin.

£〔略〕= pound(s)(通貨単位のポンド).

LA〔略〕= Los Angeles;〔郵〕Louisiana.

la /láː/ 图UC〔楽〕ラ(★全音階の第6音).

lab /lǽb/ 图C〔ややくだけた語〕**実験室**, 大学などで機械を使う**実験**.
語源 laboratory の短縮形.

la·bel /léibl/ 图C 動本来他〔一般語〕《過去・過分《英》-ll-》〔一般語〕中身や宛て名, 持ち主などを書いて荷物などにつける**付け札**, は**り札**. その他 元来「細長い紙きれ, 布きれ」の意で, 付け札の意となり, 比喩的に人や団体, 思想の流派などの特徴を一言で表す言葉, レッテルの意味にもなる. またレコードなどにつけるレーベル, 辞書の見出し語や標本につける**分類表示**,【建】窓, 戸口などの**雨押え石**. 動としてはり札をつける, ラベルをはる, **表示する, 分類する**, また人になにか悪い評価のレッテルをはるという否定的の意味でも用いられる.
語源 古フランス語 *la(m)bel* が中英語に入った. この語は元来 ribbon の意味であったが, 英語に入ってからは細長い切れ端を意味するようになった.
用例 The *label* on the blouse said 'Do not iron'. ブラウスの付け札には「アイロン無用」と書かれていた/ She *labelled* all the boxes of books carefully. 彼女は本の入った箱全部にていねいにラベルをはった/She found it difficult to get work because she had been *labelled* (as) a troublemaker. 彼女はいざこざばかり起こす人という烙印を押されていたので, 就職するのに苦労した.
類義語 label; tag: **label** はいったん付けたら半永久的に付けたままにしておくようなはり札を指すのに対して, **tag** は label の代わりに用いることもできるが, 定価札や番号札の意が主である. また name-*tag*(名札)のように複合語も造られる.

la·bi·al /léibiəl/ 形C〔一般語〕唇(の),【音】唇音(の)(★/p, b, m, f, v/ など).
語源 ラテン語 *labium* (= lip)が中世ラテン語を経て初期近代英語に入った.

la·bi·a ma·jo·ra /léibiə mədʒɔ́ːrə/ 图(複)【解】大陰唇.
語源 ラテン語 (= larger lips).

la·bi·a mi·no·ra /léibiə minɔ́ːrə/ 图(複)【解】小陰唇. 語源 ラテン語 (= smaller lips).

la·bor,《英》**-bour** /léibər/ 图UC 動本来自〔一般語〕〔一般語〕賃金を得るための**労働**. その他 肉体的または精神的に骨の折れる**仕事**, しばしば強制的な**労働**, また**陣痛**を意味する. **労働者**(階級),《通例 L-》英国の**労働党**. 動として**労働する, 骨を折る**,〔やや形式ばった語〕**苦労して進む**.
語源 ラテン語 *labor* (= hardship) が古フランス語を経て中英語に入った.
用例 People engaged in manual *labour* are often badly paid. 肉体労働に携わる人たちはしばしば給料が安い/She was in *labour* for several hours before the baby was born. 彼女は赤ん坊が生れるまで数時間の陣痛を経験した/The firm is having difficulty hiring manual *labour*. その会社はなかなか働き手が集まらなくて困っている/He spends the summer *labouring* on a building site. 彼は夏の間は建設現場で働く.
類義語 labor; work; toil: **labor** が主として「労働」という意味であるのに対し, **work** は「仕事」「業務」「勤労」など広い意味をもっている. 「仕事」の意味では最も一般的な語で, 肉体的, 精神的ないずれにも用いられる. **toil** は多少形式ばった語で, labor よりも苦労の意味が強く, 長く続く労働, あるいは疲れる仕事を意味する.
反義語 rest; repose.
【派生語】**lábored** 形 苦心した, 無理した, こじつけの. **láborer**,《英》**-bour-** 图C 肉体**労働者**. **labori·ous** /ləbɔ́ːriəs/ 形 **骨の折れる**, 骨折って作った, 長くて面白くない, 人や動物が勤勉な 語法 他人の作品や仕事に対してこの語を使うと「やっとのことで作り上げた」という悪い意味になる). **labóriously** 副 骨を折って, 苦心して. **Lábourite** 图C《英》労働党員.
【複合語】**Lábor Dày** 图UC《米・カナダ》労働者の日 (★9月の第1月曜日). **lábor dispùte** 图C 労働争議. **lábor màrket** 图 (the ~)労働市場. **lábor ùnion** 图C《米》労働組合(《英》trade union). **Lábour Pàrty** 图 (the ~)《英》労働党.

lab·o·ra·to·ry /lǽbrətɔ̀ːri /ləbɔ́rətəri/ 图C〔一般語〕科学の**実験室**, **研究所**, 薬品製造所, 教育, 社会科学分野で使用する**実習[演習]室**(lab).
語源 ラテン語 *laborare* (= to labor) から派生した中世ラテン語 *laboratorium* (= workshop) が初期近代英語に入った.
用例 The new product has been developed in the firm's research *laboratory*. その新製品は会社の研究所で開発された/a language *laboratory* 語学演習室.

laborer ⇒ labor.

laborious ⇒ labor.

la·bour /léibər/ 图 動《英》= labor.

labourer ⇒ labor.

Labourite ⇒ labour.

lab·y·rinth /lǽbərinθ/ 图C〔一般語〕**迷宮, 迷路, 複雑な状態**.
語源 ギリシャ語 *laburinthos* がラテン語を経て中英語に入った.
類義語 maze.
【派生語】**làbyrínthine** 形.

lac /lǽk/ 图U〔一般語〕**ラック**(★ワニスの原料).
語源 サンスクリット語 *lākṣā* (= red dye) がヒンディー語を経て初期近代英語に入った.

lace /léis/ 图UC 動本来〔一般語〕カーテン, テーブル掛け, 衣服などに編みこまれた装飾の**レース**(編み). その他 靴, コルセットなどを締めるのに使うひも, 制服の装飾などに用いる金, 銀のモールを意味する. 動としてひもで締める, ひもを通す, モールでふち飾りをつける, 転じて飲み物にアルコールを加味する.
語源 「輪形のわな」の意のラテン語 *laqueus* が古フラン

ス語 *las*, *laz* を経て中英語に入った.
用例 Her dress was decorated with yards of beautiful *lace*. 彼女のドレスには何ヤードもの美しいレースがついていた/I had to buy a new pair of *laces* for my tennis shoes. 私はテニス・シューズに使う靴ひもを新しく買わねばならなかった/*Lace* (up) your boots firmly or the *lace* will come undone. 編み上げ靴のひもをしっかり締めておかないとほどけてしまいますよ.
【派生語】**lácing** 名 U レースをつけること，ひも類. **lácy** 形.
【複合語】**láce bòot** 名 C （通例複数形で）編み上げ靴.

lac·er·ate /lǽsəreit/ 動 本来他〔やや形式ばった語〕肉などをずたずたに**切り裂く**，心や感情などを**傷つける**.
語源 ラテン語 *lacerare* (=to tear) の過去分詞 *laceratus* から初期近代英語に入った.
【派生語】**làcerátion** 名 UC.

lach·ry·mose /lǽkrəmous/ 形〔形式ばった語〕**涙もろい**, **哀れな**.
語源 ラテン語 *lacrima* (=tear) から18世紀に入った.
【派生語】**láchrymosely** 副.
làchrymósity 名 U.

lack /lǽk/ 名 UC 動 本来他〔一般語〕必要なもの，望ましいものの**不足**，**欠乏**，また**不足しているもの**. 動として，必要なものを**欠く**，**…がない**.
語源 中期オランダ語 *lak* (=lack), または古ノルド語 *lakr* (=defective) が中英語に入った.
用例 There was a general *lack* of interest among the staff. 職員たちの間では，関心が不足がちだった/He *lacked* the courage to join the army. 彼には軍人になる勇気がなかった.
類義語 lack; want; need; shortage; deficiency: **lack** は漠然と物の量や供給の不足の状態を表し，必ずしも困窮している意味ではないのに対し，**want** と **need** は，lack が表す不足の状態をすぐにでも補う必要があることを意味している. **shortage** は当然あるべきものに欠けている状態をいう: housing *shortage* 住宅不足. **deficiency** も shortage とほぼ同意であるが，病気など心身上の障害を表す時によく使う: Vitamin C *deficiency* ビタミン C の欠乏.
反意語 plenty; sufficiency.
【派生語】**lácking** 形 …が**欠けている**, **不足している** (in; for): I think he is *lacking* in intelligence. 彼は知性が欠けていると思う.
【複合語】**lácklùster**, (英) -**tre** 形 つやのない，活気のない.

lack·a·dai·si·cal /lækədéizikəl/ 形〔やや形式ばった語〕**無気力な**, **ものうげな**.
語源 古い感嘆詞 lackaday (ああ悲しい，ああいやだ) から18世紀に造られた.「すぐに lackaday! と言うような」の意.

lack·ey /lǽki/ 名 C〔一般語〕《やや軽蔑的》**下男**, **おべっか使い**, **卑屈な人**.
語源 カタロニア語 *alacay* (歩兵) が中フランス語 *laquais* を経て初期近代英語に入った.

la·con·ic /ləkánik/ /-5-/ 形〔形式ばった語〕**言葉数の少ない**, **短くて簡潔な**.
語源 ギリシャ語 *Lakōnikos* (=Spartan) がラテン語を経て初期近代英語に入った. スパルタ人の話し方がそっけないことから.
【派生語】**lacónically** 副.

lac·quer /lǽkər/ 名 U 動 本来他〔一般語〕**ラッカー** (を塗る), **ヘアスプレー** (をかける).
語源 もとはヒンディー語から出てポルトガル語に入った *lacré* (=sealing wax) が中フランス語を経て初期近代英語に入った.
用例 Japanese *lacquer* 漆.

lac·ri·mal gland /lǽkrəməl glǽnd/ 名 C【解】**涙腺**.

lac·tate ラテン語 *lac* (=milk) から派生した 動 本来自〔一般語〕**乳を分泌する**.
語源 ラテン語 *lac* (=milk) から派生した *lactare* (=to secrete milk) の過去分詞 *lactatus* から19世紀に入った.
【派生語】**lactátion** 名 U 乳の分泌, 授乳 (期).

lac·tic ac·id /lǽktik ǽsid/ 名 U【化】**乳酸**.
語源 ラテン語 *lac* (=milk) より. 18世紀から.

lac·tose /lǽktous/ 名 U【生化】**乳糖**.
語源 lacto- (=milk) + -ose (=sugar). 19世紀から.

la·cu·na /ləkjú:nə/ 名 C (複 -**nae**/ni:/, ~**s**)〔形式ばった語〕原稿などの**脱落部分**. 本来は**穴**, **とぎれ**, **空白**などの意.
語源 ラテン語 *lacus* (=lake) から派生した *lacuna* (=pool; gap) が初期近代英語に入った.
【派生語】**lacúnal** 形.

la·cy ⇒lace.

lad /lǽd/ 名 C〔ややくだけた語〕[一般義]少年期から成熟期までの男の子，**若者**.〔その他〕《くだけた語》年齢に関係なく**男**, **やつ**などを意味する.
語源 中英語 ladde から. それ以前は不詳.
用例 I know him when he was a *lad*. 私は彼がまだ若者だったころのことを知っている/He's quite a *lad*, your brother. he seems to know everyone in town! あなたの弟さん, あれはたいした人だよ. 町中の人たちと知り合いなのだから.
類義語 youth.
対照語 lass.
【派生語】**láddie** 名 C《主にスコットランド》**若者**.

lad·der /lǽdər/ 名 C 動 本来他〔一般語〕[一般義]**はしご**.〔その他〕高いところに登るための道具という意味本来から転じて，立身出世，成功の**手段**，**階段**を意味するようになった. また形がはしごに似ているところから，(英) 靴下の糸のほつれ，**伝線**. 動として《英》**伝線させる [する]**.
語源 古英語 hlǽd(d)er から.
用例 She was standing on a *ladder* painting the ceiling. 彼女ははしごの上に立って，天井のペンキを塗っていた/She is certainly climbing the social *ladder*. 彼女は出世街道を確実に進んでいる/These stockings are very fine and *ladder* very easily. この靴下は目が細かいので, すぐ伝線してしまう.
関連語 stepladder (脚立).
【慣用句】**kick down [away] the ladder** 出世の踏み台にしてきた人たちを見捨てる. **reach the top of the ladder** 最高の地位につく《★ladder の代わりに tree を用いることもある》.
【複合語】**ládder trùck** 名 C はしご車 (hook and ladder (truck)).

laddie ⇒lad.

lade /léid/ 動 本来他《過去 ~**d**; 過分 **laden**, ~**d**》〔一般語〕**…に荷を積み**, ひしゃくで水などを**汲み出す**, **汲み入れる** (ladle).
語源 古英語 hladan (=to load) から.

【派生語】**láden** 形 荷を積んだ，比喩的に重荷を負って悩んでいる 〈語源〉 misery-*laden*(悲嘆に暮れて), debt-*laden*(借金に苦しんでいる)のように用いられることが多い).
láding 名 C 荷を積むこと，積荷: a bill of *lading* 船荷証券.

Ladies, ladies' ⇒lady.

la·dle /léidl/ 名 C 動 本来他 〔一般用〕ひしゃく，おたま. 動 として，ひしゃくで汲む.
〈語源〉古英語 hladan (= to lade) から派生した hlædel より.

la·dy /léidi/ 名 C 〔一般用〕一般義 身分などに関係なく，すべての**女性**に対して用いる丁寧な語 (〈語法〉しばしば複数形で「(女性の)みなさん」のように呼びかけに用いる．単数形の呼びかけは，My lady 以外は madam のほうが普通). その他 品位あるしとやかな女性，**淑女**，または身分の高い，家柄の良い女性，**貴婦人**, 《英》(L-) Lord または Sir の称号をもつ夫人または**令嬢**に対する敬称．また形容詞的に名詞の前に置いて，《時に軽蔑的》女の，婦人… 〈語法〉lady を性別を表す語として，例えば lady cleaner (掃除婦)のように用いられるのはすでに古風となっている．また *lady* lawyer (婦人弁護士)や *lady* doctor (女医)などは性差別を含み，軽蔑を伴うことがある．性別を明確に示す必要がある場合は，現在では lady よりも woman や female を用いるほうが一般的).
〈語源〉古英語 hlǽf (= bread) + dige (= kneeder) から成る hlǽfdige (パンをこねる人) から.
〈用例〉Tell that child to stand up and let that *lady* sit down. あの子に席を立ってあのご婦人に座ってもらうように言ってやりなさい / The Duke's eldest daughter is *Lady* Anne. その公爵の長女はアンお嬢様です.
〈類義語〉⇒woman.
〈対照語〉gentleman.
【派生語】**Ladies, ládies'** (the [a] ~; 単数扱い) 《英》**女性用トイレ**(《米》women's room). **lády-like** 形 淑女[貴婦人]らしい，しとやかな. **ládyship** C 《しばしば L-》Lady の称号をもつ女性への敬称，奥様，お嬢様.
【複合語】**ládies' ròom** 名 C 《米》**女性用トイレ**. **ládybùg**, 《英》**ládybird** 名 C 【昆】てんとうむし. **ládykiller** 名 C 〈くだけた語〉《やや軽蔑的》**女たらし，色男**.

lag¹ /lǽg/ 動 本来自 C 〔一般用〕ぐずぐずして他のものより**遅れる**，ついて行けない．名 として**時間のずれ**(time lag), **遅延の差**.
〈語源〉初期近代英語で「しりごみする」「最後の人」という意味で用いられていたが，それ以前は不詳．last (最後の)の意の幼児語 lag から来たという説もある.
〈用例〉The runner began to *lag* behind the rest. 走者はみなより遅れ始めた / a *lag* of several seconds 数分間の遅れ[ずれ].
〈関連語〉delay (失敗や過失によりやむなく遅延する).
【派生語】**lággard** 名 C 〈古語〉動作ののろい人，ぐず，のろま．形 のろい，ぐずぐずした.

lag² /lǽg/ 動 本来他 C 〔一般用〕ボイラーや給湯管を**断熱材で覆う**. 名 として**断熱材**.
〈語源〉スカンジナビア語からと思われるが不詳．初期近代英語から.
【派生語】**lágging** 名 U 断熱用**被覆材**，またその施工.

la·ger /lá:gər/ 名 C U 〔一般用〕低温で数か月貯蔵，熟成したラガービール(lager beer).
〈語源〉ドイツ語 *Lager* (= storehouse) + *Bier* (= beer) から成る *Lagerbier* (貯蔵用ビール)が 19 世紀に入った.

laggard ⇒lag¹.

la·goon /ləgú:n/ 名 C 〔一般用〕海や湖で砂州や環礁にとり囲まれた浅い水域，**潟，礁湖**.
〈語源〉ラテン語 *lacuna* (⇒lacuna) がイタリア語を経て初期近代英語に入った.

laid /léid/ 動 lay² の過去・過去分詞.

lair /léər/ 名 C 〔一般用〕野生動物のねぐら，**巣，巣穴**.
〈語源〉古英語 leger (= bed) から.

lais·sez-faire /léseiféər/ 名 U 【経】経済上の**自由放任主義**.
〈語源〉フランス語で let people do as they please の意．19 世紀に入った.

la·i·ty /léiəti/ 名 〈形式ばった語〉《the ~》聖職者階級に対して**俗人**たち，専門家に対して**門外漢**.
〈語源〉⇒lay³.

lake /léik/ 名 C 〔一般用〕**湖，湖沼**，公園などの人工的な**泉水，池**.
〈語源〉ラテン語 *lacus* が古フランス語 *lac* を経て中英語に入った．ラテン語では湖の意のほか池，水たまり，水槽，たらいなどの意味もあった．なお古英語には lacu (= stream) という語があったが，これがラテン語 *lacus* の意味と混合して中英語に入ったという説もある.
〈関連語〉pond (池); pool (水たまり，小さい人造池，水泳プール).
【派生語】**láker** 名 C 湖畔の住人. **lákelet** 名 C 小湖.
【複合語】**Láke District** 名 固 《the ~》湖水地方 (★イングランド北西部の湖水の多い景勝の地). **lákeland** 名 C 湖水地方. **lákeshòre** 名 C 湖岸.

lam /lǽm/ 動 本来他 〔俗語〕むちや杖などで**打つ，なぐる**.
〈語源〉スカンジナビア語 lemja (= to beat) が初期近代英語に入った.
【派生語】**lámming** 名 U.

la·ma /lá:mə/ 名 C 〔一般用〕**ラマ僧**.
〈語源〉「高位の聖職者」を意味するチベット語 blama が初期近代英語に入った.
【派生語】**Lámaism** 名 U チベット仏教，ラマ教. **lámasery** 名 C チベット仏教の寺院.

lamb /lǽm/ 名 C U 〔一般用〕特にまだ永久歯の生えてない一歳以下の**子羊**，またその肉．さらに子羊のおとなしい性質から，〈くだけた語〉**おとなしい人，無邪気な人[若者]，かわいい人**.
〈語源〉古英語 lamb から.
〈用例〉The ewe has had three *lambs*. その雌羊は子羊を 3 匹生んだ / We had roast *lamb* for lunch. 昼食にラムの焼肉を食べた / Isn't she a *lamb*! なんておとなしい女の子なんでしょう.
〈関連語〉sheep.
〈慣用句〉***like a lamb*** (***to the slaughter***) おとなしく，従順に． ***the Lamb of God*** 神の子羊，すなわちキリスト (★子羊は神のいけにえになる動物とされた).
【派生語】**lámbkin** 名 C 小さな**子羊，かわいい子**.
【複合語】**lámbskìn** 名 C U **子羊の毛皮，子羊の皮革**.

lam·baste, lam·bast /læmbéist/ 動 本来語 〔くだけた語〕ぶんなぐる, ひどくしかる, こきおろす.
[語源] おそらく lam+baste. 初期近代英語から.

lam·bent /læmbənt/ 形 〔文語〕一般義 炎や光がゆらゆらと揺れて光る. その他 空が柔らかく輝く, しゃれなどが軽妙な.
[語源] ラテン語 lambere (=to lick) の現在分詞が初期近代英語に入った.

lambkin ⇒lamb.

lame /léim/ 形 動 一般義 一般義 〔やや軽蔑的〕足が不自由な. その他 説明や言い訳などが不十分な. 動 として足を不自由にする, だめにする.
[語源] 古英語 lama から.
[用例] a *lame* child は足が不自由な子/I don't believe his story—it sounds a bit *lame*. 彼の話はどうもちょっとふにおちないところがあり, 信用できない/He was *lamed* by a bullet in the ankle. 彼はくるぶしに弾丸をうけて障害者になった.
[類義語] lame; crippled; maimed: **lame** は主として足[脚]が不自由なことを意味するやや軽蔑的な意を含む語であり, **crippled** はいっそう軽蔑的, 差別的意味が強く, 腕や脚などがひどく不自由なことをいう. 普通, これら二つの語はなるべく避けて, (physically) handicapped または disabled が用いられる. **maimed** は暴力や重大事故などで手足を失ったことをいう形式ばった語.
【派生語】lámely 副. láméness 名 Ⓤ.
【複合語】láme dúck 名 Ⓒ 役立たずの人, 無能者, 《米》再選に破れたがまだ任期が残っている議員.

la·ment /ləmént/ 動 本来語 名 Ⓒ 〔形式ばった語〕不幸な出来事や人の死などを嘆き悲しむ. 名 として悲しみ, 悲嘆.
[語源] ラテン語 名 は lamentum (=lament) から *lamentari* (=to lament) が古フランス語を経て初期近代英語に入った.
[用例] We all *lament* his death. 私たち一同あの人の死を心から悼みます/She started a long *lament* about the weather. 彼女は天気が悪くなったことを嘆きはじめた.
[反意語] rejoice; exult.
【派生語】lamentable /læməntəbl, lmén-/ 形 悲しむべき. làmentátion 名 ⓊⒸ 悲嘆(の声). láménting 形.

lam·i·na /læminə/ 名 Ⓒ (複 ~s, -nae/ni:/) 〔一般語〕薄層, 薄板, 薄膜. [語源] ラテン語 *lamina* (=thin) が初期近代英語に入った.
【派生語】láminate 動 本来語 金属を薄板[箔]にする, 木材やプラスチックを層を重ねて合板状にする. 形 薄板[薄片]状の. láminated 形 薄板を重ねて作った. làminátion 名 ⓊⒸ. láminator 名 Ⓒ. láminose 形 =laminated.

lamp /læmp/ 名 Ⓒ 動 本来他 〔一般語〕一般義 電気, ガス, 灯油などによるすべての種類の明かり. その他 比喩的に心の灯, 希望の光, あるいは知恵の意. 動 として明かりをつける, 明るくする.
[語源] ギリシャ語 *lampein* (=to shine) から派生した *lampas* (=torch; lamp) がラテン語, 古フランス語を経て中英語に入った.
[用例] It's getting dark—why don't you turn on the *lamps*? 暗くなってきたね. 明かりをつけたらどうだろう/Suddenly we could see the *lamp* of hope. 突然私たちに希望の光が見えてきた.
[日英比較] 英語の *lamp* は日本語の「ランプ」より意味が広く, general illumination を指す.
[関連語] light; lantern.
【慣用句】 ***smell of the lamp*** 作品などに苦心の跡がうかがえる (★夜遅くまで明かりをつけて苦心したことが感じられるの意).
【複合語】lámpblàck 名 Ⓤ 油煙. lámppòst 名 Ⓒ 街灯柱. lámpshàde 名 Ⓒ ランプ[電気スタンド]のかさ.

lam·poon /læmpú:n/ 名 Ⓒ 動 本来語 〔形式ばった語〕人を直接嘲笑する風刺文や風刺詩. 動 として風刺する.
[語源] フランス語 *lampons* (=let us drink) から派生した *lampon* (酒を飲む時の歌) が初期近代英語に入った.
[類義語] satire.
【派生語】lampóoner 名 Ⓒ 風刺作家. lampóonery 名 Ⓤ. lampóonist 名 Ⓒ =lampooner.

lance /læns/-á:-/ 名 Ⓒ 動 本来語 〔一般語〕一般義 槍. その他 槍 (=lancer). また魚を突くもり, やす. 【医】ランセット(lancet). 動 として, ランセットで切開する.
[語源] ラテン語 *lancea* (=light spear) が古フランス語 *lance* を経て中英語に入った.
[類義語] ⇒spear.
【派生語】láncer 名 Ⓒ.
【複合語】lánce còrporal 名 Ⓒ 《米》兵長, 《英》陸軍伍長代理.

lan·cet /lǽnsit/-á:-/ 名 Ⓒ 【医】外科用の両刃のメス, ランセット(lance), 【建】=lancet arch; lancet window.
[語源] 古フランス語 *lance* (⇒lance) の指小語 *lancette* が中英語に入った.
【複合語】láncet àrch 名 Ⓒ 【建】鋭頂迫持(%bcも). láncet wìndow 名 Ⓒ 【建】鋭頂窓.

land /lænd/ 名 ⓊⒸ 動 本来自 〔一般語〕一般義 海に対する陸(地) (《語法》空に対する陸地は earth). その他 用途からみた土地の意味では forest*land* (森林地帯), arable *land* (耕地) などのように複合語になることが多い, 《複数形で》所有地, 転じて国, 国土, 特定の領域, 世界, (the ~) 田園(生活)などの意. 動 として上陸する, 着陸する. 他 上陸[着陸]させる, 〔くだけた語〕魚を釣りあげる, 何かを獲得する, 何か悪い状態に陥らせる, 打撃をあたえる.
[語源] 古英語 land から.
[用例] We had been at sea a week before we saw *land*. 一週間の航海の後, 陸が見えた/He never made any money at farming as his *land* was poor and stony. 土地がやせていて石も多いため, 彼は畑を耕しても一銭にもならなかった/This river forms the boundary of his *lands*. この川が彼の所有地の境界線になっている/Lots of people visit this city from all *lands*. 世界各国からたくさんの人たちがこの町を訪れる/They managed to *land* the helicopter safely. 彼らはなんとか無事にヘリコプターを着陸させた/He landed the big fish with some help. ほかの人に手伝ってもらって彼は大きな魚を引き上げた/They had a serious accident which *landed* them in hospital. 彼らは入院する羽目になるほどひどい事故に遭った/She *landed* him one with the book she

was holding. 彼女は持っていた本で彼のことをぴしゃりとたたいた.
[類義語] land; ground; soil; earth; country:「土地」の意味では land が特にその用途の有無を問題にするのに対し, ground は地面を意味することが多い. また soil と earth は植物の生えている土地とか土の意. 一方「国」の意では land よりも country のほうが一般的である.
[対照語] sea; water.
【慣用句】*by land* 陸路で. *land in ...* 困った状況に陥る. *land ... in ...* ...を困った状況に陥らせる. *land on ...* 〔くだけた表現〕〔米〕...をしかりつける. *land on one's feet*＝*land like a cat* 難関を切り抜ける, 立ち直る. *make land* 〔海〕 陸地を認める, 岸に着く. *see how the land lies* 前もって形勢をさぐる.
【派生語】lánded 形 地所(持ち)の. lánding 名 C 上陸(地), 着陸(地), 階段の踊り場/landing craft 〔海軍〕 上陸用舟艇/landing field 〔空〕 簡易飛行場/landing gear 〔空・宇宙〕 着陸[着水]装置/landing stage 上陸, 荷揚げ用浮き桟橋/landing strip 〔空〕 仮りの滑走路(airstrip; strip). lándward 副 形 陸のほうへ[の]. lándwards 副〔英〕＝landward.
【複合語】lánd brèeze 名 C 日没後, 陸から海へ吹く陸風. lándfàll 名 C 長い飛行[航海]のあと陸地を見ること, 陸地への接近, 上陸. lándfill 名 UC 埋めたて式ごみ処理場[地]. lándfòrm 名 C 地形, 地勢. lánd grànt 名 C 公共事業のための土地の無償払下げ. lándhòlder 名 C 借地人, 土地などの土地保有者. lándlàdy 名 C 女地主[家主], 下宿屋や旅館の女主人, おかみ. lándlòcked 形 湾, 国などが陸地にほぼ囲まれた, 鮭などが封じられた. lándlòrd 名 C 下宿屋, 旅館, パブなどの主人, 家主, 地主. lándmàrk 名 C 陸標, 境界標, 画期的な出来事, 歴史的建造物. lándmàss 名 C 大陸, 広大な土地. lánd mìne 名 C 地雷(mine). lándòwner 名 C 地主. lánd refòrm 名 U 農地改革. lándslide 名 C 地滑り(slide), 比喩的に選挙での地滑り的大勝利. lándslìp 名 C 〔英〕地滑り(landslide).

lan·dau /lǽndɔː/ 名 C 〔一般語〕ほろが前後に別々にかかる二人乗りの四輪客馬車, ランドー, またランドー型自動車.
[語源] この型の馬車が最初に作られたドイツ南西部の町 Landau から.
【派生語】làndaulét, làndaulétte 名 C 小型四輪馬車.

land·scape /lǽndskeip/ 名 C 動 [本来文] 〔一般語〕
[一般義] 一望のもとに見渡せるような陸上の景色.
[その他] 美しい景色を描いた風景画, あるいは風景画法. 動 として〔やや形式ばった語〕造園技術によって住宅地などを美化[緑化]する. 庭師[造園技師]をする.
[語源] オランダ語の美術用語 landschap が初期近代英語に入った.
[用例] He stood on the hill surveying the *landscape*. 彼はその風景を一望のもとに見渡せる丘の上に立っていた/He paints *landscapes* but his wife paints portraits. 彼は風景画を描くが, 彼の妻は肖像画を描く/We are having our back garden *landscaped*. 私たちは裏庭を造園してもらっている.
【複合語】lándscape àrchitect 名 C 造園技師, 庭師, 風致的都市計画家. lándscape àrchitec-ture 名 U 風致的都市計画法, 景観設計. lándscape gàrdener 名 C 庭師, 造園家. lándscape gàrdening 名 U 造園法〔術〕. lándscape pàinter 名 C 風景画家.

landward ⇒land.

lane /léin/ 名 C 〔一般語〕[一般義] 家, 生垣, 土手などの間の細い小道, 船舶, 航空機の規定航路, あるいは道路の車線,〔ボウリング〕 レーン,〔スポ〕短距離の水泳, 競走のコース《《文法》マラソンのように選手ごとに走路が割りつけられていないものは course という》.
[語源] 古英語 lane から.
[用例] A winding *lane* led down towards the river. 川のほうに向かってくねくねした一本の小道が続いていた/The shipwrecked man saw few ships as he was not on a regular shipping *lane*. 規定の航路から外れていたため, 船が難破したその男は他の船にはほとんど出会わなかった.
[関連語] path; alley.

lan·guage /lǽŋgwidʒ/ 名 UC 〔一般語〕[一般義] 文字や音声を用いた, 思想や感情の伝達手段としての言語. [その他] ある特定の国, 民族によって話される国語, 言葉, また専門的な用語, 術語, 特定の分野や集団で用いられる独特の言い方, 言葉遣い, さらに身ぶりによる言葉(body language), 花言葉(the language of flowers)のように音声や文字を用いない言葉もいう. また専門的に語学, 言語学の意味に使われることもある.
[語源]「舌」「言葉」の意味のラテン語 lingua が古フランス語 langage を経て中英語に入った.
[用例] They were studying the development of *language* in children. 彼らは幼児期における言葉の発達について勉強していた/Russian is a difficult *language* to learn. ロシア語は習うのに難しい言葉だ/medical *language* 医学用語/The *language* in this poem is very difficult. この詩における言葉の表現はたいへん難しい/She is very good at *languages*. 彼女は語学がたいへん得意だ.
[関連語] speech; tongue.
【慣用句】*speak the same language* 考え方が同じである, 気心が通じ合う.
【複合語】lánguage làboratory 名 C 語学演習室, ラボ《〔日英比較〕 LL 教室の LL は日本式の略称. また「ラボ」は英語では lab》.

lan·guid /lǽŋgwid/ 形 〔やや形式ばった語〕活気がない, 元気がない, また物事に興味を感じない, もの憂い.
[語源] ラテン語 languere (⇒languish) から派生した languidus (＝faint) がフランス語を経て初期近代英語に入った.
【派生語】lánguidly 副.

lan·guish /lǽŋgwiʃ/ 動 [本来自]〔やや形式ばった語〕
[一般義] 元気がなくなる, 弱る. [その他] 草木がしおれる. また思いに焦がれる, 憂うつになる, 悩んで暮らす, 同情を得ようとして感傷的な風を装う.
[語源] ラテン語 languere (＝to be faint or listless) が古フランス語 languir を経て中英語に入った.

lan·guor /lǽŋgər/ 名 U 〔一般語〕だるさ, 倦怠, またうっとうしさ, もの思い.
[語源] ラテン語 languere (⇒languish) の 名 languour が古フランス語を経て中英語に入った.
【派生語】lánguorous 形.

lank /lǽŋk/ 形 〔やや形式ばった語〕〔軽蔑的〕ひょろりとしてやせた, 髪が長くまっすぐでつやのない.

lan・tern /lǽntərn/ 名C 〔一般義〕カンテラ, 日本や中国のちょうちんなどのような手さげ用ランプ. その他 灯台の灯室, 【建】明かり窓.
参考 「カンテラ」はオランダ語 *kandelaar*(燭台) から入った外来語.
語源 ギリシャ語 *lampein*(=to shine)から派生した *lamptēr*(=torch; lantern)がラテン語 *lanterna*, 古フランス語 *lanterne* を経て中英語に入った.
関連語 light; lamp.
【複合語】**lántern-jáwed** 形 ほほがこけて, 細長い骨ばったあごをした.

lan・yard /lǽnjərd/ 名C 〔一般義〕船上で物を留めたり締めたりするのに用いる短い綱, また水夫が首からナイフや笛などをつるすための首ひも.
語源 フランス語 *laniere*(=rope)が中英語に入った.

Laos /láus|láːɔs/ 名 ラオス(★正式名は Lao People's Democratic Republic).
【派生語】**Laotian** /leióuʃiən|láuʃ-/ 形 ラオス(人, 語)の, 名CU ラオス人[語].

lap¹ /lǽp/ 名C 〔一般義〕〔一般義〕座ったときの腰からひざがしらまでの部分, ひざ. その他 スカートなどのひざの部分. ひざが物を乗せたり, 母親が子供を抱いたりする場所であることから転じて, 育む環境, 保護, また管理, 責任. さらに山に抱かれした所ということから, 山間のくぼ地.
語源 「衣服のすそ, たれ下がり」という意味の古英語 *læppa* から.
用例 The baby was lying in its mother's *lap*. 赤ん坊は母親のひざで寝ていた/You can drop this work in my *lap*. だいじょうぶ, この仕事は私にまかせておきなさい.
関連語 knee (ひざがしら).
日英比較 日本語の「ひざ」は意味の範囲が広く, 英語の knee にも lap にも用いる.
慣用句 **in Fortune's lap** 幸運に恵まれて. **in the lap of luxury** ぜいたくざんまいに. **in the lap of the gods** 人の力の及ばぬところに.
【複合語】**lápdòg** 名C ひざの上にのせられるくらい小さい愛玩(がん)犬. **láp ròbe** 名C (米) 自動車やそりに乗ったり, 戸外スポーツを見物するときに用いるひざ掛け. **láptòp** 形 パソコンなどひざ置き型の, 小型の.

lap² /lǽp/ 動本来他〔一般義〕犬や猫などがなめるようにぴちゃぴちゃ飲む[食べる], またそのような動作からの連想で, 波が岸にひたひたと打ち寄せる. 自 の用法もある. 名 としてぴちゃぴちゃ飲むこと, 打ち寄せる波の音.
語源 古英語 *lapian*(=to lick)から.
類義語 lick.

lap³ /lǽp/ 名C 動本来他〔一般義〕〔一般義〕陸上競技のトラックの一周, 競泳コースの一往復など, 行動の一区分. その他 重なり合った部分, 糸などのひと巻き. 動 として一周[一往復]する, 巻く, くるむ.
語源 中英語 *lappen*(=to fold; to wrap)を基にして 19 世紀に入った. lap¹ と同源.
類義語 loop.
【複合語】**láp tìme** 名U トラック競技や競泳のラップタイム.

la・pel /ləpél/ 名C 〔一般義〕上着やコートなどの前襟の折り返し, 折り襟, ラベル.
語源 lap¹ から.
【複合語】**lapél mìke** 名C 折り襟につける小型マイク.

lapidarian ⇒lapidary.

lap・i・dar・y /lǽpidèri|-dəri/ 名C 形 〔形式ばった〕宝石細工人, 宝石鑑識家, また宝石細工術. 形 宝石細工の, 語句が碑銘に刻まれた, 碑銘に適する, 文字が端正な.
語源 ラテン語 *lapidarius*(=of stones) が 18 世紀に入った.
【派生語】**làpidárian** 形 =lapidary.

lapse /lǽps/ 名C 動〔一般義〕言葉, 記憶, 筆などのちょっとした誤り, ささいな過ち. その他 本来の状態から一時的に外れる, または滑り落ちることから, 退歩, 逸脱, 喪失, 道徳的な堕落, 【法】怠慢による権利[特権]の消滅. また滑るように過ぎるということから, 時の経過, 一時期を意味する. 動 として堕落する, 消滅する, よくない状態になる, 時が過ぎる.
語源 ラテン語 *labi*(=to slip; to slide) の過去分詞 *lapsus* が「誤り」の意で中英語に入った.
用例 He's been guilty of several *lapses* recently. 彼は最近小さな過ちをいくつか犯している/a *lapse* of memory 記憶の喪失/I saw him again recently after a *lapse* of some five years. 約5年ぶりに最近彼に会った/After several efforts to speak, he *lapsed* into silence. 彼は何度かしゃべろうと努力してみたが, 結局は黙りこんでしまった/Five years have *lapsed* since he died. 彼が亡くなってからいつの間にか 5 年間が過ぎた.
類義語 slip.
【派生語】**lápsed** 形 主義や習慣などを捨てた, 【法】失効した.

larcener ⇒larceny.
larcenous ⇒larceny.

lar・ce・ny /láːrsni/ 名UC 【法】窃盗(罪)(★主に英国, アイルランド, ウェールズで用いられる).
語源 ラテン語 *latro*(傭兵) から派生した *latrocinium*(略奪)が古フランス語 *larcin* を経て中英語に入った.
用例 grand *larceny* 大窃盗罪/petty *larceny* 軽窃盗罪.
【派生語】**lárcener** 名C. **lárcenous** 形.

lard /láːrd/ 名U 本来他〔一般義〕豚の脂肪から精製した油, ラード. 動 としてラードを塗る, 赤身肉などに豚の脂肪[ベーコン]の小片を挟む.
語源 ラテン語 *lardum*(=bacon fat) が古フランス語 *lard* を経て中英語に入った.

lar・der /láːrdər/ 名C 〔一般義〕食糧貯蔵室, 貯蔵食料.
語源 古フランス語 *lard*(⇒lard)の派生形 *lardier* が中英語に入った.
関連語 pantry.

large /láːrdʒ/ 形 〔一般義〕〔一般義〕形や広さなどが大きい, 広い. その他 量や数が多い. 大きいという意味が転じて, 性質が寛大な,《少し悪い意味で》話などが大げさな, 尊大な.
語源 ラテン語 *largus*(=generous) の女性形 *larga* が古フランス語 *large* を経て中英語に入った. 現代フランス語にも *large* という語があるが, 主に「幅が広い」という意味である.
用例 This house is too *large* for two people. この家は人が 2 人で住むには広すぎる/A *large* number of men and women attended the party. たくさんの男女がパーティーに出席した.

【語法】「広い道路」のように幅が広いという意では **wide** を用いるが,「広い家」のように面積についていうときは **large** や **big** を用いる.

【類義語】 large; big; great: **large** が客観的に数量や容積を表すのに多く用いられるのに対し, **big** は large よりくだけた語で, 重量や容積, 規模を表すのに多く用いられ,「偉い」「重要な」など主観的な意味が含まれる: a *big* man 偉い人. **great** は大きいことを感情的にいったり, big と同じく重要性や程度の大きいことを表す.

【対照語】 small.

【慣用句】 **at large** 犯人などが捕らわれないで, 自由勝手な[に], 全体として(の). **by and large** 概して. **in (the) large** 大がかりに, 一般に.

【派生語】 **lárgely** 副 主として, たくさん, 大規模に. **lárgeness** 名 U.

【複合語】 **lárge cálorie** 名 C 【理・栄養】大カロリー, 1キロカロリー. **lárgehéarted** 形 寛大な. **lárge intéstine** 名 C 【大腸. **lárge-mínded** 形 心の広い. **lárge-míndedness** 名 U. **lárge-scále** 形 大規模な, 地図などが大縮尺の.

lar·gess, lar·gesse /lɑ(:)rdʒés/ 名 U 〔形式ばった語〕気前よく金品を与えること.
【語源】 古フランス語 *large* (⇒large) の派生形 *largesse* が中英語に入った.

lar·ghet·to /lɑ:rgétou/ 形 副 名 C 【楽】やや遅い[く], C としてラルゲットの曲[楽章].
【語源】 イタリア語 *largo* (⇒largo) の指小語. 18世紀に入った.

lar·go /lɑ́:rgou/ 形 副 名 C 【楽】遅い. 副 として遅く, C としてラルゴの曲[楽章].
【語源】 ラテン語 *largus* (⇒large) から出たイタリア語 *largo* (=slow) が初期近代英語に入った.

lar·i·at /lǽriət/ 名 C 【米】投げ縄(lasso).
【語源】 スペイン語 *la reata* (=the rope) がアメリカで定着した語.

lark[1] /lɑ́:rk/ 名 C 【鳥】ひばり(skylark), たひばり (titlark), まきばどり (meadowlark) などひばりに似た鳴鳥.
【語源】 古英語 *lāwerce, lǣwerce* から.
【慣用句】 **(as) happy as a lark** とても楽しい (★ひばりは早朝から空高く舞いあがり, 楽しそうな声でさえずることから). **rise [get up] with the lark** 早起きする.

lark[2] /lɑ́:rk/ 名 C 動 本来自 〔ややくだけた語〕ふざける(こと), 陽気ないたずら(をする).
【語源】 不詳. 19世紀から.

lar·va /lɑ́:rvə/ 名 C 〔複 **-vae** /vi:/, **~s**〕【動】幼虫.
【語源】 ラテン語 *larva* (幽霊) が初期近代英語に入った.
【派生語】 **lárval** 形.

laryngal ⇒larynx.
laryngeal ⇒larynx.
laryngitis ⇒larynx.

lar·ynx /lǽriŋks/ 名 C 〔複 **larynges** /ləríndʒi:z/, **~es**〕【解】喉頭.
【語源】 ギリシャ語 *larunx* (=throat) が近代ラテン語を経て初期近代英語に入った.
【派生語】 **láryngal** 形 名 C 【音】喉頭音(の). **làryngéal** 形 喉頭(部)の. 名 C 【音】喉頭音. **laryngitis** /lærindʒáitis/ 名 U 【医】喉頭炎.

las·civ·i·ous /ləsíviəs/ 形 〔形式ばった語〕みだらな, 好色の, 扇情的な.
【語源】 ラテン語 *lascivus* (=wanton) が中英語に入った.
【派生語】 **lascíviously** 副.

la·ser /léizər/ 名 C 【電子】レーザー光線を発生させる装置, レーザー.
【語源】 *light amplification by stimulated emission of radiation*. 20世紀に米国で造語された.
【関連語】 maser.

lash[1] /lǽʃ/ 名 C 動 本来他 〔一般語〕一般義 むちの柄の先に付いた皮のむちひも. その他 むち打ち(の刑). また 〔複数形で〕まつげ(eyelashes). 動 としてむちで打つ, 比喩的に雨などが強く打ちつける, 人を激しく非難する. 自 雨などが激しく降る.
【語源】 擬音語と思われる. 中英語から.
【用例】 He *lashed* the horse with his whip. 彼は馬をむちで打った/The rain is *lashing* down outside. 外は篠突く雨が降っている.

lash[2] /lǽʃ/ 動 本来他 〔一般語〕綱やひもで縛る, 結びつける.
【語源】 古フランス語 *lachier* が中英語に入った. lace と関連がある.
【派生語】 **láshing** 名 UC 縛ること, ひも, なわ.

lass /lǽs/ 名 C 〔やや文語〕《主にスコットランド》若い女, むすめ, 女の恋人.
【語源】 不詳. 中英語から.
【対照語】 lad.
【派生語】 **lássie** 名 C 少女, むすめさん (【語法】 **-ie** は親愛を表す語尾).

las·so /lǽsou/ 名 C 〔複 **~(e)s**〕動 本来他 〔一般語〕馬や牛を捕らえるための結び引く輪のある投げ縄(で捕える).
【語源】 ラテン語 *laqueus* (=snare) から出たスペイン語 *lazo* が19世紀にアメリカで定着した語.

last[1] /lǽst/ -á-/ 形 副 名 〔一般語〕一般義《late の最上級》順序, 時間, 場所について述べるが. その他 現在までのうちでは最後の, すなわち現在にいちばん近いということから, 最近の, この前の. また可能性があるものの中では最後の, つまり可能性が最も低いということから, 最も...しそうでない, 最も...でないの意にもなる. 名 として (the ~) 最後のもの[人].
【語源】 古英語 *læt* (=late) の最上級 latost から. 中英語のころ中音消失が生じて last(e) となった. なお今日用いられている最上級 latest は, 古英語の latost とは関係がなく, 近代になってできたものである.
【用例】 We set out on the *last* day of November. 私たちは11月末日に出発した/He went to Greece for his holiday *last* year. 彼は昨年休暇でギリシャに行った/She's the *last* person you would suspect of such a thing. 彼女は疑われるようなことをする人ではない (【語法】 the last ... のあとに関係詞節または不定詞を伴う).
【対照語】 first.
【関連語】 end; final.
【慣用句】 **at (long) last** やっとのことで. **for the last time** 最後に. **in the last place** 最後に. **last but not least** 最後に大事なことを述べるが. **last of all** 最後の最後に. **see the last of ...** ...の見納めをする. **the last but one [two]** 《英》最後から2番目 [3番目]の. **to the last man** 最後の一人まで, 徹底的に.

【派生語】**lástly** 副 最後に, 終わりに.
【複合語】**Lást Júdgment** 名 《the ~》《キ教》最後の審判. **lást nàme** 名 C 姓(surname)(⇔first name). **lást stráw** 名 《the ~》我々に加わるわずかな負担, 我慢のできなくなる限度 (★It is the *last straw* that breaks the camel's back. (わらみたいな軽いものでも限度以上にのせればらくだの背骨を折ってしまう)ということわざから). **Lást Súpper** 名 《the ~》《キ教》最後の晩餐(ばん)(the Lord's Supper) (★はりつけになる前の晩, キリストが12人の弟子とともにした食事). **Lást Thíngs** 名 《複》《the ~》《キ教》死·審判·天国·地獄 (★この世の最後に起こる出来事). **lást wórd** 名 《the ~》議論などの決定的な言葉. 《くだけた語》最新型, 流行品.

last[2] /lǽst | -ɑ́ːs-/ 動《本来自》〔一般自〕〔一般義〕時間的に続く.《その他》なくなったり, 損われたりせず長持ちする, あるいは間に合う. 他 人にとって足りる, 十分である.
語源 古英語 lǽstan から.「足跡をたどる」が原義.
用例 I hope this fine weather *lasts* until the weekend. この好天気が週末まで続いてくれるといいが/This carpet has *lasted* well—it's forty years old and as good as new. このじゅうたんは実に持ちがいい, 40年経ったいまも新品同様だ/This coat will *last* me until I die. 私のこのコートは一生もつだろう.
類義語 last; continue; endure: last が一定期間続く, あるいは損傷を受けることなく続く意味であるのに対し, continue は終わることなくいつまでも続く, 継続することを表す. last はまた, 物が長持ちする, 耐えるという意味にもなる. 一方, endure は外部からの圧力, 破壊力, 逆境, 試練に抗して耐えていく, 長く持ちこたえるという意味.
対照語 fail; end.
【慣用句】*last out* 消失したり損われたりすることなく持ちこたえる.
【派生語】**lásting** 形 永続する, 長持ちする.

last[3] /lǽst | -ɑ́ːs-/ 名 C 動《本来他》〔一般義〕靴型(に合わせる).
語源 古英語 lǽst (=footprint) から出た lǽste から.
【慣用句】*stick to one's last* 自分の本分を守る, 無用の手出しをしない.

latch /lǽtʃ/ 名 C 動《本来他》〔一般義〕ドア, 門, 窓などにかける掛けがね, かんぬき. 動 として掛けがねをかける. 自 掛けがねがかかる.
語源 古英語 lǽccan (=to take; to seize) から.
類義語 latch; hasp: latch は門やドアに用いる掛けがね. hasp はドア, 窓, かばん, 箱などの掛けがねで, 輪状の受けがねがあり, これを締めてから受けがねの穴に錠をかけたり, 小さな棒をさしたりするもの.
【慣用句】*latch on to* [*onto*] ... 《くだけた表現》...を入手する, 理解する, くっついて離れない. *off the latch* 掛けがねを外して. *on the latch* 錠はせずに掛けがねだけかけて.
【複合語】**látchkèy** 名 C 主に表玄関のドアの掛けがねの鍵: *latchkey* child 鍵っ子.

late /léit/ 形 《比較級 ~r, latter; 最上級 ~st, last》〔一般義〕時間的に定刻や予定より遅れた, 遅い.《その他》今までの中で時期的に遅い, 末期の, 晩年の. 今に近い時期ということから, 近ごろの, 最近の. 《形式ばった語》《限定用法》先の, 前任の, 《the ~》最近亡くなった人について故... 《語法》「前任の」の意で「故...」の意味かまぎらわしいので, 「前任の」には former を用いるほうが普通). 副 として遅れて, 時刻が遅く, 夜更けまでなどの意.
語法 比較級 later, latest は時間について, latter, last は順序についていう.
語源 古英語 lǽt (=slow) から.
用例 It was very *late* when I finally got to bed. やっと私が床についたときはかなり夜更けであった/Mr Allan, the *late* chairman, made a speech. 前議長アラン氏が演説をした/Mrs Smith is the widow of the *late* Mr John Smith. スミス夫人は故ジョン·スミス氏の未亡人である/He arrived *late* for his interview. 彼はインタビューの時間に遅れてきた.
反意語 early.
日英比較 日本語の「遅い」は時間が遅い, 速度や動作が遅いという2つの意味を含むが, 英語では一般に前者の意味には late, 後者では slow を用いる.
【慣用句】*late in the day* 《くだけた表現》手遅れで. *of late* 近ごろ.
【派生語】**last** 形 名 ⇒見出し. **lately** 副 近ごろ, 最近 (of late) 《語法》通例完了形とともに用いられる. 過去形とともにも用いられるが, 結果が現在に残っている意を含む. また,《英》では通例疑問文, 否定文で用いる). **láteness** 名 U. **láter** 形 副 《late の比較級》もっと遅い[く], 最近の, 後ほど. **látest** 形 《late の最上級》最近の, 最新の, 最も遅れた[遅く]. **látter** 形 ⇒見出し.
【複合語】**látecòmer** 名 C 遅刻した人, 新参者.

latency ⇒latent.

la·tent /léitənt/ 形 〔形式ばった語〕隠れている, 見えない, 潜在的な.
語源 ラテン語 latere (=to lie hidden) の現在分詞 latens が中英語に入った.
類義語 dormant; quiescent.
【派生語】**látency** 名 U 潜在, 病気の潜伏期.

later ⇒late.

lat·er·al /lǽtərəl/ 形 C 〔形式ばった語〕側面の, 側面にある, 横からの, 《生》側生の(芽), 《音》側音(の).
語源 ラテン語 latus (=side) の派生形 lateralis が中英語に入った.
【派生語】**láterally** 副.

latest ⇒late.

la·tex /léiteks/ 名 U 〔一般義〕ラテックス (★ゴムの木などの乳液).
語源 ラテン語 latex (=fluid; liquid) が19世紀に入った.

lath /lǽθ | -ɑ́ː-/ 名 C (複 ~s/-ðz/·-θs/) 《建》木摺(ずり), ラス.
語源 古英語 *lǽththth から.

lathe /léið/ 名 C 《機》旋盤.
語源 不詳. 中英語から.

lath·er /lǽðər | -ɑ́ː-/ 名 U 動《本来他》〔一般義〕せっけんなどの泡, また馬などの泡のような汗. 動 として, ひげそりのためにせっけん泡をぬる. 自 泡立つ.
【派生語】**láthery** 形 泡の, 泡だらけの.

Lat·in /lǽtin/ 名 U C 形 〔一般義〕〔一般義〕古代ローマのラテン語.《その他》古代ローマ人, ラテン系の人, またローマカトリック教徒. 形 としてラテン語の, ラテン民族の.
語源 古代イタリアの部族国家 Latium の派生形 Latinus が古英語に入った.
【派生語】**Látinate** 形 ラテン語の, ラテン語に似た.

Látinism 名 U ラテン語語法. **Látinist** 名 C ラテン語学者. **Látinize** 動 本来他 ラテン(語)風にする, ラテン語に訳す.

【複合語】**Látin América** 名 固 ラテンアメリカ (★スペイン語, ポルトガル語, フランス語の話される中南米, メキシコ, 西インド諸島の大部分の地域). **Látin-Américan** 形 ラテンアメリカ(人)の. 名 C ラテンアメリカ人. **Látin Quàrter** 名 固 (the ~)パリの美術家や学生の住む地域, カルチェラタン 《★フランス語名 Quartier Latin》.

lat·i·tude /lǽtətjuːd/ 名 CU 〔一般語〕 一般義 緯度. その他 《複数形で》緯度から見た場合の地方, 地帯, 転じて思想, 解釈, 行動などの自由, 許容範囲, 《写》フィルムの露出寛容度.

語源 ラテン語 latus (=wide; broad) の名 latitudo (=width; breadth) が中英語に入った.

用例 What is the latitude of London? ロンドンの緯度は何度ですか/the cold latitudes 寒帯地方/ In these latitudes the summer is very short. この地方では夏がたいへん短い/ His new job allows him far more latitude than his old one. 今度の彼の仕事では, 前の仕事よりもはるかに広い行動の自由が認められている.

対照語 longitude (経度).
関連語 parallel (緯線).

【派生語】**làtitúdinal** 形 緯度の. **làtitúdinárian** 形 信仰などにおいて自由主義的の, 寛容な. 名 C 信仰などにおける自由主義者.

la·trine /lətríːn/ 名 C 〔一般語〕兵舎, 野営地, キャンプ地など大勢の人が集まるような所の便所.

語源 ラテン語 lavare (=to wash) から派生した lavatrina (=bath) の短縮形 latrina がフランス語を経て初期近代英語に入った.

類義語 lavatory; privy.

lat·ter /lǽtər/ 形 〔一般語〕《late の比較級》後半の, また終ごろの. さらに[やや形式ばった語]《the ~》前者 (the former)に対して後者の, 代名詞的に後者を意味する.

語源 late の比較・最上級のうち, 一般に latter, last が順序の関係を表し, later, latest が時間の関係を表す. ⇒late.

用例 He mentioned it in the latter part of his speech. 彼は演説の後半でそのことにふれた/in these latter days 当世は/Of copper and silver, the latter is much more precious. 銅と銀では, 後者のほうがはるかに高価である.

類義語 latter; second: 「後者(の)」の意味では **the latter** がやや形式ばった言い方であるのに対し, **the second** と くだけた言い方である. これは「前者」の the former と the first についても同じ.

【派生語】**látterly** 副 最近, 近ごろ.

lat·tice /lǽtis/ 名 C 動 本来他 〔一般語〕格子, 格子造り.

語源 中期高地ドイツ語 latte (薄い木片) が古フランス語 lattis を経て中英語に入った.

【複合語】**látticewòrk** 名 U 格子細工[模様].

laud /lɔːd/ 動 名 UC [形式ばった語]ほめる, 賛美する. 名 として賞賛の(歌).

語源 ラテン語 laus (=glory; praise) の複数形 laudes が古フランス語を経て中英語に入った.

類義語 praise.

【派生語】**láudable** 形 あっぱれな. **laudátion** 名 U. **láudatory** 形 賛美の.

laugh /lǽf | -áː/ 名 動 本来自 〔一般語〕一般義 声をたてて笑う. その他 他人のしぐさや失敗を見て面白がる, 嘲笑する, また[詩語]草花, 景色などが自然がほほえむ. 動 笑って...させる,《同族目的語を伴って》...の笑い方をする. 名 として笑い, 笑い方, 笑い声, さらに笑わせるもの, お笑い草.

語源 古英語 hlæhhan または hliehhan から. 印欧祖語の「叫ぶ, 発声する」という意味の擬声語 *klak- に関係があったと思われる.

用例 We laughed at the funny photographs. 私たちはその面白い写真を見て笑った/We heard the stream laughing. 小川はさらさらと流れていた/She laughed herself breathless. 彼女は息がとまるほど笑いこけた/John laughed a hearty laugh. ジョンは心から笑った/have a good laugh 大笑いする/give a shy laugh 恥ずかしそうに笑う.

類義語 laugh; smile; chuckle; grin: **laugh** は最も一般的な語で, 声をたてて笑うこと. **smile** は声をたてず, 表情だけで笑うことが, 普通は好意やうれしさの気持を表す. **chuckle** はひとり満足そうにくっくっと笑う, にやにやする. **grin** は歯を見せて声をたてずににやにや[にっこり]と笑う.

日英比較 日本語では各種の笑いを表すのに, にやりと笑う, にこりと笑う, げらげら笑うなどのように「笑う」に擬態語の副詞をつけて表現するが, 英語では上記のように様々な笑いをそれぞれ全く別な語を用いて表す.

【慣用句】*have the last laugh on* ...を笑い返してやる, 最後には勝つ. *laugh at* ... ...を面白がって笑う, あざ笑う. *laugh away* 一笑に付す. *laugh down* 笑って相手を黙らせる. *laugh in* ...'s face 面と向かってばかにする. *laugh in one's sleeve* ほくそえむ. *laugh off* 笑ってごまかす, 笑い飛ばす. *laugh on the wrong [other] side of one's face* [《米》mouth] 今まで笑っていたのに急にしょげる.

【派生語】**láughable** 形 おかしい, ばかばかしい. **láughing** 形 笑う, うれしそうな, 笑うべき: **laughing gas** 笑気 (★亜酸化窒素)/**laughingstock** もの笑いの種. **láughingly** 副 笑いながら, あざ笑って. **láughter** 名 U 笑い, 笑い声 [語法] laugh よりも長続きする笑いで, 笑う声を重視している. laugh には不定冠詞 a がつくが, laughter にはつかない).

launch¹ /lɔːntʃ/ 動 本来他 名 C 〔一般語〕一般義 ミサイル, ロケットなどを発射する, 打ち上げる. その他 本来「力で突く」の意で, そこから勢いよく発する意が出て, 現在の発射する意となった. さらに新しく完成した船を進水させる, あるいはボートなどを水面に浮かべる, 降ろす. 比喩的に新しい事業, 仕事, 企画などを始める, 始めさせる, 人を世間や社交界に送り出す. 名 として進水, 発射, 着手.

語源 ラテン語 lancea (⇒lance) から派生した後期ラテン語 lanceare (やりを振る) が古フランス語を経て中英語に入った.

用例 launch a spaceship into outer space 宇宙船を宇宙に打ち上げる/ As soon as the alarm was given, the lifeboat was launched. 非常警報が発せられるや, すぐに救命ボートが降ろされた/ We held a party to launch our new product. わが社は新製品発売のためのパーティーを開いた / His success *launched* him on a brilliant career. その成功により彼の輝かしい経歴が始まった.

【慣用句】*launch out (into ...)* 事業や仕事などに乗り出す.

【派生語】**láuncher** 图 Ⓒ 宇宙船, ミサイルなどの**発射装置**[台].

【複合語】**láunchpàd** 图 Ⓒ 誘導弾, ロケットなどの**発射台** (語法) launching pad, あるいは単に pad ともいう).

launch[2] /lɔ́ːntʃ/ 图 Ⓒ〔一般語〕観光用や港内用の大型ボート, ランチ, また大型の船に載せている動力付きの**艦載艇**.

語源 マレー語起源のスペイン語またはポルトガル語の *lancha* (=boat) が初期近代英語に入った.

laun‧der /lɔ́ːndər/ 動 本来語 形式ばった語 一般語 アイロンかけの作業も含めて**洗濯**する (語法 wash のほうが一般的). その他 (くだけた語) 洗濯して汚れを落としきれいにすることから, 政治資金などの不正な金の出所をもっともらしく偽装する, 合法的に見せる. 自 洗濯がきく.

語源 ラテン語 *lavare* (=to wash) の動詞的形容詞から派生した *lavandaria* (洗濯物) から古フランス語 *lavandier* (洗濯人) が生じ, 中英語に lavender として入った. これに中音消失が生じて la(u)nder (亜麻布を洗う人) となって, 後に意味が動詞化した.

用例 *launder* a sweater by hand セーターを手洗いする/This thick cloth doesn't *launder* well. この厚手の布地はきれいに洗えない.

日英比較 「クリーニング」すなわち洗濯してアイロンをかけることを表す英語は laundering であり, cleaning は単に洗濯も含むきれいにすることの意.

【関連語】**làunderétte** 图 Ⓒ (英)コインランドリー((米) laundromat). **láundry** 图 Ⓤ 洗濯物, 洗濯屋, クリーニング店: **laundry basket** 洗濯かご((米) hamper)/**laundryman** 洗濯屋, クリーニング屋/**laundrywoman** 洗濯女, 女性の洗濯屋.

laun‧dro‧mat /lɔ́ːndrəmæt/ 图 Ⓒ〔一般語〕(米) コインランドリー((英) launderette).

語源 もと商標名.

laundry ⇒launder.

lau‧rel /lɔ́ː(ː)rəl/ 图 Ⓒ 動 本来語 【植】げっけいじゅ(月桂樹) (★クスノキ科). またその枝で編んだ**月桂冠**, また古代ギリシャで競技の勝利者にその名誉をたたえて月桂冠を与えたことから (複数形で) **栄冠, 名誉**. 動 として**月桂冠**[**栄冠**]**を授ける**.

語源 ラテン語 *laurus* が古フランス語 *lorier* を経て中英語に入った.

用例 He won *laurels* at the speech contest. 彼はスピーチ・コンテストで栄冠をかち得た.

【慣用句】*look to one's laurels* 自らの名誉を守ろうと努力する. *rest on one's laurels* 自らの得た栄光に甘んじる.

la‧va /láːvə/ 图 Ⓤ〔一般語〕**溶岩**.

語源 ラテン語 *labes* (=fall) に遡るイタリア語 *lava* が 18 世紀に入った.

【派生語】**lávalike** 形.

lav‧a‧to‧ry /lævətɔ́ːri | -təri/ 图 Ⓒ〔やや古風な語〕一般語 洗面所, 便所. その他 (米) 洗面台, (英) 水洗便器.

語源 ラテン語 *lavare* (=to wash) から派生した中世ラテン語 *lavatorium* (=washing place) が中英語に入った.

用例 In their house the *lavatory* is separate from the bathroom. 彼らの家ではトイレが浴室とは別になっている.

類義語 ⇒toilet.

lav‧en‧der /lǽvindər/ 图 ⓒⓊ【植】ラベンダー ((★地中海沿岸原産のシソ科の小低木). また香料に用いられるその乾燥花, **ラベンダー色, 薄紫**.

語源 中世ラテン語 *lavendula* がアングロフランス語 *lavendre* を経て中英語に入った. ラベンダーをトイレの香料に使ったことから, ラテン語 *lavare* (=to wash) からという説もある.

lav‧ish /lǽviʃ/ 形 動 本来語 (やや形式ばった語) **物惜しみしない, あり余るほど豊富な**. 動 として気前よく与える, 惜しまず使う, **浪費する**.

語源 古フランス語 *laver* (=to wash) から派生した *lavasse* (=torrent of rain) が abundance の意で中英語に入った.

類義語 profuse.

【派生語】**lávishly** 副. **lávishness** 图 Ⓤ.

law /lɔ́ː/ 图 Ⓤ 一般語 総称的に**法, 法律**. その他 1 つ 1 つの**法律, 法規**, 法律の種類を表して...法. また哲学や科学の**法則**, 芸術や技術, 行動における**原則**, 宗教上の**戒律**, 一般的な守るべき道徳上のきまり, **習わし, 規則, 規定**. さらに**法学, 訴訟**などの**法的手続き**, (the ~) **法曹界, 弁護士業**, 〔くだけた語〕法を執行する機関やその立場の者, **警察, 警官**.

語源 古ノルド語 *lag* (置かれたもの, 定められたもの) の複数形 **lagu* が古英語に入った. もともとは lay (置く) や lie (横たわる) と同じ語源.

用例 The police are concerned with keeping *law* and order. 警察の仕事は法と秩序を守ることである/Congress passed a new *law* by a vote of 80 to 24. 議会は新しい法令を 80 対 24 で可決した/You must read all the *laws* of the club before you are allowed to join. 入会許可の前にクラブの全規定を読んでおいてもらいます/He practices (the) *law* in Nagoya. 彼は名古屋で弁護士を開業している/The thief was still in the building when the *law* arrived. 警察がかけつけたとき, 泥棒はまだ建物の中にいた.

類義語 law; rule; regulation; act; statute: **law** は最も広く「法, 法律」を意味する語. **rule** は個人の行動とか諸々の手続きなどにおいて特定の規律や秩序を維持していくために従うべきルール, 規則を意味する. **regulation** は交通法規 (traffic regulations) などのように一定の権限により団体とか組織に対して定められた取り締まり, 規制, あるいは規約, 条例などをいう. **act** は法案が議会などで可決されて法令となったもの. **statute** は law や act が法律として効力を発して国家の制定法 (したがって成文法) となったもの.

【関連語】bill (法案).

【対義語】chaos; anarchy.

【慣用句】*at [in] law* 法律に基づく. *be a law unto oneself* 慣例や規則などを無視して自分の思うままに振舞う. *go to law with [against] ...* ...を相手に訴訟を起こす. *lay down the law* 命令的[高圧的]な言い方をする. *take the law into one's own hands* 法律を無視して私的制裁を加える.

【派生語】**láwful** 形 合法的な, 法定の. **láwfully**

圖. láwfulness 名 U. láwless 形 不法な, 法律のない. láwlessly 副 不法に. láwlessness 名 U 不法(行為), 無法.

【複合語】láw-abíding 形 法を守る, 遵法の. láw and órder 名 U 法と秩序, 治安. láw-and-órder 形 法と秩序を重視する. láwbrèaker 名 C 法律違反者. láwbrèaking 名 U 形 違法(の). láw cóurt 名 C 司法裁判所, 法廷. láw-enfórcer 名 C 法の執行者, 警官. lawmàker 名 C 立法者, 国会議員. láwmàking 名 U 形 立法(の). láwsùit 名 C 訴訟.

lawn[1] /lɔːn/ 名 C 〔一般語〕芝の生えている**芝地**, 公園や庭園などのよく刈こまれた**芝生**.
[語源] ケルト語起源の古フランス語 *launde* (樹木やヒースなどの茂った土地) が「林間の空地」の意で中英語に入った. 今日でも古語または方言にこの意味が残っている.
[用例] During the summer we have tea on the *lawn* in front of the house. 夏には家の前の芝生の上でティーを楽しみます/He is mowing the *lawn*. 彼は芝刈りをしている.
[関連語] turf (芝土).

【複合語】láwn bòwling 名 U ローンボーリング(★芝生の上で木球をころがし標的にできるだけ近づける球技. bowls ともいう). láwn mòwer 名 C 芝刈り機 (語源) 単に mower ともいう). láwn tènnis 名 U ローンテニス.

law·yer /lɔ́ːjər/ 名 C 〔一般語〕弁護士, 法律家.
[語源] law+-er. 中英語から.
[類義語] lawyer; attorney; solicitor; counselor; barrister: **lawyer** は「弁護士」を意味する最も一般的な語. **attorney** 《米》と **solicitor** 《英》は事務弁護士を指し, 法律相談や法律書類の作成や管理にあたる. **counselor** (米)と **barrister** (英)は法廷で弁護にあたる法廷弁護士を指す.

lax /læks/ 形 〔一般語〕[一般義] 筋肉, ひもなどがゆるむだ, しまりのない. しつけ, 規律などが**手ぬるい**, 厳しくない, 実行などがだらしない, 人が**怠慢な**, 言葉などが**不正確な**, あいまいな, 腸がゆるんで**下痢ぎみの**, 『音』舌の筋肉の弛緩した.
[語源] ラテン語 *laxus* (=slack) が中英語に入った.
[用例] be *lax* in discipline 規律がたるんでいる/His running of the office had become rather *lax* in recent months. 最近数か月, 彼の会社の経営はかなり放漫になっていた/be *lax* about one's appearance 外見に無頓着である.
[類義語] loose.
[反義語] tense.

【派生語】láxative 形 通じをつける. 名 CU 下剤, 緩下剤. láxity 名 U. láxness 名 U.

lay[1] /léi/ 動 lie[1]の過去形.

lay[2] /léi/ 動 [本来他] (過去・過分 laid /léid/) [UC]〔一般語〕[一般義] **横たえる**, [その他] 横にするということから, 何かの上に置く, 体系的に据える, 設定する, 鉄道やじゅうたんを**敷く**, れんがを**積む**, わなを**仕掛ける**, 計画を立てる, 企画する, 食事の用意をする, さらには強調, 信頼, 望みなどを置く, 何かのある状態に置く[する]などの意. また要求, 権利を**主張する**, 異議を申し出る, 問題や考えなどを**提示する**, 書類などを提出する, 義務や命令, 税などを課す, 負担や罪を**負わせる**, …のせいにする, 昆虫や鳥などが卵を産む, 転じて恐怖, 不安, 疑いなどを静める, 幽霊が出ないようにする, 追い払う, 金を賭ける, [卑語] 人とセックスする. 自 卵を産む, 賭けごとをする. 名 として, 置かれた状態, (しばしば the ～)位置, 方向, 地勢, また産卵, [卑語] セックス(の相手).
[語源] 古英語 lecgan から.
[用例] She *laid* the baby on his back. 彼女は赤ん坊を仰向けに寝かせた/She *laid* the clothes in a drawer [on a chair]. 彼女は衣服を引き出しの中[いすの上]に入れた[置いた]/*lay* a trap わなを仕掛ける/*lay* a plan 計画を立てる/She went to *lay* the table for dinner. 彼女は食卓の用意をしに行った/The case was *laid* before the court. その事件は裁判にもちこまれた/He *laid* the burden of organizing the meeting on his secretary. 彼は秘書にその会合をとりしきる仕事を課した/The news *laid* any doubts he might have had. その知らせのおかげで, 彼が抱いていたかもしれないいかなる疑念もおさまった/I'll *lay* five pounds that you don't succeed. あなたが成功しないことに 5 ポンド賭けたっていい/My hens are *laying* well. 私のところの鶏はよく卵を産む.
[類義語] put; set.
[対照語] lie.
[対照語] raise; lift.

[慣用句] *lay aside* 脇へ置く, 捨てる, 蓄えておく. *lay away* 脇へ置く, 蓄える, 貯金する, (しばしば受身で)埋葬する. *lay back* もとへ戻す, 動物などが耳をうしろに向ける, 折る. *lay by* 横に置く, 蓄える, 捨てる. *lay down* ペンなどを置く, おろす, 寝かせる, 捨てる, 鉄道やケーブルなどを敷く, 規則などを**定める**, 主張する, ワインなどを貯蔵する. *lay in* 食糧などを買い込む, 蓄える. *lay it on* (くだけた表現) 誇張する. *lay off* 不況などのため**一時解雇する**, 一時帰休させる, 土地を区画[整理]する, (くだけた表現) 酒やたばこなどを断つ, (くだけた表現) やめる, 休息する. *lay on* ペンキなどを塗る, 攻撃を加える, なぐる, 税や義務などを課す, ガス・電気・水道を敷く, (くだけた表現) (英) などを準備する. *lay out* 広げて陳列する, 都市や庭園などを設計する, 死体の埋葬準備をする, (くだけた表現) 打ちのめす, 気絶させる, 金を使う. *lay over* かぶせる, (通例受身で)延期する; (米) 途中下車する(stop over). *lay up* 蓄える, (通例受身で)病気などで引きこもらせる, 修理のために船をドックに入れておく.

【複合語】láyabòut 名 C (くだけた表現)《英》(軽蔑的) 怠け者. láy-bỳ 名 C 《英》車道の幅を広くした待避場, 鉄道の待避線. láyòff 名 C 不景気のための**一時帰休, レイオフ**. láyòut 名 C 建物などの**間取り**, 地取り, 設計図, 本や新聞, 広告などの割り付け, レイアウト, (くだけた表現)(主に米) 大邸宅(の構え). láyòver 名 C (米・カナダ) 途中下車(stopover).

lay[3] /léi/ 形 〔一般語〕(限定用法)聖職者に対して平(ひら)信徒の, 俗人の, 専門家に対して素人の.
[語源] ギリシャ語 laos (=people) の派生形 laikos (= of the people) がラテン語, 古フランス語を経て中英語に入った.

【複合語】láy fìgure 名 C 手足の動く人体模型, マネキン, くだらない人. láyman 名 C 平信徒, 俗人, 素人.

lay·er /léiər/ 名 C 動 [本来他] 〔一般語〕[一般義] 表面に覆いかぶさったり重なったりしている**層**. [その他] 地層, 階層, ペンキなどの**一塗り**. また物を重ねて置く[積む, 敷く]人[もの], 卵を産むめんどり. 『園芸』取り木.

動 として層にする[なる]，取り木する．
[語源] lay² (置く)＋接尾辞-er から成る中英語 leyer, legger に，「層」の意の lear,「取り木」の意のオランダ語 aflegger などの意味が加わって, layer という一語にまとまったものと思われる．
[用例] When it became colder, we put on more *layers* of clothing. もっと寒くなると私たちは衣類を何枚も重ねて着るようになった／There was a *layer* of clay a few feet under the ground. 地下数フィートのところに粘土層があった／Our hens are good *layers*. 私どものめんどりはよく卵を産む．
[関連語] stratum (地層, 大気の層).
【派生語】láyering 名 U 重ね着, 取り木．
【複合語】láyer càke 名 U レヤーケーキ (★クリームやジャムなどをはさんで何層にも重ねたケーキ).

lay・ette /leiét/ 名 C 〔一般語〕—そろいの**新生児用品** (★産着, おしめ, 布団, ベッドなど).
[語源] 中オランダ語起源の古フランス語 *laie* (= drawer) の指小語 *laiete* がフランス語で *layette* となり, 19世紀に入った．

laze ⇒lazy.

la・zy /léizi/ 形 〔一般語〕[一般義] 人が**怠惰な**, 物ぐさな．
[その他] ものの状態などが見ていても眠たくなるような, けだるい, また動作が緩やかな, のろい．
[語源] 不詳, 初期近代英語から．
[用例] I take the bus to work as I'm too *lazy* to walk. 私は怠け者で歩きたくないので, バスで通勤している／a *lazy* summer afternoon けだるい夏の日の午後．
[語法]「怠け者」のことを英語では lazy person, または多少ユーモラスに lazybones などというが,「彼は怠け者だ」というときは He is *lazy*. のように形容詞を述語的に用いることが多い．
[類義語] lazy; idle: lazy が根っからの仕事嫌いで, しなければならないこともしないことをいうのに対して, idle はやることがなかったり, なんらかの理由でぶらぶらしたり, くつろいでいたりしていることをいい, 怠けようという気持ちのあるなしは問題としない．
[反義語] industrious; eager; diligent.
【派生語】láze 動 [本来自] 怠ける, のらくらする (★lazy からの逆成でできた動詞). lázily 副. láziness 名 U.
【複合語】lázybònes 名 (複) 〈くだけた語〉(通例単数扱い) 怠け者. lázy Súsan 名 C 中華料理などの食卓の中央にある回転盤．

lb.〈略〉＝pound (重さの単位であるポンド) [語法] 複数形は lb. または lbs.
[語源] 古代ローマの重量単位, または天秤(てんびん)の意のラテン語 *libra* から造られた略語．

lea /li:/ 名 C [文語] 草原, 草地, 牧草地．
[語源] 古英語 *lēah* (= open ground in a wood) から．
[類義語] meadow; pasture.

leach /li:tʃ/ 動 [本来名] 名 C 〔一般語〕液体を濾(こ)す, 含有物を濾過し, 比喩的に活力などを絞り取る．
名 として濾過器．
[語源] 古英語 *leccan* (= to water; to irrigate) からと思われる．

lead¹ /li:d/ 動 [本来動] (過去・過分 led) 名 C 〔一般語〕[一般義] 個人またはグループを先に立って導く, 案内する．
[その他] グループを率いる, 指揮する, 特定の分野で先頭[首位]に立つ, スポーツなどでリードする. 馬などを手綱を取って引いていく, 導管などが水やガスなどを…に送る, 転じてある結果や状態に引き入れる, 何らかの影響や説得により人の心を動かす, 何かをする気にさせる. ある人生や生活を送る, 過ごす. 自 道路などがある場所に至る, 通じている, 結果的にある状態になる, 至る (to).
名 として先頭(の位置), 競走などでの優位, リード(差). また指揮, 指導, 指導における手本, 範例, 演劇における主演俳優, 新聞記事の書き出し, ラジオやテレビのトップニュース, 問題や事件解決への手がかり, 指標, 犬や馬などをひっぱるためのひも, 綱, 電気の導線など. また《形容詞的に》先頭の, 中心となる.
[語源] 古英語 *lǣdan* (導く, 運ぶ) から．
[用例] The police car *led* the president's limousine. パトカーが大統領のリムジンを先導した／He *leads* the world in scientific experiment. 彼は科学実験においては世界一である／The firm's financial policies *led* it to bankruptcy. 会社は自らの金融政策がもとで破産に追いこまれた／The sound of hammering *led* us to the garage. 槌(つち)で打つ音につられて私たちはガレージのところまでやってきた／*lead* a pleasant life 快適な生活を送る／This road *leads* nowhere. この道はどこにも通じていない／Eating too many sweets *leads* to rotten teeth. 甘いものを食べすぎると虫歯になりますよ／He has a *lead* of twenty metres over the man in second place. 彼は二位の男に20メートルの差をつけている／the male [female] *lead* in a movie 映画の主演男[女]優／The police have several *leads* concerning the identity of the thief. 警察は泥棒の正体についていくつかの手がかりをつかんでいる／All dogs must be kept on a *lead*. 犬はすべて綱でつないでおかねばならない／a *lead* vocalist [singer] リード・ボーカル．
[類義語] lead; guide; show: lead が先に立って人を導く, あるいは指揮をするという意味なのに対して, guide は同行して案内する意で, しばしば職業的に案内することをいう. show はくだけた語で, 同行して言葉や身振りをつかって案内することをいう．
[対照語] follow.
【慣用句】*be in the lead* 先頭に立っている. *lead astray* 道に迷わせる, 堕落させる. *lead away* 連れ去る, 誘い出す. *lead off* 連行する, …を始める. *lead on* 人に…するように仕向ける 《to do》, うまいことを言って誘う. *lead to* …という結果になる, …に話を向ける. *take the lead* 先に立つ, 率先する．
【派生語】léader 名 C 指導者, 先導者, 指揮者, 目玉商品, フィルムやテープの引出し部分,《英》新聞の社説.《的に》はすが. leadership 名 U 指導者[指揮者]たる地位[任務], 指導力[権], 指揮,《集合的に》指導者. léading 形 先導の, 主要な, 一流の. 名 U 指導(力): **leading article**《英》新聞の社説／《米》editorial）／**leading light** 有力者／**leading question** 誘導尋問／**leading rein** 馬などの引き綱,《複数形で》幼児の歩行練習用引きひも／**leading strings** =leading reins; 厳しいしつけ: be in *leading strings*《英》まだ一本立できないでいる．
【複合語】léad-ìn 名 C 導入部(分), 前置き, 〖電〗引込み線. léadòff 形 最初の. 名 C 開始, 〖野〗一番打者．

lead² /léd/ 名 UC 動 [本来動] 〔一般語〕[一般義] **鉛**.
[その他] 鉛製品, 鉛に関係のあるものということで鉛筆の芯, その材料となる黒鉛, 船から水深を測定する測鉛

《集合的》鉛の弾丸. 《複数形で》窓ガラスの**鉛枠**, 《英》《複数形で》屋根ぶき用鉛板などの意. 動 として鉛を詰める, 鉛で覆う.

[語源] 古英語 lēad から.

【慣用句】***have lead in one's pants*** 〔くだけた表現〕行動がのろい. ***swing the lead*** 〔俗語〕《英》仮病をつかう, さぼる, 口実をつくる.

【派生語】**léaden** 形 鉛製の, 鉛色の, 重い, 鈍い, 無気力な.

【複合語】**léad péncil** 名 C 鉛筆. **léad pòisoning** 名 U 鉛中毒.

leaf /liːf/ 名 C 《複 **leaves**/liːvz/》 動 [本来自] 〔一般語〕[一般義] 草や木の葉. 葉のようにひらひらした薄いものということから, 金属の薄片, 箔(はく), 書物の表裏2ページにあたる**1枚**, **1葉**, テーブルなどを広げて使うための**自在板**. 動 として**葉が出てくる**, 本などの**ページをめくる**(through).

[語源] 古英語 lēaf から.

[類義語] leaf; foliage: **leaf** は葉を意味する一般的な語. **foliage** は形式ばった語で, 1本の木の葉全体をいう.

[関連語] blade (刀身状の葉); needle (針状の葉).

【慣用句】***come into leaf*** 葉が出る. ***take a leaf out of …'s book*** 人の例に倣う. ***turn over a new leaf*** 新しいページをめくる, 生活や考えを一新する.

【派生語】**léafage** 名 U《集合的》木の葉. **léafed** 形 葉のある. **léafless** 形 葉の落ちた, 葉のない. **léaflet** 名 C 小葉, ちらし広告, びら. **léafy** 形 葉の多い, 葉の茂った, 葉状の.

【複合語】**léaf bùd** 名 C 葉芽. **léaf mòld** 名 U 腐葉土.

league /liːɡ/ 名 C 動 [本来自] 〔一般語〕[一般義] 共通の目的または相互の利益のために結成される**同盟**. [その他] スポーツなどの**連盟, リーグ**. また**同盟参加者**[国, 団体], 〔くだけた表現〕同じような水準や種類の**仲間, 同類**. 動 として**同盟**[連合, 団結]**させる**[する].

[語源] ラテン語 *ligare* (=to bind) から出たイタリア語 *legare* の派生形 *liga*, *lega* が古フランス語を経て中英語に入った.

[用例] They formed the *League* for the Protection of Shopkeepers. 彼らは小売業者保護同盟を結成した/His latest piece is not in the same *league* with the last one. 彼の最新作は前作に及ばない.

[類義語] league; alliance; union: **league** と **alliance** はともに同盟, 連合の意で, しばしば同じ意味・用法で用いられる. ただし league は主にあるはっきりした目的のための同盟, 連盟をいう. 一方 alliance はあまり形式ばらない語で, すべての種類の同盟または同盟関係, 協力関係を意味する. また **union** は共同目的で結ばれた同盟, 連合をいい, 例えば labor *union* (労働組合)のように, 根本的目的や利害がぴったり一致し, 統一がとれた永続性のある関係をいう.

[対照語] separation; division.

【慣用句】***in league with*** … …と同盟して, 結託して.

【複合語】**Léague of Árab Státes** 名 固 《the ~》アラブ連盟. **Léague of Nátions** 名 固 《the ~》国際連盟(1920-46)《★国連 (U.N.)の前身》.

leak /liːk/ 動 [本来自] 名 C 〔一般語〕[一般義] 液体やガスなどがパイプ, 容器の穴, 裂け目などから**漏れる**. [その他] 比喩的に**情報などが漏れる**. 他 **漏らす**. 名 として, 液体やガスなどの**漏れ口, 漏れ穴, また漏れ, 漏れた水**[ガス], **漏電**(箇所), 《単数形で》**漏出量**. 比喩的に秘密などの**漏洩**(ろうえい), 〔卑語〕**放尿**の意.

[語源] 古ノルド語 *leka* (したたる) が中英語に入った.

[用例] Gas was *leaking* out of the cracked gas main. ひびの入ったガス本管からガスが漏れていた/Water was escaping through a *leak* in the pipe. パイプのすき間から水が漏れていた/a *leak* of top-secret information 最高機密情報の漏洩.

[類義語] leak; escape: **leak** はガス, 液体, 蒸気, 電気などが漏れるという意味. **escape** は leak と同意に用いられるほかに, 口から言葉やため息がふと漏れ出るという意味もある.

[対照語] conceal.

【慣用句】***spring*** [***start***] ***a leak*** 突然漏れだす.

【派生語】**léakage** 名 UC 漏れること, 秘密などの漏洩. **léaky** 形 漏る, 漏れ口のあいている, 漏れやすい.

lean¹ /liːn/ 動 [本来自] 《過去・過分 **~ed**, 《主に英》**leant**/lént/》名 〔一般語〕[一般義] まっすぐになっている位置から**傾く, 傾斜する**. [その他] 傾斜することから, **上体を曲げる, 体をかがめる, 寄りかかる**, 比喩的に, …**の傾向がある**, …を好む《to; toward(s)》. また寄りかかることから, …に**頼る**《on; upon》. 他 物をもたせかける, 立てかける. 名 《a~》**傾き, 片寄り, 傾向, 性向**.

[語源] 古英語 hlinian, hleonian から.

[用例] The lamp-post was *leaning* across the road at an angle of thirty degrees. 街灯の柱は30度の角度で道路のほうに傾いていた/He *leant* wearily on the gate. 彼はだるそうに門にもたれていた/Don't *lean* your elbows on the table. テーブルの上にひじをついてはいけません.

[類義語] lean; slant; tilt: **lean** は「傾く」の意では最も一般的な語で, まっすぐに立っているものが傾くことをいう. **slant** と **tilt** は共に多少形式ばった語で, 前者はまっすぐであるはずのものが傾く, 後者は片方がもちあがって斜めになる, 傾くことをいう.

【慣用句】***lean on*** … …に頼る, 〔くだけた表現〕…に圧力をかける. ***lean over backward(s)*** …しようと必死に頑張る《to do; doing》, 急に前と反対の態度をとる.

【派生語】**léaning** 名 C …への傾向, 好み. 形 傾いている.

【複合語】**léan-tò** 名 C 差し掛け小屋.

lean² /liːn/ 形 名 U 〔一般語〕[一般義] 人や動物が**肉の落ちた, やせている**. [その他] ぜい肉がなく**身がしまった**, **肉**などが**脂肪のない, 赤身の**, 転じて**中味**[**栄養**]**の乏しい**, 作柄不作の, 土地がやせている, **不毛の**, 鉱石, 石炭などが**低品位の**. 名 として**脂肪のない肉, 赤身**.

[語源] 古英語 hlǣne から.

[用例] He is a tall and *lean* man. 彼は背が高くやせているしな/a healthy, *lean* body 健康でしまった身体/This beef is deliciously *lean*. この牛肉は脂肪がなくておいしい/Fortunately we haven't had any *lean* years. 幸い私たちはこれまで毎年凶作にあったことがない.

[類義語] thin.

[対照語] fat.

【派生語】**léanness** 名 U.

leant /lént/ 動 《主に英》lean¹ の過去・過去分詞.

leap /liːp/ 動 [本来自] 《過去・過分 **~ed**, 《主に英》**leapt**/liːpt, lépt/》名 C 〔一般語〕[一般義] 大きく**跳**(と)**ぶ, 飛び跳**(は)**ねる** 《[語法] jump のほうが一般的》.

leapt /líːpt, lépt/ 動 leap の過去・過去分詞.

learn /lə́ːrn/ 動 (過去・過分 ~ed, (主に英) learnt) 〔一般動〕 [一般義] 勉強や経験によって, あるいは人に教わって知識や技術を習い学ぶ. [その他] 積極的に覚える, 暗記する, 記憶することによって特定の能力や技術を身につける. 自然にまたは経験などから自覚する, 気がつく, あるいは人から聞いて知る, 事実などを突きとめる. 自 学ぶ, 教わる.

[語源] 古英語 leornian から. 13世紀ごろには「理解させる, 教える」の意に用いられていたが, 今日ではこの意味は古語, 方言あるいは俗語.

[用例] I have decided to *learn* French. 私はフランス語を習うことに決めた/It was then that I *learned* that she was dead. 彼女が亡くなったことを知ったのはその時だった/*learn* from one's mistake 過ちから学ぶ.

[類義語] learn; study: **learn** が勉強や練習, 授業によって, あるいは受動的に人に教えられることにより知識を身につける, または覚えることをいうのに対して, **study** は, 例えば *study* botany (植物学を研究[勉強]する) というように, 積極的に努力して何かを体系的に学ぶ, あるいは学生や生徒が学校の学科目として勉強することを意味する.

[関連語] discover; ascertain.
[対照語] teach.

【慣用句】 *learn ... by heart* 暗記する. *learn one's lesson* 失敗してこりごりする, いい教訓にする.

【派生語】 **learned** /lə́ːrnid/ 形 学問のある, 学術的な. **léarner** 名 C 学習者: learner driver (英) 仮免許運転者 / learner's dictionary 学習辞典. **léarning** 名 U 学習, 学問.

lease /líːs/ 名 C U 動 [本来他] 〔一般義〕 土地, 建物, 財産などの賃貸契約, 借地[借家]契約(書), また賃借物件, 賃貸期間, 借地[家]権. 動 として, 土地, 建物を賃貸する. ⇒lessor; lessee.

[語源] ラテン語 *laxare* (= to loosen) が古フランス語 *laissier* (= to leave), アングロフランス語 *les* (= lease) を経て中英語に入った.

[類義語] rent.

[関連語] hire.
【慣用句】 *on [by] lease* 賃貸し[賃借り]で.
【複合語】 **léasehòld** 形 賃借[賃貸]した. 名 U C 賃借権[物件]. **léasehòlder** 名 C 借地[家]人.

leash /líːʃ/ 名 C U 〔本来他〕 [形式ばった語] 〔一般義〕 犬などをつなぐ革ひもや鎖. [その他] 比喩的に束縛, 抑制. 動 として, 革ひもでつなぐ, また制御する, 束縛する.

[語源] 古フランス語 *laissier* (⇒lease) から派生した *laisse* が中英語に入った.

least /líːst/ 形 副 代 〔一般義〕《little の最上級》量が最も少ない[少なく], 大きさが最も小さい[小さく], 程度が最も低い[低く]. 代 として, 量, 大きさ, 程度, 重要性などが最小[最少]のもの.

[語源] 古英語 læssa (= less) の最上級 læsest, læst から.

[用例] Have you the *least* idea of the trouble you've caused? あなたは人に迷惑をかけたことがまったくわかっていないのではないですか/She wanted to know how to do it with the *least* amount of bother. 彼女はなんとか苦労しないでそれをする方法がないものかと思案した/He called on us when I *least* expected it. まったく思いがけない時に彼が訪ねてきた/That is the *least* important of our problems. それはまったくどうでもいいような問題だ/Please don't worry about owing me money—that's the *least* of my troubles. お金なら貸してあげるから心配しなさんな. こちらはちっともかまいませんから/I think the *least* you can do is to apologize! あなたに出来るせめてものことは謝ることだと思うがね.

[関連語] little; less; few.
[対照語] most.

【慣用句】 *at least* 少なくとも. *not in the least* 少しも...でない. *to say the least (of it)* 控えめに言っても.
【複合語】 **léast cómmon múltiple** 名 (the ~) 最小公倍数(lowest common multiple).

leath·er /léðər/ 名 U C 動 [本来他] 〔一般義〕 衣服, 靴, バッグなどになるなめし革, 皮革. [その他] 皮革の意味から, 総称的に革製品, 個々の製品としての革ひも, 革のジャケット, 球技で使うボール, 《複数形で》 革製ゲートル[半ズボン]など. 動 として革を張る, 革を当てる, 革で磨く, 革ひもなどで打つ.

[語源] 古英語 lether から.

【慣用句】 *(as) tough as leather* 肉が革みたいに堅い.
【派生語】 **lèatherétte** 名 U 模造皮革, レザー. **léathern** 形 革製の. **léathery** 形 革のような, 革のように堅い.
【複合語】 **léather-bòund** 形 本などが革とじの, 皮革装丁の. **léather wédding** 名 C 革婚式. **léather-wòrk** 名 U 革細工.

leave¹ /líːv/ 動 [本来他] (過去・過分 left) 〔一般義〕 [一般義] ある場所を去る, 離れる, 出発する. [その他] あとに人や物を置いてゆく, 置き忘れる, とり残す, 妻子や財産などを死後に残す, 人に物を預けにやる, 行動や決定を任せる, 専念させる, 《補語を伴って》人や物をある状態にしておく. また去って戻らない意から, 人と別れる, 別居する, 人を見捨てる, 仕事や学校などをやめる, 退職する, 退学する, 卒業する.

[語源] 古英語 læfan から.

[用例] *leave* New York for London ロンドンに向けてニューヨークを出発する/She *left* her gloves in the car. 彼女は車の中に手袋を置き忘れた/She *left* all her property to her son. 彼女は全財産を息子に残して死んだ/She *left* the decision to him. その決定を彼に一任した/She *left* the job half-finished. 彼女は仕事を半分やりかけたままだった/*Leave* me alone! ほっといてください/He has *left* his wife and is living with another woman. 彼は妻と別れ、別の女性と一緒に暮らしている/I have *left* that job now. 私はもうあの仕事はやめてしまった.

〖類義語〗leave; start; depart:「出発する」の意では、**leave** がある場所から去る、または離れることに重点を置いているのに対して、**start** が行動を起こすことを意味する. また **depart** は形式ばった語で、人や列車が出発[発車]する意に用いられる.

〖関連語〗stay.

〖対照語〗arrive; commit; will.

〖慣用句〗*be left with* ...... を残される、責任などを抱える. *be nicely left* 〔くだけた表現〕まんまとだまされる. *leave around* [*about*] 必要なものをそばに置いておく、置きっ放しにする. *leave aside* 別扱いにする、考慮しない. *leave behind* 置き忘れる、名声や影響などをあとに残す. *leave down* 下におろしておく. *leave in* 中に入れっぱなしにしておく、省略せずにそのまま残しておく. *leave it at that* それ以上言わないでおく、そのくらいにしておく. *leave off* ...するのをやめる (*doing*)、電灯などを消したままにしておく、服などを脱いだままでいる. *leave on* ...をつけた[着た]ままにしておく. *leave out* 外に出し抜にしておく、...を除外する. *leave out of* ......から除外する、抜かす. *leave over* 財産、食物などを残す、繰り延べる. *leave* ... *to it* 勝手にさせておく、人に任せる. *leave up* 上にあげておく.

【派生語】**léaver** 名 ⓒ 去る人, 中途退学者. **léavings** 名〔複〕(the ～) 残り物, 残飯.

【複合語】**léft lúggage òffice** 名 ⓒ (英) 駅の**手荷物預り所**. **léftòver** 名 余り, (通例複数形で)食べ残し. 形 残り物の, 使い残しの.

leave² /liːv/ 名 ⓊⒸ 〔一般語〕 〖一般義〗軍隊、職場、学校などから許可してもらう**休暇**、休暇の期間. 〖その他〗本来は[形式ばった語]**許し**、**許可**、また退出の許しを得るためのことば.

〖語源〗古英語 lēaf (= permission; license) から.

〖用例〗take (a) sick *leave* 病気療養休暇をとる/I've got a *leave* to go home. 私は家に帰る許可を得ている.

〖類義語〗leave; permission:「許可」の意では両者に大きな差異はないが、**leave** はどちらかというと形式ばった語で、特に軍人や船員などに与えられる外出や休日の許可をいう. これに対して **permission** は当局からの正式な認可、許可というようないかめしい意味にもなる.

〖対照語〗refusal; rejection.

【慣用句】*on leave* 休暇で. *take French leave* 無断で欠勤[退出]する(★客が主人にあいさつせずに帰るという18世紀フランスの習慣から). *take* (*one's*) *leave of* ... (形式ばった表現) 人にいとまごいをする.

【複合語】**léave-tàking** 名 ⒸⓊ いとまごい.

leav·en /lévən/ 名 ⓊⒸ 動 〖本来義〗 〔一般語〕パン種, 酵母, 比喩的に変化/影響を与えるもの. 動 として, パン生地にパン種を入れる, 発酵させる, 比喩的に変化を与える.

〖語源〗ラテン語 levare (= to make light; to raise) が古フランス語を経て中英語に入った.

〖関連語〗yeast.

【派生語】**léavening** 名 Ⓤ パン種, パン種による**発酵作用**, 変化の要素. **léavenless** 形.

leaver ⇒leave¹.

Lebanese ⇒Lebanon.

Leb·a·non /lébənən/ 名 固 レバノン(★正式名 Republic of Lebanon; 首都 Beirut).

【派生語】**Lèbanése** 形 レバノン(人)の. 名 ⓒ レバノン人.

lech·er /létʃər/ 名 ⓒ 〔一般語〕**好色家**.

〖語源〗ゲルマン語源の古フランス語 lechier (= to lick; to live in debauchery) の派生形 lecheor (道楽者) が中英語に入った.

【派生語】**lécherous** 形 男が**好色な**, みだらな. **lécherously** 副.

lec·tern /léktə(ː)rn/ 名 ⓒ 〔一般語〕教会の礼拝で聖書を置く台, **聖書台**, また演説する時書類などを置く**書見台**.

〖語源〗ラテン語 legere (= to read) の過去分詞 lectus から派生した後期ラテン語 lectrum (= reading desk) が古フランス語を経て中英語に入った.

lec·ture /léktʃər/ 名 動 〖本来義〗 〔一般語〕〖一般義〗主に大学などの授業として行われる**講義**.〖その他〗一般に厳かで長い**講義**や講話, 転じて長ったらしい**小言**, 訓戒, 説教の意. 動 として**講義をする**, 小言をいう.

〖語源〗ラテン語 legere (= to read) の過去分詞 lectus から派生した後期ラテン語 lectura が古フランス語を経て中英語に入った.

〖用例〗The professor gave a *lecture* to his students on Shakespeare. 教授は学生たちにシェイクスピアの講義をした/The teacher gave the children a *lecture* for running in the corridor. 先生は子どもたちに廊下を走ったりしてはいけないとお説教をした.

【派生語】**lécturer** 名 ⓒ **講演者**, 《米》大学の非常勤講師, 《英》専任講師《米》instructor. **lécturership** 名 ⓒ **講師の職[地位]**.

【複合語】**lécture thèater** 名 ⓒ 階段教室 〔語法〕単に theater ともいう.

ledge /lédʒ/ 名 ⓒ 〔一般語〕壁から突き出た**棚や棚状のもの**, **崖の岩棚**, また海中に突き出た**岩礁**.

〖語源〗中英語 legge (かんぬき) から. それ以前は不詳.

〖関連語〗shelf.

ledg·er /lédʒər/ 名 ⓒ 〖会計〗**台帳**, **元帳**, **原簿**, 〖楽〗楽譜の五線に加える**加線**.

〖語源〗中英語 leggen (= to lay) から派生したと思われる a legger より.

【複合語】**lédger líne** 名 ⓒ 〖楽〗**加線**.

lee /liː/ 名 形 (やや形式ばった語)(the ～) 風の当たらない**物陰**, **風下**. 形 として風下の.

〖語源〗古英語 hleo (= shelter) から.

〖類義語〗shelter.

【派生語】**léeward** 形 名 Ⓤ 風下(への). **léeway** Ⓤ 時間などの**余裕**, 仕事などの**遅れ**, 〖海〗**風落**(★船が横風を受けて針路をはずれること)をいう.

【複合語】**lée shòre** 名 ⓒ **風下の海岸**. **lée tìde** 名 ⓒ **順風潮**(★風と同じ方向に向かう上げ潮).

leech /liːtʃ/ 名 ⓒ 動 〖本来義〗動 (蛭). また蛭のように吸いついて離れないことから, 比喩的に人から金品を絞り取る**高利貸**や**寄生虫のような人**, 昔治療に蛭を使って血を吸わせたことから (古語) 医者. 動 として蛭で**血を吸い取る**, 人や財産を搾り取る, 食い物にする.

leer

[語源] 古英語 lǽce から.
[関連語] parasite.

leer /líər/ [名][C] [動] [本来自] 〔軽蔑語〕悪意や好色などの表情を表す横目, 流し目, うす笑い. [動] としていやらしい目つきで見る.
[語源] 古英語 hleor (=to look over one's cheek; to look askance) から.
【派生語】**léering** [形]. **léeringly** [副]. **léery** [形]〔俗語〕疑い深い, 警戒している.

lees /líːz/ [名][複]〔やや形式ばった語〕《the ～》ぶどう酒のおり, かす.
[語源] ケルト語起源の中世ラテン語 lia が古フランス語を経て中英語に入った.
[類義語] dregs.

leeward ⇒lee.

leeway ⇒lee.

left¹ /léft/ [形][副][名][UC] 〔一般語〕左の, 左側の, 《しばしば L-》思想的, 政治的に左翼の, 左派の. [副] として左に, 左側に. [名] として《the ～または one's ～》左, 左方, 左側, 左回り, 左折, また《しばしば L-》左翼, 左派, 革新派 (★フランス議会で左側に急進派の議員席を置く習慣ができたことから), 〔野〕レフト, 〔ボクシング〕左打ちなど.
[語源] 古英語 *lyft (弱い, 無価値な) から. 人間の右手より左手のほうが弱い, 不自由だということからこのような意味変化が生じたと考えられる.
[用例] She wore an engagement ring on her *left* hand. 彼女は左手の指に婚約指輪をはめていた/Turn *left* at the next traffic light. 次の信号のところで左折しなさい/He is on the *left* of his party. 彼は党内では左派に属している.
[関連語] center.
[対照語] right.
【慣用句】*have two left feet* 大変ぎこちない. *left, right, and center* 〔くだけた表現〕至る所で, あらゆる点で, 徹底的に. *work with left hand* のらりくらりと仕事をする.
【派生語】**léftist** [名][C][形]〔しばしば軽蔑的に〕左翼[派]の(人), 急進的な(人)(⇔rightist). **léfty** [名][C]〔くだけた語〕左ききの人.
【複合語】**léft fíeld** [名][U]〔野〕左翼, レフト. **léft fíelder** [名][C] 左翼手, レフト. **léft-hánd** [形] 左側の, 左の. **léft-hánded** [形] 左ききの(用), のじなどが左ききの, 不器用な, 態度などがあいまいな, 誠意や正当性などの疑わしい. **léft-hánder** [名][C] 左ききの人, 左腕投手, 〔ボクシング〕左パンチ. **léft wíng** [名]《the ～; 単数または複数扱い》左翼, 左翼, 〔スポ〕左翼(手). **léft-wíng** [形] 左翼の, 急進派の. **léft-wínger** [名][C] 左派の人, サッカーなどのレフトウィングの選手(⇔rightwinger).

left² /léft/ [動] leave¹ の過去・過去分詞.

leg /lég/ [名][C][動] [本来自] 〔一般語〕[一般義] 人や動物の脚 (★もも (thigh) の付け根から下を指し, 広義には足 (foot) も含めて足首 (ankle) までをいうこともある). [その他] 人間や動物の脚の意が転じて, 机やいすなど家具やコンパスなどの脚, あるいは衣服の脚部, 食用の脚肉, もも肉, また比喩的に旅行あるいは競技における全行程中の一区切り, 一区間をいう.
[語源] 古ノルド語 leggr (脚, 手足) が中英語に入った.
[用例] She stood on one *leg* and took one of her shoes off. 彼女は片足で立って靴を脱いだ/One of the *legs* of the chair was broken and it would not stand upright. いすは脚が一本こわれたのでまっすぐに立たなかった/the last *leg* of the trips 旅程の最終段階.
[関連語] foot (足首から下の部分); limb (胴体や頭と区別して肢, すなわち腕や脚).
[日英比較] 日本語の「あし」は英語の leg と foot の両方を意味する. 前者に脚, 後者に足の字を当てるが, 特に使い分けしないことも多い.
【慣用句】*be all legs* 成長しすぎる, ひょろ高い. *be [get] (up) on one's legs* 演説や議論するために立ち上がっている[上がる], 憤然としている[する]. *be on one's last legs* 死にかかっている, 弱りきっている. *find [feel] one's legs* 赤ん坊などが立てるようになる, 自立できる. *give ... a leg up* 助けて馬などに乗せる, 高所に登らせてやる. *have the legs of .....* より足が速い, 速く走れる. *not have a leg to stand on* 立証, 弁明すべき根拠がない. *on one's legs* 立ち上がって, 病気から回復して, 歩けるようになって, 自立できて. *pull ...'s legs* …をからかう, ふざけて一杯くわせる [日英比較]「人の足をひっぱる, 邪魔をする」という意味はない). *shake a leg*〔古風な表現〕《通例命令形で》急ぐ. *show a leg*〔くだけた表現〕起床する. *stand on one's own legs* 自立する, 独力でやっていく. *stretch one's legs* 長時間座っていたあと散歩に出掛ける. *take to one's legs* 逃げ出す.
【派生語】**-légged** [連結]「脚が…な」の意の形容詞を造る. 例: cross-*legged* (足を組んだ). **léggings** [名][複] すね当て, ゲートル, 小児の保温用ズボン, レギンス. **léggy** [形] 子供などの脚が長い, 女性の脚がすらりとした.
【複合語】**lég-pùll** [名][C]〔くだけた語〕ふざけて一杯くわせること, 悪ふざけ. **légroom** [名][U] 座席などでゆったり脚を伸ばせる空間.

leg·a·cy /légəsi/ [名][C]〔一般語〕受け継がれたもの, 遺産, 遺物.
[語源] ラテン語 legare (=to bequeath) の過去分詞から派生した中世ラテン語 *legatia* (=office of a deputy) が古フランス語を経て中英語に入った.
[類義語] bequest.

le·gal /líːgəl/ [形]〔一般語〕[一般義] 法律の, 法律に関する. [その他] 法定の, 合法的な, 適法の, また法律家の, 弁護士の.
[語源] ラテン語 lex (=law) の [形] *legalis* が古フランス語を経て中英語に入った.
[用例] a *legal* document 法律文書/*legal* rights 法律上の権利/*legal* proceedings 訴訟手続き/a *legal* fare 法定運賃.
[類義語] legal; lawful; legitimate: **legal** は「法律に関する, 法定の」という意味が中心で, その他「法律で許可された」の意にもなるが, **lawful** はもっぱら「法律で認可された, 合法性のある」の意で, 倫理上または信仰上正当性があることも意味する. **legitimate** は形式ばった語で, 権利や資格が「正当な, 合法的な」の意のほか「理にかなった, 一本筋の通った」意味も表す.
[反意語] illegal.
【派生語】**legálity** [名][U] 合法性, 正当性(⇔illegality). **lègalizátion** [名][U] 合法化, 認可. **légalize** [動] [本来自] 合法化する, 認可する. **légally** [副].
【複合語】**légal áge** [名][U] 法定年齢. **légal hóliday** [名][C]《米》法定休日《英》bank holiday). **légal ténder** [名][U] 法定貨幣, 法貨 (語源 単に ten-

leg·ate /légit/ 名 C 〔一般語〕ローマ法王の**特使**.
[語源] ラテン語 *legare* (=to bequeath; to send as ambassador) の過去分詞 *legatus* が古フランス語を経て中英語に入った.

leg·a·tee /lègətí:/ 名 C 【法】遺産受取人.
[語源] legate+-ee. 初期近代英語から.

le·ga·tion /ligéiʃən/ 名 C 〔一般語〕**公使館**, 《the ~; 単数または複数扱い》**全公使館員**.
[語源] ラテン語 *legatio* (=embassy) が古フランス語を経て中英語に入った.
[関連語] minister; embassy; consulate.

le·ga·to /ligá:tou/ 形 副 名 C 【楽】なめらかな[に], レガートな[で]. 名 としてレガート奏法, レガートの楽節.
[語源] イタリア語 *legato* (=tied) が 19 世紀に入った.
[関連語] staccato.

leg·end /lédʒənd/ 名 CU 〔一般語〕[一般義] 古くからの言い伝え, 伝説. [その他]《集合的》ある民族や国家などについての伝承物語, 伝説文学. また《くだけた語》人々の語りぐさになっている伝説的[神話的]人物[出来事]. さらに記念碑などに刻まれる題銘, 貨幣などの銘, 地図の凡例, 挿絵などの説明(文)などの意.
[語源] ラテン語 *legere* (=to read) から派生した中世ラテン語 *legenda* (読まれるべきもの) が古フランス語を経て中英語に入った. lecture (講義) と同族語.
[用例] There is a *legend* in our family that Queen Elizabeth I once visited this house. わが一族には, むかしエリザベス一世がこの家を訪問したという言い伝えがある/*Legend* has it that many big serpents lived in this cave. 伝説によると, この洞穴にはたくさんの大蛇が棲んでいたという/The *legend* below the photograph reads 'April 1948.' 写真の下には「1948 年 4 月」と銘が打ってあった.
[関連語] myth; folklore; tradition.
【派生語】**légendary** 形 伝説(上)の, 昔から名高い. 名 C 伝説集.

leg·er·de·main /lèdʒərdəméin/ 名 U 〔形式ばった語〕手先の**早業**, **手品**, 転じてごまかし.
[語源] 古フランス語 *leger de main* (=light of hand) が中英語に入った.

leggings ⇒leg.

leggy ⇒leg.

leg·i·ble /lédʒəbl/ 形 〔やや形式ばった語〕字が**読みやすい**, 判読できる.
[語源] ラテン語 *legere* (=to read) から派生した後期ラテン語 *legibilis* (=readable) が中英語に入った.
【派生語】**legibílity** 名 U. **légibly** 副.

le·gion /lí:dʒən/ 名 C U 〔やや形式ばった語〕[一般義] **多数**, **多勢**. [その他] 本来は古代ローマの**軍団**の意で, そこから**軍隊**, 在郷軍人会の意にも使われる. 形 として〔述語的用法〕多数の.
[語源] ラテン語 *legere* (=to gather) から派生した *legio* が古フランス語を経て中英語に入った.
[用例] a foreign *legion* 外人部隊.
【派生語】**légionary** 形.

leg·is·late /lédʒisleit/ 動 [本来自] 〔一般義〕**法律を制定する** 《[語法] for ... で「...を実行させるための」, against で「...を禁止するための」》. 他 人に法律により...させる.
[語源] legislator, あるいは一説では legislation から逆成によって 18 世紀に造られた. legislator はラテン語 *legis lator* (=proposer of a law) が初期近代英語に入った.
[用例] The government plan to *legislate* against the import of foreign cars. 政府は外車の輸入を禁止するための立法を計画している/We have tried to *legislate* for every possible situation. 私たちは起こり得るあらゆる状況を考慮に入れて立法化するよう努めてきた/We are to *legislate* him into office this April. この 4 月には正式に彼を任官させる予定である.
[類義語] establish.
【派生語】**lègislátion** 名 U 立法, 《集合的》法律. **législative** 形 立法の, 法に定められた. 名 C 立法権, 立法機関. **législator** 名 C 立法者. **législature** 名 C 立法機関.

legitimacy ⇒legitimate.

le·git·i·mate /lidʒítəmit/ 形, /-meit/ 動 [本来他] 形 式ばった語 [一般義] 法にかなった, 規則に合った, 正当な. [その他] 子が嫡出である. また理由などが筋の通った, 合理的な, さらに本来の, 本物の, 正統的な. 動 として**合法と認める**, 子を嫡出と認める.
[語源] ラテン語 *legitimus* (=lawful) に由来する中世ラテン語 *legitimare* (=to legitimize) の過去分詞が中英語に入った.
[類義語] lawful; legal.
[反意語] illegitimate.
【派生語】**legítimacy** 名 U 合法, 正当性. **legítimately** 副. **legítimatize** 動 [本来他]. **legítimize** 動 [本来他] 合法的にする.

leg·ume /légju:m, ligjú:m/ 名 C 〔一般義〕**まめ科植物**, 食用の豆類.
[語源] ラテン語 *legere* (=to gather; to pick) から派生した *legumen* (集められたもの, 豆) がフランス語を経て初期近代英語に入った.
【派生語】**legúminous** 形.

lei /léi, léii/ 名 C 〔一般義〕ハワイで人を送迎するとき首にかける花輪, レイ.
[語源] ハワイ語. 19 世紀に入った.

lei·sure /lí:ʒər, lé-/ 名 U 〔一般義〕**休養**, **休息**ためのの余暇. [その他] 仕事からの解放によって得られた自由時間, 暇, それが与えてくれるゆったりした気分, 安逸さ. また〔形容詞的に〕暇な, あるいはレジャー(用)の.
[語法] 例えば I've no *time* to read. (本を読む暇がない)のように, time にも「暇」という意味があるが, 両語の意味関係は leisure=free [spare] *time* である.
[語源] ラテン語 *licere* (=to be permitted) が古フランス語で *leisir* となり, それが名詞化して中英語に入った.
[用例] She leads a life of *leisure*. 彼女は暇な生活を送っている/I seldom have *leisure* to consider the problem. 私はゆっくりその問題を考えてみる暇などほとんどない/*leisure* time の例.
[日英比較] 日本語の「レジャー」は余暇を利用した楽しみや娯楽を意味するが, 英語の leisure にはこの意味はない. これは英語では leisure activities, または recreation, amusement という: She always spends her holidays on *recreation*. 彼女はいつも休日をレジャーに使っている/a *recreational* vehicle レジャー・カー, RV 車/a *recreation(al)* [*amusement*] center レジャー・センター/an *amusement* park レジャー・ランド.
[関連語] rest.
[対照語] toil; work.
【慣用句】***at leisure*** 暇で, 仕事がなくて, ゆっくりと時

間をかけて. *at one's leisure* 暇なときに, 都合のよいときに.
【派生語】**léisured** 形 暇のある, 有閑の, ゆっくりした. **léisurely** 形 のんびりと(した), ゆったりと(した).

leit·mo·tif, leit·mo·tiv /láitmouti:f/ 名 C 〖楽〗オペラなどで主題, 状況, 感情などを表すために繰り返される短い楽句, ライトモチーフ.
語源 ドイツ語 *Leitmotiv*(=leading motive)が19世紀に入った.

lem·ma /lémə/ 名 C (複 ~s, ~ta) 〖形式ばった語〗辞書などの見出し語, 文章などの主題, 論証などの前提(premise).
語源 ギリシャ語 *lēmma*(=premise)がラテン語を経て初期近代英語に入った.

lem·on /lémən/ 名 CU 形 一般義 一般義 レモン, またその木. その他 レモン色, 淡黄色, 紅茶に加えるレモン風味, あるいはレモン飲料. さらに〔俗語〕〔軽蔑的〕特に車などの欠陥品, きずもの, だめな人間, 〔英〕魅力のない女. 形 としてレモンの, レモン色[風味]の.
語源 アラビア語 *laymūn* が中世ラテン語, 古フランス語を経て中英語に入った. lime (ライム) と同語源.
日英比較 レモンは日本ではさわやかなイメージを与える果物だが, 欧米では「たいへん酸っぱい果物」としてあまりいい感じを持たれていない. したがって「欠陥品」とか「だめな人」という軽蔑的意味にも使われている.
【派生語】**lèmonáde** 名 U レモネード.
【複合語】**lémon cùrd** 名 C 卵, バター, レモン汁で作ったレモンカード. 〖語法〗lemon cheese ともいう). **lémon lìme** 名 U 〔米〕レモンライム(★炭酸飲料). **lémon sòda** 名 U 〔米〕=lemon squash. **lémon squásh** 名 U 〔英〕レモンスカッシュ. **lémon squèezer** 名 C レモン絞り器.

lend /lénd/ 動 本来義 (過去・過分 lent) 〔一般義〕一般義 人に物や金を貸す. その他 転じて手を貸す, 援助や力を与える, 支援する, 比喩的にあるものに趣き, 美しさ, 特色などを添える, 加える.
語源 古英語 *lǣn*(=loan)の 動 *lǣnan* が中英語で lenen となり, その過去形と形が入れ替わって lenden となった. loan と同語源.
用例 She had forgotten her umbrella so I *lent* her mine to go home with. 彼女が傘を忘れてきたので, 家に帰るのに私の傘を貸してあげた/Desperation *lent* him strength. やけっぱちな気持ちがかえって彼を強くした/Her presence *lent* an air of respectability to the occasion. 彼女がいてくれたおかげでその催しは立派なものになった.
類義語 lend; loan: **lend** は主に無料あるいは無報酬で人に物や金を貸すことをいうが, 利息をとって一定期間金などを貸すという意味にもなる. **loan** は主に〔米〕で lend と同じ意味に用いられるが, 与件をつけて貸すのが loan, 無料のときは lend というように区別する人もいる. 一方〔英〕では銀行などが金を貸付けるという意味に使われる.
関連語 rent (out)(家, 車, 機械などを賃貸しする); let (out)(〔英〕家, 部屋などを貸し与える); lease (正式な契約書をかわして不動産などを賃貸[借]する).
日英比較 日本語の「貸す」は有料か無料の区別があいまいだが, 英語ではこの区別がかなりはっきりしていて, 別々の言葉を使う.
対照語 borrow.
【慣用句】*lend a* (*helping*) *hand* 手を貸す, 助けてやる. *lend itself to* …… にすぐに適応する, …しやすい,

…に役立つ. *lend oneself to* …〔悪い意味で〕…にふける, …に力を尽くす.
【派生語】**lénder** 名 C 貸す人, 金貸し (money-lender).
【複合語】**lénding lìbrary** 名 C 貸本屋(rental library; circulating library), 〔主に英〕公共図書館の貸出し部.

length /léŋkθ/ 名 CU 〔一般義〕一般義 ものの端から端までの長さ. その他 寸法などの丈(たけ), 横に対する縦, また本や文章などの長さ, 時間の長さ, 期間, 目的や規格に合った一定の長さのもの, 転じて特定の目的に使われる長さの基準, 例えばボートレースにおける艇身, 競馬でいう馬身, また思考や行動などの範囲, 程度を指す.
語源 古英語 *lengthu* から.
用例 What is the *length* of your car? あなたの車の全長はどのくらいですか/a short *length* of string 一本の短いひも/Please note down the *length* of time it takes you to do it? それをするのに要した時間を書き留めておいてください/I bought a skirt-*length* of tweed. 私はスカートを作るのに必要なだけツイード地を買った/The other boat is several *lengths* in front. もう1そうのボートのほうが数艇身の差で先行している/She didn't blame her husband to that *length*. 彼女は夫をそこまでは非難しなかった.
関連語 breadth; width; height; depth.
【慣用句】*at full length* 全身を十分伸ばして, 十分に, 詳細に. *at great length* くどくどと, きわめて詳しく. *at length* 長時間経ったあとついに, やっと〖語法〗at last よりも形式ばったい方), 十分に, 詳細に. *go* [*travel*] *over* [*through*] *the length and breadth of* … …をあまさところなく旅行する. *go* (*to*) *the length of* … *-ing* 極端にも…する, …までもする.
【派生語】**léngthen** 動 本来義 長くする[なる], 伸ばす. **léngthily** 副 長々と, 長たらしく. **léngthways** 副 =lengthwise. **léngthwise** 副 縦の[に], 縦長の[に]. **léngthy** 形 長い, 文章や話が冗長な.

lenience, -cy ⇒lenient.

le·ni·ent /lí:niənt/ 形 〔一般義〕処罰などが寛大な, 情け深い, 温厚な.
語源 ラテン語 *lenire*(=to soften)の現在分詞 *leniens* が初期近代英語に入った.
【派生語】**lénience, -cy** 名 U. **léniently** 副.

lens /lénz/ 名 C 〔一般義〕一般義 眼鏡, カメラなどのレンズ. その他 〖解〗眼球の中の水晶体. また〔複数形で〕コンタクトレンズの意.
語源 ラテン語 *lens*(=lentil) からの近代ラテン語が初期近代英語に入った. ひら豆の形がレンズに似ているところから.
用例 a camera *lens* カメラのレンズ/a convex [concave] *lens* 凸[凹]レンズ/The disease has affected the *lens* of his left eye. その病気のため彼の左眼球の水晶体が冒されている.

lent /lént/ 動 lend の過去・過去分詞.

Lent /lént/ 名 〖キ教〗四旬節(★日曜日を除いて断食が行われる Easter 前の40日間).
語源 古英語 *lencten*(=spring)から.
関連語 carnival.
【複合語】**Lént tèrm** 名 U 〔英〕大学の春学期(★クリスマス休暇後から Easter のころまで).

len·til /léntil/ 名 C 〖植〗ひら豆, レンズ豆.

le·o·nine /líːənain/ 形 〔形式ばった語〕ライオンの(ように)威厳のある, 堂々とした.
[語源] ラテン語 leo (=lion) の 形 leoninus が中英語に入った.

leop·ard /lépərd/ 名 C 【動】アジア, アフリカ産のひょう.
[語源] ギリシャ語 leopardos (leōn lion + pardos panther) が後期ラテン語, 古フランス語を経て中英語に入った.
[関連語] panther.
【派生語】**léopardess** 名 C 雌ひょう.

le·o·tard /líːətɑːrd/ 名 C 〔一般語〕《通例複数形で》ダンサー, 体操選手などが着るレオタード.
[語源] フランスの空中曲芸師 Jules Léotard の名にちなむ. 19 世紀から.

lep·er /lépər/ 名 C 〔一般語〕ハンセン病患者, また世間から嫌われる者.
[語源] ギリシャ語 lepros (=rough; scaly) の女性形名詞 lepra がラテン語, 古フランス語を経て中英語に入った.
【派生語】**léprosy** 名 U ハンセン病. **léprous** 形.

les·bi·an, Les·bi·an /lézbiən/ 形名 C 〔一般語〕同性愛の女性(の).
[語源] Lesbos 島に住んでいた女流詩人 Sappho がその弟子たちと同性愛に耽ったという伝説による. 初期近代英語から.
【派生語】**lésbianism** 名 U.

lese maj·es·ty /líːz mǽdʒəsti/ 名 U 【法】不敬罪, 大逆罪.
[語源] ラテン語 laesa majestas (=injured majesty) がフランス語 lèse-majesté を経て初期近代英語に入った.

le·sion /líːʒən/ 名 C 【医】身体, 器官などの損傷, 傷害, その後遺症.
[語源] ラテン語 laedere (=to injure) の過去分詞 laesus から派生した 名 laesio が古フランス語を経て中英語に入った.

less /lés/ 形 副 代 前 〔一般語〕一般義《little の比較級》量または数がより[いっそう]少ない. その他 大きさなどがより[いっそう]小さい, 年齢, 身分, 程度がより[いっそう]低い, より[いっそう]劣っている. 語法 可算名詞のときは fewer のほうが一般的だが, くだけた表現では less も用いる. また大きさなどがより小さいことを表す場合は smaller のほうが普通). 副 としてより[いっそう]少なく[低く]. 代 として, 量, 額, 時には数についてより少ないもの. 前 として ... を減じた, ... だけ少ない 語法 この場合の強勢は弱く /les/ となる.
[語源] 形 は古英語 lǽssa (より小さい) から. 副 は古英語 lǽs (より少なく) から. less は今日 little の比較級として用いられるが, この 2 語は語源的に別なものである.
[用例] We had *less* time than I had hoped. 思っていたよりは時間の余裕がなかった/He had never met anyone *less* attractive. 彼はこれほど魅力のない人間に会ったことがなかった/You should eat *less* if you want to lose weight. やせたければ食事の量をもっと減らすべきだ/He earns £90 a week *less* £30 income tax. 彼の稼ぎは所得税週 30 ポンドを差し引いた週 90 ポンドである.
[反意語] more.

【慣用句】**any the less** 《否定文, 疑問文で》それだけ少なく. **in less than no time** 直ちに. **little less than** ... …とほとんど同じくらい. **much less** ⇒ much. **no less than** ... …ほどにも (★数, 量が多いことを驚きをこめていう), …にほかならぬ, …も同然の. **no less ... than** ... …に劣らず, …と同じに, まぎれもない…: I had dinner with *no less* a person *than* the Queen. 私が食事を共にしたのはほかならぬ女王自身であった. **none the less** やはり, それでもなお. **not less than** ... 少なくとも… (★数, 量が同等かそれ以上の意). **not less ... than** ... …に勝るとも劣らぬほど. **nothing less than** ... ちょうど…と同じだけ, 少なくとも…ぐらいは, まさに…, …にほかならぬ. **something [somewhat] less than** ... 決して…でない, …どころではない.

【派生語】**léssen** 動 本来自 少なくなる[する], 小さくなる[する]. **lésser** 形 主に価値や重要性などがより低い, 劣った: **lesser panda**【動】レッサーパンダ.

-less /-lis, -ləs/ 接尾 名詞につけて「…のない, 無限の」の意を表す. 例: harm*less*(無害な); number*less*(無数の). また動詞につけて「…することのない, …ができない」の意を表す. 例: cease*less*(絶え間ない); tire*less*(疲れを知らない).
[語源] 古英語の形容詞 lēas (…を欠いた) が接尾辞化したもの. もともとは名詞につけたが, 16 世紀末ごろから動詞にもつけるようになった.

les·see /lesíː/ 名 C 〔一般語〕借地人, 借家人, 借主.
[語源] 古フランス語 lesser (=to lease) の過去分詞 lessé に由来するノルマンフランス語 lessee が中英語に入った.

lessen ⇒less.

lesser ⇒less.

les·son /lésn/ 名 C 〔一般語〕一般義 学校で習う学課. その他 学校などで教わる一連の授業, けいこ, ピアノのレッスン, あるいは教科書の中の第...課. 人を戒めるための教訓, 見せしめ, 失敗や経験などから学んだ知恵, 教え, 【キ教】朝夕の礼拝の時に読む聖書の一節, 日課.
[語源] ラテン語 legere (=to read) の 名 lectio (=reading) が古フランス語を経て中英語に入った.
[用例] school *lessons* 学校の授業/She became ill during the French *lesson*. 彼女はフランス語の授業中に気分が悪くなった/The *lesson* which we learned from the experience was never to trust anyone. 私たちが経験から学んだ教訓はだれも信用するなということだった/He was asked to read the *lesson* on Sunday morning. 彼は日曜日の朝の礼拝で日課を読むように頼まれた.
[日英比較] 日本語の「レッスン」は個人的な授業, おけいこ事という意味が主である. なおゴルフやテニスを一般の愛好者に教える「レッスンプロ」は英語で golf [tennis] pro, teaching pro という.
[類義語] **lesson**「授業」; class: lesson は特に小学校などの児童が受ける場合をいい, class は広く小学校から大学までの授業を指す.
「教訓」lesson; teachings; moral: lesson は今までの経験から学ぶことができたもの, あるいは二度と人に過ちを犯させないとする「見せしめ」の意. teachings は偉い人の教えの意: the *teachings* of Christ キリストの教え. また moral は特に物語的, 寓話的な教訓をいう.

【慣用句】 *read* [*give*; *teach*] ... *a lesson* ...に小言をいう, 訓戒を垂れる.

les·sor /lésɔːr|-́-/ 图 C 〔一般語〕家主, 地主, 貸主.

語源 ノルマンフランス語 *lesser*(=to lease) から派生した *lessor* が中英語に入った.

lest /lést/ 接 〔形式ばった古風な語〕一般義 副詞節を導いて...しないように, ...するといけないから, ...に備えて 《語法》 for fear that [of] ... または in case を使うのが一般的). その他 fear や be anxious などの後で...ではないかと, ...しはすまいかと.

語源 古英語 thȳ læs the(= by the less that)が後に the læste となり, 中英語でこの the が消失してleste となった.

用例 He wouldn't put the letter in his pocket *lest* he forgot about it. うっかり忘れるといけないからその手紙をポケットにしまわなかった/We were afraid *lest* we (should) be caught in a thunderstorm. 私たちは雷雨になりはしないかと心配した 《語法》 《米》では should を用いないのが普通).

let¹ /lét/ 動 (過去・過分 ~) 图 C 〔一般語〕

一般義 許可して, または放任して人に...させる, ...させておく. その他 物事を...の状態にしておく. また《1 人称を目的語とした命令文で》相手に許可を求めて...させてください (⇒let's 見出し語), 〔やや形式ばった語〕《3 人称を目的語とした命令文で》...に...させてやれ, してもらおう, 仮定, 譲歩の意を表して, 仮に...だとすれば, たとえ...でも許. また《目的語＋方向や運動を示す副詞(句)を伴って》行く[来る, 入る, 出る, 進む, 通る]のを許す (in; into; out; down; up; through など), 気体や液体を流出させる, 声などを漏らす, 土地や家などを賃貸しする. 自 土地や家などが貸される, 賃貸される. 图 として《英》家などの賃貸, 貸し家[部屋].

語源 「置き去りにする, 残す, 許す, 土地を貸す」などの意の古英語 lǣtan から.

用例 She didn't *let* her children go out in the rain. 彼女は子供たちに雨のときの外出を許さなかった/*Let* me see what you have in your hand. 手に持っているものを見せてください/If they will not work, *let* them starve. 働こうとせぬ者は飢えて死すがよい/*let* the dog out 犬を外に出してやる/*a* sigh of relief ほっと安堵(ぁんど)のため息をつく/a room to *let* 貸し部屋.

類義語 let; allow; permit: **let** はくだけた語で, 許可を与えたり黙認したりして相手の望み通りにさせてやるをいう. ただし, 時には無責任に, またはうっかり相手にそうさせてしまうという意味にもなる. **allow** は入場を許可したり, 人が何かをすることを認めるなど, 明確に許可を与える意. **permit** は let や allow よりも意味がはっきりしており, 積極的に賛成したり正式な許可を与えたりすることをいう.

【慣用句】 *let alone* ... ...は言うまでもなく. *let* ... *alone* ...をほうっておく. *let away* 立ち去らせる. *let by* そばを通し, 誤りなどを大目に見てやる. *let down* 降ろす, 落とす, スカートやすそなどを長くする, 裏切る, 見捨てる, 顔をつぶす, タイヤなどから空気を抜く, 着陸前に飛行機が高度を下げる, 〔くだけた表現〕《米》気を緩める, たるむ. *let drop* こぼす, 落とす. *let ... go* ...を自由にしてやる, 放す, *let in* 中に入れる, 容認する, 衣服などを短くする, 〔くだけた表現〕困難などに巻きこむ, だます. *Let me see.* ええと. *let off* 乗客を降ろす, 解き放つ, 銃を撃つ, 演説などを一席ぶつ. *let ... off* ...人を...から放免する, 免除する. *let on* 乗客を乗せる, ...のふりをする 《about ...》, ...を口外する 《about; that ...》. *let oneself go* 自制心を失う. *let out* 外に出してやる, 解放する, 叫び声などを発する, 秘密などをもらす, 衣服などを広げる[大きくする], 激しく非難する, 賃貸し, 散会する, 解雇する. *let ... out of* ... ...を...から解放する, 放免する, 空気などを抜く. *let ... through* ... 関門などを通過させる, 試験に合格させる. *let up* 弱まる, 静まる, 緊張などが緩む. *let up on ...* 人やものへの厳しさを緩める.

【複合語】 **létdówn** 图 C 減少, 飛行機の降下[, 〔くだけた語〕 落胆, 期待外れ. **létup** 图 U 〔くだけた語〕 休止, ほっとすること.

let² /lét/ 图 C 《テニス・バドミントン》ネットに触れて入ったサーブ, レット.

語源 古英語 lettan(= to hinder; to delay) から.

-let /-lit, -lət/ 接尾 名詞につけて「小...」の意. 例: booklet (小冊子); starlet (小さな星). また装身具など「付ける物」の意. 例: wristlet (腕輪, 腕時計のバンド).

語源 古フランス語 *-elet* が-lette として中英語に入った.

le·thal /líːθəl/ 形 〔形式ばった語〕 死をきたす, 致死の.

語源 ラテン語 *letum*(=death)の 形 *letalis* が初期近代英語に入った.

類義語 fatal.

lethargic, -cal ⇒lethargy

leth·ar·gy /léθərdʒi/ 图 U 〔形式ばった語〕体がだるくて反応が鈍い状態, 不活発, 無気力, 《医》嗜眠(しみん).

語源 ギリシャ語 *lēthargos*(=forgetful) の 图 *lēthargia* がラテン語, 古フランス語を経て中英語に入った.

類義語 languor; stupor; torpor.

【派生語】 **lethárgic, -cal** 形. **lethárgically** 副.

let's /léts/ 《let us の短縮形》 〔くだけた語〕 さあ...しようという勧誘の意を表す.

用例 *Let's* leave right away! さあ出発だ/*Let's* not talk in class! 授業中おしゃべりはやめましょう.

語法 ❶ *let's と let us は次の例のように区別される: Let's* have something to drink. 何か飲もうじゃないか/*Let us* have something to drink. 我々に何か飲みものをください. ❷「...しないことにしよう」は Let's not ... が普通だが, 《英》ではこのほか Don't let's ... もよく用いられる. なお 《米》ではごくくだけた表現としてLet's don't ... という言い方もある. ❸ 相手に婉曲に何かを指示, 命令するときに用いられることがある: *Let's* turn off the radio. ラジオを消してくれないか. ❹ *Let's* ... のあとに付く付加疑問は shall we? である: *Let's* play tennis this afternoon, shall we? 今日の午後テニスをしませんか.

【慣用句】 *Let's see.* 思案とか疑いの意を表し, まてよ, ええと(Let me see.).

let·ter /létər/ 图 C 動 本来義 〔一般語〕手紙. その他 本来は文字という意味だが, 転じて文字で書かれたものを指すようになり, 手紙, あるいは 〔形式ばった語〕《複数形で》文学, 学問の意. さらに活字の字体や活字の一揃い, 《米》通例運動の選手が賞として受ける, シャツにつける学校名の頭文字をいう. 動 として印刷する, 標題を入れる.

語源 ラテン語 *littera*(アルファベット文字, 筆跡)との複数形 *litterae*(手紙, 書類)が古フランス語を経て中

英語に入った. ラテン語時代にすでに両方の意味が存在していた.

[用例] She slowly took the *letter* from its envelope. 彼女はゆっくりと封筒から手紙をとり出した/the *letters* of the alphabet アルファベットの文字.

[類義語]「手紙」letter; note: **letter** は最も一般的な語. **note** は伝言のメモ, 簡単な置き手紙などの短い略式の手紙.

「文字」letter; character: **letter** がアルファベット文字であるのに対して, **character** は漢字などの表意文字をいう.

[関連語] figure (数字).

【慣用句】 *to the letter* 文字通り, 正確に: He carried out my order *to the letter*. 彼は私の命令を忠実に実行した.

【派生語】léttered 形 学問[教養]のある, 文学に通じた, 文字入りの. léttering 名 U 図案化した文字を書いたり刻んだりする技術, レタリング, その文字[字体].

【複合語】létter bòx 名 C 個人の郵便受け((米) mail box). létter càrrier 名 C 郵便配達人((米) mail carrier). létter hèad 名 C レターヘッド (★便箋(びんせん)上部に印刷した個人や会社などの住所・名前など), レターヘッド付き便箋. létter pàper 名 U 便箋, 書簡用紙 (notepaper). létter-pérfect 形 (米) 台本のせりふを完全によく暗記している, word-perfect. létter prèss 名 U 凸版[活版]印刷(物). létters pátent 名 (複) 国王, 政府から与えられる専売許可証. létter writer 名 C 手紙を書く人, 手紙の代書人. létter wrìting 名 U.

let·tuce /létis/ 名 CU 【植】レタス, また野菜としてのその葉.

[語源] ラテン語 *lac* (=milk) から派生した *lactuca* (=lettuce) が古フランス語 *laitues* を経て中英語に入った. ミルクのような白い液体が切り口から出ることから.

leu·ke·mi·a /lju:kí:miə/ 名 U 【医】白血病 [語法] leucemia, leukaemia ともつづる.

[語源] ギリシャ語 *leukos* (= white) + *haima* (= blood) から 19 世紀にドイツで造られた語.

【派生語】leukémic 形 名 C 白血病の(患者).

leu·ko·cyte /lú:kəsait/ 名 C 【解】白血球 《[語法] leucocyte ともつづる》.

[語源] ギリシャ語 *leukos* (= white) + *kytos* (= hollow vessel) から 19 世紀に造語された.

lev·ee[1] /lévi/ 名 C 〔一般語〕《米・カナダ》川の堤防, 土手, 川の船着場.

[語源] フランス語 *lever* (=to raise) の過去分詞 *levée* が 18 世紀に入った. 「一段高くなっている所」が原意.

lev·ee[2] /lévi/ 名 C 〔一般語〕《米》大統領や高官によって開かれるレセプション, 接見会. 【史】君主が起床直後に行なった接見, また英国で君主が昼過ぎに行なった調見式.

[語源] フランス語 *se lever* (=to rise) から派生した *lever* (=arising) が初期近代英語に入った.

lev·el /lévl/ 名 C 〔一般語〕〔一般義〕学問, 技術などの水準, レベル. [その他] 元来水平状態を測るために使われる水準器を指し, これから水平線[面]になり, 水平な状態[位置], 平地, 平原, さらに水平面の高さ, 高度を表し, 転じて水準や社会的な身分, 地位の意になった. 形 として平らな, 水平の, 起伏のない, …と同じ高さの, 同程度の《with; to), 一様でむらのない, 精神状態が平静な, 冷静な, 分別のある, [俗語]《米》あからさまな, 率直な. 動 として, 物の面を平らにする, 水平にする, 銃などを水平に構える, 向ける, 非難などを浴びせる, 比喩的に同等にする, 差別を除いて平等にする, 基準や水準に合せる. 自 水平になる, 平等になる, 銃などのねらいを定める.

[語源] ラテン語で「天秤(てんびん)」を意味する *libra* の指小語 *libella* が古フランス語 *livel*, *level* を経て中英語に入った.

[用例] a high *level* of culture 高い文化水準/The *level* of the river rose. 川の水位が上がった/a *level* spoonful of sugar スプーンすり切り 1 杯の砂糖/The score of the two teams are *level*. 2 チームの得点は等しい/Her tone was calm and *level*. 彼女の声の調子は冷静で落ち着いていた.

[類義語] ⇒flat.

【慣用句】 *do one's level best* 〔くだけた表現〕最善[全力]を尽くす. *find one's (own) level* それ相応の地位に落ち着く, しかるべき地位を得る. *on the level* 〔くだけた表現〕公平に[で], 正直に[で]. *level down* 引き下げて同じ高さにする. *level off* 安定する, 航空機が水平飛行に移る. *level out* 同レベルにする, 一様にする. *level up* 引き上げて同じ高さにする.

【派生語】léveler (英) -ll- 名 C 水平[平等]にする人[もの], 《米》〔悪い意味で〕平等主義者, 階級打破者.

【複合語】lével cróssing 名 C 《英》平面交差点, 踏切《(米) grade crossing). lével-héaded 形 穏健な, 思慮の分別のある, 冷静な.

le·ver /lévər|lí:-/ 名 C 〔本来他〕〔一般語〕〔一般義〕機械類の操作に使われるてこ, レバー. [その他] 車の変速レバー, 列車のスロットル, また比喩的に人や物を動かす手段. 動 として, 物をてこで動かす[持ち上げる, こじあける]の意.

[語源] ラテン語 *levare* (=to raise) からの古フランス語 *lever* の派生形 *leveor* (=raiser) が中英語に入った.

[用例] pull a *lever* レバーを引く/He used his wealth as a *lever* to get what he wanted. 彼は欲しいものを手に入れる手段として財産を使った.

【派生語】léverage 名 U てこの作用[装置], 効力, 影響力. 動 [本来他] 会社にてこ入れする, 利益を見越して資金を借入利用する.

lev·i·tate /léviteit/ 動 [本来自] 〔一般語〕心霊術で空中に浮かぶ[浮かばせる].

[語源] ラテン語 *levis* (=light in weight) をもとに, gravitate からの類推によって初期近代英語で造られた.

【派生語】lèvitátion 名 U 空中浮揚.

lev·y /lévi/ 動 [本来他] 名 C 〔形式ばった語〕〔一般義〕税金, 寄付金などを賦課する, 徴集する. [その他] 兵隊などを召集する, 【法】財産を差し押える, 税金などの賦課, 徴収, 兵士の召集, 召集人員, 【法】押収, 物品の差押え.

[語源] 古フランス語 *lever* (⇒lever) の派生形 *levée* (=act of raising) が中英語に入った.

lewd /lú:d/ 形 〔一般語〕〔軽蔑的〕言葉, 気持ち, 行為がみだらな, わいせつな.

[語源] 古英語 *læwede* (世俗の) から.

[類義語] indecent; lascivious; lustful.

【派生語】léwdly 副. léwdness 名 U.

lex·eme /léksi:m/ 名 C 【言】語彙素.

[語源] lex(icon) + -eme として 20 世紀に造られた.

lex·i·cal /léksikəl/ 形【言】語の、あるいは辞書(編集)の.
[語源] lexic(on)+-al. 19 世紀から.
【派生語】**lèxicalizátion** 名 U 実在の語にすること. **léxically** 副.
【複合語】**léxical méaning** 名 C 辞書的意味.

lexicographer ⇒lexicography.

lex·i·cog·ra·phy /lèksəkágrəfi/-ɔ́-/ 名 U 〔一般語〕辞書編集(法), 辞書学. 初期近代英語から.
[語源] lexico(n)+-graphy.
【派生語】**lèxicógrapher** 名 C 辞書編集者.

lexicology ⇒lexicon.

lex·i·con /léksəkən/-kɑ̀n/ 名 C (複 -ca, ~s) 〔形式ばった語〕〔一般義〕辞書 (語法) dictionary より形式ばった語). [その他] ギリシャ語、ラテン語など古典語の辞書. また特定の作家、作品、分野に関する語彙(ジ)(集), 語彙目録.
[語源] ギリシャ語 lexis (⇒lexis) の 形 lexikos (=of words) の中性形 lexikon が初期近代英語に入った.
【派生語】**lèxicólogy** 名 U 【言】語彙論.

lex·is /léksis/ 名 UC (複 **lexes**/léksi:z/)【言】特定の言語や作家などの総語彙、あるいは語彙論.
[語源] ギリシャ語 legein (=to speak) の派生形 lexis (=speech; word) をもとに 20 世紀に造られた.

liability ⇒liable.

li·a·ble /láiəbl/ 形〔やや形式ばった語〕〔一般義〕《述語用法》よくないこと、好ましくないことをしがちな、しやすい. [その他] 本来は法律的にしばられていることの意で、責任を負うべきである、刑などに服する義務があるの意、転じて…を免れない、病気などにかかりやすい、…しがちなの意となった.
[語源] ラテン語 ligare (=to bind) が古フランス語で lier となり、アングロフランス語で *liable が派生し、中英語に入った.
[用例] Watch the milk—it's *liable* to boil over. ミルクをよく見ていてね. よくふきこぼれるから/He is *liable* for his debt. 彼は負債を支払わねばならない.
【派生語】**liabílity** 名 UC 傾向にあること、陥りやすいこと、責任、義務、《通例複数形で》支払うべき金額、負債、借金、〔くだけた語〕《通例単数形で》不利な人[もの], ハンディキャップ: product *liability* 製造物責任(PL).

liaise ⇒liaison.

li·ai·son /li(:)éiz*ɔ̀:*n/ 名 CU 〔一般語〕〔一般義〕組織内の、または外部との連絡、接触. [その他] 連絡係, 〔形式ばった語〕男女間の密通, 【音】フランス語などで 2 語を連結して発音する連声、リエゾン, 【料理】つなぎ.
[語源] ラテン語 ligare (=to bind) に由来するフランス語 lier の 名 liaison (=binding) が18 世紀に入った.
【派生語】**liáise** 動 本来自 …と連絡をつける (★逆成語).
【複合語】**liáison òfficer** 名 C 連絡将校.

liar ⇒lie².

lib /lib/ 名 U 〔くだけた語〕解放, 解放運動, 特に女性解放運動, ウーマンリブ(women's lib).
[語源] liberation の短縮語.
【派生語】**líbber** 名 C 女性解放運動家.

li·ba·tion /laibéiʃən/ 名 C 〔一般語〕特に古代ギリシャあるいはローマにおいてぶどう酒などを地に注いで神にささげる儀式、献酒, その時用いる神酒(ミ). また一般的に〔くだけた語〕酒、飲酒.
[語源] ラテン語 libare (=to taste; to pour out) の 名 libatio (=drink-offering) が中英語に入った.

libber ⇒lib.

li·bel /láibəl/ 名 UC 動 本来他 《過去・過分《英》-ll-》【法】文書誹毀(ジ)(罪), 誹謗文書. 一般に中傷(文). 動 として、文書で誹謗する、中傷する.
[語源] ラテン語 liber (=book) の指小語 libellus (=little book, writing) が古フランス語を経て中英語に入った.
[用例] a *libel* suit 名誉毀損の訴訟.
【派生語】**líbeler**, 《英》-ll- 名 C 他人の名誉を毀損する人. **líbelist**, 《英》-ll- 名 C =libeler. **líbelous**, 《英》-ll- 形 名誉毀損の. **líbelously**, 《英》-ll- 副.

lib·er·al /líbərəl/ 形 名 C 〔一般語〕〔一般義〕特定の事柄や考え方にとらわれない、自由な. [その他] 政治や思想などに関して自由思想[主義]をもつ、進歩的な、また心のひろい、寛大な、偏見のない、自由に与えることから、気前のいい、物惜しみをしない、自由で制限のないことから、たくさんの、豊富な、さらに翻訳などが字義にとらわれない、厳密でないの意になる. 教育に関しては、特定の分野にとらわれない自由な学問ということから、一般教養の(★この意は古くから用いられた). 名 として、政治や宗教の進歩主義者、自由主義者.
[語源] ラテン語 liber (=free) の派生形 liberalis (=characteristic of a free man) が古フランス語を経て中英語に入った.
[用例] He is very *liberal* in his attitude to other people's religious views. 彼の他の人々の宗教的見解に対する態度はとても寛大である/She was very *liberal* with her money. 彼女はとても金離れがよかった/His education was *liberal* and wide-ranging. 彼の教育は教養を深める幅広いものであった.
[類義語] free.
[日英比較] 日本語でいう「リベラリスト」は英語では liberal という.
【派生語】**líberalism** 名 U 自由主義. **liberálity** 名 UC 気前のよさ, 心の広い寛大さ, 施しもの, 贈りもの. **liberalizátion** 名 U. **líberalize** 動 本来他 自由(主義)化する, 寛大にする. **líberally** 副.
【複合語】**líberal árts** 名 複《the ~》《米》大学の一般教養科目(★哲学, 語学, 文学, 歴史, 社会科学, 自然科学など). 《the seven ~》中世の自由七科(★文法, 論理学, 修辞学, 算数, 幾何, 天文, 音楽). **líberal educátion** 名 U 専門教育に対して人格教育に重きを置く高等普通教育, 一般教養教育.

lib·er·ate /líbəreit/ 動 本来他 〔形式ばった語〕〔一般義〕人や国を束縛などから外部の力で解放する、自由にする. [その他] 性差別や偏見の解放, 〔俗語〕人の所有物を解放してくる、すなわち盗む, 【化】ガスなどを気体として遊離させる.
[語源] ラテン語 liber (=free) から派生した liberare (=to set free) の過去分詞 liberatus から初期近代英語に入った.
[用例] The prisoners were *liberated* by the new Government. 囚人たちは新政府によって自由にされた.
[類義語] release; free.
[反意語] enslave.
【派生語】**liberátion** 名 U 解放, 解放運動 (《語法》

短縮形は lib). **lìberátionist** 名 C 解放論者. 形 (女性)解放運動の. **líberator** 名 C.

Li·be·ria /laɪbí(ː)əriə/ 名 固 リベリア 《★アフリカの共和国》.

lib·er·ty /líbərti/ 名 UC 〔形式ばった語〕[一般義] 束縛や支配から取り去られて得られた自由, 解放. [その他] 国民が自分の意志で行動したり選択したりできる自由, 権利, 《単数形で》その自由が過度になった勝手気まま, 傍若無人な言動, 《複数形で》特権.
[語源] ラテン語 liber (＝free) の 名 libertas が中英語に入った.
[用例] liberty of conscience [speech] 信教[言論]の自由/Children have a lot more liberty now than they used to. 子供たちは以前よりも今はもっと気ままにふるまっている.
[類義語] ⇒freedom.
[反義語] slavery.
【慣用句】 *at liberty* 自由に, 勝手に, 解放されて. *be at liberty to do* 勝手に…してよい. *take liberties with …* 人に度を越えてなれなれしくする, 規則などを勝手に変える.

libidinal ⇒libido.
libidinous ⇒libido.
li·bi·do /líbiːdou/ 名 UC 〔精神分析〕本能的な性エネルギー, 生命力, 一般に性的衝動.
[語源] ラテン語 libere (＝to please) から派生した libido (＝lust) が近代ラテン語を経て 20 世紀に入った.
[派生語] **libídinal** 形. **libídinous** 形.

librarian ⇒library.
li·brar·y /láɪbrəri/ 名 C 〔一般語〕[一般義] 図書室, 図書館. [その他] 個人の書斎, 書庫, 蔵書, レコード, フィルムなどのコレクション, 新聞社などの資料室, 《コンピューター》ライブラリー. また連続して出版される一連の双書, …文庫など.
[語源] ラテン語でぶなの木の内皮を意味した liber が文字を書くために使われたことから「本」を意味するようになり, それから派生した librarius (＝of books) の 名 librarium (＝bookcase) が古フランス語を経て中英語に入った.
[用例] She has a fine library of books on art. 彼女には美術関係の立派な蔵書がある.
[派生語] **librárian** 名 C 図書館司書, 図書館員. **librárianship** 名 U 司書の職[地位].
【複合語】 **library card** 名 C 図書帯出カード. **library edition** 名 C 頑丈に製本された図書館版, または同一装丁の全集版. **library science** 名 U 図書館学.

li·bret·to /librétoʊ/ 名 C 《複 ～s, -ti》〔楽〕歌劇やミュージカルの歌詞や台本.
[語源] ラテン語 liber (＝book) からのイタリア語 libro の指小語が 18 世紀に入った.

Lib·y·a /líbiə/ 名 固 リビア 《★アフリカ北部の共和国》.
[派生語] **Líbyan** 形 リビア(人)の. 名 C リビア人.

lice /láɪs/ 名 louse¹ の複数形.
li·cence /láɪsəns/ 名 〔英〕＝license.
li·cense /láɪsəns/ 名 UC 〔一般語〕[一般義] 公的機関が発行する免許証. [その他] 公的機関による免許, 認可, また〔形式ばった語〕人に…する許し, 承諾 (to do), さらに他の人が迷惑するような過度な自由や自由の乱用, 芸術家や詩人の過去の伝統的な形式にはとらわれない型破り, 破格. 動 として《しばしば受身で》認可する, 免許を与える, 許す.
[語法] 《英》では 名 は普通 licence とつづられる.
[語源] ラテン語 licere (＝be permitted) の現在分詞 licens から出た 名 licentia (＝freedom) が古フランス語を経て中英語に入った. ⇒leisure.
[用例] a driver's license, 《英》 a driving licence 運転免許証/He allows his daughter too much licence. 彼はあまりにも娘を自由放任にしすぎている.
[類義語] freedom; liberty.
[派生語] **licensed** 形 人や店が認可された, 酒類販売免許を持った: **licensed practical nurse** 《米》有資格実地看護師(LPN). **licensée** 名 C 免許を受けた人, 特に酒類販売免許所有者. **licéntiate** 名 C 大学で認可された医学や法律などの分野の開業有資格者, ヨーロッパやカナダの一部の大学の修士(号). **licéntious** 形 性的行動が不道徳な, 放縦な, みだらな. **licéntiously** 副. **licéntiousness** 名 U.
【複合語】 **license plate** 名 C 《米》登録番号標, 特に車のナンバープレート(《英》number plate).

li·chen /láɪkən/ 名 U 〔植〕苔などの地衣(類), 〔医〕吹出物を伴う皮膚病の総称, 苔癬(たいせん).
[語源] ギリシャ語 leikhein (＝to lick) の派生形 leikhēn (＝licker) がラテン語 lichen を経て初期近代英語に入った.

lick /lík/ 動 [本来他] C 〔一般語〕[一般義] 動物や人が舌でなめる. [その他] 〔文語〕比喩的に波がなめるように洗う, 炎などがめらめらと走る, 〔くだけた語〕罰としてなぐる, 戦いなどで相手を打ち負かす. 名 としてなめること, 一なめ, 一塗り, 一掃き, 〔くだけた語〕少量, やっつけ仕事, 棒で強打すること, 速さ, スピード.
[語源] 古英語 liccian から.
[用例] The dog licked her hand. 犬が彼女の手をなめた/Flame licked the walls. 炎が壁に燃え広がった/The child gave the ice-cream a lick. その子供はアイスをなめた.
【慣用句】 *a lick and a promise* 〔くだけた表現〕後できちんとやろうと思って行う雑な仕事, ざっときれいにすること. *lick into shape* 一人前にする. *lick one's wounds* 動物が傷口をなめていやすことから, 敗北のあとで再起を期す. *lick …'s boots [shoes]* 上司などにへつらう.
[派生語] **lícking** 名 〔くだけた語〕《a ～》一なめ, なぐること, 惨敗.

lid /líd/ 名 C 動 [本来他] 〔一般語〕[一般義] 箱やつぼなどのふた. [その他] ふた状のものを表し, 貝や植物のふた, 目のまぶた(eyelid), 〔俗語〕帽子, 〔くだけた語〕価格やギャンブルなどの取り締まり, 制限など. 動 としてふたをする, おおう.
[語源] 古英語 hlid から.
【慣用句】 *flip one's lid* 〔くだけた表現〕自制心を失いかっとなる. *put a lid on …* …にふたをする, 隠す. *take [lift] the lid off …* …を暴露する.
[派生語] **lídded** 形 ふたのある, おおいのある.

li·do /líːdou/ 名 C 〔一般語〕《英》高級な海岸の保養地, また屋外水泳プール.
[語源] イタリア東北部にある Lido 島の名から. 19 世紀に入った.

lie¹ /láɪ/ 動 [本来自]《過去 lay; 過分 lain》名 C 〔一般語〕[一般義] 人や動物が横たわる, 横になる, 寝る. [その他] 《しばしば補語を伴って》物が横たわるように置かれている,

横たわる状態で**存在**する, 死者が墓地などに**眠っている**, 人や物が…の状態にある, ある, 責任や原因が…に**存在**する, ある, 《副詞(句)を伴って》土地などがある場所に**位置**する, 場所や景色などが**広がっている**. 图 として 《通例単数形で》もののある**位置**, **方向**, 物事の**形勢**, 《ゴルフ》ボールの止まった地点, ライ.

語源 古英語 licgan から.

用例 She went into the bedroom and *lay* on the bed. 彼女は寝室に入り, ベッドに横になった/He decided to *lie* hidden for a few days longer. 彼はもう数日隠れていることにした/The farm *lay* three miles from the sea. その農場は海から3マイルのところにあった.

関連語 lay.

【慣用句】 *lie about [around]* ぶらぶら過ごす. *lie back* あおむけに横になる, のんびりする. *lie behind* …の背後に, 隠れた原因となっている. *lie by* 仕事の手を休める, 使わないで手もとにおいてある. *lie down* 横になって休む, 〔くだけた表現〕不当な侮辱に屈服する. *lie in* 〔くだけた表現〕《英》遅くまで寝ている. *lie on [upon]* …の責任である, …次第である. *lie with* …責任などが…にある, …の役目である: The decision lies with you. 決定するのはあなただ.

【複合語】 **líe-dòwn** 图 C 〔くだけた表現〕《英》ベッドでの一休み. **líe-ìn** 图 C 〔くだけた表現〕《英》寝坊デモ, 座り込み, 《英》朝寝.

lie² /lái/ 動 本来自 C 〔一般語〕〔一般義〕相手をだますためにうそをつく, 〔その他〕物が人を惑わす, まちがった印象を与える. 图 としてうそ, 虚言.

語源 古英語 lēogan から.

用例 There's no point in asking her—she'll just *lie* about it. 彼女に聞いたところでむだだよ. それについてうそを言うだけだから/a white [black] *lie* 罪のない[悪意のある]うそ.

日英比較 日本語の「うそ」は軽い意味で使われることが多いが, 英語の lie は悪意のあるうそで, 相手に対する重大な非難を含む.

類義語 lie; falsehood; fib: **lie** は故意に事実を曲げてうそ. **falsehood** は形式ばった語で, lie より広い意味で使われ, いつも非難や悪意を含むとは限らない. **fib** は日本語の「うそ」に近く, 軽い罪のないうその意味で用いられる.

【慣用句】 *give the lie to …* …が偽りであることを示す. *lie in one's teeth [throat]* ひどいうそをつく.

【派生語】 **líar** 图 C 常習的なうそつき. **lýing** 形 图 U.

【複合語】 **líe detèctor** 图 C うそ発見器 (polygraph).

lied /líːd/ 图 C 《複 ~er》《楽》ドイツ歌曲, リート.

語源 ドイツ語 *Lied* (= song) が19世紀に入った.

liege /líːdʒ/ 图 C 形 〔一般語〕封建時代の君主, 王侯, また逆に臣下, 家来. 形 として主従関係にある, 臣下として忠義な.

語源 中世ラテン語 *lētus* (農奴) の派生形 *lēticus* が古フランス語 *li(e)ge* を経て中英語に入った.

【複合語】 **líege màn**, **líegeman** 图 C 臣下, 忠実な者.

lien /líː(ː)ən/ 图 C 《法》先取特権, 留置権, また抵当権.

語源 ラテン語 *ligamen* (= band) がフランス語を経て初期近代英語に入った.「財産などに結びつけるもの」の原義.

【複合語】 **líenhòlder** 图 C 先取特権[留置権]者.

lieu /ljúː/ 图 〔形式ばった語〕《次の慣用句で》*in lieu of* … …の代わりに (instead of).

語源 ラテン語 *locus* (= place) が古フランス語を経て中英語に入った.

lieu·ten·ant /luːténənt | 陸軍 leftén-, 海軍 letén-/ 图 C 《軍》《米》陸軍, 空軍, 海兵隊の**中尉** (first lieutenant), **小尉** (second lieutenant), 海軍**大尉**, 《英》陸軍中尉, 海軍大尉. また上官代理, 副官, 《米》警察の警部補, 警察, 消防署の副署長.

語源 古フランス語 *lieutenant* (*lieu* place + *tenant* holding) が中英語に入った.

【複合語】 **lieuténant cólonel** 图 C 《米》陸軍, 空軍, 海兵隊の**中佐**, 《英》陸軍中佐. **lieuténant commánder** 图 C 海軍少佐. **lieuténant géneral** 图 C 《米》陸軍, 空軍, 海兵隊の**中将**, 《英》陸軍中将. **lieuténant góvernor** 图 C 《米》州副知事, 《英》植民地副総督.

life /láif/ 图 UC 〔一般語〕《複 **lives**/láivz/》〔一般義〕人や動植物の**生命**, 個々の命, 人命, 生命あるもの, すなわち**生き物**, **生物**, 誕生から死までの命のある期間, **寿命**, **一生**, **人生**, **この世**, あるいは生きている間の生き方や暮らし方, **実生活**, さらに生きているものの特徴である**活力**, **活気**, **元気**を意味する. また一生ということから, 人の伝記, 身の上話, ものの**存続期間**, 寿命, 機械などの耐用年数, 生き物の意から, 美術のモデルなどの実物, 実物大の意. 《形容詞的に》生命の, 一生の, 終身の, 生命保険の, 実物をモデルにしての意にもなる.

語源 古英語 *lif* から. *libban* (= to live) と関連している.

用例 Although the plant looked dead, she was sure that there was still some *life* in it. 植物は枯れているように見えたが, 彼女はまだ生きていると確信していた/animal [plant] *life* 動[植]物/She was full of *life* and energy. 彼女は元気一杯であった/a *life* member of a club クラブの終身会員.

類義語 life; living; livelihood: **life** は社会的·文化的な面での暮らし方の意. **living** は経済的な意味で生計をたてていく暮らし方. **livelihood** は living とほぼ同意であるが, 形式ばった語で「生計の手段」の意で用いられる.

反意語 death.

【慣用句】 *as large [big] as life* 等身大の, まぎれもなく本人で. *bring … to life* 人を生き返らせる, 話などを生き生きさせる. *come to life* 意識を取り戻す, 活気づく, 作品などが真に迫る. *for life* 死ぬまで, 一生: They became friends *for life*. 彼らは生涯の友人となった. *in life* 生前. *in one's life* 一生のうちで, 《否定文で》生まれてこのかた. *take (…'s) life* 人を殺す. *take one's own life* 自殺する. *to the life* 実物そっくりで.

【派生語】 **lifeless** 形 生命のない, 活気のない. **lifelessly** 副. **lifelessness** 图 U. **lifelike** 形 生きているように実物そっくりの. **lifer** 图 C 〔俗語〕終身懲役者, 《米》職業軍人.

【複合語】 **life-and-death** 形 生死にかかわる, 重大な (語法) **life-or-death** ともいう). **life annùity** 图 C 《保険》終身年金. **life assùrance** 图 U 《主に英》= life insurance. **life bèlt** 图 C 《海》胸につける救命帯, 安全ベルト (safety belt). **lifeblòod** 图 U 生

命に必要な血液, **活力のもと**: Oil is the *lifeblood* of modern society. 石油は現代社会の生命源だ. **life bòat** 名 C 救命ボート, 海難救助船. **life bùoy** 名 C 救命用の浮き袋《語法》単に buoy ともいう). **life cỳcle** 名 C 《生態学》生活(循)環, 生活過程. **life expèctancy** 名 UC 平均余命. **life-giving** 形 生気を与えて元気づける. **lifeguàrd** 名 C 《米》プールなどの監視員, 救助員《英》lifesavers, 《英》護衛(兵)(bodyguard). **life history** 名 C 《生》生物の発生から死までの生活史, 一般的に人の生涯, 一代記. **life imprisonment** 名 C 終身刑. **life insùrance** 名 U 生命保険《英》life assurance. **life jàcket** 名 C 救命胴衣(life vest;《英》air jacket). **lifelìne** 名 C 重要な輸送路などを結ぶ生命線, 潜水夫の命綱, 救命索. **lifelòng** 形 一生続く, 終生の. **life nèt** 名 C 高所から飛び降りる人を受け止める救命網[シート]. **life pèer** 名 C 《英》一代貴族. **life presèrver** 名 C 《米》救命ブイや救命胴衣などの救命具,《英》護身用の仕込み杖. **life ràft** 名 C 救命用のゴムボート《語法》単に raft ともいう). **lifesàver** 名 C 水難の人命救助者, 輪の形の救命具,《英》水泳場の監視員,《米》lifeguard,〔くだけた語〕危機からの救いの神. **lifesàving** 形 名 U 人命救助(の),《米》水難救助(の). **life séntence** 名 C 終身刑, 無期懲役. **life-size, life-sìzed** 形 実物大の, 等身大の. **life spàn** 名 C 生物の命の長さ, 寿命. **life stòry** 名 C 伝記, 身の上話《語法》単に life ともいう). **lifestýle** 名 UC 個人の生活様式. **life-sùpport sỳstem** 名 C 宇宙船などの生命維持装置. **lifetime** 名 UC 人の一生, 物の耐用期間, 寿命. 形 一生の, 終生の. **lifewórk** 名 U 一生の仕事.

lift /lɪft/ 動 本来他 〔一般語〕〔一般義〕置いてある物などを持ち上げる. その他 持ち上げて, または持ち上げるようにして運ぶ, 人を車に乗せてやる, 比喩的に声, 地位, 程度などを高める, 上げる, また持ち上げてどけることから, 問題などを取り除く, 包囲, 封鎖, 禁止, 制限などを解く, 解除する,〔くだけた語〕店から**万引きする**, 文章などを盗用する. 自 持ち上がる, 霧や気分などが晴れるなどの意. 名 として 持ち上げる[上がる]こと, 車に乗せること, 上昇, 昇進, 精神の高揚, 感情の高ぶり,《空》揚力, また昇降機, リフト,《英》エレベーター(《米》elevator),〔くだけた語〕万引き(shoplifting).

語源 古ノルド語 *lypta* (= to lift) が中英語に入った. 古英語 *lyft* (= air) と同語源.

用例 The box was so heavy I couldn't *lift* it. その箱は重すぎて持ち上げられなかった/They *lifted* (up) their voices and sang. 彼らは声を張り上げて歌った/*lift* an embargo [economic sanctions] 輸出入禁止令[経済制裁]を解除する/By noon, the fog was beginning to *lift*. 昼頃までには霧は晴れ始めた.

反意語 lower.

【慣用句】 **give ... a lift** 人を車に乗せてやる.

【派生語】 **lifter** 名 C 持ち上げる人[もの], 万引きする人 (shoplifter).

【複合語】 **liftbòy** 名 C 《英》エレベーターボーイ(《米》elevator operator). **liftmàn** 名 C 《英》エレベーター係(《米》elevator operator). **liftòff** 名 CU ロケットなどの打ち上げ.

lig·a·ment /lɪ́gəmənt/ 名 C 《解》靭帯(じん).

語源 ラテン語 *ligare* (= to tie; to bind) の *ligamentum* が中英語に入った.

lig·a·ture /lɪ́gətʃʊər/ 名 UC 本来他 〔一般語〕〔一般義〕手術時の結紮(けっさつ)(糸). その他 一般にくくること, 結びつけること, つながり, 連係,《楽》スラー,《印》合字, 連字 (fi, fl, ffi, æ など).

語源 ラテン語 *ligare* (= to bind) の過去分詞 *ligatus* から派生した後期ラテン語 *ligatura* が中英語に入った.

light¹ /laɪt/ 名 UC 本来他 (過去・過分 ~ed) 〔一般語〕〔一般義〕光, 明るさ. その他 明り, 灯火, 明るいところ, あるいは日の明り, 日光, 昼間. 比喩的に物事にあてる光を表し, 理解, 精神的な明るさから, 希望の光, 啓発, 明るみに出ることから, 露見, ものを見る見方, 観点, 顔の明るさ, 目の輝き. さらに具体的に電灯, ライターやたばこなどの小さな火,《複数形で》交通信号機. 形 として, 比喩的に明るい, 色が明るい, 薄い, 淡い. 動 として, ろうそく, ライター, たばこなどに火をつける, 明りをつける, 場所を明るくする, 物や場所を照らす, 希望や喜びなどが顔や周囲を輝かせる. 自 火[明り]がつく, 明るくなる.

語源 古英語 *lēoht* から.

用例 She opened the curtains and *light* came into the room. 彼女がカーテンを開けると光が部屋に入ってきた/Suddenly all the *lights* went out. 突然すべての明りが消えた/He looked at his action in a favorable [different] *light*. 彼は好意的な[異なった]見方で彼の行動をみた/traffic *lights* 交通信号.

反意語 dark.

【慣用句】 **bring ... to light** 秘密などを明るみに出す. **come to light** 秘密などが明るみに出る. **throw light on ...** ...に光明を投じる, ...の解明に役立つ.

【派生語】 **lighten** 動 本来他 空や顔を明るくする, 照明でぱっと照らす. **lighter** 名 C たばこ用のライター. **lighting** 名 U 部屋などの照明(法). **lightless** 形 光のない, 明りのない. **lightness** 名 C 光, 明るさ, 明度.

【複合語】 **líght bùlb** 名 C 電球. **lighthòuse** 名 C 灯台. **light microscope** 名 C 光学顕微鏡. **lightshìp, líght vèssel** 名 C 灯(台)船. **light yèar** 名 C 《天》光年.

light² /laɪt/ 形 本来他 〔一般語〕〔一般義〕重さが軽い. その他 軽いことから, 分量が少ない, また食べ物が軽い, 胃にもたれず消化しやすい, 酒などのアルコール濃度が低い, さらに程度が軽いことを表し, 雨や風などが弱い, 音が静かな, 眠りが浅いの意. また, 心が軽い, 軽快な, 仕事が軽い, 楽な, 容易な, 音楽や文章などが肩の凝らない, 娯楽的な, 乗り物や装備などが軽装の, 軽便な, さらに《悪い意味で》軽率な, 軽々しい. 副 として軽装で, 身軽に.

語源 古英語 *lēoht* から.

用例 This table is *light* enough for one person to move. このテーブルは一人で動かせるほど軽い/She was very *light* on her feet. 彼女は足どりが軽かった/You must look for *light* work after you leave hospital. 退院後は楽な仕事をさがさなければいけないよ/*light* conduct 軽率な行為.

反意語 heavy.

【派生語】 **lighten** 動 本来他 軽くする. **lightly** 副. **lightness** 名 U.

【複合語】 **light fàce** 名 U 《印》肉細活字. **light-fíngered** 形 〔くだけた語〕手くせの悪い, 手先の器用な. **light-héaded** 形 酒などを飲んで頭がくらくらする, 思慮のない. **lighthéarted** 形 心配や苦労がなく気楽な, 快活な. **líght índustry** 名 U 軽工業. **light**

light·ning /láitniŋ/ 名 U 形 [本来自] 〔一般語〕稲妻, 電光. 形 として, 稲妻のようにすばやい. 動 として稲光りがする〔雷が落ちることがふくまれる〕.
[語源] 古英語 līhtan (= to lighten) の中英語形 lightenen の動名詞から.
[用例] The house was struck by *lightning*. その家に雷が落ちた/*lightning* operations 電撃作戦.
[日英比較] 日本語の「雷」は英語では lightning (稲妻) と thunder (雷鳴), thunderbolt (雷鳴を伴う1回の稲妻) に区別される. また日本語の「雷に打たれる」は英語では be struck by lightning といい,「…に雷が落ちる」も同じ表現を使う.
【複合語】**líghtning ròd** [《英》**condùctor**] 名 C 避雷針. **líghtning stríke** 名 C 落雷, 不意打ちのストライキ.

likable ⇒like¹.

like¹ /láik/ 動 [本来他] 〔一般語〕[その他] 人, 物事が好きである, 好む. [その他] 本来は物事が自分または人に「適している, 合っている」の意で, この意味は現在では《通例否定文で》食物などが…の体質に合うということ. そこから, 好むの意となり, さらに楽しむ, 気に入る, 望む, …したいなどの意となった. 名 として《複数形で》好きな物, 好み.
[語法] I would [《英》should] like ... は「…が欲しい」, また to 不定詞と共に用いて「…できたら…したい」というような形式ばった丁寧な表現である. 普通は《米》《英》共に I'd like ... を使う.
[語源] 古英語 līcian (= to please) から. 古英語 līc (= body) に関連する語で, …の実体 (body) に「合っている, 適している」から, 動詞の līcian と, 形容詞の gelīc (似ている) になった.
[用例] I *like* the way you've decorated this room. この部屋のあなたの飾りつけが気に入った/She *likes* going to the cinema. 彼女は映画を見に行くのが好きだ/I'd *like* you to come earlier tomorrow morning. 明日の朝はもっと早く来てもらいたい.
[類義語] like; be fond of; love: **like** は人やその人の考え方が気に入っていることや, 物などを楽しみや満足感をもって好むことを表す一般的な語. **be fond of** は **like** とほぼ同意だが, **like** より意味が強く, また感情的な好みをいう. **love** は人に対する愛情を表すほか, 物事についても **be fond of** よりさらに強い感情を表す. 特に女性が **like** の意味で好んで使う.
[反意語] dislike; hate.
【慣用句】**if you like** 〔ややくだけた表現〕いやでなければ, よかったら, そう言いたければ《言いかえは》…丁寧な表現》…はいかがですか, …なさいませんか (to do).
【派生語】**likable, likeable** 形 魅力があって人に好まれる, 魅力のある. **liking** 名 UC《通例単数形で》好みで, 好んで(my liking).

like² /láik/ 形 前 接 名 C 〔一般語〕[一般語] 外形や性質などが似ている. [その他] 数や量などが等しい. 前 として …に似た, …と同じように, …のような[に]. 接 として〔くだけた語〕《米》のように(as)《語法》書き言葉では as を用いる方がよいとされている. 名 として, …に似たもの, 同類 (of) の意.
[語源] 古英語 gelīc (= alike) から. ⇒like¹.

[用例] They're as *like* as two peas. 彼らは瓜二つだ/It tastes *like* lemon. それはレモンのような味がする/No-one does it *like* he does. 彼がするようにそれをする人はいない/*Likes* repel but unlikes attract. 似たもの同士は反発するが違うもの同士は引き合う.
【慣用句】**and the like** …など, および同種のもの. **or the like** または同種のもの, …など. *the likes of* ...〔くだけた表現〕…のような人 (★自分の場合は卑下して, 相手に対してはほめて言う場合が多い). **(as) like as not**=**like enough**〔くだけた表現〕多分. 十中八九 ((as) likely as not).
【派生語】**liken** 動 [本来他]《しばしば受身で》似たものとしてたとえる. **likeness** 名 U. **likewise** 副 同じように, また.
【複合語】**like-minded** 形 考え・興味・目的などが同じ, 同じ心の: *like-minded* people 同じ考えをもった人々.

likelihood ⇒likely.

like·ly /láikli/ 形 副 〔一般語〕[一般語] 多分にありうる, 起こりそう. [その他] 可能性が高いことから, 見込みのある, 適切な. 副 として恐らく《語法》most, very, quite, more などの修飾語を伴って用いられることが多い). [語源] 古スカンジナビア語 glíkligr (glīkr 'like² + -ligr -ly) が中英語に入った. 古英語 gelīc (⇒like²) と同族語.
[用例] It's *likely* that she knows him. 多分彼女は彼を知っているだろう.
[類義語] ⇒possible.
【慣用句】*a likely story* ありそうな話《語法》皮肉をこめて「まゆつばもの」「ありそうもない話」の意で使われることが多い). **(as) likely as not**〔くだけた表現〕おそらく, 多分《語法》very likely ほどではないが probably に近い程度の可能性を含む). *be likely to do* 多分…しそうである, 見込みがある. *Not likely!*〔くだけた表現〕そんなことはない. *very* [*most*] *likely* 大いにありそうなほど, 多分.
【派生語】**likelihood** 名 U 見込み, 可能性: I'll go home if there's any *likelihood* of her coming. 彼女が来る可能性が少しでもあるのなら帰る.

liken ⇒like².

likewise ⇒like².

li·lac /láilək/ 名 CU 形〔植〕ライラック, リラ, またその花の色, 薄紫色(の).
[語源] ペルシャ語 nīlak (= bluish) に由来するアラビア語 līlak がフランス語を経て初期近代英語に入った. なお現代フランス語では lilas.

Lil·li·put /lílipət/ 名 固 小人国 (★Swift 作 *Gulliver's Travels* の中の架空の国).
【派生語】**lilliputian** 形 非常に小さな, 偏狭な. 名 C 小人.

lilt /lílt/ 動 [本来自]〔一般語〕C リズムに乗って歌ったり踊ったり軽快な動作をする. 名 として軽快な調子, 快活な曲[動作].
[語源] 中英語の lulten (= to sound) から.
【派生語】**lilting** 形.

lil·y /líli/ 名 C 形〔植〕ゆり, その花. また白いゆりの花が純潔の象徴であることから, 純潔な人[もの]. 形 として ゆり(のような), ゆりのように白い, 汚れを知らない.
[語源] ラテン語 lilium が古英語に入った.
【複合語】**lily-livered** 形〔文語〕臆病な. **lily of the valley** 名 C〔植〕すずらん. **lily-white** 形〔語〕ゆりのように白い, 純潔な,〔くだけた語〕《米》政界から

ら黒人排斥を主張する.

li·ma bean /líːmə bíːn/ 图 C 〖植〗熱帯・亜熱帯産のライマビーン, あおいまめ, また食用の同属の豆.
[語源] ペルーの首都 Lima から. 18 世紀より.

limb /lím/ 图 C 〔形式ばった語〕[一般義]人や動物の手, 足, 肢 ([語源] かつては四肢のなかでとくに leg の腕曲部として使われた). [その他] 鳥の翼, 樹木の大枝, 物の突出部, 比喩的に手足にたとえられる人, 子分, 手先.
[語源] 古英語 lim から.
[慣用句] *out on a limb* 〔くだけた表現〕《米》枝から身をのりだしたような危ない状態で: *go out on a limb* 危ない橋を渡る.
[派生語] **límbless** 形.

lim·ber /límbər/ 形 [本来他] [一般義]身のこなしや心がしなやかな. 動 として 柔軟にする (up).
[語源] 不詳.
[派生語] **límberness** 图 U.

limbless ⇒limb.

lim·bo /límbou/ 图 U 〖キ教〗(しばしば L-)キリスト降誕以前に死んだ善人や洗礼を受けていない小児の霊魂が住む地獄と天国の間にある地獄の辺土, リンボ. [一般義]中間の状態[場所], 忘れ物や不要なものの行き着く場所, 忘却の淵, さらに拘置所や刑務所.
[語源] ラテン語 *limbus* (=edge; border)からの中世ラテン語の奪格形が中英語に入った.
[慣用句] *in limbo* 忘れられた, 無視された.

lime¹ /láim/ 图 CU 〖植〗ライム, その実. またライム色, 薄緑.
[語源] アラビア語 *līma* (=citrus fruit)がスペイン語, フランス語を経て初期近代英語に入った.
[派生語] **lìmeáde** 图 U 《米》清涼飲料のライムエード.
[複合語] **líme jùice** 图 U ライムジュース.

lime² /láim/ 图 U 動 [本来他] 〔一般義〕石灰, 特に生石灰(quick lime), 消石灰(slaked lime). 動 として, 土地に石灰をまく, 石灰で消毒する.
[語源] 古英語 lim から.
[複合語] **límekiln** 图 C 石灰がま. **límelìght** 图 U 石灰光 (★昔舞台でスポットライトに用いた). **límestòne** 图 U 石灰石[岩]:**límestone càve** [cávern] 图 C 鍾乳洞.

lime³ /láim/ 图 C 〖植〗しなのき, ぼだいじゅ.
[語源] 古英語 lind (=linden) から. 後に line, さらに lime に変化した.

limeade ⇒lime¹.

lim·it /límit/ 图 C 動 [本来他] 〔一般義〕[一般義]越えられないぎりぎりの限界, 限度. [その他] 越えられないことから, 制限, 境界(線). さらにここから〔形式ばった語〕《複数形で》区域, 範囲, 〔くだけた語〕(the ~) 我慢できないほど腹立たしい人[もの]. また〖数〗極限値, 〖商〗指し値. 動 として, 範囲や程度などを制限する, 限定する.
[語源] ラテン語 *limitare* (=to confine within bounds)が古フランス語を経て中英語に入った.
[用例] the upper [lower] *limit* 上[下]限/We must put a *limit* on our spending. 出費を制限しなければならない/We must *limit* the amount of time we spend on this work. 私たちはこの仕事に費やす時間を抑えなければならない.
[類義語] limit; restrict; confine: **limit** は越えることができない限界線や限度を設けることで, **restrict** は境界によって区切ることから, 人の行動の自由を強く締めつけて制限する意味合いが強い. **confine** は restrict とほぼ同意であるが, 範囲を限定する意味合いが強い.
[派生語] **límitable** 形. **límitary** 形 制限的な, 有限の. **lìmitátion** 图 U 《しばしば複数形で》能力や行動面での限界, 弱み: We all have our *limitations*. 我々はみな力の限界がある. **límitative** 形 限定的な. **límited** 形 数量が限られている, 有限の, 《米》特急の, 《英》会社が有限責任の (〖法〗Ltd. と略し, 社名の後につける): **limited(-liability) company** 《英》有限[責任]会社. **límiting** 形 制限する. **límitless** 形 無限の.

lim·ou·sine /líməzìːn/ 图 C 〔一般義〕[一般義]運転席と客席の間に仕切りのある箱型大型高級乗用車, 運転手付き大型高級乗用車, リムジン. [その他] 空港と市内を結んで旅客を送迎するリムジンバス (〖日英比較〗英語では単に limousine という).
[語源] フランス中西部 Limousin 地方の羊飼いが着ていたコートのフードの形から. もと運転席は客室の外にあり, 屋根だけで覆われていたことによる. フランス語が 20 世紀に入った.
[関連語] sedan.

limp¹ /límp/ 動 [本来自] 〔一般義〕[一般義]けがなどで痛めた足を引きずって歩く. [その他] 比喩的に車や船が事故などのためのろのろ進む, もたつく, 仕事が進まない, 〖音語〗音楽や詩の韻律が乱れる. 图 として (a ~)不自由な歩行.
[語源] 古英語 limpan (=to walk lamely)からと思われ, 詳細は不詳.

limp² /límp/ 形 〔一般義〕[一般義]物がしっかりしていなくてぐにゃぐにゃの. [その他] 人が元気のない, 弱々しい, 製本がソフトカバーの.
[語源] limp¹ から. 18 世紀より.
[派生語] **límply** 副. **límpness** 图 U.

lim·pid /límpid/ 形 〖文語〗水, 空気, 目などが澄んだ, 清い, 透明な, 心が澄みきった, 文体が明晰な.
[語源] ラテン語 *lympha* (=water)から派生したと思われる *limpidus* かフランス語 *limpide* が初期近代英語に入った.
[派生語] **limpídity** 图 U.

linch·pin /líntʃpin/ 图 C 〔一般義〕[一般義]車輪が車軸から外れるのを防ぐ輪止めくさび. [その他] 比喩的に仕事上かなめとなる重要な部分[人].
[語源] 古英語 lynis (=axle-pin)+pin (=pin) から.

Lin·coln /líŋkən/ 图 圖 リンカーン Abraham Lincoln(1809-65) (★米国第 16 代大統領; 南北戦争 (the Civil War) で南軍を破った). また米国ネブラスカ州の州都リンカーン, 〖商標〗米国の大型高級乗用車リンカーン.

line¹ /láin/ 图 C 動 [本来他] 〔一般義〕[一般義]直線, 曲線, 斜線などペンなどでもつの上の線. [その他] 本来はひも, 糸の意で, ここからひも状のもの, ひいては線状のものを表し, 行列, 縦列, 顔のしわ, 文字や文の行, 数行からなる短信, さらに国境線, 国境線, 戦線, 前線, 電線, 電話線, 競技場の線, ライン, さらに乗り物の路線, 航路, 航空路, 物の形を表す線である輪郭, 外形, 計画などの概略. また縦につながる線ということから, 系統, 家系, 血筋, さらに情報筋, 情報網, 商品の品ぞろえ, 仕入れ品目, また広く方向や道筋を線にたとえて, 指標となる方針, 進路, 職業, 専門, 得意分野などの意. 動 として 線を引く, 線状に並べる, ...に沿って並ぶ, 顔にしわを作る.
[語源] 古英語 line (ひも, 綱, 一続き)からか, またはラテン

語 *linea* (糸, 線)が古フランス語 *ligne* を経て中英語に入った.
[用例] draw a straight *line* 直線を引く/The children stood in a *line*. 子どもたちが整列していた/I suppose I should drop him a *line*. 彼に一筆書こうと思う/I'm afraid such decisions are not really in my *line*. 残念ながらそのような決定は本当は私の望むところではない/Crowds *lined* the pavement to see the queen. 群衆が女王を見ようと舗道に並んでいた/Age had *lined* her face. 年をとって彼女の顔にはしわが寄っていた.
[類義語] line; queue; row: line と queue はともに縦に並んで順番を待つ列のことであるが, 主として《米》で line, 《英》で queue を用いる. row は横並びの列.
【慣用句】 *all along the line* あらゆる点で, 至る所で. *come [fall] into line* まっすぐの列になる, …と意見が一致する(with). *down the line* 町の中心地に,《テニス》ショットがコートサイドに沿ってまっすぐに,《くだけた表現》《米》完全に. *draw the [a] line* 《ややくだけた表現》一線を画する, 行動の限界線を設ける. *hold the line* 電話を切らずにそのまま待つ, あとで出かける. *in line* 一列に並んで, …と同意見で(with), …の見込みがある[候補である](for): He is *in line* for promotion. 彼は昇進の見込みがある. *line out* 線を入れて削除する, 輪郭[概略]を写す, 歌う, 演じる,《野》ライナーを捕られてアウトになる. *line up* 一列に並ぶ, 整列する; 一列に並べる, あらかじめそろえる, 確保する. *line up behind* …の後に並ぶ, …を政治的に支持する. *on line* 人や機械が作業[活動]している, 端末器が主コンピューターに接続されている. *on the line* 境界線上に, 危うくなって, 相手が電話に出ている. *out of line* 列を乱して, …と一致しないで(with). *read between the lines* 《ややくだけた表現》言外の意味を読みとる, 行間を読む. *shoot a line* 《俗語》人をだますためにほらを吹く. *stand in line* 整列する. *toe the line* 競走でスタートラインにつく,《ややくだけた表現》言われた通りにする.
【派生語】 **líner** 名 © 線を引く人, 定期船[旅客機],《野》ライナー (line drive).
【複合語】 **líne dràwing** 名 © 線画. **líne dríve** 名 ©《野》ライナー. **líneman** 名 © 架線[保線]作業員 (linesman), 《アメフト》攻撃側の前衛の選手, ラインズマン. **línesman** 名 © 球技の公式の線審, 架線[保線]作業員 (lineman). **líneùp** 名 © 人の列, 出場選手のリスト, 警察の面通しの容疑者の列, 組織の陣容, 次々と起こる一連の出来事, 番組や行事の予定表.

line² /láin/ 動 [本来的] 〔一般語〕衣服などに裏を付ける, 裏打ちをする.
[語源] ラテン語 *linum* (= linen) に由来する古英語 *līn* から. 元来 linen で裏地をつけたことから.
[用例] She *lined* the dress with silk. 彼女はドレスに絹の裏をつけた.
【派生語】 **líner** 名 © コートなどの取り外し可能な裏, ライナー, ごみ容器の内装. **líning** 名 ©Ⓤ 衣服や靴などの裏, 裏地, 本の背張り.

lin·e·age /líniidʒ/ 名 ⓊC 〔形式ばった語〕血統, 家系, 家柄 (family line).
[語源] 古フランス語 *ligne* (⇒line¹) の派生形 *lignage* が中英語に入った.

lin·e·al /líniəl/ 形 〔形式ばった語〕先祖や子孫などが直系の, 先祖代々の.
[語源] ラテン語 *linea* (⇒line¹) から派生した後期ラテン語 *linealis* が古フランス語を経て中英語に入った.
【派生語】 **líneally** 副.

lin·e·ar /líniər/ 形 〔形式ばった語〕直線の, 線状の,《数》一次の.
[語源] ラテン語 *linea* (⇒line¹) の 形 *linearis* が初期近代英語に入った.
【派生語】 **línearize** 動 [本来的] 線状にする.
【複合語】 **línear mótor** 名 ©《電》回転運動を直線運動に変えるリニアモーター. **línear mótor càr** 名 © リニアモーターカー.

lin·en /línən/ 名 Ⓤ 形 〔一般語〕[一般義] 亜麻布, リンネル, リンネン. 〔その他〕シーツ, テーブルクロスなどのリンネル製品. 〔古語〕白い下着類.
[語源] ラテン語 *linum* (= flax) に由来する古英語 *līnen* から.
【複合語】 **línen bàsket** 名 ©《英》汚れた洗濯物を入れるかご (laundry basket).

liner ⇒line¹·².

-ling /-liŋ/ 接尾 人やものを表す名詞につき,「…の若いもの, 小さいもの, 劣ったもの」という意味の名詞を造る. 例: nurs(e)*ling* (乳母の育てる幼児); duck*ling* (子ども, あひるの子). また名詞, 形容詞, 副詞につき,《通例軽蔑的》「…に関係ある人, 属する物」という意味の名詞を造る. 例: hire*ling* (金目当ての雇い人); under*ling* (下役).
[語源] 古英語 -ling から.

lin·ger /líŋɡər/ 動 [本来自] 〔形式ばった語〕[一般義] なかなか立ち去らないでぐずぐずする. 〔その他〕物事や状態がだらだら続く, 習慣などがなかなかすたれない, 病気がだらだら長引く, 記憶や疑いが長く消えない, とどまる, 病人が死なずに生き続ける.
[語源] 古英語 *lengan* (= to lengthen; to delay) から.
【派生語】 **língerer** 名 ©. **língeringly** 副.

lin·go /líŋɡou/ 名 © [複 ~es]《くだけた語》《軽蔑的にはこっけい》外国語や専門語などわけのわからない言葉, ちんぷんかんぷんな言葉, ある集団の隠語, 術語.
[語源] ラテン語 *lingua* (= tongue) がプロバンス語 *lingo* を経て初期近代英語に入った.

lin·gua fran·ca /líŋɡwə fræŋkə/ 名 ⓊC [複 ~s, linguae francae]《言》(L- F-) リングアフランカ (★もと地中海東部沿岸の港で話されたイタリア語, フランス語, ギリシャ語, スペイン語, アラビア語, トルコ語などの混成語). 一般に異言語話者間で使われる共通語, また貿易などで用いられる混成(通商)語 (★中国, 東南アジアでの pidgin English もこの範疇に入る).
[語源] イタリア語 (= Frankish tongue) が初期近代英語に入った.

lin·gual /líŋɡwəl/ 形 〔一般語〕舌の,《音》舌音の, また言葉の, 言語の.
[語源] ラテン語 *lingua* (= tongue; language) から派生した中世ラテン語 *lingualis* が中英語に入った.

lin·guist /líŋɡwist/ 名 © 〔一般語〕言語学者, また多言語に堪能な人.
[語源] ラテン語 *lingua* (= language) + -ist として初期近代英語から.
【派生語】 **linguístic** 形 言語の, 言語学の: **linguístic atlas** 言語地図/**linguístic geography** 言語地理学, 方言学. **linguístically** 副. **lìnguistícian** 名 © = linguist. **linguístics** 名 Ⓤ 言語

学.

lin·i·ment /línimənt/ 名 UC 〔一般語〕かゆみ止め, 鎮痛用に皮膚にすり込む〔塗布薬〕.
[語源] ラテン語 linere (= to smear) から派生した後期ラテン語 linimentum が中英語に入った.

link /líŋk/ 名 C 動 本来ид 〔一般語〕〔一般義〕鎖の個々の輪. [その他] 鎖の輪のつながりから, 比喩的にきずなや関係, 物事や事件の関連, 連結, つなぐもの[人], 鉄道や道路などの接続線[路], (通例複数形で) カフスボタン, あるいはつながったものということから, 編物の目, ウインナーソーセージなどの一節, 〔通信・コンピューター〕リンク, 〔化〕結合. 動 として結びつける, 関連づける, 連結する, インターネットなどで情報をリンクさせる. 自 結びつく, つながる.
[語源] 古ノルド語 hlekkr (= chain) に関連するスカンジナビア語起源の語で, 中英語から.
[用例] There was a worn *link* in the chain and it broke. その鎖には一か所摩り減ったところがあって, 切れてしまった/the *link* between smoking and lung cancer 喫煙と肺がんの関連/His job was to act as a *link* between the government and the press. 彼の務めは政府と報道関係のパイプ役として行動することであった/The new train service *links* the suburbs with the heart of the city. 新しい電車の路線で郊外と町の中心地が結ばれている.
【慣用句】*link up* …と連結する《with》: This exercise *links up* with the work you were doing last week. この練習問題は先週君がやっていた勉強と関連がある.
【派生語】**línkage** 名 UC 結合, 連結, 関連, 連鎖.
【複合語】**línkman** 名 C 〔英〕テレビやラジオの総合司会者. **línkùp** 名 C 宇宙船のドッキング, テレビなどの多元放送, 会社などの合併, 連結装置. **línk [líŋking] vèrb** 〔文法〕連結動詞 (copula).

links /líŋks/ 名 〔一般語〕〔一般義〕C 特に海岸近くのゴルフ場, ゴルフコース (golf links). [その他] 主にスコットランドで海岸沿いの砂丘.
[語源] 古英語 hlinc (= slope) の複数形 hlincas から.

li·no·cut /láinoukʌ̀t/ 名 UC 〔一般語〕リノリウム (印刻) 版, またリノリウム版画.
[語源] lino(leum) + cut として 20 世紀から.

li·no·le·um /linóuliəm/ 名 U 〔一般語〕床の敷物としてのリノリウム.
[語源] ラテン語 *linum* (= flax) + *oleum* (= oil). 英国の F. Walton による 19 世紀の造語.

Li·no·type /láinətaip/ 名 C 〔商標〕ライノタイプ (★行単位で活字を鋳植する機械).
[語源] 19 世紀の造語で line of type から.

lin·seed /línsi:d/ 名 U 〔一般語〕亜麻仁(に), リンシード.
[語源] 古英語 lín (= flax) + sǽd (= seed) から.
【複合語】**línseed òil** 名 U 亜麻仁油.

li·on /láiən/ 名 C 〔動〕ライオン. また〔古風な語〕ライオンのように勇猛な人, 残忍な人, 人気者, 名士, (複数形で)〔英〕名所, 呼び物 (★ロンドン塔に飼われていたライオンが珍しくて田舎から来た見物人が必ず見に行ったことに由来する), 英国の国章としての獅子, 〔紋〕特に英国王室の獅子紋, (the L-)〔天〕獅子座 (Leo).
[語源] ギリシャ語 leōn がラテン語 leo, 古フランス語 lion を経て中英語に入った.
【慣用句】*beard the lion in his den* 穴の中のライオンのひげをつかむように相手の土俵に踏み込んで立ち向かう. *put* [*place*] *one's head in the lion's mouth* ことさら危険を冒して大冒険をする. *twist the lion's tail* (米) 英国の悪口を言う[書く] (★ライオン (と一角獣) が英国王室の紋章であることから).
【派生語】**líoness** 名 C 雌ライオン. **líonize** 動 本来義 名士として扱う,〔文語〕〔英〕名所を見物[案内]する.
【複合語】**líonhèarted** 形 ライオンのように非常に勇猛な. **líon's shàre** 名 (the ~) 最大の分け前, うまい汁 (★イソップ物語から).

lip /líp/ 名 C 形 動 本来義 〔一般語〕〔一般義〕上または下の唇 (★広義には唇の周辺, 鼻の下の部分を含むこともある). [その他] (複数形で) 発音器官としての両唇, 口, また唇状のものを広く表し, 水差しの注ぎ口, 茶碗の縁, 管楽器の吹き口,〔植〕花の唇弁,〔解〕陰唇,〔俗語〕出すぎている生意気な言葉, おしゃべり. 形 として唇の, 口先だけの,〔音〕唇音の. 動 として唇を当てるようにしてささやく,〔ゴルフ〕カップの縁をかすめて越える.
[語源] 古英語 lippa から.
【慣用句】*bite one's lip* 唇をかむ, 怒り[笑い]を抑える. *button* (*up*) *one's lip*(*s*)〔俗語〕秘密などを漏らさないように黙る, 口を閉じる. *hang on the lips of* … = *hang on* …*'s lip* 人の話に聞きほれて傾聴する. *keep* [*have*] *a stiff upper lip* 窮地にあっても動じない, がんばる (★唇を固く結んでじっと耐えることから). *lick* [*smack*] *one's lips* 楽しい想像で舌なめずりをする, 嬉しがる. *purse one's lips* 憂慮してむっと口を結ぶ. *put* [*lay*] *one's finger to one's lips* 黙っているように唇に指を当てる.
【複合語】**lípreading** 名 U 読唇術, 視話法. **líp sèrvice** 名 U 口先だけの好意, お世辞: *pay* [*give*] *lip service to* … …を口先だけで支持する[敬う]. **lípstick** 名 UC 口紅, 棒口紅.

liquefaction ⇒liquefy.
liquefiable ⇒liquefy.

liq·ue·fy /líkwifai/ 動 本来義 〔形式ばった語〕気体を液化する, 固体を融解する. 自 としても用いられる.
[語源] ラテン語 *liquefacere* (= to make liquid) が古フランス語 *liquefier* を経て中英語に入った.
【派生語】**liquefáction** 名 U. **líquefiable** 形. **líquefied** 形.

li·queur /liká:r | -kjúər/ 名 UC 〔一般語〕リキュール (★香料と甘味の入った強い酒, 主に食後用).
[語源] 古フランス語 *licour* (⇒liquor) から派生したフランス語が 18 世紀に入った.

liq·uid /líkwid/ 形 UC 〔一般義〕液体の. [その他] 液体が流れ動くことから, 流動性の, 変わりやすい, 音や動作などがなめらかな, 流暢な, 財産などが現金化しやすい,〔文語〕(よい意味で) 目や空などが透明な, 澄んだ. 名 として液体,〔音〕流音.
[語源] ラテン語 *liquere* (= to be liquid) から派生した 形 *liquidus* が古フランス語を経て中英語に入った.
[用例] The ice cream is melting—it has become *liquid*. アイスクリームが溶けている. 液状になってしまった/Her eyes are black and *liquid*. 彼女の目は黒く澄んでいる.
[類義語] liquid; fluid: **liquid** は固体や気体に対する液体. **fluid** は流動体で, 液体と気体, 粘性の半固体を意味する.
[関連語] gas (気体); solid (固体).

【派生語】**liquidize** 動 本来他 液化する, 野菜や果物などをつぶして**液状にする**: She made a sauce by *liquidizing* fresh raspberries. 彼女は新鮮なラズベリーをつぶしてソースを作った. **liquidizer** 名 C (英) ミキサー, (米) blender.

【複合語】**liquid áir** 冷凍用の液体空気. **liquid crýstal** 名 C 液晶. **liquid crýstal displáy** 名 C 【電子工学】液晶表示(LCD). **liquid méasure** 名 U 液量.

liq·ui·date /líkwideit/ 動 本来他 〔一般義〕〔一般義〕負債, 損失などを**弁済する, 清算する**. その他 倒産会社などを**整理する, 解散する**, 一般に**廃止する, 一掃する, かたづける**, 〔くだけた語〕人を**殺す**. 自 会社が**破産する**.

語源 ラテン語 *liquidus* (⇒liquid)から派生した後期ラテン語 *liquidare* (= to make liquid or clear)の過去分詞から初期近代英語に入った.

【派生語】**liquidátion** 名 U. **líquidator** 名 C 清算人.

liquidize ⇒liquid.

liq·uor /líkər/ 名 U 動 本来他 〔一般義〕**酒類**, 特にウイスキーやブランデーなどの強い**蒸留酒**, また野菜や肉の**煮汁, 肉汁**, 【薬】**水薬**.

語源 ラテン語 *liquere* (⇒liquid) から派生した *liquor* (= liquid) が古フランス語 *licour* を経て中英語に入った.

【慣用句】**be in liquor** 酒に酔っている. **carry [hold] one's liquor** 〔くだけた表現〕酒を飲んでもくずれないでいる 〔語法〕can を伴うことが多い). **take [have] a liquor (up)** 〔俗語〕一杯やる.

【複合語】**liquor stóre** 名 C 酒屋.

li·ra /líː(ə)rə/ 名 C (複 **lire** /líː(ə)rei/ -ri/, **~s**) 〔一般義〕リラ (★イタリアの貨幣単位; =100 centesimi; L. と略す).

語源 ラテン語 *libra* (= pound) に由来するイタリア語が初期近代英語に入った.

lisp /lisp/ 動 本来自 C 〔一般義〕舌足らずの**発音(を)する** (★たとえば /s/ /z/ を /θ/ /ð/ と発音してしまうこと).

語源 古英語-wlyspian から.

【派生語】**lísper** 名 C. **líspingly** 副.

list[1] /list/ 名 C 動 本来他 〔一般義〕〔一般義〕**表, 一覧表, リスト**. その他 **目録, 価格表, 明細書, 名簿**など. 動 一覧表にまとめる, リストに載せる, 記載する, 証券を上場する.

語源 古高地ドイツ語 *līsta* (= edge) と同系のゲルマン語に由来する古イタリア語 *lista* (= roll of names) がフランス語を経て初期近代英語に入った.

用例 We have a long *list* of people who are willing to help. 援助しようと言ってくれている人が多勢いる/Could you *list* all the people whom you consider to be suitable. 適切だと思う人を全員リストアップしてくださいますか 日英比較 「リストアップ」は和製英語.

類義語 list; catalog(ue); roll: **list** は配列法や使用目的を問わず品目や名前が一列または数列に並べられた表のこと. **catalog(ue)** はアルファベットなどの順序や他の序列に整理されており, 図書や物品の系統だった詳細な目録. **roll** は生徒や会員などの出欠確認のための公式の名簿など.

【慣用句】**be on the secret list** 〔くだけた表現〕マル秘である. **close the list** 募集を締め切る. **lead [head] the list** 首位を占める.

【派生語】**listed** 形 名簿に記載された, 証券が上場された.

【複合語】**list príce** 名 C 表示価格, 正価.

list[2] /list/ 動 本来自 〔一般義〕船などが**傾む, かしぐ**. 名 として (a ~) 一方に傾くこと, **傾斜**. その他 **不詳**.

list[3] /list/ 動 本来自 〔古語〕耳を傾ける, 聞く.

語源 古英語 hlyst (= hearing) から派生した hlystan より.

list[4] /list/ 動 本来自 〔古語〕物事が人の気に入る, 人が望む.

語源 古英語 lystan (= to desire) から. ⇒lust.

【派生語】**lístless** 形 無関心な, ものうげな. **lístlessly** 副.

lis·ten /lísn/ 動 本来自 C 〔一般義〕〔一般義〕何かを意識して聞こうと**耳を傾ける, 傾聴する** (to). その他 内容理解のために聞く努力をすること, 忠告や誘惑などに**耳を貸す, 従う** (to). 名 として (a ~) 聞くこと.

語源 古英語 hlysnan から.

用例 Do stop talking and *listen* to the music. 話をしないで音楽を聞きなさい/If she'd *listened* to me, she wouldn't have got into trouble. もし彼女が私の忠告に従っていたら, いざこざに巻きこまれることはなかっただろう.

類義語 listen; hear: **listen** は自発的かつ意識的に注意を払って聴き取ろうとすること. **hear** は無意識的に自然に物音が耳に聞こえてくること. ただし, 講演や言いわけを聞こうとして耳を傾ける場合は listen to と hear は交換可能.

日英比較 英語学習などでの「聞きとり」の意味の「ヒアリング」は和製英語で, 英語では listening comprehension という. 「ヒアリングテスト」は listening comprehension test. 英語の hearing test は聴覚検査のこと.

【慣用句】**listen for ...** 何かを聞き落とさないように耳を澄ませて聞く. **listen in to ...** ラジオの番組にダイヤルを合わせて聞く.

【派生語】**listenable** 形 〔くだけた語〕聞いて気持ちのよい, 聞きやすい. **lístener** 名 C 聞き手, ラジオの聴取者. **lístening** 名 U.

listless ⇒list[4].

lit 動 light[1] の過去・過去分詞.

lit·a·ny /lítəni/ 名 C 【キ教】司祭の唱える祈禱(き)に会衆が唱和する連禱(れ). 一般に長くてくどい**単調な話**.

語源 ギリシャ語 *litanos* (= pleading) がラテン語, 古フランス語を経て中英語に入った.

li·ter, (英) **-tre** /líːtər/ 名 C 〔一般義〕容積の単位**リットル** (語法 l, lit と略す).

語源 ギリシャ語 *litra* (= pound; weight) に由来するフランス語 *litre* が 18 世紀に入った.

literacy ⇒literate.

lit·er·al /lítərəl/ 形 C 〔一般義〕〔一般義〕意味などが**文字どおりの**. その他 本来は**文字の**, 文字で書かれたの意で, ここから文字一つ一つを追っての意となり, **翻訳**が原文どおりの, **逐語的の**となる. また文字どおりに意味を解釈することから, **想像力のない**, おもしろみのない**散文的な**, あるいは**誇張がなく事実そのもの**ということから, **正確な**, **ありのままの**, さらに (強意的に) **全くの**, **真正真銘**などの意. 名 として 【印】誤字, 誤植 (literal

error).
【語源】ラテン語 *littera*(=letter)から派生した *litteralis*(=of letters; written)が後期ラテン語, 古フランス語を経て中英語に入った.
【用例】the *literal* meaning 文字どおりの意味, 字面の意味/That translation is not quite *literal*. その翻訳は直訳というわけではない/He has a very *literal* mind. 彼は全く想像力に欠けている/the *literal* truth 事実そのもの.
【派生語】**literally** 副 文字どおりに, 実際に, 逐語的に, まるで...のように. **literalness** 名 U 文字どおりの正確さ, 散文的であること.

lit·er·ar·y /lítərèri |-tərəri/ 形 〔一般語〕〔一般義〕文学の, 文芸の. 〔その他〕文学に通じた, 著作を業とする. また文語の, 文語的な (《語法》lit. と略す).
【語源】ラテン語 *littera*(⇒literate)から派生した *litterarius*(=of reading and writing)が初期近代英語に入った.
【用例】*literary* works 文芸作品/His tastes are rather *literary*. 彼の趣味はかなり文学的である.
【関連語】colloquial (口語の).
【派生語】**literariness** 名 U.
【複合語】**literary critic** 名 C 文芸評論家. **literary criticism** 名 U 文芸批評. **literary executor** 名 C 遺著管理者.

lit·er·ate /lítərit/ 形 名 C 〔一般語〕読み書きのできる, 学問[教養]のある, 《複合語で》あることに基本的な知識のある, ...に通じた. 名 として読み書きのできる人, 教養人.
【語源】ラテン語 *littera*(=letter)の複数形 *littrae* が「文学, 学問」の意を持ち, それから派生した *litteratus*(=acquainted with writings; learned)が中英語に入った.
【用例】computer-*literate* コンピューターが使いこなせる.
【反意語】illiterate.
【派生語】**literacy** 名 U 読み書き能力, ある分野の基本的知識と能力. **literately** 副. **literateness** 名 U.

lit·er·a·ture /lítərətʃər/ 名 UC 〔一般語〕〔一般義〕文学あるいは文学作品. 〔その他〕ある分野の文献や論文, 《くだけた語》広告や宣伝などの印刷物, ビラ.
【語源】ラテン語 *litteratus*(⇒literate)の派生形 *litteratura*(=writing; grammar)が中英語に入った.
【用例】English *literature* 英文学/*literature* on medical research 医学研究の文献.

lithe /láɪð/ 形 《形式ばった語》人や動物の体がほっそりしなやかな, 柔軟な.
【語源】古英語 lithe(=soft; mild)から.
【派生語】**lithely** 副. **litheness** 名 U. **lithesome** 形 =lithe.

lith·o·graph /líθəɡræf | -ɡrɑːf/ 名 C 動 本来的 〔一般語〕石版画, リトグラフ. 動 として, 絵などを石版で印刷する.
【語源】lithography からの逆成. lithography はドイツ語 *Lithographie* (ギリシャ語 *lithos* stone + *graphia* writing) が 19 世紀から.
【派生語】**lithográphic** 形. **lithógraphy** 名 U 石版印刷(法).

litigant ⇒litigate.

lit·i·gate /lítɪɡeɪt/ 動 本来自 《法》訴訟を起こす, 法廷で争う.
【語源】ラテン語 *litigare* (=to dispute; to carry on a suit) の過去分詞 *litigatus* から初期近代英語に入った.
【派生語】**lítigant** 名 C 訴訟当事者. **litigátion** 名 UC. **litígious** 形 訴訟上の, 訴訟好きな.

lit·mus pa·per /lítməs pèɪpər/ 名 C 《化》リトマス試験紙.
【語源】litmus は地衣類から得られる青色色素で, 古ノルド語 *litmosi* (染料ごけ) に由来する. 19 世紀から.

li·tre /líːtər/ 名 C 《英》=liter.

Litt.D. 《略》=Doctor of Literature [Letters] (文学博士) 《語法》D.Litt. とも書く).
【語源】ラテン語 *Lit(t)erarum Doctor* から.

lit·ter /lítər/ 名 UC 動 本来他 〔一般語〕〔一般義〕紙くず, 〔その他〕本来は寝台の付いた乗り物かごの意で, ここから担架をいう. また寝床の意からも, 動物小屋の寝わらの意となり, さらにわらのділてらのもの, ごみ, ごみの散乱, 乱雑の意となった. また動物の一腹の子も意味する. 動 として, ある場所をごみくずで散らかす, 動物に寝わらを敷いてやる. 自 ごみを散らかす, 〔形式ばった語〕動物が子を産む.
【語源】ラテン語 *lectus* (=couch; bed) が古フランス語 *litiere* を経て中英語に入った.
【用例】It is against the law to leave *litter* lying about in this park. この公園でごみを散らかすのは法律違反だ/a park *littered* with bottles and cans びんや缶で散らかった公園/How many times a year do rabbits *litter*? うさぎは 1 年に何回子を産みますか.
【類義語】litter; trash; rubbish; garbage: **litter** は道路や部屋などに散乱したり捨てられている紙くず. **trash** 《米》, **rubbish** 《英》は家庭から出る紙, ぼろ, 金属, びんなどのごみ. **garbage** は家庭の台所などから出る野菜くずなどの生ごみ.
【複合語】**lítterbàg** 名 C 《米》車の中などで使うくず入れ袋, ごみ箱. **lítterbin** 名 C 《英》公共の場所に置かれるくず物入れ, くずかご.
【派生語】**lítterbùg** 名 C 《くだけた語》《米》公共の場所や街路などのどこにでもごみを捨てる人.

lit·tle /lítl/ 形 《比較級 less, lesser, littler; 最上級 least, littlest》〔一般語〕〔一般義〕《不可算名詞について》ほとんど..., 少しの...しかない, 《a ~》少しはある 《語法》少ししかないとか少しはあるという区別は絶対里にはよらない. 話者の主観として, 同じ量でも「少ししかない」と思えば little, 「少しはある」と考えれば a little が使われる). 〔その他〕《可算名詞について》形や大きさが小さくてかわいいという主観を含んだ感情的な気持ちを示す. また年下の, 幼い, 比喩的に《悪い意味で》ちっぽけで取るに足りない, 心が狭いの意を表す 《語法》大きさが「小さい」の意味の比較級は普通 smaller, 最上級は smallest を使うが, 《米》《くだけた語》で littler, littlest を用いることがある). 代 として 《不可算名詞の代わりに用いて》少ししかないもの, 《a ~》少しのもの. 副 としてほとんど...しない, 《a ~》少しは....
【語源】古英語 lȳtel から.
【用例】There's *little* water left in the bottle. びんにはほとんど水は残っていない/I have a *little* money with me today. 今日は少し金があるよ/a nice *little* house 感じのよいこぢんまりした家/Only a *little* will do. ほんの少しだけで間に合います/She talks a *little* too much. 彼女は少々おしゃべりが過ぎる/*little* known facts あまり知られていない事実.

liturgical

[類義語] little; small; tiny: **little** は主観的で感情が伴う場合に用いられ、大きさ、長さ、量、時間、程度などが small よりもくだけた語で、ちっぽけでとても小さいとか限りがあることをいう。**tiny** は little よりもくだけた語で、ちっぽけでとても小さいの意。
[反義語] big.
【慣用句】 *little better than* … …と同様によくない、ほとんど…も同然で。 *little by little* 少しずつ。 *little less than* … ほとんど…と等しい、…も。 *little more than* … …とほとんど同様に少ない、そこそこで。 *little or no* ほとんどないくらいの。 *little or nothing* ほとんど何もない。 *make little of* … …を軽んじる、…をほとんど理解しない。 *not a little* 少なからぬ(もの)、少なからず、大いに([語法]くだけた表現では a lot (of) や very (much) を用いる)。 *quite a little* 〔くだけた表現〕かなり多くの。 *think little of* … …を軽視する、好まない。 *what little* …だけの全部、なけなしの。
【複合語】 **little bróther** [名] [C] 〔くだけた語〕弟。 **little fínger** [名] [C] 手の小指。 **little síster** [名] [C] 〔くだけた語〕妹。 **little tóe** [名] [C] 足の小指。

liturgical ⇒liturgy.

lit·ur·gy /lítə(ː)rdʒi/ [名] [C] 〖キ教〗 礼拝式, 典礼文, 英国国教会の祈禱(き)書。
[語源] ギリシャ語 *leitourgia*（= public service to the gods）が後期ラテン語 *liturgia* を経て初期近代英語に入った。
[派生語] **litúrgical** [形].

livable ⇒live¹.

live¹ /liv/ [動] [本来義] 〔一般動〕 [一般義] 人や動植物が生きる。 [その他] 本来の意味の生きることから発展して、ある場所に住む、ある状態で暮らす、生活する、転じて物や状態が続く、記憶に残る。働〔同族目的語を伴って〕…の生活をする。
[語法] live は状態を表すため進行形にしないのが普通であるが、一時的にある場所に住んでいることを強調したり、継続の意味を強調する場合には進行形を用いる: He *is living* in a huge house. 彼は今は大きな家に住んでいる。
[語源] 古英語 *libban* から。
[用例] This poison is dangerous to everything that *lives*. この毒はすべての生物にとって危険だ/My aunt *lives* in Paris. おばはパリに住んでいる/*live* a happy life 幸せな生活をする。
[類義語] live; dwell; reside: **live** は「住む」意味を表す最も一般的な語で、習慣的、継続的に生活を営んで住むこと、住んでいることを表す。 **dwell** は文語的かつやや形式ばった語で、町、村、森、ほら穴など特定の場所、特定の方法で住むことをいう。 **reside** は dwell よりさらに形式ばった語で、ある場所に住民として住むこと、永住することをいう。
【慣用句】 (*as sure*) *as I live* 〔くだけた表現〕確かに、間違いなく。 *Live and learn*. 長生きはするものだ(★新しい発見をして驚いたときに使う)。 *live by* … …によって生活する、…で生計を立てる:He *lives by* fishing and keeping sheep. 彼は魚をとったり羊を飼ったりして生計を立てている。 *live down* 不名誉や過去の行いを償う、時と共に忘れる: *live down* the scandal スキャンダルの汚名を挽回する。 *live in* 従業員が住み込みで働く（⇔live out）。 *live off* … …で生計を立てる（live by）、…のやっかいになる。 *live on* … …を常食とする、…で暮らしをまかなう（live off）: He *lives on* £ 20 a week. 彼は週 20 ポンドで生活している。 *live out* 従業員が通いで勤める（⇔live in）、生き延びる。 *live through* … …を持ちこたえて生き延びる、切り抜ける。 *live together* 同棲(どう)する。 *live up to* … 期待などにこたえる、…に恥じない行動をする: *live up to* the reputation of being a hero 英雄であるという評判に恥じない行動をとる。 *live with* … …と同居する、いやなことを我慢する。
[派生語] **lívable**, **líveable** [形] 家などが住み心地のよい、人生などが生きがいのある、我慢のできる。 **líving** [形] 人や動植物が生きている、現存の、活発な、生き写しの。 [名] [U] 生活、生計: living fossil 生きた化石。 〔くだけた語〕時代遅れの人/**líving room** 居間、生活空間/**living space** 居間や台所などの生活空間、生活圏/**living wage** 《通例複数形で》快適に暮らすことのできる最低生活賃金、生活給。
【複合語】 **líve-ín** [形] 従業員などが住み込みの、〔くだけた語〕同棲中の。 **lívelòng** [形] 〔詩語〕時間的に退屈するほど長い（[語法] day, night, summer などの前に置くことが多い）。

live² /láiv/ [形] [副] 〔一般語〕[一般義] 〔限定用法〕生きている（[語法] 述語用法では alive や living が使われる）。 [その他] 生きていることから、録画ではなく生の、実況放送の、まだ火などが燃えている、火山などが活動中の、人が活発な、活動的な、電線などに電流が流れている、爆弾などが未発の、〔米〕問題などが当面の、論議中の、試合などでインプレーのある。 [副] 生で、ライブで。
[語源] alive の頭音消失。初期近代英語から。
[用例] a *live* bait 生き餌/Was the performance *live* or recorded? その演奏は生放送でしたかそれとも録画でしたか/A bomb was dug up and found to be still *live*. 爆弾が掘り起こされて、それはまだ炸裂してない不発弾だった/The final stages of the competition will be broadcast *live* later tonight. その競技の決勝のもようが今晩遅く生放送される。
[派生語] **lívelihood** [名] [C][U] 《通例単数形で》生計の手段、暮らし。 **líveliness** [名] [U] 元気、陽気。 **lívely** [形] 活発で元気のよい、レパー、その色などがよい、感情などが激しい、色などが鮮やかな、〔くだけた語〕人をはらはらさせるほどやっかいな。 **líven** [動] [本来義] 活気づける、陽気にする。
【複合語】 **lívestòck** [名] [U] 《単数または複数扱い》牛、馬、羊などの家畜, 家畜類（単に stock ともいう）。 **líve wíre** [名] [C] 電気の通じている電線、活線、〔くだけた語〕活動家、精力的な人。

lived /láivd, lívd/ [形] 〔一般語〕《複合語で》…の命のある、…の命の。
[語源] 本来は life+-ed で lived であったが、動詞 live の過去分詞 lived と融合した。
[用例] long-*lived* 長命の。

lively ⇒live².
liven ⇒live².

liv·er /lívər/ [名] [C][U] 〖解〗肝臓。また〔一般語〕食用の動物の肝臓、レバー、その色から茶褐色、形状の類似からペンキなどのゴム状の凝結物、さらに現在では肝臓病（liver trouble）の意味で使うこともある。
[語源] 古英語 *lifer* から。
[用例] He had damaged his *liver* through drinking too much. 彼は酒の飲みすぎで肝臓をやられてしまっていた/We had lamb's *liver* for lunch. 私たちは昼食に子羊のレバーを食べた。

liv·er·y /lívəri/ 名 UC 〔一般語〕 一般義 封建時代の家来の、あるいは現在のお抱え運転手などの**仕着せ**. その他 特定の同業者の**制服**、またはのような制服を着ている人、特に貸しボート[自転車、自動車]屋. また〔詩語〕喪服などのような特殊な**装い**.
語源 ラテン語 *liberare*（= to set free; to release）に由来する古フランス語 *livrer*（= to deliver）の過去分詞 *livree* が「仕着せ」の意で中英語に入った.
【派生語】**líveried** 形 そろいの服を着た.
【複合語】**lívery còmpany** 名 C そろいの服を着るロンドンの同業組合. **líveryman** 名 C 貸し馬[馬車]屋,《英》同業組合員. **lívery stàble** 名 C 貸し馬[馬車]屋, 馬[馬車]預かり所.

liv·id /lívid/ 形 〔一般語〕皮膚などが変色して青黒い,〔文語〕怒りなどで青ざめた,〔くだけた語〕ものすごく怒った, 激怒した.
語源 ラテン語 *livere*（= to be bluish）から派生した *lividus* が古フランス語を経て中英語に入った.
用例 Her hands was *livid* with cold. 彼女の手は寒さで青黒くなっていた/She was *livid* when she found it was broken. それがこわれたとわかって彼女は激怒した.
【派生語】**lívidly** 副. **lívidness** 名 U.

liz·ard /lízərd/ 名 C 〔動〕とかげ、それに似た動物のわに, さんしょううおなど.
語源 ラテン語 *lacertus* が古フランス語 *lesard* を経て中英語に入った.

ll. 〔略〕 = lines.
LL.D. /élèldí:/ 〔略〕 = Doctor of Laws (法学博士).
語源 ラテン語 *Legum Doctor* から.

load /lóud/ 名 C 動 本来他 〔一般語〕 一般義 運搬荷物, 積み荷. その他 トラックなどの**積載量**. また比喩的に精神的な**重荷, 負担, 心配**. さらに人や機械が負担する仕事の割り当て, 仕事量, 火薬やフィルムなどの**装塡**(どん), **装弾**,〖工学・力学〗荷重, 〖電〗**負荷**をいう. また〔くだけた語〕(〜s of または a 〜 of で)たくさんの…の意. 動として荷を積む, 積み込む, 弾丸などを装塡するの意. カメラやテープレコーダーにフィルムなどを入れる,〖コンピューター〗データやプログラムをロードする. また大量に物を載せる, 詰め込む, 人に精神的な重荷を負わせる, 負担をかける, 責任を課す. のバスや電車などの**乗客を乗せる**.
語源 古英語 *lād*（= way; carrying）から.
用例 The lorry had to stop because its *load* had fallen off. トラックは積み荷が落ちたために止まらなければならなかった/a maximum *load* of 20 tons 最大積載量 20 トン/She has taken on a heavy *load* of work this year. 今年彼女は大量の仕事を引き受けている/They *loaded* the luggage into the car. 彼らは手荷物を車に積んだ.
類義語 load; cargo; freight: **load** は最も一般的な語で, 運搬することを目的にして車などで一度に運べる荷物, 積み荷をいう. **cargo** は船や航空機で輸送される船荷や積み荷をいい,《米》ではトラックの積み荷のこともいう. **freight** は鉄道, 道路, 空中輸送の運送貨物や輸送便で, 急行便に対する普通貨物便の意味や運送料の意味にも用いる.
反意語 unload.
【慣用句】**a load of rubbish [garbage]**〔くだけた表現〕くだらないもの. ***get a load of ...***〔くだけた表現〕…

をよく見る, 注視する, よく聴く《語法 しばしば命令文で驚きや賞賛を表して言う》. ***load down*** …にむちゃくちゃに積み込む, 重荷や責任などを人に負わせる(with). ***load the dice against*** …〔くだけた表現〕(通例受身で)人に不利なように細工する, 人を不利な立場に陥れる(★さいころに鉛の詰め物をして特定の目の数が出るように細工したことによる). ***load up*** 許容範囲の中で荷をいっぱいに積み込む. ***take a load off*** …***'s mind*** 人の心から重荷を取り除く.
【派生語】**lóaded** 形 荷を積んだ, 弾丸やフィルムを入れた,〔くだけた語〕お金をたんまり持った.
【複合語】**lóadstàr** 名 = lodestar. **lóadstòne** 名 = lodestone.

loaf¹ /lóuf/ 名 C〔複 **loaves**〕〔一般語〕 一般義 直方体など一定の形に焼いた丸のままのパン. その他 パンの形に焼いた食品, ローフ.
語源 古英語 *hlāf* から.

loaf² /lóuf/ 動 本来自 〔くだけた語〕〔軽蔑的〕のらくら暮らす, ぶらつく.
語源 loafer からの逆成で 19 世紀から. loafer はドイツ語 *Landläufer*（= vagabond）に由来する land-loafer の短縮形.
【派生語】**lóafer** 名 C 怠け者, 浮浪者,《L-》《米》〔商標〕つっかけ型の浅い靴, ローファー.

loam /lóum/ 名 U 〔一般語〕 一般義 砂や粘土, 有機物から成る肥沃な**壤土, ローム**. その他 砂, 粘土, わらなどを混合した土で, 鋳型やれんが, しっくいを作るへな土, まね.
語源 古英語 *lām*（= clay）から.
【派生語】**lóamy** 形.

loan /lóun/ 名 UC 動 本来他 〔一般語〕 一般義 短期間, 物や金を貸すこと, 貸与, 貸し付け. その他 特に利子をとる貸付金, ローン, 貸借物, あるいは国債, 公債を指す. また他社への出向, 外来の風習, 外来語, 借用語. 動として**貸し付ける**.
語源 古英語 *læn*（= loan）と同族の古ノルド語 *lān* が中英語に入った.
用例 I gave him the *loan* of my bicycle until tomorrow. 私は彼に明日まで自転車を貸してやった/I shall have to ask the bank for a large *loan*. 私は銀行に多額の融資を申し込まなければならない.
類義語 ⇒lend.
【慣用句】***on loan*** 貸し付けて[た], ローンで.
【複合語】**lóan collèction** 名 C 展覧会用に借りた美術品. **lóan shàrk** 名 C〔くだけた語〕《米》高利貸〔語法《米》では shark ともいう〕. **lóanwòrd** 名 C〔言〕外来語, 借用語(borrowed word)〔語法 単に loan ともいう〕.

loath, loth /lóuθ/ 形 〔形式ばった語〕どうしても気がすすまない(reluctant), …が大嫌いで.
語源 古英語 *lāth*（= hostile; hateful）から.
【慣用句】***nothing loath***〔ふざけて〕いやどころか喜んで.
【派生語】**loathe** /lóuð/ 動 本来他 ひどく嫌う. **lóathing** 名 U 大嫌い. **lóathsome** /lóuðsəm/ 形 嫌でたまらない, むっとする. **lóathsomeness** 名 U.

lob·by /lábi/ -5-/ 名 C 動 本来他 〔一般語〕 一般義 休憩や面会などに使われる広間, 廊下, **ロビー**. その他 議院内のロビーで活動する**圧力団体, ロビイスト連**. 動として, 議員などに働きかける, **陳情する**. 他 の用法もある.
語源 ゲルマン語起源の中世ラテン語 *lobium*（= gal-

lobby a hotel *lobby* ホテルのロビー/Several MPs were approached by members of the anti-nuclear *lobby*. 数人の議員が反核団体の会員に話をもちかけられた.

【派生語】**lóbbyist** 名 C 《米》職業的な議案通過運動者, ロビイスト.

lobe /lóub/ 名 C 〔一般語〕[一義語] 耳たぶ. [その他] 本来は丸みのある突出部の意で, そこから耳たぶや《解》肺や脳などの葉(ﾖｳ),《植》葉などの裂片などをいう.
【語源】ギリシャ語 *lobos*（耳たぶ）がラテン語, フランス語を経て初期近代英語に入った.

lo·bot·o·my /loubάtəmi/ -5-/ 名 UC 《医》《米》前頭葉白質切除手術, ロボトミー（《英》leucotomy）.
【語源】ギリシャ語 *lobos*（=lobe）+-tomy（=cutting）として 20 世紀から.

lob·ster /lάbstər/ -5-/ 名 CU 《動》うみざりがに, ロブスター, また食用のロブスター[伊勢えび]の肉.
【語源】古英語 *loppe*（=spider）+-*estre*（=-ster）から成る *loppestre* より.
【関連語】prawn; shrimp; crayfish.

lo·cal /lóukəl/ 形 C 〔一般語〕[一義語] 限られたある地域の. [その他] 本来の意味の*場所*から, 特定の場所, 地域のという意で, ある地域に限られた, 地元の, 現地の, 転じて身体について局部的なの意. また鉄道やバスが各駅停車の, 鈍行の. 名 として地元, 現地, 地元民, テレビやラジオのローカル番組, 普通列車, 各階止まりのエレベーターなど.
【語源】ラテン語 *locus*（=place）から派生した後期ラテン語 *localis* が古フランス語を経て中英語に入った.
[用例] The town is so full of visitors that *local* people find it difficult to park their cars. その町は観光客であふれているので地元の人たちの車の駐車が難しくなっている/The doctor gave him a *local* anesthetic. 医者は彼に局部麻酔をした/One of the *locals* showed me the way to the post office. 土地の人が私に郵便局へ行く道を教えてくれた/The *locals* stop at this station, but the express doesn't. 鈍行はこの駅で止まりますが, 急行は止まりません.
[日英比較] local は日本語の「ローカル」とは違い, 田舎の（rural, provincial）という意味を含まない.

【派生語】**lócalism** 名 U 地元びいき, 地方第一主義, 地方なまり. **locálity** 名 ある場所, 地域, 事件の現場やその周辺. **lòcalizátion** 名 U 局所に限定すること, 局地化, 地方[分散]化. **lócalize** 動 [本来他] 特定の地方に限定する, 病気などを局所で食い止める, ...に地方的特色を与える. **lócally** 副.

【複合語】**lócal cáll** 名 C 《米》市内通話. **lócal cólor** 名 U 文学などに描かれる地方色,《美術》固有色. **lócal góvernment** 名 UC 地方自治, 地方自治体, 市町村役場. **lócal tíme** 名 U 現地時間, 地方時.

lo·cate /lóukeit, -′-|-′-/ 動 [本来他] [形式ばった語] 〔一般語〕位置, 場所などを突き止める, 捜し出す. [その他] ある場所に何かを置くという本来の意味から, 位置を定める, 会社や工場などを設置する,《受身で》物がある場所に位置している, ある, また《米》測量して土地の境界を定める.
自《米》落ち着く, 居を定める(settle).
【語源】ラテン語 *locus*（=place）から派生した *locare*（=to place; to put）の過去分詞 *locatus* から初期近代英語に入った.
[用例] He *located* the street he was looking for on the map. 彼は捜していた通りを地図で見つけた/The kitchen is *located* in the basement. 台所は地階にある.

【派生語】**locátion** 名 CU 場所, 位置, 建物などの用地, 場所[位置]を捜し当てること, 配置, 測量,《映画》屋外撮影(をする場所), ロケ(地). **lócative** 形 位置を示す. 名 C《文法》位置格(語), 所格(語). **lócator** 名 C 位置探査装置.

loc. cit. /lάk sít|lɔ́k-/ 副 上記引用箇所に《[語法] l. c. とも略す》.
[用例] ラテン語 *loco citato*（=in the place cited）の略.

loch /lάk, láx|lɔ́k, lɔ́x/ 名 C 〔一般語〕《スコットランド》湖, 入り江.
【語源】ゲール語 *loch*（=lake）が中英語に入った.
[用例] *Loch* Ness ネス湖.

lo·ci /lóusai/ 名 *locus* の複数形.

lock¹ /lάk, -ɔ-/ 名 CU 〔一般語〕[一義語] ドアや金庫などの鍵(ｶｷﾞ)で開閉する錠. [その他] 動かないように固定すること[もの], ロック, 機械の気関(ｷｶﾝ), 車の輪止め, 銃の発射装置, 安全装置, 運河など閘門,《レスリング》固め,《俗語》留置場など. 動 他 に錠をおろす, 大切なものなどをしまいこむ, 人などを閉じ込める, 動かないように固定する, 腕などを組みあわせる, 人を抱きしめる, 閘門を設ける, 閘門を操作して船を通過させる.
【語源】古英語 *loc*（かんぬき, 戸閉め, 監獄）から.
[用例] He put the key in the *lock*. 彼は鍵を錠にさしこんだ/She *locked* the drawer. 彼女は引き出しに鍵をかけた/The wheels *locked* and the car skidded. 車輪がロックしてしまい車が横すべりした.
[日英比較] 日本語の「かぎ」は錠（lock）と鍵（key）の二つの意味を含むが, 英語では両者をはっきり区別する. また,「家に鍵をかける」は lock the door であって, lock the house とはいわない.
[反意語] unlock.

【慣用句】*lock awáy* 鍵のかかる所に大事に保管する. *lock óut* 錠をおろして締め出す, ロックアウトする. *lock, stóck and bárrel* 錠の各部の意から, 全部, 何もかも. *lock úp* 家や店の鍵を全部かけて戸締まりをする, 鍵をかけてしまいこむ, 人を監禁する, 資本を固定する.

【派生語】**lócker** 名 C かぎのかかる戸棚, ロッカー, コインロッカー（coin-operated locker; coin locker）.

【複合語】**lóckkèeper** 名 C 閘門[水門]管理人. **lócknùt** 名 C《機》止めナット, 自動締めねじ. **lóckòut** 名 C 経営者側が行なう工場閉鎖, ロックアウト, 締め出し, 授業拒否. **lócksmìth** 名 C 錠前屋[師]. **lóckùp** 名 C《俗》閉鎖, 学校などの門限, 小さな町村の留置場,《くだけた語》刑務所,《英》住居とは別の所にある店, 貸ガレージ.

lock² /lάk|-ɔ-/ 名 C 〔形式ばった語〕髪の房, 巻き毛,〔文語〕《複数形で》頭髪.
【語源】古英語 *locc* から.

lock·et /lάkit, -5-/ 名 C 〔一般語〕写真や毛髪などを入れて時計鎖やペンダントとするロケット.
【語源】古フランス語 *loquet*（=latch; small lock）が初期近代英語に入った.

lock·jaw /lάkdʒɔ̀, -5-/ 名 U 〔くだけた語〕破傷風（tetanus）, また破傷風によるあごの筋肉の不調による痙

口障害(trismus).
語源 lock¹ と jaw から19世紀に造られた.

lo·co /lóukou/ 名 C 形 【植】ロコ草(★マメ科の毒草, 家畜が食べると脳を冒causes; locoweed ともいう). また〔俗語〕《米》気が狂った(人).
語源 メキシコ系スペイン語がアメリカで定着したもの. 19世紀から.
【複合語】 **lóco disèase** 名 U 【獣医】ロコ病.

locomotion ⇒locomotive.

lo·co·mo·tive /lòukəmóutiv/ 形 名 C 〔形式ばった語〕ある場所から別の場所へ移動する, 運動の, また自動推進の. 名 として 機関車.
語源 ラテン語 *locus*(=place)+*motivus*(=moving) より. 形 は17世紀, 名 は19世紀から.
用例 a steam *locomotive* 蒸気機関車.
反意語 stationary.
派生語 **lòcomótion** 名 U 移動(力).
【複合語】 **locomótive éngine** 名 C 機関車.

lo·cus /lóukəs/ 名 C (複 -ci/sai/) 〔やや形式ばった語〕場所, 位置, 地点, 【幾何】軌跡, 【遺伝学】染色体中の遺伝子の位置, 座.
語源 ラテン語 *locus*(=place) が18世紀に英語に入った.

lo·cus clas·si·cus /lóukəs klǽsikəs/ 名 C (複 loci classici/lóusai klǽsisai/) 〔形式ばった語〕ある主題を権威的に説明する時に決まって引用される典拠の章句.
語源 ラテン語 (=place belonging to the highest class).

lo·cust /lóukəst/ 名 C 【昆虫】特に集団で移動して農作物を食い荒らすばった, いなご, また《米》周期的に大量発生する17年ぜみ, 【植】にせアカシア, はりえんじゅ(★北米原産の落葉高木).
語源 ラテン語 *locusta* が中英語に入った.

lo·cu·tion /loukjú:ʃən/ 名 UC 〔形式ばった語〕一般義 話しぶり, 言い回し. その他 特有な言葉づかい, 慣用的語法.
語源 ラテン語 *loqui*(=to speak)の *locutio*(=speaking) が中英語に入った.

lode /lóud/ 名 C 【鉱】鉱脈, 比喩的に豊富な源泉[蓄え].
語源 古英語 *lād*(=course)から. load の異形.

lode·star, load·star /lóudstɑ:r/ 名 C 〔文語〕(the ~)北極星(polestar), 一般的に指針, 指導原理.
語源 lode+star として中英語から. lode は現在では廃用の「道, 路」の意で,「道しるべとなる星」の意.

lode·stone, load·stone /lóudstòun/ 名 UC 〔古風な語〕天然磁石(magnet), 一般的に人を引きつけるもの.
語源 lode+stone として中英語から.「道しるべの石」の意. 昔航海に天然磁石が用いられたことから.

lodge /lɑ́dʒ|-ɔ́-/ 名 C 動 本来化〔一般義〕避暑, 避寒などの山小屋, 山荘, その他 行楽地などのホテル, 門衛などの番小屋, 管理人室, また組合, 会社などの地方支部, 集会所. 動 として, 料金を払って泊まる, 宿泊する, 弾丸, 矢, 骨などが体の中などに止まって いる, 突き刺さる. 他 有料で泊める, 下宿させる, 弾を撃ち込む, 矢を突き立てる, 比喩的に書類などを預ける, 抗議などを提出する.
語源 ゲルマン語起源の古フランス語 *loge*(=summerhouse) が中英語に入った. lobby と同語源.
用例 a shooting-*lodge* 狩猟小屋/the porter's *lodge* 門衛の詰め所, 守衛室/He *lodges* with the Smiths [at the Smiths']. 彼はスミス家に下宿している/The bullet *lodged* in his spine. 弾丸が彼の背骨の所で止まっていた/He *lodged* an appeal against the sentence. 彼はその判決に対して控訴した.
関連語 cottage; cabin; hut.
派生語 **lódger** 名 C 食事付きでない下宿人, 間借り人, 泊まり客. **lódging** 名 U 一時的な宿泊, (複数形で)宿泊所, 下宿用の部屋: **lodging house** 食事の付かない下宿屋, 間貸し屋. **lódgment, lódgement** 名 CU 宿泊(所), 拠点, 申し入れ, 沈殿.

loft /lɔ́:ft|lɔ́ft/ 名 C 動 一般義 屋根裏(部屋). その他 納屋, 馬屋などの2階部分, 教会, 講堂, 会館などの桟敷, 倉庫などの上階, 【ゴルフ】クラブのロフト. 動 として, 物を屋根裏に蓄える, 【スポ】ボールを高く打ち上げる, けり上げる.
語源 古ノルド語 *lopt*(=air; sky) が古英語に入った.
派生語 **lófted** 【ゴルフ】ボールが高く打ち上げられた. **lóftily** 高々と, 高慢に. **lóftiness** 名 U. **lófty** 形 山や塔が非常に高くそびえ立つ, 高尚な, 崇高な, 〔軽蔑的〕傲慢な.

log /lɔ́(:)g/ 名 動 本来化 一般語 一般義 製材用の丸太. その他 動かないままの木の連想から, 活動力のないさまな人. また昔, 扇形の浮き板を綱につけて海に投げ入れ船の速度を測って航海日誌につけたことから, 【海】測定器[儀], 航海[航空]日誌. 動 として, ある地域から太陽光にあまる伐採する, 航海[航空]日誌をつける, 船や航空機がある速度を出す, ある距離を航行[飛行]するなどの意.
語源 古ノルド語 *lāg*(=fallen tree) が中英語に入ったと思われる.
用例 The trees were sawn into *logs* and taken to the sawmill. 木のこぎりで丸太に切られ製材所に運ばれた/The captain of the ship entered the details in the *log*. 船長は航海日誌に詳細を記入した/He *logged* 800 miles in the first ten days at sea. 彼は航海の最初の10日間で800マイル航行した.
慣用句 *log in* [**on**] パスワードを入れてコンピューターの使用を開始する, 登録する. *log off* [**out**] コンピューターの使用を終了する. *sleep like a log* 丸太のようにぐっすり眠る, 熟睡する.
派生語 **lógger** 名 C 《米》木こり(lumberjack), 丸太を積み込む機械.
【複合語】 **lógbòok** 名 C 航海[航空]日誌(★単に log ともいう), 業務日誌, 《英》車の登録証. **lóg càbin** 名 C 貧しい人や移住者などが住んだ質素な丸太小屋, 掘っ立て小屋. **lógròlling** 名 U 《米》政治家が法案を通過させるために協力して行う取り引き, なれ合い, 作家などがお互いにほめ合うこと.

log·a·rithm /lɔ́(:)gəriðəm/ 名 C 【数】対数(★log と略す).
語源 近代ラテン語 *logarithmus*(ギリシャ語 *logos* word, ratio+*arithmos* number) が初期近代英語に入った.
派生語 **lògaríthmic, -cal** 形 対数の: **logarithmic function** 対数関数/**logarithmic scale** 対数目盛/**logarithmic series** 対数級数. **logaríthmically** 副.

logger ⇒log.

log·ger·head /lɔ́(:)gərhèd/ 名 C〔古語〕タールを溶かしたり液体を熱する鉄球棒．ここから大きな頭をもったうみがめ，(方言)頭でっかちの間抜け(blockhead)の意．
語源 おそらく方言の logger (= block of wood) + head として初期近代英語から．
【慣用句】**at loggerheads with** ... ...とけんかして，不和で．

log·ic /lάdʒik/ -s-/ 名 U〔一般語〕一般義 論理，論理学．その他 物事の道理，筋道，必然性，有無を言わせぬ説得力，理詰め．
語源 ギリシャ語 logos (= reason) から派生した logikē (= logical art) がラテン語 logica，古フランス語 logique を経て中英語に入った．
用例 She studies philosophy and *logic* at university. 彼女は大学で哲学と論理学を研究している / I found it difficult to follow the *logic* of his argument. 私は彼の議論の進め方にはついていけなかった．
関連語 reason.
【派生語】**lógical** 形．**lògicálity** 名 U 論理性，論理にかなっていること．**lógically** 副．**logícian** 名 C 論理学者．

lo·gis·tics /loudʒístiks/ 名 U〔軍〕物資の補給，施設，宿営，兵員の移動など後方業務に関する兵站(がく)(学)．また一般に企業などのロジスティックス．
語源 フランス語 *logistique* が 19 世紀に入った．

lo·go /lóugou/ 名 C〔くだけた語〕広告などに使う社名，商標名などのシンボルマーク，ロゴ (logotype).

log·o·gram /lɔ́(:)gəgræm/ 名 C〔一般語〕略符，符号(★$, £など; **logograph** ともいう).
語源 logo-「語」+ -gram「書かれたもの」．19 世紀から．

lo·gos /lóugɑs | lɔ́gɔs/ 名 U〔哲〕(しばしば L-)宇宙を支配する理性，ロゴス，《キ教》(L-) 神の言葉，三位一体の第二位であるキリスト．
語源 ギリシャ語 logos (= word) がラテン語を経て初期近代英語に入った．

log·o·type /lɔ́(:)gətaip/ 名 C〔印〕よく使われる語など，例えば ff, ffi, Ltd. などを一本の活字にした**連字活字**．〔一般語〕広告などに使う社名，商標名などのシンボルマーク，ロゴ (★logo と略す)．
語源 logo-「語」+ -type (活字) として 19 世紀から．

-logy /-lədʒi/ 接尾 「...学，...論」の意の名詞を作る
(語法) 直前の音節に第一強勢がある．例: biology (生物学); theology (神学, 教理).
語源 ギリシャ語 logos (= word) がラテン語 -logia，古フランス語を経て中英語に入った．

loin /lɔ́in/ 名 CU〔一般語〕一般義 (複数形で) 人間，四足獣の腰部，腰回り (★特に背面についている)．その他 牛，豚などの食用の腰肉，(やや文語的)(複数形で)陰部，生殖器．
語源 ラテン語 *lumbus* (= loin) に由来する古フランス語 *loigne* が中英語に入った．
類義語 waist．
関連語 back．
【複合語】**lóinclòth** 名 C 熱帯地方の民族の腰布，腰巻き．

loi·ter /lɔ́itər/ 動本来自〔形式ばった語〕一般義 ぐずぐずと時間を過ごす，手間どる．その他 ぶらぶら歩く，特に目的もなく**道草を食う**，暇をつぶす．(米)(悪い意味で)公共の場所にたむろする．
語源 中オランダ語 *loteren* (ぐずぐずする) が中英語に

入った．
【派生語】**lóiterer** 名 C．**lóiteringly** 副．

loll /lά1/ -s-/ 動 本来自〔一般語〕一般義 舌，頭，手，足などがだらりと垂れる．その他 力をぬいてだらりと寄りかかる，だらける．
語源 疑音語．中英語から．
類義語 droop．

lol·li·pop, lol·ly·pop /lάlipɑp | lɔ́lipɔp/ 名 C〔一般語〕通例薄い丸形をした**棒つきキャンデー** 《語法》(英)〔くだけた語〕では **lolly** ともいう．
語源 方言 lolly (= tongue) + pop (ぽんと入れる) として 18 世紀から．「口の中にぽんと放り込むもの」が原義．
【複合語】**lóllipop màn [wòman]** 名 C〔くだけた語〕(英) 日本の「緑のおじさん[おばさん]」に相当する**学童道路横断監視員** (★先に円形の標識がついた棒を持っているところから)．

lol·lop /lάlap/ -s-/ 動 本来自 〔くだけた語〕(英) ぶらつく，よたよただらだら歩く．
語源 loll からと考えられる．また trollop や gallop などからの連想もある．18 世紀から．

Lon·don /lʌ́ndən/ 名 固 英国の首都，ロンドン．
語源 古英語 Lundenne から．
【派生語】**Lóndoner** 名 C ロンドン市民，ロンドンっ子．

lone /lóun/ 形 (形式ばった語) 一般義 連れもなくたった一人の，**孤独な**．その他 場所が人が来なくて**孤立している**，人が心細くて**寂しい**，未婚の．
語源 中英語で alone の initial vowel が消失した．
用例 She could see a *lone* figure on the deserted beach. 彼女には誰もいなくなった砂浜にたった一つ人影が見えた．
【慣用句】**play a lone hand**《トランプ》一人で数人を相手に孤軍奮闘して勝負する．他人の援助なしに**単独行動する**．
【派生語】**lonely** ⇒見出し．**lóner** 名 C〔くだけた語〕(米) 一人で暮らしたり行動することの好きな人，一匹おおかみ．**lónesome** 形〔くだけた語〕(米) 一人ぼっちになり心細くなって寂しい，人里はなれたあたりが寂しい．**lónesomeness** 名
【複合語】**Lóne Stár Stàte** 名 (the ~) 米国 Texas 州の俗称 (★州旗の一つ星にちなむ)．**lóne wólf** 名 C〔くだけた語〕(米) **一匹おおかみ**．

lone·ly /lóunli/ 形 (⇒lone) 一般義 友人や連れから離れて**独ぼっちの**，孤独の．その他 一人でいるために寂しい，人恋しい，場所や物事が寂しさを感じさせる，寂しげな，人里離れた．
用例 She was a *lonely* child, without friends. 彼女は友達がおらず，孤独な子供だった / Aren't you *lonely*, living by yourself? 一人で住んでいて寂しくありませんか / Their country cottage is a bit *lonely*. 彼らの田舎の別荘は少し人里離れたところにある．
【派生語】**lóneliness** 名 U 孤独，寂しさ．
【複合語】**lónely héarts** 形 名 (複) 仲間や配偶者を見つけようとする人(の): a *lonely hearts* column 新聞の結婚相談欄や交際欄．

loner ⇒lone．

lonesome ⇒lone．

long¹ /lɔ́(:)ŋ/ 形 UC〔一般語〕一般義 縦横の長さや丈，時間的な長さが標準や平均よりも長い．その他 視力，声，投球などが遠くまで届く，《音》長音の，数量を示す名詞について，...の長さの，長さが...の，数量を

たっぷりしている，また心理的に長く感じられるということから，退屈で長ったらしい，危険が大きいということから，［証券］強気で買いに出る．副として，用例などに先だって，長い間，時間を示す副詞や接続詞の前に置かれてずっと，距離的に遠くへ．名として**長期間，長母音，長音節**などの意．

[用例] I am going on a *long* journey. 私は長旅に出る／She has a *long* memory. 彼女は昔のことをよく憶えている／The television program(me) was just over an hour *long*. そのテレビ番組は一時間ちょっとの長さだった／Due to the bad weather, it was a very *long* three miles into town. 悪天候のため，町までの3マイルがたいそう長く感じられた／His speech was *long* and boring. 彼のスピーチは長たらしく退屈だった／Have you been waiting *long*? 長く待った?／This happened *long* before you were born. これは君が生まれるずっと以前に起こったことだ．

[反意語] short.

【慣用句】 **all day [night; month; year; summer]** *long* 一日[晩，月，年，夏]中． **as *long* as ...** …(も)の間，…する限りは: As *long* as you're happy, it doesn't matter what you do. 君がそれで幸せなら，何をしても構わない． **at (the) *longest*** 長くても，せいぜい． **before *long*** まもなく，やがて． **for *long*** (否定文，疑問文，条件文で)長い間． **no *longer* ... = not ... any *longer*** もう…ではない: This cinema is *no longer* used to show films—it is now a bingo hall. この映画館はもう映画の上映には使われていない．今はビンゴホールとなっている． **So *long*!**〔くだけた表現〕さようなら． **so *long* as ...** …である限りは，…でさえあれば． **take *long*** (通例否定文，疑問文で)時間が長くかかる． **The *long* and (the) *short* of it is that ...**〔くだけた表現〕要するに…だ，問題の要点は…ということだ．

【派生語】**lóngish** 形〔くだけた語〕やや長めの，やや長い．**lóngness** 名 U 長いこと．**lóngwise** 副 《英》縦に(《米》lengthwise; lengthways).

【複合語】**lóngboat** 名 C 昔，帆船が積んでいた**大型ボート．lóngbòw** 名 大弓，長弓．**lóng dístance** 名 U 《米》**長距離電話，市外電話**(《英》trunk call). 形 副 長距離の，長距離電話で: a *long-distance* truck-driver 長距離トラックの運転手／a *long-distance* call 長距離電話．**lóng dózen** 名 13, 13 個．**lóng-dràwn-óut** 形 長ったらしい，長く引き延ばした．**lóng fáce** 名 C 浮かぬ顔．**lóng-háired** 形 長髪の，〔くだけた語〕《米》俗離れした，インテリの．**lónghànd** 名 U 速記に対して普通の書き方，手書き．**lóng hául** 名 (a ~)長距離，長期間(の仕事)．**lónghéaded** 形 賢明で先見の明のある，抜け目のない．**lóng jòhns** 名 《複》〔くだけた語〕ウィンタースポーツなどに用いる手首，足首まである**下着．long-lived** /lɔ́ːŋláivd | -lívd/ 形 長く続く，長命の．**lóng-pláying récord** 名 C **LP 盤．lóng-ránge** 形 長距離の，計画などが長期的で遠大な．**lóng shòt** 名 C 〔映〕遠写し，〔くだけた語〕一か八かの賭(か)け，勝ち目の薄い競技者，見込みうすい予想．**lóng-síghted** 形 先見の明のある，《英》遠視の(《米》farsighted)．**lóng-stánding** 形 積年の，長期間続いている．**lóng-súffering** 形 辛抱強い，長い間耐えてきた．名 U 我慢強さ．**lóng-térm** 形 長期の，長期間にわたる(⇔short-term). **lóng tón** 名 C 英トン，大トン(★2,240 ポンド，約 1,016 キログラム)．**lóng wáve** 名 U 〔無線〕長波．**lóng-wéaring** 形 《米》衣服や靴などが長持ちする(《英》hardwearing). **lóng-wínded** 形 息が長く続く，息切れしない，長ったらしい，くどい．

long² /lɔ́(ː)ŋ/ 動 [本来自]〔やや形式ばった語〕かなわない願望などを手に入れたいと**切望する，熱望する**，…したいと強く思う(to do).

[語源] 古英語 langian から．long¹ と同語源で，本来は強いあこがれや思い焦がれで長く感じられることから．

[用例] They *longed* for a chance to speak. 彼らは意見を述べる機会を得たいと切に願っていた／I am just *longing* to hear from you. 私はあなたからのお便りを待ち焦がれています．

[類義語] yearn.

【派生語】**lónging** 名 CU あこがれ，切望．形 切望する，あこがれの．

lon·gev·i·ty /landʒévɪti|lɔn-/ 名 U〔形式ばった語〕[一般語] **長生き，長寿**．[その他] **寿命，生命**．

[語源] ラテン語 longaevus (= aged; longus long + aevum age)から派生した後期ラテン語 longaevitas が初期近代英語に入った．

longish ⇒ long¹.

lon·gi·tude /lɑ́ndʒɪtjuːd|lɔ́n-/ 名 CU〔地理〕**経度，経線**(★lon., long. と略す)，〔天〕**黄経**．

[語源] ラテン語 longus (= long)の派生形 longitudo が中英語に入った．

[用例] Akashi in Japan is located at a *longitude* of 135 degrees east. 日本の明石市は東経 135 度にある．

[対照語] latitude.

【派生語】**lòngitúdinal** 形 経度の，縦の，ある期間の．

long·shore·man /lɔ́(ː)ŋʃɔːrmən/ 名 C 《複 -men》〔一般語〕《米》**港湾労働者**(《英》docker).

[語源] alongshore (= along the shore)の語頭の a がとれて，man がついたもの．19 世紀から．

longwise ⇒ long¹.

loo /lúː/ 名 C〔くだけた語〕《英》トイレ，お手洗い．20 世紀から．

look /lúk/ 動 [本来自] C〔一般語〕[一般義] 人が注意してある方向に**目を向ける，見る**．[その他] 注意して見る意から，相手に注意を促すときにも用いられ，間投詞的に**ほら，いいかねなどの意，注意する，気をつける**意にもなる．補語を伴って，外観などが…**に見える，…の顔つきをする，様子をしている，…のようだ**．また家などが…に**面している**（[語法] この意味では進行形にしない）．名 として（通例単数形で）**見ること，目つき，顔つき**，また人，物の**外観，様子**，（複数形で）（よい）**容貌，ルックス**などの意．

[語源] 古英語 lōcian から．

[用例] He *looked* out of the window. 彼は窓の外を見た／The car *looks* all right, but it doesn't work. 車はどこも悪くないように見えるが，動かない／The house *looks* west. その家は西向きだ／Take a *look* at that! あれを見て!／The house had a *look* of neglect. その家はなおざりにされている様子だった．

[類義語] ⇒ seem; see.

【慣用句】**look about** あたりを見回す(look around). **look after** ...…の世話をする(take care of), …に気をつける．**look around** あたりを見回す，後ろを振り返って見る，あれこれ考慮する，買う前などに調べる．**look at ...** 意識的に…を見る，…の方へ目を向ける，…

を調べる. ***look away*** 目をそらす, よそ見をする. ***look back*** 振り返る, 過去を振り返る, 追想する. ***look down*** 見下ろす, 〔くだけた表現〕…を軽蔑する(on). ***look for*** …を捜す. ***look forward to*** …を楽しみにして待つ(語法 to の後は名詞または動名詞). ***Look here!*** こちらを見て, あのねえ, いいかい. ***look high and low*** じろじろ見る. ***look in*** 立ち寄る, 中をのぞいて見る. ***look in*** …の中をのぞいて見る, …を調べる. ***look … in the eye [face]*** …をまともに見る. ***look into*** …をくわしく調べる, …ののぞき込む, 〔くだけた表現〕…にちょっと立ち寄る. ***look on*** 傍観する, 見物する. ***look out*** 外を見る,《例命令文で》気をつける. ***look out (of)*** …から外を見る(語法《米》ではしばしば of を略す). ***look over*** 書類などに目を通す, ざっと見る, 調べる. ***look round*** =look around. ***look through*** 全体を一通り調べる. ***look up*** 上を見る, 景気や物価などが上向く, 物事を辞書などで調べる. ***look up to*** …を尊敬する.
【派生語】**lóoker** 名 C 見る[調べる]人, 〔くだけた語〕美人 (good-looker): **looker-on** (複 lookers-on).
【複合語】**lóok-alìke** 名 C よく似た人[もの]. **lóokin** 名《通例 a ~》ちょっと見ること, 短い訪問, 〔くだけた語〕勝ち目. **lóokòut** 名 C 見張り, 特に高い所にいる監視員.

loom¹ /lúːm/ 名 C 〔一般語〕はた織り機.
語源 古英語 gelōma (=tool; utensil) から.

loom² /lúːm/ 動 本来自 〔一般語〕一般義 ぼんやりと見えてくる, ぼんやりと現れる. その他 不安や危険などが恐怖感を与えながらゆっくり気味悪く迫ってくる. 名 として《a ~》ぼんやりと見える姿[形].
語源 不詳. 中英語から.
用例 The shape of a huge ship *loomed* (up) through the fog. 巨大な船の形が霧の中からぬうっと現れた.

loon·y, loon·ey, lun·y /lúːni/ 形 C 〔俗語〕《軽蔑的》気の狂った, ばかな. 名 としてまぬけなやつ, 頭が変な人.
語源 lunatic の短縮形として19世紀から.
【複合語】**lóony bìn** 名 C 精神病院.

loop /lúːp/ 名 動 本来他 〔一般語〕一般義 ひもやリボン, ワイヤーなどを丸く結んだ時にできる輪. その他 輪の形をしたもの一般を表し, ベルトを通す輪, ボタンをかける輪, 道路や川などの湾曲部, 環状をした取っ手や留め具, 避妊リング, エンドレスフィルム[テープ], 鉄道の環状線, 【電子工学】閉[環]状回路, 【コンピューター】反復命令プログラム, ループなど. 動 として輪にする, 輪のように囲む, 輪の形で巻きつける, 飛行機やロケットを宙返りさせる, 弧を描いて飛ばす.
語源 不詳. 中英語から.
用例 She made a *loop* in the string. 彼女はひもで輪を作った/He *looped* the rope around the log. 彼は丸太にロープを巻きつけた.
関連語 ring; circle.
【派生語】**lóoper** 名 C 輪を作る人[もの]. **lóopy** 形 輪の多い, 〔くだけた語〕頭のおかしい.
【複合語】**lóophòle** 名 C 城郭の銃眼, 狭間(はざま), 明りとりなどのすき間, 小窓, 法律上の抜け穴. **lóop line** 名 C 鉄道や電線の環状線. **lóop-the-lóop** 名 C 飛行機の宙返り.

loose /lúːs/ 形 動 本来他 名 副 〔一般語〕一般義 結び方, くっつき方, 詰め方などが緩い. その他 本来は束縛されておらず解放された, 自由な状態を表し, ひもなどが結ばれていない, ほどけた, 書類などがとじられていない, ばらばらの, また戸やくぎ, 歯などががたがた[ぐらぐら]している, 構造が密でない, 織物の目が粗い, 衣服などがだぶだぶの, 骨格や頬が締まりのない, たるんでいる, さらに精神的にだらしのない, 道徳的にふしだらなという意味. 動 として結び目をほどく, 動物などを放す, 矢などを放つ, 鉄砲を撃つ. 名 ⇒慣用句 on the loose. 副 として緩く(loosely).
日英比較 日本語の「ルーズ」との発音の違いに注意.
語源 古ノルド語 *lauss* (=loose) が中英語に入った.
用例 a *loose* knot 緩い結び目/The horses were *loose* in the field. 馬が牧草地に放たれていた/a *loose* tooth ぐらぐらしている歯/She wore a long, *loose* coat. 彼女は長いだぶだぶのコートを着ていた/*loose* style 散漫な文体/a *loose* woman ふしだらな女.
【慣用句】**on the loose** 犯人や動物などが逃げ出して, 人が浮かれ騒いで.
【派生語】**lóosely** 副 本来的 結び目などを緩めて, ひもなどを緩める, 規制などを緩和する. 自 緩む, はずれる. **lóoseness** 名 U.
【複合語】**lóose-lèaf** 形 ルーズリーフ式に綴じた. **lóose-límbed** 形 しなやかな手足をした.

loot /lúːt/ 動 本来他 名 U 〔一般語〕一般義 略奪する. その他 不正に利益を得る. 名 として略奪品, 〔くだけた語〕金, 貴重品.
語源 サンスクリット語 *lunt* (=to rob) がヒンディー語に入って *lūt* となり, 19世紀に入った.
類義語 plunder; spoil; sack.
【派生語】**lóoter** 名 C.

lop¹ /láp/-5-/ 動 本来他 名 UC 〔一般語〕一般義 木を刈り込む. その他 人の首や腕を切り取る, むだなものを切り捨てる. 名 として刈り込み, 切り枝.
語源 不詳. 中英語から.
【派生語】**lóppings** 名《複》刈り込んだ枝.

lop² /láp/-5-/ 動 本来自 〔一般語〕一般義 動物の耳などがだらりと垂れる. その他 人がぶらぶらする, のらくらする.
語源 擬音語. 初期近代英語から.
【複合語】**lóp-èared** 形 垂れ耳の. **lópsíded** 形 一方に傾いた.

lope /lóup/ 動 本来自 名 U 〔一般語〕動物が跳んで走る, うさぎなどがぴょんぴょん跳ぶ. 名 として, 馬などのゆるい駆け足.
語源 古ノルド語 *hlaupa* (=to leap; to run) が中英語に入った.

lo·qua·cious /loukwéiʃəs/ 形 〔形式ばった語〕一般義 うるさいほど多弁な, おしゃべりな. その他 言葉が多くてくどい, 鳥の声や水の音などが騒々しい.
語源 ラテン語 *loqui* (=to speak) から派生した *loquax* (=talkative) が初期近代英語に入った.
類義語 talkative.
【派生語】**loquáciously** 副. **loquáciousness** 名 U. **loquacity** /loukwǽsiti/ 名 U.

lord /lɔ́ːrd/ 名 C 感 動 本来他 〔一般語〕一般義 他人に対して物質的または精神的な権威や権力を持っている人, 支配者. その他 封建時代の君主, 領主, 身分上制度化された公・侯・伯・子・男爵などの貴族,《英》上院議員などの高位高官,【ユダヤ教・キ教】(the [our] L-) 神. 感 として, 驚いた時に発するああ, おお. 動 として

lore /lɔ́ːr/ 图 U 〔一般語〕伝統的に受け継がれてきた俗信的知識, 民間伝承, また特定分野の科学的知識.
[語源] 古英語 lār (= learning; teaching) から.
[用例] weather lore 天候に関する伝承.
[関連語] folklore; birdlore.

lor・ry /lɔ́(ː)ri/ 图 C 〔一般語〕《英》貨物自動車, トラック(《米》truck).
[語源] 不詳. 19 世紀から.
[日英比較] 「タンク・ローリー」は和製英語. これは《米》で tank truck, 《英》で tanker という. ⇒car.
[複合語] **lórry párk** 图《英》トラック駐車場.

lose /lúːz/ 動 本来地〔過去・過分 **lost** /lɔ́(ː)st/〕〔一般語〕[一般義] 不注意などで物をなくす, 紛失する, 置き忘れる. [その他] 仕事や関心, 心の平静, 命などを失う, 体重を減らす, 人と死別する, 健康などを損なう, 道に迷う, 試合に負ける, 機会を逃がす, 重要な事柄などを見失う, 聞き落とす, 時間や労力を浪費する, 時計が遅れる. また人に仕事などを失わせる. 自 損をする, 負ける, 衰える.
[語源] 古英語 losian (= to perish; to lose) から.
[用例] I've *lost* my watch. 私は時計をなくしてしまった/She has *lost* interest in her work. 彼女は自分の仕事に興味がなくなってきている/She *lost* her father last year. 彼女は昨年父に死なれた/The ship was *lost* in the storm. 船は嵐の中で方向がわからなくなってしまった/She *lost* the race; I have won. 彼女はレースに敗れ私が勝った/He *lost* no time in informing the police of the crime. 彼はすぐにその犯罪を警察に通報した/His stupidity *lost* him his job. ばかなことをしたので彼は職を失った/Whatever happens, you can't *lose*. 何が起きても負けることはないよ.
[反意語] find; gain, win.
[慣用句] ***lose face*** 恥をかく. ***lose oneself*** 夢中になる, 我を忘れる, 途方にくれる. ***lose out***〔くだけた表現〕《米》負ける, 敗れる.
【派生語】**lóser** 图 C 敗者, 落伍者, 損失者.
lósing 形 負ける, 勝ち目のない, 損をする: a *losing* pitcher 敗戦投手.
lost ⇒見出し.

loss /lɔ́(ː)s/ 图 UC 〔一般語〕[一般義] 一時的または永久的に物質的, 肉体的, 精神的なものを失うこと, 損失, 紛失, 喪失. [その他] 《単数形で》損失物, 損害. また目方などの量や程度の減少, 減量, 時間や労力の浪費, 試合などの敗北, 戦争などの人的損失, 死傷(者数), また単に死亡.
[語源] 中英語 los から. losen (= to lose) の過去分詞 lost からの逆成とされる.
[用例] His death is a national *loss*. 彼の死は国家的損失である/*loss* of time 時間の浪費/*loss* of a race 試合の敗北/We suffered great *losses*. こちらは多数の死傷者を出した.
[反意語] gain; win.
[慣用句] ***at a loss*** 損をして: We sold it *at a loss*. 損をしてそれを売った. ***be a dead loss***〔くだけた表現〕丸損する. ***be at a loss*** 途方にくれて: I was *at a loss* for an answer. 返事に困った.
【複合語】**lóss léader** 图 C おとり商品, 目玉商品(★loss (損)を承知の上で客寄せのために売る leader (特価品)).

lost /lɔ́(ː)st/ 動 形 lose の過去・過去分詞. 形 として失った, 道に迷った, 途方にくれた, 負けた, 失敗した, 浪費した, 死んだ, 夢中になった.
[用例] a *lost* child 迷子/a *lost* sheep 迷える羊/be *lost* in thought もの思いにふけっている.
[複合語] **Lóst and Fóund** 图 C 遺失物取扱所, またはその係. **lóst cáuse** 图 C 敗れた主張, 成功の見込みのない運動. **lóst próperty** 图 U 遺失物.

lot¹ /lát|-ɔ́-/ 图 C〔ややくだけた表現〕《a~または~s で》数的, 量的に**多数, 多量**. [その他] 副詞的に**大変, 非常に**という意味にもなる. 〔一般語〕人などの一群, 商品などの一山, 一組などいろいろなタイプの集団を意味し, さらに《the ~で》**全体, 全部**を指す.
[語法] many や much がやや形式ばった語であるのに対して, a lot, lots はややくだけた表現. また many, much は肯定文, 否定文, 疑問文に用いられるが, a lot, lots は通例肯定文に用いられる.
[語源] 古英語 hlot (= portion; allotment; share) から.
[用例] There is a *lot* of dust in the air. 空中にはちりがたくさんある/There were *lots* of people there. そこには多勢の人がいた/Thanks a *lot*. どうもありがとう.

lot² /lát|-ɔ́-/ 图 CU 〔一般語〕くじ. [その他] くじ引き, 抽選,《やや形式ばった語》くじ引きのように偶然に左右される人間の運命, めぐり合わせ, くじによる割り当て, 分け前, 具体的に割り当てられた仕事[場所], 特定の目的のために割り当てられた土地などの一区画, 建築用, 墓地用, 駐車用の用地や敷地, 《米》映画撮影所, スタジオ.
[語源] ⇒lot¹.
[用例] draw *lots* くじを引く/The chairperson was chosen by *lot*. 議長は抽選によって選ばれた/We must learn to be content with our *lot* in life. 私たちは人生において己れの運命に甘んじることを知らなければならない/He received his *lot* of property and donated it to charities. 彼は自分のもらう分の財産を受け取って慈善事業に寄付した/a parking *lot* 駐車場.
[類義語] fate.
[慣用句] ***cast [draw] lots*** くじを引く, くじで決める. ***throw [cast] in one's lot with*** …… と運命を共にする.

loth /lóuθ/ 形 = loath.

lo·tion /lóuʃən/ 名 CU 〔一般語〕洗浄剤, 外用水薬, あるいは化粧水, ローション.
[語源] ラテン語 *lavare*（=to wash; to bathe）の 名 *lotio*（=washing）が中英語に入った.
[用例] eye *lotion* 目薬/aftershave *lotion* ひげそり後のローション.

lot·tery /látəri|-ó-/ 名 C 〔一般語〕[一般義] 富くじ, 宝くじ, 福引き. [その他] 運, めぐり合わせ.
[語源] 中オランダ語 *loterije*（=lot）が中フランス語 *loterie* を経て初期近代英語に入った.
[用例] They held a public *lottery* in aid of charity. 慈善事業のために公営宝くじが開催された.
[関連語] bet（賭けた金や物）; gamble（賭け事, ばくち）; pools（競馬などの積立て賭け金）; stake（賭け金, 競技の賞）; wager（賭け事, 賭け金）.
[複合語] **lóttery whèel** 名 C 回転式抽選器.

lo·tus /lóutəs/ 名 C 〔植〕はす, すいれん,〖ギ神話〗その実を食べると浮き世の苦しみを忘れるという想像上の木, ロートス, その実.
[語源] ギリシャ語 *lōtos* がラテン語を経て初期近代英語に入った.
[複合語] **lótus-èater** 名 C 安逸をむさぼる人（★ギリシャ神話の「ロートスの実を食べて世の苦労を忘れた人」から）. **lótus lànd** 名 C 逸楽の国.

loud /láud/ 形 〔一般語〕[一般義] 音や声が大きい. [その他] 人が大声を出す, ものが大きな音を出す, 騒々しいという意味になり, 一面では力の限り声や音を出しているので, 熱心な, うるさい, 場所や時を考えずに大声を出すことから, 不作法な, 下品な, また音以外にも用いられ,〔くだけた語〕色や模様などが目立ってけばけばしい. 副 として大きな音で, 大声で.
[語源] 古英語 *hlūd* から.
[用例] She has a *loud* voice. 彼女の声は大きい/They were *loud* against his idea. みんなは彼の案に口やかましく反対した/We must avoid *loud* manners wherever we are. どこにいても下品な行為を避けなければならない/He was wearing a very *loud* shirt. 彼はけばけばしい派手なシャツを着ていた.
[類義語] loud; noisy; aloud: **loud** は声や音が大きいことを表すが, 必ずしも騒々しさは意味しない. **noisy** は耳障りで大きく, 不愉快で騒々しい声と音で, 連続的に聞こえてくることをいう. **aloud** は黙っていないで声を出して言うことを意味し, silent の反対で, 大声という意味はない.
[派生語] **lóudly** 副. **lóudness** 名 U.
[複合語] **lóudháiler** 名 C《英》ハンドマイク（《米》bullhorn）. **lóudmòuth** 名 C 大声でおしゃべりする人, ほら吹き. **lóudspèaker** 名 C 拡声器, スピーカー.

lounge /láundʒ/ 名 C 動 [本来目] 〔一般語〕ホテルなどの休憩室, 談話室, また安楽いす. 動 としてぶらぶらする.
[語源] 不詳. 初期近代英語から.
[用例] We'll have coffee in the *lounge*. 休憩室でコーヒーを飲もう/He was found *lounging* on a sofa looking bored. 彼は退屈そうにソファーの上でぶらぶらと時を過ごしていた.
[複合語] **lóungebàr** 名 C《英》パブなどの中にある高級バー（saloon bar）. **lóungecàr** 名 C《米》安楽いすと飲食物のある特別客車. **lóungechàir** 名 C《英》安楽いす, 寝いす. **lóungesùit** 名 C《英》背広（《米》business suit）.

louse /láus/ 名 C（複 lice /láis/）〔虫〕しらみ. 比喩的に〔くだけた語〕くだらないやつ《〖語法〗複数形は~s）.
[語源] 古英語 lūs から.
[派生語] **lóusily** 副. **lóusiness** 名 U. **lóusy** 形 いやな, 下品な, ひどい.

lout /láut/ 名 C〔軽蔑語〕田舎者, 武骨な男.
[語源] 不詳. 初期近代英語から.
[派生語] **lóutish** 形.

lou·ver《英》-**vre** /lú:vər/ 名 C〔一般語〕[一般義] 通風や採光のために作られたよろい張り, よろい窓. [その他] 熱を発する機器のカバー, 車のボンネットの放熱〔通風口〕, ルーバー.
[語源] ゲルマン語起源の古フランス語 *lovier* が中英語に入った.

lovable ⇒love.

love /lív/ 名 UC [本来地] 〔一般語〕[一般義] 家族, 友人, 祖国などへの愛, 愛情. [その他] 一般に物や事柄に対する好み, 愛好心, 趣好, 宗教的に神に対する, または神の与える愛, 敬愛, 慈愛, また異性への愛から恋愛, 恋慕, ここからさらに恋人, 愛人, あるいは情事, 情欲, 色欲, 性交を表す. また夫婦, 親子, 恋人の間で呼称として,〔くだけた語〕《英》あなた, お前, さらに大好きな物, かわいい物, きれいな物,〖テニス〗0（点）, ラブの意. 動 として, 人や物を愛する, かわいがる, 恋する, また大好きである, 喜ぶ, 賛美する,《would [should] ~で》…したいと思う, …かほしいと思う, …に…してもらいたい《to do》.
[語源] 名 は古英語 *lufu*（=love; affection）, 動 は *lufian* から.
[用例] She feels a great *love* for her children. 彼女は自分の子供に強い愛情を感じている/She has a great *love* of music. 彼女は音楽が大好きだ/They have been in *love* with one another for months. 彼らはもう何か月も互いに愛し合っている/Mary, my *love*, are you ready to leave? ねえ, メアリー, 出かける用意はできたか/Climbing is one of the *loves* of his life. 登山は彼の生涯において大好きなものだ/The present score is fifteen *love*. 現在のスコアはフィフティーン・ラブ（15-0）です/I *love* this kind of sports. 私はこの種のスポーツが好きだ.
[類義語] love; affection; attachment; fondness: **love** は愛が深く強い情熱的な愛であるのに対して, **affection** は温かくて優しい愛情や情愛で, 人間ばかりではなく動物に対しても用いられる. **attachment** は affection, attraction（魅力）, devotion（献身）などと結びつけられる人と物に対する愛着, 愛慕であり, 特に長期間にわたるものをいう. **fondness** は母親などの優しい愛情であるが, 場合によっては愛情が高じた溺愛も意味する. 愛する対象は人でも物でもありうる.
[反意語] hatred.
[慣用句] ***fall in love*（*with*…）** (…)と恋に落ちる,(…)が大好きになる. ***for love or money***《否定文で》義理ずくでも金ずくでも, どうしても…でない. ***for the love of*… **…のために. ***for the love of God*〔*Heaven*; *mercy*〕** 後生だから. ***love at first sight*** 一目ぼれ. ***make love with*〔*to*〕…** …と性交をする. ***With love*** 親しい人への手紙の結びの言葉, さようなら.
[派生語] **lóvable**, **lóveable** 形 愛すべき, 愛らしい. **lóved** 形 人に愛される: my *loved* one 私の最愛の人/*Loved* One 故人. **lóver** 名 C 結婚していないが性的関係のある恋人, 愛人, 不倫相手, また何かの愛好者: **lover's knot**=love knot/**lovers' lane** 恋人たちの通る道. **lóving** 形 人を愛する.

愛情に満ちた: *loving* words 心のこもった言葉. **lóv·ing·ly** 副.

【複合語】**lóve affáir** 名 C 恋愛(事件), 情事. **lóvebird** 名 C アフリカ南部地方にいる小型のぼたんいんこ(★つがいの仲がよくいつも一緒にとまっている). **lóve chíld** 名 C 私生児. **lóve gàme** 名 C 〖テニス〗敗者が1点も取れなかったラブゲーム. **lóve-háte** 激しく愛憎の入りまじった: *love-hate* complex [relationship] 激しい愛憎心理[関係]. **lóve knót** 名 C 恋人どうしであることを示すリボンなどの恋結び(lover's knot). **lóve lètter** 名 C 恋文. **lóve lífe** 名 UC 性生活. **lóvemàking** 名 U 性的行為. **lóve màtch** 名 C 恋愛結婚. **lóve sèat** 名 C 二人掛けのいす[ソファー](double seat) 日英比較 日本語のロマンス・シートに当たる. **lóve sèt** 名 C 〖テニス〗ラブセット. ⇒love game. **lóvesìck** 形 恋わずらいの, 恋にやつれた. **lóvesìckness** 名 U. **lóve sòng** 名 C 恋の歌. **lóve stòry** 名 C 恋愛物語[小説]. **lóve tòken** 名 C 愛情のしるし, 愛の贈り物.

love·ly /lʌ́vli/ 形 〔一般語〕 一般義 愛くるしくて美しい, かわいい, いとしい. その他 〔くだけた語〕 非常に愉快な, 素晴らしい, 楽しい.
語源 古英語 luflic から.
用例 She looked *lovely* in that dress. そのドレスを着た彼女はとてもすてきに見えた/That was a *lovely* meal. 素晴らしい食事だった.
類義語 pretty; charming; good-looking.
反意語 dirty; ugly.
【派生語】**lóvelily** 副. **lóveliness** 名 U.

lover ⇒love.

low[1] /lóu/ 形 副 名 CU 〔一般語〕 一般義 地面, 土台や床からそんなに高くなくて低い所にある, 位置が低い. その他 高さから転じて大きさ, 深さ, 音量, 値段などが数量的に少ない, 浅い, 低い, 安い, 程度, 力, 価値, 評価が低い, 標準以下の, 社会的地位, 身分が低い, 下層の, 人間的価値や態度が粗野な, 下品な, 活力や勢いなどが弱い, 元気がない, 衰弱している, 運動などが遅い, 品物が不足している, 知能や点数, 賃金が基準に達しないなどの意. 副 として 低い, 低い声で, 小声で, 値段が安く, 程度が低く. 名 として 低いもの, 車の低速, ロー, 〖証券〗低値, 〖気〗低気圧, 最低気温.
語源 古ノルド語 *lāgr* が中英語に入った.
用例 This cottage has a *low* roof. この小屋の屋根は低い/She said something to the child in a *low* voice. 彼女は子供に小声で何か言った/These prices seem rather *low*. これらの値段はかなり安いようだ/He thinks her taste is very *low*. 彼女の趣味はとても下品だと彼は思っている/She cooked the soup over a *low* heat. 彼女は弱火でスープを作った/After they had gone she felt very *low* and discouraged. 彼らが去ってしまうと彼女は非常に元気がなくなりがっかりした/The charge in this battery is *low*. この電池は消耗している/He always puts the air conditioning on *low*. 彼はいつもエアコンの温度を低く設定する.
反意語 high; tall.
日英比較 英語には日本語の「低い」に相当する基本的な語が2つある. 1つは low, いま1つは short である. low は高度が低いことを意味し, 地上から続いていない高さ(たとえば航空機の高度などにも使えるが, short は地上からの連続した高さ, つまり「縦の長さ」ともいうべきものが短いことを表す. 以上のことは「低い」の反意語「高い」でも同様で, 英語では高度が高いのは high, 地上からの高さが高いのは tall という. short が地上からの連続した距離(＝長さ)を表すことは, この語は横の長さについても long と short の組み合せで用いられることも分かる. 以上のことから日本語では「低い山」「背の低い人」「低い高度」などというときにすべて「低い」という同一語が用いられるのに対して, 英語では a *low* mountain, a *short* person, *low* altitude のように low と short を使い分けなくてはならないことが分かる.
【慣用句】**at (the) lówest** 少なくとも. **bring low** ...を衰えさせる. **lay low** ...を打ち倒す, 殺す. **lie [stay] low** うずくまる, 身を隠す. **run low** 資力などが尽きる.
【派生語】**lower** 動 形 副 ⇒見出し. **lówish** 形 やや低い. **lówly** 形 階級, 身分, 地位などが低い, 卑しい, 考えや態度が謙遜してへりくだって. **lówness** 名.
【複合語】**lów (atmosphéric) prèssure** 名 UC 〖気〗低気圧(★単に low ともいう). **lów béam** 名 C 自動車のヘッドライトの下向きの光線. **lów blóod prèssure** 名 U 低血圧(⇔high blood pressure). **lówbòrn** 形 〖文語〗生まれが素性の卑しい. **lówbòy** 名 C 低い化粧台, サイドテーブル,《米》脚つきの低いたんす(⇔highboy). **lówbréd** 形 育ちの悪い, 粗野な. **lów brów** 形 C 〔くだけた語〕 教養の低い(人), ミーハー族(の)(⇒highbrow; middlebrow). **Lów Chúrch** 名 (the ～) 英国国教会の一派の低教会派(⇔High Church). **lów cómedy** 名 UC どたばたの低俗喜劇. **Lów Còuntries** 名 《複》(the ～) 北海沿岸低地帯(★現在のベルギー, ルクセンブルク, オランダ地方). **lówdòwn** 名 〔低級の〕(the ～)の内幕, 内情. **lów-dòwn** 形 卑劣な, 落ちぶれた. **lów fréquency** 名 CU 低周波. **lów géar** 名 UC 自動車の低速ギア. **lów-gràde** 形 低級の, 劣等な. **lów-kéy, lów-kéyed** 表現や文体などが控え目な,〔くだけた語〕つまらない. **lówlánd** 名 C 〔主に複数形で〕低地. **lówlànder** 名 C 低地人. **Lówlands** 名 《複》(the ～) スコットランド南部, 中部, 東部の低地地方. **lówmínded** 形 心の卑しい, あさましい. **lów-nécked** 形 婦人服などで首や肩の出るほどえりぐりの深い. **lów-pítched** 形 低音の, 調子の低い(⇔high-pitched). **lów-préssure** 形 低圧の, 低気圧の. **lów-príced** 形 値段の安い. **lów prófile** 名 C 低姿勢: keep [maintain] a *low* profile 目立たぬように振舞う, 低姿勢をとる. **lów relíef** 名 U 浅浮彫り(⇔high relief). **lów-ríse** 形 《米》建物が低層の(⇔highrise). **lów séason** 名 U 商売などの閑散期(⇔high season). **lów-spírited** 形 元気のない(⇔highspirited). **lów tíde** 名 UC 干潮(時), 低潮(時)(⇔high tide). **lów vóltage** 名 UC 低電圧. **lów wáter** 名 U 川や湖などの低水位, 干潮. **lów-wáter màrk** 名 C 海岸の干潮線, 川や湖などの低水位の時にできた低水線の跡.

low[2] /lóu/ 動 本来自 名 C 〔やや文語的な語〕牛がもうと鳴く. 名 として, その鳴き声.

low·er[1] /lóuər/ 動 本来他 形 副 〔⇒low[1]〕 〔一般語〕 一般義 下の位置に降ろす. その他 高さや位置を低くする, 数量, 程度, 調子, 価値などを下げる, 落とす. 形 として 〔比較級で〕低い, より低い, より弱い, 〔比較級なし〕生物が下等な, 地位が下級の, 一対のもので下のほうの, 教育が低学年の. 副 として 〔比較級で〕より低く.
用例 He *lowered* the blinds. 彼は日よけを降ろした/

She *lowered* her voice. 彼女は声を低くした/I wouldn't *lower* myself to speak to such a *low* guy. 身を落としてまでしてそんな下品なやつに声をかけたくない.

類義語 lower; drop; decrease: **lower** は低い位置に降ろすことや高さを低くすることを表す. **drop** は何気なく,突然に低くすることを表す. **decrease** は数量や程度を次第に低減させることを表す.

反意語 raise; increase.

【複合語】**lówercàse** 名 U 形 〖印〗小文字(の). **lówer-cláss** 形 下層階級の. **lówer clásses** 名《複》《軽蔑的》下層階級の人々. **Lówer Hóuse [Chámber]** 名《the 〜》二院制議会における下院(⇔ Upper House).

low·er² /láuər/ 動 本来自 名 C 〔一般語〕顔をしかめる,また空模様が怪しくなる. 名 としてしかめっ面.

語源 中英語 louren から.

【派生語】**lówering** 形.

lowish ⇒low¹.

loy·al /lóiəl/ 形 〔一般語〕 一般義 主君,国家や政府などの権威に対して忠義な,忠節な. その他 国家だけではなく各種の指導者や友人に対して,また主義主張に対して誠実な,忠実な,義理堅い.

語源 ラテン語 *legalis*(＝legal)がフランス語を経て初期近代英語に入った.

用例 He was a *loyal* knight. 彼は忠節な騎士だった/She is *loyal* to the principle. 彼女はその主義に忠実である/She has remained *loyal* to him throughout his misfortune. 彼が逆境の中にある間も彼女は彼に対して誠実であった.

類義語 loyal; faithful: **loyal** が元来国家,君主などの法的な性格をもったものへの忠実,忠誠を意味するのに対して,**faithful** は人や約束,主義,信条,義務などに対して誠実で忠実なことを意味する. ただし前後関係によっては入れかえて用いることが可能な場合もある.

関連語 patriotic (愛国的な); true (真実で信頼できる); sincere (うそ偽りを言わない).

反意語 faithless; treacherous.

【派生語】**lóyalist** 名 C 忠臣,愛国者. **lóyally** 副. **lóyalty** 名 U 忠実,誠実(な行為),愛国的な行為.

loz·enge /lázindʒ|-s-/ 名 C ひし形(rhombus), 〔一般語〕錠剤,薬用ドロップ《★もとひし形をしていた》.

語源 古フランス語 *losenge* から.

LP /élpí:/ 名 C 〔一般語〕エルピー盤, LP レコード (long-playing record).

LPG /élpì:dʒí:/ 名 U 〔一般語〕液化石油ガス(liquefied petroleum gas)《★LP-gas から》.

LSD /élèsdí:/ 名 U 〔一般語〕幻覚剤の一種, エルエスディー(lysergic acid diethylamide).

Ltd., ltd 《略》＝limited 《★有限責任会社名の後に記す》.

lub·ber /lʌ́bər/ 名 C 〔一般語〕ずう体の大きいのろま,無器用者,また新米水夫.

語源 不詳. 中英語から.

【派生語】**lúbberlike** 形. **lúbberly** 形 副.

lubricant ⇒lubricate.

lu·bri·cate /lú:brikeit/ 動 本来他 〔一般語〕 一般義 機械などに油をさす. その他 油をさして滑らかにする,また物事が滑らかに行くように,〔くだけた語〕人に酒を飲ませる,買収する.

語源 ラテン語 *lubricare*(＝to make slippery)の過去分詞 *lubricatus* が初期近代英語に入った.

【派生語】**lúbricant** 形 滑らかにする. 名 UC 潤滑剤,潤滑油. **lùbricátion** 名 UC 滑らかにすること,注油. **lúbricator** 名 C.

lu·cid /lú:sid/ 形 〔やや形式ばった語〕 一般義 明快な,わかりやすい. その他 明るく輝いている,透明な.

語源 ラテン語 *lucere*(＝to shine)から派生した *lucidus* が初期近代英語に入った.

【派生語】**lucídity** 名 U. **lúcidly** 副. **lúcidness** 名 U.

luck /lʌ́k/ 名 U 動 本来自 〔一般語〕 一般義 良し悪しに関係なく人間に生じる偶然の運,めぐり合わせ. その他 特に良い運が強調されて幸運,また幸運をもたらすもの,お守り,縁起物. 動 として《くだけた語》人に運が向く,運よく成功する.

語源 低地ドイツ語 *luk* が中英語に入った.

用例 Whether you win or not is just *luck*—there's no skill involved. 勝つか負けるかはただ運次第. 腕前とは関係ない/She has all the *luck*. 彼女はつきまくっている/Good *luck* (to you). 幸運[成功]を祈ってます. ごきげんよう.

類義語 luck; chance; fortune; fate: **luck** は,例えばくじの当り外れのように,何の因果関係もない運のことで,しかもあまり重要でない日常的なことに用いる場合が多い. **chance** は人間の力とは関係なく,予期しないで起きる偶然の出来事で,luck に比べて運命性よりも偶然性が強調される. 幸運,不運とは関係ない. **fortune** は人の一生を左右する重要な出来事としての運命的な力で,luck よりやや形式ばっている. 良い運命の力は幸運,成功となり,さらに物質的な要素が含まれると富,財産の意味になる. **fate** は神などの意志によって定められた宿命. 不吉な宿命の意味に使われることが多い.

日英比較 日本語の「運」は幸運,悪運の両方を含み,「運がいい」「運が悪い」「幸運」「悪運」など何か良し悪しの区別をする修飾語をつけないと区別ができない. 英語の luck も幸運,悪運の両方を意味するが,特に「幸運」の意味で使われることが多く, lucky という 形 になると幸運のみに用いる点が異なっている.

【慣用句】*as luck would have it* 運よく,運悪く (《語法》luck の前に good または ill をつける時もある). *down on one's luck* 運が傾いて. *for luck* 縁起をかついで. *have the devil's own luck* 悪運が強い. *in luck* 運がよく. *luck out* 〔くだけた表現〕《米》運よく成功する,ついている. *out of luck*＝*off luck* 運悪く. *try one's luck* ...で運だめしをする《at》. *worse luck*《挿入句として》あいにく,運悪く.

【派生語】**lúckless** 形. **lúcky** 形 ⇒見出し.

luck·y /lʌ́ki/ 形 (⇒luck)〔一般語〕運のよい,幸運な,あるいは幸運をもたらすような,縁起のいい.

用例 He was very *lucky* to escape from the accident alive. 事故を逃れて命が助かったとは彼はとても運がよかった/a *lucky* guess[shot; hit] まぐれ当り/a *lucky* day 吉日/a *lucky* number 幸運にめぐまれるような番号.

反意語 unlucky.

【派生語】**lúckily** 副. **lúckiness** 名 U.

【複合語】**lúcky bág**[《英》**díp**] 名 C 中の賞品をつかんで取らせる福(引)袋《米》(grab bag). **lúcky séventh** 名《the 〜》〖野〗ラッキーセブン.

lucrative ⇒lucre.

lu·cre /lú:kər/ 名 U 〔軽蔑語〕もうけ,利益,金銭.

[語源] ラテン語 *lucrum* (=gain; riches) が中英語に入った.
【派生語】**lúcrative** 形 もうかる.

Lu·cy /lúːsi/ 名 固 女性の名, ルーシー《★愛称は Lou, Luce, Luciana など》.

lu·di·crous /lúːdikrəs/ 形〔形式ばった語〕内容が奇抜, 誇張のためばかばかしい, 嘲笑をさそうような.
[語源] ラテン語 *ludus* (=play; game) の派生形 *ludicrus* が18世紀に入った. 初めは「娯楽に適した」の意で用いられた.

luff /lʌf/ 動 本来自 名 C 《海》船首を風上に向ける, 風上に向けて走る. 名 として, 縦帆の前ぶち, ラフ, 《英》船首の湾曲部.
[語源] 古フランス語 *lof* (=weather side of a ship) が中英語に入った.

lug¹ /lʌɡ/ 動 本来他 名 C 〔一般語〕[一般義] 重い物などを力まかせに引く, 引きずる. [その他] 別の話題を無理やり持ち出す. 名 として《米》果物·野菜用の底の浅い運搬箱.
[語源] 中英語 luggen (=to pull by the hair or ear) から. 古ノルド語起源と思われる.

lug² /lʌɡ/ 名 C 〔一般語〕耳の形をした取っ手, つまみ, 《英》耳(たぶ), 〔俗語〕《米》のろま, まぬけ.
[語源] 不詳. 中英語から.

luge /luːʒ/ 名 C 〔一般語〕あおむけに乗る競技用の1人または2人乗りの滑降用そり, リュージュ.
[語源] フランス語が20世紀に入った.

lug·gage /lʌ́ɡidʒ/ 名 U 〔一般語〕《主に英》旅行用のトランク, スーツケース, 手提げかばんなどの**手回り品**, **小荷物**(《米》baggage)《数えるときは a piece of luggage, two pieces of luggage のようにする》.
[語源] lug¹ の派生形. 初期近代英語から. 元来「運ぶのが大変な重い荷物」の意.
[類義語] baggage.
[日英比較] 日本語の「荷(物)」は小さな手荷物から大きな荷物にいたるまで, 重量や大きさ, また積み場所にかかわらず荷物一般の総称である. また, 比喩的に「荷が重い」「荷を降ろす」「お荷物をしょいこむ」など自担になる物, やっかいな物という意味にも用いる. 英語にはこれに相当する意味領域の広い総称がない. baggage, luggage は手回り品, burden は馬車の荷物, pack は人が背負ったり荷馬車で運ぶ程度の包み, goods は《英》鉄道貨物で, freight は《米》陸, 水, 空, 《英》水上の運送貨物, cargo は船や飛行機に積む荷物などと使い分けている. 日本語のように比喩的な意味に用いるのは load, burden.
【複合語】**lúggage ràck** 名 C 列車やバスで手荷物をのせる網棚. **lúggage vàn** 名 C 《英》列車の荷物車(《米》baggage car).

lug·ger /lʌ́ɡər/ 名 C 〔一般語〕ラガー《★ラグスル(lugsail)をつけた2本または3本マストの小型帆船》.
[語源] lug(sail)+-er として18世紀に入った.

lug·sail /lʌ́ɡseil, -sl/ 名 C 〔一般語〕四角い縦帆の一種, ラグスル.
[語源] lug¹+sail として初期近代英語から.

lu·gu·bri·ous /luːɡúːbriəs/ 形〔形式ばった語〕不自然で大げさなほど悲しげな, 哀れな, 陰気な.
[語源] ラテン語 *lugere* (=to mourn) から派生した *lugubris* (=mournful) が初期近代英語に入った.

luke·warm /lúːkwɔ́ːrm/ 形〔一般語〕[一般義] 湯, 茶など本来熱いものが**生ぬるい**. [その他] 比喩的に《軽蔑的》**乗りのしない**, **不熱心な**, **冷淡な**.
[語源] 中英語 luke (=tepid)+warme (=warm) から.
[用例] I hate *lukewarm* soup. ぬるいスープは大嫌いです/a *lukewarm* handshake [response] 気乗りのしない握手[応答].
[類義語] cold; warm; cool.

lull /lʌl/ 動 本来他 名 〔一般語〕[一般義] 赤ん坊や子供をあやしながら**寝かしつける**. [その他] 寝かせることから, なだめる, 落ち着かせる, なだめすかして…させるとなり, 人間ばかりではなく, 波や嵐を静める. 名 として 《a ~》海などの一時的な静けさ, なぎ, 活動などの一時的な**途切れ**, 病気や苦しみの**小康(状態)**.
[語源] 中英語の擬音語 lullen から.
[用例] The sound of the waves *lulled* him to sleep. 波の音に心落ち着いて, 彼は眠りに入った/She had been *lulled* into a false sense of security. 彼女はだまされて安心しきっていた/It was a *lull* before the storm. 嵐の前の静けさだった.
[類義語] calm; quiet.

lull·a·by /lʌ́ləbai/ 名 本来他 〔一般語〕**子守歌**. 動 して, 子供を子守歌を歌って寝かせる, 一般に**落ち着かせる**, **なだめる**.
[語源] lulla+bye として初期近代英語から. いずれも子供を寝かす時のあやし言葉であるが, lulla は現在は廃語.

lum·ba·go /lʌmbéiɡou/ 名 U 《病理》腰痛.
[語源] ラテン語 *lumbus* (=loin) から派生した *lumbago* が初期近代英語に入った.

lum·bar /lʌ́mbər/ 形 名 C 《解》腰(部)の. 名 として 腰動[静]脈, 腰椎.
[語源] ラテン語 *lumbus* (=loin) から派生した近代ラテン語 *lumbaris* が初期近代英語に入った.

lum·ber¹ /lʌ́mbər/ 名 U 動 本来他 〔一般語〕[一般義]《米》板材や角材に製材された**材木**(《英》timber). [その他]《英》特に家具などの場所をふさぐがらくた, 古道具, 一般化されて無用の長物, 〔くだけた語〕厄介者, 責任などを押しつけてくるいやな人. 動 として, 材木を切り出す, がらくたで場所をふさぐ, 〔くだけた語〕《英》面倒なことを**押しつける**.
[語源] 不詳.
[用例] I bought more *lumber* to make a picnic table. ピクニックテーブルを作るのに材木を買いたした/We must get rid of some of this *lumber*. 我々はこのがらくたを少し取り除かなければならない.
【派生語】**lúmbering** 名 U 《米》製材業.
【複合語】**lúmberjàck** 名 C 《米》木こり, 木材切り出し人夫. **lúmberman** 名 C 木こり, 木材業者, 木こり. **lúmber ròom** 名 C 《英》がらくたの物置き場, 物置部屋. **lúmberyàrd** 名 C 《米》材木置場, 木場(《英》timberyard).

lum·ber² /lʌ́mbər/ 動 本来自 〔形式ばった語〕ぎこちなく, また重々しくどしんどしんと**歩く**[動く].
[語源] おそらく古ノルド語からの借用と思われる中英語 lomeren から.
【派生語】**lúmbering** 形. **lúmberingly** 副.

lu·mi·nar·y /lúːmineri | -nəri/ 名 C 〔やや形式ばった語〕[一般義] 太陽, 月, 星などの発光体や人工的な**照明灯**. その他 光を投げかけるものということから, 知的, 精神的な**先覚者**, **指導者**, **有名人**.
[語源] 後期ラテン語 *luminarium* (=light; candle) が古フランス語 *luminarie* を経て中英語に入った.

【派生語】lùminíferous 形 発光性の. lùminósity 名 U 明るさ. lúminous 形 光を発する, 明るい, 明白な.

lump[1] /lʌmp/ 名 C 形 動 [本来语] 〔一般語〕一般義 片手でつかむことのできる程度の塊(かたまり). その他 一塊, 一山, 一まとめ, 一個の角砂糖,〔病理〕こぶ, はれもの,〔くだけた語〕たくさん, 大勢, ずんぐり太った人. 動 として一まとめにする.
語源 不詳. 中英語から.
用例 The custard was full of *lumps* and no-one would eat it. そのカスタードにはつぶつぶのかたまりがたくさんあったので, 誰も食べようとはしなかった/She had a *lump* on her head where she had hit it on a door. 彼女はドアに頭をぶつけてこぶができた/He *lumped* the amateurs with the professionals. 彼はアマチュアをプロと一緒くたにした.
【慣用句】*all of a lump* ひっくるめて. *have* [*feel*] *a lump in one's* [*the*] *throat* 感激などで喉がつまる, 胸がいっぱいになる. *in a* [*one*] *lump* 支払いなどを一まとめにして. *in the lump* 総括して, 全体で.
【派生語】lúmping 形〔英〕目方などが大きな, どっしりした. lúmpish 形 ずんぐりした, のろまの. lúmpy 形 かたまり(だらけ)の, ずんぐりした.
【複合語】lúmp sùgar 名 C 角砂糖.

lump[2] /lʌmp/ 動 [本来语] 〔くだけた語〕《次の慣用句で》*lump it* いやいやながら我慢する/*like it or lump it* いやが応でも.
語源 不詳. 初期近代英語から.

Lu·na /lúː/ 名 〔ロ神〕月の女神, ルナ(★ギリシャ神話の Selene に相当する).

lunacy ⇒lunatic.

lu·nar /lúːnər/ 形 〔一般語〕月の, 月に関する.
語源 ラテン語 luna (=moon) の 形 lunaris が中英語に入った.
【複合語】lúnar cálendar 名 C 太陰暦. lúnar eclípse 名 C 月食. lúnar excúrsion módule 名 C 月着陸船(★LEM と略す). lúnar jéep [róver] 名 C 月面作業車. lúnar módule 名 C 月着陸船. lúnar mónth 名 C 太陰月. lúnar yéar 名 C 太陰年.

lu·na·tic /lúːnətɪk/ 形 名 C 〔一般語〕一般義 人が気のふれた, 精神異常の, 行為などが常軌を逸した, ばかげた, また狂人用の. 名 として狂人, 常軌を逸した人, 変人, 愚人.
語源 ラテン語 luna (=moon) から派生した後期ラテン語 lunaticus が古フランス語を経て中英語に入った. 中世では精神異常が月の満ち欠けによって起こると考えられていたことから.
類義語 insane.
【派生語】lúnacy 名 U 精神異常, 狂気,《通例複数形で》気違いじた.
【複合語】lúnatic frínge 名 C 大きな団体の中の少数過激派, 熱狂的支持者たち.

lunch /lʌntʃ/ 名 U 〔一般語〕本来语 一般義 昼食. その他 時間とは関係なく軽い食事, そのような食事を出す簡易食堂, 軽食堂. 動 として〔やや形式ばった語〕昼食をとる.
語源 luncheon の短縮語. 初期近代英語から.
用例 We *lunched* on steak [had steak for *lunch*] at Romano's. 我々はロマノの店で昼食にステーキを食べた.

【複合語】lúnch còunter 名 C 《米》簡易食堂(★細長いカウンターがついている). lúnch hòur 名 C 昼食時間, 昼休み時間. lúnchròom 名 C 学校などの簡易食堂. lúnchtime 名 U 昼食時.

lun·cheon /lʌ́ntʃən/ 名 CU〔形式ばった語〕他人と一緒に接待などで行う昼食(会), 午餐(ごさん)(会).
語源 nuncheon (=light snack) が変形した語. 初期近代英語から.
【派生語】lùncheonétte 名 C 軽食堂(lunchroom).
【複合語】lúncheon bàr 名 C 〔英〕軽食堂, スナックバー. lúncheon bàsket 名 C 弁当を入れるかご(★ナイフ, フォークも入る).

lung /lʌŋ/ 名 C 〔解〕肺,〔動〕肺囊(のう), 市民に新鮮な空気を与えるものという意味から,〔英〕都市内外の空き地, 公園. さらに人工呼吸器,〔海軍〕潜水艦脱出装置.
語源 古英語 lungen (=lungs) から.
【慣用句】*at the top of one's lungs* 声を限りに. *have good lungs* 声が大きい.
【複合語】lúngfish 名 C 《複 ~, ~es》肺魚.

lunge /lʌndʒ/ 名 C 形 〔フェンシング〕突き, ファント. 動 として急に突き出す, 突進する, 車が急に飛び出す.
語源 フランス語 *allonger* (=to lengthen; to thrust) が18世紀に入って頭音消失が生じた.

lurch[1] /lɜːrtʃ/ 動 [本来语] 〔一般語〕船や車などが急に傾く, よろめきながら進む. 名 としてよろめき, 千鳥足, また傾向, 性向.
語源 不詳. 19世紀から.

lurch[2] /lɜːrtʃ/ 名 U 〔古語〕勝負やトランプなどのゲームで窮地に, 大敗.
語源 フランス語ですごろくに似たゲームの名 *lourche* から初期近代英語に入った.
【慣用句】*leave ... in the lurch*〔くだけた表現〕人などが困っているのを見殺しにする.

lure /ljʊər/ 名 C 動 [本来语] 〔一般語〕一般義 魅惑的なもの, 魅力. その他 本来は鷹匠が鷹を呼び戻すための道具のおとりの意で, 現在では釣りの擬似餌(ぎじえ), ルアーもいう. 動 として, 危険や悪に至るように魅惑する, おびき寄せる.
語源 ゲルマン語起源の古フランス語 *loire* が中英語に入った.
用例 He married her because he could not resist the *lure* of her money. 彼は彼女の資産に魅せられて結婚した.
類義語 attraction; appeal.
【派生語】lúrer 名 C.

lu·rid /ljʊ́ərɪd/ 形〔形式ばった語〕一般義 夕焼け空などが燃えるように赤い, 赤く輝く. その他〔軽蔑的〕色などが毒々しい, けばけばしい, 物語や犯罪などが凄惨な, 無気味な, ぞっとするほど恐ろしい.
語源 ラテン語 *luridus* (=pale yellow; ghastly) が初期近代英語に入った.
【派生語】lúridly 副. lúridness 名 U.

lurk /lɜːrk/ 動 [本来语] 〔一般語〕一般義 人や動物をいつでも攻撃できるように潜伏する, 待ち伏せる. その他 潜んでこそこそ歩く, また危険などが潜在する.
語源 中英語 lurken から.
類義語 sneak; steal; slink; prowl.

lus·cious /lʌ́ʃəs/ 形〔形式ばった語〕一般義 味や香り

が甘い, 風味のよい. その他 女性が魅力的な, 官能的な, 音楽などが甘ったるい, 甘美な.
語源 おそらく中英語で delicious の頭音消失による短縮語 licius の異形.
用例 a *luscious* pear 甘くて香りのよい洋なし/a *luscious* blonde 官能的な金髪女性.
【派生語】**lúsciously** 副. **lúsciousness** 名 U.

lush¹ /lʌʃ/ 形 〔形式ばった語〕 一般義 植物が青々と茂っている, みずみずしい. その他 豊富な, 豪勢な, 繁盛している, 文章が凝り始めの.
語源 中英語 lusch (=soft; tender) から.
類義語 profuse.

lush² /lʌʃ/ 名 C 本来他 〔俗語〕《米》のんだくれ, アル中, あるいは酒. 動 して, 習慣的に酒を飲む.
語源 不詳. 18 世紀から.

lust /lʌst/ 名 UC 動 本来他 〔一般語〕(主に悪い意味で) 抑えがたい強い欲望, 強い性欲. 動 として色情を燃えたたせる, 名声や富などを渇望する.
語源 古英語 lust (=pleasure; delight; appetite) から.
用例 the *lust* of the flesh and the *lust* of the eyes 肉の欲, 目の欲, すなわち肉体的な欲望(《聖》ヨハネ伝 2:16).
【派生語】**lustful** 形 好色な. **lustfulness** 名 U. **lustily** 副. **lusty** 形 元気な, 強壮な, 肉欲的な.

lus·ter /《英》-**tre** /lʌstər/ 名 U 動 本来他 〔一般語〕 一般義 (ときに a〜)光沢, つや, 輝き. その他 人間に輝きを与えるもの, 栄光, 栄誉, 輝かしい名声, また物に光沢を与えるもの, 光沢剤, 陶磁器などのうわ薬, 光沢を放つもの, ラスターウェア(lusterware), 光沢のある織物, シャンデリア, 燭台など. 動 として光沢をつける, 名誉[栄誉]を与える.
語源 ラテン語 *lustrare* (=to light; to illumine) に由来する古イタリア語 *lustro* がフランス語を経て初期近代英語に入った.
用例 Her presence had a brilliant *lustre*. 彼女の髪の毛は見事なつやをしていた/Her presence gave added *lustre* to the occasion. 彼女が出席してくれたので, その場はさらに一層の輝きを放った.
【派生語】**lústrous** 形 光沢のある, 輝かしい.

lustful ⇒lust.
lustrous ⇒luster.
lusty ⇒lust.

lute /luːt/ 名 C 動 本来自 《楽器》ギターに似た弦楽器で 16 世紀頃愛好されたリュート. 動 としてリュートを弾く.
語源 アラビア語 *al'ūd* (=the wood) が古フランス語 *leut* を経て中英語に入った.

Lu·ther /lúːθər/ 名 固 ルター, ルーテル Martin Luther(1483-1546) (★ドイツの宗教改革者).
【派生語】**Lútheran** 形 C ルーテル教会の(信者).

luxuriance ⇒luxuriant.

lux·u·ri·ant /lʌɡʒú(:)əriənt|-zjúər-/ 形 〔一般語〕 一般義 樹木などがうっそうと茂った. その他 髪などがふさふさの, 土地が肥沃な, 才能などが豊かな, 文体などが華麗な, 一般に豪華な, ぜいたくな.
語源 ラテン語 *luxuria* (⇒ luxury) から派生した *luxuriare* (=to grow profusely)の現在分詞 *luxurians* が初期近代英語に入った.
【派生語】**luxúriance** 名 U. **luxúriantly** 副. **luxúriate** 動 本来自 ぜいたくに暮す, 思いきり楽しく過ごす, 繁殖する, 増殖する.

luxurious ⇒luxury.

lux·u·ry /lʌ́kʃəri|-ɡʒəri/ 名 UC 形 〔一般語〕 一般義 ぜいたく, おごり. その他 ぜいたく品, ぜいたくな物事, また知的, 情緒的な立場からみて日常的ではないぜいたくな喜び, 楽しみ, 満足, 快楽などを意味する. 形 として《限定用法》ぜいたくな, 豪華な.
語源 ラテン語 *luxus* (=abundance) から派生した *luxuria* (=luxury) が古フランス語を経て中英語に入った.
用例 They live in *luxury*. 彼らはぜいたくな暮らしをしている/We're going to give up all those *luxuries* and only spend money on essentials. うちではあんなぜいたくな物はすべてやめて, 必需品だけにお金を使うつもりだ/Taking an afternoon nap is a real *luxury*. 昼寝はほんとうにぜいたくな喜びです.
関連語 excess (過剰過多); indulgence (欲望のままに道楽やぜいたくにふけること).
反義語 poverty.
【派生語】**luxurious** /lʌɡʒúəriəs|-zjúər-/ 形.
【複合語】**lúxury tàx [dùty]** 名 C 奢侈(しゃし)税.

-ly /-li/ 接尾 形容詞や分詞について「…のように」「…の方法で」の意の副詞を造る. 例: gradually; excitingly.
語源 古英語-līce(-līc 形容詞接尾辞 +-e 副詞接尾辞)から. līc は body の意で, 元来「…の実体を持った」の意から「…に似ている」の意となった. ⇒like.

ly·cée /liːséi|←-/ 名 C 〔一般語〕 主にフランスで大学の予備教育を行う国立高等学校, リセ.
語源 ラテン語 *Lyceum* (⇒lyceum) によるフランス語が 19 世紀に入った.

ly·ce·um /laisí(:)əm/ 名 C 〔形式ばった語〕《主に米》講演やコンサートなどのための公会堂, 文化会館, また公開講座や音楽会などを企画する文化(運動)団体.
語源 古代ギリシャのアリストテレスが教えたアテネの学園 *Lykeion* がラテン語を経て 18 世紀に入った.

lych·gate,《英》**lich·gate** /litʃgeit/ 名 C 〔形式ばった語〕 教会や墓地の入口近くにある墓地門 (★埋葬の前に柩(ひつぎ)を一時安置する).
語源 中英語 lich (=body; corpse)+yate (= gate) から成る lycheyate より.

lye /lái/ 名 U 《化》洗濯用アルカリ液, 灰汁(あく), 一般に合成洗剤, クレンザー.
語源 古英語 *lēag* (灰汁) から.

lying ⇒lie².

lymph /limf/ 名 U 《生理》リンパ液.
語源 ラテン語 *lympha* (=spring water) が初期近代英語に入った.
【派生語】**lymphátic** 形 リンパ液の, リンパ体質の, 鈍重な (★昔リンパ液過剰が不活発の原因と考えられたことより).
【複合語】**lýmph nòde [glànd]** 名 C リンパ節[腺].

lynch /lintʃ/ 動 本来他 〔一般語〕 暴徒などが集団で私刑により processing し, リンチを加える.
日英比較 日本語の「リンチ」は単に暴力行為をするだけのことをいうことが多いが, 英語の lynch は主として絞首刑により死に至らしめることをいう. また, lynch は動詞であって, 日本語の「リンチ」は lynching となる.
語源 正式な裁判をせずに無法者を処罰した米国 Virginia 州の治安判事 William Lynch (1742-1820) の名からつけられた Lynch's law より.

【派生語】lýncher 名 C. lýnching 名 U.
【複合語】lýnch làw 名 C 私刑, リンチ.
lyre /láiər/ 名 C 〖楽器〗古代ギリシャの竪琴, リラ.
語源 ギリシャ語 *lyra* がラテン語, 古フランス語を経て中英語に入った.
lyr·ic /lírik/ 形 名 C 〔一般語〕一般義 叙情詩の.
その他 本来リラ (lyre) に合わせて歌うのに適した意で, そこから**叙情的な**, また**歌の, 歌曲の**, 〖楽〗歌手が軽やかで柔らかい声の, リリコの. 名 として**叙情詩**, また《複数形で》流行歌などの**歌詞**.
語源 ギリシャ語 *lyra* (⇒lyre) の 形 *lyrikos* (リラに合わせて歌う) がラテン語を経て初期近代英語に入った.
【派生語】lýrical 形. lýricism 名 U 叙情性, 叙情詩調. lýricist 名 C 流行歌などの**作詞家**.

M

m¹, M¹ /ém/ 名 C 〔一般語〕エム《★アルファベットの第13文字》, またM字形のもの, ローマ数字の1000, 〖印〗**全角**(em), 〖論〗三段論法の**中名辞**の記号などを表す.
語源 フェニキア語に起源をもつギリシャ語の *mu* がラテン語を経て古英語に入った.

M² 〖略〗 ＝Monday; motorway; mountain.

m² 〖略〗 ＝male; masculine; married; meter(s); mile(s); million(s); mimute(s); month.

'm /m/ am の短縮形.

M.A. /émei/ 名 C 〔一般語〕**文学修士**(Master of Arts).
語源 ラテン語 *Magister Artium* から.

ma /máː/ 名 C 〔くだけた語〕**ママ, かあちゃん**《語法 今日ではやや古風な語》.
語源 ma(m)ma の短縮語. ⇒mother.
対照語 pa.

ma'am /mæm, məm, m/ 名 C 〔丁寧な語〕(米)《呼びかけ》**奥様, 奥さん, お嬢さん, 先生**《語法 一般に身分や能力や人間関係が下位の者が上位の者に対して, 例えば召使いが女主人に, 生徒が女性の先生に, 店員が女性客に対して用い, 既婚, 未婚を問わない; 通例単数形; 現在ではやや古風》, (英)**女王, 王女, 王妃**に対する呼びかけで, **奥様, 御姫様**.
語源 madam の中音が消失したもので初期近代英語から.

Mac- /mək/ 接頭 **マック…**《★スコットランドやアイルランド系の姓をつくる, …の息子の意》.
語源 ゲール語(ケルト語)から, 特にアイルランド語で mac (＝son)から.

ma·ca·bre, ma·ca·ber /məkáːbrə, -bər/ 形〔形式ばった語〕〔一般語〕**身の毛のよだつような, 気味の悪い**. その他 **死・危害を表す, 恐ろしいこと**を連想させる.
語源 フランス語 (*danse*) *macabre*(＝dance of death)から中英語に入った. マカベ族(Maccabees)による虐殺をテーマにした中世の踊りより.

mac·ad·am /məkædəm/ 名 UC 〖土〗**道路を作る際に使用される小さく砕かれた石**, 特にタールやアスファルトという接合材で結合されている**割り石**, また砕石を敷きつめて固めた**舗装道路**.
語源 この工程を発明したスコットランドの技師 John L. McAdam(1756-1836)の名にちなむ.
【派生語】**macàdamizátion** 名 U **マカダム工法**. **macádamize** 動 本来他 **道路に砕石を敷く, アスファルトで舗装する**.

mac·a·ro·ni /mækəróuni/ 名 UC 〔一般語〕〔一般義〕**マカロニ**《★種類をいうときは C》. その他 **18世紀に大陸の様式や流行を気取って用いた英国の若いしゃれ男やきざな男**.
語源 イタリア語方言 *maccarone*(ゆでだんご)がイタリア語 *maccheroni* を経て初期近代英語に入った.

mac·a·roon /mækərúːn/ 名 C 〔一般語〕**マコロン**《★卵白, 砂糖, アーモンドやココヤシの実で作ったクッキー》.
語源 *macaroni* と同語源. 初期近代英語から.

mace¹ /méis/ 名 C〔やや形式ばった語〕〔一般義〕**市長や大学総長などの権威の象徴として用いられる装飾的な権標, 職杖**. その他 本来は中世の武士が用いた**鎚鉾**(つちぼこ).
語源 俗ラテン語 *mattea (＝club)が古フランス語を経て中英語に入った.
【複合語】**mácebearer** 名 C **権標奉持者**《★高官の行列などの先頭に立って権標をもって先導役を務める》.

mace² /méis/ 名 U 〔一般語〕**にくずく(nutmeg)の外皮を乾燥させて作った香味料, メース**.
語源 ギリシャ語 *makir*(＝fragrant resin from India)がラテン語 *macir*(後に *macis*)を経て中英語に入った.

Mac·e·do·ni·a /mæsədóuniə, -njə/ 名 個 **マケドニア**《★バルカン半島にある共和国, 首都 Scopje》, 古代の**マケドニア王国**.
【派生語】**Màcedónian** 形 名 C.

mac·er·ate /mǽsəreit/ 動 本来他 〔一般語〕〔一般義〕**食物などを水やその他の液体に浸して柔らかくふやかす, 浸してばらばらに分解する**. その他 **果物や野菜をワインやその他のアルコール飲料に浸す**, 〔古語〕**人を断食で衰弱させる**.
語源 ラテン語 *macerare*(＝to soften)が中英語に入った.
【派生語】**màcerátion** 名 U. **mácerator** 名 C.

mach /máːk, mǽk/ 名 U 〖理〗《時に M-》**大気中における物体の音速に対する速度比を表わす数, マッハ数**(mach number).
語源 オーストリアの物理学者 Ernst Mach(1838-1916)の名にちなむ.

machinate ⇒machination.

mach·i·na·tion /mækənéiʃən/ 名 UC〔形式ばった語〕《通例複数形で》**普通悪い目的を達成しようとする策略, 陰謀**.
語源 ラテン語 *machinatio*(＝device; trick)が中英語 machinacion に入った.
【派生語】**máchinate** 動 本来他 **たくらむ, …を策謀する**. **máchinator** 名 C **策士**.

ma·chine /məʃíːn/ 名 C 動 本来他 形 〔一般語〕〔一般義〕**特定の作業をする動く機械**. その他〔集合的〕**機械装置, 機械仕掛け**, 比喩的に**社会や政治経済などで一定の機能を果たす組織や機構**, あるいは**機械的に働く人**. さらに〔ややくだけた表現〕**機械仕掛けで動く乗り物, 自動車, 飛行機, 自転車, 自動販売機など**. 動 として**機械で作る, 機械化する**. 形 として**機械の, 機械による, 機械的な**.
語源 ギリシャ語 *mechos*(＝means)に由来するラテン語 *machina* がフランス語 *machine* を経て初期近代英語に入った.
用例 Computers and taperecorders are *machines*, but TVs and radios are not. コンピューターやテープレコーダーは機械だがテレビやラジオは機械ではない/The party *machine* is going into action to get him elected. 党組織は彼を当選させるために活動している.
【派生語】**machíne-like** 形 **機械のような, 正確で規則正しい**. **machínery** 名 U〔集合的〕**機械(類), 機械仕掛け**. **machínist** 名 C **機械運転者[製作者]**.
【複合語】**machíne àge** 名 C **機械時代**. **machíne**

civilizátion 名 UC 機械文明. machíne gùn 名 C 機(関)銃. machíne-gùn 動 本来略 機関銃で撃つ. machíne knítting 名 U 機械編み. machíne lànguage 名 U コンピューターで用いられる機械言語. machíne-máde 形 機械製の, 紋切り型の. machíne òil 名 U 機械油. machíne tòol 名 U 工作機械. machíne translátion 名 U 機械翻訳.

ma·cho /máːtʃou/ 形 名 C 〔やや軽蔑的な語〕男らしい, 男性的な 名 として男らしさを自慢する男.
語源 ラテン語 *masculus* (= masculine) に由来するスペイン語が 20 世紀に入った.

mack·er·el /mǽkrəl/ 名 CU 〔魚〕さば, さばの肉.
語源 古フランス語 *maquerel* (= mackerel) が中英語に入った.
【複合語】**máckerelský** 名 C さばの背中のしま模様の小さな雲の列でおおわれた空, いわし雲のある空.

mack·in·tosh /mǽkintɑʃ|-tɔʃ/ 名 CU 〔一般語〕〔英〕レインコート. 本来はゴム引き防水布で作られた雨外套(がいとう).
語法 macintoch ともつづり, mac /mǽk/ ともいう.
語源 スコットランドの化学者であり発明家の Charles Macintoch(1766–1843) の名から.

ma·cro- /mǽkrou/ 連結 「長–」「大–」「巨–」「異常–」を表す. 例: *macro*biosis (長寿); *macro*economics (巨視的経済学).
語法 母音の前では通例 macr- になる.
語源 ギリシャ語 *makros* (= long; large) がラテン語を経て 19 世紀に入った.
反意語 micro-.

mac·ro·bi·ot·ic /mǽkroubaiɑtik/ 形 〔形式ばった語〕陰陽の調和にもとづく食餌(しょくじ)法の, 自然食の, 長寿食の.

mac·ro·cosm /mǽkrəkɑzəm|-kɔzəm/ 名 C 〔一般語〕一般義 (the ~)大宇宙, 大世界. その他 複合体やその構成要素の一つを大規模に模造した拡大モデル.
語源 中世ラテン語 *macrocosmus* ラテン語 *macro-* large + ギリシャ語 *kosmos* universe から成るがフランス語を経て初期近代英語に入った.
【派生語】**màcrocósmic** 形. **màcrocósmically** 副.

ma·cron /méikrən|mǽkrɔn/ 名 C 〔音〕母音字の上につける長音記号 (ˉ).
語源 ギリシャ語 *makros* (= long) の中性名詞が 19 世紀に入った.

mac·ro·scop·ic /mǽkrəskɑ́pik|-ɔ́-/ 形 〔一般語〕肉眼で見える, 巨視的な.
【派生語】**màcroscópically** 副.

mad /mǽ(ː)d/ 形 C 〔くだけた語〕一般義 〔主に英〕気の狂った. その他 狂わんばかりに興奮した, ...に熱中した, 向こう見ずでばかげた, 無謀な, 非論理的な, 猛烈な, 〔主に米〕激怒した, 〔名 として (a ~) 腹立ち, 不機嫌.
語源 古英語 *gemād* (= mad) から.
用例 Ophelia went *mad* after her father's death. オフェーリアは父親の死後, 気が狂った/He was *mad* with rage. 彼は激怒した/He is *mad* on gambling. 彼はばくちにうつつをぬかしている.
類義語 mad; crazy; insane; lunatic. **mad** は怒りや偏執で自制心を失う場合に用いられる. **crazy** はくだけた日常語として用いられ, 精神異常というよりもむしろ無差別に向こうみずで, 非現実的であることを強調する. 自制心を失う程度は crazy のほうが mad よりも軽い. **insane** は正気でない, 精神異常であることを表す一般的な語で法律用語としても用いる. **lunatic** は古くは精神異常の人という意味に用いたが現在ではばかげた, 大ばかの意味.
反意語 sensible; sane.
【慣用句】*as mad as a March hare* [*as a hatter*] 全く(気が狂って) (★1865 年のルイス・キャロル『不思議の国のアリス』に由来). *be mad for* ... 必死になって...を求める. *become* [*go; run*] *mad* 気が狂う. *drive* [*send*] ... *mad* ...を発狂させる. *like mad* 〔くだけた表現〕気狂いのように, 必死に. *mad about* [*on*] ... ...に熱中した. *mad with pain* [*jealousy; joy; rage*] 痛くて[嫉妬のあまり, うれしさのあまり, 怒りのあまり]気が狂うほどに.
【派生語】**mádden** 動 本来略 発狂させる, 逆上させる. **máddening** 形 気を狂わせるような, 激怒させる, 腹立たしい. **máddeningly** 副 気を狂わすほどに, 腹立たしく. **mádly** 副 気が狂って, 死に物狂いで. **mádness** 名 U 狂気, 非常識な愚行, 熱狂.
【複合語】**mádcap** 形 C 〔古語〕衝動的で向こうみずな(人). **mádhouse** 名 〔軽蔑的〕てんやわんやの状態, 〔古風な語〕精神病院 (★現在はこの意味では用いられない). **mádman** 名 狂人, 向こうみずな人. **mádwoman** 名 C 狂女.

Mad·a·gas·car /mǽdəgǽskər/ 名 固 マダガスカル (★アフリカ南東部の沖の島, 共和国).

mad·am /mǽdəm/ 名 C 〔形式ばった語〕一般義 《単数形で》女性に対する丁寧な呼びかけまたは称号として, 奥様, 皆様, 夫人 語法 役職名の前にもつける). その他 一家の主婦, おかみさん, 〔主に英・軽蔑的〕口やかましい生意気な若い女, 売春宿のおかみ.
語法 昔は身分や権威のある人, 高貴な既婚女性に対する敬称または呼びかけとして用いられていたが, 現在では既婚未婚の別なく一般に女性に対する丁寧な呼びかけとして用いられる. また未知の女性にあてた手紙の書き出しとして *Madam* や *Dear Madam* のように用いる.
日米比較 日本語の「マダム」には既婚の女性やバーやクラブの女主人という意味があるが, 英語の madam にはそれらの意味はない.
語源 ラテン語 *mea domina* (= my lady) が古フランス語 *ma dame* を経て中英語に入った.
用例 *Madam*, please come this way. 奥様どうぞこちらにお越しください/She is a real little *madam*. あの女は本当に少し口やかまし過ぎる.

Ma·dame /mədǽm, mǽdəm/ 名 C 《複 Mesdames/meidǽm, méidəm/》一般義 ...夫人, ...の奥様. (★普通フランス人の女性に対する呼びかけ).
語源 フランス語が初期近代英語に入った. ⇒madam.

made /méid/ 動 make の過去・過去分詞. 形 として 〔一般義〕人工的に製作した, 人工的にでっちあげた, 架空の. また《複合語で》...製の, ...でこしらえた; 体つきが...の.
用例 It's a mere *made* story. それは単なる作り話にすぎない/a Swiss-*made* watch スイス製の時計/a well-*made* person かっぷくのよい人.
【複合語】**máde-to-órder** 形 あつらえの, オーダーメードの. **máde-úp** 形 作った, でっちあげた.

madden ⇒mad.

ma·de·moi·selle /mǽdəməzél/ 名 C 《複

medemoiselles /mèidəməzél/) 〔ややくだけた語〕… 嬢, お嬢さん《★英語の miss に当たる》.
[語源] 古フランス語 *ma* (= my) + *demoiselle* (= damsel) が中英語に入った.

Ma·don·na /mədάnə|-ɔ́-/ 名 固 聖母マリア, また聖母マリアの画像や彫像.
[語源] イタリア語 *ma donna* (= my lady) が初期近代英語に入った.

Ma·drid /mədríd/ 名 固 マドリード《★スペインの首都》.

mad·ri·gal /mǽdrigəl/ 名 C 〖楽〗世俗的な歌詞に基づく 16-17 世紀の無伴奏の多声楽曲, マドリガル, 〖詩〗中世の短い叙情恋歌, マドリガル.
[語源] 中世ラテン語 *carmen matricale* (= simple song) に由来するイタリア語 *madrigale* が初期近代英語に入った.

mael·strom /méilstrəm|-stroum/ 名 C 〖文語〗
[一般義] 何でも吸い込んでしまいそうほど強力で猛烈な大渦巻, 《the M-》モスケンの大渦巻《★ノルウェーの西海岸沖に発生し, 安全な航行に危害を及ぼす》. [その他] 猛烈に混乱した事態や心の激しい動揺.
[語源] 初期近代オランダ語 *malen* (= to grind) + *strom* (= stream) が初期近代英語に入った.

ma·es·tro /máistrou|ma.és-/ 名 C 〔やや形式ばった語〕芸術の大家, 特に高名な大作曲家や名指揮者.
[語源] ラテン語 *magister* (= master) がイタリア語 *maestro* を経て 18 世紀に入った.

Ma·fi·a /má:fiə, mǽf-/ 名 C《the ～》マフィア, C《しばしば m-》それに類する暴力組織, あるいは有力グループ.
[語源] 19 世紀のシシリー島の秘密結社に由来するシシリー方言で, 元来の意味は自慢すること.

mag·a·zine /mǽgəzìːn, ⸺⸺́/ 名 C 〔一般義〕
[一般義] 定期的に発行される雑誌. [その他] 本来「宝庫」の意で, これから食糧や武器の倉庫となり, 弾薬庫, 火薬庫, 自動小銃などの弾倉, 軍需品倉庫を表し, 比喩的に知識の宝庫としての「雑誌」更にテレビやラジオのバラエティー番組, マガジン. 《[語法]〖俗語〗〖米〗では短縮して mag ともいう》.
[語源] アラビア語 *makhzan* (= storehouse) がイタリア語 *magazzino*, 古フランス語 *magazin* を経て初期近代英語に入った.
[用例] I want to subscribe to the weekly *magazine*. その週刊誌を定期購読したい/He stole the gunpowder from the army *magazine*. 彼は陸軍の弾薬庫から火薬を盗んだ.
[類義語] magazine; journal; periodical: **magazine** は内容が変化に富み様々な種類の記事やイラストが記載されている一般の月刊または週刊雑誌. **journal** は本来日刊紙であったが現在では特定の分野を扱う定期刊行物を指し, 学会雑誌, 業界雑誌などの専門雑誌を指す. **periodical** は前の 2 つを含めての定期刊行物一般をいう.
[日米比較] 日本語の「本」は雑誌を含むが英語の book には magazine は入らない.

Ma·gel·lan /mədʒélən/ 名 固 マゼラン Ferdinand Magellan(1480-1521)《★ポルトガルの航海者》.

mag·got /mǽgət/ 名 C 〔一般義〕[一般義] いえばえのような双翅(そ)類の幼虫, 特に汚物や腐敗物などに見られるうじ(虫). [その他] 〖古風な語〗とりとめのない風変わりな考えや気まぐれ.
[語源] 古ノルド語 *mathkr* (= maggot) の変化形によると思われる. 中英語に入った.
[派生語] **mággoty** 形.

Ma·gi /méidʒai/ 名 (複) 《the ～》〖聖〗キリスト降誕の時に金と香料の贈り物をもって訪れたとされる東方の三博士 (the Three Wise Men [Kings])《★マタイ伝 2:1》. 古代メディアとペルシアの伝統的僧侶階級, マギ.
[語源] 古ペルシア語 *magus* (= member of a priestly caste; magician) の複数形がギリシア語, ラテン語を経て英語に入った.

mag·ic /mǽdʒik/ 名 U 形 動 本来他 〔一般義〕
[一般義] 魔法, 魔術, 呪術. [その他] 魔法の効きめ, 力, 奇術, 手品, 一般化して魔法のようなこと, 不思議な魅力, 異常な影響力. 形 として魔法の(ような), 魅力的な. 動 として魔法にかける, 魔法で消す.
[語源] 古ペルシア語 *magus* (= sorcerer) に由来するギリシア語 *magikē* が後期ラテン語 *magice*, 古フランス語 *magique* を経て中英語に入った.
[用例] The prince was turned by *magic* into a frog. 王子は魔法によって蛙に変えられた.
[慣用句] *like magic* = *as if by magic* まるで魔法のように, あっという間に.
[派生語] **mágical** 形 魔法のような, 不思議な. **magícian** 名 C 魔法使い, 奇術師.
[複合語] **mágic cárpet** 名 C 魔法のじゅうたん. **mágic gláss [mírror]** 名 C 魔法の鏡. **mágic númber** 名 C 〖野〗マジックナンバー. **mágic spélls** 名 C 魔法の呪文. **mágic wánd** 名 C 魔法の杖.

magisterial ⇒magistrate

magistracy ⇒magistrate

mag·is·trate /mǽdʒistreit/ 名 C 〔一般義〕治安判事 (justice of the peace), 行政長官.
[語源] ラテン語 *magister* (= master) の派生形 *magistratus* が中英語に入った.
[派生語] **màgistérial** 形. **mágistracy** 名 UC 行政長官の地位や役職, 《集合的》司法行政官.

mag·ma /mǽgmə/ 名 U 〖地〗溶融化した岩石, マグマ.
[語源] ギリシア語 *magma* (軟膏) がラテン語を経て中英語に入った.

Mag·na Car·ta, Mag·na Char·ta /mǽgnə kάːrtə/ 名 《the ～》〖イギリス史〗大憲章.
[語源] ラテン語で great charter の意. 中英語から.

magnanimity ⇒magnanimous.

mag·nan·i·mous /mægnǽniməs/ 形 〔形式ばった語〕気高い, 寛大な, 度量が大きい.
[語源] ラテン語 *magnus* (= great) + *animus* (spirit) から成る *magnanimus* が初期近代英語に入った.
[派生語] **màgnanímity** 名 U 寛大, 雅量に富むこと. **magnánimousness** 名 U. **magnánimously** 副.

mag·nate /mǽgneit/ 名 C 〔一般義〕《やや軽蔑的》特に実業界などで重要な人物, 影響力のある人物, 実力者.
[語源] 後期ラテン語 *magnas* (= great man) から英語に入った.

mag·ne·si·um /mægníːziəm/ 名 U 〖化〗マグネシウム《★元素記号 Mg》.
[語源] 近代ラテン語 *Magnesia* が 19 世紀に入った. 産地のギリシア北部の地名より. ⇒magnet.

mag·net /mǽgnit/ 名 C 〔一般義〕[一般義] 磁石, 磁

鉄鉱. [その他] 独特の魅力で人を引きつける人[物].
[語源] 小アジアの古代都市 Magnesia 産の石を意味するギリシャ語 *Magnēs lithos* の短縮形 *magnēs* がラテン語, 古フランス語を経て中英語に入った.
[用例] He picked all the pins up with a *magnet*. 彼は磁石でピンを全部拾った/The castle was an irresistible *magnet* to all travellers. その城はすべての旅人にとって, どうしても足が向いてしまうような魅力をたたえていた.
【派生語】**magnetic** 形 磁石の, 磁気を帯びた: **magnetic compass** 磁気コンパス/**magnetic field** 磁場, 磁界/**magnetic force** 磁力/**magnetic needle** 羅針盤の磁針/**magnetic north** 磁北(★磁針のさす北で, 真の北とは違う)/**magnetic pole** 磁極/**magnetic recorder** 磁気録音機(★テープレコーダーのこと). **magnetically** 副 磁気によって. **magnetism** 名 ⓊⒸ 磁気(学), 磁力, 魅力. **magnetize** 動 [本来他] 磁性を与える, 人を魅了する.

mag·ne·to /mægníːtou/ 名 Ⓒ 【電】磁石発電機.
[語源] magnetoelectric generator の短縮形. 19 世紀から.

magnification ⇒magnify.
magnificence ⇒magnificent.
mag·nif·i·cent /mægnífəsnt/ 形 〔一般語〕
[一般義] 建物, 情景, 形, 物事の様子などが**壮大**で**堂々**とした. [その他] 考え方や人格が崇高で**高尚**な, **立派**な, **すばらしい**, **最高**の.
[語源] ラテン語 *magnificus*(=great in deeds; splendid)の比較・最上級などの語幹 *magnificent-* から中英語に入った.
[用例] The king wore a *magnificent* costume. 王は目もあやな衣装をまとっていた/The view over the valley is *magnificent*. 渓谷を望む眺めは壮観である.
[対照語] modest.
【派生語】**magnificence** 名 Ⓤ 壮麗, 豪華, 壮大.
magnificently 副.

magnifier ⇒magnify.
mag·ni·fy /mǽgnəfai/ 動 [本来他] 〔一般語〕 [一般義] レンズなどを用いて物体を実際より大きく見せる, **拡大**する. [その他] 比喩的に物事の程度や地位, 身分, 重要性などを**大げさに言う**, **誇張**する.
[語源] ラテン語 *magnificus*(⇒magnificent)から派生した *magnificare*(=to make much of)が古フランス語 *magnifier* を経て中英語に入った.
[用例] A telescope *magnifies* the image of anything that one looks at through it. 望遠鏡を通して見ると物の姿が拡大されて見える/She is inclined to *magnify* all her troubles. 彼女は自分の苦労をすべて大げさに言う傾向がある.
[類義語] enlarge.
[反意語] reduce; minimize.
【派生語】**magnification** 名 ⓊⒸ 拡大, 倍率, 賛美. **magnifier** 名 Ⓒ 拡大する物[人], 拡大鏡.
【複合語】**magnifying glass** 名 Ⓒ 拡大鏡, 虫めがね.

mag·nil·o·quence /mægníləkwəns/ 名 Ⓤ 〔形式ばった語〕大言壮語, ほら.
[語源] ラテン語 *magnus*(=great)+*loqui*(=to speak)から成る *magniloquentia* が初期近代英語に入った.
【派生語】**magniloquent** 形. **magniloquently**

副.

mag·ni·tude /mǽgnətjuːd/ 名 ⓊⒸ 〔形式ばった語〕 [一般義] 規模や範囲や重要度などが**大きい**こと. [その他] 物体の速力や音量などの**大きさ**, 【天】星の光度の**等級**, 【地震】エネルギーの大きさを表すマグニチュード(⇒Richter scale).
[語源] ラテン語 *magnus*(=great)の 名 *magnitudo*(=greatness)が中英語に入った.

mag·no·li·a /mægnóuliə/ 名 Ⓒ 【植】もくれん属の植物およびその花(★こぶし, たいさんぼく, ほうのきなどが含まれる; 米国ミシシッピ州とルイジアナ州の州花), Ⓤ 淡いピンク色.
[語源] フランスの生物学者 Pierre Magnol の名にちなむ. 近代ラテン語から 18 世紀に入った.

mag·num opus /mǽgnəm óupəs/ 名 Ⓒ 〔形式ばった語〕(単数形で)**最高傑作**(masterpiece).
[語源] ラテン語(=great work)から 18 世紀に入った.

mah-jong(g) /mɑːdʒɔ́ŋ/, -ɔ́-/ 名 Ⓤ 〔一般語〕マージャン(麻雀).
[語源] 中国語 *Mah-Jongg* という商標名から. 20 世紀に入った.

ma·hog·a·ny /məhɑ́gəni/, -ɔ́-/ 名 Ⓒ 【植】マホガニーの木, Ⓤ 赤褐色で硬質のマホガニー材, マホガニー色.
[語源] 不詳. 初期近代英語から

Ma·hom·et /məhɑ́mit/, -ɔ́-/ 名 固 =Mohammed.
maid /méid/ 名 Ⓒ 〔一般語〕女性のお手伝いさん, メイド. [その他] 〔古風な語〕**少女**, **乙女**, **未婚の娘**.
[語源] 古英語 *magd*(=maid; virgin)から. 中英語では未婚の男も指した.
[用例] She is a *maid* of all work. 彼女は雑働きのお手伝いさんだ/Joan of Arc was called the *Maid of Orleans*. ジャンヌ・ダルクはオルレアンの少女と呼ばれた.
[対照語] (man)servant.
【複合語】**máidsèrvant** 名 Ⓒ お手伝い, 女中.

maid·en /méidn/ 形 〔文語〕 [一般義] **未婚の**, **処女**の. [その他] 比喩的に**未経験の**, **未使用の**, **初めて**の. 名 として乙女, 処女, 一度も勝ったことのない競走馬.
[語源] 古英語 *maegden* から.
【派生語】**máidenhood** 名 Ⓤ 処女性, 処女時代. **máidenly** 形.
【複合語】**máidenhàir** 名 Ⓒ 【植】アジアンタム. **máidenhèad** 名 Ⓒ 処女膜. **máiden flíght** 名 Ⓒ 処女飛行. **máiden náme** 名 Ⓒ 女性の旧姓. **máiden vóyage** 名 Ⓒ 処女航海.

mail[1] /méil/ 名 ⓊⒸ 動 [本来他] 〔一般語〕 [一般義]《集合的に》**郵便物**, (the ~)一回の配達分の郵便物, また郵便物を配達する仕組みとしての**郵便**(制度)(【語法】米では数えるときに piece(s) of ~ を使うことがある; (英)では普通 post を用いるが, airmail などの複合語では mail が用いられる). [その他] 〔コンピューター〕メール. また郵便物運送機関, 郵便列車[飛行機, 船, 配達人], (M-) 新聞名として...新聞. 動 として**郵送**する((英) post), **電子郵便**を送る.
[語源] 古高地ドイツ語 *malaha*(=wallet; leather bag)が古フランス語 *malle*(=bag; trunk)を経て中英語に入った.「郵便物」の意味で用いられるようになったのは初期近代英語から.
[用例] Is there any *mail* for me this morning? 今朝, 私に何か郵便物がきていますか/I *mailed* a pack-

age to my friend. 友人に小包を郵送した.
【慣用句】*by mail* (米) 郵便で((英) by post).
【派生語】**máiler** 名 C 郵便物発送者.
【複合語】**máilbòx** 名 C (米) 郵便局が管理する公の郵便箱, ポスト((英) postbox), または個人の郵便受け((英) letter box). **máil càrrier** 名 C (米)(古風な語) 郵便集配人. **máiling lìst** 名 C 郵送先名簿. **máilmàn** 名 C (米) 郵便集配人 ((英) postman). **máil màtter** 名 C 郵便物. **máil òrder** 名 U 通信販売. **máil-òrder** 通信販売の. **máil tràin** 名 C 郵便列車.

mail[2] /méil/ 名 U 本来他 〔古語〕 一般義 中世の鎧に使う鎖かたびら, また総称的に鎖かぶと. その他 かめなどの動物の甲羅. 動他 ～に鎖かたびらを着用させる.
語源 ラテン語 *macula* (=spot; mesh) が古フランス語を経て中英語に入った.

maim /méim/ 動他 〔やや形式ばった語〕(通例受身で) 手足などを切って障害をあたえる, 大けがをさせる.
語源 ゲルマン語起源の俗ラテン語 **mahagnare* (=to cripple) が古フランス語を経て中英語に入った.

main /méin/ 形 名 C 限定用法 全体の中で, 大きさ, 重要度などにおいて主な, 主要な. その他 名 として ((英) では the ～s で) 水道, ガスなどの本管, 電気などの本線, ガスの元栓, 電気のコンセント.
語源 古英語 *mægen* (=strength) または複合語の語幹として用いられる mægn-(=strong; great) から. 本来強さ, 体力の意.
用例 What is the *main* purpose of this expedition? この探検の主な目的は何ですか.
類義語 main; chief; principal: **main** は同類の中で相対的に主要であること. **chief** は地位や権威, 重要度などが最高の人や物で, 他のものを下に従属させていることを強調する. **principal** は他のものを指揮, 管理する地位にあることを強調する.
対照語 least.
【慣用句】*in the main* たいてい, 概して.
【派生語】**máinly** 副.
【複合語】**máin cláuse** 名 C 〖文法〗 主節. **máin déck** 名 C 船などの主甲板. **máinfràme** 名 C 大型コンピューター. **máinlànd** 名 (the ～) 付近の島や半島などと区別した本土. **máin líne** 名 C 形 幹線(の), 本線(の). 動 本来自 (俗語) 麻薬を静脈注射する. **máinmàst** 名 C 船の中で一番大きいマストという. **máinsàil** 名 C 船のメーンマストに張る主帆. **máinsprìng** 名 C 機械時計の主ぜんまい. **máinstày** 名 C 船のメーンマストを支えるロープ. **máin stém** 名 C 〖植〗 主茎, 幹, (俗語)(米) 本通り. **máinstrèam** 名 C 主義, 思想, 傾向などの主流, 主潮. **Máin Strèet** 名 (the ～)(米) 都会などの本通り, 目抜き通り, 田舎に住む典型的な保守的地方の人物. **máin vérb** 名 C 〖文法〗 本動詞.

Maine /méin/ 名 固 メイン (★米国北東部ニューイングランドの州).

main·tain /meintéin/ 動 本来他 〔一般語〕 一般義 物事のある状況や状態, 位置を維持する, 継続する. その他 機械, 道路, 施設などを手入れして保持する, 保全する. 正常に働くという保つ, ある主義や意見, 立場を維持することから, 固執する, 主張する, 断言する, またそのような意見を支持し賛同する, 生活を維持することから, 家族を養う, 扶養する.
語源 ラテン語 *manu tenere* (=to hold in the hand) が古フランス語 *maintenir* を経て中英語に入った.
用例 He *maintains* his car very well. 彼は車をとてもよく整備している/How can you *maintain* a wife and three children on your small salary? そんなわずかな給料でよく奥さんと三人の子供を養うことができますね. 類義語 keep.
【派生語】**maintáinable** 形 維持できる. **máintenance** 名 U 機械などの維持, 保全, 扶養.

mai·son·ette /mèizənét/ 名 C 〔一般語〕 小さな家屋, 小住宅, あるいは (主に英) メゾネット (★2 つの住戸から成る 2 階建の集合住宅).
語源 フランス語 *maison* (=house) の指小語. 18 世紀に入った.

maize /méiz/ 名 U 〔一般語〕(主に英) とうもろこし((米)(indian corn)).
語源 西インド諸島のタイノ語起源.

ma·jes·tic ⇒majesty.

maj·es·ty /mǽdʒisti/ 名 UC 〔一般語〕 一般義 王者のような堂々とした威厳, 尊厳. その他 王者が所有している主権, 王権, 統治権, (集合的) 王族, 皇族. また王, 王妃に対する敬称として, ～陛下 語法 男性は His ～, 女性は Her ～. 直接呼びかける時は Your ～. 動詞は三人称扱いとなる. 複数の場合は Their Majesties).
語源 ラテン語 *majestas* (=authority; grandeur) が古フランス語 *majeste* を経て中英語に入った.
用例 His [Her] *Majesty's* Ship 陛下の船 (★英国軍艦; HMS と略す).
【派生語】**majéstic** 形 威厳のある. **majéstically** 副.

ma·jor[1] /méidʒər/ 形 名 動 本来自 〔一般語〕 一般義 二つのうちで大きさ, 数量, 重要性, 地位などが大きいほうの, 重要なほうの. その他 大きな, 重要な, 地位などが一流の, 偉大な, 病気が重病の, 危険が伴なう, 年長の, (主に米) 学科を専攻の, 〖楽〗長調の. 名 として (主に米) 専攻科目(学科, 学生), (the ～s) 野球の大リーグ, 大企業, メジャー (★国際石油資本), 〖法〗成人, 〖楽〗長調, 長音階. 動 として (主に米) 特定の学科や分野を専攻する ((英) specialize) (in).
語法 great より形式ばった語. 普通, 限定形容詞として用い, than を伴なわない.
語源 ラテン語 *magnus* (=great, large) の比較級 *major* が中英語に入った.
用例 That was a *major* discovery in the field of space travel. それは宇宙旅行の分野で重大な発見であった/The *major* part of the audience was laughing. 聴衆の大部分が笑っていた/He *majors* in economics. 彼は経済学を専攻している.
対照語 ⇒minor.
【派生語】**majority** /mədʒɔ́(:)rəti/ 名 C (the ～) 大多数 (⇔minority), 多数党, 多数派, 投票などの過半数, 絶対多数, 得票差数: *majority* rule 多数党による支配.
【複合語】**májor léague** 名 C (米) 野球の大リーグ (★American League, National League のどちらか一方). **májor léaguer** 名 C (米) 大リーグの選手. **májor párty** 名 C 多数党.

ma·jor[2] /méidʒər/ 名 C 〖軍〗(米) 陸[空]軍少佐, (英) 陸軍少佐.
語源 major[1] と同語源.

【複合語】májor géneral 名 C《米》陸[空]軍少将、《英》陸軍少将.

make /méik/ 動 本来ид〈過去・過分 made〉名 UC [一般義] 材料を用いて新しい物を作る、製造する、製作する、制作する、創造する、創作する. その他 目的語の名詞を作る意味で食事などを用意する、コーヒー、茶を入れる、建物を建設する、建築する、法律や規則を制定する、文書を書く、計画や考えを案出する、考え出す、決定する、ある状況を引き起こす、生じさせる. 使役動詞として〈V+O+原形不定詞〉の型で…に…させる. また目的格補語を伴って〈V+O+C〉の型で…を…にする ⇒ 語法. またお金や利益を作ってもうける、蓄える、ある行為を実行する、遂行する、…する (語法) make a decision=decide のように動作、行為を表す目的語と結び付いてその名詞の動詞的な意味となる). 合計・総数が…になる、回り道などをする、進む、行く. さらに〈くだけた語〉ある地点に到達する、着く、ある地位を得る、ある団体の一員となる、乗り物などに間に合う、人の成功を保証する、〈俗語〉女をものにする、くどく. 自 一定の方向に向かって進む、…してみようとする〈to do). 名 として、製作された形式や種類、U 身体のつくりの意で体格、性格.

語法 make の後に〈目的語＋補語〉を従えた場合「…を…にする」という意味になる: They *made* him chairman. 彼らは彼を議長に任命した. また〈目的語＋原形不定詞〉を従えた場合「…に[を]…させる」という使役的な意味となる: What has *made* you cry? 何があなたを泣かせたのか → なぜ泣くのか ⇒have.

[語源] 古英語 macian から.

[用例] She *makes* all her own clothes. 彼女は着るものをすべて自分で作っている/I'm just going to *make* lunch. ちょうど昼食を準備しているところです/Stop *making* such a noise. そんな騒がしい音をたてるな/She didn't want to do it, but they *made* her (do it). 彼女はやりたくなかったのだが、彼らが無理矢理をした/When will the news be *made* public? いつのニュースは公表されるだろうか/He *makes* £45 a week. 週に 45 ポンドかせいでいる/2 and 2 *make(s)* 4. 2たす2は4/He was *made* manager at the age of thirty. 彼は 30 歳で支配人に任命された/We'll *make* Edinburgh by seven o'clock tonight. 今晩 7 時までにエディンバラに着くでしょう/He *made* the team. 彼はチームの一員となった/They *made* the flight just in time. 彼らはその便にちょうど間に合った/This big project *made* the young businessman. この大プロジェクトで若い事業家が成功した.

[慣用句] *make away* 急いで去る、逃げる. *make away with* …〔古風な表現〕…を取り除く. *make for* … …に役立つ、…の方へ進む. *make … from …* …から…を作る. *make … into …* …を…にする: Our kitchen is being *made into* a dinning-room. 我々の台所は食堂に作り替えている最中だ. *make it* 〔くだけた表現〕うまくいく、成功する、時刻に間に合う. *make … of …* …で…を作る、…を…にする: He's always *making* a nuisance *of* himself. 彼はいつも他人に迷惑をかけてばかりいる. *make off* 急いで去る. *make one's way* 進む、前進する. *make out* …を見分ける、認める、理解する、作り上げる. *make … out of …* …から…を作る. *make over* …を作り直す. *make up* …を構成する、…を作成する、うそなどを作り出す、数量を満たす; 埋め合わせをする (for). *make up to …*《軽蔑的》…に取り入る. *make with …* 金や食事などを出す、作り出す、いつものやり方で…を使う.

【派生語】**máker** 名 C 製作者《日英比較》日本語の「メーカー」は製造企業の意味であるが、英語にはその意味はなく、英語では manufacturer という). **máking** 名 U 作ること、製造、生産.

【複合語】**máke-believe** 名 U 形 見せかけ[偽り](の)、…ごっこ、ふりをする人. **mákeshift** 名 C 一時しのぎ、やりくり算段. **máke-úp** 名 C 組み立て、性質、化粧.

mal- /mæl/ [連結] 悪い、不当な、不完全な、不十分なの意.

[語源] ラテン語 malus (=bad) および male (=badly) が古フランス語 mal- を経て中英語に入った.

mal·ad·just·ed /mǽlədʒʌ́stid/ 形〔やや形式ばった語〕特に子供が環境に対する適応性[順応性]に欠ける.

【派生語】**màladjústment** 名 U.

mal·ad·min·is·tra·tion /mæ̀lədministréiʃən/ 名 U〔形式ばった語〕無能力の行政、公務や処理の不手際、あるいは薬品などの誤った管理.

mal·a·droit /mæ̀lədrɔ́it/ 形〔形式ばった語〕器用さに欠ける. あるいはへまばかりして不手際な.

[類義語] awkward.

【派生語】**màladróitly** 副 不器用に. **màladróit·ness** 名 U.

mal·a·dy /mǽlədi/ 名 C〔形式ばった語〕慢性的な体の不調、疾患、比喩的に社会の弊病.

[語源] 俗ラテン語 *male habitus* (=badly kept; out of condition) が古フランス語 malade (=sick) を経て中英語に入った.

mal·aise /mæléiz/ 名 UC〔形式ばった語〕[一般義] 何となく無気力ですぐれない気分、倦怠感、不定愁訴. その他 精神的な違和感や、道徳的に悪いかもしれないという漠然とした意識や、社会的不安感.

[語源] フランス語 (*mal* bad+*aise* ease) が 18 世紀に入った.

mal·a·prop·ism /mǽləprɑpizəm | -rɔ-/ 名 C〔形式ばった語〕こっけい味のある言葉の誤用 (★He is the very pinnacle of politeness. を He is the very *pineapple* of politeness. と言ったり、revolving doors を *revolting* doors, musician を *magician*, expedition を *exhibition*, Elvis を *pelvis* と言ったりするようなこと).

[語源] R. B. Sheridan の喜劇 *The Rivals* (1775) に登場する Mrs. Malaprop がこっけいな言葉の誤用で有名だったことから.

mal·ap·ro·pos /mæ̀ləprəpóu | mæ̀læprəpou/ 形 副〔形式ばった語〕時間や場所が不適切なため見当ちがいの、お門ちがいの.

[語源] フランス語 *mal à propos* (=not to the point) が初期近代英語に入った.

ma·lar·ia /məléəriə/ 名 U《医》マラリア.〔古語〕湿地や沼沢地などから出る健康に害を及ぼす空気、毒気.

[語源] イタリア語 *mala aria* (=bad air) の短縮形 *mal'aria* が 18 世紀に入った. マラリアは昔沼地の悪い空気から引き起こされると考えられた.

【派生語】**malárial** 形.

Ma·lay /məléi/ 名 固 マレー半島、マレー諸島. また [一般義] マレー人、マレー語.

【派生語】**Malayan** /məléiən/ 形.

Ma·lay·sia /məléiʃə|-ziə/ 名 固 マレーシア(★マレー半島南部とボルネオ島北部の連邦共和国; 正式名 the Federation of Malaysia; 首都 Kuala Lumpur), また(the ~)マレー諸島.
【派生語】**Maláysian** 形 名 C.

mal·con·tent /mǽlkəntènt/ 形 名 C 〔形式ばった語〕(やや軽蔑的)不満[不平]を抱いている, 反抗的な. 名 として, 特に政府に対して反抗的である不平分子などをいう.
[語源] フランス語 mal (= badly) + content (= pleased) が初期近代英語に入った.
【派生語】**màlconténted** 形.
màlconténtedly 副.
màlconténtedness 名 U.

male /méil/ 形 名 C 〔一般語〕生物の男性の, 雄の, また男性的な, 男だけの. 名 として男性, 男, 雄.
[日英比較] 日本語では人間には男(性), 女(性)を, 動物には雌, 雄を用いて区別するが, 英語では male, female がどちらの場合にも用いられる.
[語源] ラテン語 mas (= male)の指小語 masculus (= male; masculine)が 古フランス語 masle を経て中英語に入った.
[用例] The *male* bird is black and the female is brown. 雄鳥は黒色で雌鳥は褐色である/*Males* are said to be stronger than females. 男性は女性よりたくましいと言われている.
[類義語] male; masculine; manly: **male** は生物学的な雄を示し, 人間の他の動物, 昆虫, 植物に用いられるが, **masculine** は力強さや精力的活力のような女性とは異なる男性的特徴を示す場合に, **manly** は男性的で高潔な性格を意味する.
[対照語] female.
[複合語] **mále cháuvinism** 名 U 男性優越思想[主義]. **mále cháuvinist** 名 C 男性優越主義者.

mal·e·dic·tion /mæ̀lədíkʃən/ 名 C 〔形式ばった語〕〔一般義〕ある人に禍があるようにと願うのろい, 呪詛.〔その他〕悪口, 中傷.
[語源] ラテン語 maledicere (= to curse)の 名 maledictio が中英語に入った. もともとは悪口という意味.
【派生語】**màledíctory** 形.

mal·e·fac·tor /mǽləfæktər/ 名 C 〔形式ばった語〕法律を犯す人, 犯罪人.
[語源] ラテン語 male (= evil) + facere (= to do)から成る malefacere の過去分詞から派生した malefactor が中英語に入った.

ma·lef·i·cence /məléfəsns/ 名 U 〔形式ばった語〕害をなすこと, 悪事, 害悪.
[語源] ラテン語 maleficus (= wicked)から派生した maleficentia が初期近代英語に入った.
【派生語】**maléficent** 形 悪事を働く, 有害な.

malevolence ⇒malevolent.

ma·lev·o·lent /məlévələnt/ 形 〔形式ばった語〕他人に激しい悪意を抱く, 憎しみを示す.
[語源] ラテン語 malevolens (male badly + velle to wish)が初期近代英語に入った.
【派生語】**malévolence** 名 U. **malévolently** 副.

mal·fea·sance /mælfí:zəns/ 名 UC 〔形式ばった語〕主に公務員の悪事, U 不正行為, 背任行為.
[語源] mal (= evil) + 廃語のフランス語 faisance (= doing)が初期近代英語に入った.

mal·for·ma·tion /mæ̀lfɔ(:)rméiʃən/ 名 UC 〔形式ばった語〕体形や構造が異常なほど不規則的で不格好なこと, 《生》奇形.
【派生語】**malfórmed** 形.

mal·func·tion /mælfʌ́ŋkʃən/ 名 UC 動 本来自〔形式ばった語〕機械類が正常な形で機能しないこと, 故障, 不調. 動 として作動しない, 故障する.

mal·ice /mǽlis/ 名 U 〔形式ばった語〕他人に害を及ぼしたいとか他人が苦しんだり損害を受けたりするのを見たいというような積極的な悪意, うらみ, 《法》犯意.
[語源] ラテン語 malus (= bad)の 名 malitia が古フランス語を経て中英語に入った.
【派生語】**malicious** 形. **malíciously** 副.

ma·lign /məláin/ 動 本来他 形 〔形式ばった語〕〔一般義〕《受身》正当な理由なく人や事柄を悪く言う, 中傷する.〔その他〕形 として悪意のある, 不吉な, 物が有害な, 病気が悪性の.
[語源] ラテン語 malignus (= wicked; malicious)が古フランス語を経て中英語に入った.

malignancy ⇒malignant.

ma·lig·nant /məlígnənt/ 形 〔一般義〕悪意のある,《医》病気が悪性の(⇔benignant).
[語源] ラテン語 malignus (⇒malign)から派生した後期ラテン語 malignare (= to contrive maliciously)が初期近代英語に入った.
【派生語】**malígnancy** 名 UC 悪意, 敵意,《医》悪性腫瘍. **malígnantly** 副. **malígnity** 名 U 執拗で根深い悪意, 敵意, 憎しみ,《しばしば複数形で》悪意に満ちた行為, 不吉で悪い出来事.

ma·lin·ger /məlíŋgər/ 動 本来自〔形式ばった語〕義務や仕事から逃れるために仮病を使って仕事を怠ける.
[語源] フランス語 malingre (= sickly)から19世紀に入った.
【派生語】**malíngerer** 名 C. **malíngery** 名 U.

mall[1] /mɔːl/ 名 C 〔一般語〕〔一義〕(米)建物の外部に駐車場があり, 内部には商店, レストラン, 映画館などあるようなショッピングセンター(shopping mall), あるいは車両乗入禁止のショッピング街(pedestrian mall). また道路の中央にある分離帯.
[語源] ロンドンのクラブ街として知られるペルメル街 (Pall Mall Street)から. 初期近代英語より.

mal·le·a·ble /mǽliəbl/ 形 〔形式ばった語〕〔一般義〕金属をたたいて伸ばしたり, 押し伸ばしたりできる可鍛性[展性]のある.〔その他〕比喩的に人が順応性がある, 柔軟な.
[語源] ラテン語 malleus (= hammer)が中世ラテン語 malleabilis, 古フランス語を経て中英語に入った.
【派生語】**màlleabílity** 名 U.

mal·let /mǽlit/ 名 C 〔一般語〕〔一義〕頭部がたる型をした木槌(づち).〔その他〕ポロ (polo)やクロケット (croquet)などの打球槌やビブラフォンなどの打楽器用小槌, マレット.
[語源] ラテン語 malleus (= hammer)が古フランス語 mail を経て中英語に入った.

mal·low /mǽlou/ 名 C《植》ぜにあおい.
[語源] 古英語 mealwe (= mallow)から.

mal·nu·tri·tion /mæ̀lnju:tríʃən/ 名 U 〔一般語〕栄養不良, 栄養失調.
[語源] ラテン語 mal- (= bad) + nutrition による. 19世紀から.

mal·o·dor·ous /mælóudərəs/ 形 〔形式ばった語〕〔一般義〕悪臭のある.〔その他〕社会的に非常に下品で受

mal·prac·tice /mælpræktis/ 名 UC 《法》医師の**医療過誤**, 専門職や公的地位における**不正行為**, 背任行為, 不良業務.
[語源] mal-(=bad)+practice による. 初期近代英語から.

malt /mɔ́(ː)lt/ 名 U 動 [本来他] 〔一般語〕[一般義] ビール, ウイスキーの原料となる麦芽, モルト. [その他] モルトで作られるビールや各種のモルトウイスキー. 動 として麦芽にする(なる), 酒を麦芽で造る.
[語源] 古英語 m(e)alt (=malt) から. melt と同起源.
【複合語】**málted mílk** 名 CU 粉末ミルクとモルトを混ぜた麦芽乳.

Mal·tese /mɔːltíːz/ 形 C 〔一般語〕地中海の島マルタ(Malta)の, マルタ人[語]の. 名 としてマルタ人, U マルタ語; 愛玩用のマルチーズ犬.

Mal·thus /mǽlθəs/ 名 固 マルサス Thomas Robert Malthus (1766–1834) 《★イギリスの経済学者》.
[派生語] **Malthúsian** 形 マルサス(学説)の 《★人口増加は食糧供給より速いので道徳的抑制や戦争, 飢饉, 病気がその増加を抑えなければ貧困, 退廃は避けられないとする説》. 名 C マルサス学派の人.

mal·treat /mæltríːt/ 動 [本来他] 〔形式ばった語〕人や動物などを**虐待する**, 酷使する.
maltréatment 名 U.

ma·ma /máːmə | məmáː/ 名 C 〔くだけた語〕《(米)小児語》《(英)古風な語》ママ, かあちゃん, 《(俗語)《(米)妻, 女性.
momma ともつづる. ⇒ma; mom.

mam·bo /máːnbou/ 名 CU 《楽》マンボ 《★キューバの踊りとその音楽》.
[語源] ハイチ (Haiti) のクレオール語から出たアメリカスペイン語が 20 世紀に入った.

mam·mal /mǽməl/ 名 C 〔一般語〕哺乳動物, 哺乳類.
[語源] 近代ラテン語 mammalia (哺乳綱) が英語化されて 19 世紀に入った. ラテン語 mamma (=breast) の派生形 mammalis (=of the breast) に由来する.
[派生語] **mammálian** 形. **mammálogist** 名 C 哺乳類学者. **mammálogy** 名 U 哺乳類学.

mam·moth /mǽməθ/ 名 C 〔一般語〕[一般義] 絶滅した巨象, マンモス. [その他] 同種のものの中で特に巨大なもの, 《形容詞的に》 巨大な.
[語源] 廃語のロシア語 mamot (=mammoth) が 18 世紀に入った.

mam·my /mǽmi/ 名 C 〔小児語〕《(米)おかあちゃん (mama; mum).

Man /mǽn/ 名 固 マン島 (Isle of Man) 《★北アイルランドとイングランドとの間のアイリッシュ海にある英国の島》.
[派生語] **Mánx** 形 マン島の, マン島人[語]の. 名 CU マン島人[語], および以前マン島で話されていたゴイデル語.

man /mǽn/ 名 C 《複 men》 動 [本来他] 〔一般語〕[一般義] 成年男子, 男性, 男, 《単数無冠詞で》男性全体, 男というもの. [その他] 動物学上の分類のヒト (Homo sapiens), 人, 人間, 《単数無冠詞で》人類. また男の部下, 弟子, 〔古風な語〕召使; 男らしい男, 〔くだけた語〕恋人, 彼氏. 呼びかけとして, おい, 君, 驚きや熱狂, 感嘆を表わす感嘆詞として, 〔俗語〕おや, まあ, あ. 動 として人を配置する.
[語法] 人間を総称的に man で表す表現は性差別的意味合いが持たれ, 現在では human beings, humans, the human race, humankind というほうが普通である.
[語源] 古英語 mann から. 原義は「人(間)」であったが, 後に「男の人」を示すようになった.
[用例] The police found a *man's* shoe by the body. 警察は遺体のそばに男物の靴を見つけた/He's independent, tough, strong, brave—a real *man!* 彼は独立心強く, 丈夫で, たくましく勇敢である. これこそ本当の男だ/I'll get my *man* to call a taxi for you. 部下にタクシーを呼びにやらせます.
【慣用句】***a man of God*** 聖者, 牧師. ***as one [a] man*** いっせいに, 一致協力して. ***between man and man*** 男と男の間では, 男同士として. ***(the) man on [《英》in] the street*** 専門家に対して普通の人. ***the old man*** 親分, 親方, おやじ. ***to a man*** 一人残らず, 満場一致で. ***to the last man*** 最後の一人にいたるまで, 残らず.
[派生語] **mánful** 形 男らしい. **mánfully** 副. **mánhood** 名 U 男らしさ, 壮年期, 《集合的》成年男子, 大人. **mánlike** 形 人間のような, 男らしい. **mánliness** 名 U. **mánly** 形 男らしい. **mánned** 形 人間を乗せた: a *manned* satellite 有人人工衛星. **mánnish** 形 〔やや軽蔑的〕女性が, または女の行動や性質が男のような, 男っぽい.
【複合語】**mán-abòut-tówn** 名 C プレーボーイ. **mán-èater** 名 C 人食い動物, 人食い人種. **màn Fríday** 名 C 忠実な部下, 何でも仕事をこなす信頼できる雇い人 《★Daniel Defoe の小説 Robinson Crusoe(1719) の召使の名から. 金曜日に見つけたことから. ⇒girl Friday》. **mánhàndle** 動 [本来他] 手荒く扱う. **mán-hòur** 名 C 下水道などのマンホール. **mán-hòur** 名 C 一人一時間の仕事の量, 人時(にん). **mánhùnt** 名 C 犯人の集中的大捜査. **mankínd** 名 U 人類, 《集合的》: love for mankind 人類愛. **mán-màde** 形 人の造った. **mán-of-wár** 名 C 軍艦 (warship). **mánpòwer** 名 U 動員可能な人間の総数, 人的資源. **mán pòwer** 名 C 肉体労働による人力 (⇔horsepower). **mánsèrvant** 名 C 〔古風な語〕下男, 男の雇い人 (⇔maidservant). **mán-sìzed** 形 大人用の, 大型の. **mánslaùghter** 名 U 《法》故殺 《★過失致死死など計画的な殺意のないもの》. **màn-to-mán** 形 率直な, 《球技》防御などで1対1の 《日英比較》日本語で「マン・ツー・マンの指導」のようにスポーツ以外にも用いるが, そのような場合英語では one-to-one を用い, one-to-one teaching situation のようにいう.

-man /mən/ 連接 「...の国の人」「...に住む人」「職業が...の人」「...に従事する人」「...船」などの意. 例: Irish*man* (アイルランド人); towns*man* (町民); camera*man* (カメラマン); merchant*man* (商船).

man·a·cle /mǽnəkl/ 名 C 動 [本来他] 〔一般語〕《通例複数形で》手錠. 動 として手錠をかける, 束縛する.
[語源] ラテン語 manus (=hand) の指小語 manicula が古フランス語を経て中英語に入った.

man·age /mǽnidʒ/ 動 [本来他] 〔一般語〕[一般義] 仕事, 特に困難を伴う事を何とか...する, うまくやり遂げる

《～ to do で》.[その他]本来手を使って馬や道具や武器などを上手に扱う、操縦する、使う、動かすなどの意. そこから人や組織を管理する、会社などを経営する、(くだけた語)(can, could, be able to などを伴って)問題などを**処理する**、時間や金銭などをやりくりする、**都合をつける**、ひねり出し、食物などを平らげるなどの意.

[語源] イタリア語 maneggiare (= to handle a horse) が初期近代英語に入った. 恐らくラテン語 manus (= hand) から派生した俗ラテン語 *manidiare (= to handle) に遡る.

[用例] The horse is difficult to manage. その馬は扱いにくい／She managed to finish her homework without anybody's help. 彼女は人に手伝ってもらわずにどうにか宿題を終わらせた／Can you manage (to eat) some more meat? もう少しお肉が入りますか.

【派生語】**màn·age·a·bíl·i·ty** 名U. **mán·age·a·ble** 形 取り扱いやすい、管理できる、従順な. **mánagement** 名U 取り扱い、操縦、管理、(単数形で複数扱い)**経営者側**、経営陣: management consultant 経営コンサルタント／management engineering 経営工学. **mánager** 名C 管理[支配]する人. この意味の範囲は広く、会社の**経営者**、支配人(general manager 総支配人)から、**部長**(sales manager 販売部長)、局長、主任、理事、幹事、さらに芝居などの興行主、座元、監督(stage manager 舞台監督)、学校のスポーツの世話係にいたる. [日英比較] 日本語の「マネージャー」はスポーツ・チーム、芸能人の世話係や庶務上の責任者、あるいはホテルなどの支配人をさし、英語の意味領域よりはるかに狭い ⇒director). **mánageress** 名C 《主に英》女性の manager. **mànagérial** 形 経営上の、管理者の.

【複合語】**mánaging diréctor** 名C 専務取締役. **mánaging éditor** 名C 編集(局)長.

Man·ches·ter /ˈmæntʃəstər/ 名固 マンチェスター 《★イギリス北西部の都市》.

man·da·rin /ˈmændərɪn/ 名UC 形 〔一般語〕 [一般義] (M-) 中国の標準語である北京語. [その他] 中国の**官僚**、有力者、エリートをいう. また官吏の着ていたオレンジ色の官服から、**中国産みかん**の木(mandarin orange)を意味した. 形 として、中国**高級官吏**の、文体が優雅で凝った.

[語源] サンスクリット語 mantrin (= counselor) に由来するポルトガル語 mandarim が初期近代英語に入った.

【複合語】**mándarin órange** 名C みかん.

man·date /ˈmændeɪt/ 名C, /ˈmændeɪt/ 動本来他 (やや形式ばった語) 他人に文書による**命令**や指令. [その他] 選挙人が議員へ出す**要求**や**指図**、また**委任統治領**. 動 としては、かつて国際連盟がある国に植民地などの統治を委任する.

[語源] ラテン語 mandare (= to put into one's hand; to command) の 名 mandatum が初期近代英語に入った.

【派生語】**mándator** 名C 命令を与える人. **mándatòry** 形 命令の、委任された、委任統治の、強制的な、義務的な. 名C 委任を受けた人[国]、委任統治国.

man·di·ble /ˈmændəbl/ 名C 【動】脊椎動物の**下あご**(の骨)、昆虫などの節足動物の**大あご**、鳥の上[下]くちばし、また下の部分をいう.

[語源] ラテン語 mandere (= to chew) から派生した mandibula (= jaw) が古フランス語を経て初期近代英語に入った.

man·do·lin, man·do·line /ˌmændəˈlɪn/ 名C 【楽】マンドリン.

[語源] 元はギリシャの pandoura という三弦の楽器で、それがイタリアに mandora と伝わり、その指小語 madolino がフランス語を経て 18 世紀に入った.

man·drag·o·ra /mænˈdrægərə/ 名 = mandrake.

man·drake /ˈmændreɪk/ 名CU 【植】マンドレーク《★ヨーロッパ産のなす科の植物、根が人の形に似ている》.

[語源] ラテン語 mandragoras が中英語に入った.

man·drill /ˈmændrɪl/ 名C 【動】マンドリル《★アフリカの大ひひ》.

[語源] man + drill (= baboon) によると思われる. 18 世紀に入った.

mane /meɪn/ 名C 〔一般語〕 [一般義] ライオン、馬などのたてがみ. [その他] (こっけい) 人のふさふさした**長い髪**.

[語源] 古英語 manu (= mane) から.

ma·neu·ver, 《英》**ma·noeu·vre** /məˈnuːvər/ 名C 動本来自 (形式ばった語) [一般義] 巧みな**策略**、**策謀**、(軍)**作戦行動**、(複数形で)**大演習**; 技術を必要とする操作(方法). 動 として策略を用いる、策動する、**軍事行動**をする、演習する. 他 人や物を巧みに**誘導**する、うまく操って…させる.

[語源] ラテン語 manu operare (= to work by hand) が中世ラテン語、フランス語を経て 18 世紀に入った.

【派生語】**manèuverabílity** 名C. **manéuverable** 形 操縦しやすい.

manful ⇒man.
manfully ⇒man.

mange /meɪndʒ/ 名C 【獣医】毛の多い哺乳動物の**皮癬**(ひぜん)、または**疥癬**(かいせん).

[語源] 古フランス語 mangier (⇒manger) の派生語 mangeue (= eating; itch) が中英語に入った.

【派生語】**mángy** 形 皮癬[疥癬]にかかった、みすぼらしい、不潔な、卑劣な.

man·ger /ˈmeɪndʒər/ 名C 〔一般語〕 [一般義] 牛馬用のかいばおけ、まぐさおけ. [その他] 【海】 船のへさきにある波よけ《★たらいに似た形》.

[語源] ラテン語 manducare (= to chew) に由来する古フランス語 mangeure (= food trough) が中英語に入った.

[慣用句] **a dog in the manger** 意地の悪い人.

man·gle¹ /ˈmæŋgl/ 動本来他 〔一般語〕 (しばしば受身で) ずたずたに**切り裂く**、稚拙なミスで作品や作曲などの全体の形をだめにする、台なしにする.

[語源] 古フランス語 mahaignier (重傷を負わせる) がノルマンフランス語 mangler を経て中英語に入った.

[用例] The car was badly mangled in the accident. その車は事故でめちゃめちゃに壊れた.

man·gle² /ˈmæŋgl/ 名C 動本来他 〔一般語〕 (主に英) 旧式の洗濯機のしぼり機、**圧搾ローラー**、しわ伸ばし機. 動 として**圧搾**する、しわ伸ばし機にかける《★熱したローラーの間を通してしわを伸ばす》.

[語源] オランダ語 mangel から 18 世紀に入った.

man·go /ˈmæŋɡoʊ/ 名C 【植】南アジア熱帯地方産のマンゴーの木、マンゴーの果実.

[語源] タミル語 mānkāy (mān mango + kāy fruit) がマレー語、ポルトガル語を経て初期近代英語に入った.

man·grove /ˈmæŋɡroʊv/ 名C 【植】熱帯の海辺や河口に森林をなす常緑高木、マングローブ.

mangy ⇒mange.

ma·ni·a /méiniə/ 名 CU 〔一般語〕異常なほどの熱中, 熱狂, ...熱, 《医》躁病(そう).

語源 ギリシャ語 *mania* (=madness) が後期ラテン語を経て中英語に入った.

用例 He has a *mania* for collecting teapots. 彼は茶瓶の収集に熱をあげている.

日英比較 この語には日本語の「マニア」のように人を表すことはない.「マニア」に当たるのは maniac または enthusiast.

関連語 depression.

【派生語】**mániàc** 形 気の狂った. 名 C 熱狂的愛好者, ...狂の人 (★しばしば合成語で), 〔古風な語〕精神病の人. **maniacal** /mənáiəkəl/ 形. **manic** /mǽnik/ 形《医》躁病の: **manic-depressive** 躁鬱病の(患者).

man·i·cure /mǽnikjuər/ 動 本来他 名 UC 〔一般語〕手や指の爪の手入れをする, マニキュアをする. その他 (通例受身で) 庭などの手入れをする. 名 として手や爪の手入れ.

語源 ラテン語 *manus* (=hand)+*cura* (=care) がフランス語を経て 19 世紀に入った.

【派生語】**mánicurist** 名 C 美爪(びそう)術師, マニキュア師.

man·i·fest /mǽnifest/ 形 本来他 名 C 形式ばった語 一般義 推測する必要もなく, 外に現れている事実ですぐにわかるように明白な, はっきりした. その他 として, 事柄を明示し証明する, 考えを明らかにして表現する, 証明する. 名 として〔一般語〕税関などで明示することを要求される積荷目録や, はっきりとしておかなければならない乗組名簿.

語源 「現行犯で捕えられた, 有罪であることが明白な」の意のラテン語 *manus* (=hand)+*-festus* (=gripped) から成る *manufestus* (=grasped by the hand) が古フランス語を経て中英語に入った.

用例 It was *manifest* to all of us that he would fail. 彼が失敗することは我々の誰にも明らかなことであった/He *manifested* in his behavior a strong dislike of his younger sister. 彼は妹に対する強い嫌悪感を自分の行動ではっきり示した.

類義語 ⇒obvious.

反意語 obscure.

【慣用句】*manifest oneself* 徴候などが現れる

【派生語】**mànifestátion** 名 UC 明示, 表現. **mánifèstly** 副.

man·i·fes·to /mǽnifést ou/ 名《複 ~es》本来自〔一般語〕政党などの団体による政策, 目的などの公式の宣言や声明文. 動 として声明文を出す.

語源 ラテン語 *manifestus* (⇒manifest) がイタリア語を経て初期近代英語に入った.

man·i·fold /mǽnifòuld/ 形 名 C 動 本来他 〔形式ばった語〕 一般義 種類, 形式, 特徴などが複雑多岐にわたっている, 多数の, 多種の. その他 としては, 雑多で多方面に及ぶ意味から, 《機》多岐管, たくさん複写したもの. 動 として多数のコピーをとる, 液体を多岐管で分流させる.

語源 古英語 *manig* (=many)+*-feald* (=-fold) から.

man·i·kin, man·ni·kin /mǽnikin/ 名 C 〔一般義〕人体解剖模型. その他 〔古風な語〕小人(こびと), また, マネキン(mannequin).

語源 オランダ語 *man* (=man) と指小辞の *-ken* から成る *manneken* が初期近代英語に入った.

Ma·ni·la /mənílə/ 名 固 マニラ (★フィリピンの首都).

【複合語】**Maníla hémp** 名 U マニラ麻 《語法》単に manila ともいう).

ma·nip·u·late /mənípjuleit/ 動 本来他〔形式ばった語〕 一般義 (悪い意味で) しばしば不正に自分の有利になるようにうまく操作する. その他 本来は機械や道具などを手で巧みに操作する. 巧妙で手際のよいことから, 人を陰険な方法で陥れる, 帳簿や明細書などを変造してごまかす. また《医》関節の脱臼のずれや脱臼した骨を手を使って治療する.

語源 ラテン語 *manus* (=hand) に由来する *manipulus* (=handful) がフランス語を経て 19 世紀に入った manipulation の逆成語.

【派生語】**manìpulátion** 名 UC 巧みな扱い, 操作, ごまかし;《医》揉療治. **manípulàtive** 形. **manípulàtively** 副. **manípulàtiveness** 名 U. **manípulàtor** 名 C.

mankind ⇒man.

man·na /mǽnə/ 名 U《聖》マナ (★昔ユダヤ人がアラビアの荒野で神から恵まれた食物), 転じて思いがけない天の恵み.

語源 ヘブライ語 *man* (荒野の木の樹液) から出たと思われるギリシャ語 *manna* から古英語に入った.

man·ne·quin /mǽnikin/ 名 C 〔一般語〕 一般義 洋裁師や画家などが用いる人体模型やモデル人形, マネキン. その他 〔古風な語〕ファッションモデル《語法》現在では model が普通).

語源 ⇒manikin.

man·ner /mǽnər/ 名 C 〔一般語〕 一般義 独特で個性的な方法, やり方. その他 ある一定の方法が身につけば習慣や慣習的な流儀となり, それが民族や時代全体に支配的になれば 《複合形で》〔形式ばった語〕風習, 慣習, 生活様式の意となる. また個人の癖や習慣ということから《単数形で》態度, 様子, 物腰, 他人に対する対し方, 身振り, 《複数形で》行儀, 上品な作法, 身だしなみ, 《通例単数形で》《文·芸》様式, 作風, 流儀, ...風, 文章上の癖を意味する.

語源 ラテン語 *manus* (=hand) から派生した *manuarius* (=belonging to the hand) に由来する古フランス語 *maniere* (=way of acting) が中英語に入った.

用例 The *manner* in which elections are held is considered unsatisfactory by many people. 選挙のやり方は大勢の人によって不満に思われている/I don't like her *manner*. 彼女の態度が気に入らない/He has no *manners*. 彼は行儀が悪い.

【慣用句】*by all manner* (*of means*) どうしても[ぜひとも]...する. *by no manner* (*of means*) どうしても...でない (not by any manner of means). *in a manner* ある意味では. *in a manner of speaking* 〔形式ばった表現〕いわば. *no manner of* ... 少しの...もない.

【派生語】**mánnered** 形 書き方や話し方に癖がある, 個性がある. 《複合語で》行儀が...な: well-*mannered* 行儀の良い/ill-[bad-]*mannered* 行儀の悪い. **mánnerless** 形 無作法な.

mannerism /mǽnərizəm/ 名 CU 〔一般語〕言動などにおける妙な癖《文·芸》表現方法や様式が型に

はまっていること, マンネリズム《日英比較》日本語の「マンネリ(ズム)」は形式や技法が惰性的に繰り返され, 型にはまって独創性や新鮮さを欠くことを意味しているが, 英語の mannerism は文学や芸術の独特の傾向や個人の独特の癖をいう.「マンネリ化した発想」は a *stereotyped* way of thinking,「マンネリ化した仕事」は one's daily *routine* という).
語源 ⇒manner. 19 世紀から.

man・ni・kin ⇒manikin.

man・nish ⇒man.

manoeuvre ⇒maneuver.

ma・nom・e・ter /mənάmətər|-ɔ́-/ 名 C 〔一般語〕圧力計, 液柱計, 血圧計(sphygmomanometer).
語源 ギリシャ語 *manos* (＝thin; rare) とフランス語 *mètre* (＝instrument) から成るフランス語 *manomètre* が 18 世紀に入った. フランスの数学者の造語.
【派生語】**mànométric** 形.

man・or /mǽnər/ 名 C 〔一般語〕**一般義** 中世ヨーロッパ, 特に英国の**領主の邸宅**およびその**領地**. その他 田舎の**大邸宅**や**広い地所**, 《米》植民地時代の**永代借地**.
語源 ラテン語 *manere* (＝to remain) が古フランス語で *manier* (＝to dwell) となり, その 名 *manoir* (＝dwelling) が中英語に入った.
【派生語】**manórial** 花園の, 領地の.
【複合語】**mánor hòuse** 名 C 領主の邸宅.

man・sard /mǽnsɑ(:)rd/ 名 C 〔一般語〕両面の勾配(こうばい)が共に上部より下部の方が急になっている**二重勾配屋根**(mansard roof), またこの種の屋根を持つ**屋根裏部屋**をいう.
語源 フランスの建築家 Mansart の名にちなむフランス語 *mansarde* が 18 世紀に入った.
【複合語】**mánsard ròof** 名 C.

man・sion /mǽnʃən/ 名 C 〔一般語〕**一般義** 豪壮な**大邸宅**. その他 《英》《複数形で》**高級アパート**. かつては荘園領主の邸宅 (manor house) を意味した.
語源 ラテン語 *manere* (⇒manor) の 名 *mansio* (＝dwelling) が古フランス語 *mansion* を経て中英語に入った.
用例 They own a country *mansion*. 彼らは田舎に大邸宅を持っている.
日英比較 日本語の「賃貸マンション」は英語では 《米》apartment house,《英》flat が一般.「分譲マンション」の一戸(室)は condominium で, これが日本語のマンションに近く, 若干高級なイメージがある. 英国にも固有名詞的に ... Mansions というのがあるが, ひと棟として貸す高級アパートである. 日本語ではマンションのほかにコーポラス (和製英語, corporate (cooperative) house のこと), レジデンス (residence), メゾン (和製英語, maisonette のこと), シャトー (château) が固有名詞的に用いられているが, いずれも本来の語感とは異なる用法で用いられている.

man・tel・piece /mǽntlpi:s/ 名 C 〔一般語〕**一般義** 写真などを飾るのに使われる木(大理石)製の**炉棚**. 語法 mantelshelf または単に mantel ともいう. その他 暖炉の炉口を囲む装飾的枠組全体. 語法 《英》ではまれに chimneypiece ともいう.
語源 mantle の異形で mantle の意味が特殊化したもの. 初期近代英語から. ⇒mantle.

man・tis /mǽntis/ 名 C 〔複 ～**es**, -**tes** /ti:z/〕〘虫〙**かまきり** (praying mantis).
語源 ギリシャ語 *mantis* (＝prophet) に由来する近代ラテン語が初期近代英語に入った. 両手を上げる格好が祈りに似ていることから.

man・tle /mǽntl/ 名 C 動 本来他 〔一般語〕**一般義** そでなしの**外套**(がいとう), マント. その他 **覆い隠すもの, 包みこむもの**, およびそのような形状のもののいい, ガス灯の網状の発光体のマントル,〘地〙地球内のマントル. また ⟨the ～⟩ 権威の象徴としての**衣**(ころも), マント, **責任**などの意にもなる. 動 として〔文語〕**マントルで包む, 覆う, 顔を紅潮させる**.
語源 ラテン語 *mantel(l)um* (＝cloth; napkin; cloak) が古フランス語 *mantel* を経て中英語に入った.

man・u・al /mǽnjuəl/ 形 名 C 〔一般語〕**機器の助けを借りず手でする, 手作業の, 手動の, 肉体を使う.** 名 として**手引, 案内書, 便覧, マニュアル, オルガンの手鍵盤, マニュアル車.**
語源 ラテン語 *manus* (＝hand) から派生した *manualis* (＝of the hand) が古フランス語 *manuel* を経て中英語に入った.
用例 *manual* crafts 手(工)芸/a *manual* laborer 筋肉労働者/a computer instruction *manual* コンピューター使用説明書.
【派生語】**mánually** 副.
【複合語】**mánual tráining** 名 U 教科の**工作**(科).
mánual transmíssion 名 U〘自動車〙**手動変速機, マニュアル・トランスミッション**.

man・u・fac・ture /mǽnjufǽktʃər/ 動 本来他 U 〔一般語〕**大規模に製造する, 生産する.** その他 一般にものを作る意味 (★ make より形式ばった語). 材料を用いて加工し製品化する意から転じて, 比喩的に話や言いわけをでっちあげる, **捏造する**, 文学や芸術作品を機械的に作り出す**乱作する**. 名 として, **大規模な製作, 製造, 特定の製造工業,** 《通例複数形で》**製品, 製造物.**
語源 ラテン語 *manu* (＝by hand)＋*factus* (＝made) に由来する後期ラテン語 *manufactus* (＝handmade) が古フランス語 *manufacture* を経て初期近代英語に入った.
用例 This firm *manufactures* cars at the rate of two hundred per day. この会社は日産 200 台の割合で車を生産している/He *manufactured* an excuse for being late. 彼は遅刻の口実をでっち上げた/His town is famous for the *manufacture* of glass. 彼の町はガラス製造工業で有名だ.
類義語 manufacture; make: **manufacture** は本来, 手で作る意味であったが, 今日では機械などによって大規模, 組織的な生産工程を用いて工業製品を製造する意味. **make** は広い意味で作ることを表すが日常的な意味で物を作ることを表すことが多い.
【派生語】**mànufácturer** 名 C **製造業者, 制作者.**
mànufácturing 名 U 形 **製造の**《語法 mfg. と略す. なお manufactured は mfd. と略す》.

ma・nure /mənjúər/ 名 U 動 本来他 〔一般語〕動物の排泄物を利用した**肥料, こやし**. 動 として, 土地に**肥料を施す**.
語源 ラテン語 *manu operare* (＝to work by hand) が古英語で cultivate の意味が生まれ, 中英語に入った.

man・u・script /mǽnjuskrìpt/ 名 C 形 〔一般語〕**一般義** 手やタイプで書かれた文書, 書類などの**稿本**や**原稿**で, 印刷される以前のもの. その他 印刷術が発明さ

many /méni/ 形《比較級 more; 最上級 most》《一般論》人や物の数が多いことを表し, 多くの, たくさんの, 数が(非常に)多い. 代 として多数(の人, 物).
語法 可算名詞と共に用いる(⇒much). くだけた語では主に疑問文と否定文で用いられる. 肯定文の場合は as, how, so, too などの程度を表す副詞の後に用いられることが多い. それ以外では many の代りに a lot of, lots of, a (large) number of などが多く用いられる.
語源 古英語 manig (=many) から.
用例 Very *many* adults cannot read. 読むことのできない大人が非常に多勢いる／A few people survived, but *many* died. 数人は助かったが, 多くの人が亡くなった.
反意語 few.
【慣用句】*a good many* かなり多数(の). *a great many* 非常に多く(の). *as many* それと同じ数(の). *as many again* さらに同じ数, 2 倍だけの数. *as many as ...* ...と同数の. *as many ... as ...* ...と同じ数の, ...ほど多くの. *be one too many* ひとつだけ多すぎる[余分である]. *be one too many for ...* ...に勝っている, ...の手に負えない. *many a ...*〔文語〕たくさんの.... *not so [as] many ... as ...* ...ほど多くの...はない. *say one word too many* 一言多い. *so many* そんなに多数の(もの), 同数(の), 一定数.
【複合語】**mány-héaded** 形 多くの頭のある. **mány-síded** 形 多くの辺の, 多方面の.

Mao Tse-tung, Mao Ze·dong /máu tsə-dúŋ/, /máu dzədúŋ/ 名 固 毛沢東 (1893-1976)《★中国の革命家》.

map /mǽp/ 名 C 動《本来義》《一般論》一枚ものの地図.〔その他〕空の地図の意で天体図, 星座図, 地図のように描かれたもの, 図解,〔俗語〕顔, つら《★鼻や口が山や湖にあるにたとえられて》. 動《本来義》地図を作るため...を実地調査する,《数》写像する.
語源 中世ラテン語 *mappa mundi* (=map of the world) が中英語に mappemonde の形で入った. ラテン語 *mappa* は本来 napkin, tablecloth の意.
用例 He bought a road *map* of France. 彼はフランスの道路地図を買った／This village is not shown on the *map*. この村は地図にのっていない.
類義語 map; chart; atlas: **map** は地上の表面の地図や天体図を示すのに用いられる最も一般的な語. **chart** は地勢図, 海図, 天気図, 航空図など特殊目的のための特殊な事項(例えば気流, 航空路)などの図. **atlas** は map や chart を一緒にして一冊の本にした地図帳.
【慣用句】*off the map*〔くだけた表現〕重要でない, すたれた. *on the map*〔くだけた表現〕重要な, 著名な. *put ... on the map* 有名にする. *wipe ... off the map* 地図から抹殺する, 人や場所などを消滅させる.
【複合語】**mápmàker** 名 C 地図制作者. **máp-màking** 名 U 地図作成.

ma·ple /méipl/ 名 C U 【植】かえで, もみじ, U かえで材.
語源 古期サクソン語 *mapulder* (=maple tree) が古英語に *mapel* (*treo*) の形で入った.
【複合語】**máple léaf** 名 C かえでの葉《★カナダ国の紋章》. **máple súgar** 名 U かえで糖. **máple sýrup** 名 U メープルシロップ.

Mar.《略》=March.

mar /máːr/ 動《本来義》〔形式ばった語〕本来の姿を損なう, 傷つける, 台なしにする.
語源 古英語 *mierran* (=abstruct) から.

ma·ra·ca /mərɑ́ːkə/ 名 C《★通例複数形で》【楽器】マラカス《★中南米のリズム楽器》.
語源 ブラジルのトラピ語に由来するポルトガル語 *maracá* (=maraca) が初期近代英語に入った.

mar·a·schi·no /mæ̀rəskíːnou/ 名 U C 《酒》マラスキーノ《★野生のさくらんぼから作られるリキュール》, マラスキーノ漬けのさくらんぼ.
語源 イタリア語 *marasca* (=bitter wild cherry) が 18 世紀に入った.

mar·a·thon /mǽrəθən/ 名 C〔一般語〕一般論 マラソン競走《★フルマラソンは 42.195km》〔その他〕耐久力を要する競争や根気のいる仕事,《形容詞的に》延々と続く.
語源 古代ギリシャの地名 Marathōn による. 紀元前 490 年に, 対ペルシャ戦争の勝利の知らせを持ってマラソンからアテネまで使者が走ったという伝説にちなむ.

ma·raud /mərɔ́ːd/ 動《本来義》〔一般語〕あちこち漁ったり襲撃したりして略奪する.
語源 フランス語の *maraud* (=vagabond) の派生語 *marauder* (=to prowl) が 18 世紀に入った.
【派生語】**maráuder** 名 C.

mar·ble /máːrbl/ 名 U C 形 動《本来義》〔一般語〕一般論 大理石.〔その他〕《複数形で》大理石で作られた彫刻物, 大理石模様. 大理石模様がなめらかで冷たいところから, 比喩的に U 暖かみのないもの, 冷酷なもの. 模様が似ていることから C ビー玉,《複数で U》ビー玉ゲーム. 形 として大理石の, 冷酷な, 大理石のように滑らかな, 純白な. 動 で, タイルや本の小口などに大理石の模様[まだら模様]をつける.
語源 ギリシャ語 *marmaros* (=shining) がラテン語 *marmor*, 古フランス語 *marbre* を経て古英語に入った.
【慣用句】*(as) hard [cold] as marble* 大理石のように堅い[冷たい]. *go for all the marbles*〔俗語〕一獲千金を願って大きな危険を冒す. *lose one's marbles*〔俗語〕気が狂う. *pass in one's marble*〔くだけた表現〕《オーストラリア》死ぬ.
【派生語】**márbled** 形 大理石で作った, 大理石模様のある. **márbly** 形 大理石のような.

march /máːrtʃ/ 名 C〔一般語〕一般論 行進する, 行軍する.〔その他〕軍隊の行進のイメージから, 堂々と着実に進む, さっさと行く, 比喩的に物事が進展する, 進行する. 名 として行進, 進軍, その行進距離, 進行, 発展, また行進曲.
語源 古フランス語 *marcher* (=to walk; to go) が中英語に入った.
用例 Soldiers were *marching* along the street. 兵士が街を行進していた／Time *marches* on. 時は確実に進む.
関連語 parade.
【慣用句】*be on the march* 行進[行軍]中である. *gain [get] a march on ...* ...を追い越す. *steal a march on ...* ...の不意を襲う, ひそかに...を追い抜く.
【派生語】**márcher** 名 C 徒歩行進者, ある主義主張

をかかげて行進する人.
【複合語】**márching òrder** 名C《軍》《単数形で》行軍装備, 《複数形で》進軍命令, 《くだけた語》《米》解雇(通告). **márch-pàst** 名C 分列行進, パレード

March /má:rtʃ/ 名UC 〔一般語〕3月《《語法》 Mar. と略す》.
語源 ラテン語 *Martius* (mensis)(=(month) of Mars) が古フランス語を経て中英語に入った. Mars は古代ローマの軍神. なお, ローマ暦は一年が10か月で, この月は第1月.
用例 *March* winds and April showers bring forth May flowers. 《ことわざ》3月の風と4月の雨は5月の花をもたらす.
慣用句 *(as) mad as a March hare* 3月の交尾期のうさぎのように気狂いじみた.

mar·chion·ess /má:rʃənis/ 名C 〔一般語〕《英》侯爵夫人, あるいは侯爵の位を有する女性, 女侯爵.
語源 中世ラテン語 *marchio* (=marquis) の女性形 *marchionissa* が初期近代英語に入った.

Mar·co Po·lo /má:rkou póulou/ 名固 マルコ・ポーロ(1254-1324) 《★イタリアの探険旅行家, 『東方見聞録』の著者》.

mare[1] /méər/ 名C《動》馬, ろば, らばなどの雌, 特に5歳以上の雌馬.
語源 古英語 mere (=mare) から.

ma·re[2] /má:rei/ 名C《複 maria, ~s》《天》月や火星の海と呼ばれる黒く見える部分.
語源 ラテン語 *mare* (=sea) が19世紀に入った.

Mar·ga·ret /má:rgərət/ 名固 女性の名, マーガレット《★愛称は Madge, Maggie, May, Meg, Peggy など》.
語源 ギリシャ語 *margarítēs* (=pearl) から.

mar·ga·rine /má:rdʒərin, mɑ:dʒəri:n/ 名U 〔一般語〕マーガリン《《語法》《英》marge と略す》.
語源 ギリシャ語 *margaron* (=pearl) に由来するフランス語が19世紀に入った. 材料の光沢が真珠に似ていたことによる.

marge /má:rdʒ/ 名U 《くだけた語》《英》=margarine.

mar·gin /má:rdʒin/ 名C 〔一般語〕〔一般義〕ページの余白, 欄外.《その他》本来は「辺境地帯, 端, ふち」の意で, そこから余白, 欄外の意が出た. また余白の意味から比喩的に余裕, 余暇, 余剰となり, さらに得点や得票などの差, 売買上の差額利益, 利ざやなどの意が生じた.
語源 ラテン語 *margo* (=border; edge) が中英語に入った.
用例 Please write your comments in the *margin*. あなたの論評を欄外にお書き下さい/In the cosmetics business, the profit *margin* seems to be enormous. 化粧品業では利ざやは莫大なようだ.
反意語 center; middle; interior.
慣用句 *allow [leave] a margin for error* 間違ってもよいだけのゆとりを残しておく. *by a good [huge; good] margin* 充分な余裕をもって, 大差で. *by a narrow margin* 間一髪で. *go near the margin* きわどい所で行く. *margin of sanity* 狂気すれすれの.
【派生語】**márginal** 形 余り重要でない, 周辺的な; へりの, 限界ぎりぎりの, ページの余白の. **márginally** 副 わずかに.

Ma·ri·a /məríːə, məráiə/ 名固 女性の名, マリア, マライア.

mar·i·gold /mǽrigould/ 名C《植》マリゴールド《キク科の観賞用草花》.
語源 おそらく (the Virgin) Mary+gold による. 中語から.

ma·ri·jua·na, ma·ri·hua·na /mæriwá:nə/ 名CU《植》大麻(hemp), その乾燥した葉と花から採る麻薬, マリファナ.
語源 メキシコスペイン語 *mariguana, marihana* が19世紀に入った.

Mar·i·lyn /mǽrəlin/ 名固 女性の名, マリリン.

ma·rim·ba /mərímbə/ 名C《楽》木琴の一種, マリンバ.
語源 アフリカのバンツー語を語源とする語で18世紀に入った.

ma·ri·na /mərí:nə/ 名C 〔一般語〕ヨットやボートなどの係留場, マリーナ.
語源 ラテン語 *marinus* (=of the sea) がイタリア語またはスペイン語を経て19世紀に入った.

mar·i·nade /mærinéid/ 名UC《料理》マリネード, マリネ《★調理用の肉・魚を漬けておく酢, ワイン, 油, 香辛料などを混合した漬け汁》.
語源 スペイン語 *marinar* (塩水に漬ける) がフランス語を経て17世紀に入った.

mar·i·nate /mǽrineit/ 動本来他《料理》肉, 魚などをマリネに漬ける, マリネにする.
語源 marinade と同起源のイタリア語 *marinare* が17世紀に入った.

ma·rine /mərí:n/ 形 名UC 〔一般語〕〔一般義〕《限定用法》海の, 海に住む.《その他》海との関係から, 航海の, 船舶の, 軍隊に適用されて軍艦勤務の, 海軍の, 海兵隊の. 名としては《集合的》一国の船舶; C《M-》海兵隊員.
語源 ラテン語 *mare* (=sea) の派生形 *marinus* (=of the sea) が中英語に入った.
用例 *marine* animals 海生動物/He has joined the *marines*. 彼は海兵隊に入隊した.
関連語 oceanic (大洋の).
対照語 terrestrial.
【派生語】**máriner** 名C《文語》海員, 船員, 海事者: **máriner's cómpass** 船舶用羅針儀.
【複合語】**Marine Corps** /mərí:n kɔ̀:r/ 名《複 ~ /-z/》《the ~; 単数または複数扱い》《米》海兵隊《《英》Royal Marines》. **marine insurance** 名U 海上保険.

mar·i·o·nette /mæriənét/ 名C 〔一般語〕上から糸でつるして操る操り人形.
語源 フランス語 *Marie* (=Mary) の指小語 *Marion* の指小語が初期近代英語に入った.
関連語 puppet.

mar·i·tal /mǽritl/ 形 《形式ばった語》結婚[婚姻]に関する, 夫婦間の.
語源 ラテン語 *maritus* (=husband) から派生した *maritalis* が初期近代英語に入った.

mar·i·time /mǽritaim/ 形 《形式ばった語》〔一般義〕海の, 航海の, 海運に関する.《その他》海辺の, 海岸近くの, 沿海の.
語源 ラテン語 *mare* (=sea) から派生した *maritimus* が初期近代英語に入った.

mark[1] /má:rk/ 名C 動本来他 〔一般語〕〔一般義〕周囲とは色が違うためにわかるような表面の斑点, きず, しみ,

汚れ．[その他] 本来の「境界」の意から印という意味になり，斑点やしみ，跡，痕跡の意となった．さらに目印や記号，商標，あるいは標的，教師が生徒につける評点を指す．また比喩的に影響(の跡)，感銘，感化，感情や性質の現れ，外的な特徴，社会的な名声などの意．[動] として印をつける，印を押す，跡を残す，《主に英》答案を採点する，感情などを表す，はっきり示す，注目する，《スポ》相手をマークする．

[語源] 古英語 mearc (= boundary; landmark; sign) から．印欧祖語に遡る語源を持つ古くからの語．

[用例] My dog has a white *mark* on his nose. 私の犬は鼻に白い斑点がある／There's a *mark* on the map showing where the church is. 教会の在り場所を示す目印が地図についている／She got good *marks* in the exam. 彼女は試験で良い点をとった／That tomato sauce has *marked* the tablecloth. あのトマトソースでテーブルクロスにしみが付いた／The moon landings *marked* the beginning of a new era. 月着陸は新しい時代の幕開けの印となった．

[日英比較] 日本語で「会社のマーク」という時の英語は mark ではなくて emblem (記章)を用いる．

[慣用句] *below the mark* 標準以下で．*beside the mark* 見当違いで．*beyond the mark* 度を越えて．*hit the mark* 的中する，目的を達する．*leave a [one's] mark* 大きな影響を残す．*mark down* 値下げする，まる．*mark off* 区画をつける，区別する，済んだものに印をつける．*mark out* 土地などを線で区切る，…を抜擢(ばってき)する．*mark up* 値上げする．品の点数をつける．*miss the mark* 的をはずす，目的を逸する．*On your mark(s), get set, go!* 競技などで位置について，用意，どん！

[派生語] **márked** [形] 印のある，注意されている，著しい，平均的なものとは違った，特別な，(⇔unmarked). **markedly** /máːrkidli/ [副] 著しく，目立って．**márker** [名][C] 印をつける人[道具]，記録係，本のしおりなど目印となるもの．**márking** [名][U] 印や点数などをつけること，採点．

【複合語】**márkdòwn** [名][C] 値下げ，値引き．**márkshèet** [名][C] マークシート．**márksman** [名][C] 射撃の名人，狙撃兵．**márksmanshìp** [名][U] 射撃の腕．**márkùp** [名][C] 値上げ(額)，本来の商品価格にかさ上げする率，利幅，《米》法案の最後の仕上げ．

mark² /maːrk/ [名][C] 〔一般語〕マルク(Deutsche mark) (★ドイツの旧通貨単位; M と略す).

Mark /máːrk/ [名][固] 男性の名，マーク，《聖》キリストの弟子で福音書の著者マルコ．

mar·ket /máːrkit/ [名][C][U] 本来自 〔一般語〕
[一般語] 定期的に人々が集まって家畜，日用品などの売買をする**市場**(しじょう)，市(いち)．[その他] 具体的な売買の場から，抽象的な売買の場，販路，需要，《the 〜》市況，相場の意．[動] として，市場で売買する，市場で売る．

[語源] ラテン語 *mercatus* (= trade) が古ノルマンフランス語 *marchiet*, *marchie* を経て中英語に入った．

[用例] *Markets* are held in the square every Wednesday. 毎水曜日にその広場で市が立つ／I produce the goods and my brother *markets* them all over Europe. 私が製品を製造し弟がヨーロッパ中で販売している．

[類義語] market; bazaar; fair; mart: market が広く一般の市場を意味するのに対して，bazaar は元来ペルシャ語で東洋諸国の市場を指す．また特に教会などの催す慈善市，バザーの意で使われる．fair は博覧会，見本市などをいうが，アメリカで毎年開かれる county fair または state fair は地方の農産物等の共進会とか品評会を兼ねた一種のお祭りである．mart は market の変形で，特に used-car *mart* (中古車市場)のように複合語として用いられる語．

【慣用句】*be in the market for* … …を買おうとしている．*be on the market* 売り物に出ている．*bring … to market* …を売り出す．*come onto the market* 売り物に出る．*find a market* 販路が見つかる．*go marketing* = *go to the market* 買い物に行く．*play the market* 株の売買をする．*put … on the market* …を売りに出す．

【派生語】**màrketabílity** [名][U] 市場性．**márketable** [形] 市場性のある．**márketer** [名][C] 販売人．**márketing** [名][U] マーケティング(★生産者から消費者へ品物，商品，サービスが流れて行くまでの各種行為で，市場調査や，PR 活動等を含む).

【複合語】**márket dày** [名][C] 定期的に市の立つ日．**márket gárden** [名][C] 市場向けの野菜や果物を栽培する農場，《米》truck farm). **márket gárdening** [名][U] **márketplàce** [名][C] 市の立つ広場，市場．**márket price** [名][C] 市価．**márket resèarch** [名][C] 市場調査．**márket tòwn** [名][C] 定例の市を開くことのできる町．**márket vàlue** [名][UC] 市場価値，市価．

Mark Twain /máːrk twéin/ [名][固] マーク・トウェイン (1835-1910) (★アメリカの作家).

mar·ma·lade /máːrməleid/ [名][U] 〔一般語〕マーマレード．

[語源] ポルトガル語 *marmelada* (マルメロの実から作ったジャム)がフランス語を経て初期近代英語に入った．

mar·mot /máːrmət/ [名][C] 《動》マーモット(★ねずみ，りすなどと同じ齧歯(げっし)類の動物).

[語源] フランス語 *marmotte* から初期近代英語に入った．ラテン語 *mur-* (= mouse) + *montis* (= of the mountain) が語源と思われる．

[日英比較] 日本語の「モルモット」は「てんじくねずみ」の通称で，英語では guinea pig という．

ma·roon¹ /mərúːn/ [動] 本来他 [名][C] 〔形式ばった語〕《受身で》洪水や豪雪などが人や町を**孤立させる**，人を孤島に置き去りにする．そして，西インド諸島や南米ガイアナの奥地に住む**逃亡黒人奴隷の子孫や島流しの人**．

[語源] アメリカスペイン語の *cimarrón* (= wild, dwelling on peaks) は「逃亡奴隷」を意味していたことから，それが初期近代英語に入った．

ma·roon² /mərúːn/ [形][U] 〔一般語〕**えび茶色**(の)，くり色(の).

[語源] フランス語 *marron* (= chestnut) が 18 世紀に入った．

mar·quee /maːrkíː/ [名][C] 〔一般語〕[一般語] 《主に英》サーカスや野外パーティーなどの**大テント**．[その他] 《主に米》ホテルや劇場などの入口の大ひさし(marquise).

[語源] フランス語の *marquise* を複数形と誤解して初期近代英語で造られた語．

mar·quess /máːrkwis/ [名][C] 〔一般語〕《英》侯爵 (★earl (伯爵) より上で duke (公爵) より下の称号).

[語源] marquis の異形．⇒marquis.

[関連語] marchioness.

mar·que·try, mar·que·te·rie /máːrkətri/

[U]〔一般語〕主に家具などにはめ込まれる装飾用の絵模様の**寄せ木細工**やはめ**木細工**, および**象眼細工**.
[語源] 古フランス語 *marqueter* (＝to inlay) が初期近代英語に入った.

mar·quis /mάːrkwis/ [名] [C] 〔一般語〕英国以外の国々における**侯爵**. (★count (伯爵) の上, duke (公爵)の下の位. 英国では marquess). ⇒marquise.
[語源] 中世ラテン語 *marchisus* (＝prefect of a frontier town) が古フランス語 *marchis* (＝count of the march) を経て中英語に入った.

mar·quise /mɑːrkíːz/ [名] [C] 〔一般語〕[一般義] 英国以外の国々における**侯爵夫人**または**女侯爵**. [その他] マーキーズ《★先のとがった卵形をしたダイヤモンドなどの宝石をはめ込んだ指輪》.
[語源] marquis の女性形として 18 世紀にフランス語から入った.

mar·riage /mǽridʒ/ [名] [UC] 〔一般語〕[一般義] **結婚**(すること), **婚姻**. [その他] 結婚生活, 婚姻関係, [C] 結婚式(wedding). また人の結びつきから比喩的に物事の密接な**結合**を指す.
[語源] 古フランス語 *marier* (＝marry) の名詞 *mariage* が中英語に入った.
[用例] Their *marriage* lasted for thirty happy years. 2 人には 30 年の幸せな結婚生活が続いた.
[類義語] marriage; matrimony: **marriage** は結婚一般を意味するのに対し, **matrimony** は形式ばった語で宗教的側面を表し, 婚姻関係, 婚姻の権利, 義務を強調する.
[反意語] divorce.
【慣用句】*a marriage of convenience* 政略結婚. *give ... in marriage to ...* ...を...に嫁[婦]にやる. *take ... in marriage* ...を妻[夫]にする.
【派生語】**márriageable** [形] 結婚できる, 年頃の.
【複合語】**márriage certificate** [名] [C] 結婚証明書. **márriage license** [名] [UC] 結婚許可証. **márriage lines** [名] [複] 《英》結婚証明書.

married ⇒marry.

mar·row /mǽrou/ [名] [U] 〖解〗骨の髄, 骨髄, 脊髄, 骨や血液を形成する最も大切な部分であることから, 比喩的に**核心**, **真髄**, **活力**, **滋養物**. また《英》ペポカボチャ(vegetable marrow) をいうこともある.
[語源] 古英語 mearg (＝marrow) から.
【複合語】**márrowbòne** [名] [C] 髄入りの骨《★スープなどに入れる》.

mar·ry /mǽri/ [動] [本来義] 〔一般語〕[一般義] ...と結婚する. [その他] 親が子供を...と結婚させる. また牧師などが司会して...と...と結婚する(to), 比喩的に 2 つの物, 団体などを親しく結び合わせる, 接合する. 自 としても用いられる.
[語源] ラテン語 *maritare* (＝to marry) が古フランス語 *marier* を経て中英語に入った.
[用例] John *married* my sister. ジョンは私の妹と結婚した/He *married* his daughter to a rich doctor. 彼は娘を金持ちの医者と結婚させた.
[類義語] marry; wed: **marry** が一般語であり, **wed** は文語的で現在では結婚するという意味では, 新聞用語以外では用いられない. ただし, *wedding* という形は一般的に用いられ, 婚礼, 結婚式, その後の祝宴の意になる. 感情のこもった語で, wedding cake, wedding ring などがこのことを示している.
[反意語] divorce.

【慣用句】*get married* 〔くだけた表現〕...と結婚する《to》. *marry into ...* ...にとつぐ. *marry off* 親または保護者が世話して...と結婚させる. *marry up* うまく結合する, 調和させる.
【派生語】**marriage** [名] ⇒見出し. **márried** [形] 結婚した, 既婚の(⇔unmarried; single), 堅く結びついた.

Mars /mάːrz/ [名] 〖天〗**火星**, 〖ロ神〗マルス《★軍神》.
[語源] ラテン語 *Mart-*, *Mars* から.
【派生語】**Mártian** [形] 火星(人)の. [名] [C] 火星人.

Mar·seil·laise /mὰːrsəléiz/ [名] 固 (La [1a:] ~) ラ・マルセイエーズ《★フランスの国歌》.
[語源] フランスの都市名 *Marseilles* から. フランス革命でマルセーユの義勇兵がパリへの進軍の際に歌った歌.

marsh /mάːrʃ/ [名] [U] 〔一般語〕**湿地帯**, **沼**, **沼沢地**, **湿地**.
[語源] 西ゲルマン祖語の *marisk(a)*-(地面など極度に水のしみ込んだ)に由来する古英語の merisc から. 古英語 mere (＝sea) とも関連ある語.
[類義語] marsh; swamp: **marsh** は低地でじめじめと湿った地帯. **swamp** は常に水があり, 水に覆われた沼沢地.
【派生語】**márshy** [形].
【複合語】**màrsh gàs** [名] [U] メタン沼気. **márshlànd** [名] [U] 湿原, 沼沢地帯. **márshmàllow** [名] [U] うすべにたちあおい《湿地に生える多年生植物》, 菓子のマシュマロ《もとはこの植物の根が原料》.

mar·shal /mάːrʃəl/ [名] 〔形式ばった語〕[本来義] [形式ばった語] [一般義] 軍の高官や元帥, 特にフランス, イギリスの陸軍元帥, 英国空軍元帥. [その他] 《米》連邦裁判所の執行官; 警察署, 消防署の署長, 《英》巡回裁判所の判事付き事務官や司法秘書官. さらに行事などの儀式係, 接待係, 進行係, レースの係員, [動] として人を整列させる, 配置させる, 礼儀正しく**案内する**.
[語源] 古高地ドイツ語 *marahscalh* (＝horse servant) が古フランス語を経て中英語に入った.

marshy ⇒marsh.

mart /mάːrt/ [名] [C] 〈やや古語〉《主に米》**市場**(market), **商業中心地**.
[語源] 中世オランダ語 *mart* (＝market) が中英語に入った.

mar·tial /mάːrʃəl/ [形] 〔形式ばった語〕[一般義] **戦争の**, **軍事の**. [その他] 好戦的の, 勇ましい.
[語源] ラテン語の *martialis* (＝of Mars) が中英語に入った.
【複合語】**mártial láw** [名] [U] 戒厳令.

Martian ⇒Mars.

mar·tin /mάːrtin/ [名] [C] 〖鳥〗いわつばめ.
[語源] フランスの聖マルティヌス (St. Martin) に由来すると思われる古フランス語から.

mar·ti·net /mὰːrtinét/ [名] 〔形式ばった語〕《軽蔑的》訓練の**厳しい軍人**, **やかまし屋**.
[語源] ルイ 14 世時代の厳しい軍人, Jean *Martinet* の名から初期近代英語に入った.

mar·ti·ni /mɑːrtíːni/ [名] [U] [C] 〔一般語〕ジンとベルモットで作られるカクテル, マティーニ.
[語源] イタリアのベルモット販売会社名 *Martini and Rossi* から 19 世紀に入った.

mar·tyr /mάːrtər/ [名] [C] [動] [本来義] 〔一般語〕[一般義] 自身の信仰のために殉じた人, **殉教者**. [その他] 《軽蔑的》同情を集めたり賞賛を浴びたりするために不安や

満を誇張する人, 受難者ぶる人, あるいは病気や不幸のためにひどく**苦悩する人**. **動** として, 人を苦しめる, **迫害する**.

語源 ギリシャ語 *martus* (＝witness) がラテン語を経て古英語に入った.

【派生語】**mártyrdom** 名UC 殉教, 殉死, 苦悩.

mar·vel /mάːrvəl/ 名C 動 本来自 〔一般語〕**驚くべきもの[こと, 人]**. **動** として〔形式ばった語〕不思議なことに感嘆する, 驚嘆する, **不思議に思う**.

語源 ラテン語 *mirari* (＝to wonder) の派生語 *mirabilis* (＝wonderful) が古フランス語 *merveille* を経て中英語に入った.

用例 She's a *marvel* at producing delicious meals. 彼女はすばらしく料理の上手な人だ／They *marvelled* at the fantastic sight. みなはすばらしい光景に感嘆した.

【派生語】**márvelous**,《英》**-ll-** 形 不思議な, 驚くべき, すばらしい: a *marvelous* sight すばらしい景色. **márvelously**,《英》**-ll-** 副.

Marx /mάːrks/ 名 固 マルクス Karl Marx (1818–83) (★ドイツの社会主義者・経済学者).

【派生語】**Márxism** 名U マルクス主義. **Márxist** C 形.

Mary /méəri/ 名 固 女性の名, メアリー (★愛称は May, Molly, Polly), マリア (★キリストの母の名).

Mar·y·land /mé(ː)riləend | méəri-/ 名 固 メリーランド (★米国東部の州,《略》Md., MD.).

Mary Mag·da·lene /méəri mǽgdəliːn/ 名 固 《Saint ～》《聖》マグダラのマリア (★キリストによって癒され, キリストの復活を最初に見た女性. キリストの足に塗油した売春婦と同一人物とされる).

mar·zi·pan /mάːrzipæn/ 名UC《料理》マジパン (★アーモンド, 卵, 砂糖を混ぜた練り粉), C それで作る菓子.

語源 もとは菓子入れ用の小箱を表すイタリア語 *marzapane* が中英語に入った.

mas·cara /mæskǽrə, -άː rə/ 名U 動 本来他 《美容》まつ毛染め, マスカラ(を塗る).

語源 イタリア語 *maschera* (＝mask) が19世紀に入った.

mas·cot /mǽskət/ 名C 〔一般語〕スポーツチームなど特定の団体のシンボルとなるマスコット.

語源 フランスのプロバンス語 *masco* (＝witch) の指小語 *mascott* (＝charm) が19世紀に入った.

mas·cu·line /mǽskjulin/ 形 名 C 〔一般語〕一般義 **男(性)の**,《その他》男性らしい, **男性としての理想的な**, さらに女性が男のような, 男まさりの,《文法》**男性の**. 名 として男,《the ～》性別としての**男性**,《文法》**男性形, 男性名詞**.

語源 ラテン語 *masculus* (＝male) から派生した 形 *masculinus* が古フランス語を経て中英語に入った.

用例 Some women athletes are rather *masculine*. 女性運動選手の中にはかなり男っぽい者もいる／a *masculine* noun 男性名詞.

類義語 masculine; manly; male; mannish: **masculine** は人にだけ用いられ, どちらかというと客観的に男性を意味する語というニュアンスを持つのに対して, **manly** は男らしい, 雄々しいというほめ言葉: *manly* sports. **male** は female に対する語で, 単に性別としての男性や動物の雄を意味する. **mannish** は男っぽい(女), 大人じみた(子供)のように性格や行動などに批判的観察を加えた悪い意味で用いる.

対照語 feminine.

【派生語】**màscu·línity** 名U 雄々しく男性的な特性をそなえていること, **男らしさ**. **màsculinizátion** 名U. **másculinize** 動 本来他 《生》雌を雄性化する,《医》人を男性化する.

【複合語】**masculine génder**《文法》男性.

ma·ser /méizər/ 名C《理》メーザー (★マイクロ波を増幅させる装置).

語源 microwave *a*mplification by *s*timulated *e*mission of *r*adiation から 20世紀に造られた頭字語.

mash /mǽʃ/ 名UC 動 本来他 〔一般語〕ふすまや麦芽などを水とまぜ合わせた**家畜の飼料**, ビールの醸造により**麦芽と湯を混ぜて作るもろみ**, **麦芽汁**, また〔くだけた語〕《英》**マッシュポテト**. **動** としてすりつぶしてどろどろにする.

語源 古英語 māscwyrt (＝infused malt) の前半部分の māsc から.

【派生語】**másher** 名C すりつぶし器.

【複合語】**máshed potáto** 名UC マッシュポテト.

mask /mǽsk/ 名C 動 本来他 〔一般語〕一般義 **顔の全体または一部分を隠したり, 保護するマスク**,《その他》変装用の仮面, フェンシングの面, **防毒マスク, 酸素マスク, 美顔用のパック**, 比喩的にマスクをかぶったような**素情な顔, 仮面, 口実**. **動** としてマスクをかぶせる, 顔を隠す, 仮面で変装する.

語源 イタリア語 *maschera* がフランス語 *masque* を経て初期現代英語に入った. アラビア語の *máskharah* (道化者)に由来する.

用例 The thief wore a black *mask* over the upper part of his face, so that he could not be recognized. どろぼうは顔の上の部分に黒の覆面をつけていたので顔が分からなかった／The shadow *masked* her face. 影で彼女の顔は隠れた.

反意語 unmask.

【慣用句】**put on** [*wear*] *a mask* 仮面をかぶる[かぶっている], 自分の感情をかくす. **throw off** [*put off*; *drop*] *one's mask* 仮面をとる, 正体をあらわす. ***un·der the mask of* ...** ...の仮面をかぶって, ...にかこつけて: He often came to our house *under the mask* of friendship. 彼は友情を装って度々我が家を訪れた.

【派生語】**másked** 形 仮面をつけた, 変装した: **masked ball** 仮面舞踏会. **másking** 名U 覆面をすること: **masking tape** 塗装などの際に不要部分に張るマスキングテープ.

mas·och·ism /mǽsəkizəm/ 名U《心》マゾヒズム, 被虐性愛, また自虐的・被虐的傾向.

語源 オーストリアの小説家 Leopold von Sacher Masoch(1836–95) の名にちなむ.

対照語 sadism.

【派生語】**másochist** 名C. **màsochístic** 形.

ma·son /méisn/ 名C 動 本来他 〔一般語〕一般義 **石, れんが, ブロックなどの職人, 石工**.《その他》(M-) フリーメーソン(Freemason). **動** として石で造る[強化する].

語源 古フランス語 *maçon* (＝mason) が中英語に入った.

【派生語】**masónic** 形 石工の,《M-》フリーメーソンの. **másonry** 名U 石工技術, 石造建築, れんが造り.

masque /mǽsk, -άː-/ 名CU 〔一般語〕一般義 16–17世紀に英国で主に宮廷で行われた**仮面舞踏劇**.

その他 その劇のために書かれた**脚本**, また**仮装舞踏会** (masquerade).
語源 mask の変形.
【派生語】**masquerade** /mæskəréid/ 名 C 仮装したり仮面をつけて参加する**仮装舞踏会**. 動 本不自 変装する, みせかける. **màscueráder** 名 C 仮装舞踏会参加者.

mass /mǽs/ 名 CU 形 本不自 〔一般語〕〔一般義〕定まった形のないものの**大きなかたまり**, **集団**, **大きな集まり**. その他 大きさ, かさ, 量, 【理】**質量**. (the ~es) **大衆**. 形として多数の, 大量の, 集団の, 庶民の, 民衆の, 大衆を対象とする. 動としてひとかたまりになる, 集まる. ひとかたまりにする, 集める.
語源 ギリシャ語 *maza* (= barley cake; mass) がラテン語 *massa*, 古フランス語 *masse* を経て中英語に入った. まだ焼いて作られていない素材のかたまりが原意.
用例 The *mass* of people are in favor of peace. 大衆は平和に賛成である／The troops *massed* for an attack. 軍隊は攻撃にそなえて集結した.
【慣用句】**be a mass of ...** ...だらけだ. **in a mass** ひとまとめにして, ひとかたまりになって: The people were marching *in a* huge *mass*. 人々は大群衆となって行進していた. **in the mass** 総体で, 大体のところ.
【派生語】**mássive** 形 ⇒見出し. **mássy** 形〔文語〕= massive.
【複合語】**máss communicátion** 名 UC 新聞, 雑誌, ラジオ, テレビなどによる**大衆伝達**, マスコミュニケーション 日英比較 日本語の「マスコミ」は mass communication の媒体である報道機関をいうことが多い. この意味では英語は the (mass) media という). **máss média** 名〔形式ばった語〕(the ~) 大衆伝達の媒体, マスメディア. **máss méeting** 名 C 公共の問題, 特に政治問題等を論議するための**大集会**. **máss nòun** 名 C【文法】**質量名詞**(★物質名詞と抽象名詞との総称). **máss-prodúce** 動 本不他 **大量生産[量産]する**. **máss prodúction** 名 C 大量生産.

Mass /mǽs/ 名 CU 〔一般語〕ローマカトリック教会のミサ, C (m-) ミサ曲.
語源 ラテン語 *mittere* (= to dismiss) の過去分詞 *missa* が古英語に mæsse として入った.

Mas·sa·chu·setts /mǽsətʃúːsəts/ 名 固 マサチューセッツ (★米国東部のニューイングランドの州).
語源 アメリカ先住民の言語から. 大きな山の麓に住む人の意.

mas·sa·cre /mǽsəkər/ 名 C 動 本不他 〔一般語〕〔一般義〕戦争などで多数の人を無差別に, 無法に殺すこと, 大量虐殺. その他〔くだけた語〕完敗. 動として大量虐殺する, 皆殺しにする. 競技や試合などで**惨敗させる**.
語源 古フランス語 *maçacre*, *macecle* (= butchery; shambles) が中英語に入った.

mas·sage /məsɑ́ːʒ / mǽsɑːʒ/ 名 UC 動 本不他 〔一般語〕マッサージ. 動 としてマッサージする. 肌や髪に薬や油を擦り込む, 比喩的に統計やデータなどに手を加えて都合の良い形に細工する, 事実をゆがめる.
語源 アラビア語 *massa* (= to touch) に由来するフランス語 *masser* (= to rub) が 19 世紀に入った.
【派生語】**masseur** /mæsə́ːr/ 名 C 男性のマッサージ師. **masseuse** /mæsə́ːz/ 名 C 女性のマッサージ師.

mas·sif /mǽsiːf/ 名 C【地質】**大山塊**, 断層地.
語源 フランス語 *massif* (= massive) が初期近代英語に入り名詞として使われた.

mas·sive /mǽsiv/ 形 〔一般語〕〔一般義〕物が大きくて重いまたは大きくてがっしりしている. その他 建物などがどっしりしていることから比喩的に**規模が大きい**, 容貌, 体つきががっちりしている, 精神的にしっかりした, **力強い**, また義務的なものが心に重くのしかかっている.
語源 ⇒ mass.
用例 The new library is a *massive* building. 新しい図書館は堂々たる建物だ.
【派生語】**mássively** 副 重く大きく, どっしりと. **mássiveness** 名 U.

mast¹ /mǽst | -ɑ́ːt/ 名 C 〔一般語〕船の**マスト**, **帆柱**, アンテナ用の柱.
語源 古英語 mæst (= pole; rod) から.
類義語 pole.
【慣用句】**before the mast**〔文語〕ひら水夫として (★ひら水夫は前檣の前の部分に居住することから). **half-mast high** 半旗[吊旗]の位置に.
【複合語】**másthèad** 名 C マストの先, 本の題字, 奥付(欄).

mast² /mǽst | -ɑ́ːt/ 名 U【植】**かしわ, ぶななどの実**《★豚などの飼料》.
語源 古英語 mæst から.

mas·ter /mǽstər | -ɑ́ːt/ 名 C 形 動 本来他 〔一般語〕〔一般義〕自分のために働く人がいる男性という意味から, **主人**, **支配者**, 雇い主. その他 支配者の意から, 自由に駆使できる人, 比喩的に機械の親装置, **親主**. さらに技術を駆使できることから, 芸術やチェスの**名人**, **大家**, 大学院の**修士(号)** の意味を表す. また組織の責任者の意にもなり 〔英〕私立校の**先生**, **学寮長**, 商船の**船長**, ほかにコピーのもとになる**マスター(テープ)**, レコードの原盤の意も表す. 形として**主人の**, **優れた**, **熟練した**, **主要な**, **マスター**....動として...を従える, ...に勝つ, ...に熟達する, ...を修得する, ...のマスターテープ[レコード]を作る.
語源 ラテン語 *magister* (= chief; master) が古英語に入った.
用例 The dog ran to its *master*. その犬は飼主の方へ走って行った／He's a real *master* at carving animals. 彼は動物を彫ることにかけて名工である／She has *mastered* her fear of heights. 彼女は高所恐怖を克服した.
【慣用句】**be master of ...** ...に通じている, ...を所有する. **be master of oneself** よく自制する. **be master in one's own house** 他人の干渉を受けない. **be one's own master** 自由に行動することができる. **Like master, like man.**《ことわざ》主人が主人なら家来も家来. **make oneself master of ...** ...に熟達する, ...に通じる.
【派生語】**másterful** 形 主人としての度量のある, 主人風を吹かせる, 横柄な, 腕の確かな, 堂に入った 《語法 「見事なピアノ演奏」という時は, 普通 *masterful* piano-playing よりも *masterly* piano-playing のほうが良いとされている). **másterfully** 副. **másterly** 形 副 名人らしい, 熟達した, 見事な, 巧妙な. **mástership** 名 U 主人であること, 雇主の職[地位]. **mástery** 名 U 支配, 熟達, 優勢, 優越, 優位.
【複合語】**máster kéy** 名 C 親鍵, マスターキー. **mástermìnd** 名 C 立案者. 動 本不他 巧妙に立案する. **másterpìece** 名 C 傑作, 名作.

mas・ti・cate /mǽstəkeit/ 動 本来他 〔形式ばった語〕 一般義 食物を咀嚼(そしゃく)する. その他 ゴムなどを砕いたりこねたりしてどろどろにする.
語源 ギリシャ語 *mastikhan* (=to grind the teeth) がラテン語を経て初期近代英語に入った.
【派生語】**màsticátion** 名 U.

mas・tiff /mǽstif/ 名 C 〔犬〕マスチフ《★大型の番犬》.
語源 ラテン語 *mansuetus* (=tame)に由来する古フランス語 *mastin* が中英語に入った.

mas・to・don /mǽstədɑn|-dɔn/ 名 C 〔動〕マストドン《★新生代第三紀の巨大な象》.
語源 ギリシャ語 *mastos* (=breast)+*odous* (=tooth)がラテン語を経て19世紀に入った. 臼歯に乳首状の突起があったことによる.

mas・tur・bate /mǽstərbeit/ 動 本来自 一般義 自慰をする.
語源 ラテン語 *manus* (=hand)+*stuprare* (=defile)が19世紀に入った.
【派生語】**màsturbátion** 名 U. **másturbatòry** 形.

mat¹ /mǽt/ 名 C 動 本来他 〔一般義〕 一般義 スポーツで用いたり, 床などに敷くマット, 皿やカップなどの下敷, 畳. その他 もじゃもじゃしてマットのようになった毛や髪のもつれ, 芝生やこけがマットのように厚く層になっているもの, レース編みの目の詰まった部分. 動 としてマットを敷く, 毛などをからませる, もつれさせる.
語源 後期ラテン語 *matta* (マット)から古英語に mat として入った.
用例 He had a thick *mat* of hair on his chest. 彼は胸毛が多くてもじゃもじゃしていた.
関連語 rug.
【慣用句】 *leave ... on the mat* 人に門前払いをくわせる. *on the mat* 審問を受けて, 処罰されて.
【派生語】**mátted** 形 マットを敷いた, からみ合った. **mátting** 名 U マット(材料), 畳, 敷物.

mat², **matt**, **matte** /mǽt/ 形 名 U 動 本来他 〔一般義〕つや消しして光沢がない, つや消し仕上げの. 名 金属などのつや消し仕上げ. 動 として, 色や表面をつや消しにする.
語源 フランス語 *mat* (=defeated)が初期近代英語に入った.

mat・a・dor /mǽtədɔːr/ 名 C 〔一般義〕牛のとどめを刺す主役格の闘牛士, マタドール.
語源 スペイン語 **matador** (=killer)が初期近代英語に入った.

match¹ /mǽtʃ/ 名 C 動 本来他 〔一般義〕 一般義 《英》チームや個人が一対一で争うスポーツなどの試合, 競技, 勝負(《米》game). その他 〔単数形で〕対になっているものの一方, 仲間, 他とよく似た人同じように見られる人[物], また能力などが対等であるという意から, 競争相手, 好敵手, さらに一般義の試合, 競技という意味で用いられるより (⇒game). また似合う1組という意から, 〔古語〕婚姻, 結婚の意. 動 としては, ...に似合う, ...と調和する, ...と同等であるという意から対抗させる, 競争させる. 自 の用法もある.
語源 古英語 gemæcca (=one of a pair; mate)から.
用例 Tom is no *match* for him. トムは彼にはとてもかなわない/That dress *matches* her red hair. あのドレスは彼女の赤毛に似合う/John and Bill will be *matched* in the final. ジョンとビルは決勝戦で取り組むことになろう.
類義語 match; game: **match** は《英》では一般に対抗試合の意味で使われるが, 特に重要な公式試合では match が使われる傾向がある. 《米》では-ball がつく試合には **game** を用い, ボクシング, テニスなどには match を用いる傾向がある.
【慣用句】 *be a match for* ... ...に匹敵できる. *be no match for* ... とても...に匹敵しない. *make a match of it* 結婚する, 結婚を成立させる. *meet [find] one's match* 好敵手に出会う.
【派生語】**mátching** 形 色などぴったり合った. 名 U きちんと合わせること. **mátchless** 形 無類の, 無比の. **mátchlessly** 副.
【複合語】**mátchmàker** 名 C 〔くだけた語〕結婚の仲をとり持つ人, 仲介人, 仲人(なこうど), 試合の組合せを決める人. **mátchmàking** 名 U 結婚の世話, 仲立ち, 試合の組合せの決定. **mátch pòint** 名 C|U 〔競技〕決勝の1点, マッチポイント.

match² /mǽtʃ/ 名 C 〔一般義〕マッチ(一本), 〔古語〕火縄, 導火線.
語源 ラテン語 *myxa* (=lamp wick) と *mucus* (=slime from nose)から混成された俗ラテン語 ***miccam** が古フランス語 *meiche* を経て中英語に入った.
用例 He struck a *match* and lit his cigarette. 彼はマッチをすってたばこに火をつけた.
【複合語】**mátch bòok** 名 C マッチブック《★一本ずつはがきつって使う紙マッチ》. **mátch bòx** 名 C マッチ箱. **mátchwòod** 名 U マッチの軸木.

mate¹ /méit/ 名 C 動 本来他 〔くだけた語〕 一般義 《英》しばしば男同士の仲間, 友, 同志《★しばしば複合語で》. その他 〔一般義〕動物, 特に鳥のつがいの一方, 手袋などの片方, また配偶者. さらに商船の航海士, 職人の見習いなど. 動 として連れ添わせる, 結婚させる, 鳥などをつがわせる, 2つの物を適当に釣り合わせる. 自 動物らがつがう.
語源 中期低地ドイツ語の *gemate* (=companion) が頭音消失により mate という語形になり, 中英語に入った.
用例 a room*mate* 同室者/a team*mate* チーム仲間.
反意語 opponent; rival; foe; alien.
【慣用句】 *the mating season* 鳥などの繁殖期.
【派生語】**mátey** 形 〔くだけた語〕親しい, 愛想のよい. 名 C 仲間.

mate² /méit/ 名 U 動 本来他 形 〔チェス〕王手詰み(にする)《★checkmateの短縮形》. 形 として詰み, チェック.
語源 ⇒checkmate.

ma・te・ri・al /mətíəriəl/ 名 C|U 形 〔一般義〕 〔しばしば複数形で〕原料, 材料. その他 物が作られる材料という意味から, 衣料の素材, 生地, 本や作品の題材, 資料, 特定の分野に向いた人材. 形 として物covering, 物質的な, 肉体的な, 重大な, 重要な, 肝要な.
語源 ラテン語 *materia* (⇒matter)から派生した後期ラテン語 *materialis* (=of matter)が古フランス語を経て中英語に入った.
用例 Tables are usually made from solid *material* such as wood. テーブルは通常木材のような堅い材質のもので造られている/I'd like three metres of blue woollen *material*. 私は青いウール地が3メートル欲しい/He wanted *material* things like money.

possessions and power. 彼は富, 財産そして権力のような物質的なものを欲しがった.

【派生語】**materialism** 名 U 唯物主義, 唯物論. **materialist** 名 C 唯物論[主義]者. **materialistic** 形 唯物論の, 唯物主義的な. **materialization** 名 U. **materialize** 動 他動 実体化する, 具体化する. **materially** 副 実質的に, 物質的に, 著しく.

【複合語】**material noun** 名 C 物質名詞.

ma・ter・nal /mətə́ːrnəl/ 形 〔形式ばった語〕 一般義 特に妊娠中や出産後に関して, 母の, 母らしい, また感情などが母親特有の. その他 家系的に母方の.

語源 ラテン語 *mater* (=mother) の派生語 *maternus* が中英語に入った.

対照語 paternal.

【派生語】**maternally** 副 母らしく, 母として. **maternity** 名 U 母であること, 母らしさ. 形 妊産婦の: maternity dress 妊婦服 / maternity hospital 産科病院.

matey ⇒mate¹.

math /mǽθ/ 名 U 〔くだけた語〕《米》 = mathematics.

mathematical ⇒mathematics.

mathematician ⇒mathematics.

math・e・mat・ics /mæ̀θəmǽtiks/ 名 U 数学 《★短縮形は《米》math, 《英》maths》.

語源 ギリシャ語 *mathēma* (=something learned; science) の 形 *mathēmatikos* がラテン語 *mathematicus* (複数形 *mathematica*) を経て 16 世紀に入った.

関連語 algebra; arithmetic; geometry.

【派生語】**mathematical** 形 数学の, 大変正確な: She landed the plane with *mathematical* precision. 彼女は飛行機をぴたっと正確に着陸させた. **mathematically** 副. **mathematician** 名 C 数学者.

maths /mǽθs/ 名 U 〔くだけた語〕《英》 = mathematics.

mat・i・née, mat・i・nee /mæ̀tinéi/ 名 C 〔一般語〕午後の劇やコンサートなどの興行, マチネ.

語源 フランス語 *matin* (= morning) が *matinée* を経て 19 世紀に入った.

ma・tri・arch /méitriɑːrk/ 名 C 〔形式ばった語〕 組織や集団などを支配する女性の意から, 種族や家族の女族長や女家長, さらに誰からも敬われる年配の人格のある女性.

語源 ラテン語 *mater* (= mother) + -*arch* (= ruler) による. patriarch の誤った類推で作られた. 初期近代英語から.

対照語 patriarch.

【派生語】**matriarchal** 形. **matriarchy** 名 CU 女家長制, 女性支配体制.

ma・tri・ces /méitrəsi:z/ 名 matrix の複数形.

ma・tri・cide /méitrəsaid/ 名 UC 〔形式ばった語〕自分の母親殺し(行為, 犯人).

語源 ラテン語 *mater* (= mother) + *caedere* (= kill) を本にした *matricidium* が初期近代英語に入った.

対照語 patricide.

ma・tric・u・late /mətríkjuleit/ 動 本来自 〔古風な語〕 一般義 大学への入学を許す, 入学する.

語源 ラテン語 *matrix* (⇒matrix) に由来する中世ラテン語 *matriculare* (= to register) が初期近代英語に入った.

【派生語】**matriculation** 名 UC 大学の入学式.

matrimonial ⇒matrimony.

mat・ri・mo・ny /mǽtrəmòuni|-məni/ 名 U 〔形式ばった語〕結婚, 結婚式や結婚生活, 夫婦関係.

語源 ラテン語 *matrimonium* (= wedlock) がノルマンフランス語を経て中英語に入った.

【派生語】**matrimonial** 形.

ma・trix /méitriks/ 名 C 〔複 -trices/trəsi:z/〕 〔一般語〕特に文化や社会が生まれ形成される母体や基盤, 発生源. その他 ものを作る鋳型, レコードの原盤, 活字の母型や印刷の紙型, 【生】細胞間質, 基質, 【地質】宝石や結晶の含まれる母岩, 【数】行列, 【コンピューター】回路網.

語源 ラテン語 *mater* (= mother) に由来する *matrix* (= womb) が中英語に入った.

ma・tron /méitrən/ 名 C 〔一般語〕《英》学校の看護婦[師], 寮母, 《米》女性の獄房を担当する女性看守, 〔古風な語〕《英》看護婦長. 元来は中年の既婚女性の意.

語源 ラテン語 *mater* (母) の派生語 *matrona* (妻, 既婚女性) が中英語に入った.

【派生語】**matronly** 形.

mat・ter /mǽtər/ 名 CU 動 本来自 〔一般語〕 一般義 人々の関心を集めるような事柄や事件, 問題. その他 本来の意味は物質で, ...物(⇨), 物を広く意味する. それから物質を作り上げている成分, 中身, 実質, 内容, 内容のいかんを問わず印刷物, 郵便物. また 〔複数形で〕漠然と事柄をめぐる周囲の事情, 《the 〜》困ったこと, 面倒なこと, 問題になるという意味合いから重要性. 動 として (主に否定文, 疑問文で) 重要かどうかが問題となる, 重要である, 重要な関係がある.

語源 ラテン語 *materia* (= matter) が古フランス語を経て中英語に入った.

用例 He is an expert on money *matters*. 彼は金銭のことにかけては専門家だ / The entire universe is made up of different kinds of *matter*. 全宇宙は異なった種類の物質から成っている / It doesn't *matter* what you say. 君が何んといおうが問題ではない.

類義語 matter; material; stuff; substance: **matter** は意味の広い語で, 物, 事柄すべてを包括的に意味する他に 【物理】物質, ...質, ...素などを表す. **material** は原料, 材料などの意であるが, 漠然と名前の分らないものや, 名前を問題にしない物, 物質をいい, くだけた感じの語で, 時に軽蔑的な意味でも使われる. **substance** はやや形式ばった語で, 堅いとか柔らかいとかの形容詞を伴って特定の性質をもつ物質あるいは化学的な物質に言及するときに使われる.

【複合語】**matter-of-course** 形 当然の, 当たり前の. **matter-of-fact** 形 事実の, 事務的な, 無味乾燥な.

Mat・thew /mǽθju:/ 名 男性の名, マシュー, 〔聖〕《St. 〜》マタイ 《★新約聖書の第一福音書「マタイ伝」の著者》.

mat・tock /mǽtək/ 名 C 〔一般語〕一方の刃が手の状のつるはし.

語源 古英語 mattuc (= mattock) から.

mat・tress /mǽtris/ 名 C 〔一般語〕ベッドのマットレス, 【土木】護岸工事に用いる沈床.

語源 アラビア語 *matrah* (= cushion) が古フランス語とイタリア語を経て中英語に入った.

maturation ⇒mature.

ma·ture /mətʃúər/ 形 [本来語] 〔一般語〕 [一般義] 動植物が十分に発育して**成熟した, 熟した**. [その他] 人が心身ともに十分発達した, 分別のある, 円熟した, 大人の, 食べ物やワインが熟成した, さらに計画や考えが考慮した, 慎重な. また経済が十分に発達した, 比喩的に《商》満期の, 支払期限のきた. 動として**熟させる, 十分発達させる, 成熟する**, 酒が**仕上がる**, 手形などが満期になる.
[語源] ラテン語 *maturus* (= ripe; grown up; timely) が中英語に入った.
[用例] Is that plant fully *mature*? あの作物は熟していますか/This experience *matured* him greatly. この経験のせいで彼はひじょうに大人になった.
[反意語] immature; unripe; green.
【派生語】**màturátion** 名 C 果物などの成熟, 才能などの円熟. **matúrity** 名 U 完成, 成熟, 手形などの満期.

maud·lin /mɔ́ːdlin/ 形 〔形式ばった語〕酒を飲むと涙もろい, 感傷的な.
[語源] 古フランス語 *Madelaine* (= Mary Magdalene) から中英語に入った. 彼女が目を赤くして泣いたという新約聖書の記述による.

maul /mɔːl/ 動 名 C 〔一般語〕 [一般義] 動物が人や他の動物を**引っかいて傷つける, ずたずたに切り裂く**. [その他] 物を手荒く扱う, 性的欲求を満足させるために人を乱暴に扱う, 〔くだけた語〕試合で相手をこてんぱんに打ちのめす, 比喩的に相手を非難することにもなる. 名としては, 本来の意である**大木づち**, 《ラグビー》モール.
[語源] ラテン語 *malleus* (=hammer) が古フランス語を経て中英語に入った.

maun·der /mɔ́ːndər/ 動 [本来自] 〔やや形式ばった語〕とりとめなくだらだらと話す, 目的もなくぼんやりとぶらつく.
[語源] 初期近代英語 mander (= to grumble; growl) から.

Mau·ri·ti·us /mɔːríʃəs/ 名 固 モーリシャス (★インド洋の島国).

mau·so·le·um /mɔ̀ːsəlíːəm/ 名 C 〔一般語〕堂々とした**大きな墓所, 陵**(みささぎ), 比喩的に薄暗く陰気で大きな建物 [部屋].
[語源] ギリシャ語 *Mausôleion* (Mausoleus 王の墓) がラテン語を経て初期近代英語に入った. Mausoleus は紀元前4世紀の Caria の王.

mauve /móuv/ 名 U 形 〔一般語〕**ふじ色(の), ふじ色の染料 [顔料]**.
[語源] ラテン語 *malva* (= mallow) がフランス語を経て19世紀に入った.

mav·er·ick /mǽvərik/ 名 C 形 〔一般語〕 [一般義] 仲間によらず**独立独歩の人や無党派の人**, 同じ政党内でも**異端者**. [その他] 本来の意味である所有者の焼き印のない子牛. 形として**正統でない, 異端の**.
[語源] 米国テキサス州の牧場主 Maverick(1803-70) が自分の牛に焼き印を押さなかったことから.

maw /mɔː/ 名 C 〔古風な語〕反芻(はんすう)動物の**胃, 喉**, 〔文語〕比喩的に強欲な人の**口や胃**, 〔形式ばった〕ものをすっかり呑み込んでしまうもの, 例えば**地獄, 処世界**.
[語源] 古英語 maga (=stomach) による.

mawk·ish /mɔ́ːkiʃ/ 形 〔一般語〕**ひどく感傷的でめめしている, 味やにおいがむかむかするほど嫌な**.
[語源] 古ノルド語 *mathkr* を起源とする廃語 mawk (=maggot) + -ish. 初期近代英語から.
【派生語】**máwkishly** 副 めそめそして.

max. 《略》 = maximum.

maxi /mǽksi/ 名 C 〔くだけた語〕 [一般義] **とても大きなもの**. [その他] 足首まである長い**スカートやコート**.
[語源] maximum を短縮した造語で20世紀にできた. ⇒midi.

max·im /mǽksim/ 名 C 〔一般語〕**一般的な真実や原則**, あるいは人の身のふるまい方などを述べた**格言や金言, 処世訓**.
[語源] most important (proposition) を意味する中世ラテン語 (*propositio*) *maxima* が古フランス語を経て中英語に入った.

max·i·ma /mǽksimə/ 名 maximum の複数形.

maximal ⇒maximum.

maximize ⇒maximum.

max·i·mum /mǽksiməm/ 名 C 〔複 ~s, **maxi·ma**〕〔一般語〕**量, 程度, 強さなどの最大限**. 形として**最大の, 最高の, 極大の**.
[語源] ラテン語 *maximus* (=greatest) の中性形の名詞が初期近代英語に入った.
[用例] This requires *maximum* [the *maximum* amount of] effort. このことは最大限の努力を必要とする.
[反意語] minimum.
【派生語】**máximal** 形 **最大限の, 極大の, 最高の**. **máximally** 副. **máximize** 動 [本来他] **最大にする, 極限まで広げる**.

may /mèi, méi/ 助〔過去 **might**〕〔一般語〕 [一般義] **可能, 推量**を表し, **...かもしれない**. [その他] 本来この語は「力がある, ...できる」という意味の動詞で, **許可, 認可**を与える方針もあるので〔形式ばった語〕相手に対して許可を与えることを表し**...してもよろしい, ...といってもさしつかえない**. 〔丁寧な語〕May I ...? で相手に許可を求めて**...してよろしいでしょうか**という意味にも用いる.
[語法] くだけた表現では Can I ...? が一般的. 許可を与える時は You may ... はいばった感じになるので Sure. や Yes, please. You can ... などを用いることが多い. さらに可能性はそれを願う気持から [形式ばった語] 祈願などを表して〔文語〕願わくは...ならんことをとなる.
[語源] 願望の文では may が文頭に置かれる: *May* you live a long and happy life. どうか長寿でお幸せに. なお, 一般には I hope you will [may] live a long and happy life.
[語源] 古英語 magan (=to be able; to be allowed) の一人称及び三人称・単数・現在・直説法 mæg による. 古英語では仮定法の助動詞として用いられた. may の多くの意味や用法はこの原義 (have power) から派生した.
[用例] If I feel ill, I *may* not go. 具合が悪ければ行きません《[語法] ...かもしれないという推量の意味の否定は may not を用いる》/I *may* have lost my umbrella in the train. 列車にかさを置き忘れたかもしれない《[語法] 過去の推量は may+ 完了形を用いる》/It's four o'clock—you *may* go home now. 4時になりました—帰宅してよろしい/*May* I go out and play, Mom?—No, you *may* not. ママ, 外で遊んでもいい?いいえ, いけません《[語法] 許可の may の反意, つまり禁止は普通は must not であるが, 上例のように may できかれた質問には通例 may not で不許可を表す. may not は must not よりやわらかい禁止》.

May /méi/ 图 UC 〔一般語〕5月.
語源 春の女神 Maia (の月) を意味するラテン語 Maius (mensis) が古フランス語 Mai を経て中英語に入った.
【複合語】**Máyday** 图 C メーデー《★船や飛行機の国際無線遭難救助信号》. **Máy Dày** 图 UC 五月祭《5月1日; May queen が選ばれ花の冠をかぶったり、人々が Maypole の回りを踊る》, 労働祭, メーデー. **máyflòwer** 图 C〔植〕5月に咲く各種の草花,《米・カナダ》いわしな(arbutus),《英》さんざし(hawthorn).《the M-》1620年清教徒たちを米国に送った船, メイフラワー号. **Máypòle** 图 C〔しばしば m-〕メイポール, 五月の柱《★花, リボンなどで飾った柱, May Day にその周辺で踊る》. **May quèen** 图 C 5月の女王《★May Day の女王に選ばれて花輪の冠をかぶる少女》.

may·be /méibi(ː)/ 副〔一般語〕《通例文頭に置かれる文修飾の副詞》恐らく, もしかすると, ことによると.
語源 it may be (that) の短縮形.
用例 *Maybe* he'll come, and *maybe* he won't. 彼は来るかもしれないし, 来ないかもしれない.
類義語 perhaps; possibly.

may·hem /méihem/ 图 U〔形式ばった語〕暴力的破壊や騒乱,〔法〕身体傷害, 重傷害.
語源 アングロノルマン語の *mahem* (=injury) が中英語に入った.

mayn't /méint/《まれ英》〔古風な語〕=may not.

may·on·naise /mèiənéiz/ 图 U〔一般語〕マヨネーズ, マヨネーズをかけた[混ぜた]料理.
語源 フランス語 *mahonnais* (=of Mahón) によると思われる. 19世紀に入った. Mahón は地中海西部のスペイン領の島 Minorca の港町. 意味との関係は不明.
用例 Pour some *mayonnaise* over the lettuce. レタスに少しマヨネーズをかけなさい.

may·or /méiər/ /méə/ 图 C〔一般語〕市長, 町長.
語源 ラテン語 *major* (=greater) が中世ラテン語で 图 として用いられ, 古フランス語 *maire* を経て中英語に入った.
【派生語】**máyoral** 形 市長の, 町長の. **máyoralty** 图 U 市長[町長]の職[任期]. **máyoress** 图 C 女性の市長[町長], 市長[町長]夫人.

maze /méiz/ 图 C 本来的〔一般語〕迷路. その他 複雑な道路網や, 複雑に入り組んだ線模様, また情報などの錯綜. 動 として困惑させる.
語源 古英語 āmasian (=to amaze) の語頭の母音消失による.

ma·zur·ka /məzɔ́ːrkə/ 图 C〔楽〕マズルカ《★ポーランドの舞曲》.
語源 Mazovia 地方の女性を意味するポーランド語 *mazurka* がドイツ語を経て19世紀に入った.

MC¹ /émsíː/ 图 C〔一般語〕司会者(master of ceremonies).

MC²《略》《米》=Member of Congress.

M.D. /émdíː/《略》=doctor of medicine《★ラテン語 *Medicinae Doctor* から》; medical department; managing director; Mini Disk

me /míː; 弱 mi/ 代〔一般語〕I の目的格として私を, 私に, 主格補語として私だ(, です).
用例 Give that to *me*. あれを私にください/It's *me*. そ

れは私だ《語法 It is *I*. は文語的》/"Who did that?" "*Me*." (=I did it.)「誰がそれを行ったのか」「私だ」《語法 1語だけの場合は普通 me を用い "I" とはいわない》.

M.E., ME《略》=marine engineer; mechanical engineer; Methodist Episcopal; mining engineer; Middle English.

mead /míːd/ 图 U〔一般語〕はちみつを発酵させ薬味を加えて作られたはちみつ酒.
語源 古英語 medu (=mead) から.

mead·ow /médou/ 图 UC〔一般語〕干し草を取るための牧草地や, 草花の生えている川や湖付近の低地.
語源 古英語 mǣdwe (=meadow) から.
類義語 pasture.
【複合語】**méadowlàrk** 图 C〔鳥〕まきばどり《★北米産, ムクドリモドキ科》.

mea·ger,《英》**-gre** /míːgər/ 形〔形式ばった語〕〔一般語〕手に入る物の分量が不足している, 質が劣っている, 大きさが不十分である. その他 人や動物がやせて貧弱である, 考えが十分に行き届いていない.
語源 ラテン語 *macer* (=lean; poor) が古フランス語を経て中英語に入った.
【派生語】**méagerly** 副. **méagerness** 图 U.

meal¹ /míːl/ 图 C〔一般語〕食事(どき). その他 食事で食べる食べ物, 料理, 一食(分).
語源 古英語 mǣl (=measure; mark; fixed time) から.
用例 She eats three *meals* a day—breakfast, lunch and dinner. 彼女は一日に三回食事をする. 朝食, 昼食, 夕食である/This cafe serves about two hundred *meals* every lunchtime. この料理店では毎日食時に約 200食を出す.
類義語 meal; diet; refreshment: **meal** は食事に対する総称語で三食のいずれにも用いられる. **diet** は日常の食べ物, 動物の餌または健康を意識された規定の食事. **refreshment** は飲み物や軽い食物, 特に会合やパーティーなどの席で出される飲み物や軽い食事.
【慣用句】**make a meal of** ...《軽蔑的》何かを行うのに必要以上の時間または労力をかける, 実際よりわかりにくく見せる.
【派生語】**méaltìme** 图 C 食事時間.

meal² /míːl/ 图 U〔一般語〕主に動物のえさや穀物にするつぶし粉, あらびき粉. その他《英》=oatmeal,《米》=cornmeal.
語源 古英語 melu から.
【派生語】**mealy** 形 ひきわり状の, 粉末状の: **mealy-mouthed** 素直でなく遠回しな言い方をする.

mean¹ /míːn/ 動 本来的《過去・過分 meant /mént/》〔一般語〕〔一般語〕言葉や物事などが何かを意味する, ... という意味である, ...のつもりである (to do). ここから「...を意味する」となった. さらに何かを表す, 指して言う, また重要な意味を持つや, ...という結果になるの意でも用いられる.
語源 古英語 mǣnan (=to have in mind; to intend; to signify) から.
用例 I *meant* to go to the exhibition but forgot. 私は展覧会に行くつもりだったが忘れてしまった/What do you *mean* by (saying; doing) that? それ[そう]言ったこと, そう行なったことはどういうことなのか.
【慣用句】**be meant for** ... ...向きにできている, ...になることに決まっている. **be meant to do**《英》...すること

になっている，…しなければならない: I'm meant to practise the piano for an hour every day. 私は毎日ピアノを一時間練習しなければならない．
【派生語】**meaning** 名 形 ⇒見出し．

mean² /míːn/ 形 〔一般語〕[一般義] 性格や行動などが卑しい，下品な．[その他] 心が卑しいことから，金や物についてけちな，あさましい，また心が狭い，不親切な，《米》意地が悪い，たちが悪い．精神的に劣った状態から転じて，場所や家などの外観がみすぼらしい，貧弱な，理解力が劣る，頭が悪い，生れが卑しい，《米》機嫌が悪い，動物などがどう猛な．
[語源] 古英語 (ge)mǣne (= common; mean) から．12 世紀には 2 つ以上のものに共通の意味であったが，中英語で意味が劣化し共通の→普通の→劣った→品のない，下品なとなり初期近代英語で卑しい身分の，生れの卑しいなどの意味が加わった．
[用例] He is very mean with his money. 彼はとても金にきたない／He's feeling really mean today because he had an argument with his wife. 彼は妻と口論を行ったので今日は実にあさましい心持になっている．
【派生語】**méanly** 副 卑劣に，あさましく，けちけちして．**méanness** 名 Ⓤ．

mean³ /míːn/ 形 名 Ⓒ 〔一般語〕[一般義] 位置，数量，時間，程度などが中間の．[その他] 中間にあることから，数学的な意味で平均の．名 として 中間，中庸，《通例単数形で》《数》平均(値)．
[語源] ラテン語 *medianus* (= median; middle) が古フランス語 *meien* を経て中英語入った．
[用例] Three is the *mean* of the series one to five. 3 は 1 から 5 までの中間である．
[類義語] intermediate; average.
【派生語】**means** 名 ⇒見出し．
【複合語】**méan séa lèvel** 名 Ⓤ 平均海面．**méan tìme** 名 Ⓤ 標準[平均]時間: Greenich mean time グリニッジ平均時．

me·an·der /miǽndər/ 動 [本来義] 名 Ⓒ 〔形式ばった語〕[一般義] 川が曲がりくねって流れる，道が蛇行する．[その他] 人があてもなくさまよう，人の話や文章がとりとめもなく続く．名 として《複数形で》川や道の蛇行や回り道の旅，装飾の曲折模様，雷文．
[語源] トルコの Maeander 川は曲がりくねっていることで有名だったことからきた．ギリシャ語 *maiandros* がラテン語を経て初期近代英語に入った．
【派生語】**meánderingly** 副．**meánderings** 名《複》《英》曲がりくねった川[道]．

mean·ing /míːniŋ/ 名 ⓊⒸ 形 〔一般語〕[一般義] 言葉の意味．[その他] 活動や概念などの意味，物事の意義，重要性，特に裏にかくされた意図，目的．形 として 意味ありげな，意味深長な．
[語源] ⇒mean.
[用例] What is the *meaning* of this phrase? この句はどういう意味ですか／That picture doesn't seem to have much *meaning*. その絵にはあまり伝えたいものがあるようには思われない／She glanced at him with a look that was full of *meaning*. 彼女は意味深長な目つきで彼をちらっと見た．
[類義語] meaning; sense: **meaning** は一般的な語で，言葉や語句の意味をいう．**sense** は特に多義の語句の持つ一つ一つの意味．
【慣用句】*with meaning* 意味ありげに．

【派生語】**méaningful** 形 意味深長な，意味のある．**méaningless** 形 意味のない，目的のない．

means /míːnz/ 名《複》〔一般語〕[一般義]《単数また複数扱い》物事を達成するための手段，方法．[その他] 〔形式ばった語〕《複数扱い》生計に必要な資力，収入．
[語源] mean³ の複数形．中英語から，中間にあるものから仲介となりうるものの，手段，方法の意味となった．
[用例] By what *means* can we find out where she went? どんな手段で彼女の行き先を発見できますか／She's a person of considerable *means*. (=She has plenty of money). 彼女は相当な資産家である．
[類義語] way; measure.
【慣用句】*by all means*〔やや形式ばった表現〕承諾の返答で是非どうぞ，よろしいですとも．*by any means*《否定文で》どんなにしても…でない．*by means of … …*によって，…を用いて．*by no (manner of) means*〔やや形式ばった表現〕決して…でない: "Can I go home?" "*By no means*!"「帰ってもよろしいでしょうか」「いえ，とんでもありません［絶対にだめです］」．*by some means or other* どうにかして．*ways and means* 方法，手段．

mean·while /míːnhwáil/ 副 〔一般語〕[一般義] その間に，とかくするうちに《《語法》文と文のつなぎの語として用いられる》．meantime という意がもっと狭くなって，同時に，話の視点を変えて一方では．
[語源] mean³ + while. 中英語から．
[用例] The child had gone into the park. *Meanwhile*, his mother was searching for him in the street. 子供は公園へ入り込んでしまっていた．一方，子供の母親は通りに出て捜していた．

mea·sles /míːzlz/ 名 Ⓤ 《医》はしか，《複数扱い》はしかの斑点，《獣医》包虫症，《複数扱い》嚢虫 《★さなだ虫の幼虫》．
[語源] 本来ゲルマン語で中英語の *masele* (= spot, measle) の複数形から．
【派生語】**méasly** 形 はしかにかかった，豚などが包虫症の，〔くだけた語〕質や量がたったの，これっぽちの，しみったれた．

measurable ⇒measure.

mea·sure /méʒər/ 動 [本来義] 他 ⓊⒸ 〔一般語〕[一般義] 定規や秤(はかり)などで長さ，重さ，量などを測る，測定する．[その他] 比喩的に価値や人物を評価する，判断する，人の言動を慎重に吟味する．自 …寸法，同じ，長さなどが…となる．名 として度量の測定，寸法，計量の単位，物差しや測定器具，比喩的に《通例複数形で》処置，政策，手段，さらに法案，Ⓤ または a ～》程度，限度．
[語源] ラテン語 *metiri* (=to measure) の過去分詞 *mensus* から派生した *mensura* (=measure) が古フランス語を経て中英語に入った．
[用例] He *measured* the table to see if it was large enough. 彼はそのテーブルに十分な大きさがあるかどうかを見るために寸法を測った／We must take [use; put into action] certain *measures* to stop the increase in crime. 犯罪の増加を防ぐために一定の対策を講じなければならない．
【慣用句】*a certain measure of …* ある程度の…．*for good measure* おまけに，たっぷり．*in some [a] measure* 多少，いくぶん．*take the measure of …* …の力量を計る．*within measure* 適度に．
【派生語】**méasurable** 形 測ることができる，適度の，

なりの. **méasurably** 副. **méasured** 形 考慮した, 慎重な, 整然とした. **measureless** 形 限りない, 計り知れない. **méasurement** 名 UC 測定, 測量, 寸法, 量.
【複合語】**méasuring tàpe** 名 C 巻き尺, メジャー.

meat /míːt/ 名 U 〔一般語〕〔一般義〕食用肉 (★魚肉 (fish) は含まない), 〔その他〕人の肉付きや《主に米》果物の身, 果肉, 栗, 卵などの(中)身, 比喩的に**実質, 内容, 含蓄**, さらに重要な部分.
語源 古英語 mete (=food) から. 14世紀頃から意味が縮小し食用肉の意味となった.
用例 Did you have *meat* or fish for dinner? ディナーに肉か魚を食べましたか/the *meat* of the argument 論議の内容.
【慣用句】*be meat and drink to ...* …には何よりの楽しみである. *the meat and potatoes* 《米》基本的に重要なもの, 要点.
【派生語】**méatiness** 名 U 内容の充実. **méaty** 形 肉の多い, 内容の充実した.
【複合語】**méatball** 名 C 肉だんご. **meat loaf** 名 CU ミートローフ (★ひき肉に野菜などを混ぜて焼いたかたまり). **meat pie** 名 CU 肉入りパイ.

Mec·ca /mékə/ 名 圃 メッカ (★サウジアラビア西部の都市; Mohammed の生地で, イスラム教の聖地), 《しばしば m-》多くの人が訪れようとするあこがれの地, 是非到達したいと望むような**目標, 目的地**.
日英比較 日本語のメッカは物事の発祥の地, 本場をいうが英語ではこの意味はない.

me·chan·ic /mikǽnik/ 名 C 〔一般語〕機械類, 特に自動車の**修理工, 整備士**.
語源 ギリシャ語 mēkhanikos (=mechanical) がラテン語 mechanicus を経て中英語に入った. 当初は 形 であったが, 後に 名 となり, 形 は mechanical が用いられるようになった.
用例 That's the *mechanic* who repairs my car. あの人は私の車をなおしてくれる整備士です.
【派生語】**mechánical** 形 機械の, 機械製の, 《軽蔑的》機械的な, 無意識の**力学**の, 物理学的な: **mechanical drawing** 機械製図/**mechanical engineering** 機械工学/**mechanical pencil** シャープペンシル(《英》propelling pencil) (日英比較 「シャープペンシル」は和製英語). **mechánically** 副 機械的に, 無意識的に; **mechánics** 名 U 《通例単数扱い》力学, 機械学; 《通例複数扱い》機械部分, 芸術作品など制作技術, ものの仕組み. **méchanism** 名 C 機械装置, 機構, 構造, 機械主義. **mèchanístic** 形 機械論的な, 機械論者の. **mèchanizátion** 名 U. **méchanize** 動 本来り 《主に受身で》機械化する.

med·al /médl/ 名 C 〔一般語〕デザインや文字を刻んだ**メダル, 勲章, 記章**.
語源 ラテン語 metallum (=metal) に由来するイタリア語 medaglia がフランス語を経て初期近代英語に入った.
用例 He won many *medals* in the war. 彼はその戦争において多くの勲章を授与された.
【派生語】**médalist**, 《英》-ll- 名 C スポーツ競技などのメダル受賞者.

me·dal·lion /midǽljən/ 名 C 〔一般語〕〔一般義〕ネックレスのペンダントとして使われるメダル, 〔その他〕メダルに形が似ている事から, (長)円形の肖像画の浮彫り, 織物やレースなどの円形の飾り模様, 建築物の円形装飾.
語源 イタリア語 medaglia (=medal) の派生形 medaglione がフランス語を経て初期近代英語に入った.

med·dle /médl/ 動 本来自 〔一般語〕〔一般義〕他人の事柄に**干渉する, おせっかいする**, 〔その他〕許可もないのに手出しをする, …をいじりまわす (with).
語源 ラテン語 miscere (=to mix) から派生した俗ラテン語 *miscularare* が中フランス語 mesler を経て中英語に入った.
類義語 meddle; interfere: **meddle** が他人の事柄に乗らぬおせっかいをするのに対して, **interfere** は他人の行動を妨げたり, うまくできないようにする.
【慣用句】*meddle and [or] make* 《古語·方言》干渉する.
【派生語】**méddler** 名 C おせっかい者. **méddlesome** 形 おせっかいな, 干渉好きの.

me·di·a /míːdiə/ medium の複数形.

me·di·ae·val /mèdiíːvəl, miːd-/ 形 =medieval.

me·di·al /míːdiəl/ 形 C 〔一般語〕中間に位置している, 〔その他〕大きさなどが並みの, 平均的な, 《音》語中音(の).
語源 ラテン語 medius (=middle) から派生した後期ラテン語 medialis が中英語に入った.
対照語 lateral.
【派生語】**médially** 副.

me·di·an /míːdiən/ 形 C 〔一般語〕価値や量が中間に位置している, 中央付近に向かっている. 《解》正中の 名 として中間点, 中央面, 《解》正中動脈 [静脈], 正中神経. 《数》中点, 中線, 《統計》中位数, 中央値など.
語源 ラテン語 medius (=middle) の派生形 medianus が中英語に入った.
【複合語】**médian strip** 名 C 《米》中央分離帯 (《カナダ》central reserve, 《英》central reservation) 《語法》単に median ともいう).

me·di·ate /míːdiət/ 動 本来形 〔形式ばった語〕〔一般語〕紛争中の両者の間に入って**和解させる**, 転じて**情報などを取り次ぐ**. 〔その他〕仲介して 形 として中間の, 介在の.
語源 後期ラテン語 mediare (=to be in the middle) が中英語に入った.
【派生語】**mèdiátion** 名 U 調停, 仲裁, 《国際法》第3国による調停. **médiator** 名 C. **médiatòry** 形.

med·ic /médik/ 名 C 《くだけた語》医者, 医学生, インターン, あるいは**衛生兵**.
語源 ラテン語 medicus (=physician) が初期近代英語に入った.

Med·i·caid /médikeid/ 名 U 〔一般語〕《米》《しばしば M-》**低所得者医療補助, メディケード**.
語源 medical+aid. 20世紀に造られた.

med·i·cal /médikəl/ 形 C 〔一般語〕〔一般義〕**医学の, 医療の**. 〔その他〕医薬の, 内科の. 名 として健康診断.
語源 ラテン語 medicus (=physician) から派生した中世ラテン語 medicalis がフランス語を経て初期近代英語に入った.
【派生語】**médically** 副 医学上, 内科的に.
【複合語】**médical examinátion** 名 C 健康診断. **médical exáminer** 名 C 身体検査者, 検死官. **médical jurisprúdence** 名 U 法医学.

me·dic·a·ment /médikəmənt, médi-/ 名 C 《形式ばった語》薬剤, 医薬.

med·i·care /médikər/ 图 ⓤ〔一般語〕《米》《しばしば M-》国による**高齢者医療保険(制度)**.
 語源 medical＋care. 20 世紀に造られた.

med·i·cate /médikeit/ 動 本来他〔一般語〕…を薬で治療する, …に薬を含ませる[添加する].
 語源 ラテン語 *medicus*（＝physician）から派生した *medicari*（＝to medicate）が初期近代英語に入った.
 【派生語】**médicàted** 形 石けん, シャンプーなどが薬物を添加した, 薬用の. **mèdicátion** 图 ⓤ 投薬, 投薬治療.

medicinal ⇒medicine.

med·i·cine /médəsin/ 图 ⓒⓤ〔一般語〕一般義 特に内服用の**薬, 薬剤**. その他 ⓤ **医学, 医療**, 特に**内科**（⇔surgery）. またアメリカ先住民の間で癒す力があると信じられているまじない, **魔法**.
 語源 ラテン語 *medicina*（＝art of healing）が古フランス語を経て中英語に入った.
 用例 Have you taken your *medicine* yet? もうお薬は服用しましたか / He has studied both *medicine* and surgery. 彼は内科と外科の両方を学んだ.
 類義語 medicine; application; drug: **medicine** は一般に種々の薬を調合した内服薬で, powder は粉薬, tablet は錠剤, pill は丸薬, liquid は水薬, capsule はカプセル, suppository は座薬. **application** は外用薬で, ointment は軟膏, poultice は湿布薬など. **drug** は薬品, 薬種で調合しないものをいい, 現在では麻薬などの薬物の意でしばしば用いられる.
 【慣用句】*give … a dose [taste] of one's own medicine* 同じ方法で人に**仕返しする**. *take one's medicine* いやなことを忍ぶ, 甘んじて罰を受ける.
 【派生語】**medícinal** 形 医薬の, 薬用の, 薬効のある.
 【複合語】**médicine bàll** 图 ⓒ メディシンボール《★皮製の重い遊戯用の球; その投げ合いは医療の効果があるという》. **médicine chèst** 图 ⓒ 救急箱, 薬箱. **médicine màn** 图 ⓒ アメリカ先住民などのまじない師.

med·i·co /médikòu/ 图 ⓒ〔くだけた語〕医者, 医学生.
 語源 ラテン語 *medicus*（＝physician）がイタリア語を経て初期近代英語に入った.

me·di·e·val, me·di·ae·val /mèdìːvəl, mìːd-/ 形 〔一般語〕一般義 **中世の, あるいは中世風の**. その他〔くだけた語〕《軽蔑的》古風な, 旧式な.
 語源 近代ラテン語 *medium aevum*（＝the Middle Age）が 19 世紀に入った.

me·di·o·cre /mìːdióukər/ 形 〔一般語〕質的に**並の, 平凡な, あまりよくない**《語法 しばしば軽蔑的》.
 語源 ラテン語 *medius*（＝middle）＋*ocris*（＝peak）から成る *mediocris*（＝halfway up the mountain; moderate）がフランス語を経て初期近代英語に入った.
 【派生語】**mèdiócrity** 图 ⓤⓒ 並で**平凡な状態**, 平凡な[物, 事柄].

med·i·tate /médəteit/ 動 本来自〔一般語〕一般義 **瞑想する**. その他 **熟考する, 慎重に考える**. 他 悪事などをじっと企てる, もくろむ.
 語源 ラテン語 *meditari*（＝to think over; to reflect）の過去分詞 *meditatus* が初期近代英語に入った.
 用例 He was *meditating* on his troubles. 彼は自分の悩み事について考えこんでいた.
 【派生語】**mèditátion** 图 ⓤ **瞑想, 熟考**. **méditàtive** 形 瞑想的な, 黙想的な. **méditàtively** 副.

Med·i·ter·ra·ne·an /mèditəréiniən/ 图 固 形《the ～》**地中海**(Mediterranean Sea). 形 として**地中海の, 地中海沿岸の**.
 語源 17 世紀にラテン語 *medius*（＝middle）＋*terra*（＝land）から成る *mediterraneus* が後期ラテン語 *Mare Mitereaneum*（＝the Mediterranean Sea）に適用され, 初期近代英語に入った.

me·di·um /míːdiəm/ 图 ⓒ《複 ～s, media》形 〔一般語〕一般義 **媒介物, 媒体**. その他《しばしば複数形で》通信, 情報などの**媒体や手段**, **方法**, 《the media で》**マスメディア**（⇒mass comunication）, 磁気などによる記憶媒体, 《化》反応の**媒質**, 《生》**培養基**, 《画》絵の具を溶く**媒材**, さらに《複数形～s で》**死者の霊**を取り次ぐ**霊媒**. 形 として, 大きさや長さ, 量, 温度などが**普通の, 並の**, 肉などの焼き方が**ミディアムの**, 色の明暗が**中間の**.
 語源 ラテン語 *medius*（＝middle）の中性形が初期近代英語に入った.
 用例 Air is the *medium* through which sound is carried. 空気は音を伝える媒体である / The facts were incorrectly reported through the news *media*. 事実は報道機関を通して誤って報じられた.
 【慣用句】*happy medium* 両極端の意見などの**中間中庸**.
 【複合語】**médium fréquency** 图 ⓒ 中間周波数（語法 MF と略す）. **médium-ránge** 形 中距離(用)の. **médium wáve** 图 ⓒ 中波.

med·lar /médlər/ 图 ⓒ セイヨウかりん, その実.
 語源 ギリシャ語 *mespilon* がラテン語, 古フランス語 *medle*（＝medlarfruit）を経て中英語に入った.

med·ley /médli/ 图 ⓒ 形 動 本来他 〔一般語〕一般義 種々雑多なものや人を寄せ集めたもの, 混合したもの. その他 音楽のメドレー, 接続曲, 水泳や陸上のメドレー.〔古語〕形 として寄せ集めの, ごったまぜの. 動 として混ぜる.
 語源 俗ラテン語 **misculare*（⇒meddle）起源の古フランス語 *medler*（＝to mix; to quarrel）の女性形過去分詞 *medlee* が中英語に入った.
 【複合語】**médley ràce** 图 ⓒ 水泳の個人メドレー, 水泳および陸上のメドレーリレー. **médley rèlay** 图 ⓒ 水泳や陸上のメドレーリレー.

meek /míːk/ 形 〔一般語〕一般義 気質が辛抱強く従順な, おとなしい. その他 自我を出さない意から, 人の言いなりになる, 意気地のない, ふがいない.
 語源 古ノルド語 *mjukr*（＝gentle; mild）から中英語に入った.
 【派生語】**méekly** 副 おとなしく, 従順に. **méekness** 图 ⓤ.

meet /míːt/ 動 本来他〔過去・過分 met〕图 ⓒ〔一般語〕一般義 人や物と偶然にあるいは計画的に**会う, 出会う**. その他 日時などを決めて**面会する**, 人に紹介されて**初めて会う, 知り合いになる**, 人を**出迎える**. また川や道などが…と**交わる**, …に**接触する**, 物が人の目や耳に入り, さらに人が困難などに**遭遇する, 経験する**, 困難などに**立ち向かう**, 要求にこたえる, 希望などを**満たす**. 自 人, 物が**出会う**, 人々が**会合する**, 集まる, 集会が開かれる, 試合で**対戦する**. 图 として, 狩猟, スポーツなどの**会合,**

技会.

[語源] 古英語 mētan, gemētan (=come upon) から.

[用例] This lane *meets* the main road in two miles. この道は 2 マイル行くと幹線道路に出ます / Clouds of smoke *met* her as she went into the kitchen. 彼女が台所に入った時,猛々たる煙が立ちこめていた / He *met* his death in a car accident. 彼は車の事故で不慮の死を遂げた / Will there be sufficient stocks to *meet* the public demand? 一般の需要に応ずる十分な在庫があるだろうか / The committee *meets* every Monday. 委員会は毎週月曜日に開かれる.

[慣用句] **make both ends meet** 収支を償わせる. **meet up** 〔くだけた語〕偶然...と出会う. **meet with** ... 事故などに**遭遇する**, ...を経験する, 受ける, 《主に米》人と約束して公式に会う: The scheme *met with* their approval. その企画は彼等の承認を受けた.

【派生語】 **méeting** 名 C 会議, 集会, 会合; スポーツ競技会,《the 〜で》集会の出席者, 会衆; **meeting-house** 教会堂,《英》クェーカー教徒の礼拝堂 / **meeting place** 会場, 合流点.

mega- /mégə/ 連結 「大きい」「大型の」「100 万(倍)」の意.
[語源] ギリシャ語 *megas* (=large) から. ラテン語 *magnus* を経て 19 世紀に入った.

meg·a·death /mégədeθ/ 名 C 〔一般語〕核戦争, 核攻撃などで考えられる死者の単位, 百万人の死, 大量死.

meg·a·hertz /mégəhəːrts/ 名 C 〔理〕100 万ヘルツ, メガヘルツ [語法] MHz と略す.

meg·a·lith /mégəliθ/ 名 C 【考古】有史以前の遺跡の一部をなす巨石.
[語源] mega-「大きい」+ -lith「石」. 19 世紀から.

meg·a·lo·ma·ni·a /mègəlouméiniə/ 名 U 〔医〕誇大妄想(狂),〔くだけた語〕権力欲.
[語源] megalo-「大きい」+ -mania「...狂」. 19 世紀から.
【派生語】 **mègalomániac** 形 名 C.

meg·a·lop·o·lis /mègəlápəlis/-ó-/ 名 C 〔一般語〕いくつかの大都市が切れ目なく連なって形成された**巨大都市帯[圏]**.
[語源] megalo- (=great) + ギリシャ語 *polis* (=city) による. 19 世紀から.

meg·a·phone /mégəfoun/ 名 C 〔一般語〕携帯用拡声器, メガホン.
[語源] →mega-.

meg·a·ton /mégətʌn/ 名 C 〔一般語〕100 万トン, メガトン, [その他] 核爆発力の単位, メガトン (★ TNT 火薬 100 万トンに相当する).
[語源] →mega-.

mel·an·choly /mélənkɑli/-kəli/ 名 〔一般語〕〔やや形式ばった語〕憂うつ, ふさぎ込み, [その他] 陰気さ, もの悲しさ, あるいはうつ病.
形 として憂うつな, もの悲しい.
[語源] ギリシャ語 *melancholia* (*melas* black + *kholē* bile) がラテン語を経て中英語に入った. 「黒い胆汁」は憂うつの原因と考えられた.
【派生語】 **mèlanchólic** 形 名 C.

Mel·a·ne·sia /mèləníːʃə|-ʒə/ 名 固 メラネシア (★ オセアニアの一部, オーストラリア北東の諸島).
[語源] ギリシャ語 *melas* (=black) + *nēsos* (=island) から. 住民の皮膚の色が黒かったことから.
【派生語】 **Mèlanésian** 形 メラネシア(人)の. 名 C メラネシア人[語].

mé·lange /meiláːnʒ/ 名 C 〔一般語〕異質なものの**混合**や**混合物**, あるいは寄せ集め.
[語源] 古フランス語 *mesler* (=to mix) から派生したフランス語が初期近代英語に入った.

mel·a·nin /mélənin/ 名 C 【生】メラニン(色素)(★ 皮膚を黒くする色素).
[語源] ギリシャ語 *melan(o)-* (=black) + -in (名詞をつくる語尾). 19 世紀から.

Mel·bourne /mélbərn/ 名 固 メルボルン (★ オーストラリアのヴィクトリア州の州都).

me·lee /méilei, -´/ 名 C 〔形式ばった語〕《通例単数形で》多数の人が入り乱れての**乱闘**やつかみ合い.
[語源] 古フランス語 *mesler* (=to mix) から派生したフランス語 *mêlée* が初期近代英語に入った.

mellifluence ⇒mellifluous.
mellifluent ⇒mellifluous.

mel·lif·lu·ous /məlífluəs/ 形 〔形式ばった語〕音や声がなめらかで蜜のように**甘美な**, 流暢(りゅうちょう)な.
[語源] ラテン語 *mellifluus* (=flowing with honey; *mel* honey + *fluere* to flow) が中英語に入った.
【派生語】 **mellífluence** 名. **mellífluent** 形 = mellifluous.

mel·low /mélou/ 形 動 [本不自] 〔一般語〕〔一般義〕音, 味, 色などがとげとげしさがなく**柔らかで美しい, まろやかな**, [その他] 果物が柔らかく熟した, ぶどう酒がこくのある, 土地が肥えた, 人格などが円熟した, 人が穏健な. 動 として熟す, 土地が肥沃になる, 色彩, 音声などが和らぐ. 他 熟させる, 肥沃にする, 和らげる.
[語源] 古英語 *melu* (=meal²) によると思われる.
[用例] Her personality became more *mellow* as middle age approached. 彼女は中年が近づくにつれて性格が一層柔やかになってきた / The light from the lamp was soft and *mellow*. ランプの光は弱くやわらかだった.
[類義語] mellow; ripe; mature: **mellow** は色, 音, 香り, 人などがとげとげしさのないまろやかな意. **ripe** は主に果物や穀物が成熟した状態を意味し, **mature** は主に若者やその他の動植物が十分に発達, 発育, 成長, 成熟していることを強調.
【派生語】 **méllowly** 副. **méllowness** 名 U.

melodic ⇒melody.
melodious ⇒melody.

mel·o·dra·ma /mélədrɑmə/ 名 CU 〔一般語〕メロドラマ (★ 善悪が非常に誇張され, 過度に感傷的な劇や映画など).
[語源] フランス語 *mélodrame* (ギリシャ語 *melos* music + フランス語 *drame* drama) が 19 世紀に入った.
【派生語】 **mèlodramátic** 形.

mel·o·dy /mélədi/ 名 CU 〔一般語〕〔一般義〕主旋律, メロディー. [その他] 音楽の美しい調べ.
[語源] ギリシャ語 *melōidia* (=chant; song) が後期ラテン語 *melodia*, 古フランス語 *melodie* を経て中英語に入り, 18 世紀から 'sweet music' の意味で用いられた.
[用例] The sopranos sang the *melody*, and all the other voices added the harmony very effec-

tively. ソプラノ歌手たちが主旋律を歌い, その他の歌手が大変効果的にハーモニーをそえた.
【派生語】melódic 旋律の調子のよい. melódious 形 旋律の美しい, 音楽的な. melódiously 副 美しい調子で. melódiousness 名 U.

mel·on /mélən/ 名 CU 【植】メロン, またその果肉.
語源 ギリシャ語 mēlon (= apple) + pepōn (= gourd) から成る mēlopepōn が後期ラテン語 melo, 古フランス語 melon を経て中英語に入った.

melt /mélt/ 動 本来自 [過去 ~ed; 過分 ~ed; molten /móultn/] 一般義 熱によって氷, 雪, ろう, 岩, 金属などが溶ける. その他 雪などが気温の変化によって雨になる, 次第に消えてしまうことから, 人の感情などが和らぐ, だんだん…となる. 他 溶かす, 散らす, 感情を和らげる.
語法 molten は金属など高温でしか溶けないもの, melted は雪などすぐ溶けるものに用いる.
語源 古英語 meltan から.
用例 The snow melted away. (= The snow disappeared by melting.) 雪が溶けて消えてしまった / I was very angry with him, but I [my heart] melted a little when I saw how sorry he was. 私は彼のことを大変立腹したが, 彼が大変悔やんでいるのを見て, 私の心は少し和らいだ.
類義語 melt; dissolve: melt は熱によって固体から液体へと溶けることをいうが, dissolve は固体が液体の中で溶解する意.
【慣用句】 *melt down* 金属を溶かす, 溶融する, 鋳つぶす.
【派生語】 mélting 形 溶ける, 感じのよい, 声が優しい, 哀れをさそう: **melting point**《the ~》融解点 / **melting pot** るつぼ, いろいろな人種や文化が集まる所.
【複合語】méltdòwn 名 UC 原子炉の炉心溶融.

mem·ber /mémbər/ 名 C 一般義 団体, 組織などの一員, メンバー. その他 人や動物の身体の一部, 特に体の組織体の一部分, 会員, 国会議員 (Member of Congress [《英》Parliament]).
語源 ラテン語 membrum (= limb; member; part) が古フランス語 membre を経て中英語に入った.
用例 The association has three thousand members. その会は3千名の会員がいる.
【慣用句】 *a member of Christ* キリスト教徒.
【派生語】 mémbership 名 UC 会員であること, 会員数, 会員[社員, 議員]の地位[資格, 職].

mem·brane /mémbrein/ 名 C 【解】体内の器官などを被う膜, 被膜, 植物の細胞膜, また繊維状薄膜.
語源 ラテン語 membrum (⇒member) の派生語 membrana (= skin covering a part of the body) が中英語に入った.
【派生語】 membránous 形.

me·men·to /miméntou/ 名 C やや形式ばった語 過去の出来事を思い出させるような記念品, 形見.
語源 ラテン語 meminisse (= to remember) の命令形が中英語に入った.

mem·o /mémou/ 名 C 〔くだけた語〕= memorandum.

mem·oir /mémwɑːr/ 名 C 〔形式ばった語〕筆者が個人的知識や理解に基づいて書いた伝記や実録, 《複数形のみ》回顧録, 自伝.
語源 ラテン語 memoria (= memory) がフランス語を経て初期近代英語に入った.

mem·o·ra·bil·i·a /mèmərəbíliə/ 名《複》〔一般語〕有名人の所有していた物や大きな出来事の思い出の品として収集される記念品, 思い出の品.
語源 ラテン語 memorabilis (= memorable) の名詞用法が18世紀に入った.

mem·o·ran·dum /mèmərǽndəm/ 名 C 《~s, -da /-də/》〔形式ばった語〕一般義 個人や委員会などに提出される特定の問題に関する報告書, 覚え書. その他 メモや控え《語法》しばしば memo と略す. 非公式な見解を述べた外交上の覚え書.《法》略式の覚え書契約書, また会社やその他の組織で伝達事項を記した回覧文書, 回報.
語源 ラテン語 memorare (= to call to mind) の中性の動名詞形で, something to be remembered の意の memorandum が中英語に入った.

memorable ⇒memory.
memorial ⇒memory.
memorialize ⇒memory.
memoriam ⇒memory.
memorize ⇒memory.

mem·o·ry /méməri/ 名 CU 〔一般語〕一般義 記憶. その他《形容詞や人称代名詞の所有格と共に用いて》記憶力, 記憶したもの, また思い出, 追憶, C コンピューターの記憶装置, U 記憶容量.
語源 ラテン語 memoria (= memory) が中フランス語 mémoire を経て中英語に入った.
用例 My memory is very bad nowadays! 私の記憶力は今では大変悪くなっている / I have an early memory of seeing a comet. 私は彗星を見たという幼い頃の思い出がある.
【慣用句】 *beyond the memory of* ……の記憶以前に. *commit* … *to memory* …を記憶する. *from memory* 記憶を頼りに, そらで. *in memory of* …… を記念して, 追悼して. *to the memory of* …… ……の霊にささげて, …をしのんで. *within living memory* 現存の人々の記憶に.
【派生語】 mémorable 形 記憶すべき, 重大な. mémorably 副. memórial 形 記念の, …を記念する. 名 C 記念物, 記念館, 記念碑, 記念行事: **Memorial Day**《米》戦死者追悼の日 (★法定休日, 5月の最後の月曜日). memórialize 動 本来他 記念する, …に陳情書を提出する. memóriam 《次の成句で》 *in memoriam* …を記念して, しのんで. mémorize 動 本来他 記憶する, 覚える, 暗記する.
【複合語】 mémory bànk 名 C 【コンピューター】メモリーバンク, 情報記憶装置.

men /mén/ 名 man の複数形.
【複合語】 ménfolk 名《複》男連中《語法》時に menfolks ともいう》. **mén's ròom** 男性用公衆便所 (⇔ women's room).

men·ace /ménəs/ 名 UC 動 本来他 〔一般語〕一般義 威嚇, 脅迫, 《単数形で》脅威. その他 やっかい者, やっかいな事. 動 として〔形式ばった語〕威嚇する, 脅す.
語源 ラテン語 minari (= to threaten) の 名 minaciam が古フランス語を経て中英語に入った.
用例 Large lorries are menace on narrow roads. 大型トラックは狭い道路では脅威だ / He was accused of demanding money with menaces. 彼は脅迫して金を強要したことで告発された.
【派生語】 ménacing 形 脅すような, 脅迫的な, 天候などが荒れ模様の. ménacingly 副.

me·nage /meiná:ʒ/ 名 C 〔形式ばった語〕《しばしば複数扱い》世帯, 一家族の人々 《語法》ménage ともつづる》.
[語源] ラテン語 *mansionaticum* (=domain; household) がフランス語 *ménage* を経て初期近代英語に入った.

me·nag·er·ie /mənǽdʒəri/ 名 C 〔一般語〕
[一般義] 見せ物用に集められた**動物たち**. [その他] サーカスなどの巡回用動物園, 風変わりな人々や物の集まり.
[語源] フランス語 *ménagerie* (=household management) が 18 世紀に入った.

Men·si·us /ménʃiəs/ 名 固 孟子(もうし)(372-289B.C.?)《★中国の思想家》.

mend /ménd/ 動 [本来他] 名 C 〔一般語〕[一般義] 技術を要しない程度のものを簡単に**修理する**, 直す. [その他] 比喩的に誤りを直す, 訂正する, 人の行いなどを改める. 自 病気, 病人が快方に向かう, 治る, 改心する. 名 として**修繕箇所**や修繕.
[語源] ノルマンフランス語 *mender* (=to amend) から中英語に入った.
[用例] Try to *mend* this hole in my shirt. 私のシャツのこの穴を繕ってみてくれないか/My broken leg is *mending* very well. 私の骨折した脚は快方に向かっている/This shirt has a *mend* in the sleeve. このシャツは袖に修繕箇所がある.
[類義語] mend; repair; fix: **mend** は比較的小さい修理を意味し, **repair** は一般的に複雑なものを修繕する場合に使われる. **fix** はくだけた語で《主に米》で mend および repair の意味で用いられる.
[慣用句] *be on the mend* 病気が快方に向かっている.
[派生語] **ménder** 名 C 修理[修繕]者, 直す人, 改良者. **ménding** 名 U 繕い, 改良, 繕い物.

men·da·cious /mendéiʃəs/ 形 〔形式ばった語〕[一般義] いつもうそをつく傾向のある. [その他] 虚偽の, 真実でない.
[語源] ラテン語 *mendax* (=untruthful) が初期近代英語に入った.
[派生語] **mendácity** 名 UC 虚偽, 偽り.

mendicancy ⇒mendicant.

men·di·cant /méndikənt/ 形 名 C 〔形式ばった語〕[一般義] 施しを乞う. [その他] 施しを得て暮す托鉢(たくはつ)の, こじきの. 名 としてこじき, 托鉢僧[修道士].
[語源] ラテン語 *mendicare* (=to beg) の現在分詞 *mendicans* が中英語に入った.
[派生語] **méndicancy** 名 U.

me·ni·al /míːniəl/ 形 名 C 〔やや形式ばった語〕《軽蔑的》仕事が技巧を要しない, 卑しい. 名 として使用人, 奉公人, あるいは卑屈な人.
[語源] ラテン語 *mansionatum* (=household) に由来する古フランス語 *meinie* (=servant) がアングロノルマン語 *me(i)nial* を経て中英語に入った.

men·in·gi·tis /mèniɪndʒáitis/ 名 U 〔医〕髄膜炎.
[語源] ラテン語 *meninges* (髄膜)+*-itis* (...炎) から成る近代ラテン語による. 19 世紀から.

men·o·pause /ménəpɔ:z/ 名 U 〔生理〕《the ～》月経閉止(期), 更年期(the change of life).
[語源] ギリシャ語 *mēn* (=month)+*pauein* (=halt) から成る近代ラテン語 *menopausis* が 19 世紀に入った.

men·ser·vants /ménsə̀:rvənts/ 名 manservant の複数形.

men·ses /ménsi:z/ 名 《複》《the ～; 単数または複数扱い》〔生理〕月経, 月経期間, 生理.
[語源] ラテン語 *mensis* (=month) の複数形 *menses* が初期近代英語に入った.
[派生語] **menstrual** /ménstruəl/ 形 月経の. **mènstruátion** 名 U 月経(期間) 《語法》俗に period ともいう》. **ménstruate** 動 [本来自] 月経がある.

men·sur·a·ble /ménʃurəbl, -ʃər-/ 形 〔形式ばった語〕測定できる(measurable).
[語源] 後期ラテン語 *mensurabilis* が初期近代英語に入った.
[派生語] **mènsurabílity** 名 U 可測性.

men·su·ral /ménʃərəl/ 形 〔形式ばった語〕度量に関する, 〔楽〕定量の.
[語源] ラテン語 *mensuralis* が初期近代英語に入った.

men·su·ra·tion /mènʃuréiʃən/ 名 U 〔形式ばった語〕長さや広さなどの値の幾何学的**測量**, 測定, 〔数〕測定法.
[語源] ラテン語 *mensurare* (=to measure) の 名 が初期近代英語に入った.
[派生語] **ménsurative** 形 測るのに適した.

-ment /mənt/ 接尾 主として動詞(まれに形容詞)から結果, 状態, 動作, 経過などを示す名詞を造る.
[語源] ラテン語 *-mentum* が中英語に入った.

men·tal /méntəl/ 形 〔一般語〕[一般義] 心の, 精神の. [その他] 知的な, 知能の, 心[頭]の中で行う, 内での. 《くだけた語》《軽蔑的》気が狂っている, 頭がいかれている.
[語源] ラテン語 *mens* (=mind) から派生した後期ラテン語 *mentalis* が古フランス語を経て中英語に入った.
[用例] His *mental* development was slow. 彼の精神的発達は遅れていた/*mental* illness [disease; disorder] 精神病, 精神障害/*mental* arithmetic 暗算/a *mental* note 心覚え.
[語法] a mental hospital や a mental patient などは軽蔑的な意味合いになるので, 現代では mental の代りに psychiatric が用いられる.
[反意語] physical; bodily.
[派生語] **mentálity** 名 U 精神性, 知性, 考え方. **méntally** 副 精神的に, 知能的に, 心の中で. [複合語] **méntal áge** 名 C 精神年齢. **méntal deféctive** 名 C 知能障害者. **méntal defíciency** 名 U 知能障害.

men·thol /ménθɔ(:)l/ 名 U 〔化〕メントール, ハッカ脳.
[語源] ラテン語 *mentha* (=mint)+*-ol* (=alcohole) がドイツ語を経て 19 世紀に入った.
[派生語] **méntholated** 形.

men·tion /ménʃən/ 動 [本来他] UC 〔一般語〕[一般義] 人や物や事柄について簡単に**言及する**. [その他] 話題にする, その結果特定の名をあげる, ...の名をあげて表彰する. 名 として言及, 名をあげての表彰.
[語源] ラテン語 *mentio* (=remembrance) が古フランス語を経て中英語に入った.
[用例] He *mentioned* the plan, but gave no details. 彼はその計画に触れたが詳細は述べなかった/*Mention* my name at the receptionist's desk, and they'll let you in. 受付で私の名前を告げれば中に入れてくれます.
[慣用句] *at the mention of* ... ...の話が出ると. *Don't mention it.* 〔丁寧な表現〕《英》どういたしま

men・tor /méntər | -tɔːr/ 名 C 〔形式ばった語〕
[一般義] 博識で信頼のおける良き助言者や相談相手.
[その他] (M-) 《ギ神》メントール.
[語源] ギリシャ語 *Mentōr* がラテン語, フランス語を経て18世紀に入った. Odysseus の子 Telemachus の師の名.

men・u /ménjuː/ 名 C 〔一般義〕[一般義] レストランなどの献立表, メニュー. [その他] 実際に提供される食事, 料理, 《電算》メニュー, 番組などの一覧表.
[語源] ラテン語 *minutum* (=small; detailed) がフランス語 *menu* (=detailed list) を経て初期近代英語に入った.

me・ow /miáu, mjáu/ 名 動 [本来自] [一般義] 猫の鳴き声, ニャーオ. 動 として猫が鳴く.
[語源] 擬音語. 初期近代英語から.

mer・can・tile /mə́ːrkəntiːl, -tail/ 形 〔やや形式ばった語〕[一般義] 貿易の, 商業の. [その他] 商人に関する, 重商主義の.
[語源] イタリア語 *mercante* (=merchant) の派生語 *mercantile* がフランス語を経て初期近代英語に入った.

mer・ce・nary /mə́ːrsinèri, -nəri/ 形 C 〔一般語〕《軽蔑的に》もうけや報酬に対して貪欲な, 金目当てに何かをする. 名 として, 外国の軍隊に雇われた傭兵, 金銭のみで働く人.
[語源] ラテン語 *merces* (=wages) から派生した *mercenarius* (=hired) が初期近代英語に入った.

mer・cer・ize /mə́ːrsəraiz/ 動 [本来他] 《英》-ise /mə́ːrsəraiz/ 動 [本来他] 〔一般語〕 木綿類を苛性ソーダで処理し, 光沢を与えるマーセル加工をする.
[語源] この方法を発明したイギリス人の John Mercer (1791-1866) の名から.

mer・chan・dise /mə́ːrtʃəndaiz/ 名 U 動 [本来他] 〔形式ばった語〕[一般義] 商品, 製造品. [その他] 販売促進商品や映画やイベントなどの関連商品, キャラクター商品[グッズ]の意も表す. 動 として取り引きをする, 売買する.
[語源] 古フランス語 *marchant* (⇒merchant) から派生した *marchandise* が中英語に入った.
[用例] This store sells *merchandise* from all over the world. この店は世界中からの商品を売っている.
【慣用句】 *make merchandise of ...* …を売物にする.
【派生語】 mérchandiser 名 C. mérchandising 名 U 《商》商品化計画.

mer・chant /mə́ːrtʃənt/ 名 C 形 〔形式ばった語〕[一般義] 大きな取引をする商人. [その他] 《英》貿易商, 《米》小売商人, 《俗》《修飾語を伴って》…狂. 形 として商業の, 商船の.
[語源] ラテン語 *mercari* (=to trade) の反復動詞 *mercatare* の現在分詞 *mercatans* がもとになった古フランス語 *marchant* から中英語に入った.
[用例] Mr Smith is a wool *merchant*. スミスさんは毛織物商だ.
【慣用句】 *a merchant of death* 死の商人, 軍需産業資本家.
【複合語】 mérchantman 名 C 商船. mérchant

marine 名 《the ~》《米》集合的に一国の商船, その乗組員. mérchant ship 名 C 商船.

merciful ⇒mercy.
merciless ⇒mercy.
mercurial ⇒mercury.

mer・cu・ry /mə́ːrkjuri/ 名 U 《化》水銀 (★元素記号 Hg), 《the ~》水銀柱, 温度計, 晴雨計. 《M-》《ロ神》メルクリウス(マーキュリー) (★商業の神), 《天》水星.
[語源] ラテン語 *Mercurius* (=god of commerce) から中英語に入った.
[関連語] quicksilver.
【派生語】 mercúrial 形 水銀の, 〔文語〕元気な, 快活な: He is such a *mercurial* child. 彼は大変快活な子供だ.
【複合語】 mércury pòisoning 名 U 水銀中毒.

mer・cy /mə́ːrsi/ 名 UC 〔一般語〕[一般義] 罪人や弱者に対する慈悲, 哀れみ, 情け. [その他] 寛容, 親切, 寛大な行為の意. また天の恵み, 幸運な出来事, 〔形容詞的に〕救援のための, 人道的な.
[語源] ラテン語 *merces* (=reward) が後期ラテン語で price, favour, mercy に意味が転化し, 古フランス語 *merci* を経て中英語に入った.
[用例] He showed his enemies no *mercy* whatever. 彼は敵に対していかなる慈悲も示さなかった/It was a *mercy* that it didn't rain. 雨が降らなかったのは実にありがたかった.
[対照版] cruelty (残酷).
【慣用句】 *at the mercy of ...* …のなすままに. *for mercy's sake* 頼むから, 後生だから. *have mercy on ...* …に情けをかける. *leave ... to the tender mercies of ...* 《皮肉》…の意のままにまかせる. *without mercy* 情け容赦なく.
【派生語】 mérciful 形 慈悲深い, 情け深い. mércifully 副. mércifulness 名 U. mérciless 形 無慈悲な, 無情な. mércilessly 副. mércilessness 名 U.

mere /míər/ 形 〔一般語〕ただの, ほんの, 全くの…にすぎない.
[語源] ラテン語 *merus* (=pure; mere) が中英語 *mier*, アングロフランス語 *meer* を経て中英語に入った.
[用例] She's a *mere* child. 彼女はまだほんの子供だ (〔語法〕 only の場合は only a child の語順になる)/She became annoyed at the *merest* suggestion of criticism. 彼女はほんのささいな批評をされたことを聞いてもいら立つようになった (〔語法〕 比較級はないが, 強調的用法として最上級 merest がある).
【派生語】 mérely 副 単に…だけ.

mer・e・tri・cious /mèrətríʃəs/ 形 〔形式ばった語〕[一般義] 中味のない見かけだけのけばけばしさで人目を引く. [その他] 不誠実, 古くは売春婦のような, みだらなの意で用いられた.
[語源] ラテン語 *mereri* (=to earn) から派生した *meretrix* (=prostitute) の派生形が初期近代英語に入った.

merge /mə́ːrdʒ/ 動 [本来他] 〔一般語〕主に 2 つのものを結びつけたり合わせたりして合併させる, 会社などを合併する. 自 合わさる, 合併する(with).
[語源] ラテン語 *mergere* (=to plunge) が初期近代英語に入った.
【派生語】 mérger 名 UC 企業などの吸収合併.

me·rid·i·an /mərídiən/ 名 C 【地理・天】子午線, 経線. [形式ばった語] (the ~) 最高点, 絶頂, 人生の全盛期.
[語源] ラテン語 *medius* (=middle)+*dies* (=day) から成る *meridianus* (=of midday) が古フランス語を経て中英語に入った.

me·ringue /məræŋ/ 名 UC (一般義) 卵白と砂糖をかき混ぜてパイやケーキの上にのせて焼いたメレンゲ, メレンゲ菓子.
[語源] フランス語 *méringue* から.

mer·it /mérit/ 名 UC 動 [本来ह] (一般義) (一般義) 賞賛に値するような特にすぐれた価値, 優秀さ. [その他] 取り柄, 長所, 《通例複数形で》利点, 手柄, 功績. 《法》訴訟の実体, 本案. 動 として [形式ばった語] 賞・罰を受けるに値する.
[日英比較] 日本語の利益の意味の「メリット」は advantage になる.
[語源] ラテン語 *merere* (=to earn; to deserve) の中性過去分詞 *meritum* (=price; value; reward) が古フランス語を経て中英語に入った.
[用例] If he is not promoted then the management must be incapable of recognizing *merit*. もしも彼が昇進しないのであれば, 経営者側には人の価値を見る目がないということになる/He reached his present senior position through sheer *merit*. 彼は外でもないその功績によって現在の上級職に就任した/His speech had at least the *merit* of being short. 彼のスピーチは少なくとも短いという取り柄があった.

mer·i·toc·ra·cy /mèritákrəsi/-5-/ 名 UC [形式ばった語] (一般義) 能力のある者が実権を持つこと, 実力者による支配. [その他] 能力主義社会, (the ~) エリートや実力者の支配層, メリトクラシー.
[語源] merit +-o-+-cracy「支配」. 20 世紀の造語.
【派生語】 **méritocràt** 名 C エリート. **mèritocrátic** 形.

mer·i·to·ri·ous /mèritɔ́:riəs/ 形 [形式ばった語] (一般義) 価値のある功績や功労などのため称賛に値する. [その他] 立派な, 感心な.
[語源] ラテン語 *meritorius* (=earning money) が中英語に入った.

mer·maid /mɔ́:rmeid/ 名 C (一般義) 頭, 顔, 胴が女性で下半身が魚の女の人魚. 《米》女子水泳選手.
[語源] 古英語 *mere* (=lake; is a sea) + 中英語 *mayde* (=maid) から成る mermayde から.

mer·man /mɔ́:rmæn/ 名 C (複 -men). (一般義) 男の人魚. 《米》男子水泳選手.
[語源] mermaid と同様にして初期近代英語で造られた.

merriment ⇒merry.

mer·ry /méri/ 形 [古風な語] (一般義) 愉快な, 陽気な, 楽しい. [その他] 《英》ほろ酔いの.
[語源] 古英語 myri(g)e から.
[用例] They had a *merry* time at the party. みんなそのパーティーで楽しいひと時を過ごした/He's been getting *merry* on a half-bottle of whisky. 彼はウイスキーのボトル半分くらい飲んでご機嫌になっていた.
[類義語] merry; cheerful; gay; lively: **merry** は活気でうきうきし陽気な状態をいう古風な語. **cheerful** は楽しい, 喜んでするなど明るい気持ちの様をいい, 人に用いられる一方, 人の心を楽しませてくれるものにも用いられる. **gay** は陽気で快活なうきうきしたなどの意. ただし,

現在では「同性愛の」の意となるので注意. **lively** は活発な, 元気で活動的なという一般的な語.
【派生語】 **mérrily** 副 陽気に, 楽しく. **mérriment** 名 U [形式ばった語] 陽気, 笑い楽しむこと. **merri·ness** 名 U.
【複合語】 **mérry-go-ròund** 名 C 回転木馬, メリーゴーラウンド, 旋回, 目まぐるしい動き.
【派生語】 **mérrymàker** 名 C 浮かれて騒ぐ人. **mérrymàking** 名 UC 形 [文語] 歓楽, お祭り騒ぎ(の).

me·sa /méisə/ 名 C (一般義) 米国南西部によく見られる周囲が崖で頂上が平らな岩石台地.
[語源] ラテン語 *mensa* がスペイン語 (=table) を経て 18 世紀にアメリカ英語に入った.

Mes·dames /meidá:m/méidæm/ 名 madam(e), Mrs. の複数形 (★Mmes. と略す).

mesh /méʃ/ 名 UC 動 [本来है] (一般義) 網目. ストッキングなどに用いられる網状の布や網目模様, 《複数形で》魚や昆虫などをとらえる網や網細工. また複雑な社会の構造や大都市の網目組織など. 動 として網で捕らえる, 網にかける, わなにかける. 自 網にかかる, 歯車が咬み合う.
[語源] 不詳.

mesmerism ⇒mesmerize.

mes·mer·ize, -ise /mézməraiz/ 動 [本来है] (一般義) 《受身で》人を魅惑する, 人の注意を奪って釘付けにする. [その他] [古風] 人に催眠術をかける.
[語源] オーストリアの医師 F. A. Mesmer (1734-1815) の名から.
【派生語】 **mésmerism** 名 U [古風な語] 催眠術.

mes·on /mésən/míːzɔn/ 名 C 【理】素粒子の一つである中間子.
[語源] ギリシャ語の *mesos* (=middle) をもとにした 20 世紀の造語.

Mes·o·po·ta·mia /mèsəpətéimiə/ 名 固 メソポタミア《西アジアのチグリス川, ユーフラテス川の間の古代文明発祥の地》.
[語源] ギリシャ語 *mesos* (=middle) + *potamos* (=river). 原義は「川と川の間の地域」.

mess¹ /més/ 名 UC 動 [本来है] (一般義) 《《(a ~) 乱雑, 散らかした状態. [その他] 混乱, 困った状態, 困窮, 当惑, また汚物, 犬や猫のふん. 本来の意味で食事, 特に流動性の食物. 動 として散らかす, よごす, 台無しにする.
[語源] ラテン語 *mittere* (=to put) の過去分詞から派生した後期ラテン語 *missum* (=something put on the table) が古フランス語 *mes* を経て中英語に入った.
[用例] This room is in a terrible *mess*! この部屋はひどく散らかっている/make a *mess* 散らかす.
【慣用句】 *mess around* [《英》] ぶらぶら暮らす. *a mess of ...* 大量の.... *mess up* 取り散らかす. *mess with ...* [くだけた語] ...に手を出す, 首をつっこむ, いじくりまわす.
【派生語】 **méssiness** 名 U. **méssily** 副. **méssy** 形 散らかした, 汚い.
【複合語】 **méssùp** 名 C 混乱, 取り散らかし, 手違い.

mess² /més/ 名 C 動 [本来है] 《軍》将校などが共に食事をする会食堂. 動 として, 食堂などで会食する.
[語源] mess¹ と同語源.
【複合語】 **méss hàll** 名 C 《米》《軍》大食堂. **méss kìt** 名 C 《軍》兵士の戦場用携帯食器セット.

mes·sage /mésidʒ/ 名 C 〔一般語〕ことづて, 伝言. その他 通信(文), メッセージ, 大統領などの議会への教書, 予言者による神託, お告げ, また教訓や根本思想, 芸術家や作家が作品の中でもっている趣旨, 意味, 訴え.
語源 ラテン語 mittere (= to send) の過去分詞 missus から出た「送られたもの」の意の古フランス語 message が中英語に入った.
用例 Could you leave a *message* for Mr Smith asking him to phone me back? スミスさんに折り返し私のところへ電話して下さるように伝言を残して下さいませんか/What *message* is this story trying to give us? この話は我々に何を伝えようとしているのか.

mes·sen·ger /mésindʒər/ 名 C 〔一般語〕〔一般義〕使者, 使いに行く者. その他 郵便[電報]配達人,《生化》遺伝子情報や刺激を伝達する伝達子.
語源 古フランス語 *message* (⇒message) から派生した *messaiger* が中英語に入った.
用例 The king's *messengers* brought news of the army's defeat. 王の伝令が軍隊の敗北の知らせをもたらした.

Mes·si·ah /misáiə/ 名 C 〔the M-〕《ユダヤ教》ユダヤ人を救う救世主, メシア,《キ教》救世主, すなわちイエス·キリスト. また (通例 m-) 救済者, 救世主.
語源 ヘブライ語 *māshīach* (= anointed) が古フランス語を経て中英語に入った.
関連語 Christ.

Mes·sieurs /mésərz/ 名 Monsieur, Mr. の複数形 (★Messrs. と略す).

Messrs. /mésərz/ (略) = Messieurs.

messy ⇒mess.

mes·ti·zo /mestí:zou/ 名 C 〔一般語〕スペイン人, ポルトガル人と中南米のインディオとの混血児.
語源 ラテン語 *miscere* (= to mix) がスペイン語を経て初期近代英語に入った.

Met /mét/ 名 〔くだけた語〕(the ~) 《米》= the Metropolitan Museum of Art; the Metropolitan Opera House,《英》= the Metropolitan Police in London.

met[1] /mét/ 動 meet の過去·過去分詞.

met[2] /mét/ 形 C 〔くだけた語〕気象の, 気象学上の (meteorological), または首都(圏)の(metropolitan). 名 として《英》(the ~) 天気予報, 《the M-》気象庁.

met·a·bol·ic /mètəbálik | -ɔ́-/ 形 《生》(新陳)代謝の, 物質交代の.
語源 ギリシャ語 *metabolē* (= change) から派生した *metabolikos* が 19 世紀に入った.
【派生語】**metábolism** 名 C 《生》代謝: constructive [destructive] *metabolism* 同化[異化](作用).

met·al /métl/ 名 UC 動 本来他 〔一般語〕〔一般義〕金属. その他 金属元素や金属材料, 地金, 金属製品, (複数形で)鉄道のレール. 動 として〔古風な語〕《英》金属をかぶせる, 道路に砂利を敷く.
語源 ラテン語 *metallum* (= mine; quarry; metal) が古フランス語を経て中英語に入った.
用例 Gold, silver and iron are all *metals*. 金, 銀, 鉄はすべて金属です.
【派生語】**metállic** 形 金属(製)の, 金属質の.
【複合語】**métal detèctor** 名 C 金属探知機. **métal fatìgue** 名 U 金属疲労. **métalwòrk** 名 U 金属細工(物). **métalwòrker** 名 C 金属細工人.

met·al·lur·gy /métəlɜːrdʒi | metǽlər-/ 名 U 〔一般語〕冶金(学)学問.
語源 ギリシャ語 *metallon* (= metal) + *ourgie* (= working) が 18 世紀に入った.
【派生語】**mètallúrgical** 形.

met·a·mor·pho·sis /mètəmɔ́:rfəsis/ 名 CU (複 -ses/si:z/) 《動》昆虫や両生類の変態, 〔形式ばった語〕人や物の性質や形のまったく違ったものへの変身, 変貌, 変質.
語源 ギリシャ語 *metamorphoun* (= to change form) がラテン語を経て中英語に入った.

met·a·phor /métəfər/ 名 UC 《修》隠喩, 暗喩《例: He was a *lion* in the fight. 戦いでは彼はライオンのように勇猛だった》.
語源 ギリシャ語 *metapherein* (= to transfer) の派生形がラテン語を経て初期近代英語に入った.
【派生語】**mètaphórical** 形.

metaphysical ⇒metaphysics.
metaphysician ⇒metaphysics.
metaphysicist ⇒metaphysics.

met·a·phys·ics /mètəfíziks/ 名 U 《哲》形而上学, 思弁哲学, 〔一般語〕抽象的な論議や机上の空論.
語源 ギリシャ語 *ta meta ta phusika* (= the things after the physics) が中世ラテン語 *metaphysica* を経て初期近代英語に入った.
【派生語】**mètaphýsical** 形. **mètaphýsician** 名 C 形而上学者. **mètaphýsicist** 名 C = metaphysician.

me·tas·ta·sis /mətǽstəsis/ 名 C (複 -ses/si:z/) 《医》癌細胞などの転移.
語源 ギリシャ語 *metastasis* (= transition) がラテン語を経て初期近代英語に入った.

me·te·or /mí:tiər/ 名 C 《天》流星, いん石.
語源 ギリシャ語 *meteōron* (= something aloft) が中世ラテン語を経て中英語に入った.
【派生語】**mèteóric** 形 流星の, 流星のように華々しい. **mèteórically** 副. **meteorite** /mí:tiərait/ 名 C いん石.

me·te·or·ol·o·gy /mì:tiərálədʒi | -rɔ́l-/ 名 U 〔一般語〕〔一般義〕気象学. その他 一地方の天候状態, 気象.
語源 ギリシャ語 *meteōlogia* (*meteōron* something aloft + *-logia* -logy) が初期近代英語に入った.
【派生語】**mèteorológical** 形. **mèteorólogist** 名 C 気象学者.

me·ter[1],《英》**-tre**[1] /mí:tər/ 名 C 動 本来他 〔一般語〕メートル《★長さの単位; m と略す》.
語源 ギリシャ語 *metron* (⇒meter[2]) に由来するフランス語 *mètre* が 18 世紀に入った.
【派生語】**métric** 形 ⇒見出し.

me·ter[2], **-tre**[2] /mí:tər/ 名 UC 《詩》韻律, 韻律の単位としての歩格, 《楽》拍子.
語源 ギリシャ語 *metron* (= measure) がラテン語 *metrum* を経て古英語 *mēter* およびラテン語から古フランス語 *metre* を経て中英語に入った.
【派生語】**métrical** 形.

me·ter[3] /mí:tər/ 名 C 動 本来他 〔一般語〕ガスや水道などを測定する計量器, メーター. 動 として, メーターで計る.
語源 古英語 *metan* (= to measure) に由来する.

mete＋-er. 中英語から.
【複合語】**méter màid** 名 C〔くだけた語〕《主に米》駐車違反を取り締まる婦人警官.

meth·ane /méθein | míː-/ 名 U 【化】メタン(ガス).
語源 methyl-「メチル」＋-ane. 19 世紀から.

meth·od /méθəd/ 名 CU〔一般語〕一般義 方法, 方式. その他 行動的な手順や整った秩序, 筋道, 順序, 規則正しさ, きちんとある.
語源 ギリシア語 *methodos*（＝pursuit of knowledge; mode of investigation）がラテン語 *methodus*, フランス語 *méthode* を経て初期近代英語に入った.
用例 I don't much like his *methods* of training workers. 私は彼の労働者の訓練法があまり好きでない/Follow the *method* set down in the instruction book. 使用説明書に書かれている方法に従いなさい/Her work seems to lack *method*. 彼女の仕事は秩序だっていない様に思われる.
類義語 method; manner; way: **method** は考え方や研究の内容など整然と秩序立った普通よく知られている方法, **manner** は way よりもや形式ばった語で, 個性的な独特な方法や仕方. **way** は method のような秩序立った方法や manner のような独特なやり方というより漠然と方法を表す一般的な語.
慣用句 **with method** 秩序立てて, きちんと. **without method** めちゃくちゃに, でたらめに.
【派生語】**mèthódical** 形 秩序ある, 組織的な. **mèthodólogy** 名 UC 方法論, やり方.

Meth·od·ist /méθədist/ 名 C 形【キ教】メソジスト教徒(の).
語源 創始者たちの methodical な(きちょうめんな)聖書研究からそのように呼ばれた. 18 世紀から.
【派生語】**Méthodism** 名 U メソジスト派, メソジスト教の教義.

methodology ⇒method.

meth·yl /méθəl/ 名 U 【化】メチル, メチル基.
語源 ギリシア語 *methu*（＝wine）＋*hulē*（＝wood）を基にした methylene からの逆成. 19 世紀から.
【複合語】**méthyl álcohol** 名 U メチルアルコール（★メタノールともいう）.

me·tic·u·lous /mətíkjuləs/ 形〔一般語〕一般義 細部まで注意を払ってきちょうめんな, 細かいところまで正確な. その他 物事を行うのに常に細心の注意を払って(in; about).
語源 ラテン語 *meticulosus*（＝fearful）が timid の意味で初期近代英語に入った.
【派生語】**metículously** 副.

mé·tier /métjei, -́-/ 名 C〔一般語〕一般義 自分に合った職業. その他 特に専門(分野)のこと. また一般に商売, 長所, 技巧, メチエ.
語源 ラテン語 *ministerium*（＝service）に由来するフランス語が 18 世紀に入った.

me·ton·y·my /mətάnəmi | -ɔ́-/ 名 UC 【修】本来意味するものと関係の深い語や象徴的な語を用いてそれを暗示させる換喩や転喩 (例: crown という語で king や monarch を暗示する).
語源 ギリシア語の接頭辞 *meta*（＝to change）＋*onoma*（＝name）から成る *metōnumia* が後期ラテン語を経て初期近代英語に入った.
関連語 metaphor.
類義語 synecdoche.

met·ric /métrik/ 形〔一般語〕計量[測量]の, メートル(法)の, あるいは韻律の(metrical).
語源 ⇒meter¹, meter².
【派生語】**métrical** 形 韻律の, 計量[測量]の (metric). **mètricátion** 名 U メートル化, メートル法換算. **métricize** 動 本来他 メートル法に換算する.
【複合語】**métric sỳstem** 名《the ～》メートル法. **métric tón** 名 C メートルトン《★仏[キログラム]トン＝1000kg》.

met·ro /métrou/ 名 C〔一般語〕ヨーロッパ, 特にパリなどの地下鉄.
語源 フランス語の *chemin de fer métropolitain*（＝metropolitan railway）の短縮形. 20 世紀から.

me·trop·o·lis /mətrάpəlis | -ɔ́-/ 名 C〔一般語〕一般義《the ～》国またはその地方で中心的な都市, 首都. その他 商工業や文化などの中心(地).
語源 ギリシア語 *mētēr*（＝mother）＋*polis*（＝city）から成る *mētropolis*（＝mother state）が後期ラテン語を経て中英語に入った.
用例 Overcrowding is a problem in our *metropolises*. 超過密であることは我国の主要都市における一つの問題点である.
類義語 metropolis; capital: **metropolis** は重要都市, 大都市の意で, 東京は capital であり, また metropolis でもある. **capital** は政治の中心としての首都である. 大阪とか名古屋は metropolis ではあるが capital ではない.
【派生語】**mètropólitan** 形 大都会の, 首都の. 名 C 大都会の市民, 首都の住民, 都会人.

met·tle /métl/ 名 U〔形式ばった語〕一般義 困難な状況下で事をうまく処理する勇気や気概. その他 生れ持った気質や気性.
語源 metal の変形として初期近代英語から.
【慣用句】**show one's mettle** 気概を示す.
【派生語】**méttlesome** 形.

mew /mjuː/ 名 C 動 本来自〔一般語〕猫などのニャーという泣き声. 動 として, 猫やかもめなどが鳴く.
語源 擬音語.
類義語 meow.

Mexican ⇒Mexico.

Mex·i·co /méksilou/ 名 固 メキシコ《★北米南部の共和国, 正式名は United Mexican States》.
語源 軍神の名を表すナワトル語 *Mexitli* がスペイン語を経て初期近代英語に入った.
【派生語】**Méxican** 形 名 C.

mez·zo /médzou, -tsou/ 副 名 C【楽】適当に, あるいはやや. 名 としてメゾソプラノ.
語源 ラテン語 *medius*（＝middle）に由来するイタリア語 *mezzo* が half の意で 19 世紀に入った.
【複合語】**mézzo fórte** 副 やや強く. **mèzzo-sopráno** 名 U メゾソプラノ.

mg《略》＝milligram(s).

MHz《略》＝megahertz.

mi /miː/ 名 C【楽】長音階の第 3 音にあたるミの音.
語源 音階を表すために恣意的にラテン語の聖歌から採られた *mira* の第 1 音節による. 中英語から.

mil.《略》＝mile(s); mill(s).

Mi·am·i /maiǽmi/ 名 固 マイアミ《★米国 Florida 州の港町で避寒地》.
語源 okeechobce 湖の意のスペイン語 *Mayaimi* が先住民マイアミ族の名前に影響されて地名となったもの.

mi・aow, mi・aou /miáu/ 名動 《英》=meow.

mi・as・ma /miǽzmə, mai-/ 名C 〔文語〕〔単数形で〕体に害のある、あるいは災いを招くような空気, **毒気, 悪い影響**.
[語源] ギリシア語 *miainein* (=to defile) の 名 *miazma* が近代ラテン語を経て初期近代英語に入った.

mi・ca /máikə/ 名U 〔鉱〕**雲母**.
[語源] ラテン語 *mica* (=grain) から. 18世紀に入った.

mice /máis/ 名 mouse の複数形.

Mi・chael /máikl/ 名 固 男性の名, マイケル (★愛称は Mike, Mick, Mickey など), 〔聖〕天使長ミカエル.
[語源] ヘブライ語 *mīkhāl'ēl* (=who is like god?) がギリシャ語, 後期ラテン語を経て中英語に入った.

Mich・i・gan /míʃigən/ 名 固 ミシガン (★米国北部の州; 略 Mich. 郵便で MI). またミシガン湖 (Lake Michigan) (★ミシガン州とウィスコンシン州の間にある).
[語源] 北米先住民のアルゴンキン語で great water を表す. 19世紀から.

Mick /mík/ 名C 〔くだけた語〕〔軽蔑的〕アイルランド人あるいはローマカトリック教徒.
[語源] アイルランド人に多い名前の Michael のあだ名から19世紀に生れた.

Mick・ey Mouse /míki máus/ 名 固 形 ミッキーマウス (★Walt Disney の漫画映画の主人公). 形 として 〔くだけた語〕ミッキーマウスが純真でお人よしであることから, 取るに足らない, 平凡な, ダンス音楽などが刺激がなく退屈な, 活気のない.
[用例] a *Mickey Mouse* job 平凡な仕事.

mi・cro /máikrou/ 形 名C 〔一般語〕**極端に小さい, 極微少の量の**. 名 としては, microcomputer, microlepidoptera, microprocessor, microwave oven の省略形として用いられる.

micro- /máikrou/ 連結 「小」「微」「100万分の1」などの意.
[語源] ギリシャ語 *mikros* (=small) から.

mi・crobe /máikroub/ 名C 〔一般語〕**微生物, 細菌**.
[語源] micro-「微」+ギリシャ語 *bios* (=life) から. 19世紀から.

mi・cro・bi・ol・o・gy /màikroubaiálədʒi/-ɔ́l-/ 名C 〔生化〕**微生物学**.
【派生語】**microbiólogist** 名C 微生物学者.

mi・cro・chip /máikrətʃìp/ 名C 〔電子工学〕マイクロチップ.

mi・cro・cir・cuit /máikrəsə̀:rkit/ 名C 〔電〕超小電子回路 (★特に半導体の中に永久集積された回路をいう).

mi・cro・com・put・er /màikrəkəmpjú:tər/ 名C 〔一般語〕超小型電算機, マイクロコンピューター (〔語法〕単に micro ともいう).

mi・cro・copy /máikrəkàpi/-ɔ̀-/ 名C 〔一般語〕印刷物や図形などのマイクロフィルムやマイクロフィッシュ, 縮小複写 (microphotograph).

mi・cro・cosm /máikrəkàzəm/|-kɔ̀-/ 名C 〔一般語〕〔一般義〕あるものの縮図と考えられるような**小世界や小宇宙**. 〔その他〕宇宙の縮図としての人間社会, 人間世界.
[語源] ギリシャ語 *mikros kosmos* (=1ittle world) が中世ラテン語を経て中英語に入った.

mi・cro・e・lec・tron・ics /màikrouilèktrániks|-ɔ́-/ 名U 〔一般語〕小型集積回路を扱う**超小型電子技術, マイクロエレクトロニクス**.

mi・cro・fiche /máikrəfìːʃ/ 名CU 〔一般語〕書籍, 新聞, 記録文書などを縮小複写した大版のシート状フィルム, **マイクロフィッシュ** (〔語法〕単に fiche ともいう).
[語源] micro-+フランス語 *fiche* (=small card) から20世紀に造られた語.

mi・cro・film /máikrəfìlm/ 名UC 動〔本来他〕〔一般語〕**マイクロフィルム(に撮る)**.

mi・cro・mesh /máikroumèʃ/ 形 〔一般語〕ナイロンの網目の細かい**生地**.

mi・crom・e・ter /maikrámətər|-ɔ́-/ 名C 〔一般語〕望遠鏡や顕微鏡に取り付けてより精密な距離や厚さなどを測る**測微計**, また針金や金属板などを精密に測るマイクロメーター (micrometer caliper).

mi・cron /máikrən|-ɔn/ 名C 〔一般語〕ミクロン (★100万分の1メートル, 1000分の1ミリ).
[語源] ギリシャ語 *mikros* (=small) からの近代ラテン語 *micron* が19世紀に入った.

Mi・cro・ne・sia /màikrəníːʒə, -ʃə/ 名 固 ミクロネシア (★オセアニア北東部にある小島群の総称).
[語源] micro- (=small) + ギリシャ語 *nēsos* (=island). 多くの小さな島々があることから.
【派生語】**Mìcronésian** 名 形.

mi・cro・or・gan・ism /màikrouɔ́ːrgənìzəm/ 名C 〔一般語〕バクテリア, 原生動物, ウイルスなどの**微生物**.

mi・cro・phone /máikrəfòun/ 名C 〔一般語〕**マイクロホン**.

mi・cro・read・er /máikrouríːdər/ 名C 〔一般語〕マイクロフィッシュやマイクロフィルムに縮写されたものを拡大映像させるマイクロリーダー.

mi・cro・scope /máikrəskòup/ 名C 〔一般語〕**顕微鏡**.
[語源] ギリシャ語 *mikros* (=small)+*skopein* (=to look at) に由来する近代ラテン語 *microscopium* が初期近代英語に入った.
【派生語】**microscópic** 形 顕微鏡の, 顕微鏡的な, 微視的な. **microscòpically** 副.

mi・cro・wave /máikrəwèiv/ 名C 動〔本来他〕〔無線〕極超短波, **マイクロ波**. 〔一般語〕電子レンジ (microwave oven). 動 として電子レンジで調理[加熱]する.
【複合語】**mícrowave òven** C.

mid[1] /míd/ 形 〔一般語〕場所や位置が**中央の**, 時間や空間が**中間の**.
[語源] 古英語 midd から.

mid[2], **'mid** /míd/ 前 〔詩語〕=amid.

mid- /máikrou/ 連結 「中央の」「中間の」の意の接頭語.
例: *mid*summer; *mid*air.
[語源] ⇒mid[1].

mid・air /mídéər/ 名U 〔一般語〕**空中, 上空**.

mid・day /míddèi/ 名UC 形 **真昼(の), 正午(の)**.
[語源] 古英語 middæg から.

mid・den /mídn/ 名C 〔ややくだけた語〕ごみ[ふん]の山.
[語源] 古ノルド語起源のデンマーク語 *mög* (=muck)+*dynge* (=pile) が中英語に入った.

mid・dle /mídl/ 名UC 形 〔一般語〕2点[面]間の中央の, 真ん中の. 〔その他〕両極端の**中間の**, 中等の, 中位のなどの意から, 中期の, 中世の. 名 (the ~) 真ん中, ある行動の中途, 人体の腰, 中間物, 媒介者.

middy

[語源] 古英語 middel から.
[用例] the *middle* seat in a row 列の真ん中の席 / You're getting rather fat round your *middle*. あなたの腰の回りがやや太ってきています.
【派生語】**míddling** 形 中等の, 並の, 平凡な. 副 中位に, なかなか.
【複合語】**míddle áge** 名 U 中年, 壮年. **míddle-áged** 形 中年の. **Míddle Áges** 名 (the ~) 中世 《4, 5-15 世紀》. **Míddle América** 名 中部アメリカ. **Míddle-Américan** 形 中部アメリカの; 中部アメリカ人. **míddlebrow** 名 C 教養, 学問などがごく普通の人. **míddle cláss** 名 (the ~) 中産階級. **míddle-cláss** 形 中産階級の. **míddle dístance** 名 (the ~) 絵の中景, 陸上競技の中距離. **míddle-dístance** 形 中距離の. **míddle éar** 名 (the ~)【解】中耳. **Míddle East** 名 (the ~) 中東 (★《米》ではリビアからアフガニスタンまで, 《英》ではエジプトからイランまで). **Míddle Éastern** 形 中東の. **Míddle Énglish** 名 U【言語】中英語 (★1100-1500 年頃の英語). **míddle fínger** 名 C 中指. **míddleman** 名 (複 -men) 仲買人, 中間業者, 仲介[仲裁]者, 仲人, 媒介者. **míddle náme** 名 C 中間名, ミドルネーム (★Percy Bysshe Shelley の Bysshe のように名と姓の中間にある名). **middle-of-the-róad** 形 中道を行く, 政治的に中道の. **míddle schóol** 名 C《米》中等学校 (★4-4-4 学年制で elementary school と senior high school との間にある学校). **míddle-sízed** 形 中型の. **míddlewèight** 名 C 普通の体重の人, 《ボクシング・レスリング・重量挙げ》ミドル級(選手). **Míddle Wést** 名 (the ~) 《米》中西部 (★西は the Rockies, 東は the Alleghenies の間に在って, the Ohio river の北から Kansas や Missouri 両州の南端にわたる地域). **Míddle Wéstern** 形《米》中西部の.

mid·dy /mídi/ 名 C〔くだけた語〕《米》海軍兵学校生徒, 《英》海軍少尉候補生. また女性や子供用のセーラー服形のブラウス (middy blouse).
[語源] midshipman のくだけた語として 19 世紀から.
【複合語】**míddy blóuse** 名 C.

midg·et /mídʒit/ 名 C〔一般義〕一般義 小人(こびと)や一寸法師. その他 超小型のもの.
[語源] midge (ゆすり蚊) +-et. 19 世紀から.

mi·di /mídi/ 名 C〔ややくだけた語〕ふくらはぎの中ほどまでのスカートやコート, ミディ.
[語源] *mid-* から. maxi や mini にならって 20 世紀に造られた.

mid·land /mídlənd/ 名 C 形〔一般語〕一般義 国の中部地方. その他 (the ~) アメリカ中部地方, 《M-s》イングランド中部地方. 形 として内陸の, 中部地方の.

mid·night /mídnait/ 名 U 形〔一般語〕一般義 真夜中, 午前零時. その他 暗黒, 真っ暗やみ. 形 として真夜中の, 真っ暗やみの.
[語源] 古英語 midniht から.
[用例] I'll go to bed at *midnight*. 私は真夜中に就寝することにしている.
[反意語] midday (真昼, 正午); noon (正午).
【慣用句】**as dark [black] as midnight [night]** 真っ暗な. **burn the midnight oil** 夜おそくまで勉強する.

mid·riff /mídrif/ 名 C《解》横隔膜 (diaphragm). また〔くだけた語〕胸部と腰との間の胴の中央部, 《米》胴の中央部を露出する婦人服, ミッドリフ.
[語源] 古英語 midd (=mid) + hrif (=belly) から.

mid·ship·man /mídʃipmən/ 名 C (複 -men) 〔一般語〕《米》海軍兵学校生徒, 《英》海軍士官候補生.
[語源] 船体中央部 (midship) で任務にあたることから a (mid) + shipmen と呼ばれたものが語頭母音消失により, 現在の形になった. 初期近代英語から.

midst /mídst, mítst/ 名 前〔古語〕(the ~または所有格と共に) 真ん中, 中央. 前 として...の中に, ...のさ中に.
[語源] 中英語 in middes (= in the middle) から.
【慣用句】***in our midst*** 我々の中[間](= among us). ***in the midst of*** ......の真ん中に, ...の最中に.

mid·sum·mer /mídsʌmər/ 名 U〔一般語〕真夏, 盛夏, 夏至 (summer solstice) のころ.
【複合語】**mídsummer mádness** 名 U 途方もないばかげた行為 (★真夏の暑さで頭が狂うと考えられたことによる).

mid·term /mídtə:rm/ 名 C 形〔一般語〕一般義 学期や任期や妊娠期間の中間. その他 《米》特に大学の中間試験や大統領の 4 年任期の中間 (★その時に中間選挙が行なわれる). 形 として中間の.

mid·town /mídtaun/ 名 C 形〔一般語〕《米》都市の中央部 (★downtown (商業地区) と uptown (住宅地区) の中間地区を指す).

mid·way /mídwéi/ 形 副 名〔一般語〕ある一定の距離や行程の途中の[中に, で]. 名 として《米》博覧会などの中道(なかみち).

mid·week /mídwí:k/ 名 U 形〔一般語〕週の半ば, 特に水曜日から金曜日. 形 として週半ばの.

Mid·west /mídwest/ 名 (the ~) = Middle West.
【派生語】**Mídwestern** 形 = Middle Western.

mid·wife /mídwaif/ 名 C (複 -wives) 〔一般語〕助産婦, 産婆.
[語源] 古英語 mid (= with) + wif (= woman) から.
【派生語】**midwifery** /mídwaifəri / -wif-/ 名 U 産婆術, 産科学.

mid·win·ter /mídwíntər/ 名 C〔一般語〕(the ~) 真冬, 冬至 (winter solstice) のころ.

mid·year /mídjiər, -jə:r/ 形 C〔一般語〕一年の中間の, 学年の半ばの. 名 として〔くだけた語〕学年中間試験.

mien /mí:n/ 名 U〔文語〕態度, 風采, 様子.
[語源] フランス語の *mine* (= aspect) にならい, 古語 demean (= demeanor) の de がとれて初期近代英語でできたもの.

miff /míf/ 動 本来他 名 C〔くだけた語〕《受身で》相手を怒らせる. 名 として〔古風な語〕ささいなけんかや憤慨.
[語源] 擬音語. 初期近代英語から.
【派生語】**míffed** 形 むっとした.

might¹ /mait/ 助 *may* の過去形. 一般義 ...かもしれない, ...してもよい, もし...が許されるなら, ...できるかもしれない.
[語源] 古英語 mihte から. 古英語 mæg (= to be strong; to be able; to be allowed) の仮定法過去形.
[用例] I thought I *might* find you here. 私はあなたとここで会えるかもしれないと思った / I telephoned her to

ask if I *might* (=if she would allow me to) borrow her book. 彼女に本を貸してもらえないかと尋ねる電話をかけた/You *might* help me wash the dishes. 皿洗いの手伝いをしてくれてもよさそうなものなのに.

[語法] might は複文や間接話法の場合, 主節の述語動詞が過去時制の従属節において用いられる. 仮定法過去形なので本来は可能性については may より少ないが, しばしば may と might はほぼ同じ意味で用いられる.

【慣用句】**might as well ... as ...** ...するくらいなら...したほうがましだ(may (just) as well ... as ...).
【複合語】**míght-have-bèen** 名 C 〔ややくだけた語〕(the ～)実際に期待通りでなかったがそうなったかもしれない事柄, 著名になったかもしれない人.

might[2] /máit/ 名 U 〔文語〕 力, 組織, 自然などの**力**, **勢力**, **権力**.
[語源] may と同起源の古英語 miht, meaht から.
[用例] The *might* of the opposing army was too great for us. 敵の軍隊の兵力は我々にとってあまりに強大なものであった.
【派生語】**míghtily** 副 強く, 猛烈に, 激しく. **míghty** 形 強大な, 力強い, すばらしい. 副 〔くだけた語〕非常に.

mi·graine /máigrein|mí-/ 名 UC 〔一般語〕しばしば吐き気や視力障害などを伴う**偏頭痛**.
[語源] ギリシャ語 hēmikrania (hemi 半分+kranion 頭蓋骨) が後期ラテン語, 古フランス語を経て中英語に入った.

migrant ⇒migrate.

mi·grate /máigreit|-ʹ-/ 動 [本来自] 〔一般語〕 [一般義] 人が仕事を求めて他の場所や外国へ**移動する**, **移住する**. [その他] 鳥や魚などが定期的に生息地を移動する, 渡る, 回遊する.
[語源] ラテン語 migrare (=to change one's abode) が初期近代英語に入った.
【派生語】**mígrant** 名 C ある地域や国などから他へ**移住する人**, 渡り鳥, 回遊魚, 移住[季節]労働者,《オーストラリア》移住者. 形 移住する, 放浪する. **migrátion** 名 UC 人の移住, 鳥, 魚の移動. **mígratory** 形 移住(性)の, 放浪(性)の.

mike /maik/ 名 C 〔くだけた語〕=microphone.

Mike /máik/ 名 圐 男性の名, マイク(★Michael の愛称).

mild /máild/ 形 名 U 〔一般語〕 [一般義] 人, 人柄, 態度などが**温和な**, **優しい**. [その他] 規則などが厳しくなく緩やかな, 病気や痛みが軽い, 薬屋化粧品がきつくない, 味など強くはなくまろやかな, また天候などが**温暖な**, のどかな. 名 として《英》苦みの少ないマイルド(ビール).
[語源] 古英語 mild(e) から.
[用例] I can't understand why you are afraid of the new headmaster—he's such a *mild* man. なぜあなたが新任の校長をいやがっているのか分からない. 彼はとても穏やかな人ですよ/It is very *mild* today. 今日は大変のどかだ/This curry is very *mild*. このカレーはまろやかな味だ.
【派生語】**míldly** 副 温和に, 優しく, 控えめに. **míldness** 名 U 温和, 優しさ, 控えめ.

mil·dew /míldju:/ 名 U [本来名] 〔一般語〕 [一般義] 植物のうどん**粉病**. [その他] 紙や革などに生じる白いかび (mould). 動 としてかびを**生やす**, かびが**生える**.

[語源] mil-(=honey)+dēaw(=dew) から成る古英語 mildēaw から.

mile /máil/ 名 C 〔一般語〕 [一般義] **マイル**(★1,760 ヤード, 1.61km) [その他] 《複数形で》かなりの**距離[程度]**,《the ～》1 マイル競走.
[語源] ラテン語 mile, mille (=thousand) の複数形 milia, millia が古英語に導入され, mīl (=one thousand paces) となった.
[用例] We walked ten *miles* today. 私達は今日 10 マイル歩いた.
【派生語】**míleage** 名 UC または《a ～》総マイル数, 車の走行距離, マイル当たりの旅費手当. **míler** 名 C 1 マイル走者.
【複合語】**mileometer** /mailámətər|-lɔ́m-/ 名 C 走行距離計. **mílepòst** 名 C マイル標識. **míle ràce** 名 C 1 マイル競走. **mílestòne** 名 C 里程標, 一里塚, 歴史, 人生での画期的な事件.

mi·lieu /mi:ljú:|mí:ljə/ 名 C 〔形式ばった語〕社会的**環境**, 文化的な**状況**.
[語源] 古フランス語 mi-(=mid)+lieu(=place) によるフランス語 (=environment) が 19 世紀に入った.

militancy ⇒militant.

mil·i·tant /mílətənt/ 形 C 〔一般語〕 [一般義] 主義, 主張などを推し進めるのに**攻撃的な**. [その他] 戦闘状態にある, あるいは交戦中の. 名 として**好戦的な人**.
[語源] ラテン語 militare (=to be a soldier) の現在分詞 militans が中英語に入った.
【派生語】**mílitancy** 名 U.

militarism ⇒military.

militarist ⇒military.

militarize ⇒military.

mil·i·tary /mílətəri|-təri/ 形 C 〔一般語〕 [一般義] **軍(隊)の**. [その他] 軍人の, 軍事的な, 軍用の, 陸軍の. 名 として《the ～; 集合的に》**軍隊**, 軍人.
[語源] ラテン語 miles (=soldier) の派生語 mililaris (=of a soldier) が中フランス語 militaire を経て初期近代英語に入った.
[語法] military service (兵役) という場合は海軍 (navy) を含む.
[対照版] civil (市民の); naval (海軍の).
【派生語】**mílitarily** 副 軍事上, 軍事的に. **mílitarism** 名 U 軍国主義. **mílitarist** 名 C 軍国主義者. **militarístic** 形 軍国主義の. **mílitarize** 動 [本来名] 軍国化する, 軍国主義を吹きこむ.
【複合語】**mílitary acàdemy** 《the ～》陸軍士官学校. **mílitary polìce** 《the ～; 集合的に》憲兵隊 (〔語法〕MP, M.P. と略す). **mílitary policeman** 名 C 憲兵.

mil·i·tate /míliteit/ 動 [本来自] 〔やや形式ばった語〕事実や状況などを強力に**影響する**, **作用する** 《against; for》.
[語源] ラテン語 militare (=to be a soldier) が初期近代英語に入った.
[用例] This evidence of his bad behaviour *militated* against his being chosen for the team. 彼の品行の悪さを示すこの証拠があったのでそのチームに選ばれることに不利に作用した.

mi·li·tia /məlíʃə/ 名 C 〔一般語〕 義勇軍, 国民軍, 《米》正規軍に対抗する極右武装組織.
[語源] ラテン語 (=soldiery) が初期近代英語に入った.
【派生語】**milítiaman** 名 C 民兵, 義勇兵.

milk /mílk/ 名 U 動 本来他 〔一般語〕 一般義 乳, 母乳. その他 特に牛乳, ミルク. また植物の胚乳, 果汁, 乳剤,《俗語》精液. 動 として, 動物の乳を搾る, 乳汁を搾り出す, 動物が授乳する. 乳以外のものを搾ることに用いられること,〔くだけた語〕人から搾り取る, 甘い汁を吸う, 食い物にする, ひいては搾取する, 奪い取る, 金をまんまと引きだす, 情報を少しずつ聞き出す, また盗聴するなどの意.

語源 古英語 meolc, milc から.

用例 It is thought that babies are healthiest if fed on their mother's *milk*. 赤ちゃんは母乳で育てられると最も健康だと考えられている/The farmer *milks* his cows each day. 酪農家は毎日牛の乳を搾る/The blackmailer *milked* his victims of [for] huge amounts of money. ゆすり屋は莫大な金をカモからまきあげた.

日英比較 milk は一般に牛乳 (cow's milk) を指し, 母乳は human [breast; mother's] milk のようにいう. 乳幼児に飲ませる母乳以外の調合された粉乳は formula と特にいう. 日本語「ミルク」は牛乳の他に, コーヒーに入れるクリーム (coffee cream; cream) やコンデンスミルク (condensed milk) も指す. ミルクを用いたカタカナ語の複合語は次のようにいう: ミルクコーヒー coffee with [and] cream [milk],《英》white coffee/ ミルクティー tea with milk.

【慣用句】 *as white as milk* 真っ白で. *a land with [of] milk and honey* = *a land flowing with milk and honey*〔聖〕乳と蜜の流れる地《★神がイスラエル民族に約束した実り豊かな地 Canaan のこと》. *in milk* 人や動物の乳が出る状態の. *in [out of] the milk* 穀物が熟しきっていない[熟し始めて]. *milk and water* 水で薄めた牛乳,〔くだけた表現〕気のぬけた談義, めそめそした感情. *milk for babes [babies]*〔聖〕書物, 説教などが子供向きのもの《コリント人への手紙第 1 の手紙 3:2》. *the milk in the coconut*〔くだけた表現〕物事の要点, 核心, 原因. *the milk of human kindness*〔文語〕自然の人情, 優しく深い情《Shakespeare, *Macbeth* I, v, 18》.

【派生語】 **mílkiness** 名 U. **mílking** 名 U 搾乳: a *milking* machine 搾乳器. **mílky** 形 乳のような, 乳状の, 乳白色の, 不透明な, 乳のよく出る, おとなしい, 柔弱な, 臆病な: **Milky Way** (the ~) 銀河, 天の川 (Galaxy).

【複合語】 **mílk bàr** 名 C ミルクバー, ミルクスタンド《★牛乳, アイスクリーム, サンドイッチなどを売るスタンド式の店》. **mílk bòttle** 名 C 牛乳びん. **milk chócolate** 名 U ミルクチョコレート (⇔plain chocolate). **mílk càr** [《英》**flòat**] 名 C 牛乳配達用の小型電動車. **mílkmàid** 名 C 乳搾り女. **mílkmàn** 名 C 牛乳屋さん, 牛乳配達人. **mílk pòwder** 名 U 粉ミルク. **mílk ròund** 名 C 牛乳配達区域, 定期的に訪れる所. **mílk rùn** 名 C〔くだけた語〕牛乳配達(のコース), 通いなれた道[旅], 決まりきった仕事. **mílk shàke** 名 C ミルクセーキ. **mílksòp** 名 C〔古風な語〕《英》ミルクに浸したパン切れ《★病院や乳児用の食事》, 弱虫, 腰抜け. **mílk sùgar** 名 U 【生化】乳糖, ラクトース (lactose). **mílk tòast** 名 U ミルクトースト《★温めた牛乳に浸したトースト》. 形 活気のない, なまぬるい, 腰抜けの, 弱虫の. **mílk tòoth** 名 C《英》乳歯《《米》baby tooth; deciduous tooth》. **mílk-whíte** 形 乳白色の.

mill /míl/ 名 C 動 本来他 〔一般語〕 一般義 製粉所, 製粉工場(flour mill). その他 動力が水の場合は水車小屋, 風車場, 風の場合は風車小屋となる. また一般的に広い意味の工場, 製造所, 粉をひく製粉機, ひき臼(ウス), 精米[麦]機, コーヒーやこしょうなどのひき器, 果物や野菜の汁をしぼり取る圧搾機. 比喩的に機械的に人や物事を処理する公共機関や制度, 乱雑に免許証や卒業証書を製造発行する施設を指し, divorce *mill* (離婚裁判所), diploma *mill* (マスプロ教育の学校) のように用いる. 動 としては, 穀物をひき臼でひく, 製粉する, 物を粉砕器, 圧搾器, 研磨機, 切断機などにかける, 硬貨のへりにぎざぎざをつける. 自 粉になることから比喩的に人の群れがうろうろする.

語源 ラテン語 *mola* (=millstone) に由来する古英語 mylen から.

用例 The farmer took his corn to the *mills*. 農民が穀物を製粉所に持って行った/a paper *mill* 製紙工場/This flour was *milled* locally. この粉は当地で製粉された.

関連語 factory.

【慣用句】 *draw water to one's own mill* 我田引水する. *go [pass] through the mill*〔くだけた語〕厳しい訓練を受ける, 苦しい経験をする. *mill around [about]* 人が群れる, うごめく: There's huge crowd of people *milling around* in front of the theater. 大群衆が劇場正面のあたりひしめいている. *put through the mill* 人につらい経験をさせる.

【派生語】 **míller** 名 C 製粉業者.

【複合語】 **mílling machìne** 名 C フライス盤. **míllpònd** 名 C 水車用貯水池,《こっけい》大洋, 特に北大西洋. **míllràce** 名 C 水車用導水路, 水車を回す水流. **míllstòne** 名 C 臼石, 石臼, 押しつぶすもの, 精神的重荷. **míll whèel** 名 C 水車, 製粉機の水車(ミズグルマ), 車輪. **míllwrìght** 名 C 水車大工, 工場の機械修理工.

mil·len·ni·um /miléniəm/ 名 C《複 ~s, -nia》〔やや形式ばった語〕 一般義 一千年の期間, 千年紀. その他《the ~》〔神〕キリストが再臨して地上を統治するという至福千年, また未来における平和と繁栄の黄金時代.

語源 近代ラテン語(ラテン語 *mille* thousand+*annus* year) が初期近代英語に入った.

milli- /mili-/連結 メートル法の「1000 分の 1」を表す.

語源 ラテン語 *millesimus* (=thousandth) から.

mil·li·bar /míləbɑːr/ 名 C《気》ミリバール《★気圧の単位, 1000 分の 1 バール; 現在はヘクトパスカル (hectopascal) を用いる》.

mil·li·gram,《英》 **-gramme** /míləɡræm/ 名 C〔一般語〕ミリグラム《★1000 分の 1 グラム; mg と略す》.

mil·li·li·ter,《英》 **-tre** /míləlìːtər/ 名 C〔一般語〕ミリリットル《★1000 分の 1 リットル; ml と略す》.

mil·li·me·ter,《英》 **-tre** /míləmìːtər/ 名 C〔一般語〕ミリメートル《★1000 分の 1 メートル; mm と略す》.

mil·li·ner /mílənər/ 名 C〔古風な語〕女性用帽子製造業者.

語源 「Milan の人」を意味する廃語 Milaner が中英語に入った. イタリアのミラノが女性用装身具で有名であったことから.

【派生語】 **míllinery** 名 U 女性用帽子類.

mil·lion /míljən/ 名 C 形〔一般語〕【一般義】100万. その他 100万個, 100万ドル, 100万ポンドなどを指し, さらに《複数形で》数百万, 多数, 無数の意. 形 として 100万の, 多数の.
語源 古イタリア語 *milione* (ラテン語 *mille* thousand+*-one* 拡大接尾辞) が古フランス語を経て中英語に入った.
用例 Her fortune amounts to several *million*(s). 彼女の財産は数百万ポンド[ドル]になる/*millions* of people 何百万という人々.
関連語 hundred; thousand; billion.
【慣用句】 *a* [*an*] *... in a million* 百万に一人[一つ]の人[物], かけがえのない人[物], まれにみる人[物], 第一級の人[物]《語法》 one in a million は one in a thousand より強調的》.
【派生語】 **míllionfold** 形 副 百万倍の[に]. **millionaire** /mìljənέər/ 名 C 百万長者, 大金持(⇒billionaire).

milt /milt/ 名 UC 動 本来belongs 〔一般語〕雄の魚の精液, また精巣, 白子. 動 として, 魚の卵を受精させる.
語源 古英語 milte (=spleen) から.

Mil·ton /míltən/ 名 固 ミルトン John Milton(1608-74)《★英国の詩人》.

mime /maim/ 名 UC 動 本来他 〔一般語〕【一般義】言葉を用いない身振りや手ぶり. その他 体の動きだけで行う無言[道化]芝居, パントマイム, それを演じる道化師, 無言芝居役者, ものまね師. 動 として身ぶりで演技する.
語源 ギリシャ語 *mimos* (=imitator) がラテン語 *mimus* を経て初期近代英語に入った.

mim·e·o /mímiou/ 名 C 〔やや古語〕謄写版印刷物《★mimeograph の略》.

mim·e·o·graph /mímiəgræf|-grɑːf/ 名 C 動 本来他 〔やや古語〕謄写版, 謄写版で刷られた印刷物. 動 として, 謄写版で刷る.
語源 もと商標名. ギリシャ語の *mimeomai* (=I imitate) から 19世紀に造語された.

mi·met·ic /mimétik/ 形 〔一般語〕まねの, 芸術などで模倣の, 《生》擬態の.
語源 ギリシャ語 *mimeisthai* (=to imitate) から派生した *mimētikos* が初期近代英語に入った.

mim·ic /mímik/ 動 本来他 《過去・過分 -icked; 現分 -icking》名 C 形〔一般語〕【一般義】人の動作や言葉をふざけたり, ばかにしたりしてまねる. 動 よく似る, 見せかける, ふりをする, 《生》色や形の面で擬態する. 名 として模倣者, 物まね上手な人[役者], 模造品, 模擬店. 形 として模造の, にせの, まねの上手な.
語源 ギリシャ語 *mimos* (⇒mime) から派生した *mimikos* (=imitative) がラテン語 *mimicus* を経て初期近代英語に入った.
用例 The comedian *mimicked* the Prime Minister's way of speaking. コメディアンは総理大臣のしゃべり方の物まねをした/*mimic* tears そら涙/*mimic* coloring 動物の保護色.
類義語 ⇒imitate; copy.
関連語 ape.
【派生語】 **mímicry** 名 UC まね, 模倣, 模造品, 《生》擬態.

min. 《略》=mineralogy; minimum; mining; minute(s).

min·a·to·ry /mínətɔːri|-təri/ 形 〔形式ばった語〕威嚇的な, 脅しの.

語源 ラテン語 *minari* (=to threaten) から派生した後期ラテン語 *minatorius* が初期近代英語に入った.

mince /mins/ 動 本来他 〔一般語〕【一般義】肉などを細かく切り刻む, 機械でひき肉にする. その他 気取って小刻みにせかせか歩く. 名 として細かく刻んだ肉, ひき肉.
語源 ラテン語 *minuere* (⇒minute) に由来する俗ラテン語 *minutiare* (=to diminish) が古フランス語 *mincier* を経て中英語に入った.
【慣用句】 *not mince* (*one's*) *words* 歯に衣を着せずに言う.
【派生語】 **míncer** 名 C ひき肉機. **míncingly** 副 気取って, 澄まして.
【複合語】 **míncemèat** 名 U ミンスパイにつめるための干した果物や香料などを混ぜたもの. **mínce píe** 名 CU ミンスパイ. **míncing machìne** 名 C =mincer.

mind /máind/ 名 CU 動 本来他 〔一般語〕【一般義】考えたり意識したりする力としての心, 精神. その他 考え方, 感じ方, また思考力, 知力, 知性, 知能, さらに意思, 考えから意向, 気持ち, 好み, 願望, 関心, 注意. 意味が発展して記憶(力), 回想につながると同時に, 理性, 正気, 平静さ, 知性や心の持ち主としての人間の意. 動 としては, 物, 事, 人に注意を払う, 心がける, さらに心配する, 気にする, 注意するなどの意味から嫌がる, また子供や動物, 店などの世話をする, 番をする, 《米》人の言うことを聞く, 服従するなどを表す.
語源 古英語 *gemynd* (=memory) から.
用例 Her ten-year-old daughter already has the *mind* of an adult. 彼女の十歳の娘はもうすでに大人の知性をもっている/Some of our best *minds* are emigrating to better-paid jobs abroad. わが国の最も優れた頭脳の持ち主の中には高給の職業を求めて海外に移住する人がいる.
類義語 mind; heart; soul; spirit: **mind** は心を意味する語であるが, 主に頭脳の働きを示す知性, 知力を指す. **heart** は心の感情面を強調する語. **soul** は人間の精神, 思想, 感情などの根元となる霊魂を指す. **spirit** は生命の根源の力としての生気, 息吹きを指す.
関連語 head; brain; intellect; intelligence.
対照語 body.
【慣用句】 *bear ... in mind* ...を心に留める. *be in* [*of*] *two minds about* ... ...について決心がつかない, 迷っている. *be of* [*in*] *one* [*the same*] *mind with ...* ...と同じ意見である. *be off ...'s mind* ...の気にならない, ...にとって安全である. *be on ...'s mind* =*be on the mind of* ... ...の心にかかっている, 気にしている. *bring* [*call*] *... to mind* ...を思い出す. *change one's mind* 気[考え]が変わる. *come to* [*into*] *...'s mind* =*cross* [*enter*] *...'s mind* ...の心[頭]に浮かぶ, 思いつく. *Do you mind if ... ?* ...してもよいですか. *Do you mind doing ... ?* ...してくれませんか. *give ... a piece of one's mind* 人を叱りとばす, 人にずけずけ言う. *give one's mind to ...* ...に専念する. *go out of ...'s mind* 人, 物, 事が人に忘れられる. *go out of one's mind* 気が狂う. *have a mind to do* ...したい気持ちにかられる. *have ... in mind* ...を考えている, 計画中である; =*bear ... in mind*. *have ... on one's mind* ...を気にかけている, ...のことを考えている. *if you don't mind* もしよかったら, さしつかえなかったら. *keep ... in mind* =*bear ... in mind*. *keep one's mind on ...* ...に注意を集中する,

念する. ***make up one's mind*** 決心する, 覚悟を決める, 結論をくだす, 仕方がないと思う. ***mind (you)*** 《挿入的に》いいですか, よく聞いて下さい. ***Never mind.*** 気にするな. ***out of one's mind*** 気が狂って, 悲しみや怒りで理性を失って, 我を忘れて. ***put ... in mind of*** ... 人に...を思い出させる. ***set one's mind on*** ...を固く決意する, ...を熱望してやまない. ***slip ...'s mind*** 思い出せない, 思いつかない. ***speak [say; tell; disclose; open] one's mind*** 思うことをはっきり言う. ***take ...'s mind off*** 人の気[注意]をそらす. ***to my mind*** 私の考えでは. ***turn one's mind to*** ...に注意[関心]を向ける. ***Would you mind doing?*** ...していただけませんか. ***Would you mind if ...*** ...してもかまいませんか.

【派生語】**mínded** 形 《複合語で》...の心を持った. **mínder** 名 C《英》世話する人. **míndful** 形〔形式ばった語〕心に留める, 注意する. **míndless** 形 思考力を必要としない, 愚かな.

【複合語】**mínd rèader** 名 C 読心術者. **mínd rèading** 名 U 読心術. **mínd's èye** 名 C 心の目, 心眼: in one's *mind's eye* 心の中で, 想像上.

mine¹ /máin/ 代〔一般語〕一般義 I の所有代名詞で, 私のもの. その他《a, this, that, no など+名詞+of +~で》私の....
用例 This is your wallet—*mine* is in the portable safe. これはあなたの札入れだ. 私の手提げ金庫の中にある/Some of his books were saved from the fire, but most of *mine* are missing. 彼の本のうち何冊かは火災を免れたが, 私の本は大部分消失してしまっている/an old friend of *mine* 私の古くからの友人
《語法》my old friend は聞き手がどの友人か分かっている場合に用いる.

mine² /máin/ 名 C 動 本来他〔一般語〕一般義 鉱山. その他 鉱山の中にある鉱床, 採掘坑, 軍隊が爆弾などを仕掛けるための坑道, そこに仕掛ける機雷, 地雷, 水雷, また打ち上げ花火を指す. 比喩的に知識, 情報などの宝庫, 蓄積, 豊かな源となっている人[物]. 動 として, 鉱石などを採掘する, 坑道を掘る, 機雷などを敷設する, 爆破する.
語源 ケルト語起源のラテン語 *mina* (=ore) から中フランス語を経て中英語に入った.
用例 My father worked in the *mines* for ten years. 父は鉱山で10年働いた/a *mine* of information 豊かな情報の源/*mine* for diamond ダイヤモンドを採掘する.
関連語 quarry²; dig; source.
【慣用句】***lay a mine*** 地雷[機雷, 水雷]を仕掛ける, 人を敗北させようと企てる. ***spring a mine*** 地雷[機雷, 水雷]を爆破させる, 人に不意打ちをくわせる.
【派生語】**míner** 名 C 鉱夫, 坑夫, 採鉱業者, 地雷敷設部. **míning** 名 U 採鉱, 採掘, 鉱山業, 採鉱業.
【複合語】**míne detèctor** 名 C 電磁式地雷[機雷, 水雷]探知機. **mínefìeld** 名 C【軍】地雷[機雷, 水雷]敷設区域, 地雷[機雷, 水雷]原, 比喩的に目に見えない危険の多い場所, 難所. **mínelàyer** 名 C【海軍】機雷[水雷]敷設艦[機]. **mínesweèper** 名 C【海軍】機雷を除去する掃海艇. **mínesweèping** 名 U【海軍】掃海作業.

min·er·al /mínərəl/ 名 C 形 一般語 鉱物. その他 鉱石, 無機物[質], ミネラル, 《複数形で》《英》炭酸水 (mineral water). 形 として 鉱物の, 無機質の.

語源 ラテン語 *minera* (=mine) から派生した 形 *mineralis* が中英語に入った.
用例 What *minerals* are mined in this country? どんな鉱石がこの国では採掘されますか.
関連語 animal; planet; ore.
【派生語】**mìneralógist** 名 C 鉱物学者. **mineralógy** 名 U 鉱物学.
【複合語】**míneral kíngdom** 名 (the ~)鉱物界. **míneral òil** 名 U 鉱油. **míneral spríng** 名 C 鉱泉. **míneral wàter** 名 UC 鉱泉水, ミネラルウォーター;《英》炭酸水(minerals), 清涼飲料水.

Mi·ner·va /minə́ːrvə/ 名 固〔ロ神〕ミネルバ(★芸術, 戦術, 知恵の女神).
語源 ラテン語 mēns (=mind) と同起源. 中英語に入った.

min·gle /míŋgl/ 動 本来他〔やや文語〕混ぜる, 混合する. 自 混ざる, 人と交わる.
語源 古英語 mengan から.

min·gy /míndʒi/ 形〔くだけた語〕《英》欲が深くてけちけちしている.
語源 mean+stingy. 20世紀になってできた語.

mini /míni/ 形 C〔くだけた語〕婦人服やスカートなどが非常に短い, 物が小型の. 名 として ミニスカートや小型自動車.

mini- /míni/ 連結「小型の」「非常に小さい」の意. miniature または minimum の短縮形.

min·ia·ture /míniətʃər/ 名 C 形〔一般語〕一般義 本物に似せて作った小型模型, 縮小模型. その他 比喩的に縮図, 映画やテレビの特殊撮影用セット, 小型カメラ(miniature camera),【絵】細密画, 小画像, 写本などの彩飾画,《米》小品, 小曲. 形 として 小規模の, 細密画の.
語源 イタリア語 *miniatura* (細密画) から初期近代英語に入った. ラテン語 *minium* (鉛丹) から派生した「赤い顔料を塗る」の意の動詞の過去分詞に由来する.
用例 *miniature* garden 箱庭.
【慣用句】***in miniature***《名詞の後に用いて》小規模の, 小型の, 縮小した: That boy is his father *in miniature*. あの少年は父親そっくりだ.
【派生語】**míniaturist** 名 C 細密画家. **mìniaturizátion** 名 U. **míniaturize** 動 本来他 物を小型に製造する, 縮小化する.

min·i·bike /mínibaik/ 名 C〔一般語〕《米》小型オートバイ.

min·i·bus /mínibʌs/ 名 C〔一般語〕10人ほどが乗れる小型バス.

min·i·cab /mínikæb/ 名 C〔一般語〕《英》電話呼び出しの小型タクシー.

min·i·car /mínikɑːr/ 名 C〔一般語〕小型自動車(《米》subcompact car).

minimal ⇒minimum.

minimalism ⇒minimum.

minimize ⇒minimum.

min·i·mum /mínəməm/ 名 C 形〔一般語〕一般義 物事の最小限, 最低限. その他 一般に最小限度, 最低限度になる状態をさし, 具体的には**最小[最低]の**[数, 点, 値, 速度]などを示す. 形 として 最小限[最低限]の, 極小の.
語源 ラテン語 *minimus* (=smallest) の中性形が初期近代英語に入った.
用例 He built a new house at a *minimum* of

expense. 彼は最小限度の費用で家を新築した/the *minimum* temperature at which water remains liquid 水が液体のままで存在する最低温度.
対照語 maximum.
【派生語】**mínimal** 形 最小限の, 最低の. **mínimalism** 名 U 【芸】ミニマリズム《装飾性を最小限に押える》. **mínimally** 副. **mínimize** 動 《本来自》最小限にする, 最低限に見積もる, 軽く扱う.
【複合語】**mínimum wáge** 名 C 《通例単数形で》法定の**最低賃金**, 生活賃金.

min·ion /mínjən/ 名 C 《やや軽蔑的な語》ご機嫌とりがうまい**寵臣**(ちょうしん)や**お気に入り**, 奴隷のような**手先**, **子分**.
語源 フランス語 *mignon* (=favorite; darling) が初期近代英語に入った.

min·i·skirt /mínɪskəːrt/ 名 C 〔一般語〕ミニスカート(mini).
関連語 maxi, midi.

min·is·ter /mínɪstər/ 名 C 動《本来自》〔一般語〕
一般義 《しばしば M-》日本, イギリス, ヨーロッパなどにおける現職の**大臣**《★アメリカでは Secretary を用いる》. その他 元々召使いの意で, ここから任命されて国家の仕事をする大臣や国家を代表する**公使**, **外交官節**《★ambassador (大使) より下位》. また教会の仕事を行なう権限を与えられた人の意からプロテスタントの**聖職者**, **教職者**, 《英》非国教会, 長老教会の**牧師**, 《米》プロテスタントの**牧師**. 動 として《形式ばった語》人などに**奉仕する**, **尽力する**, **世話をする**, **聖職者を務める**, **礼拝を行う**.
語源 ラテン語 *minister* (=servant; *minis* less + *-ter* 名詞接尾辞) が古フランス語を経て中英語に入った.
用例 Cabinet *Ministers* 閣僚/the United States *Minister* to Japan 駐日米国公使/He is a *minister* of the local Presbyterian church. 彼は地元の長老派教会の牧師だ.
関連語 priest; vicar; rector; pastor; clergyman.
【派生語】**mìnistérial** 形. **mìnistrátion** 名 U 奉仕, 援助. **ministry** 名 ⇒見出し.
【複合語】**mínistering ángel** 名 C 救いの天使[神]《《聖》マルコ 1:13》, 〔文語〕比喩的に看護婦.

min·is·try /mínɪstri/ 名 C 《⇒minister》〔一般語〕一般義 《しばしば M-》**省**《《米》department》. その他 《しばしば M-》**内閣**(cabinet), 行政的には**大臣の地位**[**職務**, **任期**], 宗教的には**牧師の地位**[**職務**, **任期**], 抽象化されて**奉仕**, **援助**.
語源 ⇒minister.
用例 the *Ministry* of Finance [Foreign Affairs] 財務[外務]省/The Prime Minister formed a new *ministry*. 総理大臣は新内閣を組織した/His *ministry* lasted for fifteen years. 彼は牧師として 15 年間勤めた.

mink /mɪŋk/ 名 CU 【動】ミンク《★北米原産のイタチ科の哺乳動物》, その毛皮, ミンクの**女性用コート**[肩掛け].
語源 スカンジナビア語起源. 中英語に入った.

min·now /mínoʊ/ 名 C 【魚】ひめはや《★ヨーロッパ産のコイ科の細長い小魚》, うぐいやはやなどの淡水小魚や他のコイ科の小魚.
語源 古英語 *myne* から.
【慣用句】***Triton among* [*of*] (*the*) *minnows***. 鶏群の一鶴(つる), ざこの中のえび.

mi·nor /máɪnər/ 形 C 動《本来自》〔一般語〕
一般義 二者のうち大きさ, 範囲, 程度, 数, 量などが**小さい方の**, **少ない方の** (⇔lesser) 《語法 than や to を後に伴わない; lesser より形式ばった語》. その他 物事が比較的重要[重大]でない, **二流の**, **生命にかかわることがない** 《語法 この意味では未成年の, 《米》学科や分野が**副専攻の**, **副次的の**. 名 として**未成年**, **二流の人**, **副専攻科目**[**課程**], 【楽】**短音階**. 動 として《米》科目を副専攻科目として学ぶ (in).
語源 ラテン語 (=smaller; inferior; younger) が中英語に入った.
用例 He has a *minor* post in the new cabinet. 彼は新しい内閣であまり重要でない地位についた/She has to go into hospital for a *minor* operation. 彼女は入院して小手術を受けなければならない.
対照語 major.
【慣用句】***in a minor key*** 【楽】短音階の, 一般に憂うつな気持で, 沈んだ調子で.
【派生語】**minórity** 名 C **少数**(⇔majority), **少数派**, **小数民族**, 法律 **minority group** 少数民族.
【複合語】**mínor léague** 名 C 《米》マイナーリーグ (⇔ major league) 《★プロ野球などで下位のプロスポーツ連盟》. **mínor plánet** 名 C **小惑星**.

min·ster /mínstər/ 名 C 元々修道院付属であった**大聖堂**や**大教会堂**.
語源 後期ラテン語 *monasterium* (=monastery) に由来する古英語 *mynster* から.

min·strel /mínstrəl/ 名 C 〔一般語〕中世の**旅芸人**, **吟遊楽人**[**詩人**], また minstrel show の役者.
語源 後期ラテン語 *ministerialis* (=servant; jester) が古フランス語を経て中英語に入った.
【派生語】**mínstrelsy** 名 U 吟遊楽人[詩人]の芸[詩, 音楽, 歌], 旅芸人の一座.
【複合語】**mínstrel shòw** 名 C 白人が顔を黒くメーキャップし, ミュージカル風に劇を演じるミンストレルショー.

mint[1] /mɪnt/ 名 C 形 動《本来他》〔一般語〕一般義 **造幣局**. その他 《くだけた語》《a ~》**多額の金**. 形 として, コインや切手などが出たばかりで**新品の**. 動 として《受身形で》貨幣を**鋳造する**, 新語や新製品を**造り出す**.
語源 ラテン語 *moneta* (=money) に由来する古英語 *mynet* (=coin) から.

mint[2] /mɪnt/ 名 CU 【植】はっか《★しそ科の多年草》, 香料, 薬味としてのはっか, はっか入り砂糖菓子.
語源 古英語 *minte* から.
【複合語】**mínt sàuce** 名 U ミントソース《★はっかの葉と砂糖と酢を加えたソースで, 子羊の焼き肉用》.

min·u·et /mìnjuét/ 名 C 【楽】メヌエット《★17 世紀から 18 世紀にかけて宮廷で踊られた 3 拍子の優雅な舞踏》.
語源 フランス語 *menu* (=small) の派生形 *menuet* (=dainty) が初期近代英語に入った.

mi·nus /máɪnəs/ 前 形 C 【数】引算などである数や量を引いた, 《くだけた語》**...ぬきの** (without), **欠けて** (lacking). 形 としてマイナスの, 数や電気が負の, 陰の, 温度が**氷点下の**, ある点数より**劣る**, **以下の**. 名 として**マイナス**《記号》, **負号**, **負量**, **負数**, **欠損**, **不足**.
語源 ラテン語 *minor* (=less; inferior; smaller) の中性形が中英語に入った.
用例 Ten *minus* two equals [is] eight. 10 引く 2 は 8/The temperature was *minus* four (degrees)

today. 今日の温度は零下 4 度だった.
[日英比較] 日本語では「マイナス」をかなり広い範囲で用いるが, 英語では欠点, 不利を指す時は disadvantage, handicap, problem を用い, 企業や家庭の会計上のマイナス, すなわち赤字, 欠損を指す時は red, loss, deficit を用い, 血液検査の結果が陰性の時は negative を用いる. 数学でマイナスの数は通常 negative number という. また「マイナス・イメージ」は bad [negative] image, 経済などの「マイナス成長」は negative (economic) growth という.
[対照語] plus.
【複合語】 **mínus sìgn** 名 C 負号, 減法[マイナス]記号 《-》(⇔plus sign).

mi·nus·cule /mínəskjuːl/ 名 C 形〔印〕印刷用の小文字活字. 形 として非常に小さい, ちっぽけな.
[語源] ラテン語 *minuscula* (＝very small letter) がフランス語を経て 18 世紀に入った.

min·ute[1] /mínit/ 名 動 [本来は]〔一般語〕[一般義] 時間や角度の単位の分(☆)(〔語法〕m, min と略す; ′の符号で示す).[その他]〔くだけた語〕瞬間, ちょっとの間. またちょっと書いた文書, メモの意から会議などの**議事録**, 原稿などの**下書き, 覚え書き**. 動 として**時間を正確に計る, 草稿を作成する, 議事録に記入する**.
[語源] ラテン語 *minutus* (＝made small) の女性形が古フランス語を経て中英語に入った. 分の意味は付けラテン語の *para minuta prima* (＝first small part) による.
[用例] It is ten *minutes* to [《米》before;《米; くだけて》of] nine. 9 時 10 分前です/an angle of 47°50′ (＝forty-seven degrees, fifty *minutes*) 角度 47 度 50 分/The chairman asked for this decision to be recorded in the *minutes*. 議長はこの決議を議事録に記載するように要求した.
[関連語] hour; second[2].
【慣用句】 *(at) any minute* 今すぐにも. *at the (very) last minute* 間際になって, 土壇場になって. *by the minute* 刻一刻と. *every minute* 刻々と, 今か今かと. *in a few minutes* 2, 3 分で. *in a minute* すぐに. *in the matter of minutes* 比較的短時間で. *not for a [one] minute [moment; second]* 全く…ない, 決して…ない. *talk a mile a minute*〔俗語〕早口でしゃべりまくる, まくしたてる. *the minute (that)* … …するとすぐに(as soon as). *There's one born every minute*.《ことわざ》いつでもカモになる奴はいるものさ. *to the minute*〔くだけた表現〕**1 分も違わずに, きっかり** (exactly). *up to the minute*〔ややくだけた表現〕**最新の[で], 最新流行の[で]**.
【複合語】 **mínute bòok** 名 C 議事録(minutes), 覚書帳. **mínute hànd** 名 C 時計の分針, 長針(⇔hour hand). **mínuteman** 名 C 《米史》独立戦争の時の民兵である緊急召集兵, (M-) ミニットマン《★三段式大陸間弾道弾》.

min·ute[2] /mainjúːt/ 形〔一般語〕目に見えないくらい**微小な, 微細な**.[その他]物事が綿密な, 精密な, 記述や描写が**詳細をきわめた, また取るに足らない, ささいな, 注意などが細心な**.
[語源] ラテン語 *minuere* (＝to make smaller) の過去分詞 *minutus* (＝small) が中英語に入った.
[用例] *minute* differences ごくわずかの相違/A *minute* examination revealed small fleck of blood on the coat. 細心の検査によって上着にごく微量の血痕が付着しているのが明らかになった.
[類義語] little; small; fine; tiny.
【派生語】 **minútely** 副. **minúteness** 名 U.

mi·nu·ti·ae /mainjúːʃiiː/ 名《複》〔形式ばった語〕《the ～》取るに足らない**細かい点, 詳細**.
[語源] ラテン語 *minutus* (⇒minute[2]) から派生した後期ラテン語 *minutia* (＝smallness) の複数形が 18 世紀に入った.

minx /míŋks/ 名 C〔軽蔑的な語〕生意気で浮ついた娘[女].
[語源] 不詳. 初期近代英語から.

mir·a·cle /mírəkl/ 名 C〔一般語〕[一般義] 人間わざでは考えられない**奇跡**の意から, 神わざとも言うべき**驚異, 奇跡的出来事, 驚異的実例, 不思議な事物[人]**.
[語法] a *miracle* of で「驚くほど立派な, 驚異的な」の意: a *miracle* of originality 驚嘆すべき独創性.
[語源] ラテン語 *mirari* (to wonder at) から派生した *miraculum* が中英語に入った.
[用例] It's a *miracle* he wasn't killed in the plane crash. 飛行機の墜落事故で彼が死ななかったのは奇跡的出来事であった.
[類義語] wonder.
【派生語】 **miráculous** 形 奇跡的な. **miráculously** 副 奇跡的に, 不思議にも. **miráculousness** 名 U.
【複合語】 **míracle plày** 名 C 奇跡劇《★キリストや聖人の行なった奇跡や事蹟を扱った中世の劇》. **míracle drùg** 名 C 妙薬, 新特効薬.

mi·rage /mirɑ́ːʒ/ 名 C〔やや形式ばった語〕[一般義] **蜃気楼(んき)やかげろう, 逃げ水**.[その他] **妄想, 幻想**.
[語源] ラテン語 *mirāri* (＝to wonder at) に由来するフランス語 *mirer* (⇒mirror) の派生形 *mirage* が 19 世紀に入った.

mire /máiər/ 名 U 動[本来は]〔文語〕[一般義] **沼地や湿地. 泥や泥沼**. 動 として**ぬかるみにはまらせる, 泥でよごす**, 比喩的に人を**苦境に追いやる**.
[語源] 古ノルド語 *mȳrr* (＝bog; marsh) が中英語に入った.

mir·ror /mírər/ 名 C 動[本来は]〔一般語〕[一般義] **鏡**(〔語法〕looking glass より上品な語), **反射鏡**.[その他] 比喩的に**実物, 実体などを反映するもの, 忠実に映すもの**, 更に**模範, 手本, 鑑(ﾞ)**. 動 として〔形式ばった語〕**物を映す, 反映させる, 比喩的に物事を再現させる, 忠実に描写する**.
[語源] ラテン語 *mirari* (＝to wonder at) に由来する古フランス語 *mirer* (＝to look at) が中英語に入った.
[用例] She seems to spend a lot of time looking (herself) in the *mirror*. 彼女は鏡に映る自分の姿を見つめながら長い時間を過ごしているようだ/His novel was a *mirror* of our times. 彼の小説は我々の時代を如実に映し出していた/The smooth surface of the lake *mirrored* the surrounding mountains. 穏やかな湖面が周囲の山々を映し出していた.
【複合語】 **mírror image** 名 C 鏡像《★左右が逆に見える》. **mírror sìte** 名 C《コンピューター》ミラーサイト《★アクセスしやすくするために設ける同じファイルをもつサイト》.

mirth /mə́ːrθ/ 名 U〔形式ばった語〕笑って浮かれ騒ぐこと.

語源 古英語 myr(g)th (＝pleasure; joy) から.
【派生語】**mírthful** 形 陽気な, 愉快な. **mírthless** 形 陰気な.

mis- /mís/ 接頭 動詞, 形容詞, 名詞などに付いて「誤った[て]」「悪いく[く]」「不...」などの意を表す.
語源 古英語 mis(s)- から. フランス語でも mes- などの類似形があるが, 本来ゲルマン系.

mis·ad·ven·ture /mìsədvéntʃər/ 名 UC 〖法〗 偶発事故による殺人, 過失致死《語法 death by misadventure ともいう》, 一般に**不運な出来事**, 不運.
語源 古フランス語 mesavenir (＝to turn out badly; mes- mis-＋avenir to happen) の 名 mesaventure が中英語に入った.

mis·ad·vise /mìsədváiz/ 動 本来他 〔一般語〕《通例受身で》人に誤った忠告をする.

mis·al·li·ance /mìsəláiəns/ 名 C 〔一般語〕**不適切な結びつき**, あるいは**不釣合いな結婚**.

mis·an·thrope /mísənθròup, míz-/ 名 C 〔やや形式ばった語〕**人間嫌いな人**.
語源 ギリシャ語 misein (＝to hate)＋anthropos (＝man) から成る misanthropos が初期近代英語に入った.
【派生語】**mìsanthrópic** 形. **misánthropy** 名 U 人間不信, 人間嫌い.

misapplication ⇒misapply.

mis·ap·ply /mìsəplái/ 動 本来他 〔形式ばった語〕《受身で》誤った用い方をする, 不正に使う, 横領する.
【派生語】**mìsapplicátion** 名 UC.

mis·ap·pre·hend /mìsæprihénd/ 動 本来他 〔形式ばった語〕誤解する.
【派生語】**mìsapprehénsion** 名 CU.

mis·ap·pro·pri·ate /mìsəpróuprièit/ 動 本来他 〔形式ばった語〕他人の金や所有物を**着服する**, **横領する**.
【派生語】**mìsappròpriátion** 名 U 着服, 横領.

mis·be·have /mìsbihéiv/ 動 本来自 〔一般語〕 一般義 子供が**不作法なふるまいをする**《語法 他 で oneself を伴うこともある》. その他 機械が正しく作動しない.
【派生語】**mìsbeháved** 形. **mìsbehávior**, 《英》-**viour** 名 U.

mis·cal·cu·late /mìskǽlkjuleit/ 動 本来他 〔やや形式ばった語〕誤って**計算する**, 状況の見込み違いをする.
【派生語】**mìscalculátion** 名 UC.

mis·call /mìskɔ́ːl/ 動 本来他 〔一般語〕誤った名で呼ぶ.

miscarriage ⇒miscarry.

mis·car·ry /mìskǽri/ 動 本来自 〔形式ばった語〕 一般義 **早産する**, **流産する**. その他 計画した物事が**失敗する**, 〔やや古風な語〕《英》郵便物や荷物などが**届かない**, **誤配される**.
【派生語】**miscárriage** 名 UC 流産, 失敗, 誤配.

mis·cast /mìskǽst|-ɑ́ː/ 動 本来他 〔過去・過分 〜〕 一般義 《受身で》役者をその人に**合わない役につける**, 劇や映画などの配役を誤る.

mis·ce·ge·na·tion /mìsədʒənéiʃən/ 名 U 〔軽蔑的な語〕異なる種族同士の**混交**, 特に白人と黒人の結婚.
語源 ラテン語 miscere (＝to mix)＋genus (＝race) と-ation から. 19 世紀に造られた.

miscellaneous ⇒miscellany.

mis·cel·la·ny /mísəleini|miséləni/ 名 C 〔やや形式ばった語〕 一般義 いろいろな物の寄せ集め. その他 一冊の本の中に異なった作家による評論や詩などの雑多な作品の収集, **文集**, **雑録**.
語源 ラテン語 miscere (＝to mix) から派生した miscellanea (＝miscellaneous) に由来するフランス語 miscellanees が初期近代英語に入った.
【派生語】**miscelláneous** 形 種々雑多な. **mìscelláneously** 副.

mis·chance /mìstʃǽns|-ɑ́ː-/ 名 CU 〔形式ばった語〕**不運**, **不幸な目に合うこと**, **災難**.

mis·chief /místʃif/ 名 〔一般語〕 一般義 子供の**いたずら**, **悪さ**. その他 本来害, 危害, 損害などの意で, 悪影響, 迷惑, 病気, 仲たがい, 〖法〗弊害の意. そこから子供のいたずらに伴う意となり, いたずらっぽさ, 茶目っ気, 〔くだけた語〕いたずらっ子, やっかい者の意となった.
語源 疑問詞を伴うと強意語となり「いったいぜんたい」を意味し, Why the mischief did you say that? (いったいぜんたいどうしてそんなことを言ったのだ) のように用いる.
語源 古フランス語 meschever (＝to meet with misfortune; mes- mis-＋chever to come to a head) の 名 meschief (＝damage; harm) が中英語に入った.
用例 That boy is always up to some mischief, such as pulling little girls hair. あの男の子は女の子の髪を引っぱるなど, いつも何か悪さをもくろんでいる／The boy is a regular mischief in school. その少年は学校ではいつものいたずらっ子である.
類義語 damage.
【慣用句】**do ... a mischief** 〔くだけた表現〕人に**危害を加える**. **go to the mischief** 〔くだけた表現〕人が**堕落する**. **make mischief** 〔形式ばった表現〕噂などで**不和の種をまく**, **水を差す**. **raise (the) mischief** 〔くだけた表現〕**混乱(騒動)を起こす**. **The mischief is that ...** 困ったことに...だ.
【派生語】**míschievous** 形 いたずら好きな, 災いとなる. **míschievously** 副 いたずらに, 茶目っ気を出して, 人に害を与えるように. **míschievousness** 名 U いたずらっぽさ, 茶目っ気.

mis·con·ceive /mìskənsíːv/ 動 本来他 〔形式ばった語〕《しばしば受身で》**誤解する**, **思い違いをする**.
【派生語】**misconcéption** 名 UC **誤解**, **思い違い**.

mis·con·duct /mìskándʌkt|-ɔ́-/ 名 U, /mìskəndʌ́kt/ 動 本来他 〔形式ばった語〕 一般義 **不義**, **密通**. その他 **非行**や**職業上の不正行為**, **ずさんな経営(管理)**. 動 としては処置を誤る.

misconstruction ⇒misconstrue.

mis·con·strue /mìskənstrúː/ 動 本来他 〔形式ばった語〕誤った解釈をする.
【派生語】**misconstrúction** 名 UC.

mis·count /mìskáunt/ 動 本来他 名 C 〔やや形式ばった語〕数え違いをする, 計算を誤る. 名 として数え違い, 誤算.

mis·date /mìsdéit/ 動 本来他 〔一般語〕文書や手紙などに誤った日付を書く, 日付を誤る.

mis·deal /mìsdíːl/ 動 本来他 〔過去・過分 -dealt〕 名 C 〖トランプ〗札を配りまちがえる. 名 として札の配りまちがい.

mis·deed /mìsdíːd/ 名 C 〔文語〕悪行や犯罪.

mis·de·mean·or, -our /mìsdimíːnər/ 名 C 〔形式ばった語〕程度の軽い**不品行**, 〖法〗罰金か短期の禁固刑程度の軽犯罪.

mis·di·rect /mìsdirékt/ 動 本来他 〔やや形式ばった語〕[一般義]〔受身で〕人に誤った方向を教える, 誤った知識や指示を与える. その他 郵便物の宛名を誤る. また銃を撃ったり, 球を打つときにねらいを誤る, 判事が陪審員に誤った知識や指示などを与える.
【派生語】**mìsdirécted** 形. **mìsdiréction** 名 UC.

mis·do·ing /mìsdúːiŋ/ 名 C 〔形式ばった語〕悪事や非行.

mi·ser /máizər/ 名 C [一般義] 金銭や財産をこっそり蓄えけちけちと暮らしている人, 守銭奴.
語源 ラテン語 *miser* (=wretched) が初期近代英語に入った.
【派生語】**míserly** 形 《軽蔑的》けちな, しみったれの, 欲深い.

mis·er·a·ble /mízərəbl/ 形 [一般義] [一般義] 人や状況が惨めな, 不幸な, ひどい. その他 〔形式ばった語〕食事や金銭が量や質においてなさけないくらい粗末な, 貧弱な, 不十分な. 物事が人を惨めにさせることから, 不愉快な, いやな, 運命や死が悲惨な, 痛ましい, 天候や寒さがひどい, 〔形式ばった語〕人間や行動などが恥ずべき, 下劣なの意.
語源 ラテン語 *miserari* (=to pity) から派生した *miserabilis* (=pitiable) が中フランス語を経て中英語に入った.
用例 She's been *miserable* since he went away. 彼が立ち去ってからずっと彼女は惨めだった/The house was in a *miserable* condition. その家は悲惨な状態だった/His *miserable* wages hardly supported his family. 彼のなさけないほどわずかな給料でははとんど家族を養えなかった.
類義語 wretched.
対照語 cheerful; glad; happy.
【派生語】**míserableness** 名 U. **míserably** 副.

miserly ⇒miser.

mis·er·y /mízəri/ 名 UC 〔一般義〕[一般義] 人や状況の惨めさ, 不幸, ひどさ, 悲惨さ, 精神的[肉体的]苦痛[苦悩], 窮状, 窮乏, 〔通例複数形で〕苦痛の種. また惨めな人, 〔くだけた語〕〔英〕陰気で愚痴の多い人, 不満家.
語源 ラテン語 *miser* (=wretched) から派生した *miseria* が古フランス語を経て中英語に入った.
用例 The poverty and *misery* of the parentless children is beyond description. 親のない子どもたちの貧困と悲惨さは言語に絶するものがある.
類義語 distress.
関連語 agony; grief; sorrow.
慣用句 *put ... out of ...'s misery* 人や動物を安楽死させる, 知りたがっている情報を伝えて安心させる.

mis·fire /mìsfáiər/ 動 本来自 名 C [一般義] [一般義] 銃砲やロケットなどが不発になる. その他 エンジンが点火しない, 〔くだけた語〕計画が期待されたような結果を生じない.

mis·fit /mísfit/ 名 C, /-ˊ-/ 本来他 [一般義] 職場などの社会的環境や周囲の状況にうまく適応できない人. その他 〔古語〕ぴったり合わないもの. 動 として, うまく合わない.

mis·for·tune /misfɔ́ːrtʃən/ 名 UC 〔形式ばった語〕人の不運や不幸, C 不幸な出来事 語法 bad luck よりもひどい不幸の時に用いられがち).
用例 I had the *misfortune* to break my leg yesterday. 不運にも昨日足を骨折してしまった/*Misfortunes* never come singly [alone]. 《ことわざ》不幸は続くもの (泣き面に蜂).
類義語 adversity.
反意語 fortune.
関連語 difficulty; trouble.

mis·give /misgív/ 動 本来他 〔過去 **-gave**; 過分 **-given**〕〔文語〕人に疑いや恐れや心配の気持ちを起こさせる.
【派生語】**misgíving** 名 CU 《しばしば複数形で》不安, 心配, 疑い.

mis·gov·ern /mìsgávərn/ 動 本来他 〔やや形式ばった語〕国民に悪政を行う, 国の支配[統治]を誤る.
【派生語】**misgóvernment** 名 U.

mis·guide /misgáid/ 動 本来他 〔一般義〕人を誤った方へ導く, 人に間違った指導をする.
【派生語】**misguíded** 形 誤って導かれた, 心得違いをした.

mis·han·dle /mishǽndl/ 動 本来他 〔やや形式ばった語〕[一般義] 物の処置を誤る. その他 装置などを乱暴に[不注意に]扱う.

mis·hap /míshæp/ 名 CU 〔一般義〕不幸な出来事, 不運.

mish·mash /míʃmæʃ/ 名 U 〔くだけた語〕寄せ集め, ごたまぜ.
語源 中英語から. mash の反復語.

mis·in·form /mìsinfɔ́ːrm/ 動 本来他 〔やや形式ばった語〕人に誤った[不正確な]情報を与える, 誤解させる.

mis·in·ter·pret /mìsintə́ːrprit/ 動 本来他 〔一般義〕誤って解釈する.
【派生語】**mìsintèrpretátion** 名 UC.

mis·judge /misdʒʌ́dʒ/ 動 本来他 [一般義] 人の言動や性格を誤って判断する, 見当を誤る, 見くびる.
【派生語】**misjúdgment**, 《英》**-júdgement** 名 CU.

mis·lay /misléi/ 動 本来他 〔過去・過分 **-laid**〕[一般義] 置き忘れる, 何かをまちがった場所に置く.

mis·lead /mislíːd/ 動 本来他 〔過去・過分 **-led**〕[一般義] [一般義] 人を誤った方向や行動に導く. その他 しばしば人をわざと欺く, 誤解させる, さらに迷わせる, 悪事に誘う.
用例 Advertisements of that kind are apt to *mislead*. その類の広告は人を誤解させかねない.
類義語 deceive.
関連語 lie; misguide; temp.
【派生語】**misléading** 形 誤解させる(おそれがある), まぎらわしい. **misléadingly** 副.

mis·man·age /mismǽnidʒ/ 動 本来他 〔やや形式ばった語〕管理や処理を誤る.
【派生語】**mismánagement** 名 U.

mis·match /mismǽtʃ/ 動 本来他, /-ˊ-/ [一般義] 人や物の組合せを誤る, 不釣合いな結婚をさせる. 名 として, スポーツで力の差がある不適当な組合せの試合や不釣合いな結婚.

mis·name /misnéim/ 動 [一般義] 《通例受身で》誤った名[不適切な名]で呼ぶ.

mis·no·mer /misnóumər/ 名 C 〔やや形式ばった語〕人や物に対する誤った名や不適当な名称.
語源 古フランス語 *mesnommer* (=to misname) が

アングロノルマン語を経て中英語に入った.

mi·sog·a·my /miságəmi/-5-/ 名U〔形式ばった語〕結婚嫌い.
[語源] ギリシャ語 *misos* (= hatred)+ *gamos* (= marriage) が初期近代英語に入った.
【派生語】**misógamist** 名C 結婚嫌いの人.

mi·sog·y·ny /misádʒəni/-5-/ 名U〔形式ばった語〕女嫌い.
[語源] ギリシャ語 *misos* (= hatred)+ *gunē* (= woman) が初期近代英語に入った.
[対照語] philogyny.
【派生語】**misógynist** 名C 女嫌いの人. **misógynous** 形.

mis·place /mispléis/ 動 本来他〔やや形式ばった語〕
一般義《しばしば受身で》受ける価値のない不適当な人に信用や愛情などを軽率に[誤って]与える. その他 本来間違った所に置く, 置き忘れるの意で, 句読点などを打ち違えることなどをいう.
【派生語】**misplácement** 名U.

mis·print /mísprint/ 名C, /-´-´/ 動 本来他〔一般語〕誤植. 動 として誤植する.

mis·pro·nounce /mìsprənáuns/ 動 本来他〔やや形式ばった語〕語を誤って発音する.
【派生語】**mispronùnciátion** 名UC.

misquotation ⇒misquote.

mis·quote /mìskwóut/ 動 本来他〔一般語〕間違って引用する.
【派生語】**mìsquotátion** 名UC.

mis·read /misrí:d/ 動 本来他《過去・過分 -read/-réd/》〔やや形式ばった語〕文や語を読み違える, 誤って解釈する.

mis·rep·re·sent /mìsrèprizént/ 動 本来他〔やや形式ばった語〕
一般義 物の状態や人の言動について故意に誤った観念[事実]を伝える, 誤解しやすい説明をする. その他 代表として適さない.
【派生語】**misrepresentátion** 名UC.

mis·rule /mìsrú:l/ 名U 動 本来他〔一般語〕無能な悪政や失政, また無秩序. 動 として, 非人道的で不公平な悪政を行う.

miss /mís/ 動 本来他 名C〔一般語〕一般義 狙ったものを当てそこなう, 射そこなう, 外す. その他 その結果取り逃がす, 目標や標準に達しそこなう, 乗り物に乗り遅れる, 機会を見逃す, 話を聞きそこなう, 理解しそこなう, 映画を見そこなう. また人に会いそこなう, 人がいないことに気づく, さらにいないので寂しく思うの意となる. 一方, 事故などの悪いことを免れる, 逃れる, 避ける意にもなる. また人を抜かす, 省略するから, 授業を欠席するの意となり, エンジンが点火しない(misfire)の意もある.
名 として的をはずすこと, 失敗, ミス, 回避.
[語源] 古英語 missan (=to fail to hit) から.
[用例] The arrow *missed* the target. 矢は的を射そこなった/You've *missed* your big opportunity. 大きな機会を見逃してしまったね/He *missed* the first ten minutes of the film. 彼はその映画の最初の10分を見そこなった/You'll *miss* all your friends when you go to live abroad. 外国で生活する時には友人が全ていないので寂しい思いをするだろう/A miss is as good as a mile. 《ことわざ》少しでも外れは外れ(五十歩百歩)/It's hit or *miss*. 一か八かだ.
[対照語] hit; catch.
[日英比較] 日本語の「ミス(失敗)」に当たる英語としては

mistake, error, misplay などを用い, miss という単語をそのまま用いないほうがいいことが多い.「ケアレスミス」は careless mistake,「ミススペル」は spelling error, misspelling,「タイプミス」は mistake in typing,「ミスプリ」は misprint, printer's error,「チェックミス」は oversight (見落とし),「ミスジャッジ」は misjudgement,「ミスタッチする」は hit [press] the wrong key,「ミスパンチする」miss a punch.
【慣用句】 *be missing* ...〔くだけた表現〕...を欠いている, ...が無い. *give ... a miss*〔ややくだけた表現〕《英》人を避ける, 会に欠席する, 物事を見逃がす, 食事のコースなどを抜かす. *go missing* 迷う, 迷子になる. *hit and miss* ⇒hit. *miss by a mile* ひどく的がはずれる, まったく見当違いをする, 大失敗[大敗北]する. *miss one's dinner* 食べたものをもどす. *miss one's footing* よろめく, つまずく. *miss out on* ...《米》チャンスを逃がす, 手にいれそこなう, 参加できない, 楽しめない. *miss the boat* [*bus*]〔くだけた表現〕チャンスを逸する,「バス」に乗り遅れる.
【派生語】**míssing** 形 見当たらない, 行方不明の, 欠けている, 紛失した: a *missing* child 迷子/the *missing* link 失われた環.

Miss /mís/ 名C〔一般語〕一般義 年齢に関係なく未婚女性の姓や姓名の前に用いて, ...さん, ...様, ...嬢様を意味する呼称. その他 ウェイトレス, 女性店員, スチュワーデスなど名前を知らない若い女性, また《主に英》女性教師などに対する呼びかけとして, お嬢さん, おねえさん, 先生 ⇒語法 ただし対等関係以上の場合は Ma'am を用いることが多い), 地名, 国名, 職業名, 年号などの前に用いてミス...を指し, 例えば美人コンテストでは Miss America のように用いる. また(*m-*)〔くだけた語〕若い未婚女性, 女の子, 女学生, 《misses》婦人服や靴の若い女性の標準サイズを指す.
[語法] 姉妹を呼ぶ場合, 長女は姓の前に Miss をつけて *Miss* Washington のように用い, 次女以下には姓名につけて *Miss* Mary Washington といい, 姉妹を一緒にいう時は the *Miss* [《古》*Misses*] Washingtons と姓だけにするか, the *Misses* Malta (Washington) and Mary Washington のようにいう. また姉妹でない時は *Misses* Washington and Lincoln のようにいう. なお既婚, 未婚の区別を避け Ms. を用いる傾向になっている.
[語源] mistress の短縮形. 初期近代英語から.
[用例] Excuse me, *miss*. Could you tell me how to get to Prince Road? お嬢さん, 失礼ですが, プリンス・ロードへはどのように行けばよいのでしょうか/She's a cheeky little *miss*! あれは生意気な小娘だ/evening dresses in *misses*' sizes ミス標準サイズのイブニングドレス.
[関連語] Madam; Mrs; Ms; Mr.
[日英比較]「オールドミス」は和製英語. 英語では old maid または spinster というが, 軽蔑的意味があるので, unmarried [single] woman が好まれる.「ミス・コンテスト」は英語では beauty contest という.

mis·sal /mísəl/ 名C〔カト〕ミサ典書, 祈禱書.
[語源] ラテン語 *missa* (=Mass) から派生した *missale* が中フランス語を経て近代英語に入った.

mis·shap·en /mìsʃéipən/ 形〔やや形式ばった語〕体の格好が悪い, ものの形がゆがんでいる, 不格好な.

mis·sile /mísil/-sail/ 名C〔一般語〕一般義 ミサイル, 誘導弾. その他〔形式ばった語〕目標に向かって手や

道具, 機械を使って投げられる石, 矢, 投げ槍などの飛び道具.
[語源] ラテン語 mittere (=to send) の過去分詞 missus から派生した missilis (=capable of being thrown) が初期近代英語に入った.
[用例] ground-to-air *missile* 地対空ミサイル/guided [cruise] *missile* 誘導[巡航]ミサイル.
【複合語】**míssile báse** 名 C ミサイル基地. **míssile sìlo** 名 C ミサイル格納庫. **míssile wárhead** 名 C ミサイル核弾頭.

mis·sion /míʃən/ 名 C 形 動 [本来他] 〔一般語〕[一般義] 政治や事業などの目的で外国などに派遣される**使節(団), 派遣(団), 代表(団)**(delegation). [その他] 〔形式ばった語〕使節団の帯びている使命, **任務**, さらにその派遣目的, 〖軍〗**特命, 特別任務, 特別飛行**など, 〖航空宇宙〗**宇宙探査**, 〖宗〗**伝道(団), 布教(団), 伝道本部**[事業], それらが自分に与えられたものということから, **天職**(calling), 己に課した**使命**. 形 として伝道団の, 家具などがミッション様式の (★米国南西部の初期スペイン宣教師が愛用した黒く着色した木材を用いた家具で重厚な感じがする). 動 として**人を派遣する, 人に任務を与える, 人に伝道[布教]する**.
[語源] ラテン語 mittere (=to send) の過去分詞 missus から派生した 名 missio が初期近代英語に入った.
[用例] They dispatched a trade *mission* to China. 彼らは中国へ貿易使節団を派遣した/My *mission* was to seek financial help from foreign countries. 私の任務は外国に財政的援助を求めることであった/She went to that country as part of a Catholic *mission*. カトリックの布教団の一員として彼女はその国へ行った/a sense of *mission* 使命感.
【派生語】**míssionary** 名 C 宣教師. 形 伝道の[に関する, に派遣された].

Mis·sis·sip·pi /mìsisípi/ 名 固 ミシシッピー州 (★米国南部の州; 略 Miss.),《the ~》ミシシッピー川 (★ミネソタ州からメキシコ湾に注ぐ大河).
[語源] アメリカ先住民のアルゴンキン語で big river の意.

mis·sive /mísiv/ 名 C 〔形式ばった語〕《こっけい》長たらしい公文書, 書状.
[語源] ラテン語 mittere (=to send) の過去分詞 missus が初期近代英語に入った.

Mis·sou·ri /mizúəri/ 名 固 ミズーリ州 (★米国中部の州; 略 Mo.),《the ~》ミズーリ川 (★モンタナ州から発してミシシッピー川に流入する川).
[語源] アメリカ先住民のアルゴンキン語で people of the big canoes の意.

mis·spell /misspél/ 動 [本来他] 〔過去・過分 -spelt〕〔一般語〕語や語句を**誤ってつづる**.
【派生語】**mìsspélling** 名 UC.

mis·spend /misspénd/ 動 [本来他] 〔過去・過分 -spent〕〔やや形式ばった語〕時間や金を**無分別に使う, 浪費する**.

mis·state /misstéit/ 動 [本来他] 〔一般語〕事実や意見などを**誤って述べる, 偽って申し立てる**.
【派生語】**mìsstátement** 名 UC.

mis·step /misstép/ 名 C 〔一般語〕誤って足を踏み外すこと, また比喩的に判断の間違いや行動上の**過失, および社交上の非礼**や**失策**.

mis·sus /mísəz/ 名 C 〔こっけいな語〕《the ~, ...'s ~》**...のかみさん**,《呼びかけ》**奥さん**.
[語源] mistress の変形で. 18 世紀から.

mist /míst/ 名 CU [本来他] 〔一般語〕[一般義] 地表面にただよう**薄い霧, もや, かすみ**. [その他] **霧[もや]状のもの, ガラスの曇り, 目のかすみ**, 比喩的に**意味[理解]を混乱させるもの**. 動 として**もやで覆う, 曇らせる, ぼんやりさせる**.
[語源] 古英語 mist から.
[用例] The hills are covered in thick *mist*. 山は濃霧で被われていた/The origin of this custom has been lost in the *mists* of time. この慣習の起源は今や昔の霧に包まれている/Their breath *misted* up the window. 彼らの息で窓が曇った.
[類義語] fog.
[関連語] vapor; smog.
【慣用句】**cast [throw] a mist before ...'s eyes** 人の目をくらます. **in a mist** 当惑して.
【派生語】**místily** 副 霧深く, おぼろに. **místiness** 名 U. **místy** 形.

mis·take /mistéik/ 名 C [本来他] 〔過去 -took; 過分 -taken〕〔一般語〕[一般義] 判断や言動などの**誤り, 間違い**. [その他] 具体的に**不正確な物, とくに数字, 言葉, 事実などの誤解, 思い違い, 手違い**, さらには**失策, 失敗**. 動 として**人, 場所, 時間などを取り違える, 思い違いをする, 誤解する**, その結果, **人, 物, 事を選び間違える**.
[語源] 古ノルド語 mistaka (=to take by mistake) から中英語に入った.
[用例] You made several *mistakes* in this French essay. このフランス語の作文は数か所間違っていたよ/It was a *mistake* to trust him. 彼を信用するなんて間違いだった/I *mistook* you for my brother in this bad light. こんな暗がりなので君を弟と間違えた/They *mistook* the date, and arrived two days early. 彼らは日にちを取り違えて 2 日間早く着いた.
[類義語] ⇒error.
【慣用句】**and no mistake**〔くだけた表現〕《通例文尾で》確かに, 間違いなく. **by mistake** 誤って, 間違えて. **make no mistake about ...**《文頭や文尾において》発言の内容を強調して**...は確かだ, 間違いない**.
【派生語】**mistáken** 形. **mistákenly** 副.

mis·ter /místər/ 名 C 形 [本来他] 〔一般語〕《M-》氏名や役職名などの前に付ける男性への敬称として**...さん, ...様**〔語法〕通常 Mr.,《英》では Mr と書く). [その他] 〔くだけた語〕名前のわからない男性への呼びかけとして**おじさん, だんな, あなた**.
[語源] master の変形として初期近代英語から.

mis·time /mistáim/ 動 [本来他] 〔やや形式ばった語〕《しばしば受身》**まずい時に...する[言う], 時機を誤る**.

mis·tle·toe /mísltou/ 名 U 〖植〗**やどりぎ** (★欧米ではクリスマスの装飾に使われ, この木の下では女性にキスしてもよいという習慣がある).
[語源] 古英語 mistel (=mistletoe)+tān (=twig) から成る misteltān から.

mis·trans·late /mìstrænsléit/ 動 [本来他] 〔一般語〕**誤訳する**.
【派生語】**mistranslátion** 名 UC.

mis·treat /mìstrí:t/ 動 [本来他] 《しばしば受身で》**虐待する, 酷使する**.
【派生語】**mistréatment** 名 U.

mis·tress /místris/ 名 C 〔やや古風な語〕〔一般語〕**妻のある男性の愛人, 情婦**. [その他] もともと**女主人, 女の支配者**など権威や地位のある女性を表し, ある分野で秀

でた**女流名人**[大家]. また動物などの飼い主, 一家の主婦. 〔英〕**女性教師**. 〔古語・スコットランド方言〕《M-》女性に対する敬称として「...様, ...夫人」.
[語源] 古フランス語 *maistre* (=master) の女性形. 中英語に入った.

[関連語] Mrs.; Miss; Ms; Master.

【慣用句】*be (a) mistress of ...* 女性が...を自由にできる.

mis·trust /mìstrʌ́st/ 動 [本来他] 名 U 〔やや形式ばった語〕人や物事に**疑惑**[不信]の念を抱く. 名 として**不信感や疑惑**.

【派生語】**mistrústful** 形. **mistrústfully** 副. **mistrústfulness** 名 U.

misty ⇒mist.

mis·un·der·stand /mìsʌndərstǽnd/ 動 [本来他]《過去・過分 -stood》〔一般語〕人や言葉, 考え, 行動を**誤解する, 解釈を間違える, 取り違える**.

[用例] She *misunderstood* what I said, and took it as an insult. 彼女は私の言葉を誤解し, 侮辱ととった.

[類義語] mistake.

【派生語】**mìsunderstánding** 名 UC. **mìsunderstóod** 形.

misusage ⇒misuse.

mis·use /mìsjúːs/ 名 UC, /mìsjúːz/ 動 [本来他]〔一般語〕間違った方法や目的で行うこと, **誤用, 職権などの濫用**. [その他] 人や物の**虐待, 酷使**. 名として**誤用する, 乱暴に扱う**.

【派生語】**misúsage** 名 U.

M.I.T /émàitíː/《略》=the Massachusetts Institute of Technology (マサチューセッツ工科大学)(★アメリカの名門私立大学; 1861年創立).

mite /máit/ 名 C 〔一般語〕**小さな動物や小さな子**. [その他] 小さなものをいうことから, 精一杯のわずかな**寄付や小銭**, あるいは単にわずかな**量**を意味する.
[語源] 古英語 *mīte* から.

mi·ter,〔英〕**-tre** /máitər/ 名 C 動 [本来他]〔カト〕司教がミサのときにかぶる**司教冠**. 動 として**司教冠を授ける**, **司教の地位に就ける**.
[語源] ギリシャ語 *mitra* (=headband) がラテン語を経て中英語に入った.

【複合語】**míter jòint** 名 C 2つの材木の継ぎ目が45度になっているためで, 合わせると直角になる**留め継ぎ**.

mit·i·gate /mítəgeit/ 動 [本来他]〔形式ばった語〕悩みや痛みなどを**和らげる, 刑罰などを軽減する**.
[語源] ラテン語 *mitigare* (*mitis* mild+*agere* to make) が中英語に入った.

【派生語】**mitigátion** 名 U.

mi·tre /máitər/ 名 動〔英〕=miter.

mitt /mít/ 名 C 〔一般語〕**二また手袋** (mitten), 女性用の指先の無い**長手袋**, 野球用の**キャッチャーミット**.
[語源] mitten の短縮形. 18世紀から.

mit·ten /mítn/ 名 C 〔一般語〕親指と指以外の指を分ける**二また手袋, ミトン** (mitt).
[語源] 古フランス語 *mitaine* が中英語に入った.

mix /míks/ 動 [本来他] 名 CU 〔一般語〕[一般義] 2つ以上の物を互いに**混ぜる, 混合する, 結合する**, そこから, 一つにする, 一つの(新しい)塊を作る意となり, **薬を調合する**, 物を混合して作る, 成分や要素を添加する. また比喩的に人を**交際させる, 交わらせる**, 動物を**異種交配させる**,《放送》異なる音や画面をミキシングする. さらに混同する, ごっちゃにする. ⓑ **混ざる, 交わる**. 名として**混合物, ソーダ水やジンジャーエールなどウイスキーを割る飲料** (mixer), 薬の**混合薬**,《普通は複合語で》湯などを加えるとすぐにできるケーキ, パイなどの**ミックス**.《単数形で》**混合**, 〔くだけた語〕**混乱, ごたごた**.
[語源] ラテン語 *miscere* (=to mix) の過去分詞 *mixtus* の逆応用. 中英語から.

[用例] He *mixed* the blue paint with yellow paint to make green paint. 彼は青色と黄色のペンキを調合して緑色のペンキを作った/People from different classes used to *mix* very little. 以前は階級が異なる人々はあまり付き合うことがなかった/Oil and water don't *mix*. 油と水は溶け合わない.

[類義語] mix; blend; combine; mingle; merge; fuse: **mix** は混ぜることを指す最も一般的な語で, 2つ以上のものを混合して別のものを作ることを指し, もとの個々の形が認識できる時もあればできない時もある. **blend** は2つ以上の色や特色を調合して各成分の特質がある程度残るように混合することを指し, **combine** は色々なものを合わせて, もとの成分の区別ができないほど混ぜることを指す. **mingle** は mix よりも形式ばった語で, 混合したあとももとの成分は識別できる場合を指す. **merge** は同化, 解消させるほどに混ぜ合わせることを指し, 合併して吸収される含みがある. **fuse** は異質のものを混ぜて溶け合わせて一緒になった結果の単一性, 同一性を強調しており, 再び分離溶解できない含みがある.

[対照語] divide; part; separate.

【慣用句】*mix in* 人とうまくやる,〔くだけた表現〕けんかを始める; 食品を混ぜ合わせる. *mix it (up)*〔くだけた表現〕**口論する**, こぶしで殴り合う. *mix one's drinks* **酒をちゃんぽんに飲む**. *mix up* 物をよく混ぜる, 人や物を混同する, 人を混乱させる,《受身で》物事に**関わり合いになる**.

【派生語】**míxed** 形 **混合した, 雑多な**,〔くだけた語〕頭が混乱した: **mixed bag** 合切袋, ごたまぜ, 寄せ集め/**mixed marriage** 異教, 異種族間の**雑婚**/**mixed-up**〔くだけた語〕**精神の錯乱した, 言動がばらばらの**. **míxer** 名 C **付き合いのよい人, 混合機, ミキサー**, 〔放送〕音声の調整技師[機].《[日英比較] 料理に使う日本語のミキサーに相当するのは blender, 〔英〕liquidizer, mixer は手に持って卵の泡立てや生地の撹拌などに使う電動の器具》. **míxture** 名 UC **混合(物)**.

【複合語】**míx-ùp** 名 C 〔くだけた語〕**混乱, 紛糾, けんか, 乱闘**.

miz·zen, miz·en /mízn/ 名 C 〔船舶〕**mizzenmast につける後帆**. [語源] イタリア語 *mezzano* (= middle) がフランス語を経て中英語に入った.

【複合語】**mízzenmàst** 名 C **最後部のマスト**.

mm《略》=millimeter(s).

mne·mon·ic /niːmάnik | -ɔ́-/ 形 C 〔一般語〕**人の記憶を助ける, 記憶に関する**. 名 として**記憶の助けとなる物**[語][句]].
[語源] ギリシャ語 *mnēmōn* (=mindful) の派生形 *mnēmonikos* (=of memory) が18世紀に入った.

【派生語】**mnemónics** 名 U **記憶術**.

mo /móu/ 名 C 〔くだけた語〕《主に英》**瞬間, 少しの時** (moment).

moan /móun/ 名 C 動 [本来自]〔一般語〕**肉体的苦痛や精神的悲しみなどのために発する長く低いうめき(声), 悲痛な声**. [その他] **うめきに似た音, 風, 木, 海など**

moan のうなり, 〔くだけた語〕不平, 不満(の声), 嘆き. 動 精神的, 肉体的苦痛などのためうめき声をあげる, 不幸や運命を嘆く, 〔くだけた語〕不平[不満]を言う. また風, 木, 海などがうなるような音〔悲しげな音〕をたてる.
[語源] 古英語 mān から.
[用例] He gave a long *moan* of pain. 彼は長く苦しそうなうめき声を出していた／The wounded soldier *moaned* in his sleep. 負傷兵は眠っている間もうめき声をあげていた.
[類義語] groan.

moat /móut/ 名 C 動 [本来他]〔一般語〕とりでや城などの周囲にめぐらした堀. 動 として堀で囲む, 堀をめぐらす.
[語源] 古フランス語 *motte* (=hill; mound) が中英語に入った.
【派生語】 **móated** 形 堀のある, 堀で囲まれた.

mob /máb/-ś-/ 名 C 動 [本来他]〔一般語〕[一般義]〔集合的〕無秩序で暴力的な群衆, 暴徒, やじ馬, (the 〜)〔軽蔑的〕下層民や愚かな大衆. また人や動物や物の群れ, 集団, 〔くだけた語〕(the M-)マフィア, 暴力団. 動 として《受身で》鳥や動物が群がって襲う, ファンなどが人に押し寄せる.
[語源] ラテン語 *mobile vulgus* (気まぐれな群衆)を短縮形して, 初期近代英語で作られた.
[用例] He was attacked by an angry *mob* of youths. 彼は怒って暴徒となった若者に襲われた／The singer was *mobbed* by a huge crowd of his fans. その歌手は大勢のファンにもみくちゃにされた.
[関連語] crowd; group; mass.
【派生語】 **móbster** 名 C 《俗語》《米》ギャングの一員 (gangster).

mo·bile /móubəl, -biːl/-bail/ 形 C 〔一般語〕[一般義]簡単に動く, 自由に動かすことができる. [その他]状況などに柔軟に反応し, 心や表情が変わりやすい, 社会的階層や居住地域などに流動性のある, 軍隊が機動性のある. また店が車を使って移動販売の, 図書館が移動図書館などの意味を表す. 名 動く彫刻のモビール, 《英》携帯電話 (mobile phone).
[語源] ラテン語 *movere* (=to move) の派生形 *mobilis* (=movable) が古フランス語を経て中英語に入った.
【派生語】 **mobílity** 名 U 流動性, 移り気, 機動力. **mòbilizátion** 名 UC 動員. **móbilize** 動 [本来他]軍隊を動員する, 資源や財源を駆り集める, 可動性[機動性]を持たせる.
【複合語】 **móbile hóme** 名 C 《米》移動住宅 (★車で引いて移動できるように造った住宅). **móbile phóne** 名 C 《英》携帯電話.

mobster ⇒ mob.

moc·ca·sin /mákəsin/-ś-/ 名 C 〔一般語〕[一般義]鹿革などの柔らかい革でできた底と側面とかが一体の靴, モカシン. [その他]これに似た柔らかい靴.
[語源] アメリカ先住民のアルゴンキン語の「靴」を意味する語が初期近代英語に入った.

mo·cha /móukə/-ś-/ 名 U 〔一般語〕アラビア産のコーヒーのモカ.
[語源] アラビアコーヒーの輸出港として以前は重要だった紅海の Mocha 港から18世紀に入った.

mock /mák/-ś-/ 動 〔一般語〕[一般義]人をばかにする, あざける, あざ笑いする. [その他]真似してばかにする[からかう], 茶化する. 人の努力や規制などを無視する, 軽視する, その結果〔形式ばった語〕期待を裏切る, 失望させる, 人を欺く. 名 として〔古風な語〕あざけり, 笑いもの, あざ笑いの的, また模造品, まがいもの. 形 として まがいの, 見せかけの.
[語源] 中フランス語 *mocquer* (=deride) から中英語に入った. それ以前の語源不詳.
[用例] They *mocked* my efforts at riding a bike. 連中は私が自転車に乗ろうと努力しているのをばかにした／The children *mocked* the little boy because he wore thick spectacles. 子供たちは少年が分厚い眼鏡をかけているのをあざ笑った.
[類義語] ridicule; immitate.
[関連語] buffoon; burlesque; caricature; parody.
[慣用句] ***make a mock [mockery] of ...***〔形式ばった表現〕...を嘲笑する. 見せかけにすぎないことが分かる. ***make mock of ...*** ...を嘲笑する. ***mock up***〔ややくだけた表現〕...の実物大の模型を造る.
【派生語】 **mócker** 名 C あざける人, まねる人, = mockingbird. **móckery** 名 U あざけり, あざ笑い, 模造品, 徒労, 骨折り損, 無視, 軽視. **mócking** 形 あざ笑う, あざけるような: mockingbird《鳥》まねしつぐみ.
【複合語】 **móck-ùp** 名 C 実物大の模型.

mod /mád/-ś-/ 名 C 《しばしば M-》《英》モッズ《★服装に凝りソウルミュージックを好んだ 1960 年代の若者》.
[語源] modern の短縮形.

mod·al /móudl/ 形 〔形式ばった語〕[一般義]本質ではなく, 様式[形式]の. [その他]《文法》法の, 《統計》最頻値の, 《楽》旋法の, 《論》様相の.
[語源] ⇒ mode.
【複合語】 **módal auxíliary** 名 C《文法》法助動詞 (★can, may, must など; 単に modal ともいう).

Mod. E., ModE《略》= Modern English.

mode /móud/ 名 C 〔形式ばった語〕[一般義]物事を行う法, 仕方, 様式, 流儀. [その他]物事の存在や行動の在り方, 現われ方, 形態を指し, それが服装の場合は流行, モード, ファッション, 生活様式の場合は慣習, 慣行となる. また機械の操作方法のモード, 《哲》実体の現われ方, 様態, 《論》様相, 論式, 《楽》旋法, 音階, 《文法》法 (mood), 《統計》並数, 最頻数, モード, 《理》モード, 《地》岩石などの鉱物組成, 《通信》モード.
[語源] ラテン語 *modus* (=measure; manner) が中英語に入った.
[用例] He has some strange *modes* of expression. 彼は若干風変わりな物の言い方をする／His *mode* of doing business is offensive to me. 彼の仕事のやり方に私は我慢ができない／What's the latest *mode*—long or short skirts? 最新の流行は何ですか. ロングスカートですかショートスカートですか／the major [minor] *mode* 長[短]音階.
[類義語] way; manner; method; style; fashion.
[慣用句] ***in mode*** 流行して. ***out of mode*** 流行遅れで.
【派生語】 **módal** 形 ⇒ 見出し. **módish** 形 流行の, 現代風の.

mod·el /mádl/-ś-/ 名 C 動 [本来他]《過去·過分《英》-ll-》〔一般語〕[一般義]模型, 建物などの原型, ひな型. [その他]彫刻品, 服飾品などの原型, オリジナル作品を指し, このことから模倣すべき手本, 見本, 模範の意となる. さらに自動車, 機械, 服装などではその時代や国特有の型, 様式, 文学などの芸術作品の主題となるモ

デル，絵画，彫刻などの人間，特に女性のモデル，ファッションモデル，〔くだけた語〕〔英〕生き写し，そっくりの人[物]，型として模範[原型]を作る，設計する，かたどる，模範[手本]とする，モデルが服を着てみせる．形 として模型の，手本の．

[語源] ラテン語 modus (⇒mode) の指小語 modulus (=small measure) がイタリア語 modello に借用され，さらに中フランス語 modèlle を経て初期近代英語に入った．

[用例] They made a *model* of the Houses of Parliament out of matchsticks. 彼らは国会議事堂の模型をマッチ棒で作った/She is a *model* of politeness. 彼女は礼儀正しさのお手本だ/This refrigerator is the latest *model*. この冷蔵庫は最新式のものだ/He has a job as a male fashion *model*. 彼の職業は男性ファッションモデルだ/She *modelled* the clay into a long, thin roll. 彼女は粘土で長くて薄くて丸い物を形作った．

[関連語] copy; miniature; example; archetype.

[日英比較] 乗物などの「モデル・チェンジ」は通常 to change the model または to change to a new model という．

【派生語】 **módeler**, 〔英〕**-ll-** 名 C 模型[塑像]製作者．**módeling**, 〔英〕**-ll-** 名 U 模型[塑像]製作(術)，〔絵〕立体感表現，〔彫刻〕肉づけ，量感表現．

mod·er·ate /mάdərit/ -5-/ 形 C, /-reit/ 動

[本来他]〔一語源〕[一般義] 人，行動，表現，考えなどが極端に走らない，節度[節制]のある，穏健な．[その他] 量，質，程度などが適度の，中位の，ほどよい，少しの，値段が手ごろな，安い，気候が温和な，穏やかな，思想が穏健な，中道(派)の，才能が平凡な，色彩や光がほどよい，〔婉曲語〕(しばしば軽蔑的)並みの，まあまあの，さらに平均以下の．名 として穏健な人，政治的に穏健派[中道派]の人．動 として〔形式ばった語〕行動，表現を慎む，適度に和らげる，節制する，値段を下げる，要求を加減する，控え目にする，怒りを押さえる，さらに会議や集会で司会をする，調停役をするの意となる．〔理〕中性子を減速するの意もある．

[語源] ラテン語 modus (⇒mode) から派生した *moderari* (=to restrain, to control) の過去分詞 *moderatus* が中英語に入った．

[用例] He's a man of *moderate* views [opinion]. 彼は穏やかな考え[意見]の持ち主である/The prices at that supermarket are generally *moderate*. あのスーパーの値段は全般的に手ごろだ/Politically, she's a *moderate*. 政治的には彼女は穏健派の人だ/Gradually the pain *moderated*. 次第に痛みは和らいでいった．

[類義語] modest; reasonable; medium.

[対照語] extreme; excessive; conservative; radical.

[反意語] immoderate.

【派生語】 **móderately** 副．**mòderátion** 名 U 適度，中庸，穏健．**móderator** 名 C 仲裁者，調節器，司会者，議長．

mod·e·ra·to /mὰdərά:tou/mɔ̀-/ 副 形 〔楽〕中ぐらいのほどよい速さで[の]．

[語源] ラテン語 *moderatus* (⇒moderate) がイタリア語を経て 18 世紀に入った．

moderator ⇒moderate.

mod·ern /mάdərn/ -5-/ 形 C 〔一般語〕[一般義] 現代の，近ごろの，最近の．[その他] 時間の幅を広げて近代の，近世の，《良い意味で》芸術や文学，また考えや様式，方法，傾向，流行などが現代的な，現代風の，最新式の，当世風の，モダンな，近代的な．名 として〔形式ばった語〕現代人，現代的思想や感覚の持ち主．

[語源] ラテン語 modus (⇒mode) の派生形 modo (= to the measure; just now) から派生した後期ラテン語 modernus が古フランス語を経て中英語に入った．

[用例] The furniture in this office is very *modern*. この事務所の家具はとても現代風だ/That jazzman is one of the *moderns*. あのジャズ演奏家は現代的感覚の持ち主だ．

[参考] modern の意味には「現代の」と「近代の」がある: *modern* times 現代，近代/*modern* literature 現代文学，近代文学．ただし，西洋史の場合，ancient, classical の次にくる medieval history (中世史)に続く 1450 年ごろから今日までを *modern* history (近代史) といい，特に現代を中心とする時には contemporary history (現代史) という．

[類義語] recent.

[関連語] past; present; future.

[対照語] old; ancient; classical; medieval.

【派生語】 **módernism** 名 U 芸術の現代主義，現代的思想．**módernist** 名 C 現代[近代]主義者，近代人，現代人．**mòdernístic** 形 現代[近代]的な，現代[近代]主義者の．**modérnity** 名 U 現代[近代]性，当世現代[近代]風．**mòdernizátion** 名 U 現代[近代]化(されたもの)，現(代語)版．**módernize** 動 [本来他] 現代[近代]化する，現代[当世]風にする[なる]，現代語に訳す．

【複合語】 **Módern Énglish** 名 U 〔言〕近代英語 (★1500 年以降の英語; Mod. E., ModE. と略す)．**módern hístory** 名 U 近代史 ⇒ [参考].

mod·est /mάdist/ -5-/ 形 〔一語源〕[一般義]《良い意味で》自信があっても態度や行動，表現，考えなどに表さず謙遜する，謙遜した，謙虚な，慎み深い．[その他] 女性の場合はしとやかな，上品な，貞淑な．また服装や外見などが控え目な，穏当な，慎ましい，質素な，地味な．量，数，質，程度，値段などが適度の，穏当な，手ごろな，まあまあの，ささやかな，安価な．

[語源] ラテン語 modus (⇒mode) から派生した *modestus* (=keeping due measure) がフランス語を経て初期近代英語に入った．

[用例] She's a person of *modest* ambition. 彼女は多くを望まない人だ/He's very *modest* about his achievements. 彼は自らの業績を自慢するようなことは全くない/She is too *modest* to wear a dress with such a low neckline. 彼女はとても上品なのでそんなにえりぐりがあいている服などは着ない/The increase in sales is *modest* but steady. 売上高は多くはないが着実にのびている．

[対照語] ambitious.

[類義語] ⇒humble.

【派生語】 **módestly** 副 謙虚に，控えめに，慎み深く．**módesty** 名 U 謙遜，慎み深さ，控え目，しとやかさ．

mod·i·cum /mάdikəm/ -5-/ 名 C 〔やや形式ばった語〕〔通例 a ~〕何か好ましいものの額，少量．

[語源] ラテン語 modus (⇒mode) から派生した *modicus* (=moderate) の中性形が中英語に入った．

modification ⇒modify.

modifier ⇒modify.

mod·i·fy /mάdifai|-ɔ-/ 動 [本来義] 〔一般語〕 [一般義]
〔形式ばった語〕計画や意味, 形状や性質などを部分的に**修正する**, [その他] 程度, 範囲, 条件, 意見, 要求などを**緩和する**, **制限する**, **加減する**, 《文法》他の語句を**修飾する**, 意味を**限定する**, 母音をウムラウトによって**変化させる**, 《コンピューター》命令の一部を**変更する**, 《哲》実体を**限定する**.

[語源] ラテン語 *modificare* (= to regulate; *modus* measure + *facere* to make) が古フランス語 *modifier* を経て中英語に入った.

[用例] He was forced to *modify* his rather extreme views. 彼は自分のかなり過激な考えを変更せざるをえなかった.

[類義語] change.

【派生語】 mòdificátion 名 Ⓤ. módifier 名 Ⓒ 《文法》修飾語[句, 節].

modish ⇒mode.

modular ⇒module.

mod·u·late /mάdʒuleit|mɔ́-/ 動 [本来義]
〔形式ばった語〕音量や音調を**調節する**, 無線で**変調する**.

[語源] ラテン語 *modulari* (= to measure off; to arrange) の過去分詞 *modulatus* が初期近代英語に入った.

【派生語】 mòdulátion 名 ⓊⒸ.

mod·ule /mάdʒu:l|mɔ́-/ 名 Ⓒ
《宇宙・コンピューター》宇宙船の本船から切り離して操作できる独立した機能をもつ小船, **モジュール**, コンピューターのハードウエアやソフトウエアのそれぞれの機能を担う**構成単位や処理単位**, 《建・機》建物や機械の規格化された**組み立てユニット**, **基本単位**;《主に英》特定の学科などの教育課程を構成する**学習単位, 履修単位**.

[語源] ラテン語 *modus* (= measure) の指小語 *modulus* が初期近代英語に入った.

【派生語】 módular 形 モジュール方式の.

mo·dus ope·ran·di /móudəs ɑpərǽndi, -dai|-ɔp-/ 名 Ⓒ 《複 modi /móudi/ operandi》〔形式ばった語〕(...'s ~)仕事などのやり方, 犯人などの**手口**.

[語源] 近代ラテン語 way of operating の意. 初期近代英語から.

mo·dus vi·ven·di /móudəs vivéndi, -dai/ 名 Ⓒ 《複 modi /móudi/ vivendi》〔形式ばった語〕(...'s ~)**生き方, 生活態度**, また全く異なった意見や習慣を持つ人々や団体が対立を避けて, 共存するための**妥協**.

[語源] 近代ラテン語.way of living の意. 19 世紀から.

Mo·gul /móugəl/ 名 Ⓒ ムガル人(★16-19 世紀にわたってインドにムガル帝国を築いたイスラム教徒).

[語源] ペルシャ語 *Mughul* (= Mongol) から.

mo·hair /móuheər/ 名 Ⓤ 〔一般語〕**モヘア**(★絹のように細くて長いアンゴラやぎの毛, またモヘア織り).

[語源] アラビア語 *mukayyar* (= cloth made of goat's hair) が初期近代英語に入った.

Mo·ham·med /mouhǽməd/ 名 圄 =Muhammad.

【派生語】 Mohámmedan 形 名 =Muhammadan.
Mohámmedanism 名 =Muhammadanism.

moi·e·ty /mɔ́iəti/ 名 Ⓒ 〔形式ばった語〕均等に二分されたものの一部, 半分, 適当に分けた一部.

[語源] ラテン語 *medietas* (= half) が古フランス語 *moite* を経て中英語に入った.

moist /mɔ́ist/ 形 〔一般語〕[一般義] 空気や風などが**湿った, 湿っぽい**, [その他] **雨の多い**, 目が**涙でぬれた**, 場所がじめじめした, 《医》膿(ぅ)がでる, 湿性の.

[語源] ラテン語 *mucus* (= mucus) から派生した *mucidus* (= moldy) が古フランス語 *moiste* を経て中英語に入った.

[用例] This earth is *moist* owing to the recent rain. この地面は最近の雨で湿っぽい / The fruit cake was rich and *moist*. そのフルーツケーキは芳醇で, しっとりしていた.

[類義語] damp.
[関連語] tearful; sentimental.

【派生語】 móisten 動 [本来義] 湿気を与える, 湿らせる.
móisture 名 Ⓤ 湿気. móisturize 動 [本来義] 湿らせる, 肌などにうるおいを与える.

mo·lar /móulər/ 名 Ⓒ 形 〔一般語〕人および動物の**臼歯**. 形 臼歯の, かみ砕くことができる.

[語源] ラテン語 *mola* (= millstone) の派生形 *molaris* (= of a mill; grinding) が中英語に入った.

mo·las·ses /məlǽsiz/ 名 Ⓤ 〔一般語〕砂糖の精製時にできる**糖蜜**.

[語源] ラテン語 *mel* (= honey) の 形 *mellaceus* (= honey-like) に由来するポルトガル語 *melacos* が初期近代英語に入った.

mold¹, 《英》mould¹ /móuld/ 名 Ⓒ 動 [本来義] 〔一般義〕金属, プラスチック, ゼリーなどを流し込むための**型**, **鋳型**, **母型**, [その他] 型の原型, 典型となるような**骨組**, **形枠**, **台**. また型に流し込んで作った**鋳物**, プディングなど流し型で作られた**食品**. 比喩的に〔形式ばった語〕人の**特性**, **性質**, **性質の型**. 動 型に**入れて作る**, **かたどる**という意味から, 〔形式ばった語〕人格や文体を**形成する**, **形造る**, そのような形成に**影響を与える**.

[語源] ラテン語 *modus* (⇒mode) の指小語 *modulus* が古フランス語 *modle* を経て中英語に入った.

[用例] We had banana cream *molds* for lunch. 昼食に(流し型に入れて)作ったバナナクリームを食べた / The metal is *molded* into long bars. その金属は型に流し込んで長い棒に鋳造される / She *molded* the figure in [out of] clay. 彼女は像を粘土で作った / Their characters were *molded* by their early childhood experiences. 彼らの性格は幼少の頃の経験で形成された.

[関連語] type; pattern; shape; cast; die; character.

【派生語】 mólding, 《英》móulding 名 Ⓤ.

mold², 《英》mould² /móuld/ 名 Ⓤ 〔一般語〕《主に英》肥沃な有機物質に富む**柔らかい土壌や耕土**, **腐植土**.

[語源] 古英語 molde から.

mold³, 《英》mould³ /móuld/ 名 Ⓤ 動 [本来義] 〔一般語〕銅像などの表面に発生する**かび**, それによるしみや**変色**. 動 ~としてはびさせる, かびる.

[語源] 古ノルド語 *mygla* (かびが生える) から中英語に借用された 動 moulen から.

【派生語】 móldy, 《英》móuldy 形.

mold·er, 《英》mould·er /móuldər/ 動 [本来自] 〔一般語〕それが置かれた場所で徐々に**朽ちる**, 腐る, **崩壊する**, 道徳的に**堕落する**.

[語源] おそらくスカンジナビア語起源.

moldy ⇒mold³.

mole¹ /móul/ 名 Ⓒ 〔一般語〕[一般義] 《動》**もぐら**. [その他] 長期にわたり潜入し味方の一員として信頼され

ているスパイや組織の秘密情報を匿名で外部へもらすたれこみ屋.
[語源] 中英語から. ゲルマン語系と思われるが不詳.
【複合語】**mólehill** 名 C もぐら塚.

mole² /móul/ 名 C 〔一般語〕ほくろ, あざ.
[語源] 古英語 māl (=discoloredspot) から.

mole³ /móul/ 名 C 〔一般語〕防波堤, 防波堤でまもられた港.
[語源] ラテン語 moles (=mass) がフランス語 môle を経て初期近代英語に入った.

mol·e·cule /máləkju:l/-5-/ 名 C 〖化〗分子.
[語源] ラテン語 moles (=mass) の指小語である近代ラテン語 molecula がフランス語を経て 18 世紀に入った.
【派生語】**molécular** 形 : molecular biology 分子生物学.

mo·lest /məlést/ 動 本来他 〔やや形式ばった語〕
一般義 人を激しく, しつこく悩ませる, 困らせる. その他 女性や子供に性的ないたずらをする, 乱暴する.
[語源] ラテン語 molestare (=to annoy) がフランス語を経て中英語に入った.
【派生語】**mòlestátion** 名 U.

moll /mál/-5-/ 名 C 〔俗語〕ギャングの情婦, 売春婦.
[語源] Mary の愛称である Moll が 17 世紀に俗語に発展した.

mol·li·fy /máləfai/-5-/ 動 本来他 〔やや形式ばった語〕怒りなどの感情や気持をなだめる, 静める.
[語源] ラテン語 mollis (=soft) から派生した後期ラテン語 mollificare (=to soften) が古フランス語を経て中英語に入った.
【派生語】**mòllificátion** 名 U.

mol·lusk, mol·lusc /máləsk/-5-/ 名 C 〔一般語〕軟体動物.
[語源] ラテン語 mollis (=soft) に由来する近代ラテン語 Mollusca (軟体動物門)が 18 世紀に入った.

mol·ly·cod·dle /málikàdl/-5-/hikòdl/ 動 本来他
C 〔一般語〕〔軽蔑的〕人を甘やかす, 過保護にする. 名 として甘えん坊や弱虫.
[語源] molly (=an effeminate boy) +coddle (=) 19 世紀に入った.

Mol·o·tov cock·tail /málətə(:)f káktei|mɔ́lə- tɔf kɔ́ktei/ 名 C 〔一般語〕火炎瓶.
[語源] ソ連の政治家モロトフにちなむ. 20 世紀になって生まれた.

molt, (英) **moult** /móult/ 動 本来自 C U 〔一般語〕鳥の毛や羽が生え変わる, 爬虫類や節足動物などが脱皮する. 名 として, 鳥の羽の生え変わり, 脱皮.
[語源] 古英語 mutian (=to change) から.

mol·ten /móultən/ 形 〔形式ばった語〕岩石や金属が熱で溶解した, 溶融状態になった, 溶融して鋳造した.
[語法] melt の過去分詞. butter など溶けやすい物には melted を用いる.
[用例] a molten coin 鋳造貨幣.

mol·to /móultou/ 副 〖楽〗モルト, 非常に.
[語源] ラテン語 multus (=much) に由来する. イタリア語が 19 世紀に入った.

mom /mám/-5-/ 名 C 〔くだけた語〕《米》お母さん, ママ (《英》mum) と. 呼びかけにも用い, しばしば冠詞をはぶいて固有名詞のように用いる).
[語源] momma の短縮形.
[類義語] ⇒mother.
【複合語】**móm-and-póp** 形 〔くだけた語〕《米》店などを夫婦で経営する, 零細な (★pop は「お父さん」).

mo·ment /móumənt/ 名 C U 〔一般語〕一般義 短時間, 瞬間. その他 ある特定の時期, 一定の機会, 場合, 良ければ好機, 悪ければ危機を意味する. 特定の時から, 現在, 今. また〔形式ばった語〕《of no [little, small, great] ～で》重要性, 大事さ, 〖理〗《単数形で》モーメント, 能率, 力率, 〖統計〗積率, 〖機械〗回転偶力, 〖哲〗契機.
[語源] ラテン語 movere (=to move) から派生した momentum (=movement; impulse; brief space of time; importance) が古フランス語を経て中英語に入った.
[用例] I'll be ready in a *moment*. すぐに準備します/I never for a *moment* thought he'd win. 勝つなど一瞬たりとも[全く]思わなかった/One [Wait a, Just a] *moment*, please. ちょっと待って下さい/At that *moment*, the man he was looking for was in Germany. 当時, 彼が探していた人はドイツにいた/Your opinion is of little *moment*. きみの意見などちっとも重要でない.
[類義語] moment; instant: **moment** は多少持続時間が考えられるような短さを指し, 過去, 現在, 未来のいずれの時でもよい. **instant** は持続時間が全く考えられないほどの瞬間で, 通常, 目前の時を指す.
[対義語] eternity.
[関連語] minute; second; now.
【慣用句】*a moment [minute; second] to call one's own* 自分の好きなようにできる時間, 一人いる自由な時間. (*at*) *any moment* いつなん時でも, 今にも, 今か今かと: They'll be arriving *at any moment*. 彼らは今にも到着するでしょう (*at*) *every moment* 絶え間なく. *at the* (*very*) *moment* 《現在時制で》ちょうど今, 今のところ, 《過去時制で》ちょうどその時. *at the last moment* 土壇場になって. *for a moment* ちょっとの間. *for the moment* さしあたり, 当時は. *have one's moment* 最高に幸せで[調子いい, いっている]時である, 絶好調である. *not for a* [*one*] *moment* 少しも...ない. *the moment of truth* 決定的瞬間, 正念場, とどめの一突きの瞬間, *the* (*very*) *moment* (*that*) ... ...するとすぐに. *this* (*very*) *moment* たった今しがた, 即刻, ただちに, *to the* (*very*) *moment* 一分もたがえずに, まったく時間通りに.
【派生語】**mòmentárily** 副 ちょっとの間. **mómentary** 形 〔形式ばった語〕瞬間的の, つかの間の, 刻一刻の, 今にも起こりそうな, はかない. **moméntous** 形 〔形式ばった語〕重大な, 由々しい.

mo·men·tum /mouméntəm/ 名 U C 《複 -ta /-tə/, ~s》〔一般語〕物のはずみ, 勢い, 惰性, 〖理〗運動量.
[語源] ラテン語 movimentum (=movement) が初期近代英語に入った.

mom·ma /mámə/-5-/ 名 C 〔くだけた語・幼児語〕《米》おかあちゃん, ママ. mama の異綴.

mom·my /mámi/-5-/ 名 C 〔くだけた語・幼児語〕《米》おかあちゃん, ママ (《英》mummy).
[対義語] daddy.

mon·arch /mánərk/-5-/ 名 C 〔一般語〕一般義 世襲の専制君主 (★帝王, 女王, 皇帝, 女帝などを含む). その他 唯一絶対的な支配者, 最高支配者, 比喩的に大立て者, 大御所, 王者を指す. 〖昆虫〗北米産の

の一種おおばまだら.

[語源] ギリシャ語 *monarkhos* (=one who rules alone) がラテン語, 古フランス語を経て中英語に入った.

[関連語] sovereign; ruler.

【派生語】**monárchic, -cal** 形 君主の, 君主らしい, 君主国の, 君主制の. **mónarchy** 名 UC 《通例 the ～》君主制, 君主政治, 君主国 (⇔republic).

mon·as·tery /mánəstèri│mónəstəri/ 名 C 〔一般語〕主に monk (修道僧) が世間から離れて暮らすための**修道院や僧院**.

[語源] ギリシャ語 *monazein* (=to live alone) から派生した後期ギリシャ語 *monastērion* (= solitary dwelling) がラテン語を経て中英語に入った.

[関連語] convent; nunnery.

【派生語】**monástic, -cal** 形 修道院[修道僧]に関する, 隠遁した, 禁欲的な. **monásticism** 名 U 修道院制度, 修道院生活.

mon·au·ral /manɔ́ːrəl│mɔn-/ 形 〔形式ばった語〕ラジオやレコードなどの音声がモノラルの(monophonic)《《語法》mono と短縮される場合もある》, 片耳(用)の.

[語源] mon(o)-「単一」+aural「耳の」の20世紀から.

Mon·day /mʌ́ndi/ 名 C 副 〔一般語〕月曜日 《《語法》Mon. と略す》;〔くだけた語〕《米》形副 として月曜日の[に]. ⇒Sunday

[語源] 古英語 mona (=moon)+dæg (=day) から成る mon(an)daeg から. ラテン語 *lunae dies* (月の日) の翻訳.

【慣用句】*Monday after next* 今日から2週間後の月曜日. *Monday before last* 今日から2週間前の月曜日. *Monday feeling* 働く気のない月曜日の気持. *Monday morning blues* 月曜日の朝の憂鬱(^{うつ})《★月曜日は blue Monday 「憂鬱な月曜日」で最も働く気が起こらない日》. *Monday morning quarterback* 〔くだけた表現〕《米》結果から他人を批判する人. *on Mondays* 月曜日ごとに.

monetary ⇒money.

mon·ey /mʌ́ni/ 名 U 〔一般語〕[一般義] 金銭, 金(^{かね}). [その他]硬貨, 紙幣, 預金などを含む**貨幣**. 金銭が集まると富, 財産, 資産となる. また働いて手に入れる**賃金**, 給料, 競馬などでは**入賞者, 賞金**の意.

[語源] ラテン語 *moneta* (=mint; money) が中フランス語を経て中英語に入った. 本来 *moneta* は adviser の意で, ローマ神話の Juno Moneta の神殿で貨幣の鋳造が行われたことから, mint (造幣所), money の意となった.

[用例] The desire for *money* is a cause of much unhappiness. お金に対する欲望は大きな不幸の原因である/*Money* makes the mare to go.《ことわざ》金は馬をさえ進ませる(地獄の沙汰も金しだい)/He always pays ready *money*. 彼はいつも現金払いだ/Bad *money* drives out good.《ことわざ》悪貨は良貨を駆逐する.

[関連語] bankroll; funds; wealth; cash; change.

【慣用句】*be in the money*〔くだけた表現〕競馬などで**入賞する, 大金持ちになる**. *be made of money*〔くだけた表現〕うなるほど金がある. *for one's money*〔くだけた表現〕自分の好み[意見]では, あつらえ向きに. *lose money* 損をする. *make money* もうける. *money down* 現金で, 即金で. *money for jam* [*old rope*]〔くだけた表現〕《英》ぼろもうけ. *money to burn* うなるほどの金. *not everybody's money*〔くだけた表現〕どこへいっても通用する[もてる]とは限らない. *put money into …* …に投資する. *put money on …* …に金を賭ける. *put one's money where one's mouth is*〔くだけた表現〕《ふざけて》自分の言葉を行動で裏づける, 金を払って約束を果たす, 口だけではなく金も出す. *raise the money* 金を売ってお金を得る, 募金する. *spend money like water* 金を湯水のごとく浪費する. *there is (good) money in …* …はもうかる. *throw* [*pour*] *good money after bad*〔くだけた表現〕失敗した事業のもとを取り戻そうとしてさらに金を注ぎ込む, 盗人に追い銭のようなことをする. *throw one's money about* [*around*] 見栄のため金を大いに無駄使いする. *You pays your money and you takes your choice.*〔くだけた表現〕自分で金を出すだから好きなのを選んでもよい, どちらでもお好きなほうをどうぞ, 運を天にまかすしかない.

【派生語】**mónetary** 形 〔形式ばった語〕貨幣の, 通貨の, 金銭[財政]上の. **móneyed** 形 〔文語〕金のある, 金持ちの, 金銭上の. **móneyless** 形 一文なしの.

【複合語】**móneybàgs** 名 《複》財布,〔くだけた語〕富, 金持ち, **móney bòx** 名 C 貯金箱. **móney chànger** 名 C 両替商, 《米》両替機. **móneygrùbber** 名 C〔くだけた語〕《軽蔑的》がめつい奴, 守銭奴. **móneygrùbbing** 形 金もうけ主義の. **móneylènder** 名 C 金貸し, 高利貸し. **móneymaker** 名 C 金もうけをしている人, 金もうけのうまい[に熱心な]人, 《良い意味で》金もうけになる仕事, ドル箱. **móneymàking** 名 U. **móney màrket** 名 C 金融市場. **móney òrder** 名 C 送金為替, 郵便為替. **móney supplỳ** 名 《the ～》マネーサプライ, 通貨供給(量)《★市場に出回っている資金》. **móney trèe** 名 C 金のなる木《★伝説で中すると金が降ってくるという》. **móney wàges** 名 《複》名目賃金(nominal wages).

Mongol ⇒Mongolia.

Mon·go·li·a /mɑŋɡóuliə│mɔŋ-/ 名 固 モンゴル国《★中央アジア東部の国, 首都 Ulan Bator》, モンゴリア《★モンゴル国と中国北部の内モンゴル自治区とロシア南部のトゥバ自治州を含む地域》.

【派生語】**Móngol** 名 CU 蒙古(^{もうこ})人, モンゴル人《★特に nomad (遊牧の民) を意味する》, モンゴル語. 形 =Mongolian. **Mongólian** 形 モンゴル(人, 語)の. 名 CU モンゴル人, モンゴル語.

mon·goose /mɑ́ŋɡuːs│-ɡ-/ 名 C 【動】マングース《★アフリカおよび南ヨーロッパから東南アジアにかけて分布するがたちに似た肉食獣で, へびを殺す》.

[語源] インドのマラーティー語 *mangūs* が初期近代英語に入った.

mon·grel /mʌ́ŋɡrəl/ 名 C 形 〔一般語〕《しばしば軽蔑的》植物や動物などの雑種, 特に育ちの知れない**雑種犬**. 形 として雑種の.

[語源] 中英語 mong (=mixture)+指小辞の-rel から.

mon·i·tor /mɑ́nətər│-ə-/ 名 C 動 本米他〔一般語〕[一般義] 情況などの**監視装置, モニター**. [その他]《古風な語》学校での**学級委員, 風紀委員**. その他一般に**監督**[監視, 警告, 忠告者, 観察者などをする人]を指し, ラジオやテレビで番組内容や送信状態をチェックする人[装置], 外国放送の**報告者, 聴取係**,《コンピューター》システムの作動状況を監視するソフトウェアやハードウェアなどの**表示装置, モニター**. 動 として**監視する, チェックする**,

モニターする, 観察[記録, 測定]する, 海外放送を傍受する.
[語源] ラテン語 monere (= to warn) の過去分詞 monitus から派生した monitor (= one who warns) が初期近代英語に入った.
[用例] Watch the monitor and tell me if the level goes above forty decibels. モニター装置をみて, 目盛りが 40 デシベル以上になったら教えて下さい/These machines [men] monitor the results constantly. これらの機械[人々]は絶えず結果を監視している.
[日英比較] 日本語の「モニター」には, テレビ番組などについて意見, 感想を報告する人と企業から依頼されて新商品を試用して意見や感想を述べる人の意味があるが, 英語の monitor には後者の意味はなく, consumer reception tester という.
【複合語】 mónitor scrèen 名 C 監視用テレビ(画面).

monk /mʌ́ŋk/ 名 C 〔一般語〕修道の誓いのもとに俗世を離れ宗教に専心している修道僧や修道士.
[語源] ギリシャ語 monakhos (= one who lives alone) に由来する後期ラテン語 monakhus が古英語に munuc の形で入った.
【派生語】 mónkish 形.

mon·key /mʌ́ŋki/ 名 C 動 本来語 〔一般語〕 一般義 尾がある小型の猿. その他 〔くだけた語〕《軽蔑的》比喩的に猿のようにいたずらする[物まねする]人, ずるい奴, ばかされる[ばかな]奴, また〘土木〙打ち機のおもり, モンキー, さらに〔俗語〕《米》500 ドル, 《英》500 ポンド, 《米》麻薬中毒. 動 としてさるまねをする, ふざける, いたずらをする. 他 人をばかにする.
[語源] おそらく中世フランスの動物寓話 Roman de Renart に登場する Martin the Ape の息子 Moneke から.
[関連語] ape; gorilla; chimpanzee; orangoutan.
【慣用句】 **get** [**put**] **one's monkey up** 〔くだけた表現〕《英》怒らせる, 怒る. **get the monkey off** 〔俗語〕《米》麻薬をやめる. **have a** [**the**] **monkey on one's back** 〔俗語〕麻薬におぼれる, 不愉快な人や物に嫌悪感を抱く, さいなまれる. **make a monkey (out) of** ... 〔くだけた表現〕人を笑いものにする, 欺く. **not give a monkey's** (**fart**) 〔俗語〕屁(^)とも思わない, 全く気にしない. **suck** [**sup**] **the monkey** 〔俗語〕《英》酒をらっぱ飲みする.
【複合語】 mónkey bùsiness 名 U 〔くだけた語〕いんちき, ごまかし, いたずら, 悪ふざけ. mónkey wrènch 名 C 自在スパナ, モンキーレンチ [日英比較] モンキー・スパナは和製英語).

monkish ⇒ monk.
mon·o /mɑ́noʊ/ 形 U 〔一般語〕= monophonic; monaural.
mono- /mɑ́noʊ/ 連結 一般義 「唯一」「単一」, 〘化〙「単分子の」「一原子を含む」ことを指す《語法》母音の前は mon-》.
[語源] ギリシャ語 monos (= alone; single) から.
monochromatic ⇒ monochrome.
mon·o·chrome /mɑ́noʊkroʊm/ 名 CU 〔一般語〕白黒の写真, 単色画(法).
[語源] ギリシャ語 monokhrōmos (= of one color) が中世ラテン語を経て初期近代英語に入った.
【派生語】 mònochromátic 形 単色の, 一色の. mònochromátically 副. mònochromáticity 名 U.

mon·o·cle /mɑ́nəkl/ 名 C 〔一般語〕顔の筋肉ではさむ片目用の眼鏡.
[語源] 後期ラテン語 monoculus (= one-eyed) がフランス語を経て 19 世紀に入った.
【派生語】 monócular (一眼(用))の.
monogamous ⇒ monogamy.
mo·nog·a·my /mənɑ́gəmi/ 名 U 〔やや形式ばった語〕一夫一婦姻.
[語源] ギリシャ語 monogamia (mono- one + -gamia marriage) が後期ラテン語を経て初期近代英語に入った.
[関連語] bigamy; polygamy; digamy.
【派生語】 monógamous 形.
mon·o·gram /mɑ́nəgræm/ 名 C 〔やや形式ばった語〕ハンカチなどに刺繍したり便箋などにプリントされた頭文字などの図案化した組み合わせ文字.
[語源] 後期ラテン語 monogramma (ギリシャ語 mono- one + -gramma letter) が初期近代英語に入った.
mon·o·graph /mɑ́nəgræf | mɑ́nəgrɑːf/ 名 C 動 本来他 〔やや形式ばった語〕研究論文や専攻論文, 小論.
[語源] ギリシャ語 monos (= alone) + graphos (= writing) がラテン語を経て初期近代英語に入った.
mon·o·lith /mɑ́nəlɪθ/ 名 C 一般義 建築や彫刻などに用いられる大きな一本石. その他 一つの大きな石のかたまりから作られた彫像, 碑, 柱.
[語源] ギリシャ語 monolithos (= made from a single stone) がフランス語を経て 19 世紀に入った.
【派生語】 mònolíthic 形.
monologic ⇒ monologue.
monologist ⇒ monologue.
monologize ⇒ monologue.
mon·o·logue, **-log** /mɑ́nəlɔg/ 名 C 〘劇〙劇や映画の中で役者が一人だけになって言う長いせりふ, モノローグ, また登場人物が一人だけの独演劇や独白劇.
[語源] ギリシャ語 monologos (= speaking alone) がフランス語を経て初期近代英語に入った.
【派生語】 mònológic 形. mònológist 名 独白する人, 独り言を言う人. mònológize 動 本来自 独白する.
mon·o·ma·nia /mɑ̀nəméɪniə/ 名 U 〔一般語〕偏執狂, 熱狂.
【派生語】 mònomániac 名 C 偏執狂者. 形 偏執狂の.
mon·o·pho·nic /mɑ̀nəfɑ́nɪk | mɑ̀nəfɔ́n-/ 形 〔形式ばった語〕 一般義 ラジオやレコードなどの音声がモノラルの(⇔ stereophonic)《語法》 monaural ともいい, また mono と短縮される). その他 〘楽〙単旋律の(⇔ polyphonic).
mon·oph·thong /mɑ́nəfθɔ(ː)ŋ/ 名 C 〘音〙単母音.
[語源] ギリシャ語 monophthongos (mono- one + phthongos sound) が初期近代英語に入った.
[関連語] diphthong.
mon·o·plane /mɑ́nəpleɪn/ 名 C 〔一般語〕単葉機.
monopolist ⇒ monopoly.
monopolize ⇒ monopoly.
mo·nop·o·ly /mənɑ́pəli/ 名 C 一般義 市場における商品や事業, 業務の独占, 専売,

[その他] それに伴う権利, **独占権**, **専売権**, さらに**独占事業[企業]**, **専売事業[企業]**, **独占[専売]品**, また一般に物事を独り占めすることを指す.
[語源] ギリシャ語 *monopōlion* (= sole selling rights; *mono-* alone + *pōlein* to sell) がラテン語 *monopolium* を経て初期近代英語に入った.
[用例] This firm has a local *monopoly* of soap-manufacturing. この会社は石けん製造では当地の独占企業だ/a Government *monopoly* 国営事業, 政府の専売品/You mustn't think you have a *monopoly* of the good sense in this family. この家族で自分だけ良識があるなどと思ってはいけないよ.
【派生語】**monópolist** 名 C. **monòpolístic** 形. **monòpolizátion** 名 U. **monópolize** 動 本米他 独占権を得る, 独り占めする.
【複合語】**monópoly cápitalism** 名 U 独占資本主義.

mon·o·rail /mánəreil/ |-ɔ́-/ 名 C 〔一般語〕モノレール, 単軌鉄道.

monosyllabic ⇒monosyllable.

mon·o·syl·la·ble /mánəsiləbl/ |-ɔ́-/ 名 C 〔やや形式ばった語〕**単音節語**.
【派生語】**mònosyllábic** 形 単音節の, ぶっきらぼうな.

mon·o·the·ism /mánəθiːizəm/ |-ɔ́-/ 名 U 〔一般語〕**一神論**, **一神教**.
[語源] *mono-* + ギリシャ語 *theos* (= god) + ism である. 初期近代英語から.
【派生語】**mónotheist** 名 C.

mon·o·tone /mánətoun/ |-ɔ́-/ 名 UC 動 本米他 〔一般語〕[一般義] 声の高さや大きさに変化のない**単調さ**. [その他] 文章や話し方, 歌い方, 色彩, スタイル, 構成, 考えの**単調さ**, 変化不足, **一本調子**, 【楽】**単音**. 一本調子に歌う人, **音痴**をいう. 動 として**一本調子に話す[書く, 歌う]**.
[語源] ギリシャ語 *monotonos* (= monotonous; *mono-* single + *tonos* tone) が初期近代英語に入った.
[用例] She sang a song in a high *monotone*. 彼女は尚い単調な声で歌を歌った.
[関連語] dull; uniform.
【派生語】**monótonous** 形 単調な, 一本調子の, 退屈な. **monótonously** 副. **monótony** 名 U 単調, 退屈.

mon·o·vu·lar /manávjulər/ |mənóu-/ 形 【医】双子が一卵性である.

mon·ox·ide /mənáksaid/ |-ɔ́-/ 名 UC 【化】**一酸化物**.

Mon·roe Doc·trine /mənróu dáktrin/ |-dɔ́k-/ 名 (the ~) モンロー主義 (★1823 年の米国大統領 James Monroe がとった不干渉主義の外交方針).

mon·sieur /məsjə́ːr/ 名 C 〔やや形式ばった語〕**様**, …**君**, ムッシュー (★単独で用いれば英語の sir に当たる呼びかけの言葉, また名前の前に付ければ英語の Mr に当たる).
[語源] フランス語 *mon* (= my) + *sieur* (= lord) が初期近代英語に入った.

mon·soon /mansúːn/ |-ɔ́-/ 名 C 〔一般語〕南アジアで夏は南西から冬は北東から吹く**季節風**, また 4 月から 10 月にかけて南西の季節風が吹く時の**雨期**.
[語源] アラビア語の *mawsim* (= season) がポルトガル語, オランダ語を経て初期近代英語に入った.

mon·ster /mánstər/ |-ɔ́-/ 名 形 〔一般語〕[一般義] 想像上の巨大で醜い**怪物**, **化け物**. [その他] 一般に巨大な[物, 動物, 植物], 比喩的に怪物のような能力をもつ人を表して超人的な才能人, **驚異的[奇跡的]な人**と, 逆に**極悪非道な人**, 常軌を逸した**人非人**を指す. また〔俗語〕爆発的人気のあるヒット曲, **スーパースター的歌手**. 形 として巨大な, 化け物のような.
[語源] ラテン語 *monere* (= to warn) から派生した *monstrum* (= omen; monster) が古フランス語 *monstre* を経て中英語に入った.
[用例] The man must be a *monster* to treat his son badly! 自分の子供にあんなひどい仕打ちをするなんて, あの男は人非人だ/a *monster* ship [watermelon] 巨大船[すいか].
【派生語】**mònstrósity** 名 UC 奇怪さ, 動植物の奇形, 巨大な奇形物. **mónstrous** 形 奇異な, 奇怪な, 恐ろしい. **mónstrously** 副.

mon·tage /mantáːʒ/ |-ɔ́-/ 名 CU 〔一般語〕**合成画**, モンタージュ**写真**, **合成作品**, 【映画】**モンタージュ** (★画面の連続).
[語源] フランス語 *monter* (= to mount) の 名 が 20 世紀に入った.

Mon·tan·a /mantǽnə/ |mɔn-/ 名 固 モンタナ (★米国北西部の州; 略 Mont., 【郵】MT).
[語源] ラテン語 *montanus* (= mountainous region) に由来するスペイン語 *montaña* から

Mont Blanc /mɔːn blǽŋ/ 名 固 モンブラン (★ヨーロッパアルプスの最高峰, 4807m).
[語源] white mountain の意のフランス語から.

month /mʌnθ/ 名 C 〔一般語〕1 月から 12 月までの暦上の個々の**月**, また **1 か月(間)**.
[語源] 古英語 *mōnath* から.
[用例] She was late for school four times this *month*. 彼女は今月は 4 回学校に遅刻した/The baby is only one *month* old. その赤ちゃんはまだ生後 1 か月しかたっていない.
【慣用句】*a month of Sundays* 〔くだけた表現〕《通例否定文で》非常に長い間. *by the month* 月ぎめで. *every other [second] month* 1 か月おきに. *month in, month out* 来る月も来る月も. *the month after next* 再来月. *the month before last* 先々月. *today [this day] month* 来月の今日, 先月の今日.
【派生語】**mónthly** 形 每 副 月 1 回 (の), 月 1 回(の).

Mon·tre·al /màntrió:l/ |-ɔ́-/ 名 固 モントリオール (★カナダ最大の都市).
[語源] フランス語 *Montréal* から. その中央にある *Mont Royal* にちなんだ名.

mon·u·ment /mánjumənt/ |-ɔ́-/ 名 C 〔一般語〕[一般義] 人や出来事を記念して建てる塔や碑, 像, 建物などの**記念建造物**, **記念塔**, **記念碑**. [その他] **記念碑的な建物**, **遺跡**, **記念物**, 〔形式ばった語〕記念碑的な**仕事**, **業績**, **金字塔**. 転じて故人への**賛辞**, **追悼文**, **墓石**, **墓碑**, 《米》**境界標識**.
[語源] ラテン語 *monere* (= to remind; to warn) から派生した *monumentum* (想い出させるもの) が中英語に入った.
[用例] They erected a *monument* in his honor. 彼の名誉をたたえて記念碑を建てた.
【派生語】**mònuméntal** 形 記念(碑)の, 威風堂々とした, 不朽の, 不滅の, 〔くだけた語〕とてつもなく大きい, 途方もない. **mònuméntally** 副.

moo /múː/ 動 本来他 名 C 牛がもーと鳴く. 名 として, 鳴き声のもー.
[語源] 擬音語. 初期近代英語から.
【複合語】**móocòw** 名 C 〖小児語〗もーもー, 牛.

mooch /múːtʃ/ 動 本来他 〖くだけた語〗 一般義 あてもなくぶらぶら歩く, うろつく. その他 だらだらと無気力に行動する, こそこそ忍び足で歩く, 物乞いする, 《米・カナダ》物を盗む.
[語源] 古フランス語 *muchier* (こそこそ歩く) が中英語に入った.

mood¹ /múːd/ 名 C 〔一般語〕 一般義 上機嫌や不機嫌など人間の一時的な心的状態, 気分. その他 物事をしようとする気持ち, 心構え, 〈複数形で〉不機嫌ならむ気, 憂うつ, かんしゃく, 〈通例単数形で〉人のかもし出す雰囲気, 調子, 物事の風潮, 傾向の意.
[語源] 古英語 mod (=mind; spirit; courage) から.
[用例] What kind of *mood* is she in?—She's in a terrible *mood*. 今, 彼女のご機嫌はどんなですか. ひどくご機嫌ななめだ.
[類義語] temper.
【慣用句】*be in a bad [good] mood* 不[上]機嫌で. *be in the mood to do [for doing]* …したい気持だ: I'm in the [no] *mood* to work. 働こうという気分になっている[いない].
【派生語】**móodily** 副. **móodiness** 名 U. **móody** 形 不機嫌な, むっつりした, 気分屋の.
【複合語】**móod mùsic** 名 U. ムードミュージック.

mood² /múːd/ 名 C 〖文法〗動詞の法.
[語源] mood¹ が mode の意味に影響されてできた語.

moon /múːn/ 名 UC 動 本来他 〔一般語〕 一般義 〈通例 the〜〉月. その他 月光. また惑星の衛星, さらに月形の物, 大陰月. 動 として 〈ややくだけた語〉ぼんやりと[夢見心地で]時を過ごす, ぼんやりと[ものうげに]うろつく.
[語源] 古英語 *mona* から.
[用例] Spaceman landed on the *moon*. 宇宙飛行士が月に降りた/They discovered that Uranus has 15 *moons*. 彼らは天王星には15の衛星があるということを発見した.
[参考] new *moon* 新月; crescent *moon* 三日月; half *moon* 半月; gibbous *moon* 凸月 (★半月と満月の間の月); full *moon* 満月; wanting *moon* 残月; waxing *moon* 残月; first quarter *moon* 上弦の月; last quarter *moon* 下弦の月.
[関連語] earth; sun; star; satellite.
【慣用句】*aim at the moon* 高望みをする. *ask [cry; wish] for the moon* 不可能な事[物]を求める, ないものねだりをする. *bark at [against] the moon* 月に向かって吠える, むだ騒ぎをする. *bay (at) the moon* 月に向かって吠える, 無益なことを追い求める. *beyond the moon* 手の届かない所に, 法外に. *in a blue moon* 〖くだけた表現〗長い間. *once in a blue moon* 〖くだけた表現〗めったに[ほとんど]…しない. *over the moon* 〖くだけた表現〗大喜びをして, 有頂天になって. *pay [offer] … the moon* …に大金を払う[と申し出る]. *promise … the moon* …に出来そうもないことを約束する, 非常に気前のよい約束をする. *shoot the moon* 〖俗語〗〖英〗夜逃げする. *the man in the moon* 〖くだけた表現〗おとぎ話などの月の国の人, 架空の人: have no more idea than *the man in the moon* 全然知らない, まったく分らない.
【派生語】**móonless** 形 月のない, 闇の. **móony** 形 〖くだけた語〗ものうげで夢見がちの, ぼうっとした, 気違いじみた.
【複合語】**móonbèam** 名 C 月の光線, 月光. **móonlight** 名 U 月光. **móonlighter** 名 C 〖くだけた語〗ひそかにアルバイトをする人, 夜襲に参加する人. **móonlit** 形 月明かりに照らされた. **móonrise** 名 UC 月の出(の時刻). **móonsèt** 名 UC 月の入り(の時刻). **móonshìne** 名 U 月光, ばからしい考え[話, 行為], 〖くだけた語〗〖米〗アルコール度の高い密造酒, 密輸入酒. **móonshìner** 名 C 〖くだけた語〗〖米〗酒密造[密輸入]者, 夜間に違法な行為[商売]をする者. **móonshìp** 名 C 月への宇宙船, 月探測船, 宇宙ロケット. **móonshòt** 名 C 月ロケット打上げ. **móonstòne** 名 UC 月長石, ムーンストーン (★お守り用, 装飾用に用いる). **móonstrùck** 形 〈ややくだけた語〉恋にのぼせて夢見心地の, 気が変になっている (★占星術では狂気は月光のせいとする).

moor¹ /múər/ 動 本来他 〔一般語〕船をケーブルやロープ, 錨でつなぐ. 自 船が停泊する.
[語源] 低地ドイツ語 *mören* (=to tie) が中英語に入った.
【派生語】**móorings** 名 〈複〉ロープや錨などの保船設備.

moor² /múər/ 名 C 〔一般語〕主に英国にみられるヒースやしだ類, こけ類などが生えた泥炭の多い土壌からなる荒野.
[語源] 古高地ドイツ語 *muor* (=swamp) が古英語に mōr の形で入った.
【複合語】**móorland** 名 U 荒れ野.

Moor /múər/ 名 C 〔一般語〕ムーア人 (★アフリカ北西部に住むイスラム教徒).
[語源] 古代アフリカ北西部の王国 Mauretania の住人の意のギリシャ語 *Mauros* がラテン語, 古フランス語を経て中英語に入った.
【派生語】**Móorish** 形.

moose /múːs/ 名 C 〖動〗へらじか.
[語源] 北米先住民のアブナキ語 mos による. 初期近代英語から.

moot /múːt/ 動 本来他 名 C 〔やや形式ばった語〕 一般義 議論の余地がある, 未解決の. その他 抽象的過ぎて実用的価値のない, 議論に値しない. 動 として, 議論するよう提案する, 討議に取り上げる. 自 法学生が訓練のため架空事例について討論する.
名 として模擬裁判.
[語源] 古英語 *mōt* (=meeting) から.
【複合語】**móot cóurt** 名 C 法学生のための模擬法廷.

mop /máp|-ɔ́-/ 名 C 動 本来他 〔一般語〕 一般義 床ふき用の柄(*e*)つきぞうきん, モップ, その一拭き. その他 〖くだけた語〗モップのようにふさふさしたもじゃもじゃの髪の毛, もじゃもじゃの束. 動 としてモップで拭く[洗う, きれいにする], 涙や汗をぬぐう, 〖くだけた語〗仕事などを片づける, 残った敵を掃討する.
[語源] ラテン語 *mappa* (ナプキン) の指小語 *mappula* (布) から中英語に入った.
[用例] She combed her curly *mop*. 彼女はもじゃもじゃの巻き毛にくしをかけた.
【慣用句】*mop up* こぼれた液体を拭きとる, 仕事を終える, 敵を掃討する: Go and fetch a cloth to *mop* up the tea. お茶を拭き取るふきんを取ってらっしゃい.
【複合語】**móp-ùp** 名 UC 仕事などの総仕上げ, しめく

mope /móup/ 動 本来動 C 〔一般語〕〔一般義〕気力なくふさぎ込む. その他 当てもなくぶらぶら歩く, 漫然と行動する. 名 として陰気な人やふさぎ屋.
[語源] スウェーデン語の方言 *mopa* (=to sulk) と同起源のスカンジナビア語が初期近代英語に入ったと思われる.

mo·ped /móuped/ 名 C 〔一般語〕《英》モペット(★小型エンジン付きの自転車).
[語源] motorized pedal の意のドイツ語 *mo(torisiertes)ped(al)* が 20 世紀に入った.

mop·pet /mápət/ -ɔ-/ 名 C〔くだけた語〕かわいい子供, 特に女の子.
[語源] 廃語の mop (=rag doll) +*et* による初期近代英語から.
[類義語] poppet.

mo·raine /məréin/ 名 C 《地》氷河が運んだ土砂石塊の堆石.
[語源] フランス南東部の山岳地方の方言 *morena* がフランス語を経て 18 世紀に入った.

mor·al /mɔ́(ː)rəl/ 形 C 〔一般語〕〔一般義〕道徳(上)の, 道徳に関する. その他 道義をわきまえた, 道徳的な, 品行方正な, さらに精神的な, 心の. また物語などが教訓的な, 道徳的な. 目下で, 物語や体験から得られる教訓, 寓意, 《複数形で》道徳, 素行.
[語源] ラテン語 *mos* (=manners; custom) から派生した *moralis* が中英語に入った.
[用例] She is a woman of high *moral* standards. 彼女は高い道徳的価値基準の持ち主である/He leads a very *moral* life. 彼は非常に品行方正な生活を送っている.
[類義語] moral; ethical; virtuous; righteous: **moral** は一般社会の善悪の基準に合っていること. **ethical** は学問的で体系的な道徳規範を指し, moral よりもさらに厳しい倫理観が含まれる. **virtuous** は高い道徳基準を有していること. **righteous** は道徳的に非難の余地もなく全く正しいこと.
[反意語] immoral; amoral; nonmoral; unmoral; maximum.
【派生語】**móralist** 名 C 道徳主義者, 道徳(実践)家. **moralístic** 形 道徳主義の, 《しばしば悪い意味で》道学的な, 教訓的な. **morálity** 名 U 道徳(性), 倫理性, 道義, 品性, 徳性, 道徳訓, 教訓: **morality play** 道徳劇. (★14-16 世紀に流行した) **móralize** 動 本来動 道徳を説く, 説教する. **móralizer** 名 C 道学者, 説教の好きな人. **mórally** 副.
【複合語】**móral cértainty** 名 《a 〜》まず間違いでないと思われること, 蓋然的確実性. **móral házard** C モラルハザード(★被保険者の故意や不注意による保険者側の危険). **móral philósophy [scíence]** 名 U 道徳哲学, 倫理学.

mo·rale /məræl/ -ɑ́ː-/ 名 U 〔一般語〕軍隊やその他の集団のどの士気, あるいは会社の従業員などの意欲.
[語源] フランス語 *moral* の女性形が 18 世紀に入った.

moralist ⇒moral.
morality ⇒moral.
moralize ⇒moral.

mo·rass /mərǽs/ 名 C 〔文語〕〔一般義〕低湿地帯にある沼地. その他 比喩的にどろ沼状態や混乱状態, あるいは苦境.
[語源] 古フランス語 *maraise* (=marsh) がオランダ語 *moeras* を経て初期近代英語に入った.

mor·a·to·ri·um /mɔ̀(ː)rətɔ́ːriəm/ C (複 〜s, -ria) (★通例単数形で)(形式ばった) 緊急時に際して, 銀行や債券国の支払期限の**猶予**. その他 支払**猶予期間, 猶予令**. またある特定の行為や行動の**一時停止[延期]**.
[語源] 後期ラテン語 *moratorius* (=delaying) に由来する近代ラテン語が 19 世紀に入った.

mor·bid /mɔ́ːrbid/ 形 〔一般語〕**不健全で病的な**. その他 **気味の悪い, 不気味でぞっとする**.
[語源] ラテン語 *morbidus* (=sickly) が初期近代英語に入った.
【派生語】**morbídity** 名 U 病的な状態, 不健全, 一地方やある国の罹病率. **mórbidly** 副.

mor·dant /mɔ́ːrdənt/ 形 〔一般語〕〔一般義〕**言葉, 機知などが刺すような, 辛らつな, 皮肉の**こもった. その他 酸が腐食性の, それら以外の, 《染色》媒染性の. 名 として**腐食剤, 媒染剤**. 動 として**媒染剤で繊維や織物を処理する**.
[語源] ラテン語 *mordere* (=to bite) に由来する, 古フランス語 *mordre* の現在分詞が中英語に入った.

more /mɔ́ːr/ 形 代 副 〔一般語〕〔一般義〕量, 数, 規模, 程度, 額などが比較の上で**より大きい, より多くの**. その他【これ】以上の, それ以外の, 余分の. 代 として【これ】以上の(大きな[多くの])事, 人, 物, 量, 数, 程度, 規模, 額, 時間など]. 副 として**...よりもっと(大きく[多く]), またいっそう, その上, さらにまたなどの意**.
[語法] many, much の比較級.
[語源] 古英語 *māra* から.
[用例] I've *more* pencils than he has. 私は彼より鉛筆をたくさん持っている/There are only two *more* weeks till the exam. 試験までもう 2 週間しかない/Are there a lot of people?—There are far *more* than we expected. 大勢の人がいるのですか. 思っていたより遥かに大勢の人がいます/This is really *more* than I can do for you. 実際の所, ここまでしかしてあげられません/He's much *more* intelligent than they are. 彼は彼らよりもはるかに聡明だ/I'm exercising a little *more* now than I used to. 昔より今の方が少しは運動できたえている/We'll play it twice *more* and then stop. もう二度やってからやめよう.
[語法] ❶ more の後に複数名詞が来る場合は a few や many, 数詞が more の前に置かれる: a few *more* books. ❷ more の後に不可算名詞が来る場合は much, rather, a little, a bit, a great [good] deal などが more の前に用いられる: a little *more* water/pay much *more* attention. ❸ some, any, a lot, lots, no, far などは ❶❷の両方の場合に用いられる.
[反意語] less.
【慣用句】**all the more** なおさらいっそう, かえって. **(and) what is more** おまけに, その上. **little more than ...** ほんの...に過ぎない. **more and more** いよいよ, ますます. **more or less** 多かれ少なかれ, 大体, 約. **more than ... ...以上, ...以上のもので, の上ばかりでなくて, 非常に. **more ... than ...** ...よりむしろ.... **more than a little [bit]** 〔文語〕《英》少なからず, むしろ. **more than ...ぬんぷく, 何にもまして. *more than ever* ますます, いよいよ. *more than once* ⇒ once. **more ... than not** どちらかと言えば, かなり. **much more** なおさら, まして. **neither more nor less than ... ...より多くも少なくもない, ちょうど, まさに

...に他ならない. ***never more*** もう決して...でない. ***no more*** もはや...しない, 〔形式ばった表現〕(否定文の後で)もまた...でない. ***no more than ...*** ...にすぎない, のみ, (数詞の前で)わずか, たった. ***no more than ...=not ... any more than*** ...でないのと同様に, (★...を強調している):He *isn't any more* capable of it *than* I am. 彼は私と同じようにそれができない. ***nothing more than*** ...にすぎない. ***not more than ...*** (数詞などを伴って)...より多くない, せいぜい, 多くて, ...ほど...でない. ***or more*** ...かそこら, あるいはそれ以上. ***some more*** もう少し. ***still more*** =much more. ***the more*** ...=all the more ますます. ***the more ..., the less ...*** すればするほどますます...でなくなる. ***the more ..., the more ...*** すればするほどますます...だ: *The more* one has, *the more* he wants. 人は持てば持つほど欲しくなるものだ.

【複合語】**moreóver** 副 〔形式ばった語〕その上, さらに, なおまた: I don't like the idea, and *moreover*, I think it's illegal. その考えは気に入らないし, その上, それは違法だ.

mo·res /mɔ́:ri:z, -reiz/ 名 (複) 〔形式ばった語〕ある一つの集団や社会の慣習やしきたり.
[語源] ラテン語 *mos* (=custom) の複数形が 20 世紀に入った.

morgue /mɔ́:rg/ 名 C 〔一般語〕一般義 身元が判明するまで保管しておく死体保管[公示]所. その他 〔くだけた語〕新聞社の資料室や調査部, 資料.
[語源] パリの死体保管所 *le Morgue* から 19 世紀に入った.

mor·i·bund /mɔ́(:)rib(ə)nd/ 形 〔形式ばった語〕とくに企業や事業などが死にかけている.
[語源] ラテン語 *mori* (=to die) の派生形 *moribundus* が 18 世紀に入った.

Mor·mon /mɔ́:rmən/ 名 C 形 〔一般語〕モルモン教徒.
[語源] 創立者の Joseph Smith によれば more, mon (=more good) から.
【派生語】**Mórmonism** 名 U モルモン教 (★1830 年に米国で興ったキリスト教の一派).

morn /mɔ́:rn/ 名 UC 〔詩語〕朝(morning), 暁 (dawn).
[語源] 古英語 morgen から.

morn·ing /mɔ́:rniŋ/ 名 UC 〔一般語〕一般義 朝.
その他 夜明けまたは真夜中から正午または昼食までの午前, 〔詩〕夜明け, 暁, 〔文語〕比喩的に物事の初期, 初め, (形容詞的に)朝の, 朝に用いる[食べる].
[語法]「午前中に」は in the morning だが「ある特定の日の午前中[朝]に」は on the morning of ... となる.
[語源] 中英語 morn に evening に倣って -ing を加えたもの.
[用例] I'll be seeing him tomorrow *morning*. 明朝彼に会います/He was here on Monday *morning*. 彼は月曜日の午前中にはここに居た/He works for us three *mornings* a week. 彼は週 3 日の午前中に私たちのために働いてくれます/the *morning* of life 人生の初期, 青年時代.
[関連語] afternoon; evening; day; night.
【慣用句】***from morning till [to] night*** 朝から晩まで. ***morning after (the night before)*** 〔くだけた表現〕二日酔い, 苦しい目覚め, 後悔.

【派生語】**mórnings** 副 (米)早朝に, いつも朝に.
【複合語】**mórning-áfter pill** 名 C モーニング・アフター・ピル (★性交渉用経口避妊薬). **mórning còat** 名 C モーニング・コート (米) cutaway (coat)] (★ morning dress の上着). **mórning drèss** 名 U モーニング(⇔evening dress) (★男子の昼間の礼服で, morning coat と縞(¹⁄₂)のズボンとシルクハットからなる一揃い). **mórning glòry** 名 CU 〔植〕朝顔. **mórning páper** 名 C 朝刊(⇔evening [afternoon] paper). **Mórning Práyer** 名 U 〔英国国教会〕朝の祈り. **mórning sickness** 名 U つわり, 朝の吐き気. **mórning stár** 名 C 明けの明星 (★通常, 夜明け前に東に見える金星).

mo·ron /mɔ́:rɑn|-rɔn/ 名 C 〔くだけた語〕(軽蔑的) 低能, ばか, 〔心〕知能が 8-12 歳程度の軽愚者.
[語源] ギリシャ語 *mōros* (=foolish) の中性形が 20 世紀に入った.
【派生語】**morónic** 形.

mo·rose /məróus/ 形 〔一般語〕不機嫌で気難しい, 陰気な.
[語源] ラテン語 *morosus* (=peevish; capricious) が初期近代英語に入った.
【派生語】**morósely** 副.

mor·pheme /mɔ́:rfi:m/ 名 C 〔言〕形態素 (★言語において意味を持つ最小の単位).
[語源] ギリシャ語 *morphē* (=form) から 20 世紀に入った.

mor·phi·a /mɔ́:rfiə/ 名 =morphine.

mor·phine /mɔ́:rfi:n/ 名 U 〔化〕モルヒネ.
[語源] ギリシャ神話の夢の神 Morpheus をもとにドイツの薬剤師が *morphin* と呼んだことによる. 19 世紀から.

mor·phol·o·gy /mɔ:rfɑ́lədʒi|-ɔ́-/ 名 U 〔生〕形態学, 〔言〕語形論, 形態論.
[語源] ギリシャ語 *morphē* (=form) + *logie* (=-logy) をもとにしたゲーテの造語 *morphologie* による. 19 世紀から.

mor·row /mɔ́(:)rou/ 名 〔古語・詩語〕(the ~) 翌日, 朝, または或る出来事の直後.
[語源] 古英語 morgen (=morning) から.

Morse code /mɔ́:rs kóud/ 名 U (しばしば the ~) 〔電信〕モールス式電信符号 [語法] 単に Morse ともいう).
[語源] 米国の Samuel F. Morse の名から. 19 世紀から.

mor·sel /mɔ́:rsəl/ 名 C 〔やや形式ばった語〕一般義 食べ物の一口, ひとかじり, 一片. その他 (a ~; 否定文・疑問文で)少量, 小片.
[語源] 古フランス語 *mors* (=a bite) が中英語に入った.

mor·tal /mɔ́:rtl/ 形 名 〔一般語〕一般義 必ず死ぬことになっている, 死ぬべき運命にある. その他 〔文語〕病気などが命取りの, 致命的の, 臨終の. 死ぬべき運命を持っていることから人間の, この世の, 人の世の. 死ぬまで続くことから絶対的に許さない, 生かしてはおけない. 死を賭し必死であることから, 〔くだけた語〕はなはだしい, 非常な, ひどい, ひどく長くて退屈な. any, every, no などを強めておよそ考えられる[可能な]. 名 として 〔文語〕死すべき者, 永遠なる神に対しての人間, 〔くだけた語〕人, やつなどの意.
[語源] ラテン語 *mors* (死) の派生形 *mortalis* が古フランス語を経て中英語に入った.
[用例] Man is *mortal*. 人間は死すべきもの/He re-

ceived a *mortal* blow. 彼は致命的な一撃をくらった/ God's wisdom is beyond *mortal* knowledge. 神の知恵は人知を超えている.

[反意語] immortal.

[類義語] fatal.

【派生語】mortálity 名 U 死運命, 戦争や疫病などによる大量[多数]の死, 死亡率[数]: **mortality rate** 死亡率/**mortality table** [保険] 死亡(率)表, 死亡生存統計表. mórtally 副 死ぬほどに, 致命的に, ひどく, 非常に.

【複合語】mórtal sìn 名 CU [カト] 地獄に落ちる大罪.

mor·tar /mɔ́rtər/ 名 U 動 [本来他] 〔一般語〕[一般義] セメントと砂に水を加えて練り, れんがなどの固定や壁に塗るモルタル, しっくい. [その他] モルタルをこねる器から乳鉢の意となり, 形状が似ていることから, 低速高弾道で狭い範囲を砲撃する迫撃砲や臼砲. 動 としてモルタルを塗る, モルタルでつなぐ.

[語源] ラテン語 *mortarium* (=mixing vessel) が古英語に入った. 「しっくい」の意は中英語から.

【複合語】mórtarbòard 名 C 左官がモルタルを載せるのに使うこて板, 大学の卒業式で教官や卒業生がかぶる四角い布に飾りふさのついた角帽.

mort·gage /mɔ́rgɪdʒ/ 名 U 動 [本来他] 〔一般語〕[一般義] 債務の保証として提出する抵当や担保. [その他] 譲渡抵当証書, 抵当権. 動 として抵当に入れる, 生命や名誉をかけても保証する.

[語源] 古フランス語 *mor(t)gage* (mort dead+gage security) が中英語に入った.

【派生語】mòrtgagée 名 C 抵当権者. mórtgagor, mórtgager 名 C 抵当権設定者.

mor·ti·cian /mɔːrtíʃən/ 名 C 〔一般語〕《米》葬儀屋(undertaker).

[語源] ラテン語 *mort-* (=death) と -ician から成る. 19世紀にできた.

mortification ⇒mortify.

mor·ti·fy /mɔ́rtɪfaɪ/ 動 [本来他] 〔やや形式ばった語〕 [一般義] 人に悔しい思いをさせる, プライドを傷つけるほどに屈辱を与える. [その他] 《しばしば受身で》修行や苦行によって欲望を抑制する, 克服する. 自 廃語の殺す意味から死に至る病の, 壊疽(えそ)にかかる.

[語源] 後期ラテン語 *mortificare* (=to put to death) が古フランス語を経て中英語に入った.

【派生語】mórtificátion 名 U 屈辱, 悔しさ, 苦行. mórtifỳing 形.

mor·tise /mɔ́rtɪs/ 名 C 動 [本来他] 〖木工〗 ほぞを差し込むための木や石にあけられたほぞ穴, 〖印〗 別の活字などを組み込むための版面のくりぬき穴. 動 として, 材木や石などにほぞ穴をあける, 材木などをほぞで接合する, 〖印〗 版面をくりぬく.

[語源] アラビア語の *murtazza* (=fastened in position) が古フランス語を経て中英語に入った.

mor·tu·ar·y /mɔ́rtʃuèri|-əri/ 名 C 形 〔一般語〕埋葬や火葬をするまでの死体仮置き場, 霊安室. 形 として死の, 埋葬の.

[語源] ラテン語 *mortuarius* (=of the dead) が中性ラテン語, アングロフランス語を経て中英語に入った.

mo·sa·ic /mouzéiɪk/ 名 UC 形 〔一般語〕[一般義] 様々な色のガラスや石の小片からなるモザイク. [その他] モザイク模様やモザイク画, モザイク細工や寄せ木細工, また航空写真の連続写真.

[語源] ギリシャ神話の *mousa* (=Muse) の女神が文芸・学術をつかさどる 9 人の女神のそれぞれを呼ぶ名であることから, ギリシャ語 *mouseios* (=of the Muses) が *mouseion* (=mosaic work) となり, 中世ラテン語, フランス語, イタリア語を経て初期近代英語に入った.

Mos·cow /máskou|-5-/ 名 固 モスクワ (★ロシアの首都; ロシア語名で Moskva).

Mo·ses /móuzɪz/ 名 固 〖聖〗 モーセ (★ヘブライの立法者・預言者), また男子名のモーゼス.

[語源] エジプト語 *mesu* (=son) によると思われるヘブライ語 *mōshen* がギリシャ語, ラテン語を経て入った.

Mos·lem /mázləm|-5-/ 名 C 形 =Muslim.

mosque /másk|-5-/ 名 C 〔一般語〕イスラム教寺院.

[語源] アラビア語の *masjid* (=temple) がイタリア語 *moschea*, フランス語 *mosquée* を経て初期近代英語に入った.

mos·qui·to /məskíːtou/ 名 C 〖昆虫〗 か(蚊).

[語源] スペイン語 *mosca* (はえ) の指小語が初期近代英語に入った.

[用例] He was badly bitten by *mosquitoes*. 彼は蚊にひどくさされた.

【複合語】mosquíto bòat 名 C 《米》水[魚]雷艇. mosquíto nèt 名 C 蚊帳(かや).

moss /mɔ́ːs|-5-/ 名 UC 動 [本来他] 〖植〗 苔(こけ), すぎごけ類の総称. 動 として, 物を苔でおおう.

[語源] 古英語 mos から.

[用例] The bank of the river was covered in *moss*. 川の土手は苔でおおわれていた/A rolling stone gathers no *moss*. 《ことわざ》転石苔を生ぜず (★《米》では苔を否定的に考えて, 苔などがつかないように転職し住居を変えて活発に移動することが成功への道であることを暗示し, 《英》では苔を肯定的に考えて, 住居や職業を変えることなく一カ所にいることが良い方法であることを暗示する傾向がある).

【派生語】móssy 形 苔むした, 古びた, 極端に保守的な.

【複合語】móssbàck 名 C 《米》背中に藻類の生えた老いたかめ, 貝, えびなど, 〔くだけた語〕頭の古い人, 極端な保守主義者. móss grèen 名 UC 苔の色を思わせる暗い黄緑色. móss gròwn 形 苔の生えた, 古風な, 時代遅れの.

most /móust/ 形 副 代 〔一般語〕[一般義]《通例 the ~》量, 数, 程度, 規模などが最大の, 最も多くの, 最高の (〖語法〗 many, much の最上級). [その他]《無冠詞で》大部分の, 大多数の, たいていの. 代 として最大量 [数, 規模, 限度] 量, 最高度, 《無冠詞で》大部分, 最も多数, さらに大多数の人[物]. 副 としては, 量, 程度, 規模などが一番, 〔形式ばった語〕《形副 を強めて》とても, たいへん, 〔くだけた語〕《米》ほとんど (〖語法〗 all, everyone など every-, anything など any-, always などの前に用いる).

[語源] 古英語 mæst から.

[用例] I ate two cakes, but Mary ate more, and John ate (the) *most*. 私はケーキを 2 つ食べたが, メアリーはもっと食べたし, ジョンが最もたくさん食べた/*Most* of these students speak English. この学生の大多数は英語を話す/Of all the women I know, she's by far the *most* beautiful. 私の知っている全ての女性のうちで, 彼女が断然, 美しさでは一番だ/They like sweets and biscuits but they like ice cream *most* of all. 彼らはキャンディーやビスケットが好

I'm *most* grateful to you for everything you've done. あなたにしていただいた全てのことに対して深く感謝をいたします。

反意語 least.

【慣用句】**at (the) most**＝**at the very most** せいぜい，多くても(⇔at least). **for the most part** 大部分は，通例は. **make the most of** …… …を最大限に活用する，十分に利用する，非常に大切にする. **most of all** どれよりも，誰よりも，何よりも，まず第一に.

【派生語】**móstly** 副 大部分は，たいていは，ほとんどすべて，一般に〔概して〕言うと.

-most /-moust/ 接尾 形容詞，副詞，名詞の語尾につけて最上級をつくり，最も…の意を意味する．例：foremost; innermost; headmost.

mo·tel /moutél/ 名 C 〔一般語〕モーテル（★自動車旅行者用のホテルで，通常部屋のすぐ近くに駐車場がある）.

語源 motor＋hotel. の混成語. 20 世紀から.

moth /mɔ(ː)θ/ 名 C 〔昆虫〕（蛾），衣類などを食いふ(衣類) (clothes moth).

語源 古英語 moththe から.

【複合語】**móthball** 名 C 虫よけ玉（★ナフタリンなどの防虫剤）: in mothballs しまい込んで，計画など棚上げにされて. **móth-èaten** 形 衣類が虫に食われて，〔くだけた語〕古びた，ぼろぼろの. **móthpròof** 形 虫に食われない. 動 本他 防虫加工する.

moth·er /mʌ́ðər/ 名 C 動 本他 〔一般語〕
一般義 子供から見た母（親），動物の雌親. その他 身内では呼びかけの時などに用いて,（しばしば大文字で）お母さん．母親同然の人の意から，義母，養母，継母，寮母，尼僧院院長，母は生み出すものである所から，比喩的に出所，源泉，起源の意味となる．また年輩の女性に対する愛称，呼びかけとしておばさん，おばあさん,（the ～）母性（愛）. 形 として母の，母としての，母国の，本源の. 動 として，女性や動物の雌が母となる，母のように世話をする，生み出す，また（軽蔑的）過保護に扱う.

語源 古英語 modor から.

用例 The mother bird feeds her young. 母鳥がひなにえさを与える／Telling lies is the *mother* of crime. 嘘つきが犯罪の始まりである.

語法 幼児語としては ma, mamma, mammy, mom, mommy, mum, mummy などがあり,《米》Mom, Mommy,《英》Mum, Mummy が一般に呼びかけとして用いられている.

関連語 parent; father; child.

【慣用句】**a mother's boy**《軽蔑的》お母さんっ子，母親べったりの男の子，マザコンの子. **be one's mother's daughter** 性格，外見が母によく似ている. **every mother's son** 〔くだけた表現〕だれもかれも. **God's mother** the mother of God 聖母マリア. **like mother, like daughter** この母にしてこの娘あり，かえるの子はかえる. **mother's milk** 〔くだけた表現〕生来の好物，本能的に好きなもの〔楽しむもの〕. **the mother and father of (all)** … 〔くだけた表現〕善悪にかかわらず…の典型[見本]，最良[最悪]の…，すごい[とてつもない]〔どでか〕….

【派生語】**mótherhood** 名 U 母であること，母性（愛），母親たち.

mótherless 形 母親のいない.

mótherliness 名 U 母らしさ，母親の情.

mótherly 形 副 母としての，母のように（優しく）.

【複合語】**móther cóuntry** 名 C 母国，故国. **Mother Góose** 名 固 マザーグース（★イギリスの伝承童謡集；原意は「がちょうおばさん」）. **móther-in-làw** 名 C 義母. **mótherlànd** 名 C 母国，祖国. **móther-of-péarl** 名 U 真珠層（★真珠貝などの内層の部分）. **Móther's Dáy** 名 UC 母の日（★《米》5月の第2日曜日,《英》四旬節(Lent)の第4日曜日で《英・古》Mothering Sunday ともいう）. **móther shíp** 名 C《英》母艦[船]. **móther-to-bé** 名 C 近く母となる人，妊婦. **móther tóngue** 名 C 〔形式ばった語〕母語(native language).

mo·tif /moutíːf/ 名 C 〔やや形式ばった語〕一般義 音楽や美術，あるいは文学などの主題やテーマ. その他 デザインや模様などの重要な型.

語源 フランス語が19世紀に入った. ⇒motive.

mo·tion /móuʃən/ 名 C 動 本他 〔一般語〕
一般義 物体の運動，運行や人・物の動き，移動. その他 身体全体やその一部分を動かすこと，動作，挙動，身ぶり，しぐさ，手ぶり，足どり．そこから合図の意となり，議会や会議のような場では動議，提案,《法》申し立て，申請,《英》内臓の動きの意から便通，排泄(はいせつ)の意. として身ぶり[手ぶり]で合図[命令，依頼]する.

語源 ラテン語 movere (＝to move) の 名 motio が古フランス語を経て中英語に入った.

用例 He summoned the waiter with a *motion* of the hand. 彼は手を動かしてウェイターを呼んだ／She was asked to speak against the *motion* in the debate. 彼女は討論会でその動議に反論するように頼まれた／I approached him, but he *motioned* me away. 彼の方に近づいていったところ来るなと身ぶりで合図した.

対照語 rest.

関連語 gesture.

【慣用句】**go through the motions of** … 〔くだけた表現〕熱意のないのにお義理で…する，うわべだけで[型通りに]事を運ぶ，…する格好だけする. **make a motion** 身ぶりで合図する. **put [set]** … **in (the) motion** 〔やくだけた表現〕機械などを動かし始める，物事を始める.

【派生語】**mótionless** 形 〔形式ばった語〕動かない，静止した. **mótionlessly** 副. **mótionlessness** 名 U.

【複合語】**mótion pícture** 名 C（主に米）映画（語法）《米》では movie,《英》では the pictures, cinema を多用する）. **mótion sìckness** 名 U 乗り物酔い.

motivate ⇒motive.

motivation ⇒motive.

mo·tive /móutiv/ 名 C 形 本他 〔一般語〕
一般義 人に行動を引き起こさせる動機，特に隠れた理由，その他 芸術作品における主題やモチーフ. 形 として動機となる，原動力となる，また運動の（に関する）. 動 として刺激する，動機を与える.

語源 ラテン語 movere (＝to move) から派生した後期ラテン語 motivus (＝causing to move) が中フランス語 motif を経て中英語に入った.

用例 His *motive* for asking me was not clear. 彼が私に依頼する動機ははっきりしなかった／He always has some *motive* when he is generous to people. 彼が気前のよい時にはいつも何か目的がある.

【派生語】**mótivate** 動 本他 〔形式ばった語〕動機[刺激]を与える，やる気を起こさせる，…の動機となる.

motley /mátli/ -5- 形 [一般語]《軽蔑的》雑多の, 混成の, ごたまぜの. その他 まだらの, 雑色の. 名 として, 道化師のまだら服.
語源 不詳. 中英語から.

mo·to·cross /móutoukrɔːs/ 名 U [一般語]モトクロス(★オートバイのクロスカントリー競技).
語源 motor＋cross(-country) の省略語. 20 世紀から.

mo·tor /móutər/ 名 C 形 動 本来義 [一般語]
一般義 主に電気や内燃装置で動く**発動機**, **原動機**, **モーター**. その他 物事を動かす**原動力**や**原動力を与える人[物]**を指す. また《複数形で》**自動車株**. 形 としてモーターで動かす, 原動の, 発動機の, 自動車の, 『生理』運動(性)の. 動 として《主に英》自動車で運ぶ. 自 自動車で行く, ドライブする.
語源 ラテン語 movere (＝to move) から派生した「動かすもの」の意の motor が中英語に入った.
用例 The *motor* of a lawn-mower uses petrol or diesel fuel. 芝刈機の発動機はガソリンかディーゼル燃料を用いている.
類義語 motor と engine とは多くの場合交換することができるが motor のほうが小型のものをいう.

【派生語】**mótoring** 名 U 《英·古》**自動車運転**(技術), 自動車旅行, ドライブ. **mótorist** 名《主に英》**自動車の運転者**, 自動車旅行者, ドライバー. **mòtorizátion** 名 U **自動車化**, 動力化, 電化. **mótorize** 動《他》車を動力化する, エンジンをつける, (馬の利用をやめて)農業を動力化する, 自動車を使用する.
【複合語】**mótorbike** 名 C 《くだけた語》《英》＝motorcycle, 《米》小型のオートバイ, バイク. **mótorbòat** 名 C **モーターボート**, 発動機船. **mótorcàde** 名《形式ばった語》《米》**自動車のパレード**[行進]. **mótorcàr** 名 C《形式ばった語》《英》**自動車**, 乗用車(《米》automobile. **mótorcỳcle** 名 C **オートバイ**, 単車(《米》motorcycle.
日英比較 オートバイは和製英語. **mótorcyclist** 名 C **オートバイ乗り**. **mótor hòme** 名 C 車台に居住用の車体を乗せた**移動住宅車**, キャンピングカー.
日英比較 キャンピングカーは和製英語. **mótor hotél [ínn; lódge]** 名 C **モーテル**(motel). **mótorman** 名 C **電車, 地下鉄の運転手**, モーター係. **mótor nèrve** 名 C **運動神経**. **mótor pòol** 名 C 《米》官庁用[軍用]**自動車全体**, モータープール. **mótor scòoter** 名 C《主に米》＝ scooter¹. **mótortrùck** 名 C 《米》**貨物自動車**, トラック(truck, 《英》lorry). **mótor vèhicle** 名 C **自動車**, 気動車など**原動機付きの動力車**. **mótorwày** 名 C 《英》**自動車高速道路**(《米》expressway; superhighway).

mot·tled /mátld/ -5- 形 [一般語]色がまだらの, **雑色の**.
語源 motley からの逆成語で 18 世紀から.

mot·to /mátou/ -5- 名 C 一般義 信念や理想を要約した**座右銘**, **標語**, **処世訓**, **モットー**. その他 本などの巻頭, 章頭に引用した**題辞**, **題句**, **引用句**, 盾や紋章に記された**銘**, 《英》パーティー用のクラッカーの中に入っている**格言や語句**.
語源 ラテン語 *muttire* (＝to mutter) から派生した *muttum* (＝grunt) がイタリア語 motto に借用され, 初期近代英語に入った.
用例 'Honesty is the best policy' is my *motto*. 「正直は最上の策」というのが私の座右銘だ.
類義語 slogan; catchword; catchphrase.

mould¹ /móuld/ 名 動 《英》＝mold¹.
mould² /móuld/ 名 動 《英》＝mold².
mould³ /móuld/ 名 動 《英》＝mold³.
【派生語】**móuldy** 形 《英》＝moldy.

mould·er /móuldər/ 動 《英》＝molder.

mound /máund/ 名 C 本来義 [一般義]墓や防御のための**盛り土**, **塚**. その他 **小山**, **小丘**, あるいは**土手**, **堤**, 比喩的にうず高く山のように盛り上げたもの, …の山, 『野』**ピッチャーマウンド**(pitcher's mound). 動 として, 防御のために**土塁**を築く, 物を小山のように**盛[積]り上げる**.
語源 不詳. 初期近代英語で防壁の意味で使われるようになった.
用例 The scientists excavated an ancient burial *mound*. 科学者たちは古代の埋葬塚を発掘した/The relief pitcher took the *mound*. 救援投手がマウンドにのぼった.
関連語 heap; pile; hill; mountain.

mount /máunt/ 動 本来義 名 C 《やや形式ばった語》
一般義 山, 階段, はしごなどに**登る**, **上る**. その他 登ることから, 馬や自転車などに**乗る**, 演壇に**上る**, 物をより大きい物の上に**置く**, **上げる**, **据える**, **装備する**, 馬や大砲, 番兵を**配備[配置]する**, 宝石を台にはめこむ, 写真を台紙にはる, 絵を額にはめこむ, 標本を顕微鏡検査用にスライドに載せる, 動物を**剥製**にする, 展示物を**陳列する**, さらに劇を**上演する**, 行事や運動を**準備する**, **始める**, 交尾のために雄が雌の上にのる. 自 徐々に**上昇する**, 増す. 名 として《形式ばった語》**上がる[上げる]こと**, 馬や自転車に乗ること, また自転車などの**乗り物**, 特に**乗用馬**. さらに写真の**台紙**, 宝石の**台**, 顕微鏡検査用のスライド, 兵器の**砲架**, 印刷の**台**, 家具や刀剣の装飾用金具, (Mount 〜で)**〜山** 語法 山の名前の前に付けて Mt. と略す.
語源 ラテン語 *mons* (＝mountain)＋*-are* (不定詞語尾) から成る俗ラテン語 *montare* (＝to climb a mountain) が古フランス語を経て中英語に入った.
用例 He *mounted* the platform and began to speak. 彼は演壇にのぼり演説を始めた/He *mounted* the photograph on a piece of stiff cardboard. 彼は堅いボール紙に写真をはった/The museum has *mounted* an exhibition of nineteenth century dresses. 博物館は 19 世紀衣装展を行った/Prices are *mounting* steeply. 物価が急激に上がっている.
反意語 dismount; drop.
【派生語】**móunted** 形 馬[乗物]に乗った, 台にはりつけた, 計画[予定]されている: the *mounted* police **騎馬警察隊**. **móunting** 名 U.

moun·tain /máuntin/ 名 C 形 [一般義]丘 (hill) よりも高い**山**, **山岳**(《語法》Mt., mt. と略す). その他《複数形で》**山脈**, **連山**, 比喩的に山のように**大きなもの[量, 数], 多量[多数]**. 形 として**山の**, **山に住む**, **巨大な**.
語源 ラテン語 *mons* (＝mountain) から派生した 形 *montanus* が古フランス語 *montaigne* を経て中英語に入った.
用例 Scafell Pike is the highest *mountain* in England. スコーフェル山がイングランドで一番高い山である (978 メートル)/the Rocky *Mountains* ロッキー

山脈/I have a *mountain* of work to do this week. 今週はやるべきことが山のようにある.

[関連語] hill; peak.

[派生語] **mòuntainéer** 名C 山の住人，土地の人，登山家. 動本来自 登山する. **mountainéering** 名U. **móuntainous** 形 山の多い，山岳性の，山のような，巨大な.

[複合語] **móuntain àsh** 名C 《植》ななかまど. **móuntain chàin** 名C 山脈，連山，連峰. **móuntain rànge** 名C 山脈. **móuntain sìckness** 名U 高山病，山岳病. **móuntainsíde** 名C 山腹，山の斜面. **móuntaintòp** 名C 山頂. **Móuntain (Stándard) Tìme** 名U 《米》山地標準時 (★M.(S.)T. または M(S)T と略す.

mourn /mɔ́ːrn/ 動本来自 [一般義] 人の死を悼(いた)む，死を悼んで喪に服する. その他 人の死やその他の喪失を悲しむ，嘆く，悲しむだけではなく，悲しみ[嘆き]を表わす. 他 の用法もある.

[語源] 古英語 murnan から.

[用例] She is still *mourning* for her dead father. 彼女はなおも亡き父のことを嘆き悲しんでいる/The relatives of the dead man will *mourn* for a week. 故人の親戚の者たちは一週間喪に服する.

[類義語] sorrow; grieve; lament.

[対照語] delight; rejoice.

[派生語] **móurner** 名C 嘆き悲しむ人，会葬者，《米》懺悔(ざんげ)する人，悔改者. **móurnful** 形 形式ばった意に沈んだ，悲しげな，悲しい，陰気な. **móurnfully** 副. **móurnfulness** 名U. **móurning** 名U 悲嘆，哀悼，喪服，忌中.

mouse /máus/ 名C 《複 **mice**/máis/》, /máuz/ 動本来自 [一般義] 《動》はつかねずみ (★rat より小さい). その他 一般に家や野原にいるねずみ. その性格から〔くだけた語〕臆病者, 内気な人. 色と形がねずみを連想させることから, 〔くだけた語〕なくられてできる目のまわりの黒いあざ, 目の下の腫(は)れ. 《コンピューター》マウス 〔語法〕この意味では複数形は〜s). 動 として, 猫がねずみを捕える[狙う], そこからあさり歩く, うろつく意となる.

[参考] mouse は欧米の家ねずみ, 日本の家に出るのは主に rat. mouse の方は臆病で愛らしい動物, rat は汚く有害な動物と考えられている.

[語源] 古英語 mūs から.

[用例] a house [field] *mouse* 家[野]ねずみ/A *mouse* ate some cheese in our kitchen. ねずみが台所でチーズを食べた/When the cat is away, the *mice* will play. 《ことわざ》鬼の居ぬ間に洗濯/A *mouse* in time may bite in two a cable. 《ことわざ》はつかねずみでもついには大綱を2つに噛み切ることがある(点滴石を穿(うが)つ).

[関連語] rat.

[慣用句] *a game of cat and mice* 猫とねずみ遊び (★手をつないで円陣を作って鬼となった猫が鼠を追いかける子供の遊び), 不正·残酷な手段で苦しめぬくこと, 残酷にあしらうこと. (*as*) *poor as a church mouse* ひどく貧しい (★教会は一般に貧しいと考えられたことから). (*as*) *quiet as a mouse* 子供が非常に静かで, おとなしくて. *drunk as a mouse* 泥酔して. *like a drowned mouse* みじめな状態[姿]で. *play cat and mouse with ...* 人をもてあそぶ, なぶりものにする, 相手を負かすために策略を使う.

[派生語] **móuser** 名C ふくろうなどねずみを捕らえる動物, 獲物を狙ってうろつく人. **móusy**, **móusey** 形〔軽蔑的〕髪がねずみ色の, 人の性格が内気な, 臆病な, 魅力のない.

[複合語] **móusetràp** 名C ねずみ取り器. **móusetrap chèese** 名U 味のぬけたチーズ.

mous·tache /məstǽʃ|-áː-/ 名 《主に英》= mustache.

mousy ⇒mouse.

mouth /máuθ/ 名C, /máuð/ 動本来他 [一般義] 一般義 人や動物の口, 口もと. その他 口状のもの, 口に似たもの, 川や洞穴, 鉱山などの出入口, びんや袋の口, また銃口, 砲口, フルートなどの吹奏楽器の口など. 比喩的に口から発せられる言葉, 発言, 表現, 人の口, うわさ, おしゃべり, それが行きすぎると〔くだけた語〕大ぼら, 生意気な[厚かましい]言いぐさなる. 口は食べる所であることから, 食べさせなければならない人[動物], 扶養される人を指す. 動 として気取ってしゃべる, 演説口調で朗々と言う, 声を出さないで口の動きで伝える, 食物などを口に入れる, くわえる, 口でこする[愛撫する].

[語源] 古英語 mūth から.

[用例] Open your *mouth* so that I can look at your teeth. 歯が見えるように口を開けてごらんなさい/What the heart thinks the *mouth* speaks. 《ことわざ》思いは口に出るのだ/Good medicine is bitter in the *mouth*. 《ことわざ》良薬は口に苦し/I have five *mouths* to feed. 食べさせなければならない人が5人いる/the *mouth* of a bottle びんの口/Watch your *mouth*. 口のきき方に気をつけろ/The bribery scandal is in everyone's *mouth*. 贈収賄汚職が世間のうわさになっている.

[慣用句] *be all mouth and trousers* 〔くだけた表現〕口だけの達者である, 大ぶろしきを広げる. *by mouth* 口から, 口伝えに. *by word of mouth* 口伝えに. *down in the mouth* 〔ややくだけた表現〕がっかりして, しょげて. *foam at the mouth* 口から泡を吹くように激怒する. *from hand to mouth* その日暮らしで, 将来の備えもなく. *from mouth to mouth* うわさなどが口から口へ, 人から人へ. *give mouth* 犬が吠える, 大げさに言い出す, 口にする. *have a big mouth* 〔俗語〕大言壮語する, 大声で言う. *have one's heart in one's mouth* 〔くだけた表現〕心臓が飛びだすほどびっくりする, おびえる, 非常に不安になる. *keep one's mouth shut* 〔くだけた表現〕黙っている, 秘密をもらさない. *laugh on the other [wrong] side of one's mouth [face]* ⇒ laugh. *make one's mouth water* 〔ややくだけた表現〕食欲をそそたてて人によだれを出す, 物を欲しがらせる. *open one's mouth* 〔くだけた表現〕口を開く, 話す, しゃべる. *out of ...'s mouth* 人の言った言葉をそのまま使って. *place [put] one's head in the lion's mouth* ⇒lion. *put one's hand [fingers] to one's mouth* 驚き, 恐怖のあまり女性が口に手を当てる. *put (the) words into ...'s mouth* 人が言ったことにする, 人に言うべきことを教える. *shoot off one's mouth* = *shoot one's mouth off* 〔くだけた表現〕知らないことをでまかせにべらべらしゃべる. *shut one's mouth* 口をふさぐ, 黙っている, 秘密を守る. *stop [shut] ...'s mouth* being's mouth を口止めをする. *take the words out of ...'s mouth* 人の言葉を先取りして言う. *with one mouth* 異口同音に, 口をそろえて. *with open mouth* 率直に, 大声で.

【派生語】**móuthful** 名 C 口一杯, 1口分(の食物), 少量, 〔くだけた語〕発音しにくい長い言葉, 気のきいた[重要な]言葉.
【複合語】**móuth òrgan** 名 C ハーモニカ(harmonica). **móuthpìece** 名 C 容器, 管などの口, 口金, 水道の蛇口, 【楽】管楽器の吹口, 吸口, 【ボクシング】ボクサーが口にくわえるマウスピース, 電話の送話口, 代弁者. **móuth-to-móuth** 形 人工呼吸が口移し式の. **móuthwàsh** 名 UC うがい薬. **móuth-wàtering** 形 よだれの出そうな, その気にさせる.

movable ⇒move.

move /múːv/ 動 [本来他] 名 C 〔一般語〕[一義] 見たり, 聞いたりできる明確な形で物の場所や位置を動かす, **移動させる**. [その他] 人が手足などを動かす, 人を転動させる, 機械などを動かす, 運転する, チェスなどでこまを動かす, また計画や予定などを**変更する**, 日時などを移す. (★しばしば受身で) やや抽象的に悲しみや同情が人の心を動かす, 感動させる, 興奮させる. 〔形式ばった語〕動議や決議を提出する, 提案する. 自 人や物が動く, 移転する, 引っ越しする, 車が前進する, 物事が進展[進行]する, 機械が稼働する, 腸が動くことから通じがつく, 人が特定の領域で**活躍する**, 行動する, 画策する. 名として〔普通単数形で〕特定の目的や意図を伴った動き, 行動, 処置. また身体の動き, 挙動, 考え方や予定などの変更. 人や物の移動, 運動, 転居, 【チェス】こまを動かすこと, 番, 手.
[語源] ラテン語 *movere* (=to move) が古フランス語 *movoir* を経て中英語から.
[用例] He *moved* his arm. 彼は腕を動かした/I was deeply *moved* by your speech. あなたの演説に深い感動を覚えた/The chairperson *moved* an adjournment. 議長は休会を提案した/The trees *moved* in the wind. 木が風で揺れ動いた/Let's *move* before it's too dark. 暗くなりきらないうちに出発しよう/We're *moving* on Saturday. 土曜日には引っ越します/One *move* and I'll cry out. ちょっとでも動いてごらんなさい, 大声を出すからね/As usual, the government made no move to face the crisis. 例によって政府は危機に対処する適置をとらなかった/How did your *move* go? 引っ越しの具合はどうでしたか/It's your *move* [turn]. きみの番だよ.
【派生語】**móvable, móveable** 形 移動できる, 動産の, 祭日などの年によって日が変わる. 名 C 家具, 家財, 〔通例複数形で〕動産. **móvement** 名 CU 人々の動き, 移動, 天体などの運動. また動作や身ぶり. 人々の行動, 社会的·政治的な運動, 物事や時代の動向, 成り行き, 進展[推移]的な変動, 時計などの装置, 【美術】動的効果, 【楽】楽章, 〔形式ばった語〕便通, 大便. **móver** 名 C 動く人[物], 動かす人, 主唱者, 発起人, 動議提出者, 引っ越し業者. **móving** 形 動く, 感動させる, 引っ越し用の: **moving picture** = movie/**moving sidewalk**《米》ベルト式の動く步道/**moving staircase [stairway]** エスカレーター(escalator)/**moving van**《米》引っ越し用トラック.
【慣用句】**get a move on**〔くだけた表現〕急ぐ, 進む, 動きだす. **make a move** 動く, 行動を起こす, 手段を講じる. *Move along!*〔命令〕立ち止まらずにどんどん先へ進め. **move around [about]** 動きまわる[まわらせる], 住居を転々と変える[変えられる]. **move away** 立ち去る, 引っ越しする, 立場を変える. **move back** 後ろへ移動する, もとの住居に戻る. **move down** 下へ移動する[させる], 格下げする. *move house*《英》引っ越す. **move in** 新居に移る, 物事を処理するために近づく, 迫る. **move off** 立ち去る, 列車が出発する, 品物がどんどん売れる. **move on** どんどん先へ進む[進ませる], 立ち去る[去らせる], よりよい[新しい]仕事[住居, 話題]に移る. **move out** 引っ越しして**出て行く**, 転出する, さっさと行動[出発]する. **move over** 席をつめる, 後輩に席[地位]を譲る. **move up** 昇進[昇給]する[させる], 株や値段が上がる, 席をつめる, 軍隊を戦場に出す, 日時を繰り上げる. **on the move** 動き回って, 移動中で, 事柄が進行中に, 活発で.

mov·ie /múːvi/ 名 C 〔一般語〕《米》映画, また映画館, 《the ~s》映画界[産業].
[語法] 「映画」は《米》で movie, 形式ばった語で motion picture, 《英》で cinema, または film が一般的.
[語源] moving picture の短縮形に指小辞-ie がついた形で 20 世紀初頭から用いられた.
[用例] I went to see a horror *movie* last night. 昨夜ホラー映画を見に行った/That *movie* is now being shown on TV. その映画は今テレビでやっている.
【複合語】**móvie càmera**《米》映画撮影用カメラ(《英》cine-camera). **móviegòer** 名 C〔くだけた語〕映画を観に行く人, 映画ファン. **móvie stàr** 名 C《米》映画スター(film star). **móvie thèater** 名 C《米》映画館(《英》cinema).

mow¹ /móu/ 動 [本来他]〔一般語〕鎌やその他の機械を使って草や穀物などを**刈り取る**, 長く伸びた畑の草や芝生を刈る.
[語源] 古英語 māwan から.
【慣用句】*mow ... down* 銃などで無差別大量に人を殺戮する, 無謀運転で人をはねる.
【派生語】**mówer** 名 C 草を刈る人, 草[芝]刈り機.

mow² /máu/ 名 C〔一般語〕干し草[穀物]の山, 干し草[穀物]置き場.
[語源] 古英語 mūwa, mūga から.

Mo·zart /móutsɑːrt/ 名 固 モーツァルト Wolfgang Amadeus Mozart(1756-91)(★オーストリアの作曲家).

MP, M.P. /émpíː/《略》=Member of Parliament; Metropolitan Police, Military Police; Mounted Police など.

Mr., 《英》**Mr** /místər/ 名 〔一般語〕男性の姓や姓名, 時には役職名などの前に用いて, ...さん, 様, 氏, 先生などの意. また地名や職業名などの前に用いて, それを代表する男性, ミスター....
[語法] ❶ 通例呼びかけに用い,《英》ではピリオドをつけない ❷ 通例子供にはつけないが, つける時は説教する時や嫌みを言う時である ❸ 手紙や電話では自分をさす時に用いることがある ❹《英》では爵位のついていない男性に用いる ❺ 複数形は Messrs. (=《英》*Messieurs*)と書き, /mésərz/.
[語源] master の省略形. 中英語から.
[用例] *Mr.* Greene, may I ask a question about Figure 1? グリーン先生, 図形 1 について質問してもよろしいですか/*Mr.* President 会長[学長, 大統領]殿/*Mr.* America ミスター·アメリカ.
[対照版] Mrs., Ms., Miss.

Mrs., 《英》**Mrs** /mísiz/ 名 〔一般語〕既婚女性の姓, 姓名の前に用いて, ...さん, 様, 夫人, 奥様, 先生などの意.
[語法] ❶ 通例呼びかけに用い,《英》ではピリオドをつけない ❷ 手紙や電話では既婚·未婚の区別のために自分

さす時に用いることがある ❸ 本来は Mrs. George Brown のように夫の氏名につけるのが正式とされ，Mrs. Mary Brown のように女性名につけるのは未亡人の場合とされていたが，女性蔑視の習慣であると考えられるようになり，現在では女性の名につけることも多い ❹〔英〕では爵位のついていない既婚女性に用いる ❺ 複数形は Mmes. /meidá:m/ méidæm/.

[語源] mistress の省略形．初期近代英語から．

[関連語] Lady; Ms.; Miss.

[対照語] Mr.

Ms., Ms /míz/ 图〔一般語〕未婚，既婚に関わらず女性の前に用いて，…さん，様の意．

[語源] Mrs. と Miss の合成語と思われ，1950 年頃から用いられた．

[参考] 米国の Women's Lib(eration) から生まれた語．既婚，未婚の呼称を女性に用いるのは女性差別であるとする．1973 年以降は国連でも正式に用いられ，特に手紙の記名に頻繁に用いられる．

MS, ms《複 **MSS, mss**/eməsəz/》《略》＝manuscript.

M.S., M.Sc.《略》＝Master of Science.

Mt., Mt /máunt/ 图〔一般語〕山の名前の前に用いて，…山（★Mount の省略形）．

mu /mjú:/ 图 C〔一般語〕ミュー（★ギリシャ語アルファベットの第 12 文字．ローマ字の m に当たる）．

much /mʌ́tʃ/ 形 代 副〔一般語〕[一般義] 多くの，多量の（[語法] 数えられない名詞を修飾する）．[その他] 程度と高い，金額，年齢などの意で多額の意となる．代として多量，たくさん(のもの)．副 として，動詞などを強めて大いに，非常に，比較級を強めてはるかに，断然，同等を意味する語句を修飾してだいたい，ほとんどなどの意．

[語源] 古英語 micel から．

[用例] How *much*(＝How large a quantity of) sugar is there left? どの位の量の砂糖が残っていますか/This job won't take *much* time. この仕事にはたいして時間がかからないだろう/Did you have *much* trouble finding the house? 家を見つけるのは大変でしたか/How *much* is (＝What is the price of) that fish? その魚の値段はいくらですか/He has *much* to learn. 彼には学ぶべきことがたくさんある（[語法] 形式ばった表現）/*Much* of this trouble could have been prevented. この災難の大部分は防ぐことができた/Too *much* is as bad as too little.（ことわざ）過ぎるは及ばざるがごとし/She's *much* prettier than I am. 彼女は私なんかよりずっとかわいらしい/This doll is *much* the most expensive. この人形はずばぬけて高く最高の値段だ/He will be *much* missed. 彼がいなくなると大いに寂しがられるでしょう（[語法] 形式ばった表現）/You're *much* too late. あまりにも遅すぎるよ/We don't see her *much*(＝often). 彼女にはあまりに頻繁には会いません/*Much* to my dismay, she began to cry. とても当惑したことに，彼女は泣き始めた．

[類義語] very; nearly; a lot of; lots of.

[関連語] many; lot; quantity.

[反意語] little.

【慣用句】 *as much* …と同量だけ，それくらい．*as much (…) as* ……と同量[同数，同程度]の(もの), …ほど多くの．The accident was *as much* my fault *as* his. 事故の責任は彼にもあったし私にもあった．*as much as to say …* …と言わんばかりに．*be too [a bit] much for …*〔くだけた表現〕…には多すぎる，…は手にあまる，手におえない．*How much?* いくらですか，〔くだけた表現〕なんですって．*make much of …* 重視する，大切にする，甘やかす，理解する．*much [still] less …* ましてや…でない．*much [still] more …* ましてや…である．*much of a muchness*〔くだけた表現〕似たりよったり，大同小異．*much not of a [an] …*〔くだけた表現〕たいした…でない，あまりひどい…でない．*not so much as … …* さえもしない．*not so [as] much … as …* ……というよりはむしろ…: It isn't *so much* my opinion *as* hers that matters. 重要なのは私の意見よりも彼女の意見だ．*not up to much*〔くだけた表現〕たいしたものではない，あまり良くない．*so much* そんなにたくさん(の)，〔くだけた表現〕(について)はこれまで(にしておく)．*so much for …*〔くだけた表現〕…(について)はこれまで(にしておく)．*so much so that …* …するほどまでに，あまりにも…なので．*so much the better* それでますます結構．*too much*〔俗語〕〔米〕すばらしい，かっこいい．*without so much as …*＝*with not so much as … …* さえしないで．

【派生語】 **múchness** 图 U〔古語〕たくさん，多量

mu·ci·lage /mjú:sílidʒ/ 图 U〔一般語〕[一般義] 接着剤として使われるゴムのりにかわのり．[その他] 植物が分泌する粘液．

[語源] ラテン語 mucus(＝mucus)に由来する後期ラテン語 mucilago(＝musty juice)が古フランス語を経て中英語に入った．

【派生語】 **mùciláginous** 形．

muck /mʌ́k/ 图 U[本来義]〔ややくだけた語〕[一般義] 農場の牛馬ふんや野菜などが腐ったもの．[その他] 肥料となることから肥やしや堆肥，汚いことから泥やごみ，また鉱山から出した廃石，〔くだけた語〕くず．動 として，畑や土地に肥料を施す，〔くだけた語〕汚す，台なしにする．

[語源] 古ノルド語の myki(＝dung)が中英語に入った．

【慣用句】 *muck about [around]*〔くだけた表現〕〔英〕うろつき回る，ぶらぶらする．*muck in*〔くだけた表現〕〔英〕仕事などを共にする，人と分かち合う．*muck out* 馬[牛]小屋などを掃除する．*muck up*〔くだけた表現〕〔英〕汚す，ちらかす，へまをする，台なしにする．

【派生語】 **múcky** 形．〔くだけた語〕汚い，〔英〕天気が荒れ模様の．

【複合語】 **múckràke** 動 [本来義] 醜聞をあばく，新聞などに書き立てる．**múckràker** 图 C. **múckràking** 图 U 形.

mu·cous /mjú:kəs/ 形〔一般語〕粘液を分泌する，粘液性の．

[語源] ラテン語 *mucus*(⇒mucus)の派生形 mucosus(＝slimy)が初期近代英語に入った．

【複合語】 **múcous mémbrane** 图 CU 粘膜．

mu·cus /mjú:kəs/ 图 U〔生〕粘液．

[語源] 「鼻汁」の意味のラテン語が初期近代英語に入った．

mud /mʌ́d/ 图 U〔一般語〕[一般義] 湿って粘ついている軟らかい土，泥土．[その他] 湿って軟らかいことからぬかるみとなり，その状態が比喩的に暗示するものとしてひどく嫌われる物[人]，無価値な物[人]，かす，くず，さらに中傷，悪口，〔俗語〕〔米〕阿片($_{ペん}$)，安物コーヒー．

[語源] おそらく中期低地ドイツ語 mudde から．

[用例] The bottoms of my trousers are covered with *mud*. ズボンのすそは泥だらけだ/There was always much *mud* on the ground after rain. 雨の後ではいつもグラウンドはすごくぬかるんでいた/His name is *mud*. 彼の評判[信用]は地に落ちている．

muddle

関連語 earth; soil.
【慣用句】(*as*) *clear as mud* 〔くだけた表現〕《皮肉》話がどちっとも分からない《★反語的用法》. *drag ... through the mud* [*muck, mire*] 〔ややくだけた表現〕名前に泥をぬる, 名誉を失墜させる. *fling* [*sling, throw*] *mud at ...* 〔くだけた表現〕人の顔に泥をぬる, けなす. *Here's mud in your eye!* (俗語)《英・やや古風》乾杯!(Bottoms up!). *stick in the mud* 泥沼にはまりこむ, みじめな境遇に甘んじる, 保守的である.
【派生語】**múddiness** 名 U. **múddy** 形 泥だらけの, ぬかった, にごった, 顔色や頭などがさえない, つやの悪い. 動 本来他 泥だらけにする[なる], 汚す.
【複合語】**múd bàth** 名 C 健康や美容のために身体に泥をぬる風呂, 泥ぶろ, 泥んこ. **múdflàt** 名 C 干潟. **múdguard** 名 C 自転車や自動車などの泥よけ. **múdpàck** 名 C 泥パック. **múd pìe** 名 UC 子供が遊ぶ泥まんじゅう. **múdslìde** 名 C 泥状の土砂崩れ. **múdslìnger** 名 C 政治活動で泥仕合をする人, 中傷する人. **múdslìnging** 名 U 中傷, 泥仕合.

mud·dle /mʌ́dl/ 動 本来他 名 C 〔一般語〕一般義 物事を混ぜ合わせてごちゃごちゃにする. その他 〔米〕カクテルなどの飲み物を混ぜ合わせる. 名 として, 物事や頭の混乱, めちゃくちゃ, 当惑.
語源 おそらく中期オランダ語の *moddelen* (= to make water muddy) が中英語に入った.
【慣用句】*muddle along* [*on*] どうにかやっていく. *muddle through* 何とか切り抜ける, どうにか目的を達成する.
【派生語】**múddled** 形 混乱した, 当惑した. **múddler** 名 C 飲み物をかき混ぜる棒. **múddling** 形 混乱させる(ような).
【複合語】**múddlehèaded** 形 頭が混乱した, まぬけな. **múddlehèadedness** 名 U.

muddy ⇒mud.

muff¹ /mʌ́f/ 名 C 〔一般語〕マフ《★防寒のために両端から両手を入れる円筒状の毛皮》. その他 などの側部にある羽毛状の房.
語源 *muffler* と同起源の古フランス語 *moufle* (= mitten) がオランダ語を経て初期近代英語に入った.

muff² /mʌ́f/ 動 本来他 〔ややくだけた語〕一般義 ぎこちない動きでへまをする. その他 機会などを逃す. 名 として, 運動面でのしくじり, 落球, 打ち損ない, また不器用者, 間抜け.
語源 不詳. 19 世紀から.

muf·fin /mʌ́fɪn/ 名 C 〔一般語〕《米》カップ状に焼いた菓子パン, 《英》平たい丸形に焼いた菓子パン.
語源 低地ドイツ語 *muffen* (= cakes) が 18 世紀に入った.

muf·fle /mʌ́fl/ 動 本来他 名 C 〔一般語〕一般義 防寒などのためにスカーフなどで頭を包む, 覆う(up). その他 包んだり覆ったりすることによって声や音を和らげる, 消す, また人が声を出したりするのを抑える, 妨げる. として 包むためのものや覆い.
語源 古フランス語 *moufle* (= mitten) から派生した *emmoufler* (= to wrap up) が中英語に入った.
【派生語】**múffled** 形 音がこもった, 声を押し殺した. **múffler** 名 C 消音装置, 特に自動車のマフラー, 襟巻き, マフラー.

mug /mʌ́g/ 名 C 動 本来他 〔一般語〕一般義 円筒形で取っ手付きの大型のカップ, またはコップ, マグ. その他 マグ一杯分. またこのマグの表面に顔の肖像が施されることが多いことから, 〔古風な語〕顔や面(2), しかめっ面, 《英》のろまな人, だまされやすい人, 《米》ならず者, 不良. 動 として 〔くだけた語〕通りや公園などで人を襲って金を奪う, しかめっ面をする, 特にカメラなどに向って変な顔をする.
語源 スカンジナビア語によると思われる. 初期近代英語から.
【派生語】**múgful** 名 C マグ一杯分. **múgger** 名 C 夜道などで人を襲う強盗や追いはぎ. **múgging** 名 CU 強盗すること.

mug·gins /mʌ́gɪnz/ 名 C 〔くだけた語〕《英》〔滑稽に〕ばか, どじ, まぬけ 《語法》しばしば話し手が自分を指して言う》.
語源 不詳.

mug·gy /mʌ́gi/ 形 〔くだけた語〕不快なほど暑くて湿気が多い.
語源 スカンジナビアの方言 *mug* (= dizzle) が 18 世紀に入った.

Mu·ham·mad /muhǽməd/ 名 固 ムハンマド, マホメット (568?–632)《★アラビアの預言者でイスラム教の始祖》.
語源 アラビア語 *Muhámmad* (= praise-worthy) から.
【派生語】**Muhámmadan** 形 ムハンマドの, イスラム教の. 名 C イスラム教徒. **Muhámmadanism** 名 U イスラム教《★現在では Islam を使うのが一般的》.

mu·lat·to /mjulǽtou/ 名 C 形 白人と黒人の第 1 代混血児をいう.
語源 スペイン語 *mulo* (= mule) から派生した *mulato* (= young mule; mulatto) が 16 世紀に入った. *mule* ろばと馬の間に生まれることから.

mul·ber·ry /mʌ́lberi|-bəri/ 名 CU 〔植〕くわ(桑), またその実, あるいはくわの実色《★暗赤紫色》.
語源 ラテン語 *morum* (= mulberry) + 古英語 *berie* (= berry) から成る古英語 *mōrberie* から.

mulch /mʌ́ltʃ/ /mʌ́lʃ/ 名 U 動 本来他 〔農〕〔しばしば a ~〕落葉, ビニールフィルムなどによるマルチ, 敷きわら. 動 としてマルチングをする.
語源 古英語に由来する方言 *mulch* (= soft) が名詞として用いられた. 初期近代英語から.

mulct /mʌ́lkt/ 動 本来他 名 C 〔形式ばった語〕一般義 人から金品などをだまし取る. その他 人に罰金を課す. 名 として 罰金や科料.
語源 ラテン語 *mulcta* (= fine) が中英語に入った.

mule¹ /mjúːl/ 名 C 〔一般語〕一般義 〔動〕らば《★雄ろばと雌馬との子》. その他 動植物の雑種, また〔くだけた語〕ろばのように頑固な人.
語源 ラテン語 *mulus* (= mule) が古フランス語 *mul* を経て中英語に入った.
【派生語】**múlish** 形 頑固な, 強情な.

mule² /mjúːl/ 名 C 〔一般語〕《通例複数形で》かかとの部分に覆いのないつっかけ靴.
語源 ラテン語 *mulleus* (= magistrate's shoe) が中フランス語を経て 16 世紀に入った.

mull¹ /mʌ́l/ 動 本来自 〔一般語〕あれこれ思いめぐらす, 熟考する《over》.
語源 不詳. 19 世紀から.

mull² /mʌ́l/ 動 本来他 〔一般語〕ぶどう酒やビールなどを砂糖や香料を入れて温める.
語源 不詳. 初期近代英語から.

mul·lion /mʌ́ljən/ 名 C 【建】ガラス窓の縦仕切り.
[語源] 古フランス語 *moinel* (=middle) に由来する *monial* が音位転換したもの. 初期近代英語から.

multi- /mʌ́lti-/ [連結]「多くの」「多様の」「多数の」を意味する接頭辞.
[語源] ラテン語 *multus* (=much) から.
[日英比較] ねずみ講的な「マルチ商法」は multilevel marketing plan, 《英》pyramid selling といい, 「マルチ・タレント」は multitalented entertainer という.

mul·ti·col·ored, 《英》**-oured** /mʌ̀ltikʌ́lərd/ 形 [一般語] 多色(刷り)の.

mul·ti·cul·tur·al /mʌ̀ltikʌ́ltʃərəl/ 形 [一般語] 多文化の, 種々の文化が含まれる.
【派生語】**mùlticúlturalism** 名 U 多文化主義. **mùlticúlturalist** 名 C.

mul·ti·eth·nic /mʌ̀ltiéθnik/ 形 〔やや形式ばった語〕多民族の, 多民族から成る.

mul·ti·far·i·ous /mʌ̀ltiféəriəs/ 形 〔形式ばった語〕さまざまの, 雑多な, 多方面の.
[語源] 後期ラテン語 *multifarius* (*multi-* many + *farius* doing) が初期近代英語に入った.
【派生語】**mùltifáriously** 副. **mùltifáriousness** 名 U.

mul·ti·form /mʌ́ltifɔ̀ːrm/ 形 〔やや形式ばった語〕いろいろな形をした, 多種多様の.

mul·ti·lat·er·al /mʌ̀ltilǽtərəl/ 形 〔やや形式ばった語〕多面的な, 多国間の.
【派生語】**mùltiláterally** 副.

mul·ti·lin·gual /mʌ̀ltilíŋgwəl/ 形 [一般語] 多数の言語を話すことができる, 3 か国語以上で書かれた[表記された].

mul·ti·mil·lion·aire /mʌ̀ltimiljənéər/ 名 C [一般語] 億万長者, 大富豪.

mul·ti·na·tion·al /mʌ̀ltinǽʃənəl/ 形 C [一般語] 多国家の, 多国籍の. 名 として 多国籍企業.

mul·ti·ple /mʌ́ltipl/ 名 C 形 [一般語] 多数の部分や要素, 人などからなる, [その他] 多数の, 多様な, 多方面の, 病気や傷などが複合の, 【電】多極の, 多重の, 複式の, 【数】倍数の, 【植】果実が集合的な, 複合の, 名 として 【数】倍数, 倍量, 【電】回路の並列(状態).
[語源] 後期ラテン語 *multiplus* (*multi-* many + *-plus* -fold) が古フランス語を経て初期近代英語に入った.
[用例] She suffered *multiple* injuries when she fell out of the window. 彼女は窓から落ちた時はあちこちらにけがをした/Fifteen vehicles were involved, in the *multiple* crash on the motorway. 高速道路の多重衝突で 15 台の車がまきこまれた/the least common *multiple* 最小公倍数.
【派生語】**múltiply** ⇒見出し.
【複合語】**múltiple-chòice** 形 多肢選択の, ○×式の. **múltiple personálity** 名 U 【心】多重人格. **múltiple-sclerósis** 名 U 【医】多発性硬化症. **múltiple stóre** 名 C 《英》チェーンストア(chain store). **múltiple stár** 名 C 【天】多重星.

mul·ti·plex /mʌ́ltiplèks/ 名 C 形 動 [本来代] [一般語] 《米》同一の建物に複数の映画館や商店などがある複合映画館. [その他] 【通信】多重通信[送信, 放送]. 名 として 複合的の, 多重通信の. 動 として 多重送信する.
[語源] ラテン語 (=having many folds) が中英語に

入った.

multiplicand ⇒multiply.
multiplication ⇒multiply.
multiplicity ⇒multiply.
multiplier ⇒multiply.

mul·ti·ply /mʌ́ltiplai/ 動 [本来他] [一般語] [一般義] ある数にある数を掛ける(★「割る」は divide). 数, 量をふやす, 動物を増殖[繁殖]させる, 植物を繁茂させる, 子孫を増やす, また物事を複合的にする, 多様にする. 自 増す, ふえる.
[語源] ラテン語 *multiplex* (⇒multiplex) から派生した *multiplicare* が古フランス語を経て中英語に入った.
[用例] 5 *multiplied* by 4 is 20. 5 の 4 倍は 20/Her fortune was *multiplied* as the years passed. 彼女の財産は年とともにふえていった/Rabbits *multiply* very rapidly. うさぎは猛烈ないきおいで繁殖する.
【派生語】**mùltiplicánd** 名 C 【数】被乗数(★掛け算の掛けられる数). **mùltiplicátion** 名 UC 掛け算, 乗法, 増加, 増殖: multiplication sign 乗法記号《×》/multiplication table 掛け算表, 九九表(★日本のものとは違い 12×12 まである). **mùltiplícity** 名 UC 〔形式ばった語〕多数であること, 多様性. **múltiplier** 名 C 【数】乗数(★掛け算の掛ける数).

mul·ti·pur·pose /mʌ̀ltipə́ːrpəs/ 形 〔やや形式ばった語〕多目的の.

mul·ti·ra·cial /mʌ̀ltiréiʃəl/ 形 [一般語] 多人種[民族]から成る.

mul·ti·stage /mʌ́ltistéidʒ/ 形 [一般語] ロケットやミサイルなどが多段式の, 調査や仕事や計画などが多段階の, 段階的な.

mul·ti·sto·ry, 《英》**-rey** /mʌ́ltistɔ́ːri/ 形 C [一般語] 高層の. 名 として 立体駐車場.

mul·ti·tude /mʌ́ltitjuːd/ 名 C 〔形式ばった語〕[一般語] 人や物の数が非常に多いこと, 多数, おびただしいこと. [その他] おびただしい群衆, 人込み, また(一般) 大衆, 民衆.
[語源] ラテン語 *multus* (多くの) の派生形 *multitudo* (多数) が古フランス語を経て中英語に入った.
[用例] *Multitudes* of birds [people] live in prosperity with the blessings of nature. おびただしい数の鳥[人々]が自然の恵みを受けて豊かに暮らしている/A great *multitude* gathered in the city. 大群衆が町に集まった.
【類義語】crowd; host.
【慣用句】*a multitude of* ... 大勢の..., 多数の...(a lot of). *cover* [*hide*] *a multitude of sins* 〔こっけいな表現〕欠陥を目立たなくさせる, 不快さを覆い隠す.
【派生語】**mùltitúdinous** 形 〔形式ばった語〕非常に多数の.
【複合語】**nóun of múltitude** 名 C 【文法】衆多名詞, 集合名詞.

mul·ti·ver·si·ty /mʌ̀ltivə́ːrsəti/ 名 C [一般語] 多様な学部や種々の付属機関および研究所を持つマンモス大学.
[語源] multi-+university. 20 世紀になってできた語.

mum¹ /mʌ́m/ 名 C 〔くだけた語〕《主に英》お母さん, ママ(mummy, 《米》mom). [語法] 呼びかけにも用いる.
[対照語] dad.

mum² /mʌ́m/ 形 名 U 〔くだけた語〕《述語用法》秘

密などを誰にも語らず**無言**の. 名 として無言.
[語源] 擬音語. 中英語から.
【慣用句】**keep [stay] mum** 黙っている. ***Mum's the word!*** 他言無用.

mum³ /mám/ 動 [本来自] 〔一般語〕**無言劇[パントマイム]を演じる**, 祭日などに仮装して**浮かれ歩く**.
[語源] 古フランス語 *momer* (=to wear a mask) から中英語に入った.
【派生語】**múmmer** 名 C. **múmmery** 名 C **無言劇, パントマイム**, 偽善的儀式.

mum⁴ /mám/ 名 C 〔くだけた語〕**菊**(chrysanthemum).

mum・ble /mámbl/ 動 [本来自] 名 C 〔一般語〕
[一般義] 口をあまり開けずに, はっきりしない言葉をぶつぶつ言う. [その他] 食べ物をなかなか咀嚼(そしゃく)できないでもぐもぐかむ. 名 として, 不明瞭な言葉をぶつぶつ言うこと.
[語源] mum² による中英語から.
【派生語】**múmbler**.

mum・bo jum・bo /mámbou dʒámbou/ 名 UC
〔くだけた語〕《軽蔑的》ばかげた**宗教崇拝や宗教的儀式**, しまじない, わけのわからない**無意味な言葉**, たわごと, また迷信的な**崇拝物や偶像**.
[語源] アフリカの西スーダン地方の部族で崇拝される偶像.

mummer ⇒mum³.
mummery ⇒mum³.
mummification ⇒mummy².
mummify ⇒mummy².

mum・my¹ /mámi/ 名 C 〔幼児語〕《主に英》**おかちゃん, ママ**《米》mommy》《[語法] 呼びかけにも用いる》.
[対照語] daddy.

mum・my² /mámi/ 名 C 〔一般語〕[一般義] 古代エジプト人などが防腐剤を施して保存した**ミイラ**. [その他] 保存のためばかりでなく, 人間や動物の自然にミイラ化した**死体や干からびた植物[果肉]**, またミイラのようにやせけた人.
[語源] ペルシャ語の *mūm* (=wax) に由来するアラビア語 *mūmiyah* が中世ラテン語, 古フランス語を経て中英語に入った.
【派生語】**mùmmificátion** 名 U ミイラ化. **múmmify** 動 [本来他] ミイラとして保存する, 動植物の組織や器官などを干からびさせる. 自 ミイラのようになる, 干からびる.

mumps /mámps/ 名 U 【医】**おたふくかぜ, 流行性耳下腺炎**.
[語源] 廃語 *mump* (不満ゆえのしかめつら)による. 初期近代英語から. この病気の顔面のはれをふくれつらにたとえたもの.
[用例] The child has *mumps*. 子供がおたふくかぜにかかっている.

munch /mántʃ/ 動 [本来他] 〔一般語〕**音を立ててむしゃむしゃ食べる**.
[語源] 擬音語と思われる中英語から.

mun・dane /mándein/ 形 〔一般語〕**あまり面白くなく平凡な, ありきたりの**, また**現世の, 世俗的の**.
[語源] ラテン語 *mundus* (=world) から派生した *mundanus* が古フランス語を経て中英語に入った.
【派生語】**múndanely** 副. **múndaneness** 名 U.

mu・nic・i・pal /mjunísəpəl/ 形 〔一般語〕**市[町, 村]の, 地方自治の**.

[語源] ラテン語 *municipium* (=town) から派生した *municipalis* が初期近代英語に入った.
[用例] a *municipal* office 市役所, 町[村]役場/the *municipal* government 市[町, 村]行政, 市[町, 村]当局.
【派生語】**municipálity** 名 C **地方自治体**, 市[町, 村]当局, 市役所, 町[村]役場.

munificence ⇒munificent.

mu・nif・i・cent /mjunífəsnt/ 形 〔形式ばった語〕**惜しみなく与える, 気前のよい, 鷹揚な**.
[語源] ラテン語 *munificus* (=bountiful) から派生した *munificens* が中英語に入った.
【派生語】**munificence** 名 U **気前のよさ, 寛大さ**.
munificently 副.

mu・ni・tion /mjuníʃən/ 名 形 〔一般語〕《通例複数形で》**大型の武器, 弾薬などの軍需品, 軍用品**. 形 として軍需品の.
[語源] ラテン語 *munire* (=to fortify; to defend) の 名 *munitio* が古フランス語を経て中英語に入った.
【複合語】**muníton(s) fàctory** 名 C **軍需工場**.

mu・ral /mjúərəl/ 名 C 形 〔一般語〕**壁画**. 形 として**壁の, 壁のような**.
[語源] ラテン語 *murus* (=wall) の派生形 *muralis* が古フランス語を経て中英語に入った.

mur・der /mə́rdər/ 名 UC 動 [本来他] 〔一般語〕
[一般義] **計画的に殺意を伴って行う殺人(行為), 殺害**, 《法》**謀殺**. [その他] それに伴う**殺人罪, 殺人事件**. さらに〔くだけた語〕人をいらだたせる**非常にやっかいな[困難, 危険, 不快]こと[もの]**. 動 として, 人を計画的に殺意を伴って**殺す, 殺害[虐殺]する**, 《法》**謀殺する**. さらに〔くだけた語〕歌や劇などを台なしにする, ぶちこわす, 時間をつぶす.
[語源] 古英語 *morthor* から.
[用例] The police are treating his death as a case of *murder*. 警察は彼の死を殺人事件として処理している/I'm surprised at the recent increase in the number of *murders*. 殺人件数の最近の増加に驚いている/We regard the imprisonment of these sick old men as nothing but legalized *murder*. この病んでいる老人たちを投獄するなんて合法的殺人としか考えられない/This arithmetic is *murder*! この計算は実にやっかいだ/His piano-playing is *murder* to listen to! 彼のピアノの演奏は聞くに耐えない/*Murder will out*. 《ことわざ》悪事はばれるもの/They *murdered* their rival in cold blood. 彼らは敵を残酷にも殺した/She's *murdering* a perfectly good song! 彼女は非のうちどころのない素晴らしい歌をぶちこわしにしている.
[類義語] ⇒kill; slay; homicide; manslaughter.
[関連語] assassin; annihilation.
【慣用句】**cry [scream; shout] blue murder** 〔くだけた表現〕**大げさに悲鳴をあげる, 大変だと叫んで大騒ぎする**. **go [get] away with (blue) murder** 〔くだけた表現〕**悪事をしても罰せられずにすむ, 見つけられずにすむ, 何でもし放題である**.
【派生語】**múrderer** 名 C **殺人者, 殺人犯人, 謀殺者**(★murderer は実際に人を殺した人, killer は攻撃性の強い昆虫や動物も含めて「殺し屋」を指す).
múrderess 名 C murderer の女性形. **múrderous** 形 **殺人の, 殺人を犯した, 殺意のある, 残忍な**, 〔くだけた語〕**非常にやっかいな[困難な, 危険な, 不快な]**, も

のすごい, 殺人的な. **múrderously** 副. **múrderousness** 名 U.

murk /mə́ːrk/ 名 U〔文語〕煙や雲などによってもたらされる暗さ, 暗黒, 暗闇.

[語源] 古英語 mirce から.

【派生語】**múrky** 形 暗くて陰気な, 《軽蔑的》怪しげな, いかがわしい.

mur·mur /mə́ːrmər/ 名 C 動 本来自 〔一般語〕
[一般義] 小川や遠くの声のように低くてはっきりしない連続的なかすかな音. [その他] 風, 木の葉などのざわめき, 小川のせせらぎ, 人のささやき, 不平, 不満ならつぶやき, ぶつぶつ言う声,《医》心臓の異常な雑音. 動として, 小声でささやく, ぶつぶつ不平[不満]を言う, 風や木の葉がざわめく, 小川がさらさら流れる.

[語源] ラテン語 *murmur* が古フランス語を経て中英語に入った. 擬音語.

[用例] There was a low *murmur* among the crowd. 群衆の中に低くぶつぶつと不満がくすぶっていた/The child *murmured* something in the sleep. 子供は眠りながら何かをつぶやいた.

[類義語] murmur; mutter; mumble; whisper: **murmur** は良いこと悪いことを低い聞きとりにくい声でつぶやくことを指す. **mutter** は不満, 不平, 怒りなどいやなことを低く聞き取れないに声でぶつぶつ言う. **mumble** は口を開かないでもぐもぐと聞き取れないように言う. **whisper** は人に耳打ちするようにひそやかとささやくこと.

【派生語】**múrmuring** 名 U 形. **múrmuringly** 副. **múrmurous** 形 ざわめく, さらさら言う, ささやく, ぶつぶつ言う. **múrmurously** 副.

mur·phy /mə́ːrfi/ 名 C〔くだけた語〕じゃがいも.

[語源] Murphy という苗字の多いアイルランドの農民が主食にじゃがいもを食べていたことから 19 世紀に普通名詞化した.

mus·cat /mʌ́skət/ 名 C〔一般語〕マスカットぶどう, またそれから造られるマスカットワイン.

[語源] 古代フランスのプロバンス語 *musc* (=musk)の派生形 *muscat* (=musky) が古フランス語を経て初期近代英語に入った. じゃこうの香りがすることから.

mus·cle /mʌ́sl/ 名 CU 動 本来自 〔一般語〕[一般義] 筋肉, 筋組織. [その他] 腕力, 体力, 能力, 元気, 軍事的, 政治的, 経済的 力, 影響力, 圧力. 一般化して筋肉のように基本的なもの, 必要欠くことのできないもの,《俗》用心棒. 動として《米》強引に押し進む[割り込む].

[語源] ラテン語 *mus* (=mouse) の指小語 *musculus* (=little mouse; muscle) が古フランス語を経て中英語に入った. 筋肉がねずみに似ていると考えられたから.

[用例] He has well-developed *muscles* in his arms. 彼の腕の筋肉はよく発達している/Those large companies carry a great deal of political *muscle*. それらの大企業は大変な政治的影響力をもっている.

【慣用句】**control [govern] one's muscle** 笑いをこらえる. **do not move a muscle** 身動き一つしない. **flex one's muscles**〔くだけた表現〕能力の小手調べをする, 能力を示す. **muscle in**〔くだけた表現〕…に強引に割り込む,《俗》の縄張りを荒らす《on》.

【派生語】**múscular** 形 筋肉の(発達した), 筋骨たくましい, 表現や行為的力強い: **muscular dystrophy** 筋ジストロフィー, 筋委縮症. **mùscularity** 名 U. **múscularly** 副.

【複合語】**múscle-bòund** 形 運動量が多過ぎて筋肉が硬直した. **múscleman** 名 C〔くだけた語〕筋肉隆々の男, たくましい男, 転じて悪人の用心棒.

Mus·co·vite /mʌ́skəvait/ 名 C 形〔一般的〕モスクワ(Moscow)市民, モスクワっ子. 形 としてモスクワ(市民)の.

muscular ⇒muscle.

muscularity ⇒muscle.

muse /mjúːz/ 名 動 本来自 C〔形式ばった語〕長い時間静かに考える, じっくりと熟考する, また考え深く言う. 名 として〔古語〕瞑想.

[語源] 古フランス語 *muser* (=to ponder) が中英語に入った.

Muse /mjúːz/ 名 固 C《ギ神》ミューズ(★文芸・音楽を司る 9 人姉妹神の一人),《the ~s》ミューズ神たち.《m-》芸術上の霊感の源泉や詩想, 詩才.

[語源] ギリシャ語 *Mousa* がラテン語 *Musa*, 古フランス語 *Muse* を経て中英語に入った.

mu·se·um /mjuːzí(ː)əm/ 名 C〔一般語〕博物館, 美術館(art museum), 記念館, 資料館, 陳列館などを指す.

[語源] ギリシャ語 *Mousa* (=Muse) の神殿の意の *mouseion* がラテン語 *museum* を経て初期近代英語に入った.

[用例] The children admired the stone-age tools and the skeletons of the dinosaurus in the *museum*. 子供たちは博物館にある石器時代の道具や恐竜の骸骨に感じいていた.

【複合語】**muséum pièce** 名 C 博物館にふさわしい重要陳列[美術]品, 逸品, 博物館物, 珍品, 時代遅れの物[人].

mush /mʌ́ʃ/ 名 U〔ややくだけた語〕[一般義] 軟らかくかゆ状のどろどろしたもの. [その他]《米》とうもろこしから作った濃いかゆ. また〔くだけた語〕甘い感傷, 甘ったるい感傷的なたわごと.

[語源] mash の変形と思われる. 初期近代英語から.

【派生語】**múshy** 形.

mush·room /mʌ́ʃruː(ː)m/ 名 C 動 本来自 〔一般語〕[一般義]《植》きのこ. きのこは成長が速いことから, **急速に成長[発展]**したもの, またきのこ状のものやきのこ雲. 動 としてにわかに大きくなる, あるいはきのこ状に先端が広がる.

[語源] 後期ラテン語 *mussirio* が古フランス語を経て中英語に入った.

【複合語】**múshroom clòud** 名 C きのこ雲 ([語法] 単に mushroom ともいう).

mushy ⇒mush.

mu·sic /mjúːzik/ 名 U〔一般語〕[一般義] 音楽. [その他] 楽器や音声によって生じる楽音, 一つ一つの楽曲(a piece of music), それを記録する楽譜や楽譜集, また音楽の鑑賞力や音感を指す. 鳥や川などの音楽的な美しい響き, 快い調べなどもいう.

[語源]「ミューズ(the Muses)の技法」の意味のギリシャ語 *mousikē* (*tekhnē*) がラテン語に *musica* として借用され, 古フランス語 *musique* を経て中英語に入った.

[用例] Mozart wrote a great deal of *music*. モーツァルトは非常にたくさんの音楽を作曲した/classical *music* クラシック音楽/The violinist played a long violin concerto without *music*. バイオリニストは長いバイオリン協奏曲を暗譜で演奏した/the *music* of the waterwheel 水車のカタンコトンという快い調べ.

【慣用句】**be music to ...'s ears** 人の言葉やニュースなどが耳に快い，人に喜び[利益]をもたらす．**face the music**〔くだけた表現〕自分の行動の結果を潔く認める，非難をまともにうける，難局に立ち向かう．**set [put] ... to music** 詩などに曲をつける．

【派生語】**músical** 形 音楽の，音楽的な，音楽好きの．名 ミュージカル(映画)：*musical box*（英）＝music box／*musical instrument* 楽器／*musical notation* 記譜法．**músically** 副．**musícian** 名 C 音楽家．

【複合語】**músic bòx** 名 C （主に米）オルゴール（（英）musical box）．**músic hàll** 名 C （主に米）音楽堂（（英）concert hall），（英）演芸場．**músic pàper** 名 C 五線紙．**músic stànd** 名 C 譜面台．**músic stòol** 名 C 高さを調節できる演奏用腰掛け．

musk /mʌ́sk/ 名 U 〔一般論〕雄のじゃこうじかの腹部から分泌されるじゃこう(の香り)，あるいは合成じゃこう．またじゃこうねこ，かわうそなどが分泌するそれに似た香りや，じゃこうの香りのする植物をいう．
[語源] ペルシャ語 *mushk* からギリシャ語，後期ラテン語を経て中英語に入った．おそらくサンスクリット語の *mushká* (陰のう) に遡る．
【派生語】**múskiness** 名 U．**músky** 形 じゃこうの香りがする，くらくらする刺激的な甘い香気のする．

mus·ket /mʌ́skit/ 名 C 〔一般論〕16-18 世紀に歩兵隊が使用した銃身の長い先ごめ式のマスケット銃（★現在のライフル銃の前身）．
[語源] イタリア語 *moscha* (=fly) の指小語 *moschetto* (=arrow) がフランス語を経由して初期近代英語に入った．
【派生語】**mùsketéer** 名 C マスケット銃兵．

musky ⇒musk．

Mus·lim, Mus·lem /mʌ́zləm/ 形 C 〔一般論〕イスラム教(徒)の，イスラム(文化)の．名 としてイスラム教徒．
[語源] アラビア語が初期近代英語に入った．

mus·lin /mʌ́zlin/ 名 U 〔一般論〕モスリン，メリンス（★平織りのなめらかな綿織物）．
[語源] イラクにある最初に製造された地 *Mussolo* (=Mosul) に由来するイタリア語 *mussolina* が，フランス語を経て初期近代英語に入った．

muss /mʌ́s/ 動 本来域 名 U 〔くだけた語〕(米) 物，特に髪をめちゃめちゃにする，服をくしゃくしゃにする (up)．名 として混乱，乱雑，めちゃくちゃ．
[語源] mess + fuss の混成語で 19 世紀にできた．

must[1] /mʌ́st, 弱 məst/ 助 形 名 C 〔一般論〕状況，規則または話し手の意志により人が...を行う義務がある，必要がある，...しなければならない．[その他] 義務・必要の意識の強弱に伴って，強制する，要求する，命令する意から，...すべきである，...せざるをえないという意味になり，否定語を伴うと禁止を意味して，...してはいけない，...すべきでないとなる．また話し手の断定を表して，...に違いない，...のはずだ，否定語を伴って，...でないに違いない，...であるはずがない．必然性を表して，必ず[きっと]...する，...は避けられない．you を主語にして勧誘，忠告，要望を表し，ぜひ...してほしい．主張し固執する気持が入れば，...と言い張る，どうしても...する，...しないと納得できない．(must have + 過去分詞) で，すでに...してしまっていなければならない，あるいは...したに違いないの意味になる．形 名 として〔くだけた語〕ぜひ読んだり，見たり，しておかねばならないような絶対必要な(もの)，必需[必携]品．

[語源] 古英語 *mōt* (=may, can) の過去形 *mōste* から．古い過去形が新たに現在形として用いられる，いわゆる過去-現在動詞の一つ．

[用例] "You *must* come home before midnight" "Must I?"「真夜中までには必ず帰宅なさい」「どうしてもなの」／You *must* not speak like that to your teacher．先生にあんな口のきき方をしてはいけない／Policemen *must* be over five feet eight inches. They *must* not be under this height．警官の身長は 5 フィート 8 インチ以上なければならない．この身長以下であってはならない（★イギリスの警察官の条件）／"They *must* be finding it very difficult to live in such a small house." "Yes, they *must*."「そんな小さな家に住むのは難しいということに彼らはきっと気づいているよ」「ええ，きっとそうに違いない」／You *must* come and have tea with us．ぜひともお茶を飲みにいらっしゃい／She *must* have been very young when she got married．彼女が結婚したのはとても若い時だったに違いない／This book is a *must* for a tourist．この本は観光客の必携品である．

[関連語] ought (to); should; have to.

mus·tache, (英) **mous·tache** /mʌ́stæʃ, məstǽʃ／məstɑ́ːʃ/ 名 C 〔一般論〕〔一般義〕人間の口ひげ．[その他] 動物の口のまわりにあるひげ，毛を指し，さらに鳥らのくちばしのまわりにある羽毛や模様の意．
[語源] ギリシャ語 *mustax* (上唇) に由来するイタリア語 *mustaccio* がフランス語を経て初期近代英語に入った．
[関連語] beard; whiskers; sideburn．

mus·tang /mʌ́stæŋ/ 名 C 【動】ムスタング（★米国南西部の野生の馬）．
[語源] スペイン語 *mestengo* と *mostrenco* の混成語が 19 世紀に入った．2 語とも wild cattle の意味．

mus·tard /mʌ́stərd/ 名 CU 〔一般論〕【植】アブラナ科のからし．[その他] からし，またその色から暗黄色．刺激的なことから〔くだけた語〕（主に米）熱意や強い興味．
[語源] ラテン語 *mustum* (ぶどう液) に由来する古フランス語 *moustarde* から中英語に入った．もとペースト状のからしを作るのにぶどう液を使ったことから．
【複合語】**mústard gàs** 名 U イペリット（★毒ガスの一種）．**mústard plàster** 名 U からし軟膏(こう)．**mústard sèed** 名 UC からし種（★香辛料）．

mus·ter /mʌ́stər/ 動 〔形式ばった語〕〔一般義〕人員，特に兵隊を点呼などのために一箇所に集める，召集する．[その他] 勇気や元気などを奮い起す (up)．また(米) 入隊させる (in)，除隊させる (out)．（オーストラリア）家畜に乗って家畜をかり集める．名 として召集，点呼，検閲，人や動物などの集合．
[語源] ラテン語 *monstrare* (=to show) が古フランス語 *moustrer* を経て中英語に入った．

mus·ty /mʌ́sti/ 形 〔一般論〕食物などが古臭い，部屋や家がかび臭い，時代遅れの，陳腐な．
[語源] moisty の変形と思われる初期近代英語から．
【派生語】**místiness** 名 U．

mu·ta·ble /mjúːtəbl/ 形 〔形式ばった語〕形や性質，気質などが変りやすい．
[語源] ラテン語 *mutare* (⇒mutate) の派生語 *mutabilis* が中英語に入った．
【派生語】**mùtabílity** 名 U．

mu·tant /mjúːtənt/ 名 C 形 【生】動植物などの生物や遺伝子などの突然変異体，変種．形 として突然変

mu·tate /mjúːteit/ 動 [本来自][一般語][一般義] 変化する. その他 《生》突然変異を生じる, 《音》母音が変化する.
語源 mutation からの逆成で19世紀に作られた. mutation はラテン語 *mutare* (=to change) の派生形 *mutatio*(n-) が中英語に入った.
【派生語】**mutátion** 名 UC.

mu·ta·tis mu·tan·dis /mjuːtéitis mjuːtǽndis/ 副 〔形式ばった語〕主要な箇所はそのままで必要な変更を加えて, 準用によって.
語源 ラテン語から.

mute /mjúːt/ 形 C 動 [本来的][一般語][一般義] 言葉を発しない, 沈黙した. その他 〔古風な語〕障害のためにものが言えない, 口がきけない. 《音》dumb の b のように発音しない黙字の, /p/ /t/ /k/ などの閉鎖音の, 《法》法廷で被告が黙秘の, 答弁しない. 名 として 〔古風な語〕障害のためにものが言えない人やだんまり役者, 《音》黙字, 黙音, 閉鎖音, 《法》黙秘する被告, 《楽》楽器の消音[弱音]器. 動 として音を消す[弱める], 楽器に弱音器をつける, 物の色調をぼかす.
語源 ラテン語 *mutus* (=silent, dumb) が古フランス語の指小語, *muet* を経て中英語に入った.
用例 He remained completely *mute* for several minutes. 彼は数分間全く無言でいた/She gazed at him in *mute* horror. 彼女は这恐怖のあまり口もきけないで彼を見つめていた/The child has been *mute* since birth. 子供は生まれてこのかたものが言えない.
類義語 silent.
関連語 blind; deaf; dumb.
【慣用句】*as mute as a fish* 貝になったように黙りこくって.
【派生語】**mútely** 副. **múteness** 名 U.

mu·ti·late /mjúːtəleit/ 動 [本来的] 〔やや形式ばった語〕[一般義] 手足を切断する, 肝心な部分を奪い不具にする. その他 書物などの肝要な部分を削除して骨抜きにする, 台なしにする.
語源 ラテン語 *mutilare* (=to cut off) の過去分詞 *mutilatus* が初期近代英語に入った.
【派生語】**mùtilátion** 名 UC.

mutineer ⇒mutiny.
mutinous ⇒mutiny.

mu·ti·ny /mjúːtəni/ 名 UC 動 [本来自][一般語] 権力を持てる当局に対するおおっぴらな反ե, 特に水兵や兵士などの上官に対する暴動や反抗. 動 として反乱を起す, 反抗する.
語源 ラテン語 *movere* (=to move) に由来する古フランス語 *meute* (=movement; revolt) の派生形 *mutin* (=rebellious; rebellion) が初期近代英語に入った.
【派生語】**mùtinéer** 名 C 暴徒, 反逆者. **mútinous** 形.

mut·ter /mʌ́tər/ 動 [本来他] 名 C [一般語][一般義] 人が低い不明瞭な声でつぶやく. その他 物事に対してぶつぶつ不平を言う, 雷や波, あらしなどがごろごろ[ざわざわ, ごうごう]鳴る[響く]. 名 としてぶつぶつ, ほそぼそ言うこと, つぶやき, ささやき, 不平, またごろごろ, ざわざわ, ごうごう響く音.
語源 おそらく擬音語. 中英語から.
用例 They won't be able to hear what you're saying if you *mutter*. きみがぼそぼそ言っていると, きみの言っていることは聞きとれないだろう/He spoke in a *mutter*. 彼はささやくように言った
関連語 mumble; grumble; murmur.
【派生語】**mútterer** 名 C. **múttering** 名 U.

mut·ton /mʌ́tn/ 名 U [一般語]成長した羊の肉, マトン.
語源 中世ラテン語 *multo* (=sheep) が古フランス語 *moton* (=ram; wether) を経て中英語に入った. おそらくケルト語起源.
用例 They had boiled *mutton* for dinner. 彼らは夕食用に羊肉を煮た.
関連語 lamb; sheep.
【慣用句】*as dead as mutton* 〔やや古語〕完全に死んで, 完全にすたれて. *mutton dressed (up) as lamb* 〔くだけた表現〕若造りの大年増. *return to one's muttons* 本題[本筋]に戻る.
【複合語】**mútton chòp** 名 C 通例あばら骨のついた羊のあばら肉.

mu·tu·al /mjúːtʃuəl/ 形 [一般語][一般義]2者以上の間でお互いの, 相互の, 相互的な. その他 互いに同じ関係を持つ, 2者以上の間で共通の, 共同の.
語源 ラテン語 *mutuus* (=lent; borrowed) が中フランス語 *mutuel* を経て中英語に入った.
用例 *mutual* help 相互援助/Their dislike was *mutual*. 彼らはお互に嫌悪感を持っている/He is our *mutual* friend. 彼は私たちの共通の友人だ.
【派生語】**mùtuálity** 名 相互関係[依存], 友愛. **mútually** 副.
【複合語】**mútual fùnd** 名 C 《米》投資信託(会社) 《英》unit trust). **mútual insúrance còmpany** 名 C 相互保険会社.

muu·muu /múːmúː/ 名 C [一般語]ムームー (★もとハワイの女性が着用した, ゆったりとした明るい色柄の服). ハワイ語. 原義は cut-off (襟肩 (yoke) の省略). 20世紀から.

muz·zle /mʌ́zl/ 名 C 動 [本来他][一般語][一般義]犬や馬などの鼻, 鼻口部. その他 動物の鼻口部にはめる口輪. さらに突き出ていることから, 銃口や砲口を意味する. 動 として口輪をはめる, またその動作から口止めする, 報道などを封じる.
語源 動物の口を意味するラテン語 *musus* から出た古フランス語 *muse* の指小語 *musel* が中英語に入った.

muz·zy /mʌ́zi/ 形 形や輪郭が不明瞭でぼんやりとした, 頭が混乱してはっきりしない, 酒に酔ってもうろうとしている.
語源 muddled (混乱した) と fuzzy (ぼやけた) の混成語. 18世紀から.
【派生語】**múzzily** 副. **múzziness** 名 U.

my[1] /mái, 弱 mi, mə/ 代 [一般語] I の所有格, 私の, ぼくの.

Myan·mar /mjánmər/ 名 固 ミャンマー (★東南アジアの国, もとビルマ (Burma); 首都 Yangon).

my·e·li·tis /màiəláitis/ 名 U 《医》脊髄炎.
語源 ギリシャ語 *muelos* (=marrow) に由来する近代ラテン語 +-itis「...炎」. 19世紀から.

my·o·car·di·al /màioukáːrdiəl/ 形 《解》心筋の.
語源 myo-「筋肉」+ギリシャ語 *kardia* (=heart) に由来する近代ラテン語. 19世紀から.
【複合語】**mỳocárdial infárction** 名 U 《医》心筋

梗塞.

my·o·pi·a /maióupiə/ 名 U 〖医〗近視(short-sightedness).
[語源] 後期ギリシャ語 *muopia* から18世紀に入った.
【派生語】**myópic** 形. **myópically** 副.

myr·i·ad /míriəd/ 形 名 C〖文語〗無数(の).
[語源] ギリシャ語 *murias* (=ten thousand) が後期ラテン語を経て初期近代英語に入った.

myrrh /mə́ːr/ 名 U〔一般語〕香料や薬剤用のミルラ樹脂, 没薬(ばつ), またそれを採るミルラの木《★アフリカや南アジアで産する香気を発する樹木》.
[語源] ギリシャ語 *murrha* がラテン語を経て古英語に入った.

my·self /maisélf/ 代〔一般語〕自分のことを強調して**私自身, 私自ら**. 再帰的に用いられて**私自身を[に], 自分自身で**. また**本来の私**の意もある.
[用例] I did it *myself*. 私自身でそれをやったのです/I hurt *myself* when I fell over. 倒れた時けがをした/I'm not *myself* today. 今日はいつもの私ではない.
[語源] 古英語 me self による.
【慣用句】***for myself*** 私自身で, 独力で, 私としては.

mysterious ⇒mystery.

mys·tery /místəri/ 名 UC〔一般語〕[一般義] 人の知恵では計り知れない**神秘(性), 不可解性**. [その他] 具体的には**不可解な事[物], 不思議な事[物], 未知の事[物]** を指し, **なぞ, 秘密, 不明確さ**となる. 小説や映画では**推理[怪奇]もの, ミステリー**, 宗教的には《通例複数形で》**真理, 奥儀**,〖キ教〗**秘跡, 聖礼典, 聖餐式**.
[語源] ギリシャ語 *muein* (目や唇が閉じている) から *mustēs* (秘儀を授けられた人) を経て「秘儀」の意となった *mustērion* がラテン語 *mysterium* を経て中英語に入った.
[用例] Scientists tried to explain the *mystery* of how the universe was formed. 科学者たちは宇宙がどのように形成されたかのなぞを説明しようとした/How she got here so early is a *mystery* to me. 彼女がどうやってこんなに早くこっちに着いたのか私にはなぞだ/His whole background seemed to be full of *mystery*. 彼の経歴全体は不可解な事だらけのようだった/Her death was surrounded by *mystery*. 彼女の死はなぞに包まれていた.
[関連語] wonder; puzzle; riddle; enigma.
【慣用句】***make a mystery of*** ... ...を秘密にする.
【派生語】**mystérious** 形 不思議な, なぞのような. **mystériously** 副.
【複合語】**mýstery plày** 名 C 中世の宗教劇, 奇跡劇(⇒miracle play; morality play (⇒moral の項)). **mýstery tòur** 名 C ミステリーツアー.

mys·tic /místik/ 名 C 形〔一般語〕瞑想により真の知識を得, 神と一体となることを求める**神秘主義者, 神秘論者**. 形 として**神秘的な, 神秘主義的な**.
[語源] ギリシャ語 *mustēs* (⇒mystery) から派生した 形 *mustikos* がラテン語 *mysticus* を経て中英語に入った.
【派生語】**mýstical** 形 =mystic. **mýstically** 副. **mýsticism** 名 U 神秘説, 神秘主義.

mystification ⇒mystify.

mys·ti·fy /místifai/ 動 [本来他]〔やや形式ばった語〕全く理解や説明ができず**当惑させる, 迷わす, ごまかす, あいまいにする**.
[語源] フランス語 *mystifier* が19世紀に入った.
【派生語】**mỳstificátion** 名 U.

mys·tique /mistíːk/ 名 C〔やや形式ばった語〕人や物, 場所が持つ**神秘性, 神秘的な雰囲気**.
[語源] フランス語の 形 *mystique* (=mystic) が19世紀に入った.

myth /míθ/ 名 CU〔一般語〕[一般義] 神々や英雄を主人公とする**神話**. [その他] 神話に登場する**架空[想像上, 伝説上]の人[物]**, また一般に**作り話, 架空の話**, 根拠がないのに広く信じられている意見や考え, すなわち**神話的社会通念**.
[語源] ギリシャ語 *muthos* (=tale) が後期ラテン語 *mythos* を経て19世紀初頭に入った.
[用例] ancient Greek and Roman *myths* 古代ギリシャ, ローマの神話/He thinks that this idea of men being stronger than women is a *myth*. 男が女より強いというこの考えは根拠がない神話的通念だと彼は思っている.
[関連語] legend; saga; fable; allegory; lore.
【派生語】**mýthical** 形. **mýthify** 動 [本来他] 神話化する.

mythological ⇒mythology.
mythologist ⇒mythology.
mythologize ⇒mythology.

my·thol·o·gy /miθάlədʒi/ -5- / 名 UC〔一般語〕[一般義]《集合的》特定の文化や宗教に属す**神話全体**. [その他] **神話集**, また**神話学**.
[語源] ギリシャ語 *muthologia* (*muthos* myth+-*logia* -logy) が後期ラテン語を経て中英語に入った.
【派生語】**mỳthológical** 形 神話(学)の, 架空の, 作り話の. **mythólogist** 名 C 神話学者, 神話作者. **mythólogize** 動 [本来他] 神話化する.

N

n, N¹ /én/ 图 C 〔一般語〕エヌ(★アルファベットの第14文字), N 字形のもの.

N² /én/ 〔略〕=north; northern; Norse; nitrogen; Nationalist; Navy.

nab /nǽb/ 動 本来他 〔くだけた語〕犯人などをあげる, 捕える, すばやくつかむ.
[語源] 元来北欧語で, 16-17世紀のどろぼうの隠語から. 初期近代英語に入った.

na·celle /nəsél/ 图 C 〔空〕航空機の外部に取りつけられた流線型のエンジン[貨物]収納部.
[語源] ラテン語 navis (=ship) の指小語 navicella (=small boat) がフランス語を経て初期近代英語に入った. 現在の意味は 20 世紀から.

na·dir /néidiər/ 图 C 〔文語〕〔一般義〕人や物事の状態の**最悪時, 最下点**. その他 〔天〕**天底**.
[語源] opposite to the zenith の意のアラビア語が古フランス語を経て中英語に入った.
[反意語] zenith.

nag¹ /nǽg/ 動 本来他 C 〔一般語〕〔一般義〕いつも口うるさく人に**小言をいう, 悩ます**. その他 心配事や病気などがつきまとって人を**苦しめる**. 图 として**小言をいう人**, 特に女性の**口うるさい人**.
[語源] 古ノルド語 gnaga (=to gnaw) と関係があると思われる. 19 世紀に入った.
[派生語] **nágger** 图 C. **nágging** 形. **nággingly** 副.

nag² /nǽg/ 图 C 〔軽蔑語〕**老いぼれ馬**, 〔古語〕**力のない競走馬**.
[語源] 馬のいななきの擬音語. 中英語から.

nai·ad /néiæd/ nái-/ 图 C (複 ~s, -des/-di:z/) 〔一般義〕《ギ・ロ神》川, 泉, 滝に住むという**水の精**. その他 〔昆〕かげろう, とんぼなどの**幼虫**, 〔植〕細い葉の**水生植物**.
[語源] ギリシャ語 naein (=to flow) から. 中英語に入った.

nail /néil/ 图 C 動 本来他 〔一般語〕〔一般義〕手足の指の**つめ**. その他 先端がとがっている点が似ているので**くぎ**の意味になった. 動 としては**くぎで打ちつける**, 比喩的に人を**くぎづけにする**, **注意を引く**, さらに〔くだけた語〕**捕える**, 鳥などを**撃ちおとす**, **仕留める**.
[語源] 印欧祖語 *(o)nogh- (=nail) に遡ることができる古英語 nægl から. 「くぎを打ちつける」の意の動 næglian も古英語で使われた.
[用例] When I injured my finger, I broke my *nail*. 私は指をけがしたとき, つめを割ってしまった/He hammered a *nail* into the wall and hung a picture on it. 彼はくぎを 1 本壁に打って, それに絵を掛けた/I tried to avoid him, but he finally *nailed* me in the corridor. 私は彼と顔を合わせまいとしたが, 廊下のところで彼につかまってしまった.
[類義語] nail; peg; spike: **nail** が一般に金属製のくぎを指すのに対し, **peg** は帽子や衣服などを掛けるための金属製, または木製の留めくぎやテントのくいをいう. **spike** は太い木材を留めるのに用いる大くぎ, あるいは鉄道に用いる犬くぎをいう.
[関連語] claw (わしやたかなどの猛鳥および猫などのつめ).
【慣用句】**(as) hard [tough] as nails** 〔くだけた表現〕きわめて強健な, 冷酷な. **(as) right as nails** まちがいない. **drive a nail in the coffin** 〔くだけた表現〕くぎを棺に打ちこむという意味から, 不節制などが命とりとなる. **hit the nail on the head** 〔くだけた表現〕ぴたりと(言い)当てる. **nail down** ...をくぎづけにする, 縛りつける, 〔くだけた表現〕...を決定的にする, 相手の意志をはっきりさせる. **nail to the counter** 見破る, 暴露する. **on the nail** 〔くだけた表現〕即座に, 即金で.
【複合語】**náil brùsh** 图 C つめブラシ. **náil clìppers** 图 (複) つめ切り. **náil fìle** 图 C つめ用やすり. **náil pòlish** 图 U (米) つめのつやだし, マニキュア用エナメル(《英》nail varnish). **náil scìssors** 图 (複) つめ切りばさみ. **náil vàrnish** 图 U (英)=nail polish.

na·ive, na·ïve /nɑːíːv/ 形 〔一般語〕〔一般義〕〔軽蔑的〕人や行動が経験[知恵, 判断]不足で**単純な**, **世間知らずの**, **だまされやすい**. 人が無邪気で**純真な**, **素朴な**, 世間知らずであるの意から, 実験動物などに**実験を受けていない**. 絵画が**単純明解な**.
[日英比較] 日本語の「ナイーブ」は良い意味で使われるが, 英語の naive は「未経験のためにだまされやすい」という軽蔑の意味で使われることが多い.
[語源] ラテン語 nativus (=native, natural) がフランス語 naïf の女性形 naïve となって初期近代英語に入った.
【派生語】**naívely, naïvely** 副 単純に, 純真に; 素朴に. **naiveté, naïveté** /nɑːiːvtéi/ 图 UC 単純さ, 世間知らずの, 純真, 素朴. **naívety, naïvety** 图 U = naiveté.

na·ked /néikid/ 形 〔一般語〕〔一般義〕人が衣服を身につけない, **裸の**. その他 おおい隠してない, **むき出しの**. 木の葉などがすっかり落ちた, 動物や魚などの毛[うろこ]がない, 刀などが**抜き身の**, 比喩的に感情や態度などが**ありのままの**, まぎれもない, **無防備な**.
[語源] 印欧祖語 *nogw- に遡ることのできる古英語 nacod から.
[用例] They were *naked* to the waist. 彼らは上半身裸だった/We want you to tell us the *naked* facts. ありのままの事実を言ってほしいのです.
【派生語】**nákedly** 副 むき出しに. **nákedness** 图 U 裸, むき出し.
【複合語】**náked éye** 图 (the ~) 肉眼.

nam·by-pam·by /nǽmbipǽmbi/ 形 C 〔くだけた語〕〔軽蔑的〕女々しく**感傷的な**, なよなよした. 图 として**感傷的な文章**, なよなよした人.
[語源] 18 世紀の英国の詩人 Ambrose Philips を皮肉ってつけたあだ名.

name /néim/ 图 C 動 本来他 〔一般語〕〔一般義〕人や動物, 物事に対して付けられる**名**. その他 よく知られた**名前**ということにも, 評判, 名声, あるいはそれを持った人, すなわち**有名な人物**, **名士**, 〔形容詞的に〕名のある, 一流の. また名目だけで実を伴わないもの, **虚名**. 動 として...と**名づける**, 任命[指名]する, ...の名を呼ぶ, 日時とか値段などを**指定する**.
[語源] 印欧祖語 *nōmen- (=name) に遡ることのできる古英語 nama から. また 動 は古英語 (ge)namian から.

[用例] She knows all the flowers by *name*. 彼女は、それらの花の名前を全部知っている/He has a *name* for honesty. 彼は正直者だという評判だ/He *named* the child Thomas. 彼らはその子をトマスと名付けた.

【慣用句】*by name* 名は…という, 名指しで. *call ... names* …の悪口を言う. *in God's name*＝*in the name of God* 神に誓って, 疑問文を強めていった全体. *in name* (*only*) 名目上(の)(⇔in reality). *in the name of* …に誓って, …の代理で, …の名義[名目]で, …の権威のもとに. *make a name for oneself* よいことで有名になる, 評判をとる. *name ... after* [《米》for] ……の名をとって…と名付ける. *name names* 人の名を挙げて非難する. *put one's name down for* ……の候補者[入会者]として名を載せる. *take one's name off* ……から脱退する. *the name of the game* 《俗語》一番重要な点[物]. *to one's name* 特に金などを自分のものとして. *under the name of ...* …という名[名目]で.

【派生語】**námeless** 形 名前のない, 無名の, 匿名の; ひどさや恐ろしさなどが言いようのない, とんでもない; 私生の. **námely** 副 すなわち.

【複合語】**námeplate** 名 C 表札, 名札. **námesake** 名 C 同名の人[もの], ある人にちなんだ名をつけられた人.

Na·mib·i·a /nəmíbiə/ 名 固 ナミビア(★アフリカ南西部の共和国).

Nan·cy /nǽnsi/ 名 固 女性の名, ナンシー(★Ann(e), Anna の愛称).

nan·ny /nǽni/ 名 C 〔ややくだけた語〕《英》乳母,〔小児語〕おばあちゃん.
[語源] 女性名 Ann の愛称 Nanny が18世紀ごろから一般化して用いられた.

Na·o·mi /neióumi/néiəmi/ 名 固 女性の名, ネオミ.

nap¹ /nǽp/ 名 C 動 [本来自] 〔一般語〕日中, 短時間眠ること, うたた寝, 昼寝. 動 としてうたた寝をする.
[語源] 古英語 hnappian (＝to nap) から.
[用例] She always takes [has] a *nap* after lunch. 彼女は昼食のあと, きっと昼寝をする.
[類義語] nap; doze; drowse: **nap** が昼寝のような特に昼間の短い時間の眠りをいうのに対し, **doze** は仕事中にうとうとしてしまうような短く浅い眠り, うたた寝を意味する. **drowse** もほぼ同意だが, doze のほうが一般的な語.
【慣用句】*catch ... napping* 〔くだけた表現〕人の油断[不意]をつく(★文字通りには眠りにいている人を襲うという意味で, 日本語の比喩表現「寝首を掻(ｶ)く」によく似ている).

nap² /nǽp/ 名 動 [本来他] 〔一般語〕《単数形で》ラシャなどの布地のけば. 動 としてけば立てる.
[語源] 中英語から. オランダ語から入ったものと思われる.

na·palm /néipɑːm/ 名 U 動 [本来他] 〔一般語〕ガソリンをゼリー化するナフサ·パーム油を主成分とする油脂, ナパーム, 油脂焼夷弾, ナパーム弾. 動 としてナパーム弾で攻撃する.
[語源] naphthene＋palmitate として20世紀から. アメリカ起源.
【複合語】**nápalm bómb** 名 C ナパーム弾.

nape /néip/ 名 C 〔一般語〕首筋, うなじ (★the nape of the [one's] neck の句で用いる).
[語源] 不詳. 中英語から.

naph·tha /nǽfθə, nǽp-/ 名 U 【化】ナフサ, 揮発油.
[語源] ギリシャ語 *naphtha* (揮発性, 引火性のある液体) がラテン語を経て初期近代英語に入った.

naph·tha·lene, -line /nǽfθəliːn, nǽp-/ 名 U 【化】ナフタリン.
[語源] naphth(a)＋al(cohol)＋-ene (合成薬品を表す語尾). 19世紀から.

nap·kin /nǽpkin/ 名 C 〔一般語〕[一般義] 紙または布製の食卓用ナプキン. [語法] この意味では次に挙げる「おむつ」などの意味との混同を避けるため table-napkin ということもある. また《英》では serviette という語がよく使われる. [その他]《英》おむつ(《米》diaper),《米》生理用ナプキン(sanitary napkin).
[語源] 「テーブル掛け」の意の古フランス語 *nappe* が中英語に入り, その指小語 napkin から. 古フランス語 *nappe* は「小さい布切れ」の意で古ラテン語 *mappa* からきていると考えられる. なお中英語 naperon の n が消失してきた apron (エプロン) は napkin と同族関係にある. またラテン語で「世界地図」の意の *mappa mundi* (＝map of the world) の *mundi* が落ちてできた map (地図) も語源的に関係がある.
【慣用句】*lay up [hide; wrap] ... in a napkin* 才能などを用いずにおく.
【複合語】**nápkin rìng** 名 C ナプキンを留めておくための環形のナプキンリング.

Na·ples /néiplz/ 名 固 ナポリ(★イタリア南部の港市).
【派生語】**Neapolitan** /niːəpɑ́litən|-ɔl-/ 形 ナポリ(人)の. 名 C ナポリ人.

Na·po·le·on /nəpóuliən/ 名 固 ナポレオン(一世) Napoleon Bonaparte (1769-1821) (★フランスの皇帝). また (n-)《酒》ナポレオン(★年代が古くて質のよいブランデー), 《トランプ》ナポレオン.
【派生語】**Napòleónic** 形 ナポレオン(一世)の, ナポレオン時代の.

nap·py /nǽpi/ 名 C 〔一般語〕《英》おむつ, おしめ (《米》diaper).
[語源] napkin から. 20世紀より.

narc /nɑ́ːrk/ 名 C 《俗語》《米》麻薬取締官 (★narco, nark ともいう).
[語源] narcotic detective の短縮形で20世紀から.

narcissism ⇒narcissus.

narcissist ⇒narcissus.

nar·cis·sus /nɑːrsísəs/ 名 C 《複 〜es, -cissi/sísai/》【植】すいせん. ⇒daffodil.
[語源] ギリシャ語 *narkissos* から. 水に映った自分の姿にあこがれて水死し, すいせんの花になった美青年 Narcissus を主題にしたギリシャ神話から.
【派生語】**nárcissism** 名 U 自己陶酔, ナルシシズム. **nárcissist** 名 C 自己陶酔者. **nàrcissístic** 形.

nar·cot·ic /nɑːrkɑ́tik|-kɔ́t-/ 形 名 C 〔一般語〕麻薬(の), 麻酔剤(の).
[語源] ギリシャ語 *narkē* (＝numbness) の 形 *narkōtikos* がフランス語を経て中英語に入った.

nar·rate /nǽreit, -́-/ 動 [本来他] 〔形式ばった語〕(しばしば受身で) あることについて話し言葉や書き言葉で話をする, 物語る, 述べる. 動 語り手になる, 映画, 放送, 音楽などのナレーターになる.
[語源] 印欧祖語 *gno- (＝to know) に遡ることのできる「知っている」の意のラテン語 *gnarus* から派生した *nar-*

rare (= to narrate) の過去分詞が初期近代英語に入った。一説では、逆成により narration からできたともいわれる。

[用例] He *narrated* the events of the afternoon to the judge. 彼は判事に午後起きたその事件のことを話した/She is to *narrate* in the drama. 彼女はそのドラマでナレーターをつとめることになっている。

[類義語] relate.

【派生語】**narration** 名 UC ある出来事について物語ること、叙述、個々の物語、《文法》話法. **narrative** /nǽrətiv/ 名 CU 物語、叙述(法)、話術(の)、物語風の. **nar·ra·tor** /nǽreitər, -́-́-/ 名 C 物語人、語り手、ナレーター。

nar·row /nǽrou/ 形 名 動 [本来他] 〔一般語〕 — 一般義 幅が狭い 《日英比較》日本語の「狭い」は「幅が狭い」と「面積が小さい」の二つの意味を持つのに対して、英語の narrow は前者の意味のみで、後者には small を用いる。したがって「狭い部屋」は a small room という）. [その他] 範囲が狭い、意味などが限られたという意味から、資金などが乏しい、さらに調べ方などが精密な、詳細なの意になる。一方「狭い」という基本的意味が転じて余裕に欠けることをというようになり、心の狭い、偏屈な、また辛うじての、間一髪のという意味を表す. 名 として山峡、峡谷、(通例 ~s)海峡. 動 として狭くする[なる]、細くする[なる].

[語源] 古英語 nearu から.

[用例] The bridge is too *narrow* for large lorries to cross. この橋は大型トラックが渡るには狭すぎる/His experience in business has so far been very *narrow*. ビジネスにおける彼の経験は、これまでのところいへん底の浅いものである/The road suddenly *narrowed*. 道が急に狭くなった。

[反意語] wide; broad.

【派生語】**nárrowly** 副. **nárrowness** 名 U.

【複合語】**nárrow gáuge** 名 C 〔鉄道〕狭軌、それを持つ鉄道 (⇔broad gauge). **nárrow-mínded** 形 心の狭い、偏狭な (⇔broad-minded). **nárrow-míndedly** 副 狭量にも. **nárrow-míndedness** 名 U 狭量、心の狭さ。

NASA /nǽsə/ 名 アメリカ航空宇宙局、ナサ (National Aeronautics and Space Administration).

na·sal /néizəl/ 形 名 C 〔一般語〕鼻[鼻腔]の、《音》鼻音(の).

[語源] ラテン語 nasus (= nose) の 形 nasalis から中英語に入った。

【派生語】**násalize** 動 [本来他] 鼻音化する. **nàsalizátion** 名 U. **násally** 副.

nas·cent /nǽsnt/ 形 〔形式ばった語〕思想や文化などが発生[形成]しかけている、初期の.

[語源] ラテン語 nasci (= to be born) の現在分詞 nascens が初期近代英語に入った。

nastily ⇒nasty.

nastiness ⇒nasty.

nas·tur·tium /nəstə́ːrʃəm/ 名 C 〔植〕きんれんか、のうぜんはれん.

[語源] ラテン語 nasturtium (nasus nose + torquere to twist) が初期近代英語に入った。この植物の刺激性のある臭いと関係があるといわれている

nas·ty /nǽsti|-áː-/ 形 〔一般語〕 — 一般義 気分が悪くなるほどいやな、不快な. [その他] 本来は吐き気を催すほど汚いの意で、それが広り上記の意味となった。また人の性質などが意地悪な、卑劣な、怒りっぽい、道徳的な意味にまで転じて、みだらな、卑わいな、周囲の状況などについて、ことが重大な、危険な、厄介な、天気が荒れ模様の.

[語源]「汚い」という基本的な意味で14世紀ごろ使われていたが、それ以前については不詳。ただしスウェーデン語で「汚い」の意の方言 naskug やオランダ語の nestig (= dirty) に関係があるともいわれている。

[用例] The smell coming from that chemical is rather *nasty*. あの化学製品はかなりいやなにおいがする/I had no idea he had such a *nasty* mind. 彼があんなに腹黒い奴とは知らなかった/In November the weather is usually rather *nasty*. 例年のことだが11月に入ると天候がやや荒れ模様になってくる。

[類義語] dirty.

【慣用句】*a nasty piece [bit] of work* 意地の悪い[いかがわしい]行為[人]、いやな奴.

【派生語】**nástily** 副. **nástiness** 名 U.

na·tal /néitl/ 形 〔一般語〕出生の、誕生の、出生時からの.

[語源] ラテン語 nasci (= to be born) の過去分詞 natus から派生した 形 natalis が中英語に入った。

[用例] one's *natal* horoscope 誕生時の星占い/the *natal* stream 母川(ぼ).

na·tion /néiʃən/ 名 C 〔一般語〕 — 一般義 (しばしば the ~) 共通の歴史・文化・言語によって統合された国民全体. [その他] 国民により構成される国家、あるいは民族, (米) アメリカ先住民族の部族.

[語源] ラテン語 nasci (= to be born) の過去分詞 natus から派生した「出生、種族」の意の natio が古フランス語を経て中英語に入った。native および nature とは同語源。

[用例] In Anglo-Saxon times the many tribes and small kingdoms in England came together to form a *nation*. アングロサクソン民族の時代に、イングランドでは多くの部族や小王国が一緒になり、一つの国家を形成した。

[類義語] country; race.

【派生語】**national** ⇒見出し。

【複合語】**nátion-státe** 名 C 単一民族から成る国家. **nátionwíde** 形 全国的な.

na·tion·al /nǽʃənl/ 形 名 C (⇒nation) 〔一般語〕国家[民族]の、国民の、全国的な、愛国的な. 名 としては、特に外国に住む同国人.

【派生語】**nátionalism** 名 U 国家主義、愛国心. **nátionalist** 名 C 国家[民族]主義者. **nàtionalístic** 形. **nàtionálity** 名 C 国籍、国民であること、国民(性)、独立(国家). **nàtionalizátion** 名 U. **nátionalize** 動 [本来他] 国有化する、国営にする. **nátionally** 副 国家的に、全国的に.

【複合語】**nátional ánthem** 名 C 国歌. **nátional débt** 名 UC 国債. **nátional flág** 名 C 国旗. **nátional hóliday** 名 C 国の祝日、法定休日. **nátional íncome** 名 U 年間の国民総所得. **Nátional Léague** 名 固 (the ~)《野》(米)ナショナルリーグ (★米国二大プロ野球リーグの一つ; ⇒ American League). **nátional mónument** 名 C (米)史跡、名勝などの国定記念物. **nátional párk** 名 C 国立公園. **Nátional Trúst** 名 (the ~)(英)自然·文化保護財団.

na·tive /néitiv/ 形 名 C 〔一般語〕 — 一般義 人の生ま

れた国[土地]の. その他 征服者側からみて，原住民などがもともとその土地に住んでいる，すなわち土着の. またその土地固有の, 生まれつき備わっている, 生来の, 自然のままの, 人の性質について, 飾りのない, 素朴な. 名として…生まれの人, 外来者と区別した本国人,《しばしば軽蔑的》原住民, あるいは特定地域における土着の動植物, 自生種.

[語源] ラテン語 *nasci* (=to be born) の過去分詞 *natus* から派生した「本来の, 自然の」の意の 形 *nativus* が古フランス語を経て中英語に入った． nation および nature は同語源で, naive とは二重語.

[用例] She is a *native* speaker of Spanish. 彼女はスペイン語を母語として話します/Columbus thought the *natives* of America were Indians. コロンブスはアメリカ大陸の原住民はインド人だと考えていた．

[類義語] native; natural; born: **native** には「生まれつきの」あるいは「自然の, 生来の」の意味もあるが, この意味では **natural** の方が普通である. native は「もって生まれた」のように先天的なものを強調するが, natural は人やものの性質や特徴についていう. また形容詞 **born** は「生まれながらの」の意で, native とほとんど同じだが, Spanish-*born* lady (スペイン生まれの女性) のように「…生まれの」の意で複合語を構成することが多い.

[反義語] foreign; alien.

【慣用句】 *go native* 〔くだけた表現〕旅行客あるいは白人が原地人の流儀に従う.

【派生語】 **nátivism** 名 U 原住民保護主義, 土着文化保護主義. **nativity** /nətívəti/ 名 U 〔形式ばった語〕出生, 誕生,《the N-》キリストの降誕(を描いた図や箱庭模型).

【複合語】 **Native American** 名 C アメリカ先住民 《★「アメリカインディアン」より好ましい言い方とされる》.

NATO /néitou/ 名 固 北大西洋条約機構(North Atlantic Treaty Organization).

nat·ter /nǽtər/ 名 本来自 U 〔くだけた語〕《英》たわいもないことをぺちゃくちゃしゃべる, ぶつぶつ不平を言う. 名 として《単数形で》おしゃべり.

[語源] 擬音語として 19 世紀から.

nat·ty /nǽti/ 形 〔ややくだけた語〕人や衣服がきちんとした, さっぱりした, 小ぎれいな.

[語源] 18 世紀より. neat と関連があるという説がある.

【派生語】 **náttily** 副. **náttiness** 名 U.

nat·u·ral /nǽtʃrəl/ 形 [一般語] [一般義] 自然の. その他 人の手を加えてない, すなわち自然のままということから, 人の性質などが生まれつきの, 生得の, 持ち前の, あるいはあることにふさわしい, 人の様子や振舞いが気取っていない, ありのままの, 絵などが実物そっくりの, 時がいう自然の成りゆきにさからえないということから, 無理もない, 当然の. その他, 親子の関係などについて血の続いている, 生みの,〔婉曲語〕私生の,《楽》本位の, ナチュラルの. 名 としては, 仕事などにふさわしいことから,〔くだけた語〕適任者, うってつけの人[もの], 成功まちがいなしの人物,《楽》本位記号, ナチュラル (♮).

[語源] ラテン語 *natura* (⇒nature) から派生した *naturalis* が古フランス語 *naturel* を経て中英語に入った．

[用例] Wild animals are happier in their *natural* state than in a zoo. 野生の動物は動物園の中よりも自然のままの状態にいるほうが幸せである/He had a *natural* ability for playing the piano. 彼にはピアノに対するもって生まれた才能があった/It's quite *natural* for a boy of his age to be interested in girls. 彼ぐらいの歳の男の子なら女の子に興味をもつのはきわめて当然のことだ．

[類義語] ⇒native.

[反義語] unnatural.

【慣用句】 *come natural to* …〔くだけた表現〕…にはわけなくできる, 容易である.

【派生語】 **náturalìsm** 名 U 哲学, 芸術, 文芸における自然主義. **náturalist** 名 C 自然主義者, 博物学者. **nàturalístic** 形. **nàturalizátion** 名 U. **náturalìze** 動 本来他 外国人あるいは動植物などを帰化させる, 外国文化などを取り入れる, 移入する, 自然にする. 自 帰化する. **náturally** 副 自然に, 普通に, 当然, もちろん, 生来, 本来. **náturalness** 名 U 自然らしさ, 当然であること, 生まれつき.

【複合語】 **nátural fóod** 名 UC 自然食品. **nátural gás** 名 UC 天然ガス. **nátural hístory** 名 UC 博物学《★これは古い名称で, 今日では zoology (動物学), botany (植物学), geology (地質学) などに分かれている》. **nátural láw** 名 UC 自然律, 自然法. **nátural scíence** 名 UC 自然科学. **nátural seléction** 名 UC《生》自然選択[淘汰(とう)].

na·ture /néitʃər/ 名 UC [一般語] [一般義] 《冠詞つけずに, しばしば N-》大地, 動植物などの自然. その他 本来の意味は人や物がもともといている性質や性分,〔形式ばった語〕《the ~》本質, そこから「自然」の意味になった. また自然界, 自然の姿[状態], 自然の力, しばしば擬人化して《N-》自然[造化]の女神, あるいは人間の中にそなわる自然の力, すなわち体力, さらには肉体的・生理的要求[機能]の婉曲語にもなる. また〔形式ばった語〕種類.

[語源] ラテン語 *nasci* (=to be born) の過去分詞 *natus* から派生した 名 *natura* (生まれ, 生まれ持った性質) が古フランス語を経て中英語に入った．⇒nation; native.

[用例] Many poets write about the beauty of *nature*. 多くの詩人たちが自然の美しさを描いている/She has a generous *nature*. 彼女は寛大な性質である.

[類義語] quality.

【慣用句】 *against nature* 不自然な, 道徳上けしからぬ. *by nature* 生まれつき. *ease nature* 排泄する. *in a state of nature* 未開[野蛮]の状態で, 野生のままで. *in nature* 本質は, 実際には,《強意で》いったい全体, 全く. *in [of] the nature of* ……の性質をもっている, …に似た. *relieve nature* =ease nature. *true to nature* 迫真の, 本物そっくりの[に].

【派生語】 **náturìsm** 名 U 裸体主義(nudism).

【複合語】 **náture stùdy** 名 U 初等教育の教科としての自然研究, 理科. **náture tràil** 名 C 自然観察用の遊歩道. **náture wòrship** 名 U 自然崇拝.

naught /nɔ́:t/ 名 CU《米》ゼロ,〔古語〕無.

[語源] nā (=no)+wiht (=thing) から成る古英語 nāwiht から.

naugh·ty /nɔ́:ti/ 形 [一般語] [一般義] 子供が人の言うことをきかない, 行儀が悪い. その他〔古語〕特に大人についてよくない, 邪悪な. また〔くだけた語〕道徳的に悪いということで婉曲にいう, みだらな卑わな.

[語源] 古英語 nāwiht (⇒naught) +-y として中英語から.「無」の意味から「無価値な」となり, さらに「邪悪な」の意味になった．

[用例] You're a very *naughty* boy (to do that)! (そ

んなことをするなんて)このわんぱく坊主めが!/It is *naughty* to kick other children. ほかの子たちをけとばしたりするのはいけないことです.

[類義語] naughty; mischievous: **naughty** も **mischievous** も共に「子供がいたずら(好き)な, わんぱくな」の意だが, 前者のほうが口語的である.

【派生語】**náughtily** 副. **náughtiness** 名 Ⓤ.

nau·se·a /nɔ́:ziə|-sjə/ 名 Ⓤ 〔一般語〕吐き気, むかつき, **不快感**.
[語源] ギリシャ語 *nausia* (=seasickness) がラテン語を経て初期近代英語に入った. noise と同語源.
【派生語】**náuseàte** 動 本来他 吐き気を起こさせる, 非常な不快感を与える. **náuseàting** 形. **náuseous** 形. **náuseously** 副. **náuseousness** 名 Ⓤ.

nau·ti·cal /nɔ́:tikəl/ 形 〔一般語〕船の, 船員の, 航海に関わる.
[語源] ギリシャ語 *nautēs* (=seaman) の 形 *nautikos* がラテン語で *nauticus* となり, フランス語を経て初期近代英語に入った.
【複合語】**náutical míle** 名 Ⓒ 海里(★6076 フィート, 1.852 キロ).

na·val /néivəl/ 形 〔一般語〕【軍】海軍の, 軍艦の.
[語源] ラテン語 *navis* (=ship) の 形 *navalis* が中英語に入った. ⇒navy.
【複合語】**nával acàdemy** 名 Ⓒ《米》海軍兵学校.

nave /néiv/ 名 Ⓒ 【建】十字形の教会堂のネイブ, 身廊(★両側を aisle ではさまれた中央の縦長の部分).
[語源] ラテン語 *navis* (=ship) から初期近代英語に入った. 教会を船にたとえたもの.

na·vel /néivəl/ 名 Ⓒ 〔一般語〕 一義 へそ. 【その他】場所の中心部, 中央部.
[語源] 古英語 nafela から.
【複合語】**nável òrange** 名 Ⓒ《果物》ネーブル. **nável string** 名 ⓊⒸ へその緒.

navigability ⇒navigate.
navigable ⇒navigate.
nav·i·gate /nǽvigèit/ 動 本来他 〔一般語〕 一般義 地図や機械を使って船や航空機, 車などを操縦する. 【その他】あらかじめきめられた計画やルートで海や川を航行する, 渡り鳥や魚が移動する, 回遊する. 自 船や航空機などを誘導する, 地図を読んでナビゲートする, 特にあぶなっかしい場所などをしっかりした足どりで歩いていく, 船などが難所を通り抜ける, 航海する.
[語源]「船を動かす」の意のラテン語 *navigare* (*navis* ship+*agere* to drive) の過去分詞 *navigatus* が初期近代英語に入った. ⇒navy.
[用例] He *navigated* the ship through the dangerous rocks outside the harbour. 彼は船を操縦して港の外の危険な岩礁をうまく乗り切った.
[類義語]「航行する」の意では **navigate** のほかに, ふつうは **sail** がよく使われる. 前者のみ形式ばった語である.
【派生語】**nàvigabílity** 名 Ⓤ. **návigable** 形 海や川などが船の通れる, 船, 飛行機が飛行[航行]に耐えうる. **nàvigátion** 名 Ⓤ 航海, 航空, 航海[航空]術. **návigàtor** 名 Ⓒ 航海[航行]者, 航海士[長], 航空士, 航空機などの自動操縦[誘導]装置.

nav·vy /nǽvi/ 名 Ⓒ《古語》《英》《軽蔑的》港や道路建設などの未熟練労働者.
[語源] 運河の労働者を navigator と呼んだことから, 19世紀にその略称として使われたのが始まり.

na·vy /néivi/ 名 Ⓒ Ⓤ 〔一般語〕 一般義 (the ~, the N-) 陸軍 (army) や空軍 (air force) に対する**海軍**. 【その他】集合的に一国の海軍の**全軍艦**, あるいは**海軍将兵全体**をいう. また《古語》艦隊, 船隊の意. また濃紺色 (navy blue).
[語源] ラテン語 *navis* (=ship) が古フランス語を経て中英語に入った. ⇒naval.
[用例] The United States has one of the largest *navies* in the world. 米国は世界最大の海軍力を有する/I joined the *navy* fifteen years ago. 私は15年前, 海軍に入隊した.
【複合語】**návy blúe** 名 Ⓤ 英国海軍の制服の色から, ネービー・ブルー, 濃紺色 (語法) 単に navy ともいう). **návy yàrd** 名 Ⓒ 《米》海軍工廠(こうしょう).

nay /néi/ 副 接 Ⓒ《文語》いな, しからずなど拒否を表す語. 【その他】《接続詞的に》…というよりむしろ. また口頭による賛否の表決などで no の代わりに用いられる. 名として反対, 否定, 反対投票(者).
[語源] 古ノルド語 *nei* (*ne* not+*ei* ever) が中英語に入った.
[反意語] yea; aye; ay.

Nazarene ⇒Nazareth.
Naz·a·reth /nǽzərəθ/ 名 固 ナザレ(★キリストが少年時代を過ごしたパレスチナ北部の町).
【派生語】**Nazarene** /nǽzəri:n/ 名 Ⓒ ナザレ人,《the ~》キリスト教徒 《ユダヤ教徒やイスラム教徒が軽蔑的に用いる》.

Na·zi /nɑ́:tsi/ 名 Ⓒ 形 ナチ党員(の),《the ~s》ナチ党.
[語源] ドイツ語 *Nationalsozialist* (=National Socialist) の *Nati*- の発音からできた省略形.
【派生語】**Názism, Náziism** 名 Ⓤ.

N.B., n.b. /énbí:/《略》ラテン語 *nota bene* (=note well) の略, 注意せよ(★注記の初めに記す).

NBC /énbi:sí:/ 名 固 エヌビーシー(National Broadcasting Company) (★アメリカの大手放送会社).

NE, N.E., n.e. 《略》= northeast; northeastern.

Ne·an·der·thal man /niǽndərθɔ́:l mǽn|-tɑ́:l/ 名 Ⓤ《人》ネアンデルタール人(★ドイツのライン地方の Neanderthal で発見された旧石器時代の原始人).

Neapolitan ⇒Naples.
neap tide /ní:p táid/ 名 Ⓒ 〔一般語〕小潮(★月が上弦・下弦のときに起こる最低潮; 単に neap ともいう).
[語源] 古英語 nēp (小潮の) に tide が付いて初期近代英語から.
[反意語] spring tide.

near /níər|níə/ 副 前 動 本来他 〔一般語〕 一般義 時間的・空間的に…の近くへ[に]. 【その他】関係や程度がほとんど, ほぼ. 形 としては, 近いことから, よく似ている, そっくりの, 近親の, またきわどい, あるいは馬に乗る時, より近い方の側の左側から乗ることから, 馬や車の**左側**の, お金をいつも身近に離さず持っていることから,《古語》金銭に細かい, けちな. 副 として…の近くに[で], …に近い, …しそうで. 動 として《形式ばった語》近づく, 接近する. 自 の用法もある.
[語源]「近くへ[に]」の意で今日では古語か詩語となっている nigh の古英語 nēah の比較級 nēar から. なお, 今日の next は古英語 nēah の最上級であった.
[用例] Christmas is getting *near*. クリスマスが近づいてきた/He is a *near* relation. 彼は近縁の者です/The *near* front wheel is loose. 左前輪がガたついている/

She lives *near* the church. 彼女は教会の近くに住んでいる/It was *near* midnight when they arrived. 彼らが着いたときはもう真夜中近くだった.

[類義語] near; close:「近い」「近くに」の意では **near** が一般的な語. **close** は時間的にも空間的にもほとんど接するほど近づいていることをいう. ただし「似ている」の意では close のほうが普通.

[反意語] far.

【慣用句】(*as*) *near as ... can ...*〔くだけた表現〕…が…できる限り. *come near* (*to*) ...*ing*〔くだけた表現〕もう少しで…するところだ. *near at hand* 距離的または時間的にすぐ近くに. *near by* 近くに. *near on* [*upon*] ... 時間がおよそ, …ごろで. *nowhere near*〔くだけた表現〕決して…でない.

【派生語】**néarness** 名 Ⓤ 近いこと, 接近, 近似.

【複合語】**néarby** 形 副 すぐ近くの[で, へ]. **Near East** 名 固 (the ~) 近東 (★バルカン諸国, サウジアラビア, シリア, レバノン, イスラエルなどの総称); ⇒Far East; Middle East]. **Near Eastern** 形 近東の. **near miss** 名 Ⓒ〔空〕異常接近, ニアミス, 至近弾, いま一歩でうまくいったこと, 惜しい失敗. **néarside** 名 Ⓒ〔英〕車, 道路などで左側の(⇔offside). **néarsighted** 形 〔米〕近視の(〔英〕shortsighted), 見通しのきかない(closely). **near thing** 名 Ⓒ〔くだけた表現〕もうちょっとで危ないところ, 危機一髪.

near·ly /níərli/ 副 [一般語] [一般義] ある状態, 数, 量に非常に接近していることを表し, ほとんど. [その他] 危うく, かろうじて,〔やや古語〕密接に(closely).

[語源] 形容詞 near に副詞語尾-ly がつき, near の副詞用法にとって代わった. したがって, もともとは「近くに」「密接に」の意であった.

[用例] It's *nearly* one o'clock. もうかれこれ1時だ/He has *nearly* finished. 彼は(仕事を)ほぼ終えたところだ/He was *nearly* hit by a car. 彼は危うく車にはねられるところだった.

[類義語] about; almost.

【慣用句】*not nearly*〔くだけた表現〕少しも[まだまだ]…でない, …ところではない (far from)《語法》「ほとんど…というわけではない」とか「あまり…ではない」のような部分否定的の意味にはならない. なお類義語の almost については, not almost という言い方はないが, almost not (〔米〕〔くだけた表現〕で「ほとんど…ない」の意で用いられることがある). *pretty nearly* まず, ほとんど (almost).

neat /níːt/ 形 [一般語] [一般義] 場所や物が整理整頓され, きちんとした. [その他] 人の身なりなどがいかにもきちんとしている, 言葉とか形態, スタイルが適切な, 仕事や計画などが巧みな, 手ぎわのよい. また〔くだけた表現〕〔英〕酒が水などで割ってない, ストレートの(〔米〕straight),〔俗語〕〔米〕実にすてきな, すばらしい.

[語源] ラテン語 *nitere* (=to shine) から派生した 形 *nitidus* (=shiny; neat) が古フランス語 *net* を経て初期近代英語に入った. なお「正味の」の意の net は同語源である.

[用例] She had a *neat* appearance. 彼女はきちんとした服装をしていた/He has made a *neat* job of the repair. 彼は手ぎわよく修理してくれた/I drink my whisky *neat*. 私はウイスキーをストレートで飲みます.

[類義語] neat; tidy; trim: **neat** は余計なものがなく, さっぱりとして清潔な, または整然としていること. **tidy** はこまめに手入れして整理・整頓・清潔さが行き届いていること. **trim** は neat や tidy の意味を合わせ持っているが, それに見た目にスマートですっきりしている意味が加わって, また neat and trim (きれいに整った) のようにしばしば neat と並置される.

[反意語] untidy; slovenly.

【派生語】**néatly** 副. **néatness** 名 Ⓤ.

Ne·bras·ka /nəbrǽskə/ 名 固 ネブラスカ(★米国中部の州; 略 Neb, Nebr.【郵】NE).

[語源] アメリカ先住民の言葉で shallow water の意.

neb·u·la /nébjulə/ 名 Ⓒ (複 ~s, -lae/liː/)〔天〕星雲.

[語源]「霧, かすみ, もや」を意味するラテン語が初期近代英語に入った.

【派生語】**nébular** 形 星雲状の. **nébulous** 形 比喩的に漠然とした, 不透明な.

nec·es·sa·ry /nésəsèri/nésəsəri/ 形 名 Ⓒ [一般語] 何かをするのに必要な(人を主語とする文では用いられない). [その他] (限定用法) 避けることのできない, 必然的な. 名 として必要なもの[こと], (複数形で) 生活必需品.

[語源] ラテン語 *necesse* (=needful) から派生した *necessarius* (なくてはならぬ) が古フランス語 *necessaire* を経て中英語に入った.

[用例] Is it *necessary* to give one's name? だれもが名を名乗らねばならないのですか/I shall do all that is *necessary*. 必要なことはすべてやる覚悟でいます/a *necessary* result [conclusion]. 必然的な結果[結論].

[類義語] necessary; essential; indispensable; requisite: **necessary** は「必要な」の意では最も普通の語. 絶対欠かせないというわけではないが, 差しあたり必要という意味. **essential** はあるものの存在が本質的にどうしても必要なことという意味. **indispensable** はやや形式ばった語で, 不可欠な, 絶対に必要という意味. **requisite** は形式ばった語で, 資格など条件としてどうしても必要なという意味.

[反意語] unnecessary.

【派生語】**nècessárily** 副 必ず, 必然的に (語法) not necessarily は「必ずしも…でない」のように部分否定の意になる). **necéssity** ⇒ 見出し.

ne·ces·si·tate /nisésətèit/ 動 [本来義] 〔形式ばった語〕物事が…を必要とする, …することを要する, ある結果を伴う, もたらす.

[語源] ラテン語 *necesse* (⇒necessary) から派生した中世ラテン語 *necessitare* (=to make necessary) の過去分詞が初期近代英語に入った.

[用例] Re-building the castle would *necessitate* spending a lot of money. 城を建て直すには莫大な費用が必要である.

【派生語】**nècessitátion** 名 Ⓤ.

ne·ces·si·tous /nisésətəs/ 形 〔形式ばった語〕困窮している, 貧困な.

[語源] ⇒necessity.

ne·ces·si·ty /nisésəti/ 名 ⓊⒸ [一般語] [一般義] (しばしば the ~) 必要, 必要性. [その他] (複数形で) 必需品, (通例 a ~) 必然性. また(形式ばった語) 困窮, 貧困.

[語源] ラテン語 *necesse* (⇒necessary) から派生した *necessitas* が古フランス語 *nécessité* を経て中英語に入った.

[用例] For this job, a knowledge of Italian is a *necessity*. この仕事にはイタリア語の知識が必要である/

the *necessities* of life 生活必需品.

neck /nék/ 名 CU 動 本来他 〔一般他〕〔一般義〕人や動物の首. その他 首に関係のもの[こと], または首状のもの, 羊などの首の肉, 衣服の襟, ネック, びん, つぼなどの頸状部, バイオリンなど弦楽器の棹(さお), ネック, 海や陸地で狭くなった場所, すなわち海峡, 地峡,〖競馬〗馬の首の長さ, ほんのわずかな差. 動 として〔くだけた語〕お互いに首などを抱いて愛撫, キスする, ネッキングする.

語源 「うなじ」の意の古英語 hnecca から. 原義は「狭い, 圧縮された部分」.

用例 She wore a scarf around her *neck*. 彼女は首にスカーフをしていた/The horse broke its *neck* when it fell. 馬は転倒したとき首の骨を折ってしまった/The *neck* of that shirt is dirty. あのワイシャツの襟が汚れている/the *neck* of the bottle びんの首.

類接語 neck; nape; scruff: **neck** は頭部と肩の間の部分を指し, **nape** は人間の首筋, うなじのことをいう. また **scruff** は人間や動物の首筋, 襟首を意味する. nape も scruff も通例 the nape [scruff] of the neck のようにいう.

日英比較 英語の neck は肩と頭部の間の部分のみを指すが, 日本語の「首」は「首を振る」(shake one's head) のように頭部全体 (head) も指す. また, 日本語でいう「障害」の意味の「ネック」は英語では bottle-neck という.

【慣用句】**be up to one's neck in** ...〔くだけた表現〕...に没頭している, 借金などで首が回らない. **bow the neck to** ......に屈服する. **break one's neck**〔くだけた表現〕大いに努力する. **break the neck of** ... 仕事などのいちばん大変な部分をやり遂げる, 山を越す. **breathe down ...'s neck** 競走などで人の背後に迫ってぴたりとつく, つきっきりで厳しく見張る. **by a neck**〖競馬〗馬の首の長さの差で,〔くだけた表現〕わずかな差で. **get it in the neck**〔くだけた表現〕ひどい目にあう, 厳しく叱られる[罰せられる]. **neck and crop** なにもかも, そっくり完全に. **neck and neck**〔くだけた表現〕競走などで競り合って, 負けず劣らずで[の]. **neck of the woods**〔くだけた表現〕《米》地域, 付近. **neck or nothing**〔くだけた表現〕首[命]にかけて, 命をかけて. **risk one's neck**〔くだけた表現〕首[命]をかける, 危険を冒す. **save one's neck**〔くだけた表現〕命拾いする, 責任などを逃れる. **stick one's neck out**〔くだけた表現〕危険な目にあう, 物議をかもすような発言[振舞い]をする.

【派生語】**-nécked** 連結 ...の首のついた: long-*necked* 首長の. **nécking** 名 U〔くだけた語〕抱き合ってキス[愛撫]すること, ネッキング. **néckless** 形 首のない.

【複合語】**néckbànd** 名 C シャツのカラーをとり付ける部分, 台襟, 首につける飾りひも, ネックバンド. **nécklàce** 名 C ネックレス, 首飾り. **nécklìne** 名 C 婦人服などの襟の線, ネックライン. **nécktìe** 名 C《米》ネクタイ(《英》tie). **néckwèar** 名 U 首回り服飾品(★ネクタイ, カラー, マフラーなどの総称).

neck·er·chief /nékərtʃif/ 名 C 〔一般語〕ネッカチーフ, 首[襟]巻き.

語源 nekke (=neck)+kerchef (=kerchief 頭をおおうもの) から成る中英語 nekkechef から.

necklace ⇒neck.

nec·ro·man·cy /nékroumænsi/ 名 U〔文語〕交霊術, 一般に魔術.

語源 ギリシャ語 nekromanteia (*nekros* dead body +*manteia* divination) がラテン語, 古フランス語を経て中英語に入った.

【派生語】**nécromàncer** 名 C 交霊術師, 魔術師, 占い師.

nec·tar /néktər/ 名 U〔一般語〕〔一般義〕おいしい飲み物や美酒, 花みつ. その他 ギリシャ神話で不老長寿をもたらすという神々の飲み物.

語源 ギリシャ語 nektar (= death-overcoming; *nekros* dead body + *-tar* who overcomes) が初期近代英語に入った.

【派生語】**néctarous** 形 ネクターのような, 甘美な.

née, nee /néi/ 形〔一般語〕旧姓は (《★既婚女性の旧姓につける》).

語源 ラテン語 *nasci* (= to be born) がフランス語 *naitre* となり, その過去分詞 né の女性形が18世紀に入った. 「生まれながらの姓」という意味.

用例 Mrs. Jane Brown, *née* Black. ジェーン・ブラウン夫人, 旧姓ブラック.

need /ní:d/ 動 本来他 助 名 UC〔一般語〕必要とする, ...する必要がある. 語法 否定文や疑問文では, 文語で助動詞としても使われることがある: You *need* not do so. そうする必要がない/You *need* not have done so. そうしなくてもよかったのに. ただし, You needn't ... のような短縮形は, くだけた表現でも普通に使われる. 名 としては,〔U 形式は a ~ で〕必要,〔形式ばった語〕(通例複数形で) 必要なもの. また必要なものが足りない困った状況, 窮乏, 急に必要が生じた事態, いざというとき, 難局.

語源「困窮, 必要」の意の古英語 nēd から.

用例 "Do you *need* help?" "No, I don't *need* any, thanks." 「手伝いましょうか」「いえ, けっこうです」/This page *needs* to be checked [*needs* checking] again. このページはもう一度読みなおしてみる必要がある/What is the *need* for all this hurry? どうしてこんなに急がねばならないのか/There's no *need* to be so unpleasant. そんなに不愉快な顔をしなくてもいいのに/Food is one of our basic *needs*. 食物は私たちにとって基本的な必需品のひとつである/A friend in *need* is a friend indeed. 《ことわざ》困った時の友こそ真の友.

類義語 need; necessity; necessaries; must:「必要」の意では **need** と **necessity** はしばしば同じように用いられるが, need のほうが「不足している, 欠けている」という意が強い. これに対し necessity の方はさしせまった要求, 必要という意味が強い. 一方,「必要なもの」の意味では need は多少形式ばった言い方になる. そのほか **necessaries** や necessity もこの意に用いられるが, 後者のほうは「生きていくのにどうしても必要なもの」を表し, 前者よりも必要の度合いが強い. 一方, くだけた語では **must** が「必要なもの」の意でよく用いられる: This exhibition is a *must* for me. この展覧会は私にとって絶対見のがせないものだ.

【慣用句】**at need** まさかのときに. **be [stand] in need of** ... ...を必要とする. **have need of** ...〔形式ばった表現〕...を要する. **have need to do** ...すべきだ. **if need be [were]**〔文語〕必要ならば. **in case [time] of need** まさかのときには.

【派生語】**néediness** 名 U 貧困. **néedless** 形 不必要な. **néedlessly** 副, especially in the phrase **must needs** という成句で) 皮肉をこめて, 愚かにもきっと...になる, どうしても...だと言い張る. **néedy** 形 たいへん貧しい.

nee·dle /ní:dl/ 名 C 動 本来他〔一般語〕〔一般義〕編み

物，縫い物などに使う針．[その他] 注射針，レコード針，また針のようにとがったものとして，磁石，羅針盤などの指針，方尖塔，尖った岩，撃針，松，もみなどの針状葉．動としては，針で縫う[編む，突く，刺す]．[くだけた語] つついて...させる．いらいらさせる．からかう．また刺激を強めるということから，(米) ビールなどのアルコール分を強化する．
[語源] 印欧祖語 *(s)nē「糸をつむぐ」に遡ることができる古英語 nædl から．nerve と同語源．
[用例] I can't get the thread to go through the eye of the *needle*. 私は針の目に糸を通すことができない/She was continually *needling* me about how slow I was. 彼女は私がとてものろまだとしきりにチクリチクリとからかった．
[日英比較] 英語の needle は「縫い針」の意を中心に，注射針，レコード針，磁石の針など意味が限られているが，日本語の「針」は意味範囲が広く，needle をはじめ pin (留め針，飾り針) や hook (釣り針) から hand (時計の針)，さらには sting (蜂など昆虫の針) など多くの意味がある．
【慣用句】(*as*) *sharp as a needle* 非常に頭のきれる，鋭い知能の．*look for a needle in a haystack* 干し草の山の中から針1本を探したということから，むだ骨を折る．*needle one's way* 縫うように道を進む．
【複合語】 **néedlewòman** 名 © 針仕事の女性，お針子．**néedlewòrk** 名 Ⓤ 針仕事，刺繍(しゅう)．

needless ⇒need.
needn't /níːdnt/ need not の短縮形．
needs ⇒need.
needy ⇒need.
ne'er /néər/ 副 [文語] 今まで一度も...(したことがない)，決して...ない(never)，《★never の詩語》．
ne·far·i·ous /nifέəriəs/ 形 [形式ばった語] 極悪な，不法[正]な．
[語源] ラテン語 *nefas* (=not lawful) から派生した 形 *nefarius* が初期近代英語に入った．
ne·gate /nigéit/ 動 [本来他] [やや形式ばった語] 否定する，無効にする．
[語源] ラテン語 *negare* (=to deny) の過去分詞 *negatus* が初期近代英語に入った．
[類義語] nullify; deny.
[反意語] affirm.
【派生語】 **negátion** 名 ⒸⓊ.

neg·a·tive /négətiv/ 形 Ⓒ 動 [本来他] [一般語]
[一般語] 肯定に対する否定の．[その他] 積極的に対し消極的な，控え目な．また [数] 負，マイナス，[医] 陰性の，[写] 陽画に対する陰画の，[電] 陰(電気)の，すべてマイナスの意味合いを持つ．名 として否定，反対，拒否，否定(句)，否定的答[見解]，反対者側，消極性，[数] 負数，[電] 陰極板，[写] 陰画，ネガ．動 として [くだけた語] 否定[拒否]，反証する，否決[反対投票]する．
[語源] ラテン語 *negare* (⇒negate) から派生した 形 *negativus* が中英語に入った．
[用例] "Un-" is a *negative* prefix. Un- は否定の接頭辞である/Was the response purely *negative*? 回答は全くだめということでしたか/He has a *negative* attitude to everything. 彼の態度はあらゆることに対して消極的である/I gave away the prints, but I still have the *negative*. 私はその写真のプリントはあげてしまったがネガはまだ手もとに置いてある．
[反意語] affirmative; positive.
【派生語】 **négatively** 副．**négativism** 名 Ⓤ．**nègatívity** 名 Ⓤ．
【複合語】 **négative póle** 名 Ⓒ [電] 陰極(⇔positive pole)．**négative séntence** 名 Ⓒ [文法] 否定文(⇔affirmative sentence)．

ne·glect /niglékt/ 動 Ⓤ [一般語] [一般語]
当然の義務や仕事を故意に，または不注意でおろそかにする，無視する，軽視する．[その他] (不定詞または動名詞を伴って) 不注意[怠慢]から...しない，うっかり...するのを忘れる．名 として軽視，無視，怠慢，不注意．
[語源] ラテン語 *neglegere* (=not to heed; *neg-* not + *legere* to choose) の過去分詞 *neglectus* が初期近代英語に入った．
[用例] He *neglected* his wife [his work]. 彼は妻のことをかえりみなかった[仕事を怠った]/He *neglected* to answer [answering] the letter. 彼はうっかりして手紙の返事を書かなかった/The garden is suffering from *neglect*. 庭はほったらかしなので，ひどい有様だ．
[類義語] ❶ neglect; disregard; ignore: **neglect** は当然注意を払うべきものを意図的または無意識に無視する，注意を怠ることをいう．**disregard** は意図をもって無視するいは軽視すること．**ignore** は明らかな理由もないのに認めたくないので無視する，すなわち見て見ぬふり，知っていて知らぬふりをすることをいう．意図的な意味合いが強い．
❷ neglect; negligence: 共に「怠慢」の意だが，**neglect** が一回限りの義務を怠ることをいうのに対して，**negligence** は習慣的に怠慢なことをいう意味する．
【派生語】 **negléctful** 形 怠慢な，無頓着な．**negléctfully** 副．

neg·li·gee /négliːdʒèi/ 名 Ⓒ [一般語] 女性の部屋着．
[日英比較] 英語の negligee は，寝衣(《米》nightgown；《英》nightdress)の上などに着る薄手の柔らかい部屋着を指す．日本語「ネグリジェ」は女性用の寝巻や化粧着をいう．
[語源] フランス語 *négliger* (=to neglect) の過去分詞の女性形 *négligée* が18世紀に入った．原義は「身なりをかまわない状態」で，転じて「くつろいだ部屋着」の意となった．

negligence ⇒negligent.
neg·li·gent /néglidʒənt/ 形 [一般語] [一般語] 怠慢な，不注意の．[その他] 責任ある立場の人が当然の義務や仕事を怠っている，あるいは十分に注意していないという意味から転じて，《良い意味で》人の動作や振舞いがリラックスした，こだわらない，無頓着な．
[語源] ラテン語 *neglegere* (⇒neglect) の現在分詞 *negligens* が中英語に入った．
【派生語】 **négligence** 名 Ⓤ．**nègligibílity** 名．**négligible** 形 無視してもよい，とるに足らない．**négligibly** 副．

negotiable ⇒negotiate.
ne·go·ti·ate /nigóuʃièit/ 動 [本来自] [一般語] 同意が得られる人と協議する，交渉する《with》．他 人と協議・交渉をして取り決める，[商] 証券，手形，小切手などを売却[譲渡]する，金に換える．転じて [くだけた語] 障害や苦難を乗り切る，切り抜ける，カーブや道を通り抜ける．
[語源] ラテン語 *negotium* (=business; *neg-* not + *otium* leisure) から派生した 動 *negotiari* (売買する) の過去分詞 *negotiatus* が初期近代英語に入った．「暇

Negress

[用例] The two countries *negotiated* (with each other) for several weeks. その2つの国は数週間(互いに)交渉を続けた/They *negotiated* a peace treaty. 彼らは平和条約を協定した/He *negotiated* a loan from the bank. 彼は交渉の結果, 銀行からの融資を契約した.

[類義語] negotiate; bargain; talk: **negotiate** が条件などを出して商業, 外交上の正式な交渉や話し合いをすることをいうのに対して, **bargain** は主として価格の値引き, 割引きが目的で話し合うことを意味する. また **talk** はくだけた語で, 正式でない話し合いや掛け合いの意を含む一般的な語である.

【派生語】**negótiable** 形　交渉[協定]の余地のある, 《商》手形など譲渡できる, 換金しうる, 〔くだけた語〕障害など切り抜けられる, 通行できる. **negòtiátion** 名 [U][C]. **negótiàtor** 名 [C] 交渉者.

Negress ⇒Negro.

Ne·gro /níːgrou/ 名 [C] (複 ~es) [一般語] 黒人, ニグロ《[語法] 形容詞的にも用いられる; 普通は軽蔑の意味をもつので, 今日では black がよく用いられる》.

[語源]「黒い」の意のラテン語 *niger* がスペイン語およびポルトガル語を経て初期近代英語に入った.

[類義語] Negro; black; nigger; colored man [people]: **Negro** は以前は「黒人」の意の一般的であったが, 今日では軽蔑の意味を伴い, **black** を用いる方が好まれる. **black** は以前は軽蔑的に用いられていたが, 現在では black power のように白人に対する平等の権利を主張する黒人たちの間で誇りをもって使われている. **nigger** はきわめて軽蔑的な名. **colored people** は以前は婉曲的に黒人のことをいったが, 現在では black ということの方が多い.

[対照語] white (man [woman]), Caucasian.

【派生語】**Négress** 名 [C] 黒人の女 ([語法] 軽蔑の意味を伴い, 今日では black woman のほうが普通). **Négroid, négroid** 形 黒色人種の[に似た]. 名 [C] 黒色人種.

neigh /néi/ 動 [本来自] [C] [一般語] 馬がいななく. 名 として, 馬のヒヒーンといういななき.

[語源] 古英語 *hnǣgan*, 中英語 *neighe(n)* を経て現在に至っている. 擬音語起源と思われる.

neigh·bor, 《英》**-bour** /néibər/ [一般語] 名 動 [本来語] [一般語] 名 [隣近所]の人, 「隣の住む人」から, 特に隣国の人, 隣の席の人, 転じて隣国, 隣の家などのように隣にあるもの, さらには呼びかけにも用いて同胞, 〖キ教〗援助や親切を求めている隣人の意を表す. 動 として〔形式ばった語〕場所や物が近くにある, 隣接する.

[語源] 古英語 *nēahgebūr* より. *nēah*(近くの)+*gebūr*(住民)から成り立ち「近くに住む者」が原義.

[用例] My cousin and I are *neighbours*. いとこと私は近所に住んでいる/This is my next-door *neighbour*. こちらは私のすぐ隣の家のかたです/Love thy *neighbor*. 汝の隣人を愛せよ.

【派生語】**néighborhòod,** 《英》**-bour-** 名 [C] 近所, 近いこと, 近所の人, 何か特徴のある地区, 地域: a noisy *neighborhood* 騒音のひどい地区. **néighboring,** 《英》**-bour-** 形 近所の. **néighborliness,** 《英》**-bour-** 名 [U] 隣人のよしみ, 付き合いのよさ. **néighborly,** 《英》**-bour-** 形 隣人としての, 親切な.

nei·ther /níːðər|nái-/ 代 形 副 接 [一般語] 通例2つのこと[もの], あるいは2人について, どちらの(...)も...ない[しない]という意味を表す. 副 として《否定文[節]を受けて》...もまた...ない[しない]. 接 として《nor と相関的に》...(で)も...(で)もない.

[語法] 3つ, 3人以上を否定するときは none を用いる: The three students took the test, but *none* of them passed it. 三人の学生がその試験を受けたが三人とも合格しなかった.

[語源]「どちらも...でない」の意の古英語 *nāhwæther* の短縮形 *nāwther* から.

[用例] *Neither* window faces the sea. どちらの窓も海に面していない/*Neither* of them could understand Italian. 彼らはどちらもイタリア語がわからなかった/He could not dance, *neither* could he sing. 彼はダンスもできなかったし, 歌も歌えなかった/*Neither* John nor David could come. ジョンもデイビッドもどちらも来られなかった.

[関連語] **either** は基本的には「どちらか一方(の, が)」の意味であるが, not ... either は「どちらも...ない」の意で, neither と同意になる. ただし, この用法では neither のほうがやや文語的である. また neither ... nor ... が「...も...も...ない」という意味であるのに対し, both ... and ... は「...も...も...である」と両方を肯定する意になる. ただし, both ... and ... be not で否定すると部分否定となり「両方とも...というわけではない」の意: I don't know *both* of them. 私は彼らの両方とも知っているわけではありません.

【慣用句】**neither here nor there** どこにもない(nowhere), 全然関係ない, つまらぬ. **neither more nor less than** ...... にほかならない, 同一の.

ne·o·clas·si·cal /nìːouklǽsikəl/ 形 [一般語] 文学, 音楽, 美術, 建築などにおける新古典主義の.

[語源] neo-「新」+classical. 19世紀から.

【派生語】**nèoclássicism** 名 [U]. **nèoclássicist** 名 [C].

ne·o·co·lo·ni·al·ism /nìːoukəlóuniəlìzm/ 名 [U] [一般語] かつての植民地を独立国と認めながらも経済的に支配しようとする新植民地主義.

[語源] neo-「新」+colonialism. 20世紀後半から.

ne·o·lith·ic /nìːoulíθik/ 形 〖考古学〗新石器時代の. [語源] neo-「新」+-lithic「...石器時代の」. 19世紀の造語.

[関連語] paleolithic; eolithic.

ne·ol·o·gism /niː(ː)álədʒìzəm|-ɔ́l-/ 名 [U] 〔やや形式ばった語〕 [一般語] 新造語, 新語義[表現]. [その他] 新語を造ること, 新造語の使用.

[語源] neo-「新」+log(o)-「言葉」+-ism. 19世紀から.

【派生語】**neólogist** 名 [C]. **neólogìze** 動 [本来自].

ne·on /níːɑn|-ɔn/ 名 [U] 〖化〗ネオン《★元素記号 Ne》, またネオンランプ(neon lamp), ネオンサイン(neon sign).

[語源] ギリシャ語 *neos* (=new) の中性形 *neon* から. 19世紀に入った.

【複合語】**néon lámp** 名 [C]. **néon sìgn** 名 [C].

ne·o·phyte /níːəfàit/ 名 [C] 〔形式ばった語〕 [一般語] 初心者, 新参者. [その他] 新たに改宗した人, 〖カト〗新任司祭.

[語源] ギリシャ語 *neóphutos* (=newly planted) のラテン語を経て中英語に入った.

Ne·pal /nipɔ́ːl/ 名 固 ネパール 《★中国とインドとの国

neph·ew /néfju, -v-/ 名 C 〔一般語〕甥(おい).
[語源]「孫、甥」の意のラテン語 *nepos* が古フランス語 *neveu* を経て中英語に入った.
[用例] My sister's two sons are my *nephews*, and I am their uncle. 私の姉の2人の息子は私のおいにあたり、私は彼らの伯父にあたる.
[対照語] niece (めい).

ne·phri·tis /nefráitis/ 名 U 【医】腎炎.
[語源]ギリシャ語 *nephros* (腎臓)+-*itis*（…炎）から初期近代英語に入った.

ne·phrol·o·gy /nəfrálədʒi/-fról-/ 名 UC 【医】腎臓病学.
nephro-「腎臓」+ -logy「学問」.

ne·phrop·a·thy /nəfrápəθi/-fráp-/ 名 UC 【医】腎障害.
[語源] nephro-「腎臓」+ -pathy「病気」.

ne plus ul·tra /ní: plʌs ʌ́ltrə/ 名 U [形式ばった語] (the ～)極致, 頂点.
[語源]ラテン語で no more beyond の意味. Gibraltar 海峡東端のヘラクレスの柱 (Pillars of Hercules) に刻まれていたとされる. 初期近代英語から.

nep·o·tism /népətizəm/ 名 U [形式ばった語][軽蔑的]官職任用などで縁者や身内を身びいきすること, 縁者[親族]重用(主義).
[語源]ラテン語 *nepos* (⇒nephew) に由来するフランス語 *népotisme* が初期近代英語に入った.

Nep·tune /néptju:n/ 名 固 【ロ神】ネプチューン（★海の神）, 【天】海王星.

nerve /nə́:rv/ 名 CU 動 [本来自] 〔一般語〕 [一般義] 神経. [その他]神経の様々な働き方や状態を表し,《複数形で》神経の緊張あるいは過敏な働き, 時に広く, 興奮状態, 内にこもる状態, 臆病, 憂うつ, 不安, このような状態の起きる原因, 気に障るところ[話題]. 一方, 神経のずぶとさを表すものとして[良い意味で]勇気, 大胆さ, 精神力, [悪い意味で]ずうずうしさ, 厚かましさ. また, 【植】葉脈, 【昆虫】翅脈(しみゃく), この語の本来の意味でもあるが, 詩文でまれに, 筋, 腱(けん). 動 として [形式ばった語]勇気づける, 励ます.
[語源]印欧祖語 *(s)nē*「糸をつむぐ」に遡るラテン語 *nervus*「腱」が初期近代英語に入った. needle と同語源.
[用例] He has damaged a *nerve* in his back. 彼は背中の神経を痛めた/She suffers from *nerves*. 彼女は神経過敏だ/He must have needed a lot of *nerve* to do that. 彼はそれをするに大いに勇気を必要としたにちがいない/What a *nerve*! なんとずうずうしい.
【慣用句】 ***be all nerves*** きわめて神経過敏である. ***get on …'s nerves*** 人の神経にさわる, いらだたせる. ***have a nerve*** ずうずうしい. ***have a nerve to do*** [くだけた表現]ずうずうしく…する;…する度胸がある. ***lose one's nerve*** [くだけた表現]おじけづく, 度を失う. ***nerve oneself for … [to do]*** 勇気をだして…する: He *nerved* himself to climb the high tower. 彼は勇気を出してその高い塔に登った. ***strain every nerve*** [くだけた表現]全力を尽す.
【派生語】 **nérveless** 形 [くだけた語]無気力な, [くだけた語]落着いた, 【植】葉脈のない, 【解】神経のない. **nérvous** 形 神経(性)の, 神経質な, いらいらする, 心配でたまらぬ. **nérvously** 副. **nérvousness** 名 U. **nérvy** 形 [俗語][米]ずうずうしい, [英]神経質な, 大胆な.
【複合語】 **nérve cèll** 名 C 神経細胞. **nérve cènter** 名 C 神経中枢, 組織の首脳部. **nérve-ràcking [-wràcking]** 形 ひどく神経にさわる, いらいらさせる. **nérvous bréakdown** 名 C 神経衰弱. **nérvous sỳstem** 名 UC 神経系(統).

-ness /-nis, -nəs/ [接尾] 形容詞や分詞などに付けて「性質」や「状態」を表す抽象名詞を作る. 例: kind*ness*(親切); loveli*ness*(美しさ); meaningless*ness*(無意味); wicked*ness*(不正, 不道徳).
[語源]古英語 -nes(s), -nis, -nys から.

nest /nést/ 名 C 動 [本来自] 〔一般語〕 [一般義] 鳥, 虫, 小さなものの巣. [その他]集合的に卵やひなたや巣の中のもの, 同じ巣の中に棲(す)む鳥, 虫, 動物などの群れ, 比喩的に巣のように居ごこちのよい場所, 寝ぐら,《悪い意味で》悪人どもの巣窟(そうくつ), 犯罪の温床, 転じてそこに巣くう悪人たち一味. また互いに重なりあったり入れ子式になっている容器や家具のひと組, 一組. 動 として巣を作る, 巣ごもる, 卵をとるために鳥の巣を探す, 容器や家具などを入れ子式に収める.
[語源]古英語 nest から. これは「座る, (木に)とまる」の意の印欧祖語 *nizdo- に由来するといわれる.
[用例] The swallows are building a *nest* under the roof of our house. わが家の屋根の下につばめが巣を作っている/We found the *nest* of a harvest-mouse in the field. 畑でかやねずみの巣が見つかった/a *nest* of tables 入れ子式のテーブル1組/A pair of robins are *nesting* in that bush. あの茂みの中にこまどりのつがいが巣を作っている[巣ごもりしている].
[日英比較]日本語の「巣」は鳥, けもの, 虫, 魚などの住みかから, はちやくもの巣に至るまで広い範囲に用いられるが, 英語の nest は主に鳥, 虫, 小さなものの巣をいい, はちの巣は(honey)comb, くもの巣は(cob)web のそれぞれ別の語を用いる. ただし, すずめばち (wasp) の巣は nest が普通である. 一方「愛の巣」とか「悪の巣窟」のような比喩的な意味にも nest にもある. なお, 英語では「けものの住みか」の意味は nest のほかに, やや形式ばった語だが den と lair があり, den には「悪人の巣窟」の意もある.
【慣用句】 ***feather one's nest*** 鳥が自分の巣に羽をくわえてきて蓄えるということから, 私腹を肥やす. ***foul one's own nest*** 自分の家[党]の悪口を言う: It is an ill bird that *fouls* its own *nest*. (ことわざ)自分の巣を汚す鳥は悪い鳥だ(立つ鳥あとを濁さず).
【複合語】 **nést ègg** 名 C 巣卵, 抱き卵, [くだけた語]卵を多くうませるために巣の中にこのにせの卵を入れておいたことから, それ如く備えるための蓄え.

nes·tle /nésl/ 動 [本来自] 〔一般語〕 [一般義] 気持ちよく体を横たえる, 座る. [その他]本来は鳥などが巣で休む, 寄り添う意で, 子供などをやさしく抱き寄せる, 体をこすりつける意も表し, 比喩的に場所や物が周囲のもので隠されるようにしてある, 守られているの意にもなる.
[語源]古英語 nestlian (= to build a nest) から.
[用例] *nestle* down in bed ベッドに心地よく横たわる/The children *nestled* together. 子供たちは互いに体をすり寄せた.
【派生語】 **néstling** 名 C かえりたてのひな.

net¹ /nét/ 名 CU 動 [本来他] 〔一般語〕 [一般義] 魚や

物を捕らえるための**網**. その他 枠に張られた網の意から, サッカーなどのゴール, テニスなどのネットの意となり, **網織物, 網レース, 網細工**などの**網状のもの**, 転じて蜘蛛のように張りめぐらされた**通信[放送]網, ネットワーク**(network) などの意味がある. また網を仕掛けるということから, 比喩的に**人をおとし入れるわな, 落し穴**の意にもなる. 動 としては, 鳥, 魚, 虫など小動物を網で捕える, 鳥に食われないように果物の樹などを**網で覆う**, ひもや糸などを**網状に編む, 網を作る**, あるいはテニスなどでボールをネットに**当てる**.

語源 古英語 net(t) から. 印欧祖語 *ned-「結ばれた[編まれた]もの」が原義.

用例 The fishermen are mending their *nets*. 漁師たちが漁網を修繕している/a butterfly *net* 捕虫網/He was easily caught in the *net* of his political rival. 彼は政敵の仕掛けたわなにまんまとはまってしまった.

類義語 net; mesh: **net** は「網」の意で最も一般的な語. **mesh** は「網の目」のことをいうが, 複数形で「網細工(模様)」あるいは「網」を意味し, 比喩的に「わな」の意に使われることがある.

関連語 casting net (投網); dragnet (引き網).

【派生語】**nétting** 名 U 網(製品), 網細工, 網頭.

【複合語】**nétbàll** 名 U 《主に英》ネットボール(バスケットに似た女子の球技). **nétwork** 名 C 網細工, 交通網, 鉄道網, 放送[通信]網, ネットワーク(net).

net² /nét/ 形 動 本来他 [一般論] 一般義 物の重さや金額について, 風袋や掛け値を除いた**正味の, 正価の**. その他 結果や効果が**最終的**な, **実質的**な.

語源 古フランス語 *net*(⇒neat) が中英語に入った.

反意語 gross.

【複合語】**nét wéight** 名 U **正味の重量**(語法 nt. wt. と略す). **nét íncome** 名 C **純利益**.

neth·er /néðər/ 形 《文語》**下の, 地下の**.

語源 古英語 nithera (=lower)から.

【派生語】**néthermòst** 形 《限定用法》**最も下の**.

Netherlander ⇒Netherlands.

Neth·er·lands /néðərləndz/ 名 固 《the ~》オランダ. 時には the Low Countries, すなわち北海沿岸にあるベルギー, オランダ, ルクセンブルクなど低地諸国も指す.

語法 主に単数扱いだが, 時には複数扱いにもなる. なお the Netherlands はオランダの公称で, 正式には the Kingdom of the Netherlands という. 一方 Holland は俗称である. 略記は Neth.

語源 オランダ語 *Nederland* から. 「低い土地」が原義. なお日本語の「オランダ」はポルトガル語 *Olanda* から.

【派生語】**Nétherlander** 名 C オランダ人《語法 特に《米》では Hollander も用いるが, 一般的には個々のオランダ人は Dutchman (女性 Dutchwoman), 総称で the Dutch を用いる傾向がある》.

nethermost ⇒nether.

net·tle /nétl/ 名 C 動 本来他《植》いらくさ. 動 としては, いらくさはとげがあって触れると痛いことから, **人をじらす, いらいらさせる**.

語源 古英語 netel から.

【複合語】**néttle ràsh** 名 UC《医》じんましん.

neu·ral /njúərəl/ 形 《解》**神経**(nerve)**の**.

語源 neur(o)-「神経」 + -al (形容詞語尾). 19 世紀から.

neu·ral·gia /njuərǽldʒə/ 名 U 《医》**顔面神経痛**.

語源 neur(o)-「神経」 + -algia 「…痛」.

【派生語】**neurálgic** 形.

neu·ri·tis /njuəráitis/ 名 U 《医》**神経炎**.

語源 neur(o)-「神経」 + -itis 「…炎」.

neuro- /njúərou/ 連結「**神経**」の意.

語源 ギリシャ語 *neuron*「(腱, 神経)から.

neurologist ⇒neurology.

neu·rol·o·gy /njuərálədʒi, -ɔ́-/ 名 U《医》**神経(病)学**.

語源 neuro-「神経」 + -logy 「学問」.

【派生語】**neurólogist** 名 C **神経科医[学者]**.

neu·ro·sis /njuəróusis/ 名 UC《複 **-ses**/si:z/》《医》**神経症, ノイローゼ**.

語源 neur(o)-「神経」 + -osis 「…症」. 18 世紀から. 同様に neuro- は「神経」の意味で複合語の一部として多用される. ⇒neurology.

【派生語】**neurótic** 形 名 C **神経症(患者)の**.

neu·ter /njúːtər/ 形 名 動 本来他《文法》**中性の**(⇒gender), 《生》動物が**生殖器官が未発達の, 去勢された**, 植物が**中性の**. 名 《文法》《the ~》**中性, 働き蜂のような無生殖雌虫, 去勢動物, 性別が定かでない人, 両性具有者**. 動 として, **家畜を去勢する**.

語源 ne (=not) + *uter* (=either) から成るラテン語 *neuter* (=neither) が中英語に入った. 「2 つのもののいずれでもない」が原義.

【複合語】**néuter génder** 名 UC《文法》**中性**.

neu·tral /njúːtrəl/ 形 名 CU《よい意味で》考え方や立場が**中立な**. その他 考え方や扱い方が**公平な, えこひいきのない**, また特徴などが**はっきりしない, あいまいな**, 色彩が**中間色の, 灰色の**, 《化・電》**中性の**, 《動・植》**無性の**(neuter), 《機》**ギアの位置がニュートラル**の. 名 として**中立国(の国民), 中立的な人, ギアのニュートラル**.

語源 「どちらでもない, 中性の」の意の古フランス語 *neutral* またはラテン語 *neutralis* から中英語末期に入った. ⇒neuter.

用例 Sweden was *neutral* in the Second World War. スウェーデンは第二次世界大戦では中立国だった/Grey is a *neutral* colour. 灰色は中間色である/I put the car into *neutral*. 私は車のギアをニュートラルにした.

【派生語】**néutralism** 名 U **中立主義**. **neutrálity** 名 U **中立(状態, 政策)**. **nèutralizátion** 名 U. **néutralize** 動 本来他 **中立化する, 無効にする**, 《化》**中和する**. **néutralizer** 名 C **中立化[無効]にするもの**, 《化》**中和剤**.

neu·tron /njúːtran, -ɔ́-/ 名 C 《理》**中性子, ニュートロン**.

語源 neutr(o)-「中性」 + -on「素粒子」. 20 世紀の造語. ⇒neuter.

【複合語】**néutron bòmb** 名 C **中性子爆弾**.

nev·er /névər/ 副 [一般論] **過去・現在・未来のいかなる時でも一度も…しなかったことがない**, あるいは否定の意味を強調して**決して…でない**. また [くだけた語] **まさか…することはあるまい**のように驚きや疑いの意を表すこともある.

語法 短期間や 1 回だけの行為を表すときは, never でなく not を用いるのが普通. また, never の代わりに not … ever を用いることがあり, このほうがより強い否定である.

語源 ne- (=not) + æfre (=ever) から成る古英語

næfre から.

[用例] I shall *never* go there again. 二度と再びそこに行くことはあるまい/I have *never* seen a house as beautiful as this. こんなに美しい家は見たことがない/Never have I been so angry. こんなに腹が立ったことはない《[語法] never で始まる形は形式ばった言い方》/His treatise will *never* do. 彼の論文ときたら全然なっちゃいない.

[関連語] by no means (どうあっても...しない); not (...) at all [in the least; a bit] (少しも...ない); on no account (どんな理由があっても...でない).

【慣用句】 *never*(,) *ever* 〔くだけた表現〕決して...ない《★never よりさらに強意》. *never fail to* 必ず...する. *never so* 〔譲歩節で〕いかに...しようとも(ever so). *never the* 《比較級を伴って》...だからといってそれだけ...というわけではない.

【複合語】 néver-énding [形] 果てしない. névermóre [副] 〔詩語〕もう二度と[決して]...ない. néver-néver lànd [名] C 空想[理想]の国《★J. M. Barrie 作の *Peter Pan* より》. nèvertheléss [副] それにもかかわらず.

new /njúː/ [形] [副]《一般語》《限定用法》これまでになかった, 新発見の, 新規の, 新しい. [その他] 品物などが新品の, 出来たての, 新鮮な, 方法などが新式の, 現代風の, 新しい仕事についたばかり, すなわちなりたての, 新任の, 未経験の;《述語用法》慣れていない, 初めての. 古いものが一新した, 改まったなど広い意味に用いられる. [副] として新しく, 最近《[語法] 主に過去分詞とともに複合語を作る》.

[語源] 印欧祖語 *newo- に遡ることができる古英語 nīwe, nēowe から.

[用例] We are building a *new* house. 私たちは家を新築している/The police have got some *new* information. 警察は新たな情報をつかんでいる/The schoolchildren teased the *new* boy. 生徒たちは今度来た少年をからかった/He's *new* to this kind of work. 彼はこのような仕事に慣れていない.

[類義語] new; fresh; novel; brand-new; latest; hot: **new** はこれまで存在しなかったという意味合いで「新しい」およびそれに類する意味を広く有する最も一般的な語. これに対して **fresh** は野菜や果物, 食べ物などが収穫されたばかりの, 出来たての, また新鮮味が失われていないことをいう. **novel** はいままでのものとは異なる珍奇なという意味である. そのほか, 品物などが「真新しい」の意で **brand-new** が, またニュースなどが「最新の」の意で **latest**, あるいはくだけた語で **hot** などが用いられる.

【慣用句】 *new from* ...から出て来たばかりの(fresh from).

【派生語】 néwish [形] やや新しい. néwly [副] 最近, 新たに; newlywed 〔くだけた語〕新婚者, 《複数形で》新婚夫婦. néwness [名] U.

【複合語】 néwbórn [形] 生まれたばかりの, 生まれ変わった. néwcòmer [名] C 新来者, 新人. Nèw Éngland [名] C ニューイングランド《★米国北東部の 6 つの州の総称》. Nèw Énglander [名] C ニューイングランド地方の人. néwfángled [形] 〔軽蔑的〕新しがり屋の, 最新流行の. néw-fáshioned [形] 新式の, 最新流行の. Néw Léft [名] 《米》《the ~》新左翼. néw lóok [名] U 《しばしば the ~》最新流行の(服, 型, 様式など). néw-módel [形] 新型の. [動] [本来地] 作り直す. néw móon [名] C 新月, 三日月. Néw Téstament [名]

(the ~) 新約聖書(⇔Old Testament)《★N.T. と略す》. **Néw Wórld** [名]《the ~》新世界(⇔Old World)《★南北アメリカ大陸》. **néw yéar** [名] C 新年,《N- Y-》=New Year's Day. **Néw Yèar's Dáy** [名] U 元日. **Néw Yèar's Éve** [名] U おおみそか.

New Del·hi /njúː déli/ [名] 固 ニューデリー《★インド北部の国の首都》.

new·el /njúːəl/ [名] C 〔建〕らせん階段の軸柱, 階段の親柱, 階段の手すりを支える上[下]端の柱.

[語源] ラテン語 *nodus* (=knot) の指小語 *nodulus* がフランス語を経て中英語に入った.

newish ⇒new.

newly ⇒new.

newness ⇒new.

news /njúːz/ [名] U 《一般語》[一般義]《the ~》新しく得られた伝える価値のある新聞・ラジオ・テレビの報道, ニュース《[語法] 個々のニュースを指すときは a piece [bit] of news のようにいう》. [その他] 個人的な消息, 便り, 目新しい[興味のある]出来事, 変わったこと, また具体的に新聞種になりうる人物[事件].

[語源]「新しい」の意の中英語の形容詞 neue の複数形 neues から. 15 世紀ごろから用いられている. なおこの形は古フランス語 *novele* の複数形 *noveles*, または「新しいもの」の意の中世ラテン語 *novum* の複数形 *nova* をなぞってできたものだといわれている. ⇒new.

[用例] You can hear the *news* on the radio at 9 o'clock. そのニュースは 9 時にラジオで聞けます/Is there any *news* about your friend? お友達についてなにか消息をご存じですか/What's the *news* today? 今日はなにか変わったことがありませんか.

[類義語] news; tidings: **news** が広くニュース, 消息などを意味する一般的な語であるのに対して, **tidings** は「消息, 便り」の意の古語またはきわめて形式ばった語である.

【慣用句】 *break the news to* ...〔くだけた表現〕人に主に悪いニュースを知らせる.

【派生語】 néwsy [形] 〔くだけた語〕話題に富む, ニュースの多い.

【複合語】 néws àgency [名] 通信社. néwsàgent [名] C《英》=news dealer. néws ànalyst [名] C ラジオ・テレビのニュース解説者. néwsbòy [名] C 新聞配達人. néwscàst [名] C ラジオ・テレビのニュース放送. néwscàster [名] C ニュース解説者. néws cònference [名] C 記者会見. néws dèaler [名] C《米》新聞[雑誌]販売人[店]《英》newsagent). néwsflàsh [名] C ニュース速報. néws lèak [名] C 情報の漏れ. néwslètter [名] C 官公庁, 会社, 協会などの中の情報誌, 公報, 社報. néwsmàn [名] C 新聞配達人, 新聞[報道]記者. néws mèdia [名] U 報道機関の総称, マスコミ. néwspàper [名] C 新聞, 新聞紙[社]. néwspàpermàn [名] C 新聞記者, 新聞発行人. néwsprìnt [名] U 新聞用紙. néwsrèader [名] C《英》=newscaster. néwsrèel [名] C ニュース映画. néwsròom [名] C 新聞社などのニュース編集室, 新聞雑誌閲覧室. néwsshèet [名] C 一枚新聞. néwsstànd [名] C 駅などの新聞雑誌売り場. néwsvèndor [名] C 街角などの新聞売り. néwswòrthy [形] 報道する価値のある.

New·ton /njúːtn/ [名] 固 ニュートン Sir Isaac Newton(1642-1727)《★英国の数学者・物理学者で万有引力の法則の発見者》.

New York /njùː jɔ́ːrk/ 名 固 米国北東部のニューヨーク州(★N.Y. または NY と略す), また同州のニューヨーク市(New York City).

語源 英国王ジェームス二世 (James Ⅱ) となった Duke of York の名にちなむ. 18 世紀から. これ以前はオランダの植民地で New Amsterdam とよばれた.

用例 The capital of *New York* is not New York City but Albany. ニューヨーク州の首都はニューヨーク市ではなくアルバニーである.

【派生語】**Nèw Yórker** 名 C ニューヨーク市民.

語法 都市名など地名に接辞-erをつけてそこに住む人を指す: Londoner. ただし次のように-(i)an, -ite などのような接辞をつける場合もある: Parisian, Californian, Tokyoite.

【複合語】**Néw Yòrk Cíty** 名 固 ニューヨーク市.

New Zea·land /njùː ziːlənd/ 名 固 ニュージーランド(★英連邦加盟国; N.Z. と略す).

語源 オランダ語 Nieuw Zeeland から. この Zeeland は旧オランダ領名で, 原義は「海の国」.

用例 *New Zealand* is composed of two islands: North Island and South Island. ニュージーランドは2つの島, ノースアイランドおよびサウスアイランドから成る.

【派生語】**Nèw Zéalander** 名 C ニュージーランド人.

next /nékst/ 形 副 名 U 前 〔一般語〕時間的に, あるいは順序, 価値などが次の, すぐあとの, 位置, 関係などが最も近い, すぐ隣の. 副 として次に, 続いて. 名 として(the ~ または所有格のあとで)すぐ次の[隣りの]人[もの]. 前 として〔古語〕…の次に[隣に](next to).

語源 「近くの」の意の古英語 nēah (=nigh) の最上級 nēhst から. ⇒near.

用例 Who is *next* on the list? 名簿には次に誰の名が載ってますか/John arrived first and Jane came *next*. まずジョンが, 続いてジェーンが到着した/The first five people arrived on time but the *next* were all late. 最初の 5 人までは時間通りに着いたが, 次の者からみな遅れてきた/She sat *next* to me. 彼女は私の隣に座った.

類義語 next; coming; following **next** は時間的に last (すぐ前の)に対する語で, 「すぐ後の」の意味で広く使われる. **coming** は「(将来)来たるべき」の意で past (過去のもの)の対照語. 一方 **following** も「次の」の意味になるが, やや形式ばった語である.

対照語 last.

【慣用句】*as ... as the next man* 〔くだけた表現〕だれにも負けぬほど. *in the next place* 第二に, 次に. *next door (to) ... …*の隣りに[の], …と言っていいほど, ほとんど…で. *next to* …のすぐそばに[の]; ほとんど.

【複合語】**néxt-dóor** 形 隣家の, 隣の.

nex·us /néksəs/ 名 C 〔形式ばった語〕結びつき, 連鎖, 関係, 【文法】ネクサス(★主語と述語の関係が成りたつ表現).

語源 ラテン語 *nectere* (=to bind) の過去分詞 *nexus* から. 初期近代英語に入った.

Ni·ag·a·ra /naiǽgərə/ 名 固 ナイアガラ川(★アメリカとカナダの国境を流れる川).

語源 アメリカ先住民の言葉で川が湖に注ぎ込む地点を表し, 「二つに分かれた地点」の意.

【複合語】**Niágara Fálls** 名 固 (the ~; 単数扱い)ナイアガラ瀑布[滝].

nib /níb/ 名 C 〔一般語〕ペン先や尖った物の先端, 《複数形で》粗挽きコーヒー[ココア]豆.

語源 「鳥のくちばし」の意のオランダ語から初期近代英語に入った.

nib·ble /níbl/ 動 本来自 名 C 〔一般語〕 一般義 ねずみや魚などのように物を少しずつかじる. その他 貯金などをちびちび使う, ちょっと間食をする, 比喩的にしだいに腐食する, 計画や提案に気のあるそぶりをする. 名 として〔ややくだけた語〕物のひとかじり, ひとかみ(の量).

語源 オランダ語から中英語に入ったと思われる.

【派生語】**níbbler** 名 C.

nibs /níbz/ 名 〔俗語〕(his [her] ~ で)親分, 親分気取りの人, ボス.

語源 不詳. 19 世紀から.

Nic·a·ra·gua /nìkərɑ́ːɡwə/ 名 固 ニカラグア(★中米の共和国).

nice /náis/ 形 〔一般語〕 一般義 一般的にすてきな. その他 《よい意味で》感覚的に心地よい, なかなかすばらしい, 《くだけた語》性格または行為が思いやりのある, 親切な, あるいは教養があり高尚な, 時には《軽蔑的》お上品な. 形式ばった語 正確さ, 注意力, 理解力を要する, 微妙な意になる. 一方えり好みをする, 気難かしい, あるいは《くだけた語》反語的に厄介な, ひどいように悪い意味にも用いられる.

語源 ラテン語 *nescius* (無知な)が古フランス語で *nice* (愚かな)となり, 中英語に入った. 英語に入ってからは次のような意味変化を経て今日に至ったものと考えられる: 愚かな (13c) → 不当な, 浮わついた (14c) → 気むずかしい (15c) → 態度のあいまいな (16c) → 気難かしい (16c) → 細かい, 微妙な (16c) → ぜいたくな (16c) → おいしい (18c). 正確な, 厳密な (16c) → 厳しい (16c). 細かく配慮した → 上品な, 親切な, 感じのいい, すてきな (18c).

用例 It's really *nice* weather. すばらしいお天気です/*Nice* to meet you. はじめまして/a *nice* sense of timing 正確なタイミング/We're in a *nice* mess now. 我々はいま困ってしまっているのです/What a *nice* smell! なんていやな匂いなんだろう (★前後関係による. 日本語でも「いい匂い」が反対の意味になることもあるのと同じ現象).

【慣用句】*nice and ...* 〔くだけた表現〕とてもうまい具合に, 申し分なく.

【派生語】**nícely** 副 立派に, 親切に, きちょうめんに, 精密に, 〔くだけた語〕うまく, ちゃんと. **níceness** 名 U. **nicety** 名 UC 微妙さ, 正確さ, 気難かしさ, 《複数形で》微妙な区別, (通例複数形で)上品な[おいしい]もの, 楽しいこと[もの].

niche /nítʃ/ 名 C 〔一般語〕 一般義 像や花びんなどを置く壁のくぼみ, ニッチ, 壁龕(へきがん). その他 (one's ~) 人や物を置くのにふさわしい場, 適所.

nick /ník/ 名 C 動 本来他 〔一般語〕目印などのための刻み目, 切り込み, 動 として刻み目をつける, 切り傷をつける, 人をだます, 不当な料金を取る, 盗む.

語源 不詳. 15 世紀から.

nick·el /níkl/ 名 C UC 動 本来他 【化】ニッケル(★元素記号 Ni), (米)銅とニッケルによる合金で造られた 5 セント硬貨. 動 として…にニッケルメッキする.

語源 1754 年スウェーデンの鉱物学者 Axel F. von Cronstedt の名付けた語. 「ニッケル鉱」の意味のドイツ

語 *Kupfernickel* (=coppernickel) の短縮語で, 文字通りには「銅の悪魔」の意. 第二要素の-nickel は「いたずらな悪魔」という意で, 18世紀に銅鉱らしいところから銅は採れず, 銅に似た金属は採れなかった失望からこのように名付けられた. なお一説では *Kupfernickel* から借入されたスウェーデン語 *kopparnickel* の短縮形ともいわれる.

[用例] *Nickel* is sometimes added to steel to make it resistant to rust. さびなくするために鋼鉄にニッケルを加えることがある.

【複合語】**níckel sílver** 名 U 洋銀 (★亜鉛・銅・ニッケルの合金; German silver ともいう).

nick·nack /níknæk/ 名 =knickknack.

nick·name /níknèim/ 名 C 本来語 〔一般義〕[一般義]愛情, 称賛, まれには軽蔑の意をこめてつけられるあだ名, ニックネーム. [その他]人の愛称, 土地その他のものにつけた俗称, 異名. 動 として〔受身で〕...とあだ名で呼ぶ[をつける].

[語源] 中英語で「付加された名」の意の an ekename が, 異分析のため a nekename となり, さらに *a nickname* となったもの. eke は also, additional などの意.

[用例] Wellington's *nickname* was the Iron Duke. ウェリントン公のニックネームは「鉄公爵」であった.

[日英比較] 日本語の「あだ名」には愛称ばかりでなく, 軽蔑や悪い意味を伴うことがよくあるが, 英語の nickname は親しみをこめた場合が多い.

[類義語] alias; pseudonym; byname: **alias** は「別名」「またの名」の意で, 特に犯罪者などについていうことがある. また副詞としても用いられる: Steward, *alias* Johnson スチュワードこと(本名)ジョンソン. **pseudonym** はペンネーム (pen name) の意で, 主に作家などの偽名の意. また **byname** は比較的まれな語で, 主に家名とか姓をいう時には「あだ名」の意にもなる.

nic·o·tine /níkəti:n/ 名 U〔化〕ニコチン(★タバコに含まれる有毒アルカロイド).

[語源] ポルトガル大使 Jean Nicot が新大陸アメリカからもたらされたタバコの種子を初めてフランスに植えたことによる. Nicot's plant に相当する近代フランス語 *nicotiana herba* がフランス語 *nicotiane* となり19世紀に入った.

niece /ní:s/ 名 C 〔一般義〕[一般義]姪(めい) (★自分の配偶者の兄弟や姉妹の娘の場合は niece-in-law が普通である). [その他]婉曲に聖職者の私生児.

[語源] 「孫娘」の意のラテン語 *neptis* から派生した俗ラテン語 *neptia が古フランス語 *nice* を経て中英語に入った.

[用例] Elizabeth is my *niece* and Jean is my *niece*-in-law. エリザベスは私の姪, ジーンは私の義理の姪にあたります.

[対照語] nephew.

niff /níf/ 名 U〔くだけた語〕〔英〕悪臭, 臭気.

[語源] sniff からか. 20世紀から.

nif·ty /nífti/ 形〔くだけた語〕〔米〕気のきいた, しゃれた, かっこういい.

[語源] 不詳. 19世紀のアメリカ英語から.

nig·gard /nígərd/ 名 C 形〔古語〕(軽蔑的)けちん坊の(★〔米〕では nigger (黒人) を連想するので避けられることが多い).

[語源] 不詳. 北欧起源という説がある. 中英語から.

【派生語】**níggardly** 形 副.

nig·gle /nígl/ 動 本来語 〔一般義〕[一般義]つまらないことにあくせくする, くだらないことにこだわる. [その他] 絶えずくよくよして悩む. 他 ささいなことで他人をとがめる.

[語源] 北欧起源かと思われるが不詳. 初期近代英語から.

【派生語】**níggling** 形.

nigh /nái/ 形 副〔古語〕[一般義]近くの[に], 近道の. [その他] ほとんど(almost).

[語源] 古英語 *nē(a)h* (=near) から.

night /náit/ 名 UC 〔一般義〕[一般義]日没から日の出までの夜 (語法) *night* flying (夜間飛行) のように形容詞的に使われることもある). [その他]〔形式ばった語〕夜の闇, 夜陰の意. さらに〔文語〕暗闇が象徴する無知, 悲しみ, 憂うつ, 失意の経験[時], また死, 道徳的な悪など比喩的な意味にもなる.

[語源] 古英語 *niht* (=night) から. 古英語などゲルマン系の言語では「日」を数えるのに「夜」を用いた. これは fort*night* (2週間) や〔古語〕sen*night* (1週間) などの語からも推察できる.

[用例] We sleep at *night*. 私たちは夜眠る/The days were warm and the *nights* were cool. 日中は暖かく夜は涼しかった.

[類義語] night; evening; nighttime: **night** が日没または寝ている時間から明け方, 日の出の時刻までをいい, 「暗い」とか「夜も遅い」というイメージを伴うのに対して, **evening** は夕暮れから寝る時刻までを指すが, night に比べて「まだ早い」という意味合いになる. このように evening と night の区別は主観的なものといえる. **nighttime** は daytime に対する「夜間」の意.

[対照語] day.

【慣用句】**all night** (**long**) 終夜: They talked *all night* (*long*). 彼らは夜通し語り合った. (**as**) **black** [**dark**] **as night** 真っ黒[暗]な. **at** [**in**] **the dead of** (**the**) **night** 真夜中に. **by night** 夜に乗じて: He travelled *by night* and rested during the day. 彼は夜は旅をして, 昼間は休んだ. ***Good night***. おやすみなさい, さようなら, 別れるとき). **have a good** [**bad**] **night** よく眠る[眠れない]. **have a night out** 一晩外で遊び明かす. **make a night of it**〔くだけた表現〕一晩浮かれ騒ぐ[飲み明かす]. **night after night**〔くだけた表現〕毎晩のように, 連夜. **night and day**=**day and night** 昼夜, 休みなく. **over night** 夜通し. **o'** [**of**] **nights**=**of a night** 夜は(いつも). **turn night into day** 昼すべきことを夜する, 徹夜で働く.

【派生語】**níghtly** 形 副 夜の, 毎夜(の). **níghts** 副〔米〕夜に, 毎夜.

【複合語】**níghtbìrd** 名 C ふくろうやナイチンゲールのような夜鳥,〔くだけた語〕夜うろつく人, 仕事や勉強が夜型の人. **níght blíndness** 名 U 鳥目, 夜盲症. **níghtcàp** 名 C 寝るときにかぶるナイトキャップ,〔くだけた語〕寝酒,〔米〕〔野〕ダブルヘッダーの第2試合, 一日の最終レース[ゲーム]. **níghtclòthes** 名〔複〕寝巻き. **níghtclùb** 名 C ナイトクラブ. **níghtdrèss** 名 C = nightclothes; nightgown. **níghtfàll** 名 U〔文語〕夕暮れ, たそがれ. **níght gáme** 名 C 夜間試合, ナイター (日英比較)「ナイター」は和製英語. ただし米国では nighter もたまに用いられる. 昼間の試合は day game). **níghtgòwn** 名 C〔米〕丈の長い女性, 子供用寝巻き, ネグリジェ(⇒negligee). **níght látch** 名 C ナイトラッチ (★外側からは鍵で, 内側からは取っ手であけられるドアの錠). **níghtlètter** 名 C〔米〕翌日配達される低料金の夜間電報. **níghtlife** 名 C 歓

楽街などでの**夜遊び**. **níghtlòng** 形副 **夜通し(の)**. **níghtmàre** 名 C 眠っている人を襲い窒息させるという魔女から, **夢魔, 悪夢, 恐怖の体験**. **níghtmàrish** 形 **悪夢のような**. **níght òwl** 名 C 〔鳥〕よたかの類, 宵っ張りの人, 夜型の人. **níght pòrter** 名 C ホテルの夜勤のボーイ〔フロント係〕. **níght sàfe** 名 C 銀行の**夜間金庫**〔受け入れ口〕. **níght schòol** 名 UC **夜学校**, 定時制学校(⇔day school). **níghtshàde** 名 UC 〔植〕**いぬほうずき** (★**有毒**). **níght shíft** 名 C **昼夜交代制の夜勤**, (集合的)夜間勤務者. **níght-shìrt** 名 C **男子, 子供用のゆったりした寝巻き**. **níght sòil** 名 U **婉曲に下肥** (★夜間に汲み取ることから). **níghtstànd** 名 = night table. **níght táble** 名 C **ナイトテーブル**(★ベッドのそばに置く). **níght-tìme** 名 U **夜間** (反意語は daytime). **níght wátch** 名 U **夜警**(時間); = night watchman. **níght wátchman** 名 C **夜警員** (★night watch または単に watchman ともいう).

níght·in·gale /náitingèil/ 名 C 〔鳥〕**ナイチンゲール**, **さよなきどり** (★雄は春の夕方から夜ふけまで美しい声で鳴く), 比喩的に**美声の持ち主**.
語源 niht (=night)+gale (=singer) から成る古英語 nihtegale から.

níghtly ⇒night.
níghts ⇒night.
ni·hil·ism /náiəlizəm, níhi-|náihi-/ 名 U 〔哲〕**虚無主義, ニヒリズム**.
語源 ラテン語 nihil (=nothing)+-ism. 19 世紀から.
【派生語】**níhilist** 名 C. **nìhilístic** 形.

nil /níl/ 名 U 〔一般語〕**無, ゼロ**, 〔英〕〔スポ〕競技の得点で**零点**.
語源 ラテン語 nihil (=nothing) の短縮形.

Nile /náil/ 名 固 (the ~) **ナイル川** (★アフリカビクトリア湖からエジプトを通って地中海に注ぐ大河).

nim·ble /nímbl/ 形 〔一般語〕身のこなしが**敏速な, すばしこい**. その他 頭の回転が**速い, 理解が速い**.
語源 古英語 numol (=capable of taking) から. 中英語期に-b- が挿入された.
【派生語】**nímbleness** 名 C. **nímbly** 副.

nim·bus /nímbəs/ 名 CU (複 **-bi**/bai/, **~es**) 〔一般語〕**雨雲, 入道雲**. その他 輝く雲の中から神が現われる連想から, **後光, 光輪**, また一般的に人物の周囲の**輝かしい雰囲気**.
語源 「雨, 雲」の意のラテン語が初期近代英語に入った.

nim·i·ny-pim·i·ny /nímənipímənı/ 形 〔一般語〕**気取った, つんとすました**.
語源 擬音語起源で 19 世紀から.

nine /náin/ 名 UC 代形 〔一般語〕**基数の9**. 代 としては, 9 に関係あるものとして, 他の基数と同様に (複数扱い) **9 人, 9 個, 9 ドル[ポンド, セント, ペンス]**, あるいは **9 時, 9 分, 9 歳**, 靴や衣服などのサイズの**9 番[号]**, トランプの**9 の札**などを表す. また 9 人[個]1組のものを表し, 野球のチーム, **ナイン**, ゴルフで 18 ホールのコースで前半[後半]の**9 ホール**, (the N-) 学芸を司る 9 人の女神**ミューズ** (the Muses) などの意. 形 としては, **9 つの, 9 人[個]の**.
語源 古英語 nigon から.
用例 *Nine* of my classmates were absent. 級友の

9 人が欠席した./At that time he was in the *nine*. その頃彼は野球の選手だった.
【慣用句】*a nine days' wonder* **すぐ忘れられてしまうような驚き[関心事]**. *nine times out of ten* 〔くだけた表現〕**十中八九は, たいてい**. *(up) to the nine* **完全に, すっかり**.
【派生語】**nínth** 形 名 C **第 9 の, 9 番目(の), 9 分の 1 (の)**, (the ~) **第 9 日**, 〔楽〕**9 度**(音程).

nine·teen /náintíːn/ 名 UC 代形 〔一般語〕**基数の 19**. 代 としては, 19 に関係あるものとして, (複数扱い) **19 人, 19 個, 19 ドル[ポンド, セント, ペンス]**, あるいは **19 時, 19 分, 19 歳**, また **19 人[個]**1組のものを表す. 形 としては, **19 の, 19 人[個]の**.
語源 古英語 nigontyne から. 接尾辞-týne は 10 を表し, nine+ten が原義.
【慣用句】*talk nineteen to the dozen* 〔くだけた表現〕**早口にしゃべる** (★nineteen の代わりに twenty や forty も用いる. 12 でいいところを 19 も 20[40] もしゃべるということから).
【派生語】**nìnetéenth** 形 名 C **19 番目(の), 19 分の 1(の)**.

ninetieth ⇒ninety.

nine·ty /náinti/ 名 UC 代形 〔一般語〕**基数の 90**. 代 としては, 90 に関係あるものとして, (複数扱い) **90 人, 90 個, 90 ドル[ポンド, セント, ペンス]**, あるいは **90 歳**, また **90 人[個]**1組のもの, (複数形で the または所有格をつけて) **90 年[歳, 番]代**を表す. 形 としては, **90 の, 90 人[個]の**.
語源 古英語 nigontig から. 接尾辞-tig は 10 の位(の数)を表し, nine×ten が原義.
【派生語】**nínetieth** 形 名 C **90 番目(の), 90 分の 1 (の)**.

ninth ⇒nine.

nip¹ /níp/ 動 本来の意 名 C 〔一般語〕〔一般義〕**指などでぎゅっとつまむ, はさむ**, **犬がかむ, かみ切る, 草などをつみ取る, 計画を妨げる**. 自 つねることから, **寒さや霜が身を切る**. 名 としてひとつねり, **ひとかみ, 身を切るような寒さ, 霜の害**.
語源 古ノルド語 *hnippa* (突く) に関連する中英語 nippen から.
【派生語】**nípper** 名 C. **nípping** 形.

nip² /níp/ 名 C 〔くだけた語〕アルコール飲料などの**一口, 一杯, 少量**.
語源 低地ドイツ語またはオランダ語から中英語に入ったと思われる.

nip·ple /nípl/ 名 C 〔一般語〕人間の**乳首**. その他 動物の雌の**乳頭**, (米) **哺乳びんの乳首** ((英) teat), 〔機〕**グリースニップル**.
語源 nib (=point) の指小語として, 初期近代英語から.

Nip·pon /nipán|nípɔn/ 名 固 **日本** (★Japan が普通. Nihon もあるが一般的ではない).
【派生語】**Nipponése** 名 CU.

ni·sei /niːséi, níːsèi/ 名 C 〔一般語〕**二世** (★一世の子で米国在住の日系米人).
語源 日本語「二世」が 20 世紀中頃に入った.
【関連語】issei; sansei.

nit /nít/ 名 C 〔一般語〕しらみなどの**卵, 幼虫**.
語源 古英語 hnitu から.

ni·ter, 〔英〕**-tre** /náitər/ 名 U 〔一般語〕**硝石**, 〔化〕**硝酸カリウム, 硝酸ナトリウム**.

[語源] 元来セム語起源と思われるギリシャ語 *nitron* (= native soda ソーダ石)がラテン語, フランス語を経て中英語に入った.

nit·pick /nítpik/ 動 [本来自] 〔ややくだけた語〕つまらないことや細かいことのあら探しをする, こだわる, 重箱の隅をつつく.
[語源] nit「しらみの卵」+pick「つつく」. 20世紀から.
【派生語】**nítpicking** 形 名 U.

ni·trate /náitreit, -trit/ 名 UC 動 [本来他] 【化】硝酸塩, 硝酸肥料. 動 として硝酸(塩)で処理する.
[語源] nitr(o)-+-ate「…塩」. 18 世紀から.
【派生語】**nitrátion** 名 U 硝化, ニトロ化.

ni·tric /náitrik/ 形 【化】通例 5 価の窒素の[を含む], 硝石(niter)の.
[語源] nitr(o)-+-ic. 18 世紀から.
【複合語】**nítric ácid** 名 U 硝酸.

ni·tro- /náitrou/ [連結] ニトロ(の)(★化合物中にニトロ基 -NO2 が含まれていることを示す).
[語源] ギリシャ語 *nitron* (=niter) から.

ni·tro·gen /náitrədʒən/ 名 U 【化】窒素(★元素記号 N).
[語源] nitro-+-gen「…素」. 18 世紀から.

ni·tro·glyc·er·in, -ine /nàitrouglísərin/ 名 U 【化】ニトログリセリン(★ダイナマイトの成分, また狭心症の治療薬).
[語源] nitro-+glycerin(e). 19 世紀から.

ni·trous /náitrəs/ 形 【化】通例 3 価の窒素の[を含む], 亜硝酸の.
[語源] ラテン語 *nitrosus* (=full of natron) から初期近代英語に入った. natron は「ソーダ石」の意.
【複合語】**nítrous óxide** 名 U 亜酸化窒素.

nit·ty-grit·ty /nítigríti/ 名 U 〔くだけた語〕《米》(the ~)問題の核心.
[語源] 不詳. 1960 年代のアメリカ英語から.
【慣用句】*get down [come] to the nitty-gritty* 問題の核心へ入る.

nit·wit /nítwit/ 名 C 〔くだけた語〕《米》うすのろ, ばか者.
[語源] ドイツ語 *nicht* (=not)+wit. 20 世紀から.

nix /níks/ 副 感 名 U 動 [本来他] 〔俗語〕《米》いや, だめ, 違う, 全く…しない, やめろ, 気をつける. 名 として無, 拒否. 動 として拒否する(★新聞用語である).
[語源] ドイツ語 *nicht* (=nothing) の属格 *nichts* の口語から 18 世紀に入った.

no /nóu/ 副 形 名 感 〔一般語〕[一般義] 文または語を強く否定するのに用いる語で, 質問や要求に対する否定の答えとしていいえ(⇒ [日英比較]), あるいはまさか, そんなばかないう驚きや不信, 強い疑問の気持ちを表す. [その他] 形容詞・副詞の比較級の前において少しも…ないという意味を表す. また not や nor と共に用いていて, それどころかという一層強い否定の意を表す. 形 としては, 名詞の前において何一つ[誰一人]…ない(語法) not a のほうが強意的), be 動詞の補語となる語の前で決して…でない, …どころではないという強い否定の意味や, 掲示などで No Smoking (禁煙) のような省略文を用いて…してはならないという禁止や反対の意志を表す. 名 としては, いいえと言うこと[返事], 拒絶, 否定あるいは反対投票(者)などの意味に用いる.
[語源] 感嘆詞的の「いいえ」および副詞としての用法は, ne (=not)+ā (=ever) から成る古英語 nā から. nēは ne (=not)+ān (=one) から成る古英語 nān (= none) が nā となり今日の no となった. nā は子音の前で n が落ちたもの.
[用例] "Do you like travelling?" "*No*, (I don't)"「旅行はお好きですか」「いいえ(好きではありません)」/ "He hit me in the face." "*No*."「彼はぼくの顔をなぐったんだ」「まさか」/He is *no* better at golf than swimming. 彼は水泳と同様ゴルフもからきしだめだ/He went *no* further than the door. 彼は戸口のところまでしか行かなかった/*No* other person could have done it. これができた人は, ほかにだれもいなかったろう/It's *no* easy thing to say this to you. あなたの前では申し上げにくいことなのです/*No* news is good news.〔ことわざ〕便りがないのは良い便り/She is *no* poet. 彼女が詩人だなんてとんでもない(決して詩人なんかじゃない)(語法) この no は事実が反対であることを強調し, ときには感情的色彩が加わる. He is not a poet. (彼は詩人ではない) は単に「詩人であることを」否定している表現」/You've *no* right to say no. あなたには拒否する権利はない.

[反意語] yes.

[日英比較] 英語の yes と no は日本語の「はい」「いいえ」と一致しない場合がある. 英語では問いの文が肯定か否定かに関わらず, 答えが否定ならば no を用いる:"Don't you know about the accident?" "*No*, I don't."「その事故のことを知らないのですか」「はい, 知りません」/ "You don't like coffee, do you?" "*No*, I don't."「コーヒーはお好きじゃないんですね」「ええ」. ただし, この原則は平叙文と同じ S+V の語順のままの疑問文には必ずしもあてはまらない:"She doesn't drive a car?" "*Yes [No]*, she does."「彼女は車を運転しないんですか」「いいえ, しますよ」.

【慣用句】*There is no …ing.*〔くだけた表現〕とうてい…することはできない. *The noes have it!* 反対投票多数! *I won't take no for an answer.* いやだとは言わせぬ.

No., no. /nʌ́mbər/《略》(複 **nos.**) 数字の前につけて第…番[号, 番地].
[語源] ラテン語 *numerus* (=number) の奪格 *numero* (=in number) から.
[用例] Answer *nos.* 1-10 of exercise 2. 練習問題 2 の 1 番から 10 番までについて答えなさい/Room *No.* 8 8 号室.

No·ah /nóuə/ 名 固 【聖】ノア(★ヘブライの族長で, アダムから 10 代目の子孫, 創世記によれば, 洪水のとき箱舟を作って家族とすべての動物が生き残ったといわれる), 男性の名, ノア.
【複合語】**Nóah's Árk** 名 固 【聖】ノアの箱舟.

nob[1] /náb/ -ś-/ 名 C 〔くだけた語〕《英》頭.
[語源] おそらく knob (こぶ; 〔俗語〕頭)の変形で初期近代英語から.

nob[2] /náb/ -ś-/ 名 C 〔くだけた語〕《主に英》お偉方, その道の大家, 上流人.
[語源] 18 世紀から.

nob·ble /nábl/ -ś-/ 動 [本来他] 〔俗語〕《英》人を不正な手段で味方に引き入れる, 競走馬などを勝たせないようにするために薬物を与える, その結果出場不能にする.
[語源] 不詳. 19 世紀から.
【派生語】**nóbbler** 名 C.

nobility ⇒**noble**.

no·ble /nóubl/ 形 〔形式ばった語〕[一般義] 人格が高潔な. [その他] 建物などが立派な, 堂々たる, 光景な

どが雄大な, 生まれが**貴族**の, 家柄が**高貴**な, また金属が腐食[酸化]しない. 名 として《複数形で》封建時代の**貴族**.

[語源] ラテン語 (g)nobilis (= well-known; noble) が古フランス語を経て中英語に入った.
[用例] a noble mind 気高い心/a noble deed 立派な行為/The nobles planned to murder the king. 貴族たちは国王暗殺を計画した.

[類義語] ❶ noble; lofty: noble は「生まれのよい」「高貴な」または「崇高な」などの意味の一般的な語であるのに対し, lofty は地位などが「抜きん出て高い」, あるいはやや形式ばった用法で理想, 思想などが高遠なことをいう.

❷ noble; peer; arisrocrat: 名詞で「貴族」の意では, noble (男女別では nobleman, noblewoman)は特に封建時代の貴族をいうことが多い. また英国の貴族に対しては peer (女性形は peeress)がよく用いられ, これは duke, marquis, earl, viscount, baron のいずれかの称号をもつ人をいう. 一方 aristocrat は形式ばった語で, 時には「貴族ぶった人」という軽蔑的意味を持つ.

[反意語] ignoble.

【派生語】 no**bí**lity 名 U 気高さ, 貴族の生まれ[身分],《the 〜》貴族(階級). **nó**bly 副.
【複合語】 **nó**bleman 名 C 貴族. **nó**ble-mínded 形 気高い, 心の大きい. **nó**ble-wòman 名 C 貴族の夫人, 貴婦人.

no·body /nóubàdi, -bədi/ 代 名 C 〔一般語〕《単数形として》誰も…でない, ひとりとして…でない. 名 として《しばしば a 〜》《軽蔑的》つまらぬ[取るに足らぬ]人.
[語法] nobody は通例単数扱いだが, 特に付加疑問文で Nobody knows the fact, don't they? のように複数代名詞 they で受けることがある.
[語源] no + body. 中英語から.
[用例] Nobody likes him. 誰も彼が好きではない/She's just a nobody. 彼女はただのつまらない人間だ.
[類義語] nobody; no one; none: **no one** は **nobody** よりも形式ばった, 文語的な語で単数扱い. また **none** は no one よりもさらに文語的であり, 複数扱いとなることが多い.

nocturnal ⇒nocturne.

noc·turne /nákta:rn | nók-/ 名 C 【楽】ノクターン, 夜想曲, また夜景画.
[語源] ラテン語 nox (= night) の 形 nocturnus (= of night) が 19 世紀に入った. ⇒night.
【派生語】 noc**túr**nal 形 夜の, 夜行性の.

nod /nád | -ɔ́-/ 動〔本来語〕名 C 〔一般語〕 一般義 同意や, ときには命令の意志を伝えるためにうなずく.[その他] 首を軽く縦に振ることから, 会釈する, また眠くてついこっくりする, うとうとする. 転じてまれに油断していて失敗する, あるいは木や草, 羽毛などが風になびく, ゆれる, 家などが傾く. 名 として, 同意やあいさつなどを示すためのうなずき, 居眠り.
[語源] 動は中英語から, 名は初期近代英語から. それ以前は不詳.
[用例] I asked him if he agreed and he nodded (his head). 彼に承知してくれるかどうか尋ねたら, うなずいて承知してくれた/Grandmother sat nodding by the fire. おばあさんは炉ばたに腰をおろし, うとうと居眠りをしていた/He answered with a nod. 彼はうんとなくずいた.

[対照語] shake.
【慣用句】 *be on nodding terms* 会えば会釈する程度の間柄[付き合い]である. *give* [*get*] *the nod*〔くだけた表現〕同意する[を得る]. *nod off* 眠りこむ, ついうとうとする.
【複合語】 **nó**dding acquáintance 名 C 会えば会釈する程度の間柄: I have a *nodding acquaintance* with her. 彼女とはほんの顔見知り程度の間柄です.

nod·dle /nádl | -ɔ́-/ 名 C 〔俗語〕頭, 脳みそ, おつむ.
[語源] noddle の変形か. 中英語から.

node /nóud/ 名 C 【植】茎の枝・葉が生える節(ふ), こぶ,【数】曲線がそれ自身と交わる結節点,【言】樹状図の節点.
[語源] ラテン語 nodus (= knot) が中英語に入った.

nodular ⇒nodule.

nod·ule /nádʒu:l | nódj-/ 名 C 【地】鉱石などの塊,【植】根にできる根粒.
[語源] ラテン語 nodus (⇒node) の指小語 nodulus が中英語に入った.
【派生語】 **nód**ular 形.

No·el /nouél/ 名 C 〔文語〕クリスマス祝歌(Christmas carol), クリスマス(の季節).
[語源] 「(キリストの)誕生日」の意のラテン語 natalis (dies) (= day of birth) が古フランス語 nael, noel を経て中英語に入った.

no-fault /nóufɔ̀:lt/ 形 〔一般語〕《米》《限定用法》自動車損害保険で, 加害者が無過失でも被害者が一定の補償を受けられる無過失損害補償制度[保険]の.
[語源] 1960 年代の造語.

no-frills /nóufrilz/ 形 〔一般語〕《限定用法》余分な飾り[サービス]抜きの, 実質本位の.
[語源] 1950 年代の造語.

nog·gin /nágin | -ɔ́-/ 名 C 〔くだけた語〕 一般義 小ジョッキ(mug). [その他] 酒の少量(★4 分の 1 パイント),〔俗語〕《米》人の頭.
[語源] 不詳. 初期近代英語から.

no-good /nóugúd/ 形 名 〔くだけた語〕《限定用法》何の役にも立たない. 名 としてくず.
[語源] 20 世紀初頭の造語.

noise /nɔ́iz/ 名 U C 動〔本来語〕〔一般語〕 一般義 耳障りな音, 不快な**物音**, **騒音**. [その他] ラジオ・テレビなどの雑音, ノイズ,《複数形で》間接的に聞こえてくる不満, 抗議, ありきたりの**声**. 動 としては, うわさなどを広める, 言いふらす《about; around; abroad》.
[語源] 「船酔い」の意のラテン語 nausea に由来するといわれている. 船酔いした乗客たちの騒ぎを表す意味から, (古)フランス語に入り「騒がしさ」「騒動」「けんか」の意を経て, 中英語に入り「騒音」のほか「快い音」「楽隊」など様々な意味を経たが, 今日では「騒音」またはそれに準じた意味のみが残っている.
[用例] I heard a strange noise outside. 外で妙な物音がした.
[類義語] sound; noise; tone: 聞こえてくる音はすべて **sound** であるが, **noise** は通例うるさい, 不快な感じを与える音を意味する. **tone** は気持ちのよい音.
【慣用句】 *a big noise*〈軽蔑的〉お偉方, 実力者. *hold one's noise*《主に命令形で》静かにする, だまる. *make a noise* やかましい音を立てる,〔くだけた表現〕…について不平・不満をもらす, 文句を言う《about》: Somebody is *making a noise*. 誰かが音を立てている[うるさいことを言っている]. *make noises*《通例修飾

語を伴って》意見を表明する, ...のようなことを言う: make flattering *noises* おべんちゃらを言う.
【派生語】**nóiseless** 形 音を立てない, 静かな. **nóiselessly** 副. **nóisily** 副. **nóisiness** 名 U. **nóisy** 形 やかましい, 騒々しい, がやがやしている.
【複合語】**nóise pollùtion** 名 U 騒音公害. **nóiseprôof** 形 防音の.

noi·some /nɔ́isəm/ 形 《文語》有害な, 悪臭のする, 不快な.
語源 noy (annoy の短縮形) + -some (形容詞語尾). 中英語から.

noisy ⇒noise.

no·mad /nóumæd|-məd/ 名 C 形 〔一般語〕遊牧民(の), 放浪者(の), 流浪者(の).
語源 ギリシャ語 *nomas* (= roaming about for pasture) から初期近代英語に入った.
【派生語】**nomádic** 形.

no-man's-land /nóumænzlǽnd/ 名 U 〔一般語〕一般義 相対する戦闘地帯での中間無人地帯, および管轄のあいまいな地域[分野]. その他 人間の住まない土地という意味から, 所有者のない(荒れた)土地.
語源 中英語から. 元はロンドンの北の市壁の外側にあった処刑場の名前から.

nom de plume /nám də plúːm|nɔ́m/ 名 C (複 **noms ~, ~ plumes**) 〔形式ばった語〕雅号, 筆名, ペンネーム(pen name).
語源 フランス語 *nom* (= name) + *de* (= of) + *plume* (= pen). 19 世紀の英語内造語.

no·men·cla·ture /nóumənkleitʃər|nouménklətʃə/ 名 UC 〔形式ばった語〕専門の学問を組織的に分類する上での**命名法**, 《集合的》**学名, 術語**.
語源 ラテン語 *nomen* (= name) + *calatus* (= calling) から成る *nomenclatura* (名を呼ぶこと) がフランス語を経て初期近代英語に入った.

nom·i·nal /námənəl|nɔ́m-/ 形 名 C 〔一般語〕一般義 名前だけが意味を持つことから, 地位や役職が**名ばかりの, 有名無実の, 名義上の**. その他 名前の, 名前を連ねた. 名 として 《文法》名詞類[的語句].
語源 ラテン語 *nomen* (= name) の 形 *nominalis* (= of names) が中英語に入った.
【派生語】**nóminally** 副. **nóminalism** 名 U 《哲》唯名論. **nóminalìst** 名 C 《哲》唯名論者.
【複合語】**nóminal válue** 名 C 額面[名目]価格. **nóminal wáges** 名 《複》名目賃金.

nom·i·nate /námənèit|nɔ́m-/ 動 本末we 〔一般語〕選挙などで人を候補者に**指名する, 推薦する**, あるいは役職や地位に**任命する**.
語源 ラテン語 *nominare* (= to name) の過去分詞 *nominatus* が初期近代英語に入った. ⇒name; noun.
用例 They *nominated* him as captain. 彼らは彼を隊長に任命した.
類義語 nominate; designate; name; appoint: **nominate** は主として公職のための候補者を正式に指名[選出]するという意味. **designate** はやや形式ばった語で, ある人(たち)を役職, 地位に選出し任命することをいう. **name** は「任命する」の意で口語ではdesignate とほぼ同意だが, designate よりもくだけた言い方で, 任命したり選出したりすること自体よりも公表することに重点をおいている. **appoint** は一般的な選挙によらずに, ある人(たち)を役職などに正式に任命することをいう.

【派生語】**nòmination** 名 UC 指名[任命, 推薦](権). **nóminative** 名 C 形 《文法》主格(の); 指名された. **nòminàtor** 名 C 指名[任命, 推薦, 叙任]者. **nominee** /nàməníː|nɔ̀m-/ 名 C 指名[任命, 推薦]された人.

non- /nán|nɔ́n/ 〔接頭〕名詞, 形容詞, 副詞の前につけて「無...」「非...」「不...」という意味を表す.
語法 dis-, un-, in- [im-; il-] などの接頭辞が強い「否定」「反対」の意味を持つのに対し, non- はさほど強くない「否定」「欠如」の意味を持つ.
語源 ラテン語 *ne* (= not) + *oinom* (= one) から成る *non-* が古フランス語を経て中英語に入った.

non·age /nánidʒ, nóun-|nóun-, nɔ́n-/ 名 U 〔形式ばった語〕法律上の未成年, あるいは**未発達, 未熟期**, 幼年時代.
語源 non- + age. 中英語から.

no·na·ge·nar·i·an /nànədʒinéəriən|nɔ̀n-/ 形 名 C 90 歳[代](の人).
語源 ラテン語 *nōnus* (= ninth) + *ginta* (= -ty) から成る *nonaginta* (= ninety) から派生した 形 *nonagenarius* が 19 世紀に入った.

non·al·co·hol·ic /nànælkəhɔ́ːlik|nɔ̀nælkəhɔ́l-/ 形 〔一般語〕アルコールを含まない.

non·a·ligned /nànəláind|nɔ̀n-/ 形 〔形式ばった語〕非同盟の, 中立の.

non·a·lign·ment /nànəláinmənt|nɔ̀n-/ 名 U 〔形式ばった語〕非同盟[中立](主義).

non·as·ser·tive /nànəsəːrtiv|nɔ̀n-/ 形 《文法》文や節が断定的でない, 単純肯定でない《★否定・疑問・条件文など》.

nonce /náns|-ɔ́-/ 名 C 〔一般語〕《for the ~ として》さしあたり, 目下としてその時限りの.
語源 中英語 for then anes (= for the once) の異分析より. 形 は 19 世紀末から.
【複合語】**nónce wòrd** 名 C 《文法》その場限りでしかない臨時語, 新造語.

nonchalance ⇒nonchalant.

non·cha·lant /nánʃələnt|nɔ́n-/ 形 〔形式ばった語〕むとんちゃくな, 無関心な, 冷淡な.
語源 フランス語 *nonchalant* (non- not + *chaloir* to care for) の現在分詞が 18 世紀に入った.
【派生語】**nónchalance** 名 U. **nónchalantly** 副.

non·com·bat·ant /nànkəmbátənt, -kám-|nɔ̀nkɔ́m-, -kʌ́m-/ 名 C 形 《軍》非戦闘員(の), 一般市民(の).

non·com·mis·sioned /nànkəmíʃənd|nɔ̀n-/ 形 〔一般語〕委任状のない, 任命されていない.
【複合語】**noncommissióned ófficer** 名 C 下士官.

non·com·mit·tal /nànkəmítl|nɔ̀n-/ 形 〔形式ばった語〕言質(げんち)を与えない, 意見を明らかにしない, 当たり障りのない, あいまいな.

non·com·pli·ance /nànkəmpláiəns|nɔ̀n-/ 名 U 〔形式ばった語〕不承諾, 不服従, 不従順.

non com·pos men·tis /nán kàmpəs méntis|nɔ́n kɔ̀m-/ 形 《法》精神異常の, 心神喪失の 《語法 non compos ともいう》.

non·con·duc·tor /nànkəndʌ́ktər|nɔ̀n-/ 名 C 《理》不導体, 絶縁体.

non·con·fi·dence /nànkánfədəns|nɔ̀nkɔ́n-/ 名 U 〔一般語〕不信任.

【用例】a vote of *nonconfidence* 不信任投票.

non·con·form·ist /nànkənfɔ́ːrmist|nɔ̀n-/ 名 C〔一般義〕〔一般義〕《しばしば N-》《英》英国国教会を信奉しない非国教徒.《その他》一般的な思想や体制に従わない人, 非協調的な人.

non·con·for·mi·ty /nànkənfɔ́ːrməti|nɔ̀n-/ 名 U〔一般義〕《しばしば N-》《英》英国国教会を信奉しないこと, また非国教徒全体.《その他》慣習に従わないこと, 不一致, 非協調.

non·con·trib·u·to·ry /nànkəntríbjutɔ̀ːri|nɔ̀nkəntríbjutəri/ 形〔一般義〕受給者が年金や保険を負担しなくてもよい, 雇用者負担の, 一般に寄与[貢献]しない.

non·co·op·er·a·tion /nànkouəpəréiʃən|nɔ̀nkouɔ̀p-/ 名 U〔一般義〕非協力, 政府に対する非協力運動[政策].

non·de·liv·er·y /nàndilívəri|nɔ̀n-/ 名 UC〔一般義〕配達不能, 配達[引き渡し]しないこと.

non·de·script /nàndiskrípt|nɔ́ndiskript/ 形 C〔形式ばった語〕名状し難い(人, 物), 特徴のない[目立たない](人, 物).

none /nʌ́n/ 代 副〔一般義〕どれも[何も, 誰も]…でない. 副としては, 少しも[決して]…でない.
〔語法〕「誰も…でない」の意で今では nobody や no one よりも文語的である. また慣用句中で用いられる時も形式ばっていて文語的である.
〔語源〕ne(=no)+ān(=one)から成る古英語 nān から. 名詞を修飾する形容詞用法は, 聖書の中などで *none other gods* のような例が見られるが, 今日でははとんどない. また副詞用法は 12 世紀ごろから使われたが, 現在では *none the less*, *none too* などいくつかの慣用句に見られるにすぎない.
【用例】"How many tickets have you got?" "*None*."「きっぷは何枚お持ちですか」「1 枚も持っていません」/ *None* of us have [has] seen him. 私たちのうち誰も彼を見かけた者はいない《〔語法〕none のあとにくる名詞・代名詞が単数のときは単数扱い, *none of us* のように複数のときは一般に複数形で受ける傾向がある》/ *None* of your business! おまえの知ったことか, 余計なお世話だ!/ The financial situation is *none* the better for it. 財政状態は, そのために特によくなってはいない[一向によくなっていない].
【慣用句】***none but*** …… でなければ…しない, …のみだ. ***none other than*** …… にほかならない, まさに…である《〔語法〕形式ばった言い方では none other but … ともいう》. ***none so*** そればど…でない, しすぎることはない. ***none the less***=nonetheless. ***none too*** 決して…しすぎない, ちっとも…でない: The bus arrived there *none too* soon. バスの到着はちっとも早すぎなかった(遅めの時間に到着した).
【複合語】nónesùch 名 U 比類なきもの[人物], 絶品 (nonsuch). nònethelèss 副 やはり, それでもなお.

non·en·ti·ty /nànéntəti|nɔ̀n-/ 名 C〔形式ばった語〕実在しないこと[物], 頭の中にだけあること, 取るに足らないもの[人].

non-e·vent /nànivént|nɔ̀n-/ 名 C〔ややくだけた語〕期待はずれのこと[もの], 前宣伝ばかり大きくて現実には起こらなかったこと, 公式には無視されたこと.

nonexistence ⇒nonexistent.

non·ex·ist·ent /nànigzístənt|nɔ̀n-/ 形〔一般義〕存在[実在]しない.

【派生語】**nònexístence** 名 UC.

non·fat /nànfǽt|nɔ̀n-/ 形〔一般義〕牛乳などが脂肪の無い, 脱脂の.

non·fic·tion /nànfíkʃən|nɔ̀n-/ 名 U〔一般義〕ノンフィクション(★散文のうち, 小説, 物語以外の伝記, 歴史, 紀行文など).

non·fi·nite form /nànfáinait fɔ́ːrm|nɔ̀n-/ 名 C《文法》非定形(★不定詞, 分詞, 動名詞).

non·flam·ma·ble /nànflǽməbl|nɔ̀n-/ 形〔一般義〕不燃性の.

non·in·ter·fer·ence /nànintərfíərəns|nɔ̀n-/ 名 U〔一般義〕政治上の不干渉(主義).

non·i·ron /nànáiərn|nɔ̀n-/ 形〔一般義〕《英》洗濯後, 衣類がアイロンのいらない(《米》drip-dry).
日英比較 「ノーアイロン」は和製英語.

non·mem·ber /nànmémbər|nɔ̀n-/ 名 C〔一般義〕会員以外の人, 非会員完全の.

non·mor·al /nànmɔ́ːrəl|nɔ̀nmɔ́r-/ 形〔一般義〕道徳に無関係の, 道徳を超越した.
【派生語】**nònmorálity** 名 UC.

non·nu·cle·ar /nànnjúːkliər|nɔ̀n-/ 形 C〔一般義〕非核の, 核兵器を保有しない. 名 として非核保有国.

non·ob·ser·vance /nànəbzɔ́ːrvəns|nɔ̀n-/ 名 U〔一般義〕規則や法律などの無視, 違反.

no-non·sense /nòunʌ́nsəns|-nɔ́n-/ 形〔一般義〕《米》ばかげていない, 現実的な, 本気の.

non·pa·reil /nànpərél|nɔ́npərəl/ 形 名 C《文語》匹敵するものもない, 天下無比の(人, 物), 極上品.
〔語源〕古フランス語 nonpareil (non-not + pareil equal) が中英語に入った.

non·par·ti·san, **-ti·zan** /nànpáːrtizən|nɔ̀npɑ̀ːtizǽn/ 形 C〔一般義〕党派に属さない(人), 超党派の(人), 党派心のない(人).

non·pay·ment /nànpéimənt|nɔ̀n-/ 名 U〔一般義〕不払い, 未納.

non·per·for·mance /nànpərfɔ́ːrməns|nɔ̀n-/ 名 U〔一般義〕契約などの不履行, 不実行.

non·plus /nànplʌ́s|nɔ̀n-/ 動〔本来義〕C〔一般義〕(通例受身で)途方に暮れさせる. 名として途方に暮れること, 困惑.
〔語源〕ラテン語 *non plus* (=no more), つまりこれ以上もう何もすることもすることもできないという意味. 初期近代英語から.

non·pro·fes·sion·al /nànprəféʃənl|nɔ̀n-/ 形 名 C〔一般義〕職業としていない, 専門職を持たない. 名 としてノンプロ, 素人.

non·prof·it /nànpráfit|nɔ̀npró̀fit/ 形〔一般義〕非営利的な.

non·pro·lif·er·a·tion /nànprəlifəréiʃən|nɔ̀n-/ 名 U〔一般義〕核兵器などの拡散防止.

nonresidence ⇒nonresident.

non·res·i·dent /nànrézidənt|nɔ̀n-/ 形 名 C〔一般義〕通勤先, 通学先, 訪問国などに居住していない. 名 として非居住者, 大学などの学外居住者, ホテルなどの宿泊客以外の外来者, 非滞在者.
【派生語】**nònrésidence** 名 C 非居住者であること.

nonresistance ⇒nonresistant.

non·re·sis·tant /nànrizístənt|nɔ̀n-/ 形 名 C〔一般義〕無抵抗(主義)の. 名 として無抵抗主義者.
【派生語】**nònresístance** 名 U.

non·re·stric·tive /nànristríktive | nɔ̀n-/ 形 〔一般語〕限定しない, 〖文法〗非制限的な.
〖複合語〗**nonrestrictive úse** 名 U 〖文法〗関係詞の非制限用法.

non·sense /nánsens | nɔ́nsəns/ 名 U 感 〔一般語〕無意味な言葉[行為], ((英)では時に a ~)ばかげたこと[考え], ナンセンス. また形容詞的に無意味な, ナンセンスな言葉遣い. 感 としてばかな, いいかげんにしろ.
用例 He's talking *nonsense*. あいつばかなことを言うものだ / I think the whole thing is a lot of *nonsense*. それ全部がまったくくだらぬことだと思う / None of your *nonsense*! ばかもいいかげんにしろ / *nonsense* poetry 戯詩.
類義語 rubbish; nonsense: **rubbish** は元来「くず, がらくた」という意味だが, 転じて比喩的に talk *rubbish* や *Rubbish*! のように「くだらぬこと」の意に用いられる. この意味では **nonsense** と意味・用法がほとんど同じである.
【慣用句】*make (a) nonsense of ...* ...をだめにする, 台無しにする.
〖派生語〗**nonsénsical** 形 無意味な, ばかばかしい.

non·sked /nànskéd | nɔ̀n-/ 形 名 C 〔くだけた語〕(《米》)不定期便の(航空機[航空会社]).
語源 nonscheduled の短縮形. 20 世紀から.

non·skid /nànskíd | nɔ̀n-/ 形 〔一般語〕タイヤなどが滑らない, 滑りどめがしてある.

non·smok·er /nànsmóukər | nɔ̀n-/ 名 C 〔一般語〕たばこを吸わない人, (《英》)列車などの禁煙車[室].

non·stan·dard /nànstǽndərd | nɔ̀n-/ 形 〔一般語〕製品, 言葉などが標準にあっていない, 非標準的な.

non·start·er /nànstá:rtər | nɔ̀n-/ 名 C 〔ややくだけた語〕 〔一般語〕成功の見込みのない人[もの, 考え]. その他 競馬での出走棄権馬.

non·stick /nànstík | nɔ̀n-/ 形 〔一般語〕なべや表面が焦げ付かない.

non·stop /nànstɔ́p | nɔ̀n-/ 形 副 名 C 〔一般語〕列車, バスなどが途中で止まらないで[の], 直行の[で], 飛行機が無着陸の[で]. 名 として直行列車[便].
〖複合語〗**nónstop flíght** 名 C 無着陸飛行, 直行便.

non-U /nànjúː | nɔ̀n-/ 形 〔くだけた語〕(《英》)言葉遣いなどが上流階級的でない, 庶民的な (★U は upper (classes)を表す).

non·un·ion /nànjúːnjən | nɔ̀n-/ 形 〔一般語〕 〔一般義〕労働組合に属さない. その他 会社が労働組合を認めない, 規則などが組合員によって作られたものでない.

non·ver·bal /nànvə́:rbəl | nɔ̀n-/ 形 〔一般語〕言葉を用いない.
用例 *nonverbal* communication 非言語コミュニケーション, 身ぶり言語.

nonviolence ⇒nonviolent.

non·vi·o·lent /nànváiələnt | nɔ̀n-/ 形 〔一般語〕非暴力(主義)の.
〖派生語〗**nonvíolence** 名 U.

noo·dle[1] /núːdl/ 名 C 〔一般語〕(通例複数形で)小麦粉と鶏卵を使った麺(めん)類の一種, ヌードル.
語源 ドイツ語の *Nudel* から 18 世紀に入った.
用例 chicken soup with *noodles* ヌードル入りチキンスープ.

noo·dle[2] /núːdl/ 名 C 〔くだけた語〕ばか者, まぬけ, 〔俗語〕《米》頭.
語源 noddle (頭) の変形で, 音は fool の /uː/ の連想か. 18 世紀から.

nook /núk/ 名 C 〔文語〕 〔一般義〕部屋の隅や角(かど) (corner). その他 家具などを置くための引っ込んだ場所, 隠れ場所, 目につかない場所.
語源 中英語 nok から. それ以前は不詳.
【慣用句】*in every nook and cranny* 隅から隅まで, ありとあらゆる所に.

noon /núːn/ 名 U 〔一般語〕正午. その他 「正午」「真昼」の意が転じて, (the ~)生涯における最盛期, 真っ盛り, あるいは最高点という意味になる. 〔文語〕真夜中(midnight)の意.
語源 日の出の時刻から数えて第 9 時(午後 3 時ごろ)を意味する後期ラテン語 *nona hora* (= ninth hour) の序数詞 *nona* だけが残り, 古英語に入って nōn となった. 13 世紀に今日の「正午」の意味になった. ⇒nine.
用例 The train is due at *noon*. 列車は正午着の予定です / He came to Japan at the *noon* of his life. 彼は壮年期に来日した / at twelve *noon* 正午に (⇔at twelve midnight).
対照語 midnight.
〖複合語〗**nóondày, nóontìde, nóontìme** 名 U 正午(noon) (★noonday は文語, noontide は文語あるいは古語, noontime は真昼(の)).

noose /núːs/ 名 C 動 本来化 〔一般語〕引くと締まるようにしてある輪縄, 投げ縄. その他 絞首刑用の首つり縄の意にもなり, 転じて比喩的に《the ~》絞首刑. 動 として輪縄で捕らえる, 輪縄を作る.
語源 ラテン語 *nodus* (= knot) がプロヴァンス語の *nous* を経て中英語に入った.

nope /nóup/ 副 〔くだけた語〕= no (★最後の /p/ は唇を閉じたままで開放[破裂]させない).
語源 no の変形で 19 世紀ごろから. ⇒yep.

nor /nɔ́:r, 弱 nər/ 接 〔一般語〕 〔一般義〕《neither ... nor ... で》...もまた...ない[しない], 《先行する否定節[節, 文]を受けて》また...でない[しない]の意. その他 《形式ばった語》肯定文の後でそしてまた...でないという意味に用いられることがある.
語法 古詩や詩語では, neither を省略した形 A nor B, または neither の代わりに nor を用いた nor A nor B のような形で用いられる.
語源 neither の古英語 nōther が中英語で短縮されて nor となった. nōther は ne (= not) と ōther (= either) から成る.
用例 She speaks neither Japanese *nor* Chinese. 彼女は日本語も中国語も話さない / He did not know then what had happened, *nor* did he ever found out. 彼はその時何が起こったかを知らなかったし, そのことをつきとめもしなかった / I'm not going, *nor* is John. 私も行かないし, ジョンも行かない (語法 このように否定の文や節の後に nor が来るときは, そのあとの語順が V+S となる) / He was a fast talker, *nor* could I follow him. 彼は早口なので, 私は話についていけなかった.

Nor·dic /nɔ́:rdik/ 形 名 C 〔一般語〕北欧人種の (★長身, 金髪, 長頭, 青眼, 狭顔が特徴である), 〖スキー〗ノルディックの (★距離とジャンプからなる; ⇒Alpine). 名 として北欧人.
語源 フランス語 *nord* (= north) の 形 *nordique* から 19 世紀に入った.

norm /nɔ́ːrm/ 名 C〔形式ばった語〕(the ~(s)) 集団内での**標準**, **規範**, 特に労働の基準量や責任生産量, ノルマ.
[語源] ラテン語 norma (ものさし, 規格) が 19 世紀に入った.

nor·mal /nɔ́ːrməl/ 形 U [一般義] 身体の発育状態や精神状態などが**正常**な, 標準の, [その他] 標準や規定に合っていることから, 広く**普通**である,〖数〗線が**垂直**な, 角度が**直角**の,〖化〗溶液 1 リットルにつき溶質 1 グラムの濃度の, **1 規定**の. 名 として**標準**, **平均**,〖数〗**垂直線**.
[語源] ラテン語 norma (⇒norm) の 形 normalis (規格通りの) が初期近代英語に入った.
[用例] How many hours do you do on a *normal* day? 普段の日はどのくらい働きますか/His behaviour is far from *normal*. 彼の行為は常軌を逸している/Everything returned to *normal*. すべてが常態に復した.
[類義語] normal; ordinary; common; average; usual: いずれも「普通の」あるいはそれに近い意味を表す. **normal** は標準的な, 正常な, 行動などが常軌を逸していないことをいう(⇔abnormal). **ordinary** はごく当たり前の, 並の, 型通りの意だが, 時には悪い意味で平均または平均以下という意味も表す(⇔extraordinary). **common** は目立たない, 平凡な, 他と異なるところのないの意で, しばしば劣った, 俗っぽいなど悪い意味を表す(⇔uncommon). **avarage** は文字通り平均的な, 可もなく不可もないの意味. **usual** は日常習慣的な, 普段と変わらない, いつでも起こりうるというような意味(⇔unusual).
[関連語] regular (規則からはずれない, 正規の).
[反意語] abnormal.
【派生語】**nórmalcy** 名 U《米》= normality. **normálity** 名 U 正常の状態. **nòrmalizátion** 名 U 正常[標準]化. **nórmalìze** 動 本来他. **nórmally** 副.

Nor·man /nɔ́ːrmən/ 名 C 形 ノルマン人(の), ノルマンディー人(の).
[語源] 古ノルド語 Northmathr (北の人) が古フランス語 Normant を経て中英語に入った.
【複合語】**Nórman Cónquest** 名《the ~》1066 年のノルマン人による英国征服.

Nor·man·dy /nɔ́ːrməndi/ 名 固 ノルマンディー (★英仏海峡に面したフランス北西部の地方). ⇒Norman.

Norse /nɔ́ːrs/ 形 U [一般義] 古代[中世]ノルウェー語(の), ノルド語(の), スカンジナビア語族(の). [その他]《the ~; 複数扱い》古代[中世]ノルウェー[スカンジナビア]人.
[語源] オランダ語 noordsch (noord north + -sch -ish) の変形 noorsch (= Norwegian) が初期近代英語に入った.
【派生語】**Nórseman** 名 C 古代スカンジナビア人.

north /nɔ́ːrθ/ 名 U 形 副 [一般義] **方角の北**, **北方** [語法] N, N. または n. と略す. [その他]《the N-》北極地方,《英》Humber 川より北のイングランド北部地方,《米》南北戦争時に奴隷制度に反対した**北部諸州**, また国際的に見て先進工業諸国を意味する. 形 としては, 北[北部, 北方]の[に, へ], 家などが北向きの[に], 風が北から(の).
[日英比較] 日本語では東西南北の順にいうが, 英語では north, south, east and west という.
[語源] ゲルマン語に由来する古英語の 副 north から. これが 12 世紀ごろ形容詞, そしてのちに名詞として用いられるようになった. ゲルマン語以前の語源は不詳だが, 印欧祖語 *ner- (= under; on the left) に由来し, 人が日の出時の太陽に面するときの「左」の方角, あるいは真昼の太陽から最も離れた方向に関係があったと考えられる.
[用例] The wind is blowing from the *north*. 風は北から吹いている/Steer 3°E of *N* (= three degrees east of *north*). 北から 3 度東に針路を取れ/A tropical cyclone is coming up *north*. 熱帯性低気圧が北上している.
[対照語] south.
【慣用句】*in the north of* ... ...の北部に: I used to live *in the north of* Scotland. 私はスコットランド北部にずっと住んでいた. *on the north of* ... ...の北側に[北に接して]. *to the north of* ... ...の北方に[北に接して]: They live *to the north of* (= further north than) Lyons. 彼らはリヨンの北方に住んでいる. *up north*〔くだけた表現〕北の(方)へに, で.
【派生語】**nórther** 名 C《米》強い寒冷北風 (★秋から冬にかけてメキシコ湾周辺に吹く). **nórtherly** 形 副 北寄りの[に], 北へ[に], 北から吹く; 名 C 北風. **nórthern** 形 北の[に向かう, にある], 北向きの,《N-》《米》北部諸州[地方]の. **nórtherner** 名 C 北部生まれの人,《N-》《米》北部諸州(生まれ)の人. **nórthernmòst** 形〔形式ばった語〕最北の, 極北の. **nórthward** 副 形 北方への[に], 北向きに[の]. **nórthwards** 副《主に英》= northward.
【複合語】**Nórth América** 名 固 北アメリカ, 北米. **North Américan** 形 名 北アメリカ(人)の. **nórthbòund** 形 乗物が北行きの. **north by éast** [wést] 名 U. 北微東[西] [語法] NbE[W] と略す). **nòrtheást** 名 U 北東 [語法] NE, N.E., n.e. と略す), 形 北東の[から]. 副 北東へ[に]. **nòrtheáster** 名 C 強い北東風. **nòrtheásterly** 形 北東(から)の. 副 北東へ[に, から]. **nòrtheástern** 形 北東の, 北へ, への. **nòrtheástward** 副 形 北東への[に], 北東向きに[の]. **Nórthern Hémisphere** 名《the ~》北半球. **Nórthman** 名 C 古代スカンジナビア人 (Norseman). **nòrthnòrtheást** 名 U 北北東 [語法] NNE, N.N.E. と略す). 形 北北東の. **north-nòrthwést** 名 U 北北西 [語法] NNW, N.N.W. と略す). 形 北北西の. **North Póle** 名《the ~》北極. **North Séa** 名《the ~》北海. **North-Sóuth** 形 南北の, 発展途上国と先進国(と間)の([語法] North と South はそれぞれ先進国, 発展途上国の意に用いられることがある). **North Stár** 名《the ~》北極星 (the Polestar). **nòrthwést** 名 U 北西(部) [語法] NW, N.W., n.w. と略す),《米》北西部(諸州). 副 北西(部)の[へ, に]. **nòrthwéster** 名 C 北西の強い風. **nòrthwésterly** 形 北西(から)の. 副 北西へ[に, から]. **nòrthwéstern** 形 北西[から, へ]の. **nòrthwéstward** 副 形 北西への[に], 北西向きに[の].

Nor·way /nɔ́ːrwèi/ 名 固 ノルウェー (★公式名 the Kingdom of Norway).
【派生語】**Norwegian** /nɔːrwíːdʒən/ 形 ノルウェー(人, 語)の. 名 CU ノルウェー人[語].

nose /nóuz/ 名 C 動 本来他 [一般義] [一般義] 人間や

動物の鼻. その他 形が鼻のように突出しているもの, 例えば飛行機の機首, ミサイルなどの弾頭, 船首, あるいは銃口, 筒先など器具や道具の先端などを表す. 鼻でにおいをかぐことから嗅(ホッ)覚, 比喩的に くだけた語 何かをかぎつける能力, 直感, 鼻をきかせてかぎまわることから好奇心, さらには警察への密告者, スパイの意. 動 としてにおいをかぐ, かいで見分ける. 比喩的に くだけた語 くちばしかぎつける, 干渉する. また船などが船首を先にしてゆっくり慎重に進む. 自 としても用いられる.

語源 古英語 nosu から. これはゲルマン語 *nosō, 印欧祖語 nas- (=nose) に遡ることができる. ラテン語 nasus (=nose) も同語源で, この 語 から nasal が入った. ⇒nostril

類義語 nose; muzzle; snout: nose が一般的に人や動物の鼻を指すのに対して, muzzle は犬, 猫, 馬などの鼻口部, 鼻面をいう. また snout は豚などの鼻をいうが, ときには, くだけた語で軽蔑的に人間の大きな醜い鼻を指す.

日英比較 英語では「低い鼻」は a short [small] nose, 「高い鼻」は a long [large] nose というが, 後者を a high-bridged nose (鼻梁(º³ょう)の高い鼻) ということもある. また「鼻が高い(自慢したい)」「鼻にかける」「鼻につく」「鼻の下が長い(女に甘い)」などに対応する英語の表現では nose は用いない.

慣用句 (as) plain as the nose on one's face 実に明白で. bite [snap] ...'s nose off 人に無愛想な返事をする. blow one's nose はなをかむ. by a nose 競馬 鼻の差で, ほんのわずかの差で. count noses 出席者などの人数を数える. cut off one's nose to spite one's face 短気をおこして自分に損なことをする. follow one's (own) nose まっすぐに進む, 勘によって行動する. keep one's nose clean 面倒なことに首をつっこまない, ごたごたを避ける. lead ... by the nose 〔くだけた表現〕人を自分の思いのままに動かす, 尻に敷く. look down one's nose at ... …を軽蔑する, 鼻であしらう. make a long nose at ... 人に親指を当て, 他の指を振って, …に軽蔑の意を示す. nose about [around; round] 〔くだけた表現〕かぎまわる, 捜しまわる. nose one's way ゆっくり進む. nose out 〔くだけた表現〕かぎ出す, 《米》競走などにわずかの差で勝つ. on the nose 〔俗語〕〔競馬〕予想どおり一着で, 正確に. pay through the nose 〔くだけた表現〕法外な代金を払う. poke [stick; thrust] one's nose into ... 〔くだけた表現〕人のことなどに余計な口出しをする, 干渉する. put ...'s nose out of joint …の鼻をあかす, いじわるをする. rub ...'s nose in it [the dirt] 〔くだけた表現〕いやみを言って人に欠点[失敗]などを自覚させる, 思い知らせてやる. see no further than (the end of) one's nose 〔くだけた表現〕近視眼である, 比喩的に洞察力に欠ける, 見識がない. speak through one's nose 鼻声でしゃべる. turn up one's nose at ... 〔くだけた表現〕…を鼻先であしらう, 軽蔑する (★鼻をつんと立てることから). under ...'s (very) nose = under the nose of ... 〔くだけた表現〕…の目の前で, 公然と.

【派生語】nósey, nósy 形〔くだけた表現〕〔軽蔑的な〕せんさく好きな, 知りたがり屋の.

【複合語】nósebàg 名 C《英》馬の首につるすまぐさ入(袋)《米》feedbag. nósebleèd 名 C 鼻血が出ること. nóse còne 名 C ミサイルなどの円錐状の先端. nósedìve 名 C 動 本来心《空》急降下(する), 価格や株などが暴落(する).

nose·gay /nóuzgèi/ 名 C 〔文語〕ドレスなどにつける香りのよい小さな花束.

語源 nose+gay として古英語から. gay は古語で something pretty の意で, 原義は「鼻に香りのよいもの」.

関連語 bouquet; posy.

nosey ⇒nose.

nosh /náʃ, -ɔ́-/ 名 U C 動 本来心 〔くだけた語〕一般義 食べ物. その他《米》料理の品[種類], 軽い食事. 動 としてかぎつける.

語源 ドイツ語 naschen (=to nibble; to taste) がイディッシュ語を経て 20 世紀に入った.

no-show /nóuʃóu/ 名 C 〔ややくだけた語〕《米》列車や飛行機などの座席を予約しておきながら出発のときに現れない客, 約束しながら現れない人[こと].

語源 no+show. 20 世紀から.

nos·tal·gia /nɑstǽldʒə, nɔs-/ 名 U 〔形式ばった語〕個人の幸せな一時期や場所への郷愁, ノスタルジア, 懐旧の念[情]をかきたてるもの[こと].

語源 ギリシャ語 nostos (return home)+algos pain から成る近代ラテン語 nostalgia が 18 世紀に入った. nostalgia for one's childhood 子供時代をなつかしむ気持.

日英比較 「郷愁」という訳語から, 日本語では故郷をなつかしむ気持にもノスタルジアを用いることがあるが, 英語の nostalgia にはその意味はない.

【派生語】nostálgic 形.

nos·tril /nɑ́stril, nɔ́s-/ 名 C 〔一般義〕鼻の穴, 鼻孔.

語源 古英語 nosu (=nose)+thyrel (=hole) より成る nosthyrl から. ⇒nose.

nos·trum /nɑ́strəm, nɔ́s-/ 名 C 〔軽蔑的な〕一般義 素人が作った効能がないいんちき薬, あやしげな妙薬, 万能薬. その他 社会・政治問題を解決する得意の妙案. 語源 ラテン語 noster (=our; ours) の中性形. 「我が家独自のもの」の意から.

nosy ⇒nose.

not /nɑ́t, -ɔ́-/ 副 〔一般義〕…でない, …しない 〔語法〕特にくだけた語においては, 助動詞, have, be, do などとくっつけられてしばしば haven't などという形に短縮される).

語源 中英語で「何も…ない」の意の nought が短縮されてきた. nought は ne (=not)+ōwiht (=aught) から成る古英語 nōwiht または -wuht に由来する.

用例 They told me not to go. 彼らは私に行くなと言った/Not a few people came to the party. パーティーに来る人は少なくなかった 《語法》 not a few, not a little (少なからぬ) などは控え目に言ってかえって意味を強調する)/Not all dogs are [All dogs are not] faithful to human beings. すべての犬が人間に対し忠実なわけではない/I didn't think he would come. (=I thought he wouldn't come.) 私は彼が来ないだろうと思っていた/"Will she attend the meeting?" "Perhaps not." 「彼女は会議に出席するでしょうか」「たぶん出席しないでしょう」/"Will it be fine tomorrow?" "I'm afraid not." 「明日はお天気だろうか」「だめらしいね」.

語法 I think it is not correct. と I don't think it is correct. とは共に「それは正しくないと思う」の意であるが, 後者のほうが否定があまり強くなくおだやかな一般的な構文である. このことは主節の動詞が suppose,

imagine, believe などの場合にもいえる.
【慣用句】 ***not at all*** 少しも[全然]...でない; どういたしまして. ***not ... but ...*** ...ではなくて...である. ***not only [merely; simply] ... but (also)*** ...のみならず...も(また). ***not that ...*** とはいっても...というわけではない.

no·ta·ble ⇒note.
no·ta·bly ⇒note.
no·ta·ri·za·tion ⇒notarize.
no·ta·rize /nóutəràiz/ 動 本来他 〔形式ばった語〕《米》公証人が書類を公証する, 公正証書にする.
語源 notary＋-ize (動詞語尾) として 20 世紀から.
【派生語】 **nòtarizátion** 名 Ⓤ.

no·ta·ry /nóutəri/ 名 Ⓒ 〔一般語〕＝notary public.
語源 ラテン語 notare (＝to note) から派生した notarius (書記) が古フランス語を経て中英語に入った.
【複合語】 **nótary públic** 名 Ⓒ 《複 -ries public》 公証人.

no·ta·tion /noutéiʃən/ 名 ⓊⒸ 〔形式ばった語〕 一般義 数学・化学・音楽などの分野での特殊な記号, 符号による**表記(法)**, 《数》**記数法**, 《楽》**記譜法**. その他 一般的な**覚書き**, **注記**, **ノート**, **メモ**.
語源 ラテン語 notare (＝to note) の 名 notatio (＝marking) が初期近代英語に入った.
用例 decimal notation 十進法.

notch /nátʃ|-ɔ́-/ 名 Ⓒ 動 本来他 〔一般語〕 一般義 記録などのために棒などの端につけた V字形の**刻み目[切り込み]**. その他 切り込みをつけることから, 〔くだけた語〕段階のあるもの, つまり**段階**, **級**, **目盛り**, 形の類似から山あいの**細い道**, **切り通し**, 切り目をつけて記録することから, クリケットの**得点**. 動 として, 物に**刻み目をつける**, 刻み目で**固定する**, 得点を**成し遂げる**.
語源 古フランス語 oche (刻み目) から初期近代英語に入った otch が, an otch の形で異分析され a notch となったと考えられる.

note /nóut/ 名 ⒸⓊ 動 本来他 〔一般語〕 一般義 何かに書きとめる**覚書き**, **メモ**. その他 短い[簡単な]**手紙**, **書き置き**, 外交上の**文書**, **草稿**, また**注釈**, **脚注**(footnote), 手もとに残す具体的役の記録, 証拠ということから, **預り証**, (約束)**手形**, 《英》**紙幣**《米》bill). また人の**注意**や**注目**をひくということから, (a ～) 話し方などの**特色**, **特徴**, **語調**, 〔形式ばった語〕**著名**, **名声**の意にもなる. この語の本来の意味である記号から, **音符**, 楽器の**音色**, 鳥などの**鳴き声**, 人間の声の調子などのように音そのもの, さらには〔古語〕**詩や歌**の意. 動 としては, 考えなどを**書き留める**, 何かに**気づく**, **注目する**, あるいは人に気づかせるという意味から, ことばにふれる, と**言述べる**.
語源 ラテン語 nota (しるし, 記号) および 動 notare (書き留める) が古フランス語を経て中英語に入った.
用例 He left me a note about the meeting. 彼はその会のことで私に書き置きを残していった/He made a note in the margin of the book. 彼は本の余白にメモをした/There is a note in your book about that difficult word. あなたの本にはその難解な語に関する注がついている/a thank-you note 手短な礼状/a five-pound note 1 枚の 5 ポンド紙幣/The song ended on a high note. その歌は高い音[調子]で終わっていた/He noted a change in her behaviour. 彼は彼女の態度の変化に気づいた.
類義語 note; memorandum; memo: 「覚え書き, メモ」の意では **note** が一般的である. 一方 **memorandum** は同じ意味だが形式ばった語で, くだけた語では **memo** が用いられる.
日英比較 日本語の「ノート」(筆記帳)にあたる英語は note ではなく notebook である.
【慣用句】 ***compare notes*** 〔くだけた表現〕意見や考えを言い合う, 情報などを交換する. ***make [take] a note [notes] of ...*** ...を書き留める: The students took notes on the professor's lecture. 学生たちは教授の講義のノートをとった. ***strike a false [the right] note*** 間違った[正しい]鍵をたたく, 見当はずれな[適切な]ことを言う[する]. ***take note of ...*** ...に気づく, 注意する.
【派生語】 **nótable** 形 著しい, 有名な. **nótably** 副. **nóted** 形 著名な.
【複合語】 **nótebòok** 名 Ⓒ ノート, 筆記帳, メモ帳. **nótepàper** 名 Ⓤ 便せん. **nóteswòrthy** 形 注目に値する, 顕著な.

noth·ing /nʌ́θiŋ/ 代 副 ⓊⒸ 形 〔一般語〕**何も...(で)ない**, **何も...しない**. 副 として**少しも[全然]...(で)ない**. 名 として**つまらぬこと[物, 人]**, **無あるいはゼロ**. 形 として〔くだけた語〕**つまらぬ**, **無価値な**.
語源 古英語 nān (＝no)＋thing. nān の -n は子音の前で落ち, 中英語で 1 語となった.
用例 There was nothing in the cupboard. 戸棚の中には何もなかった/He says nothing new in that report. 彼はその報告書の中で目新しいことは何も言ってない/I don't remember his telephone number, but it did have three nothings in it. 彼の電話番号は覚えてないが, なかにゼロが 3 つあったことは確かだ/He's nothing like his father. 彼は彼の父親に全然似ていない.
【慣用句】 ***be nothing to ...*** ...とは比べものにならない, ...とは無関係の. ***come to nothing*** 失敗に終わる. ***do nothing but ...*** ...ばかりしている, ...だけしかしない. ***for nothing*** 無料で, 無為に, むだに. ***have nothing to do with ...*** ...と何の関係もない. ***like nothing on earth*** 〔くだけた表現〕ひどくみすぼらしい[みじめで, おかしな]. ***make nothing of ...*** ...することを何とも思わない[問題にしない]. ***no nothing*** 〔くだけた語〕何もかも[何にも]ない: He's no money, no friends, no nothing. 彼にはお金も友だちも何もない. ***nothing but ...*** ただ...にすぎない. ***nothing doing*** 《俗語》全然だめだ, 処置なしだ, 絶対いやだ (★拒絶). ***nothing(,) if not ...*** 〔くだけた表現〕文字通り「もし...でないとしたら何ものでもない」という意味から, ...が最高だ, まさしく, まったく. ***nothing less than ...*** ...にほかならない, まさに...の, 少なくとも...だ. ***nothing of ...*** 〔形式ばった表現〕少しも...ない. ***nothing short of ...*** ＝nothing less than .... ***there is nothing like ...*** 〔くだけた表現〕...ほどすばらしい[にまさる]ものはない. ***think nothing of ...*** ...を何とも思わない, ...をばかにする: Think nothing of it! どういたしまして (★くだけた表現で, おわびや感謝に対する言葉). ***to say nothing of ...*** ...は言うまでもない.

no·tice /nóutis/ 名 ⓊⒸ 動 本来他 〔一般語〕 一般義 **注意**, **人目を引くこと**. その他 人の注意を引くということから, 正式な**警告**, **予告**, さらに退職, 解雇, 解約の事前の**通告**, また注意をうながすもの, すなわち**通知書**, **通告状**, **掲示(板)**, 短い**公告**, **はり紙**, (しばしば複数形で)新聞, 雑誌などに載る**書評**, **劇評**. 動 では, ...に**気づく**, **注意[注目]する**という基本的な意味か

notifiable

ら, 人にあいさつする, 敬意をはらう, ...に言及する, さらには新刊書などを新聞, 雑誌などで紹介[批評]する.

[語源] 印欧祖語 *gnō- (=to know) に連なることのできるラテン語 noscere (=to know) の過去分詞 notus から派生した「知られること」「(存在に)気づくこと」「注目」などの意の notitia が古フランス語を経て中英語に入った. ⇒know.

[用例] His skill attracted their *notice*. 彼のすぐれた腕前は彼らの注目するところとなった/Her employer gave her a month's *notice*. 彼女の雇い主は1か月前に彼女に解雇通告をした/They put a *notice* in the paper announcing the birth of their daughter. 彼ら夫婦は新聞に女児誕生の広告を載せた/I *noticed* a book on the table. 私はふとテーブルの上の1冊の本に目がとまった/He *noticed* her leave the room. 彼は彼女が部屋を出ていくのに気づいた.

[類義語] notice; note; perceive; sense: **notice** はふとあること[もの]に注意をひかれること, 気づくこと. **note** は気づいたことを忘れぬよう心にとめておくこと, 留意すること. **perceive** は形式ばった語で五感をもって知覚する, あるいははっきりと目で見て気づくこと. **sense** は危険などに気づく, 感づること, 察知すること.

【慣用句】 ***at a moment's notice*** ただちに. ***at [on] short notice*** 急に, 突然. ***beneath ...'s notice*** 注意するほどのこともない, 取るに足らない. ***bring to ...'s notice*** ...に注目させる, ...の注意をうながす: I'll bring that *to* his *notice* as soon as possible. そのことをできるだけ早いうちに彼に知らせましょう. ***come to [into] ...'s notice*** ...の目にとまる, 注意をひく. ***give [serve] notice of...*** [形式ばった表現]...を通知[通告, 警告]する. ***sit up and take notice*** [くだけた表現] 寝ていた人に起きあがって注目するという意味から, 急に興味を示す, 驚きの目をみはる. ***take notice of ...*** ...に気づく, 注意する. ***without notice*** 断りなしに, いきなり.

【派生語】 **nóticeable** 形 目立つ, 重要な. **nóticeably** 副.

【複合語】 **nótice bòard** 名 C (主に英)掲示板((米) bulletin board).

notifiable ⇒notify.
notification ⇒notify.

no·ti·fy /nóutifài/ 動 [本来的] [形式ばった語] 事柄を人に正[公]式に通知する, 届け出る, 発表[公告]する.

[語源] ラテン語 notificare (=to make known) が古フランス語を経て中英語に入った.

【派生語】 **nótifiable** 形 伝染病などについて届け出の義務のある. **nòtification** 名 UC.

no·tion /nóuʃən/ 名 C [一般語] ある事柄に対する受け取り方, 概念, ばく然とした考え[理解, 認識]. [その他] 特に個人的な見解, 意見, ...したいという欲求, 《軽蔑的》ふと思いついたような気まぐれな[ばかばかしい]考え. また《複数形で》(米) 針やボタンなどの裁縫用品.

[語源] ラテン語 notus (⇒notice) から派生した「認知」「考え」の意の 名 notio が中英語に入った. ⇒notice.

[用例] He had a *notion* that she wouldn't like it. 彼は彼女がそれを好まないだろうと考えていた/He took a sudden *notion* to visit his aunt. 彼は急に叔父の家を訪れてみたくなった.

[類義語] ⇒idea.

【慣用句】 ***have a notion of ...*** ...がどんなものか(よく)知っている.

761

【派生語】 **nótional** 形 観念的な, 現実ではなく想像の; 《米》気まぐれな; 【言】概念語の.

notoriety ⇒notorious.

no·to·ri·ous /noutɔ́:riəs/ 形 [一般語] 悪質な, 悪い行為で有名な, 悪名高い.

[語源] ラテン語 notus (=known) から派生した中世ラテン語 notorius (=well known) が初期近代英語に入った. 英語に入るとすぐに軽蔑的な意味をもつ 名 と結びつけて用いられ,「悪く知られる」意となった. 対照的に, 同語源の noble は, よい意味で用いられるようになった.

[対義語] famous; infamous.

【派生語】 **notoriety** /nòutəráiəti/ 名 U 悪評.

No·tre Dame /nóutrə dá:m/ 名 固 ノートルダム Notre Dame de Paris (★パリの初期ゴシック風大聖堂).

[語源] フランス語で Our Lady (聖母マリア)の意.

not·with·stand·ing /nàtwiðstǽndiŋ/ -nət-/ 前 副 接 [形式ばった語]...にもかかわらず(in spite of). 副 としては, それにもかかわらず(nevertheless). 接 としては, ...であるにもかかわらず(although).

nou·gat /nú:gət/ -gɑː/ 名 U [一般語] ヌガー (★アーモンドナッツの入ったあめ菓子).

[語源] フランス語から.

nought /nɔ́:t/ 名 CU 【数】ゼロ, 無.

[語源] ne (=not)+owiht (=aught) から成る古英語 nōwiht から. なお, not is nought の短縮形.

noun /náun/ 名 C【文法】名詞 (★n. と略す).

[語源] ラテン語 nomen (=name) が古フランス語を経て中英語に入った.

[類義語] noun; substantive; noun substantive: **noun** は「名詞」の意で今日一般的な語. **substantive** は noun と同じ「名詞」を表す文法用語だが, 「実詞」ともよばれ, 名詞相当語(句)を含むことがある. **noun substantive** ということもある.

【複合語】 **nóun cláuse** 名 C【文法】名詞節. **nóun infínitive** 名 C【文法】名詞的不定詞. **nóun phráse** 名 C【文法】名詞句.

nour·ish /nə́:riʃ/ nʌ́r-/ 動 [本来的] [一般語] 成長や健康のために食物[必要な物]を与える. [その他] 土に肥料を与える, [形式ばった語] 希望とか恨み, 嫌悪などの感情を長い間心に抱く.

[語源] 「養う, 育てる」の意のラテン語 nutrire が古フランス語 norir を経て中英語に入った.

[用例] Good food *nourishes* people. 良い食べ物は人々の栄養となる/Fertilizer *nourishes* the earth. 肥料は土地を肥やす/*nourish* feelings of anger and envy 怒りと嫉妬の念をいだく.

[類義語] nurse.

【派生語】 **nóurishing** 形 栄養分の豊富な, 栄養になる. **nóurishment** 名 U 滋養(物), 食物, 栄養状態, 養うこと.

Nov. 《略》=November.

nov·el¹ /návəl/ -s-/ 名 C [一般語] 主として長編の小説, 《the ~》小説文学.

[語源] ラテン語 novus (=new) の指小語 novellus の中性複数形 novella がイタリア語に入り「新しい物」という意味になり, 中英語に入った. novel² と同源.

[用例] Have you ever read the *novels* of Thomas Hardy? トマス・ハーディーの小説を読んだことがありますか/She is interested in the *novel* of modern France. 彼女は近代フランスの小説文学に興味を持つ

ている.

関連語 story; fiction.

日英比較 日本語の「小説」は長編・短編に関係なく広い意味に用いられるが，英語の novel は主に長編小説を指し，短編小説は short story という.

【派生語】**nòvelétte** 名 C しばしば軽蔑の意をこめて**短編[中編]小説**（★感傷的な恋愛物など），《楽》ロマンチックなピアノ小品，ノベレッテ. **nóvelist** 名 C **小説家**. **nóvelize** 動 本末switch **小説にする**.

nov·el² /nάvəl/ -s-/ 形 〔一般語〕《良い意味で》今までにないほど新しい，**新奇な，目新しい**.

語源 ラテン語 *novellum* (=new) が古フランス語を経て中英語に入った. ⇒novel¹.

用例 What a *novel* idea! 実に斬新な考えだ/Snow is *novel* to people from hot countries. 雪は暑い国々出身の人たちには見たこともない珍しいものである.

類義語 ⇒new.

No·vem·ber /nouvémbər/ 名 UC 〔一般語〕**11 月**（《語法》Nov. と略す）.

語源 第 9 月の意のラテン語 *November* (*mensis*) が古フランス語 *novembre* を経て中英語に入った. これは「9」の意である *novem* に由来する. 古代ローマ暦では 3 月を年の初めの月としたので現在の暦の 11 月を「9 月」であった. ⇒September; October; December. ⇒nine.

用例 He is coming on *November* 23. 彼は 11 月 23 日に来ることになっている/He died last *November*. 彼はこの 11 月に死去した.

nov·ice /nάvis/ -s-/ 名 C 〔一般語〕一般語 **初心者，新米**. その他 **見習い僧[尼]，賞を取ったことのない競走馬**.

語源 ラテン語 *novus* (=new) から派生した 形 *novicius* (=new, fresh) が古フランス語を経て中英語に入った. ⇒novel¹; new.

類義語 neophyte; beginner.

no·vi·ti·ate, (英) **no·vi·ci·ate** /nouvíʃiit/ 名 C 〔形式ばった語〕**見習い期間，特に (米) 見習い僧の修練期間や修練院**.

語源 ラテン語 *novicius* (⇒novice) から派生した語で，フランス語を経て初期近代英語に入った.

now /náu/ 副 接 名 U 形 〔一般語〕一般語 過去や未来に対する**今，現在**. その他 純粋に「現在」を指すのか，今ごろとか目下のようにばく然とした幅のある「現在」を表す. たった今，今しがたのように「近接した過去」を表したり，物語などの中で過去形とともに用いられるように，その時とかそれからを表す（《語法》近接した過去と結びつくときは通例 just now となる）. 今度は，直ちに，今すぐのように未来に言及したりもする. 話を切りかえて今から新たな話題を切り出すときの合図として，ところで，では，さて，あるいは感嘆詞的に要請，命令，脅し，疑念などを表し，さあ，おい，まあ，そうなど. 接 として〔しばしば ～ that で〕**…となった以上は，今や…であるから** (now that). 名 として**今，現在**. 形 として〔限定用法〕**現在の，今の，最新の[流行の]**.

語源 印欧祖語 *nu-(=now) に遡ることのできる古英語 nū から.

用例 I can't do it *now*—you'll have to wait. 今のところできません. 待っていただけますか/We were *now* very close to the city. 今や私たちは町のすぐ近くに来ていた/*Now* this is what happened. そんなわけでこれが事件の一部始終です/Stop that, *now*! おい，そんなことはやめろ!/*Now* you have left university, you will have to find a job. 君も大学を卒業したのだし，何か就職口を探さなきゃね/the *now* young people ナウい若者たち.

【慣用句】 **by now** きっと今ごろにはもう. **come now** さあさあ（★催促）; これこれ，おいおい，おやまあ（★非難，驚き）; まあまあ（★なだめ）. **(every) now and again [then]** 時々. **for now** さしあたり. **from now on** 今後は. **now(,) now** これこれ，まあまあ（★おだやかに注意，非難，なだめる意図で）. **now … now [then]** 時には…また時には. **now or never** 今こそ（またとない機会だ）. **now then** さて，それでは（★注意を促して）; = now(,) now.

now·a·days /náuədèiz/ 副 〔一般語〕以前と比較して**今日 (kɔ̃s) では，近ごろは**.

語法 recently や lately が完了や過去時制の文に用いられるのに対し，nowadays は現在時制とともに用いられる.

語源 中英語から. nou (=now), a (=on), および dai (=day) の属格 daies の 3 語による複合語.

用例 Food is very expensive *nowadays*. 近ごろは，食料品はたいへん値段が高い.

類義語 today.

no·way(s) /nóuwei(z)/ 副 〔形式ばった語〕**少しも[決して]…でない**.

no·where /nóuhwεər/ 副 名 U 〔一般語〕**どこにも[どこへも]…ない**. 名 として**どこでもない場所，どこともわからぬ所**.

語源 nā (=no)+hwǣr (=where) から成る古英語 nāhwǣr から.

用例 It was *nowhere* to be found. それはどこにも見当たらなかった/*Nowhere* could I see him. 彼の姿はどこにも見られなかった（《語法》文頭に否定語がくるのは文語的な表現で，一般的には not … anywhere を用い，I couldn't see him anywhere. という）/"Where have you been?" "*Nowhere* in particular."「どこに行ってたの」「べつにどこにも行ってなかったけど」.

【慣用句】 **be [come in] nowhere** 試合などで**惨敗する**. **from [out of] nowhere** どこからともなく: A beautiful angel appeared *from nowhere*. どこからともなく 1 人の美しい天使が現れた. **get [lead] nowhere** **何の効果ももたらさない，何にもならない**. **nowhere near …** **…よりははるかに遠い，とても…どころではない**.

nox·ious /nάkʃəs/ -s-/ 形 〔形式ばった語〕**有害[有毒]な，不健全な，不快な**.

語源 ラテン語 *noxa* (=harm) の 形 *noxius* (=harmful) が中英語に入った.

noz·zle /názl/ -s-/ 名 C 〔一般語〕**パイプやホースの先の筒口，吹き(出し)口，発射口，ノズル，きゅうすなどの口**.

語源 nose に指小辞 -le がついた形で，初期近代英語から.

nu·ance /njúːɑːns, -́/ 名 C 〔一般語〕**意味，感情，色，音，調子などの微妙な違い，陰影，色合い，ニュアンス**.

語源 ラテン語 *nubes* (=cloud) に由来するフランス語 *nue* (=cloud; sky) の派生語で「変化に富む雲の色合い」の意. 18 世紀に入った.

nub /náb/ 名 C 〔一般語〕一般語 《the ～》**要点，核心**. その他 **本来は塊，結び目，こぶなどの意**.

nu・bile /njúːbil|-bail/ 形 〔形式ばった語〕[一般義] 女性が結婚適齢期の, 年ごろの, 〔その他〕性的魅力がある, グラマーな.
[語源] ラテン語 nubere (=to marry) から派生した形 nubilis がフランス語を経て初期近代英語に入った.
[類義語] marriageable.

nu・cle・ar /njúːkliər/ 形 名 UC 《⇒nucleus》〔形式ばった語〕原子核の, 核の, 原子力(利用)の. 名 として核兵器(保有国).
[用例] nuclear weapons 核兵器.
【複合語】 núclear fámily 名 C 核家族. núclear físsion 名 U 核分裂. núclear-frée 核武装なしの. núclear fúsion 名 U 核融合. núclear phýsics 名 U 原子核物理学. núclear reáctor 名 C 原子炉.

nu・cle・on・ics /njùːkliániks|-ɔ́n-/ 名 U 《理》原子核工学. [語源] nucleon (核子) から.

nu・cle・us /njúːklias/ 名 C (複 -clei/kliai/)《理・生》核, 特に原子核, 細胞核,《天》彗星核. 一般的に〔形式ばった語〕集合体などの中心(部), 中核, あるいは発展, 成長するための基礎.
[語源] ラテン語 nux (=nut) の指小語 nuc(u)leus (木の実, 果実の仁(に), 核) が 18 世紀に入った.
[用例] The nucleus of an atom consists of neutrons, protons and other particles. 原子の核は中性子, 陽子その他の粒子から成る/The encyclopaedia formed the nucleus of his collection of books. その百科事典は彼の蔵書の中心を成していた.
[類義語] nucleus; core; kernel: nucleus が "中心(部), 基礎" のように "基点" を強調するのに対し, core および kernel は物事や問題の "核心, 要点" など "重要性" を強調する. kernel のほうが形式ばっている.
【派生語】 nuclear 形 ⇒見出し.

nude /njuːd/ 形 名 C 〔一般義〕[一般義] 裸体の, ヌードの. 〔その他〕覆いのないという意味から, ありのままの, 装飾をしていない, 殺風景な, 靴下が肌色のドレスが透けて見える. 名 として 《the ~》美術の裸体画[像], ヌード写真, 裸の人, 裸体画.
[語源] ラテン語 nudus (=naked) が初期近代英語に入った.
【派生語】 núdism 名 U 裸体主義. núdist 名 C 裸体主義者. núdity 名 U 裸, 赤裸々.

nudge /nʌdʒ/ 動 [本来他] 名 C 〔ややくだけた語〕[一般義] 人の注意を引くためにひじでそっと突く, そっと押すこと. 〔その他〕人を少しずつ押す, 物にそっと触れるの意から, 比喩的に人に優しく促す. 名 として軽い突き.
[語源] 北欧語から初期近代英語に入ったと思われる.

nudism ⇒nude.
nudist ⇒nude.
nudity ⇒nude.

nug・get /nʌ́git/ 名 C 〔一般義〕[一般義] 天然貴金属の塊, 特に金塊. 〔その他〕比喩的に価値ある考え[事実], またひと口大の物.
[語源] おそらく方言 nug (塊) に指小辞 -et がついたもの. 19 世紀から.

nui・sance /njúːsns/ 名 C 〔一般義〕[一般義] 迷惑となる人[物, 環境]. 〔その他〕うるさいもの[人],《法》不法妨害, 私的不法妨害(private nuisance).
[語源] "害する" の意のラテン語 nocere が古フランス語 nuire となり, その nui からできた名 nuisance (傷, 損害) が中英語に入った.
[用例] The child is a terrible nuisance. その子供はひどくうるさい/It's a nuisance to have to go out in a bad weather. 悪天候の時に外出しなければならないとは迷惑だ/(Commit) no nuisance.《英》《掲示》小便無用, ごみ捨て禁止.
【慣用句】 **make a nuisance of oneself**=**make oneself a nuisance** 人に迷惑をかける.

nuke /njuːk/ 名 C 動 [本来他]〔くだけた語〕《米》核兵器(で攻撃する), あるいは原子力発電所[船舶].
[語源] nuclear の短縮形. 20 世紀から.

null /nʌl/ 形 〔一般義〕[一般義]《述語用法》無効の, 無価値の. 〔その他〕ないも同然の.《数》《限定用法》零の, 無の.
[語源] ラテン語 nullus (=not any; none) が古フランス語 nul を経て初期近代英語に入った.
【派生語】 nùllificátion 名 U. núllifỳ 動 [本来他] 無効にする, 破棄する, 取り消す. núllity 名 U 無効.

numb /nʌm/ 形 動 [本来他]〔一般義〕寒さでかじかんだ, しびれて感覚のない. 動 として, 酒などで感覚を麻痺させる.
[語源] 古英語 niman (=to take) が中英語で nimen となり, その過去分詞 nomen の語尾消失した nom から "感覚を取られた, 感覚がなくなった" の意.
【派生語】 númbly 副. númbness 名 U.

num・ber /nʌ́mbər/ 名 CU 動 [本来他]〔一般義〕[一般義] 抽象概念としての数. 〔その他〕数を表記する数字, 〔やや古風な語〕《複数形で》かぞえ方, かぞえること, 算数,《文法》数(𝑠)の観念, さらには人数や個数, およびその総数などを表す. 番号そのもの, 例えば部屋や電話の番号,《単数形で》数が多いことを表し, 仲間, 集団, あるいは《複数形で》多数, 大勢, 優勢の意となる. 数の大小により変化をつけることから,《複数形で》音律, 韻律, リズム, グループの中の 1 つとか 1 組の中の特定のものを表す. その分冊, 一号, 番組の 1 つ, 番(目),〔くだけた語〕《単数形で》商品, 特にドレスなどの衣料品の 1 点, 特定の意味で, 魅力的な女の子. その他〔やや古風な語〕《複数形で》詩句, 韻文の意. 動 としては, ...に番号をつける, 数を数える, ...の中を含める, 合計...になる, ...を...に分配する, あるいは...の数に限る, 年齢が...歳であるなど様々な意味に用いられる.
[語源] 印欧祖語 *nem- (分ける) に "数えることができる" "数" の意のラテン語 numerus が古フランス語 nombre, アングロフランス語 numbre を経て中英語に入った. 動 は "数える" の意のラテン語 numerare が古フランス語 nombrer を経て中英語に入った. ⇒enumerate; numerous.
[用例] Seven was often considered a magic number. 「7」はしばしば魔法の数字だと見なされていた/last month's number 先月号(★雑誌など)/Give us another number on the piano. ピアノでもう 1 曲弾いてください/He numbered the pages in the bottom corner. 彼は下の端のところにページ数をつけた/Victims of the accident numbered in fifty. その事故の犠牲者は 50 人に達した.
[類義語] number; figure; numeral; count: **number** は 125 とか 3859 とか一定のシステムの中であるまった「数」またそれを示すために書かれた「数字」を指す. これに対して **figure** はもともと 0 から 9 までのひとつひとつの「数字」を表す: Write the following number

in figures. 次の数を数字で書き表しなさい. figure はまた数字で示す一定の額, あるいは値段を表すこともある. **numeral** もやはり「数字」を意味するが, Roman *numerals*（ローマ数字）のように数を表す記号そのものがもその記号のきまった書き方に重きを置き, number よりも形式ばった語. 次に「数える」という動詞では, 一つ一つ数える場合は **count** が最も一般的で, number はやや形式ばった動詞でむしろ「数の合計…に達する」という意味が普通. ⇒count.

【慣用句】*a great [good; large] number of …* とてもたくさんの…. *a number of …*《複数扱い》いくらかの…(some), 多数の…(many). *any number of …*〔くだけた表現〕たくさんの, …がいくらでも. *beyond number* 数えきれぬほど（の）. *by number* 番号で（は）. *by numbers* 数の優位により; 〔英〕= by the numbers. *by the numbers*〔米〕機械的に. *get [have] …'s number*〔くだけた表現〕…の正体[弱点]を知る. *in number*〔形式ばった表現〕数は, 全部で: Crimes have been increasing *in number*. 犯罪件数が増えている. *in numbers* 数の力で; 分冊での. *number off*〔英〕【軍】整列して番号を言え. *numbers of …* 多数の…. …*'s number is [has come; goes] up*〔くだけた表現〕…ももう終わりだ, その運が尽きた. *out of number*=beyond number. *the number of …*〔単数扱い〕…の数. *to the number of …*〔形式ばった表現〕数が…ほどにも. *without number* 無数に[の].

【派生語】**númberless** 形〔文語〕無数の, 数知れぬほど多くの.
【複合語】**númbering machìne** 名 Ｃ 番号印字機. **númber óne** 名 Ｕ〔米〕第一級のもの[人], 〔くだけた語〕自分自身のこと, 〔小児語〕おしっこ. **númber pláte** 名 Ｃ〔英〕自動車のナンバープレート（〔米〕license plate）. **Número Tén** 名〔くだけた語〕〔英〕ダウニング街(Downing Street)10 番地（★英国首相官邸の所在地）.

numbly ⇒numb.
nu·mer·al /njúːmərəl/ 名 Ｃ 形〔一般語〕**一般義 数字**. その他 形〔文法〕数詞. また〔米〕〔複数形で〕学校の**卒業年次の数字**. 形 として, 数を表す.
語源 ラテン語 *numerus*（⇒number）の 形 *numeralis*（=of numbers）が中英語に入った.
関連語 arabic numeral（アラビア数字）; roman numeral（ローマ数字）; cardinal numeral（基数）; ordinal numeral（序数）.

nu·mer·ate /njúːmərit/, /-reit/ 動 本来他〔一般語〕計算能力のある, 理数系に強い. 動 として数字を読み上げる.
語源 ラテン語 *numerare*（=to count）の過去分詞 *numeratus* が中英語に入った.
【派生語】**nùmerátion** 名 Ｕ 計算（法）, 命数法. **númeràtor** 名 Ｃ 分数の分子（★分母は denominator）.

nu·mer·i·cal /nju(ː)mérikəl/ 形〔一般語〕**数字の, 数字で表した**.
語源 ラテン語 *numerus*（⇒number）から派生した中世ラテン語 *numericus* が初期近代英語に入った.
【派生語】**numérically** 副.

nu·mer·ol·o·gy /njùːmərάlədʒi/ -śl-/ 名 Ｕ〔形式ばった語〕**数秘学, 数占い**.
語源 ラテン語 *numer(us)*（=number）+-o-+-logy

「…学」. 20 世紀初めから.
【派生語】**nùmerológical** 形.

nu·mer·ous /njúːmərəs/ 形〔やや形式ばった語〕**多数の, 多数からなる**.
語源 ラテン語 *numerus*（⇒number）から派生した 形 *numerosus*（多数の）が初期近代英語に入った. ⇒number; numeral.
用例 His faults are too *numerous* to mention. 彼の欠点は多すぎて枚挙にいとまがない/He led a *numerous* army for the castle. 彼は大軍を率いて城へ向かった.
類義語 numerous; many; innumerable; innumerous:「多数の」の意味では **numerous** は **many** と同意だが, 前者のほうがずっと形式ばった語である. また **innumerable** も多少形式ばった語で「数えきれぬほど多くの, 無数の」の意. innumerable の同意語には **innumerous** があるが, あまり用いられない. なお接頭辞 in- がついていても numerous の反意語ではなく, 「数えられない（ほど多くの）」の意.
【派生語】**númerously** 副 多数で, 非常に多く.

nu·mis·mat·ics /njùːmizmǽtiks/ 名 Ｕ〔形式ばった語〕**貨幣〔古銭〕研究, 古銭収集**.
語源 ギリシャ語 *nomos*（=use; custom）が *nomizein*（=to have in use）を経て *nomisma*（=current coin）となり, ラテン語を経てフランス語 形 *numismatique* から 18 世紀に入った.

num·skull /námskàl/ 名 Ｃ〔くだけた語〕**ばか者, まぬけ**.
語源 numb+skull として 18 世紀から.

nun /nán/ 名 Ｃ〔一般語〕**修道女, 女僧**, 【鳥】あおがら, いえばと.
語源 後期ラテン語 *nonna*（=child's nurse）が nunne として古英語に入った.
対照語 monk（男の修道僧）.
【派生語】**núnnery** 名 Ｃ〔文語〕**女子修道院**.

nup·tial /nápʃəl/ 名 Ｃ 形〔形式ばった語〕〔限定用法〕**結婚（式）の**. 名 として〔複数形で〕**結婚式**.
語源 ラテン語 *nubere*（=to marry）の過去分詞 *nuptus* から派生した *nuptialis*（=of marriage）が中英語に入った.

nurse /nə́ːrs/ 名 Ｃ 動 本来他〔一般語〕**病院で患者の看護にあたる人, 看護婦[師]**. その他〔古風な語〕赤ん坊に授乳する乳母（⇨）(wet nurse), 授乳しないで世話だけする保母（dry nurse), あるいは子守（女）(nursemaid), 比喩的に何かをはぐくむもの[人], 【林】**保護樹**, 【昆虫】**保母蜂（蟻）**. 動 としては, 病人を**看護[看病]する, 赤ん坊に乳を飲ませる**, あやす, 大事に面倒をみる, 酒などをちびりちびり飲む, また希望, 恨み, 不満などを心に抱くという意味にもなる.
語源 ラテン語 *nutrire*（=nourish）から 形 *nutricius*（栄養のある）が派生し, 後期ラテン語で「養母, 乳母」を意味する *nutricia* になって, 古フランス語 *nourice, norice, nurice* を経て中英語に入った. 動 は「養う」の意の中英語 nurish また norsh が初期近代英語で nurse に同化してできた. nourish と同語源.
用例 She wants to be a *nurse*. 彼女は看護婦になりたいと思っている/The children have gone out with their *nurse*. 子供たちは保母と一緒におもてに出ている/the *nurse* of cooperative mind 協調性を育てる場/I don't know how she manages to knit while *nursing* the baby. いったい彼女は赤ん坊に乳

を飲ませながらどうやって編みものをするのか/He nurses his tomato plants. 彼はトマトの苗を大事に育てている/He nursed a hope that he would succeed. 彼は成功したいという望みを抱いていた.

【慣用句】**be at nurse** 乳母に預けられている. ***put ... (out) to nurse*** ...を乳母に預ける.

【派生語】**nursery** 名 ⇒見出し. **núrsing** 名 Ⓤ 看護, 看護婦[師]の仕事, 授乳, 保育: **nursing bottle** 哺乳びん/**nursing home** 診療所付き老人ホーム, (英)小規模の個人病院. **núrsling, núrseling** 名 Ⓒ 乳母に育てられる幼児, 乳飲み子, (くだけた語)大事に育てられる人[もの].

【複合語】**núrsemaid** 名 Ⓒ 子守(女).

nurs·er·y /nə́ːrsəri/ 名 Ⓒ (⇒nurse) 〔一般語〕
[一般義] 子供たちを預かる託児所[室] (★day nursery, (米)day-care center ともいう). [その他] 子供部屋, 育児室, 転じて苗床, 種苗(場), 養殖[養魚, 飼育]施設, あるいは何かをはぐくむ[育てる]所[状況, 条件] (《★「悪の温床」のように悪い意味にもなる).

[語源] ⇒nurse.

[用例] The children spend most of the day in the *nursery*. 子供たちはほとんどまる一日保育所の中で過ごしている/You can buy tomato plants at the *nursery*. トマトの苗は種苗場で買うことができる.

【複合語】**núrseryman** 名 Ⓒ 種苗場の主人, 苗木商. **núrsery rhỳme** 名 Ⓒ 伝承された童謡((米) Mother Goose rhyme). **núrsery schòol** 名 ⒸⓊ 5 歳未満の幼児のための保育園.

nursing ⇒nurse.
nursling ⇒nurse.

nur·ture /nə́ːrtʃər/ 動 [本来他] 名 Ⓤ 〔やや文語的〕
[一般語] [一般義] (しばしば受身で)人を養育する, 考えや好みを大切に守り大きく育てる, はぐくむ. [その他] 希望や信念を抱き続ける. 名 として栄養物, 養成, 教育.

[語源] ラテン語 *nutrire* (=to nurse)の過去分詞 *nutritus* から派生した 名 *nutritura* (=nursing)が古フランス語を経て中英語に入った.

nut /nʌ́t/ 名 Ⓒ 動 [本来自] 〔一般語〕[一般義] くり, くるみ, アーモンドなど, 堅い木の実 (日本語の「木の実」は英語では nut (堅果)と berry (漿果)に区別される). [その他] 比喩的に木の実のように堅いもの, たとえば【機】留めねじ, ナット(⇔bolt), (英)(複数形で)石炭の小塊, 弦楽器の糸受け, (くだけた語)頭などの意. 転じて, 頭, 頭脳の使い方がおかしいということから(くだけた語)変人, 狂人, あるいは 1 つのことに夢中になるマニア, ...狂, ファンの意にもなる. 木の実のように中に詰まっている「一切の費用」という意味から, (複数形で)諸経費, 制作費用の意味も生じた. 動 として木の実を拾う.

[語源] 印欧祖語 **knud-*(小さく固いもの)に遡ることができる古英語 hnutu から.

[用例] Squirrels eat *nuts*. りすは木の実を食べる/He fixed the handle to the door with a *nut* and bolt. 彼はナットとボルトで取っ手をドアに固定した/It hit him on the *nut*. それは彼の頭に当たった/He's a golf *nut*. 彼はゴルフ狂だ.

【慣用句】***a hard [tough] nut to crack*** 〔くだけた表現〕全く厄介な相手, 難物, 難問だ. ***do one's nut*** 〔くだけた表現〕(英)かっとなる, 頭にくる. ***for nuts*** 〔くだけた表現〕(英)〔否定文で〕少しも, からきし. ***nuts and bolts*** 〔くだけた表現〕(the ~)...の基本, 第一歩; 機械などの動く部分, 実務. ***off one's nut*** 〔俗語〕気が狂って, 見当違いに.

【派生語】**núts** 形 〔くだけた語〕狂気の, ...に夢中の(about). **nútting** 名 Ⓤ 木の実拾い. **nútty** 形 木の実がなる[の多い, 味がする], (くだけた語)〔俗語〕気が狂った, 熱中した.

【複合語】**nútbrówn** 形 栗色の, はしばみ色の. **nútcràcker** 名 Ⓒ くるみ割り器 ([語法](英)では複数形で用いる). **nútshèll** 名 Ⓒ 木の実の殻: ***in a nutshell*** 簡潔に言えば.

nutmeg /nʌ́tmeg/ 名 ⒸⓊ【植】にくずく, ナツメグ, その種子から採る香味料.

[語源] musky nut (じゃこうの香りのする木の実)の意の中英語から.

nutrient ⇒nutrition.
nutriment ⇒nutrition.

nu·tri·tion /njuːtríʃən/ 名 Ⓤ 〔形式ばった語〕
[一般義] 栄養の摂取, 栄養を与えること. [その他] 栄養物, 栄養学.

[語源] ラテン語 *nutrire* (⇒nourish)から派生した *nutritio* が中英語に入った.

【派生語】**nútrient** 形 名 Ⓒ 栄養のある(もの). **nútriment** 名 ⓊⒸ 栄養物[分]. **nutrítious** 形 栄養のある. **nútritive** 形 =nutritious.

nuts ⇒nut.
nutty ⇒nut.

nuz·zle /nʌ́zl/ 動 [本来他] 〔一般語〕[一般義] 豚などが鼻で穴を掘る. [その他] 犬, 馬などが鼻を近づけてくんくんかぐ, 髪などに鼻と口をすりつける[よせる].

[語源] 中英語 nose から派生した 動 noselen (=to bring the nose to the ground) から.

NY, N.Y. (略) = New York.

ny·lon /náilɑn|-lɔn/ 名 Ⓒ 〔一般語〕[一般義] ナイロン, ナイロン製品, (複数形で)ナイロンの靴下(nylon stockings).

[語源] 1938 年, rayon, cotton の語尾にならって命名された. 一説では *vinyl* と *rayon* の混成語ともいわれている.

[用例] My shirt is (made of) *nylon*. 私のシャツはナイロン製です/I bought three pairs of black *nylons*. 私はナイロンの黒い靴下を 3 足買った.

nymph /nímf/ 名 Ⓒ 〔一般語〕【ギ・ロ神】妖精, ニンフ.

[語源] ギリシャ語 *nymphē* (=bride; nymph) がラテン語, 古フランス語を経て中英語に入った.

【派生語】**nymphét** 名 Ⓒ ふしだらな若い娘.

nym·pho·ma·ni·a /nìmfəméiniə/ 名 Ⓤ【医】女性の色情症, 女子淫乱症.

[語源] ギリシャ語 *nymphē* (⇒nymph)+-mania「...狂」として 18 世紀から.

[対比語] satyriasis (男子色情症).

【派生語】**nỳmphomániac** 名 Ⓒ 色情症患者.

N.Z. (略) = New Zealand.

O

o, O¹ /óu/ 名 C 〔一般語〕アルファベットの第15文字, 文字の形からの連想で丸い形をしたもの, 特に電話番号などで0(ゼロ)を表す.

O² /óu/ 感 〔詩〕おお!, ああ!《★大文字を用い文頭に用いる》.

oaf /óuf/ 名 C 〔軽蔑的な語〕図体ばかり大きくて動作がぎこちなく, 頭の回転が遅いうすのろ, ばか者《★特に男性に用いる》.
[語源] 古ノルド語 *álfr* (=elf) が初期近代英語に入った. 「超自然的な存在」という意から現在の意味になった.
【派生語】**óafish** 形 ばかな, 間抜けな.

oak /óuk/ 名 C U 〔植〕かしわ, なら, かしわのぶな科ならち属の樹木の総称, かしの木. 堅く木目が美しいオーク材, 家具類などのオーク製品, 装飾用に利用されるオークの葉, またオーク色, 黄褐色.
[語源] 古英語 *āc* から.
【複合語】**óak trèe** 名 C オークの木. **óak wòod** 名 U オーク材.

oar /ɔ́:r/ 名 C 動 本来他 〔一般語〕ボートをこぐ際に用いるオール, 櫂(かい), ボートのこぎ手.
[語源] 古英語 *ār* から.
[類義] oar; paddle: oar はボートの側面に固定された櫂. paddle は手で持ちながらこぐ櫂.
【慣用句】**put [shove; stick] one's oar in** いらぬ世話をやく. **rest on one's oars** 仕事などを一休みする, 気を抜く.
【複合語】**óarlòck** 名 C 〔米〕オール受け〔英〕rowlock). **óarsman**, **óarswòman** 名 C こぎ手, ボート選手. **óarsmanship** 名 U こぐ腕前, 漕(そう)艇術.

oa·sis /ouéisis/ 名 C 〔一般語〕湧き水が出て植物が育つことのできる砂漠の中の緑地, オアシス. [その他] 比喩的に憩いの時を与えてくれる場所.
[語源] エジプトに起源を持つギリシャ語 *oasis* がラテン語を経て初期近代英語に入った.

oat ⇒oats.

oath /óuθ/ 名 C 〔一般語〕 一般義 神や神聖なものにかけて行う誓い, 宣誓. [その他] 神の名を口にするという行為から, のろい, 怒り, 悪口などを意図する神名濫用の意. また〔古風な語〕のろい, みだらな言葉.
[語源] 古英語 *āth* から.
[用例] He swore an *oath* to support the king. 彼は誓って国王を助けると約束した / He could hear curses and *oaths* from the men outside as they tried to break open the door. 彼には戸を破って入ろうとする外の人どものののしりや悪態の声が聞こえてきた.
【慣用句】**on [under] oath** 〔法〕真実を述べると誓う: The witness is *on [under] oath*. その証人は真実を述べると宣言している. **put ... on [under] oath** 〔法〕人に宣誓させる. **take (an) oath** 誓いをたてる.

oat·meal /óutmi:l/ 名 U 〔一般義〕ひき割りからす麦, オートミール, またオートミールかゆ《★oatmeal por-ridge が正式名称で, 砂糖とミルクを加えて主に朝食に食べる》.
[語源] 古英語 *ote* (=oats) + *mele* (=meal) より.

oats /óuts/ 名 (複)〔植〕《ときに単数扱い》からす麦, オート麦《★家畜の飼料にもなるが, 人間の食糧にもなる》. またオートミール(oatmeal)の意.
【慣用句】**feel one's oats**〔くだけた表現〕元気いっぱいである. **off one's oats**〔くだけた表現〕食欲がなくて.

ob·bli·ga·to /àbligá:tou | ɔ̀b-/ 形 C 〔楽〕声部, 伴奏などが必ず伴う, 省略してはいけないの意. 名 として, 主旋律に絡む装飾的副旋律, 特にオペラのアリアなどに伴う楽器による伴奏.
[語源] イタリア語 *obbligare* (=to obligate) の過去分詞が18世紀に入った.

obduracy ⇒obdurate.

ob·du·rate /ábdjurit | ɔ́b-/ 形 〔形式ばった語〕
一般義 〔軽蔑的〕心が頑なで他人の言葉に動かされない. [その他] 他人の説得に応じない様子をいい, 頑固な, 強情な, また情にほだされない, 無慈悲な.
[語源] ラテン語 *ob-* 強意 + *durare* to harden) の過去分詞 *obduratus* が中英語に入った.
【派生語】**óbduracy** 名 U 強情; 冷酷.

obedience ⇒obey.
obedient ⇒obey.
obediently ⇒obey.

obei·sance /oubéisəns/ 名 C U 〔文語〕 一般義 尊敬や従順の気持ちを身体で表わすためのお辞儀, 会釈. [その他] 尊敬, 服従, 臣従の礼.
[語源] 古フランス語 *obeir* (=to obey) の名 *obeisance* が中英語に入った. ⇒obey.

obe·lisk /ábəlisk | ɔ́b-/ 名 C 動 本来他 〔一般語〕
一般義 丈の高い方形の一本石で, 先細のピラミッド形をしており, 古代エジプトなどで記念碑として建てられた方尖塔, オベリスク. [その他] オベリスク状の形をしたもの, 〔印〕参照を表す標示の短剣符, ダガー(dagger)《†》. 動 としてダガーを付ける.
[語源] ギリシャ語 *obeliskos* (=pointed pillar) がラテン語を経て古フランス語の *obelisque* になり, 初期近代英語に入った.

obese /oubí:s/ 形 〔形式ばった語〕脂肪でひどく肥満している.
[語源] ラテン語 *obedere* (*ob-* 強意 + *edere* to eat) の過去分詞 *obesus* が初期近代英語に入った.
【派生語】**obésity** 名 U 肥満.

obey /əbéi/ 動 本来他 〔一般語〕 一般義 言われたり命令されたりしたことに従う. [その他] 自然の法則, 理性, 衝動などに従って行動する. 自 の用法もある.
[語源] ラテン語 *obedire* (=to listen to; *ob-* to + *audire* to hear) が古フランス語 *obeir* を経て中英語に入った.
[用例] He told me to go home and I *obeyed* (him). 彼は私に帰れと言ったのでその言葉に従った/I *obeyed* the order. 私はその命令に従った/I must *obey* my conscience. 私は良心に従って行動しなければならない.
【派生語】**obédience** 名 U 服従, 従順, 忠順. **obédient** 形 従順な, よく言うことをきく, 素直な: Your *obedient* servant 敬具《★公文書の結びの言葉》. **obédiently** 副.

obit·u·ary /əbítʃuèri | -tjuəri/ 名 C 形 〔一般語〕
一般義 新聞などの刊行物に載せる故人の略歴を伴う死

亡記事, 死亡広告. その他 キリスト教の教会用語で, 死亡者名簿, 過去帳. 形 として死亡の.

語源 ラテン語 *obitus* (=death) から派生した *obituarius* (=report of death) が18世紀に入った.

ob·ject¹ /ˈɑbdʒɪkt, 5b-/ 名 C 〔一般語〕 一般義 見たり触れたりできる物, 物体. その他 動作, 思考, 感情などの対象となる人[物]の意. さらに, 抽象的な対象も指すようになり, 達成しようと努力する目的, 目標などの意が派生した. さらに 文法 目的語, 哲 対象, 客体, 客観の意.

語源 ラテン語 *objicere* (=to throw against; *ob*-against + *jacere* to throw) の過去分詞 *objectus* が「…に対して投げ出された物」「目の前の物」の意で中英語に入った.

用例 I could see a dark *object* in the distance but I could not see what it was. 遠くに黒い物が見えたがそれが何であるかはわからなかった/She was the *object* of his attention. 彼女は彼の注目の的だった/His main *object* in life was to become rich. 彼の人生における主目的は金持になることだった.

【派生語】**objèctificátion** 名 U 客観化, 客体化. **objéctify** 動 本来他 客観化する, 客体化する. **objective** 形 ⇒見出し.

【複合語】**óbject báll** 名 C 〔玉突きで〕的(まと)球. **óbject-finder** 名 C 望遠鏡付属の見出し望遠鏡. **óbject gláss** 名 C 対物レンズ.

ob·ject² /əbˈdʒɛkt/ 動 本来自 〔一般語〕 一般義 反対する, 異議を申し立てる. その他 反対の気持ちや嫌悪感を表す意で, 嫌う, 反感を示す.

語源 ラテン語 *objicere* (⇒object¹) が中英語に入った.

用例 He wanted us to travel on foot but I *objected* (to that). 彼は我々に歩いて行ってほしいと言ったが私は(そのことに)反対した.

【派生語】**objéction** 名 UC 異議, 反対, 不服; 反対理由, 難点, 欠点: have [make; voice] an *objection* to … …に不服を唱える/have an [no] *objection* to [against] … …に異議あり[なし]. **objéctionable** 形 反対されそうな, いやな. **objéctionably** 副. **objéctor** 名 C 反対者.

ob·jec·tive /əbˈdʒɛktɪv/ 形 名 C 〔一般語〕 一般義 客観的な. その他 「見たり触ったりできる物」(⇒object¹) の意より, 実在の, 実際の, 物質的な, 外界のものの意味が生じ, ここから事実に基づき主観を交えないの意で, 「客観的」の意が派生した. また 文法 目的格の, 光学 対物の, 医 症状が患者以外の人にもわかる, 他覚的な. 名 として目的物, 目標物, 比較的すぐに達成可能な目標, 文法 目的語.

語源 ⇒object¹.

用例 He tried to take an *objective* view of the situation and make an *objective* decision. 彼は状況を客観的に見て個人的な感情を交えない決定を行おうと努力した/The travellers' *objective* was the next town. 旅人たちの目的地はとなりの町であった/Our *objective* is freedom for all. 我々の目標とするものは万人の自由である.

反意語 subjective.

【派生語】**objéctively** 副. **òbjectívity** 名 U 客観性.

【複合語】**objéctive cáse** 名 (the ~) 文法 目的格. **objéctive cómplement** 名 C 文法 目的補語.

objéctor ⇒object².

ob·la·tion /əˈbleɪʃən/ 名 C 〔形式ばった語〕 一般義 《複数形で》宗教的な献身の行為や供物を神に捧げること, また捧げられたもの, 供物. その他 《しばしば O-》キリスト教の聖餐式で聖体であるパンとぶどう酒を神に捧げる行為, また捧げられたパンとぶどう酒自体. 一般的に慈善的な贈り物.

語源 ラテン語 *offerre* (⇒offer) の 名 *oblatio* が古フランス語を経て中英語に入った.

ob·li·gate /ˈɑblɪgeɪt, 5b-/ 動 本来他, -git/ 形 〔形式ばった語〕 契約, 約束, 義務感などで, 法的にあるいは道徳的に人に義務を負わせる 《語源 通例受身あるいは ~ oneself で》. 形 として義務的な, 必須の, 不可避な.

語源 ラテン語 *obligare* (⇒oblige) の過去分詞 *obligatus* が初期近代英語に入った.

用例 We are *obligated* to tell the truth in court. 我々は法廷で真実を語る義務がある.

【派生語】**òbligátion** 名 CU 義務, 責任; 恩義, 恩, 義理; 債務: We are all under an *obligation* to help other people. 我々は他の人びとを助ける義務がある. **óbligatòry** 形 法律, 道徳上義務的な, 拘束力のある; 学科が必修の: Military service is *obligatory* in some countries. 兵役は国によっては義務づけられている.

oblige /əˈblaɪdʒ/ 動 本来他 〔やや形式ばった語〕 一般義 道徳的, 法的, あるいは物理的な力で人に行為を強制する, …することを余儀なくさせる. その他 受けた好意や親切に対してありがたく思わせるという意から, 求めに応じて…してやる, …して喜ばす, 恩恵[恩義]を施す, 《受身で》丁寧な表現に用いて感謝している, ありがたく思う. 自 〔くだけた語〕人に好意を示す, 人に親切にする.

語源 ラテン語 *obligare* (*ob*- to + *ligare* to bind) が古フランス語 *obligier* を経て中英語に入った. obligate とは姉妹語.

用例 She was *obliged* to go out to work when her husband died. 彼女は夫が死んだので外へ働きに出ざるをえなくなった/The police *obliged* him to leave. 警察は彼を強制的に追い出した/Could you *oblige* me by taking this to the post office, please? これを郵便局に持っていっていただけませんか/I'd be *obliged* if you'd make less noise. もう少し静かにしていただければありがたいのですが.

類義語 force.

【派生語】**oblíging** 形 人の世話をよくする, 親切な. **oblígingly** 副.

oblique /əˈbliːk/ 形 CU 動 本来自 〔形式ばった語〕 一般義 斜めの. その他 道徳的にまっすぐでないという意味から, 不正な, また間接的な, 遠回しな. 数 斜角の, 植 葉などが左右対称でなく不等辺の, 文法 主格と呼称以外の格を総称する斜格の, 解 筋肉が斜めの, 写 飛行機からカメラを水平あるいは斜めに向けて撮る斜角撮影の, 製図 斜投影法の. 名 として斜めになっているもの, 斜線, 解 斜筋, 文法 斜格, 写 斜空中写真. 動 として斜めになる.

語源 ラテン語 *obliquus* (=slanting) が古フランス語を経て中英語に入った.

【派生語】**obliquely** 副 斜めに; 遠回しに.

ob·lit·er·ate /əˈblɪtəreɪt/ 動 本来他 〔一般語〕 一般義 何かをぬぐったり削り取ったりして消してしまう. その他 文字などを消す, 抹消する, 足跡などを痕跡をと

どめぬまでに除去する，また記憶から消し去ることにより存在を消滅させる．
語源 ラテン語 *oblitterare*（＝to erase; *ob*- against ＋*littera* letter）が初期近代英語に入った．
【派生語】**oblìterátion** 名 U 抹消；手術などに関連する組織の除去；《病理》管腔の閉塞．

ob·liv·i·on /əblíviən/ 名 U 〔やや形式ばった語〕
一般語 忘れること，忘れられること，忘却．その他 人々に忘れられて，今は世に知られていない状態．また《法》罪を公に許す大赦．
語源 ラテン語 *oblivio*（＝forgetfulness）が古フランス語を経て中英語に入った．
用例 He lived in complete *oblivion* of his wicked deeds. 彼は自分の悪行を全く忘れて暮らしていた．
【派生語】**oblívious** 形 気づかない，忘れている，忘れっぽい．**oblíviously** 副．**oblíviousness** 名 U.

ob·long /ábləːŋ|ɔ́b-/ 形 名 C 〔一般語〕横長の，長方形の．名として長方形のもの，横長のもの．
語源 ラテン語 *oblongus*（＝longish; *ob*- toward＋*longus* long）が中英語に入った．

ob·lo·quy /ábləkwi|ɔ́b-/ 名 U 〔形式ばった語〕相手を罵倒する言葉，悪評，汚名．
語源 ラテン語 *obloqui*（*ob*- against＋*loqui* to speak）の名 *obloquium* が中英語に入った．

ob·nox·ious /əbnɑ́kʃəs|-nɔ́k-/ 形 〔形式ばった語〕いやな，不愉快な，不快な．
語源 ラテン語 *obnoxius*（*ob*- exposed to＋*noxa* harm）が初期近代英語に入った．
【派生語】**obnóxiously** 副．**obnóxiousness** 名 U.

oboe /óubou/ 名 C 《楽器》オーボエ（★木管楽器）．
語源 イタリア語 *oboe* が18世紀に入った．
【派生語】**óboist** 名 C オーボエ奏者．

ob·scene /əbsíːn/ 形 〔一般語〕わいせつな，みだらな，《英法》出版物が公序良俗に反する．
語源 ラテン語 *obscenus*（＝filthy; *obs*- exposed to＋*caenum* filth）が古フランス語を経て初期近代英語に入った．
【派生語】**obscénely** 副．**obscéneness** 名 U.**obscénity** 名 UC わいせつ(行為)，卑猥(ʰ^い)．

ob·scure /əbskjúər/ 形 動 本来他 〔一般語〕一般語 意味や説明などが不明瞭で理解し難い，音や形などが不鮮明ではっきり感知できない．その他 光が不足していて暗い，ぼんやりした，色などがどんよりした，場所などが目立たない，へんぴな，隠された，人が世に知られていない，無名の，《音》母音があいまいな．動として（しばしば受身で）見えなくする，覆い隠す，暗くする．
語源 ラテン語 *obscurus*（＝covered over; dark; unknown）が古フランス語を経て中英語に入った．「空を覆うもの，雲」が原義．
用例 I find his comments on my essay rather *obscure*. 私のエッセーに対する彼の意見はかなりあいまいなものだと思う／The book was hidden in an *obscure* corner of the library. その本は図書室の人目につかない薄暗い隅にうもれていた／You may not have heard of the painter of this portrait—he is rather *obscure*. あなたはこの肖像画を描いた画家のことは聞いてなかったかもしれません． 彼は全く無名ですから／A large tree *obscured* the view from the kitchen window. 大きな木が1本あるため台所の窓からは何も見えない．

類義語 obscure; vague; ambiguous: これらは「不明瞭な」という意味を表す点で類義語であるが，*obscure* が何かに隠れていたり，見る側の見方が悪くてはっきりしないという意味があるのに対して，**vague** は精密さや正確さを欠いていて不明瞭であり，**ambiguous** は 2 つ以上の解釈が可能なためあいまいであるの意．
【派生語】**obscúrely** 副．**obscúrity** 名 UC 暗さ，はっきりしないこと，不明瞭(な点)；世に知られないこと．

ob·se·quies /ábsikwiz|ɔ́b-/ 名《複》〔形式ばった語〕葬式，特に埋葬式．
語源 ラテン語 *obsequiæ*（追従）と *exsequiæ*（葬式）の語形と意味が混同されて中英語に入った．

ob·se·qui·ous /əbsíːkwiəs/ 形 〔形式ばった語〕媚びへつらうような，追従的な．語源 ラテン語 *obsequiosus*（従順な）が中英語に入った．

observable ⇒observe.
observance ⇒observe.
observant ⇒observe.
observantly ⇒observe.

ob·ser·va·tion /àbzərvéiʃən|ɔ̀b-/ 名 UC（⇒observe）〔一般語〕一般語 観察，観測．その他《複数形で》観察[観測]結果，観察報告，観察力，観察[観測]をもとにした意見，考え，所見．
語源 observe.
【慣用句】**keep ... under observation** 患者などを監視[看護]する．
【複合語】**observátion càr** 名 C 列車などの展望車．**observátion tòwer** 名 C 展望塔，観測塔．

observatory ⇒observe.

ob·serve /əbzə́ːrv/ 動 本来他 〔一般語〕一般語 相手の行動などを観察する，監視する，天体や気象などを観測する．その他 観察の結果，気付く，感づく，気付いたことを所見として述べる，評する．また語源的な「注意する」の意味からもう1つの意味的派生が起こり，「注意深く見守る」の意味で，法，慣習，義務，規則などといった決まり事を守る，遵守する，祭礼，儀式，祝日などを慣習に従って挙行する，祝う．
語法 前者の意味的派生からは observation，後者からは observance が，それぞれ observe の名詞形として派生している．
語源 ラテン語 *observare*（＝to watch; *ob*- toward＋*servare* to keep）が古フランス語を経て中英語に入った．
用例 She *observed* his actions with interest. 彼女は彼の行動を興味深く観察した／He *observed* that she arrived late but he did not comment on it. 彼は彼女が遅くやって来たのに気付いていたがそんな事には何もふれなかった／"It's a lovely day," he *observed*. （＝He *observed* that it was a lovely day.）「すばらしい日だ」と彼は口にした／We must *obseve* the rules. 我々は規則に従わなければならない／They *observed* a minute's silence in memory of the dead. 彼らは死者をしのんで1分間の黙とうをした／They still *observe* the old traditions. 彼らは今に昔からの伝統を守っている．
【派生語】**obsérvable** 形．**obsérvance** 名 U 規則やしきたりの遵守，慣習的な行事，慣例；宗教上の儀式，祭典．**obsérvant** 形 注意深い，観察力の鋭い；法律や規則を遵守する．**obsérvantly** 副 注意深く，気をつけて，目を離さないで．**observation** 名 ⇒見出し．**obsérvatòry** 名 C 天文台，気象台，観測所；展

望台. **obsérver** 名 C 会議の立会人, オブザーバー《★採択には加わらない》; 観察者. **obsérving** 形 注意深い, 観察力の鋭い.

ob·sess /əbsés/ 動 [本来他]〔一般語〕[一般義]《通例受身で》妄想などが人の心に取りついて離れない. [その他] 魔物などが人に取りついて悩ませる. 自〔くだけた語〕《米》くよくよ気にする.
[語源] ラテン語 *obsidere* (=to sit down before; *ob-* before + *sedere* to sit) の過去分詞 *obsessus* が初期近代英語に入った.
[用例] He is *obsessed* by the fear of death. 彼は死の恐怖に取りつかれている.
【派生語】**obséssion** 名 UC 取りつくこと, 強迫観念. **obséssional** 形 強迫の. **obséssionally** 副. **obséssive** 形 つきまとって離れない. **obséssively** 副. **obséssiveness** 名 U.

obsolescence ⇒obsolete.
obsolescent ⇒obsolete.
ob·so·lete /ábsəliːt | ˌ ́ːb-/ 動 [本来他]〔一般語〕[一般義] 言葉などが廃れた, もはや使われていない. [その他] 動物の器官などが退化した. 動 として廃れさせる.
[語源] ラテン語 *obsolescere* (=to grow old) の過去分詞 *obsoletus* が初期近代英語に入った.
【派生語】**òbsoléscence** 名 U 老朽(化), 退化. **obsoléscent** 形 廃れかかった, 次第に廃れていく.

ob·sta·cle /ábstəkl | ́ːb-/ 名 C〔一般語〕前方に立ちふさがって行く手を阻むもの, 障害(物), 邪魔(物).
[語源] ラテン語 *obstare* (= to withstand; *ob-* against + *stare* to stand) から派生した 名 *obstaculum* が古フランス語を経て中英語に入った. ⇒stand; obstetric.
[用例] His inability to learn foreign languages was an *obstacle* to his career. 彼が外国語を習得できないということが彼の職業への障害となった/Her parents tried to put *obstacles* in the way of her marriage. 彼女の両親は彼女の結婚に際してあの手この手で邪魔をしようとした.
【複合語】**óbstacle ràce** 名 C 障害物レース.

ob·stet·ric /əbstétrik | ɔb-/ 形 《医》産科の.
[語源] ラテン語 *obstetrix* (=woman who stands before 産婆) の 形 *obstetricius* が18世紀に入った. ⇒obstacle.
【派生語】**òbstetrícian** 名 C 産科医. **obstétrics** 名 U 産科学.

obstinacy ⇒obstinate.
ob·sti·nate /ábstinət | ́ːb-/ 形〔やや形式ばった語〕[一般義] 意見, 方針, 目的などに強力に固執して頑固な. [その他] コントロールが難しくて手に負えない, 病気などが治りにくい.
[語源] ラテン語 *obstinare* (= to persist) の過去分詞 *obstinatus* が中英語に入った.
[用例] She won't change her mind—she's very *obstinate*. 彼女は考えを変えないよ. とても頑固だからね.
【派生語】**óbstinacy** 名 U 頑固, 強情. **óbstinately** 副.

ob·strep·er·ous /əbstrépərəs/ 形〔形式ばった語〕[一般義] 子供や酔っぱらいなどが, うるさく, 反抗的で騒がしい. [その他] 動物などが荒れて暴れている.
[語源] ラテン語 *obstrepere* (= to shout at; *ob-* to + *strepere* to make a noise) の 形 *obstreperus* が初期近代英語に入った.

ob·struct /əbstrʌ́kt/ 動 [本来他]〔一般語〕[一般義] 通路や入口に障害物を置いて進行を妨げる. [その他] 水の流れ, 交通, 光, 音, 眺め, 議事の進行などを妨げる, 妨害する, 遮る.
[語源] ラテン語 *obstruere* (= to block up; *ob-* against + *struere* to pile up) の過去分詞 *obstructus* が初期近代英語に入った. ⇒structure.
[用例] The road was *obstructed* by a fallen tree. 道路は倒れた木でふさがれた/The crashed lorry *obstructed* the traffic. 衝突したトラックが交通を遮った/A thick curtain *obstructed* the light. 厚いカーテンが光を遮った.
【派生語】**obstrúction** 名 UC 妨害, 障害(物), 邪魔物. **obstrúctionism** 名 U 議事妨害. **obstrúctionist** 名 C 妨害行為をする人. **obstrúctive** 形.

ob·tain /əbtéin/ 動 [本来他]〔形式ばった語〕[一般義] 強く望んでいるものを努力などで手に入れる. [その他]《人, 事を主語として》…をもたらす, 人に…を得させる. 自「獲得してそれを定着させる」の意から, 制度, 風習, 法律などが世の中に行き渡る, 流行する, 意見などが通用する, 認められる.
[語源]「しっかりとつかむ」を意味するラテン語 *obtinere* (*ob-* 強意 + *tenere* to hold) が古フランス語を経て中英語に入った. ⇒contain.
[用例] He *obtained* a large sum of money by buying and selling houses. 彼は家を売買して多額な金を手に入れた.
【類義語】⇒get.
【派生語】**obtáinable** 形 手に入る, 買える: That book is no longer *obtainable*. その本はもはや入手不可能だ.

ob·trude /əbtrúːd/ 動 [本来他]〔一般語〕[一般義] 相手が望まないのに, 考えや意見などを相手に押しつける. [その他] 頭などを押し出す, 突き出す.
[語源] ラテン語 *obtrudere* (to push forward; *ob-* toward + *trudere* to thrust) が初期近代英語に入った.
【派生語】**obtrúsion** 名 U. **obtrúsive** 形 出しゃばりな, 目障りな, 突出した.

ob·tuse /əbtjúːs/ 形〔形式ばった語〕〔軽蔑的〕頭の働きが鈍感な,《数》鈍角の (⇔acute),《植》葉や花弁の先が丸味を帯びている, 鈍形の.
[語源] ラテン語 *obtundere* (= to blunt; *ob-* against + *tundere* to beat) の過去分詞 *obtusus* が初期近代英語に入った.
【派生語】**obtúsely** 副 鈍く, 鈍感に. **obtúseness** 名 U.

ob·verse /ábvəːrs | ́ːb-/ 名 形〔形式ばった語〕《the ~》[一般義] メダル, コインなどの主要な図案が描かれた面, 表面. [その他] 一般的に事物の表側, 前面, 問題や事実などの反対側, 反面,《論》換質命題. 形 として表面の, 反対側の,《植》葉などの根元が先端より細い鈍頭形の, 倒生の.
[語源] ラテン語 *obvertere* (= to turn toward; *ob-* toward + *vertere* to turn) の過去分詞 *obversus* が初期近代英語に入った. ⇒verse.

ob·vi·ate /ábvièit | ́ːb-/ 動 [本来他]〔やや形式ばった語〕[一般義] 好ましくない事物や危険を心配して未然に防ぐ, 取り除く. [その他] 事物を必要のないものにする, 不要にする.
[語源] ラテン語 *obviare* (= to meet in the way; to

ob·vi·ous /ábviəs|ɔ́b-/ 〔一般語〕隠れている部分がなく, 見てすぐわかるくらいに明らかな, **明白で**, 容易に知覚あるいは理解できるほどに**見え透いた**.

[語源] ラテン語 *obvius*(道をふさいでいる; *ob-* against + *via* way)が,「誰にでも目につく」→「明白な」と意味的に派生して初期近代英語に入った.

[用例] There has been no *obvious* improvement in the condition of the patient. その患者の容体に明らかな改善はなかった.

[類義語] obvious; evident; apparent; clear; plain; manifest: **obvious** がすべてがはっきり見えるので誰にでもわかることを意味するのに対し, **evident** は外に現れている事柄から推論してはっきりしている, **apparent** は目に見えることから判断して明白である, **clear** は混乱や誤解を引き起こす要素は全くない, **plain** は単純で複雑なところが全くないのですぐにわかる, そして **manifest** は推論や判断を行う必要がない程すぐにあるいは直感的に認識できるという意味をそれぞれ含意している.

【派生語】**óbviously** 副. **óbviousness** 名U.

oc·a·ri·na /àkərí:nə|ɔ̀k-/ 名C 〔楽器〕陶製またはプラスチック製の, 楕円形をした小型の吹奏楽器, オカリナ.

[語源] イタリア語 *oca*(=goose)の指小語が 19 世紀に入った. その形の連想から.

oc·ca·sion /əkéiʒən/ 名CU 動 本来義 〔一般語〕
一般義 何か事を行うための特定の場, **場合**. その他 適切でふさわしい時機, **好機**, 特別な行事のある時, **式典, 祭礼**, 〔形式ばった語〕事が起こる原因となるきっかけ, **偶然の近因, 理由, 根拠**. 動 として…を引き起す, 人に心配などをかける.

[語源] ラテン語 *occidere*(=to fall down; *ob-* upon + *cadere* to fall)から派生した 名 *occasio*(物事が降りかかってくること→偶然の機会)が古フランス語を経て中英語に入った. ⇒case; occident.

[用例] I've heard him speak on several *occasions*. 私は何度か彼が話すのを聞いたことがある/You should change your job if the *occasion* arises. 機会があれば君は仕事を変えるべきだ/The wedding was a great *occasion*. 結婚式は盛大だった/You've no *occasion* to do that. 君にはそうする理由がない/What *occasioned* his remark? 彼は何故そんな事を言ったのだろうか.

[類義語] case.

【派生語】**occásional** 形 時折の, たまの; 特別な場合の, 臨時の. **occásionally** 副 時折, 時々.

Oc·ci·dent /áksidənt|ɔ́k-/ 名 〔一般語〕〔the ~〕元来は「西」という意味だが, 大文字で始まる場合は, ヨーロッパ諸国に北米を含めた, いわゆる**西欧, 西洋, 西半球**の意.

[語源] ラテン語 *occidere*(=to set; to fall down)の現在分詞 *occidens* が中英語に入った. 原意は太陽が没する地, すなわち西方. ⇒occasion.

【派生語】**Òccidéntal** 形 (時に O-)西洋の, 西欧の. 名C 洋人.

oc·clude /əklú:d|ɔk-/ 動 本来義 〔一般語〕穴などをふさぐ, 入り口などを**閉鎖**する. 自 〔歯〕咬合(こうごう)する, 〔化〕吸収する.

[語源] ラテン語 *occludere* (*ob-* 強意 + *claudere* to close)が初期近代英語に入った. ⇒close.

【派生語】**occlúsion** 名U 閉塞, 〔気〕閉塞前線, 〔歯〕咬合, 〔音〕呼気の通過が完全にせき止められる閉鎖, 〔理〕気体が固体内部に吸収される吸蔵.

oc·cult /əkʌ́lt|ɔk-/ 形U 動 本来義 〔一般語〕
一般義 人間の理解力を超え, **超自然の, 神秘的な**. その他 明らかにされない, **秘密の**, あるいは目に見えない, 〔医〕肉眼では見えないくらいのごく微量の. 名 として 〔the ~〕超自然の力による**不思議な出来事[行為]**. 動 として, 何かを見えなくする, 隠す.

[語源] ラテン語 *occulere*(=to cover up)の過去分詞 *occultus*(=hidden; secret)が初期近代英語に入った. ⇒conceal.

【派生語】**occúltism** 名U **神秘主義**, 神秘学.

occupancy ⇒occupy.

occupant ⇒occupy.

oc·cu·pa·tion /àkjupéiʃən|ɔ̀k-/ 名CU 〔形式ばった語〕一般義 人が生計を立てるために従事している**職業, 定職**. その他 〔一般語〕場所, 時間, 地位などの占有, 保有, 〔通例 the ~〕**占有権, 占有期間, 軍隊による土地の占領, 占拠**. 本来は「占めること」「専有」の意で, そこから, 人が従事している**仕事, 活動**, 一般義の「職業」の意となった.

[語源] ⇒occupy.

[類義語] job.

[用例] "What is your *occupation*?" "I am a teacher."「あなたの職業は何ですか」「先生をしています」/He agreed to the family's *occupation* of his brother's house. 彼は兄弟の家にその家族が住みつくことに同意した/The people resented the *occupation* of their country by a foreign power. 人々は祖国が外国の軍隊に占拠されたことに腹を立てた/I have various *occupations* on wet winter evenings. 雨の降っている冬の午後はいろいろな過ごし方をして忙しくしています.

【派生語】**òccupátional** 形 職業上の; 占領の.

occupier ⇒occupy.

oc·cu·py /ákjupài|ɔ́k-/ 動 本来義 〔一般語〕一般義 空間, 時間, 場所, 建物, 地位などを**占める**. その他「定住したり強奪して家を占める」の意から, **占有する, 占領する**, また比喩的に「心を占める」で, 仕事などに**専心させる, 従事させる**などの意.

[語源] ラテン語 *occupare*(=to take possession of; *ob-* 強意 + *capere* to seize)が古フランス語を経て中英語に入った. ⇒capture; chase.

[用例] The job will *occupy* very little of your time. その仕事にはほとんど時間がかからないでしょう/A table *occupied* the centre of the room. テーブルが部屋の真ん中にあった/He *occupies* an important position in the steel industry. 彼は鉄鋼業界で重要な地位についている/The family *occupied* a two-roomed flat. その家族は 2 部屋のアパートに住んでいた/The soldiers *occupied* the town. 兵士たちはその町を占領した/The baby *occupied* herself playing with her toy. その赤ん坊は自分のおもちゃで遊んでいた/She *occupied* herself with various small jobs. 彼女はいろいろとつまらない仕事に従事していた.

【派生語】**óccupancy** 名U. **óccupant** 名C 家や土地の**占有者, 居住者**(★借地人または所有者). **occupation** 名 ⇒見出し. **óccupìer** 名C (主に英)= occupant.

oc·cur /əkə́:r/ 動 本来自 〔形式ばった語〕一般義 予想

もしないような事が偶発的に起こる,**発生する**.その他 物事に出会うという本来の意味から,動植物などが**見出される**意であるなどり,「起こる」と意味になった.また比喩的に考えると心や頭の中に思い浮かぶ,**思いつく**の意.

語源 「…を探し求めて向かってゆく」の意のラテン語 *occurrere* (*ob*- toward + *currere* to run) が初期近代英語に入った.

用例 The accident *occurred* yesterday morning. 昨日の朝その事故は起こった/Oil *occurs* under the North Sea. 石油が北海の下で見つかった/An idea *occurred* to him. ある考えがふと彼に浮かんだ.

類義語 ⇒happen.

【派生語】occúrrence 名 CU 出来事,事件; 事件などが起こること,発生,出現.

ocean /óuʃən/ 名 CU 〔一般語〕一般義〔通例 the 〜〕**大海,海洋**.その他 (米) 海(sea), 《the O-》世界の5つの**大洋**の1つ,比喩的に**広大な広がり,莫大な量**.

参考 5 大洋は, the Atlantic Ocean (大西洋), the Pacific Ocean (太平洋), the Indian Ocean (インド洋), the Arctic Ocean (北氷洋), the Antarctic Ocean (南氷洋).

語源 「円盤状の地球を取り巻いて流れる大河」を意味するギリシャ語 *ōkeanos* がラテン語で *oceanus* となり,古フランス語を経て中英語に入った.

用例 Issac Newton said, "The great *ocean* of truth lay all undiscovered before me." アイザック・ニュートンは「私の前には大海のような広大な真理の広がりが未発見のままになっていた」と言った.

【派生語】òceanárium 名 C (複 〜s, -ia) 海洋水族館. òceánic 形 海洋の. òceanógraphy 名 U 海洋学. òceanólogy 名 U 海洋研究 (★海洋学を含む海洋に関するあらゆる調査・研究の総称).

【複合語】ócean-góing 形 遠洋 [外洋] 航行の. ócean làne 名 C 遠洋 [大洋] 航路. ócean líner 名 C 遠洋 [大洋] 定期船 《語法》単に liner ともいう》.

Oce·an·i·a /òuʃiænia-éinjə/ 名 大洋州, オセアニア (★オーストラリア大陸,ニュージーランド,ポリネシアおよびメラネシアを含む).

語源 ラテン語 *oceanus* (⇒ocean) がフランス語を経て19世紀に入った.

oceanic ⇒ocean.

oceanography ⇒ocean.

oceanology ⇒ocean.

o'clock /əklák|-klɔ́k/ 副 〔一般語〕時刻を示し,**…時**, 方向を時計の文字盤と見なし,正面前方を12時として位置や方向を示すのに用いられる…時.

語源 of the clock が短縮されたもの.中英語から.なお of は by の由.

語法 「…分」まで述べる際には用いない: It is ten twenty now. 今10時20分です.

用例 It happened between two and three *o'clock* in the morning. それは午前2時と3時の間に起こった/She is coming by the three *o'clock* train. 彼女は3時の列車でやって来ることになっている/"An airplane is approaching at six *o'clock*," said the pilot. 「6時の方向から飛行機が接近中」とパイロットは言った.

Oct. 《略》= October.

oc·ta·gon /áktəgàn|ɔ́təgən/ 名 C 〔一般語〕一般義 **八角形,八角形の建築物**.

語源 ギリシャ語 *oktagōnos* (= eight angled; *oktō* eight + *gōnia* angle) がラテン語を経て初期近代英語に入った.

【派生語】octágonal 形 八角形の.

oc·tane /áktein|ɔ́k-/ 名 U 《化》石油中に含まれ, C8H18の組成式をもつ**液体炭化水素, オクタン**, あるいは**オクタン価**(octane number).

語源 oct- (= eight) + -ane (飽和炭化水素を表す語尾). 19世紀から. ⇒October.

【複合語】óctane nùmber 名 U オクタン価 (★ガソリンなどのアンチノック性を測る指数).

oc·tave /áktiv|ɔ́k-/ 名 C 《楽》**八度音程, オクターブ**, 《詩》八行連句, 《フェンシング》受けの構えの一種である第八の構え, 《キ教》祭日から数えて八日目. 形 として **1**オクターブの, 《詩》**8 行の**.

語源 ラテン語 *octo* (= eight) から派生した *octava* (= eighth) が古フランス語を経て中英語に入った.

oc·ta·vo /aktéivou, -tá:-|ɔk-/ 名 UC 〔一般語〕本のページの大きさで,一枚の全紙を八つ折にした 15.3cm × 24cm のもの, **八つ折判, オクタボ判**, またオクタボ判の**本**.

語源 ラテン語 *octavo* (= eighth) が初期近代英語に入った.

oc·tet, oc·tette /aktét|ɔk-/ 名 C 《楽》**八重奏[唱](曲,団)**, 《詩》ソネットの最初の八行連句, 《化理》**八重項**. 元来八個一組のものの意.

語源 ラテン語 *octa*- (= eight) より duet などからの類推によって19世紀に作られた.

Oc·to·ber /aktóubər|ɔk-/ 名 UC 〔一般語〕**10 月**, 《英》**10 月醸造のビール**.

語源 ラテン語 *octo* (= eight) から派生した *October* (= eighth month) が古英語に入った. 古代ローマ暦では3月を年初めとして計算していたため, 10月が第8月に当たっていた.

oc·to·ge·nar·i·an /àktədʒinéəriən|ɔ̀k-/ 形 C 〔形式ばった語〕**80歳代の**. 名 として **80歳代の人**.

語源 ラテン語 *octoginta* (= eighty) から派生した 形 *octogenarius* が 19世紀に入った.

oc·to·pus /áktəpəs|ɔ́k-/ 名 C 《動》**たこ**.

語源 ギリシャ語 *októpous* (*octō* eight + *pous* foot) から. 18世紀に入った.

oc·u·lar /ákjulər|ɔ́k-/ 形 C 〔形式ばった語〕一般義 **目の,目に関する**. その他 眼球に似ている, 視覚上の. 名 として 顕微鏡などの**接眼レンズ**.

語源 ラテン語 *oculus* (= eye) の 形 *ocularis* がフランス語を経て初期近代英語に入った. ⇒eye.

【派生語】óculist 名 C **眼科医**.

ODA /óudi:éi/ 名 《略》= Official Development Assistance (政府開発援助) (★先進国が開発途上国に行う援助).

odd /ád|ɔ́d/ 形 C 〔一般語〕一般義 「2つ一組のものからはみ出した」の意で, **半端な, 余分の, 片方の**. その他 上に突き出ているものという本来の意味から三角形となり, 三角形の3は2で割り切れないことから「半端な」の意味が生じ, これより, **端数の, 奇数の**の意味も派生する. また, それは規則的ではないということで, 臨時のの意味になり, さらに**風変わりな, 普通でない, 奇妙な, 場所などが辺ぴな**などの意味が派生した. 名 として **半端なもの, 残り物**.

odds /ádz|ɔ́dz/ 名《複》〔一般語〕「一方に有利な差」の意で, **勝ち目, 勝算**. その他 本来「不平等」を意味する語で, 一方にかたよっているということから, **優劣の差, 利害**などの意が生じ, 「勝ち目」の意となった. さらに, 単に**見込み, 可能性, 確率**などの意となり, 競技などで優劣をなくすため弱者に与えられる**有利な条件, ハンディキャップ**, またギャンブルなどの**賭け率, オッズ**の意.
語源 odd の複数形. ⇒odd.
用例 They are fighting against heavy *odds*. 彼らは勝ち目のない戦いをしている/ The *odds* are that he will win. たぶん彼は勝つでしょう.
【慣用句】 **be at odds with ... over ...** 〔くだけた表現〕…と…と争っている: He has *been at odds with* his brother for years *over* the money their father left them. 彼は何年もの間父親が残した金のことで兄弟と争っている. **It's odds on that ...** 〔くだけた表現〕**多分…だろう**: *It's odds on that* he will win. おそらく彼は勝つでしょう. **make no odds** 〔英〕**大差ない, どうでもいい**: We haven't got quite as much money as we wanted, but *makes no odds*. 我々には望むだけの金はないが, そんなことはどうでもいいことだ. **what's the odds?** そんなことどうでもいいことだ: We didn't win the competition but *what's the odds?* 我々はその競技に勝てなかったが, そんなことはどうでもいいことだ.
【複合語】 **ódds and énds** 名《複》がらくた. **ódds-ón** 形 勝ち目のある, 可能性の強い, …しそうな.

ode /óud/ 名 C 〔文〕**頌**(しょう), **オード** (★敬愛する人や事柄に対して自分の気持ちを訴えかける叙情詩).
語源 ギリシャ語 ōidē (=song) がラテン語を経て初期近代英語に入った.

odious ⇒odium.
odiously ⇒odium.

odi·um /óudiəm/ 名 U 〔形式ばった語〕〔一般義〕**憎悪**. その他 強い嫌悪, 軽蔑, また恥ずべき行為によって生じた世間の非難, 不評.
語源 ラテン語 *odium* (=hatred) が初期近代英語に入った.
派生語 **ódious** 形 憎らしい. **ódiously** 副.

odom·e·ter /oudάmətər|ɔdɔ́m-/ 名 C 〔一般語〕車の走行距離計, オドメーター.
語源 ギリシャ語 *hodometron* (*hodos* way + *metron* measure) から出た 18 世紀に入った.

odor, 〔英〕 **-dour** /óudər/ 名 CU 〔形式ばった語〕〔一般義〕快・不快を問わずにおい, 香り. その他 「物事を暗示するにおい」の意で, 比喩的に**気味, 気**, さらに**評判, 人気, 名声**.
語源 ラテン語 *odor* が古フランス語を経て中英語に入った.
用例 There is an *odour* of fish in this boat. この船は魚のにおいがする/ That singer fell into ill [bad] *odour*. その歌手は人気が落ちた.
類義語 ⇒smell.
【慣用句】 **be in good [bad] odor with ...** …に評判がよい[悪い], 人気がある[ない]: The teacher *is in good odor with* his pupils. その先生は生徒達に評判がいい.
派生語 **ódorìze** 動 本来山 においをつける. **ódorless** 形 無臭の. **ódorous** 形〔詩語〕**芳**(こう)しい.

odor·if·er·ous /òudərífərəs/ 形 〔形式ばった語〕〔一般義〕残り物などが悪臭を放つ. その他 比喩的に人が道徳的な面で鼻持ちがならない.
語源 ラテン語 *odor* (⇒odor) から派生した *odorifer* (=fragrant) が中英語に入った.

odorize ⇒odor.
odorless ⇒odor.
odorous ⇒odor.
odour /óudər/ 名 C 〔英〕=odor.

Od·ys·sey /άdisi|ɔ́d-/ 名 C 〔ギ神〕(the ~) **オデュッセイア, オデュッセイ** (★ギリシャの詩人 Homer がトロイ戦争からのオデュッセウス (Odysseus) の凱旋帰国を歌った叙事詩の題目), また (o-) 〔文語〕**長い冒険旅行**.

OECD /óui:sì:dí:/〔略〕 =Organization for Economic Cooperation and Development (経済協力開発機構).

Oedi·pus com·plex /édipəs kάmpleks|í:dkɔ́m-/ 名 (the ~) 〔精神分析〕**エディプス・コンプレックス** (★子供, 特に男児が, 異性の親に対して思慕を募らせ, 同性の親に対して敵意を持つ心的状態; ギリシャ神話のオイディプスが父を殺し母を妻にしたという伝説から, フロイトが作った用語).
対照語 Electra complex.

o'er /ɔər, óuər/ 副 前 〔詩語〕=over.

of /əv|ɔv, 弱 əv/ 前 〔一般語〕〔一般義〕「所有・所属」を表し…の, …に属する, および「部分・分量」を表し…の中の, …の中から. その他 「材料」の意味を表し…で作った, …から成る. 「起源」を表し…出の, …から, 「動機・原因・理由」を表し…から, …のために, 「主題」を表し…についての, 「同格」を表し…の, …という, 「目的関係」を表し…の, …を, 「分離・離脱」を表し…から.
語源 古英語から. off とは姉妹語.
用例 This farm is the property *of* my family. この農場は私の家族の地所です〔所有〕/ He broke the

leg *of* the chair. 彼はいすの足を折った《所属》/All *of* us knew that young lady. 我々はみんなその若い女性と顔見知りであった《部分》/Will you give us a pound *of* butter and a pint *of* milk? バター1ポンドとミルク1パイントをいただけませんか《分量》/This box is made *of* cedar wood. この箱はヒマラヤスギで作られている《材料》/At last her mother made a good dancer *of* her. ついに彼女の母は彼女をすばらしいダンサーに育て上げた《材料》/She comes *of* a good family. 彼女は家柄がいい《起源》/She died *of* a fever. 彼女は高熱が続いて死んだ《原因》/We are studying the history *of* aviation. 私たちは飛行の歴史を研究している《主題》/the city *of* New York ニューヨーク市《同格》/They have a great love *of* dogs. 彼らは犬を非常に愛している《目的関係》/We must be within five miles *of* London. 我々はロンドンから5マイル以内の所にいるに違いない《分離》/She was robbed *of* her jewels. 彼女は宝石類を盗まれた《離脱》.

[語法] of には上述のような意味の外に, ❶《米》で to の代わりに時刻を表すのに用いられ, ...分前を意味する: It's a quarter *of* eight now. 今8時15分前です. ❷ 決まった時を表す名詞を伴って, その時の習慣的行為や事件に関する副詞を作る. ただしこれは古風な表現: They usually go to church *of* a Sunday. 彼らは通常日曜日には教会へ行きます/The old man died *of* a Monday morning. その老人はある月曜日の朝に死んだ. ❸《名詞+of+a+名詞》の形で前の名詞が後の名詞を修飾して, 〜のような意味にする: a beast *of* a man 野獣のような男/an angel *of* a girl 天使のような女の子/a devil *of* a job 〔くだけた表現〕とてもやっかいな仕事/a hell *of* a year 〔くだけた表現〕地獄のような1年.

off /5(:)f/ 副 前 形 〔一般語〕 [一般義] 空間的分離や隔たりを表し, 〔...から離れて, ...から〕外れて, [その他] 衣服など身につけるものが「体から離れて」の意で, 脱げて, 取れて, 「仕事や義務から離れて」の意で, 休んで, 非番で, ひまで, 電気, ガス, 電話, 水道などが止まって, 切れて, 値段が割引されて, 関係などが切れて, なくなって, 動作の完了や中止を表して, 終りまで, すっかり. 形 としては, 離れて, それて, 外れた, 休みの, 切れた, 今いる所から去って, 正常な状態からそれているの意で, 体や活動などの調子が悪い, 具合が悪いなどの意.

[語源] 元来 of と同一語であったが, その後強いアクセントを受けたものが off, 弱いアクセントのものが of と分化して, off は 副 や 形 としても用いられるようになった. ⇒of.

[用例] I put it on the table but it fell *off*. 私はそれをテーブルに置いたが落ちてしまった/I must be *off*. (= I must leave). おいとましなければなりません/The holidays are only a week *off*. 休みはほんの1週間先だ/The ship anchored a mile *off* the coast. 船は沖あい1マイルの所に錨をおろした/We got *off* the bus. 我々はバスからおりた/She took *off* her coat. 彼女はコートを脱いだ/She cut her hair *off*. 彼女は髪の毛を切った/He's *off* today. 彼は今日休みです/Switch *off* the electricity [light; motor]. 電気[明かり, モーター]のスイッチを切りなさい/The light is *off*. 電灯は消えている/I couldn't find the *off* button on the television. テレビを切るボタンが見つからなかった/They're selling radios at £20 *off*. ラジオは20ポンドの値引きで売られている/You should be *off* with such a bad man. あんなひどい男とは縁を切るべきだ/His work has gone *off* recently. 彼の仕事は最近うまくいってない.

[反意語] on.

[複合語] **óffbèat** 形 〔くだけた語〕風変わりな, 毛色の変わった. **òff-Bróadwày** 形 名 U 〔劇〕オフブロードウェイ(の). **òff chánce** 名 〈an [the] ~〉見込みがほとんどないこと. **óff-cólor** 形 顔色が悪い;《英》元気がない; しゃれなどがわいせつな, きわどい. **óffhánd** 形 副 即座の[に], 即席の[で]; 無造作な[に]. **óffhánded** 形 準備なしの. **óffhándedly** 副. **óff-kéy** 形 調子はずれの, 見当はずれの. **óff-lìcence** 名 C《英》酒類小売許可店(《米》 package store) 〔★店内では飲むのが禁じられている〕. **óff-límits** 形《米》立入り禁止の. **óff-péak** 形 ピークをはずれた, 閑散期の. **óffprint** 名 C 論文などの抜刷り. **óff-pùtting** 形《英》当惑させる, あたふたさせる. **óffscòurings** 名《複》汚物;くず, 「人間のくず」の意で最低の人間. **óff-sèason** 名 形 シーズンオフ(の). **óffsèt** 動 [本来他] 埋め合わせる, 償う; オフセット印刷する. 自 枝分かれされる. 名 C 形 オフセット印刷(の); 埋め合わせ; 枝分かれ. **óffshòot** 名 C 分枝, 横枝; 支脈; 分家, 子孫. **óffshóre** 形 副 沖合の[に, で], 沿岸の[に]. **óffsíde** 形 副〔サッカー・ホッケー〕反則位置の[に], オフサイドの[に];《英》通りや車などの右側の(⇔nearside). **óffspring** 名 ⇒見出し. **óffstàge** 名 C 形 副 舞台うらの(の, で). **óff-strèet** 形 横町の, うら道の. **óff-the-récord** 形 副 記録にとどめないで, 非公開の. **óff-whíte** 形 名 U わずかに灰色あるいは黄色がかった白, オフホワイト(の). **óff yèar** 名 C《米》大統領選挙のない年; 作物や事業などのかわった年. **óff-yèar eléction** 名 C《米》中間選挙.

of·fal /5(:)fəl/ 名 U 〔一般語〕 [一般義] 製造, 加工する工程で出る不要なくず, あまり上等でない副産物. [その他] 食肉加工の途中に出るくず肉, 臓物, 《複数形で》穀物を加工する際に出る籾殻(もみがら), 糠(ぬか).

[語源] オランダ語 afval (af off + vallen to fall) が中英語に入った.

offence ⇒offend.

of·fend /əfénd/ 動 [本来他] 〔一般語〕 [一般義] (しばしば受身で) 人の感情を害して機嫌をそこねる, 怒らせる. [その他] 人の感覚や趣味などを傷つける, 不快にさせる, 不快感を与える. 自〔形式ばった語〕罪を犯す, 法律や礼儀などに背く, 反する.

[語源] ラテン語 *offendere* (= to strike against; *ob*- against + *fendere* to strike) が古フランス語を経て中英語に入った. ⇒defend; offense.

[用例] His criticism *offended* her. 彼が批判したことで彼女を腹を立てた/Cigarette smoke *offends* me. たばこの煙は私には不愉快なものだ/His behaviour *offends* against good manners. 彼の行為は礼儀作法に反している.

[派生語] **offénded** 形. **offénder** 名 C 法の違反者, 反則者. **offénding** 形 不快な感じを与える, 目ざわり[耳ざわり]な.

offense, 《英》-**fence** ⇒見出し.

of·fense, 《英》-**fence** /əféns/ 名 CU 〔一般語〕 [一般義] 法律, 義務, 慣習などに違反する行為, 反則, 過失, 罪. [その他] 人の感情を害すること, 不愉快にすること, 立腹させること, 侮辱, 無礼. また〔形式ばった語〕攻撃,〔スポ〕攻撃側, オフェンス 〔★この意味では《米》

[語源] ラテン語 offendere (⇒ offend) の過去分詞 offensus から派生した 名 offensa が古フランス語を経て中英語に入った.

[用例] The police charged him with several offences. 警察は彼に複数の罪の嫌疑をかけた/That rubbish dump is an offence to the eyes. あのゴミの山は目障りだ.

[類義語] sin.

[対照語] defense (防御).

【慣用句】 **take offense at** … …に怒る.

【派生語】 **offénsive** 形 不快な, 無礼な; 攻撃的な. 名 (the 〜) 攻撃, 攻勢: be on the offensive 攻撃中である. **offénsively** 副. **offénsiveness** 名 U.

of·fer /5(:)fər/ 動 [本来h] 名 C [一般語] [一般語] 提供する, 差し出す, 援助などを申し出る. [その他] 本来の神に祈りや捧げ物をする, いけにえを捧げるから, 相手に何かを喜んでますと申し出る. 自発的に…を行う意図があることを表明するの意となった. さらに物を…の値で売りに出す, 買うという. [形式ばった語] 物事が何かを結果としてもたらす. 自 として申し出る, 提案する, また「自らを提供する」の意で, 現れる, 起こる. 名 として提供, 提案, 申し出, 申し込み値段, つけ値.

[語源] ラテン語 offerre (= to bring before; ob- to + ferre to carry) が「いけにえとして神に捧げる」の意で古英語に入った.

[用例] He offered an alternative plan. 彼は代案を提出した/They offered prayers to God. 彼らは神に祈りを捧げた/He offered to help. (= He made an offer of help.) 彼は力をかそうと申し出た/He offered her £5 for the picture. 彼は彼女にその絵を5ポンドで買おうと言った/Tea is cheap at the supermarket this week—it's a special offer. 今週はそのスーパーではお茶が安い. 特別価格だ/They made an offer of £14,000 for the house. その家には14,000ポンドの買値がつけられた.

【慣用句】 **make an offer to** … …に申し出をする, …に提案をする. **on offer** 売りに出て. **under offer** 《英》売りに出された.

【派生語】 **óffering** 名 C 神への献納(物); 提供(物), 売物; 贈物; 申し出. **óffertòry** 名 C 《カト》ミサの一部として行うパンとぶどう酒の奉献; 教会の礼拝式で集める献金.

of·fice /5(:)fis/ 名 CU [一般語] [一般語] 職務を行う場所, **事務所**, 役所, 会社, 営業所, 大学の研究室など. [その他] 《O-》《米》部 (department) の下部機構の局, 部, 《英》省やそれに準ずる庁, 《the 〜; 集合的》あるオフィスで働く全職員, 全従業員. 本来は任務の意で, 職務, 役目を意味するようになり, これが職務を行う地位の意に転じて官職, 公職となり, また職務を行う場所の意から「事務所」などの意となった. さらに《通例複数形で》尽力, 斡旋, 神への任務ということで, 《キ教》儀式, 礼拝式.

[語源] ラテン語 officium (= service; duty) が古フランス語を経て中英語に入った. officium は opus (= work) + facere (= to do) から派生したもの. ⇒fact; fashion; opera.

[用例] Our office is quite close to our factory. 我々の会社は工場のすぐそばにある/The firm's head offices are in London. その会社の本社はロンドンにある/She shares an office with several other people. 彼女は他の何人かと事務所を共有している/Train tickets are bought at the ticket office. 電車の切符は切符売場で買います/the (Government) Printing Office 《米》(政府)印刷局/Foreign and Commonwealth Office 《英》外務連邦省/Our party has not been in office for years. 我が党は何年も政権から離れている/What office does he hold? 彼はどんな公職についていますか/the office of mayor 市長としての職務/I'll do all the kind offices in my power for all of you. 私はみなさんのためにできる限りの尽力をするつもりです.

【慣用句】 **by [through] the good [kind] offices of** … …の尽力のおかげで.

【複合語】 **óffice automátion** 名 U オフィスオートメーション 《★事務処理のコンピューター化》. **óffice blòck** 名 C 《英》オフィスビル《米》office building). **óffice bòy** 名 C 会社などの使い走りの少年. **óffice búilding** 名 C 《米》オフィスビル《英》office block). **óffice girl** 名 C 会社などで雑用をする女子事務員. **óffice hólder** 名 C 《米》公務員(officer; official). **óffice hóurs** 名 《複》営業[勤務]時間, 《米》診察時間. **óffice wòrker** 名 C 会社[役所]で働く人, サラリーマン.

of·fi·cer /5(:)fisər/ 名 C 動 [本来h] [一般語] [一般語] 《軍》将校, 士官. [その他] 「office (職務, 任務)を果たす者」が原義で, 公務員, 役人, 警官などの意. 「権威ある地位に任命された者」の意で, 高級官僚, 上級公務員, 商船の有資格の高級船員《大型船員, 機関長, 航海士, 船医など》, 団体, 組織, 教会などの幹事, 《英》大英帝国勲位の4等勲爵士などの意. 動 として…に将校[高級船員]を配備する.

[語源] ラテン語 officium (⇒office) から派生した officiarius (職務を果たす者) が古フランス語を経て中英語に入った.

[用例] He is an officer in the army. 彼は陸軍士官だ/His father is a public officer. 彼の父親は公務員をしている/The great officers of state were invited to the party. 政府の高官たちがそのパーティーに招かれた/I want to be a chief [first] officer some day. いつか一等航海士になりたい.

[関連語] soldier; sailor; policeman.

of·fi·cial /əfíʃəl/ 形 名 C [一般語] office (職務, 公務)を司るので, 職務上の, 公務上の. [その他] 公認の, 公式の, ここから「型にはまった」の意に転じ, お役所風の, 形式ばったなどの意. 名 として公務員, 役人, 官僚, 役員.

[語源] ラテン語 officium (=duty) から派生した officialis が中英語に入った. ⇒office.

[用例] official powers 職権/official documents 公文書/What is their official language? 彼らの公用語は何ですか/Their engagement is not official yet. 彼らの婚約はまだ正式なものではない/Don't speak in such an official manner. そんな堅苦しい話し方はやめなさい/My father was a government official. 私の父は官僚だった.

[反義語] unofficial.

【派生語】 **officialdom** 名 U 《集合的》公務員, 役人; お役所式, 官僚主義. **officialése** 名 U 《やや軽蔑的》官庁語法. **officialism** 名 U 官僚主義. **officially** 副 公式に, 正式に; 公式には. **officiàte** 動 [本来h] 職務を行う, 役割を務める, 牧師が司祭する,

offícious 形 おせっかいな, 余計な世話をやく; 非公式の, あけっぴろげの. **offíciously** 副. **offíciousness** 名 U.

【複合語】**offícial recéiver** 名 C 《英》破産管財人.

off·ing /ɔ́(ː)fiŋ/ 名 C 〔一般語〕《the ～》海岸から見渡せる海の部分, 沖, 沖合.

語源 off＋-ing. 初期近代英語から.

【慣用句】*gain [take] an offing* 沖に出る; 〔くだけた表現〕逃げ出す. *in the offing* 沖合に, 遠くに見える; 近い将来に, 今にも起こりそうな.

off·spring /ɔ́(ː)fspriŋ/ 名 C 〔形式ばった語〕一般語《集合的》子供, 子孫. その他「生じたもの」の意で, 所産, 結果などの意.

語源 'spring off' (《親から》跳び出る) の意で, 古英語 ofspring から.

用例 She is a woman of numerous *offspring*. 彼女は子沢山の女性だ/Computer is the *offspring* of modern science. コンピューターは近代科学の所産である.

語源 「子供, 子孫」の意味で用いられる時は, numerous offspring のように, 何らかの修飾語をその前に伴うのが普通である.

oft /ɔ́(ː)ft/ 副〔詩語〕= often.

of·ten /ɔ́(ː)fn, -ftən/ 副〔一般語〕しばしば, 度々《頻度的には usually (通常は) より低く, sometimes (時たま) より高い回数を表す》.

語源 古英語 oft から. 子音の前で often となり, こちらが一般的だった.

用例 I *often* go to the theatre. 私は度々劇場へ行く/How *often* do you see him? 何回彼に会いますか.

語源 often の文中の位置は, 普通, 一般動詞の前, be 動詞や助動詞の後と定まっているが, 文頭・文尾に置かれて強調を表すこともある: I should like to see him more *often*. 私は彼にもっと度々会うべきだ.

【慣用句】*as often as not* ほぼ 2 回に 1 度は, しばしば: *As often as not*, he's late for work. 2 回に 1 度は彼は仕事に遅れて来る. *every so often* 時々: I meet him at the club *every so often*. 私は彼にクラブで時々会う. *more often than not* よく, たいてい 《語法》 as often as not よりも頻度が高い》: *More often than not*, he's drunk when I meet him. 私が彼に会う時, 彼は 10 回のうち 5 回以上は酔っている.

ogle /óugl/ 名 C 動 本来自〔軽蔑的な語〕異性の気を引くための流し目, 色目. 動 として流し目で見る, 色目を使う, 物欲しげに眺める.

語源 低地ドイツ語 *oege* (= eye) の 動 *oegeln* (= to look at) が初期近代英語に入った.

ogre /óugər/ 名 C 〔一般語〕童話や民話に現れる人食い鬼. その他 鬼のように残忍で恐ろしい人間, 恐ろしいもの.

語源 ラテン語 *Orcus* (= god of the underworld) がフランス語を経て 18 世紀に入ったと推定される.

【派生語】**ógreish** 形. **ógress** 名 C 人食い女.

oh /óu/ 感〔一般語〕ああ, おお, あら, おや 《★驚き, 感嘆, 恐れ, 苦痛などさまざまな感情表現の叫び声として用いられたり, 相手の注意を引く場合などの呼びかけの表現として用いられる語》.

語源 擬音語.

用例 *Oh*, dear me! なんてこった/*Oh*! What are you doing here? おい, ここでいったい何をしているんだ/*Oh*, what a cute baby まあ, なんてかわいい赤ちゃんでしょう/*Oh*, no! まさか/*Oh*, John, look at that tree. ねえジョン, あの木をごらんよ.

Ohio /ouháiou/ 名 固 オハイオ州 (★アメリカ中部の州; 略 O., 【郵便】OH), 《the ～》オハイオ川 (★ミシシッピー川の支流).

語源 アメリカ先住民の言葉 *Ohheoh* (= the beautiful river) から.

ohm /óum/ 名 C 【電】電気抵抗の単位オーム (Ω).

語源 ドイツの物理学者 Georg Simon Ohm にちなむ. 19 世紀から.

oil /ɔ́il/ 名 UC 本来他〔一般語〕一般語 動物, 植物, 鉱物資源から得られる各種の油. その他 石油の意となり, 《通例複数形で》油絵の具, 油絵, 油彩などの意味が派生した. また比喩的に相手との関係をうまく保つ潤滑油ということから,《米》おべっか, おべんちゃらなどの意. 動 としては, 機械や車輪に油を塗るの意から, 滑らかにするの意となり, バターや脂肪を溶かすなどの意となる.

語源 ギリシャ語で「オリーブ油」を意味する *elaion* がラテン語 *oleum*, 古フランス語 *oile* を経て中英語に入った.

用例 She uses vegetable *oil* for frying food. 彼女は揚物に植物油を使用する/The car's engine is in need of *oil*. その車のエンジンはオイル不足だ/He paints in *oils*. 彼は油絵を描く/The machine will work better if it's *oiled*. 油をさせば機械は好調に動くでしょう.

【派生語】**óiler** 名 C 機関室の塗油者, 給油係; 油さし(oilcan); タンカー(tanker). **óily** 形.

【複合語】**óil bòom** 名 C オイルフェンス. **óil càke** 名 U 家畜の飼料や肥料に用いる固形の油かす. **óilcàn** 名 C 油さし用の口付きの油かん, 注油器. **óilclòth** 名 U 油布, リノリウム. **óil còlor** 名 UC 《通例複数形で》(oils), 油絵. **óil fìeld** 名 C 油田. **óil-fíred** 形 油 [石油]を燃料とする. **óil hèater** 名 C 石油ストーブ. **óilman** 名 C 《くだけた語》製油業者, 石油業者. **óil pàint** 名 CU 油絵の具(oils), 油性ペイント, ペンキ. **óil pàinting** 名 UC 油絵画法; 油絵(oil). **óil-prodúcing** 形 石油を産出する. **óilrìg** 名 C 海底油田の石油掘削装置 (《語法》単に rig ともいう). **óil shàle** 名 U【地】油母頁岩, オイルシェール (★石油と同質の油を含む黒褐色の水成岩). **óilskin** 名 UC 防水布; 防水布で作ったレインコート, 《複数形で》上着とズボン上下そろいの布製の防水服. **óil slìck** 名 C 海や湖の水面に流出した油膜 (《語法》単に slick ともいう). **óilstòve** 名 C 料理用の石油レンジ; 暖房用の石油ストーブ(oil heater). **óil tànker** 名 C タンカー (《語法》単に tanker ともいう). **óil wèll** 名 C 油田 (《語法》単に well ともいう).

oink /ɔ́iŋk/ 名 C 動 本来自〔くだけた語〕豚の鳴き声, ぶうぶう; 豚がぶうぶういう.

語源 擬音語. 20 世紀から.

oint·ment /ɔ́intmənt/ 名 UC 〔一般語〕軟膏, 化粧クリーム.

語源 ラテン語 *unguere* (油を塗って清める) から派生した *unguentum* が古フランス語 *oignement* を経て中英語に入った.

OK, O.K. /óukéi/ 形 副 感 名 C 《複 OK's, O.K.'s》動 本来他 《過去・過分 OK'd, O.K.'d》〔くだ

けた語〕納得, 承諾, 同意などを表し, **申し分のない**(all right), 〔略〕納得のいく(correct). 副 としてうまく, ちゃんと. 感 としてよろしい, オーケー. 名 として承認, 了承. 動 として認める, 許可する, 校了にする.

[語源] 定説はないが, 一般に 1839 年ボストンの新聞「モーニング・ポスト」の編集長 C. G. Greene が, all correct の発音綴り "oll korrect" の頭文字をとって使ったのが最初とされている.

[用例] That's O.K. with [by] me. 私はそれで結構です/He answered the question O.K. 彼はその質問に正しく答えた/Will you do it? O.K., I will. それをしてくれますか. ええ, いいですよ/He gave the plan his O.K. 彼はその計画を許可した/He OK'd my plan. 彼は私の案に同意した.

okay /óukéi/ 形 副 感 名 動 =OK (★okeh, okey と書くこともある).

Okla·ho·ma /òukləhóumə/ 名 固 オクラホマ州 (★アメリカ南部の州; 略 Okla., 〖郵便〗 OK).

[語源] 北米先住民の言葉で red people の意.

old /óuld/ 形 名 C 〔一般語〕 人が長い間生きてきた, 年を取った, **老人の**, 物が長期にわたって存在してきた, **古い**. 〔その他〕 〔年数を経た〕 の意から, ...歳の, ものの寿命や使用年月が...**年[月]になる**という意味のほかに, **古びた, 使い古した, 昔の, 古代の, もろびくした, 古臭い, 前時代的な, 色などがくすんだ, 灰色じみた**などの意. また〔長い歴史のある〕の意から, **昔からの, 昔ながらの, 経験を積んだ, 熟練した**, 年を取っていることから, **物静かな, 思慮深い**, 昔から知っているところから, **昔なじみの, なつかしい**. さらに〔くだけた語〕特に同期間での呼びかけの際に用いて, 親しみや愛着の気持ちを表したり, 他の形容詞の後に置かれて単なる強意語として使われるにもなど. 名としては, 年齢を表す語句を伴って...**歳の人**の意.

[語法] 血縁関係にある者の年長順をいうときに《英》では elder, eldest を用いる. ⇒elder.

[語源] 印欧祖語 *al- (=to grow) に遡ることのできる古英語 (e)ald から. 原義は〔長く育った〕.

[用例] He is too old to live alone. 彼は年を取りすぎていて 1 人で生活することはできない/The houses in this street are very old. この通りの家はとても古いのだ/She is as old as I. 彼女は私と同じ年だ/The society will be ten years old next year. その協会は来年で発足 10 年になる/She threw away those old shoes. 彼女はその使い古した靴を捨てた/Some people like old fashions. 時代遅れの流行を好む人もいる/Yesterday I met an old friend of mine. 昨日旧友に会った/We all remember the good old days. 我々はみななつかしい昔の日々を憶えている.

[類義語] old; aged; elderly: これらは〔年を取った〕という意味で類義であるが, このうち **old** は年齢的にも体力的にも〔老いた〕ことを表す一般語であるのに対して, **aged** はやや形式ばった語で, old よりも老年であることが強調されており, また **elderly** は, old や aged よりも遠回しに老いたことを表す婉曲語で, 高齢者ゆえの威厳や老練さを含意している.

[反意語] young; new.

【慣用句】 ***from of old*** 昔の, 昔は, 古くから.

【派生語】 **óldish** 形 やや年を取った, やや古めかしい. **óldster** 名 C 〔くだけた語〕 《米》 年寄り, 老人.

【複合語】 **óld áge** 名 U 老年 (★通常は 65 歳以上). **óld bóy** 名 C 元気で茶目気のある老人; 〔ノ ／〕 《英》 男子の卒業生. **óld-bóy nètwork** 名 〔the ~〕 《英》 パブリックスクールなどの校友閥の団結, 学閥(意識) 〔語法〕 しばしば軽蔑的な意味で用いられる. **Óld Énglish** 名 U 古(期)英語 (★700-1100 年ごろの英語; 略 OE, O.E.; 古くは A.S. =Anglo-Saxon) とも書かれた). **óld-fáshioned** 形 古風な, 流行遅れの; 保守的な(考えをもつ). **óld fógy** [**fógey**] 名 C 形 時代遅れの人, 旧弊家 (fogy; fogey)〔語法〕普通は男性に対して用いられる語で, やや軽蔑的な含意がある). **óld gírl** 名 C 《英》女子の卒業生. **Óld Glóry** 名 U 《米》星条旗(Stars and Stripes)の俗称. **Óld Guárd** 名 〔the ~〕《米》共和党保守派; 〔しばしば o-〕一般に保守派の人々; 〔史〕ナポレオンの親衛隊. **óld hánd** 名 C 老練家; 熟練工. **óld hát** 形 〔くだけた語〕時代遅れの, 古くさい. **óld lády** 名 C 〔俗語〕 〔one's [the] ~〕 おふくろ, 女房; 〔ノ ／〕**老婦人**. **óld-líne** 形 《米》人が保守的な; 歴史の古い. **óld máid** 名 C 〔軽蔑的な語〕 オールドミス〔日英比較〕「オールドミス」は和製英語); 男性あるいは女性の口やかましい人. **óld-máidish** 形 〔軽蔑的な語〕オールドミスの, 男性または女性が口やかましい. **òld mán** 名 〔俗語〕〔one's [the] ~〕おやじ, 亭主; 《O-M-》船長, 支配人, 先生, 主人, 親方なる親しむ語で話, だんな, 大将, おやじ. **óld máster** 名 C 15-18 世紀ごろのヨーロッパの大画家(の作品). **óld péople's hòme** 名 C 老人ホーム. **óld schòol** 名 〔one's ~〕母校; 〔the ~〕保守派の人々). **Óld Téstament** 名 〔the ~〕旧約聖書 (O.T. と略す). **óld-tíme** 形 昔(から)の; 古風な; 老練な. **óld-tímer** 名 C 古参, 旧式で時代遅れの人[物]; 《米》老人. **óld wíves' tàle** 名 C 老女の語り伝えるでたらめな話, 迷信. **óld wóman** 名 C 〔軽蔑的な語〕老女のように小うるさい男性; 〔one's [the] ~〕 = old lady. **óld-wómanish** 形 〔軽蔑的な語〕男性が小うるさい, 老女のような. **Óld Wórld** 名 〔the ~〕アメリカ大陸発見前の旧世界 (★アジア・ヨーロッパ・アフリカ大陸を指す); 東半球 (★特にヨーロッパ大陸を指す). **óld-wórld** 形 旧世界の; 東半球の; 太古の, 古めかしい, 時代遅れの.

ole·ag·i·nous /òuliædʒinəs/ 形 〔一般語〕油性の, 油っぽい, 油の出る.

[語源] ラテン語 olea (=olive tree) から派生した *oleaginus* が古フランス語を経て中英語に入った.

oleo /óuliòu/ 名 = oleomargarine; oleograph.

ole·o·graph /óuliougræf|-grà:f/ 名 C 〔一般語〕油絵風の石版画.

[語源] oleo- 「油」+ -graph. 19 世紀から.

ole·o·mar·ga·rine /òuliomá:rdʒərin|-mà:dʒəri:n/ 名 U 〔一般語〕 マーガリン(margarine).

[語源] oleo- 「油」+ margarine. 19 世紀から.

ol·fac·to·ry /alfǽktəri|ɔl-/ 形 〔形式ばった語〕嗅覚に関する, 嗅覚器の. 名 として〔通例複数形で〕嗅覚器, 鼻.

[語源] ラテン語 olfacere (=to smell) から派生した *olfactorius* が初期近代英語に入った.

ol·i·gar·chy /áligà:rki|ɔ́l-/ 名 UC 〔やや形式ばった語〕〔一般語〕少数者の権力者集団が独裁的権力をふるっている政府, 少数独裁政府. 〔その他〕少数独裁国家, 〔集合的〕少数独裁者.

[語源] ギリシャ語 *oligarkhēs* (*oligos* few +*arkhein* to rule) が初期近代英語に入った.

ol·ive /áliv | ɔ́l-/ 名 CU 形 〔一般語〕 一般義 オリーブ
《★モクセイ科に属する南欧原産の常緑樹あるいは類似の樹木の総称》. その他 オリーブの実, オリーブの木[枝, 枝葉], オリーブ材, また一般化してオリーブ形のもの, オリーブ色 《★主にオリーブの未熟な実の色である黄緑色》. 形 としてのオリーブの, オリーブ色の.
語源 ギリシャ語 elaia がラテン語で oliva となり, それが古フランス語を経て中英語に入った.
用例 He put an *olive* in her cocktail. 彼は彼女のカクテルにオリーブの実を入れた / They painted the room *olive*. 彼らはその部屋をオリーブ色にぬった.
【複合語】 **ólive brànch** 名 《an [the] 〜》 オリーブの枝, 和解の贈物 《★Noah の箱舟から放った鳩がオリーブの枝をくわえてきたときの話から「平和」「和解」の象徴となった》. **ólive crówn** 名 C オリーブの冠 《★昔ギリシャで勝利者に与えられたオリーブの葉で作った冠》. **ólive dráb** 名 U 形 《複数形で》濃黄緑色(の); 《複数形で》米陸軍の制服 《★色が濃黄緑色であることから》. **ólive gréen** 名 U 黄緑色 《語法》単に olive ともいう》. **ólive òil** 名 U オリーブ油.

-ol·o·gy /áládʒi | ɔ́l-/ 連結 「...学」「...論」の意. 例: biology; endocrinology; zoology.
語源 連結辞o- を伴った-logy の異形.

Olym·pia /əlímpiə, ou-/ 名 固 オリンピア 《★ギリシャの Peloponnesus 半島西部にあり, 古代オリンピア競技会が行われていた場所》.
【派生語】**Olýmpiad** 名 C オリンピア紀 《★1つのオリンピア競技会から次の競技会までの4年間のことで, 古代ギリシャの暦の単位だった》; 現代の国際オリンピック大会. **Olýmpian** 形 C オリンポスの神々の(1人); 堂々とした; オリンピック大会の(参加者). **Olýmpic** 形 《限定用法》 オリンピック大会の: **Olympic Games** 《the 〜》国際オリンピック大会. **Olýmpics** 《the 〜》 = the Olympic Games. **Olýmpus** 名 固 オリンポス山.

om·buds·man /ámbədzmən | ɔ́m-/ 名 C 〔一般語〕 一般義 役人の違法, 横暴な行為に対する民間からの苦情を聞き, これを調査し, 然るべき処置をするのが職務である公務員, 行政監察官, オンブズマン 《★オンブズマン制度はスウェーデン, ニュージーランドなどで発達している》. その他 一般的に消費者や学生などからの苦情や相談に答える相談係.
語源 古ノルド語 *umbothsmathr* (*umboth* commission + *mathr* man) がスウェーデン語を経て20世紀に入った.

ome·ga /ouméɡə | óumiɡə/ 名 CU 〔一般語〕
一般義 ギリシャ語アルファベットの最後の文字で, 24番目にあたるオメガ 《Ω, ω》. その他 最後, 終り, 『理』負の電荷を持ち電子より質量の大きいオメガ粒子, 中性中間子の一種であるオメガ中間子.
語源 ギリシャ語 *ō mega* (= great o). small o を意味する omicron に対する.

om·e·let, om·e·lette /ámlət | ɔ́m-/ 名 C 〔一般語〕 玉子料理の一種, オムレツ.
語源 ラテン語 *lamina* (= thin plate) の指小語 *lamella* (小刀の刃) が古フランス語で冠詞が付いた *la lemelle* となり, 音位転換して1語の *alumalle* となり, さらに変形して *omelette* となって初期近代英語に入った. 薄くて平たい形からの命名.

omen /óumən/ 名 UC 形 本来義 〔一般語〕 将来起きることを前もって暗示するようなでき事や物, 前兆, きざし.
動 として...の前兆となる 《★良い意味にも悪い意味にも用いられる》.
語源 ラテン語 *omen* が初期近代英語に入った. ⇒ abominable.
用例 a good [bad] *omen* よい[悪い]前兆.
【派生語】 **óminous** 形 不吉な, 前兆となるような 《★特に悪い意味に用いる》. **óminously** 副.

om·i·cron /ámikrən | oumáikrən/ 名 C 〔一般語〕 ギリシャ語アルファベットの第15番目の文字, オミクロン 《O, o》.
語源 ギリシャ語 *o mikron* (= small o). ⇒ omega.

ominous ⇒omen.
ominously ⇒omen.

omis·sion /oumíʃən/ 名 UC 〔一般語〕 一般義 省くこと, 省略. その他 「うっかり落とす」の意より, 〔形式ばった語〕脱落, 手ぬかり, 怠慢などの意, さらに「当然なすべき事に関して手を抜く」の意で 『法』不作為の.
語源 ⇒omit.
用例 He noticed the *omission* of popular music from the radio programme. 彼はそのラジオ番組からポピュラーミュージックが省かれているのに気付いた / I have made several *omissions* in the list of names. 私はその名簿に名前をいくつか挙げ忘れてしまった.

omit /oumít/ 動 本来他 〔形式ばった語〕 一般義 意図的に省く, 省略する. その他 〔一般義〕ついうっかりと抜かす, ...し落とす, うっかり...し忘れる, 怠る, なおざりにする.
語源 ラテン語 *omittere* (= to let go; to lay aside) が中英語に入った.
用例 You can *omit* the last chapter of the book. その本の最終章は省いても結構です / I *omitted* to tell him about the meeting. うっかりして彼に会合のことを伝えるのを忘れてしまった.
【派生語】 **omission** 名 ⇒ 見出し.

om·ni- /ámni | ɔ́m-/ 連結 「全ての」(all), 「至る所へ」(everywhere) を意味する. 例: omnibus; omniscient; omnivorous.
語源 ラテン語 *omnis* (= all) から.

om·ni·bus /ámnibəs | ɔ́m-/ 名 C 形 〔一般語〕 一般義 ある人の色々な著作を一冊の本にまとめた選集. その他 元来は 《古語》乗り合い馬車, 乗り合いバス 《★これの短縮形が現在の bus》. 形 としては 《限定用法》様々なものを一つにまとめた, 総括的な.
語源 ラテン語 *omnis* (= all) の複数の与格 *omnibus* (= for all) が古フランス語を経て19世紀に入った.

omnipotence ⇒omnipotent.

om·nip·o·tent /ámnípətənt | ɔm-/ 形 CU 〔形式ばった語〕 一般義 神のように全能の. その他 絶大な力[影響力]を持つ. 名 として, 神のような無限の力を持つ者, 《the O-》全能の神.
語源 ラテン語 *omnipotens* (*omni-* all + *potens* able) が古フランス語を経て中英語に入った.
【派生語】 **omnípotence** 名 U 全能であること; 《O-》 全能の神.

omnipresence ⇒omnipresent.

om·ni·pres·ent /àmniprézənt | ɔ̀m-/ 形 〔形式ばった語〕何もが同じ時にあらゆる場所に偏在している.
語源 ラテン語 *omnipraesens* (*omni-* all + *praesens* present) が古フランス語を経て初期近代英語に入った.
【派生語】 **òmniprésence** 名 U 偏在性.

omniscience ⇒omniscient.

om·nis·cient /ɑmnɪʃənt|ɔm-/ 形 名 [U] 〔形式ばった語〕全知の, 非常に博識の. 名 として全知なるもの,《the O-》全知の神.
[語源] ラテン語 *omnisciens* (*omni-* all + *sciens* knowing) が初期近代英語に入った.
【派生語】**omniscience** 名 [U] 全知, 博識;《O-》全知の神.

om·niv·o·rous /ɑmnɪvərəs|ɔm-/ 形 〔形式ばった語〕[一般義] 何でも食べる. [その他] 動物が動物性と植物性の両方の餌を食べる, 雑食性の, 何かを手当たり次第どん欲にむさぼる(★特に本を乱読する場合をいう).
[語源] ラテン語 *omnivorus* (*omni-* all + *-vorus* devouring) が初期近代英語に入った.

on /ɑn, ɔːn|ɔn/ 前 副 形 〔一般義〕[一般義] ...の上に [の] (語法) 接触を表し, 必ずしも「上」とは限らない. たとえば *on* the wall は「壁にかかっている」であり, on the ceiling は「天井(の下)に」である). [その他] 「近接」の状態にあることを表し境に, 面して, 沿って, 「付着, 付属」の意味で身につけて, 所持して, 「支持, 支え」の意味で支えにして, 軸にして, さらに 言葉などにかけて, 誓うなどの意. また「時間的接触」を表し, 月·日·曜日や特定の時や同時性などを意味し...に, ...とするとすぐに, さらにこの「接触」の意が空間·時間的な場合を離れて用いられ, 根拠·基礎·条件·理由あるいは手段·器具などを表し...に基づいて, ...を用いて, 動作·状態が進行中で, 最中で, 運動の方向や目標あるいは動作の直接·間接的対象などを表し...に向かって, ...めがけて, ...に対して, ...に関係·従事·所属を表し...に関して, ...に関与して, ...の一員などの意. 副 として上に乗って[載って], 衣服などを身につけての意のほか, 「接している」ことから「つながっている」の意で動作の継続を表し, 絶えず, 休まず, 水道·ガスなどが通じて, 電気(のスイッチ)がはいっての意. 形 としては〔述語用法〕ガス·水道·電気などが通じている, ある物が別の物の上に乗って[載って]いるなどの意のほか, 事柄の進行を表し, 活動などが行われて, 映画などが上映されてなどの意や, 〔くだけた語〕人の気持をよく飲みこんでいる, ある事に精通しているなどの意.
[語源] 印欧祖語 *an* (=on) に遡ることのできる古英語 on から.
[用例] The book was lying *on* the table. その本はテーブルの上に置いてあった/The picture was hanging *on* the wall. その絵は壁にかかっている/He has a shop *on* the main road. 彼は大通りに店をかまえている/When the police found him, the thief still had the stolen jewels *on* him. 警察がその泥棒を見つけた時, 盗んだ宝石をまだ所持していた/My first son was born *on* January 21(st)[*on* the 21st of January]. 私の長男は1月 21日生まれだ/*On* his arrival, he went straight to the manager's office. 着くとすぐに彼はマネージャーのオフィスに直行した/He played the tune *on* the violin. 彼はヴァイオリンでその曲を演奏した/There was an excellent play *on* (the) television. テレビですばらしい劇が放送された/I spoke to him *on* the telephone. 私は電話で彼と話した/Concert tickets are *on* sale at this office. コンサートのチケットはこの営業所で売られている/He's still *on* holiday. 彼はまだ休みをとっている/She spent the money *on* books. 彼女はその金を本に費やした/He took pity *on* her. 彼は彼女にあわれみをかけた/He's very keen *on* swimming. 彼は泳ぎにとても熱心だ/He's *on* a tour of Europe. 彼はヨーロッパ旅行中だ/He wrote a book *on* the theatre. 彼はその劇場に関する本を書いた/He is *on* the committee. 彼はその委員会の一員だ/She kept *on* asking questions. 彼女は質問を続けた/The television is *on*. テレビがついている/There's a good film *on* at the cinema this week. 今週はその映画館ですばらしい映画が上映されている.
[反義語] off.
【慣用句】*and so on* [*forth*] ⇒so. *on and off* = *off and on* 時々, 不規則に, 断続的に. *on and on* 引き続き, 休まず.
【複合語】**ón-agàin, óff-agàin** 形〔限定用法〕何かが短時間姿を見せては, また突然消えてしまう, 断続的な, 一時的な.

onan·ism /óunənɪzəm/ 名 [U] 〔一般義〕自慰, マスターベーション, あるいは中絶性交.
[語源] ラテン語 *onanismus* が18世紀に入った. 旧約聖書創世記 (38:9) に登場する Judah の息子の Onan の名にちなむ. Onan が兄嫁と交わったとき精を大地に洩らしたことから.

once /wʌns/ 副 接 形 [U] 〔一般義〕[一般義] 頻度, 回数を表し, 1度, 1回. [その他] 条件や時を表す節の中で用いられ, いったん, ひとたび, 「過去のある時 (one time)」を表し, かつて, ひとたびいったん...すれば. 形 として〔限定用法〕かつての, 以前の.
名 として1度, 1回.
[語源] 古英語 ān (=one) から出た中英語 ōn (=one) の属格 ōnes が副詞的に用いられるようになった.
[用例] If I could see her *once* again I would be happy. もう1度彼女に会えさえすればうれしいのだけれど/I *once* went to Paris. 私は以前パリへ行ったことがある/*Once* (it had been) unlocked, the door opened easily. いったん鍵が外れるとドアは簡単に開いた/He is my *once* master. 彼は私の以前の主人だ.
【慣用句】*all at once* 突然, 不意に; みんな一度に, まったく同時に. *at once* ただちに, すぐに; 同時に, 一度に. (*just*) *for once* 今度だけ, 一度だけ: He doesn't usually allow people to leave work early but he'll let you do it *just for once*. 彼はいつもは仕事を早めに打ち切ることは許さないが, 今回に限って君にそうさせてくれるだろう. *more than once* 一度ならず, 何度も. *once and again* 何度も, 繰り返し. *once* (*and*) *for all* 一度限り, これを最後に; きっぱりと, はっきりと: *Once and for all*, I refuse! きっぱりとお断りします. *once upon a time* 昔々 (★昔話などの始まりの文句); かつて, 以前 (formerly).
【複合語】**ónce-òver** 名 [C] 〔くだけた語〕ざっと目を通すこと; すばやく掃除[片付け]をすること: I haven't got much time but I'll give your report the *once-over*. 時間はあまりありませんが, あなたのレポートはざっと目を通しておきます.

on·com·ing /ɑ́nkʌ̀mɪŋ|ɔ́n-/ 形 名 [U] 〔一般義〕《限定用法》何かが近づいてくる (★時間と空間のいずれについても使う). 名 として接近.
[語源] on+coming として 19 世紀から.

one[1] /wʌn/ 形 名 [C][U] 〔一般義〕[一般義] 2 つあるいは2以上ではなく1つの, 1人の, 単一の. [その他]「1つにまとまった」の意で, 一体の, 一致した, 「種類において単一である」ということで, 同一の, 同じ, 「1つだけ」の意で, 《the ~》唯一無二の, とりわけ, また単に「1つで

る」ということから、不定称の人や物を示す**某...**, **ある...**, **さる...**, 他方と比較して**一方の**, **片方の**. 代 として1つ, 1人, 一方. 数としての1(《文法》数字の場合は C, 時間や年齢の場合は U).

語源 印欧祖語 *oino-*(＝one), ゲルマン祖語 *ainaz*(＝one) に遡ることのできる古英語 ān から. 不定冠詞の an, a は姉妹語. /w/ の音は南西部の方言から.

用例 If you say *one* thing, she is sure to say another. 君が何か言うときっと彼女は反対する/We are of *one* mind on this matter. 我々はこの事に関しては同じ考えである/This is the *one* way to solve the problem. これはその問題を解決する唯一の方法だ/*One* Mr. Brown came to see you. ブラウンさんという人があなたに会いに来ました/*One* summer morning I met her there. ある夏の朝私はそこで彼女に会った/*One* is not enough—we need more men. 1人では不十分だ. 赤ちゃんは1歳で話し始める.

【慣用句】 **one and only** 唯一の; 最高の.

【派生語】 **óneness** 名 U 単一性, 同一性; 統一性; 一致, 調和.

【複合語】 **óne-ármed** 形 片腕の. **óne-éyed** 形 片目の; 視野の狭い. **óne-hórse** 形 馬車が1頭立ての; 〔くだけた語〕《米》貧弱な, 取るに足らない. **óne-légged** 形 片脚の. **óne-líner** 名 C 機知に富む寸言, 簡潔なジョーク. **óne-mán** 形 《限定用法》個人の, 1人で行う〔動かす〕; 1人用の; 1人だけに従う《日英比較》「ワンマン社長」で「彼はワンマンだ」と, 「独裁者」の意味は英語にはない). **óne-màn bánd** 名 C いろいろな楽器を1人で演奏する辻音楽師, 大道芸人; 単独行動(活動). **óne-night stánd** 名 C 地方巡業で1回[1夜]限りの興行(公演); 〔俗語〕《米》1夜[1回]だけの情事(の相手). **óne-píece** 形 《限定用法》服や水着がワンピース(型)の: She wore a beautiful *one-piece* suit at the party. 彼女はパーティーで美しいワンピースを着ていた. **óne-síded** 形 一方に偏した, 不公平な; 一方だけの, 片側の; 勝負などが一方的な, 釣合いがとれない, 《法》片務的な(unilateral). **óne-tíme** 形 《限定用法》以前の, もとの, かつての(former); 1度[1回]だけの. **óne-tráck** 形 《鉄道》単線の; 〔くだけた語〕1つの事しか考えられない, 融通のきかない, 偏狭な: have a *one-track* mind 1つの事しか考えない, ワンパターンであるという意味にとる意味になる). **óne-wáy** 形 《限定用法》道路が一方通行の; 《米》切符が片道用の; 一方的な. **óne-wóman** 形 《限定用法》1人で行う, 女性1人用の. ⇒one-man (上記複合語).

one[2] /wán/ 代 〔形式ばった語〕一般語 漠然と一般の人《文法》この意味では, 複数形は用いず, 受ける代名詞は one, one's, oneself であるが, he, his, him, himself (she, her, her, herself) を用いることもある. なお, 口語では you を用いるのが普通である). 〔その他〕〔一般語〕「不定称の1つ」の意で, 前出の可算名詞の反復を避けるために用いられ, また「同じ種類のもの」「1つ」の意で, それと同種のもの, さらに限定詞や形容詞を伴って可算名詞の代わりに用いられ, ...のもの, ...の人などの意となる.

語源 ⇒one[1].

用例 *One* should look after *one's* own family and property. 人は家族と財産を守らなくてはならない/I don't have a pencil—can you lend me *one*? 鉛筆を持ってません. 1本貸してもらえませんか/Give me some good *ones*. いいものを少しください/She's the *one* I like the best. 彼女は私が一番好きな人だ.

【複合語】 **òne anóther** 代 互いに(each other) 《文法》❶ 原則的には2人の場合が each other, 3人以上が one another であるが, 実際にはその区別は用いられない. ❷ each other 同様, one another も主語には用いられない).

on·er·ous /ánərəs | ɔ́n-/ 形 〔形式ばった語〕一般語 重荷や負担になる様子の, 面倒な, 厄介な. 〔その他〕《法》得られる利得に見合う以上の負担義務が付いている場合をいい, 負担付きの.

語源 ラテン語 onus (＝burden) の 形 onerosus が古フランス語を経て中英語に入った. ⇒onus.

one·self /wʌnsélf/ 代 〔一般語〕one[2] の再帰代名詞で, 再帰用法としては**自分自身を**[に], 強調用法としては**自分自身で**の意. ❶ アクセントは, 再帰用法では onesèlf, 強調用法では onesélf となる. ❷ 辞書などで慣用句の説明などをする際, -self 形 (myself, himself, etc) の代表形として用いられることがある.

語源 one's self の短縮形として初期近代英語から.

用例 One should wash *oneself* every morning. 人は毎朝顔を洗うべきだ/One always has to do these things *oneself*. 人は常にこういった事を1人でしなくてはいけない.

【慣用句】 **be oneself** 心身ともいつも通り正常である; 気取らないで**自然**[まじめ]**に振舞う**: She *was* not *herself* yesterday. 彼女は昨日どうかしていた/Always *be yourself*. いつも自然でいなさい. **beside oneself** 感情が高ぶり我を忘れて, 有頂天で. **by oneself** 他と離れて**自分だけで**; 独力で. **come to oneself** 正気になる, 意識を回復する; 分別を取り戻す. **for oneself** 自分のために; 人にたよらず**自分で**《文法》「自分で」の意では by oneself と for oneself は類義的であるが, by oneself の方は「自分のために」の意味が含まれない). **of oneself** 無意志のものが**自然に**, ひとりでに; 有意志のものが**自発的に**, 進んで. **to oneself** 自分(自身)だけに, 自分の心の中に; 自分自身に: Please keep the secret *to yourself*. どうぞその秘密はご自分の胸の中に秘めておいて下さい.

on·go·ing /ángòuiŋ | ɔ́n-/ 形 〔一般語〕《限定用法》行為や出来事が**現在進行中である**, 絶えず**進歩し続けている**.

語源 on＋going として19世紀から.

on·ion /ánjən/ 名 C|U 〔一般語〕**たまねぎ**, また《植》たまねぎ, ねぎ, ねぶかなどネギ属の植物の総称.

語源 ラテン語 unio (＝oneness) が古フランス語を経て中英語に入った. 皮が1枚1枚重なり合い統一されて1つになるという意味で, 原義は「統一」. 従って union とは姉妹語.

【慣用句】 ***know one's onions*** 〔くだけた表現〕経験を積むことにより**自分の仕事に精通している**.

【複合語】 **ónionskìn** 名 C|U たまねぎの皮; 薄い半透明の軽量紙 (★複写用紙や航空便箋などとして用いられる).

on-line /ánlàin | ɔ́n-/ 形 副 《コンピューター》オンライン(方式)の[で] (★中央のコンピューターに回線で接続され, データが処理されるシステム).

語源 on＋line として20世紀から.

【慣用句】 ***go on-line*** オンライン化される; 他のコンピューターに接続する.

【複合語】**ón-line dátabase** 名 C オンライン・データベース. **ón-line díctionary** 名 C オンライン辞書.

on·look·er /ánlùkər|ɔ́n-/ 名 C 〔一般語〕傍観者, 見物人.
語源 on+looker として初期近代英語から.

on·look·ing /ánlùkiŋ|ɔ́n-/ 形 〔一般語〕何かを見ている様子の, 傍観中の, 見物中の.
語源 on+looking として初期近代英語から.

on·ly /óunli/ 形 副 接 〔一般語〕一義語〔限定用法〕唯一の, ただ一つの. 形 「唯一で代わりとなるものがない」ということで, 唯一無二の, 他に並ぶものがない, 最適などの意. 副 として, 「唯一の」の意より, 単に, ただ…だけ, 時間的について, たった. 接 として〔くだけた語〕しかしながら, ただし,
いうことさえなければ.
語源 ān (=one) に形容詞語尾 -līc (=-ly) がついてきた古英語 ānlīc の意. ⇒one; -ly.
用例 He has no brothers or sisters—he's an *only* child. 彼には兄弟・姉妹はいません. ひとりっ子です/This is the *only* book of its kind in the world. これは世界中でその種の唯一の本だ/She assured him that this was really the *only* way to make bread. 彼女は彼にこれが本当にパン作りの最善の方法だと請合った/He lives *only* a mile away. 彼はほんの1マイル先に住んでいる/I *only* scolded the child—I did not scold him. 私はその子をしかっただけです. たたいてはいません/It was *only* last week that I saw her. 私が彼女に会ったのはつい先週のことだった/I'd like to go, *only* I have to work. 行きたいのはやまやまですが, 仕事があります(仕事さえなければ行きたいのですが).
【慣用句】***if only*** …しさえすれば, ただ…としても;《願望を表して》ただ…ならよいが: *If only* you [*If you only*] do your best, you'll succeed in the examination. 全力を尽くしさえすれば, 君は試験に合格するだろう/Work hard, *if only* for earning money. たとえ金をかせぐためだけであってもしっかり働きなさい/*If only* I would be famous! 有名でありさえすればいいのだが. ***one and only*** ⇒one¹. ***only too*** とても, 非常に; 残念ながら, 遺憾ながら: She was *only too* glad to get rid of that car. 彼女はその車を手放すことができてとてもうれしかった/What he said is *only too* true. 彼が言ったことは残念ながら事実です.

on·o·mat·o·poe·ia /ɑ̀nouˌmætəpíː)ə|ɔ̀n-/ 名 UC〔言〕擬音, 擬声, 擬音[擬声]語.
語源 ギリシャ語 *onomatopoiia* (*onoma* name+*poiein* to make) がラテン語を経て初期近代英語に入った. ⇒poem.
【派生語】**ònomàtopóeic** 形.

on·rush /ánrʌʃ|ɔ́n-/ 名 C 〔一般語〕一義語 何かが急激に前進すること, 突進, 奔流. その他 急速な攻撃, 突撃, 来襲.
語源 on+rush として 19 世紀から.

on·set /ánsèt|ɔ́n-/ 名 〔一般語〕(the ~) 一義語 攻撃, 襲撃. その他 何かが始まる場合の手始め, 始まり, 病気の発病, 発作.
語源 on+set として初期近代英語から.
【慣用句】***at the onset*** 手始めに.

on·shore /ánʃɔ́ːr|ɔ́n-/ 形 副 〔一般語〕一義語 海岸の近くの, 海岸に沿った. その他 陸地内の, 国内での, 風などが海から海岸の方へ向かう. 副 として海岸へ向かって.
語源 on+shore として 19 世紀から.
反意語 offshore.

on·side /ánsáid|ɔ́n-/ 形 名 U 〔一般語〕サッカー, ラグビー, アメリカンフットボールなどで, 選手が反則にならない正しい位置にいる[いて], オンサイドの[に]. 名 として《アメフト》ボールを持った選手が進行する側のフォーメーションのサイド, オンサイド.
語源 on+side として 19 世紀から.
反意語 offside.

on·slaught /ánslɔ̀ːt|ɔ́n-/ 名 C 〔一般語〕猛攻撃, 猛襲.
語源 オランダ語 *aanslag* (=attack) が初期近代英語に入った.

on·to /ántu|ɔ́n-/ 前 〔一般語〕一義語 空間的な運動の方向を示し, …の上に[へ]. その他 「上に乗る」ことは「すみずみまで見渡せる」ことになり, 〔くだけた語〕《米》物事, 人の本質や本当の意味に気付いている, わかっているなどの意.
語法 特に on の副詞的意味が強められる場合は on to と分けて書かれることもある.
語源 on+to として初期近代英語から.
用例 The cat suddenly jumped *onto* the table. その猫は急にテーブルの上に跳び上がった/All of us are *onto* your schemes. 我々はみなあなたのたくらみに気付いている.

ontological ⇒ontology.

on·tol·o·gy /ɑntɑ́lədʒi|ɔntɔ́l-/ 名 U 〔哲〕存在の本質を研究の対象とする存在論.
語源 ギリシャ語 *ont-*(存在)+*-logia* (学問)から成る. 18 世紀の造語.
【派生語】**òntológical** 形.

onus /óunəs/ 名〔形式ばった語〕(the ~) 厄介なことに対する責任や義務などの, 有難くない重荷, 負担, 〔法〕立証義務 (★*onus probandi* の略).
語源 ラテン語 *onus* (=burden) が初期近代英語に入った. ⇒onerous.
【慣用句】***lay [put] the onus on*** … …に責任を負わせる.

on·ward /ánwərd|ɔ́n-/ 副 〔一般語〕前進して, 前方へ. 形 として《限定用法》前方への, 先へ進んでゆく (★場所, 時間のいずれにも使われる).
語源 on+ward として中英語から.
【派生語】**ónwards** 副 《英》=onward.

oo·dles /úːdlz/ 名《複》〔くだけた語〕《時に単数扱い》たくさん, どっさり.
語源 不詳. 19 世紀から.

oof /úːf/ 名 U 〔俗語〕=ooftish.

oof·tish /úːftiʃ/ 名 U 〔俗語〕現なま, 現金.
語源 イディッシュ語 *uf-tisch* (=on (the) table) が 19 世紀に入った. ギャンブルで「卓上にある金」の意.

ooh /úː/ 感 動 本来名 名 U 〔一般語〕驚きや喜びを表す驚嘆の声, おお, ああなど. 動 としておおっと声をあげる. 名 としておおという声.
語源 擬音語.

oomph /úmf/ 名 U 〔俗語〕異性を惹きつける性的魅力, 他人の心を動かすような人間的魅力, 迫力, 生命力, 元気.
語源 力を入れた時の声の擬音から.

oops /úː)ps/ 感 〔くだけた語〕軽い失敗やまちがいをした時やちょっとした謝罪を表現するのに用いられ, おっと, しまった, どうもなど.

[語源] 擬音語.

ooze /úːz/ 動 [本来自] 名 U 〔一般語〕[一般義] 水分が小さな口からほんの少しずつにじみ出る. [その他] 何かが少しずつ消えて無くなる, 逆に物事が少しずつ進行する, 音, 空気, 光などが漏れる. 他 水などをじくじくと出す, 漏らす. 名 としては, 何かがにじみ出ること, にじみ出たもの, 分泌物, 革をなめすのに用いる植物の抽出液; 海底や湖底の生物の死骸の堆積である軟泥, 湿地, 沼地.

[語源] 古英語 wōs (=moisture) から.

【慣用句】 *ooze away* 失われてゆく. *ooze out* 漏れる.
【派生語】 **óozy** 形 泥のような; じくじくした.

opacity ⇒opaque.

opal /óupəl/ 名 UC 〔鉱〕宝石のオパール.
[語源] サンスクリット語 *úpala*(=gem stone)がギリシャ語, ラテン語を経て初期近代英語に入った.
【派生語】 **òpaléscence** 名 U オパールが発するような乳白光. **òpaléscent** 形 乳白光の.

opaque /oupéik/ 形 動 〔一般語〕[一般義] 光を通さない, **不透明な**. [その他] X線や熱, 電波などを通さない, **不伝導性の**, またどんよりした, **光沢のない**, さらにはっきりしない, わかりにくい, 人間について頭の鈍い, 愚かな. 名 として**不透明なもの**,〖写〗修正用の**不透明液**.
[語源] ラテン語 *opacus*(=dark)がフランス語を経て初期近代英語に入った.

【派生語】 **opácity** 名 U **不透明さ**. **opáquely** 副 **不透明に**. **opáqueness** 名 U.

OPEC /óupek/ 名《略》=Organization of Petroleum Exporting Countries (石油輸出国機構).

open /óupən/ 形 動 [本来自] 名 U 〔一般語〕[一般義] 窓や戸が**開いている**, 目や口が**あいている**, 包みなどが**封をしてない**. [その他] 屋根などの覆いがない, **むき出しの**, 店, 銀行, 学校などが**開いている**, あいている, 誰でも**自由に参加できる**, **公開の**, 通路などに障害物がない, **広々とした**, 気性などが**あけっぴろげの**, **率直な**, **公然の**, 職や地位が**空いている**, **欠員である**, 時間が**自由である**, **暇な**. また「閉じていない」から「結論が出てない」ということで, 問題などが**未解決な**, **未決定の**, 開いていて入りやすいことから**感化されやすい**, 誘惑などに**陥りやすい**, 「抵抗なく進める」ことから, 川や港などが**水結しない**, 冬季などに雪が降らない, 霜が降りない. 〖音〗母音が口の開きが広い, 広母音の,〖印〗活字がアウトラインの, 語間, 行間が広い, ゆったりしている,〖スポ〗ゴルフや野球でスタンスがオープンの,〖数〗集合が開いている, 区間が両端とも**閉じてない**. 動 としては, 閉じたり閉ざされているものを**開ける**, **開く**, 道や土地などを**切り開く**, 事業や行動などを**始める**, **開始する**, 施設などを**公開する**, **解放する**, 秘密や事実などを**打ち明ける**, **明らかにする**, 心などを**開ける**. 自 窓, 店, 花などが**開く**, 仕事, 活動, 物事などが**始まる**, 景気や前途などが**広がる**, **開ける**. 名 として《the ~》空き地, 野外, また周知の公表された**状態など**.
[語源] 古英語 形 open, 動 openian から. 印欧祖語 *upo*(=up) に遡ることができ, 原義は"put up; set up". up と同語源.

[用例] The gate is wide *open*. その門は広く開いている/The suitcase is not locked—it's *open*. スーツケースは鍵がかかっていません. 開いています/The flowers are *open* now. 花は今開いている/The shop is *open* on Sunday afternoons. その店は日曜の午後は開いている/After the fog had cleared, the airport was soon *open* again. 霧が晴れると空港はすぐにまた再開された/The gardens are *open* to the public. 庭園は一般公開されている/I like to be out in the *open* country. 私はその広びろとした地方に出かけてゆきたい/They're going to build offices in the *open* space next to our factory. 我々の工場のとなりの空き地に会社が建てられる/He was very *open* with me about his work and interests. 彼は自分の仕事や関心事についてあけっぴろげに話してくれた/Is the vacancy for a clerk still *open*? 事務員の欠員はまだありますか/Leave the matter *open*. その問題はそのままにしておきなさい/What the government should do about inflation is an *open* question. 政府がインフレに対して何をなすべきかは未解決の問題である/When she *opened* her eyes again, the men had gone. 彼女が再び目を開けた時, その男たちはもういなかった/He *opened* the meeting with a speech of welcome. 彼は歓迎のあいさつでその会議を始めた/When was the new library *opened* to the public? その新しい図書館はいつ公開されたのですか/This box won't *open* easily. この箱は簡単に開かない/The shop *opens* at nine o'clock every morning. その店は毎朝9時に開く/Sleeping in the *open* is a wonderful experience. 野宿はすばらしい体験の1つである/You should not bring the matter into the *open*. その事を公表すべきではない.

[反意語] shut; closed.

【慣用句】 *open into [onto] ...* ドアや部屋などが…に通じる. *open out* 地図などを広げる; 道などが広くなる; 景色などが開ける; 急に打ち解ける. *open up* 土地などを開発する; 事業を開始する; ドアや箱などを開ける; 可能性などを切り開く; 穴などが開く; チャンスなどが開ける; 打ち解けて**自由に話す**.

【派生語】 **ópener** 名 C 開く人; 開始者; 開ける道具: a can *opener* 缶切り/a bottle *opener* 栓抜き. **opening** 名 ⇒見出し. **ópenly** 副 公然と; 率直に. **ópenness** 名 U 開放状態; 率直さ; 寛大さ.

【複合語】 **ópen áir** 名《the ~》野外, 戸外. **open-áir** 形 野外[戸外]の. **ópen-and-shút** 形《くだけた語》問題などがごく簡単な, 一目でわかる. **ópen círcuit** 名 C〖電〗開回路; テレビ放送の全受信機受信可能. **ópen dóor** 名《the ~》通商政策などについて門戸開放, 機会均等. **ópen-dóor** 形 門戸開放[機会均等]の. **ópen-énded** 形 期限や容量が無制限の; 計画などが途中変更可能な, 可変的な; アンケートやインタビューなどの質問に対する回答が自由記述式の. **ópen-éyed** 形 副 驚いて目を見開いた; 用心深い; 抜け目ない; 心眼を開いた. **ópenhánded** 形 気前の良い; 手がふさがっていない. **ópenhéarted** 形 隠しだてしない, 率直な; 親切な; 気が大きい. **ópen hóuse** 名 UC 私宅開放パーティー《★何か祝いをする際, 親しい人ならだれでも自宅に招いて行う気楽なパーティー》;《米》学校, 寮, クラブなどの一般公開日. **ópen létter** 名 C 新聞や雑誌などの公開状. **ópen-mínded** 形 偏見のない, わだかまりのない. **ópenmóuthed** 形 口をあんぐりと開けた; 容器などが広口の; 貪欲な, がつがつした; 騒々しい. **ópen-nécked** 形 シャツなどが開襟(かいきん)の. **ópen sándwich** 名 C オープンサンド《★上にパンのパンの上に1枚のものをのせたもの》. **ópen séa** 名《the ~》公海, 外洋, 外界. **ópen séason** 名 U 漁業や狩猟の解禁期間. **ópen sésame** 感 開けごま《★「千夜一夜物語」の中に出てくる開門のまじないの句》. 名《the [an] ~》難局解

決の鍵[手段]. **ópen-shélf** 形《主に米》図書館が開架式の. **ópen shóp** 名C オープンショップ (★非労働組合員も雇用する事業所). **ópen stánce** 名C 《スポ》ゴルフや野球のオープンスタンス (★プレーヤーが右利きなら左足を引いた構え). **Ôpen Univérsity** 名《英》(the ~) 公開大学 (★主に社会人を対象に放送や通信を利用して行う,特別な受講資格のいらない教育機関; 1970年創設). **ópen wáter** 名U 開水域 (★浮氷が水面の10 分の1以下の航海に適した海[川]). **ópenwòrk** 名U 彫刻などの透かし細工.

o·pen·ing /óupniŋ/ 名C 形 [一般語] [一般義] 何かを開くこと, または新しく始めることで, 開始, 開業, 開会などの意. その他 書物や公演などの始まりの部分, 冒頭, 出だし, 初め, また, 開いたり空いたりしている所ということですき間, 穴, 空き地, 広場, 職や地位などの欠員, あき, さらに何かをするためのチャンス, 機会. 形 として《限定用法》初めの, 開始の.
語源 ⇒open.
用例 We went to the *opening* of the new theatre. 我々は新しくできた劇場の初日に出かけた/ The *opening* scene of the film is set in Paris. その映画の冒頭のシーンはパリが舞台となっている/ There is an *opening* in this firm for a production manager. この会社では製作部長のポストにあきがある.
【複合語】**ópening cèremony** 名C 開会式. **ópening hòurs** 名(複) 商店などの営業時間. **ópening níght** 名C 公演や舞台などの初日. **ópening tìme** 名C 始業時間, 特に酒場の開店時刻.

op·er·a /ápərə/ 5p-/ 名CU [一般語] [一般義] オペラ, 歌劇. その他 オペラの総譜[台本], オペラ劇場(opera house), オペラ公演, オペラ劇団. 語法 この語は「オペラに似せた娯楽大衆劇」の意で, horse opera (西部劇)や soap opera (昼のメロドラマ); そのスポンサーが主に石鹸会社であったことから)などのようなくだけた複合語としても用いられる.
語源 印欧祖語 *op-(=to work) に遡ることのできるラテン語 *opus* と同語源の *opera* (=work; labor) がイタリア語を経て初期近代英語に入った.
【派生語】**òperátic** 形 オペラの, オペラ風の. **òperétta** 名C 軽[喜]歌劇, オペレッタ.
【複合語】**ópera glàsses** 名(複) オペラグラス (★オペラを観劇するのに用いる小型の双眼鏡). **ópera hàt** 名C オペラハット (★折りたたみ式のシルクハット). **ópera hòuse** 名C オペラ劇場 語法 単に opera ともいう.

operable ⇒operate.

op·er·ate /ápərèit/ 5p-/ 動 本来目 [一般語] [一般義] 機械や人間の各器官などが, ある効果や結果を生むように動く, 作動する. その他 適切な効果や結果を生むの意で, 作用する, 薬などが効果を表す, 効く. 《医》手術をする, 《軍》軍事行動をとる, 作戦を実施する, 《商》相場変動を目的として株価操作する. 他 機械などを運転する, 操作する, 工場や会社などを経営する.
語源 ラテン語 *opus* (=work) から派生した *operari* (=to work) の過去分詞 *operatus* が初期近代英語に入った.
用例 The sewing-machine isn't *operating* properly. ミシンは順調には動いていない/ I'm afraid the medicine won't *operate*. その薬は効かないと思う/ The surgeon *operated* on her for appendicitis. 医者は彼女に虫垂炎の手術を施した/ You must be very clever to *operate* that machine. その機械を動かせるなんて君はとても頭がいいにちがいない/ They *operate* a small factory in the south of England. 彼らはイングランド南部で小さな工場を経営している.
【派生語】**óperable** 形 実施可能な; 《医》手術可能な, 手術に適した. **operation** 名 ⇒見出し. **óperative** 形 機械などが働く; 法などが効果がある; 作業の. 《医》手術の. 名C 工員; 《米》スパイ. **óperàtor** 名C 機械の運転者; 電話の交換手.
【複合語】**óperating ròom** 名C 《米》手術室. **óperating sỳstem** 名C 《コンピューター》オペレーティングシステム. **óperating tàble** 名C 手術台. **óperating thèatre** 名C《英》= operating room.

operatic ⇒opera.

op·er·a·tion /àpəréiʃən/ ɔ̀p-/ 名CU [一般語] [一般義] 《医》手術. その他 「働くこと」という本来の意味から, 作業, 仕事, 臓器などの働き, 作用, 薬などの効きめなどの意. また, 組織などの運営, 経営, 機械などの運転, 操作, 制度や法律などの実施, 施行, さらに《複数形で》《軍》軍事行動, 作戦, 《数》演算, 《コンピューター》演算, オペレーション.
語源 ⇒operate.
用例 She had an *operation* on her eye [for appendicitis]. 彼女は眼の[虫垂炎の]手術を受けた/ Our plan is now in *operation*. 我々の計画は現在実行中です/ The general was in command of *operations* in the north. 将軍は北で作戦の指揮をとった.
【派生語】**òperátional** 形 操作上の; 運営上の; 機能を果せる, 操業可能な; 作戦上の: operational research《英》= operations research.
【複合語】**operátions resèarch** 名U 《経営》オペレーションズリサーチ (★企業経営上に必要な科学的・機械的研究調査).

operative ⇒operate.
operator ⇒operate.
operetta ⇒opera.

oph·thal·mi·a /afθǽlmiə/ ɔf-/ 名C 《医》眼炎.
語源 ギリシャ語 *ophthalmos* (=eye) から派生した *ophthalmia* が後期ラテン語を経て中英語に入った.

oph·thal·mic /afθǽlmik/ ɔf-/ 形 《医》目に関する, 眼科の, 眼炎の.
語源 ギリシャ語 *ophthalmos* (=eye) の 形 *ophthalmikos* がラテン語を経て初期近代英語に入った.

ophthalmologic ⇒ophthalmology.
ophthalmological ⇒ophthalmology.
ophthalmologically ⇒ophthalmology.
ophthalmologist ⇒ophthalmology.

oph·thal·mol·o·gy /àfθælmálədʒi/ ɔ̀fθælmɔ́l-/ 名U 《医》眼科学.
語源 ギリシャ語 *ophthalmos* (=eye)+-logy (学問) から成る19世紀の造語.
【派生語】**òphthàlmológic, -cal** 形. **òphthàlmológically** 副. **òphthalmólogist** 名C 眼科医.

oph·thal·mo·scope /afθǽlməskòup/ ɔf-/ 名C 《医》検眼鏡.
語源 ophthalmo-(眼)+-scope (…鏡) 19世紀から.

opiate ⇒opium.

opine /oupáin/ 動 本来目 [形式ばった語] 思う, 述べる.
語源 ラテン語 *opinari* (=to think) が古フランス語を経て中英語に入った. ⇒opinion.

opinion

opin·ion /əpínjən/ 名 CU 〔一般語〕一般義 個人の意見, 考え. その他《単数形で》人や事物の質や価値に対する判断, 評価. また人々の意見, 評判, 世論, 専門家の意見, 鑑定,《法》判決における裁判官の意見の意.

語源 印欧祖語 *op- (= to choose) に遡ることのできるラテン語 opinari (⇒opine) の 名 opinio (= opinion; belief) が古フランス語を経て中英語に入った.

用例 My opinions about education have changed. 教育に関する私の考えは変わった/I have a very high opinion of his work. 私は彼の仕事を大変高く評価している.

【派生語】 ópiniònàted 形《悪い意味で》自分の意見に固執する, 一徹な, 頑固な.

【複合語】 ópinion pòll 名 C 世論調査.

opi·um /óupiəm/ 名 U 〔一般語〕一般義 麻酔薬の一種でアヘン《★けしの未熟な実から作られ, アルカロイド系の成分を含み, 強力な中毒性を持つ》. その他 まるで阿片のように精神の麻痺を起こすもの.

語源 ギリシャ語 opion (樹液) がラテン語を経て中英語に入った.

【派生語】 ópiate 名 C 阿片剤, 麻酔剤, 鎮静剤. 形 麻薬を含んだ, 眠気を催させるような.

opos·sum /əpásəm | -pós-/ 名 C 【動】 オポッサム《★有袋動物; 夜行性で北米から南米まで分布する. また, オーストラリアに棲息するふくろねずみの一種もこの名で呼ばれている》.

語源 アメリカ先住民のアルゴンキン語 aposoum (= white beast) が初期近代英語に入った.

【慣用句】 *play opossum* たぬき寝入りをする; とぼける《★オポッサムが襲われると死んだふりをすることから》.

op·po·nent /əpóunənt/ 名 C 〔一般語〕一般義 争い, 試合, 討議, 論議などの敵対者, 相手. 形 として敵対する, 反対する.

語源 ラテン語 opponere (⇒oppose) の現在分詞 opponens が初期近代英語に入った.

類義語 enemy.

op·por·tune /àpərtjú:n | ɔ̀pətjú:n/ 形 〔形式ばった語〕一般義 何かにとって, 時期などが好都合な. その他 出来事や行動などがタイミング良く時機を得ている.

語源 ラテン語 opportunus (= convenient; ob- toward + portus harbor) が古フランス語を経て中英語に入った. 原義は「風が(都合よく)港の方に吹いている」.

【派生語】 òpportúnely 副 折よく. òpportúnism 名 U 御都合主義, 日和見主義. òpportúnist 名 C 日和見主義者.

op·por·tu·ni·ty /àpərtjú:nəti | ɔ̀p-/ 名 UC 〔一般語〕目的達成に都合の良い状況を指し, 好機, 機会.

語源 ラテン語 opportunus (⇒opportune) から派生した 名 opportunitas が古フランス語を経て中英語に入った.

用例 I had [got] an opportunity to go to Rome. 私はローマへ行く機会を得た/I don't have much opportunity to go to the cinema these days. 最近は映画に出かける機会があまりありません.

類義語 ⇒chance.

op·pose /əpóuz/ 動 本来機 〔一般語〕一般義 言動や行為において相手と争う, 対立する, 議論や提案などに反対する. その他 相手と向き合うことから, 対照させる, 対抗させる. ⓐ 反対する, 対抗する.

語源 ラテン語 opponere (= to set against; ob-against + ponere to place) が古フランス語を経て中英語に入った. ⇒position.

用例 Who is opposing him in the election? その選挙で彼に対抗するのは誰か/We oppose the government on this matter. 我々はこの件で政府に反対する.

類義語 oppose; object; resist: これらは「反対する」という意味で類義であるが, oppose は意見を闘わせて反対することを意味し, object は感情的になって異議を唱えることを含意し, resist は積極的な行動により抵抗することを意味する.

【派生語】 òpposítion 名 U 反対, 抵抗, 妨害: opposition party 《しばしば the O-》 野党《★単に opposition, Opposition ともいう.

op·po·site /ápəzit | ɔ́p-/ 形 C 前 副 〔一般語〕一般義 空間的な対立を示し, 向かい合った, 反対側の, 向かい側の. その他 位置的に反対であるということから, 抽象概念の対立を表すようになり, 考え方や性格, 意味などが正反対の, 相容れない, 逆の などの意. さらに【植】葉が対生の, 縦生の,【数】辺が相対する,【野】右打者に対して一塁側あるいは左打者には三塁側を指す. 反対方向の. 名 として《正》反対の人[物, 事], 前 として…の向こう[反対]側に, また名詞などで…の横に. 副 として向こう側に, 反対の位置に.

語源 ラテン語 opponere (⇒oppose) の過去分詞 oppositus が古フランス語を経て中英語に入った.

用例 I was on the opposite side of the street (to him). 私は(彼と)通りをはさんで向かい側にいた/The two men walked off in opposite directions. その 2 人の男は反対方向に歩き去っていった/His views and mine are completely opposite. 彼の考えと私の考えとでは全く正反対だ/Hate is the opposite of love. 憎しみは愛の逆である/He lives in the house opposite (mine). 彼は(私の)向かい側の家に住んでいる.

【派生語】 óppositely 副.

【複合語】 ópposite númber 名《one's ~》他の組織, 会社, 部署, 施設などで対等の地位[立場]にいる人: Our Sales Manager is having discussions with his opposite number in their firm. 我が社の販売部長は彼らの会社の販売部長と話し合っている.

opposition ⇒oppose.

op·press /əprés/ 動 本来機 〔一般語〕一般義 心配や悲しみなどが人の心や気持ちに重くのしかかる, 圧迫感を与える. その他 権力を不当に用いて人を抑圧する, 虐げる.

語源 ラテン語 opprimere (= to press against; ob-against + premere to press) の過去分詞 oppressus が古フランス語を経て中英語に入った. ⇒press.

用例 The thought of leaving her oppressed me. 彼女とわかれるのだと思うと私の心は引き裂ける思いだった/The king oppressed his people. 王は国民を圧制のもとに苦しめた.

【派生語】 oppréssion 名 U 圧迫, 圧倒; 圧迫感, 憂うつ. oppréssive 形. oppréssor 名 C 圧制者, 暴君.

opprobrious ⇒opprobrium.

op·pro·bri·um /əpróubriəm/ 名 U 〔形式ばった語〕一般義 世間に対する不名誉, 不面目. その他 不名誉となるような恥ずべき行い, そのような行いに対する非難, 指弾.

語源 ラテン語 opprobrare (= to reproach) から派生

opt /ápt|ɔ́pt/ 動 [本来他]〔一般語〕幾つかのものの中から何かを**選ぶ**,複数の案の中から何かをすることに**決める**.他 用法もある.
[語源] ラテン語 *optare* (=to choose) がフランス語を経て 19 世紀に入った. ⇒opinion.

op・ta・tive /áptətiv|ɔ́p-/ 形 名 U【文法】願望を表現する,願望[祈願]法の (★サンスクリット語,ギリシャ語などに見られる動詞の法の一種で,願望や祈願を表現する場合に動詞が特別な形態をとる).
[語源] ラテン語 *optare* (=to choose; to wish) の形 *optativus* がフランス語を経て初期近代英語に入った.

op・tic /áptik|ɔ́p-/ 形 名 C〔一般語〕(通例限定用法)**目の,目に関する,視覚の**. 名として,レンズやプリズムなどの**光学的な器具**.[古俗]〔通例複数形で〕**目**.
[語源] ギリシャ語 *optikos* (=of sight) がラテン語,古フランス語を経て中英語に入った.
【派生語】**óptical** 形 **光学の**; 視力の,目に見える. **óptically** 副 視覚的に; 光学的に. **optícian** 名 C **眼鏡商,光学器具業者**. **óptics** 名 U **光学**.
【複合語】**óptic nèrve** 名 C **視神経,視束**.

optimal ⇒optimum.

op・ti・mism /áptəmizəm|ɔ́p-/ 名 U〔一般語〕[一般義]**楽観,楽天主義**.[その他]【哲学】この世界は神が最善のものとして創造したとする説,**最善説**,一般に**楽観論**.
[語源] フランス語 *optimisme* (ラテン語 *optimus* best + フランス語 *-isme* -ism) が 18 世紀に入った.
【派生語】**óptimist** 名 C **楽天家**. **òptimístic** 形. **òptimístically** 副.

op・ti・mum /áptəməm|ɔ́p-/ 名 C (複 **-ma**, **~s**) 形〔一般語〕[一般義] 生物の成長や増殖にとっての,温度,湿度,光,食物などの**最適条件**,またあるものの成長や発展にとって必要な物の**最も適切な量[程度]**,ある一定の条件下で何かが得られる場合の**最大限**. 形として〔限定用法〕**最適の,最善の**.
[語源] ラテン語 *optimus* (=best) の中性形が 19 世紀に入った.
【派生語】**óptimal** 形 **最適な**.

op・tion /ápʃən|ɔ́p-/ 名 U C 動 [本来他]〔一般語〕[一般義]**選択**.[その他]**選択権,選択の自由,選択されたもの,選択できるもの**. さらに【商】一定期間買う買わないを保留できる権利,**売買選択権**. 動として…に対するオプションを買う〔つける,売る,与える〕.
[語源] ラテン語 *optare* (⇒opt) の名 *optio* (=choice) がフランス語を経て初期近代英語に入った.
[用例] There are several *options* open to you. 君にはいくつかの選択の自由が与えられている/I bought a dozen *or* so books. 私は 12 冊かそこいらの本を買った/You had better leave the matter to his *option*. その件は彼の自由に任せる方がよい.
【慣用句】**be at …'s option** …の随意である: It *is* at your *option*. それはあなたの随意だ. **have no option but to do** …… するしかない: You *have* no *option* but to obey him. 君は彼に従うしかに手がない. **take (out) an option on** … …の選択売買権を得る.
【派生語】**óptional** 形 **選択のきく,自由に選べる**. **óptionally** 副.

opulence ⇒opulent.

op・u・lent /ápjulənt|ɔ́p-/ 形〔一般義〕財産などをたくさん持ってひけらかすくらいに**裕福で**.[その他] 物が潤沢で**豊富な**,また文章や人の服装などがやや過剰に**飾り立てられた**.
[語源] ラテン語 *opulentus* (=wealthy) が初期近代英語に入った.
【派生語】**ópulence** 名 U **富,富裕; 豊富**. **ópulently** 副.

opus /óupəs/ 名 C〔一般語〕[一般義] 芸術家の**作品**.[その他]【楽】作曲家の作品に出版順に付けた番号,**作品番号** (★op. と略す).
[語源] ラテン語で「仕事,作品」の意. 18 世紀に入った. ⇒opera.

or /ɔ́ːr, 弱 ər/ 接〔一般語〕[一般義] **あるいは,または** (★2 つあるいはそれ以上の選択すべき語句・節を同格的に結合する).[その他] 命令形などの後に用いて,否定条件の結果を表し,**さもないと,そうでないと**. また類義的,説明的語句や訂正,言い換え語句を後につなげて,**すなわち,つまり**. さらに,either や whether と相関的に用いられたり,not, never, no などの否定語の後で nor の意で用いられる.
[語法] ❶ 選択の意味が弱いときには /ər/: twó or /ɔ́ːr/ thrée dáys 2 日かあるいは 3 日/twó or /ər/ thrée dáys 2, 3 日.
❷ or で結ばれた主語がどれも単数の場合は,後に続く動詞は単数形を用いる: He or she is wrong.
❸ or で結ばれた主語の人称・数が一致しない場合は,後に続く動詞は一番近い主語に一致する: He or I am wrong. ただし Is he or I wrong? のような形は一般に避けられ,Is he wrong, or am I? とする.
[語源] 古英語 other(r), auther が中英語で or(r) となり,現在に至る.
[用例] Is that your book *or* is it mine? それはあなたの本ですかそれとも私のですか/I bought a dozen *or* so books. 私は 12 冊かそこいらの本を買った/You had better hurry *or* you'll be late. 急いだ方がいいよ,さもないと遅れるよ/Do as you are told, *or* (else) I'll give you nothing. 言われた通りしないと何もあげませんよ/They will take a quater, *or* 25%, of his pay. 彼らは彼の給料の 4 分の 1,すなわち 25% を取る/I have no brothers *or* sisters. 私には兄弟も姉妹もいません.

-or[1] /ər/ 接尾 ラテン語起源の動詞につけて「…する者[物]」の意の動作主名詞 (agent noun) を造る. 例: actor; inventor; elevator.
[語源] 行為者を示すラテン語の語尾 *-or* から.

-or[2] /ər/ 接尾 動作,状態,性質などを表す名詞を造る. 例: error; horror; terror (★favo(u)r, hono(u)r, labo(u)r などのように〈英〉では -our となるものもある).
[語源] 抽象名詞を示すラテン語の語尾 *-or* から.

or・a・cle /ɔ́ːrəkl|ɔ́r-/ 名 C〔一般語〕[一般義] 古代ギリシャの神のお告げ,**神託**.[その他] 神が神託を下す場所,**託宣所**. また神託を伝える人,**神主,巫女**(*⁻*) など. さらに,主として軽蔑的に,知恵者を自認し,やたらに他人を指導したがる**忠告屋**.
[語源] ラテン語 *orare* (=to speak; to pray) から派生した *oraculum* が古フランス語を経て中英語に入った.
【慣用句】**work the oracle** 事をうまく運ぶ.
【派生語】**orácular** 形.

oral /ɔ́ːrəl/ 形 名 C〔一般語〕[一般義] **口頭の,口述の**.[その他]【解】**口部の,口辺の**.「口を使った」の意で,【医】薬などが**内服の,経口の**,【音】**口で発音される,**

(腔)音の. 图 として〔くだけた語〕**口述試験**.

語源 ラテン語 *os* (=mouth) の 形 *oralis* が初期近代英語に入った.

用例 Is the examination only *oral*? その試験は口述のみですか/He passed the written exam, but failed his *oral*. 彼は筆記試験には合格したが, 口述試験には落ちた.

【派生語】**órally** 副 口頭で; 経口的に.

【複合語】**óral contracéptive** 图 C 経口避妊薬. **óral hístory** 图 U 口述歴史. **óral instrúction** 图 U 口授. **óral méthod** 图 外国語の口頭教授法. **óral pléadings [procéedings]** 图《複》《法》口頭弁論.

or·ange /ˈɔːrəndʒ, -rɪn-/ 图 C U 形 〔一般語〕一般義 柑橘(かんきつ)類の樹木または果実, オレンジ(の木)(★だいだい, あまだいだい, マンダリンなどを含む). その他 橙(だいだい)色, オレンジ色(reddish yellow).

語源 古フランス語から中英語に入った. 元来はサンスクリット語と思われる.

用例 He was eating an *orange*. 彼はオレンジを食べていた/Is the dress *orange* or red? そのドレスはオレンジ色ですかそれとも赤色ですか.

【派生語】**òrangeáde** 图 UC オレンジエード(★オレンジの汁に甘味を加えて作った飲物).

【複合語】**órange blòssom** 图 UC オレンジの花《★純潔の象徴として花嫁がつける白い花》. **órange júice** 图 U オレンジジュース.

orang·u·tan, orang·ou·tang /ɔːˈræŋʊtæn|ɔːˌræŋúːtæn/ 图 C 動 オランウータン.

語源 マレー語 *ōrang* (=man)+*ûtan* (=wood) が初期近代英語に入った.

orate =oration.

ora·tion /ɔːréɪʃən|ɔr-/ 图 CU 〔形式ばった語〕一般義 公式の場所でのスピーチ, 特に記念式典や葬儀の場で行われる式辞. その他 《文法》話法(⇒narration).

語源 ラテン語 *orare* (=to speak) の 图 *oratio* (=speech; prayer) が中英語に入った. ⇒oracle.

【派生語】**oráte** 動 本来自 演説する (★oration からの逆成によってできた語). **órator** 图 C 演説者, 弁士. **òratórical** 形 演説の, 演説に関する: an *oratorical* contest スピーチコンテスト. **òratórically** 副. **óratòry** 图 U 雄弁術.

or·a·to·ri·o /ɔːrətɔ́ːriòʊ|ɔr-/ 图 C 《楽》オラトリオ, 聖譚(せいたん)曲.

語源 イタリア語が初期近代英語に入った. 原義は「小礼拝堂」. ローマの教会 (Oratory of St. Philip Neri) で初めて演奏されたことから.

oratory ⇒oration.

orb /ɔːrb/ 图 C 動 本来自《文語》一般義 球, 球体. その他 古代や中世の天文学者が考えていた, 地面の上を覆っている半球形の天空. 〔古語〕行動や影響などの及ぶ範囲. 〔一般語〕頂上に十字架をつけた金の珠で, 王位の象徴として用いられる十字架付宝珠.《詩語》《複形で》眼球. 動 としては, 球形にする, 〔古語〕取り囲む. 自《詩語》球形になる, 〔古語〕軌道を進む.

語源 ラテン語 *orbis* (=circle) が初期近代英語に入った.

or·bit /ˈɔːrbɪt/ 图 C 動 本来他 〔一般語〕一般義 惑星や人工衛星の軌道. その他 比喩的に人生の軌道. また「道を通って行ける範囲」ということで, 経験や活動の範囲, 政治的な勢力圏などの意. 動 として軌道を描いて…を回る, 軌道に乗せる. 自 軌道を旋回させる, 軌道に乗る.

語源 ラテン語 *orbis* (=circle) から派生した *orbita* (=path; track) が初期近代英語に入った.

用例 The spaceship is in *orbit* round the moon. 宇宙船は月の軌道に乗っている/The spacecraft *orbits* the Earth every 24 hours. 宇宙船は24時間ごとに地球の周囲を軌道を描いて回っている.

【派生語】**órbital** 形. **órbiter** 图 C 天体の軌道を回る人工衛星, 周回宇宙船.

or·chard /ˈɔːrtʃərd/ 图 C 〔一般語〕果樹園,《集合的に》果樹園の果樹.

語源 古英語 ortgeard, orceard から. 前半はラテン語 *hortus* (=garden) で, 後半は yard に相当すると思われる.

用例 They have planted an apple *orchard*. 彼らはりんご園を育てた.

or·ches·tra /ˈɔːrkɪstrə/ 图 C 〔一般語〕一般義 管弦楽団. その他 劇場で舞台と客席との間にあるオーケストラボックス(orchestra pit),《米》劇場の一階舞台前方の上等席.

語源 ギリシャ語 *orkheisthai* (=to dance) から派生した *orkhēstra* (=space on which chorus performs) がラテン語を経て初期近代英語に入った.

用例 He plays the violin in an *orchestra*. 彼はオーケストラでバイオリンを弾いている.

【派生語】**òrchéstral** 形. **órchestràte** 動 本来他 管弦楽用に作曲[編曲]する; バレエなどに管弦楽による伴奏をつける; うまく調和するように組み入れる, 調整する. **òrchestrátion** 图 UC 《楽》管弦楽法.

【複合語】**órchestra pìt** 图 C 舞台前にあるオーケストラボックス《語法》単に orchestra ともいう》.

or·chid /ˈɔːrkɪd/ 图 C 《植》蘭(らん)(★ラン科植物の総称), 観賞用やコサージュ用の蘭の花.

語源 ギリシャ語 *orkhis* (=睾丸) がラテン語を経て 19 世紀に入った. 蘭の塊茎の形状の連想から.

or·chis /ˈɔːrkɪs/ 图 C 《植》蘭(らん).

語源 =orchid. 初期近代英語から.

or·dain /ɔːrdéɪn/ 動 本来他〔形式ばった語〕一般義 神や運命などの力が定める. その他 法律などによって規定する,〔一般語〕人を聖職者に任命する, 人に聖職位を授ける. 自 命令する.

語源 ラテン語 *ordo* (⇒order) から派生した *ordinare* (=to put in order) が古フランス語を経て中英語に入った.

or·deal /ɔːrdíːl/ 图 C 〔一般語〕忍耐力を求められる厳しい困難な体験, 試練.

語源 古英語 ordǽl (=judgment) から.

or·der /ˈɔːrdər/ 图 CU 動 本来他 〔一般語〕一般義 上司や上官など, 一般に上の位にある者からの命令, 指令, 指示. その他 命令書, 郵便などの為替(証書),「商品取引きにおける命令, 指示」の意で, 注文, 注文書, 注文品. また物事の前後の順序, 順番の意もあり, さらに「順序正しい状態」を指し, 整頓, 常態, 整列などの意, さらに社会の秩序, 治安, 規律,《しばしば複数形で》社会的な階級, 等級,《建》古代ギリシャなどの柱の様式の意. また「上下の順が厳密に決まっている職ぬるいは集団」ということで,《複数形で》聖職, 牧師職, さらに修道会, 中世の騎士団, 勲爵士団などの意. 動 として命令する, 注文する, 順に並べる, 整理する. 自 注文する.

語源「順序正しく一直線に並んだもの」という意味のラ

テン語 *ordo* が古フランス語 *ordre* を経て中英語に入った.

用例 Go home—that is an *order*. 帰りなさい. これは命令です/Your *order* is nearly ready. あなたの注文された品はほぼお渡しできる状態です/Describe the events in chronological *order*. 年代順に事件を列挙しなさい/Everything in the house is in (good) *order*. 家の中はすべて(よく)整頓されている/You must keep *order* among the children. 子供たちに規律を守らせよう/All *orders* and degrees of men came to see him. あらゆる階級の人々が彼に会いにやって来た/the Benedictine *order* (= the *order* of Benedictines) ベネディクト修道会/an *Order* of Chivalry 騎士団/He *ordered* me to stand up. 彼は私に立つように命じた/I have *ordered* some new furniture from the shop. 私はその店に新しい家具を注文した.

類義語 order; command; direct: これらは「相手に指図する」という意味で類義であるが, **order** が「相手に有無を言わせず強く命ずる」という含意を持つのに対して, **command** は order より形式ばっており,「上からの正式な命令」を意味し, **direct** は命令の意が弱く,「指図する事柄の手順ややり方を説明したり助言する」といった含意がある.

【派生語】**órderliness** 名 U きちんと整理された状態; きちょうめんさ; 規律正しさ. **órderly** 形 整理された; きちょうめんな, きちんとした; 規則を守る.

【複合語】**órder bòok** 名 C 注文控え帳. **órder fòrm** 名 C 注文用紙.

or·di·nal /ɔ́ːrdənəl/ 形 C 〔一般語〕 一般義 順序の, 順序を示す. その他 《生》動物の分類上で目(もく)の. 名として序数, 《キ教》聖餐(さん)式次第書.
語源 ラテン語 *ordo* (⇒order) の 形 *ordinalis* が中英語に入った.
【複合語】**órdinal númber** 名 C first, second のような序数.

or·di·nance /ɔ́ːrdənəns/ 名 C 〔形式ばった語〕 一般義 権威に裏付けられた規則, 命令. その他 市町村によって発布される法令, 条令. また長年の慣例によって定まった決まり, 慣習, 《キ教》儀式, 特に聖餐式.
語源 ラテン語 *ordo* (⇒order) から派生した *ordinare* (= to put in order) の現在分詞 *ordinans* が古フランス語を経て中英語に入った.

or·di·nar·y /ɔ́ːrdəneri|-nə-/ 形 〔一般語〕 一般義 普通の, 通常行われている. その他 普通であることから, 能力や質などが並の, ありきたりな, またどこにでもある, つまらない, 凡庸な, 劣った, 見劣りがするなどの意. さらに「通例」の意が「当然」と解され, 《法》職務上当然の**直轄権を持つ**の意. 名として《the ~》普通の状態, 通例.
語源 ラテン語 *ordo* (⇒order) の 形 *ordinarius* (= of regular order) が古フランス語 *ordinarie* を経て中英語に入った.

用例 He works on Sundays—so it's just an *ordinary* working day to him. 彼は毎日曜働いている. だから彼にとっては日曜は正規の仕事日だ/She was behaving in a perfectly *ordinary* manner. 彼女は全くいつも通りにふるまっていた/She's very beautiful but he is a very *ordinary* young man. 彼女はとても美しいが, 彼の方はまったく普通の若者だ.

類義語 ⇒common.
反意語 extraordinary.

【慣用句】***out of the ordinary*** 普通でない, 例外的な.
【派生語】**òrdinàrily** 副. **órdinàriness** 名 U.

or·di·na·tion /ɔ̀ːrdənéiʃən/ 名 UC 《キ教》聖職者を任命すること, 聖職叙任, また任命する儀式, 叙階式.
語源 ラテン語 *ordinare* (⇒ordain) の 名 *ordinatio* が中英語に入った.

ord·nance /ɔ́ːrdnəns/ 名 U 〔一般語〕 一般義 《集合的》兵器, 武器 《★弾薬, 車両, 修理用の器具なども含む》. その他 《集合的》大砲. また軍の組織において武器の開発や維持, 貯蔵にあたる軍需品部.
語源 ordinance の変形. 初期近代英語から.
【複合語】**Órdnance Sùrvey** 名 《the ~》英国政府の陸地測量部.

or·dure /ɔ́ːrdʒər|-djuə/ 名 U 〔形式ばった語〕婉曲語として, 排泄物, 汚物.
語源 古フランス語 *ord* (= filthy) の 名 *ordure* が中英語に入った.

ore /ɔːr/ 名 UC 〔一般語〕 一般義 金属を採取する鉱石. その他 《詩語》金属一般, 特に黄金.
語源 古英語 *ōra* (鉱石) から.

Or·e·gon /ɔ́ːrigən, -ɔːr-/ 名 固 オレゴン州 《★アメリカ北西部の州; 略 Oreg., Ore.,《郵》OR》.
語源 おそらくネイティブ先住民語で Columbia River を指す語から. 原義は birch-bark dish.

or·gan /ɔ́ːrgən/ 名 C 〔一般語〕 一般義 動植物の器官, 臓器, 内臓. その他 婉曲的に男性器. 本来教会の必要な道具ということでパイプオルガン, その他のオルガン. また「特定の活動を行う部位」ということから, 部門, 機関, さらに「政治活動や運動を代弁するもの」という意味で 〔形式ばった語〕機関誌, マスメディアなどの意.
語源 印欧祖語 *worg-* (= to do) に遡ることのできるラテン語 *organum* (= tool; implement) が古フランス語を経て中英語に入った.

用例 the reproductive *organs* 生殖器/He played the tune on the *organ*. 彼は(パイプ)オルガンでその曲を演奏した/Parliament is the main *organ* of government in Britain. 議会は英国政府の中心機関である.

【派生語】**orgánic** 形 組織[有機]的な, 有機体[物]の, 《化》有機の; 器官の; 本質的な: **organic chemistry** 有機化学. **órganìsm** 名 C 有機体, 生物; 社会や宇宙などの有機的組織. **órganist** 名 C 教会などの(パイプ)オルガン奏者. **órganize** 動 本来也 ⇒見出し.

【複合語】**órgan grìnder** 名 C 街頭で見かける手回しオルガン弾き, 辻(つじ)音楽師. **órgan lòft** 名 C 教会などの 2 階にあるオルガン席.

organization ⇒organize.
organizational ⇒organize.

or·ga·nize, 《英》**-nise** /ɔ́ːrgənaiz/ 動 本来也 〔一般語〕 一般義 会社, 政党, 組合などを組織する, 結成する. その他 会などを取りまとめる, 催し物などを準備する, 企画する, 主催する, 作品, 知識, 資料などを系統立てる, まとめる. 自 団結する, 労働組合を結成する[に加入する].
語源 ラテン語 *organum* (⇒organ) から派生した中世ラテン語 *organizare* が古フランス語を経て中英語に入った.

用例 He *organized* a company in his youth. 若い時に彼は会社を組織した/He *organized* the workers into a trade union. 彼は労働者を組織して労働

組合を作った/They *organized* a party [conference]. 彼らはパーティー[会議]を計画した.
【派生語】**òrganizátion** 名 CU 組織, 団体, 協会; 組織化, 編成; 計画, 準備. **òrganizátional** 形. **órganized** 形 組織された, よくまとまった. **órganizer** 名 C 組織者, 主催者, 創設者, まとめ役.

or·gasm /ɔ́ːrgæzəm/ 名 CU 《生理》性交時の性的興奮状態の頂点, オルガスム.
[語源] ギリシャ語 *organ* (=to swell) から派生した *orgasmos* がラテン語を経て初期近代英語に入った.
【派生語】**orgásmic** 形.

orgiastic ⇒orgy.

or·gy /ɔ́ːrdʒi/ 名 C 〔一般語〕《複数形で》オルギア (★古代ギリシャおよびローマで, 酒神 Dionysus (または Bacchus) を祭るために捧げられた秘密の儀式で, 歌や踊り, 性的な戯れなどを伴った酒神祭). そこから乱痴気騒ぎ, 特に性的な交渉を伴う乱交パーティー, また物事に対する行き過ぎた熱中, 耽溺.
[語源] ギリシャ語 *orgia* (=secret rites) がラテン語, フランス語を経て初期近代英語に入った.
【派生語】**òrgiástic** 形.

ori·el /ɔ́ːriəl/ 名 C 《建》出窓の一種 (★建物の壁面から外へ, 通常六角形や半分の形に張り出したもの; oriel window ともいう).
[語源] 古フランス語 *oriol* (=porch) が中英語に入った.

ori·ent /ɔ́ːriənt/ 名形, /-ènt/ 動 本他 〔一般語〕《the O-》東洋, および古代の東方の地域, 東洋諸国. 形 として〔詩語〕東方の. 動 としては, 元々建物を東向きに建てるの意で, 転じて物を特定の向きに置く, 方向づける, 人を目標の方向に向かわせる, 適応させる, 《~ oneself で》自分の位置, 立場を見定める, 環境などに適応する.
[語源] 印欧祖語 *er-* (=to move) に遡ることのできるラテン語 *oriri* (=to rise) の現在分詞 *oriens* が「昇る太陽, 太陽の昇る方向, 東」の意となり, 古フランス語を経て中英語に入った. ⇒origin.
【派生語】**òriéntal** 形 《しばしば O-》東洋の. 名 C 東洋人 (★現在では差別語). **òriéntalist** 名 C 東洋学者. **òrientátion** 名 CU 新入生, 新人などの指導, オリエンテーション; 環境などへの適応; 態度(の決定), 志向. **óriènted** 形 特定の状況や要求に方向づけられた, …指向の, …型の 〔語法〕通例複合語の第 2 要素として用いられる): sports-*oriented* スポーツ指向[優先]の.

ori·en·teer·ing /ɔ̀ːriəntíəriŋ/ 名 U 《スポ》オリエンテーリング (★クロスカントリー競技の一種で, 地図と磁石に定められた標識を探しながらできるだけ早くゴールに到着することを競う).
[語源] スウェーデン語から 20 世紀に入った. ⇒orient.

or·i·fice /ɔ́ːrifis|ɔ́r-/ 名 C 〔形式ばった語〕管や煙突などの口, 穴; 身体の口, 耳, 鼻, 肛門などの開口部, 孔.
[語源] ラテン語 *orificium* (=opening *os* mouth + *facere* to make) がフランス語を経て初期近代英語に入った.

or·i·gin /ɔ́ːridʒin|ɔ́r-/ 名 CU 〔一般語〕〔一般義〕物事の始まり, 起源. [その他]「始まり」ということから, 出来事などの原因. また《しばしば複数形で》人の生まれ, 血統, 素性.
[語源] ラテン語 *oriri* (⇒orient) から派生した「1 日の始まり」の意の *origo* が古フランス語 *origine* を経て中英語に入った.
[用例] There are several words of English *origin* in French. フランス語には英語起源の語がいくつかある/This was the *origin* of the disagreement. これが不和の始まりであった/He tried to hide his *origins*. 彼は自分の生まれを隠そうとした.
[類義語] ⇒beginning.
【派生語】**original** 形名 ⇒見出し. **originate** 動 ⇒見出し.

orig·i·nal /ərídʒinəl/ 形名 〔一般語〕〔一般義〕根源の, 最初の, 原始の, 元の. [その他]「最初」ということで, 今まで誰も思いつかなかった, 独創的な, 創意に富む, さらに新奇な, 奇抜な, 風変りな. また「元」ということから, 最初に書かれたり作られたりした, 原文の, 原案の, 原作の. 名 として原型, 原物, 《the ~》原文, 原書, 原本, 原画, 〔くだけた語〕変人, 奇人.
[語源] ⇒origin. 初期近代英語から.
[用例] This part of the house is new but the rest is *original*. 家のこの部分は新しくしたが, その他のところは元のままだ/Who were the *original* inhabitants of Britain? 英国の原住民は誰ですか/He produces a lot of *original* ideas. 彼は独創的な考えに富んでいる/The *original* painting is in the museum, but there are hundreds of copies. 原画はその博物館にあるが, その模写は何百も出回っている/She is the *original* of the famous portrait. 彼女はかの有名な肖像画のモデルだ.
【派生語】**orìginálity** 名 U 独創[創造]力, 独創性, 創意, 目新しさ; 風変わり. **oríginally** 副 元は, 初めは, 元来, 本来; 独創的に.
【複合語】**orìginal sín** 名 U 《キ教》原罪 (★人間が生まれながらに持っている罪).

orig·i·nate /ərídʒinèit/ 動 本自 〔形式ばった語〕〔一般義〕起こる, 生じる. [その他]物事が…から始まる, …の考案による, バス, 電車などが…から出発する. 他 …を引き起こす, 始める, 発明[考案]する.
[語源] ⇒origin.
[用例] That style of painting *originated* in China. そのような形式の絵は中国から始まった/The theory of evolution *originated* with Darwin. 進化(の理)論はダーウィンから生まれた/His words *originated* the quarrel. 彼の言葉がけんかの原因であった.
【派生語】**oríginàtor** 名 C 考案者, 創設者.

Ori·on /əráiən/ 名 固 《天》星座の名でオリオン座. 本来ギリシャ神話に登場する狩猟者の名でオリオン (★ Pleiades を追って Artemis に殺された).

or·na·ment /ɔ́ːrnəmənt/ 名 CU, /ɔ́ːrnəmènt/ 動 本他 〔一般語〕〔一般義〕装飾, 飾ること. [その他]装飾品, 飾り物, 勲章, 比喩的に名誉, 誇りとなる人[物]. 動 として…を飾る.
[語源] ラテン語 *ornare* (⇒ornate) の 名 *ornamentum* が古フランス語を経て中英語に入った.
[用例] There was a china dog along with other *ornaments* on the mantelpiece. 炉棚の上には他の装飾品と並んで陶器でできた犬が置いてあった/He is an *ornament* to our country. 彼は我が国の名誉だ/The church was richly *ornamented*. 教会ははでに飾り立てられていた.
【派生語】**òrnaméntal** 形. **òrnamentátion** 名 U 装飾; 《集合的》装飾品.

or·nate /ɔːrnéit/ 形 〔一般語〕文章や装飾などが過度に飾り立てられた, 凝った.
[語源] ラテン語 *ornare* (=to equip; to decorate) の

or·ner·y /ˈɔːrnəri/ 形 〔くだけた語〕《米》人が他人の言うことを聞かず, 性格が悪くて扱いにくい, **強情な, 料簡の狭い**, へそ曲がりの.

[語源] ordinary が変形したもの. 18 世紀から. 本来の「普通の」意が「凡庸な, 劣った」の意を経てさらに悪い意味になった.

ornithological ⇒ornithology.
ornithologist ⇒ornithology.
or·ni·thol·o·gy /ˌɔːrnəˈθɑlədʒi | -ˈθɔl-/ 名 U 〔一般語〕**鳥類学**.

[語源] ornitho-(鳥)+-logy (学問). ornitho- はギリシャ語 ornis (=bird) から. 初期近代英語より.

【派生語】**òrnithológical** 形. **ònitólogist** 名 C 鳥類学者.

oro·tund /ˈɔːrətʌnd | ˈɔr-/ 形 〔形式ばった語〕声が朗々と響く, 文章や話が大げさで仰々しい.

[語源] ラテン語 ore rotundo (=with a rounded mouth; os mouth+rotundus round) が 18 世紀に入った.

or·phan /ˈɔːrfən/ 名 C 形 動 本来他 〔一般語〕**孤児** (★一般に両親がいない子供のことを言うが, 時には片親がいない子供のことも指す). 形 として〔限定用法〕親のいない, 孤児のための. 動 として〔通例受身で〕孤児にする.

[語源] ギリシャ語 orphanos (死によって奪われた) がラテン語 orphanus を経て中英語に入った.

【用例】That little girl is an orphan. あの女の子は孤児だ/She was orphaned when her parents died in a car-crash. 彼女は, 両親を交通事故で失って孤児になった.

【派生語】**órphanage** 名 C 孤児院; =orphanhood. **órphanhòod** 名 U 孤児の身の上. **órphanìze** 動 本来他 孤児にする.

orthodontic ⇒orthodontics.
or·tho·don·tics /ˌɔːrθəˈdɑntɪks | -ˈdɔn-/ 名 U 〔歯〕**歯列矯正(術)**.

[語源] ギリシャ語 ortho- (=right; correct)+odont- (=tooth)+-ics (=science; art) から成る 20 世紀の造語.

【派生語】**òrthodóntic** 形. **òrthodóntist** 名 C 歯列矯正医.

or·tho·dox /ˈɔːrθədɑks | -dɔks-/ 形 〔やや形式ばった語〕 一般語 宗教上の正統派の, 《O-》ギリシャ正教会の. その他 正統的な, 伝統的な, 一般に認められている.

[日英比較] この語は宗教的な場面で多く使われるので, 日本語の「オーソドックスな」を表すのにはむしろ authentic, authoritative, conventional などの方が適切な場合が多い.

[語源] ギリシャ語 orthodoxos (orthos correct+doxa belief) がフランス語を経て中英語に入った.

〔反意語〕heterodox; unorthodox.

【派生語】**órthodòxly** 副. **órthodòxy** 名 UC 伝統主義, 正統的信仰, 正統派的信念〔慣行〕.
【複合語】**Órthodox Chúrch** 名《the ~》ギリシャ正教会.

orthographic ⇒orthography.
orthographical ⇒orthography.
orthographically ⇒orthography.
or·thog·ra·phy /ɔːrˈθɑɡrəfi | -ˈθɔɡ-/ 名 U 〔やや形式ばった語〕つづり字法, 正字[正書]法.

[語源] ギリシャ語 orthographia (=correct writing) がラテン語, 古フランス語を経て中英語に入った.

【派生語】**òrthográphic, -cal** 形. **òrthográphically** 副.

or·tho·pe·dic, or·tho·pae·dic /ˌɔːrθəˈpiːdɪk/ 形 〔医〕**整形外科の**.

[語源] ギリシャ語 orthos (=correct)+paideia (=rearing of children) としてできたフランス語 orthopédie が 19 世紀に入った. 元来は子供のための整形外科の意.

【派生語】**òrthopédics, òrthopáedics** 名 U **整形外科学**.

-ory /ɔːri, əri | əri/ 接尾 「…のような」「…の働き[性質]を持つ」の意味の形容詞を作る. 例: introductory; migratory. また「…する場所」の意味の名詞を作る. 例: dormitory; observatory.

os·cil·late /ˈɑsəleɪt | ˈɔs-/ 動 本来自 〔形式ばった語〕 一般語 振り子のように左右に振動する. その他 比喩的に人の意見や態度などがぐらつく, 心が動揺する. また二点間を往復することから, 株価などが変動する. 他 振動させる, 動揺させる.

[語源] ラテン語 oscillare (=to swing) の過去分詞 oscillatus が 18 世紀に入った.

【派生語】**òscillátion** 名 UC. **óscillàtor** 名 C〔電〕発振器. **óscillàtòry** 形.

os·cil·lo·graph /ˈɑsɪləɡræf | ɔˈsɪləɡrɑːf/ 名 C〔電〕オシログラフ《★電流の振動を目に見えるように記録する装置》.

[語源] oscillo-(波形)+-graph (記録(計)). 19 世紀から.

os·cil·lo·scope /ˈɑsɪləskoʊp | ɔs-/ 名 C〔電〕オシロスコープ《★電流や電圧の波形をブラウン管に示す装置》.

[語源] oscillo-(波形)+-scope (…を見る器具). 20 世紀から.

-osis /ˈoʊsɪs/ 接尾〔複 -oses /ˈoʊsiːz/〕「病気の状態」「変化の過程」を意味するギリシャ語系名詞語尾. 病名や修辞学の術語に多く用いられる. 例: metamorphosis; neurosis; osmosis; tuberculosis.

os·mo·sis /ɑzˈmoʊsɪs | ɔs-/ 名 U 〔生·化〕**浸透(性)**, また一般にじわじわしみ込むこと, **浸透**.

[語源] ギリシャ語 ōsmos (=thrusting) がラテン語を経て 19 世紀に入った.

【派生語】**osmótic** 形.

os·se·ous /ˈɑsiəs | ˈɔs-/ 形 〔医〕骨の性質をもった, 骨質の, 骨でできている.

[語源] ラテン語 os (=bone) の 形 osseus (=bony) が初期近代英語に入った.

ossification ⇒ossify.
ossified ⇒ossify.
os·si·fy /ˈɑsəfaɪ | ˈɔs-/ 動 本来他 〔生理〕**骨化させる**. 比喩的に〔やや形式ばった語〕考えなどの**柔軟性をなくさせる, 硬直させる**. 自の用法もある.

[語源] ラテン語 os (=bone) から派生したフランス語 ossifier が 18 世紀に入った.

【派生語】**òssificátion** 名 U〔生理〕骨化; 思考などの硬化, 硬直化. **óssifìed** 形.

os·ten·si·ble /ɑˈstɛnsəbl | ɔs-/ 形 〔一般語〕《限定用法》うわべだけの, 表向きの, 見せかけの.

[語源] ラテン語 ostendere (=to show) から派生した

os·te·o·path /ástiəpæθ|ɔ́s-/ 名 C [一般語] 整骨医.
 語源 osteopathy からの逆成. 19 世紀から. osteopathy は近代ラテン語 *osteopathia* (*osteo-* 骨+*-pathia*...療法)から.
【派生語】**òsteópathy** 名 U 【医】整骨療法 (★本来はこの語から逆成によって osteopath が造られたが、便宜上 osteopathy を派生語欄に置く).

os·te·o·po·ro·sis /àstioupəróusis|ɔ̀s-/ 名 U 【医】骨粗鬆(しょう)症.
 語源 osteo-(骨)+ラテン語 *porus* (小孔)+-osis (病). 19 世紀から.

ostracism ⇒ostracize.

os·tra·cize, (英) -cise /ástrəsàiz|ɔ́s-/ 動 本来義 〔形式ばった語〕人を追放する、村八分にする.
 語源 ギリシャ語 *ostrakon* (陶片) から派生した *ostrakizein* (陶片投票により追放する)が初期近代英語に入った. 古代ギリシャでは陶器のかけらを投票によって追放する人を選んだことから.
【派生語】**óstracism** 名 U 社会からの追放、村八分.

os·trich /ɔ́:strɪtʃ|ɔ́s-/ 名 C 【鳥】だちょう. 比喩的に〔くだけた語〕現実逃避者 (★だちょうは頭を砂に隠して危険を避けると考えられていたことによる).
 語源 ギリシャ語 *strouthos* (=sparrow) から派生した *strouthiōn* (=ostrich) がラテン語に入り、*avis* (=bird) が付いて *avistruthius となり、古フランス語を経て中英語に入った.

Othel·lo /əθélou|ɔ-/ 名 固 オセロ (★シェークスピアの 4 大悲劇の一つであり、またその主人公).

oth·er /ʌ́ðər/ 形 代 [一般語] 一般義 言及しているもの、あるいは意味しているものとは別の(もの、人)、異なった(もの、人). その他 2 者の中でもう一方の(もの、人)、あるいは 3 者以上の中で残りの(もの、人)の意. また時間的に「現在とは別の」ということで、先だっての、以前の. 副 としてはそうでない、別のやり方で (★通例 not を伴って否定文で用いられる; ⇒慣用句 other than ...).
 語法 ❶ 2 つのうちの「もう 1 つ」、3 つ以上のうちの「残りの」の意で用いられる場合は、the ~ または one's ~ となる: the [my] *other* foot もう一方(私のもう一方)の足. ❷ 代 として ❶ の意で用いられる場合は、the ~(s) となる: One is good and the *other* is bad. 一方は良くて、もう一方は悪い/Two of us were right and the *others* were wrong. われわれのうち 2 人は正しかったが、残りは全員間違えていた.
 語源 古英語 ōther から.
 用例 There must be *other* ways of doing it. それをするのに別の方法があるに違いない/He lives on the *other* side of town. 彼は町の反対側に住んでいる/The baby is here and the *other* children are at school. 赤ん坊はここにいますが、ほかの子供たちは学校です/I saw him just the *other* day [morning]. 私はほんの先日[先だっての朝]彼に会いました.
 慣用句 ***every other* ...** 1 つおきの; 他にあらゆる: Leave *every other* line on the exam paper blank. 試験用紙には 1 行おきに書きなさい/I work only *every other* day. 私は 1 日おきに働いているだけです/I've not read that one but I've read *every other* book in the library. 私はその本は読んでませんが、その他はすべて図書館で読みました. **no [none] *other* than** ... ほかならぬ...: The man who had sent the flowers was *none other than* the man she had spoken to the night before. 花を送ってきた男は他でもない彼女が前の晩に話しかけた男だった. ***of all others*** なかんずく、とりわけ. ***other than*** ... 以外に: There was no-one there *other than* an old woman. そこには老女以外誰もいなかった/There was nothing to do *other than* (to) wait. 待つ以外他にすることがなかった/He cannot be *other than* a good man. 彼は本当にいい人です(それ以外はありえない).
【派生語】**ótherness** 名 U 異なって[変わって]いること.

otherwise 副 ⇒見出し.
【複合語】**ótherwòrld** 名 《the ~》あの世、来世.
 ótherwòrldly 形 来世の; 別世界の(ような).

oth·er·wise /ʌ́ðərwàiz|ɔ́-/ 副 [一般語] 一般義 その他の方法で、別のやり方で. その他 その他の点では、その他の場合には. さらにそうしなければ(or else)、そうでなければ(if not) 語法 この 2 つの意味ではしばしば 接 のように用いられる.
 語源 古英語 (on) ōthre wīsan (=in other way) から.
 用例 He seems to think *otherwise*. 彼は別の考え方をしているようだ/She has a big nose but *otherwise* she is very good-looking. 彼女は鼻が大きいが、その他の点ではとても顔立ちが良い/Take a taxi—*otherwise* you won't get there in time. タクシーに乗りなさい. そうしなければそこに間に合って着きませんよ/I ran all the way, *otherwise* I could not have bought the bargains. 私はずっと走ってきた. そうでなければ特売品を買うことはできなかっただろう.

oti·ose /óuʃiòus|-ti-/ 形 〔形式ばった語〕言葉や考えなどがむだな、不必要な.
 語源 ラテン語 *otium* (=leisure) から派生した *otiosus* (=unemployed) が 18 世紀に入った.

Ot·ta·wa /átəwə|ɔ́t-/ 名 固 オタワ (★カナダの首都).

ot·ter /átər|ɔ́t-/ 名 C 【動】かわうそ.
 語源 古英語 ot(o)r から. 原義は water-animal で、water と同語源.

ot·to·man /átəmən|ɔ́t-/ 名 C [一般語] ひじ掛けや背もたれのない長いソファー、あるいはクッション付きの足のせ台.
 語源 オスマントルコの創始者の名前から. 直接的にはフランス語 *ottomane* が初期近代英語に入った.

ouch /áʊtʃ/ 間 [一般語] 痛い!, あっちっち!
 語源 擬音語.

ought /ɔ́:t/ 助 [一般語] 一般義 当然...すべきである 語法 to 不定詞を後に従えて ought to の形で、相手に義務を負わせたり、義務について尋ねたりする場合に用いられる. その他 義務の意味が弱まり、主に〔くだけた語〕...する必要がある、したほうがよい(had better) の意で用いられるようになり、さらにはずである、である、おそらく...であるの意となる.
 語源 ❶ 義務と当然性の両方の意味で、ought to は should とほぼ同義であり、must とは次のような違いが見られる: You *ought to* do the work. その仕事をしたほうがよい《忠告》/You *must* do the work. その仕事をしなければならない《命令あるいは強い忠告》/

That *ought to* be true. (=There's a reason to think it's true.) それはきっと真実だろう/That *must* be true. (=I'm certain it's true.) それは真実に違いない. ❷ 完了不定詞が後に続き, 〈ought to+have+過去分詞〉の形で「(実際)するべきだったのに, しなかった」「してしまったはずだ」の意味に用いられる: I'm sorry—I *ought to have* told you that I would be late. 遅くなるとお伝えすべきでしたのに, 申し訳ありません/He *ought to have* arrived there by now. 彼は今頃はそこに着いているはずだ. ❸ 否定形では not は to の前に置かれる: You *ought not to* do this. これをしないほうがいい. ❹ never, always, really などの副詞は ought の前後どちらにも置けるが, くだけた表現では前に置くのが普通である: You always *ought* to think of others. (=You *ought* always to think of others.) いつも他人のことを考えるべきである.

[語源] 古英語 āgan (=to owe)の過去 āhte から. ⇒ owe; own.

[用例] You *ought to* help them. 彼らを助けるべきだ/You *ought to have* gone. 本当なら君は行ってなければならないよ/*Oughtn't* I to have done that? それをすべきではなかったのですか/The weather *ought to* be fine tomorrow. 天気は明日晴れるはずです/He *ought to have* been able to do it. 彼ならそれをすることができたはずだ.

ounce /áuns/ 名 C 〔一般語〕オンス (★重量の単位: 常衡 (avoirdupois) では pound の 16 分の 1 (=28.35g), 金衡 (troy weight) および薬衡 (apothecaries' weight) では 12 分の 1 (=31.1035g); 液量の単位: (米) pint の 16 分の 1 (=29.6cc), (英) 20 分の 1 (=28.4cc); 略 oz.), また (通例 not an ~ で) ごくわずか, 少量.

[語源] ラテン語で「(1 フィートあるいは 1 ポンドの)12 分の 1」を意味する uncia が古フランス語 unce を経て中英語に入った.

[用例] He hasn't an *ounce* of common sense. 彼には常識のかけらもない.

our /áuər/ 代 〔一般語〕[一般義] 人称代名詞 we の所有格で, 自分と他の人(々)を含めて私たちの, 人々一般の意味で我々の. [その他] 自分と相手の間で話題となっていたり, 互いに興味がある人[物]を指すのに用いられる, 例の.

[語源] 古英語 ūre から.

[用例] *Our* brain controls *our* body's activities. 我々の脳が我々の体のさまざまな活動をコントロールしている/*Our* beautiful young lady came again today. 例の美しい若い女性が今日またやって来た.

ours /áuərz/ 代 〔一般語〕we の所有代名詞形で, 私たちのもの, 我々のもの (〔語法〕 受けているものが単数の場合には単数扱い, 複数なら複数扱い).

[語源] 中英語 ures から.

[用例] "Where are your books?" "*Ours* are on the shelf." 「あなたたちの本はどこですか」「私たちのは棚の上にあります」/The house is *ours*. その家は私たちのです.

our·self /auərsélf/ 代 〔形式ばった語〕君主や裁判官などが公式に自分のことを指すのに用いるいわゆる「王者の we」(royal "we") の再帰代名詞.

our·selves /auərsélvz/ 代 〔一般語〕一人称再帰代名詞の複数形で, 再帰用法では自分自身を[に], 強調用法では自分たちでの意.

[用例] We saw *ourselves* in the mirror. 私たちは鏡で自分の姿を見た〔再帰用法〕/We'll just have to finish the job *ourselves*. 私たちは自分たちでこの仕事を仕上げなくてはならないでしょう〔強調用法〕.

-ous /əs/ [接尾] 「...の多い」「...性の」「...の特質を有した」「...に似た」などを意味する形容詞語尾. 例: dang*erous*; graci*ous*; hazard*ous*; mountain*ous*; pomp*ous*; rigor*ous*.

[語源] ラテン語 -osus が古フランス語を経て中英語に入った.

oust /áust/ 動 [本来他] 〔形式ばった語〕 地位や場所などから人を**追放する**.

[語源] ラテン語 *obstare* (=to obstruct; *ob*- against +*stare* to stand) が古フランス語 *oster* (=to remove) を経て中英語に入った.

【派生語】**óuster** 名 UC 追放.

out /áut/ 副 形 前 名 〔一般語〕[一般義] 家や岸など中心となる場所から離れるという運動の方向, あるいは離れたところという位置を表し, **外に, 沖に, 外部に**, あるいは**外出して, 不在で, 旅行に出て**. [その他] 空間的に「外にある, また離れている」ということから, 物事などが**終って**, 火や明かりなどが**消えて**, 現職や政権を**離れて**, 服などの流行が**終って**, 品物などが**尽きて**, 仕事や学校などを**休んで**, ストライキをやって, 「**中から外に出る**」ということから, 星などが**現れ出て**, 花などが**咲いて**, 秘密などが**ばれて**, 作品などが**発表されて**, 「**正常な状態からそれて**」ということから, 調子が**狂って**, **混乱して**, **間違えて**, **損をして**, 〔野〕**アウトになって**, 「**尽き果てる**」ということから, **すっかり, 徹底的に**の意や, 「**すべてを出す**」ということで, **はっきりと, 大声で, 素直に**などの意. 前として《主に米》**...から外へ**, **...の外に**. 名として**外側, 地位[勢力]を失った人**, (the ~s) **野党** (⇔the ins), 〔くだけた語〕**言い訳, 逃げ道**, 〔野〕**アウト**. 動として〔くだけた語〕**追い出す**. 自 (will ~ で) **露見する**.

[語源] 印欧祖語 *ud- (=up; out) に遡ることのできる古英語 ūt から.

[用例] The children are *out* in the garden. 子供たちは庭に出ている/They went *out* for a walk. 彼らは散歩に出かけた/He opened the desk and took *out* a pencil. 彼は机をあけて鉛筆を1本取り出した/We had an evening *out*. 我々は晩を外で過ごした/The ship was *out* at sea. その船は沖に出ていた/The fire was *out*. 火は消えていた/Long hair is definitely *out*. ロングヘアーは全く流行っていない/The secret is *out*. 秘密がばれた/The dockworkers are *out* again. 荷揚げ労働者たちはまたストライキをやっている/The bill was £2 *out*. 請求書が 2 ポンド間違っていた/The batsman was caught *out*. バッターはアウトになった/She was tired *out*. 彼女は疲れ果てていた/The fire had burnt *out*. 火は燃え尽きていた/People should speak *out* about what they believe. 人は自分の信じることをはっきりと口にして言うべきである.

【慣用句】**out of** ... ...の外に, 外へ; 原因, 理由, 動機や原料, 材料, 起源あるいは範囲を示し, ...から, ...のために, ...を使って, ...の中から; 限界を越えての意で, ...を抜け出して, ...以上, ...がなくて, ...を失って: He took it *out of* the bag. 彼は袋からそれを取り出した/Mr. Smith is *out of* the office. スミス氏は会社にはいません/He did it *out of* curiosity [spite]. 彼は好奇心から[悪意]でそれをした/He carved a figure *out of* a piece of wood. 彼は木片から像を彫り上げた/Four *out of* five people like this song. 5人に4人はこの歌が好きだ/We are not *out of* danger yet. 我々はまだ危険from抜けていない/We are *out of* food. 私たちには食べ物がない/The man was quite *out of* breath. その男はひどく息を切らしていた.

【派生語】**outer** ⇒見出し. **óuting** 名C 遠足, ピクニック (picnic). **óutmòst** 形 一番外の, 最も遠くの. **outward** ⇒見出し.

【複合語】**óut-and-óut** 形 全くの, 純然たる, 徹底的な. **óut-of-dáte** 形 時代[流行]遅れの, すたれた, 旧式の(⇔up-to-date)(語法) 述語的に用いられるときは out of date と書かれる). **óut-of-dóor** 形 戸外の (outdoor). **óut-of-dóors** 副 名 (the ~)屋外(で), 戸外で) (outdoors). **óut-of-the-wáy** 形 人里離れた, へんぴな, 風変わりな, 珍しい. **óut-trày** 名C 既決[送出]書類入れ.

out- /àut/ 接頭 動詞につけて「それ以上に」「より超えて」「より優れて」などの意. 例: *out*do; *out*live; *out*stay. 名詞や過去分詞につけて「外の」「外に」の意. 例: *out*bound; *out*going; *out*house; *out*patient.

out·back /áutbæk/ 名〔一般語〕(the ~)オーストラリアの奥地, 僻地.

out·bal·ance /àutbǽləns/ 動 本来他〔一般語〕重さや重要さが他より勝る(outweigh).

out·bid /àutbíd/ 動 本来他 (過去 -bid; 過分 -bidden /-bidn/, -bid) 〔一般語〕競売などで他より高い値をつける(overbid).

out·board /áutbɔ̀ːrd/ 形 副〔一般語〕船外の[に], 飛行機の翼の先端の[に].
反意語 inboard.

【複合語】**óutboard mótor** 名C 取り外しのできる船外エンジン.

out·bound /áutbàund/ 形〔一般語〕汽船などが外国行きの, 列車などが下りの.
反意語 inbound.

out·brave /àutbréiv/ 動 本来他 …をものともせず, …に勇敢に立ち向かう.

out·break /áutbrèik/ 名C〔一般語〕戦争や事件, 暴動あるいは火事, 病気などが突然起こること, 勃発, (大)発生, 怒りなどの激発, 暴動, 騒乱.
語源 break out の名詞形で初期近代英語から. ⇒break.
用例 There has been an *outbreak* of war 戦争の勃発/There has been an *outbreak* of cholera in the town. その町ではコレラが発生した.

out·build·ing /áutbìldiŋ/ 名C〔一般語〕別棟の建物 (outhouse) (★母屋と離れた納屋やガレージなど).

out·burst /áutbə̀ːrst/ 名C〔一般語〕激しい感情, 笑い, 怒りなどの突然の爆発, 火山の爆発. ⇒burst (out).

out·cast /áutkæst|-kàːst/ 形〔一般語〕家族や社会から追放された, 見捨てられた.
名C 追放された人, 浮浪者, 社会的な敗者. ⇒cast (out).

out·class /àutklǽs|-klɑ́ːs/ 動 本来他〔一般語〕…よりもはるかに良い, 格段に上等である, …をはるかにしのぐ.

out·come /áutkʌ̀m/ 名C〔一般語〕(通例単数形で)ある行為や行動の結果, 成果, 当然の帰結, 結論. ⇒come (out).
用例 What was the *outcome* of your discussion? あなた方の討議の結果はどうでしたか.

out·crop /áutkràp|-krɔ̀p/ 名C〔一般語〕鉱脈の地表への露出, 露頭.

out·cry /áutkrài/ 名C〔一般語〕大衆による抗議の叫び, 喧騒, やじ, 公の抗議. ⇒cry (out).

out·curve /áutkə̀ːrv/ 名C 《野》アウトカーブ
反意語 incurve.

out·dat·ed /àutdéitid/〔一般語〕旧式の, 時代遅れの.

out·dis·tance /àutdístəns/ 動 本来他〔形式ばった語〕他の走者を追い抜いてはるかに引き離す, また一般に他よりはるかに勝る.

out·do /àutdúː/ 動 本来他 (過去 -did; 過分 -done) 〔一般語〕相手に打ち勝つ, しのぐ, 勝る.

out·door /áutdɔ̀ːr/ 形〔一般語〕(限定用法)戸外[屋外, 野外]で行われる, 戸外用の.
語源 out＋door として18世紀から.
用例 I like every *outdoor* sport. 私はあらゆる屋外競技が好きです/I want to buy new *outdoor* shoes. 新しい屋外用の靴を買いたい.
反意語 indoor.

【派生語】**outdoors** 副 戸外[屋外, 野外]で. 名 (the ~)戸外, 屋外.

out·er /áutər/ 形C〔一般語〕(一般義)外部の, 外側の. その他 中心から遠く離れた, 外れの. 名 として, 標的の中心圏以外の部分.
語源 ⇒out. 中英語から.
反意語 inner.

【派生語】**óutermòst** 形 (限定用法)最も外部の, 一番外れの.

【複合語】**óuter eár** 名 (the ~)外耳. **óuter mán** 名 (the ~)精神に対する肉体; 風采, 身なり. **óuter spáce** 名U 大気圏外の宇宙(空間) (★地球の大気圏外の空間, 太陽系外の空間, 太陽系内の惑星間の空間; 単に space ともいう). **óuterwèar** 名U 他の衣類の上に着るドレス, セーター, スーツなどの上着; 外出する際に着るコート, ジャケットなどの外套類.

out·face /àutféis/ 動 本来他〔一般語〕相手をにらみつけて黙らせる[困らせる], また物事などに平気で立ち向かう.

out·fall /áutfɔ̀ːl/ 名C〔一般語〕河口, 下水などの落ち口, 流れ口.

out·field /áutfìːld/ 名C〔一般語〕(the ~)野球などの外野, 外野手 (★全体を指す), また農場から遠く離れた畑.
反意語 infield.

【派生語】**óutfìelder** 名C 外野手 (★一人一人を指す).

out·fight /àutfáit/ 動 本来他 (過去・過分 -fought) 〔一般語〕相手を打ち負かす.

out·fit /áutfit/ 名C 動 本来他〔一般義〕特定の活動や商売などに必要な道具一式, あるいは靴, 帽子, 装身具類を含めた特定の場合や旅行, 探検などに必要な衣装一式, 装備一式. その他〔くだけた語〕共同作業をする人々の一団, 団体, 組織. 動 としては, 人に必要な品, 装備を供給する, また…の支度をする, 用意する.
用例 a skiing *outfit* スキーウエア/a wedding *outfit* 結婚衣装一式/an *outfit* for a bride 花嫁衣装一式/a cooking *outfit* 調理用品/He *outfitted* him-

self for the journey. 彼は旅支度を調えた.

【派生語】**óutfitter** 名 C 旅行やキャンプなどの装(身)具商, 紳士用品商, 洋品店.

out·flank /àutflǽŋk/ 動 [本来他] 〔一般語〕敵などの側面に回り込む, また一般に人を出し抜く, 裏をかく.

out·flow /áutflòu/ 名 C 〔一般語〕液体, 金銭, アイディアなどが流れ出ること, 流出量.

out·fox /àutfáks|-fɔ́ks/ 動 [本来他] 〔一般語〕だまして裏をかく, 出し抜く.

out·gen·er·al /àutdʒénərəl/ 動 [本来他] 〔一般語〕...に作戦勝ちする.

out·go /àutgóu/ 動 [本来他] 《過去 -went; 過分 -gone/,/ɔ̀ːn/ 名 C 〔一般語〕...に勝る, 越える. 名 としては, 出費, 支出.
[反意語] income.

【派生語】**óutgòing** 形 出て行く, 去る; 社交性のある. 名 U 出て行くこと, 出発;《複数形で》《英》出費, 支出.

out-group /áutgrùːp/ 名 C 〔社〕外集団.

out·grow /àutgróu/ 動 [本来他] 《過去 -grew; 過分 -grown》 〔一般語〕 一般義 予想より大きく[早く]成長する. [その他] 大きくなって, 服や靴などが体に合わなくなる (overgrow), 比喩的に従来の精神的な状態から抜け出す.
[用例] My son has *outgrown* all his clothes. 私の息子は体が大きくなって服が全部合わなくなった/I used to be very selfish as a child, but I hope I have *outgrown* that. 私は子供の頃わがままだったが, 今ではそれを脱していると思いたい.

【派生語】**óutgròwth** 名 C 自然の成り行き, 結果; 成長してできたもの, 枝分れした若枝.

out·house /áuthàus/ 名 C 〔一般語〕別棟の建物 (outbuilding) (★母屋と離れた納屋やガレージなど), 《米》屋外便所.
[語源] out＋house として初期近代英語から.

outing ⇒out.

out·land·ish /àutlǽndiʃ/ 形 〔軽蔑的〕奇妙な, 異様な. [語源] 古英語 ūtlandisc (＝foreign) から.

【派生語】**òutlándishly** 副. **òutlándishness** 名 U.

out·last /àutlǽst|-lɑ́ːst/ 動 [本来他] 〔一般語〕他の物より長持ちする, 長く続く, 他の人より長生きする.

out·law /áutlɔ̀ː/ 名 C 動 [本来他] 〔一般語〕法律の保護を拒んだために世間からつまはじきにされた者, 無法者. 動 として, 法律を無効にする, 行為などを禁止する, 人から法律上の保護を奪う, つまはじきにする.

out·lay /àutléi/ 動 [本来他] 《過去・過分 -laid》,/ᴗ́-/ 名 C|U 〔一般語〕支出する, 費す. 名 として支出, 経費.

out·let /áutlèt/ 名 C 〔一般語〕 一般義 水や煙などの出口, はけ口 (⇔inlet). [その他] 何かを出すところ, 出るところの意で, 池や湖からの流出河川[水路], 河川の湖沼や海などへの流出地点, 河口, 感情や欲望のはけ口, 【商】商品の販路, さばき口, 直販店, 【電】《米》コンセント(《英》(power) point)(《日英比較》「コンセント」は和製英語).
[用例] That pipe is an *outlet* from the main water-tank. そのパイプは(水の)メインタンクの流出口だ/Playing football is an *outlet* for energy. サッカーをすることはエネルギーのはけ口だ.

out·line /áutlàin/ 名 C 動 [本来他] 〔一般語〕物の輪郭, 外形線. [その他]「大体」の意で, 略図, 下書き, 計画, 事件, 書物などの概要, 概説, あらまし. 動 として輪郭を描く, 下図を描く, 概要を述べる.
[用例] He drew the *outline* of the face first, then drew the eyes, nose and mouth. 彼はまず顔の輪郭を描き, 次に目, 鼻, 口を描いた/Don't tell me the whole story, just give me an *outline*. 話をまるごとするのではなく, あらましだけを言いなさい/He *outlined* his plans to his friends. 彼は友達に自分の計画のあらましを話した.

out·live /àutlív/ 動 [本来他] 〔一般語〕...より長生きする. [その他] ある時代などの後まで(生き)残る, 困難などを切り抜けて生きる, また地位や価値などを年月が過ぎたために失う.
[用例] He *outlived* his wife by five years. 彼は妻より 5 年長く生きた/She never *outlived* her disgrace. 彼女の汚名は死ぬまで付いて回った.

out·look /áutlùk/ 名 C 〔一般義〕遠くを眺められる場所, あるいはそこからの眺め. [その他] 空間的に遠くを眺めることから転じて時間的な眺めを指し, 将来の見通し, 前途, 見込み, また展望することから, 見解, 見地などの意.
[用例] Their house has a wonderful *outlook*. 彼らの家は眺めがとてもすばらしい/The *outlook* is gloomy for foreign trade. 外国貿易の見通しは暗い/He has a strange *outlook* (on life). 彼は変わった人生観の持ち主だ.

out·ly·ing /áutlàiiŋ/ 形 〔一般語〕《限定用法》中心から遠く離れた, 辺鄙の.

out·ma·neu·ver,《英》**-noeu·vre** /àutmənúː-vər/ 動 [本来他] 〔一般語〕相手をうまく出し抜く, ...の裏をかく.

out·match /àutmǽtʃ/ 動 [本来他] 〔一般語〕...に勝る.

out·mod·ed /àutmóudid/ 形 〔一般語〕《やや軽蔑的》旧式の, 流行遅れの.

out·most /àutmòust/ 形 〔一般語〕《限定用法》一番外の, 最も遠くの.

out·num·ber /àutnʌ́mbər/ 動 [本来他] 〔一般語〕...より数で勝る, ...より数が多い.

out·pa·tient /áutpèiʃənt/ 名 C 〔一般語〕外来患者.
[反意語] inpatient.

out·per·form /àutpərfɔ́ːrm/ 動 [本来他] 〔一般語〕物, 人が他の物, 人より高性能である, 優れた働きをする.
【派生語】**òutperfórmance** 名 U.

out·play /àutpléi/ 動 [本来他] 〔一般語〕競技やゲームで相手を負かす.

out·point /àutpɔ́int/ 動 [本来他] 〔一般語〕試合で相手より多く点を取る.

out·post /áutpòust/ 名 C 【軍】前哨部隊, 一般的に企業などの末端の出先機関, また辺境の植民地.

out·pour·ing /áutpɔ̀ːriŋ/ 名 C 〔一般語〕どっと湧き出る物,《通例複数形で》感情などのほとばしり, 発露.

out·put /áutpùt/ 名 C|U 《過去・過分 ～, -putted》 〔一般語〕 一般義 一定期間中の人や機械などによる生産(高), 産出(量). [その他] 生産されることから, 工場などの生産物, 生産品, 鉱山などでの産出物, 【電】アンプなどの発電力, 出力,【コンピューター】アウトプット, 出力, あるいは出力装置[操作]などの意. 動 として【コンピューター】情報を出力する, アウトプットする. ⇒put (out).

[用例] The *output* of this factory has increased by 20%. この工場の生産高は20%増加した/We must improve our *output*. 生産を改善しなくてはならない。
[反意語] input.

out·rage /áutrèidʒ/ [名] [CU] [動] [本来的] 〔一般語〕
[一般義] 乱暴, 暴行, 不法行為. [その他] 法律, 個人の権利や感情などを犯す行為ということで, 違反, 侮辱, そういう行為によって生まれる憤慨, 憤り. [動] として, 法や正義などを犯す, 人に乱暴を働く, 人を侮辱する, 憤慨させる.
[語源] ラテン語 *ultra* (＝beyond) に由来する古フランス語 *outrage* (＝excess) が中英語に入った.
[用例] The citizens complained about the *outrages* committed by the soldiers. 市民は兵士の暴行について不平を訴えた/The Local Authority's decision to close the road is a public *outrage*. 道路を閉鎖するという地方自治体の決定は人々の権利の侵害である.
【派生語】òutrágeous [形] 乱暴な, 無法な, 法外な, とっぴな. òutrágeously [副].

out·range /àutréindʒ/ [動] [本来的] 〔一般語〕着弾距離が...より大である, また一般的に程度が...に勝る.

out·rank /àutrǽŋk/ [動] [本来的] 〔一般語〕序列などが...より上位である.

out·reach /àutríːtʃ/ [名] [U], /-/ [動] [本来的] 〔一般語〕
[一般義] 手を伸ばすこと. [その他] 手の届く距離, 比喩的に到達の範囲, また〔米〕特定の人々への救済活動. [動] として, ...に勝る, ...を上回る, また〔詩語〕手などを差し伸べる.

out·ride /àutráid/ [動] [本来的] 《過去 -rode; 過分 -ridden》〔一般語〕馬に乗って...より上手に〔速く, 遠くまで〕走る, 船あらしなどを乗り切る.
【派生語】óutrider [名] [C] 馬やオートバイに乗った先導者, 従者.

out·rig·ger /áutrigər/ [名] [C] 〔海〕小型の船を転覆から守るために側方に張り出した舷外浮材, 競漕用のボートに取り付けたオールを支える鉄製のクラッチ受け, またクラッチ受けの付いたボート.

out·right /àutráit/ [副], /-/ [形] 〔一般語〕完全に[な], 全くの, 徹底的に[な], あからさまに[の], 即座に.

out·ri·val /àutráivəl/ [動] [本来的] 〔一般語〕競争でライバルをしのぐ, 相手に勝つ.

out·run /àutrʌ́n/ [動] [本来的] 《過去 -ran; 過分 -run》〔一般語〕[一般義] 他人より速く〔遠くまで〕走る. [その他] 速く走って追い越す, 追われて走って逃げる, また...の範囲を超える, 超過する.

out·sell /àutsél/ [動] [本来的] 《過去・過分 -sold》〔一般語〕ほかの人より多く〔速く〕売る, ほかの物より多く〔速く〕売れる.

out·set /áutsèt/ [名] 〔一般語〕《the ～》物事などの初め, 始まり, 最初.
[用例] at [from] the *outset* 最初に[から].

out·shine /àutʃáin/ [動] [本来的] 《過去・過分 -shone, -shined》〔一般語〕...よりよく光る, ...より優れている.

out·side /àutsáid/, /-/ [名] [UC] [形] [副], /-/, /-/ [前] 〔一般語〕[一般義] 《the ～》物の外側, 外部. [その他] 《通例単数形で》内容と区別して物事の外側, 見かけ, 表面, 人の外観, 顔つき, さらに外部の世界, 外界, グループなどの外部, 〔野〕外角. [形] として《限定用法》外部の, 外側の, 部外（者）の, 可能性などがわずかな, 微々たる, 見積もりなどが最大限の, 電話の外線の. [副] として外に, 外側に[へ, で]. [前] として...の外に[へ, で], ...の範囲外で, ...以外に, ...を除いての意.
[語源] out＋side として初期近代英語から.
[用例] The *outside* of the house was painted white. その家の外側は白く塗られていた/I forgot to shut the *outside* door. 外側のドアを閉め忘れた/We cannnot finish it ourselves—we shall need *outside* help. 我々だけでそれを終えることはできません. 外部からの助けが必要でしょう/He has an *outside* chance of winning the race. 彼はそのレースに勝つ見込みがほとんどない《★ややくだけた表現》/He went *outside*. 彼は外へ出た/The house looked beautiful *outside*. その家は外側は美しく見えた/He stood *outside* the house. 彼は家の外に立っていた/The judge said that such a matter was *outside* his jurisdiction. 裁判官はそういったことは管轄外だと言った《★形式ばった表現》.
[反意語] inside.

【慣用句】*at the (very) outside* 〔くだけた表現〕せいぜい多く見積もっても:I shall be there for an hour *at the outside*. せいぜい1時間ぐらいしかそこにはいません.

【派生語】òutsíder [名] [C] 部[局]外者, よそ者(⇔insider); しろうと; 社会からの孤立者.

out·size /áutsàiz/ [形] 〔一般語〕《通例限定用法》婉曲的に, 衣類などが並以上に大型の. [名] として特大用品.

out·skirts /áutskə̀ːrts/ [名] 《複》〔一般語〕中心部から離れた場所を指し, 都市や町の外れ, 郊外, 周辺部, 辺境.
[用例] I live on the *outskirts* of London. 私はロンドンの外れに住んでいる.

out·smart /àutsmáːrt/ [動] [本来的] 〔一般語〕相手より利口であるために人を出し抜く, 負かす.

out·spo·ken /àutspóukən/ [形] 〔一般語〕思ったことをそのまま言う, 率直な, 遠慮のない, 歯に衣をきせぬ.
【派生語】òutspókenly [副]. òutspókenness [名] [U].

out·spread /àutspréd/ [動] [本来的] 《過去・過分 ～》 [形] 〔一般語〕腕や翼を広げる, 伸ばす. [形] として広げた, 伸ばした.

out·stand·ing /àutstǽndiŋ/ [形] 〔一般語〕[一般義] 一般に良い意味で目立った, 傑出した, 顕著な. [その他] 本来突き出た, 突き出たの意で, 「一部がとび出していて形が定まらない」ということで, 問題などが未決定の, 未解決の, 勘定などが未払いなどの意.
[語源] outstand (目立つ)の現在分詞で初期近代英語から.
[用例] an *outstanding* student 優等生/She is *outstanding* as a painter. 彼女は画家としては傑出している/He has a lot of work *outstanding*. 彼にはやり残した仕事がたくさんある/You must pay all *outstanding* bills. 君は未払いの勘定を全部払いなさい.
【派生語】òutstándingly [副].

out·stay /àutstéi/ [動] [本来的] 〔一般語〕他の人より長居する.

out·stretched /àutstrétʃt/ [形] 〔一般語〕体を精一杯伸ばした, 手足をいっぱいに広げた.

out·strip /àutstríp/ [動] [本来的] 〔一般語〕相手を追い越す, また競技などで相手に勝つ.

out·take /áuttèik/ [名] [C] 〔一般語〕映画やテレビ放送などでカットされた部分.

out・talk /àuttɔ́ːk/ 動 本来他 〔一般語〕話し声や話し方で相手をしゃべり負かす.

out・vote /àutvóut/ 動 本来他 〔一般語〕得票数で…に勝つ.

out・ward /áutwərd/ 形 名 C 〔一般語〕一般義 内側，内心に対して，外側の，外面上の，外部の. その他 元来中心から外へ向かう運動を表し，外へ向かう，外向きの．さらに「外面的である」ことから，外見上の，目に見える，うわべの，精神に対して肉体的な，外界の，物質的ななどの意．副として外側に，表面に，国外に．名として外部，外見，外観.
語源 古英語 ūt (= out) に接尾辞の -weard (= -ward) が付いてできた ūtweard から.
用例 Judging by his *outward* appearance, he's not very rich. 彼の外観から判断するとさほど金持ちではないようだ/The *outward* journey will be by sea, but they will return home by air. 彼らは外国へ船で旅立つが，帰国は飛行機になるだろう.
反意語 inward.
【派生語】**óutwardly** 副．**óutwards** 副 (英) = outward.
【複合語】**óutward-bóund** 形 外国行きの，外航の.

out・wear /àutwέər/ 動 本来他 (過去 -wore; 過分 -worn)〔一般語〕一般義 他より長もちする．その他 着古す，すり切らす，また人を疲れ切らす．⇒wear (out).
【派生語】**outwórn** 形 使い古した; 考えや習慣が廃れた.

out・weigh /àutwéi/ 動 本来他 〔やや形式ばった語〕重さが…より重い，またことから，より重要である，価値などの点で…に勝る (outbalance).

out・wit /àutwít/ 動 本来他 〔一般語〕知恵を使って他人を出し抜く，計画などの裏をかく (outsmart).

out・work /áutwə̀ːrk/ 名 U 〔一般語〕職場外での仕事，出向いてする仕事.
【派生語】**óutwòrker** 名 C 出向社員．**outworn** ⇒ outwear.

ova /óuvə/ 名 ovum の複数形.

oval /óuvəl/ 形 名 C 〔一般語〕卵形の，楕円形の．名として卵形（のもの），特に楕円形の競技場[部屋].
語源 ラテン語 ovum (= egg) の 形 ovalis が初期近代英語に入った.
【複合語】**Óval Óffice** (the ~) ホワイトハウスの大統領執務室 (★その形より).

ovarian ⇒ovary.

ova・ry /óuvəri/ 名 C 【解】卵巣, 【植】子房.
語源 ラテン語 ovum (= egg) から派生した ovarium が初期近代英語に入った.
【派生語】**ovárian** 形.

ova・tion /ouvéiʃən/ 名 C 〔やや形式ばった語〕大喝采，熱烈な大歓迎．本来は古代ローマの小凱旋式.
語源 ラテン語 ovare (= to exult) の 名 ovatio が初期近代英語に入った.
用例 receive a standing *ovation* 起立しての拍手大喝采を受ける.

ov・en /ávn/ 名 C 〔一般語〕料理用のオーブン，天火，かまど.
語源 「料理用の容器」を意味する古英語 ofen から.
用例 a gas *oven* ガスオーブン[レンジ].
【慣用句】**like an oven** 暑苦しい.
【複合語】**óvenproof** 形 皿などが耐熱性の．**óvenrèady** 形 食品がオーブンで温めるだけで出来上がる．

óvenwàre 名 U オーブンや電子レンジに入れられる耐熱皿[食器].

over /óuvər/ 前, /-/ 副 形 C 〔一般語〕一般義 接触，非接触を問わず，上から覆いかぶさっているような状態を表し，…の上に，…を覆って．その他 動作，状態を示し，…を越えて，…を越えた所に，比喩的に困難や病気などを乗り越えて，…を克服して，さらに数量，期間，年齢，程度などが…以上，より多く，…に勝ってなどの意．また「上方から全体に行き渡る」ということで，空間的に…一面に，…の至る所に，時間的に…中ずっと，…の終わりまで，…の間に，「影響力が行き渡る」の意で，…を支配して，…を指揮[指導]して．また「上からの接触」ということから動作の連続性を示し，仕事や食事などをしながら，または「ある事の間で」…に関して，…に関して，…について，電源がオンの状態でということで，電話やラジオなどによって，…にのせてなどの意．副 としては，上述の意味と関係して上の方に，向こう[こちら]側へ，余分に，最後まで，至る所に，初めから終わりまでなどの他，上述の動作の連続性ということから，繰り返して，再度，1つの面を越えて別の面が現れるということで，倒れて，横倒しに，ひっくり返って．形 として《述語用法》…終わって．名 として《クリケット》オーバー.
語源 印欧祖語 *upo (= up) の比較級 *uper (= upper) に遡ることのできる古英語 ofer から.
用例 He put his handkerchief *over* his face. 彼はハンカチで顔を覆った/Hang that picture *over* the fireplace. その絵を暖炉の上にかけなさい/They walked *over* the bridge. 彼らはその橋を歩いて渡った/We won't be safe until we are *over* the frontier. 我々はこの辺境の地を越えるまでは安全とは言えないであろう/He spoke to her *over* his shoulder. 彼は肩ごしに彼女に話しかけた/He paid *over* £10 for it. 彼はそれに10ポンド以上払った/He threw the rubbish (all) *over* the floor. 彼はくずを床一面に投げすてた/You find people like him all *over* the world. 彼みたいな人は世界中どこにでもいる/*Over* the years, she grew to hate her husband. 何年もの間に彼女は夫を憎むようになった/He ruled *over* the people. 彼は人々を支配した/He fell asleep *over* (his) dinner. 彼は食事をしながら眠ってしまった/They quarrelled *over* money. 彼らは金のことで口論になった/He spoke to her *over* the telephone. 彼は彼女と電話で話をした/He rolled *over* on his back. 彼はあおむけにころがった/He turned *over* the page. 彼はページをめくった/He went *over* and spoke to them. 彼は彼らに近づいていって話しかけた/He handed *over* the jewels to the police. 彼は警察に宝石を引き渡した/He fell *over*. 彼は転んだ/He was knocked *over* by a bus. 彼はバスにはねられた/This is for people aged twenty and *over*. これは20歳以上の人のためです/There are two cakes for each of us, and two (left) *over*. 私たちめいめいに2つのケーキがあり，さらに2つ余っています/Read it *over*. それを終わりまで読みなさい/Talk it *over* between you. 君たちの間でその番組は終了した.
反意語 under.
【慣用句】**all over** 一面，至る所; いかにも…らしい: My car is dirty *all over*. 私の車はどこから見ても汚れがひどい/We've been looking *all over* for you! 君をそこら中捜していたんだよ/Isn't that just Peter *all*

over? それはいかにもピーターらしいじゃないか. (**all**) **over again** もう一度. **over and over** (**again**) (繰り返し) 何度も.
【派生語】**overly** 副 ⇒見出し.

over- /òuvər, ＿＊/ 接頭 「越えて」「上に」の意を含む名詞,形容詞,副詞を作る.例: *overcoat*; *overload*; *overtime*. また動詞,名詞,形容詞に付いて「過度に」の意味を加える.例: *overeat*; *overmuch*; *overrate*.
反意語 **under-**.

over·a·chieve /òuvərətʃíːv/ 動自 〔一般語〕試験などで実力[予想]以上の成果を上げる.
反意語 **underachieve**.
【派生語】**òverachíever** 名 C. **òverachíevement** 名 U.

over·act /òuvərǽkt/ 動 本来他 〔一般語〕劇の役などを誇張して演じる(overplay). 自 一般にやりすぎる.
反意語 **underact**.
【派生語】**òveráctive** 形.

over·age /òuvəréidʒ/ 形 〔一般語〕ある一定の年齢を超えた,年をとり過ぎた.
反意語 **underage**.

over·all /òuvərɔ́ːl/ 形 副, ／＿＿／ 名 C 〔一般義〕長さに関して端から端までの,全長の. その他 すべて[一切]を含む,総合的な. 副 として全部で,何もかも入れて,全体として. 名 として(複数形で)胸あてつきの作業服,つなぎ,(英)女性や子供の仕事着,上っ張り.
語法 形 の場合は限定用法で用いられる.
用例 What is the *overall* cost of the scheme? その計画は全額でいくらかかりますか/What will the scheme cost *overall*? その計画は全体でいくらかかりますか/The painter put on his *overalls* before starting work. その画家は仕事にかかる前につなぎを着た.

over·anx·ious /òuvərǽŋkʃəs/ 形 〔一般語〕心配しすぎて,取り越し苦労の.

over·arch·ing /òuvərɑ́ːrtʃiŋ/ 形 〔一般語〕多岐にわたる,全体的な,頭上に掛かる,頭上を覆う.

over·arm /òuvərɑ́ːrm/ 形 副 〖野〗オーバースローの[で],〖水泳〗抜き手の[で](overhand).
反意語 **underarm**.
関連語 **sidearm**.

over·ate /òuvəéit/ -èt/ 動 overeat の過去形.

over·awe /òuvərɔ́ː/ 動 本来他 《やや形式ばった語》《通例受身で》脅して相手を黙らせる,威圧する.

over·bal·ance /òuvərbǽləns/ 動 本来他 〔一般義〕平衡を失わせる,倒す. その他 重要性や価値などの点で…に勝る(outweigh). 自 バランスを失う,ひっくり返る.

over·bear /òuvərbéər/ 動 本来他 《過去 -bore; 過分 -born(e)》〔一般語〕相手を過度に圧倒する,威圧する,また相手に何かを押しつける.
【派生語】**òverbéaring** 形 《軽蔑語》横柄な. **òverbéaringly** 副.

over·bid /òuvərbíd/ 動 本来他 《過去·過分 ～》〔一般語〕他より高い値をつける,また実質の値うち以上の掛け値をする.

over·blown /òuvərblóun/ 形 〔形式ばった語〕話などが大げさな,度を超した,〔一般語〕花が満開を過ぎた.

over·board /óuvərbɔ̀ːrd/ 副 〔一般語〕船外に,あるいは船から水中に.
語源 古英語 ofer(=over)+bord(=board) から. なお, board は本来「板」だが,船の舷側(板)をいう.
用例 She fell *overboard* and was drowned. 彼女は船から水中に落ちておぼれてしまった.
【慣用句】**go overboard** 〔くだけた表現〕「船外にとび出す」ということから, 度を過ごす, やたら夢中になる: She's *gone overboard* about that new pop-group. 彼女はその新しいポップグループにたいへん熱をあげている. ***throw ... overboard*** 不要になった人や物事などを見捨てる,放棄する.

over·book /òuvərbúk/ 動 本来他 〔一般語〕ホテル,劇場,飛行機などに定員以上の予約を受け付ける.

over·bore /òuvərbɔ́ːr/ 動 overbear の過去形.

over·borne, -born /òuvərbɔ́ːrn/ 動 overbear の過去分詞.

over·bur·den /òuvərbə́ːrdn/ 動 本来他 〔一般語〕荷を積みすぎる. その他 精神的に負担をかけすぎる,過労にさせる.

over·came /òuvərkéim/ 動 overcome の過去形.

over·cap·i·tal·ize /òuvərkǽpitəlàiz/ 動 本来他 〔一般語〕会社の資本を過大評価する,事業に資本をかけすぎる.
反意語 **undercapitalize**.

over·cast /òuvərkǽst/ -kɑ́ːst/ 形 本来他 《過去·過分 ～》〔一般語〕空が一面に曇った. その他 比喩的に心が暗い,陰気な. 動 として雲で覆い隠す(overcloud).

over·charge /òuvərtʃɑ́ːrdʒ/ 動 本来他, ／＿＿／ 名 C 〔一般義〕掛け値などして不当な値段を要求する. その他 限度を超えて荷を積む,電池に過充電する,また文章などで誇張して言う. 名 として掛け値,不当な請求,また過積載,過充電.
反意語 **undercharge**.

over·cloud /òuvərkláud/ 動 本来他 〔一般語〕空を一面に曇らせる(overcast),人の心を曇らせる,陰気にさせる.

over·coat /óuvərkòut/ 名 C 〔一般語〕外套(がいとう),オーバー,コート.
語源 over+coat として 18 世紀から.
用例 He wore an *overcoat* on top of his tweed jacket. 彼はツイードのジャケットの上に外套を着ていた.

over·come /òuvərkʌ́m/ 動 本来他 《過去 -came; 過分 -come》〔一般語〕敵や競争相手を打って負かす. その他 困難,誘惑,反対などを克服する,打ち勝つ. また(通例受身で) 精神的に,肉体的に参らせる,圧倒する.
語源 ofer(=over)+cuman(=to come) から成る古英語 ofercuman から.
用例 After a hard struggle, the army *overcame* the enemy. 激戦の末, 軍隊は敵を打ち負かした/She finally *overcame* her fear of the dark. 彼女はついに暗やみの恐怖に打ち勝った/She was quite *overcome* by the heat. 彼女は熱で体が参ってしまった.

over·com·pen·sate /òuvərkɑ́mpənsèit/ -kɔ́m-/ 動 本来他 〔一般語〕…に過大な償いをする. 自 弱点や失敗などを悟られないように過(剰)補償する.《語法》現在では 自 として用いられるほうが普通.

over·crop /òuvərkrɑ́p/ -krɔ́p/ 動 本来他 〔一般語〕作物を連作する,それによって土地をやせさせる.

over·crowd /òuvərkráud/ 動 本来他 〔一般語〕狭い場所などに人を入れすぎる,混雑させる.

over·de·vel·oped /òuvərdivéləpt/ 形 〔一般語〕過度に発達した[開発された], 〖写〗過度に現像した(★全体に黒ずんだ画像になる).
反意語 underdeveloped.

over·do /òuvərdú:/ 動 本来他《過去 -did; 過分 -done》〔一般語〕度を越して…をする.その他 言葉を誇張する, 体などを使いすぎて疲れさせる. また料理で調味料を使い[入れ]すぎる, 煮[焼き]すぎる.
反意語 underdo.
【派生語】**òverdóne** 形 煮すぎた, 焼きすぎた(⇔underdone).

over·dose /óuvərdòus/ 名 C, /-ー/ 動 本来他〔一般語〕薬の過量. 動 として, 薬を過剰に投与する.

over·draft /óuvərdræft|-drɑ̀:ft/ 名 C〖商〗銀行預金の当座借越し(高), 銀行側から見た当座貸越し(高), また手形の過振(額).

over·draw /òuvərdrɔ́:/ 動 本来他《過去 -drew; 過分 -drawn》〖商〗銀行預金から引き出しすぎる, 借り越す, また一般に大げさに描写する.
【派生語】**òverdráwn** 形〖商〗借り越しの, 大げさな.

over·dress /òuvərdrés/ 動 本来他〔やや軽蔑的な語〕(～ oneself で)過度に着飾らせる. 自 着飾りすぎる(語法 現在では 自 の用法のほうが普通).
反意語 underdress.

over·drew /òuvərdrú:/ 動 overdraw の過去形.

over·drive /óuvərdràiv/ 名 U〖機〗オーバードライブ(★エンジン側より車輪側の軸回転数の比率を大にするギヤまたはその装置).
【慣用句】*go into overdrive* 精力的[がむしゃら]に動く[働く].

over·due /òuvərdjú:/ 形 〔一般語〕一般義 時刻や期限を過ぎた, 遅れて到着した.その他 支払いや返却が期限を過ぎた.

over·eat /òuvəri:t/ 動 本来《過去 -ate; 過分 -eaten》〔一般語〕(～ oneself で)過度に食べさせる. 自 食べすぎる(★現在では 自 の用法のほうが普通).

over·es·ti·mate /òuvəréstəmèit/ 動 本来他, /-mət/ 名 C〔一般語〕過大評価する, 買いかぶる. 名 として過大評価.
反意語 underestimate.

over·ex·pose /òuvərikspóuz/ 動 本来他〖写〗過度に露出させる.
反意語 underexpose.
【派生語】**òverexpósure** 名 U 露出過度.

over·fish /òuvərfíʃ/ 動 本来他〔一般語〕魚を乱獲する.

over·flew /òuvərflú:/ 動 overfly の過去形.

overflight ⇒overfly.

over·flow /òuvərflóu/ 動 本来自, /-ー/ 名 UC〔一般語〕一般義 容器内の水があふれる, 川や湖などが氾濫する.その他 あふれることから, 比喩的に場所が人で超満員になる, 人があふれ出る, 資金や収穫などがあり余っている, 余るほどある, あるいは感情などで心が満ちあふれる, 一杯である. 他 …からあふれる. 名 としては, 水の流出, 川の氾濫, あふれ出る[流出した]もの, また過多, 過剰, さらに排水路[口].
語源 古英語 oferflōwan から.
用例 The river *overflowed* (its banks). 川が(土手を越えて)氾濫した/The crowd *overflowed* into the next room. 人々がとなりの部屋にどっと流れ込んだ/My heart is *overflowing* with happiness. 私の気持は幸福ではちきれそうだ/I put a bucket under the pipe to catch the *overflow*. あふれた分を受けとめるために管の下にバケツを置いた.

over·fly /òuvərflái/ 動 本来他《過去 -flew; 過分 -flown》〔一般語〕ある地域の上空を飛行[侵犯]する.
【派生語】**óverflìght** 名 CU 上空飛行[侵犯].

over·grow /òuvərgróu/ 動 本来他《過去 -grew; 過分 -grown》〔一般語〕一般義 草などが一面にはびこって生える.その他 植物などが生長しすぎる, また服などが着られなくなるほど人が大きくなる(outgrow).
【派生語】**òvergrówn** 形 草などが生い茂った, また比喩的に〔悪い意味で〕大きくなりすぎた, 成長しすぎた. **óvergrówth** 名 UC 繁茂, 一面に生い茂ったもの; 生長のしすぎ.

over·hand /óuvərhænd/ 形 副 名 C, /-ー/ 動 本来他〔一般語〕〖スポ〗野球, クリケット, 庭球などで, 肩より高く手を上げた投げ下ろしの[で], 打ち下ろしの[で], 水泳で抜き手の[で](overarm), 〖服飾〗たてかがりの[で]. 名 としてオーバーハンドの投球[ストローク]. 動 として〖服飾〗たてかがりにする.
反意語 underhand.

over·hang /òuvərhǽŋ/ 動 本来他《過去・過分 -hung》, /-ー/ 名 C〔一般語〕一般義 物の上の方に突き出る, 張り出す.その他 比喩的に危険や災害が差し迫る, 切迫する. 名 として, 岩場などの突き出た部分, オーバーハング, 〖建〗屋根やバルコニーの張り出し.
語源 over-+hang として初期近代英語から.
用例 Rocks *overhung* the stream. 岩が川に突き出ていた/Something dangerous *overhung* him. 何やら危険が彼に迫っていた.

over·haul /òuvərhɔ́:l/ 動 本来他, /-ー/ 名 C〔一般語〕一般義 機械類を分解検査[修理]する, オーバーホールする.その他 一般的に物事を詳しく再検討する, 人の体に関して精密検査する. さらに後から行って追い抜く, 追い越す. 名 として分解検査[修理], 〔くだけた語〕精密検査.

over·head /òuvərhéd/ 副, /-ー/ 形 名 U〔一般語〕頭上に, 空高く. 形 として〔限定用法〕頭上の, 〖商〗すべて[一切]を含めた, 諸掛かり込みの. 名 として〖商〗間接費, 諸経費(★〈英〉では複数形で用いる).
用例 The plane flew *overhead*. 飛行機が頭上を飛んで行った/They have very high *overheads* in that industry. その業界では間接費がとてもかかる.
【複合語】**óverhead projéctor** 名 C オーバーヘッドプロジェクター. **óverhead ráilway** 名 C 〈英〉高架鉄道(〈米〉elevated railroad).

over·hear /òuvərhíər/ 動 本来他《過去・過分 -heard》〔一般語〕他人の話などをふと耳にする, たまたま立ち聞きする. 自 の用法もある.

over·heat /òuvərhí:t/ 動 本来他〔一般語〕エンジンなどを過熱させる, 物を熱しすぎる. 自 の用法もある.

over·in·dulge /òuvərindʌ́ldʒ/ 動 本来他〔一般語〕節度がない程に甘やかしすぎる. 自 何かに過度にのめり込む.

over·joyed /òuvərdʒɔ́id/ 形 〔一般語〕〔述語用法〕大喜びの, 狂喜の.

over·kill /óuvərkìl/ 動 本来他, /-ー/ 名 U〔一般語〕核兵器によって大量殺戮する. 名 として, 核兵器による桁はずれの大量殺戮(力), 一般に物事のやりすぎ.

over·laid /òuvərléid/ 動 overlay¹ の過去・過去分詞.

over·lain /òuvərléin/ 動 overlie の過去分詞.

over·land /óuvərlænd/ 形副 〔一般語〕陸上の[を], 陸路の[を](by land).

over·lap /òuvərlép/ 動 本来他, /ーー/ 名 UC 〔一般語〕部分的に[少しずつ]重なる, 一部が重複する. 名 として重複. 〔映〕二つの画面が重なって見えること, オーバーラップ.

over·lay¹ /òuvərléi/ 動 本来他《過去・過分 -laid》, /ーー/ 名 C 〔一般語〕何かの上にかぶせる, 上に敷く. 名 として上掛け, 上敷き, 上張り.

over·lay² /òuvərléi/ 動 overlie の過去形.

over·leaf /óuvərli:f/ 副 〔一般語〕文章や注釈が次ページ[裏面]にの意.
[用例] continued *overleaf* 次ページに続く.

over·leap /òuvərlí:p/ 動 本来他《過去・過分 -leaped, -leapt》〔一般語〕物を跳び越える, 比喩的に《~ oneself で》目標地点を跳び越してしまうということから, 失敗する, また見落とす, 無視する.

over·lie /òuvərlái/ 動 本来他《過去 -lay; 過分 -lain》〔一般語〕何かの上に横たわる, 添い寝で赤ん坊を窒息させる.

over·load /òuvərlóud/ 動 本来他, /ーー/ 名 C 〔一般語〕車などに荷を積みすぎる, 一般的に人や物に負担をかけすぎる. 名 として過積載, 過重荷, 過負荷.

over·look /òuvərlúk/ 動 本来他 〔一般語〕一般義 建物, 町や丘などについて, 高い所から下方を見下ろす, 見渡す. その他 比喩的に監視する, 監督する, 検閲する. またざっと見るということから, 誤りなどを見落とす, 見逃す, あるいは故意に放っておく, 大目に見る.
[用例] The house *overlooked* the river. その家は川を見下ろしていた/He *overlooked* the mistake in the bill. 彼は勘定書の誤りを見落してしまった/We shall *overlook* your lateness this time. 今回は君が遅れたことを大目に見よう.

over·lord /óuvərlɔ̀:rd/ 名 C 《史》封建君主たちの上に立つ大君主.

over·ly /óuvərli/ 副 〔形式ばった語〕度を越えて.
[語源] 古英語 ofer (=over) + līce (=-ly) から成る oferlīce から.
[用例] He wasn't *overly* worried. 彼はさほど心配はしていなかった/He is *overly* anxious. 彼は心配しすぎる.

over·manned /òuvərmǽnd/ 形 〔一般語〕会社や工場などに必要以上の社員[人員]がいる, 過剰人員の.
【派生語】**òvermánning** 名 U.

over·mas·ter /òuvərmǽstər|-má:s-/ 動 本来他 〔形式ばった語〕相手を圧倒する, 相手に打ち勝つ.

over·much /òuvərmʌ́tʃ/ 形 副 〔一般語〕多すぎる[て], 度が過ぎる[て].

over·night /òuvərnáit/ 副, /ーー/ 形 名 C 〔一般語〕一般義「夜を越えて」ということで, 次の朝まで夜通し, 一晩中, 徹夜で. その他 前夜のうちに前もって, 前の晩に, さらに「寝ていて知らないうちに」ということで, くだけた語 不意に, 突然. 形 として《限定用法》徹夜の, 一泊の, 一泊[小]旅行用の, 〔くだけた語〕突然の. 名 として〔くだけた語〕《米》学生寮などの一晩の外泊許可.
[用例] We stayed *overnight* at his house. 我々は彼の家に一晩泊まった/You must make preparations *overnight* for the trip. 旅行の準備は前夜のうちにすませておきなさい/He completely changed *overnight*. 彼は突然まったく別人になってしまった/an *overnight* bag 一泊旅行用のかばん/He was an *overnight* success. 彼は一夜にして成功者となった.

over·paid /òuvərpéid/ 動 overpay の過去・過去分詞.

over·pass /óuvərpǽs|-pà:s/ 名 C 〔一般語〕《米》立体交差の上の道路, 高架道路, 陸橋《英》flyover).
[反意語] underpass.

over·pay /òuvərpéi/ 動 本来他《過去・過分 -paid》〔一般語〕人に金を払いすぎる.
[反意語] underpay.

over·play /òuvərpléi/ 動 本来他 〔一般語〕演劇などで役を大げさに演じる(overact), 価値などを過度に強調する.

over·pop·u·lat·ed /òuvərpápjulèitid|-pɔ́p-/ 形 〔一般語〕人口過多の, 人口過密の.
【派生語】**òverpopulátion** 名 U.
[反意語] underpopulated.

over·pow·er /òuvərpáuər/ 動 本来他 〔一般語〕強い力で相手を負かす, 全力で圧倒する.
【派生語】**òverpówering** 形 強烈な, 圧倒的な. **òverpóweringly** 副.

over·print /òuvərprínt/ 動 本来他, /ーー/ 名 C 〔一般語〕印刷した物の上に重ね刷りをする. 名 として重ね刷りしたもの.

over·pro·duc·tion /òuvərprədʌ́kʃən/ 名 U 〔一般語〕過剰生産.
[反意語] underproduction.

over·pro·tect /òuvərprətékt/ 動 本来他 〔一般語〕子供などを過保護にする.
【派生語】**òverprotéction** 名 U.

over·ran /òuvərrǽn/ 動 overrun の過去形.

over·rate /òuvərréit/ 動 本来他 〔一般語〕過大評価する.
[反意語] underrate.

over·reach /òuvərrí:tʃ/ 動 本来他 〔一般語〕目標などを通り越す, 人を出し抜く, 《~ oneself で》無理をしすぎ失敗する, 策におぼれる.

over·re·act /òuvərriǽkt/ 動 本来自 〔一般語〕過剰反応する.
【派生語】**òverreáction** 名 UC.

over·ride /òuvərráid/ 動 本来他《過去 -rode; 過分 -ridden》〔一般語〕一般義 命令, 決定, 投票結果などを無効にする, 無視する, 却下する. その他 本来は馬に乗って乗り越す, 踏みつぶすの意. これを比喩的に用いたのが一般義だが, 他を無視することから, 最も優先するの意にもなる.
【派生語】**òverríding** 形 《限定用法》最優先の.

over·rule /òuvərrú:l/ 動 本来他 〔形式ばった語〕すでになされた決定などを権力の力でくつがえす, 無効にする, またそれによって相手を威圧する, 支配する.

over·run /òuvərrʌ́n/ 動 本来他《過去 -ran; 過分 -run》〔一般語〕一般義 機械, 列車などが停止線を越えて走り[行き]過ぎる. 〔野〕オーバーランする. その他 元来侵略するという意味で, そこから侵略して国土を荒らす, (しばしば受身で)雑草, 虫などがはびこる. 比喩的に, 時間や予算はみ出る.

over·saw /òuvərsɔ́:/ 動 oversee の過去形.

over·seas /óuvərsi:z/ 形 副 〔一般語〕《限定用法》海外の, 海外からの, 海外向けの. 副 として海外に[へ].

[語法] *overseas* students は「海外からの留学生」, students *overseas* は「海外に行っている留学生」の意.
[語源] over-+sea+-s(副詞を示す属格語尾).
[用例] We are going to make an *overseas* voyage next month. 私たちは来月海外旅行に出かけます/*overseas* trade 海外貿易/He went *overseas*. 彼は海外へ行った.

over·see /òuvərsí:/ 動 [本来他]《過去 -saw; 過分 -seen》〔形式ばった語〕工事や労働者を監督する, またたまたま目にする, こっそり見る.
【派生語】**òversèer** 名 C.

over·sell /òuvərsél/ 動 [本来他]《過去·過分 -sold》〔一般義〕人や商品などの良い点を強調して過度に売り込む, 誇大宣伝する. [その他] 人に強引に信じにさせる. 本来は売りすぎるの意.

over·sexed /òuvərsékst/ 形 〔一般語〕性欲[性的関心]過剰の.
[反意語] undersexed.

over·shad·ow /òuvərʃǽdou/ 動 [本来他] 〔一般義〕喜び, 幸せなどに暗い影を投げ掛ける. [その他] 本来上からかぶさって影にする, 暗くするの意で, 比喩的に相手より何かを上手にやって, 相手を見劣りさせるの意も表す.

over·shoe /óuvərʃù:/ 名 C 〔一般語〕《通例複数形で》オーバーシューズ.《★防水用などのために靴の上にはく》.

over·shoot /òuvərʃú:t/ 動 [本来他]《過去·過分 -shot》〔一般語〕標的などに当たらずに射越して, 目標を通り越す, 行きすぎる. ⓐ限度を超える.
[反意語] undershoot.

over·sight /óuvərsàit/ 名 C U 〔一般語〕見落し, 手落ち, また監視, 監督.
【慣用句】**by [through] *oversight*** うっかりして, 間違って.

oversimplification ⇒oversimplify.

over·sim·pli·fy /òuvərsímpləfài/ 動 [本来他]〔一般語〕過度に単純化する, 単純化しすぎる.
【派生語】**òversimplificátion** 名 U C.

over·size, over·sized /óuvərsàiz/, /-sàizd/ 形 〔一般語〕大きすぎる, 特大の.

over·sleep /òuvərslí:p/ 動 [本来自]《過去·過分 -slept》〔一般語〕寝すごす.

over·sold /òuvərsóuld/ 動 oversell の過去·過分詞.

over·spill /óuvərspìl/ 名 C U 〔一般語〕《英》あふれ出し(たもの), 余剰, 特に都市開発や人口過密のために都心から郊外へ移住したりさせられたりする人々, 過剰人口.

over·spread /òuvərspréd/ 動 [本来他]《過去·過分 ~》〔一般語〕一面に広がる, 一面に覆う.

over·staffed /òuvərstǽft/-stá:ft/ 形 〔一般語〕会社や組織などが人員過剰の.
[反意語] understaffed.

over·state /òuvərstéit/ 動 [本来他]〔形式ばった語〕大げさに言う, 誇張する.
[反意語] understate.
【派生語】**òverstátement** 名 U C 誇張, おおげさな言葉.

over·stay /òuvərstéi/ 動 [本来他]〔一般語〕一定の時間[期間]より長居する.

over·step /òuvərstép/ 動 [本来他]〔一般語〕一定の限界を踏み越える.

over·stock /òuvərstɑ́k/-stɔ́k/ 動 [本来他]〔一般語〕販売し切れない程に過剰に仕入れる, 在庫過剰にする.
[反意語] understock.

over·strung /òuvərstrʌ́ŋ/ 形 〔一般語〕緊張して神経が過敏になった.

over·stuffed /òuvərstʌ́ft/ 形 〔一般語〕物を詰め込みすぎた, 特にソファーなどがたっぷり詰め物をされた, ふかふかしすぎる.

over·sub·scribed /òuvərsəbskráibd/ 形 〔一般語〕申し込みが予定の募集数を越えた.

over·sup·ply /óuvərsəplài/ 名 U, /ˌ--ˈ-/ 動 [本来他]〔一般語〕...にものを供給しすぎる(こと), 供給過剰(にする).

overt /ouvə́:rt/ 形 〔やや形式ばった語〕《通例限定用法》明白な, 公然の.
[反意語] covert.
[語源] ラテン語 *aperire* (=to open) から派生した古フランス語 *ouvrir* の過去分詞 *ouvert* が中英語に入った.
【派生語】**óvertly** 副. **óvertness** 名 U.

over·take /òuvərtéik/ 動 [本来他]《過去 -took; 過分 -taken》〔一般語〕〔一般義〕対象物に追いつく, そしてそれを追い越す. [その他] 成績や業績などで追い抜く, 遅れた仕事などを取り戻すなどする. また《通例受身》嵐, 災難, 死, 恐怖などが不意に襲いかかる. ⓐ《英》車が追い越しをする.
[語源] over+take として中英語から.
[用例] He *overtook* a police-car. 彼は警察の車を追い越した/We were *overtaken* in the rain. 我々は不意の雨にあった.

over·tax /òuvərtǽks/ 動 [本来他]〔一般語〕〔一般義〕人に重税をかける. [その他] 人に強度の緊張[無理]を強いる, また労働で人を酷使する.

over·threw /òuvərθrú:/ 動 overthrow の過去形.

over·throw /òuvərθróu/ 動 [本来他]《過去 -threw; 過分 -thrown》, /ˈ--ˌ-/ 名 C 〔一般語〕〔一般義〕政権などを打倒する, 倒す. [その他] 本来ひっくり返す, さかさまにするを意味する語で, そこから一般義が生じ, さらに制度や基準などを破壊する, 取り壊すなどの意となる. また「越えて投げる」という原義から, 《野》暴投するの意. 名 として暴投, 政権などの転覆.
[用例] The government has been *overthrown*. 政府は倒された.

over·time /óuvərtàim/ 形 副 名 U, /ˌ--ˈ-/ 動 [本来他]〔一般語〕「時間を超えて」ということから,《限定用法》(規定)時間外の, 超過勤務のなどの意. 副 として時間外に, 規定時間以上に. 名 として規定外労働時間, 時間外労働, 超過勤務手当. 動 として時間をかけすぎる.
[用例] He did five hours' *overtime* this week. 彼は今週5時間の時間外労働をした/He got £20 *overtime* this week. 彼は今週超過勤務手当として20ポンド受け取った.

overtly ⇒overt.

overtness ⇒overt.

over·tone /óuvərtòun/ 名 C 《楽》上音, 倍音, また《複数形で》言葉の含蓄, ニュアンス.

over·took /òuvərtúk/ 動 overtake の過去形.

over·top /òuvərtɑ́p/-tɔ́p/ 動 [本来他]〔形式ばった語〕

[一般義] ある物の上にさらに高くそびえる，他より高い．
[その他] 比喩的に他より優れている．

o・ver・ture /óuvərtʃər|-tjuə/ 图 C 〔一般語〕〔通例複数形で〕交渉開始に先立つ予備交渉，提案，申し入れ，〖楽〗序曲．
[語源] ラテン語 *aperire*(＝to open) から派生した *apertura*(＝opening) が古フランス語を経て中英語に入った．⇒overt.

o・ver・turn /òuvərtə́:rn/ 動 [本来他] 〔一般語〕船をひっくり返す，制度などをくつがえす，政府などを倒す．
⊜ ひっくり返る，転覆する．

over・use /òuvərjú:z/ 動 [本来他]，-jú:s/ 图 U 〔一般語〕使いすぎる，酷使する．图 として酷使，濫用．

over・value /òuvərvǽlju:/ 動 [本来他] ...を過大評価する，買いかぶる．

over・view /óuvərvjù:/ 图 C 〔一般語〕概観，大要 (summary).

over・ween・ing /òuvərwí:niŋ/ 形 〔形式ばった語〕《限定用法》とても自負心の強い，思い上がった，態度が傲慢な．
[語源] 中英語から．ween は imagine の意の古語．

over・weight /òuvərwéit/ 動 [本来他] 形, /ーーー/ 图 U 〔一般語〕[一般義] 特定の事柄に過度のウエートを置く．[その他] 荷を積みすぎる，負担をかけすぎる．形 として重量超過の，太りすぎの．图 として超過重量，太りすぎ．
[反意語] underweight.

over・whelm /òuvərhwélm/ 動 [本来他] 〔一般語〕[一般義] 数や努力などで相手を圧倒する．[その他] 〔しばしば受身で〕人を精神的に参らせる，苦しめる．
[用例] The soldiers were *overwhelmed* by the enemy. 兵隊達は敵に圧倒された/He was *overwhelmed* with work [grief]. 彼は仕事で[悲しみで]参ってしまった．
【派生語】**òverwhélming** 形 《限定用法》圧倒的な，とてもかなわない．**òverwhélmingly** 副．

over・work /òuvərwə́:rk/ 動 [本来他] 形, /ーーー/ーーー/ 图 U 〔一般語〕[一般義] 「限界を超えて働かす」ということで，人や物を過度に働かせる，酷使する．[その他] 人を過度の労働で疲れ果てさせる，過労にさせる，また言葉などを使い古す．图 として過度の労働，過労，さらに規定外労働，余分な仕事などの意．
[語法] 图 の「規定外労働，余分な仕事」の意では英米ともに /ーーー/ と発音される．
[用例] Don't *overwork* your eyes. 目を酷使してはいけません/He *overworks* himself. 彼は働き過ぎる/It's *overwork* that made him ill. 彼が病気になったのは働きすぎが原因だ．

over・wrought /òuvərró:t/ 形 〔形式ばった語〕緊張しすぎた，念入りで凝りすぎた（★overwork の古い過去分詞）．

ovi・duct /óuvədʌ̀kt/ 图 C 〖解〗〖輸〗卵管．
[語源] 近代ラテン語 *oviductus* (ラテン語 *ovum* egg＋*ductus* duct) が初期近代英語に入った．

ovip・a・rous /ouvípərəs/ 形 〖動〗卵生の．
[語源] ラテン語 *oviparus* (＝egg-laying; *ovum* egg＋*parere* to bring forth) が初期近代英語に入った．
[関連語] viviparous.

ovoid /óuvɔid/ 图 C 形 〔形式ばった語〕卵形の(もの)．
[語源] ovo-(卵)＋-oid (...に似た(もの))．フランス語から 19 世紀に入った．

ovu・late /ávjulèit|óv-/ 動 [本来自] 〖生〗女性や動物の雌が排卵する．
[語源] ラテン語 *ovum* (＝egg) の指小語 *ovulum* に動詞語尾が付いたものが 19 世紀に入った．
【派生語】**òvulátion** 图 U．

ovum /óuvəm/ 图 C《複 ova》〖生〗卵子，卵細胞．

owe /óu/ 動 [本来他] 〔一般語〕[一般義] 人に支払いの義務がある，借金がある．[その他]「相手に借りがある」ということで，義務などを負っている，成果などが...のおかげである，感謝や敬意を言明表すべきである，当然尽くさなければならない．⊜ 借金がある．
[語源] 古英語 *āgan* (＝to possess) から．物を持つことで，その代金を支払う義務などとなった．⇒ought; own.
[用例] I *owe* (him) £5. 私は(彼に)5 ポンドの借りがある/I *owe* my success to you. 私の成功はあなたのおかげです/I *owe* you for my lunch. 昼食をごちそうしていただき感謝しています．
【派生語】**owing** ⇒見出し．

ow・ing /óuiŋ/ 形 《述語用法》借りている，支払われるべき．
【慣用句】**owing to ...** 原因，理由などを示して，...のために，...が原因で: *Owing to* the rain, the football has been cancelled. 雨のためサッカーは中止になった．

owl /ául/ 图 C 〖鳥〗ふくろう．ふくろうは「知恵」の象徴と考えられているため，そこから悪い意味でもったいぶった人，まじめくさった人，さらに賢こうに見えるばか者などの意．またふくろうの「夜行性」という習性からの連想で，夜ふかしする人，夜出歩く人などの意．
[語源] 古英語 *ūle* から．もともとは擬音語．
[用例] The old man was (as) blind as an *owl*. その老人は全く目が見えない/He is grave as an *owl*. 彼はまじめくさった人間だ．
【慣用句】**fly with the owls** 夜遊びする．
【派生語】**ówlet** 图 C 子ふくろう．**ówlish** 形 ふくろうのような；まじめくさった；利口ぶってみえる．**ówlishly** 副．

own /óun/ 形 代 動 [本来他] 〔一般語〕...自身の，独特の [語法] 所有格の後に置かれ，前述の意味や独自性を強める強調語として用いられる．代 として...自身のもの [語法] 所有格の後に置かれ，独立用法で用いられる．動 として所有する，持っている，また「自分自身の持っていること」の意で〔古語または形式ばった語〕自分の罪や事実などを認める，自白する，さらに人や事柄が自分のものと認知するなどの意．
[語源] 古英語 *āgan* (⇒owe) の過去分詞 *āgen* から．
[用例] It was John's *own* idea. それはジョン自身の考えだった/The house is my *own*. その家は私自身のものです/We do not *own* this house—we rent it. この家は持ち家ではありません．借家です/I *own* that I have not been working very hard. 私は今までそれ程頑張って働いてなかったことを認めます．
[語法] one's own ... の代わりに，... of one's own の形で表すこともできる: I'd like to have a house *of my own*. 私は持ち家が欲しい．
【慣用句】**on one's own** 自分一人で，独力で；単独で，独りぼっちで．**own up** 悪事や自分の責任を認める，白状する．
【派生語】**owner** ⇒見出し．

own・er /óunər/ 图 C 〔一般語〕持ち主，所有者．
[語源] ⇒own.

【派生語】ównershìp 名 U 所有(権).
【複合語】ówner-dríver 名 C 《英》オーナードライバー, 自家用車の運転者. ówner-óccupied 形 《英》家の持ち主自身が住んでいる. ówner-óccupier 名 C 《英》持ち家に住んでいる人.

ox /áks|ɔ́ks/ 名 C 《複 oxen》〔一般語〕[一般義]食肉用あるいは荷車用に去勢された雄牛. [その他]《動》ウシ科の動物の総称. 比喩的に力強い男, 不格好な人, もさっとした鈍い人などの意.
[語源] 古英語 oxa から.
[類義語] ⇒cattle.
[関連語] 去勢されない雄牛は bull, また雌牛は cow.
【複合語】óxtàil 名 UC スープなどに入れる牛の尾.

Ox·bridge /áksbrɪdʒ|ɔ́ks-/ 名 U 名 〔一般語〕《英》イギリスを代表するオックスフォード大学と[または]ケンブリッジ大学, オックスブリッジ. 形 として《限定用法》オックスブリッジの(ような).
[語源] Ox(ford)+(Cam)bridge として 19 世紀から.

ox·en /áksən|ɔ́k-/ 名 ox の複数形.

Ox·ford /áksfərd|ɔ́ks-/ 名 固 オックスフォード《★England 中南部の都市; Oxford 大学がある》.

ox·i·dant /áksɪdənt|ɔ́k-/ 名 C 《化》酸化体, オキシダント《★光化学スモッグの原因となる》.
[語源] フランス語 oxider (=to oxidize) の現在分詞が 19 世紀に入った.

ox·i·da·tion /àksɪdéɪʃən|ɔ̀k-/ 名 U 《化》酸化 (oxidization).
[語源] フランス語 oxider (=to oxidize) から派生した oxidation が 18 世紀に入った.

ox·ide /áksaɪd|ɔ́k-/ 名 UC 《化》酸化物.
[語源] ox(ygen)+(ac)id. フランス語から 18 世紀に入った.

oxidization ⇒oxidize.

ox·i·dize /áksɪdàɪz|ɔ́k-/ 動 [本来他]〔一般語〕酸化させる, さびさせる. 自 酸化する, さびる.
[語源] oxide+-ize (動詞語尾) として 19 世紀から.
【派生語】òxidizátion 名 U. óxidìzer 名 CU 酸化剤.

Ox·o·ni·an /aksóuniən|ɔk-/ 形 名 C 〔形式ばった語〕オックスフォード(大学)の. 名 としてオックスフォードの住民, オックスフォード大学の学生[卒業生].

oxy·acet·y·lene /àksiəsétɪliːn|ɔ̀k-/ 形 名 U 《化》酸素アセチレン(の).
[語源] oxy-(酸素)+acetylene. 20 世紀から.

ox·y·gen /áksɪdʒən|ɔ́k-/ 名 U 《化》酸素《★元素記号 O》.
[語源] 1777 年にフランスの化学者 A. L. Lavoisier が造った語で, 当時あらゆる酸 (acid) に存在するものと考えられていたため,「酸になるための基」を意味するギリシャ語 oxus (=sharp; acid)+ フランス語-gène (…素)から成る.
【派生語】óxygenàte [本来他]《化》酸素で処理する, 酸化させる. óxygenìze 動 [本来他] =oxygenate.
【複合語】óxygen màsk 名 C 《医》酸素マスク. óxygen tènt 名 C 《医》酸素吸入用テント.

oyez, oyes /ouʤés, -jéɪ/ 感 〔一般語〕静粛に!, 謹聴!《★法廷の廷吏が聴衆に注意する時の呼び声; 普通 3 回連呼する》.
[語源] 古フランス語 oyes (=hear ye) が中英語に入った.

oys·ter /ɔ́ɪstər/ 名 CU 《貝》かき.
[語源] ギリシャ語 ostreon (かき) がラテン語 ostrea, 古フランス語 oistre を経て中英語に入った.
【複合語】óyster bàr 名 C カウンター式のかき料理店. óyster bèd [bànk] 名 C かき養殖床. óyster càtcher 名 C 《鳥》みやこどり.

oz. /áuns, áunsɪz/ ounce(s)(オンス)《語法》複数は ozs. /áunsɪz/ とも書かれる.

ozone /óuzoun/ 名 U 《化》オゾン, また《くだけた語》海辺などの新鮮な空気.
[語源] ギリシャ語 ozein (=to smell) の現在分詞 ozōn をもとに 19 世紀に作られた語. 原義は「嫌な臭いがするもの」. ⇒odor.
【複合語】ózone deplètion 名 U オゾン層破壊. ózone-fríendly 形 オゾンに優しい, オゾン層を破壊しない. ózone hòle 名 C オゾンホール《★南極大陸上空でオゾン濃度が極端に薄くなる現象》. ózone làyer 名 《単数形で》地球を取り巻くオゾン層.

P

p, P /píː/ 图 C《複 p's, ps; P's, Ps》ピー(★アルファベットの第16文字).
【慣用句】 *mind one's p's and q's* 言動に注意する.

p.《略》= page (複 pp.); per; pamphlet; paragraph; penny, pence.

pa /páː/ 图 C〔くだけた語〕子供から父親への呼びかけ語, お父さん, パパ.
語法 ma と同じく現在ではあまり使われなくなってきている.
語源 papa の略で19世紀から.
類義語 dad.

PA, Pa.《略》= Pennsylvania.

pace /péis/ 图 图 動 本来自 [一般自] 一般義《単数形で》歩いたり走ったりする速さや歩調. その他 歩調を形づくる歩幅やその一歩一歩, 歩きぶり, 足取り, 物事の進歩や成長または活動のテンポ, 速度. 人間だけでなく動物の歩き方, 馬の側対歩も指す. 動 としては, 行きつ戻りつ心配そうに歩く, 馬が側対歩で歩く. 他 歩測する, マラソンなどで他のランナーを先導するなどの意.
語源 ラテン語 *pandere* (=to stretch; to extend) の過去分詞から派生した *passus* (=step; pace) が古フランス語を経て中英語に入った. 原義は a stretch of the legs.
用例 He could not keep up with the *pace* of the other runners. 彼は他のランナーのペースについていけなかった/She took three *paces* back. 彼女は三歩後へ下がった/The work progressed at a slow *pace*. その作業はゆっくりの速度で進行していった.
日英比較 ハイ・ペース, マイ・ペース, ペース・ダウン(またはスピード・ダウン)はいずれも和製英語で, それぞれ fast [quick] pace, (at) my own pace [speed], slowdown または slow pace という.
【慣用句】 *go* [*hit*] *the pace*《英》大速力で進む, 道楽をする. *keep pace with ...* ...と歩調をそろえる. *make one's pace* 歩調を速める. *put (...) through (...'s) paces* 人の力量をためす. *set* [*make*] *the pace* 歩調を定める, 模範を示す. *show one's paces* 腕前を見せる. *try ...'s paces* 人の力量をためす.
【複合語】**pácemàker** 图 C 先頭に立ってペースを作る歩調調整者, 先導者, 体内に埋めこむ心臓のペースメーカー. **pácemàking** 图 U 同.

pa·cif·ic /pəsífik/ 形 叙述 本来他〔形式ばった語〕一般義 武力の行使に反対し平和を好む, 友好的な. その他 争いがない, 穏やかな, 平和な. 图 として (the P-) =Pacific Ocean.
語源 ラテン語 *pacificus* (=peace-making; *pax* peace+*facere* to make) が古フランス語を経て初期近代英語に入った.
【複合語】**Pacífic Ócean** 图 圖 (the ~)太平洋 (★波の穏やかさから Magellan が命名した). **Pacífic Stándard Time** 图 U 太平洋標準時.

pacifier ⇒pacify.
pacifism ⇒pacify.
pacifist ⇒pacify.

pac·i·fy /pǽsifai/ 動 本来他〔形式ばった語〕怒りや興奮を静める, 武力を行使して秩序を回復する.
語源 ラテン語 *pacificere* (=to make peace; *pax* peace+*facere* to make) が古フランス語 *pacifier* を経て中英語に入った.
類義語 calm.
【派生語】**pácifier** 图 C なだめる人, 調停者, 《米》赤ん坊のおしゃぶり. **pácifism** 图 U 平和主義. **pácifist** 图 C 平和主義者.

pack /pǽk/ 图 C 動 本来他 一般義 持ち運びやすいように束ねたり包んだりした紙やボール紙製の包みや荷物. その他 包みの意味から, リュックサック, 袋, パッケージなどの意となり, さらに人間や物, 動物などについて同じような種類, 目的, 傾向を持つ一団, 一味, 群れ, 集団の意となる. 包みが個々の品物の意に用いられると, 巻きたばこの一箱(《英》packet), 52枚のトランプ一組(《米》deck), 湿布, 美顔用パックなどの意になる. 動 として, スーツケースなどに衣類を詰める, 輸送のために荷造りをする, また缶詰めにする, 《受身で》物をぎゅうぎゅうに詰め込むなどの意.
語源 中期低地ドイツ語または中期オランダ語から中英語に入った. 詳細は不詳.
用例 He carried his luggage [baggage] in a *pack* on his back. 彼は自分の荷物をリュックに入れて背負っていた/The whole story is a *pack* of lies. 話はすべて嘘でかためられていた/A *pack* of wolves haunted the village. 一群れの狼が村に出没した/They are just a *pack* of thieves. 彼らはまるで盗賊の一団だ/I've *packed* all I need and I'm ready to go. 必要な物は全て荷造りできたので出かける用意ができている.
類義語 ⇒package.
日英比較 旅行会社が企画する「パック旅行」は package tour といい, pack tour とはいわない. また日本では牛乳やジュースの紙容器もパックというが, 英語では carton という.
【慣用句】*pack in* 〔くだけた表現〕人や物を詰め込む, 仕事などを辞める, 人気歌手が客を集める. *pack it in* 〔くだけた表現〕《しばしば命令文で》仕事や話をやめる. *pack off* 〔くだけた表現〕人を追い返す, 解雇する. *pack up* 〔くだけた表現〕荷物をまとめる, 荷造りする, 仕事などを辞める. *send ... packing* 〔くだけた表現〕...をすぐに追っ払う, 解雇する.
【派生語】**pácker** 图 C 荷造りする人[業者]. **pácking** 图 U 荷造り(法), 壊れ物を保護する詰め物, 継ぎ目や漏れ口にある詰め物, パッキン: **packing box** [**case**] 荷箱, 包装箱/**packing house** 《米》食料品包装工場, 缶詰工場.
【複合語】**páck ànimal** 图 C 牛, 馬などの荷物を運ぶ動物. **páck ìce** 图 U 浮氷群, 流氷.

pack·age /pǽkidʒ/ 图 C 動 本来他 一般義 一般義 紙で包装された包み, 箱にきっちり詰められた荷物. その他 物を詰めるための袋, 箱や缶などの容器. 物を一つにまとめたものという意味から, 一括, 抱き合わせ, 《コンピューター》関連プログラムを統合したパッケージ, 〔くだけた語〕パック旅行(package tour [holiday]). また〔くだけた語〕こじんまりとまとまっているもの[人], 《機》組立済のユニット完成品, 《放送》できあいの番組. 動 として, 事柄をひとまとめにする, 一括する.
語源 オランダ語 *pak* (=pack) から派生した *pakkage*

(=baggage) が初期近代英語入った.

[用例] We received a *package* from the postman. 我々は郵便集配人から小包を受け取った.

[類義語] package; pack; packet; parcel: **package** は小型, 中型の包装された, あるいは荷造りされたものをいう. **pack** は人や牛馬が運べるような比較的大きい荷物を指し, mule's *pack* (らばの荷物) のように用いる. **packet** は本来は手紙, 電報の束や小包を指し, a *packet* of letters (手紙の束) のように用いる. **parcel** は持ち運びしやすくするため郵便用に小さく包装された小荷物を指し, *parcel* air-mail (航空小荷物) のように用いる.

[複合語] **páckage dèal** [名] C 取捨選択の余地を許さない**一括取り引き**[購入, 雇用, 売買契約], セット販売. **páckage hòliday [tóur]** [名] C 旅行会社が企画する運賃宿泊費込みの**休日旅行[セット旅行**; パック旅行]: It is cheaper to go on a *package holiday* but we prefer to make our own arrangements. 休日旅行で出かけた方が安いが, 我々は自分たちで計画する方を選ぶ. **páckage stòre** [名] C 《米》酒類をびんやたるに詰めて販売するが, 店内での飲食は許さない**酒類小売店**.

pack·et /pǽkit/ [名] C [動][本来他]〔一般語〕[一般義] 一緒に束ねられた小さな包や小荷物. [その他] 手紙などの束を意味することから, 一回に配達された郵便物を指し, さらに郵便物や旅客, 貨物を運ぶ**定期船**や**郵便船**をも意味する. (英) たばこの一箱((米) pack), [くだけた語] 多額の金や賭けなどで得失した**相当な金額**, ひどい**精神的[肉体的]苦痛**や**打撃**. [動] として, 小包にする. [語源] 中期オランダ語の *pak* がフランス語に借用されて *pacquet* となり, 初期近代英語に入った.

[用例] She gave me a *pack* of envelopes. 彼女は私に封筒の束をくれた/She bought a *packet* of tea. 彼女は紅茶を一箱買った.

[類義語] ⇒package.

[慣用句] **buy** [**catch**; **cop**; **get**; **stop**] **a** *packet* [俗語]《英》ひどい目に遭う, 弾丸に当たる.

[複合語] **pácket bòat** [**shíp**] [名] C 旅客や貨物を運ぶ**定期船**, **郵便船**.

pact /pǽkt/ [名] C 〔形式ばった語〕国家間または団体, 個人間の**協定**, **条約**など.

[語源] ラテン語 *pacisci* (= to agree) の過去分詞 *pactus* が古フランス語を経て中英語に入った.

[類義語] agreement.

pad¹ /pǽd/ [名] C [動][本来他]〔一般語〕[一般義] 衝撃や摩擦によって損傷しないよう詰めておく柔らかい物や**詰め物**. [その他] 当て物として洋服の肩に入れる**パッド**, 胸当て, すね当て, **敷き物**, **座ぶとん**, まくら, 馬の鞍敷き, 傷口にあてるパッド, 綿, 生理用ナプキン, ノートなどの中味になっている部分を詰め物と考えて, **はぎ取り式ノート** [書簡用紙]や便箋(writing pad), **画用紙帳**(drawing pad). またスタンプ台やスタンプ印肉, [やや形式ばった語] 犬やきつねの足の厚い肉のふくらみ, **肉趾**(にくし), 水蓮などの水草の大きな**浮葉**, 《宇宙》ロケットの**発射台**(launch pad). [動] として...に詰め物をする, 《米》人員を勘定ほかの**水増**しをする.

[語源] 低地ドイツ語から初期近代英語に入った. 原義は「寝るのに敷くわら束」.

[用例] She knelt on a *pad* to clean the floor. 彼女は敷物の上に膝をついて床をきれいにした/The dentist put a cottonwool *pad* between her cheek and her gums. 歯医者は彼女の頬と歯茎の間に脱脂綿で詰めあした.

[類義語] cushion; stuffing.

[派生語] **pádded** [形] 詰め物を入れた. **pádding** [名] U.

pad² /pǽd/ [動][本来自] C 〔一般語〕鈍い足音をたてて歩く. [名] (単数形で) 鈍い足音.

[語源] 低地ドイツ語 *padden* (= to go along a path) が初期近代英語に入った.

[類義語] tramp.

pad·dle /pǽdl/ [名] C [動][本来他]〔一般語〕[一般義] カヌーをこぐ**櫂**(かい). [その他] ピンポンのラケット, 外輪船の**水かき板**, へらなど櫂に形が似ているもの. [動] として, 櫂でカヌーをこぐ.

[語源] 不詳. 初期近代英語から.

[複合語] **páddle stèamer** [名] C **外輪船**. **páddle whèel** [名] C **外輪**. **páddling pòol** [名] C **水遊び場**.

pad·dock /pǽdək/ [名] C 《競馬》出走前に馬を歩かせて見せる競馬場の下見所, **パドック**, また馬小屋近くの囲いのある**小牧場**, レース用自動車の**駐車場**.

[語源] 古英語 pearroc (= enclosure; fence) から.

pad·dy /pǽdi/ [名] CU 〔一般語〕[一般義] 稲を植える**水田**. [その他] 収穫されてもみのついたままの米, 稲.

[語源] マレー語の *padi* (= rice in the straw) が初期近代英語に入った.

[複合語] **páddy fìeld** [名] C 水田. **páddy wàgon** [名] C 〔俗語〕**護送車**.

pad·lock /pǽdlɑk|-lɔk/ [名] C [動][本来他]〔一般語〕**南京錠**.

[語源] 不詳. 初期近代英語から.

pa·dre /pá:dri/ [名] C 〔ややくだけた語〕[一般義] **軍隊付き牧師**. [その他] キリスト教, 特にローマカトリックの**神父**.

[語源] ラテン語 *pater* (= father) から派生したスペイン語, ポルトガル語, イタリア語の *padre* が初期近代英語に入った.

[類義語] father.

paediatrician ⇒paediatrics.

pae·di·at·rics /pì:diǽtriks/ [名] 《英》=pediatrics.

[派生語] **pàediatrícian** [名] =pediatrician.

pa·gan /péigən/ [名] C [形] 〔一般語〕キリスト教, ユダヤ教などからみた無宗教者, **異教徒**(の).

[語源] *pagus* (= country; district) から派生した. 後期ラテン語 *paganus* (= peasant; civilian) が中英語に入った. 教会では heathen の意味で用いた. 「キリスト教徒の兵籍に入っていない者」→「いなかに住む人 (heathen)」→「一般市民 (civilian)」→「異教徒」のように意味が変化したと考えられる.

[類義語] heathen.

[派生語] **páganism** [名] U 異教信奉, 異教.

page¹ /péidʒ/ [名] C [動][本来他]〔一般語〕[一般義] 本, 雑誌, 新聞などの**ページ**《語法》略 p., 複数形 pp.). [その他] 印刷物や書かれた物の**1枚**, **1葉**(表裏の2ページ), 新聞や雑誌の...**欄**や**記事**. [文語] 注目すべき事件や他と区別される特徴をもった**時期**, 人の一生の**挿話**, 《しばしば複数形で》**文書**, **書き物**, **記録**, **年代記**. また《コンピューター》ページ. [動] として**ページ付けする**, 《コンピューター》ページングを行う. [自] ページをめくる.

[語源] 印欧祖語 *pag- (= to fasten) に遡ることのできるラテン語 *pangere* (= to fasten; to fix) から派生した *pagina* (ぶどうの木が固定された格子状の棚) が形状的

連想から「書く欄, ページ」の意となり, 中英語に入った. [用例] Please read *page* ninety-four. 94 ページを読みなさい/a three-*page* letter 便箋 3 枚の手紙/The settling of the West is an exciting *page* in the history of the United States. 西部への移住はアメリカ合衆国の歴史において胸を躍らせる一時期である.
[類義語] leaf.
【派生語】**paginate** /pǽdʒəneit/ 動 [本来他] ページ付けをする, 丁付けする. **pàginátion** 名 U ページ付け, 丁付け, ページ数.
【複合語】**páge hèad** 名 C ページの見出し.

page² /péidʒ/ 名 C 動 [本来他] 〔一般語〕 [一般語] 制服を着たホテルなどのボーイ, 駅や空港などのサービス係. [その他] 《米》国会で議員に付く雑用係, 結婚式で花嫁に付く少年. 動 として, ホテルや劇場, デパートなどで人を呼び出す, ポケットベルで人を呼ぶ.
[語源] ギリシャ語 *paidíon* (=servant) がイタリア語 *paggio*, フランス語を経て中英語に入った.
【派生語】**páger** 名 C 《米》ポケットベル ([日英比較] ポケットベルは和製英語).

pag·eant /pǽdʒənt/ 名 C 〔一般語〕歴史的場面を華々しい衣装をつけて野外で見せる野外劇, 歴史祭の行列, ページェント. また見かけは壮大だが中味のないものの意.
[語源] 中世ラテン語 *pagina* (=a scene of a play) が中英語に入った.
【派生語】**págeantry** 名 U 華やかな見せ物.

paginate ⇒page¹.
pagination ⇒page¹.

pa·go·da /pəɡóudə/ 名 C 〔一般語〕何層にもなった東洋の寺院の塔.
[語源] サンスクリット語起源のポルトガル語 *pagode* が初期近代英語に入った.

paid /péid/ 動 pay の過去・過去分詞.

pail /péil/ 名 C 円筒形の金属, 木, プラスチック製の容器, バケツや手おけ, またバケツ 1 杯の量 《語法》《英》ではやや文語的な語).
[語源] ラテン語 *pagina* (⇒page¹) から派生した中世ラテン語 *pagella* (=measure) が古英語に *pægel* として入って「小型の液体容器, ワイン容器」の意となり, 後に木製容器の意になった.
[用例] Fetch a *pail* of water. バケツ 1 杯の水を持ってきなさい/an ice *pail* 氷入れ/a milking *pail* 搾乳バケツ/a slop *pail* 台所や寝室にある汚水おけ[びん], 残飯おけ.
[類義語] bucket.
【派生語】**páilful** 名 C バケツ[手おけ]1 杯の量 《語法》単に pail ともいう).

pain /péin/ 名 U 動 [本来他] 〔一般語〕 [一般語] 病気や怪我などによる肉体的苦痛や苦しみ. [その他] 肉体的な苦痛から精神的苦悩, 心痛を指し, 転じて [複数形で] 骨折り, 苦労, 苦心 《語法》much pains とはいうが many pains とはいわない)苦痛の種, 不愉快で退屈な人[物]. 動 として [形式ばった語] 苦痛を与える, 苦しませる 《語法》受身形なし).
[語源] ギリシャ語 *poinḗ* (=penalty; payment) から派生したラテン語 *poena* (=penalty) が古フランス語を経て中英語に入った. 「刑罰」が肉体的にも精神的にも苦痛の種であることから「苦痛」の意になった.
[用例] The *pain* in my back is getting worse. 背中の痛みがだんだんひどくなっていく/She cannot bear *pain*. 彼女は苦痛に堪えられない/No *pains*, no gains. 《ことわざ》苦労はせねば得るところなし/She is a real *pain*. 彼女はほんとうにいやな女だ/It *pained* her to admit that she was wrong. 自分の過ちを認めるのは彼女には苦痛であった 《語法》 形式主語 it を用いるのは形式ばった言い方).
[類義語] pain; ache; agony; anguish: **pain** が短期間の肉体的・精神的な激しい苦しみを表わす一般語であるのに対し, **ache** は身体の一部の継続的な苦痛を, **agony** は肉体的・精神的な耐えがたいほどの強い継続的な苦悩, もだえるような苦痛, 死の苦しみ (death agony) を指す. **anguish** は心身の継続的な極度の苦悩, 悲痛にはげしい絶望感を伴なうものをいう.
[反意語] joy; delight; comfort.
【慣用句】 *a pain in the neck* 〔くだけた表現〕《軽蔑的》いやな人[こと], 苦痛の種. *be at pains to* … …しようと《大いに》苦労している. *feel no pains* 《俗語》《米》ひどく酔払っている. *for one's pains* 《形式ばった表現》《こっけい》骨折りの報いとして, 骨折り賃に. *go to great pains* 非常に骨を折る. *on [upon; under] pain of* … 違反すれば…の刑罰を加えると承知の上で: He confessed the whole truth *on pain of* death. 彼は死を覚悟の上でことの全貌を告白した. *take pains* 大いに骨を折る, 努力する: He *took* great *pains* to make sure we enjoyed ourselves. 彼は確実に我々が楽しめるようにと非常に骨を折った.
【派生語】**páinful** 形 肉体的・精神的に苦痛を感じる, 苦しい, 不快な. **páinless** 形. **páinlessly** 副.
【複合語】**páinkiller** 名 C 痛みをやわらげる物, 鎮痛剤. **páinkilling** 形 痛みをやわらげる, 鎮痛用の. **páinstàking** 形 苦労を惜しまない, 勤勉な).

paint /péint/ 名 UC 動 [本来他] 〔一般語〕 [一般語] 塗料, ペンキ, 絵の具. [その他] ペンキを塗ること. また 〔くだけた〕化粧品, 《米》まだらの意. 動 としてペンキを塗る, 絵の具を使って絵を描く, 顔や髪に化粧品を塗る, 一般に彩る, 飾る, ありありと描写し表現する. 《悪い意味で》欠陥などを塗り隠す, 糊塗する.
[語源] ラテン語 *pingere* (=to paint; to embroider; to adorn) が古フランス語で *peindre* (=to paint) となり, その過去分詞 *peint* が中英語に入った.
[用例] Wet [《英》Fresh] *paint*. 《標識》ペンキ塗りたて/The artist's clothes were covered in *paint*. その芸術家の衣服は絵の具だらけだった/He is *painting* the door. 彼はドアにペンキを塗っている/She *painted* her mother and father in oils. 彼女は油絵で父と母をかいた.
[類義語] rouge; make-up.
[日英比較] 日本語のペンキはオランダ語の *pek* (防水・舗装用に塗るピッチ) から借用された. 日本語のペンキと違って英語の paint は絵画用の絵の具, 顔料なども指す.
【慣用句】 *paint* … *black* …(人)を悪く言う. *paint everything blue* 憂うつになる, 悲観的になる. *paint in* 描き加えて引き立たせる. *paint it red* 《俗語》《米》扇情的に書きたてる. *paint out* 塗りつぶす. *paint the lily* もともと美しいものにさらに彩色をほどこす, 蛇足を加える(《聖》King John IV, ii). *paint the town (red)* 《口語》ばか騒ぎをする.
【派生語】**páinted** 形 描かれた, ペンキを塗った, 化粧した, 粉飾された: a *painted* woman 厚化粧の女, 売春婦. **páinter** 名 C 絵かき, 画家, ペンキ屋. **páinting** 名 C.

【複合語】**páintbòx** 名 C 絵の具箱. **páintbrùsh** 名 C ペンキ用のはけ, 絵筆. **páintpòt** 名 C ペンキ入れ. **páint ròller** 名 C ペンキローラー(★柄のついたローラーをころがしてペンキを塗る道具). **páint thínner** 名 U ペンキの希釈剤, シンナー. **páintwòrk** 名 U 《英》車などの塗装(面).

paint·er /péintər/ 名 C 〔一般語〕船のもやい網.
[語源] 古フランス語 *pentoir* (= clothesline) から中英語に入ったと考えられるが, 詳細は不詳.

pair /péər/ 名 C 動 [本来義] 〔一般語〕[一般義] 対応する 2 つのものを組み合せた**1組**または**1対**. [その他]〔くだけた語〕夫婦, 婚約中の男女, 動物の1つがい, トランプの同点の2枚札. また組み合になったものの片一方, 建物の中で階と階とをつなぐ**階段の一続き**(flight) の意にもなる. 動として, 2 つのものを組み合せる, 人を結婚させる, 動物をつがわせる.
[語源] ラテン語 *par* (= equal) の中性複数形 *paria* が古フランス語 *paire* を経て中英語に入った.
[用例] These two gloves are not a *pair*—one is leather and one is wool. この 2 つの手袋は 1 組ではない. 片方は革で, もう片方はウールだ/The *pair* to this shoe この靴の片方/She was *paired* with my brother in the tennis match. テニスの試合で彼女は私の兄と組んだ.
[類義語] pair; couple: **pair** は本来常に 2 つそろって 1 組になるもので, 片方がなければ役にたたず完全とはいえないものを指す. **couple** は同じ種類の 2 つそろったものを指すが, その結合力は pair より弱く, 必ずしも 2 つのものがそろって 1 つの機能を果たすとは限らない: a *couple of books* 2 冊の本.
【慣用句】*in pairs [a pair]* 2 つ[2 人]ずつ組んで, 対をなして. *pair off* 2 つ[2 人]ずつにする, 2 ずつに分かれる, 1 対にして並べる. *pair up* 仕事などでペアを組ませる. *(quite) another [a different] pair of shoes [boots]* 〔くだけた表現〕全く別問題, 無関係なこと.

pa·ja·mas, 《英》**py·ja·mas** /pədʒɑ́ːməz/ 名 〈複〉〔一般語〕[一般義] ゆるめのズボンと上着からなるパジャマ(★パジャマのズボンは bottoms, trousers, 上着は top, jacket という). [その他] インド・パキスタンのイスラム教徒が着ているゆるめのズボン.
[語法] 複数扱いだが, 形容詞的用法では単数形で pajama trousers (パジャマのズボン) のように用いる.
[語源] ペルシャ語 *pā(e)* (= leg; foot) + *jāma* (= clothing; garment) から派生したヒンディー語 *pā(e)jāmā* が 19 世紀に入った.
[用例] He has three pairs of *pajamas*. 彼はパジャマを3着持っている.

Pa·ki·stan /pǽkistæn / pàːkistáːn/ 名 固 パキスタン.
【派生語】**Pakistáni** 形 名 C.

pal /pǽl/ 名 C 動 [本来義] 〔一般語〕[一般義] ごく親しい**仲間, 仲よし**. [その他] 犯罪などの仲間, 共犯者. また, よく知らない相手に対して攻撃的な呼びかけ語としても用いられ, 〔くだけた語〕《米》おい, 君, 《英》mate). 動として **友達づきあい**をする, 行動を共にする《around》.
[語源] サンスクリット語 *bhrātar-* (= brother) から派生したロマニー(世界各地のジプシー族の言語の総称)語の *phral, pal* (= brother) が初期近代英語に入った.
[用例] My son brought a *pal* home for tea. 息子が仲よしをお茶に連れてきた/John and Tom were *pals* in prison. ジョンとトムは刑務所仲間だった.
【慣用句】*pal up with* ... ...と親しくなる
【複合語】**pén pàl** 名 C 《米》文通友だち, ペンパル (《英》pen friend).

pal·ace /pǽləs/ 名 C 形 〔一般語〕[一般義] **王, 女王, 元首や高官が住む宮殿, 公邸**. [その他] 立派で堂々とした**大邸宅, 御殿**. さらに一般化して派手で豪華な建物, 大ホール, 大娯楽場. 形として宮殿の, 側近の, 豪華な.
[語源] ラテン語 *Palatium* はローマにあった 7 つの丘の 1 つの Palatine Hill のことで, Augustus 皇帝の宮殿があった. これが普通名詞化して *palatium* (= palace) となり, 古フランス語 *paleis, palais* を経て中英語に入った.
[用例] The Archbishop of Canterbury officially lives at Lambeth *Palace*. カンタベリー大主教は公式にはランベス宮殿に住んでいる/Their house is an absolute *palace*. 彼らの家はまるでの宮殿だ.
【派生語】**palátial** 形 宮殿のような, 壮麗広大な.
【複合語】**pálace guárd** 名 C 親衛隊, 国王などの側近. **pálace pólitics** 名 U 《米》側近政治. **pálace revolútion** 名 C 側近などが起こす革命[クーデター].

palatable ⇒palate.
palatal ⇒palate.

pal·ate /pǽlit/ 名 C 〔解〕口蓋. また〔一般語〕《単数形で》味覚, 好み.
[語源] ラテン語 *palatum* が中英語に入った.
【派生語】**pálatable** 形 味のよい, 口に合う. **pálatal** 形 C 〔解〕口蓋(の), 〔音〕口蓋音(の).

palatial ⇒palace.

pa·lav·er /pəlǽvər/ -áː-/ 名 U 動 [本来義] 〔ややくだけた語〕だらだらと長ったらしいおしゃべり. 動 として, くどくどと必要でもないことをおしゃべりする.
[語源] ラテン語 *parabola* (= parable; speech) がポルトガル語を経て 18 世紀に入った.

pale[1] /péil/ 形 動 [本来義] 〔一般語〕[一般義] 人の顔や肌が**血の気のない, 血色の悪い, 青ざめている**. [その他] 青ざめていることから, 色が薄い, 淡い, 光が薄暗い, 弱い, かすかな, さらに一般化して活気がない, 微弱な, かすかな. 動として〔形式ばった語〕青ざめる, 色が薄くなる, 光が淡くなるの意.
[語源] ラテン語 *pallere* (= to grow pale) の形容詞 *pallidus* (= pale) が古フランス語を経て中英語に入った.
[用例] a *pale* face 青白い顔/She went *pale* with fear. 彼女は恐怖のあまり真っ青になった/The house is painted *pale* blue. その家は淡い青色で塗ってある/She *paled* at the bad news. 彼女は悪い知らせを聞いて青ざめた.
[反意語] ruddy; rosy; vivid.
【派生語】**pálely** 副 青白く, 青ざめて. **páleness** 名 U. **pálish** 形 少し青ざめた.
【複合語】**pálefàce** 名 C 《軽蔑的》白人(★北米先住民が白人を見て用い始めた). **pále-héarted** 形 臆病な.

pale[2] /péil/ 名 C 〔一般語〕垣根や柵(?)を作る**先のとがった杭(?)**, または杭を立てて作った**境界**.
[語源] ラテン語 *palus* (= stake) が古フランス語を経て中英語に入った.
【慣用句】*beyond [outside] the pale* 世間の常識から外れている.
【派生語】**pálings** 名 〈複〉 柵.

pa·le·o-, 《英》**pa·lae·o-** /péiliou | pǽ-/ 連結 「古代」「先史」の意.
語源 ギリシャ語 *palaios* (=ancient) から.

pa·le·og·ra·phy, 《英》**-lae-** /pèiliágrəfi | pæliɔ́g-/ 名 U 〔形式ばった語〕古文書学.
語源 paleo-+-graphy. 19世紀から.

pa·le·o·lith·ic, 《英》**-lae-** /pèiliouliθik | pæ-/ 形 〔形式ばった語〕旧石器時代の.
語源 paleo-+ ギリシャ語 *lithos* (=stone)+-ic. 19世紀に造られた.
関連語 neolithic.

pa·le·on·tol·o·gy, 《英》**-lae-** /pèiliɑntɑ́lədʒi | pèliɔntɔ́l-/ 名 U 〔形式ばった語〕古生物学.
語源 pale(o)-+ontology (存在論). 19世紀から.

Pal·es·tine /pǽləstain/ 名 固 パレスチナ (★ヘブライ語でイスラエル人の敵ペリシテ人の土地 (land of Philistines) の意).
【派生語】**Pàlestínian** 形 名 C.

pal·ette /pǽlit/ 名 C 〔一般語〕〔一般義〕絵の具を調合する板, パレット. その他 画家がパレットで調合する好みの絵の具という意味から, 画家〔作品独特の色彩〕. また【楽】音色の範囲, 【コンピューター】コンピューターグラフィックスの色の組, パレット.
語源 ラテン語 *pala* (=spade) がフランス語に入り, 指小辞-ette を付けた形で初期近代英語に入った.
【複合語】**pálette knìfe** 名 C 絵画や料理用のパレットナイフ.

pal·in·drome /pǽlindroum/ 名 C 〔一般語〕左右どちらから読んでも同じ句や文, 回文 (★Madam, I'm Adam; Rise to vote, sir. など).
語源 ギリシャ語 *palindromos* (=running back again; *palin* again+*dramein* to run) が初期近代英語に入った.

pal·i·sade /pæ̀ləséid/ 名 C 動 〔本来他〕〔形式ばった語〕〔一般義〕防御用のくい, 矢来. その他 〔複数形で〕《米》川沿いの断崖, 絶壁. 動 場所や建物に柵[杭]をめぐらす.
語源 ラテン語 *palus* (棒, くい) に由来するフランス語 *palisser* (くいで囲む) の派生語 *palisade* が初期近代英語に入った.
類義語 stake, cliff.

palish ⇒pale¹.

pall¹ /pɔ́ːl/ 名 C 〔一般語〕〔一般義〕棺にかける布, 棺覆い. その他 《米》棺. また比喩的に重く暗い雲, 煙, ほこりのような視界を遮る物やとばり, さらにあたりを包む陰鬱な[重苦しい, 恐ろしい]雰囲気の意にもなる.
語源 ラテン語 *pallium* (=mantle) から入ったと思われる古英語 *pæll* (=cloak) から.
【複合語】**pállbèarer** 名 C 棺に付き添う人.

pall² /pɔ́ːl/ 動 〔本来自〕〔形式ばった語〕物事が面白くなくなる, 興ざめる, 人を飽きさせる《on; upon》.
語源 中英語 apall (=to grow pale) の頭音消失による語で, 中英語から.
用例 Loud music soon *palls*. うるさい音楽はすぐに飽きる.

pal·let¹ /pǽlit/ 名 C 〔一般語〕〔一般義〕フォークリフト用の荷台. その他 陶工用の木, 左官のこて, 病人用の空気調節弁, 時計のアンクルなど小さいシャベル状のもの.
語源 ラテン語 *pala* (=spade) が古フランス語 *palette* (=a little shovel) を経て初期近代英語に入った.

pal·let² /pǽlit/ 名 C 〔一般語〕わらぶとん, 粗末な寝床.
語源 ラテン語 *palea* (=straw) がアングロフランス語 *paillet* を経て中英語に入った.

pal·li·ate /pǽlieit/ 動 〔本来他〕〔形式ばった語〕〔一般義〕病気や痛みなどを治すのでなく一時的に和らげる, 緩和する. その他 過失などを軽く見せかける, 弁解する.
語源 ラテン語 *pallium* (=cloak) から派生した *palliare* (=to cover up) の過去分詞 *palliatus* が初期近代英語に入った.
類義語 mitigate.
【派生語】**pàlliátion** 名 U 一時的な緩和, 弁解. **pálliative** 形 名 C.

pal·lid /pǽlid/ 形 〔形式ばった語〕顔色などが不健康で青白い, 生気がない.
語源 ラテン語 *pallidus* (=pale) が初期近代英語に入った.
類義語 pale.

pal·lor /pǽlər/ 名 U 〔一般語〕不健康や恐怖などのため顔色が不自然で不快感を与えるほど青白いこと, 蒼白(そうはく).
語源 ラテン語 *pallere* (=to be pale) の派生語 *pallor* (=whiteness) が中英語に入った.

pal·ly /pǽli/ 形 〔くだけた語〕《述語用法》友達のように仲のよい, 親しい.
語源 ⇒pal.
類義語 friendly; intimate.

palm¹ /pɑ́ːm/ 名 C 〔一般語〕〔一般義〕手のひら, 掌(たなごころ). その他 手袋の手のひらの部分, 手のひらを基準とした手尺, 掌(しょう)尺 (★幅 8–10cm, 長さ 17–25cm くらい. 長さは手首から指先まで). また帆を縫う人差し指が手のひらにはめる堅い指ぬきや金属製の掌革, 四足獣の足の裏, ボートのオールなどの平らな部分などを指す. 動 として手のひらでさわる, 手のひらに隠す. 【サッカー】ゴールキーパーがシュートを手のひらでそらす.
語源 ラテン語 *palma* (=palm of the hand; palm tree) がフランス語 *paume* を経て中英語に入った.
用例 I touched his forehead with my *palm* to take his temperature. 彼の額に手のひらでさわった/He had a long scar across his *palm*. 彼は手のひらに長い傷跡があった.
対照語 back (手の甲).
【慣用句】**cross ...'s palm** 人に金をつかませる, 贈賄する. **grease [oil; tickle] ...'s [the] palm** 〔くだけた表現〕人に賄賂をつかませる, 買収する. **have an itching palm** 賄賂を欲しがる, 欲深い (Shakespeare: *Caesar* IV iii 10). **hold [have] ... in the palm of one's hand** ...を完全に掌握している. **know like the palm of one's hand** 熟知している. **palm off** 〔くだけた表現〕人をだまして...を押しつける《on》: His car was always breaking down so he *palmed* in *off* on his brother. 彼の車は故障ばかりしているので, 弟をだまして押しつけた. **put one's palms together** 祈る時などに手を合わせる. **put one's palm to one's cheek** 驚いた時などに手のひらをほおに当てる. **read ...'s palm** 人の手相を見る.
【派生語】**pálmist** 名 C 手相占い師. **pálmistry** 名 U 手相占い.
【複合語】**pálm prìnt** 名 C 犯罪調査などの手がかりとなる掌紋.

palm² /pɑ́ːm/ 名 C 【植】やし, しゅろ, またその葉.

しゅろの葉が勝利の象徴であるところから，**勝利, 栄誉**．
[語源]⇒palm¹．葉の形が手のひらに似ていることから．
【派生語】**pálmer** 名 C 巡礼者《★しゅろの枝葉で作った十字架を持ち帰ったことから》．**pálmy** 形 やしや繁った，繁栄している，勝ち誇って意気揚々とした．
【複合語】**pálm òil** 名 U パーム油，やし油．**Pálm Súnday** 名 UC キリスト教のしゅろの聖日《**復活祭直前の日曜日．キリストが Jerusalem に入った日で, ろばが歩く道にはしゅろの葉が敷かれていたことから《聖》Matthew 21:8)》．**pálm trèe** 名 C やし, しゅろ《語法》単に palm ともいう》．

pal·pa·ble /pǽlpəbl/ 形 [形式ばった語] [一般語] 明白な，明瞭な．[その他] 気持ちや雰囲気が張りつめていてすぐに感じられるような．
[語源] ラテン語 *palpare*（=to touch; to stroke）から派生した後期ラテン語 *palpabilis*（=touchable）が中英語に入った．
[類義語] obvious; tangible.

pal·pi·tate /pǽlpəteit/ 動 [本来自] [形式ばった語] [一般語] 心臓が非常に速くうつ，**動悸がする**．[その他] 恐怖などで震える．
[語源] ラテン語 *palpare*（=to stroke）から派生した *palpitare*（=to move quickly）が初期近代英語に入った．
[類義語] throb.
【派生語】**pàlpitátion** 名 U.

pal·ter /pɔ́ːltər/ 動 [本来自] [形式ばった語] 口先だけで相手をいいかげんにあしらう《with》．[その他] 行動や言葉を濁してごまかす．
[語源] 不詳．

pal·try /pɔ́ːltri/ 形 [一般語] 量がわずかな，わずかので**価値がない，重要でない**．
[語源] 低地ドイツ語 *paltrig*（=ragged）から．初期近代英語より．
[類義語] petty.

pam·pas /pǽmpəz, -pəs/ 名 [複] [一般語] アマゾン川南部の南米に広がる木のない大草原，パンパス《語法》単数は pampa》．
[語源] スペイン語 *pampa*（大草原）が18世紀に入った．もとは南米のケチュア語（Quechua）で「平原」の意．

pam·per /pǽmpər/ 動 [本来他] [形式ばった語] [一般語] 人に好みのままにさせて**甘やかす**．[その他] [古風な語] おいしい物をたくさん食べさせてぜいたくをさせる，美食させる．
[語源] 低地ドイツ語かオランダ語起源と思われる．中英語から．
[類義語] spoil; (over)indulge.

pam·phlet /pǽmflit/ 名 C 動 [本来他] [一般語] 仮に綴じてある**小冊子**，パンフレットのことで薄い紙表紙がついている時もある《語法》略 pam. pamph. pph.》．動 として…へパンフレットを配る．
[語源] 12世紀のラテン語の通俗的恋愛詩 *Pamphilius, seu De Amore*（=Pamphilus, or About Love）から．この詩の主人公の名前 Pamphilus の指小語 *Pamphiletus* の短縮形が *panflet*(*us*)となり「綴じてない小誌」の意で中英語に入った．
[用例] The bureau publishes a *pamphlet* on child care. 事務局では育児に関する小冊子を発行している．
[類義語]⇒brochure; booklet.
[日英比較] 日本語で「パンフレット」というのは多くの場合宣伝用の小誌をいうが，英語では brochure という．また

紙1枚のものは leaflet という．
【派生語】**pàmphletéer** 名 C パンフレット**筆者**．動 パンフレットを書く．

pan¹ /pǽn/ 名 C 動 [本来他] [一般語] [一般語] 通常一方に長い柄(ﾂ)がついている丸くて底の浅い金属性の平な皿，通例 **frying pan**（フライパン）のように通俗語で用いる．[その他] 天秤(ﾋﾝ)の皿, 皿状の器物に入る量，皿状のくぼ地．動 として, 砂金などを選鉱なべで洗い分ける，〔くだけた語〕相手をこきおろす．
[語源] 古英語 pan(ne) より．
[用例] A saucepan is a deep *pan* usually with a long handle for boiling or stewing food. シチューなべは食べ物を煮たりシチューにしたりするために用いる，通常, 長い柄のついた深なべである．
[関連語] pot（丸くて深いなべ）．
【慣用句】**a flash in the pan** 結局は無意味に終わる一時的な熱中(の人). **leap out of the (frying) pan into the fire** 小難を逃れ大難に会う．**pan out well**〔くだけた表現〕うまく行く．
【複合語】**pancake** ⇒見出し．

pan² /pǽn/ 名 動 [本来他] [映・テレビ] 全景をとるためにカメラを左右に回す，パンする．名 としてパン．
[語源] panorama の短縮形．20世紀より．

pan- /pǽn/ 接頭 「全」「総」「汎」「完全な」などの意．
[語源] 国名や政治的連合を意味する語と共に用いる時，通例大文字で初めてハイフンをつけ，*Pan-Asiatic*「全アジアの」，*Pan-Germanism*「全ゲルマン主義」のように用いる．
[語源] ギリシャ語 *pas*（=all; every）の中性形 *pan* から．

pan·a·ce·a /pænəsíː(ː)ə/ 名 C [一般語]《軽蔑的》**万能薬**．
[語源] ギリシャ語 *panakeia*（=healing everything; pan-+*akos* remedy）がラテン語を経て初期近代英語に入った．
【派生語】**pànacéan** 形.

Pan·a·ma /pǽnəmɑ̀ː, ⸺́/ 名 固 パナマ《★中米の共和国》．[一般語] (p-) パナマ帽．
【派生語】**Pànamánian** 形 パナマ(人)の．名 C パナマ人．
【複合語】**Pánama Canál** 名 (the ~) パナマ運河．**Pánama hát** 名 C パナマ帽．

Pan-A·mer·i·can /pænəmérikən/ 形 [一般語] 北・中・南米を含めて汎米の，汎米主義の．
【派生語】**Pàn-Américanism** 名 U.

pan·cake /pǽnkèik/ 名 C 動 [本来他] 《⇒pan¹》[一般語] [一般語] フライパンで焼く薄い**ホットケーキ**，パンケーキ（griddlecake; hotcake; flapjack）．[その他] 緊急時の飛行機を失速させパンケーキのようにべったんと着陸させること，**平落とし着陸**（pancake landing）．また劇場などでよく使われる固形おしろいパンケーキ（商標名 Pan-Cake）による化粧．動 として平落とし着陸する．
【複合語】**páncake lánding** 名 C.

pan·cre·as /pǽŋkriəs/ 名 C [解] 膵臓(ﾂ)．
[語源] ギリシャ語 *pankreas*（=all-flesh; sweetbread; *pan*- all+*kreas* flesh）がラテン語 *pancreas* を経て初期近代英語に入った．形が肉の塊りに見えることから．
[関連語] sweetbread（食品となる子牛などの動物の膵臓）．
【派生語】**pàncreátic** 形.

pan·da /pǽndə/ 图 C 【動】パンダ 《★ヒマラヤ山中の小パンダ (lesser panda) と中国の大パンダ (giant panda) がある》.
語源 原産地のネパール語からフランス語を経て 19 世紀に入った.
【複合語】**Pánda [pánda] càr** 图 C 黒白 2 色のパトロールカー. **Pánda cróssing** 图 C 白線のしま模様の押ぼたん式横断歩道.

pan·dem·ic /pændémik/ 厖 C 〔一般語〕流行病が全国的[全世界的]に広がっている. 图 として, そのような**大流行病** 《★単に流行病を表すのは epidemic》.
語源 ギリシャ語 *pandēmos* (= general; *pan*- all + *dēmos* people) がラテン語 *pandemus* を経て初期近代英語に入った.

pan·de·mo·ni·um /pændəmóuniəm/ 图 U 〔形式ばった語〕〔一般義〕騒音と**大混乱**, またはそのような場所. その他 本来の意味は伏魔殿, 悪魔の住み家.
語源 「すべての悪魔の住み家」の意味を表すため, Milton によって 17 世紀に『失楽園』中の地獄の首府として作られた語. ギリシャ語 *pan*- all + *daimōn* (= demon) から.
用例 There was *pandemonium* in the classroom before the teacher arrived. 先生が来る前は教室は大騒ぎだった.
類義語 hell; uproar.

pan·der /pǽndər/ 图 C 動 本来義 [やや古語] ポン引きや売春の仲介者を表したり, 悪事を手伝う人. 動 として弱みにつけこむ, 不道徳なことに迎合する.
語源 ギリシャ神話で, 女性を Troilus に取り持った男 Pandaros がラテン語を経て中英語に入った.

Pan·do·ra /pændɔ́:rə/ 图 固 〔ギ神〕パンドラ 《★Zeus の使いとして, 人類に火を与えた Prometheus を罰するために遣わされた女性》.
【複合語】**Pandóra's bóx** 图 パンドラの箱 《★Zeus が Pandora に開けてはならないと言って渡した箱. 禁を破ってこの箱を開けると災難と罪悪が地上に広がり最後に中に残ったのは希望だけだったという》.

pane /péin/ 图 C 〔一般語〕〔一般義〕窓ガラス(windowpane). その他 ドア, 天井, 戸などに用いる鏡板(panel). また《米》切手シート.
語源 ラテン語 *pannus* (= piece of cloth) が古フランス語を経て中英語に入った. 窓にかけた布の意より.
用例 The glazier put in a new *pane* of glass in the shop window. ガラス屋が店の窓に新しい窓ガラスをはめた.

pan·e·gyr·ic /pænədʒírik/ 图 C 〔形式ばった語〕公の場所での賞賛, 賛辞.
語源 ギリシャ語 *panēguris* (= public assembly) の 形 がラテン語, フランス語を経て初期近代英語に入った.
類義語 eulogy; tribute.

pan·el /pǽnəl/ 图 C 〔一般語〕〔一般義〕ドア, 壁, 衣服などに平面的に仕切られ, 一定の枠や縁で囲まれた**一区画, 一仕切り**. その他 【建】戸, 天井, 壁などに入れる羽目板, 鏡板, 壁板, 【絵】壁画などに対して**画板**を置いた絵を描いた**画板**, 漫画のコマ, 【写】長方形の写真をはる台紙, さらにスカートやドレスの縦にはぎ合わせる幅広い**別布**. また羊皮紙に書かれた名簿の意から発展して, **公開討論会**, 座談会などのために集められた**顔ぶれ**, **討論者集団**, **講師団**, **審査委員団**, **解答者集団**などの意 (語法 時に単数形で複数扱い). また板の意から, **計器板**, 電気の**配電盤**(switchboard) の意.
語源 ラテン語 *pannus* (⇒pane) の指小語 *pannelus* (= little piece of cloth; section) が俗ラテン語として用いられ, 古フランス語 *panel* (= piece of cloth) を経て中英語に入った. 13 世紀には「布切れ, 鞍敷き」の意味であったが, 14 世紀に「陪審員の名前を書いた羊皮紙」, 15 世紀に「仕切り板」, 16 世紀に「戸の一区画」, 18 世紀に「画板」, 19 世紀に「大版の写真」などの意味が追加された.
用例 a door-*panel* ドアの羽目板/The *panel* are all experts in their fields. 講師団はみな, 各自の分野の専門家である/The control *panel* of a jet plane is complex. ジェット機の制御盤は複雑である.
類義語 section.
慣用句 ***serve on the panel*** 講師[討論者, 委員, 審者, 解答者, 陪審員]団の**一員を務める**.
【派生語】**páneling**, 《英》**-ll-** 图 U 〔集合的〕羽目板, 鏡板. **pánelist**, 《英》**-ll-** 图 C 討論会, 審査会などの**討論者**, クイズの解答者 (日英比較 パネラーは和製英語).
【複合語】**pánel discússion** 图 C 討論者や論題があらかじめ決められている**公開討論会**. **pánel héating** 图 U 輻射(ふくしゃ)[放射]暖房(radiant heating). **pánel shòw** 图 C ラジオ, テレビなどでレギュラーメンバーが解答するクイズショー.

pang /pǽŋ/ 图 C 動 本来義 〔一般語〕突然襲ってくる激しい**心痛**や**煩悶**(はんもん), 肉体的な**激痛**, 差し込み. 動 として**苦しませる**.
語源 不明.
用例 He felt a *pang* of hunger in his stomach. 彼は差し込むような激しい空腹感を胃に感じた/He felt a *pang* of grief [regret]. 彼は突然, 悲痛な感情におそわれた[無念に思った].
類義語 stab; twinge.
反意語 delight.

pan·han·dle /pǽnhændl/ 图 C 動 本来義 〔一般語〕《米》オクラホマ州のようにフライパンの柄のような形で他の州に入り込んでいる**細長い土地**. 動 として〔くだけた語〕街頭で物乞いをする.
語源 pan handle (なべの柄) から 19 世紀に作られた. 動 はおそらく panhandler からの逆成.
【派生語】**pánhàndler** 图 C 平なべをもって**街頭で物ごいする人**.

pan·ic /pǽnik/ 图 U 形 動 本来義 〔一般語〕〔一般義〕突然起こる抑えきれない強烈な**恐怖**や**狼狽**(ろうばい)で, しばしば集団全体に急速に広がって行き, 異常な行動をとらせる原因ともなる. その他 **恐慌状態**, 群衆の**混乱状態**, 特に経済, 金融などで安定感が失われた時生じる**恐慌**, パニック. また〔くだけた語〕《米》非常におかしな人[物]. 形 として, 恐怖などのいわれのない, 自制心を失わせるような. 動 として自制心を失わせる, 恐怖を起こさせる.
語源 ギリシャ神話の牧神 Pan (森, 原, 牧夫などの神) にちなむもので, このパン神は人里離れて突然現われて, いわれのない恐怖心を人間や動物の群に与えたといわれる. そのことからギリシャ語 *panikos* (= of Pan) が生まれ, これがラテン語 *panicus* を経てフランス語 *panique* となり, 初期近代英語に入った.
用例 The fire caused a *panic* in the city. 火事が市に突然恐怖を引き起こした/financial panic 金融恐慌/stock-exchange panic 株式恐慌/His words *panicked* her into an action she later

regretted. 彼の言葉で彼女は自制心を失い、後で後悔するような行動をとってしまった.
[類義語] terror; fear.
【慣用句】*be panic stations* 慌てふためいている. *be in (a) panic* 恐慌状態である. *get into a panic* 恐慌状態になる.
【派生語】**pánicky** 形 〔くだけた語〕恐慌を起こしやすい, びくびくした.
【複合語】**pánic bùtton** 名 C 〔くだけた語〕非常ボタン: push [press; hit] the *panic button* (米)慌てふためく, 気違いじみた行動をとる. **pánic-stricken, pánic-strúck** 形 恐慌に襲われた.

pan·nier /pǽniər/ 名 C 〔一般義〕馬やろばの背の両側に左右一対にさげる荷かご, 自転車, オートバイなどの後輪の両側につける**荷物入れ**, またスカートを広げるかご状のパニエ.
[語源] ラテン語 *panis*(=bread)から派生した *panarium*(=bread-basket) がフランス語を経て中英語に入った.

pan·ni·kin /pǽnikin/ 名 C 〔一般義〕《英》小さななべや金属性の小さなコップ.
[語源] pan¹+小さいことを表す接尾辞-kin. 19世紀から.

pan·o·ply /pǽnəpli/ 名 U 〔やや形式ばった語〕[一般義] 行事や式などのための**立派な衣装**, または**豪華な一そろい**. [その他]〔文語〕甲冑一そろい.
[語源] ギリシャ語 *panoplia*(=complete suit of armor)がラテン語を経て初期近代英語に入った.

pan·o·ra·ma /pænərǽmə|-ά:-/ 名 C 〔一般義〕
[一般義] 広く遮る物なく見渡せる景色, **パノラマ**. [その他] 本来の意味として, 見物人をとり囲むように壁に描かれた**一連の風景画[歴史画]**(cyclorama), 見物人の前に連続的に繰り広げられる光景[映像].
[語源] ギリシャ語 *pan-*(=all)+*horama*(=view)として 1789年にアイルランドの R. Barker により造られた語で, 円筒状の部屋の内壁に描かれた絵を見るというものであった.
【派生語】**pànorámic** 形.

pan·pipes /pǽnpàips/ 名 [複] 〔一般義〕長さの異なる管を束ねて作った古代の笛, **パンパイプ**.
[語源] ギリシャ神話の牧羊神 *Pan*+*pipe* として19世紀から. ⇒panic.

pan·sy /pǽnzi/ 名 CU 〔植〕三色すみれ, **パンジー**, また濃いすみれ色. 〔くだけた語〕〔軽蔑的〕**女性的な男**, 古い用法で同性愛の男をも指す.
[語源] 古フランス語 *penser*(=to think)の女性形過去分詞から出た *pensée*(=thought; pansy) が中英語に入った. この花を見ると人を思うということから.

pant /pǽnt/ 動 [本来自] 動 [一般義] 〔一般義〕仕事やスポーツなど激しい行動をしたあとで興奮してあえぐ, 激しく**呼吸をする**. [その他]興奮して心臓がどきどきする, 比喩的に熱望する, 渇望する. またあえぎながら言う, 息をきらせながら述べる意にもなる. 名 としてあえぎ, 息切れ.
[語源] ギリシャ語 *phantasia*(=appearance; imagination)の 動 *phantasioun*(=to have or form images)がラテン語 *phantasiare*(=to gasp in horror), 古フランス語 *pantaisier*(=to gasp)を経て中英語に入った. fancy; fantasy; phantom と同源.
[用例] He was *panting* heavily as he ran. 彼は走りながら激しくあえいでいた/"Wait for me!" she *panted*.

「私を待っていて」と彼女は息を切らせながら言った.
[類義語] pant; gasp; puff: *pant* は激しい運動をした後で興奮してハアハアと荒々しく呼吸することを指し, *gasp* は恐怖や驚きのために息をのんだり引きつれることを指す: *gasp* with horror 恐怖のあまり息をのむ. *puff* は走ったり運動したりした後で息を切らすこと.
【派生語】**pántingly** 副.

pan·ta·loon /pæntəlú:n/ 名 C 〔一般義〕[一般義]《複数形で》女性用のズボン, **パンタロン**, 〔戯言的に〕ズボン. [その他]《P-》老いぼれの道化役.
[語源] 4世紀頃の Venice の守護神 San Pantal(e)one から派生した古イタリア語 *Pantalone* (イタリアの即席仮面劇に登場する細いズボンを着て登場する道化役)が中フランス語 *Pantaloon* を経て初期近代英語に入った. pantaloons は19世紀には男性用ズボンであったが今日では女性用を指す. pantaloons の短縮形が pants.

pan·the·ism /pǽnθi:izəm/ 名 U 〔やや形式ばった語〕万物はすべて神なりという**汎神論, 多神教**.
[語源] ギリシャ語 *pan-*(=all)+*theos*(=God)+*-ism* として18世紀から.
【派生語】**pántheist** 名 C. **pantheístic, -cal** 形. **pantheístically** 副.

pan·ther /pǽnθər/ 名 C 〔一般義〕〔動〕**黒ひょう**や普通より大きくどう猛な種類のひょう(leopard), あるいは《米》**アメリカライオン**, ピューマ(puma).
[語源] ギリシャ語 *panthēr* がラテン語, 古フランス語を経て古英語に入った.

pant·ies /pǽntiz/ 名 [複] 〔一般義〕〔女性, 子供用の**下ばき, パンティー**. [語法] 複合語の第一要素としては pantie または panty となることがある).
[語源] pants から 《米》 で 19 世紀にできた.

pan·to·graph /pǽntəgræf|-ɡrɑ:f/ 名 C 〔一般義〕[一般義] 図を拡大したり縮小するための**写図器**. [その他] 写図器に似た構造から電車やトロリーバスの集電器, **パンタグラフ**.
[語源] ギリシャ語 *panto-*(=all)+*graphos*(=writing)として18世紀に造られた.

pan·to·mime /pǽntəmaim/ 名 CU 動 [本来他]〔一般義〕[一般義] **無言劇, パントマイム**. [その他] 動 **無言劇を演ずる**. 動 として, 意思を身ぶりで表す.
[語源] ギリシャ語 *pantomimos*(*pant-* all+*mimos* mime [身ぶり])がラテン語を経て初期近代英語に入った.

pan·try /pǽntri/ 名 C 〔一般義〕食器や食料品の**貯蔵室**.
[語源] ラテン語 *panis*(パン)から派生した古フランス語 *paneterie*(=bread room; bread closet)がアングロフランス語を経て中英語に入った.

pants /pǽnts/ 名 [複] 〔一般義〕《米》**ズボン**(trousers), 《英》女性や子供用の下ばき, パンティーや男性用の**下ばき, ズボン下, パンツ**(underpants).
[語法] 1着でも複数扱い. 2着の場合は two pairs of pants という.
[語源] pantaloons の省略形.
[用例] Her *pants* are tightfitting. 彼女のズボンは脚にぴったりしている/He put on his new *pants* and went on a date. 彼は新しいズボンをはいてデートに出かけた.
【慣用句】*bore* [*scare*] *the pants off* 〔くだけた表現〕

ひどく退屈させる[驚かす]. *catch ... with ...'s pants down* 〔くだけた表現〕…の不意を襲う. *in long [short] pants* 〔くだけた表現〕大人になって[まだ子供で]. *wear the pants [trousers; breeches]* 《軽蔑的》女がはばをきかす, 夫を尻に敷く.
【複合語】**pántdrèss** 名 C パンツドレス《★下がズボンになっているワンピース》. **pántshòes** 名《複》パンタロンシューズ. **pántskìrt** 名 C パンツキュロット. **pántsùit** 名 C パンツスーツ(《英》trouser suit)《★下がズボンの女性用スーツ》.

pant·y /pǽnti/ 名 C ⇒panties.
【複合語】**pánty [pántie] gìrdle** 名 パンティー・ガードル《★体形を整えるパンティー式のガードル》. **pantyhose, pantihouz**/pǽntihouz/ 名 《米》パンティーストッキング (《英》tights)《日英比較 パンティーストッキングは和製英語》.

pap /pǽp/ 名 U 〔一般義〕〔一般義〕病人や幼児用のパンがゆ.〔その他〕かゆのように単純で味わいに欠ける子供だましの話[考え].
語源 幼児が食物を求めて発する音から. 中英語より.

pa·pa /páːpə, pəpáː/ 名 C 《小児語》父親に呼びかける語, おとうさん, パパ (《語法》dad または daddy のほうが一般的).
語源 フランス語 *papa* (=father) が初期近代英語に入った.

pa·pa·cy /péipəsi/ 名 UC 《カト》(the ~) ローマ教皇の職[任期, 権威], また教皇制度.
語源 ラテン語 *papa* (= pope) から派生した中世ラテン語 *papatia* が中英語に入った.

pa·per /péipər/ 名 UC 形 動 本来い〔一般義〕
〔一般義〕紙.〔その他〕(通例複数形で) 書類や文書, あるいは戸籍証明書や資格認定書などの証明書を意味する. また C 新聞, 定期刊行物, 研究論文, 論説, 課題, 提出物としてのレポート, 試験問題, 答案. その他 (しばしば複合語で) 紙状のものを広く意味し, 流通手形, 紙幣(paper money), 壁紙(wallpaper), 包み紙など. 形 として《限定用法》紙でできた, 紙に書かれた, 紙上だけの. 動 として壁紙を張る, 紙で包む.
語源 古代エジプト人が書写用に用いていた水草パピルスをギリシャ人が *papyros* と呼び, ラテン語 *papyrus* (= paper), 古フランス語 *papier* を経て中英語に入った.
用例 I need *paper* and a pen to write a letter. 手紙を書くのに紙[便箋]とペンが必要だ/She wrapped the book in brown *paper*. 彼女は茶色の紙で本を包装した/There were *papers* all over his desk. 彼の机は書類だらけだった/*identification papers* 身分証明書/The Latin *paper* was very difficult. ラテン語の試験問題はとても難しかった/He's giving a *paper* on tropical diseases. 彼は熱帯病についての論文を発表している.
類義語 document.
日英比較 「ペーパー」のつく複合語で和製英語のものが幾つかある. 例えばペーパー・カンパニーは名目しか存在しないトンネル会社のことは dummy company, ペーパー・ドライバーは運転免許証は持っているがほとんど運転をしない人のことだが, 英語では Sunday driver, ペーパー・テストは筆記試験のことだが, 英語では written test [examination] という.
【慣用句】*commit ... to paper* 大げさに...を書きとめる. *get into papers* 新聞に出る. *go round the papers* 新聞紙上に広く伝わる. *on paper* 書類上で

は, 理論上では. *paper over ... ...*の上に紙を張る, 取り繕う.
【派生語】**pápery** 形 紙状の, 薄い, 弱い.
【複合語】**páperbàck** 名 CU 形 紙表紙本(の)(⇔hardcover). **páperbàcked** 形 = paperback. **páperbòard** 名 U ボール紙, 厚紙 (cardboard). **páperbòy** 名 C 《主に米》新聞(配達)少年, 新聞売り子 (newsboy). **páper chàse** 名 C 鬼ごっこ(hare and hounds). **páper clíp** 名 C 紙ばさみ, クリップ. **páper cùtter** 名 C 紙の断裁機. **páper fíle** 名 C 紙ばさみ. **pápergìrl** 名 C 《主に米》新聞(配達)少女, 新聞売り子 (newsgirl). **páperhànger** 名 C 壁紙張り職人. **páper hòlder** 名 C トイレットペーパーホールダー. **páper knífe** 名 C 紙切りナイフ. **páper móney [cúrrency]** 名 U 紙幣. **páper plàn** 名 C 紙上の計画, 机上の空論 (desk plan). **páper ròute** [《英》**ròund**] 名 C 子供の新聞配達(区域). **páper tíger** 名 C から威張りからする張り子の虎. **páper wàr [wàrfare]** 名 C 紙上の論戦. **páperwèight** 名 C 文鎮. **páperwòrk** 名 U 文書業務, 事務処理.

pa·pier-mâ·ché /péipərməʃéi, pæpjeimæʃéi/ 名 〔一般義〕紙パルプを糊やにかわと混ぜて形を作りやすくした張り子の材料, 紙粘土.
語源 フランス語 *papier* (= paper) + *mâché* (= chewed). 18 世紀に入った.

pa·pri·ka /pæpríːkə/ 名 U 〔一般義〕パプリカ《★赤色の乾燥あまとうがらしの実を粉末にした香辛料》.
語源 セルボ・クロアチア語 *pàpar* (= pepper) がハンガリー語を経て 19 世紀に入った.

pa·py·rus /pəpáiərəs/ 名 CU 《植》かみがやつり, パピルス. またパピルスから作った紙, またそれに書かれた古文書.
語源 ギリシャ語 *papuros* (= paper-rush) がラテン語 *papyrus* を経て中英語に入った.

par /páːr/ 名 UC 形 〔一般義〕〔一般義〕(a ~) 価値や水準が同等, 同水準であること.〔その他〕標準の意となり, さらに標準状態を指し, 精神や健康が正常であることをいう. また C 《商》額面価格, 為替平価, 《ゴルフ》1 コースまたは 1 ホールの基準打数, パー. 形 として平均[標準]の, 《商》平価の, 《ゴルフ》パーであがる.
語源 ラテン語 *par* (=equal) が初期近代英語に入った.

para- /pǽrə/ 接頭 「両側, 近所, 超, 以上, 以外, 不規則, 不正」「病的異常, 欠陥, 疑似, 副」, また「防護」の意.
語法 母音および h の前に来る時は par- となる.
語源 ギリシャ語の前置詞 *para* (= before; ahead; beside) から. 「防護」はイタリア語 *parare* (= to defend against) の三人称単数現在形 *para* から.
関連語 meta-.

par·a·ble /pǽrəbl/ 名 C 〔一般義〕教訓的なたとえ話, 寓話.
語源 ギリシャ語 *parabolē* (= putting aside; comparison; *para*- alongside + *bole* throwing) が後期ラテン語 *parabola*, 古フランス語 *parabole* を経て中英語に入った.
関連語 proverb; allegory.
【派生語】**pàrabólic**[1] 形 寓話の.

pa·rab·o·la /pəræbələ/ 名 C 《数》放物線.
語源 ギリシャ語 *parabolē* (⇒parable) が近代ラテン

【派生語】 **pàrabólic²** 形 放物線の.

par·a·chute /pǽrəʃuːt/ 形 C 本来他 〔一般語〕
[一般義] 落下傘, パラシュート. [その他] パラシュートに形状や用途が似ているもの, こうもりの飛膜. 動 としてパラシュートで落とす[降りる].
[語源] フランス語 para-「防護」+chute (=fall) から成るフランス語が初期近代英語に入った.
【派生語】 **párachutist** 名 C 落下傘降下兵.

pa·rade /pəréid/ 名 C 本来自 〔一般語〕 [一般義]
特別な日や出来事などを祝うために行う行列や行進. [その他] 兵隊などが行事として行う観閲式, 閲兵[式, 式場]や示威行進, 物事や人々の連続的な誇示, 見せびらかしの意. また《英》広場や海岸などの遊歩道, 散歩道. 動 として練り歩く, 閲兵する, 比喩的に長所や知識を見せびらかす.
[語源] ラテン語 parare (=to prepare) からのスペイン語 parar (=to check; to stop) の 名 parada (=stop; stopping place) がフランス語 parade (=show; display) を経て中英語に入った.
[用例] They paraded through the town. 彼らは町をパレードした/She paraded her new clothes in front of her friends. 彼女は友達の前で新しい服を見せびらかした.
[類義語] show.
[慣用句] **make a parade of** ... ...を誇示する. **on parade** パレードをして, 軍隊が閲兵式の隊形で, 俳優などが総出演で: The troops are *on parade*. 軍隊が観閲式にのぞんでいる.
【複合語】 **paráde gròund** 名 C 閲兵式場 [語法] 単に parade ともいう.

par·a·digm /pǽrədaim/ 名 C 〔形式ばった語〕
[一般義] 典型[模範]的な例. [その他] 特定の科学的分野の理論や方法論にもとづく物の見方, 考え方, 〔文法〕語形変化表.
[語源] ギリシャ語 *paradeigma* (=example; 見せるためのもの)がラテン語, フランス語を経て初期近代英語に入った.
【派生語】 **pàradigmátic** 形.

par·a·dise /pǽrədais/ 名 U 〔一般語〕 [一般義] 善人が死後行けると信じられている天国(heaven), 極楽, 楽園. [その他] 善人の霊魂が復活を待って住んでいるといわれる中間の楽園[楽土], 《The P-》 エデンの園 (The Garden of Eden). 比喩的に最高の幸せである至福の状態やその場所, 桃源郷, 楽園, 〔ややくだけた語〕特定の事が実現しうる絶好の場所.
[語源] ギリシャの歴史家 Xenophon がペルシャ王や貴族の庭園(イラン語派のアベスタ語 *pairidaēza*)を指すのに用いたギリシャ語 *paradeisos* (=enclosed park; garden) がラテン語 *paradisus*, 古フランス語 *paradis* を経て中英語に入った.
[用例] The Bible says that Adam and Eve lived in the *Paradise*. アダムとイブがエデンの園に住んでいたと聖書で書いてある/*Paradise* Lost 『失楽園』(★John Milton の叙事詩)/It's *paradise* to be by a warm fire on a cold night. 寒い夜暖かい火のそばにいるのは極楽だ/The Greek islands are a holiday *paradise*. ギリシャの島々は休日を過ごす絶好の場所だ/the *Paradise* of the Pacific 太平洋の楽園 (★Hawaii 州の俗称).
[類義語] heaven; bliss.
[反意語] hell.
[関連語] bird of paradise (ふうちょう, 極楽鳥).

par·a·dox /pǽrədɑks/ 名 CU 〔形式ばった語〕
[一般義] 一見矛盾しているようだが実は真実であるような逆説, パラドックス. [その他] 一見矛盾した論, 屁(へ)理屈, 奇説, 奇論, つじつまの合わないこと.
[語源] ギリシャ語 *paradoxos* (=contrary to expectation; *para-* beyond+*doxa* opinion) の中性名詞 *paradoxon* がラテン語 *paradoxum* を経て初期近代英語に入った.
[用例] 'More haste, less speed,' and 'The child is father to the man' are *paradoxes*. 「急がば回れ」「子供は大人の父なり」という表現は逆説である.
[類義語] paradox; antinomy: **paradox** は一見矛盾しているが成り立つ逆説を意味するのに対し, **antinomy** は二律背反, 自己矛盾のことで, 共に妥当だと思われる2つの命題が互いに矛盾対立していることを指し,「世界は有限である」,かつ無限である」というように用いる.
[関連語] epigram; aphorism; maxim.
【派生語】 **pàradóxical** 形 逆説の, 矛盾する. **pàradóxically** 副. **pàradoxicálity** 名 U.

par·af·fin /pǽrəfin/ 名 U 本来他 《化》ろうそくや化粧品などに用いられるパラフィン. また《英》ストーブなどの燃料となる油, 灯油(paraffin oil; 《米》kerosene).
[語源] ラテン語 *parum* (=very little) と *affinis* (=related) から 19 世紀に造られた. 他の物質との親和性がないことから.
【複合語】 **páraffin òil** 名 U. **páraffin wàx** 名 U 《英》石ろう (★ろうそくの材料).

par·a·gon /pǽrəgɑn|-gən/ 名 C 本来他 〔形式ばった語〕完全無比な見本, 模範.
[語源] 中世ギリシャ語 *parakonē* (磁石) がイタリア語, フランス語を経て初期近代英語に入った.「宝石の良し悪しを見る試金石」の意を経て現在の意味となった.
[類義語] model.

par·a·graph /pǽrəgræf|-grɑːf/ 名 C 動 本来他
[一般義] [一般義] 文章の1区切りとしての段落, 節(★通常, 行を改めて始まる; par. と略す). [その他] 新聞, 雑誌などの小記事, 小項目. 動 として, 文章を段落に分ける, 短い記事を書く.
[語源] ギリシャ語 *paragraphos* (新しい節や話の始めのしるし; *para-* beside+*graphein* to write) がラテン語 *paragraphus*, フランス語を経て初期近代英語に入った.
[用例] For each main idea in your essay, start a new *paragraph*. 各自のエッセイで主要な考えを述べる時には, 行を改めなさい/There are a couple of *paragraphs* about football on page three of today's paper. 今日の新聞の第3頁にフットボールについての短い記事が2つ載のっている.
【派生語】 **páragrapher** 名 C 小記事[短評]執筆者 (《英》 paragraphist). **páragraphist** 名 C 《英》= paragrapher.

Par·a·guay /pǽrəgwai, -gwei/ 名 固 パラグアイ (★南米の共和国).
【派生語】 **Pàraguáyan** 形 パラグアイ(人)の. 名 C パラグアイ人.

par·al·lax /pǽrəlæks/ 图UC 【天】目標を見る位置の差, 視差, その度合.
語源 ギリシャ語 *parallaxis* (=change) がフランス語を経て初期近代英語に入った.

par·al·lel /pǽrəlel/ 形图C 本来他 〔一般語〕
一般義 2つ以上の線や面が平行な. その他 方向が同一の, 同性質の, 同傾向を持つ. 比喩的に〔やや形式ばった語〕対応する, 類似した. また 修 並列(体)の, 対句法の, 【楽】並進行の, 【電】並列の. 图 として平行線[面], 類似(物), 相似(物), 【地理】緯線. 動 として…に平行する, …に匹敵する.
語源 ギリシャ語 *parallēlos* (=beside one another; *para* beside+*allēlon* one another) がラテン語 *parallelus*, フランス語 *parallele* を経て初期近代英語に入った.
用例 The road is *parallel* to [with] the river. この道路は河と平行している/Is there a *parallel* between the British Empire and the Roman Empire? イギリス帝国とローマ帝国に類似点はあるのだろうか/The border between Canada and the United States follows the forty-ninth *parallel*. カナダと合衆国の国境は緯度線49度に沿っている/His stupidity can't be *paralleled*. 彼の愚かさときたら他に類をみない.
類義語 like; alike; similar.
反意語 divergent; different.
【慣用句】 *draw a parallel between* …… …を比較する. *in parallel with* …… …と平行して. *on a parallel with* …… …と平行して. *without (a) parallel* 類のないほどの.
【派生語】 **párallelism** 图 U 平行(関係), 類似, 【哲】並行論, 修 平行体, 対句法. **pàrallelístic** 形. **párallelize** 動 本来他. **pàrallélogram** 图 C 【数】平行四辺形.
【複合語】 **párallel bárs** 图 (複)(the ~)【競技】平行棒. **párallel of látitude** 图 C 緯線/緯度.

pa·ral·y·sis /pərǽləsis/ 图 UC (複 **-ses**/siːz/) 【医】麻痺, 麻痺症, 一般に停滞, 麻痺状態.
語源 ギリシャ語 *paraluein* (=to disable; *para* unfavorably+*luein* to loosen) の 图 *paralusis* がラテン語 *paralysis* を経て初期近代英語に入った.
【派生語】 **pàralýtic** 形 麻痺した, 麻痺性の, 無力の. 图 C 麻痺患者. **páralyzátion** 图 U. **páralyze**, (英) **-lyse** 動 本来他 〔しばしば受身で〕身体の一部を麻痺させる, 機能や権力などを無力にする. 恐怖で人を思考停止にする. 正常な活動をできなくする.

pa·ram·e·ter /pərǽmətər/ 图 C 【数】媒介変数, パラメーター, 【統】母数, パラメーター, 一般《複数形で》限定要素, 要因.
語源 ギリシャ語 *para*- beside+*metron* measure が近代ラテン語 *parametrum* を経て初期近代英語に入った.

par·a·mount /pǽrəmaunt/ 形 〔形式ばった語〕最高の, 最も優れた (語法 of ~ importance として用いられることが多い).
語源 古フランス語 *paramont* (=above; *par*- by+*amont* upward) から初期近代英語に入った. *amont* はラテン語 *ad montem* (=to the mountain) から.

par·a·noi·a /pærənɔ́iə/ 图 U 【医】一つのことに極度に執着する偏執症. また〔くだけた語〕被害妄想, 異常な猜疑心.

語源 ギリシャ語 *paránoos* (=distracted; *para*- beside+*noos* mind) から派生した *paránoia* (=madness) が近代ラテン語を経て19世紀に入った.
【派生語】 **pàranóiac** 形 C. **páranòid** 形图 C.

par·a·pet /pǽrəpit, -pet/ 图 C 〔一般語〕橋の欄干やバルコニーの手すり, あるいは城の胸壁.
語源 イタリア語 *parapetto* (*para*-「防護」+*petto* breast) が初期近代英語に入った. 「胸の高さの壁」が原義.

par·a·pher·na·lia /pærəfərnéiljə/ 图 U 〔形式ばった語〕一般義《単数または複数扱い》個人が日常使う身の回り品や活動のために用いる装備, 道具. その他 持参金以外の, つまり結婚後得た妻の服飾品などを意味し, 【法】妻に与えられた所有物.
語源 ギリシャ語 *parapherna* (*para* beside+*phernē* dowry「持参金」) が中世ラテン語 *paraphernalia* を経て初期近代英語に入った.

par·a·phrase /pǽrəfreiz/ 動 本来他 C 〔一般語〕文章を別の表現で言い換える. 图 として言い換え表現.
語源 ギリシャ語 *paraphrazein* (to tell in other words; *para*- beside+*phrazein* to tell) がラテン語, フランス語を経て初期近代英語に入った.

par·a·ple·gia /pærəplíːdʒiə/ 图 U 【医】脊髄の病気や障害によって両足が麻痺する, 対麻痺.
語源 ギリシャ語 *paraplessein* (=to strike at the side; *para*- beside+*plessein* to strike) から派生した *paraplēgia* (片側の麻痺) が近代ラテン語を経て初期近代英語に入った.
【派生語】 **pàraplégic** 形图 C.

par·a·site /pǽrəsait/ 图 C 〔一般語〕一般義 他の動物や植物に依存して生息する寄生체, 寄生動物(植物, 虫). その他 慣習的に他人の気前のよさに依存して生活する食客, 居候.
語源 ギリシャ語 *parasitos* (脇[他人のテーブル]で食べる者; *para* beside+*sitos* food) がラテン語を経て近代英語に入った.
【派生語】 **pàrasític** 形.

par·a·sol /pǽrəsɔ(ː)l/ 图 C 〔一般語〕女性用の日傘, パラソル.
語源 イタリア語 *parasole* (*para*- against+*sole* sun) がフランス語を経て初期近代英語に入った.
関連語 umbrella.

paratrooper ⇒paratroops.

par·a·troops /pǽrətruːps/ 图 (複)〔一般語〕落下傘部隊.
語源 para(chute)+troops. 20世紀から.
【派生語】 **páratrooper** 图 C.

par·a·ty·phoid /pærətáifɔid/ 图 U 形【医】パラチフス(の)(paratyphoid fever).
語源 *para*-「擬似」+typhoid「チフス」. 20世紀から.

par avion /pàːrævjɔ́ːn/ 〔一般語〕航空便で 《語法》航空便の手紙の封筒に書く決まり文句).
語源 フランス語 (=by airplane).

par·boil /páːrbɔil/ 動 本来他 〔一般語〕料理の下ごしらえとして短時間ゆでる, 半ゆでにする, 湯通しする.
語源 後期ラテン語 *perbullire* (=to boil thoroughly) が古フランス語 *parboillir* を経て中世英語に入った. *par*- を part「部分的に」と混同して現在の意味になった.

par·cel /pάːəsl/ 名 C 動 [本来他] 〔一般語〕 [一般義]
《英》紙などに包んで運びやすいように荷造りしてある**小包**, 包み, **小荷物**(《米》package). 品物や商品の売物の単位としての**一山**, **一組**, (軽蔑的)人や物の一かたまり, **一群**, **一隊**, **連中**, 《米》《法》土地などの**一区画**. 動 **とし小さな部分に区分けする**, **小包にする**の意.
[語源] ラテン語 *pars* (=part) の指小語 *particula* (=small part) が中世ラテン語で *particella* となり, それが古フランス語 *parcelle* を経て中英語に入った.
[用例] I got a *parcel* in the post this morning. 今朝, 郵便ポストに小包が届いていた.
[類義語] ⇒bundle.
[慣用句] ***by parcels*** 少しずつ. ***part and parcel of …*** …の重要な部分.
【複合語】**párcel póst** 名 U **小包郵便**([語法] p.p. と略す), **小包小包**.

parch /pάːrtʃ/ 動 [本来他] 〔一般語〕 [一般義] 日光や風で干からびさせる, **からからに乾燥させる**. [その他] 火で物をあぶる, 豆やとうもろこしなどをいる, (通例受身で) 非常にのどが乾く.
[語源] 不詳. 中英語から.
[類義語] roast; scorch.

parch·ment /pάːrtʃmənt/ 名 UC **羊皮紙**, 羊皮紙に似た**紙**, また古文書など羊皮紙に書かれた**文書**.
[語源] 初めて紙を作った小アジアの都市 Pergamum で作られた紙の意のラテン語 *pergamina* とカスピ海南東のパルチナ国の皮の意の *Parthica pellis* の混成でできた俗ラテン語 *particaminum* が古フランス語 *parchemin* を経て中英語に入った.

par·don /pάːrdn/ 名 UC 動 [本来他] 〔形式ばった語〕 [一般義] 罪や過失などを許すこと. [その他] 公的機関による罪人の**恩赦**, **赦免**, またその通知としての**恩赦状**. 動 として, 人の罪を**許す**, **赦免する**, 刑罰を**免除**[**軽減**]する, **大目に見てやる**.
[語源] 後期ラテン語 *perdonare* (=to grant freely; *per*- thoroughly+*donare* to give) が古フランス語 *pardoner* (=to forgive) を経て中英語に入った.
[用例] He prayed for *pardon* for his wickedness. 彼は自分の不正を許してくれと懇願した / He was granted a *pardon*. 彼は恩赦(状)を与えられた / The king *pardoned* the prisoners. 王は囚人に恩赦を与えた.
[類義語] pardon; excuse; forgiveness: **pardon** は上位にある人や役人などが特別に寛大な精神をもって当然受けるべき刑罰を許してやることを表す. **excuse** は故意に犯したとは思われない軽い違反や過失を許すこと. **forgiveness** は excuse の場合よりは重い過ちや違反を積極的に許し, 過ちを犯した人に悪い感情を持っていないことを示す.
[慣用句] ***I beg your pardon***. (丁寧) ごめんなさい, 失礼しました[します] (★ちょっとした無礼や過失を詫びる表現; I'm sorry より丁寧; 下降調で言われる). ***Pardon?*** / ***I beg your pardon?*** (丁寧) 恐れ入りますがもう一度おっしゃってください (★相手の言葉を聞きもらした時にきき返す表現; 上昇調で言われる; くだけた表現では Beg your pardon? または Pardon? ともいう).
【派生語】**párdonable** 形 許せる, 無理もない. **párdonably** 副.

pare /péər/ 動 [本来他] 〔一般語〕 [一般義] 野菜や果物の皮を刃物を使ってむく 《[語法] 手でむくのは peel》. [その他] 外に出た部分を切り整えるという意味から, 爪を**切る**, 転じて**大きさ**, **数量**, **経費**などを少しずつ**継続的に切り詰める**, **削減する**.
[語源] ラテン語 *parare* (=to make ready) が古フランス語 *parer* を経て中英語に入った.
【派生語】**páring** 名 UC 皮をむくこと, 《通例複数形で》むき取られた皮, 切りくず: **paring knife** 皮むき用ナイフ.

par·ent /péərənt/ 名 C 形 動 [本来他] 〔一般語〕 [一般義] **父**, **母**のどちらか一方の**親**, (複数形で) **両親**. [その他] 子孫との対応で考えられる**先祖**, **祖先**を指し, また**守護者**, **保護者**を意味する. 比喩的に根源的[始原的]な**組織**[**団体**], さらに一般化して**根源**, **原因**の意. 《生》動植物の**親**や交配の**原種**, **母体**. 形 として**親の**, **元の**. 動 として**…の親となる**.
[語源] ラテン語 *parere* (=to give birth to) の現在分詞 *parens* が古フランス語 *parent* を経て中英語に入った.
[用例] She lived with her *parents* until she grew up. 彼女は大きくなるまで両親のもとで暮らした / a single *parent* family 片親の家庭 / Too much leisure is often the *parent* of mischief. 《ことわざ》ひまがあり過ぎると, しばしば災いのもととなる(小人閑居して不善をなす).
[関連語] father; mother.
[対照語] child.
【派生語】**párentage** 名 U 生まれ, 家柄, 親であること. **paréntal** 形. **párenthood** 名 U 親であること.
【複合語】**párent còmpany** 名 C **親会社**(⇔subsidiary). **párent-in-làw** 名 C 配偶者の親, 義父[母], 養父[母]. **párent-téacher assòciation** 名 C 父母と教師の会, ピーティーエー ([語法] P.T.A., PTA と略す).

pa·ren·the·sis /pərénθəsis/ 名 C (複 -ses/siːz/) 〔一般語〕 [一般義] (通例複数形で) **丸かっこ** (( )) ([語法] 《英》で形式ばっては普通は round bracket という). [その他] 《文法》**挿入語句**, 一般に**合間**, 劇の幕あいや幕あい劇, 間の狂言, 挿話などの意.
[語源] ギリシャ語 *parentithenai* (=to put beside; *para*- beside+*en* in+*tithenai* to put) から派生した 名 *parenthesis* (=insertion) が後期ラテン語を経て中英語に入った. 「挿入する」が原義.
[用例] Put two suitable words in *parentheses*. かっこ内に適当な 2 語を入れよ.
[関連語] bracket (角かっこ [ ]); brace (大かっこ { }).
【慣用句】 ***by way of parenthesis*** ちなみに, ついでながら. ***in parentheses*** [形式ばった表現] かっこに入れて, 付加的に, ちなみに.
【派生語】**pàrenthétic**, **-cal** 形 〔形式ばった語〕(通例限定用法) 挿入語句の, 挿話的な, 挿入語句の多い: a *parenthetic* expression 挿入表現[語句]. **pàrenthétically** 副.

parenthood ⇒parent.

par ex·cel·lence /pάːr èksəláːns|-´-´-´/ 副 形 〔や形式ばった語〕他のものよりも**一段と優れて**.
[語源] フランス語 (=by excellence) が初期近代英語に入った.

par·fait /pɑːrféi/ 名 UC 〔一般語〕アイスクリーム, 果物, シロップにホイップクリームをかけたデザート, **パフェ**.
[語源] フランス語 (=something perfect) が 19 世紀に入った.

関連語 sundae (サンデー).

pa·ri·mu·tu·el /pǽrimjúːtʃuəl/ 名C〖競馬〗勝馬に賭けた人に手数料や税金などを差し引いた全賭け金を分配する賭け方，パリミューチュアル方式．
語源 フランス語 (＝mutual stake) が19世紀に入った．

paring ⇒pare.

Par·is /pǽris/ 名圏 パリ (★フランスの首都).
【派生語】**Parísian** 名C パリっ子．形 パリ(風)の．

par·ish /pǽriʃ/ 名C 〔一般語〕〔一般語〕キリスト教で教会と1人の司祭または牧師を持つ一区域，教区，またその教区民．その他〖英〗地方行政区(civil parish)，〖米〗Louisiana州で郡(county).
語源 ギリシャ語 paroikos (＝neighbor; para- near ＋oîkos house) が後期ラテン語 parochia (教区)を経て古フランス語から中英語に入った．
【派生語】**paríshioner** 名C 教区民．
【複合語】**párish clèrk** 名C 教会役員．

Parisian ⇒Paris.

par·i·ty /pǽrəti/ 名U 動 本来自 〔形式ばった語〕〔一般語〕地位や給料などが同等であること，等価，同率．その他〖経〗外国の通貨との平価，平衡価格，〖数〗奇偶性，〖理〗偶奇性．
語源 ラテン語 par (⇒par) から派生した paritas が初期近代英語に入った．

park /pάːrk/ 名CU 動 本来自 〔一般語〕〔一般語〕街の中の公共の庭園，公園．その他 公益のために自然のままの状態を保存し，リクリエーションなどのために用いられる自然公園や遊園地，〖英〗大地主や貴族の大庭園，狩猟のための猟園．また〔くだけた語〕〖英〗(the ～) サッカー場，〖米〗運動場，競技場，野球場．さらに駐車場(〖米〗car park, 〖英〗parking lot)，車のクラッチの駐車位置，パーク，あるいは軍需品置場．動 として駐車する，公園にする．
語源 ゲルマン語起源と思われる中世ラテン語 parricus (＝enclosure) が古フランス語 parc を経て中英語に入った．
用例 The children go to the *park* every morning to play. 子どもたちは毎朝，公園に遊びに行く／Deer run wild in the *park* surrounding the mansion. 館を囲む大庭園の中で鹿が野放しに育っている／Wait a minute while I *park* the car. 車を駐車する間，ちょっと待っていて下さい．
【慣用句】*park oneself* その場所にいる，腰を落ち着ける，留まる．
【派生語】**párking** 名U 駐車，駐車場所: **parking lot** 駐車場／**parking meter** 駐車料金計／**parking space** 〖米〗駐車場／**parking ticket** 警察の駐車違反呼出し状．
【複合語】**párk kèeper** 名C 〖英〗公園管理人．**párklànd** 名U 家などを建てさせない風致地区．**párkwày** 名C 〖米〗街路樹や芝生を植えた公園道路，公園の中に設けられた自動車専用道路．

par·ka /pάːrkə/ 名C 〔一般語〕フード付きのジャケット，パーカー，アノラック．
語源 アレウト語(エスキモー語)parka (＝skin) が近代英語に入った．

Par·kin·son's dis·ease /pάːrkinsnz dizìːz/ 名U 〖医〗パーキンソン病．
語源 英国の医師 James Parkinson(1755-1824) の名から．

par·lance /pάːrləns/ 名U 〔形式ばった語〕専門家の用いる独特の話し方，書き方，口調．
語源 古フランス語 parler (＝to speak) の 名 が中英語に入った．
用例 in legal *parlance* 法律用語で．

par·lay /pάːrlei/ 名C 動 本来自 〔くだけた語〕拡大する，資金や才能などを利用する．名 として，勝負などへのかけ金，資金などの徹底利用．
語源 ラテン語 par (＝equal) に由来するイタリア語 parolo (さいころの1組) の複数形 paroli がフランス語を経て19世紀に入った．

par·ley /pάːrli/ 名C 動 本来自 〔やや古語〕休戦条件について話し合う交渉，会談，討議，ライバル会社と行なう商談などに立ériれる．
語源 古フランス語 parler (＝to speak) の 名 parlee (＝speech) が中英語に入った．

par·lia·ment /pάːrləmənt/ 名C 〔一般語〕法律などが制定される議会，国会，《P-》英国の国会，議会 (★the House of Lords (上院)と the House of Commons (下院)からなる．
参考 議会の構成員(下院議員)を a Member of Parliament (略M.P., MP)，通過した法律を an Act of Parliament (国会制定法)という．国会議事堂は the House of Parliament.
語源 古フランス語 parler (＝to speak) から派生した parlement (＝speaking; conversation) が中英語に入った．
用例 Where does the Australian *parliament* meet? オーストラリア議会の開催場所はどこか．
関連語 congress; diet.
【慣用句】*be elected to Parliament* 議員に選出される．*convene* [*summon*] *a parliament* 議会を召集する．*dissolve a parliament* 議会を解散する．*enter* [*go into*] *Parliament* 国会議員になる．*open a parliament* 議会の開会を宣言する．*Parliament sits* [*rises*]. 議会が開会[閉会]する．*sit in Parliament* 国会議員である．*stand for Parliament* 国会議員に立候補する．
【派生語】**pàrliamentárian** 名C 議会法学者，議会法規の精通者．**pàrliaméntary** 形 〔通例限定用法〕議会の，議会で制定した．

par·lor /pάːrlər/ (〖英〗)-**lour** /pάːrlər/ 名C 形 〔一般語〕〔一般語〕〖米〗客間風に作った各種の営業所や店 語法 beauty parlor (美容院), funeral parlor (葬儀社) のような複合語で用いられることが多い．その他 〔古風な語〕本来は客をもてなす正式な客間を表したが，現在では広く居間を表す．また搾乳所(milking parlor)．形 として客間の，上品な; 〔古風な語〕〔軽蔑的〕口先だけの．
語源 古フランス語 parler (＝to speak) から派生した parleur (談話や接客の部屋) が中英語に入った．
【複合語】**párlor càr** 名C 〖米〗二等車 (coach) や寝台車 (sleeping car) に対して特等車 (chair car; Pullman). **párlor gàme** 名C 室内ゲーム．**párlor màid** 名C 小間使い．

pa·ro·chi·al /pəróukiəl/ 形 〔やや形式ばった語〕〔一般語〕教区(parish)に関する．その他 考え方が狭い，偏狭な．
語源 ⇒parish.
【派生語】**paróchialism** 名U 教区内に限られている

parodist ⇒parody

par·o·dy /pǽrədi/ 名 UC 動 本来義 〔一般義〕文学作品や音楽を風刺的にもじったもの, パロディー, 《軽蔑的》へたな模倣.
語源 ギリシャ語 *parōidia* (=satirical poem; *para*-「擬似」+*ōidē* ode) がラテン語を経て初期近代英語に入った.
類義語 satire.
派生語 párodist 名 C.

pa·role /pəróul/ 名 UC 動 本来義 〔やや形式ばった語〕
一般義 刑務所からの仮出所許可. その他 仮出所の宣誓, 捕虜宣誓, 《言》具体的な言語の運用, 運用言語 (speech). 動 として仮出所させる.
語源 後期ラテン語 *parabola* (=speech) が古フランス語 *parole d'honneur* (=word of honour) を経て初期近代英語に入った. かつて戦争捕虜が再び敵対しないという誓言を立てて釈放されたことに由来する.

par·ox·ysm /pǽrəksizm/ 名 《医》病気の周期的な発作やひきつれ, 怒りや笑いなどの激しい感情が発作的に起きること, 感情の激発.
語源 ギリシャ語 *paroxusmos* (=irritation) が中世ラテン語を経て初期近代英語に入った.
類義語 fit².

par·quet /pɑːrkéi/ 名 UC 動 本来義 〔一般義〕
一般義 寄せ木細工や寄せ木張りの床. その他 《米》オペラ劇場の1階前方の1等席, 《the P-》フランスなどの検事局. 動 として寄せ木張りにする.
語源 フランス語 *parc* (=enclosure) の指小語 *perrot* が19世紀に入った. ⇒park.
複合語 párquet círcle 名 C 劇場の1階後部, 2階席の下にある部分.

par·ri·cide /pǽrəsaid/ 名 UC 〔やや形式ばった語〕親殺し, 近親殺しの罪および犯人.
語源 ギリシャ語 *pēos* (=relative) に由来する *parri*-+*cide* (=killer) から成るラテン語 *parricida* がフランス語を経て初期近代英語に入った.
関連語 patricide (父殺し); matricide (母殺し).

par·rot /pǽrət/ 名 C 動 本来義 〔一般義〕《鳥》おうむ. その他 言葉の意味を理解しないままおうむのように人の言葉を繰返す人. 動 としておうむ返しをする.
語源 鳥の名に人名を当てたもので, フランス語 *Pierre* (=Peter) の愛称を示す指小語 *perrot* が初期近代英語に入った.

par·ry /pǽri/ 動 本来義 C 〔一般義〕相手の質問などをそらす, 受け流す. その他 フェンシングで相手のつきを払う. 名 としてかわし, パリー.
語源 ラテン語 *parare* (=to prepare) から派生したイタリア語 *parare* (防ぐ, そらす) がフランス語を経て初期近代英語に入った.

parse /pɑ́ːrs|-z/ 動 本来他 《文法》文構成素の品詞や形式, 機能などを説明する, 文を分析する, 解剖する.
語源 ラテン語 *pars orationis* (=part of speech) が古フランス語を経て中英語に入った.

parsimonious ⇒parsimony

par·si·mo·ny /pɑ́ːrsimòuni|-məni/ 名 U 〔形式ばった語〕極端に金や物を倹約すること, けち(stinginess).
語源 ラテン語 *parcere* (=to spare) の過去分詞 *parsus* から派生した *parcimonia* (倹約) が中英語に入った.
派生語 pàrsimónious 形.

pars·ley /pɑ́ːrsli/ 名 U 《植》パセリ.
語源 ギリシャ語 *petroselinon* (*petro*- rock+*selinon* celery) がラテン語, 古フランス語を経て中英語に入った.

par·son /pɑ́ːrsn/ 名 C 〔一般義〕英国国教会の教区の牧師. また一般の牧師をもいう.
語源 中世ラテン語 *persona* (=parish priest) が中英語に入った. 原義は「重要人物, 高位の人」でperson と姉妹語.
派生語 pársonage 名 C 牧師館, 牧師領.

part /pɑ́ːrt/ 名 C 動 本来他 副 〔一般義〕一般義 全体を構成している部分, 一部分, 断片. その他 部分ということから, 動物の体などの器官, 機械や器具の部品, 書物やドラマ, 物語, 詩などの部, 編, 巻, 分冊, 《楽》声楽曲や器楽曲の声[音]部, パートを指す. また芝居などで俳優の役割や役, 実生活で行動や仕事の役割, 役目, 分担, 比喩的に相対立する一方の側, 片方, 《しばしば複数形で》国の全体の中の地方, 地域, 地区の意. 動 として《形式的な》部分に分離する, 割り当てる, 分配する, 関係や結びつきを断つ. 自 ...と別れる (from), 離れる. 副 として一部分, 幾分 (in part; partly). また形容詞的にも用いられたり, 複合語の第1構成要素として部分的な(partial)を意味する.

語源 ❶ 全体を等分した部分や組合わせの割合を意味する時, 序数詞の後では等分した一部分, すなわち「...分の1」を指す: a third *part* of cheese チーズ3分の1/two third *parts* of cheese チーズ3分の2. ただし普通は part(s) を省略して a third of cheese, two thirds of cheese のようにいう. また基数詞の後では全体のうち他に対する割合, すなわち「...分の...」を指す: two *parts* of sugar to one *part* of milk ミルク1に対して砂糖2の割合. ❷ 省略形は pt. 《複 pts.》である.

語源 名 はラテン語 *pars* (=portion; part) が古英語に, 動 はラテン語 *pantire* (=to divide) が古フランス語を経て中英語に入った.
用例 We spent *part* of the time at home and *part* at the seaside. 私たちは時には家で時には海岸で過ごした/He divided the cake into three *parts*. 彼はケーキを3つに分けた/automobile *parts* 自動車部品/Four *parts* of singing are soprano, alto, tenor, and bass. 声楽の4声部はソプラノ, アルト, テナー, バスである/She played the *part* of the queen. 彼女は女王の役を演じた/He learned his *part* quickly. 彼は自分のやる仕事をすぐに覚えた《★前後関係で演劇の役割, せりふ, 合唱曲のパート, オーケストラの自分の楽器のパートなどいろいろな意味になり得る》/He played a great *part* in the government's decision. 彼は政府の決定に大きく関与した/A penny is the hundredth *part* of a pound. 1ペニーは1ポンドの100分の1である/The lovers were *parted* by their families. 恋人たちは家族によって引き離された.

類義語 part; portion: part は人でも機械でも道路でもほとんどすべてのものに対する全体に対する部分を意味する最も一般的な語で, 他の類義語の代用となりうる.
portion は人や物に割り当てられた部分や分け前で, a marriage portion (相続分として割り当てられる維持持参金)のように用いる.

[反意語] whole.
【慣用句】**(a) part of ...** ...の一部分《[語法] a part of と part of は場合交換できるが前者を用いる傾向が強い. 全体と一部を対立させる時は前者を用いる. また...の部分の名詞が単数なら動詞は単数扱い, 複数なら複数扱いである: Part of the flower is white. その(一本)の花の一部は白色だ/Part [Some] of the flowers are white. (花が数本あるが, そのうち)何本かは白色だ》. **for one's (own) part** 〔形式ばった表現〕...としては. **for the most part** 〔形式ばった表現〕大部分は, たいていは. **in large [great] part** 大いに, 大部分は. **in part** 〔形式ばった表現〕ある程度, 一部分は. **in parts** ところどころ. **on ...'s part = on the part of ...** ...の側の[で]. **part and parcel** 本質的[重要]な部分. **párt of spéech** 〖文法〗品詞. **part with ...** 〔くだけた表現〕...を手放す. **play a part** 役目を果たす. **in good [bad; evil; ill] part** ...を善意[悪意]にとる, ...を怒らず[怒って]聞く. **take part in ...** ...に参加する. **take the part of ... = take ...'s part** ...に味方する, ...の肩を持つ. **the greater [most] part of ...** ...の大部分.
【派生語】**párted** [形] 分かれた, 割れた. **párting** [名][UC] 別離, 告別, 《英》髪の分け目. **pártly** [副] 一部分は, 部分的に.
【複合語】**párt òwner** [名][C] 共同所有者. **párt sòng** [名][C] 三つ以上のパートからなる無伴奏の合唱(曲). **párt tìme** [名][U] 短時間勤務, 非常勤, パートタイム(⇔full time). [副] パートタイムで.
【派生語】**párt-tìme** [形] パートタイムの. **párt-tìmer** [名][C] 非常勤者, パートタイマー.

par·take /pɑːrtéik/ [動][本来自]《過去 -took /-túk/; 過去分詞 -taken /-téikn/》[形式ばった語] 他人と行動を共にする, 行事に参加する《in》. [その他]〔古語〕食事を一緒に食べる, 相伴する, ...の気味がある《of》.
[語源] ラテン語 *participatio* (=participation) の中英語の訳 part-taking からの逆成.
【派生語】**partáker** [名][C] 分担者, 関係者.

par·terre /pɑːrtéər/ [名][C] 〔一般義〕〔一般義〕花壇のある庭園, パルテール. [その他]《米》劇場の1階で, 2階正面席の下あたり.
[語源] フランス語 (*par* over + *terre* ground) が初期近代英語に入った.
[関連語] parquet circle.

par·tial /pɑːrʃəl/ [形]〔一般義〕〔一般義〕状態, 性質などが部分的な, 局部的な. [その他] 一部だけという意味から, 不完全な, 中途半端な, 物事を判断したり理解する時に不公平な, 片寄った, 人をえこひいきする, 大好きな, また一部をなすという意味から, 成分[要素]をなすの意にもなる.
[語源] ラテン語 *pars* (=part) から派生した *partialis* (=pertaining to a part) が古フランス語の *partial* を経て中英語に入った.
[用例] a *partial* success 部分的な成功/on *partial* payment 一部支払いで/He is very *partial* to cheese. 彼はチーズが大好きだ/The referee was accused of being *partial*. 審判はえこひいきをしているということで責められた.
[類義語] ⇒biased.
[反意語] total; complete.
【派生語】**pàrtiálity** [名][U] 不公平, えこひいき, 偏愛.
pártially [副].

【複合語】**pártial negátion** [名][UC] 〖文法〗部分否定(⇔total negation).

participant ⇒ participate.

par·ti·ci·pate /pɑːrtísəpeit/ [動][本来自]〔一般義〕〔一般義〕出来事や行動に参加する, 加わる《in》. [その他] 参加するという意味から, 物事や苦楽や利益を共にする, 関与する, 関係する.
[語源] ラテン語 *participare* (to partake of; *pars* part + *capere* to take) の過去分詞 *participatus* (=shared) が初期近代英語に入った.
[用例] Did you *participate* in the discussion? その議論に加わったか.
[類義語] share.
[反意語] retire; withdraw.
【派生語】**partícipant** [名][C] 参加者, 関係者. [形] 関与する, 関係する. **partìcipátion** [名][U].

participial ⇒ participle.

par·ti·ci·ple /pɑːrtisipl/ [名][C] 〖文法〗動詞の一形態としての分詞《★現在分詞と過去分詞があり; p., part. と略す》.
[語源] ラテン語 *participare* (⇒participate) の [名] *participium* (=sharing) が古フランス語を経て中英語に入った. 原義は「動詞と形容詞の機能を合わせ持ったもの」.
【派生語】**pàrtìcipial** [形] 分詞の, 分詞に関する: **participial construction** 分詞構文/**participial phrase** 分詞で始まる分詞句.

par·ti·cle /pɑːrtikl/ [名][C] 〔一般義〕〔一般義〕物質の非常に小さな粒. [その他]《否定形で》少量, 微量, 小片. また〖理〗粒子, 素粒子, 〖文法〗語形変化のない副詞, 前置詞, 接続詞, 冠詞, 感嘆詞などを不変化詞.
[語源] ラテン語 *pars* (=part) に指小辞 *-cula* (=small) の付いた *particula* (=small part) が古フランス語を経て中英語に入った.
[用例] I got a *particle* of dust in my eye. 目に細かいごみが入った/There wasn't a *particle* of truth in his story. 彼の話には真実のひとかけらもなかった.
[類義語] bit; jot.

par·ti-col·ored /pɑːrtikʌ̀lərd/ [形] 〔一般義〕染め分けたように各部分が他の部分とは異なる色をしている, さまざまな色の, まだらの.
[語源] parti- はラテン語 *partitus* (=devided) に由来し初期近代英語に入った.

par·tic·u·lar /pərtíkjulər/ [形][C] 〔一般義〕〔一般義〕同類の中からの一つを取り上げて, 特定の, 特別の《[語法] this や that などの指示形容詞の後に用いると,「この...に限って, ほかならぬ...」という意味になり, しばしば日本語に訳さないですむ場合がある》. [その他] 特定のという意味から, 著しい, 目立った, 注目すべき, 異常な, 異なる事が分かることは, 個々の事柄の観察が詳細な, 精密なという意味になる. 一方《述語用法》好みがうるさい, 気難しい, きちょうめんな, 細心ななどの意. [名] として〔形式ばった表現〕個々の項目, 箇条, 人などの特質, 特色, また《複数形で》詳細の事項, 細目.
[語源] ラテン語 *particula* (⇒particle) から派生した後期ラテン語 *particularis* (=concerned with details) が古フランス語を経て中英語に入った.
[用例] On that *particular* day, I was working overtime. その日に限って私は残業していた/Is there anything of *particular* interest on TV tonight? 今晩のテレビで特におもしろいものがありますか/You

must give them all the *particulars* about the accident. 君は彼らに事故についての詳細な事がらをすべて出さなければならない.

[類義語] particular; specific; special; especial: **particular** は特に同類の中から注目してもらうために区別して選び抜き, その選ばれたことの唯一性や個別性を意味している. **specific** も同類の中から一つをとりだす意だが, 説明が加えられることを暗示している語: a *specific* sum of money はっきりした一定の金額. **special** は同類の中から選んだものが, 性質, 様子, 用法などで他と違い特異な扱いを受けていることが意味される: *special* characteristics 特性. **especial** は special とほとんど同じ意味だが, この方が形式ばっていて古雅で, かつ強意的で, 卓越性や傑出している事を特に示す時に用いられる: an *especial* friend 無二の親友.

[反意語] general; ordinary.

[慣用句] *go into particular* 詳細にわたる. *in particular* 特に, とりわけ.

[派生語] **particularism** 名 U …中心主義, …に熱中すること. **particularist** 名 C. **particulárity** 名 U 特殊性, 特異性. **particularize** [本来他] 特殊[別]化する, 詳述する. **particularly** 副.

par·ti·san, par·ti·zan /pάːrtizən|ˌ--zǽn/ 名 C [一般義] 敵に占領された地域で活動するゲリラ兵 (guerrilla), パルチザン. [その他] (軽蔑的) 党や指導者などを熱狂的に[狂信的に]支持する人.

[語源] ラテン語 *pars* (=part; party) に由来する古イタリア語 *partigiano* (党に忠実に従う人) が中フランス語を経て初期近代英語に入った.

[派生語] **pártisanship** 名 U.

par·ti·tion /pɑːrtíʃən/ 名 CU [本来他] [一般義] [一般義] 部屋などを区切る間仕切り. [その他] 国家などの分割, 区分された部分, 区画, [コンピューター] ハードディスク内の分割, パーティション. 動 として分割する, 部屋を間仕切りで仕切るの意.

[語源] ラテン語 *partire* (=to divide) の過去分詞 *partitus* から派生した *partitio* (=division) が古フランス語を経て中英語に入った.

par·ti·tive /pάːrtətiv/ 形 C 【文法】many, some などのように部分を示す, 部分詞.

[語源] ⇒partition.

par·ti·zan /pάːrtizən|ˌ--zǽn/ 名 形 =partisan.

partly ⇒part.

part·ner /pάːrtnər/ 名 C 動 [本来他] [一般義] [一般義] 行動や事柄などを共にする仲間, 相棒. [その他] 会社などの事業の共同経営者, 共同出資者, 組合員. 苦楽を共にする人ということから, 配偶者, つれあい, またダンスやトランプ, テニスなどの相手, ペアを組む人, パートナー. 動 として, 人を…と組ませる (with), …と組む.

[語源] 「共同法定相続人」を意味するラテン語 *parcener* がアングロフランス語を経て中英語に partener として入った. t 音への変形は part との連想によるもの.

[用例] After several years, she was made a *partner* in the firm. 数年後, 彼女は会社の共同経営者にされた/He is my new jogging *partner*. 彼は私の新しいジョギング仲間だ/She wanted to dance, but could not find a *partner*. 彼女は踊りたかったが, 相手を見つけることができなかった/He *partnered* his wife in the last dance. 彼は最後の踊りで妻と組んだ.

[類義語] sharer; associate, colleague.

[慣用句] *be partners with* … 競技, 遊びなどで…と組む.

[派生語] **pártnership** 名 UC 共同, 協力, 共同経営.

par·tu·ri·tion /pὰːrtjuəríʃən/ 名 U 【医】分娩, 出産.

[語源] *parere* (=to give birth to) から派生したラテン語 *parturire* (=to be in labor; 生みの苦しみを味わう) の 名 *parturitio* が初期近代英語に入った. ⇒parent.

par·ty /pάːrti/ 名 C 形 [一般義] [一般義] 飲食, おしゃべりなどをして楽しむ社交的な集まり, パーティー. [その他] 一定の目的や仕事などのために集まった団体, 一行, 連中, という目的, 意見, 主義を分つ仲間の意に発展し政党, 結社, 党派, 派閥, また党派心, 派閥的精神の意も表す. 【軍】分遣隊, 小部隊, 【法】訴訟当事者, 相手方, 契約などの当事者, 関係者, 署名人. 形 として (限定用法) 共用の, 政党の, 社交党用の[向きの].

[語源] ラテン語 *partire* (⇒part) の過去分詞 *partitus* が古フランス語 *partie* (=part) を経て中英語に partie の形で入り, part と party を共に意味していた. 現代フランス語では part は *partie*, party は *parti* である. 「社交的集まり」の意味は 18 世紀から.

[用例] She is giving a *party* tonight. 彼女は今晩パーティーを開こうとしている/He took a *party* of fellow Japanese on a tour. 彼は仲間の日本人の一行を旅行に連れて行った/He is a member of the Democratic *Party*. 彼は民主党党員である/He is one of the interested *parties*. 彼は利害関係者の一人である.

[類義語] company; group; band.

[対照語] person; individual.

[日英比較] 「ダンスパーティー」は和製英語で, 英語では単に dance といい, dancing party (舞踏会) という表現はやや古風である. なお, ball は公式的で盛大な「大舞踏会」の意.

[慣用句] *be* (*a*) *party to* … …に関係する. *give* [*hold*; *have*; *throw*] *a party* パーティーを開く. *make one's party good* 自分の主張を通す.

[派生語] **pártyism** 名 U 党派心, 政党政治.

[複合語] **párty bòy** 名 C パーティーかぶれの男. **párty gìrl** 名 C 社交パーティーの接待に雇われた女, (俗語) パーティー狂いの女. **párty góvernment** 名 U 政党政治, 政党内閣. **párty lìne**[1] 名 C 電話の共同加入線, 親子電話. **párty lìne**[2] 名 C (通例複数形で) 党[政策]路線. **párty màn** 名 C 政党員. **párty pólitics** 名 U 政党本位の政治, 党利党略の政治. **párty pòoper** 名 C (俗語) パーティーで座を白けさせる人. **párty spírit** 名 U (軽蔑的) 党派心, 党人根性[気質] (partyism), パーティー熱. **pártyspírited** 形 党派心の強い. **párty wáll** 名 C 【法】 隣接地や家屋などの境界壁, 仕切り壁.

par válue /pάːr vǽljuː/ 名 U 【商】額面価格 (face value).

[語源] ラテン語 *par* (=equal) + value. 19 世紀より.

par·ve·nu /pάːrvənjuː/ 名 C 形 [一般義] 成り上がり者, 成り金 (upstart).

[語源] ラテン語 *pervenire* (=to arrive) がフランス語に *parvenir* として入り, その過去分詞が 19 世紀に入った.

pas·chal /pǽskəl|-άː-/ 形 (やや形式ばった語)《しば

しば P-)《限定用法》ユダヤ人の過ぎ越しの祝い(Passover)に関する, あるいは復活祭(Easter)の.
[語源] 過ぎ越しの祝いをいうヘブライ語 páskhā と関係のあるアラム語 pashā がギリシャ語, ラテン語を経て古フランス語 paschal となり, 中英語に入った.

pass /pæs | pɑːs/ 動 [本来village] 名 C 〔一般語〕[一般義] 止まらずに通る, 通り過ぎる. [その他] 時間や歳月が過ぎ去る, 流れる, 出来事や状態が消え[去]る, 終わる, 痛みや感情がなくなる, 《婉曲に》人が死ぬ. またさまざまな関門を通過する, すなわち試験, 課程に合格する, 議案が可決される, 物事が生じる, 起こる, 世間に通用する. 止まらずに通って行くことから, 手紙などが回覧される, 交わされる, 発せられる, 地位や財産を譲る, 会議がうまく運ぶ. 線路などがそばを通る, 物事がすっとよぎる, すっと過ぎることから物事が見過ごされる, 不問に付される, 大目に見られる, トランプなどで自分の番を棄権してパスする, フットボール, バスケットボールなどのスポーツでボールを送る, パスする, パスを通す. 他 通る, 通す, 通過する, 通過させる, 追い越す, 無視する. 名 として通過, 通行, 通行許可証, 無料入場券, 合格(点), 峠, 通(水)路, 細い道, スポーツでボールやバックのパス, 奇術や催眠術での手振り.
[語源] ラテン語 *passus* (=pace; step) から派生した俗ラテン語 *passare* (=to pass) が古フランス語 *passer* を経て中英語に入った.
[用例] I *pass* the shops on my way to work. 仕事に行く途中, 店の前を通る/She *passed* the final examination. 彼女は最終試験に合格した/His mood soon *passed* from despair to hope. 彼の気持ちはすぐに絶望から希望へと変った/The sports car *passed* me at a dangerous bend in the road. スポーツカーが道路の危険なカーブで私(の車)を追い越した/The government has *passed* a resolution. 政府は決議案を可決した/There were ten *passes* and no fails. 10 名合格し, 不合格はひとりもいなかった/The center-forward made a *pass* towards the goal. センターフォワードがゴールに向かってパスした.
[反意語] stop.
[日英比較] 電車などの定期券を意味する「パス」は和製英語で, 英語では 《米》 commutation ticket, 《英》 season ticket という. また野球の選手がボールを捕球しそこなう時に「パスボール」というが, 英語では passed ball といい, サッカーやバレーボールなどで味方同士がボールを渡しあうことを「パスワーク」というが, 英語では passing である. なおテニスで相手のサイドを抜く攻撃的な打球は英語では passing shot という.

【慣用句】 ***pass along*** どんどん進む; ...を次に回す. ***pass around [round]*** ...を順々に回す. ***pass away*** 死ぬ, 過ぎ去る: Her grandfather *passed away* last night. 彼女の祖父が昨晩亡くなった. ***pass back*** ...を戻す, ボールなどを後ろにパスする. ***pass by*** 通り過ぎる, 時間が過ぎ去る; ...のそばを素通りする, 無視する. ***pass down*** 下[奥]へ進む; 下[若者]へ渡す, 伝える. ***pass in*** 中へ進む; 答案などを提出する. ***pass off*** 感覚が次第に消え去る, 終わる, 手続きなどがうまく行く; にせ物などを出回らせる[つかませる]. ***pass on*** どんどん通り過ぎる, 死ぬ; ...について判断を下す, 人をだます. ***pass out*** 《くだけた表現》意識を失う; ...を配る. ***pass over*** 過ぎ去る, 終わる; ...の上[空]を通過する, ...を越えて行く, ...にざっと目を通す, ...を省く, 無視する. ***pass round*** = pass around. ***pass through*** 町を泊まらずに素通りする; ...を修了する, 経験する. ***pass up*** (立ち)のぼる; 上方に渡す, 〔くだけた表現〕機会などを逃す, 無視する.
[派生語] **pássable** 形 道, 川などが渡れる, まずまずの, かなりよい. **pássing** 形 通行する, つかの間の, 偶然の, 合格の. 名 U 通行, 経過, 死, 合格.

pas・sage /pǽsidʒ/ 名 CU 動 [本来義] [一般義] 両側が壁になっている狭い道, 小道, 建物内や建物と建物を結ぶ廊下, 通路. [その他] [形式ばった語] 通路を通過すること, 通行の権利[許可, 自由]を指し, 移動[移住]から旅(行)の意となり, また通行料, 船賃, 乗車賃をも意味する. また季節や時間の推移, 経過, 出来事や状態の進行, 変化, 変転, 議案などの通過, 可決, 成立, 文章の一部, 一節, 一段落, 抜粋[引用]部分, 《楽》楽句, 楽節, 《医》体内の管, 導管, 継代(:)培養などの意. 動 として 《医》継代培養する.
[語源] 古フランス語 *passer* (=to pass) が動作の過程・結果・状態などを表す名詞語尾-age と結合して中英語に入った.
[用例] There was a dark *passage* leading down to the river between tall buildings. 高いビルの間に川に通じる一本の暗い通路があった/He paid for his *passage* by working as a steward. 彼は給仕として働き船賃を払った/With the *passage* of time he was forgotten. 時の流れとともに彼は忘れられた.
[関連語] road; path; route; pass; corridor.
[対照語] barrier; obstacle; obstruction.
【慣用句】 ***a passage of [at] arms*** 戦闘, 論戦, 激したたかい. ***have a rough passage*** いしょうけんめいで苦労する. ***on passage*** 《海運》荷物を積んで目的地に航海中. ***work one's passage*** 船賃[乗車賃]を稼ぎながら旅行する.
【複合語】 **pássagewày** 名 C 廊下(《英》passage), 狭い通路, 小路.

pass・book /pǽsbuk | -ɑː-/ 名 C 〔一般語〕銀行の預金通帳(bankbook), 《米》商店などの通い帳.
[語源] pass + book. 19 世紀より.

pas・sé /pæsɛɪ | pɑːsɛɪ/ 形 〔一般語〕《述語用法》考えや流行などが時代遅れの, 古めかしい, 〔古語〕《軽蔑的》女性の美しさが盛りを過ぎた.
[語源] フランス語 *passer* (=to pass) の過去分詞女性形 passée が 18 世紀に入った.

pas・sen・ger /pǽsəndʒər/ 名 C 〔一般語〕[一般義] 料金を払って乗る乗客, 旅客. [その他] 《やや古風な法》 通行人, 徒歩旅行者(foot passenger) など乗物を用いない旅人. また 《英》《軽蔑的》所属する組織に全くはばはらず貢献しない無能力者, 足手まとい, お荷物.
[語源] 古フランス語 *passage* (⇒passage) から派生した *passag(i)er* (=passing; temporary) が中英語に入った. passenger の -n- は, messenger, harbinger, scavenger などの -n- と同様に, 音便上割込んできたものと考えられる.
[用例] The driver of the car was killed but the *passengers* escaped uninjured. 車の運転手は死んだが, 乗客たちはけがを免れた.
[対照語] crew.
【複合語】 **pássenger càr** 名 C 乗用車, 《米》客車. **pássenger pìgeon** 名 C りょこうばと(旅行鳩). **pássenger sèat** 名 C 乗客席, 車の助手席.

pass・er・by, pass・er・by /pǽsərbái | pɑː-/ 名 C 《複 passers(-)by》 〔一般語〕たまたまその場を通りかかった通行人.

pas·sim /pǽsɪm/ 副 〔一般語〕引用文献の中の至る所に《語法》通常斜字体 (italic) で.
語源 ラテン語 (=scattered) が19世紀に入った.

pas·sion /pǽʃən/ 名 UC 〔一般語〕一般義 抑制することのできない深く激しい感情, 激情, 情熱. その他 熱烈な恋慕, 情欲, 《くだけた表現》熱中, 熱狂, 熱中するもの, 夢中になるもの, 《a 〜》激怒, 《the P-》キリストの受難, 受難物語[劇, 曲].
語源 ラテン語 pati (=to suffer) の過去分詞 passus から派生した後期ラテン語 passio (=suffering; 特にキリストの苦しみ) が古フランス語を経て中英語に入った. 当初はキリストの受難を意味していたが, 14世紀にはギリシャ語 pathos (=feeling; emotion) の意味の影響を受けて情熱の意味がでてきた.
用例 He argued with great passion. 彼は強い感情をこめて論じた/His passion for her soon cooled. 彼女に対する彼の恋情はすぐにさめた.
類義語 passion; fervor; ardor; enthusiasm: **passion** は通常, 猛烈な影響をもたらす強い感情を意味し, **fervor** は絶えることなく燃え続ける感情の熱気を, **ardor** は絶えず揺れ動く炎のような感情を, **enthusiasm** は物や原因に対する好意的な激しい感情を指し, 通常, 物事を追求する熱中さを意味する.
反意語 apathy.
【慣用句】*fall* [*fly*; *get*] *into a passion* かっとなって怒る. *have a passion for* …が大好きである: She has a passion for mint chocolates. 彼女はハッカ入りチョコレートが大好きだ. *in a passion* 激怒して.
【派生語】**pássionate** 形 情熱的な, 怒りっぽい. **pássionately** 副 情熱的に, 非常に. **pássionless** 形 情熱のない, 冷静な.
【複合語】**pássionflòwer** 名 C 【植】とけいそう (★花の形がいばらの冠に似ていてキリストの受難をしのばせるため, ラテン語で flos passionis (=flower of Passion) といわれ, その翻訳語で初期近代英語から). **pássionfrùit** 名 C パッションフルーツ (★passionflower の実, 食用). **Pássion plày** 名 C キリストの受難劇. **Pássion Súnday** 名 UC キリストの受難の主日 (★復活祭の前々週の日曜日). **Pássion Wèek** 名 (the 〜) 受難週, 聖週(間) (Holy Week) (★復活祭の前週).

pas·sive /pǽsɪv/ 形 U 〔一般語〕一般義 《やや軽蔑的》言われたことやされたことに対してはっきり反応を示さないで受動的な, 消極的な. その他 消極的であることは活気がない, 活動的でない, 物事に逆らわないで服ぶの意になる. また【化】金属が容易に化合しない, 《電子》回路が受動的, 【文法】受動態の, 受身の《語法》の意味では比較級はない). 名 として 《the 〜》【文法】受動態.
語源 ラテン語 pati (=to suffer) の過去分詞 passus から派生した passivus (=capable of suffering) が中英語に入った.
用例 He took a passive attitude toward the plan. 彼はその計画に対して消極的な態度をとった.
類義語 submissive; inactive.
反意語 active.
【派生語】**pássively** 副. **passívity** 名 U 受動性, 消極性, 無抵抗. **pássiveness** 名 U.
【複合語】**pássive euthanásia** /jùːθəneɪʒə/ 名 UC 延命に必要な手段や器具を用いない消極的安楽死.

pássive resístance 名 U 消極的抵抗 (★非暴力, 不服従, 非協力などによるもので, 通常, 少数者, 被支配者が権力者, 支配者に対して行う): The villagers showed passive resistance to the enemy. 村人は敵に対し消極的な抵抗を示した. **pássive restráint** 名 C 自動車のエアバッグのような自動安全装置. **pássive smóker** 名 C 他人の喫煙からその煙を吸わされる受動的喫煙者. **pássive vóice** 名 U【文法】受動態(の構文), 受身.

pass·key /pǽski | -áː-/ 名 C 〔一般語〕特定の人のみに許可された合い鍵, 親鍵 (master key).
語源 pass+key. 19世紀から.

Pass·o·ver /pǽsouvər | -áː-/ 名 U 〔一般語〕古代イスラエル人がエジプトで奴隷discoh, 神がエジプト人に生まれた長男のみを殺し, イスラエル人の子供は殺されずんだため, これに感謝するユダヤ教の祭り, 過ぎ越しの祭り.
語源 「過ぎ越しの祭り」を意味するヘブライ語 pāsah の英訳 pass over が名詞化したもの. 初期近代英語から.

pass·port /pǽspɔːrt | -áː-/ 名 C 〔一般語〕一般義 旅券, パスポート. その他 船員は通行許可証, 入場券, 比喩的に 《a 〜》目的を達成するための手段, 保障, 便法の意. また戦時の際, 中立国の商船, 船舶に与えられる航海許可証.
語源 中フランス語 passeport (=permission to pass through a port) が中英語に入った.
用例 I had my passport renewed. 私はパスポートを更新してもらった/His passport was a passport to success. 彼の支援は成功への保障であった.

pass·word /pǽswəːrd | -áː-/ 名 C 〔一般語〕敵と味方を見わけるための合い言葉, 【コンピューター】アクセスするためのパスワード.
語源 pass+word. 19世紀から.

past /pǽst | -áː-/ 名 C 形 副 前 〔一般語〕一般義 (the 〜) 過ぎ去った過去, 過去の出来事. その他 人や国の経歴, 過去の歴史,【文法】過去時制, 過去形. 形 として, 遠い過去の, 昔の, あるいはたった今過ぎたばかりの, 今から…年[月, 日]前の, また役員が任期を終わった,【文法】過去(形)の. 副 として, 場所を通り過ぎて, 時が過ぎて. 前 として, 時間が…を過ぎて, 場所などのそばを通り越えて, …の及ばないなどの意.
語源 中英語 passen (=to pass) の過去分詞. 形 前 の意味では中英語から, 名 の意味では初期近代英語から用いられた.
用例 He came to London to start a new life, and never spoke about his past. 彼はロンドンに新生活を始めるために来たが, 自分の過去について決して語らなかった/In past years [years past] he was an excellent preacher. 昔は彼は名説教家だった/The time for discussion is past. 議論する時は終わった/In 'He did it,' the verb is in the past tense. 「彼がそれをした」という文の中では, 動詞は過去時制である/He ran past me. 彼は私のそばを走り過ぎて行った.
対義語 present; future.
【慣用句】*be* [*get*] *past it*《くだけた表現》昔のようには仕事ができない[できなくなる]. *for some time past* 少し前から(ずっと). *get past* …のそばを通る, 通り抜ける, 《くだけた表現》…の目をのがれる. *in the past* 過去に[の]. *with a past* 暗い過去を持った: She is a woman with a past. 彼女は過去のある女だ.
【複合語】**pást fòrm** 名 C【文法】過去形. **pást**

máster 名C クラブなどの元の会長, 広く特殊な技術に深い経験と技を持っている人, 名手. **pást místress** 名C past mistress の女性形. **pást párticiple** 名C 過去分詞〔語法〕pp, p.p. と略す. **pást pérfect fòrm** 名C【文法】過去完了形. **pást progréssive fòrm** 名C【文法】過去進行形. **pást ténse** 名C【文法】過去形.

pas·ta /pá:stə/ 名U〔一般義〕マカロニ, スパゲッティなどのイタリアのめん類およびそれを使った料理, パスタ.
[語源] イタリア語からの借用で19世紀から.

paste /péist/ 名U 動 [本来他]〔一般義〕[一般義] 糊(%). [その他] 製菓用に練り合わせた練り粉や生地(*), 各種の練り物. また軟膏, 練り歯磨き, 練り餌, 製陶用の練り土, 模造宝石用鉛ガラス. 動 として糊である, 〖コンピューター〗コピーや切り取ったデータを貼りつける, 〔くだけた語〕激しく打つ, たたく, 打ち負かす.
[語源] ギリシャ語 *pasta* (大麦の粥(%))が後期ラテン語 *pasta* (=pastry), 古フランス語 *paste* を経て中英語に入った.
[用例] He used thick *paste* to put the label on the package. 彼は小包に荷札をはるのに濃い糊を使った/liver [tomato; almond] *paste* レバー[トマト; アーモンド]ペースト/Her 'diamond' necklace was just *paste*. 彼女の「ダイヤモンド」のネックレスはただの人造宝石だ.
[関連語] glue.
【慣用句】***paste down*** …を糊ではりつける. ***paste in*** 本の中などに…をはり込む. ***paste up*** 壁, 台紙の表面に糊をはる.
【派生語】**pástry** 名UC 練り粉, また練り粉で作ったパイやタルトなどのペストリー. **pásty** 形 糊のような, 青ざめた.
【複合語】**pástebòard** 名U はり合わせ板紙, 厚紙, ボール紙.

pas·tel /pæstél/ 名UC 形〔一般義〕クレヨンの一種であるパステル, パステル画材. 形 パステル画調の.
[語源] 後期ラテン語 *pasta* (⇒paste)の指小語 *pastellus* がイタリア語 *pastello* を経て初期近代英語に入った. 最初は青色染料の原料となる植物 woad (大青(%))の葉を煮つめたものの意で, それからその植物の名ともなり, また顔料をアラビアゴムの溶液で練ったもの, それで作ったクレヨンの意となった.

pas·teur·ize, -ise /pǽstʃəraiz/ 動 [本来他]〔一般義〕牛乳やワインなどの低温殺菌を行なう.
[語源] フランスの細菌学者 Louis Pasteur(1822-95)の名から. 19世紀に造語された.
【派生語】**pàsteurizátion** 名U.

pas·tiche /pæstí:ʃ/ 名C 動 [本来他]〔一般義〕音楽, 演劇, 文学などの模倣作品. [その他] 他の作品をいくつかつなぎ合わせたもの, 寄せ集め作品. 動 として, 作家や作品を模倣する.
[語源] イタリア語 *pasticcio* (こね合わせたもの)がフランス語を経て19世紀に入った. 原義は「ごたまぜにしたもの (hodgepodge)」.

pas·tille /pæstí:l/ 名C〔一般義〕せきどめドロップ, また燻蒸式の芳香剤.
[語源] ラテン語 *panis* (=bread)と関連があるスペイン語 *pastilla* がフランス語を経て初期近代英語に入った. 原義は「小さく練り固めたもの」.

pas·time /pǽstaim|-á:-/ 名C〔一般義〕気晴らし, 娯楽, リクリエーション.
[語源] 古フランス語 *passe-temps* (=pastime)が中英語に入った.
[用例] Playing chess is his favorite *pastime*. チェスは彼の大好きな気晴らしだ.
[類義語] diversion; entertainment; recreation.
【慣用句】***for a pastime = by way of a pastime*** 気晴らしに.

pas·tor /pǽstər|-á:-/ 名C 動 [本来他]〔一般義〕[一般義] キリスト教プロテスタントの牧師, 特に英国の非国教会の牧師. [その他] 多くの人々の精神的な指導者の役割を果たしている人. 動 として, 教会の牧師をつとめる.
[語源] ラテン語 *pascere* (=to feed)から派生した *pastor* (羊飼い)が古フランス語を経て中英語に入った.
【派生語】**pástorate** 名U 牧師の職[任期].

pas·to·ral /pǽstərəl|-á:-/ 形〔一般義〕[一般義]《限定用法》土地や芸術作品が牧歌的な, 田園生活の. [その他] 本来の羊飼いの意から, キリスト教の牧師の, 牧師の職務に関するという意味にもなる. 名 として牧歌, 田園詩, また司教教書, 生徒への教師の助言[指導]文を表す.
[語源] ラテン語 *pastor* (羊飼い)の属格形 *pastoralis* から中英語に入った.

pas·to·rale /pæ̀storá:l|-rá:li/ 名C《複 ~s, -rali/-rá:li:/》〖楽〗田園の理想的な風景や生活を描写した器楽曲や声楽曲, 牧歌, 田園曲, ミュージカルの田園劇.
[語源] イタリア語 *pastorale* (=of herdsman)が18世紀に入った.

pastry ⇒paste.

pasturage ⇒pasture.

pas·ture /pǽstʃər|-á:-/ 名CU 動 [本来他]〔一般義〕[一般義] 家畜などの(放)牧場. [その他] 一般に牧草地, さらに牧場にある牧草を指す. また〔くだけた語〕野球の外野や活動の場. 動 として, 家畜などを放牧する, 牧草を食べさせる. 自 家畜などが牧草を食べるの意.
[語源] ラテン語 *pascere* (=to feed; to graze)の過去分詞 *pastus* から派生した後期ラテン語 *pastura* (=pasture)が古フランス語を経て中英語に入った.
[用例] The horses were out in the *pasture*. 馬が外の放牧場に出ていた/The farm has 1,000 hectares of *pasture*. 農場には1000ヘクタールの牧草地がある.
【慣用句】***put [send; turn] out to pasture*** 家畜を放牧する,〔くだけた表現〕人を高齢のために引退させる.
【派生語】**pásturage** 名U 牧草, 牧場, 牧畜(業).

pasty¹ ⇒paste.

pas·ty² /pǽsti|-á:-/ 名C〔一般義〕《主に英》肉入りパイ, ミートパイ(cornish pasty).
[語源] 古フランス語 *paste* (⇒paste)から中英語に入った.

pat /pǽt/ 動 [本来他] 名C〔一般義〕[一般義] 指や手のひら, 平らな物で軽くたたく. [その他] 注意を引くために軽くたたく意のほかに, 物を軽くたたいて平らにする. 名 として軽くたたくこと, 軽くたたいて形を整えた小さな塊.
[語源] 擬音語で中英語から.
[用例] He walked up to the horse and *patted* its neck. 彼は馬に近づいてその首を軽くたたいてやった.
【慣用句】***a pat on the back*** 〔くだけた表現〕賞賛や激励などの意で背中を軽くたたくこと, 言葉をかけてやること: get [give …]*a pat on the back* ほめられる[ほめる]. ***pat on the back*** 〔くだけた表現〕賞賛する, 激励する,

お祝いを言う.

patch /pǽtʃ/ 名 C 動 本来他 〔一般語〕 〔一般義〕穴などを補修するためにあてる継ぎ(はぎ), つぎ布[板, 皮]. その他 傷などに当てる布切れ, 絆創膏, 眼帯なども含まれると同時に, 〔ややくだけた語〕色などが周囲のものと異なっている斑点やまだらや小さな土地, 一区画, 〔くだけた語〕〔英〕警官などの担当区域を指す. また不規則な形をした部分や断片, 破片, 小片, 切れはし, くずの意. 動として…に継ぎを当てる.

語源 古フランス語 *pieche* (=piece) から派生したアングロフランス語 *peche* (=piece) が変形して中英語に入った.

用例 She sewed a *patch* on the knee of her jeans. 彼女はジーンズのひざに継ぎを当てた/He spent his own vegetable *patch* on weekends. 彼は週末, 自分の小さな菜園で過ごした.

【慣用句】*be not a patch on* …〔くだけた表現〕…とは比べものにならない, …よりさらに劣る. *in patches* 所々, 部分的に. *patch together* …を一時取り繕う. *patch up* 穴やほころびに継ぎをあてる, 一時取り繕う. *strike* [*be in*; *hit*; *have*; *go through*; *run into*] *a bad* [*black*; *difficult*; *hard*; *sticky*] *patch* 〔くだけた表現〕〔英〕不運な目に遭う, 芽が出ない.

【派生語】**pátchy** 形 継ぎはぎだらけの, 寄せ集めの, 不完全な.

【複合語】**pátch pòcket** 名 C 張りつけポケット, パッチポケット. **pátchwòrk** 名 UC 継ぎはぎ細工, パッチワーク.

pâ·té /pɑːtéi/ 名 U 〔一般語〕鳥などの肝臓を練ってペースト状にしたパテ.

語源 フランス語. 18 世紀に入った.

【複合語】**pâté de foie gras** /-də fwɑgrɑ́ː/ 名 U フォアグラ.

pat·ent[1] /pǽtənt|péit-/ 名 C 形 動 本来他 〔一般語〕〔一般義〕特許(権). その他 特許品[物件]やそれを証明する特許証[状], 比喩的に認可, 特権, 入る資格などに値するしるし, 〔くだけた語〕巧妙な手口. 形 として〔限定用法〕特許の, 特許権で保護された, 〔くだけた語〕巧妙な, 新案の. 動 として…の(専売)特許を取る[許す]の意.

語法 過去分詞は pat. と省略する.

語源 ラテン語 *patere* (=to be open) の現在分詞 *patens* から派生した中フランス語 *patent* が中英語に入った. 古フランス語の *lettres patentes* (=letters patent) は「勅許による公開状」を意味しており, 英語でも 14 世紀には同じ意味であったが, 16 世紀頃に「特許状, 公式証書」, 18 世紀頃に「発明品などに対する特許権」を意味するようになった.

用例 He *patented* his new invention. 彼は新発明品の特許を取った.

【慣用句】*take out a patent on* [*for*] … …の特許を取る: She took out a *patent* on her design. 彼女は自分のデザインの特許を取った.

【派生語】**pátentable** 形 特許を受けられる. **pàtentée** 名 C 専売特許権所有者[団体]. **pátentor** 名 C 特許認可者.

【複合語】**pátent léather** 名 U 靴やハンドバッグ用のエナメル加工した皮革や人工皮革, パテント革, エナメル革. **pátent médicine** 名 UC 医師の処方箋はないが, 特許を持つ製薬会社が販売する特許医薬品, 《悪い意味で》売薬. **Pátent Òffice** 名 《the ~》特許局.

pátent rìght 名 C 特許権.

pat·ent[2] /pǽtənt|péit-/ 〔形式ばった語〕見てすぐそれと分かる, 明白な.

語源 patent[1] と同源.

用例 a *patent* disregard for the truth 真実の明らかな軽視.

【派生語】**pátently** 副 《悪い意味で》明らかに.

pa·ter·nal /pətə́ːrnəl/ 形 〔やや形式ばった語〕〔一般義〕〔限定用法〕父の. その他 家系的に父方のという意味のほかに, 親切や気遣いの示し方が父親らしい, 父親のような, 《悪い意味で》家長主義的な, 保護者ぶって干渉がましい.

語源 ラテン語 *pater* (=father) から派生した後期ラテン語 *paternalis* (=of father) が初期近代英語に入った.

対照語 maternal.

【派生語】**patérnalism** 名 U 《軽蔑的》干渉がましい温情主義. **patèrnalístic** 形. **patérnally** 副. **patérnity** 名 U 父であること, 父権.

pa·ter·nos·ter /pɑ́ːtərnɑ̀stər|-nɔ̀s-/ 名 C 〔やや形式ばった語〕〔一般義〕《しばしば P-》ローマカトリック教会で行われるラテン語の主の祈り《★Pater Noster とも書く》. その他 ロザリオの主の祈りを繰り返すことを示す珠(たま)の意から, 比喩的に循環エレベーターや一定間隔におもりをつけた釣り糸の意.

語源 ラテン語の主の祈りの冒頭の *pater noster* (=our Father) が中英語に入った. ラテン語の聖書はすでに古英語の時代に英語に導入されていた.

path /pǽθ|-ɑ́ː-/ 名 C 〔一般語〕〔一般義〕山林や野原などで絶えず人や動物によって踏まれてきた細い道, 小道. その他 特定の目的に使われる道や通路, 人や物体が一定の方向を進む円道や道筋, 進路, 軌道, また比喩的に行動の方向, 方針, 人間として歩むべき道, 人生行路の意となる. 『コンピューター』目的のファイルを探す範囲を指定するコマンド, パス.

語源 古英語 *pæth* より.

用例 There is a *path* through the fields. 野原に小道が一本ある/Scientists had predicted the *path* of the whirlwind. 科学者たちは竜巻の進路を予測していた.

類義語 road; way.

【慣用句】*beat* [*clear*] *a path through* … …を切り開いて道をつくる. *beat a path to* (…*'s door*) 〔ややくだけた表現〕人などの所へわっと押しかける, 大急ぎで行く. *blaze a path* [*trail*; *way*] 森林などで道しるべをつける, 先達となる. *break a path* 困難を排して新しい道を切り開く. *cross* …*'s path=cross the path of* … 〔ややくだけた表現〕人にばったり出会う. *path stream with roses* バラの花を敷きつくした道, 歓楽の生活. *smooth* …*'s path* 人に進行を容易にしてやる. *stand in* …*'s path* 人の進路を邪魔する. *take the wrong path* 道を誤る, 堕落する.

【派生語】**páthless** 形.

【複合語】**páthfinder** 名 C 開拓者, 探検家. **páthwày** 名 C 小道, 細い道.

pa·thet·ic /pəθétik/ 形 〔やや形式ばった語〕〔一般義〕人を悲しい気持ちにさせる, 感傷的な. その他 《軽蔑的》気の毒な程に下手な.

語源 ギリシャ語 *pathos* (=suffering) の 形 *pathētikos* (=sensitive) がラテン語, フランス語を経て初期近代英語に入った.

【派生語】pathétical 形 =pathetic. **pathétically** 副.
【複合語】pathétic fállacy 名 U〔the ~〕無生物に感情を付与する文学表現, 感傷的虚無.

pathless ⇒path.
pathological ⇒pathology.
pathologist ⇒pathology.
pa·thol·o·gy /pəθάlədʒi/-ɔ́-/ 名 U〔形式ばった語〕
[一般義] 病理学. [その他] 病状, 症状の意.
[語源] ギリシャ語 pathologia (=study of disease) が近代ラテン語 pathologie を経て初期近代英語に入った.
【派生語】pàthológical 形 病理学の, 病気の, 病的な. **pathólogist** 名 C 病理学者.

pa·thos /péiθα(:)s/ 名 U〔文語〕文学作品などにおいて哀れみや悲しみなどを起こさせる特質[もの, 力], あるいはそれによって起される哀感, 悲哀.
[語源] ギリシャ語 pathos (=suffering) が初期近代英語に入った.

patience ⇒patient.
patient /péiʃənt/ 名 C [一般義] [一般義] 苦痛, 苦難などに対して忍耐強い, 我慢強い. [その他] 辛抱強いことから, 根気のよい, 気長な, 勤勉なの意を表す. 名 として, 治療を受けている病人, 患者を指すが, これは〔古語〕 受難者, 犠牲者の意から.
[語源] ラテン語 pati (=to suffer; to bear; to undergo) の現在分詞 patiens が古フランス語を経て中英語に入った. 原義は「耐える人」.「病人」の意では Chaucer が初めて用いた.
[用例] It will be your turn soon—you must just be *patient*! もうすぐ君の番がくるよ. さあ辛抱して待つんだ/The hospital had not enough doctors and too many *patients*. 病院は医者が十分いないのに患者が多すぎた.
[類義語] enduring; forbearing; invalid.
[反意語] impatient.
**【慣用句】*patient of* …. …に我慢する, …を許容する.
【派生語】pátience 名 U 辛抱, 我慢, 忍耐力, 根気. **pátiently** 副.

pat·i·na /pǽtinə/ 名 U [一般義] [一般義] 銅や銅の合金の表面に出るさび, 緑青(ろくしょう). [その他] 木製家具などの古つやや寂(さび), 人間の年相応の貫録.
[語源] ラテン語 patina (=plate) がイタリア語を経て18世紀に入った. 原義は金属の皿などについて汚れ, さび.

pa·tio /pǽtiou/ 名 C [一般義] 家屋に続いた食事や娯楽のためのテラス, パティオ, スペイン風の屋根のない中庭.
[語源] スペイン語 (=court of a house) が19世紀に入った.

pat·ois /pǽtwa:/ 名《複 ~/-wa:z/》 [一般義] [一般義] 《軽蔑的》フランス語の方言で教育程度の低い田舎言葉, 地方なまり. [その他] 隠語, 仲間言葉.
[語源] フランス語 (=rough speech) が初期近代英語に入った.

pa·tri·arch /péitria:rk/ 名 C〔やや形式ばった語〕[一般義] 一家や一族の男性の指導者, 家長, 族長. [その他] 《聖》人類の祖, 大祖, キリスト教の総主教, ローマカトリック教会の教皇およびそれに次ぐ高位の司祭を表わす. また広く学問や芸術, 実業, 宗教などの創設者, 一般に年をとっていて威厳のある人, 大御所, 長老.
[語源] ギリシャ語 patriarkhēs (=head of a family; patria family+arkhēs ruler) がラテン語, 古フランス語を経て古英語に入った.
【派生語】pàtriárchal 形. **pátriàrchy** 名 CU 家長[族長]政治, 男性支配.

pa·tri·cian /pətríʃən/ 名 C 形〔やや形式ばった語〕古代ローマの貴族, また一般に貴族を意味し, 《米》由緒ある家柄の人をいう. 形 として《悪い意味で》貴族的な.
[語源] ラテン語 pater (=father) の複数形 patres (=fathers; senators 元老院議員)から派生した patricius (=of senatorial rank) が古フランス語 patricien を経て初期近代英語に入った.
[類義語] aristocrat; peer.

pat·ri·cide /pǽtrisaid/ 名 UC〔やや形式ばった語〕父親を殺害することおよびその犯人, 父親殺し.
[語源] ラテン語 patricida (patri- father+-cida killer) が初期近代英語に入った.

Pat·rick /pǽtrik/ 名 固 男性の名, パトリック《★愛称 Pat》.

patrimonial ⇒patrimony.
pat·ri·mo·ny /pǽtrimouni/-məni/ 名 UC〔やや形式ばった語〕[一般義] 父親や男性の先祖から子孫に伝えられる家督, 世襲財産. [その他] 性格や特徴など遺伝するもの, 後世に伝えていく歴史的遺産.
[類義語] inheritance; legacy; heritage.
[語源] ラテン語 patrimonium (pater father+monium money) が古フランス語を経て中英語に入った.
【派生語】pàtrimónial 形.

pa·tri·ot /péitriət/pǽt-/ 名 C [一般義] 愛国者.
[語源] ギリシャ語 patēr (=father) から派生した patriōtēs (=one of the same country) が後期ラテン語, フランス語を経て初期近代英語に入った.
【派生語】pàtriótic 形. **pàtriótically** 副. **pátriotism** 名 U 愛国心.

pa·trol /pətróul/ 動 [本来化] 名 UC [一般義] 定期的に特定の地域や場所を巡回する, 巡視する. 名 として巡回, パトロール, また巡察[偵察]隊, 巡視者[船], 哨戒機, パトロールカー.
[語源] 古フランス語 patrouiller (=to trample or paddle in mud; patte paw+方言 (gad)rouille dirty water) が初期近代英語に入った. 名はフランス語 patrouille がドイツ語 Patrolle に借用され, 英語に入った.
[用例] We've been *patrolling* for days but have seen nothing. 我々は数日間パトロールしたが何も見なかった/The *patrol* was changed at midnight. パトロールは真夜中に交代した.
**【慣用句】*on patrol* 巡回中, 哨戒中.
【派生語】patróller 名 C.
【複合語】patról càr 名 C 警察巡回自動車, パトロールカー《[日英比較] 日本語では省略して「パトカー」と呼んでいるが, 英語では一般に police car を用いる. また《米》squad car, 《英》panda car ともいう》. **patrólman** 名 C《米》(巡回查)《英》police constable, 《英》事故や故障自動車などの世話をする自動車巡回員. **patról wàgon** 名 C《米》囚人護送車.

pa·tron /péitrən/ 名 C [一般義] 人を経済的に支える後援者, 支援者, パトロン. [その他] 〔形式ばった語〕ホテル, レストラン, 商店などの常客, 常連, ひいき客.

[語源] ラテン語 pater (=father) から派生した中世ラテン語 patronus (=protector; patron saint; defender) が古フランス語を経て中英語に入った.

[用例] He is a patron of the local Art Society. 彼は当地の芸術協会の後援者である/The manager of the pub said that he knew all his patrons by sight. そのパブの経営者はお得意さんの顔は全て覚えていると言った.

[類義語] patron; customer; client; supporter; sponsor: **patron**, **customer** は商店などのサービス業の常連, 常客をいう語. **client** は弁護士, 会計士, 建築士, 広告会社などへの依頼人. **supporter** は主義や活動の支持者, 後援者, 賛成者. **sponsor** は人や物を保証する人, 発起人, 商業放送の番組提供者.

[派生語] **pátronage** 名 U ホテル, 商店などに対する顧客のひいき, 芸術家などに対する**保護, 後援**. **pátroness** 名 C patron の女性形. **pátronize** 動 [本来他] ひいきにする, 顧客となる, 保護する, 恩着せがましい態度を取る. **pátronizing** 形.

[複合語] **pátron sáint** 名 C **守護聖人**(★例えば St. George はイングランドの, St. Andrew はスコットランドの守護聖人であり, St. Christopher は旅人の守護聖人である).

pat·ro·nym·ic /pætrənímik/ 名 C 形 〔やや形式ばった語〕John の息子の Johnson というように, **父祖の名から作られた名**, また一般的に**姓**(surname) を表す.

[語源] ギリシャ語 patronumos (=named from the father) が後期ラテン語 patronymicus を経て初期近代英語に入った.

pat·ter¹ /pǽtər/ 動 [本来自] 名 C 〔一般語〕雨がぱらぱらと音を立てる, 人がぱたぱたと音を立てて走る. 名として〈単数形で〉ぱらぱら, ぱたぱたという音.

[語源] 擬音語に由来する pat に反復動作を表す語尾 -er が付いた語. 初期近代英語から.

pat·ter² /pǽtər/ 動 [本来自] 名 C 〔一般語〕[一般語] よどみなくしゃべること, 早口. [その他] 特定の集団の隠語, 符丁. 動として, 中味のないことを長々としゃべりまくる.

[語源] ラテン語の主の祈り冒頭の paternoster (=Our Father) などを早口で機械的に唱えることから中英語で生じた.

[類義語] chatter; jargon; glib.

pat·tern /pǽtərn/ 名 C 動 [本来他] [一般語] 工芸品などの**模様, 柄, デザイン**. [その他] 物の配置や連続の一定の**型**, また事件や行動の型, **様式, パターン**, 製品の観点から見た**原型, 模型, ひな型, 鋳型**, 〈単数形で〉**模範, 手本, 見本, 例証**の意. 動 として**型にもとづいて作る, 模造する, 模様をつける**.

[語源] ラテン語 patronus (=patron; protector) が中世ラテン語で「模倣すべき見本」という意味を含むようになり, それが古フランス語を経て patron という語形で中英語に入った. 従って patron と pattern は本来同一語であったが, 16 世紀にアクセントが第 1 音節に移り, その結果第 2 音節の母音が弱まって patron の綴りが patarne, paterne, pattern などと書かれるようになり, 1700 年ころまでに patron と pattern が独立した 2 語として扱われるようになった.

[用例] There was a pattern in the series of murders. 一連の殺人事件には一つの型があった / The dress is nice but I'm not keen on the pattern on the material. このドレスは素晴らしいが, 生地の模様があまり好きではない.

[類義語] model; example; design.

【慣用句】**pattern ... on [upon; after]** ... を手本にして, ...をする. **pattern oneself on [upon; after]** ... ...を模倣する. **run to pattern** 型にはまっている.

【複合語】**páttern bòmbing** 名 UC《軍》一斉爆撃, じゅうたん爆撃. **páttermàker** 名 C 鋳物や模型などの模型[鋳型]製作者, 図案家. **páttern pràctice** 名 UC 語学教育の文型練習.

pau·ci·ty /pɔ́səti/ 名 〔形式ばった語〕〈a ~〉数量の少ないこと, **少量, 不足**.

[語源] ラテン語 paucus (=few) の 名 paucitas がフランス語 paucité を経て中英語に入った.

[類義語] fewness; scarcity.

paunch /pɔ́:ntʃ/ 名 動 [本来他] 〔やや軽蔑的な語〕**太鼓腹**. 動として, 動物の**内臓[腸]を抜き出す**.

[語源] ラテン語 pantex (=bowels) が古フランス語 panche を経て中英語に入った.

[派生語] **páunchy** 形.

pau·per /pɔ́:pər/ 名 C 〔やや古語〕**貧困者**, 特に救貧法 (Poor Law) の適用を受ける**被生活保護者**.

[語源] ラテン語 pauper (=poor) から初期近代英語に入った.

[派生語] **páuperdom** 名 C 貧困状態. **páuperism** 名 U =pauperdom. **páuperize** [本来他] 貧窮化する, 貧民根性を植えつける.

pause /pɔ́:z/ 名 C 動 [本来自] 〔一般語〕[一般語] 話や仕事の一時的な**途切れ, 中断**, 機械などの**一時停止**. [その他] 前後の脈絡から, **躊躇**(ちゅうちょ), ためらいの意. また**息つぎ, 文章などの区切り, 段落**,《詩学》行の中間や行末の**休止**,《楽》**延長記号, フェルマータ**(⌒, ⌣). 動 として**中断する, 一息つく, 躊躇する**.

[語源] ギリシャ語 pauein (=to stop) の 名 pausis がラテン語 pausa, 古フランス語 pause を経て中英語に入った. 動 は初期近代英語から.

[用例] There was a pause in the conversation. 会話が一時中断した/They paused for a cup of tea. 彼らは一息ついてお茶を飲んだ.

[類義語] stop.

[反意語] continuity.

【慣用句】**come to a pause** 途切れる. **give ... pause** 疑い, 驚きのために人を躊躇させる. **give [put] pause to ...** ...をしばらくやめさせる, 躊躇させる. **in [at] pause** 中止して, 躊躇して. **make a pause** 息をつく, 中止する. **without (a) pause** 休むことなく, たゆむことなく: He spoke for ten minutes without a pause. 彼は息もつがずに 10 分間しゃべった.

[派生語] **páuseless** 形. **páuselessly** 副.

pave /péiv/ 動 [本来他] [一般語] 〈通例受身で〉道路を**舗装する**, 石[れんが]を**敷きつめる**, 道路を舗装するように**しっかり覆う**.

[語源] ラテン語 pavare (=to beat; to tread down) から派生した俗ラテン語 *pavare が古フランス語 paver を経て中英語に入った.

[用例] He wants to dig up the lawn and pave the garden instead. 彼は芝生を掘り起こして, かわりに庭を石で敷きつめたいと思っている/He believed that the streets of New York were paved with gold. 彼はニューヨークの街は黄金で覆われていると信じていた(すなわち, 金持ちになること).

【慣用句】**pave the way for [to]** ... 比喩的に...への

道を開く, ...を容易にする.
【派生語】**pávement** 名 UC 舗装, 舗装道路, 石畳, (英)街路の歩道((米)sidewalk);: **pavement artist** (英)歩道に色チョークで絵を描いて通行人からお金をもらう**大道画家**((米)sidewalk artist). **páving** 名 UC 舗装(道路), 舗装材料: paving stone 舗装用の敷石, 舗石.

pa·vil·ion /pəvíljən/ 名 C [一般語] [一般義] 博覧会などの展示館や品評会などを行う仮設の建物, **大型テント**. [その他] 病院などの別棟, 《米》屋外競技場の軽食や選手控え室のための付属建物を表す.
[語源] ラテン語 *papilion* (=butterfly; tent) が古フランス語 *pavillon* (=tent) を経て中英語に入った. 形状が蝶の類似から.

paw /pɔ́ː/ 名 C 動 [本来性] [一般語] 犬, 猫, さる, くまなど鉤爪(かぎづめ)のある動物の**足**. 動 として(前)足でひっかく, たたく.
[語源] 元来はゲルマン語起源と思われる俗ラテン語 *pautam* が古フランス語 *poue* を経て中英語に入った.
[用例] The dog had a thorn in its *paw*. 犬の足にとげがささっていた/The horse *pawed* (at) the ground. 馬は足で地面をけった.

pawl /pɔ́ːl/ 名 C 【機】歯車の逆回転を防ぐつめ. **歯止め**.
[語源] おそらくオランダ語 *pal* からの借用で初期近代英語から.

pawn[1] /pɔ́ːn/ 名 U 動 [本来性] 〔やや古風な語〕**抵当(物), 質(く)**. 動 として質に入れる.
[語源] 古フランス語 *pan* (=pledge) が初期近代英語に入った.
【慣用句】**in [at] pawn** 質に入って.
[類義語] guaranty; pledge.
【複合語】**páwnbròker** 名 C 質店営業者. **páwnshòp** 名 C 質屋.

pawn[2] /pɔ́ːn/ 名 C 《チェス》将棋の歩に相当するポーン. [一般義] 他人の利益のために動かされる人, **手先**.
[語源] ラテン語 *pes* (=foot) から派生した中世ラテン語 *pedo* (=foot-soldier) が古フランス語, アングロノルマン語 *poun* (=pawn) を経て中英語に入った.

pay /péi/ 動 [本来性]《過去·過分 paid》名 U [一般語] [一般義] 給料, 借金, 代金などを人に**支払う**. [その他] 借金を支払うことから, **返済する, 弁済する**, 銀行や口座に払うという意味で, **払い込む, 預け入れる**. 支払いを受ける側から見ると, 物事が利益や利潤をもたらす, **利益になる, 引き合う, 割に合う**, 比喩的に親切や恩義に対して人に**報いる**, 軽蔑や危害に対して**返報する, 仕返しをする**, あるいは**償いをする**, 罰や報いを受ける, また注意や敬意を**払う**, 訪問などをする意にもなる. 自 **支払いをする**, 物事が引き合う, 報われる. 名 として給料, 報酬.
[語源] ラテン語 *pax* (=peace) から派生した *pacare* (=to pacify) が古フランス語 *paier, payer* を経て中英語に入った. pacify (なだめる) の意が pacify the creditor (貸し方をなだめる) から転移して「支払う」の意となった.
[用例] It's time you *paid* your debts. もうとっくに借金を返しておかなければならない頃だ/*Pay* attention to what I am going to say! これから私の言うことに注意しなさい/I'll *pay* for the dinner. 私が夕食代を払おう/You'll *pay* for that remark. その発言のために痛い目にあうだろう/Crime doesn't *pay*. 犯罪は割に合わない/How much *pay* do you get for the job?

その仕事の報酬はいくらですか.
[類義語] pay; wage; salary; fee; stipend: **pay** は労働の報酬, 代価を意味する最も一般的な語である. **wage** は通例複数形で用い, 時間, 日, 週単位の賃金や出来高払いや肉体労働, 手仕事, 半熟練的な仕事の報酬をいう. ただし, 労働用語としては広く報酬の意で用いられる. **salary** は高等な技術や知的職業に対する報酬で, 通常, 1か月またはそれ以上を単位とする. **fee** は医師, 弁護士などの専門職に支払われる1回ごとの診察料, 相談料などの手数料や謝礼金, **stipend** は専門的職業, 特殊な職業(僧侶など)に対する一定期間の報酬として支払われる固定給である.

【慣用句】**pay as you go** 《米》現金[即金]払いにする, 税金を源泉徴収で支払う. **pay back** 借金などを返す, 仕返しをする. **pay down** 現金で支払う, 月賦の頭金を払う. **pay for ...** ...の代価を払う, 償いをする. **pay in** 金を払い込む, 預金する: Are you *paying in* or withdrawing? で預金か引き出しですか. **pay into ...** 銀行や口座に払い込む. **pay off** 給料を全部払って解雇する, 負債を**全額支払う**, 〔ややくだけた表現〕過去など を清算する, 口止め料を払う. **pay one's (own) way** 〔ややくだけた表現〕借金せずに**自活する**, 赤字を出さずにやって行く, 引き合う. **pay out** 〔ややくだけた表現〕**大金を払う**, 糸, 綱などを繰り出す.
[語源] この意味で過去·過去分詞は payed も可).
pay over 〔形式ばった表現〕謝礼金などを手渡す. **pay up** 〔くだけた表現〕しばしば借金を全部支払う.

【派生語】**páid** 形 有給の, 支払い済みの. **páyable** 形 支払うことのできる, 支払うべき. **payée** 名 C 〔形式ばった語〕手形, 証券などの受取人. **páyer** 名 C 支払う人, 手形, 証券などの支払人. **páyment** 名 UC.

【複合語】**páy-as-you-éarn** 《英》源泉徴収(方式)《法》P.A.Y.E., PAYE と略す. **páy-as-you-gó** 名 U 《米》クレジットカードやローンによらない現金支払い(方式), 源泉徴収(方式). **páybèd** 名 C 病院などの有料ベッド. **páychèck** 名 C 《米》給料支払い用小切手, 給料. **páyday** 名 UC 給料日, 《英》株式市場の清算日. **páydìrt** 名 U 採算のとれる採鉱地, 〔くだけた語〕利益を生むもと, 金づる. **páy envelope** 名 C 《米》給料袋《英》pay packet). **páy hìke** 名 C 《くだけた語》《米》**賃上げ**(wage hike). **páylòad** 名 C 有料荷重(★乗客, 貨物など料金収入の対象となる積載物), ロケットの弾頭, ロケットや衛星などの燃料以外の計器類や乗組員. **páymàster** 名 C 給与支払係, 会計課長[部長], 軍隊の主計官. **páyòff** 名 U (the ~)給料や借金の支払い, 支払い日, 給料を清算して解雇すること, 報酬, 略給, 〔くだけた語〕物語のクライマックス, 意外な結末. **páy packet** 《英》=pay envelope. **páyphòne** 名 C 公衆電話 (pay telephone). **páyròll** 名 C 給料支払い名簿, 従業員名簿, 支払い給料総額. **páy slìp** 名 C 給料袋に入れる給料の支払い明細書. **páy station** 名 C 《米》公衆電話ボックス. **páy téle phone** =payphone. **páy-TV** 名 C 有線などで受信料支払い者のみに放映する**有料テレビ**.

pay·o·la /peióulə/ 名 U 〔くだけた語〕《米》レコードや商品の宣伝をしてもらうための**賄賂(を贈ること)**.
[語源] pay + ラテン語系の指小辞 -ola. 20世紀の造語.

p.c., PC /píːsíː/ 《略》=per cent.

PCB /píːsíːbíː/ 名 U 【化】ポリ塩化ビフェニール(polychlorinated biphenyl),工場廃棄物ピーシービー.

pea /píː/ 名 C 【植】えんどう,また近縁の植物の総称. その他 えんどう豆,またそれを想像させる小さくて丸い物,(通例複数形で)さやえんどう.

語源 ギリシャ語 pison (=pea)がラテン語 pisum を経て古英語に入った.中英語で pese, pees の形となって,複数形と考えられたため語末の s の音が消去された.

慣用句 (as) like as two peas (in a pod)(くだけた表現)うりふたつの. as small as a pea 非常に小さい. not worth a pea 少しの価値もない.

複合語 péa gréen 名 U 青豆色,薄緑色. péa sòup 名 U 乾燥えんどう豆で作られる黄色い濃いスープ,ピースープ.

peace /píːs/ 名 U 〔一般語〕 一般義 平和. その他 《the ~》秩序が保たれていること,泰平.また精神的に平穏であって心がなごむこと,場所などが閑静であること,静寂,静かであることから沈黙,《a ~または P-》平和[講和]条約,和睦,和解,仲直りもない.

語源 ラテン語 pax (=peace)が古フランス語 pais を経て中英語に pe(e)s, pais の形で入った.

用例 The ambassador was asked whether his country wanted peace or war. 大使は自分の国が望んでいるのは平和なのか戦争なのかと尋ねられた/She always wanted a bit of peace and quiet in her daily troubles. 彼女は毎日の苦労の中で,いつもわずかばかり平穏と静寂を求めていた/Peace was signed in November. 平和条約が11月に調印された.

類義語 harmony.

反意語 war.

慣用句 at peace 平和な[に],仲のよい,仲よく. hold [keep] one's peace 沈黙を守る,抗議しない. in peace 平和な[に],黙って: leave ... in peace 人の邪魔をしない. keep the peace 平和[治安]を維持する. let ... go in peace 人を放免する. make one's peace with ... ...と和解[仲直り]する. make peace 講和する,和平を求める. win the peace 平和をかちとる.

派生語 péaceable 形 平和を好む,温和な. péaceably 副. péaceful 形 泰平な,平和な,穏やかな. péacefully 副. péacefulness 名 U.

複合語 Péace Còrps 名 《the ~》平和部隊 (★米国から開発途上国に援助のために送られる民間団体). péacemàker 名 調停者,仲裁人. péace òffering 名 神への感謝の供物,和平のための贈り物. péace òfficer 名 U 保安官,警官. péace pìpe 名 C 平和のパイプ (★アメリカ先住民が和睦の印として吸う). péace sìgn 名 C ピース・サイン(V sign). péacetìme 名 U 平時の(⇔wartime). péace tréaty 名 C 平和条約,講和条約.

peach /píːtʃ/ 名 C 【植】もも(桃),また果物の桃,桃の実[木],その色から黄ばみがかった桃色,〔くだけた語〕すてきな人[物].

語源 ラテン語 Persicum (malum) (=Persian (apple))が古フランス語 pe(s)che を経て中英語に peche として入った.本来は中国産であるが,ペルシャを経てヨーロッパに伝えられたため,この語が生まれた.

慣用句 peaches and cream 顔色がきめの細かい薄い桃色をした.

派生語 péachy 形 人や物の色や形が桃のような,〔くだけた語〕すてきな.

複合語 péach blòssom 名 C 桃の花 (★米国 Delaware 州の州花). péach còlor 名 U 桃色. péach-lìke 形. Péach Mélba [melba] 名 CU ピーチ・メルバ (★バニラアイスクリームを基本としたデザート). Péach Státe 名 固 米国 Georgia 州の通称. péach trèe 名 C 桃の木.

pea·cock /píːkɑk | -kɔk/ 名 C 【鳥】雄のくじゃく,または一般にくじゃく,(雌は peahen,また雌雄両方の意味で peafowl という). また 【天】くじゃく座.

語源 ラテン語 pavo (=peacock)が古英語に pēa (=peafowl)の形で借用され,それが中英語で pe となり, cok (=cock)と結合して pecok となった.

用例 The peacock spread out its tail feathers like a fun. くじゃくが扇のように尾羽を開いた.

慣用句 a peacock in his pride 尾羽を広げたくじゃく,見栄を張る人. (as) proud [vain] as a peacock 大威張りで,大得意で. play the peacock 見栄を張る,威張る.

複合語 péacock blúe 名 U くじゃくの羽のように光沢のある青緑色.

pea·fowl /píːfaul/ 名 C 【鳥】雌雄いずれを問わず一般にくじゃく.

語源 ⇒peacock.

pea·hen /píːhen/ 名 C 【鳥】雌のくじゃく.

語源 ⇒peacock.

peak /píːk/ 名 C 動 本来自 〔一般語〕 一般義 山頂,山頂のとがった山. その他 物のとがった先端,突出部,屋根の先端,ひげや髪の先,帽子のまびさし. また物事の頂点,絶頂,極地,最高点[度],最大量[値,限度]を指す. 形 として最高の(度)の,絶頂の. 動 として〔形式ばった語〕最大限[頂点]に達する,そびえる.

語源 「矛や槍の穂先などのとがった先」を意味する pike の変形で,初期近代英語に登場した. pike は古フランス語 pic (=pick; pickax)からの借用で,古英語の pic (=pick; point)の形が中英語で pike, pyke などと変化した.

用例 The mountain peak was covered with snow. 山頂は雪に覆われていた/The boy wore a white cap with a green peak. 少年は緑のまびさしのついた白い帽子をかぶっていた/He was at the peak of his career. 彼はその生涯の最盛期にいた/Prices peaked in July and then began to fall. 価格は7月に最高値となり,それから下落しだした.

類義語 summit; tip²; culmination.

反意語 foot; bottom.

慣用句 peaks and valleys 浮き沈み.

派生語 péaked 形 先のとがった,まびさしのある;やつれた,衰え果てた.

複合語 péak hòurs 名《複》《the ~》交通量や電力消費量などの最高時,ピーク時,ラッシュアワー,テレビなどのゴールデンアワー: Traffic moves very slowly at peak hours. 交通量が最も多くなる時間[ラッシュアワー]には車は非常にゆっくり走る. péak lòad 名 C 発電所などの絶頂荷重. péak válue 名 U 底値に対し最高値.

peal /píːl/ 名 C 動 本来自 〔一般語〕 一般義 鐘などが鳴り響くこと. その他 音楽的な調子を合わせた一組の鐘,チャイム,またその音,さらに雷や笑い声などのとどろきの意を表す. 動 として鳴り響く,とどろく. 他 鐘を鳴らして知らせる.

語源 中英語 apele (=appeal)の頭音消失形. 中英語では鐘を鳴らしての教会への呼び出し合図の意.

pea·nut /píːnʌt/ 名 C 【植】ピーナッツ, 落花生, またその実. 比喩的に《複数形で》〔くだけた語〕《米》つまらない物[人], ごくわずかな金額.
[語源] pea＋nut. 18世紀から.
[用例] She bought some shelled *peanuts*. 彼女は殻を取ったピーナッツを少し買った/The employer paid his employees *peanuts*. 雇用主は使用人にはした金を払った.
【複合語】**péanut bùtter** 名 U ピーナッツバター. **péanut bùtter cóokie [sándwich]** 名 C ピーナッツバター入りクッキー[サンドイッチ]. **péanut gàllery** 名 C 〔俗語〕《米》劇場の最上階最後部の席, つまらない批評の出所. **péanut òil** 名 U 落花生油.

pear /péər/ 名 C 【植】せいようなし(西洋梨), その果実.
[語源] ラテン語 *pirum* (＝pear) が古英語に peru, pere の形で入った.
[用例] She's very fond of *pears*. 彼女は西洋梨が大好きだ.
【慣用句】**not worth a pear** まったく価値のない.
【複合語】**péar dròp** 名 C 西洋梨の形をした宝石, ペンダント, キャンディーなど. **péar-shàped** 形. **péar trèe** 名 C 西洋梨の木.

pearl /pə́ːrl/ 名 動 本来他 〔一般語〕─般義 あこや貝などの中にできる真珠, 《複数形で》真珠の首飾り. [その他] 〔形式ばった語〕真珠のように貴重なもの[人], 逸品, 精華, 典型, 真珠に似た物, 露, 涙, 歯, 丸薬, カプセルの意. また真珠貝の内層の部分である真珠層(mother-of-pearl), 真珠色, 《形容詞的に》真珠(色)の, 真珠に似た, 真珠製の意になる. 動 として〔形式ばった語〕真珠で飾る, 真珠のような色[形, 光沢]にする. 自 真珠を採る.
[語源] ラテン語 *perna* (＝sea mussel むらさきいがい) がフランス語を経て中英語に入った.
[用例] The necklace consists of three strings of *pearls*. ネックレスは三連の真珠からなっている/She is a *pearl* among women. 彼女は女性の鑑(かがみ)である/The eye is the *pearl* of the face. 《ことわざ》目は顔の真珠である.
【慣用句】***cast pearls before swine*** 豚に真珠を投げ与える《★値打ちのわからない者に高価なものを与える「猫に小判」の意;〔聖〕Matt. 7:6》. ***go pearling*** 真珠採りに行く.
【派生語】**péarly** 形.
【複合語】**péarl bàrley** 名 U スープ用の精白玉麦. **péarl blúe** 名 U パールブルー《★青みがかった灰色》. **péarl dìver** 名 C 真珠貝採り潜水夫. **péarl fìshery** 名 C 真珠採取業. **péarl gràv** 名 U パールグレー《★やや青みを帯びた淡灰色》. **Péarl Hárbor** 固 パールハーバー《★米国ハワイ州オアフ島の入り江で軍港の所在地; 1941年12月7日に日本軍が爆撃》. **péarl òyster** 名 C 真珠貝, あこや貝.

peas·ant /pézənt/ 名 C 〔一般語〕─般義 農場に雇われて最低生活水準で働く農業労働者, 小作人. [その他] 〔くだけた語〕《軽蔑的》教養がない田舎者, 粗野な男(boor).
[語源] 古フランス語 *païs* (＝country) から派生した古フランス語 *paisant* (田舎に住む人) がアングロフランス語を経て中英語に入った.
[語法] peasant は革命前のフランスや中国, 現代では発展途上国などに見られる.

【派生語】**péasantry** 名 U 一国の小作農たち, 小作人階級.

peat /píːt/ 名 UC 〔一般語〕燃料や肥料にする泥炭, ピート.
[語源] ケルト語起源のラテン語 *peta* (泥炭地) が中英語に入った.
【派生語】**péaty** 形 泥炭の(多い).

peb·ble /pébl/ 名 C 形 〔一般語〕水の作用によって削られてなめらかになった丸い小石, 玉石. 形 として〔くだけた語〕《限定用法》眼鏡のレンズが厚い.
[語源] 古英語の *papolstān* (＝papol-stone) から. papol は語源不詳.
[用例] The child enjoyed throwing *pebbles* into the river. 子供は小石を川に投げて楽しんでた.
[類義語] pebble; cobble; gravel: **pebble** は比較的小さな石. **cobble** は pebble より大きい丸石, 玉石. **gravel** は砂利.

pec·ca·dil·lo /pèkədílou/ 名 C 《複 ～(e)s》〔やや古風な語〕ちょっとした過ち, 微罪, 小さな欠点.
[語源] スペイン語 *pecado* (罪を犯す) の指小語が初期近代英語に入った.

peck¹ /pék/ 動 本来他 名 C 〔一般語〕─般義 鳥がくちばしで穀物をつつく, ついばむ. [その他] 先のとがったものやつるはしなどで素早く何度もつついて砕く, 割る, つきくずす, さらに穴をあけさせること. 比喩的に〔くだけた語〕食物を少しずつ食べる, いやいやながら食べる, 額や頬に申しかけに〔形式的に, 義理で〕急いでキスをする. 名 としてつつくこと, 〔くだけた語〕軽いキス. 自 としても用いられる.
[語源] 中期低地ドイツ語 *pekken* (＝to peck with the beak) が中英語に入ったと思われる.
[用例] The birds *pecked* at the corn. 鳥がとうもろこしをついばんでいた/She just *pecks* (at) her food. 彼女は本当にいやいやながら食物を口にする/She *pecked* her mother on the cheek as she left. 彼女は別れぎわに母の頬に急いでキスをした.
[類義語] pick; nip.
【派生語】**pécker** 名 C つつく鳥[物, 人], 〔俗語〕くちばし, 人間の鼻, 〔単語〕ペニス, 〔俗語〕《英》元気, 勇気. **péckish** 形〔くだけた語〕《英》腹のすいた, 《米》怒りっぽい.
【複合語】**pécking [péck] òrder** つつきの順位《★鳥の社会で順位が上のものが下のものをつつく》, 〔くだけた語〕〔こっけい〕人間社会の身分の序列, 階級の順位.

peck² /pék/ 名 C 〔一般語〕ペック《★《米》乾量の単位で¼ブッシェル(＝約8.8リットル), 《英》液量および乾量の単位で¼ブッシェル, 2ガロン(＝約9リットル)》.
[語源] 不詳.
【慣用句】**a peck of trouble(s)** たくさんの悩みごと.

pec·tin /péktin/ 名 U 【生化】りんごなどに含まれる酵素で, 食品や医薬品や化粧品などを固めるのに用いられるペクチン.
[語源] ギリシャ語 *pēktos* (＝solid)＋-in (化学物質を示す語尾) として19世紀から.
【派生語】**péctinous** 形.

pec·to·ral /péktərəl/ 形 名 【解·医】胸に関する, 胸部の, 胸部にある, 胸部疾患に効果のある, 比喩的に個人の感情に支配されている, 主観的な. 名 として《複数形で》胸筋.
[語源] ラテン語 *pectus* (＝breast) から派生した 形 *pectoralis* が古フランス語 *pectoral* を経て初期近代英語

pec·u·late /pékjuleit/ 動 本来他 〔形式ばった語〕他人から委託された金や公金などを私用に使う, 公金を横領する.
[語源] ラテン語 *peculium* (⇒peculiar) から派生した *peculari* (=to embezzle) の過去分詞形が18世紀に入った.
【派生語】**pèculátion** 名 Ⓤ.

pe·cu·liar /pikjúːljər/ 形 名 Ⓤ 〔一般語〕 一般義 〔しばしば悪い意味で〕物事や人が他の例になく奇妙な, 風変わりな, 変な. その他 本来は「個人の財産の」を意味し, ある人や物の独特な, 特有のの意から, 味が独特の, 表現や動物の鳴き声などが固有の意となり, 個人特有の, 自己流のなどから,「奇妙な」の意が出た. また行為が目立った, 才能が特殊な,〔くだけた語〕《英》〔述語用法〕かなり気分が悪いの意になる. 名 として, ある人や物に固有〔特有のもの, 私有財産, 持物.
[語源] ラテン語 *pecū* (=cattle) から派生した *peculium* (=property in cattle; private property) の 形 *peculiaris* (=of private property) が中英語に入った.「家畜」→「私有の」→「特有の」→「妙な」と意味が変化した.
[用例] What is that *peculiar* smell? あの変な臭いは何だろう/I find it rather *peculiar* that she left so suddenly. 彼女がそんなに急に出かけたのはかなり異常なことだ/This is an expression *peculiar* to Canadians. これはカナダ人特有の表現だ/Every bell has its own *peculiar* sound. 鐘にはそれぞれ独特の響きがある.
[類義語] strange; queer; odd; special.
[反意語] common; usual; general.
【派生語】**pecùliárity** 名 ⓊⒸ 特性, 特質, 異常な[風変わりな]態度, 妙な癖. **pecúliarly** 副.

pe·cu·ni·ary /pikjúːnieri | -njə-/ 形 〔形式ばった語〕金銭に関する, 金銭上の.
[語源] ラテン語 *pecū* (=cattle) から派生した *pecunia* (=riches in cattle; money) が初期近代英語に入った.

pedagogic ⇒pedagogy.

ped·a·gog, 《英》**ped·a·gogue** /pédəɡɔ(ː)ɡ/ 名 Ⓒ 〔軽蔑的な語〕学者ぶって教える人, 独断的な教育者, ユーモラスに用いて〔厳格な〕教師.
[語源] ギリシャ語 *paidagōgos* (=slave who took a boy to and from school; *pais* boy + *agōgós* leading) がラテン語を経て中英語に入った. 原義は「少年を学校に送り迎えする奴隷」.

ped·a·go·gy /pédəɡoudʒi | -ɡɔdʒi, -ɡoɡi/ 名 Ⓤ 〔形式ばった語〕職業としての教育, 学問としての教育学, 教授法.
[語源] ギリシャ語 *paidagōgos* (⇒pedagog) から派生した *paidagōgia* が古フランス語 *pedagogie* を経て初期近代英語に入った.
【派生語】**pèdagógic** 形 教育学の, 教育的な.

ped·al /pédl/ 名 Ⓒ 本来自 形 〔一般語〕自転車, 自動車, ミシン, またピアノ, オルガンなど楽器類のペダル, 足踏みレバー, 踏み板. 動 としてペダルを使う[踏む], ペダルを踏んで進む. 他 ペダルを踏んで動かす[演奏する]. 形 として足部の, ペダルの.
[語源] ラテン語 *pes* (=foot) から派生した *pedalis* (=of foot) が中フランス語 *pedale* を経て初期近代英語に入った.
[用例] push down on the *pedals* ペダルを踏みおろす/He *pedaled* away as fast as he could. 彼はできるだけ速くペダルを踏んで進んでいった.
[対照語] manual.
【複合語】**pédal bòat** 名 Ⓒ ペダルボート, 水上自転車 (pedalo). **pédal stéel guitàr** 名 Ⓒ ペダルスチールギター.

ped·ant /pédənt/ 名 Ⓒ 〔軽蔑的な語〕こむずかしい理屈をやたらに振り回す人, 知識をひけらかして学者ぶる人, 衒(てら)学者.
[語源] イタリア語 *pedante* (=teacher; schoolmaster) がフランス語 *pédant* を経て初期近代英語に入った.
【派生語】**pedántic** 形. **pédantry** 名 ⓊⒸ 学者ぶること, 学者ぶった行為.

ped·dle /pédl/ 動 本来他 〔軽蔑的な語〕 一般義 こまごました品物を戸別訪問して売る, 行商をする. その他 麻薬や盗んだ物を売る. あちこち売って回ることから, うわさや思想をふりまいて回る. また取るに足らない事に神経をすりへらし, つまらない事にあくせくするの意もある.
[語源] pedlar からの逆成で初期近代英語から. pedlar は本来 basket を意味する語源不詳の ped, pedde に由来する. なおラテン語 *ped-* (=foot) から派生した中世ラテン語 *pedarius* (歩いて行く人) が語源とする説もある.
【派生語】**péddler**, 《英》**pédlar** 名 Ⓒ 行商人. **péddlery**, 《英》**pédlary** 名 Ⓤ 行商, 行商人の扱う品, 小間物.

ped·er·ast /pédəræst/ 名 Ⓒ 〔一般語〕少年を愛する男色者.
[語源] *pais* (=child) + *erastēs* (=lover) から成るギリシャ語 *paiderastēs* が初期近代英語に入った.
【派生語】**péderasty** 名 Ⓤ.

ped·es·tal /pédəstl/ 名 Ⓤ 〔建〕円柱や胸像を載せる普通は石造りの台, 台座, 比喩的に物事の基盤, 土台.
[語源] イタリア語 *piedestallo* (*pie* foot + *di* of + *stallo* stall) がフランス語 *piédestal* を経て初期近代英語に入った.
【慣用句】 *knock ... off ...'s pedestal* 尊敬されている場所から引きずり降ろす. *set* [*put*] *... on a pedestal ...* を祭り上げる.

pe·des·tri·an /pədéstriən/ 名 Ⓒ 形 〔一般語〕 一般義 町や通りを行く歩行者, 徒歩通行人. その他 徒歩愛好者, 徒歩競走者, 足の丈夫な人, 散歩好きの人. 形 として徒歩の, 歩行者の, また「ぶらぶら歩くような」の意から,〔軽蔑的〕文体などが散文的な, 粗雑な, 平凡な, 講義などがつまらないの意味する.
[語源] ラテン語 *pes* (=foot) から派生した *pedester* (=going on foot) が18世紀に入った.
[用例] Three *pedestrians* were hit by the car. 歩行者3人が車にはねられた/He gave a *pedestrian* account of his travels. 彼は自分の旅行についてありふれた説明をした.
【派生語】**pedéstrianism** 名 Ⓤ 徒歩, 徒歩旅行[主義], 文体などの平凡さ, 散文体. **pedéstrianize** 動 本来他 道路を歩行者専用道路に変える. 自 徒歩旅行する, 歩く.
【複合語】**pedéstrian brídge** 名 Ⓒ 横断歩道橋 (★英米では普通見られない). **pedéstrian crósswalk** [《英》**cróssing**] 名 Ⓒ 横断歩道 (★掲示では《米》

Ped Xing,《英》zebra crossing).　**pedéstrian ísland** 名C 歩行者用**安全地帯**.　**pedéstrian précinct [stréet]** 名C 市街地の車両進入禁止区域, 歩行者天国.
pediatrician ⇒pediatrics.
pe・di・at・rics /pìːdiǽtriks/ 名U《医》小児科学.
[語源] ギリシャ語 pais (=child) + iatros (=physician) として 20 世紀から.
【派生語】**pèdiátric** 形.　**pèdiatrícian** 名C 小児科医.

ped・i・cure /pédikjuər/ 名UC 〔一般語〕足の美爪(づめ)術(を施す人), ペディキュア.
[語源] フランス語 pédicure (ラテン語 pedi- foot + cura cure) が 19 世紀に入った. 本来は「足の治療」を意味した.

ped・i・gree /pédəgriː/ 名CU 形 〔一般語〕〔一般義〕 人や動物の先祖代々の系統図, 系図. [その他] 動物の血統, 純血種, 人の家系, 経歴, [形式ばった語] 立派な家柄, 名門. 形 として, 家畜の血統がよい, 純血の.
[語源] 古フランス語 pie de grue (=crane's foot) がアングロフランス語 pedegru を経て中英語に入った.「小」の字に似た鶴足が系図の図式に似ていることから.
【派生語】**pédigreed** 形.

ped・i・ment /pédəmənt/ 名C 〔一般語〕古代ギリシャ風建築の三角形の切妻壁, ペディメント, またそれに似た三角形の山のふもと, 山麓の傾斜面などもいう.
[語源] pyramid の変化形と考えられる. 初期近代英語から.

ped・lar /pédlər/ 名《英》=peddler.

pe・dom・e・ter /pidámətər/-ɔ́-/ 名C 〔一般語〕歩いた歩数を計測し記録する器具, 万歩計.
[語源] フランス語 pédomètre (ラテン語 ped- foot + ギリシャ語 metron meter) が 18 世紀に入った.

pee /píː/ 動 本来自 名 U 〔単語〕小便をする. 名 として《しばしば a ~》小便をすること, また小便.
[語源] piss 語頭音から. 本来は piss の婉曲語法だった. 18 世紀から.

peek /píːk/ 動 本来自 名 〔くだけた語〕隠れた場所から見てはいけないものをこっそり盗み見する, すばやくのぞき見する, 物が穴などからちらっと見える, のぞく. 名 として《a ~》のぞき見.
[語源] 「のぞく」という意味でオランダ語や北欧語に対応する語がある. 中英語の piken からと考えられる. ⇒peep.

peek・a・boo /píːkəbùː/ 名UB 形 〔一般語〕赤ん坊をあやすための言葉, いないいないばあ. 形 として〈限定用法〉女性用のブラウスなどにレース状の穴のあいた装飾がついている, シースルーの生地で作ってある, ヘアスタイルが片目を隠した.
[語源] ⇒peek.

peel /píːl/ 動 本来他 名 U 〔一般語〕〔一般義〕果物, 野菜, 樹木などの皮をむく, 皮をはがす. [その他] 皮をむくことから, 卵などの殻をはがす, 〔くだけた語〕衣服などを脱ぐ, 脱がす. 自 として, ペンキなどがはげ落ちる. 名 として, 果物, 野菜などの皮.
[語源] ラテン語 pilare (=to remove the hair from) が古フランス語 peler を経て中英語に入った.
[用例] One usually *peels* an orange before eating it. オレンジを食べる前は普通皮をむく / The paint is beginning to *peel* (off). ペンキがはがれだしている / Tomatoes *peel* easily. トマトの皮は簡単にむける.

[類義語] peel; pare; skin: **peel** は果物や野菜などの自然にできている皮を, どちらかというと手でむくことを意味し, **pare** は皮だけではなく中味の一部や表面を, どちらかというとナイフなどで切り整えることを意味する. **skin** は果物の皮をむくにもなるが, 本来は獣の皮をはぐことや, 人間や動物の柔らかい皮膚を意味する.

【慣用句】*keep one's eyes peeled*〔俗語〕油断なく見張る, 警戒する.　*peel away* …の皮をむきとる.　*peel back* ズボンのすそなどを折り返す.　*peel eggs*〔俗語〕《英》形式ばる, 遠慮する.　*peel it*〔俗語〕《米》全速力で走る.　*peel off* ペンキ, 壁などがパラパラとはがれる, 《空》編隊を離れて旋回しながら急降下する, 〔くだけた表現〕衣服をすっかり脱ぐ.

【派生語】**péelings** 名 《複》果物や野菜などのむいた皮.

peep¹ /píːp/ 動 本来自 名C 〔一般語〕〔一般義〕小さな穴やすき間からのぞく, すばやくのぞき見する. [その他] のぞくことから, こっそり盗み見する意となり, 見られる方の立場からすると, そっと姿を表わす, 草花や太陽の一部がしだいに現われる, 顔を出す, 芽を出す意となる. 名 として《a ~》のぞき見, 盗み見, ちらっと見ること,〔形式ばった語〕《しばしば the ~》始め, 見え始め, またのぞき穴の意にもなる.
[語源] 中英語 piken (=to peek) から.
[用例] She *peeped* through the window. 彼女は窓から覗き見した / He *peeped* at the answers at the back of the book. 彼は巻末の解答を盗み見した / The sun *peeped* out from behind the clouds. 太陽が雲の後ろから顔を出した.

【慣用句】*at the peep of day*〔文語〕夜明けに.　*get a peep at … *…をちらっと見る.

【派生語】**péeper** 名C のぞき見する人, せんさく好きの人.
【複合語】**péephòle** 名C ドアなどののぞき穴, ふし穴.　**péeping [Péeping] Tóm** 名C のぞき見する人, 好色男, のぞき魔.　**peep shòw** 名C のぞきからくり,〔俗語〕卑猥な見世物.

peep² /píːp/ 名C 動 本来自 〔一般語〕〔一般義〕ひな鳥などのぴいぴいという鳴き声, 機械音や電子音のピー, ブー. [その他]〔否定文で〕小言, 不平, 文句. 動 としてぴいぴい鳴く, ピー [ブー] と鳴る.
[語源] 擬音語. 中英語から.

peer¹ /píər/ 名C 動 本来自 〔一般語〕《英》貴族, 上院議員. [その他] 〔やや形式ばった語〕年令, 能力, 資格などが同等の人, 対等の人, 匹敵する人, 同輩, 同僚, 仲間の意.
[語源] ラテン語 par (=equal) がフランス語を経て中英語に入った. ⇒pair.
[用例] He used to be in the House of Commons but he has been made a *peer*. 彼はかつて下院議員であったが, 今では上院議員に列せられている / The child was disliked by his *peers*. その子は仲間から好かれていなかった.

[対義語] commoner.
【慣用句】*without (a) peer* 無類の, 並ぶ者のない.
【派生語】**péerage** 名《the ~; 単数または複数扱い》貴族, 貴族階級, 貴族社会.　**péeress** 名C 貴族の夫人, 有爵夫人,《英》女性上院議員.　**péerless** 形《良い意味で》無比の, 比類のない.
【複合語】**péer gròup** 名C 同じ社会的背景をもつ仲間集団.

peer² /píər/ 動 本来自 〔一般語〕見うらいものなどを見分けようと目を凝らしてじっと**見詰める**.
語源 appear の語頭音が消失したもの. 初期近代英語から.

peeve /píːv/ 動 本来他 C 〔くだけた語〕(しばしば受身で)**いらいらさせる, じらす**. 名 として**悩みの種**.
語源 peevish からの逆成. 20 世紀初頭から.
【派生語】**péevish** 形 気難かしい, 怒りっぽい. **péevishly** 副. **péevishness** 名 U.

pee-wee /píːwiː/ 名 C 〔くだけた語〕人や物が小さいことで, 特に子供がちびの, 《米》スポーツで 8-9 歳の子供からなる, **ちびっ子**.... 名 としてちび, **小さなビー玉**, 《鳥》**ビーウィー**.
語源 ⇒wee.

peg /pég/ 名 C 動 本来他 〔一般語〕 一般義 物をかけたり板をつなぎ合わせたりする留め**木[金]や木[金]くぎ**. その他 たるや板などの穴をふさぐ**栓**, テントを張る**杭**(くい), 帽子などをかける**掛けくぎ**, 弦楽器の**糸巻き**など. 杭は物のひっかかりとなることから, 比喩的に物事のきっかけ, 理由, 口実などを意味し, くぎで印をつけることから「得点の印」であり, 評価などの**段階**, 等級, 値段などの**一定水準**を意味する. また 《英》洗濯ばさみやウイスキーのハイボールの意にもなる. 動 としてくぎ[杭]で留める, **くぎ[杭]を打つ**.
語源 低地ドイツ語 pegel (=stake; pile) と関係のある中期オランダ語 pegge から借用されて中英語に入ったと思われる. 詳細は不詳.
用例 The children had to hang their clothes on the *pegs* in the cupboard. 子供たちは押入れに自分たちの衣類を掛けなければならなかった / There were four *pegs* stuck in the ground to show where the house would be built. 家を建てる場所を示すために, 地面に 4 本の杭がさしてあった.
【慣用句】*a square peg in a round hole*=*a round peg in a square hole* 〔ややくだけた表現〕丸穴に角ぎ[角穴に丸くぎ], **不適任者**. *be level pegging* 〔くだけた表現〕同じようにうまく行っている, **同等である**. *come down a peg* やりこめられる, 人の値うちがさがる. *off the peg* 〔くだけた表現〕《英》服などが出来あいで, **既製で**. *on the peg* 〔俗語〕**拘留されて**. *peg away at ...* 〔くだけた表現〕《英》…をせっせとやる, 根気よく続ける. *peg down* テントを杭で固定させる, 人をくぎ付けにする, **拘束する**. *peg out* 〔俗語〕《英》**死ぬ**, くたばる, 物が尽きる, なくなる. *take* [*bring*; *let*] *... down a peg (or two)* 〔くだけた表現〕人をやりこめる, **人の鼻柱を折る**.
【派生語】**pégless** 形. **péglike** 形.
【複合語】**pégbòard** 名 CU 道具などをかけるために壁にとりつけた穴のあるハンガーボード, くぎさし板, 《ゲーム》**ペッグボード**. **pég lèg** 名 C 〔くだけた語〕**木製の義足**(の人).

pe-jo-ra-tive /píː(ː)dʒərətiv/ 形 名 C 〔形式ばった語〕言葉使いなどが**軽蔑的な**. 名 として**軽蔑語**.
語源 後期ラテン語 *pejorare* (=to make worse) の過去分詞の語幹から派生したフランス語 形 *péjorative* が 19 世紀に入った.

peke /píːk/ 名 C 〔くだけた語〕(しばしば P-)《犬》**ペキニーズ**(Pekinese).
Pekinese ⇒Peking.
Pe-king /píːkíŋ/ 名 固 **ペキン(北京)** (★現表記は Beijing).
【派生語】**Pèkinése** 形 名 =Pekingese. **Pekin-gese** /pìːkiŋíːz/ 形 ペキン(人, 語)の. 名 CU ペキン人[語], 《犬》ペキニーズ(★愛玩用のちんみに似た小犬).
【複合語】**Péking Mán** 名 U 《人》**ペキン原人**.

pe-koe /píːkou/ 名 U 〔一般語〕新芽を摘んでつくった上等な紅茶, **ペコー**.
語源 中国厦門(シャモイ)方言 *pek-ho* (中国語 *pek* white +*hao* down) が 18 世紀に入った.

pe-lag-ic /piláédʒik/ 形 〔形式ばった語〕**外洋の, 遠洋の, 魚が外洋性の**.
語源 ギリシャ語 *pelagos* (=the sea) の形 *pelagikos* がラテン語 *pelagicus* を経て初期近代英語に入った.

pel-i-can /pélikən/ 名 C 《鳥》**ペリカン**.
語源 ギリシャ語 *pelekus* (=axe) から派生した *pele-kan* がラテン語を経て古英語に pellicane に入った.

pel-let /pélit/ 名 C 動 本来他 〔一般語〕紙やろうなどを小さく丸めたもの, **小弾丸**, **小丸薬**, ふくろうなどが吐き出す不消化の骨や羽のかたまり, ペリット, うさぎなどの**糞**.
動 として, 動物のえさなどを小さく丸める, **固形飼料にする**.
語源 ラテン語 *pila* (=ball) の指小語形が古フランス語を経て中英語に入った. ⇒pill.

pel-lu-cid /pəljúːsid/ 形 〔文語〕**澄みきっている, 透明な**.
語源 ラテン語 *perlucere* (=to shine through) から派生した *pellucidus* が初期近代英語に入った.

pel-met /pélmit/ 名 C 〔一般語〕カーテンの飾りが見えないようにするもの, **金具かくし, 掛け布**(valance).
語源 palmette (しゅろ紋)の変形. 19 世紀から.

pelt¹ /pélt/ 動 本来他 名 U 〔一般語〕人に物や石などを繰り返し投げつける, 比喩的に質問などを**浴びせかける**. 自 雨, あられ, 雪が**激しく降る**(down). 名 として, 物を続けざまに投げつけること.
語源 不詳. 中英語から.

pelt² /pélt/ 名 C 〔一般語〕毛がついたままの**毛皮, 羊**, やぎなどの**生皮**.
語源 古フランス語 *pel* (=skin) から派生した語で, 中英語から.

pelvic ⇒pelvis.
pel-vis /pélvis/ 名 C (複 ~*es*, *-ves*/viːz/) 《解》**骨盤**.
語源 近代ラテン語が初期近代英語に入った. 原義は「水鉢, 洗盤」.
【派生語】**pélvic** 形.

pem-mi-can, pem-i-can /pémikən/ 名 U 〔一般語〕乾燥肉に果実と脂肪を混合して固めたアメリカ先住民の携帯用保存食, **ペミカン**.
語源 アメリカ先住民の言葉から 18 世紀にアメリカ英語に入った.

pen¹ /pén/ 名 C 動 本来他 〔一般語〕 一般義 インクで書くペン, 羽根ペン, 万年筆, ボールペン. その他 特に**ペン先**(nib)を指すこともある. 比喩的に (the ~) ペンを用いてする仕事, すなわち著述業としての**文筆, 著作**, さらに**文筆業, 著述業**の意. また**文筆家, 著述家, 作家**や**筆致, 文体**の意も表す. 動 として, ペンで手紙を書く, **文や詩を作る**.
語源 印欧祖語 *pet-* (=to fly) から派生し, ラテン語 *penna* (=feather), 古フランス語 *penne* を経て中英語に入った. 原義は「鳥の羽軸をとがらせたもの」.
用例 My *pen* needs a new nib. 私のペンには新しいペ

ン先が必要だ/fill [put ink in] a *pen* 万年筆にインクを入れる/The author used a bitter and ironic *pen*. その作家は辛辣(しんらつ)で皮肉な筆致で書いた/He lived by his *pen*. 彼は文筆で生計を立てた/The *pen* is mightier than the sword. 《ことわざ》ペンは剣よりも強し.
[関連語] quill (羽根ペン, 鵞ペン); fountain pen (万年筆); ball-point pen (ボールペン); felt-tip pen (フェルトペン); ruling pen (からす口); pencil (鉛筆).
【慣用句】*a slip of the pen* 書き誤り, *by one's pen* 文筆で(生活する). *dip [write] one's pen in gall* 毒筆をふるう. *pen and ink* 筆墨, 著述: write with [in] *pen and ink* ペンで書く. *put one's pen through* ... 文字や線を書いて消す, 抹消する. *set [put] pen to paper* [形式ばった表現] 書き始める, 筆を執る. *take up one's pen* 筆を執る.
[複合語] **pén-and-ínk** [名] [C] ペンで書いた. **pén fríend** [名] [C] 《英》文通友だち(《米》pen pal). **pénhòlder** [名] [C] ペン軸, ペン掛け. **pénknìfe** [名] [C] ポケット・ナイフ. **pénman** [名] [C] 筆家, 著述業者. **pénmanshìp** [名] [U] ペン習字, 書道, 書法, 書体. **pén nàme** [名] [C] 筆名, ペンネーム, 雅号. **pén pàl** [名] [C] 《米》= pen friend. **pén pùsher** [名] [C] 〔軽蔑的な語〕事務員[屋].

pen² /pén/ [名] [動] [本来語] [一般語] [一般義] 家畜などのおりや囲い. [その他] (~ of) 集合的におりの中の動物. 小さな囲いということから, 人を監禁したり保護したりする保護室, 食物を収納しておく貯蔵所[室, 箱]. [動] として [形式ばった語] 動物や人を狭い囲いの中に入れる, 閉じ込める, 監禁する.
[語法] しばしば複合語で用いられ, playpen (ベビー・サークル)のように用いる.
[語源] 古英語 penn (=enclosure) から. 詳細は不詳.
[用例] The dog chased the sheep into the *pen*. 犬が羊をおりに追い込んだ/The sheep have to be *penned* (in) every night. 羊は毎晩おりに入れておかなければならない.

P.E.N /pén/ [略] = International Association of Poets, Playwrights, Editors, Essayists and Novelists (国際ペンクラブ).

pe·nal /píːnəl/ [形] [一般語] [一般義] 刑罰に関する, 刑法上の. [その他] 刑事罰を受ける場所の, 行為が刑に相当する, 税や利率が非常に厳しいなどの意を表す.
[語源] ラテン語 *poena* (=punishment) の形 *poenalis* が中英語に入った.
[派生語] **pénalìze** [動] [本来他] 罰する, スポーツなどで罰を課する, ペナルティーを与える.
【複合語】**pénal códe** [名] 《the ~》刑法. **pénal sérvitude** [名] [U] 《英》《法》重労働の懲役.

pen·al·ty /pénlti/ [名] [C] [一般語] [一般義] 法律, ルール, 契約違反に対する処罰や刑罰. [その他] 契約や合意事項の不履行などによって課せられる罰金, 科料, 違約金, 反則金. また [形式ばった] 状態や行為に応じて生じた不利, 不愉快な結果を表し, 所為(しょい), 報い, 因果, たたり, ばち, 〔スポ〕反則に対する罰, ペナルティーの意.
[語源] ラテン語 *poenalis* (⇒penal) から派生した中世ラテン語 *poenalitas* が初期近代英語に入った.
[用例] The death *penalty* has been abolished in this country. 死刑はこの国では廃止されている/They did wrong and they will have to pay the *pen-*

alty. 彼らは悪事を働いたので罰を受け[罰金を払わ]なければならないだろう/The referee awarded the team a *penalty*. レフリーはそのチームにペナルティーを課した.
[類義語] punishment; sentence; fine.
【慣用句】*on [under] penalty of* ... 違反すれば...の罰を受けるという条件下で.
[複合語] **pénalty clàuse** [名] [C] 契約書の違約[罰則]条項. **pénalty gòal** [名] [C] 《球技》ペナルティー・キックによる得点, ペナルティー・ゴール. **pénalty kìck** [名] [C] 《球技》ペナルティー・キック (★相手チームの反則によって与えられるキック).

pen·ance /pénəns/ [名] [UC] 〔やや形式ばった語〕[一般義] 《カト》告解(の秘跡). [その他] 悔い改めること.
[語源] ラテン語 *paenitentia* (= penitence) が古フランス語を経て中英語に入った.

pence /péns/ [名] penny の複数形.

pen·cil /pénsl/ [名] [CU] [一般語] [一般義] 鉛筆. [その他] 〔文語〕鉛筆で描く絵などの画風, 画法. また鉛筆状のとがった物, 棒状の化粧品, まゆ墨, 口紅, 《光》光束, 《数》直線束. [動] として...に鉛筆で書く[描く].
[語源] ラテン語 *penis* (=tail) の指小語 *penicillus* (=brush) が古フランス語 *pincel* を経て中英語に入った. 原義は「毛先の細い絵筆」. 「鉛筆」の意は pen の意との連想から.
[用例] This *pencil* needs sharpening [to be sharpened]. この鉛筆は削らなければならない/What a beautiful *pencil* drawing it is! 何とすてきな鉛筆画だろう/The girl made her eyebrows darker with an eyebrow *pencil*. 少女はまゆ毛をペンシル型まゆ墨で一層黒く塗った.
[関連語] ⇒pen.
【慣用句】*write in [with a] pencil* 鉛筆で書く. *pencil ... in* 鉛筆で,...のことを仮に書いておく.
[複合語] **péncil bòx [càse]** [名] [C] 鉛筆入れ, 筆箱. **péncil shàrpener** [名] [C] 鉛筆削り器.

pen·dant /péndənt/ [名] [C] [一般語] [一般義] ぶら下がっているもの, 首飾りのペンダント, イヤリングなどの垂れ飾り. [その他] 天井からぶら下がっている吊りランプ, シャンデリア, 懐中時計の吊り環, 《海》短索, 《英》三角旗 (pennant). [形] として垂れ下がっている(pendent).
[語源] ラテン語 *pendere* (= to hang) が古フランス語で *pendre* となり, その現在分詞 *pendant* が中英語に入った.

pen·dent /péndənt/ [形] [名] [C] 〔形式ばった語〕[一般義] 垂れ下がっている. [その他] 崖などが外に向って張り出している. また解決すべき問題がまだ解決されていない, 未決の(pending). [名] = pendant.
[語源] 古フランス語 *pendant* (⇒pendant) から中英語に入った.

pend·ing /péndɪŋ/ [形] [前] 〔形式ばった語〕[一般義] 問題などが未だ解決されていない, 未決定の, 審理中の. [その他] 今にも何かが起ころうとする, 差し迫った. [前] として...の間, ...まで.
[語源] フランス語 *pendant* (⇒pendant) の現在分詞語尾 -ant の代わりに-ing が付いて 18 世紀から.

pen·du·lous /péndʒʊləs | -djʊ-/ [形] 〔形式ばった語〕物が固定されずに垂れ下がっている, またはぶらぶら揺れている.
[語源] ラテン語 *pendere* (= to hang) から派生した *pendulus* (= hanging down) が初期近代英語に入

pen・du・lum /péndʒuləm| -dju-/ 名 [C] 〔一般語〕
[一般語] 揺れるもの, 特に時計などの**振り子**. [その他] 比喩的に振り子のように規則的に極端から極端へと揺れること, 情勢などの**変動**.
[語源] ラテン語 *pendulus* (⇒pendulous) から派生した近代ラテン語が初期近代英語に入った.

penetrable ⇒penetrate.

pen・e・trate /pénətreit/ 動 [本来他] 〔一般語〕[一般語] 弾丸や刃物などが**突き通る, 貫く, 貫通する**. [その他] 声が突き通る, 陰茎を膣に挿入する, スパイが潜入する, においなどがしみ込む, 比喩的に思想や文化が人の心に穏やかに影響を及ぼす, 会社の製品がある地域に浸透する. また[くだけた語]人の心や感情を**見抜く, 洞察する, 理解する**. 自 として**突き通る, しみ込む**, 複雑なことが**理解される**.
[語源] ラテン語 *penetrate* (=to enter; to pierce into) が中英語に入った.
[用例] The bullet *penetrated* his left shoulder. 弾丸が彼の左肩を貫通した/His voice *penetrated* the silence. 彼の声が沈黙を破って聞こえてきた.
[派生語] **pénetrable** 形 **貫通できる, 見抜ける**.
pénetrating 形 **浸透する, よく見抜く, 洞察力のある**.
pènetrátion 名 [U] **侵入, 貫通, 見識, 洞察力**.
pénetrative 形 **浸透性の, 鋭敏な, 洞察力のある**.

pen・guin /péŋwin/ 名 [C]〔鳥〕**ペンギン**.
[語源] ウェールズ語 *pengwyn* (*pen* head + *gwyn* white) が初期近代英語に入ったと思われるが, 詳細は不詳.

pen・i・cil・lin /pènisílin/ 名 [U]〔薬〕**ペニシリン**.
[語源] ラテン語 *penicillus* (=small brush) から派生した *penicillium* (青かび) と名詞語尾-in から 20世紀に造られた. 培養した青かびの先端が絵筆の毛先に類似していることから.

pen・in・su・la /pənínsjulə/ 名 [C] 〔一般語〕**半島**
〔語法〕しばしば地名と共に用いて大文字で始める; Pen., pen. と略す).
[語源] ラテン語 *paeninsula* (*paene* almost + *insula* island) が初期近代英語に入った.
[用例] Spain and Portugal together form the Iberian *Peninsula*. スペインとポルトガルが一緒になってイベリア半島を形づくっている.
[派生語] **penínsular** 形 **半島(状)の, 半島にある**.
penìnsulárity 名 [U] **半島状, 島国根性, 偏狭**.

pe・nis /pí:nis/ 名 [複 ~es, penes/pi:ni:z/] 〔解〕**陰茎, ペニス**.
[語源] ラテン語 *penis* (=tail) が初期近代英語に入った.

penitence ⇒penitent.

pen・i・tent /pénətənt/ 形 [C] 〔形式ばった語〕宗教上の罪などを犯したため**後悔している(人), 悔い改めている(人)**.
[語源] ラテン語 *paenitere* (=to repent) の現在分詞 *paenitens* が古フランス語 *penitent* を経て中英語に入った.
[派生語] **pénitence** 名 [U] **後悔, ざんげ**. **pènitèntial** 形. **pènitèntiary** 名 [カト] **内赦院**, (米) **刑務所**, **改悛の**, (米) **刑務所行きに値する**.
pénitently 副.

pen・nant /pénənt/ 名 〔一般語〕[一般語] 船が信号用に使う三角形の細長い旗, **三角旗, 長旗**. [その他] スポーツの優勝チームに与えられる旗, **優勝旗**, または大学のスポーツの応援に使われる旗, **応援旗**.
[語源] pendant と pennon との混合で初期近代英語から.

penniless ⇒penny.

pen・non /pénən/ 名 [C] 〔一般語〕[一般語] かつて馬上の騎士が槍の先につけた三角形または燕尾形の旗, **槍旗**(ぅ). [その他] 船の**三角旗**(pennant).
[語源] 古フランス語 *penne* (=feather) に増大辞-on が付いた *penon* (=streamer; feather of an arrow) が中英語に入った.

Penn・syl・va・nia /pènslvéinjə/ 名 固 **ペンシルバニア**(《米国東部の州; 略 Pa., Penn. 〖郵〗PA).
[語源] この地を開拓した William Penn の名にラテン語 *sylvania* (=woodland) を加えたもの.

pen・ny /péni/ 名 [C] [複: 貨幣単位で **pence**; その他で **pennies**] 〔一般語〕[一般語] **英国の貨幣単位ペニーおよびそのペニー銅貨** (★1971年の十進法開始日 (Decimal Day) 以降 100分の1 pound; 旧制度では十二進法で 240分の1 pound). [その他] 米国やカナダでの**1セント銅貨**. 自に 〔否定文で; a ~ で〕全くないことを強調して**一銭[円, 文](ぉ)**, 〔pennies で〕**小銭, わずかな金**, はした金の意も表す.
[語源] 省略記号は p /pi:/ で 12 p (p = 12 pence) のように用いる. 通例複数の pence は 2-11 と 20 では1語で綴って /-pəns/ と発音する: fivepence /fáivpəns/. その他の数では 2語で綴り /péns/ と発音する. 特殊な発音として旧制度では halfpenny /héipəni/, halfpence /héipəns/, twopence /tʌpəns/, threepence /θrépəns/ と発音されていたが, 新制度ではそれぞれ /há:fpəns/, /tú:pəns/, /θrí:pəns/ のように発音されるようになった.
[語源] ラテン語 *pannus* (貨幣の代わりとして用いられた cloth) が古英語に pennig の形で入った. 元来はゲルマン語で pawn と関係あるという説もある.
[用例] It costs seventy-five *pence*. その値段は75ペンスである/I need three *pennies* to get a cup of coffee from the coffee-machine. コーヒー販売機からコーヒー1杯飲むのに 3 ペニーいる/I have not a *penny*. 私は文なしだ/A *penny* saved is a *penny* gained. 《ことわざ》**1ペニーの節約は1ペニーのもうけ**/In for a *penny*, in for a pound. 《ことわざ》**一度やり始めたことは最後までやらなければならない**(乗りかかった船).
【慣用句】*a bad penny* 〔くだけた表現〕**いやな人[物]**. *A penny for your thoughts*. 〔くだけた表現〕**黙って考えごとをしている人に対して君の意見を聞かせてくれ**. *a pretty penny* 〔くだけた表現〕**かなりの金額**. *count (the) pennies* 〔くだけた表現〕《英》**できるだけ倹約する**. *... off with [without] a penny* 〔くだけた表現〕...**をわずかの金を与えて[与えずに]勘当する**. *if a penny [cent; dime]* **確かに**. *in penny numbers* **少しずつ, 小間切れに**. *pennies from heaven* 〔くだけた表現〕**棚からぼたもち**. *pinch pennies* 〔くだけた表現〕《米》**できるだけ倹約する**. *spend a penny* 〔くだけた表現〕《英》**婉曲にトイレにいく**(★硬貨を使う有料公衆便所から生じた; 子供たちに同士または母と子供の間で用いる). *The penny (has) dropped*. 〔くだけた表現〕《英》**うまくいった, 言われたことがやっとわかった**(★「自動販売機に硬貨が入った」の意味から). *two [ten] (for) a penny* 〔くだけた表現〕《英》《軽蔑的》**安物, ありふれた**

物(《米》a dime a dozen). ***turn [earn] an honest penny*** まじめに稼ぐ, 小金をためる.
【派生語】**pénniless** 形 一文無しの, 大変貧しい.
【複合語】**pénny arcáde** 名 《主に米》娯楽場[街], ゲームセンター(★硬貨を入れるゲーム機がたくさんある). **pénny pincher** 名 C 《くだけた語》《米》けちん坊. **pènny-pìnching** 形 けちな. **pénnyweight** 名 C ペニーウェイト(★英国の重量単位, 1/20 ounce). **pén-ny-wíse** 形 一文惜しみの: *penny-wise* and penny-foolish (ことわざ) 一文惜しみの百失い.

pe·nol·o·gy /piːnάlədʒi | -ɔ́-/ 名 U 〔形式ばった語〕 刑罰学, 刑務所管理学.
 語源 ギリシャ語 *poinē* (=fine; penalty)+-logy「...学」として 19 世紀から.

pen·sion /pénʃən/ 名 C 動 本来他 〔一般語〕 一般義 国や企業が引退した人に支払う**年金**や**恩給**. その他 一般に学者や芸術家に支給される補助金, 助成金, 奨励金, 手当て. 動 として**年金[恩給]を支給する**, 年齢や病気を理由に**年金を与えて退職させる**(off).
 語源 ラテン語 *pendere* (=to pay; to weigh) の 名 *pensio* が古フランス語を経て中英語に入った.
 用例 The retirement *pension* is usually known as the old age *pension*. 退職年金は通常, 老齢年金のことである.
【慣用句】***draw [be granted] a pension*** 年金をもらう.
【派生語】**pénsionable** 形 年金[恩給]を受ける資格[権利]がある. **pénsionary** 形 年金[恩給]を受けている, 年金の. 名 C 年金[恩給]受給者. **pénsioner** 名 C 年金[恩給]受給者.

pen·sive /pénsiv/ 形 〔形式ばった語〕 重大な事や憂うつな事などを考えこんでいる, 悲しげに見える, 物思いにふけっている.
 語源 フランス語 *penser* (=to think) の 形 *pensif* が中英語に入った.
【派生語】**pénsively** 副.

pen·stock /pénstɑk | -stɔk/ 名 C 〔一般語〕水の流れを調節する**水門**, また《米》水車に水を引く**水路**, 水圧管.
 語源 pen(=mill dam)+stock(=store, fund). 初期近代英語から.

pen·ta·gon /péntəgɑn | -gən/ 名 C 〔一般語〕 一般義 **5 角形**. その他 (the P-) 建物が 5 角形であるところから, 米国の**国防総省**およびその建物.
 語源 ギリシャ語 *pentagōnon* (=five-cornered; *penta-* five+*gōnia* angle) がラテン語を経て初期近代英語に入った.

pen·tam·e·ter /pentǽmətər/ 名 C 〔詩〕(弱強)五歩格.
 語源 ギリシャ語 *pentametros* (=consisting of five measures) がラテン語 *pentameter* を経て初期近代英語に入った.

pen·tath·lon /pentǽθlən/ 名 C 〔スポ〕陸上競技の**五種競技**.
 語源 ギリシャ語 *penta-* (=five)+*athlon* (=contest) として 18 世紀から.

Pen·te·cost /péntikɔ(ː)st/ 名 〔ユダヤ教〕過ぎ越しの祝いの 2 日目から数えて 50 日目に行う収穫祭, ペンテコステ. 〔キ教〕復活祭の後の第 7 番目の日曜日, 聖霊降臨祭 (Whitsunday).
 語源 ギリシャ語 *pentēkostē* (=fiftieth) がラテン語を経て古英語 *pentecosten* として入った.

pent·house /pénthaus/ 名 C 〔一般語〕 一般義 ビルの屋上に建てた日当りのよい高級アパート, ペントハウス. その他 元来差し掛け屋根や差し掛け小屋を意味し, ビルの屋上の**塔屋**も指すようになり, ここからペントハウスの意が生じ, さらにマンションの最上階の部屋も意味するようになった.
 語源 ラテン語 *appendicium* (付属物)から派生した古フランス語 *apentis* (差し掛け小屋)の語頭の *a-* が落ちて中英語に入った. 語源的には house とは無関係.

pent-up /péntʌ́p/ 形 〔一般語〕感情が閉じ込められて発散できない, **鬱積**(うっせき)した.
 語源 pen² の過去分詞 pent+up. 18 世紀から.

pen·ul·ti·mate /pinʌ́ltimit/ 形 〔一般語〕最後から 2 番目の(音節の).
 語源 ラテン語 *paenultima* (*paene* almost+*ultima* last) が初期近代英語に入った.

pen·um·bra /pinʌ́mbrə/ 名 (複 -brae/-briː/, ~s) 〔天〕日食や月食によって生じる**半影**, 太陽の黒点の周りの**半影部**. また絵画の**明暗**や**濃淡の境**, 一般に何か核となるものの**周辺部**や**境界領域**.
 語源 ラテン語 *penumbra* (*paene* almost+*umbra* shadow) が初期近代英語に入った.

penurious ⇒penury.

penuriously ⇒penury.

pen·u·ry /pénjuri/ 名 U 〔形式ばった語〕**極貧**, **赤貧**, **窮乏**, **欠乏**.
 語源 ラテン語 *penuria* (=want; scarcity) が中英語に入った.
【派生語】**penúrious** 形 極貧の, 貧窮した, けちな. **penúriously** 副.

pe·on /píːən/ 名 C 〔一般語〕中南米の農場の**日雇い労働者**, 借金を返すために働かされている人.
 語源 中世ラテン語 *pedo* (⇒pawn²) から派生したスペイン語 *peon* (=day-laborer) が初期近代英語に入った.

peo·ple /píːpl/ 名 (複) 動 本来他 〔一般語〕 一般義 一般に**人々**, 世間の**人々**. その他 (the~)ある国の**国民**, 社会的集団としての**民族**, 一定の土地の**住民**, 団体や階級の**構成員**, ある職業やグループなどに属する人たち 《語法》他の種族との関係で一種族としての国民や民族を問題とする時は 《C》(複~s)となる. さらに《通例 one's ~で》支配者や統率者に対する**人民**, **従者**, 〔古風な語〕《one's ~で》**家族**, **親類**, また (the~) 貴族や金持ちに対して**平民**, **庶民**, **あらゆる選挙権をもつ市民**, **有権者**, **公民**. 動 として〔形式ばった語〕《通例受身で》...に**人を住まわせる**, **植民する**, 場所や環境を満たす.
 語源 ラテン語 *populus* (=nation; crowd) が古フランス語, アングロフランス語を経て中英語に入った.
 用例 There are three *people* in the room. 部屋に人が 3 名いる/Government of the *people*, by the *people*, and for the *people*, shall not perish from the earth. 人民の, 人民による, 人民のための政治はこの世から決して滅びないだろう/The Jewish *people* is sometimes called the Chosen People. ユダヤ人は時々神の選民と呼ばれる/The *peoples* of Asia want more wealth. アジアの諸民族はさらに豊かな富を求めている.
【慣用句】***go to the people*** 政治家などが国民の信を問う, 選挙を行う. ***of all people*** 《挿入的に》人もあろ

うに. *People say (that)* ....ということである, だそうだ.

pep /pép/ 名 U 動 本来他 〔くだけた語〕活力, 元気. 動として《〜 up で》元気づける.
[語源] pepper の短縮形で 20 世紀のアメリカの造語.
【派生語】**péppy** 形.
【複合語】**pép pìll** 名 C 〔俗語〕覚醒剤. **pép ràlly** 名 C 激励会. **pép tàlk** 名 C 監督やコーチからの激励, はっぱ.

pep・per /pépər/ 名 UC 動 本来他 〔一般義〕肉や野菜, スープなどの味つけに用いられる**胡椒**(こしょう). [その他] 【植】こしょう, またとうがらしやピーマンを指す. ぴりりと辛いことから, 比喩的に**辛辣**(しんらつ)**さ, 痛烈な批判**を意味する. 動として**胡椒をふりかける, 胡椒で味をつける,** 比喩的に**胡椒をかけるようにばらまく, ふりかける,** 〔くだけた語〕**弾丸, 石, 矢, 質問を浴びせかける, 放つ.**
[語源] サンスクリット語の *pippali* (= pepper corn) に由来し, ペルシア語, ギリシャ語, ラテン語を経て古英語に入った.
[用例] This soup has too much *pepper* in it. このスープには胡椒が入りすぎている/He *peppered* them with bullets. 彼は彼らに弾丸を浴びせかけた.
【派生語】**péppery** 胡椒のきいた, 短気な, 辛辣な.
【複合語】**pépper-and-sált** 形 服地などが霜降りの, 髪がごま塩の. **pépperbòx** 名 C 卓上の胡椒入れ. **péppercòrn** 名 C 干した胡椒の実, つまらぬ物. **péppermìnt** 名 U 西洋はっか, ペパーミント, はっか入りの菓子. **pépper pòt** 名 C 西インド風シチュー, 胡椒入れ (pepperbox). **pépper shàker** 名 C 胡椒ふりかけ容器 (pepperbox).

peppy ⇒pep.

pep・sin /pépsin/ 名 U 【生化】胃液中に存在するタンパク質分解酵素, ペプシン.
[語源] ギリシャ語 *pepis* (= digestion) + -in (名詞語尾) としてドイツ語で造語され 19 世紀から.
【派生語】**péptic** 形.

per /pər/, 弱 par/ 前 〔形式ばった語〕割合, 量, 数, 値段または測量などのそれぞれの単位につき, 単位ごとに《〔語法〕単数名詞が続くが, 無冠詞》. また〔古風な語〕手段などを表し, ...によって, ...で.
[語源] ラテン語 *per* (= through; by means of; by) がそのまま中英語に入った.
[用例] We have less than one faulty car *per* thousand completed. 完成車 1000 台の中から 1 台の欠陥車も出していない/The dinner will cost £5 *per* person. 夕食代は 1 人につき 5 ポンドであろう.
[語法] per は一般に商業用語として用いられ, 日常英語または正式には a の方が用いられる.
【慣用句】**as per** ...に従って, ...により. **as per úsual** 〔くだけた表現〕いつもの通りに (as usual).

per・am・bu・late /pəræmbjuleit/ 動 本来他 〔形式ばった語〕〔一般義〕**歩き回る.** [その他] 〔古風な語〕森や教区の境界確認などのために**巡回する, 巡視する**.
[語源] ラテン語 *perambulare* (*per-* through + *ambulare* to walk) が初期近代英語に入った.
【派生語】**perámbulátion** 名 U 〔形式ばった語〕散策. **perámbulàtor** 名 C 《英》乳母車 《米》baby carriage; pram).

per an・num /pər ænəm/ 副 〔形式ばった語〕**1 年につき, 1 年ごとに**.
[語源] ラテン語から初期近代英語に入った.

per cap・i・ta /pər kæpitə/ 副 形 〔形式ばった語〕**1 人当り(の), 頭数ねで(の).**
[語源] ラテン語から初期近代英語に入った.

per・ceive /pərsí:v/ 動 本来他 〔形式ばった語〕〔一般義〕**五官, 特に視覚によって気づく, 知る, 知覚する, 感知する, 認知する.** [その他] 気づく意から, **わかる, 理解する, 認識する, 悟る.**
[語法] 進行形にはならない.
[語源] ラテン語 *percipere* (= to take hold of; *per-* thoroughly + *capere* to take) が古フランス語を経て中英語に入った.
[用例] He *perceived* a change in the mood of the crowd. 彼は群衆の気分が変わったのに気づいた/He soon *perceived* that his job would be difficult. 彼は自分の仕事が難しいのをすぐに悟った.
[反意語] overlook; ignore.
【派生語】**percèptibílity** 名 U 知覚〔認識〕できること. **percéptible** 形 知覚できる. **percéption** 名 U 知覚(作用), 認識, 識別. **percéptive** 形 知覚に関する, 知覚(力)の鋭い. **percéptively** 副. **percéptivity** 名 U 知覚力.

per・cent, 《主に英》**per cent** /pərsént/ 名 C 《複〜》副 〔一般義〕〔一般義〕**100 分の 1 を単位として数えた値としてのパーセント**. (記号%; 略 p.c. 《米》p.c.t.). [その他] **百分率**(percentage), **割合, 部分.** 副 として **100 に対して.**
[語源] ラテン語 *per centum* (100 につき) が初期近代英語に入った.
[用例] Twenty-five *per cent* of one-hundred and twenty is thirty. 120 の 25 パーセントは 30 である.
【慣用句】**one [a] húndred percént** 完全に: I agree with you *one hundred percent*. 私はあなたと全く同意見です.
【派生語】**percéntage** 名 C 百分率[比], 《通例 a 〜》割合, 部分, 手数料, 利率《[語源] くだけた表現では percent と特に区別しないで用いる時があるが, 数詞が前にくると percent, 数詞以外のときは percentage が好まれる》: A large *percentage* of the population can't read or write. 人口の大部分は読み書きができない.

perceptibility ⇒perceive.
perceptible ⇒perceive.
perception ⇒perceive.
perceptive ⇒perceive.

perch /pə́:rtʃ/ 名 C 動 本来自 〔一般義〕〔一般義〕**木の枝のような鳥がとまるところ, とまり木.** [その他] 本来座る場所ではないが, 寂しい所, 石垣などのように臨時に座って**休息のとれる場所**. 鳥のとまり木はしばしば高い所にあるので, 比喩的に**高い地位の人が座る場所**の意となり, **高い地位, 高い安全な場所, 居心地のよい席.** また馬車の**御者台, 野球の観客席**などの**高い座席**を指す. また場所を定める, 計るということから, 《主に英》長さの単位としての**パーチ** (5.03m, 5.5 ヤード), 面積の単位としての**パーチ** (25.3m², 30.25 平方ヤード). 動として, **鳥がとまり木にとまる, 高い所や狭い所に腰かける, ひょいと座る〔座って休む〕**の意.
[語源] ラテン語 *pertica* (= pole; measuring rod) が古フランス語を経て中英語に入った.
[用例] The pigeon would not fly down from its *perch*. 鳩はとまり木から飛び降りてこようとはしなかった/The bird flew up and *perched* on the highest

branch of the tree. 鳥は飛び立って, 木の一番高い枝にとまった.
〖慣用句〗**Come off your perch.**〔くだけた表現〕お高くとまるのはやめろ. ***hop [tip (over); drop off] the perch***〔くだけた表現〕くたばる, 死ぬ. ***knock ... off his perch*** 人を負かす, 得意の鼻を折る.

per·co·late /pə́ːrkəleit/ 動 [本不他] 〔一般語〕 〔一般義〕液体をしみ込ませる, ろ過する. [その他] コーヒーをパーコレーターで入れる. 自 情報などが人々の間や地域にしだいに浸透する.
〖語源〗ラテン語 *percolare* (*per-* through + *colare* to strain) が初期近代英語に入った.
【派生語】**pèrcolátion** 名 U. **pércolator** 名 C.

per·cus·sion /pərkʌ́ʃən, pə-/ 名 U 〔一般語〕
〔一般義〕オーケストラの打楽器部, その演奏者たち. [その他] 本来の意味から, 〖理〗ある物が別の物に打ち当たる時の衝撃, 振動, 〖医〗打診法.
〖語源〗ラテン語 *percutere* (= to strike) の 名 *percussio* から初期近代英語に入った.
【派生語】**percússionist** 名 C 打楽器奏者.
【複合語】**percussion càp** 名 C 雷管. **percússion instrument** 名 C 打楽器.

per di·em /pəːr díːəm/ 副 形 名 CU 〔形式ばった語〕1日につき, 1日当たり(の). 名 《米》日当.
〖語源〗ラテン語 *per diem* (1日につき) が初期近代英語に入った.

per·di·tion /pərdíʃən/ 名 U 〔形式ばった語〕罪人や改悛しない人が地獄に落ちること, 破滅.
〖語源〗ラテン語 *perdere* (= to ruin; *per-* thoroughly + *dare* to give) の 名 *perditio* が古フランス語を経て中英語に入った.

pe·remp·to·ry /pərémptəri/ 形 〔形式ばった語〕
〔一般義〕命令などが有無を言わせない. [その他] 〈軽蔑的〉態度などが横柄な.
〖語源〗ラテン語 *peremptorius* (= destructive) に decisive の意が生じ, それが初期近代英語に入った.
【派生語】**perémptorily** 副.

pe·ren·ni·al /pəréniəl/ 形 名 C 〔一般義〕絶え間なく長続きする. [その他] 本来は四季を通じて一年中続くの意で, 〖植〗多年生の. 名 として多年生植物.
ラテン語 *perennis* (*per-* throughout + *annus* year) が初期近代英語に入った.
【派生語】**perénnially** 副.

per·fect /pə́ːrfikt/ 形 U, /pərfékt/ 動 [本不他] 〔一般語〕〔一般義〕優れた性質も備えていて**完全無欠な**, 申し分のない. [その他] 学問や運動に対して完全無欠であるということは, それらを完全に修得した, 熟練した意になり, ある必要性や目的に対してぴったりかなった, うってつけの, 形や性質が細部にわたって完全に正確な, 寸分たがわぬ, その種の原型に完全に一致している意となる. 〔ややくだけた語〕〈限定用法〉全くの, 完全な, 純粋な, 《軽蔑的》よくよくの, 徹底した. 名 として〖通例 the ~〗〖文法〗完了時制, 完了形. 動 として〔形式ばった語〕物事を完成する, 欠点のないようにする, ...に熟達させるの意.
〖語源〗ラテン語 *perficere* (= to complete; *per-* thoroughly + *facere* to make) の過去分詞 *perfectus* が古フランス語を経て中英語に入った.
〖用例〗It was a *perfect* day for a picnic. ピクニックには申し分のない日だった /a *perfect* copy 寸分たがわぬ模写 /He was a *perfect* stranger. 彼は全く見ず知らずの人だった /Practice makes *perfect*. 《ことわざ》習うより慣れろ.
〖類義語〗complete; entire; whole.
〖反意語〗faulty; defective.
〖慣用句〗**be letter-perfect** 最後の一字にいたるまで完全である, 完全に覚えている(《英》word-perfect). ***perfect oneself in*** ... ...に熟達する.
【派生語】**perféctible** 形 完全になりうる, 完成できる. **perféctionism** 名 U 完全主義. **perféctionist** 名 C 完全論者, 〔くだけた語〕〈軽蔑的〉完全主義者. **pérfectly** 副.
【複合語】**pérfect críme** 名 C 完全犯罪. **pérfect gàme** 名 C 〖野〗完全試合, 〖ボウリング〗パーフェクト. **pérfect pítch** 名 U 〖楽〗絶対音感. **pérfect ténse** 名 〈the ~〉〖文法〗完了時制(★「完了」は現在, 未来, 過去のいずれにも起り得る動詞の意味で, 正しくは「時制」ではなく「相」(aspect) として定義される. 学習文法でも (have + 過去分詞)は「完了形」と呼ぶことが多い).

perfidious ⇒perfidy

per·fi·dy /pə́ːrfidi/ 名 UC 〔形式ばった語〕〔一般義〕相手の信頼を裏切ること, 背信, また背信行為.
〖語源〗ラテン語 *perfidia* (= faithlessness) がフランス語を経て初期近代英語に入った.
【派生語】**perfídious** 形.

per·fo·rate /pə́ːrfəreit/ 動 [本不他] 〔一般語〕物に穴をあける, 特に紙にミシン目を入れて目打ちする.
〖語源〗ラテン語 *perforare* (= to bore through) が初期近代英語に入った.
【派生語】**pèrforátion** 名 CU.

per·form /pərfɔ́ːrm/ 動 [本不他] 〔一般語〕劇などを上演する, 役を演じる, 音楽を演奏する. [その他] 〔形式ばった語〕仕事, 任務, 約束などを遂行する, 行う, 実行する. 自 としても用いる.
〖語源〗古フランス語 *parfounir* (*par-* thoroughly + *fournir* to furnish) がアングロフランス語を経て中英語に入った.
〖用例〗The company will *perform* a Greek play. その一座はギリシャ劇を上演することになっている / *perform* on the violin バイオリンを演奏する /The animals *performed* several tricks. 動物がいくつか芸をした.
【派生語】**perfórmance** 名 CU 上演, 演技, (立派な)できばえ, 〔形式ばった語〕任務などの遂行, 実行. **perfórmer** 名 C 演技[奏]者.
【複合語】**perfórmance àrt** 名 U パフォーマンス・アート(★踊り, 演劇, 音楽など複数の芸術を組み合わせた芸術).

per·fume /pə́ːrfjuːm/ 名 UC, /pə(ː)rfjúːm/ 動 [本不他] 〔一般語〕〔一般義〕香水, 香料, 芳香物質. [その他] 香り, 心地よい匂い. 〔形式ばった語〕...に香水をつける, ...の香り[芳香]で満たす 《with》.
〖語源〗ラテン語 *per-* (= thoroughly) + *fumare* (= to smoke) からのイタリア語がフランス語を経て初期近代英語に入った. 原義は「香を焚いて出る薫気」.
〖用例〗I like the *perfume* of roses. 私はばらの香りが好きだ /She loves French *perfume*(s). 彼女はフランス香水が大好きだ /She *perfumed* her hair. 彼女

髪に良い香りを漂わせていた.
[類義語] ⇒smell.
[対照語] stench; stink.
【派生語】**perfúmer** 名 C《米》香水商[製造業者], 芳香を匂わせる人[物](《英》perfumier).
【複合語】**perfúmery** 名 U《集合的》香料・香水類, 香水製造[販売]業(者), 香水製造[販売]所.

per·func·to·ry /pərfʌ́ŋktəri/ 形 〔形式ばった語〕《軽蔑的》言葉や行為に誠意がこもらず形だけでおざなりの, うわべだけの.
[語源] 後期ラテン語 *perfungi* (=to perform) の過去分詞から派生した *perfunctorius* (=done in a careless or superficial manner) が初期近代英語に入った.
【派生語】**perfúnctorily** 副.

per·go·la /pə́ːrgələ/ 名 C〔一般語〕庭園などのつる性の植物からませた棚を屋根のようにしたあずまや, パーゴラ.
[語源] ラテン語 *pergula* (=projecting roof) がイタリア語を経て初期近代英語に入った.

per·haps /pərhǽps, præps/ 副〔一般語〕〔一般義〕確信は持っていないが, ことによると, ひょっとすると《語法》《米》では maybe のほうが好まれる). [その他]〔丁寧語〕遠回しに依頼や提案などに用いて, できましたら, よろしかったら..., していただけませんかの意.
[語源] per- (=by means of)+hap (=chance)+-s (複数形語尾). あるいは語尾は perchance などにならったのかもしれない. 初期近代英語から.
[用例] He is, *perhaps*, the best actor in Britain. ことによると彼はイギリス最高の俳優かもしれない/Could I keep this book for a month, *perhaps*? できましたらこの本を1か月ほど貸していただきたいのですが.
[類義語] perhaps; maybe; possibly; probably: **perhaps** は可能性はあるが確実性, 確信性がない時に用い, やや改まった文や会話の中で用いられる. **maybe** は perhaps に最も近いが, もっとくだけた語である. **possibly** は perhaps, maybe に似ているが, それらよりやや形式ばった語である. **probably** はこれらの中で可能性が最も高く, 話し手の確信度は possibly, parhaps, maybe, probably の順に高くなっていく.

per·i·gee /pérɪdʒiː/ 名 C〔天〕月や人工衛星がそれぞれの軌道上で最も地球に近づく**近地点**.
[語源] ギリシャ語 *perigeion* (peri- near+gē earth) がフランス語を経て初期近代英語に入った.
[関連語] apogee.

peri·he·lion /pèrɪhíːliən/ 名 C(複 -lia)〔天〕惑星や彗星が軌道上で最も太陽に近づく**近日点**.
[語源] 近代ラテン語 *perihelion* (peri- near+ギリシャ語 *hēlios* sun) が初期近代英語に入った.
[関連語] aphelion.

per·il /pérɪl/ 名 UC〔一般語〕〔一般義〕差し迫っていて避けがたい重大な**危険, 危機, 危難**. [その他]《複数形で》**危険を招く物[事], 危険物**.
[語源] ラテン語 *periculum* (=experiment; trial; danger) が古フランス語を経て中英語に入った.
[用例] The explorers knew they would face many *perils*. 探検家たちは幾多の危険に直面することを知っていた.
[類義語] ⇒danger.
[対照語] safety; security.
【慣用句】*at one's peril* 危険を覚悟で. *at the peril of* ... ...をかけて. *be in peril* 危険にさらされている:

He *is in peril* of his life. 彼は人生の危機にさらされている. *by* [*for*] *the peril of my soul* 誓って.
【派生語】**périlous** 形〔形式ばった語〕**危険な**, 危険に満ちた. **périlously** 副.

pe·rim·e·ter /pərímɪtər/ 名 C〔一般語〕一定の平面の周囲, 周辺, 外辺部, および周囲の長さ. また〔医〕視野計.
[語源] ラテン語 *perimetros* (peri- around+*metron* measure) がフランス語 *périmètre* を経て初期近代英語に入った.

pe·ri·od /píərɪəd/ 名 C 形 感〔一般語〕〔一般義〕長短に関係なく, ある区切られた**期間, 時期**. [その他]特定の...時代の..., ...年代, さらに発達過程などの段階, 一時期を意味する. また学校における**授業時間, 時限**, 定期的に循環して起きる周期, ...期, 〔スポ〕試合の前半, 後半の一区切り, ピリオド, (しばしば複数形で) 月経(期間), 生理, 〔文法〕《主に米》終止符, 省略符, ピリオド (《英》full stop), 〔修辞〕棹尾(⁵⁾)文, 完全文, 〔地〕紀, 〔天・理・化・数〕周期. 形 として, 衣裳, 家具などがある時代の. 感 として〈くだけた〉《米》述べることはそれ以上ないということを強調して, 以上終り, ...だけのことなのだ (《英》full stop).
[語源] ギリシャ語 *periodos* (=going around; peri- around+*hodos* way) がラテン語, 古フランス語を経て中英語に入った.
[用例] He had a long *period* of illness. 彼は長い間患っていた/the *period* of Queen Elizabeth I エリザベス I 世女王の時代/the Jurassic *period* ジュラ紀/In this school, a *period* is forty minutes long. この学校では1授業時間の長さは 40 分である/She always feels unwell at the start of her *period*. 彼女は生理の最初はいつも気分が悪い/*period* furniture 時代物の家具.
[類義語] era; epoch; age; term.
[関連語] time; year.
【慣用句】*at fixed periods* 定期的に. *come to a period* 終わる. *in one's period* 女性が生理中で. *put a period to* ... ...を終わらせる.
【派生語】**periódic** 形 周期の, 定期的な: *periodic law* 《the ~》〔化〕周期律/*periodic table* 《the ~》〔化〕周期(律)表. **periódical** 形 **定期刊行(物)の**. 名 C 日刊以外の定期刊行物, 雑誌. **periódically** 副.

peri·pa·tet·ic /pèrɪpətétɪk/ 形 名 C〔形式ばった語〕短期間の仕事をしながら**渡り歩く**, 教師が 2 つ以上の学校を**掛け持つ**. 名 として**旅行者, 2 つ以上の学校を掛け持つ教師**.
[語源] ギリシャ語 *peripatein* (peri- around+*patein* to walk) から派生した *peripatētikos* (=walking around) がラテン語を経て初期近代英語に入った. この語は古代ギリシャのアリストテレスがリュケイオン(学園)内を歩きながら哲学を教えた故事に由来する.
[類義語] itinerant.

peripheral periphery.

pe·riph·ery /pərífəri/ 名 C〔形式ばった語〕〔一般義〕物の周囲, 平面を取り囲む**周辺**. [その他] 活動団体などの非主流派, 周辺層, 〔医〕神経の抹消.
[語源] ギリシャ語 *peripherēs* (=moving around) が後期ラテン語を経て初期近代英語に入った.
【派生語】**peripheral** 形.

pe·riph·ra·sis /pərífrəsɪs/ 名 C《複 -ses/siːz/》

【修辞】回りくどい言い方, 迂言法.

[語源] ギリシャ語 *periphrazein* (*peri-* around + *phrazein* to declare) から派生したラテン語が初期近代英語に入った.

[類義語] circumlocution.

【派生語】 **pèriphrástic** 形.

peri·scope /périskoup/ 名 C 〔一般語〕潜望鏡.

[語源] periscopic からの逆成. periscopic はギリシャ語 *periskopein* (=to look around; *peri-* around + *skopein* to view) から, 19 世紀に入った.

【派生語】 **pèriscópic** 形 四方の見える, 潜望鏡の.

per·ish /périʃ/ 動 本来自 〔やや形式ばった語〕 [一般義] 飢え, 災害, 事故などの不慮の出来事で死ぬ 《★die, be killed よりも婉曲な表現で, 新聞などの報道で用いられる》. [その他] 物事が完全に消滅する. 朽ち果てる. 崩壊する. 精神的道徳的に堕落する, 腐敗する. また〈主に英〉 布や皮, 布などが悪くなる, 腐る, ボロボロになる. 他〈主に英〉死なせる, 腐らせる, 傷つける, 《受身で》寒さや飢えで非常に苦しませる《with》.

[語源] ラテン語 *perire* (=to perish; *per-* away + *ire* to go) が古フランス語を経て中英語に入った.

[用例] Many people *perished* in the earthquake. 大勢の人が地震で亡くなった / These elastic bands have *perished*. このゴムバンドは使い物にならなくなってしまった.

[類義語] die; expire.

【慣用句】 **Perish the thought!** 〔くだけた表現〕提案などに激しい不快, 軽蔑, 反対の気持ちをこめて, とんでもない, よしてくれ.

【派生語】 **périshable** 形 消滅しやすい, 腐りやすい. 名《複数形で》腐りやすい(食)物. **périshing** 形〔形式ばった語〕死ぬ, 腐る, 〈くだけた語〉〈英〉飢えや寒さがとてもひどい, 〔俗語〕〈英〉いまいましい, べらぼうな. 副 〔くだけた語〕〈主に英〉ひどく, やに.

peri·to·ni·tis /pèritənáitis/ 名 U 〔医〕腹膜炎.

[語源] 近代ラテン語 (*periton*(*eum*) 腹膜 + *-itis* …炎) として 18 世紀から.

peri·wig /périwig/ 名 C 〔一般語〕〈英〉裁判官や法廷弁護士がかぶるかつら.

[語源] フランス語 *perruque* (⇒peruke) の変形で, 初期近代英語に入った.

per·jure /pə́ːrdʒər/ 動 本来他〔法〕《~ oneself で》法廷で宣誓後に偽証証する, 偽誓する.

[語源] ラテン語 *perjurare* (*per-* through + *jurare* to make an oath) が古フランス語 *parjurer* を経て初期近代英語に入った.

【派生語】 **pérjurer** 名 C. **pérjury** 名 UC 偽証(罪).

perk¹ /pə́ːrk/ 動 本来自 〔くだけた語〕陽気にする, 元気になる《up》.

[語源] perch と同語源で, 元来は鳥の動作から.

【派生語】 **pérkily** 副. **pérky** 形.

perk² /pə́ːrk/ 動 本来他 〔くだけた語〕コーヒーをパーコレーターで入れる.

[語源] percolate の短縮形. 20 世紀から.

perm /pə́ːrm/ 名 C 動 本来他 〔くだけた語〕パーマ(をかける).

[語源] permanent wave の短縮形. 20 世紀から.

permanence ⇒permanent.

per·ma·nent /pə́ːrmənənt/ 形 名 C 〔一般語〕 [一般義] 永続する, 永久の. [その他] 不変の, 耐久性のある, 一生消えない, 終身の. また組織などが常置の, 常設の, 恒久的な,〈米〉ホテルなどに長期滞在する. 色が薄れない, 退色しない意にもなる. 名として〔くだけた語〕〈米〉= permanent wave.

[語源] ラテン語 *permanere* (=to endure; to continue) の現在分詞 *permanens* (=remaining) が古フランス語を経て中英語に入った.

[用例] After many years of traveling, they made a *permanent* home in England. 長年旅をした後, 彼らはイングランドを永住地に定めた / The paint left a *permanent* mark on the carpet. ペンキがカーペットに消えないしみになってしまった.

[類義語] ⇒eternal.

[反義語] temporary; momentary.

【派生語】 **pérmanence, -cy** 名 U 永久不変, 永続(性). **pérmanently** 副.

【複合語】 **pérmanent préss** 名 U 服地のしわや型くずれを防ぐ耐久加工. **pérmanent tóoth** 名 C 永久歯. **pérmanent wáve** 名 C〔形式ばった語〕髪にかけるパーマ(ネント)(perm).

permeable ⇒permeate.

per·me·ate /pə́ːrmieit/ 動 本来他,〔形式ばった語〕液体や思想などが浸透する, 行き渡る.

[語源] ラテン語 *permeare* (to penetrate; *per-* through + *meare* to pass) が初期近代英語に入った.

[類義語] penetrate; pervade.

【派生語】 **pèrmeabílity** 名 U. **pérmeable** 形. **pèrmeátion** 名 U.

permissible ⇒permit.

permission ⇒permit.

permissive ⇒permit.

per·mit /pərmít/ 動 本来他, /pə́ːrmit/ 名 C〔形式ばった語〕 [一般義] 文書や口頭ではっきりと積極的に許可する, 許す. [その他] 黙許する, 黙認する, 容認する, 同意する, 構わずに…させておく, 放任する. さらに許すことから, 物事が…を可能にする, …を許す意にもなる. 名 として [一般義] 許可, 許可証[書].

[語源] ラテン語 *permittere* (=to let go through; *per-* through + *mittere* to let go) が中英語に入った.

[用例] Smoking is not *permitted*. 喫煙禁止 / *Permit* me to answer your question. あなたの質問に答えさせてください / My aunt's legacy *permitted* me to go to America. おばの遺産のおかげで私はアメリカに行くことができた / We have a *permit* to export our product. 私たちは製品の輸出許可証を持っている.

[類義語] ⇒allow; let; authorize.

[対義語] forbid; prohibit; deny; refuse.

【慣用句】 **permit of** …. …を許す, …の余地がある. **weather permitting** もし天気が許せば[よければ](if weather permits).

【派生語】 **permíssible** 形 …に許される(to), さしつかえない(程度の). **permíssibly** 副. **permíssion** 名 U 文書や口頭による正式な許可, 認可, 同意: with your *permission* お許しを得て. **permíssive** 形 許される, 任意の,《しばしば悪い意味で》甘やかす, 自由放任の, 寛大な.

permutation ⇒permute.

per·mute /pərmjúːt/ 動 本来他 [一般義] 順序を入れかえる,〔数〕置換する.

[語源] ラテン語 *permutare* (= exchange; *per-* through + *mutare* to change) が中英語に入った.

【派生語】 pèrmutátion 名 UC 順序の交換, 置換.

per·ni·cious /pərníʃəs/ 形 〔形式ばった語〕大きな害や破滅などをもたらす, 有害な, 悪性の.
語源 ラテン語 *pernicies* (=ruin; *per*- thoroughly +*nex* death) の *perniciosus* が初期近代英語に入った.
【派生語】 pernícioulsy 副.
【複合語】 pernícious anémia 名 U【医】悪性貧血.

per·nick·e·ty /pərníkəti/ 形 〔くだけた語〕〔英〕= persnickety.

per·o·ra·tion /pèrəréiʃən/ 名 UC 〔形式ばった語〕 一般義 熱弁をふるって行う演説の結び. その他《軽蔑的》大げさで長く, 内容のない演説, 多弁, 長(広)舌.
語源 ラテン語 *perorare* (=to conclude) の 名 *peroratio* が中英語に入った.

per·ox·ide /pəráksaid|-ɔ́-/ 名 U【化】過酸化物. また〔くだけた語〕漂白に使用される過酸化水素(hydrogen peroxide),《形容詞的に》過酸化水素で漂白[脱色]した.
語源 per-「過...」+oxide. 19 世紀から.

per·pen·dic·u·lar /pə̀:rpəndikjulər/ 形 名 CU 一般義 一般義 線や面に対して直角を成している. 垂直の. その他 がけや岩肌などが直立している, 切り立った. (P-)【建】ゴシック様式の教会に見られる垂直様式の. 名 として垂(直)線, 垂直の姿勢.
語源 ラテン語 *perpendiculum* (下げ振り糸, 測鉛線) の 形 *perpendicularis* が中英語に入った.
【派生語】 pèrpendículary 副.

per·pe·trate /pə́:rpətreit/ 動 本来他 〔形式ばった語〕悪事や犯罪などを犯す.
語源 ラテン語 *perpetrare* (=to carry out; *per*- thoroughly+*patrare* to perform) が初期近代英語に入った.
【派生語】 pèrpetrátion 名 U 悪事, 犯行. pérpetrator 名 C 加害者.

per·pet·u·al /pərpétʃuəl/ 形 名 C 〔一般語〕 一般義《しばしば悪い意味で》ひっきりなしの, 絶え間のない. その他《限定用法》仕事や地位が永続的な, 終身の. 名 として四季咲きのばら.
語源 ラテン語 *perpetuus* (=continuous) から派生した *perpetualis* (=permanent) が古フランス語を経て中英語に入った.
用例 He lives in *perpetual* fear of being discovered. 彼は見つかるのではないかと絶えず恐れながら生きている/I cannot stand the *perpetual* noise in this office. べつ幕なしに起きるこの事務所の騒音に私は我慢できない/a *perpetual* annuity 終身年金.
類義語 continuous; eternal.
反意語 temporary; momentary.
【派生語】 perpétually 副. perpétuate 動 本来他 〔形式ばった語〕 永続させる, 不滅にする. perpetuátion 名 U. perpetúity 名 U〔形式ばった語〕永続(すること), 永続(する)物, 終身年金: in perpetuity 永遠に, 不滅に.
【複合語】 perpétual cálendar 名 C 万年暦. perpétual mótion 名 U【力学】永久運動.

per·plex /pərpléks/ 動 〔一般語〕 一般義《しばしば受身で》物事が複雑で説明がつかないので人を混乱させる, 困らせる, 当惑させる. その他《やや古風な語》問題や事柄を複雑にする, こじらせる.
語源 ラテン語 *perplexus* (*per*- thoroughly+*plexus* involved) が古フランス語を経て中英語に入った. *plexus* は *plectere* (=to twist) の過去分詞.
用例 She was *perplexed* by his questions. 彼女は彼の質問に当惑した/Don't *perplex* the issue. 問題をこじらせるな.
【派生語】 perpléxed 形 当惑した, とまどっている. perpléxedly 副. perpléxing 形 人を当惑させる, どう処理してよいかわからない. perpléxity 名 UC 〔形式ばった語〕当惑(させるもの), 確信のもてないこと, 難題.

per·qui·site /pə́:rkwizit/ 名 C 〔形式ばった語〕 一般義 職務に付随して生じる金銭その他の給料外給付, 手当て. その他 ポーターやウェーターなどがもらうチップ, また個人や団体などがその地位のゆえに享受できる特権, 特典.
語源 ラテン語 *perquirere* (=to seek earnestly for something; *per*- thoroughly+*quaerere* to ask for)から派生した中世ラテン語 *perquisitum* (=aquired possession)が初期近代英語に入った.

per se /pər síː, -séi/ 副 〔形式ばった語〕それ自体は, 本来は.
語源 ラテン語 *per se* (=in itself) が中英語に入った.

per·se·cute /pə́:rsəkju:t/ 動 本来他 〔一般語〕 一般義 政治, 宗教, 主義, 人種などの違いから人を迫害する, 虐げる, 虐待する. その他 一般的にしつこく苦しめる, うるさく悩ませる, また質問や事柄で人をうんざりさせる, うるさがらせる.
語源 古フランス語 *persecuter* が中英語に入った. *persecuter* はラテン語 *persequi* (*per*- through+*sequi* to follow) の過去分詞 *persecutus* から派生した古フランス語 *persecuteur* (=persecutor) からの逆成.
用例 Christians were *persecuted* for their religion. キリスト教徒はその信仰のために迫害された.
類義語 worry; afflict; torture.
対照語 pamper.
【派生語】 pèrsecútion 名 UC 迫害, 虐待: persecution complex 被害妄想. pérsecutor 名 C 迫害者.

per·se·ver·ance ⇒persevere.

per·se·vere /pə̀:rsəvíər/ 動 本来自 〔一般語〕成功の見込みがあまりなくても困難に耐えて根気強くやり通す, 頑張る, 我慢する.
語源 ラテン語 *perseverus* (=very strict) から派生した *perseverare* (=to continue steadfastly) が中英語に入った.
【派生語】 pèrsevérance 名 U 根気, 不屈の精神. pèrsevéring 形.

Per·sia /pə́:rʒə, -ʃə/ 名 固 ペルシャ (★イランの旧称).
【派生語】 Pérsian 形 ペルシャ(人, 語)の. 名 CU ペルシャ[人語]: a *Persian* cat ペルシャ猫/the *Persian* Gulf ペルシャ湾.

per·si·flage /pə́:rsiflɑːʒ/ 名 U 〔形式ばった語〕親しい間柄での軽い冗談や悪意のない冷やかし.
語源 フランス語 *persifler* (=to tease) の 名 が18世紀に入った.

per·sim·mon /pərsímən/ 名 C 【植】かき(柿).
語源 アメリカ先住民の言葉から. 原義は「乾燥させた果物」.

per·sist /pərsíst/ 動 本来自 〔一般語〕 一般義 断固として貫く, 固持する, ...に固執する(in). その他 要求や主張, 質問を繰り返して主張する(in). また制度, 習

慣, 現象などの物事が**存続する, 持続する, 生き残る**.

[語源] ラテン語 *persistere* (＝to stand firm permanently; *per*- thoroughly＋*sistere* to take a stand) が古フランス語を経て初期近代英語に入った.

[用例] He didn't want to tell her, but she *persisted* in asking. 彼は彼女に伝えたくなかったのだが, 彼女はしつこく尋ね続けた／The idea still *persists* that the Scots are mean with money. スコットランド人はお金に卑しいという考えが依然として生き続けている.

[類義語] continue; insist.

【派生語】**persistence** 名 U 《軽蔑的》しつこさ, 頑固, 《良い意味で》ねばり強さ, 持続(性), 耐久性. **persistent** 形 《軽蔑的》しつこい, 強情な, 《良い意味で》**根気強い**, 不屈の, たびたび繰返す, 永続的な, 存続する.

persístently 副.

per·snick·e·ty /pərsníkəti/ 形 〔くだけた語〕《米》細かい事に大騒ぎする, 小うるさい, また仕事などが**細心の注意を要する**(《英》pernickety).

[語源] 不詳. 19 世紀から.

per·son /pə́ːrsn/ 名 C 〔一般語〕〔一般義〕年齢, 性別などを問わない個人としての**人, 人間** 〔語法〕複数形は people を使うのが普通. 〔その他〕《形式ばった語》未知の人, あるいは重要人物, 名士, または尊敬に値しないと思われる人を指して, **やつ, 者**. また《通例単数形で》人間の**肉体, 体**, それを外見からみた**容姿, 姿態**, 内面からみた**個性, 人物, 人柄**を意味する. さらに劇作物語の(登場)**人物, 役(割)**, 〔文法〕**人称**, 〔法〕自然人と法人を含む権利義務の主体たる**人**, 〔神〕三位一体の一つ, **位格**として.

〔語法〕公式文書や法律文書などの形式ばった表現では通例複数形に persons が用いられる. また, chairman, spokesman などを性差別語と考えて, chair*person*, spokes*person* を用いることもある.

[語源] ラテン語 *persona* (＝actor's face mask; character in a play; person) が古フランス語 *personne* を経て中英語に入った. *persona* はおそらくエトルリア語(Etruscan) の *phersu* (＝mask) から, 文法的意味では *phersu* はギリシャ語 *prosopon* (＝face; mask) のなぞりとも考えられ, ギリシャ神話の下界の女王 *Persephone* の語源とも関係がある.

[用例] There's a *person* outside who wants to speak to you, sir. あなたとお話したい人が外にいます／Please remove this *person* from my office. 私の会社からどうかこいつを追い出してください／Any *person* found damaging this train will be liable to a fine of up to ￡50. この列車を破損させると最高 50 ポンドの罰金に処されることをだれでも知っていた.

【慣用句】*in* (*one's own*) *person* 〔形式ばった表現〕**本人が直接に, 自ら, 親しく**. *in the person of* ... 〔形式ばった表現〕…という人として[人に扮して, 名を借りて], ...の代わりに. *on* [*about*] *one's person* 〔形式ばった表現〕身につけて, 携帯して: He never carried money *on his person*. 彼は決してお金を身につけていなかった.

【派生語】**pérsonable** 形 〔形式ばった語〕男性などの**容姿の整った**, 魅力のある. **pérsonage** 名 C 〔形式ばった語〕**人物, 人**, 有名人, 重要人物, 劇や小説中の登場人物. **pérsonal** 形 **個人的な, 本人の, 身寄の**: personal column 新聞などの個人消息欄／per-

sonal computer 小型コンピューター, パソコン《★もとは商標名; PC と略》／**personal effects** 〔法〕個人的動産, 身の回りの品／**personal name** 姓に対する**名**／**personal pronoun** 〔文法〕人称代名詞／**personal property** 〔法〕**動産**, 人的財産(⇔real property). **personálity** 名 UC **人であること, 個性, 人格, 雰囲気, 風格**, 芸能界などの**名士**, テレビなどのタレント, 《複数形で》**人物批評, 人身攻撃**: personality cult 《通例軽蔑的》**個人[英雄]崇拝**. **pèrsonalize** 動 〔形式ばった語〕**個人のものとする**, 物に自分の名前を記入する, **擬人化[人格化]する**. **pérsonally** 副 **自分自身で**, 一個の人間としては, 《文修飾副詞として》個人[私自身]としては. **pérsonalty** 名 U 〔法〕**動産**, 人的財産(⇔realty).

【複合語】**pérson-to-pérson** 形 面と向かっての, 長距離電話が指名(通話)の.

per·so·na non gra·ta /pərsóunə nɑn ɡráːtə/ -nɔn-/ 名 C 〔複 **personae non gratae**/-niː nɔn -tiː/〕〔外交〕**好ましからざる人物**, 特に駐在国にとって好ましくない外交官.

[語源] ラテン語 *persona non grata* (＝person not welcomed). 20 世紀から.

per·son·ate /pə́ːrsəneit/ 動 〔本来他〕〔一般語〕〔一般義〕芝居で登場人物に**扮じる, 演じる**. 〔その他〕だます目的で他人のふりをする, **詐称する**.

[語源] ラテン語 *persona* (＝mask) から派生した *personatus* (＝masked) が初期近代英語に入った.

【派生語】**pèrsonátion** 名.

personification ⇒ personify.

per·son·i·fy /pərsánifai/ -ɔ́-/ 動 〔本来他〕〔一般語〕〔一般義〕無生物や抽象的なものを人間として表す, **擬人化する**. 〔その他〕ある性質などの典型的な具体例となる, **体現する**.

[語源] person＋ify として 18 世紀から.

【派生語】**persònificátion** 名 UC.

per·son·nel /pə̀ːrsənél/ 名 UC 〔やや形式ばった語〕〔一般語〕《複数扱い》官庁, 軍隊, 会社, 工場などの事業所で働く**全職員, 総人員**. 〔その他〕事業体によって**職員, 職員数, 社員**, または職員の意となる. また人事を扱う**人事(担当)部局, 課**(personnel department). 形として**職員の, 人事の**.

[語源] フランス語 *personnel* (＝personal) が 19 世紀に入った.

[用例] Our *personnel* are very highly trained. われらの職員は非常によく訓練されている／He was appointed *personnel* manager. 彼は人事部長に任命された.

per·spec·tive /pərspéktiv/ 名 UC 形 〔形式ばった語〕〔一般語〕**総体的な見方, 考え方, 観点**. 〔その他〕《米》**遠近法, 透視画法**, あるいは**遠近図, 透視図**, 一般的に遠くへ広がる眺め. また**距離, 位置などによる物の見え方, 遠近感, 物事の相関関係, 全体像**, また将来についての**展望, 見込, 予想**. 形として遠近(画)法の[によった].

[語源] ラテン語 *perspicere* (＝to look through; to see clearly; *per*- through＋*specere* to look; to see) の過去分詞 *perspectus* が中英語に入った.

[用例] This report gives a rather distorted *perspective* of our company's affairs. この報告書はわが社の事情についてかなりゆがんだ見方をしている／Early medieval paintings lacked *perspective*. 中世初

期の絵画には遠近画法が欠けていた．
[類義語] view; prospect.
【慣用句】*in perspective* 遠近法によって，正しく釣り合って: These houses don't seem to be *in perspective* in your drawing. 君の絵の中のこの家は釣り合いがとれていないように見える．*out of perspective* 遠近法からはずれて，不釣り合いで．

per·spi·ca·cious /pə̀ːrspikéiʃəs/ 形〔形式ばった語〕非常に知覚が鋭く**洞察力がある**, 敏鋭な.
[語源] ラテン語 *perspicere* (=to look through) から派生した *perspicax* (=clear-sighted) が初期近代英語に入った．
【派生語】**pèrspicácity** 名 U.

perspiration ⇒perspire.

per·spire /pərspáiər/ 動 本来自〔形式ばった語〕**発汗する**《[語法] sweat よりも上品な語》.
[語源] ラテン語 *perspirare* (=to breathe everywhere; *per*- through + *spirare* to breathe) が初期近代英語に入った．「息を吐く」から「汗をかく」の意味変化は18世紀に起こった．
【派生語】**pèrspirátion** 名 U.

per·suade /pərswéid/ 動 本来他〔一般義〕[一般義] 人を説得して…させる (into; to 不定詞; that 節). [その他]〔形式ばった語〕努力を続けて人を**納得させる**, 信じさせる, **確信させる**. またある状況や出来事が理由・原因となって人を…させるの意を表す．
[語源] ラテン語 *persuadere* (*per*- thoroughly + *suadere* to advise) が中英語に入った．
[用例] I *persuaded* him (not) to go. (= I *persuaded* that he should (not) go.) 私は説得して彼を行かせた/We *persuaded* him of our serious intentions. 彼にわたしたちの真剣な意図を納得させた/A high gasoline price *persuaded* me to buy small car. ガソリンの値段が高いので小型車を買うことになった．
[日英比較] 日本語の「説得する」は説得する行為をいうが, 英語の persuade は「説得して…させる」意で, 日本語で普通にいう「説得した (がだめだった)」は I tried to persuade him to do (but I failed). としなくてはならない．
[対照語] dissuade.
【慣用句】*be persuaded of* [*that*] …を確信している．*persuade oneself of* [*that*] …を確信する．*persuade out of* [*away from*] …説得して…させない, 断念させる．
【派生語】**persuásion** 名 UC 説得, 説得力,〔形式ばった語〕《こっけい》固い信念, 確信, 信仰, 信条, 種類, 性別, 階級. **persuásive** 形 説得力のある, 口のうまい. **persuásively** 副 説得力豊かに, ことば巧みに. **persuásiveness** 名 U.

pert /pəːrt/ 形〔一般義〕[一般義] 特に若い女性がでしゃばってずうずうしい, **生意気な**. [その他] 若い女性が魅力的できびきびしている, 服などがしゃれた, 鼻やお尻などがかっこいいなどの意を表す．
[語源] 古フランス語 *apert* (=open) の語頭音が落ちて中英語に入った．
[類義語] saucy; impudent; forward.
【派生語】**pértly** 副.

per·tain /pərtéin/ 動 本来自〔形式ばった語〕[一般義] ある事柄に直接**関係する**. [その他] 元々ある物の一部として(付)属するの意. ここからあるものにふさわしい, 適するの意と「関係する」の意が生じた．
[語源] ラテン語 *pertinere* (=to stretch out; *per*- through + *tenere* to hold) が中英語に入った．

pertinence, -cy ⇒pertinent.

per·ti·nent /pə́ːrtənənt/ 形〔形式ばった語〕当座の問題となっている事柄と明確な関係がある, **適切な**.
[語源] ラテン語 *pertinere* (=to stretch out) の過去分詞 *pertinens* が中英語に入った．
【派生語】**pértinence, -cy** 名 U. **pértinently** 副.

per·turb /pərtə́ːrb/ 動 本来他〔形式ばった語〕《しばしば受身で》心の平安をかき乱して**不安にさせる**, 困らせる．
[語源] ラテン語 *perturbare* (=to confuse; *per*- thoroughly + *turbare* to agitate) が古フランス語を経て中英語に入った．
【派生語】**pèrturbátion** 名 U.

Pe·ru /pərúː/ 名 固 ペルー《★南米西岸の共和国, 首都 Lima》.
【派生語】**Perúvian** 形 ペルー(人)の. 名 ペルー人．

pe·ruke /pərúːk/ 名 C〔古風な語〕17-18世紀に男子の間で流行したかつら．
[語源] 古イタリア語 *perrucca* (=wig) がフランス語 *perruque* を経て初期近代英語に入った．

perusal ⇒peruse.

pe·ruse /pərúːz/ 動 本来他〔形式ばった語〕[一般義] **注意深く読む, 熟読する**. [その他] 本来この語は細かい点まで詳しく**精査する**意で, 現在では新聞などをざっと読む意も表す．
[語源] ラテン語の *per*- (=thoroughly) と中英語の use (=to use up) を組み合わせて中英語で作られた．
【派生語】**perúsal** 名 UC 熟読, 精読.

Peruvian ⇒Peru.

per·vade /pə(ː)rvéid/ 動 本来他〔形式ばった語〕においが一帯に広がる, 影響, 思想, 気分が**普及する**, 行き渡る．
[語源] ラテン語 *pervadere* (=to spread through; *per*- through + *vadere* to go) が初期近代英語に入った．
【派生語】**pervásion** 名 U. **pervásive** 形.

per·verse /pərvə́ːrs/ 形〔やや形式ばった語〕[一般義] 人の性質や行動が素直でなくひねくれた, **強情な**, つむじ曲りの. [その他] 期待とは裏腹の, 思いどおりにならない,《法》評決が**証拠[判事の指示]とは逆の**. また性的倒錯の意．
[語源] ラテン語 *pervertere* (⇒pervert) の過去分詞 *perversus* が古フランス語 *perves* を経て中英語に入った．
【派生語】**pervérsely** 副. **pervérseness** 名 U. **pervérsity** 名 UC つむじ曲がり, 強情, 性的倒錯.

perversion ⇒pervert.

perverseness ⇒pervert.

per·vert /pərvə́ːrt/ 動 本来他, /pə́ːrvərt/ 名 C〔一般義〕[一般義] 道徳的に正常で正しいと思われる状態からそれさせる, **邪道に導く, 性的倒錯に導く**. [その他] 本来の正しい性質や用法からそれさせる, 悪用する. また言葉の意味を誤って解釈する, **曲解する**. 名として〔軽蔑的な語〕変質者, 性的倒錯者．
[語源] ラテン語 *pervertere* (=to corrupt; *per*- thoroughly + *vertere* to turn) が古フランス語 *pervertir* を経て中英語に入った．
【派生語】**pervérsion** 名 UC 曲解, こじつけ, 悪用, 性的倒錯. **pervérsive** 形.

pe·se·ta /pəséitə/ 图 C 〔一般語〕スペインの通貨単位, ペセタ《★1 peseta=100 centimos; pta《複 ptas》と略す》. また〔古風な語〕昔のスペインの銀貨.
語源 スペイン語 pesa (=weight) の指小形. 19世紀に入った.

pes·ky /péski/ 形 〔くだけた語〕《米・カナダ》うるさい, やっかいな.
語源 pest+risky と思われる. 18世紀から.

pe·so /péisou/ 图 C 〔一般語〕スペイン語圏の通貨単位, ペソ《★1 peso=100 centavos [centesimos]》.
語源 スペイン語 (=weight). 初期近代英語に入った.

pes·sa·ry /pésəri/ 图 C 〔医〕子宮転移を直す子宮圧定器. また女性用避妊具, ペッサリー.
語源 ギリシャ語 pessos (=oval stone) がラテン語 pessum を経て中英語に入った.

pes·si·mism /pésəmìzm/ 图 U 〔一般語〕最悪の事態を予期しあらゆる物事を考えること, 悲観論, 〔哲〕悲観論, 厭世主義.
語源 ラテン語 pejor (=worse) の最上級 pessimus (=worst) から 19世紀に造語された.
反意語 optimism.
【派生語】**péssimist** 图 C. **pèssimístic** 形.

pest /pést/ 图 C 〔一般語〕 一般義 作物や家畜などに害を及ぼす害虫, 有害生物[動物]. その他〔くだけた語〕人をいらだたせたりする人やもの, 厄介もの. また〔古語〕(the ~)〔医〕(腺)ペスト.
語源 ラテン語 pestis (=plague) が初期近代英語に入った.
【派生語】**pésticide** 图 UC 殺虫剤.

pes·ter /péstər/ 動 本来他〔ややくだけた語〕ひっきりなしに相手に物をせがんだりして悩ます, 困らせる.
語源 俗ラテン語 *impastoriare (馬の脚を縛る縄を使う) が古フランス語 empestrer (馬の脚を縛る) を経て初期近代英語に入り, 頭音消失が生じた.

pesticide ⇒pest.

pes·tif·er·ous /pəstifərəs/ 形 〔文語〕一般義 場所や地域が病気の宿る, 感染しやすい. その他〔戯言〕社会や道徳にとって有害な, 人にとって厄介な, うるさい.
語源 ラテン語 pestiferus (=bringing plague; pestis plague+ferre to bring) が中英語に入った.

pes·ti·lence /péstilans/ 图 CU 〔古語〕疫病, 特に(腺)ペスト. また人や社会にとっての害悪, 害毒.
語源 ラテン語 pestis (=plague) から派生した pestilens (=infected) が中英語に入った.
【派生語】**péstilent** 形 うるさい, しつこい, 疫病の. **pèstiléntial** 形 疫病をはやらせような.

pes·tle /péstl/ 图 C 動 本来他〔一般語〕ものを混ぜたりすりつぶしたりするための道具, 乳棒, すりこ木, きね. 動 としてすりこ木でする, きねでつく.
語源 ラテン語 pinsere (=to pound) から派生した pistillum (=pounder) が古フランス語 pestel を経て中英語に入った.

pet[1] /pét/ 图 C 形 動 本来他〔一般語〕一般義 楽しみのために家の中などで飼う愛玩動物, ペット. その他〔やや軽蔑的な語〕不公平と感じられるほど特別な愛情をかけられているお気に入り, 大事な人[物], 寵児, が極端になると甘やかされて駄目になった人[子供]の意味に. また〔くだけた語〕《主に英》《女性語として良い意味で》すばらしい物, 呼びかけ用いて, かわいい子. 形 として愛玩の, 手飼いの, お気に入りの, 〔くだけた語〕得意の, おはこの, また愛情を示す, 特別な意. 動 としてペットにする, かわいがる, 甘やかす, 〔くだけた語〕異性などを愛撫する.
語源 もともとはスコットランドや北方英語の方言だったようだが, 語源は不明で, 多分古フランス語 petit から派生した中英語 pety (=small) からの逆成であろう. 初期近代英語に入った.
用例 She keeps a rabbit as a pet. 彼女はペットとしてうさぎを飼っている/a pet dog 愛犬/a teacher's pet 先生のお気に入り/one's pet theory 持論/The old lady sat by the fire petting her dog. 老婦人は犬をなでながら火のそばに座っていた.
類義語 darling.
【慣用句】**make a pet of ... ...** を特別にかわいがる.
【複合語】**pét náme** 图 C 愛称.

pet[2] /pét/ 图 C 動 本来自〔一般語〕ささいなことですねること, 不機嫌. 動 としてすねる, ふくれる.
語源 不詳.
【慣用句】**in a pet** かんしゃくを起こして.

pet·al /pétl/ 图 C 〔植〕花びら, 花弁.
語源 ギリシャ語 petalon (=leaf) がラテン語に入って petalum (=metal plate) になり, それが近代ラテン語で petal の意となって, 18世紀に入った.
【派生語】**pétaled**, **pétalled** 形 花弁のある. **pétalous** 形 =petaled.

pe·tard /pitá:rd/ 图 C 〔古風な語〕壁に穴をあけたり, 城門を破壊するための爆薬筒〔語法〕現代では慣用句でのみ用いる).
語源 フランス語 péter (=to break wind; to explode) から派生した pétard (=firework) が初期近代英語に入った.
【慣用句】**hoist with [by] one's own petard** 自縄自縛で[になって].

pe·ter /pí:tər/ 動 本来自〔一般語〕量や強さなどが次第に消えてなくなる, 尽きる (out; away).
語源 不詳.

Pe·ter /pí:tər/ 图 固 男性の名, ピーター《★愛称 Pete》,〔聖〕聖ペテロ (St. Peter).
語源 ギリシャ語 Petros (=stone; rock) から. ドイツ語 Peter, フランス語 Pierre, イタリア語 Pietro, スペイン語 Pedro も同語源.
【複合語】**Péter Pán** 图 固 ピーターパン《★J. M. Barrie の同名の劇の主人公の少年》. **Péter Rábbit** 图 固 ピーターラビット《★B. Potter の童話に登場するうさぎ》.

pe·tit bour·geois /péti burʒwá:|pəti:-/ 图 C (複 **petits bourgeois**/-(z)/)〔一般語〕中産階級下層部に属する小商店主や職人など, 小市民, プチブル.
語源 フランス語が19世紀に入った.

pe·tite /pətí:t/ 形 〔丁寧語〕《良い意味で》女性の体型が小さくきれいにまとまっている, 小柄ですらっとした.
語源 フランス語 petit (=small) の女性形. 18世紀に入った.

pe·tit four /péti fɔ:r/ 图 C (複 **petit(s) fours**/-/)〔一般語〕きれいな砂糖衣をかけた小型の甘いケーキ, プチフール.
語源 フランス語 (=small oven). 19世紀に入った.

pe·ti·tion /pitíʃən/ 图 C 〔やや形式ばった語〕政府や公共団体などへの陳述, 請願, 多くの人の署名を集めた文書, 陳述書, 請願書.
語源 ラテン語 petere (=to seek) から派生した petitio が古フランス語を経て中英語に入った.

petit jury

派生語 petitionary 形. petitioner 名 C.

pet·it ju·ry /péti dʒúəri/ 名 C 〔法〕 一般市民から選考される 12 人の陪審員が裁判に立ち会い, 評決を裁判官に答申する小陪審《★petty jury ともいう》.
語源 フランス語 petit (=small)+jury として初期近代英語から.
関連語 grand jury.

petrifaction ⇒petrify.
petrification ⇒petrify.

pet·ri·fy /pétrəfai/ 動 本来性 〔一般語〕 一般義 恐怖や驚きのため茫然とさせる, 肝をつぶさせる. その他 本来は石質にする, 化石化させるの意で, これが心の状態に適用されたのが上記の意味.
語源 ギリシャ語の petra (=stone; rock) とラテン語の -ficare (=-fy) とから成るフランス語 pétrifier が初期近代英語に入った.
派生語 pètrifáction 名 U 化石化, 茫然自失. pètrificátion 名 U =petrifaction.

pet·ro·chem·i·cal /pètroukémikəl/ 名 CU 形 〔一般語〕 石油化学製品.
語源 petro-「石油」+chemical として 20 世紀から.

pet·ro·dol·lar /pétrədɑlər|-dɔ-/ 名 C 形 〔一般語〕 (通例複数形で) 石油産出国が石油を輸出することによって獲得しているドル, オイルダラー(の).

pet·rol /pétrəl/ 名 U 〔一般語〕(英) ガソリン((米) gasoline; gas).
語源 中世ラテン語 petroleum (=petroleum; mineral oil) が古フランス語 petrole を経て初期近代英語に入った.
用例 You're getting out of petrol. ガソリンがきれかかっているよ.
【複合語】pétrol stàtion 名 C (英) ガソリンスタンド((米) gas station). **pétrol tànk** 名 C (英) 車や航空機のガソリンタンク((米) gas tank).

pe·tro·leum /pitróuliəm/ 名 U 〔一般語〕 石油.
語源 ラテン語 petra (=stone)+oleum (=oil) から成る中世ラテン語が初期近代英語に入った.

pet·ti·coat /pétikout/ 名 C 形 〔一般語〕 スカート形の女性用下着, ペチコート. 形として〔くだけた語〕〔軽蔑的〕女性が牛耳る, かかあ天下の.
語源 中英語 pety (=small)+cote (=coat) より成る petycote から.
【複合語】pétticoat góvernment 名 U 女性の天下, かかあ天下.

pet·ti·fog·ging /pétifɔ(:)giŋ/ 形 〔やや軽蔑的な語〕 人が不必要なほど些細なことにこだわる, 事柄が考慮に値しないほどくだらない.
語源 初期近代英語 pettifogger (三百代言, いかさま師) から逆成された 動 pettifog から.

pettily ⇒petty.

pet·tish /pétiʃ/ 形 〔やや軽蔑的な語〕 人または行為や言葉が気難しい, いらいらした.
語源 pet²+-ish (形容詞語尾) として初期近代英語から.
派生語 péttishly 副.

pet·ty /péti/ 形 〔軽蔑的な語〕 一般義 取るに足らない, つまらない. その他 小規模の, また心の狭い, 狭量な, 重要でない, 劣った.
語源 フランス語 petit (=small) が初期近代英語に入った.
類義語 trifling; trivial; minor.
派生語 péttily 副.

【複合語】pétty cásh 名 U (しばしば the ~)小口現金. **pétty júry** 名 C〔法〕小陪審. **pétty ófficer** 名 C 下士官.

petulance ⇒petulant.

pet·u·lant /pétʃulənt/ 形 〔一般語〕 気分にむらがあり, すぐにかんしゃくを起こす, 短気な.
語源 ラテン語 petulans (=bold) が古フランス語を経て初期近代英語に入った.
派生語 pétulance 名 U 短気, かんしゃく. pétulantly 副.

pew /pjú:/ 名 C 〔一般語〕 ベンチのように長く, 背もたれのついた一般信徒用の教会の座席, 《the ~s》教会に集まった人々, 会衆.
語源 ギリシャ語 pous (=foot) から派生したラテン語 podium (=balcony) が古フランス語 puie を経て中英語に入った.

pew·ter /pjúːtər/ 名 U 〔一般語〕 錫(すず)と鉛などの合金, しろめ, しろめ製品, また青みがかった灰色, 銀灰色.
語源 不詳.

pey·o·te /peióuti/ 名 CU〔植〕メキシコ産のサボテンの一種, うばたま. またそれから取れる幻覚剤, ペイヨーテ.
語源 北米先住民の言葉がメキシコ・スペイン語を経て 19 世紀に入った.

pfen·nig /pfénig/ 名 C 〔一般語〕 ドイツの旧通貨単位, ペニヒ《★1 mark=100 pfennigs》.
語源 ⇒penny.

pH /píː.éitʃ/ 名〔化〕水素イオン濃度指数, ピーエイチ, ペーハー《potential of Hydrogen の略》.

pha·e·ton /féiətn/ 名 〔一般語〕 2 頭立て 4 輪馬車, フェートン.
語源 フランス語 phaéton が初期近代英語に入った. ギリシャ神話の父ヘーリオスの馬車を借りて御しきれない, ゼウスの放った雷に殺された息子の名前 Phaethōn にちなむ. ギリシャ語の原義は shining.

pha·lanx /féilæŋks|fæl-/ 名 C (複 ~es, phalanges /fæléndʒi:z|fə-/) 〔形式ばった語〕(単数形で, ときに複数扱い) 古代ギリシャの歩兵の方陣, 密集隊形, 人や動物などの集結. また〔解・動〕指骨.
語源 ラテン語 phalanx (=line of battle; bone of finger) がラテン語を経て初期近代英語に入った. 片手には 14 の指骨があるが, その横一列ずつの並び方が方陣に似ていることから「指骨」の意味が生まれた.

phallic ⇒phallus.

phal·lus /fæləs/ 名 C (複 -li/lai/, ~es) 〔一般語〕 一般義 生殖力の宗教的象徴として崇拝された男根像. その他 陰茎, ペニス.
語源 ギリシャ語 phallos (=penis) が後期ラテン語を経て初期近代英語に入った.
派生語 phállic 形.

phan·tasm /fǽntæzəm/ 名 C 〔形式ばった語〕 幻影, 幻想, あるいは幽霊.
語源 ギリシャ語 phantazein (=to make visible) から派生した phantasma (=apparition; specter) がラテン語, 古フランス語を経て中英語に入った.

phan·tas·ma·go·ri·a /fæntæzməgɔ(:)riə/ 名 C 〔やや形式ばった語〕 実際または空想の中で次から次へと移り変わる光景, 連想によって生じる幻影.
語源 フランス語 fantasmagorie (phantasme phantasm+allégorie allegory) が 19 世紀に入った.
派生語 phantàsmagóric 形.

phan·ta·sy /fǽntəsi, -zi/ 名 CU〔やや古語〕=fantasy.

phan・tom /fæntəm/ 名 C〔一般語〕一般義 幽霊．
その他 夢に現われる幻影，また心の中にのみ存在する妄想，《形容詞的に》架空の，錯覚の．
語源 ラテン語 *phantasma* (⇒phantasm) が古フランス語 *fantosme* を経て中英語に入った．

Pha・raoh /féərou/ 名 C〔一般語〕古代エジプト王の称号，パロ，ファラオ．
語源 great house の意のヘブライ語がギリシャ語，ラテン語を経て 12 世紀以前に古英語に入った．

Pharisaic ⇒Pharisee

Phar・i・see /færəsi/ 名〔一般語〕一般義 律法の遵守にこだわった古代ユダヤの保守的な一派，パリサイ人(%)，その他《p-》《軽蔑的》形式主義者，偽善者．
語源 アラム語 *perîsh* (=separated) がギリシャ語，ラテン語を経て 12 世紀以前に古英語に入った．
【派生語】**Pharisáic, -cal** 形 パリサイ人の，《p-》形式にこだわる，偽善的な．

phar・ma・col・o・gy /fà:rməkálədʒi |-ó-/ 名 U〔一般語〕薬(理)学．
語源 ギリシャ語 *pharmakon* (=drug)+-logy. 18 世紀の造語．

pharmaceutical ⇒pharmacy.

pharmacist ⇒pharmacy.

phar・ma・cy /fá:rməsi/ 名 CU〔一般語〕一般義 薬局，または薬屋《米》drugstore, 《英》chemist's.
その他 本来の意味は調剤(法)，薬学．
語源 ギリシャ語 *pharmakon* (=drug; poison) から派生した *pharmakeia* (=making of drugs) が中世ラテン語 *pharmacia* を経て初期近代英語に入った．
【派生語】**phàrmacéutical** 形．**phármacist** 名 薬剤師，製薬業者．

pha・ryn・ges /fərindʒi:z/ 名 pharynx の複数形．

phar・yn・gi・tis /færindʒáitis/ 名 U〖医〗咽頭炎．
語源 pharyngo-「咽頭の」+-itis「…炎」．

phar・ynx /færiŋks/ 名 C《複 ~es, pharynges /fərindʒi:z/》〖解〗咽頭．
語源 ギリシャ語 *pharunx* (=throat) が近代ラテン語を経て初期近代英語に入った．

phase /féiz/ 名 C 動 本来他〔一般語〕一般義 変化・発達するものや状態の一つの相や姿，様相，面，現われ．
その他 変化，発達の段階，局面，状勢，時期，問題として考察されている事柄などの一つの側面，観点．また一定の規則に従って一定の循環的，周期的，調和的な動きをする段階や時期を指し，〖天〗月や惑星などの相，位相，〖理〗光波，音波，電流などの位相，フェイズ，〖化〗相，状相，〖生〗相，分裂における各期，〖医〗期，反応時期などの意を表す．動 として，計画，行動などを段階的に実行[調整]する，徐々に導入[整理]する，同調させる．
語源 ギリシャ語 *phainein* (=to show; to appear) から派生した *phasis* (=appearance) が近代ラテン語に入り，その複数形 *phases* からの逆成．19 世紀から．本来天文学的意味であったようである．
用例 The child is going through a difficult *phase*. 子供が難しい時期を迎えている／We are entering a new *phase* in the war. 戦争の新しい局面に突入している／A new moon, half-moon and full moon are three *phases* of the moon. 新月，半月，満月は3つの月相である．

類義語 aspect.
慣用句 *in phase* …と一致[同調]して《with》, 〖理〗波，電流などの位相が一致して．*out of phase* …と一致[同調]しないで《with》, 〖理〗波，電流などの位相が異なって．*phase down* …を段階的に削減する，縮小する．*phase in* …を段階的に採用する，導入する．*phase out* …を段階的に停止する，廃止する，除去する．
【複合語】**phásedòwn** 名 C 計画や作戦などの段階的削減[縮小]．**phásein** 名 C 計画や作戦などの段階的採用[導入]．**pháseòut** 名 C 計画や作戦などの段階的停止[廃止，除去]．

Ph.D. /pí:eitʃdí:/ 名 C〔一般語〕博士(号)(Doctor of Philosophy).

pheas・ant /féznt/ 名 CU〖鳥〗きじ，またその肉．
語源 ギリシャ語 *phasianos* (=of the River Phasis) がラテン語，古フランス語を経て中英語に入った．その河口にこの鳥が多くいたことから．

phe・no・bar・bi・tal /fì:noubá:rbitɔ:l/ 名 U〖薬〗《主に米》不眠症やてんかんの治療などに使われる鎮静剤，フェノバルビタール．
語源 pheno-(フェニル基を含んだ)+barbital (バルビタール)として 20 世紀から．

phe・no・bar・bi・tone /fì:noubá:rbitoun/ 名《英》=phenobarbital.

phe・nol /fí:noul|-nɔl/ 名 U〖化〗石炭酸，フェノール．
語源 pheno-(フェニル基を含んだ)+-ol (水酸基を含む化合物を示す語尾). 19 世紀から．

phenomenal ⇒phenomenon.

phe・nom・e・non /finámənən|-ɔ́-/ 名 C《複 -ena, ~s》〔形式ばった語〕一般義 ほかのものと比較しても並み外れて驚くべき事[人], 特異な事[人], 驚異現象，絶品，珍品，異才，奇才．また〖哲〗現象，カント哲学では物それ自体と区別して人間の感覚や心に映った現象．
語法 複数形は現象の意味では phenomena, 特異な事[人]の意味では通例 phenomenons である．
語源 ギリシャ語 *phainein* (=to show) の中間態 *phainesthai* (=to appear) の現在分詞 *phainomenon* が後期ラテン語を経て初期近代英語に入った．
用例 Magnetic attraction is an interesting *phenomenon*. 磁気引力は興味深い現象である／an infant *phenomenon* from …．
類義語 wonder; marvel; miracle; prodigy.
【派生語】**phenómenal** 形 自然現象の[に関する]，五感[直接経験]によって知ることができる，知覚できる，異常な，すばらしい，驚くべき．**phenómenally** 副〔くだけた語〕とても，すごく．

phew /fjú:/ 間〔一般語〕安心，いら立ち，驚き，不快などを表す発声，やれやれ，ちえっ，へえっ〔語法〕実際の会話では口笛のような音を出す．
語源 擬音語．初期近代英語から．

phi・al /fáiəl/ 名 C〔形式ばった語〕検査用の血液などを入れるような小さなガラスびん，薬びん．
語源 ギリシャ語 *phialē* (=wide shallow vessel) がラテン語 *phiala* (=saucer), 古フランス語 *fiole* を経て中英語に入った．

phi・lan・der /filǽndər/ 動 本来自〔軽蔑的な語〕男が遊び半分に多くの恋愛にふける，恋をあさる，女遊びをする．
語源 ギリシャ語 *philandros* (=fond of men; *philos*

philanthropic

loving+*aner* man）が文学作品の恋人の名前として用いられ，18世紀に入った．
【派生語】**philánderer** 名 C 女たらし．

philanthropic ⇒philanthropy.

philanthropist ⇒philanthropy.

phil·an·thro·py /fɪlǽnθrəpi/ 名 U〔やや形式ばった語〕人類を愛し，特に寄付金などで困難な立場にある人々を助けること，**博愛**，**慈善**．
語源 ギリシャ語 *philanthrōpia*（*philos* loving+*anthrōpos* mankind）が後期ラテン語を経て初期近代英語に入った．
【派生語】**philanthrópic** 形．**philánthropist** 名 C 博愛家，慈善家．

philatelic ⇒philately.

philatelist ⇒philately.

phi·lat·e·ly /fɪlǽtəli/ 名 U〔形式ばった語〕切手を集めたり研究したりすること，**郵趣**，**切手収集〔研究〕**．
語源 フランス語 *philatélie*（*philo*- loving+ギリシャ語 *ateleia* tax exemption）が19世紀に入った．郵便受取人は消印つき切手を無料で入手できることから．
【派生語】**philatélic** 形．**philátelist** 名 C 切手収集〔研究〕家．

phil·har·mon·ic /fɪlhɑːrmɑ́nɪk|-5-/ 形 C〔一般style〕音楽愛好の，また交響楽団の．名 として音楽愛好協会，交響楽団．交響楽団の名前に用いられることが多く，その場合は大文字で書き始める．
語源 イタリア語 *filarmonico*（=loving harmony）がフランス語 *philharmonique* を経て19世紀に入った．
【複合語】**philharmónic órchestra** 名 C 交響楽団（日英比較）「フィルハーモニー」は和製英語）．

Phil·ip·pine /fíləpiːn/ 形〔一般義〕フィリピン（諸島）の，フィリピン人の．⇒Filipino．
【派生語】**Philippines** 名 固（単数扱い）フィリピン共和国，（the ~; 複数扱い）フィリピン諸島．
【複合語】**Philippine Íslands** 名 固（the ~）フィリピン諸島．

philological ⇒philology.

philologist ⇒philology.

phi·lol·o·gy /fɪlɑ́lədʒi|-5-/ 名 U〔やや形式ばった語〕〔一般義〕古文書や文学作品などを研究する**文献学**．その他〔古風な語〕言語を歴史的にまたは他の言語と比較して研究する**歴史・比較**〕**言語学**（語法）現在では linguistics のほうが一般的に用いられる．
語源 ギリシャ語 *philologia*（=love of learning; *philos* loving+*logos* word）がラテン語を経て初期近代英語に入った．
【派生語】**philológical** 形．**philólogist** 名 C〔古風な語〕言語学者．

philosopher ⇒philosophy.

philosophic ⇒philosophy.

philosophize ⇒philosophy.

phi·los·o·phy /fɪlɑ́səfi|-5-/ 名 UC〔一般義〕〔一般義〕学問としての**哲学**．その他〔一般義〕倫理，物事の原理，**人生哲学**，**人生観**，**処世術**．さらに〔哲学的精神〔態度〕〕となり，達観，悟り，諦め，沈着，冷静の意となる．
語源 ギリシャ語 *philosophia*（=love of wisdom; *philos* loving+*sophos* wise）がラテン語，古フランス語を経て中英語に入った．
用例 moral *philosophy* 道徳〔倫理哲学/Lock's political *philosophy* ロックの政治哲学/the *philosophy* of grammar 文法の原理/I have a very simple *philosophy*—enjoy life! 私には非常に単純な人生哲学がある．人生は楽しめだ．
【派生語】**philósopher** 名 C 哲学者，〔くだけた語〕哲人，賢人，悟りを開いた人，冷静な人，諦めのよい人，思慮深い人．**philosóphic** 形 =philosophical. **philosóphical** 形 哲学の〔に関する〕，賢明な，達観した，あきらめのよい．**philosóphically** 副．**philósophize** 動 本来自〔形式ばった語〕哲学的に考える，思索する，哲学者ぶる．

phlegm /flém/ 名 U〔一般義〕〔一般義〕痰（たん）．その他 かつてこの語は粘液を意味し，これが多いと鈍重になると信じられていた．ここから痰のほかに，**鈍重**，**無気力**，さらには**沈着**，**冷静**の意も生じた．
語源 ギリシャ語 *phlegein*（=to burn）から派生した *phlegma*（=flame; clammy humor）が後期ラテン語，古フランス語を経て中英語に入った．⇒humor.
【派生語】**phlegmátic** 形．

pho·bi·a /fóubiə/ 名 C〔一般義〕**恐怖症**，病的恐怖（語法）普通の人が何も感じないような事物に異常で病的な恐怖を感じる場合にしばしば複合語にして用いる．
語源 ギリシャ語 *phobos*（=fear）から18世紀に入った．

Phoe·ni·cia /fɪníʃə/ 名 固 フェニキア（★紀元前2000年ごろ現在のシリア付近に存在した王国）．
【派生語】**Phoenícian** 形 フェニキア（人，語）の．名 CU フェニキア人〔語〕．

phoe·nix /fíːnɪks/ 名 C〔エジプト神話〕**不死鳥**，フェニックス．一般に卓越した人〔物〕．
語源 ギリシャ語 *phoinix* がラテン語 *phoenix* を経て古英語に入った．

phone¹ /fóun/ 名 UC 動 本来自〔くだけた語〕**電話**，また**電話機**，**受話器**，**イヤホン**．動 として，人や場所に電話をかける，電話で知らせる．
語源 telephone の後半だけ残ったもの．
用例 on [over] the *phone* 電話で/I'll *phone* you this evening. 今晩あなたの所に電話をかけます．
【複合語】**phóne bòok** 名 C 電話帳（telephone directory）．**phóne bòoth** 名 C《米》公衆電話ボックス（《英》call box）．**phónebòx** 名 C《英》=phone booth. **phóne càll** 名 C 電話の通話．**phónecàrd** 名 C テレフォンカード．**phóne-in** 名 C 形《英》テレビやラジオでスタジオに電話かけて行う視聴者電話参加番組（の）（《米》call-in）．**phóne nùmber** 名 C 電話番号．

phone² /fóun/ 名 C〔音〕〔言語〕**音**，**単音**．
語源 ギリシャ語 *phōnē*（=sound; voice）が19世紀に入った．
【派生語】**phónic** 形 音の，音声の．**phónics** 名 U フォニックス（★初歩的学習者に綴り字と発音の関係を教える教授方法）．

-phone /fóun/ 連結「音を出す〔伝える〕装置」の意．例: tele*phone*; micro*phone*; mega*phone*; ear*phone*.
語源 ギリシャ語 *phōnē*（=sound; voice）から．

pho·neme /fóuniːm/ 名 C〔音〕ある言語における最小の音声単位，**音素**．
語源 ギリシャ語 *phōnēma*（=sound）がフランス語を経て20世紀に入った．
【派生語】**phonémic** 形．**phonémics** 名 U 音素論．

pho·net·ic /founétɪk/ 形〔一般義〕音声の，音声学

pho·ney /fóuni/ 形 名 =phony.

phonic ⇒phone²

pho·no·graph /fóunəgræf|-grɑ:f/ 名 C 〔古風な語〕《米》初期の蓄音機(《英》gramophone).
[語源] phono-「音」+-graph「書かれたもの」として19世紀から.

phonologic ⇒phonology.
phonologist ⇒phonology.

pho·nol·o·gy /founálədʒi|-ɔ́l-/ 名 U 【言】音韻論.
[語源] phono-「音」+-logy「学問」として18世紀から.
【派生語】**phonològic, -cal** 形. **phonólogist** 名 C 【音】音韻学者.

pho·ny /fóuni/ 形 C 〔くだけた語〕《軽蔑的》偽りの, いんちきの. 名 C 偽者, いかさま師.
[語源] おそらく fawney (めっきの指輪) の変形. 19世紀から.

phos·phate /fásfeit|-ɔ́-/ 名 UC 【化】燐(ﾘﾝ)酸塩, 《複数形で》燐酸肥料, 少量の燐酸塩を含む炭酸飲料.
[語源] phospho-「燐」+-ate「…酸塩」として18世紀から.

phos·phor /fásfər|-ɔ́-/ 名 C 蛍光体, 蛍光物質.
[語源] 近代ラテン語 phosphorus (燐) がフランス語 phosphore を経て18世紀に入った.
【派生語】**phòsphorésence** 名 U 燐光, 燐光物質. **phòsphoréscent** 形 燐光を発する.

phosphoric ⇒phosphorus.
phosphorous ⇒phosphorus.

phos·pho·rus /fásfərəs|-ɔ́-/ 名 U 【化】燐(★元素記号 P).
[語源] ギリシャ語 phōsphoros (=light-bringing; phōs light +pherein to bring) からの近代ラテン語が初期近代英語に入った.
【派生語】**phosphóric** 形 燐の, (5 価の)燐を含む. **phósphorous** 形 燐の, (3 価の)燐を含む.

pho·to /fóutou/ 名 C 《複 ~s》〔くだけた語〕=photograph.
【複合語】**phóto fínish** 名 C 【スポ】写真判定(を要するようなゴールイン), 一般に大接戦や選挙などのきわどい結果.

photo- /fóutou/ 連結「光」「写真」の意.
[語源] ギリシャ語 phōs (=light) の属格 phōtos から.

pho·to·chem·i·cal /fòutoukémikəl/ 形 〔一般語〕光によって化学変化を起こす, 光化学の.
[語源] photo+chemical として19世紀から.
【複合語】**phòtochémical smóg** 名 U 光化学スモッグ.

pho·to·cop·y /fóutəkàpi|-kɔ̀-/ 名 C 動 本来他 〔一般語〕写真複写をする(こと), コピー(する).
[語源] photo+copy として20世紀から.

pho·to·e·lec·tric /fòutouiléktrik/ 形 【理】光電子の.
[語源] photo+electric として19世紀から.
【複合語】**phòtoeléctric céll** 名 C 光電管, 光電池.

pho·to·gen·ic /fòutədʒénik/ 形 〔一般語〕よい被写体となる, 写真うつりのよい, 【生】発光性の.
[語源] photo -genic (…に適した) として19世紀から.

pho·to·graph /fóutəgræf|-grɑ:f/ 名 C 動 本来他 〔一般語〕カメラなどで撮影した写真(★省略形はphoto). 動 として, カメラなどで人や物の写真を撮る, 撮影する, 比喩的に写真で写すように鮮明[克明]に表す. 自 写真うつりが…である.
[語源] photo-「光」+-graph「書かれたもの」. 1839年天文学者 Sir John Herschel により photographic, photography と共に初めて用いられた.
[用例] I took a lot of *photographs* during my holiday. 休日に写真をたくさん撮った/He spends all his holidays *photographing* old buildings. 彼は休日はすべて古い建物の写真を撮りながら過ごす/His speech was *photographed* upon the people. 彼の演説は民衆の心にはっきりと刻みこまれた.
[慣用句] ***develop [enlarge; print] photographs*** 写真を現像する[引きのばす, 焼き付ける].
【派生語】**photógrapher** 名 C 写真撮影者, カメラマン, 写真(作)家, 写真屋. **photográphic** 形 写真の, 写真撮影(用)の, 写真のような. **photográphically** 副 写真によって. **photógraphy** 名 U 写真撮影(術): No *photography*. 《揭示》写真撮影禁止.

pho·to·gra·vure /fòutəgrəvjúər/ 名 CU 【印】写真を用いて作る凹版印刷, グラビア印刷.
[語源] photo+ フランス語 gravure (=engraving) として19世紀から.

pho·to·mon·tage /fòutəmɑntá:ʒ|-mɔn-/ 名 CU 【写】モンタージュ写真(製作法).
[語源] photo+montage として20世紀から.

pho·to·sen·si·tive /fòutousénsətiv/ 形 【写】感光性の.
[語源] photo+sensitive として20世紀から.

pho·to·syn·the·sis /fòutəsínθəsis/ 名 U 【植】光合成.
[語源] photo+synthesis として19世紀から.

phrasal /fréizl/ ⇒phrase.

phrase /freiz/ 名 C 動 本来他 〔一般語〕一般語 言い回し, 言葉遣い, 表現(法). [その他]【文法】2語以上が集まって文中で1つの単位となり, ある品詞に似た働きをするもの, 句 (語法) 通常, 定動詞とその主語を含まない), また決まり文句, 成句, 慣用句, さらに簡潔な言葉となり, 警句, 名句, ことわざの意. 【楽】旋律の区切りとなる楽句, フレーズの意も表す. 動 として〔形式ばった語〕言葉で言う, 表現する.
[語源] ギリシャ語 phrazein (=to point out; to explain) から派生した phrasis (=speech; diction) がラテン語を経て初期近代英語に入った.
[用例] a common *phrase* 普通の表現/a nominal *phrase* 名詞句/a prepositional *phrase* 前置詞句/play the first *phrase* 最初のフレーズを演奏する/*phrase* one's request in the form of a question 疑問文の形で要望を表現する.
[関連語] sentence; clause.
[慣用句] ***a turn of phrase*** 言い回し, 言葉遣い. ***in simple phrase*** 簡潔に表現すれば. ***to coin a***

phrase 《決まり文句の前などに用いて》《皮肉》私としindependence独創的な言い方をすれば. **turn a phrase** 名句[警句]を吐く, うまい言い方をする.
【派生語】**phrásal** 形 〖文法〗句の, 句からなる: **phrasal verb** 句動詞(★動詞と副詞または前置詞がまとまって 1 語の動詞のような働きをするもの). **phraseólogy** 名 U〔形式ばった語〕言葉遣い, 語法, 表現法, 術語, 専門語. **phrásing** 名 U=phraseology;〖楽〗楽句の正しい演奏[歌唱]法, フレージング.
【複合語】**phráse bòok** 名 C 慣用表現集, 熟語[成句]集.

phre·net·ic /frinétik/ 形 =frenetic.

phre·nol·o·gy /frinálədʒi|-5-/ 名 U〔古風な語〕頭蓋骨の大きさや形によって性格などを調べようとした昔の骨相学.
語源 phreno-「精神」+-logy「学問」. 外形から精神を知ろうとしたことによる. 19 世紀から.
【派生語】**phrènológical** 形. **phrenólogist** 名 C.

phy·lum /fáiləm/ 名(複 **-la**)〖生〗動植物を分類するときの最高区分, 門.
語源 ギリシャ語 phulon (=tribe; race) が近代ラテン語を経て 19 世紀に入った.

phys·i·cal /fízikəl/ 形 〔一般的〕一義 精神的のとは対照の肉体の, 身体の. その他 道徳的とは対照的の肉欲の, 肉欲にふける, 肉体的要求の.〔形式ばった語〕本来の自然(界)の, 自然の法則に従ったという意味から, 物質の, 物質的な, 物理的なの意. また自然科学の, 特に物理学(physics)の. 名として〔くだけた語〕 =physical examination.
語源 ラテン語 physica (⇒physics) の 形 physicalis が中英語に入った.
用例 physical exercise 運動, 体操/the physical world 物質界/It's a physical impossibility for a man to fly like a bird. 人間が鳥のように飛ぶのは自然の法則から見て[物理的に]不可能である/physical geography 自然地理学/physical chemistry 物理化学.
類義語 ⇒bodily; corporeal; corporal; material. 対照語 mental; spiritual; metaphysical.
【派生語】**phýsically** 副 肉体的に, 物質的に, 物理的に, 自然の法則に従って.
【複合語】**phýsical educátion** 名 U 体育(★略称 PE). **phýsical examinátion** 名 C 身体[体格]検査, 健康診断. **phýsical scíence** 名 U 自然科学《★生物学を除く物理学, 化学, 天文学等》.

phy·si·cian /fízíʃən/ 名 〔一般的〕手術をする外科医に対して, 手術をしない内科医. その他 一般的に医師, 医者(語法 (英)では doctor が普通で, physician を用いると古風な語となる), また悩みごとをいやす精神的救済者(healer).
語源「医術」を意味した physic+-ian として中英語から. ⇒physics.
用例 The physician gave his patient a wonder drug. 医者は患者に特効薬を与えた/a physician of souls 魂の救済者.
対照語 surgeon.

physicist ⇒physics.

physics /fíziks/ 名 U 〔一般的〕学問としての物理学, また物理的性質, 物理現象.
語源 ラテン語 physica の翻訳で, physic+複数形尾 -s. physic はかつて「自然科学, 医術」を意味し, ギリシャ語 phusis (=nature) から派生した phusika (=natural things) がラテン語 physica (=natural science; medical science), 古フランス語 fisique を経て中英語に入った語.
用例 the law of physics 物理(学)の法則.
【派生語】**phýsicist** 名 C 物理学者.

phys·i·og·no·my /fiziágnəmi|-5nə-/ 名〔形式ばった語〕一般的 性格を表していると思われる人間の顔つき, 人相. その他 この語はもともと人間の顔つきや表情から性格を判断する人相学の意で, 土地などの外見上の特徴, 外観, 様相, 地形の意にもなる.
語源 ギリシャ語 phusiognōmonia (phusis nature+gnōmōn judge) が後期ラテン語, 古フランス語を経て中英語に入った.

phis·i·ol·o·gy /fiziálədʒi|-5-/ 名〔一般的〕体の器官の働きを研究する科学, 生理学, また生理(機能).
語源 ギリシャ語 phusiologia (phusis natute+-logia study) がラテン語を経て初期近代英語に入った.
【派生語】**phỳsiológical** 形. **physiólogist** 名 C 生理学者.

physiotherapist ⇒physiotherapy.

phys·io·ther·a·py /fiziouθérəpi/ 名 U〔一般的〕マッサージや運動などによる物理[理学]療法(physical therapy).
語源 ギリシャ語 phusis (=nature)+therapy として 20 世紀から.
【派生語】**phỳsiothérapist** 名 C 物理[理学]療法士.

phy·sique /fizí:k/ 名 UC 〔一般的〕人の体の構造, 形状, 外観など, 体格.
語源 フランス語 physique (=physical 名) が 19 世紀から.

pi·a·nis·si·mo /pi:ənísimou/ 副 形 名 C〖楽〗きわめて弱く, ピアニシモで[の(部分)](pp と略す).
語源 イタリア語 piano (=softly) の最上級. 18 世紀から.

pianist ⇒piano[1].

pi·a·no[1] /piǽnou/ 名 C〖楽器〗ピアノ(pianoforte).
語源 ラテン語 pianus (=smooth)+fortis (=strong) から成るイタリア語 pianoforte の省略形が 19 世紀に入った. もとの形は piano e forte (=soft and sound) で, piano から forte まで段階的な音を出すのでこのように名づけられた.
用例 He played the tune on the piano. 彼はその曲をピアノで演奏した.
関連語 cottage piano(19 世紀の堅型ピアノ); grand piano (グランド・ピアノ); baby grand piano (小型のグランド・ピアノ); player piano (自動ピアノ); upright piano (堅型ピアノ); square piano(18 世紀の長四角形で大型のスクエア・ピアノ).
【派生語】**piánist** 名 C ピアノ演奏家, ピアノが弾ける人.
【複合語】**piáno accòrdion** 名 C 普通の鍵盤つきアコーディオン. **piáno bàr** 名 C 生のピアノ演奏が聞けるカクテルバー式のピアノ・バー. **piáno dùet** 名 C ピアノ二重奏(曲). **pianofòrte** 名 C〔形式ばった語〕ピアノ. **piáno òrgan** 名 C 辻音楽師の用いる手回しオルガン. **piáno plàyer** 名 C ピアノ演奏者, 自動演奏装置. **piáno scóre** 名 C ピアノ楽譜. **piáno stòol** 名 C 高低を自由にできる演奏者用のピアノ用椅

子. **piáno wìre** 名 C ピアノ線.

pi·a·no² /piá:nou/ 副形 【楽】弱く, ピアノで[の]《慣用》p と略す.
[語源] イタリア語 *piano* (=softly). 初期近代英語から.

pi·as·ter, 《英》**-tre** /piǽstər/ 名 C 〔一般語〕エジプト, レバノン, シリアなどの通貨単位, ピアストル《★1 piaster=$^1/_{100}$ pound》.
[語源] イタリア語 *piastra* (=thin metal plate) がフランス語 *piastre* を経て初期近代英語に入った.

pi·az·za /piǽtsə/ 名 C 〔一般語〕イタリアの町に見られる周囲を建物で囲まれている広場. また〔古語〕《米》ベランダの意.
[語源] ラテン語 *platea* (=courtyard) からのイタリア語 *piazza* (=marketplace) が初期近代英語に入った.

pi·ca /páikə/ 名 U 〔一般語〕パイカ《★タイプライターの 12 ポイント活字で 1 インチで 10 字》.
[語源] 中世ラテン語 *pica* (キリスト教の日課規則書) が初期近代英語に入った. 用いられた活字の種類から.

pic·a·dor /píkədɔːr/ 名 C 〔一般語〕闘牛で馬上から牛をやりで突く騎馬闘牛士.
[語源] スペイン語 (=pricker) が 18 世紀に入った.

pi·ca·resque /pìkərésk/ 形 〔一般語〕小説が悪漢を主題にしている悪漢ものの.
[語源] スペイン語 *picaresco* (=knavish) がフランス語を経て 19 世紀に入った.

pic·a·yune /pìkəjúːn/ 形 名 C 〔一般語〕《米》値打ちがわずかでくだらない, また人の心が狭い, 狭量の. 名としてくだらない物. この語はもともとはアメリカ南部の小額硬貨, ピカユーンまたは 5 セント硬貨を意味した.
[語源] フランス語 *picaillon* (=small coin) が 19 世紀に入った.

pic·co·lo /píkəlou/ 名 C 【楽器】ピッコロ.
[語源] イタリア語 *piccolo flauto* (=small flute) の前半部分のみが 19 世紀に入った.

pick /pík/ 動 本不他 名 UC 〔一般語〕一般義 物や人を注意深く選ぶ, 選択する. その他 草花や果実を通例手で摘み取る, もぐ, 採取する 〔語法〕 gather よりも形式ばった語, 鳥の羽をむしり取る, 人のポケットから中身を盗む〔抜き取る〕, 一般化してちぎる, 引き裂く, ほぐす意を表す. 本来は尖った物で突く, 突いて穴をあける[掘りだす], 鋭い道具などを使って不法に鍵をこじあける, ねじあける, 歯, 鼻, 耳などをほじる, ほじってきれいにする. 食べる動作に用いられると, 鳥などが餌をつつく, ついて(少しずつ)食べる, ついばむ, 〔くだけた表現〕よく味わって食べる. さらに弦楽器をつまびく, かき鳴らす, 弦楽器をはじく, けんかをふっかける, きっかけをつかむ, 機会を捕える意になる. 自 としても用いられる. 名 として選択, 選択権, 選択された人[物], 《the ~》精選された最上の人[物], 摘み取った果実や穀物の収穫量, また一突き, 突く[つつく]もの[道具], つまようじ, つるはし(pickax(e)), 弦楽器のつめ.
[語源] 古英語 pician (中オランダ語 picken に類似) と古フランス語 *piquer* (=to prick; to pierce) が混成して中英語に入ったものと考えられた.
[用例] *Pick* the one you like best. 最も気に入った物を選びなさい/We went to a farm to *pick* strawberries. いちごを摘みに農園に行った/*pick* some hairs off the jacket. 上着についた髪の毛をつまみ取る/The thief *picked* the lock of his house and broke into last night. 泥棒が昨夜彼の家の鍵をこじあけて侵入した/*pick* the piece of meat from between one's teeth 歯の間にはさまった肉を(つまようじで)ほじり取る/He *picked* quarrels with the nasty boy. 彼は意地悪小僧にけんかを吹っかけた/Take your *pick*. 自由に選んで下さい/the *pick* of the Japanese films えり抜きの日本映画/break ice with an ice *pick* アイスピックで氷を砕く.
[類義語] choose; take.
[対照語] decline; reject.

[慣用句] ***have a bone to pick with** ...* =*pick acquaintance with* ... ... とふと知り合いになる. ***pick a hole*** [***holes***] ***in*** ... ... のあら捜しをする. ***pick and choose*** 精選する, えり好みする. ***pick and steal*** こそどろをする. ***pick ... apart*** [***to pieces***] ... をばらばらにする, 〔ややくだけた表現〕... のあら捜しをする, ... をこきおろす. ***pick at*** ... ... を少しずつ食べる, ひっかきもうとする, いじくる, 〔くだけた表現〕くどく文句を言う, あら捜しをする. ***pick away*** ... に穴をあける, ... をもぎ取る. ***pick ... clean*** 鳥, 骨などについた肉[羽毛]をすっかりつまみ取る, しゃぶり取る. ***pick off*** ... を摘み取る, むしる, 人や鳥を 1 人ずつ [1 羽ずつ] 狙い撃ちする, 〔野〕ランナーを牽制球で刺す. ***pick on*** [***upon***] ... 〔くだけた語〕特に不愉快なことのために人や物を選ぶ, 指名する, ... に目をつける, 人を非難[酷評]する, ... をいじめる, ... のあら捜しをする. ***pick oneself up*** 倒れた人が起き上がる, 元気を出す. ***pick one's way*** [***steps***] 注意しながら歩く, 道を選びながら歩く. ***pick out*** ... をつまみ出す, 選び出す, ピックアップする, 多くの中から人や物を見分ける, 聞き分ける, 区別(識別)する, 詳しく調べて意味をくみ取る, 理解する, 曲を聞き覚えでぽつんぽつんと弾く, ... を引きたたせる, 際立たせる. ***pick over*** 〔くだけた語〕選ぶために手にとって... を注意深く調べる. ***pick ... at*** 不愉快なことをいつまでも話し[考え]続ける, くどくど話す, くよくよ考える. ***pick ...'s brains*** 人からそれとなく聞き出す. ***pick up*** ... を拾い(取り)あげる, 偶然に... を見つける, 手に入れる, 知識や芸事などを身につける, 途中で人や貨物を車や船に乗せる, 車で人を迎えに行く, 健康や元気を取り戻す, 勇気を奮い起こす, 〔くだけた表現〕異性をひっかける, 〔俗語〕犯人を検挙する. 自 病気や病人が回復する, 上達する, 活動が活発になる, 天気や景気がよくなる, スピードが上がる, 活動を再開する, 《米》部屋を片づける.

[派生語] **picked** 形 精選された, 最上の, 摘みたての. **pícker** 名 C 果実, 草花, 綿, 茶を摘む人, 拾う人, 集める人, つつく[はじくる]人[鳥, 物, 道具]. **pícking** 名 UC 摘むこと, 掘ること, 選抜(物), 採集(物), 〔くだけた語〕〔複数形で〕摘み残り, 落ち穂, 盗品, 不当な利益, 役得. **pícky** 形 〔くだけた語〕《米》〔軽蔑的〕気むずかしい, 神経質な, より好みする.

[複合語] **pick pócket** 名 C すり. **pickùp** 名 C 拾い上げること, 偶然手に入れる[見つける; 知り合いになる]こと, 乗り物が客を乗せること, トラックが荷物を積むこと, 〔くだけた語〕ひっかけた人, 拾われた人[物], 偶然の買物, 掘出し物, タクシーの乗客. またレコード・プレイヤーのピックアップ, 小型トラック, 〔くだけた語〕景気や健康の回復, 自動車の加速性能, 元気づける物, 刺激(剤). 形 あり合わせの, また集めの.

pick·ax, 《英》**pick·axe** /píkæks/ 名 C 〔一般語〕つるはし.
[語源] 古フランス語 *picois* (=pickax) が中英語に入った. 現在の形は pick (つるはし) +ax から.

pick·er·el /píkərəl/ 名 C《複 ~(s)》《魚》《米》小さなかます類の魚, 《英》かますの幼魚.
語源 中英語で pik (=pike) に指小辞-rel が付いたもの.

pick·et /píkit/ 名 C 動 本来他 〔一般義〕〔一般義〕労働争議でストライキ破りを見張るピケット), ピケ隊(員).
その他 本来は《通例複数形で》垣根や柵を作るための先端のとがった杭(;)の意味で, ここから敵の急襲から味方の軍隊を守るために配置される見張り兵や警戒隊(語法) 単数または複数扱い), さらにはピケの意が生じた. 動 として杭を打って柵を巡らす, 見張り兵を配置する, ピケを張る.
語源 フランス語 piquer (=to prick) から派生した piquet (=pointed stake) が 18 世紀に入った.
【複合語】**pícket fénce** 名 C 杭の柵. **pícket líne** 名 C 前哨線, ピケライン.

pick·le /píkl/ 名 C 動 UC 〔一般義〕〔一般義〕塩漬けや酢漬けにした野菜や果物, 肉など, 漬け物, ピクルス(★《米》ではきゅうりのピクルス, 《英》ではたまねぎのピクルスをさす場合が多い). その他 砂糖や香辛料で調味した塩と酢の漬け汁. また《くだけた語》《単数形で》窮地, 困った[不快な]立場, 《古風な語》《英》いたずらっ子[者]. 動 として漬け汁に漬ける, 漬け物[ピクルス]にする.
語源 中期オランダ語 pekel が中英語に入った. 14 世紀ににしんの貯蔵法を発明したオランダ人漁師 Willem Beukelz に由来.
用例 put some sliced *pickles* on one's hamburger ハンバーガーに薄くリついたピクルスをのせる]/preserve meat in *pickle* 肉を漬け汁に漬けて貯蔵する/She got herself into a real *pickle*. 彼女は自分からまぎれもない窮地に飛び込んだ/I think I will *pickle* these cucumbers. これらのきゅうりを漬け物にしようと思っている.
【慣用句】 *be in a* (*pretty*; *sad*; *sorry*; *fine*; *nice*) *pickle* 苦境にある. *in pickle* 用意している, 準備ができた, 貯えてある.
【派生語】 **píckled** 形 漬け物にした, 漬け汁に漬けた, 《くだけた語》《英》酔っぱらった.

picky ⇒pick.

pic·nic /píknik/ 名 C 動 自 本来自《現分 -**nicking**; 過去・過分 -**nicked**》〔一般義〕〔一般義〕野外での食事, 自宅の庭などでの戸外の食事.
日英比較 日本語の「ピクニック」は遠くの野山に遠足することを意味し, この意味はない. その他 食物持参の遠足, ピクニック, 《くだけた語》《通例否定文で》楽しい経験[時, 仕事], 愉快な事, 楽な事. 動 として野外[戸外]で食事をする, ピクニックに行く[参加する].
語源 フランス語 *pique-nique* (*piquer* to pick+ *nique* trifle) が 18 世紀に入った.
用例 go on [for] a *picnic* in the park 公園へピクニックに行く/have a *picnic* at the seaside 海辺で食事をする/We *picnicked* on the beach. 海岸でピクニックの食事を楽しんだ.
【派生語】 **pícnicker** 名 C ピクニックをする人, 行楽者. **pícnicking** 名 U.

Pict /píkt/ 名 C 〔一般義〕スコットランドの北東部にかって住んでいたピクト人.
語源 おそらく picture と同語源で「入れ墨をした人々」の意. 中英語から.

pic·to·gram /píktəɡræm/ 名 =pictograph.

pic·to·graph /píktəɡræf/-ɡrɑːf/ 名 C 〔一般義〕古代人の象形文字や現代の絵文字. その他 数字のかわりに絵を用いる統計図表.
語源 ラテン語 *pictus* (=painted)+ -graph (=written) として 19 世紀から.

pic·to·ri·al /piktɔ́ːriəl/ 形 名 〔一般義〕〔一般義〕絵(画)の, 絵(画)で表わした. その他 挿絵[説明的絵]が入った. また絵のような, 絵を思わせる, 生き生きした, 画家の, 画法の. 名として絵入り雑誌[新聞], 絵中心の定期刊行物, 画報.
語源 ラテン語 *pictor* (=painter) から派生した後期ラテン語 *pictorius* が初期近代英語に入った.
用例 a *pictorial* exhibit [display; record] 写真[絵]による展示[飾りつけ, 記録].
類義語 graphic; picturesque; illustrative.
対照語 literal.
【派生語】 **pictórially** 副.

pic·ture /píktʃər/ 名 C 動 本来他 〔一般義〕〔一般義〕絵のある, 鉛筆, クレヨンなどで描かれる絵[画] (painting), 図画, 図形(drawing), 版画(print). その他 写真, 肖像(画), 《主に米》映画, 《主に英》(the ~s) 興行としての映画, 映画館《米》movies). また《通例単数形で》テレビや映画の画像, 画面, 水面の映像, 心の心像, (the ~) 実物の生き写し, そっくりの物, 化身, 権化, (a ~) 絵のように美しい物[光景, 人], 美観, また《the ~》目に写った全体像, ある一定の状況, 事態, 状況把握. 動 として絵に描く, 絵で表わす, ありありと[生き生きと] 描く[表現する], 心に描く, 想像する.
語源 ラテン語 *pingere* (=to paint) の過去分詞形 *pictus* から派生した *pictura* が中英語に入った.
用例 a *picture* of my mother 母の肖像画[写真]/draw [paint] a *picture* (線画で絵の具で)絵を描く/This TV gets a clearer *picture*. このテレビのほうが画面がはっきりしている/There's a good *picture* on at the movie theater tonight. その映画館では今晩よい映画を上映している/She looked the *picture* of health [happiness]. 彼女は健康[幸福]の化身だった[を絵に描いたようだった]/He gave me a good *picture* of what was happening. 彼は起きている事を非常に生き生きと描写してくれた/I can *picture* the scene. 私はその場面を想像できる.
関連語 drawing; engraving; painting; print; sketch.
対照語 letter.
【慣用句】 *be in* [*out of*] *the picture* 〔ややくだけた表現〕事情に通じている[うとい], 事態に関係している[無関係である]. *bring* [*come*; *enter*] *into the picture* かかわりを持つ, 登場する. *get* [*give*] *the picture* 〔ややくだけた表現〕事態を理解する[させる]. *go out of the picture* 関係がなくなる, 事態から手を引く. *put ... in the picture* 〔くだけた表現〕人に事情を知らせる. *picture to oneself* 心に描く, 想像する.
【派生語】 **picturésque** 形 絵のような, 絵のように美しい, 言葉や文章が真に迫った, 生き生きとした, 表現力に富んだ, 人目をひく, 異様な, 奇抜な.
【複合語】 **pícture bòok** 名 C 特に幼児用の絵本. **pícture càrd** 名 C トランプの絵札, 絵はがき. **pícture póstcard** 名 C 〔形式ばった用法〕絵はがき. **pícture télephone** 名 C テレビ電話(videophone). **pícture tùbe** 名 C テレビのブラウン管. **pícture wíndow** 名 C 《建》大型の一枚ガラスの見晴らし窓.

pid·dle /pídl/ 動 本来自 〔くだけた語〕特に子供やペットが小便をする.
[語源] pi(ss)+(pu)ddle からか. 初期近代英語から.
【派生語】**píddling** 形 《軽蔑的》ささいな.

pid·gin /pídʒin/ 名 U 〔一般語〕ピジン語, 混合語《★2 つ(以上)の言語の特徴が混合した言語》.
[語源] pigdgin English から. pidgin は business の中国語なまり. 19 世紀から.
【複合語】**pídgin Énglish** 名 C アジアの一部などで商取引に使われる, 土地の言葉の混じった破格の英語, ピジン英語.

pie /pái/ 名 UC 〔一般語〕 一般義 練り粉の生地に肉や魚肉, 果物, 野菜などを入れて焼いた菓子または料理としてのパイ. その他 クリーム パイ, ゼリー パイ, ジャム サンドなどのレーケーキ (layer cake). 比喩的にみなで分配しあう全体, 総額, 総量, 総数, 利益, 恩恵, 〔くだけた語〕《米》〔楽なもの〕, 職権による不正利得, 賄賂, 政治献金.
[参考] しばしば複合語として用いられ, 肉を用いた meat pie, mince pie, 果物を用いた apple pie, cherry pie, 野菜を用いた pumpkin pie などがある. 《英》では普通, 練り粉で包みこまれたものを指し, 中味が見えるのは tart または flan と呼ぶ. 《米》では中味が見えても見えなくても pie という.
その他 不正. 中文語から.
【慣用句】**as easy as pie** 〔くだけた表現〕とても簡単な. **as good [nice] as pie** 〔くだけた表現〕《米》非常にきげんがよい. **cut a pie** 〔くだけた表現〕《米》おせっかいをやく. **eat humble pie** 甘んじて屈辱をなめる, ひたすら平謝りする. **have a finger in the [every] pie** 〔くだけた表現〕〔やや軽蔑的〕どんな事業にも関係する, ちょっかいを出す, よけいな手出しをする. **pie in the sky** 〔くだけた表現〕当てにならない話〔楽しみ, 幸福の約束, 成功の望み〕, 絵にかいた餅.
【複合語】**píecrùst** 名 CU パイの皮. **píe dìsh** 名 C 深いパイ用の皿.

piece /píːs/ 名 C 動 本来義 〔一般語〕 一般義 物を切ったり, ちぎったり, 砕いたりした時の 1 つを指し, 1切れ, 1片, 1個, 1本という. ばらばらになった観点から見れば破片, 断片, 1 個の単位を形成しているという観点から見れば**1 部分**, 1 区画, 1 組, 1 袋を指すことになる. 従って, ある一定の長さ, 重さ, 大きさをもった製品や商品を指し, 機械などの部(分)品, パーツ, 商品の**ひとつとしての単位**, 要素の意となる. また文学や音楽, 絵画, 彫刻などの**一つの作品**, 新聞, 雑誌の**一つの記事**, 5 セントや 10 セントなど一定額の価値をもつ**硬貨**, さらに形見, お守り, チェスやチェッカーの**駒**(ᵏᵒᵐᵃ), トランプの**1 枚**, 小銃, 〔卑語〕セックスの相手としての**女**, 性交の意. 動として, 断片を継ぎ合わせる, 継ぎを当てる, 結びつける, 補綴(ほてつ)する.
[語法] 物質名詞や抽象名詞など数えられない名詞を数える場合に用い, 1 切れ, 1(断)片, 1 個, 1 枚, 1 本, 1 組, 1 品, 1 揃い, 1 点, 1 袋, 1 部(分), 1 区画, 1 編, 1 節, 1 首, 1 曲, 1 個などのように訳し, three *pieces* of chalk, a few *pieces* of furniture, many useful *pieces* of advice のように用いる.
[語源] 今日では死滅した大陸ケルト語のゴール語 *pettis* (ウェールズ語 *peth* (=part), ブルターニュ語 *pez* (=piece) と類似していると思われる) に由来すると考えられ, それが俗ラテン語, 古フランス語を経て中英語に入った.
[用例] There are over a hundred *pieces* in this jigsaw puzzle. このジグソー・パズルには 100 個以上のピースがある / Michelangelo sculpted several *pieces* for the Pope's tomb. ミケランジェロは教皇の墓のためにいくつかの作品を彫った.
類義語 part.
反意語 whole.
【慣用句】**(all) in one piece** 〔くだけた表現〕一続きの, 継ぎ目なしに, 完全な姿で, 無事で, 無傷で. **(all) of a [one] piece** 分割できない, 同種類の, 調和した, 首尾一貫した. **(all) to pieces** すっかりばらばらに, ずたずたに《語法 break, cut, come, go, fall, knock, take, tear などの語と用いられる》. **a piece of a ... ... のようなもの, ... のはしくれ. **a piece of cake** 〔くだけた表現〕簡単な[楽な]仕事. **a piece of flesh** 人間, 女, 子, あま. **a piece of work** 仕事, 困難な仕事, 〔くだけた表現〕騒ぎ. **a piece of one's mind** 率直な意見. **by the piece** 一個いくらで, 仕事の出来高で, 一定の分量で. **give [tell] ... a piece [bit] of one's mind** 〔くだけた表現〕人にずけずけ言って聞かせる, ... をしかりとばす. **go (all) to pieces** 〔くだけた表現〕ばらばらになる, 混乱状態になる, 精神的, 肉体的に参る. **in pieces** ばらばらになって. **like a piece of chewed string** 〔くだけた表現〕《英》くたくたに疲れて. **pick to pieces** ... をばらばらにする, 分解する, 〔くだけた表現〕人や議論のあら探しをする, 酷評する. **pick up the pieces** 〔くだけた表現〕ばらばらになったものをかき集める, こわれた関係を努力して回復する, 事態を収拾する. **piece by piece** 一つずつ, 少しずつ. **pull to pieces** 引き裂く, 酷評する, あら探しする. **speak [say] one's piece** 〔くだけた表現〕自分の意見や考えを率直にぶちまける. **take ... to pieces** ... をばらばらにする, 解体する.
【複合語】**píecemèal** 副 形 少しずつ(の), 断片的に[の]. **piecewòrk** 名 U 出来高払いの仕事, 請負仕事.

pied /páid/ 形 〔形式ばった語〕鳥などがまだらの, 雑色の, まだら服を着た.
[語源] pie (かささぎ) +ed (性質を表す形容詞語尾). 中英語から. かささぎの羽の色が黒と白のまだら模様であることから.

pier /píər/ 名 C 〔一般語〕 一般義 乗客の乗り降りや貨物の積みおろしのための**波止場**や**埠頭**, 海中につきだした木や石で造られた**桟橋**《★《英》では遊歩道や飲食・娯楽施設のあるものもいう》. [建] 橋を下から支える**橋脚**や**橋台**, 戸と戸, 窓と窓の中間にある**窓間**(ᵐᵃᵈᵒᵃᶦ)**壁**, 扉をつける**門柱**, アーチなどを支える**支柱**や**角柱**.
[語源] 不詳. ラテン語 *petra* (=rock; stone) に由来する中世ラテン語 *pera* (=pier of a bridge) が中英語に入った.
[用例] The passengers stepped down on to the *pier*. 乗客は波止場に降りた/There's a cafe and a theater at the end of the *pier*. 遊歩桟橋の一端に喫茶店と劇場がある.
類義語 ⇒wharf; quay.

pierce /píərs/ 動 本来義 〔やや形式ばった語〕 一般義 先のとがった鋭い物で人や物を**刺す, 刺し通す, 突き刺す, 貫通する**. その他 《受身で》大小の穴をあける, 掘る, うがつ, イヤリングをつけるために耳たぶや鼻に小さな穴をあける. 比喩的に**突入する, 進入する, 通り抜ける**, 人の心に進入して**洞察する, 見抜く, 察知する, 見破る**. 寒さや痛みや悲しみが身にしみる[こたえる], 刺しこむ, 深く感動させる. また音, 声, 光が大気を貫通して静寂を(突き)

破る, つんざく, 光が闇に差し込む.

【語源】ラテン語 *pertundere* (=to thrust through; *per* through+*tundere* to strike) の過去分詞 *pertusus* が俗ラテン語, 古フランス語を経て中英語に入った.

【用例】She had [got] her ears *pierced* for earrings. 彼女はイヤリングをつけるために耳に穴をあけてもらった/A sudden light *pierced* the darkness. 光が突然闇に差し込んできた/The cold wind *pierced* them to the bone. 寒風が彼らの骨の髄までしみた/The sound of a woman's screams *pierced* the air. 女性の悲鳴が大気をつんざいた.

【類義語】penetrate.

【慣用句】*pierce one's way* 突き進む. *pierce through* 突き破る, 突き進む.

【派生語】**píerced** 形 穴のあいた, 耳たぶに穴をあけた: **pierced earrings** ピアス. **píercing** 形 寒さや風が突き刺すような, 身にしみる, 鋭い, 洞察力のある, 声などがかん高い, 大声の.

Pi·er·rot /píː(ə)ròu/ 名 C 【劇】フランスの無言劇に登場し, おしろいを塗り, 円錐形の帽子をかぶったピエロ. 《p-》一般に道化役(者), ピエロ(clown).

【語源】Peter に相当するフランス語 *Pierre* の愛称で, *-ot* は指小辞. 18 世紀から.

piety ⇒pious.

pig /píɡ/ 名 CU 動 本来自 【動】野生または家畜としての豚, またポーク, ハム, ベーコンなどとして食べられる豚肉. さらに 〔くだけた語〕《軽蔑的》豚のような人やものを指し, 不潔な人, 食いしん坊, 欲ばり, 利己的な人, 頑固者, むっつり屋, 《英》いやなもの, 難しい事柄, 《米》ふしだらな女, 警官, 【冶】銑鉄の鋳塊, なまこ. 動 として, 豚が子を産む, 〔くだけた語〕《軽蔑的》豚のががつがつ食う, 不潔で乱雑な状態の中で群れって生活する.

【語源】古英語 picga (=swine) などが中英語期に pigge (=young pig) の形となったと思われる.

【類義語】hog; hog; boar; sow; swine; pork: **pig** は豚一般を表すが, 《米》では 120 ポンド以上の豚は一般に **hog** という. **hog** はまた去勢された食肉用の大きな雄豚を指す. **boar** は去勢していない雄豚で, **sow** は pig よりも大きい雌豚, **swine** は文語, 古語で集合的に用いる. **pork** は食用豚肉をさす.

【慣用句】*a pig [piggy] in the middle* 〔くだけた表現〕《英》板ばさみになった人. *a pig's whisper* 〔方言〕非常に小さな声, 〔俗語〕短時間. *bring [drive] one's pigs to a fine [a pretty; the wrong] market* 思わくが外れる, 見当違いする. *buy a pig in a poke [bag]* 〔やくだけた表現〕物をよく調べもしないで買う, 安請けいする. *make a pig of oneself* 〔くだけた表現〕大食いする, 欲ばる. *pig it* 不潔な生活をする. *pig out* 《米》がつがつ食う. *Pigs might [could] fly.* 奇跡も起こりかねない, 《反語》まさか! そんなこと信じられないほあるものか].

【派生語】**píggery** 名 《英》豚小屋, 不潔な場所. **píggish** 形 《軽蔑的》豚のような, 不潔な, 卑しい, 貪欲な. **píggy** 名 ⇒見出し. **píglet** 名 C 子豚.

【複合語】**píghèaded** 形 《軽蔑的》強情な, しつこい. **píg ìron** 名 U 【冶】銑鉄の鋳塊, なまこ 〔語法〕単に **pig** ともいう. **pígpèn** 名 《米》豚小屋(**pigsty**), 不潔な部屋. **pígskin** 名 UC 豚の皮[革], 〔俗語〕馬などの鞍, 《米》フットボールのボール. **pígstỳ** 名 C 《英》豚小屋《米》**pigpen**, 〔くだけた語〕《軽

的》不潔な場所 〔語法〕単に **sty** ともいう. **pígtàil** 名 C 少女のおさげ髪 〔語法〕**plait** よりくだけた語〕.

pi·geon /pídʒən/ 名 CU 動 本来他 【《鳥》はと(**鳩**)》ハト科の鳥の総称》の鳩の肉. 比喩的に美しい魅力のある若い娘, 乙女, 〔くだけた語〕《米》だまされやすい人, まぬけ, のろま, 《英》《one's ~で》本務, 責任, 特別な関心事のこと. 動 として 欺く, 偏見から物をだまし取る.

【語源】ラテン語 *pipire* (=to chirp) から派生した後期ラテン語 *pipio* (= young bird) が中フランス語 *pijon* (=young bird; young dove) を経て中英語に入った. もとは擬音語.

【類義語】pigeon; dove: **pigeon** は普通の野生の鳩と家鳩のことで, 伝書鳩に使われるのもこの鳩である. 比喩的には悪い意味に使われることが多い. **dove** は pigeon よりも小型の種類で, しばしば平和・温順の象徴や, キリスト教では精霊の意味にもなるように, 良い意味で使われることが多い.

【複合語】**pígeon-brèasted** [-**chèsted**] 形 鳩胸の. **pígeonhòle** 名 C 鳩小屋の出入りの穴, 巣箱の中の一室, 書類棚, 整理棚. 動 本来他 整理[分類]する, 棚上げにする, 握りつぶす. **pígeon-tòed** 形 内またの.

piggery ⇒pig.

piggish ⇒pig.

pig·gy /píɡi/ 名 C 形 《⇒pig》〔くだけた語〕子豚, 〔幼児語〕幼児の足[手]の指. 形 として〔くだけた語〕子供がおつつしくがりたがる.

【語源】⇒pig.

【複合語】**píggybàck** 形 副 背負った[て], 肩車をした[て], 大型貨物トレーラーなどがさらに大きな貨車に乗った. 名 C 肩車, おんぶ, 大型無蓋貨車. **píggy bànk** 名 C 子豚の形をした小型貯金箱.

piglet ⇒pig.

pig·ment /píɡmənt/ 名 UC 動 本来他 〔形式ばった語〕一般義 絵の具の材料になる粉, 顔料. 〔その他〕【生】色素. 動 として着色する.

【語源】ラテン語 *pingere* (=to paint) から派生した *pigmentum* が中英語に入った.

【派生語】**pigmentátion** 名 U.

pike¹ /páik/ 名 C 一般義 《米》有料の**高速道路**.

【語源】turnpike から. 初期近代英語から.

pike² /páik/ 名 C 《複 ~, ~s》【魚】口先がとがっている大型の淡水魚, 特にかわます.

【語源】口先がとがっていることから. ⇒**pike**³

pike³ /páik/ 名 C 動 本来他 一般義 一般義 歩兵が昔使った短い**槍**(ﾔﾘ), 矛(ﾎｺ). 〔その他〕《英》湖水地方の山頂のとがった山. 動 としては刺す, 刺して傷つける.

【語源】古英語 pīc (=pick; point) から.

【複合語】**píkestàff** 名 C 槍の柄.

pi·laf, pi·laff /piláːf/ 名 CU 【料理】肉や野菜を入れて炊いた混ぜご飯, ピラフ.

【語源】ペルシャ語 *pilāw* (=boiled rice and meet) がトルコ語を経て初期近代英語に入った.

pi·las·ter /piláestər/ 名 C 【建】壁から柱の形に張り出した装飾用の付柱(ﾂｹﾊﾞｼﾗ), 柱形(ﾊﾞｼﾗｶﾞﾀ).

【語源】ラテン語 *pila* (=pillar) から派生した中世ラテン語 *pilastrum* がイタリア語, フランス語を経て初期近代英語に入った.

Pi·late /páilət/ 名 固 【聖】ピラト Pontius Pilate 《★キリストの処刑を命じたローマ帝国ユダヤの総督》.

pile¹ /páil/ 名 C 動 本来他 一般義 一般義 本のように平らなもので, 同種類の物の積み重ね, 堆積,

その他[くだけた語]《a ~ of, ~s of で》どっさり, 多量, 大量, 《a ~, ~s で》大金, 富, 整然とした積み重ねのイメージから(誇張的に)大建築物(群)の意を表す. また火葬用の積み薪(ﾏｷ)の意にもなる. 動 として, 土や石, れんがなどを積み重ねる, 物を山と積む, 財産などを蓄積する ⑳ 積もる, たまる.
[語源] ラテン語 pila (⇒pillar) が古フランス語 pile (= heap of stone) を経て中英語に入った.
[用例] a neat pile of books きちんと積まれた本の山/ He must have piles of money to own a car like that. そのような車を所有しているなんて彼はどっさり金を持っているに違いない.
[類義語] pile; heap; stack: pile は比較的扁平な物, また時には同種類の物を一定の順序や規則で積み重ねること. heap は雑然と無秩序に物を積み重ねること. stack はきちんと秩序正しく同種類の物を積み重ねることを意味する.
[慣用句] make a [one's] pile [くだけた表現] ひと財産つくる: He made his pile from making cars. 彼は自動車製造により大金をもうけた. pile it on [くだけた表現] 誇張して言う. pile on [up] the agony わざわざ哀れっぽく言う, 大げさに言う. pile out [くだけた表現] どやどやと出てくる. pile up 積み重ねる[重なる], 乗り上げる, 座礁する, 衝突する.
[複合語] píleùp 名 物の山積み, [くだけた語] 自動車などの玉突き衝突.

pile² /páil/ 名 C [一般語] 建築の基礎工事で打ち込む杭(ｸｲ), パイル.
[語源] ラテン語 pilum (投げ槍) から入った古英語 pīl (とがった杭) から.
[派生語] píling 名 U 《集合的》杭, 杭打ち.
[複合語] píle driver 名 杭打ち機.

pile³ /páil/ 名 CU [一般語] じゅうたんやタオルなどの織物の上に飛び出ているパイル, ループ, けば.
[語源] ラテン語 pilus (=hair) から中英語に入った.

pil·fer /pílfər/ 動 本来他 [一般語] こそ泥をする, 少量の物や値打ちのない物をくすねる.
[語源] 古フランス語 pelfrer (= to rob) が初期近代英語に入った. 元来以上は不浄.
[派生語] pílferage 名 U こそ泥. pílferer 名 C.

pil·grim /pílgrim/ 名 C 動 本来自 [一般語] 霊場や聖地などにおもむく巡礼者, [詩語] 旅人, 《the Pilgrims で》=the Pilgrim Fathers. 動 として巡礼の旅をする, さすらう.
[語源] ラテン語 peregri (= abroad; per through + ager land) から派生した peregrinus (= one that comes from foreign land; stranger) が古フランス語を経て中英語に入った.
[派生語] pílgrimage 名 UC 巡礼: go on a pilgrimage 巡礼に出かける.
[複合語] Pilgrim Fáthers 名 復 《the ~》ピルグリムファーザーズ 《★1620年 Mayflower 号でアメリカの Plymouth へ渡った102名の英国の清教徒たち》.

pill /pil/ 名 C [一般語] [一般義] 丸薬, 錠剤. その他 《the~, the P-》経口避妊薬, ピル, [くだけた語] 不愉快な奴, いやな奴, 甘受して耐えなければならないやな[苦しい]事, 《こっけい》野球やゴルフの球.
[語源] ラテン語 pila (= ball) の指小語 pilula (= little pill) が中期オランダ語を経て中英語に入った.
[関連語] tablet; medicine; medication; drug; remedy.

[慣用句] a bitter pill 耐えなければならないやなこと: swallow a bitter pill いやなことを我慢する. be [go] on the pill 経口避妊薬を常用している[飲み始める]: She's (going) on the pill. (=She takes (or is going to take) contraceptive pills). 彼女は経口避妊薬を常用している[飲み始める]. gild [sugar; sugarcoat; sweeten] the pill 飲みやすくするために丸薬を金色に塗る[砂糖を入れて甘くする], いやなことを我慢しやすくする.
[複合語] píllbòx 名 丸薬入れの箱.

pil·lage /pílidʒ/ 名 U 動 本来他 [形式ばった語] 戦争中の略奪. 動 として略奪する.
[語源] 古フランス語 piller (= to plunder) が中英語に入った.
[派生語] píllager 名 C.

pil·lar /pílər/ 名 C 〔一般語〕[一般義] 建物などを支える石材やれんがの製の柱. その他 [形式ばった語] 自然にできた柱状の物, また柱状の記念碑[塔]. [形式ばった語] 《良い意味で》比喩的に中心的存在[人物], 大黒柱.
[語源] ラテン語 pila (= pillar; pile) が中世ラテン語, 古フランス語を経て中英語に入った. pile¹ と同語源.
[用例] a hall surrounded by stone pillars 石柱で囲まれたホール/He is a pillar of the church. 彼は教会の中心的存在である.
[類義語] pillar; column; post; pole: pillar は柱一般を指す語. column は円柱などの特殊な柱で, 特に shaft (柱身), base (基部), capital (柱頭) の三部分からなるものを指す. post は物を支えたり取りつけたりするための支柱が多い. pole は電柱やテントなどの支柱を指す.
[慣用句] from pillar to post 当てもなくあちらこちらへ, 次々と窮地に追いつめられて.
[複合語] píllar(-)bòx 名 C 《英》円柱状の赤い郵便ポスト《《米》mailbox》.

pil·lion /píljən/ 名 C [一般語] [一般義] オートバイの後部座席. その他 [古風な語] 女性用の鞍(ｸﾗ), 同乗者用の補助鞍.
[語源] 本来は馬の女性用の後部の鞍のことで, ゲール語から初期近代英語に入った.

pil·lo·ry /pílari/ 名 C 動 本来他 [一般語] 昔罪人の首と両手首をはめて人前にさらしたさらし台. 動 としてさらし台にさらす.
[語源] 不詳.

pil·low /pílou/ 名 C 動 本来他 [一般語] まくら. その他 まくらの役をするもの, 頭支え, クッション, ひざの上にのせるレース編み台. 動 として, 頭をのせる, ...のまくら[支え]になる.
[語源] ラテン語 pulvinus (= pillow; cushion) が古英語に pyle として入った.
[用例] The gangster always slept with a gun under his pillow. ギャングはいつもまくらの下に銃を置いて眠った/He pillowed his head on her breast. 彼は彼女の胸をまくらにして頭をのせていた.
[慣用句] pillow one's head on one's arm [shoulder] 手をくらする[肩に頭をもたせかける]. take counsel of [with] one's pillow = consult (with) one's pillow 一晩寝てじっくり考える. toss and turn on one's pillow 眠れないでベッドの上で転々とする.
[複合語] píllowcàse 名 C 袋状のまくらカバー. píllowslip 名 C まくらカバー.

pi·lot /páilət/ 名 C 動 本来他 形 [一般語] [一般義] 飛

行機や飛行船の操縦士, パイロット. その他 本来は水先案内人の意で, 一般に案内人, さらに一般化して指導者, 先導者を指す. 動 として, 航空機を操縦する, 水先案内をする, 指導する. 形 としては, 先導的な役割を果たす意味で試験的な, 予備的な.

語源 ギリシャ語 *pēdon*(=oar; rudder) の複数形 *pēda*(=steering oars) から派生した中期ギリシャ語 *pēdótēs*(=steersman) がイタリア語 *pilota*, 中フランス語 *pilote* を経て初期近代英語に入った.

用例 The *pilot* and crew were all killed in the air crash. 操縦士も乗組員も全員, 空中衝突で死んだ/a licensed *pilot* 免許のある[正式の]水先案内人.

関連語 guide; leader.

【複合語】**pílot ballòon** 名 C 〖気〗 測量気球. **pílot bùrner [flàme]** 名 C 口火, 種火 (pilot light). **pílot làmp** 名 C スイッチの位置や装置の可動状態を表わす表示灯. **pílot lìght** 名 C = pilot lamp; pilot burner. **pílot òfficer** 名 《英》空軍少尉 (★PO と略す).

pi·men·to /piméntou/ 名 C|U 〖植〗あま[スペイン]とうがらし, ピメント, その実から製したオールスパイス (allspice).

語源 ラテン語 *pigmentum* (⇒pigment) の複数形 *pigmenta*(=pepper; allspice) がスペイン語 *pimienta* を経て初期近代英語に入った. 鮮紅色をしていることから.

pimiento /pimjéntou/ 名 =pimento.

pimp /pímp/ 名 C 動 本来語 〖一般語〗売春を斡旋するポン引き, ひも. 動 としてポン引きする.

語源 不詳.

pim·ple /pímpl/ 名 C 〖一般語〗吹き出物, にきび.

語源 不詳. 中英語から.

【派生語】**pímpled** 形.

pin /pín/ 名 C 動 本来語 〖一般語〗〖一般義〗物を固定したり留めたりするためのピン, 留め針, 留めびょう. その他 ピンが付いたもの, バッチ, 記章, ブローチ, 飾り留め, ヘヤピン. 本来は細長い栓の意で, かんぬき, くさび, 弦楽器の糸巻き, 洗濯ばさみ (clothespin). さらに標的として中央の棒のような意味し, ボウリングのピン, ゴルフでホールを示す旗ざお, 動かすことを意味し, 〖レスリング〗フォール, 〖チェス〗ピンなどを指す. また〔くだけた語〕《複数形で》脚 (legs), 《a 〜; 否定文で》つまらない物, 少量, わずか, 少しも (...ない) の意を表す. 動 としては, ...にピンで留める, 固定する, 動かないようにする, 押さえつける, 束縛する, ピンなどで突き通す.

語源 古英語 pinn(=peg) から.

用例 a beautiful gold *pin* with diamonds ダイヤモンドをちりばめた美しい金のブローチ/She *pinned* the flower to her dress. 彼女はピンでドレスに花を留めた.

関連語 needle (ピンにはない eye がある).

【慣用句】(*as*) *bright* [*clean*; *neat*] *as a new pin* たいへんぴかぴかした, きちんとした, こざっぱりした. *be on one's last pins* 死にかかっている. *be on one's pins* 立っている, 達者である. *for two pins*〈ややくだけた表現〉《英》ちょっとしたきっかけさえあればすぐ, もう少しの所で, わけなく. *in* [*on*] *a merry pin* 上機嫌で. *not to care two pins*〔くだけた語〕全く気にしない. *on pins and needles*〔くだけた表現〕やきもきして, いらいらして. *pins and needles*〔くだけた表現〕手足のしびれがなおりかけてちくちくする感じ. *put in the pin*〔くだけた表現〕《英》悪習などをやめる, 禁酒する. *stick pins into ...* 人をそそのかす, 悩ます. *pin down* ピンで留める, 行動や約束などに縛りつける, 束縛する, 考えや事実をはっきりさせる, 言わせる, 問題などに明確な定義を与える. *pin ... on ...* 罪などを...に着せる. *pin up* 髪[掲示]などをピン[びょう]で留める, くさびを打ち込んで石材を固定[垂直]に保つ.

【複合語】**pínbàll** 名 U 〖ゲーム〗ピンボール (★スマートボールの類). **pínball machìne** 名 C ピンボール機. **pín cùrl** 名 C 髪のピンカール. **pínhead** 名 C ピンの頭, 比喩的につまらない物, 〔俗語〕まぬけ者. **pínhòle** 名 C 針の穴, 小さな穴. **pín mòney** 名 U〔くだけた語〕妻や娘に与える小遣い銭, 少額の金. **pínpoint** 名 C ピンの先, 比喩的にごく小さな物, 〖軍〗正確な目標地点. 形 正確に目標を定めた, きわめて正確な, 精密な. 動 地図上の位置をピンをさして示す, 正確に目標を定める, 本質や原因を正確に指摘する. **pínprick** 名 C ピンであけた穴, ちょっとしたいやがらせ, ちょっと痛い言葉[行為]. **pínstripe** 名 C 服地の細い縦縞 (纟), 細い縦縞の服(地). **pínùp** 名 C〔くだけた語〕壁などにびょうで留める美人写真, 美人写真のモデルになる女性. 形 ピンナップ向きの.

pin·a·fore /pínəfɔːr/ 名 C 〖一般語〗子供用の大型エプロン, または襟と袖のないエプロンドレス (pinafore dress).

語源 動 pin+afore(=before). 18 世紀から. 衣服を保護するため, その前面にピンで留めたことから.

pince-nez /pǽnsnèi/ 名 C (複 〜 /-(z)/)〖一般語〗《単数でもときに複数扱い》バネの上に固定させる鼻眼鏡.

語源 フランス語 *pince-nez* (=pinch-nose) が 19 世紀に入った.

pin·cers /pínsərz/ 名 《複》〖一般語〗くぎ抜き, やっとこ, 毛抜き, ペンチ. その他 ロブスターやかになどのはさみ.

語源 古フランス語 *pincier*(=to pinch) の派生形 *pinceour* が中英語に入った.

【複合語】**píncers mòvement** 名 C 挟み撃ち作戦.

pinch /pínʧ/ 動 本来語 名 C 〖一般語〗〖一般義〗指, 歯, 爪, 爪先で強く挟む, 挟みつぶす, 挟みこむ, 挟む, つねる. その他 木の枝や芽などを摘みとる, もぎとる, 手袋, 靴, 帽子などが手足や頭分を締めつける, 締めつけて痛める, 唇をきつく結ぶ, への字にする. 《通例受身で》苦痛や苦悩が顔や体をやつれさせる, 引きつらせる, 寒さや飢えなどが縮みあがらせる, 欠乏や環境が締めつけるように苦しめる, 痛めつける, 困らせる. 締めつけて奪うことから, 〔くだけた語〕《主に英》盗む, 奪いとる, 悪い奴をしめつける, 逮捕する. また苦しめる意味から, 〔くだけた語〕食物, 金銭などの支給を抑制する, 切り詰める, 量を制限する. 自 として《英》質素な生活をする. 名 として挟むこと[つまむ, つねる, かむ]こと, 手袋や靴がきつく痛いこと, またひとつまみ, 少量, 〔くだけた語〕(the 〜) 難儀, 試練, 危機, 激痛, 苦しみ, 苦しい状況, ピンチ, 《英》警察の手入れ, 逮捕, 盗み.

語源 古ノルマンフランス語 *pinchier*(=to pinch) が中英語に入った. それ以前は不詳.

用例 He *pinched* her arm. 彼は彼女の腕をつねった/My new shoes are *pinching* (me). 新しい靴がきつい[きつくて痛い]/Her face is *pinched* with grief. 彼女の顔は深い悲しみでやつれている.

類義語 pinch; nip; bite: **pinch** は通例 2 本の指 (例えば親指と人差し指) や 2 本の指と同じような動きをする

道具でつまんだり挟んだりすること. **nip** は pinch よりも強く鋭くつねる, 挟む, 摘むととること. **bite** は nip よりもさらに強く挟んで, 歯や口でかむ, かみ切ること.

【慣用句】***feel the pinch of ...*** …の苦しみを味わう. ***in [《英》at] a pinch*** 〔くだけた表現〕せっぱつまって, 危機に立って. ***pinch and scrape [save]*** 〔くだけた表現〕倹約する, けちけちして金をためる. ***pinch off*** つまみ取る. ***pinch pennies*** 非常に倹約する. ***take ... with a pinch [grain] of salt*** …を割引きして聞く, 話し半分に聞く. ***when [if] it comes to the pinch*** =in a pinch. ***where the shoe pinches*** 困難[災い, 苦しみ]の生じる所[原因].

【複合語】**pínch-hít** 動 本来自《野》代打に出る.《米》急場で代役をつとめる. **pínch híttér** 名 C《野》代打者, ピンチヒッター. **pínch rúnner** 名 C《野》代走者, ピンチランナー.

pinch·beck /píntʃbek/ 名 U《冶》銅と亜鉛の合金で金のまがい物, 金色銅, また一般的に安っぽい模造品, 偽物.

[語源] これを発明した 18 世紀の英国の時計商 Christopher Pinchbeck の名から.

pine¹ /páin/ 名 CU《植》針葉樹の常緑樹である**松**, またその材.〔くだけた語〕パイナップル(pineapple).

[語源] ラテン語 *pinus* (=pine tree) が古英語に pīn として入った.

【複合語】**píne cóne** 名 C 松かさ. **píne néedle** 名 C《通例複数形で》**松葉**. **píne trée** 名 C 松の木. **pínewòod** 名 UC 松材;《しばしば複数形で単数扱い》松林.

pine² /páin/ 動 本来自〔一般語〕一般義 失恋, 病気, 悲しみのためにやせて**衰弱する**, やつれる《away》. その他 人の帰りなどを**切望する**, 思い焦がれる《for; to do》.

[語源] ラテン語 *poena* (⇒pain) に由来する古英語 *pīnian* (=to torture) から.

pine·ap·ple /páinæpl/ 名 C《植》**パイナップル**, またその実.〔くだけた語〕手榴(ʳʲ゚)弾.

[語源] 中英語 *pinappel* (=cone of the pine tree) から. パイナップルの意は初期近代英語より.

ping /piŋ/ 名 C 弾丸(a 〜)弾丸が飛ぶときの音, ピューン, 金属やガラスなどにあたるときの音, ピシッ, カチッ, カチーン. 動 として, これらの音を出す. 他〔くだけた語〕《英》競走馬がフェンスをうまく跳び越える.

[語源] 擬音語として 18 世紀から.

ping-pong /píŋpɔ̀ŋ, -pɑ̀ŋ/ 名 U〔くだけた語〕**卓球**, ピンポン(table tennis).

[語源] 擬音語として 20 世紀から.

pin·ion¹ /pínjən/ 名 C 動 本来他〔形式ばった語〕一般義 鳥の翼の先. その他〔詩語〕鳥の翼. 動 として, 飛べなくするために鳥の**翼の先を切る**. 比喩的に人や動物を動けないように**手足を縛る**, 拘束する.

[語源] ラテン語 *pinna* (=wing; feather) が古フランス語 *pignon* を経て中英語に入った.

pin·ion² /pínjən/ 名 C《機》大きな歯車を動かすための**小歯車**.

[語源] ラテン語 *pecten* (=comb) に由来する古フランス語 *peigne* から派生したフランス語 *pignon* (=cogwheel) が初期近代英語に入った.

pink¹ /piŋk/ 名 UC 形〔一般語〕一般義 **ピンク**, 桃色, 淡紅色, とき色. その他《植》せきちく, なでしこ, カーネーションなどセキチク科ナデシコ属の植物. またピンクの服, ロゼワイン, 《the 〜》**最上級のもの**, 極致, 精華, 典型,《くだけた語》(しばしば P-)《軽蔑語》**左翼**がかった人, 共産思想のシンパ. 形 としてピンクの, **左翼**がかった, 興奮した, 同性愛の, ホモの.

[語源] 不詳.

[用例] She was dressed in *pink*. 彼女はピンクの衣服を着ていた.

【慣用句】***in the pink of health [condition]*** 非常に元気で, 健康そのもので: Boys are all *in the pink of health*. 少年たちはみんな元気そのものだ.

[派生語] **pínkish** 形 ピンクがかった, 左翼的傾向の.

【複合語】**pínkèye** 名 C 伝染性結膜炎, はやり目.

pink² /piŋk/ 動 本来他〔一般語〕一般義 剣や槍などの鋭い刃物で**突く**, 刺す. その他 布などの端をジグザグに切る, 装飾のために布や革などに**飾り穴をあける**.

[語源] 不詳.

【複合語】**pínking shéars [scíssors]** 名《複》ぎざぎざの刃をもったピンキングばさみ.

pink³ /piŋk/ 動 本来自〔一般語〕《英》エンジンがノッキングして**カタカナ音を出す**《米》ping).

[語源] 擬音語として 20 世紀から.

pin·kie, pin·ky /píŋki/ 名 C〔くだけた語〕**小指** (little finger).

[語源] オランダ語 *pink* (=little finger) の指小語 *pinkje* が 19 世紀に入った.

pinkish ⇒pink¹.

pin·ky /píŋki/ 名 =pinkie.

pin·nace /pínis/ 名 C《海》**小型帆船**, または艦載ボート, ピンネス.

[語源] ラテン語 *pinus* (=pine) から派生した古スペイン語 *pinaza* (=something made of pine) がフランス語 *pinace* を経て初期近代英語に入った.

pin·na·cle /pínəkl/ 名 C 動 本来他〔一般語〕一般義《建》教会などにある急傾斜の細長い**小尖塔**. その他 形式ばった語〕山の**頂上**, 頂点, 比喩的に成功や名声, 権力の**頂点**, 絶頂. 動 として小尖塔をつける.

[語源] ラテン語 *pinna* (=wing) から派生した後期ラテン語 *pinnaculum* (=little wing) が古フランス語を経て中英語に入った.

pin·ny /píni/ 名 C〔くだけた語〕**エプロン**(pinafore).

[語源] ⇒pinafore.

pint /páint/ 名 C〔一般語〕一般義 液量または乾量としての**パイント**(1 paint=1/2 quart=1/8 gallon=1/4 gills; 液量《米》0.47 リットル,《英》0.57 リットル; 乾量《米》0.55 リットル,《英》0.57 リットル). その他 1 パイント入りの容器, また〔くだけた語〕《英》1 パイントのビール[牛乳, 飲み物].

[語源] 省略形は pt.《複》pts.).

[語源] ラテン語 *pingere* (=to paint) の過去分詞 *pinctus* が中性ラテン語 *pincta* (=painted mark), 古フランス語を経て中英語に入った. 容量を示すために絵の具で容器に印をつけたことから.

[派生語] **pínta** 名 C〔くだけた語〕《英》1 パイントの牛乳[ビールなど].

pin·to /píntou/ 形 名 C〔一般語〕《米》白と黒などのまだらの, ぶちの. 名 としてまだらの馬.

[語源] ラテン語 *pingere* (=to paint) の過去分詞 *pinctus* から派生したアメリカのスペイン語 (=painted; spotted) が 19 世紀に入った.

pin·wheel /pín(h)wìːl/ 名〔一般語〕一般義《米》お

pi·o·neer /paiəníər/ 图 C 動 本来他 〔一般語〕
[一般義] 未開地や無人の地, 文明の存在していない地を開発する**開拓者**. [その他] 比喩的に新しい分野や領域を開拓する**先駆者**, **先覚者**, **主唱者**, **草分け**. また《軍》後続する本隊の進軍を助ける**工作兵**. 動 として**開拓する**, **切り開く**, **創始する**.

[語源] ラテン語 pes (= foot) がもとになった中世ラテン語 pedo (= foot soldier) が古フランス語 peonier を経て初期近代英語に入った.

[用例] Pioneers from Europe settled this region in 1620s. ヨーロッパから開拓者が 1620 年代にこの地域に定着した/Who pioneered the use of vaccine as a cure for polio? 小児まひ治療法としてワクチン使用を開拓したのは誰か.

pi·ous /páiəs/ 形 〔一般語〕 [一般義] 宗教的に信心深い, 敬虔(けいけん)な. [その他] 反語的に《軽蔑的》宗教にかこつけた, 偽善的な. 芸術作品などが宗教的な, 宗教上の, 希望だけが真実のものであるが実現不可能. また《くだけた語》立派な, 感心な.

[語源] ラテン語 piare (= to appease) と同根の pius (= dutiful; pious) が中英語に入った.

[用例] She is a most pious woman. 彼女は非常に信心深い女性だ/He couldn't forgive the pious deception of the sect. 彼はその宗派の善意を装った偽りを許すことができなかった.

[類義語] religious.

[反意語] impious; secular.

【派生語】**píety** 图 U 敬虔, 信心. **píously** 副.

【複合語】**píous hòpe** 图 U 達成されそうにないはかない願い.

pip¹ /píp/ 图 C 〔一般語〕 [一般義] りんご, なし, オレンジなどの小さな**種**. [その他] トランプやさいころの**目**, 転じて《俗語》すばらしい人, 魅力的な人[物].

[語源] 古フランス語 pépin (= seed of fruit) の短縮形. 18 世紀から.

pip² /píp/ 图 C 〔一般語〕 [一般義] (the ~) 家禽に生じる舌の伝染病. [その他] 《こっけい》《英》人間の**不機嫌**, **不調**.

[語源] 俗ラテン語 *pipita (粘液) が中期オランダ語を経て pippe として中英語に入った.

pip³ /píp/ 图 C 〔一般語〕ラジオの時報や電話のピッと鳴る音.

[語源] 擬音語として 20 世紀から.

pipe /páip/ 图 C 動 本来他 〔一般語〕 [一般義] 液体や気体を通す**管**, **導管**, **パイプ**. [その他] たばこを吸う時のパイプ, パイプで吸う**一服**(分). 管状の物, 円筒状の物をさすことから, 笛, フルート, オーボエ, クラリネットなどの**楽器**, パイプオルガンの**音管**, パイプ, 《植》茎, 《鉱》**管状鉱脈**, 《動》空気の通る気管などの**管状器官**.〔古語・詩語〕笛, 鳥, 子供などピーとかキーというかん**高い音[声]**. 動 として, 気体や液体を**導管で運ぶ[送る]**, **笛を吹く**, 管楽器を**演奏する**, かん高い声で歌う, 《海》笛を吹いて船員を集合させる.

[語源] おそらく擬音語として発生したもので, ラテン語 pipare (ひな鳥がピーぴーぴー鳴く) から派生した俗ラテン語 *pipa (= musical wind instrument) が古英語に pīpe として入った.

[用例] a water [gas; sewage] pipe 水道[ガス, 下水]管/He played a tune on an organ pipe. 彼はパイプ・オルガンで曲を弾いた/Water is piped to the town from the reservoir. 貯水池から町へ水が導管で送られている.

[類義語] pipe; tube: **pipe** は両端が開いた空洞の管や筒で, 通常ガスなどの気体, 水などの液体を通すもので, 地下等の空洞の管や筒で, pipe と同じような意味で用いられることもあるが, 多くは片方が閉じてあって容器として用いられるものをいう: a test tube 試験管.

[日米比較] 日本語のパイプ役は調停役, 仲介者を指すが, 英語にはそのような比喩はなく, mediator, go-between を用いる.

【慣用句】**dance to one's pipe [piping]**《くだけた語》人の言いなりになる. **light a pipe** 一服つける. **pipe down**《くだけた表現》《通例命令文で》黙る, 静かになる. **pipe one's eye** 泣く. **pipe up** 楽器を弾き始める, 《くだけた表現》かん高い声でキーキーと話し[歌い]だす, 声を張りあげる. **put ...'s pipe out**《くだけた表現》他人のたばこの火を消すことから, 人の成功の邪魔をする. *Put [You can put] that in your pipe and smoke it.*《くだけた表現》小言などを言った後につけ加えて, 今のことをよく考えておきなさい, そのつもりでいなさい. **smoke [have] a pipe** 一服吸う. **(the) pipe of peace** アメリカ先住民が吸い合う**平和のきせる**.

【派生語】**pipette**, **pipete** /paipét/ 图 C ごく少量の液体やガスを移したり量ったりする時に用いる化学実験用の小管, ピペット. **píping** 图 U 笛を吹くこと, 笛などのかん高い声, 配管組織[系統]. 形 かん高い, 鋭い, 平和な笛の音のする, 笛を吹く.

【複合語】**pipe cláy** 图 U 陶製パイプ用の原料であるパイプ**白粘土**. **pipe clèaner** 图 C パイプ掃除用具. **pipe drèam** 图 C 《くだけた語》あへん吸引によって起きるような**幻想的考え[計画]**, ばかげた話[希望]. **pípelìne** 图 C 石油, 水, ガスなどの**輸送管[路]**, 《くだけた語》《米》機密情報ルート, 情報入手経路. **pipe òrgan** 图 C パイプオルガン. **pipe ràck** 图 C パイプ掛け[立て].

pip·squeak /pípskwì:k/ 图 C 《くだけた語》《軽蔑的》取るに足らない**小物**, 成り上がり者.

[語源] pip³ + squeak. 20 世紀から.

piquancy ⇒piquant.

pi·quant /pí:kənt/ 形 〔形式ばった語〕 [一般義] 辛い, ぴりっとしている. [その他] 精神を**刺激する**, きびきびとしている, その結果**興味をそそる**.

[語源] 古フランス語 piquer (= to prick) の現在分詞 piquant (= pricking) が初期近代英語に入った.

【派生語】**píquancy** 图 U.

【複合語】**píquant sàuce** 图 U ピカントソース.

pique /pí:k/ 图 U 動 本来他 〔一般語〕**立腹**, **不機嫌**. 動 として《しばしば受身で》**立腹させる**, 感情を害する, 好奇心や興味をそそる《at》.

[語源] フランス語 piquer (= to prick) が初期近代英語に入った.

pi·quet /pikét/ 图 U 〔一般語〕2 人で行なうトランプ遊び, ピケット.

[語源] フランス語 piquet が初期近代英語に入った.

piracy ⇒pirate.

pi·ra·nha /pirǽnjə, -á:-/ 图 C 《魚》南米産の淡水魚, ピラニア.

[語源] ポルトガル語 (pira fish + sainha tooth) が 19

世紀に入った.

pi·rate /páiərit/ 名 C 動 本来他 一般義 海賊. その他 海賊船. 一般に略奪者, 強奪者, さらにビデオ・テープ, カセット・テープ, 本などの著作[特許]権侵害者, 海賊版出版者, 剽窃(ひょうせつ)者を意味する. 動 として...に海賊行為を働く, 略奪する, ...の著作[特許]権を侵害する, 海賊出版する.
語源 ギリシャ語 peiran (= to attempt; to attack) から派生した peiratēs (= attacker) がラテン語, 古フランス語を経て中英語に入った.
用例 Their ship was attacked by pirates. 彼らの船は海賊に襲われた/a pirate edition [publisher; video] 海賊版(書籍, 出版社, ビデオ)/The dictionary was pirated and sold abroad. この辞書は海賊出版されて外国で売られていた.
【派生語】 **piracy** 名 UC 海賊行為, 著作[特許]権侵害. **pirátic, -cal** 形 海賊の, 著作[特許]権を侵害する.

pir·ou·ette /piruét/ 名 動 本来自 〔一般語〕バレエ, スケートなどのつま先旋回(をする).
語源 古フランス語 pirouet (= spinning top) がフランス語を経て 18 世紀に入った.

pis·ca·to·ri·al /pìskətɔ́:riəl/ 形 〔形式ばった語〕魚に関する, 魚釣りの, 漁夫の, 漁業の.
語源 ラテン語 piscis (= fish) から派生した piscator (= fisherman) が 19 世紀に入った.

pis·ca·to·ry /pískətɔ̀:ri/-təri/ 形 = piscatorial.

piss /pís/ 名 U 動 本来自 〔単語〕小便(urine), 《a ～》小便をすること. 動 として小便をする(urinate).
語源 俗ラテン語の擬音語 pissiare (= to piss) が古フランス語を経て中英語に入った.

pis·til /pístil/ 名 C 〔植〕雌ずい, めしべ.
語源 ラテン語 pistillum (乳棒) が近代ラテン語を経て初期近代英語に入った. 形が似ていることから.
関連語 stamen.

pis·tol /pístl/ 名 C 動 本来他 〔一般語〕ピストル, 拳銃. 動 として〔古風な語〕ピストルで撃つ.
語源 字義通りには pipe を意味するチェコ語 pist'al (擬音語からの派生と考えられる) が中期高地ドイツ語, フランス語を経て初期近代英語に入った.
類義語 pistol; revolver; gun: **pistol** は本来, 片手で操作できる単発の拳銃で, **revolver** は片手で操作できる連発[旋回]拳銃を指す. **gun** は通常, 銃身(barrel)を通って弾が発射される大砲あるいは鉄砲, および小銃などの携帯銃器を指すが, 《米》くだけた語では pistol や revolver もいう.
【慣用句】 **draw [aim; fire] a pistol** ピストルの引き金を引く[を向ける, を撃つ]. **hold a pistol to ...'s head** 人にピストルを突きつける, ...を脅す.

pis·ton /pístən/ 名 C 〔機〕ピストン, 〔楽器〕金管楽器の活栓, ピストン.
語源 ラテン語 pinsere (= to pound) に由来するイタリア語 pistare の 名 pistone がフランス語を経て 18 世紀に入った.
【複合語】 **píston ring** 名 C ピストンリング. **píston rod** 名 C ピストン棒.

pit¹ /pít/ 名 〔一般他〕〔一般義〕人工的または自然に掘られてできた穴, くぼみ. その他 石炭や砂利などを掘る採掘坑[場], 採取場, 落とし穴, わな. 比喩的に不慮の危険を意味し, 〔文語〕(the ～) 地獄, 大苦難, 奈落の意. 身体に関しては, 身体のへこみ, くぼみ, わきの下. 《しばしば複数形で》あばた. くぼみのような目立たぬ席ということから, 《英》劇場の一階席の後方で二階席の真下の安い席. 平土間(かんさつ)(⇒stall), 舞台前のオーケストラ・ボックス(orchestra pit), 一段と低くしてある闘鶏場, 闘犬場, 自動車修理所などの床より低い長方形のコース脇にもうけられる給油・修繕のための場所, ピット, 〔ボウリング〕倒されたピンを回収・配置する場所, ピット, 《米》特定商品取引所の仕切り売り場, 立合い場. 動 として〔形式ばった語〕...に穴をあける, へこます, 犬や鶏を闘わせる.
語源 古英語 pytt から.
用例 The campers dug a pit for their rubbish. キャンパーは自分たちのごみ用の穴を掘った/We watched the play from the pit. 平土間から芝居を観た/The leading car has gone into the pit(s). 先頭の自動車がピット・インした.
類義語 hole.
関連語 armpit (わきの下); cockpit (航空機の操縦室, 闘鶏場); coalpit (炭坑).
【慣用句】 **dig a pit for ...** ...をわなにかけようとする, だまそうとする. **the pit of darkness** [**hell**] = **the (bottomless) pit** 地獄, 奈落.
【複合語】 **pítman** 名 C 坑夫.

pit² /pít/ 名 C 動 本来他 〔一般語〕《米》桃やさくらんぼうなどの果実の中央の核, 一般に種と呼ばれる部分(stone). 動 として, 果実の種を取る.
語源 オランダ語 pitte から 19 世紀に入った.
関連語 kernel; pip.

pit-a-pat /pítəpæt/ 名 C 動 本来自 〔くだけた語〕心臓がどきどきして, 物の音がぱらぱらと, ぱたぱたと. 名 として《単数形で; 通例 the ～》どきどき, ぱらぱら[ぱたぱた]の音. 動 としてどきどきする, ぱらぱら[ぱたぱた]と音をたてる.
語源 擬音語として初期近代英語から.

pitch¹ /pítʃ/ 動 本来他 名 CU 〔一般語〕一般義 人や物をある特定の目標に向けて力を入れて投げる, 投げ飛ばす, 投げ捨てる, ほうる, ほうり上げる. その他 〔野・クリケ〕投手(ピッチャー)がボールを打者に投げる. この語のもう一つの中心的な意味は, 杭(くい)などを打ち込むということで, テントを杭を打ち込んで張る, 杭を打ち込んで場所を定めることから, テントを立てる, 据える, 置く, また音や調子を定める, 整備する, 調節する意ともなる. また〔トランプ〕...を切り札に決める, 〔石工〕石をのみで切り出す, 四角に切る, 道路に小石を敷く, 〔海〕船を縦に揺らす(⇔roll), 〔くだけた語〕商品を店頭に陳列する, 強引に売り込む. 自 として揺れる, 〔くだけた語〕〔英〕話をする, 語る, 調子よく言う, 〔形式ばった語〕人や物が突然, 勢いをつけてまっさかさまに落ちる[倒れる], つんのめる, よろめく(forward; out).
名 として投げること, 居(„所, 音の調子, 高さ, ピッチ, 角度, 上下の揺れ, 〔形式ばった語〕程度, 頂点, 最高点.
語源 「摘む」を意味する古英語 pician から.
用例 pitch a stone into the river 石を川へ投げる/pitch a tent in the field 原っぱでテントを張る/Out of balance he pitched forward. 彼はバランスを失って前につんのめった/The boat pitched up and down on the rough sea. 船は荒海の中で上下に揺れた.
類義語 throw.
【慣用句】 **be in there pitching** 〔くだけた表現〕《米》

猛烈に頑張っている. ***make a pitch for ...*** 〔くだけた表現〕《米》...のために一席弁じる, ...をもちあげる. ***pitch in*** 〔くだけた表現〕勢いよく仕事や食事に取りかかる, 寄附する, 援助する. ***pitch into ...*** 〔くだけた表現〕...を激しく攻撃[非難]する, 勢いよく仕事に取りかかる, 食物を食べ始める. ***pitch on [upon]*** 〔くだけた表現〕よく考えずに即座に..., を選ぶ, 決める. ***pitch out*** 〔野〕盗塁やスクイズを防ぐためにピッチアウトする. ***queer ...'s pitch*** 〔俗語〕人の計画をぶち壊す.

【派生語】**pitcher** 名 ⓒ 〔野〕投手, ピッチャー. **pitching** 名 Ⓤ 船, 飛行機の縦揺れ(⇔roll), 〔野〕投球(法).

【複合語】**pítch-and-tóss** 名 Ⓤ 投げ銭遊び(★コイン全部を空中に投げて, 表 (head) のでたコインを入手するゲーム). **pitchfòrk** 名 ⓒ 干し草用のくま手. **pítchòut** 名 Ⓤ〔野〕ピッチアウト. **pítch pìpe** 名 ⓒ 調律の際に基音を定める調子笛.

pitch² /pítʃ/ 名 Ⓤ〔化〕コールタールや原油や松から取れる黒色の塗料のピッチ, あるいは樹脂, 松やに.

語源 ラテン語 *pix* (=pitch) から pic として古英語に入った.

【慣用句】***as black [dark] as pitch*** 真っ暗闇の, 真っ黒な.

【複合語】**pítch-bláck** 形 真っ黒な, 真っ暗な. **pitchblende** /pítʃblend/ 名 Ⓤ 瀝青(れきせい)ウラン鉱 (★blende はドイツ語からの借用). **pítch-dárk** 形 真っ暗闇の, 真っ暗な. 名 (the ~) 真っ暗闇.

pitch·er¹ /pítʃər/ 名 ⓒ 〔一般語〕《米》取っ手のついた口の広い注ぎ口のある**水差し**(《英》jug). 〔その他〕《英》取っ手のついた丸い小さな口の**水差し**(《米》jug). また**水差し一杯分の量** (pitcherful). 歴史的には 2 つの耳の形をした取っ手のついた陶製の大きな液体容器を指す.

語源 ギリシャ語 *bikos* (=earthen jar) から派生した中世ラテン語 *bicarius* (=goblet; jug) が古フランス語 *pichier* を経て中英語に入った.

用例 The girl was carrying a *pitcher* of water. 少女は水差し一杯の水を運んでいた/Little *pitchers* have long [wide] ears. 《ことわざ》小さい水差しに大きな耳(子供は早耳)/*Pitchers* have ears. 《ことわざ》壁に耳あり.

pitcher² ⇒pitch¹.
piteous ⇒pity.
pit·fall /pítfɔːl/ 名 ⓒ 〔一般語〕動物の落とし穴, わな, さらには容易に気づかれない隠された危険.

語源 pit¹ + fall. 中英語から.
類義語 trap.

pith /píθ/ 名 Ⓤ 本来自〔植〕茎の中心にある髄, 〔動〕羽などの中心部, 髄, 脊椎動物の脊髄.〔形式ばった語〕物事の真髄, 要点, 《英》体力, 精神力. 動 として, 植物の髄を取り去る.

語源 古英語 *pitha* (=pith of plants) から.

pith·ec·an·thro·pus /pìθikǽnθrəpəs, -kæn-θróu-/ 名 ⓒ 〔複 -pi/pai/〕〔人類学〕猿人, ピテカントロプス.

語源 近代ラテン語. ギリシャ語 *pithēkos* (=ape) + *anthrōpos* (=man) が新ラテン語に入り 19 世紀に造語された.

pitiable ⇒pity.
pitiful ⇒pity.
pitiless ⇒pity.

pi·ton /píːtɑn|-tɔn/ 名 ⓒ 〔登山〕頭部にロープを通す環のついた金属製のくい, ピトン, ハーケン.

語源 フランス語 *piton* (=peak) が 20 世紀に入った.

pit·tance /pítəns/ 名 ⓒ 〔一般語〕〔通例単数形〕〔軽蔑的〕わずかばかりの給料[手当], 少量, 少額, 少数の意.

語源 ラテン語 *pietas* (=piety) から派生した *pietari* (=to be charitable) の現在分詞から作られた中世ラテン語の 名 *pietantia* (=pity) が古フランス語 *pietance* (慈善的献金)を経て初期近代英語に入った.

pit·ter-pat·ter /pítərpætər/ 名 ⓒ 副 本来自〔一般語〕〔単数形で; 通例 the ~〕雨や足音のパラパラ, パタパタという音. 副 パタパタと, パラパラと. 動 として, そのような音をたてる.

語源 擬音語として中英語から.

pi·tu·itary gland /pitjúːitèəri glænd/ 名 ⓒ 〔解〕脳下垂体.

語源 ラテン語 *pituita* (粘液)から派生した *pituitarius* が 19 世紀に入った.

pit·y /píti/ 名 動 本来他〔一般語〕〔一般義〕人の不幸や悲しみ, 苦しみに対する**同情, 哀れみ**.〔その他〕悲しみ, 遺憾の原因や理由の意から, **残念な事, 惜しい事**. 動 として〔形式ばった語〕人の不幸をかわいそうに思うの意.

語源 ラテン語 *pius* (=pious) から派生した *pietas* (=piety; pity) が古フランス語 *pite* を経て中英語に入った.

用例 The *pity* of it is that she won't be there. 残念な事に, 彼女はそこにいないだろう.
類義語 pity; compassion; sympathy: **pity** は他人の不幸, 苦しみ, 悲惨への同情や哀れみを示し, しばしば自分より弱い, 下の, あるいは劣った者に対する若干の軽蔑, 逆に言えば自分のかすかな優越性を含む. **compassion** は pity より強いが優しさが加わるので人を軽蔑し見下す気持ちではなく, むしろ人を助ける, 許す, あるいは保護するする気持ちが実際に働いていることを意味する. **sympathy** は人の悲しみ, 苦しみを本当に理解し, さらにそれを分かちあおうとするまでの深い同情あるいは共感.
対語 antipathy; hostility.

【慣用句】***feel pity for ...*** ...を哀れむ, ...のために心を痛める: He felt a great *pity* for her. 彼は彼女を深く哀れんだ. ***for pity's sake*** 〔くだけた表現〕哀れと思って, お願いだから. ***have [take] pity on [upon] ...*** ...に同情する, 気の毒に思う. ***in pity of ...*** ...を気の毒に思って. ***It is a pity [a thousand pities] (that) ...*** ...とは残念なことだ, 気の毒なことだ. ***more's [the more's] the pity*** 〔くだけた表現〕残念な事に, 運の悪いことに. ***out of pity*** 気の毒に思って. ***The pity is that ...*** ...とは遺憾なことだ. ***The pity of it!*** 全く残念な事だ. ***What a pity (that) ...!*** ...とは何と残念なことだ, 何と気の毒なことだ.

【派生語】**píteous** 形 〔形式ばった語〕哀れな, 悲しそうな. **píteously** 副. **pítiable** 形 〔形式ばった語〕哀れみ, かわいそう. **pítiably** 副 哀れにも, かわいそうに. **pítiful** 形 哀れを誘う, かわいそうな,〔軽蔑的〕軽蔑に値する, 哀れむべき, あさましい. **pítifully** 副 痛ましく, みじめにも,〔軽蔑的〕くだらないほどに. **pítiless** 形 〔形式ばった語〕無慈悲な, 無情な, 冷酷な. **pítilessly** 副.

piv·ot /pívət/ 名 ⓒ 動 本来自〔機〕回転する物を支える回転軸, ピボット. 一般的に物事や議論の中心, 軸, かなめ, また中心人物. 動 として, 軸を中心にして回転

pi·xie, pi·xy /píksi/ 名C 〔一般語〕民間伝承に出てくるいたずらな小妖精.
語源 不詳. 18世紀から.
関連語 elf; fairy.
派生語 **píxilated** 形 〔くだけた語〕《米》頭のおかしい, 酔っ払った.

piz·za /píː)tsə/ 名CU 〔一般語〕ピッツァ, ピザ.
語源 イタリア語から20世紀に入った.

piz·zi·ca·to /pìtsikáːtou/ 副形名C (複 ~s, -ti/tiː/) 〖楽〗弦楽器を指でつまびいて演奏するピチカートで[の]. 名 としてピチカート奏法[曲].
語源 イタリア語 (= pinched) が19世紀に入った.

pl. 《略》= place; plain; plate; plural.

plac·ard /plǽkɑːrd/ 名C 動 本来他 〔一般語〕
一般義 印刷や手書きした掲示用は張り紙, ポスター, ビラ, 行進などで手に持つプラカード. その他 名札, 荷札などの標札. 動 として掲示する.
語源 古フランス語 *plaquier* (=to lay flat) の名 *plaquart* が中英語に入った.

pla·cate /pléikeit/ 動 本来他 〔形式ばった語〕人の憎しみや怒りをやわらげる, なだめる.
語源 ラテン語 *placare* (なだめる) の過去分詞 *placatus* が初期近代英語に入った.
派生語 **plácatory** 形.

place /pléis/ 名CU 動 本来他 〔一般義〕ある特定の場所, 所. その他 特定の部分, 箇所, 病気の患部, 本などの読みかけの所や音楽の一節, 楽句, 〔しばしば所有格とともに〕決まった位置, 席, 座席. また特定の地域, 市, 町, 《P-; 固有名詞とともに》…広場, …通り, …街, 〔くだけた語〕人の住居, 家, 田舎の屋敷, 別荘などの意を表す. また「定められた場所」ということから, 競争や列の, あるいは物事を行う順位, 順番, 順序, 段階, 社会における重要な[高い]身分[地位], 一般的な地位, 身分, 資格, 職, 任務, 役, 官職, 人の義務, 本分, 役目, 職務, 人の立場, 環境, 境遇, 状態の意にもなる. さらに〖数〗一連の数字の桁(けた), 位, 〖天〗天体の位置. 動 として〔形式ばった語〕物を置く, 据える, 配置[配列]する, 人を任命する, 信頼や希望を託する[寄せる], 人や物をある状態に置く, 評価する, 判定する, 順位をつける.
語源 ギリシャ語 *plateia* (= broad way) がラテン語 *platea* (通り, 広い場所, スペース), 古フランス語 *place* (= open space) を経て中英語に入った.
用例 There's something about nationalism in this book, but I can't find the *place*. この本にはナショナリズムについて重要なことが書かれているが, その箇所を見つけられない／Please state your usual *place* of business. 君がいつもいる仕事場所を述べて下さい／He went to his *place* and sat down. 彼は自分の座席に行って座った／Come over to my *place*. 私の家にいらっしゃい／She got the first *place* in the competition. 彼女はその競技で1位だった／I had to go to the toilet and lost my *place* in the queue. トイレに行かざるを得なかったため, 列の順番をあきらめた／Guards were *placed* at all the entrances. 護衛が全ての入口に配置された.
慣用句 ***all over the place*** 〔くだけた表現〕至る所に, ごったがえして. ***another place*** あちら, 《英》議会の他院 (★下院では上院, 上院では下院). ***fall into place*** ぴたりはまる, ぴったりじつまが合う. ***from place to place*** あちらこちらに. ***give place to*** …〔形式ばった表現〕…に取って代わられる, 席を譲る. ***go places*** 〔くだけた表現〕成功する, 出世する, いろいろな所へ行く, 遊び歩く. ***in place*** 適切な所に, きちんとして. ***in place of …*** = ***in …'s place*** …の代わりに. ***in places*** 所々に[で]. ***in the first place*** 〔形式ばった表現〕まず第一に. ***in the next [second] place*** 〔形式ばった表現〕次に, 第二番に. ***know [keep] one's place*** 身のほどを知る, わきまえている. ***lay [set] a place for …*** …の食卓を準備する. ***make place for …*** 〔古語〕…に場所[席]を譲る, 取って代わられる. ***out of place*** 本来の[正しい場所に]ない; 場違いの[に], 不適当な[に](⇔in place). ***put … in …'s place*** …に身の程を知らせる. ***supply the place of …*** 〔形式ばった表現〕…の代役をつとめる, …に代わる. ***take one's place*** 所定の場所につく, 位置する, 存在を認められる. ***take place*** 〔形式ばった表現〕事件などが起きる, 生じる, 開催される. ***take the place of …*** …の代わりをする, …に取って代わる, …の代役をつとめる. ***the other place*** 《英》〔ふざけて〕あちらの(大学) (★ケンブリッジ大学とオックスフォード大学がそれぞれ相手を指して言う).
派生語 **plácement** 名UC 置くこと, 配置(された状態), 職業紹介, 就職斡旋, 〖フットボール〗プレースキックするさいにボールを地上に置くこと, 〖テニス・バドミントン〗相手が打ちにくい所へ打ち込むウイニング・ショット.
複合語 **pláce bèt** 名C 〖競馬〗複勝式の賭け. **pláce càrd** 名C 宴会などの座席指定の札. **plácekick** 名C 動 本来他 プレースキック(する). **pláce màt** 名C 食卓で各人の食器の下に敷く小型の食事用マット. **pláce-nàme** 名C 地名. **pláce sètting** 名C 食卓上の一人分の食器類.

pla·ce·bo /pləsíːbou/ 名C (複 -tae/tiː/, ~s) 〖解〗胎盤.
語源 ラテン語 *placere* (= to please) の第1人称主格の *placebo* (= I shall please) が中英語に入った.

placement ⇒place.

pla·cen·ta /pləséntə/ 名C (複 -tae/tiː/, ~s) 〖解〗胎盤.
語源 ギリシャ語 *pláx* (= flat surface) から派生した *plakóeis* (= flat cake) の対格 *plakóenta* がラテン語を経て初期近代英語に入った.

plac·id /plǽsid/ 形 〔一般語〕(よい意味で) 人がもの静かな, 物事が平穏な.
語源 ラテン語 *placēre* (= to please) から派生した *placidus* (= peaceful) がフランス語を経て初期近代英語に入った.
類義語 calm; peaceful.
派生語 **placídity** 名U. **plácidly** 副.

plack·et /plǽkit/ 名C 〔一般語〕スカートやブラウスの着脱を楽にするためのわきあき.
語源 不詳.

pla·gia·rism /pléidʒiərizm/ 名UC 〔一般語〕他人の作品などの盗用, 剽窃(ひょうせつ)(物).
語源 ラテン語 *plagiarius* (= kidnapper) に-ary を加えた形で借用され, さらに-ism を加えて初期近代英語で造られた.

【派生語】plágiarist 名 C. **plágiarìze** 動 本来他 盗作する, 剽窃する.

plague /pléig/ 名 C 動 本来他 〔一般語〕 一般義 死亡率が高く, 大勢の人に伝染する強烈な疫病, 悪疫, 伝染病. その他 (the ~) ペスト, また害虫などの異常発生, 大襲来の意を表す. 比喩的に天罰的な災難, 天災, 不幸, 呪い, 〔くだけた語〕厄介な人[物], 困った[面倒な, いやな]人[物]. 動 として疫病にかからせる, 疫病[伝染病, 死]で滅ます, 一般的に〔くだけた語〕人を質問や要求で悩ます, 困らす.
語源 ラテン語 *plaga* (= blow; stroke; misfortune) が後期ラテン語で「疫病」の意味となり, 古フランス語 *plague* を経て中英語に入った.
用例 *Plagues* often broke out in the Middle Ages. 疫病がしばしば中世に発生した/The *plague* of locusts swept over the land. いなごの大発生がその土地を襲った.
類義語 plague; epidemic; pestilence: **plague** は広範囲にわたり, 死亡率が高く, 伝染性の強いペストなどの疫病. **epidemic** はインフルエンザなどの流行病を指し, 死亡率は高くない. **pestilence** は形式ばった語で, 広範囲にわたり, 死亡率も高く伝染性の強い天然痘などの疫病全般をさす.
慣用句 (*A*) *plague on it* [*him; her*]!= *Plague take it* [*him; her*]! 〔古語〕いまいましい, 畜生. *avoid ... like the plague* ペストにかかっているかのように人や物を避ける, できるだけ...に近づかないようにする. *What a* [*the*] *plague!* 一体全体, おやまあ.

plaid /plǽd/ 名 C|U 〔一般語〕一般義 スコットランド高地人の民族衣装の格子縞の肩掛け. その他 タータンなどの格子縞の布地, また格子縞.
語源 スコットランドのゲール語 *plaide* (= blanket) が初期近代英語に入った.

plain /pléin/ 形 副 名 C 〔一般語〕一般義 物事が単純であらわで明白な, はっきりしている. その他 原義は土地などの平面や空間が平らな, 平坦なの意で, さえぎるものがなく, はっきり見通せるということから, 明白なの意となり, はっきりしていることから, 率直な, 飾りやごまかしのない, 歯にきぬきせぬ, あからさまなの意. また生活や態度が威張らない, もったいぶらない, 普通の, 平凡な, 世間ずれしていない, 質素な, 簡素な, 地味な, 特に女性が飾り気がないので人眼に立たない, 魅力のない, 不器量な. さらに混ざりけのない, 純なの意を表し, うそいつわりがない, 正真正銘の意ともなる. 色, 形, 模様などの場合は, 装飾を施していない, 飾りたてていない, 無地の, 凝っていない, 服では服用の, 食物ではこってりしていない, 味の濃くない, あっさりした, 簡単に料理したの意. 副 としてはっきりと, 率直に, やさしく, 全く. 名 として平原, 平地, 平野, 《しばしば複数形で単数扱い》大平原.
語源 ラテン語 *planus* (= flat; plain) の中性形 *planum* が古フランス語を経て中英語に入った.
用例 His words were quite *plain*. 彼の言葉は非常にはっきりしている/plain English 平易な英語/Their style of living is simple and *plain*. 彼らの生活様式は簡素で地味である/*plain* speaking 直言/A *plain* blue dress 無地の[飾りたてていない]青のドレス/*plain* food [cooking] 質素な食べない[料理].
【慣用句】(*as*) *plain as day* [*a pikestaff; Salisbury; the nose on your face*] 〔くだけ表現〕きわめて明白な. *in plain terms* [*words*] わかりやすく言うと, 率直に言えば. *to be plain with you* 率直に言うと.
【派生語】**pláinly** 副 はっきりと, 明らかに, 率直に, 簡素に, 飾ることなく. **pláinness** 名 U.
【複合語】**pláin chócolate** 名 U ミルクの入らないチョコレート. **pláin clóthes** 名 (複) 平服, 私服. **pláinclóthesman** 名 C 私服刑事. **pláin sáiling** 名 U 順調な航行, 順調な[とんとん拍子の]進行. **pláinspóken** 形 率直な(言い方をする), 腹蔵のない, あからさまな.

plain·tiff /pléintif/ 名 C 〖法〗訴訟を起こす原告, 起訴人.
語源 古フランス語 *plaintif* (⇒plaintive) が法律用語のフランス語を経て中英語に入った.
対立語 defendant.

plain·tive /pléintiv/ 形 〔やや形式ばった語〕音や声が憂うつなため悲しそうな.
語源 古フランス語 *plaintif* (= grieving) が中英語に入った.
【派生語】**pláintively** 副.

plait /pléit/ /plǽt/ 名 C 動 本来他 〔形式ばった語〕一般義 《しばしば複数形で》三つ編みなどのように編んだ髪, おさげ髪 (《米》braid). その他 麦わら, ひもなどで編んだもの. また布や服地のひだ, プリーツ(pleat). 動 として髪や麦わらなどを編む, ひだをとる.
語源 ラテン語 *plicare* (= to fold) の過去分詞 *plicitus* が古フランス語 *pleit* を経て中英語に入った.

plan /plǽn/ 名 C 動 本来他 〔一般語〕一般義 あらかじめ綿密に考えておいた計画, 案, プラン. その他 地面のような平らなものの上に物を一つ一つ植えるようにして作られたものの意から, 建物や機械などの設計図, 見取り図, 平面図や市街などの地図, 案内図の意となり, 表にしたものは計画表, 予定表の意となった. さらにそれが比喩的に用いられて「計画」の意となり, 物事を実際に進める時のやり方, 方法, 流儀, ...式の意で, 《しばしば複数形で》意図, 目標などの意を表すようになった. 動 として...の計画を立てる, 設計図を描く, ...するつもりである《to do; doing》. 自 の用法もある.
語源 ラテン語 *planus* (= flat; level ground) の中性形 *planum* と, 部分的には後期ラテン語 *plantare* (= to plant; to fix in place) がフランス語で *planter* (= to plant; to fix in place) となり, さらに 名 *plan* (= plane; foundation; ground plan) が派生し, それが初期近代英語に入った.
用例 I have worked out a *plan* for making a lot of money. 大いにもうけるためにある計画を立てた/These are the *plans* of [for] our new house. これらは新しい家の設計図である/We are *plannning* a party. パーティーを開くつもりである.
類義語 plan; project; design; scheme; plot; blueprint: **plan** は計画を意味する最も一般的な語. **project** は大規模で広範囲にわたる大胆な計画. **design** は特定の順序と調和を意図して考えられた計画を指し, 時には陰謀, たくらみのように邪悪で好ましくない意味を含む. **scheme** は上記の語よりやや古いやしい, 実現不可能であったり空想的な計画で, 時には陰謀, 密計の類の計画, 利己的で不当な計画を指す. **plot** は主として陰謀, 企みという悪い意味に使われる. **blueprint** は建築や機械の青写真のように正確で詳細で綿密な計画を指す.
【慣用句】*make* [*form; lay*] *a plan for* ... ...の計画を立てる. *on* [*under*] *a plan* ある計画に従って

plan on ... ...を計画する, 当てにする, 〔かなりくだけた表現〕《on doing で》...するつもり[計画]である (plan to do). ***plan out*** 念入りに計画する.
【派生語】**plánner** 图 C 計画[立案]者, 設計者. **plánning** 图 U.

plan·chette /plænʃét|plɑːn-/ 图 C 〔一般語〕プランシェット, こっくり占い板 (★鉛筆と車輪のついたハート型の板で, その手の上にのせると死者の伝言を鉛筆が自然に書きだすと信じられている).
語源 フランス語 *planche* (= plank 板) の指小語 *planchette* (= little board) が 19 世紀に入った.

plane¹ /pléin/ 图 C 動 本来自 〔一般語〕飛行機 (aeroplane; airplane). 動 として, 飛行機が*滑走する*, ボートなどが*水面をすべるように進む*.
語源 ラテン語 *planus* (= flat; level ground) の中性形 *planum* が初期近代英語に入った. なぜ, 「飛行機」の意になったかというと, plane は「平面」の意から「飛行機の翼板」の意となり, 翼は飛行機の基本的要素で「空中の翼」すなわち aeroplane と呼ばれた. そのことから aeroplane, air plane が「飛行機」の意となり, 短縮形の plane が後に用いられるようになった. ⇒plane².
用例 The *plane* will take off from the airport soon. 飛行機は間もなく空港から離陸するだろう/The boat is *planing* quickly across the surface of a river. ボートが川面を疾走している.
【慣用句】***by plane*** 飛行機で. ***in [on] a plane*** = by plane.
【複合語】**pláne cràsh** 图 C 飛行機事故. **pláne tícket** 图 C 航空券.

plane² /pléin/ 图 C 形 動 本来自 〔一般語〕*物の完全に平らな*面, 平面, 水平面. その他 思想, 進歩, 内容などの水準, 程度の意. また平面ということから, 飛行機の翼, 翼板, 《米》物の 2 次元的な空間上の広がりとしての面. また物を平らにする道具として, 木を削るかんな, 粘土などをならすならしごて. 形 として平らな. 動 としてかんなをかけて平らにする[削る]. 自 としてかんなをかける.
語源 ⇒plane¹.
用例 Man is on a higher *plane* (of development) than the apes. 人は類人猿よりは高い(発達)段階にある/*plane* away the bumps on the board 板の凹凸をかんなをかけて平らにする.
類義語 level.
対照語 rough; rugged.
【慣用句】***be on another plane*** 程度[趣き]を異にしている. ***be on the same plane as*** ... ...と同じ程度である, 同列[同水準]である.
【複合語】**pláne geómetry** 图 U 《数》平面幾何学.

plane³ /pléin/ 图 = plane tree (見出し).

plan·et /plǽnit/ 图 C 《天》太陽の周囲を公転する地球, 水星などの*惑星*, 太陽以外の恒星の周囲を公転する惑星, 遊星, 《the ~》地球, 比喩的に人間の運命を左右すると考えられる運星.
語源 ギリシャ語 *planasthai* (= to wander) の派生形 *planētēs* (= wanderer) がラテン語 *planeta*, 古フランス語を経て中英語に入った. 水星, 金星, 木星, 土星の 5 つの星がギリシャ時代から wandering stars「さまよえる星」と呼ばれたことによる.
用例 Mars and Jupitar are *planets* but the Moon is not. 火星と木星は惑星だが, 月は違う.
対照語 fixed star (恒星).

【派生語】**plànetárium** 图 C 星座投影機, 天文館[室], プラネタリウム. **plánetary** 形 惑星[遊星]の[に関する], 軌道を回る, 放浪する, 《形式ばった語》地球の, この世の,《占星》星に支配される.

plane tree /pléin triː/ 图 C 《植》プラタナス, すずかけの木 《語法》単に plane ともいう).
語源 ギリシャ語 *platus* (= broad) から派生した *platanos* がラテン語 *platanus* を経て中英語に入った. この木の広い葉の形から.

plank /plǽŋk/ 图 C 動 本来他 〔一般義〕一般義 厚板 (★通常, 厚さ 5-10cm, 幅 20cm 以上のもので, board より厚い). その他 厚板材, およびそれで製作されたベンチ, テーブルなどの厚板製品. 厚板は頑丈であるという含みから, 比喩的に頼みとなるものの意から, 設備一式, 生産設備, 製造工場, プラント, 大学や研究所用の施設, 建物. また《俗語》こっそり物を置く所, 隠し場所, 隠れ家, そこに置く盗品, それによるごまかし, 詐欺, 疑, あるいはスパイ, 回し者を示す. 動 として, 植物を植える, 種をまく, 比喩的に主義主張や感覚を植えつける, 人を配置する, 都市や建物を建設する, 盗品を隠す, スパイを送りこむ.
語源 後期ラテン語 *planca* (= board) が古ノルマンフランス語 *planke* を経て中英語に入った.
類義語 board.
【慣用句】***plank down*** 《俗語》物をどしんと置く. ***walk the plank*** 舷側から突き出した板の上を目隠しで歩かされて死刑になる.
【派生語】**plánking** 图 U 板張り, 張り板.

plank·ton /plǽŋktən/ 图 U 《生》《集合的》浮遊生物, プランクトン.
語源 ギリシャ語 *planktos* (= wandering) の中性形 *plankton* がドイツ語を経て 19 世紀に入った.

planner ⇒plan.

plant /plǽnt|-ɑːt/ 图 C 動 本来他 〔一般義〕一般義 動物に対する*植物*, 草木. その他 樹木に対して*草, 苗* (木). 元来若芽や苗木の意で, それを植えて周囲を踏みつけて根付かせる意から, 物を一か所にしっかりと据えつける意となり, さらにそのように据えつけられたものの意から, 設備一式, 生産設備, 製造工場, プラント, 大学や研究所用の施設, 建物. また《俗語》こっそり物を置く所, 隠し場所, 隠れ家, そこに置く盗品, それによるごまかし, 詐欺, 疑, あるいはスパイ, 回し者を示す. 動 として, 植物を植える, 種をまく, 比喩的に主義主張や感覚を植えつける, 人を配置する, 都市や建物を建設する, 盗品を隠す, スパイを送りこむ.
語源 ラテン語 *planta* (= plant; shoot) が古英語に plante として借用された. 動 は後期ラテン語 *plantare* (= to plant; to fix in place) が古英語に plantian (= to plant) と入った.
用例 grow *plants* 植物を育てる/water a *plant* 植物に水をやる/an automobile *plant* 自動車工場/a power *plant* 発電所/We have *planted* vegetables in the garden. 庭に野菜を植えた.
対照語 animal; mineral.
【慣用句】***plant out*** 鉢などから地面に移植する, 適当な間隔を置いて植えかえる.
【派生語】**plánter** 图 C 種をまく人, 苗を植える人, 農園経営者, 種まき機, 植付け機, 《米》室内用植物栽培容器, プランター.
【複合語】**plánt hòrmone** 图 C 植物ホルモン. **plánt kìngdom** 图 《the ~》植物界 (vegetable kingdom). **plánt lòuse** 图 C あぶらむし (aphid).

Plan·tag·e·net /plæntǽdʒənət/ 图 固 形 プランタジネット家や同家の人《★ヘンリー II 世 (1154 年) からリチャード III 世 (1485 年) までの英国の王家》. 形 としてプランタジネット朝の.

plan·ta·tion /plæntéiʃən/ 图 CU 〔一般語〕

plaque /plǽk|-άː-/ 图 [C] 〔一般義〕金属, 木, 陶器類の装飾用**飾り板**, **額**. 〔一般義〕人や事件を記念するための**銘板**や**小板形のブローチ, バッチ**. 【解】**斑**. 【歯】**歯垢**(こう).
[語源] 中オランダ語 *placken* (薄板に打ち延ばす)がフランス語 *plaquier* (=to plate)を経て 19 世紀に入った.

plash /plǽʃ/ 图 [C] 動 本来自 〔文語〕〔単数形で〕水のピチャピチャ, ザブザブという音, **水たまり**. 動 として, 水などがはねる, ピシャッと鳴る.
[語源] 古英語の擬音語 *plæsc* から.
[類義語] splash.

plas‧ma /plǽzmə/ 图 [U] 【生理】血漿, プラズマ, 【生】原形質, 【理】プラズマ.
[語源] ギリシャ語起源の後期ラテン語 (=form; mold) が 18 世紀に入った.

plas‧ter /plǽstər|-άː-/ 图 [U] 動 本来他 〔一般義〕〔一般義〕石灰または石膏(こう)に砂と水をまぜ練った**漆喰**(しっくい), **プラスター, 壁土**. 〔その他〕粉末石膏, 塑像や歯科用の型に用いられる**焼き石膏**(plaster of Paris), 【薬】患部にはりつける**膏薬, 硬膏**, 〔英〕(救急)**ばんそうこう**. 動 として, 壁や天井に**漆喰を塗る**, 壁面のように滑らかにする, 平らにする, 患部に**膏薬をはる**, ばんそうこう, ポスター, 装飾品などを皮膚や壁や衣類に一面にはりつける, 〔くだけた語〕〔米〕バター, のり, ポマードなどを…にこってり[厚く]**塗る** (on; over). また〔くだけた語〕ひどくやっつける[攻撃する], 集中攻撃を加える.
[語源] ギリシャ語 *emplassein* (=to plaster on; *en* + *plassein* to mold)に由来する中世ラテン語 *plastrum* (=plaster)が古英語に入った.
[用例] He mixed up some *plaster* to repair the wall. 彼は壁を修理するため漆喰をこねた/She got her arm in *plaster*. 彼女は腕にギブスをしていた/You should put a adhesive [sticking] *plaster* on that cut. その切り傷にばんそうこうをはっておくべきだ/He *plastered* his hair with cream. 彼は髪にクリームをべったり塗った.
【慣用句】 ***plaster over* [*up*]** 〔ややくだけた表現〕悪い所や欠点を**塗りつぶす**, 失敗を繕う. ***plaster … with praise*** …をやたらにほめたてる.
【派生語】 **plásterer** 图 [C] **左官**, 石膏細工人. **plástering** 图 [U] **漆喰**[左官]工事, 石膏細工, 〔くだけた語〕猛攻撃, 完敗[惨敗].
【複合語】 **plásterbòard** 图 [C] 壁の下地や天井, 仕切りに用いる**石膏板, プラスターボード**. **pláster cást** 图 [C] 石膏模型[像], ギブス包帯. **pláster of Páris** 图 [U] **焼き石膏** (★パリの Monmartre で石膏が採れたことからの名称になった).

plas‧tic /plǽstik/ 形 [UC] 〔一般義〕硬いプラスチック(製)の, 柔らかいビニール(製)の, 〔その他〕いろいろと自由な形にできる, **可塑性の**, 〔美〕こねて物を造れる, **塑造できる, 塑像の**. また**創造[表現]力のある**, 性格や精神が**柔軟な**, 感受性の強い, 感化されやすい, **形成[造形]力のある**, 【医】**形成の, 成形の**. 〔俗語〕〔軽蔑的〕**人工の, 作り物の, 不自然な, 見せかけの, にせ(物)の**の意にもなる. 图 として**合成樹脂, プラスチック(製品), ビニール(製品)**.
[語源] ギリシャ語 *plassein* (=to mold; to form)の過去分詞 *plastos* から派生した *plastikos* (=that may be molded; fit for molding)がラテン語 *plasticus* を経て初期近代英語に入った.
[用例] Clay is a *plastic* substance. 粘土は可塑性物質である/Is this real leather or just *plastic*? これは本物の革か, それとも単なる人造品か.
[日英比較] 日本語の「プラスチック」は合成樹脂製の硬いものをいうが, 英語の plastic はそれ以外に日本語で「ビニール」といっているものをも指す. 本来「可塑性がある」意なので柔らかいビニールも当然含まれる. なお英語の vinyl は専門用語で一般的でない.
【派生語】 **plásticine** 图 [U] 《主に英》**プラスティシン** (★工作用粘土; 商標名). **plasticity** 图 [U] **可塑性**, 造形力, 柔軟性, 適応性.
【複合語】 **plástic árt** 图 [U] 彫刻などの**造形芸術**. **plástic bág** 图 [C] **ビニール袋**. **plástic bómb** 图 [C] **プラスチック爆弾**. **plástic explósive** 图 [UC] **プラスチック爆薬**, 〔英〕(小型)**プラスチック爆弾**. **plástic móney** 图 [C] **クレジットカード**. **plástic súrgery** 图 [U] 形成外科.

plat /plǽt/ 图 [C] 動 本来他 〔一般義〕〔米〕土地などの**図面, 見取図**. 動 として**図面[見取図]を作る**.
[関連語] plot.
[語源] plot の変形と思われる. 中英語から.

plate /pléit/ 图 [CU] 動 本来他 〔一般義〕〔一般義〕主に陶磁器製の**食卓用の皿**. 〔その他〕皿に盛った料理, 料理1皿分, 〔一般義〕一皿に盛り合わせた1人前の料理, 盛り合せ. 教会の**献金皿**の意もある. また《主に英》スプーン, フォーク, ボール, 燭台なども含む金銀(めっき)の**食器類**, および一般に**金属製の食器類**, スポーツの**金[銀]賞杯, 優勝杯**. また〔しばしば複合語で〕**金属製の板, 板金, 延べ金**, **彫刻用地金**, そこから**金属版画, 表札, 看板**, 自動車の**ナンバー・プレート**(《米》license plate, 《英》numberplate, 《米》【電】**極板**, さらに【写】**感光板**, 【野】**ホーム・プレート**やピッチャーズ・プレート, 【印】**版, 図版**, 【歯】**義歯床**の意となる. また牛肉の**薄く切った一切れのあばら肉**の意もある. 動 として, **金銀でめっきする, 板金でおおう**.
[語源] ギリシャ語 *platus* (=broad; flat)に由来するラテン語 *plat* (=flat)の女性形 *plate* が古フランス語を経て中英語に入った.
[用例] Don't lift your *plate*. 皿を持ち上げてはいけません/The ship was built of steel *plates*. 船は鋼鉄の板で造られていた/The book has ten full-color *plates*. この本には原色の図版が 10 入っている.
[類義語] plate; dish; platter; saucer: **plate** は一人一人に食物が盛られる**銘々皿**. 形は普通は円形で平たいが, スープ皿(soup plate)はかなりの深さがある. **dish** は料理をテーブルまで運ぶ普通卵形の大きめの**盛皿**や深皿で, この皿から各人の銘々皿に盛りわけられる. **platter** は dish に当たる米語で, 主に肉や魚を盛る**大皿**. **saucer** は cup などの**受け皿**である.
【慣用句】 ***clean* [*empty*] *one's plate*** 一皿全部平らげる. ***hand* [*give*] … *on a plate*** 〔くだけた表現〕《英》簡単に[何の苦もなく]…をあたえる. ***have a lot [too much] on one's plate*** 〔くだけた表現〕しなければならな

いことがたくさんある，たくさんのことをかかえている．

【派生語】**pláteful** 名 C 皿一杯分，一皿分．**pláting** 名 U 金属めっき．

【複合語】**pláte glàss** 名 U 磨き板ガラス．**plátegláss** 形 板ガラスの(★1950年代以降の英国の大学のことを形容していう)．**plátelàyer** 名 C 《英》線路工夫(《米》tracklayer)．**pláte ràck** 名 C 水切り用の皿立て．

pla·teau /plætóu, ´-/ 名 C (複 -teaux/-z/, ~s) 動 [一般自] 一般義 上昇，下降のない高原状態，グラフの平坦域，学習などの停滞状態，学習高原．動 として安定期[状態]に達する．

語源 ラテン語 *plattus*(=flat)が古フランス語 *plat*, *platel*(=flat piece)を経て中英語に入った．

plateful ⇒plate．

plat·en /plǽtn/ 名 C 〔一般語〕印刷機で紙を押しつける圧盤，圧胴，タイプライターの用紙を巻き上げるゴムローラー，プラテン．

語源 古フランス語 *plat*(=flat)から派生した *platine*(=flat plate)が中英語に入った．

plat·form /plǽtfɔːrm/ 名 C 形 動 本来他 〔一般語〕一般義 駅や駐車場の乗降場，(プラット)ホーム(《参考》《米》では小さい駅にはホームがないのが多く，地面に足台を置いて乗降する．また「何番線，...ホーム」には track を用い，Track (No.) 1 のようにいう．《英》では日本に近く，Platform 3 のように用いる)．その他 人や物が立つように周囲より高くされた場所の意から，講演などのための台，劇場の舞台，階段の踊り場，《米》客車や電車の前後についている乗降口，デッキ，《英》バスの乗降口，《運行中車掌が立つ所》，また土地の高台，台地，海底油田掘削のためのプラットホーム，ロケットの発射台，《複数形で》厚底の靴[サンダル]を意味する．本来は「平面図」「基本計画」の意，それに近い意味では，政党の綱領，根本方針，立候補者政策綱領発表，また団体や個人の主義，信念，比喩的に意見などを公表する場．形 として，靴が厚底の，底が厚手の．動 として…する，演壇を設ける，物を載せる，置く．

語源 中フランス語 *plate-forme*(=flat form)が初期近代英語に入った．当初の意味は ground-plan, design であったが，19 世紀になって現在の「壇」の意味が生じた．政党の綱領などでは当初の面影を残している．

用例 They waited on the *platform* for their train to arrive. 彼らはホームで列車が来るのを待った/ The Prime Minister addressed the conference from the *platform*. 首相が演壇から両院協議会に演説をした．

類義語 platform; stage; pulpit: 一段とせり上がった壇をさす語として，**platform** は講演や公演のための壇，教壇を指す．**stage** は演劇用の舞台で，教会内に設けられた説教壇．

【慣用句】*appear on the same platform as* ... 人と公場で演説をする[演説しあう]．*on the platform* 演説する．*share a platform* = appear on the same platform as ....

plat·i·num /plǽtinəm/ 名 U 《化》白金，プラチナ(★記号 Pt)，またプラチナ色．

語源 ラテン語 *plattus*(=flat)からスペイン語に入った *plata*(銀)から派生した *platina* をもとにした近代ラテン語が19世紀に入った．銀の延べ板(silver plate)の意が元になった．

【複合語】**plátinum blónde** 名 C U 銀白色に近い薄い金髪の女性，プラチナブロンド，またその色．

plat·i·tude /plǽtitjuːd/ 名 C 〔形式ばった語〕《軽蔑的》使い古された月並な決まり文句．

語源 フランス語 *platitude*(=flatness)が19世紀に入った．

【派生語】**platitúdinous** 形．

Pla·to /pléitou/ 名 ⑯ プラトン(B.C. 427?–347?)《ギリシアの哲学者》．

【派生語】**platónic** 形 精神的な: *platonic* love 精神的な愛，プラトニックラブ．

pla·toon /plətúːn/ 名 C 《軍》歩兵，工兵の小隊，一般的に一緒に行動する一団，チーム．

語源 フランス語 *pelote*(=ball)の指小語 *peloton*(= little ball; group of men)が初期近代英語に入った．

plat·ter /plǽtər/ 名 C 〔一般語〕一般義 《米》料理をテーブルに運んでくる大皿の意で，これから plate に各自がとり分ける．その他 大皿に盛った食べ物[料理]．また大皿の形をしたもの，〔古風な語〕レコード(disk)．

語源 古フランス語 *plat*(=plate)がアングロフランス語 *plater* を経て中英語に入った．

類義語 ⇒dish．

plau·dit /plɔ́ːdit/ 名 C 〔形式ばった語〕《主に複数形で》拍手，喝采．

語源 ラテン語 *plaudere*(to applaud)の第 2 人称複数命令形 *plaudite*(=applaud ye!)が初期近代英語に入った．

plau·si·ble /plɔ́ːzəbl/ 形 〔一般語〕《しばしば軽蔑》話や事柄がもっともらしい，人が相手をだまそうとして口先がうまい．

語源 ラテン語 *plaudere*(=to applaud)の過去分詞 *plausus* から派生した 形 *plausibilis*(= worthy of applause)が初期近代英語に入った．

【派生語】**pláusibílity** 名 U．**pláusibly** 副．

play /pléi/ 動 本来他 動 〔一般語〕一般義 遊びや競技をする．その他 子供が，…のまねをして遊ぶ，…ごっこをする，人が…のふりをする，演劇で…の役を演じる，…に扮する，(…の)役割を果たす[務める]，スポーツで…のポジションを務める．また劇などを上演[公演]する，楽器あるいは曲を演奏する，ラジオやレコードをかける，さらにいたずらや悪事をする，働く意にもなる．競技や勝負事をする意から，…と戦う，賭博やゲームで金を賭ける，《米》競走馬やレースに賭ける，《トランプ》カードを出す，《チェス》駒を動かす，《球技》球をある方向へ打つ．自 として，演技[演奏]する，劇などが上演される，試合[賭け事]をする，動物たちが跳ね回る，光などが揺らぐ，噴水などが噴き出る．名 として劇，脚本，また遊び，娯楽，気晴らし，競技，勝負事，賭け事，遊び[勝負]のやり方，試合[演技]ぶり，冗談，いたずらなどの意．

語源 古英語 plegan から．

用例 They are *playing* football [chess; billiards; soldiers]. 彼らはフットボール[チェス，ビリヤード，兵隊ごっこ]をしている/She's *playing* Lady Macbeth. 彼女はマクベス夫人を演じている/He *played* Chopin on the piano. 彼はピアノでショパンの曲を弾いた/He *played* a joke on her. 彼は彼女をからかった．

【慣用句】*(as) good as a play* 芝居のように非常に面白い．*at play* 遊戯中で．*be played out* 疲れきっている，旧式である，使いつくされている．*bring [call]* ...

into play 〔形式ばった表現〕経験や状況を活用[利用]する. *come into play*＝*be brought [called] into play* 〔形式ばった表現〕状況や力が活動し始める. *give [allow] free [full] play to* ... 感情や想像力を自由に働かせる. *in play* 活動して, 冗談に, 試合でボールが生きて. *make a [one's] play for* ... 〔くだけた表現〕《米》策を弄して仕事や注意などを引きつけて[手に入れようとする, 手練手管を用いて異性を誘惑しようとする. *make good play* 元気よく[都合よく]動く. *make play* 効果的に行う[用いる], 盛んに活動する. 《競馬・狩》追手をじらして悩ませる. *make play with* ... ...をこれ見よがしに[効果的に]用いる, 大げさに話す. *out of play* 試合でボールが死んで. *play along* ...に調子を合わせる〔*with*〕; 返事などしないで人をじらせる, ...の気をもませる. *play around [about]* 遊びまわる, 異性や大事な物, 危険物などをもてあそぶ, 異性と性的関係をもつ〔*with*〕. *play at* ... 遊びやゲームをして遊ぶ《語法》at を用いるのが形式ばった語〕, ...ごっこをする《語法》at を用いないのが普通〕, 〔ややくだけた表現〕...を遊び半分にする. *play away* ばくちで金を[遊んで時間を]浪費する. *play back [forward]* 録音したテープやレコードを再生[早送り]する, 〔クリケ〕球を後ろ[前へ]打つ. *play ball* ゲーム[行動]を開始する, 《米》野球をやる, 〔くだけた表現〕一緒に仕事をする. *play both ends against the middle* 〔ややくだけた表現〕両者を争わせて漁夫の利を得る. *play down* ...を軽視する, 過小評価する, 強調しない. *play down to* ...に合わせて調子を落とす, ...に迎合する. *play fair* 公明正大に行動[競技]する. *play fast and loose* 無責任な行動をとる, 言行不一致である, 〔ややくだけた語〕利己的態度をとる. *play* ... *for* ... 〔くだけた表現〕...を...だと思う. *play for time* 時間かせぎをする, 出し抜く. *play foul [false]* ひそかに反則の手を使う, ごまかす. *play hard to get* 〔くだけた表現〕人の関心を得るため, あるいは自分の立場を強めるために相手に興味がないふりをする. *play high* 大ばくちを打つ. *play into* ...'s *hands*＝*play into the hands of* ... ...の思うつぼにはまる. *play it by ear* 出たとこ勝負をする, 臨機応変の態度をとる. *play it close to one's chest* 人に知られたくないことを隠したてする. *play it cool [right; safe; straight]* 〔くだけた表現〕困難や危険の伴う状況でえて冷静な[適切な, 適切な, 真摯な]行動をとる. *play it (low down) on [upon]* ...＝*play it (low) on* ... 〔俗語〕...をだます, ...にひどい仕打ちをする, ...の弱みにつけ込. *play one's own way* 最善の策をとる. *play off* 同点試合の決勝戦をする, 延期中または中止の試合を行なって終了させる, 〔ややくだけた表現〕自分の利益のために両者を張り合わせる, ...にしかをける. *play* ... *off against* ... ...と...を張り合わせて漁夫の利を得る. *play on [upon]* ...につけこむ, ...を利用する. *play on [upon] words* しゃれを飛ばす. *play oneself in* スポーツなどで次第に身体を慣らしていく. *play out* 試合, 競争, 劇, 演奏などを最後までやる[闘う, 演じる, 演奏する], 音楽を演奏して人や行く年を送り出す, 感情や考えなどを行動に表す; ⇒*be played out*. *play over* 試合, 競技, 音楽, レコードなどを繰り返しする, やり直す. *play through* 音楽や試合を終わりまで続ける, 完全に終了する, 〔ゴルフ〕プレーの遅い先発プレーヤーを追い越させてもらう. ...をペテンにかける. *play up* ...を強調する, 《米》宣伝する, ...をうまく利用する, 〔くだけた表現〕《英》人を困らせる[悩ます]. *play up to* ... 〔くだけた表現〕〔軽蔑的〕...に取り入ろうとする, ...にへつらう, 演芸などで相手の調子に合わせる, 助演する, 援助する, 支持する. *play with* ... ...と[で]遊ぶ, ...をもてあそぶ, 感情や考えを軽視する: *time to play with* 使える時間. *play with fire* 火遊びする, 軽率に危険な事に手出しをする. *play with oneself* 自慰する《語法》*masturbate* の婉曲表現〕.

【派生語】**pláyable** 形 競技場が競技可能な, 楽器が演奏できる, 劇が上演できる. **pláyer** 名 C 選手, 競技者, 遊戯[ゲーム]する人, レコード・プレイヤー, 自動演奏装置, 〔古語〕役者, 俳優: **player piano** 自動ピアノ. **pláyful** 形 遊び好きな, ふざけた, 冗談の, おどけた. **pláyfully** 副 陽気に, ふざけて. **pláyfulness** 名 U.

【複合語】**pláyàct** 動 [本来な] 〔しばしば軽蔑的〕見せかける, お芝居をする, 偽る, 大げさに振舞う. **pláyback** 名 C 録音[録画]の再生(装置). **pláybill** 名 C 芝居のビラ[ポスター], 《米》プログラム. **pláybòy** 名 C 〔しばしば軽蔑的〕男の遊び人, 金持ちの道楽者. **pláyfèllow** 名 C 〔やや古語〕遊び仲間. **pláygòer** 名 C 芝居の常連, 芝居好き. **pláygròund** 名 C 遊び道具が置かれている戸外の遊び場, 学校などの運動場, 行楽地, 遊園地. **pláygròup** 名 C 《主に英》近所の就学前の幼児を預かる一種の私設[無認可]保育所. **pláyhòuse** 名 C 劇場《語法》しばしば P-で劇場名として用いる〕, 《米》子供が遊ぶ遊び小屋, おもちゃの家. **pláying càrd** 名 C 〔形式ばった語〕トランプ[カルタ]の札〔単に card ともいう〕. **pláying fìeld** 名 C フットボール, クリケットなどをする戸外の競技場. **pláymàte** 名 C 〔形式ばった語〕子供の遊び仲間. **pláyòff** 名 C 引き分けや同点試合の決勝試合, 再試合, 優勝者[一位]同士による王座決定戦, プレーオフ. **pláypèn** 名 C ベビーサークル〔単に pen ともいう; 日英比較 ベビーサークルは和製英語〕. **pláyròom** 名 C 《主に英》遊戯室. **pláysùit** 名 C 女性や子供用の遊び着〔★通例, シャツ, ショートパンツ, スカートなどを組みあわせたスポーツや遊びの時の服〕. **pláything** 名 C 〔形式ばった語〕おもちゃ, 比喩的におもちゃにされる人, 慰み物[者]. **pláytìme** 名 UC 主に学校の遊び[休憩]時間. **pláywright** 名 C 〔形式ばった語〕劇作家, 脚本家.

pla·za /plá:za, -æ-/ 名 C 〔一般語〕《米・カナダ》駐車場完備の店舗や銀行, 映画館などのある総合施設, ショッピングセンター(shopping plaza). 本来はスペインの町の広場.

語源 ラテン語 platea (= broad street) から派生したスペイン語 plaza が初期近代英語に入った.

plea /pli:/ 名 C 〔一般語〕 [一般義] 嘆願, 請願, 懇願. その他 弁護, 弁解, 口実, 言い訳, 《法》被告自身または被告のためにする抗弁, 申し立て, 弁論の意.

語源 ラテン語 placere (⇒please) の過去分詞の中性形から派生した中世ラテン語 placitum (= decision; order) が古フランス語 plait, plaid (= agreement; legal action) を経て中期英語に入った.

用例 The hospital sent out a *plea* for blood-donors. 病院は献血者を求めて嘆願していた / He made a *plea* of guilty [not guilty]. 彼は有罪[無罪]を申し立てた.

【慣用句】*cop a plea* 〔俗語〕《米》重い刑罰をさけるために口を割る(⇒plea bargaining). *enter a plea of* ... 法廷で被告などが申し立てる. *make a plea*

pleach /pliːtʃ/ 動 [本来自] 〔一般他〕生垣を作るために木の枝やつるを互いにからませる《〔語法〕通例過去分詞の形容詞用法で用いられる》.
[語源] ラテン語 *plectere*(=to weave)が古フランス語 *plessier*, 古ノルマンフランス語 *plechier* を経て中英語に入った.

plead /pliːd/ 動 [本来自] 〔一般他〕〔一般義〕人に何かを嘆願する, 訴える《with, for》. [その他] …を弁護する《for》, 〖法〗弁護人や被告が申し立てをする, 抗弁する, 弁論する, 答弁する. またある事が…の言い訳になる. [他] として申し立てる, …を言い訳にする, 主張, 運動などを弁護する, 訴訟で…の弁護をする.
[語源] 古フランス語 *plaid*(⇒plea)から派生した *plaidier*(=to go to law)がアングロフランス語 *pleder* を経て「訴訟を始める」の意で中英語に入った.
[用例] He *pleaded* with me not to go. 彼は私に行かないでと嘆願した/My solicitor will *plead* for me. 弁護士が私のために弁に立ってくれるだろう/She *pleaded* poverty. 彼女は貧乏のためだと言い訳けをした.
【慣用句】**plead guilty** 〖法〗有罪を認める. **plead not guilty** 〖法〗無罪を訴える. **plead innocent** [*innocence*]〔くだけた表現〕=plead not guilty.
【派生語】**pléading** 名 Ⓤ 申し開き, 弁護, 嘆願, 〖法〗抗弁, 訴訟手続き. 形 嘆願するような. **pléadingly** 副.

pleas·ant /plézənt/ 形 〔一般他〕〔一般義〕人にとって事が愉快な, 楽しい, 気持ちのよい. [その他] 人物それ自身, またその性質や態度が感じのよい, 陽気な, 愛想のよい, 好ましい, 天候の場合は, 天気のよい, 晴れて気持ちのよい.
[語源] 古フランス語 *plaisir*(⇒please)の現在分詞 *plaisant* が中英語に入った.
[用例] a *pleasant* holiday 楽しい休日/He seems very *pleasant*. 彼はとても愛想がいい.
[類義語] pleasant; agreeable; enjoyable: **pleasant** は物, 事柄, 言動, 人が相手にとって気持ちのよいことや相手にいい感じを与える意味. **agreeable** は人の性格, 趣味, 好みと一致しているのでの感じのよいことを暗示し, 心地よさを示す. pleasant ほど強い喜びの感情はない: an *agreeable* voice 感じのよい声. **enjoyable** は喜びや楽しみを享受させてくれる効力, 能力を指す: an *enjoyable* party 楽しいパーティー.
[反意語] unpleasant.
【派生語】**pléasantly** 副 楽しく, 愉快に, 愛想よく.
pléasantry 名 Ⓤ〔形式ばった語〕会話, 座談などで丁寧さを出すために言われる好意的な滑稽さ, ひょうきんさ, 悪意のないからかい, 冗談, おどけた所作[言葉], 社交上の言辞.

please /pliːz/ 副 動 [本来他] 〔一般他〕〔命令文の文頭, 文尾につけて〕どうぞ, 〔疑問文で〕すみませんが, 〔同意, 賛成ができない相手の行為に対して〕お願いだからやめて[しないで, 言わないで], 〔疑問文の形の申し出などに答えて〕はい, お願いします. 動 として, 人を喜ばせる, 楽しませる, 満足させる.《as, what などが導く関係詞節の中で》したいと思う, 望む.《it を主語にして》〔形式ばった語〕…の気にいる, …にかなうの意となり, この用法はもし if *please* you のような古い非人称構文から 動 の意味が生じた.
[語源] ラテン語 *placere*(=to be agreeable; to please)が古フランス語 *plaisir* を経て中英語に入った.
[用例] *Please* come in. どうぞお入り下さい/Will you *please* come with me? 一緒に来ていただけませんか/You can't *please* everyone all the time. いつも全ての人に満足を与えられるとは限らない/"Would you like a cup of tea?" "Yes, *please*." 「お茶はいかがですか」「お願いします」.
[関連語] pleasant; pleasure.
【慣用句】**be pleased about** [*with*; *at*]… …がとても嬉しい. **be pleased to do**〔丁寧な表現〕喜んで…する. **be pleased to meet you**〔*to make your acquaintance*〕〔丁寧な表現〕人と初めて会った時の挨拶として, はじめまして. **be pleased with oneself**〔しばしば軽蔑的〕自分のしたことに満足している. **if you please**〔形式ばった表現〕恐れ入りますが…, さしつかえなければ《〔語法〕単なる please よりも丁寧》,〔くだけた表現〕驚き, 怒りを表して, 驚いたことに, 事もあろうに. **please God**〔形式ばった表現〕神のおぼしめしなら, うまくいくなら. **please oneself**〔くだけた表現〕《通例命令文で》自分の好きなようにしなさい.
【派生語】**pléased** 形 喜びを感じる, 満足した. **pléasing** 形〔形式ばった語〕愉快な, 喜びを与える, 人好きのする, 満足を与える. **pléasingly** 副.

pleasurable ⇒pleasure.

pleas·ure /pléʒər/ 名 ⓊⒸ 〔一般他〕〔一般義〕喜び, 楽しみ, 満足. [その他] 喜びを与えてくれるもの, 楽しみ, 娯楽, 道楽, さらに肉体的/世俗的快楽,〔形式ばった語〕《one's ~ で》人の意志, 希望の意.
[語源] 古フランス語 *plaisir*(⇒please)の名詞用法が中英語に plesir として入った.
[用例] I got a lot of *pleasure* from listening to music. 私は音楽を聞いて大いに楽しんだ/Riding and hunting are his *pleasures* in life. 乗馬と狩猟は彼の人生における楽しみの源である/It was a *pleasure* to meet you. お会いできて楽しゅうございました.
[類義語] pleasure; delight; joy: **pleasure** は楽しみを表す最も一般的な語で, 愉快, 楽しみ, 喜び, 満足, 興奮, 快楽とその範囲は広い. **delight** は pleasure よりもさらに強い大きく積極的な喜びを表し, 深い満足感が伴う. **joy** は delight よりも大きく, あふれでるよう生き生きとした歓喜.
[反意語] pain; sorrow; displeasure.
【慣用句】**at your pleasure**〔丁寧な表現〕ご随意に. **ask …'s pleasure** 人の希望[来意など]を聞く. **consult**[*ascertain*]**…'s pleasure** 人の都合を聞く, 確かめる. **for pleasure** 楽しみに, 娯楽として. **have the pleasure of …**〔丁寧な表現〕…の光栄に浴する, …していただく. **It**[*This*; *That*]**is my**[*our*]**pleasure. = The pleasure is mine**[*ours*]**.** どういたしまして, こちらこそ《(米)You are welcome. (英)Not at all., Don't mention it.》. **it's my pleasure to do**=**it gives me pleasure to do**〔丁寧な表現〕…するのは光栄です, …させていただけれは幸いです. **make known one's pleasure** 自分の意志を伝える. **take pleasure in …**〔形式ばった表現〕…を楽しむ, 喜んで…する.

with pleasure〔丁寧な表現〕喜んで,《快諾を示して》よろしゅうございますとも.
【派生語】**pléasurable** 形〔形式ばった語〕愉快な,楽しい,うれしい.
【複合語】**pléasure bòat [cràft]** 名 C 遊覧船,レジャー用の船. **pléasure dòme** 名 C 行楽地,盛り場. **pléasure gròund** 名 C 遊園地.

pleat /plíːt/ 名 C 動 本来は〔一般語〕スカートなどのひだ,プリーツ.動 としてひだをつける.
語源 plait の異形. 19 世紀から.

pleb /pléb/ 名 C〔くだけた語〕身分の低い庶民(plebeian).
語源 ⇒plebeian.

ple·be·ian /plibíːən/ 形 名 C〔軽蔑的な語〕身分の低い庶民の,下層民のように低俗な,野卑な. もとは古代ローマの平民の[に関する]. 名 として(しばしば the ~s)庶民,大衆,下層民,卑しい者,古代ローマの平民.
語源 ラテン語 *pleb(e)s* (= the common people) から派生した *plebeius* (= belonging to the people) が初期近代英語に入った.

pleb·i·cite /plébisait, -sit/ 名 C〔一般語〕憲法改定のような重要問題についての国民投票.
語源 ラテン語 *plebiscitum* (= decree of the people) が古フランス語を経て初期近代英語に入った.

plec·trum /pléktrəm/ 名(複 **-s, -tra**)〖楽〗ギター, マンドリンなどの演奏用のつめ(pick).
語源 ギリシャ語 *plēktron* (*plessein* to strike + *-tron* 「道具」) がラテン語 *plectrum* を経て初期近代英語に入った.

pled /pléd/ 動(米) plead の過去・過去分詞.

pledge /plédʒ/ 名 C 動 本来は〔やや形式ばった語〕〔一般語〕物事を絶対にする[しない]という固い約束,誓約. その他 政党などの公約,約束履行の保証としての証(あかし),商取引での担保,抵当,質入れ,さらに担保品,抵当物,質草.また(米)クラブなどの入会約束者,非公認会員を意味する.動 として誓約[保証]させる[する],抵当に入れる,人の成功・健康のために乾杯する.
語源 古フランス語 *plege* から. それ以前は不詳.
用例 He gave me his *pledge*. 彼は私に固い約束してくれた/He borrowed $10 and left his watch as a *pledge*. 彼は 10 ドル借りて,担保として時計を置いていった/He *pledged* his support. 彼は支持することを約束した.
類義語 ⇒vow; promise.
【慣用句】 **as a pledge of affection [love; friendship; fidelity, loyalty]** 愛[友情, 忠誠]の証として: They exchanged rings *as a pledge of their love*. 彼らの愛の証として指輪を交換した. **give a pledge** 誓約する,言質を与える. **keep the pledge** 禁酒の誓いを守る. **pledge oneself to ...** ...を誓う: *pledge oneself* to secrecy 秘密を守ることを誓う. **pledge one's life [faith; honor; word] to do [that ...]** 命[信念, 名誉, 言葉]にかけて...すること[...であること]を誓う. **take [keep; sign] the pledge**〔くだけた表現〕《しばしばふざけて》禁酒の誓いを立てる. **the pledge of Allegiance** 米国国民の忠誠の誓い. **under (a) pledge of ...** ...という約束[保証]で.

Plei·a·des /plíːədiːz/ 名(複)〖ギ神〗アトラスの 7 人の娘, プレイアデス(★ゼウスによって星に変えられた), (the ~)〖天〗プレイアデス星団, 昴(すばる)(Seven Sisters).
語源 ギリシャ語 *peleias* (= dove) の複数形 *peleiades* がラテン語を経て中英語に入った.

ple·na·ry /plíːnəri/ 形 C〔形式ばった語〕—〔一般語〕会議が全員出席の, 本会議の. 名 として本会議, 総会, 大会. その他 絶対的な, 全権を持つ,〖法〗正式の, 本式の.
語源 ラテン語 *plenus* (= full) から派生した後期ラテン語 *plenarius* が中英語に入った.
用例 a *plenary* session 本会議.

pleni·po·ten·ti·ary /plènipətén(t)ʃəri/ 名 C 形〔形式ばった語〕全権大使, 全権委員. 形 として全権を有する, 全権の.
語源 ラテン語 *plenus* (= full) + *potentia* (= power) から成る中世ラテン語 *plenipotentiarius* が初期近代英語に入った.

plenteous ⇒plenty.

plentiful ⇒plenty.

plen·ty /plénti/ 名 U 副〔一般語〕—〔一般語〕《しばしば良い意味で》数や量が必要とするだけ, または必要以上にたくさん, 十分に, 豊富にあること. その他 物や金銭の豊富さ, 十分な状態. 形 として〔くだけた語〕十分な, たくさんの. 副 として〔くだけた語〕たっぷり, 十分に, (米)非常に, たいそう, とても.
語源 ラテン語 *plenus* (= full) から派生した *plenitatem* (= fullness) が古フランス語 *plente* を経て中英語に入った.
用例 I don't need any more books—I've got *plenty*. もうこれ以上本は要らない. 十分あるから.
【慣用句】 **in plenty** 十分に, 有り余るほど. **plenty of ...** たくさんの...: There is *plenty of* time. 時間はたっぷりある(遅れる心配がない). **see plenty of ...**〔くだけた表現〕しばしば...を見る.
【派生語】 **plénteous** 形〔詩語〕豊かな, 有り余るほどの. **pléntiful** 形 豊富な, 有り余るほどたくさんの.

ple·o·nasm /plíː(ː)ənæzəm/ 名 UC〖修辞〗同じ意味の重複語によって生じる冗語[言]法, また重複語.
語源 ギリシャ語 *pleonasmos* (= excess) がラテン語 *pleonasmus* を経て初期近代英語に入った.

pleth·o·ra /pléθərə/ 名 C〔形式ばった語〕《a ~ of で》量や物事の過剰. その他〖医〗赤血球過多症.
語源 ギリシャ語 *plēthein* (= to grow full) の 名 *plēthōrē* (= fullness) が中世ラテン語を経て初期近代英語に入った.

pleu·ri·sy /plú(ː)rəsi/ 名 U〖医〗肋膜炎.
語源 ギリシャ語 *pleura* (= side) から派生した *pleuritis* が後期ラテン語 *pleurisis*, 古フランス語 *pleurisie* を経て中英語に入った.

plex·us /pléksəs/ 名 C〖解〗神経や血管の網状組織.
語源 ラテン語 *plectere* (= to braid) の過去分詞 *plexus* (編まれた)が名詞化して, network の意で初期近代英語に入った.

pli·a·ble /pláiəbl/ 形〔一般語〕—〔一般語〕物が容易に曲がる, 曲げやすい. その他 人や性格が柔軟な, 順応性に富む,〔軽蔑的〕人が影響されやすい, 言いなりになる.
語源 古フランス語 *plier* (= to bend) の派生形 *pliable* が中英語に入った.
類義語 flexible; adaptable.
【派生語】 **pliabílity** 名 U.

pliancy ⇒pliant.

pli・ant /pláiənt/ 形 〔一般語〕柔軟な, しなやかな, 人の言いなりになる.
語源 古フランス語 *plier* (=to bend) の現在分詞 *pliant* が中英語に入った.
【派生語】**plíancy** 名 U.

pli・er /pláiər/ 名 C 〔一般語〕《複数形で》物をつかむ道具, やっとこ, ペンチ 語法 数えるときは a pair of ~ で).
語源 ply (=to bend)+-er. 初期近代英語から.

plight /pláit/ 名 C 動 本末他〔一般語〕《通例単数形で》苦境, 窮状. 動 として誓う, 約束する.
語源 古英語 pliht (=danger), plihtan (=to endanger) から. 誓うことは危険を伴うことであり, その状態から苦境の意が生じたと考えられる.

PLO 名 〔略〕=Palestine Liberation Organization (パレスチナ解放機構).

plod /plɑ́d|-ɔ́-/ 動 本末自〔一般語〕〔一般義〕疲れなどから重い足どりで歩く, ゆっくりとほとぼと歩く. その他 根気強く仕事や勉強をこつこつする. 名 としてゆっくりとした歩み, こつこつ働くこと.
語源 不詳.
【派生語】**plódder** 名 C. **plóddingly** 副.

plonk /plɑ́ŋk|-ɔ́-/ 動 名 副 =plunk.

plop /plɑ́p|-ɔ́-/ 動 本末自 名 副〔一般語〕水の中に物がポチャンと(落ちる), ドブンと(音をたてる). 名 として, その音.
語源 擬音語として 19 世紀から.

plo・sive /plóusiv/ 形 名 C 〔音〕破裂音(の), 閉鎖音(に関する).
語源 フランス語 *plosive* が 20 世紀に入った. explosive の短縮形.

plot /plɑ́t|-ɔ́-/ 名 C 動 本末他〔一般語〕〔一般義〕個人や政府などに対する**陰謀, 策略**. その他〔くだけた語〕詩, 小説, 劇, 脚本などの**筋, プロット**. 本来は栽培や建築など特定の目的のために測定された**小区画の土地, 小地所**の意で, 《米》土地, 建物の**平面図**(ground plan), **見取り図**, さらに一般に**図面, 図表**の意を表す. 動 として, 悪事などをひそかに**企む**, 小説, 脚本などの**筋を作る, 構想を練る**, 土地を**区分する**, 土地の**図面を作る**, 飛行機や船の**航路を地図に記す**. 自 として, ...に**陰謀を企む**(against).
語源 古英語 plot(te) (=a piece of land) から. 動 は初期近代英語で用いられるようになった. secret plan の意味は古フランス語 *complot* (=secret project) に由来し, すでにある plot の影響で *com-* が消失した.
用例 There's a *plot* to assassinate the President. 大統領暗殺の陰謀がある/The play has a very complicated *plot*. この劇の筋は大変込み入っている/We have bought a *plot* of land to build a house on. 我々は家を建てるための土地を一区画買った/The navigator *plotted* the course of the ship. 航海士は船の航路を地図に記入した.
類義語 plot; intrigue; conspiracy: **plot** は策略を表す最も一般的な語で, **intrigue** は plot より複雑で陰険な策謀を指し, **conspiracy** は複数の人間が企てる党派的裏切り行為を暗示する.
関連語 betrayal; spying; espionage; sabotage; treason.
【派生語】**plótter** 名 C 陰謀者, 計画者, 地図[図面]作成者.

plough /pláu/ 名 C 動 本末他《英》=plow.

plow, 《英》**plough** /pláu/ 名 C 動 本末他〔一般語〕〔一般義〕牛, 馬, トラクターなどで引く農耕用のすき. その他 雪かき, 除雪機, 木工用かんなどのすきに似た道具. また《英》耕地の意. 動 としてすきで耕す. すきで畦(ᵘ)を作る, 水や波を切って進む, 比喩的に骨折って前進する.
語源 古英語 ploh (=plowland) から.
用例 The farmer was *ploughing* (in) a field. 農夫が畑をすきで耕していた/The ship *ploughed* through the rough sea. 船が荒海をかきわけて進んでいった.
【慣用句】*follow* [*hold*; *be at*] *the plow* 農業に従事する. *go to one's plow* 自分の仕事をする. *plow a lonely furrow* 独力で仕事をする, 孤独な生活をする. *plow back* 草などを肥料として元の畑にすき込む, 比喩的に利益などを再投資する. *plow in* =plow under. *plow into ...* 〔くだけた表現〕仕事に元気よく取りかかる, 衝突する. *plow one's way* 苦労して進む. *plow under* 過剰な作物を収穫しないで畑に肥料として埋めこむ. *plow up* 掘り返す, 耕す. *put* [*set*; *lay*] *one's hand to the plow* 〔文語〕長期の困難な仕事に着手する(聖書 Luke 9:62). *under the plow* 土地が耕されて.
【複合語】**plówman**, 《英》**plóughman** 名 C 耕作者, 農夫, 田舎者. **plówshare**, 《英》**plóughshàre** 名 C すきの刃(先) 語法 単に share ともいう.

ploy /plɔ́i/ 名 C 〔一般語〕ゲームなどで使ううまい手, 自分の立場を有利にする策略.
語源 employ から出たと思われる. 18 世紀から.
類義語 gambit; stratagem.

pluck /plʌ́k/ 動 本末他 名 CU 〔一般語〕〔一般義〕料理用に鳥の羽毛をむしり取る, **引き抜く, もぎり取る**. その他〔文語〕木から花や実を摘む, 一般に物を**強く力ずくで[無理に]引っ張る**, いきなり引っ張る, 〔くだけた語〕人から金銭をひったくる, 奪う. また《英》指で弦楽器をはじく, かき鳴らす《米》pick). 名 として (a ~) むしり取ること, ぐいと引き抜くこと, 引っ張ること, 〔くだけた語〕**勇気, 元気, 胆力**.
語源 古英語 pluccian (=to pull out) から. ⇒ plush.
用例 She *plucked* a rose from the bush. 彼女は茂みの中からばらを一輪摘んだ/She *plucked* a grey hair from her head. 彼女は自分の頭から白髪を 1 本引き抜いた.
類義語 pick; pull.
【慣用句】*give a pluck at ...* ...をぐいと引く. *pluck an idea* [*answer*] *out of the air* 深く考えることなしに考え[解答]がふと浮かぶ. *pluck at ...* 指などで繰返しぐいと引っぱる: He *plucked at* my sleeve. 彼は私の袖を強く引いた. *pluck one's goose* 人の面の皮をはぐ. *pluck up* 引き抜く, 根こそぎにする, 勇気などを奮い起こす.
【派生語】**plúckily** 副. **plúcky** 形 〔くだけた語〕〔良い意味で〕困難や危機に直面した時に勇気のある.

plug /plʌ́g/ 名 C 動 本末他〔一般語〕〔一般義〕穴やすきま, 口をふさぐゴム, プラスチック, 木, 金属などで出来ている小さな, 通常丸い**栓**, **詰め物**《米》stopper). その他〔一般語〕〔くだけた語〕**消火栓**(fireplug), ふろ桶の**放水栓**, 〔電〕プラグ, 差し込み, 〔くだけた語〕ソケット, コンセントの類, 〔機〕エンジンの**点火プラグ** (spark plug). 転じて, 点火のように言葉などをちょっとさしむことから, 〔くだけた語〕テレビやラジオ, 新聞, 雑誌,

らに講演などの中で行われる人物や製作品に対する**推薦**(の言葉), 宣伝, (スポット)**広告**, 売り込みの意で, しばしばしつこさを伴なう. また, 「栓」に似て穴をふさぐことしか役立たない, つまらぬものということから, 〔俗語〕《米》《軽蔑的》**おいぼれ馬, 駄馬, 売れ残り品, 店ざらし品**など下等な品をも指すにかみなれば, **狙撃**, 〔釣り〕**擬似針**の一種, **プラグ**. 動として, 栓などでふさぐ, **詰める**, 差し込んで栓をする, 〔くだけた語〕テレビ, ラジオなどで繰り返ししかんに宣伝する, **売りこむ**, 〔俗語〕**人を狙い打つ**, げんこつでなぐる. 自として〔くだけた語〕**せっせと[こつこつ]働く[取り組む]**, げんこつでなぐる, **狙撃する**.

語源 中期オランダ語 *plugge* が初期近代英語に入った.

用例 Don't take the *plug* out—I haven't had my bath yet. 栓を抜かないで, まだおふろに入っていないから/When he put the *plug* in the socket, the light went on at once. 彼がプラグをソケットに差し込むとすぐに明かりがついた/They are *plugging* a new type of car. 新車を売り込んでいる.

日米比較 電気をとるための差し込みの意の plug は日本語でも「プラグ」であるが, プラグを受ける「コンセント」は和製英語で, concentric plug からの転用ともいわれる. 英語では壁に取りつけたコンセントは《英》(wall) socket, 《米》(wall) outlet または (plug) receptacle という.

【慣用句】***plug away at*** ... 〔くだけた表現〕**せっせと[こつこつ]...をする**. ***plug in*** **プラグをコンセントに差し込む, 差し込んで電流を通す**. ***pull the plug*** **突然中止する**, 植物人間などの生命維持装置をはずす.

plum /plʌ́m/ 名 CU 〔植〕**西洋すもも, プラム**. またケーキやプディング用の**干しぶどう**, その色からの連想で**濃紫色**. さらに〔くだけた語〕**すばらしい物, 好ましい物, 粋, 逸品, 極めてよい地位, 収入の多い職, 思わぬ利得, たなぼたの意**.

語源 古英語 *plūme* から.

【派生語】**plúmmy** 形 プラムの多い, プラムの味がする, 〔くだけた語〕非常に好ましい, すてきな, 《軽蔑的》声や発音が上流階級の出のように気取った.

【複合語】**plúm cáke** 名 CU 《主に英》**干しぶどう入りケーキ**. **plúm púdding** 名 UC 〔やや古語〕《主に英》**干しぶどう入りプディング**(Christmas pudding). **plúm trèe** 名 C **すももの木**.

plumage ⇒plume.

plumb /plʌ́m/ 名 C 形 副 動 本来義 〔一般語〕ひもの先につけて水の中に垂らしたり, ぶら下げて水の深さ, 建物の傾きなどを測るおもり(錘). 形 副 として**垂直な[に], 鉛直な[に], 全くの[に]**. 動として**...の垂直度を調べる**, 比喩的に**計り知る**, また建物などに**配管工事をする**.

語源 ラテン語 *plumbum*(鉛)が古フランス語 *plon*(鉛), *plombe*(おもり)を経て中英語に入った.

【派生語】**plúmber** 名 C **上下水道やガスなどの工事をする人, 配管工, 水道業者**. **plúmbing** 名 U **配管(工事)**.

【複合語】**plúmb lìne** 名 C 先端におもりをつけて深さや垂直を測るための**測鉛線**.

plum·ba·go /plʌmbéigou/ 名 C 〔古風な語〕**黒鉛, 石墨**(graphite).

語源 ラテン語 *plumbago*(= lead ore)が初期近代英語に入った.

plumber ⇒plumb.

plume /plú:m/ 名 CU 動 本来義 〔一般語〕(通例複数形で)大きくて長い装飾用の羽, **大羽**(誌). その他 帽子やかぶとの羽飾り, かぶとなどにつける**名誉[殊勲, 武勇]のしるし**, 羽毛, 綿毛, たんぽぽなどの**冠毛**, 〔文語〕羽毛状の物, むくむくと吹きあげる**煙, 雲, 砂, 雪**などの柱[帯]. 動として**羽毛で飾る, 鳥が羽毛を整える**.

語源 ラテン語 *pluma*(= small soft feather)が古フランス語を経て中英語に入った.

用例 She wore a *plume* in her hat. 彼女は帽子に羽飾りをつけていた/A *plume* of smoke rose from the burning aircraft. むくむくと煙が燃えさかる航空機から立ちのぼっていた.

類義語 feather.

【慣用句】***dressed in borrowed plume*** 〔やや古風な表現〕**借り物を着て, 受け売りの知識で**(★くじゃくの羽毛を着たからすのイソップ寓話から). ***nom de plume*** **筆名, 雅号, ペンネーム**. ***plumes of ostrich feather*** 〔紋章〕**だちょうの羽 3 本を冠の中にたてた** Prince of Wales(英国皇太子)の印. ***plume oneself on*** [***upon***] ... **...を自慢する, ...に得意になる**.

【派生語】**plúmage** 名 U (集合的)**鳥の羽毛**, 〔くだけた語〕《米》**華やかで凝った服装**.

plu·me·ri·a /plu:míəriə/ 名 C 〔植〕ハワイでレイを作る香気のある熱帯の花, **プルメリア**.

語源 フランスの植物学者 Charles Plumier(1646～1704)の名にちなむ.

plum·met /plʌ́mit/ 動 本来自 名 C 〔一般語〕**真っすぐ**下降, **相場などが急降下する**. 名 として, 高さや深さを測るためのおもりつき糸.

語源 古フランス語 *plombe*(おもり)の指小語 *plombet*(= ball of lead)が中英語に入った.「垂直に落ちる」の意の動詞は 20 世紀から. ⇒plumb.

plummy ⇒plum.

plump¹ /plʌ́mp/ 形 動 本来他 〔一般語〕 一般義 《良い意味で》**丸々太った, ふくよかな, ふくよかな, ふっくらした, ぽっちゃりした**. その他 食用肉に用いられると, よく**肉のついた, 脂ののった**となり, 財布に用いられると, **お金などでふくらんだ**意となる. 一般化して, **豊富な, たくさんの**. 動として**丸々と太らせる, クッションなどをふくらます**.

語法 赤ん坊や若い女性の健康的な太り方を親しみをこめていう. fat のように悪い意味を含まないが, 時には fat, fleshy の婉曲表現として用いられる.

語源 中期オランダ語 *plomp*(= bulky; dull; thick)が中英語に入った. 本来は plump² と同語源か.

用例 a baby with *plump* rosy cheeks ふっくらと真赤な頬をした赤ちゃん/She always *plumped* her pillows before going to bed. 彼女はいつも床につく前に枕をふっくらとさせた.

類義語 plump; chubby; fat; fleshy: **plump** はふくよかなことを示し, 子ちゃんや若い女の子に用いられ, **chubby** は主として赤ちゃんや子供に, また赤ちゃんに用いられ, 丸ぽちゃの(顔), 丸々と太ったことを指し, この 2 語とも好意的に親しみをこめて言う時に用いられる. **fat** は人や動物が脂肪過多で丸々と太っていることを示す語で, よくないイメージがあるので stout などの語が婉曲的に用いられる. **fleshy** は筋肉質で丸々と太っていることを指し, この 2 語は不快感を与える知性で, 悪い意味を含む. 軽蔑語として用いられる時には fleshy より fat のほうで, 婉曲に丁寧に言う時は overweight が用いられる.

反意語 skinny.

[対照語] lean; thin; slender; slim; slight.
【派生語】**plúmpish** [形] 太り気味の. **plúmply** [副] ぽっちゃりと太った, 丸々した. **plúmpness** [名] [U].

plump² /plʌ́mp/ [動] [本来自] [名] [C] [副] 〔一般語〕鈍い音を立ててどしんと落ちる. [名] としてどしんと落ちる音. [副] としてどしんと, 突然に, 出し抜けに.
[語源] おそらく擬音語. 中英語から.

plun・der /plʌ́ndər/ [動] [本来他] [名] [U] 〔一般語〕
[一般義] 特に戦争や侵略の時に人や場所から物を略奪する, 強奪する. [その他] 一般に暴力や詐欺などの不法手段で金品を巻き上げる, 横領する. [名] として略奪(品), 横領(品).
[語源] ドイツ語 *plünderen* (=to rob of household effects) が初期近代英語に入った.
[用例] The soldiers *plundered* and looted the city. 兵隊たちはその都市を荒らして物を略奪した / Those lawless men lived by *plunder*. これらの無法者は略奪することで生きていた.
[類義語] rob.
[関連語] steal.
【派生語】**plúnderer** [名] [C] 略奪者, 盗賊.

plunge /plʌ́ndʒ/ [動] [本来他] [名] [C] 〔一般語〕
[一般義] 人が物を急に突っ込む, 押し込む, 突入させる. [その他] 比喩的に人や物を突然ある状態にする〔陥れる〕(into; in). [自] として突入する, 飛び込む, 突進する, 道などが急に下り坂になる, 株価が急落するなどの意を表す. [名] として突入, 突進, 飛び込み.
[語源] ラテン語 *plumbum* (=lead) に由来する俗ラテン語 *plumbicare (= 測鉛を投げ入れて測る)が古フランス語 *plonger* (=to throw suddenly downward) を経て中英語に入った.
[用例] He *plunged* the room into darkness by switching off the light. 彼は灯りを消して部屋を急に暗くした / He took a *plunge* into the pool. 彼はプールに飛び込んだ.
[類義語] dive.
【慣用句】**at [in] a plunge** 進退きわまって, …に突然[無理矢理に]飛び込む, つき刺す, 飛び込む, 突進する〕; ある状態に突入する. **take a plunge into** ……に飛び込む. **take the plunge** 〔ややくだけた語〕ちゅうちょして考えたあげく難しいことや危険なことを思いきってやってみる, 冒険する, 結婚する.
【派生語】**plúnger** [名] [C] 飛び込む人[物], 潜水者, 【機】プランジャー, 吸引カップのついた下水掃除具, 〔くだけた語〕無謀な投機家.

plunk /plʌ́ŋk/ [動] [本来他] [名] [C] [副] 〔一般語〕
[一般義] 弦楽器をぼろんと鳴らす, かき鳴らす. [その他] いきなり重々しく物をどすんと放り投げる, ばたんと落とす. [名] としてぼろんと鳴らすこと, どすん[ばたん]と放り投げる[落とす]こと, またその音. [副] としてぼろんと, どすんと, ばたんと.
[語源] 擬音語として19世紀から.

plu・per・fect /pluːpə́ːrfikt/ [名] [U] [形] 【文法】(the ～) 大過去, 過去完了.
[語源] ラテン語 *plus quam perfectum* (=more than perfect) が近代ラテン語 *plusperfectum* を経て初期近代英語に入った.

plu・ral /plú(ə)rəl/ [形] [名] [U] 〔一般語〕複数の, 複数的な. [名] として【文法】複数, 複数形 (〔語法〕pl. と略す; ⇔singular).
[語源] ラテン語 *plus* (=more) の派生形 *pluralis* が古フランス語を経て中英語に入った.
[用例] 'Mice' is the *plural* of 'mouse.' mice は mouse の複数形である.
[対照語] single; singular.
【派生語】**plúralism** [名] [U] 複数性, 《軽蔑的》教会の2つ以上の聖職兼任[兼務], 《良い意味で》一つの社会で異なる人種, 宗教, 主義, 文化が平和的に共存する多元的共存, 【哲】多元論. **plúralist** [名] [C] 多元的共存主義者. **plùralístic** [形]. **plurálity** [名] [U] 複数[多数]であること, 《米》【政】相対多数, 過半数に達しないület当選者と次点者との得票差.
【複合語】**plúal fòrm** [名] [C] 【文法】複数形. **plúral nùmber** [名] [U] 【文法】複数. **plúral márriage** [名] [C] 一夫多妻, 一妻多夫. **plúral sócietỳ** [名] [UC] 【社】複数民族から成る複合社会.

plus /plʌ́s/ [前] [形] [副] [接] [名] [C] [動] [本来他] 〔一般語〕
[一般義] ある物事や数字にさらに別の物事や数字を加えて, プラスして. [その他] 〔くだけた語〕…がつけ加わって, …を増して, …のほかに, …の上に. [形] としてプラスの, 正の, 加法の, 陽(性)の, 《名詞の後に用いて》大きさ, 等級, 評点などが…以上の, その上の, また余分の, さらにその上好ましい. [副] としてその上に, その他に加えるべきことがあって. [接] として〔くだけた語〕=and 〔★1968年以降の用法〕. [名] として正数, 正量, プラス記号, 加法の記号, 好ましい付加物[追加物], 剰余, 利益. [動] として〔くだけた語〕加える, 付加する, 増加する.
[語源] ラテン語 *plūs* (=more) が初期近代英語に入った.
[用例] The work requires patience *plus* experience. その仕事が要求しているのは忍耐と, それに加えて経験である / He earns $3,000 *plus*. 彼は3,000ドル以上を稼いでいる / The fact that you already speak Chinese is a definite *plus*. すでに中国語をしゃべれるという事は決定的な利点である.
[反意語] minus.
[日英比較] 差し引きがゼロになることをさす「プラス・マイナス・ゼロ」は和製英語で, 英語では no gain, no profit, あるいは nothing gained などという.
【複合語】**plús sìgn** [名] [C] 加号, 正符号, プラス記号 (+).

plush /plʌ́ʃ/ [名] [U] [形] 〔一般語〕長いけばのある柔かな絹または綿のビード, フラシ天. [形] としてフラシ天の(ような), 〔くだけた語〕ぜいたくな外見で豪華な, 高価な (luxurious).
[語源] ラテン語 *pilus* (=hair) から派生した *pilare* (= to remove the hair) が俗ラテン語を経て古フランス語 *peluchier* (=to pluck) となり, その *peluche* (= hairy fabric) が初期近代英語に入った. 「豪華な」の意味は20世紀から.
【派生語】**plúshy** [形].

Plu・tarch /plúːtɑːrk/ [名] プルターク《★英雄伝を著したギリシャの伝記作家・歴史家》.

Plu・to /plúːtou/ [名] 〔ギリシャ〕プルートー《★冥界の神で支配者; ローマ神話の Dis, Orcus に相当する》, 【天】太陽系の中で太陽から最も遠い9番目の惑星である冥王星.
[語源] ギリシャ語 *Ploutōn* (=the god of the underworld) がラテン語 *Pluto* を経て中英語に入った.

plu・toc・ra・cy /pluːtɑ́krəsi/ [名] [UC] 〔形式ばった語〕[一般義] 金の力が物をいう金権政治. [その他] 《時に単数形で複数扱い》財力によって政治を動かす富豪階級, 財閥.

plu·to·ni·um /pluːtóuniəm/ 名 U《化》放射性元素の一種であるプルトニウム（★記号 Pu）.
 語源 Pluto（冥王星）にちなんで 20 世紀に命名された.

ply¹ /plái/ 動 本来義 一般的 一般義 船や乗物が二点間を定期的に通う, 往復する. 本来は「使う」「働かせる」の意で, 道具や能力をせっせと使う, 働かせる, 物事に精を出す, 能力を発揮する, 知恵を働かせる. 比喩的に質問などをしつこく浴びせる, 食物を盛んにすすめるなどの意. 自 として, 二点間を定期的に通う (between), ...に精を出す (with; at). またタクシーなどが客待ちをする, 客を待つ (for).
 語源 中英語 applien (=to apply) の語頭音消失による plien から.
 用例 She *plies* her needles. 彼女はせっせと針を動かしている／He was *plying* her with questions. 彼は彼女に質問を浴びせかけていた／The ship *plies* between England and America. 船は英米の間を定期的に往復している.

ply² /plái/ 名 C 一般義 綱や糸のより. その他 厚紙や合板の重なった層, 厚さ. またベニヤ板 (plywood).
 語源 ラテン語 plicare (=to fold) が古フランス語 plier を経て中英語に入った.
 【複合語】**plýwòod** 名 U 何層もの薄板を接着剤で張り合わせた合板, ベニヤ板. 日英比較 veneer は合板の表に張る薄板で, 日本語の「ベニヤ板」は plywood という.

Plym·outh /plíməθ/ 名 固 プリマス: ❶ 英国南西部 Devon 州の港市. 1620 年 Pilgrim Fathers がここから出発した. ❷ 米国 Massachussetts 州南東部の町. Pilgrim Fathers の到着地.

p.m., P.M. /píːém/ 形 副 午後(の).
 語源 ラテン語 post meridiem (=after midday) の略.
 用例 Please come on Friday about 5 *p.m.* 金曜日午後 5 時ごろにおいでください.
 語法 必ず数字の後に用い, o'clock と一緒に用いない. 対照語 a.m., A.M.

pneu·mat·ic /n/uː/mǽtik/ 形 一般義 気体の, 空気が入っている, 機械などが圧搾空気で動かされる. 動 気腔を有する.
 語源 ギリシャ語 pneuma (=wind) の 形 pneumatikos (=of air) が後期ラテン語 pneumaticus を経て初期近代英語に入った.
 【派生語】**pneumátically** 圧搾空気で.

pneu·mo·nia /n/uː/móunjə/ 名 U《医》肺炎.
 語源 ギリシャ語 pneumōn (=lung) から派生した pneumonia (=disease of the lungs) がラテン語を経て初期近代英語に入った.

P.O. /píːòu/ (略) = post office (郵便局);《海軍》petty officer (下士官);《英》post order (郵便為替).

poach¹ /póutʃ/ 動 本来他 卵を割ってゆでる, 魚などを形をくずさずに少量の水やワイン, 牛乳などで煮る.
 語源 ゲルマン語起源の古フランス語 poche (=bag) か ら派生した pochier (=to put into a bag) が中英語に入った.

poach² /póutʃ/ 動 本来自 一般的 一般義 他人の土地や禁猟区域に侵入して密猟[密漁]をする. その他 他人の土地や権利, 領域を侵す, 踏み荒らす,《テニス》ダブルスでパートナーの打つボールを横から飛び出して打つ, ポーチする.
 語源 ゲルマン語起源の古フランス語 poch(i)er (=to encroach upon) から初期近代英語に入った.
 【派生語】**póacher** 名 C 密猟者.

P.O.B. (略) = post office box (郵便局の私書箱)《★PO Box ともいう》.

pock /pák/ -s-/ 名 C 〔一般義〕天然痘などの病気でできる痘瘡(とうそう), その後に残るあばた.
 語源 古英語 pocc (膿疱) から.
 【複合語】**póckmàrk** 名 C. **póckmàrked** 形.

pock·et /pákit/ -s-/ 名 C 形 動 本来義 一般義 衣服のポケット. その他 スーツケースの蓋の裏側や自動車の扉の内側, 飛行機や列車の座席の後ろなどにある布製または網製の物入れ, 写真, 切手, レコード, 地図などを入れるためのブックポケットやレコード, アルバム, ファイルノートのように一方だけがあいた差し込み式の仕切り袋, また物を入れる穴, くぼみ, 囲い, 仕切り,《米》地理的仕切りとして山あい, 谷間,〔形式ばった語〕周囲から孤立した狭い地域[小集団],《軍》敵に包囲された孤立地帯,《ビリヤード》台の 4 隅と中間にある玉受け,《ボウリング》ストライクをとる要所であるヘッドピンの左右後ろの空間, ポケット,《アメフト》前パスをする選手を守るために他の選手による空間, ポケット,《陸上》他の選手に邪魔されて前進できない位置や状態,《野》ミットの凹んだ所,《空》エア・ポケット (air pocket). また衣服のポケットに入れることから, こづかい銭, 小銭, さらには資力, 財力の意. 形 としてポケット(型)の, ポケット[懐]に入れられる(ほど小さい), 比較的小型の. 動 としてポケットに入れる, 着服する,〔くだけた語〕盗む.
 語源 ゲルマン語起源の古フランス語 poke, poque (= bag) の指小語 poket(e) が中英語に入った. 古英語の pocca (=bag) と同族と考えられている.
 用例 He stood with his hands in his *pockets*. 彼はポケットに両手を入れて立っていた／I have left the map in the driver's door *pocket*. 運転席のドアの小物入れに地図を忘れてきた／There used to be a *pocket* of unemployment [resistance, warm air] in the city. その都市にはかつて失業[抗争, 暖かい風が吹く]地帯があった／He *pocketed* his wallet. 彼は財布をポケットに入れた.

【慣用句】**be [live] in each other's *pocket*** 〔くだけた表現〕2 人でいつも一緒にいる[暮らしている]. **be in [out of] *pocket*** 《英》取引で得を[損を]している, 金がある[ない]. **dip into one's *pocket*** 〔くだけた表現〕金を派手に[ぱっぱと]使う. **go into ...'s *pocket*** 人の懐に入る. **have ... in one's *pocket*** 人を意のままに支配する, 完全に自由にできる, 物をほとんど完全に掌握している, 成功するのを確信している. **keep one's hands in one's *pockets*** ポケットに手をつっこんでいる, 働かない, 怠けている. **line one's *pockets*** 〔ややくだけた表現〕私腹を肥やす, しこたま儲ける, 他人を犠牲にして儲ける. **live beyond one's *pocket*** 収入以上の生活をする. **pick a [...'s] *pocket*** 人の懐中物をする, すりを働く. **put ... in (one's) *pocket*** ...を私有[私物]化する, 押さえる, 隠す, 人を意のままに支配する. **put one's hand in one's *pocket*** 気前よく金を使う, 寄

付する. *suffer in one's pocket* 懐をいためる, 損をする.

【派生語】**pócketful** 名C ポケット1杯分の量, 〔くだけた語〕(a ~ of で)たくさん[かなり]の....

【複合語】**pócketbòok** 名C《米》札入れ,〔古風な語〕女性用のハンドバッグ,比喩的に懐(具合),資力,《英》手帳. **pócket bòok** 名C《米》通例ペーパーバックのポケット型廉価本,文庫本. **pócket cálculator** 名C 電卓. **pócket edítion** 名C =pocket book; 実物の小型版. **pócket-hándkerchief** 名C 普通のハンカチ〔語法〕単に handkerchief ともいう). **pócketknìfe** 名C 折りたたみ式の小型ナイフ. **pócket mòney** 名U〔くだけた語〕小づかい銭, 小銭, 《英》子供の一週間分の小づかい銭 (=《米》allowance). **pócket-sìze, pócket-sìzed** 形 ポケット型の,〔くだけた語〕小型の. **pócket véto** 名C《米》大統領, 州知事の議案握りつぶし拒否権(の行使).

po·co /póukou/ 副《楽》少し, やや, ポーコ.
語源 ラテン語 *paucus* (=little; few) がイタリア語 *poco* (=little) を経て18世紀に入った.

pod /pád|-ɔ́-/ 名C 一般語 豆などのさや. その他《空》エンジン, 荷物, 武器などを収納するために主翼下に装備される流線型の容器, ポッド. 動 としてさやをむく.
語源 不詳.

podg·y /pádʒi|-ɔ́-/ 形〔ややくだけた語〕人の体つきがずんぐりした.
語源 pudgy の異形. それ以前は不詳.

po·di·a·try /poudáiətri, pə-/ 名U《医》たこやゆびの異常なら足に関する足病学, 足病治療.
語源 ギリシャ語 *pous* (=foot)+-iatry「医療」. 20世紀に造られた.

po·di·um /póudiəm/ 名C (複 ~s, -dia) 〔やや形式ばった語〕 一般語 オーケストラの指揮者や演説をする人が立つ小さな台, 指揮台, 演台. その他《建》土台石.
語源 ギリシャ語 *pous* (=foot) の指小語 *podion* (=little foot) がラテン語 *podium* (=platform; balcony) を経て18世紀に入った.

po·em /póuim/ 名C 一般語 一編の詩, 韻文. その他 詩的な文章, 美文, さらに詩的な作品, 詩趣に富むもの.
語源 ギリシャ語 *poiein* (=to make; to create) の名 *poiēma* (=something made; poem) がラテン語 *poema*, 古フランス語 *poème* を経て中英語に入った.
用例 He writes [composes] *poems*. 彼は詩を作る.
類義語 poem; poetry; verse: **poem** は一編一編の個々の具体的な詩を指す. **poetry** は集合的で, 詩歌 (poems), 詩集, 文学の一形式としての詩を指し, 想像力豊かな語句で描かれた詩情や詩心を念頭に置いており, English *poetry* (英詩), Keats' *poetry* (キーツの詩(集)) のように用いるのに対し, **verse** は形式的な面からて韻やリズムなど一定の韻文規則を念頭におしており, a long *verse* (長編詩) のように用いる. ただし, poetry には verse 的意味合いを含む場合がある.
対照語 prose (散文).

po·et /póuit/ 名C 一般語 詩人, 歌人, 豊かな想像力, 創造力, 表現力を備えた詩人のような人, 詩人肌の人, 詩想[詩才]豊かな人.
語源 ギリシャ語 *poiein* (=to make; to create) に由来する *poiētēs* (=maker; poet) が古フランス語を経て

中英語に入った. ⇒poem.
用例 a well-known [unknown] *poet* 有名な[無名]詩人.
【派生語】**póetess** 名C〔古風な語〕女流詩人〔語法〕現在では単に poet とするか, 必要な場合には woman poet とする). **poétic** 形 ⇒見出し.
【複合語】**póet láureate** 名C (しばしば the P- L- で)《英》英国の王室付き詩人として国王より1名だけ終身任命される桂冠詩人.

po·et·ic /pouétik/ 形〔一般語〕詩の, 詩人の(ような),《良い意味で》想像力に富む, また事物が詩に適する.
語源 ⇒poem.
【派生語】**poétical** 形 =poetic. **poétically** 副 詩的に.
【複合語】**poétic jústice** 名C〔形式ばった語〕文学作品における因果応報を中心とした勧善懲悪, 詩的正義. **poétic lícense** 名U〔形式ばった語〕詩において許容される文法, 韻律, 論理などの破格や逸脱としての詩的許容[自由], 破格.

po·et·ry /póuitri/ 名U〔一般語〕文学の一分野としての詩, 詩歌, 詩的なもの, 詩的な感じ, 詩情.
語源 ⇒poem.
類義語 ⇒poem.

poignancy ⇒poignant.

poi·gnant /pɔ́injənt/ 形〔形式ばった語〕一般語 悲しみや後悔の念が心に強烈な痛みを与える, 心が痛む, 哀切な. その他 元来意見などがいかどいの意だが, 転じて意見や批評などが鋭くぴりっとしている, 辛辣($\cdots$)な.
語源 ラテン語 *pungere* (=to prick) からの古フランス語 *poindre* (=to sting) の現在分詞 *poignant* が中英語に入った.
【派生語】**póignancy** 名U.

point /pɔ́int/ 名CU 動〔本来な〕一般語 点, 地点, 時点. その他 点の意から, 物のとがった先端, 針やペンなどの先, 海岸の突端, 岬. 記号としての点の意となって, 小数点や句読点, 終止符, 斑点, 丸ぼち. 地点の意から, 位置, 箇所, 方位, 計測器の度, 目盛, 氷点 (freezing point) や引火点(flash point), さらに到達点の意にもなる. また競技や試験の得点, 点数, 評点, 議論などで考慮すべき点, 観点, 問題, 問題の要点, 核心, 主眼点, ポイント, 問題の特質, 特徴を指し, 全体の中の部分, 項目, 細目の意となる. さらに意味が発展して議論の意義, 効果, 効用の意も表すようになった.《印》活字の大きさを示す単位としてのポイント,《英》《鉄道》転轍(⤵)機(《米》switch),《電》接点, スイッチ,《狩猟》犬が獲物を見つけた時の身構え,《商》物価, 相場の単位としてのポイント.〔くだけた語〕問題解決のためのヒント, 示唆. 動 として, 鋭くとがらせる, 指摘する, 銃や注意を向ける. 自 として, ...の方向に向いている(to; toward).
語源 ラテン語 *pungere* (=to prick) の過去分詞 *punctus* から中性形 *punctum* (=point; dot) から派生した古フランス語 *point* (点) と, 女性形 *punctam* から派生した俗ラテン語 *puncta (=sharp end) に由来する *pointe* (とがった先) が混合して中英語に入った.
用例 The ship came around Lizard *Point*. この船はリザード岬をまわってきた/Her husband walked in at that *point*. 彼女の夫はあの時歩いてやってきた/ What is the boiling *point* of water? 水の沸点は何度ですか/They came from all *points* of the com-

pass (=from everywhere). 彼らはあらゆる所からやって来た/He has won by five *points* to two. 彼は5対2で勝った/The first *point* we must decide is, where to meet. まず最初に決めなければならない点は会う場所だ/What's the *point* of going to the seaside in winter? 冬, 海辺に行ってどうするのだ[何の意味があるのか](無駄だ)/We all have our good *points* and our bad ones. 我々はみな, 長所もあれば短所もある/It's rude to *point*. (人を)指でさすのは無礼である.

類義語 spot; speck; dot.

【慣用句】 **at all points** あらゆる点で, どの点から見ても, 徹頭徹尾. **at [on; upon] the point of ...** ...の間際に, まさに...しようとして. **at this [that] point in time** 〔くだけた表現〕今の所は[あの時は]. **carry [gain] one's point** 自分の主張を通す, 人に自分の意見を認めさせる. **come [get] to the point** 核心に触れ(始め)る. **get the point** 相手の言いたいことの要点をつかむ. **give (a) point to ...** ...をとがらせる, ...を先につける, ...に勢い[力]をつける, ...を強調する. **give points to ...** =**give ... points ...** にハンディキャップを与える, ...より優っている. **have a point** 一理ある, 長所がある. **I take your point.** = **Point taken.** おっしゃる通りで, 了解しました. **in point** 〔形式ばった表現〕適切な, 当面(問題)の: a case [an example] *in point* 適例. **in point of ...** 〔形式ばった表現〕...に関して, ...の点で: *in point of* fact (事)実は, 事実上. **make [prove] one's point** 主張の正しいことを立証する, 主張を通す, 考えを述べる. **make a point of doing** = **make it a point to do** いつも...するのだと主張している, 必ず[決まって]...することにしている (make it a rule to do). **make one's point** 理解や承認を得るために主張(の正しさ)を力説する. **not to put too fine a point on it** 〔くだけた表現〕率直に言うと. **off [away from; beside] the point** 見当違いの[で], 要点をはずれて[た] (⇔to the point). **point by point** 一項(目)一項(目), 逐一詳細に, いちいち: They arranged everything *point by point*. 彼らは全て一つずつ細かく整理した. **point for point** 逐一詳細に[正確に]比較すると. **point out** 指摘する, 注意する. **point the finger at ...** 〔くだけた表現〕公然と...を非難する. **point to point** 次から次へ. **point up** 強調や変化を強調する, 力説する. **press the point** 考え, 意見, 問題, 事柄を無理に押しつける. **score a point off [against; over] ...** 議論などで...をやりこめる. **see the point** 要旨を理解する. **stand on [upon] (fine) points** 細かいことにこだわる, きちょうめんである. **strain [stretch] a point** 〔くだけた表現〕譲歩する, 特別に考慮する, 大目に見る, 限度を越す, 誇張する. **take ...'s point** ...の主張[要旨, 意見, 観点]を認める[理解する]. **to the point** 〔形式ばった表現〕適切な[に], 要領を得た[て]. **to the point of ...** ...と言ってもよいほどの. **when it comes [came] to the point** いざとなると.

【派生語】 **póinted** 形 先のとがった, 鋭い, 言動が辛辣(しんらつ)な, 的を射た, 当てつけた, 狙いをつけた, 注意力が集中した, 明白な, 強調した. **póinter** 名 指示する[とがらせる]人[物], 時計や計器の針, 指針, 教師が図をさす時に用いるむち[教鞭], 〖動〗猟犬のポインター, 〔くだけた表現〕助言, ヒント. **póintless** 形 先のない, 鈍い(⇔ pointed), 〔軽蔑的〕言動が要領を得ない, 無意味な, 試合などで無得点の. **póintlessly** 副 不得要領に, 無意味に.

【複合語】 **póint-blánk** 形 標的に真っすぐにねらって直射する, 言葉や言動が正面から真っすぐ来る, 率直な[に], 単刀直入の[に]. **póint dúty** 名 Ⓤ〔英〕交通巡査の交通整理勤務. **póintsman** 名 Ⓒ〔英〕〖鉄道〗転轍手(〔米〕switchman). **póint of hónor** 名 Ⓒ. 面子(めんつ)の問題, 名誉にかかわる問題. **póint of no retúrn** 〖空〗片道分の燃料を使いつくす帰還不能地点, 一般に言з事も退く事もできない段階[地点], 深入りしてにっちもさっちもいかない状況. **póint of víew** 名 Ⓒ 観点, 見解, 意見, 考え方, 態度. **póint sýstem** 名 Ⓒ〖教〗成績の点数制度(★5点法など修得単位による進級制度), 〖印〗活字の大きさのポイント制.

poise /pɔ́iz/ 名 Ⓤ 動 本来義 〔形式ばった語〕一般義 身の上品な身のこなし, 物腰, 心に不安がなく冷静なこと, 均衡, 釣合を保つこと, 〔古語〕分銅, おもり. 動 として, 体などの釣合をとる, ...のバランスをとらせる.

語源 ラテン語 *pendere* (=to weigh) の過去分詞の中性形 *pensum* (=weight) が古フランス語 *pois* を経て中英語に入った. 動 はラテン語 *pendere* の反復動詞 *pensare* からの古フランス語 *penser* (何回も計る)の語幹 *peis* から.

【派生語】 **póised** 形.

poi·son /pɔ́izn/ 名 ⓊⒸ 動 本来義 形 〔一般義〕一般義 飲むと病気や死をもたらす毒, 毒物, 薬の場合は毒薬, 劇薬, 〔形式ばった語〕比喩的に社会や個人に[害]となる物[人], 害毒, 弊害, 悪影響, さらに有害な主義[主張], 〔俗語〕飲み物, 特にアルコール飲料. 動 として, 人や動物に毒を盛る, 物に毒を塗る[入れる], 毒殺する, 〔形式ばった語〕比喩的に害[害]する, 悪い影響[感化]を与える, だめにする. 形 として, 有毒[害]な, 毒の入った物, 毒を盛る, 毒を塗った.

語源 ラテン語 *potare* (=to drink)に由来する *potio* (=potion)が古フランス語 *puison*, *poison* (=magic potion)を経て中英語に入った.

用例 She killed herself by taking *poison*. 彼女は毒(薬)を飲んで自殺した/Selfishness is a *poison* that is spreading through society. 利己主義は社会に蔓延(まんえん)している害毒である/He *poisoned* her mind with evil ideas. 彼は彼女の心に悪い考えを吹き込んだ.

類義語 poison; toxin; venom: **poison** は毒や毒物を指す最も一般的な語である. **toxin** は動物, 植物の中のバクテリアによってもたらされる毒素で, the *toxins* in toadstools (きのこの毒素)のように用いる. **venom** はへび, さそり, 蜂, くもなどが噛んだり刺したりする時に分泌する毒(液).

【慣用句】 **like poison** 〔くだけた表現〕非常に: hate ... *like poison* ...は大嫌いだ.

【派生語】 **póisoned** 形 有毒な, 毒を塗った. **póisoner** 名 Ⓒ 毒殺者, 毒害物. **póisoning** 名 Ⓤ 中毒, 毒を盛ること. **póisonous** 形 有毒な, 有害な, 〔形式ばった語〕比喩的に有害な, 悪意のある, 〔くだけた表現〕〔軽蔑的〕非常に不愉快な, いやな. **póisonously** 副.

【複合語】 **póison gás** 名 Ⓤ 毒ガス. **póison-pén létter** 名 Ⓒ〔くだけた表現〕匿名の中傷の手紙.

poke /póuk/ 動 本来義 名 Ⓒ 一般義 一般義 指, ひじ, 棒で人や物を小突く, 突く, その他 指や頭, 棒などを

ぐっと突き出す，押しだす，物にぐっと突き込む，突き込んで穴[すき間]をあける，火をかきたてる，かきまわす，《くだけた語》《軽蔑的》無理に[強引に]動かす，押しつけがましく突き出す．⑩ としてつく，物が突き出る，…に干渉する《into》，ぶらぶらする，のろのろ進む，ぶらつく《about; around》．图 としてぐっと突くこと，小突き．

[語源] 中期オランダ語または中世低地ドイツ語の *poken*（=to poke; to thrust）が中英語に入った．

[用例] He *poked* her in the ribs with his elbow. （注意を促すために）彼は彼女のわき腹をひじで突いた/He *poked* the fire to make it burn better. 彼は火をかき立ててもっと燃えるようにした/His foot was *poking* out of the blankets. 彼の足は毛布から突き出ていた/He gave me a *poke* in the arm. 彼は私の腕を突っついた．

[類義語] push; thrust; stir.

【慣用句】*poke about* [*around*] …〔くだけた表現〕…を求めて…を探しまわる[for], 詮索する，あさる．*poke and pry* しつこく詮索する．*poke fun at* …〔くだけた表現〕…をからかう，あざける（make fun of）．*poke oneself up*〔くだけた表現〕狭い場所に閉じ込もる．

[派生語] **pók·er** 图 C 突く人[物], 火かき棒．**pó·ky** 形〔くだけた語〕《主に米》《軽蔑的》鈍い，だらだらした，部屋や家などが狭くて窮屈な．

pok·er¹ /póukər/ 图 U 《トランプ》ポーカー．

[語源] フランスのポーカーに似たゲーム *poque* から19世紀に入った．それ以前は不詳．

【複合語】**póker fàce** 图 〈a ~〉無表情な顔．**pók·er-fàced** 形．

poker² ⇒poke.

poky ⇒poke.

Po·land /póulənd/ 图 個 ポーランド《★東ヨーロッパの共和国; 首都 Warsaw》．

[派生語] **Pólish** 形 ポーランド（人，語）の．图 U ポーランド語．⇒Pole.

polar ⇒pole².

Po·lar·is /pouléris/ 图 個 《天》北極星（polestar; polar star; north star）．また《米海軍》潜水艦から発射できる中距離弾道ミサイルのポラリス．

[語源] 中世ラテン語 *stella polaris*（=polar star）から19世紀に入った．

polarity ⇒pole².

polarize ⇒pole².

Po·lar·oid /póulərɔid/ 图 CU 《商標》《時に p-》人造偏光板，ポラロイド．またポラロイドカメラ（Polaroid camera），《複数形で》ポラロイドレンズ使用のサングラス．

[語源] polarize（偏光させる）+oid（…のような物）．20世紀から．

pole¹ /póul/ 图 〔一般語〕[一般義] 木製，金属製の棒，柱，小舟を押し出すさお．[その他] 棒の様々な用途として，テントの支柱（tent pole），電柱（telegraph [telephone] pole），旗ざお（flag pole），釣ざお（fishing pole），スキーのつえ，ストック（ski pole），電車のポール，棒高飛びや測量用のポール，船のマストなどの意になる．⑩ として棒で支える[押す]，船をさおで進める．

[語源] 古英語 *pāl*（=stake）から．

[用例] There was a sparrow at the top of the *pole*. 電柱の先端にすずめが一羽とまっていた．

[類義語] pole; stick; rod; post: **pole** は細くて丸い真っすぐの比較的長い木製，金属製の棒，支柱をさす．**stick** は細く短い木製の断片で，棒切れ，（折り取った）小枝，こん棒，杖，マッチの棒をさす．**rod** は細く長い木製，金属製，プラスチック製の堅い棒状の物や木の小枝，細枝，むちを指し，fishing rod [pole]（釣ざお）のように用いる．**post** は丈夫で太い真っすぐの木製，金属製などの柱をさし，地面などに立てられる支柱や標柱，道標を指し，gatepost（門柱）のように用いる．

【慣用句】*climb up the greasy pole* 困難なことを始める《★すべりやすい柱に登る意でいつすべり落ちるかわからないという意を含む》．*have* [*take*] *the pole*《米》競馬，競走で内側のコースを走る，比喩的に有利な地位を占める．*under bare poles*《海》帆をたたんで[だ], むき出しで[の], 裸で[の].

【複合語】**póle vàult** 图 U 本来自《スポ》棒高跳び（をする）．**póle-vàulter** 图 C《スポ》棒高跳びの選手．

pole² /póul/ 图 U 〔一般語〕[一般義] 地球や天体，球体の軸の極，極地《★南極は the South Pole, 北極は the North Pole》．[その他] 各種の専門用語で「極」を指す．両極は両極あることから，思想，原理，性格，言動などの相対立するもの，正反対のものの一つを指すことにもなり，両極端，正反対になる．また関心，興味，注意力の中心，集中点の意．

[語源] ギリシャ語 *polos*（=pivot; axis）がラテン語 *polus*（=end of an axis）を経て中英語に入った．

[用例] The opposite *poles* of magnets attract each other. 磁石の両極は互いに引き合う/Their opinions on this matter are at opposite *poles*. この事柄に関する彼らの見解は正反対だ．

[関連語] axis.

【慣用句】*be poles apart* [*asunder*]〔くだけた表現〕意見や性格が全く正反対である，ひどくかけ離れている．*from pole to pole* 北極から南極まで，世界中いたる所で．

[派生語] **pólar** 形 極（地）の，北[南]極の，電極の，磁極の，〔形式ばった語〕性格，言動，思想，傾向などが正反対的の，両極端の．**pólarity** 图 UC 電気，磁気の両極性，陽[陰]極性，〔形式ばった語〕正反対，両極端，一極化傾向，矛盾（性）．**pòlarizátion** 图 U 極性を生じること，《電》分極（化），《光学》偏光，比喩的に思想，勢力の分裂，分極化，対立，断絶．**pólarize** 動 極に性を与える，《電》分極（化）させる，《光学》偏光させる[する]，〔形式ばった語〕性格，言動，思想，傾向などを2つに分裂[対立]させる[する], 両極化させる[する], …の方へ偏向させる[する], 特別な意味を与える．

【複合語】**pólar bèar** 图 C 北極くま，しろくま．**pólar círcle** 图 C 北[南]極圏．**pólar líghts** 图 《複》極光《★北極，南極のオーロラ》．

Pole /póul/ 图 C 〔一般語〕[一般義] ポーランド人．

pole·ax, pole·axe /póulæks/ 图 C 動 本来他 〔一般語〕[一般義] 屠殺用のおの．[その他] 昔歩兵用の武器として用いられていた戦斧．動 としておので殴り殺す，《ややくだけた語》《通例受身で》驚愕させる．

[語源] poll（=head）+ax. 中英語から．

pole·cat /póulkæt/ 图 C 《動》ヨーロッパ産の黒みがかったけなかにいたち，《米》北米産のスカンク．

[語源] 不詳．中英語から．

po·lem·ic /pəulémik | pɔl-/ 形 UC 〔形式ばった語〕論争に関する，反論したり攻撃したりして議論好きな．图 として，攻撃するにしろ，弁護するにしろ論争，論

戦をすること, また論客, 議論好き, 《複数形で》論争術.

[語源] ギリシャ語 polemikos (戦争に関する) が中世ラテン語 polemicus を経て初期近代英語に入った.
【派生語】polémical 形. polémically 副.

pole·star /póulstɑ:r/ 名 C 〔一般語〕一般義 《しばしば the P-》北極星 [語法] the North Star, Polaris ともいう. 《英》では pole star または Pole Star と2語にもつづる). [その他] 北極星は明るくその位置をほとんど変えないことから, 比喩的に**指標, 目標, 指導原理, 注目**, 《集合的》の的, **魅力の中心**を指す.
[語源] ⇒pole² + star. 初期近代英語から.
[用例] They regarded his new proposal as their own *polestar* of the society. 彼らは彼の新提案を自分たちの社会の指導原理とみなした.

po·lice /pəlí:s/ 名 U 動 本来biA 〔一般語〕一般義 《the ~; 複数扱い》**警察(組織), 警察組織を構成する男女の警察(官)たち, 警官隊** 〔語法〕1人の警官は policeman, policewoman という). [その他]《米》**保安部[隊], 警備隊**. また抽象化して**治安, 公安**を指し,《形容詞的に》**警察の**の意. 動 として …に警察を置く, 警察力で治安を維持する, 警備することから, 一般化して**管理する, 監視する, 規制する, 取締まる**,《米軍》**兵舎などを清潔にしておく**,《俗語》《米》**整理整頓する**の意.
[語源] ギリシャ語 polis (=city; state) から派生した politeia (市民社会, 政治, 国家) が politia の形でラテン語に借用され, フランス語を経て初期近代英語に入った.
[用例] The *police* are investigating the matter. 警察はその事件を調査している/More *police* rushed to the scene of the accident. さらに大勢の警官たちが事故現場に急行した/We cannot *police* the whole area. 全地域を警察で管理することはできない.

【複合語】**police bòx** 名 C 日本の**交番** [日英比較] 一般にこれに相当するものは英米にはないが, 特別なケースとして警察官の拠点となる場所として類似のものが設けられている例もある). **police càr** 名 C **パトカー**. **police cònstable** 名 C 《英》最も下位階級の**警官, 巡査** 〔語法〕単に constable ともいう). **police còurt** 名 C jury (陪審員) ではなく, magistrate (下級司法官としての治安判事) が判決を下す**警察[軽犯罪]裁判所**. **políce depártment** 名 C 行政組織として警察業務担当局[部], **警察署**. **police dòg** 名 C **警察犬** (★通常シェパード犬が用いられる). **políce fòrce** 名 CU 集合体としての**警察, 警官隊**(police), **警察力**. **policeman** 名 C 一般に**男子警官**, 特に一番下位階級の警官, 巡査. **police òffice** 名 C 《英》市や町の**警察署**. **police òfficer** 名 C **警察官** 〔語法〕呼びかけには普通 officer を用いる; 他に《米》 patrolman; cop; trap; 《英》bobby, 《軽蔑して》fuzz; pig などの呼び方がある). **police stàte** 名 C **警察国家**. **police stàtion** 名 C **警察(本)署**(《米》station house). **policewòman** 名 C 一般に**婦人警官**.

pol·i·cy¹ /páləsi/pɔ́l-/ 名 UC 〔一般語〕一般義 **政府, 政党, 会社などの政策, 方策, 方針**. [その他] 一般的な**やり方, 手段, 方法**, 抽象的には**賢明さ, 知恵, 深慮, 慎重, 便宜**を指す.
[語源] ラテン語 politia (⇒police) から古フランス語 policie (=civil administration) を経て中英語に入った.
[用例] I don't agree with the government's *policies* on education. 私は政府の教育政策に賛成できない/Honesty is the best *policy*. 《ことわざ》正直は最上の策.
[関連語] principle; strategy; rule.
【複合語】**pólicymàker** 名 C **政策担当者**. **pólicymàking** 名 U **高度レベルにおける政策[方針]決定**.

pol·i·cy² /páləsi/pɔ́l-/ 名 C 〔一般語〕**生命保険などの保険証券** (insurance policy).
[語源] ギリシャ語 apodeixis (=proof) がラテン語 apodixis, 古イタリア語 polizza, 古フランス語 police (=certificate) を経て初期近代英語に入った.
【複合語】**pólicyhòlder** 名 C **保険契約者**.

po·li·o /póuliou/ 名 U 《くだけた語》《医》**小児麻痺, ポリオ** (poliomyelitis).

po·li·o·my·e·li·tis /pòulioumàiəláitis/ 名 U 《医》**急性灰白髄炎**, または**脊髄性小児麻痺**, 通称**ポリオ** (polio).
[語源] ギリシャ語 polios (=gray) + myelitis (髄炎) から成る近代ラテン語. 19 世紀から.

pol·ish /pálif/pɔ́l-/ 本来biA 名 UC 〔一般語〕一般義 **こすったり化学的作用などで物を磨く, 磨いてつやを出す, 光らせる**. [その他] 比喩的に**文章, 演技, 演奏, 態度, 言動などに磨きをかける, 洗練させる, 上品にする**. 自 **としてつやが出る**. 名 として**磨き材料[粉]**, 《単数形で》**磨くこと, つや, 光沢**, また**洗練, 上品さ, 優美さ**.
[語源] ラテン語 polire (=to polish) が中世フランス語 動 polir となり, その語幹 poliss- を経て中英語に入った.
[用例] She *polished* her shoes. 彼女は自分の靴を磨いた/His manners need *polishing*. 彼の態度には磨きをかけなければならない/This table doesn't *polish* very well. このテーブルは磨いてもつやがでない.
[類義語] polish; shine; gloss: **polish** は布や道具, また時には研磨剤, 砂などでこすってなめらかでつやのある表面に磨きあげること. **shine** はこすって磨く, 輝かせるという他動詞の意味の場合はくだけた語であって, *shine* [*polish*] one's shoes のように, polish の代用となる. **gloss** はラッカー, ニス, エナメルなどの光沢材を塗ることによって物の表面のつやや光沢を出すことをいい, 比喩的には「うわべを飾る」「体裁を繕う」ことになる.
[慣用句] **polish òff** 《くだけた表現》**手早く仕上げる, 競争相手を負かす**. **polish úp** **磨き上げる, 仕上げる**,《くだけた語》**勉強をやり直す, 磨きをかける, 改善する**.
【派生語】**pólished** 形. **pólisher** 名 C **つや出し機, 磨く人**.

Polish ⇒Poland.

polisher ⇒polish.

po·lite /pəláit/ 形 〔一般語〕一般義 《良い意味で》**言葉や行動, 態度が礼儀正しい, 丁寧な**, (⇔rude). [その他] **他人に愛想のよい, 思いやりのある, あるいは単に儀礼的な, 社交辞令的な, おざなりの**の意. **礼儀正しい**意から, **上品な, 洗練された, 上流の**, また文章などが**優雅な, 高尚な**の意になる.
[語源] ラテン語 polire (⇒polish) の過去分詞 politus (=polished) が中英語に入った.
[用例] You should teach children to be *polite*. 子供に礼儀正しくすることを教えなければならない/It's not *polite* to talk with your mouth full. 口に食べ物を一杯入れて話すのは上品ではない/*polite* literature [letters] 純文学.
[類義語] polite; civil; courteous: **polite** は最も一般的な語で, 意識的に身につけた礼儀作法がもたらす洗

された態度で習慣になっていることを指し,またしばしば他人に思いやりのあること,単に外面的な社交辞令としてのいんぎんさを示すこともある. **civil** は最低限度の社会的の儀礼を守り,他人に無礼,無作法にならない程度の礼儀性を指し,無作法にならない,粗野にならないという,消極的な意味が強い: *civil* speech 無作法ではない程度に丁寧なきき方. **courteous** は polite よりさらに豊かな丁重さと深い思いやりを指し,時には厳かさと典雅,品位がそなわっていること.

[反意語] impolite; rude.

【慣用句】*do the polite* 〔くだけた表現〕無理に上品に振舞う.

【派生語】**polítely** 副. **políteness** 名 UC.

pol·i·tic /pάlitik/pɔ́l-/ 形 〔形式ばった語〕[一般義] 考え,行動などが思慮深い,賢い. [その他] 駆け引き,技巧を用いるため巧妙で抜け目のない,ずる賢い,狡猾(こうかつ)な.

[語源] ギリシャ語 *politēs* (=citizen) から派生した *politikos* (=of citizen; political) がラテン語 *politicus*, 古フランス語 *politique* (=political) を経て中英語に入った.

po·lit·i·cal /pəlítikəl/ 形 (⇒politics) [一般義] 政治(学)の,政治に関する,政治活動の,また国家の,国政に関する,〔軽蔑的〕政略的の,さらには人が政治に関心のある,政治好きな.

[語源] ⇒politics.

【派生語】**politically** 副 政治的に: *politically correct* 政治的に公正な.

【複合語】**political asýlum** 名 U 政府による政治的亡命者の保護. **political corréctness** 名 U 政治的公正 (★社会的少数派や弱者に対する差別反対). **political ecónomy** 名 U 政治経済学,〔古風な語〕経済学. **political geógraphy** 名 U 政治地理学. **political párty** 名 C 政党. **political prísoner** 名 C 政治犯人,国事犯人. **political ríghts** 名 (複) 参政権,国政参与権. **political scíence** 名 U 政治学. **political scíentist** 名 C 政治学者.

politician ⇒politics.

politicize ⇒politics.

politicking ⇒politics.

po·lit·i·co /pəlítikou/ 名 C 〔くだけた語〕〔軽蔑的〕政治家,政治屋.

[語源] イタリア語およびスペイン語 *politico* (=politician) が初期近代英語に入った.

pol·i·tics /pάlitiks/pɔ́l-/ 名 U [一般義] [一般義] 《時に複数扱い》政治,政治活動. [その他] 政策,政略,駆け引き,方針. また《複数扱い》政見,政綱,政治観. 《単数扱い》学問としての政治学.

[語源] ギリシャ語 *politikos* (⇒politic) の中性複数形 *politika* が初期近代英語に入った.

[用例] He wants to make *politics* his career. 彼は政治を職業にしたい[政治家になりたい]と思っている/ *Politics* was one of his university subjects. 彼は大学で科目の一つとして政治学を取った.

【慣用句】*be not practical politics* 《主に英》現実離れしていて論ずる価値もない. *go into [enter] politics* 政界に入る,政治家になる. *launch into politics* 政界に乗り出す. *play politics* 〔軽蔑的〕権謀(策)を弄する. *run politics* 政治活動をする.

【派生語】**political** ⇒見出し. **polìtícian** 名 C 政治家,〔軽蔑的〕政治屋 [語法] stateman が党利党略を考えず国家的,世界的見地から政治を行う人格,

識見,才能ともに優れた最高級の指導的政治家をいうのに対して,politician は特に《米》では政治屋,特に選挙活動や議会運営,政党運営に長けた政界の策士などをいう. **politicizátion** 名 U 政治(問題)化,政党化. **políticize** 動 [一般義] 〔しばしば軽蔑的〕政治化する,政党化する. 自 政治に関心を持つ. **políticking** 名 U 〔くだけた語〕《米》自分の利益,立場を擁護,宣伝するための**政治運動**[工作,活動].

pol·i·ty /pάliti/pɔ́l-/ 名 UC 〔形式ばった語〕政治形態,また政治的組織体,国家(組織),行政(組織),政治.

[語源] ギリシャ語 *politēs* (=citizen) から派生した *politeia* (=citizenship; government) がラテン語 *politia* を経て初期近代英語に入った.

pol·ka /póulkə/ 名 C 動 [一般義] ボヘミア起源の軽快な2人で組んで踊るポルカ,またその曲. 動 としてポルカを踊る.

[語源] ポーランド語 *Polka* (=Polish woman) がチェコ語,フランス語を経て19世紀に入った.

【複合語】**pólka dòts** 名 (複) 水玉模様.

poll /póul/ 名 C [一般義] [一般義] 選挙,投票. [その他] 投票に伴う様々な具体的事柄,すなわち《単数形で》投票数,投票結果[記録],選挙人名簿,《米》(the ~s) 投票所[場]. また《米》特定の問題についての世論調査の意. 〔古語〕人間の頭,髪の生えている頭頂部,さらにハンマーなどの平坦な頭の部分. 動 として投票する,投票する,名簿に登録する,世論調査をする. また牛などの角を切り取る,木などの枝を刈り込むの意もある.

[語源] 中期低地ドイツ語 *pol, polle* (=hair of the head; top of the head) が中英語に入った.「頭」の意から,頭を数えること,頭数,選挙のための個人別の登録の意味が生じた.

[用例] There has been a heavy [light, poor] *poll* (=a large [small] number of votes). 投票多数[少数]であった/A recent *poll* shows a change in public opinion. 最近の投票は世論の変化を示している/The Labor candidate *polled* fifty percent of the votes. 労働党候補は投票数の50パーセントの票を得た.

[類義語] poll; vote; suffrage; ballot: **poll** は選挙や世論調査を行なう時の投票や投票数を指し,しばしば個人を中心とする. **vote** は選挙や,議案·決議の採決に対する正式な賛否の意思表示(の行為)を指し,その意思表示は個人,集団共に投票,挙手,起立,発声などによって行なわれる. **suffrage** は形式ばった語で,vote よりも形式ばっており,投票,投票権,賛成権,同意を指し,また投票権,参政権 (franchise) をも指し,universal [popular] *suffrage* (普通選挙権) のように用いる. **ballot** は無記名投票,その投票用紙や立候補者名簿を指す.

[関連語] election.

【慣用句】*at the head of the poll* 最高得票数で. *declare the poll* 得票結果を発表する. *go to the polls* 投票(所)に行く,投票する.

【派生語】**pólling** 名 U 投票: **polling booth**《英》(仮設)投票用紙記入所/《米》voting booth/**polling day** 投票日/**polling place** (投票所[場]. **póllster** 名 C 〔くだけた語〕〔しばしば軽蔑的〕世論調査業者,(職業的)世論調査表作成者.

【複合語】**póll tàx** 名 C 人頭税.

pol·lard /pálərd|pɔ́l-/ 名 C 本来他 〔一般語〕枝を刈り込んだ木, 角を切った鹿[牛, 羊など]. 動 として《通例受身で》枝を刈り込む, 角を切る.
語源 ⇒poll.

pol·len /pálən|pɔ́l-/ 名 U 〔一般語〕花粉, 昆虫の体表の粉.
語源 ラテン語 pollen (=fine flour) が初期近代英語に入った.

pol·li·nate /pálineit|pɔ́l-/ 動 本来他 【植】授粉する.
語源 ⇒pollen.
【派生語】**pòllinátion** 名 U.

pol·li·wog, pol·ly·wog /páliwàg|pɔ́liwɔg/ 名 C 〔一般語〕《英方言・米》おたまじゃくし(tadpole).
語源 中英語 pol (=head) + wiglen(wiggle) から成る polwygle より.

pollutant ⇒pollute.

pol·lute /pəljúːt/ 動 本来他 〔一般語〕〔一般義〕空気, 水, 土, 大気, 環境などをよごす, 不潔にする, 汚染する. その他〔形式ばった語〕〔軽蔑的〕心を堕落させる, …の神聖[名誉]をけがす, 冒瀆する.
語源 ラテン語 polluere (=to pollute) の過去分詞 pollutus が中英語に入った.
用例 Our water has been *polluted* by water from that factory. 我々の水はあの工場からの排水によってよごされている / His mind was *polluted* by wicked thoughts. 彼の心はよこしまな考えで堕落した.
類義語 pollute; contaminate; defile: **pollute** は生命に危険が及ぶほど明らかで全面的な汚染を指し, 本来の清潔さ, 純潔さ, 健全性が失われる事を暗示している. **contaminate** は外部の毒物, 廃棄物, 放射性物質, 病原菌, 異物などの侵入や接触によってよごれる, 汚染することを指し, pollute のように明らかで全面的な汚染でなくとも, 重大で深刻なものを指し, food *contaminated* by radioactivity (放射能で汚染された食物) のように用いる. contaminate が汚染の原因を強調しているのに対して, **defile** は古語または形式ばった語で, 本来, 清潔で純潔で神聖であるべきものがよごされることを強調し, 神聖, 名誉, 貞操などの汚辱, 冒瀆を指す.
【派生語】**pollútant** 名 CU 汚染物質, 汚染源. **pollúter** 名 C 汚染者, 公害企業. **pollútion** 名 U 汚染, 不潔, 公害, 汚染物質, 心の堕落.

po·lo /póulou/ 名 U 〔スポ〕馬上球技のポロ.
語源 バルティー語 (=ball) が 19 世紀に入った.
【複合語】**pólo shìrt** 名 C 主にスポーツ用のえりつき, または丸首の半袖シャツ, ポロシャツ.

po·lo·naise /pàlənéiz|pɔ̀l-/ 名 C 〔一般語〕ポロネーズ《★ポーランド起源のゆるやかな 3 拍子のダンス, またその曲》.
語源 フランス語 (danse) polonaise (= Polish dance) が 18 世紀に入った.

po·lo·ny /pəlóuni/ 名 CU 〔一般語〕《英》ボローニャソーセージ(bologna).
語源 その生産地 Bologna の変形. 初期近代英語から.

pol·ter·geist /póultərgàist/ 名 C 〔一般語〕家具を倒したりなどして家の中で騒音を出すいたずら好きの騒々しい妖精, ポルターガイスト.
語源 ドイツ語 (poltern to be noisy + Geist ghost) が 19 世紀に入った.

poly- /páli-|pɔ́li-/ 連語 「多数の」「多量の」「複数の」を表す.
語源 ギリシャ語 polus (=many; much) から. 中英語に入った.
対照語 mono-.

polyandrous ⇒polyandry.

pol·y·an·dry /páliændri|pɔ́l-/ 名 U 〔一般語〕一妻多夫(制度).
語源 ギリシャ語 poluandria (polus many + andros of a man) が 18 世紀に入った.
対照語 polygamy (一夫多妻).
【派生語】**pólyandrous** 形 一妻多夫(制)の, 多雄蕊(ずい)の.

pol·y·es·ter /pálièstər|pɔ́li-/ 名 U 【化】ポリエステル.
語源 poly- + ester. 20 世紀から.

pol·y·eth·yl·ene /pàliéθiliːn|pɔ̀li-/ 名 U 【化】ポリエチレン(《英》polythene).
語源 poly- + ethylene. 19 世紀から.

po·lyg·a·my /pəlígəmi|pɔl-/ 名 CU 〔一般語〕一夫多妻(制度).
語源 ギリシャ語 polugamia (polus many + gamos marriage) がラテン語, フランス語を経て初期近代英語に入った.
対照語 polyandry (一妻多夫).
関連語 bigamy (重婚); monogamy (一夫一婦制).
【派生語】**polýgamist** 名 C. **polýgamous** 形.

pol·y·glot /páliglàt|pɔ́liglɔ̀n/ 名 C 形 〔形式ばった語〕〔一般語〕《限定用法》人が数か国語を理解できる, 多言語に通じた. その他 書物などが数か国語で書かれた. 名 として 数か国語を話せる[理解できる]人. また特に聖書など多言語で書かれている本を指す.
語源 ギリシャ語 poluglōttos (=many-tongued; polus many + glōtta tongue) が初期近代英語に入った.

pol·y·gon /páligan|pɔ́ligən/ 名 C 【幾】多角形, 多辺形.
語源 ギリシャ語 polugōnon (=figure with many angles) がラテン語を経て初期近代英語に入った.
【派生語】**polýgonal** 形.

pol·y·graph /páligræf|pɔ́ligra:f/ 名 C 〔一般語〕〔一般義〕うそ発見器(lie detector). 【医】脈拍, 血圧, 発汗などの量を同時に測定できる多元記録装置, ポリグラフ. さらに謄写器, 複写器を指す.
語源 ギリシャ語 polugraphos (= writing copiously) が 18 世紀に入った.

pol·y·math /pálimæθ|pɔ́l-/ 名 C 〔形式ばった語〕学識豊かな博学者.
語源 ギリシャ語 polumathēs (= having much knowledge) が初期近代英語に入った.

pol·y·mer /pálimər/ 名 C 【化】ポリマー, 重合体.
語源 ギリシャ語 polumerēs (= having many parts) が 19 世紀に入った.

Poly·ne·sia /pàlini:ʒə, -ʃə|pɔ̀li-/ 名 固 ポリネシア《★南太平洋に散在する群島の総称》.
語源 poly- + nēsos (=island). 18 世紀から.
【派生語】**Pòlynésian** 形 ポリネシア(人, 語)の. 名 CU ポリネシア人[語].

pol·yp /pálip|pɔ́l-/ 名 C 【医】粘膜から発生した血管が通っている腫瘍, ポリープ, 動 いそぎんちゃく, ヒド

ラなどの腔腸動物, ポリプ.
[語源] ギリシャ語 *polupous* (=having many feet) がラテン語, 古フランス語を経て中英語に入った.

po·lyph·o·ny /pəlífəni/ 图 U 【楽】ある程度独立した旋律を組み合わせた**多声音楽**や**多旋律**. また**対位法**.
[語源] ギリシャ語 *poluphōnia* (=diversity of tones) が19世紀に入った.
【派生語】**pòlyphónic** 形.

polypous ⇒polyp.

poly·sty·rene /pàlistáiri:n|pɔ̀-/ 图 U 【化】絶縁体や包装に用いられる白く硬い合成樹脂, ポリスチレン, スチロール樹脂.
[語源] poly-+styrene. 20世紀から.

poly·syl·la·ble /pálisìləbl|pɔ́l-/ 图 C 〔一般語〕3音節以上の**多音節語**.
[語源] ギリシャ語 *polusullabos* (=of many syllables) が初期近代英語に入った.
[対照語] monosyllable.
【派生語】**pòlysyllábic** 形.

poly·tech·nic /pàlitéknik|pɔ̀-/ 形 图 C 〔一般語〕
[一般義] **科学技術[工芸][教育]に関する.** [その他] (英) 広い分野の専門的な教育を行なう大学と同等に近い総合高等教育機関, ポリテクニック (★短縮して poly という).
[語源] ギリシャ語 *polutekhnos* (=skilled in many arts) がフランス語を経て19世紀に入った.

poly·the·ism /páliθi(:)ìzəm|pɔ́l-/ 图 U 〔一般語〕**多神論, 多神教**.
[語源] ギリシャ語 *polutheos* (=believing in many gods) が初期近代英語に入った.
[対照語] monotheism.
【派生語】**pólytheist** 图 C. **pòlytheístic** 形.

poly·thene /páliθi:n|pɔ́l-/ 图 U (英) =polyethylene.

po·made /pouméid|pəmá:d/ 图 U 〔一般語〕香料の入った整髪油, **ポマード**.
[語源] イタリア語 *pomo* (=apple) から派生した *pomata* がフランス語 *pommade* を経て初期近代英語に入った. 元はりんごを原料としたため.

pome·gran·ate /pámgrænit|pɔ́m-/ 图 C 【植】**ざくろ**, またその実.
[語源] 古フランス語 *pome grenate* (=seedy apple) が中英語に入った.

pom·mel /pÁməl/ 图 C 動 本来他 〔一般語〕[一般義] 馬の鞍の前方の高くなった部分, **鞍頭**($^{くら}_{とう}$). [その他] 刀剣の**柄**(^{つか})**頭**. 動 として続けざまにげんこつで打つ(pummel).
[語源] ラテン語 *pomum* (=apple) から派生した俗ラテン語 **pomellum* (=knob) が古フランス語 *pomel* を経て中英語に入った. 形がりんごに似ていることから.

pomp /pámp/ 图 U 〔一般語〕[一般義] 重要な儀式や祭礼などに見られる堂々とした**華やかさ, 壮観**. [その他] 人目をひくほど華やかだが内容の乏しい**虚飾, 見栄, 見せびらかし**.
[語源] ギリシャ語 *pempein* (=to send) から派生した *pompē* (=procession) がラテン語, 古フランス語を経て中英語に入った.
【派生語】**pómpous** 形 ⇒見出し.

pom·pon /pámpən|pɔ́mpɔn/ 图 C 〔一般語〕毛糸などの**玉房飾り**, 【植】**ポンポンダリア**[菊].
[語法] pompom ともいう.
[語源] 中フランス語 *pompe* (=knot of ribbons) が18世紀に入った.

pomposity ⇒pompous.

pomp·ous /pámpəs|pɔ́m-/ 形 《⇒pomp》〔軽蔑的な意〕[一般義] 人や態度がもったいぶった, **尊大な**. [その他] 言葉や演説が派手で**大げさな, 気取った**の意.
[語源] ⇒pomp.
【派生語】**pompósity** 图 UC **尊大, 尊大な言動**.
pómpously 副. **pómpousness** 图 U.

pond /pánd|pɔ́nd/ 图 C 動 本来他 〔一般語〕水の流れのない**池, 泉水, 沼** (語法 (米) では小さな自然の池や沼を指し, (英) では人工的な池, 水たまりなどを指す). 動 として, 流れをせき止める, せき止めて池を作る.
[語源] 古英語 pund- (=enclosure) から中英語で *ponde* (=artificially confined body of water) となった.
[用例] The little girl fell into the village *pond*. 少女が村の池に落ちた.
[語法] 大きさの順でいえば, lake, pond, pool である.

pon·der /pándər|pɔ́n-/ 動 本来他 〔やや形式ばった語〕時間をかけて深く**熟考する**. 自 として, ...を熟考する ⟨on; over; about⟩.
[語源] ラテン語 *ponderare* (=to weigh; to consider) が古フランス語を経て中英語に入った.
【派生語】**pónderous** 形. **pónderously** 副. **pónderousness** 图 U.

pon·iard /pánjərd|pɔ́n-/ 图 C 〔一般語〕細身の**短剣**.
[語源] フランス語 *poing* (=fist) から派生した *poignard* が初期近代英語に入った.

pon·tiff /pántif|pɔ́n-/ 图 C 【キ教】聖職としての**司教, 主教, 監督**, (the P-) ローマカトリック教会の**ローマ教皇**[法王].
[語源] ラテン語 *pontifex* (=high priest) がフランス語 *pontife* を経て初期近代英語に入った. 原義は「古代ローマの司教会議の一員」.
【派生語】**pontifical** 形 **教皇の, 独断的な**. 图 ⟨複数形で⟩ 司教のミサ祭服. **pontificate** 图 C **教皇の職** [地位, 任期]. /-kèit/ 動 本来自 **独断的に**[**尊大**]**に言う**.

pon·toon¹ /pantú:n|pɔn-/ 图 C 〔一般語〕[一般義] **平底舟**. [その他] 水に浮かぶように水上飛行機に車輪の代わりに取り付けられる浮き, **フロート**(float). また平底舟を並べて作った**浮き橋, 舟橋**.
[語源] ラテン語 *pons* (=bridge) から派生した *pontonem* (=floating bridge) がフランス語を経て初期近代英語に入った.
【複合語】**póntoon brídge** 图 C **浮き橋**, 舟橋.

pon·toon² /pantú:n|pɔn-/ 图 U 【トランプ】(英) **21**(twenty-one).
[語源] 不詳.

po·ny /póuni/ 图 C 動 本来 【動】品種改良されて, 高さ4.7フィート(約1.5メートル)を越えない小型種の馬, **ポニー** (★英国では Shetland, Exmoor, Galloway, Welsh 種などがある), 一般に**小馬**. また同種のもののうち**小型のもの**を指し, ビール, ブランデー, ウィスキーなどの**小型のグラス**(1杯分の量), **小型自動車**[機関車], **小柄な女性**, (俗語) (米) 古典語や外国語の**とらの巻, 独習書**. さらに (俗語) ⟨複数形で⟩ **競走馬**, (英) 主に競馬や賭博用語として**25ポンド**を指す. 動 として (俗語)

《米》とらの巻で予習[勉強する].

[語源] ラテン語 *pullus* (= young animal) からフランス語に入った *poulain* (= colt) の指小語 *poulenet* が初期近代英語に入ったと思われる.

[用例] The child was riding a brown *pony*. 子供が茶色のポニーに乗っていた/This dictionary of English synonymus. この辞書は有名な英語類義語辞典の縮刷版[小型版]である.

[関連語] horse; colt.

【慣用句】**pony up** …の勘定を支払う, 清算する: He *ponied up* all the money he had owed. 彼は借金を全て清算した.

【複合語】**pónytàil** [名] C 頭髪を小馬の尾のように後ろで結んで垂らした髪型, ポニーテール. **pónytrèkking** [名] U 《英》ポニーに乗っての旅行.

poo·dle /púːdl/ [名] C 【犬】縮れ毛で小型の愛玩用のプードル.

[語源] ドイツ語 *Pudel(hund)* (*pudeln* to splash in water+*Hund* dog) が 19 世紀に入った. 古くは水鳥猟に使われる犬であったことによる.

pooh /púː/ [感] [一般義] あざけり, 軽蔑, 反対などを表して口にするふーん! ばかな! へーん!

[語源] 擬音語. 初期近代英語から.

pooh-pooh /púːpúː/ [動] [本来他] 〔ややくだけた語〕人を鼻先であしらう, あざける.

[語源] 擬音語. pooh の反復形で, 18 世紀から.

pool[1] /púːl/ [名] [本来他] [一般義] [一般義] よどんだり, わずかばかりの流れしかない自然にできた**水たまり**.

[その他] 庭などにある自然, または人工の**小さな池**, ため**池**, 流れがよどんで深くなった川の**淵**, 静(しず)か, 深み, よどみ, また**水泳用プール**(swimming pool). 比喩的に意識の深みや液体のうねり. [動] として**水たまり**を作る. ⓘ として, 水がたまる.

[語源] 古英語 *pōl* から.

[用例] The rain left *pools* in the road. 雨が降った後には水たまりが道路に残った/He was fishing (in) a *pool* near the river-bank. 彼は川の土手近くの深みで釣りをしていた/They spent the day at the *pool* in summer. 彼らは夏, 日中は水泳プールで過ごした.

pool[2] /púːl/ [名] CU [動] [本来他] [一般義] [一般義] **共同資金**. [その他] **共同管理**, 共同の利益のために協定した**企業連合**, カルテル, また**共同利用**, **共同利用の施設**[制度, サービス, 資財]や, 予備の要員の意. 本来は賭博の**総賭け金**, **賞金**を意味し, 《英》賭け玉突き, 《米》玉突きの一種, プールをもいう. [動] として, 資金, 資財, 人材, 利益などを**共同に(負担)する**, 資金, 情報, 権利などをプールする.

[語源] ラテン語 *pullus* (= young animal) に由来する古フランス語 *poul* (= cock) の女性形 *poule* (= hen; stakes) から初期近代英語に入った. かつて *jeu de la poule* (= hen game) と呼ばれる遊びがあり, めんどりに物を投げて当たると賞金がもらえた. この *poule* が賭け事の「的(まと)」の意になり, さらに「総賭け金」の意味になった.

[用例] We put our money into a general *pool*. 我々の金を全般的な共同資金に投資した/We *pooled* our money and bought a holiday house which we could all use. 資金をためて, 我々皆で利用できる休暇用の家を買った.

【複合語】**póolròom** [名] C 《米》賭け玉突き場, (公開)賭博場.

poop /púːp/ [動] [本来他] 〔俗語〕《米》へとへとに疲れさせる, [自] としてばてる.

[語源] 不詳.

poor /púər/ [形] [一般義] [一般義] 経済的に**貧しい**, **貧乏な**. [その他] **気の毒な**, **かわいそうな**, また**下手な**, **まずい**, **苦手の**の意となる. さらに「貧しい」から発展して**乏しい**, 〔形式ばった語〕**貧相な**, みすぼらしい. そしてさらに意味が発展して, 大きさ, 量などが**不足している**, わずかな, **貧弱な**, 天候が**不順な**, **土地などが**やせている, **不毛な**, 人や体が**不健康な**, 虚弱な, 気力のない, 行為や心が**下劣な**, いやしい, 話などがつまらない, 面白くない, 人や物事が取るにたらない, **お粗末な**などの意.

[語源] ラテン語 *pauper* (= poor) が古フランス語 *povre* を経て poure の形で中英語に入った.

[用例] She is too *poor* to buy a new coat. 彼女はとても貧しいので新しいコートが買えない/*Poor* boy! 可哀そうな子!/a *poor* supply [crop] 乏しい供給[収穫]/The land is so *poor* that it can't produce crops. この土地は大変やせているので作物が収穫できない/The ring is a *poor* imitation of the real thing. この指輪は本物を似似ねしたひどいしろ物だ.

[類義語] poor; needy; impoverished; penniless: **poor** は単に生活に困っていることから快適な生活を送る手段や資力をもたない範囲までを示す単純で直接的な語である. **needy** は生活できないほど極度に貧しいこと: a *needy* family 貧困家庭. **impoverished** は以前には富裕であったが今は落ちぶれて貧しくなったこと: an *impoverished* aristocrat 没落貴族. **penniless** は一文なしの極貧を指す.

[反意語] rich.

[対照語] wealthy.

【慣用句】(as) **poor as Job** [Job's turkey; *Lazarus, a church mouse*; rat] 極貧の. **be poor at …** …が下手である(⇔be good at).

【派生語】**póorly** [副] 〔やや形式ばった語〕貧しく, 不十分に, みじめに: think *poorly* of … を快く思わない, くだらないと思っている. **póorness** [名] C 欠乏, 不足, 不十分, 不完全, 貧弱, まずさ, 下手, 劣等, 下劣, 病弱, 虚弱 ([語法]「貧乏」の意味では poverty を用いる).

【複合語】**póor bòx** [名] C 教会の慈善箱. **póormòuth** [動] [本来他] 〔くだけた語〕貧乏をかこつ. **póor relátion** [名] C 同類の中で劣った人[物]. **póor-spírited** [形] 〔文語〕〔軽蔑的〕臆病な, 気の弱い, 元気のない. **póor white** [名] C 〔しばしば軽蔑的〕米国南部などの黒人社会に住む**貧しい白人**.

pop[1] /páp/|pɔ́p/ [形] [名] UC 〔くだけた語〕〔限定用法〕**ポピュラーな**, **大衆向きの**, 通俗的な. [名] として**ポピュラー音楽**, ポップス, 流行歌, またポップアート(pop art).

[語源] popular の短縮形. 19 世紀から.

[用例] I prefer *pop* music to classical music. 私はクラシック音楽よりポピュラー音楽のほうが好きだ.

【複合語】**póp árt** [名] U ポップアート《★漫画, 広告, 日常の生活品の手法を取り入れた(大衆)前衛芸術で象徴的, 図案的》. **póp còncert** [名] C ポップコンサート《★ポピュラー音楽の演奏会》. **póp cúlture** [名] UC 大衆文化. **póp fèstival** [名] C ポップフェスティバル. **póp gròup** [名] C ポップグループ. **póp músic** [名] U ポピュラー音楽.

pop[2] /páp/|pɔ́p/ [動] [本来自] [名] CU [副] [一般義]

一般義 はじけるように軽くポンと音がする，ポンと鳴る．**その他** ポンと破裂する，はじける，〔くだけた語〕物に向かってポン[ズドン]と発砲する，人や物がひょいと動く〔行く，来る，入る，上る，下りる〕，急に現われる，質問などをいきなりする，〔野〕凡フライを打ち上げる．⑩ ポンと音を出させる，栓をポンと抜く，〔くだけた語〕銃を発砲する，急に動かす．图 としてポンという音，〔くだけた語〕銃の発砲，〔俗語〕ピストル，〔野〕凡フライ(pop fly)．また栓をあけるとポンと音がする発泡性飲料，すなわち炭酸水，シャンペン，ジンジャー・ビールなど．剾 としてポンと，いきなり．

語源 擬音語．中英語から．

用例 Champagne corks were *popping*. シャンペンのコルクがポンと音をたててはじけた / The wooden cuckoo *pops* out of the clock on a spring. バネ仕掛けの木製のカッコーがひょいと時計から姿を現わす / He *popped* the letter into his pocket. 彼は手紙を素早くポケットに入れた．

【慣用句】*pop in*〔ややくだけた語〕ちょいと[突然]立ち寄る．*pop off* 急死する，急に[突然]立ち去る；感情にかられて早口でまくしたてる，乱暴に書きなぐる．*pop on*〔俗語〕衣服をひょいと着る．*pop out* 目玉が飛び出る，ぽんと鳴る[爆発する]，ひょいと来る[行く，入る，出る]，火が突然消える．*pop the question to ...*〔くだけた表現〕〔こっけい〕...に求婚する．*pop up*〔くだけた表現〕突然起こる[生じる，現われる]，焼けたパンなどがポンととび出す，凡フライを打ち上げる．

【複合語】**pópcòrn** 图 U ポップコーン．**póp-èyed** 形〔くだけた語〕出目の，びっくりして目の飛びだした，目を丸くした．**póp flý** 图 C 高く打ち上げられた凡フライ．**pópgùn** 图 C コルクなどが飛び出る子供の豆鉄砲．**póp-ùp** 形〔限定用法〕ぽんと飛び出す仕掛けの．

pop³ /páp/|póp/ 图 C〔くだけた語〕《特に米》通常呼びかけに用いて，おとうさん，《父親以外に向かって》おっさん，おじさん．

語源 poppa(=papa)の短縮形．19世紀から．

用例 I'll have to ask *Pop* to lend me some money. お金を貸してくれって，とうさんにきいてみなくちゃ．

pope /póup/ 图 C〔一般語〕**一般義**《しばしば the P-》ローマ教皇，《俗称》ローマ法王．**その他** 最高権威と目される人．

語源 ギリシャ語 *pappas*(=father)から派生した bishop の称号 *papas* がラテン語 *papa* を経て古英語に *pāpa* として入った．

用例 A new *Pope* has been elected. 新しいローマ教皇が選ばれた．

【派生語】**pópedom** 图 U ローマ教皇の位[職，権限，任期，管区]．**pópish** 形《軽蔑的》(ローマ)カトリック教の．

popgun ⇒pop².

pop·in·jay /pápindʒei|póp-/ 图 C〔一般語〕非常におしゃべりで気取るしゃれ者，ハイカラな人，めかし屋《語法 you ~として呼びかけでも用いる》．

語源 アラビア語 *babaghā*(=parrot)がスペイン語 *papagayo*，古フランス語 *papegay* を経て，papeiai の形で中英語に入った．

popish ⇒pope.

pop·lar /páplər|póp-/ 图 CU 【植】ポプラ，またその材．

語源 ラテン語 *populus*(=poplar)が古フランス語 *populier* を経て中英語に入った．

pop·lin /páplin|póp-/ 图 U〔一般語〕主に綿製の平織りの丈夫な織物，ポプリン．

語源 フランダース地方の繊維産業の中心地 Poperinge から出たフランス語 *popeline* が18世紀に入った．

pop·pa /pápə|pɔ́-/ 图 C〔くだけた語〕《米》しばしば呼びかけに用いて，おとうさん，パパ．

語源 papa の変形．19世紀から．

用例 *Poppa* goes to the office every day. パパは毎日，会社に行きます．

類義語 dad; daddy; papa; pappy; pop; father.

対照語 mom; mommy; mammy; mummy; mother.

語法 父親が子供に対して自分を呼ぶ時には papa, pappy, poppa を多く用い，子供が父親を呼ぶ時には dad, daddy を多く用いる．

pop·pet /pápit|pɔ́p-/ 图 C〔くだけた語〕《英》幼児に対する呼びかけの愛称，かわい子ちゃん．またお気に入りの動物．

語源 ラテン語 *pup(p)a*(=girl; doll)が古フランス語を経て中英語に入った．

pop·py /pápi|pɔ́p-/ 图 C 【植】ケシ属の植物の総称，ひなげし，ポピー．

語源 ラテン語 *papaver*(=poppy)が popig として古英語に入った．

pop·py·cock /pápikak|pópikɔk/ 图 U〔くだけた語〕意味のないおしゃべり，たわごと(nonsense).

語源 オランダ語の方言 *pappekak*(=soft excrement)が19世紀に入った．

pop·u·lace /pápjuləs|pɔ́p-/ 图〔形式ばった語〕《the ~; 単数または複数扱い》一般の人々，民衆，またある地域の全住民(population).

語源 ラテン語 *populus*(=people)がイタリア語 *popolaccio*(=the common herd)，フランス語を経て初期近代英語に入った．

pop·u·lar /pápjulər|pɔ́p-/ 形〔一般語〕**一般義** 人気のある，人望のある，評判の良い．**その他**「人気がある」から流行しの意となり，民間に広く普及している，通俗的な，大衆向きの，あるいは理解しやすい，平易な，cheap の婉曲語として安価な，大衆の料金の意．また〔形式ばった語〕国民の，(一般)大衆の，庶民の，人民のを意味する．

語源 ラテン語 *populus*(=people)の属格 *popularis*(=belonging to the people)が古フランス語を経て中英語に入った．

用例 She is very *popular* with children. 彼女は子供たちに大変人気がある / The *popular* newspaper often wrote about the royal family. 大衆向け新聞が王族のことについて頻繁に書いていた / *popular* opinion 世論．

類義語 popular; familiar; vulgar; common; ordinary: **popular** は上流階級や特殊な集団にではなく，一般大衆に広く流布して好まれ受け入れられていることを指す．**familiar** は一般的に知られているので見慣れ，聞き慣れていることを指す．**vulgar** は popular と同じ意味だが軽蔑的意味が強く，劣等性や粗野な面を含んだ意味での俗世間一般の，通俗的の，大衆に流通していることを表わす．**common** は頻度高く起きるのではなく多数の人と共有していることを指し，からひで平凡なことを示し，劣等性，粗雑性を暗示する：a *common* soldier 名も地位もない一兵士．**ordinary** は普通の標準的の，平均的な(または平均以下の)ものにつ

populate /pápjuleit | pɔ́p-/
いて述べ、特徴や例外性を含まず、日常茶飯事で並の、ありふれた平凡性をいう。
[反意語] unpopular.
【派生語】**pòpulárity** 名 [U] 人気, 好評, 大衆性, 通俗性, 流行. **pòpularizátion** 名 [UC]. **pópularize** 動 [本来他]〔形式ばった語〕**大衆化にする**, 大衆〔通俗〕化する, 平易にする, 普及させる, 広める. **pópularly** 副 世間一般に, 広く, 通俗的に; 平易に, 安い値段で.
【複合語】**pópular frónt** 名 (the ~) 人民戦線. **pópular vóte** 名 [C] 一般投票.
pop·u·late /pápjuleit | pɔ́p-/ 動 [本来他]〔一般語〕[一般義] 村, 町, 国などある場所に人を**住まわせる**. [その他]《しばしば受身で》人や動物がある場所に**住む, 居住する**, 植民する, ある場所を占める.
[語源] ラテン語 *populus* (= people) から派生した *populare* (= to inhabit) の過去分詞 *populatus* が初期近代英語に入った.
[用例] The southern parts of the country are thinly [thickly; densely] *populated*. その国の南部の人口密度は低い[高い] / That part of the world used to be *populated* by wandering tribes. 世界のその地域は遊牧民によって占められていた.
[類義語] inhabit; occupy.
【派生語】**pòpulátion** 名 [UC] 人口, 住民数, ある地域の全住民, 特定の種族や階層に属する人々, 連中,《生》個体群, 集団,《統計》母集団: **population explosion** 人口の爆発的増加. **pópulous** 形〔形式ばった語〕**人口の多い**, 人口密度の高い, 満員の, 人で混んでいる, 人出の多い.

por·ce·lain /pɔ́ːrslin/ 名 [U]〔一般語〕**磁器**,《複数形で》磁器製品.
[語源] ラテン語 *porcus* (=pig) の指小語 *porcella* (= little sow) から派生したイタリア語 *porcellana* (Venus shell) がフランス語 *porcelaine* を経て初期近代英語に入った.「雌豚」がその性器の形とした貝の名となり, その貝の光沢が磁器の光沢を思わせることから.

porch /pɔ́ːrtʃ/ 名 [C]〔一般語〕[一般義] 家や教会などの建物の入口から外につき出していて, 屋根が付いている(張り出し)玄関, ポーチ. [その他]《米》建物の外壁についていて, 屋根が付いていることもあるベランダ(《英》veranda).
[語源] ラテン語 *porta* (=gate; entrance) から派生した *porticus* (= portico 屋根つきの柱廊玄関)が古フランス語 *porche* を経て中英語に入った.
[用例] They waited in the *porch* until it stopped raining. 彼らは雨がやむまでポーチで待った.
[類義語] balcony; veranda(h); terrace.
【複合語】**pórch bòx** 名 [C] ポーチに置く植木箱. **pórch climber** 名 [C]〔俗語〕《米》二階から侵入するこそ泥.

por·cu·pine /pɔ́ːrkjupain/ 名 [C]《動》とげのある大型の齧歯(げっし)類の動物, やまあらし.
[語源] ラテン語 *porcospinum* (*porcus* pig + *spina* spine) が古フランス語 *porc espin* (= spiny pig) を経て中英語に入った.

pore¹ /pɔ́ːr/ 名 [C]〔一般語〕皮膚の表面の**毛穴**, 葉の空気や水が通過する**気孔**.
[語源] ギリシャ語 *poros* (= passage; pore) がラテン語, 古フランス語を経て中英語に入った.

pore² /pɔ́ːr/ 動 [本来自]〔一般語〕物をよく見て調べたり, じっくりと時間をかけて**深く考える, 熟考する**, 本などを熟読する《over》.
[語源] 中英語 *pouren* から. それ以前は不詳.

pork /pɔ́ːrk/ 名 [C]〔一般語〕[一般義] 生の, 時には塩漬けにされた食用の**豚肉**. [その他]〔俗語〕《米》政府や政治家の政治的, 政策的に与える**補助金, 地位**.
[語源] ラテン語 *porcus* (=hog; pig) が古フランス語を経て中英語に入った.
[用例] She bought five slices of *pork* at the butcher shop. 彼女は肉屋で豚肉を5切れ買った.
[参考] 動物とその肉の呼び方は pig→pork の他に, bull→beef, calf→veal, sheep→mutton, lamb→lamb, deer→venison. lamb のように両方に用いるものには chicken, duck, fish などがある.
【派生語】**pórker** 名 [C] 食用に太らせた**子豚**. **pórky** 形 豚(のような), 〔くだけた語〕太った, 肥えた, 〔俗語〕生意気な.
【複合語】**pórk bàrrel** 名 [C]〔俗語〕《米》議員が人気とりのために政府に支出させる**国庫交付金, 地方開発金**. **pórk píe** 名 [CU] **豚肉入りパイ**.

porn /pɔ́ːrn/ 名〔くだけた語〕= pornography.
por·no /pɔ́ːrnou/ 名〔くだけた語〕= pornography.
pornographer ⇒ pornography.
pornographic ⇒ pornography.
por·nog·ra·phy /pɔːrnágrəfi | -nɔ́g-/ 名 [U]〔一般義〕**好色文学, ポルノ〔写真[映画]〕, ポルノ(グラフィ)**.
[語法]〔くだけた語〕では porn, porno が用いられる.
[語源] ギリシャ語 *pornographos* (= writing of prostitutes; *pornē* prostitute + *graphos* writing) が19世紀に入った.
【派生語】**pòrnógrapher** 名 [C] **好色文学作家**. **pòrnográphic** 形.

porosity ⇒ porous.
po·rous /pɔ́ːrəs/ 形〔一般語〕小さな穴が多い, **多孔性の**, 物が水や空気を通しやすい, **浸透性の**.
[語源] ラテン語 *porus* (⇒ pore¹) から派生した中世ラテン語 *porosus* が中英語に入った.
【派生語】**pòrósity** 名 [U]. **pórousness** 名 [U].

por·poise /pɔ́ːrpəs/ 名 [C]《動》**ねずみいるか**.
[語源] ラテン語 *porcopiscis* (*porcus* pig + *piscis* fish) が古フランス語を経て中英語に入った.

por·ridge /pɔ́ːridʒ/ 名 [U]〔一般語〕《英》オートミールなどの穀物を水や牛乳で煮た食物, **かゆ**.
[語源] pottage の変形. 初期近代英語から.

por·rin·ger /pɔ́(ː)rindʒər/ 名 [C]〔一般語〕しばしば柄(え)のついた**かゆ椀**(わん).
[語源] 古フランス語 *potage* (= soup) の派生形 *potager* (= of soup) が potinger として中英語に入り, それが変形したもの.

port¹ /pɔ́ːrt/ 名 [C]〔一般語〕[一般義]《しばしば無冠詞で》船が人や荷物を乗せたり降ろしたりする**港, 港湾, 船の停泊港, 港町**. [その他] 貿易港, 商港, 台風などの時の**避難港**, 税関があれば**通関(手続き)港[地]**, 比喩的に**避難所, 休息地**を指す. また〔くだけた語〕**空港**(airport), ヘリコプター発着地(heliport), **宇宙基地**(spaceport) などの意.
[語源] ラテン語 *portus* (= harbor) が古英語に入った.
[用例] The ship could come safe to *port*. 船は無事に港に難を避けることができた.
[類義語] port; harbor; haven: **port** は商業港のように客船, 商船の出入りする港で, 付近の町や都市を含むことが多い. harbor, haven の意味で用いられることも

多い. harbor は大風や波を避けることのできる天然の港をさすが, 人工の港を指すこともある. haven は船の安全な停泊用としての自然の港で, 通常詩園.
【慣用句】*any port in a storm* 窮余の策, 急場のぎ. *arrive at [reach; come into; sail into] port* 入港する: The ship *came into port.* 船が入港した. *clear a [leave (a)] port* 出港する. *enter [make] (a) port* 入港する. *in port* 入港中で[の]. *touch [call at] a port* 寄港する.
【複合語】**port of call** 名 C 寄港地,〔くだけた語〕旅先でよく立ち寄る所. **port of entry** 名 C 通関港.

port² /pɔ́ːrt/ 名 U C 動 本来他〔一般語〕船や飛行機の船首や機首に向かって左側, **左舷**. 形 として左舷の. 動 として船首を左舷に向ける, 取りかじをとる. 自 左舷に向く.
[語源] 17世紀から. おそらく port side (港に横づけになる側)すなわち荷役口のある左舷の意で用いられたと思われる.
[対照語] starboard.

port³ /pɔ́ːrt/ 名 UC〔一般語〕甘口のデザート用ぶどう酒, **ポートワイン**.
[語源] ブランデーを加えた強化ワインの積出し港であるポルトガルの地名 Oporto から初期近代英語に入った.

port⁴ /pɔ́ːrt/ 名 C〔海〕商船の船側の**荷役口**, また**舷窓**,〔機〕**蒸気口**,〔コンピューター〕**ポート**.
[語源] ラテン語 *portam* (= gate) が古フランス語を経て中英語に入った.

port⁵ /pɔ́ːrt/ 名 U 動 本来他〔軍〕(the ~) 銃口が左肩の近くに来るように銃を斜めに持つこと, **控え銃**(③)の**姿勢**. 意味が一般化し, 態度や様子なども指す. 動 として控え銃にする.
[語源] ラテン語 *portare* (= to carry) を経て古フランス語を経て中英語に入った.
【慣用句】*at the port* 控え銃にして. *Post arms!* 控え銃!

por·ta·ble /pɔ́ːrtəbl/ 形 名 C〔一般語〕**一般義** 簡単に持ち運びのできる, **携帯用の**. その他 軽便な, **移動[運搬]可能な**. 名 として携帯用機器, 携帯用ラジオ[テレビ, コンピューター] などの意.
[語源] ラテン語 *portare* (= to carry) から派生した *portabilis* (= portable) が中フランス語を経て中英語に入った.
[用例] a *portable* radio 携帯ラジオ/Is that machine *portable?* その機械は携帯できるか.
[対照語] stationary.
[派生語] pòrtabílity 名 U 持ち運びができること, 携帯[運搬]可能性, 軽便性. pórtably 副. pórtableness 名 U.

por·tage /pɔ́ːrtidʒ/ 名 UC〔一般語〕**一般義** 運搬, 持ち運び. その他 船や荷物を運ぶ**陸上輸送**, またそのための**陸上輸送路**.
[語源] ラテン語 *portare* (= to carry) から派生した中世ラテン語 *portagium* が古フランス語を経て中英語に入った.

por·tal /pɔ́ːrtl/ 名 C〔文語〕**一般義** (しばしば複数形で) 大邸宅などの堂々とした入口, **正門, 正面玄関**. その他 比喩的に物事の始まり, **出発点**.〔詩語〕**門**.
[語源] ラテン語 *porta* (= gate; entrance) から派生した中世ラテン語 *portale* (= city gate) が古フランス語を経て中英語に入った.

port·cul·lis /pɔːrtkʌ́lis/ 名 C〔一般語〕城門で敵の侵入を防ぐための**落とし格子, つるし門**.
[語源] 古フランス語 *porte coleice* (= sliding gate) が中英語に入った.

porte co·chere /pɔ́ːrt kouʃéər/ 名 C〔一般語〕車を横付けにして乗り降りする時に雨にぬれないようにひさしの長くなった玄関, **車寄せ**.
[語源] フランス語 *porte* (= gateway) + *cochère* (= for coaches) が初期近代英語に入った.

por·tend /pɔːrténd/ 動 本来他〔形式ばった語〕不吉なことや恐ろしいことをあらかじめ知らせる, **前兆となる**.
[語源] ラテン語 *portendere* (= to indicate; *por-* forward + *tendere* to stretch) が中英語に入った.
[派生語] pórtent 名 C 前兆, 前ぶれ, 前兆的な意味, 驚異的なもの. porténtous 形 前兆の, 不吉な, 驚異的な, 尊大な.

por·ter¹ /pɔ́ːrtər/ 名 C〔一般語〕**一般義** 荷物運搬人. ホテルなどで客室の客室に運ぶボーイ, 駅や空港で旅行者の荷物を構内で運搬する**赤帽**((米) redcap), ポーター, (米)寝台車, 食堂車のボーイ, ウェイター(★いずれも制服, 制帽を身につけており, チップを払わなければならない). また銀行, 病院, 商店, 料理店, ビル, 工場, 会社などの清掃や保全にあたる**用務員**, **雑役夫[婦], 清掃人**. 簡単な用事をたす**案内人**.
[語源] ラテン語 *portare* (= to carry) から派生した中世ラテン語 *portator* (= porter) が古フランス語を経て中英語に入った.
[用例] He set off into the jungle with one companion and three *porters.* 彼は連れ1人と荷物運搬人3人を連れてジャングルにむけ出発した/The hotel *porter* will show you to your room. ホテルのボーイがお部屋に案内します.
[派生語] pórterage 名 U ポーターの仕事, 人力で物を運ぶこと, ポーターの運び賃.

por·ter² /pɔ́ːrtər/ 名 C〔一般語〕(英) 玄関や門の番人, **門番**.
[語源] ラテン語 *porta* (= door) から派生した後期ラテン語 *portarius* (= doorkeeper) が古フランス語を経て中英語に入った.

por·ter·house /pɔ́ːrtərhàus/ 名 CU〔一般語〕骨付きの**上等なビフテキ**,〔古語〕居酒屋.
[語源] 黒ビール (porter('s) beer) やビフテキなどを売る居酒屋. 18世紀から. 黒ビールは荷物運搬人がよく飲んだことから.

port·fo·li·o /pɔːrtfóuliou/ 名 C〔一般語〕**一般義** 書類を入れる**折りかばん**. その他 折りかばんなどに入っている書類, 紙ばさみ式の**画集**. またかばんを持ち歩くことから, 象徴的に**大臣の職[地位]**. さらに〔経〕**有価証券(の明細一覧表)**.
[語源] イタリア語 *portafoglio* (*portare* to carry + *foglio* leaf; sheet of paper) が18世紀に入った.

port·hole /pɔ́ːrthoul/ 名 C〔一般語〕船や飛行機の明かりとりの**舷窓, 丸窓**. ⇒ port⁴.
[語源] port⁴ + hole. 初期近代英語から.

por·ti·co /pɔ́ːrtikou/ 名 C〔一般語〕**柱廊式の玄関**.
[語源] ラテン語 *porticus* (= porch) からのイタリア語 *portico* (= porch) が初期近代英語に入った.

por·tiere /pɔːrtjéər/ 名 C〔一般語〕戸口につける仕切り用の**カーテン**.
[語源] ラテン語 *porta* (= door) が古フランス語 *portier* (= doorkeeper) を経て19世紀に入った.

por・tion /pɔ́ːrʃən/ 名 C 本来他 〔一般語〕 一般義 全体に対して限られた**部分**, 一部. その他 分け前, 割り当て, 特に《法》分与権, 相続分. またレストランなどで出される食物の標準的な**1人前**, **1盛り**, **1皿分**, 〔文語〕 (one's ~) 神から割り当てられた人間の**運命**. 動 として, …を**分配する**, …に**財産**[持参金]を分与する, …に運命を負わせるなどの意.
語源 ラテン語 portio (= part) が古フランス語を経て中英語に入った.
用例 Read this *portion* of the book. この本のこの部分を読みなさい / Her *portion* of the money amounted to $10,000. 彼女の取り分は合計1万ドルに達した / She was so hungry that she ordered an extra *portion* of potatoes. 彼女は大変空腹だったのでじゃがいもを別に1皿注文した.
類義語 ⇒ part.
対立語 whole.
【慣用句】 *a portion of* … 少しばかり[若干]の…. *portion out* 分配する.

port・ly /pɔ́ːrtli/ 形 〔形式ばった語〕太っていることを遠回しに表し, かっぷくの良い.
語源 port⁵ から. 初期近代英語から.

port・man・teau /pɔːrtmǽntou/ 名 C (複 ~s, -teaux/-z/) 〔古風な語〕両開きの大型の**旅行かばん**.
語源 フランス語 *portemanteau* (= cloak carrier; *porter* to carry + *manteau* cloak) が初期近代英語に入った.
【複合語】 **portmánteau wòrd** 名 C 《言》かばん語, 混成語.

por・trait /pɔ́ːrtreit/ 名 C 〔一般語〕 一般義 人間の, 特に顔または上半身の**肖像(画)**. その他 人物写真, 顔写真, 似顔絵, 胸像, 彫像の意. また, 一般に人物や場所, 風物の描写, 叙述の意にもなる.
語源 古フランス語 *portraire* (⇒ portray) の過去分詞から初期近代英語に入った.
用例 She had her *portrait* painted by a famous artist. 彼女は有名な画家に肖像画を描いてもらった / Thomas Hardy's novels are well-known for their *portraits* of country life. トーマス・ハーディの小説は田園生活の描写で有名である.
関連語 painting; drawing; photograph; picture.
【派生語】 **pórtraitist** 名 C 肖像画家, 人物写真家.
portraiture /pɔ́ːrtritʃər/ 名 U 肖像画法, 《集合的》肖像画, 絵や写真による人物描写, 言葉による描

por・tray /pɔːrtréi/ 動 本来他 〔一般語〕 一般義 肖像を描く. その他 絵または言葉によって人や物を**生き生きと表現する**, また演劇で役を演じるの意にもなる.
語源 ラテン語 *protrahere* (= to draw forth; *pro* forth + *trahere* to draw) が古フランス語 *portraire* を経て中英語に入った.
【派生語】 **portráyal** 名 UC.

Por・tu・gal /pɔ́ːrtʃugəl/ 名 ポルトガル《★正式名 the Republic of Portugal; 首都 Lisbon; Pg., Port. と略す》.
【派生語】 **Pòrtuguése** 形 ポルトガルの, ポルトガル人[語, 系]の. 名 CU (複 ~) ポルトガル人, ポルトガル語.

pose /póuz/ 名 C 動 本来自 〔一般語〕 一般義 絵や写真のためにモデルがとる**姿勢**, **ポーズ**. その他 モデルのポーズはしばしば気取ったように見えることから, 《軽蔑的》気取った[取りつくろった]態度, 気取り, 見せかけ. 一般的には心構え, 精神的態度などの意. 動 として, 絵と写真のためにモデルがポーズをとる. …のふりをする (as), 《軽蔑的》気取る, 注目や称賛を得ようとして実物以上の姿を見せかける. 他 としてポーズをとらせる, 〔形式ばった語〕問題や質問を提起する, 要求などを持ち出す.
語源 ラテン語 *pausa* (= pause) から派生した後期ラテン語 *pausare* (= to cease) が俗ラテン語 **ponere* (= to put) の意味で中フランス語 *poser* (= to put in position) として入り, それが中英語に入った.
用例 The model was asked to adopt various *poses* for the photographer. モデルはカメラマンにいろいろなポーズをとるように要求された / His indignation was only a *pose*. 彼の憤慨はほんの見せかけにすぎなかった / He *posed* as a doctor. 彼は医者のようなふりをした.
【派生語】 **póser** 名 C 写真のためにポーズをとる人, 〔くだけた語〕気取り屋, すまし屋; 難問, 難題.

po・seur /pouzə́ːr/ 名 C 〔一般語〕他人の注目を集めようと格好をつける**気取り屋**.
語源 フランス語 *poser* (= to pose) の派生形 *poseur* (= poser) が19世紀に入った.

posh /páʃ|pɔ́ʃ/ 形 〔ややくだけた語〕《主に英》上流階級のような好みや態度が華やかでしゃれている, ぜいたくな, **豪華な**.
語源 不詳.
類義語 smart; fashionable; exclusive.

po・si・tion /pəzíʃən/ 名 C 動 本来他 〔一般語〕 一般義 他の物や場所との関係において人や物が存在する**位置**, **場所**. その他 人がいたり, 物がある適当な場所や所定の位置, 適所. 一定の位置における姿勢, 態度, 様子, さらに状勢, 形勢, 立場, 境遇. 組織や社会における位置ということで, 地位, 身分, 〔やや形式ばった語〕職, 勤め口. 問題についての心的態度ということで, 見解, 考え方, 意見を意味する. 動 として〔形式ばった語〕適当な場所に置く, 特定の位置につける.
語源 ラテン語 *ponere* (= to lay down; to place) の過去分詞 *positus* から派生した *positio* が古フランス語を経て中英語に入った.
用例 The house is in a beautiful *position*. その家はすばらしい所にある / He lay in an uncomfortable *position*. 彼は窮屈な姿勢で横たわっていた / He has a good *position* in [with] a local bank. 彼は地元の銀行に格好の勤め口を得ている / Let me explain my *position* on employment. 雇用について私の見解を説明させてください / He *positioned* the lamp in the middle of the table. 彼はテーブルの真ん中にランプを置いた.
類義語 ⇒ job.
【慣用句】 *be in a position to* … …できる立場にある, …することができる. *be in* [*out of*] *position* 適切な位置にいる[いない], 所を得ている[いない]. *be put into position* = be in position. *jockey* [*manoeuvre*, *jostle*] *for position* 〔ややくだけた表現〕有利な地位[立場]を得ようと必死に[巧みに]画策する. *take the position* (*that*) … …という立場[見解]をとる.
【派生語】 **posítional** 形 位置(上)の, 地位の.

pos・i・tive /pázətiv|pɔ́z-/ 形 C 〔一般語〕 一般義 積極的な. その他 本来は「はっきりと解決された」, すなわち明確な, 疑いのない, 確実な, 確信しているの意である. 「確信がある」ことから積極的な意になり,

設的な, 進歩的な, さらに肯定的な, プラスの, プラスの方に向うなどの意となる. また実在の, 実際的な, 〖哲〗実証的な, 〖文法〗形容詞, 副詞などの比較級, 最上級に対して原級の, 〖数〗零より大きい正の, プラスの, 〖電〗正[陽]電気の, 〖医〗陽性の, 〖写〗陽画の. 名 としては, 性質, 特徴, 程度, 確実性など, 〖哲〗実在, 〖電〗陽極(板), 〖数〗正数, 正符号, 〖文法〗(the ~)原級, 原形, 〖写〗陽画面を指す.

語源 ラテン語 ponere (=to lay down; to place) の過去分詞 positus から派生した positivus (=laid down formally) が古フランス語 positif を経て中英語に入った. ⇒position.

用例 Take a more positive attitude to life. 人生に対してもっと積極的な態度をとりなさい/He gave a positive answer to the question. 彼はその質問にそうだと認める返事をした[肯定の答えをした]/I'm positive he's right. 彼が正しいと確信している/In an electric(al) circuit, electrons flow to the positive terminal. 電気回路では電子がプラスの電極に流れる.

類義語 sure; true.
反義語 negative; doubtful.
対照語 neutral.

【派生語】pósitively 副 はっきりと, 明確に, 〔くだけた語〕全く, 絶対的に, (質問の答などで) もちろんだとも, 全くその通り 〔語法〕この意味では (米) ではしばしば pòsitively と発音する), 自信をもって, 積極的に. pósitiveness 名 Ⓤ. pósitivism 名 Ⓤ 〖哲〗実証主義, 実証哲学, 確信, 明確性, 積極性, 独断性.
【複合語】pósitive degrée 名 (the ~)〖文法〗原級. pósitive póle 名 Ⓒ〖電〗陽極, 磁石の N 極, 北極.

pos·i·tron /pázɪtrɑn | pózɪtrɔn/ 名 Ⓒ 〖理〗陽電子, ポジトロン.
語源 positive + electron. 20 世紀から.

pos·se /pási | pósi/ 名 Ⓒ 〔一般義〕特定の目的のために集められた一団の人, 警官などの一隊.
語源 「権力」の意のラテン語 posse が初期近代英語に入った.

pos·sess /pəzés/ 動 本来他 〔形式ばった語〕〔一般義〕物や財産を所有する, 占有する, 所有物として持っている. その他 才能や性質などを備えている, 持つ, 持っている. さらに心身を制御する, (~ oneself で) 忍耐する, 自制する. また (通例受身で) 悪霊やある感情, 観念が人や物に取りつく, 乗り移る, 乗り移って何かをさせるの意.
語源 ラテン語 possidere (=to possess; potis able + sidere to sit down) の過去分詞 possessus が古フランス語を経て中英語に入った. 「支配者として座る」→「〜を手に入れる, 占領する」→「所有する」のように意味が変化した.

用例 How much money does he possess? 彼はどのくらいお金を所持しているのだろうか/Fury suddenly possessed her. 怒りが突然彼女を捕えた/He possessed his soul in patience. 彼はじっと我慢していた.
類義語 have.

【慣用句】be possessed of ...〔語〕...を所有している.
【派生語】posséssed 形 悪霊や観念に取りつかれた, 気の狂った. posséssion 名 Ⓤ 所有, 占有, 所有物, 財産, 領土, 悪霊や観念に取りつかれること, 魅入られること, こびりついた観念[感情]: be in possession of ... ...を所有している. come into possession of ... ...を手に入れる. get [gain; take] possession of ... ...を手に入れる. posséssive 形 所有の, 〔軽蔑的〕所有[独占]欲の強い, 〖文法〗所有格を表す, 所有格の. 名 = possessive case: **possesive adjective** 〖文法〗所有形容詞 (★your, his など)/**possessive case** 〖文法〗(the ~)所有格, 所有格の語句/**possessive pronoun** 〖文法〗所有代名詞. posséssively 副 所有物として, わがもの顔に, 〖文法〗所有代名詞[所有格]として. posséssor 名 Ⓒ 所有者, 占有者.

possibility ⇒possible.

pos·si·ble /pásəbl | pós-/ 形 Ⓒ 〔一般義〕一般義 物事が可能な, 実行できる, 実現できる. その他 物事がひょっとしたら可能性という起こり得る, あり[なり]得る, 考えられる. また (最上級や all, every などと共に用いて) それらの意味を強めて, できる限りの, 〔くだけた語〕十分ではないがまずまずの, まあまあの, 一応我慢できる, 満足できる, 受け入れられる. 名 として (the ~)あり得ること, 可能性, さらに可能性のある人を指す.

語源 ラテン語 posse (=to be able; potis able + esse to be) から派生した possibilis (=that may be done) が古フランス語を経て中英語に入った.

用例 It is a difficult but possible plan. それは困難だが実現可能な計画だ/It is possible that (=Perhaps) the train is late. 列車が遅れるかもしれない/We need all possible help. 可能な限りの援助が必要だ/I've thought of a possible solution to the problem. この問題に対して一応満足できる解答を考

類義語 possible; probable; likely: **possible** は状況次第では起こり得る, あり得る, なし得るを指す. **probable** は単にあり得るだけでなく, 大いに確実性がある意: It's possible but not probable. それは可能かもしれないが, 実際にはあり得ない. **likely** は possible と probable の中間的意味で, 単に可能なだけでなくある程度の確実性があるをいう.

【慣用句】as ... as possible できるだけ... do one's possible 全力を尽くす. if (it is) possible=if at all possible.
【派生語】pòssibílity 名 Ⓤ Ⓒ 可能であること, 可能性, 起こり得ること, 実現性, 実現可能な事柄, 先の見込み, 将来性. póssibly 副 《文修飾語として》ことによると, ひょっとして, 多分, ことを肯定文で) どうにか, できるかぎり, 《can を伴う否定文で》どうしても...ない, 《can を伴う疑問文で》なんとか: I may possibly be late. 私はもしかすると遅れるかもしれない/"Will you have time to do it?" "Possibly."「あなたはそれをする時間がありますか」「多分ね」/I'll come as soon as I possibly can. できるだけ早く参ります.

pos·sum /pásəm | pós-/ 名 Ⓒ 〔くだけた語〕《米》オポッサム (opossum), ふくろねずみ.
語源 opossum の頭部が消失したもの. 初期近代英語から.

post¹ /póʊst/ 名 Ⓤ Ⓒ 動 本来他 〔一般義〕一般義 《英》郵便(制度, 時に a ~)《集合的》郵便物, 1 回に配達される手紙や小包の郵便(物), (the ~)その郵便物の集配, 配達 (語法 (米) では主に mail を用いる). その他 〔くだけた語〕《英》郵便局 (post office), ポスト (postbox, (米) mailbox). また新聞名として...ポストのように用いる. 動 として 《主に英》郵便物をポストに入れる, 投函する, 郵便局に出す, 郵送する《(米)

mail).〖簿記〗仕訳帳から元帳に**転記する**,元帳に必要事項を記入する.

[語源] ラテン語 *ponere* (=to place) の過去分詞の女性形 *posita* から派生した古イタリア語 *posta* (=station) が古フランス語 *poste* (=relay station; courier) を経て初期近代英語に入った.

[用例] Is there any *post* for me? 郵便物がきていますか/Take this letter to the *post*. この手紙を郵便局に出して[ポストに入れて]ください/He *posted* the parcel yesterday. 彼は小包を昨日郵送した.

【慣用句】**by post**《英》郵便で: I sent the book *by post*. 本を郵送した. **by return of post**《英》折り返し(次)の便で: Please send a reply *by return of post*. 折り返し(次)の便で返事を下さい. **cross in the post**《英》手紙などが行き違いになる.

【派生語】**póstage** 名 U 郵便料金, 郵税, 郵送料: **postage meter**《米》郵便料金別納証印器機, 別納郵便料金メーター(《英》franking-machine)/**postage stamp** 郵便切手(stamp). **póstal** 形 郵便(局)の. 名 C =postal card: **postal card**《米》官製[私製](postcard)/**postal order**《英》郵便為替(〖語法〗PO と略す)(《米》money order)/**Postal Service** (the ~)《米》郵政公社.

【複合語】**póstbag** 名 C 郵便袋(《米》mailbag), (単数形で) 1 回に配達される郵便物. **póst-bòx** 名 C《英》投函用の郵便ポスト, 個々の家の郵便受け(《米》mailbox). **póstcàrd, póst càrd** 名 C (絵)はがき(★《英》は官製と私製があるが,《英》では私製のみで絵はがき (picture postcard) を指すのが普通). **póstcòde** 名 C《英》郵便番号(★文字と数字を組み合わせたもの. (《米》zip code は数字のみ). **post-frée** 形 副 郵便料金[郵税]無料の[で],《英》郵便料金[郵税]前払いの[で](《米》postpaid). **póstman** 名 C《英》郵便集配人(《米》mailman). **póstmàrk** 名 C 郵便の消印. 動 本末裁 郵便物に消印をおす. **póstmàster** 名 C 郵便局長. **Postmaster Géneral** 名 C 郵政公社総裁. **póstmistress** 名 C 女性郵便局長. **póst òffice** 名 C|U 郵便局(★P.O., 略. (the P-O-)《英》郵政省, 郵政公社(★正式名 the British Post Office Corporation. 1982 年以降);《米》〖遊戯〗郵便局ごっこ(★局長になった子供が異性から手紙のかわりにキスを受ける). **post-office bòx** 名 C 郵便局の私書箱(〖語法〗P.O.B., POB, PO Box などと略す). **póstpáid** 形 副 郵便料金[郵税]受取人払いの[で],《米》郵便料金[郵税]前払いの[で](《英》post-free).

post[2] /póust/ 名 動 本末裁 [一般義] 本末裁 木や金属などでできていて地面に垂直に立てて物を支えたり, 取りつけたりする柱, 杭(く). その他 標柱, 道標, 門柱, さお, 《競馬》出発[決勝]点を示す標識柱. 家具ではいすの背もたれ, 寝台の天蓋, たんすの四角(く)を支えている直立した支柱. また〖くだけた語〗サッカーなどのゴールポスト(goalpost). 動 (up), 貼ることによって**掲示する**, 知らせる, 公示する, 公表する, 《米》自分の土地に侵入禁止〖禁猟〗の札を立てる.

[語源] ラテン語 *postis* (=doorpost) が古英語に入った.

[用例] The notice was nailed to a *post*. お知らせが柱に鋲でとめられた[くぎで打ちつけられた]/a telegraph *post* 電信柱, 電柱/They *posted* a sign on the wall. 壁に掲示物を貼った/*Post* [Stick] no bills. 貼り紙禁止/The soldier was *posted* (as) missing. 兵士は行方不明と公表された.

[類義語] ⇒pillar.

【慣用句】**beat … on [at] the post** 決勝点, 目標地点におけるわずかの差で…を負かす: His horse got *beaten at the post*. 彼の馬はわずかの差で決勝点で敗れた. **be first past the post**《主に英》競馬や選挙などでわずかの差で 1 着になる[勝つ]. **be left at the post** 人に先を越されているのにぼけっとして[茫然として]いる. **be on the wrong [right] side of the post** 行動を誤る[誤らない]. **between you and me and the post**《英》ごく内緒で, ここだけの話だが. **deaf as a post [a stone, a (door) nail, an adder]** 全く聞こえないで. **from pillar to post=from post to pillar** あちらこちらへ(あてもなく), 追いこまれて, 災難などが次から次へと. **kiss the post** 夜遅く帰って締め出しを食う. **pip at [on] the post**〖くだけた表現〗最後のところで打ち負かす. **post and paling [railing]** 柵(さく). **run one's head against a post [a stone wall]** 無理なことを試みる, 無駄骨を折る.

【派生語】**póster** 名 C 掲示板などに貼る広告びら, ポスター: **poster color [paint]** ポスターカラー.

post[3] /póust/ 名 [やや形式ばった語] 一般義 会社, 組織内での**地位, 職, 官職**. その他 兵士, 警官, 看護婦などの**持ち場, 責任分担部署[区域]**, 番兵などの警戒区域. 軍隊では特に遠隔地の人口も少ない駐屯部隊, 兵営地, 駐屯部隊. 《英軍》就寝合図の任務をもったらっぱ手のならす就床[消灯]らっぱ. 《米》在郷[退役]軍人会支部. 動 として, 兵士, 警官, 看護婦などを部署につける, **配置する**, 特定の土地に配属する, 転任させる. 《英軍》隊長, 艦長, 司令官などの指揮官に**任命する**.

[語源] ラテン語 *ponere* (=to place) の過去分詞の中性形 *positum* が古イタリア語 *posto*, 古フランス語 *poste* (=relay station; courier) を経て初期近代英語に入った.

[用例] He has a *post* in the government. 彼は政府機関に勤めている/The soldier remained at his *post*. 兵士はなおも持ち場についていた/He was *posted* abroad. 彼は海外に配置された.

[類義語] position.

【派生語】**pósting** 名 C《主に英》特に軍人の**配属**, 配置.

【複合語】**póst exchànge** 名 C《米陸軍》営舎内の物品販売店, 酒保 (〖語法〗PX と略す).

post- /póust/ 接頭 時間的, 空間的に「後の」「次の」「以後の」を意味する.

[語源] ラテン語 *post* (=behind; after) が中英語に入った.

[対照語] ante-; pre-.

postage ⇒post[1].

postal ⇒post[1].

post·bel·lum /pòustbéləm/ 形 [一般義] 戦争後の,《米》特に南北戦争後の.

[語源] ラテン語 *post* (=after)+*bellum* (=war) が 19 世紀に入った.

post·date /pòustdéit/ 動 本末裁, /´-`/ 名 C [一般義] 本末裁 手紙, 小切手, 事件などの日付けを実際よりも遅らせる, **事後日付にする**. その他 時間的に…の後に続く[来る]. 名 として事後日付.

[語源] post-+date. 初期近代英語から.
[対照語] antedate; predate.

poster ⇒post².

poste restante /póust restá:nt/ [名] [U] 〔一般語〕指定表示として郵便物に書く局留め(郵便)《米》general delivery), 《主に英》郵便局の局留めの郵便物係.
[語源] フランス語 poste restante (=letters remaining at the post office).

pos·te·ri·or /pɑstíəriər|pɔ-/ [形] [C] 〔形式ばった語〕[一般義] 時間や順序が後の. [その他] 場所や位置が後の, 後部の. [名] として《戯言》しり, 臀(でん)部.
[語源] ラテン語 post (=after) から派生した posterus (=coming next) の比較級 posterior (=latter) が初期近代英語に入った.

posteriori ⇒a posteriori.

pos·ter·i·ty /pɑstérəti|pɔ-/ [名] [U] 〔一般語〕《集合的》後世(代)(の人々), 子孫.
[語源] ラテン語 posterus (⇒posterior) の派生形 posteritas が古フランス語を経て中英語に入った.
[用例] The treasures must be kept for posterity. 宝は子孫にとっておかねばならない.
[類義語] offspring; descendant.
[反意語] ancestry.
【慣用句】**go down to posterity** 後世に伝わる.

pos·tern /póustə:rn/ [名] [C] 〔文語〕私的に家族や従業員などが使う出入口, 裏門, 通用口.
[語源] ラテン語 posterus (=back door) の女性形 postera の指小語 posterula が古フランス語 posterne を経て中英語に入った.

post·grad·u·ate /pòustgrǽdʒuit|-dju-/ [形] [名] [C] 〔一般語〕《英》大学院の. [名] として大学院生.
[語源] post-+graduate. 19 世紀から.
[語法] 《米》では graduate を用いる.
[関連語] undergraduate (学部生).

post·hu·mous /pástʃuməs|póstju-/ [形] 〔一般語〕名声, 著書, 賞などが本人の死後に現れる[出版される, 与えられる].
[語源] ラテン語 posterus (=coming after) の最上級 postumus に, humus (=earth) または humare (=to bury) との連想で posthumus となり, それが初期近代英語に入った.
【派生語】**pósthumously** [副].

post·im·pres·sion·ism /pòustimpréʃənizəm/ [名] [U] 《美》後期印象派.
[語源] post-+impressionism. 20 世紀から.
【派生語】**pòstimpréssionist** [名] [C]. **pòstimpressionístic** [形].

post·mod·ern /pòustmádərn/ [形] 《芸》ポストモダンの, 最先端の, 今どきの.
【派生語】**pòst-módernism** [名] [U]. **pòst-módernist** [名] [C] [形].

post·mor·tem /pòustmɔ́:rtəm/ [名] [C] [形] 〔一般語〕検死解剖. [その他] 比喩的に事後の検討, 反省. [形] として, 出来事などが死後に起きる.
[語源] ラテン語 post mortem (post after, mortem death) が 18 世紀から入った.

post·pone /poustpóun/ [動] [本来化] 〔一般語〕物事を当初予定していた時より遅らせる, 延期する, あとにまわしにする (《語法》目的語は名詞または動名詞で不定詞はとらない).

[語源] ラテン語 postponere (=to place after; post after+ponere to place) が初期近代英語に入った.
[用例] The football match has been postponed (till tomorrow) because of the bad weather. 天気が悪いのでフットボールの試合が(明日まで)延期された.
[類義語] postpone; put off; delay; defer: **postpone** は何らかの(意図的な)理由で一定の期日まで延期すること. **put off** はくだけた語で意味は postpone とほぼ同じ. **delay** は過失や失敗など何らかの事情が起きたり, まごまごずして不特定期間, 遅らせること. **defer** は形式ばった語で, 何らかの事情, 原因があって熟慮した上もっと良い時期までわざと延期することを指す.
【派生語】**póstponement** [名] [U][C].

post·script /póustskript/ [名] [C] 〔一般語〕[一般義] 手紙の本文に書きもらしたことを続けて書く追伸(《語法》P.S.と略す). [その他] 著書や論文などのあと書き, 後記.
[語源] ラテン語 postscribere (=to write after; post after+scribere to write) の過去分詞 postscriptum が初期近代英語に入った.

pos·tu·late /pástʃuleit|póstju-/ [動] [本来化] [名] [C] 〔形式ばったこととして仮定する, 前提とする. [名] として仮定, 前提条件.
[語源] ラテン語 postulare (=to ask for; to require) の過去分詞 postulatus が初期近代英語に入った.

pos·ture /pástʃər|pós-/ [名] [U][C] 〔一般語〕[一般義] 身体の姿勢. [その他] モデルなどの特定の姿勢, ポーズ, 比喩的に精神的な態度, 心構え. [動] として《悪い意味で》偽りの態度をとる, 気取ったポーズをとる, 不自然な態度をとる.
[語源] ラテン語 ponere (=to place) の過去分詞 positus から派生した posituram (=position) がイタリア語, フランス語を経て初期近代英語に入った.

post·war /póustwɔ́:r/ [形] 〔一般語〕戦後の.

po·sy /póuzi/ [名] [C] 〔一般語〕小さい花束.
[語源] poesy (詩, 韻文, 贈物の指輪などに彫る銘) の母音の一つ消失して初期近代英語に入った.

pot /pát|pɔ́t/ [名] [動] [本来化] 〔一般語〕[一般義] つぼ, 鉢, かめ, びん, 深なべなどの丸くて深い容器(★金属製, 陶磁器製, ガラス製で, 取っ手とふたの有無に関係ない. 料理や食事で流動物, 固形物を入れたり植物を植えるのに用いる). [その他] つぼ[鉢, なべ] 1 杯分. 1 杯分ということから, 《the ~》ポーカーなどの 1 回の賭け金, 《米》共同出資金, 《俗語》スポーツの賞杯, 賞金, 賞杯, 〔くだけた語〕大金. また子供用便器, 寝室用便器, 〔くだけた語〕太鼓腹(の人), 手当たり次第の射撃, 〔俗語〕マリファナの意もある. [動] としてつぼ[びん]に入れる[入れて保存する], なべに入れて料理する, 植物を鉢に植える, 猟で鳥などを撃つ, 〔くだけた語〕幼児を室内便器[おまる]に座らせるの意.
[語源] 古英語 pott から.
[用例] Please help me wash up all these pots and pans. これらのなべかま[台所用具]を洗うのを手伝ってください/They've eaten a whole pot of jam. 彼らはびんのジャムを全部食べてしまった/She made a pot of tea. 彼女はポット 1 杯のお茶を入れた/He's getting a pot. 彼は次第に太鼓腹になっている.
[日英比較] 英語の pot には「魔法びん」の意味はない. 魔法びんは Thermos (bottle) または 《英》(thermos) flask という.
【慣用句】**all to pot** 〔くだけた表現〕ごちゃごちゃになって. **go to pot** 〔くだけた表現〕落ちぶれる, 堕落する. **in**

one's pot 酔っぱらって. *keep the pot boiling*〔くだけた表現〕なんとか暮らしを立てていく, 物事を景気よく続けていく. *make a pot at …* …に顔をゆがめる. *make the pot boil* 暮らしを立てる. *put …'s pot on* 人を密告する. *talk about pots and kettles* 自分のことをたなに上げて言う《★The *pot* calls the kettle black.「なべはかまを黒いという(目くそ鼻くそを笑う)」のことわざから》.

【派生語】**pótful** 图 C ポット1杯分(の量). **pótted** 形〔限定用法〕なべ(つぼ)に入っている, 鉢植えの, びん詰めの, 《英》《ときに軽蔑的》本などを皮相的に要約した.

【複合語】**pótbèllied** 形 太鼓腹の, ストーブやびんなどがだるま型の. **pótbelly** 图 C 《しばしば軽蔑的》太鼓腹(の人). **pótbelly (stóve)** 图 C 《米》だるまストーブ. **pótbòiler** 图 C〔くだけた話〕〔軽蔑的〕金もうけのための粗製文学[美術]作品, その作家[画家]. **pótbòund** 形 植物が植木鉢いっぱいに根を張った. **pótheàd** 图 C 《俗》マリファナの常習者. **pótherb** 图 C 煮て食べる野菜, パセリなどの薬味用の野菜. **póthòle** 图 C 路面のくぼみ, 深い洞穴, 《地》甌穴. 動 本来自 《英》趣味で洞窟を探検する. **pótholer** 图 C 《英》洞窟探検家. **pótholing** 图 U 《英》洞窟探検. **pótʰùnter** 图 C〔くだけた話〕〔軽蔑的〕手当たり次第に撃つ狩猟家, 賞品目当ての競技参加者, 素人の考古品採集家. **pótluck** 图 U 有り合わせの料理: take *potluck* 客が有り合わせの料理で食事をする, 運を天に任せる. **pótpìe** 图 CU 《米》表面をパイ皮でおおい, なべや深皿で焼いた肉入りパイ, 肉だんご入りシチュー. **pót plànt** 图 C 鉢植え植物. **pót ròast** 图 UC とろ火で料理したなべ焼き牛肉(の1片). **pótshèrd** 图 C〔考〕発掘された陶器[土器]の破片, せとかけ. **pótshòt** 图 C 規制を無視した獲物目当ての射撃[発砲], ねらい撃ち, 近距離射撃, 〔くだけた話〕乱射, 出まかせの批判.

po·tage /poutáːʒ, pɔ-/ 图 UC 〔一般義〕とろっとした濃いスープ, ポタージュ.
語源 古フランス語 *potage* (=contents of a pot) が初期近代英語に入った.

pot·ash /pátæʃ|pɔ́t-/ 图 U 〔一般義〕炭酸カリウム, カリ.
語源 オランダ語の廃語 *potaschen* (=pot ashes) から初期近代英語に入った. 元来炭酸カリウムは, なべで木灰のあく汁を蒸発させて作られた.

po·tas·si·um /pətǽsiəm/ 图 U 《化》カリウム《★元素記号 K》.
語源 ラテン語 *potassa* (=potash) から19世紀に入った.
【複合語】**potássium cýanide** 图 U シアン化カリウム, 青酸カリ.

po·ta·tion /poutéiʃən/ 图 CU〔やや形式ばった語〕一般義 《複数形で》酒を多量に飲むこと, 深酒. その他 一般的に飲むこと, また酒, 飲料.
語源 ラテン語 *potare* (=to drink) の 图 *potatio* (=act of drinking) が中英語に入った.

po·ta·to /pətéitou/ 图 UC 《植》じゃがいも, また食用となるその根茎. また《主に米》さつまいも(sweet potato).
語源 特に区別するときは, じゃがいもは white potato または Irish potato という.
語源 スペイン語 *batata* (=sweet potato) の変形 *patata* (=white potato) が初期近代英語に入った. *batata* は西インド諸島のタイノ語からの借用.
用例 She bought 2 kilos of *potatoes*. 彼女はじゃがいもを2キロ買った.
【複合語】**potáto chìps** [《英》**crìsps**] 图 《複》ポテトチップ(ス). **potáto màsher** 图 C じゃがいもすりつぶし器.

potency ⇒potent.
po·tent /póutənt/ 形 〔形式ばった語〕一般義 勢力のある, 影響力の強い. その他 本来「できる, 力がある」の意で, 説得力のある, 薬品などが効力のある, 男性が性的能力のあるなどの意.
語源 ラテン語 *posse* (=to be able) の現在分詞 *potens* (=able) が中英語に入った.
関連語 influential; powerful.
【派生語】**pótency** 图 U. **pótently** 副.

po·ten·tate /póutənteit/ 图 C〔一般義〕有力者, 君主, 主権者.
語源 ラテン語 *potentatus* (=power; rule) が中英語に入った.

po·ten·tial /pəténʃəl/ 形 U〔一般義〕一般義 今後発展, 発達の可能性のある, 見込みのある. その他 潜在的な. 图 として可能性, 将来性, また潜在能力.
語源 ラテン語 *potens* (⇒potent) から派生した後期ラテン語 *potentialis* (=powerful) が古フランス語を経て中英語に入った.
関連語 latent.
【派生語】**poténtially** 副. **potèntiálity** 图 U.
【複合語】**poténtial énergy** 图 U 《理》位置エネルギー.

potful ⇒pot.
pothead ⇒pot.
po·tion /póuʃən/ 图 C〔やや古風な語〕薬, 特に毒薬などの一服.
語源 ラテン語 *potare* (=to drink) の 图 *potio* (=drink) が中英語に入った.

potluck ⇒pot.
Po·to·mac /pətóumək/ 图 固 (the ~) 米国ワシントン D.C. を流れるポトマック川.

pot·pour·ri /pòupurí:/ 图 CU〔一般義〕一般義 乾燥させた花と香料を混ぜてつぼに入れたもの, ポプリ, 雑香. その他 音楽や文学で作品を寄せ集めたもの, 混成曲(medley), 雑集(miscellany).
語源 スペイン語 *olla podrida* (=rotten pot) のフランス語訳 *pot pourri* (肉のごたまぜシチュー) が18世紀に入った.

pot·tage /pátidʒ|pɔ́t-/ 图 UC〔一般義〕野菜または肉の入った濃いスープ, ポタージュ.
語源 古フランス語 *potage* (⇒potage) が中英語に入った. 本来は potage と同じ語.

pot·ter¹ /pátər|pɔ́t-/ 图 C 〔一般義〕陶器を製作する人, 陶芸家, 陶工.
語源 古英語 *pottere* から. ⇒pot.
【派生語】**póttery** 图 U 陶器製造(業, 法), 《集合的》陶器, 陶器製造所.
【複合語】**pótter's whèel** 图 C ろくろ.

pot·ter² /pátər|pɔ́t-/ 動 《英》=putter².
pot·ty¹ /páti|pɔ́ti/ 图 C 《小児語》子供用便器.
語源 pot+-y. 20世紀から.
【複合語】**pótty-chàir** 图 C 子供用の腰掛便器. **pótty-tràin** 動 本来他 子供に便器を使うようにしつける.

pot·ty² /páti|póti/ 形 〔くだけた語〕《英》頭が少しおかしい、いかれた、考えなどがばかげた、物事に夢中になっている、大したに足りない、ちっぽけな.
[語源] 不詳.

pouch /páutʃ/ 名 C 〔一般語〕[一般義] 小物を入れる袋、小袋、ポーチ、[その他]《米》郵便袋.
[語源] 古フランス語 poche (=pocket; bag) が中英語に入った.

pouf /púːf/ 名 C 〔一般語〕いすや足のせ台の代用にする円筒形の厚いクッション.
[語源] 「ふくらんだもの」を意味するフランス語 pouf が19世紀に入った.

poulterer ⇒poultry.

poul·tice /póultis/ 名 C 動 [本来他]〔一般語〕のり状の湿布薬、パップ剤.
動 として湿布する.
[語源] ラテン語 puls (=pottage) の複数形 pultes (=thick paste) が中英語に入った.

poul·try /póultri/ 名 U 〔一般語〕《複数扱い》家禽(きん)(★鶏、あひる、七面鳥、がちょう、きじなど肉と卵が食用となるものをさす)、また《単数扱い》その肉.
[語源] 古フランス語 poule (=hen; chicken) の指小語 poulet (=young fowl) から派生した中フランス語 pouleterie (=poultry) が中英語に入った.
[用例] The meat shop sells a wide range of cooked, frozen and fresh *poultry*. 肉屋は広範囲にわたる鳥肉を、煮たり冷凍したり、生のままで売っている.
[関連語] fowl.
【派生語】**poúlterer** 名 C 《英》家禽商、鳥肉屋.
【複合語】**poúltryman** 名 C 養鶏[養鶏]業者、鳥肉屋.

pounce /páuns/ 動 [本来自] 名 C 〔一般語〕[一般義] 獲物を捕えようとして急に飛びかかる、突然襲う (on; upon; at). 名 として急に飛びかかること、急襲.
[語源] 不詳.

pound¹ /páund/ 名 C 〔一般語〕[一般義] 重量の単位としてのポンド (★一般に用いる常衡ポンド (avoirdupois pound) では1ポンド=16 オンス (ounces)=約454 グラム、貴金属や薬品に用いる金衡ポンド (troy pound) では1ポンド=12 オンス=約373 グラム、記号は lb.《複 lbs.》で、古代ローマの重量単位 libra による). [その他] 英国、アイルランドなど連合王国の貨幣単位としてのポンド (★英国のものは特に pound sterling という. 1ポンド=100 ペンス (pence). 記号は £, L で、ラテン語 libra の頭文字による. 1971年貨幣制度が改革されるまでは1ポンド=20 シリング (shillings)=240 ペンス (pence). またイスラエル、レバノン、キプロス、リビア、ナイジェリア、シリアの貨幣単位でもある.《the ~》英国の貨幣制度、ポンド相場の意にもなる.
[語源] ラテン語 pondus (=weight) が西ゲルマン語を経て古英語に pund として入った.
[用例] It weighs fourteen *pounds* [14 lbs]. その目方は14 ポンドだ/It costs £10 [10 *pounds*]. その値段は10 ポンドだ/He has many £10 [10-*pound*] notes. 彼は10 ポンド紙幣をたくさん持っている.
[関連語] sterling; penny; dollar.
【慣用句】**by the pound** ポンド単位で: Suger is sold *by the pound* here. ここでは砂糖はポンド単位で売られている. ***one's pound of flesh*** 証文通りの苛酷な貸金取り立て、ひどい要求 (Shakespeare の *Merchant of Venice*; 99, 308): He demanded his *pound of flesh*. 彼は苛酷な貸金取り立てを迫った. ***pound for [and] pound*** 等分に.
【派生語】**póundage** 名 U 金額または重量1ポンド当たりに支払う税金[手数料, 歩合など].
【複合語】**póund cáke** C U パウンド・ケーキ (★バター、小麦粉、卵、砂糖など材料をそれぞれ1ポンドずつ使って作ることから). **pound-fóolish** 大金の使い方が下手な、一文惜しみの百失ないの. **póund stérling** 名 C 英貨1ポンド.

pound² /páund/ 動 [本来他] 名 C 〔一般語〕[一般義] こぶし、きね、ハンマーなどの道具、または武器などで連続的に強く打つ、激しくたたき続ける. [その他] ドアなどをたたきこわす、連続的に強打することから粉々にする、すりつぶす、また道路をドスドスンと踏みつけて歩く、ピアノ、ドラムなどをどんどんたたいて音を出す、ポンポン弾奏する、敵に猛烈な攻撃を加えるの意となる. 人の頭に繰返したたきこむの意味もある. 名 として強打(の音)、連打(の音).
[語源] 古英語 pūnian (=to beat; to bruise) が中英語で pounen となり、それが語形変化した.
[用例] He *pounded* the table in rage. 彼は激怒のあまり、テーブルを激しく何度もたたいた/She *pounded* the dried bread into crumbs. 彼女は乾燥パンを粉々に砕いた/He *pounded* down the road. 彼は道路をドスドスンと踏みつけて歩いた.
[類義語] beat.
【慣用句】***pound one's ear*** 〔俗語〕《米》眠る. ***pound out*** ピアノなどをたたいて曲を演奏する、パソコンなどをたたいて小説などを作り出す. ***pound the books*** 〔俗語〕《米》猛勉強する.
【派生語】**póunding** 名 U C 強打、連打、ドスドスンと歩くこと、心臓などの鼓動、惨敗.

pound³ /páund/ 名 C 〔一般語〕[一般義] 所有主不明の犬や猫などを収容する所、所有主不明の品物や駐車違反の車を入れておく公共の置き場.
[語源] 古英語 pund (=enclosure) から.

pour /pɔ́ːr/ 動 [本来他] 〔一般語〕[一般義] 液体や流動物を注ぐ、流し込む. [その他] 光や熱などを注ぐ、放射する、弾丸を浴びせる、侮辱の言葉などを浴びせかける. 物や金を大量に供給する、建物が人を吐き出す. 自 として、液体が流れ(出)る、言葉などが口からどっと出てくる、人などがどんどん押し寄せる、《it を主語として》雨が激しく降る.
[語源] 中英語 pouren から. それ以前は不詳.
[用例] She *poured* the milk into a bowl. 彼女はミルクをボウルに注いだ/People were *pouring* out of the factory. 工場から人がどんどん出て来ていた/It was *pouring* this morning. 今朝はどしゃぶりだった.
【慣用句】***pour cold water on [over]* ...** 〔くだけた表現〕人や計画などにけちをつける(てやる気をなくす). ***pour it on*** 〔くだけた表現〕《米》やたらにお世辞を言う、全力を注いで努力する. ***pour out*** 考えや感情をぶちまける、ぺらぺらと打ちあける、お茶などを注ぐ: She *poured out* words. 彼女は言葉をよどみなく発した.

pout /páut/ 動 [本来自] 名 C 〔一般語〕子供がすねたり、不満を表す時などにする、ふくれ面(をする).
[語源] 中英語 pouten から. それ以前は不詳.

pov·er·ty /pávərti|pɔ́və-/ U C 〔一般語〕[一般義] 貧乏(であること)、貧困. [その他]《形式ばった語》《軽蔑

的)《単数形で》欠乏, 欠如, 数量の不足, 土地の不毛, 思想の貧困, 劣悪などの意となる.

[語源] ラテン語 pauper (⇒poor) から派生した *paupertas* が古フランス語 *poverte* を経て中英語に入った.

[用例] They lived in extreme *poverty*. 彼らは極貧の中で生活していた/His written work shows *poverty* of imagination. 彼の著作は想像力の貧困を示している.

[類義語] want.

[関連語] poorness (数量の不足, 不十分, 身体の病弱, 性質などの貧弱, 劣等さ).

[反意語] riches.

【複合語】 **póverty líne** 名《the ~》貧困線, 最低生活水準. **póverty-stricken** 形 貧乏に苦しんでいる, 非常に貧乏な.

POW /píːòudʌ́bljuː(ː)/ 名 C 〔一般語〕戦争捕虜 (prisoner of war).

pow・der /páudər/ 名 UC 動 本来語 〔一般語〕
[一般義] こまかく砕いた粉, 粉末. [その他]《しばしば複合語で》種々の粉末製品, 粉末剤を指し, 粉おしろい, 粉石けん, 歯磨きの粉, くしゃくしら粉, [古語] 粉薬, 散薬, また火薬, 爆薬 (gun powder). 本来は土ぼこりの意で, 粉雪を指すこともある. 動 として 粉(状)にする, 粉をふりかける, 粉おしろいをつける.

[語源] ラテン語 *pulvis* (=dust) が古フランス語 *poudre* を経て中英語に入った.

[用例] They grinded the spices into a *powder*. スパイスをひいて粉にした/The doctor gave me some *powders* to take. 医者が飲むようにと粉薬をくれた.

[慣用句] **keep one's powder dry** 万一に備える, 準備万端して待つ(★「火薬」の意味から). **powder and shot** 弾薬, (くだけた表現) 労力, 費用. **powder one's nose** 化粧直しをする, 《婉曲表現》お手洗いに行く. **smell powder** 実戦の経験をする. **take a powder** 行方をくらます, ずらかる.

[派生語] **powdered** 形 砂糖, ミルクなどが粉状に製造［乾燥］された, 粉末状の, 粉をかけた. **powdery** 形 粉になりやすい, 粉のような, 粉だらけの.

【複合語】 **pówder kèg** 名 C 金属製の火薬だる, 戦争や災難などの火種(なな), 潜在的危険物[危険状態]. **pówder pùff** 名 C 化粧用パフ(〔語法〕単に puff ともいう). **pówder ròom** 名 C 〔婉曲語〕ホテル, 劇場, 公共の建物の婦人用洗面所. **pówder snòw** 名 U 粉雪.

pow・er /páuər|páuə/ 名 UC 動 本来語 〔一般語〕
[一般義] 物事を行なう力, 能力. [その他]《複数形で》精神的には知力, 精神力, 肉体的には体力, さらに精神的, 肉体的強さ, 才能を指す. グループの中での力ということで, 権力, 支配力[権], 権勢, 権威を意味し, 政治的には政治力, 政治的支配, 統制力, 法律的には法律の能力, 権限, 軍事的には軍事力, 兵力, 自然科学では動力, 機械的[物理的]エネルギー, 電力の意となる. 力をもつ者ということで, 権力者, 有力者, 実力者, 勢力家, 強い国ということで, 〔数〕乗, 累乗, レンズの倍率. 動 として 《通例受身で》動力[電力]を供給する, 乗物などにエンジンを付ける.

[語源] ラテン語 *posse* (=to be able) から派生した俗ラテン語 **potere* (=to be powerful) が古フランス語 *poeir* (=to be able) を経て中英語に pouer として入った.

[用例] A cat has the *power* of seeing in the dark. 猫は暗闇でも物を見る能力がある/I'll help you if it is within my *power* (=if I can). もし私にできるなら助けてあげましょう/Several rival groups were fighting for *power*. 対立する幾つかのグループが支配権を求めて戦っていた/He is quite a *power* in the government. 彼は政府内ではすごい実力者である/China has become one of the world industrial *powers*. 中国は世界の工業大国の1つになった/2×2×2 or 2^3 is the third *power* of 2, or 2 to the *power* of 3. 2×2×2 すなわち 2^3 は2の3乗である.

[類義語] power; force; strength; might: **power** は精神的, 肉体的に物事をなしうる力, 能力をさす最も一般的な語. **force** は power を発揮して抵抗する物を打ち砕くことを指す力. **strength** は人や物に内在している power で, 圧迫, 緊張, 攻撃に抵抗するために発揮する力. **might** は文語で, 絶対に否定できないほど強力, 超大な力を指す.

[反意語] impotence.

[慣用句] *a [the] power of ...* 〔くだけた表現〕多数の..., 多量の.... *beyond [out of; not within; outside] one's power(s)* ...の力の及ばない, 権限外の. *come [sweep] into power* 政権をとる. *do ... a power of good [harm]* ...に非常に役立つ[害になる]: My help will do him a power of good. 私の援助は彼に大いに役立つだろう. *do everything in [within] one's power* 出来る限りのことをする. *have [hold] power over ...* ...に対して支配力[影響力]を持つ. *in [out of] power* 政権を握って[離れて]. *More power to your elbow!* 〔くだけた語〕がんばってね, しっかりやれ. *power behind the throne* 陰の実力者. *power in the land* 実力者. *the power of life and death* 生殺与奪の権. *the powers that be* 〔ややくだけた表現〕《戯言》当局, その筋.

[派生語] **powered** 形《しばしば複合語で》...の動力を備えた: powered vehicles 動力車, 乗り物/nuclear-powered submarine 原子力潜水艦. **powerful** 形 強力な, 強力のある, 説得力のある, 人を動かす, 効果的な, 効き目のある, レンズの倍率が高い. **powerless** 形 無力な, 弱い, 権力のない. **powerlessly** 副 無力に, 頼りなく.

【複合語】 **pówer báse** 名 C 政治基盤, 支持母体. **pówerbòat** 名 C レース用の強力なモーターボート, 発動機船. **pówer bráke** 名 C 動力ブレーキ. **pówer bròker** 名 C 政界の黒幕. **pówer cùt** 名 C 停電, 送電停止. **pówer díve** 名 C 〔空〕エンジンをかけたままの急降下. **pówer-díve** 動 本来自 〔空〕エンジンをかけたままで急降下する[させる]. **pówer gàme** 名 C 権力闘争. **pówerhòuse** 名 C 発電所, 精力家, 強力なグループ. **pówer plánt** 名 C 〔米〕発電所, 発電装置. **pówer pólitics** 名 C 《単数または複数扱い》権力政治, 武力外交. **pówer sàw** 名 C 電動のこぎり. **pówer shàring** 名 U 権力分担. **pówer shòvel** 名 C 〔米〕大型の動力シャベル. **pówer stàtion** 名 C 発電所. **pówer stéering** 名 C 自動車の動力かじ取り装置. **pówer strúcture** 名 U 〔米〕権力機構(に携わる人々). **pówer strúggle** 名 C 権力闘争.

pox /páks|póks/ 名 〔くだけた語〕《the ~》梅毒 (syphilis).

pp.¹ /péidʒiz/《略》=pages (〔語法〕複数のページ数やページがまたがる場合に用いる).

pp.², p.p. 《略》=past participle.

ppm, p.p.m., PPM /píːpíːém/《略》=parts per million (百万分率).

ppr, p.pr.《略》=present participle.

P.R., PR /píːάːr/《略》=public relations.

prac‧ti‧ca‧ble /pr&ktikəbl/ 形 〔一般義〕 一般義 計画などが実行可能な. その他 橋や道路などが使用できる.
語源 フランス語 practiquer (=to practice) から派生した practicable が初期近代英語に入った.
派生語 pràcticabílity 名 U. prácticableness 名 U. prácticably 副.

prac‧ti‧cal /pr&ktikəl/ 形 C 〔一般義〕 一般義 状況, 行為, 考え, 問題などが実際的な, 実践的な, 現実的な. その他 実用的な, 実際に役立つ. 人が実地に慣れた, 実地の経験を積んだ, 実務に適した, 経験に富んだ, 老練な. 名目ではなく実質上の, 事実上の意もある. 名 C として実習, 実地試験.
語源 ギリシャ語 prattein (=to do) から派生した praktikos (=concerned with action) がラテン語 practicus を経て初期近代英語に入った.
用例 There are some practical difficulties. 現実的な困難がある/His knowledge is practical rather than theoretical. 彼の知識は理論的というよりむしろ実際的である/a practical book 実用書/You must try to find a practical answer to the problem. その問題に対しては実際に役立つ解答を見つけなければならないよ.
対照語 theoretical.
【慣用句】 *for all practical purposes* 実際(に)は, 事実上.
派生語 prácticalism 名 U 実用主義. prácticalist 名 C 実用主義者. prácticálity 名 UC 実際的[実用的]なこと[もの], 実用性, 実用主義, 実際問題. prácticaly 副 ほとんど, 実際的に, 実用的方法で, 実質的に, 事実上. prácticalness 名 U.
複合語 práctical jóke 名 C 口先ではなく実際に行なった悪ふざけ, いたずら. práctical jóker 名 C 悪ふざけをする人.

prac‧tice /pr&ktis/ 名 UC 動 本来他 〔一般義〕
一般義 繰り返し行う練習. その他 常時, 繰り返される規則的な行為, すなわち慣例, 慣行, 習慣, 癖, ならわし. また本来の意味で, 物事の実行, 実施, そこから医者や弁護士などの特殊な専門的な業務, 仕事, 開業とより, 【法】訴訟手続の意となる. さらに開業している場所[地域], 《集合的》医者の患者, 弁護士の依頼人などを指す. 動 (★《英》practise) としては, 〔形式ばった語〕 習慣として絶えず実行する, 実施する, 実践する, 反復実行することから, 練習する, 訓練する, 医者や弁護士が開業する.
語源 ギリシャ語 praktikos (⇒practical) の女性形 praktikē (=practical work) がラテン語 practice, 中フランス語 practique を経て中英語に入った.
用例 It is normal practice for travel agents to make a charge for their services. 旅行代理業者が自分たちの業務に対して代金を請求するのは通常, 慣例となっている/They have sports practices every day after school. 彼らは放課後, 毎日運動の練習をしている/Practice makes perfect.《ことわざ》練習は完全をもたらす(習うより慣れよ)/He has a large practice in Edinburgh. 彼の所はエジンバラで大いにはやっている.
類義語 practice; exercise; drill: practice はさらに高い技術や技能を身につけるために同じことを常時, 習慣になるほど反復して規則正しく計画的に練習することを意味する. exercise はすでに習得されたことをさらに組織的, 体系的に練習することを指し, 応用練習などを中心とする. drill は指導者のもとで集団的に行われる厳しい反復的訓練のことを意味する.
対照語 theory.
【慣用句】 *as a matter of practice* 事実上, だいたい. *be* [*get*] *out of practice* 練習不足である[になる], 腕が落ちている[落ちる]. *in practice* 実際上は, 実際問題として, 熟練して, 医者や弁護士などが開業して. *make a practice of doing*=*make it a practice to do* …するのを常習としている. *put* [*bring*; *carry*; *translate*] … *into* [ ] *practice* …を実行に移す. *set up a* [*go into*] *practice* 開業する.
派生語 prácticed,《英》práctised 形 練習を積み, 経験豊かな, 練達した, 上手な, 手馴れた. practítioner 名 C 開業医, 弁護士.
複合語 práctice tèacher 名 C《主に米》教育実習生. práctice tèaching 名 U《主に米》教育実習.

prag‧mat‧ic /prægmǽtik/ 形 〔一般義〕 実用的な, 実際的な, 《哲》実用主義の.
語源 ギリシャ語 prattein (=to do) の 名 pragma (=deed) から派生した 形 pragmatikos (=relating to fact) がラテン語 pragmaticus を経て初期近代英語に入った.
派生語 pragmátical 形 =pragmatic. pragmátically 副. pragmáticism 名 U =pragmatism. pragmátics 名 U《哲・言》語用論. prágmatism 名 U《哲》. prágmatist 名 C.

prai‧rie /préəri/ 名 C 〔一般義〕 一般義 特に北米, ミシシッピー川流域の平らで樹木がほとんどない肥えた大草原, プレーリー. その他 一般に草原地帯, 牧草地.
語源 ラテン語 pratum (=meadow) が古フランス語 praerie を経て初期近代英語に入った.
用例 I saw the green, oceanlike expanse of prairie. 緑の大海原のように広がる大草原を見た.
複合語 práirie dòg 名 C《動》プレーリードッグ (★リス科). práirie schòoner 名 C《米》植民地時代, 大平原 (Great Plains) を横断するのに用いた大型幌馬車.

praise /préiz/ 動 本来他 名 U 〔一般義〕 一般義 人, 行為, 物事などをほめる, 賞賛する. その他〔形式ばった語〕神などを歌, 詩などで賛美する, たたえる, ほめまつる. 名 として〔ほめられる〕こと, 賞賛,〔形式ばった語〕神への崇拝, 賛美, 礼賛.
語源 ラテン語 pretium (=price) から派生した後期ラテン語 pretiare (=to prize) が古フランス語 preisier を経て中英語に入った.
用例 He praised her beauty and her singing. 彼は彼女の美しさと歌をほめた/Praise the Lord! 主を賛えよ/He has received a lot of praise for his musical skill. 彼は音楽的にすぐれた腕前を大いにほめられた.
反意語 blame.
【慣用句】 *be loud* [*warm*] *in* …*'s praise*(*s*) [*in the praise*(*s*) *of* …] …を口をきわめてほめそやす. *beyond all praise* いくらほめてもほめきれない. *in praise of* … …をほめて. *praise* … *to the skies* …を公然とほめちぎ

ぎる. *sing* ...'*s praises* 人をほめる. *sing* ...'*s own praises* 《しばしば軽蔑的》自画自賛する. *sing* [*chant*] *the praise of* ......をほめそやす.
【複合語】**práiseworthy** 形 〔形式ばった語〕うまく行っていないのだが**賞賛に値する**, ほめられる, あっぱれな, 感心な.

pram /prǽm/ 名 C 〔一般語〕《英》乳母車 (perambulator).

prance /prǽns | -á:-/ 動 本来自 名 C 〔一般語〕 一般義 馬が**跳躍**する. その他 人の様子から**威張って歩く**, 馬の跳躍, 人の威張った歩きぶり.
語源 中英語 praunen から. それ以前は不詳.

prank /prǽŋk/ 名 C 〔一般語〕ふざけて行なうこと, いたずら.
語源 不詳.
【派生語】**pránkish** 形. **pránkster** 名 C いたずら者.

prate /préit/ 動 本来自 〔古風な語〕つまらないことを**長々としゃべる**, むだ口をきく.
語源 中期オランダ語 praten (= chatter) が中英語に入った.

prat·tle /prǽtl/ 動 本来自 名 U 〔一般語〕一般義 子供が**片言を言う**. その他 大人が愚かに[子供のように]話す, むだ口をきく. 名 としては, 子供の片言, 大人のむだ口.
語源 中期低地ドイツ語 pratelen (= to chatter) が初期近代英語に入った.
【派生語】**práttler** 名 C むだ口をきく人.

prawn /prɔ́:n/ 名 C 〔動〕大きさ 20cm 位の食用のえび, くるまえびなど.
語源 中英語 prane から. それ以前は不詳.

pray /préi/ 動 本来自他 〔一般語〕一般義 **祈る**, 祈願する. その他 〔古風な語〕**懇請**[**懇願**]する, 強く希望する. 〔古語・文語〕願わくは[お願いだから]...し給えのように懇望, 依頼, 丁寧な質問をする時に用い, please の意. 間 としても用いられる.
語源 ラテン語 prex (= request) から派生した precari (= to beg; to pray) が古フランス語 preier を経て中英語に入った.
用例 She *prayed* to God to help her. 彼女は神にお助け下さいとお祈りした/I hope and *pray* that he gets here in time. 彼が遅れずにここに来てくれることを強く希望し祈っている/Let us *pray*. お祈りしましょう/Everybody is *praying* for rain. 誰もが雨が降らねばなあと強く願っている.
【慣用句】*be past praying for* 改心[回復]の見込みがない, 祈ってもむだである(Shakespeare の *Henry IV*, II, iv, ll, 209-11). *I* [*We*] *pray you to do* [*that* ...]〔文語〕願わくは...し給え.
【派生語】**prayer**¹ /préər/ 名 ⇒見出し. **práyer** /préiər/ 名 C 祈る人, 祈願者.
【複合語】**práying mántis** [**mántid**] 名 C 〘昆虫〙かまきり.

prayer /préər/ 名 UC (⇒pray)〔一般語〕**祈り**, 祈禱(きとう), Lord's Prayer (主の祈り)など定式化された**祈禱の言葉**, 《しばしば複数形で》**祈禱式**, 《複数形で》礼拝. また嘆願, 請願.
【複合語】**práyer bòok** 名 C 祈禱書, 《the P- B-》英国国教会祈禱書(The Book of Common Prayer). **práyer mèeting** 名 C プロテスタント教会の祈禱会.

pre- /pri, pri:/ 接頭 時間的に「前」「以前の」「あらかじめ」, 空間的に「前」「前部の」の意.
語源 ラテン語 prae (= in front of; before) が古フランス語 pre- を経て中英語に入った.
対år語 post-.

preach /prí:tʃ/ 動 本来自 〔一般語〕 一般義 宗教家が礼拝などの儀式で信仰, 道徳について**説教する**, 伝道する. その他 人に訓戒する, 《しばしば軽蔑的》くどくど[押しつけがましく]**説諭**する, 説論する. 他 として, 宗教家が福音である**を伝道する**, 説教する, また唱道する, ...であると教えさとす, 主張する.
語源 ラテン語 praedicare (= to proclaim publicly; *prae*- before + *dicare* to proclaim) が古フランス語 preēchier を経て中英語に入った.
用例 The vicar *preached* on [about] pride. 牧師が高慢について説教した/Don't *preach* at [to] me. 説教しないでくれ/He *preaches* caution. 注意するようにと彼はさとした(★形式ばった表現).
【慣用句】*preach against* ...の反対を説く, ...を戒める. *preach down* 人を説きふせる, 説教して口やかましくけなす. *preach ... out of ...* 人に説教して...しないようにさせる. *preach to deaf ears* 聞こうとしない人に説教する, 馬の耳に念仏である. *preach to the converted* すでに改宗した人に説教する, 釈迦に説法する. *preach up* 説教してほめる, 推賞する, ほめそやす.
【派生語】**préacher** 名 C 説教者, 伝道師, 牧師, 訓戒者, 主張者, 唱道者. **préachify** 動 本来自 〔くだけた語〕《軽蔑的》くどくど[長々]とお説教する. **préachy** 形 説教じみた, 説教好きな.

pre·am·ble /prí:æmbl | -´-/ 名 C 〔形式ばった語〕憲法や条約などの**前文**, 序文.
語源 後期ラテン語 praeambulum (= walking before) が古フランス語を経て中英語に入った.

pre·ar·range /prì:əréindʒ/ 動 本来他 〔一般語〕**前もって打ち合わせをする**, 予定する.
語源 pre- + arrange. 19 世紀から.
【派生語】**prèarrángement** 名 U.

pre·can·cer·ous /prì:kǽnsərəs/ 形 〘医〙がんの**前期の**, 前がん症状の.
語源 pre- + cancerous. 19 世紀から.

pre·car·i·ous /prikέəriəs/ 形 〔形式ばった語〕一般義 **危険な**, 不安定な. その他 当てにならない, あやふやな.
語源 ラテン語 prex (= prayer) から派生した precarius (= obtained by begging; uncertain) が初期近代英語に入った.
【派生語】**precáriously** 副. **precáriousness** 名 U.

pre·cast /prì:kǽst | -á:-/ 形 〘土木〙コンクリートが工場で建築ブロック用に作られた.
語源 pre- + cast. 20 世紀から.

pre·cau·tion /prikɔ́:ʃən/ 名 UC 〔一般語〕**危険などに対する用心**, 警戒, 予防手段[措置], 予防[予備]策.
語源 ラテン語 praecavere (= to guard against; *prae*- before + *cavere* to beware) の名 praecautio がフランス語を経て初期近代英語に入った.
用例 If you want to avoid accidents you must take *precautions*. 事故を避けたければ予防策をとらなければならない.

precede

【慣用句】**by way of precaution** 念のため, 用心のため. **take precautions against ...** ...に用心[警戒]する, ...に対して予防手段をとる.
【派生語】**precáutionàry** 形 用心の(ための), 警戒的な, 予防(上)の.

pre·cede /prisíːd/ 動 [本来他] 名 C 〔形式ばった語〕[一般義] 時間や場所の点で他の人や物事に先行する, 先き立つ, 他より先に起きる, 前にある. [その他] 順序や地位, 重要性の面で他より優先する, 上位にいる[ある], 重要である. また何かを...の前に置く, ...に先行させる, 本や演説などで序文や前口上などを...に前置きする《with, by》. 自 としても用いる. 名 として, 新聞雑誌の埋め草的な前文, 組んであった記事よりも重要で優先するため前に置かれる最新ニュース.
[語源] ラテン語 *praecedere* (=to go before; *prae-* before + *cedere* to go) が古フランス語を経て中英語に入った.
[用例] She *preceded* him into the room. 彼女は彼よりも先に部屋に入った / He is mentioned in this chapter and also in the one that *precedes*. 彼のことは本章も, またその前の章でも述べられている / His arrival *preceded* hers by ten minutes. 彼は彼女より10分早く到着した.
[対照語] follow; succeed.
[関連語] proceed.
【派生語】**précedence** 名 U 時間や順序などの先行, 優位, 優先. **précedent** 名 CU 従来の慣例, 先例, 〔法〕判(決)例. **precéding** 形 (the ~; 限定用法) 時間的, 空間的に先行する, 先立つ, すぐ前の, 前述の, (⇔succeeding): the *preceding* year 前年.

pre·cen·tor /pri(ː)séntər/ 名 C 〔一般語〕教会聖歌隊や集会の歌の首唱者, 前唱者.
[語源] ラテン語 *praecinere* (=to sing before; *prae-* before + *canere* to sing) から派生した後期ラテン語 *praecentor* (=leader of the music) が初期近代英語に入った.

pre·cept /príːsept/ 名 UC 〔形式ばった語〕主に道徳上の教え, 教訓.
[語源] ラテン語 *praecipere* (=to admonish; *prae-* before + *capere* to take) の過去分詞の中性形 *praeceptum* (=maxim) が中英語に入った.
【派生語】**precéptive** 形. **precéptor** 名 C.

pre·cinct /príːsiŋkt/ 名 C 〔一般語〕[一般義] 《米》行政上または警察の管理上区別した地域, 選挙区, 警察管区. [その他] 〔形式ばった語〕《複数形で》塀などで囲まれた構内や境内, ある場所の付近, 周囲, 他の地域との境界線. また《英》交通止めなどした特別地区, 特定区域.
[語源] ラテン語 *praecingere* (=to gird around; *prae-* around + *cingere* to gird) から派生した中世ラテン語 *praecinctum* (=something surrounded) が中英語に入った.

pre·cious /préʃəs/ 形 副 名 C 〔一般語〕[一般義] 大変貴重な, 高価な. [その他] 精神的, 道徳的に価値の高い, 尊敬される, 尊い, 《主に女性版》人や時間に対して心優しい, かわいい, 大切な. また《軽蔑的》言葉, 態度, 趣味などが凝りすぎ, いやに気どった, もったいぶった, 〔くだけた語〕〔皮肉・反語〕実にひどい, 大変な, 実にひどいを意味する. 副 として〔くだけた語〕非常に, すごく, やけに, ばかに. 名 として〔くだけた語〕《呼びかけ》大事な[かわいい]人[動物].

[語源] ラテン語 *pretium* (=price) から派生した *pretiosus* (=costly) が中フランス語 *precios* を経て中英語に入った.
[用例] Friendship is a very *precious* thing for us. 友情は我々にとって非常に尊いものである / My children are very *precious* to me. 子どもたちは私にとってかけがえのない[非常にいとしい]ものだ.
[類義語] ⇒valuable.
【派生語】**préciously** 副. **préciousness** 名 U.
【複合語】**précious métal** 名 UC 金, 銀, 白金などの貴金属 (⇔base metal). **précious stóne** 名 C ダイヤモンド, サファイア, エメラルド, ルビーなどの宝石.

prec·i·pice /présipis/ 名 C 〔一般語〕[一般義] 急ながけ, 絶壁. [その他] 比喩的に危険な場所, 危機(的状況).
[語源] ラテン語 *praecipitare* (⇒precipitate) から派生した *praecipitium* (=steep place) がフランス語を経て初期近代英語に入った.

pre·cip·i·tate /prisípiteit/ 動 [本来他], /-tit/ 名 UC 形 〔形式ばった語〕[一般義] 高所から落とす, 投げ落とす. また予想より早く事を生じさせる, 促進する. 〔化〕凝結させる[する], 沈殿させる[する]. 名 として凝結物, 沈殿物. 形 として性急な, あわただしい, そそっかしい.
[語源] ラテン語 *praeceps* (=headlong) から派生した *praecipitare* (=to throw down headlong また逆さまに落とす) の過去分詞 *praecipitatus* が初期近代英語に入った.
【派生語】**precipitátion** 名 UC 落下, 降水[降雨, 降雪](量), 沈殿(物), せっかち, 性急. **precípitous** 形 険しい, 急勾配の, せっかちな. **precípitously** 副. **precípitousness** 名 U.

pré·cis /preisíː/ /-ˈ-/ 名 C 動 [本来他] 文の大意を書く(こと), 要約(する).
[語源] ラテン語 *praecidere* (=to cut short) がフランス語 *précis* (=precise) を経て 18 世紀に入った. ⇒ precise.

pre·cise /prisáis/ 形 〔一般語〕[一般義] 時間, 測定, 寸法, 記録, 器械などが正確な, 精密な. [その他] 数量などが過不足のない, 寸分たがわない, 《通例 the ~》他との区別の強調でまさにその, ぴったりの, 〔形式ばった語〕言葉, 命令などが非常にはっきりした, 明確な, 明瞭な. さらに《しばしば軽蔑的》細かい所まで注意して正確なことから, きちょうめんな, いやに堅苦しい, ひいては厳格なの意にもなる.
[語源] ラテン語 *praecidere* (=to cut short; *prae-* before + *caedere* to cut) の過去分詞 *praecisus* (=abridged; cut off) が古フランス語を経て中英語に入った.
[用例] The *precise* sum of money is $29.99. 正確な合計金額は 29.99 ドルだ / at the *precise* moment まさにその瞬間 / Your directions were not *precise* enough. あなたの命令は的確でない.
[類義語] correct; right; accurate; exact.
【慣用句】**to be precise** 正確[厳密]に言うと.
【派生語】**precísely** 副 正確に, 精密に, ちょうど, きちょうめんに, まさに, 《返答に用いて》まさにその通り, 《文頭で》はっきり言うと. **precíseness** 名 U. **precísion** 名 U 正確, 精密, 的確(性), きちょうめん, 厳格, 精度. 形 精密の, 機械などが高精度の: *precision* apparatus 精密機械. **precísionist** 名 C きちょうめんな人.

pre·clude /priklú:d/ 動 本来他 〔形式ばった語〕他人の行動を前もって封じる, 妨害する, 物事を除外する.
[語源] ラテン語 *praecludere* (= to shut up; *prae-* before + *claudere* to close) が初期近代英語に入った.
[関連語] include; exclude.
【派生語】**preclúsion** 名 U.

pre·co·cious /prikóuʃəs/ 形 〔一般語〕子供が精神的に年齢よりも早く発達している, ませた, 早熟な.
[語源] ラテン語 *praecoquere* (= to cook or ripen before; *prae-* early + *coquere* to cook) から派生した *praecox* (= early maturing) が初期近代英語に入った.
【派生語】**precóciously** 副. **precóciousness** 名 U. **precócity** 名 早熟.

pre·con·ceived /prí:kənsí:vd/ 形 〔一般語〕〔限定用法〕十分な経験や情報をもたずに考えた, 予想した, 先入観をもった.
[語源] pre- + conceive. 初期近代英語から.
【派生語】**prèconcéption** 名 C.

pre·con·di·tion /prì:kəndíʃən/ 名 C 〔一般語〕特定の物事をするのに必要となる条件, 前提条件.
[語源] pre- + condition. 19 世紀から.

pre·cook /prì:kúk/ 動 本来他 〔一般語〕食品を本格調理の前にあらかじめ調理しておく.
[語源] pre- + cook. 20 世紀から.

pre·date /prì:déit/ 動 本来他 〔一般語〕〔一般義〕手紙や小切手などの日付を早くする, 前日付にする. 〔その他〕ある事柄が別の事柄よりも月日[時代]が前である.
[語源] pre- + date. 19 世紀から.
[類義語] antedate.
[対照語] postdate.

pred·a·tor /prédətər/ 名 C 【動】捕食者, 一般に肉食動物, 略奪者.
[語源] ラテン語 *praeda* (= plunder 略奪品) から派生した *praedari* (= to plunder) の派生形 *praedator* (= plunderer) が 20 世紀に入った.
【派生語】**prédatòry** 形.

pre·dawn /prì:dó:n/ 名 U 形 〔形式ばった語〕夜の明けぬ未だ薄暗い時間, 未明(の).
[語源] pre- + dawn. 20 世紀より.

pred·e·ces·sor /prédisèsər, prí:-/ 名 C 〔一般語〕〔一般義〕前任者. 〔その他〕現在あるものより前にあったもの, 〔古風な語〕先祖.
[語源] 後期ラテン語 *praedecessor* (ラテン語 *prae-* before + *decessor* one who leaves) が古フランス語を経て中英語に入った.

predestination ⇒predestine.

pre·des·tine /prì(:)déstin/ 動 本来他 〔形式ばった語〕〔通例受身で〕神が前もって人の運命を予定する, 宿命づける.
[語源] ラテン語 *praedestinare* (= to resolve beforehand) が古フランス語を経て中英語に入った.
【派生語】**predèstinátion** 名 U 天命, 運命, 【神学】予定説 《★この世のことはすべてあらかじめ神によって決められているという説》.

predetermination ⇒predetermine.

pre·de·ter·mine /prì:ditə́:rmin/ 動 本来他 〔形式ばった語〕〔通例受身で〕前もって定める, 予定する.
[語源] 後期ラテン語 *praedeterminare* が初期近代英語に入った.
【派生語】**predètermínátion** 名 U 先決, 予定.

pre·dic·a·ment /pridíkəmənt/ 名 C 〔一般語〕苦しい立場, 困難な状況.
[語源] 後期ラテン語 *praedicamentum* (= what is predicated) が中英語に入った.

pred·i·cate /prédikit/ 名 C 形, /-keit/ 動 本来他 【文法】述語, 述部. 動 として述語の, 述部の, 〔形式ばった語〕ある考えなどを一定の根拠に基づかせる, ある事柄が…であると断定する, 断言する.
[語源] ラテン語 *praedicare* (= to assert publicly) から派生した後期ラテン語 *praedicatum* が中英語に入った.
【派生語】**prèdicátion** 名 U. **prédicative** 形《文法》述語的な, 叙述的な: predicative use 述語用法. **prédicatively** 副. **prédicatory** 形.
【複合語】**prédicate cálculus** 名 U【論】述語計算. **prédicate vérb** 名 C 述語動詞.

pre·dict /pridíkt/ 動 本来他 〔一般語〕予言する, 予報する, 予測する; 予想する. 自 としても用いる.
[語源] ラテン語 *praedicere* (= to say beforehand; *prae-* before + *dicere* to say) の過去分詞が初期近代英語に入った.
[用例] He *predicted* a change in the weather. 彼は天気が変わると予報した / It is difficult to *predict* which political party will win the election. どちらの政党が勝つか予測するのは難しい.
[類義語] prophecy; foretell; forecast.
【派生語】**predictability** 名 U 予測可能性. **predictable** 形 予言[予知, 予報, 予想]できる, あらかじめ分かりきっている, 何ら期待できない, 何ら面白いこともない. **predictably** 副 予想どおりに, 予想されていたことだが. **predíction** 名 UC 予言, 予測, 予報. **predíctive** 形. **predíctor** 名 予言者, 予報者.

pre·di·gest /prì:didʒést/-dai-/ 動 本来他 〔一般語〕〔一般義〕食物を消化しやすいように処理[調理]する. 〔その他〕本などを理解しやすいように書き換える.
[語源] pre- + digest. 初期近代英語から.

pre·di·lec·tion /prì:dilékʃən/ 名 C 〔形式ばった語〕偏った好み, えこひいき.
[語源] 中世ラテン語 *praediligere* (= to prefer; *prae-* before + *diligere* to love) から派生したフランス語が 18 世紀に入った.

pre·dis·pose /prì:dispóuz/ 動 本来他 〔形式ばった語〕〔一般義〕特定の物事を好むように他人を仕向ける, 特定の方向に傾かせる. 〔その他〕【医】病気にかかりやすくする.
[語源] pre- + dispose. 初期近代英語から.
【派生語】**prèdisposítion** 名 CU 傾向, 素質.

predominance ⇒predominate.
predominant ⇒predominate.

pre·dom·i·nate /pridámineit/ |-dóm-/ 動 本来自 〔形式ばった語〕他のものよりも数や力が勝っている, 優勢である.
[語源] 中世ラテン語 *praedominare* の過去分詞 *predominatus* が初期近代英語に入った.
【派生語】**predóminance** 名 U 優勢. **predóminant** 形 優勢な, 有力な, 主要素をなす. **predóminantly** 副.

pree·mie /prí:mi(:)/ 名 C 〔俗語〕〔主に米〕早産児.
[語源] premature が短縮されて 20 世紀に生じた.

preeminence ⇒preeminent.

pre·em·i·nent /prì(:)émənənt/ 形 〔形式ばった語〕

非常に秀でている, 抜群の, 目立った.

[語源] ラテン語 *preeminere* (=to excel; *prae-* before+*eminere* to stand out) の現在分詞 *praeeminens* が中英語に入った.
【派生語】**preéminence** 名 Ⅱ. **preéminently** 副.

pre·empt /pri(:)émpt/ 動 本来自 〔形式ばった語〕
〔一般義〕 一般義 他者を除外して先に獲得する, 先買権によって獲得する. その他 〔米〕 公有地を先買権を得るために占有する, 他者を押しのけて先に自分のものにする, 横取りする.
[語源] preemption からの逆成. preemption は中世ラテン語 *praeemere* (=to buy before) の 名 *praeemptio* が初期近代英語に入った.
【派生語】**preémption** 名 Ⅱ. **preémptive** 形. **preémptively** 副.

preen /pri:n/ 動 本来自 〔一般義〕 一般義 鳥が羽をくちばしで整える. その他 これより身なりを整えるということで, 〔~ oneself で〕おしゃれをする, めかす, また得意になる. 自 としても用いられる.
[語源] 中英語 preinen から. これは古フランス語 *proignier* (=to prune) と *poroindre* (=to anoint before) の混成語.

pre·ex·ist /pri:igzíst/ 動 本来自 〔一般義〕 前から存在する, 先在する.
[語源] pre-+exist. 中英語から.
【派生語】**prèexístence** 名 Ⅱ. **prèexístent** 形.

pre·fab /pri:fǽb, ´-/ 名 Ⅽ 形 〔くだけた語〕組み立て式の家屋, プレハブ住宅(の).
[語源] prefabricated の短縮形. 20 世紀から.

pre·fab·ri·cate /pri:fǽbrəkèit/ 動 本来自 〔一般語〕輸送や組み立てが容易なように工場で建物を規格の部品として生産する, プレハブ方式で造る.
[語源] pre-+fabricate. 20 世紀から.
【派生語】**prefábricated** 形. **prefàbricátion** 名 Ⅱ.

pref·ace /préfəs/ 名 Ⅽ 動 本来自 〔一般義〕 一般義 著者や編者自身が本論の前に書く序文, 序言, 緒言, はしがき, まえがきなど. その他 比喩的に物事のきっかけ, 発端. 動 として 〔形式ばった語〕 本や論文などに序文を書く, 話などで本題の前置きをする, きっかけとなる, 端緒となるなどの意.
[語源] ラテン語 *praefari* (=to say beforehand) の 名 *praefatio* (=words spoken beforehand) が古フランス語を経て中英語に入った.
[用例] The *preface* explained how to use the dictionary. 序文に辞書の用い方が説明してあった.
類義語 preface; foreword: preface は著者や編者本人が著述の目的, 方法などについて書く序文を指し, foreword (⇔afterword) はかなり簡単な序文でしばしば他人が書く.
【派生語】**préfatory** 形 〔形式ばった語〕序文の, 前置きの, 冒頭の.

pre·fect /pri:fekt/ 名 〔一般義〕パリの警視総監. その他 英国のパブリックスクールの監督生.
[語源] ラテン語 *praeficere* (=to place in authority over) の過去分詞 *praefectus* (=one put in charge) が中英語に入った.

prefectural ⇒prefecture.

pre·fec·ture /pri:fektʃər/ 名 Ⅽ Ⅱ 〔一般義〕 一般義 日本やフランスなどの県, 府. その他 県庁, 府庁, 知事公邸, さらに長官[知事]の職[職権, 管轄権, 任期]を指す.
[語源] ラテン語 *praefectus* (⇒prefect) の派生形 *prefectura* (=office of an overseer) が古フランス語を経て中英語に入った.
[用例] My hometown is in Nagasaki *Prefecture*. 私の故郷の町は長崎県にある/The prefect is at work in the *prefecture* now. 長官は現在, 県庁で執務中である.
【派生語】**preféctural** 形 県[府]の.

pre·fer /prifə́:r/ 動 本来自 〔一般語〕 一般義 一方のほうをむしろ好む, 選ぶ, 取る. その他 〔法〕債権者の間で一方の債権者に優先権を与える, 〔形式ばった語〕昇進させる, 特に教会で一方を高い地位に任命する. また 〔法〕裁判所などの公的機関に陳述, 訴訟, 告発などを提出[提起]する, 持ち出すの意.
[語法] ❶ 進行形は用いられない ❷ 二者を比較する ~ A to B (Bより A を好むの場合, A, B には名詞, 代名詞, 動名詞が, 不定詞は来ない. 目的語に不定詞がくる場合には (~ to … rather than+ 不定詞の構文をとり, than の後の to は省略することができる: They *prefer* reading to playing. =They *prefer* to read rather than (to) play. ❸ 二者を比較する類似表現に like A better than B や would rather V1 than V2 があり, 共に prefer A to B よりだけた表現である.
[語源] ラテン語 *praeferre* (=to put before; *prae-* before+*ferre* to carry) が古フランス語を経て中英語に入った.
[用例] Which do you *prefer*—tea or coffee? お茶とコーヒーどちらがよろしいですか/Would you *prefer* to go alone? むしろ一人で行きたいですか/I *prefer* reading to watching television. テレビを見るより読書の方がいい/She would *prefer* to come with you rather than stay here. 彼女はここに居るよりはあなたと一緒に出かけたい.
類義語 like; choose.
【慣用句】*if you prefer* もしその方がよければ.
【派生語】**preferable** /préfərəbl/ 形 …より好ましい, 望ましい, ましな, 選ぶに値する (to). **preferably** 副 好んで, むしろ, いっそ, 〔文修飾副詞〕もしできれば, なるべくなら. **preference** 名 ⇒見出し. **prèferéntial** 形 〔限定用法〕優先の, 優先権のある, 選択的な, 差別的な. **preférment** 名 Ⅱ Ⅽ 昇進, 昇給, 昇任, 抜擢, 優先権を与えること, 告発などの提起.
【複合語】**preférred stóck** 名 Ⅽ 〔米〕優先株(〔英〕 preference stock).

pref·er·ence /préfərəns/ 名 Ⅱ Ⅽ (⇒prefer)〔一般義〕 一般義 他よりも好むこと (to). その他 えり好み, 選択, ひいき. また他よりも好まれる[優先される]もの[こと] (to), 優位, 貿易上の優遇, 特恵.
【慣用句】*by [for] preference* 好んで, なるべくなら. *have a preference to [for]* …の方を好む[選ぶ]. *in preference to* … …よりはむしろ.
[語源] ラテン語 *praeferre* (⇒prefer) から派生した中世ラテン語 *praeferentia* が古フランス語を経て中英語に入った.
【複合語】**préference stóck** 名 Ⅽ 〔英〕優先株 (〔米〕 preferred stock).

pre·fig·ure /pri:fígjər/ 動 本来自 〔形式ばった語〕あらかじめ提示する, 予想する.
[語源] ラテン語 (*praefigurare* *prae-* before+*figurare*

to form, to fashion) が古フランス語を経て中英語に入った.

【派生語】**prefigurátion**

pre·fix /príːfiks/ 名 C, /-ˊ-/ 動 本来他 【文法】接頭辞. また氏名の前につける Mr., Dr. などの敬称. 動 としては, あるものの前に置く, 文に序文をつける, 人名の前に敬称をつける, 【文法】語に接頭辞として付ける.

[語源] ラテン語 *praefigere* (= to fix before) の過去分詞 *praefixus* が初期近代英語に入った. 動 は古フランス語 *prefixer* (= to place before) からで, 中英語より.

pregnancy ⇒ pregnant.

preg·nant /prégnənt/ 形 一般語 一般義 女性, 動物の雌が**妊娠**している, **受胎**している. その他 一般に物事の内容が満たされている, 充満していることから, [形式ばった語] 比喩的な言葉, 行動, 表情などが**意味深い**, **含蓄のある**, 考えなどが豊かな, **想像力に富む**, 物事が可能性に**富んだ**, **満ちあふれた**, 重大な結果をもたらんだ, [古語] 土地がよく実る, 豊穣な, 肥沃ななどを意味する.

[語源] ラテン語 *praegnas* (= before birth; *prae-* before + *gnasci* to be born) から派生した *praegnans* (= with child) が中英語に入った.

[用例] She is *pregnant* with her first child. 彼女は最初の子供を懐妊している/She is six months *pregnant*. 彼女は妊娠 6 か月である/Most proverbs contain *pregnant* meanings. 大部分のことわざには含蓄のある意味がこめられている.

【派生語】**prégnancy** 名 UC 妊娠, 懐妊(期間), 豊富, 充満, 含蓄, 意味深長, 想像力に可能性に富んだこと, 肥沃, 多産: **pregnancy test** 妊娠検査.

pre·heat /prìːhíːt/ 動 本来他 〔一般語〕 オーブンなどを前もって温める.

[語源] pre-+heat. 19 世紀から.

pre·hen·sile /prihénsəl/ -sail/ 形 【動】尾や足が物をつかむのに適している, 把握作用を持つ.

[語源] ラテン語 *pr(a)ehendere* (= to grasp) の過去分詞 *prehensus* がフランス語を経て 18 世紀に入った.

【派生語】**prèhensílity** 名 U.

prehistoric ⇒ prehistory.

pre·his·to·ry /priːhístəri/ 名 UC 〔一般語〕 人類の歴史が始まる以前の時代, **前史時代**. その他 前史時代を研究すること, **先史学**または**先史人類学**. 〔単数形で〕ある出来事が起きるまでのいきさつ, **事件の由来**.

[語源] pre-+history. 19 世紀から.

【派生語】**prèhistóric**, **-cal** 形. **prèhistórically** 副.

pre·judge /priːdʒʌ́dʒ/ 動 本来他 〔一般語〕 一般義 早計な判断を下す, 前もって判断する, また十分審理をしないで判決を下す.

[語源] ラテン語 *praejudicare* がフランス語を経て初期近代英語に入った.

【派生語】**prejúdgment**, 〔英〕**prejúdgement** 名 UC.

prej·u·dice /prédʒudis/ 名 CU 動 本来他 〔一般語〕 一般義 不十分な知識や考えに基づく人々や物に対してあらかじめ抱く悪い**先入観**, **偏見**. その他 普通悪い意味に用いるが, 《~ in favor of で》良い先入観を表す. 〔形式ばった語〕他人の偏見や判断, 行為によって生じた**不利益**, **損害**, **権利の侵害**. 動 として 《しばしば受身で》人などに**偏見を抱かせる**, **ひがませる**, 偏見などにより人に**損害を与える**, **権利を侵害する**.

[語源] ラテン語 *praejudicium* (= previous judgment; *prae-* before + *judicium* judgment) が古フランス語を経て中英語に入った.

[用例] have a *prejudice* against [in favor of] ... ...に偏見を持つ[をひいきにする]/racial *prejudice* 人種的偏見/His life in the army had *prejudiced* him against laziness and lack of discipline. 軍隊生活をしたため彼は怠惰と規則の欠如を毛嫌いしていた/Your illegible handwriting will *prejudice* your chances of passing the exam. 手書きの字が読みにくいため試験に合格するチャンスを失うだろう.

[類義語] bias; partiality; predirection.

【慣用句】 **in [to] the prejudice of ...** ...に損害[迷惑]をかけて, ...を侵害して. **without prejudice to ...** [形式ばった表現]...に偏見なしに, ...(の権利)を侵害することなしに.

【派生語】**préjudiced** 形 〔軽蔑的〕偏見を持った, 先入観にとらわれている, 不公平な. **prèjudícial** 形 〔形式ばった語〕偏見を持った, 損害を与える, 不利な.

prejudicial ⇒ prejudice.

prelacy ⇒ prelate.

prel·ate /prélit/ 名 C 【キ教】司教や大司教など高位の聖職者.

[語源] ラテン語 *praeferre* (⇒ prefer) の過去分詞 *praelatus* が中世ラテン語で名詞化して, 古フランス語を経て中英語に入った.

【派生語】**prélacy** 名 U 高位聖職者の職[地位].

pre·lim /príːlim/ 名 C 〔くだけた語〕《複数形で》予備試験.

[語源] preliminary examination の短縮形.

pre·lim·i·nar·y /prilímənèri/ -nəri/ 形 名 C 〔形式ばった語〕 一般義 より重要な事柄や本番の**準備となる**, **予備的な**. その他 本論や本文の**序(文)となる**, **前置きの**, **手始めの**, **仮の**. 名 として《しばしば複数形で》**予備行為[手段, 段階]**, **準備**, **前置き**, 下ごしらえ, 学位を取るための**予備試験**, 競技の**予選**, ボクシングなどの**前座試合**.

[語源] ラテン語 *prae-* (= before) + *liminaris* (= of a threshold) から成る近代ラテン語 *praeliminaris* (= preliminary) がフランス語を経て初期近代英語に入った.

[用例] The chairman made a few *preliminary* remarks before introducing the speakers. 司会者は演説者を紹介する前に前置きの言葉を述べた/take a *preliminary* examination 予備試験を受ける/a *preliminary* hearing 予審.

[類義語] preliminary; introductory; preparatory: **preliminary** は予備的な状態や行動, 本題, 本論に入る前の予備的なこと表す. **introductory** は本題の第 1 段階となる基本的な情報だから成ること, 入門的なことを表す. **preparatory** は形式ばった語で, 意味の上では preliminary と近いが, 結果として生じる事に備えるを強調している.

[対照語] concluding.

【慣用句】 **preliminary to ...** ...の準備として, ...に先立って. **without preliminaries** 前置きなしに, 単刀直入に.

pre·lude /préljuːd/ 名 C 動 本来他 【楽】**前奏曲**, **プレリュード**, 【劇】**序幕**, 本文に対する**序文**, さらに〔形

ばった語]前口上,事件の前触れ,前兆. 動 として〔形式ばった語〕出来事などの前触れとなる,…の前置きを述べる.
[語源] ラテン語 *praeludere* (*prae-* before+*ludere* to play) から派生した中世ラテン語 *praeludium* (= prelude) が初期近代英語に入った.

pre·mar·i·tal /pri:mǽrətl/ 形〔形式ばった語〕男女関係について,結婚前に起こる,婚前の.

pre·ma·ture /pri:mətʃúər/prè-/ 形 C 〔一般語〕正常な,または予想される時より前に起きる,年齢の割に早い,時期尚早な.早まった. 名 C 早産児.
[語源] ラテン語 *praematurus* (*prae-* in advance+*maturus* ripe) が初期近代英語に入った.
【派生語】**prèmatúrely** 副 普通より早く,早まって,早産で. **prèmatúring** 名 早熟.

pre·med /pri:méd/ 名 C 形〔くだけた語〕《米》医学部進学課程,またその学生. 形 として医学部進学課程の. [語源] premedical の短縮形.

pre·med·i·cal /pri:médikəl/ 形〔一般語〕医学部進学課程の.

pre·med·i·tate /pri(:)méditeit/ 動 本来的 〔一般語〕実行する前にあらかじめよく考えておく,犯罪などをあらかじめ計画する,〔法〕予謀する.
[語源] ラテン語 *praemeditari* (*prae-* before+*meditari* to meditate) の過去分詞 *praemeditatus* が初期近代英語に入った.
【派生語】**premédited** 形. **premèditátion** 名 U.

pre·mier /primíər, prí:miər/ prémi-/ 名 C 形〔一般語〕[一般義] フランス,イタリアなどの総理大臣,首相(★英国では普通,首相には prime minister を用いる). [その他] カナダ,オーストラリアの州知事. 形 として第一位の,首位の,首席の,最高の,最も重要の,時間的には最初の,最古の.
[語源] ラテン語 *primarius* (=of the first rank) が古フランス語 *premier* (=first; chief) を経て中英語に入った.
[用例] the Italian *premier* イタリアの首相.
【複合語】**premiership, prémiership** 名 U 首相の職[地位,任期].

pre·mière, pre·miere /primíər/ prémièər/ 名 C 動 本来的 〔一般語〕[一般義] 演劇,オペラ,映画などの公演の初日,初演,映画の封切り. [その他]《米》一座の主役女優. 動 として,演劇,映画を初公開する.
[語源] フランス語 *premier* (=first) の女性形が 19 世紀に入った.

prem·ise /prémis/ 名 C 動 本来的 〔論〕理論の前提. [一般義]〔複数形で〕土地および付属物を含めた家屋,家屋敷. 動 として前置きに述べる,前提とする.
[語源] ラテン語 *praemittere* (=to send in advance) の過去分詞 *praemissum* から派生した中世ラテン語 *praemissa* (=sent on before) が古フランス語 *premisse* を経て中英語に入った.

prem·iss /prémis/ 名 C〔論〕前提(premise).

pre·mi·um /prí:miəm/ 名 C 形〔一般語〕[一般義] 規定の価格以外に支払われる金額,割増金,額面超過金. [その他] 給与の外に支払われる特別賞与,賞金,販売促進のための商品につける景品,個人教授料,支払う謝礼,教授料,サービスに対する手数料,〔保険〕掛け金,保険料. 形 として,他より上質な,高価な.
[語源] ラテン語 *praemium* (=prize; booty; reward)

が初期近代英語に入った.

pre·mo·ni·tion /pri:məníʃən/ 名 C 〔形式ばった語〕普通悪い出来事に対する予感,前兆,将来起きる事の予告,警告.
[語源] ラテン語 *praemonere* (=to warm beforehand) の過去分詞から派生した後期ラテン語 *praemonitio* が初期近代英語に入った.
【派生語】**premónitory** 形.

pre·na·tal /pri:néitəl/ 形〔形式ばった語〕出生前の,胎児期の.

preoccupation ⇒preoccupy.

pre·oc·cu·py /pri(:)ákjupài, -ɔ́k-/ 動 本来的 〔形式ばった語〕《しばしば受身で》人の心を奪って特定のものに夢中にさせる,一途に思い込ませる.
[語源] ラテン語 *praeoccupare* (=to capture in advance) が初期近代英語に入った.
【派生語】**prèoccupátion** 名 U. **preóccupied** 形.

pre·or·dain /pri:ɔrdéin/ 動 本来的 〔形式ばった語〕運命をあらかじめ定める,神などが予定する.
[語源] 後期ラテン語 *praeordinare* が初期近代英語に入った.

prep /prép/ 動 本来的 名 C〔くだけた語〕prepare の短縮形として,準備する,患者に治療[手術]前の準備を施す. 名 として《英》授業の予習,下調べ. また preparatory school の短縮形として,《英》public school へ進学準備のための私立小学校(★8-13歳),《米》大学進学希望者を対象とした寮制の私立高校,またその生徒.
【派生語】**préppy, préppie** 名 C《米》プレップの生徒およびその卒業生,プレッピー. 形 特にスタイル,服装が上流階級の進学校風の,プレッピー風の.
【複合語】**prèp schòol** 名 C = preparatory school.

pre·pack /pri:pǽk/ 動 = prepackage.

pre·pack·age /pri:pǽkidʒ/ 動 本来的 〔一般語〕販売前に食料品などを包装する.

preparation ⇒prepare.

preparatory ⇒prepare.

pre·pare /pripéər/ 動 本来的 〔一般語〕[一般義] 物や人を将来の出来事などに対処できるように準備させる,用意させる. [その他] 料理,薬品,製品などを準備することから,調理する,調合する,製造する,学科の科目の下調べをする,面接する,試験のためなどに準備[予備]教育をする,準備のために訓練をさせる,〔軍〕装備させる. また比喩的に人に心の準備をさせる,覚悟させる. 自 準備する,支度を整える,覚悟する.
[語源] ラテン語 *praeparare* (*prae-* before+*parare* to get ready) が古フランス語 *preparer* を経て中英語に入った.
[用例] *prepare* to go climbing 登山に行く準備をする/Have you *prepared* your speech for Thursday? 木曜日にやる演説の用意はしましたか/*prepare* a meal 食事の支度をする/*prepare* oneself for a long wait 長く待つ覚悟をする.
【慣用句】*prepare against* ... 災害など悪い事などに備える. *prepare for* ... 重大な事,時間のかかることのために準備する: *prepare for* the future 将来に備える/*prepare for* death 死を覚悟する.
【派生語】**prèparátion** 名 UC 用意すること,準備,薬などの調合,食物の調理,《英》授業などの予習,下調べ,予習時間. **preparatory** /pripǽrətɔ̀(:)ri/-tə-/

ri/〕〔形式ばった語〕準備の（類義語）⇒preliminary）: **preparatory school** 進学準備のための学校（⇒prep）. **prepáred** [形] あらかじめ準備[調理]してある, 覚悟のできた, 予期しての, 進んで…する.
prepáredness [名][U] 準備, 用意, 覚悟, 戦備（の充実）.

pre·pay /priːpéi/ [動] 本来他《過去・過分 -paid》〔一般語〕料金を前払いする.

preponderance ⇒preponderate.
preponderant ⇒preponderate.
pre·pon·der·ate /pripɑ́ndəreit|-pɔ́n-/ [動] 本来自〔形式ばった語〕他よりも力[数]が勝る.
[語源] ラテン語 *praeponderare*（＝to outweigh）の過去分詞 *preponderatus* が初期近代英語に入った.
【派生語】**prepónderance** [名][U]. **prepónderant** [形].

prep·o·si·tion /prèpəzíʃən/ [名][C]《文法》前置詞（[語法] prep. と略す）.
[語源] ラテン語 *praepositio*（＝putting before）が中英語に入った.
【派生語】**prèposítional** [形]《文法》前置詞の, 前置詞的な, 前置詞の働きをする: **prepositional phrase** 前置詞句. **prèposítionally** [副].

pre·pos·sess /priːpəzés/ [動] 本来他〔形式ばった語〕（通例受身で）人や物に対する先入観を与える, あらかじめよい印象を与える, 好意を抱かせる.
【派生語】**prèposséssion** [名][U] 先入観.

pre·pos·ter·ous /pripɑ́stərəs|-pɔ́s-/ [形]〔やや形式ばった語〕自然や道理に逆らっている, 途方もない, ばかげた.
[語源] ラテン語 *praeposterus*（*prae-* 前が *posterus* 後に来る, 前後が逆の）が初期近代英語に入った.
【派生語】**prepósterously** [副] 非常識にも, 不合理にも.

preppy, preppie ⇒prep.
pre·puce /príːpjuːs/ [名][C]《解》陰茎, 陰核の包皮.
[語源] ラテン語 *praeputium* が古フランス語を経て中英語に入った.

pre·re·cord /priːrikɔ́ːrd/ [動] 本来他〔一般語〕番組を放送前にあらかじめ録音[録画]する.

pre·req·ui·site /priːrékwəzit/ [形][名][C]〔形式ばった語〕あることを行う前に必要な, 条件などが前もって必要な. [名] として前もって必要なもの, 前提条件, 専門科目などのために前もって取るべき基礎必修科目.

pre·rog·a·tive /prirɑ́gətiv|-rɔ́g-/ [名][C]〔形式ばった語〕特殊な官職者や国王のような, 地位のある人の持つ特権, 特典.
[語源] ラテン語 *prerogare*（＝to ask before）の過去分詞女性形 *prerogativa*（＝privilege）が古フランス語を経て中英語に入った.

pres·age /présidʒ/ [名][C][動] 本来他〔形式ばった語〕不吉事の起きることをあらかじめ知らせること, 虫の知らせ, 前兆, 予感. [動] として…の前兆となる, …を予言する.
[語源] ラテン語 *praesagire*（＝to perceive beforehand）から派生した *praesagium*（＝presentiment）が中英語に入った.

pres·by·ter /prézbətər/ [名][C]《キ教》長老教会の長老, 聖公会の司祭.
[語源] ギリシャ語 *presbus*（＝old man）の比較級 *presbuteros*（＝older man）がラテン語を経て初期近代英語に入った.
【派生語】**Prèsbytérian** [名][C] 長老派教会員. 長老派教会の: **Presbyterian Church**（the ～）長老教会. **Prèsbytérianism** [名][U] 長老派制度. **présbytery** [名][C] 長老会.

pre·school /príːskùːl/ [形][C]〔一般語〕就学前の. [名] として《米》就学前の子供の教育施設, 幼稚園, 保育園.
【派生語】**préschòoler** [名][C] 2-5, 6 歳までの未就学児童, 幼稚園児, 保育園児.

pre·science /préʃəns|-si-/ [名][U]〔形式ばった語〕事件が起きる前に知ること, 予知.
[語源] ラテン語 *praescire*（＝to foreknow）の現在分詞 *praesciens* が中英語に入った.
【派生語】**préscient** [形].

pre·scribe /priskráib/ [動] 本来他〔形式ばった語〕一般義 医者が治療法や薬などを指示する, 処方する, 処方を書く. その他〔形式ばった語〕規則や方針などを定める, 規定する, 義務や行為などを規則として守るように指示する, 命令する, 《法》物事を時効によって無効にする.
[語源] ラテン語 *praescribere*（＝to write before; *prae-* before ＋ *scribere* to write）が中英語に入った.
[用例] *prescribe* a painkiller 鎮痛剤を処方する／*prescribe* complete rest 徹底した休養をとるように指示する／The law *prescribes* certain penalties for this offence. この違反に対して法律は幾つかの刑罰を規定している.
【派生語】**prescríption** [名][CU] 処方（箋）, 処方薬, 規定, 指示, 指定, 法規, 《法》時効. **prescríptive** [形] 規定[指示, 命令]する, 《言》規範的な.

presence ⇒present[1].
pres·ent[1] /préznt/ [形][名][U]〔一般語〕一般義 人がある場所に居合わせている, 出席している. その他 物がある場所, 事柄, 物体の中に存在している, 含まれている, 転じて人, 物が心の記憶の中にある, 生きている, さらに存在していることから,（the, 所有格の後で）現存の, 今の, 当面の, 今問題になっている,《文法》現在（時制）の, 現在形の. [名]（the ～）現在, 今, 現時点, 現今,《文法》（通例 the ～）現在（時制）, 現在形,《法》《複数形で》本書（類）, 本証書, この書面.
[語源] ラテン語 *praeesse*（＝to be before one; *prae-* before ＋ *esse* to be）の現在分詞 *praesens* が古フランス語を経て中英語に入った.
[用例] My mother was *present* on that occasion. 母はその時そこにいました／Who else was *present* at the wedding? 他の誰が結婚式に出席していましたか？／She is always *present* to his thoughts. 彼の頭にはいつも彼女のことがある／the *present* difficulties 当面の困難／the *present* subject 今問題になっている議題／the past and *present* 過去と現在.
[対照語] absent（不在の）; past（過去）; future（未来）.
【慣用句】**at present** 目下（のところ）, 現今は. **for the present** 当分, 今のところ. **live in the present** 現状に甘んじて暮す. **no time like the present** またとないこんな好機. **present company (always) excepted** ＝excepting present company（丁寧）ここにおられる方々を別として（★そこに居合わせない人々について批判的な事を言う時の言いわけとして）. **the present writer**〔形式ばった表現〕筆者自身, この筆

《★論文などで筆者が自分自身のことをさしていう》. *until* [*up to*] *the present* 今日までは(は).
【熟語】présence 图 ① 人がいること, 出席, 同席, 物や人の存在, 人の面前, 人前.〔形式ばった語〕《修飾語を伴って》存在感を与える風采, 貫禄, 風采の立派な人. ある場所に存在すると思われている人[物], 霊(気), 影響力. présently 副 まもなく, やがて〔語法〕soon より形式ばった語〕《米》現在, 目下.
【複合語】présent-dáy 形 現代の, 今日の. présent fòrm 图 ①《文法》現在形. présent párticiple ①《文法》現在分詞. présent pérfect tènse [fòrm] 图《the ~》《文法》現在完了時制[形]. présent progréssive tènse [fòrm] 图《the ~》《文法》現在進行時制[形]. présent ténse 图《the ~》《文法》現在時制.

pre·sent[2] /prizént/ 動 本来旨, /préznt/ 图 ①〔形式ばった語〕一般語 形式ばって礼儀正しく人や団体に物を贈呈する, 進呈する, 献呈する.〔その他〕機会, 可能性を提供する, 提出する, 提示する, 申し出る, 人に人を差し出す意から, 目上の人に正式に人を紹介する, 引合わせる.〔一般語〕劇を上演する, 番組を放送する, 番組の司会をする, 映画を公開する, 俳優を出演させる, 人を社交界にデビューさせる. 物や人がある様子, 光景などを示す, 見せる, 困難などを引き起こす, 銃などの狙いをつける. 图 として贈り物, みやげ.
[語源] ラテン語 *praesentare* (= to set before) が古フランス語 *presenter* を経て中英語に入った. 图 の「贈り物」はこの語の名詞化で「差し出すもの＝贈り物」の意.
[用例] We *presented* our teacher with a bouquet of flowers at the commencement. = We *presented* a bouquet of flowers to our teacher at the commencement. 卒業式で私たちは先生に花束を贈呈した/*present* one's business card 名刺を差し出す/Mr. Johnson, may I *present* my wife? ジョンソンさん, 妻を紹介いたします《語法》地位, 身分の高い人に紹介する時に用いる》/The play was *presented* on [over] television last night. この劇は昨夜テレビで放映された/The situation *presented* a problem. この状況が問題を引き起こした/He was *presented* with a difficult choice. 彼は難しい選択を与えられた/She *presents* her ideas very clearly. 彼女は自分の考えを非常にはっきりと述べる.
[類義語] present; gift. present は友情, 愛情, 尊敬, 好意などを表わす贈り物を指す: a birthday *present* 誕生日の贈り物. gift は present と同じ意味だが, 儀礼的に改まった贈呈品, 寄贈品をさすやや堅苦しい語であり, また多少高価なものなのというニュアンスがある: a year-end *gift* 歳暮 / a *gift* to the school 学校への寄贈品/a free *gift* 景品.
【慣用句】*make ... a present of ... = make a present of ... to ....* ...に...を贈る. *Present arms!*《軍》ささげ銃(つつ)! *present one's compliments to ...* ...によろしく挨拶する, ...に敬意を表する. *present itself* [*oneself*] 《人》が機会, 問題が浮かぶ, 生じる, 起きる,《しばしばおどけて》《人》が出頭する, 現れる.
【派生語】preséntable 形《ほめて》人前に出ても恥ずかしくない, 見苦しくない, 贈答に適した. presentably 副. presentátion 图 UC 贈呈(品), 授与, 提出, 提示, 表現, 研究などの発表, 紹介, 上演, 上映, 公開, 社交界へのデビュー: **presentation copy** 贈呈本, 献呈本. prèsentátional 形. preséntér

图 ① 賞などの贈呈者, 提出者.
pre·sen·ti·ment /prizéntimənt/ 图 ①〔形式ばった語〕通常何か悪い事が起きそうな**予感**, 虫の知らせ.
[語源] ラテン語 *praesentire* (= to sense beforehand) による古フランス語 *presentir* から派生した *presentiment* が18世紀に入った.
preservable ⇒preserve.
preservation ⇒preserve.
preservative ⇒preserve.
pre·serve /prizə́ːrv/ 動 本来旨 图 ①〔一般語〕一般語 品物や事柄を劣化, 腐朽しないように注意を払って**保存する**, **保護する**.〔その他〕食物を腐敗しないように保存することから, 砂糖煮, 塩漬け, 薫製, 缶詰, びん詰などにして**保存する**, 保存食品にする, **貯蔵する**, 自然や環境を保護する, 保存する. 比喩的にある状態を保つ, 記憶, 名声を留める, 忘れない. また〔形式ばった語〕人や動物などを危険, 損害, 衰弱, 混乱などから守る, 安全に保護する, 守護する, 動植物などの猟[採集]を禁じる, ある場所を禁猟[漁]区にする. 圓 として果物, 野菜, 魚などを長期間保存する, ジャムをつくる, 食品が保存される. 图 として保存される〔する〕物,《通例複数形で》保存[貯蔵]食品, ジャム, 砂糖煮, 缶詰, びん詰など. 動植物保護地域, 禁猟[漁]区, 動物飼育場, 養魚池.
[語源] ラテン語 *prae-* (= before) + *servare* (= to keep) から成る後期ラテン語 *praeservare* (= to observe beforehand) が古フランス語を経て中英語に入った.
[用例] They have managed to *preserve* many old documents. 一同はたくさんの古文書を(変化しないように)うまく保存している/*preserve* an old custom 古い習慣を守る/*preserve* raspberries in syrup きいちごをシロップに漬けて保存する/We must try to *preserve* the best of our moral values for our children and grandchildren. 子や孫のために最もすばらしい道徳的価値の保持に努めなければならない/I *preserved* her hidden charity in my heart. 彼女の隠された人間愛を忘れないでいた/peach *preserves* もものジャム/No hunting is allowed in the *preserve*. この動物保護区での狩猟を禁ず.
【慣用句】*poach* [*trespass*] *on* [*upon*] *another's preserves* 他人のことに干渉する[口出しする], 他人の領分に手を出す. *preserve oneself* 常に若々しくしている. *well preserved* 少しも年をとった様子のない.
【派生語】presérvable 形 食品などが保存できる, 貯蔵できる, 保護[保管, 維持]できる. prèservátion 图 U. presérvative 保存力のある, 防腐剤の. 图 CU〔形式ばった語〕**防腐剤[薬]**, 保存剤, 予防薬, 保健薬, 予防法. presérver 图 ① 保護者, 救護者, 保持者, 防護装置, 保存食品加工業者, 禁猟区管理人.
pre·set /priːsét/ 動 本来旨《過去・過去分 ~》〔一般語〕自動装置や電気器具などを前もってセットする.
pre·shrunk /priːʃrʌ́ŋk/ 形 〔一般語〕布がそれ以上縮まないように製造の段階で縮み処理をした, **防縮加工**を施した.
pre·side /prizáid/ 動 本来自〔一般語〕一般語 会議や集会などの**議長[座長]を務める**, **司会する**《at; over》.〔その他〕会社や会を**主宰する**, 統轄する, 管理する, 食卓で主人役を務める. また像などが高い位置から**見下ろす**, 鎮座するの意となる.

[語源] ラテン語 *praesidere* (*prae-* before+*sedere* to sit) がフランス語 *présider* を経て初期近代英語に入った.

[用例] The prime minister *presided* at [over] the meeting. 首相がその会議の議長を務めた/The manager *presided* over the business of the company. 支配人は会社の業務を統括[管理]した/Grandmother *presided* at the dinner table. 祖母が食卓の主人役を務めた/A large statue *presides* massively over the approach to the National Library. 巨大な彫像が国会図書館の入口に堂々と立っている.

【派生語】**presíding** 形 司会する, 主宰する, 統轄している.

presidency ⇒president.

pres·i·dent /prézidənt/ 名 C 〔一般語〕 [一般義] 《しばしば the P-》米国, フランス, ロシアなどの共和国の**大統領**《《語法》 Pres. と略す》. [その他] 組織の最高指導者としての「長」を指し, 官庁などの**長官**, 総裁, 会議や協会, 組合の**議長**, 会長, 大学の**学長**, 総長, 《英》 university 内の college の**学寮長**《《語法》この場合 university の学長は chancellor という》, 《米》会社や銀行の**社長**, 頭取, 代表取締役《《英》chairman》.

[語法] 補語で地位, 職務を表わす時には一般に無冠詞.

[語源] ラテン語 *praesidere* (⇒ preside) の現在分詞 *praesidens* が古フランス語を経て中英語に入った.

[用例] The French *President* フランス大統領/She was elected *president* of the Music Society. 彼女は音楽協会の会長に選ばれた.

[関連語] premier (首相).

【派生語】**presídency** 名 UC 〔形式ばった語〕 president の地位[職務, 任期]. **prèsidéntial** 形.

【複合語】**président-eléct** 名 C 就任前の**大統領当選者**.

presiding ⇒preside.

pre·sid·i·um /prisídiəm/ 名 C 《複 -dia, ~s》〔一般語〕《the 〜または the P-》共産主義国の**幹部会**.

[語源] ロシア語 *prezidium*. ラテン語 *praesidere* (⇒ preside) から派生した *praesidium* (=garrison) から.

press /prés/ 動 [本来他] 名 U 〔一般語〕 [一般義] 一定の力を加えてある方向に物などをしっかりと静かに押す, 押しつける. [その他] 押して延ばす, 押して平らにする. アイロンをかける. またぎゅっと押す意から, 果物などを搾る, 汁や液を搾り出す, 形や大きさを変えるために圧縮する, 圧搾する, 綿や干し草を押しこむ, レコードをプレス【複製】する. 比喩的に〔形式ばった語〕人の心を圧迫する, 苦しめる, 人に物や意見を強要する, 強いる, 押しつける, 人をせきたてる, 議論や権利, 要求を強調する, しつこく主張する, 敵を激しく攻撃する, 攻撃を強行する. 人を抱き締める, 靴が足を締めつける. 自として押す, 押しつける, アイロンをかける, 押し寄せる, 群がる, 押しのけて進む, 物事が急を要する, として押す, 圧迫, 圧搾, 切迫, 急迫, 多忙, 雑踏. 圧縮機, 印刷機, 出版局, 印刷したものの意から**新聞, 雑誌**, 《the 〜》**報道機関[陣], 出版界**.

[語源] ラテン語 *premere* (=to press) の反復形 *pressare* が古フランス語 *presser* を経て中英語に入った.

[用例] *press* a switch スイッチを押す/The child *pressed* his face against the shop window. 子供は顔を店の窓に押しつけた/*press* grapes and extract the juice ぶどうをつぶしてジュースを搾り出す/*press* flowers 押し花をする/*press* a shirt シャツにアイロンをかける/He *pessed* her to enter the competition. 彼は彼女に競争に参加するよう迫った/*press* one's claim 自分の権利をしつこく主張する/He is *pressed* by time and money. 彼は時間と金に追われている/He kept *pressing* me for money. 彼は私にお金をしつこく強要した/*press* around a movie star 映画スターのまわりに群がる/He gave her hand a *press* warmly. 彼は彼女の手を心から握りしめた/There is no *press* about answering my question. 私の問いに対する返事は急がなくて結構です/Cambridge University *Press* ケンブリッジ大学出版局/the daily *press* 日刊新聞/the freedom of the *press* 報道の自由.

【慣用句】 ***a press of the hand*** 親しみを込めて手を握り締めること. ***be pressed for ……*** …がなくて困っている[苦しんでいる]. ***get a good [bad] press*** 新聞などで好評を博す[悪評を受ける]. ***go [come; send] to (the) press*** 印刷に回す[回される]. ***in [at] the press*** 印刷中で. ***press ahead [forward; on]*** 先を急ぐ, …をどんどん進める《with》. ***press for ……*** …をしつこくせがむ. ***press home*** 物をしっかり押し込む, 攻撃や主張を徹底的[強引]にやる, 利点を最大限に活用する. ***press … into service …*** を間に合わせに使う. ***press on one's way*** 道を急ぐ. ***press the button*** 思いきってやり始める.

【派生語】**préssed** 形 圧縮された, プレス加工された, アイロンのかかった, 忙しい, せきたてられた, 強いられた. **présser** 名 C 圧縮機, クリーニング店などのプレッサー. **préssing** 形 差し迫った, 緊急の, しつこい, 熱心な. 名 C 圧搾すること, プレス加工したもの, 原盤からプレスしたレコードの全部. **préssingly** 副 さし迫って, 熱心に, 執拗に.

【複合語】**préss àgency** 名 C 通信社. **préss àgent** 名 C 劇団や俳優の報道係, 広報係. **préss bòx** 名 C 報道関係者席, 記者席. **préss clípping** [《英》**cútting**] 名 C 新聞や雑誌の切り抜き. **préss cònference** 名 C 共同記者会見. **préss gállery** 名 C 議場の記者席. **préssman** 名 C 印刷工, 《くだけた語》《英》新聞記者. **préssmàrk** 名 C 《英》図書館の図書整理番号《《米》call number》. **préss of sáil [cánvas]** 名 《海》 風の許す限り揚げた帆の推力. **préss reléase** 名 C 新聞発表. **préss stùd** 名 C 《英》スナップ, ホック《《米》snap fastener》. **préss-ùp** 名 C 《英》《通例複数形で》腕立て伏せ《《米》push-up》.

pres·sure /préʃər/ 名 UC 動 [本来他] 〔一般語〕 [一般義] 圧力. [その他] 本来は押すこと, 圧することの意で, それから「圧力」となり, 圧縮, 許の許す**圧迫, 強制**, 精神的な重圧, 窮迫, 苦難, 困惑, 困難, その原因として仕事などの**多忙, 切迫, 緊急**. 〔理〕圧力度, 〔電〕起電力, 〔気〕気圧, 〔医〕血圧. 動として〈主に米〉人に物事をするように**圧力をかける, 圧迫する**《《英》= pressurize》.

[語源] ラテン語 *premere* (= to press) の過去分詞 *pressus* から派生した *pressura* が中英語に入った.

[用例] water *pressure* 水圧/high blood *pressure* 高血圧/You should apply *pressure* to his cut to stop the bleeding. 出血を止めるのに彼の切り傷を押さえるべきだ/She is suffering from *pressure* of

work. 彼女は仕事が忙しい[難しい]ので苦しんでいる/He was *pressured* into resigning. 彼は圧力に屈して辞職した.
【慣用句】*under pressure* 強制されて, やむを得ず: I'm *under pressure* to buy my wife a new coat. 妻に新しいコートを買うよう迫られている.
【派生語】prèssurizátion 图 U. préssurize 動 本来Ⅰ 加圧[与圧]する, 《英》人に物事をするように圧力をかける(《米》pressure). préssurized 形 気圧が一定圧状態に保たれている, 気密構造の, 加圧された.
【複合語】préssure càbin 图 C 〔空〕気密室, 与圧室. préssure còoker 图 C 圧力釜(%)[鍋(%)]. préssure gàuge 图 C 気体または液体の圧力計. préssure gròup 图 C 圧力団体. préssure sùit 图 C 宇宙飛行士などの着る気密服, 与圧服, 宇宙服.

pres·tige /prestí:ʒ/ 图 U 〔一般語〕 一般義 高い社会的地位や立派な業績により得られた高い評判, 名声. その他 〔形容詞的に〕 社会的に地位の高い, 一流の.
語源 ラテン語 *praestrigiae* (=juggler's tricks; illusion) からのフランス語 *prestige* が初期近代英語に入った. フランス語の本来の意味は「幻想, 錯覚」.
【派生語】prestígious 形.

presumable ⇒presume.

pre·sume /prizjú:m/ 動 本来Ⅰ 〔一般語〕 一般義 証拠はないのだが事実, あるいは本当だと推定する, 想像する, 思う, みなす, 考える《that 節, 目的語+to do》. その他 〔法〕反証があがるまで事実と推定する. 他 《通例疑問文, 否定文で》大胆にも...する《to do》. 自 推測する, 仮定する, 〔形式ばった語〕《通例疑問文, 否定文で》ずうずうしく[あつかましく]振舞う[言う], ...につけこむ, 乗ずる《on; upon》.
語源 ラテン語 *praesumere* (*prae*- before+*sumere* to take) に後期ラテン語で to anticipate の意が加わり, 古フランス語 *presumer* を経て中英語に入った.
用例 When I found the room empty, I *presumed* that you had gone home. 部屋がからなのを知ってあなたが帰宅してしまったものと思い込んでしまった/Do you *presume* to tell us what our duty is? 私たちの本分が何なのかを, あなたは差し出がましくも忠告しようというのですか/You *presume*. 出しゃばりが過ぎるぞ, 控えなさい.
類義語 presume; assume; presuppose: **presume** は証拠や確認はないが確信をもって事実と信ずること. **assume** は証拠はないが勝手に仮定すること. **presuppose** は議論などで前提条件としてあらかじめ仮定しておくことを指す.
【慣用句】*I presume*《文修飾的に》おそらく, 多分, 推定するところ: He has, *I presume*, paid the money back? 彼はお金を返したのでしょうね.
【派生語】presúmable 形 推定できる, もっともらしい. presúmably 副 推定[仮定]上, おそらく, たぶん. presúming 形 差し出がましい, 図々しい, 生意気な. presumption /prizámpʃən/ 图 〔形式ばった語〕推定, 仮定, 推論, 《軽蔑的》図々しさ, 厚かましさ, 大胆不敵: have the *presumption* to do 図々しくも...する. presúmptive 形 〔形式ばった〕推定に基づく, 推定[仮定]上の. presúmptuous 形 《軽蔑的》でしゃばりな, 無礼な, 生意気な, 横着な.

pre·sup·pose /prì:səpóuz/ 動 本来Ⅰ 〔形式ばった語〕 一般義 前提条件として必要とする. その他 前もって仮定する.
語源 中世ラテン語 *praesupponere* (*prae*- before+*supponere* to suppose) が古フランス語を経て中英語に入った.
【派生語】prèsuppositión 图 UC 前提.

pre·teen /prì:tí:n/ 图 〔一般語〕 C 《米》子供が13歳未満の, 衣服が9-12歳用の. 图 として, 9-12歳の子供.
語源 pre-+teen として 20 世紀から.

pre·tend /priténd/ 動 本来Ⅰ 〔一般語〕 一般義 そうでないことをそうであるようなふりをする, 本当でないものを本当らしく思わせる[見せかける], 装う. その他 子供が...するまねをして遊ぶ, ...ごっこをする《to do, that 節》. また偽って...だと述べる, 主張する, 《疑問文, 否定文で》支持されないことをあえて言い張る, ずうずうしくも...しようとする《to do, that 節》. 自 ふりをする, 偽る, 〔形式ばった語〕能力, 資格, 知識, 教養などの実体が伴わないのに有る[持つ]と自認[自称, 自負, 主張, 要求]する《to》. 形 として《くだけた語》にせの, 見せかけの, 空想上の, 《小児語》うそっこの, おもちゃの.
語源 「口実を開陳する, ...のふりをする」の意のラテン語 *praetendere* (*prae*- before+*tendere* to stretch) が中英語に入った.
用例 He *pretended* surprise (=to be surprised). 彼は驚いたふりをした/She was only *pretending* to be asleep. 彼女はぬき寝入りをしているだけだった/Let's *pretend* to be [(that) we are] astronauts. 宇宙飛行士ごっこをしよう/*pretend* to the crown 王位を主張する/*pretend* soldiers おもちゃの兵隊.
類義語 pretend; assume; feign: **pretend** は人をだましたり, 遊びとしてあるものふりをすること. **assume** は必ずしも欺く意図はないが, 実際より元気であるように, あるいは偉大であるように見せるために, 態度などを装うこと: *assume* a great man 英雄を気取る. **feign** は仮病をつかったり, 冷静さや無関心などを外見や性質などを模倣して巧妙に見せかけること.
関連語 disguise; deceive.
【派生語】preténded 形 《しばしば軽蔑的》偽りの, うわべだけの, 自称の. preténder 图 C 装う人, 見せかける人, 詐称者, 不当な[偽りの]要求者, 王位を狙う[主張する]者. preténse, 《英》preténce 图 U 見せかけ(ること), 虚飾, 口実, 不当に主張[要求]すること, 見せびらかし, うぬぼれ. preténsion 图 C 〔形式ばった語〕《しばしば複数形で》厚かましい[不当な]主張, 口実, 自負, 《軽蔑的》見せかけ, 気取り. preténtious 形 《軽蔑的》うぬぼれた, もったいぶった, 見えをはる. preténtiously 副 これみよがしに, もったいぶって. preténtiousness 图 U 気取り, うぬぼれ.

pret·er·it, pret·er·ite /prétərit/ 图 〔文法〕《the ~》過去, 過去形. 形 として過去時制の.
語源 ラテン語 *praeterire* (=to go by) の過去分詞 *praeteritus* (=past) が古フランス語を経て中英語に入った.

pre·ter·nat·u·ral /prì:tərnǽtʃərəl/ 形 〔形式ばった語〕自然界では起りえない, 超自然的な, 不思議な.
語源 ラテン語 *praeter naturam* (=beyond the scope of nature) が中世英語 *praeternaturalis* を経て初期近代英語に入った.

pre·text /prí:tekst/ 图 C 〔一般語〕本当の理由を隠すために作ったうそ, 言いわけ, 口実.

Pretoria

語源 ラテン語 *praetexere* (=to weave in front; to disguise) の過去分詞 *praetextus* が初期近代英語に入った.

Pre·to·ria /pritɔ́ːriə/ 名 固 プレトリア《★南アフリカ共和国の都市》.

prettify ⇒pretty.

pret·ty /príti/ 形 C 〔一般語〕一般義 若い女性や子供などがかわいらしい, きれいな 《語法 この意味では男性には用いない》. その他 事や物, 声, 考えなどがきれいな, 魅力的な, 心に快い, 楽しい, 快いことから肯定的評価を表し, かなりの, 相当な. 《軽蔑的》少年などが女のようにお上品ぶった, きゃしゃな, きざな, にやけた, 反語で《皮肉》ひどい, とんでもない. 名 としてかわいい人,《複数形》装身具や衣服などきれいなもの. 副《くだけた語》《通例肯定文で》かなり, 相当(に),《形容詞や他の副詞を強めて》非常に, 大いに, すごく.

語源 古英語 *prættᵹ* (=trick) から派生した *prættig* (=tricky; cunning) から. その後 skilful の意となり, よい意味に変って15世紀ごろから現在のような意味で使われるようになった.

用例 She looks much *prettier* with short hair than long hair. 彼女は髪が長いよりは短い方がかわいらしい/a *pretty* voice 気持のいい[美しい]声/a *pretty* story 面白い話/a *pretty* sum かなりの金額/*pretty* job ひどい[とんでもない]仕事/a *pretty* mess ひどい状態/He's *pretty* old now. 今では彼はかなり年をとっている/a *pretty* disgusting smell 実にいやなにおい.

類義語 ⇒beautiful; pleasant.

反意語 ugly.

【慣用句】**a pretty kettle of fish**《くだけた表現》てんやわんや, 大混乱. **pretty much**《くだけた表現》ほとんど. **pretty well** とてもうまく, なかなかよく.

【派生語】**préttify** 動 本来語 《軽蔑的》安っぽく[下品に]飾りたてる. **préttily** 副 きれいに, かわいらしく, 行儀よく. **préttiness** 名 U.

【複合語】**prétty-prètty** 形 《くだけた語》《軽蔑的》ごてごて, うわべだけ飾り過ぎた, ただきれいなだけの, 気取った. 名 C 安ぴか服飾品.

pre·vail /privéil/ 動 本来自 形式ばった語 一般義 物事が一定の時期や一定の場所に広がっている, 普及している, 流行している. その他 優勢である, 幅をきかせる. 〔文語〕敵などに打ち勝つ, 優勢する, 克服する, 勝つことから, 成功する, うまくいく, 功を奏する. 人を首尾よく納得させる, うまく説得[勧誘]する《on; upon》.

語源 ラテン語 *praevalere* (=to be more powerful; *prae-* before+*valere* to be strong) が中英語に入った.

用例 A mood for political indifference *prevails* throughout the country. 政治的無関心の気分がこの国全体に広がっている/We eventually *prevailed* over the enemy. 結局我々が敵に打ち勝った.

類義語 win; triumph; succeed.

【派生語】**prevailing** 形 広く行きわたっている, 一般の, 優勢な. **prevalence** /prévələns/ 名 U 広く行きわたること, 普及, 流行,《医》病気にかかっている率. **prévalent** 形 広く行きわたっている, 流行している.

pre·var·i·cate /priværikeit/ 動 本来自 〔形式ばった語〕言い紛らす, 言い逃れる, ごまかす.

語源 ラテン語 *praevaricari* (=to walk crookedly) の過去分詞 *praevaricatus* が初期近代英語に入った.

【派生語】**prevàricátion** 名 UC. **preváricator** 名 C.

pre·vent /privént/ 動 本来自 〔一般語〕一般義 物事の発生を防止する, 予防する. その他 人, 物が...するのを妨げる, 邪魔する, 止める 《from doing》《語法 stop [keep] ... from より形式ばった表現》.〔古語〕機先を制する, 先行する, 予期する.

語源 ラテン語 *praevenire* (=to come before; *prae-* before+*venire* to come) の過去分詞 *praeventus* (=started beforehand) が中英語に入った.

用例 *prevent* injury けがを予防する/He *prevented* me from going. 彼は私が行けないようにした《語法 くだけた表現ではしばしば from を省略する》.

反意語 permit; allow.

【派生語】**preventable** 形 止められる, 予防できる. **prevention** 名 U. **preventive** 形 予防の, 防止する.〔医〕: **preventive detention** [**custody**]《米法》裁判前に容疑者が犯罪を犯さないように保釈しないでおく**予防拘留**《英法》常習犯の再犯を予防するために矯正措置として判決に基いて一定期間拘禁しておく**予防拘禁/preventive medicine 予防医学**. **preventively** 副 予防(策)として.

pre·view /príːvjùː/ 名 C 本来語 〔一般語〕映画やテレビの番組などの**試写会**, 番組予告, 展覧会の**内見**. 動 として**試写**をする, 試写をする.

pre·vi·ous /príːviəs/ 形 〔一般語〕一般義 時間や順序について, 他のものより以前の, 先立つ 《語法 earlier より形式ばった》. その他 《くだけた語》《主に英》《ふざけて》あまりに早まった, せっかちの, 時期尚早の.

語源 ラテン語 *praevius* (*prae-* before+*via* way; leading the way; going before) が初期近代英語に入った.

用例 the *previous* owner of the house その家の前の持ち主/a *previous* appointment 先約.

類義語 preceding; earlier; former: **previous** は時間や順序が先行すること. **earlier** は時間的に先行していること. **former** は後者 (latter) と比較対照して前者を指す: a *former* president 元[前]大統領.

反意語 following; later.

【慣用句】**previous to** ... ...に先だって, ...より以前に (before).

【派生語】**préviously** 副 前もって, 以前に.

pre·vi·sion /priː(ː)víʒən/ 名 UC 本来語 〔形式ばった語〕将来起きることを前もって知ること, **予知**. 動 として**予見**する.

語源 ラテン語 *praevidere* (=to foresee) の 名 *praevisio* が中英語に入った.

pre·vue /príːvjùː/ 名 = preview.

pre·war /príːwɔ́ːr/ 形 〔一般語〕戦争の起きる前の, 戦前の.

prex·y /préksi/ 名 C《俗語》《米》学生が自分の大学の学長を指す時に用いて, **学長**.

語源 president の省略形.

prey /préi/ 名 U 本来自 〔一般語〕他の鳥, 獣などの肉食動物に食べられるえじき, **獲物**. その他 比喩的に他人, 敵, 病気, 環境などの**犠牲(者)**, **被害(者)**. **捕食する習性**, **捕獲性**. 動 として〔形式ばった表現〕捕食が他の動物を**捕食**する, えじきにする. 人から物, 金を**強奪**する. 場所を荒らす《on; upon》, 比喩的に人を苦しめる, 悩ます, 痛めつける, 弱者や困っている人を食い物にする, 犠牲にする《on; upon》.

price

[語源] ラテン語 *praeda*（略奪品）が古フランス語を経て中英語に入った。

[用例] stalk its *prey* 獲物に忍び寄る/He was the *prey* of the greedy lawyer. 彼はどん欲な弁護士に食い物にされた/a bird of *prey* 猛禽(きん)/Hawks *prey* upon [on] smaller birds. たかは小鳥を捕食する/Fears *preyed* on her mind. 彼女の心は恐怖に苛まれた。

【慣用句】*be* [*fall*; *become*] *a prey to* ... …のえじきになる, …に取りつかれる, …のとりこになる: *He is a prey to anxiety.* 彼は不安にとりつかれた. *make a prey of* … …を食い物[えじき]にする.

price /práis/ 名 C 本来味 [一般的] [一般義] 品物の**値段, 価格**. その他 物価, 市価, 相場, 比喩的に何かを得るための**代償, 代価, 犠牲**. 人につけた値段ということから, 人を捕らえる時の**懸賞金**, 他人の支持や同意を得るための**買収金, 贈与金**, 賭け事では**賭けの歩合, 賭率**. 動 として値段をつける, 値段を調べる[確かめる].

[語源] ラテン語 *pretium* (= price; money), 後期ラテン語 *precium* が古フランス語 *pris* を経て中英語に入った.

[用例] the *price* of the item 商品の価格/stock *prices* 株価/Loss of freedom is often the *price* of success. 成功の代償としてしばしば自由を喪失する/*price* an antique jewelry chest at 100,000 yen 時代物の宝石箱に10万円の値段をつける.

[類義語] price; charge; cost: **price** は有形の品物の価格, 売り値を指す. **charge** はサービス, 労働などの無形の行為に対する値段を指し, service *charge* のように用いる. **cost** はある物を産出するための費用で, 金銭, 時間, 労力などの価値も含めた原価 (cost price ともいう)を指す.

【慣用句】*above* [*beyond*; *without*] *price* 値段がつけられないほど**高価な, 貴重な**. *at any price* どんな犠牲[値段]を払っても, 〔否定文で〕どんなことがあっても(…ない), どんな条件でも(…ない), どんな値段でも(…ない). *at a price* かなり高い値段で, 相当な犠牲[代償]を払って. *at the price of* … …を犠牲にして, …を賭(か)けて. *have a price on one's head* 首に賞金をかけられている. *have one's price* 賄賂を受け取る. *price out of the market* 手がでないほど高値をつける. *put* [*set*] *a price on* … …に値段をつける, …に賞金をかける. *put* [*set*] *a price on* …'s *head* [*life*] 人の首[命]に賞金をかける. *What price* …? 〈英〉〔けなして〕…はどんな価値があるのか, なんの役に立つのか, なんというざまだ, 〔くだけた語〕.

【派生語】*priceless* 形 値段がつけられないほど**高価な**, 金では買えない, 貴重な, 〔くだけた語〕とても面白い[楽しい], 〔反語的に〕とてもばかげた. *pricey*, *pricy* 形 〔くだけた語〕〈英〉値の張った, 金のかかる.

【複合語】*price contròl* 名 U 物価[価格]統制. *price cùtting* 名 U 値引き, 値下げ. *price hìke* 名 U 〔くだけた語〕〈米〉値上げ. *price ìndex* 名 〔くだけた語〕物価指数. *price lìst* [*cùrrent*] 名 C 価格表, 時価表. *price tàg* 名 C 値札, 正札. *price wàr* 名 C 価格競争, 値引き合戦.

prick /prík/ 名 C 本来味 [一般的] [一般義] 針などによる**刺し傷, 突き傷**. その他 古い意味で刺す物, 突く物. 比喩的に心の**呵責, 良心のとがめ, 呵責**. 〔卑語〕**陰茎**, 〔俗語〕〔軽蔑的〕いやな奴, げす野郎. 動 として, 針やとげでちくりと**刺す, 刺して**[突いて]**傷をつけ**る, 穴をあける, 比喩的に人の心を刺す, 苦しめる, 悩ませる, うずかせる. とがったもので印をつけ, 点線で表す[印をつける], 苗を穴に植える, 移植する, 動物が耳をぴんと立てる, 人が耳をそば立てる ((up)).

[語源] 古英語 *prica* (= point; dot) から.

[用例] feel a sharp *prick* in the arm 腕に少し痛みを感じる/get a thorn *prick* とげが刺さる/the *pricks* of conscience 良心の呵責/*prick* a finger on [with] a needle 針で指を刺す/The dog *pricked* his ears at the sound of footsteps. 犬が足音に聞き耳をたてた.

【慣用句】*kick* [*goad*; *spurn*] *against the prick* 無益な抵抗をして傷つく(聖書「使徒行伝」9:5). *prick a* [*the*] *bladder* [*bubble*] 気泡を突いて破る, 化けの皮をはぐ. *prick down* 〔くだけた語〕印をつけて選ぶ, 人に…するように圧力をかける. *prick on* 〔くだけた語〕人を刺激する, かりたてる.

prick·le /prík.l/ 名 C 本来味 [一般的] 動物や植物のとげ, 針, またちくちく刺すこと, 刺された痛み. 動 としてちくりと刺す, ちくちくさせる. 自〔〜する〕〔痛む〕.

[語源] prick と同起源の古英語 *pricel* から. prick + -le (指小辞).

【派生語】**prickly** 形 とげ[針]のある, ちくちくする: *prickly heat* あせも.

pride /práid/ 名 U 本来味 [一般的] [一般義] 《よい意味で》自分の行為や所有物, 地位, 性質, 家族などから生じる**自尊心, 誇り**. その他 〔しばしば a 〜〕**満足(感), 得意な気持ち**, 〔文語〕〔the 〜〕**自慢の種, 得意[誇り]にする物[事]**. 〔悪い意味で〕**うぬぼれ, 優越感, 思いあがり, 高慢, 傲慢, 横柄**. 得意の絶頂ということから〔文語〕**全盛期, 絶頂, 元気, 花盛り**, 人目を引く一団ということでライオン, くじゃくなどの**群**. 動 として 〔〜 oneself で〕…を**自慢する, 誇る, 自負する** ((on; upon)).

[語源] 古英語 *prud* (= proud) から派生した *prýde* から.

[用例] She looked with *pride* at her handsome son. 彼女は誇らしげに自分の息子を見つめた/a source of *pride* 自慢の種/the *pride* of one's collection 自分の収集品中一番の逸物/*Pride* goes before a fall. = *Pride* will have a fall. 《ことわざ》おごれる者は久しからず(旧約聖書「箴(しん)言」16:18).

[類義語] pride; conceit; vanity: **pride** は自分の行為, 業績, 価値, 所有物に対する正当な誇り, 自尊心, 満足感を指すが, 過度になると, 傲慢, 尊大をも指す. **conceit** は自分の行為, 業績, 能力を過大に評価すること, 自負心, うぬぼれを指す軽蔑語. **vanity** は能力, 容姿, 業績などの点で自分自身を賞美し, 他人からもほめてもらいたいと過度に思うこと, 虚栄心を指す. 人にほめられたい気持は pride, vanity, conceit の順で強くなる.

[反義語] humility; modesty.

【慣用句】*be the pride and joy* 自慢と喜びの種である: The girl *is* her father's *pride and joy*. 彼女は父の自慢と喜びの種であった. *false pride* うぬぼれ, 虚栄. *in the pride of* … …の盛りので]. *pride of place* 最高位, 高慢. *swallow one's pride* = *put one's pride in one's pocket* 〔やや古語〕何かをするために自尊心を抑える, 恥を忍ぶ. *take* [*have*; *feel*] *(a) pride in* … …を自慢する. *the pride of the morning* 晴天の前触れとなる朝方のもや[にわか雨].

priest /príːst/ 名[C] 動 [本来義][一般義] キリスト教または他の宗教の聖職者，司祭(★司教(bishop)より下で助祭(補祭)(deacon)より上の階級)，広く宗教，芸術，科学に対する奉仕者，崇拝者，擁護者. 動 として(通例受身で)…を司祭[牧師，聖職者]に任命する．

[語源] ラテン語 presbyter (長老) に由来する古英語 prēost から．

[用例] a Buddhist *priest* 仏教の僧侶/a *priest* of art 芸術界の指導者．

[類義語] priest; minister; clergyman: **priest** は宗教，宗派に関係なく聖職者を表すが，特にキリスト教ではローマ・カトリック教会の司祭をいい，大学や病院では chaplain，軍隊では chaplain または padre と呼ばれる．**minister** は主にプロテスタントの教会の牧師をいい，《米》では最も一般的に聖職者を指す語．**clergyman** は英国国教会の牧師を表す最も一般的な語．

[対照語] layman.

【派生語】**príestess** 名[C] キリスト教以外の宗教の女性聖職者．**príesthood** 名[U] 聖職，司祭職，聖職者の地位[身分，職能]，(集合的)聖職者(団). **príestly** 形 聖職者[司祭，僧侶]の[にふさわしい].

prig /príɡ/ 名[C] 〔一般義〕道徳や礼儀作法などに口やかましく堅苦しい人，独善的な人，やかまし屋．

[語源] 不詳．初期近代英語から．

【派生語】**príggish** 形．

prim /prím/ 形 [本来義]〔一般義〕(通例悪い意味で)不自然なほどきちょうめんな，堅苦しい，特に女性がつんとりすました．動 としてしかつめらしい顔つきをする，つんとすます．

[語源] 不詳．18世紀に使われるようになった．

【派生語】**prímly** 副 きちんと，きちょうめんに，形式ばって，とりすまして．**prímness** 名[U].

pri·ma bal·le·ri·na /príːmə bæləríːnə/ 〔一般義〕バレエの主役の女性，プリマバレリーナ．

[語源] イタリア語(= first female dancer).

pri·ma·cy /práiməsi/ 名[U]〔形式ばった語〕〔一般義〕第1位，首位，卓越，最高．[その他]《キ教》大主教[大司教]の職[地位，権威].

[語源] ラテン語 primus (⇒prime) から派生した中世ラテン語 primatia が古フランス語を経て中英語に入った．

pri·ma don·na /príːmə dánə|-dónə/ 名[C]〔一般義〕〔一般義〕オペラの主役女性歌手，プリマドンナ．[その他] わがままで協調性のない女．

[語源] イタリア語(= first lady).

pri·mae·val /praimíːvəl/ 形 《英》= primeval.

pri·ma fa·ci·e /práimə féiʃi(ː)/ 形 副〔やや形式ばった語〕一見したところで(の).

[語源] ラテン語(= on first appearance).

【複合語】**príma fàcie cáse** 名[C]《法》一応の証拠がある事件．**príma fàcie évidence** 名[U]《法》一応の証拠．

pri·mal /práiməl/ 形〔形式ばった語〕〔一般義〕第1の，最初の，初期の，原始の．[その他] 根源の，根本的な，主要な．

[語源] ラテン語 primus (⇒prime) から派生した中世ラテン語 primalis が初期近代英語に入った．

primarily ⇒primary.

pri·mar·y /práimèri, -məri|-məri/ 形 名[C]〔一般義〕〔一般義〕時間，順位，発達などが第1位の，首位の，最も重要な(〔語法〕secondary, tertiary, quaternary の順となる).[その他] 初期の，最初の，初歩の，原始的な，根本的な，基本の，基礎の，本来の，第一義的の，初等教育の，《生》発達の第1段階にある，《社》価値や思想に一次的な．名 として順位，重要性，階級などが第1位の物[事，人]，第1の[最も重要な]物[事，人]，鳥の初列風切り羽，《電》一次コイル，《米》= primary election.

[語源] ラテン語 primus (⇒prime) から派生した *primarius* が中英語に入った．

[用例] My *primary* concern is for air pollution. 私の最大の関心は大気汚染にある/The dictionary tells the *primary* meaning of each word. この辞書は各語の原義を示している/Love and hate are *primary* emotions. 愛と憎しみは根源的な感情である．

[類義語] initial; first.

【派生語】**prímarily** 副〔形式ばった語〕第1に，主として，根本的に．

【複合語】**prímary áccent** 名[C]《音》第1強勢[アクセント]. **prímary cáre** 名[U] 一次医療．**prímary cólor** 名[C] 原色(★絵の具には赤，青，黄，光には赤，青，緑). **prímary eléction** 名[C] 大統領候補者を指名するための代議員を選ぶ大統領予備選挙．**prímary índustry** 名[C] 第一次産業．**prímary school** 名 (《英》小学校(《米》elementary school). **prímary stréss** 名= primary accent.

pri·mate¹ /práimeit/ 名[C] 動 ひとや各種のさるを含む霊長類の動物．

[語源] 近代ラテン語 primates から．primate² と同語源．

pri·mate² /práimit/ 名[C]《キ教》(しばしば P-) 英国国教会の大主教，ローマ・カトリック教の大司教 (archbishop).

[語源] ラテン語 primus (⇒prime) から派生した *primas* (= principal) が古フランス語を経て中英語に入った．

prime¹ /práim/ 形[UC]〔一般義〕〔一般義〕最も重要な，第一の．[その他] もともと時間的に最初のの意から転じて基本的の，主要な，品物が最優秀の，第一級の，《米》肉などの極上の意が生じた．《数》素数の，《金融》プライムレート(prime rate)の．名 として(the ～) 全盛期，最良の時，人生の最も盛んな青春，《米》牛肉の極上．さらに数字や文字の右肩につけるプライム符号，第一アクセント記号(ˊ)，《数》素数．

[語源] ラテン語 primus (= first) が古フランス語を経て中英語に入った．名はラテン語 *prima hora* (= first hour) から入った古英語 prim による．

[用例] The matter is of *prime* importance. その事柄は最も重要なことである/*prime* ribs of beef 牛の極上のあばら肉/The apple trees are in their *prime* now. りんごは今が最盛期だ．

【慣用句】**be in the prime of life** 最盛期である，人生の盛りにある．

【派生語】**prímacy** ⇒見出し．**prímal** ⇒見出し．**prímer** ⇒prime².

【複合語】**príme mínister** 名[C]《しばしば P- M-》首相，総理大臣([語法] premier より形式ばった語； PM と略す). **príme móver** 名[C] 水力，風力，電力などの原動力，水車や風車，蒸気機関車の原動機，一般に原動力，主導者，発起人，《哲》神．**príme númber** 名[C]《数》素数([語法] 単に prime ともいう).

príme ráte 名C 【金融】プライムレート, 最優遇貸出金利 《★銀行が優良企業へ融資する時の無担保・短期の貸出金利》. **príme tíme** 名 (通例 the 〜)テレビ, ラジオの視聴率の最も高い時間帯 (通例 7-11 p.m.), ゴールデン・アワー 日英比較 ゴールデン・アワーは和製英語》.

prime² /práim/ 動 本来地 〔一般語〕━━ 一般義 物や人を次の作業のために**準備する**. その他 元来「先ず始めにする」意で, 板や壁に**下塗りをする**, ポンプに**呼び水をする**, 銃に**火薬を詰める**, シリンダーに**ガソリンを注ぐ**, 人に前もって**情報を与える**, 入れ知恵する.

語源 prime¹ と同語源.

【派生語】**prímer** 名CU ペンキなどの**下塗り, 下塗り材料, 雷管, 導火線**. **príming** 名U **下塗り付け, 起爆剤, 知識の急な詰め込み**.

prim·er¹ /prímər/ 名C 〔一般語〕**初歩の教本, 入門書**.

語源 ラテン語 *primarius* (⇒primary) の中性形 *primarium* が中英語に入った.

primer² ⇒**prime**².

pri·me·val /praimíːvəl/ 形 〔一般語〕**原始時代の, 太古の**.

語源 ラテン語 *primaevus* (=youthful; *primus* first+*aevum* age) が初期近代英語に入った.

prim·i·tive /prímitiv/ 形 名C 〔一般語〕━━ 一般義 **原始(時代)の, 太古の**. その他 一般に初期の, 原始的な, 未開の意を表し, 文化的, 社会的発展が**未発達な, 素朴な, (軽蔑的)幼稚な, 古くさい**. 名 として**原始時代の人[物], 素朴な人[物]**, ルネッサンス期以前の**昔の画家[彫刻家]の作品**.

語源 ラテン語 *primus* (⇒prime) から派生した *primitivus* (=first formed) が古フランス語を経て中英語に入った.

用例 *Primitive* people often lived in caves. 原始時代の人々はしばしば穴に住んだ/We were living in rather *primitive* conditions in a tent. テントの中でかなり自然のままの状態で生活をしていた/*primitive* machinery 簡単な機械装置.

【派生語】**prímitively** 副 **原始的に, 素朴に, 元来, 本来**. **prímitiveness** 名U. **prímitivìsm** 名U **原始主義**.

【複合語】**Prímitive Chúrch** 名 (the 〜) **原始[初期]キリスト教会**.

pri·mo·gen·i·ture /pràiməʤénitʃər/ 名U 〔形式ばった語〕**長子であること, 【法】長子相続権**.

語源 後期ラテン語 *primogenitura* (=birth of a first child) が初期近代英語に入った.

pri·mor·di·al /praimɔ́ːrdiəl/ 形 〔形式ばった語〕━━ 一般義 **原始時代に存在する, 原始的な**. その他 **第一義的な, 根本的な**.

語源 後期ラテン語 *primordialis* (=original; *primus* first+*ordiri* to begin) が中英語に入った.

【派生語】**primórdial sóup** 名U **地球の生命の源となった物質の混合溶液, 原始スープ**.

primp /prímp/ 動 本来地 〔一般語〕**特に女性が髪を整えたり化粧してめかす**(prink).

語源 prim の変形と思われる.

prim·rose /prímrouz/ 名CU 【植】**桜草, プリムラ, 薄黄色**.

語源 中世ラテン語 *prima rosa* (=earliest rose) が古フランス語を経て中英語に入った.

【複合語】**prímrose páth [wáy]** 名 (the 〜) **歓楽の道**.

prince /príns/ 名C 〔一般語〕━━ 一般義《しばしば P-》**王子, 親王**. その他 **小国の君主, 王, 公**. さらにある分野の**第一人者, 大御所, 大立者**,《主に米》**上品な男**.

語源 ラテン語 *princeps* (=first in rank; *primus* first+*capere* to take) が古フランス語を経て中英語に入った.

用例 the crown *prince* 皇太子/the *Prince* of Monaco モナコ大公.

対照語 princess.

【慣用句】**(as) happy as a prince** 非常に幸福な. **live like princes [a prince]** ぜいたくな暮しをする.

【派生語】**príncedom** 名UC 〔形式ばった語〕 prince **の地位[身分, 権威]**, prince **の領土, 公国**. **príncely** 形 〔形式ばった語〕**王子にふさわしい, 王子のような, 威厳のある, 気品のある, 壮麗な, 王子らしく**. **princess** /prínsəs prinséːs, ‒ ‒/ 名C 《しばしば P-》**王女, 内親王, 妃殿下**: **Princess of Wales** (the 〜) プリンセス・オヴ・ウェールズ 《★英国皇太子妃に与えられる称号》.

【複合語】**Prínce Chárming** 名C **女性にとって理想の男性[求婚者]** 《★Cinderella にでてくる王子の名前による》. **prínce cónsort** 名C (the 〜; しばしば P- C-) **女王[女帝]の夫君**. **Prince of Wales** (the 〜) プリンス・オヴ・ウェールズ 《★英国皇太子に与えられる称号》. **prínce régent** 名C **摂政の宮**. **prínce róyal** 名C **第1王子[皇子], 皇太子**.

prin·ci·pal /prínsəpəl/ 形 名C 〔一般語〕━━ 一般義 **重要性が第一位の, 主要な, 主な** (語法 chief より形式ばった語). その他 【商】**利息などを含まない最も重要な部分の意から, 元金の, 資金の**. 名 として, **組織の長, 長, 中, 高校の校長, 企業の社長, 会長, 事業主, 店主, 演劇の主役, オーケストラの主演奏者**, 【法】**主犯者, 代理人に対する本人**,《単数形で》【商】**元金**.

語源 ラテン語 *princeps* (⇒ prince) から派生した *principalis* (=first; chief) が古フランス語を経て中英語に入った.

用例 Shipbuilding is one of Britains *principal* industries. 造船業はイギリスの主要産業の1つである/The *principals* were on stage for rehearsal. 主演の者たちがリハーサルにそなえて舞台にいた/The interest will be 1,000 yen on a *principal* of 10,000 yen. 元金1万円の利息は千円だろう.

【派生語】**principálity** 名C prince **が支配する公国, (the 〜) 公国prince の地位[権力, 支配]**. **príncipally** 副 **主に, 主として, たいてい**.

【複合語】**príncipal cláuse** 名 (the 〜) 【文法】**複文の主節**. **príncipal párts** 名 (the 〜) 【文法】**動詞活用の主要形** 《★原形, 過去, 過去分詞》.

prin·ci·ple /prínsəpl/ 名CU 〔一般語〕━━ 一般義 **一般に認められている根本的な原理, 原則**. その他《しばしば複数形で》**行動や行為の基準, 規範, 基本的な考え, 主義, 信念, 信条**, 物事の**根本原理**,《単数形で》**機械の構造や組織の運用上の根本原理, 法則, 仕組み**,《しばしば複数形で》**強い信念, 節操, 道義(心), 高潔**, ひいては**正道**, また〔形式ばった語〕**本質, 本源, 根本要素**, 【化】**主要構成要素, 素**.

語源 ラテン語 *princeps* (⇒prince) の派生形 *pricipium* (=beginning; basis) が古フランス語を経て中英語に入った.

【用例】the *principles* of economy 経済の原理/the *principle* of the jet engine ジェットエンジンの仕組み/Her *principles* does not allow her to work on weekends. 彼女は信念として週末には働かないことにしている/He is a man of *principle*. 彼は高潔な[信念の]人である.
【慣用句】*in principle* 一般原則として, 本質において, 大体において. *on principle* 主義として, 道義上, 一定の法則に従って.
【派生語】**príncipled** 形 《しばしば複合語の第二要素として》…主義の, 主義が…の: high-*principled* 高い理想の.

prink /prínk/ 動 本木他〔一般語〕《〜 oneself で》特に女性が身なりを飾る, おめかしする(primp).
語源 不詳. 初期近代英語から.

print /prínt/ 動 本木他 名 UC〔一般語〕一般義 文章や絵などを印刷する, 本に印刷する, 人の話や意見を印刷物にする, 名前や住所を活字体で書く. 本来は物を押しつけて跡[印]をつけるという意味で, 布地に捺染(ｾﾝｾﾝ)する, 模様をつける, 【写】フィルムを焼きつける, 【コンピューター】データを打ち出す, 印刷する, また心に印象を刻みつける. 名 として印刷(物), 版面, 複製画, 活字(体), また印, 跡[形], 足跡, プリント模様, 【写】陽画, 印画, 《くだけた語》指紋(fingerprint), 〔形式ばった表現〕…の印, 《通例単数形で》印象, 名残り.
語源 ラテン語 premere (= to press) が古フランス語に入って preindre となり, その過去分詞 preinte が中英語に入った.
【用例】The invitations will be *printed* on white paper. 招待状は白い紙に印刷されるだろう/His new novel will be *printed* next month. 彼の新しい小説が来月出版されるだろう/I can't read his writing, so I asked him to *print* the information. 私は彼の書いた字が読めなかったので, その情報を活字体で書いてくれるように頼んだ/He develops and *prints* his own photographs. 彼は自分自身の写真を現像して焼きつける/He was *printing* the shape of the mountain on his mind. 彼は山の形を記憶に刻みこんでいた/I can't read the *print* in this book. 私はこの本の活字が読めない/There was an eighteenth century *print* above the fireplace. 暖炉の上に18世紀の版画がかかっていた.
日英比較 授業や会議で配られる「プリント」は英語では handout という.
【慣用句】*appear [come out] in print* 出版される. *commit … to print* 〔形式ばった表現〕…を文書にする, 印刷する. *in cold print* 印刷されて, 変更の余地がない状態になって. *in print* 本を入手できる, 絶版でない, 印刷になって, 出版[発売]されて. *out of print* 本が絶版になって. *print off* 本などを増刷する. *print out* 本などを出版する, 【写】ネガを焼き付ける, 【コンピューター】プリンターを通して紙に印刷する. *put … into print* …を印刷する. *rush into print* 出版社, 著者が十分に準備しないで急いで本を出版する[書く].
【派生語】**príntable** 形 印刷できる, 出版に適した, 写真が焼きつけのできる. **prínter** 名 C 印刷工[業者], 印刷機, 写真の焼き付け機, 【コンピューター】プリンター: **printer's devil** 印刷屋の使い走り, 印刷見習工. **prínting** 名 UC 印刷(術), 印刷業, 印刷物[部数], 版, 刷, 活字書体, 写真の焼き付け: **printing house [office; shop]** 印刷所/**printing ink** 印刷用インク/

printing paper 【写】印画紙/**printing press** 印刷機(語法 単に press ともいう).
【複合語】**prínted círcuit** 名 C 【電】プリント配線.
prínted mátter 名 U 印刷物(★郵便物の表書き).
prínted pápers 名《複》《英》= printed matter.
prínthèad. 名 C 【コンピューター】プリンターの印字ヘッド. **príntòut** 名 U 【コンピューター】プリンター出力, 紙に印刷されたもの.

pri·or¹ /práiər/ 形 〔一般語〕一般義 時間や順序が前の, 先の. その他 権利, 義務, 責任などが重要性や価値の点で優先な, もっと重要な.
語法 比較変化はしない.
語源 ラテン語 pri (= before) の比較級 prior (= former; superior) が18世紀に入った.
【用例】a *prior* engagement 先約/She gave up her job as she felt her family had a *prior* claim on [to] her attention. 彼女の世話になりたいという強い要求が家族にはあると感じたので, 彼女は仕事をやめた.
類義語 previous; before.
対照語 after; behind.
【慣用句】*prior to …*〔形式ばった語〕…より前に, 優先して.
【派生語】**prióritize** 動 本木他 優先させる. **príority** 名 ⇒見出し.

pri·or² /práiər/ 名 C〔一般語〕(小)修道院の院長, または大修道院の副院長.
語源 ラテン語 prior (⇒prior¹) による中世ラテン語 (= superior officer) が古英語に入った.
【派生語】**príoress** 名 C 女子修道院長[副院長].

priori ⇒a priori.
prioritize ⇒prior¹.
pri·or·i·ty /praiɔ́riti | -ɔ́r-/ 名 UC 〔⇒prior¹〕〔形式ばった語〕優先(権), …より先である事[物], 重要上位, 上席であること.
【用例】Our (first) *priority* is to feed the hungry. まず何よりも重要な事は飢えている人々を食べさせることである.
【慣用句】*give priority to* … …に優先権を与える, …を優先させる. *have [take] priority over* … …より優先する.
【複合語】**príority sèat** 名 C 老人や身障者のための優先席(日英比較 「シルバーシート」は和製英語).

pri·o·ry /práiəri/ 名 C〔一般語〕小修道院.
語源 prior² から.

prise /práiz/ 動 本木他 《英》= prize².
prism /prízəm/ 名 C 【光】プリズム, 【数】角柱.
語源 ギリシャ語 prisma (= thing sawn) が後期ラテン語を経て初期近代英語に入った.
【派生語】**prismátic** 形.

pris·on /prízn/ 名 CU 動 本木他〔一般語〕一般義 未決または既決の犯罪者が入る刑務所, 牢獄, 監獄, 拘置所(《米》jail). その他 《米》州立刑務所(state prison). 一般に刑務所のような所, 監禁場所, 幽閉所, 幽閉(する事), 監禁, 禁固. 動 として〔文語〕投獄する.
語源 ラテン語 prehendere (= to seize) の過去分詞 prehensus から派生した prehensio (= act of seizing) が古フランス語 prisun を経て中英語に入った.
【用例】He was sent to *prison* for murder. 殺人のかどで彼は投獄された/She could no longer walk and her room became a *prison*. 彼女はもはや歩けなく

なったので自分の部屋に閉じ込められたも同然となった
【慣用句】**be [lie] in prison** 入獄している, 拘留中である. **break (out of) prison** 脱獄する. **cast [throw] ... into prison** ...を投獄する. **come out of prison** 出所[出獄]する. **go to prison** 入獄する, 服役する. **put ... in prison** ...を投獄する. **send [take] ... to prison** ...を投獄する.
【派生語】**prísoner** 图 C 囚人, 刑事被告人, 戦争などの捕虜: **prisoner of conscience** 良心の囚人, 政治犯/**prisoner of State** 国事犯/**prisoner of war** 戦争捕虜《【語法】POW と略す》.
【複合語】**príson brèaker** 图 C 脱獄囚. **príson brèaking** 图 U 脱獄. **príson càmp** 图 C 捕虜収容所.

pris·sy /prísi/ 形 〔くだけた語〕ささいなことを神経質に騒ぎ立てなどして口やかましい.
【語源】prim（きちんとした, 潔癖な）と sissy（女々しい）の混成語と思われる. 19 世紀末から.

privacy ⇒private.

pri·vate /práivit/ 形 图 C 〔一般語〕[一般義] 公に対して, ある特定の個人に属する, 個人専用の, 私用のための. [その他] 私的なから, 秘密の, 非公開の, 内輪(於)の, 手紙が親展の《【語法】封書の表書に Private と書く》. また学校などが公立に対して私立の, 私営の, 民営の, 場所が人目につかない, 静かな, 人が引っ込み思案の, 一人きりの. 图 として, 兵隊としての最下級は兵卒, 〔くだけた語〕《複数形で》婉曲に陰部.
【語源】ラテン語 *privare*（=to deprive; to set apart）の過去分詞 *privatus*（=belonging to oneself, not to the state）が中英語に入った.
[用例] The door was marked '*private*'. ドアには「私用」と記されていた/a *private* opinion 個人的意見/a *private* conversation 密談/a *private* citizen 民間人/You can be quite *private* here. ここでは全く人目に触れないでいられる.
[類義語] private; personal; individual: **private** は一個人に属する私的, 秘密的なことを指し, 公的な (public) に対する. **personal** は個人に関する, 個人を目当てにしたことを指し, 一般の (common) に対する. **individual** は個々の個人の, 個人的なことを指し, 全般の (general) に対する.
[反義語] public.
【慣用句】**in private** 非公式に, 内緒に.
【派生語】**prívacy** 图 U 他人から干渉されないこと, 私的に自由な生活, プライバシー, 隠退, 隠遁, 閑居, 秘密. **privatéer** 图 C 戦時に敵船捕獲の免許を政府から得た私掠(ゲ)船, その乗組員, 船長. **prívately** 副 非公式に, 内緒に, ひそかに, 個人[私人]として. **privatizátion** 图 U 民営化. **prívatize** 動 [本来他] 公営の企業, 事業などを民営化する.
【複合語】**prívate detéctive** 图 C 私立探偵. **prívate éye** 图 C 〔くだけた語〕《米》= private detective. **prívate fírst cláss** 图 C 《米陸軍》上等兵. **prívate párts** 图 C 《複》《婉曲に》陰部. **prívate schóol** 图 C 私立学校. **prívate séctor** 《the ～》民営部門.

pri·va·tion /praivéiʃən/ 图 UC 〔形式ばった語〕[一般義] 衣食住のような生活必需品が不足していること, 欠乏, 窮乏. [その他] 必需品の欠乏による不自由, 不便.
[語源] ラテン語 *privare*（⇒private）の過去分詞 *privatus* から派生した 图 *privatio*（=deprivation）が古フランス語を経て中英語に入った.

privatize ⇒private.

priv·et /prívit/ 图 U 《植》モクセイ科のいぼたのき《★ヨーロッパでは垣根に利用される》.
[語源] 不詳. 初期近代英語から.

priv·i·lege /prívilidʒ/ 图 CU [本来他] 〔一般語〕[一般義] 官職, 地位, 身分などが特定の個人と集団に伴う**特権, 特典**. [その他] 特別扱い, 特別免除,（通例 a [the] ～）個人的の**恩恵, 格別な恩恵**, 〔形式ばった語〕名誉, 光栄. 《通例 the ～》近代立憲国家における基本的人権[権利]. 動 として, 人に特権[特典]を与える, 特典として...を免除する.
[語源] ラテン語 *privilegium*（=law for or against a private person; *privus* private + *lex* law）が古フランス語を経て中英語に入った.
[用例] enjoy various *privileges* 種々の特典を享受する/He was born into a world of wealth and *privilege*. 彼は富裕な特権階級の家に生まれた/It is a *privilege* to meet you. お目にかかって光栄です.
[類義語] right.
【派生語】**prívileged** 形 特権[特典]を与えられた, 特権階級に属する.

priv·y /prívi/ 形 图 C 〔形式ばった語〕秘密を内々に知っている, 内々関与する. 图 として《法》当事者, 利害関係者.
[語源] ラテン語 *privare*（=to set apart）の過去分詞 *privatus* が古フランス語経由 *privé* を経て中英語に入った.
【複合語】**Prívy Còuncil**《the ～》《英》枢密院《★英国元首の私的諮議会で前閣僚や著名人の終身メンバーから成る》. **Prívy Còuncillor** 图 C.

prize¹ /práiz/ 图 C 動 [本来他] 〔一般語〕[一般義] 競技の勝者や優れた業績を上げたものに与えられる**賞, 賞品, 賞金, ほうび**. [その他] 当りくじ, 懸賞, 景品. 競争[努力]の目的物, 競争[努力]する価値ある物[者], 特に貴重な[望ましい]物[者], 逸品. 图 として入賞[入選]した, 賞金[賞品]として与えられた, 懸賞つきの,〔くだけた語〕賞を得るにふさわしい, すばらしい, 第一級[流]の,《おどけて》反語的に実にひどい, とてもない. 動 として〔形式ばった語〕高く評価する, 重んずる, 珍重する, 秘蔵するの意.
[語源] 古フランス語 *pris*（⇒price）が中英語に入った.
[用例] He was awarded a lot of *prizes* at school. 彼は在学中, 賞をたくさんもらった/the Nobel *Prize* for literature ノーベル文学賞/He drew a *prize* in the lottery. 彼は福引で賞品を引き当てた/I've made a *prize* fool of myself!《反語的》私自身, とてつもない大ばかをやったもんだ/He *prized* my friendship above everything else. 彼は何にもまして私の友情を大切にした.
[類義語] prize; award: **prize** は競技, 競演, くじなどで得た賞品や賞金を指す. **award** は審判や選考の結果与えられる賞金や賞金を指し, 競争は表面に出ないし, prize よりやや形式ばっている.
[対照語] forfeit.
【慣用句】**play one's prize** 私利をはかる. **play [run] (one's) prizes** 賞品目当てに試合[競技]に出る. **win [gain; carry off; take] a prize** 賞を得る.
【複合語】**prízefight** 图 C プロボクシングの試合. **prízefighting** 图 U プロボクシング. **príze mòney** 图 U（懸）賞金, 戦利賞金. **príze rìng** 图 C プロボク

シング場, プロボクシング. **prízewinner** 名C 受賞者[物, 作品].

prize[2] /práiz/ 名C〔文語〕特に船や貨物などの戦利品.
[語源] ラテン語 *prehendere*(=to seize)から派生した*pre(he)nsa*(=something seized)が古フランス語 *prise* を経て中英語に入った.

prize[3] /práiz/ 動 本来他〔一般語〕てこで無理やり動かす, こじ開ける(《語法》*prise* とも綴る).
[語源] 中英語 *prise*(⇒prize[2])の特殊用法で「てこ」の意.

pro[1] /próu/ 名C 形〔くだけた語〕職業選手, プロ(の).
[語源] *professional* の短縮形.

pro[2] /próu/ 名C 副〔一般語〕(通例複数形で)賛成意見, 賛成者. 副 として賛成して.
[語源] ラテン語 *pro*(=in favor of)が中英語に入った.
[反義語] con; anti.
【慣用句】 ***the pros and cons*** 賛成反対の両意見, 賛否両論.

pro-[1] /próu/ 接頭 時間, 場所, 順番が前の, 先の, 前へ. 例: produce; progress; prologue.
[語源] ギリシャ語 *pro*(=before; forward)がラテン語を経て中英語に入った.

pro-[2] /próu/ 接頭 賛成の, 支持の, ひいきの. 例: pro-Japanese; pro-capitalism.
[語源] ラテン語 *pro*(=before; in front of; for)が中英語に入った.
[反義語] anti-.

pro-am /próuæm/ 形名C〔一般語〕スポーツの試合でプロとアマチュアの両方の選手が参加する(競技).
[語源] pro(fessional)+am(ateur).

prob.《略》
probability ⇒probable.
prob·a·ble /prábəbl | prɔ́b-/ 形C〔一般語〕
[一般義] 証明はできないが現実にありそうな. [その他] 見込みがあることから, 多分...だろう, もっともな, 信じてよさそうな. 名 として〔くだけた語〕起こりそうな事, 選抜されそうな人[物], 有望な候補者, 参加しそうな人, 新人.
[語法] It is *probable* that she will win. (=Probably she will win.) とはいうが, *It is *probable* for her to win. や *She is *probable* to win. のように不定詞と共に用いることはできない. probable とほとんど同じ意味の likely は不定詞と共に用いることができる.
[語源] ラテン語 *probare*(=to prove; to test)から派生した *probabilis*(=capable of standing a test; likely)が古フランス語を経て中英語に入った.
[用例] Such an event is possible but not *probable*. そのような出来事はひょっとしたら起こるかもしれないが, 必ず起こるわけではない/the most *probable* cause of the accident 事故のほぼ間違いない原因/a *probable* for the next election 次の選挙の有力な候補者.
[類義語] ⇒possible.
【派生語】 **probabílity** 名UC 有り得ること, 見込み, 公算, 起こりそうな事柄,《数》確率.[類義語] 確実性は高い順に certainty, probability, likelihood, possibility). **próbably** 副 たぶん, 十中八九.

pro·bate /próubeit/ 名U 本来他《法》遺言が本物で有効であることを公に証明すること, 検認, また遺言検認証. 動 として, 遺言を検認する.
[語源] ラテン語 *probare*(=to prove; to test)の過去分詞中性形 *probatum*(=something proved)が中英語に入った.

pro·ba·tion /proubéiʃən/ 名U〔一般語〕[一般義] 能力や適性を調べるための試験, 審査, 見習い(期間). [その他] 犯罪者の更生状況を調査する保護観察(期間), 学生の仮入学, 仮入会などを表す.
[語源] ラテン語 *probare*(=probate)の名 *probatio* が古フランス語を経て中英語に入った.
【慣用句】 ***on probation*** 見習い期間中で.
【派生語】 **probátional** 形 = probationary.
probátionary 形 見習い期間中の, 保護観察中の, 執行猶予中の. **probátioner** 名C 見習い中の人, 保護観察中の人.
【複合語】 **probátion òfficer** 名C 保護観察官.

probe /próub/ 名C 動 本来他〔一般語〕[一般義] 細心で綿密な調査. [その他] もともと傷などを調べるための探り針, 消息子を意味し, 転じて調査用の器具や無人の宇宙探査機などをいう. 動 として詳しく調べる, 探り当てる, 《医》探り針で傷の内を探る.
[語源] ラテン語 *probare*(=to test)から派生した中世ラテン語 *proba*(=investigation)が中英語に入った.

pro·bi·ty /próubiti/ 名U〔形式ばった語〕誠実で正直であること, 高潔.
[語源] ラテン語 *probus*(=good; honest)の派生形 *probitas*(=honesty)が古フランス語を経て中英語に入った.

prob·lem /prábləm | prɔ́b-/ 名C〔一般語〕[一般義] 解決し決定しなければならない困難で不確実性を含む問題, 課題. [その他] 疑問, 難問,〔くだけた語〕困った事, やっかいな人[事態], 悩みの種. また《数》(テスト)問題, 作図題. さらに《形容詞的に》子供などが手に負えない, 扱いにくい, 劇などが問題を提起する, 社会的[道徳的]問題を扱う.
[語源] ギリシャ語 *proballein*(=to throw forward; *pro-* forward+*ballein* to throw)から派生した *problema*(=something thrown forward)がラテン語, 古フランス語を経て中英語に入った.
[用例] Life is full of *problems*. 人生には難問が満ちあふれている/The teacher set the boys three mathematical *problems* for homework. 先生は宿題として少年たちに数学の問題を3題課した/a *problem child* 手に負えない問題児.
[類義語] problem; question; issue: **problem** は解決を要求される難しい疑問に満ちた課題で, しばしば深い考察を要求する. **question** は議論, 疑問, 困難をひき起こす問題. **issue** は決着を迫られている法律的, 社会的問題としての論争点を指す.
【慣用句】 ***No problem*** (***at all***).〔くだけた表現〕《米》依頼された時の答えとして, よろしいですよ, なんでもないですよ, 承知しました, 大丈夫ですΫ, 御礼を言われた時どういたしまして. ***What's the problem?*** 〔くだけた表現〕どうしましたか.
【派生語】 **problemátic**, **-cal** 形 問題(のある), 疑問(のある), 不確実な, 未定の.

pro·bos·cis /proubásis | -bɔ́s-/ 名C〔一般語〕[一般義] 象などの長い鼻(trunk). [その他] 形や機能が鼻に似た部分を表し, 昆虫などの吻(ふん). また〔くだけた語〕人間の鼻で特に大きなもの.
[語源] ギリシャ語 *proboskis*(=trunk of an elephant; *pro-* in front+*boskein* to feed)がラテン語 *proboscis* を経て初期近代英語に入った.

procedural ⇒procedure.

pro·ce·dure /prəsíːdʒər/ 名 UC 〔一般語〕 一般義 物事を行う決まった**手順, 手続**. その他 決まった手順に従って行われる**行動, 進行**, 特に法律, 議会, 政治などにおける運営[訴訟]上の**正式な手続, 訴訟手続, 議会運営手続**, 《コンピューター》プロシージャー.
語源 古フランス語 *procéder* (⇒proceed) から派生したフランス語 *procédure* が初期近代英語に入った.
用例 They followed the usual *procedures* in going abroad. 外国に行くにあたりいつもの手続をふんだ/ divorce *procedures* 離婚手続.
類義語 ⇒process.
【派生語】 **procédural** 形.

pro·ceed /prəsíːd/ 動 本来自 〔形式ばった語〕 一般義 ある点まで到達した後, または中断の後**進む, 先へ進む**《語法》go より形式ばった語》. その他 仕事など行為を続ける, 続行する, しいし始める, 取かかりに着手する, 続けて話す[書く]. また物事が生ずる, 起こる, ...から発生する, ...に由来する(from).《法》訴訟の手続きをとる, ...を相手どって訴訟を起こす(against). 名として《複数形で》...から発生した**結果**, 特に商取引から生じる**収入, 売上高**.
語源 ラテン語 *procedere* (*pro-* forward+*cedere* to go) が古フランス語 *procéder* を経て中英語に入った.
用例 They *proceeded* along the road. 彼らは道に沿って進んだ/ They *proceeded* with their work. 自分たちの仕事を続けた/ They *proceeded* to ask a lot of questions. たくさん質問をし始めた/ *proceed* against the company's executives for breach of duty 会社の幹部を背任で訴える.
類義語 advance.
【派生語】 **procéeding** 名 UC 進行, 振舞, 行為,《複数形で》正式な手順に従った一連の活動, 事のなりゆき, 処置, 訴訟手続, 議事録, 学会の会報 (類義語 ⇒process).

pro·cess /práses | próu-/ 名 C 動 本来他 〔一般語〕 一般義 特定の目的を達成するための**過程, 方法,** 一連の手順. その他 物を製造するための体系的な**製法, 工程**, 無意識的で継続的な一連の**作用, 変化**, 時間の経過, 推移, 物事のなりゆき, 進展. そのような作用や工程の個々の例として,《生·解》**突起, 隆起**,《印·写》**写真製版法**,《映》背景などを挿入して合成する映画手法, スクリーンプロセス,《法》**被告への召喚状, 出頭令状, 訴訟手続**.《形容詞的に》加工処理した, 調整した, 写真製版法による, 機械的に複製された. 動として, 一連の作用や工程または手順によって食料や原料を**加工(貯蔵)する,** 保存するために化学的, 物理的に**加工処理する,** 記録や書類を**整理する, 処理する,** 詳細に**調査分析する**,《写》フィルムを**処理する, 現像する, 焼き付ける**,《法》**召喚状を発する**,《コンピューター》**情報を処理する**.
語源 ラテン語 *procedere* (⇒proceed) の過去分詞 *processus* が古フランス語を経て中英語に入った.
用例 a new *process* to make glass ガラスの新しい製法/ the *process* of reproduction 生殖作用/ an evolutionary *process* 進化の過程/ Carrying him down the mountain was a slow *process*. 彼は山からゆっくりと運び下ろされた/ His watch is *processed* to make it waterproof. 彼の時計は防水加工が施されている.
類義語 process; procedure; proceeding: **pro-** cess は始まりから終わりまで, 目的に達するまでの連続した**過程**, 進行のすべてを指す. **procedure** は物事を遂行するための**正式の, 形式ばった, 常習的な手順**, 順序を指す. **proceeding** は個々の出来事, 特定の状況下での事柄が進行すること, またはその個々の行為, 処置を示すと同時に, 一定の目的をめざした連続した出来事, 行為, 作業も指す.
【慣用句】 **be in (the) process of** ...の最中である, ...が進行中である.
【派生語】 **procéssable** 形. **prócessor** 名 C 処理する人[機器],《コンピューター》演算処理装置[機構], 言語処理プログラム (language processor),《米》農産物加工業者: a word *processor* ワープロ.
prócess [**prócessed**] **chèese** 名 U プロセスチーズ.

pro·ces·sion /prəséʃən/ 名 CU 〔一般語〕 一般義 人, 動物, 車などが儀式または政治的目的のために行う整然とした**行列**. その他 行列の**行進, 前進**. また整然とした行列から, いつまでたっても順序の変わらないつまらない**競走**.《神》父なる神[子なるキリスト]からの聖霊の発出(《聖》John 15:26),《教会》**行列祈祷**(きとう)**(式), 礼拝行進**.
語源 ラテン語 *procedere* (⇒proceed) から派生した後期ラテン語 *processio* (=religious procession) が古フランス語を経て古英語末期に入った.
用例 a funeral *procession* 葬列.
【慣用句】 **march** [**go**; **walk**] **in (a) procession** 列をなして**行進する**[行く, 歩く].
【派生語】 **procéssional** 形 行列の, 行列をなした. 名 C 行列聖歌, 行列式書.

processor ⇒process.

pro·claim /prəkléim/ 動 本来他 〔形式ばった語〕 一般義 特に国家的重大事を文書で公式に**宣言する, 公告する, 布告する**. その他 いかにも重要だという風に述べる, **公言する**. 物事が明らかに示す, ...であることを**証明する**.
語源 ラテン語 *proclamare* (*pro-* before+*clamare* to cry out) が古フランス語を経て中英語に入った.
用例 *proclaim* a state of emergency 非常事態を宣言する/ He was *proclaimed* the winner. 彼が優勝者であると宣せられた.
類義語 announce; declare.
【派生語】 **pròclamátion** 名 UC 公式**宣言, 公布, 布告, 公式発表, 声明(文)**.

pro·cliv·i·ty /prəklívəti/ 名 C 〔形式ばった語〕人間のよくないことを犯しがちな**気質, 傾向, 性癖**.
語源 ラテン語 *proclivis* (=inclined; *pro-* onward +*clivus* slope) の派生形 *proclivitas* が初期近代英語に入った.
類義語 inclination; tendency.

pro·con·sul /proukánsəl | -kɔ́n-/ 名 C 〔形式ばった語〕**植民地の総督**, 本来は古代ローマの**地方総督**.
語源 ラテン語 *pro consule* (=for the consul) が中英語に入った.

pro·cras·ti·nate /proukrǽstineit/ 動 本来自 〔形式ばった語〕 なすべき事を後まで**延ばす, ぐずぐずする**.
語源 ラテン語 *procrastinare* (=to postpone until tomorrow; *pro-* forward+*crastinus* of tomorrow) が初期近代英語に入った.
【派生語】 **procràstinátion** 名 U.

pro·cre·ate /próukrieit/ 動 本来他 〔形式ばった語〕

人や動物が子孫をつくる，植物などが新種を生じる．
[語源] ラテン語 *procreare* (*pro-* forward+*creare* to create) の過去分詞が初期近代英語に入った．
【派生語】 **pròcreátion** 名 U. **prócreàtive** 形.

proc·tor /prάktər | prɔ́k-/ 名 C 〔一般語〕《米》大学の試験監督教員，《英》ケンブリッジ大，オックスフォード大などの学生監．
[語源] ラテン語 *procurator* (=administrator) の語形が変化したもの．

procurable ⇒procure.

pro·cure /proukjúər | prə-/ 動 [本来語] 〔形式ばった語〕[一般義] 努力して手に入れる，獲得する．[その他] 苦労して探す，〔古風な語〕他人に売春婦の周旋をする．
[語源] ラテン語 *procurare* (=to look after; *pro-* for+*curare* to take care of) が古フランス語を経て中英語に入った．
【派生語】 **procúrable** 形. **procúrement** 名 U. **procúrer** 名 C〔古風な語〕売春婦周旋業者．

prod /prάd | prɔ́d/ 動 [本来語] 名 C 〔一般語〕[一般義] 先のとがった棒などで突く，刺す．[その他] 突くことから，刺激を与える． 刺激して特定の行動をさせるように駆り立てる．名 として，家畜を追い立てるための突き棒，刺激．
[語源] 不詳．初期近代英語から．

prod·i·gal /prάdigəl | prɔ́d-/ 形 名 C〔形式ばった語〕[一般義]《悪い意味で》金品を浪費する，放蕩な．[その他]《よい意味で》気前のよい．名 として浪費家，放蕩者．
[語源] ラテン語 *prodigere* (=to drive away; squander) の 形 *prodigus* (=lavish) が中世ラテン語 *prodigalis* (=wasteful) を経て中英語に入った．
【派生語】 **pròdigálity** 名 U.

prodigious ⇒prodigy.

prod·i·gy /prάdidʒi | prɔ́d-/ 名 C 〔一般語〕[一般義] 並外れた才能を持った天才，神童．[その他] 本来はなにかの前兆となるような不可解なもの，驚異のもの．
[語源] ラテン語 *prodigium* (=unnatural happening) が初期近代英語に入った．
【派生語】 **prodígious** 形 驚くべき，巨大な，莫大な．

pro·duce /prədjú:s/ 動 [本来語]，/prάdju:s | prɔ́-/ 名 UC 〔一般語〕[一般義] 品物を製造する，農産物などを生産する．[その他] 物事や人物を生み出す，発生させる，引き起こす． 意味の一般化して作品を作り出す，創作[制作]する，映画を製作する，劇を上演する，本を出版する．動物が子を生む，植物が実や果実を実らせる，国が大人物などを生み出す，また，物事，事件をもたらす意味にもなり，結果を招く，努力が実を結ぶ意となる． さらに作り出すことから発展して切符や免許証などをポケットから取り出す， 取り出して見せる，証拠品などを提出する，提出する，差し出す手段．名 として〈農〉産物 〔語法〕工業製品は通常 product)，製品，生産品[物]，作品，生産額[量]，努力や仕事の成果，成績．
[語源] ラテン語 *producere* (*pro-* forward+*ducere* to lead) が中英語に入った．
[用例] *produce* furniture 家具を製造する/*produce* dairy goods 乳製品を生産する/His joke *produced* a shriek of laughter from the children. 彼の冗談は子供たちに甲高い笑い声を引き起こさせた/*produce* an adventurous film 冒険映画を制作する/A cow *produces* one or two calves a year. 雌牛は年に1，2匹の子牛を生む/She *produced* a letter from her pocket. 彼女はポケットから手紙を取り出した．
[類義語] 「作る」make; manufacture. 「生む」bear; yield.
[対照語] consume.
【派生語】 **prodúcer** 名 C 映画，演劇などの製作者，興行主，〔形式ばった語〕生産者 (⇔consumer).

prod·uct /prάdəkt | prɔ́d-/ 名 C 〔一般語〕[一般義] 人造の製品，(工業)生産物 〔語法〕農産物は produce)．[その他] 製作品，創作品，成果，結果，所産，〔化〕生成物．
[語源] ラテン語 *producere* (⇒produce) の過去分詞から派生した *productum* が中英語に入った．
[複合語] **próduct liability** 名 U 製造物責任．

pro·duc·tion /prədʌ́kʃən/ 名 UC 〔一般語〕[一般義] 経済活動としての，また自然な生産，製作，製造，産出．[その他] 生産高[量]，生産率，また産出物，製造品．知的活動としての制作，創作，著作，上演，演出，また成果，結果，所産，著作物，制[創]作品，制作番組[映画]，上演，人に物の提示[提出]．
[語源] ラテン語 *producere* (⇒produce) の 名 *productio* が古フランス語を経て中英語に入った．
【派生語】 **prodúctive** 形 〔形式ばった語〕生産的な，生産力のある，人が子だくさんな，土地が肥沃な，作家が多作の，創造力に富む，実りある，引き起こす，もたらす，生じさせる，利益をもたらす，営利的な，生産上の，意見などが建設的な． **prodúctively** 副. **prodúctiveness** 名 U. **pròductívity** 名 U 生産力，生産性，多産(性)，肥沃．
[複合語] **prodúction líne** 名 C 大量生産における流れ作業，一貫作業の生産ライン．

proem /próuem/ 名 C〔やや古語〕書物や法令などの序文，スピーチの前置き．
[語源] ギリシャ語 *prooimion* (*pro-* before+*oimē* song) がラテン語 *prooemium* (=introduction), 古フランス語を経て中英語に入った．

prof /prάf | prɔ́f/ 名 C〔くだけた語〕教授 (professor) 〔語法〕Prof. で肩書きとして人名の前に用いる．

profanation ⇒profane.

pro·fane /prəféin/ 形 動 [本来語] 〔形式ばった語〕[一般義] 言葉などが冒瀆的な，神聖を汚す．[その他] 本来宗教と関係のない，世俗的なの意で，異教の，野卑な．動 として神聖を汚す，冒瀆する，下品にする，乱用する．
[語源] ラテン語 *profanus* (=outside the temple; *pro-* away from a place+*fanum* temple) が古フランス語を経て中英語に入った．
【派生語】 **pròfanátion** 名 U 冒瀆. **profánely** 副. **profánity** 名 U.

pro·fess /prəfés/ 動 [本来語] 〔形式ばった語〕[一般義] 信念，信仰，好みなどを，しばしば偽って…だと明言する．[その他] 自分の資質や感情をしばしば偽って…だと明言する．このことから，知っている，あるいは知らないふりをする，装う，…と偽る．〔宗教〕神を信奉すると公言する，神への信仰を告白する．
[語源] ラテン語 *profiteri* (*pro-* before+*fateri* to acknowledge) の過去分詞 *professus* が中英語に入った．
[用例] He *professed* his belief in her innocence. 彼女の身の潔白を信じていると彼は言い切った/He *professed* himself a sympathizer of democracy. 彼は民主主義の共鳴者のふりをした[自称，民主主義支持者だ]/*profess* Christianity キリスト教を信奉すると

公言する.
【派生語】**proféssed** 形 公言した, 公然の, 見せかけの, うわべの, 自称の, 偽りの, 誓約して宗門に入った, 〔古風な語〕本職の, 専門の. **proféssedly** 副.

pro·fes·sion /prəféʃən/ 名 CU 〔一般語〕[一般義] 聖職者, 弁護士, 医師, 教師など特別な知識や教養を必要とし, そのための訓練を必要とする**知的職業, 専門職**. [その他] 一般的に**職業**, 《通例 the 〜; 集合的》同業者仲間, 商売仲間. また〔形式ばった語〕**公言, 言明, 宣言, 信仰告白**.
[語源] ラテン語 professus (⇒profess) から派生した後期ラテン語 professio (=public declaration) が古フランス語を経て中英語に入った.
[用例] the teaching profession 教職/We didn't believe his profession of friendship for us. 我々に対する彼の友情宣言は信じられなかった/the profession of faith in God 神への信仰の告白.
[類義語] occupation.
【慣用句】**... by proféssion** 職業は...だ: He is a lawyer by profession. 彼の職業は弁護士である. **in fact if not in proféssion** 口先ではともかく実際には. **máke proféssion of ...** ...を公言[告白]する.
【派生語】**proféssional** 形 特に知的**職業**の, 職業上の, 専門家の, 本職の, プロの, プロなみの, 《軽蔑的》...を商売とする. 名 C 本職の人, 専門家, プロ(⇔amateur). **proféssionalism** 名 U 《しばしばけいべつ》専門家気質, プロ根性[意識], 専門(家)の技術, 《スポ》プロ選手を用いること. **proféssionally** 副 職業的に, 専門的に(言うと), 職業上.

pro·fes·sor /pəfésər/ 名 C 〔一般語〕[一般義] 大学の**教授** 《[語法] 肩書きとして用いる時は P-; 省略形は Prof.》. [その他]《米》一般に大学の**先生, 教師**《[語法] 呼びかけでは assistant professor, associate professor にも用いる》, 《おおぎさ》ダンスや手品などの芸ごと, ボクシングなどのスポーツなどの**師匠, 師範の先生**.
[参考] 米国の大学では (full) professor《(正)教授》, associate [adjunct] professor《準教授》, assistant professor《助教授》, instructor《専任講師》の順. 英国の大学では講座制をとり, その講座を担当する長を professor《教授》といい, 順に reader《助教授》, lecturer《専任講師》: senior lecturer, lecturer, assistant lecturer》の順.
[語源] ラテン語 professor が中英語に入った.
[用例] He is a professor of English at Leeds. 彼はリーズ大学の英語学教授だ.
【派生語】**pròfessórial** 形 〔形式ばった語〕教授の[に関する], 教授にふさわしい, 学者ぶった, 独断的な. **proféssorship** 名 C 教授の職[地位].

prof·fer /práfər | prɔ́fə/ 動 本来他 名 C 〔形式ばった語〕友情や援助などや無形のものを**申し出る, 提供する**. 名 として〔詩語・文語〕**申し出**.
[語源] 古フランス語 proffrir (pro- forth+offrir to offer) がアングロフランス語を経て中英語に入った.

proficiency ⇒proficient.

pro·fi·cient /prəfíʃənt/ 形 C 〔形式ばった語〕**技能, 工芸などに熟達している, 外国語などが堪能な**. 名 として**熟練者, ...の名人**.
[語源] ラテン語 proficere (⇒profit) の現在分詞が初期近代英語に入った.
[類義語] skilled.
【派生語】**profíciency** 名 U. **profíciently** 副.

pro·file /próufail/ 名 C 動 本来他 〔一般語〕[一般義] 人の**横顔, 物の側面**. [その他] 元々人や建物などの**外形, 輪郭**を意味し, 特に人の顔の輪郭の線画の意から, **人の横顔の意が生じた**. さらに特徴をとらえて簡単に人物を紹介する**人物紹介, プロフィール**の意味で用いられる. 【地】地形の**断面**, 【建】建造物の縦断面, 側面図.
[語源] イタリア語 profilare (=to draw in outline) の名 profilo が初期近代英語に入った.
[類義語] outline.
【慣用句】**in prófile** 横顔で, 側面から(見て).

prof·it /práfit | prɔ́f-/ 名 CU 動 本来自 〔一般語〕[一般義]《しばしば複数形で》商売や貿易で得られる経済的な**利益, 収益, 利潤**. 〔形式ばった語〕比喩的な意味も含んで**利益, 得, もうけ, 得する(役に立つ)こと**. 動として, 経済的に**...から利益を得る, 特に投資などで利潤を上げる, 一般に役に立つ, ためになる, 助けになる**.
[語源] ラテン語 proficere (=to make progress; pro- forward+facere to make) の過去分詞 profectus (=advance; profit) が古フランス語を経て中英語に入った.
[用例] I made a profit of $1,000 on my house. 自宅の件では1,000ドルもうかりました/The firm has made large profits from exports. 会社は輸出で大もうけした/I have read it to my profit. それを読んでためになった/The business profited from its exports. その会社は輸出でもうけた/I am profiting by my mistakes. 自分の失敗がためになっている.
[類義語] advantage; benefit.
[対照語] loss.
【慣用句】**at a prófit of ...** ...の利益をあげて, ...のもうけで. **máke one's prófit of ...** ...で(うまく)利用する. **túrn ... to prófit** ...を利用する, ...を役立てる.
【派生語】**prófitable** 形 利益になる, もうかる, 有益な, ためになる, 役立つ. **prófitably** 副 もうかって, 有益に. **pròfitéer** 名 C 《軽蔑的》戦争や災害などの非常時に利をむさぼる**不当利得者, 暴利をむさぼる者**[商人]. 動 本来自 暴利をむさぼる, 荒かせぎをする. **prófitless** 形 もうからない, 利益のない, 無益な, むだな.
【複合語】**prófit and lóss** 名 U 【会計】損益. **prófit màrgin** 名 C 【商】利ざや, マージン《[語法] 単に margin とも》. **prófit shàring** 名 U 雇用者と雇人との間の**利益分配(制)**.

profligacy ⇒profligate.

prof·li·gate /práfligit | prɔ́f-/ 形 C 〔形式ばった語〕[一般義] 金銭などをむやみにむだ使いをする, **放蕩な**. [その他] 極めて**不品行な, だらしない, 特に金銭にだらしなく浪費する**. 名 として**浪費家, 放蕩者, 道楽者**.
[語源] ラテン語 profligare (=to destroy) の過去分詞 profligatus (=corrupt) が初期近代英語に入った.
[類義語] prodigal.
【派生語】**prófligacy** 名 U.

pro·found /prəfáund/ 形 名 〔形式ばった語〕[一般義] **学問や知識が深遠な, 造詣の深い**. [その他]《良い意味で》**洞察力の深い, 意味深い, 意味深いことから, 難解な**. 深いという意味から, 心の底からの, 悲しみや欲望, 興味などが**激しい意となり, 一般に物事の程度が激しい, 強い, 病気などが重い**. 名 として〔古語〕《the 〜》海などの深さ, **深淵**(しんえん).
[語源] ラテン語 profundus (=deep; pro- before+

fundus bottom) が古フランス語を経て中英語に入った.

[用例] She sat in *profound* thought. 彼女は座って深く考えこんでいた/a *profound* scholar 洞察力の深い学者/*profound* happiness 心からの幸せ/*profound* desire [contempt] 激しい欲望[軽蔑].

[類義語] ⇒deep.
[対照語] shallow; superficial.
【派生語】**profóundly** 副 深く, 心から, 非常に, 完全に. **profúndity** 名 Ｕ 考えや学問, 知性, 感情が深いこと, 《通例複数形で》深刻な事柄[思念, 問題, 意味, 理論].

pro·fuse /prəfjúːs/ 形 〔形式ばった語〕[一般義] 物が豊富な, 十分な. [その他] 量がおびただしい, 人が気前のよい, 物おしみしない, 賞賛や感謝などを惜しまない.
[語源] ラテン語 *profundere* (=to pour lavishly) の過去分詞 *profusus* が中英語に入った.
[用例] be *profuse* in one's praise 賞賛を惜しまない/*profuse* apologies 大層な謝罪の言葉.
[類義語] generous.
【派生語】**profúsely** 副 豊かに, たくさん, 気前よく. **profúsion** 名 Ｕ.

pro·gen·i·tor /proʊdʒénətər/ 名 Ｃ 〔形式ばった語〕人間や動植物の先祖, 比喩的に新しい思想などを始めた人, 開祖, 先覚者.
[語源] ラテン語 *progignere* (*pro-* forward + *gignere* to beget) の過去分詞 *progenitus* から派生した *progenitor* が古フランス語を経て中英語に入った.

prog·e·ny /prádʒɪni, próʊdʒ-/ 名 Ｃ 〔形式ばった語〕[一般義] 《時に複数扱い》人や動植物の子孫. [その他] 後継者. 比喩的に所産, 結果.
[語源] ラテン語 *progenies* (⇒progenitor) から派生した *progenies* (=descent) が古フランス語を経て中英語に入った.
[類義語] descendant.

prog·no·sis /prɑɡnóʊsɪs, prɔɡ-/ 名 Ｃ 《複 -ses /-siːz/》[医] 病気の経過や結果, 予後, 回復の見通し. 〔形式ばった語〕予測, 予知.
[語源] ギリシャ語 *prognosis* (=knowledge beforehand) がラテン語を経て初期近代英語に入った.
[関連語] diagnosis.
【派生語】**prognóstic** 形 【医】予後の, 〔形式ばった語〕予言[前兆]となる. 名 Ｃ 予言, 予知, 兆し. **prognósticàte** 動 [本来他] **prognòsticátion** 名 Ｕ.

pro·gram, 《英》**pro·gramme** /próʊɡræm/ 名 Ｃ 動 [本来他] [一般義] 行事などの計画, 予定(表), 日程(表), プログラム. [その他] 演劇や音楽会などのプログラム, またその内容, ラジオ, テレビの番組(表). 【教育】講義要項(syllabus), 教科課程(curriculum), 学校案内, 【生】生物自体に備わっているプログラム, 【コンピューター】プログラム. また政党の政綱, 綱領. 動 として…のプログラム[番組, 次第書]を作る, …をプログラム[番組, 計画]に組み入れる, 計画通りに進める, 教材をプログラム学習用に作成する.
[語法] コンピューター関係では《英》でも通常 program とつづる.
[語源] ギリシャ語 *prographein* (=to write before) から派生した *programma* (=public notice) が後期ラテン語, フランス語 *programme* を経て初期近代英語に入った.

[用例] a *program* of social reform 社会改良計画/According to the *program*, the show begins at 8:00. プログラムによるとショーは8時に始まる/What is on the *program* for tonight's concert? (プログラムでは)今晩の演奏会の曲目は何ですか/A computer is *programed* to solve complex functions. コンピューターは複雑な機能を解決するようにプログラムが組まれている.
[類義語] schedule; timetable; agenda.
【派生語】**prógrammer**, **prógramer** 名 Ｃ 映画, ラジオ, テレビの番組作成者, 【コンピューター】プログラム作製者, プログラマー. **prógramming**, **prógraming** 名 Ｕ 【コンピューター】プログラム作製, 【教育】プログラム学習(計画作成).
【複合語】**prógrammed instrúction** 名 Ｕ 【教育】プログラム学習による授業 (programmed learning), 【コンピューター】プログラムによる指示. **prógrammed léarning** 名 Ｕ プログラム学習.

prog·ress /práɡres, próʊɡ-/ 名 Ｕ, /prəɡrés/ 動 [本来自] [一般義] [一般義] 物事の次の段階や目標に向かっての前進, 進歩, 進行. [その他] 人類, 社会, 学問, 知識の向上, 発展, 発達, 普及, 増大, 事件や行動, 時間などの推移, 経過, 成り行き. 動 として, 空間的, 時間的に前に進む, 進行する, 物事が従来よりも高い, 上の段階に進歩する, 向上[発展, 発達, 増大]する, はかどる. 他 前進させる, 向上させる.
[語源] ラテン語 *progredi* (=to go forward; *pro-* forward + *gradi* to go) の過去分詞 *progressus* (=going forward; advance) が中英語に入った.
[用例] *Progress* has been made in the treatment of many serious illnesses. 多くの重い病気の治療は進歩してきている/The students are making (good) *progress*. 学生たちは(大いに)向上している/*progress* of time 時間の経過/We had *progressed* only a few miles when the car broke down. 自動車が故障した時, まだ 2, 3 マイルしか前進していなかった《語法》滑稽な表現).
[類義語] advance.
[対照語] regression.
【慣用句】*in progress* 進行中で, なされていて. *make progress* 進歩[上達]する, 良い方向に向かう.
【派生語】**progréssion** 名 ＵＣ 〔形式ばった語〕段階的またはゆるやかとした前進, 進歩, 発達, 出来事の連続, 継続. **progréssive** 形 段階的に前進する, 連続する, 漸進する, 病気が進行性の, 《良い意味で》進歩的な, 革新的な, 【文法】進行形の: **progressive form** 《the ~》進行形/**progressive tense** 《the ~》進行形時制. **progréssively** 副 次第に, 累進的に.

pro·hib·it /proʊhíbɪt/ 動 [本来他] 〔形式ばった語〕[一般義] 法律, 規則, 命令などで行動を禁止する, 差し止める. [その他] 物事や人が行動を妨げる, …できなくする.
[語源] ラテン語 *prohibere* (=to hold back; *pro-* in front + *habere* to hold) の過去分詞 *prohibitus* が中英語に入った.
[用例] Smoking is *prohibited*. 喫煙は禁止されている/The bad weather *prohibited* us from sailing out to sea. 荒天のため出港できなかった.
[類義語] forbid.
[対照語] permit; let.

【派生語】**prohibition** /pròuhəbíʃən/ 名 UC 法律や命令による禁止, 禁止命令, 《米》酒類醸造販売禁止, (P-) 禁酒法時代 (1920–1933 年). **pròhibítionist** 名 C 《米》酒類醸造販売禁止論者. **prohibitive** 形 法律が禁止するための, 禁止されたも同然の, 値段が非常に高い: prohibitive price 法外な値段. **prohíbitively** 副 = prohibitive.

pro·ject /prάdʒekt | prɔ́dʒ-/ 名 C, /prədʒékt/ 動 [本来他] [一般語] [一義語] 特定の目的を達成するための入念な計画, 企画. [その他] 大規模な事業(計画), 《教育》研究計画〔課題〕, 生徒の自主的活動を主体とした教育計画, 構案教授, 《米》住宅計画, 集団〔公団〕住宅 (housing project). 動 として〔形式ばった語〕案, 計画などを提出する, 提案する, (通例受身で)計画する, 企画する. 本来の前へほうり出す意から, 放出する, 発射する, 光, 影などを投射〔投影〕する, スクリーンに映写する, 自分の意志, 感情を表明する, 人に向ける. 自 突き出る, 出っ張る.

[語源] ラテン語 pro(j)icere (= to throw forward) の過去分詞 projectus が中英語に入った.

[用例] Some *projects* for slum clearance were discussed at the meeting. 貧民街撤去のための計画がいくつか会議で論じられた / I am doing a *project* on Italian art. イタリア美術に関する研究計画を立てている / A new dictionary has been *projected*. 新しい辞書が企画されている / The missile was *projected* into space. ミサイルが宇宙に発射された / A sharp rock *projected* from the sea. とがった岩が海面から突き出ていた.

[類義語] ⇒plan.

【派生語】**projéctile** 名 C 〔形式ばった語〕弾丸, ロケットなどの発射体〔物〕, 投射〔射出〕物. 形 発射する〔される〕, 射出する, 推やる. **projéction** 名 UC 発射, 射出, 投影, 投射, 計画, 立案, 推定, 見積もり, 〔形式ばった語〕突起(物), 突出(部): projection booth [《英》room] 映写室. **projéctor** 名 C 映写機, 投射〔投光〕器, 計画者, 発起人.

pro·le·gom·e·non /pròuligάminən | -gɔ́m-/ 名 (複 -ena) 〔形式ばった語〕〔しばしば複数形で〕学術書などの論証的な序論, 序説.

[語源] ギリシャ語 prolegein (pro- before + legein to say) の受動現在分詞の中性形が近代ラテン語を経て初期近代英語に入った.

[類義語] introduction.

proletarian ⇒proletariat.

pro·le·tar·i·at /pròulitέəriət/ 名 〔やや古風な語〕《the ~; 単数または複数扱い》工業社会における中産階級に対する**無産階級**, **労働階級**, プロレタリアート.

[語源] ラテン語 proletarius (= one whose only contribution to the state was his offspring) が 19 世紀に入った. もともと古代ローマ社会の最下層の階級を表した.

[反意語] bourgeoisie.

【派生語】**pròletárian** 名 C 形.

proliferate ⇒prolific.

proliferation ⇒prolific.

pro·lif·ic /prəlífik/ 形 〔形式ばった語〕 [一般語] 植物や動物, 人間が実や子孫を多く生じる, **多産の**. [その他] 土地や海などが多くの収穫〔漁獲〕を生じる, 豊かな, 生産的な, 転じて作家などが絶えず作品を生み出す, 多作の, 創造力が豊かな. また〔述語用法〕…が豊かな, 多い

(of; in).

[語源] ラテン語 proles (= offspring) から派生した中世ラテン語 prolificus が初期近代英語に入った.

【派生語】**prolíferàte** 動 [本来自] 急増する, 拡散する, 《生》増殖する. **prolìferátion** 名 U 急増, 核兵器の拡散, 細胞などの増殖,《a ~》ものが大量にあること, 蔓延.

pro·lix /prouliks/ 形 〔形式ばった語〕話や文章が長らしい, 冗長な, 人が冗長に話す, くどい.

[語源] ラテン語 proliquere (pro- forward + liquere to flow) の過去分詞 prolixus (= extended) が古フランス語を経て中英語に入った.

【派生語】**prolíxity** 名 U 冗長(さ).

pro·logue, 《米》**pro·log** /próulɔː(ː)g/ 名 C 〔本来他〕[一般語] [一義語] 詩, 物語, 劇などの序, プロローグ. [その他] 序詩, 序幕, 劇の前口上(をいう役者). 比喩的に次に起こる重大な出来事などを暗示する前ぶれ, 発端. 動 として前口上を述べる, 事件などの発端となる.

[語源] ギリシャ語 prologos (pro- before + logos discourse) がラテン語, 古フランス語を経て中英語に入った.

[反意語] epilogue.

pro·long /prəlɔ́(ː)ŋ/ 動 [本来他] [一般語] [一義語] 状態や行動を時間的に**引き延ばす**, **長引かせる**. [その他] (通例受身で)空間的に線などを**延長する**, 長くする.

[語源] ラテン語 prolongare (pro- forward + longus long) が古フランス語を経て中英語に入った.

[用例] Please do not *prolong* the discussion unnecessarily. どうぞ議論を不必要に長引かせないで下さい.

[類義語] ⇒extend.

[反意語] curtail.

[対照語] shorten; abridge.

【派生語】**prolongátion** 名 UC 時間的, 空間的な延長, 延長された部分[状態]. **prolónged** 形 (時に軽蔑的)長ったらしい, 長引いた, 延長した.

prom /prάm | prɔ́m/ 名 C 〔くだけた語〕《米》高校や大学で行なわれる**舞踏会**. 《英》プロムナード・コンサート (promenade concert), 遊歩道 (promenade).

[語源] promenade の短縮形.

prom·e·nade /prὰmənéid | prɔ̀məná:d/ 名 動 [本来自] [一般語] [一義語] 海, 湖, 川などに沿った幅の広い**散歩道**, **遊歩道**. [その他] 元来散歩, 遊歩を意味し, 転じて散歩道をいうようになった. のんびり歩くことから, 行進, 行列, 車によるドライブ. 舞踏会開始時の全員の行進からの, 《米》大学や高校の**舞踏会** (prom). 動 として〔やや形式ばった語〕散歩する.

[語源] 後期ラテン語 prominare (= to drive forward) がフランス語で promener となり, se promener (= to take a walk) の派生形 promenade が初期近代英語に入った.

【複合語】**promenáde cóncert** 名 C 聴衆が立ったまま聴くプロムナード・コンサート. **promenáde dèck** 名 遊歩甲板.

Pro·me·theus /prəmí:θju:s, -θiəs/ 名 固 〔ギリシャ〕プロメテウス (★人間を創ったといわれる巨人神. 天から火を盗んで人間に与えた罰に, Zeus から岩山に縛られて鷲の餌食にされた).

[語源] ギリシャ語 (= forethinker).

prominence, **-cy** ⇒prominent.

prom·i·nent /prάmənənt | prɔ́m-/ 形 [一般語]

本来は物が突き出ている意で、比喩的に「傑出した」の意となった。

語源 ラテン語 *prominere* (= to jut forward) の現在分詞が中英語に入った.

用例 a *prominent* politician 有名な政治家/Her front teeth are rather *prominent*. 彼女の前歯はかなり出っ歯だ/The church tower is a *prominent* landmark. 教会の塔はよく目立つ目印である.

類義語 conspicuous; noticeable.

派生語 **próminence, -cy** 名 UC 目立つこと, 傑出, 顕著, 卓越, 有名,〔形式ばった語〕突出物, 隆起部, 目立つ物[場所]. **próminently** 副.

promiscuity ⇒promiscuous.

pro·mis·cu·ous /prəmískjuəs/ 形〔形式ばった語〕

一般義 無差別の, 特にセックスで相手を選ばない, 乱交の. その他 元々いろいろな要素が区別されないで交じり合っている, ごたまぜの, 雑然とした の意.

語源 ラテン語 *promiscuus* (=indiscriminate; *pro-* for + *miscere* to mix) が初期近代英語に入った.

類義語 indiscriminate.

派生語 **pròmiscúity** 名 U. **promíscuously** 副.

prom·ise /prámis | prɔ́m-/ 名 CU 動 本来他 一般語 一般義 物事が将来起こる兆し, 徴候, さらに抜けがたい見込み, 将来性, 有望さ, 末頼もしさ. 動 として約束する, 契約する. 保証する, 請け合う, 断言する,〔形式ばった語〕人や物事が将来...する見込みがある, ...の望みがある, ...しそうだ[なりそうだ].

語源 ラテン語 *promittere* (=to send forth; to promise) の過去分詞 *promissus* が中英語に入った.

用例 keep [break] a *promise* 約束を守る[破る]/There's a *promise* of spring in the air. 空には春の気配がする/She shows great *promise* in her work. 彼女は仕事の面でたいへん将来性がある/He *promised* me a new coat. 彼は新しいコートをくれると約束してくれた/Those clouds *promise* rain. この雲だと雨が降りそうだ.

慣用句 *I promise* (*you*). 約束します, きっと...します, 確かに. *promise ... the moon* [*earth*]〔くだけた表現〕月や地球をとってやることから, 人にできもしない約束をする.

派生語 **prómising** 形 前途有望な, 見込みのある, 成功しそうな. **prómisingly** 副. **prómissòry** 形 約束の, 約定の: **promissory note**〖商〗約束手形.

複合語 **Prómised Lánd** 名〔the ~〕〖聖〗約束の地, カナン (the Land of Promise).

prom·on·to·ry /prámənt`ɔ:ri | prɔ́mənt(ə)ri/ 名 C

一般義 海などに突き出た小高い岬.

語源 ラテン語 *promunturium* (=headland) が初期近代英語に入った.

pro·mote /prəmóut/ 動 本来他 一般義 一般義 商品などの販売を増進する, 宣伝販売する. その他 物事の進歩や活動を増進する, 奨励する, 振興する, 意味が拡大して事業や会社を始める, 設立[発起]する, 主催する, 議案を支持する, 通過に努める. さらに(しばしば受身で)人を高い地位や身分に昇進[昇格]させる, 進級させる.

語源 ラテン語 *promovere* (= to move forward; *pro-* forward + *movere* to move) の過去分詞 *promotus* が中英語に入った.

用例 We are promoting a new brand of soap-powder. 新銘柄の粉石けんを宣伝販売している/*promote* world peace 世界平和を促進する/*promote* a new business company 新しい会社を設立する/He was *promoted* to (the position of) head teacher. 彼は校長(の地位)に昇進した.

類義語 advance.

反意語 impede.

対照語 hinder.

派生語 **promóter** 名 C 会社の設立発起人, 事業やスポーツなどの主権者, 促進者[物], 推進者, 奨励者. **promótion** 名 UC 昇進, 昇格, 促進, 奨励, 増進, 宣伝販売促進の商品, 売り込み.

prompt /prámpt | prɔ́mpt/ 形 本来他 名 副

一般義 一般義 行動などが敏速な, てきぱきした, 機敏な. その他 即座の, 即刻のの意から, 時間を守る意になり, すぐさま...する, 喜んで...する《to do》意となる. 動 として, 人や行動を促し, 促す, 刺激して[促して]...させる, そのかす, 行為, 感情, 考えを思いつかせる, 呼び起こさせる, 誘発[誘導]する, 〖劇〗役者に舞台裏から忘れたせりふをつける[思いつかせる]. 名 として刺激する(もの), 促進(するもの), 示唆するもの, 暗示, ヒント, 〖劇〗せりふつけ, 後見, 〖商〗支払期限(付き契約), 即時払い, 〖コンピューター〗プロンプト. 副 として〔くだけた語〕時間きっかり, ちょうど.

語源 ラテン語 *promere* (=to bring forth) の過去分詞 *promptus* (=ready; prompt) が中英語に入った.

用例 They were *prompt* in their response. 彼らはすばやく反応した/We received a *prompt* reply. 即答をもらった/He was *prompt* to offer assistance. 彼はすすんで援助を提供した/I'm surprised that she's late. She's usually so *prompt*. 彼女が遅いのに驚いた. いつもよく時間を守っているのに/She *prompted* him to ask for higher wages. 彼女はもっと高い給料を要求するように彼をそそのかした/The clouded sky *prompted* her to take her umbrella. 曇天だったので彼女は傘を持って行くことを思いついた/Several actors forgot their words and had to be *prompted*. 何人かの役者はせりふを忘れたのでせりふをつけてもらわねばならなかった/at 10 o'clock *prompt* 10 時きっかりに.

類義語 ⇒quick.

対照語 slow.

派生語 **prómpter** 名 C 激励[鼓舞, 促進, 刺激]する人[もの], 〖劇〗舞台裏でせりふをつける後見人, プロンプター. **prómptitùde** 名 U〔形式ばった語〕機敏, 敏速, 即応, 即決. **prómptly** 副 機敏に, 敏速に, 即座に, てきぱきと. **prómptness** 名 U.

複合語 **prómptbòok** 名 C〖劇〗プロンプター用台本. **prómpt bòx** 名 C〖劇〗舞台上のプロンプター用の席.

prom·ul·gate /prámʌlgeit, proumʌ́l- | prɔ́məl-/ 動 本来他 〔形式ばった語〕法令などを公式に発表する, 発布する, 教義や思想などを広める.

語源 ラテン語 *promulgare* (= to bring to public knowledge) の過去分詞が初期近代英語に入った.

類義語 declare; proclaim.

派生語 **pròmulgátion** 名 U.

pron.〔略〕=pronoun; pronunciation.

prone /próun/ 形 一般語 一般義 普通あまりよくないことに陥る傾向がある, ...しがちである. その他〔形式ばった語〕もともと人や動物が平らになって顔を下にしてい

る，平伏している，うつ伏せになったの意で，転じて行動，性質が...に陥る傾向があることを意味する．〔古語〕土地が下り坂の，傾斜した．

[語法] accident-prone (事故を起こしがちな) のように複合語の第2要素として用いられることも多い．

[語源] ラテン語 pro (=forward) から派生した *pronus* (=bent forward) が中英語に入った．

[用例] be *prone* to error [anger] 誤り[怒り]がちである．

prong /prɔ́(ː)ŋ/ 图 動 [本来他]〔一般語〕[一般義] フォークの歯のように枝分かれしたもの，熊手や干し草かきの叉(また)．[その他] 鹿などの角の枝．動 として，熊手やフォークで刺す，土などを掘り返す．

[語源] 不詳．

pronominal ⇒pronoun.

pro·noun /próunaun/ 图 C 《文法》代名詞.

[語源] ラテン語 *pronomen* (pro- for+*nomen* name) が初期近代英語に入った．

[関連語] noun.

【派生語】**pronóminal** 形《文法》代名詞の(はたらきをする)，代名詞的な．图 C 代名詞類．**pronóminally** 副．

pro·nounce /prənáuns/ 動 [本来他] 〔一般語〕[一般義] 単語，文，言葉，音などをなんらかの方法で発音する，音読する．[その他] 公式に，正式に，また厳粛に宣言する，公言する，...であると断言する．〔形式ばった語〕判決などを宣告する，申し渡す．自 発音する，〔形式ばった語〕「...に有利や不利の判断を下す，ある事柄について意見を述べる．

[語源] ラテン語 *pronuntiare* (=to utter; pro- forth+*nuntiare* to report) が古フランス語を経て中英語に入った．

[用例] He *pronounced* my name wrongly. 彼は私の名前を間違って発音した/The 'b' in 'lamb' and 'k' in 'knob' are not *pronounced*. lamb の b や knob の k は発音されない/He *pronounced* the picture to be genuine. 彼はその絵は本物だと断言した/He *pronounced* judgement on the prisoner. 彼は囚人に判決を言い渡した．

【派生語】**pronóunceable** 形 発音しやすい，断言できる．**pronóunced** 形 はっきりした，断固とした，著しい，際立った，口に出して言われた．**pronóuncedly** 副．**pronouncement** 图 C 公式発表，宣言，判決，判決，意見．**pronùnciátion** 图 UC 発音，発音法．

【複合語】**pronóuncing díctionary** 图 C 発音辞典．

pron·to /prántou|prɔ́n-/ 副 〔くだけた語〕ただちに，すみやかに．

[語源] ラテン語 *promptus* (=prompt) によるスペイン語 (=quick) が18世紀に入った．

pronunciation ⇒pronounce.

proof /prúːf/ 图 UC 形 [本来他]〔一般語〕[一般義] 物事が確かであることの証拠，しるし《★evidence を1つ1つ積み重ねた結果得られるもの》．証拠となるもの，証拠物件．事実や真実を証明すること，立証，論証，品質などを試すための実験，吟味，検査，《数》証明，検算，《印》校正刷り，版画などのためし刷り，《写》見本焼き．さらにアルコール飲料の標準強度，〔古語〕よろいなどの武器の耐久力[度]．形 としては，火，水，誘惑などの被害に耐えられる，負けない，抵抗できる，品質，性能などが試験[検査]済みの，保証付きの，アルコール飲料のアルコール含有量が標準強度の，《印》校正刷の．動 として〔形式ばった語〕試験[検査，吟味]する，物に耐久力[抵抗力]をつける，繊維質の物に防水加工を施す，《印》校正する，校正刷りをする[読む]．

[語源] ラテン語 *probare* (=to prove) から派生した *proba* (=proof) が古フランス語を経て中英語に入った．

[用例] We still have no *proof* that he is innocent. 今だに彼が無罪だという証拠はない/The *proof* of the pudding is in the eating.《ことわざ》プディングの味の真価は食べてみて初めてわかる(論より証拠)/One *proof* of a diamond is that it will cut glass. ダイヤモンドであることの1つの証拠はガラスを切れるということである/She was correcting the *proofs* of her novel. 彼女は自作の小説の校正をしていた/The brandy is below [above] *proof*. このブランデーは標準強度以下[以上]である/He was *proof* against her arguments. 彼は彼女の議論に負けなかった/The animal's hide seemed to be *proof* against his bullets. 動物の皮は彼の銃弾を通さないように思えた/Her nerves are fairly *proof*. 彼女の神経の図太さは保証つきだ．

[類義語] evidence.

【慣用句】*as (a) proof of* ... ...の証拠として: As (a) *proof* of his love, he spent all his money on a ring for her. 彼は愛の証として，彼女にあげる指輪のためにお金を全部使った．*be living proof of* ... ...の生きた証拠．*give proof of* [*that*] ... ...を[...であることを]証明する: He *gave* *proof* of his innocence. 彼は自分の無罪を証明した．*in proof of* ... ...の証拠として，...を立証するために．*make proof of* ... ...であることを証明する，...をためしてみる．*put* ... *to the proof* [*test*] ...を試す，試験する．

【複合語】**próofrèad** 動 [本来他] ゲラを校正する．**próof rèader** 图 C 校正者[係]．**próofrèading** 图 U 校正．**próof shèet** 图 C 校正刷り．**próof spírit** 图 U 標準強度のアルコール飲料．

-proof /prúːf/ 連結 「...を防ぐ，防...」「...に耐える，耐...」「...を通さない」などの意．例：bullet-proof glass (防弾ガラス); water-proof covering (防水のカバー); leak-proof batteries (漏電しない電池)．

[語源] ⇒proof.

prop¹ /práp|prɔ́p/ 图 C 動 [本来他]〔一般語〕[一般義] 支柱，つっかい棒 [語法] clothes-prop (物干し柱) のように複合語の第2要素となることも多い．[その他] 比喩的に精神的な支え，後援者，《ラグビー》スクラムのプロップ．動 として〔しばしば up を伴って〕支柱などで支える，財政的，精神的に支援する，支持する．また支えとなる物に対して立て掛ける，寄り掛からせる．

[語源] 中期オランダ語 *proppe* (=stopper; support) が中英語に入った．

prop² /práp|prɔ́p/ 图 C 〔くだけた語〕プロペラ(propeller)．

prop³ /práp|prɔ́p/ 图 C 〔くだけた語〕〔通例複数形で〕小道具(property)，あるいは小道具方(property man)．

【複合語】**própman** 图 C =property man.

prop·a·gan·da /prɑ̀pəɡǽndə|prɔ̀p-/ 图 U 〔一般義〕〔一般語〕《通例悪い意味で》主義主張や思想の宣伝，宣伝活動，プロパガンダ．[その他] 元来カトリックの布教活動を指示監督する機関で，《the P-》布教聖省，

propagate

《the College of P-》布教神学校を表した. 一般化して組織的な宣伝, 宣伝活動, さらに相手に自分の主義主張を押し付けようとする宣伝や自己宣伝.

[語源] 17世紀にローマ教皇の命によって設立された *Sacra Congregatio de Propaganda Fide*(=Sacred Congregation for Propagating the Faith)の *Propaganda* がイタリア語を経て18世紀に入った.

【派生語】pròpagándist 名 C. pròpagándize 動 本来他 主義主張を宣伝して広める.

prop・a・gate /prápəgeit | próp-/ 動 本来他 [形式ばった語] [一般義] 動植物を繁殖させる, 増殖させる. [その他] 動植物を繁殖させる意味から転じて, 思想などを宣伝して広める, 普及させる. 波の形で光や音を伝える, 伝導する, 性質などを遺伝させる.

[語源] ラテン語 *propagare*(挿し穂, 接ぎ穂でふやす)の過去分詞が初期近代英語に入った.

【派生語】pròpagátion 名 U. própagator 名 C.

pro・pane /próupein/ 名 U 【化】プロパン(ガス)(★燃料, エーロゾル, 冷却剤として用いる; 無色で空気より重いメタン系炭化水素の一種).

pro・pel /prəpél/ 動 本来他 [一般義] 乗物などを動力で前進させる, 推し進める. [その他] 比喩的に人を駆り立てる, 促す.

[語源] ラテン語 *propellere*(pro- onwards+*pellere* to drive)が中英語に入った.

【派生語】propéllant, propéllent 名 UC 推進させるもの, 銃砲の発射火薬, ロケットの推進剤, スプレー用の高圧ガス. 形 推進する, 推進用の. propéller 名 C 推進させるもの[人], 特に飛行機のプロペラ, 船のスクリュー.

pro・pen・si・ty /prəpénsəti/ 名 C 〔形式ばった語〕特定のものを好む性質, 傾向, 癖.

[語源] ラテン語 *propendere*(=to hang forward)の過去分詞 *propensus*(=inclined to)が初期近代英語に入った.

prop・er /prápər | próp-/ 形 [一般義] 人, 物事, 行為などが目的や状況にふさわしい, ぴったり合った, 適切な, 適当な. [その他] 行動が基準に合っている, 正式な, 礼儀正しい, 上品な, (軽蔑的)澄ましこんだ, 堅苦しい. また〔形式ばった語〕《名詞の後に用いて》厳密な意味での, 本来の, 《述語用法》…に特有の, 固有の, 独特の, 〔くだけた語〕《限定用法》本物の, 本当の, 実際の, 《英》全くの, 徹底的な.

[語源] ラテン語 *proprius*(=one's own)が古フランス語を経て中英語に入った.

[用例] He couldn't think of the *proper* words to say. 彼は言うべきふさわしい言葉を考えつかなかった/You should have done your homework at the *proper* time—it's too late to start now. 宿題などはしかるべき時にやっておくべきだったのに. 今始めても遅すぎる/It would not be *proper* to arrive late for a dinner party. 晩餐会に遅刻するなど礼儀に反するよ/She's a rather *proper* young lady. 彼女はかなり堅苦しい若い女性だ/in the city *proper* (郊外を含まない)市内/He likes to wear clothes *proper* to ancient Japanese. 彼は古い時代の日本人特有の着物を着るのが好きだ.

[類義語] fit; suitable.
[対照語] wrong; false.

【慣用句】*as you think proper* 適宜に, 然るべく.

【派生語】próperly 副 適切に, ほどよく, きちんと, 正しく, 厳密に, 礼儀正しく, 上品に, 当然, 正当に, 《文修飾語》当然のことながら: *properly* speaking 正しく言えば.

【複合語】próper ádjective 名 C 【文法】固有形容詞(★Japanese, French のように固有名詞から派生した形容詞). próper fráction 名 C 【文法】真分数. próper nóun [náme] 名 C 【文法】固有名詞.

prop・er・ty /prápərti | próp-/ 名 UC [一般義] [一般義] かなり価値のある所有物, すなわち財産, 資産. [その他] 所有地, 不動産(★建物を含むこともある). 所有(すること), 所有権, 〔形式ばった語〕《通例複数形で》ある物の特性, 特質, 固有性, 【劇】小道具 〔語法〕くだけた語では props という.

[語源] ラテン語 *proprius*(⇒proper)から派生した *proprietas*(=ownership)が古フランス語を経て中英語に入った.

[用例] That book is my *property*. あの本は私のものである/personal *property* 動産/real *property* 不動産/private [public; national] *property* 私有公有, 国有財産/He has *property* [*properties*] in London and Scotland. 彼はロンドンとスコットランドに不動産を持っている/His brave deed become public [common] *property*. 彼の勇敢な行為は皆の知るところとなった/Hardness is a *property* of diamonds. 硬さはダイヤモンドの特性である/A TV set was one of the necessary *properties* to be put on that stage. テレビはその舞台に不可欠の小道具だった.

【複合語】próperty insúrance 名 U 財産保険. próperty màn [màster] 名 C 【劇】小道具方 〔語法〕くだけた語では propman, props という). próperty ríght 名 CU 財産権. próperty tàx 名 C 財産税.

proph・e・cy /práfisi | próf-/ 名 CU [一般義] [一般義] 神の予言. [その他] 神のお告げや霊能者などによる予言. 一般に予言, 予言能力.

[語源] ギリシャ語 *prophētēs*(⇒prophet)から派生した *prophēteia* が後期ラテン語, 古フランス語を経て中英語に入った.

【派生語】prophesy /práfisai | próf-/ 動 本来他 …を予言する.

proph・et /práfit | próf-/ 名 C [一般義] [一般義] 霊感を受けて神意や未来のことを告げる人, 予言者. [その他] 【キ教・ユダヤ教】神の代弁者として民衆を導く預言者, 《the P-s》旧約聖書の預言書, 【イスラム教】《the P-》教祖マホメット. 新しい主義主張の提唱者, 代弁者, 先覚者, 一般に物事の未来を予言する人, 〔俗談〕競馬の予想屋.

[語源] ギリシャ語 *prophētēs*(=interpreter of a god's will; *pro-* before + *phanai* to speak)がラテン語 *propheta*(=soothsayer)に借用され, それが古フランス語を経て古英語に入った.

[用例] The *prophet* warned that the world would soon end. 世界はまもなく終わるだろうと予言者は警告した/The Bible tells many marvelous works of great *prophets*. 聖書は偉大な預言者たちの驚くべきわざを伝えている/He is a *prophet* of the new information theory. 彼は新しい情報理論の提唱者だ/He is a good weather *prophet*. 彼の天気予報は当たる.

【派生語】próphetess 名 C 女予[預]言者. prophétic, -cal 形 予[預]言者の, 予言(者)的な, …の予

言する《of》. **prophétically** 副.

prophylactic ⇒prophylaxis.

pro·phy·lax·is /pròufilæksis | pròfi-/ 名 UC《複-laxes/siːz/》〖医〗病気の予防, 予防的治療, 〖歯〗歯石除去のための歯の掃除.

[語源] ギリシャ語 *pro* (= before)+*phylaxis* (= watching) による近代ラテン語が 19 世紀に入った.

【派生語】**pròphyláctic** 形 予防の. 名 C 予防薬, 予防的措置, 避妊具, コンドーム.

pro·pin·qui·ty /prəpíŋkwiti/ 名 U〔形式ばった語〕[一般義] 時間や場所が近いこと, 近接, 近所.[その他] 血統が近いこと, 近親, 類似, 近似.

[語源] ラテン語 *propinquus* (=near) の *propinquitas* (=closeness) が古フランス語を経て中英語に入った.

pro·pi·ti·ate /prəpíʃieit/ 動 [本来他]〔形式ばった語〕争いを和解させる, 人の機嫌を取る, 機嫌を取ってなだめる.

[語源] ラテン語 *propitius* (⇒propitious) から派生した *propitiare* (=to appease) の過去分詞が初期近代英語に入った.

【派生語】**propìtiátion** 名 U. **propítiatòry** 形.

pro·pi·tious /prəpíʃəs/ 形〔形式ばった語〕目的を遂行するのに好都合な, 運の良い, 幸先のよい.

[語源] ラテン語 *propitius* (=favorable) が古フランス語を経て中英語に入った.

【派生語】**propítiously** 副.

pro·po·nent /prəpóunənt/ 名 C〔一般義〕討論の意見の提案者, 主唱者, 支持者, 弁護者.

[語源] ラテン語 *proponere* (=to propose) の現在分詞が初期近代英語に入った.

[反義語] opponent.

pro·por·tion /prəpɔ́ːrʃən | prɔ́p-/ 名 UC [本来他]〔一般語〕[一般義] 数, 量, 大きさ, 重要性, 全体などに対する割合.[その他]〔複数形で〕物事どうしの正しい釣り合い, 調和, 均衡, バランス,《複数形で》一定の物や事に対する大きさ, 面積, 量, 容積, 程度, 全体に対する部分《[語法] part より形式ばった語》, 分け前, 割り当て,〖数〗比例, 比例計算. 動 として〔形式ばった語〕...と釣り合わせる, 比例させる, 調和させる.

[語源] ラテン語 *proportio* (pro- for+*portio* part) が古フランス語を経て中英語に入った.

[用例] The *proportion* of women to men at the meeting was small. 会議では男性に対して女性の比率が少なかった/Your essay lacks *proportion*—you've concentrated too much on some topics and neglected others. 君のエッセイは調和を欠いている, 密度が濃すぎる話題もあれば無視している話題もある/He has reasonable *proportions* of sense of responsibility. 彼にはある程度の責任感がある/Only a small *proportion* of the class passed the exam. クラスのほんのわずかだけが試験に合格した/direct [inverse] *proportion* 正[反]比例/She won't *proportion* her expenditure to her income. 彼女は収入に応じて支出を調整しようとはしない.

【慣用句】*a sense of proportion* 均衡[バランス]感覚. *in proportion* 釣り合いがとれて, 分別をわきまえて. *in proportion to [with]* …... に比例して. *in the proportion of ... to ...* …対...の割合[比率]で: For this dish, the butter and flour should be *in the proportion of* three *to* four. この料理ではバターと小麦粉の割合は 3 対 4 にしなければいけない. *out of (all) proportion*《全く》釣り合いをなくして,《全く》分別をわきまえないで. *out of (all) proportion to [with]* …... と《全く》釣り合わないで.

【派生語】**propórtional** 形 比例の, 比例した, 釣り合いのとれた, 均衡した, 相対的な. **propórtionally** 副. **propórtionate** 形 比例した, 釣り合いのとれた.

proposal ⇒propose.

pro·pose /prəpóuz/ 動 [本来他]〔一般語〕[一般義] 提案する, 発議する, ...しようと言い出す《[語法] suggest よりも形式ばった語》.[その他] 結婚を申し込む.〔形式ばった語〕計画する, 企てる, ...するつもりである, 人をある地位, 会員, 官職などに推薦する, 指名する, またパーティーなどで成功, 幸福, 健康などを祝す乾杯の音頭をとる. 自 提案する, 結婚を申し込む.

[語源] ラテン語 *proponere* (=to display; pro- forward+*ponere* to put) が古フランス語を経て中英語に入った.

[用例] I *proposed* starting early. 早く出発することを提案した/He *proposes* to build a new house. 彼は家を新築したいと言っている/I *proposed* my friend for the job. その仕事に友人を推薦した/*propose* a toast to a person's health 人の健康を祝して乾杯の音頭をとる/He *proposed* (to me) last night and I accepted him. 彼がゆうべ結婚を申し込んだので, 私は受け入れました.

[日英比較] 日本語の「プロポーズ」は英語では proposal である.

[類義語] intend; suggest.

【派生語】**propósal** 名 C 提案, 提議, 申し込み, 結婚の申し込み, プロポーズ, 正式に提議された計画, 企図. **propóser** 名 C 提案者, 申し込み人, 推薦者.

prop·o·si·tion /pràpəzíʃən | prɔ́p-/ 名 C [本来他]〔一般語〕[一般義] 提案, 提議, 発議.[その他] 提議された計画, 企画, 案, 申し込み, 提案や論議されるための陳述, 主張, 説,〖論〗命題,〖数〗命題, 定理,〖修辞〗主題.〔くだけた語〕《通例 a ~》処理しなければならない事業, 仕事, 事柄, 問題, 状況, 代物(しろもの), 相手, 人間, さらに婉曲に女性に対する性的誘いかけ, 非論理[不法]なこと. 動 として〔くだけた語〕提案する, 特に女性にみだらな[性的な誘いをかける, 言い寄る.

[語源] ラテン語 *proponere* (⇒propose) の 名 *propositio* が古フランス語を経て中英語に入った.

[用例] He made an interesting *proposition*. 彼は興味ある提案をした/That's rather a difficult *proposition*. それはかなり難しい事柄[状況]だ/If you wear that skirt, you'll be *propositioned* by every man you meet! もしそのスカートをはけば, 会う男みんなに言い寄られるだろう.

[類義語] proposition; proposal; suggestion: **proposition** は明確な論議, 論述, 検証, 証明をもって正式に陳述することで, **proposal** より形式ばった主張, はっきりした条件なども含む. **proposal** は何かをしようと採否を求めるよう提案, 計画. **suggestion** はみんなに考えてもらおうと提案すること.

【派生語】**pròpositional** 形.

pro·pound /prəpáund/ 動 [本来他]〔形式ばった語〕他人に考えてもらうために意見や疑問などを提出する, 提案する, 提起する.

[語源] ラテン語 *proponere* (⇒propose) が中英語に入った.

pro·pri·e·tary /prəpráiətèri|-təri/ 形 ⓒ 〔一般語〕━━一般義 財産を所有している, 所有主の. その他 財産(上)の, 財産のある. また特に特許などの所有・使用権のあることから, 独占の, 専売の, 登録商標を持つ. 名 として**所有者**, 所有者団体, 所有権.
語源 ラテン語 *proprietas* (⇒property) から派生した後期ラテン語 *proprietarius* (=owner) が中英語に入った.

pro·pri·e·tor /prəpráiətər/ 名 ⓒ 〔やや形式ばった語〕商店, 旅館, 土地などの**所有主**.
語源 proprietary の変形.
類義語 owner; landlord.
派生語 **proprietórial** 形. **propríetress** 名 ⓒ 〔古風な語〕女性所有主.

pro·pri·e·ty /prəpráiəti/ 名 Ⓤ 〔形式ばった語〕━━一般義 態度が上品で礼儀にかなっていること, たしなみ, 礼儀正しさ. その他 適切であること, 正しいことにかなうこと, 妥当すること. 適合していること, 特に正しい礼儀作法に適合していることから, たしなみや礼儀正しさの意となった.《複数形で》**礼儀作法**.
語源 ラテン語 *proprietas* (⇒property) が古フランス語を経て中英語に入った. 本来は「資産」の意であったが, 個人の所有する特質の意を経て, 行いの適切さの意となった.

pro·pul·sion /prəpʌ́lʃən/ 名 Ⓤ 〔形式ばった語〕前進させること, 推進, 推進力.
語源 ラテン語 *propellere* (=to push) の過去分詞 *propulsus* から派生した中世ラテン語 *propulsio* が初期近代英語に入った.
派生語 **propúlsive** 形 推進力のある, 推進する.

pro·pyl·ene /próupəlìːn/ 名 Ⓤ 《化》プロピレン (★石油精製の過程で得られる無色, 引火性のガス).

pro ra·ta /ròu réitə, -ráː-/ 副 形 〔一般語〕持ち分などに**比例して[した]**.
語源 ラテン語 *pro rata* (*parte*) (=according to the calculated (part)) が初期近代英語に入った.

pro·rate /prouréit, ⌐/ 動 本来他 〔一般語〕《主に米》**比例配分する**, 一定の比率で割り当てる.
語源 ラテン語 *pro rata* から, 19 世紀より.

prosaic ⇒prose.

pro·sce·ni·um /prousíːniəm/ 名 〔複 -nia〕〔一般語〕本舞台と客席の間にある張り出し舞台, 前舞台. 本来は古代ギリシャ・ローマの**演技舞台**を表した.
語源 ギリシャ語 *proskēnion* (=stage; *pro-* before +*skēnē* scene) がラテン語を経て初期近代英語に入った.
複合語 **proscénium árch** 名 ⓒ 〔劇〕プロセニアム・アーチ, 額縁.

pro·scribe /prouskráib/ 動 本来他 〔形式ばった語〕━━一般義 危険なことや有害なことを法律で**禁止する**. その他 古くはローマ法で死刑になり財産没収になった人の名前を布告することを表し, 転じて法の保護を剥奪する, 追放する, 排斥する意となり, 禁止するという意味が生じた.
語源 ラテン語 *proscribere* (書かれた布告を公開の場所に置く; *pro-* in public+*scribere* to write) が初期近代英語に入った.
派生語 **proscription** 名 ⓊⒸ.

prose /próuz/ 名 ⓊⒸ 形 〔一般語〕━━一般義 **散文(体)**. その他 《軽蔑的に》単調, 無味乾燥, 退屈な問題.《英》学校で行う翻訳練習問題. 形 として散文(体)の, 散文的な, 平凡な, 退屈な.
その他 (=straightforward) のラテン語 *proversus* の縮約形 *prorsus*, *prosus* の女性形 *prosa* (=straightforward speech) が古フランス語を経て中英語に入った.
用例 The newscaster writes clear, simple *prose* for the TV news. ニュースキャスターはテレビのニュース用に明快で簡潔な散文を書く/He was a famous *prose* writer of the 19th century. 彼は 19 世紀の有名な散文作家です.
対照語 verse; poetry.
派生語 **prosáic** 形 散文的な, 退屈な, 単調な, 無味乾燥な, 感情の起伏[想像力]の欠けている, 散文(体)の. **prosáically** 副. **prósy** 形 散文の, 散文体[体, 調]の, 単調な, 平凡な.

pros·e·cute /prásikjùːt|prɔ́s-/ 動 本来他 〔一般語〕━━一般義 法律を犯したとして**告発する**, 起訴する, 求刑する. その他 〔形式ばった語〕もともと完成するために仕事などを遂行する, 追求するの意で, 転じて商売を営む, 研究などに従事するの意となる. 自 起訴する.
語源 ラテン語 *prosequi* (=to pursue; *pro-* forward +*sequi* to follow) の過去分詞 *prosecutus* が中英語に入った.
用例 *prosecute* a person for stealing 人を窃盗のかどで起訴する.
派生語 **pròsecútion** 名 ⓊⒸ 起訴, 告発,《the ～》起訴者側, 検察当局, 遂行, 追求, 経営, 従事. **prósecutor** 名 ⓒ **検察官**.
複合語 **prósecuting attórney** 名 ⓒ《米》検事.

pros·e·lyte /prásilàit|prɔ́s-/ 名 ⓒ 動 本来他 〔形式ばった語〕━━一般義 説得を受けて今までの信仰を捨てた別の宗教に乗り換える人, **改宗者**. その他 政治的な転向者, 変節者. 動 として改宗させる, 転向する, スポーツ選手などを誘ってチームにスカウトする.
語源 ギリシャ語 *prosēlutos* (=one who comes to a place; convert) が後期ラテン語 *proselytus* を経て中英語に入った.
類義語 convert.
派生語 **próselytize** 動 本来他.

prosodic ⇒prosody.

pros·o·dy /prásədi|prɔ́s-/ 名 Ⓤ 《詩・言》韻律を扱う研究分野, 作詞法, **韻律学**[論].
語源 ギリシャ語 *prosōidia* (=song set to music; *pros* toward+*ōidē* song) がラテン語 *prosodia* (=accent of a syllable) を経て中英語に入った.
派生語 **prosódic** 形.

pros·pect /práspekt|prɔ́s-/ 名 ⓊⒸ, /práspekt|prəspékt/ 動 本来自 〔一般語〕━━一般義 《複数形で》成功, 利益, 昇進などの**見込み**, 公算. その他 将来への見通し, 展望から, 期待, 望み, 予想. 〔形式ばった語〕《用例は単数形で》高い所からある特定の方向への広い眺め, 見晴らし, 景観, 景色, 視界, 特に家などの南や北などの向き. 当てになるもの,《米》見込みのある人, 顧客になりそうな人, 買ってくれそうな客, タレントや選手などの有望な応募者(候補者),《鉱》採鉱見込み, 採鉱有望地, 試掘. 動 として, 土地や地域を鉱石を求めて踏査[調査]する, 試掘する, 鉱山が鉱石を産出する見込みがある. 他 としても用いられる.
語源 ラテン語 *prospicere* (=to look forward; to exercise foresight) の過去分詞 *prospectus* (=view; prospect) が中英語に入った.

【用例】He has a job with good *prospects*. 彼は将来性のある仕事に就いている/The *prospects* of peace treaty are very good. 平和条約の見通しは非常に明るい/Is there any *prospect* of fine weather today? 今日は晴天が期待できそうかね/The *prospect* from the mountaintop was magnificent. 山頂からの眺望は荘厳であった/The salesman called on a few *prospects* in hopes of succeeding. セールスマンは商談成立を願って有望な顧客を2, 3 人訪れた/He is *prospecting* for gold. 彼は金を求めて試掘している.
【類義語】outlook; anticipation.
【慣用句】**in prospect** 予想[予期]されて, 期待されて, 見込みがあって. **in prospect of** …を予想[期待]して. **without prospect of** … …の見込みがなく, …は予想できずに.
【派生語】**prospéctive** 形 予想される, 将来の, 見込みのある, 期待される. **prospéctor** 名 C 【鉱】鉱石や石油などの探鉱者, 試掘者. **prospéctus** 名 C 会社, 事業, 計画などの趣意書, 説明書, 新刊内容見本, 《英》学校やホテルの案内書, 学校便覧.

pros·per /práspɚ | prɔ́s-/ 【本来義】〔一般語〕人が成功する, 商売などが**繁盛する, 繁栄する**. 他〔古語〕繁栄させる, 成功させる.
【語源】ラテン語 *prosperus* (=favorable) から派生した *prosperare* (=to cause to succeed) が古フランス語を経て中英語に入った.
【用例】Whatever he does *prospers* with him. 彼がする事はなんでもうまくいく/His business is *prospering*. (=He is *prospering* in business.) 彼の商売は繁盛している.
【類義語】succeed.
【派生語】**prospérity** 名 U 成功, 繁栄, 繁盛, 幸運. **prósperous** 形 成功する, うまくいっている, 繁栄[繁盛]している, 幸運な, 裕福な, 順調な, 都合のよい. **prósperously** 副.

pros·tate gland /prásteit glǽnd | prɔ́s-/ 名 C 【解】前立腺 (★哺乳動物の精液を分泌する器官).
【語源】ギリシャ語 *prostatēs* (=something standing in front) による近代ラテン語 *prostata* (=prostate gland) が初期近代英語に入った.

pros·ti·tute /prástitju:t | prɔ́s-/ 名 C 動 【本来義】〔一般語〕金のために身を売る人, **売春婦, 男娼** (male prostitute). 他〔形式ばった語〕(~ oneself で) 売春する, 比喩的に名誉や才能などを金のために売る, 才能を悪用する.
【語源】ラテン語 *prostituere* (=to put for sale; *pro*- before + *statuere* to put) の過去分詞 *prostitutus* が初期近代英語に入った.
【派生語】**pròstitútion** 名 U.

pros·trate /prástreit | prɔ́s-/ 形 動 【本来義】〔やや形式ばった語〕〔一般語〕**屈した, 崇拝してひれ伏した**. 【その他】もともと屈服して顔を地面に伏せて横たわった状態をいい, 一般にうつ伏せになった意を表す. 比喩的に疲れきった, 意気消沈した, 力を失った, 国などが降伏させられた, 屈服した. 動 としてうつ伏せにする, 倒す, 疲れ果てさせる, 滅ぼす.
【語源】ラテン語 *prosternere* (=to throw to the ground; *pro*- before + *sternere* to spread out) の過去分詞 *prostratus* が中英語に入った.
【派生語】**prostrátion** 名 U.

prosy ⇒prose.

pro·tag·o·nist /proutǽgənist/ 名 C 〔一般語〕〔一般語〕〔形式ばった語〕劇や物語の**主役, 主人公**. 【その他】政党や主義の**主唱者, 指導者**.
【語源】ギリシャ語 *prōtagōnistēs* (*prōtos* first + *agōnistēs* actor) が初期近代英語に入った.

pro·te·an /próutiən, proutí(:)ən/ 形〔文語〕様々な姿に変わる, 変幻自在な, 一人で数役を演じる.
【語源】変幻自在の姿と予言力を持ったギリシャ神話の海神 Proteus から.

pro·tect /prətékt/ 動 【本来義】〔一般語〕〔一般語〕危険, 敵, 攻撃, 損失, 破壊, 迷惑, 侮辱, 嘲笑などから人や物を**保護する, 防護する, 守る, 防ぐ**. 【その他】【経】輸入関税で国内産業を保護する, 【商】手形などの支払いを準備する, 【機】機械などに保護装置をとりつける.
【語源】ラテン語 *protegere* (*pro*- in front + *tegere* to cover) の過去分詞 *protectus* が中英語に入った.
【用例】She *protected* the children from every danger. 彼女は子供たちをあらゆる危険から守った/Which type of helmet *protects* the head best? どのタイプのヘルメットが頭を最も保護するのか/He wore a woollen scarf to *protect* himself against the cold. 彼は防寒のためにウールのえり巻きをしていた.
【類義語】defend; guard.
【対照語】attack.
【派生語】**protéction** 名 U C 保護, 擁護, 保護する人[物], 【経】保護貿易制度[政策], 通行証, 旅券, 保護証, 《米》暴力団がその筋に払う口止め料, 賄賂, 脅迫や暴行を受けない保証のために暴力団に払う保護料. **protéctionism** 名 U 【経】保護貿易主義[政策], 国内産業保護政策. **protéctionist** 名 C 【経】保護貿易主義者, 野生動物保護主義者. **protéctive** ⇒見出し. **protéctor** 名 C 保護者, 援護者, 保護する物, 保護[安全]装置, 【スポ】野球の捕手, 審判員などがつけるプロテクター, 〔英史〕摂政, (the P-) 護国卿. **protéctorate** 名 C U 強国に保護される**保護国[領]**, 保護政治[関係, 権], 摂政の職[任期], 政治]. **protéctorship** 名 U protector の職[任期].

pro·tec·tive /prətéktiv/ 形 名 C (⇒protect)〔一般語〕**保護する, 保護用の, 守るための**, 〔経〕保護貿易(政策)の. 名 として保護するもの, 避妊具, コンドーム.
【複合語】**protective cóloring [colorátion]** 名 U 動物の**保護色**. **protéctive cústody** 名 U 保護拘置. **protéctive fóods** 名《複》栄養食品, 健康保護食品. **protéctive táriff** 名 C 保護関税(率).

protector ⇒protect.
protectorate ⇒protect.

pro·té·gé /próutəʒèi/ 名 C 〔一般語〕他人の保護を受ける人, **被保護者**.
【語源】フランス語 *protéger* (=to protect) の過去分詞が 18 世紀に入った.
【派生語】**protégée** 名 C 女性の**被保護者**.

pro·tein /próuti:n/ 名 U C 〔一般語〕**たんぱく質**.
【語源】ドイツ語. 動植物を構成する主要な物質 (primary substance) であるたんぱく質を表す語としてギリシャ語 *prōteios* (=primary) から造語された. 19 世紀より.

pro tem·po·re /prou témpəri:/ 副 〔形式ばった語〕**臨時に, 一時的に** (《語法》くだけた表現では pro tem /prou tém/ と略して使う).
【語源】ラテン語 (=temporarily) が中英語に入った.

pro・test /próutest/ 图 UC, /prətést/ 動 本来義 〔一般語〕一般義 文書か口頭, 行動によるまじめな**抗議**, **異議**(の申し立て). その他 不服, 不賛成, 反駁などの重大な言明, 断言, 主張, 抗議文, 抗議行動.《商》約束手形の拒絶証書,《法》税金取り立てに対する正式の異議申し立て,《スポ》審判員に対する正式の異議申し立て. 動 として **抗議する**, **異議を申し立てる**, **抗議書を書く**, **強く主張する**, **断言する**. 他 として, ...を**強く主張する**, **断言する**,《米》...に**抗議する**, **異議を申し立てる**.

語源 ラテン語 *protestari* (=to declare in public; *pro*- before + *testari* to call to witness) が古フランス語を経て中英語に入った.

用例 He yielded only after *protest*. 彼は異議を申し立てた後, 初めて譲歩した/He made no *protest*. 彼は抗議しなかった/a *protest* march 抗議デモ/They are *protesting* against the new law. 彼らは新しい法律に抗議している/She *protested* that she had meant no harm. 危害を加えるつもりはなかったと, 彼女は断言した/He *protested* his innocence. (=He *protested* that he was innocent.) 彼は自分の無罪を主張した.

類義語 object²; assert.
対照語 agree.

【慣用句】*enter* [*make*; *lodge*; *present*] *a protest against* …… …に異議を申し立てる, 抗議する. *in protest* 抗議して. *under protest* 異議を唱えながら, しぶしぶ. *without protest* 異議も唱えないで, 文句も言わずに, 反対もしないで.

【派生語】**pròtestátion** 图 C 断言, 明言, 主張; 抗議, 異議. **protéster, protéstor** 图 C 抗議者, 異議を唱える者, 主張者, 手形支払などの拒絶者.

Prot・es・tant /prátəstənt | prɔ́t-/ 图 C 形 〔一般語〕 キリスト教の新教(の), プロテスタント(の).《p-》異議を申し立てる者.

語源 ラテン語 *protestari* (⇒protest) の現在分詞から. 1529 年の神聖ローマ帝国国会 (Diet of Spires) で宗教改革に反対した国会に対して「抗議書」を提出した帝国諸侯および自由都市を指す言葉.

【派生語】**Prótestantism** 图 U.

protestation ⇒protest.
protester, protestor ⇒protest.

proto- /próutou-/ 連結 「最初の」「原始の」「原型の」「第一の」の意.(語源 母音の前では prot-). 例: protagonist (主役); prototype (原型).

語源 ギリシャ語 *prōtos* (=first) がラテン語, 古フランス語を経て中英語に入った.

pro・to・col /próutəkɔ̀(ː)l/ 图 UC 〔一般語〕一般義 外交上の儀礼, 典礼. その他 元来妥協, 処理, 同意などを記した公式な覚え書き, **原案**をいい, 特に当事者間で同意された条約や協定など外交文書の原案, 条約案, 議定書.《コンピューター》受信に必要な前もって定められている通信規約, プロトコル.

語源 後期ギリシャ語 *prōtokollon* (=sheet glued to the front of a manuscript) が中世ラテン語, 古フランス語を経て初期近代英語に入った. 現在の意味は中世ラテン語, 古フランス語の時に生じたもので, 英語では最近まで余り用いられなかった.

pro・ton /próutan | -tɔn/ 图 C 《理》陽子 (★中性子 (neutron) とともに原子核を形成する素粒子).

語源 ギリシャ語 *prōtos* (=first) の中性形による 20 世紀の造語.

pro・to・plasm /próutəplæ̀zəm/ 图 U 《生》動植物の細胞の主要部分をなす**原形質**.

語源 ギリシャ語 *prōtos* (=first) + *plasma* (=form) によるドイツ語 *Protoplasma* が 19 世紀に入った.

pro・to・type /próutətàip/ 图 C 〔一般語〕機械, 工業製品などの**原型**, **基本型**, 後の時代の原型となるような人や物を表し, **手本**, **模範**の意.

語源 ギリシャ語 *prōtotupon* (=original form) がフランス語を経て初期近代英語に入った.

pro・to・zo・a /pròutəzóuə/ 图《複》動 原生動物 (★ゾウリムシ, アメーバーなど原生動物門 (Protozoa) に属する微小単細胞動物の総称).

語源 ギリシャ語 *prōtos* (=first) と *zoion* (=animal) による近代ラテン語 *protozoon* の複数形.

【派生語】**pròtozóan** 图 C 形 原生動物(の).

pro・tract /proutrǽkt, prə-/ 動 本来義 〔やや形式ばった語〕時間的にだらだらと**長引かせる**, 無意味に引き延ばす.

語源 ラテン語 *protrahere* (=to prolong; *pro*- forward + *trahere* to drag) の過去分詞 *protractus* が初期近代英語に入った.

【派生語】**protráction** 图 UC. **protráctor** 图 C 長引かせる人[もの], 分度器.

pro・trude /proutrúːd/ 動 本来義 〔形式ばった語〕本来の場所[表面]から前方[外側]に**突き出る**, **出す**.

語源 ラテン語 *protrudere* (*pro*- forward + *trudere* to thrust) が初期近代英語に入った.

用例 *protruding* teeth 出っ歯.

【派生語】**protrúsion** 图 UC 突き出し[はみ出し](部分), 突出(部). **protrúsive** 形.

protuberance ⇒protuberant.

pro・tu・ber・ant /proutjúːbərənt/ 形 〔形式ばった語〕周囲の表面から一部が目立つほど**盛り上がっている**, **突出している**.

語源 後期ラテン語 *protuberare* (=to swell; *pro*- forward + *tuberare* to swell) の現在分詞が初期近代英語に入った.

用例 a *protuberant* stomach 太鼓腹.

【派生語】**protúberance** 图 UC 突出, 隆起, 突起, こぶ.

proud /práud/ 形 〔一般語〕一般義 事柄, 物, 人を**誇りに思う**, **光栄に思う**, **嬉しく思う** (*of*). その他 〔ほめて〕**自慢する**, **得意心のある**, **自尊心のある**,〔軽蔑的〕**高慢な**, **うぬぼれた**, **尊大な**, **お高くとまっている**, いばる.〔形式ばった語〕〔限定用法〕行為や物, 事の**誇るに足る**, **満足させる**, **名誉とすべき**, **堂々とした**, **見事な**, **立派な**, **あっぱれな**. 河湖が**増水した**, 筋肉や傷跡が**盛り上がった**, 馬などが**元気ある**.

語源 ラテン語 *prodesse* (=to be advantageous; *prod*- for + *esse* to be) から逆成された後期ラテン語 *prode* (=advantageous) が古フランス語を経て後期古英語に入った.

用例 He was *proud* of his new house. 彼は新居を誇りにしていた/He's *proud* of being chosen for the team. チームに選抜されたのを彼は喜んでいる/It was a *proud* moment for him (=a moment that made him *proud*) when he received his prize. 賞品を受け取った時, 彼にとって得意な瞬間であった/She was too *proud* to accept help. 彼女はあまりにも自尊心が強いので援助を受け入れなかった/She was too *proud* to talk to us. 彼女はお高くとまっていて私たちに話しか

provable / providence

けてこなかった/The young politician bore a *proud* name. 若い政治家には立派な名前がついていた/The assembled fleet was a *proud* sight. 結集された艦隊は見事な光景であった.

[反意語] humble.

【慣用句】 **do ... proud** 〔くだけた表現〕人に誇りを感じさせる, 人を満足[得意]にさせる, 人に面目を施させる, 気前よくもてなす. **do oneself proud** 〔くだけた表現〕見事な振る舞いをする, 出世をする, 面目を施す, ぜいたくなこと[暮し]をする.

[派生語] **próudly** 副 誇らしげに, 得意になって, 自尊心をもって, 堂々と, 立派に,《軽蔑的》高慢に, いばって, うぬぼれて.

provable ⇒prove.

prove /prúːv/ 動 [本来他]《過去 〜d; 過分 〜d,《米》**proven**》〔一般動〕[一般義] 事実, 証拠, 情報, 議論, 行為などにより真実であることを証明する, 立証する, 確かめる. [その他]《〜 oneself で》能力, 性質が...のことを証明する[示す]. また品物の性能, 能力, 品質などを試す, 試験する, 検査[分析]する, 《数》検算する, 《法》遺言状を検認する, 立証する, 《印》校正刷りを取る, ゲラを刷る. 自 として, 人や事柄が...であることがわかる, ...であると判明する. 物事が結果として...になる. またパンなどの生地が適度にふくらむ.

[語源] ラテン語 *probus* (=good; honest) から派生した *probare* (=to test; to approve) が古フランス語 *prover* を経て中英語に入った.

[用例] Can you *prove* your theory? 君の理論が真実であることを証明できますか/He *proved* that she was innocent. ＝He *proved* her innocence. ＝He *proved* her (to be) innocent. 彼は彼女が無実であることを証明した/She *proved* herself to be equal to the job. 彼女は自分がその仕事に適任であることを(身をもって)実証した/This fact *proves* his guilt. この事実は彼の有罪を立証している/The exception *proves* the rule. 《ことわざ》例外があることは定則のあることの証拠/He *proved* his son's courage. 彼は息子の勇気を確かめた[試した]/Consumers *proved* a new product. 消費者たちが新製品の品質[性能]を検査した/Multiplication can be *proved* by division. 掛け算は割り算で検算できる/This tool *proved* very useful. この道具がたいへん役立つことがわかった/Her story *proved* to be true. 彼女の話しは本当だった.

[対照語] disprove.

[関連語] proof.

【慣用句】 **prove one's [the] case [point]** 主張の正しいことを力説[立証]する. **prove out** 期待どおりになる, うまくいく. **prove up** 権利を立証する, うまくいく.

[派生語] **próvable** 形 証明できる, 立証できる, 確かめられる, 試められる. **próvably** 副. **próven** 形 証明済みの, 立証された, 試験された.

[複合語] **próving gròund** 名 ⒸⒸ 新装置や理論の実験場, 車などの性能試験場.

Provençal ⇒Provence.

Pro·vence /prəvɑ́ːns | prɔ́-/ 名 圏 プロバンス《★地中海沿いのフランス南東部の地方》.

[派生語] **Provençal** /prɔ̀uvɑːnsɑ́ːl, pràv-|prɔ̀v-ən-/ 形 プロバンス(人, 語)の. 名 ⒸⓊ プロバンス人[語].

pro-verb /próuvəːrb/ 名 ⒸⒸ 《文法》代動詞《★do のように be 動詞以外の代用をする》.

[語源] pro-(=for)+verb. pronoun からの類推による.

prov·erb /prɑ́vəːrb | prɔ́v-/ 名 ⒸⒸ 動 [本来他]〔一般語〕[一般義] ことわざ, 格言, 金言, 教訓. [その他] 評判の人[物], 《悪い意味で》軽蔑[非難, 物笑い]の的. また(P-s; 単数扱い)《聖》箴言(ｼﾝｹﾞﾝ). 動 としてことわざ風に表現する, ことわざの種にする, 軽蔑[非難, 物笑い]の的にする.

[語源] ラテン語 *proverbium* (=words put forth; *pro-* forth+*verbum* word) が古フランス語を経て中英語に入った.

[用例] Two common *proverbs* are 'Many hands make light work' and 'Don't count your chickens before they're hatched!' ありふれた 2 つのことわざは, 「人手が多ければ仕事は軽くなる」と「ひよこがかえらないうちにその数を数えるな(捕らぬ狸(ﾀﾇｷ)の皮算用)」である/He is a *proverb* for greediness. ＝His greediness is a *proverb*. 彼は欲深いことで評判になっている.

[類義語] maxim; aphorism; epigram.

【慣用句】 **as the proverb goes [runs; says]** ことわざにある通り. **pass into a proverb** ことわざになる, 評判[笑いぐさ]になる. **to a proverb** ことわざになるほど, 評判になるほど: He is greedy *to a proverb*. 彼の食欲さは評判だ.

[派生語] **provérbial** 形 ことわざ(特有)の, 格言風の, 評判の, 有名な, 〔くだけた語〕ことわざで表現された, ことわざにある. **provérbially** 副.

pro·vide /prəváid/ 動 [本来他]〔一般語〕[一般義] 必要な物を供給する, 提供する. [その他] 資源や便宜を提供するためにあらかじめ準備する, 用意する. 準備する, 与えることから, 〔形式ばった語〕条約, 協定, 契約, 法律などが定める, 規定する. 自 人が将来や事故, 危険などに備える, 用意する《for; against》の, 必要な物品を供給するように手配する, 人を扶養する, 養う《for》, 〔形式ばった語〕法律や規則などが...を規定する《for》, 禁止する《against》.

[語源] ラテン語 *providere* (=to see ahead; *pro-* forwrd+*videre* to see) が中英語に入った.

[用例] He *provided* a bottle of wine for their dinner. 彼が彼らの夕食にワインを 1 本提供した/He *provided* them with a bed for the night. 彼はその晩, 彼らにベッドを用意した/The rule *provides* that the club dues must be paid monthly. 規則によればクラブ会費は毎月払うことになっている/We must *provide* for our old age. 我々は老後に備えなければならない/He *provided* against disasters caused by earthquakes. 彼は地震による災害に対して準備しておいた/He is unable to *provide* for his family. 彼は家族を養うことができない.

[類義語] supply; furnish.

【慣用句】 **provide (for) oneself** 自活する.

[派生語] **províded** 接 《〜 that》...という条件で, もし...ならば《★if より文語的で強意》: We can buy it *provided* [providing] (that) we have enough money. お金が十分であればそれを買うことができる. **províder** 名 ⒸⒸ 供給[準備]する人, 家族の扶養者, 《コンピューター》接続業者, プロバイダー. **providing** 接 《〜 that》...という条件で, もし...ならば《★if より文語的で強意, provided よりくだけた語》.

prov·i·dence /prɑ́vidəns | prɔ́v-/ 名 Ⓤ 《⇒ provident》〔一般語〕[一般義] 先見の明を持つ神の配

慮, 神意, 摂理(providence of God; divine providence). その他 元来先を見越して用意すること, 先見の明. 《P-》先見の明をもって配慮してくれる神.
【慣用句】*tempt providence* 神を恐れぬ振る舞いをする, 無茶なことをする.

prov·i·dent /prάvidənt|prɔ́v-/ 形 [形式ばった語] 将来を見越して備えのあることを表し, **先見の明がある, 用心深い, 倹約な**.
[語源] ラテン語 *providere* (⇒provide) の現在分詞 *providens* が中英語に入った.
[派生語] **providéntial** 形 神意による, 運のよい. **pròvidéntially** 副. **próvidently** 副.

provider ⇒provide.

providing ⇒provide.

prov·ince /prάvins|prɔ́v-/ 名 C [一般語] 一般義 カナダ, オーストラリアの行政区画としての州, 場合によって省, 県, 国も指し, 例えば昔の日本の三河の国は the Province of Mikawa のようにいう. その他 《the 〜s》首都や大都市などの中央部に対する地方, 田舎, 《英》ロンドン以外の全国, 《キ教》大司教などが裁判する教会管区. [形式ばった語]《単数形で》学問, 活動などの領域, 分野, 範囲, 部門, 人の活動範囲, 本分, 職分. 《史》古代ローマの属州, 北米の英領植民地.
[参考]「州」は米国では state, 英国では county, -shire といい, フランス, 日本の「県」は prefecture という.
[語源] ラテン語 *provincia* (=official duty; province) が古フランス語を経て中英語に入った.
[用例] That question is outside my *province*. その問題は私の専門分野ではない/Cooking is not (in) my *province*. 料理は私の本分ではない/Britain was once a Roman *province*. イギリスはかつてローマの属州であった.
[関連語] district; region; area.
[派生語] **províncial** 形 州[省]の, 地方の, 田舎の, 田舎くさい, 粗野な, 視野の狭い, 偏狭な. 名 C 田舎者, 地方出身者, 教会の管区長. **províncialism** 名 U 行儀, 習慣, 振舞, 考え方などの田舎くささ, 田舎風, 地方色, 田舎根性, 偏狭さ, 排他的な郷土愛, 方言, お国なまり. **províncially** 副.

pro·vi·sion /prəvíʒən/ 名 U C 動 本来義 一般義 必需品などの供給, 支給. その他 将来への備え, 準備, 用意, 対策 [語源] に形式ばった語). さらに《複数形で》必需品の食料, 糧食, 貯蔵品, ストック [語法] food より形式ばった語], それらの支給[供給]量. 《法》法的書類の条項, 規定, 但し書き. 動 として [形式ばった語] 人のために食料を供給[準備]する.
[語源] ラテン語 *providere* (⇒provide) の過去分詞 *provisus* から派生した後期ラテン語 *provisio* が古フランス語を経て中英語に入った.
[用例] The government are responsible for the *provision* of education for all children. 政府には全ての子供に教育を施す責任がある/Plenty of *provisions* were kept in the shelters for all emergencies. あらゆる非常事態に備えて大量の食糧が避難所に保存されていた/According to the *provisions* made last year, you must work here for five years. 昨年決めた契約条項により, 君はここで 5 年間働かなければならない/There are certain *provisions* in the will. 遺書にはいくつかの但し書きがある/They won the war because they had enough food to *provision* their armies. 軍隊に支給する食料が十分あったので, 彼らは戦争に勝った.
[類義語] preparation; food.
【慣用句】*make provision for* [*against*] ... ...に備える, ...に必要な処置をとる: She spent all the inheritance in her youth and *made no provision* at all for old age. 彼女は若い時に相続遺産を全て費やしてしまったので, 老女の備えがなくなった.
[派生語] **provísional** 形 仮の, 一時的な, 暫定的な, 条件つきの: a *provisional* agreement 仮協定. **provísionally** 副 仮に, 暫定的に, 臨時に.

pro·vi·so /prəváizou/ 名《複 〜(e)s》[一般語] 法令, 定款などの但し書き, 条件.
[語源] ラテン語 *proviso quod* (=it being provided that) が中英語に入った.
[派生語] **provísory** 形 但し書き付きの, 条件付きの.

provocation ⇒provoke.

provocative ⇒provoke.

pro·voke /prəvóuk/ 動 本来義 [一般語] 一般義 人などを怒らせる, いら立たせる, じらす. その他 感情, 欲望などを引き起こす, かき立てる, 事件や事柄などを刺激する, 誘発する, ...の原因となる, 人などを刺激して...させる, ...にかりたてる.
[語源] ラテン語 *provocare* (=to call forth; *pro*-forth+*vocare* to call) が古フランス語を経て中英語に入った.
[用例] Are you trying to *provoke* me? 私を怒らせようとしているのですか/His words *provoked* laughter among the audience. 彼の言葉は聴衆の笑いを引き起こした/His rudeness *provoked* her to slap him on the face. 彼の無礼に憤慨して彼女は彼の顔を平手打ちした/He was *provoked* into hitting her. 彼は怒って彼女をたたいた.
[類義語] irritate; anger; excite.
[対照語] gratify.
[派生語] **pròvocátion** 名 U C 怒らせる[じらす]こと[もの], 刺激, 挑発, 誘発, 誘因, 《法》挑発の行為. **provócative** 形 人を怒らせる, 腹だたしい, 刺激的な, 挑発的な, 興奮性の, 誘発する, ...の原因となる《of》. **provócatively** 副. **provóking** 形 腹の立つ, しゃくにさわる, じれったい, うるさい.

pro·vost /próuvəst|prɔ́-/ 名 C [一般語] 一般義 大学の学長, 教務事務長. その他 元来教会などの監督や長を表し, 主席司祭, 聖堂参事会員, 教務院長などを意味する. これが特定の学校の長を表す意味にも用いられ, 主に米国の大学の学長, 教務事務長, 英国では大学の学務長. スコットランドでは市長.
[語源] ラテン語 *praeponere* (=to place before) から派生した中世ラテン語 *propositus* (=placed at the head) が古英語に入った.
[複合語] **provost guàrd** 名 C 憲兵隊 《★発音は /próuvou|prəvóu/》. **provost màrshal** 名 C 憲兵司令官 《★発音は /próuvou|prəvóu/》.

prow /práu/ 名 C [文語] 船や航空機の先端部分であるへさき, 船首, 機首(bow).
[語源] 古フランス語 *proe* が初期近代英語に入った.

prow·ess /práuəs/ 名 U [文語] 著しく優れた技, 卓越した能力, 戦場などでの勇敢な行動, 武勇を表す.
[語源] 古フランス語 *prou* (=good; proud) の派生語 *proesce* (=bravery) が中英語に入った.

prowl /prául/ 動 [本来自] 〔一般語〕動物が獲物を求めたり，どろぼうが盗みの機会をうかがってこそこそとうろつく，徘徊する．［名 として《a ～》うろつきまわること．
[語源] 不詳．中英語から．
【派生語】**prówler** 名 C うろつく人［動物］，空き巣ねらい．
【複合語】**prówl càr** 名 C《米》パトロールカー．

prox·i·mate /práksəmət/ prɔ́ks-/ 形 〔形式ばった語〕時間や空間，順番が隣接している，すぐ隣りの，一番近い，直前直後の，近似の，原因などが直接の．
[語源] ラテン語 proximare (= to draw near) の過去分詞 proximatus が初期近代英語に入った．
【派生語】**próximately** 副．**proxímity** 名 U．

prox·i·mo /práksimòu/ prɔ́ks-/ 形〔古風な語〕公式文書で来月の．
[語源] ラテン語 proximo (mense) (= in the next month)が19世紀に入った．

prox·y /práksi/ prɔ́ks-/ 名 UC 〔一般語〕委託を受け代理を務めること，特に投票などの委任，代理，代理をする人，代理人，委任状．
[語源] ラテン語 procuratio (= taking care) による中世ラテン語 procuratia (代理職) が短縮され，prokecye の形で中英語に入った．

prude /prú:d/ 名 C 〔一般語〕行儀作法や品行などについて極端に上品を装い，上品ぶり，特に性に対して上品ぶる人，淑女を装う女，悪い意味の淑女．
[語源] フランス語 prude femme (= respectable woman) の短縮形が18世紀に入った．prude は古フランス語 prode (= proud) から．
【派生語】**prúdery** 名 UC 淑女ぶること，《複数形で》淑女ぶった言動．**prúdish** 形．

prudence ⇒prudent.

pru·dent /prú:dənt/ 形 〔一般語〕態度や言動などが用心深い，慎重な，分別のある．
[語源] ラテン語 providens (⇒provident) の短縮形 prudens (= far-sighted) が古フランス語を経て中英語に入った．
【派生語】**prúdence** 名 U．**prudéntial** 形．**prúdently** 副．

prudery ⇒prude.
prudish ⇒prude.

prune¹ /prú:n/ 名 C 〔一般語〕[一般義] 干したすもも，プルーン．[その他]《植》すももの一変種，プルーン．〔俗語〕おろか者，まぬけ．
[語源] ギリシャ語 proumnon (= plum) がラテン語，古フランス語を経て中英語に入った．

prune² /prú:n/ 動 [本来他] 〔一般語〕[一般義] 木を刈り込む，剪定 (ᡔᠠᢅ) する．[その他] 枝などを刈り込む意味から転じて，書物などから余分なまたは望ましくない箇所を慎重に選んで取り除く，切り詰める，簡潔にする．
[語源] 俗ラテン語 *prorotundiare (= to cut round in front) が古フランス語 proignier (= to clip) を経て中英語に入った．
[類義語] cut．
【複合語】**prúning hòok** 名 C 高枝切り，枝打ち器．
prúning shèars 名《複》刈込みばさみ，剪定ばさみ．

prurience ⇒prurient.

pru·ri·ent /prúəriənt/ 形〔形式ばった語〕過度に性的関心のある，わいせつな，色情をそそる．
[語源] ラテン語 prurire (= to itch; to lust after) の現在分詞が初期近代英語に入った．
【派生語】**prúrience** 名 U．

Prus·sia /práʃə/ 名 固 プロイセン，プロシャ《★ドイツ北部にあった旧王国》．
【派生語】**Prússian** 形 プロイセン(人)の．名 C プロイセン人：**Prussian blue** 深い青色，紺青，青色顔料《★Prussia で発見された顔料からの命名》．

prus·sic acid /prásik æsid/ 名 U《化》青酸《★正式名はシアン化水素酸 (hydrocyanic acid)．極めて強い毒性をもつ》．
[語源] フランス語 acide prussique (= Prussian acid) が18世紀に入った．Prussian blue から作られたため．

pry /prái/ 動 [本来自] 〔一般語〕他人のプライバシーなどを詮索する，好奇心からこっそりとのぞく．
[語源] 不詳．中英語から．
【派生語】**prýing** 形．

P.S.《略》= postscript (追伸)

psalm /sáːm/ 名 C 〔一般語〕神を称える歌や詩，賛美歌，聖詩，《Book of P-s》旧約聖書の詩編．
[語源] ギリシャ語 psalmos (= song accompanied by the harp) が後期ラテン語を経て古英語に入った．
【派生語】**psálmist** 名 C 賛美歌作者．

pseu·do /sjú:dou/ 形 〔ややくだけた語〕知性や感性が見せかけの，偽物の，まがいの．名 としてくわせ者，偽者．

pseu·do- /sjú:dou/ 連結 「偽の，仮の，擬似…」の意．
[語源] ギリシャ語 pseudēs (= false) から．

pseu·do·nym /sjú:dənìm/ 名 C 〔作家などの〕仮名，ペンネーム，稚号．
[語源] ギリシャ語 pseudónumos (pseudēs false + onuma name) がフランス語を経て19世紀に入った．
【派生語】**pseudónymous** 形 ペンネームの，ペンネームで書く［書いた］．

psst /pst/ 感 控え目に相手の注意を引く時に発するちょっと，もし．

P.S.T.《略》= Pacific Standard Time (太平洋標準時)．

Psy·che /sáiki(:)/ 名 固《ギ・ロ神話》エロスの愛した美少女，サイキ，プシュケ《★絵画などでは蝶又は蝶の羽を持つものとして描かれる》．元来《the p-》人間の霊魂，精神．
[語源] ギリシャ語 psukhē (= breath; soul) がラテン語を経て初期近代英語に入った．

psy·che·del·ic /sàikədélik/ 形 名 C 〔一般語〕[一般義] 幻覚剤などによる陶酔状態の，幻覚的な，サイケデリックな．[その他] 文学や芸術が幻覚状態で描いたように極彩色で複雑な，サイケ調の．名 として幻覚剤，幻覚剤常用者．
[語源] psyche (= soul) + ギリシャ語 delos (= visible) から20世紀に造られた．

psychiatric ⇒psychiatry.
psychiatrist ⇒psychiatry.

psy·chi·a·try /saikáiətri/ 名 U 〔一般語〕精神病を研究，治療，予防する医学の一分野，精神医学，精神病治療法．
[語源] psych(o)- 「精神」＋ -iatry 「治療」として19世紀に造られた．
【派生語】**psychiátric** 形．**psychiátrically** 副．**psychíatrist** 名 C 精神科医．

psy·chic /sáikik/ 形 名 C 〔一般語〕霊魂の，心霊の，超能力のある，病気が心因性の．名 として霊媒，超

能力のある人.

[語源] ギリシャ語 *psukhē* (⇒ Psyche) の派生形 *psukhikos* が 19 世紀に入った.

【派生語】**psýchical** 形.

psy·cho /sáikou/ 名 C〔くだけた語〕犯罪や暴力など反社会的な行動をし得る, 強度の**精神障害者**, **精神異常者**.

[語源] psychopath の短縮形.

psy·cho- /sáikou/ 連結「精神」「心理(学的な)」の意.

[語源] ギリシャ語 *psukhē* (=breath; soul) から.

psy·cho·a·nal·y·sis /sàikou*ə*nǽləsis/ 名 U〔一般語〕**精神分析(法)**, **精神分析学**.

【派生語】**psỳchoánalyst** 名 C **精神分析医**. **psỳchoanalýtic** 形. **psỳchoanalýtically** 副. **psỳchóanalỳze** 動 本来版 精神分析をする, 精神分析療法を施す.

psy·cho·ki·ne·sis /sàikoukiní:sis/ 名 U〔一般語〕物理的な力によらず精神力で物を動かす超能力, 念力.

[語源] psycho-「精神」+-kinesis「運動」として 20 世紀に造られた.

【派生語】**psỳchokinétic** 形.

psychological ⇒psychology.
psychologist ⇒psychology.

psy·chol·o·gy /saikálədʒi|-kól-/ 名 UC〔一般語〕 一般義 **心理学**. その他〔くだけた語〕個人や集団の**心理(状態)**, 人の心理的特徴, 人の心理を理解する力, **心理作戦**, 心理学の論文[書物, 体系].

[語源] 近代ラテン語 *psychologia* (psycho-「精神」+ -logia「学問」)が初期近代英語に入った.

[用例] *Psychology* was one of his university subjects. 心理学は彼が大学で履修した科目の一つである/I can't understand the *psychology* of such a man. そんな人間の心理は理解できない/The long illness will have a bad effect on the patient's *psychology*. 長い病気は患者の心理状態に悪い影響を与えるだろう.

【派生語】**psỳchológical** 形 心理学(上)の, 心理的な, 精神的な, 精神現象を扱う, 精神[心理]に影響を与える. **psỳchológically** 副. **psychólogist** 名 C 心理学者, 精神分析医, 【哲】心理主義者, 人の性格や特徴を理解する人.

psy·cho·path /sáikəpæθ/ 名 C〔一般語〕暴力や犯罪に結び付きやすい重大な性格異常をもつ**精神異常者**.

[語源] psycho-「精神」+-path「...病患者」として 19 世紀に造られた.

【派生語】**psỳchopáthic** 形.

psy·cho·sis /saikóusis/ 名 UC (複 *-ses*/si:z/)〔一般語〕妄想症などの現実から遊離した重症の**精神病**, **精神異常**.

[語源] 近代ラテン語 (psycho-「精神」+-osis「...障害」)が 19 世紀に造られた.

psychotherapeutic ⇒psychotherapy.
psychotherapist ⇒psychotherapy.

psy·cho·ther·a·py /sàikouθérəpi/ 名 U〔一般語〕カウンセラーなどが心理学的方法を用いて患者との対話を中心にして神経の病気を治療する**心理療法**.

【派生語】**psỳchotherapéutic** 形. **psỳchothérapist** 名 C 心理[精神]療法士.

psy·chot·ic /saikátik|-kót-/ 形 C〔一般語〕妄想症などの精神病を持つ, **精神異常な**. 名 として **精神異常者**.

[語源] psychosis の派生形.

P.T.A., PTA《略》=Parent-Teacher Association (父母と教師の会).

P.T.O., p.t.o.《略》=please turn over (裏面をごらんください) (★ページの一番下に書かれている).

Ptol·e·my /tálǝmi|tɔ́l-/ 名 個 プトレマイオス (★天動説を唱えた 2 世紀頃のギリシャの天文学者. 日本語名はギリシャ語名 *Ptolemaios* に基づく).

【派生語】**Ptòlemáic** 形 プトレマイオスの, 天動説の: **Ptolemaic system**【天】プトレマイオス体系, 天動説.

pto·maine /tóumein/ 名 C【化】プトマイン (★たんぱく質の腐敗によって生じる物質の総称).

[語源] ギリシャ語 *ptōma* (=dead body) に由来するイタリア語 *ptomaina* が 19 世紀に入った.

【複合語】**ptómaine póisoning** 名 U 食中毒 (★プトマインが原因とされていたため).

pub /pʌ́b/ 名 C〔一般語〕《主に英》**大衆酒場**, **居酒屋**, **パブ**.

[語源] public house の短縮形. 19 世紀から.

[用例] I'll meet you in the *pub* down the road. 通りを行った先のパブで会おう.

pu·ber·ty /pjú:bərti/ 名 U〔一般語〕身体的に子供から大人に成長し生殖が可能になる**第二次性徴期**, **思春期** (★法的には男子 14 歳, 女子 12 歳以後).

[語源] ラテン語 *puber* (=adult) から派生した *pubertatem* が古フランス語を経て中英語に入った.

pu·bes /pjú:bi:z/ 名 UC【解】思春期に陰部に生える毛, 陰毛, また陰毛がある部分, 陰部.

[語源] ラテン語 (=pubic hair; groin) が初期近代英語に入った.

【派生語】**púbic** 形.

pub·lic /páblik/ 形 名〔一般語〕一般義 **公衆[一般人]の(ための)**, **公衆[一般人]に関する[による]**. その他 公衆が共有する, 公共の, 公の, 公的な, 社会全般の, 一般社会に開放された, 公開の, 公立の, 公営の, 公衆のためのものということから, 公務の, 公職の, 国事の, 公務[国事]に従事する, 公衆が知っているの意から, **公然の**, **周知の**, **著名な**, **有名な**. 名として《the ~; 通例単数扱い》**公衆**, **大衆**, **一般大衆**, **国民**, **人民**, **社会**, **世間**, 《時に a ~》特定の階層や種類の人々.

[語源] ラテン語 *populus* (=people) の派生形 *poplicus* が *puber* (=adult) の影響で *publicus* に変形し, 古フランス語を経て中英語に入った.

[用例] *public* good [interest; benefit] 公益/a *public* holiday 祝祭日, 公休日/a *public* meeting 公開の会合/a *public* library 公立図書館/The *public* announcements are on the back page of the newspaper. 公の告示は新聞の裏ページに掲載されている/This information should be *public* (=generally announced) and not kept secret any longer. この情報は公開されるべきであって, これ以上秘密にしておくべきではない/A well-loved *public* figure (=a well-known person) died today. 深く敬愛されていた著名人が本日逝去された/the general *public* 一般大衆/The Japanese *public* is interested in baseball. 日本人大衆は野球に関心がある/The entertainer pleased his *public* by singing their

[its] favorite songs. その芸人は自分のひいき連中の好む歌をうたって喜ばせた.
[関連語] general; popular; social.
[対照語] private; secret.
【慣用句】 ***become public*** 公になる, おおっぴらになる. ***be in the public eye*** 世間[社会]の注目を集めている, マスコミで報道されている, 公然のことなっている. ***be public knowledge*** 周知のことである, だれもが知っている. ***go public*** 会社が株式を一般公開する, 株式公開会社になる, 秘密や情報を公開[公表]する, 秘密や情報が公になる. ***in a public place*** 衆人環視の中で. ***in public*** 公に, 公然と, 人前で. ***make public*** 公にする, おおっぴらにする. ***wash one's dirty linen in public [at home]*** 内輪の恥を外にさらけ出す[出さない].
【派生語】 **publicist** 名 C 宣伝[広報]係, 時事[政治]評論家, 政治記者, 国際法学者. **publicity** 名 U 知れ渡っていること, 評判, 知名度, 周知, 広告, 宣伝, 広報, 宣伝方法[業], 公表, 公開; **publicity agent** 広告代理業者, 宣伝[広報]係. **públicize** 動 本未他 広告[宣伝]する, 公表する. **públicly** 副 公に, 公然と, 人前で, おおっぴらに, 公的に, 公衆[社会, 国家]の名において, 世論で.
【複合語】 **public-address (sỳstem)** 名 C 屋[場]内, 屋[場]外で多数の人に聞こえるようにする**放送装置** [語法] PA (system) が多い. **públic bár** 名 C (英)パブ[バー]の一般席, 共同席(⇔saloon bar). **públic bíll** 名 C 公共関連法案. **públic cómpany** 名 C (英)株式公開会社. **públic convénience** 名 C (英)(通例複数形で単数扱い)**公衆便所** ((米)comfort station)(《語法》単に conveniece, public loo ともいう. ⇒toilet). **públic corpóration** 名 C (英)公共企業体, 公(益)法人, 公社, 公団. **públic defénder** 名 C (米)**公(国)選弁護人**. **públic domáin** 名 C (米) [法]著作権や特許権などの権利消滅状態, 社会の共有財産, 国または州有の公有地. **públic énemy** 名 C 社会の敵, 危険人物, 公開捜査中の犯人, 敵国. **públic héaring** 名 C 公聴会. **públic hóuse** 名 C (英)大衆酒場, パブ(pub), (旧)旅館(inn). **públic lénding rìght** 名 C 公貸権. **públic núisance** 名 C [法]交通妨害など公衆に損害を与える公的不法妨害, 公害(の存在), 世間の厄介もの. **públic ófficer** 名 C 国家, 地方の公務員, 官吏. **públic opínion** 名 U 世論. **públic opínion pòll** 名 C 世論調査. **públic ównership** 名 U 企業, 鉄道などの国有(化), 公有(制). **públic prósecutor** 名 C (しばしば P- P-)検察官, (英)公訴官, 公訴局長官. **públic reláitions** 名 (複)(通例単数扱い)宣伝[広報]活動, PR 活動, 広報, 宣伝, 渉外(事務), 対社会関係, 世間の受け [語法] P.R. と略. [日英比較] 日本語の「ピーアール」は advertisement のことで, 英語の P.R. とは異なる. **públic reláitions òfficer** 名 C 広報担当官, 渉外宣伝官 [将校] [語法] PRO と略す. **públic schòol** 名 C (英)名門大学を目ざす上流子弟のための全寮制の私立中学・高等学校, パブリックスクール, (米・スコットランド・カナダ)小, 中, 高校を含む**公立学校**. **públic séctor** 名 (the ~)公営[公共]部門. **públic sérvant** 名 C 公僕, 公務員, 官吏 (public officer). **públic sérvice** 名 UC 公務(員としての職務), 公職, ガスや電気, 水道などの公益業. **públic spéaking** 名 U 人前での話し方, 話術, 演説[講演]すること. **públic spírit** 名 U 公共心, 公共精神, 愛国心. **públic-spírited** 形 公共心のある[に富む]. **públic utílity** 名 C (しばしば複数形で)電気, ガス, ダム, 学校, 交通などの**公益事業[企業]**, 公共施設, 公共企業株[債]. **públic wórks** 名 (複)公共土木事業[工事], 公共事業, 公共施設.

pub·li·can /pʌ́blikən/ 名 C (やや古風な語) [一般義] 英国の**居酒屋(パブ)の主人**. [その他] 《ローマ史》公税 (public tax)を徴収した**収税人**.
[語源] ラテン語 *publicanus* (=tax gatherer) が古フランス語を経て中英語に入った.

pub·li·ca·tion /pʌ̀bləkéiʃən | -li-/ 名 CU [一般語] [一般義] **出版物, 刊行物**. [その他] 出版, 刊行. (形式ばった語)公表, 発表, 法律などの公布.
[語源] ラテン語 *publicare* (⇒publish)の過去分詞 *publicatus* から派生した *publicatio* が古フランス語を経て中英語に入った.
[用例] There are a lot of *publications* about gardening. 園芸に関する出版物はたくさんある/the *publication* of a new novel 新しい小説の出版/the *publication* of the facts 事実の公表[公開]/the *publication* of …'s death 人の死亡公示.

publicist ⇒public.
publicity ⇒public.
publicize ⇒public.

pub·lish /pʌ́bliʃ/ 動 本未他 [一般語] [一般義] 本, 雑誌, 新聞, 楽譜, 版画などを**出版する, 刊行する, 発行する**. [その他] 物事を正式に発表する, 公表[公示; 公布]する, 周知させる. ⓐ として出版する, 発行する, 出版事業にたずさわる.
[語源] ラテン語 *publicus* (=public)から派生した 動 *publicare* (=to make public) が古フランス語 *publier* を経て中英語に入った.
[用例] His new novel is being *published* this month. 彼の新刊小説が今月出版されようとしている/They *published* their engagement. 彼らは自分たちの婚約を正式に発表した.
[類義語] declare; announce.
【派生語】 **publisher** 名 C 本, 雑誌などの**出版社**, 出版業者, 発行者[人], (英)新聞社の社主[経営者], 発表[公表]者. **publishing** 名 U 形 出版業(の), 出版事業[活動](の); **publishing house** 出版社.

puce /pjúːs/ 名 U 形 [一般義] 蚤(ﾉﾐ)の色に似た暗い茶色がかった**紫色**(の).
[語源] フランス語 *couleur puce* (=flea colour) の短縮形が18世紀に入った.

puck /pʌ́k/ 名 C 《アイスホッケー》ボールの代わりに打たれるゴム製の円盤, パック.
[語源] 不詳. 19世紀より.

puck·er /pʌ́kər/ 動 本未他 [一般義] 軟らかいものの表面にしわ[ひだ]を寄せる, 布にひだを取る, 顔をしかめる, 唇をすぼめる. 名 として, しわよってできた縮み, しわ, ひだ.
[語源] 不詳. 初期近代英語より.

pud /púd/ 名 UC (くだけた語)(英)プディング (pudding).

pud·ding /púdiŋ/ 名 UC [一般語] [一般義] **プディング** (★小麦粉, 米などに卵, 牛乳などを混ぜて焼いたりゆでたりして作った柔らかい甘い菓子. (英)くだけた語では pud という). [その他] 肉の腸詰, ソーセージ. (英)食後のデザート. (くだけた語)小柄で太った人, つまらない人.

また, *Pudding before [rather than] praise*. (花よりだんご) ということわざにあるように, 比喩的に **物質的利益**の意でも用いる.

[語源] 中英語から用いられ, 古フランス語の *boudin* (黒ずんだソーセージ) と関連するとも思われるが, 詳細は不明.

[用例] sponge *pudding* スポンジプディング/rice *pudding* ライスプディング/The proof of the *pudding* is in the eating. 《ことわざ》プディングの味を確かめるのは食べることだ(論より証拠)/What's for *pudding*? (= What are we having as dessert?) デザートは何にしましょうか.

[日英比較] 日本語の「プリン」は pudding が訛ったもので, 普通 custard pudding をいう.《米》のpuddingはこれに近い.《英》では肉料理の後のデザートに食するだけでなく, 小麦粉や米を用いた軽食用プディング, 牛肉や牛の腎臓を用いた料理用プディングなど, 主食や主食の添え物料理になるものもある.

【慣用句】**(as) fit as a pudding**《米》ぴったりの. **in the pudding club** 妊娠して.

【複合語】**púdding fàce** 名 C 大きな丸々した間抜け顔. **púdding hèad** 名 C ばか, のろま. **púdding hèart** 名 C 臆病者.

pud・dle /pʌ́dl/ 名 CU 動 [本来義] [一般語] [一般義] 雨の後などにくぼみにたまった泥水, 汚れた**水たまり**. [その他] 粘土と砂を水でこねたこね土. 動 として, 水たまりをかきまぜて**泥水**にする, 粘土, 砂と水をまぜてこね土にする, 《土木》こね土を塗る, 《冶》溶鉄を攪錬(かくれん)する.

[語源] 古英語 pudd (=ditch) の指小語として中英語から.

pudg・y /pʌ́dʒi/ 形 [くだけた語] 背が低くて肥満している, ずんぐりした.

[語源] 不詳. 19世紀から.

pu・er・ile /pjúːərɪl | -raɪl/ 形 [形式ばった語] 未熟な, 子供っぽい.

[語源] ラテン語 *puer* (=boy) の 形 *puerilis* (=childish) が初期近代英語に入った.

[派生語] **pùerílity** 名 UC 幼稚さ, 〔通例複数形で〕幼稚な振舞い[考え].

pu・er・per・al fe・ver /pjuː(ː)ə́ːrpərəl fíːvər/ 名 U ⇒puerile, 《医》**産褥**(さんじょく)**熱** (★出産時に感染し発熱する病気, 重症の場合は敗血症に至る).

[語源] 近代ラテン語 *puerperalis* (出産の) が18世紀に入った.

Puerto Rican ⇒Puerto Rico.

Puer・to Ri・co /pwéərtə ríːkou, pwɑ́ː·tou-/ 名 固 プエルトリコ《西インド諸島の島で米国の自治領》.

[語源] スペイン語で「豊かな港」を表す.

[派生語] **Pùerto Rícan** 形 プエルトリコ(人)の. 名 C プエルトリコ人.

puff /pʌ́f/ 名 CU 動 [本来義] [一般語] [一般義] 空気, 風, 息, 蒸気, 煙などがぷっと吹き出ること, **一吹き, ぷっと吹く音**[量]. [その他] たばこの一服, 〔くだけた語〕息. ぷっとふくれたもの, 化粧用のパフ(powder puff), ドレスの袖などのふくらみ, ふわっとふくらんだケーキ, シュークリーム(cream puff),《米》羽根ぶとん. 動 として, 煙, 蒸気などがぱっと吹く, **吹き出る**, 空気, 風がさっと吹く, たばこなどを吸う, 〔くだけた語〕はあはあえぐ, 息を切らす, あえぎようで進む[動く]. またぶっとふくれる, はれる, 得意になる. (他) として, 煙, 空気, 蒸気などをぶっと吹き[吐き]出す, たばこをすぱすぱ吸う, 羽毛をぶっと吹き飛ばす《away》, [くだけた語] [受身で] 息切れさせる, あえがせ

る. また空気で頬, 胸, 帆などをふくらませる, 衣服や頭髪をふくらませる, ふくらんだ気持ちということから, **得意がらせる, 虚栄心をそそる**.

[語源] 古英語 動 pyffan から.

[用例] A *puff* of wind moved the branches. 一陣の風が枝をふるわした/The steam locomotive let off *puffs* of steam. 蒸気機関車が蒸気をぽっぽっと吹き出していた/With a huge *puff* the rubber balloon was blown high up into the air. ゴム風船は大きくふくらんで空中高く舞い上がった/She powdered her nose with a powder *puff*. 彼女はパフで鼻におしろいをつけた/We no longer see steam trains *puffing* (=moving along giving out *puffs* of smoke) through the countryside. 田舎をぽっぽっと煙を吐いて走る蒸気列車をもはや見ることはない/He *puffed* at his pipe. 彼はパイプを吹かした/He was *puffing* as he climbed the stairs. 階段を昇る時彼は息を切らしていた/Stop *puffing* cigarette smoke into my face. 私の顔にたばこの煙を吹きかけるのをやめたまえ.

【慣用句】**be puffed up with** ... 《軽蔑的》...で思い上がっている, 慢心する. **huff and puff** 〔くだけた表現〕息を切らせながら話す[行動する], がんばる. **puff and blow [pant]** はあはあえぐ. **puff out** 空気でふくらませる, ぷっと吹いて吹き消す, あえぎながら言う: She *puffed out* her little chest when the teacher praised her. 彼女は先生にほめられた時, 小さな胸をふくらませて得意になった.

[派生語] **púffed** 形 ふくらんだ, 〔くだけた語〕息ぎれした. **púffer** 名 C 喫煙家や蒸気機関車のようにぷっと吹く人[物], やたらほめる人, 宣伝屋, 競売の時のさくら, 《魚》ふぐ(puffer fish), 汽車ぽっ. **púffy** 形 風などがぱっと吹く, 一陣の, ふくれた, はれた, ふくらした, 息ぎれしている, あえいでいる, 思い上がった, 誇大な.

【複合語】**púff pàste** 名 U パイやタルト用の油を含んだ非常に薄い生地を作るための練り粉, パフペースト. **púff pàstry** 名 U パイ皮を使った軽い菓子類, パフペーストリー.

pug[1] /pʌ́g/ 名 C 〔一般語〕中国原産のブルドッグに似た小型犬, パグ.

[語源] 不詳.

【複合語】**púg nóse** 名 C 短くずんぐりした上向きの鼻, しし鼻. **púg-nòsed** 形.

pug[2] /pʌ́g/ 名 U 動 [本来義] 〔一般語〕陶器やれんがを作るためのこね土, 粘土. 動 として, 粘土をこねる, 《建》粘土, モルタルなどを防音用に詰める.

[語源] 不詳.

pu・gi・lism /pjúːdʒɪlɪzəm/ 名 U 〔形式ばった語〕**拳闘**, (プロ)ボクシング(boxing).

[語源] ラテン語 *pugil* (=boxer) が18世紀に入った.

[派生語] **púgilist** 名 C (プロ)ボクサー. **pùgilístic** 形.

pug・na・cious /pʌɡnéɪʃəs/ 形 〔形式ばった語〕人が口論好きな, けんかっぱやい.

[語源] ラテン語 *pugnax* (=combative) が初期近代英語に入った.

[派生語] **pugnáciously** 副. **pugnácity** 名 U.

puke /pjúːk/ 動 [本来義] 名 U 〔俗語〕食物などを吐く, もどす. 名 として嘔吐(おうと)物.

[語源] 擬音語と思われるが, 詳細は不明.

Pu・lit・zer Prize /pjúːlɪtsər práɪz/ 名 C 〔一般

pull /púl/ 動 本来地 [CU] [一般語] [一般義] 一定の方向や位置へ強く引く, 引っ張る, 引き寄せる. [その他] 歯, 栓, 草木などを引き抜く, 抜き取る, 果物をもぎ取る, 鳥の毛をむしり取る, ひきちぎる, 2 つの物や人を強く[力ずくで]引き離すの意. またピストルやナイフをさやから抜く, 抜いて構える, 引き金やスイッチ, レバーを引く, ボートでオールをこぐ, 【野・ゴルフ】右打ちなら左へ, 左打ちなら右へ引っ張って打つ. 〔くだけた語〕《主に米》大胆な計画などを遂行する, 成し遂げる, 悪事, いたずら, 失敗をやらかす, やってのける, 銀行などを襲撃する, 襲う, 盗む. ある表情の顔をする, 筋肉などを緊張させる, 痛める, くじく. 顧客, 支持者を引きつけるの意から, 支持票, 優位を確保[獲得]する. 【競馬】手綱を引いて馬のスピードを落とす, 【ボクシング】パンチを手加減する. 自 として引く意を, 引っ張られて進んで行く, 骨折って進む, 車などがエンジンで動く, 進む, わきへ寄る, ボートがこぎ進む. びんやグラスで酒などをぐいと飲む, たばこを吸う. 名 として引くこと, 引っ張ること, 引く力, 引き寄せ. 〔くだけた語〕《単数形で》縁故, 手づる, コネ. 人を引きつける力, 魅力, 強み, 利点, 優位, 優勢. (a ～) 骨折れる急な登り, 転じて努力. ボートをこぐこと. ドア, ベル, 引出しなどの取っ手, 引き手, 引き綱.
[語源] 古英語 pullian から.
[用例] The horse was *pulling* a cart along the road. 馬が道路で荷車を引いていた/She *pulled* the door open [shut]. 彼女はドアを引いて開けた[閉めた]/Don't *pull* your sweater out of shape. セーターを引っ張って形をくずしてはいけません/I *pulled* the examination paper to shreds. 私は答案用紙をずたずたに引きちぎった/*pull* the trigger 引き金を引く, 発砲する/*pull* a bank holdup 銀行強盗をやる/He *pulled* his arm muscles. 彼は腕の筋肉を痛めた/The football game *pulled* large crowds. フットボールの試合が大観衆を引きつけた/She *pulled* at the door but couldn't open it. 彼女はドアを引っ張ったが開けることができなかった/He *pulled* towards the shore. 彼はボートを岸に向かってこいでいった/I felt a *pull* at my sleeve. 袖を引っ張られるのを感じた/magnetic *pull* 磁力/He thinks he has some *pull* with the headmaster. 彼は校長にいくらか顔がきく[コネがある]と思っている/He still feels the *pull* of the sea. 彼はなお海に魅力を感じている.
[類義語] draw.
[反意語] push.
【慣用句】*pull about* [*around*] 引きずり回す, 手荒く扱う. *pull ahead of* ... ...の前に出る, 追い抜く. *pull apart* 切り離す, 引き離す, 分解できる, ばらばらになる. *pull away* 身を引く, 離脱する, 追い放く; 力ずくで引き離す. *pull back* 考え直してやめる, 軍隊が撤退する; 引き戻す, 節約する. *pull down* 物を引き下ろす, 価値や地位, 成績などを弱らせる, 引き下げる, 衰弱させる, 政府を倒す, 建物を取り壊す, 〔くだけた語〕《米》金を稼ぐ, 給料をとる. *pull for* ... ...を応援する, 励ます. *pull in* 費用などを切りつめる, 抑制する, 引き締める, 《人》を魅了する, 引きつける, 中へ引っ張り入れる, 腹をひっこめる, 〔くだけた語〕金を稼ぐ, もうける, 人を逮捕する, 連行する; 列車, バス, 船などが到着する, 駅に入る, 車や船が岸や道路のわきで止まる, 寄る, 車を寄せる: I *pulled in* to the side of the road and stopped. 車を道路のわきに寄せて停車した. *pull off* 着物, 靴, 手袋などを引っ張って脱ぐ(⇔pull on), ほきとる, はずす, 車を路肩に寄せる, 〔くだけた語〕計画や悪事などをうまくやってのける, やりとげる, 成功する, 賞を勝ちとる, 競技に勝つ; 去る, 出発する. *pull on* 着物, 靴, 手袋などを引っ張るようにして着る[はく](⇔pull on), 引っ張る, 〔古風な語〕パイプをすぱすぱ吸う, 酒をぐいと飲む. *pull out* 引き抜く, もぎ取る, 軍隊が撤退させる, 事業などから身を引かせる, 話を長引かせる; 列車や車, 船などが動きだす, 出発[出帆]する, 駅を出る, こぎ出す, 人が立ち去る, 撤退する, 抜け出る, 車に追い越されるために車線から出る, 〔ややくだけた語〕病気や不幸, 困難から立ち直る, 〔空〕急降下して水平飛行に戻る. *pull over* 車, 船, 人などを通すために道の片側に寄る[寄せる], 脇に寄る[引き寄せる], 衣服などを頭からかぶって着る: The bus *pulled over* to let the traffic pass. バスが車を通行させるために歩道側に寄った. *pull round* 健康[意識]を回復する[させる], 回れ右をする[させる], 不振から立ち直る[直らせる]. *pull through* 困難, 危険, 病気, 不幸などより切抜けさせる[切抜けさせる], 生き延びる, 失敗などを避ける. *pull together* 協力[協調]して行う, 組織などを立て直す. *pull up* 車, 人などが止まる[止める], 発言や行動などを自制する[制止する], 活動を控える[控えさせる], 行動や人に追いつく[迫る]《to; with》, 引き上げる, 草木や根を引き抜く, 根こぎにする, 科目などの成績を上げる, 人のランク[順位, 席次]を上げる, 〔ややくだけた語〕人を激しく叱る, 厳しくとがめる.

【複合語】**púllbàck** 名 C 軍隊の撤退, 退却. **púll-in** 名 C 《英》ドライブイン, 簡易休息所(《米》drive-in). **púll-òn** 名 C かぶって[引っ張って]着用する物[セーター, 手袋, 靴]. 形 かぶって[引っ張り]着る. **púllòut** 名 C 本や雑誌の折り込みページ, 軍隊の撤退, 【空】急降下後に水平[上昇]飛行に移ること, 引き起こし. **púllòver** 名 C 頭からかぶって着るセーターなど, プルオーバー. 形 〔限定用法〕プルオーバーの. **púll-ùp** 名 C 《米》懸垂運動, 【空】水平飛行後の急上昇, 《英》ドライブイン (pull-in, 《米》drive-in).

pul·let /púlit/ 名 C [一般語] 1 歳未満の若いめんどり.
[語源] ラテン語 *pullus* (=young animal) が古フランス語 *poule* (⇒ poultry) の指小語 *poulet* (= chicken) を経て中英語に入った.

pul·ley /púli/ 名 C [一般語] 重い物などを上げるための滑車, ベルト車.
[語源] ギリシャ語 *polos* (=pole; axis) がラテン語, 古フランス語を経て中英語に入った.
【複合語】**púlley blòck** 名 C 滑車装置.

Pull·man /púlmən/ 名 C 【鉄道】寝台車を兼ねた豪華な客車, プルマン車両.
[語源] 米国の発明家 George M. Pullman にちなむ名称.
【複合語】**Púllman càr** 名 C =Pullman.

pul·mo·nary /pʌ́lmənèri|-nəri/ 形 【医】肺に関する, 肺機能を有する, 肺を冒す.
[語源] ラテン語 *pulmo* (=lung) から派生した *pulmonarius* が 18 世紀に入った.

pulp /pʌ́lp/ 名 U 形 本来地 [一般語] [一般義] 果物や野菜などの柔らかい部分である果肉, 植物の髄. [その他] 果物や野菜をつぶしてどろどろにしたもの, 紙の原

料となるパルプ, 《軽蔑的》下等な紙を使用した**低俗雑誌**. 形 として《限定用法》雑誌などが**低俗な**. 動 として**どろどろにする, パルプにする**. 自 の用法もある.
[語源] ラテン語 *pulpa* (=solid flesh) が中英語に入った.
【派生語】**púlpy** 形.
【複合語】**púlpwòod** 名 U **パルプ材**.

pul・pit /púlpit/ 名 C 〔一般語〕 一般義 教会の**説教壇**. その他 《形式ばった語》(the 〜) キリスト教の**説教, 聖職者, 宗教界全体**.
[語源] ラテン語 *pulpitum* (=platform) が中英語に入った.

pulpy ⇒pulp.

pul・sar /púlsɑːr, -sər/ 名 C 《天》回転しながら周期的に電波を出していると考えられている**中性子星, パルサー**.
[語源] *pulsating star* から 20 世紀に造られた.
[関連語] quasar.

pul・sate /púlseit/ 動 本来自 〔一般語〕 一般義 血管や心臓が規則正しく**脈打つ, 鼓動する**. その他 興奮などで胸が**どきどきする, 打ち震える**.
[語源] ラテン語 *pellere* (⇒pulse¹) の反復動詞 *pulsare* の過去分詞 *pulsatus* が 18 世紀に入った.
【派生語】**pulsátion** 名 UC.

pulse¹ /púls/ 名 C 動 本来自 〔一般語〕 一般義 **脈拍, 脈拍の一打ち**. その他 **鼓動, 動悸, 心拍, 転じて鼓動, 律動(音), 律動的な動き[波動]**, 比喩的に**生命, 心, 感情などの躍動, 興奮, 生気, 社会集団などの意向, 意向**. 音楽や詩の**拍, アクセント**, 《電・通信》**パルス**. 動 として, 心臓や生命が**脈打つ, 鼓動する**.
[語源] ラテン語 *pellere* (=to drive; to push; to beat) の過去分詞 *pulsus* が古フランス語を経て中英語に入った.
[用例] The doctor felt [took] her *pulse*. 医者は彼女の脈をみた/The car's engine was beating with a low, steady *pulse*. 車のエンジンは低い律動音を規則正しくたてていた/The city was *pulsing* with life. 都会には生命が脈打っていた.
[類義語] pulsate.

pulse² /púls/ 名 C 〔一般語〕《通例複数形で》**いんげん豆, えんどう豆など食用の豆類**.
[語源] ラテン語 *puls* (=pottage of meal) が古フランス語を経て中英語に入った.

pul・ver・ize /púlvəraiz/ 動 本来他 〔一般語〕 一般義 固形物を砕いてひいひいりして細かい**粉にする**, 比喩的に《くだけた》議論で相手を**打ち砕く, こてんこてんにやっつける**. 自 **粉になる, 砕ける**.
[語源] ラテン語 *pulvis* (=dust) から派生した後期ラテン語 *pulverizare* (=to powder) が中英語に入った.
【派生語】**pùlverizátion** 名 U.

pu・ma /pjúːmə/ 名 CU 《動》アメリカ産の大型ネコ科の猛獣**ピューマ, アメリカライオン**, その毛皮. ⇒cougar; mountain lion.
[語源] 南米先住民族のケチュア語がスペイン語を経て 18 世紀に入った.

pum・ice /púmis/ 名 U 〔一般語〕火山から噴出した流紋岩の合成物から成る多孔性の石, **軽石** (《語法》*pumice stone* ともいう).
[語源] ラテン語 *pumex* が古フランス語を経て中英語に入った.

pum・mel /púml/ 動 本来他 〔一般語〕 続けさまに両方のげんこつで打つ.
[語源] *pommel* の変形. 初期近代英語から.

pump¹ /púmp/ 名 C 動 本来他 〔一般語〕 一般義 液体や気体を出し入れするための**ポンプ, 揚水[吸水]器, 圧縮機**. その他 ポンプを使用すること, ポンプの作用[音]. またポンプの機能を持つ動物の器官, 特に**心臓**, 引き出す, 吸い出すことから, **誘導尋問, かまをかけること[人]**. 動 として**ポンプで汲む, 吸い上げる, 汲み出す, 押し出す, 注入する**, 船や井戸からポンプで水を汲み出す, …からポンプで液体[気体]を取り除く. ポンプで空気を入れる, ふくらます, ハンドルなどをポンプのように**上下に動かす, 上下に動かして操作する**. 比喩的に《くだけた》人に事実や思想, 考えを**注ぐ, 浴びせかける, 詰めこむ, 食糧を供給する, 資金を注ぎ込む** (into), **吐き出させる, 放出させる** (out of; from). また人にかまをかける, **誘導尋問する, 根気よく[しつこく]聞き出す**, 《通例受身で》人を**息切れさせる, へとへとに疲れさせる**. 自 **ポンプを使う, ポンプの作用をする**, ポンプで汲み上げる, ポンプのように上下に動く, 比喩的に**心臓がポンプのようにせっせと働く**.
[語源] スペイン語の擬音語 *bomba* が, おそらく中オランダ語 *pompe* か中期低地ドイツ語 *pumpe* を経て, 中英語に入った.
[用例] Every village used to have a (water-)*pump* from which everyone drew their water. みんなが水を汲み上げていた(給水)ポンプが, かつてはどの村にもあった/a bicycle *pump* 自転車の空気入れ/The heart *pumps* blood through the body. 心臓は身体中に血液を送り出している/*pump* air into a tire タイヤに空気を入れる/He tried to *pump* me about the exam. 彼は私に試験について根掘り葉掘り聞き出そうとした.
【慣用句】**prime the pump** ポンプに呼び水をやる, 物事の成長発展を促す, 政府が支出を増やして景気を刺激する.

pump² /púmp/ 名 C 〔一般語〕《通例複数形で》ひもや留め金のない甲が広く開いたかかとの低い主に舞踏用の靴, **パンプス**.
[語源] 不詳. 初期近代英語から.

pump・kin /púmpkin/ 名 CU 《植》**かぼちゃ**, その実, 食材としてのかぼちゃ.
[語源] ギリシャ語 *pepōn* (=melon) がラテン語 *pepo*, 古フランス語 *popon, pompon* を経て初期近代英語に入った. *pepōn* は文字通りには「熟した」の意味で, 熟さないまたべられないことを表した.
【複合語】**púmpkin píe** 名 UC **パンプキンパイ**.

pun /pán/ 名 C 動 本来自 〔一般語〕 一般義 類似した音の語を組み合わせたり, 語をいくつかの意味に取れるようにした**言葉遊び, 地口, 語呂合わせ, だじゃれ**. 動 として**地口[だじゃれ]を言う**.
[語源] おそらくイタリア語 *punto* (=point) の指小語 *puntiglio* (=fine point) が初期近代英語に入ったと思われる.

punch¹ /pántʃ/ 動 本来他 CU 〔一般語〕 一般義 人や物をげんこつで**強く打つ, パンチを食わせる, ぶん殴る**. その他 人を**強打する**, 《米》家畜などを**棒で突いて追う**. 比喩的に《くだけた》**せりふなどを力強く述べる**, 音楽などに**パンチをきかせる, 力強く演奏する**, パソコンなどのキーを**強く打つ**. 自 にも用いる. 名 としてげんこつによる**強打, パンチ, ぶん殴ること, 一打ち**, 《くだけた》《良い意味で》**力強さ, 迫力, 効果**.
[語源] 古フランス語 *poinçon* (穴あけ器) から派生した *poinçonner* (=to prick; to stamp) が中英語に入っ

た.　I *punched* him on [in] the nose. 彼の鼻にげんこつで一発食らわせた／Cowboys were *punching* cows for a living. カーボーイたちは生活のために牛を棒で追っていた／He's a boxer who can really *punch* hard. 彼は本当にパンチの強いボクサーだ／I gave him a *punch*. 彼に一発食らわせた／His writing has tremendous *punch*. 彼の文章にはものすごい迫力がある.

【類義語】strike.

【慣用句】**beat ... to the punch**〔くだけた表現〕人に一撃を先に加える, 機先を制する. **get a punch [blow] in**〔くだけた表現〕うまく一撃を加える, 議論などで相手の痛いところをつく, 言いまかす. **pack a (hard) punch**〔くだけた表現〕ボクサーなどが強力なパンチを持っている[で殴ることができる], 話や文章などが非常に効果的である, パンチがきいている. **pull one's punches**〔くだけた表現〕《通常否定文で》《ボクシング》わざと効果のないパンチを打つ, わざと力を抜いて打つ, 攻撃や批判などに手心を加える, 手加減する. **punch a (time) clock** 出退勤の時にタイムカードを押す. **punch in [out]**《米》タイムカードを押して出勤[退社]する((英) clock in [out]). **roll with the [a] punch**〔くだけた表現〕相手のパンチをかわす, 無理に逆らわない.

【派生語】**púnchy** 形 力強い, 迫力のある; ＝punch-drunk.

【複合語】**púnch-bàll** 名 C 《英》＝punching bag. **púnch-drùnk** 形 ボクサーがパンチをうけてふらふらになった,〔くだけた語〕言葉などが混乱した, ぼうっとなった. **púnching bàg** 名 C 《米》ボクシングの練習用のパンチボール, サンドバッグ(《英》punch ball). **púnch line** 名 C 冗談, 漫画, 広告, 演説などの急所となる文句, さわり, 落ち.

punch² /pʌ́ntʃ/ 名 C 動 本来義 〔一般語〕〔一般義〕紙, 金属, 皮などの穴あけ器, 穴を打ち抜く工具.〔その他〕切符を切る穴あけばさみ, くぎの締め器, ボトなどの抜き器, 型押し器, 刻印器, 計算機の穿孔(せんこう)器. 動 として, パンチで穴をあける, 切符にはさみを入れる, 金属に打印[刻印]する, 型を打ち抜く, カードをパンチする.

語源 おそらく古フランス語 *poinçon* (穴あけ器) から中英語に入った puncheon の短縮形.

用例 Could I borrow the *punch* to make holes in this paper? この紙に穴をあけるので穴あけ器を貸してよいですか／Will this *punch* make holes in leather? この型抜き器で皮に穴があけられますか／The bus conductor *punched* my ticket. バスの車掌が私の切符にはさみを入れた.

【派生語】**púncher** 名 C 穴をあける人[道具], キーパンチャー, 打ち抜き器.

【複合語】**púnch [púnched] càrd** 名 C 計算機のパンチカード, 穿孔カード.

punch³ /pʌ́ntʃ/ 名 UC 〔一般語〕果汁にアルコール飲料, 砂糖, 香料, 炭酸水などを加えた飲料, ポンチ.

語源 サンスクリット語 *pānca* (＝five) がヒンディー語 *pānc* を経て初期近代英語に入った. この飲料は元来5種類の原料から作られた.

【複合語】**púnch bòwl** 名 C ポンチボール(★ポンチを入れる大鉢. ここからカップに入れてポンチを飲む).

punc·til·i·ous /pʌŋktíliəs/ 形〔形式ばった語〕細かな点まで行き届いた, きちょうめんな.

語源 ラテン語 *punctum* (＝point) に由来するスペイン語 *punto* の指小語 *puntillo* か, それに対応するイタリア語 *puntiglio* が初期近代英語に入った.

【派生語】**punctíliously** 副. **punctíliousness** 名 U.

punc·tu·al /pʌ́ŋktʃuəl/ 形 〔一般語〕〔一般義〕約束した時間[期限]を厳守する, 定刻の, 時間に正確な.〔その他〕遅れないことから, 予定通りに起こる[行なわれる], 規則正しい, きちょうめんな, 厳密な.《数》点の(ような), 一点に集中する.

語源 ラテン語 *punctum* (＝point) から派生した中世ラテン語 *punctualis* (鋭い先端を持った) が中英語に入った.

用例 He's always *punctual* for an appointment. 彼はいつも約束の時間を厳守する／He is very *punctual* in writing back however busy he is. 彼はどんなに忙しくても, まめに[きちんと]返事を書く.

【慣用句】**(as) punctual as the clock** 時計のように時間を厳守する.

【派生語】**pùnctuálity** 名 U 時間厳守, 約束厳守, 遅れないこと, 正確さ, きちょうめん. **púnctually** 副.

punc·tu·ate /pʌ́ŋktʃueɪt/ 動 本来義 〔一般語〕〔一般義〕文章にコンマ, ピリオド, コロンなどで句読点をつける.〔その他〕〔形式ばった語〕《通例受身で》比喩的に話や演説を時々中断する, 物事を何度も断ち切る. ⓔ の用法もある.

語源 ラテン語 *punctum* (＝point) から派生した中世ラテン語 *puctuare* (＝to provide with punctuation marks) の過去分詞が初期近代英語に入った.

用例 He did not care how to *punctuate* the telegraphic message. 彼は電文の句読点の打ち方を気にかけなかった／His speech was *punctuated* by bursts of applause. 彼の演説はどっと起こる拍手喝采で時々中断した.

【派生語】**pùnctuátion** 名 U 句読法, 句読点をつけること,《集合的》句読点.

【複合語】**punctuátion màrk** 名 C 句読点(★period, comma, colon, semi-colon, question mark, exclamation mark, quotation mark, dash, parenthesis, hyphen, bracket など).

punc·ture /pʌ́ŋktʃər/ 名 C 動 本来義 〔一般語〕先のとがった針などであいた小さな穴, 特にタイヤのパンク穴. 動 として穴をあける, タイヤに穴をあけてパンクさせる, 比喩的に人の自信や自尊心などをぺちゃんこにする, 一挙にだめにする.

語源 ラテン語 *pungere* (＝to prick) の過去分詞 *punctus* (＝point) から派生した *punctura* (＝pricking) が中英語に入った.

日英比較 タイヤの「パンク」は普通, 英語では flat tire という.

pungency ⇒pungent.

pun·gent /pʌ́ndʒənt/ 形 〔一般語〕〔一般義〕においや味が臭覚[味覚]を刺激する, ぴりっとする.〔その他〕もともと何らかの意味で「鋭い」ことを表し, 感情を鋭く刺すから, 言葉や皮肉が鋭い, 辛辣(しんらつ)な.

語源 ラテン語 *pungere* (＝to prick) の現在分詞 *pungens* (＝piercing) が初期近代英語に入った.

【派生語】**púngency** 名 U. **púngently** 副.

pun·ish /pʌ́nɪʃ/ 動 本来義 〔一般語〕〔一般義〕罪や過ちを罰する, 犯した罪や過ちに対して人を処罰する, 懲らしめる(for).〔その他〕刑罰として苦痛, 損失, 監禁, 死などを人に科する(by; with).〔くだけた語〕人などをひどい

めにあわせる，ひどい扱いをする，打ちのめす，手荒く扱う．

[語源] ラテン語 poena (=penalty) から派生した punire (=to punish) が古フランス語を経て中英語に入った．

[用例] The teacher *punishes* disobedience. 教師は規則違反を罰する／He was *punished* for stealing the money. 彼はお金を盗んだかどで罰せられた／He really *punished* his rival at golf. 彼はゴルフで競争相手を完全にやっつけてしまった．

[反意語] excuse; pardon.

【派生語】**púnishable** 形 罰すべき，処罰に値する．**pùnishability** 名 U. **púnishably** 副. **púnishing** 形 ひどい思いをさせる，へとへとに疲れさせる．**púnishment** 名 UC 罰する[せられる]こと，処罰，懲罰，刑罰，ひどい扱い，虐待，懲らしめ，見せしめ．

pu·ni·tive /pjúːnitiv/ 形 〔形式ばった語〕罰の，処罰の(ための)，懲罰[懲戒]的な，刑罰を科する，税金などが過酷な．

[語源] ラテン語 punire (⇒punish) の過去分詞 punitus から派生した中世ラテン語 punitivus (=of punishment) が初期近代英語に入った．

【派生語】**púnitively** 副. **púnitiveness** 名 U.

punk¹ /páŋk/ 名 UC 〔一般語〕[一般義] 反社会的で過激なパンクロッカー．[その他] パンクロック(ファッション)をわざとパンクにする．もともと[古語]売春婦を意味し，転じて[くだけた語] くだらない若者，若造，ちんぴら，不良の意となり，さらにつまらない物，役に立たない物，たわごとを指すようになった．形 として[限定用法]パンク調の，[くだけた語] 役に立たない，くだらない，病弱の．

[語源] 不詳．

【複合語】**púnk róck** 名 U パンクロック． **púnk rócker** 名 C パンクロッカー．

punk² /páŋk/ 名 U 〔一般語〕花火などに点火するための火のつきやすい乾燥した古木，つけ木，火口(ほくち)．

[語源] 不詳．

punt¹ /pánt/ 名 動 [本来他]〔一般語〕川底をさおで押してこぐ平底舟．動 として，平底舟をさおでこぐ，人や物を平底舟に乗せる．自 平底舟に乗る，平底舟で舟遊びをする．

[語源] ラテン語 ponto が中期低地ドイツ語を経て初期近代英語に入った．

punt² /pánt/ 名 C 動 [本来他]《アメフト・ラグビー》手から放したボールを地面に着かないうちにけること，パント．動 としてパントをする．

[語源] 不詳．

pu·ny /pjúːni/ 形 〔一般語〕形，力，重要性が劣っている，ちっぽけな，取るに足らない，虚弱な．

[語源] 元来「後に生まれた」の意の古フランス語 puisne (puis afterward + né born) が初期近代英語に入った．

pup /páp/ 名 C 動 [本来他]〔一般語〕一歳未満の子犬，きつね，あざらしなどの子．動 として，犬やあざらしなどが子を産む．

[語源] puppy の短縮形．18 世紀に生じた．

【複合語】**púp tènt** 名 C 小型テント．

pu·pa /pjúːpə/ 名 C 《複 **-pae**/piː/; **~s**》〔一般語〕昆虫のさなぎ．

[語源] ラテン語 pupa (=doll; puppet) が近代ラテン語を経て 19 世紀に入った．

pu·pil¹ /pjúːpil/ 名 C 〔一般語〕公的にも私的にも学校などで教師に教えられている生徒，児童．[その他] 音楽，絵画などで個人指導を受けている教え子，弟子，門人．

[語源] ラテン語 pupus (=boy) の指小語 pupillus が古フランス語を経て中英語に入った．

[用例] The school has 2000 *pupils*. この学校には生徒が 2000 名いる／He is a *pupil* of one of the best music teachers in Europe. 彼はヨーロッパで最も優れた音楽教師の弟子である．

[類義語] pupil; student: **pupil** は《米》では小学生を，《英》では小，中高校生を指す．**student** は《米》では大学ばかりでなく小中高校生も指す，《英》では大学生，専門学校生に用いられる．

pu·pil² /pjúːpil/ 名 C 〔一般語〕眼球の虹彩の中心にある収縮性のある黒い部分，瞳，瞳孔．

[語源] ラテン語 pupa (=girl; doll) の指小語 pupilla が古フランス語を経て初期近代英語に入った．目の中に小さな像が映ることから．

pup·pet /pápit/ 名 C 〔一般語〕[一般義] 手を使ったり，糸を引いて動かす指人形，操り人形．[その他] 比喩的に操り人形のように他人のままになる人や，国家などをいう，傀儡(かいらい)，人の手先．

[語源] ラテン語 pupa (=doll) から入った古フランス語 poupe の指小語 poupette (=little doll) が中英語に入った．

【派生語】**pùppetéer** 名 C 人形使い．

【複合語】**púppet shòw** 名 C 人形劇[芝居]．

pup·py /pápi/ 名 C 〔一般語〕[一般義] 子犬(pup)．[その他] きつねやあざらしの子．子供の子から[古風な語] 厚かましくうぬぼれた若者，生意気な若造．

[語源] 古フランス語 popée (=doll; toy) が中英語に入った．

【複合語】**púppy fàt** 名 U 幼太り． **púppy lòve** 名 U 幼な恋．

purchasable ⇒purchase．

pur·chase /pə́ːrtʃəs/ 動 [本来他] 名 UC 〔一般語〕[一般義] 物を買う，購入する．[その他] 名声，自由，勝利などを苦労して[努力して；犠牲をはらって]獲得する[勝ち取る]．また金が物を買うのに十分である，手に入れる[勝ち取る]ことができる．《法》相続以外の方法で財産を取得する，動産を買い受ける．名 として買入れ，買付け，購入，《しばしば複数ー》購入品，買い物，また苦労して[努力して，犠牲をはらって]獲得すること，《法》相続以外の方法による財産取得．《時に a ~》滑り落ちないようにしっかりと握ること，手[足]掛かり．

[語源] 古フランス語 purchacier (=to seek to obtain; por-, pur- for+chacier to chase) が中英語に入った．

[用例] I *purchased* a new house. 新しい家を購入した／The nation *purchased* freedom with [at the cost of] blood. 国民は血を流して自由を獲得した／Your sincerity will *purchase* her heart. 君の誠実さは彼女の心を勝ち取るだろう／She carried her *purchases* home in a bag. 彼女は買った品物をバッグに入れて家に持ち帰った／He tried to get more *purchase* on the rope. 彼はもっとしっかりロープを握ろうとした／The strong ropes gave him good *purchase* for climbing the cliff. 強いロープは彼にとって断崖を登る格好の手がかりになった．

[類義語] ⇒buy．

【慣用句】**be not worth an hour's [a day's; a week's; a month's] purchase** 命が1時間 [1日, 1

pure /pjúər/ 形 [一般語] [一般義] 混じりもののない, 混じりけのない意味で純粋の, 従って同質の, 単一の. [その他] [形式ばった用法] 比喩的に純潔な, 潔白な, 高潔な, 高尚な, 汚されていない, 罪のない, 血統が純血の, 純種の, 生粋の, 音が澄んではっきりした, 不調和音のない, 学問が経験[感覚]によらないで純粋の, 理論的, 抽象的な, 文章がすっきりした, 飾らない, 言語に関しては外国語の要素が混じっていない, 純正の. 〔くだけた語〕〔限定用法〕全くの, 純然たる, 他ならぬ, 単なる.
[語源] ラテン語 purus (= clean) が古フランス語を経て中英語に入った.
[用例] She is chaste and *pure*. 彼女は貞節で汚れを知らない/The scientists debated the distinction between *pure* and applied sciences. 科学者は純粋科学と応用科学の相違を議論した/a very *pure* kind of English 非常に純正の英語/*pure* nonsense 全くのたわごと/a *pure* accident 単なる偶然の出来事.
[類義語] absolute; simple; sheer.
[反義語] mixed.
【慣用句】(as) *pure as the driven snow* 全く純潔な [貞節な, 罪のない], 全く高潔な. *pure and simple* [くだけた表現]《名詞の後に置いて; 強意的に》純然たる, 全くの: laziness *pure and simple* 怠惰そのもの.
【派生語】púrely 副 混じりけなく, 純粋に, 純潔に, 清く, 全く, 完全に, ただ単に: *purely and simply* 全く, 掛け値なしに. púreness 名 U. pùrifícation 名 U. 清めること, 精神的浄化, 浄め. púrifier 名 C 浄化[清浄]装置. púrify 動 [本来他] 不純物[異質物, 有害物, 罪, 汚れ]を取り除く, 清める, 純化する, 精錬[精製]する. púrism 名 U 言葉, 文体, 用語の純粋主義, 純正論, 用語や文体の潔癖さ. púrist 名 C 言葉などの純粋主義者, 用語などの潔癖家. púrity 名 U 混じりけのないこと, 純粋, 純度の高さ, 清らかさ, 清浄, 浄め, 道徳的·肉体的な純潔, 貞潔, 清廉潔白, 言葉や文体の純正さ, 衣服の清潔.
【複合語】púreblòod(ed) 形 純血(種)の, 生粋の. púrebréd 形 名 C 純血種の(動物).

purgation ⇒purge.
purgative ⇒purge.
purgatory ⇒purge.
purge /pəːrdʒ/ 動 [本来他] 名 C [一般語] [一般義] 国家や政党などの団体から好ましくない者を追放したり, 殺害することによって一掃する, 粛正する. [その他] もともと汚れを浄化するの意で, 罪, 良心など精神的な汚れを清めるの意味となり, 次に宗教上または刑法上の罪を清めて取り除く, 罪を浄化する, 容疑を晴らすの意となる. 〔古風な語〕人の腸に下剤を用いる, 通じをつける. 名として清め, 浄化, 政治的粛正, 追放, 下剤.
[語源] ラテン語 purgare (= to purify; *purus* pure + *agere* to do) が古フランス語を経て中英語に入った.
【派生語】purgátion 名 U 浄化, 粛正. púrgative 形 名 C 下剤(の). púrgatòry 名 U 煉獄 (★死者が罪を償い浄化される所), 苦行, 苦難.
purification ⇒pure.
purify ⇒pure.
purism ⇒pure.
purist ⇒pure.
Pu·ri·tan /pjúərɪtən/ 名 C 形 [一般語] [一般義] 英国国教会から旧教的な儀式や要素を一掃し, 倫理より厳格にしようとした新教徒の一団, 清教徒, ピューリタン. [その他] 《p-》〔軽蔑的〕道徳にやみくもに厳しい人, 禁欲的な人. 形 として清教徒の(ような), 《p-》〔軽蔑的〕厳格な, 禁欲的な.
[語源] ラテン語 *purus* (= pure) から派生した後期ラテン語 *puritas* (= purity) の派生形が初期近代英語に入った.
【派生語】pùritánical 形 ピューリタン的な, 厳格な. pùritánically 副. Púritanìsm 名 U 清教(徒)主義; 《p-》厳格主義.
purity ⇒pure.
purl¹ /pəːrl/ 動 [本来自] 名 C 〔文語〕小川がさらさら音を立てて流れる, 渦を巻いて流れる. 名 として 《単数形で》さらさら流れること[音].
[語源] 不詳. 初期近代英語から.
purl² /pəːrl/ 動 [本来他] 名 C [一般語] [一般義] 編み物で裏編みをする(⇔knit). [その他] レースや刺繍で縁取りをする. 名 として裏編み.
[語源] 不詳. 中英語より.
pur·lieu /pə́ːrljuː/ 名 C 〔文語〕《複数形で》ある場所の周辺, 近所.
[語源] 古フランス語 *pouraler* (= to go through) の過去分詞形から派生したアングロフランス語が中英語に入った.
pur·loin /pərlɔ́ɪn/ 動 [本来他] 〔形式ばった語〕あまり価値のない物を盗む.
[語源] 古フランス語 *porloigner* (= to put at a distance; *por-* for+ *loign* distant) が中英語に入った.
pur·ple /pə́ːrpl/ 形 名 U [一般語] [一般義] 赤 (red) と青 (blue) の中間の紫色の (★すみれ色 (violet) より赤みが濃い). [その他]〔古語·詩語〕深紅色の. 高位高官が着用した衣の色から,〔文語〕帝王の, 王侯の, 言葉遣いなどが華麗な, 絢爛たる. 名 として紫色,〔文語〕《the ~》帝王や枢機卿(ぃ)などが着用した紫の衣, 法衣, 帝王や枢機卿の地位, 一般的に高い地位[家柄], 権威.
[語源] ギリシャ語 *porphúra* (紫色の染料の原料となる貝の一種) がラテン語 *purpura* を経て古英語に入った.
[用例] She likes *purple* dresses. 彼女は紫色の着物が好きだ/The grape were turning *purple* on the vine. ぶどうが木で紫色になっていった.
【慣用句】*be born in* [*to*] *the purple* 王侯貴族の家に生まれる. *be raised to the purple* 皇帝の位に着く, 枢機卿に任じられる. *marry into the purple* 玉の輿(し)に乗る. *turn purple with rage* 激怒する.
【派生語】púrplish 形 紫がかった. púrply 形.
pur·port /pəːrpɔːrt | -pərt/ 名 U, /pərpɔ́ːrt | pə́ːrpərt/ 動 [本来他] 〔形式ばった語〕人の言動の趣旨, 意図, 意味. 動 として ...という意味であると主張する, 偽って真実とは違うことを主張する.
[語源] 古フランス語 *porporter* (= to convey; *porforth* + *porter* to carry) がアングロフランス語を経て中英語に入った.

pur·pose /pə́ːrpəs/ 名 [CU] 動 [本来他] 〔一般語〕
[一般義] 行動, 使用, 製造, 存在することなどの**目的**, **目標**. 名 目的を達成しようとする**動機**, **意向**, **意図**. 〔形式ばった語〕計画などを遂行する**決意**, **決心**, **意志力**, **決断力**. 《the ～》当面の問題(点), **論(争)点**, **結果**, **効果**, **成果**. 動 **決意する**, ...しようと思う, 決意する.
[語源] ラテン語 *proponere* (= to propose) が古フランス語 *porposer* (= to propose) を経て中英語に入った.
[用例] What is the *purpose* of your visit? 君の訪問の目的は何ですか/Is there much *purpose* in remaining here? ここに留まっている意義が十分ありますか/What is your *purpose* in asking that question? どういうつもりでそんな質問をするのですか/What is the main *purpose* of this dictionary? この辞書の主な用途は何ですか/He is a man of *purpose*. 彼は決断力のある人だ/He wouldn't *purpose* that attempt. 彼は決してそんなことをやってみようとはしなかった.

[類義語] ⇒aim.

[慣用句] *at cross purposes* 互いに意図[目標]が食い違って. *answer* [*fulfill*; *serve*; *suit*] *the* [...'s] *purpose* 目的にかなう. *attain* [*accomplish*; *achieve*; *carry*; *effect*; *bring about*] *one's purpose* 目的を達する. *for* (*all*) *practical purposes* 理論は別として, 実際上は. *for the purpose of ...* する目的で, ...するために. *from the purpose* 〔古語〕問題からそれて, 論点をはずれて[て]. *in purpose* 計画的に. *of* (*set*) *purpose* 〔形式ばった表現〕《英》わざと(on purpose). *on purpose* わざと, 故意に, ...の目的で, わざわざ...する(to do; that 節). *to little* [*no*] *purpose* 〔形式ばった表現〕ほとんど[全く]役立たない. *to some* [*good*] *purpose* 〔形式ばった表現〕多少[うまく]効果をあげて, 多少[十分]成功して, 多少[十分]役に立って. *to the purpose* 〔形式ばった表現〕適切な[に], 要領を得て.

[派生語] **púrposeful** 形 確固たる目的[意図]のある, 断固とした, 故意の, 意味のある, 意味深長な. **púrposefully** 副. **púrposeless** 形 目的のない, 無意味な, 決断力のない. **púrposely** 副 故意に, わざと, わざわざ, そのつもりで. **púrposive** 形 目的[意図]のある, 目的にかなった, きっぱりとした.

[複合語] **púrpose-built** 形 《主に英》特定の目的のために特に作られた, 特別注文の.

purr /pə́ːr/ 動 [本来自] 名 [C] 〔一般語〕 [一般義] 猫が喜んでのどをごろごろ鳴らす. [その他] 比喩的に人間がのどを鳴らす, 自動車のエンジンが調子の良い音を立てる. 働 満足そうに[うれしそうに]話す. 名 として, 猫のごろごろのどを鳴らす音, エンジンの調子の良い音.
[語源] 擬音語として初期近代英語に生じた.

purse /pə́ːrs/ 名 [C] 動 [本来他] 〔一般語〕 [一般義] 《米》肩ひものない手軽な女性用のハンドバッグ(handbag). [その他] 《英》留め金のついた**財布**, がま口/《米》change purse. 一般に**財布**, 形や用途を問わず小さい袋状のもの. 転じて集められた金を意味し, **拠出金**, **寄付金**, **贈与金**, **基金**, **賞金**, 《単数形で》**財源**, **資力**, **資金**, **富**, **身代**. 動, 不満だったり非難をする時などに, 財布の口のように唇をかたくすぼめる, 眉をひそめる, 額にしわをよせる.
[語源] ギリシャ語 *bursa* (= leather) がラテン語 *bursa* (= bag) を経て古英語に入った.

[用例] She took her cosmetics from her *purse*. 彼女はハンドバッグから化粧品をとりだした/I looked in my *purse* for some change. 小銭を捜すために財布をちょっとのぞいた/Who holds the *purse* rules the house. 《ことわざ》万事金次第/You cannot make a silk *purse* out of a cow's [sow's] ear. 《ことわざ》瓜のつるになすびはならぬ/She *pursed* her lips as she thought about it. 彼女はそのことを考えながら唇をすぼめた.

[関連語] wallet (男性用札入れ); billfold (男性, 女性用札入れ).

[慣用句] *a heavy* [*fat*; *long*] *purse* 重い財布, 富裕. *a light* [*cold*; *lean*; *slender*] *purse* 軽い財布, 貧乏. *beyond ...'s purse* 資力を越えている, 手が出ない. *dig* (*deep*) *into one's purse* 自腹を切る. *give* [*put up*] *a purse* 賞金[寄付金]を提供する. *have a common purse* 共同基金を持っている. *line one's* (*own*) *purse* 私腹を肥やす. *make* (*up*) *a purse for ...* ...のために寄付金をつのる. *open* [*close*] *one's purse* 金を出す[出ししぶる]. *within ...'s purse* 資力の範囲内の[で].

[派生語] **púrser** 名 [C] 旅客機, 客船の事務長, パーサー.

[複合語] **púrse-snàtcher** 名 [C] 《米》ハンドバッグを狙うひったくり. **púrse strings** 名 《複》財布のひも: *hold the purse strings* 財布のひもをにぎる, 金の出し入れを預かる/*loosen* [*tighten*] *the purse strings* 財布のひもを緩める[締める], 支出を増やす[減らす], 金遣いが荒い[しぶい].

pursuance ⇒pursue.
pursuant ⇒pursue.
pur·sue /pərsjúː/ 動 [本来他] 〔形式ばった語〕 [一般義] 人や動物を追いかける, **追跡する**, **追撃する**. [その他] 不愉快な人や病気, 運命, 結果などがしつこくつきまとう, つきまとって悩ます. 目的, 知識, 快楽などを**追求する**, 獲得[達成]しようとする, 研究, 調査, 活動, 考えなどを**続行する**, **実行する**, 遂行する, 仕事に従事する, 議論, 方針や旅を**継続する**. 働 として追跡する, 継続する.
[語源] ラテン語 *prosequi* (= to follow; *pro-* forward + *sequi* to follow) が古フランス語 *po(u)rsivre* を経て中英語に入った.

[用例] They *pursued* the thief through the town. 彼らは町中, 泥棒を追いかけた/Misfortune *pursued* her to her death. 不運が死ぬまで彼女につきまとった/He is *pursing* his studies at the University. 彼は大学で研究に従事している/She *pursued* after her dream in her lifetime. 彼女は一生夢を追い求めた.

[類義語] ⇒follow.

[派生語] **pursúance** 名 [U] 追求, 遂行, 実行, 従事: *in* (*the*) *pursuance of ...* ...を遂行して, ...に従事して. **pursúant** 形 ...に従う[応じる] (*to*), 後に続く. **pursúer** 名 [C] 追跡者, 追求者, 実行者, 研究者, 従事者.

pur·suit /pərsjúːt/ 名 [UC] 〔一般語〕 [一般義] **追跡**, **追撃**. [その他] 知識, 学問, 快楽などの追求, 探求, 研究, 調査, 活動, 考えなどの続行, 実行, 従事. 〔形式ばった語〕《通例複数形で》従事している**仕事**, **研究**, **職業**, また**娯楽**, **気晴らし**.
[語源] 古フランス語 *po(u)rsivre* (⇒pursue) の名 *poursuite* から中英語に入った.

[用例] The thief ran down the street, with a

policeman in hot *pursuit*. 激しく追跡してくる警官に追われて泥棒は通りを駆けて行った/In *pursuit* of her own happiness she disregarded her neighbors. 彼女は自分だけの幸福を求めて隣人の幸福を無視した/He is engaged in literary *pursuits*. 彼は文学の研究に従事している/Fishing is one of my favorite holiday *pursuits*. 釣りは休日にやる好きな気晴らしである.

[類義語] chase.
[対照語] escape.

purulence ⇒purulent.

pu・ru・lent /pjúərulənt/ 形 [医] 化膿している, 化膿性の.
[語源] ラテン語 *purulentus* (*pus* pus 膿(2)+*-lentus* plenty) が初期近代英語に入った.
【派生語】**púrulence** 名 Ⅱ 化膿, 膿.

pur・vey /pɚːrvéi/ 動 [本来他] [形式ばった語]商売として食料品等の物資を**供給**する, **調達**する.
[語源] ラテン語 *providere* (=to provide) が古フランス語 *porveeir* を経て中英語に入った.
【派生語】**purvéyance** 名 Ⅱ. **purvéyor** 名 Ⓒ 食料品などの調達[納入]業者.

pur・view /pɚ́ːrvjuː/ 名 Ⅱ [形式ばった語]関心, 知識, 行動の**領域**, 理解や視野の**領域, 視界**, 力の及ぶ**範囲, 権限**.
[語源] 古フランス語 *porveeir* (⇒purvey) の過去分詞 *porveu* がアングロフランス語を経て中英語に入った.
【慣用句】*within* [*outside*] *the purview* …の範囲内[外]に.

pus /pʌs/ 名 Ⅱ [一般論]炎症によって生じる膿(2).
[語源] ラテン語 *pus* が中英語に入った.

push /púʃ/ 動 [本来他] Ⓒ [一般論] [一般義] 人や物を突然には継続的に自分から離れた方や別の方向へ意図的に**押す, 突く, 押し[突き]出す, 押し[突き]やる, 押し[突き]動かす, 押し[突き]のける;**身体や物の一部分を器具類に押し当てる, **押して…する, 根や芽などを伸ばす, 張り出す**. また人がある行動, 計画, 方向を強要する, 強いる, せがむ, 強いて…させる, ある事に**駆りたてる, 強く圧迫する, 困らせる,** (通例受身で)金や時間がなくて**困る** (for), 物事, 事業, 行動, 提案, 考え, 意見などを**強く押し進める, 拡張する, 発展させる, 目的や要求を押し通す, あくまで追求する,** (〜 oneself で)**奮闘する, 努力する,** (くだけた語) 商品などを**売り込む, 押しつける,** 麻薬を**密売する,** 人の**後押しをする, 後援[援助]する**. 自 として押す, 押されて動く, **奮闘する,** 何かを強く要求する (for). 名 として押すこと, 突くこと, 一押し, 一突き, さらに**押す力, 圧(迫)力, 努力, がんばり, 奮闘, 前進, 突進,** (単数形で)**後押し, 後援.** [くだけた語]**やる気, 根性, 積極性, 押し[心臓]の強さ**.
[語源] ラテン語 *pellere* (=to drive; to strike) の反復動詞 *pulsare* が古フランス語 *poulser* (=to beat; to push) を経て中英語に入った.
[用例] *Push* the red button to stop the elevator [(英) lift]. 赤いボタンを押してエレベーターを止めてください/He *pushed* her out of the room. 彼は彼女を部屋の外へ突き出した/He *pushed* the door open [shut]. 彼はドアを押して開けた[閉めた]/She *pushed* him into applying for the job. 彼女は彼を無理矢理にその仕事に応募させた/Some parents are inclined to *push* their children. 子供を駆りたてる傾向の親がいる/He doesn't *push* his ideas enough. 彼は自分の考えを十分発展させていない/They *pushed* themselves to their limit to finish the work in time. 彼らは仕事を間に合わせようと最大限努力した/He was arrested for *pushing* drugs. 彼は麻薬を密売していたので逮捕された/He *pushed* against the door with his shoulder. 彼はドアを(開ける[閉める]ために)肩で押した/She gave him a *push*. 彼女は彼を一突きした/They made a final *push* and reached the top of the mountain. 彼らは最後の努力をはらって山頂に到達した/He has enough *push* to do well in the job. 彼はうまく仕事をやる気力が十分だ/a man of *push* and go 押しの強い人.

[類義語] push; shove; thrust: **push** は押すことを意味する最も一般的な語で, 意識的に力ずくで物事を動かして自分から離れさせること. **shove** は push より強い筋肉力を用いて地面や床の上の物を力強く押してすべらせることを指し, 筋肉的力強さが示されている場合は, 乱暴さ, 無作法, 手荒さ, 性急さを伴う: The boy *shoved* his toy off the bed. その子はおもちゃをベッドから手荒に落とした. **thrust** は強く, 時には暴力的に突発的に無意識的に突いて押す, 突っ込む, 先のとがった道具で突き刺すことを指し, push よりは継続性, 着実性に欠ける: The baby *thrust* one finger into her milk. 赤ん坊はミルクに一本の指を思わず突っ込んだ.
[対照語] pull.

【慣用句】*at a push* [くだけた表現]《英》いざとなると, せっぱつまると, うまくいくと, かろうじて. *at one push* 一押し[突き]で, 一気に. *be in the push* [くだけた表現]順調である. *get the push* [くだけた表現]《英》解雇される, 関係を絶たれる. *give … the push* [くだけた表現]《英》解雇する. *if* [*when*] *it comes to the push*=*if* [*when*] *push comes to shove* いざという時になると. *make a push* 押し進む, 努力する. *push about* [くだけた表現]人をいじめる, こき使う, こうき回す. *push ahead* どんどん進む; 推進する. *push along* どんどん進む[続ける], [くだけた表現]客などが立ち去る, いとまごいする: It's time I was pushing along. そろそろおいとまする時間だ. *push (a)round* [くだけた表現]=push about. *push away* 押しやる, 押し[払い]のける. *push back* 押し[突き]戻す, さがった眼鏡, 帽子, 髪などを押し上げる, 押し上げてもとに戻す. *push by* 人を押しのけて進む. *push forward* =push ahead; 注意を引くように…を目立たせようとする, 前面に押し出す. *push in* 押し入る[込む], 行列に割り込む, 船などが岸に近づく, [くだけた表現]出しゃばる, よけいな口を出す. *push off* オールやさおなどで岸から舟を出す, 岸を離れる, [くだけた表現]客が立ち去る, おいとまする; いやな物を人に押しつける, [くだけた語]競技などを始める. *push on* 人をせきたてる, せきたてて, =push forward. *push one's luck* [くだけた表現]いい気になって深追いする, 抜け目なく機会を利用する, 図に乗る. *push one's way* 人や障害物を押しのけて進む. *push out* 押し出[突き]出す, 芽や根を張り出す, 人を外に追い出す, (しばしば受身で)解雇する; 突き出る, 船出する. *push over* 人や物を押し[突き]倒す, 突き落とす, ひっくり返す. *push through* 計画事などを強引にやりとげる, 議案や提案を強引に通過させる, 人を助けて成功[合格]させる; 強引に通り抜ける, 芽や根が出る. *push up* 押し[突き]上げる, 値段などを無理に(つり)上げる, 数量を増す; 突き進む. *push up* (*the*) *daisies* [くだけた表現]死んで葬られる.

【派生語】púshed 《述語用法》金や時間などがなく苦労して, 追いまくられて, せきたてられて. 忙しくて, 暇がない. púsher 名 押す人[物], 推進器, 押しの強い人, 出しゃばり, やり手, 麻薬密売人, 押し売りする人. púshing 形 押す, 突く, 押しの強い, やり手の, 積極的な, 進取性に富む, ある年齢に近づいて. púshy 形 押しの強い, 厚かましい, 出しゃばりの, 自信過剰の.

【複合語】púsh-bike 名 C 《英》自転車. púsh bùtton 名 C 押しボタン. púsh-bùtton 《限定用法》押しボタン式の, 自動化された, 遠隔操作の: a push-button telephone 押しボタン式電話/push-button war 押しボタン戦争 (★国の最高指導者が発射の指示ボタンを押せば核ミサイルが発射されて始まる戦争). púshcàrt 名 C 行商人, スーパーマーケットの軽い手押し車. púshchàir 名 C 《英》折りたたみ式乳母車 (《米》stroller). púshòver 名 (a ~) 簡単にできる[朝飯前の]仕事, だまされやすい人, お人よし, 試合ですぐに負ける人. púsh-stárt 動 本末他 自動車を押しがけする. 名 C 押しがけ. púsh-ùp 名 C 《米》腕立て伏せ (《英》press-up): do ten push-ups 腕立て伏せを10回やる.

pusillanimity ⇒pusillanimous.

pu·sil·lan·i·mous /pjùːsəlǽnəməs/ 形 〔形式ばった語〕ちょっとした危険なことも怖がる, 臆病な, 意気地のない, 小心な.
語源 ラテン語 pusillus (=very small; weak) + animus (=mind) から成る後期ラテン語 pusillanimis が中英語に入った.
【派生語】pùsillanímity 名 U.

puss /pús/ 名 C 〔幼児語〕呼びかけや愛称として用いて, 猫ちゃん. また, 〔くだけた語〕愛情を込めた表現で, 若い女性, 女の子, 少女.
語源 不詳.

pussy /púsi/ 名 C 〔幼児語〕一般義 猫ちゃん. その他 〔くだけた語〕猫のように柔らかい毛でおおわれたもの, 猫の尾のようなものをいい, ねこやなぎの花序. 〔卑語〕性交の対象としての女性, 女性器, 性交そのもの.
語源 猫の意味は puss の指小語として生じたもの. 一方卑語の女性器は古英語の pusa (=bag) から転じたものと思われる.

【複合語】 **pússycàt** 名 C 猫ちゃん, にゃんこ. **pússyfòot** 動 本末自 猫のようにそっと歩く, 煮えきらない態度をとる.

put /pút/ 動 本末他 (過去・過分 ~) 名 C 一般義 一般義 人や物をある場所, 位置に置く, 据える, 載せる, 入れる. その他 本来は「押す, 突く」の意. この「置く」ことから「動かす」ことへ意味が発展し, 人や物をある場所, 方向へ動かす, 向ける, 持って[連れて]行く, 近づける, 当てがう, 送り込む, また「置く」ことから比喩的に, ある状態, 関係に置く, ...にする[させる], 人や施設を保護, 指導, 管理下に置く, 委ねる, 何らかの変化や状態をもたらす, 信頼などを寄せるなどの意となる. ある状態にさせることから, 苦痛, 試練, 忍耐などを受けさせる, 課する, ...の目に合わせる, 仕事, 任務につける, やらせる, 割り当てる, かりたてる, せきたてる, 強制する, 不名誉, 罪, 責任, 税金を負わせる, 課す, なすりつける. 何かを置く, 入れる意から, 字などを記入する, 書きつける, 印をつける, 表示する, 言葉などで表現する, 言う, 述べる. あるものを他の物へ置きかえる意から, 翻訳する (《語法》 translate よりもくだけた語), 値打ちや損失などを見積もる, 評価する, を, 問題, 質問, 考え, 決定などを提出[提案, 提言]する, 考えや力を注ぎ込む, 注入する, 振り向ける. 自 船が前進する, ある針路を取る, 〔くだけた語〕《米》急いで立ち去る, 出かける. 名 C として, 特に砲丸などの (一)投げ, 突き, 押し, 刺し, 砲丸などを投げて届く距離.
語源 古英語 putian からと思われるが詳細は不詳. 実際には中英語 putten (=to push; to thrust; to put) から.
用例 She put the chair near the fireplace. 彼女は暖炉のそばに椅子を置いた/I'm putting a new lock on the door. ドアに新しい錠前を取り付けるつもりだ/Did you put any sugar in my coffee? 私のコーヒーに砂糖を入れましたか/She put the children to bed. 彼女は子供たちを(ベッドに)寝かせた/Put the matter out of your mind! そんなこと忘れてしまいなさい/You've put me in a bad temper. きみは私の気分を害した/I'll try to put things right by apologizing. 謝罪して事態を収拾するつもりだ/She put him to trouble [trial; torture; embarrassment; death]. 彼女は彼に苦労をかけた[彼に試練を与えた, 彼を拷問にかけた, 彼を戸惑わせた, 彼を死刑にした]/You must not put the responsibility on her. きみの責任を彼女になすりつけてはいけない/She is—how should I put it?—not exactly fat, but a little heavy. 何と言ったらよいのか, 彼女は必ずしも太っているのではないが, 少々重すぎる/I'm trying to write a letter to her, but I don't know what to put. 彼女に手紙を書こうとしたが, 何を書いてよいか分らなかった/Can you put this sentence into French? この文をフランス語に翻訳できますか/She put her ideas before the committee. 彼女は委員会に自分の考えを提案した/The ship put into harbor for repairs. 船は修理のために寄港した.
類義語 place.

【慣用句】 **as ... put it** ...が言うように. **be hard put to it** 困っている. ...するのに非常に苦労する (to do). **I put it to you that** ... しばしば相手が反論することも予想して...ということを問う, 提案する, ...ということを了承願います. **not know where to put oneself** 身の置き場もないほど気まずい思いをする, 身の処し方に困り果てる. **put about** 〔くだけた表現〕うわさなどを広める, 言いふらす, 〔海〕船の方向を変える, 回転させる[する]: They put about and sailed for home. 針路をかえて帰国の船路についた. **put across** 考えや計画を理解させる, 納得させる, (うまく)伝える, 〔くだけた表現〕うまくやってのける; 人や物を川などの向こうへ渡す, 橋などをかける, 横に渡す. **put aside** 物を一時的にわきへのける, 片付ける, 中断する, 金や時間を蓄える, ある目的や将来のためにとっておく, 見ないふりをする, 無視する. **put away** 片付ける, しまいこむ, 金や時間を蓄える, ある目的や将来のためにとっておく, 〔形式ばった表現〕考えや習慣などを放棄する, やめる, 捨てる, 〔くだけた表現〕飲食物を平らげる, 〔婉曲〕刑務所や精神病院に人をほうりこむ, 入れる, 追いはらう, 病気の動物を片付ける, 始末する, 殺す. **put back** 元の所へ戻す[返す], 船を引き返させる, 後退させる, 時計や仕事を遅らせる, 延期する, 《米》生徒を落第させる; 船が引き返す. **put by** 物や金を蓄える, とっておく, 人を無視する, 避ける, 《英》議論や質問をはぐらかす, 受け流す, 言いぬける. **put down** 物を下に置く, 降ろす, 下に押しつける, 地位や値段を引き下げる, 落とす, 〔形式ばった語〕反乱などを力で鎮める, 抑える, 阻止[禁止]する, 〔くだけた語〕人をやりこめる, け

なす, 制する, はねつける, 黙らせる, 恥をかかせる, 非難[批判]する. 金や物を**蓄える**, 保管する, ある金額を頭金[内金]として払う, 書き留める, 名前を記帳[記名]する, 記録する, 人を…と**見なす**, 考える, 見積もる《as; for》, 人や物事を…のせいにする, …に帰する, 井戸を掘る, 《英》乗客を降ろす, 《英》動物を苦痛を与えず殺す, 処分する, 飛行機[搭乗者]が**着陸**する. ***put forth*** 〔形式ばった表現〕芽, 葉を**出す**, 花を開かせる, 実を結ぶ, 力を発揮する, 〔文語〕問題や案を提起する. ***put forward*** 意見や案などを**出す**, 提出[提言, 提案, 提唱]する, 候補者などを指名する, 推薦する, 昇進[昇級]させる, 人を目立たせる, 人目につかせる, 前面に押し出す, 時計の針を進ませる, 予定日などを繰り上げる, 早める, 事業を発展させる, 促進する. ***put in*** 物を間に入れる, 差し込む, はさむ, 言葉を差しはさむ, つけ加える, 〔やや〈だけた表現〕要求や書類などを差し出す, 提出する, 申請する, 願い出て要求する, 〈くだけた表現〉時間や金を費やす, 時をつぶす, 仕事や任務などを行う, 実行する, 果たす, 労力や精力を注ぎ込む, 傾ける, 機械や装置を取りつける, 設置する, 苗を植えつける, 種をまく, 人を職につける, 任命する, 人や党を選挙で政権につけさせる, 打撃を与える; 船が**入港**する, 寄港する, 〔くだけた表現〕ホテルなどにちょっと立ち寄る. ***put it across …*** 〔くだけた表現〕《英》人を**だます**, ペテンにかける. ***put it on*** 〔くだけた表現〕**法外な値を**(ふっ)**かける**, ほらを吹く, 大げさに言う, 偉そうな振りをする, 太る. ***put it over on …*** 〔くだけた表現〕《米》人を**だます**. ***put it past …*** **…なら, しかねないと思う**: I wouldn't *put it past* her *to* tell a lie. 彼女ならうそをつきかねないと思う. ***Put it that …*** **…と仮定しよう**. ***Put it there.*** 〔くだけた表現〕《米》同意や和解のしるしとして, **握手しよう**[してください]. ***put it to … that …*** 不服なら反論してもよいという意味をこめて, 人に**…ということを提案する**, …ではないかと問いただす: I *put it to* him *that* he was not being quite honest. 君は少し不正直になっているのではないかと彼を問いただした. ***put off*** **延期する**, 延ばす, 遅らせる, 人を待たせる, 人や要求, 意見などを退ける, ペテンにかける, 言い逃れをする, はぐらかす, 避ける, 電灯やテレビなどを消す, ガスや水道を止める《語法》スイッチや栓で消す場合のみ用いる), 衣服を**脱ぐ**《語法》take off が普通》, 人を乗り物から降ろす, 〔形式ばった表現〕習慣や悲しみ, 不安を取り除く, 捨てる, 〔くだけた表現〕人を不愉快にする, 当惑させる, 気力[意欲]をなくさせる, …させないようにする; 船が**出航する**. ***put on*** 衣服, 帽子, 眼鏡, 香水などを**身につける**, 着る, 帽子をかぶる, 眼鏡をかける, 靴をはく, 指輪をはめる, 化粧をする《語法》動作を表し, 「身につけている」という状態を示す時は wear, have on を用いる》, 体重や速度, 圧力などを増す, 加える, 車輪などを上積する, レコードをかける, 物を火などにかける, のせる, 機械を動かす, 電車を運行する, 電灯やテレビなどをつける, 水道やガスを栓をまわして出す, 時計を進ませる, 人を電話に出す, 人の電話につなぐ, 人を試合や舞台に出す, 登場させる, 〈くだけた表現〕ある態度をとる, 様子や外観を装う, ふりをする, 気取る, 《通例 be putting … on で》〈くだけた表現〉《米》人をかつぐ, からかう, 人にかける; 《be putting on … で》〈くだけた語〉《英》人に迷惑をかける: *put on* years 年をとる / *put on* pounds [weight] 太る. ***put … on …*** **…の上に…を置く**, …につける, 加える, 税金を…に課す, 金を…に賭ける. ***put oneself in …'s position [place]*** 人の身になって考えてみる.

put oneself out 〔くだけた表現〕人のために**苦労をする**, 無理をする, 面倒を引き受ける. ***put oneself out of the way to do*** **骨を折って**[わざわざ]…する. ***put out*** **火や明かりを消す**《語法》スイッチや栓の有無にかかわらず火を消す場合に用いる), 外に(追い)出す, 解雇する, 仕事を外注する, 下請けに出す, 手などを差し出す, 芽や葉などを出す, 物を作り出す, 生産する, 用意する, 発表する, 公にする, 放送する, 刊行する, 力を発揮する, 肩などの**関節をはずす**, 脱臼する, 人を失神させる, 計算や計器を狂わせる, 〔くだけた表現〕《通例受身で》怒らせる, 悩ませる, 迷惑をかける, まごつかせる, 〔野・クリケ〕打者や走者をアウトにする, 〔ボク〕ノックアウトにする; 船が**出帆する**: *put out* the candle [gas-fire] ろうそく[ガス]を消す / I was *put out* by her foolishness. 私は彼女の愚かさに腹が立っていた / We *put out* to sea. 我々は出帆した. ***put … out of …***, …を(外に)出す, 追い出す, 追い払う, 放逐する. ***put … out of the way*** 人をひそかに**殺す**[片付ける], 牢に入れる. ***put over*** 人を向こう側へ渡す, 〈くだけた表現〉わからせる, 説明する, 人をだます, かつぐ, ものをやり遂げる, 成功[成就]させる, 《主に米》延期する; **渡航する**. ***put through*** 糸, ひも, 手を通す, 電話を人につなぐ, 議案や申請書を通す, 通過させる, 計画を成し遂げる, 達成する, 計画を実行する, 契約をまとめる. ***put … through …***, …を…に(突き)通す, …にテストや訓練などを受けさせる, 苦しい経験をなめさせる, 議案や申請書を…で通過させる, 人を…に合格させる, 金を援助力によって大学などを卒業させる. ***put … through …*** 〔くだけた表現〕人を徹底的にしごく[調べる], しごいて白状させる. ***put together*** 部品, 部分を**集める**, 集めて組立てる, 構成[編成]する, 金や人を寄せ集める, ミュレーションする, 考えをまとめる, 総合する. ***put up*** 物を上にあげる, ミサイルなどを打ち上げる, 家や胸像などを建てる, 立てる, テントを張る, 旗や看板, 掲示などを掲げる, 傘をさす, 人を泊める, 値段を上げる, 増す, 家や土地を売りに出す, 競売に出す, 髪を整える, セットする, 抵抗や闘志を見せる, 闘いを続ける, 態度や様子などを見せる, 装う, 劇を見せる, 上演する, 候補者として推薦する, 指名する, 不要なものを片付ける, しまう, 食糧などを貯蔵する, 梱包する, 意見や考えを述べる, 提案する, 祈りをささげる, 結婚予告を発表する, 〈くだけた表現〉資金を供給する, 金を払う, 支払う, 金を賭ける; 泊まる, 宿泊する, 《英》立候補する. ***put up with …*** 〔くだけた表現〕**…を耐え忍ぶ**, 我慢する.

【複合語】**pút-dòwn** 名 C 人をこきおろすこと, けなし, 頭ごなしの辛辣[しんらつ]な言葉, 航空機の**着陸**, 着地. **pút-òff** 名 C《米》言い訳, 言い逃れ. **pút-òn** 形《米》見せかけの, 偽の. 名 C 見せかけ, 偽り, 気取り, もったいぶり, からかい, 冗談. **pút-òut** 名 C 〔野・クリケ〕打者, 走者をアウトにすること, 刺殺. **pút-ùp** 形〔限定用法〕前もってひそかにたくらんだ, 八百長の. **pút-upòn** 形 誘惑された, 利用された, だまされた, つけこまれた.

pu·ta·tive /pjúːtətiv/ 形 〔形式ばった語〕《限定用法》一般的に認められている, そうだと思われている, **推定上の**.

語源 ラテン語 *putare*(= to consider) から派生した *putativus* (= supposed) が中英語に入った.

【派生語】**pútatively** 副.

putrefaction ⇒ putrefy.

pu·tre·fy /pjúːtrəfai/ 動 本来他 〔形式ばった語〕有機物を**腐敗させる**. 自 として**腐る**, 比喩的に道徳的に腐敗する, 堕落する.

pu·trid /pjúːtrid/ 形 〔一般語〕[一般義] 主に肉などの有機物が腐敗した，悪臭を放っている．[その他] 比喩的に道徳的に腐敗した，堕落した．〔くだけた語〕非常にいやな，不快な，くだらない．
[語源] ラテン語 *putrere* (= to be rotten) の派生語 *putridus* (= rotten) が中英語に入った．
【派生語】 **putrídity** 名 U 腐敗．

putsch /pútʃ/ 名 C 〔一般語〕力で政府転覆などを試みる反乱，政治的な暴動．
[語源] ドイツ語 *Putsch* (= push) が 20 世紀に入った．

putt /pát/ 名 C 〔本来義〕【ゴルフ】ホール周囲のグリーンでホールに入れるためにボールを軽く打つこと，パット．他 として，ボールをパットする．自 としてパットを打つ．
[語源] put の異形. 18 世紀から．
【派生語】 **pútter** 名 C パット用のクラブ，パター，パットをする人．

put·tee /pʌtíː/ 名 C 〔一般語〕《複数形で》くるぶしからひざまわりに巻く布や皮，巻きゲートル．
[語源] サンスクリット語 *patta* (= strip of cloth) に由来するヒンディー語 *patti* (= bandage) が 19 世紀に入った．

put·ter¹ /pʌ́tər/ 動 本来自 〔くだけた語〕《米》あまり力を使わずゆっくり時間をかけて行動する，ぶらぶらする，だらだらやる．
[語源] potter の変形. 19 世紀から．

putter² ⇒putt.

put·ty /pʌ́ti/ 名 U 動 本来他 〔一般語〕ひびを埋めたりガラス板を窓枠に固定するための白っぽい接合剤，パテ．動 として，すき間などをパテでふさぐ，固定する．
[語源] フランス語 *potée* (= potful) が初期近代英語に入った．
【慣用句】 **be putty in ...'s hands** 人の言いなりになる．

puz·zle /pʌ́zl/ 名 C 動 本来他 〔一般語〕《しばしば受身で》人を難問，難題などで困惑させる，途方に暮れさせる，困らせる．[その他] 自分自身の頭や心を悩ませる，いらずらわせる，知恵をしぼる．自 途方に暮れる，一生懸命時間をかけて考える，頭をひねる［しぼる］《over; about》．名 として，解決できない難問，難題，難しいなぞ，ゲームのパズル，クイズなどの判じ物，なぞなぞ．
[語源] 不詳．初期近代英語から．
[用例] The question *puzzled* them. その問題は彼らを混乱させた／I was *puzzled* by his attitude. 彼の態度には当惑した／I *puzzled* over the letter four hours. この手紙のことで何時間も頭をかかえこんでしまった／Her decision was a *puzzle* to him. 彼女の決心は彼にはなぞだった／a jigsaw [crossword] *puzzle* ジグソー［クロスワード］パズル．
【慣用句】 **be in a puzzle** 途方に暮れている. ***puzzle one's way through*** 苦労して成し遂げる. ***puzzle out*** 解答，解決策を頭をしぼって考え出す，頭をしぼってなぞを解く，判じる．
【派生語】 **púzzled** 形 途方に暮れた，困惑した． **púzzlement** 名 UC 当惑，困惑，悩ませるもの，難問，なぞ． **púzzler** 名 C 当惑させる物［人］，難問，難題，パズル愛好家． **púzzling** 形 当惑［困惑］させる，混乱させる，わけのわからない．

PX /píːéks/ 名 C 《米陸軍》駐屯地売店，酒保(post exchange).

Pyg·my, Pig·my /pígmi/ 名 C 形 〔一般語〕[一般義] アフリカ赤道直下の非常に背の低い種族，ピグミー族の人．[その他] (p-)《軽蔑的》非常に小さい人間や動物を表し，こびと，小さな動物，また重要性のない人，技術などが劣る人．形 として非常に小さい，取るに足らない，重要でない．
[語源] ギリシャ語 *pugmē* (= fist: 長さの単位) から派生した *pugmaios* (= undersized) がラテン語 *Pygmaei* (= Pygmies) を経て中英語に入った．

py·ja·mas /pədʒɑ́ːməz/ 名《複》〔一般語〕《主に英》= pajamas.

py·lon /páilən, -lən/ 名 C 〔一般語〕[一般義] 高圧線を通す鉄塔．[その他] 元来頭の部分を切り詰めたピラミッド型の門口を意味し，特に古代エジプトの神殿の塔門．転じて一般にこの形に似た塔型の建設物を表し，高圧線用の鉄塔，飛行場で飛行機の進路の目標となる目標塔，航空機のエンジンを翼から吊す支柱．
[語源] ギリシャ語 *pulōn* (= gateway) が 19 世紀に入った．

Pyong·yang /pjɔ́(ː)ŋjɑ̀ːŋ/ 名 固 ピョンヤン (★朝鮮民主主義人民共和国の首都).

py·or·rhea, py·or·rhoea /pàiəríːə/ 名 C 《医・歯》膿の出る状態の膿漏，特に歯茎の歯槽膿漏 (pyorrhea alveolaris).
[語源] pyo-「膿」+ -rrhoea「流出」を基にした近代ラテン語．

pyr·a·mid /pírəmid/ 名 C 動 本来他 〔一般語〕[一般義]《しばしば P-》古代エジプト人の作った国王の墓，ピラミッド，金字塔，ピラミッド形の(建)物，尖塔状[角錐状]の物，尖塔状に刈った果樹，社会のピラミッド型の組織．【数】角錐，【結晶】錐，【解】錐体部，《主に米》【株】証券や商品の信用取引上の利乗せ，売乗せ，買乗せ，《英》《複数形で；単数扱い》玉突のゲームのピラミッド．他 としてピラミッド状にする［配置する，建てる］，ピラミッド状に物事を着々と進める，値段や給料を徐々に上げる，議論を徐々に展開する，株式や商品を利乗せする．
[語源] ギリシャ語 *puramis* (= pyramid) がラテン語を経て中英語に入った．
[用例] The three *pyramids* near El Giza in Egypt are called the Great *Pyramids*. エジプトのエル・ギザ近くにある 3 つのピラミッドはグレイト・ピラミッドと呼ばれている／He built a *pyramid* of stones on the top of the mountain. 彼は山頂で石をピラミッド状に積み上げた／The base of a social *pyramid* is a family. 社会のピラミッド型組織の基本となっているものは家族である／The company *pyramids* their wages every year. 会社は毎年，彼らの賃金を徐々に上げている．
【派生語】 **pyrámidal** 形 ピラミッドの(ような)，巨大な，角錐の．

pyre /páiər/ 名 C 〔一般語〕火葬用に積み上げたまきの山．
[語源] ギリシャ語 *pur* (= fire) から派生した *pura* (= hearth) がラテン語 *pyra* を経て初期近代英語に入った．

py·ro·ma·ni·a /pàiərəméiniə/ 名 U 《心》どうしても火をつけたいという衝動，放火癖．
[語源] pyro-「火」+ -mania「…狂」として 19 世紀に造られた．

【派生語】**pỳromániac** 名 C 放火魔.

py·ro·tech·nic /pàirətéknik/ 形 〔一般語〕〔一般義〕花火の, 花火技術の. その他 比喩的に花火のように華々しい, 派手な. 《宇宙》宇宙船などの燃料を点火したり, 爆発させたりする**火工装置**に関する.

【派生語】**pỳrotéchnics** 名《複》《単数扱い》**花火技術**, 華々しさ, 《複数扱い》花火(の打上げ), ロケットや発煙弾の点火装置などの**火工品**.

Pyr·rhic vic·to·ry /pírik víktəri/ 名 C 〔一般語〕勝者側の損失が敗者側の損失と同じくらいに**犠牲の大きな勝利**, **引き合わない勝利** (★古代ギリシャの Pyrrhus 王が大きな犠牲を払ってローマ軍に勝ったことから).

Py·thag·o·ras /piθǽgərəs, pai-/ 名 固 ピタゴラス《★ピタゴラスの定理(三平方の定理)で有名な紀元前 6 世紀のギリシャの哲学者・数学者》.

【派生語】**Pythàgoréan** 形 ピタゴラス(学派)の. 名 C ピタゴラス学派の人.

py·thon /páiθɑn|-θən/ 名 C 《動》アフリカ, 南アジアやオーストラリアに産する無毒で獲物を絞殺する大蛇, にしきへび. (P-)《ギ神》Apollo が Delphi で退治した Parnassus 山に住む大蛇, ピュートーン.

語源 ギリシャ語 *Púthōn*(＝Python)から初期近代英語に入った.

Q

q, Q /kjúː/ 名 C キュー《★アルファベットの第 17 文字》, Q 字形のもの.

Q and A /kjúː ən(d) éi/《略》＝Questions and Answers（質疑応答）.

Qa·tar /káːtɑ(ː)r/ 名 固 カタール《★アラビア半島の首長国》.

quack¹ /kwǽk/ 名 C 動 [本来目][一般語][一般義] あひるなどのがあがあ鳴く声. [その他] あひるの鳴き声のようなラジオなどの雑音, 人の騒々しいおしゃべり. 動 として, あひるなどががあがあ鳴く, 騒々しい声[音]を出す.
[語源] 本来は擬音語. 初期近代英語から.

quack² /kwǽk/ 名 C 形 [本来目][ややくだけた語][一般義] 資格などを偽る者, にせ医者. [その他] いかさま師, くわせ者. 形 として〔限定用法〕にせの, いんちきな. 動 としていんちきな療法を施す, いかさまする.
[語源] オランダ語 *quacksalver* (いんちき医者; はったり屋) が初期近代英語に入った. quack はその短縮形. 原義は自分の salve (膏薬) をあひるのようにうるさく宣伝する人.
【派生語】**quáckery** 名 U いんちき療法, はったり, 山師的なやり口.

quack-quack /kwǽkkwæk/ 名 C [一般義] あひるなどのがあがあという鳴き声, [幼児語] あひる.
[語源]⇒quack¹.

quad¹ /kwɑ́d | kwɔ́d/ 名〔くだけた語〕＝quadrangle; quadruplet.

quad² /kwɑ́d | kwɔ́d/ 名 C 動 [本来目]《印》半角 (en) 以上の字間に置く込め物, クワタ(quadrat). 動 としてクワタを込めて字間をあける.
[語源] ラテン語 *quadrare* (＝to make square) の過去分詞から変形され *quadrat* となった. quad はその短縮形.

quad·ran·gle /kwɑ́drǽŋgl | kwɔ́d-/ 名 C [一般義]《幾何》四角形, 四辺形. [その他]〔形式ばった語〕大学などの建物に囲まれた中庭, その中庭を囲む建物, アメリカ合衆国陸地測量部 (U. S. Geological Survey) 発行の標準地形図の一区画.
[語源] ラテン語 *quadrangulus* (*quadri-* four + *angulus* angle) が中英語に入った.
[類義語] square; rectangle; parallelogram.
【派生語】**quadrángular** 形 四辺形[四角形]の.

quad·rant /kwɑ́drənt | kwɔ́d-/ 名 C 《数》四分円《★円周の 4 分の 1 と円の中心を結んだ線で囲まれた部分》, 象限《★2 本の直角に交わる直線で区切られた平面の 1 区画》, 《天》象限儀, 四分儀《★昔の天体の高度測定器. 現代では sextant (六分儀) が用いられる》.
[語源] ラテン語 *quadrans* (＝fourth part) が中英語に入った.

quad·ra·phon·ic /kwɑ̀drəfɑ́nik | kwɔ̀drəfɔ́n-/ 形 [一般義] 録音再生装置などが4 チャンネル方式の.

qua·drat·ic /kwɑdrǽtik | kwɔ-/ 形 C 《数》方程式が二次の. 名 として二次方程式.
[語源] ラテン語 *quadrum* (＝square) から派生した *quadrare* (＝to make square) の過去分詞 *quadratus* が中英語に入った.

quad·ri·lat·er·al /kwɑ̀drəlǽtərəl | kwɔ̀d-/ 名 C 形 《数》四辺形, 四角形, また一般に方形地, 特に四隅に要塞を配した場所.
[語源] ラテン語 *quadrilaterus* (＝four-sided; *quadri-* four + *latus* side) が初期近代英語に入った.

qua·drille /kwədríl/ 名 C 《ダンス》カドリール(の曲)《★古風なスクエアダンス》.
[語源] ラテン語 *quadrum* (＝square; four) から派生したスペイン語 *cuadra* (＝four) の指小語 *cuadrilla* (＝troop made up of four groups) が18 世紀に入った. 2 組もしくは 4 組のカップルが方形に向き合って踊ることから.

qua·dril·lion /kwədríljən, kwɔ-/ 名 C [一般義] クワドリリオン《米, 仏では千兆 (＝10¹⁵), 英, 独では 100 万の 4 乗 (＝10²⁴)》.
[語源] quadri- 「四」＋(m)illion. フランス語から初期近代英語に入った.

qua·dru·ple /kwɑdrúːpl | kwɔ-/ 形 名 U 動 [本来目][形式ばった語][一般義] 4 つの部分から成っている. [その他] 面積, 量, 額などが4 倍の,《楽》4 拍子の. 動 として (the 〜) 4 倍, または4 倍になる[なる].
[語源] ラテン語 *quadruplus* (*quadri-* four + *-plus* -fold) が初期近代英語に入った.

qua·dru·plet /kwɑdrǽplit | kwɑdrúː-/ 名 C [一般義] 同じものが 4 つで一そろいであること, 四つ組, 四つ揃い, 四人一組. 四つ子の一人,《複数形で》四つ子全体.
[語源] triplet からの類推で quadruple に -et が付いた語. 18 世紀から.
[関連語] twin; triplet; quintuplet.

quag·mire /kwǽgmàiər/ 名 C [一般義][一般義] じめじめぬかるんだ土地, 沼地, 湿地. [その他] 比喩的に動きのとれない苦境, 抜けがたい窮地.
[語源] quag も mire も「ぬかるみ」の意. quag は語源不詳. mire は古ノルド語から.

quail¹ /kwéil/ 名 CU《鳥》うずら, うずら肉.
[語源] 本来は擬音語. 中世ラテン語 *quaccula* が古フランス語を経て中英語に入った.

quail² /kwéil/ 動 [本来目]〔文語〕人が弱気になる, ひるむ, 気落ちする.
[語源] 古英語 cwelan (＝to die) が中英語で quelen となったと思われるが, 詳細は不詳.

quaint /kwéint/ 形 [一般義][一般義] 古めかしいため, 風変わりでおもしろい, 古風な趣のある. [その他] 一般的に, 一風変わった, おかしな, 妙な.
[語源] ラテン語 *cognitus* (＝well known) が古フランス語を経て中英語で cointe となった.
[用例] I find those thatched houses very *quaint*. 私はあのわらぶきの家が古風で趣があると思う / He wants to buy a *quaint* piece of furniture. 彼は風変わりでおもしろい家具を買いたがっている.
【派生語】**quáintly** 副.
quáintness 名 U.

quake /kwéik/ 動 [本来目] 名 C [一般義][一般義] 人が恐怖や寒さのために震えおののく, 身震いする. [その他] 地面が揺れる, ものが震動する. 名 として揺れ, 震え, おのき, 〔くだけた語〕地震.
[語源] 古英語 cwacian (＝to quake) から.

[類義語] ⇒shake.

Quak·er /kwéikər/ 名 C クエーカー教徒 《★the Society of Friends の信者の俗称。教祖 George Fox の "quake at the word of the Lord" (神のことばに震える) から》.

qualification ⇒qualify.
qualified ⇒qualify.
qualifier ⇒qualify.

qual·i·fy /kwάləfài|kwɔ́l-/ 動 [本来他] 〔一般語〕
[一般義] 人に法的に認められる**資格[権限]を与える**. [その他] 本来の「一定の枠に当てはめる」という意味から, 資格や権利などを制限する, 限定するの意が生じ, さらに一定の基準に合うものとして**適切と認める**, 仕事や地位などに**適任とする**, 資格とするなどの意味や一般義が生じた. さらに, **性格づける**, 評する, **みなす**. また「制限する」から「過ぎないようにおさえる」という意味で, 怒りなどを**和らげる**, 飲み物などの風味や強さを**加減する**, 弱める, 《文法》**修飾する, 限定する**. 自 では…として**適任[適格]である, …の資格を得る**《as; for》, スポーツなどで**予選を通過する**.
[語源] ラテン語 *qualificare* (ある種類に分類する; *qualis* of what kind + *-ficare* to make) が古フランス語を経て中英語に入った.
[用例] A degree in English does not *qualify* you to teach English. 英語の学位があるからといって英語を教える資格が与えられるのではない/You should *qualify* your opinion. 君は意見を和らげるべきだ/Adjectives *qualify* nouns. 形容詞は名詞を修飾する/I hope to *qualify* as a doctor. 私は医者の資格を取りたいと思っている/Every football fan hopes that his national team will *qualify* for the World Cup. サッカーファンは誰もが自分たちのナショナルチームがワールドカップの予選を通過してほしいと思っている.
【派生語】**quàlificátion** 名 CU 資格; 能力, 技術, 資格を与える[がある]こと; 制限, 限定; 条件. **quálified** 形 資格のある; 条件[限定]付きの. **quálifier** 名 C 資格付与者; 有資格者; 予選通過者; 修飾語(句).
【複合語】**quálifying màtch** 名 C 予選試合.

qualitative ⇒quality.
qualitatively ⇒quality.

qual·i·ty /kwάləti|kwɔ́l-/ 名 UC 〔一般語〕 [一般義] 物の**質, 品質**. [その他] 物の**性質, 本質, 属性**などの意味から物の良し悪しの判断の基準を指すようになり, 一般義が生じた. 物の質の良さに強調が置かれ, **良質, 高級, 優秀, 才能, 美点, 長所**.
[語源] ラテン語 *qualis* (= of what kind) から派生した *qualitas* (= quality) が古フランス語を経て中英語に入った.
[用例] We produce several different *qualities* of paper. 我が社では数種類の品質の紙を生産している/Kindness is a human *quality* which everyone admires. 優しさは誰もがすばらしいと思っている人間の本質である/In this firm, we look for *quality* rather than quantity. 我が社では量より質(良質)を目標としている.
[関連語] quantity.
【派生語】**quálitàtive** 形 質的な: qualitative analysis《化》定性分析. **quálitàtively** 副.
【複合語】**quálity contròl** 名 U 品質管理. **quálity of life** 名 U 生活水準, 生活の質.

qualm /kwά:m, kwɔ́:m/ 名 C 〔一般語〕 [一般義] 一時的なまたは突然の, 精神的なまたは肉体的な不安, ためらい. [その他] 気[良心]のとがめ, むかつき, 目まい.
[語源] 不詳.

quan·da·ry /kwάndəri|kwɔ́n-/ 名 C 〔やや語ばった語〕 どのような行動をとるべきかなどについて途方に暮れた状態, 板ばさみ, 困惑, 窮境, ジレンマ.
[語源] 不詳. 初期近代英語から.

quan·ta /kwάntə|kwɔ́n-/ 名 quantum の複数形.
quantifiable ⇒quantify.
quantification ⇒quantify.
quantifier ⇒quantify.

quan·ti·fy /kwάntəfài|kwɔ́n-/ 動 [本来他] 〔形式ばった語〕**質的なものを量で表す, 量を計る**.
[語源] 中世ラテン語 *quantificare* (*quantus* how much + *-ficare* to make) が19世紀に入った.
【派生語】**quántifìable** 形 数量化[定量化]できる. **quàntificátion** 名 U 数量[定量]化. **quántifìer** 名 C《文法》数量詞.

quantitative ⇒quantity.
quantitatively ⇒quantity.

quan·ti·ty /kwάntəti|kwɔ́n-/ 名 UC 〔一般語〕 [一般義] 質に対して物の**量**. [その他] 分量, 数量, 額, 高さ, 《通例複数形で》**多量, 多数**.
[語源] ラテン語 *quantus* (= how much) から派生した *quantitatem* (= greatness; amount) が古フランス語を経て中英語に入った.
[用例] What *quantity* of paper do you need? 紙をどれほど入用ですか/I only need a small *quantity* of cement for this job. この仕事ではほんの少量のセメントが必要なだけです/He buys large *quantities* of tinned food every month. 彼は毎月大量の缶詰を買う.
[関連語] quality.
【派生語】**quántitàtive** 形 量で計られる, 量の: quantitative analysis《化》定量分析. **quántitàtively** 副.

quan·tum /kwάntəm|kwɔ́n-/ 名 C《複 -ta》〔形式ばった語〕 [一般義] 一般的な**量, 分量**. [その他] ある特定の量, **定量, 定額, 分け前,** 《理》**量子**.
[語源] ラテン語 *quantus* (= how much) の中性形が初期近代英語に入った.
[類義語] quantity; amount.
【複合語】**quántum júmp [léap]** 名 C 飛躍的進歩. **quántum mechánics** 名 U 量子力学. **quántum phýsics** 名 U 量子物理学. **quántum théory** 名 U《理》量子論.

quar·an·tine /kwɔ́(:)rənti:n/ 名 U 動 [本来他] 〔一般語〕 伝染病患者などの**隔離**. [その他] 船などの**検疫**. 本来は「40日」の意で, 検疫[隔離]期間. 動 として**隔離する, 検疫する**.
[語源] ラテン語 *quadraginta* (= forty) に由来するイタリア語 *quarantina* (= period of forty days) が初期近代英語に入った.

quar·rel /kwɔ́(:)rəl/ 名 C 動 [本来自] 〔一般語〕 [一般義] 互いに理屈を言い合っての激しい**口げんか**. [その他] 苦情, 小言, 口争いの結果生じる仲たがい, 反目, 不和, 口げんかの原因, 口論の種. 動 としては**口論する, 苦情を言う, 反論する**.
[語源] ラテン語 *querela* (= complaint) が古フランス語

を経て中英語に入った.

[用例] I've had a *quarrel* with my girlfriend. (= I've *quarrelled* with my girlfriend). 僕は彼女とけんかをしてしまった/I wouldn't *quarrel* with your analysis of the situation. 私ならその事態に対するあなたの分析に異論を唱えることはしないでしょう.

[類義語] quarrel; fight; conflict: **quarrel** が「口げんか」を意味するのに対して, **fight** は基本的には「殴り合い」といった暴力を伴うけんかを意味する. ただし fight が quarrel の意で用いられることもあるが, その逆はない. また **conflict** はやや形式ばった語で意見や利害などの「衝突」を意味する.

【派生語】**quárrelsome** 形 けんかっ早い, けんか好きな. **quárrelsomeness** 名 U.

quar·ry[1] /kwɔ́(ː)ri/ 名 C 動 [本来他] 〔一般語〕
[一般義] 通常露天掘りの石切り場, 採石場. [その他] 知識や資料, 文献などの源泉, 引用の出所. 動 として, …から石を切り出す, 資料などを検索する, 事実を探り出す. 自 としても用いられる.
[語源] ラテン語 *quadrum* (=to square) に由来する古フランス語 *quarriere* (=to cut stone) が中英語に入った. 四角い石を切り出すことから.

quar·ry[2] /kwɔ́(ː)ri/ 名 〔一般語〕〈単数形で〉主に犬や鷹などの獲物, えじき, 一般的に追われるもの, ねらわれるもの.
[語源] ラテン語 *corium* (皮) に由来する古フランス語 *cuiree* (皮の上に置かれたもの) が中英語に quirre (皮の上に置いて猟犬などに食べさせる臓物) として借用された.

quart /kwɔ́ːt/ 名 C 〔一般語〕クォート (★液量の単位で¼ gallon, 2 pints で《米》約 0.95 liter, 《英》約 1.14 liters. 乾量の単位で¹/₈ peck, 2 pints で《米》約 1.10 liters, 《英》約 1.14 liters; qt. と略す), また 1 クォート入りの容器.
[語源] ラテン語 *quartus* (=fourth) が古フランス語を経て中英語に入った.

quar·ter /kwɔ́ːrtər/ 名 CU 動 [本来他] 〔一般語〕
[一般義] あるものの全体の 4 分の 1. [その他] ¼時間ということで 15 分, 1 年を 4 期の支払い期に分けた場合の四半期, 一季, 《米》1 年を 4 学期に分けた場合の 1 学期, 《米・カナダ》通貨の単位を表し, ¼ドル, 25 セント, 25 セント貨, 重量の単位として, クォーター (=¼ hundredweight), 《英》乾量の単位として, クォーター (=8 bushels), 距離を表し, ¼マイル, ¼ヤード, 【天】月の満ち欠けの周期の¼, 弦, 【スポ】球技などの試合の時間の¼, クォーター. 空間を表すのにも用いられ, 東西南北のうち1つの方位, 方角, 地球上の地域, 地方, 方面, さらに範囲が限定された, 一地域や地方の小区域, 都市における特定の人の住む地区, 地帯, 情報などの出所, 筋, 〈複数形で〉一時的に住む居所, 宿所, 【軍】宿舎, 兵舎. さらに「逃げ場所」ということから, 降服者の助命, 命乞い, 情け容赦などの意. 形 として〔限定用法〕4 分の 1 の, 4 半分の. 動 として 4 等分する, 軍隊などに宿舎をあてがう, 宿営させる.
[語源] ラテン語 *quartus* (=fourth) から派生した *quartarium* (=fourth part) が古フランス語を経て中英語に入った.
[用例] There are four of us, so we'll cut the cake into *quarters*. 我々は 4 人いるから, ケーキは 4 等分しましょう/It'll take you about an hour and a *quarter*. 1 時間 15 分くらいかかるでしょう/In the first *quarter* of this year, we made a profit of £2,000. 今年の第 1 四半期で 2 千ポンドの利益をあげた/That candy will cost you a *quarter*. そのキャンディーは 25 セントです/People were coming at me from all *quarters*. 人々は私の所へ至る所からやって来た/He lives in the Chinese *quarter* [the poor *quarter*] of the town. 彼はその町の中国人街[貧困街]に住んでいる/No help came to the man from any *quarter*. その男はどの方面からも援助が得られなかった/We'll *quarter* the cake and then we'll all have an equal share. ケーキを 4 等分すればみんな平等に行き渡ります.

【派生語】**quárterly** 形 〔限定用法〕年に 4 回の, 4 半期ごとの. 副 年 4 回, 4 半期ごとに. 名 C 季刊誌 (略 q., quart.).

【複合語】**quárterbàck** 名 C 〔アメフト〕クォーターバック. **quárter dày** 名 C 四季支払日 (★英国では, 1, 4, 7, 10 の各月の第 1 日; 英国では, Lady Day (3 月 25 日), Midsummer Day(6 月 24 日), Michaelmas(9 月 29 日), Christmas(12 月 25 日)).
quárterdèck 名 《the ～》船の後甲板, 艦長や士官の部屋が下にあることから, 〈集合的〉高級船員, 士官. **quàrterfínal** 形 名 U 準々決勝の(試合).
quártermàster 名 C 【軍】補給係将校, 【海】操舵員. **quárter nòte** 名 C 《米》4 分音符《英》crotchet).

quar·tet, quar·tette /kwɔ(ː)rtét/ 名 C 【楽】四重唱[奏](曲, 団), カルテット. 一般に四人組, 四つぞろい.
[語源] ラテン語 *quartus* (=fourth) に由来するイタリア語 *quartetto* がフランス語を経て 18 世紀に入った.
[関連語] solo; duet; trio.

quar·to /kwɔ́ːrtou/ 名 UC 形 〔一般語〕四つ折り紙, 四つ折り判 (★15×20 インチのクラウン判が 17.5×20.5 インチのデマイ判の 2 度折りで約 24×30 センチ; 略 4to, 4°, 訳.), また四つ折り判の本.
[語源] ラテン語 *quartus* (=fourth) の派生形 *quarto* (=one fourth) が初期近代英語に入った.

quartz /kwɔ́ːrts/ 名 U 【鉱】石英 (★透明に結晶したものが crystal (水晶)).
[語源] ドイツ語 *Quarz* が初期近代英語に入った.
【複合語】**quártz clòck [wàtch]** 名 C 水晶発振式のクォーツ時計 (★clock は置き[掛け]時計, watch は腕時計).

qua·sar /kwéisɑːr/ 名 C 【天】準星 (★恒星状天体で銀河系以外から電波を発している天体).
[語源] *quasi*-+stellar (星の). 20 世紀から.
[関連語] pulsar.

quash /kwɑ́ʃ | kwɔ́ʃ/ 動 [本来他] 〔形式ばった語〕
[一般義] 騒動や反乱などを鎮圧する. [その他] 感情などを抑える, 静める, 【法】判決などを破棄する.
[語源] ラテン語 *quassare* (=to shake) が古フランス語を経て中英語に入った.

qua·si- /kwéizai, kwɑ́:zi/ 連結 「類似」「疑似」「準」などを意味する. 例: *quasi*-cholera (疑似コレラ); *quasi*-contact (準契約); *quasi*-official (半公式の).
[語源] ラテン語 の as if, as it were の意で, *quam* (=as) と *si* (=if) の複合形. 中英語に入った.

quat·rain /kwɑ́trein | kwɔ́t-/ 名 C 〔一般語〕四行詩, 四行連句 (★通例 a-b-a-b の韻を踏む).
[語源] ラテン語 *quattuor* (=four) に由来するフランス

語 quatre が初期近代英語に入った.

qua·ver /kwéivər/ 動 本来自 名 C 〔一般語〕 一般義 声をふるわす, または small 震える. その他 震え声で言う〔歌う〕. 他 の用法もある. 名 として震え声, 【楽】〔英〕八分音符 (《米》eighth note).
語源 古英語 cwafian から.
類義語 quiver; tremble; shake.
【派生語】**quávery** 形 震え声の.

quay /kí:/ 名 C 〔一般語〕 通例コンクリート, 石などでできた波止場, 埠頭, 岸壁.
語源 ケルト語起源の語で, 中フランス語の方言を経て初期近代英語に入った.
類義語 ⇒wharf.
【複合語】**quáyside** 名 C 波止場近辺.

queasily ⇒queasy.
queasiness ⇒queasy.

quea·sy /kwí:zi/ 形 〔一般語〕 一般義 人や胃が吐き気を催す, むかむかする, 食べ物などが吐き気を催させるような. その他 人の心が不安な, 気がかりな, 不愉快な.
語源 不詳, 中英語から.
【派生語】**quéasily** 副. **quéasiness** 名 U.

queen /kwí:n/ 名 C 動 本来他 〔一般語〕 一般義 〔時にQ-〕国の主権者, 統治者としての女王, 女帝. その他 《時に Q-》本来は国王 (king) の妻としての王妃, 皇后. 転じて女王的存在, 女王になぞらえられるもの, 花形, 《時に Q-》神話や伝説上の女神, ありや蜂などの女王, トランプやチェスのクイーン, さらに美人, 妻, 恋人. 動 としては女王〔王妃〕にする, 【チェス】ポーン (pawn) をクイーン (=king 以外の強い駒)にする. 自 として女王として支配する, 【チェス】ポーンがクイーンになる.
語源 古英語 cwēn (=wife of a king) から.
用例 Most girls have longed at some time to be a *queen*. 女の子ならだれでも一度は女王になりたいと願ったものだ / Once she was a *queen* of society. かつて彼女は社交界の花形だった.
関連語 king; empress.
【慣用句】**queen it over** ... 人に対して女王のように振る舞う.
【派生語】**quéenly** 形 女王のような, 女王にふさわしい.
【複合語】**quéen ánt** 名 C 女王あり. **quéen bée** 名 C 女王ばち, 女王然としている女性. **quéen cónsort** 名 C《複 queens consort》国王の妻としての王妃. **quéen móther** 名 C 皇太后. **quéen régnant** 名 C《複 queens regnant》君主としての女王 語法 単に queen ともいう. **Quéen's Énglish** 名《the 〜》純正英語 ⇒King's English. **quéen-size** 形《米》ベッドがクイーンサイズの《★標準型とキングサイズの中間》.

queer /kwíər/ 動 本来他 名 C 〔一般語〕 一般義 異常で奇妙な, 風変りの. その他 〔くだけた語〕 怪しい, 疑わしい, いかがわしい, 頭が少しおかしい, 《英》〔古風な語〕体の調子が変な, 気分が悪い, 《英》〔俗語〕酔っぱらった, 《米》〔俗語〕偽の, 価値のない. また〔俗語, 軽蔑語〕男性の同性愛の. 動 としては,「普通の状態をくずす」ということで, 〔くだけた語〕だめにする, 台なしにする, 危うくする, 不利な立場に置く. 名 として〔俗語, 軽蔑語〕男性の同性愛者, ホモ.
語源 不詳.
用例 She's wearing a very *queer* hat. 彼女はとても奇妙な帽子をかぶっている / I think it is very *queer* that she disappeared so suddenly. 彼女が突然姿を消したのはおかしなことだと思う / I think he's a bit *queer* in the head. 彼は少し頭がおかしいと思う / Just because he is not married does not mean that he is *queer*. ただ彼が結婚していないからといって彼が同性愛者だということはない / He had persuaded her to go and live with him but her sister *queered* his pitch by telling her that he was married. 彼は彼女に一緒に住もうと説得していたが, 彼女の妹が彼は既婚者だと話して彼の計画をぶち壊した / The *queer* tried to seduce the young man. その同性愛の男は若者を誘惑しようとした.
類義語 ⇒strange.
【派生語】**quéerly** 副. **quéerness** 名 U.

quell /kwél/ 動 本来他 〔形式ばった語〕反乱や暴動などを鎮圧する, 恐怖や不安を和らげる, 抑える.
語源 古英語 cwellan (= to kill) から.

quench /kwéntʃ/ 動 本来他 〔一般語〕 一般義 情熱や欲望, のどの渇きなどをいやす, 満足させる. その他 火や明かりを消す, 熱した金属などを水で冷やす, 速度や動作などを抑制する, 静める.
語源 古英語 cwencan から.
【派生語】**quénchless** 形 消すことのできない; 抑えがたい, 静めがたい.

quer·u·lous /kwérələs/ 形 〔形式ばった語〕いつも不平をぶつぶつ言っている, 不満の多い.
語源 ラテン語 *querulus* (=complaining) が中英語に入った.
類義語 complaining; peevish.
【派生語】**quérulously** 副. **quérulousness** 名 U.

que·ry /kwí(:)əri/ 名 C 動 本来他 〔やや形式ばった語〕一般義 質問, 疑問. その他 疑問符. 動 として疑問に思う, 怪しむ, 質問する.
語源 ラテン語 *quaerere* (= to ask) の命令形 *quaere* が初期近代英語に入った.
類義語 question; inquiry; ask; doubt.

quest /kwést/ 名 C 動 本来自 〔やや文語的な語〕あるものを発見したり獲得したりするために行う探索, 探求, 追求. 動 として探求〔追求〕する.
語源 ラテン語 *quaerere* (= to ask) の女性形過去分詞 *quaesta* に由来する古フランス語 *queste* (= pursuit) が中英語に入った.
類義語 ⇒search; pursuit.

ques·tion /kwéstʃən/ 名 CU 本来他 〔一般語〕 一般義 質問, 問い. その他 疑問, 疑義, 疑い, 解決を要する問題, 議題, 論題, 懸案, 論点,【文法】疑問文. 動 として質問する, 尋問する, 疑う, 異議を唱える.
語源 単に「尋ねる」の意味では ask が用いられ, question は警察などによる尋問の意が強い.
語源 ラテン語 *quaerere* (= to ask) の 名 *quaestio* (=inquiry) が古フランス語を経て中英語に入った.
用例 We had to answer four *questions* in three hours. 我々は 3 時間で 4 つの質問に答えなければならなかった / This whole project is still open to *question*. この計画全体がまだ未解決の問題を含んでいる / He is, without *question*, the best man for the job. 彼は間違いなくその仕事の最適任者だ / The *question* is really one of how to overcome these problems. その問題は実際にはこれらの難点をいかに克服するかという問題だ / There is no *question* of our dismissing him. 我々が彼を辞めさせるのは不可能だ / I'll *question* him about what he was doing

last night. 彼に昨晩何をしていたか尋ねてみよう/I *question* if you can do it. 君にそれができるかな私には疑問だ.

類義語 ⇒ask; doubt.

【派生語】quéstionable 形 疑わしい, 疑問の余地がある. quéstionably 副. quéstioner 名 C. quéstioning 形 疑わしげな, 不審そうな. 名 U 尋問. quéstioningly 副.

【複合語】quéstion màrk 名 C 疑問符; 疑問点, 不確定要素, なぞ. quéstion tàg 名 C 〖文法〗付加疑問文 (tag question).

ques·tion·naire /kwèstʃənéər/ 名 C 〔一般語〕質問事項を箇条書きにした**質問表**, アンケート, 統計をとるための調査票.

語源 古フランス語 *question* (=legal inquiry) から派生したフランス語 *questionner* (=to ask) の派生語が 19 世紀に入った.

日英比較 日本語の「アンケート」はフランス語 enquête /ɑːŋkét/ の借用語.

queue /kjúː/ 名 C 動 本来他 〔一般語〕〔英〕一般義 順番を待つ人や車の列. 本来の意味は尾 (tail) で, 転じて**弁髪**, おさげの意となり, さらに「列」の意になった. 〖コンピューター〗送信順番待ちのメッセージ, 次々に処理されるデータのつながり. 動 として列を作る[作って順番を待つ], 列に並ぶ. 他 弁髪にする, 〖コンピューター〗待ち行列に入れる.

語法 〔米〕では一般に line という.

語源 ラテン語 *cauda* (=tail) が古フランス語を経て初期近代英語に入った.

用例 a *queue* for the bus バスを待つ人の列/People are *queuing* up for tickets for the concert. コンサートのチケットを買うのに人々が列を作って順番待ちしている.

【慣用句】*jump the queue*〔英〕列に割り込む, 順番を無視して優先してもらう.

【複合語】quéue-jùmp 動 本来自〔英〕列に割り込む.

quib·ble /kwíbl/ 名 C 動 本来自 〔一般語〕一般義 問題をはぐらかしたりして言葉でごまかすこと, へ理屈, 逃げ口上. その他 取るに足らない反対意見, 批判, 揚げ足取り. 動 としては, つまらないことで文句を言う, へ理屈を言う.

語源 ラテン語 *qui* (=who; which) から派生した *quibus* (=ridicule) が初期近代英語に入った.

【派生語】quíbbling 形 名 UC.

quick /kwík/ 形 名 U 〔一般語〕一般義 動作などが**速い**. その他 本来は〔古語〕**生きている**の意. そこから「頭が活動している」意となり, 敏感な, 鋭い, 理解が速い, 性格的にせっかちな, 怒りっぽい, 短気な. 一般義の「速い」もそこから派生した. 副 として素早く, 急いで. 名 としては, つめの下などの皮膚の敏感な部分を言い, 生き身, なま身, 感情的に敏感な所ということで, **急所**.

語源 古英語 cwicu (=living) から.

用例 He's a very *quick* walker. 彼は歩くのがとても速い/He is *quick* to respond to a call for help. 彼はすぐに助けを求める声に応じる/He's very *quick* at arithmetic. 彼は算術に長けている/He has a *quick* temper. 彼は怒りっぽい/Come as *quick* as you can. できる限り早く来なさい (★くだけた表現).

類義語 ⇒fast.

【派生語】quícken 動 速める, 急がせる. 自 速まる. quíckie 名 C すぐ終わること, 急場しのぎのもの, 酒をちょっと一杯やること. 形〔限定用法〕急ぎの, すぐ終わる. quíckly 副. quíckness 名 U.

【複合語】quíck-chánge 形〔限定用法〕役者などが早変わりの. quíck fíx 名 C 間に合わせの解決法, 応急処置. quíck-fréeze 動 本来他 食品を急速冷凍する. quícklime 名 U 生石灰. quíck-lúnch 名 C〔米〕軽食堂 (★サンドイッチなどの軽食を食べさせる食堂). quícksànd 名 UC 流砂 (★上を歩こうとすると中に吸いこまれる), 流砂床, 流砂地帯. quícksèt 名 C〔英〕主にさんざしの生垣 (の). quícksilver 名 U 水銀(mercury). 形 変わりやすい. 動 本来他 鏡用ガラスに水銀を塗る. quíckstèp 名 C〖軍〗速歩 (の1歩) (★quick time に用いられる歩調);〖ダンス〗クイックステップ (形 短気な, 怒りっぽい. quíck tíme 名 U〖軍〗速歩 (★米国では1分間に歩幅 30 インチで 120 歩, 英国では歩幅 33 インチで 128 歩). quíck-wítted 形 機転のきく, 頭の回転が速い.

quid[1] /kwíd/ 名 C (複 ~)〔くだけた語〕〔英〕**1 ポンド金貨** (sovereign), **1 ポンド紙幣**.

語源 不詳.

quid[2] /kwíd/ 名 C 〔一般語〕かみたばこの一かみ分.

語源 古英語 cwidu (=cud「食い戻し」) から.

quiescence ⇒quiescent.

qui·es·cent /kwaiésnt/ 形 〔形式ばった語〕静かな, 不活発な, 病気などが静まっている.

語源 ラテン語 *quiescere* (⇒quiet) の現在分詞 *quiescens* が初期近代英語に入った.

【派生語】quiéscence 名 U.

qui·et /kwáiət/ 形 名 U 動 本来他 〔一般語〕一般義 物音を立てたり動いたりしない, **静かな**. その他 物静かな, 落着いた, おとなしい, 口数が少ない, 内気な, 苦労や心配がなく平和な, 平穏な, 色や服装などが目立たない, 地味な, 渋い, 経済などが不活発な, 閑散とした, 話などが内密の, 内緒の. 名 として静けさ, 平和, 平穏. 動 として静かにさせる, 静める, 安心させる. 自 では静まる, 治まる.

語源 ラテン語 *quies* (=rest) から派生した *quiescere* (=to keep quiet) の過去分詞 *quietus* が古フランス語を経て中英語に入った.

用例 Tell the children to be *quiet*. 子供たちに静かにするように言いなさい/The car's engine is very *quiet*. その車のエンジンはとても静かだ/He is a very *quiet* man. 彼はとても物静かな人だ/I live a very *quiet* life. 私はとても平穏な生活を送っている/I think we should have a nice *quiet* colour in the bedroom. 寝室は落ち着いた地味な色にすべきだと思う/All I want is peace and *quiet*. 私が欲しているのは平和と静けさだけだ.

類義語 ⇒silent.

【慣用句】*at quiet* 平静[平穏]に. *keep quiet* 静かにして[黙って]いる. *on the quiet* 目立たないで, こっそりと, 密かに.

【派生語】quíeten 動 本来他 〔英〕静める[まる] (〔米〕 quiet). quíetìsm 名 U 静寂主義; 無抵抗[静観]主義. quíetist 名 C. quíetly 副. quíetness 名 U. quíetùde 名 U 静けさ, 穏やかさ; 平穏.

quill /kwíl/ 名 C 動 本来他 〔一般語〕一般義 鳥の翼や尾の堅い羽, 特にその羽柄, 羽軸. その他 羽抜から作られた**鵞(が)ペン**, マンドリンなどのばち, つま楊枝, やまあらしなどの針, また, 管状のひだが羽軸を並べたように見える

ことから, 管状の糸巻き, シナモンスティック. 動 として, 鳥の羽を抜く, 針で刺す, 服地やレースのへりなどに管状のひだを付ける, 糸巻きに巻く.
[語源] 不詳.
【派生語】**quílling** 名 U 服地などに管状のひだを寄せること, 管状のひだのあるレース[リボン].
【複合語】**quíll pèn** 名 鵞ペン, 羽根ペン.

quilt /kwílt/ 名 C 動 本来地 〔一般語〕布の間に綿, 毛, 羽などをはさみ, 刺し子に縫った掛けぶとん, キルト. 動 としてキルティングをする.
[語源] ラテン語 *culcita* (=bed; mattress) が古フランス語を経て中英語に入った.
【派生語】**quílting** 名 U キルティング(の材料).

quin /kwín/ 名 C 〔くだけた語〕〔英〕五つ子の1人, 〔複数形で〕五つ子全体.
[語源] quintuplet の短縮形.

qui·nine /kwáinain/kwiní:n/ 名 U 【化・薬】キニン, キニーネ (★マラリアの特効薬).
[語源] 南米先住民族の言語の一つケチュア語 *kina* (樹皮) に由来するスペイン語 *quina* (キナ皮) が19世紀に入った.

quin·sy /kwínzi/ 名 U 【医】扁桃腺膿瘍(のうよう).
[語源] ギリシャ語 *kynankhē* (=sore throat; *kyōn* dog+*ankhein* to strangle) がラテン語, 古フランス語を経て中英語に入った.

quint /kwínt/ 名 C 【トランプ】ピケット (piquet) という二人でする遊びの同じ組の札の5枚続き, 【楽】5度音程, 〔くだけた語〕〔米〕五つ子の1人, 〔複数形で〕五つ子全体 (quintuplet).
[語源] ラテン語 *quintus* (=fifth) の女性形 *quinta* がフランス語を経て初期近代英語に入った. 「五つ子」の意としては, quintuplet の略として〔米〕で20世紀より.

quin·tes·sence /kwintésns/ 名 〔形式ばった語〕〔the ~〕 〔一般語〕本質, 真髄, 〔その他〕物事の典型, 鑑, 【哲】古代から中世にかけて, 宇宙は5つの要素(気, 火, 水, 地, エーテル)から成っていると考えられていた. この語は本来その第5番目の要素(エーテル)を表す. 本質的で不可欠の要素ということから, 「本質」「真髄」という意味となった.
[語源] ラテン語 *quinta essentia* (=fifth essence) が古フランス語を経て中英語に入った.
【派生語】**quintesséntial** 形.

quin·tet, quin·tette /kwintét/ 名 C 【楽】五重奏[唱](曲, 団), 一般的に五人組, 五つそろい.
[語源] ラテン語 *quintus* (=fifth) に由来するイタリア語 *quinto* (=fifth part) の指小語 *quintetto* が19世紀に入った.

quin·tu·plet /kwintʌ́plit/kwíntju-/ 名 C 〔一般語〕同じものが5つ一そろいであること, 5人一組, 五つ揃い, 5人一組. また特に五つ子の一人, 〔複数形で〕五つ子全体 (★〔英〕quin, 〔米〕quint ともいう).
[語源] 中世ラテン語 *quintuplus* (ラテン語 *quintus* fifth+-*plus* -fold) がフランス語を経て19世紀に入った.

quip /kwíp/ 名 C 動 本来自 〔一般語〕気のきいた言葉, 警句, 辛辣(しんらつ)な言葉, 皮肉. 動 として皮肉を言う.
[語源] ラテン語 *quid* (=what) から派生した *quippe* (=indeed) が初期近代英語に入ったと思われる.

quire /kwáiər/ 名 C 〔一般語〕紙の24-25枚一組み

の単位, 1帖.
[語源] ラテン語 *quattuor* (=four) から派生した *quaterni* (=set of four) が古フランス語を経て four double sheets of paper の意で中英語に入った.

quirk /kwə́:rk/ 名 C 〔一般語〕〔一般語〕人の性格や行動の気まぐれ, 風変わり, 奇癖, 〔その他〕ゆがみやねじれということから, 運命などの急変, 文字などのひねり書き, 飾り書き.
[語源] 不詳.
【派生語】**quírky** 形 奇妙な, 気まぐれな.

quis·ling /kwízliŋ/ 名 C 〔軽蔑的な語〕売国奴 (★ノルウェーの政治家 V. Quisling が第二次大戦で祖国を裏切りナチスに通じたことによる).

quit /kwít/ 動 本来他 〈過去・過分 ~, 〈主に英〉~ted〉 形 〔くだけた語〕〔一般語〕仕事や習慣などをやめる, 中止する. 〔その他〕職や地位を辞する, 退く, 〔一般語〕土地や家などを手放す, 場所や人から離れる, 立ち去るの用法もある. 形 として〔述語用法〕義務や罪などを免れた, 解放されて自由な.
[語源] ラテン語 *quietus* (=at rest) から派生した中世ラテン語 *quietare* (=to release) が古フランス語を経て中英語に入った.
[用例] I'm going to *quit* teaching. 教師をやめるつもりだ/I'm going to *quit* next week. 来週出てゆくつもりだ.
[類義語] stop.
【派生語】**quíttance** 名 CU 債務からの免除, 償い. **quítter** 名 C 〔くだけた語〕仕事などをすぐにやめる人, 三日坊主.

quite /kwáit/ 副 〔一般語〕〔一般語〕完全に, すっかり. 〔その他〕質的あるいは量的に十分であることから, 事実上, 実際に, ほとんど, 度合の強さを表し, 相当に, かなり.
[語源] 中英語 quite (=free; clear) の副詞用法.
[語法] quite が<形容詞+名詞>を修飾するときは, She is *quite* a pretty girl. のように不定冠詞に先行する場合と, She is a *quite* pretty girl. のように不定冠詞の後に置かれる場合とがある. 後者は「非常に」の意味であるが, 前者は「非常に」の他に「まあかなりの」の意味になることもある. また, 度合いの強さを伴う形容詞を修飾できる: *quite* [very] exhausted 疲労こんぱいした.
[用例] This is *quite* impossible. これはまず不可能だ/I *quite* like the idea, but I do have a few criticisms. 私はその考えがとても気に入っているが, 非難すべき点も少しはある/"I think he is being unfair to her." "*Quite*." 「彼は彼女に不当な態度をとっていると思う」「全くその通り」.
【慣用句】*quite a few* ⇒few. *quite a little* ⇒little.

quits /kwíts/ 形 〔ややくだけた語〕〔述語用法〕返済や仕返しなどによって対等になった状態, 互角の, 五分五分の.
[語源] ⇒quit.
【慣用句】*be quits with* ....と互角になる, ...に仕返しする. *call it quits* 引き分けにする.

quittance ⇒quit.
quitter ⇒quit.

quiv·er¹ /kwívər/ 動 本来自 名 C 〔一般語〕人, 光, 声などが震える, 揺れる, 震動する. 他 として, 鳥などが翼を震わせる. 名 として《通例単数形で》震え, 震動.
[語源] 古英語 cwiferlice (=zealously) と関連す

る. もともと quick, agile の意.

[用例] The child *quivered* with cold [fear]. 子供は寒さ[恐怖]で震えた/a slight *quiver* in one's voice 声のかすかな震え.

[類義語] ⇒shake.

【派生語】**quívering** 形. **quíveringly** 副.

quiv·er[2] /kwívər/ 名 C 〔一般語〕箙(えびら), 矢筒, あるいはその中の矢.

[語源] フン族の言語からの借用語に由来すると思われる. 直接的には古フランス語 *coivre* が中英語に入った.

Quixote ⇒Don Quixote.

quix·ot·ic /kwiksátik | -sɔ́t-/ 形 〔形式ばった語〕性格や行動がドンキホーテ (Don Quixote) のように騎士気取りの, 空想的な, 非現実的な.

【派生語】**quixótical** 形. **quixótically** 副. **quíxotism** 名 UC 騎士気取り(の性格); 空想的な考え[行為].

quiz /kwíz/ 名 C 動 本来他 〔一般語〕〔一般語〕学校などで行う口頭あるいは筆記方式の簡単な試験, 小テスト. [その他] テレビやラジオ番組で出題される問題, クイズ. 本来の意味として, いたずら, 悪ふざけ, 〔古語〕いたずら者, 変人. 動 としてしつこく質問する, 小テストを行う.

[語源] ラテン語 *quis* (=what) に由来するという説や, inquisitive の中央部を残した短縮語などの説がある. 18 世紀から.

[用例] a *quiz* in math 数学の小テスト/The child is trying to answer a *quiz* in the newspaper. その子は新聞のクイズに答えようとしている/Don't try to *quiz* me about my reasons for leaving. 去ってゆく理由を私に質問しないでください.

【派生語】**quízzical** 形 悪ふざけの, 当惑顔の, いぶかしそうな; 奇妙な, 風変りな. **quízzically** 副.

【複合語】**quízmàster** 名 C クイズ番組の司会者. **quíz shòw [prògram]** 名 C クイズ番組.

quoit /kwɔ́it/ 名 C 動 本来他 〔一般語〕輪投げ用の輪, (複数形で単数扱い)遊戯としての輪投げ. 動 として輪投げのような投げ方で投げる. 自 で輪投げをする.

[語源] 古フランス語 *coite* (=flat stone) が中英語に入った.

Quon·set hut /kwánsit hÀt | kwɔ́n-/ 名 C 〔米〕かまぼこ形の兵舎[プレハブ住宅](★商標名; 最初に建てられた米海軍基地のあるロードアイランドの Quonset Point にちなんで命名).

quo·rum /kwɔ́:rəm/ 名 C 〔一般語〕議決などに要する定足数. また一般的に選ばれた一団[仲間].

[語源] ラテン語 *qui* (=who) の属格複数形 *quorum* (=of whom) が中英語に入った. 中英語時代に定足数を定めるラテン語文書の冒頭にこの語があったことから上記の意味となった.

quo·ta /kwóutə/ 名 C 〔一般語〕輸出入品の量や額あるいは移民の人数の割当て分, 生産や販売などの分担分, 分担金.

[語源] ラテン語 *quota pars* (=how great a part) の略が初期近代英語に入った.

quotable ⇒quote.

quotation ⇒quote.

quote /kwóut/ 動 本来他 名 C 〔一般語〕他人の言葉や文章などを引き合いに出す, 引用する. [その他] 引き合いに出すということから, 人に例などを示す. 本来の意味の「数字をつける」ということから, 《商》相場[値段]をつける, 見積もりをする, 値段などを人に言う. 自 で引用する, 見積もる. 名 として〔くだけた語〕引用文[句], 《複数形で》引用符, また見積もり(額).

[語源] ラテン語 *quot* (=how many) から派生した中世ラテン語 *quotare* (章などを番号をつけて分ける) が中英語に入った.

[用例] By way of illustration, I shall *quote* from Gray's 'Elegy'. 実例として, Gray の 'Elegy' から引用しよう/What price would you *quote* me for that painting? あなたならその絵をいくらで見積もってくれますか.

【派生語】**quótable** 形 引用するのにふさわしい. **quotátion** 名 CU 引用文[句] (略 quot.); 引用, 《商》相場, 見積もり: **quotation marks** 引用符.

quoth /kwóuθ/ 動 本来他 〔古語〕言った 《語法 過去形; 現在では多ぞっけい味を帯びた表現として用いられ, *quoth* I [he; she] のように常に主語に先行して用いられる》.

[語源] 古英語 cwethan (=to speak; to say) の直説法過去一·三人称形 cwath から.

quo·tient /kwóuʃənt/ 名 C 〔数〕割り算の商, また指数, 比率.

[語源] ラテン語 *quot* (= how many) から派生した *quotiens* (=how often; how many times) が中英語に入った.

q.v. /kjú:ví, hwítʃ síː/ 《略》 =quod vide (=which see) (★学術書などに用いられるラテン語表記で,「その語[項]を見よ, ...参照」の意).

R

r, R /ά:r/ 名 C アール（★アルファベットの第18字），また **R** 字形のもの．

rab·bi /rǽbai/ 名 C 〖ユダヤ教〗指導者，法律学者を指すラビ，また…先生というように，呼びかけ，または敬称にも用いる．

[語源] ヘブライ語で my master の意．古英語に入った．

rab·bit /rǽbit/ 名 CU 動 本来自 〖動〗あなうさぎ，《米》hare の意も含め一般にうさぎ．まうさぎの毛皮，食用としてのうさぎの肉，比喩的に〔くだけた語〕《英》うさぎのようにおどおどしている様子から運動競技の初心者，へたな人．またチーズトーストの一種（Welsh rabbit; rarebit）の意もある．動としてうさぎ狩りをする，〔くだけた語〕〔軽蔑的〕長々とぐちをこぼす（★これは talk（おしゃべり）の意を表す押韻俗語 'rabbit and pork' からできた）．

[語源]「子うさぎ」の意の中英語 rabet から．それ以前は不詳．

[用例] *Rabbits* have small, round, funny tails. あなうさぎには丸くて小さな，毛のふさふさしたしっぽがある／We had *rabbit* for dinner. 私たちは夕食にうさぎの肉を食べた／The collar of her jacket is made of *rabbit*. 彼女のジャケットのえりはうさぎの毛皮でできている．

[類義語] rabbit; hare; con(e)y: **rabbit** は「あなうさぎ」とか「うさぎの毛皮」を表す一般語で，**hare** は rabbit よりも大型で地表に住む「野うさぎ」をいう．また **con(e)y** は同意だがやや専門的な語である．なお後者には特にはねの動物の毛皮に似せて染めた毛皮の意がある．

[慣用句] (**as**) **timid as a rabbit** うさぎのように臆病な，おどおどした．**breed like rabbits** 〔軽蔑的〕うさぎのようにたくさんの子を生む．

【複合語】**rábbit bùrrow** 名 C うさぎの巣穴．**rábbit hùtch** 名 C うさぎ小屋．

rab·ble /rǽbl/ 名 C 〔単数形で時に複数扱い〕《やや軽蔑的》騒然とした無秩序な群衆，暴徒，やじうま連，(the ~) 庶民，下層階級．

[語源] 中英語 rabel（一団の動物）から．それ以前は不詳．

【複合語】**rábble ròuser** 名 C 民衆扇動家．

rab·id /rǽbid/ 形〔一般語〕人の言動が狂気じみて過激な，動犬が狂犬病（rabies）にかかった．

[語源] ラテン語 *rabidus*（=mad）が初期近代英語に入った．

ra·bies /réibi:z/ 名 U 〖病理〗狂犬病，恐水病（hydrophobia）．

[語源] ⇒rabid．

rac·coon, ra·coon /rækú:n rə-/ 名 CU 動北米産のあらいぐま，その毛皮．

[語源] アメリカ先住民の言葉から．原義は「ひっかき跡」であり，あらいぐまが木に登るときにつく爪跡から．

race[1] /réis/ 名 C 動 本来他〔一般語〕 一般義 スピードを競う競走．その他 速さを競い合うことから，競馬，自動車レース，ボートレースなど各種のレース，〔くだけた語〕(the ~s) 競馬．急いで走り過ぎるということから，川などの急流，水車用の水路，転じて〔文語〕時の経過，人の一生，話や出来事の進展，さらに太陽や月の運行などの意味になる．また〔くだけた語〕大急ぎ，緊急を要することという意味にもなる．動として競走［競争］する［させる］，全速力で走らせる，モーターなどが空回りする，あるいは議案や法案を早急に通過させる．

[語源]「走ること，（急な）流れ，攻撃」などの意の古ノルド語 *rās* が中英語に入った．これは「走ること，大急ぎ，攻撃」の意の古英語 *rǽs* にも関係があったとみられる．なお「競走」の意味は初期近代英語から一般化した．動は19世紀になって名から転用された．

[用例] It'll be a bit of a *race* to catch that train. あの列車に乗るには少し急がねばなるまい／The arms *race* is the competition between countries in building up their stocks of weapons. 軍備拡張競争とは各国間で武器備蓄の増強を競うことである／I'm *racing* my horse at Epsom. 私の馬をエプサム競馬に出場させるつもりだ／He *raced* along the road on his bike. 彼は道路をバイクでとばした．

[慣用句] **be in [out of] the race**〔くだけた表現〕勝つ[成功する]見込みがある[ない]．**play the races** 馬に賭ける．

【派生語】**rácer** 名 C 競走者［馬］，競走用自動車［ボート］．**rácing** 名 U 競走（horse-racing; the races），自動車［ボート］レース: **racing car** 競走用自動車，レーシングカー．

【複合語】**ráce càrd** 名 C 〖競馬〗出馬一覧(表)．**rácecòurse** 名 C 競馬場，〔主に英〕競馬場《米》racetrack．**ráce mèeting** 名 C《英》競馬大会．**rácetràck** 名 C 陸上競技などの競走路，《米》競馬場（《英》racecourse）．

race[2] /réis/ 名 CU〔一般語〕 一般義 人種，民族．その他 広く生物一般の種族，類，また人間について職業等の同じ仲間，集団，〔形式ばった語〕同じ家系，家柄に属する人，〔英〕racecourse．

[語源] 古フランス語 *race*（=generation; family），古イタリア語 *razza* などから初期近代英語に入った．

[用例] the black [white] *race* 黒[白]人種／He comes from a noble race of leaders. 彼は指導者たちを輩出した名門の出である／They are the same *race* of musicians. 彼らは同じ音楽家仲間である．

【派生語】**rácial** 形 人種の，民族の: *racial* prejudice 人種偏見／*racial* discrimination 人種差別．**rácialism** 名 U =racism．**rácialist** 名 C =racist．**rácially** 副 人種的に，民族としては．**rácism** 名 U 人種差別，人種的優越感．**rácist** 名 C 人種差別主義者．形 人種差別的な: *racist* opinions 人種差別的意見．

【複合語】**ráce rìot** 名 C 人種暴動（★主に白人・黒人間の）．

racily ⇒racy．

racism ⇒race[2]．

racist ⇒race[2]．

rack[1] /rǽk/ 名 C 動 本来他〔一般語〕 一般義 （網）棚，…掛け．その他 馬のまぐさ棚[台]，〖機〗歯車の歯ざお，歯板（⇒pinion[2]），〖印〗活字ケース立て，〖ビリヤード〗ラック．昔は人の手足を引き伸ばした昔の拷問台，(the ~) 拷問，そのようなひどい苦しみ．動として《通例受身で》拷問にかける，さんざん苦しめる，非常な苦しみを与える，地代などを搾取する，頭を無理に使う．

rack

語源 中期オランダ語または中期低地ドイツ語 *recken* (=to stretch) に由来する中期オランダ語 *rec* [引き伸ばされたもの, 棚] が語源と思われる. 中英語から.

用例 Put your bag in the luggage *rack*. かばんは荷物棚にのせておきなさい/His body was *racked* with fever. 彼は熱病で苦しんだ/*rack* one's brain 頭脳を酷使する, 知恵を絞る.

類義語 rack; shelf: **rack** が列車の網棚, 洋服[帽子]掛けなどのように一時的にものを置いて[掛けて]おくものをいうのに対して, **shelf** は本棚などのように通例壁や戸棚にとりつけてあるしっかりした棚を意味する.

【慣用句】**on the rack** さんざん苦しんで. **put ... to [on] the rack** ...を拷問にかける: They *put* the spy *to [on] the rack*. 彼らはそのスパイを拷問にかけた. **rack up** 〔くだけた表現〕得点などをあげる, 勝利などを得る, 成し遂げる, 《米》打ち負かす.

rack[2] /rǽk/ 名 U 〔古語〕建物などの破壊, 荒廃 (《語法》今では慣用句のみで用いられる).

語源 wrack の異形. 初期近代英語から.

【慣用句】**go to rack and ruin** 荒廃する, 朽ち果てる.

rack[3] /rǽk/ 名 C U〔文語〕ちぎれ雲, 飛び雲.

語源 14世紀に北欧語から借用した.

rack·et[1], **rac·quet** /rǽkət/ 名 C 〔一般語〕一般義 テニス, 卓球, バドミントンなどで用いるラケットの形をした雪靴, (複数形で単数扱い)《球技》コート内の壁にボールをはねかえらせて競うラケット.

語源 「手のひら」の意のアラビア語 *racchetta* およびフランス語 *racquette* を経て初期近代英語に入った. なお, このフランス語に「手のひら, 足のうら」のほか, すでに今日の「ラケット」の意があったのは, テニスのことを *jeu de paume* (手のひらを使った競技) といったためである.

rack·et[2] /rǽkət/ 名 C 〔ややくだけた語〕(a ~) 騒音, ばか騒ぎ. その他 〔軽蔑的に〕詐欺や恐喝などの不正な手段による金もうけ.

語源 擬音語. 初期近代英語から.

【派生語】**rackeetéer** 名 C ゆすり, 暴力団, ぺてん師. **rákety** 形.

rac·on·teur /rækɑntə́ːr|-ɔn-/ 名 C 〔形式ばった語〕話を面白おかしく聞かせる話し上手な人, 談話家.

語源 古フランス語 *raconter* (=to tell) の派生語. 19世紀に入った.

rac·coon /rækúːn|rə-/ 名 C =raccoon.

rac·quet /rǽkət/ 名 C =racket[1].

rac·y /réisi/ 形 〔一般語〕一般義 小説や話題などが性的にきわどい, 扇情的な. その他 本来による独特の性質を持つの意で, 酒などが香りが強い意となり, 活発なの意味で上記の扇情的なの意となった.

語源 race[2]+-y. 初期近代英語から.

【派生語】**rácily** 副. **ráciness** 名 U.

ra·dar /réidɑːr/ 名 UC 〔一般語〕レーダー (★電波探知(法), またはそれに用いる装置).

語源 1941年に *radio detective and ranging* から造られた頭字語.

ra·di·al /réidiəl/ 形 C 〔やや形式ばった語〕放射状の, 半径(radius)の. 名 としてラジアルタイヤ(radial tire).

語源 ラテン語 *radius* (=ray) から派生した中世ラテン語 形 *radialis* が初期近代英語に入った.

【派生語】**rádially** 副 放射状に.

【複合語】**rádial tíre** 名 C ラジアルタイヤ(radial-ply tire).

radiance ⇒radiate.
radiant ⇒radiate.

ra·di·ate /réidieit/ 動 本来自 〔形式ばった語〕一般義 光や熱が...から発する, 輻射(ふくしゃ)する. その他 放射状に広がる. 他 光や熱を放射し, 光や熱に限らず何かをまわりに発散する, 広める, 転じて幸せな気持, 喜びなどをはっきりと見せる.

語源 ラテン語 *radius* (=ray) から派生した *radiare* (光り輝く) の過去分詞 *radiatus* が初期近代英語に入った.

用例 All the roads *radiate* from the centre of the town. すべての道が町の中心部から放射状に延びている/A fire *radiates* heat. 火は熱を放出する/She's a person who *radiates* peace and contentment. 彼女は安らぎと満足感をまわりの人たちに投げかけてくれる人です.

【派生語】**rádiance** 名 CU 希望や喜びなどにあふれた目や顔の輝き, 放射 (radiation). **rádiant** 形 発光して輝く, 顔色が晴れやかな. 名 C《光》発光体, 光点. **rádiantly** 副. **radiátion** 名 U 放射, 放熱, 放射[輻射]線, 放射能: **radiation sickness**《医》放射線症[障害]. **rádiator** 名 C 放熱器, 暖房用あるいはエンジン冷却用のラジエーター: **radiator grille** 放熱用のラジエーター・グリル.

rad·i·cal /rǽdikəl/ 形 C 〔一般語〕一般義 改革や変化について, 過激な, 急進的な. その他 本来は植物の根に関する, 根から出てくるの意で,《言》語根の,《数》根の, 一般に根本的な, 治療法として病根を絶つ, 根治の. また, 根本にまで影響を与えるということから, 伝統や慣習の根本的な変化を求める過激なという意味合いで用いる. 名 として (しばしば R-) 急進主義者, 過激派,《数》根, 根号(radical sign),《化》基,《言》語根.

語源 ラテン語 *radix* (=root) から派生した後期ラテン語 形 *radicalis* が中英語に入った. 「過激な」の意味は18世紀から.

用例 He's fairly *radical* in his opinions. 彼は考え方がかなり過激だ/There will be some *radical* changes in this department. この部門ではなんらかの抜本的な改革が行なわれるであろう/the tree *radical* of *kanji* 木偏.

類義語 「根本的な」basic;「過激な」extreme.

反意語 moderate.

【派生語】**rádicalism** 名 U. **rádically** 副.

【複合語】**rádical sìgn** 名 C《数》根号(√).

ra·di·i /réidiai/ 名 radius の複数形.

ra·di·o /réidiòu/ 名 CU 動 本来〕一般義 一般義 ラジオ(受信機), 無線機(radio set). その他 (通例 the ~) ラジオ(放送), 無線電信[電話], 無電, また放送事業,（形容詞的に）ラジオ[無線]の. 動 として無電で送る, 打電する. ラジオで放送する.

語源 *radio-telegraphy* の短縮形. ⇒radio-. 1904年より使われている.

用例 The concert is being broadcast on *radio*. ラジオでコンサートが放送されている/I heard on the *radio* that it's going to snow tonight. ラジオによれば, 今夜は雪になるとのことだ/a *radio* actress 声優.

語法 かつては《英》では radio の代わりに wireless が用いられたが, 今日では《英》《米》ともに radio が普通.

【複合語】**rádio bèacon** 名 C 無線標識(局). **rádio**

càr 名 ⓒ 無線車. **rádio cóntrol** 名 ⓤ 無線操縦. **rádio fréquency** 名 ⓒ 無線周波数. **rádio sèt** 名 ⓒ ラジオ受信機.

ra·di·o- /réidiou/ 接頭 「放射」「輻射」「半径」「放射能」「ラジウム」「無線」の意味を表す.
[語源] ラテン語 *radius* から. ⇒radius.

ra·di·o·ac·tive /rèidiouæktiv/ 形 〔一般語〕放射能を帯びた.
【派生語】**ràdioactívity** 名 ⓤ 放射能.

ra·di·o·gram /réidiougræm/ 名 ⓒ ＝radiograph.

ra·di·o·graph /réidiougræf|-á:-/ 名 ⓒ 〔一般語〕放射線写真, Ｘ 線写真.
【派生語】**ràdiógrapher** 名 ⓒ 放射線技師. **ràdiógraphy** 名 ⓤ Ｘ 線写真(法).

ra·di·o·i·so·tope /rèidiouáisətòup/ 名 ⓒ 〔理・化〕放射性同位元素, ラジオアイソトープ.

ra·di·ol·o·gy /rèidiálədʒi|-ɔ́l-/ 名 ⓤ 〔医〕放射線(医)学, Ｘ 線学.
【派生語】**ràdiólogist** 名 ⓒ 放射線学者.

ra·di·o·sonde /réidiousànd/ 名 ⓒ 〔気〕ラジオゾンデ（★気球式による気象観測装置）.
[語源] radio-＋ フランス語 *sonde*（＝sounding line）. 20 世紀から.

ra·di·o·te·leg·ra·phy /rèidioutəlégrəfi/ 名 ⓤ 〔一般語〕無線電信(術).

ra·di·o·tel·e·phone /rèidioutéləfòun/ 名 ⓒ 動 本来自 無線電話(機). 動 として無線電話をかける.

ra·di·o·tel·e·scope /rèidioutéləskòup/ 名 ⓒ 〔天〕電波望遠鏡.

ra·di·o·ther·a·py /rèidiouθérəpi/ 名 ⓤ 〔医〕放射線療法.

rad·ish /rǽdiʃ/ 名 ⓒ 〔植〕はつかだいこん, ラディッシュ. [語源] ラテン語 *radix*（＝root）が古英語に rædic として入った.

ra·di·um /réidiəm/ 名 ⓤ 〔化〕ラジウム（★放射性元素, 記号は Ra）.
[語源] ラテン語 *radius*（＝ray）に基づく近代ラテン語. Curie 夫妻と G. Bémont により 1898 年に命名された.

ra·di·us /réidiəs/ 名 ⓒ (複 -dii/diài/) 〔一般語〕
[一般義] 半径. [その他] 半径が描く範囲の意味から, 行動や経験の, あるいは影響の及ぶ範囲, 飛行機などの航続距離.
[語源] ラテン語 *radius*（＝staff; spoke; ray）が初期近代英語に入った.
[関連語] diameter（直径）.

ra·don /réidɑn|-ɔ-/ 名 ⓤ 〔化〕ラドン（★放射性元素, 記号は Rn）.
[語源] radium に「不活性ガス」の意の名詞を造る接尾辞 -on がついて, 20 世紀から.

R.A.F., RAF /ɑ̀:rèiéf, ræf/ 名 固（the ～）英国空軍(Royal Air Force).

raff·ish /rǽfiʃ/ 形〔ややくだけた語〕〔やや軽蔑的〕行動, 態度, 服装などが品の無い, 低級な.
[語源] raff（下層民; くず）＋ish から 19 世紀に入った.

raf·fle /rǽfl/ 名 ⓒ 動 本来他 資金集めのために番号付きの券を売り, 当った人が商品をもらう富くじ（prize draw）, ラッフル. 動 として〔通例受身で〕 くじの賞品として…を出す.
[語源] 古フランス語 *rafle*（さいころゲーム）が中英語に入った.

raft¹ /ræft|-ɑ́:-/ 名 ⓒ 動 本来他〔一般語〕いかだや水泳用の浮き台. 動 としていかだに組んで運ぶ.
[語源] 古ノルド語 *raptr*（＝log; rafter）が中英語に入った.
【複合語】**ráftsman** 名 ⓒ いかだ乗り.

raft² /ræft|-ɑ́:-/ 名 ⓒ〔くだけた語〕《米》(a～of で) 多数[多量]の….
[語源] スコットランド英語 raff（＝rubbish）の変形から 19 世紀に入った.

raft·er /rǽftər|-ɑ́:-/ 名 ⓒ 〔建〕たる木, 梁(ﾊﾘ).
[語源] 印欧祖語 *rep-（＝stake, beam）に遡ることのできる古英語 ræfter より.

rag¹ /ræg/ 名 ⓒⓤ〔一般語〕[一般義] ぼろきれ. [その他]《複数形で》ぼろぼろの服, (a～of で)…の断片, 小片, 切れ端, 少量の…, ぼろのように無価値なものということから,〔くだけた語〕〔軽蔑的〕低級な新聞[雑誌].
[語源]「粗いひと房の毛」という意味の古ノルド語 *rögg* が,「ぼろぼろの, 粗っぽい」の意の古英語の 形 racgig となり, その逆成でできた古英語の 名 ragg が今日に至ったといわれている. 一説には古ノルド語 *rögg* が直接古英語 ragg となったともいう.
[類義語] rag(s); tatter(s): **rag(s)** は「ぼろ切れ, ぼろ服」の意では **tatter(s)** とほとんど同じ意味だが, tatter(s)のほうが文語的である. ただし, in rags and tatters（ぼろぼろの身なりで）のように併用されることがある.
【慣用句】**be like a red rag to a bull**〔くだけた表現〕激怒する《《赤い布を見ると牛が興奮することから》. **chew the rag [fat]**〔くだけた表現〕おしゃべりする, ぐちをこぼす. **feel like a wet rag**〔くだけた表現〕ぐったり疲れている. **from rags to riches** 無一文から百万長者に. **to rags** ぼろぼろになるまで, すり切れるまで.
【複合語】**rágbàg** 名 ⓒ ぼろ入れの袋, くだらぬ物の寄せ集め. **rág dòll** 名 ⓒ 縫いぐるみ(人形)（rag baby）.

rag² /ræg/ 名 ⓒ 動〔一般語〕[一般義]《英》大学生の慈善仮装行列. [その他]〔古風な語〕悪意のないいたずら, 大騒ぎ, パレード. 動 として, 人をからかう, いたずらをする, いじめる.
[語源] 不詳.

rag³ /ræg/ 名 ⓒ 〔楽〕ラグタイム(ragtime)の曲.
[語源] ragtime の省略形として 19 世紀に生まれた語.

rag·a·muf·fin /rǽgəmʌ̀fin/ 名 ⓒ 〔文語〕ぼろを着た子供, 浮浪児.
[語源] 14 世紀, W. Langland の作とされる宗教詩 *Piers Plowman* の登場人物の名で, 15 世紀から悪漢の名として用いられた.

rage /réidʒ/ 名 ⓤⓒ 動 本来自〔一般語〕[一般義] 激怒.
[その他] 比喩的に風雨, 波, 声あるいは感情などの激しさ, あること[もの]に対する熱望, 熱情, (the～) 熱狂的な大流行(のもの). 動 として怒り狂う, 疫病などが大流行する.
[語源] ラテン語 *rabere*（＝to be mad）の 名 *rabies*（＝rage）が古フランス語 *rage* を経て中英語に入った. 動 は古フランス語 *rager* から.
[用例] He shouted with *rage*. 彼はかっとなって怒鳴った／*the rage* of the sea during a storm 嵐の中で大荒れの海／He *raged* at his secretary. 彼は秘書を叱りとばした／Fever was *raging* in [through] the town. 熱病はその町中に猛威をふるった.
[類義語] ⇒anger.
【慣用句】**be (all) the rage**〔くだけた表現〕爆発的に

流行している. *fall* [*fly*] *into a rage* かっとなる: He flew into a *rage*. 彼は怒り心頭に発した. *rage itself out* 嵐, 疫病などが猛威をふるったあとおさまる.

rag·ged /rǽgid/ 形 〔一般語〕服などがぼろぼろの, みすぼらしい, あるいは髪などがさばさばで**手入れ**をしてない, 表面がでこぼこでぎざぎざの, でこぼこした, 作品などが出来が悪く**欠点のある**, 人が緊張などで**神経**をすりへらした. 語源 ⇒rag¹.
用例 The children were thin and *ragged*. 子供たちはがりがりで, ぼろぼろの服を着ていた/I don't like using sheets of paper with *ragged* edges. 端がぎざぎざの紙は使うのがいやだ.
類義語 ragged; tattered; worn-out: **ragged** と **tattered** はともに服などが「ぼろぼろの」の意だが, tattered のほうが文語的である. また **worn-out** は *worn-out* shoes (すりきれた靴) のように「使い古した」という意味あいが強い.
慣用句 *run ... ragged* ...をくたくたにさせる, 疲れ切らせる.
【派生語】 **rággedly** 副.
【複合語】 **rágged édge** 名 (the ~)《米》がけっぷち, あぶない瀬戸際: The economy of that country was on the *ragged edge*. その国の経済はまさに危機にひんしていた.

rag·lan /rǽglən/ 名 C 形 〔一般語〕肩に縫い目がなく袖までゆったりと続いているラグランコート. 形 としてラグラン袖の.
語源 クリミア戦争の英国司令官 Lord Raglan (1788-1855) が着用したことより.

rag·tag /rǽgtæg/ 形 名 〔やや軽蔑的な語〕くずの, おちぶれた. 名 として (the ~ and bobtail で)《集合的》社会のくず, 下層階級.
語源 rag¹ + tag. 19 世紀から.

rag·time /rǽgtàim/ 名 U 〔楽〕ラグタイム (★1890-1920 年ごろに米国で黒人ピアニストの間で流行したジャズ音楽の一種).
語源 ragged + time.「型にはまらないシンコペーション」の意味からか.

rah /rɑ́ː/ 間 《米》万歳! フレー! (★hurrah の略).

raid /réid/ 名 C 動 本来地 〔一般語〕軍警察などによる不意の**襲撃**, 奇襲, 手入れ. その他 略奪などを目的とした突然の侵入. 動 として侵入する, 襲撃する, 企業などが競争相手の従業員を引き抜く, 株を共謀して売り, 意図的に**値を下げる**.
語源 古英語 rād (=riding) に由来し, ride, road と同語源.
【派生語】**ráider** 名 C.

rail¹ /réil/ 名 CU 動 本来地 〔一般語〕《通例複数形で》鉄道のレール, 線路, あるいは U 鉄道. その他 本来は柱と柱を結ぶ**横桟**(おうさん)の意で, それらから柵(さく), 垣根, 階段の手すり, 物を掛けておく横木状のものや横材を意味する. 動 としては, ある場所を柵[横木]で囲う, またレールを敷く. 他 鉄道で輸送する.
語源 ラテン語 *regula* (物差し) が古フランス語 *reille* (鉄棒) を経て中英語に入った. ⇒rule.
【慣用句】(*as*) *straight as a rail* まっすぐな[に]. *by rail* 鉄道で, 列車で. *off the rails* 脱線して, 〔くだけた表現〕《英》すっかり混乱して, 思想, 行動などが**常軌を逸して**.
【派生語】**ráiling** 名 C 《しばしば複数形で》手すり, 欄干, ガードレール.

【複合語】**ráilroad** 名 C 《米》主に長距離の鉄道 (《英》railway). 動 鉄道輸送をする, 〔くだけた表現〕議案などを強硬に通過させる, 《米》でっち上げ裁判[無実の罪]に投獄する. **ráilròader** 名 C 《米》鉄道(職員)(《英》railwayman). **ráilroad státion** 名 C 《米》鉄道の駅. **ráilwày** 名 C 《英》=railroad. **ráilwàymàn** 名 C 《英》=railroader.

rail² /réil/ 動 本来地 〔形式ばった語〕厳しく非難する, ののしる, ぐちを言う (against; at; about).
語源 古フランス語 *railler* (=to mock) から中英語に入った語. rally² と同語源.
【派生語】**ráiling** 名 UC 罵倒(ばとう), ののしりの言葉. **ráillery** 名 U からかい, ひやかし.

rain /réin/ 名 UC 動 本来地 〔一般語〕雨. その他 (the ~s) 特に熱帯地方などの雨季, 《複数形で》降雨, また比喩的に〔形式ばった語〕(a ~ of) 雨あられのように降るもの, ...の雨. 動 としては, (it を主語として) 雨が降る, 〔形式ばった語〕雨のように降りそそぐ, 〔文語〕空や雲が雨を降らせる. 他 (it を主語として)...が雨のように(降って)来る, また雨のように...を浴びせる.
語源 名 は古英語 regn, 動 は古英語 regnian から.
用例 In this area the *rains* last more than two months. この地域では雨季が 2 か月以上も続く/A *rain* of arrows fell on the soldiers. 兵士たちの頭上に, 矢の雨が降り注いだ/It looks like it's been *raining* birthday cards today! 今日はさぞかしどっと誕生日祝いのカードが来ていることだろう/The grateful people *rained* thanks [presents] on the soldiers. 感謝の気持ちでいっぱいの人たちが, 兵士たちの上にお礼の言葉[プレゼント]の雨を降らせた.
【慣用句】(*as*) *right as rain* 〔くだけた表現〕《英》健康そのもので, 万事順調で. *be rained out* [《英》*off*] 試合などが雨でお流れになる, 順延になる. (*come*) *rain or* (*come*) *shine* 〔くだけた表現〕晴雨にかかわらず, いかなる場合にも. *it rains cats and dogs* 〔くだけた表現〕どしゃ降りである (★猫は「豪雨」, 犬は「暴風」の象徴であったことに由来するといわれる). *rain itself out* 雨が降り続いてやむ.
【派生語】**ráiny** 形 雨の(多い), 雨天の, 街路などが雨にぬれた.
【複合語】**ráinbow** 名 C 虹(にじ). **ráinbow tròut** 名 C 〔魚〕にじます. **ráin chèck** 名 C 《米》雨で試合などが中止のときの再発行入場券, 〔くだけた表現〕都合の悪い場合の後日招待の約束. **ráincòat** 名 C レインコート. **ráindròp** 名 C 雨だれ. **ráinfàll** 名 UC 降雨(量). **ráin gàuge** 名 C 雨量計. **ráinpròof** 形 防水の, 雨よけの. **ráin shòwer** 名 C にわか雨 (《語法》単に shower ともいう). **ráinstòrm** 名 C 暴風雨. **ráinsùit** 名 C 服の上に着る上下組み合わせのレインコート. **ráinwàter** 名 U 雨水. **ráinwèar** 名 U 雨着.

raise /réiz/ 動 本来地 名 C 〔一般語〕高い所へ上げる, あるいは倒れたり横になっているものを起こす, 立てる. その他 ものを「上げる, 起こす」という意味から, 〔形式ばった語〕大きな家を建てる, 転じて上昇, 増大, 成長, 集中, 提起, 解放などの意味あいを持つことになる. すなわち給料や地位などを引き上げる, 昇進させる, 声を張り上げる, 元気づける, 喜び, 疑惑, 恥じらいなどの感情を起こさせる, 抱かせる, 〔法〕(訴訟)を起こす, 反乱や騒ぎを巻き起こす, 野菜などを栽培する, 子を育て

る, 家畜を飼育する, 金などを徴集する, 工面する, 兵を召集する, 募る, 質問や要求などを提起[提出]する, さらに封鎖, 禁止を解く, 死者をよみがえらせる, 電話などで呼び出す,〖通信〗交信する. 名 としては, 高める[上げる]こと, 賃上げ, あるいは高い場所, 登り道.

語源 古ノルド語の使役動詞 reisa (起こす) が中英語に入った.

用例 *Raise* your right hand and repeat the oath. 右手を挙げて誓言をくり返しなさい/*Raise* the flag. 旗を掲げよ/The extra effort *raised* his blood pressure well above normal. 余計な努力をしたため彼の血圧が普段よりかなり上がってしまった/We don't *raise* pigs on this farm. ここの農場では豚は飼っておりません/She has *raised* a large family. 彼女は大家族を養ってきた/We'll never manage to *raise* enough money to have the church roof repaired. 教会の屋根を修理する資金を集めるようなことは決していたしません/These shoes have *raised* blisters on my feet. この靴をはいたため足にまめができてしまった/I'm going to ask the boss for a *raise*. 雇い主に給料を上げてくれるよう頼んでみるつもりだ.

類義語 lift.

反意語 lower.

慣用句 *raise Cain* [*hell*; *the devil*; *a rumpus*; *the roof*]〔俗語〕はでに騒ぐ, ばか騒ぎをする (★devil に対する婉曲語として弟 Abel を殺した Cain が使われたことによる).

派生語 **ráised** 形 一段と高くなった[した], 浮き彫りにした. **ráiser** 名 C.

rai·sin /réizn/ 名 C 〔一般語〕干しぶどう, レーズン.

語源 ラテン語 *racemus* (= bunch of grapes) が古フランス語 *raizin, raisim* を経て中英語に入った.

類義語 raisin; currant; sultana:「干しぶどう」の意では **raisin** が一般的で, そのまま食べたり料理用にしたりする. これに対して **currant** は種なしの干しぶどうで, おもに菓子に用いる. また **sultana** は小粒で種なし raisin の一種で, 菓子用に使われる.

rai·son d'ê·tre /réizoun détr|-zɔ:n déitr/ 名 C 《複 **raisons d'être** 発音は単数形と同じ》〔形式ばった語〕存在理由, 生きがい.

語源 フランス語で 'reason of being' の意味. 19世紀から.

rake[1] /réik/ 名 C 動 本来他 〔一般語〕〔一般義〕落葉や草をかき集めるための熊手(くま), その他 火かき(棒), 賭博でチップ[賭け金]集めの棒 (croupier's rake) など熊手形[状]の道具, また熊手などでかき集める[ならす]こと. 動 として, 熊手などを使ってかき集める, かきならす, あるいはひっかく, 転じて情報や秘密などをほじくり出す, さぐり出す,〖軍〗敵の隊列に掃射を浴びせる.

語源 印欧祖語 **reg-* (= to stretch) に遡ることができる古英語 raca から,「伸ばす」から「手を伸ばす」となり,「伸ばして集める」となった.

用例 I use a big bamboo *rake* to gather fallen leaves. 私は落ち葉をかき集めるのに大きな竹製の熊手を使う/It's your turn to *rake* the garden. 今度はあなたが熊手で庭を掃除する番ですよ.

類義語 rake; fork; hoe: **rake** が落葉や枯れ草をかき集めるのに使われるのに対して, **fork** は hayfork (干し草用熊手) のように下からすくい上げるのに用いる. また **hoe** は草を刈ったり土を耕したりする「くわ」のこと.

慣用句 *(as) lean* [*thin*] *as a rake* 骨と皮ばかりにやせこけて. *rake it in*〔くだけた表現〕こたもうける. *rake out*〔くだけた表現〕…を探し出す, 燃えがらなどをかき出す. *rake over* [*through*]…を調べる, 徹底的に捜す. *rake up*〔くだけた表現〕過去を暴露する, …をかき集める.

複合語 **ráke-óff** 名 C 〔俗語〕もうけた悪銭の分け前, リベート.

rake[2] /réik/ 動 本来他 名 C 〔一般語〕《通例受身で》舞台やマストなどを傾斜させる,〖海〗マストを船尾へ傾斜させる.《単数形で》座席, 舞台, マストなどの傾斜,〖機〗切削工具の切削面の角度, すくい角.

語源 不詳. 初期近代英語から.

派生語 **rákish** 形 船などが軽快で速そうな, 一般的にさっそうとした, しゃれた, 粋な.

rake[3] /réik/ 名 C 〔古風な語〕放蕩者, 道楽者.

語源 中英語 rakel (= rackle 短気な) が rake[1] と hell の連想から rakehell となり, その短縮形として初期近代英語から.

派生語 **rákish** 形 放蕩する, 不品行な.

ral·ly[1] /ræli/ 動 本来他 名 C 〔一般語〕〔一般義〕散り散りになった人々を再び集める. その他 体力や元気を回復する, 勇気などを奮い起こす, 集中する. 自 再び集まる, 参集する, テニスで互いに激しく打ち返し合う, 株価や景気が持ちなおす. 名 として, 政治的その他の示威活動を目的とする〔決起〕集会の意を中心に, 再結集, 病気などからの回復,〖テニス〗打ち合い, ラリー, 自動車の長距離レース, ラリー.

語源 古フランス語 *ralier* (= to gather), *re-*「再び」+ *alier* to unite) が近代フランス語 rallier を経て初期近代英語に入った.

用例 The supporters *rallied* to save the club from the collapse. 支援者たちはクラブを倒産から救おうとはせ参じた/She *rallied* from her illness. 彼女は病気から回復した/They held a *rally* to call for peace. 彼らは平和を訴える集会を開いた/He won last week's *rally*. 彼は先週のラリーで優勝した/The Wimbledon crowd applauded the long and exciting *rally*. ウィンブルドン・テニスの観衆は長時間はらはらさせたラリーに拍手喝采を送った.

類義語 meeting.

派生語 **rállyist** 名 C 〖自動車〗ラリー参加者[選手].

ral·ly[2] /ræli/ 動 〔一般語〕人をからかう, 冷やかす, ばかにする.

語源 古フランス語 *railler* (= to tease) が初期近代英語に入った. rail[2] と同語源.

ram /ræm/ 名 C 動 本来他 〔一般語〕〔一般義〕去勢されていない雄羊. その他 《the R-》〖天〗牡羊座. また雄羊の頭突の力の連想から門, 扉, 壁などを打ち破るための破城槌(つぃ)(battering ram), 土を固めるための突き棒, 落し槌, くい打ち機, 軍艦の艦首の突起部分, 衝角. 動 としては, そのような道具などで激しくぶつける, 打ち込む, 突き固める.

語源 西ゲルマン語に「雄羊」の意味で見られる語で, 古英語から. 動 の用法は中英語から.

関連語 sheep; ewe; aries.

ram·ble /ræmbl/ 動 本来自 〔一般語〕あてもなくぶらぶらと歩く. その他 とりとめもなくだらだらとしゃべる[書く], 方向に定まりのないことから, つるなどはびこる. 名 としてそぞろ歩き, 散策.

語源 不詳. 中英語から.

【類義語】roam; stroll; wander.
【派生語】rámbler 名C. rámbling 形.

ram·bunc·tious /ræmbʌ́ŋkʃəs/ 形 〔くだけた語〕《米》人の行動などが乱暴で手に負えない，収拾のつかない，騒々しい．
語源 不詳．19世紀から．

ramification ⇒ramify.

ram·i·fy /ræməfai/ 動 本来自 〔形式ばった語〕枝状に分け広げる，分岐する，また枝のように細分化する，小区分する．
語源 ラテン語 *ramus*（枝）から派生した *ramificare*（枝分かれする）がフランス語を経て初期近代英語に入った．
【派生語】ràmificátion 名 UC.

ram·jet /ræmdʒet/ 名 C 《空》ラムジェットエンジン《★特別な空気圧縮機を用いずに，飛行中の流入空気の圧力で空気を圧縮し，燃料と混ぜて機関に送り込むエンジン》．
語源 ram＋jet．19世紀から．

ramp[1] /ræmp/ 動 本来自 〔一般語〕ライオンなどが怒って飛びかかろうとし，襲いかかろうと後ろ足で立ち上がったりする，また動物や子供などが駆けずり回る，あばれ回る．
語源 ゲルマン語起源の古フランス語 *ramper*（登る，斜めになる）が中英語に入った．

ramp[2] /ræmp/ 名 C 〔一般語〕段違いの道路や建物の階などを結ぶための斜道，傾斜道，飛行機のタラップ，高速自動車道路への出入り口，ランプ．
語源 ramp[1]と同語源．18世紀から．

ram·page /ræmpeidʒ/|-´-/ 名 動 本来自 〔形式ばった語〕《単数形で》激怒して暴れ回ること，興奮して荒々しく突進すること，大暴れ．動 として暴れ回る，怒り狂う．
語源 ramp[1]＋-age（「状態・動作」の意）と考えられるが不詳．19世紀から．

ramp·ant /ræmpənt/ 形 〔形式ばった語〕一般語 病気や犯罪などが流行する，はびこる．その他 人の言動や動物の動きが激しい，荒々しい，凶暴な，《通例 名 の後に置かれて》ライオンが左後ろ足〔両足〕で立ち上がった，さらに植物が生い茂った，繁茂した．
語源 ramp[1]と同じ．
【派生語】rámpantly 副.

ram·part /ræmpɑːrt, -pərt/ 名 C 動 本来他 〔一般語〕《通例複数形で》上部が通路になっている塁壁や城壁，防塁壁．動 として累壁〔城壁〕をめぐらす，防護する．
語源 俗ラテン語 *anteparare（＝to prepare for defence; ラテン語 *ante*- before＋*parare* to prepare）がフランス語 *remparer* を経て初期近代英語に入った．

ram·shack·le /ræmʃækl/ 形 〔やや軽蔑的な語〕乗り物や家，または社会体制などが今にも倒れそうな，がたがたの．
語源 ransack（家をかき回して捜す）に反覆を表す -le がつき，その過去分詞 ransackled の変形 ramshackled からの逆成．19世紀から．

ran /ræn/ 動 run の過去形．

ranch /ræntʃ, -ɑː-/ 名 C 動 本来自 〔一般語〕米国西部やカナダなどに見られる大牧場や農園．動 として牧場を経営する，牧場で働く．
語源 南米の牧夫の小屋を意味するスペイン語 *rancho* が19世紀に入った．
【派生語】ráncher 名 C 牧場主，牧場労働者．
【複合語】ránch hòuse 名 C 《米》牧場主の家，またはその様式で建てられた家．ránchman 名 C《米》＝rancher.

ran·cid /rænsid/ 形 〔形式ばった語〕バターや食べ物に含まれる油が腐っていやな臭い〔味〕がする，また一般に不快な，鼻もちならない．
語源 ラテン語 *rancidus*（＝stinking）が初期近代英語に入った．

ran·cor, 《英》**-cour** /ræŋkər/ 名 U 〔形式ばった語〕深い恨み，積year の憎しみ，怨恨(えんこん)．
語源 後期ラテン語 *rancorem*（＝stinking smell）が古フランス語 *rancour* を経て中英語に入った．
【派生語】ráncorous 形.

ran·dom /rændəm/ 形 名 U 〔一般語〕手当たり次第の，でたらめの，《統計》無作為〔抽出〕の．名 として《at ～で》でまかせに，手当たり次第に，無作為に．
語源「猛烈に走る，馬がギャロップする」を意味する古フランス語 *randir* の 名 *randon*（猛スピード，混乱）が中英語に入った．
用例 The opinion poll was based on a *random* sample of adults. その世論調査は成人による無作為〔抽出〕標本に基づいていた／The police were stopping cars at *random* and checking their brakes. 警察は手当り次第に車を止め，ブレーキを調べた．
類義語 random; haphazard; casual: **random** は「手当たり次第」の意で，目的や方法などのはっきりしない無作為性を強調するのに対して，**haphazard** は先への影響とか適切さなどが無視され偶然性に頼ることをいう．また **casual** も偶然性を強調するが「思いつき」や「なにげなさ」のような気軽な気持ちが強い．
【派生語】rándomly 副. rándomness 名 U.
【複合語】rándom sámpling 名 U《統計》無作為〔ランダム〕抽出（法）．

rand·y /rændi/ 形 〔くだけた語〕《主に英》好色な，みだらな．
語源 不詳．初期近代英語から．

rang /ræŋ/ 動 ring[1] の過去形．

range /reindʒ/ 名 UC 動 本来自 〔一般語〕一般義《U または a～》物などの広がる範囲，幅，広がり，届く範囲．その他 本来は横にのびる列，連なりの意で，そこから具体的な山脈（mountain range）の意味になる．また範囲の意から，弾丸やミサイルの射程，飛行機の航続距離，目に見える視界，聞こえる音の音域，さらにここから《the ～》牧場，ミサイルなどの試射場，射撃場，動植物の生息［分布］地域のような広い場所・地域の意味になる．あるいは同じ種類のものの集まりということから，《a ～》道具一式，《米》ガス，電気，電子を用いた料理用レンジ，縦のつながり，すなわち順序・序列ということから，階級の意にもなる．動としては，一列にきちんと並べる，整列させる，配置する，《通例受身または〜 oneself で》《列に》加わる，…の側〔反対側〕に味方する．またある地域を歩き回る，弾丸が…の射程にある〔入る〕．並並ぶ，ある範囲内で変化する，温度計などが昇降する．
語源 古フランス語 *rangier*（＝to arrange in order）からの逆成による 名 *range*（列）が中英語に入った．rank と同語源．
用例 He has a very wide *range* of interests. 彼の興味は実に広範囲にわたっている／a mountain *range* 山並み，山脈／the *range* of a person's voice 人の声の音域／What is the *range* of this missile? このミサイルの射程（距離）はどのくらいですか／Keep away from

the rifle-*range*. ライフル射撃場に近寄るな/The two armies were *ranged* on opposite sides of the valley. 二手に分かれた敵軍が谷の両側に陣取っていた/The boys and girls at this school *ranges* from six to eleven in age. この学校の男女生徒の年齢は6歳から11歳までである.

[類義語] range; scope; sphere:「範囲」の意味では **range** が一般的で, 知識や経験をはじめ様々なことがらについていう. **scope** は主に知力や活動の及ぶ能力の範囲, 限界をいう. **sphere** もほぼ同意で, 勢力や活動の範囲についていうが, scope のほうが普通.

【慣用句】*at long* [*close*; *short*] *range* 遠[近]距離から. *beyond the range of* … = *beyond* …*'s range* …の範囲を越えて, …の及ばぬところに. *in range with* … …と並んで. *out of the range of* … = *out of* …*'s range* …の及ばぬところに, …の知識の及ばぬ. *within range of* … = *within* …*'s range* …の射程[範囲]内に: We are *within ranges of* their guns. 我軍は彼らの大砲の射程内にある.

【派生語】**ránger** 名 ⓒ 歩き回る人, 放浪者, 《米》森林監視員, 《英》王室森林の管理者, (R-) 《米》特別遊撃隊員, レーンジャー隊員. **rángy** 形 動物などが歩き回る習性のある, 放浪癖の, 《米》人や動物がやせて手足のひょろ長い, 《米》広々とした.

【複合語】**ránge finder** 名 ⓒ カメラなど精密機器の距離計.

rank¹ /ræŋk/ 名 ⓒ⛛ 動 [本来自] 〔一般語〕 一般義 軍隊など組織の中における階級. [その他] 特に高い身分[地位]. また上下の並びたつもの, 人や物の列, 軍隊などにおける横列(⇔file), (the ~s) 将校に対する兵, 大衆. 動 としては, 順番に並べる, 整列させる, 分類する, さらには上下の差[等級]をつける. 自 並ぶ, 地位[順位]を占める, 《米》上位を占める[に位する].

[語源] ゲルマン語起源の「列, 階級」の意の古フランス語 *ranc*, *renc* が初期近代英語に入った. range と同族関係.

[用例] He was promoted to the *rank* of sergeant [colonel]. 彼は軍曹[大佐]に昇進した/The officer ordered the front *rank* to fire. 将校は最前列の兵に撃てと命令した/He's joined the *ranks* of the unemployed. 彼は落ちぶれて失業者になった/a man of *ranks* 高官/He *ranks* among our greatest writers. 彼は今日における第一流作家の一人である/Apes *rank* above dogs in intelligence. 猿は知能において犬に勝る.

[類義語] rank; class: **rank** が主として軍隊における階級など, 地位や身分をいうのに対して, **class** は社会における階級をさす最も一般的な語である.

【慣用句】*break rank(s)* 列を乱す. *close the ranks* 仲間同士の結束を固める. *fall into rank* 整列する, 並ぶ. *keep rank(s)* 列[秩序]を保つ. *pull* (*one's*) *rank* 〔くだけた表現〕自分の地位・階級をいいことに命令を押しつける. *rank and fashion* 上流社会. *rank and file* 《the ~》将校に対し下士官, 平社員, 庶民.

【派生語】**ránker** 名 ⓒ 下士官や兵, 兵卒[下士官]上がりの将校. **ránking** 名 U 順位, 格つけ. 形 《米》最高位の(high-ranking), 第一級の.

rank² /ræŋk/ 形 〔形式ばった語〕 一般義 草木が繁茂している, 雑草がはびこっている. [その他] 腐敗して悪臭を放っている, 物事がひどい, 嫌な.

[語源]「高慢な, 頑丈な」の意の古英語 ranc から.

【派生語】**ránkly** 副.

ran·kle /ræŋkl/ 動 [本来自] 〔一般語〕 不愉快な思い出や苦い経験などが絶えず心をさいなむ.

[語源] ラテン語 *draco* (へび) の指小語 *dracunculus* による古フランス語 *draoncle* または頭音消失の *raoncle* から派生した (d)*raoncler* が中英語に入った. 元来「へびにかまれて痛む」の意で, 肉体的痛みを意味した.

ran·sack /rǽnsæk/ 動 [本来他] 〔一般語〕 ものを求めて場所をあちこち捜し回る, 町などを荒し回って略奪する.

[語源] 13世紀に古ノルド語 *rannsaka* (家捜しをする) が借用されたもの. *ran*(*n*) is house, *-saka* is seek と同語源. ⇒ramshackle.

ran·som /rǽnsəm/ 名 UC [本来他] 〔やや形式ばった語〕 人質, 被誘拐者などの身代金, また身代金を払って受け戻すこと. 動 として, 人質や捕虜などを受け戻す, 解放する.

[語源] ラテン語 *redemptio* (=redemption) が古フランス語 *rançon* をへて中英語に入った.

rant /rænt/ 動 [本来自] 〔一般語〕 大声でどなり立てる, 大言壮語する. 名 として 大言壮語, わめき声, 怒号.

[語源] オランダ語 *ranten* (=to talk foolishly) が初期近代英語に入った.

rap¹ /ræp/ 名 ⓒ 動 [本来他] 〔一般語〕 一般義 何かをこつん[とんとん]とたたくこと[音]. [その他] 〔くだけた語〕厳しい非難, 叱責, 《俗語》《米》犯罪容疑, 処罰, またはおしゃべりの意. 動 としてこつんとたたく, 〔くだけた語〕厳しく非難する, 酷評する.

[語源] 擬音語. 中英語から.

[用例] He gave [heard] a sudden *rap* on the door. 彼は急にドアをとんとんたたく音を聞いた/He *rapped* on the table and called for silence. 彼はテーブルをこつこつたたいて静粛にするよう命じた.

[類義語] knock.

【慣用句】*beat the rap* 《俗語》《米》罰[刑]を免れる. *get* [*give*] *a rap on* [*upon*] *the knuckles* しかられる[しかる] (★子供に対する罰で, 指の関節をぴしゃりとたたくことから). *rap out* ずけずけ言う, ののしる, 霊がたたく音で知らせる. *take a rap* 《俗語》《米》頭などを打つ, こつんとなぐられる. *take the rap* 〔くだけた表現〕他人の罪を着て罰を受ける, しかられる.

【複合語】**ráp mùsic** 名 U ラップ(ミュージック).

rap² /ræp/ 名 ⓒ 〔くだけた語〕《否定文に用いて》ほんの少し, びた一文.

[語源] 18世紀のアイルランドで, 半ペニーとして使用された偽貨に対するアイルランド語の名称 *ropaire* (=robber) が短縮されたもの.

ra·pa·cious /rəpéiʃəs/ 形 〔文語〕 一般義 略奪するほどに強欲な, 飽くことを知らぬほど貪欲な. [その他] 《動》捕[肉]食性の.

[語源] ラテン語 *rapere* (=to seize) から派生した *rapax* (強欲な) が初期近代英語に入った. rapture, rape, ravage 等も同語源.

【派生語】**rapáciously** 副 強欲に, 貪欲に, 略奪的に. **rapáciousness** 名 U 強欲. **rapacity** /rəpǽsəti/ 名 U.

rape¹ /réip/ 動 [本来他] 名 UC 〔一般語〕 一般義 婦女をレイプする, 強姦する. [その他] 〔文語〕女性を掠奪する, 都市などを略奪する, 地域を破壊する. 名 として 強姦, レイプ, 場所や地域の理不尽な破壊, 強奪行為.

[語源] ラテン語 rapere (= to seize by force) がアングロフランス語を経て中英語に入った.
【派生語】rápist 名 C 強姦者.

rape² /réip/ 名 C 〔植〕あぶらな.
[語源] ラテン語 rapa, rapum (かぶ) から中英語に入った.

rap·id /rǽpid/ 形 名 〔一般義〕[一般義] 川の流れ, あるいは動作などが**速い**《[語法] quick, fast よりも形式ばった語》. [その他] 速いことから, 坂などが**急な**, **険しい**. 名として《通例複数形で》**急流**.
[語源] ラテン語 rapere (⇒rape¹) から派生した rapidus (= seizing; hurrying) が初期近代英語に入った.
[用例] He had a rapid rise to fame. 彼は一躍有名になった/The canoeist was drowned when going over the rapids. カヌーを漕いでいた人は急流を乗り切ろうとして溺れ死んだ.
[類義語] quick.
[反義語] slow.
【派生語】rapídity 名 U 迅速, 速度. rápidly 副.
【複合語】rápid-fíre 形 連射の, 質問や注文が矢つぎばやの.

ra·pi·er /réipiər/ 名 C 〔一般義〕[一般義] 細身で諸刃(もろは)の突きが主な**刀**. [その他] 刀で突き刺すことの連想から, 鋭い**一べつ**, ちくりと刺すような**軽妙な皮肉, 即妙な答え**.
[語源] 古フランス語 (espee) rapiere (= rapier (sword)) が中フランス語 rapière を経て初期近代英語に入った.

rap·ine /rǽpin|-pain/ 名 U 〔文語〕他人の財産などを無理に奪い取ること, **強奪, 略奪**.
[語源] ラテン語 rapere (⇒rape¹) から派生した rapina が中英語に入った.
[類義語] plunder; pillage.

rapist ⇒rape¹.

rap·port /ræpɔ́ːrt/ 名 U 〔形式ばった語〕お互いに理解し合った**親密な関係, 心が通い合った信頼関係**.
[語源] ラテン語 apportare (ap- to + portare to carry) から派生した古フランス語 aporter に re- のついた rapporter (持ち帰る, 伝える)の 名 rapport (報告, 関係) が初期近代英語に入った.

rap·proche·ment /ræpróuʃmὰːŋ/ 名 U 〔形式ばった語〕主に国家間の親交関係の確立[回復], **友好関係の樹立, 親善**.
[語源] フランス語 rapprocher (= to bring together; re- again + approcher to approach) の 名. 19 世紀に借用した.

rapt /rǽpt/ 形 〔形式ばった語〕心を奪われてうっとりした, 夢中になって**没頭している, 大喜びで有頂天の**.
[語源] ラテン語 rapere (= to seize) の過去分詞 raptus が中英語に入った.
【派生語】rápture 名 U 大喜び, 狂喜, 有頂天. rápturous 形. rápturously 副.

rare¹ /réər/ 形 〔一般義〕[一般義]「めったに起こらない」「貴重な」という意味合いを含め, **まれな**. [その他]《くだけた語》**すばらしい, すごい**, また《やや形式ばった語》空気やガスなどが**希薄な**, あるいは星の数などが**まばらな**.
[語源]「まばらな, 薄い」の意のラテン語 rarus から中英語に入った.
[用例] It is rare for a person in his position to make such a mistake. 彼のような地位の人がそんな過ちを犯すなんてめずらしいことだ/We had rare fun at the seaside. 私たちは海岸で実に楽しい時を過ごした.
[類義語] rare; scarce: rare が主として価値の高い, めったにないことを意味するのに対して, scarce は日常的に必要なのにまだ不足しているという意味で用いる.
[反義語] frequent.
【派生語】rarefáction 名 U 希薄化. rárefy 動 [本V他] 希薄にする[なる], 純化する, 人格や考え方を洗練する. rárely 副 めったに...ない(⇒seldom), めずらしく, 《形式ばった語》すばらしい, しきりに: rarely, if ever たとえあったとしてもごくまれに. ráreness 名 U. rárity 名 U めずらしいこと[人], 珍品, 希薄.

rare² /réər/ 形 〔米〕ステーキなどについて, 肉が生焼けの, **レアの**〔〈英〉underdone〕.
[語源] 古英語 hrēr (= lightly boiled) から.
[関連語] well-done.

rar·ing /réəriŋ/ 形 〔くだけた語〕《述語用法》あることをしたくてうずうずしている, 何かをしたがっている.
[語源] rear¹ の異形として 20 世紀から.

rarity ⇒rare¹.

ras·cal /rǽskəl|-ɑː-/ 名 C 〔一般義〕**悪漢, ごろつき, やくざ者**, またいたずらっ子, **悪童, わんぱく**, さらに呼びかけなどに用いて, **やつ**.
[語源]「やじ馬連中」の意の古フランス語 rascaille が中英語に入った.
[類義語] knave; rogue.
【派生語】ráscally 形.

rash¹ /rǽʃ/ 形 〔一般義〕[一般義] 人の言動などが, 軽率で向こう見ずな, 性急で思慮が足りない, **せっかちな**.
[語源] 原義は「速い」で rather と同語源. 中英語から. ⇒rather.
[類義語] hasty.
【派生語】ráshly 副. ráshness 名 U.

rash² /rǽʃ/ 名 C 〔一般義〕[一般義]〔医〕はしかなどによる**発疹, 吹き出物**. [その他] 比喩的に不快な出来事や事件などの**頻発, 続発, 多発**.
[語源]「吹出物」の意の古フランス語 rasche に関連すると思われるが詳細は不詳. 18 世紀から.

rash·er /rǽʃər/ 名 C 〔一般義〕ベーコンやハムの薄切り.
[語源] 不詳. 初期近代英語から.

rasp /rǽsp|-ɑː-/ 名 C 動 [本V他]〔一般義〕目の粗い**鬼目[石目]やすり**. やすりをかける時に出る**ギーギー, ガリガリという音**. 動 として鬼目[石目]やすりをかける, **耳ざわりな声で言う**, 人をいらいらさせる.
[語源] 古フランス語 rasper (= to grate) が中英語に入った.
【派生語】ráspingly 副.

rasp·ber·ry /rǽzbèri|rάːzbəri/ 名 CU 〔植〕きいちご, **ラズベリー**, その果実, 濃い赤紫色. また軽蔑や冷笑を表すために舌を両唇の間に出してブーッと音をたてること (★raspberry tart が 'fart' の rhyming slang であることから).
[語源] 廃語の raspis (= raspberry) の短縮形 rasp に berry がつけられ, 初期近代英語から.
[類義語] Bronx cheer.

rat /rǽt/ 名 C 動 [本V他]〔一般義〕[一般義] **ねずみ**(★mouse より大きく, どぶねずみなど). [その他] この語の持つ醜いイメージから, 比喩的に**裏切者, 卑劣な人, 密告者**, また形がねずみに似ていることから, 《米》女性の髪に入れるかもじ. 動 として, 犬などがねずみを捕る, さらに〔く

だけた語〕裏切る, 密告する, さぼる.

[語源] 古英語 ræt から.

[用例] There are *rats* in the old lady's cellar. その老婦人の家の地下にはねずみが住んでいる/He's a real *rat*—he's going out with another woman while his wife is in hospital. 全く卑劣な男だ. 妻が入院中に他の女と付き合っていたのである.

[類義語] rat; mouse: **rat** は「どぶねずみ」「くまねずみ」の類で, mouse よりも大きく尾が長い. 家に住みついているねずみは「汚ない, ずるい, いやな」など悪いイメージを伴う《語法》感嘆詞的に「ばかばかしい, うそつけ!」の意で Rats! と言う). **mouse** は「はつかねずみ」の類で, house mouse ともいう. rat と異なり「かわいらしい, 臆病な」などのイメージを持つ.

【慣用句】*like* [(*as*) *wet as*] *a drowned rat* びしょぬれになって, ぬれねずみになって. *smell a rat* くだけた表現〕怪しいと感じる, うさんくさい.

【派生語】**rátter** 名 C ねずみを捕る人(犬, 猫), 〔俗語〕裏切者, 密告者, スパイ. **rátty** 形 ねずみの, ねずみのように多い, 〔俗語〕〔米〕みすぼらしい, くだけた語〕〔英〕腹立たしい, 怒りっぽい.

【複合語】**rát ràce** 名 くだけた語〕(the ～)〔軽蔑的〕激しい出世競争, 見栄のための争い. **ráttràp** 名 C ねずみ捕り器, うす汚ない場所[住み家], '袋のねずみ', 窮地.

ratable ⇒rate.

rat-a-tat /rǽtətǽt/ 名 〔一般語〕(a ～)戸や太鼓などをたたくトントン, ドンドンという音.

[語源] 擬音語. 初期近代英語から.

ratch·et /rǽtʃət/ 名 C 〔一般語〕つめ車装置, ラチェット(★つめの付いた車と逆回転を防ぐつめ pawl から成る装置).

[語源] ゲルマン語起源の古フランス語 *rocquet*(槍の穂先; 糸巻き枠)が rochet として初期近代英語に入った.

【複合語】**rátchet whèel** 名 C つめ車.

rate /réit/ 名 [本来生] 〔一般語〕全体の数 [量]に対する割合. [その他] 金銭上の割合, 率ということから, 相場, レートの意. またサービスなどに対する料金, 値段, 一等(級), 二等(級)のような等級, クラス, 速さの程度, すなわち速度, ペースの意. なお〔複数形で〕〔英〕地方税, 土地家屋税の意味もある. 動 として, 価値などを見積もる, 課税などのために評価する[される], 料金[等級]を定める, さらに...と見なす[考える].

[語源] ラテン語 *reri*(＝to calculate)の過去分詞 *ratus* から派生した中世ラテン語 *rata*(数えられた[評価された]部分)が古フランス語 *rate*(価値, 料金)を経て中英語に入った.

[用例] There was a failure *rate* of one pupil in ten in the exam. その試験における生徒の不合格率は1割であった/He works at an incredible *rate*. 彼は信じられぬほど迅速に仕事を進める/What is the *rate* of pay for this job? この仕事に対する支払額はいくらですか/They're paid at a higher *rate* than we are. 彼らは我々よりも高給をとっている/This book doesn't *rate* very highly. この本に対する評価はあまり高くない/He is *rated* (as) a good and kind man. 彼は善良で正直者だとみなされている/In my experience, he *rates* as the most bad-tempered man I know. 今まで私はあんなに意地の悪い男を知らない.

【慣用句】*at all rates* ぜひとも. *at any rate* とにかく, どうあっても, 少なくとも. *at the rate of ... ...*の割合で. *the rate of exchange* 為替レート.

【派生語】**rátable, ráteable** 形 見積もられる, 評価できる, 比例した, 〔英〕地方税をかけるべき, 税を負担すべき. **ráting** 名 CU 格付け, ランキング, 船組などの等級, 評価(額); C 〔米〕評点; 視聴率, 支持率, 知名度.

【複合語】**rátepàyer** 名 C 〔英〕地方税[土地家屋税]納付者.

rather /rǽðər, -ɑ́ː-/ 副 〔一般語〕[一般義]〔(しばしば ～ ... than ... の形で)どちらかといえば, ...よりもむしろ. [その他] 程度を表す副詞, 形容詞を修飾して, やや, どうやら, 幾分, 多少, あるいはかなりな幅広い意味を表す. また〔くだけた語〕〔英〕感嘆詞的に肯定の答えとして, もちろんです, 確かに(certainly)《語法》控え目に言ってかえって意味が強められる.

[語源] 「早く」の意の古英語 hrathe の比較級 hrathor から.「より早く」が「より速く」の意になり, 「より」→「(...より)むしろ」→「やや」→「多少」→「かなり」のように意味が推移したと考えられる.

[用例] I'd *rather* do it now than later. それなら後でやるより今したほうがよい/Can we do it now *rather* than tomorrow? それなら明日というより今したしょうか/Wouldn't you *rather* stay another night? いっそもう一晩お泊まりになっては/It's *rather* cold today. 今日は幾分寒い/That's a *rather* silly question [*rather* a silly question]. それはちょっとばかげた質問だ《語法》a rather と rather a は同じ意味だが後者のほうが普通/I've eaten *rather* too much. いささか食べすぎちゃった/It isn't a good book. It is, *rather* an absolutely terrible book. それは良書とはいえない, いやそれどころかどうみてもひどい本だ《語法》この rather は, や形式ばった語で「それどころか」の意)

[類義語] rather; fairly; pretty:「かなり」「幾分」の意では **rather** は通例悪い意味に用いられ, しばしばあとに比較級や too を伴う. 一方 **fairly** は通例良い意味に用いられる. また **pretty** は悪い意味・良い意味に関係なく用いられる.

【慣用句】*would [had] rather* ... ...よりもむしろ...したい: I *would [had] rather* you didn't do that. できればあなたにそうしてもらいたくない. 《語法》had rather は古風な表現》(*or*) *rather*(,) ... より正しく言えば...: He agreed, *or rather* he didn't disagree. 彼は賛成した, いや正確には不賛成でなかったのだ. *would rather ... than ...* ... するくらいなら...したほうがましである: I *would* leave *rather than* agree to that. そんなことに賛成するくらいなら, ここを立ち去ったほうがましだ.

ratification ⇒ratify.

rat·i·fy /rǽtəfai/ 動 [本来生] 〔形式ばった語〕条約などを批准する, 承認する, 裁可する.

[語源] ラテン語 *ratus*(⇒rate)から派生した *ratificare* が古フランス語 動 *ratifier* を経て中英語に入った.

【派生語】**ràtification** 名 U.

rating ⇒rate.

ra·ti·o /réiʃiou/ 名 CU 〔一般語〕比率, 割合, 〔数〕比.

[語源] ラテン語 *reri*(＝to calculate; to think)の過去分詞 *ratus* から派生した *ratio*(計算, 関係, 理性)が初期近代英語に入った. rate, ration, reason と同族関係.

[用例] Mix sand and cement in the *ratio* of two

ra·ti·o·ci·na·tion /ræʃiòusənéiʃən|ratiòs-/ 名 U 〖文語〗三段論法など理詰めの論理による**推論**や**推理**.

[語源] ラテン語 ratio (= reason) から派生した ratiocinari (計算する, 熟考する) の名詞形が初期近代英語に入った.

ra·tion /ræʃən/ réi-/ 名 C 動 [本来他]〔一般自〕
〔一般義〕配給量, 配給品.〔その他〕〔複数形で〕配給食糧.〔軍〕1人1日分の糧食. 動 として〔通例受身で〕食糧, 衣服などを**配給**する, 消費を制限する.

[語源] ラテン語 ratio (⇒ratio) がスペイン語, イタリア語, フランス語などを経て18世紀に入った.

[用例] During the war, everyone had a *ration* of butter. 戦争中は皆バターの配給を受けた / During the war, butter was *rationed* to two ounces per person per week. 戦争中はバターは毎週1人につき2オンスの配給に制限された.

【慣用句】**be on short rations** 食糧を制限されている. **be put on rations** 割当て配給を受ける. **ration out** ...を配給する, ...を割り当てる.

【派生語】**rátioning** 名 U 食糧, 衣服などの**配給制**.

ra·tion·al /ræʃənəl/ 形〔一般自〕〔一般義〕人が感情に左右されずに**理性的**な.〔その他〕思想, 言動が道理にかなった, **合理的**な,〔数〕**有理(数)**の.

[語源] ラテン語 ratio (⇒ratio) の 形 rationalis が中英語に入った.

[用例] Man is a *rational* animal. 人間は理性的動物である / I don't believe in ghosts. There must be a *rational* explanation for those noises. 私は幽霊など信じない. あの物音の原因はちゃんと合理的に説明できるはずだ.

[類義語] reasonable.

[反意語] irrational.

【派生語】**rátionalism** 名 U 合理主義, 理性主義 [論]. **rátionalist** 名 C 合理主義者, 理論主義者. **ràtionalístic** 形. **ràtionálity** 名 U 理性的であること, **合理性**. **rátionalize** ⇒見出し. **rátionally** 副 合理的に, 理性的に.

ra·tion·ale /ræʃənǽl/-ná:li/ 名 UC〔形式ばった語〕〔通例単数形で〕理論的解釈[根拠].

[語源] ラテン語 rationalis (⇒rational) の中性形が初期近代英語に入った.

ra·tio·nal·ize /ræʃənəlaiz/ 動 [本来他] (⇒ rational)〔一般自〕〔一般義〕**合理化**する, ...を合理的に考える.〔その他〕...を正当化する, 合理的にしようとする, ...に口実をつける, 理論的に説明する,〔産業〕企業の経営を合理化する,〔数〕**有理化**する.

[語源] ration + -ize. 19世紀から.

[用例] He *rationalized* her behaviour by telling himself that she was nervous. 彼は彼女の行ないを彼女が神経質になっていたからだと自らに言い聞かせて正当化した.

【派生語】**ràtionalizátion** 名 UC 合理化.

rat·line, rat·lin /rǽtlin/ 名 C〔海〕〔通例複数形で〕段索 (★船のマストの先端から舷側から張られた縄ばしご状のものの横に渡した綱;縦の綱は横静索 (shrouds) という).

[語源] 不詳. 中英語から.

rat·tan /rætǽn/ ra-/ 名 CU〔植〕とう(藤), 細工物の材料となる籐の幹, 藤で作られたむちやステッキ.

[語源] マレー語 rōtan が初期近代英語に入った.

ratter ⇒rat.

rat·tle /rǽtl/ 動 [本来自] 名 UC〔一般自〕〔一般義〕がらがら[がたがた], がらんがらん, ことこと, ごろごろ, がちゃがちゃ〕いう.〔その他〕車などががたがた走る, ごとごと[ごろごろ]動く, 人がべらべらしゃべる. 他 がたがた[ごろごろ]いわせる[動かす], 早口でまくしたてる,〔くだけた語〕どきどき[そわそわ]させる, 混乱させる. 名 としてがたがた, がたがたいう音, 赤ん坊をあやすおもちゃのがらがら, がらがらへび (rattlesnake) の尾部, あるいは騒々しいおしゃべり.

[語源] 擬音語起源で, 中英語から.

[用例] The cups *rattled* as he carried the trays in. 彼がカップを盆にのせて中に運んでくるとき, がちゃがちゃ音をたてた / The strong wind *rattled* the windows. 強い風のため窓がたがた鳴った / She was *rattled* by the stupid questions she was asked. 彼女は愚かな質問にあい, おたおたしていた / The baby waved its *rattle* happily. 赤ん坊はうれしそうにがらがらを振り鳴らした.

[類義語] **rattle**; **clatter**: ともに堅い物体がぶつかりあう音だが, **rattle** には窓が風でがたがた鳴る音や早口でべらべらしゃべる声を含むのに対して, **clatter** はタイプライターや金属食器などの音, 階段をどたどた昇り降りする音, 馬車の音などを含む.

【慣用句】**rattle around in** ... 広い場所などの中をころげまわる. **rattle off** 早口でしゃべりたてる[読む]. **rattle through**〔くだけた表現〕さっさと...する, 片づける, 法案をさっさと通過させる.

【派生語】**ráttler** 名 C. **ráttling** 形 副 がたがた[がら]鳴る,〔くだけた語〕元気のいい, すばらしい[く], とてもひどく.

【複合語】**ráttlebràin** 名 C〔くだけた語〕軽率な[口の軽い]人. **ráttlebràined** 形. **ráttlesnàke** 名 C〔動〕がらがらへび (★硬い尾部の先端が音を出す). **ráttletràp** 名 C〔くだけた語〕がたがたの車[馬車],〔俗語〕〔英〕おしゃべり屋.

ratty ⇒rat.

rau·cous /rɔ́:kəs/ 形〔形式ばった語〕声がしわがれて耳ざわりな, 耳ざわりな**騒々**しい.

[語源] ラテン語 raucus (= hoarse) + -ous が18世紀に入った.

【派生語】**ráucously** 副 しわがれ声で, 耳障りな声で.

rav·age /rǽvidʒ/ 動 [本来他]〔形式ばった語〕〔しばしば受身で〕**破壊**する, **荒廃**させる. 名 として〔the ~s〕破壊, 荒らされた跡, 惨害.

[語源] 古フランス語 ravir (= to ravish) から派生した ravage が初期近代英語に入った.

rave /réiv/ 動 [本来自] 名 C 形〔一般自〕〔一般義〕病人などがうわごとを言う, 気が狂ったようにとりとめもないことを言う.〔その他〕夢中で熱弁をふるって**激賞**する, 狂ったようにどなり散らす, また台風などが**荒れ狂**う. 名 として荒れ狂うこと, **絶賛**. 形 として, 批評などがべたぼめの.

[語源] 古フランス語 rêver (= to dream) が中英語に入った. それ以前は不詳.

【派生語】**ráver** 名 C〔くだけた語〕〔主に英〕社会の因襲などにとらわれずに**自由奔放**に楽しく生活する人, 特にそのような女性. **ráving** 形〔一般自〕たわごとを言

rav·el /rǽvəl/ 本来語 〔過去・過分〈英〉-ll-〕〔一般語〕一般義 編み物, 毛糸, 綱などを解きほぐす, ほどく. その他 比喩的に疑問やもたれた事件などを解明する, 困難を解決する, また逆に, もつれさせる, 事件や問題などを複雑にする, 混乱させる, 紛糾させる. 自 ほぐれる, 解ける.
語源 オランダ語 ravelen が初期近代英語に入った.「もつれさせる」意味の方が古く, 17世紀頃から「ほどく」意味が生まれた.

ra·ven¹ /réivən/ 名 C 〔鳥〕わたりがらす (★不吉な予兆の鳥とされている). 形 としては, その羽のように漆黒の, 艶羽黒の.
語源 古英語 hræfn から. ゲルマン語に古くからある語で, この鳥の鳴き声からできた擬音語.
関連語 crow.

rav·en² /rǽvən/ 動 本来自 〔一般語〕略奪する, 餌食をあさる, 食物をむさぼる.
語源 ラテン語 rapere (=to seize by force) が古フランス語 raviner (=to ravage) を経て中英語に入った.
【派生語】 **rávening** 形. **rávenous** 形 食べ物に飢えてがつがつした, 貪欲な. **rávenously** 副.

raver ⇒rave.

ra·vine /rəvíːn/ 名 C 〔一般語〕狭くて深く, 両側が絶壁の渓谷, 峡谷, 山峡.
語源 古フランス語 ravine (=violent rush (of water)) が中英語に入った.
類義語 valley.

rav·ish /rǽvɪʃ/ 動 本来他 〔文語〕一般義 (通例受身で) 人を狂喜させる, うっとりさせる. その他 物を無理に奪い取る, 女性を強姦する.
語源 ラテン語 rapere (=to seize by force) から派生した古フランス語 ravir (=to ravish) の語幹 raviss- が中英語に入った.
【派生語】 **rávishing** 形. **rávishingly** 副. **rávishment** 名 U.

raw /rɔ́ː/ 形 C 〔一般語〕食べ物が料理されていない状態を表し, 生(なま)の. その他 材料や原料が自然のままで加工[処理, 精製]してない, 情報やデータが加工[処理, 分析]されていない, 布地の端が縁縫されていない, 酒が水割りでない. また生身が出てしまうことから, 傷や皮膚などが皮のすりむけた, すり傷がして痛む, 気候が湿って冷たい, 底冷えがする, 生のままということから, 人などがみっちり訓練されてない, すなわち経験の無い[浅い], 未熟な. さらに手加減してやらないことから, 〔くだけた語〕感情や物の質, 内容がひどい, 不当な, 〔米〕〔軽蔑的〕言葉遣いがみだらな, 露骨な. 名 として《the ～》赤くすりむけた所, (しばしば複数形で) 未加工品.
語源 古英語 hrēaw (=uncooked) から.
用例 We cannot have dinner yet—the meat is still *raw*. 肉がまだ生焼けなので, 食事はまだです/My heel is *raw* because my shoe doesn't fit correctly. 靴がぴったり合わないのでかかとがすりむけてひりひり痛む/The new policeman is very capable but he's still a bit *raw*. 新任の警官はたいへん有能だが, まだ未熟なところがある.
類義語 raw; uncooked; fresh; crude: 「生の, 未加工」の意では raw が最も一般的. uncooked は「調理してない, 加熱してない」の意味に用いる. また fresh は野菜などの生のことをいう. crude は資源などについて「天然のままの」の意: *crude* oil 原油/*crude* rubber 生ゴム.
反意語 cooked.
【慣用句】 *in the raw* 自然のままの, むき出しの. *touch ... on the raw* 〈英〉人の弱点[痛いところ]をつく.
【派生語】 **ráwly** 副. **ráwness** 名 U.
【複合語】 **ráwbòned** 形 骨ばった, げっそりやせた. **ráw déal** 名 C 〔くだけた語〕不当な扱い[仕打ち]. **ráwhide** 名 U 形 牛などの生皮(の), 〔米〕生皮製のむち. **ráw matérial** 名 C 原料, 素材: What are the *raw* materials used to make plastic? プラスチックを作るのに用いる原料は何ですか.

ray¹ /réi/ 名 C 〔一般語〕一般義 主として中心部から放射状に出る光線や熱線, 放射線. その他 《複数形で》放射状に出るもの[線, 部分]を意味し, 〔数〕(放)射線, 〔植〕放射組織, 〔動〕ひとのひらの腕. また比喩的に希望などの光, 輝き, 天才, 真理, 知性などのひらめき, 〔くだけた語〕〈米〉日光, あるいは《主に否定語とともに》少量, わずか. 動 としては, 光を発する, 比喩的に希望が輝く, いい考えなどがひらめく. 他 放射する, 光を当てる.
語源 「車の輻(や)」という意味のラテン語 radius が「光線」の意の古フランス語 rai を経て中英語に入った.
用例 the sun's *rays* 太陽光線/X-*rays* エックス線/There is a *ray* of hope for him. 彼には一縷(いちる)の望みがある/There's not a *ray* of truth in what he said. 彼の言葉には真実のかけらもない.
類義語 light¹.

ray² /réi/ 名 C 〔魚〕えい.
語源 ラテン語 raia (えい) が古フランス語 raie を経て中英語に入った.

ray·on /réiɑn|-ɔn/ 名 U 形 〔一般語〕人造絹糸, またその織物, レーヨン(の).
語源 この繊維は光沢があることから, フランス語 rayon (=beam of light) から20世紀に命名された.

raze /réiz/ 動 本来他 〔形式ばった語〕一般義 (しばしば受身で) 町や家などを完全に破壊する, 倒壊させる. その他 〔古風な語〕削除する, 削り落とす.
語源 ラテン語 radere (=to scrape) の過去分詞 rasus が古フランス語 raser を経て中英語に入った. rase, razor, erase も同語源.
類義語 destroy.

ra·zor /réizər/ 名 C 動 本来他 〔一般語〕かみそり, 電気かみそり(electric shaver). 動 として, かみそりでそる.
語源 古フランス語 raser (⇒raze) の派生語 raso(u)r (=razor) が中英語に入った.
用例 This *razor* doesn't shave so well. このかみそりはあまりよくそれない.
類義語 razor; shaver: razor が「電気かみそり」も含めあらゆる「かみそり」をさすのに対し, shaver は「電気かみそり」のみを意味する.
【慣用句】 *(as) sharp as a razor* かみそりのように頭がきれる. *be on the [a] razor's edge* 危険[危機]に直面している.
【複合語】 **rázor-èdge** 名 《単数形で》かみそりの刃, 鋭さ, 山の切立つ尾根, 危険.

razz /rǽz/ 動 名 〔くだけた語〕〈米〉人をあざ笑う, 非難する. 名 として 嘲笑. ⇒raspberry.

raz·zle /rǽzl/ 名 U 〔くだけた語〕《on the ～で》大いに浮かれてのばか騒ぎ, ショーなどのはでな動き.

[語源] dazzle の重複形である razzle-dazzle の短縮形として, 20 世紀から.
【複合語】**razzle-dazzle** 名 Ｕ はでな催し, ばか騒ぎ.

Rd.《略》=road.

re¹ /réi/ 名 Ｃ〔楽〕レ(★全音階の第 2 音, D 音).
[語源] ラテン語 resonare (=to resound) から. 中英英語に入った.

re² /ri:/ 前〔法・商〕主に手紙や公文書の文頭に使われて, …に関して, …について, …の場合.
[語源] ラテン語 res (物, 事) の奪格 re (=in the matter of) が 18 世紀から使われ始めた.

re- /ri, ri:-/ [接頭]「元に」「後に」「相互に」「反対」, あるいは「再び」の意味を表す. 例: repair; recede; reciprocal; resist; recollect.
[語法] 英語でかなり自由に動詞またはその派生語につけて「再…」の意の語を造る. この場合の発音は /ri:/ となる. 例: re-collect (再び集める)/revalue (再評価する).
[語源] ラテン語の接頭辞 re-, red- から.

reach /ri:tʃ/ 動[本来義]名 ＵＣ〔一般語〕[一般義] 人, 乗物が目的地に**到着する**.[その他] 本来は何かに向かって手などを**伸ばす**の意で, 長さが**届く**, 数量が**及ぶ**, ある状態, 結果, 結論などに**達する**, 影響などが**行きわたる**, 広がる, 電話などで…と**連絡をとる**. 手に**入れようとする**, 手**渡しする**, あるいは比喩的に何かに**印象を与える**, **感動させる**. 自 としても用いられる. 名 として, 手や腕あるいは背すじを**伸ばすこと**, (a ~)ボクシングでの手の長さ, リーチ, 力や影響などが及ぶ**範囲**, **知力**, (複数形で)一面の**広がり**.
[語源] 古英語 ræcan から.
[用例] We'll never *reach* London before dark. 私たちは暗くなるまでにロンドンに着くことはあるまい/Have they *reached* an agreement yet? 彼らはもう協定を結びましたか/If anything happens you can always *reach* me by phone. もしなにかあったらいつでも電話で連絡してください/My keys have fallen down this hole and I can't *reach* them. 鍵がこのすき間に落ちてしまって, どうしても手が届かない/Can you (please) *reach* the salt? 塩にが手がとどきますか(塩を取ってください)(★食卓で)/Can you *reach* me (down) that book? あの本をとってくれませんか/Her tears couldn't *reach* him. 彼女の涙はすこしも彼の心を動かさなかった/His influence *reached* as far as the next town. 彼の影響力ははるばるとなりの町にまで及んでいた/My house is within (easy) *reach* (of London). 私の家は(ロンドンから)簡単に行けるところにあります.
[類義語] reach; arrive; get to: **reach** はやや形式ばった語で, 時間をかけたり, 努力して目的地に到達することを意味し, 直接目的語をとる. **arrive** は予定の目的地に到着するという意味で, あとに in か at を伴う. **get to** は他の 2 語の代りに口語的に用いられる.
[反意語] depart; leave.
【慣用句】***beyond [out of] the reach of*** … =***beyond [out of]*** …**'s reach** …の手の届かない, …の力の及ばない: I keep medicines on the top shelf, *out of* the children's *reach*. 私は子供の手の届かぬよう薬を一番上の棚に置いておく. ***make a reach for*** … …を取ろう(つかもう)として手を伸ばす. ***reach for*** … …を取ろうとして手を伸ばす, …を求める: He *reached* (across the table) *for* another cake. 彼は(テーブルごしに)別のケーキに手を伸ばした. ***reach out*** 手を差しのべる, 差し出す. ***within easy reach (of...)*** (…に)楽に手が届く所に, (…に)楽に出かけられる範囲に: I always like to have a pencil *within easy reach*. 私はいつでも手もとに鉛筆を置いておきたい.
【複合語】**réach-me-dòwn** 名 Ｃ〔くだけた語〕《英》お下がりの(服)《米》hand-me-down), 安い既製服.

re·act /ri(:)ǽkt/ 動[本来義][やや形式ばった語][一般義] 人や物が刺激などに対して**反応する**.[その他]〔化〕(化学)反応する, 〔理〕**反作用する**. 比喩的に政治上から他人の意見, 言動に**反発[反抗]する**.
[語源] re-+act. ラテン語 reagere (re- back+agere to do) のなぞり. 初期近代英語から.
[用例] How did he *react* when you called him a fool?「ばか」呼ばわりされたときの彼の反応はどうでしたか/Stocks didn't *react* at all yesterday. 株は昨日はすこしも反発しなかった/How does the metal *react* in great heat? その金属は高熱にどんな反応を示すか/The youth often *react* against something traditional. 若者はしばしば伝統的なものに反対するものだ.
【派生語】**reáction** 名 ＣＵ 反応, 反作用, 反発, 反動. **reáctionary** 形 思想などで反動的な, 復古的な, 反作用の. 名 Ｃ 反動主義者. **reáctor** 名 Ｃ 反応[反動]を示す人[動物; もの], 〔化〕反応器[装置], 原子炉(nuclear reactor).

re·ac·ti·vate /ri(:)ǽktəveìt/ 動[本来義][一般義] 休眠工場を**再開する**, 〔軍〕退役した軍人や部隊を現役に復させる, 一般に**再び活発にする**. 自 **再び活動を始める**.

read /ri:d/ 動[本来義]〈過去・過分 **read**/réd/〉名〔一般語〕[一般義] 本, 文字, 手紙などを**読む**.[その他] 人の**作品を読む**, **読書する**, 声を出して**読む**, **朗読する**, 人に本を**読んで聞かせる**. ただ読むだけでなく内容などを読んで**知る**, **理解する**, 人の心, 考え, 性格などを**見抜く**, **読み取る**, あること, 現象などを…の**意味にとる**, **解釈する**, なぞを**解く**, 運命などを**予見[予言]する**. 無線で**聴き取る**, コンピューターなどでデータを**読み取る**, 〔形式ばった語〕誤植などを**訂正して読む**, **校正する**. 温度計などの計器が度数を**指す**, **表示する**.《英》主に大学で…を**専攻する**. 自 **読む**, **読める**, …と**(書いて)ある**, 無線で**聞こえる**, 《英》先生などについて**研究[勉強]する**(with). 名 として〔くだけた語〕《英》(a ~)1 回の**読書時間**, 読書あるいは**読み物**.
[語源] 古英語 rædan (=to read; to advise) から.
[用例] Have you *read* this letter? この手紙をもう読みましたか/I *read* my daughter a story before she goes to bed. 私は娘が寝る前にお話の本を読んで聞かせている/I *read* in the paper today that the government is going to cut tax again. 今日の新聞を読んで, 政府が再度減税を行なう予定とのことを知った/I can *read* her thought [mind]. 私には彼女の考え[心]が理解できる/I can't *read* the clock without my glasses. 私はめがねをかけないと時計の数字が読めない/I've never been taught to *read* music. 楽譜の読み方は教わったことがない/The gypsy read my palm. ジプシーは私の手相を見てくれた/There is one error on this page. For 'two yards', *read* 'two metres'. このページにはひとつ誤りがあります.「2 ヤード」を「2 メートル」と訂正してください/The thermometer *reads* -5℃. 温度計は摂氏マイナス 5 度を指している/He's *reading* French at Oxford. 彼はオックスフォード大学でフランス語を専攻している/I don't like

to be interrupted when I'm *reading*. 本を読んでいるときは人に邪魔されたくない/This report *reads* well, but it doesn't have much information in it. この報告書は読みやすくていいが, 情報としてあまり得るところがない/I like a good *read* before I go to sleep. 眠る前のひととき, ゆっくり本を読むのが楽しみだ. 【慣用句】*be* (*well*) *read* /réd/ *in* ... ...に詳しい. *have a read of* ... 《英》...を読む. *read ... a lesson* [*lecture*] ...に小言[文句]を言う. *read between the lines* 言外の意味を知る. *read in*《コンピューター》データ, プログラムなどを読み込む. *read into* ... 勝手に...に...を読み取る, ...の意味に[意図]があると解釈する. *read off* 名前などをさっさと全部読みあげる, 数字などを読み取る. *read out* 声を出して読み上げる,《コンピューター》情報を読み取る,《米》政党などから人を除名する(*of*). *read over* ...を読み通す, ...を読み直す. *read ... 's hand* 人の手相を見る. *read through* ...を読み通す. *read to oneself* 黙読する. *read up on* ... ...をよく研究[勉強]する. *take ... as read* /réd/ ...だと見なす, ろくに審査もせずにそのまま通

【派生語】rèadabílity 名 U 読みやすさ, 興味深く読めること. réadable 形 読むことができる, 読みやすい, 面白く読める. réader 名 C 読む人, 読本としてのリーダー, 出版社の原稿審査担当者, 校正係,《英》大学の助教授(★lecturer より上で,《米》assistant [associate] professor にあたる);《米》大学の採点助手,《コンピューター》読み取り装置: He's (the) *Reader* in linguistics at the local university. 彼は地元の大学の言語学の助教授です. réadership 名 C《英》助教授の職[地位], 読者層[数]. réading 名 UC 読書, 読み方, 朗読(会), 読本, 読み物, 読書による得た知識, 学識, 尺度, 示数, 表示, 写本などの読み方, 夢などの判断, 解釈, 演奏[演出](法), 議会での読会. 形 読書[勉強]好きの: reading desk 立って読む読書台, 聖書台/reading lamp 読書用電気スタンド/reading room 図書閲覧室.

【複合語】réadòut 名 UC《コンピューター》情報の読み取り, 読み出した情報.

re·ad·dress /rìːədrés/ 動 本来他〔一般語〕人に再び話しかける, 手紙のあて名を書き直す, 手紙を転送[回送]する.

readily ⇒ready.
readiness ⇒ready.

re·ad·just /rìːədʒʌ́st/ 動 本来他〔形式ばった語〕再調整する.

【派生語】rèadjústment 名 UC.

read·y /rédi/ 形 動 本来他 名 C〔一般語〕一般義 活動, 行動, 状況に対して用意のできた, 準備のできた. その他 悪いことが起こることに対して心の準備ができた, 覚悟ができた, さらに進んで[喜んで]...するという積極的な意志か,《不定詞を伴って》いまにも...しようとして, すぐ...しがちでの意. またお金などの持ち合わせがある, すぐ使える, ुに合う, あるいは返事などが即座の, 行動や反応が機敏な, すばやい,《軍》銃の構えの姿勢をとっている. 動 として《主に米》...の用意[準備]をする. 名 として《くだけた語》(the ~) 現金, 銃の構えの姿勢.

語源 古英語 ræde から. 原義は「(旅に出発の)準備ができた」.

用例 I've packed our cases, so we're *ready* to leave. 輸送用の箱の荷作りも終わり, 私たちは出発の

備が整いました/Is tea *ready* yet? もうお茶の用意はできましたか/I'm always *ready* to help. 喜んでお手伝いいたします/Don't worry. I'm always *ready* for death. ご心配なく, いつでも死ぬ覚悟はできていますから/He always has a *ready* answer. 彼はいつでも返事が早い/My head feels as if it's *ready* to burst. 頭が今にも割れそうなほど痛い.

類義語 ready; willing:「喜んで...する」の意では be ready to ... が「いつでも...する」という積極性を表すのに対し, be willing to ... は「...してもかまわない」のような控えめな表現である.

【慣用句】*at the ready*《軍》銃が構えの位置で. *get* [*make*] *ready* 準備[用意]をする(語法 make ready のほうが形式ばった表現). *ready at* [*to*] *hand* すぐ手近に(ある), 手元に(ある). *Ready, set* [《英》*steady*], *go!*《競技》位置について, 用意, どん(★スタートの号令).

【派生語】réadily 副. réadiness 名 U.

【複合語】réady cásh 名 U = ready money. réa·dy-máde 形 服などが既製品の, レディーメードの, 意見, 思想などが受け売りの. réady mòney 名 U 現金, 即金. réady réckoner 名 C《英》計算早見表. réady-to-wéar 形 服が既製品の(ready-made).

re·af·for·est /rìːəfɔ́(ː)rist/ 動 本来他《英》= reforest.

【派生語】rèaffòrestátion 名 U = reforestation.

re·a·gent /riː(ː)éidʒənt/ 名 C《化》物質を検出したり測定したりするための試薬, 試剤.

語源 ラテン語 *reagere* (= to react) の現在分詞 *reagent* が 18 世紀に入った.

re·al /ríːəl, ríəl/ 形 副 名 U〔一般語〕一般義 単なる想像でなく**現実の, 実在の**. その他 見せかけでなく, 外見と内容が一致した, **本当の**, **本物の**(⇔false), あるいは**誠実な**, 描写などが真に迫っている, また強意的に全くの, **真の**.《くだけた語》**実に, 全く**. 名 として (the ~) 現実, 実体.

語源 ラテン語 *res* (物, こと, 状況) から派生した後期ラテン語 *realis* (= relating to things) が古フランス語 *réel* (本物の, 本当の, 実際の) を経て中英語に入った.

用例 The police were surprised to see that the man's fears were *real*. 警察はその男の不安そうな様子が単なる見せかけでないことを知り驚いた/These chairs are covered in *real* leather, not plastic. これらの椅子はビニール張りではなく本物の革張りである/He has a *real* love of art. 彼は心から芸術を愛している/He may own the factory, but it's his manager who is the *real* boss. 彼はその工場の所有者かもしれないが, 実際に采配を振るっているのはマネージャーである/This is a *real* nice house. これは実にすばらしい家だ.

類義語 real; true; actual: real がまがい物や想像上のものでなく, 見かけと実質[内容]が一致していることをいうのに対し, true は基準に照らし合わせて, 現実のものと寸分違わず一致していることを意味する. また actual は単に想像や仮定でなく「実在する」ことをいう.

反意語 unreal.

【派生語】réalism 名 U 現実主義, 現実性(⇔idealism),《文・芸術》写実主義,《哲》実在論. réalist 名 C 現実主義者,《文・芸術》写実主義者. rèalístic 形. rèalístically 副. reálity 名 UC 現実(性),

実体, 本質, 実物そっくり, 迫真性: *in reality* ところが実は, 実際に, 現実に. **realize** 動 ⇒見出し. **really** 副 ⇒見出し.

【複合語】**réal estàte** 名 U 不動産. **réal estàte àgent** 名 C《米》不動産業者. **reálpòlitik** 名 U 現実政策《★ドイツ語から》. **réal próperty** 名 U〔形式ばった語〕不動産(real estate) (⇔personal property). **réal tíme** 名 U《コンピューター》実時間. **réal-tíme** 形 報道などが瞬時の, リアルタイムの, 《コンピューター》実時間の.

re·a·lign /rìːəláin/ 動 [本来他]〔形式ばった語〕国家間, 政党間, その他諸団体の関係を**再調整する, 再編成する**.

【派生語】**realígnment** 名 UC.

realism ⇒real.
realist ⇒real.
reality ⇒real.
realizable ⇒realize.
realization ⇒realize.

re·al·ize,《英》**-ise** /ríː(ː)əlaiz/ 動[本来他] (⇒real)〔一般義〕事実などを真に**理解する**, 物事を事実として悟る, **実感をもってわかる**. [その他] 意図した希望, 理想, 計画などを**実現する, 達成する**,《通例受身で》何かを如実に描く[表す].〔形式ばった語〕有価証券や不動産などの資産を現金に換える, あるいは何らかの**収益を得る**.

[語源] 古フランス語 *réel* (⇒real) から派生した *réaliser* が初期近代英語に入った.

[用例] I suddenly *realized* that all my calculations were wrong. 私の計算が全部間違っていたことがいっぺんにわかった/He *realized* his ambition to become an astronaut. 彼は宇宙飛行士になろうという大志を実現した/My worst fears are *realized*. 私の最も恐れていたことが現実に起きた/He *realized* £20,000 on the sale of his house. 彼は家を売却して 2 万ポンドを手にした.

【派生語】**réalizable** 形〔形式ばった語〕実現できる, 換金できる. **rèalizátion** 名 UC.

re·al·ly, /ríːəli, ríəli/ 副 感 (⇒real)〔一般語〕〔一般義〕**実際(に), 本当に** (語法) think, feel, like, hate などの思考や感情を表す動詞とともに使われる). [その他] 文修飾語として, **本当を言うと, 実は**, あるいは強意的にまったく, **本当のとおり**(indeed) などというときに用いる. 感 として, 驚き, 興味, 疑い, 非難の気持ちを表し, おやおや, ほんと? まさか.

[用例] He looks a fool but he is *really* very clever. 彼はばかのように見えるが, 実際はとても賢い/"I'm going to be the next manager." "Oh *really*?"「私が次の監督だ」「えっ本当ですか」/Not *really*! まさか.

【慣用句】*really and truly* 本当に, 間違いなく.

realm /rélm/ 名 C〔形式ばった語〕〔一般語〕学問などの**分野, 領域, 範囲**. [その他] 本来は王国(kingdom) の意. これは現在では文語的用法である. また国土, **領土**の意となり, ...の**世界**,《生》**界**などの意にもなる.

[語源] ラテン語 *regere* (=to rule) から派生した *regimen* (=rule) が古フランス語 *reaume* を経て中英語に入った. ⇒regime, regimen.

Re·al·tor /ríː(ː)əltər/ 名 C〔一般語〕《米》**不動産業者**(《英》estate agent), 全米不動産委員会 (National Association of Real Eestate Boards) に所属する公認不動産業者.

[語源] realty+-or (=person). 20 世紀から.

re·al·ty /ríː(ː)əlti/ 名 U〔法〕**不動産**(real estate).

[語源] real+-ty. 初期近代英語から.

[関連語] personal property (動産).

ream¹ /ríːm/ 名 C〔一般語〕紙の取引などの単位の**連**《20 帖 (quire)》,《英》480 枚 (short ream),《米》500 枚 (long ream)〕,〔くだけた語〕《通例複数形で》**多量, たくさん**.

[語源] アラビア語 *risma* (束) が古フランス語 *rayme* を経て中英語に入った.

ream² /ríːm/ 動[本来他]〔一般義〕リーマーを使って**穴を広げる, あける**. [その他] しぼり器を使って果汁をしぼる,〔くだけた語〕《米》人をだます, ひどい目にあわせる.

[語源] 古英語 *rȳman* (=to make clear space; to enlarge) から.

【派生語】**réamer** 名 C リーマー, 穴ぐり錐 (鐟), 果汁しぼり器.

re·an·i·mate /riːǽnəmèit/ 動 [本来他]〔一般義〕新たな生命, 活力, 勇気などを与えて, **生き返らせる, 元気づける, 奮起させる**.

reap /ríːp/ 動 [本来他]〔一般義〕作物を刈り取る, **収穫する**. [その他]〔やや形式ばった語〕収穫するの意より, 努力の結果, **報酬を得る, 受ける**.

[語源]「刈る」の意の古英語 reopan, rīpan から.

[用例] The farmer is *reaping* the wheat. 農夫が小麦の取り入れをしている/He's *reaping* the rewards of his hard work. 彼は骨の折れる仕事の報酬を受けている.

[類義語] harvest. [対照語] sow.

【慣用句】*reap as one has sown* 自分のまいた種を刈る, **自業自得**だ. *reap where one has not sown*《聖》他人の手柄を横取りする.

【派生語】**réaper** 名 C **刈り取り機, 刈る人**.
【複合語】**reaphòok** 名 C《米》刈り取り用の鎌 (鐟). **réaping hòok** 名 C《英》=reaphook.

re·ap·pear /rìːəpíər/ 動 [本来自]〔一般語〕**再び現れる, 再発する**.

【派生語】**rèappéarance** 名 UC.

re·ap·prais·al /rìːəpréizəl/ 名 UC〔形式ばった語〕**再検討, 再評価, 評価し直すこと**.

rear¹ /ríər/ 名 C 形〔一般語〕〔一般義〕ものの前部に対して, **後部**. [その他]《軍》**後方部隊**[**艦隊**], **後衛**. また〔くだけた語〕〔婉曲的〕**お尻**(rear end). 形 として**後部の, 後方の**.

[語源] ラテン語 *retro* (=backward) が古フランス語 *rere* を経て中英語に入った.

[用例] The enemy attacked the army in the *rear*. 敵味方は部隊の背後を襲ってきた/the *rear* wheels of a car 車の後輪.

[類義語] ⇒back.

[反意語] front.

【慣用句】*at* [《米》*in*] *the rear of ...* ...の**後部**[**背後**]**に, 裏に**: There is a second bathroom *at the rear of* the house. 家の裏にはもう一つのトイレがある. *bring up the rear* 列の最後尾につく, しんがりをつとめる. *hang on the rear of ...* すきをみて襲おうと...の背後をつけねらす.

【派生語】**réarmòst** 形 **最後部の**. **réarward** 副 名 U 後部(へ, の), 背後(へ, の). **réarwards** 副《英》

＝rearward.

【複合語】réar ádmiral 名C 海軍少将. réar guárd 名〔the ～;単数または複数扱い〕【軍】しんがり, 後方部隊(⇔vanguard). réarvìew mírror 名C 自動車のバックミラー(《語法》rear-vision mirror ともいう;「バックミラー」は和製英語).

rear² /ríər/ 動 本来他 一般他 一般義 子供を一人前の大人に育てあげる. その他 本来は…を上にあげる, 起こす, まっすぐに立てるの意で, 〔文語〕塔など高い建物がそびえ立つ. 動物を飼育する, 植物を栽培する. ⑧ 馬が後ろあしで立つ.

語源「(高い位置へ)上げる」という意味の古英語 ræran から.

用例 She has *reared* six children. 彼女は6人の子供を育てあげた/This problem has *reared* its (ugly) head once again. 《比喩的》またもやこの(いやな)問題が浮上してきた/The horse *reared* in fright as the car passed. 馬は車がそばを通ったとき, びっくりして後足立ちした.

類義語 raise; lift.

re·arm /riːάːrm/ 動 本来他 〔一般語〕再軍備させる, 新たな, より効果的な武器を備える.
【派生語】reármament 名U.

rearmost ⇒rear¹.

re·ar·range /rìːəréindʒ/ 動 本来他 〔一般語〕再び整理整頓する, 配列し直す, 日時などを決め直す.
【派生語】rèarrángement 名U 再配列, のし直し, 再整理.

rearward ⇒rear¹.

rearwards ⇒rear¹.

rea·son /ríːzn/ 名CU 動 本来自 〔一般語〕一般義 ある行動をしたり, ある考えを抱くに至る理由, 根拠, わけ. その他 ものの道理, 理屈, 人間に本来そなわっていた思慮・分別, 理性, 良識, また正常な人にあるべき判断力, あるいは正気. 動 として〔形式ばった語〕理性を働かせ, ひとつひとつ筋道を立て論理的に考える, またそのように考えた末, 判断を下す, 推理[推論]する, 論理的に相手を説き伏せる, 説得する《with; about》.

語源「計算, 推理, 関係, 問題, 原因」などの意味を持つラテン語 rationem が古フランス語 raison, reson を経て中英語に入った.

用例 What is your *reason* for going to London? どういうわけでロンドンに行くのですか/There is no *reason* not to do it. それをしてはいけないという理由はない/The *reason* (why) I am going is that I want to. 私が出かける理由は出かけたいからです/Only man has *reason*—animals do not. 人間にだけ理性があり, 動物にはない/Man alone has the ability to *reason*. 人間だけが考える能力をそなえている/We could manage to *reason* with her. 私たちは彼女をなんとか説得することができた.

類義語 reason; cause:「理由」の意では **reason** が最も一般的で, 主に物事がなぜそうなったかという事情を表す. **cause** はあるひとつの結果をひき起こす直接の原因を意味する.

【慣用句】*beyond all reason* 全然道理[理屈]に合わない, 全くひどい. *bring ... to reason* …に道理を悟らせる, なるほどと思わせる. *by reason of* ...〔形式ばった表現〕…の理由で. *for reasons of* ... ...の理由で. *in reason* 道理上, 理にかなった[て]. *it stands to reason (that) ...* ...は, もっともだ. *listen to [hear] reason* 説得に従う, 道理に屈する. *past all reason* ＝beyond all reason. *reason out* 理論的に解決する, 考え出す. *within reason* 理にかなった[て]. *with reason* 《文修飾で》…するのは無理もない.

【派生語】réasonable 形 理性のある, 道理にかなった, ほどよい. réasonableness 名U. réasonably 副 適度に, かなり, 《文修飾で》…ももっともだ. réasoned 形 よくよく考えた上での, 一本筋の通った. réasoning 名U 推論, 推理, 論法.

re·as·sem·ble /rìːəsémbl/ 動 本来他 〔形式ばった語〕別々になったものを再び集める, 組み立て直す.

re·as·sess /rìːəsés/ 動 本来他 〔やや形式ばった語〕財産や収入などを再評価する, 査定し直す, さらにそれに基づいて課税し直す, 環境などを見直す.
【派生語】rèasséssment 名UC.

reassurance ⇒reassure.

re·as·sure /rìːəʃúər/ 動 本来他 〔一般語〕人に大丈夫だと言って元気づける, 安心させる, 自信を回復させる. また再保証する, 再び保険をかけ直す.
【派生語】rèassúrance 名 UC 保証, 確約. rèassúring 形.

re·bate /ríːbeit/ 名C, /ribéit/ 動 本来他 〔一般語〕割り戻し, リベート 日英比較 日本語の「リベート」は賄賂, 裏金のような意味合いを持つが, 英語の rebate にはこのようなニュアンスはなく, 本来戻されるべき正当なものを指す. 動 として, 支払った額の一部を割り戻す, 払い戻す.

語源 古フランス語 rabattre (＝to reduce; re- again ＋abattre to beat down) が中英語に入った.

reb·el /rébl/ 名C, /ribél/ 動 本来自 〔一般語〕権力や慣習に立ち向かう反逆者, 《R-》《米》南北戦争のときの南軍兵士, また《形容詞的に》反逆の. 動としては, 政府などの権力に対し謀反を起こす, 権威, 慣習に反対[反抗]する, また何かに強い嫌悪感を抱く, 反感を持つ.

語源 ラテン語 rebellis (＝rebellious; re- again＋bellum war) が古フランス語 rebelle を経て中英語に入った. またラテン語 rebellare (再び戦いをいどむ) が古フランス語 rebeller を経て中英語に入った.

用例 The *rebels* killed many soldiers. 反逆者たちは多くの兵士を殺した/My son is a bit of a *rebel*. 息子にはささか言うことをきかなくて困る/Teenagers often *rebel* against their parents' way of life. 10代の若者たちは両親の生き方に反対することがよくある.

類義語 traitor; quisling: **traitor** は悪い意味での反逆者, すなわち「裏切り者」の意. また **quisling** はさらに軽蔑的な「売国奴」の意味.

【派生語】rebéllion 名CU 反乱, 謀反 《語法》 revellion と revolt はともに国家権力などに対する反抗を意味するが, 前者はしばしば失敗に終わった場合をさす). rebéllious 形 反乱の[を起こした], 反抗的な, 病気などが頑固な. rebélliously 副 反抗的に, 頑固に.

re·bind /rìːbáind/ 動 本来他 《過去・過分 -bound》〔一般語〕縛り直す, 結び直す, 本を製本し直す.

re·birth /rìːbə́ːrθ/ 名U 〔形式ばった語〕肉体的または精神的に生まれ変わること, 再生, 更生, またあるものごとの復活, 復興.

re·born /rìːbɔ́ːrn/ 形 〔形式ばった語〕《述語用法》精神的に生まれ変わった, ある感情やものごとが再び生まれ

re·bound[1] /ribáund/ 本来自 名 C 〔形式ばった語〕一般義 ボールや音などが壁や床などに当たりはね返る. その他 ある行為が報いとして人の身にはね返ってくる《on; upon》, また精神的に立ち直る, もとへ戻る, 病気から回復する. 名 として反発, 反動, 回復.

re·bound[2] /ri:báund/ 動 rebind の過去・過去分詞.

re·broad·cast /ri:brɔ́:dkæst|-ɑ́:-/ 動 本来他 名 C 一般義 ラジオやテレビで番組を再放送する, 他局の番組を中継する. 名 としては再放送(番組), 中継放送(番組).

re·buff /ribʌ́f/ 動 本来他 名 〔形式ばった語〕好意的な援助の申し出や提案などをすげなく断る, そっけなく拒絶する. 名 として拒絶, はねつけること.
語源 古イタリア語 ribuffo (= to puff back) から派生した 動 ribuffare がフランス語の廃語 rebuffer を経て初期近代英語に入った.

re·build /ri:bíld/ 動 本来他 《過去・過分 -built》一般義 建て直す, 改築する, 会社や組織, 財政などを再建する. 名 として再建, 改築.

re·built /ri:bílt/ 動 rebuild の過去・過去分詞.

re·buke /ribjú:k/ 動 本来他 名 C 〔形式ばった語〕人や行為を強く非難する, 厳しく叱責する. 名 として叱責, 非難.
語源 古フランス語 rebuchier (re- back + buchier to strike) がアングロフランス語 rebuker を経て中英語に入った.
類義語 blame; reproach.

re·bus /rí:bəs/ 名 C 一般義 判じ物, 判じ絵 (★絵, 記号, 文字などを組み合わせて, ある文や語を作るパズルのようなもの. たとえば, B4 は before を表すように).
語源 ラテン語 res (= thing) の奪格複数形 rebus (= by things) がフランス語 rébus を経て初期近代英語に入った.

re·but /ribʌ́t/ 動 本来他 《法》証拠をあげるなどして反論する, 反駁する.
語源 古フランス語 rebo(u)ter (= to thrust back) がアングロフランス語 rebuter を経て中英語に入った.
派生語 rebúttal 名 U.

re·cal·ci·trant /rikǽlsətrənt/ 形 名 C 〔形式ばった語〕権威, 習慣, 規則などに頑強に反抗する, 強情な, 扱いにくい, 手に負えない, またそのような人.
語源 ラテン語 calx (= heel) から派生した recalcitrare (= to kick back with the heels) の現在分詞 recalcitrans が19世紀に入った.
派生語 recálcitrance 名 U.

recall /rikɔ́:l/ 動 本来他 名 UC 一般義 一般義 あることを他人に詳しく話すために, 意識的にあるいは努力して思い出す. その他 人を呼び戻す, 外交官などを赴任先の国地から召還する, 《米》公務員を解任する, リコールする. また品物などを回収する, 取り戻す, もとに戻すということから, 命令, 約束, 前言を取り消す, 撤回する. 名 として呼び戻し, 召還, 《米》解任, 欠陥品などの回収, あるいは取消し, 回想, 想起すること[能力].
語源 re- + call. 初期近代英語から.
用例 I don't *recall* when I last saw him. この前彼にいつ会ったか思い出せない/He had been *recalled* to his former post. 彼は召還され, もとの職務に戻った/The mayor was *recalled* by the citizens because of his antisocial act. 市長はその反社会的行為で市民からリコールされた/the *recall* of soldiers to duty 兵士たちに対する帰還命令/He has total *recall*. 彼の記憶力は完ぺきだ.
類義語 ⇒remember.
反意語 forget.
【慣用句】**beyond [past] recall** どうしても思い出せない, 取り返しのつかぬほどの. **recall ... to life** ...をよみがえらせる.

re·cant /rikǽnt/ 動 本来他 〔形式ばった語〕信仰, 陳述, 主張などを公式に取り消す, 撤回する.
語源 ラテン語 *recantare* (= to recall; re- back + cantare to sing) が初期近代英語に入った.
派生語 rècantátion 名 UC.

re·cap[1] /ri:kǽp/ 動 本来他 /ˌ--ˈ-/ 名 C 〔くだけた語〕《米》古タイヤに新たにミゾを付けたゴムを焼き付けて再生する. 名 として再生タイヤ.

re·cap[2] /ri:kǽp/ 動 本来他 名 〔くだけた語〕= recapitulate. 名 として= recapitulation.

re·ca·pit·u·late /ri:kəpítʃuleit|-tju-/ 動 本来他 〔形式ばった語〕講演などの終わりに要点を繰り返す, 要約する. 《生》発生・生長段階を反復する.
語源 ラテン語 caput (= head) に由来する後期ラテン語 *recapitulare* (= to repeat the headings) の過去分詞が初期近代英語に入った.
派生語 rècapitulátion 名 UC.

re·cap·ture /ri:kǽptʃər/ 動 本来他 名 U 一般義 人, 物, 場所などを取り戻す, 奪い返す, また記憶を取り戻して思い出す. 名 として奪還, 回復, 再逮捕などの行為や取り戻したもの.

re·cast /ri:kǽst|-ɑ́:-/ 動 本来他 《過去・過分 ~》名 UC 〔形式ばった語〕物を作り直す, 文章を書き直す, 計算し直す, 劇などで配役を変える. 名 として改作(品), 数え直し, 配役変更.

re·cede /risí:d/ 動 本来自 〔形式ばった語〕一般義 後方へ退く, 髪の生え際が後退する. その他 契約などから手を引く, 自説を撤回する, 価値や品質が減退する.
語源 ラテン語 *recedere* (退く; re- back + cedere to go) が中英語に入った.

re·ceipt /risí:t/ 名 UC 動 本来他 一般義 一般義 領収書. その他 〔やや形式ばった語〕金銭その他を受け取ること, 受領, 《商》《複数形で》受領高[額]. また〔古語〕薬などの処方(recipe)の意もある. 動 として, 勘定書などに「領収済」(Paid, Received)と書く 《語法 過去分詞の限定用法で 形 としても用いられる》.
語源 ラテン語 *recipere* (⇒receive) の女性形過去分詞 *recepta* が古フランス語を経て中英語に入った.
用例 Don't you need a *receipt* for what you have paid [bought]? お支払い[お買い]になった品物の領収書はお入り用ではありませんか/Please sign this form to acknowledge *receipt* of the money? 用紙にその金額「領収済」のサインをお願いします/Our *receipts* this year are higher than last year's. 今年の私どもの収入金額は昨年を上回っている.
【慣用句】**be in receipt of ...** 《商》...を受け取った. **on (the) receipt of ...** ...を受け取り次第.

receivable ⇒receive.

re·ceive /risí:v/ 動 本来他 一般義 一般義 手紙など人から送られたり提供されたりしたものを受け取る. その他 情報, 指示, 忠告, 嘆願などを受け入れる, 受理する, 妥当なものとして容認する, また人から親切や同情を受ける, 中傷や侮辱などをこうむる, 外部からの圧力を

支える、あるいは〔形式ばった語〕〔通例受け身で〕人を迎え(入れ)る, 歓迎する, 客に会う, テレビ, ラジオで**受信[受像]する**,〔球技〕サーブを打ち返す, レシーブする, また盗品を**故買する**.

[語源]「取り戻す」の意のラテン語 *recipere* (re- back + *capere* to take) が古ノルマンフランス語 *receivre* を経て中英語に入った.

[用例] He *received* a letter. 彼は一通の手紙を受け取った/She *received* their thanks. 彼女は彼らから感謝の言葉を受けた/The Pope *received* the Queen in the Vatican. ローマ教皇はバチカン宮殿に女王をお迎えした/He was *received* into the group. 彼はその団体の会員として迎え入れられた/He was jailed for *receiving* (stolen diamonds). 彼は(盗品のダイヤモンドを)故買した罪で投獄された.

[類義語] receive; accept; get: **receive** が一般に送付・提供されたものを同意や承認に関係なく受動的に受け取るのに対し, **accept** は提供されたものや提案, 招待などを喜びや感謝の念をこめて受け入れることを意味する. また **get** はくだけた語で **receive** とほぼ同意に用いられる.

【派生語】**recéivable** 形 金などを受け取ることができる, 受け取るべき, 証拠や証言などが信頼できる. **recéived** 形〔形式ばった語〕一般に受け入れられた, 認められた; **Received Pronunciation**〔音〕英国の容認標準発音〔語法〕R.P. と略す. **recéiver** 名 C 受け取り人, 受信[受像]機, 受話器, レシーバー, 接待者, 容器.

【複合語】**recéiving sèt** 名 C 受信[受像]機 (receiver).

re·cent /rí:snt/ 形〔一般語〕ほんの少し前に起こった, 最近の, 近ごろの, (R-)〔地質〕現世の. 名 として《the R-》〔地質〕現世 (★Holocene (完新世)ともいう).

[語源]「新しい, 新鮮な」の意のラテン語 *recens* の対格 *recentem* が中フランス語 *récent* を経て初期近代英語に入った.

[用例] Things have changed in *recent* weeks [because of *recent* events]. この何週間かのうちに[最近の出来事のため]事情が変わってきた/The change in management is quite *recent*. 経営陣が変ったのはつい最近のことである.

[類義語] modern.

【派生語】**récently** 副 最近, 近ごろ《〔語法〕通例, 過去時制と完了時制に用い, 現在時制の中では用いない. **lately** や **of late** とほぼ同意だが,《英》では **lately** を否定文や疑問文に用いる傾向がある. また **of late** は形式ばった語.

re·cep·ta·cle /riséptəkl/ 名 C〔形式ばった語〕物を入れる**容器や貯蔵所**,〔植〕花托,《米》〔電〕ソケット, コンセント (socket; outlet)《〔日英比較〕「コンセント」は concentric plug からの和製英語》.

[語源] ラテン語 *recipere* (⇒receive) から派生した *receptaculum* が中英語に入った.

re·cep·tion /risépʃən/ 名 CU〔一般語〕一般義 来客などの**歓迎**, あるいは**歓迎会**.〔その他〕人や物を受け入れることが原義で, **応接, 応対**, それから歓迎(会)の意になるが, さらに大がかりなパーティー, つまり結婚披露宴などをいう. また受け入れることから, 知識や思想などの**受容, 摂取**, あるいは物事の受け取られ方, 例えば《単数形で》世間での評判, 反応の意味もある. このほか《主に英》ホテルなどのフロント, 会社などの**受付**, またラジオ, テレビの**受信[受像]**という意味にもなる.

[語源] ラテン語 *recipere* (⇒receive) の 名 *receptio* が中英語に入った.

[用例] We gave a warm *reception* to the guests. 私たちはお客をあたたかく歓迎した/We have a special room for the *reception* of patients. 当院には患者のための特別待合室があります/a wedding *reception* 結婚披露宴/Radio *reception* is poor in this part of Scotland. スコットランドのこの地域はラジオの受信状態がよくない.

【派生語】**recéptionist** 名 C 会社, ホテルなどの**受付係**, フロント係. **recéptive** 形〔形式ばった語〕…を受け入れる《of》, 新しい考えなどに対して**受容性がある, 感受性がある**. **rèceptívity** 名 U 受容力.

【複合語】**recéption dèsk** 名 C ホテルのフロント, 受付. **recéption ròom** 名 C **応接室**, 病院の待合室.

re·cess /risés | ri:ses/ 名 UC 本来he〔一般語〕仕事や勉強の手を休める時間, すなわち**休憩(時間)**,《米》学校の**休み時間** (break) または**休暇**,《英》議会などの**休会**.〔文語〕《しばしば複数形で》**奥まった所**, 特に比喩的に**心の奥深さ**をいう.〔建〕部分あるいは壁の一部を引っこませた**部分**, あるいは海岸や山脈などの引っこんだ**場所**. 動 としては, ものを凹所に置く, 引っこめる,《米》**休憩**にする.

[語源] ラテン語 *recedere* (= to recede) の過去分詞 *recessus* が初期近代英語に入った.

[用例] Then, let's have five-minute *recess*. では5分間休憩しよう/Parliament is in *recess*. 議会は休会中である/the dark *recesses* of a cave 暗いほら穴の奥/We can put the bed in that *recess*. ベッドはあの引っこんだ所に置けます.

【慣用句】**at recess** 休憩時間に. **go into recess** 議会が休会する.

【派生語】**recéssion** 名 UC 後退, 退去, 退場, 景気の**中だるみ**, 一時的後退, 壁などの凹所, 引っこみ. **recéssional** 形 C 退去[退場]の, 退場時に歌う(賛美歌) (recessional hymn),《英》議会が休会の. **recéssive** 形 後退の, 逆行する,〔生〕**劣性の**(⇔ dominant「優性の」). 名 C〔生〕劣性形質.

re·charge /ri:tʃɑ́:rdʒ/ 動 本来he〔一般語〕電池を**充電する**, 銃に弾を**装填する**, **再攻撃する**.

【派生語】**rechárgeable** 形 充電可能な.

re·cid·i·vist /risídəvist/ 名 C〔やや形式ばった語〕習慣的に病的に犯罪を繰り返す**常習犯人, 再犯者**.

[語源] ラテン語 *recidere* (= to fall back; re- back + *cadere* to fall) からつくった *recidivus* (= falling back) に由来するフランス語 *récidiviste* が19世紀に入った.

【派生語】**recídivism** 名 U 累犯(性).

rec·i·pe /résəpi(:)/ 名 C〔一般語〕一般義 料理の**作り方, 調理法**.〔その他〕仕事や商売などで, あることをするための**秘訣**, こつ, また〔古風な語〕薬剤などの**処方(箋)** (prescription).

[語源] ラテン語 *recipere* (= to receive) の命令形が中英語に入った. 医者が出す処方箋で, 'Receive!' の意味で R などと表記して使われた.

[用例] Tell me the *recipe* for biscuits. ビスケットの作り方を教えてください/His *recipe* for success was constant effort. 彼の成功の秘訣は, たゆまぬ努力であった.

re·cip·i·ent /risípiənt/ 名 C 形 〔形式ばった語〕物やお金の給付，賞などの受領者，物を受け入れる容器，臓器受容者（⇔donor）．形 として，思想などを受け入れる，感受性のある．
語源 ラテン語 *recipere*（=to receive）の現在分詞 *recipiens* が初期近代英語に入った．

re·cip·ro·cal /risíprəkəl/ 形 UC 〔形式ばった語〕〔通例限定用法〕相手との関係が相互的な，互恵的なまたは報復的な．名 として相互的な関係にあるもの，《数》逆数．
語源 ラテン語 *reciprocus*（=returning）に形容詞語尾-al（=related to）が付いて初期近代英語に入った．
類義語 mutual.
【派生語】**recíprocally** 副．**recíprocate** 動 本来他〔形式ばった語〕交換する，やり取りする，報いる．**reciprocátion** 名 U．**rèciprócity** 名 U．

recital ⇒recite.

recitation ⇒recite.

re·cite /risáit/ 動 本来他 〔一般語〕〔一般義〕大勢の前で詩などを暗唱する．〔その他〕出来事などの一部始終を詳しく話す，物語る，羅列する．
語源 ラテン語 *recitare*（=to recite; *re-* again+*citare* to cite）が古フランス語を経て中英語に入った．
用例 I used to be able to *recite* all the main speeches from 'Hamlet'. 私は「ハムレット」の中の主な台詞は全部暗唱できたものだった／He loved to *recite* his grievances. 彼はあれこれ不満をならべるのが好きだった．
【派生語】**recítal** 名 C 独奏[奏]会，リサイタル，詩などの朗唱，〔形式ばった語〕詳述，詳細な話，物語．**rècitátion** /-sat-/ 名 CU 暗唱，〔文語〕吟唱，記述，枚挙．**rècitatíve** /-sat-/ 形 U 形《楽》レタティーボ（の），叙唱（の）（★イタリア語で recitativo）．

reck /rék/ 動 本来自 〔文語〕（否定文，疑問文で）危険やもたらされるべき結果などを意に介する，気にかける．
語源 古英語（*ge*)*recnian*（=to explain）から．
【派生語】**réckless** 形 向う見ずな，無謀な．**récklessly** 副．**récklessness** 名 U．

reck·on /rékən/ 動 本来他 〔一般語〕〔一般義〕大ざっぱに全体から見て…と思う．〔その他〕〔形式ばった語〕数える，計算する，あることを勘定・計算に入れて考える，考慮する，さらに（通例受身形で）…だと考える，評価する，…とみなす，また〔くだけた語〕…しようと思う，…するつもりだ．
語源 古英語（*ge*)*recenian*（=to explain）から．「説明する」の意から「列挙する」「数える」，さらには「計算[勘定]に入れる」「考慮する」「…とみなす」のような意味変化が考えられる．
用例 We *reckoned* the expenses of our travel. 私たちは旅費を計算した／He is *reckoned* (to be [as]) the best pianist in Britain. 彼は英国一のピアニストだと目されている／I *reckon* him among my friends. 私は彼を味方の一人とみている／I *reckon* I might [will] come. 私は行こうと思っています．
類義語 count; think.
【慣用句】**reckon in** …を勘定に入れる．**reckon on [upon]** …〔くだけた語〕…を当てにする，考慮する．**reckon with** 手ごわい相手などと…を考慮する．
【派生語】**réckoner** 名 C 計算する人，計算早見表（ready reckoner）．**réckoning** 名 U．

re·claim /rikléim/ 動 本来他 U 〔一般語〕開墾したり埋め立てたりして土地を利用できるようにする，人を過ちや悪行などから立ち直らせる，改心させる，廃物などを再生利用する．名 として開墾，更生，再生（ゴム）．
語源 ラテン語 *reclamare*（=to cry out against）が古フランス語を経て中英語に入った．
【派生語】**rèclaimátion** 名 U．

re·cline /rikláin/ 動 本来自 〔一般語〕〔一般義〕何かにもたれかかる，あるいは横になる（★lean のほうが普通）．〔その他〕精神的に人にもたれかかるということから，比喩的に人などに頼る．他 もたせかける，横たえる．
語源 ラテン語 *reclinare*（*re-* back +*clinare* to lean）が古フランス語 *recliner* を経て中英語に入った．
用例 The invalid was *reclining* lazily on the sofa. 患者はだるそうにソファーにもたれていた／He *reclined* his head on the pillow. 彼は枕に頭をのせ横になっていた．
【派生語】**reclíner** 名 C もたれかかる[横になる]人，リクライニング・チェア（reclining chair）．
【複合語】**reclíning sèat** 名 C リクライニング・シート．

rec·luse /réklu:s, riklú:s/ 名 C 形 〔形式ばった語〕宗教的な理由などにより俗世間から離れて孤独な生活を送る隠遁者，または隠遁生活．形 として隠遁した，わびしい．
語源 ラテン語 *recludere*（=to shut up; *re-*+*claudere* to shut）の過去分詞 *reclusus* が古フランス語を経て中英語に入った．

recognition ⇒recognize.

recognizable ⇒recognize.

re·cog·ni·zance /rikágnizəns|-ɔ́-/ 名 C 《法》〔通例複数形で〕裁判所や判事の前で行う誓約，誓約書，誓約保証金．
語源 古フランス語 *reconoistre*（⇒recognize）から派生した *reconoissance* が中英語に入った．

rec·og·nize /（英）-nise /rékəgnaiz/ 動 本来他 〔一般語〕〔一般義〕人［もの］が誰[何]だか見分けがつく．〔その他〕あることを事実として認める，〔形式ばった語〕法律的に承認する，認知する，人の功績や立派な行為を表彰する．また《米》議会などで人に発言を許す．
語源 ラテン語 *recognoscere*（*re-* again+*cognoscere* to learn）が古フランス語 *reconoistre* を経て中英語に入った．
用例 I *recognized* his voice [handwriting]. 彼の声[筆跡]であることがわかった／I *recognized* him by his voice. 声を聞いて彼であることがわかった／He *recognized* that he had made mistakes. 彼は過ちを犯したことを認めた／They *recognized* the boy's courage by giving him a medal. 彼らはメダルを贈り彼の勇気ある行為を表彰した／Many countries were unwilling to *recognize* the new republic. 多くの国はその新しい共和国の承認についてちゅうちょした／I don't *recognize* the authority of this court. 私はこの法廷[裁判]の権威を認めていない．
【派生語】**rècognítion** 名 U 人［もの］が誰[何]だか見わけがつくこと，見［聞き］覚え，認めること，承認，認可，表彰，《コンピューター》文字・図形などの認識: beyond [out of] *recognition* 見分けがつかないほど．**récognìzable** 形 見わけがつく，承認できる．**récognìzed** 形 世間的に，あるいは一般に認められた．

re·coil /rikɔ́il/ 動 本来自 U 〔一般語〕〔一般義〕銃などが反動ではね返る，あと戻りする．〔その他〕驚き，恐怖，嫌悪などによってあとずさりする，しりごみする，ひるむ．また

rec·ol·lect /rèkəlékt/ 動 本来他 〔やや形式ばった語〕意識的に努力して思い出す, ゆっくりと記憶を呼び戻す.
[語源] ラテン語 recolligere (= to collect again; re- again + colligere to collect) の過去分詞 recollectus が初期近代英語に入った.
[類義語] ⇒remember.
【派生語】**rècolléction** 名 UC.

rec·om·mend /rékəménd/ 動 本来他 〔一般語〕[一般義] 人に人物や物を推薦する. [その他] 人に何かをするように助言する, 勧める, また性質や態度, 行動などが人を好ましい[望ましい]ものにする, まわりに気に入られるようにする.
[語源] 中世ラテン語 recommendare (= to praise; re- 強意 + commendare to commend) が中英語に入った.
[用例] He recommended her for the job. 彼はその仕事に彼女を推薦した/I can recommend these cakes. これらのケーキはおすすめできます/I recommend you to take a long holiday. (= I recommend (that) you take a long holiday.) 長期休暇をとることをお勧めいたします/This flat has very little to recommend it. このアパートはほとんど取柄がない.
【派生語】**rècommendátion** 名 UC.

rec·om·pense /rékəmpens/ 動 本来他 名 UC 〔形式ばった語〕人の行為, 功績などに報いる, 恩返しする, また損害などを賠償する, 補償する. 名 として報酬, 弁償, 償い.
[語源] 後期ラテン語 recompensare (re- back + compensare to compensate) が古フランス語を経て中英語に入った.
[類義語] reward.

reconcilable ⇒reconcile.

rec·on·cile /rékənsail/ 動 本来他 〔一般語〕[一般義] (しばしば受身で) 争いなどをおさめて, なんとか和解する, 調停する, 仲裁する. [その他] 対立する考えや意見などを一致させる, 調和させる, また《通例〜 oneself で》逆境, 不運, 損失などに甘んじる, 致し方なく満足する (to).
[語源] ラテン語 reconciliare (re- again + conciliare to conciliate) が古フランス語を経て中英語に入った.
[用例] Why won't you be reconciled (with him)? (彼と)仲直りしたらどうですか/The unions want high wages and the bosses want high profits—it's almost impossible to reconcile these two aims. 組合側は高い給料を望み, 雇用者側は高い利潤を望む. この2つの目的を一致させるのはまず不可能なことだ/Her mother didn't want the marriage to take place but she is reconciled to it now. 母は娘にそんな結婚をさせたくはなかったが, 今はもうそれも仕方ないとあきらめている.
【派生語】**rèconcílable** 形 和解できる, 調停[一致]できる. **rèconciliátion** 名 UC.

rec·on·dite /rékəndait, rikán-|rikón-/ 形 〔文語〕思想, 知識, 問題などが深遠で理解しづらい, ほとんど人に知られていない, あいまいな.
[語源] ラテン語 recondere (= to conceal; re- again + condere to bring together) の過去分詞 reconditus が初期近代英語に入った.

re·con·di·tion /ri:kəndíʃən/ 動 本来他 〔一般語〕汚れを落としたり修理したりすることによって元の良好な状態に戻す.

re·con·firm /ri:kənfə:rm/ 動 本来他 〔一般語〕座席の予約などを再確認する.
【派生語】**rèconfirmátion** 名 UC.

re·con·nais·sance /rikánəsəns|-ó-/ 名 CU〔軍〕敵の情報を得るために行う偵察, 〔形式ばった語〕土地, 家屋などの調査, 検分, 踏査.
[語源] 古フランス語 reconnoisance (= recognizance) の変形が19世紀に入った.
【派生語】**reconnoiter**, 《英》**-tre** /rì:kənóitər, rèk-/ 動 本来他 〔軍〕偵察する.

re·con·sid·er /ri:kənsídər/ 動 本来他 〔形式ばった語〕すでになされた決定などを変更する意図をもって考え直す, 再審議する.
【派生語】**rèconsiderátion** 名 U.

re·con·sti·tute /ri:kánstətju:t|-ó-/ 動 本来他 〔形式ばった語〕あるものを再構成する, 再編成する. また特に乾燥野菜, 粉ミルクなどに水を加えて元に戻す, 濃縮ジュースなどを還元する.

re·con·struct /ri:kənstrʌ́kt/ 動 本来他 〔一般語〕破壊, 損傷を受けた建物などを建て直す, 遺物などから元の形を復元する.
【派生語】**rèconstrúction** 名 UC.

rec·ord /rékərd|-kɔ:d/ 名 C, /rikɔ́:rd/ 動 本来他 [一般義] 記録, 登録. [その他] 記録という動作のほか, 記録されたものとして議事録, 裁判の公判記録, 登記簿, あるいは競技における最高記録, または個人の経歴, 犯罪歴, 学校の成績, また音の記録としてレコード(盤). 《形容詞的に》記録的なの意にもなる. 動 として記録[登録]する, 音楽やドラマなどを録音[録画]する, あるいは計器などが数値を示す. 🅔 の用法もある.
[語源] 動 はラテン語 recordari (= to call to mind; re- again + cor, cord- heart) が古フランス語 recorder を経て中英語に入った. 名 は古フランス語 record (= memory) から.
[用例] I wish to keep a record of everything that is said at this meeting. この会で話されたことはすべて記録しておきたい/Historical records show that Macbeth did in fact exist. 歴史上の諸々の記録にはマクベスが実在したとある/He holds the record for the 1000 metres. 彼は1000メートル競走の最高記録保持者である/The record for the high jump was broken [beaten] this afternoon. 走り高跳びのレコードが今日の午後破られた/I'm looking for a record of Beethoven's Sixth Symphony. 私はベートーベンの第6交響曲のレコードを探している/He did it in record time. 彼は記録的な速さでそれを行った/The decisions will be recorded in the minutes of the meeting. その決定事項は議事録に記録される/The thermometer recorded 30°C yesterday. 寒暖計は昨日摂氏30度を示した/Don't make any noise when I'm recording. 録音中は音をたてないでください.

【慣用句】*bear record to ...* ...のことを証言する. *go on record* はっきり公言する. *keep to the record* 本題からはずれない. *off the record* 〔くだけた表現〕非公式な[に], オフレコの[で]. *on record* 事件などが記録さ

れて，古今未曾有の．《米》意見を正式に表明して．*put ... on record* ...を記録にとどめる．*travel out of the record* 本題からはずれる．
【派生語】**recórder** 名 C 記録係，録音[録画]機器[装置]，記録計[装置]，【楽器】リコーダー《★縦笛の一種》．**recórding** 形 記録[録音，録画](用)の．名 UC 録音，録画，録音[録画]済みテープ．
【複合語】**récord-brèaking** 形 記録破りの．**récord chànger** 名 C レコード盤の自動交換装置．**recórded delívery** 名 U 《英》配達を証明する(簡易)書留便《《米》certified mail》《★通常の書留便は registered post [《米》mail] という》．**récord library** 名 C レコードライブラリー《★レコード貸出しをする公共施設》．**récord plàyer** 名 C レコードプレーヤー．

re·count¹ /rikáunt/ 動 本来他 〔形式ばった語〕あることを人に詳しく話す，物語る．
語源 古フランス語 *reconter*(*re-* again+*conter* to relate)が中英語に入った．

re·count² /ri:káunt/ 動 本来他 /ﾉｰ'/ 名 C 〔一般語〕投票などを数え直す(こと)．

re·coup /rikú:p/ 動 本来他 〔形式ばった語〕損害や損金などを埋め合わせる，失われたものを取り戻す，健康などを回復する．
語源 フランス語 *recouper*(=to cut back)が初期近代英語に入った．

re·course /rí(:)kɔ:rs/ 名 U 〔形式ばった語〕援助や安全を求めて頼ること，その頼りとなるもの，頼みの綱．【法】償還請求権．
語源 ラテン語 *recurrere*(=to recur)の過去分詞 *recursus* から派生した古フランス語 *recours*(=running back)が中英語に入った．「元に戻ること」→「始めに戻ること」→「頼みにする人」→「償還請求」のように意味が転移したものと考えられる．

re·cov·er /rikʌ́vər/ 動 本来他 〔一般語〕〔一般義〕失ったもの，奪われたものなどを取り戻す．その他 健康，意識や冷静さなどを回復する(〜 oneself で)正気[冷静な気持]に返る，体のバランスを取り戻す．また損失を補う，埋め合わせる．【法】損害賠償を取得する，さらには土地を作るため海などを埋め立てる，廃物を再生するなどの意になる．自 としても用いられる．
語源 「(健康を)回復する」「取り戻す」の意のラテン語 *recuperare*(⇒ recuperate)が古フランス語 *recoverer* を経て中英語に入った．
用例 He was very upset by her behaviour but managed to *recover* his composure. 彼は彼女の行為にたいへんショックをうけたが，すぐに平静さを取り戻した/She *recovered* damages for the loss of prestige. 彼女は名誉毀損に対する損害賠償を勝ち取った/He is *recovering* from a serious illness. 彼は重病から回復してきている/The country is *recovering* from an economic crisis. その国は経済危機から回復しかけている．
【派生語】**recóverable** 形．**recóvery** 名 U．

re·cov·er /ri:kʌ́vər/ 動 本来他 〔一般語〕再びおおい直すの意で，特に傘などを張り替える，本の表紙などを付け替える．

rec·re·ant /rékriənt/ 形 名 C 〔古語〕臆病な(人)，不誠実な(人)．
語源 ラテン語 *recredere*(=to surrender)から派生した古フランス語 *recroire*(信念を捨てる，降参する)の現在分詞が中英語に入った．

rec·re·ate /rékrièit/ 動 本来他 〔形式ばった語〕《しばしば 〜 oneself で》働いたあとスポーツなどで英気を養わせる，気晴らしをさせる．
語源 ラテン語 *recreare*(*re-* again+*creare* to create)の過去分詞 *recreatus* が中英語に入った．
用例 He used to *recreate* himself with golf. 彼はいつもゴルフで英気を養ったものだった．
【派生語】**rècreátion** 名 UC 仕事のあとの休養，気晴らし，レクリエーション．**rècreátional** 形 休養の，レクリエーションの．
【複合語】**recreátion gròund** 名 C 《英》公共の遊園地，運動場．**recreátion ròom** 名 C 《米》ゲームなどをする娯楽室．

re-create /ri:kriéit/ 動 本来他 〔一般語〕ものを作り直す，改造する，過去のことを再現する，再生する．
【派生語】**rè-creátion** 名 UC 改造(されたもの)．

re·crim·i·nate /rikríməneit/ 動 本来他 〔形式ばった語〕非難された者が相手に対して非難し返す．
語源 中世ラテン語 *recriminare*(*re-* back+*criminari* to accuse)が初期近代英語に入った．
【派生語】**recriminátion** 名 CU．

re·cru·des·cence /ri:kru:désns/ 名 〔形式ばった語〕病気，痛み，犯罪などの再発，再燃，ぶり返し．
語源 ラテン語 *crudus*(=raw)から派生した *recrudescere*(=to become raw again)の現在分詞が18世紀に入った．傷口の肉が再び露出するという意味．

re·cruit /rikrú:t/ 動 本来他 名 C 〔一般語〕〔一般義〕軍person や会社中の組織や集団に新人[新人]を入れる，募集する．その他 そうすることによってその組織を強化する．名 として新兵，新会員，新入社員，新入生．
語源 ラテン語 *recrescere*(=to grow again; *re-*again+*crescere* grow)が古フランス語で *recroitre* となり，その過去分詞から派生した *recruter*(=to levy troops)が初期近代英語に入った．
【派生語】**recrúitment** 名 U．

rectal ⇒rectum．

rec·tan·gle /réktæŋgl/ 名 C 【数】長方形，矩(く)形．
語源 中世ラテン語 *rectangulum*(*rectus* right+*angulus* angle)が初期近代英語に入った．
【派生語】**rectángular** 形．

rectification ⇒rectify．

rectifier ⇒rectify．

rec·ti·fy /réktəfai/ 動 本来他 〔形式ばった語〕誤りなどを正す，機械や軌道などを調整する，修正する，【電】交流を直流に整流する，【化】アルコールなどを精留する，【数】曲線などの長さを求めたりする．
語源 ラテン語 *rectificare*(=to make right; *rectus* right+*-ficare* to do, make)が古フランス語を経て中英語に入った．
【派生語】**rèctificátion** 名 UC．**réctifier** 名 C 【電】整流器．

rec·ti·lin·e·ar /rèktəlíniər/ 形 〔形式ばった語〕直線的な，直線で囲まれた，直線的に動く．
語源 後期ラテン語 *rectilineus*(*recti-* straight+*linea* line)が初期近代英語に入った．

rec·ti·tude /réktətju:d/ 名 〔形式ばった語〕道徳規範などに従って行動するような正直さや清廉さ，判断や方法などの正しさ．
語源 ラテン語 *rectus*(=right)から派生した後期ラテン語 *rectitudo* が古フランス語を経て中英語に入った．

rec·tor
/réktər/ 名 C 【宗教】英国国会や米国聖公会の教区牧師, カトリック修道院の院長, 大学, 学校の校長, 学長, 総長.
語源 ラテン語 regere (=to rule) の過去分詞 rectus から派生した rector (支配者) が中英語に入った.
派生語 réctory 名 C rector の邸宅, 牧師館, 英国教区司祭の収入.

rec·tum
/réktəm/ 名 C (複 -ta, ~s) 【解】直腸.
語源 ラテン語 rectus (=right; straight) の中性形. 初期近代英語から. 関連語 intestine.
派生語 réctal 形.

re·cum·bent
/rikámbənt/ 形 [形式ばった語] 人の姿勢が横になった, もたれかかった, 横になった姿勢から, 不活発な, 怠惰な.
語源 ラテン語 recumbere (=to lie down) の現在分詞 recumbens が初期近代英語に入った.

re·cu·per·ate
/rikjú:pərèit/ 動 [形式ばった語] 健康や損失などを回復する, 立ち直る, 損失を取り戻す.
語源 ラテン語 recuperare (=to recover) の過去分詞 recuperatus が初期近代英語に入った.
類義語 recover.
派生語 recùperátion 名 U. recúperative 形.

re·cur
/rikə́:r/ 動 本来自 [形式ばった語] 一般義 物事, 事件, 問題などが再び[繰り返し, 周期的に]起こる. その他 考え, 話, 記憶など人の心に再び浮かんで思い出される, 前の考えや話などに戻る.
語源 ラテン語 recurrere (=to run back; re- back + currere to run) が中英語に入った.
派生語 recúrrence 名 UC [形式ばった語] 再起, 再現. recúrrent 形. recúrrently 副.
複合語 recúrring décimal 名 C 【数】循環小数.

recyclable
⇒recycle.

re·cy·cle
/ri:sáikl/ 動 本来他 [一般義] 水などを再循環させて利用する, 廃物などを再生利用する, 再利用する.
派生語 recýclable 形.

red
/réd/ 形 UC [一般義] 血または炎のように赤い, 文字通り「赤い」から赤みがかった色, 例えばワインのように濃紫色の, 髪のように茶色っぽい赤銅色の, 皮膚や唇のように濃いピンク色の意に, また一時的だが恥ずかしさ, 怒り, 戸惑いなどで顔を赤くした, 赤面[紅潮]した, 目が充血したなどの意味になる. あるいはまた, 比喩的に情熱を表し, 燃えるような, 熱烈な, 血に染まったということから戦いなど流血の, 残虐な, 〈通例 R-〉軽蔑的に共産主義的[左翼]の, 革命的な, 信号が止まれの状態が禁止[非許]の, 危険ななどの意になる. 名 としては, 赤色の意から, 赤い色をしたもの, 例えば赤い絵の具[塗料, 染料], 赤い衣服[布], あるいは比喩的に《the ~》〈会計〉赤字, また 〈通例 R-〉軽蔑的に共産主義者[党員].
語源 古英語 rēad から.
用例 Her cheeks were red. 彼女ははほを紅潮させていた/Her eyes were red with crying. 彼女の目は泣いて赤くなっていた/The room was painted in a variety of reds and blues. 部屋は赤と青のさまざまな色あいに塗られた/She was dressed in red. 彼女は赤い服を着ていた/His aim is to get the Reds out of Parliament. 彼の目的は共産主義者たちを議会から追放することだった.
類義語 red; crimson; scarlet; vermilion: red が血液のような真っ赤な色からワインのような濃紫色や人間の皮膚の色まで幅広い意味に用いられるのに対し, crimson は深紅色 (deep red color) を, また scarlet は crimson よりも明るい, ややオレンジがかった色, すなわち緋(ʰ)色を, また vermilion はいわゆる朱色を指す.
慣用句 be in the red 赤字で, 借金をかかえて 〈逆の意は be in the black〉. get into [out of] the red 赤字になる[借金がなくなる]. see red かっとなる, 激怒する.
派生語 rédden 動 本来他 赤くなる[する], 赤面させる. réddish 形 赤みがかった. rédness 名 U.
複合語 réd blóod cèll 名 C 赤血球 《★白血球は white blood cell》. réd-blóoded 形 血気盛んな, 力強い. rédbrèast 名 C 〔文語〕こまどり, 胸の赤い鳥の総称. rédbrick 形 C 赤れんがの, 《英》Oxford, Cambridge に対して 19 世紀に新設された大学の (red-brick university) の. rédcàp 名 C 《米》駅などの赤帽 (porter), 〔くだけた語〕《英》憲兵. réd-cárpet 形 丁重な. réd cárpet 名 C 貴賓席などの赤じゅうたん. réd córpuscle 名 C =red blood cell. Réd Cróss 名 《the ~》赤十字社 〈語法 R.C. と略す〉. réd flág 名 C 赤旗 《★危険信号, 革命旗を表す》. réd-gréen blíndness 名 U 赤緑色盲. réd-hánded 形 手が血だらけで[の], 現行犯で(の). rédhèad 名 C 〔くだけた語〕赤毛の人 《★通例女性について》. rédhèaded 形 赤毛の, 鳥などが頭の赤い. réd héat 名 U 赤熱(温度). réd hérring 名 C 薫製にしん, 人の注意をそらすようなもの 《★猟犬に薫製にしんを与えて訓練することから》. réd-hót 形 鉄などが赤熱した, 猛烈な, ニュースや情報などが最新の, 〔くだけた語〕人がひどく興奮した, 熱狂した. Réd Índian 名 C 〈軽蔑的〉アメリカインディアン 〈語法 この語は差別的なので使われない. 現在では Native American が普通〉. réd léad /léd/ 名 U 鉛丹 《★顔料, 塗料》. réd-létter dày 名 C 暦に赤字で示した祝祭日, 《a ~》記念すべき日. réd líght 名 C 危険, 停止などを示す赤信号. réd-líght dìstrict 名 C 赤線地区 《★売春などが行われる》. réd mèat 名 U 赤肉 《★牛肉, 羊肉のこと》. réd pépper 名 U とうがらし(の実, 粉). Réd Séa 名 固 《the ~》紅海 《★ラテン語 Mare Rubrum (赤い海) からのなぞり》. réd tápe 名 U 〈軽蔑的〉官僚主義, お役所仕事 《★昔公文書を赤いひもで結んだことから》.

re·dec·o·rate
/rì:dékərèit/ 動 本来他 [一般義] 部屋などを改装する.
派生語 rèdecorátion 名 U.

re·deem
/ridí:m/ 動 本来他 [形式ばった語] 一般義 名誉や地位を挽回する, 取り戻す. その他 本来は買い戻すという意味で, 現在もこの意味で用いられるがどちらかというと比喩的な「挽回」の意で使われることが多い. 債権や抵当を償還する, 質を受け戻す, 身代金の支払いによって身受けする, 商品券やクーポン券などを商品と交換する, 約束の履行, 誓約などの義務を果たす意味から, 約束や義務を履行する, 人の欠点や悪い面を償う, 埋め合わせる.
語源 ラテン語 redimere (to buy back; re- back + emere to buy) が中英語に入った.
派生語 redéemable 形. redéemer 名 C 《the ~; Our ~》救世主, イエスキリスト. redémption 名 U. redémptive 形.

re·de·vel·op
/rì:divéləp/ 動 本来他 [一般義] 都市

や地域などを**再開発する**, 経済を建て直す.
【派生語】**rèdevélopment** 名 UC.

re·dis·trib·ute /riːdistríbjuːt/ 動 本来他 〔一般語〕**再分配する, 分配し直す**.
【派生語】**rèdistribútion** 名 UC.

re·do /riːdúː/ 動 本来他 〈過去 -did; 過分 -done〉〔一般語〕ある行為などを**再びする, やり直す**, 特に部屋などを**装飾し直す, 修理し直す**.

redolence ⇒redolent.

red·o·lent /rédələnt/ 形〔文語〕一般義 **芳香のある**.
その他 あることをしのばせるような, 暗示的な.
語源 ラテン語 *redolere* (to smell; *re*- 強意+*olere* to emit a smell) の現在分詞 *redolens* が中英語に入った.
【派生語】**rédolence** 名 U〔文語〕**芳香**.

re·dou·ble /riːdʌ́bl/ 動 本来他 〔一般語〕**倍加する, 倍増する, 一層強める**. 〘ブリッジ〙リダブルする.
語源 古フランス語 *redoubler* より中英語に入った.

re·doubt·a·ble /ridáutəbl/ 形〔文語〕しばしばこっけいな意味で敵や相手などが強力であなどりがたい, **畏敬の念を起こさせるほどの**.
語源 古フランス語 *redoutable* (恐れる) が中英語に入った.

re·dound /ridáund/ 動 本来自 〔形式ばった語〕
一般義 信用, 名声, 利益などがもたらされる, 高められる《to》. その他〔古語〕人の行為などが結果的に**報いとなって戻ってくる**.
語源 ラテン語 *redundare* (to overflow; *re*- back +*undare* to rise in waves) が古フランス語を経て中英語に入った.

re·dress /ridrés/ 動 本来他 名 U 〔形式ばった語〕不正や誤りなどを**正す**, それらによって生じた損害などを**補償する**, また均衡などを**取り戻す, 是正する**. 名 として**矯正, 補償, 除去**.
語源 古フランス語 *redresser* (to straighten) が中英語に入った.

re·duce /ridjúːs/ 動 本来他 〔形式ばった語〕一般義 数量, 大きさ, 程度, 価値などを**減らす**. 元来「元へ戻す」意味で, そこから元の木阿弥にする, すなわち人を特に好ましくない状態に変える, 例えば人を**苦境に追いこむ, 陥れる, 強引に従わせる, 格下げする**という意味になる. また全体を小さくするということから, **まとめる, 整理する**の意もある. さらに《数》**換算する, 約分する**,《化》**分解[還元]する**,《医》**脱臼などを整復する**. 自 **減る, 衰える, …になる《to》**,〈くだけた語〉(米)食事制限で**体重を減らす**.
語源 ラテン語 *reducere* (to bring back; *re*- back +*ducere* to lead) が古フランス語を経て中英語に入った.「元の状態に戻す」→「服従させる」→「減らす」と意味が変化してきた.
用例 The shop *reduced* its prices. 店は(商品の)値段を下げた/The train *reduced* speed. 列車はスピードを落とした/The doctor told him to *reduce* (his) weight. 医者は彼に体重を減らせと言った/The bombs *reduced* the city to ruins. その町は爆撃により廃墟となった/She was so angry, she was almost *reduced* to tears. 彼女はたいへん怒り, いまにも泣きだしそうになった/The officer was *reduced* to the ranks. その士官は兵卒に降格させられた/During the famine many people were *reduced* to eating grass and leaves. 飢饉の間, 多くの人たちが草や葉を食べて飢えをしのがねばならなかった/She wants to *reduce* her memories of her childhood to writing. 彼女は幼少の頃の思い出を文にまとめようと思っている.
反意語 increase.
【慣用句】 ***in reduced circumstances*** 〔やや古語〕〈婉曲的に〉**落ちぶれて**.
【派生語】**redúcible** 形 **減少[縮小]することができる, 変えられる**. **redúction** 名 UC.

redundancy ⇒redundant.

re·dun·dant /ridʌ́ndənt/ 形 〔一般語〕ものや労働者などが多過ぎて**余分な, 余剰な**, あるいは表現などが重複して**冗長な**. その他 余剰であることから, あり余る, **豊富な**,《英》解雇の. また《機·コンピューター》構造全体の損壊を防ぐために部品や構造が**余裕をもつ**.
語源 ラテン語 *redundare* (⇒redound) の現在分詞 *redundans* が初期近代英語に入った.
【派生語】**redúndancy** 名 UC **余分, 余剰, 過剰人員**.

re·du·pli·cate /ridjúːplikeit/ 動 本来他 /-kit/ 形 〔形式ばった語〕あるものを**二重にする, 倍加する**, 行為などを不必要に**繰り返す**,《文法》派生形や活用形を作るために**文字[音]を重ねる**. 形 として**二重になった, 重複した**.
【派生語】**redùplicátion** 名 U.

red·wood /rédwùd/ 名 CU 《植》**アメリカすぎ, セコイア** 《★カリフォルニアや南オレゴンに見られるスギ科の巨木》, その赤褐色の材, またその他の赤色木材.
語源 この木の性質, 形状からと考えられるが不詳. 初期近代英語から.

re·ech·o /riː(ː)ékou/ 動 本来自 名 C 〔一般語〕声や音などが**反響して響き渡る, こだまのように繰り返す**. 名 として**反響の反復**.

reed /riːd/ 名 CU 〔一般語〕一般義 《植》**あし(葦)**.
その他 〈複数形で〉(まれ)屋根ふき用のふきわら. また, あしで作ったあし笛, さらにここからクラリネット, オーボエなどの**リード楽器** (reed instrument), あるいはこれらの楽器の**舌, リード**, さらには《the ~s》管弦楽団の**リード楽器部**.
語源 古英語 hrēod から. この語の印欧祖語の *kreut* は「ゆれ動く」の意.
参考 「マタイ伝」にもあるように, 西欧では人間はしばしば「(気持の)ゆれ動くもの」「弱いもの」として「葦(i)」に例えられる. またフランスの哲学者パスカルは人間を「考える葦」(a thinking *reed*) だと言っている.
用例 Man is said to be but a *reed* shaken by the wind. 人間は風にそよぐ葦にすぎないといわれている(なんの定見も持ってない)/The flute is a woodwind without a *reed*. フルートはリード(舌)のない木管楽器である.
【慣用句】 ***a broken [bruised] reed*** まさかの時に頼りにならない人[物] 《★マタイ伝より》. ***lean on a reed*** あてにならない人[物]を頼りにする.
【派生語】**réedy** 形 葦の多い, 葦で作った, 葦のような, 弱々しい, 声などが葦笛の音に似てかん高い.
【複合語】**réed instrument** 名 C **リード楽器** 《★オーボエ, クラリネットなど》. **réed òrgan** 名 C **リードオルガン** 《★足踏み式オルガンのリードで音を出すもの》.

re·ed·u·cate /riːédʒukeit|-édju-/ 動 本来他 〔一般語〕人を**再教育する**, 身体障害者などを**再訓練する, リハビリをさせる**.
【派生語】**rèedúcation** 名 U.

reedy ⇒reed.

reef[1] /ríːf/ 名 C 〔一般語〕岩礁, 暗礁, 砂州.
[語源] 古ノルド語からと思われる. 初期近代英語から.

reef[2] /ríːf/ 名 C 動 本来他 【海】縮帆部《★帆のたたみ込まれる部分》. 動 として縮帆する.
[語源] 古ノルド語 rif から. 中英語から.
【派生語】**réefer** 名 C 縮帆する人, 船員が着用したものが原型となっている厚手のダブルのジャケット.
【複合語】**réef knòt** 名 C 《英》【海】縮帆などの時に用いるこま結び《(米) square knot》.

reek /ríːk/ 名 C 動 本来自 〔一般語〕《単数形で》強い不快な臭い, 悪臭. 動 として悪臭を放つ, さらに 湯気[蒸気]を出すことも指す.
[語源] 古英語 rēc (=smoke) より.

reel[1] /ríːl/ 名 C 動 本来他 〔一般語〕〔一義語〕電線, フィルム, テープ, ホースなどを巻く巻きわく, リール. その他 巻きとくなどの1本[1巻]分. また釣り竿の糸巻き装置, リール, 《英》糸車《(米) spool》. 動 としてリールに巻く, リールで巻きとる.
[語源]「機(はた)織り用の巻き取り棒」の意の古英語 hrēol から.
[用例] When you've used up all that thread would you give the empty *reels* to my child? 糸を全部使い切ったら, 空のリールを子供にやってくれませんか/Is that *reel* of film finished yet? そのフィルムはもう使い終わりましたか
【慣用句】**reel off** 糸を糸車からくり出す, よどみなくすらすらと話す. (right) **off the reel** 糸がひっかからずにするすると, 〔くだけた語〕しゃべり方がすらすらと.

reel[2] /ríːl/ 動 本来自 名 C 〔一般語〕ショック, 目まい, 酔いなどによってよろめく, 戦列などが動揺して浮き足立つ. そしてよろめき, めまい, 旋回.
[語源] reel[1] (糸車) の動きからと考えられるが不詳. 中英語から.

re·e·lect /rìːilékt/ 動 本来他 〔一般語〕人を再選する.
【派生語】**rèeléction** 名 UC.

re·en·force /rìːinfɔ́ːrs/ 動 =reinforce.

re·en·ter /rìːéntər/ 動 本来他 〔一般語〕部屋などに再び入る, 宇宙船などが大気圏に再突入する, 再登録などのために名前を再記入する.
【派生語】**rèéntry** 名 CU.

re·es·tab·lish /rìːistǽbliʃ/ 動 本来他 〔一般語〕組織や制度などを建て直す, 地位や職業などに再びつかせる, 復職させる.
【派生語】**rèestáblishment** 名 U.

reexamination ⇒reexamine.

re·ex·am·ine /rìːigzǽmin/ 動 本来他 〔一般語〕再試験する, 再検査する, 【法】証人を再尋問する.
【派生語】**rèexaminátion** 名 UC.

ref /réf/ 名 C 〔くだけた語〕審判員《★referee の略》.

re·face /riːféis/ 動 本来他 〔一般語〕壁や建物などの表面を張り替える.

re·fec·to·ry /riféktəri/ 名 C 〔一般語〕修道院や大学などの食堂.
[語源] ラテン語 reficere (=to refresh; re- again + facere to make) から派生した refectorium が中英語に入った.

re·fer /rifə́ːr/ 動 本来他 〔一般語〕〔一義語〕辞書などを参照する, 参考にする(to). その他 メモなどに頼る, 人物について問い合わせる. 〔やや形式ばった語〕何かに言及する, 引き合いに出す, 規則などが当てはまる, 関連している. その他 情報や助けを求めて人を差し向ける, 人に何かを参照させる, 何かを…のせいにする, あるいは問題の解決などを託す, 任せる, 委託する.
[語源] ラテン語 referre (=to bring back; re- back + ferre to carry) が古フランス語を経て中英語に入った. 本来の「元へ戻す, 持って帰る」意から「…に帰する」意が加わり, さらに「…に関連がある」の意が生れて現在の意味となった.
[用例] If I'm not sure how to spell a word, I *refer* to a dictionary. 単語の綴りがわからなければ辞書を引く/The speaker often *referred* to his notes. 演説者はしばしばメモを見た/I *referred* to your theories in my last book. 私はこの前出版した本であなたの理論に言及した/Does this *refer* to me? これは私のことを言っているのですか/For details, I *refer* you to the speech I made last week. 詳しくは, 先週私の行なったスピーチを参考にしてください/The dispute was *referred* to the arbitration board. 争議は調停委員会に一任された.
【慣用句】**refer back** 提案などを差し戻す. **refer to drawer**【商】手形などの振り出し人回し《★支払い一時停止を通知する決まり文句; R.D. と略す》.
【派生語】**reférable** 形 …に帰することができる, 関係うけることができる. **reference** 名 ⇒見出し.

ref·er·ee /rèfəríː/ 名 C 動 本来他 〔競技〕審判員, レフェリー《(法) くだけた語では ref が用いられる》. 〔一般語〕紛争などの調停人, 仲裁人, 《英》身元保証先, 身元保証人. 動 としてレフェリーをつとめる, 仲裁をする.
[語源] refer に「行為, 働きを受ける者」を意味する接尾辞 -ee がついた語で,「審査を委託される人, 解決を任される者」の意から. 初期近代英語から.
[用例] The referee sent two of the footballers off the field. レフェリーは2人のフットボール選手に退場を命じた/The government acted as *referee* in the dispute between the management and the trade union. 政府は労使間の紛争の調停役をつとめた/The lecturer agreed to act as (a) *referee* for the student. 講師はその学生の身元保証人を引き受けることに同意した/I've been asked to *referee* (a football match) on Saturday. 私は土曜日の(フットボールの試合の)レフェリー役を頼まれた.
[類義語] referee; umpire: **referee** はバスケットボール, レスリング, ボクシング, ラグビー, フットボール, ビリヤードなどの審判員を指し, 野球, テニス, 卓球, バレーボールなどの審判員は **umpire** という.

ref·er·ence /réfərəns/ 名 UC (⇒refer) 〔一般語〕〔一般語〕書物などにあたること, 参照. その他 参照箇所[事項], あるいは参照文献(reference book), また人物や身元などの照会, その照会先, 身元保証人, 記載した内容を記載した経歴, 信用, 人柄, 能力などの証明書, 推薦状. またあることに対する言及, あるいは人や物事への関連, 関係.
[語源] refer + -ence (名詞語尾). 初期近代英語から.
[用例] *References* are given in full at the end of this article. この論説の終わりに全参考文献[出典]が記載されています/All of these books are only for *reference*. これらの本はすべて閲覧専用です/Our new secretary had excellent *references* from her previous employers. 今度の秘書については, 元の雇い主たちから立派な人物証明書がきていた.
【慣用句】**in [with] reference to** …に関して:

With *reference* to your request for information, I regret to inform you that I am unable to help you. お問い合わせの件、遺憾ながらお役に立ち兼ねます. ***make reference to*** … …に問い合わせる、言及する: He *made reference to* your remarks at the last meeting. 彼はこの前の会であなたの発言内容にふれました. ***without reference to*** … …に関係なく.

【派生語】**referent** 名C【言】指示物《★言語記号が指し示すもの、book に対して実物の本など》. **rèferéntial** 形 参照の、指示している、…に関係のある.

【複合語】**réference bòok** 名C 参照文献《★辞書・辞典類のいわゆる「参考書」ではない》. 日本語のいわゆる「参考書」をいう. **réference library** 名C 参照文献図書館《★館外に貸し出しをしない》,(集合的) 参照文献. **réference màrk** 名C 参照記号 (*, †, §, //など). **réference ròom** 名C reference books のための**資料室**.

ref·er·en·dum /rèfəréndəm/ 名CU (複 ~s, -da) 〔形式ばった語〕国民[住民]投票.
語源 ラテン語 *referendum* (= thing to be referred) が19世紀から入った.
類義語 plebiscite.

referent ⇒reference.
referential ⇒reference.

re·fill /ri:fíl/ 動 本来他 /-/ 名C 〔一般語〕あるものを再び満たす、詰め替える、補充する. 名 として、ボールペンなどの替え芯、飲み物などのお替わり.

re·fine /rifáin/ 動 本来他 〔一般語〕一般義 石油、金属、砂糖などを精製する. その他 比喩的に言葉、態度、作法などを上品にする[になる]、洗練する、または細部まで気を配って改善する.
語源 re- + fine. 初期近代英語から.
用例 Oil is *refined* before it is used. 石油は精製してから使われる/You should *refine* your speech and manner. 言葉遣いや態度は上品にすべきですよ/We have *refined* our techniques considerably since the work began. 私たちは仕事を始めて以来かなり品質の改善を行ってきた.
慣用句 ***refine on [upon]*** … 細かい点に気を配って…を改良する、磨きをかける.
【派生語】**refined** 形 精製[精練]した、上品な、精巧な、厳密な、細かい. **refínement** 名UC 精製、上品、微妙(な点)、改良(品). **refíner** 名C 精製する人[機械]. **refínery** 名C 精製所、精製装置.

re·fit /ri:fít/ 動 本来他 〔一般語〕船など修理[改装](する)、再装備[再補給](する).

re·flate /rì:fléit/ 動 本来他 【経】デフレ対策として政策的に通貨を再膨張させる.
語源 re- + (in)flate. 米語用法として20世紀から.
【派生語】**rèflátion** 名U. **rèflátionary** 形.

re·flect /riflékt/ 動 本来他 〔一般語〕光や熱を反射する. その他 鏡などが像を映しだす、比喩的に考えを反映する、反省する、よくよく考える、思案する、また結果的に名誉、信用などをもたらす. 自 行為や事件などが非難[疑惑]を招くのように好ましくない意味にもなる.
語源 ラテン語 *reflectere* (re- back + flectere to bend) が古フランス語を経て中英語に入った. 「(進路)をそらす」が原義.
用例 The white sand *reflected* the sun's heat. 白い砂が太陽の熱を反射した/She was *reflected* in the mirror [water]. 彼女の姿が鏡[水面]に映った/The style of this poem *reflects* my mood when I wrote it. この詩の作風は私がこれを書いた時の気分をよく表している/Give him a minute to *reflect* (on what he should do). (なすべきことを)考える時間を、いっときでもいいから彼に与えてあげなさい/Her behaviour *reflects* (badly) on her mother. 彼女の行為は母親の恥となった.
類義語 think.
【派生語】**refléction** 名UC 反射、反響、映像、熟考、思案、意見、非難. **refléctive** 形. **refléctor** 名C 反射物[鏡]、反射望遠鏡.

re·flex /rí:fleks/ 形 名C 【生理】刺激に対して無意識的に反射的である、反射作用の、〔口語〕心の中で内省している. 名 として 【生理】反射運動、(複数形で)個人の反射能力、また物事の反映、反射された光[影、映像].
語源 ラテン語 *reflectere* (⇒reflect) の過去分詞 *reflexus* が古フランス語を経て初期近代英語に入った.
【派生語】**reflexion** 名《英》= reflection. **refléxive** 形 名C 【文法】再帰的用法(の)、再帰動詞[代名詞]): reflexive pronoun 再帰代名詞. **refléxively** 副.
【複合語】**réflex cámera** 名C レフレックス型カメラ.

re·for·est /ri:fɔ́(:)rist/ 動 本来他 《米》再植林する(《英》reafforest).
【派生語】**rèforestátion** 名U 再植林(《英》reafforestation).

re·form /rifɔ́:rm/ 動 本来他 名UC 〔一般語〕一般義 社会や制度などを改革する、改良[改善]する. その他 考え方や行動などを改めさせる、改心させる[する]. 名 として 改善、改革、矯正.
語源 ラテン語 *reformare* (re- again + fomrare to form) が古フランス語を経て中英語に入った.
用例 The criminal's wife stated that she had made great efforts to *reform* her husband. 犯人の妻は夫を改悛(かいしゅん)させることに努めてきたと述べた/the *reform* of our political system 政治制度の改革/He intends to make several *reforms* in the prison system. 彼は刑務所制度についていくつかの改正を行う意向である.
【派生語】**refórmable** 形. **refòrmabílity** 名U. **rèformátion** 名UC. **refórmatory** 形 改革[改良]の、矯正の. 名C 《米》少年院(《英》community home). **refórmer** 名C 改革家、《R-》宗教改革者. **refórmist** 名C 形.
【複合語】**refórm schòol** 名C 《米》= reformatory.

re-form /rì:fɔ́:rm/ 動 本来他 〔一般語〕物を再び作る、組織などを再編成する. 自 としても用いられる.

reformation ⇒reform.
reformatory ⇒reform.
reformer ⇒reform.
reformist ⇒reform.

re·fract /rifrǽkt/ 動 本来他 【理】光や音などを水やガラスなどの媒体が屈折させる.
語源 ラテン語 *refringere* (= to break up) の過去分詞 *refractus* が初期近代英語に入った. 光線や音波などの進路をこわし、くずして屈折させる意.
【派生語】**refráction** 名U. **refráctive** 形.
【複合語】**refrácting tèlescope** 名C 【天】屈折望遠鏡.

re·frac·to·ry /rifrǽktəri/ 形 〔やや形式ばった語〕
[一般義] 人や動物が**強情で手に負えない**. [その他]《医》病気が治りにくい, 難治性の, 病原菌に対して抵抗力がある, **免疫性**の,《冶》金属や鉱石などが**溶解しにくい**, また**耐火性**があるなどの意.
[語源] ラテン語 *refractarius* (=stubborn) が初期近代英語に入った.
【派生語】**refráctorily** 副.
【複合語】**refráctory bríck** 名 C 耐火れんが.

re·frain¹ /rifréin/ 動 [本来自] [一般義] したいと思うことを, 特に衝動的な行為などを**差し控える**, **こらえる**, **やめる** 《from》.
[語源] 「馬勒(?)をつける, 束縛する」の意のラテン語 *refrenare* が古フランス語を経て中英語に入った.
[用例] You are asked to *refrain* from smoking [from (drinking) alcohol]. たばこ[お酒]はご遠慮ください.
[類義語] refrain; abstain; forbear: **refrain** は最も普通に用いられ, 一時的な感情や衝動を抑制すること. **abstain** は意味が一番強く, 自分にとって害になることを計画的あるいは習慣的に避けること. また **forbear** は形式ばった語で意味が弱く, ちょっとしたことを差し控えたり遠慮したりする意.
【派生語】**refráinment** 名 U.

re·frain² /rifréin/ 名 [一般義] 詩や歌の各節の終わりの繰り返しの句, **繰り返し曲**, **リフレーン**, またしばしば繰り返される**言葉**[ぐち].
[語源] ラテン語 *refringere* (=to break off) から派生した古フランス語 *refraindre* (=to break) が中英語に入った. 詩や歌の流れを中断する(break) ことからと考えられる.

re·fresh /rifréʃ/ 動 [本来他] [一般義] [一般義] 人の気分や身体をさわやかにする, **元気を回復させる** 〔語法〕 この意味では~ oneself の構文が好まれる). [その他] 記憶などを**新たにする**, 知識や技術を**最新のもの**にする, 弱くなった火を再び勢いづける.
[語源] 古フランス語 *refreschi(e)r* (=to refresh; re- again + *fresche* fresh) が中英語に入った.
[用例] This glass of cool lemonade will *refresh* you. この一杯のレモネードで気分がさわやかになりますよ/When I'm studying, I *refresh* myself from time to time with a cup of coffee. 勉強中私は時々一杯のコーヒーを飲んで気分を一新します/I *refreshed* my memory by reading her old letter. むかし彼女にもらった手紙を読んだら彼女の記憶がよみがえた.
【派生語】**refrésher** 名 C 元気を回復させるもの, 〔くだけた語〕酒, 清涼飲料,《英》弁護士が長引いたときに弁護士に支払われる謝礼: **refresher course** 再教育のための**補習教育コース**. **refréshing** 形 さわやかで, 斬新でおもしろい. **refréshment** 名 UC 心身の爽快さ, 元気を回復させるもの, 〔複数形で〕軽い飲食物[食事]: **refreshment room** 駅や催事場の**軽食堂**.

refrigerant ⇒refrigerate.

re·frig·er·ate /rifrídʒəreit/ 動 [本来他] 〔形式ばった語〕食料品などを冷蔵庫で**冷蔵する**, **冷凍する**, あるいは一般に**冷却する** 〔語法〕この場合は cool のほうが一般的).
[語源] ラテン語 *refrigerare* (re- again + *frigerare* to make cool) の過去分詞が初期近代英語に入った. *frigerare* は *frigus* (=coldness) から派生した.
[用例] In hot weather, milk must be *refrigerated*. ミルクは暑いときには冷蔵しなければならない/Butchers *refrigerate* meat. 肉屋は肉を冷凍しておく.
[日英比較] 「冷蔵する」は refrigerate, 「冷凍する」は freeze といったはっきりした区別はない. refrigerate は冷凍の意味も含め, 広く冷蔵庫に貯蔵することをさす.
【派生語】**refrígerant** 形 冷却[冷凍]した,《医》解熱(用)の. 名 C 冷却物[剤], 解熱剤. **refrigerátion** 名 U. **refrìgerátor** 名 C 冷蔵庫〔語法〕くだけた語では《英》fridge,《米》icebox も用いる; 冷凍(冷蔵)庫は freezer〕, 冷却室[装置].

re·fu·el /riːfjúːəl/ 動 [本来他] 〔過去·過分 《英》-ll-〕 [一般義] 自動車, 船, 飛行機などに**燃料を補給する**.
【派生語】**rèfúeler**,《英》-ll- 名 C **燃料補給器**, **給油車**.

ref·uge /réfjuːdʒ/ 名 UC 〔形式ばった語〕 [一般義] 危険, 紛争, 苦境などからの**避難所**, **または保護**. [その他] 避難所, 隠れ家, **安全地帯**(《米》safety island), 転じてまさかの場合に**頼れる人**[もの], **窮余の策**.
[語源] ラテン語 *refugere* (re- back + *fugere* to flee) から派生した *refugium* が古フランス語を経て中英語に入った.
[用例] The outlaw sought *refuge* in the church. ならず者は教会に隠れようとした/Monasteries were *refuges* for outlaws. 修道院はならず者たちの隠れ家となっていた/He was a *refuge* of the oppressed people. 彼は虐げられた人々の頼りの綱だった.
[類義語] refuge; shelter: **refuge** の意ではほぼ同意に用いられるが, **refuge** のほうは危険や苦境から逃れる意味が強い形式ばった語であるのに対して, **shelter** は風雨を避けたり, 防空施設に隠れたりする意に用いることが多い.
【慣用句】*a house of refuge* 貧民収容所[施設].
take refuge in …. …に避難する.
【派生語】**refugee** /rèfjudʒíː/ 名 C 戦争, 迫害, 天災などのために国外へ脱出すると思われる俗ラテン語 *refugee camp* 難民収容所.

re·fund /riː(ː)fʌnd/ 動 [本来他], /ーˊー/ 名 UC 〔形式ばった語〕 金銭を**払い戻す**. 名 として**払い戻し金**.
[語源] ラテン語 *refundere* (=to pour back; re- back + *fundere* to pour) が古フランス語 *refonder* を経て中英語に入った.

re·fur·bish /riːfə́ːrbiʃ/ 動 [本来他] 〔形式ばった語〕床や金属製品などを磨き直して**ぴかぴかに仕上げる**, 家などを**改装して一新する**.
[類義語] renovate.

refusal ⇒refuse¹.

re·fuse¹ /rifjúːz/ 動 [本来他] [一般義] [一般義] 申し出, 要求, あるいは相手に対する援助, 許可などを**拒絶する**, **拒否する**. [その他] 〈不定詞を伴って〉人, 動物, ものがどうしても…しない. 自 断る, 馬が垣を跳び越そうとしないで立ち止まる.
[語源] ラテン語 *recusare* (拒否する) と *refutare* (反ばくする) の混成によると思われる俗ラテン語 **refusare* が古フランス語 *refuser* を経て中英語に入った.
[用例] He *refused* my offer of help. 彼は私のほうからの援助の申し出をきっぱり断った/I was *refused* admittance to the club. 私はそのクラブへの入会を拒絶された/She *refused* to believe what I said. 彼女は私のことばを信じようとしなかった.
[類義語] refuse; decline; reject: **refuse** は申し出や

要請を強い態度ではっきり断ること. **decline** は refuse よりも穏やかで丁寧な断り方をすること. **reject** は refuse よりも更に強い語調で, しばしば敵意や軽蔑の意を含み, きっぱりと断ること.

[反意語] accept.

[派生語] **refúsal** 名 UC 拒絶, 辞退, 《the ～》取捨選択権: the first *refusal* 先買[優先]権.

ref·use² /réfju:s/ 名 U 形 [一般語]価値がなく, 役に立たないものとして捨てられた廃物, ごみ, くず. 形 としては廃物の, 無価値の.

[語源] 古フランス語 *refuser* (⇒refuse¹) の過去分詞形 *refusé* が中英語に入った.

【複合語】**réfuse dùmp** 名 C ごみ集積場.

refutable ⇒refute.
refutation ⇒refute.

re·fute /rifjú:t/ 動 [本来他] [形式ばった語] 人の意見などに対してその誤りを明らかにし, 相手を論駁(ばく)する, やり込める.

[語源] ラテン語 *refutare* (=to beat back) が古フランス語を経て初期近代英語に入った.

[派生語] **refútable** 形. **refutátion** 名 UC.

re·gain /rigéin/ 動 [本来他] [一般語] [一般義] いったん失ったものを取り戻す, 健康などを回復する. [その他] [形式ばった語] もとの場所に帰りつく, もとの状態に戻る.

[語源] 古フランス語 *regainer* (*re*- again+*gainer* to gain) が初期近代英語に入った.

[用例] The champion was beaten in January but *regained* the title in March. チャンピオンは 1 月には試合で敗れたものの, 3 月にはタイトルを奪還した/He was obviously very shocked but he soon *regained* his composure. 彼は大きなショックを隠せなかったが, すぐに落ち着きを取り戻した.

[類義語] recover.

【慣用句】***regain one's feet*** [***footing***; ***legs***; ***balance***] 倒れた人が起き上がる, よろめきながらも立ち直る.

re·gal /rí:gəl/ 形 [形式ばった語] 帝王の, 王にふさわしい, 堂々としてりっぱな.

[語源] ラテン語 *rex* (=king) から派生した *regalis* (=relating to the king; royal) が古フランス語を経て中英語に入った.

[類義語] ⇒royal.

[派生語] **régally** 副.

re·gale /rigéil/ 動 [本来他] 名 UC [形式ばった語] 食べ物や飲み物で人を存分にもてなす, 音楽などが人を大いに楽しませる, 満足させる. 名 として大変なご馳走.

[語源] 古フランス語 *regale* (=feast; *re*- 強意+*gale* pleasure) から派生した 動 *regaler* が初期近代英語に入った.

re·ga·lia /rigéiljə/ 名 C 《複》[形式ばった語] 《単数または複数扱い》王冠 (crown), 笏(しゃく) (scepter), 宝珠 (orb) など王位の象徴, 即位の宝器, また一般に協会などの記章や正式できらびやかな服装など.

[語源] ラテン語 *regalis* (⇒regal) の中性複数形.

re·gard /rigá:rd/ 動 [本来他] 名 UC [一般語] 《～ ... as ...で》ある人, 名, ものこと, を…だとみなす. [その他] [形式ばった語] ある態度や目で…を見る, ながめる, 《通例否定文または疑問文で》人の意見, 勘定, 望みなどに注意を払う, 評価する, 尊重[尊敬]する, [文語]注視[注目]する, [古語; 文語]…と関係[関連]がある. 名 としては, [形式ばった語] 関心, 配慮, 好感, 尊敬, あるいは考慮すべき点, 箇所, 事柄, [文語] 《単数形で》

注視などの意. さらに 《複数形で》 手紙や伝言の結びの文句で「よろしく」というあいさつ.

[語源] 古フランス語 *regarder* (=to look at; *re*- back +*garder* to guard) が中英語に入った.

[用例] He is *regarded* as a nuisance by his neighbours. 彼は近所の人たちの鼻つまみ者である/I *regard* him with horror. 私は彼を恐怖の目でみている/He is very highly *regarded* by his friends. 彼は友だちにたいへん高くかわれている/You should *regard* his warnings [advice]. 君は彼の警告[忠告]に耳を傾けるべきだ/Do you think it *regards* me at all? いったいそれが私に関係があると思っているのですか/He shows no *regard* for other people. 彼は他人のことなど眼中にない/I hold him in high *regard*. 私は彼のことを高くかっている.

[類義語] regard; consider: 「…とみなす」の意では **regard** が最も普通に用いられ, 外見上から判断する場合をいうのに対し, **consider** は十分に考えた結果判断をくだすことをいう. 「尊重する」の意では ⇒respect.

【慣用句】***as regards***... [形式ばった表現]…に関しては. ***give one's*** [***best***; ***kind***] ***regards to*** ... ...〈くれぐれも〉よろしくと伝える. ***in*** ... *'s regard* ... について は. ***with*** [***in***] ***regard to*** ... [形式ばった表現]…に関しては. ***without regard to*** [***for***] ... ...をかえりみずに: He ran into the burning house, *without regard for* his safety. 彼は身の安全をもかえりみず, 燃えている家にとびこんでいった.

[派生語] **regárdful** 形 [形式ばった語] 注意深い, 思いやりのある. **regárding** 前 [形式ばった語] …に関しては. **regardless** 形 副 ⇒見出し.

re·gard·less /rigá:rdlis/ 形 副 《⇒regard》[一般語] 《*of* ～》…にかかわらず, …に関係なく. [その他] 本来気にかけない, 無頓着なの意. 副 として 〈くだけた語〉反対, 危険, 不利な結果などにおかまいなく, 何が何でも, とにかく.

[語源] regard+-less. 初期近代英語より.

[用例] *regardless* of age 年令に関係なく/He is known as a man who was *regardless* of the world. 彼は世事に無頓着だった人として知られている/There may be difficulties but I shall carry on *regardless*. いろいろ困難な点もあるだろうが, とにかく続けていくつもりだ.

re·gat·ta /rigætə/ 名 C [一般語] ボートやヨットのレース, レガッタ, またはその大会.

[語源] イタリア語 *regata* (=contest) が 17 世紀に入った. もとはベニスの gondola レースを指した.

regency ⇒regent.

re·gen·er·ate /ridʒénəreit/ 動 [本来他], /-rit/ 形 [文語] 人を精神的, 道徳的に生まれ変わらせ, 更生させる, 《生》失った部分を再生させる, さらには社会, 制度などを改革する, 刷新する. 形 として更生した, 再生した.

[語源] ラテン語 *regenerare* (*re*-+*generare* to generate) の過去分詞が初期近代英語に入った.

[派生語] **regèneràtion** 名 U. **regénerative** 形. **regénerator** 名 C.

re·gent /rí:dʒənt/ 名 C 形 [一般語] 国王が幼少, 病気などの間に王権を代行する摂政, また大学などの教育機関の理事, 評議員. 形 として 《名詞の後で》摂政の.

[語源] ラテン語 *regere* (=to rule) の現在分詞 *regens* が古フランス語を経て中英語に入った.

【派生語】**régency** 名 UC 摂政期, 摂政政治.

reg·i·cide /rédʒəsáid/ 名 UC 〔やや形式ばった語〕特に自分の国の国王殺し, 大逆罪, またその犯人.
[語源] ラテン語 *rex* (=king)+*-cide*「…殺し, 殺す者」. 初期近代英語から.

re·gime, ré·gime /reiʒí:m/ 名 C 〔形式ばった語〕特に思想, 主義などの観点から見た**政治形態, 体制, 政権, 統治**.
[語源] ラテン語 *regimen* (⇒regimen) がフランス語 *régime* を経て 18 世紀に入った.

reg·i·men /rédʒəmən/ 名 C 〔形式ばった語〕[一般義] 養生, 健康のための食餌療法など, 摂生. [その他]〔文法〕主語の動詞に対する支配, 前置詞の目的語.
[語源] ラテン語 *regere* (=to rule) から派生した *regimen* が中英語に入った. to rule の意味から, 健康のために生活を規制 (regulate) するという意味に発展した.

reg·i·ment /rédʒəmənt/ 名 C 動 [軍] 大佐 (colonel) を指揮官とする**連隊**. また〔一般に〕〔しばしば複数形で〕人, 鳥, 昆虫などの**大群, 大勢**,〔古語〕人, 国に対する**支配, 統治**. 動として連隊に編入する, 厳しく**画一的に扱う, 統制する**.
[語源] ラテン語 *regere* (=to rule) から派生した後期ラテン語 *regimentum* が古フランス語を経て中英語に入った.
【派生語】**règiméntal** 形 連隊に属した, 統制的な. 名〔複数形で〕連隊服, 軍服. **règimentátion** 名 U.

re·gion /rí:dʒən/ 名 C [一般義] 地理的のみならず文化的にも社会的な特徴により分けられた広大な**地方[地域]**. [その他] 行政区域や管区.《(the ~s)》中央から離れた**地方**, 田舎の意. また宇宙, 大気, 海などの層,〔やや形式ばった語〕学問や芸術あるいは興味や関心の**領域, 範囲**, 身体の**部位**の意を意味する.
[語源] ラテン語 *regere* (=to rule) から派生した名 *regio* (=direction; quarter) が古フランス語を経て中英語に入った. 中英語では, もともと「王国」の意であったが, 「支配地」「分割地」などの意味を経て今日に至っている.
[用例] The Midlands is a *region* of England that I know very well. ミッドランド[中部]地方はイギリスの中でも私のたいへんよく知っている地方です/Scotland is divided into several *regions*. スコットランドはいくつかの地域に分かれている.
[類義語] region; district; area; zone: **region** は地理的・文化的・社会的な特徴により明確に区別されたかなり広い地域を指す. **district** は特に行政・司法・選挙等の目的ではっきり区分された地区: a postal *district* 郵便区/a school *district* 学区. **area** is a grassy *area* (草の生えた地域) のように region や district より狭く, 行政以外の特徴をもつ地域. ただし広さに関係なく, 一般的にひとつの地域を指すこともある. **zone** はある特定の目的をもって他と区別され, しばしば環状・帯状の地域: no-parking *zone* 駐車禁止区域.
【慣用句】***in the region of* ...** …の近くに, 約…: I have a pain *in the region of* my heart. 心臓のあたりが痛い.
【派生語】**régional** 形 特定**地域[地方]の**, 地方的な, 局部的な. **régionalism** 名 U **地方分権主義[制度]**, 地方色, 方言. **régionally** 副.

reg·is·ter /rédʒistər/ 名 UC 動 本来他 [一般義] [一般義] 人の名前, 出生, 結婚, 死亡などの公の**登録, 記録**. [その他] 登録[記録]簿の意味となり, また店などで使われる**自動登録器, レジ(スター)** (cash register), 暖房機の風量調節装置の意味になる. さらに【楽】楽器などの**音域, 人の声域, オルガンの音栓, ストップ**,【言】言語の**使用域**,【印】**見当**. 動としては, 登録する, 記録する, 温度計が温度を示す, 郵便物を書留にする,〔形式ばった語〕人, 顔が喜怒哀楽の感情を表す,〔くだけた語〕〔否定文で〕**心に留め, 印象に残る**.
[語源] ラテン語 *regerere* (=to record; *re*- back+*gerere* to carry) の過去分詞から派生した *registrum* (list) が古フランス語を経て中英語に入った.
[用例] *register* the birth of baby 赤ん坊の出生届を出す/In many countries, foreigners have to *register* with the police. 多くの国において, 外国人は警察に登録をしなければならない/We found the *register* of his birth, marriage and death. 彼に関する出生・結婚・死亡を記載した登録簿が見つかった/What is the *register* of a trumpet? トランペットの音域はどこまでですか/It is important to mark *registers* for learners of a language. 言語を学ぶ人にはその言語の使用域を教えることが大切である/If you *register* this parcel, you will receive compensation if it is damaged or lost. この小包を書留で送れば, 破損または紛失した場合, 補償金が支払われます/You must *register* your complaint with the manager. 苦情があれば支配人に言ってください/Her face has not *registered* with me. 彼女の顔は私の印象に残ってない.
[類義語] list.
【派生語】**régistered** 形 登録[登記]された, 公認の, 書留にした: **registered nurse**《米》正看護婦[師]（★R.N. と略す）. **régistrant** 名 C 登録[登記]者. **régistrar** 名 C 登記[戸籍]係, 大学などの教務[学簿]係. **règistrátion** 名 UC 登録[登記], 書留,《集合的に》登録者(数), 温度計などの表示: **registration number** 自動車の登録番号(license number). **régistry** 名 C 登録[登記],（戸籍）登録所, 書留: **registry office**《英》=register office.
【複合語】**régister òffice** 名 C《米》戸籍登記所（《英》registry office）.

reg·nant /régnənt/ 形 〔形式ばった語〕《通例名詞の後に用いて》特に女王が**統治[支配]する**. また習慣などが**支配的な, 最も影響力のある**.
[語源] ラテン語 *regnare* (=to reign) の現在分詞 *regnans* から初期近代英語に入った.

re·gress /ri(:)grés/ 動 本来自, /rí:gres/ 名 C 〔形式ばった語〕以前の段階に**後退する**, 流れに**逆行する**, 病気などから**復帰する**,【天】回帰する. 名としては**後戻り**,【論】**遡及**.
[語源] ラテン語 *regredi* (=to go back) の過去分詞 *regressus* (=returning) が中英語に入った.
[反義語] progress.
【派生語】**regréssion** 名 U. **regréssive** 形.

re·gret /rigrét/ 動 本来他 名 UC [一般義] [一般義] ある事柄, または何かが出来なかった事を**残念に思う**, してしまったことを**後悔する**,〔形式ばった語〕失ったものを**惜しむ**, 人の死を**悼**(いた)**む**などの意. 名としては, **残念, 後悔, 哀悼**,〔形式ばった語〕《複数形で》招待に対する丁重な**断り(状)**.
[語源]「人の死を悲しむ」の意の古フランス語 *regreter* から中英語に入った.
[用例] I *regret* to have to do this, but I have no

choice. 残念ですがこうするよりほかに仕方がないのです/I *regret* to inform you that your application for the job was unsuccessful. 残念ながらあなたの就職のお申し込みはうまくいきませんでした/I *regret* my foolish behaviour. われながらばかな振舞いをしたものだと後悔している/I *regret* that I missed the concert [missing the concert]. 音楽会に行けなくて残念でした/It was with deep *regret* that I heard the news of his death. 彼の死を知らされ, 私は深い悲しみにつつまれた.

[語法] I *regret* to say …(残念ながら…である) が形式ばった表現で '現在' のことをいっているのに対し, '過去' に言及するときは (完了) 動名詞または完了不定詞を用いて I *regret* saying [having said; to have said] … のようにいう.

[類義語] regret; repent: **regret** が思い通りにいかなくて残念に思う, 過去のこと, 失ったことを惜しむことを表す一般的であるのに対して, **repent** は形式ばった語で, 宗教的に自分の罪や過去を悔い改める意が強い.

【慣用句】*to one's regret* 残念ながら.

【派生語】**regrétful** 形 残念[遺憾]に思う, 悲しんで (《語法》人が主語になる): She gave a *regretful* smile. 彼女は残念そうな笑みをうかべた. **regrétfully** 副. **regréttable** 形 《形式ばった語》嘆かわしい, 残念な (《語法》行為や事態が主語になる): It is most *regrettable* that he behaved like that. 彼があのような振るまいをしたのは非常に残念だ. **regréttably** 副 《文全体を修飾して》悲しいことには, 嘆かわしいことに, 残念ながら, 残念なことに.

re·group /riːɡrúːp/ 動 [本来他] 〔一般他〕組織などを組分けし直す, 再編成する.

reg·u·lar /réɡjulər/ 形 名 C 〔一般語〕[一般名] 規則的な, 定期的な. [その他] 一定の, 決まったの意から, いつもの, 通常のの意になる. また行動や配置が規則にあてはまり秩序整然とした, 系統立ったということから, 資格などが正式の, 本職の, 聖職者が修道会に属している, 《スポ》選手がレギュラーの, 《文法》規則変化をする, 《米》服や靴のサイズが標準の. さらに〔くだけた語〕まぎれもない, 多くの, あるいは《米》気持のいい, すてきなの意味にもなる. 名 としては, 組織などに正式に属している人, 例えば正社員, 常雇, 正規兵, 正選手, 修道士[女], 《米》忠実な党員, 〔くだけた語〕店などの常連.

[語源] ラテン語 *regula* (=rule; ruler) から派生した「法[規則]にかなう」という意味の形 *regularis* が古フランス語を経て中英語に入った.

[用例] This isn't his *regular* route to town. これは彼が街へ行くいつもの道ではない/Saturday is his *regular* day for shopping. 彼にとって土曜日は, きまって買物に行く日です/They placed guards at *regular* intervals round the camp. 彼らは野営地のまわりに一定の間隔で見張りを置いた/Is his pulse *regular*? 彼の脈拍は正常ですか/Are his bowel movements *regular*? 彼は便通がきちんとありますか/He keeps *regular* hours. 彼は規則正しい生活をしている/He's a *regular* visitor. 彼はここの常連です/He's looking for a *regular* work. 彼は定職を探している/'Walk' is a *regular* verb, but 'go' is an irregular verb. walk は規則動詞だが, go は不規則動詞である/Her features are small and *regular*. 彼女は小ぢんまりとして整った目鼻だちである/He's a *regular* scoundrel. 彼はまったくの悪党だ/I don't want the large size of packet—just give me the *regular* one. 大きい箱のほうは要りません. ふつうので結構です/The barman gave the free drinks to the *regulars* at Christmas. クリスマスの日, バーテンは常連客にただ酒をふるまった/They joined the soccer team as *regulars*. 彼らはレギュラーとしてサッカー・チームに加わった.

[反意語] irregular.

【派生語】**regulárity** 名 U 規則正しさ, 秩序, 均整. **régularize** 動 [本来他] 規則正しくする, 合法化する, 調整する. **régularly** 副.

【複合語】**régular compárison** 名 U 《文法》形容詞の規則(比較)変化. **régular conjugátion** 名 U 《文法》動詞の規則活用. **régular vérb** 名 C 《文法》規則動詞.

reg·u·late /réɡjuleit/ 動 [本来他] 〔一般語〕[一般他] 規則などにより交通や経済活動を取締まる, 規制する. [その他] 機械, 数量などを調節する, 調整する, 一定にする, 規則的にする.

[語源]「指導する, 規制する」の意の後期ラテン語 *regulare* の過去分詞 *regulatus* が初期近代英語に入った.

[用例] We must *regulate* our spending. 消費を抑えることが必要だ/Traffic lights are used to *regulate* traffic. 交通整理には交通信号が使われる/This radiator can be *regulated* by this small dial at the side. この暖房器は側面にある小さなダイアルで調節することができる.

[類義語] ⇒control.

【派生語】**règulátion** 名 CU 規則, 規約, 規制, 取り締まり. **régulator** 名 C 取締まる[規制する]人, 調整器, 調節装置.

re·gur·gi·tate /riɡə́ːrdʒəteit/ 動 [本来他] 〔形式ばった語〕鳥などがひなにえさをやるために食物を胃から口へ吐き戻す, 〔軽蔑的な語〕比喩的によく分析や理解をせずに他から得た情報を受け売りする.

[語源] 中世ラテン語 *regurgitare* (*re-* back +*gurgitare* to engulf) の過去分詞 *regurgitatus* が初期近代英語に入った.

re·ha·bil·i·tate /rìːhəbíləteit/ 動 [本来他] 〔形式ばった語〕〔一般他〕病人, 身障者, 犯罪者などを社会復帰させる, リハビリを行う. [その他] 悪い状態を元の良い状態に戻す, 人の地位や名誉などを回復する.

[語源] 中世ラテン語 *rehabilitare* (*re-* again +*habilitare* to habilitate) の過去分詞が初期近代英語に入った.

【派生語】**rèhabilitátion** 名 U.

re·hash /riːhǽʃ/ 動 [本来他] /ˌ-ˈ-/ 名 CU 〔やや軽蔑的な語〕古いものを大した変更や改良などを加えないまま作り直す, 焼き直す, 古い議論などを蒸し返す. 名 として焼き直し, 蒸し返し, 改作.

re·hear /riːhíər/ 動 [本来他] 〔過去・過分 -heard〕〔一般他〕聞き直す, 《法》裁判所が同一事件について再審(理)する.

【派生語】**rèhearing** 名 C.

rehearsal ⇒rehearse.

re·hearse /rihə́ːrs/ 動 [本来他] 〔一般語〕[一般他] 演奏会, 演劇会, 式典などに備えて下けいこする, 練習する. [その他] 話すつもりの語句を繰り返し言う, 以前に何度も述べられたことを列挙する.

[語源] 古フランス語 *reherc(i)er* (=to repeat; *re-* again+*herc(i)er* to harrow) が中英語に入った.

rehouse /riːháuz/ 動 本来他 〔形式ばった語〕〔通例受け身〕人に新しい〔違う〕家を提供する，新しい住居に住まわせる．

reign /réin/ 名 CU 本来自 〔やや形式ばった語〕王や君主などによる統治，君臨，治世，〔スポ〕選手やチームのタイトル保持期間．動 として治める，支配する．
[語源] ラテン語 rex (= king) の派生語 regnum (= kingdom) が古フランス語を経て中英語に regne として入った．動は regnum から派生した regnare (= to reign) から．
【派生語】**réigning** 形 君臨している，タイトルを保持している，現….

reimbursable ⇒reimburse.

re·im·burse /riːimbə́ːrs/ 動 本来他 〔形式ばった語〕《通例受け身》人に費用を返済する，損害を弁償する，弁済する．
[語源] re-+ 'imburse. imburse はラテン語 bursa (= purse) に由来する中世ラテン語 imbursare (= to put in the purse; to pay) が初期近代英語に入った語．
【派生語】**reimbúrsable** 形．**reimbúrsement** 名 UC.

rein /réin/ 名 C 動 本来自 〔一般語〕〔一般語〕《通例複数形で》馬にとる手綱．その他 〔英〕幼児用引き綱．また比喩的に〔形式ばった語〕制御(の手段)，支配．動 として，馬などを手綱で御する，感情などを抑える，支配する．
[語源] ラテン語 retinere (= to retain) から派生した俗ラテン語 *retina (手綱) が古フランス語を経て中英語に入った．
[用例] You must hold the *rein* tightly or the horse will run away. 手綱をしっかりにぎっていないと馬が逃げていってしまいますよ／The mother had to put *reins* on the toddler. 母親は，よちよち歩きの赤ん坊に(歩行用)引き綱をつけねばならなかった／I couldn't *rein* my temper so easily. 私はそう簡単には感情を抑えることが出来なかった．
【慣用句】*draw rein* = *draw in the reins* 手綱を引いて馬を止める，速度をおとす．*give (free) rein to …* = *give the rein(s) to …* …を自由に歩ませる，好き勝手にさせる，感情，想像のおもむくままにする．*hold the reins of …* …の支配権を握っている: The President is the Head of the State, but who actually *holds the reins of* power? 大統領は国家の元首が，実際に権力をにぎっているのは誰か．*keep a tight rein on …* 感情などを厳しく抑える，しっかり管理する．*rein back [in; up]* 馬を手綱で引き止める，歩調をゆるめる．*take the reins* 馬の手綱をとる，支配[掌握，制御]する．

re·in·car·nate /riːinkáːrneit/ |-- --| 動 本来他, /-nit/ 形 〔形式ばった語〕〔しばしば受け身〕死後の人に再び別の肉体を与える，化身させる．形 として化身した，生まれ変わった．
【派生語】**rèincarnátion** 名 U 霊魂再来説．

rein·deer /réindiə r/ 名 C 〔動〕北極地方およびヨーロッパ，北米，アジアの北部に生息し，大きな枝角を持つトナカイ (※現在は caribou と呼ばれる)．
[語源] 古ノルド語 *hreindýri* (*hrein* reindeer + *dýr* animal) が中英語に入った．

re·in·force /riːinfɔ́ːrs/ 動 本来他 〔形式ばった語〕設備などを補強する，兵員や物資などを補給する，軍隊を強化する，また一般に数や量を増やして強化する．感情を高める，考えを強める．
[語源] re-+enforce の変形の inforce. 初期近代英語から．
【派生語】**rèinfórcement** 名 UC.
【複合語】**réinforced cóncrete** 名 U 鉄筋コンクリート (ferroconcrete).

re·in·state /riːinstéit/ 動 本来他 〔形式ばった語〕人を元の地位や職に復帰させる，復権させる，また一般に元通り回復する．
【派生語】**rèinstátement** 名 UC.

reinsurance ⇒reinsure.

re·in·sure /riːinʃúə r/ 動 本来他 〔一般語〕保険会社が危険分散のためその引受責任を他の保険会社に移す，再保険をかける．
【派生語】**rèinsúrance** 名 U 再保険．

re·is·sue /riːíʃuː/ 動 本来他 〔一般語〕絶版になった本や切手，通貨などを再発行する．名 として再発行されたもの．

reiteration ⇒reiterate.

re·it·er·ate /riːítəreit/ 動 本来他 〔形式ばった語〕強調あるいは明確にするために繰り返し行う，繰り返し言う．
[語源] ラテン語 *reiterare* (= to go over again; re- again + *iterare* to do a second time) が初期近代英語に入った．
[類義語] repeat.
【派生語】**rèiterátion** 名 UC.

re·ject /ridʒékt/ 動 本来他, /ríːdʒekt/ 名 C 〔一般語〕〔一般語〕提案，申し出，要請などを不適当，不要なものとして，きっぱりと拒絶する．その他 要求などを受け入れようとしない，人に対して当然与えられるべき愛情を与えない，また食べた物をもどす，胃袋が拒否反応を示す，あるいは不要な物を捨てる．名 として不合格者[品]，不良品．
[語源] ラテン語 *re(j)icere* (= to throw back; re- back + *jacere* to throw) の過去分詞 *rejectus* が中英語に入った．
[用例] She *rejected* his offer of help. 彼女は彼からの援助の申し出をきっぱり断った／He asked her to marry him, but she *rejected* him. 彼は彼女に結婚を申し込んだが，彼女はすげなく断った／This machine accepts 10 pence pieces but *rejects* foreign coins. この機械は 10 ペンス硬貨などが外国の硬貨は無効である／My stomach *rejects* anything sour. 私の胃袋は酸っぱいものはいっさい受けつけない／This pipe is cheap because it's a *reject*. このパイプはきず物ので安い．
[類義語] ⇒refuse¹.
[反意語] accept.
【派生語】**rejéction** 名 UC.

re·joice /ridʒɔ́is/ 動 本来自 〔形式ばった語〕大いに喜ぶ，うれしがる《at; over; in; 不定詞》《語法 be glad [pleased] より気取った語》．
[語源] 古フランス語 *rejoir* (re- 強意+*joir* to be joyful) が中英語に入った．
[用例] They *rejoiced* at [over] the news of the victory. 彼らは勝利の知らせを聞いて喜んだ／I *rejoice* to hear that you've passed the examination. 試験に合格されたことを喜んでいます．
【慣用句】*rejoice in …* 《しばしば戯言的》…に恵まれている，奇妙な名前などを持っている: He *rejoices in*

the name of Chal. 彼はチャルという名前だ.
【派生語】**rejóicing** 名 UC 特に多数の人による喜び,《複数形で》祝賀, 歓呼.

re·join¹ /ridʒɔ́in/ 動 本来他 〔形式ばった語〕相手の言ったことなどにさっぱりと返答する, ぶっきらぼうに言い返す, 〘法〙被告側が第二答弁する.
語源 古フランス語 *rejoindre* (*re-* back + *joindre* to join) が中英語に入った.
【派生語】**rejoínder** 名 C 応答, 返答.

re·join² /rìːdʒɔ́in/ 動 本来他 一般義 再合同させる, 元の仲間に再び入れる. 自 再び仲間入りする.

re·ju·ve·nate /ridʒúːvənèit/ 動 本来他 〔形式ばった語〕一般義 人を若返らせる, 元気や活力を回復させる. その他 中古車などを新品同様に修理する, 町などを活性化する.
語源 *re-* + ラテン語 *juvenis* (= young) + *-ate* (...させるの意の動詞語尾). 19世紀から.
【派生語】**rejùvenátion** 名.

re·kin·dle /rìːkíndl/ 動 本来他 〔形式ばった語〕紙や木などに再び火をつけて再燃させる, 元気や情熱などを再び燃え立たせる, 記憶などを再びよみがえらせる.

re·lapse /riléps/ 動 本来自 名 C 〔形式ばった語〕元の悪い状態や習慣, 病状, 非行などに逆戻りする, 再び陥る. 名 として 逆戻り, 堕落, 退歩.
語源 ラテン語 *relabi* (*re-* back + *labi* to slip) の過去分詞 *relapsus* から中英語に入った.

re·late /riléit/ 動 本来他 〔形式ばった語〕一般義 あるものを何かと関係〔関連〕づける. その他 〘受身で〙ある人(たち)と親戚〔縁故〕関係を持たせる, あるいは《しばしば否定文で》他人と調子を合わせていく, ...順応する, 同情する, なじむ. また言葉によって関係のうえるという意味から, 事実, 経験などを話す, 物語る (語法 tell のほうが一般的).
語源 ラテン語 *referre* (⇒refer) の過去分詞 *relatus* が古フランス語を経て中英語に入り, 「知らせる」→「話す」→「言及する」→「関連づける」などの意味変化をしてきた.
用例 In his biography he *relates* the queen's love of power to the fact that she had never married. 彼の伝記の中で, 女王の権力欲を彼女が結婚してなかったという事実と結びつけている/These two incidents can easily be *related*. これら2つの事件は容易に結びつく/He *related* all that had happened to him. 彼は自らの身に起こった出来事を全部話した/Does crime *relate* to poverty? 犯罪は貧困と関係がありますか.
【派生語】**reláted** 形 関係のある, 親戚(関係)の. **relation** 名 ⇒見出し. **relative** 名 形 ⇒見出し.

re·la·tion /riléiʃən/ 名 UC (⇒relate) 〔一般義〕 一般義 2つ〔人〕以上のものの間の関係 (しばしば複数形で)国家・民族間に生じる利害関係, 感情的または行為的関係, 友人同士の間柄, 交際, 交友, 〔形式ばった語〕男女の性的〔肉体〕関係, あるいは血縁関係のある親戚の人. また〔形式ばった語〕話(をすること), 物語, 説話を意味する.
用例 I can find no *relation* between crime and poverty. 犯罪と貧困の間にはいかなる関係も見られない/The friendly *relations* between these two countries have weakened. これら2国間の友好関係にかげりがさしてきた/They established friendly [diplomatic] *relations* with their former enemies. 彼らはかつての敵との間に友好関係を確立した/When I married my wife, all her *relations* became my *relations* by marriage. 妻と結婚して, 妻の親類の人たちすべては私の姻戚関係になった.
類義語 relation; relationship; relative: 「関係」の意味では, **relation** が複数形で国際関係も含め密接な相互関係を示す一般語であるのに対して, **relationship** は人間関係など深い情緒的な関係を指すことが多い少し形式ばった語である. 特に親戚関係の意では後者のほうが普通. ただし両者はほとんど同意に用いられることが多い. 個々の親戚〔親類〕の人をいうときは relation よりも **relative** のほうが普通である.
【慣用句】*bear [have] relation to* ... ...と関係がある. *in [with] relation to* ... ...に関して.
【派生語】**relátional** 形 関係のある, 親類の, 〘文法〙文法関係を表す. **relátionship** 名 UC 関連, 関係, 特に親戚〔交友〕関係.

rel·a·tive /rélətiv/ 形 名 C (⇒relate) 〔一般義〕
一般義 「絶対的」に対し, 相対的(な), 比較的(な). その他 〔形式ばった語〕あること[もの]と関係がある, ...に対応する(to), あるいは 〘文法〙関係を示す. として 〔形式ばった語〕親類〔身内〕の人, 〘文法〙関係詞, 〘哲〙相対的存在, 関係物.
用例 the relative *speeds* of a car and a train 自動車と列車の相対的な速度/She is living in *relative* poverty. 彼女は比較的貧しい生活をしている/All his *relatives* attended the funeral. 彼の親戚の人たち全員が葬儀に参列した.
類義語 ⇒relation.
反意語 absolute.
【慣用句】*relative to* ... ...に比べて, ...に関して, ...に比例して: Have you any information *relative* to the effect of penicillin on mice? ペニシリンのマウスに及ぼす効果について何かご存知ですか.
【派生語】**rélatively** 副 比較的に, 相対的に. **rélativism** 名 U 相対主義. **rèlatívity** 名 U 〘理・哲〙相対性理論, 関連性.
【複合語】**relative ádjective** 名 C 〘文法〙関係形容詞. **relative ádverb** 名 C 〘文法〙関係副詞. **relative cláuse** 名 C 〘文法〙関係(詞)節. **relative prónoun** 名 C 〘文法〙関係代名詞.

re·lax /riléks/ 動 本来他 〔一般義〕一般義 精神的な緊張をゆるめくつろがせる, 体を楽にする, 法律や規則などを緩和する, 寛大にする. 自 くつろぐ, リラックスする.
語源 ラテン語 *relaxare* (*re-* back + *laxare* to loosen) が中英語に入った. release と同語源.
用例 The doctor told him that he must *relax*. 医者は彼に気持を楽にしなさいと言った/*Relax*, will you! よくよするな/That drug will *relax* your muscle. その薬は筋肉の凝りをほぐすのにききますよ/The rules were *relaxed* because of the Queen's visit. 女王のご訪問で諸規則が緩和された.
反意語 tighten.
【派生語】**rèlaxátion** 名 UC くつろぎ, 気晴らし, 娯楽, 緩和. **reláxing** 形 気候などがなま暖かい, けだるい.

re·lay¹ /ríːlei, riléi/ 名 C 動 本来他 〔やや形式ばった語〕一般義 勤務などのための交替, または交替勤務の人々〔班〕. その他 本来は旅行や猟などの替え馬, 乗り継ぎ馬, 替え犬の意で, それから次々に選手を交替させるリレー競走, テレビ, ラジオの中継(放送), 〘電〙中継器

継電器，リレーなどを指すようになった．**動** として**中継放送をする**，情報などを**中継ぎして伝える**．

語源 古フランス語 *relaier* (= to leave behind; *re-* back + *laier* to leave) から派生した *relai* (狩りでの控えの一組の犬) が中英語に入った．

【複合語】**rélay ràce** 名 C リレー競走． **rélay stàtion** 名 C テレビ，ラジオの中継局．

re·lay[2] /ríːléi/ **動** 本来義 〔一般語・過去・過分 -laid〕〔一般語〕鉄道，ケーブル，敷石などを**敷き直す，再び置く**．

re·lease /rilíːs/ **動** 本来義 **名** UC 〔一般語〕一般義 縛られているものを**離す**，放つ，ほどく《くだけた語では let ... go》．その他 義務や拘束などの束縛から，あるいは苦痛などから**解放する**，**自由にする**，負債などを**免除する**，《法》権利，財産などを**放棄する**，爆弾を**投下する**，あるいは握りを解く意味から，映画などを**封切りする**，書物などを**出版[発表]する**．名 として解放，釈放，救済，情報などの公開，あるいは封切映画，出版物，また釈放令状を指す．

語源 ラテン語 *relaxare* (⇒*relax*) が古フランス語 *relaissier* (= to remit) を経て中英語に入り，「取消す」→「免除する」→「放棄する」→「解除する」などの意味変化した．

用例 He *released* (his hold on) the rope. 彼はロープ(をにぎっている手)を放した/He *released* the safety-catch on his gun. 彼は銃の安全装置をはずした/He was *released* from prison yesterday. 彼は昨日釈放された/News has just been *released* of an explosion in a chemical factory. 化学薬品工場爆発のニュースが今発表されたところだ/Their latest record will be *released* next week. 彼らの最新盤レコードは来週発表される/The patient asked the doctor to give him something that would *release* him from pain. 患者は医師になにか痛みをとる薬がほしいと言った/The Government issued a press *release*. 政府は新聞発表を行った/The prime minister signed her *release*. 首相は彼女の釈放令状に署名した．

類義語 free.

反義語 tie; bind; restrain; restrict.

rel·e·gate /réləgeit/ **動** 本来義 〔形式ばった語〕一般義 人や物を**左遷する**，**格下げする**，**追放する**．その他 本来は人や物を分類上**適切な所へ移す**意で，それが左遷，格下げという意味に発展した．また仕事，事柄などを人に**移管[付託]して任せる**という意味にもなる．

語源 ラテン語 *relegare* (= to remove; *re-* back + *legare* to send) の過去分詞 *relegatus* が中英語に入った．

【派生語】**rèlegátion** 名 U 格下げ，左遷．

re·lent /rilént/ **動** 本来義 〔やや形式ばった語〕人が感情や気分，決断などを**和らげる**，**穏やかな気持になる**，天候が**穏やかになる**，強い風が**弱まる**．

語源 中世ラテン語 *relentare* (*re-* 強意 + *lentare* to soften) がアングロフランス語を経て中英語に入った．

【派生語】**reléntless** 形 厳格で情け**容赦のない**，過酷で**執拗な**．**reléntlessly** 副 **無情にも**，容赦なく，残忍にも．

relevance, -cy ⇒*relevant*.

rel·e·vant /réləvənt/ 形 〔やや形式ばった語〕発言や記述などが当面の問題に直接**関係[関連]がある**，**適切で要領を得ている**．

語源 ラテン語 *relevare* (= to raise up) の現在分詞 *relevans* が初期近代英語に入った．「取り上げる，取り出す」→「重要性が高い，価値がある」→「直接関連する」の意となった．

【派生語】**rélevance, -cy** 名 U 関連(性)，重要さ．**rélevantly** 副．

reliable ⇒*rely*.

reliance ⇒*rely*.

reliant ⇒*rely*.

re·lief[1] /rilíːf/ 名 UC 《⇒*relieve*》〔一般語〕一般義 《しばしば a 〜》苦痛，不安，心配などの去ったあとの**安心(感)**，**ほっとすること**．その他 苦痛や不安，心配，恐怖などの一時的な**軽減**，仕事などから解放される**気晴らし**，**息抜き**．また任務などの**交替**，**休憩**，あるいは**交替者**[兵]，困っている人[状況]に対する**救済**，**救援**，敵の包囲からの**救出**，あるいは**救援用物資**，**救援者**などの意味にもなる．

語源 ⇒*relieve*.

用例 He gave a sigh of *relief*. 彼はほっと安堵のため息をついた/When one has a headache, an aspirin often brings [gives] *relief*. 頭痛がしたとき，よくアスピリンをのむと痛みがとまることがある/A *relief* fund has been set up to send supplies to the refugees. 難民たちに物資を送るため救済資金がもうけられた/The bus-driver was waiting for his *relief*. バスの運転手は交替員がくるのを待っていた．

類義語 help.

【慣用句】**on relief** 《米》生活保護を受けて． **to ...'s relief** ...にとってほっとしたことには．

【複合語】**relíef pítcher** 名 C 《野》救援投手．**relief ròad** 名 C 迂回道路(bypass)． **relíef wòrks** 名 《複》失業対策事業．

re·lief[2] /rilíːf/ 名 UC 《彫·建》**浮彫り(作品)**，**レリーフ**．本来は対照によって**際立って見える**ことから，**強調**，《地理》**起伏**など．

語源 ラテン語 *relevare* (⇒*relieve*) に由来するイタリア語 *relievo* およびフランス語 *relief* が初期近代英語に入った．

【複合語】**relíef màp** 名 C 等高線や色使いなどで土地の起伏を示した**起伏地図**，**立体模型地図**．

re·lieve /rilíːv/ **動** 本来義 〔一般語〕一般義 苦痛や悩みなどを**和らげる**．その他 《通例受身で》心配や恐れなどを取り除いて**安心させる**，**ほっとさせる**．また苦境，困窮，包囲などから**救済**，**救助**する，義務，任務，荷重などから**解放する**，**免除する**，代わりの人[もの]と**交替[交換]させる**．さらに《婉曲に》人を職務から**解任する**，除去するということから，《戯言的に》人のものを**盗む**という意味にもなる．

語源 「持ち上げる，軽くする，楽にする」の意のラテン語 *relevare* (*re-* again + *levare* to raise) が古フランス語 *relever* を経て中英語に入った．

用例 The doctor gave him some drugs to *relieve* the pain. 医師は彼の苦痛をやわらげるために麻酔薬を投与した/I was *relieved* to hear you had arrived safely. 君が無事に到着したと聞いてほっとした/This will help to *relieve* the hardship of the refugees. これが難民たちの苦難の救済に役立つだろう/He was *relieved* of his post [duties]. 彼はその職務[任務]を解かれた/May I *relieve* you of that heavy case? その重いかばんをお持ちしましょう/The thief *relieved* several people of their wallets and purses. 泥棒は数人の人たちから財布やハンドバッ

グを盗んだ.

【慣用句】*relieve ...'s feelings* どなったりしてうっぷんを晴らす. *relieve oneself*《婉曲表現》用を足す(★大小便の).

【派生語】**relíeved** 形 ほっとした, 安心した.

re·li·gion /rilídʒən/ 名 UC〔一般語〕一般義 宗教. その他 特定の宗派, ...教. また宗教心, 信仰,《単数形で》堅く守るべきもの, 信条, 主義〔語法〕一般的には「信仰」の意で faith が, またもっと広義では belief が用いられる), 最も重要な関心事, 心の支え.

語源 ラテン語 *religare* (*re-* back + *ligare* to bind) の 名 *religio* が古フランス語を経て中英語に入った.「(神や誓いに)しっかり結びつけること」が原意.

用例 Christianity and Islam are two different *religions*. キリスト教とイスラム教は異なる2つの宗教である/There is no freedom of *religion* in that country. その国には信仰の自由がない/Football is his *religion*. フットボールこそ彼の生きがいである.

【慣用句】*make (a) religion of ...ing* ...することを信条とする.

【派生語】**relígious** 形 宗教(上)の, 信心深い, 敬虔(けん)な, 良心的な. **relígiously** 副.

re·line /rìːláin/ 動 本来他〔一般語〕新たに線を引く, 衣服に新しい裏地を付ける.

re·lin·quish /rilíŋkwiʃ/ 動 本来他〔形式ばった語〕計画や希望, 所有物や権利などを自発的に断念する, 放棄する, 譲渡する, 握っているものを手放す.

語源 ラテン語 *relinquere* (= to leave behind; *re-* 強意 + *linquere* to leave)が古フランス語を経て中英語に入った.

【派生語】**relínquishment** 名 U.

rel·ish /réliʃ/ 名 UC 動 本来他〔一般語〕食物の特有の風味, 味. その他 本来は後に残されたもの, すなわち後味の意から風味の意となった. また調味料やピクルスのような付け合わせ, さらに好み, 趣味, 食欲などの意. 動として風味を与える, おいしく食べる,《しばしば否定文で》好む, 楽しむ.

語源 古フランス語 *relaissier* (⇒release) の 名 *relais* (残したもの)が初期近代英語に入った.

用例 He ate the food with great *relish*. 彼はその食べ物をとてもおいしそうに食べた.

re·live /rìːlív/ 動 本来他〔一般語〕過去のいやな出来事などを想像の中で再び体験する, 思い起こす.

re·load /rìːlóud/ 動 本来他〔一般語〕銃などに再び弾丸を込める, 荷物などを再び積む, 積み替える.

re·lo·cate /ríːloukeit, rìːloukéit/ 動 本来他〔一般語〕人や建物などを別の新しい場所へ移動[移転]させる, 配置転換する.

【派生語】**rèlocátion** 名 U.

reluctance ⇒reluctant.

re·luc·tant /rilʌ́ktənt/ 形〔一般語〕気が進まない, 行為がしぶしぶながらの,《不定詞を伴って》...したがらない.

語源 ラテン語 *reluctari* (= to struggle against) の現在分詞 *reluctans* から初期近代英語に入った.

用例 I am *reluctant* to leave this job but another firm has offered me a higher salary. この仕事はやめたくないが, ほかの会社はもっと高給を出すと言ってきている/She sent us a *reluctant* answer. 彼女は気乗りのしない返事をよこした.

類義語 reluctant; unwilling: **reluctant** がしなければならないがしたくない, いやいやながら...するという気持を表すのに対して, **unwilling** はやりたくないと拒否[抵抗]する気持がきわめて強い場合をいう.

反意語 willing.

【派生語】**relúctance** 名 U 嫌悪, 気がすすまないこと. **relúctantly** 副 いやいやながら, 不承不承に.

re·ly /rilái/ 動〔一般語〕《~ on [upon] ...で》人는人がしてくれることを全面的に頼り[頼み]にする, 人を完全に信頼する, 約束などを当てにする.

語源「しっかり縛る」の意のラテン語 *religare* (*re-* 強意 + *ligare* to bind) が古フランス語 *relier* を経て中英語に入り,「頼る」,「すがる」,「当てにする」の意となった.

用例 The people on the island *relied* on the supplies that were brought from the mainland. その島の人たちは本国から運ばれてくる供給物資に頼っていた/We can't *rely* on him coming in time. 彼が時間に遅れずに来ることなど当てにできない.

類義語 depend.

【派生語】**reliabílity** 名 U 当てにできること, 信頼度. **relíable** 形 信頼できる, 頼りになる, 確実な. **relíably** 副. **relíance** 名 UC〔一般語〕信頼, 信用, 頼りにする人[もの], より所: a child's *reliance* on its mother 母親への子供の信頼. **relíant** 形 信頼している, 確信している.

rem /rém/ 名 C 【理】レム (★放射線の人体などへの影響量を示す単位; roentgen equivalent in man の略).

re·main /riméin/ 動 本来自 名 C〔一般語〕一般義 ある場所にそのまま居残る (〔語法〕stay よりも形式ばった語). その他 依然としてある状態のままである, ...し続ける (〔語法〕be still ... よりも形式ばった語), 余分に残っている, 余っている (〔語法〕be left より形式ばった語),《不定詞を伴って》これから...しなければならない, まだ, ...されていない. 名 として《複数形で》あとに残されたものであることから, 残り物, 自身の遺物, 遺跡, [文語]《婉曲に》遺体, あるいは作家の遺稿.

語源 ラテン語 *remanere* (*re-* back + *manere* to stay) が古フランス語を経て中英語に入った.

用例 I shall *remain* here. 私はここに残ります/The problem *remains* unsolved. 問題は未解決のままだ/Only two tins of soup *remained*. スープ2缶しか残っていなかった/A great many things still *remain* to be done. 非常に多くのことがまだ未解決のままだ/the *remains* of a meal 食事の残り/We will bury the [his] *remains* this afternoon. 遺体は今日の午後埋葬します.

【慣用句】*it (only) remains for me to ...* ...して終わりとします (挨拶の結びとして). *it remains to be seen (whether/what/how) ...* ...(かどうかは, 何であるかは, どうであるかは)まだ分らない. *remain with ... ...*の家に滞在する.

【派生語】**remáinder** 名 UC《the ~》残り[余り](物), 残りの[他の]人たち (the rest),【数】剰余. **remáining** 形 残りの.

re·make /rìːméik/ 動 本来他《過去·過分 -made》, /-/ 名 C〔一般語〕物を作り直す, 改造する, 特に昔の映画などを再び映画化する. 名 として再映画化作品, リメーク(版).

re·mand /rimǽnd /-áː-/ 動 本来他 名 U〔形式ばった語〕人を送り返す, 送還する,【法】被告人などを再拘

留する，事件などを下級裁判所に差し戻す．图として送還．『法』再拘留，差し戻し．
[語源] 後期ラテン語 remandare (re- back + mandare to command) が古フランス語を経て中英語に入った．
【複合語】 remánd hòme 图 C 《英》未成年非行者の拘置所，少年院．

re·mark /rimάːrk/ 動 [本来他] 图 CU 〔一般語〕
[一般義] ある事について思ったこと，気づいたことを述べる，言う，書く．[その他]《形式ばった語》あることに気づく，注意する．图としては，あることに対するちょっとした批評《[語法]一般的，本格的な批評は criticism》，あるいは簡単な意見，また注意，注目《[語法] notice のほうが普通》．
[語源] 「新しく印をつける」の意のフランス語 remarquer (re- 強意 + marquer to mark) が初期近代英語に入った．
[用例] He *remarked* on the similarity of their replies. 彼は彼らの回答がどれも似ている点について一言述べた/She soon *remarked* his unusual attitude. 彼女はいつもと違う彼の態度にすぐに気づいた/I wish he would stop passing *remarks* about me. 彼の私に対する批評もいいかげんにやめてほしい．
【慣用句】 **make a remark** 意見をひと言述べる: The chairman *made* a few *remarks*, then introduced the speaker. 議長はまずひと言ふた言述べたのち，講師を紹介した．
【派生語】 **remárkable** 形 注目すべき，秀逸な，異常な．**remárkably** 副 非常に，著しく，目立って，《文修飾語として》驚くべき［注目すべき］ことには: *Remarkably* enough, ... 驚くべきことに，....

remarriage ⇒remarry.
re·mar·ry /rìːmǽri/ 動 [本来他] 〔一般語〕再婚する．
【派生語】 **rèmárriage** 图 UC.
remediable ⇒remedy.
remedial ⇒remedy.
rem·e·dy /rémədi/ 图 C [本来他] 〔一般語〕[一般義] 欠点や過ちなどの矯正法［手段］．[その他] 本来は病気の治療薬の意であったが，今では比喩的な意味で使われることが多い．もちろん現在でも治療法，治療の意でも用いられる．また『法』救済法［策］．動 として，病気などを治療する，悪い点を矯正する．
[語源] ラテン語 remedium (= medicine; re- again + mederi to heal) がアングロフランス語 remedie を経て中英語に入った．
[用例] Show me some *remedy* for athlete's foot. なにか水虫の治療法を教えてください/My mother had a home-made *remedy* for toothache. 母は自家製の歯痛治療薬をもっていた/These mistakes can be *remedied*. これらの過ちは改めることができる．
[類義語] cure.
【慣用句】 **past [beyond] remedy** 治療不可能な，不治の．
【派生語】 **remédiable** 形 治療［矯正，救済］できる．**remédial** 形 救済［救済のための］，補習の．

re·mem·ber /rimémbər/ 動 [本来他] 〔一般語〕
[一般義] 過去のことを覚えている，《動名詞を伴って》...したことを覚えている．[その他] 意識的，無意識的に思い出す，《不定詞や節を伴って》忘れずに...する．伝言するとき，《くだけた語》《英》または《形式ばった語》《米》人に...からよろしくと伝える．このほか《婉曲的》人に忘れずに贈り物［謝礼］をする，チップをやる，遺言状に人の名前を加えるなどの意味にもなる．⓮ 記憶力がある，あることを覚えている，思い出す《of》．
[語源] 後期ラテン語 rememorari (= recall to mind; re- again + memorari to remind) が古フランス語を経て中英語に入った．memorari は memor (= mindful) から派生した．
[用例] I *remember* you—we met three years ago. あなたのことは覚えていますよ．3年前に会いましたね/I *remember* hearing Churchill speak at a meeting in the town. 町の集会でチャーチルが演説したのを覚えている/*Remember* to meet me tonight. では今晩きっと会ってくださいね/I don't *remember* where I hid it. それをどこに隠したか覚えていません/*Remember* me to your parents. ご両親によろしくお伝えください/He *remembered* her in his will. (遺産分与のため) 彼は遺言状に彼女の名を書き加えた．
[語法]《米》で「よろしくと伝える」は普通 say hallo to ... を用い，ごく親しい場合は say hi to ..., あるいはやや改まって give ...'s best [kind] regards [wishes] to ... ともいう．
[類義語] remember; recall; recollect: **remember** は努力をしないに関係なく過去のことを思い出す，あるいは忘れずに覚えていること．**recall** と **recollect** はともに形式ばった語で，前者は努力して忘れていたことを思い出すこと，また後者は過去を少しずつ思い出そうとする努力を強調する語．
[反義語] forget.
【慣用句】 **remember oneself** 我に返る，自省する．
【派生語】 **remémbrance** 图 UC 記憶，思い出，記念(品)，《複数形で》「よろしく」という伝言．

re·mind /rimáind/ 動 [本来他] 〔一般語〕物事や人が忘れたことを人に思い出させる《of》，また《to 不定詞や節を伴って》約束や必要な行動を人に気づかせる．
[語源] re- (= again) + mind (= to remember). 初期近代英語から．to remember の意の 動 mind はスコットランド英語に残る．
[用例] She *reminded* me of my promise. 彼女は私との約束を思い出させてくれた/She *reminds* me of her sister. 彼女を見ると彼女の妹［姉］のことを思い出す/*Remind* me to post that letter. あの手紙を投函するのを(私が忘れていたら)注意してください．
【派生語】 **remínder** 图 C 思い出させるもの［こと，人］，催促の手紙．

reminisce ⇒reminiscent.
reminiscence ⇒reminiscent.
rem·i·nis·cent /rèmənísnt/ 形 〔一般語〕[一般義]《述語用法》過去の経験や出来事などを思い出させる，連想させる，しのばせる．[その他]《限定用法》昔のことなどがなつかしい，追憶の．
[語源] ラテン語 mens (= mind) から派生した reminisci (= recall to mind) の現在分詞 reminiscens が 18 世紀に入った．
【派生語】 **rèminísce** 動 [本来自] 追憶する，...の思い出を語る ★**reminiscent** からの逆成語．**rèminíscence** 图 U 追憶，《複数形で》回想録．

re·miss /rimís/ 形 《形式ばった語》《述語用法》態度，行動などが怠慢でいい加減で，無気力で，不注意な．
[語源] ラテン語 remittere (⇒remit) の過去分詞 remissus が中英語に入った．
[類義語] negligent; neglectful; lax; slack; derelict.

【派生語】**remíssness** 名 U. **remíssly** 副.
remission ⇒remit.
re·mit /rimít/ 動 本来他 〔形式ばった語〕〔一般義〕〔一般義〕金銭や小切手, 品物などを郵便, 為替などで**送る**. 〔その他〕問題の検討や決定を委員会などに**付託する**, 《法》事件などを下級審に**差し戻す**. また刑罰や違反, 借金などを**容赦する**, **免除する**, **軽減する**, 注意, 努力や警戒, 攻撃などを**ゆるめる**, **和らげる**.
〔語源〕ラテン語 remittere (= to send back; re- back + mittere to send) が中英語に入った.
【派生語】**remíssion** 名 UC 許し, 免除, 軽減, 緩和, 鎮静. **remíttance** 名 UC 送金, 送金された金. **remíttent** 形 《医》 熱が上がったり下がったりする弛張(しちょう)性の.
rem·nant /rémnənt/ 名 CC 形〔一般義〕〔一般義〕《通例複数形で》残り(の)もの, 〔その他〕破片や残りくず, はんぱな布切れ, 比喩的に面影, なごり. 形 として残りの, まだ残っている.
〔語源〕古フランス語 remanoir (= to remain) の現在分詞が中英語に入った.
re·mod·el /ri:mádl | -ɔ́-/ 動 本来他 (過去・過分 《英》 -ll-) 〔一般義〕建物を**改造する**, 作品を**改作[改編]する**, 一般に作り直すや型を変えるの意.
remonstrance ⇒remonstrate.
remonstrant ⇒remonstrate.
re·mon·strate /rimánstreit | rémənstrèit/ 動 本来自〔形式ばった語〕他人の行為や態度などに対して**抗議する**, **不服を申し立てる**, **忠告する**, **いさめる**.
〔語源〕中世ラテン語 remonstrare (= to demonstrate) の過去分詞 remonstratus が「強く反対の理由を示す」の意で初期近代英語に入った.
【派生語】**remónstrance** 名 U 忠告, いさめ, 諫言(かんげん). **remónstrant** 形 忠告する, いさめる, 忠告の.
re·morse /rimɔ́:rs/ 名 U 〔形式ばった語〕自分の犯した罪や過ちに対する**良心の呵責**や**自責の念**, **深い後悔**.
〔語源〕ラテン語 remordere (= to bite again) の過去分詞 remorsus が古フランス語を経て中英語に入った. 原義は「罪の意識から生じる食い入るような苦痛」.
【派生語】**remórseful** 形 後悔している, 深く反省している. **remórsefully** 副. **remórseless** 形 執ような, 冷酷な.
re·mote /rimóut/ 形〔一般義〕〔一般義〕距離的に中心部から**遠く離れた**, 特に**人里離れた**, へんぴな. 〔その他〕時間的に**遠くへだてた**, **遠い昔[将来]の**, また血縁関係が**離れた**, **遠い**, あるいは親しみや関係などが**うすい**, 機会や可能性が**かすかな**, **起こりそうにない**. 《電》 リモートコントロールの.
〔語源〕ラテン語 removere (⇒remove) の過去分詞 remotus が中英語に入った.
〔用例〕 They live in a *remote* village in the North of Scotland. 彼らはスコットランド北部の人里離れた村に住んでいる/We are *remote* cousins. 私たちは遠縁のいとこ同士である/We don't have the *remotest* idea (of) when such an accident might happen again. そんな事故がいつまた起こるか全く見当がつかない/There is only a *remote* chance of success. 成功のチャンスはほんのわずかしかない/He always seems so *remote* when I talk to him. 彼は私が話しかけるといつもよそよそしい態度をとる.
〔類義語〕far.
〔反意語〕near.

【派生語】**remótely** 副 遠く(離れて), よそよそしく, 間接的に, 《しばしば否定文で》ほんのわずかしか. **remóteness** 名 U.
〔複合語〕**remóte contról** 名 U 遠隔操作, リモコン. **remóte-contrólled** 形.
re·mount /ri:máunt/ 動 本来他, /ˈ--/ 名 C 〔やや形式ばった語〕馬, 自転車などに**再び乗る**, 山などに**再び登る**, 写真, 宝石などを**はめ替える**, **入れ替える**. また騎兵隊などに新馬を支給する. 名 として補充馬, 入替馬.
removable ⇒remove.
removal ⇒remove.
re·move /rimú:v/ 動 本来他 名 C 〔一般義〕〔一般義〕もとあった場所から, ほしくないものやいらないものを**取り去る**, **はずす**, **除去する**, **なくす**. 〔その他〕人またはものを場所から場所へ**移動させる**(move), 衣類を**脱ぐ**, 〔形式ばった語〕人を**解雇[解任]する**, 学校から**退学させる**, 《婉曲に》邪魔者を**暗殺する**, **消す**. 自〔形式ばった語〕《英》家を**引越す**. 名 としては, 間隔をとる, 差をつけるということから, **距離**, **隔たり**, また**移動**, **引越し**, あるいは**等級**, 《英》**進級**.
〔語源〕ラテン語 removere (=take away; re- back + movere to move) が古フランス語 remo(u)voir を経て中英語に入った.
〔用例〕 Will someone please *remove* all this rubbish! どなたかこのがらくたを全部片付けてくれませんか/I can't *remove* this stain from my shirt. このシャツのしみがとれない/The manager's remarks did little to *remove* the workers' fears. 店長のひと言をもってしても従業員たちの不安はなくならなかった/*Remove* your hats in this room. この部屋では帽子をとりなさい/He has been *removed* from his post as minister of education. 彼は文部大臣の職を解任された/The president's behaviour was only one *remove* from tyranny. 大統領のふるまいたるや, 専制政治とほとんど変りなかった.
〔類義語〕move.
〔慣用句〕 **be (at) several removes from** ...... からほど遠い. **remove oneself** 去る, 立ちのく.
【派生語】**removable** 形 移動できる, よごれなどを除去できる, 免職できる. **remóval** 名 UC 移動, 撤退, 除去, 免職, 《英》〔形式ばった語〕引越し; **removal van** 引越し用トラック(moving van). **remóved** 形 距離や時間的など**離れた**, いとこの...**世代はなれた**...親等の: a first cousin once *removed* またいとこ, いとこの子. **remóver** 名 C 除去剤, 洗剤, 移動[移転]する人, 《英》引越し荷物の運送業者.
re·mu·ner·ate /rimjú:nərèit/ 動 本来他〔形式ばった語〕労働や奉仕, 努力や尽力などに対して人に**報いる**, **報酬[代償]を払う**.
〔語源〕ラテン語 remunerare (re- 強意 + munerare to give) の過去分詞 remunertatus が初期近代英語に入った.
【派生語】**remùnerátion** 名 U 報酬, 給料. **remúnerative** 形 報酬のある.
re·nais·sance /rènəsá:ns | rənéisəns/ 名 C 形〔一般義〕《the R-》**文芸復興**, **ルネッサンス**, 美術, 建築, 文芸のルネッサンス様式. また一般に文芸や宗教, 生気や活力などの**復活や回復**.
〔語源〕ラテン語 renasci (re- again + nasci to be born) が古フランス語 renaistre (= to be born again) を経て, フランス語 renaissance (= rebirth) が

re·nal /ríːnəl/ 形 [医]《限定用法》病気が腎臓(ﾉﾝ)(kidney)の, 腎臓部の.
[語源] ラテン語 *renes* (=kidneys) の 形 *renalis* がフランス語を経て初期近代英語に入った.

re·name /riːnéim/ 動 本来他 〔一般用〕人や物に新しく名前をつける, 名を付け替える.

renascence ⇒renascent.

re·nas·cent /rinǽsnt/ 形《文語》元気や活力などが盛り返した, 関心や情熱が高まった, 一般に**再生**や**復活**をしつつある.
[語源] ラテン語 *renasci* (⇒renaissance) の現在分詞 *renascens* が 18 世紀に入った.
【派生語】**renáscence** 名 ⓒ.

rend /rénd/ 動 本来他 〔過去・過分 **rent**〕《文語》〔一般義〕**引き裂く**, 引きちぎる, 奪い取る. その他 悲しみ, 怒りなどによって心をかき乱す, 髪をかきむしる, ごう音や歓声が空をつんざく.
[語源] 古英語 *rendan* (=to tear) から.

ren·der /réndər/ 動 本来他 〔形式ばった語〕〔一般義〕人に援助や奉仕を**与える**. その他 何かに答える形で与えるということから, 返礼をする, 感謝する, 仕返しする, 判決を**下す**, あるいは税などを納める, 報告書, 理由, 解答などを**提出する**. また表現を与えるということから, 文や絵で**表現**[**描写**]**する**, 演奏する, 演じる, 形を変えて与えるということから, 《目的補語を伴って》...を...にする, 変える, 翻訳する, 脂肪などを溶かして精製する, 石やれんなどをしっくいで**下塗りする**.
[語源] 俗ラテン語 *rendere (= to give back) が古フランス語 *rendre* を経て中英語に入った. *rendere* はラテン語 *reddere* (*re-* back+*dare* to give) の異形.
[用例] He gave them a reward for services *rendered*. 彼らは彼らの助力に報いた/Let us *render* thanks to God. 神に感謝しましょう/His remarks *rendered* me speechless. 私は彼の評言に唖(ｱ)然とした/The teacher *rendered* the passage from Homer into English. 先生はホメロスからの一節を英訳した/The piano solo was well *rendered*. ピアノの独奏は見事だった/There are various ways of *rendering* down fat. 脂肪を精製する方法にはいろいろある.
【慣用句】*render good for evil* 善をもって悪に報いる. *render up* 要塞などを明け渡す.
【派生語】**réndering** 名 ⓒ 芸術などの表現, 演奏, 解釈, 訳文.

ren·dez·vous /rάndəvùː|-ɑ́-/ 名 ⓒ 動 本来自 〔形式ばった語〕待ち合わせ, 会う約束, 時や場所の決まった集合, そのような指定集合場所, 終結地, また宇宙船のランデブー. 動 として打ち合わせた時間と場所で会う《with》.
[語源] 中フランス語 *rendez vous* (= to present yourselves) が初期近代英語に入った. *rendez* は *rendre* (= to render) の命令形.

ren·di·tion /rendíʃən/ 名 ⓒ 〔形式ばった語〕劇, 音楽などのある解釈に基づいた**演出**, 演奏した曲, あるいは文学作品などの**翻訳**, またそのようなことをする行為もいう.
[語法] この語は主に《米》《英》では rendering が普通.
[語源] 古フランス語 *rendre* (⇒render) から派生した廃語のフランス語が初期近代英語に入った.

ren·e·gade /rénəgeid/ 名 ⓒ 動 本来自 〔形式ばった語〕宗教, 主義, 政党などを捨て他の相当するものへ移る**背教者**, 脱党者, 裏切り者. 形 として背教の, 裏切りの. 動 として脱党する, 裏切る.
[語源] 中世ラテン語 *renegare* (⇒renege) の過去分詞 *renegatus* がスペイン語 *renegado* を経て初期近代英語に入った.

re·nege /riníː)g/ 動 本来自 〔形式ばった語〕**約束を破る**, 取り消す.
[語源] 中世ラテン語 *renegare* (= to deny; *re-* 強意+*negare* to deny) が初期近代英語に入った.
[用例] *renege* on one's promise 約束を破る.

re·new /rinjúː/ 動 本来他 〔一般用〕〔一般義〕契約などを**更新する**, 継続する. その他 古いものを新しいものと**取り替える**, 補充する, 補足する, あるいは失われたものや中断していたものを復活させる, 健康などを取り戻す, 関係を再開する, 行為や言葉を繰り返す.
[用例] The leader of the opposition party *renewed* his attacks on the Government's policies. 野党党首は政府の政策に対する攻撃を再開した/Have you *renewed* your subscription to the magazine? その雑誌の予約購読を更新しましたか/The wood panels on the door have all been *renewed*. ドアの羽目板を全部張り替えた/The president succeeded in *renewing* the people's hopes. 大統領は国民の希望を取り戻すことに成功した.
【派生語】**renéwable** 形 更新[継続]できる[すべき]. **renéwal** 名 ⓤⓒ 一新(すること), 更新(したもの), 復興.

re·nounce /rináuns/ 動 本来他 〔形式ばった語〕公式に宣言して権利, 要求, 所有物, 習慣などを**放棄する**, **断念する**, 捨てる, あるいは関係や交際などを絶つ, 縁を切る.
[語源] ラテン語 *renuntiare* (= to protest against; *re-* against+*nuntiare* to announce) が古フランス語を経て中英語に入った.
[用例] *renounce* racial segregation 人種差別制を放棄する.
【派生語】**renunciation** /rinʌnsiéiʃən/ 名 ⓤⓒ 放棄, 断念, 拒絶.

ren·o·vate /rénəveit/ 動 本来他 〔形式ばった語〕古い建物などを修理あるいは改善してもとの状態に戻す, 新しくする, また何かに**活気をよみがえらせ**.
[語源] ラテン語 *renovare* (*re-* again+*novare* to make new) が初期近代英語に入った.
【派生語】**rènovátion** 名 ⓤ. **rénovàtor** 名 ⓒ.

re·nown /rináun/ 名 ⓤ 〔形式ばった語〕常によい意味で有名であること, **名声**(fame).
[語源] ラテン語 *re-* 強意+*nomer* (= to name) から成る古フランス語 *renomer* (= to name again; to make famous) の派生語 *renon* が中英語に入った.
[用例] He is an author of great *renown*. 彼はたいへん有名な作家だ/She won *renown* as a cellist. 彼女はチェロ奏者としての名声を得た.
[類義語] fame.
[反義語] obscurity.
【派生語】**renówned** 形 有名な(famous).

rent¹ /rént/ 動 本来他 名 ⓤ 〔一般用〕〔一般義〕土地, 建物, 部屋などを**賃借りする**, **賃貸しする**. その他《米》車, 船, 衣装などを賃借りする, 賃貸しする. 自 土地などが賃貸しされる. 名 として借り賃, 貸し賃, 賃貸料, 家賃, あるいは賃貸.
[語源] 俗ラテン語 *rendere (⇒render) の過去分詞か

【用例】The rent for this flat is £20 a week. このフラットの家賃は週 20 ポンドだ/We rent this flat from Mr Smith. 我々はこのフラットをスミスさんから借りている/Mr Smith rents this flat to us. スミスさんはこのフラットを我々に貸している/They always pay the rent on time. 彼らはいつもきまった日にきちんと家賃を払っている.

【日英比較】英語では「貸し借り」を有料か無料かで使い分ける. 有料の貸し借りは rent または lease,《英》hire, let (家を貸す)で表し, 無料の貸し借りはそれぞれ lend, borrow または loan で表す.

【慣用句】for rent 賃貸しの(《英》to let)《語法》For Rent として「貸家[室]」の掲示や広告に用いる).

【派生語】réntal 名 ⓒⓊ〔形式ばった語〕賃貸[賃借]料, 地代,《米》車やアパートなど賃貸[借]されるもの. 形 賃貸の: rental library《米》貸し本店. rénter 名 ⓒ 借地[借家]人,《英》映画配給人.

【複合語】rént-a-càr 名 ⓒ《米》レンタカー. rént-frée 形 副 賃貸で, 使用料金なしの[で]. rént strike 名 ⓒ 家賃[部屋代]不払いによるストライキ.

rent² /rént/ 名 ⓒ 〔一般語〕布地や服などの裂け目, ほころび, 雲, 岩, 地面などの切れ目, 割れ目, また団体や意見などの分裂や不和.
語源 古英語 rendan (= to tear) から中英語 renden となり, その変形 rente(n) から.

rent³ /rént/ 動 rend の過去・過去分詞.

rental ⇒rent¹.

renter ⇒rent¹.

rent·ier /rántiei|-ɔ́-/ 名 ⓒ 〔一般語〕(やや軽蔑的)年金, 金利, 配当, 家賃, 地代などで暮らしている人, 不労所得者.
語源 フランス語 rente (=rent¹) の派生語 rentier が 19 世紀に入った.

renunciation ⇒renounce.

re·o·pen /ri:óupən/ 動 本来他 〔一般語〕店などを再び開く, 議論などを再開する.

reorganization ⇒reorganize.

re·or·gan·ize /ri:ɔ́:rɡənaiz/ 動 本来他 〔一般語〕組織などを再編成する, 改造する.
【派生語】reòrganizátion 名 ⓊⒸ.

rep¹ /rép/ 名 Ⓤ 〔一般語〕毛, 絹, 木綿などの横うね織り.
語源 フランス語 reps が 19 世紀に入った. それ以前は不詳.

rep² /rép/ 名 ⓒ 〔理〕レプ《★人体の放射線の吸収量を表す単位; roentgen equivalent physical の略から》.

Rep. /rép/ 名《略》= Representative; Republic; Republican.

re·paid /ripéid/ 動 repay の過去・過去分詞.

re·pair¹ /ripéər/ 動 本来他 〔一般語〕複雑なものや大きなものを修理する, 修繕する.〔その他〕〔形式ばった語〕誤りとか不正を正す, 訂正する, 不足や損失を補う, 賠償する, 健康などを回復する, 取り戻す. 名 として 修理, 修繕, 回復, (しばしば複数形で) 修理作業, 修理箇所, あるいは修理[手入れ]の(良好な)状態などの意.
語源「回復する, 修理する」の意のラテン語 reparare (re- back + parare to prepare) が古フランス語を経て中英語に入った.

【用例】repair a broken lock こわれた鍵を修理する/Nothing can repair the harm done by your foolish remarks. 君の愚かな発言のために生じた損害は償えない/I put my car into the garage for repair. 私は修理のため車を修理工場に入れた/The road is in good [bad] repair. 道路は修理が十分できている[十分でない]/This coat has so many repairs in it, it's not fit to wear. この上衣には繕い箇所がたくさんあり, 着られたもんじゃない.

【類義語】mend.

【慣用句】beyond [past] repair 修理不可能な(ほど). under repair 修繕中で: The bridge is under repair. 橋は修理中だ.

【派生語】repáirable 形 修繕できる. repáirer 名 ⓒ. reparable /répərəbl/ 形 〔形式ばった語〕埋め合わせできる, 償える. rèparátion 名 ⓊⒸ 与えた損害や罪などに対して支払う賠償や補償,《複数形で》戦争の賠償(金).

【複合語】repáirmàn 名 ⓒ 時計などや機械の修理工[屋].

re·pair² /ripéər/ 動 本来自 名 ⓒ 〔文語〕ある場所へ行く, 赴く, また特に大勢でたびたび行く, 足繁く通う. 名 として多数の人が集まる場所, 盛り場.
語源 後期ラテン語 repatriare (⇒repatriate) が古フランス語 repairier を経て中英語に入った.

rep·ar·tee /rèpɑrtí:|-pɑ:t-/ 名 ⓊⒸ 〔一般語〕当意即妙の才能[応答].
語源 古フランス語 repartir (= to reply promptly) の過去分詞女性形 repartie が初期近代英語に入った.

re·past /ripǽst|-ɑ́:-/ 名 ⓒ 〔文語〕食事, 食事の一回の量[時間].
語源 ラテン語 repascere (= to feed regularly; re- again + pascere to feed) が古フランス語に入って repaître となり, その派生語 repast が中英語に入った.

re·pa·tri·ate /ri:péitrieit|-pǽ-/ 動 本来他 名 ⓒ 〔形式ばった語〕捕虜, 亡命者などを本国に送還する, 帰国させる. 名 として送還された人.
語源 ラテン語 patria (= native country) に由来する後期ラテン語 repatriare (= to return to one's country) の過去分詞 repatriatus が初期近代英語に入った.
【派生語】repàtriátion 名 Ⓤ.

re·pay /ri(:)péi/ 動 本来他《過去・過去分 -paid》〔一般語〕一般義 金銭などを払い戻す, 借金やローンを返済する(《語法》pay back よりも形式ばった語).〔その他〕人の親切な行為などに報いる, 恩返しをする (for; with), また仇に報いる, 仕返しをするなど悪い意味にもなる. さらに〔形式ばった語〕《英》物事が...するに値する.

【用例】When are you going to repay the money you borrowed? 借りた金はいつ返すつもりですか/I must find a way of repaying his kindness. なんとかして彼の親切に報いなければと思っています.

【類義語】pay back; repay; refund: 「払い戻す」の意味では pay back が口語的で最も一般的な語. これに対して repay はそれより形式ばった語である. 一方 refund は「銀行から預金を払い戻す」のように狭い意に用いる.

【関連語】rebate (支払った金の一部を払い戻す).

【派生語】repáyable 形 返済[払い戻し]できる[すべき].

repáyment 名UC.

re·peal /ripíːl/ 動 [本来他] 名 U 《法》法律や認可などを正式に**廃止する**, **無効にする**, **取り消す**. 名として《しばしば the ～》**廃止**, **取り消し**, **撤回**.
[語源] 古フランス語 *rapeler* (*re-* back + *apeler* to appeal) が中英語に入った.

re·peat /ripíːt/ 動 [本来他] 名 C 〔一般語〕**言葉を繰り返す**. [その他] 繰り返して言うことから, 詩や文などを**暗唱する**, 人の言ったことを**復唱する**, あるいは**他言する**, さらに言葉が行為に拡大して, **繰り返して行う**〔経験する〕, しばしば受身で番組を**再放送する**. 自 (主に英) 食べ物の後味が残る, 不消化のため食道に上がってくる. 名 として**繰り返し**, **反復**, 《楽》**反復記号**〔**節**〕, **番組などの演奏曲目**, **レパート**. 《商》**再注文**〔**供給**〕.
[語源] ラテン語 *repetere* (= to do again; *re-* again + *petere* to seek) が古フランス語を経て中英語に入った.
[用例] Would you *repeat* these instructions, please? この指示〔命令〕をもう一度言ってくださいませんか/The salesman claimed that the offer could not be *repeated*. セールスマンは二度とこんなお得な値段のものはあり得ませんと言った/Please do not *repeat* what I've just told you. 今言ったことは他言しないでください/She could *repeat* the poem easily. 彼女は簡単にその詩を暗唱することができるだろう/I'm tired of seeing all these *repeats* on television. こういったテレビの再放送番組にはあきあきした/What he said was only a *repeat* of his father's speech. 彼の言ったことは彼の父のスピーチの単なる繰り返しだった.
【慣用句】 ***repeat* oneself** 同じことを繰り返して言う〔行う〕.
【派生語】 **repéated** 形 繰り返して〔たびたび〕言われる〔行われる〕. **repéatedly** 副. **repéater** 名 C 繰り返す人〔もの〕, 再履修者. **repetítion** 名 UC. **repetítious** 形 〔形式ばった語〕《しばしば軽蔑的》繰り返しの多い, 反復性の, くどい. **repetítive** 形 〔形式ばった語〕《しばしば軽蔑的》繰り返しの多い, 繰り返す.
【複合語】 **repéating décimal** 名 C 《数》循環小数.

re·pel /ripél/ 動 [本来他] 〔形式ばった語〕〔一般義〕敵などの攻撃を**撃退する**. [その他] **意見**, **提案などをはねつける**, **拒絶する**, 布などが水分をはじいて**通さない**, 人に**不快感**〔**嫌悪感**〕**を与える**, 《理》**磁極が反発する**.
[語源] ラテン語 *repellere* (= to drive away; *re-* back + *pellere* to drive) が古フランス語を経て中英語に入った.
【派生語】 **repéllency** 名 U. **repéllent** 形 はねつける, はじいて通さない, 不快. 名 UC 防虫剤, 防水剤.

re·pent /ripént/ 動 [本来自] 〔形式ばった語〕宗教的な意味合いで, 自分自身の悪い行為, 罪を**悔いる**, **悔い改める** (*of*), 一般に...しておけばよかったと**悔やむ**, **後悔する**. 他 としても用いられる.
[語源] ラテン語 *paenitere* (= to be sorry) に由来する古フランス語 *pentir* に強意の *re-* がついた *repentir* (後悔する) が中英語に入った.
[用例] The preacher called on the people to *repent*. 説教者は人々にざんげをするよう求めた/He *repented* of his reckless behaviour. 彼は向こう見ずなことをしたと後悔した/He *repented* (of) his generosity. 彼は寛大だったことを悔やんだ.
[類義語] ⇒regret.
【派生語】 **repéntance** 名 U 後悔. **repéntant** 形 残念に思う, 悔い改める(べき).

re·per·cus·sion /rìːpərkʌ́ʃən/ 名 CU 〔形式ばった語〕〈通例複数形で〉事件などの, 間接的で悪い影響や**反響**, **はね返りや反動**をいい, また音の**反響**や光の**反射**の意.
[語源] ラテン語 *repercutere* (= to push back; *re-* again + *percutere* to beat) の過去分詞から派生した *repercussio* が中英語に入った.

rep·er·toire /répərtwɑ̀ːr/ 名 C 〔形式ばった語〕いつでもできるようにされている演劇などの**上演目録**, 音楽などの**演奏曲目**, **レパートリー**.
[語源] フランス語 *repertoire* が19世紀に入った. repertory と同語源.

rep·er·to·ry /répərtɔ̀ːri | -təri/ 名 UC 《劇》専属の劇団が決められた作品を順に上演する**レパートリー劇団方式**, あるいは**レパートリー** (repertoire). また〔一般語〕知識などの利用できる**蓄え**, **宝庫**, さらには**在庫や倉庫**, **物置**などの意.
[語源] ラテン語 *reperire* (= to find out) から派生した *repertorium* (= list) が初期近代英語に入った.
【複合語】 **répertory thèater** 名 C レパートリー劇場.

repetition ⇒repeat.
repetitious ⇒repeat.
repetitive ⇒repeat.

re·pine /ripáin/ 動 [本来自] 〔文語〕文句やぐちを並べてぶつぶつ**不平を言う**, **嘆く**.
[語源] *re-* + *pine* (嘆く). 初期近代英語から.
【派生語】 **repíner** 名 C.

re·place /ripléis/ 動 [本来他] 〔一般義〕あるもの〔人〕が他のもの〔人〕に**取って代わる**. [その他] あるものを他と**交換する**, **取り替える**, また〔形式ばった語〕**元の場所に置く**, **戻す**.
[用例] I must *replace* that broken lock. あの壊れた錠を取り替えねばならない/Has anyone been chosen to *replace* you when you leave? あなたがやめたあとの後任にだれが選ばれましたか/He *replaced* the cup he broke with a new one. 彼は壊したカップを新しいのと取り替えた/Horses have been *replaced* by cars. 馬は自動車に取って代わられた/Please *replace* the books in their correct positions on the shelves. 本を棚の元の場所に戻しておいてください.
【派生語】 **repláceable** 形 取り替えられる, 代わりがある, もとに戻せる. **replácement** 名 CU 交替になるもの〔人〕, 代用品.

re·play /ríːpléi/ 動 [本来他] /ˌ-ˈ-/ 名 C 〔一般語〕試合などを**再び行う**, テープなどを**再生する**. 名 として**再び行うこと**, **再試合**, **再生**.

re·plen·ish /riplénɪʃ/ 動 [本来他] 〔形式ばった語〕不足していて使い尽くしたものを以前の状態まで**補充**〔**補給**〕**する**, **継ぎ足す**, ストーブ, 暖炉などに**燃料を継ぎ足す**.
[語源] 古フランス語 *replenir* (*re-* again + *plenir* to fill) が中英語に入った. *plenir* はラテン語 *plenus* (= full) に由来する.
【派生語】 **repléníshment** 名 U.

re·plete /riplíːt/ 形 〔文語〕〔述語用法〕**たっぷり備えている**, **十分に持っている**, **充満している**, また特に腹いっぱい**飲み食いして飽食した**, **十分堪能した**.
[語源] ラテン語 *replere* (*re-* again + *plere* to fill) の過去分詞 *repletus* が古フランス語を経て中英語に入った.
【派生語】 **replétion** 名 U.

replica ⇒replicate.
replicable ⇒replicate.

rep·li·cate /réplikeit/ 動 本来他, /-kit/ 形 名 C〔やや形式ばった語〕一般義 複製する。その他〔生化〕〈~ itself で〉自己複製する。また一定の結果を得るために化学実験などを繰り返す。形 として〔限定用法〕反復された, 複製された。名 として複製, レプリカ, 実験の繰り返し, 〖楽〗1 オクターブ高い[低い]反復音.

語源 ラテン語 *replicare* (⇒reply) の過去分詞 *replicatus* が中英語に入った.

【派生語】**réplica** 名 C〔美〕原作の写し, 模写, 複製(品), レプリカ, 生き写し生き写し. **réplicable** 形. **rèplicátion** 名 UC. **réplicative** 形.

re·ply /riplái/ 動 本来自 名 UC 〔一般語〕一般義 質問に対してきちんと正式に返事をする, 回答する 〈to〉. その他 人に代わって[を代表して]答える 〈for〉. 口頭のほかに, 身ぶり手ぶりで答える, 応じる, あるいは敵の攻撃に応戦[応酬]する. 名 として返事, 回答, 返答, 応酬, 〖法〗被告の抗弁に対する原告の答弁.

語源 ラテン語 *replicare* (= to fold back; *re-* back + *plicare* to fold) が古フランス語 *replier* を経て中英語に入った.

用例 She *replied* that she had never seen the man before. 彼女はその男には前に会ったことがないと答えた/I've been asked to *reply* for the guests at the dinner this evening. 今夜の晩さんで私は客一同に代わって謝辞を述べるように言われた/Should I *reply* to his letter? 彼の手紙に返事を出すべきでしょうか/What did he say in *reply* (to your question)? 彼は(あなたの質問に)何と答えましたか/"I don't know", was his *reply*. 「知りません」というのが彼の返答だった.

類義語 ⇒answer.

【慣用句】*make a reply to* …. …に返事をする.

【複合語】**replý cárd** 名 C 往復はがき (★return card は返送用注文カードのこと), 返信用はがき. **replý-páid** 形 電報が返信料金付きの.

re·port /ripɔ́ːrt/ 動 本来他 名 CU〔一般語〕一般義 あることに関する公式な報告(書). その他 マスコミの報道(記事), 〈英〉学校の成績, 通知表(school report; 〈米〉 report card), また世間のうわさ, 評判, 〔形式ばった語〕爆(発)音, 銃[砲]声を意味する. 動 としては, 公式に報告する, ニュースなどを報じる, 公式機関に届け出る, 上司などに言いつける. 自 ある場所に出頭する.

語源 ラテン語 *reportare* (*re-* back + *portare* to carry) が古フランス語を経て中英語に入った.

用例 Please submit a *report* on the conference. 会議についての報告書を提出してください/Have you listened to the weather *report* on the radio? ラジオの気象通報を聞きましたか/With violent *reports* the enemy began to fire in volleys. 激しい銃声とともに敵の一斉射撃が始まった/A serious accident has just been *reported*. 重大な事故の報告が今ちょうどあったところだ/He *reported* on the results of the conference. 彼は会議の結果を報告した/His speech was *reported* in the "Edinburgh Herald". 彼の演説内容はエジンバラ・ヘラルド紙に掲載された/The boy was *reported* to the headmaster for swearing at a teacher. 少年は教師に口汚い言葉を使ったと校長に言いつけられた/He *reported* the theft to the police. 彼は警察に盗難のことを届け出た/They were ordered to *report* to the police-station on Saturday afternoon. 彼らは土曜日の午後警察署に出頭するよう命じられた.

日英比較 report には日本の学生たちの「レポート」の意味はない. 宿題とか期末提出物などの「レポート」を英語では (term) paper という.

【慣用句】*a person of good* [*bad*] *report* 評判のよい[悪い]人. *report back* 折り返し[帰って]報告する. *report oneself* 出頭する, 届け出る, 所在[居所]を知らせる.

【派生語】**reportage** /ripɔ́ːrtidʒ, rèpərtáːʒ/ 名 U 報道文学(の文体), ルポルタージュ. **reportedly** 副〈文修飾で〉伝えるところによれば, 報道によれば. **repórter** 名 C 取材記者, レポーター, 報告[申告]者, 裁判所議事録記記録者.

【複合語】**repórt cárd** 名 C 〈米〉家庭に送られてくる成績(通知)表. **repórted cláuse** 名 C 〖文法〗被伝達節. **repórted spéech** 名 C 〖文法〗間接話法, 被伝達部. **repórting vérb** 名 C 〖文法〗伝達動詞.

re·pose¹ /ripóuz/ 動 本来自 名 U〔文語〕ゆっくり休む, 安眠[休養]をとる, 態度, 表情, 色彩などが落ち着いている, 場所などが静かである, 〈場所を表す副詞(句)を伴って〉物が…にある. 他 休める, 物をのせる. 名 として休息, 休養, 平静, 落着き.

語源 後期ラテン語 *repausare* (*re-* 強意 + *pausare* to pause) が古フランス語を経て中英語に入った.

re·pose² /ripóuz/ 動 本来他〔文語〕人に信用, 信頼などを置く, 人や団体などに望み, 権限, 管理などを委ねる, 委任する 〈in〉.

語源 ラテン語 *reponere* (⇒reposit) が中英語に入った.

re·pos·it /ripázit/ -ɔ́-/ 動 本来他〔形式ばった語〕元の場所へ戻す, また貯蔵する.

語源 ラテン語 *reponere* (= to replace; *re-* back + *ponere* to put) の過去分詞 *repositus* が中英語に入った.

【派生語】**repósitory** 名 C しまっておくための容器や貯蔵所, また特に納骨堂や埋葬所, 知識などの宝庫, 秘密などを信頼して打ち明けられる人.

re·pos·sess /riːpəzés/ 動 本来他〔一般語〕再び所有する, 特に代金の支払いができなくなった商品や賃貸料不払いの土地や家屋などを取り返す, 取り戻す.

【派生語】**rèposséssion** 名 U.

rep·re·hend /rèprihénd/ 動 本来他〔文語〕人の行為などを非難する, 叱る, とがめる.

類義語 rebuke; blame.

語源 ラテン語 *reprehendere* (= to rebuke; *re-* 強意 + *prehendere* to seize) が中英語に入った.

【派生語】**rèprehénsible** 形.

rep·re·sent /rèprizént/ 動 本来他〔一般語〕一般義 …を代表する, …の代理となる, …を代表して議員になる. その他 本来何かを表す, 表現するの意で, 〔形式ばった語〕説明によって理解させる, 象徴するの意から, …の典型となる, …に相当するという意味になる. また文や絵画で表すということから, 描写する, 一部が代わって表すことから「代表する」の意が生じた. さらに〔形式ばった語〕…の役を演じる, 上演するという意味にも用いられる.

語源 ラテン語 *repraesentare* (*re-* 強意 + *praesentare* to present) が古フランス語を経て中英語に入った.

用例 You have been chosen to *represent* our association at the conference. あなたはその会議に

おいて当協会代表に選ばれました/As he was unable to be at the meeting, he asked his assistant to *represent* him. 彼は会に出席できないので，助手に代理の出席を頼んだ/He *represented* the difficulties to the rest of the committee. 彼は委員会の他の人たちにその難点を説明した/The lawyer *represented* to the court that his client was innocent. 弁護士は裁判官たちに依頼人の無実を主張した/What do those red dotted lines *represent*? これらの赤い点線は何をあらわしていますか/What he said *represents* the feelings of many people. 彼の言葉は多くの人たちの感情を代弁している．

【慣用句】*represent oneself as* [*to be*] … 〔形式ばった表現〕《やや軽蔑的》…だと自称する，自ら…だと偽称する: He *represents* himself *as* an expert on dictionaries. 彼は辞書の専門家をもって自任している．

【派生語】**rèpresentátion** 名 CU 代表，代理，代議士選出(制度)，表現，描写，像，《心理》表象，説明，主張． **rèpreséntative** 名 C 代表者，代理人，代議士，《米》下院議員，典型，見本．形 …を表現[象徴]する，描写する，代表(典型)的な．

【複合語】**represénted spéech** 名 U 《文法》描出話法．

re·pre·sent /rìːprizént/ 動 本来他 〔一般語〕再び提供[贈呈]する，劇などを再上演する．

re·press /riprés/ 動 本来他 〔形式ばった語〕 一般義 欲望，衝動，涙などを我慢して押さえる，こらえる．その他 暴動や反乱などを力ずくで静める，鎮圧する．《心》嫌な記憶，不快な考え，衝動や欲求などを自分で無意識に抑圧する．

語源 ラテン語 *reprimere* (=to press back; *re-* back + *premere* to press) の過去分詞 *repressus* が中英語に入った．

【派生語】**représsed** 形． **represssión** 名 UC． **représsive** 形．

re·prieve /riprív/ 動 本来他 名 CU 《法》囚人，特に死刑囚の刑の執行を延期[猶予]する，また一般に危険や苦痛などから一時的に解放する．名 として，刑の執行延期．

語源 古フランス語 *reprendre* (=to take back)の過去分詞 *repris* が中英語に入った．

rep·ri·mand /réprimænd/ -à-/ 名 CU 動 本来他 〔形式ばった語〕上司，監督者，権限のある者による公式で厳しい叱責，懲戒，戒告．動 として厳しくしかる，譴責(けんせき)[懲戒]する．

語源 ラテン語 *reprimere* (⇒repress) から派生した *reprimenda* (阻止すべきもの) がフランス語を経て初期近代英語に入った．

re·print /ríːprínt/ 動 本来他 /ˊˋ/ 名 C 〔一般語〕出版物を増刷する，再版する，復刻する．名 として再版(本)．

re·prise /ripráiz/ 動 本来他 名 C 〔一般語〕反復する，繰り返す．名 として《楽》反復．

語源 古フランス語 *reprise* (⇒reprieve) の過去分詞 *repris* が中英語に入った．

【派生語】**reprísal** 名 UC 仕返し，報復，戦争における敵側に対する報復攻撃[措置]，《史》外国に対する報復的強奪[捕獲]．

re·proach /ripróʊtʃ/ 動 本来他 名 UC 〔一般語〕人を叱る，非難する．名 として非難，叱責，〔形式ばった語〕非難の原因[言葉]，あるいは非難されて生じる恥，不面目．

語源 俗ラテン語 *repropiare (=to bring back near; *re-* back + *prope* near) が古フランス語を経て中英語に入った．

用例 She *reproached* me with the failure of her plans. 彼女は自分の計画の失敗は私のせいだと非難した/There is no need to *reproach* yourself ― you did the best you could. あなたは自分を責めることはありません．最善を尽くしたのですから/He didn't deserve your *reproaches*. 彼はあなたの非難に値するようなことは何もしていなかった/He's a *reproach* to our campus. 彼は私たちのキャンパスの名折れだ．

【慣用句】*beyond* [*above*] *reproach* 申し分ない，完璧な．

【派生語】**repróachful** 形 非難するような，とがめるような． **repróachfully** 副．

rep·ro·bate /réproʊbeit/ 名 C 形 〔形式ばった語〕《戯言》破廉恥な人，堕落者，無頼漢．形 として邪悪な，堕落した，無節操な．

語源 ラテン語の *reprobare* (=to disapprove) の過去分詞 *reprobatus* が「神に認められない，神に見捨てられた」の意で中英語に入った．

【派生語】**rèprobátion** 名 U 非難，叱責，排斥．

re·pro·cess /rìːpróʊses/ 動 本来他 〔一般語〕羊毛などを再生する，再加工する．

re·pro·duce /rìːprədjúːs/ 動 本来他 〔一般語〕 一般義 レコード，ビデオ，映画などで音や映像あるいは場面を再生[再現]する（語法 テープレコーダーなどで音を再生するという意では，くだけた語の play back がよく用いられる）．その他 機械で絵や写真を複製する，複製する，動植物が失った部分[器官]などを再生する，さらには動植物が子孫を繁殖させる．

用例 Good as the films are, they somehow fail to *reproduce* the atmosphere of the festival. これらはよい映画だが，祭りの雰囲気がどういうわけか再現できていない/These pictures were *reproduced* from some old prints. これらの写真は古い陽画(プリント)からの複製です．

【派生語】**rèprodúcer** 名 C 再生装置． **rèprodúcible** 形 再生[再現，複写]できる，繁殖させられる． **rèprodúction** 名 UC 再生[再現](されたもの)，複写(したもの)． **rèprodúctive** 形．

reproof ⇒reprove．

re·prove /riprúːv/ 動 本来他 〔形式ばった語〕人や人の言動などを叱る，戒める．

語源 ラテン語 *reprobare* (=to disapprove) が古フランス語 *reprover* を経て中英語に入った．

【派生語】**repróof** 名 UC． **repróvingly** 副．

rep·tile /réptail/ 名 C 形 《動》へび，とかげ，わになど爬虫(はちゅう)類の動物，またこのような動物からの連想で，卑劣で陰険な人．形 として《限定用法》爬虫類の．

語源 ラテン語 *repere* (=to creep) から派生した 形 *reptilis* (=creeping) が古フランス語を経て中英語に入った．

re·pub·lic /ripʌ́blik/ 名 C 〔一般語〕共和国．

語源 ラテン語 *respublica* (*res* thing + *publica* public) が古フランス語 *république* を経て初期近代英語に入った．文字通りには「人民のもの」の意．

用例 The United States is a *republic*―the United Kindom is not. アメリカ合衆国は共和国だが，英国はちがう．

【対照語】monarchy.
【派生語】**repúblican** 形 共和国[政体, 主義]の, 共和党 (Republican Party) の. 名 共和主義者, (R-)《米》共和党員. **repúblicanism** 名 U 共和制, (R-)《米》共和党の政策.
【複合語】**Repúblican Párty** 名 (the 〜)《米》共和党 (★対する民主党は the Democratic Party).

re·pu·di·ate /ripjúːdieit/ 動 本来他 〔形式ばった語〕
一般義 提案, 要求などを**拒絶する, 否認する**. その他 〔法〕国家などがその債務, 国債などの**履行[支払い]を拒む**, 〔古風な語〕親子, 友人などとの関係を絶つ, 縁を切る, 妻を離縁する.
語源 ラテン語 *repudiare* (= to reject; to divorce) の過去分詞 *repudiatus* が初期近代英語に入った.
【派生語】**repùdiátion** 名 U 拒否, 拒絶, 否認, 絶縁, 放棄.

repugnance ⇒repugnant.

re·pug·nant /ripʌ́gnənt/ 形 〔形式ばった語〕
一般義 敵意や反感をいだくほど**大嫌いな, 気にくわない**. その他 本来〈述語用法〉**矛盾している, つじつまが合わない, 不調和な** (to) という意味で, ここから性に合わない, 嫌いという意味になった.
語源 ラテン語 *repugnare* (= to fight against; to be contradictory) の現在分詞が古フランス語を経て中英語に入った.
【派生語】**repúgnance** 名 UC.

re·pulse /ripʌ́ls/ 動 本来他 名 UC 〔形式ばった語〕敵などを追い払って撃退する, 申し出などを拒絶する. また, はねつけることから, 人に嫌悪感を与える, 不快にさせる.
語源 ラテン語 *repellere* (= to repel) の過去分詞 *repulsus* が中英語に入った.
【派生語】**repúlsion** 名 UC. **repúlsive** 形.

reputable ⇒repute.
reputation ⇒repute.

re·pute /ripjúːt/ 名 U 〔形式ばった語〕世間の**評判**, 特に良い評判, すなわち**好評, 名声**の意.
語源 ラテン語 *reputare* (re- again + putare to think) が古フランス語を経て中英語に入った.「考える」の意から, 良い悪いにこだわらない「評判」の意となり, 後に良い意味「好評」と言う意味も加わった.
用例 She is a woman of high *repute*. 彼女は評判のいい人だ.
類義語 repute; reputation: 「評判」の意では **repute** は形式ばった語で, 良い意味に用いられることが多い. **reputation** は日常的な語で, 善悪いずれの評判にも用いる.
反意語 disrepute.
【慣用句】**by repute** うわさでは.
【派生語】**réputable** 形 評判の良い, 立派な. **rèputátion** 名 U 評判, 名声. **repúted** 形 …という評判の, …と称される. **repútedly** 副〔文修飾〕世評では.

re·quest /rikwést/ 名 CU 動 本来他 〔一般語〕
一般義 改まって, あるいは正式に…してもらいたいという**願い**. その他 具体的な願いごと, 頼みごと, **請願[依頼]書**, ラジオなどのリクエスト曲. また要求されること, 需要などの意味にも. 動 として, 人に何かを**懇請する** (ask のほうが一般的), 丁寧にあるいは正式に頼む, 《不定詞を伴って》人に…してほしいとお願いする.
語源 ラテン語 *requirere* (⇒require) から派生した俗ラテン語 *requaesita が古フランス語を経て中英語に入った.
用例 After frequent *requests*, she eventually agreed to sing. たびたびお願いされて結局彼女は歌うことを承知した/The next record I will play is a *request*. 次にかけるレコードはリクエスト曲です/People using this library are *requested* not to talk. 図書館を利用される方は静粛にお願いいたします/May I *request* that you work more quietly? もう少し静かに勉強してください.
類義語 ask; beg.
【慣用句】**at …'s request = at the request of …** …の依頼[願い]により: I did that *at his request*. 私は彼に頼まれてそうしたまでだ. **be in request** 需要がある. **make a request for …** …を懇請[要請]する. **on request** 請求あり次第.
【複合語】**requést stòp** 名 C《英》乗降客があるときのみ停車するバス停 (flag stop).

Req·ui·em /rékwiəm/ 名 C 〔カト〕死者の魂の安息を願って行う**死者ミサ**, そのミサのための曲, **鎮魂曲, レクイエム**.
語源 ラテン語の対格 *requies* (= rest) が中英語に入った. 死者のためのミサの入祭文の冒頭にある *Requiem aeternam dona eis, Domine* (主よ永遠の安息を彼らに与えたまえ) から.

re·quire /rikwáiər/ 動 本来他 〔一般語〕 一般義 問題や状態が何かを(することを)**必要とする**. その他 〔形式ばった語〕《通例受身で》法律や義務により何かを**要求する, 命令する**《適法〕need のほうが一般的).
語源 ラテン語 *requirere* (re- again + quaerere to seek) が俗ラテン語 *requaerere, 古フランス語 *requere* を経て中英語に入った. request と同語源.
用例 Is there anything else you *require*? なにかほかに必要なものがありますか/You are *required* by law to send your children to school. 法律では子供を学校にやらなければならない/I will do everything that is *required* of me. 命じられたことは何でもなするつもりだ.
類義語「必要とする」need;「要求する」demand.
【派生語】**required** 形《米》科目が必修の (⇔elective;《英》compulsory). **requirement** 名 C 要求, 必要(物, 額), 必要条件, 資格.

req·ui·site /rékwizit/ 形 名 C 〔形式ばった語〕**必要不可欠な, なくてはならない**. 名 として《通例複数形で》**必需品, 必須の条件[要素]**など.
語源 ラテン語 *requirere* (⇒require) の過去分詞 *requisitus* が中英語に入った.
【派生語】**rèquisítion** 名 UC 要求, 請求.

requital ⇒requite.

re·quite /rikwáit/ 動 本来他 〔文語〕人の親切や恩に**報いる**, 危害などに対して**報復する, 仕返しする**.
語源 re- + quite(quit の異形). 初期近代英語から.
【派生語】**requítal** 名 U 返礼, 報復.

re·run /ríːrʌ́n/ 動 本来他 (過去 -ran, 過分 -run), /ːˊː/ 名 C 〔一般義〕映画やテレビ番組などを**再上映する, 再放送する**.
名 として**再上映(映画), 再放送(番組)**.

re·sale /ríːsèil/ 名 UC 〔一般義〕**再販売**, あるいは第三者への**転売**.

re·scind /risínd/ 動 本来他 〔法〕法律, 条令を**廃止する, 廃棄する, 無効にする**.
語源 ラテン語 *rescindere* (= to cut off; re- + scin-

dere to cut) が初期近代英語に入った.

re·script /rí:skript/ 名 C 〔カト〕ローマ教皇が質問や請願などに対し出す**勅答書**，また一般に**法令，勅令，詔勅**，それらを**布告する**.

[語源] ラテン語 *rescribere* (=to write in reply; *re-* + *scribere* to write) の中性形過去分詞 *rescriptum* が中英語に入った.

rescuable ⇒rescue.

res·cue /réskju:/ 動 本来他 名 UC 〔一般義〕一般義 組織的な行動などによって人をさし迫った危険などから敏速に**救う**. その他 〔法〕逮捕されている者または差し押えられているものを不法に**奪還する**. 名 として**救助，救済**, 〔法〕差し押え物件などの(**不法**)**奪回**，また《形容詞的に》**救助(のための)**.

[語源] 俗ラテン語 *reexcutere* (外へ運び出す; *re-* 強意 + *excutere* to shake off) が古フランス語 *rescourre* を経て中英語に入った.

用例 The lifeboat was sent out to *rescue* the sailors from the sinking ship. 船員たちを沈没する船から救うため救命ボートが出された/The government has *rescued* the firm from bankruptcy by giving them a grant. 政府は補助金を出して会社を倒産から救った/The lifeboat was involved in four *rescues* last week. その救命ボートは先週 4 回の救助活動に参加した/After his *rescue*, the man told the reporters what it was like to be in the hands of the terrorists. 救助されたのち，その人はテロリストに捕えられていることがどんなことかを記者たちに語った/a *rescue* party 救助隊.

類義語 ⇒save.

【派生語】**réscuable** 形. **réscuer** 名 C 救助者，救助隊員.

re·search /risə́:rtʃ/ 名 UC 動 本来他 〔一般義〕通例長期間にわたる慎重で綿密な科学的**調査，研究** 《語法》数える場合は a piece of を用いる), 《複数形で》**調査[研究]活動[期間]**, 《形容詞的に》**調査[研究]にたずさわる(ための)**. 動 として，あることについて**研究[調査]する**.

[語源] 古フランス語 *re-* 強意 + *cerchier* (=to search) から成る *recerche* が初期近代英語に入った.

用例 He is engaged in cancer *research*. 彼はガンの研究に従事している/My *researches* have shown that there was a civilization here 4000 years ago. 私の調査活動で，4000 年前，ここにある文明が存在していたことがわかった/He's *researching* (into) Old English poetry. 彼は古英語の詩の研究をしている.

類義語 study.

【派生語】**reséarcher** 名 C 研究[調査]員.

re·seat /rì:sí:t/ 動 本来他 〔一般義〕立った人を再び座らせる，別の[新しい]席に座りなおさせる, 器具などをつけ直す, 劇場や教会などで**座席を取り替える**, 元の席や職業，地位などに**再び就かせる**.

resemblance ⇒resemble.

re·sem·ble /rizémbl/ 動 本来他 〔一般義〕外見上の特徴や性質がある人や物に**似ている** 《語法》be like ... の方が口語的；受動態や進行形にはならない).

[語源] 古フランス語 *resembler* (*re-* 強意 + *sembler* to be like) が中英語に入った. *sembler* はラテン語 *similare* (=to copy) から.

用例 He doesn't *resemble* either of his parents. 彼は両親のどちらにも似ていない/The two daughters *resemble* each other in appearance. 二人の娘は外見が似ている.

【派生語】**resémblance** 名 UC 似ていること，類似, 〔形式ばった語〕似顔，肖像(画).

re·sent /rizént/ 動 本来他 〔一般義〕状況や人の不公平な言動などに対して，言葉に出して，あるいは心の中で**憤慨する，腹を立てる**.

[語源] フランス語 *resentir* (*re-* 強意 + *sentir* to feel) が初期近代英語に入った.

用例 I *resent* his interfering [interference] in my affair. 私事に対する彼のおせっかいには腹が立つ/I *resent* having to take work home every evening. 毎晩仕事を家に持ち帰らねばならないのが腹立たしい.

【派生語】**reséntful** 形 腹を立てた，憤慨した，短気な. **reséntfully** 副. **reséntment** 名 U 憤慨，立腹.

reservation ⇒reserve.

re·serve /rizə́:rv/ 動 本来他 名 CU 〔一般義〕一般義 切符，座席などを**予約する**. その他 本来は将来のために**取っておく**意．そこから権利，利益などを**保有する**, 〔法〕それらの適用を**留保する**, 《まれ》運命や経験などを人のために取っておく，すなわち人の**運命を定める**の意味になる．また〔形式ばった語〕決定や発表などを**差し控える，遠慮する，延期する**. 名 としては，《複数形で》将来のための**蓄え**, 銀行などの**準備金**〔積立金〕, あるいは**補欠選手**, 《the ~s》**予備軍**. また保有，制限，感情などを表に出さないこと，**控え目，遠慮，よそよそしさ**, 特別の目的のための**保留地, 猟獣の保護地区**.

[語源] ラテン語 *reservare* (=to keep back; *re-* back + *servare* to keep) が古フランス語を経て中英語に入った．名 はフランス語 *réserve* (蓄え) が初期近代英語に入った.

用例 These seats are *reserved* for the use of committee members only. これらの席は委員会のメンバー専用にしてある/I'll *reserve* some money for the summer trip. 夏の旅行のためにお金を少しためておこう/The restaurant is busy on Saturdays, so I'll phone up today and *reserve* a table. 土曜日はレストランが忙しくなるから，今日のうちにテーブルをひとつ電話で予約しておこう/Some of the profits will be *reserved* to buy new machinery. 利益のいくらかは新しい機械の購入にあてることになろう/The chairperson *reserved* judgement on the question. 議長はその問題に関する判断を差し控えた/The farmer kept a *reserve* of food in case he was cut off by snow during the winter. 農夫は冬の間雪で(物資の)供給が途絶える場合に備えて食糧を蓄えた/The *reserves* have been called up. 予備軍が召集された.

【慣用句】**in reserve** 予備の，取ってある. **reserve oneself for ...** ...のために力を蓄えておく. **without reserve** 〔形式ばった語〕無条件で，腹蔵なく. **with reserve** 条件つきで, 〔形式ばった語〕控え目な態度で.

【派生語】**rèservátion** 名 UC 保留，予約, 〔法〕留保(権), 保留利益, 条件をつけること, 制限, 《複数形で》疑念, 《米》公共の利用のための特別保留地域. **resérved** 形 予備の，予約済みの，指定の，控え目な. **resérvedly** 副 控え目に，よそよそしい態度で. **resérvist** 名 C 予備役兵, 在郷軍人.

【複合語】**resérve bànk** 名 C 《米》(連邦)**準備銀行**.

res·er·voir /rézərvwá:r/ 名 C 〔一般義〕一般義

人工または天然の**貯水池**. [その他] 液体を入れる容器, たとえば万年筆のインク筒, ランプの油つぼ. さらにここから [形式ばった語] 比喩的に知識や情報などの**蓄積**, **宝庫**. 〖医〗**病原体保有生物**.
[語源] フランス語 *réserver* (= to reserve) から派生した「貯蔵庫」の意の *réservoir* が初期近代英語に入った.
[用例] The *reservoir* was filled to capacity due to yesterday's rainfall. 昨日の雨で貯水池は満水になった/An encyclopedia is a *reservoir* of knowledge and information about everything. 百科事典はあらゆる事についての知識・情報の宝庫である.
[関連語] pond, tank.

re·set /ríːsét/ 動 [本来他] 《過去・過分 -set》, /ˈːˌ/ 名 C [一般義] 物を置き直す, 宝石などをはめ直す, 活字などを組み直す, 折れた骨などを継ぎ合わせる, 計器などをセットし直す. 名 として, 自動制御機構などの復元装置.

re·set·tle /ríːsétl/ 動 [本来他] [一般義] 避難民などを新しい場所に再び定住させる, またある場所に再植民する. 自 再び新しい土地に定住する.

re·shuf·fle /ríːʃʌ́fl/ 動 [本来他] 名 C [一般義] トランプの札を切り直す, また内閣などの組織や人事を改造する, 入れ替える. 名 として切り直し, 入れ替え, 内閣の改造.

re·side /rizáid/ 動 [本来自] [やや形式ばった語] [一般義] 特定の場所に永続的に**居住する**. [その他] 性質や権力, 権利などが...に**存在する**, **在る**, **属する** (in).
[語源] ラテン語 *residere* (= to sit back; to remain) が古フランス語を経て中英語に入った.
[用例] He *resides* at 31 Highlow Avenue. 彼はハイロー通り 31 番地に住んでいる/All authority in that country *resides* in the President. その国では大統領に全権がある.
[派生語] **résidence** 名 CU [形式ばった語] 住居, 居住, 駐在. **résidency** 名 CU 外国駐在官の官邸, 《米》病院に住み込んで行なうインターン後の医師の研修期間, その身分. **résident** 名 C 居住者, 外国駐在事務官, 《米》研修医. 形 として居住の, 駐在している, 鳥が季節的移動をしない. **rèsidéntial** 形 住宅(向き)の.

residual ⇒residue.

res·i·due /rézədjùː/ 名 C [形式ばった語] **残りの物**, **余ったもの**, 〖法〗債務や遺贈などを清算したあとの**残余財産**, 〖化〗**残留物**.
[語源] ラテン語 *residuum* (⇒residuum) が古フランス語を経て中英語に入った.
[派生語] **resídual** 形 名 C.

re·sid·u·um /rizídʒuəm/ -dju-/ 名 C 《複 -sidua》 [形式ばった語] **残余**, **残留物**, さらに**最下層民**, **人間のくず**.
[語源] ラテン語 *residere* (to remain) から派生した *residuum* (= leftover) が初期近代英語に入った.

re·sign /rizáin/ 動 [本来他] [一般義] **正式に辞職する**, **辞任する** ([語法] 自 でも用いる). [その他] [形式ばった語] 希望, 要求, 権利などを**放棄する**, **断念する**, 仕事を人に**譲り渡す**, あるいは (~ oneself で) 運命やある状況などに**身を任せる**, **甘受する**.
[語源] ラテン語 *resignare* (= to unseal; to cancel; *re-* back + *signare* to sign) が古フランス語を経て中英語に入った.
[用例] He *resigned* from the committee. 彼は委員を辞任した/He *resigned* his post. 彼は職を辞した/He has *resigned* himself to never being able to walk again. 彼は二度と再び歩くことができなくなるということをじっと我慢して受け入れた.
[類義語] quit.
[関連語] retire (老齢とか定年で退職する).
[派生語] **rèsignátion** 名 UC. **resígnedly** 副 仕方なく, あきらめて.

resilience ⇒resilient

re·sil·ient /rizíliənt/ 形 [形式ばった語] [一般義] **ものがはねる**, **はずむ**, **弾力性がある**, **元の形への復元力がある**. [その他] 復元力がある意から比喩的に, 疲れ, 病気などから容易に立ち直って**元気を回復する力がある**, **快活ではつらつとした**.
[語源] ラテン語 *resilire* (*re-* back + *salire* to jump) の現在分詞 *resiliens* が古フランス語を経て中英語に入った.
[派生語] **resílience** 名 U.

res·in /rézin/ 名 UC [一般義] **樹脂**, **合成樹脂**, また**松やに**. 動 として**樹脂加工する**.
[語源] ギリシャ語 *rhētínē* (松やに) と関係があるラテン語 *resina* から中英語に入った.
[派生語] **résinous** 形.

re·sist /rizíst/ 動 [本来他] [一般義] 攻撃などに強い意志を示して立ち向かい**抵抗する**. [その他] 立ち向かうことから, 化学作用, 自然の力, 病気などに**耐える**, **影響をうけない**, **侵されない**, また (通例否定文で) **我慢する**, **じっとこらえる**.
[語源] ラテン語 *resistere* (= to withstand; *re-* back + *sistere* to cause to stand) が古フランス語 *resister* を経て中英語に入った.
[用例] The soldiers *resisted* the enemy attack. 兵士たちは敵の攻撃に抵抗した/It's hard to *resist* temptation. 誘惑に負けまいとするのは大変なことだ/I just can't *resist* strawberries. 私はいちごには目がない/She couldn't *resist* bursting into tears. 彼女はわっと泣きださずにはいられなかった/a metal that *resists* rust さびない金属.
[類義語] ⇒oppose.
[派生語] **resístance** 名 UC 抵抗(力), 反感, 《定冠詞 the R-》抵抗運動[組織], レジスタンス. **resístant** 形. **resíster** 名 C 抵抗する人, レジスタンスの一員. **resístor** 名 C 〖電〗抵抗器.

re·sole /rìːsóul/ 動 [本来他] [一般義] 靴の底革を張り替える.

res·o·lute /rézəluːt/ 形 [一般義] 《良い意味で》**意志の強固な**, **決然とした** ([語源] decisive や firm よりも形式ばった語).
[語源] ラテン語 *resolvere* (⇒resolve) の過去分詞 *resolutus* が初期近代英語に入り, 「問題などが解かれて, 分析された」→「決められた」の意を経て今日の意味に至った.
[用例] You must be *resolute* and do what you think best. 毅然とした態度で自分がいちばんよいと思うことをすべきだ/The general was *resolute* for peace. 将軍は和平の決意を固めていた.
[反意語] irresolute.
[派生語] **résolutely** 副. **résoluteness** 名 U. **rèsolútion** 名 CU 決意, 決断力, 決議[案, 文], [形式ばった語] 解答, 解決.

resolvable ⇒resolve.

re·solve /rizálv/ -5-/ 動 [本来他] 名 CU [一般義]

resonance

[一般義] 問題などを解決する, 解明する. [その他] ...しようと決心する, 決意する (《語法》 decide よりも形式ばった語), 会議などで決議する, 決定する, 《化》分析する, 分解する, 液中で溶解する, 《医》症状などを散らす. 名 として [形式ばった語] あることをする決意, 不屈の決断力, 議会での決議.
[語源] ラテン語 resolvere (re- 強音＋solvere to untie) が古フランス語を経て中英語に入り,「分解する, ゆるめる, 解く」→「解決する, はっきりさせる」→「決意する」のような意味変化を経てきた.
[用例] I've *resolved* to stop smoking. 私はたばこをやめる決心をした/It was *resolved* that women should be allowed to join the society. その協会に女性も加入できることが議決された/The problem will *resolve* itself eventually. その問題はいずれおのずと解決するだろう.
[類義語] ⇒decide.
【慣用句】*resolve oneself into* ... ...に分解する, ...に帰着する.
【派生語】**resólvable** 形 溶解性の, 解決可能の. **resólved** 形 決心した, 確固たる, 不屈の.

resonance ⇒resonant.

res·o·nant /rézənənt/ 形 [形式ばった語] 音や声などが反響する, また場所などがある音などに共鳴する, 共振する.
[語源] ラテン語 *resonare* (⇒resound) の現在分詞 *resonans* が初期近代英語に入った.
[用例] a *resonant* voice よく響く声.
【派生語】**résonance** 名 UC. **résonantly** 副. **résonate** 動 [本来自] 反響する, 共鳴する. **résonator** 名 C 共振器, 共鳴体.

re·sort /rizɔ́ːrt/ 名 CU 動 [本来自] 〔一般語〕
[一般義] 休日に人がしばしば行く行楽地. [その他] 人の集まり, 人出の意から, 抽象的にしばしば通うことの意. またやむを得ず何かに頼る[訴える]こと, または仕方なく頼るもの[人], 'ë頼みの綱'. 動 として, 行楽地などにしばしば行く, あるいはやむを得ずなんらかの手段に頼る, 訴える.
[語源] 「出掛ける」の意の古フランス語 *resortir* (re- again＋*sortir* to come out) が中英語に入った.
[用例] Brighton is a popular (holiday) *resort*. ブライトンは人気のある行楽地である/They could persuade the residents without *resort* to compulsion. 彼らは強制手段に訴えずに住民たちを説得することができた/He couldn't persuade people to do what he wanted, so he *resorted* to threats of violence. 彼は人々を説得して自分の思い通りにさせることができなかったので, 暴力かえるような脅しの手段に訴えた.
【慣用句】*as a* [*in the*] *last resort* 最後の手段として, せっぱつまって.
【派生語】**resórter** 名 C しばしば保養地に行く人.

re·sound /rizáund/ 動 [本来自] [形式ばった語] 音や声などが鳴り響く, 場所などが反響してこだまする, また名声などが響き渡って評判になる.
[語源] ラテン語 *resonare* (re- again＋*sonare* to sound) が古フランス語を経て中英語に入った.
【派生語】**resóunding** 形 音が反響するような, 成功などが目覚ましい.

re·source /ríːsɔːrs | rizɔ́ːs/ 名 CU 〔一般語〕
[一般義] (通例複数形で) 石油, 石炭, 鉱物などの資源, あるいは財源, 資金, 人的資源, 人材, スタッフ. [その他] 万一の時の頼み, 手段, やりくり (《語法》 resort のほうが普通). 頼りになる才能ということから, [形式ばった語] 臨機応変の才能, 機転. また気晴らし(の手段), 退屈しのぎ.
[語源] 古フランス語 *resourdre* (＝to rise again; to rise from the dead) から派生したフランス語 *ressource* (＝relief; recovery) が初期近代英語に入った. *resourdre* はラテン語 *resurgere* (re- again＋*surgere* to rise) から.
[用例] This country is rich in natural *resources*. この国は天然資源に富む/We have used up all our *resources*. 我々は万策尽きた/He showed great *resource* in solving his problems. 彼は臨機応変の才をもって自らの問題を解決した.
【慣用句】*leave* ... *to* ...*'s own resources* ...をほったらかしにしておく, 好き勝手にさせておく. *be thrown on* ...*'s own resources* 自分でなんとかやるしかない.
【派生語】**resóurceful** 形 機転のきく, 臨機の才のある. **resóurcefully** 副. **resóurcefulness** 名.

resp. 《略》 ＝respective; respectively; respondent.

re·spect /rispékt/ 名 UC 動 [本来央] 〔一般語〕
[一般義] 尊敬, 敬意. [その他] 本来の「ある物をふり返って見る」という意から, 人やものごとに「注目する」となり, 深い関心, 敬意をもった注目で尊重, 配慮, さらに注目する点, [やや形式ばった語] 関連, 関係の意にもなる. また敬意の具体的な表示で (複数形で) あいさつ, よろしくとの伝言. 動 として尊敬する, 考慮する, 注意する.
[語源] ラテン語 *respicere* (＝to look back) の過去分詞 *respectus* が初期近代英語に入った.
[用例] He is held in great *respect* by everyone. 彼はだれからも深く尊敬されている/He has no *respect* for politicians. 彼は政治家たちを全然尊敬していない/These two poems are similar in some *respects*. これら 2 つの詩はいくつかの点で似ている/I *respect* you for what you did. 私はあなたの行動に対してあなたを尊敬します/One should *respect* other people's feelings. 他人の気持は尊重すべきだ.
[類義語] respect; regard; esteem; reverence; veneration: 「尊敬」の意では respect が最も一般的な語で, 単に崇拝するのではなく人の考えや意志を高く評価し, 約束を尊重することをいう. **regard** は好意を含んだ尊重の意で, 形式ばった語. **esteem** も形式ばった語で, 愛情をこめて心から尊敬[尊重]する意. このほか **reverence** はやや形式ばった語で, 神聖なものをおそれあがめること. **veneration** は崇拝に近い気持で尊敬することをいう.
【慣用句】*as respects* ... ...に関しては. *have respect for* ... ...を尊敬する. *have respect to* ... ...を考慮する, ...に関係がある. *in no respect* 全然...でない. *in respect of* ... [形式ばった表現] ...については. *in this respect* この点に関しては. *pay respect to* ... ...を考慮する. *without respect to* ... [形式ばった表現] ...に関係なく, ...を尊重せずに. *with respect to* ... [形式ばった表現] ...に関しては.
【派生語】**respèctability** 名 U 品位, ちゃんとした評価. **respéctable** 形 世間的にちゃんとしている, 恥ずかしくない, 身なりのきちんとした, 量や大きさがかなりの. [語法] 本来の「尊敬」の意がうすれている傾向があり, 例えば a *respectable* person は「一見立派そうな人, 一応の水準の人」の意が普通. **respéctably** 副 まともに, ほどほどに. **respéctful** 形 [形式ばっ

re·spec·tive /rispéktiv/ 形 〔一語語〕《限定用法》それぞれの, 各自の 《語法》 each と異なり複数名詞を伴う).

[語源] ラテン語 respectus (⇒respect) が後期ラテン語 respectivus を経て初期近代英語に入った. 「ふり返って見る」→「注目する」→「個人を考慮する」→「個々の」のように意味が変化した.

[用例] Peter and George went to their *respective* homes. ピーターもジョージもそれぞれの家に帰った/Several members objected to the plan from their *respective* points of view. 数人のメンバーはそれぞれの立場からその計画に異論を呈した.

【派生語】**respéctively** 副 それぞれ, めいめい 《語法》通例文尾におかれ, 文中でのそれぞれの語を順序だてて対応させるときに用いる》: John and Jim are seven and nine, *respectively*. ジョンとジムはそれぞれ 7 歳と 9 歳である.

respiration ⇒respire.
respirator ⇒respire.
respiratory ⇒respire.

re·spire /rispáiər/ 動 [本来自] 〔形式ばった語〕呼吸する, 停止する, 心配や努力のあとなどでほっと一息つく 《語法》呼吸するの意は breathe が普通》.

[語源] ラテン語 *respirare* (re- again+spirare to breathe) が中英語に入った.

【派生語】**respirátion** 名 UC 呼吸. **réspirator** 名 C ガーゼのマスク, 防毒マスク, 人工呼吸器. **respirà·tòry** 形 呼吸(器)の: a *respiratory* organ 呼吸器官.

res·pite /réspit|-pait/ 名 UC 動 [本来他] 〔形式ばった語〕苦痛, 仕事, 債務などの一時的な中断や休止, 延期, また死刑執行の猶予. 動 として執行を猶予する, 金の取立てを延期する.

[語源] ラテン語 *respectus* (⇒respect) が古フランス語 *respit* を経て中英語に入った. respect と同語源.「ふり返って見る」→「個人を配慮する」→「猶予する」と意味が変化した.

resplendence, -cy ⇒resplendent.

re·splend·ent /rispléndənt/ 形 〔形式ばった語〕人や物が見た目にきらきら輝いてまばゆい, きらびやかな.

[語源] ラテン語 *resplendere* (re- 強意+splendere to shine) の現在分詞が中英語に入った.

【派生語】**respléndence, -cy** 名 U.

re·spond /rispánd|-spɔ́-/ 動 [本来自] 〔形式ばった語〕
[一般義] 主に言葉や手紙などで応答する, 回答する.
[その他] 刺激などに対して人が動作などで反応を示す, 機械などが応ずる, 病気や傷が治療や薬により反応を示す, 効き目がある, また《キ教》信者たちが牧師の言葉に応誦する.

[語源] ラテン語 respondere (=to promise in return; re- back + spondere to promise) が古フランス語 respondre を経て中英語に入った. 原義は「約束し返す」.

[用例] He didn't *respond* to my question. 彼は私の質問には答えなかった/I smiled at her, but she didn't *respond*. 彼女は私がほほえみかけたのに知らん顔をしていた/His illness did not *respond* to treatment by drugs. 彼の病気には薬による治療は効果がなかった.

[類義語] ⇒answer.

【派生語】**respóndent** 形 名 C 答える, 反応する, 感応する. 《法》離婚訴訟の被告. **respónse** 名 CU 応答, 反応, 《通例複数形で》《キ教》応答歌, 応唱. **responsible** 形 ⇒見出し. **respónsive** 形 すぐに反応する, 敏感な, 物わかりのよい, 感じやすい, 《生》刺激に反応する: a *responsive* person 敏感な人/This disease is *responsive* to treatment with drugs. この病気には薬の治療がよく効く. **respón·sively** 副 すぐに反応して, 敏感に.

re·spon·si·ble /rispánsəbl|-ś-/ 形 〔一般語〕
[一般義] 本来の「お返しとして約束する; 答える.」という意から, 物事, 事柄, 仕事などに対して責任がある (for), 上位の人やものに対して責任がある, 監督下にある (to).
[その他]《述語用法》人や物事が特に良くないこと, 失敗などの原因である (for), 《限定用法》仕事や地位などで責任の重い. また人が信用できる, あるいは道理のわかった, 善悪の判断ができるなどの意.

[語源]「約束し返す」の意のラテン語 respondere の過去分詞中性形 responsum が 名 として古フランス語 *response* を経て中英語に入った.

[用例] He is *responsible* to the manager for the way his staff behave. 職員の行動に関しては彼は経営者に対して責任がある/Who is *responsible* for the stain on the carpet? じゅうたんの上にしみをつけたのは誰ですか/We need a *responsible* person for this job. この仕事には信頼できる人物が要る/A drunken man is not *responsible* for his action. 泥酔者は自分のしていることの善悪が判断できない.

【派生語】**responsibílity** 名 UC 責任, 責任能力, 責任を負うべき対象. **respónsibly** 副 責任をもって, 確実に.

responsive ⇒respond.

rest¹ /rést/ 名 CU 動 [本来自] 〔一般語〕 [一般義] 一定時間[期間]の休息, 休憩 《心の休息, すなわち安息, 安らぎ, また具体的な休む場所, 休憩所, さらには物を載せておく場所, 台 《語法》この意味ではしばしば複合語をつくる》. また機械などの停止, 《楽》休止(符). 休止, 停止の意味から婉曲に死, 永眠を意味することがある. 動 としては休息する, 心が休まる, 落ちついている, 安心している, また物が休止[停止]する, 婉曲に人が死ぬ, 葬られている. さらには物が置かれる, 土地が遊んでいる, 問題や議論がそのままにされる. 他 体を休ませる, ...を...に置く, もたれかけさせる, 目などを据える, 比喩的に人や物に頼る, ...に基づくなどの意.

[語源]「休息, 休止」の意の古英語 名 rest, ræst, 動 restan, ræstan から.

[用例] Digging the garden is hard work—let's stop for a *rest*. 庭を掘りかえすのも大変だ. 手を止めて少し休憩しよう/He needs a good night's *rest*. 彼は一晩十分に睡眠をとる必要がある/a book-*rest* (書)見台/The machine is at *rest*. 機械は止まっている/I will never *rest* until I know the murderer has been caught. 人殺しが捕まったとわかるまで安心できない/He now *rests* with his ancestors. いまや彼は先祖たちの墓に葬られている/The whole argument *rests* on his assumption that there is no God. すべて彼の論拠は神が存在しないという仮定に基づいている/The choice *rests* with you. 選択はあなた次第です/Stop reading for a minute and *rest* your eyes. しばらく読書を中断して目を休ませなさい/We

rested our trust on him. 私たちは彼を信頼していた.
【慣用句】**at rest** 休息して, 休止して, 安心して,《婉曲的》永眠して. **come to** *one's* **rest** 静止する. **go to one's rest** 寝る,《婉曲的》永眠する. **lay ... to rest** ...を葬る, 噂や不安などを静める, 忘れ去る. **rest up**《主に米》十分に休養する. **take [have] a rest** ひと休みする.
【派生語】**réstful** 形 安らかな, 静かな, 落ち着いた. **réstfully** 副. **réstfulness** 名 U 安らぎ, 平穏. **réstless** 形 落ち着かない, 不安な, 落ち着かない, 眠れない, 休めない: spend a *restless* night 眠れない一夜を過ごす. **réstlessly** 副. **réstlessness** 名 U.
【複合語】**rést cùre** 名 C 安静療法. **rést hòme** 名 C 老人・病人などの保養所. **rést hòuse** 名 C 旅行者のための簡易宿泊所, レストハウス. **réstròom** 名 C《主に米》劇場やホテルなど公共の場所の手洗い, トイレ《語法》もともとの婉曲的な意味あいは失われているが, 日本語の「便所」に相当する toilet よりは無難な語; ⇒ toilet》.

rest² /rést/ 名 U 動 本来自〔一般語〕(the ～) 一部を取り去ったものの残り, 残りのもの, その他のもの《語法 数えられるものの場合は複数扱い, 数えられないものの場合は単数扱い》, また (the ～; 複数扱い) 残りの[その他の]人たち. 動 として《補語を伴って》依然...のままである.
語源 ラテン語 *restare* (=to remain; *re*- back + *stare* to stand) が古フランス語 *rester* を経て中英語に入った. 名 は *rester* から.
用例 Give the *rest* of the meal to the dogs. 残飯は犬にやりなさい.
類義語 rest; remainder; remnant: **rest** が主として既に述べたものの残り, 残りのものをさすのに対して, **remainder** はあるものを取り去ったり費やしたりした残りをいう. ただし両者の用法は多くの場合交換が可能である. 一方 **remnant** は半端なものなど取るに足らぬ残り物の意.
【慣用句】**and the rest =and (all) the rest of it** その他すべて, などなど. **(as) for the rest** あとは, それ以外については.

re·state /rì:stéit/ 動 本来他〔形式ばった語〕異なった言い方で前よりもはっきりと再び述べる.
【派生語】**restátement** 名 UC.

res·tau·rant /réstərənt|-rɔ́nt/ 名 C〔一般語〕レストラン, 料理店, ホテルなどの食堂.
語源「(疲労を)回復させる, 修復する」の意のフランス語 動 *restaurer* の現在分詞の名詞用法から 19 世紀に入った. restore と同語源.
類義語 lunchroom; lunch counter; snack bar; cafeteria; refectory:「軽食堂」の意の語としては **lunchroom** のほかに《米》では **lunch counter**, **snack bar** が用いられている. またセルフサービスの食堂には **cafeteria** が, 特に大学や修道院などの食堂としてよく **refectory** が使われる.
【派生語】**restaurateur** /rèstərətɔ́:r/ 名 C 料理店の店主[支配人].
【複合語】**restaurant càr** 名 C《英》食堂車《語法》一般には dining car が, またくだけた語では diner が用いられる》.

restful ⇒rest¹.

res·ti·tu·tion /rèstətjú:ʃən/ 名 U〔形式ばった語〕本来の所有者への紛失物や盗品などの返還, 損害の賠償,《理》弾力による復元, 戻り.

語源 ラテン語 *restituere* (=to restore) の 名 *restitutio* が古フランス語を経て中英語に入った.

restless ⇒rest¹.

res·tive /réstiv/ 形〔形式ばった語〕一般語〕人や馬などが落ち着かない. その他 本来止まって動かない意で, 前へ進まない, 後ずさりする, 言うことを聞かない, 手に負えないという, 元の反対の意味が生じて, いらいらしている, 落ち着かないの意.
語源 古フランス語 *restif* (=inactive) が中英語に入った.
【派生語】**réstively** 副.

re·stock /ri:stɑ́k|-ɔ́-/ 動 本来他〔一般語〕品物を新たに仕入れる, 家畜などの動物を新たに補充する.

restorable ⇒restore.
restoration ⇒restore.
restorative ⇒restore.

re·store /ristɔ́:r/ 動 本来他〔形式ばった語〕いったん失ったものを元に戻す, 健康や秩序を回復する[させる], 古い建物や美術品などを復元[修復]する, あるいは元の地位[職場]に復帰させる[する]などの意.
語源 ラテン語 *restaurare* (*re*- back + *staurare* to repair) が古フランス語 *restore* を経て中英語に入った. store (蓄え) の語源とも関係がある.
用例 The patient was soon *restored* to health. 患者はすぐに健康を回復した/*restore* law and order 法と秩序を回復する/The police *restored* the stolen cars to their owners. 警察は盗難車を持主たちに返した/He is employed to *restore* paintings. 彼は絵画の修復のために雇われている.
類義語 recover.
【派生語】**restórable** 形. **rèstorátion** 名 UC 回復, 復旧, 復帰, 返還, 復元(したもの)《★建築物, 美術品など》,《the R-》《英史》王政復古. **restórative** 形 元気などを回復させる. 名 C〔形式ばった語〕強壮剤, 気つけ薬. **restórer** 名 C 元へ戻す人[もの]《★修復業者, 薬》.

re·strain /ristréin/ 動 本来他〔形式ばった語〕一般語〕意志の力で欲望, 感情, 行動などを抑制する《from》. その他 物理的な力で人などにあることをさせないようにする, 禁ずる, 拘束する, また大きくならないように, 拡大しすぎないように抑制する, 止める.
語源 ラテン語 *restringere* (*re*- back + *stringere* to bind) が古フランス語 *restreindre* (=to hold back) を経て中英語に入った. restrict と同語源.
用例 He was so angry he could hardly *restrain* himself. 彼はあまりの怒りにどうしようもなくなった/Nobody has right to *restrain* other people's liberty. だれでも他人の自由を束縛する権利はない.
類義語「抑える」check;「制限する」limit.
【派生語】**restráined** 形. **restráint** 名 UC 抑制, 自制心, 拘束, 監禁, 制限するもの, 制約: under *restraint* 拘束されて, 監禁されて.

re·strict /ristríkt/ 動 本来他〔一般語〕人の自由な行動または数量や大きさなどを制限する, 限定する《to; within》.
語源 ラテン語 *restringere* (⇒restrain) の過去分詞 *restrictus* が初期近代英語に入った.
用例 I try to *restrict* my smoking to five cigarettes a day. 私はたばこを一日 5 本に制限しようと努力している/He feels this new law will *restrict* his freedom. この新しい法律が自分の自由を制限すること

【類義語】⇒limit.
【派生語】**restricted** 形 制限された, 限られた.
restriction 名 CU 制限するもの, 規則, 制限.
restrictive 形 制限的な, 拘束的な, 限定する:
restrictive use《文法》制限用法.
restrictively 副.
restrictiveness 名 U 制限の厳しさ.

re·struc·ture /ri:stráktʃər/ 動 本来他 〔一般語〕組織, 構造などを**再構築する, 再編成する, 作り直す, 改革する**.
【派生語】**restructuring** 名 U 再構築, 再編成, 企業などのリストラ.

re·stud·y /ri:stʌ́di/ 動 本来他 名 C 〔一般語〕新たに勉強する, 勉強し直す, ものごとを再検討する, 評価し直す. 名 として再学習[研究], 再調査.

re·sult /rizʌ́lt/ 名 C 〔一般語〕〔一般語〕原因に対する**結果**. その他《通例複数形で》試験や競技での**成績**. また数学で計算の結果, すなわち**答え, 解答**, あるいは《米》議会での**決議, 決定**,《英》サッカーの試合などの**勝利**, 計画の**成功**. 動 としては, ある結果として起こる《from》, および結果として...に終る, ...に帰着する《in》.
語源 中世ラテン語の 動 resultare(=to rebound; re- back+saltare to leap)が中英語に入った. 「後方に跳ぶ」→「はね返る」→「結果として生じる」のように意味が変化した.
用例 His deafness is the *result* of a car accident. 彼の耳が聞こえないのは自動車事故の結果である/Add all these figures and tell me the *result*. これらの数字を足した答えを言いなさい/What was the *result* of Saturday's match? 土曜日の決勝戦の結果はどうでしたか/The experiment *resulted* in the discovery of a cure for cancer. 実験の結果がんの一治療法が発見された.
類義語 result; effect; consequence; outcome: **result** は原因のいかんにかかわらず, あることの具体的, 最終的な結果. **effect** はある原因から生じた直接的・必然的な結果. **consequence** は effect ほど直接的な結果は表わさず, すでに起こったことに関連して生じた自然的な結果で, 不幸な結果を示唆することが多い. **outcome** はなんらかの難点を含む通例影響の長いことを示す結果, 成り行きをいう.
対照語 cause (原因).
【慣用句】*in the result* 結局は. *without result* 空しく, 不成功に.
【派生語】**resúltant** 形 結果的に生じる, 合成の. 名 C 結果,《理》合力.

re·sume /rizjú:m/ 動 本来他 〔やや形式ばった語〕〔一般語〕中断していた話や仕事を**再び始める**. その他 権利や身分などを**取り戻す**, 健康を**回復する**, あるいはもとの席や場所を**再び占める**(《語法》recover よりも形式ばっている).
語源 ラテン語 resumere(re- again+sumere to take up)が古フランス語 resumer を経て中英語に入った.
用例 We'll *resume* the meeting after tea. お茶のあと会議を続行するつもりだ/At the end of his speech, he *resumed* his seat. 演説を終えて彼は席に戻った.
【派生語】**resumption** /rizʌ́mpʃən/ 名 UC 再開, 続行.

ré·su·mé /rézju(:)mèi/ 名 C 〔一般語〕摘要, 梗概, また履歴書(curriculum vitae)の意にもなる.
語源 フランス語 résumer(=to summarize)の過去分詞の名詞用法. 19 世紀に入った.
resumption ⇒resume.
re·sur·face /ri:sə́:rfis/ 動 本来他 〔一般語〕道路などを再舗装する, 床などを張り替える, また潜水艦などが再浮上する.
resurgence ⇒resurgent.
re·sur·gent /risə́:rdʒənt/ 形 〔形式ばった語〕《限定用法》思想, 情勢, 信仰, 人気などが**復活する, 再び活気づく**.
語源 ラテン語 resurgere(=to rise again; to rise from the dead; re- again+surgere to rise)の現在分詞が 19 世紀に入った.
【派生語】**resúrgence** 名 UC.

res·ur·rect /rèzərékt/ 動 本来他 〔形式ばった語〕昔の習慣などを**復活させる**, 記憶などを**よみがえらせる**, 死者を**生き返らせる**.
語源 resurrection からの逆成. resurrection はラテン語 resurgere(⇒resurgent)の 名 resurrectio が中英語に入った.
【派生語】**rèsurréction** 名 U 復活,《the R-》キリストの復活.

re·sus·ci·tate /risʌ́səteit/ 動 本来他 〔形式ばった語〕仮死状態などから**意識を再び回復させる, 生き返らせる**, 過去のものなどを**復興する**.
語源 ラテン語 resuscitare(=to reawaken)の過去分詞が中英語に入った.
【派生語】**resùscitátion** 名 U.

re·tail /rí:teil/ 名 U 動 本来他 〔一般語〕卸売り(wholesale)に対する**小売り(の, で)**. 動 として**小売りする**, 話や出来事などを非常に**詳しく話す**, あるいは比喩的に〔やや形式ばった語〕話やうわさを**受け売りする**.
語源 古フランス語 動 retaillier(re- 強意+tailler to cut)からの逆成語である retaille(=piece cut off)が中英語に入った.
用例 a *retail* dealer of vegetables 野菜の小売り商人/This shop sells goods *retail*. この店では品物を小売りしている/These books *retail* at £1. これらの本の小売り価格は 1 ポンドである.
【慣用句】*at* [《英》*by*] *retail* 小売りで.
【派生語】**rétailer** 名 C 小売り業者, うわさなどを言いふらす人.
【複合語】**rétail príce** 名 C 小売り価格.

re·tain /ritéin/ 動 本来他 〔やや形式ばった語〕〔一般義〕失わずに**保つ, 持ち続ける, 保有する**. その他 廃止しない, 変更しないという意味から, **維持する**, 比喩的に心に保つということから, **忘れずに覚えている, 記憶している**, または依頼料を前払いして弁護士などをかかえておく, **雇う**という意味になる.
語源 ラテン語 *retinere(re- back+tenere to hold)が古フランス語 retenir を経て中英語に入った.
用例 She could barely *retain* her tears. 彼女は涙をこらえるのがやっとだった/These dishes don't *retain* heat very well. これらの皿はあまり保温がよくない/We built a bank to *retain* flood waters. 洪水を食い止めるため堤防を築いた.
【派生語】**retáiner** 名 C 保持する人,《機》保持器,

弁護士依頼料, 顧問弁護士料. **retention** 名 ⇒見出し.

re·take /riːtéik/ 動 [本来他]《過去 -took, 過分 -taken/|-´-/》名 C〔一般語〕〔一般義〕占領された領土などを取り戻す, 奪還する. [その他] 一度失ったものを奪回する, 試験などを再度受ける, 写真や映画などを撮り直す. 名 として 追[再]試験, 追試, 映画の再撮影.

re·tal·i·ate /ritǽlieit/ 動 [本来自]〔形式ばった語〕自分の受けた侮辱や行為に対して同じような手段を用いて相手に**仕返しする, 報復する**.
[語源]「同じ種類のもので支払う」の意味のラテン語 *retaliare* (*re-* back+*talis* such) が初期近代英語に入った.
【派生語】**retaliátion** 名 U. **retáliative** 形. **retáliatòry** 形.

re·tard /ritáːrd/ 動 [本来他] 名 C〔形式ばった語〕活動や過程の**進行を遅らせる, 手間どらせる**, 特に成長や精神的な発達を**遅らせる, 妨げる**. 名 として《軽蔑的》**知恵遅れの人**.
[語源] ラテン語 *retardare* (*re-* 強意+*tardare* to delay) が古フランス語を経て中英語に入った.
【派生語】**rètardátion** 名 UC. **retárded** 形 特に子供について**知能の発育が遅い, 知恵遅れの**.《[語源] *retarded child* は差別的なので別の表現, 例えば mentally handicapped などが使われることが多い》.

retch /retʃ/ 動 [本来自]〔一般語〕むかついて**吐き気を催す, 吐く**.
[類義語] vomit.
[語源] 古英語 hrǣcan (=to spit) が中英語 rechen を経たものと思われる.

re·tell /riːtél/ 動 [本来他]《過去・過分 -told》〔一般語〕物語や話などを再び別の形で述べる.

re·ten·tion /riténʃən/ 名 U (⇒retain)〔形式ばった語〕伝統, 組織, 制度, 土地, 記憶などの**維持, 保有**.
【派生語】**reténtive** 形.

re·think /riːθíŋk/ 動 [本来他]《過去・過分 -thought/|-´-/》名 UC〔一般語〕計画などを**考え直す, 変更のために再考する**. 名 として **再考**.

reticence ⇒reticent.

ret·i·cent /rétəsənt/ 形〔形式ばった語〕性格的に自分の思っていることや感じていることを話したがらない, **寡黙な, 無口な, 控え目な**.
[語源] ラテン語 *reticere* (=to keep silent) の現在分詞 *reticens* が初期近代英語に入った.
【派生語】**réticence** 名 U. **réticently** 副.

re·tic·u·late /ritíkjulit/ 形, /-leit/ 動 [本来他]〔一般語〕一般に物や組織, 特に葉脈などについて**網状になっている**. 動 として **網目をつける, 網状にする**.
[語源] ラテン語 *rete* (=net) の指小語 *reticulum* から派生した *reticulatus* (=made like a net) が初期近代英語に入った.
【派生語】**retículated** 形. **retìculátion** 名 UC.

ret·i·na /rétənə/ 名 C《複 ~s, -nae/-niː/》〔解〕目の**網膜**.
[語源] ラテン語 *rete* (=net) からと思われる中世ラテン語 *retina* が中英語に入った.

ret·i·nue /rétənjuː/ 名 C〔形式ばった語〕〔集合的〕王族などの重要な人物に随行する**従者, お供の一行**.
[語源] 古フランス語 *retenir* (召し使いや従者などを召しかかえる) の女性形過去分詞 *retenue* から中英語に入った.

re·tire /ritáiər/ 動 [本来自]〔一般語〕〔一般義〕定年や老齢のために**退職する**, スポーツ選手などが**引退する**. [その他] ひとりになるための場所から**引き下がる**, 特に食事後食堂から応接間へ**下がる**,〔形式ばった語〕**床につく, 寝る**. また…から**退く**《from》,《婉曲に》軍隊などが**撤退[退却]する**《[語法] retreat のほうが普通》. 他 手形や紙幣を**回収する**, また**退職[退役]させる**, 部隊などを**退却させる**.〔野〕打者を**アウトする**.
[語源]「引きあげる」の意の古フランス語 *retirer* (*re-* back+*tirer* to draw) が初期近代英語に入った.
[用例] He *retired* at the age of sixty-five. 彼は65歳で引退した/When he doesn't want to talk to anyone, he *retires* to his garden shed and locks the door. 彼はだれにも話したがりたくないとき, 庭の小屋に引きこもりドアのかぎをかけてしまう/We always *retire* at midnight. 私たちは寝るのがいつも真夜中である.
[類義語] quit.
【慣用句】*retire into oneself* **自分の殻にとじこもる, 無口になる**.
【派生語】**retíred** 形 **退職した, 片田舎の, ひっそりした**. **retírée** 名 C **退職者**. **retírement** 名 UC **定年退職, 引退(生活)**. **retíring** 形 **遠慮がちな, はにかみ屋の, 引退の, 退職(者)の**: *retiring age* **定年**.

re·told /riːtóuld/ retell の過去・過去分詞. 動 として言い換えられた, 語り直された.

re·tort /ritɔ́ːrt/ 動 [本来他] 名 C〔一般語〕相手の侮辱, 非難などに対して激しく[**辛辣**(しんらつ)**に**]**言い返す, 仕返しする**. 名 として **言い返し, しっぺ返し**.
[語源] ラテン語 *retorquere* (=to twist back; to cast back) の過去分詞 *retortus* が初期近代英語に入った.

re·touch /riːtʌ́tʃ/ 動 [本来他] 名 C〔一般語〕絵画, 写真, 文章などの細部に**手を入れる, 修正する**. 名 として, **修正(されたもの)**.

re·trace /riː(ː)tréis/ 動 [本来他]〔形式ばった語〕〔一般義〕来た道を**引き返す, あと戻りする**.〔その他〕話, 歴史, 家系などのもとをたどりさかのぼって**調べる, 記憶などをたどって回顧する, 追想する**.

re·tract /ritrǽkt/ 動 [本来他]〔形式ばった語〕〔一般義〕動物の体の一部や機械類の部品の一部を体内や本体に**引っ込める, 収納する**.〔その他〕比喩的に意見, 陳述, 約束などを**撤回する, 取り消す**.
[語源] ラテン語 *retrahere* (*re-* back+*trahere* to draw) の過去分詞 *retractus* が中英語に入った.
【派生語】**retráctable** 形 飛行機などの車輪が**引っ込められる**. **retractile** /ritrǽktil|-tail/ 形【動】かめの頭や猫のつめのように伸縮自在で**体内に引っ込められる**. **retráction** 名 UC.

re·tread /riːtréd/ 動 [本来他], /-´-/ 名 C〔一般語〕古くすり減ったタイヤに溝を付け直し**タイヤを再生する**. 名 として **再生タイヤ**.

re·treat /ritríːt/ 動 [本来自] 名 UC〔一般語〕〔一般義〕敵に押されて軍隊などが**退却する**.〔その他〕一般にある場所から**立ち退く**, 田舎から**引退する, 引きこもる**. 名 として **退却, 〈the ~〉退却の合図**, また引退したり身を隠したりする場所, すなわち**隠れ家, 避難所, 【カト】黙想(の会, 期間)**.
[語源] 名 はラテン語 *retrahere* (⇒retract) からの古フランス語 *retraire* (=to withdraw) の過去分詞 *retraite* が中英語に入った. 動 はラテン語 *retractare* (撤回する) が古フランス語を経て中英語後期に入った.

re・trench /rɪtréntʃ/ 動 本来他 〔形式ばった語〕費用や経費,人員や規模などを削減する,縮小する,あるいは全く削除する.
[語源] 廃語のフランス語 *retrancher* (= to cut off) が初期近代英語に入った.
【派生語】**retrénchment** 名 ©U.

retrial ⇒retry.

re・tri・bu・tion /rètrəbjúːʃən/ 名 UC 〔文語〕悪業などに対する当然の報い,返報としての懲罰,また来世における応報をいう.
[語源] ラテン語 *retribuere* (= to pay back) の 名 *retributio* が古フランス語を経て中英語に入った.
【派生語】**retríbutive** 形 報復の,因果応報の.

retrieval ⇒retrieve.

re・trieve /rɪtríːv/ 動 本来他 名 U 〔形式ばった語〕
一般義 忘れた物,失ったものなどを取り戻す,回収する.その他 状況などを以前のよい状態へ戻す,損失などを埋め合わせる,誤りなどを訂正する.また猟犬が獲物を持って来る,《コンピューター》情報を検索する. 名 として 回復,修正,《コンピューター》検索.
[語源] 古フランス語 *retrover* (= to find again) が中英語に入った.
【派生語】**retríeval** 名 U 取り戻し,回復,《コンピューター》情報の検索. **retríever** 名 © 猟犬のレトリーバー.

retro- /rétrou-/ 接頭 「後方に(ある)」「さかのぼって」「逆に」などの意.
[語源] ラテン語 *retro-* (*re-* back + (*in*)*tro* inwardly) から.
[日英比較] この語自体には日本語の「レトロ」のような「回顧的」という意味はない.

retroaction ⇒retroactive.

ret・ro・ac・tive /rètrouǽktɪv/ 形 〔形式ばった語〕回顧的な,《法》法律などが過去にさかのぼってその効力を発する,遡及(そきゅう)する.
[語源] ラテン語 *retroagere* (*retro-* back + *agere* to drive) の過去分詞 *retroactus* が初期近代英語に入った.
【派生語】**rètroáctively** 副. **rètroáction** 名 U.

retroflection ⇒retroflex.

ret・ro・flex /rétrəfleks/ 形 《解》反転している,子宮が後屈の.また《音》r の発音に見られるそり舌音の.
[語源] 中世ラテン語 *retroflectere* (*retro-* backward + *flectere* to bend) から派生した近代ラテン語 *retroflexus* が18世紀に入った.
【派生語】**rètrofléction, rètrofléxion** 名 U 反転,子宮後屈.

ret・ro・grade /rétrəgreɪd/ 形 動 本来自 〔形式ばった語〕悪い状態や初期の状態に退歩する,退化する,方向が逆戻りする,悪い方へ向かう.
[語源] ラテン語 *retrogradi* (⇒retrogress)から派生した *retrogradus* が中英語に入った.

ret・ro・gress /rètrəgrés/ 動 本来自 〔文語〕以前のより悪い状態へ退歩する,逆戻りする,退化する.
[反意語] progress.
[語源] ラテン語 *retrogradi* (= to move backward; *retro-* backward + *gradi* to step) の過去分詞 *retrogressus* が19世紀に入った.
【派生語】**retrogréssion** 名 U. **retrogréssive** 形.

ret・ro-rock・et /rétrourɑ̀kɪt/-ɔ̀-/ 名 © 《宇宙工学》逆推進[噴射]ロケット.

ret・ro・spect /rétrəspekt/ 名 U 〔形式ばった語〕過去の出来事や思い出などを振り返る回想,追想.
[語源] ラテン語 *retrospicere* (= to look back; *retro-* back + *specere* to look at) の過去分詞 **retrospectus* が初期近代英語に入った.
[反意語] prospect.
【慣用句】*in retrospect* 回顧して.
【派生語】**rètrospéction** 名 U. **retrospéctive** 形.

re・try /riːtráɪ/ 動 本来他 〔一般語〕あることを再び試みる,《法》裁判を再審理する.
【派生語】**retrial** 名 ©.

re・turn /rɪtə́ːrn/ 動 本来自他 名 CU 〔一般語〕一般義 もとの場所,状態,活動,話題に戻る,帰る《語法》get back のほうが口語的》.他 借りたものなどを持ち主に返す,比喩的に人から受けた恩に報いる,お返しをする,報復する,《テニス》ボールを打ち返す.また公式に報告する,申告する,《法》陪審が評決[答申]する,国会議員などを(再)選出する,投資などが利益を生む. 名 としては,もとに戻すことから,返却,帰ることから,帰宅,帰国,また再び戻ってくることから,病気などの再発,健康の回復,社会などへの復帰,回帰,あるいは具体的に返ってくるものを表し,テニスの返球,《主に複数形で》利益.また返すことから,返事,照会,要請に対する公式の報告(書),申告(書),さらには議員の選出,得票数,《英》往復切符(return ticket),《形容詞的に》戻りの,帰りの,返しなどの意味になる.
[語源] 俗ラテン語 **retornare* (= to turn back) が古フランス語 *retorner* を経て中英語に入った.
[用例] He will *return* to London tomorrow. 彼は明日ロンドンに帰るだろう/The pain has *returned*. 痛みが再発した/Don't forget to *return* the book you borrowed. 借りた本は忘れずに返却してください/She *returned* the compliment. 彼女はお世辞を言って返した/The jury *returned* a verdict of not guilty. 陪審は無罪の評決をくだした/On our *return*, we found the house had been burgled. 帰宅してしたら,わが家が泥棒に入られていた/We're hoping for a good *return* on our investment. われわれは十分な投資収益を望んでいる.
【慣用句】*by return* 《英》折り返し,次の便で(《米》by return mail). *in return* 返礼として,代わりに. *return to dust* 土に帰る,死ぬ. *return to oneself* 正気にかえる. *To return* 《独立不定詞》さて本題に戻って.
【派生語】**retúrnable** 形 返却できる[すべき],報告すべき. **retùrnée** 名 © 任務などを終えて帰国した人,帰還者[軍人].

【複合語】 **retúrn mátch** 名 C 〖競技〗雪辱戦, リターンマッチ. **retúrn póstcard** 名 C 往復はがき. **retúrn tícket** 名 C 《米》帰りの切符, 《英》往復切符. **retúrn tríp [jóurney]** 名 C 《米》帰りの旅, 《英》往復旅行((米) round-trip).

reunion ⇒reunite.

re·u·nite /ríːjuːnáɪt/ 動 本来他〔一般語〕分離されたり別れ別れになっていたものや人を**再結合する**, **再会**する.

派生語 **reúnion** 名 UC 再会, 同窓会, クラス会.

re·use /riːjúːz/ 動 本来他, /-júːs/ 名 U〔一般語〕物を**再利用する**. 名 として**再利用, 再生**.

rev /rév/ 動 本来他 名 C〔くだけた語〕エンジンの回転を急激に増す, あの活動をさらより活発にする. 名 として, 1分間のエンジンの回転(数), エンジンの回転を上げること.
語源 revolution (回転) の短縮形として 20 世紀から.
【慣用句】 *rev up* エンジンの回転を上げる.

Rev. /rév/ 名〔略〕〖聖〗=Revelation.

re·val·ue /riːvǽljuː/ 動 本来他〖経〗**評価し直す**, 特にインフレの際などに**平価を切り上げる**.
派生語 **rèvaluátion** 名 UC 平価切り上げ.

re·vamp /riːvǽmp/ 動 本来他〔一般語〕組織や構成などを**手直しする**, **改造する**, **改良する**. 本来は古い靴のつま先に**新しい革を付け替えて繕う**.

re·veal /riváːl/ 動 本来他〔一般語〕それまで隠されていた事実や秘密などを明らかにする, **暴露する**, あるいははっきり**見せる**, **示す**, 神や超自然の力が**啓示する**.
語源 ラテン語 *revelare* (=to uncover; *re-* back + *velare* to veil) が古フランス語を経て中英語に入った. *velare* は 名 *velum* (=veil) の派生語.
用例 All their secrets have been *revealed*. 彼らの秘密は全部暴かれた/He will never *reveal* his methods. 彼は自分のやり方を決して明らかにしないだろう/Her remarkable talent *revealed* itself. 彼女のすばらしい才能がおのずと現れた.
類義語 reveal; disclose; expose: **reveal** がベール[幕]を取り払うように本の姿, 真実を見せるのに対して, **disclose** は秘密などを公に発表する意味あいが強い. また **expose** は保護となる覆いなどを取り除いて危険な人目にさらすことをいう.
反義語 conceal.
【派生語】 **reveáling** 形 肌などを露出してしまう, 示唆に富んだ. **rèvelátion** 名 UC 暴露(されたこと), 神の啓示, 《the R-》〖聖〗ヨハネ黙示録.

rev·el /révəl/ 動 本来自〔過去·過分 《英》-ll-〕名 C〔古風な語〕《戯言》**大いに楽しみ喜ぶ**, 酒盛りや祝宴などで**お祭り騒ぎをする**. 名 として《複数形で》**お祭り騒ぎ**.
語源 ラテン語 *rebellare* (=to rebel) が古フランス語 *reveler* (=to make noise) を経て中英語に入った. ⇒ rebel.
【派生語】 **réveler**, 《英》**-ll-** 名 C 酒盛りで**大騒ぎをする人**. **révelry** 名 UC どんちゃん騒ぎ.

revelation ⇒reveal.

re·venge /rɪvéndʒ/ 動 本来他 名 U〔一般語〕《~ oneself または受身で》個人的な恨みから人に**復讐する**, **仕返しする**, あるいは被害者の恨みをはらす, **仇をうつ**. 名 として**復讐, 報復, 復讐心**, またスポーツなどの**雪辱**(の機会).
語源 後期ラテン語 *revindicare* (*re-* 強意+*vindicare* to revenge) が古フランス語 *revenger* を経て中英語に入った.
用例 He *revenged* himself on his enemies. 彼は敵に復讐をした/John wanted to have [get] his *revenge* on the shop for dismissing her. ジョンは首になったその店に仕返しをしてやろうと思った.
【慣用句】 *give ...'s revenge* ...に雪辱の機会を与える. *in revenge for [of]* ... ... の仕返しに, 腹いせに.
【派生語】 **revéngeful** 形 復讐心に燃えた, 執念深い. **revéngefully** 副.

rev·e·nue /révənjuː/ 名 UC〔形式ばった語〕一般語〕税金などによる国または地方自治体の**歳入**. その他 不動産, 投資による会社などの**収益, 定期収入**, また《複数形で》**歳入**[収入]の内訳, 財源の意味もあり, 時には《通例 the ~》**国税庁, 税務署**を指す 語法 個人の収入には用いない ⇒income).
語源 ラテン語 *revenire* (=to return; *re-* back + *venire* to come) からの古フランス語 *revenir* の過去分詞の名詞用法. 中英語に入った.
用例 Much of the government's *revenue* comes from income tax. 国家の歳入の多くは所得税による/the Internal *Revenue* Service 国税庁.
類義語 income.
反義語 expenditure.
【複合語】 **révenue stàmp** 名 C 収入印紙. **révenue tàriff [tàx]** 名 C 収入関税.

re·ver·ber·ate /rɪvɚbəreɪt/ 動 本来自〔形式ばった語〕音が**反響する**, 光, 熱が**反射する**, 事件や声名などが**波紋を及ぼす**.
語源 ラテン語 *reverberare* (*re-* back + *verberare* to whip) が「追い払う, 撃退する」の意で中英語に入った.
【派生語】 **revèrberátion** UC.

re·vere /rɪvíər/ 動 本来他〔形式ばった語〕《受身で》**強い畏敬の念をもってあがめる**, **深く尊敬する**《語法 respect の方が一般的).
語源 ラテン語 *revereri* (*re-* 強意 + *vereri* to feel awe of) が初期近代英語に入った.
用例 The saint is *revered* by all the nation. その聖人は全国民にあがめられている.
類義語 respect.
【派生語】 **réverence** 名 U. **réverend** 形 名 C〔形式ばった語〕**尊敬すべき**, **聖職についている**. 名 として**聖職者**, 《the R-》...師《★聖職者の敬称または呼びかけ). **réverent** 形 **敬虔**(けいけん)**な**. **reveréntial** 形 うやうやしい. **rèveréntially** 副. **réverently** 副.

rev·er·ie /révəri/ 名 CU〔形式ばった語〕楽しいことなどを空想して**物思いにふけっている状態**, **幻想**.
語源 古フランス語 *reverie* (=rejoicing) が初期近代英語に入った.

re·vers /rɪvíər, -véər/ 名 C《複 /-~z/》〔一般語〕特に女性用の上着のえりやそで口などの**折り返し**.
語源 フランス語 *revers* (=reverse) より 19 世紀に入った.

reversal ⇒reverse.

re·verse /rɪvɚːrs/ 名 UC 形 動 本来他〔一般語〕**位置, 順序**が通常ものとは異なり**逆**, **反対**. その他 《the ~》貨幣などの**裏(面)**. また機械の**逆転**, **逆転装置**, さらには運命が逆転すること, **逆境, 不運, 敗北**. 形 として**逆の, 裏の, 後ろ向きの**. 動 **逆にする**, ひっくりかえす, 車をバックさせる, 〖法〗決定などを**破棄する**, 〖印〗**反転印刷する**, 〖機〗**逆転させる**.
語源 ラテン語 *revertere* (⇒revert) の過去分詞 *reversus* が古フランス語 *revers* を経て中英語に入った.

用例 What he said to you is exactly the *reverse* of what he told me yesterday. 彼があなたに言ったことは、昨日彼が私に言ったのと全く逆である/He put the car into *reverse*. 彼は車のギアをバックに入れた/You can see the design on the *reverse* side of a half dollar. この図案は50セント貨幣の裏面にある/The man was found guilty, but the judges in the appeal court *reversed* the decision. その男は有罪とされたが、控訴審の判事たちは逆転の判決を下した.

類義語 reverse; opposite; contrary: **reverse** が順序、方向、動き、あるいは表と裏が逆(あべこべ)の意の一般語であるのに対し、**opposite** は方向や性質などが対照的に正反対の意が強い. また **contrary** は対立や闘争など都合の悪い関係を表す.

【慣用句】*in reverse* 逆に、機械的にバック(ギア)になって. *reverse arms* 《軍》葬儀などで銃を逆さに担ぐ. *reverse the charges* 《英》電話料金を先方払いにする(《米》call collect).

【派生語】revérsal 名 UC 方針などの転換、逆転、挫折. revérsely 副. revérsible 形 名 C 逆にできる、裏返しにも着られる(衣服). revérsion 名 UC 逆戻り、逆転,《生》先祖返り.

re·vert /rivə́:rt/ 動 本来自 〔形式ばった語〕もとの習慣や状態に逆戻りする、もとに立ち戻って再考する、《法》財産などの所有権が所有者に復帰する、《生》動物などが先祖返りする.

語源 ラテン語 *revertere* (= to turn back; *re-* back + *vertere* to turn) が古フランス語を経て中英語に入った.

【派生語】revérter 名 C 《法》復帰権. revértible 形.

re·view /rivjú:/ 名 CU 動 本来他 〔一般語〕 一般義 新刊書、演劇、映画などの批評、評論. その他 批評を載せる評論雑誌. 一般に再調査、再吟味、過去の回顧、反省、公式の査察、検閲,《軍》閲兵、また観兵式、観艦式.《米》学課の復習(《英》revise; revision), その復習問題、あるいはまた《法》再審理. 動 として批評する、復習する、再検討する、回想する、閲兵するなどの意.

語源 ラテン語 *revidere* (= to see again) が古フランス語に入って *revoir* となり、その女性形過去分詞 *reveue* が初期近代英語に入った.

用例 Have you ever read the *review* of his latest novel? 新しい彼の小説の書評を読みましたか/We'll have a *review* of the situation at the end of the month. 今月の終わりには現状を再検討するつもりだ/Let's have a quick *review* of what we've learned. 習ったことをさっとおさらいしよう/She's now *reviewing* her past life. 彼女はいま過ぎし日のことを回想している.

類義語 review; criticism: **review** が主として書評または劇評をいうのに対し、**criticism** は文芸、芸術などを中心に広い意味での批評を指し、しばしば欠点を批判する意を含む.

【慣用句】*pass ... in review* ...を検討[査察、閲兵]する、次々に回想する. *under review* 検討[審査]中の.

【派生語】revíewer 名 C 批評家、査読者.

re·vile /riváil/ 動 本来他 〔文語〕人や物に対して悪口を言う、罵倒(ばとう)する.

語源 古フランス語 *reviler* (= to dispise) が中英語に入った.

re·vise /riváiz/ 動 本来他 C 〔一般語〕 一般義 書物などを改訂する、校訂する. その他 意見などを変更する、修正する、法律を改正する,《英》試験のために学課を復習する(《米》review). 名 として《印》再校刷り.

語源 ラテン語 *revisere* (*re-* again + *visere* to look at) が古フランス語を経て初期近代英語に入った.

用例 This dictionary has been completely *revised*. この辞書は全面的に改訂された.

【派生語】revíser 名 C 改訂[校閲]者. revísion 名 UC 修正、改訂(版). revísionism 名 U 修正(社会)主義.

【複合語】**Revised Vérsion** 名 (the ~) 改訳聖書 (★Authorized Version の改訂版).

re·vis·it /ri:vízit/ 動 本来他 C 〔一般語〕ある場所を再び訪れる、再遊する. 名 として再訪、再遊.

revival ⇒revive.

re·vive /riváiv/ 動 本来自 〔一般語〕 一般義 生き返る、回復する. その他 復活する、復興する. 他 生き返らせる、回復させる、復活[復興]させる.

語源 ラテン語 *revivere* (*re-* again + *vivere* to live) が古フランス語 *revivre* を経て中英語に入った.

用例 The flowers seemed to be dying, but *revived* in water. 花は枯れそうだったが、水に入れたら生き返った/We need something to *revive* our hopes. 私たちの希望をよみがえらせてくれる何かが必要だ.

【派生語】revíval 名 UC 復活、復興、リバイバル.

revocable ⇒revoke.

revocation ⇒revoke.

re·voke /rivóuk/ 動 本来他 名 C 〔形式ばった語〕決定、合意、免許などを取り消して無効にする. 自《トランプ》場札と同じ組の札を持っているのに規則に反して他の札を出す. 名 として《トランプ》リボーク、また取り消し.

語源 ラテン語 *revocare* (= to recall) が古フランス語を経て中英語に入った.

【派生語】révocable 形 取り消し可能な. rèvocátion 名 UC 取り消し、無効.

re·volt /rivóult/ 動 本来自 名 CU 〔一般語〕多勢の人々が体制や権力(者)などに対して反乱を起こす. 他 残忍さなどに対し強い反感[反発]を抱かせる、あるいは不快感を感じさせる. 名 として反乱、反逆、反抗、反感.

語源 ラテン語 *revolvere* から派生した俗ラテン語 *revolvitare がフランス語を経て初期近代英語に入った.「元の点に戻る; 反対の方へ行く」ことから反逆、反乱の意になった.

用例 The army *revolted* against the dictator. 軍隊は独裁者に対し反乱を起こした/His habits *revolt* me. 彼の癖には胸がむかつく/The peasants' *revolts* were a great manace to the ruler of this country. この国の為政者にとって百姓一揆(いっき)は大きな脅威だった.

類義語 revolt; rebellion: **revolt** が小規模な反乱をさすのに対して、**rebellion** は規模の大きな組織的な反乱を意味し、通例失敗に終わったものをいう.

【慣用句】*in revolt* 反抗して.

【派生語】revólting 形. revóltingly 副 不快なほどに、吐き気がするほどに.

rev·o·lu·tion /rèvəlú:ʃən/ 名 CU 〔一般語〕 一般義 新体制[組織]のための実力行使による政府転覆、革命. その他 もともと回転(運動)、特に《天》天体

の公転、また思想、行動あるいは技術上の**革命的出来事、大変革**の意.

[語源] ラテン語 *revolvere*(⇒revolve)から派生した後期ラテン語 *revolutio* が古フランス語を経て中英語に入った.「巻き戻す」→「元の点に戻る」→「回転する」→「体制などをひっくり返す」という意味の変化をした.

[用例] the French *Revolution* フランス革命/the Industrial *Revolution* 産業革命/the *revolution* of the Earth round the Sun 地球が太陽のまわりを公転すること.

[対照語] rotation（自転）.

【派生語】 **rèvolútionarily** 副. **rèvolútionary** 形 革命の, 大変革の, 回転の. 名 C 革命家. **rèvolútionist** 名 C 革命家. **rèvolútionize** 動 本来他 ... に革命[大変革]を起こす.

【複合語】 **Revolútionary Wár** 名[the ～]米国独立戦争(American Revolution).

re·volve /riválv|-ɔ́-/ 動 本来自 [一般語] [一般義] 中心点を軸に**回転する**, 特に地球など天体が**公転する**《[語法]「自転する」は rotate》. [その他] 年月などが**一巡する**, 周期的に起こる. [形式ばった語] 心の中であれこれやと思いめぐらす, 思案する.

[語源] ラテン語 *revolvere*(= to roll back; *re*- back, again + *volvere* to roll)が中英語に入った.

[用例] A wheel *revolves* on its axle. 車輪は車軸を中心に回る/The Moon *revolves* (a)round the Earth. 月は地球のまわりを回る.

[類義語] turn.

【派生語】 **revólver** 名 C 回転式**連発拳銃**. **revólving** 形 回転する, 巡ってくる: **revolving door** 回転ドア.

re·vue /rivjúː/ 名 CU [一般語] 時事的な事柄や世間の流行などを風刺的に演じながら, それに歌や踊りを組み込んだ**軽演劇, レビュー**.

[語源] フランス語から 19 世紀に入った. review と同語源.

re·vul·sion /riválʃən/ 名 UC [形式ばった語] [一般義] ある習慣や活動などに対する**激しい嫌悪や反感**. [その他] 感情や意見, 趣味などの**急激な変化**.

[語源] ラテン語 *revellere*(= to pull back)の過去分詞 *revulsus* から派生した 名 *revulsio* がフランス語を経て初期近代英語に入った.

【派生語】 **reválsive** 形.

re·ward /riwɔ́ːrd/ 名 UC 動 本来他 [一般語] [一般義] 仕事や奉仕に対する**報酬**, あるいは善行に対するほうび, 遺失物発見への**謝礼[礼]金**, 犯人逮捕への**報奨[懸賞]金**. [その他] [複数形で] 見返り, 収益などの意. 動 として, 功労に対して**報いる**, ほうびを**与える**.

[語源] 古フランス語 *reguarder*(= to regard)の異形のノルマンフランス語 *rewarder* が中英語に入り,「見る, 見守る」「補償として割当てる」等の意味を経て今日に至った.

[用例] He was given a gold watch as a *reward* for his services to the firm. 彼は会社への功績に対するほうびとして金時計をもらった.

[類義語] reward; prize; award: **reward** は努力, 行為, 奉仕に対するさまざまな報酬. **prize** は競争によって獲得する賞で, 一定の功績に対するほうびのこと. **award** は選考の結果, 優秀と認めて判定者が与える賞や名誉.

【慣用句】 *in reward for* .....の報酬として.

【派生語】 **rewárding** 形 ためで[とく]になる, 報われる.

re·wind /riːwáind/ 動 本来他《過去・過分 -wound》 [一般語] テープやフィルムを**巻き戻す**.

re·word /riːwɔ́ːrd/ 動 本来他 [一般語] 文章や語句などを言い換える, 書き直す.

re·write /riːráit/ 動 本来他《過去 -wrote; 過分 -written》, /ˊ-ˋ/ 名 C [一般語] 文章や本を**書き直す, 書き換える**,《米》新聞記事用原稿に書き直す, リライトする. 名 として書き直したもの,《米》リライト記事.

[用例] Please *rewrite* these sentences in colloquial style. これらの文を口語体に書き換えてください.

[関連語] paraphrase (文章などを別な[易しい]表現で言い換える); retell (物語などを別の文体で[易しく]言い換える).

【派生語】 **rewríter** 名 C.

【複合語】 **réwrite rùle** 名 C《文法》変形文法の**書き換え規則**《★構成要素を上位から下位へと記号で書き換える規則》.

rhap·sod·ic ⇒rhapsody.

rhap·so·dize ⇒rhapsody.

rhap·so·dy /ræpsədi/ 名 C《楽》**狂詩曲**とよばれる自由な形式の曲. 本来は Odyssey または Iliad の一節のように朗唱に適した叙事詩を指し, また情熱的で**熱狂的な詩[文章]**もいう.

[語源] ギリシャ語 *rhapsōidia*(叙事詩の朗読)がラテン語を経て初期近代英語に入った.

【派生語】 **rhápsodic** 形. **rhápsodize** 動 本来自 熱狂的につまる.

rhe·o·stat /ríːəstæt/ 名 C《電》**可変抵抗器**.

[語源] rheo-「流れ」+ -stat「安定に保つための装置」. rheo- はギリシャ語 *rhein*(= to flow)の派生語 *rheos*(= current)から.

rhet·o·ric /rétərik/ 名 U《修辞》**修辞法**や**修辞学**, さらに内容も誠実さも乏しい**美辞麗句や誇張した表現**などを指す.

[語源] ギリシャ語 *rhētorikē* がラテン語, フランス語を経て中英語に入った.

【派生語】 **rhetórical** 形 **修辞(学)的な**, 誇張の多い: **rhetorical question**《文法》**修辞疑問**《★Who knows?(= No one knows.)のような反語的疑問文を指す》. **rhetórically** 副. **rhètorícian** 名 C 修辞学者, 雄弁[美文]家.

rheum /ruːm/ 名 U《文語・詩語》鼻汁や涙など粘膜からの**分泌液**や, 鼻カタルや風邪を指す.

[語源] ギリシャ語 *rheuma*(= flow; stream)がラテン語を経て中英語に入った.

rheu·mat·ic /ruːmǽtik/ 形 名 C《病理》**リューマチ性の**. 名 としてリューマチ患者.

[語源] ギリシャ語 *rheuma*(⇒rheum)から派生した *rheumatikos* がラテン語を経て中英語に入った. 昔は鼻, 口, 眼などの粘膜からの分泌液(rheum; flux)の異常によってこの病気が起こると思われていた.

【派生語】 **rheúmatism** 名 U リューマチ.

Rh factor /áːreit fǽktər/ 名《the ～》《生化》**Rh 因子**(Rhesus factor)《★赤血球にある凝血を促す遺伝的抗原で, この因子を持つ血液型は Rh positive(Rh 陽性), 持たない血液型を Rh negative(Rh 陰性)という》.

[語源] rhesus monkey(あかげざる)の血液中に最初に発見されたことによる. 20 世紀に入った.

Rhine /ráin/ 名 固《the ～》**ライン川**.

【複合語】Rhíne wìne 名 UC ライン川流域産のぶどう酒, 特に白ワインを指す.

rhi·no /ráinou/ 名 C 〔くだけた語〕=rhinoceros.

rhi·noc·er·os /rainásərəs/|-/ 名 C 【動】 さい(犀).
語源 ギリシャ語 *rhinokerōs* (*rhino-* nose + *-kerōs* horned) がラテン語を経て中英語に入った.

rho·do·den·dron /ròudədéndrən/ 名 C 【植】つつじ, しゃくなげなどツツジ属の植物.
語源 ギリシャ語 *rhodo-* (= rose; red) + *-dendron* (= tree) からの近代ラテン語が初期近代英語に入った.

rhom·boid /rámbɔid/|-/ 名 C 形 【数】長斜方形(の), 偏菱(ﾍﾝﾘｮｳ)形(の).
語源 ⇒rhombus.

rhom·bus /rámbəs/|-/ 名 C (複 ~es, -bi/bai/) 【数】菱形, 斜方形.
語源 ギリシャ語 *rhombos* (菱形) から初期近代英語に入った.

rhu·barb /rú:ba:rb/ 名 UC 【植】 だいおう(大黄)(★タデ科; 葉柄は食用に, 根茎は薬用になる). また初期のラジオ放送で声優が騒音などを表すのに "Rhubarb, rhubarb" と繰り返し言ったことから, 〔くだけた語〕(米) 大勢の人々が各々勝手にがやがやとしゃべっている騒然さ, 白熱した議論, 激論.
語源 古フランス語 *r(e)ubarbe* が中英語に入った.

rhyme /ráim/ 名 UC 動 本来他 【詩学】わらべ歌のように韻を踏んで作られる短い韻文, 押韻詩, また韻を踏むこと, 脚韻や韻を踏んだ語, 同韻語. 動 として韻を踏む, 作詩をする.
語源 古フランス語 *rime* が中英語に入った. 今日 rhyme と綴るのはギリシャ語に由来する rhythm (リズム) との混同によるためである.
用例 'Beef' *rhymes* with 'leaf'. beef は leaf と韻を踏んでいる / a nursery *rhyme* 童謡.
【慣用句】 ***without rhyme or reason*** わけのわからない, なんの理由もなしに.

rhythm /ríðəm/ 名 UC 【楽】音の強弱のくり返し, リズム, 律動, また一般的に周期的な反復の意.
語源 ギリシャ語 *rhuthmos* がラテン語 *rhythmus* を経て中英語に入った.
用例 Just listen to the *rhythm* of those drums. ちょっとあの太鼓のリズムを聴いてごらんや / The rowers lost their *rhythm* and the boat lost speed. こぎ手たちのリズムが乱れ, ボートは速度が落ちた.
【派生語】**rhýthmic, -cal** 形. **rhýthmically** 副 リズミカルに, 調子よく.

ri·a /rí:ə/ 名 C 【地理】細長く, 海に向かってだんだん広く深くなってゆく入江, リアス, 《複数形で》リアス式海岸.
語源 スペイン語 *rio* (= river) の派生語 *ria* (河口) が 19 世紀に入った.

rib /rib/ 名 C 動 本来他 〔一般語〕 一般義 人間や動物の肋骨(ﾛｯｺﾂ). その他 肋骨の意から, 【料理】骨つきのあばら肉, また肋骨状のもの, 例えば船の肋材, こうもり傘の骨, 【建】橋や丸天井のリブ, 【植】葉脈, あるいは田や畑のあぜやうねを意味する. またイブの身体がアダムの肋骨から作られたという聖書の故事から, 〔戯言〕妻や女. 動 としては, 船に肋材をつける, 土地にうねをつける, 織物や編物にうね模様をつくる, また肋骨のあたりをくすぐることから〔くだけた語〕人をひやかす, からかう.
語源 古英語 *rib(b)* から. 印欧祖語で「屋根でおおう」の意.
用例 He broke a *rib* when he fell off his motorcycle. 彼はオートバイから転落して肋骨を一本折った / spare *ribs* 豚の肉付きあばら骨 / the *ribs* of the umbrella こうもり傘の骨.
【慣用句】***dig [poke] ... in the ribs*** 人の横腹をつついて注意をうながす. ***under the fifth rib*** 【聖】人を殺す《★原意は「(人の)心臓を突く」》.
【派生語】**ríbbed** 形 肋骨[うね]のある. **ríbbing** 名 U 《集合的に》肋骨, 編物のうね模様.

rib·ald /ríbəld/ 形 〔形式ばった語〕人の言葉, 行動, 人柄などが下品な, みだらな, 助平な. 名 として助平な人, 下品な人.
語源 古フランス語 *riber* (放蕩三昧にふける) から派生した *rebauld* が中英語に入った.
【派生語】**ríbaldry** 名 C 下劣さ, みだらなこと, 特に下品な言葉やジョーク.

ribbed ⇒rib.

ribbing ⇒rib.

rib·bon /ríbən/ 名 CU 動 本来他 〔一般語〕 一般義 髪にかけたり装飾などして結ぶためのリボン. その他 勲章などの飾りひも, タイプライターの(インク)リボン, リボン記記章などリボン[ひも]状のもの, 《複数形で》ずたずたのほろぎれ. 動 としてリボンで飾る.
語源 古フランス語 *riban* (リボン) が中英語に入った. それ以前は不詳.
用例 The little girl had a blue *ribbon* in her hair. 女の子は髪に青いリボンを結んでいた / We saw a *ribbon* of road extending to the horizon. 細長い一本の道が地平線のかなたまで続いていた.
日英比較 日本語の「リボン」には ribbon の他に, band (帽子につけるリボン) や streamer (羽毛などでできた細長い飾りリボン) も含まれる.
【複合語】**ríbbon devélopment** 名 UC 幹線道路ぞいの無計画な**帯状開発**[発展].

rice /ráis/ 名 U 〔一般語〕米, 米粒(grain of rice), ごはん, また稲(語法 米の種類をいうときは C)(★欧米では式を終えた新郎新婦に米粒を投げつけて祝う習わしがあり, 米は幸福·多産のシンボルとなっている).
語源 ギリシャ語 *oruzon*, *oruza* がラテン語 *oryza*, イタリア語 *riso*, 古フランス語 *ris* を経て中英語に入った. なおギリシャ語以前の語源は南アジアにまでさかのぼるといわれている.
用例 brown *rice* 玄米 / polished *rice* 精米.
日英比較 rice は植物としての「稲 (rice plant)」, 収穫された「もみ (unhulled rice)」, 脱穀された「米 (threshed rice)」, 食物としての「ごはん (cooked rice)」のすべての意味を持ち, 用途や形態で細かな分類を持つ日本語と大きく異なる.
【派生語】**rícer** 名 C 裏ごし器, ライサー(★ゆでてつぶした野菜などをこすのに使う).
【複合語】**ríce càke** 名 C もち. **ríce field** 名 C たんぼ, 稲田. **ríce pàddy** 名 C 稲田, 水田. **ríce pàper** 名 U ライスペーパー(★上質で薄い紙の一種). **ríce púdding** 名 UC ライスプディング(★牛乳と米で作る甘いデザート).

rich /rit∫/ 形 〔一般語〕 一般義 経済的に恵まれ**裕福**な, 金持ちの, また名詞的に 《the ~; 複数扱い》金持ちの. その他 元来人が力強いことを表し, ここから経済的な意味となり, ものがたくさんある, 豊富な, 土地などが肥沃な, 食物が栄養に富んだ, 味のこってりした, 豊かなこと

から転じて**価値の高い**, ぜいたくな, 音声や色彩などについて, 色が濃い, 声が朗々とした, 香りが強いなどの意味になる. また《くだけた語》ジョークなどがおもしろい, 笑わせるような,《反語として》ばかげた, とんでもない.

[語源] 古英語 ríce (=rich; powerful) から.

[用例] This part of the country is *rich* in coal. この地方は石炭が豊富だ/*rich* coffee 濃いコーヒー/Her voice is low and *rich*. 彼女の声は低くて声量が豊かだ/He accused me of lying? That's *rich*—he never tells the truth himself. 彼は私のことをうそつきだと言っていたって? そりゃ愉快だ. 彼こそなにひとつ本当のことを言わないくせに.

[類義語] rich; wealthy; well-to-do; well-off: **rich** は「金持ちの」を表す一般語. しばしば一時的, 成金的な意味にも用いる. **wealthy** は永続的に裕福で, かつ社会的地位が安定し, ゆったりした生活を表す. **well-to-do**, **well-off** は両語ともくだけた語ではとんど同意. wealthy ほど金持ちの意味でないが, 生活に少しも困らないほどの財産があることをいう.

[反義語] poor.

【慣用句】(*as*) *rich as a Jew* すごい金持ちで. *rich and poor* 富者も貧者も.

[派生語] **ríches** 图《複》富, 財産 [語法] wealth のほうが普通. **ríchly** 副. **ríchness** 图 ⓤ.

Rich·ter scale /ríktər skèil/ 图〖地〗地震のマグニチュード(規模)を表すリヒタースケール.

[日英比較] 日本の「震度」に当たる英語はない. 震度は体感された揺れ方で, 10 段階に分かれており, 英訳すると intensity of the quake on the Japanese scale of ten というのが普通.

[語源] 米国の地震学者 C. Richter の名から.

rick[1] /rík/ 图 ⓒ 動[本来自] 干し草, わら, 穀物, たき木や材木などを積み重ねた山で, 雨除けの覆いがしてあることが多い. 動 としては, ものを積み重ねる, 稲むらを作る.

[語源] 古英語 hrēac から.

rick[2] /rík/ 動[本来自] 图 ⓒ《英》首や背中の筋を違える. 图 として筋違え, ひねること.

[語源] 中低地ドイツ語 *wricken (=to sprain) が中英語に入った.

rick·ets /ríkits/ 图 ⓤ〖医〗《単数または複数扱い》くる病.

[語源] 不詳.

rick·et·y /ríkiti/ 形 〔一般語〕建物や家具などががたがたでこわれそうな, 身体, 特に関節などにがたがきてよろよろの. 本来は〖医〗くる病にかかったの意.

[語源] rickets から.

rick·sha, **rick·shaw** /ríkʃɔː/ 图 ⓒ 〔一般語〕人力車.

[語源] 日本語からの借用で 19 世紀末に入った.

ric·o·chet /ríkəʃèi/ 動[本来自] ⓒⓤ 物の表面を水切り石のようにはねながら飛ぶ. 图 として水切り飛び, はね飛び.

[語源] フランス語から 19 世紀に借用された.

rid /ríd/ 動[本来他]《過去・過分 ~, ~ded》〔形式ばった語〕不要なもの, 困らせるものを**取り除く**, 人を何かから**免れさせる** (*of*).

[語源]「土地を切り開く」の意の古ノルド語 rythja が中英語に入った.

[用例] He *rid* the town of rats. 彼は町からねずみを退治した/We must *rid* her of fears. 彼女の不安を取り除いてやらねばならない.

【慣用句】*be rid of* ...を免れる, ...がなくなる. *get rid of* ...好ましくないものを免れる, ...がなくなる, ...を取り除く. *rid oneself of* ...を免れる, ...から解放される: I can't see how to *rid myself of* these irritating people. どうしたらこんないらいらする連中から逃れられるのかわからない.

[派生語] **ríddance** 图 ⓤ 除去,《くだけた語》厄介払い: A good *riddance*! 厄介払いできてほっとした.

rid·den /rídn/ 動 ride の過去分詞.

rid·dle[1] /rídl/ 图 ⓒ 動[本来自] 〔一般語〕〔一般義〕なぞ, 判じ物の意味でのなぞなぞ.〔その他〕なぞを秘めた人[物], 不可解な人[物]. 動 としてなぞをかける, なぞなぞみたいなことを言う.他 人になぞを解いてやる.

[語源] 古英語 rædels(e) (=opinion; riddle) から.

[用例] Can you guess the answer to this *riddle*? このなぞなぞの答えがわかりますか/She is a *riddle* to me. 彼女という人物はさっぱりわからない.

[類義語] puzzle.

rid·dle[2] /rídl/ 图 ⓒ 動[本来自] 〔一般語〕目の粗いふるい, ふるいとして, 穀物や砂利などをふるいにかける, 弾丸などで目標物をふるいのように穴だらけにする, ふるいにかけるように**吟味**する, **批判**する. さらに《受身で》望ましくないものでいっぱいである.

[語源] 古英語 hriddel から.

ride /ráid/ 動[本来自]《過去 rode; 過分 ridden》图 ⓒ 〔一般語〕〔一般義〕馬, 自転車, オートバイなどに**乗る**, **乗っていく**.〔その他〕馬に乗るの意から, 何かにまたがる, 馬乗りになる (*on*), また上に乗った状態にある, 支えられて上にあるということから, 船などが**浮かぶ**, **停泊する**, 波に浮かんで**静かに進む**, 乗物などに乗った状態[乗り心地が]...である, また事が...に支えられている, **依る** (*on*).他 馬や車などに**乗せる**, 乗せて運ぶ, また比喩的に困難などを**乗りこえる**, あるいは上に乗って押さえつけるということから,《通例受身で》**支配する**,《くだけた語》《米》人を**困らせる**, さんざんいじめる. 图 としては, 馬や車に乗ること, 乗る道のり, **旅行**, あるいはジェットコースターなど遊園地にある**乗り物**, 森の中などの**乗馬道**, さらには**乗り心地**の意味にも用いられる.

[語源] 古英語 ridan から.

[用例] He *rides* to work every day on an old bicycle. 彼は毎日古自転車で通勤する/A little boy was *riding* on his father's shoulders. 男の子は父親に肩車をしてもらっていた/He's *riding* (in) the first race. 彼は競馬の第 1 レースに出場している/If you don't mind, I'll *ride* you to your home. よかったらお宅まで車でお送りしましょう/be *ridden* by insomnia 不眠症に悩む/People *rode* him over his shabby clothes. みんなは彼のみっともない服装を見てからかった/It's a ten-minute bus *ride* to the station. 駅まではバスで 10 分です.

[日英比較] 日本語の「乗る」は意味が広く, 馬などの他に乗り物一般(電車, 船, 飛行機, エレベーター)に用いるが, ride は基本的には馬や自転車, オートバイのようにまたがって乗ることをいう. ただし, 現在では飛行機, 列車, その他の乗り物にも使われる. 電車, 飛行機, 船などに「乗り込む, 乗り物の中に入る」ときには get into が, また交通機関を「利用する」の意味が強いときは take が一般的.

【慣用句】*give ... a ride* ...を(車などに)**乗せてやる**. *let ... ride*《くだけた表現》**放置する**, ほったらかす.

ride again 復帰する, 再び登場する. *ride down* …を馬で踏みつける[突き殺する]. *ride for a fall* むちゃな乗り方[やり方]をする. *ride herd on* …〈米〉…を見張る. *ride out* 嵐や困難などを乗り切る. *ride over* 楽勝する, 圧勝する. *ride up* 服がまくれあがる, ずれあがる. *take ... for a ride* 〔くだけた表現〕車で連れ出して殺す, 〔くだけた表現〕ペテンにかける.

【派生語】**ríder** 名 C 乗る人, 騎手, 添え書き, 補足条項.

【複合語】**ríding bòot** 名 C 〈通例複数形で〉乗馬靴. **ríding brèeches** 名〈複〉乗馬用ズボン. **ríding cròp** 名 乗馬用むち. **ríding hàbit** 名 C 女性用の乗馬服. **ríding lìght** 名 C〔海〕停泊灯. **ríding màster** 名 C 馬術教師. **ríding schòol** 名 C 乗馬学校.

ridge /rídʒ/ 名 C 本来語 [一般義] [一般義] 両側から盛り上がった細長い隆起, 特に山の背, 屋根. その他 畑のうねうね状のものを表し, 波の背, 屋根の棟(むね), 背すじ,〔気〕高気圧の張出し部, 峰. 動 としてうね[棟]をつける, うね状[あぜ状]になる[なる].

語源 古英語 hrycg から.

用例 the *ridge* of the nose 鼻筋／the *ridge* of the mountain 山の尾根／The *ridges* in the field looked like waves. 畑のうねが波のように見えた.

rid·i·cule /rídikjuːl/ 名 U 本来語 [やや形式ばった語] 言葉や態度で人をからかったり, ばかにしてあざ笑う, 冷やかす. 動 としてあざけり, 冷やかしし.

語源 ラテン語 *ridere*(＝to laugh) から派生した 形 *ridiculus* が名詞化し, フランス語を経て初期近代英語に入った.

用例 The child was *ridiculed* by the schoolchildren because he wore thick spectacles. その子は度の強いめがねをかけていたので学童たちの笑いものになった.

【慣用句】*hold up ... to ridicule*＝*bring ... into ridicule* …をあざ笑う. *lay oneself open to ridicule* ばかなことをして笑いの種になる.

【派生語】**ridículous** 形 ばかげた, おかしな. **ridículously** 副 ばかげて, ばかばかしいほど. **ridículousness** 名 U.

rife /ráif/ 形〔形式ばった語〕〈述語用法〉病気など悪いことや不愉快なものが流行している, 広まっている, うわさなどが満ち満ちている〈with〉. 副 として野放しで, 盛んに.

語源 古英語 rȳfe から.

用例 Disease and hunger are *rife* in that country. その国では病気に飢餓が広まっている.

riff /rif/ 名 C〔ジャズ〕反復楽節, リフ.

語源 *refrain* の略.

rif·fle /rífl/ 名 C 動 本来語 [一般義] 〈米〉流れの早い川の浅瀬やさざ波. 動 として, 本のページをぱらぱらめくる, トランプを二つに分けて交互にぱらぱらと切りまぜる.

語源 *ruffle* の変形として 18 世紀から.

riff·raff /rífræf/ 名 U〔軽蔑的な語〕〈集合的; 複数扱い〉社会の下層民, 取るに足らないろくでなしの連中.

語源 古フランス語 *rif et raf*(＝completely; one and all) が中英語に入った.

ri·fle¹ /ráifl/ 名 C 動 本来語 [一般義] 銃身の内部に旋条をほったライフル銃,〈複数形で〉ライフル銃隊. 動 として, 銃[砲]身内に旋条をほる, あるいはライフルで撃つ.

語源「(かんなで)削る, こする」の意の古フランス語 *rifler* (⇒rifle²) が 18 世紀に入り,「旋条を入れた銃」rifled (gun) の短縮形.

【複合語】**rífleman** 名 C ライフル銃兵, その名手. **rífle ránge** 名 CU 小銃射撃場, 小銃射程.

ri·fle² /ráifl/ 動 本来語 〔ややくだけた語〕盗むために場所や箱の中などを物色する, 金目のものをくまなく捜す, ものを強奪する, 分捕る.

語源 古フランス語 *rifler* (＝to scratch; to plunder) が中英語に入った.

rift /rift/ 名 C 本来語 [一般義] [一般義] 地面や雲などの割れ目や切れ目,〔地〕断層. その他 〔形式ばった語〕比喩的に友情などに入ったひび, 仲たがい. 動 として裂ける, 割れる.

語源 ノルウェー語やデンマーク語の *rift*(＝cleft) とも関係のあるスカンジナビア語が起源で, 中英語から.

【複合語】**ríft vàlley** 名 C〔地・地理〕裂谷, 地溝.

rig¹ /ríg/ 動 本来語 〔海〕船に帆や索具を装着する, 意味が一般化して準備し支度をする, 身仕度をして着飾る, 特に目立つ服装で装う. 名 として船の装備, 用具, 特定の目的のための装備, 服装, 油田の掘削装置,〈米〉トラック, トレーラー.

語源 古ノルド語から中英語に入った.

【派生語】**rígger** 名 C 索具装着係, 準備係. **rígging** 名 U マストや帆を支えるための綱や鎖などの索具.

【複合語】**ríg-òut** 名 C〔くだけた語〕〈英〉一そろいの服装, 衣服一式.

rig² /ríg/ 動〔くだけた語〕選挙, 賭け事, ゲーム, 株式の相場などで不正な手段を用いる, 八百長をする, 不正な操作をする.

語源 不詳.

right /ráit/ 形 副 CU 動 本来語 [一般義] [一般義] 道徳上または社会的通念から見て, 考え方や行為などが正しい. その他 元来曲がっていない, まっすぐなという意味で, ここから道徳的に正しい, および質問などが知的に正確で正しいという意味が生じた. また正しく合う, すなわち適切なの意から, 向きが正しい, すなわち正面の, 表の, 直角のという意味や好都合な, 体の状態が健全な, 正常なという意味も生じている. また右利きのほうが数が多く左手より力も強く正常と思われたことから, 右の, 右側のという意味を表すようになった. 副 として正しく, まっすぐに, 正確に, あるいは右〈側〉に, さらに〈くだけた語〉ちょうど, 直ちに,〈米〉大いに〈語法〉〈英〉では古語). 名 として正義, 公正, 法律上の権利, あるいは右, 右側, 右派, 右翼. 動 としてまっすぐになる, 正常な状態になる[戻す].

語源「正しい, まっすぐな」の意の古英語 riht から. なお「右(の)」の意味は古英語期にすでにあったが, 旧約聖書 Psalms xx. 6. に(... with mighty victories by his right hand) とあるように, 右手のほうが一般に力が強いということから.

用例 You should always do what you think is *right*. 常に自分が正しいと思うことをすべきです／He's not the *right* man for this job. 彼はこの仕事にふさわしい人物ではない／I'll go *right* after lunch. 昼食後すぐ行きます／The bullet went *right* through his arm. 弾丸は彼の腕を貫通した／Keep *right*〈標識〉「右側通行」／Turn (to the) *right* at the next corner. 次の角を右に曲がりなさい／It's not wrong to fight for the *right*. 正義のために戦うのは悪いことでは

ない/Everyone has the *right* to a fair trial. だれでも厳正な裁判を受ける権利がある/He's on the *right* of the Labour Party. 彼は労働党内の右派に属している.

類義語 correct.
反意語 wrong; left.

【慣用句】 *all right* 元気で, ちゃんと, よろしい. (*as*) *right as rain* [*ninepence*] すっかり元気で, 正確で. *be in the right* 行為が正しい. *by right of* ...によって, ...の権限で. *do ... right* 公平に扱う. *get on the right side of* ... 人に気に入られる. *on the right side of* ... 年齢が...未満で. *Right about!* 《号令》回れ右! *right away* [《主に米》*off*] さっそく, すぐに. *the rights and wrongs of ......* ...の真相.

【派生語】 **righteous** /ráitʃəs/ 形 〔文語〕 正しい, 公正な, 当然な. **righteously** 副 正しく, 公正に. **rightful** 形. **rightist** 名 C 右翼(の人), 右派の人. **rightly** 副 〔文修飾で〕当然のことだが. **rightness** 名 U.

【複合語】 **ríght-abòut túrn** [**fáce**] 名 C 回れ右, 転向, 転換. **ríght ángle** 名 C 直角. **ríght-ángled** 形 直角の. **ríght fíeld** 名 U 〔野〕 ライト, 右翼. **ríght fíelder** 名 C ライト, 右翼手. **ríght hánd** 名 C 右手, 腹心, '右腕'. **ríght-hánded** 形 右手の, 右利きの, 右回りの. **ríght-hánder** 名 C 右利きの人, 〔野〕右腕投手, 右(手)打ち. **ríght-mínded** 形 考えがまともな, 誠実な. **ríght-of-wáy** 名 C 交差点などでの優先通行権, 他人の所有地内の通行権, 通行権のある道路, 《米》公用地. **ríght tríangle** 名 C 直角三角形. **ríght wíng** 名 C 〔政〕右翼, 右派. **ríght-wíng** 形 右翼の, 右派の. **ríght-wínger** 名 C 右翼の人, 保守派の人.

rig·id /rídʒid/ 形 〔一般用〕〔一般義〕規則, 裁判, 検査などが厳正な, 厳格な, 厳しい. 〔その他〕人が頑固な, 人の性格が堅苦しい, 融通の利かないなど悪い意味にもなる. また曲がらないほど堅い, 固定されて動かない, 硬直したなどの意.

語源 ラテン語 *rigere* (= to be stiff) から派生した 形 *rigidus* がフランス語を経て初期近代英語に入った.

用例 You are too *rigid*—you must learn to compromise. あなたは考え方が堅すぎる. 妥協することを覚えなくてはいけない/An iron bar is *rigid*. 鉄の棒は堅くて曲がらない.

類義語 hard; stiff; strict.
反意語 soft.
【派生語】 **rigidity** 名 U. **rígidly** 副.

rig·ma·role /rígməròul/ 名 UC 〔ややくだけた語〕 とりとめのないくだらない長話や長文, 煩雑な手続き.

語源 13世紀にスコットランドの諸侯が Edward I 世に忠誠を誓ったラグマン誓約状 (Ragman roll) が転じて long list の意となった. 18世紀から.

rig·or, 《英》**-our** /rígər/ 名 U 〔形式ばった語〕規則や罰などの厳格さや厳しさ, 《通例複数形で》生活や気候などの過酷さや苦しさ, さらには論理や研究方法などが厳密なことや正確さ.

語源 ラテン語 *rigor* (= stiffness) が古フランス語を経て中英語に入った.

【派生語】 **rígorous** 形.

【複合語】 **rígor mórtis** 名 U 〔医〕死後硬直.

rile /ráil/ 動 〔本来他〕 〔くだけた語〕人の感情をかき乱していらいらさせる, 怒らせる, また《米》液体をかき回して濁らせる.

語源 roil (= to make liquid turbid or muddy) の変形として 19 世紀から.

rill /ríl/ 名 C 〔詩語〕小川や細い流れ.

語源 低地ドイツ語が起源と考えられるが, 詳細は不詳. 初期近代英語から.

rim /rím/ 名 C 〔本来用〕〔一般義〕めがね, 帽子, 皿など円いものの縁(ふち), へり, 車輪の枠, リム(wheel rim). 動 としては, あるものに縁[へり]をつける.

語源 古英語 *rima* から.

用例 the *rim* of a cup カップの縁/He was gazing at me from above the *rim* of his glasses. 彼はめがねごしに私をじろじろ見ていた.

類義語 rim; brink: **rim** が皿など円いものの縁[へり]を指すのに対して, **brink** はがけなど険しいものの縁をいう.

【派生語】 **rímless** 形 縁[へり]のない: *rimless spectacles* ふちなし眼鏡.

rime¹ /ráim/ 名 動 =rhyme.

rime² /ráim/ 名 U 〔文語〕葉などにつく白霜(hoarfrost), 〔気〕霧氷(rime ice).

語源 古英語 *hrīm* から.

rimless ⇒rim.

rind /ráind/ 名 UC 動 〔本来用〕〔一般義〕果実や樹木, チーズやベーコンなどの厚く堅い皮, 外皮, 樹皮. 動 として皮をむく.

語法 **rind** はメロンやレモンの外皮を指す. ただしオレンジの外皮は, その類であるにもかかわらず, peel という. 梨, バナナ, 玉ねぎなどは skin.

語源 〔はがされたもの〕の意の古英語 *rind(e)* から.

ring¹ /ríŋ/ 名 〔本来自〕〔過去 *rang*; 過分 *rung*〕名 C 〔一般用〕〔一般義〕鈴, 鐘, 電話, ベルなどが鳴る, 鳴り響く. 〔その他〕ベルに似た音がうつろに響くことを表し, 笑い声などが響く, どよめく, 評判が響き渡る. 他 鐘やベルなどを鳴らす, 《主に英》...に電話する(《米》call). 名 として鳴らすこと, 鳴る音, 響き, 〔くだけた語〕《主に英》《a ~》電話.

語源 〔(鐘などが)鳴り響く〕の意の古英語 *hringan* から. 擬音語起源と思われる.

用例 She *rang* for the maid. 彼女はベルを鳴らしてメイドを呼んだ/The hall *rang* to [with] the sound of laughter. ホールの中に笑い声がよどめいた/I'll *ring* you (up) tonight. 今夜電話します/His story has a *ring* of truth about it. 彼のその話は真実味がある.

類義語 sound; ring; chime; toll: 「鳴る」の意で最も一般的な語は **sound** で, ほとんどの場合に用いることができる. **ring** はベル, 鐘, 電話が鳴ること, **chime** は鐘や時計がいろいろな音やメロディーをかなでて鳴り響くことをいう. また **toll** は教会の鐘, 晩鐘, 弔鐘が間をおいてゆっくり鳴る.

【慣用句】 *ring in* タイムレコーダーで出勤時刻を記録する, 新年などを鐘を鳴らして迎える. *ring off* 《主に英》電話を切る(《米》hang up). *ring out* 鳴り響く, タイムレコーダーで退社時刻を記録する, 行く年などを鐘を鳴らして送り出す. *ring up* 《主に英》電話口に呼び出す, 売り上げ額をレジに記録する. *ring up the curtain* 〔劇〕ベルの合図で開幕する, 開始する.

【派生語】 **rínger** 名 C 振鈴係[装置], 〔俗語〕《米》人や馬の替え玉, もぐり. **rínging** 名 UC.

ring² /ríŋ/ 名 C 動 〔本来他〕〔一般用〕〔一般義〕指輪, 耳輪, 腕輪など装飾用の輪. 〔その他〕物を留めたりつったりするための輪, 環. また広く環状のもの, 円形のものを表

し, 特に周囲を囲んだ(円形)競技場, 競馬場, 円形でないボクシングのリング, 【天】土星などの環, 木の年輪, 都市周辺の環状道路, バイパス(ring road) なども表す. また人や物の輪, 例えば《集合的》競馬などの賭博師の仲間とうか私利を得ようとする一味, 徒党の意. 動 としてまわりを取り巻く[囲む], 指輪などをはめる.

[語源] 古英語 hring から.

[用例] a diamond *ring* ダイヤの指輪/The children formed a *ring* round their teacher. 子供たちは先生のまわりに輪になって並んだ/The elephants entered the *ring*. 象たちが円形演技場に入場した/The newspaper reports that the police arrested the spy *ring*. 新聞は警察がスパイ一味を逮捕したと報じている/Tents and caravans *ringed* the lake. テントやトレーラーハウスが湖の周囲を取り囲んだ.

[類義語] ring; circle: 「輪」の意味では ring と circle はほぼ同意で, 前者が指輪や腕輪など身につけるものを指すのに対して, 後者は図形としての円の意に用いられる. 両者とも比喩的な意味にも使われる. circle には「(悪の)一味」のような悪い意味はない.

[慣用句] *hold* [*keep*] *the ring* 局外者として見守る, 傍観する. *make* [*run*] *rings around* [*round*] ......よりずっと速く走る, 手際よく仕事をする, ...に楽勝する.

【派生語】 ríngéd 形. ringlet 名 C 小輪; 巻き毛.

【複合語】 ring bìnder 名 C ルーズリーフをとじるリングバインダー. ring fìnger 名 C 結婚指輪をはめる薬指. ríngleader 名 C 首謀者. ringmaster 名 C サーカスの実演責任者. ring ròad 名 C 《英》都市のまわりの環状道路(《米》beltway). ríngside 名 《the 〜》ボクシングのリングサイド, かぶりつき《席》. ringworm 名 U 【医】白癬(はくせん)(★水虫, しらくもなど).

rink /ríŋk/ 名 動 [本来自] [一般義] 通例屋内のアイススケート場(ice rink), ローラースケート場(roller rink). 動 としてスケート場で滑る.

[語源] スコットランド語 renk から. 「馬上槍試合場, 競技場」の意味で中英語から.

rinse /ríns/ 他 [本来他] [一般義] 口, コップ, 衣類, 髪などを洗いすすぐ, ゆすぐ, 特に洗剤などを洗い落とす. 名 としてはすすぎ, ゆすぎのほか, ゆすぎ用の水, リンス液[剤].

[語源]「洗い落とす, すすぐ」の意の古フランス語 *rincer* が中英語に入った.

[用例] The dentist asked me to *rinse* my mouth out. 歯医者は私に口の中をよくゆすぐように言った/Give the cup a *rinse*. カップをゆすいでおきなさい.

ri·ot /ráiət/ 名 C 動 [本来自] [一般義] 主に公的な場所における集団による暴動, 騒動. [その他] 《a 〜》色彩や音色などが印象的で色とりどり, 多種多様, 絢爛(けんらん)たること, また感情のほとばしり, 想像力の奔放なこと, あるいはまた〔くだけた語〕大笑いさせるような実におもしろい人物[物]. 動 暴動を起こす, あるいは何かに夢中になる, ふける(in).

[語源] 古フランス語 *rioter* (= to quarrel; to dispute) が中英語に入り, 「放蕩」「宴会などでの」浮かれ騒ぎ」などの意味を経て今日の意味になった.

[用例] The protest march developed into a *riot*. 抗議のデモ行進は暴動と化した/a *riot* of color 色とりどり/He's a *riot* at a party. 彼が来るとパーティーが実におもしろくなる.

[類義語] riot; disturbance; disorder: **riot** は「暴動」の意では最も普通の語で, 主に公的な場での集団による激しいものを指す. **disturbance** は多数の人に不安を与える広い意味での騒動, 妨害行為をいう. **disorder** は社会的·政治的に不穏な状態, またはそれにより生じた騒動をいう.

[慣用句] *run riot* あばれまわる, 自由奔放にふるまう, 咲き乱れる, 植物がはびこる.

【派生語】 ríoter 名 C 暴徒. ríotous 形 暴動の, 騒然とした, 生活が放らつな, にぎやかな. ríotously 副.

【複合語】 ríot àct 名 C 《the 〜》騒乱取締令. ríot police 暴徒鎮圧の警察機動隊. ríot squàd 名 C = riot police.

rip¹ /ríp/ 他 [本来他] [一般義] 紙や布をびりっと引き裂く, 木の皮などをはぎ取る. [その他] 人からものを奪い取る, 木材を縦引きに切る. 自 裂ける, 破れる. 名 として長い裂け目, ほころび, 《米》詐欺, いんちき, ぼろ馬力.

[語源] 不詳.

【複合語】 ríp còrd 名 C パラシュートを開くための開き綱, 曳索(えいさく), 気球のガスを抜き下降させるためのガス放出索. ríp-òff 名 C 《俗語》盗み, 強奪, 詐取. ripsaw 名 C 縦引きのこぎり.

rip² /ríp/ 名 C [一般義] 潮流や河川が合流する波の逆巻く水域, そのようにしてできた激浪や激流(riptide; rip current).

[語源] 不詳.

ripe /ráip/ 形 [一般義] 果物などが収穫したり食べたりするのに十分熟れた, 穀物が実った. [その他] ワインやチーズが飲む[食べる]ころな, 香りや臭いが豊潤な, 刺激的な, 比喩的に人間として知的·精神的に円熟した, 芸などに熟達した, 〔形式ばった語〕実行などの機が熟した, 準備ができた. また円熟の意から, 婉曲に老齢の(old) の意にも使われる.

[語源] 古英語 rípe から.

[用例] a *ripe* apple 熟したりんご/Soon *ripe*, soon rotten. (ことわざ)早く熟せば早く腐る「大器晩成」の意に近い)/After five years of the tyrant's rule, the country was *ripe* for revolution. 5年間にわたる独裁政治ののち, その国は革命の時機が熟した.

[類義語] ripe; mature; mellow: **ripe** は果物などが食べるのに十分に熟した状態をいう. **mature** は十分に育ち, 成熟した様子, あるいは人間が心身ともに完成し能力が最高の状態になったことをいう. **mellow** はやや形式ばった語で, 完全に ripe または mature な域に達したことにより加えられる柔らかさ, 豊かさ, 甘さなどを強調する語.

[反意語] unripe.

【派生語】 rípely 副. rípen 動 [本来自] 熟す, 円熟する. 他 熟させる. rípeness 名 U.

ri·poste /ripóust/ 名 C 動 [本来自] 《フェン》突き返し. 〔形式ばった語〕当意即妙の返答, あるいはしっぺ返し. 動 として, 相手の攻撃をかわしてすばやく突き返す, すばやく応酬する.

[語源] ラテン語 *respondere* (= to respond) に由来するイタリア語 *risposta* (= to answer) がフランス語を経て 18 世紀に入った.

rip·ple /rípl/ 名 C 動 [本来自] [一般義] 小さな波立ち, さざ波. [その他] さざ波のような形のもの, 髪などのウェーブ, またはさざ波(のような)音, 話や笑いなどのさざめき. 動 としてさざ波が立つ[を立てる], 髪をウェーブさせる, ざわざわ音を立てる.

[語源] 不詳.

[用例] A *ripple* of laughter spread across the room. 笑いのさざめきが部屋中に広がった/The grass *rippled* in the wind. 草が風にさらさらとゆれた。
[関連語] wave.

rip-roar·ing /rípró:riŋ/ 形 〔くだけた語〕騒々しい, 乱ちき騒ぎの, 手に負えない興奮状態の.
[語源] rip+roaring の変形から。19 世紀より.

rise /ráiz/ 動 [本来自] 〔過去 rose; 過分 risen〕名 ⓒ 〔一般語〕[一般義] 低い位置から高い位置へ上がる. [その他] 太陽, 月などが昇る, 煙などが立ち昇る [語法] go up より形式ばった表現)。また量, 数, 程度, または値が増す, 物価が値上がりする, 温度が上昇する, 士気や声が高まる, あるいは地位が上がる, 出世する, 高さが増すことから, 土地が上り坂になる, 隆起する, 山などがそびえ立つの意味になる. 上がることはまた発生すること, 起こることを表し, 川などが源を発する, 物が生じる, 風などが立つ, 勢いを増す, 〔形式ばった語〕座っている状態から立ち上がる, 起き上がる《[語法] get up の方が一般的》。また席を立つということから, 閉会する, 立ち退く, 〔文語〕死んだものが生き返る, 武器などを手に立ち上がる, すなわち反乱を起こす, 危険などに対処するなどの意味に用いられる. 他 《まれ》上げる, 魚を水面にさそう. 名 として上昇, 増加, 向上, 出世, 進歩, 起源, さらに上り坂, 丘など場所を表す.
[語源] 「上がる, 昇る」の意の古英語 rīsan から.
[用例] Food prices are still *rising*. 食料品の価格がまだ上がりつづけている/If the river *rises* much more, there will be a flood. 川がさらに増水すると洪水になってしまう/Her voice *rose* to a scream. 彼女の声は金切り声になった/The sun *rises* in the east and sets in the west. 太陽は東から昇り西に沈む/The people *rose* (up) in revolt against the dictator. 国民は独裁者に対し反乱を起こした/He began as a salesman, but *rose* to become the managing director. 彼はセールスマンから身を起こし, 専務取締役に出世した/The Rhone *rises* in the Alps. ローヌ川がアルプス山脈に源を発している/Office blocks are *rising* all over the centre of the town. オフィス・ビルが街の中心全部にわたってそびえ立っている/the *rise* of the Roman Empire ローマ帝国の勃興.
[関連語] raise.
[反意語] fall.
【慣用句】***get* [*take*] *a rise out of* ...** 〔くだけた表現〕人をからかって怒らせる, 怒らせて思い通りに事をはこばせる. ***give rise to* ...** 悪いことをひき起こす. ***on the rise*** 景気が上向きで, 物価などが上昇中で. ***rise above* ...** ...の上にそびえる, ...を超越する. ***rise and fall*** 盛衰, 興亡. ***rise to one's feet*** 立ち上がる.
【派生語】**rísing** 形 上昇中の, 増加[進行, 発展]中の, 上り坂の. 名 ⓒ 上昇, 起立, 起床, 生きかえり, 反乱, 上り坂: **rising generation**(the ~)青年層.

risen /rízn/ 動 rise の過去分詞.

risibility ⇒risible.

ris·i·ble /rízəbl/ 形 〔一般語〕〔やや軽蔑的に〕出来事や光景が笑いをさそう, こっけいな, 《まれ》人が笑い性の.
[語源] ラテン語 ridere (=to laugh) の過去分詞 risus から派生した後期ラテン語の 形 risibilis が初期近代英語に入った.
【派生語】**risibility** 名 Ⓤ.

risk /rísk/ 名 ⓊⒸ 動 [本来他] 〔一般語〕[一般義] 個人が自分の意志で冒すかもしれない危険, 恐れ, 冒険. [その他] 具体的には危険なこと, 危険な人. また〘保険〙危険率, 具体的には保険金額, あるいは被保険者[物]. 動 として, 命や大金を賭ける, 危険にさらす, 思い切って [覚悟して]やってみる.
[語源] イタリア語 rischiare, risicare (=to run into danger) の 名 risco (危険) がフランス語 risque を経て初期近代英語に入った。一説では「船で絶壁の間を行く」という意の俗ラテン語 *risicare* に由来するともいわれている.
[用例] the *risk* of failure 失敗の恐れ/He's a good [safe] *risk*. (保険会社にとって)彼はリスクの少ない被保険者だ/He *risked* all his money on betting on that horse. 彼は思い切ってあり金全部をその馬に賭けた/He would *risk* his life for his friend. 彼は友人のためなら自分の命を賭けるだろう.
[類義語] ⇒danger.
[反意語] safety.
【慣用句】***at any risk*** どんなことがあっても. ***at one's own risk*** 自分の責任において: Cars may be parked here *at their* owner's *risk*. 自分の責任において, ここに駐車してもよいが(事故があっても)当方は責任を負わない. ***at the risk of* ...** =*at risk to* ... ...を覚悟して. ***risk one's neck*** 首[命]をかける. ***run* [*take*] *a risk* [*risks*]** 危険を冒す.
【派生語】**rískily** 副〔くだけた語〕思い切って, きわどいところで. **rísky** 形 危ない, 冒険的な.

ris·qué /rìskéi/ ニー/ 形 〔形式ばった語〕ジョーク, 話, 劇などがいかがわしい, わいせつ気味で下品な.
[語源] フランス語 risquer (=to risk) の過去分詞が 19 世紀に入った.

ris·sole /rísoul/ 名 ⓒ 〘料理〙ミンチにした肉や魚をパイ皮に包んで油で揚げたリソール.
[語源] ラテン語 russus (=red) に由来するフランス語が 18 世紀に入った.

rite /ráit/ 名 ⓒ 〔形式ばった語〕ある決まった形式にのっとって厳粛に行われる宗教的な**儀式**や**祭式**, 習慣, しきたり, 〘キ教〙典礼.
[語源] ラテン語 ritus (=religious usage) が古フランス語を経て中英語に入った.
[類義語] ceremony.
【派生語】**rítual** 形 名 ⓊⒸ 儀式(の), 祭式(の). **rítualism** 名 Ⓤ. **ritualístic** 形.

ri·val /ráivəl/ 名 ⓒ 動 [本来他] 〔一般語〕[一般義] スポーツや仕事, 商売上の**競争相手**, ライバル. [その他] (通例否定文で)相手に匹敵する人[もの], 〔形容詞的に〕競争する, 対抗する. 動 として...と競う, ...に匹敵する.
[語源] ラテン語 rivus (=stream) から派生した *rivalis* が初期近代英語に入った。原義は「対岸に住んでいて, 同じ川の水を利用する人」. 水の使用権をめぐってしばしば相手と争ったことから.
[用例] Our company intends to give better service to its customers than any of its *rivals*. わが社はいかなる競争会社にも負けぬよう顧客サービスに努める所存です/Nothing *rivals* football for excitement and entertainment. わくわくする点やおもしろい点でフットボールにかなうものはない.
【派生語】**rívalry** 名 ⓊⒸ 競争, 敵対(するもの).

riv·er /rívər/ 名 ⓒ 〔一般語〕**川**, **河**, また何かの**大量の流れ**.
[語源] 川の名をいうときは, 例えば「ナイル川」は 《米》

the Nile *River*, 《英》the *River* Nile の語順となる. まぎらわしくなければ単に the Nile でもよい.

[語源] ラテン語 *ripa* (=bank) から派生した俗ラテン語 **riparia* (=riverbank; river) が古フランス語 *rivere* を経て中英語に入った.

[用例] We sailed down the *River* Thames. 私たちは船でテムズ川を下った/*rivers* of molten lava 溶岩流/She wept a *river* of tears. 彼女はとめどなく涙を流した.

[類義語] river; stream; brook: **river** は最も一般的な語で, 通例海や湖に流入する比較的大きな川を指す. **stream** は river より川幅の狭い小川を表すが, 特に流れの意味が強く, 比喩的な流れの意味にも用いる: a *stream* of traffic/the *stream* of fire. **brook** は文語で, 谷間や草原を流れる小川の意だが, stream よりもさらに小さい感じを与える語.

[関連語] rivulet (小川).

[慣用句] *sell ... down the river* 人を見捨てる, 裏切る (★米国でミシシッピ川を下って下流域の農園に奴隷を売ったことに由来する). *up the river* 刑務所に (★米国で囚人をニューヨークからハドソン川を上がってシンシン刑務所に送りとどけたことから).

[複合語] **ríverbànk** 名 C 川岸, 川の土手 《[語法] 単に bank ともいう》. **ríver bàsin** 名 C 河川の流域 《[語法] 単に basin ともいう》. **ríverbèd** 名 C 川床, 川底 《[語法] 単に bed ともいう》. **ríverside** 名 C 形 川岸の, 川畔の.

riv·et /rívət/ 名 C 動 [本来自] [一般語] 鉄板などを接合するためのびょう, リベット. 動 としてびょうで留める, 動かないように固定する, 注意や目などを引きつける, くぎづけにする.

[語源] 古フランス語 *river* (=to attach) から派生した *rivet* が中英語に入った.

[派生語] **ríveter** 名 C リベット工[打ち機]. **ríveting** 形 [くだけた語] 魅力的な, 胸がときめくような.

riv·u·let /rívjulit/ 名 C [形式ばった語] 小川, せせらぎ.

[語源] ラテン語 *rivus* (=stream) の指小語 *rivulus* がイタリア語を経て初期近代英語に入った.

RNA /á:rèinéi/ 名 U 〖生·化学〗細胞質中などにあるリボ核酸 (ribonucleic acid).

roach¹ /róutʃ/ 名 C 〖魚〗ローチ (★ヨーロッパ産のコイ科の淡水魚).

[語源] 古フランス語 *roche* が中英語に入った.

roach² /róutʃ/ 名 C =cockroach.

road /róud/ 名 C [一般語] [一般義] 一般に車が通行するための**道路, 車道**. [その他] (the ... R- として) 特定の都市に通じる, また都市間を結ぶ**街道**, (しばしば Rd. と略して) 住所で**...街**, 《米》鉄道 (railroad), (通例複数形で)〖海〗港外の**停泊所** (roadstead) の意味にもなる. また比喩的にある目的のための**道, 手段**.

[語源] 古英語 *rīden* (=to ride) から派生した *rād* (=riding) から.

[用例] There has been an accident on the Glasgow to Edinburgh *road*. グラスゴーとエジンバラを結ぶ街道で事故があった/We'd better look at the map because I'm not sure of the *road*. 私はその道のことが確かでないから, 地図を見た方がいい/He's on the *road* to ruin. 彼は破滅への道をたどっている.

[類義語] road; street; avenue; way: **road** が一般に車の通る道, あるいは都市間を結ぶ道路を指すのに対して, **street** は両側または片側に家の立ち並ぶ街路をいう. 従って street はしばしば road (車道) や highway の意を含み, 《米》東西にのびる道を特にいう. **avenue** は《米》street に対して南北に走る道を特に指すが, 《英》では並木ébéる道. **way** は「通り道, 道筋」の意で, 単独で道路の意味に使うことはまれである. また way to the station のように, しばしば「...へ行く道」という意味にも用いる.

[慣用句] *by road* 陸路で, 車や徒歩によって. *hit the road* [くだけた表現] 旅に出掛ける, 立ち去る. *hog the road* [くだけた表現] 道路の真ん中をいばって走る. *hold the road* 猛スピードでも横ゆれせずに安定した走り方をする. *in the road* 道路をふさいで, 人の邪魔をして. *on the road* 旅行中で, 地方回りで, 巡業中で. *take to the road* 浮浪者になる, 旅に出掛ける.

[派生語] **ròadabílity** 名 U 車の走行能力.

[複合語] **róadbèd** 名 C 〖鉄道〗レールの下の**路盤**, 道路の路床, 路面. **róadblòck** 名 C 検問用バリケード, 障害(物). **róad gàme** 名 C 〖スポ〗相手方の球場で行う遠征試合. **róad hòg** 名 C [くだけた語] 道路の真ん中を走る無謀な運転手. **róadhòuse** 名 C ロードハウス (★幹線道路沿いにあるホテル, 食堂, 酒場など). **róadman** 名 C 道路工夫. **róadmàp** 名 C 自動車用**道路地図**, ドライブマップ. **róad mètal** 名 U 割り石, バラスなど**道路舗装材**. **róad ràcing** 名 U 公道で行うロードレース. **róadrùnner** 名 C 〖鳥〗みちばしり (★地上を走って小動物を捕食する). **róad sènse** 名 U 安全運転[歩行]のための道路感覚. **róad shòw** 名 C 《米》地方興業[巡業], 映画のロードショー. **róadsìde** 名 C 形 道ばたの(の): **róadside réstaurant** 名 C 道路沿いのレストラン, ドライブイン 《[日英比較] 英語の drive-in は外に出ず車中で食事できる店をさす》. **róadstèad** 名 C 港外の停泊地 (roads). **róad tèst** 名 C 新車の路上テスト, 運転免許のための路上実地試験. **róadwày** 名 C 道路本体, 特に人道 (sidewalk; pavement) に対する車道. **róadwòrk** 名 U ロードワーク (★ボクサーが行う体調調整のための走り込み) ランニング. **róad wòrks** 名 (複)《英》(主に掲示用語) 道路工事. **róadwòrthy** 形 車が路上を安全に走れる.

roam /róum/ 動 [本来自] 名 C 〔一般語〕(方向を示す副詞を伴って) 広い範囲であてもなく気ままに**歩き回る, 徘徊**(はいかい)**する, 放浪する**, あてもなく**見回す**. 名 としてぶらつき回ること, 徘徊.

[語源] 中英語 romen. それ以前は不詳. ローマに巡礼に行くことからとするのが俗説.

[用例] He *roamed* from town to town. 彼は町から町へとさまよい歩いた.

[類義語] wander.

roan¹ /róun/ 形 名 C [一般語] 馬について, 白い毛に茶, 黒, 赤などの毛がまじっているあし毛の. 名 としてあし毛の馬.

[語源] 古フランス語 *roan* から初期近代英語に入った. それ以前は不詳.

roan² /róun/ 名 U [一般語] モロッコ皮の代用として製本に用いられる柔らかい羊皮, ローン.

[語源] 不詳.

roar /rɔːr/ 動 [本来自] 名 C [一般語] [一般義] ライオンのような大型の野生動物が低く太い声で長めにほえる. [その他] 人や群衆が**大声でどなる[言う, 歌う]**, [くだけた

語)**大笑いする**,車・飛行機・機械などが**轟音をたてる**,風や波の音が**とどろく**. 图 としてほえる[うなる, 怒る, 笑う]声, **轟音**(ごう).

[語源]「(獣)がほえる」の意の古英語 rārian から.

[用例] The lions *roared*. ライオンがほえた/The audience *roared* (with laughter) at the man's jokes. 観客はその男のジョークにどっと大笑いした/The cannons [thunders] *roared*. 砲声[雷鳴]がとどろいた/the *roar* of the wind ごーという風の音.

[関連語] bark (犬・きつねなどがほえる); howl (犬・おおかみなどが遠ぼえする).

【慣用句】***roar down*** 相手よりも大きな声でどなって**負かす**.

【派生語】**róaring** 图 回 ほえる[うなる]声. 形 ほえる(ような), 騒々しい. (くだけた語)景気や商売が活発な.

roast /róust/ 動 [本来他] 图 C [一般他] [一般義] オーブンまたは直火で肉を焼く. [その他] 豆などを炒(い)る, 手や体全体をたき火などで**暖める**, また**火あぶり**の意から, (くだけた語)**非難する**. 自 肉が焼ける. 图 として焼き肉, 骨つきの焼き肉用の肉, (米) 戸外での焼き肉パーティー, ロースト, また (形容詞的に) ローストした肉の.

[語源] ゲルマン語起源の古フランス語 *rostir* (= to roast) が中英語に入った.

[用例] The beef was *roasting* in the oven. 牛肉がオーブンで焼かれていた/They *roasted* the chestnuts in front of the fire. 彼らは火の前で栗の実を焼いた/She bought a *roast* at the butcher's. 彼女は肉屋で焼き肉用の肉を買った.

【慣用句】***roast oneself*** 火で暖まる, 体を暖める. ***rule the roast*** 支配する, 采配をふるう.

【派生語】**róaster** 图 C ロースト用オーブン, ロースター, 肉を焼く人, 丸焼き用の若鳥, 子豚, うさぎなど. **róasting** 图 《a 〜》焼く[あぶる, 炒る]こと. 形 副 ひどく暑い[暑く].

rob /ráb|-ɔ-/ 動 [本来他] 〔一般語〕 [一般義] 人, 場所から暴力や脅しなどで無理やり金品などを**強奪する** ([語法] 人を目的語とし, rob+ 目的語+of+ 物の構文になる), **強盗をはたらく**. [その他] 人, 物などから能力, 権力, 幸せなどを**奪う**, 物を**こっそり盗む**(steal), あるいは物を強奪する目的である場所を**襲う**, また (くだけた語) (通例受身で)人に高い値段でふっかける, ぼる.

[語源] ゲルマン語起源の古フランス語 *rob(b)er* (= to rob) が中英語に入った. 原義は「衣類を略奪する」. robe と同語源.

[用例] They *robbed* me of my suitcase. 彼らは私のスーツケースを奪い取った/He *robbed* a bank. 彼は銀行を襲った/The eye disease *robbed* her of her sight. 彼女は眼病のため失明した.

[類義語] ⇒**steal**.

【派生語】***rocca** 图 C 強盗, どろぼう (★暴力によらないでこっそり盗む窃盗は thief). **róbbery** 图 UC 強盗(事件), 強奪(罪).

robe /róub/ 图 C 動 [本来他] 〔一般語〕 [一般義] 《しばしば複数形で》階位のシンボルとして司法官, 聖職者, 大学教授などがおる長くてゆったりした**礼服, 法衣**. [その他] 特に正装用の婦人服, **ローブ**. また 《主に米》 ゆるやかな**部屋着**(dressig gown) や**バスローブ**(bathrobe), その他 (米) 毛皮や布製のひざ掛け(lap robe), あるいは洋服だんす(wardrobe) の意にもなる. 動 として官服[式服]を**着る**[**着せる**].

[語源] ゲルマン語起源の古フランス語 *robe* が中英語に

入った. 原義は「戦利品としての衣服」. rob と同語源.

[用例] The Lord Mayor was dressed in *robes* of scarlet cloth. ロンドン市長は緋色地織りの礼服を着ていた/She wore a *robe* over her nightdress. 彼女はネグリジェの上に部屋着をはおっていた.

【慣用句】*gentlemen of the robe* 法曹界の人たち.

Rob·ert /rábərt|-ɔ-/ 图 (圏) ロバート (★男性の名, 愛称は Bob, Bobby, Rob, Robin).

rob·in /rábin|-ɔ-/ 图 C 《鳥》ヨーロッパ産のこまどり (robin redbreast; redbreast) (★英国の国鳥), またこまどりに類した鳥を表し, 北米産のつぐみ (thrush) の一種, こまつぐみを指す. なお Robin は Robert の愛称.

[語源] こまどりは胸が赤く, robin redbreast といわれ, robin はその短縮形で, 初期近代英語から.

【複合語】**róbin rédbreast** 图 C =robin.

Rob·in Hood /rábin húd|rɔ́b-/ 图 (圏) ロビン・フッド (★イギリスの12世紀の伝説的な義賊).

Rob·in·son Cru·soe /rábinsn krúːsou|rɔ́b-/ 图 (圏) ロビンソン・クルーソー (★イギリスの作家 Daniel Defoe の小説の主人公名; 船が西インド諸島の海で難破し, 約 30 年間を無人島で暮らした).

ro·bot /róubɑt|-bɔt/ 图 C 〔一般語〕 [一般義] **ロボット, 人造人間**, 比喩的に無感情・無思考で他人の指示通りに**機械的に働く人**.

[語源] チェコの作家 Karel Čapek (カーレル・チャペック) の劇 *R.U.R.*(*Rossum's Universal Robots*) (1920) の中の人物名から. 「強制労働」の意のチェコ語 *robota* からの造語.

[用例] industrial *robots* 産業用ロボット/He is easily influenced by his senior like a *robot*. 彼はロボットみたいにすぐ上役の言いなりになる.

【派生語】**robótics** 图 C ロボット工学.

【複合語】**róbot bòmb** 图 C ロボット爆弾.

ro·bust /roubʌ́st, ́-/ 形 〔一般語〕 [一般義] 人, 動植物が**強健でたくましい**. [その他] 物の構造が**頑丈な**, 丈夫な, 経済や組織が**力強い**, 勢いがある, 行動が確固とした, 仕事などが**体力やスタミナを要する**. また酒やコーヒーなどが**芳醇な**, こくのある.

[語源] ラテン語 *robustus* (=oaken; strong) が初期近代英語に入った. oak は堅く強いことから.

【派生語】**robústly** 副. **robústness** 图 U.

rock[1] /rák|-ɔ-/ 图 UC 〔一般語〕 [一般義] 地面や地中にある**岩, 岩盤, 岩山, 岩壁**. [その他] 地上や海上に突き出た**岩石, 大きな石**, 《しばしば複数形で》**暗礁, 岩礁**, あるいは建物の**基礎, 土台**, また (くだけた語) (米) 大小の**石, 石ころ**(stone), 岩片みたいにごつごつした感じなので《英》ペパーミント入りの棒あめ, あるいは (くだけた語) **宝石**, 特にダイヤの意味にもなる.

[語源] 俗ラテン語 *rocca が古フランス語 *roche*, 古ノルマンフランス語 *roque* を経て中英語に入った.

[用例] The ship struck a *rock* and began to sink. 船は暗礁にぶつかり沈みはじめた/People threw *rocks* at him. 人々は彼に向かって石を投げつけた.

[類義語] ⇒**stone**.

【慣用句】*(as) firm [steady; solid] as (a) rock* 岩のように堅固な, 心から信用できる. *have rocks in one's head* 頭が悪い (日英比較) 「石あたまの」(頑固な) は hard-headed があてはまる). *on the rocks* 船が座礁して, 破産寸前で, 結婚が破綻しかかって, ウィスキーがオンザロックの: I'll have a Scotch *on the rocks*,

please. スコッチをオンザロックでお願いします.
【派生語】**róckery** 名 C =rock garden. **Róckies** 名 複 (the ~)=Rocky Mountains. **rócky** 形 岩の多い, 岩のような, 岩のように堅い, 苦難の, 無神経な: Rocky Mountains (the ~) ロッキー山脈.
【複合語】**róck bóttom** 名 最低点, どん底. **róckbòund** 形 海岸などが岩に囲まれた, 岩の多い. **róck càke** 名 C (英) ロックケーキ (★表面がでこぼこして硬い). **róck cándy** 名 UC 氷砂糖, 棒あめ (rock). **róck-clìmbing** 名 U ロッククライミング, 岩登り. **róck crỳstal** 名 U 水晶 (★無色透明). **róck gàrden** 名 C ロックガーデン, 岩石庭園 (★岩石を配し, その間に(高山)植物を植えたもの). **róck plànt** 名 C 岩生植物. **róck sàlt** 名 U 岩塩.

rock² /rák/ -s-/ 動 本来他 名 U 〔一般語〕〔一般義〕人や物を前後または左右にゆるやかに揺り動かす. その他 揺っている, させるという意味を中心に, 地震や爆弾, 地雷が振動させる, 心や感情を揺らす, すなわちショックを与える, びっくりさせる. 自 (くだけた語) ロックンロールを踊る[演奏する]. 名 として揺れ, 動揺, またロックミュージック.
語源 古英語 roccian (=to move) から.
用例 The mother *rocked* the baby to sleep in the cradle. 母親はゆりかごを揺り動かして赤ん坊を寝かせた/The earthquake *rocked* the building. 地震のため建物がぐらぐら揺れた/The terrible crime *rocked* the whole city. その恐ろしい犯罪は町中を震撼させた.
類義語 shake.
慣用句 **rock the boat** 波風を立てる, 動揺させる.
【派生語】**rócker** 名 C 揺れるもの, 揺り子, 揺りかご, 揺りいす (rocking chair), (くだけた語) ロック歌手[演奏家, 音楽]. **rócky** 形 (くだけた語) ふらつく, 不安定な, めまいがする.
【複合語】**róck and róll** 名 U =rock'n'roll. **rócking chàir** 名 C 揺りいす. **rócking hòrse** 名 C 揺り木馬. **róck mùsic** 名 U ロックミュージック. **rock'n'roll** /ráknróul/ r5-/ 名 U ロックンロール.

rocket /rákət/ -s-/ 名 動 本来自 〔一般語〕〔一般義〕宇宙船やミサイルなどを発射・推進させるためのロケット. その他 ロケット弾, ロケットミサイルなどの兵器, あるいはロケットエンジン(rocket engine [motor]). また合図などに使うのろし, 打ち上げ花火, 転じて (くだけた語) (英) 激しい叱責, 大目玉. 動 として, 一直線に飛び上がる, 突進する, 物価などが急上昇する, ロケット弾で攻撃する.
語源 「糸巻き棒」の意のイタリア語 *rocca* の指小語 *roccketta* がフランス語 *roquette* を経て初期近代英語に入った. 形が似ていることから.
用例 launch a space *rocket* 宇宙ロケットを打ち上げる/A *rocket* blasted [took] off. ロケットが発射された/Bread prices have *rocketed* over the past year. この一年パンの価格が急上昇した.
【派生語】**ròckeéer** 名 C ロケット操縦者[技師, 研究者]. **rócketry** 名 U ロケット工学[実験].
【複合語】**rócket bàse** 名 C ロケットミサイル基地. **rócket bòmb** 名 C ロケット弾.

Rockies ⇒rock¹
rocky 形 ⇒rock¹,²
ro·co·co /rəkóukou/ 名 U 形 〔一般語〕ロココ様式またはロココ風 (★18 世紀のヨーロッパ, 特にフランスで盛んに行われた建築, 音楽, 美術などの様式で, 華麗で繊細な装飾が多いことが特徴).
語源 フランス語 *rocaille* (小石または貝殻細工) が変形した *rococo* が 19 世紀に入った. 装飾に小石や貝殻を使う建築様式.

rod /rád/ -s-/ 名 C 〔一般語〕〔一般義〕金属や木製の細くて真っすぐな棒, さお. その他 切り取ったまっすぐな木の枝, つえ, 釣りざお, 《the ~》処罰用のむち, 権威, 権力の象徴となる杖(シ゛), 笏(シャ̇), また長さの単位ロッド (★1 ロッドは約 5.03 メートル).
語源 古英語 rodd (むち) から.

rode /róud/ 動 ride の過去形.

ro·dent /róudənt/ 名 C 形 〔動〕ねずみ, うさぎ, りす, ビーバーなど齧歯(ケ゛ッシ)目の動物. 形 としては, 歯などについて齧歯目の特徴を持っている.
語源 ラテン語 *rodere* (=to gnaw) の現在分詞 *rodentem* からできた近代ラテン語 *Rodentia* (齧歯目) から 19 世紀に入った.

ro·de·o /róudiòu/ 名 C 《米》荒馬乗りや投げなわなどのカウボーイの腕前を競うロデオ.
語源 スペイン語 *rodear* (=to surround) から派生した *rodeo* が 19 世紀に入った. スペイン語の原義は「家畜を駆り集めること」. rotary, rotate と同語源.

roe¹ /róu/ 名 《複 ~, ~s》〔動〕ヨーロッパやアジアで見られる小形のしか, のろじか(roe deer).
語源 古英語 ra(ha) から.
【複合語】**róebùck** 名 C のろじかの雄. **róe dèer** 名 C.

roe² /róu/ 名 UC 〔一般語〕雌魚の卵巣内にある卵, はららご(hard roe)や, 雄魚の魚精, しらこ(soft roe).
語源 中低地ドイツ語中オランダ語の *roge* (=roe) が中英語に入った.
類義語 spawn.

Roent·gen, Rönt·gen /réntgən/ ront-/ 名 固 形 レントゲン Wilhelm Konrad Röntgen(1845-1923) (★ドイツの物理学者で X 線を発見した). また 《r-》 【理】放射線量の単位, レントゲン. 形 として 《時に r-》 レントゲンの.
【複合語】**Roéntgen ràys** 名 《複》 X 線(X-rays).

rog·er /rádʒər/ -s-/ 感 (くだけた語) 【通信】無線通信などで相手の通信を受け取った (received) という返答, 了解, また一般によしわかったの意味で用いられる.
語源 男性の名 Roger. received の r の通信符号が Roger であったことから.

rogue /róug/ 名 C 形 〔一般語〕〔軽蔑的〕不正直者や悪党, ごろつき, また動物で, 群から離れて単独行動する荒くれもの. 形 として 《限定用法》群から離れて狂暴な.
語源 不詳.
【派生語】**roguery** /róugəri/ 名 UC (古風な語) 悪事, いたずら, わるさ.
【複合語】**rógues' gállery** 名 C 警察などにある犯人捜索のための犯罪者写真台帳.

roil /róil/ 動 本来他 〔文語〕液体をかき回して沈殿物などで濁らせる, 心をかき乱していらだたせる, 怒らせる(rile).

rois·ter /róistər/ 動 本来自 〔一般語〕いばり散らす, 騒々しく飲み騒ぐ.
語源 ラテン語 *rusticum* (=rustic) が古フランス語 *ru(i)stre* (=ruffian) を経て初期近代英語に入った. 本来「いばり散らす人」だったが, 動詞として用いられるようになった.
【派生語】**róisterer** 名 C.

ROK /rák|-ɔ́-/ 名圖 大韓民国, 韓国 (★Republic of (South) Korea の頭文字).

role, rôle /róul/ 名 C 〔一般語〕俳優の演ずる役, 配役, 〔形式ばった語〕一般に人の役割, 任務.
[語源]「役者のセリフの書いてある巻物」という意味のフランス語 rôle から初期近代英語に入った. roll と同語源.
[用例] He played the *role* of peacemaker in the dispute. 彼はその論争の調停役を演じた.
[類義語] part.

roll /róul/ 動 本来員 名 C 〔一般語〕 一般義 《方向を示す副詞を伴って》車輪や球が転がる. その他 転がるように動く[進む]ということから, 仕事などがはかどる, あるいは月日が過ぎ去る. 左右に転がり動くことから, 船などが横揺れする(⇔pitch), 人がよろよろ歩く, 目がまわる, 笑い転げる, あるいは目がぎょろぎょろ動く, 波などがうねる, 土地が起伏する, 煙などが漂う. また転がるような音を発する意で, 雷がごろごろ鳴る, 太鼓がどんどん鳴る, 楽器の音が鳴り響く, 鳥がさえずる. 他 転がす, 転がしていく, また丸める, 巻く, くるむ, 包む, 何かを転がして平らにする, 地面をローラーでならす, 練り粉をめん棒でのす, 伸ばす. 名 としては横揺れ(⇔pitch), 転がり, うねり, くるくる巻いたもの, そのひと巻き, ロールパン, 巻き肉, 巻きたばこ, あるいは名簿, 目録, ローラー.
[語源] ラテン語 rota (=wheel) の指小語 rotula から派生した俗ラテン語 *rotulare (=to roll) が古フランス語 rol(l)er を経て中英語に入った. 名は前記 rotula の変形で「巻き物」の意の rotulus が古フランス語 ro(u)lle を経て入った.
[用例] The ball [coin; pencil] *rolled* under the table. ボール[コイン, 鉛筆]がテーブルの下に転がりこんだ/It won't *roll* back very easily. それはそんな簡単には巻き戻らない/The doctor asked the patient to *roll* (over) on to his side. 医者は患者に横向き[わき腹を下になるように]言った/She got seasick when our ship *rolled* heavily. 船がひどく横揺れし, 彼女は酔ってしまった/The waves *rolled* in to the shore. 波が浜辺に打ち寄せた/Miles and miles of hills *rolled* before them. 彼らの目の前には幾マイルも起伏する丘が続いていた/The thunder *rolled*. 雷がごろごろ鳴った/He *rolled* the clay into a ball (between his hands). 彼は(両手で)粘土を丸めて玉を作った/Our dog loves a *roll* on the grass. うちの犬は草の上でごろごろするのが大好きだ/two *rolls* of wallpaper 壁紙2巻き.
【慣用句】***call the roll*** 出席をとる. ***roll back*** 巻き戻す, 逆転させる, 押し戻す, 後退させる[する], 《米》物価や賃金などを元の水準に引き下げる. ***roll in*** 転がりこむ, 殺到する, どんどん来る[集まる], 〔くだけた語〕《米》床にもぐりこむ, 寝る, …の中でのん気に暮らす. ***roll on*** 転がっていく, どんどん過ぎ去る; 靴下などを巻き上げながらはく. ***roll out*** 転がり出る, 《米》〔くだけた語〕ベッドから起き出る; 丸めたものを広げる, ローラーで[伸ばす], 朗々たる声でしゃべる, 〔くだけた語〕たくさん作る. ***roll over*** 転がる, ひっくり返る. ***roll up*** 巻き上げる, つつむ, 巻く, 財産を増やす[がたまる], 大勢やってくる, 《命令形》さあいらっしゃい. ***strike … off the rolls*** …を除名する, 弁護士の資格をはく奪する.

【派生語】**róller** 名 ローラー, 運搬用足車, 巻き軸, ヘアカーラー, 大波(うねり): **roller bandage** 巻き包帯 / **roller bearing** 〔機〕ころ軸受け / **roller coaster** 《主に米》遊園地にあるジェットコースター (《英》switchback) (★ 単に coaster ともいう; 日英比較 ジェットコースターは和製英語)/ **roller skate** ローラースケート靴/ **roller-skate** ローラースケートをする/ **roller skater** ローラースケートをする人/ **roller skating** ローラースケート/ **roller towel** ローラーに巻いた環状タオル/ **rólling** 名 CU 転がすこと, 回転, 横揺れ, 波のうねり, 地面の起伏, 雷鳴. 形 回転する, うねる, 起伏する, 横揺れする, 雷がとどろく, 〔くだけた語〕うなるほど金がある, お大尽の: **rolling mill** 圧延機[工場]/**rolling pin** めん棒, のし棒/**rolling stock** 〔集合的〕鉄道の車両, 《米》トラックなど運送用車両/**rolling stone** 転がる石, 比喩的に〔くだけた語〕《悪い意味で》転々と職や居所を変える人, 《良い意味で》生き生きと活動する人.

【複合語】**róll bóok** 名 C 出席簿 (★教師用). **róll càll** 名 CU 出席をとること, 点呼. **róll film** 名 C 〔写〕ロールフィルム. **róll-òn** 名 C 伸縮性のある女性用ガードル, 回転して塗布するロールオン式化粧品, トラックなどが貨物を積んだまま乗りこめるフェリー[貨物船]. **róll-tòp désk** 名 C 巻き込み式ふたのついたロールトップ式机.

rol·lick /rálik|-ɔ́-/ 動 本来員 〔古語〕陽気にふざけ回る, 跳び回る.
[語源] romp と frolic の混成からと考えられる. 19世紀から.
【派生語】**róllicking** 形.

ro·ly-po·ly /róulipóuli/ 名 CU 形 〔一般語〕《英》ビスケット地にジャムなどをつけて丸め, それを蒸したりゆでたりして作るプディング, ローリーポーリー, また, これと形が似ている背が低くて太った人. 形 として, 人や物, 特に子供の体形などがずんぐりとしている.
[語源] roll の重複形からと考えられる. 初期近代英語から.

Ro·man /róumən/ 形 名 CU 〔一般語〕 一般義 ローマ(Rome)の, 《古代ローマ, 現代ローマのどちらも表す》. その他 性格などがローマ的な, 建築などがローマ様式の, 〔古風な語〕ローマカトリック教会の(Roman Catholic), また《r-》〔印〕ローマ字体の, ローマン体の, またローマカトリック教会[教徒], 《複数形で》〔聖〕ローマ人への手紙, 略書(the *Epistle* of St. Paul to the Romans) (〔語法〕Rom. と略す), 〔印〕ローマ字体, ローマン体 (〔語法〕rom. と略す).
[語源] ラテン語 *Roma* の形 *Romanus* が古フランス語 *Romain* を経て中英語に入った.
[用例] That should be printed in *roman* type, not in italics. それはイタリック体でなくローマン体で印刷すべきだ/The *Romans* built many roads in Britain. ローマ人はブリテン島に多くの道路を作った.
【派生語】**Romanésque** 名 U 形 ロマネスク(の) (★ ヨーロッパ中世初期における建築, 絵画, 彫刻の様式). **Romanizátion** 名 U. **Rómanize** 動 本来員 ローマカトリック教化する, 古代ローマ化する, 《r-》ローマ字化する[で書く].
【複合語】**Róman Cátholic** 形 ローマカトリック教会の. 名 C ローマカトリック教徒. **Róman Émpire** 名 《the ~》ローマ帝国. **Róman nóse** 名 C ローマ鼻, わし鼻. **Róman númeral** 名 C ローマ数字.

ro·mance /rouméns, -́-/ 名 CU 動 本来員 〔一般語〕 一般義 情熱的な恋愛(事件), 一時的な情事. その他 漠然としたロマンチックな気分[雰囲気], ロマンチックな, あるいは現実離れした空想[冒険]小説, 中世の

騎士物語，あるいは大げさな作り話. また《R-》ロマンス語(Romance languages). **動** としてロマンチックに考える[書く, 描く]. ⦅くだけた語⦆恋愛する, 異性に言い寄る.
語源 「(堅苦しいラテン語でなく日常語の)ロマンス語で書かれた(もの)」という意味の俗ラテン語 *Romanice が古フランス語 romanz を経て中英語に入った.
用例 They didn't want anyone to know about their *romance*. 彼らは自分たちの情事をだれにも知られたくなかった/He has no *romance* in his soul. 彼の頭の中にはロマンチックな夢などなにもない/She loves *romances* of the Middle Ages. 彼女は中世の騎士物語が大好きだ.
類義語 story¹.
日英比較 「ロマンス・グレイ (silver-gray)」「ロマンスシート (love seat)」「ロマンスカー (deluxe train)」など和製英語が多いが, 英語には romance のついたこのような意味の複合語はない.
【複合語】**Rómance lánguages** 名 (複)《the ~》《言》ロマンス諸語《★ラテン語系の諸言語》.

Romanesque ⇒Roman.
Ro·ma·ni·a /rouméiniə/ 名 固 =Rumania.
Romanize ⇒Roman.
ro·man·tic /rəmǽntik, rou-/ 形 C 〔一般語〕ロマンチックな, 空想的な, 《通例 R-》《文芸》ローマン主義[派]の. 名 として空想的な人, 《通例 R-》ローマン主義の人(作家, 詩人).
語源 古フランス語 romanz (⇒romance) の異形 romant から派生したフランス語 romantique が初期近代英語に入った.
【派生語】**romántically** 副 空想的に, 美化して. **románticism** 名 CU 空想的[ロマンチック]なこと[傾向], 《通例 R-》《文芸》ロマンチシズム, ローマン主義. **románticist** 名 C ロマンチックな人, 《通例 R-》《文芸》ローマン主義者, 日英比較 「ロマンチスト」は和製英語. **románticize** 名 C 動 本来他 〔やや軽蔑的な語〕ロマンチック[センチ]に描写する[なことを言う].

Rom·a·ny /rάməni/ -5-/ 名 CU 形 〔一般語〕ジプシー(の), ジプシー語(の).
語源 ジプシーの自称名 Rom から. これは本来彼らの故国であるインドの種族名 dom (=man of low caste) であるが, 現在は「人」の意. ヨーロッパ, 中近東各地に散在している.

Rome /róum/ 名 固 イタリアの首都, または古代ローマ帝国の首都ローマ. また**古代ローマ帝国**, あるいは(ローマ)カトリック教会の意にもなる.
用例 When in *Rome*, do as the Romans do. ⦅ことわざ⦆郷に入っては郷に従え.

romp /rάmp/ -5-/ 動 本来自 名 C 〔一般語〕子供や動物が元気よく跳び回る, ふざけ回る, ⦅くだけた語⦆⦅副詞を伴って⦆楽々とやってのける. 名 として騒々しい遊び, あるいはおてんば娘, ⦅くだけた語⦆楽勝.
語源 ramp の変形. 18 世紀から.
【派生語】**rómpers** 名 (複) 上着とブルマー状のズボンが続いている幼児服, ロンパース.

ron·do /rάndou/ -5-/ 名 C 《楽》ソナタの最終楽章などにみられる同じ主題が反復される形式, ロンド.
語源 イタリア語 rondo から. 18 世紀から.

Röntgen ⇒Roentgen.

roof /rú:f/ 名 C 動 本来他 〔一般語〕〔一般義〕屋根, 屋上 語源 厳密には屋根と区別して rooftop が使われる). その他 屋根形で頭上を覆うものを下から見たときの一番高い部分, 天井. また屋根のように高いところということで, 最高部, 頂上などの意. 動 として屋根で覆う, 屋根をつける.
語源 「屋根, 天井」の意の古英語 hrōf から.
用例 a thatched *roof* わらぶき屋根/They lived under the same *roof*. 彼らは同じ屋根の下に住んでいた/the *roof* of heaven 大空, 青天井/the *roof* of the world 世界の屋根《★パミール高原など》/a house *roofed* with tiles 屋根瓦のふかれた家.
【慣用句】**go through [hit] the roof** 激怒する, 頭にくる. **raise the roof** ⦅くだけた表現⦆どなり散らす, 大騒ぎする. **under the roof of** ... ...の家に泊まって[世話になって].
【派生語】**róofing** 名 U 屋根ふきの材料, ルーフィング. **róofless** 形 屋根のない, 浮浪者または宿なしの.
【複合語】**róof gàrden** 名 C 屋上庭園, 《米》屋上レストラン. **róoftrèe** 名 C 《建》棟木, 〔文語〕屋根, 家.

rook¹ /rúk/ 名 C 動 本来他 《鳥》樹木や建物などに群居するヨーロッパ産のからす, みやまがらす. この鳥の習性から, トランプなどでいかさまをするペテン師やペテンにかけて金を巻きあげることの意にもなる. 動 としてだます, いんちきをする.
語源 古英語 hrōc から.
【派生語】**róokery** 名 C みやまがらすの群れ, その群居する場所, またあざらしやペンギンなど群生動物の生息地や繁殖地, さらには群居ということから, 貧民などが住む長屋や安アパートなども指す.

rook² /rúk/ 名 C 《チェス》ルーク《★縦横に動ける駒; 将棋の「飛車」に当たる》.
語源 アラビア語起源の古フランス語 rock が中英語に入った.

rook·ie /rúki/ 名 C ⦅くだけた語⦆軍隊やプロスポーツなどの**新兵, 新人, 新米**.
語源 恐らく recruit の変形として 19 世紀から.

room /rú:)m/ 名 CU 動 本来他 〔一般語〕〔一般義〕部屋《語法 しばしば dining room のような複合語で用いられる》. その他 米人やものが占める空間, 場所の意味で, ここから特に建物の区切られた場所, すなわち部屋の意味になった. 部屋の意味から, 《the ~》《集合的》部屋の中の人たち, 一座の人たち, 《複数形で》ひと組の部屋, 下宿の意になる. 空間の意味から場所に余裕があるという意味が生じ, **余地**, さらには**機会**の意にもなる. 動 として 《米》下宿する, 泊まる[泊める].
語源 「空間」の意の古英語 rūm から.
用例 He made the whole *room* laugh with his favorite humor. 彼は得意のユーモアで部屋中の人たちを笑わせた/*Rooms* for Rent [《英》to Let] 《揭示》貸し間あり/This large bed takes up a lot of *room*. この大きなベッドは大きな場所を取る/There is *room* for improvement in his work. 彼の仕事は(まだ)改善の余地がある.
類義語 room; chamber: **room** は「部屋」の意で最も一般的な語. **chamber** は高級感をかもしだす形式ばった語で, 今日では古語や詩語で「寝室」「私室」の意.
【慣用句】**do one's [the] room** 部屋を片付ける. **leave the room** ⦅くだけた表現⦆婉曲にトイレに行く. **make room for** ... ...に場所[通路]をあける, 席をゆずる. **There is no room to swing a cat.** ⦅くだけた

現)《英》狭くて身動きができない《★原意は cat-o'-nine-tails (9本のこぶのついたむち)を振りまわす余地もない》. **room and board** まかない付きの部屋.
【派生語】**róomed** 形《複合語で》数字と結びついて部屋の数が…の, …部屋の: a six-*roomed* house 6部屋ある家. **róomer** 名 C《米》まかないなしの間借り人, 下宿人《★まかない付きは boarder》. **róomette** 名 C《米》寝台車の個室. **róomful** 名 C 部屋いっぱい(の人々《分量》). **róominess** 名 U. **róomy** 形 広々した, ゆったりした.
【複合語】**róoming hòuse** 名 C《米》まかないなしの下宿屋《★まかない付きは boarding house》. **róommàte** 名 C 同室者, ルームメイト. **róom nùmber** 名 C 部屋番号. **róom sèrvice** 名 U ホテルなどで食事を運んでくれるルームサービス(係).

roost /rúːst/ 名 C 本来義 [一般義] 鳥のとまり木やねぐら, 鶏舎, 人の休み場所の寝床や宿. 動 としてねぐらにつく, 泊まる.
語源 古英語 hrōst から.
【派生語】**róoster** 名 C《米》雄鶏(《英》cock).

root¹ /rúːt/ 名 C 本来義 [一般義] 植物の根. その他《複合形で》人参, かぶなど根菜類. また髪, 耳, 舌, 歯, 指などの付け根, 根もと, 転じて問題などの核心, 根源, あるいは《複数形で》遠い先祖, 始祖, 心のよりどころ, ルーツなどの意味にもなる. このほか《数》根(え), ルート(√), 【言】原形, 語根などの意がある. 動として, 植物を根づかせる, 考えや信念などを定着させる, あるいは根が生えたように人を恐怖で動けなくする, 立ちすくませる.
語源 「根」の意の古ノルド語 rót が古英語に入った.
用例 Carrots and turnips are edible *roots*. 人参やかぶは食用根菜類である/The *root* of my middle finger has swollen. 中指の付け根がはれてしまった/We must get at the *root* of the trouble. その問題の真相をつかまねばならない/These plants aren't *rooting* very well. これらの植物はあまり根づいていない.
【慣用句】**by the root(s)** 根こそぎ, 抜本的に. **pull up one's roots** 定住地を離れて新しい土地に移る. **put down (new) roots** 新しい土地に根をおろす[落ち着く]. **root and branch** 根こそぎ, 抜本的に. **strike [take] root** 植物が根づく, 考えや評価などが定着する. **to the root(s)** 根本的に, 徹底的に.
【派生語】**róotless** 形 根のない, 社会的に不安定な.
【複合語】**róot bèer** 名 U《米》ルートビア《★植物の根から作られたアルコールを含まない甘味炭酸飲料の一種》. **róot cròp** 名 C 作物としての根菜類.

root² /rúːt/ 動 本来義 [一般義] 豚などが食物を鼻で地面をほじくり回して捜す, 一般に, 引き出しや書類の山などをひっかき回して捜す.
語源 古英語 wrōt (=snout) に関係がある wrōtan から.
【派生語】**róoter** 名 C.

root³ /rúːt/ 動 本来義《くだけた語》《米》熱狂的にチームや選手などを応援する, 声援する(for).
語源 rout (どなる)の変形. 1890年代から野球の応援の言葉として広まった.
【派生語】**róoter** 名 C《米》応援者.

rope /róup/ 名 CU 動 本来義 [一般義] [一般義] 植物繊維や針金などをより合わせて作った縄, 綱, ロープ《★string や cord より太い》. その他 真株やたまねぎなどの縄やひもなどでつないだひとつなぎのもの, 意味が特殊化して, 《複数形で》ボクシングのリングなどの囲い綱, ロープ, 《米》投げ縄(lasso), あるいは絞首索, 《the ～》これを用いて執行する絞首刑. また帆走で使うロープの種類や扱い方から, 〔くだけた語〕〔the ～s〕仕事などのこつ, 段取りの意を含む. 動 としては, 束縛したり捕えたりするためにロープ[縄]で人やものを縛る, 《米》投げ縄で捕らえる, ロープで仕切る, 囲う, あるいは登山者をザイルで結びつける.
語源 古英語 rāp から.
用例 He tied it with a (piece of) *rope*. 彼はそれを(1本の)ロープで縛った/some *ropes* of pearls いくつなぎもの真珠飾り/He *roped* the suitcase to the roof of the car. 彼はスーツケースを車の屋根に縛りつけた.
【慣用句】**be at [come to] the end of one's rope** 体力などが限界にくる, 進退きわまる. **give ... enough rope** …に勝手気ままにさせる, したい放題にさせる. **know (all) the ropes**〔くだけた表現〕こつを心得ている, 事情に通じている. **on the ropes** 【ボク】ロープにもたれて, 〔くだけた表現〕窮地に立たされて, 困りはてて. **rope down [up]** ロープを使って降りる[登る]. **rope in** 動物などをロープで囲う, だまして誘い入れる.
【複合語】**rópedàncer** 名 C 綱渡り師. **rópe ládder** 名 C 縄ばしご. **rópe wàlk** 名 C 縄[ロープ]を作る細長い作業場. **rópe wàlker** 名=ropedancer. **rópewày** 名 C 貨物運搬用ロープウェー, 索道.

ro·sa·ry /róuzəri/ 名 C 【カト】ロザリオ《★ロザリオの祈りの際の回数を数えるための数珠で, 小珠5個と大珠1個の組が15組あるもの, またはその3分の1の5組あるもの》, また《通例 the R-》ロザリオの祈り.
語源 ラテン語 rosarium (=rose garden) に由来, 比喩的に「花園(薔薇)」のこと. 中世では花の名をとって祈禱書の節や短句を命名するのが普通であった.

rose¹ /róuz/ 動 rise の過去形.

rose² /róuz/ 名 CU 【植】ばら, ばらの花, またその色を表し, ばら色, 淡紅色, あるいは《複数形で》若い女性などの健康そうなばら色の顔色, また《the ～ of ～》のように美しい[目立つ]存在, 花形. さらにばら結び, ばら窓(rose window), ホースやじょうろなどの散水口のようなばら状のもの, また《形容詞的に》ばら色の, ばらの香りのの意.
語源 ラテン語 rosa が古英語に入った.
用例 a bouquet of *roses* ばらの花束/Her dress was of a pale *rose*. 彼女のドレスは淡いばら色だった/The young girl always had *roses* in her cheeks. その若い女の子はいつもばら色のほおをしていた/Elizabeth is the *rose* of the tennis club. エリザベスはテニス部の花形だ.
【慣用句】**a bed of roses** 安楽な境遇[生活]. **a blue rose** 現実にありえないもの. **gather roses** 快楽を追い求める. **not all roses** この世は楽しいことばかりではない. **the Wars of the Roses**〔英史〕ばら戦争(1455-85). **under the rose**〔形式ばった表現〕秘密に.
【派生語】**roseate** /róuziət/ 形《文語》《通例限定用法》ばら色の, 先の明るい, 幸せな, 楽観的な.
rosétte 名 C ばら飾り[結び], 【建】円花窓, 【植】ロゼット《★円座状の花》.
rósy 形 ばら色の, 楽観的な, 有望な. **rósily** 副. **rósiness** 名 U.
【複合語】**róse bèd** 名 C ばらの花壇. **rósebùd** 名 C ばらのつぼみ, 年ごろの美少女. **rósebùsh** 名 C ばらの

木[茂み]. **róse-còlored** 形 バラ色の, 楽観的な, 有望な. **róseleàf** 名 C (複 -leaves) ばらの花びら[葉]. **róse wàter** 名 U ばら(香)水, おせじ, 気取り. **rose window** 名 C 【建】教会の正門などのばら窓. **rósewòod** 名 CU 【植】紫檀(たん), ローズウッド, またその材.

Ro·set·ta stone /rouzétə stòun/ 名 固 (the ~) ロゼッタ石 (★1799年にエジプトの Rosetta で発見された石碑片で, 古代エジプト象形文字と並記して古代ギリシャ文字が刻まれていたので, 仏学者 Champollion の象形文字解読の手がかりとなった).

rosette ⇒rose².

ros·ter /rástər/ -s-/ 名 C 【軍】軍隊の勤務当番表, また一般に名簿, 登録簿.

語源 オランダ語 *rooster* (= list) から. 元の意味は「焼き網」で, その網目がリストや時間割などの罫に似ていることから, この意味になった.

ros·trum /rástrəm/ -s-/ 名 C (複 -tra, ~s) 〔一般語〕本来は鳥のくちばしやくちばし状の突起, 転じて特に船のへさきから伸びたくちばし状の船嘴(ずい)を指し, さらに, 古代ローマで敵船を捕獲するとこの船嘴を公開広場に飾りそこで演説などをしたことから, 演壇, 講壇, 説教壇の意.

語源 ラテン語 *rostrum* (= beak) が初期近代英語に入った.

rosy ⇒rose².

rot /rát/ -s-/ 動 本来自 名 C 感 〔一般語〕 一般義 肉や野菜, 果物が腐る. その他 比喩的に組織や社会が道徳的に腐敗[堕落]する, あるいは体の機能などが衰える. 他 腐らせる, 朽ちさせる. 名 として腐敗物, ばい菌などによる腐食病. そのような価値のないものという意から, 〔くだけた語〕(英)たわごと(nonsense). 感 としてばかばかしい!

語源 「腐る」の意の古英語 *rotian* から.

用例 The fruit is *rotting* on the ground. 果物が地面の上で腐っている/Water will *rot* unpainted woodwork. ペンキの塗ってない木造部分は水気のため腐ってしまう/The plutocracy has *rotted* our society. 金権政治が私たちの社会を腐敗させてしまった/Don't talk *rot!* 馬鹿なことを言うな.

類義語 rot; decay; go bad: **rot** は主に果物や野菜など植物質のものが腐ることを意味する一般的な語. **decay** は食べ物が腐るという意にも用いられるが, やや形式ばった語で, 虫歯などにばい菌により徐々に腐っていくという意味が強い. 両語とも比喩的に「堕落する」の意になる. **go bad** は「腐る」の意のくだけた語.

慣用句 ***rot away [off]*** 木の枝, 果物などが朽ちて落ちる.

【派生語】**rótten** 形 有機物が腐った, 比喩的に腐敗[堕落]した, 〔俗語〕ばかばかしい. **róttenly** 副. **róttenness** 名 U.

Rotarian ⇒Rotary Club.

ro·ta·ry /róutəri/ 形 名 C 〔やや形式ばった語〕車輪などが回転する, 機械などが回転式の. 名 として (米) 環状交差点, (英) roundabout), またロータリーエンジン(rotary engine).

語源 「車輪」の意のラテン語 *rota* から派生した中世ラテン語 *rotarius* が18世紀に入った.

用例 a *rotary* movement 回転運動.

関連語 crossing.

【複合語】**rótary éngine** 名 C 回転式発動機, ロータリーエンジン.

Ro·ta·ry Club /róutəri klÀb/ 名 固 (the ~) ロータリークラブ (★1905年にシカゴで創立された実業家や知的職業人の団体で, 世界平和と社会奉仕を目的とする; 当初, 会合を各事務所で順番に持ち回りで開いていた).

【派生語】**Rotárian** 名 C ロータリークラブの会員.

ro·tate /róuteit/ -́-/ 動 本来自 〔一般語〕 一般義 軸を中心として回転する. (around や round を伴って) 他のもののまわりを回る. その他 決まった順番で循環する, 季節などがめぐってくる, 仕事などを輪番でする, 交替する. 他 回転させる, 交代させる.

語源 「回転する」の意のラテン語 *rotare* の過去分詞 *rotatus* が19世紀初めに入った.

用例 The engine *rotated* slowly. エンジンはゆっくり回転していた/The earth *rotates* on its own axis. 地球は地軸で自転する/*rotate* crops 輪作する.

類義語 revolve.

【派生語】**rotátion** 名 CU 回転, 【天】自転 (⇔ revolution), 循環, 交替, 【農】輪作: We must take the duty in *rotation*. 我々は仕事を輪番で[交替制で]しなくてはならない. **rotátor** 名 C 回転する[させる]もの[人, 装置]. **rotátory** 形 回転する, 回転性の, 交替する, 循環する.

rote /róut/ 名 U 〔形式ばった語〕頭を使わず機械的, 習慣的に行う手順や方法などをいい, 特に (by ~ で) 意味を理解せずに行う, 機械的に, まる暗記に.

語源 不詳.

ro·tis·ser·ie /routísəri/ 名 C 〔一般語〕電動の回転串のついた肉焼き器, またローストした肉を売る焼肉店, 焼肉料理店.

語源 フランス語 *rostisserie* (= one who roasts meats for sale) が20世紀に入った.

ro·to·gra·vure /ròutəgrəvjúər/ 名 UC 【印】輪転グラビア印刷, ロートグラビア (★製版した凹版を回転させて印刷する写真製版の方法), またグラビア写真.

語源 ドイツの印刷会社 *Rotogravur* の社名から. 20世紀から.

ro·tor /róutər/ 名 C 【機·電·空】蒸気タービンの羽根車, 発電機の回転子, ローター, ヘリコプターなどの回転翼.

語源 rotator の短縮形として20世紀から.

rotten ⇒rot.

ro·tund /routÁnd/ 形 〔文語〕物の形や人の体形, 顔などが丸々として太っている, ずんぐりした, 声に張りがあって朗々とした.

語源 ラテン語 *rotundus* (= round) が中英語に入った.

【派生語】**rotúndity** 名 U. **rotúndly** 副. **rotúndness** 名 U.

ro·tun·da /routÁndə/ 名 C 【建】丸屋根のある円形建物や丸天井のついた円形の大広間.

語源 ラテン語 *rotundus* (= round) の女性形が初期近代英語に入った.

rotundity ⇒rotund.

rou·ble /rú:bl/ 名 =ruble.

rouge /rú:ʒ/ 名 動 本来他 〔一般語〕化粧用の口紅やほお紅, ルージュ, また金属やガラスを研磨するための赤い粉末, べんがら, 鉄丹 (jeweller's rouge). 動 として, 物や顔に紅を用いる. ルージュをつける. 顔を赤くする (語法 通例過去分詞の形容詞用法で用いる).

語源 フランス語 *rouge* (= red) が18世紀に入った.

rough /ráf/ 形 副 名 UC 動 [本来他] 〔一般語〕[一般義] 表面がざらざらした、でこぼこした、粗い。[その他] もともと表面に突起があったり毛がふさふさしていることを表し、ここから頭髪などがもじゃもじゃした、土地が起伏に富む、荒れたという意味になり、声の耳障りな、味が苦い、ワインが熟成していないの意にも。生活状況や自然が過酷で苦しい、つらい、きつい、自然のままということから、仕上げができていない、大ざっぱな、あるいは天気や海などが荒れる。転じて粗野という意味が生じ、人の性格や態度などが荒っぽい、乱暴な。副として粗く、乱暴に、大ざっぱに、およそ。動として粗くする、乱雑にする《up》、概略を描く[書く]《in, out》。名としては、表面がでこぼこの[ざらざらした]状態ということから、《the 〜》苦しみ、また未加工《品》ということから、荒地、『ゴルフ』ラフ、さらには《英》乱暴者。

[語源] 古英語 rūh から。

[用例] The path is *rough* and rocky. 道はでこぼこで石だらけだ/She's had a *rough* time since her husband died. 彼女は夫を失って以来つらい人生を送ってきた/a *rough* estimate 大ざっぱな見積り/The sea was *rough*. 海は荒れていた/His behaviour was very *rough*. 彼の振舞いはたいへん乱暴だった。

[類義語] rough; coarse; rude: **rough** は「荒い、粗い」の意で、表面がざらざらしたという本来の物理的な意味から人の態度まで広く一般的に用いられる。**coarse** は fine の反意語で、人の言葉や態度が粗野で洗練さに欠け品がないこと。**rude** は無作法な態度などについていうことが多い。

[反意語] smooth.

[日英比較] rough には日本語の「ラフなスタイル」のような「大胆でくだけた」の意味はない。この意味には casual が普通。

【慣用句】*give ... the rough side of one's tongue* 人を荒っぽい言葉で叱りつける。*have a rough time (of it)* ひどい目に遭う。*in rough* ざっと、概略で。*in the rough* 未加工の、未完成の、概略で。*rough and ready* 急場しのぎの、ぞんざいな；骨惜しない (rough-and-ready)。*rough in [out]* 大まかに描く。*rough it* 不自由[不便]で暮らす。*rough up* 荒っぽく扱う、ほうりなぐる。*take the rough with the smooth* 人生の楽も苦も受け入れる、身の運、不運を気にしない。

【派生語】**róughage** 名 U ふすま、ぬか、果物の皮など粗い食料[飼料]。**róughen** 動 [本来他 自] 粗く[でこぼこに]する[なる]。**róughly** 副 およそ、ざっと、粗雑に、手荒く。**róughness** 名 UC。

【複合語】**rúgh-and-réady** 形 急場しのぎの、《米》無骨な。**rúgh-and-túmble** 形 取っ組み合いの。名 CU 乱闘。**róughcàst** 名 U 動 [本来他] 粗塗り(をする)、粗筋(を立てる)。**rúgh díamond** 名 C 《くだけた語》磨いてないダイヤ、無骨「あらくれ」だが憎めない人。**rúgh-drý** 動 [本来他] 形 洗濯物を乾かすだけでアイロンをかけない。**róughhéw** 動 [本来他] 荒削りする、粗ごしらえをする。**róughhéwn** 形 粗削りの。**róughhòuse** 名 C 動 [本来他自] 大騒ぎ(する), 乱暴に扱う)。**róughnèck** 名 C 《くだけた語》《米》ならず者、石油採掘作業員。**róughrider** 名 C 荒馬乗り、調馬師。**róughshòd** 形 滑り止めをつけた。

rou·lette /ru:lét/ 名 U 〔一般語〕ルーレット賭博やそれに使う回転盤、または分干の間にミシン目をつける機械。

[語源] フランス語 *rouelle* (=wheel) の指小語 *roulette*
(=small wheel) が 18 世紀に入った。

Rou·ma·nia /ru:méiniə, -njə/ 名 固 =Rumania.

round /ráund/ 形 副 前 名 C 動 [本来他] 〔一般語〕[一般義] 円形のまたは球形の(⇔square)。[その他] 丸いことから、丸々とした、ふっくらとしたの意や、ぐるりと回る、一周の意が出た。さらに比喩的に声や味がまるやかな、豊かな、円熟した、数値が丸くなって端数のないという意味になり、およその、概算の、また同じく端数がないことから、ちょうどの、完全な、きっちりのの意や、金額などがまるまるのの意から、かなりの、相当の、あるいは率直な、露骨なの意となる。また『音』母音が円唇の(rounded)。副 前 として、あるもののまわりをぐるりと回って、一巡して、まわり全体の意味から四方[あちこち]に、[回り道[迂回]をして、回って近くのある場所へ、出掛けて、ある場所の回りにということから近くに、付近に、近くの意味からおよそ、約の意になる。[語法] 前置詞用法としての round は一般に《英》のみで、《米》では around を用いる。名 としては、丸いもの、円、球、回ること、回転、循環、ひと回りすること、一巡、巡回、ひとつの連続ということから勝負、...回戦(ラウンド)、一回分のもの(動作、行為)ということから弾薬の一発分、一斉射撃、丸い形またはそれらしいもの、パンの丸いひと切れ、牛のもも肉、『楽』輪唱。動としては、丸くする、ある場所を回る、巡回する、角やカーブを曲がる、欠けたところをなくして丸くすることから円熟する、完全にする。自 丸くなる、丸々と太る、円熟する、完全にする。

[語源] 「車輪」の意のラテン語 *rota* から派生したラテン語 *rotundus* (=round) が古フランス語 *ront, rond* を経て中英語に入った。なお、前 は around が頭音消失したもの。

[用例] a *round* face 丸顔/Please sum up the expenses in *round* numbers. 支出の合計を概数で出して下さい/all the year *round* 一年中/Come *round* to see us tomorrow afternoon. 明日の午後訪ねてきないか/We passed the bulletin *round*. 公[会]報を回覧した/Trees grew *round* the pond. 池の周囲には樹木が生いしげっていた/She served a *round* of drinks at the party. 彼女はパーティーでひとわたりお酒をついで回った/the second *round* 第 2 ラウンド《★ボクシングなどの試合》/ The patients waited for the doctor's *rounds*. 患者たちは医師の回診を待っていた/The children *rounded* sand into balls. 子供たちは砂を丸くかためて砂玉を作った。

【慣用句】*all round* ぐるりと(回って)、すべての点で。*go [make; do] the round(s)* 《遠回しに》うわさなどが広まる、伝わる。*in the round* 『彫刻』丸彫りで。*round about ...* ...の周りに[の]、...の近くに、ほぼ..., ...を回って。*round and round* ...の周りをぐるぐると。*round down* 端数を切り捨てる。*round off* 角をとって仕上げる、四捨五入する。*round on [upon] ...* ...を急に襲う、逆襲する、密告する。*round out* 丸みをつける[がつく], 仕上げる。*round up* 数字を切り上げる、家畜などをかり集める、検挙する。

【派生語】**róunded** 形 丸い、円熟した、完全な、『音』円唇の(⇔unrounded): They looked at the picture with *rounded* eyes. 彼らは目を丸くしてその写真を見た。**róundish** 形 丸みのある。**róundly** 副 丸く、率直に、活発に、完全に、おおよそ。**róundness** 名 U。

【複合語】**róundabòut** 形 回り道の、婉曲な。名 C D

り道, 遠回しな言い方, 《英》ロータリー(《米》rotary), 回転木馬(merry-go-round). **róund dánce** 名C 円舞. **ròund róbin** 名C 円形請願書(★記入順序を分からないようにするために円形に署名したもの). **róund-shóuldered** 形 猫背の. **róundsman** 名C 《英》配達人, ご用聞き;《主に米》巡査部長. **róund táble** 名U 円卓会議(の人たち), (the R- T-)アーサー王の円卓(の騎士たち). **róund-táble** 形 円卓(会議)の. **róund-the-clóck** 形 《英》一日中休みなしの(around-the-clock). **róund tríp** 名C 《米》往復旅行, 《英》return trip,《主に英》周遊旅行. **róund-trìp tícket** 名C《米》往復切符《英》return ticket. **róundùp** 名C 家畜や人々のかり集め, 集められた人々[家畜], 一斉検挙, ニュースなどの総まとめ.

rouse /ráuz/ 動[本来他]C 〔形式ばった言い方〕眠り, 不活発, 無気力などの状態から**目覚めさせる**, 奮起させる, 感情, 特に怒りなどを刺激して**喚起する**, 藪の中などで獲物をやぶなどから**飛び立たせる**, 狩り出す. 名として **目がさめること, 奮起**.
[語源] もと狩猟用語で「隠れた鳥を飛び立たせる」の意. 古フランス語から中英語に入った. それ以前は不詳.
[派生語] **róusing** 形. **róuser** 名C.

roust·a·bout /ráustəbàut/ 名C 〔くだけた語〕《米·オーストラリア》川や港で働く**港湾労働者**, 油田で働く**未熟練労働者**.
[語源] rouse から. 「体を使う忙しい男」の意の方言形で19世紀から.

rout¹ /ráut/ 名CU 動[本来他]〔形式ばった語〕完敗して無秩序な状態での**敗走**, また[古語] 無秩序で騒々しい群衆, 混乱状態の会合, 《法》2人以上の共謀によって騒動を引き起こすような不穏な集会. 動として**敗走させる, 大敗させる**.
[語源] 古フランス語 route (⇒route) が中英語に入った.

rout² /ráut/ 動[本来他]〔一般義〕豚などが鼻で地面を掘り返す, 「似たものを捜し出す, また様子が似ていることから], 寝床などから無理に引きずり出し, 立ち起こす, 追い出す.
[語源] root² の変形として初期近代英語から.

route /rú:t, ráut/ 名C 動[本来他]〔一般義〕〔一般義〕出発点からある場所に到着するまでの**道(筋), ルート**. [その他]《米》新聞などの**配達区域**(paper route). 比喩的に…の**道, 方法**の意になる. 動としては, 旅行[交通]などの**道筋[経路]を定める, ある経路でものを発送する**.
[語源] ラテン語 rumpere (=to break)の女性形過去分詞 rupta (=broken (way))が古フランス語 route を経て中英語に入った. 原義は「踏み固められた道 (beaten track)」の意.
[用例] Which is the best *route* from here to Switzerland? ここからスイスに通じる一番よいルートはどれですか/ We took the scenic *route*. 我々は眺めのよい道を通った/ The *route* to success 成功への道/ Heavy traffic was *routed* round the outside of the town. 交通量の多い道路は町の外を迂回させられた.
[日英比較] 日本語の「ルート」は「情報ルート」「物を入手するルート」のように比喩的に「経路」の意味で用いられることがあるが, 英語では交通の経路の意味が中心.
[慣用句] **en route** 途中で. **go the route**《野》完投する.

rou·tine /ru:tí:n/ 名UC 形 〔一般義〕〔一般義〕日常習慣的に行っている**決まりきった仕事[こと]**. [その他]《米》演芸などのお**決まりの出し物[演技]**, 体操などの**規定種目**,《コンピューター》プログラム上の**一連の作業**, ルーチン. 形**決まりきった, 所定の**.
[語源] 「道」の意の古フランス語 route に接尾辞-ine がついたフランス語 routine が初期近代英語に入った. 原義は「よく通る道」で, 型にはまったことの意.
[用例] follow one's daily *routine* 日課を守る/ One must have *routine* in one's life. 生活には決まった仕事が必要だ/*routine* work お決まりの仕事.
[派生語] **routinely** 副.

roux /rú:/ 名UC (複~) 《料理》小麦粉をバターなどで炒めてソースやスープなどにとろみをつけるもの, ルー.
[語源] フランス語 (*beurre*) *roux* (=brown (butter))が19世紀に入った.

rove /róuv/ 動[本来自]C 〔文語〕広い地域を当てもなくさまよう, **流浪する**, 目などが落ち着きなくきょろきょろする, 感情などが**揺れ動く**. 名として《通例 a ~》**放浪, 流浪**.
[語源] 古ノルド語からと思われるが不詳.
[派生語] **róver** 名C.

row¹ /róu/ 名C 動[本来他]〔一般義〕〔一般義〕通例横にまっすぐに並んだ人やものの**列**(★順番などを待って並ぶ縦の列は line, 《英》queue). [その他]特に劇場とか教室の中などの座席の横列を指し, このほか両側に家並みのある通り, 街路, (R-) 街路名として…通りの意にもなる. 動として**横列に並べる**.
[語源] 古英語 ráw, ræw から.
[用例] They were sitting in a *row*. 彼らは横一列に座っていた/ They sat in the front *row* in the theatre. 彼らは劇場内の最前列の席に座っていた.
[慣用句] *a hard* [*long*] *row to hoe* **困難な[やっかいな]仕事** (★耕さねばならない長々と続くあぜ道ということから). *in a row* **一列に, 連続的に**: We had five wins *in a row*. 我々は5連勝した.

row² /róu/ 名C 動[本来他]〔一般義〕〔一般義〕舟をこぐ, 舟をこいで物を運ぶ [その他] ボートレースを行う. 名として《通例 a ~》**舟をこぐこと, 舟遊び**.
[語源] 古英語 rowan から.
[用例] He *rowed* (the dinghy) up the river. 彼はディンギーをこいで川をのぼった/ He *rowed* them across the river. 彼は彼らを舟に乗せて川を渡してやった.
[慣用句] **row down** 競漕でこいで追いつく. **row out** へとへとになるまで舟をこぐ.
[派生語] **rówer** 名C 舟のこぎ手, こぐ人.
[複合語] **rówbòat** 名C オールでこぐ舟(★ボートなど). **rówing bòat** 名C =rowboat. **rówlock** 名C《主に英》かい[オール]受け(oarlock).

row³ /ráu/ 名UC 動[本来自]〔一般義〕《英》**騒々しさ, 騒動, 騒々しい口論**, また〔くだけた語〕**叱られること**. 動として**口論[けんか]をする**.
[語源] 不詳.
[用例] They had a terrible *row*. 彼らは大げんかをした/ They heard a *row* in the street. 街の中が騒々しかった.
[類義語] ⇒noise; quarrel.
[慣用句] *get into a row* 〔くだけた表現〕《英》**ひどく叱られる**. *have a row* 夫婦げんかなどの**言い争いの大げんかをする**. *make* [*kick up*] *a row* **騒ぎ立てる**.

row·dy /ráudi/ 形 名C 〔ややくだけた語〕人や行為が

rowel ⇒row²

row·el /ráuəl/ 名C [一般語] [本来他] 〔一般語〕拍車の先端の小歯車, 歯輪. 動 として馬に拍車を当てる.
[語源] ラテン語 *rota* (=wheel) に由来する古フランス語 *ro(u)e* の指小語 *ro(u)el* が中英語に入った.

rower ⇒row²

roy·al /rɔ́iəl/ 形C 〔一般語〕[一般義] 《時に R-》国王の《★女王を含める》. [その他] 国王の保護〔許可〕のもとにあることから, 王立の, 勅命〔勅許〕の, また国王のように威厳のある, 高貴な, 《くだけた語》すてきな, すばらしい. 名 として《くだけた語》《通例複数形で》王家(の一員), 王族.
[語源]「王」の意のラテン語 *rex* の形 *regalis* (王の) が古フランス語 *royal* を経て中英語に入った. regal と同族語.
[用例] a *royal* charter 勅許状/The upstart lived in a *royal* way. 成り上がり者はまるで王様のような生活をしていた.
[類義語] royal; regal; kingly: **royal** が国王〔女王〕や王室に関する語で, *royal family* (王家, 王室), *royal palace* (王宮) のように概念的, 表面的な意味に用いることが多いのに対して, **regal** は形式ばった語で, *regal office* (王位), *regal splendour* (王にふさわしい壮麗さ)のように主として王の職務とか王の尊厳, 高貴さといっている. 一方 **kingly** は「王の, 王にふさわしい」の意で前記 2 語と同意になるが, もっぱら王としての最高の尊厳とか高貴を表す.
[慣用句] *have a royal time* たいへん楽しく過ごす.
【派生語】**róyalist** 名C形 王党員(の), 王室支持(の), 勤王(の). **róyally** 副 王として, 王のように, 《くだけた語》堂々として. **róyalty** 名UC 王位, 王としての特権, 王者らしさ; 印税, 特許権使用料.
【複合語】**Róyal Acádemy** 名《the ~》(英国)王立美術院. **Róyal Áir Fòrce** 名《the ~》英国空軍《略語》RAF と略す. **róyal crówn** 名C 王冠. **Róyal Híghness** 名C《英》殿下《★敬称》: His *Royal Highness*, Prince Charles チャールズ(王子)殿下. **Róyal Hóusehold** 名C《英》公的機関としての王室, 宮廷. **róyal jélly** 名U 働きばちが分泌する粘液, ロイヤルゼリー, 王乳. **Róyal Návy** 名《the ~》英国海軍《★RN と略す》. **róyal róad** 名C 王道, 近道. **Róyal Socíety** 名《the ~》英国学士院.

RP /á:rpí:/ 名 =Received Pronunciation.

rpm, **r.p.m.** /á:rpi:ém/ 名 =revolutions per minute (毎分回転数).

R.S.V.P. /á:rèsvi:pí:/ 《略》招待状などに添える文句で「ご返事をお願いします」を表す. フランス語 *Répondez s'il vous plaît* (=Reply if you please) の頭文字.

rub /rʌ́b/ 動 [本来他] 名C 〔一般語〕[一般義] 物, あるいは物の表面を布や手などでこする, 磨く. [その他] こすり取る《off; out》, こすりつける《against》. 自 こすれる, 擦れ合う《通例 a ~》摩擦, 比喩的に《the ~》他人へのあてこすり, いやみ, あるいは障害, 困難.
[語源] 低地ドイツ語からと思われるが不詳. 中英語期から.
[用例] He *rubbed* his eyes. 彼は眼をこすった/*rub* salt into meat 肉に塩をもみ込む/The horse *rubbed* its head against my shoulder. 馬が顔を私の肩にこすりつけた/He gave the teapot a *rub* with a polishing cloth. 彼はつや出し布でティーポットを拭いた.
[類義語] rub; scrub: **rub** が広く一般的に「こする」の意に用いられるのに対して, **scrub** はごしごしこすって洗う〔きれいにする〕ことを意味する.
【慣用句】*rub along*〔くだけた表現〕《英》なんとか〔細々と〕暮らしていく, 人となんとかうまくやっていく《with》. *rub down* 汚れをこすり落とし, 体などをすって拭く, マッサージする. *rub it in*〔くだけた表現〕不愉快なことをしつこく言う. *rub off* こすり落とし, 擦りむく〔剥ける〕. *rub off on [onto]* ...の考えや性質などが人に移る, 影響を与える. *rub one's hands* 満足げに両手を擦り合わせる. *rub out* こすり取る, 消しゴムなどで消す, 《俗語》《英》殺す. *rub shoulders with ...*〔くだけた表現〕有名人などと交際する. *rub ... the right way* 人を満足させる, なだめる. *rub up* 磨き上げる, 復習する. *rub up against ...*〔くだけた表現〕...に擦れる, ...をこする, ...と知り合う, 同席する. *rub ... (up) the wrong way*〔くだけた表現〕人の気持ちを逆なでる, いらいらさせる.
【派生語】**rubber** C ⇒見出し. **rúbbing** 名UC 摩擦, マッサージ, 碑銘などの石ずり, 拓本.
【複合語】**rúbdòwn** 名C マッサージ, 身体摩擦.

rub·ber¹ /rʌ́bər/ 名UC (⇒rub) 〔一般語〕[一般義] 天然または人工のゴム, 《形容詞的に》ゴム(製)の. [その他] 本来は「こすったり磨いたりするもの」の意で, 消しゴム(India-rubber, 《米》eraser) からゴムの意が生じ, 特にゴムで作った製品, 例えば《くだけた語》《米》ゴムタイヤ, コンドームなどの意になる. また必ずしもゴム製品ではないが《複数形で》《米》オーバーシューズ, 《英》山登り用スニーカーの意味にも用いる. その他, 本来の意味から, ゴム製の, やすりなどの意.
[日英比較] 日本語の「ゴム」はオランダ語の *gom* からきたもので, 英語の gum (チューインガム, ゴムのり, ゴム樹液) とは直接は関係ない.
[用例] Tyres are made of *rubber*. タイヤはゴム製品である/*rubber* boots ゴム長靴.
【派生語】**rúbberize** 動 [本来他] 布などにゴムを引く, ゴムで処理する. **rúbbery** 形 ゴムのような, 《しばしば軽蔑的》肉などがゴムでもかむように堅い.
【複合語】**rúbber bánd** 名C 輪ゴム. **rúbber-nèck** 名C《くだけた語》《米》首をのばしてやたらに見たがる人, 知りたがり屋, 観光客. **rúbber plànt [trèe]** 名C ゴムの木. **rúbber stámp** 名C ゴム印, 《軽蔑的》よく見もしないで判を押す判断力のない人. **rúbber-stámp** 動 [本来他] ゴム印を押す, 《軽蔑的》見もしないで判を押す, 無批判に賛成する.

rub·ber² /rʌ́bər/ 名C〔トランプ〕ブリッジなどの三番勝負, 時には五番勝負や, 勝数が同じ時の決勝戦(rubber game).
[語源] 不詳.

rub·bish /rʌ́biʃ/ 名U 形 動 [本来他] 〔一般語〕[一般義]《英》ごみ(《米》trash; garbage), くず, がらくた. [その他] 転じて《軽蔑的》つまらぬ考え, つまらないこと, 《感嘆詞的に》くだらない! ばかばかしい! 形 として《くだけた語》《英》とても悪い, 価値のない. 動 として《くだけた語》《英》酷評する, 役に立たないとけなす.
[語源]「砕石, 破片」の意のアングロフランス語から中英

語に入った. それ以前は不詳.
【用例】Our rubbish is taken away twice a week. こちらでは、ごみの収集は週 2 回です/Don't talk rubbish! ばかなこと言うな.
【類義語】rubbish; trash; garbage; refuse: 廃棄すべき「ごみくず」を一般に《英》rubbish,《米》trash を用い, 特に生ごみ類は garbage を使う. 一方 refuse は形式ばった語で, やはり台所のごみくずを指す.
【派生語】rúbbishy 形〔くだけた語〕くずの, 廃物の, がらくたの, くだらない.

rub·ble /rÁbl/ 名 U 〔一般語〕建物や道路建設に用いる粗石や割りぐり, また破壊された建物などの破片や瓦礫.
【語源】古フランス語 robe (= spoils) が中英語に入った.

ru·bi·cund /rú:bikÀnd/ 形〔文語〕顔が赤味を帯びている, 赤ら顔の.
【語源】ラテン語 rubere (= to be red) から派生した rubicundus が中英語に入った.
【類義語】rubicund; rosy: rubicund が不節制による不自然な赤みを表すのに対して, rosy は健康そうな暖かみを表す.

ru·ble, rou·ble /rú:bl/ 名 C ロシアの貨幣単位, ルーブル (★1 ruble = 100 kopecks).
【語源】ロシア語 rubl' より rubbel を経て初期近代英語に入った. 原義は「銀のべ棒」.

ru·bric /rú:brik/ 名 C 形 動 本来的〔形式ばった語〕
一般語 書物や試験問題用紙などで本体とは違った字体や赤文字で印刷された指示, 規則. その他 本来この語は, 昔, 書物などで朱書きにした題目の意だが, 転じて注釈, 解説, さらに法令, 規程などの意となり, また《キ教》典礼法規の意となった. 形として赤色の, 朱書きの. 動として朱書きにする, 赤刷りにする.
【語源】ラテン語 ruber (= red) から派生した rubrica (= red chalk) が中フランス語を経て中英語に入った.
【派生語】rúbrical 形. rúbrically 副. rúbricate 動 本来的〔古風な語〕原稿に朱を入れる. rùbricátion 名 U.

ru·by /rú:bi/ 名 CU 形 〔一般語〕一般語 ルビー, 紅玉. また ルビーのできた物, あるいはルビーのような真紅色, また《印》5.5 ポイントの活字ルビ (★従来, 活字の大きさによる名称を, ダイヤ, パール, ルビーなどと定めていた).
【語源】中世ラテン語 rubinus lapis (= red stone) からと考えられ, 古フランス語 rubi を経て中英語に入った.

ruck[1] /rÁk/ 名 C 動 本来的〔一般語〕本来たき木などの山を表したことから, 物や人などの多数, 多量, (the ~) 取るに足らない人や物の寄せ集め, 凡人の集まり, また《ラグビー》両チームの選手が地上のボールを奪い合う密集した押し合い, ラック. 動としてラックの状態にもち込む.
【語源】古ノルド語からと考えられるが詳細は不詳. 中英語から.

ruck[2] /rÁk/ 名 C 動 本来的 布などのしわ, ひだ, 折り目. 動 としてしわにする[なる], 折り目をつける.
【語源】古ノルド語 hrukka (= wrinkle) が初期近代英語に入った.

ruck·sack /rÁksæk, rÚk-/ 名 C 〔一般語〕登山やハイキング用のリュックサック.
【語源】ドイツ語 Rucksack (Rücken back + Sack sack) が 19 世紀に入った.
【関連語】knapsack; backpack.

ruck·us /rÁkəs/ 名 C 〔くだけた語〕《米》《通例 a ~》大騒ぎ, 騒動, けんか.
【語源】ruction と rumpus の混成語. いずれも「騒ぎ」の意. 19 世紀から.

ruc·tion /rÁkʃən/ 名 C 〔くだけた語〕騒ぎ, けんか, 騒動.
【語源】イギリスからの独立を求める 1798 年の Irish Insurrection (アイルランド蜂起) に由来する. insurrection の短縮形.

rud·der /rÁdər/ 名 C《船・空》船の舵や飛行機の方向舵, また一般に導くもの[人], 指針, 指導者.
【語源】古英語 rōther (= oar; paddle) から.
【派生語】rúdderless 形 導くものがない.

rud·dy /rÁdi/ 形 副 〔一般語〕《英》健康で血色がよい, 顔色が赤い. また〔古風な語〕《英》bloody の婉曲語として用いられ, いまいましい, ひどい.
【語源】古英語 rudig (= red) から.

rude /rú:d/ 形 〔一般語〕一般語 人に対する言動が無礼な, 不作法な (⇔polite). その他 もともとは生のままの, 未加工のという意味だが,〔古風な語〕〔限定用法〕粗末な, 洗練されてない, 荒っぽい, 出しぬけのなどの意味を経て「無礼な, 下品な, みだらな」などの意になった.
【語源】ラテン語 rudis (= raw) が古フランス語を経て中英語に入った.
【用例】Don't be rude to our guests. お客様に失礼のないように/a rude shelter 粗末な避難小屋/a rude shock ひどいショック/I can't stand his rude story. 彼の卑わいな話は聞くに耐えない.
【類義語】rude; impolite; ill-mannered: rude は人前もかまわず粗野で失礼な振舞いをすることで, 意味の強い一般的な語. impolite は rude とほぼ同意だが, 言葉などが礼をわきまえてないことをいう. ill-mannered は文字通り行儀 (manner) が悪いこと.
【派生語】rúdely 副. rúdeness 名 U.

ru·di·ment /rú:dəmənt/ 名 C 〔形式ばった語〕
一般語《通例複数形で》根本原理や基礎, 初歩. その他 初期の未発達な形態である萌芽やきざし,《生》器官が退化した場合などにみられる痕跡的器官.
【語源】ラテン語 rudis (= raw) から派生した rudimentum (= beginning) が古フランス語を経て初期近代英語に入った.
【派生語】rùdiméntal 形. rùdiméntarily 副. rùdiméntariness 名 U. rùdiméntary 形 基本の, 初歩の.

rue /rú:/ 動 本来的〔文語〕過失, 結果, 行為などを後悔する, しなければよかったと残念に思う.
【語源】古英語 hrēowan (= to grieve) から.
【派生語】rúeful 形. rúefully 副. rúefulness 名.

ruff[1] /rÁf/ 名 C 〔一般語〕16-17 世紀のエリザベス朝に流行した円形のひだをとったレース, ひだ襟, また鳥獣の首の回りにあるひだ襟状の羽毛.
【語源】ruffle からの逆成と考えられる. 初期近代英語から.

ruff[2] /rÁf/ 動 本来的《トランプ》切り札を使って取る, 切り札を出す.
【語源】イタリア語 ronfa (= trump) と関係がある古フランス語 roffle が初期近代英語に入った.

ruf·fle /rÁfl/ 動 本来的〔一般語〕一般語 平らな水面を乱して波立たせる, 布などにしわを寄せる. その他 手で髪をくしゃくしゃにする, 鳥が羽毛を逆立てる, 比喩的に心の平静を乱していら立てる, 怒らせる. また波立

つ様子に似ているところから。本のページをばらばらめくる。トランプを素早く切る。

[語源] 不詳. 中英語から.

rug /rÁg/ [名] [C] 〔一般語〕暖炉の前や床の一部に敷いたり装飾として置く小型の敷物。じゅうたん（★carpetより小さい）。特に毛皮の敷物を指すことがある。また《主に英》ひざ掛け（《米》lap robe）.

[語源] おそらくスカンジナビア語からと思われるが不詳. 初期近代英語から.

[類義語] ⇒carpet.

Rug·by /rÁgbi/ [名] [固] ラグビー（★England 中部の都市. 1567 年創立の有名な public school の Rugby School がある）. また〔時に r-〕〔球技〕ラグビー（Rugby football）.

【複合語】**Rúgby fóotball** [名] [UC] ラグビー（★最初に Rugby School で行われた）.

rug·ged /rÁgid/ [形] 〔一般語〕〔一般義〕地表などがでこぼした。ごつごつした。[その他] 表面がでこぼこしていることから、顔がいかめしい、顔つきや体つきがいかつい、ごつい、頑健な、機械などの製品が頑丈な. 転じて性格などが無骨な、粗野な、天候が荒れた、生活が厳しい.

[語源] 古ノルド語からと考えられるが、また本来「もじゃもじゃの」の意の rug に -ed が付いたとも考えられる. 中英語から.

[用例] *rugged* mountains 岩がごつごつした山/He had *rugged* good looks. 彼はがっしりした立派な顔をしていた/a *rugged* life 苦しい生活.

【派生語】**rúggedly** [副]. **rúggedness** [名] [U].

rug·ger /rÁgər/ [名] 〔くだけた語〕《英》= rugby.

ru·in /rú:in/ [名] [UC] [本来他] 〔一般語〕富, 地位, 名誉などを喪失すること, 破滅（の原因）, 没落. [その他] 元来建物などの荒廃, 崩壊を表し, 〔しばしば複数形で〕廃墟, 遺跡. [動] として破滅［破産］させる, 健康などを害する, 台なしにする.

[語源] ラテン語 *ruere*（= to fall; to collapse）の [名] *ruina* が古フランス語を経て中英語に入った.

[用例] That factory was reduced to *ruin* by the bombing. その工場は爆撃によりすっかり廃墟に帰した/The company is facing *ruin*. 会社は倒産に直面している/*ruins* of an abbey 修道院の遺跡/The storm has *ruined* the garden. 嵐で庭園はすっかり荒れはてた/You are *ruining* that child! あなたですよ、あの子をだめにしているのは!

[類義語] ⇒destroy.

【慣用句】***bring ... to ruin*** …を没落させる, 失敗させる. ***go to ruin*** 破滅する, 荒廃する. ***in ruins*** 廃墟と化して, だめになって.

【派生語】**rùinátion** [名] [UC] 破滅［没落］（の原因）. **rúined** [形]. **rúinous** [形] 破壊的な, 荒廃した. **rúinously** [副].

rule /rú:l/ [名] [CU] [動] [本来他] 〔一般語〕〔一般義〕公式には合意により行動規範, 方法, 手続きを定めた規則. [その他] もともと物差し, 定規（[語源] ruler の方が普通）を表す語で, ここから規準, さらに規則の意になった. 規則を適用するということから, 支配, 統御, 規則となっている事という意味から,《the ～》あたりまえのこと, 普通のこと,《例句 a ～》習慣のこと にもなる. [動] として支配する, 管理する, 規定する, あるいは裁判で裁決を下す, 〔形式ばった語〕定規で線を引く.

[語源] ラテン語 *regula*（= straight stick; ruler）が古フランス語 *riule* を経て中英語に入った.

[用例] England was then under the *rule* of Normans. イギリスは当時ノルマン人の支配下にあった/follow [obey; observe] school *rules* 校則を守る/an exception to the *rule* 例外/measure with a *rule* 物差しで寸法を計る/The judge *ruled* that the witness should be heard. 裁判官は証人の審問を決定した/The chairman *ruled* him out of order. 議長は彼を規則違反と判定した.

[類義語] ⇒law.

【慣用句】***as a rule*** 概して. ***by rule*** 規則により, 厳しく. ***make it a rule to do*** = ***make a rule of doing*** …することに決めている: I make it a rule never to be late for appointments. 約束の時間には絶対に遅れないことにしている. ***rule off*** 線を引いて区別する. ***rule out*** 規則によって除外する. ***rules and regulations*** わずらわしい細かい規則. ***work to rule***《英》組合員が順法闘争をする.

【派生語】**rúler** [名] [C] 支配者, 物差し, 定規. **rúling** [形] 支配している, 有力な, 一般の. [名] [U] 支配, 線引き,〔法〕裁定: the *ruling* party 与党.

【複合語】**rúlebòok** [名] [C] 競技などの規則集, 規則書.

rum¹ /rÁm/ [名] [U] 〔一般語〕さとうきびや糖蜜から造られるラム酒.

[語源] 当初の "rumbullion（= rum）の短縮形. 初期近代英語から.

【派生語】**rúmmy** [形] ラム酒の味や香りのする. [名] [C] 〔俗語〕《米》飲んだくれ.

rum² /rÁm/ [形] 〔くだけた語〕《英》人やその行為などが奇妙でおかしい, くだらない, 下手な.

[語源] 不詳.

Ru·ma·ni·a /ru:méiniə/ [名] [固] ルーマニア（★ヨーロッパ南東部の共和国, 首都 Bucharest）.

【派生語】**Rumánian** [形] ルーマニア（人, 語）の. [名] [CU] ルーマニア人［語］.

rum·ba /rÁmbə/ [名] [C] 〔楽〕キューバが発祥の地であるルンバ.

[語源] スペイン語 *rumbo*（= spree）から. 20 世紀より.

rum·ble /rÁmbl/ [名] 〔一般語〕雷や車などのごろごろ, がたがたいう音, 人ががやがや騒ぐこと, 不良少年ややくざ同士の路上での乱闘, けんか. [動] としてごろごろ鳴る, 大きな乗り物や列車がごとごと行く.

[語源] 擬音語として中英語から.

【派生語】**rúmbling** [形] [名] [C].

rum·bus·tious /rʌmbÁstʃəs/ [形] 〔くだけた語〕《英》人やその行為などがにぎやかな, 騒々しい（《米》rambunctious）.

[語源] "robustious（= robust）の異形として 18 世紀から.

ru·men /rú:mən/ [名]（複 ～s, -mina）〔動〕反芻動物の第一胃, こぶ胃.

[語源] ラテン語（= throat）が 18 世紀に入った.

ruminant ⇒ruminate.

ru·mi·nate /rú:mənèit/ [動] [本来自]〔動〕牛などが反芻（はんすう）する, 比喩的に〔形式ばった語〕あることについてあれこれじっくりと考える, 思いにふける.

[語源] ラテン語 *ruminari*（= to chew the cud）が初期近代英語に入った.

【派生語】**rúminant** [形] [名] [C] 反芻動物（の）. **rùminátion** [名] [UC]. **rúminative** [形].

rum·mage /rÁmidʒ/ [動] [本来他] [CU] 〔一般語〕

rummy 《米》部屋や引き出しなどをかき回す, ひっくり返したりしてくまなく捜す. 名 として《a ～》かき回すこと, またがらくたやくず, 雑品.

[語源] 古フランス語 *arrumer*(=to stow cargo) から派生した *arrumage* が頭韻消失して中英語に入った. もとは酒などを船倉に整理して積み込むという意味で用いられた.

【複合語】**rúmmage sàle** 名 C《米》特に慈善募金のためのがらくた市, 慈善バザー.

rummy¹ ⇒rum¹.

rum‧my² /rámi/ 名 U 〖トランプ〗ラミー.

[語源] 不詳.

rum‧or, 《英》**-our** /rúːmər/ 名 UC 本来他 〔一般開〕根拠のない情報, うわさ, 世間の評判. 動 として《通例受身で》…とうわさする.

[語源] ラテン語 *rumor*(=noise) が古フランス語を経て中英語に入った.

[用例] I heard a *rumour* that you had got a new job. 新しい仕事に就かれたそうですね.

[類義語] rumor; gossip: **rumor** は一般語で, 善悪の判断を伴わない単なる「うわさ」をいう. **gossip** は特定の人に関する「うわさ話」の意で, しばしば悪いうわさを指す. いわゆる新聞・雑誌のゴシップの意でもある.

【慣用句】***Rumor has it that …=Rumor says that …*** …うわさでは…ということだ: *Rumour has it that* they are getting married. うわさでは二人は結婚するとのことです.

【複合語】**rúmormòger** 名 C うわさをまき散らす人, 流言屋.

rump /rámp/ 名 CU 〔一般開〕動物や人の尻, 臀(てん)部, 特に牛の尻肉, ランプ.

[語源] スカンジナビア語から中英語に入った.

【複合語】**rúmp stèak** 名 UC 尻肉のステーキ.

rum‧ple /rámpl/ 動 本来他 C〔ややくだけた語〕紙や髪などをしわにする, くしゃくしゃにする. 名 として《a ～》しわ, ひだ.

[語源] *rimple* の変形として初期近代英語から.

rum‧pus /rámpəs/ 名 C〔くだけた語〕大騒ぎ, 激論, 口論.

[語源] 不詳.

【複合語】**rúmpus ròom** 名 C《米》家庭内の地下などに設けた娯楽室, 遊戯室.

run /rán/ 動 本来他《過去 ran; 過分 run》名 C 〔一般開〕[一般義] 人や動物が走る. [その他] 走る意から, 急いで行く, 逃げ回る, 走らせる, 獲物などを追う, 突っこむ, 競走などで出走する, 比喩的に《米》選挙に立候補する. 速く移動する意から, 乗物, 特に船, 列車, 車が走る, 運行する, 走るように動く意から, 機械などが順調に動く, ものごとが順調に進行する, 川や液体が流れる, 時が流れるように進む, 時間が過ぎゆく. 走るような形になること表し, 道路, 線路, 運河などが走っている, 通じている, 文章などが…と書いてある, 縫い目などがほつれる, 靴下が伝線する. また時間が経過するという意味から, 続く, 持続する, 劇, 映画などが続演する, 契約が…まで続く, 効力がある, 状態や程度が経過するという意味から, 範囲が及ぶ, …の状態にある, なる, 数量や価格が…に達する. また速い動きが抽象的な内容に移り, 痛みが走る, 考えが頭に浮かぶ, 視線がさっと注がれる, うわさ, ニュースが伝わる, 流れる. ⑪ 道, 距離を走る, 走って…をする, 出走させる, 車で人や荷物を運ぶ, 乗せる, バスや列車を運行させる, 機械を動かす, 操縦する, 道路を通す, 延ばす, 店など経営する, 組織などを運営する, 管理する, 液体を流す, 文などに目を通す, 文字を印刷する, 出版する, 記事などを掲載する. 名 として, 走ること, 競走, 遠足, 続行, 運転, ドライブ, 立候補, 流出, 伝達などのほか, 走行距離[時間], 路線, 水路, 雑誌などの発行部数, 動いている様子ということから情勢, 傾向, 魚などの群れる群, 動物の飼育場, 《a ～》大きな売れゆき[需要], 《the ～》場所を使用する自由, また走って得たものという意味から 〖野・クリケット〗得点の意にもなる.

[語源] 「走る」の意の古英語 *rinnan*(=to run) から.

[用例] He *ran* down the road. 彼は道路を走っていった/The enemy *ran* on hearing our battle cry. 敵は我が軍のときの声を聞くや逃げてしまった/He *ran* against Mr. James last year. 彼は昨年ジェームス氏の対立候補として出馬した/Rivers *run* to the sea. 川は海に流れる/This road *runs* along the lake. この道路は湖に沿って続いている/The play *ran* for six weeks. 芝居は 6 週間の続演だった/The price of apples is *running* high. りんごの値段は上っている/An unexpected idea *ran* through her head. 思わぬ考えが彼女の頭に浮かんだ/My blood *ran* cold. 私は血も凍る思いをした/His bad rumor *ran* fast. 彼の悪いうわさはすぐ伝わった/He *ran* the motor to see if it was working. 彼はモーターがちゃんと作動するかどうか動かしてみた/He *ran* a store 店を経営する/a long *run* 長期上演, ロングラン/He's had a *run* of bad luck. 彼は悪運続きだ/It was just a couple of minutes' *run* to the river. 川までほんの2, 3分の距離だった/There's been a *run* on tickets for the play. その芝居の切符の売れ行きはすごかった/He gave me the *run* of his house. 私は彼の家に自由に出入りを許された.

[類義語] run; race; jog; dash: **run** は「走る」意味で最も一般的な語. **race** は動詞としてはややくだけた語で, 競技として走る意味であるが, 大至急運ぶことや比喩的に速さを競う意味にも用いる. **jog** は健康上の目的でジョギングすること. **dash** は猛スピードで走ることをいうが, あるものをめがけて突進する意味にも用いる.

【慣用句】***at a run*** 駆け足で. ***get [have] a (good) run for one's money*** …と接戦[互角]になる, 金を払った[努力した]だけの見返りを得る. ***in the long run*** 長い目で見れば, 結局は. ***in the short run*** 短期的には. ***on the run*** 大いそぎで(走って), 逃走中で, 忙しくて. ***run across …*** 人にばったり出会う, 物を偶然見つける. ***run against …*** …に反する, 利益などの…と衝突する. ***run away with …*** 持って逃げる, …と駆け落ちする, をすぐ信じこむ, に楽勝する, …を圧倒する. ***run down*** 時計や機械などを止める[止まる], 車が人をひく, やっつける, 酷評する. ***run for …*** …に立候補する《英》stand for). ***run in*** 〔くだけた語〕つかまえる, 新車などを乗り慣らす. ***run into …*** …に駆けこむ, …の状態に陥る, …に出くわす, ある数量に達する. ***run off*** 逃げ[走り]去る; …を刷る, すらすら読む[書く], …の決勝戦を行う. ***run on*** 先へ走り続ける, しゃべり続ける, 時間がどんどん過ぎる; 文字などを切らずに続ける, 〖印〗追い込む. ***run out*** 走り[流れ]出る, 期限が切れる, 在庫が尽きる, ロープなどがくり出す, 〔くだけた語〕追いはらう. ***run out of …*** …から走り[流れ]出る, …を使い果す. ***run over*** 液体などがあふれる; 車が人や物をひく; …を概観する, 復習する, テープを終りまで[繰り返し]聴く. ***run through*** 走り[流れ]出

る, うわさなどが広まる; テープなどをひと通り[最後まで]かける, ...にざっと目を通す, 金などを使い果す. ***run to ...*** ある数量に達する, 資金などが十分ある, ...する傾向がある. ***run up*** 走りのぼる, かけ寄る, 《競技》助走する; 旗をたてる, 何かを急ごしらえする. ***run up against ...*** ...にぶつかる, 偶然会う. ***the common [ordinary] run of ...*** 普通の..., 並の.... ***with a run*** 急に, いっぺんに, 一気に.
【派生語】**rúnner** 名 C 走る人, ランナー, 走り使いの人, 使者, 《米》外交員, 機械などの運転者, そりの滑走板, スケートの刃, 細長いテーブル掛け[じゅうたん], 《米》靴下の伝線, ほつれ, 《植》葡萄(ぶどう)茎: **runner-up** 競技や選挙などの**次点者**[チーム]. **rúnning** 形 副 走るための, 連続的な[に], 運転中の, 傷などみうみ出る, 《植》地面をはう[はい伸びる]. 名 C 走ること, ランニング, 経営, 機械の運転, 流出物[量]: **running board** 旧式自動車やトラックの**踏み板**/**running broad jump**(the ~)《競技》**走り幅跳び**/**running commentary**《英》**実況放送**/**running gear**《米》自動車などの**駆動部**[装置]/**running hand** 筆記体/**running head** 欄外見出し/**running high jump**(the ~)《競技》**走り高跳び**/**running knot** ひっぱると抜けてほどける結び目/**running mate**《米》大統領候補に対する副大統領候補のような, 組み合せの中の**下位候補者**. **rúnny** 形 鼻水がたれる, 軟らかくてたれやすい, 水っぽい.
【複合語】**rúnabòut** 名 C うろつく人, 浮浪者,〔くだけた語〕小型(無蓋)自動車[馬車], 小型飛行機. **rúnaròund** 名 C(the ~)言い逃がれ, はぐらかし. **rúnawày** 名 C 形 逃亡(者), 駆け落ち(の), 暴走する), 楽勝(間違いない). **rúndòwn** 名 CU 要約, 縮小,〔くだけた語〕《英》詳細な報告. **rún-dówn** 形 疲れはてた, 荒れはてた, 時計などが止まった. **rún-ín** 名 C〔くだけた語〕《米》けんか, 準備段階. **rúnòff** 名 CU 同点者の**決戦投票**, 決勝戦, 表面流出物[量]. **rún-of-the-mill** 形 普通の, 並の. **rún-òn** 名 C〔印〕追い込みの(項目),〔辞書〕追い込み[見出し]語. **rún-thròugh** 名 C 通しげいこ, リハーサル. **rún-ùp** 名 C《競技》助走, 準備段階. **rúnwày** 名 C 滑走路, 走路, (動物の)通り道,〔劇〕花道.

rune /rúːn/ 名 C〔一般語〕一般義 **ルーン文字**(★北欧で A.D. 200 年ごろから使われた古代アルファベット文字で, 古代ゲルマン人の文字であった).その他 **神秘的な文字[記号]**,《複数形で》それらのついた小石や骨, **神秘的な詩歌**[格言, 呪文], 特にフィンランドの詩歌やスカンジナビアの古詩.
語源 古英語 rūn(=secret; mystery)から. 古ノルド語でも **run**.
【派生語】**rúnic** 形 ルーン文字の.

rung[1] /rʌ́ŋ/ 動 ring[1] の過去分詞.
rung[2] /rʌ́ŋ/ 名 C〔一般語〕一般義 渡し木や支えとして用いられる丸みのある棒や板を表し, 特にはしごなどの**横桟, 踏み段**, いすの脚や背の**桟**. その他 比喩的に**社会的地位や階級**.
語源 古英語 hrung(=crossbar)から.
類義語 rivulet; streamlet.

runic ⇒rune.
run·nel /rʌ́nəl/ 名 C〔文語〕小川, 水路のような小さな流れ, 汗などの流れ.
語源 古英語 rynel から.
類義語 rivulet; streamlet.

runner ⇒run.

runny ⇒run.
runt /rʌ́nt/ 名 C〔軽蔑的な語〕同種の動物の中で発育不全のために最も小さく弱いもの, 一般に小さい人や物, ちび.
語源 不詳.

rup·ture /rʌ́ptʃər/ 名 CU 動 本来他〔形式ばった語〕一般語 国や個人の友好関係などの**決裂, 断絶, 不和**. その他〔医〕鼠蹊(そけい)ヘルニア, 脱腸, 血管破裂などの**内臓の破裂**. 動 として**決裂[破裂]させる**.〔医〕《受身または~ oneself で》ヘルニアを起こさせる.
語源 ラテン語 *rumpere*(=to break)の過去分詞 *ruptus* から派生した *raptura* が古フランス語を経て中英語に入った.

ru·ral /rúərəl/ 形〔一般語〕都会に対する**田舎の, 田園の, 農業の**, あるいは**田舎風の**(⇔urban).
語源 ラテン語 rus(=country)から派生した *ruralis* が古フランス語 rural を経て中英語に入った.
用例 *rural* scenes 田園風景/*rural* way of life いなか風の暮し方/The *rural* economy of this country needs a drastic reform. この国の農業経済は抜本的な改革が必要だ.
類義語 rural; rustic; pastoral: **rural** が田舎の素朴でのどかな風景などを強調し, 通例よい意味あいに用いるのに対して, **rustic** は田舎の単純で粗野な面に言及し, 一般に洗練され文化的な都会生活と対比される. また **pastoral** は形式ばった語または文語で, のどかで平和な田園生活についていう.
【複合語】**rúral delívery** 名 U《米》地方の**無料郵便配達制度**.

ruse /rúːz, rúːs/ 名 C〔形式ばった語〕相手を欺く**策略や計略, たくらみ**.
類義語 trick.
語源 古フランス語 ruser(⇒rush[1])が中英語に入った. もとは動詞で, 狩猟用語.

rush[1] /rʌ́ʃ/ 動 本来自 CU〔一般語〕一般義《副詞(句)を伴って》**大急ぎで非常にあわてて行く**, ある目標に向かって**突進する, 殺到する**. その他 がむしゃらに[軽はずみに]行動する, 空気や液体が勢いよく流れる, 人を急いで連れて行く, せき立てて...させる, 急がせる, 敵を急襲する. 形 転じて目の前に急に現れる, 何かいい考えが頭に浮かぶ. 名 として《単数形で》**突進, 突撃, 殺到, 急に現れること, ラッシュ(時), 急ぐこと, 急がせること**,《複数形で》《映》**ラッシュのフィルム, ラッシュ**.
語源 古フランス語 *ruser*(=to drive back; to detour)がアングロフランス語 *russ(h)er* を経て中英語に入った.
用例 People *rushed* to the scene to save the boy. 人々は少年を救助するため急いで現場に向かった/He *rushed* into the room. 彼は大急ぎで部屋に入った/She *rushed* him to the doctor. 彼女は大急ぎで彼を医者に見てもらいにやった/They made a *rush* for the door. 彼らはドアに向かって殺到した.
類義語 run.
【慣用句】***in a rush*** あわただしい. ***rush in upon ...'s mind*** ふと頭に浮かぶ. ***rush through ...*** 仕事などをさっさとすます. ***with a rush*** 一度に, 大急ぎで.
【複合語】**rúsh hòur** 名 CU ラッシュアワー.

rush[2] /rʌ́ʃ/ 名 C〔植〕畳表や灯心などを作るのに用いるいぐさ, 灯心草.
語源 古英語 rysc より.
【派生語】**rúshy** 形.

【複合語】rúsh càndle 名 C rush の髄を使った灯心草ろうそく. **rúshlight** 名 C =rush candle.

rusk /rʌ́sk/ 名 C 〔一般語〕甘みのついたパンの薄切りを天火で焼いた菓子, ラスク.
[語源] スペイン語, ポルトガル語の rosca (=roll; twist of bread) が初期近代英語に入った.

rus·set /rʌ́sət/ 名 U 形 〔文語〕あずき色[赤褐色](の), または朽葉色[黄褐色](の), またデザート用の赤りんごの一種, ラセット.
[語源] ラテン語 russus (=red) が古フランス語で rous となり, その指小語 russet が中英語に入った.

Rus·sia /rʌ́ʃə/ 名 固 ロシア連邦 ((語法) しばしば Russ. と略す).
[用例] The composer came from Czarist *Russia*. その作曲家は帝政ロシアの出身であった.
【派生語】**Rússian** 形 ロシア(人, 語)の. 名 CU ロシア人[語]. **Russo-** /rʌ́sou/ 連結 ロシア…間の: the *Russo*-Japanese War 日露戦争.
【複合語】**Rússian roulétte** 名 U ロシア式ルーレット (★一発だけ弾丸の入ったピストルを使った賭けゲーム).

rust /rʌ́st/ 名 U 形 本来自 〔一般語〕〔一般語〕金属, 特に鉄のさび. その他 (赤)さび色, 〔植〕さび病. 動 としてさびる, さびついている, 比喩的に思考力などがさびつく, 鈍くなる, あるいは(赤)さび色になる, 〔植〕さび病にかかる. 他 としても用いられる.
[語源] 古英語 rust から.「赤いもの」が原義.
[用例] The car was covered with *rust*. 車はさびがいっぱいついていた / gather *rust* さびがつく / *rust*-colored leaves 赤茶色の葉 / The rain has *rusted* the gate. 雨で門の扉がさびついた.
【慣用句】**in rust** さびている. **rust out [away]** 才能などが使われないでさびてしまう.
【派生語】**rústiness** 名. **rústy** 形 さびた, 比喩的に使わずにいてだめになった, 腕が鈍った.
【複合語】**rústpròof** 形 動 本来他 さび止めをした[する].

rus·tic /rʌ́stik/ 形 名 C 〔文語〕人, 生活, 建物などが田舎風の, 素朴な, 粗野な. 名 として田舎者, 無骨者.
[語源] ラテン語 rus (=country) から派生した *rusticus* が古フランス語を経て中英語に入った.
[類義語] ⇒rural.
[反意語] urban.
【派生語】**rústicate** 動 本来自 (英)田舎に行く[行かせる], 学生を停学処分にする, 人が田舎っぽくなる, 建物などを田舎風の作りにする. **rùsticátion** 名 U. **rusticity** 名 U.

rus·tle¹ /rʌ́sl/ 動 本来自 名 C 〔一般語〕木の葉, 紙, 絹などがさらさら[かさかさ]と音を立てる. 名 として, その音を立てること.
[語源] 擬音語として中英語から.
【派生語】**rústling** 形 名 UC さらさらいう(音).

rus·tle² /rʌ́sl/ 動 本来自 〔くだけた語〕活発に動き回る, 《米》牛などを集める, 盗む.
[語源] rush と hustle の混成語と思われる. 20世紀から.
【派生語】**rústling** 名 U 家畜を盗むこと. **rústler** 名 C 活動家, 家畜泥棒.

rusty ⇒rust.

rut¹ /rʌ́t/ 名 C 動 本来自 〔一般語〕車の通った跡, わだち, また決まりきったおもしろ味のない行動や考え方, 慣例. 動 としてわだちをつける.
[語源] 不詳.

rut² /rʌ́t/ 名 U 動 本来自 〔一般語〕しか, やぎ, 牛などの雄の発情期, さかり. 動 として発情している.
[語源] ラテン語 *rugire* (=to roar) から派生した *rugitus* (=roaring) が古フランス語を経て中英語に入った.

ruth·less /rúːθlis/ 形 〔一般語〕人や行為などが無情な, 残酷な, 無慈悲な (★名詞の ruth は現在あまり用いられないが, 語源的には rue に関係がある).
[語源] 古語 ruth (=compassion) + -less. 中英語から.
[類義語] cruel.
【派生語】**rúthlessly** 副. **rúthlessness** 名 U.

-ry /ri(ː)/ 接尾 性質, 習慣, 行為, 身分, 境遇, …類, 製造[飼育]所, 店などを表す名詞を作る. 例: rivalry; slavery; gentry; machinery; jewelry; bakery; nursery.
[語源] 古フランス語 -erie が中英語に入った. -ery の短縮形.

rye /rái/ 名 UC 〔一般語〕ライ麦の実[粒], ライ麦製の黒パン (★北欧では黒パンの原料だが, 英米では主に家畜の飼料に使われる), 〔植〕ライ麦, またライ麦から作ったライウイスキー (rye whiskey).
[語源] 古英語 ryge から.
[用例] The farm grows wheat and *rye*. その農場では小麦とライ麦を作っている.
[関連語] corn, wheat.
【複合語】**rýe bréad** 名 U ライ麦製の黒パン. **rýe whískey** 名 U.

S

s, S /és/ 图 C (複 **s's, ss, S's, Ss**) エス (★アルファベットの第 19 文字), S 字形のもの.

s. 《略》= second; section; see.

S. 《略》= September; Sabbath; South; Southern.

$, $ (記号) ドル(dollar(s)).
 語法 $1, $5, $32.40 は, それぞれ one [a] dollar, five dollars, thirty-two dollars (and) forty cents と読む.

-s /-s, -z, -iz/ 接尾 名詞の複数形語尾, また動詞の 3 人称単数の主語に対する直説法現在形の語尾.

-'s /-s, -z, -iz/ 接尾 名詞の所有格の語尾.

Sab·bath /sǽbəθ/ 图 C 〔一般語〕ユダヤ教と一部のキリスト教で**安息日** (★金曜日の晩から土曜日の晩まで), 一般のキリスト教で (the ~)**日曜日**, 《通例 s-》**休息の時[期間]**.
 語源 ヘブライ語 *shabbāth* (=rest) がギリシャ語, ラテン語を経て古英語に入った.
 【派生語】**Sabbátical** 形 安息日の. 图 C =Sabbatical Year.
 【複合語】**Sabbátical Yéar** 图 C 一般に大学教授などに 7 年毎に費用付で与えられる休息, 休養, 旅行, 研究のために用いられる **1 年間の有給休暇, 休暇年(度)** (★ Sabbatical leave または単に Sabbatical ともいう).

sa·ber, 《英》**-bre** /séibər/ 图 C 動 本来他 〔一般語〕一般語 特に騎兵の用いる**洋刀**, または**洋剣**, **サーベル**. その他 フェンシング競技で使用する突きと切りの両方に用いられる剣, **サーブル**, **サーブルを用いるフェンシング競技**. 動 として**サーベルで切る**.
 語源 元来はスラブ語源で, 中期高地ドイツ語からフランス語 *sabre* (=heavy, curved sword) を経て初期近代英語に入った.
 【複合語】**sáber ràttling** 图 U 武力による威嚇.

sa·ble /séibl/ 图 形 動 C 北欧, 北アジアに生息する**黒たん**, 高級毛皮として珍重される**黒てんの毛皮**, その毛皮の色から**沈んだ黒色**, **黒茶色**には**灰色と黄色が加わった色**, 《複数形で》**黒の喪服**.
 語源 元来スラブ語源で, それが中期高地ドイツ語, 中世フランス語を経て古英語に入った.

sa·bot /sæbóu/ 图 C 〔一般語〕(複数形で) かつてフランスをはじめヨーロッパ各地で使用された**木靴**, 皮ひもをつけた**木底靴**, 昔の先込め砲の発射体に装着した**弾底板**.
 語源 古フランス語 *çabot* (=old shoe) が初期近代英語に入った.

sab·o·tage /sǽbətɑːʒ/ 图 U 動 本来他 〔一般語〕一般語 争議で雇用者の道具類, 機械類, 材料などに対する労働者の**破壊行為**や**生産妨害**. その他 一般に破壊[妨害]**行為**, **切り崩し**. 動 として **...に破壊活動をする**, 活動や計画などを**妨害する**.
 語源 フランス語で *sabot* (木靴) を用いて「打ち壊す」の意の *saboter* の 图 が 20 世紀に入った.
 日英比較 日本語では争議で労働者が同盟して仕事の能率を下げることを「サボタージュ, 怠業」というが, 英語ではこれを《米》slowdown, 《英》go-slow という. また「サボる」という日本語は sabotage の意味の誤った解釈から.
 【派生語】**sàbotéur** 图 C 生産妨害や破壊活動をする人.

sa·bre /séibər/ 图 《英》=saber.

sac·cha·rin /sǽkərin/ 图 U 〔一般語〕**人工甘味料サッカリン**.

sac·cha·rine /sǽkəràin,-rin/ 形 图 U 〔形式ばった語〕一般語 甘さが砂糖に似た. その他 味や声などが**甘味過剰**であるの意から, しぐさや声などが**センチメンタルすぎる**, **いやに甘ったるい** (★悪い意味で用いられる). 图 として =saccharin.
 語源 ラテン語 *saccharum* (=sugar) から派生した連結形 sacchar(o)- 「糖の」に ine (形容詞語尾) が付いた. 初期近代英語より.

sac·er·do·tal /sæsərdóutl/ 形 〔形式ばった語〕**聖職者[聖職]に関する**.
 語源 ラテン語 *sacer* (=sacred) から派生した *sacerdos* (=priest) の 形 *sacerdotalis* が中英語に入った.

sa·chem /séitʃəm/ 图 C 〔やや形式ばった語〕一般語 北米先住民の**酋長**, 特に北大西洋岸のアルゴンキン種族の集まりの長. その他 アメリカでボス政治と腐敗によってしばしば市政などを牛耳ろうとした Tammany 派の指導者, 一般に**政党の指導者**.
 語源 北米先住民語から.

sa·chet /sæʃéi/ 图 C 〔一般語〕**シャンプーなどの 1 回分を入れておくビニールなどの小袋**, **衣服のための匂い袋**.
 語源 古フランス語 *sac* (=bag) の指小語が中英語に入った.

sack¹ /sǽk/ 图 動 本来他 〔一般語〕一般語 穀物や石炭などを入れる**大袋**, **ずだ袋**. その他 《米》店の客に渡す**茶色の紙袋**, 中身の入った**一袋(の量)**. 袋のようにゆったりした服 (sack coat, sack dress), その形から野球の**塁**, 《くだけた語》**解雇**, **くび**, 《米》《くだけた語》**寝袋**, **寝床**. 動 として, **袋に入れる**, 《くだけた語》**解雇する**.
 語源 古英語 *sacc* (=bag) から.
 用例 The potatoes were put into *sacks*. じゃがいもが大袋に入れられた / The *sack* of potatoes weighed forty kilogrammes. 一袋分のじゃがいもの重さは 40kg だった.
 【派生語】**sáckfùl** 图 C 袋一杯分の量, 一俵分. **sácking** 图 U 袋地, ズック (sackcloth).
 【複合語】**sáckclòth** 图 U ズック, 麻の袋地. **sáck còat** 图 C 《米》ウエストラインのないゆったりした男性用の上着, **サックコート**. **sáck drèss** 图 C ゆったりしたベルトのない女性用のワンピース, **サックドレス**.

sack² /sǽk/ 图 動 〔一般語〕戦勝軍が占領した都市などから金品を**略奪する**, 動 として 《the ~》**略奪**.
 語源 中フランス語の *mettre à sac* (=put in a sack) が初期近代英語に入った.

sac·ra·ment /sǽkrəmənt/ 图 C 《カト》**秘跡** (★洗礼, 悔悛, 堅信, 聖体, 叙階, 婚姻, 終油の七つの儀式); 《プロテスタント》《通例 S-》**聖餐(式)**または**聖餐用パン**.
 語源 ラテン語 *sacrare* (=to consecrate) の 图 *sacramentum* が古フランス語を経て中英語に入った.
 【派生語】**sàcraméntal** 形 秘跡の, 聖餐(式)の. 图 C 《カト》準秘跡. **sàcraméntalism** 图 U 秘跡重視の

義. **sàcraméntalist** 名 C. **sàcramentárian** 名 C 秘蹟重視主義者(の).

sa·cred /séikrid/ 形 〔一般義〕〔一般義〕聖なる, 神聖な. 〔その他〕この語は本来神に捧げられたので, ある人または目的に捧げた, 神聖視された, 宗教上の, 宗教に関する.

語源 ラテン語 sacer (= sacred) から派生した 動 sacrare (= to consecrate) が古フランス語 sacrer を経て中英語 sacren となり, その過去分詞から.

用例 The Bible contains the *sacred* writings of the Christian religion, the Koran those of Islam. 聖書にはキリスト教の聖なる物語, コーランにはイスラム教のそれらが書かれている/He considered it a *sacred* duty to fulfil his dead father's wishes. 彼は死んだ父親の望みをかなえることがきわめて大切な責任であると思った/*sacred* music 宗教音楽.

類義語 holy.

【派生語】**sácredly** 副. **sácredness** 名 U.
【複合語】**sácred ców** 名 C ヒンズー教の聖牛. **Sácred Héart** 名 U 〔カト〕《the ~》キリストの心, 聖心.

sac·ri·fice /sǽkrifàis/ 名 UC 動 本来他 〔一般義〕〔一般義〕UC 犠牲あるいは犠牲的行為. 〔その他〕CU この語は本来神に捧げるいけにえの意で, それから一般的に犠牲の意となった. C 〔野〕犠牲バント, 《商》見切りをつけるということで投げ売り, 捨て売り, 見切り品, 投げ売りによる損失, 〔チェス〕捨て駒. 動 として, 何か大事なものを犠牲にする, いけにえとして供える, 〔野〕犠牲バントで進塁させる, 《商》投売りをする.

語源 ラテン語 *sacrificium* (聖なる行い) が古フランス語を経て中英語に入った.

用例 His parents sold their car and made other *sacrifices* to pay for his education. 両親は車を売りそして他にいくつかの犠牲を払って彼の教育費にあてた/He *sacrificed* his life trying to save the children from the burning house. 彼は自分の命を犠牲にして燃えさかる家から子供たちを助けようとした.

【派生語】**sàcrificial** 形.
【複合語】**sácrifice búnt** 名 C 〔野〕犠牲バント (★ 単に sacrifice ともいう). **sácrifice flý** 名 C 〔野〕犠牲フライ.

sacrificial ⇒sacrifice.

sac·ri·lege /sǽkrəlidʒ/ 名 U 〔やや形式ばった語〕教会荒らしや教会泥棒のような聖域侵害, 神聖冒瀆.

語源 ラテン語 *sacer* (= holy) + *legere* (= to steal) から成る *sacrilegus* (= one who steals sacred things) が古フランス語を経て中英語に入った.

【派生語】**sàcrilégious** 形.

sacristan ⇒sacristy.

sac·ris·ty /sǽkristi/ 名 C 〔形式ばった語〕教会の聖具室, 聖器置場.

語源 ラテン語 *sacer* (= holy) から派生した中世ラテン語 *sacristia* が初期近代英語に入った.

【派生語】**sácristan** 名 C 聖具室係.

sac·ro·sanct /sǽkrousæŋkt/ 形 〔形式ばった語〕主義, 慣例, 場所などが非常に神聖で侵すことのできない, 思想, 法律などが批判や意見を許さないという皮肉な意味で神聖視されている.

語源 ラテン語 *sacrosanctus* (神聖な儀式によって神聖化された) が初期近代英語に入った.

sad /sæd/ 形 〔一般義〕〔一般義〕悲しい, ふさぎこんだ. 〔その他〕出来事や事件などが悲しむべき, 嘆かわしい, 比喩的に色がくすんだ, 黒ずんだ, 地味な, 〔くだけた語〕ひどい, худший, あきれた.

語源 古英語 sæd から. 本来は settled (置かれた), sedate (落ち着いた) の意で, さらに「確固とした」の意を経て「断固とした」となり, さらに「まじめな」「重々しい」を経て現在の「悲しい」に至った.

用例 He has a *sad* face [expression]. 彼は悲しそうな顔 [表情] をしている/It was *sad* that his books were never successful during his lifetime. 生きている間に彼の本が認められなかったのは悲しいことだ/The paintwork in this house is in a *sad* state. この家の塗装はひどい状態です.

反義語 glad.

【派生語】**sádden** 本来他 悲しませる. **sádly** 副. **sádness** 名 U.

sad·dle /sǽdl/ 名 C 動 本来他 〔一般義〕〔一般義〕乗馬用などのサドル, 自転車などのサドル, トラクターなどの腰掛, また動物の両肩から腰までの鞍(くら)状部, 《英》羊や鹿などの鞍下肉, さらに山の尾根の低くなった鞍部(col), 屋根の棟のおおいなど. 動 として 馬などに鞍を置く, 比喩的に負担や責任を負わせる.

語源 古英語 sadol から.

用例 The bicycle *saddle* is too high for this child. この自転車のサドルはこの子には高過ぎます/He *saddled* his horse, mounted, and rode away. 彼は馬に鞍を置いてまたがり, 走り去った.

【派生語】**sáddler** 名 C 馬具製造人, 馬具工. **sáddlery** 名 U 《集合的に》馬具 (一式), 馬具製造 (業), C 馬具店.

【複合語】**sáddlebàg** 名 C 自転車やオートバイなどの後輪の左右につける布製の大きな袋, サドルバッグ. **sáddle hòrse** 名 C 乗 (用) 馬, 鞍掛け. **sáddle shòe** 名 C 鞍形の飾りのあるサドルシューズ. **sáddle-sòre** 形 鞍ずれのできた.

sad·ism /séidizm, sǽd-/ 名 U 〔精神医〕サディズム, 加虐性愛, 〔くだけた語〕一般に残虐好き, 異常な残虐性.

語源 変態性愛を小説で扱ったフランスの作家 Marquis de Sade の名から 19 世紀に入った.

【派生語】**sádist** 名 C. **sadístic** 形. **sadístically** 副.

sa·do·mas·och·ism /sèidouːmǽsəkizm, sæd-/ 名 U 〔精神医〕サドマゾヒズム, 加虐被虐性愛.

語源 sado- 「サディズムの」 + masochism.

sa·fa·ri /səfɑ́ːri/ 名 C 〔一般義〕特にアフリカ東部の狩猟探険旅行, 野生動物観察旅行, 旅行 [探険, 狩猟] 隊, サファリ.

語源 アラビア語 *safariy* (= of a trip) から. 19 世紀に入った.

用例 go on a *safari* サファリ旅行に行く.

【複合語】**safári pàrk** 名 C 野生動物を飼い観察できるようにしたサファリパーク.

safe /séif/ 形 〔一般義〕〔一般義〕危険がなく安全な, 無事な. 〔その他〕安全であることは問題がない, 間違いないということから, 差し支えのない, 無難な, 確実な, 信頼できる, 着実な, 慎重な. 名 としては, 安全な場所という意味で金庫.

語源 ラテン語 *salvus* (= healthy; safe) が古フランス語 *sauf* を経て中英語に入った.

用例 In its burrow, a rabbit is usually *safe*

from attack. 穴の中にいればうさぎは通常外敵から安全だ/a *safe* driver 安全運転する人/a *safe* choice 確実な選択/There is a small *safe* hidden behind that picture on the wall. 壁の絵の裏に小さな金庫が隠されている/a meat *safe* 肉の貯蔵庫.
[反意語] dangerous.
【慣用句】*safe and sound* 無事に[で].
【派生語】**sáfely** 副. **sáfeness** 名 U. **safety** 名 ⇒見出し.
【複合語】**sáfebrèaker** 名 《英》=safecracker. **sáfebrèaking** 名 《英》=safecracking. **sáfecónduct** 名 U 戦時などの安全通行権[証]. **sáfecràcker** 名 C 《米》金庫破り. **sáfecràcking** 名 U. **sáfe-depòsit bòx** 名 C 銀行の貸し金庫. **sáfeguàrd** 名 C 利益などの保護, 保護手段, 機械などの安全装置. 動 本来的 守る, 保護する. **sáfekéeping** 名 U 保護, 保管.

safe·ty /séifti/ 名 (⇒safe) [一般語] [一般義] 安全, 無事. [その他] C 危険防止装置, 安全策, 銃などの安全装置, 【野】安打(base hit).
【複合語】**sáfety bèlt** 名 C 自動車や飛行機などの座席の安全ベルト(seat belt), 高所工事用などの救命帯(life belt). **sáfety càtch** 名 C エレベーターなどの安全つかみ, 銃などの安全装置. **sáfety cùrtain** 名 C 劇場の防火幕. **sáfety-first** 形 安全第一の, 事なかれ主義の. **sáfety glàss** 名 U 安全ガラス. **sáfety ìsland** 名 C 《米》街路に作られた歩行者用の安全地帯(《英》refuge). **sáfety làmp** 名 C 鉱山で用いる安全灯. **sáfety lòck** 名 C 盗難防止用の安全錠, 銃などの安全装置(lock). **sáfety pìn** 名 C 安全ピン. **sáfety ràzor** 名 C 安全かみそり. **sáfety vàlve** 名 C ボイラーなどの安全弁, 感情や精力などのはけ口. **sáfety zòne** 名 《米》=safety island.

saf·fron /sǽfrən/ 名 CU【植】サフラン(★医薬品, 香辛料, 食品着色料, 染料に用いられる), U サフラン色, 鮮黄色.
[語源] アラビア語 *za'farān* が古フランス語を経て中英語に入った.

sag /sǽg/ 動 本来的 自 [一般語] [一般義] 重さや圧力などで板などの中心部が曲がる, たわむ, ベッドなどの中央部がへこむ. [その他] 過労などが原因で緊張感がなくなる, 気力が萎(な)える, カーテンなどがだらりと垂れる, 販売や相場などが一時的に下降する, また船が風下に流される. 名 として, 《単数形で》たわみやへこみ(の部分, 程度), 物価の下落, 売れ行きの落ち込み.
[語源] スカンジナビア語から中英語に入った.

sa·ga /sáːgə/ 名 C [一般語] [一般義] 12 世紀から 13 世紀のノルウェーやアイスランドに登場する英雄や, 彼らの冒険などを伝える散文の物語, 北欧伝説, サガ. [その他] サガを模倣した現代の英雄物語や歴史上の事件などについての長く詳しい記述, 《しばしば軽蔑的に》一族や一家についての長編の[苦労]話や経験談.
[語源] 「伝説」の意の古ノルド語が 18 世紀に入った.

sa·ga·cious /səgéiʃəs/ 形 [形式ばった] [一般語] 人の性質などについて鋭い認識力をもつ, 先を見通せる公平な判断のある. [その他] 方法や手段などが詳細な, 明敏な, 賢明な.
[語源] ラテン語 *sagire* (= to perceive keenly) から派生した *sagax* (= sagacious) が初期近代英語に入った.
【派生語】**sagáciously** 副. **sagáciousness** 名 U.

sagácity 名 U.

sage¹ /séidʒ/ 形 名 C〔文語〕[一般義] 深い学識に裏づけられて賢明な, 思慮深い. [その他] まじめくさった. 名 として 賢人.
[語源] ラテン語 *sapere* (= to have good taste; to be wise) から派生した俗ラテン語 **sapius*(賢い) が古フランス語を経て中英語に入った.
【派生語】**ságely** 副 賢明に.

sage² /séidʒ/ 名 CU【植】サルビア, セージ, U セージの葉(★医薬用, 薬味に用いる).
【複合語】**ságe brùsh** 名 C【植】やまよもぎ(★米国西部の不毛の地に生える). **ságe grèen** 名 U セージグリーン, 灰緑色.

Sa·ha·ra /səháːrə/ 名 固 《通例 the ~》サハラ砂漠.
[語源] 「砂漠」の意のアラビア語 *sahrā* から.

said /séd/ 動 say の過去・過去分詞.

sail /séil/ 名 C 船の一枚一枚の帆. [その他] U 《集合的に》《通例複数形で》帆船あるいは船, 《通例単数形で》航海, 帆走, 帆走車や帆走距離, 航程. C 帆[木]のもの, 風車の羽根, 風受け. 動 として, 帆走する, 帆走船である. すべての船について 船で行く, 航海する, 船が出帆[出航]する, 比喩的に人や物が滑るように進む, 飛行機, 鳥, 雲などが飛んで行く. 他 …を航行する, 船を走らせる.
[語源] 古英語 *segl* から.
[用例] A small yacht usually has two *sails*. 小型のヨットには通常帆が 2 つある/We had a *sail* up the coast in his yacht. 我々は沿岸を彼のヨットで航海した/Windmills have four wooden *sails*. 風車には 4 枚の木製の羽根がついている/The yacht *sailed* round the headland. ヨットは岬を一まわりした/She *sailed* into the room. 彼女はさっと部屋に入った/He *sailed* the boat out to the island. 彼はその島まで船を走らせた.
【慣用句】*go sailing* ヨット[船]遊びに行く. *sail through* 〔くだけた表現〕(…と)すんなり通る:He *sailed through* his exams. 彼は試験に簡単に通った. *sail under false colors* 素性を偽る(★船が偽りの国旗を掲げて入港することから).
【派生語】**sáiler** 名 C 帆船. **sáiling** 名 C 出帆, 航海, U 帆走, ヨット遊び[競技], 航海術: **sailing boat** 《英》=sailboat/**sailing ship** 大型の帆船.
【複合語】**sáilbòat** 名 C 《米》帆船, ヨット(《英》sailing boat). **sáilclòth** 名 U 帆布(★厚い木綿地でできていて帆やテントなどに用いる). **sáilplàne** 名 C セイルプレーン, サイルプレーン(★小型のグライダーで, 上昇気流に乗るように翼面荷重を小さくするように設計されている).

sail·or /séilər/ 名 C [一般語] [一般義] 船員, 船乗り. [その他] 海軍の軍人, 水兵, 《good or bad のような形容詞を伴って》船に酔わない[酔う]人.
[語源] 中英語 *sailen* (= to sail) + -er で sailer であったが, 後に -or に変わった.
【複合語】**sáilor hàt** 名 C 水兵帽. **sáilor sùit** 名 C 子供用のセーラー服.

saint /séint/ 名 C 動 本来的 [一般語] [一般義] 聖人, 聖者(★地上で敬虔な生活を送ったため, 死後天国で至福の状態にあるとローマカトリック教会や正教会により公認され, 聖列に加えられた人物). [その他] 天に昇った人, 死者, 天使, 高徳の人, 君子.

【語法】称号として用いられる場合は, St. /seint|sənt/ Paul のように, しばしば略記される.
【語源】ラテン語 *sancire* (= to consecrate) の過去分詞 *sanctus* が古フランス語 *seint* を経て中英語に入った. ⇒sacred.
【用例】*Saint* Matthew was a tax-collector before he became Christ's follower. マタイはキリストの従者になる前は収税吏をしていた/You really are a *saint* to invite us all to stay with you! 私どもみんなにあなたの家を提供していただけるなんてあなたは本当に聖人のようなお方です.
【派生語】**sáinted** 形. **sáinthòod** 名 U 聖人であること, 《集合的》聖人, 聖徒. **sáintliness** 名 U. **sáintly** 形 聖人らしい, 高潔の.
【複合語】**Sàint Lúke** 名 固 ルカ《男性の名》,【ル】ルカ《使徒 Paul の友人で医師》. **Sàint Márk** 名 固 マルコ(⇒Mark). **Sàint Mátthew** 名 固 マタイ(⇒Matthew). **sáint's dày** 名 C【カト】聖人祝日, 聖徒祝日. **Sáint Válentine's Dày** 名 聖バレンタインの祝日. ⇒valentine.

sake[1] /séik/ 名 U 〔一般義〕《for the ~ of, for ...'s ~で》目的, 理由, 動機, 目的を達成したことで得られる利益.
【語源】「法廷での言い分」を意味する古英語 *sacu* から.
【用例】I was late to his lecture, and he began it again just for my *sake*. 私は彼の講義に遅れてしまった. すると彼は私のために講義を初めから繰り返してくれた/He bought a house in the country for the *sake* of his wife's health. 彼は妻の健康を考えて田舎に家を買った.
【慣用句】*for God's [Christ's; goodness; heaven's; mercy's; pity's] sake* 《きにくい願いや頼みごとを表す語を強めて》お願いだから, 頼むから. *for the sake of argument* = for argument's sake ただ議論のために.

sa·ke[2] /sáːki/ 名 U 〔一般義〕日本酒 (★saki や saké ともつづる).
【語源】日本語の *sake* (酒) が初期近代英語に入った.

Sa·kha·lin /sǽkəlìːn/ 名 固 サハリン《★旧日本名は樺太(からふと)》.
【語源】「黒い川」の意の満州語 *Sakhalin-Oula* から.

sa·laam /səlάːm/ 名 C 動 本来義 〔形式ばった語〕〔一般義〕イスラム教徒などが右手を額にあてて, 体を前にかがめてする挨拶の一種, 額手の礼(をする). その他 東洋で行われる敬礼や挨拶. 【語源】アラビア語 *salām* (= peace) が初期近代英語に入った.

salable ⇒sale.

sa·la·cious /səléiʃəs/ 形 〔形式ばった語〕話や絵画などがわいせつな, 人の性質が好色な.
【語源】ラテン語 *salire* (= to leap) から派生した 形 *salax* (好色な) が初期近代英語に入った.
【派生語】**saláciously** 副. **saláciousness** 名 U.

sal·ad /sǽləd/ 名 UC 〔一般義〕〔一般義〕サラダ. その他 U サラダに用いる野菜類, 特にレタス, 比喩的にごたまぜ.
【語源】俗ラテン語 *salare (= to salt) の女性過去分詞 *salata* が「塩漬けにされたもの」の意で古フランス語 *salade* を経て中英語に入った.
【複合語】**sálad bàr** 名 C サラダバー. **sálad bòwl** 名 C サラダボール. **sálad créam** 名 U《英》= salad dressing. **sálad dàys** 名 《複》〔くだけた表現〕経験のない青二才の時代, 駆け出しのころ. **sálad drèssing** 名 U サラダドレッシング. **sálad òil** 名 U サラダ油.

sal·a·man·der /sǽləmændər/ 名 C 〔一般義〕〔動〕有尾両生類のさんしょううお. その他 火の中で耐える力をもつ神話上の動物の火とかげ, サラマンダー. 転じて火を使って焼くための料理用具の携帯用こんろ, 加えて加熱するガスオーブン, 焼却炉.
【語源】神話上の動物「サラマンダー」の意のギリシャ語 *salamandra* がラテン語を経て中英語に入った.

sa·la·mi /səlάːmi/ 名 UC 〔一般義〕サラミソーセージ.
【語源】ラテン語 *sal* (= salt) から派生した *salare* (= to salt) をもとにしたイタリア語 *salame* (= salted pork) の複数形が 19 世紀に入った.

salaried ⇒salary.

sal·a·ry /sǽləri/ 名 C 動 本来義 〔一般義〕特に頭脳労働者に支払われる月や年単位の給料, サラリー. 動として... に給料を払う.
【語源】ラテン語 *sal* (= salt) から派生した *salarium* (塩代, 給料) が古フランス語 *salaire*, アングロフランス語 *salarie* を経て中英語に入った. 古代ローマでは兵士の給料が「塩を買うための銀貨」として支払われた.
【日英比較】「サラリーマン」は和製英語で, 英語では salaried man というが, 実際「サラリーマン」に対応する英語は white-collar worker が適切である.
【類義語】pay.
【派生語】**sálaried** 形 給料をもらっている.

sale /séil/ 名 UC 〔一般義〕一般義 販売, 売ること. その他 C 安売り, 特売, バーゲンセール. 【語法】英語では単に sale といい bargain sale とはいわない. 【一般】C 品物の売れ行き, 売り口, 需要, 《しばしば複数形で》売上高, さらに競売, せり売り, 《複数形で》販売部門[業務].
【語源】古英語 *sala* から.
【用例】He got £17,000 from the *sale* of his house. 彼は家を売って一万七千ポンドを得た/The shop assistant said she had made two *sales* that morning. 店の店員は彼女はその日の朝は 2 つ売れたと言った/I bought my dress in a *sale*. 私は特売でドレスを買った/There is no *sale* for cotton dress in the autumn. 秋は綿のドレスがまったく売れない/Her pictures always found a good *sale* among the summer tourists. 彼女の絵は夏の旅行者たちの間で売れ行きが良かった.
【慣用句】*for sale* 特に個人の持主によっての売り物の, 売りに出ている: I would buy that house if it was *for sale*. 売り物ならあの家を買うのだが. *on sale* 特に店で売りに出されている;《米》特売の[で]: The book has been published but won't be *on sale* till next week. その本は出版されましたが, 来週まで販売されません.
【派生語】**sálable, sáleable** 形 売れる, 売れゆきのよい, 売りやすい, 値段が手頃の.
【複合語】**sáleròom** 名 C《英》= salesroom. **sálesclèrk** 名 C《米》店員(《英》shop assistant)《★単に clerk ともいう》. **sáles depártment** 名 C 販売部, 営業部. **sálesgìrl** 名 C《米》女店員(《英》shopgirl). **sáleslàdy** 名 C 女店員 【語法】saleslady は saleswoman より丁寧な表現とされ, これに対して salesgirl はやや軽蔑的ととられることもある.
sálesman 名 C 男性の販売係, 店員, 販売の外交員, セールスマン 【日英比較】日本語のセールスマンは販売員のみをいうが, 英語の salesman は店内の販売

sálesmanship 名 U 販売術, 販売の外交的手腕. **sálespèrson** 名 C =salesclerk. **sáles represèntative** 名 C 販売外交員. **sáles resístance** 名 U 販売抵抗, 購買拒否《★消費者が買い控えること》. **sálesròom** 名 C 《米》競売場. **sáles slìp** 名 C 《米》売上伝票, レシート. **sáles tàlk** 名 UC 売り込みの勧誘, 強引な話. **sáles tàx** 名 UC 《米》物品税. **sáleswòman** 名 =saleslady.

sa·lient /séiljənt/ 形 名 C 〔形式ばった語〕 一般義 物事が顕著な, 状態が目立つ. その他 語源の「跳ぶ」から突き出ている, 抜きん出ているの意を経て「顕著な」の意となった. 噴火などが勢いよく噴き上がる, 《紋章》動物が後ろ足で立って跳びかかる姿. 名 として要塞, 塹壕, 防御線の突出部分, 多角形の凸角.
語源 ラテン語 *salire*(=to leap)の現在分詞 *saliens* が初期近代英語に入った.

sa·line /séili:n, -lain/ -lain/ 形 名 U 〔形式ばった語〕塩分を含んでいる, 味が塩辛い. 名 として, 薬用塩類, 下剤用塩類, 生理食塩水.
語源 ラテン語 *sal*(=salt)から派生した 形 *salinus* が中英語に入った.
【派生語】**salinity** /səlínəti/ 名 U 塩分, 塩度. **salinize** /sǽrənaiz/ 動 本来自 塩で処理する.

sa·li·va /səláivə/ 名 U 〔動〕つば, 唾液.
語源 ラテン語 *saliva*(唾液)が初期近代英語に入った.
【派生語】**sálivary** 形. **sálivate** 動 本来自 多量に唾液を分泌する.
sálivary glànds 名《複》〔解〕唾液腺.

sal·low /sǽlou/ 形 動 本来他 名 U 〔やや形式ばった語〕顔や肌の色が病的で血色が悪い, 土色の. 動 として土色にする. 名 としてうす青白く黄ばんだ色.
語源 古英語 salu, salo から.
【派生語】**sállowish** 形. **sállowness** 名 U.

sal·ly /sǽli/ 名 C 動 本来自 〔形式ばった語〕 一般義 包囲されている状態や防御態勢からの反撃, 出撃. その他 通常のコースから外れた小旅行, また突如として口から出る当意即妙な気のきいた冗談や洒落. 動 としては, 反撃する, 出撃する, さっそうと出て行く, 小旅行に出かける, 物が勢いよく飛び出す.
語源 ラテン語 *salire*(=to leap)が古フランス語を経て初期近代英語に入った.

salm·on /sǽmən/ 名 CU 形〔魚〕さけ(鮭), U 鮭肉, 鮭肉色(の)(salmon pink).
語源 ラテン語 *salire*(=to leap)と関連のある *salmo*(=leaping fish)が古フランス語 *saumon* を経て中英語に入った.
用例 *Salmon* always swim upstream to lay their eggs. 鮭は常に遡上して産卵する.
【複合語】**sálmon pínk** 名 U 鮭肉色, サーモンピンク. **sálmon tròut** 名 C うみます(海鱒)《★サケ科ニジマス属》.

sal·mo·nel·la /sǽlmənélə/ 名 UC 《複 ~s, -lae/li:/》〔医〕サルモネラ菌《★食中毒の原因となる》.
語源 アメリカの獣医師 Daniel E. Salmon(1850-1914)の名から.

sa·lon /səlán, sǽlɑn | sǽlɔ:n/ 名 C 〔一般義〕 一般義 美容, 理髪などの店. その他 本来は「大広間」の意だが, 18, 19 世紀に著名婦人などを招いて, 文学, 美術, 政治家など各界の一流人を招いて行われた社交の場サロン, 名士の集まり, 展覧会場, 美術展.
語源 フランス語から 18 世紀に入った. 「広間」の意のゲルマン語からの借用といわれる俗ラテン語 *sala* から.

sa·loon /səlú:n/ 名 C 〔一般義〕 一般義 客船やホテルなどの大広間, 談話室, 旅客機の客室. その他 展覧会場, 集会場,《米》大きな酒場, バー,《英》=saloon bar; saloon car.
語源 フランス語 *salon* から 18 世紀に入った. ⇒salon.
【複合語】**saloón bàr** 名《英》パブの特別席《★同じ酒でも値段が高い, 単に saloon ともいう》. **saloón càr** 名 C 《英》列車の特別車両《(米) parlor car》《★食堂車など特別の用途を持った車両, 単に saloon ともいう》,《米》セダン型自動車《(米) sedan》《★単に saloon ともいう》.

sal so·da /sǽl sóudə/ 名 U 〔化〕炭酸ソーダ(sodium carbonate).

SALT /sɔ́:lt/《略》=Strategic Arms Limitation Talks (戦略兵器制限交渉).

salt /sɔ́:lt/ 名 UC 形 本来他 〔一般義〕 一般義 U 塩, 食塩. その他 C 塩入れ, 塩つぼ,《化》塩(えん), 塩類. また塩の辛さから 形 刺激, 痛快味, 機知. C 〔くだけた語〕《通例 old ~で》老練な船乗り. 形 として塩気のある, 塩辛い, 水が塩水の, 植物が海岸[海水]に生える. 動 としては塩をふりかける, 塩で味をつける, 塩漬けにする, 話などに味をつける.
語源 古英語 s(e)alt から.
用例 The soup needs more *salt*. スープにもっと塩が必要です/Have you *salted* the potatoes? ポテトに塩を加えましたか.
【派生語】**sálted** 形 塩漬にした, 塩で味をつけた, 塩分を含んだ. **sáltiness** 名 U. **sáltish** 形 少し塩辛い. **sáltless** 形 塩気のない. **sáltness** 名 U 塩気, 塩度. **sálty** 形 塩気のある, 辛辣(しんらつ)な, 痛烈な, 海の香りがする, 船乗りの.
【複合語】**sáltcèllar** 名 C 食卓用の塩入れ. **sált làke** 名 C 塩水湖. **sált lìck** 名 C 含塩地《★動物が塩[岩塩]をなめに集まってくるところ》. **sált mìne** 名 C 含塩坑. **sáltpèter**,《英》**-pétre** 名 U 硝石. **sáltshàker** 名 C 《米》食卓塩入れ. **sáltwàter** 形 塩水の, 海水の.

sa·lu·bri·ous /səlú:briəs/ 形 〔形式ばった語〕土地や気候などが健康によい, さわやかな.
語源 ラテン語 *salus*(=health)の派生語 *salubris* が初期近代英語に入った.
【派生語】**salúbriously** 副. **salúbriousness** 名 U. **salúbrity** 名 U.

sal·u·tar·y /sǽljutèri|-təri/ 形 〔形式ばった語〕助言や警告のおかげで有益になる, ためになる,〔古〕健康によい.
語源 ラテン語 *salus*(=health)の派生語 *salutaris*(=of health)が古フランス語を経て中英語に入った.

salutation ⇒salute.
salutatorian ⇒salute.

sa·lute /səlú:t/ 動 本来他 名 C 〔一般義〕 一般義 軍隊で上官や国旗に対して挙手の敬礼をする. その他 尊敬や親愛の情のこもった礼儀正しいお辞儀[挨拶]をする, 人や業績などに対して敬意を表す, 礼砲を放つ. 音や光景が耳や目に聞こえてくる, 見えてくる. 名 として敬礼, 挨拶, 礼砲.
語源 ラテン語 *salus*(=health)から派生した *salutare*(=to wish health to; to salute)が中英語に入った.
【派生語】**sàlutátion** 名 U 言葉, 態度, 式典などによ

sal·vage /sǽlvidʒ/ 名 U 動 [本来義] 〔一般義〕
[一般義] 海難救助活動, 遭難船貨物救助活動.
[その他] そのような活動への支払金, 謝礼金, 火災などからの財産救助活動, 難破や火災などの災害からの救助貨物[財産]. 動 として, 難破船から物や人を救助する, 沈没船を引き揚げる.
[語源] 古フランス語 *salver*(＝to save) から派生したフランス語 *salvage*(＝the act of saving) が初期近代英語に入った. ⇒save.

sal·va·tion /sælvéiʃən/ 名 U 〔やや形式ばった語〕
危害や害悪から救う[救われる]こと, 救済, 救助, 【キ教】神による罪からの救い.
[語源] 後期ラテン語 *salvare*(＝to save) の 名 *salvatio* が古フランス語を経て中英語に入った. ⇒save.
【派生語】**salvátional** 形. **Salvátionist** 名 C 救世軍の兵[将校].
【複合語】**Salvátion Ármy** 名〈the ～〉救世軍《1865年 William Booth によって創設され, 軍隊組織をもって貧者に対して福音伝道と社会改良の活動をする》.

salve /sǽv | sáːv/ 名 CU 動 [本来義] 〔古風な語〕すり傷や切り傷を治すための軟膏や膏薬, 心の傷や痛みなどに対する慰め, 癒し. 動 として, 心の傷や痛みなどを和らげる, 癒す.
[語源] 古英語 *sealf* から.

sal·ver /sǽlvər/ 名 C 〔形式ばった語〕食べ物や飲み物を出す銀製の盆.
[語源] スペイン語 *salva* がフランス語 *salve*(＝tray for presenting food) を経て初期近代英語に入った. 原義は「王に供する食物の毒味」.

sal·via /sǽlviə/ 名 CU 【植】サルビア(属の植物)《★シソ科, 薬用, 料理用, 観賞用》.

sal·vo /sǽlvou/ 名 C 〔やや形式ばった語〕[一般義] 銃や大砲の一斉射撃, 飛行機からの爆弾やロケットの一斉投下[発射]. [その他] 比喩的に一斉に起こる拍手かっさい, 爆笑.
[語源] ラテン語 *salvere*(＝to be healthy) の命令形 *salve*(＝hail!) は「やあ」という挨拶であったが, イタリア語 *salva*(＝salutation) を経て初期近代英語に入った. 「一斉射撃」は砲撃による「敵への御挨拶」の意から.

Sa·mar·i·a /səméəriə/ 名 サマリア《★古代パレスチナの一地方》.
【派生語】**Samaritan** /səmǽrətən/ 名 C 形 サマリア人(の), 困っている人を助ける真の友人《★「ルカ伝」10: 30–37 good Samaritan のたとえ話から》.

sam·ba /sǽmbə/ 名 C 【楽】サンバ《★ブラジルのダンスとその音楽》.
[語源] アフリカ起源のポルトガル語が19世紀に入った.

same /séim/ 形 代 副 〔一般義〕〔一般義〕〈the ～〉まったく同一である, 種類, 質量, 程度などにおいて同様である. [その他] 以前と同じ, 変わらない, 《this, that, these, those に続く形で》例の, あの, その. 代 として, 〈the ～〉同じ物[事], 同じような物[事]. 動 として, 〈the ～〉同様に, 同じに.
[語法] as, that, which, who, when, where と相関的に用いられ, the same ... as [that; which; who; when; where] ... で「...と同じ...」を意味する. なお the 際, 「the same ... as ...」は同種のものを表し, the same ... that ... は同一のものを表す」と言われることがあるが, 実際にはそういった明確な区別なく両者とも同じ意味で用いられることが多い.
[語源] 古ノルド語 *sama* が中英語に入った.
[用例] My friend and I are the *same* age. 私の友達と私は同い年です/Our interests and hobbies have always been the *same*. 我々の関心事と趣味はいつも同じだった/I am of the *same* opinion as you. 私は君と同じ意見だ/He went back to the *same* place where he had found the ring. 彼はその指輪を見つけた場所へひきかえした/Is that the *same* girl who [that] came last week? その娘は先週やってきた女の子と同一人物ですか/He and I had the very *same* idea. 彼と私の考えはまったく同じです/My opinion is still the *same*. 私の意見は相変わらず以前と同じだ/It is the same as it always was. 事態は昔も今も変わっていない/I arrived home on April 12, and that *same* day I broke my leg. 私は4月12日に家に着いたが, 同日に足を折ってしまった.
[類義語] same; identical: same は同一物あるいは同一ではないが種類, 外観, 質, 内容などにおいて何ら異なる点がないことを意味し, identical はさらに同一性が強調される.
[反意語] different.
[慣用句] **all [just] the same**《前の文を受けて》それでもやはり, そうはいっても: Thank you *all the same*. でもありがとう《★相手のわきまえるときなどに》. **at the same time** 同時に, そうではあるが, しかし(その一方で). **much the same** ほぼ同じ. **same difference**〔くだけた表現〕《米》大した違いではない. **Same here.** 私も同様に. **The same to you!** あなたにも《同じことを祈ります》《★Congratulations! とか Merry Christmas! などと言われたときの答え》.
【派生語】**sámeness** 名 U.

sam·o·var /sǽməvɑːr/ 名 C 〔一般義〕サモワール《★ロシアのお茶用湯沸かし器》.
[語源] ロシア語 (＝self-boiler) が19世紀に入った.

sam·ple /sǽmpl | sáːm-/ 名 C 動 〔一般義〕
[一般義] ある物やある種類・種族全体を代表する見本, 標本. [その他] 無料で配布される商品見本, 試供品. 「全体を代表するもの」の意から, 実例, 範例. 動 として, 見本で試す, 試飲[試食]する, 見本をとる, サンプルを抜き出す.
[語源] 古フランス語で「例」を意味する *essample*(＝example) が頭音消失して中英語に入った. ⇒example.
[用例] The salesman brought some *samples* of his firm's products. そのセールスマンは会社の商品見本をいくつか持参した/He *sampled* my cake. 彼は私の作ったケーキを試食した.
【派生語】**sámpler** 名 C 見本検査係, 試食[試飲]者, 刺繍(しゅう)などの試作品. **sámpling** 名 U 統計, 研究のための見本抽出[採取], 抽出された見本品, 試料.

san·a·to·ri·um /sænətɔ́ːriəm/ 名 C《複 ～s, -ria /-riə/》〔一般義〕長期療養施設, サナトリウム, また《英》寄宿学校の病人用部屋[建物].
[語源] ラテン語 *sanare*(＝to cure) に由来する近代ラテン語が19世紀に入った.

sanctification ⇒sanctify.

sanctifier ⇒sanctify.

sanc・ti・fy /sǽŋktəfài/ 動 本来他 〔形式ばった語〕 一般義 聖職者が物事を聖別化[神聖化]する. その他 罪から解放する, 清浄にする, 物事に道徳的, 社会的支持を与え正当化する.
語源 ラテン語 *sanctus* (=sacred) から派生した後期ラテン語 *sanctificare* (=to sanctify) が古フランス語を経て中英語に入った.
【派生語】**sànctificátion** 名 U. **sánctifier** 名 C.

sanc・ti・mo・ni・ous /sæ̀ŋktəmóuniəs/ 形 〔形式ばった語〕〔軽蔑的〕信心深いふりをする, 偽善的な態度をとる.
語源 ラテン語 *sanctus* (=sacred) の 名 *sanctimonia* (=sacredness) が初期近代英語に入った.
【派生語】**sànctimóniously** 副. **sànctimóniousness** 名 U.

sanc・tion /sǽŋkʃən/ 名 UC 動 本来他 〔形式ばった語〕一般義 U ある行為・行動に対する法令などによる認可, 世論一般からの是認. その他 聖域を犯したことに対する罪, 《通例複数形で》法令違反に対しての制裁, 処罰,《特殊形で》国際法違反国に対しての国際的制裁. C 道徳的, 社会的, あるいは精神的に人びとを正しい行為に向かわせる拘束力, 束縛. 動 として〔形式ばった語〕承認する, 認可する.
語源 ラテン語 *sancire* (=to render sacred) の 名 *sanctio* が初期近代英語に入った.
用例 If we do not protest against these crimes it will look as if we give them our *sanction*. こういった犯罪に立ち向かわなければ, まるで我々がこれらの犯罪を是認しているように思われるであろう/Should *sanction* be applied against all countries that do not give their citizens equal rights? 国民に平等な権利を与えていない国に対してはすべて制裁手段がとられるべきであろうか.
【派生語】**sánctionable** 形. **sánctionless** 形 認可されていない.

sanc・ti・ty /sǽŋktəti/ 名 UC 〔形式ばった語〕神聖, 《複数形で》神聖なもの, 神聖な義務, 神聖な権利, 転じて人の性格がきわめて高潔であること.
語源 ラテン語 *sanctus* (=sacred) の 名 *sanctitatem* (=holiness) が古フランス語を経て中英語に入った.

sanc・tu・ar・y /sǽŋktʃùəri|-tʃuəri/ 名 CU 《やや形式ばった語》一般義 鳥獣などの保護区域, 禁猟区. その他 本来は権力や法律などが及ばなかった教会などの聖域, U 教会などの罪人庇護[保護]権.
語源 ラテン語 *sanctus* (=sacred) から派生したラテン語 *sanctuarium* (=sanctuary) が古フランス語を経て中英語に入った.

sanc・tum /sǽŋktəm/ 名 C《複 ~s, -ta /-tə/》 形 式ばった語〕神聖な場所, 聖所, 〔くだけた語〕他人から邪魔されない場所, 個室, 私室, 密室.
語源 ラテン語 *sanctus* (=sacred) の中性形が初期近代英語に入った.

sand /sǽnd/ 名 U 動 本来他 〔一般語〕一般義 砂. その他 《複数形で》砂地, 砂浜, 砂州. 砂時計の砂 (the sand(s) of the hourglass) から《the ~s》時間, 寿命. 動 として, 道路などに砂をまく, 砂を混ぜる, 砂[サンドペーパー]でみがく.
語源 古英語 sand から.
用例 *Sand* is used in the making of glass, and also in concrete. 砂はガラスを作る際に, そしてまたコンクリートにも利用されている/We lay on the *sand* and sunbathed. 我々は砂浜に寝そべり日光浴をした.
【派生語】**sándy** 形 砂の, 砂だらけの; 頭髪が薄茶色の.
【複合語】**sándbàg** 名 C 砂袋 (★防壁などとして用いる他に, 強盗などの凶器にもなる). 動 本来他 砂袋で防止する[打ち倒す]. **sándbànk** 名 C 砂州, 砂丘. **sándbàr** 名 C 砂州(sandbank). **sándblàst** 名 C 砂吹き (★ガラスの研磨や金属・石などの表面を清掃するため, 砂を圧縮空気・蒸気などで吹き付けること), 砂吹き機. **sándbòx** 名 C《米》砂場《英》sandpit)(★子供用の遊び場), 砂箱《★機関車の滑り止め用にまく砂を入れたもの). **sándcàstle** 名 C 砂の城 (★海辺などで子供たちが遊びで作るもの). **sánd dùne** 名 C 海浜の砂丘 (★単に dune ともいう). **sándglàss** 名 C 砂時計 (★単に glass ともいう). **sándlòt** 名 C《米》子供の野球などのための空地. **sándlòtter** 名 C《米》草野球の選手. **sándman** 名《the ~》眠りの精 (★子供の目に砂を入れて眠気を誘うという妖精). **sándpàper** 名 U 紙やすり, サンドペーパー. 動 本来他 紙やすりでみがく, サンドペーパーをかける. **sándshòe** 名 C《豪》tennis shoe. **sándstòne** 名 C 砂岩 (★主に建築用として利用される). **sándstòrm** 名 C 砂漠の砂あらし. **sánd tràp** 名 C《米》ゴルフのバンカー(《英》bunker) (★砂地の障害地域).

san・dal /sǽndl/ 名 C 一般義《通例複数形で》サンダル(靴). その他 元来は古代ギリシャ・ローマ人が着用した底革を革ひもで固定した日本のわらじに似たはきもので, サンダルの革ひもの意もある.《米》ハイヒールの上から履く浅いオーバーシューズ.
語源 ギリシャ語 *sandalon* (=sandal) の指小語 *sandalion* がラテン語を経て中英語に入った.
用例 a pair of *sandals* サンダル1足.
【複合語】**sándalwòod** 名 CU《植》びゃくだん(白檀), U 白檀材 (★扇子などの工芸品の製作および薫香の材料に用いられる).

sand・wich /sǽndwitʃ/ 名 C 動 本来他 〔一般語〕一般義 サンドイッチ. その他 意味が一般化してサンドイッチ状のものを広く指す. 動 として 《しばしば受身で》人間, 場所, 物などについて二者あるいそれ以上の間に無理に差し込む, はさみ込む, 詰め込む (between; in).
語源 英国の外交家 John Montagu, 4th Earl of Sandwich(1718–92) の名から. 食事で中断されることなしに賭け事が続けられるようにと考案したことから.
用例 On the train, I was *sandwiched* between two large women and could handly move. 列車の中で私は2人の大柄な女性の間にはさまれ, ほとんど身動きができなかった.
【複合語】**sándwich bòard** 名 C サンドイッチマンの広告板. **sándwich màn** 名 C サンドイッチマン(★体の前後に広告板を1枚ずつつけてねり歩くことから), サンドイッチを売る人.

sandy ⇒sand.

sane /séin/ 形 〔一般語〕一般義 人がまともで正気な. その他 考え方, 行動, 思想などが健全な, 分別に富む, 理論的な.
語源 ラテン語 *sanus* (=healthy) が初期近代英語に入った.
用例 Sometimes he does not seem quite *sane*. 時々彼はとても正気には思えないことがある.
【派生語】**sánely** 副. **sanity** /sǽnəti/ 名 U 正気, 穏健, 健全.

San·for·ized /sǽnfəràizd/ 形 【商標】布地を防縮加工した，サンフォライズした．
[語源] 考案者の米国人 Sanford L. Cluett の名から．

San Fran·cis·co /sæn frənsískou/ 名 固 サンフランシスコ《★米国 California 州中央部にある港市》．
[語源] 聖フランチェスコ (St. Francis) のスペイン語名．

sang /sǽŋ/ 動 sing の過去形．

sang·froid /sɑːŋfrwɑ́ː, sɑːŋ-/ 名 U 〔形式ばった語〕危険や困難に出会っても沈着，冷静で落ち着いていること．
[語源]「冷血」の意のフランス語 sang froid が 18 世紀に入った．

sanguinary ⇒sanguine．

san·guine /sǽŋgwin/ 形 〔形式ばった語〕─般義 快活な，楽天的な．その他 語源に近い意味で血紅色の，血色のいい，多血質な．
[語源] ラテン語 sanguis (=blood) の sanguineus (=of blood) が古フランス語を経て中英語に入った．
【派生語】**sánguinàry** 形 血に飢えた，凶悪な，流血の． **sánguinely** 副． **sánguineness** 名 U． **sanguínity** 名 U．

sanitarian ⇒sanitary．

san·i·tar·i·um /sæ̀nətéəriəm/ 名 C (複 〜s, -taria) 《米》=sanatorium．

san·i·tar·y /sǽnətèri|-təri/ 形 〔やや形式ばった語〕衛生上の，衛生的な．
[語源] ラテン語 sanitas (=health) に由来するフランス語 sanitaire が 18 世紀に入った．
【派生語】**sànitárian** 形 衛生の．名 C 公衆衛生学者． **sànitátion** 名 U 公衆衛生，衛生設備，下水設備． **sánitìze** 動 本来他 衛生的にする，手を加える．
【複合語】**sánitary enginèering** 名 U 衛生工学． **sánitary nàpkin** 名 C《米》生理用ナプキン． **sánitary tòwel** 名 C《英》=sanitary napkin．

sanity ⇒sane．

sank /sǽŋk/ 動 sink の過去形．

San·skrit /sǽnskrit/ 名 U 形 〔一般論〕古代インドで書き言葉として用いられた梵(ぼん)語，サンスクリット語．
[語源]「洗練された，完成された」の意のサンスクリット語から初期近代英語に入った．

San·ta Claus /sǽntə klɔ̀ːz/ 名 固 サンタクロース《★単に Santa ともいう》．
[語源] 聖ニコラス (Saint Nicholas) のオランダ語 Sinterklaas から．3 人の貧しい娘の家に財布を投げ入れたという伝説があり，それがクリスマスと結びつき，アメリカから世界中にサンタクロース伝説が広まった．

sap¹ /sǽp/ 名 UC 動 本来他 〔一般論〕─般義 植物の維管組織を流れる樹液．その他 生命，健康に大切な体液，活力，元気．〔俗語〕頭に液体だけが入っている人という意味の軽蔑語で sapskull, saphead の略として，《米》間抜け． 動 として樹液を取り除く，体力[活力]を消耗させる．
[語源] 古英語 sæp から．
【派生語】**sápless** 形 しなびた，樹液のない，元気のない． **sáppy** 形 樹液の多い，元気のいい，間抜けな．
【複合語】**sáphèad** 名 C 間抜け． **sápwòod** 名 U 心材に対する辺材，白太(しろた)．

sap² /sǽp/ 名 C 動 本来他 〔軍〕自陣から敵陣下の地点まで伸びている壕，対壕．動 として壕を掘る，土台などの下を掘って崩す，掘り倒す．
[語源] 後期ラテン語 sappa (=spade) がイタリア語，フランス語を経て初期近代英語に入った．

sapience ⇒sapient．

sa·pi·ent /séipiənt/ 形 〔文語〕聡明な，時には皮肉の意をこめてよく知恵のはたらく．
[語源] ラテン語 sapere (=to know; to be wise) の現在分詞 sapiens が古フランス語を経て中英語に入った．
【派生語】**sápience** 名 U．

sapless ⇒sap¹．

sap·ling /sǽpliŋ/ 名 C 〔一般論〕若木，苗木，〔文語〕若者，青二才．
[語源] sap¹ +-ling (指小辞)．

sap·phire /sǽfaiər/ 名 CU 形 〔一般論〕深い青い色の宝石，サファイア(の)，るり色(の)．
[語源] ギリシャ語 sappheiros (=sapphire) がラテン語，古フランス語を経て中英語に入った．

sappy ⇒sap¹．

sapwood ⇒sap¹．

sar·casm /sɑ́ːrkæzəm/ 名 U 〔一般論〕意図的に相手を傷つけるための悪意のあるいやみ，あてこすり，皮肉，風刺のきいた言葉．
[語源] ギリシャ語 sarkazein (肉をひきちぎる，辛辣(しんらつ)なことを言う) から派生した sarkasmos が後期ラテン語，フランス語を経て初期近代英語に入った．
[類義語] irony．
【派生語】**sarcástic** 形． **sarcástically** 副．

sar·coph·a·gus /sɑːrkɔ́fəgəs|-kɔ́f-/ 名 C (複 -gi/-gai, -dʒai, ~es) 〔形式ばった語〕ギリシャ・ローマ時代の石棺．
[語源] flesh-eating (stone) の意のギリシャ語 (lithos) sarkophagos がラテン語を経て初期近代英語に入った．古代ギリシャ人は石灰岩が死体を分解すると考えていた．

sar·dine /sɑːrdíːn/ 名 C 〔魚〕缶詰などで食用に供される小型のいわし(鰯)，またこれに似た食用の小魚．
[語源] ラテン語 sardina が古フランス語を経て中英語に入った．イタリアの Sardinia 島の名に関係があるとみられる．

sar·don·ic /sɑːrdɔ́nik|-dɔ́n-/ 形 〔形式ばった語〕他人の言動などをいやみたらしく冷笑する．
[語源] 後期ギリシャ語 sardonios がフランス語の sardonique を経て初期近代英語に入った．原義は「サルディニアの(植物)」で，これを食べるとけいれん性の笑いが起きて死ぬと考えられていた．

sar·gas·so /sɑːrɡǽsou/ 名 U 〔植〕サルガッソー (gulfweed)《★メキシコ湾や北大西洋中央西の海域に見られるホンダワラ属の海藻》．
[語源] ポルトガル語 sargaço が初期近代英語に入った．

sa·ri /sɑ́ːri/ 名 C 〔一般論〕インドや南アジアの女性が着用するサリー．
[語源] ヒンディー語 sari が 18 世紀に入った．

sa·rong /səróːŋ|-rɔ́ŋ/ 名 CU 〔一般論〕主としてマレー諸島の人々が腰に巻くスカートのようなサロン，またはサロン用生地．
[語源]「布でできた腰覆い」の意のマレー語が 19 世紀に入った．

sar·to·ri·al /sɑːrtɔ́ːriəl/ 形 〔形式ばった語〕《限定用法》紳士服の仕立て屋の．
[語源] ラテン語 sartor (=tailor)+-ial. 19 世紀より．

sash¹ /sǽʃ/ 名 C 動 本来他 〔一般論〕窓やドアのガラスの枠にとりつけられる窓枠，サッシ．動 としてサッシを取り付ける．
[語源] 古フランス語 chassis (=frame) が初期近代英

語に入った.

【複合語】**sásh wìndow** 名 C 上げ下げ窓(《★二枚のサッシを上下に動かすもの》.

sash² /sǽʃ/ 名 C 〔一般語〕腰の回りや肩から掛ける飾り帯, サッシュ, または軍人などが肩から斜めに掛ける懸章.

語源 「モスリン」の意のアラビア語 *shāsh* が初期近代英語に入った.

sass /sǽs/ 動 本来地 〔くだけた語〕《米》(a ～ または U) 親や年長者に対する**生意気な言葉**, 口答え. 動 として生意気を言う, 口答えする.

語源 saucy から転訛した sassy からの逆成.

【派生語】**sássy** 形 《米》生意気な, 口答えする, 《良い意味で》元気のいい, 威勢のいい, いきな.

sat /sǽt/ 動 sit の過去形・過去分詞.

Sat. 《略》= Saturday; Saturn.

Sa·tan /séitn/ 名 固 ユダヤ教やキリスト教で神に敵対し悪の中心となる**魔王, 悪魔, サタン**. サタンのような**大悪人**.

語源 「敵」の意のヘブライ語 *śāṭān* がギリシャ語, ラテン語を経て古英語に入った.

【派生語】**Satánic** 形.

satch·el /sǽtʃəl/ 名 C 〔一般語〕肩からかける小型の**学生かばん**, 肩かけかばん.

語源 ラテン語 *saccus*(= bag) の指小語 *saccellus* が古フランス語を経て中英語に入った.

sate /séit/ 動 本来地 〔形式ばった語〕食欲や欲望を**十二分に満足させる**, 食物や物事が多過ぎて**飽き飽きさせる**《with》.

語源 古英語 *sadian* から.

sa·teen /sætíːn/ 名 U サテン (satin) 風の綿または化繊の織物, サティーン.

語源 satin の異形.

sat·el·lite /sǽtəlàit/ 名 C 〔一般語〕〔一般義〕〔天〕惑星の周囲を公転する天体, **衛星**. その他 本来は従者の意で, かばん持ち, 腰ぎんちゃく, 付随するもの. **衛星国**, **衛星都市**, **人工衛星** (artificial satellite).

語源 「従者」を意味するラテン語 *satelles* が初期近代英語に入った.

用例 The Moon is a *satellite* of the Earth. 月は地球の衛星である.

【複合語】**sátellite bróadcasting** 名 U **衛星放送**. **sátellite státe** 名 C **衛星国家**. **sátellite státion** 名 C **人工衛星基地, 宇宙(船)ステーション**. **sátellite tówn** 名 C **衛星都市**.

sa·ti·ate /séiʃièit/ 動 本来地 〔形式ばった語〕(通例受身で) 食べ物や物事を必要以上に与えてうんざりさせる, **十二分に満足させる**《with》.

語源 ラテン語 *satis*(= enough) から派生した *satiare*(= to satisfy) の過去分詞 *satiatus* が初期近代英語に入った.

【派生語】**satiety** /sətáiəti/ 名 U.

sat·in /sǽtn/ 名 U 形 〔一般語〕表地に光沢のある綾織りの絹または化繊の**繻子**(しゅす), サテン, サテンの衣服. 形 として繻子(のような), 光沢のある.

語源 中国の港市「泉州 (Tseutung)」の名に由来し, アラビア語, ラテン語を経て中英語に入った.

sat·ire /sǽtaiər/ 名 CU 〔一般語〕**風刺文[詩], 一般に風刺**.

語源 「ごたまぜの詩」という意味のラテン語 *satura, satira* がフランス語を経て初期近代英語に入った.

【派生語】**satiric** 形 風刺の. **satirical** 形 皮肉な 《人や人の性質を風刺するときに用いる》. **satirically** 副. **sátirist** 名 C **風刺文学などの作者**, **皮肉屋**. **sátirize** 動 風刺する.

satisfaction ⇒satisfy.

satisfactory ⇒satisfy.

sat·is·fy /sǽtisfài/ 動 〔一般語〕〔一般義〕人の**要求や期待や望み**, 欲望などを**満足させる**. その他 ある事の条件, 基準, 必要性などを**満たす**, 基準などに**合致する**, さらに心配や不安, 疑念などを**晴らす**, 義務を果たす, 負債を支払う, 罪などを**償う**. また《受身または～ oneself で》相手を**納得させる**, **確信させる**.

語源 ラテン語 *satisfacere*(= to make enough; *satis* enough + *facere* to make) が古フランス語 *satisfier* を経て中英語に入った.

用例 I ate an apple but that didn't *satisfy* my hunger. 私はりんごを1つ食べたが, それで私の空腹は満たされなかった/I told him enough to *satisfy* his curiosity. 私は彼に彼の好奇心を満たすだけのことは十分に話してやった/Your qualifications seem to *satisfy* the conditions [requirements]. 君の資格は条件[要求]を満たしているようだ/He wanted to *satisfy* himself that the machine was properly mended. 彼はその機械がきちんと修理されていることを確信したかった.

類義語 satisfy; content: **satisfy** が人の願望, 要求, 期待などを十分に満足させ, 満足感と同時に楽しみを与えることを含意しているのに対して, **content** はそれ以上の欲望や他の願望に心を乱されることなしに, 現状に満足する意: Those people are *satisfied* only by great wealth, but we are *contented* with a modest but secure income. あの人たちは大金持にならないと満足しないが, 我々はつつましいが安定した収入で十分です.

【派生語】**sàtisfáction** 名 U **満足, 満足する[させる]こと**, 《通例 a ～》満足を与えるもの, 嬉しいこと, U 条件を満たすこと, 弁償, 謝罪. **sàtisfáctorily** 副. **sàtisfáctory** 形 **満足のいく**, **まあまあの**. **sátisfied** 形 **満足した**, 満ち足りた. **sátisfỳing** 形. **sátisfỳingly** 副 十分に, 納得するように.

sat·u·rate /sǽtʃərèit/ 動 本来地 〔やや形式ばった語〕〔一般義〕(しばしば受身で) 多量の液体をしみ込ませる, 液体に浸す, 物をしょびしょにぬらす《with》. その他 飽和状態にする, 〔化〕**飽和**にする.

語源 ラテン語 *satur*(= full) から派生した *saturare*(= to fill) の過去分詞 *saturatus* が初期近代英語に入った.

【派生語】**sáturated** 形. **sàturátion** 名 U **浸透, 飽和**, 色の飽和度, 彩度, 集中砲火: **saturation point** 飽和点.

Sat·ur·day /sǽtərdi/ 名 UC 〔一般語〕**土曜日** 《★Sat., Sa., Sa, S. と略される》. C (ある) 土曜日, 《形容詞的に》土曜日の, 《副詞的に》〔くだけた語〕土曜日に, (～s)《米》土曜日ごとに.

語源 ラテン語 *Saturni dies*(= Saturn's day) が古英語に入った.

用例 I'll see you on *Saturday*. 土曜日にお会いしましょう/I go to the pub on *Saturdays*. 私は土曜にそのパブへ行っています《毎土曜日あるいは必ずしも毎土曜日ではないが土曜日だけ》.

Sat·urn /sǽtərn/ 名 固 〔一般義〕**太陽系で二番目に**

sa・tyr /sǽtər/ 图 C〔しばしば S-〕〔ギリシャ神〕山羊の耳と尾を持った半人半獣の森の神サチュロス. サチュロスは酒と女が大好きであったことから,〔文語〕性欲が異常または過度に強い男, 好色家.

語源 ギリシャ語 saturos がラテン語, 古フランス語を経て中英語に入った.

sauce /sɔ́ːs/ 图 U 動 本来的〔一般語〕〔一般義〕料理やデザート菓子にかけるソース.その他「ぴりっと刺激を与えること」の意に解され, 面白味, 興味などの意味が派生し, さらに「相手の神経にさわること」の意で〔くだけた語〕厚かましさ, 生意気な言葉〔行動〕, 口答え,《米》酒. 動として《しばしば受身で》ソースをかける, ソースで味つけをする, 面白くする,〔くだけた語〕人に生意気を言う.

語源 ラテン語 salsa (=salted food) が古フランス語を経て中英語に入った.

用例 That's enough of your *sauce*! なんて生意気なことを言った.

日英比較 英語の sauce にはいろいろな種類があり, 料理にかけて味をそえるために使うものすべてをいう. 日本のウスターソースとかトンカツソースのように市販されているものとは違う.

【派生語】**saucy** 形 ⇒見出し.

【複合語】**sáucebòat** 图 C 船形をしたソース入れ.
sáucepan 图 C 長柄でふた付きの深なべ, シチューなべ.

sau・cer /sɔ́ːsər/ 图 C〔一般語〕コーヒーカップなどを受けるため中央にくぼみのついた受け皿, ソーサー, 受け皿状のもの, 植木鉢の下敷皿や台皿.

語源 古フランス語で「ソース入れ」を意味する *saussier* が中英語に入った.

用例 Could you bring me another cup and *saucer*? カップとソーサーをもう一つ持って来てくれませんか/Have you ever seen a flying *saucer*? 空飛ぶ円盤を見たことがありますか.

sau・cy /sɔ́ːsi/ 形 (⇒sauce)〔ややくだけた語〕〔一般義〕相手に対する態度や言葉遣いが無遠慮な, 生意気な, 時にはエッチなの意.その他 服装などがはでな, 下着などが透けて見えるような,《米》快活な. また料理がソースのかかった.

【派生語】**sáucily** 副. **sáuciness** 图 U.

Sau・di /sáudi/ 形 图 C サウジアラビア(人)の. 图 としてサウジアラビア人.

語源 現王朝の創始者の名から.

Sau・di A・ra・bia /sáudi ərέibiə/ 图 固 サウジアラビア(★アラビア半島の王国).

sau・na /sáunə, sɔ́ːnə/ 图 C〔一般語〕蒸気を使うフィンランド特有の蒸し風呂, サウナ, サウナ浴場, サウナに入ること.

語源 フィンランド語 *sauna* (=bathroom) が19世紀に入った.

saun・ter /sɔ́ːntər/ 動 本来自 图 C 楽しみながら急がないで目的をもたずにぶらぶら歩く (★通例 along, off, past などの 前 や 副 を伴う). 图 としてぶらぶら歩き.

語源 不詳.

【派生語】**sáunterer** 图 C.

sau・sage /sɔ́ː(ː)sidʒ/ 图 UC〔一般語〕ソーセージ.

語源 ラテン語 *salsus* (=salted) に由来する俗ラテン語 *salsicia* が古ノルマンフランス語を経て中英語に入った.

【複合語】**sáusage róll** 图 C《英》ソーセージ入りロールパン.

sau・té /sɔːtéi/ 形 图 C 本来的〔料理〕少量の油やバターで材料を強火で軽く焼いた, ソテーの. 图 としてソテー料理. 動 としてソテーにする.

語源 フランス語 *sauter* (=to jump) の過去分詞 *sauté* が19世紀に入った. フライパンの中でほうり上げることから.

sav・age /sǽvidʒ/ 形 图 C 動 本来的〔一般語〕〔一般義〕野蛮な, 未開の.その他 洗練されていない, 下品な, 無礼な, 動物が野生の, 人や行為が残酷な, 乱暴な, 猛烈な, 土地や風景などが自然のままの, 荒涼とした, 「荒れている」ことから, 比喩的に〔くだけた語〕激怒した, ひどく腹を立てている. 图 として意地の悪い「下品な」人,《差別的》野蛮人. 動 として, 動物が荒れ狂って人をかむ, かみちぎる, 比喩的に酷評する.

語源 ラテン語 *silva* (森) から派生した 形 *silvaticus* (森に帰属する, 野生の) の古フランス語 *salvage* を経て中英語に入った.

用例 The inhabitants were still in the *savage* state. 住民たちはまだ未開の状態にあった/The fox made a *savage* attack on the hens. きつねは猛烈にめんどりにかみついた/He was in a *savage* mood. 彼は激怒していた/He was *savaged* by wild animals. 彼は野生動物におそわれた.

【派生語】**sávagely** 副. **sávageness** 图 U.
sávagery 图 U 野蛮[未開]の状態, 凶暴性,《通例複数形で》残忍[残虐]な行為,《集合的に》野蛮人, 野獣.

sa・van・na, -nah /səvǽnə/ 图 CU〔地理〕熱帯や亜熱帯地方の大草原, サバンナ, 米国フロリダ州の樹木のない大平原.

語源 西インド諸島に住んでいたとされる Taino 族の言葉 *zabana* がスペイン語を経て初期近代英語に入った.

sa・vant /səvɑ́ːnt, sǽvənt/ 图 C〔文語〕ある特定の分野において非常に詳しい学識を持っている人, いわゆる権威人や大学者.

語源 ラテン語 *sapere* (=to know) に由来するフランス語 *savoir* (=to know) の現在分詞が18世紀に入った.

save¹ /séiv/ 動 本来他 C〔一般語〕〔一般義〕危険, けが, 災い, 損害などから人や物などを安全に守る, 救う, 神が罪などから人を救う.その他「消費することから守る」ということで, 金や物品を貯える, 貯蓄する, 使わなくとってなく,〔コンピューター〕ファイルをセーブする, 金銭や労力などを節約する, 省く. 自 としても用いる. 图 として,〔球技〕敵の得点の阻止, 防衛.

語源 ラテン語 *salvus* (=safe) から派生した 動 *salvare* (=to make safe) が古フランス語 *sauver*, *salver* を経て中英語に入った.

用例 He *saved* his friend from drowning. 彼は友達がおぼれそうになっているのを救った/The house was burnt but he *saved* the pictures. 家は焼けたが, 絵画は彼が安全に守った/He's *saving* (his money) to buy a bicycle. 彼は自転車を買おうと金をためている/

They're *saving* for a house. 彼らは家を買うため貯蓄している/I'll telephone and that will *save* me writing a letter. 電話をします. そうすれば手紙を書く手間が省けますから/I'd have been *saved* the bother of coming if I'd known you were away. もし君がいないのを知っていたら, わざわざ来る手間が省けたのに/The goalkeeper *saved* six goals. ゴールキーパーは敵の得点を6回防いだ/God *save* the Queen. 女王陛下万歳!

類義語 save; rescue; help: **save** は「救う」という意味で最も一般的に用いられる. **rescue** は大変な状態からすばやく救出することを意味し, しばしば「組織的な救助」ということが含意される. **help** は救助活動それ自体よりも「救いの手をさし出す」という行為に重点が置かれる.

save² /séiv/ 前接 《文語》...のほかは, ...を除いて. 接 として《save that ... で》...ということを除いて.
語法 同用法, 同意味で saving となることもある.
語源 ラテン語 *salvus* (=safe) の奪格 *salvo* (...が安全) が古フランス語で「...を除いて」の意となり中英語に入った.
類義語 except.

sav·ing /séiviŋ/ 形 名 UC 前接 《⇒save¹》〔一般語〕救いの, 埋め合わせとなる, 節約する. 名 として節約, 割引, 《複数形で》貯蓄, 貯金. また 前接 =save².
【複合語】**sáving gráce** 名 C 欠点を補う取り柄. **sávings accòunt** 名 C 《米》普通預金口座. **sávings bànk** 名 C 貯蓄銀行.

sav·ior, 《英》**-iour** /séivjər/ 名 C 〔一般語〕救助者, 《the S-》救世主, キリスト《★この意では《米》でも -iour とつづられることがある》.
語源 ラテン語 *salvare* (=to save) から派生した後期ラテン語 *salvator* (=savior) が古フランス語を経て中英語に入った.

sa·vor, 《英》**-vour** /séivər/ 名 U 動 本来自 《やや形式ばった語》 一般語 食べ物に独特で満足感を与える香り, 風味. その他 興味や情熱の源泉, ある物の独特の持ち味, 特徴《of》. 動 として独特の香り[味]がする, 食べ物に独特の香り[味]をつける, また 食べ物の香り[味]を楽しむ.
語源 ラテン語 *sapere* (=to taste) の派生語 *sapor* (=taste) が古フランス語 *savour* を経て中英語に入った.
類義語 savor; flavor: **savor** は香りに重点を置くが, **flavor** は特有の香りと味を総合的に強調する.
【派生語】**sávory¹**, 《英》**sávoury** 形 効果的で味つけでおいしい, 道徳的に好ましい, 気持[気分]がいい. 名 C《通例複数形で》塩味[辛み]のきいた料理セイボリー.

sa·vor·y² /séivəri/ 名 CU 《植》きだちはっか, 《★料理に用いる》.
語源 ラテン語 *satureia* が古フランス語を経て *saverei* として中英語に入った. 現在の語形は savory² の影響を受けたと思われる.

savory¹ ⇒ savor.

sa·vour /séivər/ 名 動 形 《英》=savor.
【派生語】**sávoury** 形 《英》=savory.

sav·vy /sævi/ 動 本来他 名 U 形 《くだけた語》《通例現在時制で》知る, わかる. 名 として実際的知識, 要領, ノウハウ, 手腕. 形 として抜け目のない, 事情通の.
語源 ラテン語 *sapere* (=to know) に由来するスペイン語 *saber* (=to know) の *sabe usted*? (=do you know?) で用いられる語形 *sabe* が黒人英語またはピジン英語 sabi を経て18世紀に入った.

saw¹ /sɔ́:/ 動 see¹ の過去形.

saw² /sɔ́:/ 名 C 本来他 《過去 ~ed; 過分 ~ed, sawn》 〔一般語〕 一般語 鋸(のこぎり). その他 その形状より 《動》 鋸(ぎり)歯状部[器官]. 動 として鋸を使う, 木を鋸で切る.
語源 古英語 saga から.
用例 He used a *saw* to cut through the branch. 彼は鋸を使ってその枝を切った/He *sawed* the log in two. 彼は丸太を鋸で2つに切った.
日英比較 日本の鋸は「引いて切る」が, sawは「押して切る」ようにできている.
【派生語】**sáwyer** 名 C 木(こ)びき人, 《米》流木, 《昆》かみきり虫.
【複合語】**sáwbùck** 名 C 《米》木びき台 (sawhorse), 《俗》10ドル紙幣. **sáwdùst** 名 U おがくず. **sáwed-òff** 形 《米》小銃など銃身を短く切った(sawn-off), 《くだけた語》平均より背の低い. **sáwhòrse** 名 C X字形の木びき台. **sáwmìll** 名 C 製材所, 製材用の大型の鋸. **sáwn-òff** 形 《英》=sawed-off.

saw³ /sɔ́:/ 名 C 〔文語〕ことわざ, 格言《★an old saw という句で特に用いられる》.
語源 「伝説, 説教」の意の古英語 *sagu* から. アイスランド語 *saga* (物語)と同系.

sawn /sɔ́:n/ 動 本来他 《英》saw² の過去分詞.

sawyer ⇒ saw².

sax /sǽks/ 名 C 《くだけた語》サックス.
語源 saxophone の短縮形.

Sax·on /sǽksn/ 名 CU 形 5-6世紀にドイツ北部からイングランドに移住してきたゲルマン民族の一派のサクソン人, 《the ~s》サクソン族. アングロサクソン人, スコットランド低地人, イングランド人, サクセン人. U サクソン語, アングロサクソン語. 形 としてサクソン人[語]の.
語源 ゲルマン語起源の後期ラテン語 *Saxon* (複 *Saxones*) が古フランス語を経て中英語に入った. 原義は sax (=knife) をもった人.

sax·o·phone /sǽksəfòun/ 名 C 《楽》木管楽器の一種サクソホン《★sax ともいう》.
語源 ベルギーの楽器製作者 Antoine J. Sax (1814-94) が, 彼の父が考案した金管楽器 saxhorn の名にちなんで, 自ら作った楽器につけた名称.

say /séi/ 動 入った. 本来他 《過去・過分 said /séd/》 名 U 〔一般語〕 一般語 言葉を発する, 言う. その他 意見や決定, あるいは事実などを述べる, 断言する, 人がうわさをする, 祈りなどを唱える, 学課などを暗誦する, 言い分などを論じる. 「言う」ことから意味が一般化して, 時計などが時を示す, 本, 手紙, 新聞などが...と書いている, 顔などの表情が表している. 名 として言い分, 意見, 発言の機会[番], 発言権, 《the ~》《最終》決定権.
語法 他に以下の用法がある.
❶ 《Let's say ... の形で》 (a) 接続詞的に, 文頭で if, suppose の意で用いられる: *Say* it were true, would you do so? 仮に本当だとしたらそうしますか/*Let's say* he started at 9.00 a.m., when will he arrive? 仮に彼が午前9時に出発したとしたら, 何時に着きますか. (b) 挿入語句として「仮に...と言えば」「おおまかに...と言えば」の意で用いられる: You'll arrive there in,

(*let's*) *say*, three hours. あなたはそこに、そうですね、3時間で着くでしょう.

❷ 口語で呼びかけの形で用いられ、驚きや異議の申し立てを表したり、あるいは相手の注意を引く場合などに使われる.《英》では I say という: *Say*, Bill, have you seen the movie yet? ねえビル、その映画はもう見た?/*I say!* Look at those birds! おい、あの鳥を見てごらん.

[語源] 古英語 secgan から.

[用例] What did you *say*? 何て言いました/'Thank you,' he *said*.「ありがとう」と彼は言った/In her letter she *said* how she had enjoyed meeting me. 手紙で彼女は私と会えて大変嬉しかったと伝えてきた/I can't *say* (=I don't know) when he'll return. 彼がいつもどるのか私は言えません (= 知りません)/The child *says* her prayers every night. その子は毎晩お祈りをする/It *says* in this book that women are more intelligent than men. この本には女性の方が男性よりもより知的だと書かれている/I haven't had my *say* yet. まだ発言の機会を与えられていない/We have no *say* in the decision. 我われにはその決定において発言権がありません/She ought to have the final *say* about whether we go or not (=she ought to be the one who decide). 彼女は私たちが行くか行かないかについて最終決定権があるはずだ (=彼女が決定するはずだ).

[類義語] say; tell: **say** は話された通りを伝え、特定の言葉を言うという意味があるのに対して、**tell** は話された内容を相手に伝えるということを意味する.

[慣用句] ***it goes without saying that*** ...〔形式ばった表現〕...ということは言うまでもないことだ: *It goes without saying that* he's an excellent artist. 彼がすばらしい芸術家であるということは言うまでもないことだ.
it is said (that) ... = ***they say (that)*** ...〔形式ばった表現〕...と言われている: *It's said* her health is very poor. 彼女の健康はとてもすぐれないという話だ. ***say to oneself*** 心の中で自分に言い聞かせる、思う. ***say what you like [will; want]*** あなたが何と言おうと(whatever you say). ***that is to say*** すなわち (that is)《[語法] 挿入語句として用いられる》: He was here last Thursday, *that's to say* the 4th of June. 彼はここに先週の木曜日に、すなわち、6 月 4 日にいた. ***There's no saying*** ....を言うこと[知ること]はできない. ***to say nothing of*** ... ...は言うまでもなく、...はもちろん. ***You can say that again!*** = ***You [You've] said it!***〔くだけた表現〕まったくです、その通り: "He's crazy." "*You can say that again!*"「彼は頭がくるってる」「まったくだ」. ***You don't say (so)!*** へえ、まあそうですか《★驚き、感嘆を表す》. ***What do you say to ...?*** ...はいかがですか. ***Who can say?*** だれが分かるものか.

【派生語】**sáying** 名 C ことわざ、言う[言った]こと.

【複合語】**sáy-sò** 名 C〔くだけた語〕《単数形で》根拠のない主張、決めつけるような発言.

scab /skǽb/ 名 CU 動 本来自 〔一般語〕 一般義 かさぶた(ができる). その他 家畜の伝染病の一つで、特に羊に発生する疥癬(かいせん)、植物や野菜の葉、茎、実などに発生する斑点病、〔くだけた語〕かさぶたのようないやな奴、労働組合に加入しない人、スト破り.

[語源] 古ノルド語 skabb (疥癬)が中英語に入った.

【派生語】**scábby** 形.

scab·bard /skǽbərd/ 名 C 動 本来自 刀、剣、短剣などを納めるさや. 動 としてさやに納める.

[語源] ゲルマン語起源のアングロフランス語 *escaubers* (=sheath) が中英語に入った.

【類義語】sheath.

scabby ⇒scab.

sca·bies /skéibi:z/ 名 U 【医】皮膚病の一種の疥癬. ⇒scab.

[語源] ラテン語 *scabere* (=to scratch) から派生した *scabies* (=roughness; itch) が中英語に入った.

scads /skǽdz/ 名《複》〔くだけた語〕いっぱい、どっさり《of》.

[語源] 不詳.

[用例] *scads* of money 大金.

scaf·fold /skǽfəld, -fould/ 名 C 〔一般語〕 一般義 建物の修繕、塗装、建造物用または鉱内で用いられる足場. その他 高所作業用のゴンドラ、昔の絞首台や断頭台.

[語源] 古ノルマンフランス語 *escafaut* (台、舞台)が中英語に入った.

【派生語】**scáffolding** 名 U 足場(構造)、足場材料.

sca·lar /skéilər/ 形 名 C 【数】スカラーの. として スカラー量(⇒vector).

[語源] ラテン語 *scalae* (=stairs) から派生した 形 *scalaris* が初期近代英語に入った.

scal·a·wag /skǽləwæɡ/ 名 C 〔くだけた語〕 一般義 ろくでなし、ならず者. その他 南北戦争後北部の政治家に協力した南部の白人. 原義は小さくてやせた役に立たない動物.

[語源] 不詳.

scald /skɔ́:ld/ 動 本来他 C 〔一般語〕 一般義 熱湯や熱い液体や蒸気、湯気などでやけどさせる. その他 物を熱湯や熱い蒸気にさらす意味から、**熱湯消毒する**、果物などの皮をむく、鳥の羽根をとる、牛乳や液体を沸騰点近く(まで)煮立たせる. 名 としてやけど、熱湯処理.

[語源] 後期ラテン語 *excaldare* (=to wash in hot water) が古ノルマンフランス語を経て中英語に入った. ラテン語 *cal(i)dus* は hot の意.

【類義語】scald; burn: **scald** は熱湯や蒸気でやけどさせることをいうのに対して、**burn** は火でやけどさせることをいう.

【派生語】**scálding** 形 やけどするような、焼けつくような、痛烈な.

scale¹ /skéil/ 名 C 動 本来自 〔一般語〕 一般義 **規模、程度**. その他 元来は「階段」「はしご」の意で、「階段状になっているもの」の意から、**目盛り、尺度、物差し**、定規、階級、等級、地位. 他の物と比較する上での基準ということで、地図や模型などの縮尺、比例尺、物の比率、割合、《楽》音階、《数》記数法、...進法. 動 として縮尺する、率に応じて決める、はしごで登るなど.

[語源] ラテン語 *scandere* (=to climb) から派生した *scalae* (=stairs; ladders) が中英語に入った.

[用例] This model differs in *scale* from that one. このモデルはあのモデルと大きさの点で異なっている/These guns are being manufactured on a large *scale*. これらの銃は大規模に製造されている/This thermometer has two *scales* marked on it, one in Fahrenheit and one in Centigrade. この温度計には、華氏と摂氏の 2 つの目盛りがついている/In a map drawn to the *scale* 1:50000, one centimetre represents half a kilometre. 5万分の1の縮尺地図上では、1センチは 500 メートルを表します/Are

doctors high on the social *scale*? 医者というのは社会的地位が高いのですか.
【慣用句】**in scale** 一定の尺度に応じて，釣合いがとれて．**out of scale** 一定の尺度からはずれて，釣合いがとれなくて．**scale down [up]** ある割合[率]で減ずる，縮小する，増加する，拡大する．

scale² /skéil/ 名 動 [本来他] 〔一般語〕天秤(てんびん)，はかり ([語法] 通例複数形で単数扱い). 動 として，天秤で重さをはかる．
[語源] 古ノルド語 *skāl* (=bowl) が「天秤の皿」の意で中英語に入った．

scale³ /skéil/ 名 CU 動 [本来他] 〔一般語〕〔一般義〕魚のうろこ．[その他] うろこ状のものの意で，皮膚からとれる薄片，かさぶた，蝶や蛾の鱗粉，歯石，やかんやボイラーなどの湯あか，加熱した金属の表面に生ずる金ごけ．動として，魚のうろこを落とす，歯石[湯あか]をとる．自 で皮膚に薄片が生じてかさぶた，塗装の薄片がはがれて落ちる．
[語源] 古フランス語 *escale* (=husk) が中英語に入った．ゲルマン語起源で，scale² と同根．
【派生語】**scáled** 形 うろこのある，うろこを落とした．**scáleless** 形．**scáler** 名 C うろこを落とす道具[人]，歯石除去器．**scály** 形 うろこのある，肌が乾燥してかさかさした．

scal·lop /skáləp/ /skól-/ 名 C 動 [本来他] 〔一般語〕〔一般義〕ほたて貝，その貝柱，貝殻．[その他] 貝殻に料理をのせて出す貝皿．また殻の形状から，《通例複数形で》布地やレースのふちどりに用いられる波形模様．動 として波形模様にする，ふたつきの焼きなべでこんがり焼く．自 でほたて貝を採る．
[語源] ゲルマン語起源の古フランス語 *escalope* (=scallop) が中英語に入った．
【複合語】**scállop shèll** 名 C ほたて貝の貝殻．

scalp /skǽlp/ 名 C 動 [本来他] 〔一般語〕〔一般義〕頭頂部から後頭部にかけての頭皮の部分で，ふつうは頭髪がついている部分．[その他] 北米先住民の戦士が敵からはぎ取って戦利品とした頭皮，勝利や物事の達成を示す印や象徴．丸く突き出た小さい山を指す．動 として頭皮をはぐ，物の上部を取り去る，鉱石の異質の部分を取り除くためにふるいにかける，取捨選択する．また [くだけた語] [米] 短期間に利ざやを稼ぐために株を売買する，特に物を買い占めて非常に高く売る．
[語源] スカンジナビア系の語と思われるが不詳．中英語から．

scal·pel /skǽlpəl/ 名 C 【医】外科用または解剖用のメス．
[語源] ラテン語 *scalpere* (=to carve) に由来する *scalper* (=knife) の指小語 *scalpellum* が 18 世紀に入った．

scamp /skǽmp/ 名 C 動 [本来他] 〔古風な語〕人を困らせてばかりいるいたずら者，手のつけられぬならず者．動 として，物事を性急にいいかげんに行う．
[語源] *scamper* の短縮形と考えられるが不詳．当初は「追いはぎ」の意．

scam·per /skǽmpər/ 動 [本来他] 名 C 子供などが楽しく軽快に走り回る[跳びはねる](こと)，小動物などが物事に驚いて逃げ回る(こと)．
[語源] 不詳．

scam·pi /skǽmpi/ 名 CU 《複 ~, ~es》【料理】えび，またその料理，スキャンピ．
[語源] 「えび」の意のイタリア語 *scampo* の複数形が 20 世紀に入った．

scan /skǽn/ 動 [本来他] 名 C 〔やや形式ばった語〕〔一般義〕物事を一つ一つ細かく観察して調べる．[その他] 特定の物を捜して急いでざっと目を通す．電磁波や超音波などによって走査する，ファクシミリやテレビで映像化する，電磁波や放射線などを連続的に放射する，機械的，電子的装置により記録データを調べる．【詩】詩の韻律を調べる．詩に韻律をつけて読む，詩脚に分ける．
[語源] ラテン語 *scandere* (=to climb) が中英語に入った．「詩のリズムが上昇調か下降調かを分析する」という意味から「物事を細かく調べる」となり，さらに「全体を見通す」意に変化した．
【派生語】**scánner** 名 C 走査器[機]，スキャナー．**scánsion** 名 U【詩】韻律分析，律読法．

scan·dal /skǽndl/ 名 C 動 [本来他] 〔一般義〕醜聞，スキャンダル，汚職(事件)．[その他] 本来は「わな」という意で，他人の道徳心を汚したり，教会の不面目となるような篤信の行為を意味した．不名誉な出来事などに対する世間の人びとの反感，驚き，物議，不名誉，面汚し，名折れ，中傷，悪口．
[語源] ラテン語 *scandalum* (=trap) が中英語に入った．
[用例] This book describes the *scandal* of the British opium trade during the nineteenth century. この本には 19 世紀に英国が行ったアヘン貿易の醜聞が描かれている/Her love affair caused a great *scandal* amongst the neighbours. 彼女の情事は近所の人々の間でたいへん物議をかもした．
【派生語】**scándalize** 動 [本来他] 《受身で》あきれさせる，憤慨させる，愛想をつかす．**scándalous** 形 恥ずべき，けしからぬ，言語道断の．
【複合語】**scándalmònger** 名 C 他人の悪口をいいふらす人．

Scan·di·na·via /skændənéiviə/ 名 固 ノルウェーとスウェーデンから成るスカンジナビア半島(the Scandinavian Peninsula). 漠然とスカンジナビアや北欧．
【派生語】**Scàndinávian** 形 スカンジナビア(人，語)の．名 C スカンジナビア人，スカンジナビア語．

scanner ⇒scan.

scansion ⇒scan.

scant /skǽnt/ 形 [本来他] 〔形式ばった語〕《通例限定用法》経験，知識，注意などが足りない，乏しい．動 として，数量を切り詰める，けちけちする．
[語源] 「短い」の意の古ノルド語 *skammr* の中性形 *skamt* が中英語に入った．
【派生語】**scánties** 《複》女性用の短いパンティー(★*scant* と *panties* の混成語). **scántily** 副 不十分で，貧弱に，けちけちして．**scántiness** 名．**scánty** 形 乏しい，貧弱な．

-scape /-skèip/ 連結 ある特定の景色や風景を表す語を形成する．例: cityscape; riverscape; seascape.
[語源] landscape からの逆成．

scape·goat /skéipgòut/ 名 C 動 [本来他] 〔一般義〕他人のものの罪や間違いの責任を負わされる人，身代わり，犠牲．[その他] 【聖】ユダヤの故事から，贖罪の日 (Yom Kippur) に人の罪を負わせられて荒野に送り込まれた贖罪の山羊(やぎ)．
[語源] (e)scape + goat. ヘブライ語の *azāzēl* (神にはむかった天使 Azazel に供された山羊) を Tyndale が「去って行く山羊」と誤訳したことから．

scap·u·la /skǽpjulə/ 名 C 《複 -lae /liː/, ~s》【解】肩甲骨(shoulder blade).

[語源] ラテン語 (＝shoulder) が初期近代英語に入った.

scar /skáːr/ 名 C [本来他] [一般義] 切り傷, やけど, できものなどの跡. [その他] 比喩的に心痛や苦労などによる心の傷跡, 災害などによるつめ跡, 鋳物や家具などについた傷跡. [植] 葉痕(こん). 動 として《しばしば受身で》傷跡をつける.
[語源] ギリシャ語 eskhara (＝hearth) が後期ラテン語 eschara, 古フランス語 esc(h)are を経て中英語に入った. なぜ「暖炉」が傷跡になるのかは, 多分やけどの跡ということだと思われる.
[用例] He has a *scar* on his arm where the dog bit him. 彼の腕には犬にかまれた跡がある／The tragedy left a *scar* on her mind. その惨事は彼女の心に傷跡を残した／The children were *scarred* by their experiences during the war. 子供たちは戦争を体験して心に大きな傷を受けた.

scarce /skéərs/ 形 [一般義] [一般義] 普段はあるような金銭, 食べ物, 必要品などが現在不足している. [その他]「なかなか見あたらない」ということで, まれな, 珍しい.
[語源] ラテン語 excerpere (＝to pluck out) の過去分詞 excerptum が俗ラテン語, 古ノルマンフランス語 escars を経て中英語に入った.「もぎ取られた」が「まれな」となり,「不足している」に変化したと考えられる.
[用例] Plums are *scarce* because of the bad summer. この夏は天候に恵まれないためプラムは不足している／Paintings by this artist are very *scarce*. この画家の描いた絵はとても少ない.
[類義語] rare.
【派生語】 **scárcely** 副 ⇒見出し. **scárcity** 名 UC 不足, 欠乏, 物資不足.

scarce·ly /skéərsli/ 副 (⇒ scarce) [一般義] [一般義] ほとんど...ない(⇒hardly). [その他] やっと, かろうじて, 確かに...ではない(certainly not), (しばしば皮肉で)まずしまつだ, ...ではない(だろう).
[用例] Speak louder please — I can *scarcely* hear you. もっと大きな声で言って下さい. ほとんど聞こえません／They have *scarcely* enough money to feed themselves. 彼らの所持金では食べていくのがやっとだ／You can *scarcely* expect me to work when I'm ill. 君はまさか私が病気のときに仕事をするとは思っていないだろうね.
【慣用句】 *scarcely* ... *when* [*before*] ... ...するかしないうちに...する, ...するとすぐ...する: He had *scarcely* gone *when* [*before*] they started talking about him. 彼が立ち去るとすぐ彼らは彼の噂を始めた (《語法》when, before の前は過去完了形で, 後は過去形になる).

scarcity ⇒scarce.

scare /skéər/ 動 [本来自] 名 C (ややくだけた語) 突然おどかす, びっくりさせる, 相手を恐怖でおびやかす. @ びっくりする, おびえる 《★easily とか seldom などの副詞を伴う》. 名 として (a ～) 驚き, おどし, おびえ.
[語源] 古ノルド語の *skjarr* (＝timid) から派生した *skirra* (＝to frighten) が中英語に入った.
[用例] You'll *scare* the baby if you shout. 大声を出すと子供をびっくりさせるよ／Their threats *scared* him out of telling the police. 彼らがおどしたので彼は警察に通報するのをやめた／The noise gave me a *scare*. 物音で私はぞっとした.
[類義語] frighten.
【派生語】 **scáred** 形 びっくりした, おびえた. **scárily** 副. **scáry** 形〔くだけた語〕人に恐怖心を起こさせるような, 人をぎくりとさせる. おびえた, びくびくした.
【複合語】 **scárecrow** 名 C かかし, ぼろ服を着たみすぼらしい人. **scárehèad** 名 C〔くだけた語〕新聞の大見出し. **scáremònger** 名 C デマをとばす人, 人騒がせ人.

scarf /skáːrf/ 名 C (複 ～s, scarves) [一般義] [一般義] 防寒用あるいは装飾用のスカーフ, 襟巻き. [その他]〔軍〕飾帯, 肩章, 《米》テーブルやピアノなどの上にかける掛け布.
[語源] スカンジナビア語起源と思われる. 原義は「首からつりさげる財布」.
【複合語】 **scárfpìn** 名 C〔英〕ネクタイや襟巻きなどを留める装飾用のピン, スカーフ留め.

scarification ⇒scarify.

scarifier ⇒scarify.

scar·i·fy /skǽrəfài|skéər-/ 動 [本来他] 形式ばった語 [一般義] 先端のとがった道具や機械で道路を掘り起こす. [その他]〔医〕種痘のときなどに皮膚の表面を小さく切開する, 浅く切りつける, 畑の土をかきほぐす, 発芽を早めるために硬い種子の表面に傷をつける. また批評や非難などで人の心を切りさいなむ.
[語源]「輪郭を刻む, スケッチする」の意のギリシャ語 *skariphasthai* が後期ラテン語 *scarificare*, 古フランス語 *scarifier* を経て中英語に入った.
【派生語】 **scàrificátion** 名 U. **scárifìer** 名 C.

scar·let /skáːrlit/ 名 [一般義] [一般義] 緋(ひ)色, 深紅色. [その他] 緋色の服, 英国高等法院判事, 英国陸軍将校, 大司教などの礼服として着用される深紅の大礼服. 形 として緋色の, 深紅色の, この色の性的イメージからみだらな, 売春の.
[語源] おそらくペルシャ語起源と思われる中世ラテン語 *scarlatum* (＝scarlet cloth) が古フランス語を経て中英語に入った.
【複合語】 **scárlet féver** 名 C〔病〕猩紅(しょうこう)熱. **scárlet pímpernel** 名 C〔植〕紅はこべ. **scárlet wòman** 名 C〔古風な語〕売春婦.

scarp /skáːrp/ 名 C [本来他] [一般義] 断層や浸食による急な崖(がけ), 波の浸食による海岸沿いの低い急な斜面. [その他]〔築城〕外壕の内壁. 動 として, 山などを垂直に[急斜面に]切る.
[語源] ゲルマン語起源のイタリア語 *scarpa* (急斜面) が初期近代英語に入った.
【派生語】 **scárped** 形.

scary ⇒scare.

scat¹ /skǽt/ 動 [本来自]〔くだけた語〕急いで逃げる, すばやく移動する [語源] 普通は命令形で猫などを追い払うときに用い,「しっ!」などの感嘆詞的な使われ方になる).
不詳.

scat² /skǽt/ 名 C 動 [本来自]〔楽〕ジャズなどで楽器の音をまねたり, 楽器に合わせて無意味な文句を歌うスキャット(を歌う).
[語源] おそらく擬音語.

scath·ing /skéiðiŋ/ 形 [一般義] 批評や非難などが痛烈な, 情け容赦なく鋭い.
[語源] 古ノルド語 *skatha* (＝to injure) から中英語に入った *scathe* の現在分詞.
【派生語】 **scáthingly** 副.

scat·ter /skǽtər/ 動 [本来他] 名 U [一般義] [一般義] 物をばらまく, まき散らす. [その他] 群衆などを追い散らす,

雲や霧などを散らす, 希望や期待などを消散させる, 恐怖, 心配, 疑念などを晴らす, 消す. 自 ちりぢりになる. 名 としてまき散らすこと, 《a ～》まき散らされたもの.
[語源] shatter の異形. 中英語から.
[用例] The load from the overturned lorry was *scattered* over the road. トラックが横転し積み荷が道路に散乱した/The crowds *scattered* when the bomb exploded. 爆弾が爆発して人々は四散した.
【派生語】**scáttered** 形 ちりぢりになった, 離ればなれの, ばらばらの. **scáttering** 名《a ～》まき散らすこと, 散布. 形 ちりぢりの, ばらばらの, 散在する.
【複合語】**scátter bràin** 名 C 〔くだけた語〕落ち着きがなく注意散漫な人, おっちょこちょい. **scátter bràined** 形 〔くだけた語〕おっちょこちょいの.

scav·enge /skǽvɪndʒ/ 動 [本来他] [一般他] [一般義] 一定の地域や場所からごみや廃棄物を取り除く, 道路などを清掃する. [その他] 動 一地方全般の廃棄物を集める, ごみや不要品の中から利用できる物[食べ物]を探し出す, 拾い集める, 内燃機関のシリンダーから爆発後排気する.
[語源] scavenger (道路掃除人) からの逆成. scavenger は「検査する」意のアングロフランス語 *scawager* から中英語に入った.
【派生語】**scávenger** 名 C (英)道路清掃夫, ごみを集める清掃局員, 廃品回収業者, 不純物除去剤, ハイエナやハゲタカのように腐肉に群がる動物.

sce·nar·i·o /sɪnéəriòu, -ná:r-/ 名 C 〔一般義〕 [一般義] 劇の筋書き, オペラの歌詞, 映画の脚本, シナリオや映画撮影用台本. [その他] 実際に起こった事件についての想像上の一連の筋書や概要, 予定の行動や計画についての説明やあらすじ.
[語源] イタリア語 *scenario* (＝scenery) が 19 世紀に入った.
【派生語】**scenárist** 名 C シナリオ作家.

scene /si:n/ 名 C [一般義] [一般義] 《通例 the ～》事件が出来事の現場, 場面. [その他] 劇の幕を構成する場, 「物事が行われる場」ということで, テレビや映画などの一場面, 物語などの舞台, 芝居の背景, 〔くだけた語〕《the ～》活動・活躍の場, 怒ったりわめいたりして演ずる醜態, 「目に浮かんでくる場面」ということで, 特定の場所の限られた範囲の(美しい)景色, 風景, 情景.
[語源] ギリシャ語 *skēnē* (＝stage) がラテン語 *scena*, *scaena*, 中フランス語 *scène* を経て初期近代英語に入った.
[用例] The police got quickly to the *scene* of the accident. 警察はすぐに事故現場に着いた/The *scene* of this opera is laid [set] in Switzerland. このオペラの舞台はスイスです/The balcony *scene* of Romeo and Juliet is Scene 2 of Act II. ロミオとジュリエットのバルコニーのシーンは第 2 幕第 2 場です/*Scene*-changing must be done as quickly as possible. 場面変えはできる限りすばやく行わなくてはならない/The sheep grazing in the hillside made a peaceful *scene*. 山腹で草を食べる羊の姿は穏やかな風景だった.
【慣用句】*behind the scenes* 〔くだけた表現〕舞台裏で, 秘密に: It would be interesting to know what goes on *behind the scenes* at the White House. ホワイトハウスの舞台裏で何が起きているかが分かるとおもしろいだろう. *come on the scene* 姿を現す, 登場する. *make a scene* 大騒ぎする, 醜態を演じる: I was very angry but I didn't want to *make a scene*. 私はたいへん怒っていたが大騒ぎしたくなかった.

set the scene 〔くだけた表現〕これまでの経過の説明をする, 用意する, 道を開く.
【派生語】**scénic** 形 景色の, 景色のよい, 舞台上の, 背景の.

scen·er·y /sí:nəri/ 名 U 〔一般義〕 [一般義] ある土地, あるいは一地方全般の景色, 風景. [その他] 《集合的》舞台の書割り, 道具立て, 背景.
[語源] イタリア語 *scinario* (⇒scinario) の変形として 18 世紀から.
[用例] There is some beautiful *scenery* in the Scottish Highlands. スコットランド高地地方には素晴らしい景色の場所がいくつかある/The *scenery* looked rather old and shabby. セットはかなり古びていてみすぼらしく見えた.
[類語] view.

scenic ⇒scene.

scent /sént/ 名 C U 動 [本来他] 〔一般義〕 [一般義] 特徴のあるかすかな快い香り 《[語法] 種類をいうときは C》. [その他] (英)香水(perfume). 《単数形で》人や動物が通ったあとに残すにおい, 由のかおり, 猟犬などの嗅覚, かぎ出す力, 勘, 直覚. 動 としては, 犬などがかぎつける, かぎ分ける, 《比喩的に》危険などに感づく, 《受身で》においする, 香りをつける.
[語源] ラテン語 *sentire* (＝to feel; to perceive) が古フランス語 *sentir* を経て中英語に入った. ⇒sense.
[用例] This rose has a delightful *scent*. このばらはすばらしい香りがする/She wears too much *scent*. 彼女は香水をつけすぎる/The dogs picked up the man's *scent* and then lost it again. 犬たちはその男のにおいをかぎつけたが, その後再び手がかりを失った/A dog has keen *scent*. 犬の嗅覚はするどい/As soon as he came into the room I *scented* trouble. 彼が部屋に入って来るとすぐに私はまずい事が起きると感じとった.
[類語] smell.
【慣用句】*follow the scent* においをかぎながら追う. *off the scent* 手がかりを失って, 猟犬が獲物のにおいを見失って. *on the scent* 手がかりを得て, 猟犬が獲物のにおいをかぎ当てて.
【派生語】**scénted** 形 香りのする, 香水をつけた. **scéntless** 形 無臭の, 〔狩猟〕遺臭が消えている, においの跡がない.

scep·ter, (英)**-tre** /séptər/ 名 C 動 [本来他] 《やや形式ばった語》 [一般義] 権威の象徴として式典などで王や女王が手に持つ笏 (しゃく). [その他] 笏が象徴する王位や王権. 動 として王位[王権]を与える.
[語源] ギリシャ語 *skēptron* (＝stick) がラテン語 *sceptrum*, 古フランス語 *sceptre* を経て中英語に入った.
【派生語】**scéptered** 形.

scep·tic /sképtɪk/ 名 (英)＝skeptic.
scep·ti·cal /sképtɪkəl/ 形 (英)＝skeptical.
scep·ti·cism /sképtɪsìzm/ 名 (英)＝skepticism.

sched·ule /skédʒu(:)l/ ʃédju:l/ 名 〔一般義〕 [一般義] 物事の進行や企画を具体的な時間順に表した予定, 段取り, 日程. [その他] 本来は「紙片に書いたメモ」の意で, 〔形式ばった語〕目録, 《一覧》表, 〔法〕文書に付属した別表, 《別紙》明細表, (米)時刻表, 時間表, 予定表, 計画表. 動 として 《しばしば受身で》予定する, 表にする, 表に記入する.
[語源] 後期ラテン語 *schedula* (＝slip of paper; note) が古フランス語 *cedule* を経て中英語に入った.

schedula はラテン語 *scheda*（細長い紙片）の指小語．
[用例] He planned his work *schedule* for the following month. 彼は次の月の仕事予定を組んだ／What is on the *schedule* this morning? 今朝の予定はどうなっていますか／The meeting is *scheduled* for 9.00 a.m. tomorrow. 会議は明日の午前 9 時に予定されています．

[類義語] plan.

[慣用句] *according to schedule* 予定通りに，予定によれば．*ahead of schedule* 定刻より早く．*behind schedule* 定刻より遅れて．*on schedule* 定刻に．

sche·ma /skíːmə/ 名 C 〔複 -mata /-məta/〕形式ばった語 計画や理論の図式的な提示や説明，図解，基本的構図，輪郭．[論] 三段論法の格．[哲] 先験的図式．

[語源] ラテン語．⇒scheme.

【派生語】**schemátic** 形 図式的な，概要の．**schemátically** 副．

scheme /skíːm/ 名 C 本来итью 〔一般語〕 一般語 陰謀，たくらみ．その他 計画，案．「組織立った」ということから，学問などの組織，体系，組立て，「全体的な構成」ということで，概要，大略，輪郭，要綱，一覧表，図表，図解，略図．動 として，陰謀などをたくらむ，計画する．として企てる，たくらむ．

[語源] ギリシャ語 *skhēma*（= shape）がラテン語 *schema* を経て初期近代英語に入った．

[用例] He planned to steal the money, but his *schemes* were discovered. 彼は金を盗む計画を立てたが，そのたくらみが露見した／In this sort of social work voluntary helpers are part of the *scheme*. この種の社会事業では，ボランティアで手伝ってくれる人たちが計画の一部に含まれている／He *schemed* to get himself elected as president. 彼は自分が大統領に選ばれるようにたくらんだ／They have all been *scheming* for my dismissal. 彼らはみんな私が解雇されるようにたくらんでいる．

[類義語] plan.

【派生語】**schémer** 名 C 悪だくみの計画者．**schéming** 形 たくらみのある，策動的な，腹黒い．

scher·zo /skértsou/ 名 C [楽] スケルツォ（★軽快な曲）．

[語源] joke の意のイタリア語が 19 世紀に入った．

schism /sízəm/ 名 UC 〔形式ばった語〕信念や思想の違いからグループや組織を二つに分裂，分離すること，二つのものが不調和の状態になること．特に教会や宗派内の分派や分立．

[語源] 「分裂」の意のギリシャ語 *skhism* がラテン語，古フランス語を経て中英語に入った．

【派生語】**schismátic** 形 名 C. **schísmatize** 動．

schiz·oid /skítsɔid, skíz-/ 形 名 C [医] 精神分裂症の．名 として精神分裂病[質]の人．

[語源] schiz(o)-「分裂」+ -oid「…に似た」．20 世紀より．

schiz·o·phre·ni·a /skìtsəfríːniə, skìzə-/ 名 U [医] 精神分裂病．

[語源] schiz(o)-「分裂」+ -phrenia「精神障害状態」．20 世紀より．

【派生語】**schizophrénic** 形．**schizophrénically** 副．

schmaltz, schmalz /ʃmáːlts, ʃmɔ́ːlts/ 名 U 〔くだけた語〕《米》極端に感傷的な文学作品や音楽，大げさな感傷主義．

[語源] 「溶けた脂肪」の意のイディッシュ語が 20 世紀に入った．

schnit·zel /ʃnítsəl/ 名 UC [料理] 薄切りにした子牛肉のカツレツ．[語源] ドイツ語 *Schnitz*（= slice）の指小語が 19 世紀に入った．

schol·ar /skálər| skɔ́l-/ 名 C 〔一般語〕 一般語 自然科学に対して，特に人文学における学者（⇔scientist）．その他 元来はギリシャ・ローマの文学を専門とする古典学者を指した．学問のある人，〔古風な語〕学生，生徒，奨学生，給費生．

[語源] ラテン語 *schola*（= school）から派生した後期ラテン語 *scholaris*（= relating to a school）が古フランス語を経て後期古英語に入った．

[用例] He is a fine classical *scholar*. 彼は立派な古典学者だ／As a *scholar*, you will not have to pay college fees. 君は奨学生なので，大学の授業料は払う必要がありません．

【派生語】**schólarly** 形 学者的な，博学な．**schólarship** 名 C 奨学金，U 特に人文学の学問，学識．**scholástic** 形 〔形式ばった語〕学校[大学]の，教育の，学者（風）の，学者ぶった，（しばしば S-）中世のスコラ哲学の．**Scholásticism** 名 U スコラ哲学．

school¹ /skúːl| skúːl/ 名 C 〔一般語〕 一般語 学校（★普通は小・中・高等学校を指す）．その他 U 学業，授業，《the 〜として集合的に》全校の生徒[学生]，教職員と全生徒[学生]．CU 大学の（専門）学部，大学院．「特殊技能を与える場」ということで，C 教習所，訓練所，養成所，研修所，「学問の場」という意味で，学問や芸術などの学派，流派．動 として〔形式ばった語〕しつける，訓練する．

[語源] ギリシャ語で「余暇」を意味する *scholē* が語源．「人はゆとりがある時に物事を考えたり，論じたり，学ぶものである」ということから，「余暇を費やす場」→「学校」と意味が派生し，ラテン語 *schola* を経て古英語に scol として入った．

[用例] Which *school* do you go to? どちらの学校に通っていますか／What did you learn at [in] *school* today. 今日学校で何を勉強してきましたか／*School* begins at 8.30 every morning. 学校[授業]は毎朝 8 時半に始まります／He went straight home after *school*. 彼は放課後まっすぐに帰宅した／The behaviour of this *school* in public is sometimes not very good. この学校の生徒たちの人前での態度はときにあまりほめられたものではない／This university has a summer *school* every year for foreigners. この大学では毎年外国人のための夏期講習会を開いている／There are two *schools* of thought about the treatment of this disease. この病気の治療についての考え方は 2 派に分かれている／He had been *schooled* by experience. 彼は経験によって多くのことを学んでいた．

【派生語】**schóoled** 形 特定の教育[訓練]を受けた．**schóoling** 名 U 学校教育，通信教育のスクーリング，訓練，馬の調教．

【複合語】**schóol àge** 名 U 学齢，義務教育の就学年齢．**schóolbàg** 名 C 通学かばん．**schóol bòard** 名 C《米》教育委員会．**schóolbòok** 名 C 教科書．**schóolbòy** 名 C 小・中学校の男子生徒．**schóol búilding** 名 C 校舎（★単に school ともいう）．**schóol bùs** 名 C 通学用のスクールバス．**schóol-**

child 名 C《複 -children》学童. **schóol dày** 名 C 登校日. **schóol dìstrict** 名 C 学区. **schóol dòctor** 名 C 校医. **schóolfèllow** 名 C〔古風な語〕=schoolmate. **schóolgìrl** 名 C 小･中学校の女子生徒. **schóolhòuse** 名 C 特に村の小さな小学校の校舎. **schóol-léaving àge** 名 U 義務教育修了年齢. **schóolmàster** 名 C〔英〕小･中学校の男性の教師(schoolteacher), 校長. **schóolmàte** 名 C 同級生, 学友, 同窓生. **schóolmìstress** 名 C《英》小･中学校の女性の教師(schoolteacher), 女性の校長. **school repòrt** 名 C《英》成績表, 通知表《米》report card). **schóolròom** 名 C 教室(classroom). **schóol sỳstem** 名 C 学校制度. **schóolteàcher** 名 C 小･中学校の教師. **schóoltìme** 名 U 学校の授業時間, 家庭での勉強時間,《通常複数形で》学生[学校]時代. **schóolwòrk** 名 U 学業(★授業および宿題を含む学習事項). **schóolyàrd** 名 C 校庭, 学校の運動場(★単に yard ともいう). **schóol yéar** 名 C 学年(★通常は 9 月から翌年の 6 月までを指す, 単に year ともいう).

school[2] /skúːl/ 名 C〔一般語〕魚や鯨, いるかなどの群れ, 人の集まり. 動 として群れをなして泳ぐ.
語源「群, 大群」の意の中期オランダ語 schōle が中英語に入った.

schoon·er /skúːnər/ 名 C〔一般語〕2 本マストの縦帆艤装のスクーナー船. その他《米》ビール用の背の高いグラス,《英》シェリー, ワイン用の大型グラス, アメリカの開拓時代の大型の幌馬車.
語源 不詳.

schwa /ʃwáː/ 名 C【音声】弱強勢の母音シュワー, 発音記号 /ə/, またその音.
語源「うつろな」の意のヘブライ語 schewā がドイツ語を経て 19 世紀に入った.

sciatic ⇒sciatica.

sci·at·i·ca /saiǽtikə/ 名 U【医】坐骨神経痛, あるいは広く腰痛, 臀部付近の痛み.
語源 中世ラテン語 sciaticus (=sciatic (座骨の)) の女性形名詞用法.
【派生語】**sciátic** 形.

sci·ence /sáiəns/ 名 UC〔一般語〕科学, 体系的な学問. その他 意味が一般化して自然および物質界についての体系化された知識, すなわち自然科学, 学科目としての理科, 科学の原理に基づく体系, 科学的方法, 科学的技術[技量] に.
語源 ラテン語 scire (=to know) の現在分詞 sciens から派生した scientia (=knowledge) が古フランス語を経て中英語に入った.
用例 *Science* demands that theories must be tested by careful experiment and calculation. 科学においては, 理論は実験と計算を入念に行うことで試されなければならないということが要求されている/Is geography one of the arts or one of the *sciences*? 地理は人文科学の 1 分野ですかそれとも自然科学の 1 分野ですか.
【派生語】**sciéntific** 形. **scíentist** 名 C 科学者.
【複合語】**science fíction** 名 U 空想科学小説(★sf, SF と略される;〔くだけた語〕sci-fi ともいう).

scin·til·la /sintílə/ 名 C〔形式ばった語〕火花, 火花のようにわずかなはかないものということから, (a ~)物事のごくわずかな痕跡, 微量(★通例 of を伴い, 否定文や疑問文で用いる).

語源 ラテン語 *scintilla* (=spark) が初期近代英語に入った.
【派生語】**scintillate** /síntəleit/ 動 本来自〔文語〕 一般語 火花を発する, 火花のようにきらめく. その他 知性や才知がきらめくかのようにほとばしり出る. **scíntillàting** 形. **scìntillátion** 名 U. **scíntillàtor** 名.

sci·on, ci·on /sáiən/ 名 C〔やや形式ばった語〕
一般語 台木に接ぐ苗木や若芽, 接ぎ穂. その他〔文語〕貴族, 金持, 上流階層の子息, いわゆる御曹子(of).
語源「若芽」の意のゲルマン語 *kithon* に由来する古フランス語 *cion* が中英語に入った.

scis·sor /sízər/ 動 本来他〔やや形式ばった語〕はさみで切る, 切り取る[抜く]. 名〔形容詞的に〕=scissors.
語源 ⇒scissors.

scis·sors /sízərz/ 名〔複〕〔一般語〕 一般語《複数扱い》はさみ(語法 数える際は a pair of scissors とする). その他「はさむ」ということからの連想で《単数扱い》【体操】両脚開閉,【レスリング】はさみ絞め,【高跳び】はさみ跳び.
語源 ラテン語 *caedere* (=to cut) の過去分詞 *caesus* から派生した後期ラテン語 *cisorium* (=cutting instrument) が古フランス語 *cisoires* を経て中英語に入った.
用例 *Scissors* are used especially for cutting paper and cloth. はさみは主に紙や布を切るのに用いられる.
【複合語】**scíssors-and-páste** 形〔くだけた語〕〔軽蔑的に〕他人の書いたものをはさみとのりで編集した, 独創性を欠く寄せ集めの.

scle·ro·sis /skliəróusis/ 名 UC【医】皮膚や血管壁などの硬化, 硬化症. 植物の細胞壁の木質化による硬化.
語源 ギリシャ語 *sklērōsis* (=hardening) が中世ラテン語を経て中英語に入った.

scoff[1] /skáf|skɔ(ː)f/ 名 動 本来自〔一般語〕あざけり, 嘲笑. 動 として, 悪意をもってからかう.
語源「あざけり」の意の古ノルド語 *skop* が中英語に入った.
【派生語】**scóffer** 名 C《通例複数形で》嘲笑する人. **scóffingly** 副.

scoff[2] /skɔːf, skáf|skɔ(ː)f/ 動 本来他 名 CU〔俗語〕がつがつ食う, 食べ物をぺろりと平らげる, 物を奪い取る. 名 として食物, 食事.
語源 アフリカーンス語 *schoff* (=food) が 19 世紀に入った.

scold /skóuld/ 動 本来他 名 C〔一般語〕子供などに対して大声でしかる, 口やかましく小言を言う. 名として, 特に女性について口やかましい人, がみがみいう人.
語源 古ノルド語 *skald* (=poet) が中英語に入った. 意味の変化は詩人がしばしば風刺的な詩を書くことから「がみがみしかる」という意味が派生したと思われる.
用例 She *scolded* the child for coming home so late. 彼女は子供を帰宅時間がとても遅いと言ってしかった/Don't *scold*! がみがみ言わないでくれ.
【派生語】**scólding** 形 特に女性が口やかましい. 名 UC しかりつけること, 小言.

scol·lop /skáləp|skɔ́l-/ 名 動 =scallop.

sconce /skáns|skɔ́ns/ 名 C〔形式ばった語〕壁に取

scone /skóun|skón, skóun/ 名C〔やや形式ばった語〕平らで丸い菓子パンの一種, スコーン《★アメリカでは biscuit にあたる》.
[語源] 中期オランダ語 schoonbroot (= fine bread) の前半のみが初期近代英語に入った.

scoop /skú:p/ 名 動 [本来義] 〔一般語〕 [一般義] 土砂や穀物などをすくうスコップ, 調理用のおたまじゃくし, アイスクリームサーバー, ひしゃく, [その他] それらによる一すくいの量(scoopful). くぼんだ場所やへこんだ所, 液体や空気などを通じょうご状の受け口, 女性の衣服の半円形の深めの襟ぐり(scoop neck), 報道英語で〔くだけた語〕スコップでかき集めるように集めたニュースの特種(なた), いわゆるスクープ. 動 として, 物をさっとすくい上げる(up), 他社を特種で出し抜く.
[語源] 中期オランダ語 schöpe (=ladle) が中英語に入った. なお, 日本語の「スコップ」は現代オランダ語 schop から.
【派生語】**scóopful** 名C 一すくい.

scoot /skú:t/ 動 [本来義] 名C 〔くだけた語〕敏速にその場から移動する, 駆け出す. 名 として 突進.
[語源] スカンジナビア起源と思われるが, 詳細は不明.
[用例] He scooted down the road. 彼は道を駆け出していった.
【派生語】**scóoter** 名C スクーター《★原動機の付いた2輪車 (motor scooter) と子供が片足を乗せ片足で地面をけって走る遊び道具の両方の意で用いられる》, 《米》そり状の台が付いている水上・氷上両用の帆船. 動 [本来義自] scooter で走る[滑走する].

scope /skóup/ 名U 〔一般語〕[一般義] 知識, 研究, 活動, 効果などの及ぶ範囲, 視界, 視野. [その他]「自由に動ける範囲」ということから, 活動や思考などの機会, 余地, 見通し, はけ口.
[語源] ギリシャ語 skopos (=goal; target) がイタリア語 scopo を経て初期近代英語に入った.「目標に達するまでの範囲」ということから「範囲」の意味が生じた.
[用例] The job gave his abilities and talents full scope. その仕事は彼の能力と才能をフルに発揮する機会を与えた/There's no scope for originality in this job. この仕事では独創性を発揮する余地がない/Children should be kept busy and not given scope for mischief. 子供はいつも忙しくさせておいて, いたずらをする余地を与えないようにすべきだ.
【慣用句】*beyond [outside] the scope of ...* ...の力の及ばない. *within the scope of ...* ...の力の及ぶ範囲.

-scope /-skòup/ [連結] 名詞と連結して,「見る[観察する, 検査する]道具」を意味する. 例: microscope; laryngoscope; periscope; spectroscope; stethoscope.

scor·bu·tic /skɔːrbjúːtik/ 形 【医】壊血病(scurvy)に侵された.
[語源]「腹部の調子を狂わせる」意の中期低地ドイツ語に由来する後期ラテン語 scorbutus (=scurvy) からの近代ラテン語 scorbuticus が初期近代英語に入った.

scorch /skɔːrtʃ/ 動 [本来義] 名CU 〔一般語〕[一般義] 炎や熱で物の表面を焼く, 焦がす, あぶる. [その他] 日光が皮膚を焼く, 日照りなどが草木を枯らす, しなびさせる. 比喩的に「相手の心に焦げ跡を残す」ということから, 罵倒する, ののしる, 毒づく. [自] で焦げる. 名 として 焼け焦げ, 【植】菌類による葉焼け.
[語源] スカンジナビア語起源と思われるが不詳.
[用例] She scorched her dress with the iron. 彼女はアイロンでドレスを焦がした/That material will scorch easily if it is too near the fire. この材質は火に近づけすぎるとすぐに焦げてしまう/The sun had scorched the grass. 日照りで草は枯れてしまった/She could not wash away the mark of the scorch. 彼女は焦げ跡を洗い落とすことができなかった.
【派生語】**scórcher** 名C 焼けつくように暑い日, 〔くだけた語〕酷評, あっといわせるようなもの[こと].
scórching 形 副 焼けつくような[に].
【複合語】**scórched éarth pòlicy** CU【軍】焦土戦術《★退却する際, 侵略軍に役立ちそうなものをすべて焼き払ってしまうという戦術》.

score /skɔːr/ 名C 動 [本来義] 〔一般語〕[一般義] スポーツの試合の得点, 試験などの成績, 点数. [その他] 本来は物の表面につけた切り傷, 引っかき筋, 刻み目を意味する語で, 居酒屋などで板きれなどに刻み目でしるした勘定覚え書から〔古語〕勘定, 借金. また「20 ごとにつけた印」ということで,《複 ~》20, 《複数形で》多数の意. 記録として残した「音譜の線」ということで【楽】総譜, 楽譜. 動 として, 試合などで点を取る, 得点する, 点を記録する, 試験の採点をする, 勝利を収める, 利益を得る. 刻み目をつける, 線を引いけ消す, 削除する, 【楽】作曲[編曲]する. [自] で得点する, 勝つ, 試合などで点を記録する.
[語源]「切る(cut)」の意の印欧祖語に由来する古ノルド語 skor (=notch; twenty) から入った古英語 scoru から,「刻み目 (notch)」というのはヨーロッパの昔の計算の単位 (tally) で, 日本で 5 を勘定するときに「正」の字を書くのと同じように, 5 本の線や板などに切り込んで 5 とした. また, 当時は羊などの家畜を勘定するのに, 20 まで数えて板などに線を切り込んだことから 20 の意が出たとされる.
[用例] The final score at the football match was 3-2. フットボールの最終得点は 3 対 2 であった/There's a bad score on that table. その机にはひどい引っかき傷がついている/There was barely a score of people there. そこには 20 人までといっていなかった/four score and seven years 〔文語〕87 年/We sell these pencils in scores. これらの鉛筆はたくさん売っています/Have you a copy of the score of this opera? このオペラのスコアはお持ちですか/He scored two goals before half-time. 彼はハーフタイム前に 2 得点した/The typewriter has scored the table. そのタイプライターのおかげで机に傷がついてしまった/Will you score for us, please? 得点をつけていただけませんか.
【慣用句】*keep (the) score* 試合などで得点を記録する. *on that score* その理由で; その点に関しては: He's perfectly healthy, so you don't need to worry on that score. 彼はとても健康です. ですからその点に関しては心配ご無用です. *score off* 〔くだけた語〕特に議論などで相手をやり込める: He's always scoring off his wife in public. 彼はいつも人前で奥さんをやり込めている. *score out [through]* 〔形式ばった語〕線を引いて消す.
【派生語】**scóreless** 形 試合で無得点の. **scórer** 名

scorn /skɔ́:rn/ 名 U 動 本来義 〔一般語〕 一般義 人や物事に対する軽蔑(の念), あざけり. 〔形式ばった語〕(the ~)軽蔑される人, 笑い草, もの笑いの種. 動 として軽蔑する, あざける, あざけって拒絶する.
[語源] ゲルマン語起源の古フランス語 escarn が中英語に入った.
[用例] His cowardly behaviour filled her with *scorn*. 彼の臆病な態度は彼女に軽蔑の念をいだかせた/He was the *scorn* of the other boys because he could not swim. 彼は泳げなかったので他の少年たちのもの笑いの種だった/They *scorned* my suggestion. 彼らは私の提案をあざけった/He *scorns* asking for help [to ask for help]. 彼は人に助けをもとめることをいさぎよしとしない.
[類義語] contempt.
【派生語】**scórnful** 形 軽蔑する, さげすむ. **scórnfully** 副. **scórnfulness** 名 U.

scor・pi・on /skɔ́:rpiən/ 名 C 〔一般語〕一般義 【動】さそり. その他 (the S-)【天】さそり座 (Scorpio). さそりのように〔複数形で〕【聖】罰や苦痛を与えるための先に金属がついているむち.
[語源] 「さそり」の意のギリシャ語 *skorpios* がラテン語, 古フランス語を経て中英語に入った.

Scot /skát|skɔ́t/ 名 C スコットランド人(Scotsman). ⇒Scots.
[語源] 古英語 Scottas から. Alfred 王の時代までは「アイルランド人」を意味し, 後ブリテン島北西部に定住したアイルランド人に対して用いるようになる.

Scot. 《略》= Scotch; Scotland; Scottish.

scotch[1] /skátʃ|skɔ́tʃ/ 動 本来他 〔形式ばった語〕一般義 うわさや計画などが広まったり, 実行されたりしないうちにもみ消す, 強引に押え込む. その他 生き物などを生殺しにする, 痛めつける.
[語源] アングロフランス語 *escocher*(= to notch; to nick)が中英語に入ったと思われるが, 詳細は不明.

scotch[2] /skátʃ|skɔ́tʃ/ 動 本来他 名 C 〔形式ばった語〕車輪, 樽(½)などが滑り出さないように止める. 名 として車輪止め.
[語源] 不詳.

Scotch /skátʃ|skɔ́tʃ/ 形 U スコットランドの, スコットランド人[語]の. 〔語法〕スコットランドでは Scottish, Scots が一般に好まれて用いられる. なお英米ではくだけた表現では Scotch を用いるが, 文語では Scottish が普通である. 名 として (the ~; 複数扱い)スコットランド人, (しばしば s-)スコッチウイスキー.
【複合語】**Scótch bróth** 名 U スコッチブロス(★牛肉あるいは羊肉と野菜に大麦を混ぜて作った濃いスープ). **Scótchman** 名 C = Scotsman. **Scótch tápe** 名 U (米)セロテープ(★商標名; (英)では Sellotape). **Scótchwòman** 名 C = Scotswoman.

scot-free /skátfrí:|skɔ́t-/ 形 〔くだけた語〕受けてしかるべき処罰[税金]を免れる, 事故などで無傷ですむ.
[語源] 古ノルド語 skot (= contribution)から入った中英語 scot (= tax) + free から.
[用例] escape [get off; go] *scot-free* 無事に逃れる.

Scot・land /skátlənd|skɔ́t-/ 名 固 スコットランド(★Great Britain 島の北部を占める地方; 首都は Edinburgh; Scot. と略される).
【複合語】**Scótland Yárd** 名 固 ロンドン警視庁(★この名は旧所在地の街路名からとられたもの; 公式名は New Scotland Yard).

Scots /skáts|skɔ́ts-/ 形 名 U スコットランドの, スコットランド人[語]の(⇒Scotch). 名 としてスコットランド語, (the ~; 複数扱い)スコットランド人.
【複合語】**Scótsman** 名 C 男性のスコットランド人. **Scótswòman** 名 C 女性のスコットランド人.

Scotticism ⇒Scottish.

Scot・tish /skátiʃ|skɔ́t-/ 形 名 U スコットランドの, スコットランド人[語]の(★Scot. と略す)(⇒Scotch). 名 として (the ~; 複数扱い)スコットランド人, スコットランド語.
【派生語】**Scótticism** 名 U スコットランド語法[なまり].
【複合語】**Scóttish térrier** 名 C スコッチテリア(★スコットランド原産のテリア犬).

scoun・drel /skáundrəl/ 名 C 〔一般語〕人から非常に嫌われる鼻つまみ者, ごろつき.
[語源] 不詳.

scour[1] /skáuər/ 動 本来他 〔一般語〕一般義 物事の所在を求めて, ある場所や文書, ある物を捜し回る(for), 捜しものをしているかのように動き回る.
[語源] 古ノルド語起源と思われる中英語 scouren (= to move about quickly)から.

scour[2] /skáuər/ 動 本来他 〔一般語〕一般義 磨き粉や研磨剤などを使って床や鍋などを磨き上げる, 汚れなどをこすって洗い取る. その他 管や溝の泥やさびを取って流れをよくする, ほこりや異物などを洗い流す, 強力な水流によって地表などをえぐり取る. 名 として, 水流によってえぐられた場所, 氷河などによる浸食作用.
[語源] ラテン語 *ex-* + *curare* (= cleanse) から成る *excurare* (= to clean off) に由来する古フランス語 *escurer* が中期オランダ語を経て中英語に入った.
【派生語】**scóurer** 名 C 金属やスポンジのたわし(★しばしば複合語として用いられる).

scourge /skə́:rdʒ/ 名 C 動 本来他 〔形式ばった語〕一般義 災厄[災禍]をもたらすもの[人]. その他 悪事の報いとしての天罰や苦痛, 〔古風な語〕昔懲らしめのために使われた革製のむち. 動 として災いをもたらす, 苦難の淵に落とす.
[語源] 古フランス語 *escorgier* (= to whip)がアングロフランス語を経て中英語に入った.

scout[1] /skáut/ 名 C 動 本来自 〔一般語〕一般義 スポーツや芸能界などの新人発掘係, 相手チームの偵察係, スカウト. その他 盗み聞きして調べ回ることから, 偵察, 斥候, 見張り. 《しばしば S-》ボーイ[ガール]スカウトの一員. 動 として偵察する, 探し回る, スカウトの仕事をする(for).
[語源] ラテン語で「聴く」を意味する *auscultare* が古フランス語 *escouter* を経て中英語に入った.
[用例] A party was sent ahead to *scout*. 一隊が偵察に出された/I'll *scout* about for a good place to eat. 私が食事のできるよさそうな場所を捜してきます.
【複合語】**scóutmàster** 名 C 斥候隊長, ボーイスカウトの(班の)隊長(★成人がなる).

scout[2] /skáut/ 動 本来他 〔古風な語〕提案や考えをはねつける, 鼻のさきであしらう.
[語源] スカンジナビア語起源と思われる. 初期近代英語

scow /skáu/ 名 C〔一般語〕船尾が角形で, 鉱石, 砂利, 廃棄物などを運搬する**大型平底船**,《米》屋根のないはしけ.
語源 「フェリー」の意のオランダ語 schouw が初期近代英語に入った.
類義語 scow; punt; barge: **scow** は大型平底輸送船, **punt** はさおでこぐ平底の小舟, **barge** は内陸部の運河や河川で用いられるはしけで, 普通は親船によって引かれる.

scowl /skául/ 名 C 動 本来自〔一般語〕一般義 不快を表すしかめっつら. その他 怒りを表すとき額にしわを寄せて相手をにらみつける怖い顔. 転じて天候などの荒れ模様. 動 としてしかめっつら[怖い顔]をする, 荒れ模様になる.
語源 スカンジナビア語起源と思われる. 中英語から.

scrab・ble /skræbl/ 動 本来自 名 C〔ややくだけた語〕一般義 手を使って必死になって捜しものをする, ものをひっかき回す《about; around》. その他 意味のないことを走り書きする, 落書きする, 急いでなぐり書きする. 空席などを奪い合いする, もがき苦しむ, 頭髪などがみだれる. 名 として《S-》文字を組合せて単語をつくるスクラブル・ゲーム (★商標).
語源 中期オランダ語 schrabbelen (=to scratch) から初期近代英語に入った.

scrag /skrǽg/ 名 UC 動 本来自〔一般語〕一般義 シチューの材料とする羊や子牛の首肉. その他 C やせこけている人[動物], 《俗語》人の首. 動 として《俗語》鉄製の絞首刑具などで処刑する, 動物などを首をひねって殺す.
語源 不詳.

scrag・gly /skrǽgli/ 形〔くだけた語〕成長のしかた, 伸びかたがまばらな, 不揃いな, あるいは凸凹の.
語源 scrag から.

scrag・gy /skrǽgi/ 形〔くだけた語〕一般義 人や動物がやせこけた《語法》相手の品位を傷つける表現だが, ユーモラスな言い方にもなる). その他 成長するものが不揃いの, ごつごつしている, ぎざぎざになっている.
語源 scrag＋-y.

scram /skrǽm/ 動 本来自〔くだけた語〕《通例命令形で》すぐに立ち去る, 退散する.
語源 scramble の短縮形. 20 世紀から.

scram・ble /skrǽmbl/ 動 本来自他 名 C〔一般語〕一般義 両手・両足を使って急いで必死に進む, よじ登る. その他「我れ先にと目標に向かう」ということで, 我がちに取る, 奪い合う, 《空軍》敵戦機来襲に応じて緊急発進する. 他「誰もがいっせいに先を争う」ということから, かき混ぜる, かき集める, 混乱させる, 卵を炒り卵にする, 盗聴防止のために電波の周波数を変える. 名 として《通例 a ～で》よじ登り, 奪い合い, 《軍》緊急発進, 物の散らかり, 乱雑, ごちゃまぜ.
語源 scrabble の変形.
用例 They *scrambled* up the slope. 彼らは坂をよじ登った/The boys *scrambled* for the ball. 少年たちはボールを奪い合った/The telephone conversation had been *scrambled*. 電話通信が混乱していた/There was a *scramble* to get into the shop on the first day of the bargain sales. バーゲンセールの初日にはその店に人々が我れ先に押しよせた.
【複合語】**scrámbled éggs** 名《複》炒り卵, スクランブルエッグ.

scrap¹ /skrǽp/ 名 CU 本来他 形〔一般語〕一般義「削り落とした部分」ということで, 一片, 破片, 切れはし, 小片. その他 新聞などの切り抜き, 抜粋,《a ～として否定文で》少量, わずか,「削り落としたもの」「不要な物」ということで,《複数形で》残り物, 残飯, U くず, 廃物, 鉄くず. 動 としては廃棄する, 捨てる, スクラップにする, 比喩的に計画などを断念する, 中止する.
語源 古ノルド語 skrapa (=to scrape) の派生語 skrap (小片) が中英語に入った.
用例 She has a large collection of *scraps*. 彼女は切抜きを多く集めている/They finished eating their meal and gave the *scraps* to the dog. 彼らは食事を食べ終え, その残飯を犬に与えた/The old car was sold as *scrap*. その古い車はスクラップとして売られた/They *scrapped* the old television set and bought a new one. 彼らは古いテレビを処分して新しいのを買った/She decided to *scrap* the whole plan. 彼女は計画全体をとりやめることにした.
【慣用句】*put* [*throw*] ... *on the scrap heap* 不用品として...を廃棄処分にする.
【派生語】**scráppy**¹ 形〔くだけた語〕くずの, 残り物の, 記憶などが断片的な, ちぐはぐな.
【複合語】**scráp bòok** 名 C 切り抜き帳, スクラップブック. **scráp hèap** 名 C くず鉄などのくずの山,《the ～》ごみ捨て場. **scráp ìron** 名 U くず鉄 (★単に scrap ともいう). **scráp pàper** 名 U《英》メモ用紙 (《米》scratch paper), 再生用の紙くず, 古紙.

scrap² /skrǽp/ 名 C 動 本来自〔くだけた語〕ちょっとしたいさかい, けんか. 動 としてけんかをする, 言い争う.
【派生語】**scráppy**² 形 けんか好きの, けんか腰の.

scrape /skréip/ 動 本来自他 名 C〔一般語〕一般義 鋭いものややざらざらしたものを物をこする. その他 表面に付着したものをこすり落とす, 平らにする, きれいにする, みがく, 文字などを削除する, 髪の毛を額から後ろへなでつける,「引っかく」の意で, すりむく, かすり傷をつける, 乱暴に音を立てて引きずる, かき出す, えて, ごみなどをかき集める, 金を苦労してためる. 自 こする, こすれる, きしむ, さらに〔くだけた語〕どうにか通る. 名 として《単数形で》こすること, すり傷, こすった跡.
語源 古ノルド語 skrapa (=to scrape) が中英語に入った.
用例 He *scraped* the dirt from his boots. 彼はブーツについた泥をこすり落とした/The paint will *scrape* off quite easily. ペンキはとても簡単に落ちるでしょう/She *scraped* out the remains of the pudding on to my plate. 彼女はプディングの残りをこすり落としながら私の皿に入れた/He *scraped* his boots clean. 彼はブーツをこすってきれいにした/He drove too close to the wall and *scraped* his car. 彼は壁に近づきすぎて車をこすってしまった/I *scraped* my elbow on the ground when I fell. 私は倒れた時にひじをすりむいた/I hate to hear knives *scraping* on plates or chairs *scraping* on the floor. 私はナイフで皿をこすったりいすを床で引きずる音が大嫌いだ/He pushed back his chair with a loud *scrape*. 彼は大きな音をたてていすを後ろに押した.
【慣用句】*scrape a living* 何とか生計を立てる. *scrape along*〔くだけた表現〕苦しいがどうにか暮らしてゆく. *scrape through* 試験などにどうにか通る, かろうじて通過する. *scrape together* [*up*]〔くだけた表現〕苦労して金や人をかき集める.

scrappy

【派生語】**scráper** 名 C 靴の泥落とし, へら. **scráping** 名 U.

scrappy ⇒scrap¹,².

scratch /skrætʃ/ 動 本来他 名 CU 形 〔一般語〕
一般義 爪や針など先のとがったものや鋭いもので表面を引っかく. その他 かき傷をつける, マッチなどをこする, 引っかいて穴を掘る.「ひっかくように急いで書く」という意味で走り書きする, 線を引いたりして消す, 名前などを削除する, 金や物をかき集める, こつこつためる. 名 として《a ～》引っかくこと, こすること, かき傷, かすり傷, ひっかく音, レコードの針音, ラップミュージックのスクラッチ, 走り書き,【スポ】ハンディキャップを受けない競技者のスタートライン,【ゴルフ】ハンディを受けないこと. 形 として寄せ集めの, 雑多な.
語源 不詳. 中英語から.
用例 The cat *scratched* my hand. 猫が私の手をひっかいた/You should not try to *scratch* insects bites. 虫に刺された所を引っかいてはいけません/How did you *scratch* your leg? 足のかき傷はどうしたのですか/He *scratched* his name on the rock with a sharp stone. 彼はその岩に先のとがった石で名前を彫った/His dog just gives a *scratch* at the door when it wants to come in. 彼の犬は中に入りたい時にドアを引っかく/The table was covered in *scratches*. テーブルは引っかき傷だらけだった/I hurt myself, but it's only a *scratch*. 私はけがをしたがほんのかすり傷.
【慣用句】*scratch one's head* 頭をかきむしる(★困惑, 不満, 自己嫌悪などのジェスチャー). *start from scratch*〔くだけた表現〕ゼロから始める, 最初から出発する. *up to scratch*〔くだけた表現〕満足のゆく状態で[に], 標準に達して: His health is not *up to scratch*. 彼の健康は標準の状態に達していない.
【派生語】**scrátchily** 副. **scrátchiness** 名 U. **scrátchy** 形 レコードなどが雑音がひどい, ぎりぎりいう, 引っかかる.
【複合語】**scrátch hìt** 名 C 【野】当たりそこないのヒット, テキサスヒット. **scrátch pàd** 名 C 《米》メモ用紙帳. **scrátch pàper** 名 U 《米》メモ用紙《英》scrap paper).

scrawl /skrɔ́:l/ 動 本来他自 名 CU 〔一般語〕字や文や絵などをなぐり書きをする, なげやりに書く. 名 としてなぐり書き(したもの).
語源 sprawl と crawl の混成語. 初期近代英語から.
【派生語】**scráwler** 名 C. **scráwly** 形.

scream /skrí:m/ 動 本来自他 名 C 〔一般語〕
驚き, 痛み, 怒り, 興奮などのためキャー[ギャー]と叫ぶ, 悲鳴をあげる, 金切り声を出す. その他 ふくろうなどが鋭い声で鳴く, きゃっきゃっと大笑いする, 風がひゅうひゅう吹く, サイレンや汽笛などがピーと鳴る, パトカーなどがけたましい音を立てて走る, 歌手などが甲高い耳ざわりな声で歌う. 大げさに言う, はでに書き立てる, 大声で抗議する. 名 として金切り声, 悲鳴, きゃっきゃっという笑い声.
語源 不詳. 擬音語から.
用例 The child fell down and started *screaming* (with pain). その子は倒れ, (痛かったので)大声で泣き始めた/We *screamed* with laughter. 私たちは大笑いした/She *screamed* abuse at me. 彼女は金切り声を上げて私を罵倒した/She gave a *scream* of anger [pain; laughter]. 彼女は怒り[痛み, おかしさ]で大声を張り上げた/The car stopped suddenly with a *scream* of tyres. 車はタイヤをきしませて急に止まった/She's an absolute *scream*. 彼女はまったくのお笑い草だ.
類義語 shout.
【派生語】**scréaming** 形 鋭い叫び声をあげる, おかしくてたまらない, デザインなどがいやに目立つ, けばけばしい. **scréamingly** 副.

scree /skríː/ 名 UC 【地】山腹の急斜面に堆積した壊れた岩, がれ, C がれ場.
語源「地すべり」の意の古ノルド語 *skritha* が 18 世紀に入った.

screech /skríːtʃ/ 動 本来自 名 C 〔一般語〕一般義 人や動物などが恐怖や痛みのために金切り声をあげる. その他 自動車や電車などがキーという音をたてる. 名 として金切り声, キーという音.
語源 擬音語. 初期近代英語から.

screed /skríːd/ 名 CU 〔くだけた表現〕一般義 《しばしば複数形で》長たらしくて退屈な講演[説教, 論文], あるいはまとまりのない文章. その他 左官のしっくい定規, 流したコンクリートの表面を平らにする木片, スクリード.
語源「細片, 断片」という意味の古英語 scrēade から. まとまりがなく断片的ということから長談義の意となった.

screen /skríːn/ 名 C 動 本来他 〔一般語〕一般義 テレビ, 映画などの画面, スクリーン, その他《the ～》映画(界). 本来は光, 熱, 風, あるいは視野などをさえぎったり, 危険や害から守ったりする仕切りを意味する語で, ついたて, びょうぶ, 窓や戸口などの虫除けの網, 網戸, 自動車のフロントガラス(windscreen), 日本軍の本陣をなすの幕営部隊. また穀物, 砂, 石炭などを選り分けるふるい. 動 として映画化する, 上映する, 人の目からさえぎる, 覆いかくす, 網戸などをはめる, 人をかくまう. またふるいにかける, 《受身で》人の資格や適性などを審査する.
語源 中オランダ語 *scherm*(＝shield)が古フランス語 *escran* を経て中英語に入った.
用例 He projected his film on to the wall as he had no *screen*. 映写幕がなかったので彼はフィルムを壁に映し出した/*Screens* were put round the patient's bed. ついたてが患者のベッドのまわりに置かれた/He hid behind the *screen* of bushes. 彼はやぶの陰にかくれた/His job was a *screen* for his spying activities. 彼の仕事はスパイ活動の隠れみのだった/The tall grass *screened* him from view. 草が高く彼には何も見えなかった/Several of Dickens's novels were *screened* in the 1930s. ディケンズの小説がいくつか 1930 年代に映画化された/Women should be regularly *screened* for cancer. 女性は定期的にがんの検査を受けるべきだ.
【慣用句】*screen off* ついたてなどで仕切る.
【派生語】**scréening** 名 UC ふるい分け, 適格審査, 上映, 《複数形で》ふるいかす, 石炭くず, 網戸などの網: **screening test** 選抜試験.
【複合語】**scréen àctor** 名 C 映画俳優. **scréen àctress** 名 C 映画女優. **scréenplày** 名 C 映画脚本, シナリオ. **scréen tèst** 名 C 撮影オーディション. **scréen wríter** 名 C 映画脚本家.

screw /skrúː/ 名 C 動 本来他 〔一般語〕一般義 ねじ(くぎ), ボルト. ねじのひねり, ひとねじり, その形状からねじん状のもの. さらにねじ, らせんのついた道具やものを広く具体的に指し, びんのせん抜き, 船のスクリュー, 飛行機のプロペラ.「締め付ける」ということから, 《通例 the ～s》肉体的あるいは精神的な圧迫, 強制, 《俗語》看

守.「ひねる」ということで,《英》〔古風な語〕たばこや塩などのひと包み[袋],《英》《俗語》給料.〔卑語〕セックスの相手,《卑語》として、ねじで止める,取り付ける,ひねる,ねじる,《俗語》だます,〔卑語〕セックスする.
語源 ゲルマン語起源の古フランス語 *escroue* (= female screw) が中英語に入った.
用例 I need four strong *screws* for fixing the cupboard to the wall. 食器棚を壁に取り付けるのに4本の頑丈なねじが必要だ/He tightened it by giving it another *screw*. 彼はそれをもうひとひねりしてしっかりと締めた/He *screwed* down the floorboards. 彼は床板をねじくぎで取り付けた/I can't get the clock off the wall — it's *screwed* on. 時計は壁からはずれない、ねじで留めてある/The lid should be *screwed* on tight. ふたをしっかりねじって閉めなさい.
【慣用句】 *have a screw loose [missing]*〔くだけた表現〕少々頭が狂っている(★「頭のねじがゆるんでいる」の意). *have one's head screwed on (right)* 分別がある. *put the screws on [to] …* 〔くだけた表現〕人を締め付ける, 圧迫する: If he won't give us the money, we'll have to *put the screws on* (him). もし彼が我々に金をくれないのなら,彼を締め付けなければならない.
【派生語】 **scréwy** 形 ねじ型の, ねじれた,〔くだけた語〕奇妙な,気が変な.
【複合語】 **scréwball** 名 C《野》シュートボール,〔くだけた語〕《米》変人, 奇人. **scréwdriver** 名 C ねじ回し,《米》ウォッカとオレンジジュースを混ぜて作るカクテル. **scréw propèller** 名 C 船のスクリューや飛行機のプロペラなどの推進機(★単に screw あるいは propeller ともいう). **scréw tóp** 名 C チューブやびんなどに利用されているねじぶた. **scréw-úp** 名 C へまばかりやる人, 大失敗.

scrib·ble /skríbl/ 動 本来他 名 UC 〔一般語〕なぐり書きをする, 落書きする. 名 としてなぐり書き, 落書き.
語源 ラテン語 *scribere* (= to write) に反復辞が付いた中世ラテン語 *scribillare* が中英語に入った.
【派生語】 **scríbbler** 名 C 走り書きをする人,《戯言的》へなちょこ作家, へぼ文士.

scribe /skráib/ 名 C 動 本来他 〔やや形式ばった語〕印刷術が発明される前に写本をしたり文書を写したりした筆記者や筆写人, その頃の役所の書記,〔ユダヤ史〕ユダヤ教の聖書を研究し, 解釈し, 編集に携わった古代イスラエルの律法学者,〔戯言的〕作家, ジャーナリスト. 動 として, とがった道具で線を刻んで引く, 筆記する.
語源 ラテン語 *scribere* (= to write) から派生した「書き手」の意の *scriba* が中英語に入った.
【派生語】 **scríber** 名 C 工事で木や金属に印をつける罫書(けがき)針.

scrim·mage /skrímidʒ/ 名 C 動 本来自 〔くだけた語〕大きな戦いに発展する要因となる小部隊どうしの小競り合い, 衝突, 収拾がつかない乱闘や取組合いのけんか,《アメフト》ボールがスナップ (snap) されてからデッド (dead) になるまでのプレー, スクリメージ,《ラグビー》スクラム(scrum),《アメフト·ラグビー》同一チーム内の練習試合. 動 として乱闘する,《アメフト》スクリメージをする,《ラグビー》スクラムを組む.
語源 「小さな衝突」の意の skirmish の異形.

scrimp /skrímp/ 動 本来自 〔一般語〕質素な生活を心がけ節約する, けちけちする. 他 出費などをぎりぎりまでに切り詰める.
語源 スカンジナビア語起源と考えらる. 18 世紀から.
【慣用句】 *scrimp and save* 節約して金をためる.

scrip /skríp/ 名〔やや形式ばった語〕仮証書, 仮証券, U《集合的》仮証券類, あるいは臨時紙幣, 軍票.
語源 subscription の短縮形.

script /skrípt/ 名 CU 動 本来他 〔一般語〕 一般義 映画, 演劇, 放送などのための台本や脚本.その他 U は「書かれたもの」という意味で, それから手書きの書類[文字], 続け文字ではなく活字に似せた手書き文字, 表記法, 文字,〔印〕筆記体活字, スクリプト体. 動 として...の台本[脚本]を書く.
語源 ラテン語 *scribere* (= to write) の過去分詞 *scriptus* の中性形 *scriptum* が中英語に入った.
用例 I received a letter from him in his neat *script*. 私は彼から見事な筆跡の手紙を受け取った/Arabic *script* アラビア文字/Japanese children have to learn several different *scripts*. 日本の子供たちはいくつかの異なった文字を学ばなければならない.
【複合語】 **scríptwriter** 名 C 脚本家, シナリオ作家.

scriptural ⇒scripture.

scrip·ture /skríptʃər/ 名 CU 〔一般語〕 一般義《(the) S-, the (Holy) S-(s)》キリスト教の聖書.その他 U 《S-》聖書からの引用句や引用節.《s-》キリスト教以外の宗教の聖典, 教典, 権威のある文献.
語源 ラテン語 *scribere* (= to write) から派生した *scriptura* (= act of writing) が中英語に入った.
用例 According to Scripture, everyone is descended from two people, Adam and Eve. 聖書によれば, すべての人はアダムとイブの二人の子孫である.
【派生語】 **scríptural** 形.

scrof·u·la /skrɔ́(ː)fjulə/ 名 U《医》頸腺結核, 瘰癧(るいれき).
語源 ラテン語 *scrofa* (雌豚) に由来する中世ラテン語 *scrofula* (リンパ腺の炎症) が中英語に入った. 雌豚がかかりやすいことから.
【派生語】 **scrófulous** 形.

scroll /skróul/ 名 C 動 本来他 〔一般語〕 一般義 公式な記録, 賞状, 免状などの巻物.その他 書かれた内容の意味に転移し, 故事, 伝言, 覚え書き, 表, 名簿,「形が巻物に似ているもの」の意となり, 渦巻模様の装飾), 弦楽器の頭部の渦巻形の部分. 動 として《コンピューター》ディスプレー上に表示されたものを上下左右に移動する, スクロールする.
語源 ゲルマン語起源の古フランス語 *escroe* (= strip of parchment) が中英語に入った. この語形になったのは roll の連想があったと思われる.
用例 The successful candidates were presented with *scrolls* stating that they had gained their degrees. 及第した志願者たちは学位を得たことを称する巻物類を贈られた.
【複合語】 **scróll wòrk** 名 U 渦巻装飾.

scrooge /skrúːdʒ/ 名 C 〔軽蔑語〕〔しばしば S-〕守銭奴.
語源 Charles Dickens の *A Christmas Carol* (1843) の中の登場人物 Ebenezer Scrooge から.

scro·tum /skróutəm/ 名 C《複 -ta /-tə/, ~s》〔解〕陰嚢(いんのう).
語源 ラテン語 *scrautum* (矢筒) の異形が初期近代英語に入った.

scrounge /skráundʒ/ 動 本来他 〔くだけた語〕ささいなものをせびる, ごまかして手に入れる, 捜し回る, あさる

《around》.
[語源] イングランド東部方言 scrunge (= to wander about idly) から.
【派生語】scróunger 名 C.

scrub¹ /skrʌ́b/ 動 [本来他] C|U 〔一般用〕[一般義] 硬いブラシと水や洗剤などを用いて物をごしごし**洗う**. [その他] 一般にきれいにする, 液体中や液体上を通過させてガスの溶解物をとり除いて**洗浄する**, 計画などを**中止する**. 名 として《a ~》ごしごし洗い, U 洗浄用のスクラブクリーム.
[語源] 低地ドイツ語起源. 初期近代英語から.
【派生語】**scrúbber** 名 C《英》(軽蔑的に)売春婦.
【複合語】**scrúb(bing) brúsh** 名 C《米》洗いたわし. **scrúbwòman** 名 掃除婦.

scrub² /skrʌ́b/ 名 〔一般用〕[一般義] U 降水量の乏しいやせた土地で通常発生している**低木, 灌木(かんぼく)**. [その他]《複数形で》**低木地**. C 貧弱な体つきの雑種動物, 軽蔑的に体格がちっぽけな人, 立場や評判が取るに足りない人,《米》二軍, 二軍の選手.
[語源]「低木」の意の shrub の変形.
【派生語】**scrúbby** 形 低木の茂った, やぶの, みすぼらしい.

scruff /skrʌ́f/ 名 C 〔一般用〕**首筋, 襟首**, うなじ.
[語源] 不詳.
[用例] She picked up the cat by the *scruff* of the neck. 彼女は猫の首筋をつかんでつまみ上げた.

scruf·fy /skrʌ́fi/ 形《くだけた語》部屋などが**取り散らかしてだらしない**, 身なりなどにきちんとしたところがなくみすぼらしい.
[語源] scurf (ふけ, 垢) の音位転換による scruff + -y.
【派生語】**scrúffily** 副.

scrum /skrʌ́m/ 名 C 動 [本来自]《くだけた語》『ラグビー』**スクラム**(scrummage), 転じて混乱して収拾がつかないような**群衆の騒動**. 動 としてスクラムを組む.

scrum·mage /skrʌ́mɪdʒ/ 名 C 動 [本来自]『ラグビー』**スクラム**(を組む).
[語源] scrimmage の異形.

scrump·tious /skrʌ́mpʃəs/ 形《くだけた語》**食べ物がすごくうまい**(★子供が使う言葉).
[語源] sumptuous の異形と考えられる.

scrunch /skrʌ́ntʃ/ 動 [本来他] C《くだけた語》物を**強くにぎりつぶして丸くする**, ぎゅっと**押しつぶす**《up》, 物を**がりがりかむ**, **ばりばり砕く**. 名 として《a ~》がりがりかむ[ばりばり砕く]音.
[語源] crunch の異形.

scru·ple /skrúːpl/ 名 C 動 [本来自]《形式ばった語》(通例複数形で単数扱い) **良心のとがめ**, ためらい, しりごみ. 動 として《通例否定文で》良心のとがめを感じる, ためらう.
[語源] ラテン語 *scrupus* (= sharp stone) の指小語 *scrupulus* が古フランス語を経て中英語に入った. *scrupus* は不安の種にたとえられたことから.
[用例] He had no *scruples* about accepting the money. 彼はお金を受け取ることを何とも思わなかった / He borrows my money without *scruple*. 彼は平気で私のお金を借りる.
【派生語】**scrúpulous** 形 良心的な, もの堅い. **scrúpulously** 副.

scrutineer ⇒scrutiny.
scrutinize ⇒scrutiny.

scru·ti·ny /skrúːtəni/ 名 U|C 《形式ばった語》細部にわたる綿密な調査, 吟味, 詮索, じろじろ見ること, 物や人の**監視, 監督**.
[語源] ラテン語 *scrutari* (= to search; to examine) から派生した 名 *scrutinium* が初期近代英語に入った.
[用例] All the fruit undergoes a careful *scrutiny* before it is sold in the shops. すべての果物は, 店で売られる前に, 精選される / be under close *scrutiny* 厳重な監視下にある.
[類義語] examination.
【派生語】**scrùtinéer** 名 C《英》投票検査人. **scrútinize** 動 [本来他] 詳しく調べる.

scu·ba /skjúːbə/ 名 C 〔一般用〕潜水に用いる水中呼吸器, スキューバ.
[語源] self-contained underwater breathing apparatus の頭文字略語.
【複合語】**scúba dìve** 動 [本来自] スキューバダイビングする(⇔skin-dive). **scúba dìver** 名 C. **scúba dìving** 名 U スキューバダイビング.

scud /skʌ́d/ 動 [本来自] C|U 《文語》《方向を表す副詞(句)を伴って》船・雲などが風を受けて**疾走する**. 名 として《a ~》**疾走**, U 風に乗って飛ばされる雲[雨, 雪, 水しぶき], ちぎれ雲.
[語源] 北欧語起源と思われる. 初期近代英語から.
[用例] Clouds were *scudding* across the sky. 雲が空を飛ぶように流れていた.

scuff /skʌ́f/ 動 [本来自] C 〔一般用〕[一般義] **足をひきずって歩く**. [その他] 靴や床などがすり減る. 他 床などを足でこする. 名 として足をひきずること[音], すり減った場所, すり傷, ひきずって歩けるという意味でかかとのない室内靴やスリッパ.
[語源] スカンジナビア語起源と思われる. 18 世紀から.
[用例] Don't *scuff* (your feet)—it's very irritating. 足を引きずらないで, すごくイライラするから.

scuf·fle /skʌ́fl/ 動 [本来自] C 〔一般用〕[一般義] **取っ組み合う**. [その他] 足を引きずりながら足早に歩く. 名 として取っ組み合い, 乱闘.
[語源] scuff に反復を表す語尾 -le がついたもの. 初期近代英語から.
[用例] The two men quarrelled and there was a *scuffle*. そのふたりの男は口論し, 取っ組み合いとなった.

scull /skʌ́l/ 名 C 動 [本来自] 〔一般用〕[一般義] 船尾で用いられる1本の櫓(ろ). [その他] 長さが3メートル以下で1人が両手でこぐ1対の櫂(かい), スカル, スカルを使って漕ぐ**競漕用ボート**. 動 としてスカルでボートを漕ぐ.
[語源] 不詳. 中英語より.
【派生語】**scúller** 名 C スカルで漕ぐ人.

scul·ler·y /skʌ́ləri/ 名 C《やや形式ばった語》大きい家で台所に隣接している**台所雑用室**.
[語源] ラテン語 *scutella* (⇒scuttle¹) に由来する古フランス語 *escuele* (= dish) から派生した *escuelerie* (食器管理室) が中英語に入った.

sculpt /skʌ́lpt/ 動 [本来他] =sculpture.
[語源] フランス語 *sculpter* が 19 世紀に入った.

sculp·tor /skʌ́lptər/ 名 C **彫刻家**.
[語源] ラテン語 *sculptor* が初期近代英語に入った.

sculptural ⇒sculpture.

sculp·ture /skʌ́lptʃər/ 名 U|C 動 [本来他] 〔一般用〕[一般義] U **彫刻**(術),《集合的に》**彫刻(作品)**. [その他] C 個別的な彫刻作品, 貝殻や花粉の表面の模様. 動 として, 像などを彫る, **彫刻する**.
[語源] ラテン語 *sculpere* (= to carve) の過去分詞

scum /skÁm/ 名 U 動 [本来自] 〔一般語〕[一般義] 熱を加えたりすると液体の表面に浮かび上がってくる**浮きかす**, **あく**. [その他] 鉄などが溶けた状態の時にできる**鉱滓**(こうさい), **スラグ**, 温めた牛乳の表面などに張る**薄い膜**. くず, ごみの意から比喩的に, 〔軽蔑的な語〕《集合的》**下らない奴ら**, **ごくつぶし**, **ごろつき** 《★**castの**タブー》.
[語源] 中オランダ語 schum (＝foam) が中英語に入った.
[用例] Boil the bones in water, removing the scum from time to time. ときどきあくを取りながら, 骨を煮て下さい.
【派生語】**scúmmy** 形.

scup·per /skÁpər/ 名 C 動 [本来自] 〔一般語〕[一般義] 甲板の排水孔. [その他] 一般に**水落とし**, **水抜き穴**. 動 として〔くだけた語〕《英》急襲して**壊滅する**, もろくやチャンスをつぶす.
[語源] 不詳.
[用例] He was late for the examination and scuppered his chances of winning the scholarship. 彼は試験に遅れて, 奨学金を得るチャンスをふいにした.

scurf /skə́ːrf/ 名 U 〔一般語〕[一般義] うろこ状にはげ落ちる病的なふけ. [その他] ふけのようにはげ落ちる物, あか, 汚れ, 植物の異常な**褐色斑点**など.
[語源] 古英語 sceorf の変形 scurf から.
[用例] Some shampoos help to get rid of scurf. シャンプーにはふけをなくす効果のあるものもある.
[類義語] dandruff.
【派生語】**scúrfy** 形.

surrility ⇒scurrilous.

scur·ri·lous /skə́ːriəls│skÁr-/ 形 〔形式ばった語〕言葉遣いが**下卑た**, **口汚い**, 表現などが**虚偽と悪意に満ちた**.
[語源] ラテン語 scurra (道化者) の 形 scurrilis が初期近代英語に入った.
[用例] This magazine is constantly making scurrilous attacks on politicians. この雑誌は常に政治家を罵詈雑言で攻撃している.
【派生語】**scurrility** 名 UC. **scúrrilously** 副. **scúrrilousness** 名 U.

scur·ry /skə́ːri│skÁri/ 動 [本来自] 名 CU 〔一般語〕あわただしく動き回る, 驚いたり, 慌てふためいたりして**逃げ出す** 《along; away; off》. [その他] あわてて**走り回ること**, あわてふためき, 《a ～, the ～》急ぎ足, 小走り, 雪や雨などの**吹き降り**.
[語源] hurry-scurry を短縮したもの. 19 世紀から.
[用例] The mouse scurried away into its hole. ねずみは穴の中へ駆け込んだ.

scur·vy[1] /skə́ːrvi/ 名 U 〔医〕**壊血病**.
[語源] 「壊血病」を意味するフランス語 scorbut (⇒ scorbutic) と scurvy[2] が合わさった語. 初期近代英語から. 最初の症状は毛根周囲の角質化(ふけ)に現れるので scurvy[2] と結びついたと思われる.
[用例] Sailors used to suffer from scurvy until oranges were carried on board. オレンジが船に積込まれるまでは, 船乗り達はいつも壊血病に苦しめられていた.

scur·vy[2] /skə́ːrvi/ 形 〔古風な語〕たくみや振舞いがむかむかするほどに**卑劣な**, **下劣極まりない**.
[語源] scurf＋-y. 原意は「ふけだらけの, 不潔な」. 初期近代英語から.
【派生語】**scúrvily** 副.

scut /skÁt/ 名 C 〔一般語〕うさぎ, 鹿などの**短い立った尾**.
[語源] 不詳. 初期近代英語から.

scutch·eon /skÁtʃən/ 名 ＝escutcheon.

scut·tle[1] /skÁtl/ 名 C 〔一般語〕持ち運び用の**石炭入れ**(coal-scuttle), 食物や野菜などを運ぶための底の浅い広口かご, 石炭入れ 1 杯分の石炭.
[語源] ラテン語 scutra (大皿) の指小語 scutella (＝ tray) が scutel として古英語に入った.

scut·tle[2] /skÁtl/ 動 [本来自] 名 C あわてて**逃げる** 《off; away》. 名 として 《a ～》急ぎ足の出発, **退散**, **逃走**.
[語源] scud (疾走する) と関連のある語で, 中英語から.
[用例] I poked the spider and it scuttled away. その蜘蛛をつついたらあわてて逃げた.

scut·tle[3] /skÁtl/ 名 C 動 [本来他] 〔海〕船の**丸窓**, 甲板への出入口, 船底の小穴, またその蓋. [その他] 屋根の天窓, 舷側に穴をあけて船を沈める, 比喩的に物事をだめにする, ぶち壊す.
[語源] スペイン語 escote (襟ぐり) の指小語 escotilla がその連想から「小窓」の意となり, 古フランス語を経て中英語に入った.
[用例] The sailors scuttled the ship to prevent it falling into the hands of the enemy. 乗組員たちは船が敵の手に落ちることを防ぐために, 船底に穴をあけて沈めた.

scythe /saið/ 名 C 動 [本来他] 〔農〕長い柄を左右にゆらして穀物や長い草を刈るための**大鎌**(おおがま). 動 として**大鎌で刈る**.
[語源] 古英語 sīthe から.

SE (略) ＝southeast.

sea /síː/ 名 CU 〔一般語〕[一般義] 《しばしば the ～》**海**, **海洋**. [その他] 固有名詞扱いで《S-》陸地によって囲まれた**内海**, …**海**, 塩水または淡水の大きな湖, 風や天候の影響による**海面(状態)**, **波**, **波浪**, **潮流**, 《～S で》**大波**. 比喩的に火や血などの海のような**広がり**, 大海ほどの**多量**, **多数**. 形 として**海の**, **海洋の**, **海上の**, **海洋に関する**.
[語源] 古英語 sǽ から.
[用例] About three quarters of the Earth is covered by sea. 地球のおおよそ 4 分の 3 は海におおわれている／This bird flies many miles over land and sea. この鳥は陸地と海を渡って何マイルも飛ぶ／The sea is many kilometers deep in parts. 海は場所によっては深さが何キロもあるところがある／The North Sea separates Britain from Europe. 北海が英国とヨーロッパをへだてている／These fish are found in tropical seas. この魚は熱帯の海で見られる／There's a rough sea today. 今日は海が荒れている／The ship encountered mountainous seas. 船は山のような波に遭遇した／He looked down from the stage at the sea of faces. 彼はステージ上から客席のたくさんの人々の顔を見た.

【慣用句】*at sea* 航海中で[の],〔くだけた表現〕途方にくれて: Can I help you? You seem all [completely]; rather! *at sea*. 何かできることがありますか。あなたは本当に困っているみたいです。*by sea* 船で,船便で。*go to sea* 人が船乗りになる,船が出港する。*put (out) to sea* 陸地あるいは港を離れる。

【派生語】séaward 副形 海[沖]の方[へ,の]. séawards 副〔英〕=seaward.

【複合語】séa áir 名U 海辺の空気(★病気療養によい). séa anèmone 名C いそぎんちゃく(★単に anemone ともいう). séa bàthing 名U 海水浴(★単に bathing ともいう). séabèd 名C 海底. séabírd 名C 海鳥(★かもめ,あほうどり,うみすずめなど). séabòard 名C (米)沿岸(の),沿岸地方(の),海岸地帯(の). séabòrne 形 船で運ばれた,海上輸送の. séa brèeze 名C 海風(★海側から陸地に向かって吹き込んでくる微風). séa càptain 名C 商船の船長. séacòast 名C〔くだけた表現〕海岸,沿岸. séa còw 名C【動】海牛(カイギュウ・ジュゴンなどカイギュウ目の動物の総称). séa cùcumber 名C【動】なまこ. séafàrer 名C〔詩語〕船乗り,船の旅人. séafàring 形U〔文語〕航海(の),船乗り業(の). séafòod 名U 海産食物(★魚類・魚類などの食品). séafrònt 名C 都市の海岸通り. séagòing 形 船が遠洋航海に適した,人が航海を業とする. séa gùll 名C【鳥】かもめ(★単に gull ともいう). séa hòrse 名C【動】たつのおとしご. séalàne 名C 大洋上の主要航路,常用航路. séa lègs 名(複)船の動揺によろけずに歩ける足り,船に酔わないこと. séa lèvel 名C 平均海面. séa lìon 名C【動】あしか,とど. séaman 名C 船乗り,水夫,船の操縦ができる人: a good [poor] *seaman* 船の操舵がうまい[へたな]人. séamanlìke 形 船乗りらしい. séamanshìp 名U 航海術. séamàrk 名C 航路標識. séa mìle 名C 海里(nautical mile). séa òtter 名C【動】ラッコ(★北大西洋沿岸に住むイタチ科の動物). séaplàne 名C 水上飛行機,飛行艇. séapòrt 名C 海港,港町(★単に port ともいう). séa pòwer 名C 海軍力,海軍国. séa ròver 名C 海賊,海賊船. séashèll 名C 海・水産の貝. séashòre 名U 海岸,海辺(★単に shore ともいう). séasìck 形 船酔いの. séasìckness 名U 船酔い. séasìde 名C (通例 the ~)海岸,〔英〕保養地としての海岸地帯[町]. séa ùrchin 名C【動】うに(★単に urchin ともいう). séawàll 名C 海岸の護岸,堤防. séawàter 名U 海水. séawày 名C 航路,外洋船が通過できる内陸水路,船の航行. séawèed 名U 海草(★のり,わかめ,こんぶなど). séawòrthy 形 船が航海に適した,耐航性のある.

seal[1] /síːl/ 名C【動】本来[動]〔一般語〕一般義 文章の真正を保証したり物の所有証明として用いる印章,判.その他 封印,捺印,検印,印鑑.確証,保証,固めなどのしるし,比喩的に微候,相.「封じる」ということで,封印紙,シール,口封じ,口止め.動 として捺印する,手紙などに封をする,比喩的に目や容器などを堅く閉じる,〔形式ばった語〕確実にする,保証する,運命などを定める,決める.
語源 ラテン語 *signum*(=sign)の指小語 *sigillum*(=small sign)が古フランス語 seel を経て中英語に入った.
用例 The king's *seal* was attached to the document. 国王の印章が公文書に添付されていた/Paint and varnish act as protective *seals* for woodwork. ペンキとニスは木製品の目塗り用に利用されている/The document was signed and *sealed*. 公文書は署名され印が押されていた/Some parcels are cheaper to send if they are not *sealed*. 封をしない方が送料が安い小包もある/All the air is removed from a can of food before it is *sealed*. 食品の缶詰は空気をすべて抜いて密封される/This mistake *sealed* his fate. この過ちが彼の運命を決定した.

【慣用句】*seal off* 密封する,密閉する,地域などを封鎖する. *set one's seal to ...* = *set the seal on ...* ...に捺印する, ...を承認する. *seal up* 手紙などを封印する, 穴をふさぐ.

【派生語】séaler[1] 名C.

【複合語】séaled bóok 名C 内容が秘密になっていてわからない本,不可解なこと. séaled órders 名C 封緘(ふうかん)命令(★船長に対し与えられる,行き先や目的などの封書で与えられる命令書で,ある時点まで開封が禁じられている). séaling wàx 名U 封ろう(★単に wax ともいう). séal rìng 名C 印鑑の付いた指輪.

seal[2] /síːl/ 動本来[動]〔一般語〕【動】あざらし,あしか,おっとせい(fur seal)(★鰭脚(ききゃく)目の海産動物の総称),U あざらしの毛皮やあざらしなどのなめし皮,あざらし色,暗褐色.動 としてあざらし[おっとせい]の狩りをする.
語源 古英語 seolh から.

【派生語】séaler[2] 名C あざらしを狩る人[船]. séaling 名U あざらし[おっとせい]狩り.

【複合語】séalskìn 名U おっとせいの毛皮,C おっとせいの毛皮の服.

seam /síːm/ 名C【動】本来[動]〔一般語〕一般義 布などの縫い目,船板などの合わせ目,物を接合することによってできた継ぎ目.その他 割れ目,溝,顔などのしわ,傷跡,【地】2つの地層間にできた石炭などの薄層,【解】縫合線.動 として縫い合わせる,とじる,《受身で》しわを寄せる,すじを付ける.
語源 古英語 sēam から. sew (縫う) と同語源.
用例 Water was coming in through the *seams* of the boat. 船板の合わせ目から水が流れ込んでいた/I've pinned the skirt together but I haven't *seamed* it yet. スカートをピンで留め合わせただけでまだ縫い合わせをしていません.

【派生語】séaminess 名U. séamless 形. séamstress 名C お針子. séamy 形 縫い目のある, 世間の裏面の, 見苦しい, 不快な.

sé·ance /séiɑːns/ 名C〔形式ばった語〕死者の霊と話し合うために集まる降霊(術師)の会.
語源 ラテン語 *sedere*(=to sit)に由来するフランス語(=sitting)が19世紀に入った.
用例 She claims to have spoken to the emperor Napoleon at a *séance*. 彼女は降霊会でナポレオン皇帝に話したと言っている.

sear /síər/ 動C【動】U〔一般語〕本来[動]〔一般語〕強力な熱や火で物の表面を焦がす,焼く.その他 やけどをさせる,熱した鉄などで焼き印をおす,肉汁が逃げないように表面をさっと焼く,比喩的に印象を強く脳裏に焼き付ける.〔古風な語〕植物などを熱によってしなびさせ,枯らす.自 しなびる,枯れる.名 として焼け焦げの跡.
語源 古英語 sēarian(=to make withered)から.
用例 The material was *seared* by the hot iron. その材料は焼きごてで印がつけられた/He was *seared*

to the heart by her infidelity. 彼は彼女の不義のために身を焼かれるような苦しみを味わった.
【派生語】**séaring** 形 傷ならが焼きつくように痛い, 異性に対する情熱で思い焦がれるような.

search /sə́ːrtʃ/ 動 本来地 名 C 〔一般語〕 一般義 人や物を見つけ出すために身体や場所などを注意深く徹底して捜す, 捜し回る. その他 検査する, 調査する, 精査する, さらに人の心などを探る, 詮索する, 人の顔をじろじろ見る, 記憶などをたどる,〔文語〕風, 寒さ, 光などがしみ渡る, 一面に注ぎ込む. 自 (副詞(句)を伴って) 捜す, 捜し求める. 名 として 捜索, 捜査, 調査.
語源 ラテン語 circus (=circle) から派生した後期ラテン語 circare (=to go about) が古フランス語 cerchier を経て中英語に入った.
用例 I've *searched* the town for nails of the right size. ぴったりの大きさのくぎを求めて私は町じゅうを捜し回りました/He was taken to the police station, *searched* and questioned. 彼は警察署へ連行され, そこでボディーチェックを受け尋問された/I've been *searching* for that book for weeks. 私はここ数週間その本を捜しています/Have you *searched* through your pockets thoroughly? ポケットを全部徹底的に捜してみましたか/The *search* for the missing man is continuing today. 行方不明の男の捜索は今日も続けられています.
【慣用句】 *in search of* … …を捜して, 求めて. *Search me.* 〔くだけた表現〕知るもんか, さあねえ.
【派生語】**séarcher** 名 C. **séarching** 形 くまなく捜し回る, 徹底的な, 眼光が鋭い, 寒風などが身にしみる. 名 U 探索, 追求. **séarchingly** 副.
【複合語】**séarchlight** 名 C 探照灯, 探空灯, 探照灯のあかり. **search pàrty** 名 C 捜索隊. **search wàrrant** 名 C 家宅捜索令状.

sea·scape /síːskeip/ 名 C 〔一般語〕海の景色, 海の風景画.
語源 sea+-scape.

sea·son /síːzn/ 名 動 本来地 〔一般語〕 一般義 季節, 四季の一つ, 一年のうちのある特定の「時期」を意味し, 時節, 時季, スポーツ・社交・演劇などの活動期, シーズン, 流行期, 果物や魚類などの出盛り期, 旬(しゅん).「ぴったりの時期」ということで, 好機, よいころあい. 動 としては, 「食べごろの時期」から派生した味をよくする, 味をつける, 調味する, 味をよくするために大気に長時間当てて熟成させる, 酒などを慣らす, 木材などを乾燥させる, さらに, 体などを鍛える, 練る, 年季を入れる.
語源 ラテン語で「種まき(の時)」を意味する satio が古フランス語 seson を経て中英語に入った.
用例 The four *seasons* are spring, summer, autumn and winter. 四季は春, 夏, 秋, 冬である/The monsoon brings the raining *season*. モンスーンは雨季をもたらす/She *seasoned* the meat with plenty of pepper. 彼女は肉にたくさんのこしょうで風味をつけた/His tale was always *seasoned* with humour. 彼の話にはいつもユーモアが織り込まれていた/The wood was left out in the open to *season* it. 木材は乾燥させるために外においた.
【慣用句】 *come into season* 食べ物が旬になる. *for a season*〔文語〕しばらくの間. *in good season* 早めに, 折よく. *in season* 食べ物が旬で[に], 商売込みの盛んな入れ時で[に], 最盛期で[に], 発言などが時を得た[て], 法で認められた狩猟期で[に], 解禁で[の]: This type of plum is *in season* at the end of August. この種のプラムは8月の終わりが旬だ. *out of season* 食べ物が季節外れで[に], 時機を失して.
【派生語】**séasonable** 形 季節にふさわしい, 時宜を得た. **séasonably** 副. **séasonal** 形 季節の, 季節的な, 季節業は季節外の場合が多い.　**séasonally** 副. **séasoned** 形 味つけした, 調味した, 慣らした, 鍛えた. **séasoning** 名 UC 調味料.
【複合語】**séason tìcket** 名 C 〔英〕定期乗車券 (〔米〕commutation ticket), 野球場や劇場にシーズン中いつでも入場できる定期入場券.

seat /síːt/ 名 動 本来地 名 C 〔一般語〕 一般義 いす, 腰掛け, 座席, ベンチなど座るものの総称 (★しばしば固定した座席, たとえば列車, 飛行機, 劇場などの座席の意で用いられる). その他 いすや鞍(くら)などの座部, 機械などの台座, ズボンや着物などの尻, 体の尻.「着席の仕方」ということで馬や自転車などの乗った姿勢, 乗り方, 比喩的に王座, 王位, 議席, 議員の地位, あるものの占めている, 所属している, または起こっている場所, 所在地, 中心地. 動 として (〜 oneself または受身で) 席につかせる, 着席させる, 会場などに…人分の席を持つ, 機械などを据え付ける.
語源 古ノルド語 sǽti が中英語に入った. sit と同根.
用例 Are there enough *seats* for everyone?みんなの座る席は十分にありますか/He was using an upturned bucket as a *seat*. 彼はバケツをひっくり返していす代わりに使っていた/I've got a sore *seat* after all that horse riding. その乗馬の後尻がひりひりしています/He has a hole in the *seat* of his trousers. 彼のズボンの尻には穴があいている/He won [lost] his *seat* in the last election. 彼はこの前の選挙で当選[落選]した/She has resigned her *seat* on the town council. 彼女は町会議員を辞した/The *seat* of government in Britain is Westminster. 英国の政治の中心地はウェストミンスターである/I *seated* him [myself] in the arm chair. 私はひじかけいすに彼を座らせた[自ら座った]/Please be *seated*. ご着席ください/This bus *seats* forty-five people. このバスには45人の人が座れる.
【慣用句】 *take a seat* 座る〔語法〕sit down よりも形式ばった表現). *take one's seat*〔形式ばった表現〕決められた席に着席する.
【派生語】**séater** 名 C (通例複合語で) …人乗りの乗り物, …人掛けの座席: The bus is a thirty-*seater*. そのバスは30人乗りだ. **séating** 名 U 着席, 座席の設備[配列]:She arranged the *seating* for the lecture.彼女は講演のために座席の準備を整えた.
【複合語】**séat bèlt** 名 C 乗り物の安全ベルト, シートベルト: Fasten your *seat belts*, please. お座席のベルトをお締めください.

Se·at·tle /siǽtl/ 名 固 シアトル (★米国ワシントン州の州都).
語源 アメリカ先住民の酋長の名から.

sec /sék/ 名 C 〔くだけた語〕(a 〜)ほんの少しの時間, ちょっとの間.
語源 second² の短縮形.

se·cant /síːkənt/ 名 C 〔数〕曲線を2つ以上の点で切る割線, 直角三角形の斜辺の底辺に対する比を角度の関数で表した正割, セカント (★sec と略す).
語源 ラテン語 secare (=to cut) の現在分詞 secans

が初期近代英語に入った.

sec·a·teur /sékətəːr/ 名 C 〔やや形式ばった語〕《英》《通例複数形で》片手で扱う**剪定**(せんてい)**ばさみ**《★大型の両手で扱うものは shears という》.

語源 フランス語から 19 世紀に入った. ラテン語 *secare* (=to cut) に行為者を表すフランス語の語尾 *-ateur* がついたもの.

se·cede /sisíːd/ 動 本来自 〔形式ばった語〕宗教団体, 宗派, 政党などの組織から**脱退する**, **離脱する**.

語源 ラテン語 *secedere* (*se-* apart+*cedere* to go) が 18 世紀に入った.

用例 The American Civil War began when some of the southern states *seceded* (from the United States). アメリカの南北戦争は, 南部の数州が連邦を脱退した時に始まった.

【派生語】**secéssion** 名 U **脱退**, **離脱**, 《S-》〖米史〗連邦脱退. **secéssionist** 名 C **脱退に参加する人**, 離脱を正しいとする人, 《S-》〖米史〗連邦脱退論者.

se·clude /siklúːd/ 動 本来他 〔形式ばった語〕他の人々との関わり合いや外部の影響から人を**引き離す**, 物や人を**隔離する**, **人目につかないようにする**.

語源 ラテン語 *secludere* (=to separate; *se-* apart +*claudere* to close) が中英語に入った.

【派生語】**seclúded** 形 **隠遁した**, **隠棲**(いんせい)**した**, 人目につかない, 人目を避けた. **seclúsion** 名 U. **seclúsive** 形 **引きこもりがちな**, 没交渉の好きな.

sec·ond[1] /sékənd/ 形 名 C 副 動 本来他 〔一般語〕 一般義 《通例 the ～》**第 2 番目の**. その他 **次の**, **2 次的な**, **従属的な**, **補助の**, **二等の**, **次位の**, **劣った**. 「もう一つの」ということで, 《通例 a ～》**別の**, **他の**, **一つおきの**, **類似の**, **再来の**. 名 として《通例 the ～》**第 2 番目のもの**[**人**], ボクシングなどの**介添人**, **セコンド**, 自動車などの**セカンドギア**, 〖野〗**二塁**, 《複数形で単数扱い》食事などの**お代わり**. 副 として**第 2 番目に**(secondly), **2 位で**. 動 として**後援する**, **動議を支持する**.

語源 ラテン語 *sequi* (=to follow) から派生した *secundus* (=following) が古フランス語を経て中英語に入った. sequent と同源.

用例 Our *second* son is unmarried. 我が家の次男は独身だ/She finished the race in *second* place. 彼女は 2 位でレースを終えた/They have a *second* house in the country. 彼らは田舎に別荘をもっている/He plays with the *second* violins in the orchestra. 彼はオーケストラで第 2 バイオリンを担当している/The *second* sponges and manages the boxer between rounds. セコンドはラウンドの間にボクサーの体をスポンジでふき体調を整える/He came *second* in the exam [race]. 彼は試験[レース]で 2 番になった/He proposed the motion and I *seconded* it. 彼が動議を出し, 私はそれに賛成した.

【慣用句】***be second to none*** だれにも[**何事にも**]**劣らない**: As a portrait painter, he *is second to none*. 肖像画を描かせたら彼の右に出る者はいない. ***for the second time*** **二度**(**目に**), 再び. ***in the second place*** 理由などを挙げる際に**第二に**, **次に**.

【派生語】**secondary** 形 ⇒見出し. **séconder** 名 C **後援者**, **賛成**[**支持**]**者**. **sécondly** 副 **第二に**, 次に.

【複合語】**sécond báse** 名 UC 〖野〗**二塁**(ベース)《★単に second ともいう》. **sécond báseman** 名 C 〖野〗**二塁手**. **sécond bést** 名《U あるいは a ～》**次善の物**[**人**]. **sécond-bést** 形 **次善の**: ***come off second-best*** 試合などで敗北する. **sécond chíldhood** 名 U もうろく《★遠回しにいうときに用いられる》. **sécond clàss** 名 U **第二級**, **二流**, 乗り物などの**二等**, 第二郵便物《★《米》では新聞や雑誌などの定期刊行物, 《英》では普通の郵便》. **sécond-cláss** 形 副 〔くだけた語〕**二流の**[**で**], 二等の[**で**]. **sécond cóusin** 名 C またいとこ. **sécond-degrée** 形 やけど, 犯罪が**第二度の**, 第二級の. **sécond-gúess** 動 本来他 《米》〔くだけた語〕済んだ事に対してああすればよかったとあと**知恵を働かす**, 結果論で物事を批判する. **sécondhánd** 形 副 **中古の**[**で**], 中古品を扱う, また**聞きの**[**で**], 受け売りの[**で**]. **sécond lánguage** 名 U **第二言語**《★母語の次に習得する言語, 一国の第二公用語》, 教科としての**主要外国語**. **sécond lieuténant** 名 C 〖米陸軍·空軍·海兵隊·英陸軍〗**少尉**. **sécond náture** 名 U **第二の天性**, 習性: Habit is *second nature*. 《ことわざ》習慣は第二の天性(= 習い性となる). **sécond pérson** 名《the ～》〖文法〗**第二人称**. **sécond-ráte** 形 〔くだけた語〕**二流の**, 劣った. **sécond-ráter** 名 C **二流の**[**つまらない**]**人**[**物**]. **sécond síght** 名 U **透視力**, 千里眼. **sécond-stóry màn** 名 C 《米》〔くだけた語〕夜二階などの窓からしのび込む**どろぼう**. **sécond-stríng** 形 《米》選手が**補欠の**, **二軍の**, 二流の, 劣った, 小物の. **sécond thóught** 名 C 《しばしば複数形で》**再考**: have *second thoughts* 決心がつかない, 二の足を踏む/on *second thought* [《英》 *thoughts*] 考え直して. **sécond wínd** 名 U **息つぎ**, 元気の回復: get one's *second wind* 運動した後に正常な呼吸に戻る, 元気を取り戻す.

sec·ond[2] /sékənd/ 名 C 〔一般語〕時間, 角度の単位の**秒**《★略 s, sec; 記号 ″》. また《通例 a ～》**ちょっとの間**.

語源 中世ラテン語 *secunda* (*minuta*)(第2 の分) が古フランス語を経て中英語に入った.

用例 a ten-*second* delay 10 秒遅れ/I'll be there in a *second*. すぐにそちらへ行きます.

sec·ond·ar·y /sékənderi|-dəri/ 形 名 C (⇒second[1]) 〔一般語〕 一般義 **第二の**, **第二番**[**位**]**の**. その他 **二次的な**, **従の**. 教育, 学校などが**中等の**. 名 として**二次的な人**[**物**], **部下**, **補佐**, **代理人**.

【派生語】**secondarily** /sèkəndéərəli|sékəndərəli/ 副.

【複合語】**sécondary áccent** 名 C 〖音〗**第 2 アクセント**[**強勢**]. **sécondary módern schòol** 名 C 《英》**モダンスクール**《★進学を目的とせず一般教養を身につけるための 4 年制の中学校; 単に modern school ともいう》. **sécondary schòol** 名 C **中等学校**《★high school, public school, grammar school などの総称》. **sécondary stréss** 名 =secondary accent. **sécondary téchnical schòol** 名 C 《英》**テクニカルスクール**《★小学校を卒業した者が技術を身につけるために行く 5 年制の中学校; 単に technical school ともいう》.

seconder ⇒second[1].

secrecy ⇒secret.

se·cret /síːkrit/ 名 C 形 〔一般語〕 一般義 **秘密**, **秘密のこと**[**もの**]. その他 《しばしば a ～》**秘訣**(ひけつ), **極意**, **不思議**, **神秘**. 形 として**秘密の**, **人に知られていない**, **人の目から隠れた**, **人目につかない**, **人が口の堅い**, **秘密が守れる**.

語源 ラテン語 *secerenere* (=to set apart) の過去分

S

詞 *secretus* が古フランス語を経て中英語に入った.

[用例] The date of their marriage is a *secret*. 彼らの結婚の日どりは内緒です/I was in on (=I knew about) the *secret* from the beginning. 私は最初からその秘密を知っていました/His reason for coming was kept a *secret*. 彼が来た理由は秘密にされた/One of the *secrets* of good health is regular exercise. 健康の秘訣の1つは規則正しい運動である/He kept his illness *secret* from his wife. 彼は病気のことを妻には秘密にしておいた.

[慣用句] ***in secret*** 秘密に: He married her *in secret*. 彼は彼女と極秘結婚をした. ***let ... into a secret*** 秘密事を教える: I'll *let* you *into a secret*— I am going to be married. 内緒の話だけど, 実は私は結婚します.

[派生語] **sécrecy** [名] [U] 秘密, 秘密保持, 秘密主義. **sécretly** [副].

[複合語] **sécret ágent** [名] [C] 諜報部員. **sécret sérvice** [名] 《the ~》政府の諜報部[機関], 《S- S-》《米》財務省秘密検察部《★紙幣の偽造摘発や大統領の秘密護衛に当たる》.

secretariat ⇒secretary.

sec·re·tar·y /sékrətèri, -təri/ [名] [C] 〔一般語〕 [一般義] 個人のあるいは会社など団体の秘書, 書記. [その他] 「重要な事を任された人」ということで, 《米》省 (department) の長で他国の大臣に当たる長官, 《英》大臣. また秘書官, 書記官, 会の幹事, 事務官. そのような人たちが仕事を整理する場ということで, 書きもの机.

[語源] ラテン語 *secretus* (=secret) から派生した中世ラテン語 *secretarius* (=confidential employee) が中英語に入った.

[用例] He dictated a letter to his *secretary*. 彼は秘書に手紙を口述した/The *secretary* read out the minutes of the society's last meeting. 書記は会の最後の会合の議事録を声を出して読んだ/the *Secretary* of the Treasury 《米》財務長官.

[派生語] **secretariat** /sèkrətətəriət/ [名] [C] 事務局(の職員), 秘書課(の職員), 長官[事務局長]の職[地位].

[複合語] **sécretàry-géneral** [名] [C] 《複 secretaries-genaral》事務総長, 事務局長. **Sécretary of Státe** [名] 《the ~》《米》国務長官《★閣僚の主席で外務大臣を兼ねる》, 《英》国務大臣《★the Secretary of State for Defence は国防大臣》.

se·crete[1] /sikrí:t/ [動] [本来他] 〘生理〙器官などが分泌する.

[語源] secretion からの逆成. secretion はラテン語 *secernere* (=to separate) の [名] *secretio* が初期近代英語に入ったもの.

[用例] The liver *secretes* bile. 肝臓は胆汁を分泌する.

[派生語] **secrétion** [名] [U] 分泌, 分泌液[物].

se·crete[2] /sikrí:t/ [動] [本来他] 〔形式ばった語〕 [一般義] 隠匿する, 隠蔽(%%)する. [その他] 物をこっそりと自分だけのものにする, 特別な目的にこっそりと取り分けておく.

[語源] 廃語の secret (=to conceal) から. 18世紀より.

[用例] He *secreted* the money under his mattress. 彼は金をマットレスの下に隠した.

[派生語] **secretive** /sí:krətiv, sikrí:-/ [形]《悪い意で》言動がオープンでない, 秘密主義の, 隠したがる. **secretively** [副].

sect /sékt/ [名] [C] 〔一般語〕 [一般義] 一つの宗教の中で意見を異にする分派, 宗派. [その他] 《英》《通例軽蔑的》英国国教会からの分離派教会. 一般的に過激[危険]な思想や主義, 特徴ある指導者に従うグループ, 団体, 派, 政党, 派閥.

[語源] ラテン語 *sequi* (=to follow) の過去分詞女性形 *secta* が「従う者, 学派」の意となり, 古フランス語を経て中英語に入った.

[用例] the various *sects* of the Christian church キリスト教会のいろいろの宗派.

[派生語] **sectárian** [形] 宗派[学派]の, 派閥的な特徴のある, 度量の小さい, 物の見方の狭い. [名] [C] 派閥に属する人, 度量の小さい人. **sectárianism** [名] [U] 特定の派を強力かつ排他的に支持すること, 縄張り根性, セクト主義.

sec·tion /sékʃən/ [名] [CU] [動] [本来他] 〔一般語〕 [一般義] 官庁, 会社などの課, 部門. [その他] 切り取られた部分, 断片, 文章や書物などの節, 段落, 新聞の欄, ある特徴を有する町の区域, 地区, 団体の部, 部門, 社会的な階層, 機械などの部品, みかんなどの房, 《米》《軍》班《★小隊 (platoon) より小さく分隊 (squad) より大きくて2分隊からなる》. [CU] 物を平面で切ること, 横断面, 断面, 《医》手術の切開. [動] として区分する, 区画する.

[語源] ラテン語 *secare* (=to cut) の過去分詞 *sectus* から派生した [名] *sectio* が古フランス語を経て中英語に入った.

[語法] 書物などにおける「節」「段落」を意味する時は, sec., sect. 《複 secs.》と略して用いられたり, §で示される.

[用例] She has been transferred to the accounts *section* of the business. 彼女は会社の会計課に移動になった/He divided the orange into *sections*. 彼はオレンジを切っていくつかに分けた/There is disagreement in one *section* of the community. 地域社会の一部で反対が起こっている/The architect's model was of a *section* through the house. その建築家の模型は家の断面部を表していた.

[派生語] **séctional** [形] 派閥的な, 地域的な, 組み立て式の, 区分の, 部門の, 断面の. **séctionalism** [名] [U] 地方偏重主義, 地方的偏見, 派閥主義.

[複合語] **séction màrk** [名] [C] 文節記号《★章や節の始まりを示す記号で§で示される》.

sec·tor /séktər/ [名] [C] [動] [本来他] 〔一般語〕 [一般義] 業務, 生産, 経営などの分野, 部門, 界. [その他] 〘数〙扇形, 関数尺, 〘軍〙前線や作戦展開上の防衛地区, 扇形地区, 〘コンピューター〙ディスク上で記録するための区切り, セクター. [動] として扇形に分割する.

[語源] ラテン語 *secare* (=to cut) に行為者を表す -or が付いた *sector* (=cutter) が後期ラテン語で「円の一部」すなわち「扇形」の意となり, 初期近代英語に入った.

[用例] Wages for workers in the public *sector* don't always keep up with those for workers in the private *sector*. 公営企業部門の労働者の賃金は私営企業部門のそれに遅れないでいくとは限らない/The *sector* of Germany occupied by the Russians after the war has become East Germany. 戦後ロシアのドイツ占領地区が東ドイツとなった.

secular

sec·u·lar /sékjulər/ 形 C〔一般語〕一般義〔通例限定用法〕宗教や霊的なものと関係ない, 世俗的な, 現世の. 動として〔キges〕聖職者が在俗の,〔経〕価格などの変動が長期間の. 名として在俗聖職者.

語源 ラテン語 *saecularis*(=worldly)が古フランス語を経て中英語に入った.

用例 *secular* art [music] 宗俗芸術[音楽]でない世俗芸術[音楽].

【派生語】**sécularism** 名U 宗教拒絶[排除]主義, 教育・宗教分離主義. **sécularist** 名C. **sécularize** 動本来他 世俗化する, 宗教から一般に移す.

se·cure /sikjúər/ 形本来他 一般語 一般義 危険がない, 安全な. その他 心配がないということで, 人が安心した, 気楽な, 苦労がない, 事が確かな, 信頼できる. また, 確保した, 確実に手に入れた, 土台, 留め具などが固定された, しっかりした, 窓や戸がきちんと閉まった. 動として, 動かないように固定する, 危険などから安全にする, 苦労して望みのものを獲得する, 確保する, 確実にする, 担保[保険]をつける.

語源 ラテン語 *securus* (*se-* without+*cura* care)が初期近代英語に入った.

用例 Is your house *secure* against [from] burglary? お宅は盗難の心配はありませんか/Will my money be *secure* if it is invested in this firm? この会社に私の金を投資しても大丈夫ですか/Don't pull that rope — it's not *secure*! そのロープを引っぱらないで, 固定されていません/Is that lock [window, door] *secure*? ロック[窓, ドア]はしっかり閉まっていますか/He *secured* the boat with a rope. 彼はロープでボートをしっかりとめた/*Secure* all the doors and windows before leaving. 出かける前にドアと窓の戸締まりをきちんとしておきなさい/Keep your jewellery in the bank to *secure* it against theft. 盗まれないように宝石類は銀行にあずけなさい/By his will, possession of the house is *secured* to his children. 彼の遺言のおかげでその家の所有権は子供達に保証されている.

【派生語】**secúrely** 副. **security** 名 ⇒見出し.

se·cu·ri·ty /sikjúərəti/ 名UC (⇒secure)〔一般語〕一般義 安全のための防御, 保護, 安全保障. その他 不安や疑念のないこと, 安心, 無事, 安全.〔単数または複数扱い〕会社などの警備担当部, 保安部. UC 保証, 担保,〔複数形で〕有価証券を意味する. また〔形容詞的に〕安全のための, 保安の, 国家の安全保障の.

用例 The police told them to leave the country, or their *security* could not be guaranteed. 警察は彼らにこの国を去るように命じた. さもないと彼らの安全は保障できないとのことであった/After the police caught the murderer, the villagers were able to live in *security* once more. 警察が殺人犯を捕えてから村人たちは再び安心して暮らせるようになった.

【複合語】**secúrity blànket** 名C お守り毛布(★幼児がそれがないと不安のためいつも持ち歩く毛布), 気休めを与えるもの. **Secúrity Còuncil**〔the 〜〕国際連合の安全保障理事会. **secúrity gùard** 名C ビルの警備などを担当する警備員, ガードマン. **secúrity police** 名〔複〕政府の要人の護衛やスパイの摘発などを行う警察. **secúrity risk** 名C 敵と内通している可能性のある治安上の要注意人物, 危険人物.

se·dan /sidæn/ 名C 一般語 一般義 乗用車, セダン. その他 本来はいす付き駕籠(°) (sedan chair).

語源 不詳.「駕籠」の意では初期近代英語から.

se·date /sidéit/ 形 動本来他 一般語 一般義 落ち着いている, 平静である. 動として〔通例受身で〕鎮静剤を与えて人を落ち着かせる, 眠らせる.

語源 ラテン語 *sedare* (=to settle; to calm)の過去分詞 *sedatus* から初期近代英語に入った.

【派生語】**sedátely** 副. **sedáteness** 名U. **sedátion** 名U〔医〕鎮静剤の使用による鎮静作用, 鎮静状態. **sedative** /sédətiv/ 名C 鎮静剤[薬]. 形興奮や神経の高ぶりを抑える.

sed·en·tary /sédntèri| -təri/ 形〔形式ばった語〕一般義 仕事や生活様式が座った姿勢でする, 人がほとんど運動をしないで座ってばかりいる. 形 動物などが移動しない, 定住している, 生物が定着性の.

語源 ラテン語 *sedere* (=to sit) の現在分詞 *sedens* から派生した 形 *sedentarius* が初期近代英語に入った.

用例 He has a *sedentary* job in a tax office. 彼は税務署で座ってる仕事をしている.

反意語 migratory.

sed·i·ment /sédəmənt/ 名U 動本来他 一般語 一般義 固体状の沈殿物, おり (★軟らかい沈殿物はsludge). その他〔地〕水, 風, 氷河などによる堆積物. 動として沈殿させる, 自 沈殿する.

語源 ラテン語 *sedere* (=to sit; to sink down)から派生した 名 *sedimentum* が初期近代英語に入った.

用例 In a bottle of red wine, there is a certain amount of *sediment*. 赤ワインのびんには, ある程度の量のおりがたまる.

【派生語】**sèdiméntary** 形 沈殿物の, 沈殿性の, 沈殿[堆積]物からなる. **sèdimentátion** 名U 沈殿[堆積]作用.

se·di·tion /sidíʃən/ 名U〔形式ばった語〕治安妨害, 扇動, 暴動.

語源 ラテン語 *seditio* (=separation; *se-* apart+*-itio* act of going)が古フランス語を経て中英語に入った.

用例 His speech was considered to be incitement to *sedition*. 彼の演説は武装蜂起を扇動するものと考えられた.

【派生語】**sedítionary** 名C 扇動者. **sedítious** 形 扇動的の. **sedítiously** 副. **sedítiousness** 名U.

se·duce /sidjú:s|-djú:s/ 動本来他 一般語 一般義 若い女性や弱い立場の女性を誘惑して性行為をする. その他〔形式ばった語〕人をそそのかして誘惑したりして道を踏はずす, 堕落させる.

語源 ラテン語 *seducere* (=to lead away; *se-* apart+*ducere* to lead) が古フランス語を経て中英語に入った.

用例 She was *seduced* at the age of fifteen by an older man. 彼女は15歳の時に年上の男に誘惑された.

【派生語】**sedúceable** 形 =seducible. **sedúcer** 名C 誘惑する人[物], 女たらし, 色魔. **sedúcible** 形 誘惑されやすい. **seduction** /sidʌ́kʃən/ 名U 婦女子誘惑,《通例複数形で》誘惑するもの, 魅惑. **sedúctive** 形 誘惑的な. **sedúctively** 副.

sed·u·lous /sédʒuləs|-dju-/ 形〔文語〕人や人の努力がたゆまぬ, 熱心な, 勤勉な, 仕事などが念入りな, 周到な.

語源 ラテン語 *se dolo* (=without guile; *se-* with-

out+*dolus*「ずるさ」)が *sedulo*(=sincerely)となり,さらに 形 *sedulus* を経て初期近代英語に入った.
【派生語】**sédulously** 副. **sédulousness** 名 U.

see¹ /síː/ 動 本来幅 (過去 saw/sɔ́ː/; 過分 seen/síːn/)〔一般語〕意図せず自然に対象物が目に入る,見える(語法 進行形は用いない),...が...する[している]のを見る(語法 受身では to 不定詞を用いる). その他 「意識して見る」ということで,ながめる,見物する,観察する,人と会う,面会する,人を訪問する,「夢や心の中で見る」ということで,想像する,思い浮かべる,考える,考えてみてわかる,理解する,「よく見てみる」ということで,見たり読んだりして知る,確かめる,調べる,検査する,「最後まで確認する」ということで,(副詞句を伴って)見送る,付き添う,送り届ける,見届ける,面倒を見る,扶養する,《しばしば命令文で》...するように[であるように]気をつける,経験する,時代や場所が事件などを目撃する. 自 目が見える,見える,気分のすぐれない.
語源 古英語 seon から.
用例 I've never *see* a bird like that before. 私は以前にそのような鳥を見たことがない/I *saw* that the door was open. ドアが開いていたことは見て知っていた/I'll *see* you at the usual time. いつもの時間にお会いしましょう/I'm *seeing* my doctor tomorrow. 明日医者に診てもらうつもりです/I can't *see* her being a good mother. 私には彼女が良い母などと想像もつかない/I *see* many difficulties ahead. この先数々の困難が考えられる/She didn't *see* the point of the joke. 彼女にはその冗談のおもしろさがわからなかった/I'll go and *see* what the children are doing. 子供たちが何をしているのか見に行ってきます/I'll *see* you home. 私があなたを家まで送りましょう/He has *seen* a lot of trouble. 彼は多くの困難を経験してきた/As you *see*, I'm busy. ごらんのように私は忙しい/Can you *see* into the room? 部屋の中が見えますか/At last she understand, and said "Oh, I *see*!" ついに彼女は理解し,「ああわかったわ」と言った/Let me *see*, I think we should turn left here. そうですね,ここで左に曲がるべきだと思います.

【慣用句】*I'll* [*We'll*] *see*. 考えてみます,確かめてみましょう. *see about* ... ...について処置する,考えてみる. *see across* 通りなどを渡るまで...に付き添う. *see ... across* ... ...が...を渡るのに付き添う: He *saw* the children *across* the road. 彼は子供たちに付き添って道を渡った. *see around* 人を案内して回る,近くでよく見かける. *see back* 車などで家まで送る. *see in* 人が中に入るまで...に付き添う,新年を迎える. *see ... in* ...〔くだけた表現〕《通例疑問文,否定文で》人によい点を認める: I don't know what Bill *sees in* that girl. ビルはあの女性のどこにほれているのかわからない. *see off* 人を...に見送る,送り出す〔くだけた表現〕追い払う,敵などをはね返す: He *saw* me *off* at the station. 彼は駅で見送ってくれた/There were some children stealing my apples but my dog soon *saw* them *off*. 子供が数名私のりんごを盗もうとしていたが,私の犬が彼らを追い払った. *see out* 人が外に出るのを見送る,...よりも長生き[長持ち]する: The maid will *see* you *out*. メイドが玄関まであなたを見送ります/These old trees will *see* us all *out*. これらの樹齢のいった木は私たちのだれよりも長生きすることでしょう. *see over* ... ...の向こうが見える,人を向こう側まで送り届ける.家,工場などを視察する,検分する. *see ... over*

[*round*] ... 人に場所を**案内**する. *see through* 見通す,最後までやり通す,最後まで付き添う[援助する],物が間に合う: She had a lot of difficulties, but his family *saw* her *through*. 彼女は数々の困難をかかえていたが,彼の家族が最後まで力をかしてくれた/Will this money *see* you *through* till the end of the week? このお金で週の終わりまで間に合いますか. *see to* ... ...の面倒を見る,引き受ける.
【派生語】**seeing** 名 U 見ること,視覚,視力. 接 ...であることを考えると, ...であるからには: *Seeing* that he's ill, he's unlikely to come. 彼が病気であるところを見ると来そうもない: **Seeing Eye dog** 盲導犬(★商標).
【複合語】**sée-thròugh** 形 ネグリジェなどが透けて見える.

see² /síː/ 名 C 《宗》カトリックで**司教区**,英国国教会,ギリシャ正教で**主教管区**,司教[主教]座,司教[主教]の権威[管轄権].
語源 ラテン語 *sedere*(=to sit)から派生した *sedes*(=seat)が古フランス語を経て中英語に入った.

seed /síːd/ 名 CU 動 本来幅〔一般語〕植物の種,種子,実(語法 個別的にも集合的にも用いられる). その他 「発生源」の意で,魚などの卵,精液,比喩的に争いなどのもと,根源,〔文語〕子孫,種族など.《スポ》「種をまく」ように対戦相手を一定の所に割り当てるということで,C として,土地に種をまく,果実の種を取り除く,《スポ》シードする. 自 実を結ぶ,種を生じる.
語源 古英語 sēd, sǣd から.
用例 Figs are full of *seeds*. いちじくには種が一杯入っている/I bought a packet of sunflower *seeds*. 私は一袋のひまわりの種を買った/There was already a *seed* of doubt in her mind. 彼女の心の中にはすでに疑惑の種が芽生えていた/A plant *seeds* after it has flowered. 草花は花が咲いた後で実を結ぶ.
【派生語】**séeder** 名 C 種をまく人[機械],種取り機. **séedily** 副. **séediness** 名 U. **séedless** 形 種なしの. **séedling** 名 C 実生(みしょう)の苗木,3 フィート以下の若木. **séedy** 形 種の多い,みすぼらしい,くたびれた,元気のない,気分のすぐれない.
【複合語】**séedbèd** 名 C 苗床,育成の場,温床. **séedcàke** 名 UC 種入りケーキ. **séed còrn** 名 C 種とうもろこし,将来利益の期待できるもの. **séed pèarl** 名 C 小粒の真珠. **séedsman** 名 C 種をまく人,種屋.

seek /síːk/ 動 本来幅 (過去・過分 **sought**/sɔ́ːt/)〔形式ばった〕〔一般語〕仕事,場所,助言,富などのような抽象的なものを**捜し**求める,**探求する**. その他 富,名声,名誉などを得ようとする,忠告,説明,情報などを**要求する,請い求める**,《to 不定詞を伴って》...しようと**努める**,何かをしようとする.
語源 古英語 sēcan から.
用例 He *sought* employment in London. 彼はロンドンで職を探した/They are *seeking* (for) a solution to the problem. 彼らはその問題の解決法を探し求めている/She's *seeking* fame in the world of television. 彼女はテレビ界で名声を得ようとしている/You should *seek* your lawyer's advice. 君は弁護士の忠告を求めるべきだ/*Seek* and you may find. 捜し求めなさい.そうすれば見つかるでしょう(★聖書より)/These men are *seeking* to destroy the government. この男たちは政府転覆を謀っている.

【慣用句】 *be much sought after* 求められている: This book *is much sought after*. この本はひっぱりだこです.
【派生語】 **séeker** 名 C 探す人, 探求者.

seem /síːm/ 動 [本来自] 〔一般義〕様子からあるいは印象から…のように見える, 断定をさけて表現を和らげる意味合いで…のように思われる《★進行形なし》.
[語法] ❶ 主格補語として, 形容詞, 不定詞, 過去分詞形, -ing 形を伴う. ❷ it seems that ... の形で, 「…らしい」の意味に用いられる. ❸ there seem(s) (to be) ... の形で「…がありそうだ」の意味に用いられる.
[語源] 古ノルド語から中英語に入った.
[用例] A thin person always *seems* (to be) taller than he really is. やせている人は通常実際よりも背が高く見える/She *seems* kind. 彼女はやさしそうだ/The clock *seems* to be wrong. その時計はくるっているようだ/I can't *seem* to please him. (= I *seem* not to be able to please him.) 彼の気に入るようにすることはできそうにもありません/It would *seem* [It *seems*] that they have quarrelled. 彼らは口げんかしたようだ/There *seem* to be no difficulties to be discussed. 話し合うような問題点はなさそうだ.
[類義語] seem; appear; look: **seem** が主に話し手の主観的な見方を含意するのに対して, **appear**, **look** は外観上の判断に基づく見方の意味される. ただし, appear は実際にはそうでないかもしれないという含みがあり, look は逆にそうであろうという意味が含まれる.
【派生語】 **séeming** 形 名 U うわべの, 外観(の), 見せかけ(の). **séemingly** 副 見たところでは, どうやら, うわべは〔語法〕語修飾語と文修飾語の両方に用いられる〕. **séemliness** 名 U. **séemly** 形〔古風な語〕行儀や態度などが上品な, 適当な.

seen /síːn/ 動 see¹ の過去分詞.

seep /síːp/ 動 [本来自] 名 C 〔一般義〕《副詞(句)を伴って》液体やガスなどが微小な孔や小さなさけ目などからゆっくりとしみ出る[しみ込む], 漏れる. [名] として地中の水, 油, ガスがゆっくりと表面にしみ出る所.
[語源] 古英語 sīpian (= to soak) から.
【派生語】 **séepage** 名 U 浸透(浸出)(作用).

see·saw /síːsɔː/ 名 CU 形 動 〔一般義〕〔一般義〕シーソー(板) 《★シーソー板は teeter-totter ともいう》. [その他] シーソー遊び, その連想から, 交互に入れ替える上下動や前後動, 一進一退の競技[状態]. 動 として上下[前後]動する, 一進一退の. 形 としてシーソー遊びをする, 上下[前後]動する, 交互に入れ替える.
[語源] saw (のこぎり)の加重音節 (reduplication) から. 18 世紀に造られた語で, のこぎりで切るかのようなリズミカルな動作をイメージした表現.
[用例] They played on the seesaw [at seesaw] in the park. 彼らは公園でシーソーで遊んだ.

seethe /síːð/ 動 [本来自] 〔やや形式ばった語〕〔一般義〕怒りで腹の中が煮えくりかえる, 興奮や不満などで腹の虫がおさまらない. [その他] 本来は「煮る, 沸騰する」の意で, 海や川が泡立つ, 逆巻く, あるいは場所が群衆で沸きかえる, 群衆が騒然とする.
[語源] 古英語 sēothan (= to boil) から.
[用例] The sea *seethed* among the rocks. 波は岩に押し寄せ砕け散った.
【派生語】 **séething** 形 猛烈にあわただしく込み合う, 騒然とした, 激しく怒った. **séethingly** 副.

seg·ment /séɡmənt/ 名 C, /séɡment | seɡmént, -/ 動 [本来他] 〔一般義〕〔一般義〕切り取られた部分, 区分, 分節. [その他] [数] 線分, 円の弦によって切り取られた弓形, 球面弓形. 動 として各部分に分ける, 分節する. 自 分かれる.
[語源] ラテン語 *secare* (= to cut) の 名 *segmentum* が初期近代英語に入った. 動 の用法は 19 世紀から.
[用例] He divided the orange into *segments*. 彼はそのオレンジを袋分けにした.
【派生語】 **segméntal** 形. **segmentátion** 名 U 細胞分裂, 卵割, 分割.

seg·re·gate /séɡriɡèit/ 動 [本来他] 〔一般義〕《通例受身で》あるものを別のものから分離する, 残りのグループや集団から強制的に隔離する, 人種, 性別, 宗教などで差別する.
[語源] ラテン語 *segregare* (= to separate from the flock; *se-* apart + *grex* flock) の過去分詞 *segregatus* が初期近代英語に入った.
[用例] At the swimming-pool, the sexes are *segregated*. そのプールでは男女が別々に分けられている.
【派生語】 **ségregàted** 形 同種類内の別の, 分離した, 人種差別(政策)の. **sègregátion** 名 U 分離, 隔離, 人種差別, 特別(特殊扱い)[観察]. **sègregátionist** 名 C 人種差別主義者.

seine /séin/ 名 C 動 [本来他] 《漁業》引き網 《★底引き網, 船引き網, 地引き網に分かれる》. 動 として引き網で魚をとる.
[語源] ギリシャ語 *sagēnē* がラテン語 *sagena* を経て古英語に segne として入った.

seis·mic /sáizmik/ 形 〔一般義〕地震の, 地震性の.
[語源] seismo-「地震」+ -ic.

seis·mo·graph /sáizməɡrǽf | -ɡrɑːf/ 名 C 〔一般義〕地震計.

seis·mol·o·gy /saizmɑ́lədʒi | -mɔ́l-/ 名 U 〔一般義〕地震学.
[語源] ギリシャ語 *seiein* (= to shake) の 名 *seismos* (= earthquake) に由来する連結形 seismo-「地震」+ -logy「…学」.
【派生語】 **seismólogist** 名 C 地震学者.

seis·mom·e·ter /saizmɑ́mətər | -mɔ́m-/ 名 C 〔一般義〕地震計.

seize /síːz/ 動 [本来他] 〔一般義〕急に力を入れてつかむ. [その他] 逮捕する, 奪い取る, 差し押さえる. 機会などをつかむ, 《しばしば受身で》病気や悲しみなどが人を急に襲う, 感情などが人(の心)を捕える. 《法》《通例受身で》所有させる, 占有させる, 《海》ロープなどをくくり付ける, しばり付ける. 自 機会などを逃さずとらえる, 案などに飛びつく 《on》.
[語源] 中世ラテン語 *sacire* (= to take possession of) が古フランス語 *seisir* を経て中英語に入った.
[用例] He *seized* her by the arm. 彼は彼女の腕をいきなりぎゅっとつかんだ/She *seized* the gun from him. 彼女は銃を彼から奪い取った/The police raided his house and *seized* quantities of the drug heroin. 警察は彼の家を手入れし大量のヘロインを没収した/He *seized* the opportunity of working in India. 彼はインドで働く機会をつかんだ/She was *seized* with jealousy. 彼女は嫉妬心にかられた.
【慣用句】 *seize up* 機械などが動かなくなる: The car *seized up* yesterday. 昨日車のエンジンが動かなくなった.
【派生語】 **séizure** 名 UC つかむこと, 強奪, 占拠, 逮

捕, 差し押さえ, [C] 発作: The arrest of the political prisoners was followed by the *seizure* of their property. 政治犯たちは捕らえられ財産を没収された。

sel·dom /séldəm/ 副 形 〔一般語〕めったに…しない.
[語源] 古英語 seldan から.
[用例] I've *seldom* experienced such rudeness. 私はそのような無礼な態度にめったにお目にかかったことがない/This happens very *seldom*. こんなことはごくまれにしか起こりません.
[反義語] often.
[関連語] rarely.
【慣用句】**seldom, if ever** もしあったとしてもまれに: They *seldom*, *if ever*, go out in the evening. 彼らが午後外出することはまずない. **seldom or never** めったに…しない.

se·lect /silékt/ 動 本来他 形 〔一般語〕多数の中から選び抜く. 形 としてより抜きの, 一流の, より好みする, 上流社会の.
[語源] ラテン語 *seligere* (=to select) の過去分詞 *selectus* が初期近代英語に入った.
[用例] She *selected* a blue dress from the wardrobe. 彼女は洋服だんすから青いドレスを選んだ/You have been *selected* to represent us on the committee. 君は委員会の我々の代表に選ばれた/The book is a *select* collection of poetry from various authors. その本はいろいろな作家から抜粋した詩集だ/That school is very *select*. その学校は一流校だ.
[類義語] choose.
【派生語】**seléctive** 形. **seléction** 名 [U] 選ぶこと, 選択, 選抜, [C] 選んだもの, 選ばれたもの, 抜粋, [生] 淘汰(とうた): natural *selection* 自然淘汰. 形 選択的な, 抜粋の, [生] 淘汰の, [通信] 特定周波数のみ反応するようになっている, 選択式の: **selective service** (米) 徴兵制度 (★現在は廃止されている). **sèlectívity** 名 [U] 選択的なこと, 選択力. **seléctor** 名 [C] 選択者, 選別機.
【複合語】**seléct commíttee** 名 [C] 英国議会の**特別委員会**.

self /sélf/ 名 [U][C] (複 **selves**/sélvz/) 形 〔一般語〕
[一般義] [U][C] 他のすべての人たちと区別して, その人**自身**, **自己, 自我**. [その他] 《形容詞を伴って》人や物の本質や特質の一面, 私欲, 利己心. 形 として服などの色や装飾が同じ, 同一材料の.
[語源] 古英語 se(o)lf から.
[用例] We call the good and bad sides of our personality our better and worse *selves*. 我々の性格の良い面と悪い面はそれぞれ良い自我, 悪い自我と呼ばれる/He always thinks first of *self*. 彼はいつも自己の利害を第一に考えている.

self- /sélf/ 連結 再帰的意味の複合語を作る. **自分で, 自分を, 自動的な, 自然の, 自分に対して**などの意.
[語法] ❶ 第二要素の語とはハイフンでつなぐ ❷ 第二要素の語の両方に第一アクセントが来る. なお, 第二要素の語は本来のアクセントを維持する.

self-ab·sorbed /sélfəbsɔ́ːrbd/ 形 〔やや形式ばった語〕自分のことだけに夢中になっている, 他人やまわりの事に注意を払わない.

self-a·buse /sélfəbjúːs/ 名 [U] 〔形式ばった語〕自虐, [古語] 自慰.

self-act·ing /sélfǽktiŋ/ 形 〔一般語〕自動(式)の.

self-ad·dressed /sélfədrést/ 形 〔一般語〕《通例限定用法》差出人の宛名書きをした, 返信用の.
[用例] I enclose a stamped, *self-addressed* envelope for your reply. あなたからの返信用に, 切手を貼った返信用封筒を同封します.

self-ap·point·ed /sélfəpɔ́intid/ 形 〔一般語〕《通例限定用法》《軽蔑的》独り決めの, 独りよがりの.

self-as·ser·tion /sélfəsə́ːrʃən/ 名 [U] 〔一般語〕《軽蔑的》自己主張, 尊大, 傲慢.
【派生語】**sélf-assértive** 形.

self-as·sur·ance /sélfəʃúərəns/ 名 [U] 〔やや形式ばった語〕自信.
[類義語] self-confidence.
【派生語】**sélf-assúred** 形.

self-cen·tered, (英) **-tred** /sélfséntərd/ 形 〔一般語〕《軽蔑的》自己中心的な, 利己的な.

self-col·oured, **-oured** /sélfkʌ́lərd/ 形 〔やや形式ばった語〕全体が一色の, 無地の.
[用例] Are the curtains *self-colored* or patterned? カーテンは無地ですか, 模様入りですか.

self-com·mand /sélfkəmǽnd | -máːnd/ 名 [U] 〔形式ばった語〕自分の感情や欲求を抑えること, **自制**.
[類義語] self-control.

self-com·pla·cent /sélfkəmpléisnt/ 形 〔形式ばった語〕人を困らせるほどに思い上がっている, うぬぼれの強い, 自己満足[陶酔]の.

self-con·fessed /sélfkənfést/ 形 〔形式ばった語〕《通例限定用法》《軽蔑的》自称の, 自認の.

self-con·fi·dence /sélfkánfədəns | -kɔ́n-/ 名 [U] 〔一般語〕自信.
【派生語】**sélf-cónfident** 形.

self-con·scious /sélfkánʃəs | -kɔ́n-/ 形 〔やや形式ばった語〕[一般義] **自意識過剰の**. [その他] 自分を意識しすぎて恥ずかしがる, 人前ですぐにあがる, 神経質な.
【派生語】**sélf-cónsciously** 副 自意識過剰で, はにかんで.
sélf-cónsciousness 名 [U].

self-con·tained /sélfkəntéind/ 形 〔やや形式ばった語〕「必要なものを自分の中に含んでいる」が原義で, **自給自足の**, 機械や装置などが**埋め込み式**になっている, (英) アパートなどがバスルーム, 台所, 入口などを共用せず**各戸独立**の.

self-con·tra·dic·tion /sélfkàntrədíkʃən/ 名 [U] 〔形式ばった語〕自己矛盾, 自家撞着.
【派生語】**sélf-còntradíctory** 形.

self-con·trol /sélfkəntróul/ 名 [U] 〔一般語〕自制(心), 克己.
[用例] He behaved with admirable *self-control* although he must have been very angry. 彼は激怒していたに違いないが, 感心するほど自分を抑えてふるまった.
【派生語】**sélf-contrólled** 形.

self-cor·rect·ing /sélfkəréktiŋ/ 形 〔やや形式ばった語〕自分の誤りや弱点を**自己修正**する, 自己補償の.

self-crit·i·cism /sélfkrítəsìzm/ 名 [U] 〔形式ばった語〕自分自身の欠点, 過失などを批判すること, **自己批判**.

self-de·feat·ing /sélfdifíːtiŋ/ 形 〔形式ばった語〕計画とは裏腹な, 自滅的な.

self-de·fense, (英) **-de·fence** /sélfdiféns/ 名

⑪〔一般語〕自衛, 自己防衛, 《法》正当防衛.
self-de·ni·al /sélfdináiəl/ 图 ⑪〔形式ばった語〕自制, 禁欲.
【派生語】**sélf-denýing** 圈.
self-de·ter·mi·na·tion /sélfditə̀ːrmineiʃən/ 图 ⑪〔やや形式ばった語〕民族自決, 自由選択, 自己決定.
self-dis·ci·pline /sélfdísəplin/ 图 ⑪〔やや形式ばった語〕改善や向上のために自分自身の誤りを直したり, 自分を律すること, 自己訓練, 自己修養.
self-drive /sélfdráiv/ 圈 〔一般語〕《英》自動車がレンタルの, 行楽などに自家用車で行く.
self-ed·u·cat·ed /sélfédʒukèitid/ 圈 〔一般語〕独学の.
self-ef·fac·ing /sélfiféisiŋ/ 圈 〔形式ばった語〕人目に立たないようにする, 控え目な.
【派生語】**sélf-effácement** 图 ⑪.
self-em·ployed /sélfimplɔ́id/ 圈 〔一般語〕自営(業)の, 個人経営の, 自由業の.
self-es·teem /sélfistíːm/ 图 ⑪〔形式ばった語〕《軽蔑的》自尊心, 自負, うぬぼれ.
self-ev·i·dent /sélfévədənt/ 圈 〔形式ばった語〕証明の必要のない, それ自体で明らかな, 自明の.
self-ex·am·i·na·tion /sélfigzæ̀mənéiʃən/ 图 ⑪〔形式ばった語〕自分の信念や動機を他の基準に照らして反省(すること), 自省(すること).
self-ex·plan·a·to·ry /sélfiksplǽnətɔ̀ːri/ 圈 文章や話などが説明なしで理解される, 明白な.
self-ex·pres·sion /sélfikspréʃən/ 图 ⑪〔やや形式ばった語〕自己表現, 個性表現.
self-gov·erned /sélfgʌ́vərnd/ 圈 〔やや形式ばった語〕自治の, 自制した, 自粛した.
【派生語】**sélf-góverning** 圈 自治の. **sélfgóvernment** 图 ⑪ 自治.
self-help /sélfhélp/ 图 ⑪ⓒ〔やや形式ばった語〕自助(の), 自立(の).
self-i·den·ti·fi·ca·tion /sélfaidèntəfikéiʃən/ 图 ⑪〔形式ばった語〕自分以外のある物やある人と自分との同一視(すること).
self-i·den·ti·ty /sélfaidéntəti/ 图 ⑪〔形式ばった語〕ある物との同一性, 個人的性格, 個性.
self-im·por·tant /sélfimpɔ́ːrtənt/ 圈 〔一般語〕《軽蔑的》自分の重要性を誇示するような, 尊大で横柄な.
【派生語】**sélf-impórtance** 图 ⑪ 思いあがり, 横柄. **sélf-impórtantly** 圖.
self-im·posed /sélfimpóuzd/ 圈 〔形式ばった語〕《通例限定用法》自らに課した, 自分から進んで行う.
self-in·dul·gent /sélfindʌ́ldʒənt/ 圈 〔一般語〕《軽蔑的》したい放題の, 放逸な, 放縦な.
【派生語】**sélf-indúlgence** 图 ⑪.
self-in·ter·est /sélfíntrəst/ 图 ⑪〔一般語〕私利, 私欲, 利己主義.
【派生語】**sélf-ínterested** 圈.
self·ish /sélfiʃ/ 圈 〔一般語〕利己的な, 自分本位の, わがままな, 身勝手な.
語源 self＋-ish として初期近代英語から.
【派生語】**sélfishly** 圖. **sélfishness** 图 ⑪.
self·less /sélflis/ 圈 〔一般語〕《良い意味で》自分のことを考えず, ただ他人のことだけを考えている, 完全に私心のない, 私欲のない.

語源 self＋-less として 19 世紀から.
【派生語】**sélflessly** 圖. **sélflessness** 图 ⑪.
self-lock·ing /sélflákiŋ|-ɔ́-/ 圈 〔一般語〕ドアが自動ロック式の, オートロックの.
self-made /sélfméid/ 圈 〔一般語〕《通例限定用法》自分の努力で地位や富を築き上げた, 独立独行[独歩]の.
self-o·pin·ion·at·ed /sélfəpínjənèitid/ 圈 〔形式ばった語〕《軽蔑的》自分の意見に固執した, 頑愚な, うぬぼれの強い.
self-pit·y /sélfpíti/ 图 ⑪〔やや形式ばった語〕《悪い意味で》自分に対するあわれみ, 自己憐憫(れん).
self-por·trait /sélfpɔ́ːrtrit, -treit/ 图 ⓒ〔一般語〕自画像.
self-pos·sessed /sélfpəzést/ 圈 〔形式ばった語〕どんな事態にあっても沈着冷静な.
【派生語】**sélf-posséssion** 图 ⑪.
self-pres·er·va·tion /sélfprèzərvéiʃən/ 图 ⑪〔形式ばった語〕生物が危害や死から自分を守ろうとする本能, 自衛本能, 破壊や害からの自己保存.
self-pro·noun /sélfpróunàun/ 图 ⓒ《文法》再帰代名詞(★-self の付いた代名詞).
類義語 reflexive pronoun.
self-pro·pelled /sélfprəpéld/ 圈 〔やや形式ばった語〕乗り物などがそれ自体の推進装置を備えた.
self-rais·ing /sélfréiziŋ/ 圈 《英》=self-rising.
self-re·cord·ing /sélfrikɔ́ːrdiŋ/ 圈 〔一般語〕装置などが自動記録式の.
self-reg·is·ter·ing /sélfrédʒistəriŋ/ 圈 〔一般語〕気圧計などが自記式の.
self-reg·u·lat·ing /sélfrégjulèitiŋ/ 圈 〔やや形式ばった語〕自動調節の, 機械などが自動制御の, オートマチックの.
関連語 automatic.
self-re·li·ance /sélfriláiəns/ 图 ⑪〔やや形式ばった語〕自分の努力や能力を頼みとすること, 独立独行.
【派生語】**sélf-relíant** 圈.
self-re·spect /sélfrispékt/ 图 ⑪〔一般語〕自尊(心), 自重.
用例 Well-known personalities should have more *self-respect* than to take part in television advertising. 有名人はテレビコマーシャルなどに出演しないぐらいの自尊心を持つべきだ.
【派生語】**sélf-respécting** 圈 自尊心のある.
self-re·straint /sélfristréint/ 图 ⑪〔やや形式ばった語〕自分で自分の欲求や感情を抑えること, 自制.
self-righ·teous /sélfráitʃəs/ 圈 〔やや形式ばった語〕《軽蔑的》他人の行動や信念と比較して自分の方が正しいと確信している, ひとりよがりの, 独善的.
用例 "I'm never late for work," he said in a *self-righteous* voice. 「ぼくは仕事に遅れたことは一度もない」と, 彼はさも自分だけが一番正しいと言わんばかりの声で言った.
【派生語】**sélf-ríghteously** 圖.
self-ris·ing /sélfráiziŋ/ 圈 〔一般語〕《米》ひとりでに膨れる(《英》self-raising).
【複合語】**sélf-rízing flóur** 图 ⑪ 塩やふくらし粉などを混ぜて売られている小麦粉, ケーキミックスなど.
self-rule /sélfrúːl/ 图 ⑪ 自治.
類義語 self-government.
self-sac·ri·fice /sélfsækrəfàis/ 图 ⑪〔やや形式

self·same /sélfsèim/ 形 〔形式ばった語〕全く同じの, 寸分違わない, うり二つの 《★通例限定的に用いられ, the, this, that, these, those が前につく》.
用例 This doll is the *self-same* one that I saw in the shop window. この人形は私がショーウインドーで見たものと全く同じものです.

self·sat·is·fac·tion /sélfsætisfǽkʃən/ 名 U 〔一般語〕《軽蔑的》自己満足.
【派生語】**sélf-sátisfied** 形.

self-seal·ing /sélfsí:liŋ/ 形 〔一般語〕タイヤなどがパンクした時に自動的に穴がふさがるようになっている, 自動パンク止めの, 封筒が押さえるだけで封ができるようになっている, 糊(の)のいらない.

self-seeker ⇒selfseeking.

self-seek·ing /sélfsí:kiŋ/ 名 U 形 〔やや形式ばった語〕《軽蔑的》利己的行為. 形 として《軽蔑的に》利己的な.
【派生語】**sélf-séeker** 名 C 利己主義者.

self-ser·vice /sélfsə́:rvis/ 名 U 形 〔一般語〕セルフサービス, セルフサービスの, 〔くだけた語〕セルフサービスの店. 形 としてセルフサービスの.
用例 Is this petrol-station *self-service*? このガソリンスタンドはセルフサービスですか.

self-sown /sélfsóun/ 形 《植》自生の.

self-start·er /sélfstá:rtər/ 名 C 〔一般語〕エンジンを始動させる自動始動装置.

self-styled /sélfstáild/ 形 〔一般語〕《通例限定用法》《軽蔑的》.
用例 Those *self-styled* freedom-fighters are nothing but terrorists. 自由のための闘士であると自任しているあの人々は単なるテロリストにすぎない.

self-suf·fi·cient /sélfsəfíʃənt/ 形 〔やや形式ばった語〕自給自足の (in).
用例 How can such a small island be *self-sufficient*? 一体どうやってこんな小さな島が自給自足できるのか.
【派生語】**sélf-sufficiency** 名 U.

self-sup·port /sélfsəpɔ́:rt/ 名 U 〔やや形式ばった語〕自立, 自活, 自営.
【派生語】**sélf-suppórting** 形 自立した, 自活の, 自営の.

self-taught /sélftɔ́:t/ 形 〔やや形式ばった語〕《通例述語用法》自分で身につけた, 独学の.
用例 As a musician, he is completely *self-taught*. 音楽家として, 彼は完全に独学である.

self-tim·er /sélftáimər/ 名 C 《写》自動シャッター, セルフタイマー.

self-will /sélfwíl/ 名 U 〔形式ばった語〕《軽蔑的》自分の欲求や理想を頑固に守り通すこと, 意地っ張り, わがまま, 強情.
【派生語】**sélf-wílled** 形 意地っ張りの, 強情な.

self-wind·ing /sélfwáindiŋ/ 形 〔一般語〕腕時計が自動巻の.

sell /sél/ 動 本来自 《過去・過分 sold/sóuld/》 CU 〔一般語〕 一般義 物を人に売る. その他 人や店が商品を売っている, 商う, コマーシャルなどが販売を促進する, 〔くだけた語〕人や計画などを売り込む, 宣伝する, 逆に, 祖国や仲間を裏切る, 人や魂を売り払う, 名誉や貞操などを犠牲にする. 《俗語》《通例受身で》人をだます, かつぐ. 自 物を売る, 物が売れる. 名 として〔くだけた語〕(a ~)ぺてん, 当て外れ, いんちき売り込み(法).
語源 古英語 sellan (=to deliver; to sell) から.
用例 They *sold* their pictures to an art dealer. 彼らは絵を美術商に売った/The house was *sold* for £20,000. その家は2万ポンドで売られた/The village shop *sells* postage-stamps. その村の店では郵便切手を売っています/He knows how to *sell* himself. 彼は自分を売り込むこつを心得ている/He was willing to *sell* his vote. 彼はよろこんで金で票を売った/The shop stopped stocking those pens because they didn't *sell*. それらは売れないのでこれらのペンの仕入れを中止した/The picture *sold* for £200,000. その絵は20万ポンドで売られた/What a *sell*! まんまと一杯食わされた.
対照語 buy.
慣用句 *sell ... down the river* 人を裏切る. *sell off ...* ...を安く売り払う. *sell out* 売り切れる, 〔くだけた表現〕寝返る; ...を売り切る, 処分する: We *sold out* our entire stock. 我々は持ち株すべてを処分した. *sell up* 《英》家や店などを処分する.
【派生語】**séller** 名 C 売り手, 販売員: sellers' market 《a ~》売手市場.
【複合語】**sélling point** 名 C セールスポイント. **séll-òut** 名 C 売り切れ, 品切れ, 札止めの(催し物), 〔くだけた語〕裏切り.

sel·lo·tape /sélətèip/ 名 U 《しばしば S-》《英》セロテープ《★商標》《米》Scotch tape に当たる》.

selt·zer /séltsər/ 名 U 《しばしば S-》天然の起泡性鉱水, セルツア, 一般に加工飲料としての炭酸水, ソーダ水.
語源 「Nieder Selters (天然鉱泉で知られるドイツ中央部にある村) の水」を意味するドイツ語 Selterser (Wasser) が18世紀に入った.

sel·vage, sel·vedge /sélvidʒ/ 名 C 〔一般語〕《通例 the ~》織物の端や縁, 織物の耳.
語源 self (=it's own) + edge. 中英語から.

se·man·tic /siméntik/ 形 〔形式ばった語〕 一般義 《通例限定用法》言語における意味の, 意味に関する. その他《言》意味論的な.
語源 ギリシャ語 *sēma* (= sign) から派生した *sēmainein* (=to signify; to mean) の 形 *sēmantikos* (=significant) が19世紀に入った.
【派生語】**semántical** 形. **semántically** 副. **semánticist** 名 C 意味論学者. **semántics** 名 U 意味論.

sem·a·phore /séməfɔ̀:r/ 名 動 本来自 〔一般語〕U 手旗信号, 《鉄道の腕木信号機. 動 として手旗信号 [腕木信号機]で信号を送る.
語源 ギリシャ語 *sēma* (=sign; signal)+-phore「運ぶもの」として19世紀から.
用例 He signalled the message to them in *semaphore*. 彼は手旗信号で通信文を送った.

sem·blance /sémbləns/ 名 U 〔形式ばった語〕 一般義 外観, 外見, 格好. その他 形 として見せかけ, また似ているもの[こと], 類似, 《否定文で》少しも...ないの意.
語源 古フランス語 *sembler* (=to be like; to seem) の現在分詞が中英語に入った.
用例 I have to coach them into some *semblance* of a football team by Saturday. 私は土曜日までに, ある程度フットボールチームらしい格好がつくくらいに彼らを訓練しなければならない/There was not even a

semblance of cheerfulness in her voice. 彼女の声には陽気さがひとかけらもなかった.

se·men /síːmən/ 名 U 【生理】精液.
[語源] ラテン語 *semen* (= seed) が中英語に入った.

se·mes·ter /siméstər/ 名 C 〔一般語〕1年 2 学期制の**学期**.
[語源] ラテン語 *semestris* (= half-yearly; *sex* six + *mensis* month) がドイツ語を経て 19 世紀に入った.
[関連語] term.

sem·i- /sémi-/ [連結] 名詞, 形容詞, 副詞について, **半分, 不完全**, ある特定の時期に **2 回**を意味する. 例: *semi*circle; *semi*nude; *semi*annual.
[語源] ラテン語 *semi-* (= half) から.

sem·i·an·nual /sèmiǽnjuəl/ 形 〔一般語〕**半年[6 か月]ごとの, 年 2 回の**.
【派生語】**sèmiánnually** 副.

sem·i·breve /sémibrìːv/ 名 C 【楽】《英》**全音符** (《米》whole note).

sem·i·cir·cle /sémisə̀ːrkl/ 名 C 〔やや形式ばった語〕**半円, 半円形, 半円形に配置されたもの**.
【派生語】**sèmicírcular** 形.

sem·i·co·lon /sémikòulən/ 名 C 〔一般語〕**セミコロン** (;) (★period (.) と comma (,) の中間的な機能をもつ可読点).

sem·i·con·duc·tor /sémikəndʌ̀ktər/ 名 C 【理】**半導体**.

sem·i·con·scious /sèmikánʃəs|-kɔ́n-/ 形 〔一般語〕**意識が完全でない, 反応や知覚が不完全な, 意識朦朧(もう)とした**.

sem·i·de·tached /sèmiditǽtʃt/ 形 〔やや形式ばった語〕《英》**2 軒が共通の壁で隣り合わせになっている, 2 戸建て式の** (《米》duplex).
[用例] a *semidetached* bungalow 2 戸建て式のベランダ付きの木造平屋.

sem·i·fi·nal /sèmifáinəl/ 形 名 C 〔一般語〕**準決勝の**. 名 として**準決勝の試合** (★試合のときは通例 the が付き, 複数形になる).
[関連語] final; quarter final.
【派生語】**sèmifínalist** 名 C 準決勝出場選手[チーム].

sem·i·for·mal /sèmifɔ́ːrməl/ 形 〔一般語〕服装や作法などがフォーマルとインフォーマルとの中間の, やや形式ばった, **半公[正]式の, 準礼装の**.

sem·i·month·ly /sèmimʌ́nθli/ 形 副 名 C 〔一般語〕**月 2 回(の), 半月ごと(の)**. 名 として**月 2 回の出版物**.
[関連語] bimonthly (2 か月に 1 回の; 隔月の); quarterly (年 4 回の; 季刊の).

sem·i·nal /sémɪnəl/ 形 〔形式ばった語〕[一般義]《良い意味で》作品や出来事などが**将来的に大きな影響力をもつ, まったく独創的な**. [その他]《限定用法; 比較なし》**精液の,** 【植】**種子の**.

sem·i·nar /sémɪnɑ̀ːr/ 名 C 〔一般義〕**教師の指導のもとで研究・討論する少人数の学生のグループ, ゼミ, ゼミナール, 演習**. [その他] **演習室, 研究室, 一般の情報交換と討論の会合**.
[語源] ラテン語 *seminarium* (= seminary 苗床; 教育の場) がドイツ語 *Seminar* を経て 19 世紀に入った.

sem·i·nary /sémənèri|-nəri/ 名 C 〔やや形式ばった語〕[一般義] カトリック, プロテスタント, ユダヤ教の聖職につく人たちが対象の教育施設, **神学校**. [その他] 物事が発生し, 繁殖する環境, **温床, 中等[高等]教育を行う学校**, 〔古語〕**女学校**.
[語源] ラテン語 *semen* (= seed) から派生した「苗床」「学校」を意味する *seminarium* が中英語に入った.

sem·i·of·fi·cial /sèmiəfíʃəl/ 形 〔やや形式ばった語〕声明などが**半ば公式の, いくぶん公的な立場をとっている, 半官的な**.

se·mi·ol·o·gy /sìːmiálədʒi, sèm-|-ɔ́l-/ 名 = semiotics.

se·mi·ot·ics /sìːmiátiks, sèm-|-ɔ́t-/ 名 U 【言】**記号論**.
[語源] ギリシャ語 *sēma* (= sign) から派生した *sēmeiōtikos* (= observant of signs) が 20 世紀に入った.

sem·i·pre·cious /sèmipréʃəs/ 形 〔やや形式ばった語〕宝石 (precious stone) より市場的価値の低い**準宝石の**.
[用例] garnets and other *semiprecious* stones ガーネットと他の準宝石類.

sem·i·pro /sémiprou/ 形 名 〔くだけた語〕= semiprofessional.

sem·i·pro·fes·sion·al /sèmiprəféʃənl/ 形 名 C 〔一般語〕**半職業的な, セミプロの**. 名 として**セミプロ(の選手)**.

sem·i·qua·ver /sémikwèivər/ 名 C 【楽】《英》**16 分音符** (《米》sixteenth note).

Se·mite /sémait/ 名 C 〔一般語〕**セム族[人], 特にユダヤ人**.
[語源] ヘブライ語名で Noah の子 Shem から派生した近代ラテン語 *Semita* (Shem の子孫) が 19 世紀に入った.
【派生語】**Semitic** /simítik/ セム族の, ユダヤ人の, セム語(族)の. 名 U セム語(族) (★ヘブライ語, アラビア語, アラム語, エチオピア語を含む).

sem·i·tone /sémitòun/ 名 C 【楽】《英》**半音** (《米》half step).
[用例] F sharp is a *semitone* above F natural. 嬰ヘ音はヘ音の半音上である.

sem·i·trail·er /sémitrèilər/ 名 C 〔一般語〕**セミトレーラー** (★前端部を牽引車の後部の台上にのせる前輪のないトレーラー).

sem·i·trans·par·ent /sèmitrænspéərənt/ 形 〔やや形式ばった語〕**半透明の**.

sem·i·trop·i·cal /sèmitrápikəl|-trɔ́p-/ 形 〔やや形式ばった語〕**亜熱帯の** (subtropical).

sem·i·vow·el /sémivàuəl/ 名 C 【音】**半母音**.

sem·i·week·ly /sèmiwíːkli/ 形 副 名 C 〔一般語〕**週 2 回こと(の), 半週ごと(の, に)**. 名 として**週 2 回の刊行物** (★2 週に 1 回は biweekly).

sem·o·li·na /sèməlíːnə/ 名 U 〔一般語〕プディングやパスタ類を作るのに用いられる**小麦の粗粉(こ), セモリナ**.
[語源] ラテン語 *simila* (= finest wheat flour) から派生したイタリア語 *semola* (ぬか, ふすま) の指小語 *semolino* が 18 世紀に入った.

semp·stress /sém(p)stris/ 名 《英》= seamstress.

Sen., sen. 《略》= senate; senator; senior.

sen·ate /sénit/ 名 C 〔一般語〕[一般義]《the S-; 単数または複数扱い》**米国, フランス, カナダ, イタリアなどの**

二院制議会の**上院**(★Sen., sen. と略す). その他 《the ～》古代ローマの**元老院**, 国や州の**議会**, 大学の**評議員会**.
語源 ラテン語 senatus (長老議会) が古フランス語を経て中英語に入った.
【派生語】 **sénator** 名 C (S-) **上院議員**. **sènatórial** 形

send /sénd/ 動 本来語 〔過去・過分 sent〕 〔一般語〕 一般義 物を人に送る, 手紙を発送する. その他 元来「行かせる」を意味するので, 頼んで, あるいは命じて人を行かせる, 遣わす, 派遣するなどの意で用いられるようになり, さらに物が届くようにさせるということで「送る」の意味が生じた. 転じてボールや矢などを**投げる**, ロケットや弾丸を**発射する**, 打撃を**与える**, 光や熱などを**放つ**, 《目的補語を伴って》ある状態にする, 追いやる, 酒やグラスなどを同席の人に回すなどの意. [文語] 神が人に**与える**, **遣わす**, **授ける**, [俗語] 演奏家などが人を**興奮させる**.
語源 古英語 sendan から.
用例 She *sent* me this book. 彼女は私にこの本を送ってくれた/He was *sent* to the chemist's to collect the medicine. 彼は薬を取りに薬屋に行かされた/His blow *sent* me right across the room. 彼の一撃で私は部屋の反対側までふっ飛んだ/The sudden excitement *sent* the patient's temperature up. 突然興奮したので患者の熱は上がってしまった/He *sent* them into a frenzy. 彼は彼らを熱狂させた.
【慣用句】 ***send around*** [***round***] …を回送する, 回覧する, 近くの人に届ける, 人を派遣する. ***send away*** 遠くへ送る[派遣する]; 追い払う, 手紙を送る, 手紙で注文する. ***send back*** 送り返す, 戻す, 返事などをよこす: I've *sent* him *back* to bed as he was feverish. 彼は熱っぽかったので寝かせた. ***send down*** 降ろす, 物価などを下落させる, 熱などを下げる, 《英》退学[停学]にする, 刑務所に入れる. ***send for*** … …を呼びに[取りに]やる, …に来るように使わせ出す; 郵便で…を取り寄せる (★send away[off] for ともいう): *send for* the doctor 医者を呼びにやる/*send* (*away*) *for* a new catalogue 新しいカタログを取り寄せる. ***send forth*** 〔文語〕 芽などを出す, 光や声などを放つ. ***send in*** 部屋などに人を通す, 書類や辞表などを提出する, 絵などを出品する, 選手を出場させる, 名刺を取次ぎに渡す. ***send off*** 手紙や小包を発送する, 人を行かせる, 《英》反則した選手を退場させる. ***send out*** 外へ出す, 送り出す, 発送[発信]する, 芽を出す, 光や声などを放つ. ***send out for*** … …を取りに人をやる, …の出前を取る: *send out for* coffee コーヒーの出前を取る. ***send round*** =send around. ***send up*** 物価などを上昇させる, ロケット, 煙, 熱などを上げる, 《米》〔くだけた語〕 刑務所に入れる.
【派生語】 **sénder** 名 C **差し出し人, 送り手, 送信器, 発信器**.
【複合語】 **sénd-òff** 名 C 〔くだけた語〕 **送別, 見送り, 景気づけ, 門出の祝い**. **sénd-ùp** 名 C 《英》〔くだけた語〕 **からかい, 風刺**.

Sen·e·gal /sènigɔ́ːl/ 名 固 **セネガル** (★西アフリカの共和国).

se·nile /síːnail/ 形 〔一般語〕 体力や肉体が**老衰した, 精神的にもうろくした, ぼけ症状の**, [地理] 地形の浸食作用の末期である**老年期の**.
語源 ラテン語 senex (=old) から派生した 形 senilis がフランス語を経て初期近代英語に入った.

【派生語】 **senility** /sinílɪti/ 名 U.
【複合語】 **sénile deméntia** 名 U **老人性痴呆症**.

sen·ior /síːnjər/ 形 C 〔一般語〕 一般義 **年上の** (語法 「…より」は than ではなく to を用いる). その他 父子, 兄弟, 生徒同士などの間で同名の場合, 年上の方の名前の後に, 米では Sen. と略し, また英では Sr. などとつけて, 年上の方を意味する. 位, 役職, 経験などで**上級の, 上役の, 先輩の, 先任の**, 《米》大学や高校の**最上級の**, **最終学年の**などの意. 名 として**年上の者, 年長者, 長老, 先輩, 上役, 上官**, 《米》**最上級生, シニア**.
語源 ラテン語 senex (=old) の比較級 senior が中英語に入った.
用例 John is *senior* to me by two years. ジョンは私より 2 年上だ/He is two years my *senior*. 彼は私より 2 歳年上だ/The young doctor consulted his *senior* about the patient's condition. その若い医師は先輩の医師に患者の容体について意見を聞いた/One of the *seniors* took the sick pupil home. 上級生の 1 人がその気分の悪くなった生徒を家まで送っていった/I'm referring to John Jones *Senior*, not John Jones Junior. 私はジョン・ジョーンズの年上[父, 兄]の方を言っているのです, 年下[息子, 弟]の方を言っているのではありません.
反意語 junior.
【派生語】 **sèniórity** 名 U **年上, 年功序列**.
【複合語】 **sénior cítizen** 名 C **高齢者** (★特に 65 歳以上の年金生活者を指す). **sénior hígh** 名 C = senior high school. **sénior hígh schòol** 名 C 《米》**高等学校** (★senior high あるいは high school ともいう).

Se·ñor /seinjɔ́ːr/ 名 C (複 ~s, Señores /-reis/) スペイン語で英語の Mr. や sir に相当する敬称と呼びかけ語, **…様, …氏, ご主人, 旦那さま** (★Sr. と略す).

Se·ño·ra /seinjɔ́ːrə/ 名 C スペイン語で英語の Mrs. や madam に相当する敬称と呼びかけ語, **…様, …夫人, 奥様, 令夫人, 令室** (★Sra. と略す).

Se·ño·ri·ta /sèinjəríːtə/ 名 C スペイン語で英語の Miss に相当する敬称と呼びかけ語, **…さん, お嬢さん, お嬢様**.

sen·sa·tion /senséiʃən/ 名 CU 〔一般語〕 一般義 **大評判, 大騒ぎ, センセーション**. その他 **大騒ぎとなったこと[人]**. 本来は五感による**感覚, 知覚, 感心**の意.
語源 ラテン語 sensus (=sense) に由来する「感覚」の意の中世ラテン語 sensatio が初期近代英語に入った.
用例 The news caused a *sensation*. そのニュースはセンセーションを引き起こした/His arrest was the *sensation* of the week. 彼の逮捕はその週の大事件だった/The song became a *sensation*. その歌は大評判となった/Cold can cause a loss of *sensation* in the fingers and toes. 寒さは手足の指の感覚を失わせる.
【派生語】 **sensátional** 形 **大評判になった, 大騒ぎを起こすような, 人をあっと言わせるような**. **sensátionalism** 名 U **扇情主義,《軽蔑的》人気取り(主義)**. **sensátionalist** 名 C **扇情主義者, 人気取りをとする人**. **sensátionally** 副.

sense /séns/ 名 UC 〔一般語〕 一般義 **思慮, 分別, 良識**. その他 本来は五感の一つの感覚の意で, 《通例 a ～》**感じ, 気持ち**, 《複数形で》**正気, 意識**, **本性**の意になり, さらに知的·道徳的な**感覚, 意識, 認識, 観念**および一般義の「**思慮·分別**」の意となった.

た「感じる内容」ということから，主意，意味，語義などの意となった．動として…を感じる，…と感じる，…がわかる，理解する．

[語源] ラテン語 sentire (=to feel; to perceive) の過去分詞 sensus が古フランス語 sens を経て中英語に入った．

[用例] Use your *sense*! 良識に従いなさい/You can rely on him — he has plenty of *sense*. 彼を信頼しなさい．彼は立派な常識人です/Dogs have a better *sense* of hearing than humans. 犬は人間より聴覚がすぐれている/He has a well-developed musical *sense*. 彼は音楽の感覚がたいへん発達しています/I'll never find the right house — I've a poor *sense* of direction. 方向音痴なんで自分で決して見つからないでしょう．方向音痴なんです/Have you no *sense* of shame [duty; responsibility]? 君には羞恥心[義務感，責任感]というものがないのですか/She has no *sense* of humour. 彼女にはユーモアがわかりません/This word can be used in several *senses*. この単語はいくつかの意味で用いられます/He *sensed* her disapproval. 彼は彼女が反対していることを感じ取った．

【慣用句】 **bring ... to senses** …を正気づかせる，…の迷いをさます． **come to one's senses** 正気づく，迷いがさめる． **in a sense** ある意味では（…でない）． **in one's (right) senses** 正気の[で]． **make sense** 意味を成す，道理にかなう． **out of one's senses** 正気を失って，気が狂って． **take leave of one's senses** 〔やや古風な表現〕気が狂う，分別がなくなる． **talk sense**〔くだけた表現〕物わかりのいい話をする: Talk sense! I can't understand you. まともな話をしなさい．私には君の言うことがわかりません．

【派生語】**sénseless** 形 無意味な，愚かな，無感覚の，無意識の． **sénsible** ⇒見出し語． **sénsitive** ⇒見出し語． **sénsor** ⇒見出し語． **sénsory** 形 感覚の，知覚の．

【複合語】**sénse óbject** 名 C 【文法】意味上の目的語．

sénse òrgan 名 C 感覚器官．

sénse súbject 名 C 【文法】意味上の主語．

sensibility ⇒sensible.

sen·si·ble /sénsəbl/ 形 〔一般語〕[一般義] 人が分別のある，良識のある，行動，発言などが理にかなった，賢明な (★sensitive との違いに注意)．[その他] 本来の意味は五感で感じられる，知覚できるであるが，これらはすでに古風で，それから派生した目立つ，著しい，感づいて，気がついて，よくわかっているなども今日はあまり使われない．考え方・方法などが実際的な，衣類などが実用的な，（ときに軽蔑的）実用一点ばりの．

[語源] ラテン語 sensus (=sense) から派生した 形 *sensibilis* が古フランス語を経て中英語に入った．

[用例] She's a *sensible*, reliable person. 彼女は分別のある信頼できる女性です/Was it *sensible* to do that? そうすることは理にかなったことでしたか/Bring *sensible* clothes for camping. キャンプにふさわしい実用的な服を持って行きなさい．

[類義語] clever.

【派生語】**sènsibílity** 名 U 鋭敏な感覚，敏感さ，《複数形で》繊細な感情，感受性． **sénsibleness** 名 U． **sénsibly** 副 思慮深くも，《文修飾》賢明にも，分別よく，気の利いたことには．

sen·si·tive /sénsətiv/ 形 〔一般語〕[一般義] 外的刺激などに敏感な，感じやすい (★sensible との違いに注意)．[その他] 人が感受性が高い，《よい意味で》美的感覚が鋭い，繊細な，配慮が行き届いた，《軽蔑的》物事を気にしやすい，神経質な．物や機械などが外的な作用を受ける，植物が刺激に感ずる，フィルムなどが高感度の，器械などが感応しやすい．扱いに注意がいることから，国家の機密を扱う，極秘の．

[語源] ラテン語 *sensus* (=sense) から派生した中世ラテン語 *sensitivus* が古フランス語 *sensitif* を経て中英語に入った．

[用例] A *sensitive* skin is easily damaged by a cold wind or a hot sun. 敏感な肌は冷たい風や熱い日ざしによってすぐに傷ついてしまう/She is very *sensitive* to criticism. 彼女は人の非難に神経過敏である/A barometer is *sensitive* to changes in atmospheric pressure. 気圧計は大気圧の変化に感応する．

【派生語】**sénsitively** 副． **sénsitiveness** 名 U． **sènsitívity** 名 U 敏感さ，感受性．

【複合語】**sénsitive plànt** 名 C 【植】おじぎそう，ねむりぐさ．

sen·si·tize /sénsətàiz/ 動 [本来ば] 敏感にする，《写》フィルムを感光させる，《生理》抗原に対して人を感応させる，過敏にする．

sen·sor /sénsər/ 名 C 【機械・電子】センサー，感知器[装置]．

sensory ⇒sense.

sen·su·al /sénʃuəl/ 形 〔形式ばった語〕[一般義] 肉欲的な，肉感的な，官能的な．[その他]《軽蔑的》肉欲よりにふけった，身持ちの悪い，また反宗教的な．

[語源] ラテン語 *sensus* (=sense) から派生した後期ラテン語 *sensualis* が中英語に入った．

[用例] *sensual* pleasures 肉体的喜び．

【派生語】**sénsualist** 名 C 《軽蔑的》肉体的快楽を求める好色家，美食家． **sènsuálity** 名 U 官能，肉欲にふけること，好色．

sen·su·ous /sénʃuəs/ 形 〔形式ばった語〕[一般義]《良い意味で》感覚に訴える，美的快感を与える，心地よい．[その他] 感覚的な，官能的な．

[語源] ラテン語 *sensus* (=sense)+-ous. sensual が性的意味合いが強いため，それと区別するために Milton (1641) が造語したといわれている．

[用例] I find his music very *sensuous*. 彼の音楽は大変強い感覚に訴えてくる音楽だ．

【派生語】**sénsuously** 副． **sénsuousness** 名 U．

sent /sént/ 動 send の過去・過去分詞．

sen·tence /séntəns/ 名 CU 動 [本来ば] 【文法】本来「まとまった意見」の意から文，本来「考えて下された判断」の意から【法】刑事上の宣告，判決，その結果としての刑，処罰．動として《しばしば受身で》判決を下す，…に刑を宣告する．

[語源] ラテン語 *sententia* (=way of thinking; opinion; judgement) が古フランス語を経て中英語に入った．

[用例] The convicted man was given a *sentence* of three years' imprisonment. その犯罪者は3年の禁固刑を言い渡された/He was *sentenced* to death. 彼は死刑を言い渡された．

[関連語] phrase; clause; word.

【派生語】**senténtial** 形 文の，判決の． **sententious** ⇒見出し．

sen·ten·tious /senténʃəs/ 形 〔形式ばった語〕
一般義 《軽蔑的》警句や格言だらけの，教訓を引き合いに出しすぎる，説教好きな. その他 表現がきびきびしている，金言めいている．道徳的である.
語源 ラテン語 *sententia* (⇒sentence; opinion; maxim) の派生形 *sententiosus* (=full of meaning) が中英語に入った．
用例 a *sententious* person 人に説教をするのが好きな人．
【派生語】**senténtiously** 副．**senténtiousness** 名 Ⓤ．

sen·tient /sénʃənt/ 形 〔形式ばった語〕感じる，知覚[感覚]力のある．
語源 ラテン語 *sentire* (=to feel) の現在分詞 *sentiens* が初期近代英語に入った．
用例 a *sentient* being 感覚のある生き物．

sen·ti·ment /séntimənt/ 名 ⓊⒸ 〔形式ばった語〕
一般義 《しばしば複数形で》感情の交じった意見，感想，所感．その他 繊細な感情，情緒，ある事柄に対する気持ち，また《軽蔑的》感情に走ること，感傷．
語源 ラテン語 *sentire* (=to feel) から派生した中世ラテン語 *sentimentum* (=sentiment) が古フランス語を経て中英語に入った．
用例 What are your *sentiments* on this matter? この件についてあなたの意見はいかがですか/His books are too full of *sentiment*. 彼の本には情緒的な部分が多すぎる/A wedding is usually an occasion for *sentiment* and nostalgia. 結婚式は通常人に感傷と郷愁の念を抱かせるできごとである．
【派生語】**sentiméntal** ⇒見出し．

sen·ti·men·tal /sèntiméntəl/ 形 《⇒sentiment》
一般義 感情的な，感情に訴える，なつかしさを感じる．その他 《軽蔑的》人が涙もろい，感傷的な，小説や映画などがお涙頂戴の．
用例 *sentimental* value 感情的な価値/a *sentimental* film お涙頂戴の映画．
【派生語】**sèntiméntalism** 名 Ⓤ 感傷主義，感傷癖．**sèntiméntalist** 名 Ⓒ 感傷的な人．**sèntiméntality** 名 Ⓤ 感傷的なこと．**sèntiméntalize** 動 本来他 感傷的に考える[描写する]．**sèntiméntally** 副．

sen·ti·nel /séntənəl/ 名 Ⓒ 〔文語〕歩哨，番人．
語源 ラテン語 *sentire* (=to perceive) に由来するイタリア語 *sentinella* (警戒する人) がフランス語を経て初期近代英語に入った．

sen·try /séntri/ 名 Ⓒ 〔軍〕歩哨，哨兵，番兵．
語源 不詳．初期近代英語から．
【複合語】**séntry bòx** 名 Ⓒ 哨舎．

Seoul /sóul/ 名 ソウル (★大韓民国の首都).

Sep. 《略》=September.

se·pal /síːpəl/ sé-/ 名 Ⓒ 〔植〕花の萼片(がく)．
語源 近代ラテン語 *sepalum* から．近代ラテン語 *separare* (=to separate) の過去分詞 *separatus* の *sep-* と *petalum* (=petal) の *-alum* とから成る混成語．19 世紀から．

separable ⇒separate.

sep·a·rate /sépərèit/ 動 本来他，/sépərit/ 形 名 Ⓒ
〔一般義〕一般義 隔てる，分ける，区切る．その他 切り離す，分離する，引き離す，分類する，区別[識別]する，親しい人を仲たがいさせる，別れさせる．自 分かれる，別れる，別居する．形 として分かれた，離れた，孤立した，それぞれ別個の．名 として《複数形で》上下別々に組合わせできる婦人服セパレーツ．
語源 ラテン語 *separare* (*se* apart+*parare* to prepare) の過去分詞 *separatus* が中英語に入った．
用例 He *separated* the money into two piles. 彼は金を 2 つの山に分けた/A policeman tried to *separate* the men who were fighting. 警察官はけんかしている男たちを引き離そうとした/If you boil tomatoes, their skins will *separate* easily. トマトをゆでると皮は簡単にはがれます/We all walked along together and *separated* at the cross-roads. 私たちはみんな一緒に歩いて行き十字路の所で別れた/Did you know that John and Jane have *separated*? ジョンとジェーンが別居していることを知っていましたか/He sawed the wood into four *separate* pieces. 彼はのこぎりを 4 つに木を切り分けた/If possible, a teenage brother and sister should have *separate* bedrooms. できれば，10 代の兄妹(姉弟)は別々の寝室にすべきです.
類義語 separate; divide; part: **separate** は元来 1 つに結合されているものを切り離すという含意があるのに対して，**divide** は通例「分配」を目的に分割，分類，分離などをすることを意味する．**part** は深いつながりのある人や物を引き離す意で形式ばった語．
【派生語】**sèparabílity** 名 Ⓤ 分離可能性．**séparable** 形 分離可能な．**séparated** 形 夫婦が別居している，別居の．**séparately** 副．**séparateness** 名 Ⓤ．**sèparátion** 名 ⓊⒸ 分離，別離，別居．**séparatism** 名 Ⓤ 政治・宗教上の分離[孤立]主義．**séparatist** 名 Ⓒ 分離主義者．**séparàtor** 名 Ⓒ 分離する人[もの]，選別機，選鉱機，クリームの分離器．

se·pi·a /síːpiə/ 名 ⓊⒸ 〔一般義〕黒っぽい茶色(の)，暗褐色(の)，セピア色(の)．本来は甲いかの墨を原料にしてつくった暗褐色の顔料[絵の具]，セピア，〔写〕セピア色の印画[写真]．
語源 「甲いかの墨」を意味するラテン語 *sepia* が中英語に入った．「セピア色」の意は 19 世紀から．
用例 a *sepia* photograph セピア色の写真/He drew the portrait in *sepia*. 彼はセピアを使ってその肖像画を描いた．

sep·sis /sépsis/ 名 Ⓤ 〔医〕傷口が化膿菌に感染して起こる腐敗(症)，特に敗血症．
語源 ギリシャ語 *sēpein* (=to decay; to rot) から派生した *sēpsis* (=decay) が近代ラテン語を経て 19 世紀に入った．
【派生語】**séptic** 形 腐敗した，敗血症の．
【複合語】**séptic tànk** 名 Ⓒ バクテリアを利用する汚水浄化槽．

Sept. 《略》=September.

Sep·tem·ber /septémbər/ 名 Ⓤ 〔一般義〕9 月 (★Sep., Sept., S. と略される).
語源 ラテン語 *septem* (=seven) を基にした *September* (*mensis*) (=the seventh month) が古英語に入った．「3 月」から始まる古代ローマ暦では「7 番目の月」を意味していた．

sep·tet /septét/ 名 Ⓒ 〔一般義〕〔楽〕七重奏[唱]曲，

七重奏[唱]団.
【語源】 ラテン語 *septem* (=seven) がドイツ語 *Septett* を経て 19 世紀に入った.

septic ⇒sepsis.

sep・ti・ce・mi・a, 《英》**-cae・mi・a** /sèptisí:miə/ 名 U 【医】血液中にウイルス性細菌が侵入してきて起こる敗血症 (★blood poisoning とも呼ばれる).
【語源】 ラテン語 *septicus* (=rotten)+-*emia*「血」から成る近代ラテン語.

sep・tu・a・ge・nar・i・an /sèptʃuədʒənériən | -tju-/ 形 C [形式ばった語] 70 歳代の(人).
【語源】 ラテン語 *septuaginta* (=seventy) から派生した *septuagenarius* (=seventy years old) が 19 世紀に入った.

sep・ul・cher, 《英》**-chre** /sépəlkər/ 名 C 動 [本来他] [文語] 埋葬所, 墓, 【キ教】祭壇の中にある聖遺物を入れて置く場所, 聖遺物匣(ﾊｺ). 動 として埋葬所に納める, 葬る.
【語源】 ラテン語 *sepelire* (=to bury) から派生した *sepul(h)rum* が古フランス語を経て中英語に入った.
【用例】 The tomb where the body of Jesus Christ lay is called the Holy *Sepulcher*. イエス・キリストの亡骸が安置されている墓は聖墓とよばれる.
【派生語】**sepúlchral** 形 埋葬の, 墓の, 埋葬所を思わせるような, 陰気な.

se・quel /sí:kwəl/ 名 C [一般語]物語や話の中で次に起こること, 文学作品や映画作品の続編, 物事の結果.
【語源】 ラテン語 *sequi* (=to follow) から派生した *sequela* が中英語に入った.
【用例】 She wrote a story about a boy called Matthew and has now written a *sequel* (to it). 彼女はマシュー(マタイ)とよばれる少年の物語を書いたが, 現在その続編を書き上げた.

se・quence /sí:kwəns/ 名 UC [本来他] [一般語] [一般義]順に続いてくること, 順序, 連続. [その他] 一連のできごと, 連続物, 系列, 続いて起こったことの帰結, 結末. 【映】一続きの画面, シークエンス, 【トランプ】3 枚以上の続き札, 【楽】反復進行, 【カト】続唱, 【数】数列. 動 として順番に配列する.
【語源】 ラテン語 *sequi* (=to follow) の現在分詞 *sequens* から派生した後期ラテン語 *sequentia* (続くもの) が中英語に入った.
【用例】 Where does 'Macbeth' come in the chronological *sequence* of Shakespeare's plays?「マクベス」はシェークスピアの劇の年代順から考えるといつごろになりますか/I want you to describe all the events of that morning in *sequence* (=in the order in which they happened). 私は君にその朝起こったでき事をすべて順を追って述べてもらいたい/There is a frightening *sequence* in the film where the hero is climbing a cliff. その映画には主人公が絶壁をはい上がる恐ろしい場面があります.
【慣用句】***out of sequence*** 順序が狂って.
【派生語】**sequent** ⇒見出し.
sequntial ⇒sequent.
【複合語】**séquence of ténses** 名 U 《文法》《the ~》時制の一致.

se・quent /sí:kwənt/ 形 名 C [文語] 次に起こる, 順序として続く, 結果として起こる. 名 として順序として起こること, 結果.
【語源】 ラテン語 *sequi* (=follow) の現在分詞 *sequens* が初期近代英語に入った.
【派生語】**sequéntial** 形 連続の, 連続して並べられた, 通しの, 連続して起こる.
sequéntially 副.

se・ques・ter /sikwéstər/ 動 [本来他] [文語] 安全のために人や物を引き離す, 隔離する, 《~ oneself で》人を隠遁させる, 《法》令状によって財産などを没収する, 一時差押さえる, 《化》溶液の中で金属イオンなどを封鎖する.
【語源】 ラテン語 *sequester* (受託者; 管財人) から派生した *sequestrare* (=to surrender for safekeeping; to set apart) が古フランス語を経て中英語に入った.
【派生語】**sequéstrate** 動 [本来他] 《法》仮差し押さえする, 強制的に管理する. **sequestrátion** 名 U.

se・quin /sí:kwin/ 名 C [一般語] [一般義] 衣装に装飾としてつけるきらきらした金属やプラスチックの円形の飾り, スパンコール(spangle). [その他] 昔のトルコやイタリアの金貨.
【語源】 アラビア語の *sikkah* (=stamp; coin) がイタリア語, フランス語を経て初期近代英語に入った.

se・quoi・a /sikwɔ́iə/ 名 C 【植】セコイア (★カリフォルニア州産で高さが 90m 以上にもなるスギ科の針葉樹; セコイアおすぎ (big tree) とセコイアめすぎ (redwood) の 2 種をさす).
【語源】 アメリカ先住民出身の学者 George Guess(? 1770-1843) の別名 Sequoya にちなむ.

se・ra /sí:ərə/ 名 serum の複数形.

ser・aph /sérəf/ 名 C 《複 ~s, -phim /-fim/》【キ教】聖書の中で神の座を守るとされる 6 つの翼を持つ最高位の天使.
【語源】ヘブライ語起源のラテン語 *seraphim* からの逆成.
【派生語】**seráphic** 形.

ser・e・nade /sèrənéid/ 名 C 動 [本来他] [一般語] 夜に男が恋する女性の窓下で歌ったり奏でたりするセレナード, 【楽】小さなアンサンブルのための数楽章からなる器楽曲セレナード, 小夜(ｻﾖ)曲. 動 としてセレナードを奏でる.
【語源】 ラテン語 *serenus* (=serene; calm) に由来するイタリア語 *sereno* (=serene) から派生した *serenata* (=evening song) がフランス語 *sérénade* を経て初期近代英語に入った. イタリア語の *sera* (=evening) の連想による影響が見られる.

ser・en・dip・i・ty /sèrəndípəti/ 名 UC [文語] 願っても無い貴重な品物を発見するというような掘り出し物をする才能 (★こっけいな意味でも用いられる), また運よく発見したもの.
【語源】 英国の作家 Horace Walpole(1717-97) のペルシャのおとぎ話 *The Three Princes of Serendip* から. Serendip は Ceylon (現在のスリランカ) の古代名, 主人公たちが偶然宝物を発見する.

se・rene /sirí:n/ 形 [一般語] [一般義] 空や天気などについて, 晴れた, 雲一つない, うららかな, のどかな. [その他] 海などが穏やかな, 静かな, 人の精神や態度, 生活などが落ち着いた, 平穏な, 平和な.
【語源】 ラテン語 *serenus* (=clean; cloudless) が中英語に入った.
【派生語】**serénely** 副. **serenity** /sirénəti/ 名 U.

serf /sə́:rf/ 名 C 《史》土地に縛りつけられ自由を奪われた封建時代のヨーロッパの農奴.
【語源】 ラテン語 *servus* (=slave; servant) がフランス語を経て初期近代英語に入った.

【派生語】**sérfdom** 名 U 農奴の身分, 農奴制.

serge /sə́:rdʒ/ 名 U 《織物》表面が斜めの綾(ぁ)織りのサージ.
語源 ラテン語 sericus (=silken) に由来する俗ラテン語 *sarica が古フランス語を経て中英語に入った.
用例 The schoolgirls wore tunics of brown serge. その女子生徒たちは茶色のサージの上着を着ていた.

ser·geant /sá:rdʒənt/ 名 C 《軍》軍曹または曹長《★称号として書かれるときは大文字で始める; 通例 Sgt. と略す》, 《警察》巡査部長, また《英》王室や議員の**守衛官**.
語源 ラテン語 servire (⇒to serve)の現在分詞 serviens が古フランス語を経て servant の意味で中英語に入った.
【複合語】**sérgeant-at-árms** 名 C 守衛官, 守衛, 衛士.

se·ri·al /síəriəl/ 形 名 C (⇒series)〔一般語〕
一般義《通例限定用法》番号などが連続している, **一連の, 通しの**. その他 小説, 映画などが続きものの, 出版物が**定期刊行になっている**, 国債などが**定期的に満期になる**, さらに《楽》12 音の, 《コンピューター》シリアルの. 名 としては雑誌などの**連続もの**, **連載ものの一回分**.
用例 Banknotes are all printed with a serial number, each note having a different number. 紙幣にはすべて通し番号が印刷されており, それぞれ異なった番号がついている/Are you following that new serial story in the magazine? あなたはその雑誌に新しく連載されたその物語を読んでいますか.
【派生語】**sèrializátion** 名 UC シリーズでの出版〔放送, 上映〕, 連載(作品). **sérialize** 動 本来他《しばしば受身で》シリーズで出版する〔放送する, 上映する〕, 連載する. **sérially** 副.
【複合語】**sérial ríghts** 名 出版や放送などの連載権.

se·ri·a·tim /sìəriéitim/ 副形〔形式ばった語〕逐次(の), 連続して(の).
語源 ラテン語 series から派生した中世ラテン語 seriatim が初期近代英語に入った.

ser·i·cul·ture /sérikλltʃər/ 名 U〔やや形式ばった語〕養蚕(業).
語源 ラテン語 sericum (=silk)+culture. 19 世紀から.

se·ries /síəri:z/ 名 C《複 ~》形〔一般語〕一般義
《a ~で単数扱い》通常 3 つ以上からなる類似したあるいは関連のある物事などの**一続き, 連続, 系列**. その他「連続もの」を意味し, テレビ番組, 映画, 小説などのシリーズもの, 書籍の双書, スポーツの試合, シリーズ. また切手や貨幣の一そろい, 一組, 《電》**直列**. 形として《電》直列の.
語源 ラテン語 serere (=to join) から派生した series が初期近代英語に入った.
用例 She made a series of brilliant scientific discoveries. 彼女はすばらしい科学上の発見をたて続けにした/Are you watching the television series [series of television programmes] on Britain's castle? 君は英国の城がテーマのテレビの続き番組を見ていますか.
【慣用句】**in series** 連続して, 双書として.
【派生語】**serial** 形 名 ⇒見出し.

ser·if /sérif/ 名 C 《印》セリフ《★A や B の活字に見られるようなつき出たひげ飾りのこと; ゴシック体にはない》.

語源 不詳.

se·ri·o·com·ic /sìə(:)rioukámik|-kɔ́m-/ 形〔形式ばった語〕小説や文体がまじめさとこっけいさが混じり合った.
語源 seri(ous)+-o-+comic. 18 世紀から.
【派生語】**sèriocómical** 形.

se·ri·ous /síə(:)riəs|síər-/ 形〔一般語〕一般義 問題, 状況, 行動が本気になって取り組まなければならないほどに**重大な, 深刻な**. その他 本来は「重い」の意で, 「**重大な**」, 病気が重い, **危ない**, 行動や話がまじめな, **真剣な**, 物事が**慎重を要する**, 文学や音楽などがまじめな, 堅い, 《くだけた語》《限定用法》大量の, 多数の, すごい, たいへん.
語源 ラテン語 serius (=grave) が古フランス語 serieux を経て中英語に入った.
用例 The situation is becoming serious. 事態は深刻になってきている/He has a serious head injury. 彼は頭に重傷をおっている/He wasn't joking. He was quite serious. 彼は冗談は言っていませんでした. とても真剣でした/Is he serious about wanting to be a doctor? 彼はまじめに医者になりたいと思っているのですか/He reads very serious books. 彼はとても堅い本を読んでいる.
類義語 serious; grave; earnest; sober; solemn: これらの語は「まじめな」の類義で, **serious** が重大な物事に真剣に取り組んでいることを表すのに対して, **grave** は重大な責任などを威厳をもって背負っている態度が反映されている. **earnest** は誠意を持って真剣に目的を達成しようとする含意をもち, **sober** は「酔っていない」の意から冷静でまともな態度ということが表されている. **solemn** は宗教的にも誘発されたまじめさが含意される.
【派生語】**sériously** 副 まじめに, 真剣に, 本気で, 重く. **sériousness** 名 U.
【複合語】**sérious-mínded** 形 まじめな, 真剣な.

ser·mon /sə́:rmən/ 名 C〔一般語〕一般義 教会で牧師〔司祭〕が聖書をもとに行う**説教**. その他〔くだけた語〕《軽蔑的》お**説教, 小言**.
語源 ラテン語 sermo (=speech) が古フランス語を経て中英語に入った.
【派生語】**sèrmonizátion** 名 U. **sérmonìze** 動 本来他《軽蔑的》説教する, 小言を言う.

ser·pent /sə́:rpənt/ 名 C〔文語〕一般義 大きくて毒をもった**蛇**. その他《(the Old S-)》比喩的に人類の誘惑者, 背教者たちの指導者, 地獄の支配者, 悪の権化である**悪魔, 悪賢くずるい人**.
語源 ラテン語 serpere (=to creep) の現在分詞 serpens が古フランス語を経て中英語に入った.
類義語 serpent; snake: **serpent** は旧約聖書の中で Eve を誘惑した蛇のように, しばしば物語の中で悪やずるさを象徴する. **snake** は蛇の総称.
【派生語】**serpentine** /sə́:rpəntì:n, -tàin/ 形〔文語〕形や動きが蛇のような, **蛇行している, ずるい, 誘惑的な**.

ser·rate /séreit/ 形〔形式ばった語〕物の縁がのこぎりの刃状にぎざぎざになっている, 《植》葉などが鋸歯(ぉぉ)状の.
語源 ラテン語 serra (=saw) の 形 serratus (=sawlike) が初期近代英語に入った.
【派生語】**sérrated** 形 =serrate.

ser·ried /sérid/ 形〔文語〕一般義《限定用法; 比較なし》人や物が**密集している, ぎっしりとつまっている**.

serum

[その他] 山の峰などのこぎりの歯状になっている(serrate).

[語源] おそらく古フランス語 serrer (= to press close) の過去分詞 serré から. 初期近代英語より.

[用例] serried ranks of houses ぎっしりと並んだ家々.

se·rum /síǝrəm/ [名] UC (複 ~s, -ra) [生理] 唾液のように粘り気のない分泌液, 漿液(しょうえき).
[その他] [医] 血清, ヨーグルトなどが固まるときにできる乳漿, 足にできるまめをつぶしたときなどに出るしる.

[語源] ラテン語 serum (= watery fluid) が初期近代英語に入った.

[用例] Diphtheria vaccine is a serum. ジフテリアのワクチンは血清である.

ser·vant /sə́ːrvənt/ [名] C 〔一般義〕[一般義] 家事を行うために雇われている使用人, 召使い. [その他] 公共への奉仕者という意味で**公務員, 役人**, 〔形式ばった語〕宗教や芸術などの**奉仕者, 献身者**.

[語源] 古フランス語 servir (⇒serve) の現在分詞の名詞用法.

[用例] a public servant 公務員/civil servants 文官.

serve /sə́ːrv/ [動] [本来他] [一般義] 〔一般義〕 人に飲食物を出す, 給仕する. [その他] 本来は人に「仕える…のために働く意. それから軍や国に**勤務する, 服務する**, 任期や刑期などを**務める**,「...のために働く」意から物が助けになる, 時の経つ間に合う, 人が貢献するなどの意となった. また「人に飲食物を出す」ことから, 客の**注文を聞く, 用を承る, 人を待遇する, 扱う**, さらに飲食物だけでなく, 必要な物を**配給会する, 供する**, 〔法〕令状などを人に**送達する, 送付する**, 〔スポ〕球を**サーブする**. (自) でも用いる. [名] として〔スポ〕**サーブ**.

[語源] ラテン語 servus (= slave) から派生した「人に仕える」の意の servire が古フランス語 servir を経て中英語に入った.

[用例] The manager of the restaurant has trained the waitress to serve (customers) correctly at table. レストランの支配人はウェートレスを客に正しく(客に)給仕できるように訓練した/She served the soup to the guests. 彼女は客にスープを出した/He served (his country) as a soldier for twenty years. 彼は兵隊として 20 年間(祖国)に仕えた/This box will serve my purpose [needs]. この箱は私の目的[要求すること]にぴったりでしょう/Which shop assistant served you (with these goods)? 店のどの店員が(これらの品物を見せて)あなたに対応したのですか/A summons has been served on him to appear in court. 法廷に出頭せよとの召喚状が彼に送達された/Is it your turn to serve? あなたがサーブする番ですか/That was an excellent serve. あれはすばらしいサーブだった.

[慣用句] **serve out** 任期を全うする, 勤め上げる, 食べ物などを一人一人に配る. **serve ... right** ...は当然の報いだ: He has done no work so it will serve him right if he fails his exam. 彼は少しも勉強しなかったので試験に落ちても当然だ. **serve up** 食事を食卓に出す, 〔くだけた表現〕言い訳を言う, くだらなごとを持ち出す.

【派生語】**sérver** [名] C サーブする人, 給仕人, **給仕用具** (★皿, 盆, 大型スプーンなど), [カト] ミサで司祭を助ける侍者. **sérvice** ⇒見出し語. **sérviette** ⇒見出し語. **sérvile** ⇒見出し語. **sérving** [名] C 〔形式ばった語〕料理などの一人前. **sérvitude** ⇒見出し語.

ser·vice /sə́ːrvis/ [名] UC [動] [本来他] 〔一般義〕
[一般義] バスや電車などの輸送機関, 電信・電話・郵便・ガス・水道・電気などの**公共事業**[施設], **業務**]. 本来は人に「仕えること」で, **奉公, 勤め**, 〔通例複数形で〕**尽力, 貢献, 奉仕**, 助けになること, サービスの意が生じた.「軍や軍隊など公共に仕えること」から, 公的な**勤務, 軍務, 兵役**などの意が,「神に仕えること」から**礼拝, お勤め, 儀式**などの意が,「客に仕えること」からホテルやレストランの**給仕, 客扱い, 食器のひとそろい, 販売品の維持, 修理**などの**世話**, メーカーなどが行う**アフターサービス** 《日英比較》 アフターサービスは和製英語》,「人のために尽くす, 力を与えること」から**有用, 利益, 援助, 供給, 配給**, 〔法〕令状の送達, 〔スポ〕**サーブ**(のやり方, 番)の意が生じた. [形] として従業員用の, アフターサービスを[動] として**点検する, 修理**[手入れ]**する**, アフターサービスをする.

[語源] ラテン語 servus (= slave) から派生した servitium (= slavery; servitude) が古フランス語 servise を経て中英語に入った.

[用例] There is a good bus [train] service into the city. この町へはバス[電車]の便がよい/The postal service is very poor here. ここでは郵便業務がとてもおそまつだ/A period of military service used to be compulsory for men. 一定期間の兵役は以前男性の義務であった/Which of the services were you in? 君は陸・海・空軍のどれに所属しているのか/He attends a church service every Sunday. 彼は毎日曜日教会の礼拝に出ている/At most hotels, a certain percentage is added to the bill for service. ほとんどのホテルでは料金にサービス料が何パーセントか加えられる/Is it your service now? 今度はあなたがサーブする番ですか/a tea service ティーセット一式/a service elevator 従業員用[業務用]エレベーター/Have you had your car [washing machine] serviced recently? あなたは最近車[洗濯機]を整備に出しましたか.

[慣用句] **at a person's service** 人の助けになる, 役に立つ: I'm at your service if you want my help. 私の助けが必要ならあなたのお役に立てます. **be of service to ... = be of ...'s service** ...の役に立つ: Can I be of your service? 私はあなたのお役に立てますか. **in service** 使用人として働いて, 軍隊に入って, 機械や乗り物などが運転されて(いる最中で). **out of service** 機械や乗り物などが運転されていない, 止まっている, 使われていない.

【派生語】**sèrviceabílity** [名] U 〔形式ばった語〕便利さ, もちのよさ. **sérviceable** [形] 役に立つ, 使える, 実用向きの, もちがよい.

【複合語】**sérvice àrea** [名] C 高速道路沿いにある休憩・給油所, サービスエリア, 〔放送〕良視聴区域, 〔水道・電気〕供給区域. **sérvice chàrge** [名] C 〔手配〕料. **sérvice flàt** [名] C 〔英〕食事や清掃の世話をしてくれる賄い付きアパート. **sérvice industry** [名] UC サービス(産)業. **sérvicemàn** [名] C 軍人, 《米》ガスや電話などの修理師. **sérvice ròad** [名] C 幹線道路に沿って走る側道(frontage road). **sérvice stàtion** /名] C ガソリンスタンド, 電気会社などが製品の修理や部品供給のために設置した出張所, サービスステーション. **sérvicewòman** [名] C 女性の軍人.

ser·vi·ette /sə̀ːrviét/ [名] C 〔一般義〕《英》食卓用のナプキン(《米》table napkin).

[語源] 古フランス語 servir (= to serve) から派生したフ

ser・vile /sə́ːrvil|-vail/ 形 〔形式ばった語〕奴隷の(ような), 卑屈な, 追従的な.
[語源] ラテン語 *servus* (=slave) の派生語 *servilis* から中英語に入った.
【派生語】**sérvilely** 副. **servílity** 名 U 奴隷根性, 卑屈.

ser・vi・tude /sə́ːrvətjùːd/ 名 U 〔形式ばった語〕奴隷として自由がないこと, 隷属, 懲役.
[語源] ラテン語 *servus* (=slave) の派生形 *servitudo* が古フランス語を経て中英語に入った.

ser・vo・mech・a・nism /sə́ːrvoumékənìzəm/ 名 C 〔電工・機〕自動制御装置, サーボ機構.
[語源] *servomotor* の servo- と mechanism の複合語. 20 世紀より.

ser・vo・mo・tor /sə́ːrvoumòutər/ 名 C 〔電工・機〕サーボモーター, サーボ機構の中の補助動力装置.
[語源] フランス語 *servomoteur* (ラテン語 *serv*(us) slave＋-o-＋*moteur* motor) が 19 世紀に入った.

ses・a・me /sésəmi/ 名 CU 〔植〕ごま, U ごまの種.
[語源] アラビア語起源のギリシャ語 *sēsamon*, *sēsamē* がラテン語を経て中英語に入った.
【慣用句】***Open sesame***. 《呪文》開けごま(★「アリババと 40 人の盗賊」の中でアリババが洞窟の扉を開けるときに用いる).
【複合語】**sésame òil** 名 U ごま油.

ses・sion /séʃən/ 名 UC 〔一般語〕[一般義] 法廷が開廷していること, 議会・会議を開会していること. [その他] 会議, 取引所の立ち会い, 《主に米》ある活動のための会合, 会合期間, 開廷期間, 《米》学期, 授業(時間), 《英》大学の学年.
[語源] ラテン語 *sedere* (＝to sit) の過去分詞 *sessus* から派生した *sessio* (＝sitting) が古フランス語を経て中英語に入った.
[用例] Congress is now in *session*. 上院は今開会中である/This was decided by the town council at its last *session*. このことは前回の町議会で決定した/a morning [afternoon] *session* (取引所の)前場[後場]/a jazz *session* ジャズ演奏会.
【派生語】**séssional** 形 開会の, 会期の, 会期中の.

set /sét/ 動 [本来他] 〔過去・過分 ～〕名 C 形 〔一般語〕[一般義] 物を所定の, あるいは適した位置に置く. [その他]「ある状態に置く」の意から, 物を適当な位置にあるいは意図した場所に**据え付ける**, **植え付ける**, あてがう, 人をある場所や地位に**配置する**, 機械などがすぐに使用できるように**整える**, 調整する, 髪を**セットする**, **あてる**, **のせる**, 仕事などを始めるなどの意となる. 「置く」から「設定する」となり, 時間や場所, 金額などを**決める**, 指定する, 規則などを定める, 模範などを示す, 課題や仕事などを人に課すの意となる. 「固定する」の意から, 液体などを**固める**, 骨折[脱臼]した骨を整復する, 歌詞に曲をつける, 作曲する, 劇などで場面を設定する, 活字などを組む. 自 では「地平線下に置く」ことから太陽などが**沈む**, 「定まる」「固まる」の意から物が**固まる**, 《副詞句を伴って》果樹が実を結ぶ, 風などが…の**方向をとる**, 意見などが…に傾く.
名 としては「ひとまとまりとして置かれたもの」の意から同種のものの**一組**, **一式**, 一そろい, 職業や年齢などが同じ**一団**, 仲間. また**舞台装置**, **セット**, 髪のセット, ラジオやテレビの**受信機**, 受像機, 《テニス》セット.
形 として《限定用法》前もって定められた, 所定の, 型にはまった, 表情などがこわばった, 態度, 意志などが**断固**とした, 《述語用法》用意ができている (for; to do), …しそうである.
[語源] 「座らせる」を意味する古英語 (ge)*settan* から. *sittan* (＝to sit) と関連している.
[用例] She *set* the tray on the table. 彼女は皿をテーブルの上に置いた/She *set* the fallen chair the right way up. 彼女は倒れたいすをもとの位置にもどした/He *set* the alarm for 7:00 a.m. 彼は目覚まし時計を午前 7 時にセットした/She had her hair *set*. 彼女は髪をセットしてもらった/The sight of him *set* her heart beating fast. 彼を見て彼女の心臓はどきどきし始めた/Has the date for the competition been *set*? 試合の日取りは決まりましたか/It's difficult to *set* a price on a book when you don't know its value. 本の価値を知らずに値段を決めることは難しい/He ought to *set* a better example to his children. 彼は子供たちにもっと良い手本を示すべきだ/The teacher *set* a test for her pupils. 先生は生徒にテストをした/Many of Burns's poems were *set* to music. バーンズの詩の多くには曲がつけられている/It gets cold when the sun *sets*. 日が沈むと寒くなる/Has the concrete[jelly] *set*? コンクリート[ゼリー]は固まりましたか/There is a *set* of rules that you must follow if you're going mountain-climbing. 山登りするつもりなら守らなくてはならない一連の規則がある/There is a *set* procedure for doing this. これを行うには決まった手順がある/The Labour Party is *set* to introduce new tax laws soon. 労働党はすぐにでも新しい税法を導入できるばかりになっている.
【慣用句】***set about*** ….. を始める, 取りかかる, …してみる (doing; to do), …を攻撃する. ***set aside*** ある目的のために…を取っておく, しまう, 無視する, 考えなどを捨てる. ***set back*** 進行や計画を遅らせる, 時計の針を戻す, 後退させる, ひっこめる, 〔くだけた表現〕人に費用がかかる. ***set*** … ***by*** 食物などを**取っておく**, 蓄える. ***set down*** …を下に置く, 乗客を降ろす, 飛行機を着陸させる, 書き留める, …とみなす, 考える (as), …に帰する, …のせいにする 〔形式ばった表現で〕意味する. ***set forth*** 〔形式ばった表現〕出発する. ***set forward*** 時計の針を進める, …の日時などを早める, 事を促進する. ***set in*** 季節や暑さ, 寒さなどが始まる, 病状や流行などが進行し始める, 潮がさす. ***set off*** 旅行などに**出発する**; 火薬などを**爆発させる**, 怒りなどを引き起こす, 人に…させ始める (on; doing), 対照的に…を目立たせる, 区画する, 相殺する. ***set on*** 犬などをけしかける, それかす. ***set out*** 旅などに**出発する**, …し始める (to do); …を陳列する, 表示する, 詳しく述べる. ***set up*** くい, 旗, 看板などを**立てる**, 掲げる, 機械などを組み立てる, テントなどを張る, 家などを建てる, 会社や学校, 組織を設立する, 学説などを提唱する, 大声を上げる, 騒ぎを引き起こす, 人を商売などでひとり立ちさせる, 《しばしば受身で》必要なものを供給する.
【派生語】**sétter** 名 C 置く[並べる]人[もの], 作曲者, 植字工, セッター犬.

sétting 名 C 背景, 環境, 舞台: The *setting* for the play is a Spanish village. その劇の舞台はとあるスペインの村である.
【複合語】**sétbàck** 名 C 進行の逆行, つまずき, 失敗, 後退, 病気のぶり返し, 〔建〕段形後退 (★高層ビルで上階を引っ込めること). **sétòff** 名 C 出発, 装飾. **sét píece** 名 C 型どおりの文学・芸術作品, 仕掛け花

火.【劇】小道具. **sét pòint** 名 C 【テニス】セットの勝敗が決定する得点. セットポイント. **sétscrèw** 名 C 止めねじ. **sétsquàre** 名 C 製図用三角定規. **sét thèory** 名 C【数】集合論. **sét-tò** 名 C (複～s)〔くだけた語〕短くて激しい口論, なぐり合いのけんか. **sétùp** 名 C 機械などの組立て, 装置, 組織, 機構,《米》体の姿勢,〔くだけた語〕《米》八百長試合.

set·tee /setí:/ 名 C 〔一般語〕背もたれ付きの**長椅子**.
[語源] おそらく settle² の異形.

setter ⇒set.

set·tle¹ /sétl/ 動 [本来他] 〔一般語〕 [一般義] 問題や争いごとなどをきちんと**解決する**. [その他] 価格や日取りなどを**決める**, 勘定などを**済ませる**, **清算する**,【法】財産や権利を**分与する**《on》, 事務, 雑事などを**処理する**. また座らせる, 固定する. 「落ち着かせる」ということで, 人を**定住させる**, **移住させる**, 職に就かせる, 身を固めさせる. 「安定させる」ことから, 神経などを**鎮静させる**, **安静にする**, ほりやかすをを**沈殿させる**. 自として**解決する**, **落ち着く**, **定住する**, 鳥などが**止まる**, 霧などが**降りる**, かすなどが沈殿する.
[語源] 古英語 setl (=seat) から派生した 動 setlan より.
[用例] The dispute between management and employees is still not *settled*. 経営者側と労働者たちとの間の争議はまだ解決していない/Until we know the full value of the picture, we can't *settle* the price. その絵の価値が十分にわかるまで値段を決められません/We still have that electricity bill to *settle*. 私たちはまだ例の上電気料金を支払わなければなりません/He *settled* his mother in a corner of the train compartment. 彼は母親を列車の客室のはじに座らせた/I *settled* myself in the armchair. 私はアームチェアーに腰をおろした/My parents are relieved that my future has at last been *settled*. 私の今後がやっと決まって両親はほっと安心です/I gave him a pill to *settle* his stomach [nerves]. 彼は胃痛[神経]をおさえる薬を与えた/After a week of storms, the weather *settled*. 嵐が1週間吹き荒れた後天気は安定した/Many Scots *settled* in New Zealand. 多くのスコットランド人がニュージーランドに定住した/The robin flew down and *settled* on the fence. こまどりは舞い降りてフェンスにとまった/She blew away the dust that had *settled* on the book. 彼女は本にたまったほこりを吹きとばした.
【派生語】**séttled** 形. **séttlement** 名 CU 植民地, 植民, 移民, 問題などの解決, 和解, 決定, 【法】財産などの譲渡, 贈与財産: reach [come to] a *settlement* 和解に達する. **séttler** 名 C 移住民, 開拓者, 調停者.

set·tle² /sétl/ 名 C 〔一般語〕ひじ掛けと高くて硬い背もたれがついた**木製の長いす**[ベンチ].
[語源] ⇒settle¹.

sev·en /sévn/ 代 名 UC 形 〔一般語〕《複数扱い》7つ, 7人, 7個, 7ドル[ポンドなど]. 名 として数としての7時, 7分, 7歳, 7の数字, 7(人, 個)で一組のもの,【トランプ】7の札. 形 として《限定用法》7つの, 7人[個]の,《述語用法》7歳で.
[語源] 古英語 seofon から.
【派生語】**séventh** 形 名 C 《the ～》第7[7番目]の(もの, 人), 月の7日, 7分の1(の): **seventh heaven** 《the ～》第七国, 神国, 至上の幸福: in the seventh heaven 有頂天で.

sev·en·teen /sévntí:n/ 代 名 UC 形 〔一般語〕17(の).
[語源] 古英語 seofontiene から.
【派生語】**séventéenth** 形 名 C 《the ～》第17[17番目]の(もの, 人), 月の17日, 17分の1(の).

seventh ⇒seven.

seventieth ⇒seventy.

sev·en·ty /sévnti/ 代 名 UC 形 〔一般語〕《複数扱い》70人, 70個, 70ドル[ポンドなど]. 名 として数としての70,《the [one's] -ties で》70年代, 70歳, また70(人, 個)で一組のもの. 形 として《限定用法》70の, 70人[個]の,《述語用法》70歳で.
[語源] 古英語 (hund)seafontig (hund (=hundred) + seafon (=seven) + -tig[group of ten]) から. 古英語では 70-120 の数には hund (=hundred) を語頭につけた.
【派生語】**séventieth** /sévntiiθ/ 形 名 C 《the ～》第70[70番目]の(もの, 人), 70分の1(の).

sev·er /sévər/ 動 [本来他] 〔形式ばった語〕 [一般義] 強い力を加えて 2 つの部分にすっぱと**断ち切る**, **切り落とす**, **切断する**. [その他] 交わりや関係を**断つ**, 終止符を置く.
[語源] ラテン語 separare (=to separate) が中フランス語 severer を経て中英語に入った.
[用例] His arm was *severed* (from his body) in the accident. 彼は事故で腕を切断した/After the quarrel, he completely *severed* his relations with his family. その言い争いの後, 彼は家族との関係を完全に断った.
[類義語] separate.
【派生語】**séverance** 名 UC 切断, 分離, 断絶: **severance pay** 退職手当.

sev·er·al /sévrəl/ 形 〔一般語〕 [一般義] いくつかの, 数人の, 数個の [語法] 場合によっては幅があるが, 一般に a few よりも多く, many ほど多くない 5, 6 の数を表す). [その他] 〔文語〕それぞれの, 別々の, 異なった, 個々の,【法】所有権などが連帯 (joint) ではなく, 可分の, 単独の. 代 として《複数扱い》いくつかのもの, 数人, 数個.
[語源] ラテン語 sēparāre (=to separate) から逆成でできた sēpar (=separate; distinct) から派生した中世ラテン語 sēparālis がアングロフランス語を経て中英語に入った.
[用例] *Several* weeks passed before he got a reply to his letter. 数週間過ぎてから彼は手紙の返事をもらった/When I opened the box of eggs, I found that *several* were broken. 卵の箱を開けてみるといくつかが割れていることがわかった.
【派生語】**séverally** 副〔文語〕別々に, めいめいに, それぞれ.

severance ⇒sever.

se·vere /sivíər/ 形 〔一般語〕 [一般義] 人, 罰, 規制, 批評などが**厳しい**, **厳格な**. [その他] 雨や風などが**激しい**, 痛みなどがひどい, 仕事, 試験, 競争などが**激烈な**, **厳しい**, 批評などが**手厳しい**. さらに「飾りのない」ことにつながり, 文体, 建築, 美術品, 服装, 趣味などが**簡素な**, **しぶい**, **地味な**.
[語源] フランス語 *sévère* (=severe) が初期近代英語に入った. それ以前は不詳.
[用例] That punishment was rather *severe*, wasn't it? その罰はかなり厳しかったですね/He had a

severe illness at the age of twelve. 彼は12歳の時に大病にかかった/Our team suffered a *severe* defeat. 我がチームは大敗を喫した/She has a *severe* hairstyle. 彼女のヘアスタイルは地味だ.
【派生語】**severely** 副. **severity** /sivérəti/ 名 ① 厳格さ, いかめしさ, 簡素.

sew /sóu/ 動 本来自 《過去 ~ed; 過分 sewn, ~ed》 [一般他] 針と糸を使って縫う, 縫い合せる, 縫いつける. 自 針仕事をする, ミシンをかける.
語源 古英語 seow(i)an から (=to sew) から.
用例 This material is difficult to *sew*. この素材は縫いにくい/She *sewed* the two pieces together. 彼女は2枚を縫い合わせた/Have you *sewn* my button on yet? ボタンをもうつけてくれましたか.
【派生語】**séwer** 名 ⓒ お針子, 裁縫師. **séwing** 名 ⓤ 針仕事; 縫い物: **sewing machine** ミシン.

sewage ⇒sewer².

sewer¹ ⇒sew.

sew·er² /sjúər/ 名 ⓒ 動 本来自 〔一般語〕下水や雨水を流す人工の排水路, 下水道, 下水溝, 下水管. 動 として 下水道[管]を清掃する[維持する].
語源 俗ラテン語 *exaquare (=to drain); ラテン語 ex-out+aqua water) が古フランス語を経て中英語に入った.
【派生語】**sewage** /sjú(:)idʒ/ 名 ⓤ 下水道で流される下水, 汚物: **sewage disposal** 下水[汚水]処理/**sewage plant [farm]** 再利用のための下水処理場/**sewage works** 河川に流すための下水処理場. **séwerage** 名 ⓤ 下水処理, 下水道, 下水 (=sewage).
【複合語】**séwer rat** 名 ⓒ 【動】どぶねずみ.

sewn /sóun/ 動 sew の過去分詞.

sex /séks/ 名 ⓤⓒ 動 本来他 〔一般語〕[一般義] 性行為, セックス. その他 男女, 雄雌の性別, 性. また性欲, 性器, 《形容詞的に》性の, 性的な. 動 として, 鶏のひななどの性別を鑑別する.
語源 ラテン語 *sexus* が古フランス語を経て中英語に入った.
用例 She thinks that there is too much *sex* and violence in television plays. 彼女はテレビ番組にはセックスと暴力が氾濫しすぎていると考えている/It is illegal to refuse a job to a woman on the grounds of her *sex*. 女性だという理由で仕事をさせないというのは違法だ.
【派生語】**séxism** 名 ⓤ 性差別(主義), 女性蔑視. **séxist** 名 ⓒ 性差別主義者, 女性を蔑視する者. **séxless** 形 無性の, 《軽蔑的》性的魅力のない. **séxy** 形 《くだけた語》性的魅力にあふれた, セクシーな.

sex·a·ge·nar·i·an /sèksədʒinéəriən/ 名 ⓒ 形 〔形式ばった語〕60歳代の(人).
語源 ラテン語 *sexaginta* (= sixty) から派生した *sexagenarius* (=sixty years old) が18世紀に入った.

sexism ⇒sex.

sexist ⇒sex.

sexless ⇒sex.

sex·ol·o·gy /seksálədʒi/|-5-/ 名 ⓤ 〔一般語〕性科学.
語源 sex+-logy として20世紀から.
【派生語】**sexólogist** 名 ⓒ.

sex·tant /sékstənt/ 名 ⓒ 【海・天】天体の高度から角距離や経緯度上の船の位置を測定する六分儀.
語源 ラテン語 *sextus* (=sixth) から派生した *sextans* (=sixth part of a circle) が初期近代英語に入った.

sex·tet /sekstét/ 名 ⓒ 【楽】六重奏[唱]曲, 六重奏[唱]団, また一般に六人組, 六つ組, ホッケーのチームなどを指す.
語源 ラテン語 *sex* (=six) に由来するイタリア語 *sestetto* が19世紀に入った.

sex·ton /sékstən/ 名 ⓒ 〔一般語〕教会の鐘を鳴らしたり墓を掘ったりする寺男.
語源 中世ラテン語 *sacristanus* (寺男) が古フランス語を経て中英語に入った.
関連語 sacristan.

sex·tu·plet /sekstʌ́plit|sékstjú(:)-/ 名 ⓒ 〔やや形式ばった語〕六つ子の一人, また同種類のものの六つ組, 【楽】6連(音)符.
語源 sextuple (6倍の, 6倍する) +-et として19世紀から.

sex·u·al /sékʃuəl|-sju-/ 形 〔一般語〕性の, 性的な, 男女[雌雄]の.
語源 ラテン語 *sexus* (=sex) から派生した後期ラテン語 *sexualis* が初期近代英語に入った.
【派生語】**sexuálity** 名 ⓤ 男女別, 性的関心, 性欲. **séxually** 副.

sexy ⇒sex.

SF, sf 《略》=science fiction.

Sgt. 《略》=sergeant.

sh /ʃi(:)/ 間 〔一般語〕静かにするときや音を小さくするときに出される命令や願いのしーっ.

shab·by /ʃǽbi/ 形 〔一般語〕[一般義] 人, 服, 家などがみすぼらしい, むさ苦しい, 汚い. その他 人や行為がさもしい, 卑劣な, プレゼントなどがけちな, つまらない, 取るに足らない, 待遇などがひどい.
語源 古英語 sceabb (=low fellow) から.
用例 He used to be so smart but he looks *shabby* now. 彼は以前はたいへん身なりがきちんとしていたが, 今ではみすぼらしく見える/I think his behaviour was rather *shabby*. 私は彼のふるまいはとてもさもしいものだったと思う.
【派生語】**shábbily** 副. **shábbiness** 名 ⓤ.

shack /ʃǽk/ 名 ⓒ 動 本来他 〔一般語〕[一般義]《やや軽蔑的》木造で粗末な建て方の小屋, バラック, 掘っ建て小屋. その他 特別な人の, あるいは専用の…部屋, …室. 動 として《くだけた語》《~ up で》同棲(以)する《with; together》.
語源 英語の方言 shackly (=rickety) からの逆成と考えられる. 19世紀から.
用例 They don't really have a holiday cottage —it's just a *shack*. 彼らは実際は休暇用の別荘を持っているのではない. あれはただのお粗末な小屋だ.

shack·le /ʃǽkl/ 名 ⓒ 動 本来他 〔一般語〕[一般義]《複数形で》罪人などの動きを制限するためにつける足かせ, 手かせ. その他 《文語》《the ~s》自由な動きを制限するもの, 束縛, 拘束. また南京錠の U 字形の掛け金. 動 として束縛する, 拘束する.
語源 古英語 sceacull から.

shade /ʃéid/ 名 ⓤⓒ 動 本来他 〔一般語〕[一般義]《しばしば the ~》陰, 日陰. その他 光をさえぎる物, 日よけ, 《米》ブラインド, 《複数形で》サングラス, ランプや電灯のかさ. また陰の濃さということから, 絵などの明暗の度合い, 色合い, 【医】レントゲン写真の陰影, 比喩的に言葉の意味などのちょっとした違い, ニュアンス. 動 として

光をさえぎる, 覆う, 電灯にかさをつける, 絵に**陰影**をつける. 🔵 色合いが**次第に変化する**.

[語源] 古英語 sceadu から.

[用例] The group of trees provided some *shade* from the sun. 木々が日の光をさえぎって木陰を作っていた/There are an amazing number of different *shades* of white. 白にはおどろくほど多くの色調がある/The word 'peculiar' has several *shades* of meaning. peculiar という語にはいろいろな意味合いがある/He put up his hand to *shade* his eyes. 彼は手をかざして光が目に入らないようにした/The sky was a deep blue in the east, *shading* into yellow, then red, towards the west. 東の空は濃い青色だったが, 西の方は黄色に, そして赤色にと変わっていた.

【慣用句】*a shade of ...* 少し, ちょっと. *a shade of ...* わずかの..., ...気味で. *in the shade* 日陰に, 世に埋もれて. *put ... in [into] the shade* (くだけた表現)人や仕事などの影を薄くする. *Shades of ...!* (くだけた表現)...のことを思い出す: *Shades of* school! We were all treated at the conference as if we were children. 学校時代を思い出すね. 我々は会議でみんな子供扱いされた.

【派生語】**shádily** 副. **shádiness** 名 U. **sháding** 名 U. 陰にすること, 色などのわずかな変化[違い], 濃淡, 【美】描影法. **shády** 形 陰になった, はっきりしない, (くだけた表現)いかがわしい.

shad·ow /ʃǽdou/ 名 CU 動 [本来他] 〔一般語〕 [一義] 光線がさえぎられて物体のうしろに現れる形や輪郭, 影. [その他] 元来 shade と同じ意味で, 《U または複数形で》はっきりしない**陰**, **暗がり**, 《複数形で》日没後の**夕闇**, うす暗りなどの意で用いられたが, 現在では shade は日なたに対する「日陰」, shadow は光が当たってできる「影」の意で用いられる. 比喩的に絵や写真などの**陰影**, 名声や幸福などに投げかけられる**かげり**, **悪影響**, または**痕跡**, **名残り**, さらには**幻影**, **亡霊**やよくないことの**前兆**, **前ぶれ**などの意味が派生した. また「影のようにつきまとうもの」ということで, 腰ぎんちゃくやスパイ, 探偵などの意にもなる. 動 として**陰にする**, **暗くする**, ...の**前兆となる**, 人に付きまとう, 尾行する.

[語源] 古英語 sceadu (＝shade) から.

[用例] *Shadows* lengthen in the evening. 影は夕方には長くなる/We are in the *shadow* of that building. 我が家はあのビルの陰になっている/In many of Vermeer's paintings of people, the light comes from the left, so that the right side of their faces is in *shadow*. フェルメールの人物画の多くは, 光が左から当たっているので, 人物の顔の右側が陰になっている/We were all so happy till the *shadow* of his illness fell across our lives. 私たちの生活は彼に病気の兆しが見え始めるまではとても幸福なものでした/The child is his mother's *shadow*. その子は母親に付いて離れようとしない/A broad hat *shadowed* her face. 彼女は幅広い帽子をかぶっていたので顔が陰になって見えなかった/We *shadowed* him for a week. 私たちは1週間彼を尾行した.

【慣用句】*follow ... like a shadow* 影のようにぴったり...にくっついて行く. *in the shadow* 物陰に, 世を忍んで (人目につかないように). *in the shadow of ...* ...のすぐ近くに. *under the shadow of ...* ...の危険にさらされて, ...のすぐ近くに.

【派生語】**shádowy** 形 影のような, ぼんやりした, 暗い.

【複合語】**shádowbóx** 動 [本来自] シャドーボクシングをする. **shádowbòxing** 名 U シャドーボクシング. **shádow cábinet** 名 C 《英》影の内閣 (★次期政権を予測しての野党の閣僚候補). **shádow pláy** 名 C 影絵芝居.

shady ⇒shade.

shaft /ʃæft|-ɑː-/ 名 C 動 [本来他] 〔一般語〕 [一義] 矢, 槍(ﾔﾘ), 鉾(ﾎｺ), ハンマー, ゴルフクラブなど細長い物の**柄**, **軸**. [その他] [文語] 矢, 槍, また一般に細長い棒状のものを指し, 機械の**心棒**, 馬車などの**かじ棒**, 円柱の**柱身**, 狭い割れ目からさしこむ**一条の光線**, **電光**, **稲妻**. 比喩的に矢のように人をつき刺すようなものをいい, **皮肉**, ほこ先の意. 動 として (くだけた語) 《米》人をだます, ひどい目にあわせる.

[語源] 古英語 sceaft から.

[用例] The horse stood patiently between the *shafts*. 馬はかじ棒につながれたまましんぼう強く立っていた/A *shaft* of sunlight brightened the room. ひと筋の日の光が部屋を明るく照らした.

【慣用句】*get the shaft* (くだけた表現)《米》だまされる, ひっかかる. *give ... the shaft* (くだけた表現)《米》...をだます, ...をひっかける.

shag /ʃæg/ 名 UC 動 [本来他] 〔一般語〕 [一義] 織物のけば. [その他] けば布地, けば織り. また**粗毛**(ｿﾓｳ), **むく毛**, 粗悪な**刻みたばこ**. 【鳥】う(鵜) (★おそらくその毛冠から). 動 として, けばだてる, けばのほうにする.

[語源] 古英語 sceacga (もつれた髪) から.

【派生語】**shággily** 副. **shággy** 形 毛むくじゃらの, けば立った, 土地が草ぼうぼうの, 考えが混乱した, 明確でない.

【複合語】**shággy-dóg stòry** 名 C つまらない長話 (★かつて欧米を話す動物が登場する話が流行りした).

shake /ʃeik/ 動 [本来自] 〔過去 **shook**/ʃúk/; 過分 **shaken**/ʃéikn/〕名 C 〔一般語〕 [一義] 上下, 左右, 前後に小刻みに**振り動かす**, **揺さぶる**. [その他] 比喩的に精神面を**揺さぶる**ということで, **動揺させる**, **驚かす**, **不安にさせる**. 本来は 🔵 で, 物が**揺れる**, **震動する**, 体や声の**震える**. 名 として《通例単数形で》**振る** [**振れる**]こと, 動揺, 振動, ふるえ, 握手, カメラのぶれ, (くだけた語)地震, (the ~s で単数扱い)恐怖や病気が原因の震え, 悪寒, 《米》ミルクセーキ, シェーク.

[語源] 古英語 sc(e)acan から.

[用例] *Shake* the medicine bottle before use. 使用前に薬のびんを振ってください/The dog *shook* itself. 犬は体を揺すぶった/I used to think he was reliable, but my confidence in him has been *shaken*.   以前私は彼が信頼できる人物だと思っていたが, 今や私の彼に対する信頼は揺らいでしまった/That *shook* you! (＝That surprised you, didn't it?) びっくりしただろう/Every time a lorry passes, this house *shakes*. トラックが通るたびにこの家は揺れる/Her voice *shook* as she told me the sad news. 彼女は声を震わせてその悲しい知らせを私に伝えた/He gave the bottle a *shake*. 彼はびんを振った.

[類義語] shake; tremble; quake; quiver; shiver: **shake** は「震える」という意味では最も一般的に用いられる語で, 前後, 左右, 上下に小刻みに揺れること. **tremble** は恐れや極度の疲れなどで体が思わず震えること. **quake** は体がかなり激しく震える, あるいは物が大きく揺れ動くこと. **quiver** は形式ばった語で, ぴんと張った糸をはじいた時のような小刻みな震動を指す. **shiver** は

寒さや恐怖などで瞬間的に体がわずかに震えること.
【慣用句】**shake ... by the hand＝shake ...'s hand＝shake hands with ...** …と握手する. **shake down** …を振り落とす, 入れ物に振って[揺すって]詰める, 〔くだけた語〕機械などのならし運転をする. **shake off** ほこりなどを振り落す, 病気などを治す, 払いのける, 追っ手をまく. **shake one's head** 不賛成, 失望, 疑いなどを表して首を横に振る(⇒nod). **shake on it** 〔くだけた表現〕同意, 和解して握手する. **shake out** ほこりなどを振って払い, ふるい落とす. **shake up** …を振りまぜる, 組織や人事などを改革する, 内閣などを改造する.
【派生語】**sháker** 名 C 攪拌(かくはん)機. **shákily** 副. **shákiness** 名 U. **sháking** 名 U. **sháky** 形 ぐらぐらする, 人がよろめく, 声などが震えた, 地位などが不安定な, 不確実な, 当てにならない, 虚弱な.
【複合語】**shákedòwn** 名 C 〔くだけた語〕〔米〕ゆすり, 警察などの徹底的な捜査, 飛行機や船などの最終的な試運転. **shákeòut** 名 C 不景気, 不況, 株の急落. **sháke-ùp** 名 C 人事などの大異動, 政策などの大改革.

shak·en /ʃéikn/ 動 shake の過去分詞.
shaker ⇒shake.
Shake·speare /ʃéikspiər/ 名 固 シェークスピア William Shakespeare(1564-1616) 《★英国の劇作家・詩人》.
【派生語】**Shakespéarean, -rian** 形 シェークスピア(風)の. 名 C シェークスピア学者.
shaky ⇒shake.
shale /ʃéil/ 名 U 〔地〕粘土や泥の堆積でできた板状のはがれやすい頁岩(けつがん), 泥板岩.
語源 おそらく古英語 sceaulu (=shell) から.
【複合語】**shále òil** 名 U 油母(ゆぼ)頁岩 (oil shale) を熱することで得られる頁岩油.

shall /ʃæl, 弱 ʃəl/ 助 (過去 **should**) 〔一般語〕一般義 ❶ (I [we] ...? で) (a) 〔米〕単純未来を表し, …でしょう, …するであろう 《語法》〔米〕では will を用いるのが一般的であり, また 〔英〕でもその傾向が見られる), (b) 〔形式ばった語〕話し手の強い意志や決意を表し, 必ず…するつもりだ 《語法》この場合は強い強勢が置かれる). 《you [he; she; it; they] ～で》(a) 〔形式ばった語〕話し手の意志を表し, …させてやる, (b) 〔文語〕法的義務や一般的命令を表し, …すべし, (c) 〔文語〕必然性や運命を表し, 必ず…するの意. その他 《Shall I [we] ...? で》(a) 〔英〕単純未来を表し, …であろうか 《〔米〕will》, (b) 相手の意向を尋ねて, …しましょうか. 《Shall you ...? で》〔英〕相手の都合や予定を尋ねて, …しますか 《〔米〕will》. 《Shall he [she; it; they] ...? で》相手の意向を尋ねて, …させましょうかの意.
語法 ❶古語では thou shalt /ʃælt, 弱 ʃəlt/, 過去 thou shouldst /ʃúdst, 弱 ʃədst/. ❷ shall not の短縮形は shan't /ʃǽnt|ʃɑ́:-/.
語源 古英語 sceal から. この語を含めて can, may, must などの大部分の法助動詞は, もとは動詞 (preterite-present verb) と呼ばれ, 古英語では強い強変化[不規則変化]動詞の過去形が新しく現在形として用いられるようになった. 古英語の sceal は sculan (=to have the obligation) の現在形であったため, 新しく sceolde (=should) という弱変化[規則変化]の過去形が用いられるようになった.
用例 I *shall* be glad when this work is finished. この仕事が終わったら嬉しい/We *shall* be leaving tomorrow. 私たちは明日出発する予定だ/I *shan't* be late tonight. 今晩は決して遅れません/He *shall* have a bicycle if he passes his exam. もし試験に合格したら自転車を買ってあげよう/You *shall* go if I say you must. 私が行きなさいといったら行きなさい/I'm determined that they *shall* never do that again. 彼らには二度とそんなまねはさせない/All foreign residents *shall* have reported to the nearest police station by September 30. 外国人在住者はすべて 9 月 30 日までに最寄りの警察署に届出を済ませておかなければならない/*Shall* we see you next week? 来週あなたにお会いできますか/*Shall* I pick her up at the station? 私が彼女を駅に迎えに行きましょうか/*Shall* we go now? (=Let's go now!) 行きましょうか/*Shall* you dismiss the man? その男をくびにするのですか.

shal·low /ʃǽlou/ 形 名 動 本来自 〔一般語〕一般義 川, 池, 湖, あるいはくぼみや容器などが浅い, 比喩的に人の性格や知性, あるいは意味などが表面的で, 思慮が足りない, あさはかな, 呼吸が浅い, 屋根などの勾配がゆるやかな. 名 C 《the ～s》浅瀬. 動 として〔形式ばった語〕浅くなる[する].
語源 古英語 sceald から.
用例 That dish is too *shallow* to serve soup in. その皿は浅すぎてスープが出せない/She has a rather *shallow* personality. 彼女はかなり浅薄な性格だ/The channel *shallows* just here. 水路はちょうどこのあたりが浅くなる.
反意語 deep.
【派生語】**shállowly** 副. **shállowness** 名 U.
【複合語】**shállow-bráined** 形 あさはかな. **shállowhéarted** 形 薄情な.

shalt /ʃælt, 弱 ʃəlt/ 動 〔古語〕shall の二人称単数現在形で thou が主語となる.

sham /ʃǽm/ 名 CU 形 動 本来自 〔一般語〕一般義 意図的に人をだますために見せかけるために何かを模倣したもの, まがい物, 偽物. その他 ごまかし, トリック, 偽善, また詐欺師, ペテン師, 装飾的な枕カバーの意. 形 としてにせの, 模造の, 偽物でわかるくいかに粗悪な. 動 として偽る, 自 の用法もある.
語源 方言の sham (=shame) からと考えられる. 初期近代英語から.
用例 The whole trial was a *sham*. すべての企てはインチキだった/Are those diamonds real or *sham*? あのダイヤモンドは本物ですか, 偽物ですか.

sha·man /ʃɑ́:mən|ʃǽm-/ 名 C 〔やや形式ばった語〕神がかり状態で霊と交流するシャーマン 《★呪術師, 巫者(ふしゃ), 巫女(みこ), まじない師, 祈禱(きとう)師など》.
語源 「呪術師」の意のツングース語から. サンスクリットにも仏教修行僧についての類語がある. 初期近代英語から.
[関連語] medicine man; witch doctor.
【派生語】**shámanism** 名 C シャーマニズム.

sham·ble /ʃǽmbl/ 動 本来自 〔一般語〕足をひきずってよろよろ歩く 《along; away; past》. 名 として 《a ～》不格好な歩き方.
語源 不詳. 初期近代英語から.

sham·bles /ʃǽmblz/ 名 C 〔くだけた語〕一般義 《a ～》大混乱の場面[状態], 破壊の状態[光景]. その他 本来は〔古語〕肉売り台, 肉市場. また〔一般語〕屠殺場, 転じて大量殺戮(さつりく)[流血]の場所.

[語源] 古英語 sceomel (=stool) が中英語で shomel (=table for selling meat) となり、さらに意味変化した.
[用例] We have just moved into our new house, so we're in a bit of a *shambles* at the moment. 私たちは新しい家に引越したばかりだから、今はどちらかといえば大混乱の状態だ.

shame /ʃéim/ 名 U 動 [本来義] 〔一般語〕[一般義] 恥ずかしい思い、恥ずかしさ. [その他] 恥辱、不面目、不名誉、恥、[形式ばった語]《a ～または the ～》恥[不名誉]のもととなるもの[人], つらよごし, 恥さらし. また情けないこと、ひどいこと、つらいこと. 動 として, 人に恥ずかしい思いをさせる、恥をかかせる、侮辱する.
[語源] 古英語 scamu から.
[用例] I was full of *shame* at my rudeness. 私は自分の無作法なふるまいに恥ずかしさでいっぱいだった/He felt no *shame* at having behaved in the way he had. 彼は自分のふるまいを恥ずかしいとは思っていなかった/The news that he had accepted bribes brought *shame* on his whole family. 彼がわいろを受け取ったという知らせは家族みんなの面目をつぶすはめとなった/It's a *shame* to treat a child so cruelly. 子供をそんなふうに虐待するなんてひどい話だ/What a *shame* that he didn't get the job! 彼に仕事が見つからなくて本当に気の毒だ/His cowardice *shamed* his parents. 彼の臆病なふるまいで彼の両親の面目は丸つぶれだった.
[日英比較] 日英の間では何が「恥」であるかについて違いがある. たとえば, うっかり間違えて「恥をかく」は, feel shame ではなく, feel embarrassed に相当する. 英語の shame は道徳上の不名誉や屈辱(感), 苦痛(感)から来るものに限られる.
【慣用句】*For shame!*=*Shame on you!* 恥を知れ、みっともない. *put*[*bring*]... *to shame* ...に恥をかかせる、...の面目をつぶす. *to one's shame* 恥ずかしいことに: *To my shame*, my daughter always beats me at chess. 恥ずかしながらチェスではいつも娘に負けている.
【派生語】**shámeful** 形 恥ずべき、不名誉な、けしからん. **shámefully** 副. **shámefulness** 名 U. **sháméless** 形 恥知らずな、破廉恥な、みだらな. **shámelessly** 副 恥知らずにも. **shámelessness** 名 U.
【複合語】**shámefáced** 形 恥ずかしそうな、恥じ入った、内気な、しおらしい. **shámefácedly** 副.

sham·poo /ʃæmpúː/ 動 [本来義] 名 UC 〔一般語〕髪をシャンプーで洗う、あるいはじゅうたんなどを特殊な洗剤で洗う. 名 として洗髪剤, シャンプー, じゅうたんなどの洗剤, シャンプーや洗剤で洗うこと, 洗髪.
[語源] ヒンディー語 *cāmpnā* (=to press) の命令形が 18 世紀に入った. 初めは「マッサージする」の意であったが現在は古語.
[用例] How often do you *shampoo* your hair? 何回ぐらい洗髪しますか.

Shang·hai /ʃæŋhái, ∠-/ 名 固 シャンハイ(上海) 《★中国東部江蘇省にあり、揚子江河口近くの自治海港都市》.

shank /ʃæŋk/ 名 CU 動 [本来義] 〔一般語〕[一般義] 物の真っ直ぐで細い部分、例えば釘、錨、釣り針などの軸、植物の茎、パイプの柄など. [その他] 《通例複数形で》人間や他の脊椎動物の膝と足首の中間部分である脛(ぐ), さらに脚を意味し、現在では動物の脛肉の意. また物が取り付けられる部分, 例えばボタンの裏側の出張りの部分、ドリルの刃を固定する台、靴の土踏まずの部分など.
動 として《ゴルフ》クラブのヒールの先端で打ってボールを予期せぬ方向へ飛ばす.
[語源] 古英語 scanca から.

shan't /ʃænt, -áː-/ shall not の短縮形.

shan·ty /ʃænti/ 名 C 《軽蔑的》間に合わせで建てたような小屋, 掘っ立て小屋.
[語源] おそらくラテン語 *cantherius* (=rafter) に由来するフランス語 *chantier* (=lumberyard) がカナダフランス語で hut の意となり 19 世紀に入った.
【派生語】**shántytòwn** 名 C 貧しい人々の粗末な家が建ち並ぶ貧民街.

shape /ʃéip/ 名 UC 動 [本来義] 〔一般語〕[一般義] 見たり触れたりしてわかるような個々の物に特有の形, 形状, 外形. [その他] 人の体つき, 姿, 様子, なり, おぼろげな[怪しい]姿, 幽霊. 一定の形を作るための型, 木型, 模型. 《くだけた語》体の調子, 状態. 動 として形作る, 作り出す, 形あるものにする, 具体化する, 将来の方針や態度などを決める, 方向づける. 自 形になる, 事が成り行く.
[語源] 古英語 (ge)sceap から.
[用例] The house is built in the *shape* of a letter L. その家はL字形に建てられている/He's just a machine in human *shape*. 彼はまさに人間の姿形をした機械だ/We are all (of) different *shapes* and sizes. 私たちはみな格好も大きさも異なっている/I saw a large *shape* in front of me in the darkness. 私は暗やみの中で前方に人影を見た/I want to get into (good) *shape* for the race. 私はレースにそなえて体調をよくしておきたい/The potter carefully *shaped* the vase. 陶芸家は入念に花びんを形作った/She *shaped* the dough into three separate loaves. 彼女は練り粉をパンの形に 3 つに分けた/Our holiday plans are gradually *shaping*. 私たちの休みの計画がだんだんに具体化している.
【慣用句】*in good shape* 良好な状態で, 体調がよい. *out of shape* 形がくずれて, 体調が悪い. *shape up* 具体化する, 形を成す, うまくゆく, 《くだけた表現》体調をよくする.
【派生語】**shápeless** 形 形のはっきりしない, 不格好な, みにくい. **shápelessly** 副. **shápelessness** 名 U. **shápeliness** 名 U. **shápely** 形 形のよい, 均整のとれた.

shard /ʃɑːrd/ 名 C 〔一般語〕瀬戸物のかけら, 土器の破片(sherd).
[語源] 古英語 sceard から.

share¹ /ʃéər/ 名 UC 動 [本来義] 〔一般語〕[一般義] 1 人分の分け前, 取り分. [その他] 切り分けられたものの意で, 費用, 仕事などの割り当て, 負担, 分担, 割り当てられた役割, 任務, 仕事などへの関与, 貢献などの意. また会社などへの出資, その結果としての財産や資本などの共有権, 市場の占有権, シェア, 会社の株, 株式, 株券, 《複数形で》《英》株式資本の意.
動 として, 物, 利害, 感情などを分け合う, 共有する, 物を分配する, 相手に分け与えるということから, 情報などを人に伝えるなどの意.
[語源] 古英語 scearu (=tonsure) から. 原義は dividing, cutting で, 分割して人々の間で分けたことより.

[用例] They divided the money into equal *shares*. 彼らはその金を平等に分け合った/We each paid our *share* of the bill for the meal. 私たちはめいめい自分の食事代を払った/You must accept your *share* of responsibility for the failure of the firm. 会社が破産したことで君も責任をとらなければならない/I had no *share* in the decision. 私はその決定には参与しなかった/He bought four hundred *shares* in the business and sold them later at a big profit. 彼はその会社の株を400株買い、それを後で売って大きな利益を得た/The students have their own bedrooms, but they *share* a sitting-room. 学生たちは寝室はそれぞれ与えられているが、居間は共有だ/I don't *share* his opinions. 私は彼と意見を異にしている/We *shared* the money between us. 私たちは金を分配した.

【派生語】**shared** [形] 共有の、共同の. **sharer** [名] [C] 共有者、参加者.

【複合語】**sharecròpper** [名] [C] 《米》小作人 《語法》単に cropper ともいう》. **sharehòlder** [名] [C] 《英》株主 (《米》stockholder). **shareòut** [名] [C] 〔a ~〕利益などの分配, 割り当て.

share² /ʃéər/ [名] =plowshare.

shark /ʃɑ́ːrk/ [名] [C] 《魚》さめ(鮫)、ふか(鱶)、また 〔くだけた語〕〔軽蔑的な〕人を食いものにする人、高利貸し (loan shark), 詐欺師など.
[語源] 不詳.
【複合語】**sharkskìn** [名] [U] さめ皮(に似た生地), シャークスキン.

sharp /ʃɑ́ːrp/ [形] [名] [C] [副] 〔一般語〕 一般義 刃などが鋭い、鉛筆などの先がとがった. その他 カーブや坂などが急な、険しい、体や心を鋭く刺すように、痛さや寒さが強烈な、激しい、人や言葉などが辛辣(しんらつ)な、きつい、厳しい、感覚的に鋭い意で、鋭敏な、敏感な、頭の働きが鋭い意で、利口な、抜け目のない、動作が鋭い意で、活発な、素早い、味が鋭い意で、苦い、辛い、対比が鋭い意で、はっきりした、鮮明な、音が鋭い意で、かん高い、《楽》半音高い、シャープの. [名] として《楽》シャープ、嬰(えい)音、嬰記号 (♯). [副] として、時刻などがきっちり、きっかりと、正確に.
[語源] 古英語 scearp から.
[用例] We'll need a *sharp* knife to cut this bread. このパンを切るには鋭いナイフが必要だろう/You can't write neatly if your pencil isn't *sharp*. 鉛筆の先がとがっていなければいい字を書けない/Drivers found the *sharp* left turn very difficult. ドライバーたちはその左急カーブは曲がりにくいと思った/He gets a *sharp* pain after eating. 彼は食後激しい痛みにおそわれる/His *sharp* words hurt her. 彼の辛辣な言葉が彼女の心を傷つけた/Don't be so *sharp* with the child. その子にそんなに厳しくしないように/Birds have *sharp* eyes and dogs have *sharp* ears. 鳥は目がよくきき、犬は耳がよくきく/Your son's very *sharp*, isn't he? 君の息子さんはとても利口ですね え/Lemons have a *sharp* taste. レモンはとてもすっぱい味がする/That photograph isn't very *sharp*. その写真はあまり鮮明ではない/Come at six (o'clock) *sharp*. 6時ぴったりに来なさい.

【派生語】**shárpen** [動] 本来義 鋭くする、先をとがらせる、刃物を研ぐ、痛みなどを増す、激しくする. 自他 鋭くなる、激しくなる、口のきき方などが辛辣になる. **shárpener**
[名] [C] 研ぐ人、研ぎ器. **shárper** [名] [C] 〔古風な語〕詐欺師、いかさまのばくち打ち. **shárpish** [形] やや鋭い. **shárply** [副] 鋭く、激しく、ベルなどがけたたましく(鳴る)、くっきりと、はっきりと、急に、突然. **shárpness** [名] [U].
【複合語】**shárp-éyed** [形] 目の鋭い、すばしこい. **shárpshòoter** [名] [C] 射撃の名手, 狙撃兵. **shárp-síghted** [形] 目のよい、視力のよい. **shárp-tónguèd** [形] 辛辣な口をきく. **shárp-wítted** [形] 抜け目のない、頭が鋭い.

shat·ter /ʃǽtər/ [動] 本来他 〔一般語〕一般義 ガラスなどを不意に一撃で粉々に打ち砕く. その他 一般に破壊する の意となり、比喩的に希望や夢などをくじく、健康などを害する. 〔くだけた語〕《英》《通例受身で》くたくたに疲れさせる.
[語源] 中英語 schateren から.
[用例] The stone *shattered* the window. 石で窓が粉々に壊れた/Her illusions were *shattered* by the experience. 彼女の幻想はその体験によって崩れ去った/Climbing the hill absolutely *shattered* me. 山登りなどで私はくたくたになった.
【複合語】**shátterpróof** [形] 粉々にならない、こわれない (仕掛けのある).

shave /ʃéiv/ [動] 本来他 〔過去 ~d; 過分 ~d, **shaven**〕 〔一般語〕一般義 顔や手足の毛をそる. その他 本来は物の薄い層を削り取るの意で、芝生などを短く刈り込む、木材にかんなをかける. 〔くだけた語〕車などに…をすれすれに通る、かすめて通る. 自 ひげをそる. [名] として《通例単数形で》ひげをそること、削ること、薄片、またひげそり[革削り]道具.
[語源] 古英語 scafan から.
[用例] She always *shaves* her legs. 彼女はいつも脛毛(すねげ)をそっている/He *shaved* off his beard. 彼はひげをそり落とした/He asked the barber to *shave* him. 彼は床屋に顔をそるように言った/The car just *shaved* the corner before crashing. 車は曲がり角をすれすれに通った後衝突した/He only *shaves* once a week. 彼は週に一度しかひげをそらない/This razor gives a good *shave*. このひげそりはけずり味がよい.
【派生語】**sháver** [名] [C] かみそり、電気かみそり. **sháving** [名] [U] そる[削る]こと、ひげそり, 《通例複数形で》削りくず、かんなくず: **shaving brush** ひげそり用ブラシ/ **shaving cream** ひげそり用クリーム.

shav·en /ʃéivən/ [動] shave の過去分詞.

shav·er ⇒shave.

shawl /ʃɔ́ːl/ [名] [C] [動] 本来他 〔一般語〕肩や頭に掛けたり、赤ん坊をくるんだりする女性用のショール、肩掛け. [動] としてショールでくるむ.
[語源] ペルシャ語 shāl が初期近代英語に入った.

she /ʃíː, 弱 ʃi/ [代] [名] 〔一般語〕人間の女性、動物の雌を受ける三人称・単数・主格の人称代名詞、彼女は[が]. [名] として《通例 a ~》女性、動物の雌.
[語法] ❶[代] の所有格・目的格は her, 所有代名詞は hers. ❷船員[飛行士, 運転者]が愛着をもって自分の船[航空機, 自動車], あるいは政治的・文化的に見た国家や都市を she で照応することが多い.
[語源] 古英語の hēo (=she) が変形したとする説, 古英語の指示代名詞の女性形 sēo からとする説などある. 中英語から.
[用例] Is a cow a he or a *she*? cow は雄ですか雌ですか.

she- /ʃíː/ 〔連結〕名詞につけて「女性の…, 雌の…」の意.

例: she-friend; she-cat; she-goat; she-devil.

sheaf /ʃíːf/ 名《複 **sheaves**》〔一般語〕刈り入れ後の麦やとうもろこしのような穀物の穂や茎の束.
[語源] 古英語 scēaf から.

shear /ʃíər/ 動 [本来他]《過去 ～ed; 過分 ～ed, shorn/ʃɔ́ːrn/》[一般語]他 羊などの毛を刈る, 刈り取る. [その他] 人の髪を切る, 木を剪定(せんてい)する, 鉄板などを剪断する, 軸やボルトなどを切断する, 比喩的に切断するかのように物を奪い取る. 自の用法もある. 名 として《通例複数形で》大ばさみ, 剪断器[機].
[語源] 古英語 scieran から.
[用例] They usually *shear* the sheep in June. 彼らはふつう 6 月に羊の毛を刈る/All her curls have been *shorn* off. 彼女の巻き毛は全部切られてしまった/A piece of steel girder *sheared* off. 鋼鉄製の大はりが切断された.

sheath /ʃíːθ/ 名 C 〔一般語〕[一般義] 刃物のさや. [その他] さや状のもの, 哺乳動物の陰茎が入る包[外]皮, 植物の茎の部分を包み込んでいる葉鞘(ようしょう)や苞(ほう), 体にぴったりの女性用巾着類, シース, また《英》コンドーム.
[語源] 古英語 scēath から.
【派生語】**sheathe** /ʃíːð/ 動 [本来他] さやに納める. **sheathing** C.
【複合語】**sheáth knife** 名 C さや付き携帯ナイフ.

sheaves /ʃíːvz/ 名 sheaf の複数形.

she·bang /ʃibǽŋ/ 名 C 〔くだけた語〕《米》計画, たくらみ, 出来事, 関心事.
[語源] 不詳.
【慣用句】*the whole shebang*〔くだけた表現〕何もかも, 一切合切.

shed¹ /ʃéd/ 名 C 〔一般語〕簡素な小屋, 車庫, 格納庫(★一方または二方に壁のないものが多い).
[語源] 不詳.

shed² /ʃéd/ 動 [本来他]《過去・過分 ～》〔形式ばった語〕[一般義] 血や涙などを流す. [その他]〔一般語〕葉, 毛, 角, 外皮などを落とす, 脱ぎすてする, 水などをはじく, はね返す, 光, 熱, 匂いなどを発する, 放つ.〔形式ばった語〕無用になったものを除く, 減らす, 捨てる. 自 毛を落とす, 脱皮する, しずくなどが落ちる.
[語源] 古英語 scēadan (=to divide; to separate) から.
[用例] *shed* tears 涙を流す/Many trees *shed* their leaves in autumn. 多くの木は秋に葉を落とす/How often does a snake *shed* its skin? へびは何度脱皮するか/The torch *shed* a bright light on the path ahead. たいまつの光で前方の道が明るく照らされた.

she'd /ʃíːd/ she would または she had の短縮形.

sheen /ʃíːn/ 名 U〔一般語〕《時に a ～》輝き, 光沢.
[語源] 古英語 scēne から.

sheep /ʃíːp/ 名 CU《複 ～》〔一般語〕[一般義] 羊, 綿羊. [その他] 羊皮, また比喩的におとなしい人, 気の弱い人, 臆病な人,《集合的で》信者, 教区民.
[語源] 古英語 scēap から.
[用例] Some advertisers seem to think that all women are *sheep*. 広告主の中には女性はみな羊のようにおとなしい人たちがいるようだ.
[関連語] ram (雄羊); ewe (雌羊); lamb (子羊, 子羊の肉); mutton (羊肉).
【慣用句】*follow like sheep* 羊のように従順に従う.
【派生語】**sheepish** 形 羊のように内気な, 気の弱い. **sheepishly** 副.
【複合語】**shéepdìp** 名 U 洗羊液(★毛を刈る前に羊を洗って消毒するのに用いる). **shéep dòg** 名 C 羊の番犬, 牧羊犬. **shéepfòld** 名 C 囲いのある牧羊場, 羊小屋. **shéephèrder** 名 C《米》羊飼い(shepherd). **shéepskin** 名 UC 羊皮, 羊皮紙, 羊皮製品(★オーバー, 上着, 手袋, 帽子など),〔くだけた語〕《米》卒業証書.

sheer¹ /ʃíər/ 形 副 UC 〔一般語〕《限定用法》強調の意味合いで全くの. [その他] 織物などが透き通った, とても薄い, 混ぜ物がなく純粋な, また崖などが非常に険しい, 切り立っているなどの意. 副 として全く, 徹底的に, まっすぐに, 垂直に. 形 として, 透き通って見える薄手の織物, またその服, シーア.
[語源] 中英語 schere (=freed from guilt) から. 古英語 scīnan (=to shine) に関連がある.
[用例] Such behaviour is *sheer* foolishness. そのような行為は愚の骨頂である/From the top of the cliff, there is a *sheer* drop to the sea. その断崖はてっぺんから海まで垂直に落ちている.

sheer² /ʃíər/ 動 [本来自] 名 C 〔一般語〕船などが衝突を避けるかのように急に方向を変える〈off; away〉, また比喩的にいやな話題などを避ける. 名 として方向転換, 針路変更.
[語源] 不詳.
[用例] The speed-boat seemed to be heading straight towards some swimmers but *sheered* off at the last moment. モーターボートは泳いでいる人たちの方向に直進しているように見えたが, ぎりぎりのところで方向を変えた.

sheet¹ /ʃíːt/ 名 C 動 [本来自] C 〔一般語〕[一般義] ベッド用の敷布, シーツ(★普通 2 枚 1 組になっていて, その間に入って寝る). [その他] 薄くて広いものを指し, 紙の一枚, ガラスや鉄などの薄板,「一枚の紙」の意から, 郵便切手などのシート, 印刷物, パンフレット,〔くだけた語〕タブロイド判の新聞,【製本】枚葉紙など, さらに水, 雪, 炎などの広がりの意.
[語源] 古英語 scīete (=piece of cloth) から.
[用例] The hotel puts clean *sheets* on all the beds every day. そのホテルでは毎日すべてのベッドに新しいシーツを敷く/Begin the answer to each question on a fresh *sheet* of paper. それぞれの質問に対する答えは新しい別々の紙に書きなさい.
【慣用句】*in sheets* 雨などが激しく.
【派生語】**shéeting** 名 U シーツ地, 金属やプラスチックなどの被覆用材.
【複合語】**shéet gláss** 名 U 板ガラス. **shéet líghtning** 名 U 幕電. **shéet mètal** 名 U 板金. **shéet mùsic** 名 U 一枚刷りの楽譜.

sheet² /ʃíːt/ 名 C 《海》風に対して帆の角度を調節するロープや鎖, 帆脚索(ほあしづな), シート.
[語源] 古英語 scēata (=lower corner of a sail) から.
【複合語】**shéet ánchor** 名 C 《海》船の中部甲板に置かれている大型の強力な錨で非常時に用いられる予備錨, 比喩的に頼みの綱.

sheikh, sheik /ʃíːk|ʃéik/ 名 C 〔一般語〕アラブ人の首長, 王子, あるいはイスラム教国の指導者, 導師.
[語源]「老人」の意のアラビア語が初期近代英語に入った.

shelf /ʃélf/ 名 C《複 **shelves**》〔一般義〕棚,

棚板. その他 棚状の地形を指し, 岩棚, 暗礁, 砂州, また**大陸棚**(continental shelf).

語源 古英語 scylfe から.

用例 Put those books on the top *shelf*. これらの本を一番上の棚に載せなさい/He waited all night on a narrow *shelf* (of rock) until the rescuers arrived in the morning. 彼は救助隊がやって来るまで一晩中狭い岩棚の上で待った.

【慣用句】**on the shelf** 棚上げされて, 用がなくなって, お役ご免になって.

【派生語】**shelve** 動 ⇒見出し.

【複合語】**shélf lìfe** 名 C 材料や商品などの**有効保存期間**.

shell /ʃél/ 名 CU 本来的 〔一般語〕 一般義 動植物の堅い外皮, すなわち**貝殻**, かめの**甲(羅)**, えび, かたつむり, 卵, 木の実などの**殻**, くりの鬼皮, 豆のさや, 昆虫のさやはね, 幼虫の**外皮**など. その他 外側の部分ということで, 建物などの外郭, 骨枠, あるいは外殻, 見せかけ, さらに鉄の外皮に包まれた大砲の**砲弾**, **薬莢**(やっきょう), **薬包**, 人を包み込むようにみえる1人用の競漕用小型ボート, シェルボートなど. 動 として…の殻[さや]をむく, …の外皮をはぐ, …を砲撃する.

語源 古英語 sc(i)ell から.

用例 We collected *shells* on the beach. 私たちは浜辺で貝殻を集めた/While I was breaking the egg, a bit of *shell* fell into the cake mixture. 卵を割っていたら殻のかけらが混ぜ合わせたケーキの材料の中に落ちてしまった/By this time the *shell* of the boat was complete. この時までには船体は完成していた/A *shell* exploded right beside him. 砲弾が彼のすぐ近くで破裂した/You have to *shell* peas [peanuts] before eating them. 豆[ピーナツ]は食べる前にさや[殻]から出しなさい/The army *shelled* the enemy mercilessly. 軍隊は敵を容赦なく砲撃した.

【複合語】**shéllfire** 名 U 砲火. **shéllfish** 名 C (複 ~(es)) 貝, かにやえびなどの**甲殻類**. **shéllproof** 形 砲弾に耐え, **防弾の**. **shéll shòck** 名 U 軍人の戦争神経症.

she'll /ʃíːl, 弱 ʃil/ she will [shall] の短縮形.

shel・lac /ʃəlǽk/ 名 U 動 本来的 〔一般語〕 木製品の仕上げ塗りに使われる**セラック**(★ワニスの材料となるラックをアルコールで溶かしたもの). 動 としてセラックで表面を**仕上げ塗りする**. また〔くだけた語〕(米)(通例受身で)こてんこてんにやっつける.

語源 フランス語 *laque en écailles* (=lac in thin plates) を shell+lac となぞったもの. 初期近代英語から.

関連語 lac.

【派生語】**shellácking** 名 C 〔くだけた語〕**決定的敗北, 完敗**.

shel・ter /ʃéltər/ 名 CU 動 本来的 〔一般語〕 一般義 雨, 風, 危険, 敵, 人目などからの**避難所**, **隠れ場**, **シェルター**, また**避難**, **保護**, **庇護**. 動 として**保護する**, **隠す**, **かくまう**.

語源 不詳.

用例 We gave the old man *shelter* for the night. 私たちはその老人をその晩かくまった/That line of trees *shelters* my garden. 我が家の庭はあの一列の木で外から見えないようになっている.

shelve /ʃélv/ 動 本来的 (⇒shelf) 〔一般語〕 一般義 計画などを**棚上げする**, **延期する**, **握りつぶす**. その他 本来は棚を付けるの意で, ここから〔形式ばった語〕物を棚にのせる, また比喩的に棚上げする意が生じ, さらに棚上げして用済みになるということで, **を解雇する**, **を解職する**意にもなる. 自 地形が棚状に続くということで, 坂がゆるく**傾斜する**, **勾配がゆるやかになる**《down; up》.

用例 The project has been *shelved* for the moment. その計画は当座は棚上げ状態になっている/One wall of the study has been completely *shelved*. 書斎の一方の壁は全面が書架になっている/The land *shelves* gently towards the sea. 地形は海に向かってゆるやかな勾配になっている.

【派生語】**shélving** 名 U 棚付け, 棚材, 《集合的に》棚, ゆるやかな勾配.

shelves /ʃélvz/ shelf の複数形.

she・nan・i・gan /ʃənǽnɪɡən/ 名 C 〔くだけた語〕《通例複数形で》**疑わしい行為**, **ごまかし**, あるいは**いたずら**, **悪ふざけ**.

語源 不詳. 19 世紀から.

shep・herd /ʃépərd/ 名 C 動 本来的 〔一般語〕 一般義 **羊飼い**. その他 比喩的に「人を導く者」ということで, 《the (Good) S-》**キリスト**を指す. また信者を羊に見立てて, **牧師**, さらに**牧羊犬**(sheepdog)の意. 動 として, 羊の**番をする**, 群衆を**導く**, 人を**案内する**.

語源 古英語 scēap(=sheep)+hierde(=herdsman)による scēaphyrde から.

用例 The *shepherd* and his dog gathered in the sheep. 羊飼いとその番犬が羊を集めた/He *shepherded* me through a maze of corridors. 彼は迷路のような廊下を案内してくれた.

【派生語】**shépherdess** 名 C **女性の羊飼い**(語法 主に牧歌の中で用いられる).

【複合語】**shépherd dòg** 名 C 羊の番犬, **牧羊犬** (語法 単に shepherd ともいう). **shépherd's pìe** 名 U (英) 牛や羊のひき肉とポテトで作るパイ, シェパードパイ.

sher・bet /ʃə́ːrbət/ 名 UC 〔一般語〕**シャーベット**(《英》sorbet), また《英》**シャーベット水**, 水に溶かすシャーベット水の素.

語源 アラビア語 *sharbah* (=drink) がペルシャ語, トルコ語を経て初期近代英語に入った.

sherd /ʃə́ːrd/ 名 =shard.

sher・iff /ʃérɪf/ 名 C 〔一般語〕《米》**保安官**, **シェリフ**(★選挙によって任命され, 郡(county)の治安維持のため司法権と警察権が与えられている官吏). その他 《英》元来は国王の代理としてさまざまな権限が与えられていた (shire)の**長官**を指す語であったが, 現在は任期1年の名誉職としての**州長官**を指す(★正式には high ~と呼ばれる).

語源 古英語 scīrgerēfa (=shire official)から.

Sher・pa /ʃə́ːrpə, ʃéər-/ 名 C (複~s, ~) 〔一般語〕 ヒマラヤ山脈の南斜面の高地に住む**シェルパ族**, また登山が巧みなことで知られるシェルパ族の**山岳ガイド**, シェルパ.

sher・ry /ʃéri/ 名 UC 〔一般語〕スペイン産の食前ワイン, **シェリー酒**.

語源 スペインの原産地 *Xerez* (現在は *Jerez*)から. 初め語形は sherris であったが, 語尾の-s を複数語尾と誤解してこの形になった.

shib・bo・leth /ʃíbəlɪθ, -leθ/ 名 C 〔形式ばった語〕特定の集団が他と区別したり自分たちを特徴づけるために用いる**特別な言い回しや合い言葉**, 転じて**時代遅れの**

なった考え[習慣].
[語源] ヘブライ語 *shibbōleth* (=ear of corn; stream) から. 聖書でギレアデ人と, "sh"の音が発音できないエフライム人とを識別するために この語を用いたと記されていることより. 初期近代英語から.

shield /ʃíːld/ 名 C 動 [本来義] 〔一般語〕[一般義] 盾. [その他] 意味が一般化して身を守る物を指し, 防衛物[者], 保護物[者], 後ろ盾, また光線や放射線の遮蔽物, 機械や装置の覆いなどの意. さらに盾形の物, 記章, トロフィー, バッジなど. 動 として保護する, 覆う.
[語源] 古英語 sc(i)eld から. 本来の意味は「分ける」で,「材木を割ってつくった板」から「盾」になったと考えられる.
[用例] The knight's *shield* saved him from being killed by his enemy's lance. 騎士は盾のおかげで敵の槍で殺されずにすんだ/The terrorists prevented the police from shooting at them by using some of their prisoners as *shields*. テロリストたちは人質を何人か盾にして警察側の発砲をふせいだ/That group of trees *shields* the house from the road. あの木立のおかげでその家は道路から見えない.

shift /ʃíft/ 動 [本来他] 名 C 〔一般語〕[一般義] 短い距離や小さな範囲で場所, 位置, 方向を移す, 移動する. [その他] …を取り替える, 置き換える, 取り除く, 片付ける, 《米》自動車のギアを入れ替える. 自 移る, 向きや位置が変わる, 《米》ギアを入れ替える. 名 として, わずかな向きや状態などの変化, 変動, 移動, 切り替え, また交替勤務時間, 《集合的に》交替組. さらに変化を生じさせるための手段, 方法, やり繰り算段, ごまかし, 《言》音韻の推移.
[語源] 古英語 sciftan (=to divide; to separate; to arrange) から.
[用例] We'll have to *shift* the furniture before we paint the room. 部屋にペンキを塗る前に家具を移さなくてはいけません/Don't try to *shift* the blame on to me. 私に責めを転嫁しないでくれ/This detergent *shifts* stains. この洗剤は汚れを落とす/The wind *shifted* to the west overnight. 風は夜の間に西に風向きを変えた/The night *shift* does the heavy work. 夜勤は重労働だ/The men in this factory work in *shifts*. この工場の人たちは交代制で働いている.
【派生語】**shiftable** 形 移すことができる, 移転可能の. **shifter** 名 C 移動装置. **shiftily** 副 策のない, 働きのない, ふがいない. **shiftlessly** 副 **shiftlessness** 名 U. **shifty** 形《軽蔑的》策略の多い, 当てにならない, ずるい.
【複合語】**shift kèy** 名 C キーボードのシフトキー.

Shi·ite /ʃíːait/ 名 C 〔一般語〕イスラム教の一派シーア派の信徒 (★Muhammand の婿の Ali を正当な後継者と信ずる).
[語源] アラビア語が18世紀に入った.

shil·ling /ʃílɪŋ/ 名 C《やや形式ばった語》シリング (★英国や連邦で1971年まで用いられた硬貨; $1/20$ポンドに相当; s. と略す).
[語源] 古英語 scilling から.

shil·ly-shal·ly /ʃíliʃæli/ 形 副 名 U 動 [本来自]《古風な語》《軽蔑的》ぐずぐずする[して]. 名 として優柔不断. 動 としてちゅうちょする, ためらう.
[語源] shall I の加重から.

shim·mer /ʃímər/ 動 [本来自] 名 U 〔一般語〕[一般義] やわらかな光が不規則に震えるように光る, ちらちらとかすかに光る. [その他] 熱による大気の屈折率の違いなどで物がぼんやりとゆらめいて見える, 時にはゆがんで見える. 名 として《時に a ~》ゆらめく光, かすかな光.
[語源] 古英語 scimerian から.

shin /ʃín/ 名 C 動 [本来他] 〔一般語〕[一般義] 膝から下の脚の前面部分, 向こうずね. [その他]《通例 (a) ~ of beef で》牛のすね肉の意.
動 として, 柱などを抱くようにしてよじ登る (up), 伝い降りる (down), また早足で歩いて行く. 他 人の向こうずねをける, よじ登る, 伝い降りる.
[用例] He kicked him on the *shins*. 彼は相手の向こうずねをけった/He *shinned* up the tree [rope]. 彼は木[なわ]をよじ登った.
【派生語】**shinny** 動 [本来自]《くだけた語》《米》柱などを手足を使ってよじ登る. 名 U ホッケーを簡単にした子供の球技, シニー.
【複合語】**shínbòne** 名 C 脛骨(ニッ). **shín guàrd** 名 C 《通例複数形で》野球やアイスホッケーなどのすね当て.

shin·dy /ʃíndi/ 名 C《くだけた語》大騒ぎ, 大げんか, にぎやかな《盛大な》《ダンス》パーティー.
[語源] 子供の球技 shinny の転訛と考えられる.
【慣用句】 *kick up a shindy* 騒動を起こす

shine /ʃáin/ 動 [本来自] 過去·過分 **shone** /ʃóun/ ʃɔ́n/ 名 U 〔一般語〕[一般義] 太陽, 月, 電灯などが光を出してきらきらと輝く, 光る, 照る. [その他] 比喩的に表情などが明るくなる, 輝く, 才能などが異彩を放つ, 目立つ, すぐれる. 他 照らす, 光を当てる. 動 として, 金具などを磨く《《語法》この意味では過去·過分 ~d》. 名 として, 太陽や月などの輝き, 天気の晴れ, 《しばしば a ~》磨くこと, 光沢, つや, 《くだけた語》騒ぎ, 《米》《複数形で》ふざけ, ごまかし, いたずら.
[語源] 古英語 scīnan から.
[用例] The light *shone* from the window. 光が窓から射し込んでいた/The light was *shining* in his eyes and he could not see. 明かりが目にまぶしく彼は見ることができなかった/Her eyes *shone* with happiness. 彼女の目は幸福で輝いた/You really *shone* in this afternoon's football match. 君は今日の午後のサッカーの試合で本当に際立っていた/He *shone* a torch on the body. 彼は遺体に懐中電灯の光を向けた/He tries to make a living by *shining* shoes. 彼はくつ磨きで生計を立てようとしている/I'll just give my shoes a *shine*. 靴をちょっと磨こう.
【慣用句】 *rain or shine* 降っても照っても, 晴雨にかかわらず. *take a shine to* … …をすぐ気に入る.
【派生語】**shíner** 名 C《古風な語》打たれてできた目の回りのあざ. **shíning** 形 光っている, 輝いている, 目立つ. **shíny** 形 光る, ぴかぴかの, 光沢のある.

shin·gle[1] /ʃíŋgl/ 名 C 動 [本来他] 〔一般語〕[一般義] 互いに重なるように, 片方が厚く反対側が薄くなった屋根板, こけら板. [その他] 医院などの小看板, 女性の髪型の刈り上げ, シングルカット. 動 として, 屋根をこけら板でふく, 髪を刈り上げる, 物を重なるように置く, 並べるなどの意.
[語源] ラテン語 *scindula* が中英語に入った.
【慣用句】 *hang out one's shingle* 医者, 弁護士などが開業する

shin·gle[2] /ʃíŋgl/ 名 U 〔一般語〕海岸や川岸で見られる波や流水による摩耗でできた小石 (★砂利

shingles

(gravel) よりも形が大きいもの)、また小石で覆われた場所.
[語源] 不詳. 中英語から.
【派生語】**shíngly** 形.

shin·gles /ʃíŋglz/ 名 U 〖医〗帯状疱疹(ほうしん)、帯状ヘルペス(herpes zoster).
[語源] ラテン語 *cingulum* (=girdle) から派生した中世ラテン語 *cingulus* が中英語に入った.

shinny ⇒shin.
shiny ⇒shine.

Shin·to /ʃíntou/ 名 U 〔一般語〕日本の神道.
[語源] 日本語が 18 世紀に入った.
【派生語】**Shíntoism** 名 U =Shinto.

ship /ʃíp/ 名 C 動 本来自 〔一般語〕帆とエンジンで動く、旅客や貨物を輸送する大型の船 [語法] 通例女性代名詞 she で受ける). その他 飛行船、飛行機、宇宙船. 動 として、物や人を船に積む[載せる]、船や航空機、トラック、列車などで貨物を輸送する、運送する. 自 乗船する、船に乗り組むなどの意.
[語源] 古英語 *scip* から. 「木の幹をえぐって作ったもの」が原義.
[用例] The books will go to London by rail, and will then be *shipped* to Nigeria. 本は鉄道でロンドンまで運ばれてそこからナイジェリアまで船で送られる.
【慣用句】**by ship**=**on [in] a ship** 船で、海路で. **jump ship** 船員が船から逃げる. **ships that pass in the night**〔古風な表現〕行きずりの人々. **when one's ship comes home [in]**「荷を積んだ船が入ったら」ということから、お金が入った.
【派生語】**shipment** 名 CU 船積み、発送、出荷、船荷、積荷. **shipper** 名 C 船の荷主、荷送り人. **shipping** 名 U(集合的に)船舶、船荷、船積み、積み出し、海運業.
【複合語】**shípbòard** 名 U 形 船上(の): on *shipboard* 船上で[の]. **shípbròker** 名 C 船舶仲買人. **shípbùilder** 名 C 造船業者[会社]、造船技師. **shípbùilding** 名 U 造船(術). **shípcanàl** 名 C 大型船舶用の運河. **ship cárpenter** 名 C 船大工. **shíplòad** 名 C 一船分の船荷. **shípmàster** 名 C 船長. **shípmàte** 名 C 同じ船の船員仲間、同乗船員. **shípòwner** 名 C 船主. **shípping àgent** 名 C 海運業者. **shípping clèrk** 名 C 積み荷事務員、発送係. **shípshàpe** 形 副 整然と(した)、こぎれいな[に](★船上では整理がよいことから). **shípwrèck** 名 CU 難破(船)、破滅、失敗. 動 本来他 難破させる[する]. **shípwright** 名 C 船大工、造船工. **shípyàrd** 名 C 造船所.

-ship /ʃip/ 接尾 名詞につけて「...の状態、性質」「...の身分、地位、職」「...の技術」などを表す抽象名詞を作る. 例: friendship; chairmanship; workmanship.
[語源] 古英語-scip(e) から. scieppan (=to shape) と関連がある.

shipment ⇒ship.
shipper ⇒ship.

shire /ʃáiər/ 名 C 〔古語〕英国の州 (★現在は county が公式に使われ、Hampshire や Oxfordshire のように州名や地名の語尾に残っている). また (the S-s) 伝統文化を色濃く残すイングランド中部諸州.
[語源] 古英語 *scīr* (=office; district) から.

shirk /ʃə́ːrk/ 動 本来自 〔一般語〕こっそりずらかる、責任回避する、怠ける. 他 いやな仕事などを怠ける、責任などを回避する、逃れる.
[語源] 不詳. 初期近代英語から.
【派生語】**shírker** 名 C.

shirr /ʃə́ːr/ 動 本来他 〔一般語〕布を縫い縮めて飾りひだをつける.
[語源] 不詳. 初期近代英語から.
【派生語】**shírring** 名 C 飾りひだ、シャーリング.

shirt /ʃə́ːrt/ 名 C 〔一般語〕一般義 ワイシャツ. その他(米) 下着用のシャツ((英) vest)、婦人用のシャツブラウス (shirtwaist).
日英比較 日本語の「ワイシャツ」は white shirt がもとになっているが、英語では単に shirt という.(米)ではワイシャツも下着のシャツも shirt であるが、区別が必要な場合、前者を dress shirt といい、後者を undershirt という.
[語源] 古英語 *scyrte* から. ゲルマン語で「短い衣服」を意味する語が「体の上部につける服」の意で用いられるようになった. skirt と同語源.
[用例] I don't think a pink *shirt* goes well with a green tie. ピンクのワイシャツにはグリーンのネクタイは合わないと思います.
【慣用句】***have one's shirt out***〔くだけた表現〕怒る、かんしゃくを起こす. ***keep one's shirt on***〔くだけた表現〕(通例命令文で)冷静でいる. ***lose one's shirt***〔くだけた表現〕無一文になる.
【派生語】**shírting** 名 U ワイシャツの生地. **shírty** 形〔くだけた表現〕(英)不機嫌な、いらいらしている (★ have one's shirt out の shirt に-y がついたものと考えられる).
【複合語】**shírtfrònt** 名 C ワイシャツの胸. **shírtslèeve** 形 シャツ姿の、略式[非公式]の、簡素な、率直な、庶民的な、上着が要らないくらい暖かい. 名 C ワイシャツのそで: in one's *shirtsleeves* シャツ姿で、上着を脱いで. **shírtwàist** 名 C 婦人用のシャツブラウス.

shit /ʃít/ 動 本来自 〈過去・過分 shit, shat〉 名 UC 感〔卑語〕糞(くそ)をする. 他 物に糞をして汚くする. 名 として 糞、排便、脱糞、さらに馬鹿げたこと、値打ち[価値]のないもの、くそったれ、くそ野郎、ヘロインなどの麻薬. 感として くそ!くそったれ!ちくしょう!など.
[語源] 古英語 動 *scītan, 名 scite から.
[用例] I wish people would train their dogs not to leave *shit* all over the pavements. 歩道のいたるところに糞をしないように飼い主に犬を訓練してもらいたい/Everything he said was a load of *shit*. 彼はいろいろいったが、糞みたいなことばかりだった/*Shit*! I've cut my finger. くそ! 指を切っちゃった.

shiv·er /ʃívər/ 動 本来自 名 C 〔一般語〕寒さや恐怖、興奮などでぶるっと震える. 名 として 身震い、(the ~s) 寒け、悪寒、戦慄.
[語源] 中英語 chiveren から. 「歯をがちがちいわせる」が原義だと思われる.
[用例] "The castle is haunted," he said with a *shiver*. 「城には幽霊が現れる」と彼は身震いして言った/Judging from the *shivers* of the children it must be cold outside. 子供たちが震えているのを見ると外は寒いにちがいない.
【派生語】**shívery** 形 体が震える、ぞくぞくする、風などが身震いするほど寒い.

shoal[1] /ʃóul/ 名 C 動 本来自 形 〔一般語〕一般義

shoal の浅瀬. [その他] 州(す), 砂州. 比喩的に《通例複数形で》目に見えない危険や障害, 落とし穴. 動 として, 水深が浅くなる. 形 として《米》水深が浅い.
[語源] 古英語 sceald (=shallow) から.

shoal² /ʃóul/ 名 C 動 [本来自] 〔一般語〕〔一般義〕泳ぐ魚の群れ. [その他]〔ややくだけた語〕《複数形で》人や物の大群れ, 多数, 多量. 動 として, 魚などが群れをなす.
[語源] 古英語 scolu (=multitude) から.
[関連語] school.

shock¹ /ʃák|-ɔ́-/ 名 UC 動 [本来他] 〔一般語〕〔一般義〕精神的な打撃, 動揺, ショック. [その他] 本来は衝突, 爆発などの物理的な衝撃の意で, 地震, 感電(electric shock), 【医】ショック状態, また《形容詞的に》衝撃的ななどの意. 動 として衝撃を与える, あきれさせる, 感電させる.
[語源] 中フランス語 choquer (=to strike against) の名 choc が初期近代英語に入った.
[用例] The news was a *shock* to all of us. その知らせは私たちみんなに衝撃を与えた/When the lorry crashed into the cottage, the *shock* brought the ceiling down. トラックが農家に衝突し, その衝撃で天井がくずれ落ちた/He got a slight *shock* when he touched the live wire. 彼は電線に触れわずかに感電した/He was taken to hospital suffering from *shock* after the crash. 彼はその衝突事故後ショック状態になり病院に運ばれた/The amount of violence shown on television *shocks* me. テレビで放映される暴力の多さに私はショックを受けている.
【派生語】**shócker** 名 C ショックを与える人[もの], 扇情的小説. **shócking** 形. **shóckingly** 副 驚く[恐る]べきことには.
【複合語】**shóck absòrber** 名 C 【機】緩衝装置. **shóckproof** 形 時計などが衝撃に耐える. **shóck thèrapy [trèatment]** 名 U 【医】ショック療法. **shóck tròops** 名《複》選抜された突撃隊. **shóck wàve** 名 C 衝撃波.

shock² /ʃák|-ɔ́-/ 名 C 動 [本来他] 〔一般語〕収穫した麦やとうもろこしなどの刈束の山 (★乾燥させる目的で, 12 束を互いに立てかけておく). 動 として刈束の山にする.
[語源] 中期高地ドイツ語 schoc (=heap) に関連すると思われる中英語 shok(ke) から.

shock³ /ʃák|-ɔ́-/ 形 名 C 〔くだけた語〕髪や毛がもじゃもじゃの. 名 として《通例 a ~》ぼさぼさの髪.
[語源] shock² からと考えられた. 初期近代英語から.
[用例] a *shock* of untidy red hair 整えもしないぼさぼさの赤毛.
【複合語】**shóckhèaded** 形 もじゃもじゃ頭の.

shod /ʃád|-ɔ́-/ 動 shoe の過去・過去分詞.

shod·dy /ʃádi|-ɔ́-/ 名 U 形〔ややくだけた語〕《やや軽蔑的》粗悪品, 安物, にせもの. [その他] 本来は〔一般語〕再生羊毛の意で, そこから再生毛織物を指すようになり, さらに粗悪品, 安物の意を経て, 見せかけ, うぬぼれの強い下品などの意. 形 として〔ややくだけた語〕粗悪な, 安っぽい, 見かけ倒しの, やっつけ仕事の.
[語源] 不詳.
[用例] His workmanship is rather *shoddy*. 彼の仕事はかなりお粗末だ.
【派生語】**shóddily** 副.

shoe /ʃúː/ 名 C 動 [本来他] 《過去・過去分詞 **shod**, ~**d**》〔一般語〕〔一般義〕《通例複数形で》靴, boot と区別して短靴 (★《米》ではくるぶしの隠れるものもいう; ⇒ **boot**). [その他] 靴に似たものを指し, 馬の蹄鉄(horseshoe), そりの滑走部のすべり金, 車輪のブレーキシュー, 杖などの石突き, 家具の足につけるゴムキャップなど. 動 として蹄鉄を打つ, 靴をはかせる, 石突き[キャップ]をはめる.
[語源] 古英語 scōh から.
[用例] He took off his *shoes* and put on his slippers. 彼は靴をぬいでスリッパにはきかえた/a new pair of *shoes* 新品の靴 1 足/The horse cast a *shoe*. 馬の蹄鉄が 1 つはずれてしまった.
【複合語】**shóeblàck** 名 C《英》街頭の靴磨き. **shóehòrn** 名 C 靴べら. **shóelàce** 名 C 靴ひも (《語法》単に lace ともいう). **shóemàker** 名 C 靴屋. **shóe pòlish** 名 U 靴墨. **shóeshìne** 名 C 靴をみがくこと, 磨いた靴のつや. **shóestrìng** 名 C《米》靴ひも (shoelace). 形 ひも状の, 細長い, 〔くだけた語〕資金や予算などが小規模の: *shoestring* potatoes《米》細長いフライドポテト/on a *shoestring* (budget) わずかの予算で, 細々と.

sho·gun /ʃóugən|-ɡʌn/ 名 C 〔一般語〕日本の幕府の将軍.
[語源] 日本語が初期近代英語に入った.
【派生語】**shógunal** 形. **shógunate** 名 U 幕府(時代), 将軍職[政治].

shone /ʃóun|ʃɔ́n/ 動 shine の過去・過去分詞.

shoo /ʃúː/ 感 動 [本来他] 〔一般語〕鳥や動物, 子供などを追い払う声, しっ! として しっといって追い払う[追い出す] 《away; off》.
[語源] 擬音語として中英語から.

shook /ʃúk/ 動 shake の過去形.

shoot /ʃúːt/ 動 [本来他] 《過去・過分 **shot**》名 C 〔一般語〕〔一般義〕標的のほうに向けて弾丸や矢を発射する, 撃つ, 狙撃する, 射殺する. [その他] 矢, 弾丸以外のものを発するということで, 光などを放射する, 質問などを矢継ぎ早に発する, 視線などを投げかける, また的を狙うことから, 写真や映画を撮影する, 【球技】ボールをシュートする, 競技で投得網(ぇぁ)などを投げる, さらに発射された弾丸のように流れなどをさっと乗り切る, 交差点などを突っ走る, 勢いよくすり出す, 織機で杼(ひ)を通す. 自 電, 発射される[する], 勢いよく出る, 急に飛び出す, シュートする, 映画[写真]を撮る, 木が芽を出す. 名 として若芽, 射撃, 発砲, 撮影など.
[語源] 古英語 scēotan から.
[用例] He went out to *shoot* pigeons. 彼は鳩撃ちに出かけた/He was sentenced to be *shot* at dawn. 彼は夜明けの銃殺刑の宣告を受けた/He *shot* a question at me. 彼は私に矢のような質問を投げかけた/She *shot* them an angry glance. 彼女は彼らに怒りの視線を投げかけた/That film was *shot* in Spain. その映画はスペインで撮影された/When the car crashed, the driver was *shot* through the window. 車が衝突してドライバーは窓から投げ出された/The enemy were *shooting* at us. 敵は我々に発砲していた/He *shot* out of the room. 彼はさっと部屋から出た/The deer were eating the young *shoots* on the trees. 鹿は木々の若芽を食べていた.
【慣用句】**shoot down** 飛行機などを撃ち落とす, 〔くだけた表現〕議論などで相手をやっつける. **shoot up** 急に育つ, 物価などが急に上がる, 〔くだけた表現〕銃を撃ちまくる.
【派生語】**shóoter** 名 C 射手, 狩猟者, 連発銃.

shóoting 名 [CU] 射撃, 狙撃, 狩猟, 猟場: **shooting box** 《英》狩猟小屋/**shooting gallery** 射撃練習所, 盛り場などの射的場/**shooting star** 流れ星/**shooting stick** 折り畳めて腰掛けられる狩猟用ステッキ.

【慣用句】**shóot-òut** 名 [C] 〔くだけた語〕撃ち合い.

shop /ʃáp|-ɔ́-/ 名 動 [本来他] 〔一般語〕《英》小売店, 商店(《米》store), 《米》特定の商品を扱う専門店. [その他] 特定の仕事を行う場所を指し,《しばしば複合語で》仕事場, 作業場, 職場, 勤務先.《米》学校の教科としての工作, 技術コース. 動 として 《米》買物をする, 買い物に行く. 他《米》...を買いに行く, 〔くだけた語〕《英》密告する.

[語源] 古英語 sceoppa (=booth; stall) から.

[用例] a baker's *shop* パン屋/a fruit *shop* 果物屋/a machine *shop* 機械工場/We *shop* on Saturdays. 私たちは土曜に買い物をする.

【慣用句】*go shopping* 買い物に行く. *keep shop* 店番をする. *set up shop* 商売を始める. *shop around* 〔くだけた表現〕品物を買う前にいろいろな店を見比べて回る. *shut up shop* 閉店する. *talk shop* 仕事の話をする.

【派生語】**shópper** 名 [C] 買い物客,《米》広告びら, ちらし. **shópping** 名 [U] 買い物をすること: **shopping bag** 《米》買い物を入れる紙袋(《英》carrier bag)/**shopping center** ショッピングセンター.

【複合語】**shóp assìstant** 名 [C] 《英》店員(《米》salesclerk) (《語法》単に assistant ともいう). **shóp flóor** 名 (the 〜) 《英》作業現場. **shópgìrl** 名 [C] 《英》女店員(《米》salesgirl). **shóp hòurs** 名 [複] 営業時間. **shópkèeper** 名 [C] 《英》店主, 小売商(《米》storekeeper). **shóplìft** 動 [本来他] 万引きする. **shóplìfter** 名 [C] 万引きする人. **shóplìfting** 名 [U] 万引き. **shópsòlid** 形 《英》=shopworn. **shóp stéward** 名 [C] 労働組合の職場委員. **shóptàlk** 名 [U] 商売[職業]用語, 勤務関係の話. **shópwàlker** 名 [C] 《英》デパートなどの売場監督. **shópwòrn** 形 《米》店ざらしの(《英》shopsolid), 新鮮味のない, 古くさい.

shore¹ /ʃɔ́ːr/ 名 [CU] 〔一般語〕 [一般義] 海や川, 湖の岸, 特に海岸. [その他] (通例複数形で)海に面した地方, 国. また海に対して陸地, 陸(地)(land).

[語源] 古英語 scor から.

[用例] Let's go for a walk along the *shore*. 海岸を散歩しましょう/*shore* fish 近海魚/foreign *shores* 外国.

[類義語] shore; coast; beach; seaside: **shore** は海, 湖, 川の岸を広く一般的に指す語で, 特に海側から見た海岸の意で用いられることが多い. **coast** は大陸や大きな島側から見た海岸の意で用いられ, **beach** は波に洗い流された砂や小石の多い海や湖の平らな岸を指す. **seaside** は《米》海岸を一般的に意味するが,《英》では保養地として利用されている海岸地帯を指すことがある.

【慣用句】*in shore* 海岸近く. *off (the) shore* 岸を離れて, 沖合いに. *on shore* 陸に, 上陸して: serve *on shore* 陸上勤務をする/go *on shore* 下船する.

【派生語】**shóreward** 副 形 岸[陸]の方へ[の]. **shórewards** 副 《英》=shoreward.

【複合語】**shóre dìnner** 名 [C] 《米》魚や貝などの磯料理. **shóre lèave** 名 [U] 《海》船員の上陸許可, 上陸期間. **shóreline** 名 [C] 海岸線. **shóre patròl** 名 [C] 《米海軍》海軍憲兵 (★SP と略す).

shore² /ʃɔ́ːr/ 名 [C] 動 [本来他] 〔一般語〕物が崩れたり, 沈込んだり, たわんだりするのを防ぐための支柱, つっかい棒. 動 として支柱で支える(up).

[語源] 中期低地ゲルマン語 *schōre* (=barrier) または中オランダ語 *scōre* (=prop) に由来すると思われる中英語 shoren から.

shorn /ʃɔ́ːrn/ 動 shear の過去分詞.

short /ʃɔ́ːrt/ 形 副 名 動 [本来他] 〔一般語〕 [一般義] 時間や距離, 長さなどが短い, 背丈が低い. [その他] 基準に達していないということで, 不十分な, 不足している, 短くまとまっているということで, 簡潔な, 簡単な, 人の態度などがそっけない, 無愛想な. 副 として突然, 急に, 無愛想に, 目標などの手前に. 名 として短編映画,《複数形で》運動用または子供用のショートパンツ, 短パン,《米》男性用下着のパンツ, (the 〜)要点, 概要,《野》ショート(shortstop),《電》ショート (short circuit), 〔くだけた語〕《英》強い酒, ウイスキー. 動 として《電》ショートさせる[する].

[語源] 古英語 sc(e)ort から.

[用例] You look nice with your hair *short*. 髪が短くてすてきです/He finished the work in a very *short* time. 彼は仕事を短時間に終わらせた/He's *short* and fat. 彼は背が低く太っている/When I checked my change, I found it was 4p *short*. おつりを調べてみると 4 ペンス足りなかった/I'd like to lend you the money, but I'm a bit *short* myself this week. 君にお金を貸したいのですが私自身今週は少し金が足りないのです/He was very *short* with me. 彼は私にはとてもそっけなかった/He stopped *short* when he saw me. 彼は私を見ると突然立ち止まった/The shot fell *short*. 弾は届かなかった/The fuse has blown again — something in the television must be *shorting*. ヒューズがまたとんでしまった. テレビのどこかがショートしているに違いない.

【慣用句】*be caught [taken] short* 不意を突かれる, 〔くだけた表現〕《英》急にトイレに行きたくなる. *cut ... short* ...を短く切る, ...の話を途中でさえぎる. *fall [come] short of ...* ...に届かない, 不足する. *for short* 短く, 略して. *go short of ...* ...に不自由する. *in short* 簡単に言えば. *run short of ...* ...使い切って...が不足する. *short of ...* ...を除いて.

【派生語】**shórtage** 名 [CU] 不足(高). **shórten** 動 [本来他] 短くする, 縮める,《米》菓子などをさくさくさせる. **shórtening** 名 [U] 《米》バターやラードなどの油脂, ショートニング. **shórtie** 名 =shorty. **shórtly** 副 じきに, まもなく, 簡単に, ぶっきらぼうに. **shórtness** 名 [U]. **shórty** 名 [C] 〔くだけた語〕〔軽蔑的〕ちび, 小男.

【複合語】**shórtbrèad** 名 [U] ショートニングをたっぷり使った厚手のクッキー, ショートブレッド. **shórtcàke** 名 [U] 《米》ショートケーキ,《英》=shortbread. **shórt-chánge** 動 [本来他] 〔くだけた語〕つり銭を少なく渡す, 人をだます. **shórt círcuit** 名 [C] 《電》ショート, 短絡(《語法》単に short ともいう). **shórt-círcuit** 動 [本来他] 《電》ショートさせる[する](《語法》単に short ともいう). **shórtcòming** 名 [C] 欠点, 短所, 欠陥. **shórtcùt** 名 [C] 〔くだけた語〕近道. **shórtfàll** 名 [C] 不足, 不足量[額]. **shórthànd** 名 [U] 速記. **shórthànded** 形 人手不足の. **shórthand týpist** 名 [C] 《英》速記者 (stenographer). **shórthòrn** 名 [C] 短角牛. **shórt lìst** 名 [C] 《英》最終審査用の候補者名簿. **shórt-**

lived 形 短命の, つかのまの, はかない. **shórt órder** 名 C《米》即席料理(の注文). **shórt-ránge** 形 短距離[短期間]の. **shórt-stòp** 名 C《野》遊撃(手). **shórt stóry** 名 C 短編小説. **shórt-témpered** 形 短気な, 怒りやすい. **shórt-térm** 形 短期の. **shórt tíme** 名 U 操業短縮. **shórt wáve** 名 U《無電》短波. **shórt-wínded** 形 息切れしやすい, 息が続かない.

shot[1] /ʃát|-ɔ́-/ 名 CU〔一般語〕[一般義] 銃, 弓, ロケット, ミサイルなどの発射, 射撃, 発砲. [その他] 発射に伴う音を表し, 銃声, 砲声. また発射されるものの意で, 1個の銃弾, 弾丸,《集合的》砲弾, 散弾.《語法》この意味では単複同形》, 砲丸投げの砲丸, 球技のシュート, ショット, 薬の注射.《等で》射る人の意で,《形容詞を伴って》射(撃)手. さらにミサイルなどが届く距離, 射程, 着弾距離. [映·写] 撮影, 撮影の一場面,〔くだけた語〕スナップ写真.《通例単数形で》試み, 当て推量,〔くだけた語〕強い酒の少量の一杯, 薬の一服など. [語源] 古英語 scot から. [用例] He fired one *shot*. 彼は一発撃った/He heard a *shot* from the house. 彼は家から銃声を聞いた/put the *shot* 砲丸を投げる/Good *shot*! well played! いい当たりだ. うまい!/The doctor gave me an anti-tetanus *shot*. 医者は私に破傷風の予防注射をした/He's a good *shot*. 彼は射撃がうまい/I don't know if I can do that, but I'll have a *shot* (at it). それができるかわからないが, やってみましょう.

【慣用句】*a long shot* 一か八かの試み, 当て推量. *a shot across the bows* 船首をかすめる射撃を含む, 警告. *a shot in the arm*〔くだけた表現〕注射. *a shot in the dark*〔くだけた表現〕当てずっぽう. *call one's shots* 自分の意図をはっきり述べる. *fire the opening shots* 戦いや論戦などの口火を切る. *give ... one's best shot* ...をできるだけやってみる. *like a shot* 弾丸のように速く, すぐに, 進んで.

【複合語】**shótgùn** 名 C 散弾銃, ライフル, ショットガン; **shotgun marriage [wedding]**《こっけい》女性が妊娠したためにやむを得ずするできちゃった婚(★女性の父親がライフルで脅して結婚を強制した事から). **shót pùt** 名 C 砲丸投げの1回の投擲(とう),《the ~》砲丸投げ. **shót-pùtter** 名 C 砲丸投げの選手.

shot[2] /ʃát|-ɔ́-/ 動 形 shoot の過去·過去分詞. 形 として〔一般語〕織物が見る角度によって色が変わる, 玉虫色の, 縞[筋]になっている, ある色が一面に広がっている《with》,〔ややくだけた語〕体力などを使い果たした, ぼろぼろになった, へとへとの.

【慣用句】*shot through with ...*〔文語〕ある性質や要素が浸透した, 一杯の.

should /ʃúd, 弱 ʃəd/ 助〔一般語〕[一般義] 人称に関係なく義務, 当然, 責任を表し, ...すべきである, ...するはずだ. [その他] 人の直説法過去形として下接法の中で用いられたり, あるいは〔形式ばった語〕shall の仮定法過去形として仮定的条件に対する帰結節の中で用いられたり,《条件節中で》非現実性, 疑念, 譲歩などを表し, 万一...したら, たとえ...してもの意. また《疑問文中で》意外性, 驚きなどを表し, 一体全体.... 謙遜, 控え目などを表し, まあ...する, ...しないことがある. さらに意外, 驚き, 憤慨などや主観的判断を示す名詞節の中で, 要求, 主張, 命令などを表す主節に続く that 節の中で用いられる.

[語源] 古英語 sceolde (= owed; ought to) から. ⇒ shall.

[用例] You *shouldn't* do things like that. 君はそんなことをすべきではない/You *should* hold your knife in your right hand. 右手でナイフを持ちなさい《語法》命令形や must より手の上ではより穏やかな表現》/You *should* have come to the party last night. 昨晩パーティーに来るべきだった《語法》should+have ＋過去分詞 ですべきことを実際にはしなかったことに対する非難, 叱責を表す》/If you leave now, you *should* arrive there by six o'clock. 今出発すれば6時までにそこに着くはずだ/I thought I *should* never see you again. 君には決してもう会うことはないと思った/I *should* love to go to France(, if only I had enough money). (十分な資金さえあれば)フランスに行きたいんだが/If anything *should* happen to me, I want you to remember everything I have told you today. 万一私の身に何かあったら今日君に伝えたことをすべて覚えていてほしい/Who *should* have been there before me but John! 私より先によってジョンがそこへ行ったなんて驚きだ/It's surprising that you *should* say that. 君がそんなことを言うなんて意外です.

shoul·der /ʃóuldər/ 名 CU 動 [本来な]〔一般語〕[一般義] 人や動物の肩(★人間の場合は鎖骨や肩甲骨も含める広い部分を指し, 動物の場合は, 前足と胴の付け根の部分を指す). [その他] 比喩的に肩にあたる部分や肩のようなものを広く指し, 衣服, 山, 活字, 弦楽器, 食用肉などの肩部, 道路の路肩,《通例複数形で》責任を負う双肩などの意. 動 として, 荷物などをかつぐ, 肩で押す, 責任などを負う.

[語源] 古英語 sculdor から.

[用例] The bullet hit him in the *shoulder*. 弾は彼の肩に当たった/He *shouldered* his pack and set off on his walk. 彼は荷物をかついで出て行った/He *shouldered* his way through the crowd. 彼は群衆を肩で押しわけて進んだ/He must *shoulder* his responsibilities. 彼は責任を負わねばならない.

【慣用句】*get the cold shoulder*〔くだけた表現〕冷たくあしらわれる. *give ... the cold shoulder*〔くだけた表現〕...を冷たくあしらう. *look (back) over one's shoulder* 振り向く. *put [set] one's shoulder to the wheel*〔ややくだけた表現〕熱心に仕事に取り組む: We'll have to *put* our *shoulders to the wheel* if we are going to finish this by Christmas. クリスマスまでにこれを終えるつもりなら, 本気で取り組まなければならない. *shoulder to shoulder*〔くだけた表現〕肩をふれ合って, 協力しあって.

【複合語】**shóulder bàg** 名 C 女性用のショルダーバッグ. **shóulder bèlt** 名 C 自動車の安全ベルト. **shóulder blàde** 名 C 肩甲骨. **shóulder hàrness** 名 C =shoulder belt. **shóulder stràp** 名 C ズボンやスカートなどの肩つり,《軍》肩章.

shouldn't /ʃúdnt/ should not の短縮形.

shouldst /ʃúdst, 弱 ʃədst/ 助〔古語〕should の二人称単数形で thou に対する形.

shout /ʃáut/ 動 [本来自] 名 C〔一般語〕人の注意を引くために大声で叫ぶ[呼ぶ, 話す], どなる. 他 大声で[どなって]言う. 名 として叫び, どなり声.

shove

[語源] 中英語から. それ以前は不詳.
[用例] I don't care how angry you are — don't *shout* at me. あなたがどんなに怒っていてもかまわないが、大声でどなることはやめてください/He *shouted* the message across the river. 彼は川向こうまでメッセージを大声で伝えた/A *shout* went up from the crowd when he scored a goal. 彼が得点をあげると人々から歓声があがった.
[類義語] cry.
【慣用句】 **shout down** 大声で…を黙らせる. **shout oneself hoarse** どなって声をからす.
【複合語】 **shóuting dístance** 名 U 大声で聞こえる距離: within *shouting distance* すぐ近くに[の].

shove /ʃʌ́v/ 動 [本矢他] C 〔くだけた語〕 [一般義] 人や物を乱暴に押す, 押しやる. [その他] 目標に向かって強引に押し分けて進む, 物を無造作に[乱暴に]置く, 物をねじ込む, 比喩的に物事を無理やり進める, ごり押しする. 自 の用法もある. 名 として 《通例単数形で》ひと押し, 突き.
[語源] 古英語 scūfan (=to thrust away) から.
[用例] I'm sorry for bumping into you — somebody *shoved* me. ぶつかってごめんなさい. 誰かが押したんです/He *shoved* his way through the crowd. 彼は人混みを押し分けて進んだ.
[類義語] shove; push; thrust; propel: **shove** が乱暴に不意に押しのけるのに対して, **push** は接触している相手の体を自分の体で押していくこと. **thrust** は push よりも大きな力で荒々しく, ぐいと押すこと. **propel** は物を前方に急速に推し進めるの意.

shov·el /ʃʌ́vl/ 名 C 動 [本矢他] 《過去・過分 (英) -ll-》〔一般語〕土, 石, 雪などをすくうシャベル, スコップ, パワーシャベル (power shovel), またシャベル一杯分の量 (shovelful). 名 として, 土などをシャベルですくう, 道などをシャベルで作る, 口に食べ物をかき込む.
[語源] 古英語 scofl から.
[用例] He cleared the snow from his path with a *shovel*. 彼はシャベルで通りの雪をとり除けた/He put a *shovel* of coal on the fire. 彼はシャベル一杯の石炭を火にくべた/Don't *shovel* your food into your mouth like that! そんなふうに食べ物を口にかき込んではいけません.
【派生語】 **shóveler**, 《英》-ll- 名 C シャベルですくう人, すくい道具. **shóvelful** 名 C シャベル一杯分の量.

show /ʃóu/ 動 [本矢他] 《過去 ~ed; 過分 shown, ~ed》名 C 〔一般語〕[一般義] 人に物を見せる, 示す. [その他] 姿や形などを現す, 見せる, 感情などを態度や外見に表す, 指して道などを教える, 人を案内する, 物, 事が…であることを示す, 証明する, 計器などが表示する, 記録する. さらに品物を陳列する, 絵などを展示する, 作品を出品する, 映画や劇などを上映する. 《法》訴訟理由などを申し立てる. 自 現れる, 見える, 出てくる, 芝居などが上演される. 名 として展覧会, 展示会, 映画などの興行, 芝居入場, ショー, 《軽蔑的に》見せびらかし, また外観, 徴候, 実力を示すチャンスなど.
[語源] 古英語 scēawian (=to look (at); to see) から.
[用例] *Show* me your new dress. あなたの新しいドレスを見せてください/You have to *show* your membership card before you get into the meeting. 会合に出る前に会員カードを提示しなくてはなりません/He *showed* me the place on his map. 彼は地図でその場所を私に示してくれました/Please *show* me the way to the city hall. 市役所への道を教えてください/Please *show* this lady to the door. この女性を戸口まで案内してください/His work is *showing* signs of improvement. 彼の仕事ぶりから進歩の様子が見られる/That just goes to *show* how ignorant he is. このことはまさに彼がいかに無知であるかということを明らかにしている/His paintings are being *shown* at the local art gallery. 彼の絵は地元の画廊で展示されている/They are *showing* a very interesting film. たいへんおもしろい映画が上映されている/I waited for hours but he didn't *show*. 私は何時間も待ったが彼は姿を現さなかった/The tear in your dress hardly *shows*. ドレスのほころびはほとんど見えません/This picture is now *showing* at the local cinema. この映画は地元の映画館で現在上映中です.
[類義語] show; display; exhibit: **show** は相手が見えるように示すという意の一般的な語. **display** などははっきりよく見えるように人前に広げることを含意し, **exhibit** は人々の注目を引くように公開して見せること.
【慣用句】 **for show** 見せびらかすために, 見えで: They just did it *for show*, in order to make themselves seem more important than they are. 彼らは実際よりも偉く見られるように, 見えでそうしたのだった. **give the show away** 〔くだけた表現〕うっかり秘密をもらす, 馬脚を現す. **make a good show** 見ばえがする. **make a show of …** …のふりをする: He made a *show of* working. 彼は仕事をしているふりをした. **show … around** 人を案内して回る: They *showed* him *around* (the factory). 彼らは彼を案内して (工場を) 回った. **show off** …を見せびらかす, 格好よく見せる. **show up** …を暴露する, あばく, 目立たせる; はっきりと現れる, 目立つ, 人が約束の時刻に現れる. **stop the show** 大かっさいで上演中中途でとぎれるほど大受けする.
【派生語】 **shówer** 名 C 見せる[示す]人. **shówily** 副. **shówiness** 名 U. **shówing** 名 C 展示(会), 外観, 体裁, できばえ, 主張. **shówy** 形 目立つ, 派手な, 見えを張る.
【複合語】 **shów bíll** 名 C 広告ビラ, ポスター. **shówbiz** 名 〔くだけた語〕=show business. **shów búsiness** 名 〔演芸船, ショーボート. **shów búsiness** 名 U 映画, テレビなど芸能産業, ショービジネス. **shówcàse** 名 C 陳列ケース, ショーケース. **shówdòwn** 名 C 勝者を決着する対決, どんん幕. **shówgìrl** 名 C コーラスガール. **shówman** 名 C 見世物師, 興行師, 派手に振舞って人気取りをする演出のうまい人. **shówmanshìp** 名 U 興行術[手腕], 人を引きつける腕前. **shów-òff** 名 C 見せびらかす人. **shówpiece** 名 C 展示用のすぐれた見本. **shówplàce** 名 C 名所, 旧跡, 美しい[豪華な]場所. **shówròom** 名 C 展示[陳列]室, ショールーム. **shówstòpper** 名 C 大受けする俳優. **shów window** 名 C 陳列窓, ショーウインドー. 《語法》単に window ともいう.

show·er[1] /ʃáuər/ 名 C 動 [本矢] 〔一般語〕[一般義] 短時間降るにわか雨[雪, みぞれ] (《語法》「夕立」のように激しく降ることは必ずしも意味しない). [その他] 比喩的に弾丸, 涙, 贈り物, 質問などの雨, 洪水, 《米》女性への結婚や出産の祝い品贈呈パーティー. また浴びるシャワー (shower bath), シャワー装置. 動 としてにわか雨が降

shower る, シャワーを浴びる, 《副詞句を伴って》小さな物がどっと来る, 雨のように注ぐ. 他 人に物を浴びせる.
語源 古英語 scūr から.
用例 I got caught in a *shower* on my way here. ここへ来る途中でにわか雨にあいました/The neighbours held a *shower* for the girl. 近所の人たちがその娘のために祝い品贈呈パーティーを開いた/I'm just going to have [take] a *shower*. シャワーを浴びようとしているところだ/He *showered* quickly before he got dressed. 彼は着がえる前にさっとシャワーを浴びた/They *showered* confetti on the bride. 彼らは花嫁に紙吹雪の雨を降らせた./We were *showered* with invitations. 私たちは招待攻めにあった.
【派生語】**shówery** 形 にわか雨の(多い).
【複合語】**shówer càp** 名 C 髪を濡らさないためのシャワーキャップ. **shówer cùrtain** 名 C シャワーカーテン.

shower² ⇒show.

shown /ʃóun/ 形 動 show の過去分詞.

showy ⇒show.

shrank /ʃrǽŋk/ 動 shrink の過去形.

shrap·nel /ʃrǽpnəl/ 名 U 《軍》中にたくさんの鉛の玉が詰めてあって爆発すると飛び散るようになっている榴(りゅう)散弾, また爆発(弾丸)の破片.
語源 発明者である英国の砲兵隊将校 Henry Shrapnel(1761-1842) の名から.

shred /ʃréd/ 名 C 本来他 〔一般語〕一般義 《通例複数形で》紙, 布, 食べ物などの長くて細い1片, 断片. その他 《通例 a ~; 否定文で》少量, わずかの意. 動として, 紙などを刃物で寸断する, 細長く引き裂く.
語源 古英語 scrēade (= piece cut off) から.
用例 The lion tore his coat to *shreds*. ライオンは彼の上着をずたずたに引き裂いた/There's not a *shred* of evidence for that assertion. その主張に対しては一片の証拠すらない.
【派生語】**shrédder** 名 C 寸断する人[物], 不要な書類などを裁断するシュレッダー.

shrew /ʃrú:/ 名 C 〔動〕とがりねずみ(shrewmouse)《★夜行性でもぐらに似ている》. また〔古風な語〕《軽蔑的》短気で気難しくがみがみ叱る女性, わがままで扱いにくい女性.
語源 古英語 scrēawa から. scolding woman の意は中英語で加わった.
用例 Shakespeare wrote a play called *The Taming of the Shrew*. シェークスピアは『じゃじゃ馬ならし』という戯曲を書いた.
【派生語】**shréwish** 形 口うるさい, 意地悪な.

shrewd /ʃrú:d/ 形 商売や実務において抜け目がない, 利口な. その他 元来「意地悪な, 危険な」などの意で, そこから痛みや寒さなどが痛烈な, 激しい, 鋭い, 思考力などが鋭敏な, 洞察力のある, さらにここから「抜け目ない」の意になった.
語源 中英語 shrewe (= scolding woman)+-ed (= having the characteristic of) から.
【派生語】**shréwdly** 副. **shréwdness** 名 U.

shrewish ⇒shrew.

shriek /ʃrí:k/ 動 本来自 名 C 〔一般語〕苦痛, 恐怖, 興奮などで金切り声を出す, 楽器や機械などが耳をふさぎたくなるような高く鋭い音を出す 《... を金切り声で言う. 名として金切り声, 高く鋭い音.
語源 古ノルド語起源と思われるが詳細は不明. 中英語から.
用例 She was *shrieking* with laughter. 彼女はきゃっきゃっと大声で笑った/She gave a *shriek* as she felt someone grab her arm. 誰かに腕をつかまれたと思い彼女は悲鳴をあげた.
類義語 shout; cry; scream.

shrill /ʃríl/ 形 本来自 〔一般語〕一般義 声や音が鋭くかん高い. その他 比喩的に《軽蔑的》主張などが激しい, 言葉が鋭い, 光などが強烈な, 表情がおおげさなどの意. 動 としてかん高い声[鋭い音]を出す.
語源 擬音語として中英語から.
【派生語】**shríllness** 名 U. **shrílly** 副.

shrimp /ʃrímp/ 名 C 《複 ~, ~s》動 本来自 〔一般語〕一般義 小えび《★体長が 4–8cm ぐらい で prawn より小型のもの》. その他 《軽蔑的》小柄な人, 小者, 些細なもの. 動 として小えびをとる.
語源 中英語から. それ以前は不詳.

shrine /ʃráin/ 名 C 〔一般語〕一般義 聖人の遺骨や遺物を祭った**聖廟**. その他 本来は聖人の骨や遺物を納めた**聖龕[遺物]**箱. 一般に宮, 社(やしろ), 日本の神社, また比喩的に歴史的事実などによって神聖視される**聖地, 霊地, 殿堂**.
語源 ラテン語 scrinium (= chest; box) から入った古英語 scrīn から.
用例 Many people visited the *shrine* where the saint lay buried. 多くの人々がその聖人が埋葬されている聖堂を訪れた/a *shrine* of art 芸術の殿堂.

shrink /ʃríŋk/ 動 本来自 《過去 shrank, shrunk; 過分 shrunk, shrunken》名 U C 〔一般語〕一般義 物が縮む. その他 価値や重量などが減少する. 比喩的に〔形式ばった語〕恐怖などで体が縮み上がる, 人がしりごみする, 怖いものなどを避ける. 名 として縮小, しりごみ, 〔くだけた語〕精神科医(headshrinker).
語源 古英語 scrincan から.
用例 My jersey *shrank* in the wash. 私のジャージーは洗濯で縮んでしまった/Business at his shop has *shrunk* to nothing in the past few weeks. 彼の店の商売はここ数週間あがったり/I *shrank* from telling him the terrible news. 私は彼に恐しい知らせを伝えることを避けた.
【派生語】**shrínkage** 名 U 収縮, 縮小. **shrínker** 名 C しりごみする人, 収縮剤[装置].

shriv·el /ʃrívl/ 動 本来他 〔一般語〕一般義 植物などが小さくなって縮んで小さくなる, 干からびてしわがより, 葉などが乾燥のために巻いてしまう. その他 食物や水分の不足などで活力を失う, 理性や道徳性を失ってだめになる.
語源 不詳. 初期近代英語から.

shroud /ʃráud/ 名 C 本来他 〔一般語〕一般義 死体を包む布や着物, 経帷子(きょうかたびら). その他 包むもの, 覆い, 《機》タービンや送風機の回転輪を支える囲い板, 《海》マストを両舷側から支えるための横静(よこしずみ)索, 《空》パラシュートの装具と傘体をつなぐひも, シュラウド. 動 として経帷子を着せる, 《通例受身で》覆い隠す, 見えなくする(in).
語源 古英語 scrūd (= garment) から.
用例 Christ's *shroud* 聖衣/The whole incident was *shrouded* in mystery. 事件の全容は神秘のベールに包まれていた.

shrub /ʃrʌ́b/ 名 C 〔一般語〕根元から幹が分かれている低木, 灌木(かんぼく).
語源 古英語 scrybb から.

【派生語】**shrúbbery** 名 UC 《集合的に》低木, 低木の植え込み. **shrúbby** 形.

shrug /ʃrʌ́g/ 動 本来他 名 C 〔一般語〕無関心さ, 軽蔑, 疑惑, 侮辱などを表して**肩をすくめる**. 他の用法もある. 名 として《通例 a ～》**肩をすくめる**こと.
[語源] 中英語から. それ以前は不詳.
[用例] When I asked him if he knew what had happened, he just *shrugged* (his shoulders). 私が彼に何が起きたかと尋ねると彼はただ肩をすくめるだけだった/She gave a *shrug* of disbelief. 彼女は肩をすくめて不信を示した.

shrunk /ʃrʌ́ŋk/ 動 shrink の過去・過去分詞.

shrunk·en /ʃrʌ́ŋkən/ 動 形 shrink の過去分詞.
形 として**縮んだ**, しなびた.

shuck /ʃʌ́k/ 名 動 本来他 感 〔一般語〕《米》とうもろこしや豆, くるみなどの**皮, さや, 殻**, 《通例複数形で》**価値がないもの**の意. 動 として**皮[さや, 殻]を取り去る**. 感 として〔くだけた語〕《～s》ちぇっ! やれやれ! あーあ! まいった! (★自分自身に向けて発する言葉で, 相手を傷つけない).
不詳. 初期近代英語から.

shud·der /ʃʌ́dər/ 動 本来自 名 C 〔一般語〕[一般義] 恐怖や寒さで激しく**身震いする**. その他 考えたり見たりするといやでぞっとする. 名 として**おののき, 身震い, 震動**.
[語源] 中英語から. それ以前は不詳.
[用例] The thought of having to look at the dead body made me *shudder*. 死体を見なくてはいけないと考えるだけでぞっとした/She gave a *shudder* of horror. 彼女は恐怖で身震いした.

shuf·fle /ʃʌ́fl/ 動 本来他 名 C 〔一般語〕[一般義] トランプの札などを**混ぜて切る**. その他 本来は書類などをごちゃ混ぜにする意で, そこからうまく**紛れ込ませる**, 脇へ押しやる, また物をあちこちに**動かす[移す]**, 足を引きずる, ダンスをすり足で踊る. 自 うまく入り込む, 巧みに逃れる, 足を引きずって歩く, ぶざまなやり方をする, トランプを切る. 名 として, 人事移動, 組織の組み替え, また足を引きずって歩くこと, トランプを切ること.
[語源] 低地ドイツ語にも類似の語があり, その借用とも考えられるが, また shove の変形とも考えられる. 中英語から.
[用例] It's your turn to *shuffle* (the cards). あなたが(トランプ)切る番です/The old man *shuffled* along the street. 老人は足を引きずりながら通りを歩いた.
【派生語】**shúffler** 名 C.
【複合語】**shúffleboàrd** 名 U シャッフルボード(《英》shovelboard) (★長い棒で盤上の円盤を突いて点数のついた所に入れるゲーム).

shun /ʃʌ́n/ 動 本来他 〔やや形式ばった語〕嫌悪感や用心などから, 人や物を**避ける, 遠ざける**.
[語源] 古英語 scunian から.
[用例] When he got out of prison, he was *shunned* by all his former friends. 刑務所を出た彼に昔の友達はみな近寄らなかった.

shunt /ʃʌ́nt/ 動 本来他 名 〔一般語〕人や物を活動の中心からわきへのける, 別の方向にそらす, 〖鉄道〗車両を別の線に**入れ換える**, 〖電〗分路を作る, 分路によって**回路を換える**, 〖医〗血液の流れを別の方向に換える. 名 としてわきへそらすこと, 〖電〗分流器, 分路, 〖医〗血液の側路.
[語源] 中英語 shunten (= to flinch) から. それ以前は不詳.

【派生語】**shúnter** 名 C 転轍手, 操車係.

shut /ʃʌ́t/ 動 本来他 (過去・過分 ～) 形 〔一般語〕[一般義] 戸, 窓, ふたなどを**閉める, 閉じる**. その他 通路などを**閉鎖**する, かさ, 本, ナイフ, 手などを**閉じる**, たたむ, 目や口などを**つぶる, つぐむ**, 工場や店などを**閉店**する, 休業[終業]する, 人や物を**閉じ込める**など. 自 **閉じる, 閉まる**. 形 として**閉じた, 閉まった**.
[語源] 古英語 scyttan から.
[用例] He *shut* the drawer and locked it. 彼は引き出しを閉めてかぎをかけた/*Shut* your books now, and I'll ask you some questions about what you've been reading. 本を閉じなさい. 君が読んだことについて質問をします/The dogs was *shut* inside the house. 犬は家の中に閉じ込められていた/The window *shut* with a bang. 窓は音をたてて閉まった.
[類義語] ⇒close.
【慣用句】 ***shut awáy*** …を閉じ込める, しまい込む. ***shut dówn*** 工場や店を**閉鎖**する, 機械やエンジンなどを停止する. ***shut ín*** …を閉じ込める, 監禁する, 山や林などが囲んで見えなくする, さえぎる. ***shut óff*** ガスや水道を止める, 機械やモーターを停止する, 道路などを遮断する, 引き離す, 隔離する: I'll need to *shut* the gas *off* before I repair the fire. ストーブを修理する前にガスを止めなくてはならない. ***shut óut*** …を締め出す, 視界をさえぎる, 《米》〖スポ〗相手に得点を許さない, 完封[シャットアウト]する. ***shut úp*** 戸や窓などを閉め切る, 店や工場を閉める, 〔くだけた語〕黙らせる, 黙る: *Shut up!* 黙れ.
【派生語】**shútter** 名 C 閉じる人[もの], よろい戸, 雨戸, カメラのシャッター: **shutterbug** 写真狂の人.
【複合語】**shútdówn** 名 C 閉鎖, 閉店, 一時休業[休止]. **shut-ín** 名 C 《米》家に閉じこもったままの病人. **shútóff** 名 C 流れなどの遮断, バルブ, 栓. **shútòut** 名 C 締め出し, 工場閉鎖 (lockout), 《米》〖スポ〗完封(試合).

shut·tle /ʃʌ́tl/ 名 C 動 本来他 〔一般語〕[一般義] 近距離間の**定期往復便[路線]**. その他 **定期往復列車[バス, 航空機], スペースシャトル**, 織機で往復運動で縦糸の間に横糸を入れるのに用いられる杼(ひ), ミシンの下糸入れ, シャトル, バドミントンなどで用いる**羽根 (shuttlecock)** などの意. 動 として往復便で輸送する, 左右に移動させる[する].
[語源] 古英語 scytel (= dart; missile) から.
[用例] They operate a *shuttle* between the supermarket and the town centre. スーパーマーケットと町の中心部との間に往復便が運行されている/a *shuttle service* 折り返し運転サービス.
【複合語】**shúttle bús** 名 C シャトルバス. **shúttlecòck** 名 C バドミントンや羽根つきで用いる羽根, シャトルコック. 動 本来他 羽根を打ち合う, あちこちに打ち返す, 上げる. **shúttle tráin** 名 C 近距離定期往復列車.

shy¹ /ʃái/ 形 動 本来自 〔一般語〕[一般義] 性格として**内気な, 恥ずかしがりやの, はにかんだ**. その他 動物などが**驚きやすい, びくびくしている**, 人が**用心深い, 慎重な, しりごみする**. 動 として, 馬が驚いて**飛びのく**, 人があとずさりする.
[語源] 古英語 scēoh から.
[用例] She is too *shy* to go to parties. 彼女は内気なのでパーティーに行けない/Deer are very *shy* animals. しかはとても臆病な動物だ/He is *shy* of giving

his opinion. 彼は用心して自分の意見を言わない.
【派生語】**shýly** 副. **shýness** 名 U 内気, はにかみ.

shy² /ʃái/ 動 本来自 〔一般語〕物を力を込めてすばやく投げる. 名 としてすばやく投げる動作,〔くだけた語〕ののしり, あざけり. また標の落とし.
語源 おそらく shy¹ から. 18 世紀より.

si /síː/ 名 UC 〔楽〕ドレミファ音階で, 長音階の第 7 音のシ(ti).
語源 ドレミファ音名の基となったラテン語の讃美歌の結びの言葉が *Sancte Iohannes* (= Saint John) であり, その頭文字から. 中世では六声音階で, 16 世紀に si が加えられて七声音階となった.

Si·am /saiǽm, ´-/ 名 ⓢ シャム (★タイ (Thailand) の旧名. 1939 年までと 1945-49 年に使用された).
【派生語】**Siamése** 形 シャム(人, 語)の, (シャム)双生児の, 瓜二つの. 名 ⒸⓊ (複 〜) シャム人[語], シャムねこ, 《s-》ビルの外部にある二股送水口.
【複合語】**Siamese cát** 名 Ⓒ シャムねこ. **Síamese twíns** 名《複》シャム双生児 (★Siam で体がくっついて生まれた Chang と Eng(1811-74) から).

Si·be·ri·a /saibíəriə/ 名 ⓢ シベリア (★北アジアのウラル山脈と太平洋の間にあるロシア領).
【派生語】**Sibérian** 形.

sib·i·lant /síbələnt/ 音 形 Ⓒ 〔形式ばった語〕スー[シュー]いう(音), 〔音〕歯擦音の(《★スー音 (hissing sound) とシュー音 (hushing sound) の総称》, /s/ /z/ /ʃ/ /ʒ/ など).
語源 ラテン語 *sibilare* (= to hiss) の現在分詞 *sibilans* が初期近代英語に入った.

sib·ling /síblɪŋ/ 名 Ⓒ 〔形式ばった語〕同じ親から生れた男女. 上下の区別をしないきょうだい.
語源 古英語 sib (= relative) + ling (= little) から.

sib·yl /síbil/ 名 Ⓒ 〔一般語〕《通例 S-》古代バビロニア, エジプト, ギリシャ, イタリアなどで, 予言したり神託を伝えた巫女(ふ), シビラ, また一般に女予言者, (女)占い師.
語源 ギリシャ語 *Sibulla* がラテン語, 古フランス語を経て中英語に入った.

sic¹ /sík/ 動 本来他《過去・過分 sicced /-t/, sicked》〔一般語〕〔一般義〕犬に対する命令で「かかれ」. その他犬に追いかけさせる, いやがらせをさせる, けしかける.
語源 seek の変形.

sic² /sík/ 副 〔一般語〕原文通り, ママ (★文字や文に誤りや疑問があっても, 原文通りであるとか, 印刷された通りであることをその後に付けて指示する言葉).
語源 ラテン語 (= so; thus).

Sic·i·ly /sísəli/ 名 ⓢ シシリー, シチリア (★イタリア半島南端にある地中海最大の島).
【派生語】**Sicílian** 形.

sick¹ /sík/ 形 〔一般語〕〔一般義〕病気の[で]〔語法〕この意味では《米》では限定用法と述語用法の両用法があるが, 《英》では限定用法にのみ用い述語用法には ill が用いられる). その他 〔限定用法〕病気の時に利用される, 病人(用)の. 〔述語用法〕吐きそうな, むかつく, 転じてうんざりして, 飽き飽きして, 人の言動などが病的な, 気味が悪い, ぞっとする, さらに顔色などが青白い, 気がめいって, がっかりしてなどの意.
語源 古英語 sēoc から.
用例 The doctor told me that my husband is very *sick* and may not live very long. 医者は私に主人は重病でそう長くは生きられないかもしれないと言っ

た/I think I'm going to be *sick*. 吐きそうな気がする/He has been *sick* several times today. 今日彼は数回吐いている/I'm *sick* and tired of hearing about it! そのことを聞くのは飽き飽きしている/I was really *sick* at making that bad mistake. あんなひどい誤りをしてしまって私は本当にみじめな思いだった.
反意語 well; healthy.
【派生語】**sicken** 動 本来自 病気になる, 吐き気を催す[催させる], うんざりする[させる]. **sickening** 形. **sickeningly** 副. **sickish** 形 病身の, 吐き気ぎみの. **sickly** 形 病弱な, 病気がちな, 病人のような, 不健康な, 弱々しい, 吐き気を催す, うんざりした. **sickness** 名 U 病気, 吐き気.
【複合語】**sick bàg** 名 Ⓒ 《英》飛行機などで用いられる嘔吐(おうと)袋. **sick bày** 名 Ⓒ 船内の病室, 保健室. **síckbèd** 名 Ⓒ 病床. **sick càll** 名 U 回診,〔軍〕診療呼集. **sick héadache** 名 Ⓒ 嘔吐を伴う偏頭痛. **sick léave** 名 U 病気休暇. **sick nòte** 名 Ⓒ 病欠届. **sick pày** 名 Ⓒ 病気欠勤中の給与[手当]. **síckròom** 名 Ⓒ 病室.

sick² /sík/ 動 = sic¹.

sick·le /síkl/ 名 Ⓒ 動 本来他 〔一般語〕〔一般義〕短い柄の付いた三日月形の刃の(小)鎌. その他 鎌形〔三日月形〕のもの,《the S-》〔天〕6 つの星が鎌形に並ぶ獅子(座)の鎌. 動 として鎌で刈る,〔医〕赤血球を鎌形にする.
語源 ラテン語 *secare* (= to cut) の派生形 *secula* が古英語に入った.

sickly ⇒ sick¹.

sickness ⇒ sick¹.

side /sáɪd/ 名 Ⓒ 形 動 本来自他 〔一般語〕〔一般義〕物, 場所, 中心に対して右側または左側などの側. その他 元来横腹, わき腹の意で, そこから「側」の意が出た. また川の岸, 正面に対して側面, 横, 立体や薄い物の表裏などの面, 三角形の辺, テーブルなどのへり, ふち, 物や人のよこ, かたわら, 山の斜面, 山腹を意味する. さらに比喩的に問題などの面, 側面, 様相, 血統の系, 方, 敵, 味方の側, 党, 党派など. 形 として横の, 側面の, 主要でない. 動 として...の側につく, 味方する, 支持する, 賛成する, また横につけるなどの意.
語源 古英語 sīde から.
用例 He lives on the same *side* of the street as me. 彼は私と通りの同じ側に住んでいる/My *side* is sore. 横腹が痛い/He was standing by the *side* of the road. 彼は道端に立っていた/There is a label on the *side* of the box. 箱の側面にラベルがついている/A cube has six *sides*. 立方体には面が 6 つある/Don't waste paper — write on both *sides*! 紙をむだにせずに両面に書きなさい/He walked round the *side* of the field. 彼は野原の囲りをぐるっと歩いた/We must look at all *sides* of the problem. 私たちは問題のあらゆる面を見なくてはならない/He is related to the Prime Minister on his mother's *side*. 首相は彼の母方の親戚だ/Whose *side* are you on? どちらの味方ですか.
【慣用句】*at* [*by*] *the side of* ... ...のそばに. *from side to side* 左右に. *on all sides* 至るところに. *on the side* アルバイトに, 副業に. *side by side* 並んで, ...といっしょに. *take sides with* ... = *take* ...'*s side* ...に味方する.
【派生語】**sídeward** 副 形 横に[の], 斜めに[の]. **side-**

wards 副 《英》=sideward. sídewise 副形 横に[の]. síding 名 C 鉄道の側線, 味方すること, 《米》建築の際の下見張り, 壁板.
【複合語】síde àrms 名《複》ピストルや銃剣など携帯用の武器. sídebòard 名 C 食器棚. sídebùrns 名=sideburns. 《複》耳の前からあごまでの短いほおひげ, 《米》もみあげ. sídecàr 名 C サイドカー. síde dìsh 名 C 主料理に対してサラダなどの添え料理. síde effèct 名 C 薬の副作用. sídekìck 名 C 《俗語》《米》相棒, 仲間. sídelìght 名 C 〔側〕光, 横窓, 船の舷灯(げんとう), 間接的[付随的]説明. sídelìne 名 C 副業(で扱う商品), 内職, 《スポ》サイドライン. sídelòng 名形 横に[の], 斜めの[に]. síde òrder 名 C 《米》レストランでの追加注文. sídesàddle 名 C 婦人用の横乗りの鞍(くら). 形 横乗りに. sídeshòw 名 C サーカスなどの余興, 副次的な問題. sídeslìp 名 C 自動車や飛行機などの横すべり. sídesplìtting 形 抱腹絶倒の. sídestèp 動 本来他 横に寄せる, 問題などをはぐらかす, 回避する. síde stèp 名 C スキーやダンスなどの横歩(よこあゆみ). síde strèet 名 C わき[横]道. sídestròke 名 C (the ～) 水泳の横泳ぎ. sídeswìpe 動 本来他 名 C すれちがいざまに当たる(こと), 〔くだけた語〕話のついでにする批評. síde tàble 名 C 壁際用のサイドテーブル. sídetràck 名 C 鉄道の側線, 話などの脱線. 動 本来他 側線に入れる, 話を脱線させる. sídevìew mìrror 名 C 自動車のサイドミラー. sídewàlk 名 C 《米》舗装した歩道(《英》pavement). sídewàlk àrtist 名 C 《米》歩道にチョークで絵を描いて通行人から金をもらう大道画家(《英》pavement artist). sídewàys 副形 横に[の]. síde whìskers 名《複》短いほおひげ(sideburns).

si·de·re·al /saidíəriəl/ 形〔天〕恒星の, 星[星座]に関する.
[語源] ラテン語 sidus (=star; constellation) から派生した sidereus が初期近代英語に入った.
【複合語】sidéreal dáy 名 C 恒星日(こうせいじつ)(★23 時間 56 分 4.09 秒).
sidéreal tíme 名 U 恒星時.
sidéreal yéar 名 C 恒星年(★365 日 6 時間 9 分 9.54 秒).

sideward ⇒side.
sidewise ⇒side.
siding ⇒side.

si·dle /sáidl/ 動 本来自 〔一般義〕人目につかないようにおそるおそるにじり寄ってくる, 横向きに歩く(up; to).
[語源] 古語 sideling (横の, 斜めに) からの逆成と考えられる. 初期近代英語から.

siege /síːdʒ/ 名 CU 動 本来他 〔一般義〕軍隊による都市や城塞などの包囲, 攻囲. [その他] 包囲[攻囲]期間, 警察や報道陣などの包囲, また長時間続くしつこい攻撃[口説き], 長く付きまとう病気[悩み]などの意. 動 として包囲(攻撃)する.
[語源] ラテン語 *sedere (=to sit) から派生した俗ラテン語 *sedicare (=to seat oneself) の 名 sedicum (=seat) が古フランス語を経て中英語に入った. 現代英語では seat の意は廃用.
[用例] The town is under siege. 町は包囲されている.

si·es·ta /siéstə/ 名 C 〔ややくだけた語〕スペインや中南米など暑い国の習慣となっている午睡, 昼寝.
[語源] ラテン語 sexta (hora) (=sixth hour; noon) から派生したスペイン語が初期近代英語に入った. 正午

午前 6 時から数えて第 6 時になることから.

sieve /sív/ 名 動 本来他 〔一般義〕〔一般義〕ふるい, ざる, さいの目こしなど. [その他] 比喩的ш守れない人, 口の軽い人. 動 としてふるう, ふるいにかける.
[語源] 古英語 sife から.

sift /síft/ 動 本来他 〔一般義〕〔一般義〕ふるいにかける. [その他] ふるいにかけて選り分ける, ふるいにかけて砂糖などを振り掛ける, またふるいにかけるようにして選り分ける, 厳選する, 記録や証拠などを厳密に調べる. 自 ふるいを通って[通るように]落ちてくる.
[語源] 古英語 siftan から.
[用例] Sift the flour before making the cake. ケーキを作る前に小麦粉をふるいにかけなさい.
【派生語】sífter 名 C 《通例複合語で》ふりかけ器.

sigh /sái/ 動 本来他 〔一般義〕〔一般義〕悲しみ, 疲れ, 満足, 安心などでため息をつく. [その他] ため息のような音をたてることから, また〔文語〕ため息をつきたいほど嘆く, 昔のことを懐かしむ, 何かにあこがれる(for). 他 ため息をついて言う. 名 C ため息, 嘆息.
[語源] 古英語 sīcan から. 擬音語と思われる.
[用例] He thought of the long distance he still had to travel and sighed. 彼はまだまだ遠い道のりを行かねばならぬと思うとため息が出た/I heard the wind sighing in the trees. 風が(音をたてて)木々の間でそよいでいた/He sighed his reluctant agreement to the proposal. 彼はため息まじりに不本意ながらその提案に同意した/Finishing her work, she gave a deep sigh of relief. 仕事を終えると彼女はほっとしてため息をついた.
【派生語】sígher 名 C.

sight /sáit/ 名 UC 動 本来他 〔一般義〕〔一般義〕目で見る能力, 視力, 視覚(eyesight). [その他] 本来は目で見るもの, 光景, 景色を表し, ここから見るに値するものということで《the ～s》名所, 〔くだけた語〕《a ～》見もの, 笑いもの. また見る機能を表して「視力」, 心の目で見ることを指して判断, 見解, 見るに耐えない目撃, 観察記録, 見える範囲ということで視界, 《しばしば複数形で》銃の照準, さらに見るべきたくさんのものということから転じて〔くだけた語〕《a ～で副詞的に》たくさん, どっさり, はるかにという意味になる.
動 として見つける, 認める, 観測する, 目標に照準を定めるなど.
[語源] 古英語 sihth, gesiht から.
[用例] The blind man had lost his sight in the war. その盲人は戦争で視力を失っていた/Birds have a keen sense of sight. 鳥は鋭敏な視覚である/She's quite a sight in that hat. あんな帽子をかぶった彼女なんてまったく見られたざまでない/I would like a sight of those papers. あの書類にちょっと目を通しておきたい/I waited a whole hour at the bus stop before a bus at last came into sight. バス停でまる 1 時間待ち, やっとバスが姿を見せた/The end of our trouble is in sight. 我々の苦労も先が見えてきた/She has quite a sight of compact discs. 彼女は実にたくさんの CD を持っている/We sighted the coast as dawn broke. 夜明け時に海岸が見えた.
【慣用句】*a sight for sore eyes*〔くだけた表現〕見て楽しいもの, 目の保養. *at first sight* 一見したところでは, ひと目見て. *at sight* 初見で. *at the sight of ...* ... を見て. *catch the sight of ...* ... を見つける. *do the sights* =see the sights. *in ...'s sight*=in

the sight of ... 〔文語〕...の目から見れば, ...の判断では: *In the sight of* the law, she is not guilty at all. 法律的には彼女は全く無罪だ. *in* [*within*] *sight of* ... ...の見えるところに: The boat was *within sight of* land. 船は陸地から見えるところにいた. *know* ... *by sight* ...を見て顔は知っている. *lose sight of* ... ...を見失う, 忘れる. *not* ... *by a long sight* 全然...でない. *see the sights* 名所などを見物する: She took her visitors to *see the sights* of London. 彼女は訪問客をロンドン見物につれて行った.
【派生語】**síghted** 形 視力のある, 目が見える. **síghting** 名 UC 目撃(したこと). **síghtless** 形〔文語〕見えない, 盲目の. **síghtly** 形 見た感じがよい,《米》眺めのよい.
【複合語】**síght-rèad** 動 本来他 初見で演奏する. **sightseeing** 名 U 観光, 見物. **síghtseeing bùs** 名 C 観光バス. **síghtsèer** 名 C 観光客.

sig·ma /sígmə/ 名 C シグマ (★ギリシャ語アルファベットの第18文字 σ Σ).

sign /sáin/ 名 C 動 本来他〔一般語〕一般義 数学や音楽などで用いる記号. その他 本来は何らかの意味を伝達するしるしを指し,「記号」のほか, 身振りや手まねなどの合図, 信号, 広く人々に知らせる掲示(板), 看板, 何らかの存在や性質を示す足跡, あらわれ, 病気の徴候, 野獣の残した足跡, 何か証拠になる形跡などの意.〔天·占星術〕黄道帯 (zodiac)の12 区分の1つとしての宮(きゅう). 動 として, 小切手, 手紙, 《雇用》契約書などに署名[サイン]する, また手まねなどで合図する.
語源 ラテン語 *signum* (=mark; sign) が古フランス語 *signe* を経て中英語に入った. 動 は *signum* から派生した *signare* が古フランス語 *signer* を経て中英語に入った.
用例 '+' is the *sign* for addition. + は加算記号である/He made a *sign* to me to keep still. 彼は私に静かにしているように合図した/Can you see that road-*sign*? あの道路標識が見えますか/Mist in the morning is a *sign* of good weather. 朝霧は天気がよくなる兆しである/There were no *signs* of life on that island. その島には人の住んでいる形跡がなかった/He took out his pen to *sign* a cheque. 彼はペンを取り出して小切手にサインをした.
類義語 sign; mark; symbol; signal; token: **sign** はある意味を示すしるしの意で用いられる最も一般的な語. **mark** は本来は刻みこまれた目印の意で, 標的, 点数など特定の性質を示すのに用いる. **symbol** はあるひとつの意味を特に象徴するような記号のこと. **signal** は交通信号などのように意味内容が慣用的にすぐわかるような sign をいう. **token** は感謝や愛情など抽象的なことをものの形で表したもの.
日英比較 日本語の「サイン」には「書類などのサイン」「有名人などのサイン」の意味があるが, 英語の 名 sign にはその意味はなく, それぞれ signature, autograph という.
signer ⇒significant.
【慣用句】*make the sign of the cross* 十字を切る. *sign away* 財産, 権利などを署名して売り渡す, 処分する. *sign for* ... ...を署名して受け取る. *sign in* 到着[出勤]の署名をする. *sign off* 署名してペンを置く, 仕事[番組]を終える, 1日の放送を終了する, 署名してやめる[辞任する]. *sign on* 署名して雇われる, 放送の開始を知らせる; 署名させて...を雇う. *sign out* 退出[外出]の署名をする. *sign over* =sign away. *sign up* 署名して雇われる; 署名させて...を雇う.
【派生語】**sígner** 名 C 署名者.
【複合語】**sígnbòard** 名 C 看板, 掲示板. **sígn lànguage** 名 U 手まね言葉, 手話(法). **sígnpòst** 名 C 道路標識. **sígnpòsted** 形 道路標識がある.

sig·nal /sígnəl/ 名 C 動 本来他〔一般語〕一般義 関係者の間で前もって決められた指示, 命令, 警告などの合図, 信号. その他 合図, 信号を送る信号機, また何かが起こる前触れ, 徴候, あるいは行動を開始するきっかけ, 引き金などの意. 形 として合図[信号]の, 〔文語〕めざましい, 際立った. 動 として信号[合図]を送る, あることの前触れ[前兆]となる.
語源 ラテン語 *signum* (=sign) の 形 *signalis* が中世ラテン語 *signale*, 古フランス語を経て中英語に入った.
用例 He gave the *signal* to advance. 彼は前進するように合図した/We received a distress *signal* from the ship. その船からの遭難信号をキャッチした/His arrival was the *signal* for the party to begin. 彼の到着がパーティの始まるしるしとなった/The policeman *signaled* the driver to stop. 警官はドライバーに停車するように合図した.
類義語 ⇒sign.
【派生語】**signalize** 動 本来他 はっきり示す, 目立たせる, 有名にする. **sígnaler**, 《英》-ll- 名 C 信号係, 信号装置. **sígnally** 副 著しく, 目立って.
【複合語】**sígnal líght** 名 C 信号灯. **sígnalman** 名 C 《英》鉄道の信号手[係]. **sígnal tòwer** 名 C 《米》鉄道の信号塔[所].

sig·na·to·ry /sígnətɔ:ri|-təri/ 形 名 C 〔形式ばった語〕署名した, 調印した. 名 として署名[調印]者, 条約などの加盟国.
語源 ラテン語 *signare* (⇒sign) から派生した *signatorius* が19世紀に入った.

sig·na·ture /sígnətʃər/ 名 CU〔一般語〕書類, 手紙などにする署名, サイン, 署名すること,〔楽〕拍子記号などの記号, また《英》ラジオ[テレビ]番組のテーマ音楽.
語源 ラテン語 *signare* (=to mark; to sign) から派生した中世ラテン語 *signatura* がフランス語を経て初期近代英語に入った.
用例 He put his *signature* to the deal. 彼はその取引にサインした/*Signature* of this document means that you agree with us. この書類にサインすれば我々に同意することになる/a time *signature* 拍子記号.
日英比較 ⇒sign.
関連語 autograph.
【複合語】**sígnature tùne** 名 C 《英》テレビ, ラジオのテーマ音楽 (《米》 theme song).

sig·net /sígnit/ 名 C 動 本来他〔一般語〕一般義 公的に押される印形(いんぎょう) (★封蝋(ふうろう)に押されるもの). その他 指輪に彫った印形, 《the S-》王璽(おうじ). 動 として捺印する, 印によって確証する.
語源 古フランス語 *signe* (=sign; seal)の指小語が中英語に入った.
【複合語】**sígnet ríng** 名 C 印付きの指輪 (★頭文字の組合せや図形などが印となっているもの).

significance ⇒significant.

sig·nif·i·cant /signífikənt/ 形〔一般語〕一般義 重要な, 意義深い. その他 本来は意味のあるの意で, こ

こから**意味深長な**, **含みのある**, また「重要な」, 数量がかなりの, **相当な**, 統計的に**有意の**.
[語源] ラテン語 *significare* (⇒signify) の現在分詞 *significans* が初期近代英語に入った.
【派生語】signíficance 名 U. signíficantly 副.

signification ⇒signify.
significative ⇒signify.
signifier ⇒signify.

sig·ni·fy /sígnifai/ 動 本来他 〔形式ばった語〕 一般義 記号や物事が何かを**意味する**. その他 人が気持ちや意図を身ぶりなどで**示す**, **表す**. 自 《否定文・疑問文で》ある事が**重要[重大]である**.
[語源] ラテン語 *significare* (*signum* sign + *facere* to make) が古フランス語 *signifier* を経て中英語に入った.
[用例] That sign on the map *signifies* a church with a tower. 地図にあるその印は塔のある教会を意味している/He *signified* his approval with a nod. 彼はうなずいて賛成の意を表した/What she said doesn't *signify*. 彼女の言ったことなどどうだっていい.
[類義語] mean¹.
【派生語】significátion 名 C 意義, 語義. signíficative 形 =significant. sígnifier 名 C.

Si·gnor /síːnjɔːr/ 名 C 《複 Signóri/siːnjɔ́ːriː/》 Mr. や Sir に相当するイタリア語の敬称で, …様, …殿, …閣下 《語法 Sig. と略す》.
[語源] 中世ラテン語 *senior* (=superior) に由来するイタリア語 *signor(e)* が初期近代英語に入った.

Si·gno·ra /siːnjɔ́ːrə/ 名 C 《複 -re/rei/》 Mrs. や Madam に相当するイタリア語の敬称で, …様, …夫人, 奥様.

Si·gno·ri·na /sìːnjərí:nə/ 名 C 《複 -ne/nei/》 Miss に相当するイタリア語の敬称で, …様, …嬢, 御嬢様.

si·lage /sáilidʒ/ 名 U 【農】サイロなどの中で嫌気性酸性発酵作用によってできる水分のない貯蔵用飼料, サイレージ.
[語源] ensilage の短縮形. 19 世紀から.
[関連語] silo.

si·lence /sáiləns/ 名 UC 動 本来他 《⇒silent》〔一般語〕一般義 **静けさ**, **静寂**. その他 本来は**沈黙**, **無言の意**. また**沈黙の時間[期間]**, **黙禱**(もくとう), さらに**黙秘**, **音信不通**, **無沙汰**. 動 として**静かにさせる**, **黙らせる**.
【派生語】sílencer 名 C 沈黙させる人[もの], エンジンや銃の消音装置 (muffler).

si·lent /sáilənt/ 形 〔一般語〕一般義 **物音のしない**, **しんと静かな**. その他 人が**沈黙している**, **無言の**, あるいは性格的に**無口な**, **口数が少ない**. また意図的に何かに**言及しない**, **意見をさし控える**, 連絡がなく**音信不通**の, 【音】**発音されない**, **黙音の**.
[語源] ラテン語 *silere* (=to be silent) の現在分詞 *silens* が初期近代英語に入った.
[用例] It was a *silent* windless night. 風のない, しんとした夜だった/The house was empty and *silent*. その家は誰もいなくて, 静まりかえっていた/He suddenly fell *silent*. 彼は急に黙りこんでしまった/He was *silent* on that subject. 彼はその問題には言及しなかった/The 'k' in 'knife' is a *silent* letter. knife の k は黙字である.
[類義語] silent; quiet; still; calm; noiseless: silent は少々文語的で物音ひとつしないをいう. quiet は騒音など余計な音, 余計な動きのない状態. still は物音や動きの気配が全くなくひっそりしていること. calm は天候や海などが穏やかなこと. noiseless は「雑音や騒音をたてない」の意で, a *noiseless* motor のように機械や道具についていうことがよくある.
[対照語] noisy.
【派生語】sílence 名 動 ⇒見出し. sílently 副. sílentness 名 U.
【複合語】sílent majórity 名 C 《米》 声なき**一般大衆**. sílent pártner 名 C 《米》出資はするが直接業務[経営]には参加しない社員《英》sleeping partner), 合名会社の匿名社員.

sil·hou·ette /sìluː(ː)ét/ 名 C 動 本来他 〔一般語〕**影絵**, **シルエット**. 動 として《通例受身で》シルエットで**表す**《against; on》.
[語源] フランスの政治家・大蔵大臣 Étienne de Silhouette (1767 没) の名から. 彼が好んで影絵を描いたからという説もあるが, 詳細は不明.

sil·i·con /sílikən/ 名 U 【化】珪(ケイ)**素**.
[語源] 近代ラテン語 *silica* (無水珪酸) から. 19 世紀から.
【複合語】sílicon chíp 名 C シリコンチップ 《★コンピューターなどの集積回路に用いられる》.

sil·i·cone /sílikoun/ 名 U 【化】**珪素樹脂**, **シリコン**.
[語源] silic(on) + -one (化学用語の名詞語尾) として 20 世紀から.

sil·i·co·sis /sìləkóusis/ 名 U 【医】粉塵を吸い込むために起こる**珪肺(症)**.
[語源] silic-「珪土」+ -osis「機能障害」. 19 世紀から.

silk /sílk/ 名 UC 〔一般語〕一般義 **絹**, 《形容詞的に》**絹の**, その他 **絹糸**, **生糸**, また**絹織物**, 《複数形で》**絹の衣服**. 絹の法衣を身にまとうことから《くだけた語》《英》**勅選法廷弁護士**. さらに外見が絹状であることから《米》**とうもろこしの毛**.
[語源] 古英語 seolc, sioloc から. おそらくギリシャ語 *Sēres* (=the Chinese) に由来する.
[用例] She sewed it with thread made from *silk*. 彼女はそれを絹糸でぬった/*Silks* and satins put out the fire in the kitchen. 《ことわざ》 ぜいたくな衣服はかまどの火を消す (着道楽は身上(しんしょう)をつぶす).
【慣用句】*be dressed in silks and satins* 絹や繻子(しゅす)のような**ぜいたくな服装をしている**. *hit the silk*〔俗語〕《米》パラシュートで**飛び降りる**.
【派生語】sílken 形〔文語・詩語〕**絹(製)の**, **絹のような**, つやつやした, 柔らかな. sílkiness 名 U. sílky 形 絹のような, すべすべした, 態度や声がもの柔らかな.
【複合語】sílk hát 名 C シルクハット (top hat). Sílk Ròad [Ròute] 名《the ~》シルクロード 《★中国とヨーロッパを結んだ古代の交易路》. silk-stócking 形《米》ぜいたくな, 上流(階級)の. sílkwòrm 名 【虫】**かいこ(蚕)**.

sill /síl/ 名 C 【建】木造建築物などの最低部分となる**横材**, **土台**, また**窓敷居** (windowsill), **戸口の敷居** (doorsill).
[語源] 古英語 syll(e) から.

sil·ly /síli/ 形 〔一般語〕一般義 常識が欠けていて**愚かな**, **ばかな**. その他 **たわいない**, とるに足らない, 〔くだけた語〕殴られたりして**目をまわして**, **気絶して**. 名 として〔くだけた語〕親がやさしく子供をたしなめるときなどの呼びかけで, **おばかさん**.

[語源] 古英語 sælig (=blessed) から.「祝福された, 幸せな」は「無邪気な, 単純な」に通じ, 転じて「哀れな, 浮き世離れした」の意となった. ちなみに同語源のドイツ語 selig, スウェーデン語およびデンマーク語 salig, オランダ語 zalig などはみな「祝福された, 幸せな」の意である.

[日英比較] 日本語でも「めでたい」の丁寧語「おめでたい」は「お人好しの」「愚か者の」の意にもなっている.

[用例] Don't be so *silly*. そんなばかなことを言う[する]なよ/That was a *silly* thing to say. それは口にするのもはばかしいことだった/All of them were knocked *silly* by the bad news. その悪い知らせを聞いてみなぼう然とした/Don't be so timid, *silly*. おばかさん, そんなにびくびくしなさんな.

[類義語] ⇒foolish.
[対照語] sensible.
【派生語】**sílliness** 名 U.

si·lo /sáilou/ 名 C 【農】穀物, 飼料を貯蔵するためのサイロ.【軍】地下ミサイル格納庫.
[語源] スペイン語 *silo* が 19 世紀に入った.

silt /sílt/ 名 U [本来義]【地】砂より細かく粘土より粗い沈積土, 沈泥, シルト, また一般的に川などの沈殿物, へどろ. 動 としてシルトでふさがる[ふさぐ]《up》.
[語源] 中英語 cylte から. 古ノルド語からと考えられるが詳細は不明.

sil·van /sílvən/ 形 =sylvan.

sil·ver /sílvər/ 名 U 形 動 [本来他]【化】銀 (★元素記号 Ag). 一般的に銀のような光沢, 銀色, 銀で作られたもの, 銀細工, 銀貨, 〔集合的に〕ナイフ, フォーク, 皿などの銀(食)器. 形 として, 髪の毛の色などが銀色の, 銀色のような,〔文語〕音色や音声が澄んだ, 弁舌さわやかな. 他 銀製の, 動 として銀色にする, 銀めっきする,〔文語〕銀髪[白髪]にする[なる].
[語源] 古英語 siolfor, seolfor から.

[用例] The tray was made of solid *silver*. そのおぼんは純銀製だった/He pulled a handful of *silver* from his pocket. 彼はポケットからひと握りの銀貨を取り出した/Burglars broke into the house and stole all our *silver*. 強盗が家に侵入し, ありったけの銀製品を奪っていった/Grief and worry *silvered* his hair. 悲しみや心労のため彼の髪は白くなった.

[日英比較] silver には日本語の「シルバー」のような老人や老齢の意はない. シルバー・シートは priority [courtesy] seat (for senior and handicapped passengers) のように説明的になる.

[関連語] gold; copper.

【派生語】**sílvern** 形〔文語〕銀でできた, 銀のような. **sílvery** 形 銀色の, 銀のような, 音や声がさえた.
【複合語】**Sílver Áge** 名 《the ~》【ギ神·ロ神】Golden Age (黄金時代) に次ぐよき銀時代. **sílver fóil** 名 U 銀箔(ﾊｸ). **sílver fóx** 名 C U 銀ぎつね(★きつねの一品種), その毛皮. **sílver júbilee** 名 C 25 周年記念日[祭]. **sílver léaf** 名 U 銀箔. **sílver líning** 名 C 不幸の中に見いだせる希望の光, 明るい見通し. **sílver páper** 名 U 銀紙 (★実際にはすず箔あるいはアルミ箔). **sílver pláte** 名 U 〔集合的〕銀食器, 銀めっきの食器. **sílver scréen** 名 C 〔古風な語〕映画のスクリーン, 銀幕, 映画(界). **sílverside** 名 U 〔英〕牛のもも肉の最上部分, ランプロース. **sílversmith** 名 C 銀細工師. **sílver stàndard** 名 《the ~》銀本位制. **sílverwàre** 名 U 〔集合的〕銀食器類. **sílver wédding** 名 C 銀婚式 (★結婚 25 周年).

sim·i·an /símiən/ 形 名 C 〔形式ばった語〕類人猿の, 猿(のような). 名 として猿, 特に類人猿.
[語源] ギリシャ語 *simos* (=snub-nosed) から派生したラテン語 *simia* (=ape) より. 初期近代英語から.

sim·i·lar /símilər/ 形 〔一般語〕[一般義] 他のものと類似した, よく似た, 同様の. [その他] 同種の, 同類の,【数】相似(形)の.
[語源] ラテン語 *similis* がフランス語を経て初期近代英語に入った.

[用例] Your situation is *similar* to mine. あなたと私の立場はよく似ている/Our jobs are *similar*. 私たちの仕事は同じようなものだ/*similar* triangles 相似三角形.

[類義語] like.
[反義語] dissimilar.
[関連語] same.
【派生語】**sìmilárity** 名 U C 類似[相似](点). **símilarly** 副.

sim·i·le /síməli; -li/ 名 U C 〔修辞〕直喩, 明喩 (★ like や as を用いる比喩表現; ⇒metaphor).
[語源] ラテン語 *similis* (=similar) の中性形が中英語に入った.

si·mil·i·tude /simílətjuːd/ 名 U C 〔文語〕一般義 種類, 性質などの類似(点). [その他] 目にうつった姿が似ていること, そっくりのもの.〔古風な語〕比喩, たとえ, 直喩.
[語源] ラテン語 *similis* (=similar) の派生形 *similitudo* が古フランス語を経て中英語に入った.

sim·mer /símər/ 動 [本来自] 名 C 〔一般語〕[一般義] 食べ物がとろ火でぐつぐつ煮る. [その他] 比喩的に物事が発展[発達]し始める, 考えなどが心の中でできあがって行く, また怒りなどで腹の中が煮えくりかえっている, 暴力や騒動が今にも爆発しそうであるなどの意. 他 とろ火でぐつぐつ煮る. 名 として 《a [the] ~》ぐつぐつ煮えている[沸騰寸前の]状態, 怒りや緊張関係が一触即発の状態.
[語源] 擬音語起源と思われる. 中英語から.

[用例] *Simmer* the ingredients in water for five minutes. 材料を 5 分間とろ火で煮てください.

sim·per /símpər/ 動 [本来自] 名 C 〔一般語〕[一般義] 間の抜けた笑い方をする, また人目につかぬようにうす笑いを浮かべる. 他 にたにたしながら言う. 名 としてうす笑い, にやにや笑い.
[語源] スカンジナビア語起源と思われる. 初期近代英語から.

[用例] I don't like her — she *simpers* and giggles too much. 私は彼女が嫌いだ. にやにや笑ったり, くすくす笑ったりしすぎるから/She *simpered* her thanks for their congratulations. 彼らのお祝いの言葉に対して, 彼女はにたにたしながらお礼をのべた.

【派生語】**símperingly** 副.

sim·ple /símpl/ 形 名 C 〔一般語〕[一般義] 単純な, 簡単な, やさしい. [その他] 物の形, 性質などがあっさりした, 飾りない, 質素な, 人や態度などが純真な, 無邪気な, むどらない, 素朴な, またこの意味から〔遠回しに〕お人好しの, 愚かな,〔文語〕身分, 地位が低い, さらに〔限定用法〕純然たる, まぎれもない, 全くの, 単一の,【植】葉や茎が枝分かれしていない,〔文法〕単文の, 単純時制の. 名 として単純なもの, 単一体.

【語源】ラテン語 *simplus*（＝single）が古フランス語を経て中英語に入った。

【用例】The matter is not as *simple* as you think. この問題はお考えのような簡単なものではありません/This job will be quite *simple*. この仕事はとてもやさしいだろう/He leads a very *simple* life. 彼はたいへん質素な生活をしている/She was too *simple* to see through his lies. 彼女はあまりにも純真で彼のうそを見抜けなかった/She's just a *simple* soul. 彼女は単にお人好しにすぎない/That remark of his was *simple* rudeness. 彼のあの言葉たるや暴言以外のなにものでもなかった.

【反意語】complex; complicated.

【慣用句】*as simple as easy as ABC* [*falling off a log*]〔くだけた表現〕きわめて易しい, 何の努力も要しない. *pure* [*plain*] *and simple*〔くだけた表現〕全くの, 純然たる.

【派生語】**símpleton** 名 C ばか者. **simplícity** 名 U 単純さ, 質素, 純真さ, 愚かさ. **simplificátion** 名 UC 単純化(されたもの). **símplify** 動 本来自 単純[簡単]にする. **simplístic** 形 単純に考えすぎる, 割り切りすぎた. **símply** 副 単に, 全く, 簡単に, 地味に.

【複合語】**símplehéarted** 形〔文語〕純真無垢な. **símple ínterest** 名 U《金融》単利(⇔compound interest). **símple machíne** 名 C 単純機械 (★滑車でこなど基本的な装置). **símplemínded** 形 純真な, 愚かな, 低能な. **símple séntence** 名 C《文法》単文.

sim·u·late /símjuleit/ 動 本来自 〔形式ばった語〕一般義 あるシステムや過程を模倣的に作り出す, シミュレーションをする. その他 直接的に実験できない問題をシミュレーションによって分析[予測]する. さらに相手を欺くために外見や外見上の性質を真似る. 《生》昆虫などが擬態する.

【語源】ラテン語 *simulare*（＝to imitate）の過去分詞から初期近代英語に入った.

【用例】This machine *simulates* the take-off and landing of an aircraft. この機械は飛行機の離陸と着陸のシミュレーションをするものだ.

【派生語】**simulátion** 名 UC 模倣, 模擬実験, シミュレーション, 模造品, 偽物, 偽作,《生》擬態, 擬色. **símulator** 名 C 模擬実験[訓練, 体験]装置, シミュレーター.

si·mul·cast /sáiməlkæst, sí-|-ka:st/ 名 C 動 本来自《放送》AM と FM, またはラジオやテレビの同時放送(番組). 動 として同時放送する.

【語源】simul(taneous) (broad)cast より. 20 世紀から.

simultaneity ⇒simultaneous.

si·mul·ta·ne·ous /sàiməltéiniəs, sì-/ 形 一般語 事柄が全く同時に起こる[存在する, 行われる].

【語源】ラテン語 *simul*（＝at the same time）に, instantaneous などにならって -taneous がつけられた. 初期近代英語から.

【用例】He fell, and there was *simultaneous* gasp from the crowd. 彼が倒れると同時に群衆はわっと息をのんだ/*simultaneous* interpretation 同時通訳.

【関連語】preceding; following; contemporary.

【派生語】**simultanéity** 名 U 同時性. **simultáneously** 副. **simultáneousness** 名 U.

sin /sin/ 名 UC 動 本来自 一般義 宗教上また道徳上の罪 (★法律上, 犯罪上の罪は crime). その他 罪悪, 罪業, また単に世間一般の習わし, 礼儀, 作法に反する違反,〔くだけた語〕《戯言》常軌を逸したばかげたこと. 動 として罪を犯す, 悪事を働く, 慣習, 礼儀作法, 人道などにそむく.

【語源】古英語 syn(n) から.

【用例】No one is entirely free from *sin*. 罪を犯さぬものはいない/It's a *sin* that all that good food should go to waste. そんなごちそうな食べ物がむだになるなんて罰当たりだ/the original *sin* 原罪/the seven deadly *sins*《キ教》7 つの大罪/Don't *sin* against man and God. 人と神に対し罪を犯すことなかれ.

【関連語】crime; offense; evil.

【慣用句】*like sin*〔俗語〕ひどく.

【派生語】**sínful** 形 罪のある, 罪を犯した, 罰当たりな. **sínfully** 副. **sínless** 形 罪のない, 潔白な. **sínner** 名 C 宗教・道徳上の罪人.

sin.《略》＝sine.

Si·nai /sáiniai/ 名《the ~ Peninsula》シナイ半島 (★エジプト北東部の半島). また (Mount ~) シナイ山 (★モーゼが神から十戒を授けられた山; 旧約聖書「出エジプト記」19-20).

since /síns/ 前 接 副 〔一般語〕過去のあるとき以来ずっと(今まで). …以来, また事実に照らして理由を述べるときに用いられ, …だから, …である以上 (語法 because よりも意味が弱く, 文頭にくることが多い). 副 としてその後, それ以来, 今から見て一定時間前に(ago).

【語源】古英語 siththan（＝after that）から派生した中英語 sithenes の短縮形 sins から.

【用例】I've changed my address *since* last year. 昨年から私の住所が変わりました/I have been at home (ever) *since* I returned from Italy. イタリアから帰国して以来ずっと自宅におります/*Since* you are going, I will go too. あなたが行く以上私も行くならば/We have *since* become friends. その後私たちは仲良くしている/His wife died a year *since*. 彼の妻は 1 年前に亡くなった.

【類義語】from; as; because.

【慣用句】*ever since* それ以来ずっと: We fought and I have avoided him *ever since*. 私たちはけんかをして, それ以来私は彼を避けている. *long since* ずっと前に[から]: The matter has been settled *long since*. その問題はもうずっと前に解決済みだ. *not long since* つい最近.

sin·cere /sinsíər/ 形 一般語 人が誠実な, 率直な, 行為や言葉などが偽りのない, 心からの, 真剣な.

【語源】ラテン語 *sincerus*（＝genuine; pure）が初期近代英語に入った.

【用例】He has always been absolutely frank and *sincere*. 彼は常に全くもって率直で誠実であった/She led a life of *sincere* devotion. 彼女は正真正銘の献身的な一生を送った.

【類義語】sincere; hearty; honest: sincere は心に偽りがなく, 言動や感情にもそぞろごまかしなどが見られないこと. hearty は正直で心の温かいこと. honest は常に正直で公正であること.

【反意語】insincere.

【派生語】**sincérely** 副 心から, 本気になって. **sincéreness** 名 U. **sincérity** 名 U 正直(さ), 本心の

の気持ち.

sine /sáin/ 名 C《数》正弦, サイン《語法 sin. と略す》.
語源 ラテン語 *sinus*（＝curve）より. 初期近代英語から.

si·ne·cure /sáinikjùəɹ/ 名 C〔やや軽蔑的な語〕名誉職, 閑職, いわゆる窓際, 開店休業の会社[店, 事務所].
語源 中世ラテン語 *sine cura*（＝without cure of souls）から初期近代英語に入った.

si·ne di·e /sáini dáii(:)/ 副〔形式ばった語〕無期限に.
語源 ラテン語（＝without day）が初期近代英語に入った.

si·ne qua non /sáini kwei nán|-ɔ́-/ 名 C〔形式ばった語〕必要欠くべからざるもの, 最重要物件.
語源 ラテン語（＝without which not）が初期近代英語に入った.

sin·ew /sínju:/ 名 CU 動 本来自〔一般語〕一般義 筋肉と骨格を結びつけている腱(½).その他 筋骨, 筋肉, また筋力, 体力,〔文語〕〔通例複数形で〕支えとなるもの, 資金. 動 として…に筋力をつける, 力をつける, 強くする.
語源 古英語 seonu から.
【派生語】**sínewless** 形. **sínewy** 形 体ががっしりした, 丈夫な, 食肉などが硬い, 筋の多い, 文体などが力強い.

sinful ⇒sin.

sing /síŋ/ 動 本来自《過去 sang; 過分 sung》名 C
〔一般語〕歌を歌う.その他 歌うように鳥がさえずる, 虫が鳴く. また歌うように物が音をたてることから, 風, 小川, 笛などがひゅうひゅう[さらさら]音をたてる, やかんなどがちんちん鳴る, 弾丸がビューという. さらに〔文語〕詩歌を作る, 詩によって賛美する. 他 歌を歌う, 歌って人に…させる, …を詩歌に詠む. 名 として鳴る音,《a 〜》歌うこと, また《米》合唱の集まり《《英》sing-song》.
語源 古英語 singan から.
用例 Do you *sing* bass or bariton? あなたはバスですかバリトンですか/I could hear the birds *singing* in the trees. 木々の間で小鳥たちのさえずりが聞こえてきた/The kettle *sang* on the stove. ストーブの上でやかんがちんちん鳴っていた/The poet *sang* of the great hero. 詩人はその偉大なる英雄を歌に詠んだ/Did you join the *sing* last night? 昨夜は合唱の会に参加しましたか.
関連語 chant.
【慣用句】**sing out**〔くだけた語〕どなる, 叫ぶ; …を大声で言う[歌う]. **sing the same song** 繰り返して同じことばかり言う. **sing up**《英》《しばしば命令形で》大声で歌う.
【派生語】**sínger** 名 C 歌手, 鳴き鳥: **singer songwriter** シンガーソングライター.
【複合語】**sínging bírd** 名 C 鳴き鳥. **síngsòng** 名 C 単調な歌[話し声],《英》合唱の集い《《米》sing》.

singe /síndʒ/ 動 本来他 名 C〔一般語〕物の表面を軽く焼き焦がす, 特に鳥や動物の毛などを炎の上をさっと通して焼き取る. 自 表面が焼ける, 焦げる. 名 として焼け焦げ, 軽い焦げ跡.
語源 古英語 sencgan から.
用例 She *singed* her woolen dress by pressing it with too hot an iron. 彼女は熱くなりすぎたアイロンを当ててウールの服を焦がした.

singer ⇒sing.

sin·gle /síŋgl/ 形 名 C 動 本来他〔一般語〕一般義
《限定用法》たった1つ[1人]の,《否定文で》ただの1つ[1人]も(…でない).その他 1人用の, ベッドや部屋が1人用の(⇔double),《英》切符, 料金が片道の(《米》one-way), 人が独身の, 未婚の(⇔married), 花が一重(咲き)の, 戦いやゲームが1対1の, また皆の心が一致して団結した, 一致した. 名 として1個, 1人, 1人用の部屋,《野》シングルヒット(one-base hit), レコードのシングル盤,《複数形で》独身者たち,《複数形で単数扱い》テニスなどのシングルス,《くだけた語》1ドル[ポンド]紙幣. 動 として選抜する, 選出する,《野》シングルヒットを打って走者を進める[点を入れる]. 自《野》シングルヒットを打つ.
語源 ラテン語 *singulus*（＝one; individual）が古フランス語を経て中英語に入った.
用例 The spider hung on a *single* thread. くもはたった一本の糸にぶらさがっていた/There was not a *single* soul in the street. 街には人っ子ひとりいなかった/Do you want a *single* room or a double? お部屋はシングルになさいますか, それともダブルですか/I won't be *single* much longer. これ以上いつまでも独身でいたくない/The men's *singles* are being played this week. 今週は男子シングルスの試合が行われている.
反意語 married.
関連語 double.
【派生語】**síngleness** 名 U 単独, 独身, 専心. **síng·let** 名 C《英》男子用アンダーシャツ, ランニングシャツ. **síng·le·ton** 名 C〔トランプ〕手の中の一枚札. **síng·ly** 副 単独で, 独力で, 1つ[1人]ずつ.
【複合語】**síngle béd** 名 C シングルベッド. **síngle-bréasted** 形 上着, コートなどが片前の, シングルの. **síngle-décker** 名 C《英》一階だけのバス(⇔double-decker). **síngle éntry** 名 CU《簿記》単式記入法(⇔double entry). **síngle fíle** 名 UC 一列縦隊. **síngle-hánded** 形 副 片手の[で], 片手用の, 単独[独力]の[で]: a *single-handed* catch シングルハンド・キャッチ. **síngle-héarted** 形 純真な, 表裏のない. **síngle-léns** 形 レンズが1つの, 一眼の. **síngle-mínded** 形 ひたむきの, 誠実な, 二心のない. **síngle quótes** 名《複》一重[単純]引用符(' ').

sin·gu·lar /síŋgjuləɹ/ 形 名 C〔形式ばった語〕
一般義《良い意味で》まれに見る, たぐいない, 並はずれた.その他 元来1つ[1人]だけのこと,「たぐいない, 並はずれた」の意となり,〔文語〕風変わりな, 奇妙なの意にもなる.《文法》単数の(⇔plural). 名 として《文法》単数(形).
語源 ラテン語 *singulus*（＝single）から派生した *singularis*（＝solitary; separate）が古フランス語を経て中英語に入った.
用例 He had a *singular* success with his last play. 彼の最後の戯曲はまれに見る成功をおさめた/This watch is very *singular* in design. この時計はデザインがたいへん変わっている/Is this noun the *singular* or the plural? この名詞は単数ですか複数ですか.
類義語 strange.
【派生語】**sìn·gu·lár·i·ty** 名 UC 奇妙(なもの), 特異性, 単一. **síngularly** 副 異常なほど, たいへん, 奇妙に.
【複合語】**síngular fórm** 名 C《文法》単数形. **síngular númber** 名 U《文法》単数.

sin·is·ter /sínistəɹ/ 形〔一般語〕一般義 悪いことや

災難が本当に起こりそうな, **気味が悪い, 不吉な**. その他 邪悪な, 悪意のある. 本来は〔古風な語〕左の (left) の意で, 特に〔紋章〕盾を持った人から見て左側の.

語源 ラテン語 *sinister* (=on the left side; unlucky) が中英語に入った. 南面して占うローマの習慣からは「左方」は吉兆であったが, 北面して占うギリシャの習慣からは不吉であった. このギリシャの意がラテン語 *sinister* に伝わったと思われる.

用例 His disappearance is extremely *sinister*. 彼がいなくなったことは非常に無気味だ.

【派生語】**sínistral** 形 左の[にある], 左利きの.

sink /síŋk/ 動 本来自《過去 sank, 過分 sunk》名 C 〔一般義〕物が水面下などに**沈む**, **船が沈没する**. その他 物が徐々に下がる, 下の方に**傾斜する**, 徐々に下がって視界から消える, 見えなくなる, 建物や地盤などが**陥没する**, **傾斜する**, 目がくぼむ, ほおがこける, 人が力尽きて**倒れる**, ぐったりして腰をおろす, 腕や足がだらりと**垂れる**. 度合や勢いが低下するということで, 洪水や風などがおさまる, **弱まる**, 水が引く, 体が衰弱する, 声や調子が**下がる**, 勇気がくじける, 眠りや絶望状態に**陥る**. またある場所や状態に入りこむ, 水などが**染み込む**, 比喩的に考えなどが心に**染みる**, 十分**理解される**, 肝に銘じる. 他 物を**沈める**, 下げる, 低くする, くいなどを**打ちこむ**, 資本などをつぎ込む, 投資して失う, 計画などを**台無しにする**, 証拠などを隠す, 無視する. 名 として, 台所の流し, 《米》洗面台(washbowl), **下水だめ**, 比喩的に〔文語〕**悪[不正]の巣窟**.

語源 古英語 *sincan* から.

用例 The ship *sank* in deep water. 船は深海に沈んだ/The sun *sank* slowly behind the hill. 太陽はゆっくりと丘の方向こうに沈んだ/He *sank* into a chair. 彼はぐったりと椅子に座った/Her voice *sank* to a whisper. 彼女の声は次第に低くなって, ささやき声になった/My heart *sinks* when I think of the difficulties ahead. 前途多難を思うと気がめいる/The ink *sank* into the paper. インクが紙に染み込んだ/The torpedo *sank* the battleship immediately. 魚雷があっという間に戦艦を撃沈した/They *sank* the foundations deep into the earth. 彼らは土台[基礎]を地中深く打ちこんだ/He *sank* all his savings in the business. 彼は貯金を全部商売につぎ込んだ/He washed the dishes in the *sink*. 彼は流しで皿洗いをした/This town was, as it were, a *sink* of iniquity. この町はいわば悪のたまり場だった.

類義語 sink; go down; subside: **sink** は「沈む」の意を中心にきわめて広い意味の語. それと同意のくだけた表現では **go down** がよく用いられる. **subside** は地盤や建物が「沈下する」意で, 嵐や激情などが「おさまる」という意にもなる.

反意語 float.

【慣用句】**sink in** 染み通る, 〔くだけた語〕教訓などが心に染み入る, 十分理解[了解]される. **sink or swim** 〔やや古びた表現〕一か八か, のるかそるか.

【派生語】**sínker** 名 C 沈める人[もの], 釣り糸や網にかけるおもり, 井戸掘り人, 〔野〕シンカー, 〔くだけた語〕《米》ドーナツ.

【複合語】**sínkhòle** 名 C 流しの穴, 汚水だめ, 〔地〕ドリーネ (doline). **sínking fùnd** 名 C 減債基金. **sínk ùnit** 名 U 台所設備一式.

sinless ⇒sin.

sinner ⇒sin.

Si·no·Jap·a·nese /sáinoudʒæpəníːz/ 形 〔一般語〕中国と日本の, 日中の.

Sinologist ⇒Sinology.

Si·nol·o·gy /sainɔ́lədʒi, si-|sinɔ́l-/ 名 U 〔一般語〕**中国学**.

語源 おそらくフランス語 *sinologie* (sino- Chinese + -logie -logy) が19世紀に入った.

【派生語】**Sínologist** 名 C **中国学者**, 中国問題研究家.

sinuosity ⇒sinuous.

sin·u·ous /sínjuəs/ 形 〔形式ばった語〕一般義 物が**曲がりくねった**, **波状の**. その他 動きなどがしなやかな, 物事が入り組んだ, 複雑な, 性格がひねくれた.

語源 ラテン語 *sinus* (=curve; fold) の 形 *sinuosus* が初期近代英語に入った.

【派生語】**sinuósity** 名 UC. **sínuously** 副. **sínuousness** 名 U.

sip /síp/ 動 本来他 名 C 〔一般義〕一般義 飲み物を**ちびりちびり飲む**, **少しずつ飲む**. その他 比喩的に知識などを**吸収する**. 名 として, 飲み物やスープの**ひと口**, ひとすすり. 語源 中英語から.

用例 She *sipped* her gin and tonic slowly. 彼女はジントニックをちびりちびり飲んだ/She took a *sip* of the medicine and spat it out. 彼女は薬をひと口飲んで吐き出した.

si·phon, sy·phon /sáifən/ 名 C 動 本来他 〔一般義〕一般義 **吸い上げ管**, **サイフォン**. その他 圧力のかかった炭酸水を入れるサイフォンびん (siphon bottle), 甲いかや二枚貝などの**水管**, **吸管**. 動 としてサイフォンで**吸い上げる[吸い取る]** 《off; out; into》.

語源 ギリシャ語 *siphōn* (=tube; pipe) がラテン語, フランス語を経て初期近代英語に入った.

用例 He used a *siphon* to get some petrol out of the car's tank. 彼は車のタンクからガソリンを取り出すのにサイフォンを使った/He *siphoned* off some water for tests. 彼は試験するために, 水をサイフォンで吸い取った.

【複合語】**síphon bòttle** 名 C サイフォンびん (《英》soda siphon).

sir /sə́ːr, 弱 sər/ 名 C 〔一般義〕一般義 〔時に S-〕男性に対する改まった呼びかけや敬称, **あなた**(様), **先生**, **お客様** 文頭では強い強勢を置き, 文末では弱強勢》. その他 《英》(S-) 敬称として准男爵 (baronet) とナイト爵 (knight) の名前の前につけて, …卿, サー…. 〔語法〕この場合は弱強勢》.

語源 ❶ 《米》ではくだけた表現で Yes [No], *sir*. のように性別に関係なく肯定や否定の意味を強調するときに用いる. ❷ Dear *Sir*:, My dear *Sir*: あるいは Dear *Sirs*: のように, ビジネスレターなどの書き出しとして用いることがある. 日本語の「拝啓」に近い.

語源 中英語 sire の弱形.

用例 Good night, *sir*. おやすみなさいませ/*Sir*, may I have a smoke? もしもし, たばこを吸ってもよろしいですか/No, *sir*. He is not Mr. Bond. とんでもございません. あの方はボンド様ではございません/*Sir* Francis Drake is to come this afternoon. フランシス・ドレイク卿は今日の午後お見えになります.

対照語 madam; ma'am.

sire /sáiər/ 名 C 動 本来他 〔形式ばった語〕家畜などの**雄親**, 特に雄馬や種馬(stallion). その他 〔古

siren

語〕祖先あるいは地位の高い人に対する呼びかけ,陛下,閣下,殿下.動 として,種馬が子をこしらえる,一般に物を生み出す.
語源 ラテン語 senior (= older) に相当する俗ラテン語 *seior が古フランス語を経て中英語に入った.

si·ren /sáiərən/ 名 C 形 〔一般語〕一般義 警報や警笛,時報などのサイレン. その他 本来は《しばしば S-》【ギ神】セイレン《★美声で舟人を魅了し難破させたという半人鳥の海の精》. そこから,うっとりするような美声で歌う女性,男を虜にする美人,特に男を惑わす妖婦の意. また 動 体形がうなぎに似た両生類のサイレン. 形 として,セイレンのように人を惑わすような.
語源 ギリシャ語 Seirēn がラテン語,後期ラテン語,古フランス語を経て中英語に入った.
用例 a factory *siren* 工場のサイレン/She's a *siren* who breaks hearts as easily as eggshells. 彼女は卵を割るかのようにいとも簡単に人を悲しみに突き落とす妖婦だ.

sir·loin /sə́ːrlɔin/ 名 CU 〔一般語〕牛の腰肉の上部の肉,サーロイン.
語源 古フランス語 surlonge (sur over + *loigne*, *longe* loin) が中英語に入った.

sir·up /sírəp, sə́ːrəp/ 名《米》= syrup.

sis /sis/ 名 C 〔くだけた語〕《米》お姉さん,…ちゃん《★通例姉妹どうしの呼びかけに用いられる》.
語源 sister の短縮形. 初期近代英語から.

sissified ⇒sissy

sis·sy /sísi/ 名 C 〔くだけた語〕〔軽蔑的〕外見,態度,仕草などが女のような男性[少年],めめしい男の子. 形 として意気地がない,臆病者の.
語源 sis+-y. 19世紀から.
派生語 **sissified** 形 = sissy.

sis·ter /sístər/ 名 C 〔一般語〕一般義 女のきょうだい,すなわち姉または妹. その他 姉妹のように親しい女性ということから,女の親友,同級生,女性解放運動などで同志,《しばしば S-》修道院,信者仲間で修道女,シスター,《英》看護婦(長)の意. また〔形容詞的に〕姉妹…,時には呼びかけに用いて〔俗語〕《米》ねえさん,お嬢さん,娘さん.
日英比較 一般に英語では長幼によって「姉」「妹」を区別することはない. 強いて区別する場合,姉は elder [older] sister,〔くだけた語〕big sister,妹は younger sister,〔くだけた語〕little sister のようにいう. また日本語では「お姉さん」を呼びかけに用いるが,英語では sister を呼びかけに使うことはなく,first name を用いる.
語源 古英語 sweostor が古ノルド語 *systir* の影響を受けた語.
用例 My *sister* is now in hospital. 姉[妹]はいま入院している/Elizabeth is my sorority *sister*. エリザベスは私たちの女性社交クラブ仲間です/*Sister* Grace, the abbess is calling you. シスター・グレース,修道院長様がお呼びですよ/She's a *sister* on Ward 5. 彼女は第5病棟付きの看護婦(長)です.
対照語 brother.
派生語 **sísterhood** 名 UC 姉妹関係,姉妹愛,婦人団体,修道女会. **sísterly** 形 姉妹のような,姉妹のように親しい.
複合語 **sister cíty** 名 C《主に米》姉妹都市. **síster-in-làw** 名 C 義理の姉[妹].

sit /sit/ 動 本来自〔過去・過去分 sat〕〔一般語〕一般義 座る,座っている. その他 座った状態でじっとしている,動かないでいる,犬がお座りする,鳥が卵を抱く,鳥が木にとまっている. ある決まった位置についていることから,置いてある,存在してる,会の組織の一員である,役職についている,委員[議員]をする. ある目的をもって座ることから,写真を撮る,モデルになる,《英》試験を受ける. 席に着くということから,議事を行う,開会する,裁判所を開廷する. 座り具合がよいということから,衣服などが体に合う,食物の好みが合う,役職などに適任である. 座り心地がよくなくて,心身の重荷になるということから,食べ物が胃にもたれる,責任や損害などが苦になる,負担になる. 座って面倒をみることから,病人の世話をする,ベビーシッターをする (babysit). 上に腰かけるということから,馬に乗るなど. 他 座らせる,馬などに乗る,《英》試験を受ける.
語源 古英語 sittan から.
用例 He likes *sitting* on the floor. 彼は床に腰を下ろすのが好きだ/The female of certain types of geese only *sits* for about two weeks. ある種のがちょうの雌は2週間ぐらいしか巣につかない/An owl was *sitting* in the tree by the window. 窓のそばの木に一羽のふくろうがとまっていた/The parcel is *sitting* on the table. 小包はテーブルの上に置いてある/The great house *sits* on the hill. その立派な家は丘の上にある/She is *sitting* for a portrait [photograph]. 彼女は肖像画を描いて[写真を撮って]もらっている/Parliament *sits* from now until the Christmas break. 議会は今からクリスマス休暇まで開会される/This hat *sits* very well on you. この帽子はたいへんお似合いになりますよ/This kind of work doesn't *sit* on me at all. この種の仕事なら いっこうに苦にならない/He is very good at *sitting* a horse. 彼は乗馬がたいへん得意だ.
類義語 sit; be seated: sit は「座る」の意の一般的な語で,「座っている」という状態を表すこともある. 動作を表すときは sit down が普通. be seated は sit と同意の形式ばった表現.
関連語 stand.

慣用句 ***sit around*** [***about***]〔くだけた表現〕ぶらぶらして過ごす. ***sit back*** いすに深々と座る,くつろぐ,手をこまねいている. ***sit by*** 傍観している. ***sit down*** 座る,陣営をかまえる,包囲する,仕事などを始める (to). ***sit for*** … 肖像画や写真などのモデルになる,《英》試験を受ける,選挙区を代表する. ***sit in*** 参加[出席]する《at; with》,参観する《on》,抗議の座りこみをする. ***sit on*** … 委員会などの一員である,訴訟などを審理する,〔くだけた語〕苦情や情報などを押さえる,握りつぶす,やりこめる,鼻柱をくじく. ***sit out*** …を最後まで見る[聞く],ダンスなどに加わらない,人より長居する. ***sit through*** … …を最後まで見る[聞く]. ***sit up*** 起き上がる,きちんと座る,犬がちんちんする,寝ないで起きている,〔くだけた語〕興味を抱く.
派生語 **sítter** 名 C 着席者,モデル,ベビーシッター,〔俗語〕楽な仕事. **sítting** 名 CU 座ること,モデルになること,仕事時間,会期,鳥の巣ごもり. 形 座っている,現職の.
複合語 **sít-dòwn** 名 C 座りこみ(ストライキ)《語法 sit-down strike ともいう》. **sít-ìn** 名 C 座りこみ(抗議). **sítting dúck** 名 C〔くだけた語〕やっつけやすい相手,だまされやすい人,'かも'. **sítting ròom** 名 C《主に英》居間 (living room). **sít-ùp** 名 C 起き上がりの運動,腹筋運動.

site /sáit/ 名 C 動 本来義 〔一般語〕 一般義 町, 建物などの**用地**, 敷地. その他 物や出来事などの**場所, 位置**, 事件などの**現場**, 地点, 『コンピューター』サイト. 動 として, 建物などをある場所に**位置させる, 設置する**.
語源 ラテン語 *sinere* (=to put; to lay) の過去分詞 *situs* が古フランス語を経て中英語に入った.
用例 The *site* for the new factory has not been decided. 新工場の用地は決まっていない/a bomb *site* 被爆地(点).

sitter ⇒sit.

sit·u·ate /sítʃueit|-tju-/ 動 本来他 〔形式ばった語〕《副詞を伴って》ある物や事柄をある**場所, 状況**に置く, **位置づける**.
語源 ラテン語 *situs* (⇒site) から派生した中世ラテン語 *situare* (=to put; to place) の過去分詞 *situatus* が中英語に入った.
用例 *situate* a new factory in Kawasaki 川崎に新しい工場を設置する.
派生語 **sítuated** 形 ある場所に**位置している**,〔くだけた語〕人のある**立場[境遇]**にある. **situation** 名 ⇒見出し.

sit·u·a·tion /sítʃuéiʃən|-tju-/ 名 C (⇒situate) 〔一般語〕 一般義 人を取り巻くさまざまな**情勢, 状況**《語法》condition よりやや形式ばった語). その他 〔形式ばった語〕ある**場所, 位置**, 人が置かれている**立場, 境遇**,〔古風な語〕勤め口, **職**, さらに小説や劇などフィクションにおける重大な**局面**, 山場.
用例 We learned about the *situation* just after World War II. 私たちは第二次世界大戦直後の世界情勢について学んだ/The house has a beautiful *situation* beside a lake. その家は湖のほとりの美しい場所にある/She found herself in an awkward *situation*. 彼女は自分が困った立場に置かれているのに気づいた/the *situation*-vacant columns of the newspaper 新聞の求人欄(《米》help wanted columns).
類義語 circumstance; place.
複合語 **situátion cómedy** 名 UC 連続放送されるホームコメディー.

six /síks/ 代 名 CU 形 〔一般語〕《複数扱い》6つ, 6人, 6ドル[ポンド]など. 名 として, 基数の6, 6時, 6分, 6歳, 6の数字, 6(人, 個)で一組のもの, トランプの6の札, さいころの6の目. 形 として《限定用法》6の, 6人[個]の,《述語用法》6歳で.
語源 古英語 siex から.
慣用句 ***at sixes and sevens*** 〔くだけた表現〕混乱して, 考えなどが一致しないで. ***be six of one and half a dozen of the other*** 似たり寄ったりだ.
派生語 **sixth** 形 名 C 《the ~》第6[6番目]の(もの, 人), 月の6日, 6分の1(の).
複合語 **sixfóld** 形 副 6倍の[に], 6重の[に]. **sixfóoter** 名 C 〔くだけた語〕身長[全長]が6フィート(以上)の人[もの]. **síx-pàck** 名 C びんや缶などの**半ダース入りパック**[ケース, カートン]. **síxpence** 名 UC 《英》6(の価),《英》6ペンス硬貨《★現在は廃止》. **síxpenny** 形 《英》6ペンスの, 安物の, とるに足らない. **síx-shòoter** 名 C 〔くだけた語〕《米》6連発銃.

six·teen /síkstí:n/ 代 名 CU 形 〔一般語〕《複数扱い》16, 16人, 16個, 16ドル[ポンド]など. 名 として, 基数の16, 24時間制の16時, 16分, 16歳, 16の数字, 16(人, 個)で一組のもの. 形 として《限定用法》16の, 16人[個]の,《述語用法》16歳で.
語源 古英語 sixtýne から.
派生語 **sixtéenth** 名 C 形 《the ~》第16[16番目]の(もの, 人), 月の16日, 16分の1(の).

sixth ⇒six.

sixtieth ⇒sixty.

six·ty /síksti/ 代 名 CU 形 〔一般語〕《複数扱い》60, 60人[個], 60ドル[ポンド]など. 名 として, 基数の60, 60歳,《the [one's] sixties で》60代, 60年代, また60の数字, 60(人, 個)で一組のもの. 形 として《限定用法》60の, 60人[個]の,《述語用法》60歳で.
語源 古英語 sixtig から.
慣用句 ***like sixty*** 〔くだけた表現〕《米》素早く, 猛烈に.
派生語 **síxtieth** 名 C 形 《the ~》第60[60番目]の(もの, 人), 60分の1(の).

sizable ⇒size¹.

size¹ /sáiz/ 名 UC 動 本来義 〔一般語〕 一般義 物や人の**大きさ**. その他 **大きいこと**, また衣服, 帽子, 靴などの**寸法**, サイズ, 型, 用紙などの**判**, 物を入れる器の大きさということから, かさ, **規模**, 人の**器量, 力量**,〔くだけた語〕《the ~》物事の真相, 実状. 動 として**大きさ別に分類する, 一定の大きさに合わせて作る**.
語源 古フランス語 *assise* (=settling; fixing) の異分析による頭音消失形 *sise* が中英語に入った.「租税の額・量の決定」の意から「一定の量や大きさ」の意に変化したと思われる.
用例 an area the *size* of a ball park 野球場大の面積/The *size* of the problem alarmed us. その問題の大きさが大きいことに私たちは驚いた/Do you have any smaller *sizes* in this style? この型のものでもっとサイズの小さいのはありますか/I take *size* 5 in shoes. 私の靴のサイズは5番です/That's about the *size* of it. (実状は)まあそんなところだ/These are benches *sized* to a standard human figure. これらは普通の人の体型に合わせて作ったんだ.
類義語 size; dimensions; magnitude; volume: **size** は「大きさ」を意味する最も一般的な語. **dimensions** は形式ばった語で面積, 容積などの正確な寸法. **magnitude** は数学などで規模を表す専門語. **volume** は無定形や無形なものの容積についていう.
慣用句 ***cut ... down to size*** 〔くだけた表現〕...に身の程を知らせる, 能力などの限界を知らせる. ***of a size*** 同じ大きさの. ***size up*** 程度を評価する, サイズ[大きさ]を計る.
派生語 **sízable**, **sízeable** 形 かなり大きい, 相当な. **sízed** 形 《複合語で》大きさ[サイズ]が...の: *middle-sized* 中型の.

size² /sáiz/ 名 U 動 本来他 〔製紙・印〕紙などのにじみ止めや本の表紙などの金箔の下地に使われる糊状のもの, 膠(にかわ)水, 陶砂(とうさ), サイズ. 動 として...にサイズを塗る.
語源 おそらく size¹ と同一語. 中英語から.

siz·zle /sízl/ 動 本来自 名 CU 〔一般語〕 一般義 肉などが鉄板の上で**じゅーじゅー音**をたてる. その他 〔くだけた語〕**焼けるように暑い**, 怒りで腹の中が煮えくり返る. 名 として《単数形で》じゅーじゅーいう音, 興奮状態.
語源 siss (=to hiss) に反復を表す -le が付いたと考えられる擬音語. 初期近代英語から.
用例 Sausages were *sizzling* in the pan. ソーセージがフライパンの上でじゅーじゅー音をたてて焼けていた.
派生語 **sízzler** 名 C じゅーじゅー音をたてるもの,〔く

skate[1] /skéit/ 名 C 動 本来自 〔一般語〕 一般義 《通例複数形で》アイススケートあるいはローラースケート用のスケート靴. その他 スケート靴の刃 (runner). 動 としてスケートをする.
語源 オランダ語 schaats が初期近代英語に入った.
用例 I can move very fast across the ice on *skates*. スケートをはいて氷の上を速く滑れる.
【慣用句】**get [put] one's skates on**〔くだけた表現〕《英》急ぐ. ***skate on thin ice*** 難問を扱う.
【派生語】**skáter** 名 C スケートをする人. **skáting** 名 U スポーツまたは遊びとしてのスケート: **skating rink** スケートリンク.
【複合語】**skátebòard** 名 C スケートボード (★車輪のついた滑走板). **skátebòarding** 名 U スケートボード(滑り).

skate[2] /skéit/ 名 C 《魚》がんぎえい.
語源 古ノルド語 skata が中英語に入った.

ske·dad·dle /skidǽdl/ 動 本来自 〔くだけた語〕パニック状態に陥って飛んで逃げる.
語源 不詳. 19世紀から.

skeet /skíːt/ 名 U 《競技》スキート射撃 (★鳥が飛ぶ角度に似せて投げられる粘土製の標的を射つクレー射撃 (trapshooting) の一種).
語源 古ノルド語 skjóta (=to shoot) からと思われるが不詳. 20世紀から.

skein /skéin/ 名 C 動 本来他 〔一般語〕 一般義 紡いだ糸を巻き取る道具, かせ, またかせに巻いた糸とかせんからはずしたもの, かせ糸. その他 糸がよじれていることから, もつれ, もめごと, 混乱. 動 として, 糸をかせに巻く.
語源 古フランス語 escaigne が中英語に入った.

skel·e·ton /skélətn/ 名 〔一般語〕 一般義 人間または動物の骨格. その他 骸骨(がいこつ)、また骸骨のようにやせこけた人[動物], 建物などの骨組み, 比喩的に物語や事件の骨子, 概略.
語源 ギリシャ語 skeletos (=dried up) から派生した skeleton (=mummy) が近代ラテン語を経て初期近代英語に入った.
用例 The archaeologists dug up the *skeleton* of a dinosaur. 考古学者たちは一頭の恐竜の骨を発掘した/We found the prisoner to be a *skeleton*. 囚人はやせ細って骨と皮ばかりになっていた/Write the *skeleton* of the essay within 200 words. そのエッセイの梗概を200字以内で書きなさい.
【慣用句】**a skeleton in the closet** [《英》*cupboard*]〔くだけた表現〕人に知られたくない家庭内の秘密.
【派生語】**skéletonìze** 動 本来他 骸骨にする, ...の概略を記す.
【複合語】**skéleton kèy** 名 C いろいろな錠に合う合い鍵, マスターキー.

skep·tic,《英》**scep·tic** /sképtik/ 名 C 〔形式ばった語〕 一般義 何事にも疑ってかかる人, 疑い深い人. その他 宗教や宗教上の原理や原則を信じようとしない人, 無神論者,《哲》懐疑学派の人.
語源 ギリシャ語 skeptikos (=thoughtful) がラテン語 scepticus を経て初期近代英語に入った.
用例 Most people now accept this theory, but there are a few *sceptics*. ほとんどの人はこの理論を今は受け入れているが, 少数の懐疑論者がいる.
【派生語】**sképtical**,《英》**scéptical** 形 疑い深い, 懐疑論の. **sképtically**,《英》**scéptically** 副. **sképticism**,《英》**scépticism** 名 U 懐疑論, 無神論, 霊魂の不滅性や復活などの宗教上の原理に対する不信.

sketch /skétʃ/ 名 C 動 本来自 〔一般語〕 一般義 写生画[図], スケッチ. その他 美術の下絵, 素描, 本などの下書き, 草案, またあら筋, 梗概, さらにスケッチ風の短編, 音楽の小曲, 舞台でのユーモラスな寸劇, スキット. 動 としてスケッチを描く, 概略を述べる.
語源 ギリシャ語 skhedios (=off-hand) がラテン語, オランダ語を経て, 初期近代英語に入った.
用例 He made several *sketches* before starting the portrait. 彼は肖像画にとりかかる前に何枚かスケッチをした/Many artists *sketch* their subjects before putting paint to canvas. 多くの画家はキャンバスに絵の具をのせる前に主題をスケッチする/The book began with a *sketch* of the author's life. その本にはまず著者の経歴が述べてあった/He *sketched* the history of the project so far. 彼はこれまでにその計画のいきさつをざっと述べた.
類義語 sketch; portray; depict: **sketch** 動 は下書きの段階で対象物の特徴を細かく描くこと. **portray** はあるものを忠実に描くこと. **depict** は特に細部を生き生きと描写することを意味する.
【派生語】**skétcher** 名 C スケッチを書く人, あら筋を述べる人. **skétchily** 副. **skétchiness** 名 U. **skétchy** 形 スケッチ風の, 大ざっぱな.
【複合語】**skétchbòok** 名 C スケッチブック, 写生帳, 文学作品の短編(集). **skétchpàd** 名 C スケッチブック(sketchbook).

skew /skjúː/ 動 本来自 形 CU 〔形式ばった語〕 一般義 斜めに進む, 斜めになる. その他 曲がる, それる, また横目で見る (at). 他 斜めにする[向ける], 事実などをねじ曲げる, ゆがめる.
形 として斜めの, 片寄った, ゆがんだ, 非対称の.
語源 ゲルマン語起源の古フランス語 eschuer (=to eschew; to avoid) が古ノルマンフランス語を経て中英語に入った.
【慣用句】**on the skew** 斜めの[に]: That picture is *on the skew*. あの絵は傾いている.

skew·er /skjúːər/ 名 C 動 本来他 〔一般語〕 肉や野菜を刺して焼くための串, 焼き串, また串状のもの. 動 として串に刺す.
語源 不詳. 中英語から.

ski /skíː/ 名 C 動 本来自 〔一般語〕 一般義 《通例複数形で》スキー板. その他 水上スキーの板, 雪上車などの滑走器. 《形容詞的に》スキー(用)の. 動 としてスキーをする, スキーで行く.
日英比較 スポーツとしての「スキー」は英語では skiing.
語源 古ノルド語 skíth がノルウェー語 ski を経て18世紀に入った.
用例 I'll buy a pair of *skis* this December. この12月にスキーを買うつもりだ/He *skis* in Austria every winter. 彼は毎冬オーストリアでスキーをする.
【派生語】**skíable** 形. **skíer** 名 C スキーをする人, スキーヤー. **skíing** 名 U スポーツ, 旅行の手段としてのスキー.
【複合語】**skí bòot** 名 C 《通例複数形で》スキー靴 (《語法》ski shoes とはいわない). **skí jùmp** 名 C スキーのジャンプ(台). **skí lìft** 名 C スキーリフト (《語法》

単に lift ともいう). **skí màsk** 名 C スキー用のマスク. **skímobile** 名 C 雪上車(snowmobile). **skí plàne** 名 C スキーを装着した雪上飛行機. **skí pòle** 名 C ((米)) =ski stick. **skí rùn** 名 C スキー用ゲレンデ,スロープ(★日本語の「ゲレンデ」はドイツ語 Gelände から). **skí stìck** 名 C スキーのストック. **skíwèar** 名 U スキー服(ski suit).

skid /skíd/ 名 動 [本来自] 〔一般語〕 [一般義] ((通例単数形で))車などの横滑り,スリップ. [その他] ((複数形で))重い物を滑らせて運ぶための丸太,ころ,板などの滑材.また車輪の付いた低い台,スキッド,車の輪止め,ヘリコプターなどの着陸用のそり. 動 として,車輪が回転しないで滑っていく,車が横滑り[スリップ]する,飛行機が旋回時に外滑りする,比喩的に売り上げなどが急落する,落ちる目になる. 他 横滑りさせる,滑り材の上で重い物を滑らせる,滑らせて運ぶ,車の輪止めをする.
[語源] スカンジナビア語起源と思われる.初期近代英語から.
[用例] The road was wet and my car went into a *skid*. 道路は濡れていて,車が横滑りした/His back wheel *skidded* and he fell off his bike. 後輪が横滑りして,彼は自転車から落ちた.
【派生語】**skiddy** 形 路面などが滑りやすい.
【複合語】**skíd rów** 名 U ((くだけた語))((米))((軽蔑的))アルコール中毒者や浮浪者がたむろするどや街(★skid road(材木伐り出し人夫の集まる所)の変形).

skier ⇒ski.

skiff /skíf/ 名 C 〔海〕スキフ(★小さくて軽いボートまたはヨット).
[語源] 古高地ドイツ語 *skif* (=ship) が古イタリア語 *schifo* (=small boat)を経て中英語に入った.

skilful ⇒skillful.

skill /skíl/ 名 UC 〔一般語〕すぐれた腕前,技量,熟練を要する特殊な技術,技能をいう.
[語源] 古ノルド語 *skil* (=distinction; knowledge) が中英語に入った.
[用例] She has great *skill* with needle. 彼女は針仕事にかけては大した腕前だ/Bookbinding is a *skill* that takes years to learn. 製本技術は修得するのに何年もかかる.
[類義語] skill; art; craft: **skill** は訓練によって備わった仕事やスポーツにおける特殊な能力,技能. **art** は仕事などをするときの術(),こつ. **craft** は職業上の技術をいう.
【派生語】**skílled** 形 熟練した,熟練を要する(⇔unskilled). **skíllful**,((英)) **skílful** 形 熟練した,腕がいい. **skíllfully**,((英)) **skílfully** 副.

skil·let /skílit/ 名 C 〔一般語〕((米))フライパン,〔やや古風な語〕((主に英))3本ないし4本の脚と長い柄がついている深なべ.
[語源] 中英語から.

skillful ⇒skill.

skim /skím/ 動 [本来他] 名 U 〔一般語〕牛乳など液体の表面に浮いた皮膜やかすをすくい取る. [その他] 地表,水面をすれすれに飛ぶ,さっとかすめる,本をさっと拾い読みする,ざっと読む. 自 すれすれに通る[飛ぶ],ざっと目を通す. 名 としてすくい取ること,すくい取られたもの,上澄み,浮きかす.
[語源] おそらく古フランス語 *escume* (=foam) から派生した 動 *escumer* が中英語に入った.
[用例] *Skim* the fat off the gravy. 肉汁から浮いた脂肪をすくい取ってください/The birds *skimmed* the waves. 鳥たちは波の上をすれすれに飛んでいった/The skier *skimmed* across the snow. スキーヤーは雪の上を飛ぶように横切った/If you *skim* (through) the play too quickly, you'll forget the plot. その戯曲はあまり速く飛ばして読むと筋を忘れてしまう.
【派生語】**skímmer** 名 C 上澄み[浮きかす]をすくう道具,網じゃくし,〔鳥〕はさみあじさし(★水面すれすれに飛ぶ).
【複合語】**skím mílk** 名 U 脱脂乳,スキムミルク((英)) skimmed milk ともいう).

skimp /skímp/ 動 [本来自] 〔一般語〕食物,資金などを実際に必要とするよりも少ししか与えない,少ししか使わない,けちけちする (on).
[語源] 不詳.
[用例] She *skimped* on everything to send her son to college. 彼女は息子を大学へやるためにすべてを切り詰めた.
【派生語】**skímpily** 副. **skímpy** 形 けちけちした,乏しい,衣服などが小さくてきつい.

skin /skín/ 名 UC 動 [本来他] 形 〔一般語〕 [一般義] 人間や動物の体の皮膚,肌. [その他] 動物の皮,毛皮,皮革,酒を入れる皮袋,果物などの皮,殻,船体や機体などの外板,牛乳などの表面にできる薄膜,〔俗語〕コンドーム. 動 として,動物の皮をはぐ,果物などの皮をむく,手やひざなどをすりむく,〔俗語〕人から金を巻き上げる,奪う. 形 として皮膚の,肌の,〔俗語〕((米))ポルノの.
[語源] 古ノルド語 *skinn* が古英語に入った.
[用例] My *skin* peeled from sunburn. 私は日に焼けて皮膚がむけた/Her jacket is made of seal*skin*. 彼女の上着はあざらしの毛皮でできている/Don't forget to throw away the *skin* of bananas. バナナの皮は忘れずに捨ててください/Boiled milk often has a *skin* on it. 牛乳は沸騰するとよく薄い膜ができる/I fell over and *skinned* my elbow. 私は転んでひじをすりむいた/He *skinned* us of all our money at cards. 彼はトランプで私たちのあり金残らず巻き上げた/She went to a *skin* specialist about her rash. 彼女は吹き出物ができたので皮膚科に行った.
[類義語] leather; hide.
[日英比較] 「スキンシップ」は和製英語語で,英語では bodily [physical] contact といい,mother-child bodily contact (母と子のスキンシップ)のように用いる.
[慣用句] **be all [only] skin and bone(s)** ((くだけた表現))骨と皮ばかりにやせ細っている. **by the skin of one's teeth** ((くだけた表現))やっとのことで,危ないところで. **change one's skin** ((くだけた表現))性格をがらりと変える. **get under ...'s skin** ((くだけた表現))人を怒らせる,夢中にさせる. **jump [fly] out of one's skin** 跳び上がるほどびっくりする[喜ぶ]. **save one's skin** ((くだけた表現))無事に逃れる,けがをしないですむ. **to the skin** 肌まで,すっかり. **under the skin** ひと皮むけば,実際は,腹の底では. **with a whole skin** 無傷で,無事に.
【派生語】**skínful** 名 ((くだけた表現))(a ~)皮袋一杯のもの;酔うのに十分な酒量. **skínner** 名 C 皮をはぐ人,毛皮商. **skínny** 形 皮のような,骨と皮ばかりにやせた.
【複合語】**skín-déep** 形 皮一枚だけの,うわべだけの. **skín-díve** 動 [本来自] スキンダイビングをする. **skín dìver** 名 C. **skín dìving** 名 U. **skín flìck** 名 C ((俗語))((米))ポルノ映画. **skín gàme** 名 C ((くだけた語))((米))いんちき(な勝負),ペテン. **skín gràfting** 名

⦅U⦆〖医〗皮膚移植(術). **skínhèad** 名 ⓒ 坊主頭(の人), スキンヘッド, 〔俗語〕⦅米⦆海兵隊の新兵. **skín hóuse** 名 ⓒ 〔俗語〕⦅米⦆ストリップ小屋, ポルノ映画館. **skintíght** 形 衣服などが体にぴったり合った.

skip /skíp/ 動 [本来自] 名 ⓒ 〔一般義〕 [一般義] 子供や動物が小刻みに**跳びはねる**, **スキップする**. [その他] ひょいと**跳び越す**, ⦅主に英⦆**縄跳びをする**, 飛んで水を切って飛ぶ, 跳び越して抜かすことから, **省略する**, 本などを飛ばし読みする, 話などがあちこち飛ぶ, 物事が**転々と変わる**, ⦅米⦆飛び級する, さらに飛ぶように**速く動くことから**, 急いで行く, 〔くだけた語〕そそくさと**逃げる**, **高飛びする**. 他 軽く跳び越える, 抜かす, 飛ばす, 石などで**水切りする**, 授業などをさぼる, ある場所から逃げる. 名 としてスキップ, 跳躍, 省略, 飛ばし読み.

[語源] おそらくスカンジナビア語起源. 中英語から.
[用例] The little girl *skipped* up the path. 女の子はスキップしながら小道を行った/He was *skipping* about for great joy. 彼はとても嬉しくてはね回っていた/He *skipped* over the fence very easily. 彼はいとも簡単にさくを飛び越えた/I *skipped* lunch and went shopping instead. 私は昼食を抜いて買い物に出掛けた/She *skipped* the difficult passages of the textbook. 彼女はテキストの難しい節を飛ばして読んだ/They were punished for *skipping* the lecture. 彼らは講義にをさぼった罰をくった/The child went along with little *skips* of happiness. 子供は幸せ一杯で飛びはねながら行った.

[類義語] ⇒jump; bound.

【慣用句】**Skip it!** 〔くだけた表現〕その話はやめろ, いいからいいから.

【派生語】**skípper** 名 ⓒ 跳ぶ人[もの].

【複合語】**skíp ròpe**, ⦅英⦆**skípping ròpe** 名 ⓒ 縄跳び用の縄 (jump rope).

skip·per[1] /skípər/ 名 ⓒ 動 [本来自] 〔くだけた語〕 [一般義] 漁船, 小型商船, 娯楽用の船などの**船長**. [その他] 飛行機の機長, 第一操縦士, 名 として船長をする, チームなどのリーダー[監督, キャプテン]を務める.

[語源] 中オランダ語 schip (=ship) の派生形 schipper が中英語に入った.

skipper[2] ⇒skip.

skirl /skə́ːrl/ 動 [本来自] 名 ⓒ 〔文語〕バグパイプがぴーと音を立てる, バグパイプを奏する, また金切り声で叫ぶ. 名 として, バグパイプのぴーという音, 金切り声.

[語源] スカンジナビア語起源の中英語 skirlen, skrillen (=to shriek) から.

skir·mish /skə́ːrmiʃ/ 名 ⓒ 動 [本来自] 〔一般義〕小ぜり合い, 小論争. 動 として小ぜり合いをする.

[語源] ゲルマン語起源の古イタリア語 scaramuccia が古フランス語を経て中英語に入った.

【派生語】**skírmisher** 名 ⓒ.

skirt /skə́ːrt/ 名 ⓒⓤ 動 [本来自] 〔一般義〕 [一般義] 婦人服の**スカート**. [その他] 衣服のすそ, 機械や車の下をおおう**鉄板の覆い**, 家具などの脚の補強材. 衣服のすその意から, 転じて⦅通例複数形で⦆町や市の**周辺**, **郊外**(outskirts). スカートをはくのが女性であることから, 〔俗語〕性的対象の**女(の子)**の意. 動 として, 何かを囲む, あるものの**周辺[端]を通る**, また比喩的に困難などを**避けて通る**, 問題などを**回避する**.

[語源] 古ノルド語 skyrta (=shirt) が中英語に入った. shirt, short と同語源.

[用例] Was she wearing trousers or a *skirt*? 彼女はズボンをはいていましたか, それともスカートでしたか/She wore a dress with a flared *skirt*. 彼女はフレアスカートのドレスを着ていた/We often put a *skirt* on a machine to prevent an accident. 事故を防ぐために, よく機械に覆いをつける/She lives on the *skirts* of Yokohama. 彼女は横浜の郊外に住んでいる/We *skirted* the field so as not to damage the crops. 私たちは作物をだめにしないように畑の端を通っていった.

[類義語] border.

[関連語] trousers; slacks; pants.

skit /skít/ 名 ⓒ 〔一般義〕**寸劇**, **スキット**, また短い**諷刺劇**, 風刺的描写[物語].

[語源] 不詳. 18 世紀から.

skit·ter /skítər/ 動 [本来自] 〔一般義〕 [一般義] 小さな虫や鳥などが**水面をかすめて軽やかに飛ぶ**. [その他] 一般的にさっと進む[走る], また釣り糸を水面すれすれに流して釣る.

[語源] スコットランド北部方言の skite (=to move quickly) の反復形. 19 世紀から.

skit·tish /skítiʃ/ 形 〔ややくだけた語〕女性がはしゃぐ, 活発すぎる, 落着きがなく気まぐれな, 馬などがすぐに**怖気づく**.

[語源] 不詳. 中英語から.

skit·tle /skítl/ 名 ⓒ ⦅ゲーム⦆⦅英⦆⦅複数形で単数扱い⦆**九柱戯**(⦅米⦆ninepins)・★9 本のピンに木製の円盤やボールを投げて倒す一種のボウリング, また九柱戯のピン(pin).

[語源] スカンジナビア語起源と思われるが不詳.

skiv·vy[1] /skívi/ 名 ⓒ 〔くだけた語〕⦅米⦆⦅通例複数形で⦆T シャツとショーツからなる男物の**下着**, アンダーウェア.

[語源] 不詳. 20 世紀から.

skiv·vy[2] /skívi/ 名 ⓒ 〔軽蔑的な語〕⦅英⦆下働きの女, **下女**.

[語源] 不詳. 20 世紀から.

skoal /skóul/ 感 〔一般義〕(健康を祝して)**乾杯!**

[語源] 古ノルド語 skāl (=cup) からと思われる. 初期近代英語から.

skulk /skʌ́lk/ 動 [本来自] 〔一般義〕⦅軽蔑的⦆臆病や恐怖心のために**隠れる**, よこしまな意図をもってひそかに身を隠す, こそこそ**逃げ回る**. 名 としてこそこそ隠れる人, こそこそ動き回る人.

[語源] スカンジナビア語起源. 中英語から.

skull /skʌ́l/ 名 ⓒ 〔一般義〕人や脊椎動物の**頭蓋骨**, また⦅やや軽蔑的に⦆**頭**, **頭脳**.

[語源] スカンジナビア語起源と思われる. 中英語から.

【慣用句】(**the**) **skull and crossbones** どくろと大腿骨の図柄 (★かつては海賊の旗印, 現在は危険な毒物を示す印).

【複合語】**skúllcàp** 名 ⓒ キリスト教の聖職者などがかぶる縁なしのぴったりした帽子, 〖植〗たつなみそう (★シソ科).

skunk /skʌ́ŋk/ 名 ⓒⓤ 動 [本来自] 〖動〗**スカンク**, またその毛皮. スカンクが悪臭を放つことから, 人から嫌われている人, **鼻つまみ**. 動 としては, スカンクの悪臭が敵を寄せつけないことから, ゲームで敵を**無得点で破る**.

[語源] アメリカ先住民のアルゴンキン語族の言葉が初期近代英語に入った.

sky /skái/ 名 ⓤⓒ 動 [本来自] 〔一般義〕 [一般義] ⦅the ～⦆**空**, **天**. [その他] ⦅the ～⦆**天国**, **天界**. また⦅しばしば複数形で⦆上空の**空模様**, **天候**, ある地域の**気候**, 風

土.

[語源] 古ノルド語 sky (＝cloud) が中英語に入った. それまで古英語では heofon (＝heaven) が「空」の意味も兼ねていたが, この語の借用によって heaven の意が狭くなった.

[用例] The *sky* was blue and cloudless. 空は青く晴れて雲ひとつなかった／We had grey *skies* and rain throughout our holiday. 休日中どんよりした空模様で雨が降った.

[対照語] earth.

【慣用句】*be in the sky* [*skies*] 天国にいる. *out of a clear* [*blue*] *sky* だしぬけに, 突然. *The sky's the limit*. 〔くだけた表現〕お金に関しては**無制限**に, いくらでもかまわない.

【複合語】**ský blúe** 名 U 空色. **ský-blúe** 形 空色の. **skýcàp** 名 C 〔米〕空港のポーター[赤帽]. **skýdiver** 名 C スカイダイバー. **skýdiving** 名 U スカイダイビング. **sky-hígh** 形 空高い〔く〕, 天まで高い〔く〕, 物価などがばか高い. **skýjàck** 動 [本来他] 〔くだけた語〕飛行機を乗っ取る, ハイジャックする. **skýjàcker** 名 C. **skýjàcking** 名 U. **skýlàrk** 名 C 〔鳥〕ひばり. **skýlight** 名 C 天窓, 天井などの明かり窓. **skýline** 名 (the ～) 地平線, 高層ビルや連山の空を背景にした輪郭線《[日英比較] 日本語では風光明媚な山道を走る観光自動車道路を「スカイライン」というが, 英語では scenic mountain drive のように説明的にいう》. **skýròcket** 名 C 流星花火. 動 [本来他] 物価などが急に上がる. **skýscràper** 名 C 高層高層ビル《[語法] この語はやや古く, 現在は高層ビルは一般に high rise という》. **skýwàlk** 名 C 高層建築間の**高架通路**. **skýward** 副 空の方への[の]. **skýwards** 副《英》＝ skyward. **skýwriting** 名 U 飛行機が煙などで描く空中文字[広告].

slab /slǽb/ 名 C 動 [本来他] 〔一般義〕石, 木, 金属などの**厚板**. [その他] 平板(^), 道路の舗装や建物の建築のためのコンクリートの床板, スラブ, 丸太や角材を取った後に残る背板. またパンやチーズなどの**厚切り**, 幅の狭い長方形ののっぽ形のビル, 〔くだけた語〕〔英〕死体仮置き台. 動 として**厚板**にする, 木材の**背板**を取る, 屋根や道路などを**厚板**で覆う, 物を**厚**くのせる.

[語源] 中英語から.

[用例] *slab* butter on the bread パンにバターをたっぷり塗る.

slack /slǽk/ 形 UC 動 [本来自] 〔一般義〕ロープや綱, ねじなどがたるんだ, ゆるい. [その他] 本来は適切な注意や勤勉さが欠如していることを意味し, 人が怠慢な, たるんでいる, 仕事が不注意な, いいかげんな. 動く速度が遅いことを表し, 風や川の流れなどがゆっくりしている, よどんだ. 通常の堅さや締まりがないということから, ロープなどが「たるんだ」の意から, 筋肉などが弱い, 軟弱な, 取り締まりなどが手ぬるい. 十分な活動やエネルギーがないことを表し, 景気が沈滞している, 人出がなく閑散としている, ひまな. さらに料理などの温度がほのかに温かい, 乾かない. たるみ, ゆるみ, たるんだ部分, 動きや進行などの一時的停滞, 商売などの不振, 閑散期, 時間などのゆとり, 余裕. 動 としてたるませる, ゆるめる, 緩和する, 弱める, 仕事などをいいかげんにする, 怠る. 自 ゆるむ, 弱まる, 怠ける.

[語源] 古英語 sleac, slæc から.

[用例] Leave that rope *slack*. そのロープはたるませておけ／a *slack* knot ゆるい結び目／She was shocked at

the *slack* discipline in the school. 彼女は学校のしつけがゆるいのに憤慨した／Business has been rather *slack* lately. 取り引は最近停滞気味である／The summer is the *slack* season for umbrella-makers. 夏は傘を作る人にとってはひまな時期だ.

【派生語】**slácken** 動 [本来他] ロープなどをゆるめる, 速度などを減じる. 自 ゆるむ, 怠ける, 不活発になる. **slácker** 名 C 仕事をずるける人, 兵役忌避者. **sláckly** 副. **sláckness** 名 U. **slácks** 名《複》カジュアルなズボン, スラックス.

【複合語】**sláck wáter** 名 U 潮溜るみ《[語法] slack tide ともいう》.

slag /slǽg/ 名 U 〔鉱〕鉱物を溶かした時や製錬した時に溶けたものの上層に浮かぶかす, のろ, 鉱滓(ミ^).

[語源] 中低地ドイツ語 *slagge* が初期近代英語に入った.

slain /sléin/ 動 slay の過去分詞.

slake /sléik/ 動 [本来他] 〔一般義〕勢いなどを和らげる, 弱める, 〔文語〕渇きや好奇心などを満たす, 〔化〕石灰を消和する.

[語源] 古英語 slæc (＝slack) から派生した slacian (＝to slacken) から.

【複合語】**sláked líme** 名 U 消石灰.

sla·lom /slɑ́ːləm | sléi-/ 名 動 [本来自] 〔競技〕スキーなどの回転競技, スラローム. 動 として縫うようにして滑る[走る, 漕ぐ], スラロームする.

[語源] ノルウェー語 (＝sloping track) が 20 世紀に入った.

slam /slǽm/ 動 [本来他] 名 C 〔一般義〕〔一般義〕ドアや窓などをばたん[ぴしゃり]と閉める. [その他] 物を何かの上にどさり[どしん]と置く, 物を急激に打つ[動かす, 踏みつける], 比喩的に〔くだけた語〕人をきめつける, 酷評する. 名 としてばたん[ぴしゃり]と閉まること[音], 酷評.

[語源] おそらくスカンジナビア語起源の擬音語. 初期近代英語から.

[用例] He *slammed* the door in my face. 彼は私の鼻先でドアをぴしゃりと閉めた／She *slammed* the cup and saucer on to the table. 彼女はカップをのせた受け皿がちゃんとテーブルの上に置いた／He *slammed* on the brakes, but too late. 彼は急ブレーキを踏んだが間に合わなかった／They *slammed* our new proposal. 彼らはこちらの新提案をさんざんこきおろした／The door closed with a *slam*. ドアはばたんと閉まった.

slan·der /slǽndər | -áː-/ 名 CU 動 [本来他] 〔一般義〕〔一般義〕口頭での中傷, 悪口. [その他] 〔法〕名誉毀(^)損《★文書での名誉毀損は libel》. 動 として, 人の悪口を言う, 中傷する.

[語源] 後期ラテン語 *scandalum* (＝ cause of offense) が古フランス語 *esclandre* を経て中英語に入った.

[用例] The story about her is nothing but a wicked *slander*! 彼女についての話は意地の悪い悪口にすぎない.

【派生語】**slánderer** 名 C. **slánderous** 形. **slánderously** 副.

slang /slǽŋ/ 名 U 動 [本来他] 〔一般義〕〔一般義〕品位のある表現とは認められないが, 非常にくだけた会話などで用いられる**俗語**, スラング《[語法] 個々の語は a slang word または a piece of slang》. [その他] army slang や teenage slang のように, 特定の社会, 職業, 階級,

slang グループなどの間で用いられる通(用)語, 専門語(jargon), また時には盗賊などの仲間うちの隠語, 仲間言葉. 動 として(米)人をののしる(abuse).
[語源] 不詳. 18 世紀から.
[用例] 'A stiff' is *slang* for 'a corpse'. stiff は「死体」の意の俗語である/I got furious when he started *slanging* my mother. 彼が私の母をののしり始めたとき, 私は激怒した.
[関連語] cant (仲間内の隠語); argot (盗賊同士の隠語); vulgarism (卑語); jargon (職人言葉, 専門語).
【派生語】**slánginess** 名 U. **slángy** 形 俗語を用いた, 俗語っぽい.

slant /slǽnt | -á:-/ 動 [本来自] 名 C 形 [一般義] 水平, 垂直のものが一方向に傾く, 斜めになる. 他 傾ける, 傾斜させる, 比喩的に記事などを偏らせる, ゆがめる, また書物などを…向けに書く. 名 として傾斜, 斜面, 斜線(diagonal), また(偏った)意見[見方]. 形 として[形式ばった言い方]斜めの, 偏った.
[語源] 古ノルド語起源. 中英語から.
[用例] The house is very old and all the floors and ceilings *slant* a little. その家はたいへん古く, 床や天井が少し傾いている/These are magazines *slanted* for young ladies. これらは若い女性向けに編集した雑誌である/The roof has a steep *slant*. その屋根は急勾配である.
[類義語] slope.
[関連語] straighten.
【慣用句】*at* [*on*] *the* [*a*] *slant* 傾いて, 斜めになって.
【派生語】**slántingly** 副 斜めに, 傾斜して. **slántways** 副 =slantwise. **slántwise** 副 形 斜めに[の], はすに[の].
【複合語】**slánt-èyed** 形 〈軽蔑的〉つり目の.

slap /slǽp/ 動 [本来] 名 C 副 [一般義] 平手で打つ, 平たいものでぴしゃりと打つ. [その他] 放りだすように物などをぽん[ぱたん]と置く, 比喩的に相手をぴしゃりと拒絶する, 非難[侮辱]する, さらに〈くだけた語〉税金や罰金などを不当に課す. 名 として平手打ち, ぴしゃり[ぽん, ぱたん]という音, 非難, 侮辱. 副 としてぴしゃり[ぽん, ぱたん]と, あるいは〈くだけた語〉まともに, 正面きっての意.
[語源] 擬音語. 中英語から.
[用例] Don't *slap* that child! その子をひっぱたくのはやめて/She *slapped* her book on to the desk and left the room. 彼女は持っていた本を机の上にぽんと置くと部屋を出ていった/The child got a *slap* from his mother for being rude. 子供は行儀が悪いといって母親にぴしゃりとぶたれた.
[類義語] beat; strike; blow.
【慣用句】*a slap in the face* 顔への平手打ち,〔くだけた表現〕侮辱, ひじ鉄, 拒絶. *a slap on the wrist*〔くだけた表現〕軽い非難, 生ぬるい罰. *slap down* ほんと放り出す,〔くだけた表現〕人の行為を厳しく批判する, 押さえつける.
【複合語】**sláp-bàng** 副〔くだけた語〕〈英〉だしぬけに, 真正面から. **slápdàsh** 形〈軽蔑的〉仕事のやり方などがいいかげんな, 間に合わせの. **sláphàppy** 形〔くだけた語〕ボクサーなどがなぐられてふらふらした, いいかげんな, ちゃらんぽらんの. **slápstick** 名 U どたばた喜劇の(★もと芝居で相手に打つのに用いた棒の意から). **sláp-ùp** 形〔くだけた語〕〈英〉食事などが特上の, 第一級の.

slash /slǽʃ/ 動 [本来他] 名 C 〔一般語〕[一般義] ナイフのような鋭い刃物を使ってさっと深く切る, 切りつける. [その他] 切りつけるのなどのように人をむち打つ, 比喩的にこきおろす, 酷評する. また深く切るということから, 衣服に切り込みを入れる, 値段を切り下げる, 経費を切りつめる. 自 の用法もある. 名 として切りつける[むち打つ], 深い切り傷, 切り下げ, 衣服の切り込み, スリット, 【印】斜線, スラッシュ (/).
[語源] 不詳. 初期近代英語から.
[用例] He *slashed* his victim's face with a razor. 彼はかみそりで, 被害者の顔を鋭く切りつけた/A notice in the shop window read 'Prices *slashed*!' 店の窓に「大幅値下げ!」のお知らせが出ていた.

slat /slǽt/ 名 C 〔一般語〕木製や金属製の細長い薄板.
[語源] 古フランス語 *esclat*(=splinter; fragment) が中英語に入った.

slate¹ /sléit/ 名 UC 動 [本来他] 〔一般語〕[一般義] 粘板岩, 屋根ふきに用いるスレート. [その他] 昔の人が用いた筆記用石板, 石板に記録などを書いたことから,〈米〉政党の公認候補者名簿. また薄青味がかったねずみ色, 石板色. 動 として, 屋根などをスレートでふく,〈米〉(通例受身で)公認候補者名簿に載せる,〔くだけた語〕〈受身で〉予定する.
[語源] 古フランス語 *esclat* の女性形 *esclate* が中英語に入った. ⇒slat.
[用例] The house is roofed with Welsh *slate*. その家の屋根はウェールズ製スレートでふいてある/*Slates* fell off the roof in the wind. スレートが風で屋根からはがされ落ちた/Children in those days would use *slate* as notebooks. その当時の子供たちは石板をノート代わりに使っていた/How many candidates are on the *slate*? 名簿には候補者が何人載っていますか/The Lower House election is *slated* in February. 衆議院の選挙は 2 月に予定されている.
[関連語] blackboard; tablet.
【慣用句】*a clean slate* 欠点のない[非難の余地のない]経歴, 白紙の状態. *clean the slate* 過去のことは水に流す, 白紙にもどす. *on the slate*〔くだけた表現〕〈英〉つけで, 掛けで.
【派生語】**sláty** 形 スレートの(ような), 石板質[状]の. **sláter** 名 C スレート工.
【複合語】**slátelike** 形.

slate² /sléit/ 動 [本来他]〔くだけた語〕〈英〉人や作品などをひどくけなす, こきおろす.
[語源] 不詳.

slaugh·ter /slɔ́ːtər/ 名 U 動 [本来他] 〔一般語〕[一般義] 食肉用家畜の解体処理. [その他] 人や動物の虐殺, 屠殺(とさつ), また大量殺戮(さつりく). 動 として, 家畜を解体処理する, 人や動物を虐殺する, 屠殺する.
[語源] おそらく古ノルド語 *slátr* が中英語に入った.
[用例] Methods of *slaughter* must be humane. 食肉用家畜の解体処理の方法は苦痛を与えないものでなければならない/Many people protested at the annual *slaughter* of seals. 多くの人々はその年のあざらしの大量虐殺に抗議した.
[類義語] massacre; butchery.
[関連語] manslaughter.
【派生語】**sláughterer** 名 C. **sláughterous** 形.
【複合語】**sláughterhòuse** 名 C 食肉処理場, 屠畜場.

Slav /slá:v, -ǽ-/ 名 C 形 〔一般語〕スラブ人(の).
【派生語】**Slávic** 形 U スラブ語派(の), スラブ民族の.

slave /sléiv/ 名 C 動 本来自 〔一般語〕[一般義] 奴隷. その他 奴隷のようにあくせく働く人やこき使われる人, 自由を奪われた人, 欲望のとりこや悪い習慣にとりつかれた人, 〖機〗主装置に対する従属[子]装置. 動 として, 奴隷のように汗水流して働く《away》. 他 従属装置を主装置に連動するように連結する.
語源 ギリシャ語で「スラブ人」の意の Sklabos に由来する中世ラテン語 Sclavus (= Slav) が古フランス語を経て中英語に入った. 中世初期に多くのスラブ人捕虜が奴隷になったことから.
用例 In the nineteenth century many Africans were sold as *slaves* in the United States. 19世紀に合衆国では多くのアフリカ人が奴隷として売られた/He is a *slave* to drink. 彼はいわゆる酒の奴隷だ/*slave* away at the housework 家事にあくせく働く.
【派生語】**sláver** 名 C 〔古語〕奴隷船, 奴隷商人, 奴隷所有者. **slávery** 名 U 奴隷の身分, 奴隷制度, …のとりこ, 重労働. **slávish** 形 奴隷的な, 奴隷根性の, 奴隷のように忠実な.
【複合語】**sláve driver** 名 C 奴隷監督, こきつかう雇い人. **sláve lábor** [《英》**lábour**] 名 U 奴隷のような過酷な仕事, ただみたいなひどい仕事. **sláve tràde** 名 U 奴隷売買.

slav·er¹ /slǽvər/ 動 本来自 名 U 〔一般語〕物を欲しがってよだれを流す, 比喩的に切望する, 熱心になる. 名 としてよだれ, こびへつらい.
語源 古ノルド語起源と思われる. 中英語から.

slaver² ⇒slave.
slavery ⇒slave.
Slavic ⇒Slav.
slavish ⇒slave.

slaw /slɔ́:/ 名 U 《米》=coleslaw.

slay /sléi/ 動 本来他 《過去 slew; 過分 slain》〔一般語〕人や動物などを故意に殺す, 多くの数を虐殺する 《語法 《米》では新聞用語, 《英》では文語》.
語源 古英語 slēan から.
用例 Cain *slew* his brother Abel. カインがその弟のアベルを殺害した.
類義語 slaughter; kill.
【派生語】**sláyer** 名 C 殺害者.

slea·zy /slí:zi/ 形 〔くだけた語〕〔軽蔑的に〕布地や織物などが薄っぺらな, 安っぽい, 一般に物が見かけ倒しの, **粗悪な**.
語源 不詳. 初期近代英語から.

sled /sléd/ 名 C 動 本来自 〔一般語〕《米》主に子供が遊ぶための小型のそり (《英》 sledge). 動 としてそりに乗る.
語源 「滑る」という意味のゲルマン語起源で, 中期オランダ語 slēde が中英語に入った.
用例 Let's go *sledding* on the slope, shall we? ゲレンデに行って滑りをしようよ.
類義語 ⇒sleigh.

sledge¹ /sléʤ/ 名 C 動 本来他 〔一般語〕荷物運搬用の大型のそり, 《英》子供が遊ぶための小型のそり (《米》 sled). 動 そりで運ぶ.
語源 sled と関連のある中期オランダ語 sleedse が初期近代英語に入った.

sledge² /sléʤ/ 名 C 動 本来他 〔一般語〕両手で使う重い大づち(で打つ).
語源 古英語 slecg から.
【派生語】**slédgehàmmer** 名 C.

sleek /slí:k/ 形 動 本来他 〔一般語〕毛髪, 毛皮などが滑らかな, つやつやしている. その他 栄養がよい, よく太った, 裕福で身なりのよい, 車などが流線型の, かっこいい, 《軽蔑的》口先のうまい, ずる賢い. 動 として, 毛皮を滑らかにする, 髪をなでつけてややかにする.
語源 slick の変形. 中英語から.
用例 The dog has a lovely *sleek* coat. その犬の毛は見事なほどにつやつやしている.
【派生語】**sléekly** 副. **sléekness** 名 U.

sleep /slí:p/ 動 本来自 《過去・過分 slept》 名 U 〔一般語〕[一般義] 人や動物が眠る, 眠っている. その他 寝る, 泊まる, また眠ったように才能や機能が活動していない, 麻痺している, 町などが静まりかえっている, 比喩的に死者が永眠している, 婉曲に異性と寝る, 《同族的語を伴って》眠る, また建物などが人を宿泊させる. 名 として睡眠, 活動休止(状態), 永眠, 《a ~》ひと眠り.
語源 古英語 動 slēpan, slǽpan, 名 slēp, slǽp から.
用例 I always *sleep* badly when I'm away from home. いつもよそに行くとよく眠れなくて困る/His anger now *sleeps*. 彼の怒りはもうおさまっている/Our street *sleeps*, with not a soul, not a light. 人も明かりもなく, 街は静まりかえっている/At last she *slept* her last *sleep*. ついに彼女は永遠の眠りについた/Did you realize you were talking in your *sleep* last night? 昨夜はご自分が寝言を言っているのに気がつきましたか.
類義語 sleep; slumber; nap; drowse: sleep は最も一般的な語で, 人間または動物が一定時間眠ること. slumber は文語で sleep とほとんど同意だか, 浅い眠りを指すことが多い. nap はややくだけた語で, うたた寝をすること. drowse は眠気がさしてうとうとしてしまうこと.
【慣用句】*get to sleep* 《通例否定文, 疑問文で》寝つく. *go to sleep* 寝入る, 〔くだけた表現〕《手足が》しびれる. *lose sleep over* …〔くだけた表現〕…が気になって眠れない: Don't *lose* any *sleep over* it. 気に病むことはない. *put to sleep* 子供を寝かせる, 動物を楽に死なせる. *sleep around* 〔くだけた表現〕いろいろな男[女]と寝る. *sleep away* …を寝て過ごす, 頭痛や二日酔いなどを眠ってなおす. *sleep in* 雇い人が住み込む, 《英》寝すごす. *sleep off* 頭痛などを眠ってなおす (sleep away). *sleep on* [*upon*] …〔くだけた表現〕問題などをひと晩寝て考える; 回答[決断] を翌日まで延ばす. *sleep out* 外泊する, 雇い人が通勤する. *sleep over* 他人の家に外泊する《at》. *sleep through* … 物音などに目覚めず眠り続ける.
【派生語】**sléeper** 名 C 眠る人, 寝坊, 寝台車, 《英》線路の枕木, 《米》子供用の寝まき, おくるみ, 〔くだけた語〕思いがけなく成功した映画[本]. **sléepily** 副. **sléepiness** 名 U. **sléeping** 名 U 睡眠, 休止, 不活動(状態). 形 眠っている, 休んでいる, 睡眠用の, 宿泊設備のある: **sleeping bag** 寝袋/**sleeping car** 寝台車 (sleeper)/**sleeping partner** 《英》匿名出資社員 (《米》silent partner)/**sleeping sickness** 〖医〗眠り病 (★アフリカの伝染病). **sléepless** 形 眠れない, 〔文語〕油断のない, 休むことない. **sléeplessly** 副 眠れずに, 眠らないで. **sléeplessness** 名 U. **sléepy** 形 眠

sleepyhead ねぼすけ.
【複合語】**sléepwàlker** 名 C 夢遊病者. **sléepwàlking** 名 U 夢遊病.

sleet /slíːt/ 名 U 動 本来自 〔一般語〕みぞれ. 動 として(it を主語として)みぞれが降る.
[語源] 古英語 slete から.
【派生語】**sléety** 形.

sleeve /slíːv/ 名 C 〔一般語〕[一般義] 衣服のそで, たもと. [その他] [機] 軸などをはめる筒や管, 軸さや, スリーブ, 《英》レコードのジャケット《米》jacket.
[語源] 古英語 slēfe, sliefe から.
[用例] He rolled up his *sleeves* and got to work in the garden. 彼はそでをまくり上げて庭仕事をし始めた/ Every man has a fool in his *sleeve*. 《ことわざ》弱点のない人はいない.
【慣用句】***laugh up in one's sleeve*** ほくそえむ, ひそかに喜ぶ. ***up one's sleeve*** 〔くだけた表現〕妙案, 奥の手などをひそかに用意して.
【派生語】**sléeveless** 形 そでのない, ノースリーブの.

sleigh /sléi/ 名 C 動 本来自 〔一般語〕馬やとなかいに引かせる比較的大型のそり. 動 としてそりに乗る[乗って行く]. 他 そりで運ぶ.
[語源] オランダ語 slede(=sled)の異形 slee が18世紀に米語に入った.
[用例] We always ride on the *sleigh* to go to a neighboring village. 隣の村にはいつもそりに乗って行く.
[類義語] sleigh; sled; sledge: **sleigh** は比較的大型で馬に引かせるそり. **sled** は《米》で主に遊びに用いる小型のそり. **sledge** は主として荷物運搬用の大型そりをいうが, 《英》では sled と同意味にも用いる.
【派生語】**sléighing** 名 U そりに乗って行くこと.
【複合語】**sléigh bèlls** 名 《複》そりの鈴.

sleight /sláit/ 名 U [文語] ずるがしこさ, 巧妙, 早業, 策略, 謀略.
[語源] 古ノルド語 slœgr(=sly)の 名 slœgth が中英語に入った.
【複合語】**sléight of hánd** 名 U 手先の早業, 手品, 奇術.

slen·der /sléndər/ 形 〔一般語〕[一般義] 姿形がほっそりした, すらりとした. [その他] 物の幅が細い, 細長い, 比喩的に収入などが乏しい, 将来の見込みなどが薄弱な.
[語源] 不詳. 中英語から.
[用例] The girl was pretty and *slender*. 女の子はきれいですらっとした子だった/ His chances of winning are extremely *slender*. 彼の勝算は極めてわずかだ.
[類義語] thin.
[対照語] bulky; fat.
【派生語】**slénderize** 動 本来他 〔くだけた語〕《米》ダイエットをしてやせさせる, 体をほっそり見せる. **slénderly** 副. **slénderness** 名.

slept /slépt/ 動 sleep の過去・過去分詞.

sleuth /slúːθ/ 名 C 〔くだけた語〕探偵, 刑事. 動 として《こっけい》探偵をする, 嗅ぎまわる.
[語源] sleuthhound の短縮形. 19世紀から. sleuthhound は「猟犬」の意の中英語 sleuth hund(古ハド語 slōth (= track of an animal or person) から入った sleuth と hund (= hound) の複合語) から.
【複合語】**sléuthhòund** 名 C 探偵犬, ブラッドハウンド(bloodhound).

slew¹ /slúː/ 動 slay の過去形.
slew² /slúː/ 名 動 = slough¹.
slew³, slue /slúː/ 動 本来他 〔一般語〕望遠鏡や柱などを軸の固定点で回転させる, 車などをカーブを回るときに滑らせる. 自 回転する, 横滑りする. 名 として回転, 横滑り.
[語源] 不詳. 18世紀から.
[用例] The car skidded and *slewed* across the road. 車はスリップして道路の反対側まで滑って行った.

slew⁴ /slúː/ 名 C 〔くだけた語〕《a ~または複数形で》数量がたくさん《of》.
[語源] アイルランドゲール語が19世紀に入った.

slice /sláis/ 名 C 動 本来他 〔一般語〕[一般義] パン, ケーキ, ハムなどの薄く切った1切れ 〔語法〕 a slice of, slices of で単数, 複数を表す. [その他] 切り分けた一部分ということから, 分け前. また薄く切る道具, 薄刃包丁, 食卓用へら, ケーキナイフ, フライ返し, [スポ] 打者の利き腕の方向へ曲がる打球, スライス. 動 として薄く切る, 分け前を分割する, 球をスライスさせる.
[語源] フランク語から借用された古フランス語 esclicer (= to split) から逆成された esclice (= small piece of wood) が中英語に入った.
[用例] How many *slices* of meat would you like? 薄切りの肉は何枚にしましょうか/ Who got the largest *slice* of the profits? 利益の分け前をいちばん多く取ったのは誰か/ The blade slipped and *sliced* off the tip of his forefinger. 刃がすべって彼の人差し指の先を切り落としてしまった/ *sliced* bread [ham] スライス・パン[ハム].
[類義語] share.
【慣用句】***any way you slice it = no matter how you slice it*** 〔くだけた表現〕《米》どのように考えても, どっちみち.
【派生語】**slícer** 名 C パンやハムなどの薄切り器, スライサー.
【複合語】**slíce bàr** 名 C 火かき棒.

slick /slík/ 形 名 C 動 本来他 〔一般語〕[一般義] 動作が巧みな, 上手な. [その他] 滑らかな, てかてかした, つるつるした, 《しばしば軽蔑的》弁舌が達者な, 口先のうまい, 文章や作品などが通俗的ななどの意. 動 として, 物を滑らかにする. 名 として, 水面の油膜(oil slick), つや出しの紙を使った豪華雑誌.
[語源] 古英語 slician (= to glide) から.
[用例] a *slick* gear change 巧みなギヤチェンジ/ a *slick* salesman 口先のうまいセールスマン.
【派生語】**slícker** 名 C 口先のうまい人, レインコート.

slid /slíd/ 動 slide の過去・過去分詞.
slid·den /slídn/ 動 slide の過去分詞.
slide /sláid/ 動 本来自 《過去 slid; 過分 slid, slidden》〔一般語〕[一般義] 滑る, 滑走する. [その他] 滑り落ちる, 滑ってころぶ, [野] 滑り込む. また滑るようにそっと動く[移動する], 比喩的に歳月などがいつのまにか過ぎる, ある習慣や状態に知らず知らずのうちに陥る, 責任などから逃れる. 他 滑らせる, そっと入れる[渡す]. 名 として滑る[滑り落ちる]こと, 地滑り(landslide), なだれ(snowslide), また滑る場所や道具, すなわち滑走路, 滑り台, 顕微鏡用の載物ガラス 〔英語では単に slide あるいは microslide といい「スライドガラス」とはいわない), プロジェクターで映写する1枚のスライド, トロンボーンのスライド管.
[語源] 古英語 slīdan (= to slide) から.

[用例] The children were *sliding* on the ice. 子供たちが氷の上で滑っていた/The cups and plates *slid* to the floor as the table was tipped over. テーブルが倒れ，カップや皿が床に滑り落ちた/Ten years *slid* by, but people in the village were still what they used to be. 10年が過ぎたが，村の人々は昔のままだった/He *slid* the drawer open. 彼は引き出しを静かに開けた/He *slid* the book quickly out of sight under his pillow. 彼は本を急いで見えないように枕の下にもぐりこませた/The lecture was illustrated with *slides*. 講義ではスライドによる説明が行われた．

[類義語] slide; slip; glide: **slide** が氷滑りのように滑らかな表面を一定時間楽々と滑るのに対して，**slip** は不注意などでなにかの表面をつるりと滑ってしまうことをいう．また **glide** は流れるようになめらかに滑ることだが，グライダーが滑空するように表面に触れず滑る場合にもいう．

【慣用句】**let slide** 〔くだけた表現〕物事を成り行きに任せておく，そのまま放っておく．**slide over** …を簡単に片付ける，正面から取り組まず避けて通る．

【派生語】**slíder** 名 C 滑る人[もの]，【機】滑動部，【野】スライダー． **slíding** 形 滑動する，スライドする，滑らせて調整[操作]する． 名 U 滑走，【野】滑り込み： **sliding dòor** 引き戸/**sliding scàle**【経】賃金や税額などのスライド制．

【複合語】**slíde fàstener** 名 C 〖米〗ファスナー(zipper)． **slíde projèctor** 名 C スライド映写機，プロジェクター． **slíde rùle** 名 C 計算尺．

slight /sláit/ 形 [本来他] 名 C 〔一般語〕[一般義] 量や程度がほんのわずかな 《〖語法〗「わずかしか[ほとんど]ない」のように否定的にも用いられる》． [その他] 本来はほっそりした，弱々しい，相手が取るに足らないなどの意． 動 名 として〔形式ばった語〕軽蔑[無視](する)．

[語源] 不詳．中英語から．

[用例] She showed *slight* irritation at my remark. 彼女は私の言葉を聞いてちょっといらいらした様子だった/The improvement is only *slight*. ほんのわずかしか改善されてない/It seemed too heavy a load for such a *slight* woman. そんなきゃしゃな女性には荷物が重すぎるようだった/I didn't mean to *slight* him. 彼を無視するつもりはなかったのです/He did not speak to her and she felt the *slight* deeply. 彼が話しかけもしなかったので彼女はひどい侮辱を受けた．

【慣用句】**make slight of** …を軽視する．**not … in the slightest** 少しも…でない(not … at all)．**put a slight upon [on]** …を軽視[軽蔑]する．

【派生語】**slíghtingly** 副 軽蔑的に，失礼にも． **slíghtly** 副 わずかに，きゃしゃに，ほっそりと． **slíghtness** 名 U．

slim /slím/ 形 動 [本来他] 〔一般義〕(良い意味で)姿，形がほっそりしている，スリムな． [その他] わずかな，乏しい，また貧弱な，くだらないなど悪い意味にもなる． 動としては細くなる，体重が減る，運動や減食により体重を減らす．

[語源] オランダ語 *slim*(=small; inferior)が初期近代英語に入った．中期オランダ語では「傾いた」「悪い」を意味した．

[用例] She has a *slim*, graceful figure. 彼女はすらっとした優美なスタイルをしている/Taking exercise is one way of keeping *slim*. 運動することはすらりとした容姿を保つ一つの方法だ/There is still a *slim* chance that we'll find the child alive. まだわずかながら子供が生存している望みはある/You haven't eaten very much — are you *slimming*? あまり召しあがらないけど，減量でもしているのですか．

[類義語] thin; slender.

【派生語】**slímly** 副．**slímness** 名 U．

slime /sláim/ 名 U 動 [本来他] 〔一般語〕[一般義] どろどろしたもの，ねばねばしたもの． [その他] 動物や魚の粘液，ぬめり，また水分を含んだ軟らかい土，粘土，へどろ，非常に細かく粉砕した鉱石，泥érats，スライム． 動 として泥だらけになる，ぬるぬるになる． 他 粘液で覆う，魚のぬめりを取り去る．

[語源] 古英語 slīm から．

[用例] Snails leave a trail of *slime*. かたつむりは，動くと粘液のあとを残す/There was a layer of *slime* at the bottom of the pond. 池の底にはへどろ層があった．

【派生語】**slímily** 副．**slíminess** 名 U．**slímy** 形 ぬるぬるした，ねばねばした，下劣な，けがらわしい．

sling /slíŋ/ 動 [本来他] (過去・過分 **slung**) 名 C 〔一般語〕[一般義] 物を目標に向かってさっと投げる，ほうる． [その他] つり革，つり綱などでつり下げる，つるす，かける，つり包帯などでつる，負い革などで背負う． 名 として投石器，ぱちんこ，また物をつり上げたり下ろしたり運んだりするためのつり鎖[索]，腕の骨折のときに用いるつり包帯，三角巾，赤ん坊を抱くための抱っこひも，銃，バッグなどの負い革など．

[語源] 古ノルド語からの借用と思われる．中英語から．

[用例] The boy *slung* a stone at the dog. 子供は犬に向かって石を投げつけた/He *slung* the sweater over his shoulder. 彼はセーターをさっと肩にひっかけた/He had a camera and binoculars *slung* round his neck. 彼はカメラと双眼鏡を首にかけていた/He had his broken arm in a *sling*. 彼は骨折した腕を三角巾でつっていた．

[類義語] throw.

【派生語】**slíngshòt** 名 C ゴムぱちんこ．

slink /slíŋk/ 動 [本来他] (過去・過分 **slunk**) 〔一般語〕[一般義] 人目をさけてこそこそ歩く[動く]． [その他] 動物がそっと忍び寄る，〔くだけた語〕女性が腰をくねらせて挑発的に歩く．

[語源] 古英語 slincan(=to creep)から．

[用例] The dog *slunk* off after being beaten. 犬はぶたれて，こそこそと逃げた．

【派生語】**slínkiness** 名 U．**slínkingly** 副．**slínky** 形 人目を忍ぶ，秘密の，女性の衣服が体にぴったりした，〔くだけた語〕動きがしなやかな．

slip¹ /slíp/ 動 [本来他] 名 C 〔一般語〕[一般義] 誤って滑る，予期せず滑り落ちる． [その他] 「滑るように動く」ということから，するりと抜け出す[入り込む]，するりと外れる[はずれる]，時が知らぬ間に過ぎる，機会などが失われる，逃げる，言葉などがうっかり口をついて出る，〔くだけた語〕うっかり間違える，また質や量が通常よりも落ちる，悪くなるなどの意．他 滑らせる，するりと入れる[外す]，記憶や心から消え去る，〔くだけた語〕衣服などをするりと身につける[脱ぐ]など．名 として滑ること，転じてちょっとした誤り，また女性用下着のスリップや枕カバー(pillow slip)，〔通例複数形で〕進水[引き揚げ]用の造船台などの意．

[語源] 中期オランダ語および中期低地ドイツ語の *slippen* が中英語に入った．

[用例] The razor *slipped* and he cut his chin. かみ

そりが滑って彼はあごを切ってしまった/She *slipped* out of the room. 彼女はこっそり部屋を抜け出した/The months were *slipping* by fast. いつしか早くも何か月かが過ぎていった/She has *slipped* in my estimation since I read her last report. この前の彼女の報告書を読んでから私の彼女に対する評価が下がった/She *slipped* the letter back in its envelope. 彼女は手紙をそっと封筒にもどした/The dog had *slipped* its lead and disappeared. 犬はひもをはずしていなくなった/Your message has *slipped* my mind. あなたからの伝言のことを忘れてしまいました/I *slipped* a coat over my shoulder. 私はコートを軽くはおった/Her sprained ankle was a result of a *slip* on the path. 彼女の足首のねんざは道ばたで滑って転んだのもとだった.

[類義語] slide.

[慣用句] *give … the slip* = *give the slip to …* 〔くだけた表現〕相手の油断をついて逃れる. *let slip …* チャンスなどを逃がす, 秘密などをうっかりもらす. *slip on* [*off*] …をさっと着る[脱ぐ]. *slip one* [*something*] *over on* …〔米〕…をだます. *slip over* …を軽々しく扱う. *slip up* 滑って転ぶ, 〔くだけた語〕しくじる, 間違える.

[派生語] **slípper** [名] [C] 〔通例複数形で〕室内用あるいは舞踏用の軽い上靴 ([日英比較] 日本のかかとのない「スリッパ」は mule, 〔米〕scuff と呼ばれるが, 英米ではあまり使用されない). **slípperiness** [名] [U]. **slíppery** [形] 滑りやすい, 理解しにくい. **slíppy** [形]〔くだけた語〕= slippery ; 〔古語〕〔英〕すばやい: Look *slippy*. ぐずぐずするな, しっかりしろ.

【複合語】**slípcàse** [名] [C] 本を保護するためのボール紙のケース, 外箱. **slípcòver** [名] [C]〔米〕ソファーなどの覆い, 家具カバー(〔英〕loose cover). **slípknòt** [名] [C] 引けばすぐほどける引き結び. **slíp-òn** [名] [形] すぐ脱着できる(靴, 衣服, 手袋), スリッポン. **slípòver** [名] [形] 簡単にかぶって着られる(セーター), プルオーバー(pullover). **slípped dísk** [名] [UC] 椎間板ヘルニア, ぎっくり腰. **slípstrèam** [名] [C] プロペラの後方で発生する後流, 高速運転中のレーシングカーの直後に生じる気圧が低く前方へ吸引する力が起る領域. **slípùp** [名] [C]〔くだけた語〕ちょっとしたミス[手違い]. **slípwày** 傾斜した造船台.

slip² /slíp/ [名] [C]〔一般義〕[一般義] 紙, 木, 土地などの細長い1片. [その他] 記入欄が印刷されている伝票や記入用紙. 【園芸】接ぎ穂, さし枝, 比喩的に子孫の意.

[語源] 不詳. 中英語から.

[用例] She wrote down his telephone number on a *slip* of paper. 彼女は彼の電話番号を細長い紙きれに書いた.

slip·shod /slípʃɑd/-ɔ-/ [形]〔一般義〕[一般義] 人や仕事のやり方が注意力散漫な, だらしない, いいかげんな. [その他]〔古語〕本来は靴がかかとのとすり減った, 人がみすぼらしい.

[語源] slip¹ + shod として初期近代英語から. slip は「服を無造作にひっかけて着る」, shod は shoe [動] の過去・過去分詞で「靴を無造作につっかけていた」の意.

slit /slít/ [動] [本来自] 〔過去・過去分 ~〕[一般義] 長くてせまい切り口, 割れ目, さけ目. [その他] 衣服のスリット, 〔単語〕女性の性器. [動] として, 細長い切れ目を入れる, 切り開く.

[語源] 古英語 slítan (= to split; to rend) から.

[用例] She made a *slit* in the material with a large pair of scissors. 彼女は大きなはさみで布地に切れ目を入れた.

slith·er /slíðər/ [動] [本来自]〔ややくだけた語〕ずるずると滑る, 蛇のように滑るように進む.

[語源] 古英語 slídan (= to slide) の反復形 slidrian から.

[用例] The dog was *slithering* about on the ice. 犬が足を滑らせながら氷の上を歩いていた.

[派生語] **slíthery** [形].

sliv·er /slívər/ [名] [C] [動] [本来他] 〔一般語〕木材が裂けてできるような細長い裂片, ガラスの破片や物の小片. [動] として, 物を細長く切る[割る, 裂く].

[語源] 古英語 slifan (= to cut; to split) から.

[用例] a *sliver* of glass ガラスのかけら.

slob /slɑ́b/ -ɔ-/ [名] [C]〔くだけた語〕だらしない身なりの男, 礼儀しらず.

[語源] アイルランドゲール語 *slab* (= mud) が 19 世紀に入った.

slob·ber /slɑ́bər/ -ɔ-/ [動] [本来自] [名] [U]〔一般語〕よだれを垂らす,〔軽蔑的〕過度に感傷的になる, べたべたする. [名] としてよだれ, べたべたしたキス.

[語源] 不詳. 中英語から.

sloe /slóu/ [名] [C] 【植】りんぼく, スロー(★サクラ属の低木), その実 (★小さな球形で青黒く渋みがある; スロージンに香りをつける).

[語源] 古英語 slāh から.

【複合語】**slóe gín** [名] [C] スロージン (★sloe で香味をつけた赤い色をしたリキュール).

slog /slɑ́g/ -ɔ-/ [動] [本来自] [名] [C]〔くだけた語〕人や物を強打する, 【ボク・クリケ】相手やボールを強く打つ. [自] 重い足取りで歩く, 休まずに熱心に仕事に取り組む. [名] として強打, 休みなしのつらい仕事.

[語源] 不詳. 19 世紀から.

[用例] A man tried to attack her in the street and she *slogged* him with her handbag. 男が道で彼女に襲いかかろうとしたので, 彼女はハンドバッグでその男を思い切りたたいた.

[派生語] **slógger** [名] [C]〔くだけた語〕クリケットなどの強打者, 働き者.

slo·gan /slóugən/ [名] [C] 〔一般語〕政党などの団体が掲げる標語, スローガン, 一般にうたい文句, あるいは広告などの宣伝文句.

[語源] ゲール語 *sluaghghairm* (= war cry; *sluagh* host + *ghairm* cry) が初期近代英語に入った.

[用例] We are trying to invent a *slogan* to advertise our product on television. わが社の製品をテレビで宣伝するのに何かうたい文句はないかと思案しているところです.

[類義語] slogan; motto; catchphrase; catchword; watchword; war cry: **slogan** は政党や団体が宣伝に用いる標語をいう. **motto** は学校が生徒たちに掲げる指針など教訓的な意味を含むことが多い. **catchphrase, catchword** はともに人の注意を引くため何度も繰り返されるうたい文句や標語をいうが, 後者はこの他に辞典などの欄外見出し語という意味もある. **watchword, war cry** はともに形式ばった多少気取った語で, 政党などが掲げる標語の意に用いられることがある.

slogger ⇒slog.

sloop /slú:p/ [名] [C] 【海】一本マストの前後の縦帆と船

首三角帆のあるスループ型帆船.
[語源] オランダ語 sloep が初期近代英語に入った.

slop /slάp/slɔ́p/ 動 [本来自] 液体を容器からこぼす. ⑩ こぼれる. 名 として [複数形で単数扱い] 台所や風呂の流し水, 汚水, 飼料になる液状の残飯, 《軽蔑的》水っぽい[まずそうな]食物, 病人用の流動食.
[語源] 不詳. おそらく古英語から.
[用例] She *slopped* some milk onto the floor from the jug she was carrying. 彼女は持っているポットから, うっかり牛乳を床にこぼしてしまった/All the time I was ill, they wouldn't give me anything to eat but *slops*. 病気の間は, 食べるものは流動食しかくれなかった.
【派生語】**sloppy** 形 ⇒見出し.
【複合語】**slóp bòwl** [《英》**bàsin**] 名 C 残った紅茶やミルクを入れる器, 茶こぼし.

slope /slóup/ 名 CU [本来自] [一般義] [一般義] 斜面, 坂. 《しばしば複数形で》傾斜地. [その他] 傾斜, 勾配(⎰), 景気の後退, 《英》《軍》担え銃(⎰)の姿勢. 動 として傾斜する[させる].
[語源] 中英語で aslope の頭音消失形. それ以前は不詳.
[用例] The house stands on a gentle *slope*. その家はゆるやかな斜面に立っている/The floor is on a slight *slope*. 床がわずかに傾斜している/The field *slopes* steeply towards the road. 畑は道路のほうに急傾斜している/*Slope* arms! 《号令》担え銃!
【慣用句】***slope off*** 〔くだけた表現〕《英》ずらかる. ***on the slope*** 斜めに.

slop·py /slάpi/-ɔ́-/ 形 (⇒slop) 〔くだけた語〕 [一般義] 仕事などがいいかげんな, 雑な. [その他] 服装が薄汚い, だらしない, 人が感傷的すぎる, 愚痴っぽい, 水たまり地面がぬかるみ状態の, 粥(⎰)などが薄くて水っぽいなどの意.
【派生語】**sloppily** 副. **sloppiness** 名 U.
【複合語】**slóppy jóe** 名 C 《米》トマトソースなどで味つけしたひき肉をのせた丸パン, スラッピージョー.

slosh /slάʃ/-ɔ́-/ 動 [本来自] 名 C 〔くだけた語〕 [一般義] 容器の中の水などがばちゃばちゃ揺れる. [その他] 水の中をばちゃばちゃ歩く. 名 としてぬかるみ, 水のはね返り, はね返る音.
[語源] slop と slush の混成語. 19 世紀から.

slot /slάt/-ɔ́-/ 名 C 動 [本来他] [一般義] [一般義] 細長いすき間, 穴, 硬貨や郵便物などの投入口. [その他] 比喩的に組織の中で割り当てられる持ち場, ポスト, 放送番組の時間枠, 連続講座で割り当てられた講義[講演]など. 動 として, 物を狭い場所に入れる, はめ込む, ある場所や部署などに割り込ませる, 物に隙き間をあける.
[語源] 古フランス語 *esclot* が中英語に入った.
[用例] I put the correct money in the *slot*, but the machine didn't start. 正しくお金を投入口に入れたが, 機械は動かなかった.
【複合語】**slót càr** 名 C スロットカー《★遠隔操作で溝の上を走るおもちゃの競走用自動車》. **slót machine** 名 C 《米》スロットマシン(one-armed bandit);《英》fruit machine《★硬貨を入れ, ハンドルを引いて遊興賭博装置》,《英》自動販売機(vending machine).

sloth /slóuθ, slɔ́:θ/ 名 UC 〔文語〕 怠惰, ものぐさ, また〘動〙なまけもの.
[語源] slow に名詞語尾-th のついた中英語 slouth(e)から.
【派生語】**slóthful** 形.

slouch /sláutʃ/ 動 [本来自] 名 C 〔一般義〕前かがみになる, だらだら歩く. 名 として《単数形で》前かがみの姿勢, うつむき歩き, だらけた格好, また〔くだけた語〕ぐうたら.
[語源] 不詳.
[用例] We could see him approaching with his usual *slouth*. いつもの前かがみの姿勢で彼が近づいてくるのが見えた.
【慣用句】***be no slouch at ...*** …がかなり上手である.
【派生語】**slóuchily** 副. **slóuchingly** 副. **slóuchy** 形.
【複合語】**slóuch hát** 名 C 縁が垂れた, あるいは下に曲げることができる男性用のつばの広いソフト帽.

slough[1] /slú:/sláu/ 名 C 動 [本来自] 〔形式ばった語〕沼地, 湿地, 比喩的に, 抜け出すことが困難な悪い状況, 泥沼. 動 として泥沼にのみこまれる.
[語源] 古英語 *slōh*, *slō(g)* から.
[用例] He was in a deep *slough* of depression. 彼は落胆の深い泥沼にはまりこんでいた.

slough[2] /sláf/ 名 C 動 [本来自] 〔形式ばった語〕蛇などの抜け殻, 〘医〙壊疽(⎰)塊, 傷のかさぶた. 動 として, 蛇などが脱皮する, かさぶたがはげ落ちる. ⑩ 皮を脱ぎ落とす, 比喩的に偏見などを捨てる, 脱却する.
[語源] おそらく低地ドイツ語起源. 中英語 slughe から.
[用例] Some of her skin *sloughed* off after she had been badly burned. 彼女はひどく日焼けしたので皮が少しむけた.

Slo·va·ki·a /slouvǽkiə, -vά:-/ 名 スロバキア《★ヨーロッパの共和国. 1992 年 Czechoslovakia から独立》.
【派生語】**Slovak** /slóuvæk, -vα:k/ 形 スロバキア(人, 語)の. 名 CU スロバキア人[語].

Slo·ve·ni·a /slouví:niə/ 名 スロベニア《★ヨーロッパの共和国. もと Yugoslavia の一部》.
【派生語】**Slovene** /slóuvi:n/ 形 スロベニア(人, 語)の. 名 CU スロベニア人[語].

slov·en·ly /slʌ́vnli/ 形 副 〔一般義〕《軽蔑的》外観, 服装, 習慣などがきちんとしていない, 無精でいいかげんな. 副 としてだらしなく.
[語源] 中英語 sloveyn (=rascal)+-ly から. sloveyn はフランデルス語 sloovin (=woman of low character) から入ったと思われる.
[用例] Her work has been rather *slovenly* recently. 彼女の仕事は最近かなりいいかげんです.
【派生語】**slóvenliness** 名 U.

slow /slóu/ 形 副 動 [本来自] 〔一般義〕 [一般義] 速度や動作などが遅い, のろい. [その他] 時計が遅れている(⇔fast), 人の感覚が鈍い, もの覚えが悪い, 景気が活気がない, 見ていて退屈な, 火力が弱い. 副 としてゆっくりと. 動 として速度が落ちる. ⑩ 速度を遅くする.
[語源] 古英語 *slāw* から.
[用例] This symphony has two fast movements and one *slow* movement. この交響曲はテンポの速い2 楽章とゆっくりした1 楽章から成る/The old lady was becoming rather *slow* and unsteady on her feet. 老婦人は歩き方がのろのろし, 足もともふらついてきていた/He was very *slow* to offer help. 彼からの援助はたいへん手間どった/My watch is one minute *slow*. 私の時計は 1 分遅れている/Her

daughter is quite clever, but her son is rather *slow*. 彼女の娘は実に賢いが、息子のほうはどちらかというともの覚えが悪い/Business was rather *slow* last year. 昨年は景気がどうもよくなかった/Drive slow. ゆっくり走れ/The car *slowed* to take the corner. 車は角を曲るため速度を落とした/The thick snow *slowed* her progress. 降りしきる雪のため彼女の歩みははかどった。

[日英比較] 日本語の「遅い」には「速度が遅い」と「時間が遅い」の2つの意味があるが、英語では前者が slow, 後者は late と別語になる。

[対照表] fast; quick; swift.

【慣用句】*go slow* ゆっくり行く、のんびりやる、用心してやる、怠業する。*slow down* 速度を落とす、《米》怠業する、さぼる。

【派生語】**slówly** 副 遅く、のろのろと。**slówness** 名 U 遅いこと、鈍いこと。

【複合語】**slówcòach** 名 C《英》= slowpoke. **slówdòwn** 名 C 減速、景気などの停滞、《米》戦術としての怠業。**slów mótion** 名 U 映画のスローモーション。**slów-mótion** 形 スローモーションの、のろのろした: a *slow-motion* replay ビデオ画面をゆっくり再生すること《[日英比較]「スロー・ビデオ」は和製英語》。**slówpòke** 名 C〔くだけた語〕《米》のろま、ぐず《[語法] 呼びかけにも用いる》。

sludge /slʌ́dʒ/ 名 U 〔一般義〕物の底にたまる汚泥、ボイラー内にたまるおり、スラッジ、河床などのへどろ。
[語源] 不詳。初期近代英語から。
【派生語】**slúdgy** 形.

slue /slúː/ 動 = slew³.

slug¹ /slʌ́ɡ/ 名 C 動 [本来自] [動] なめくじ、のろのろ歩くことから比喩的になまける人。動 としてなまける。
[語源] 不詳。中英語 slugge から。
【派生語】**slúggard** 名 C《軽蔑的》なまけ者。形 のらくらしている。**slúggardly** 副。**slúggish** 形 なまけた、無精な、動き[流れ、成長]がきわめて遅い、反応の鈍い、景気が不活発な。

slug² /slʌ́ɡ/ 名 C〔一般義〕かまぼこ型の金属の塊。[その他] 銃の弾丸、空気銃のばら弾、ウイスキーの一口分など。動 として、ウイスキーなどをがぶ飲みする。
[語源] 不詳。中英語 slugge から。

slug³ /slʌ́ɡ/ 動 [本来他] 名 C〔くだけた語〕人をこぶしでなぐる、球などを強打する。名 として強打。
[語源] 不詳。19 世紀から。
【派生語】**slúgger** 名 C 強打者。

sluice /slúːs/ 名 C 動 [本来他] 〔一般義〕水門、堰(せき)(口)、人工の水路(sluiceway). 動 として、水門を通して水を流す、放水する。自 水がどっと流れる、あふれ出る。
[語源] ラテン語 *excludere*(= to shut out; to exclude)の過去分詞の女性形 *exclusa* が古フランス語 *escluse* を経て中英語に入った。
【複合語】**slúice gàte** 名 C 水門。**slúicewày** 名 C 水路。

slum /slʌ́m/ 名 C 動 [本来自] 〔一般義〕都市部の貧しい人々の密集地域、スラム街。[その他] 住むに適さない不良住宅、不良建築物。動 として、慈善の目的や好奇心からスラム街を訪れる。
[語源] 不詳。
[用例] That new block of flats is rapidly turning into a *slum*. あの新しいアパートは急速にスラム化しているる。
【慣用句】*slum it* 〔くだけた表現〕貧しい暮らしをする。
【派生語】**slúmmy** 形 スラムのような、不潔な。

slum·ber /slʌ́mbər/ 動 [本来自] 名 UC 〔形式ばった語〕[一般義] 眠る。[その他] 物の活動がとまる。名 として〔文語〕〔通例複数形で〕眠り、まどろみ、うたたね、また無活動状態。
[語源] 古英語 *slūma*(= sleep)から派生したと思われる中英語 slumen(= to doze)の反復形 slum(b)eren から。
[用例] I didn't want to disturb your *slumbers*. 私はあなたが眠っているのを邪魔したくなかったのです。
【派生語】**slúmberous, slúmbrous** 形.
【複合語】**slúmber pàrty** 名 C 10 代の少女たちが一軒に集まり寝巻を着て語り明かしたりするパジャマパーティー(pajama party).

slummy ⇒slum.

slump /slʌ́mp/ 動 [本来自] 名 C 〔一般義〕物価が暴落する、景気が不振となる。[その他] 本来はどすんと落ちる、くずれ落ちる、沼などにはまり込むの意で、比喩的に物価が暴落する意となり、さらに力が抜けてだらしない格好になる、元気がなくなる、落ち込む、落ち目になるのとの意となる。名 としてどすんと落ちること、暴落、不振、不調。
[語源] 古ノルド語起源と思われる。初期近代英語から。

slung /slʌ́ŋ/ 動 sling の過去・過去分詞.

slunk /slʌ́ŋk/ 動 slink の過去・過去分詞.

slur /slə́ːr/ 動 [本来他] 名 C〔一般義〕不明瞭に発音する。[その他] 文字を続けて書く、《楽》高さがちがう連続した音を続けて滑らかに演奏する[歌う]。人を中傷する、くさす。名 として不明瞭な発音、《楽》スラー、さげすむような言い方、中傷、汚名。
[語源] 不詳。初期近代英語から。
[用例] The drunk man *slurred* his words. その酔っぱらいはろれつが回らなかった/In this phrase the notes are *slurred*. この楽句では、音符は一続きに演奏される[歌われる]/He is merely trying to cast a *slur* on me by saying that. 彼はそんなことを言って私に汚名を着せようとしているだけだ。

slurp /slə́ːrp/ 動 [本来他] 名 C〔くだけた語〕ずるずる音をたてて食べる、ちゅーちゅー音をたてて飲む。名 として、その音。
[語源] オランダ語 *slurpen*(= to sip)が初期近代英語に入った。

slush /slʌ́ʃ/ 名 U 〔一般義〕解けかかった雪、雪解けのぬかるみ。〔くだけた語〕〔やや軽蔑的〕センチな文学作品。[映画]、愚痴、〔俗語〕賄賂。
[語源] 古ノルド語起源と思われる。初期近代英語から。
[用例] The streets are covered with *slush*. 通りは解けた雪でぬかるんでいる/I think most romantic novels are just *slush*! たいていの恋愛小説は安っぽい感傷物語にすぎないと思う。
【派生語】**slúshy** 形.
【複合語】**slúsh fùnd** 名 U 役人を買収するための資金、賄賂として用いる宣伝[選挙]資金。**slúsh mòney** 名 U 買収に使う資金。

slut /slʌ́t/ 名 C《軽蔑的な語》だらしのない女、身持ちの悪い女、売春婦。
[語源] 不詳。
【派生語】**slúttish** 形.

sly /slái/ 形 〔一般義〕ずるい、狡猾な、悪賢い。

[その他] 陰でこそこそする，陰険な，また茶目っ気のある，いたずらな．
[語源] 古ノルド語 *slœgr*（＝clever; cunning）が中英語に入った．
[用例] He sometimes behaves in rather a *sly* manner. 彼はかなりずるく立ち回ることがある／He made a *sly* reference to my foolish mistake. 彼は陰険なやり方で私の愚かな誤りに言及した．
[類義語] sly; cunning; tricky; crafty; sneaky: **sly** は陰でずるく立ち回るような卑劣さをいう．**cunning** は悪知恵をはたらかせて人をだますのが巧みなこと．**tricky** は策をろうし，油断のならないこと．**crafty** は cunning よりも念のいった綿密な策略をろうずること．**sneaky** はくだけた語で，こそこそしていて卑劣なこと．
[対照語] open; frank; honest.
【慣用句】**on the sly** ひそかに，こっそりと．
【派生語】**slý1y, slíly** 副 ずるく，こっそりと，ちゃかして．**slýness** 名 U.
【複合語】**sly dòg** 名 C ずるいやつ．

smack[1] /smǽk/ 動 [本来他] 動 [C] 〔一般語〕
[一般義] 平手でびしゃりと打つ，びんたを張る．[その他] むちなどでぱしっと打つ．また食べ物に唇をぱくぱくする，舌鼓を打つ，大きな音を立ててキスする．名 としてぴしゃっ，ぱしっ，ちゅっという音，平手打ち，びんた，舌鼓，音の大きなキス．副 としてびしゃりと，まともに．
[語源] 擬音語起源で初期近代英語から．原義は「舌打ちをする」．
[用例] He was *smacked* by his mother for being rude to her. 彼は無作法だといって母親にぴしゃりと打たれた／She *smacked* John on the brow. 彼女はジョンの額にちゅっとキスをした／He could hear the *smack* of the waves against the side of the ship. 船はをぴしゃぴしゃと打つ波の音が彼の耳に聞こえた／He ate sushi with a *smack* of the lips. 彼はすしに舌鼓を打った／He ran *smack* into the door. 彼はドアにもろにぶつかった．
【慣用句】**get a smack in the eye** 〔くだけた表現〕拒否されて面くらう．**have a smack at ...** 〔くだけた表現〕…を（試しに）やってみる．**smack down** 〔くだけた表現〕〔米〕…をしかりつける．
【派生語】**smácker** 名 C〔俗語〕ちゅっというキス（の音），1 ドル[ポンド]．**smácking** 名 U 平手打ち，舌鼓．形 キスが大きな音をたてる，風などが激しい．

smack[2] /smǽk/ 名 C 動 [本来自] 〔一般語〕〔通例単数形で〕物の特徴となる味や香り，味わい，…じみたところ，物の少量《of》．動 として味[香り]がする，…気味である《of》.
[語源] 古英語 smæc から．
[用例] There's a *smack* of corruption about this affair. この事件には汚職の臭いがする．

smack[3] /smǽk/ 名 C〔一般語〕漁業や海岸沿いの航行のための小型船．
[語源] オランダ語 smak が初期近代英語に入った．

small /smɔ́ːl/ 形 C 副〔一般語〕[一般義] 形，体積が小さい．[その他] 数量などが少ない，場所などが（小さくて）狭い，仕事などが小規模な，声，音が低い，弱い，また物事の小ささを表すことから，とるに足らない，つまらない，〔軽蔑的〕心の狭い，けちな，卑劣な．副 として小さく，小規模に，こじんまりと，声を低く．名 として《the ~》小さい物，小，小さい部分，〔くだけた語〕《複数形で》〔英〕洗濯に出す下着，ハンカチなど小物の衣類．
[語源] 古英語 smæl から．
[用例] a *small* boy of about six 6 歳ぐらいの小さな男の子／a *small* amount of sugar ほんのわずかの砂糖／I'm only a *small* eater. 私はとても少食なのです／She spoke to me in a *small* voice. 彼女は低い声で私に話しかけてきた／There are a few *small* points I like to discuss with you. ささいな点について二，三お話ししたいのですが／I don't like a man with a *small* mind. 狭量な人はきらいです／She cut the meat up *small* for the baby. 彼女は赤ん坊に肉を小さく切り刻んでやった／He told the doctor that he had a pain in the *small* of his back. 彼は医師に腰のくびれたところが痛いと言った．
[類義語] small; little; tiny; minute; diminutive: **small** は形状，数量，程度，広さなどが小さいことを客観的に表す一般語．**little** は small とほぼ同意の一般語だが，「かわいい」という意味や，軽蔑や嫌悪など主観的感情を含むことがある．**tiny** はややくだけた語で，人や物が非常に小さいことを意味する．**minute** は極端に小さい，微小なの意で，他と比較していうことは少ない．**diminutive** は形式ばった語で，ごく小さな，小形の，ちっぽけなの意．
[対照語] large; big.
【慣用句】**feel small** 恥ずかしい思いをする．**in a small way** つつましく．**look small** 小さくなる，しげる．**no small**《控え目に》少なくない，かなりの．
【派生語】**smállish** 形 小さめの．**smállness** 名 U.
【複合語】**smáll ád** 名 C〔英〕新聞などの項目別案内広告(classified ad). **smáll árms** 名《複》《集合的》小火器. **smáll cálorie** 名 C〔理〕小カロリー(⇔large calorie). **smáll cápital** 名 C〔印〕小型の大文字，スモールキャピタル. **smáll chánge** 名 C U 小銭，〔くだけた語〕取るに足らぬもの. **smáll frý** 名 U《集合的》小魚，〔くだけた語〕とるに足らぬ連中，'雑魚'，〔戯言的に〕子供. **smáll hólder** 名 C〔英〕自作農. **smállhòlding** 名 C〔英〕小自作農地. **smáll hóurs** 名《複》《the ~》深夜（★午前 1 時から 4 時ごろまで）. **smáll intéstine** 名《the ~》小腸. **smáll létter** 名 C 小文字(⇔capital letter). **smáll-mínded** 形 心の狭い，けちくさい. **smáll potátoes** 名《複》〔くだけた語〕〔米〕取るにたらぬ人[物]，小粒な者たち. **smállpòx** 名 U〔医〕天然痘，ほうそう. **small-scále** 形 小規模な，地図が小縮尺の. **smáll tàlk** 名 U〔くだけた語〕世間話，雑談. **smálltíme** 形〔くだけた語〕取るにたらない，ちゃちな．

smart /smáːrt/ 形 [本来自] 名 UC 動〔一般語〕[一般義] 動作が機敏な，きびきびした，《主に米》頭の回転がいい，賢い，利口な．[その他] 抜け目のない，悪賢い，生意気な．話や返答などが気のきいた，外見や身なりがぱりっとしてすかされる，あかぬけした，デザインが流行の，人や店が上流階級の，機器類がコンピューター内蔵の，高性能の．本来は傷の痛みが激しい，ひりひりする．口語で，打撃が強烈な，罰が厳しい，転じてずきずき痛む，傷つかれて怒る，苦しむ．名 としてひどい痛み，うずき，〔くだけた語〕《複数形で》〔米〕知力，洞察力，いわゆる頭．副 としてすばやく，すきなく，強烈に．
[語源] 古英語 smeortan（＝to pain）から．形 の用法は 12 世紀以降では「刺すような」「機敏な」「気のきいた」のように意味が変化した．
[用例] We need a *smart* boy to help in the shop. 店でてきぱきよく働いてくれる若者を一人求めています／

wasn't very *smart* of her to give such an answer. そんな返事をするなんて彼女は頭が足りない/I don't trust some of these *smart* salesmen. 私はああいう抜け目のないセールスマンだけは信用しないことにしている/They looked *smart* in their uniforms. 制服姿の彼らはばりっとしていた/That was a *smart* thing to do — you've gone and burnt the stew!〔反語的〕ずいぶん気のきいたことをしてくれたもんだ. シチューを焦がしちゃったりして/She gave him a *smart* slap on the cheek. 彼女は彼ほおを激しくひっぱたいた/The thick smoke made his eyes *smart*. もうもうたる煙で彼の目はひりひり痛んだ/He could still feel the *smart* of her slap. 彼は彼女にひっぱたかれたことをいまだに腹にすえかねているようだ.

[日英比較] 日本語の「スマートな」には「ほっそりした」という意味があるが, 英語の smart にはこの意味はない. その意味では slim, slender を用いる.

[類義語] clever; wise.

【慣用句】*play it smart*〔くだけた表現〕仕事など頭を働かせててきぱきやる.

【派生語】smárten 動[本来他] 身なりなどぱりっとさせる, きびきびさせる, 油断なくさせる. smártly 副 きちんと, ぱりっと, 抜け目なく, 厳しく, 激しく. smártness 名 U.

【複合語】smárt àleck 名C〔くだけた語〕うぬぼれ屋, 知ったかぶりをする人.

smash /smǽʃ/ 動[本来他] 名C 副 [一般語][一般義] 猛烈な力で物を粉々に打ち砕く, 粉砕する.[その他] 力にまかせて打つ, 人をぶん殴る,〖テニス・卓球〗スマッシュする. 敵を大敗させる, 組織を取りつぶす. 砕ける, 激しく衝突する, 会社などが倒産する. 名 として 粉砕, 激突, 砕ける[衝突する]音, 強打, 破壊, 倒産,〔くだけた語〕興業などの大ヒット. 副 としてがちゃん[どかん]と, まともに.

[語源] 擬音語起源で18世紀から.

[用例] This unexpected news had *smashed* all his hopes. この予期せぬ知らせで彼のすべての望みは打ち砕かれた/He *smashed* his fist down on the table in fury. 彼は激怒してテーブルにこぶしを振りおろした/The plate dropped on the floor and *smashed* into little pieces. 皿は床に落ちて粉々に割れてしまった/He gave his opponent a *smash* on the jaw. 彼は相手のあごに一発パンチをくらわせた/There has been a bad *smash* on the motorway. 高速道路でひどい衝突事故が起きた/I'm afraid that our firm is heading for a *smash*. これから先会社が倒産するのではないかと思う.

[類義語] break; crash.

【慣用句】*go* [*come*] *to smash*〔くだけた表現〕粉みじんになる, ぶっつぶれる. *smash up* ...をめちゃめちゃに壊す.

【派生語】smáshed 形〔くだけた語〕酔っ払った. smásher 名C 粉砕者, 強烈な一撃,〔くだけた語〕《英》最高にすばらしい人[もの].

【複合語】smásh-and-gráb 形《英》ショーウインドー破りの. smásh hít 名C〔くだけた語〕興業などの大ヒット. smáshùp 名C 大きな衝突, 崩壊, 破壊.

smat·ter·ing /smǽtəriŋ/ 名C [一般語] 言語に関しての生半可な知識, 生かじり, また〈通例 a ~〉物の少量.

[語源] smatter (= to talk ignorantly) + -ing. 初期近代英語から.

[用例] He has a *smattering* of French. 彼はフランス語を少しはかじっている.

smear /smíər/ 動[本来他] 名C [一般語][一般義] 油などを塗りつける, べとべとするもので汚す.[その他] 比喩的に名声などを傷つける. 名 として 汚れ, 中傷, 顕微鏡のプレパラートなどに対象物を塗った塗布標本.

[語源] 古英語 smierwan, smerian (= to anoint) から.

[用例] The little boy *smeared* jam on the chair. その子供はいすにジャムを塗りたくった/My hands were *smeared* with grease from the engine. 私の両手はエンジンのグリースでべとべとだった/He has been spreading false stories in an attempt to *smear* us. 彼は私たちを落とし入れようと, 嘘の話をばらまいている/There was a *smear* of paint on her dress. 彼女のドレスにペンキのしみがついていた/a vicious *smear* 悪意に満ちた中傷.

【派生語】sméary 形 よごれた, しみだらけの, べとべとする.

【複合語】sméar tèst 名C〖医〗塗布検査 (pap test)〔★子宮頸部癌のための検査〕. sméar wòrd 名C 人を中傷するために用いる呼び名, レッテル.

smell /smél/ 名UC 動[本来自]〈過去・過分 ~ed, smelt〉[一般語][一般義] 鼻で感じるよい香りやいやなにおい,〈また a ~〉におをかぐ.[その他] 人間や動物の嗅覚, あるものが持つ独特の外見, 雰囲気. 動 としてにおう, においがする, においをかぐ〘語法〙進行形なし〉. 他 ...のにおいを感じる, ...のにおいをかぐ, 比喩的に...に感づく, ...という感じ[疑い]がする.

[語源] 不詳. 中英語から.

[用例] These flowers have very little *smell*. これらの花はほとんどにおわない/a strong smell of gas つんとするようなガスのにおい/Have a *smell* of this! この香りをかいでごらん/My sister never had a good sense of *smell*. 妹は鼻がきかなかった/There was a *smell* of forgery about the story. その話はどうもいんちき臭かった/Her hands *smelt* of fish. 彼女の手は魚くさかった/I thought I could *smell* danger. 私はなんとなく危険だと思った.

[類義語] smell; odor; scent; fragrance; perfume; aroma: smell は「におい」の意では最も一般的な語. good などを伴ってよい香りを表すこともある. odor は形式ばった語で化学薬品など不快なにおいや強いあいは悪いにおいを表すことが多い. scent は鋭い嗅覚でなければわからないかのかすかなにおいをいう. fragrance ははのかよい香り, 芳香の意. perfume は香水, 花などの強い香り. aroma は食欲などをそそるよい香り.

【慣用句】*smell about* [*around*; *round*] かぎ回る, せんさくする. *smell out* ...をかぎだす, 探り出す, 場所を悪臭で満たす. *smell up*《米》場所を悪臭で満たす. *take a smell at ...* をかいでみる.

【派生語】smélly 形〔くだけた語〕いやなにおいの, 臭い.

【複合語】smélling sàlts 名〈複〉炭酸アンモニアなどの気付け薬.

smelt¹ /smélt/ 動 smell の過去・過去分詞.

smelt² /smélt/ 動[本来他]〖冶〗鉱石を溶解する, 精錬する.

[語源] 中期オランダ語 smelten が初期近代英語に入った.

【派生語】smélter 名C 鉱石を溶かすもの, 製錬工[業者], 製錬所 (smeltery). sméltery 名C 製錬所.

smile /smáil/ 動[本来自] 名C 副 [一般語][一般義] 善意

smirch /smə́ːrtʃ/ 動 本来自 名 C 〔形式ばった語〕 一般義 人の**名声を汚す**, 評判を落とす(besmirch). その他 物を汚す, 物にしみをつける, 変色させる. 名 として汚れ, 汚点.
語源 不詳. 中英語から.

smirk /smə́ːrk/ 動 本来自 〔軽蔑的な語〕ひとり悦に入って自己満足したいやらしい笑いをする, 特に人の不幸を見てにやにや笑いをする, ほくそ笑む.
語源 古英語 sme(a)rcian から.

smite /smáit/ 動 本来自 〔過去 smote; 過分 smitten〕〔文語〕強く打つ, 人の心を悩ます, 苦しめる, また〈通例受身で〉病気などが襲う.
語源 古英語 smītan から.
用例 His conscience *smote* him after he had lied to the child. 子供に嘘をついた後で, 彼は良心の呵責に襲われた.

smith /smíθ/ 名 C 〔一般語〕鍛冶屋(blacksmith), 金属製品や金属を使った装飾品を製作する**金属細工人**. 〔語法〕gun*smith* や silver*smith* のように複合語として用いられる.
語源 古英語 smith から.
【派生語】**smíthy** 名 C 鍛冶屋, 金属細工人の仕事場.

smith·er·eens /smìðərí:nz/ 名 《複》〔くだけた語〕粉みじん. 〔語法〕break [smash; knock] ... into ... の形で用いられる.
語源 アイルランドゲール語 *smidirīn* が 19 世紀に入った.
用例 The vase was smashed to *smithereens*. 花びんは粉みじんに壊れた.

smithy ⇒smith.
smit·ten /smítn/ 動 smite の過去分詞.

smock /smák/ -ɔ́- / 名 C 〔一般語〕仕事中に衣服を保護するためにゆったり着った**上っぱり, スモック**, 農夫の仕事着.
語源 古英語 smoc(=woman's undergarment) から.
【派生語】**smócking** 名 U 飾りひだ, スモッキング.

smog /smág/ -ɔ́- / 名 U 本来他 〔一般語〕主に工業都市などに見られる霧と煙のまじった**煙霧, スモッグ**. 動としてスモッグでおおう.
語源 smoke+fog から成る混成語. 20 世紀初頭ロサンゼルスで用いられた.
用例 London has less of a problem with *smog* than it used to since smokeless zones were introduced. ロンドンは無煙区域が導入されて以来, かつてほどのスモッグ問題はない/I hear a photochemical *smog* warning has been issued. 光化学スモッグ警報が出ているそうだ.
【派生語】**smóggy** 形. **smógless** 形.
【複合語】**smóg-frée** 形 スモッグのない.

smoke /smóuk/ 名 UC 動 本来他 〔一般語〕一般義 煙. その他 煙のようなもの, 霧, 湯気, ほこり, 比喩的にはかないもの, つかの間の夢など. また〔くだけた語〕喫煙, 一服すること, 〔しばしば複数形で〕葉巻, 紙巻きたばこ. 動 として煙る, 煙を出す, くすぶる, 湯気[蒸気]をたてる, たばこ[パイプ, マリファナ]を吸う. 他 たばこなどを吸う, 煙にさらす, 薫製にする.
語源 古英語 名 smoca, 動 smocian から.
用例 *Smoke* was coming out of the chimney. 煙突から煙が出ていた/I came outside for a *smoke*. 私はたばこを一服しに外に出た/I saw Mt. Asama *smoking* a lot. 浅間山が多量の噴煙を上げていた/He used to *smoke* a lot, but not now. 彼はたくさんたばこを吸ったものだ/We sometimes *smoke* fish or ham at home. 家で魚やハムの薫製を作ることがある.
類義語 smoke; fumes; smother: **smoke** は「煙」の意では最も一般的な語. **fumes** は特に臭気の強い煙, 蒸気などを指し, 比喩的に酒などの「毒気」を指すことがある. **smother** は息がつまりそうな濃い煙.
【慣用句】**end (up) in smoke** もくろみなどが水の泡になる, むなしく終わる. **go up in smoke** 燃えて煙となる, =end (up) in smoke. **like smoke** 〔くだけた表現〕すばやく, わけなく. **smoke out** ...をいぶし出す, 秘密などをあばく.
【派生語】**smóked** 形 薫製の. **smókeless** 形. **smóker** 名 C 喫煙者, 〔くだけた語〕喫煙車[室]. **smóking** 名 U 煙ること[状態], 喫煙. 形 煙っている, 喫煙(用)の: **smoking car** [《英》**carriage**] 喫煙車/**smoking jacket** 男性用室内ジャケット/**smoking room** 喫煙室. **smóky** 形 煙っている, 煙い, 煙のような色の, すすけた(色の), 煙製の.
【複合語】**smóke detéctor** 名 C 火煙報知器. **smóke scréen** 名 C 〔軍〕煙幕, 比喩的に偽装. **smókestàck** 名 C 汽船, 機関車などの煙突, 工場などの大煙突.

smol·der, 《英》**smoul·der** /smóuldər/ 動 本来自 名 U 〔一般語〕一般義 炎を出さずにゆっくりと燃える, いぶる, 煙る. その他 比喩的に感情が内にこもってくすぶる, 鬱積(うっせき)している. 名 としてくすぶり, いぶり.
語源 不詳. 中英語から.
用例 A piece of coal had fallen out of the fire and the hearthrug was *smoldering*. 石炭が一つ火の中から落ちて, 暖炉の前の敷物がくすぶっていた/His anger went on *smoldering* for years. 彼の怒りは何年間もくすぶり続けていた.

smooch /smúːtʃ/ 動 本来自 名 C 〔俗語〕男女がキス

をする，なでたりさすったりして愛し合う．[名]として《a ～》男女のいちゃつき．
[語源] 擬音語と思われる．

smooth /smúːð/ [形][動][本来他][C] 〔一般語〕
[一般語] 物の表面が滑らかな，すべすべした．[その他] 凸凹のない，平坦な，ソースなどがよく練れた，酒などが口当りのよい，まろやかな，音が快い，柔らかい，水面などが静かな，波立たない，動きが円滑な，物事が順調な，言葉が**流暢な**，態度が如才ない，口先ばかりうまい，《俗語》《米》素敵な．[動]として滑らかに，流暢に．[動]として滑らかにする，磨きあげる，困難などを取り除く，洗練する．[名]として滑らかにすること，平面，《米》草原．
[語源] 古英語 smōth から．
[用例] Her skin is as *smooth* as satin. 彼女の肌は繻子(しゅす)のように滑らかだ/Add the milk to the flour and beat the mixture till *smooth*. 小麦粉に牛乳を加え，よく練れるまでかき混ぜなさい/The sea was *smooth* and we enjoyed our voyage. 海は静かで私たちは船旅を楽しんだ/The train came to a *smooth* halt. 列車は静かに止まった/His progress towards promotion was *smooth* and rapid. 彼の出世はとんとん拍子にいった/She was always a *smooth* speaker. 彼女はいつも弁舌さわやかだった/I don't trust those *smooth* salesmen. あの手の口先ばかり達者なセールスマンなど信用しない/She *smoothed* back her hair from her forehead. 彼女は額のほうから髪をなでつけた/He promised to *smooth* her path towards promotion. 彼は彼女を順調に昇進させてやると約束した/He dipped the water with the *smooth* of his hand. 彼は手の平で水をすくった．
[類義語] smooth; flat; even: **smooth** は平らで表面が滑らかなこと．**flat** は単に平らなこと．**even** は凸凹がないことをいう．
[対照語] rough.
[慣用句] ***smooth away*** 困難などを取り除く．***smooth out*** しわなどを広げるようにして伸ばす．***smooth over*** 過失などを取りつくろう．
[派生語] **smóothie** [名][C]《くだけた語》=smoothy. **sméothly** [副]. **smóothness** [名][U]. **smóothy** [名][C] 如才ない人，口先のうまい人．

smor·gas·bord /smɔ́ːrɡəsbɔːrd/ [名][UC] 〔一般語〕セルフサービス形式のバイキング(料理)．
[語源] スウェーデン語 (*smörgąs* open sandwich＋*bord* table) が 20 世紀に入った．

smote /smóut/ [動] smite の過去形．

smoth·er /smʌ́ðər/ [動][本来他][名][C] 〔一般語〕
[一般語] 窒息させる，息苦しくさせる．[その他] 人や動物などを窒息死させる，火などを覆って消す，比喩的に物事をもみ消す，感情や表現あるいは活動を抑える．また物を他の物で厚く覆う，《料理》鍋を密閉し少量の水を入れてとろ火で煮るの意．[名]として《通例 a ～》窒息させるような濃い煙，霧や泡，水しぶき，雪，ほこりなどが濃くてもうもうたる状態，比喩的に**大混乱(状態)**．
[語源] 古英語 smorian (＝to smother) から．
[用例] He *smothered* his victim by holding a pillow over her face. 彼は顔に枕を押しつけてその女性の被害者を窒息死させた/He threw sand on the fire to *smother* it. 彼は火の上に砂をかけて消した/Complaints were *smothered* before anyone in authority heard them. 当局の耳に入る前に不平不満はもみ消された/When he got home his children *smothered* him with kisses. 彼が帰宅すると子供たちは彼をキス責めにした．

smoul·der /smóuldər/ [動]《英》=smolder.

smudge /smʌ́dʒ/ [名][C][動][本来他] 〔一般語〕こすってできた汚れ，しみ．[動] として，物に汚れやしみをつける，汚す．
[語源] 不詳．中英語から．
[派生語] **smúdgy** [形].

smug /smʌ́ɡ/ [形]〔やや軽蔑的な語〕ひとりよがりの，独善的な．
[語源] おそらく低地ドイツ語 *smuck* (＝neat) から．初期近代英語から．
[派生語] **smúgly** [副].

smug·gle /smʌ́ɡl/ [動][本来他] 〔一般語〕**密輸入[輸出]する，こっそり持ち出す[込む]**．
[語源] 低地ドイツ語 *smuggeln* からと思われるがそれ以前は不詳．初期近代英語から．
[用例] He was caught *smuggling* several thousands cigarettes out. 彼は数千本のタバコを密輸出しようとして捕まった．
[派生語] **smúggler** [名][C].

smut /smʌ́t/ [名][C][動][本来他] 〔一般語〕すすなどの汚れ，しみ，《くだけた語》**卑猥な言葉[事柄]**．[動] としてすすで汚す，すすで黒くする[なる]．
[語源] 不詳．初期近代英語から．
[用例] The passing steam trains left *smuts* of soot on her washing. 蒸気機関車が通過したので，彼女の洗濯物がすすで汚れた．
[派生語] **smúttily** [副]. **smúttiness** [名][U]. **smútty** [形].

snack /snǽk/ [名][C][動][本来他] 〔一般語〕簡単な食事，軽食，あるいは間食，おやつ．[動] として軽食をとる．
[日英比較] 日本語の「スナック」には軽い食事とアルコール類を出す店の意があるが，英語の snack にはこの意味はなく，これには bar, 《英》pub が当たる．
[語源] 「ひと噛み」を意味する中期オランダ語 *snac(k)* が中英語に入った．
[用例] I usually have a large meal in the evening and only a *snack* at lunchtime. 夜はたいてい十分な食事をし，昼食はほんの軽い食事ですませています/We had a *snack* lunch in the pub. パブで軽く昼食をすませた/Let's *snack* on coffee and toasts. コーヒーとトーストで軽く食事をすませよう．
[慣用句] ***go snacks***《やや古風な表現》山分けする．
[複合語] **snáck bàr** [名][C] 軽食堂〔★ふつうはアルコール類を出さない〕．

snaf·fle¹ /snǽfl/ [名][C][動][本来他] 〔一般語〕馬の口にかませて手綱をつける金具，轡(くつわ)，銜(はみ)．[動] として銜をつける．
[語源] 不詳．初期近代英語から．

snaf·fle² /snǽfl/ [動]《くだけた語》《英》ひったくる，かっぱらう．
[語源] 不詳．

snag /snǽɡ/ [名][C][動][本来他] 〔一般語〕 [一般語] 隠れていてふだんは見えないような**障害(物)，思わぬ困難**．[その他] 本来は湖の底や川の底にあって船の運行や航行の障害となる倒木，沈んだ木[枝]の意で，立ったままの枯木，鋭くぎざぎざした形状の**突出物**，また**出っ歯，そっ歯，八重歯**，さらに鋭いものにひっかけてできた衣服のかぎ裂き．[動] として，突き出たものを引っかけて害を受ける，物を

ぎざぎざに切る，裂く．
[語源] 古ノルド語起源と思われる．初期近代英語から．
[用例] We did not realize at first how many *snags* there were in our plan. 最初に計画の中にいくつ障害があるか我々は気づかなかった/His clothes were full of *snags* after he had pushed his way through the prickly bushes. とげだらけの茂みの中を押しのけて進んできたから，彼の着ているものはかぎ裂きだらけだった．

snail /snéil/ 名 C 動 [本来自] 【動】かたつむり．動 としてゆっくり[のろのろ]動く[進む]．
[語源] 古英語 snægl から．

snake /snéik/ 名 C 動 [本来他] 【動】へび(蛇). 比喩的に陰険な人，曲がった管の中の詰まりものを取り除くワイヤー，スネーク．動 として，蛇のようにくねる，くねくね動く，[くだけた語] 丸太などをずるずる引く．
[語源] 古英語 snaca から．
[用例] He was bitten on the heel by a *snake* and nearly died. 彼は蛇にかかとを嚙まれ，あやうく死ぬところだった/The children *snaked* their way through the wood. 子供たちは森の中を曲がりくねって進んでいった/The path *snaked* away into the distance across the hillside. 道は山腹を蛇行し，遠くかなたに消えていた．
[類義語] snake; serpent: **snake** は蛇の意の一般語．**serpent** は文語で，大型で有毒のものをいい，悪賢いものの例として聖書などに出てくる．
【慣用句】 *see snakes* = *have snakes in ...'s boots* [くだけた表現] アルコール中毒にかかって幻覚症状を呈する．*snake in the grass* 油断のならない人，信用できない人，隠れた敵．*snakes and ladders* 《英》すごろく遊びの一種．
【派生語】 **snáky** 形 蛇の(ような)，蛇の多い，道などが蛇行した，陰険な．
【複合語】 **snákebìte** 名 UC 蛇に嚙まれた傷(の症状)．**snáke chàrmer** 名 C 蛇使い．**snáke dànce** 名 C アメリカ先住民の蛇踊り，デモなどにおけるジグザグ行進．

snap /snǽp/ 動 [本来他] 名 CU 形 副 [一般義] [一般義] ぱちん[ぽきん]という音がして[その他]，音をたててある状態になる．例えば，木の枝などが堅いものがぽきんと折れる，綱や糸などがぷつんと切れる，ドアなどがばたんと閉まる．犬などがぱくっとかみつく，人が語気鋭く言う，いい話などにとびつく．他 音をたててある状態にする，ぽきんと折る，ひっつかむ，ひったくる，またスナップ写真を撮る．名 として《通例単数形で》ぱちん[ぽきん]という音(をたてること)，かみつく[ひったくる]こと，また急激な寒さなど気候の急変，[くだけた語] 活気，スナップ写真(snapshot)，《米》留め金(snap fastener), たやすい仕事，さらには《英》トランプゲームのスナップ．形 として即座の，急激な，[俗語]《米》簡単な，ちょろい．副 としてぱちんと，ぽきっと．
[語源] 中期低地ドイツ語あるいはオランダ語 snappen (=to seize) が初期近代英語に入った．
[用例] The lid *snapped* shut. ふたがぱちんと閉まった/The branch suddenly *snapped*. 枝が突然ぽきっと折れた/The dog *snapped* at his ankles. 犬が彼の足首にかみついた/"Mind your own business!" he *snapped*.「余計なお世話だ」と彼は怒って言った/He *snapped* the book shut. (=He shut the book with a *snap*.) 彼は本をばたんと閉じた/He *snapped* the children playing in the garden. 彼は庭で遊んでいる子供たちのスナップ写真を撮った/There was a loud *snap* as his pencil broke. ぽきんと大きな音がして彼の鉛筆が折れた/He took a *snap* vote on the issue. 彼はさっそくその問題についての決を採った．
【慣用句】 *in a snap* すぐに．*not a snap* 少しも...ない．*snap back* すばやく元に戻る，ぴしゃりと言い返す．*snap it up*《米》=snap to it. *snap out of ...* 落ち込んだ状態から立ち直る．*snap ...'s head [nose] off* [くだけた表現] 人の話を鋭くさえぎる，けんか腰でいう．*snap to it* [くだけた表現] さっさとやる，急ぐ．*snap up* 喜んで...にとびつく，かっさらう，人の話を乱暴にさえぎる．
【派生語】 **snáppish** 形 犬などがかみつく癖のある，がみがみ言う，怒りっぽい．**snáppy** 形 元気のいい，勢いのある，しゃれた，寒さなどが厳しい，火などがぱちぱち音をたてる．
【複合語】 **snápdràgon** 名 C 【植】きんぎょそう．**snáp fàstener** 名 C 《米》留め具のスナップ(《英》press stud). **snápshòt** 名 C スナップ写真．

snare¹ /snéər/ 名 C 動 [本来他] [一般語] [一般義] うさぎのような小動物を捕えるためのわな．[その他] [形式ばった語] 人をおとし入れる，落とし穴，誘惑(物)．動 としてわなで捕える，わなにはめる，人を陥れる．
[語源] 古英語 sneare から．
[用例] Pride is a *snare* we must all try to avoid. うぬぼれは我々みんなが避けなければならない誘惑である．

snare² /snéər/ 名 C [一般語] 《通例複数形で》スネアドラムのさわり弦，響線．
[語源] おそらく中期オランダ語 snare (=cord; string)から．
【複合語】 **snáre drùm** 名 C 響線の張ってある小太鼓，スネアドラム．

snarl¹ /snɑ́ːrl/ 動 [本来自] 名 C [一般語] [一般義] 犬やおおかみなどが歯をむき出しうなる．[その他] 人がどなる，がみがみ言う．名 としてうなり声，どなり声，ののしり．
[語源] 中期低地ドイツ語 snarren (=to rattle) が初期近代英語に入った．末尾の -l は動作の反復を表す語尾と思われる．
[用例] The dog *snarled* at the burglar. 犬は強盗を見ると歯をむき出しうなった/With a *snarl*, the dog leapt at him. うなり声をあげて犬は彼にとびかかった．
[類義語] bark.

snarl² /snɑ́ːrl/ 名 C 動 [本来他] [一般語] [一般義] 糸や髪のからまり，もつれ，結び目．比喩的に混乱，紛糾．動 としてもつれさせる，混乱させる．自 もつれる，混乱する．
[語源] snare¹ に指小辞がついた形と考えられる．初期近代英語から．
【複合語】 **snárl-ùp** 名 C 《英》交通渋滞(traffic jam).

snatch /snǽtʃ/ 動 [本来他] 名 C [一般語] [一般義] 物や機会などをひったくる．[その他] すばやく手に入れる，食事などを急いでとる，機会に飛びつく，[俗語]《米》人を誘拐する．名 としてひったくり，強奪，物語，歌，会話，活動などの一片，断片，小片あるいはひと仕事，ひと眠り，【重量挙げ】スナッチ．
[語源] 中期オランダ語 snacken (=to seize; to snap at) が中英語に入った．snack と同語源．
[用例] The monkey *snatched* the biscuit out of my hand. さるはビスケットを私の手からひったくった/James *snatched* a kiss from Jane, saying "Goodbye."「さようなら」と言ってジェイムズはすばやくジェーン

にキスをした/She *snatched* her lunch and drove her car to the station. 彼女は急いで食事をすませると駅で車を走らせた/The thief made a *snatch* at her handbag. 泥棒は彼女のハンドバッグをひったくろうとした/He overheard a *snatch* of conversation between the manager and his secretary. 彼は支配人と秘書の会話を立ち聞きした.
【慣用句】*in*〔英〕*by*〕*snatches* 思い出しては時々, 断続的に, とぎれとぎれに.
派生語 **snátcher** 名 C ひったくり.

snaz·zy /snǽzi/ 形〔くだけた語〕《米》服装などが人目を引く, 派手できらびやかな, 《軽蔑的》趣味の悪い.
語源 不詳.

sneak /sníːk/ 動 本来自《過去・過分 ~ed, 《米》 **snuck**》名 C 形〔くだけた語〕一般義 人目につかないようにずるい方法や手段でそこそこと入る[出る]《into; out of; in; out》. こそこそした[立ち回る]. 《英》小学生が先生に告げ口をする. 他 人目を忍んで物を持ち込む[持ち出す]. 名 としてこっそり立ち去る[立ち回る]こと, こそこそする人, 卑劣な人,〔くだけた語〕スニーカー(sneaker). 形 としてひそかな, 予告なしの, 不意の.
語源 古英語 snīcan (= to crawl) から.
用例 He must have *sneaked* into my room when no one was looking and stolen the money. 彼は誰も見ていないときに私の部屋に忍び込んでお金を盗んだにちがいない/She *sneaked* off without telling anyone. 彼女は誰にも告げずにこっそり立ち去った/That girl's a *sneak*— she told the teacher I hadn't done my homework. あの女の子は卑怯な子. 私が宿題をやらなかったことを先生に言ったんだから.
派生語 **snéaker** 名 C こそこそする人,《通例複数形で》音のしないゴム底の運動靴, スニーカー. **snéak·ing** 形 卑しい, 卑劣な, 不正直な, ひそかな. **snéak·ing·ly** 副. **snéak·y** 形.
複合語 **snéak thief** 名 C こそどろ.

sneer /sníər/ 動 本来自 名 C 〔一般義〕《軽蔑的》にやにや笑う, あざける, 嘲笑する《at; for》. 名 として冷笑, 嘲笑.
語源 不詳.
用例 What are you *sneering* for? いや味たらしく何を笑っているの/He *sneered* at our attempts to improve the situation and said it was useless. 事態を改善しようという私たちの試みに対して, 彼は嘲笑するかのような表情で, 全く無駄だと言った.
派生語 **snéeringly** 副.

sneeze /sníːz/ 名 C 動 本来自〔一般義〕くしゃみ(をする).
参考 くしゃみの音を表す日本語「はくしょん」に相当する英語は achoo /ɑːtʃuː/ または atishoo /ətɪʃuː/, kerchoo /kərtʃuː/ である.
語源 古英語 fnēosan (= to sneeze) から. 中英語で fnesen の語頭の f を s の古体と誤読したことから snesen に変形した.
用例 She suddenly gave a loud *sneeze*. 彼女は突然大きな音をたててくしゃみをした/When he *sneezed*, two or three persons around him said loudly, "God bless you!" 彼がくしゃみをすると, まわりの 2, 3 人が「神のご加護を」と大声で言った(★くしゃみをすると体から魂が抜け出してしまうと考えられ, God bless you! あるいは《米》Gesundheit! と呼びかける慣わしがある. 言われた人は Thank you. と言う).
【慣用句】*not to be sneezed at*〔くだけた表現〕決してばかにできない, 相当なものだ.

snick /sník/ 動 本来他 名 C 〔一般義〕物に刻み目[切れ目]を入れる, ナイフでちょっと切る. 名 として切れ目.
語源 オランダ語から借用した snickersnee (= to fight with a knife) からの逆成. 18 世紀から.

snick·er /sníkər/ 動 本来自 名 C 〔一般義〕《軽蔑的》人の不幸などを見てにやにや[にたにた]笑う, 忍び笑いをする.
語源 不詳.

snide /snáid/ 形 〔一般義〕《軽蔑的》意地の悪い, いやみの, またいんちきな, いかさまの.
語源 不詳.

sniff /sníf/ 動 本来自 名 C 〔一般義〕一般義 鼻を鳴らして息を吸う, においをかぐ. その他 鼻をすする, 鼻をつまらせる, また鼻であしらう, 軽蔑する,《英》不平そうに言う. 他 においで感じる, かぎつける, コカインなどを鼻で吸う. 名 としてくんくんかぐこと, 鼻をすること, 鼻でふんとあしらうこと, ひとかぎ,〔くだけた語〕《a ～》ヒント, 暗示, わずかなチャンス.
語源 擬音語として中英語から.
用例 The dog *sniffed* at the lamppost. 犬が街灯柱のにおいをくんくんかいだ/Why don't you blow your nose instead of *sniffing* all the time? いつも鼻をすってばかりいないで鼻をかんだらどうですか/She gave a *sniff* of contempt and walked off. 彼女は軽蔑してふんと鼻をならし, 歩き去った.
関連語 smell.
派生語 **sniffer** 名 C 鼻を鳴らしてにおいをかぐ人[もの], 嗅気探知器[装置]. **sniffy** 形〔くだけた語〕鼻であしらうような. 鼻もちならない,《英》臭い.

snig·ger /snígər/ 動 名 = snicker.

snip /sníp/ 動 本来他 名 C 〔一般義〕はさみのような道具でちょっきんと切る, 細く切る. 名 として切ること, 切れ目, 切れ端, 一刻み,《複数形で》金きりばさみ,〔くだけた語〕生意気な人, 厚かましい女性,《英》安売り, お買得品.
語源 低地ドイツ語 snippen (= to snap) が初期近代英語に入った.
用例 She finished off her sewing and *snipped* the thread. 彼女は縫いものを仕上げて, 糸をちょきんと切った/With a *snip* of her scissors she cut a hole in the cloth. はさみの一切りで, 彼女はその布に穴を開けた/The floor was covered in *snips* of paper. 床一面に紙の切れっぱしが散らかっていた.
派生語 **snippet** 名 C 〔くだけた語〕切れ端, 断片, 短い引用文[句], 一情報.

snipe /snáip/ 名 C 動 本来自《鳥》しぎ. また狙い撃ち. 動 としてしぎ猟をする. 離れた隠れ場所から狙い撃ちする, 狙撃する, 人を非難する, 中傷する.
語源 古ノルド語 snīpa (しぎ) が中英語に入った.
用例 The rebels had occupied a block of flats and were *sniping* at the government troops from the windows. 反乱軍がアパートの一棟を占拠して, 窓から政府軍を狙い撃った/As a politician he is quite used to being *sniped* at in the newspapers. 政治家として彼は新聞から批判されるのによく慣れている.
派生語 **sníper** 名 C 狙撃兵[手].

snippet ⇒snip.

snitch /snítʃ/ 動 本来自 名 C 〔くだけた語〕友人の悪事などを密告する. 他 盗む, ひったくる. 名 として密告者.
[語源] 不詳.

sniv·el /snívl/ 動 本来自 《過去·過分《英》-ll-》〔一般語〕泣きじゃくる, 鼻をすすったり涙を流したりしながら泣き言を並べる.
[語源] 古英語 snyflan から.
[用例] By this time the child was tired, and *sniveled* the rest of the way home. その頃までには子供は疲れ果てて, 家に帰るまでずっと泣きじゃくっていた.

snob /snáb/-ɔ́-/ 名 C 〔一般語〕《軽蔑的》地位や財産を重視して, 自分より下の人を嫌い上の人にへつらって親交を結ぼうとする人, えせ者〔紳士, 淑女〕, またお高くとまっている人, 知ったかぶりで鼻もちならない人, 学者気取りの人.
[語源] 不詳. 古くは「靴屋」の意.
[用例] Being a *snob*, he was always trying to get to know members of the nobility. 彼は上流気取りだったので, いつも貴族階級の人々と知り合いになろうとしていた.
【派生語】**snóbbery** 名 U 上にöfっかをつかい下に威張るような性質や性癖, 俗物根性. **snóbbish** 形 俗物根性丸出しの. **snóbbishness** 名 U. **snóbby** 形 = snobbish.

snood /snúːd/ 名 C 〔やや古語〕昔スコットランドの未婚の女性が頭に巻いていたリボン, 一般的にヘアバンド, ヘアネット.
[語源] 古英語 snōd から.

snook /snúːk/ 名 《次の慣用句で》***cock a snook at …*** 片手を広げて親指を自分の鼻先に当て他の指を動かすしぐさをして, 人を小ばかにする.
[語源] 不詳.

snook·er /snúkər/ 名 U 動 本来他 〔ゲーム〕15 の赤玉と 6 個の違った色の玉を用いる玉突の一種, スヌーカー. 動 として〔くだけた語〕だます, ごまかす.
[語源] 不詳.

snoop /snúːp/ 動 本来自 名 C 〔くだけた語〕《軽蔑的》人目につかぬように, あるいは野次馬根性でのぞき見する《about; around》. 名 としてのぞき見する人, 人のことをかぎ回る人.
[語源] オランダ語 snoepen (= to eat on the sly) が 19 世紀に入った.
【派生語】**snóopy** 形 のぞき回る, 詮索好きな.

snoo·ty /snúːti/ 形 〔くだけた語〕《軽蔑的》人を鼻であしらう, 威張りくさった, お高くとまっている, 話や文章が気取った.
[語源] snout (豚などの鼻) の異形 snoot + -y. 20 世紀から.
【派生語】**snóotily** 副.

snooze /snúːz/ 動 本来自 名 C 〔くだけた語〕居眠りする, うたた寝をする. 名 として《通例単数形で》居眠り, うたた寝.
[語源] 不詳.
[類義語] doze; nap.

snore /snɔ́ːr/ 動 本来自 名 C 〔一般語〕いびき(をかく).
[語源] 擬音語と思われる. 中英語から.
【派生語】**snórer** 名 C.

snor·kel /snɔ́ːrkəl/ 名 C 動 本来自 〔一般語〕潜水用のパイプ, シュノーケル, また潜水艦の換気用チューブ. 動 としてシュノーケルをつけて泳ぐ.
[語源] ドイツ語 *Schnorchel* (=air-intake) が 20 世紀に入った.

snort /snɔ́ːrt/ 動 本来自 名 C 〔一般語〕〔一般義〕馬などの動物が鼻を荒々しく鳴らす. その他 人が軽蔑やいらだちなどで鼻を鳴らす, また機関車などが蒸気をしゅっと噴く. 他 鼻を鳴らして言う, 蒸気などを噴き出す, 〔俗語〕麻薬などを吸う. 名 として鼻を鳴らすこと[音], 〔俗語〕ウイスキーなどの一飲み, 麻薬などの一吸いなど.
[語源] 擬音語からと考えられる. 中英語から.
【派生語】**snórter** 名 〔一般義〕鼻息の荒い人[動物], 〔くだけた語〕突拍子もないこと[人].

snot /snát/snɔ́t/ 名 UC 〔俗語〕鼻水, 鼻くそ, また見下げ果てた奴.
[語源] 古英語 gesnot から.
【派生語】**snótty** 形 鼻たらしの, 汚い, 偉ぶった.

snout /snáut/ 名 C 〔一般義〕豚などの吻状に突き出た鼻口部. その他 昆虫の吻, また筒口やノズル, 氷河などの突端.
[語源] 中期低地ドイツ語 *snūt* が中英語に入った.

snow /snóu/ 名 UC 本来自 〔一般語〕〔一般義〕雪. その他 降雪《語法》回数や状態をいうときは C》, 《複数形で》降雪地帯. また雪の白さから, 純白, 〔詩語〕白髪, さらに雪状のもの, 〔俗語〕白い粉末状の麻薬. 動 として《it を主語にして》雪が降る, 比喩的に物が雪のように届く. 他 物を雪のように降らせる, 《通例受身》雪で覆う[閉じ込める], 〔俗語〕《米》一杯くわす.
[語源] 古英語 snāw から.
[用例] We woke up one morning to find a thick covering of *snow* on the ground. ある朝起きたら地面が厚く雪で覆われていた/About 15 centimetres of *snow* had fallen overnight. 一晩のうちに 15 センチの雪が降りつもっていた/Many animals died in last winter's heavy *snows*. 昨年の冬は豪雪のため多くの動物が死んだ/The field was covered with the *snow* of cotton. 畑は雪のように白い綿花で覆われていた/It looks as if it's going to *snow*. 雪でも降りそうな天気だ/Lots of complaints *snowed* on us. たくさんの苦情が私たちのもとに舞い込んだ/They had to spend the night, *snowed* up in the cottage. 彼らは山小屋に雪で閉じ込められたまま一夜を過ごさねばならなかった.
[慣用句] ***snow under*** …を雪で覆う, 圧倒する.
【派生語】**snówy** 形 雪の多い, 雪の積もった, 雪のような, 雪のように白い, 汚れのない.
【複合語】**snówball** 名 C 雪の玉, 雪つぶて, 《英》雪だるま式に増える募金. 動 本来自 雪の玉を投げる, 雪合戦をする, 雪だるま式に増える. **snówbànk** 名 C 雪の吹きだまり, 雪堤. **snówblìnd** 形 雪で目がくらんだ. **snówblìndness** 名 U 雪盲. **snówbòund** 形 雪で閉じ込められた. **snówcàpped** 形〔文語〕山が雪をいただいた. **snów-clàd** 形〔文語〕雪に覆われた. **snówdrìft** 名 C 雪の吹きだまり. **snów-dròp** 名 C 《植》まつゆきそう, スノウドロップ. **snówfàll** 名 C UC 降雪(量). **snówfìeld** 名 C 雪原. **snówflàke** 名 C 雪片, 《植》おおまつゆきそう. **snów line** 名 《the ~》万年雪のある最低地点, 雪線. **snówmàn** 名 C 雪だるま, 雪人形, 《S-》雪男(Abominable Snowman). **snówmobìle** 名 C 雪上車, スノーモービル. **snów-plòw**, 《英》**snówplòugh** 名 C 雪かき具, 除雪車[装置]. **snówshèd** 名 C 線路に設けてあるなだれよけ

snub /snʌ́b/ 動 本来他 名 C 形 〔一般語〕 一般義 人の発言をさえぎる, 無視して答えない. 本来の「叱って止める」意から, 舟や馬などをロープや綱で棒ぐいなどにつないで動きを止める. 名 として鼻であしらうこと, 冷遇, 無視. 形 として, 形がずんぐりした, 特に鼻が低くて上を向いている.

語源 古ノルド語 *snubba* (=to scold) が中英語に入った.

【複合語】**snúb nóse** 名 C しし鼻. **snúb-nósed** 形.

snuck /snʌ́k/ 動 《米》 sneak の過去・過去分詞.

snuff¹ /snʌ́f/ 動 本来他 名 U 〔一般語〕 空気や薬物などを鼻から吸う, においでかぎ出す. 自 ふんふんとにおいをかぐ (at). 名 としてかぎたばこ.

語源 中期オランダ語 *snuffen* (=to sniff) が中英語に入った.

【派生語】**snúffbox** 名 C かぎたばこ入れ.

snuff² /snʌ́f/ 名 C 動 本来他 〔一般語〕 ろうそくの芯のこげた部分. 動 として, ろうそくの芯を切る, 〔俗語〕物の活動を情け容赦なく終わらせる 《out》.

語源 不詳. 中英語から.

【慣用句】**snuff out** 火や明かりを消す, 活動などを情け容赦なく終わらせる, 〔俗語〕殺す.

【派生語】**snúffer** 名 C 柄の先に小さなカップのついたろうそく消し.

snuf·fle /snʌ́fl/ 動 本来自 名 C 〔ややくだけた語〕 鼻がつまる, 鼻をぐずぐずいわせる, また鼻声で話す. 名 として鼻づまり, 鼻声.

語源 snuff² に -le のついた反復動詞. 初期近代英語から.

【派生語】**snúffler** 名 C.

snug /snʌ́g/ 形 副 名 C 動 本来他 〔一般語〕 一般義 部屋や場所などが程よく暖かくて快適な, 居心地のよい. その他 船や住居などがこぢんまりしていてこぎれいな, 衣服などがぴったり合う, あるいは収入や仕事などが不足で不自由のない. 副 として心地よく, こぢんまりと, ぴったり. 動 として, 部屋などを心地よくする, あらしに備えて船の装備などをきちんとする. 名 として《英》居酒屋や旅館のこぢんまりとした気持ちのよいラウンジ.

語源 古ノルド語起源と考えられる. 初期近代英語から.

類義語 comfortable.

【派生語】**snúgly** 副. **snúgness** 名 U.

snug·gle /snʌ́gl/ 動 本来自 〔ややくだけた語〕 暖かさや愛情を求めて人や物に寄り添う 《down; up; together》. 他 子供などを抱き寄せる, すり寄せる.

語源 snug の反復形. 初期近代英語から.

so /sóu/ 副 接 感 〔一般語〕 一般義 様態や方法を表してのように, そんな具合に. その他 程度, 限界を表しそれほど, そんなに, この程度まで, 〔くだけた語〕たいへんに, とても, 《通例文頭に》そういうわけで, そこで, だから, あるいは文頭でそれで. 感 として, 驚き, 不安, 不快, 疑問, 是認などを表しますか, やっぱり, よしよし.

語源 古英語 swā から.

用例 Remain sitting just *so*, while I take the photograph. 写真を撮る間, そんなふうに座ったままでいてください/It *so* happens that I have to go to an important meeting tonight. たまたま今夜は重要な会議に出かけねばならないのですよ/Don't get *so* worried. そんなに心配するな/You've been *so* kind to me! ご親切にどうも/You are *so* obstinate! しつこいね/"I hope we'll meet again." "*So* do I." 「またお会いしたいですね」「そうしたいですね」/"Is that *so*?" "Yes, it's really *so*." 「本当ですか」「ええ, 本当ですとも」/"Are you really leaving your job?" "Yes, I've already told you *so*." 「ほんとうに仕事をやめるんですか」「ええ, そう申し上げたはずですが」/He was angry, and rightly *so*. 彼は怒っていたが, 怒るのは無理もなかった/John had a bad cold, *so* I took him to the doctor. ジョンがひどい風邪だったので, 医者に連れて行った/"So you think you'd like this job, then?" "Yes." 「では, この仕事が好きになれそうですか」「ええ」/*So*, that's the man you are married to! そうですか, あの人があなたの結婚した相手ですか/*So*, I found you! そら見つけたぞ!

類義語 so; very: 「非常に」の意では so と very は同意で置き換えができる. この意味の so は女性が好んで用いている傾向がある. また very のほうが客観的意味あいが強い.

【慣用句】**and so forth [on]** ...など. **Be it so** = **So be it** = **Let it be so** 〔形式ばった表現〕《断念したとき》そういうのなら仕方がない. **so as not to do** ...しないように: Work hard *so as not to* fail in the exam. 試験に落ちないようにしっかり勉強しなさい. **so as to do** ...するように. **so ... as to do** ...するほどに..., 非常に...なので...する. **So be it** = Be it so. **So long!** 〔くだけた語〕さようなら, では, また. **so [as] long as** ⇒long. **so much so that** ... ...するほどまでに. **so ... as** どうにかこうにか, まあまあ. **so ... that** ...《結果》あまり...なので...; 《程度・様態》...するほど...: I was so busy *that* I didn't have time for lunch. とても忙しかったので昼食をとる時間がなかった. **so that** ...《目的》...するために; 《結果》それで[そのため]...: I got up early *so that* I could catch the first train. 一番列車に間に合うように早く起きた. **So there!** さあ参ったか. **So what?** 〔くだけた表現〕それがどうしたというんだ.

【複合語】**só-and-sò** 名 UC だれそれ, 何々, 《婉曲に》いやなやつ: Mrs. *so-and-so* だれそれ夫人. **só-cálled** 形 いわゆる, 俗に: He could be a *so-called* opportunist. 彼はいわゆる日和見主義者とでもいえようか. **só-sò** 形〔述語用法〕まあまあの.

soak /sóuk/ 動 本来他 名 C 〔一般語〕 一般義 物を水など液体に浸す, つける. その他 雨などで衣服をびしょぬれにする, 液体などを吸い込む, 知識などを吸収する, 転じて〔くだけた語〕人から法外な金をとる, ほる, 〔俗語〕殴ったりして人をひどい目に合わせる. 自 つかる, ずぶぬれになる, しみとおる, 《米》〔くだけた語〕酒などをがぶ飲みする. 名 として浸す[つける]こと, ずぶぬれ, 〔俗語〕大酒飲み.

語源 古英語 socian から.

用例 She *soaked* the clothes overnight in soapy water. 彼女は衣類を一晩石けん水につけた/That shower has completely *soaked* my clothes. あのにわか雨で着ているものがずぶぬれになった/People began *soaking* the new knowledge. 人々は新しい知識を吸収し始めた/Your trousers are *soaking* in the sink. あなたのズボンはシンクにつけてあります/They

would always *soak* at the cheap bar. 彼らはいつも安酒場で酒浸りだった.
【慣用句】*soak oneself in* … …にどっぷりつかる, 没頭する. *soak out* 液体につけて汚れを落とす; 汚れが落ちる.
【派生語】**sóaked** 形 ずぶぬれの, …に満ちた, 〔俗語〕泥酔した. **sóaking** 形 副 ずぶぬれに(なった).

soap /sóup/ 名 U 本来他 [一般語] 一般義 石けん 《語法》一個の石けんは普通 a cake [bar] of soap という). その他 〔くだけた語〕連続メロドラマ(soap opera), 〔俗語〕追従(ついしょう), おべっか, 〔米〕賄賂. 動 として石けんで洗う, 〔くだけた語〕お世辞を言う.
[語源] 古英語 sāpe から.
[用例] Which (type of) *soap* do you recommend for people with sensitive skin? 肌が敏感な人にはどの石けんがいいでしょうか/She *soaped* the baby all over. 彼女は石けんで赤ん坊の身体をすっかり洗った/He tried to bribe me with soft *soap*. 彼はお世辞を言って私を買収しようとしてきた.
【慣用句】*no soap* 〔くだけた表現〕〔米〕提案, 申し出などに対する断りとして, だめ(だ), 承知できない, むだな.
【派生語】**sóapy** 形 石けんの(ような), すべすべした, 石けんだらけの, 〔くだけた語〕ご機嫌とりの, へつらいの, メロドラマのような.
【複合語】**sóapbòx** 名 C 荷作り用の石けんを入れる木箱, 〔くだけた語〕街頭演説で使う即席の演台. **soap bùbble** 名 C シャボン玉: like *soap bubble* はかない〔く〕. **sóap òpera** 名 C 〔米〕テレビなどの連続メロドラマ(★洗剤会社が主なスポンサーだったことから). **sóapsùds** 名 《複》石けんの泡, 石けん水 《語法》単に suds ともいう).

soar /sɔ́:r/ 動 本来自 名 C [一般語] 一般義 鳥や飛行機などが空高く舞い上がる. その他 鳥が高空を翼を動かさずに飛ぶ, 飛行機などが滑空する. また〔文語〕山や高層ビルなどが高くそびえ立つ, 比喩的に希望, 意気などがふくらむ, 高揚する. さらに物価などが暴騰する, 温度が急上昇する. 名 として飛翔, 上昇, 限度.
[語源]「空気にさらす」の意の俗ラテン語 *exaurare* (ラテン語 ex- out + *aura* air) が古フランス語 essorer (= to fly up) を経て中英語に入り, 頭音が脱落して soren となった.
[用例] Seagulls *soared* above the cliffs. かもめが崖の上高く舞い上がった/We saw several gliders *soaring* over the hill. グライダーが数枚丘の上空を滑空していた/I took the picture of the *soaring* tower of the old castle. 古城にそびえ立つ塔を写真におさめた/He couldn't keep his ambition from *soaring*. 彼は野心の高まりを抑えることができなかった.
[類義語] rise; fly.
[対照語] fall; drop.

sob /sáb/ -ś- 動 本来自 名 C [一般語] 一般義 人がすすり泣く, むせび泣く. その他 比喩的に風, 波などがむせぶような音をたてる, 動物が悲しそうに鳴く. 他 涙ながらに話す 《out》, 〈~ oneself to do〉 すすり泣きながら…する. 名 としてすすり泣き, むせぶような音.
[語源] 中期低地ドイツ語起源と思われる. 中英語から.
[用例] I could hear her *sobbing* in her bedroom. 寝室で彼女のすすり泣く声が聞こえてきた/The wind *sobbed* through the grove. 風がざわざわ音をたてて林を吹き抜けていった/The child *sobbed* himself to sleep. 子供は泣きながら寝入ってしまった.

【慣用句】*sob one's heart out* 胸がはり裂けんばかりに泣きじゃくる.
【派生語】**sóbbingly** 副 むせび泣くように, 泣きながら.
【複合語】**sób sister** 名 C〔米〕お涙ちょうだい物の記事を書く女性記者, 感傷的で空想的な社会改良主義者. **sób stòry** 名 C〔くだけた語〕〔軽蔑的〕同情を引くことをねらった感傷的な話[記事].

so·ber /sóubər/ 形 本来他 [一般語] 一般義 酒に酔っていない, しらふの. その他 行動や考え方などに分別がある, 冷静な, 事実などが誇張されてなくありのままの, 色が控えめで地味な. 動 として, 人の酔いをさます, 人を落ち着かせる 《up》.
[語源] ラテン語 *sobrius* (= not drunk) が古フランス語を経て中英語に入った.
【派生語】**sóbering** 形 人をまじめにさせる, 深刻な気持ちにさせる. **sóberly** 副. **sobriety** /səbráiəti/ 名 U 〔形式ばった語〕しらふ(の状態), 羽目を外さず節制を常とすること, まじめ, 穏健.
【複合語】**sóbersided** 形 まじめで謹厳な. **sóbersides** 名 C《複 ~》まじめくさっていて落ち着いた人.

so·bri·quet /sóubrikei/ 名 C〔文語〕あだ名, ニックネーム.
[語源] フランス語が初期近代英語に入った.

Soc., soc. 《略》 = socialist; society.

soc·cer /sákər/ -ś- 名 U 〔くだけた語〕サッカー, 《形容詞的に》サッカーの.
[語源] (as)soc(iation football) + -er. [参考] 語尾の -er はしばしば単語の最初のほうの音節につけて短縮語をつくる: football→footer; Rugby football→rugger.
[用例] *Soccer* is as popular as baseball in recent Japan. 最近の日本ではサッカーが野球に劣らず盛んだ/He is, what we call, a *soccer* buff. 彼はいわゆるサッカー狂だ.
[関連語] rugby; (American) football.

sociability ⇒sociable.

so·cia·ble /sóuʃəbl/ 形 C [一般語] 人の性格が友好的で社交的な, 愛想のいい. 名 として《米》形式ばらない親睦会, 懇親会.
[語源] ラテン語 *sociare* (= to join; to share) から派生した 形 *sociabilis* が古フランス語を経て初期近代英語に入った.
【派生語】**sòciabílity** 名 U 社交性. **sóciableness** 名 U. **sóciably** 副.

so·cial /sóuʃəl/ 形 C [一般語] 一般義 社会の, 社会的な. その他 社交の, 社交的な. また社交界[上流社会]の, 社会事業[福祉]の, 社会主義の, 〔動〕群居する, 〔植〕群生する.
名 として, 内輪で行う懇親会.
[語源] ラテン語 *socius* (= companion) から派生した 形 *socialis* が古フランス語を経て初期近代英語に入った.
[用例] The problems are *social* rather than medical. それらは医学的というよりも社会的な問題である/Every country has latently *social* classes. 潜在的にはどの国にも社会的な階層が存在する/She doesn't belong to any *social* club now. 彼女は現在どの社交クラブにも入っていない/Our church is to hold a *social* tonight. 今夜教会で懇親会がある.
[類義語] social; sociable: **social** は社会的義務や職務上の地位を守るために社交的なこと. **sociable** は人や会合をなごませたり打ち解けたりさせる点で交際上手で

こと.
【派生語】**sócialism** 名 U 社会主義(運動, 政策).
sócialist 名 C 形 《通例 S-》社会主義者(の), 《通例 S-》社会党員(の). **sòcialístic** 形. **sócialite** 名 C 社交界の名士. **sòcializátion** 名 U. **sócialìze** 動 本来他 社会(生活)に順応させる, 社会化する, 社会主義化[国有化]する: socialized medicine 《米》医療社会化制度. **sócially** 副.

【複合語】**sócial anthropólogy** 名 U 社会人類学. **sócial clímber** 名 C 《軽蔑的》上流社会に入ろうとする人, 立身出世主義者. **sócial cóntract** 名 CU 社会契約説 (★J. J. Rousseau などの唱えた説). **sócial démocrat** 名 C 社会民主主義者, 《S- D-》社会民主党員. **sócial insúrance** 名 U 社会保険. **sócial science** 名 UC 社会科学. **sócial scíentist** 名 C 社会科学者. **sócial secúrity** 名 U 社会保障(制度), 《英》生活保護. **sócial sérvice** 名 U 社会奉仕, 《英》公共の社会福祉事業. **sócial stúdies** 名 U 《米》小中学校の社会科. **sócial wélfare** 名 U 社会福祉. **sócial wórk** 名 U 社会福祉事業. **sócial wórker** 名 C 社会福祉指導員, ソーシャルワーカー.

so·ci·e·ty /səsáiəti/ 名 UC 〔一般語〕一般義 独自の体制, 法律, 慣習などを持つ共同体としての社会, 世間. その他 社交界(の人たち), 上流社会(high society). また特定の社会階層, ...界, 共通の目的や利害関係を持つ協会, 学会, 組合, 『生態学』動物の社会, 植物の群落. さらに〔形式ばった語〕人と一緒にいること, 交際, 《形容詞的に》社交界の.
語源 ラテン語 *socius* (=companion) から派生した *societas* が古フランス語 *société* を経て初期近代英語に入った.
用例 He was a danger to *society*. 彼は社会にとって危険な存在だった/Western *society* is different from ours in many points. 西欧社会は多くの点で我々の社会と異なる/Our medical *society* discussed one pressing problem. わが医師会は緊急問題を討議した/Many animals live in *society*. 多くの動物は社会生活をする/I enjoy the *society* of young people. 私は好んで若い人たちと付き合っている.
【慣用句】*go* [*get*] *in society* 社交界に出る.

so·ci·o·cul·tur·al /sòusiouk∧ltʃərəl/ 形 〔一般語〕社会文化的な.
so·ci·o·e·co·nom·ic /sòusiouì:kənámik/ -5-/ 形 〔一般語〕社会経済的な.
so·ci·o·lin·guis·tics /sòusiouliŋwístiks/ 名 U 〔一般語〕社会言語学.
so·ci·ol·o·gy /sòusiáləd3i/ -5-/ 名 U 〔一般語〕社会学.
語源 フランス語 *sociologie* が19世紀に入った.
【派生語】**sòciológical** 形. **sociólogist** 名 C.

sock[1] /sák|sɔ́k/ 名 C 〔一般語〕《通例複数形で》短い靴下, ソックス.
語源 「軽い靴」を意味するギリシャ語 *sukkhos* がラテン語 *soccus* を経て socc として古英語に入った.
関連語 stocking(s)(ひざ上まで達する長い靴下); hose (特に女性用の stockings).
【慣用句】*in one's socks* 背の高さを計るためなどに靴を脱いで. *pull one's socks up* 〔くだけた表現〕《英》奮起する, ふんどしをしめる.

sock[2] /sák|sɔ́k/ 動 本来他 名 C 副 〔くだけた語〕握りこぶしやげんこつでぶんなぐる. 名 として《通例単数形で》強打, 一撃. 副 としてまともに.
語源 不詳.

sock·et /sákit/ -5-/ 名 動 本来他 〔一般語〕物を差し込む穴, 受け口, 軸受, 電球のソケット, 壁にはめ込まれたコンセント, 【解】他の部分を受け入れるくぼみ, 窩(か), 『ゴルフ』クラブのヒールなど. 動 として ...に穴[ソケット]をつける, ...を穴[ソケット]にはめこむ.
語源 アングロノルマン語 *soket* (古フランス語 *soc* plowshare + *et* 指小辞) が中英語に入った.

sod /sád/ -5-/ 名 CU 動 本来他 〔一般語〕一般義 四角く切り取られた芝(土). その他 芝生(turf). 動 として, 庭などに芝を敷く.
語源 中期オランダ語あるいは中期低地ドイツ語 *sode* が中英語に入った.

so·da /sóudə/ 名 UC 〔一般語〕ナトリウム化合物, ソーダ, 特に(重)炭酸ソーダ, また飲料としてのソーダ水(soda water), (アイス)クリーム・ソーダ(ice-cream soda).
語源 海浜植物の「おかひじき」を意味する中世ラテン語 *soda* が中英語に入った. 昔これを焼いてその灰からガラス製造用ソーダを採った.
用例 whiskey and *soda* ハイボール.
【複合語】**sóda cràcker** [《英》bìscuit] 名 C 塩焼きで薄味のソーダクラッカー. **sóda fòuntain** 名 C 《米》ソーダ水容器, ソーダ水売場 (★アイスクリームやスナックなども出す). **sóda pòp** 名 UC びん[缶]入りのソーダ水. **sóda wàter** 名 U ソーダ水, 炭酸水.

sod·den /sádn/ -5-/ 形 〔一般語〕一般義 すっかり水につかった, びしょぬれの. その他 酒びたりや疲労で顔がさえない, 無気力な, またパンが生焼けの.
語源 古英語 sēothan (=to seethe) の過去分詞 soden から.

so·di·um /sóudiəm/ 名 【化】ナトリウム (★元素記号 Na).
語源 sod(a)+-ium による近代ラテン語. 19世紀から.
【複合語】**sódium bicárbonate** 名 U 重炭酸ナトリウム, 重曹. **sódium cárbonate** 名 U 炭酸ナトリウム, 炭酸ソーダ. **sódium chlóride** 名 U 塩化ナトリウム, 食塩. **sódium hydróxide** 名 U 水酸化ナトリウム, 苛性ソーダ.

Sod·om /sádəm/ -5-/ 名 圖 【聖】ソドム (★死海 (Dead Sea) 南岸にあった古都市. ここの住民たちの不道徳と堕落のため隣のゴモラ (Gomorrah) とともに神に滅ぼされたといわれる:『創世記』18·19). 一般的に 《a ～》堕落や腐敗の場所.
【派生語】**sódomite**, **sódomist** 名 C 〔古風な語〕Sodom の住人の意で, 男色者, 獣姦者. **sódomy** 名 U 肛門性交, 男色, 獣姦.

so·fa /sóufə/ 名 C 背もたれやひじ付きの長いす, ソファー.
語源 アラビア語 *suffa* がフランス語を経て初期近代英語に入った.
類義語 sofa; couch: sofa は「長いす」を表す一般的な語. couch は sofa の一種で, やや低めでひじ掛けが一方だけにしかないもの.
【複合語】**sófa bèd** 名 C ソファーベッド.

soft /sɔ́(:)ft/ 形 副 名 C 〔一般語〕一般義 物が柔らかい, 柔軟な. その他 手触りが滑らかな, すべすべした, 水が軟質の, 声, 音などが穏やかな, 低い, 【音】軟音の, 光, 色などがきつくない, 落ち着いた, 人, 表情などが柔和

な, 言葉や行為などが優しい, 甘ったるい, 気候が温和な, 雨や風が静かな, 処分などが寛大な, 手ぬるい, 〔くだけた語〕仕事が楽な, ポルノなどあまり刺激的でない. 本体, 筋肉などが弱い, 輪郭がはっきりしない, 性格が女々しい, 〔くだけた語〕おつむが弱いあるいは女の子にすぐのぼせる. 副 として柔らかに, 穏やかに, 弱々しく. 名 として柔らかいもの[部分], ばかな少年.

語源 古英語 sōfte (= agreeable) から.

用例 The mattress on my bed is too *soft*. 私のベッドのマットレスは柔らかすぎる/This soap will make your skin *soft* and clear. この石けんを使えばお肌が滑らかですっきりしますよ/She spoke to us with a very *soft* voice. 彼女は小声でそっと話しかけてきた/The fashionable color of this year is *soft* pink. 今年の流行色はソフトピンクです/Don't be too *soft* with her. 彼女を甘やかしすぎてはいけません/We couldn't see the form clearly on account of its *soft* outline. 輪郭がはっきりしないので形をはっきり見きわめられなかった.

類義語 soft; tender: **soft** は「柔らかい」の意で最も広義で一般的. **tender** は音, 色, 光などについてもいうが, 特に肉が柔らかいという意に用いられる.

【派生語】**sóften** 動 本来他 柔らかくする, 和らげる. **sóftener** 名 Ⓒ 柔らかにする[人物], 軟化剤. **sóftie** 名 Ⓒ =softy. **sóftly** 副. **sóftness** 名 Ⓤ. **sófty** 名 Ⓒ 〔くだけた語〕だまされやすい人, まぬけ, 意気地なし.

【複合語】**sóftbáll** 名 ⓊⒸ 【スポ】ソフトボール. **sóftbóiled** 形 卵が半熟の(⇔hard-boiled). **sóft cíder** 名 ⓊⒸ 〔米〕リンゴジュース (★アルコール分を含まない). **sóft cóal** 名 Ⓤ 〔くだけた語〕瀝青(れきせい)炭. **sóft cóver** 名 Ⓒ 紙表紙の本(paperback). **sóft drínk** 名 ⓊⒸ 清涼飲料, ソフトドリンク(⇔strong drink). **sóft fúrnishings** 名 (複) 〔英〕カーテンや敷物など室内装飾備品. **sóft góods** 名 (複) 〔主に英〕織物や衣類など織物製品. **sóft-héaded** 形 ばかな, 抜けている. **sófthéarted** 形 心の優しい, 情深い. **sóft lánding** 名 Ⓒ 宇宙船の軟着陸. **sóft líne** 名 Ⓒ 政治・外交上の軟路線. **sóft-líner** 名 Ⓒ 柔軟路線を唱える人. **sóft pálate** 名 Ⓒ 【解】軟口蓋(こうがい). **sóft pédal** 名 Ⓒ ピアノの弱音ペダル. **sóft-pédal** 動 本来他 弱音ペダルで音を和らげる, 控え目に言う. **sóft séll** 名 Ⓒ 穏やかな売り込み方式(⇔hard sell). **sóft sóap** 名 Ⓤ 半液体状の軟石けん, 〔くだけた語〕お世辞. **sóft-sóap** 動 本来他 軟石けんで洗う, 〔くだけた語〕おだてる, お世辞を言う. **sóft-spóken** 形 言葉当たりの柔らかな. **sóft spót** 名 Ⓒ 好感. **sóftwàre** 名 Ⓤ 〔コンピューター〕ソフトウェア. **sóft wáter** 名 Ⓤ 軟水(⇔hard water). **sóftwòod** 名 Ⓤ 軟材, 【林学】針葉樹(材).

sog·gy /sági| -ɔ́-/ 形 〔一般義〕 一般義 地面などが水浸しの, 布などがびしょぬれの. その他 パンや菓子などが湿ってねっとりした, 会話などが活気のない, だれた.

語源 〔湿地〕の意の方言 sog から.

soil¹ /sɔ́il/ 名 Ⓤ 〔一般義〕 一般義 植物の育成に必要な土, 土壌. その他 転じて悪の育つ温床(hotbed), 〔文語〕土地(land) あるいは地方, 国.

語源 アングロフランス語 *soil* が中英語に入った. もとはラテン語 *solium* (= seat) で, *solum* (= earth) との混同.

用例 Some *soil* grows plant, but others not. 植物を育成させる土もあれば, させない土もある/Slums sometimes become the *soil* for crime. スラム街はときには悪の温床となる/He was born on Irish *soil*. 彼はアイルランド(の地)に生まれた.

類義語 ground.

soil² /sɔ́il/ 動 本来他 名 Ⓒ 〔やや形式ばった語〕 一般義 物を汚す, 子供, 犬猫などで衣服などにしみをつける. その他 家名や名誉などを汚(けが)す. 名 としてよごれ, しみ, 屎尿(しにょう).

語源 〔豚小屋〕の意の古フランス語 *soil* から派生した動 *soillier* (汚す) が中英語に入った.

【複合語】**sóil pipe** 名 Ⓒ 水洗トイレの汚水管.

soi·ree, soi·rée /swɑːréi|-́-/ 名 Ⓒ 〔古風な語〕音楽やゲーム, ダンスを楽しむため通例個人宅で催される夜会や夕べの集い.

語源 フランス語 *soir* (= night) の派生形が19世紀に入った.

so·journ /sóudʒəːrn, só-/ 動 本来自 名 Ⓒ 〔形式ばった語〕一時的に滞在する, 逗留する. 名 として一時的な滞在, 逗留.

語源 俗ラテン語 *subdiurnare (= to spend a day; ラテン語 *sub-* during + 後期ラテン語 *diurnum* day) が古フランス語 *sojorner* を経て中英語に入った.

sol /sóul| sɔ́l/ 名 Ⓒ 【楽】全音階の第5音ソ.

語源 中世ラテン語 *solve* が中英語に入った. ヨハネ賛歌の歌詞の一部で, この音に当てられた音節.

sol·ace /sɑ́lis| -ɔ́-/ 名 ⓊⒸ 動 本来他 〔形式ばった語〕一般義 悲しい時や失望した時の慰め. その他 慰安になるもの, 慰安を与えること. 動 として, 悲しみや苦痛を和らげる, 楽にする.

語源 ラテン語 *solari* (= to console) の 名 *solatium* (= consolation) が古フランス語を経て中英語に入った.

so·lar /sóulər/ 形 〔一般義〕(限定用法)太陽の, 太陽に関する, また太陽エネルギーを利用した.

語源 ラテン語 *sol* (= the sun) の 形 *solaris* が中英語に入った.

関連語 lunar (月の).

【派生語】**solárium** 名 Ⓒ 日光浴室, サンルーム, 人工日光浴ベッド.

【複合語】**sólar báttery** 名 Ⓒ 太陽電池. **sólar cálendar** 名 (the ~) 太陽暦. **sólar céll** 名 Ⓒ 太陽電池. **sólar colléctor** 名 Ⓒ 温水器や発電用の太陽熱集積器. **sólar eclípse** 名 Ⓒ 日食. **sólar hóuse** 名 Ⓒ 太陽熱利用の家, ソーラーハウス. **sólar pléxus** 名 (the ~) 【解】太陽神経叢(そう), 〔くだけた語〕みぞおち. **sólar sỳstem** 名 (the ~) 太陽系. **sólar yéar** 名 Ⓒ 太陽年.

sold /sóuld/ 動 sell の過去・過去分詞.

sol·der /sɑ́dər| sɔ́ld-/ 名 Ⓤ 動 本来他 〔一般義〕はんだ(付けする).

語源 ラテン語 *solidare* (= to fasten together) が古フランス語をへて中英語に入った.

sóldering íron 名 Ⓒ はんだごて.

sol·dier /sóuldʒər/ 名 Ⓒ 動 本来自 〔一般義〕 一般義 階級の差なく陸軍の軍人. その他 将校 (officer) に対する兵士, 下士官, また主義主張のために戦う闘士. 動 として〔やや形式ばった語〕兵役につく, 兵士[軍人]になる.

語源 ラテン語 *solidus* (= solid; gold coin) に由来する古フランス語 *soulde* (= pay) の派生語 *soudiour*, *soldier* が中英語に入った. 原意は「給料のために働く

At that time many boys were willing to be *soldiers*. 当時多くの少年たちがすすんで軍人になりたした/The British *soldiers* were led by a very young officers. イギリス兵士たちはたいへん若いひとりの将校に統率されていた/A missionary has been called the *soldier* of Christ. 伝道師はキリストの戦士といわれてきた/He had *soldiered* in France in his youth. 彼は若い頃フランスで兵役についていた.

[関連語] sailor; airman.

【慣用句】*play at soldiers* 兵隊ごっこをする. *soldier on* 困難に負けずに頑張り続ける.

【複合語】**sóldier of fórtune** 名 C 〔くだけた語〕金銭や冒険のために働く軍人, 傭兵.

sole[1] /sóul/ 形 〔一般義〕[限定用法] たった1つの, それだけの. [その他][限定用法] 権利などについて1人だけに属する, 独占的な. 《法》女性について独身の.

[語源] ラテン語 *solus* (=alone; single) が古フランス語 *soul(e)* を経て中英語に入った. 原義は「独身の」.

[用例] The *sole* objection to my plan has come from him. 私の計画に対する唯一の反対者は彼だ/She is the *sole* heir to her father's legacy. 彼女は父親の遺産の唯一の相続人である/This publisher has bought the *sole* rights to the author's next book. その出版社がその作家の次の本の版権を買った.

[類義語] only.

【派生語】**sólely** 副 単に(only), たった一人で(alone).

sole[2] /sóul/ 名 C 動 [本来的] 〔一般義〕 足の裏. [その他] 靴やブーツなどの底, 炉やかまどなどの底部, ゴルフクラブなどの裏底ところ. 動 として〔通例受け身で〕靴に底をつける, クラブのヘッドの裏底を地面につける.

[語源] ラテン語 *solea* (=sandal) が古フランス語を経て中英語に入った.

sole[3] /sóul/ 名 C U 《魚》したびらめ.

[語源] sole[2] と同語源. その形から.

sol・e・cism /sálisizəm|-si-/ 名 C 〔文法〕 語法上の文法違反, 破格語法, 一般的に不作法や非礼.

[語源] ギリシャ語 *soloikos* (=incorrect speaking) がラテン語を経て初期近代英語に入った. 昔ギリシャの植民地であった Cilicia の Soloi という町で非標準的なギリシャ語が話されていたことから.

sol・emn /sáləm|-si-/ 形 〔一般義〕[限定用法] 儀式や光景などが荘重な, 厳粛な. [その他] 顔つきなどがいかめしい, まじめな, 《やや軽蔑的》態度, 言葉などがまじめくさった, もったいぶった, また宗教上の, 神聖な.

[語源] ラテン語 *sollemnis* (=established; *sollus* whole+*annus* year) が古フランス語を経て中英語に入った.「毎年定まった儀式の」の意から「盛大な」「荘厳な」の意となった.

[用例] That orchestral music is often played on *solemn* occasions. その管弦楽曲は厳粛な折によく演奏される/He looked very *solemn* as he announced the bad news. 彼はその悪いニュースを発表するとき, たいへん厳粛な面持ちだった/She made a speech with a very *solemn* attitude. 彼女はたいへんもったいぶった態度で演説した.

[類義語] solemn; grave: **solemn** が心に焼きつくような厳粛な印象をいうのに対して, **grave** は人の態度, 顔つきのまじめさ, あるいは儀式などが重々しく威厳のあることをいう.

【派生語】**solémnity** 名 U C 〔形式ばった語〕いかめしさ, 荘重さ, もったいぶった態度, 《しばしば複数形で》儀式. **sòlemnizátion** 名 U. **sólemnize** 動 [本来的] 〔文語〕儀式を執り行う, 結婚式を挙げる, 厳粛に[いかめしく]する. **sólemnly** 副. **sólemnness** 名 U.

sol-fa /sòulfá:|sòl-/ 名 U 動 [本来的] 《楽》do, re, mi, fa, sol, la, ti によるドレミファ音階, また階名唱法. 動 として, 歌詞でなくドレミファ音階で歌う.

so・lic・it /səlísit/ 動 [本来的] 〔形式ばった語〕[一般義] 援助を懇願する, せがむ. [その他] 人をそそのかす, 人を悪事に誘う, また売春婦が客のそでを引く.

[語源] ラテン語 *sollicitare* (=to disturb; to entreat) が古フランス語を経て中英語に入った.

【派生語】**solìcitátion** 名 U C 懇願, 請願, 勧誘, 《法》教唆. **solícitor** 名 C 懇願[請願]者, 《英》事務弁護士/《米》市や町の法務官. **solícitous** 〔形式ばった語〕気づかっている. **solícitously** 副. **solícitude** 名 U 〔形式ばった語〕切望, 配慮, 心配, 《複数形で》心配の種.

sol・id /sálid|-5-/ 形 名 C 〔一般義〕液体や気体に対する固体の. [その他] 中が空間になっていなくて詰まっている, 堅い, がっしりした, 食事などが実質のある, 理由や論法が確固たる, 信頼できる, 人や学問が堅実な, 信頼できる. またすき間がないことから, 中断しない, 連続的な. 複合語がハイフンやスペースなしで一語に綴られた, 中まで均一であることから, 貴金属などが純粋の, 《米》色が一様の, 無地の, さらに団結した, 満場一致の. 名 として固体, 《幾何》立体, 《複数形で》固形食.

[語源] ラテン語 *solidus* (=whole; solid) が古フランス語を経て中英語に入った.

[用例] Water becomes *solid* when it freezes. 水は凍ると固体になる/The tires of the earliest cars were *solid*. 最初の自動車のタイヤはソリッド・タイヤだった/That table looks nice and *solid*. あのテーブルはなかなかしっかりできている/This cafeteria serves us *solid* meals. このカフェテリアの食事は食べごたえがある/His argument is based on good *solid* facts. 彼の議論は確固たる立派な事実にもとづいている/He's a *solid*, steady worker. 彼の働きぶりはまじめで信頼できる/The policemen formed themselves into a *solid* line. 警官たちはすき間なく一列に並んだ/This bracelet is made of *solid* gold. この腕輪は純金でできている/We have the *solid* support of our fellow trade-union members. 私たちには仲間の労働組合員たちの一致した支持がある.

[類義語] hard.

[関連語] liquid; gas.

【派生語】**sòlidárity** 名 U 1つの利害や目的に向かっての団結, 連帯意識. **sòlidificátion** 名 U 凝固, 団結[結束](すること). **solídify** 動 [本来的] 固める, 凝固させる[する]. **solídity** 名 U 固いこと[状態], 堅実, 強固, 充実(性). **sólidly** 副. **sólidness** 名 U.

【複合語】**sólid geómetry** 名 U 《数》立体幾何学. **sólid líne** 名 C 点線ではなく実線. **sólid-státe** 形 《電子工学》半導体など固体材料を用いた, ソリッド・ステートの.

soliloquize ⇒soliloquy.

so・lil・o・quy /səlíləkwi/ 名 C U 〔形式ばった語〕独り言(を言うこと), 《劇》独白.

[語源] ラテン語 *soliloquium* (*solus* alone+*loqui* to

so·lip·sism /sóulipsìzm│-5-/ 名 U 〖哲〗唯我論.
[語源] ラテン語 solus (=alone)+ipse (=self)+-ism として19世紀から.

sol·i·taire /sάlitèər│sòlitέər/ 名 CU 〔一般に〕
[一般義] 指輪などに1つだけはめ込まれたダイヤなどの宝石, ソリテール. [その他] (米)一人トランプ((英) patience), また他の一人ゲーム.
[語源] フランス語 (=lonely) が18世紀に入った.

sol·i·tary /sάlitèri│sòlitari/ 形 C 〔一般に〕
[一般義] 《限定用法》人または動物がひとりぼっちの, 孤独の. [その他] 場所などが人里離れた, さびしい, また 《通例否定文, 疑問文で》たった1つの. 名 として 《やや形式ばった語》孤独を愛する人, 隠者.
[語源] ラテン語 solus (=alone)の派生形 solitarius が中英語に入った.
[用例] He prefers *solitary* travel to group travel. 彼は団体旅行よりもひとり旅のほうが好きだ/He put up at one *solitary* inn. 彼は人里離れた一軒の宿に泊まった/Is there a *solitary* reason why I should help you? あなたをお助けしなければいけない理由がたった一つでもあるのですか
[類義語] alone; lonely; single.
【派生語】**sólitarily** 副 1人だけで, ひとりさびしく. **sólitude** 名 U [形式ばった語] 孤独, 独居, さびしい場所.
【複合語】**sólitary confinement** 名 U 独房監禁.

so·lo /sóulou/ 名 CU 形 副 動 [本来自] 〖楽〗独奏(曲), 独唱(曲), 演芸や舞踊などの独演, また一般的に一人でするもの, 単独の登山[仕事], 単独飛行, トランプの一人遊びなど. 形 単独の[で]. 動 として独奏[独演]する, 単独飛行[行動]する.
[語源] ラテン語 solus (=alone)によるイタリア語 solo が初期近代英語に入った.
【派生語】**sóloist** 名 C.

So·lon /sóulən│-lon/ 名 固 ソロン(?638–?559B.C.) (★アテネの立法家でギリシャ七賢人 (the Seven Sages) の1人). また《s-》賢人の意.

sol·stice /sάlstis│-5-/ 名 C 〖天〗太陽が赤道から北または南に最も離れた時, 至(し).
[語源] ラテン語 solstitium (sol sun+stitium stoppage)が古フランス語を経て中英語に入った.

sol·u·ble /sάljubl│sól-/ 形 〔やや形式ばった語〕
[一般義] 物が水などに溶ける, 可溶性の. [その他] 問題などが解ける, 解決できる.
[語源] ラテン語 solvere (⇒solve)から派生した solubilis が古フランス語を経て中英語に入った.
【派生語】**sòlubílity** 名 U.

so·lu·tion /səlú:ʃən/ 名 UC 〔一般に〕
[一般義] 問題あるいは困難などの解決. [その他] 数学の問題などの解答, 解決策, 〖化〗溶解, 溶液.
[語源] ラテン語 solvere (⇒solve)の名 solutio が古フランス語を経て中英語に入った.
[用例] *Solution* of the problem proved more difficult than we had hoped. 問題の解決は予想外に難しかった/The *solution* to this crossword is to be given next week. このクロスワードの解答は来週発表されます/alcoholic *solution* アルコール溶液.
[類義語] solution; settlement: **solution** が一般に問題の解決, 説明を意味するのに対して, **settlement** は話し合いや交渉などにより問題に決着をつけることを意味する.
【慣用句】*in solution* 溶けて, 考えなどがなかなかまとまらないで.

solvable ⇒solve.

solve /sάlv│-5-/ 動 本来他 〔一般に〕問題などを解く, 解明する, 解決する.
[語源] ラテン語 solvere (=to dissolve; to loosen) が中英語に入った.
[用例] Scientists have made efforts to *solve* mysteries of nature. 科学者は自然の神秘を解く努力をしてきた/That crime has never been *solved*. その犯罪事件は全然解明されてない.
[類義語] solve; work out; settle: **solve** は一般的な語で, くだけた表現では **work out** が使われる. **settle** は交渉などにより大きな問題の決着をつけること.
【派生語】**sólvable** 形 問題が解ける, 解決され得る(⇔insolvable). **sólver** 名 C 解決[解答]者.

solvency ⇒solvent.

sol·vent /sάlvənt│-5-/ 名 形 CU 〔やや形式ばった語〕
[一般義] 財政上の負担に対して支払い能力のある. [その他] 液体などが他の物質を溶解する力がある. 名 として溶剤, 溶媒, 問題などを解決するもの, 解決策.
[語源] ラテン語 solvere (⇒solve)の現在分詞 solvens が初期近代英語に入った.
【派生語】**sólvency** 名 U 負債などの支払い能力.

som·ber, 《英》**-bre** /sάmbər│-5-/ 形 〔やや形式ばった語〕
[一般義] 雰囲気や気持ちが陰気な, 憂うつな. [その他] 日影になり暗い, 薄暗い, また衣服の色などが地味でくすんだ.
[語源] 俗ラテン語 *subombrare (=to shade; ラテン語 sub beneath+umbra shade)がフランス語 sombre を経て18世紀に入った.

som·bre·ro /sαmbrέərou│səm-/ 名 C 〔一般に〕米国南西部やメキシコで用いる縁の広いフェルト製または麦わら製の帽子, ソンブレロ.
[語源] スペイン語 sombrero de sol (=shade from the sun) の短縮形が初期近代英語に入った.

some /sʌm, săm/ 形 副 代 〔一般に〕[一般義] 《複数またはは不可算名詞の前につけて》いくつかの, いくらかの, 多少の, 少しの. [その他] 《others, all, the rest と対照的に用いて》中には…もある, …もあれば…もあるという意味を表す. また《名詞の単数形の前につけて》ばく然としていることを表し, ある…, 何か[どこか, だれか]の. さらに「いくらかの」という控え目な意味がちょっとしたのように強意を内包するようになり, 《くだけた語》かなりの, 相当多い, すごい [語法] この意味では /sʌm/ のように強勢語となる. また反語として皮肉な意味をもつことがある). 代として 《不定代名詞》いくらか, 多少, 少し, あるいはある人たち, あるもの. 副 としておよそ, 約(about), 《米》いくぶん, 少し.
[語源] 古英語 sum (=one)から.
[用例] Surely there are *some* people who agree with me? どなたかきっと私に賛成してくださいますね/You'll need *some* money if you're going shopping. 買物に出かけるのならお金が要るでしょう/*Some* people like the idea and *some* don't. そういう考えを好む人もいれば好まない人もいる/Personally, I think he has *some* cause for complaint. 私個人としては彼にはなにか不平不満の種があるものと考えています/I'll deal with that problem *some* other day —

I'm too tired now. その問題はいずれそのうちとりあげよう. 今は疲れてくたくたなのでね/You had *some* nerve, telling the boss was stupid! 上司をばかよばわりするとは全くいい度胸だ[あきれたやつだ], おまえってやつは/"Have you nearly finished the work?" "*Some* hope! (=No!)"「仕事はだいたい済んだの?」「ならいいんだがね(まだ全然)」/*Some* of the ink was spilt on the carpet. インクが少しじゅうたんの上にこぼれた/"Has she any experience of the work?" "Yes, she has *some*. "「彼女はその仕事の経験がありますか」「ええ, 少しは」/I think we've progressed *some*. 多少なりとも我々は進歩したものと思います/There were *some* thirty people at the reception. レセプションには 30 人ぐらいの人が集まった.

[類義語] some; a few; several: **some** がばく然としていて「少々」から「かなり多く」まで幅広い数や量を表すのに対して, **a few** は some と同じく数は不定だが「少しの」の意味が中心となる. **several** には「少しの」というニュアンスはなく, a few より多く many よりは少ないことを意味する.

【慣用句】... *and then some*〔くだけた表現〕《米》...とそれ以上にもっと, ...プラスアルファ. *in some way (or other)* どうにかして. *some day (or other)* 未来におけるいつか.

-**some** /səm/ [接尾] 形容詞, 名詞, 動詞につけて「...を生じる」「...に適する」「...しやすい」の意の形容詞をつくる. また数詞につけて「...で一組(の)」の意の形容詞, 名詞をつくる. 例: troublesome; quarrelsome; threesome.
[語源] 古英語 -sum から. 数詞につけるものは古英語 sum (⇒one) から.

some·body /sʌ́mbədi/ [代] [名] [C] 〔一般語〕《不定代名詞》ある人, だれか [語法] anybody との違いは some と any の用法の違いと同じ. [名] として〔くだけた語〕《通例単数形で無冠詞》ひとかどの**人物, 大物**.
[用例] *Somebody* phoned the police after the accident. だれかが事故のあと警察に電話した/*Somebody*, please tell me the exact time. だれか正確な時刻を教えてください/That man looks (a) *somebody* but is really (a) nobody. あの男は偉そうな顔をしているが, ほんとうはろくでなしだ.

[類義語] somebody; someone: 両者は同じ意味だが, **somebody** のほうがふつうな語で, 呼びかけのときは普通こちらを用いる. またあとに修飾語を伴うときは **someone** が好まれる: *someone* of you/*someone* who solved the question.

【慣用句】*somebody or other* だれか(知らない人). ... *or somebody* ...とかそのような人.

some·day, **some day** /sʌ́mdei/ [副]〔一般語〕未来におけるいつか, そのうち.
[語法] ❶「過去のある日」は one day や the other day を用いる ❷《米》では someday と 1 語,《英》では some day と 2 語になるのが普通.
[用例] *Someday* you'll regret what you've done. いつか自分のしたことを後悔しますよ/Let's all meet again together *someday*, shall we? いつかまた皆で集まろうよ.

some·how /sʌ́mhau/ [副]〔一般語〕[一般義]《肯定文で》なんとか, なんらかの方法で《[語法] 否定文では「どうしても」の意で anyhow を用いる》. [その他]《文修飾語として》どういうわけか, なぜか知らないが.

[用例] We could solve the problem *somehow*. なんとかその問題を解くことができた/We'll catch the last train *somehow*. なんとかして終電車に乗ろう/*Somehow*, I could get on well with him. どういうわけか彼とはうまが合った.
【慣用句】*somehow or other* どうにか, なんとかして.

some·one /sʌ́mwʌn/ [代] 〔一般語〕《不定代名詞》だれかある人. ⇒somebody.
[用例] When *someone* telephones, remember to ask for his [their] name. だれかが電話をしてきたら, 名前を聞くことを忘れないように《[語法] their はくだけた表現》/We're looking for *someone* who can use the personal computer. パソコンを使える人を求めています.
【慣用句】*someone or other* だれか.
[関連語] anyone; no one; everyone.

some·place /sʌ́mpleis/ [副]〔くだけた語〕《米》どこかに[へ](somewhere).

som·er·sault /sʌ́mərsɔːlt/ [名] [C] [動] [本来義] 〔一般語〕[一般義] 宙返り, とんぼ返り. [その他] 比喩的に意見や方針などの180 度の転回. [動] として 宙返り[とんぼ返り]をする.
[語源] 古プロバンス語 *sobresaut* (*sobre-* over + *saut* leap)が古フランス語 *sombresault* を経て初期近代英語に入った.

some·thing /sʌ́mθiŋ/ [代] [副] [名] [U] 〔一般語〕[一般義]《不定代名詞》あるもの[事], 何か《[語法] ❶ 単数として扱う ❷ 形容詞は修飾する語句は something の後につける ❸ 否定文, 疑問文では通例 anything を用いる》. [その他] 人名や時間などがはっきりしない時やぼかしていう時, ...なんとか. [副] として 幾分か(somewhat), あるいは強意でとっても. [名] として〔くだけた語〕重要なこと, けっこうなこと, かなりの人, 大した人物.
[用例] Would you like *something* to eat? なにか召し上がりませんか/*Something* queer is going on. なにか妙な具合になりつつある[妙なことになりそうだ]/His name is Johnny *something*. 彼の名前はジョニーなんとかだ/She was *something* taller than my sister. 彼女は私の妹より幾分か背が高かった/"He has injured his leg, but it's not broken." "That's *something*."「彼は足をけがしたが, 骨折はしていません」「それはよかった」/I think he's *something*, don't you? あの人は大した人物だと思いますがね.
[関連語] anything; nothing; everything.
【慣用句】*have something to do with* ... ...と何か[いくらか]関係がある. ... *or something* ...か何か. *something of* ... 多少の..., ちょっとした.... *something or other* よく知らない何か.

some·time /sʌ́mtaim/ [副] [形] 〔一般語〕未来のいつか近いうちに, あるいは過去のあるとき, いつか《[語法] some time と 2 語に分けてつづられる時は「しばらくの間」の意になるのが普通》. [形] として〔形式ばった語〕《限定的用法》かつての, 以前の《[語法] former よりくだけた語》.
[用例] We'll go there *sometime* next week. そのうち来週にでもそこに行くつもりです/*Sometime*, we'll take a trip to Venice. 近いうちにベニスへ旅行するつもりです/They went *sometime* last month. 彼らは先月のいつだったかに出かけた/John Smith, *sometime* priest of this parish, died last week. この教区の元司祭ジョン・スミス氏は先週死去された.

【慣用句】*sometime or other* いずれ, 遅かれ早かれ.

some·times /sʌ́mtaimz/ 副 〔一般語〕時々, 時には(…のことがある).

用例 He goes to Edinburgh *sometimes*. 彼は時々エジンバラに行く/*Sometimes* he seems very forgetful. 彼は時にはひどく忘れっぽく見えることがある(《語法》*sometimes* は文頭に置くこともできる).

類義語 sometimes; now and then; occasionally: **sometimes** は「時々」を表す最も一般的な語. **now and then** はやや不規則な意味あいをもつ. **occasionally** は「時たま」の意で, sometimes より低い頻度を示す.

関連語 often; frequently.

some·way /sʌ́mwei/ 副 〔くだけた語〕《米》《しばしば ~s で》どうにかして, 何とかして(somehow).

some·what /sʌ́mhwət|-wɔt/ 副 代 〔やや形式ばった語〕幾分, 多少あるいはややのように漠然とした意味. 代 として《~ of》幾分, 多少.

用例 It's *somewhat* hot and humid today. 今日は少しむし暑い/"How is he?" "*Somewhat* better, thank you." 「いかがですか, あの人の具合は」「ありがとう, 幾分いいようですよ」/She's *somewhat* of a poet. 彼女はちょっとした詩人だ.

類義語 somewhat; rather; a little; to some extent: **somewhat** は「幾分」の意では片寄らず客観的な語. **rather** は主観的で「かなり」の意を含むことがある. **a little** はくだけた語で「やや」「少しは」の意. **to some extent** は「ある程度」の意を表す形式ばった語.

some·where /sʌ́mhwɛər/ 副 〔一般語〕漠然と場所を表し, どこかに[へ, で], また場所以外を表して…ぐらい, 約….《語法》否定文, 疑問文, 条件節では anywhere を用いる).

用例 They live *somewhere* in London. 彼らはロンドンのどこかに住んでいる/That artist was born *somewhere* about 1800. その芸術家が生まれたのは, およそ1800年頃であった.

【慣用句】*get somewhere* 〔俗語〕うまくいく, 目鼻がつく. *… or somewhere* …どこかに. *somewhere about* [*around*; *near*]〔場所, 位置について〕どこか…の近くで[あたりで],《程度, 時間について》およそ, ある頃に. *somewhere or other* どこそのあたりに.

som·nam·bu·lism /sɑmnǽmbjulizəm|sɔm-/ 名 U 〔形式ばった語〕夢遊病(noctambulism).

語源 近代ラテン語 somnambulismus (ラテン語 *somnus* sleep+*ambulare* to walk) が19世紀に入った.

【派生語】**somnámbulist** 名 C.

somnolence ⇒somnolent.

som·no·lent /sɑ́mnələnt/ 形 〔形式ばった語〕眠い, 眠たげな, 眠気をさそう.

語源 ラテン語 *somnus* (=sleep) から派生した *somnolentus* が古フランス語を経て中英語に入った.

【派生語】**sómnolence** 名 U 眠気, 眠たさ.

son /sʌ́n/ 名 C 〔一般語〕息子.〔その他〕義理の息子(son-in-law), 動物の雄の子,《the S-》神の子, イエスキリスト,《通例複数形で》男の子孫,〔文語〕…の子, …国の人, 主義, 団体などに属する一員.〔くだけた語〕《時に my ~で》年輩者から年少男子への呼びかけとして, …君.

参考 Johnson, Wilson などの-son は「…の息子」の意. また Howells, Williams の-s はこの-son の省略形である.

語源 古英語 sunu (=son) から.

用例 He is the *son* of the manager. 彼は支配人の息子だ/the *sons* of Abraham アブラハムの息子(★ユダヤ人のこと)/He is said to be one of England's most famous *sons*. 彼は英国民中もっとも著名な人といわれている/Have a drink with me, old *son*. どうだ, 一杯やらないか.

対義語 daughter.

【派生語】**sónny** 名 C 坊や, …君(★年長者からの呼びかけ), あんちゃん, 小僧.

【複合語】**són-in-láw** 名 C《複 sons-in-law》義理の息子, 養子, 婿(ﾑｺ). **són of a bítch** 名 C《複 sons-of-bitches》〔卑語〕《米》こん畜生, 野郎(《語法》S.O.B., s.o.b. と略記を用いることがある). **són of a gún** 名 C《複 sons-of-guns》=son of a bitch.

so·nar /sóunɑːr/ 名 UC 〔一般語〕水中の物体を音波の反射によって探知する方法, ソナー, また水中探知機.

語源 sound navigation and ranging の頭文字.

so·na·ta /sənɑ́ːtə/ 名 C 【楽】ソナタ, 奏鳴曲.

語源 イタリア語 sonare (=to sound) の過去分詞 *sonatus* の女性形. 初期近代英語に入った.

son et lu·mi·ère /sɑ̀neilúːmjɛər|sɔ̀n-/ 名 U 〔やや形式ばった語〕照明, 音響効果などを多用した野外ショー, ソンエルミエール(★名高い建築物や史跡などで行われる).

語源 フランス語(=sound and light)が20世紀に入った.

song /sɔ́(ː)ŋ/ 名 CU 〔一般語〕歌, 歌曲.〔その他〕歌唱, 声楽, 歌唱に適した短い詩歌, また鳥や虫などの鳴き声, さえずり, 小川の流れる音, 風などのひゅうひゅう鳴る音, やかんの沸騰する音.

語源 古英語 sang から.

用例 She recorded a new *song* last month. 彼女は先月新曲を録音した/He burst into *song*. 彼は突然歌をうたいだした/We could hear *songs* of cuckoos in the wood. 森の中でかっこうの鳴き声が聞こえてきた/There was no sound but the *song* of the pot and the ticktacks of the clock. ポットの湯の沸く音と時計のチクタク音以外はなにも聞こえなかった.

【慣用句】*for a song* 〔くだけた表現〕捨て値で, ただ同然で. *not worth an old song* 無価値で. *sing another* [*a different*] *song* 態度を一変する.

【派生語】**sóngster** 名 C 〔文語〕歌手, 詩人, 鳴き鳥(songbird). **sóngstress** 名 C songster の女性形.

【複合語】**sóng and dánce** 名 C〔くだけた語〕《a~》あてにならぬ話, 言い逃れ,《英》ばか騒ぎ. **sóngbìrd** 名 C 鳴き鳥, 歌鳥,〔くだけた語〕女の歌手. **sóngbòok** 名 C (唱)歌集. **sóngwriter** 名 C ポピュラー・ソングの作詞者, 作曲者, 作詞作曲者.

son·ic /sɑ́nik|-ś-/ 形 〔一般語〕《限定用法》音や音波に関する, 音速の.

語源 ラテン語 sonus (=sound)+-ic として20世紀から.

【複合語】**sónic bárrier** 名 C 航空機などが音速に近い速度で飛ぶ時の空気抵抗, 音速障壁(sound barrier). **sónic bóom** 名 C 航空機などが超音速で飛ぶ時に生じる爆発音, 衝撃波音.

son·net /sɑ́nit|-ś-/ 名 C 【詩学】ソネット(★普通は弱強5歩格(iambic pentameter)の14行から成る詩).

sonny ⇒son.

sonority ⇒sonorous.

so·no·rous /sənɔ́ːrəs, sánər-|só-/ 形 〔形式ばった語〕 一般義 音が鳴り響く、響き渡る、声が朗々とした。その他 物や場所がよく響く音が出る、文体や演説などが格調の高い、堂々とした。
語源 ラテン語 *sonor* (= noise) の派生形 *sonorus* (= loud) が初期近代英語に入った。
【派生語】**sonórity** 名 U 鳴り響くこと、〔音〕聞こえ（度）．**sonórously** 副．

soon /súːn/ 副 一般義 一般義 ある時点を基準としてまもなく、すぐに、近いうちに。その他 予定より時期が早めに、早く。またやすやすと、〔比較級で〕喜んで、むしろ。
語源 古英語 *sōna* から。
用例 We'll hear from James *soon*. そのうちにジェームズから便りがあるだろう/I hope he arrives *soon*. 彼がすぐ来ればいいが/They'll be here *sooner* than you think. 彼らは思ったより早くここに来るだろう/It's too *soon* to tell. 話すにはまだ早すぎる/I would have phoned you *sooner* if I could. できればもっと早くお電話したかったのだが/I would (just) as *soon* go as stay. ここにいるよりは出掛けたいのだ。
類義語 soon; presently; shortly: **soon** はかなり大まかな意味で「あまり遅くならぬうちに」．**presently** は soon と同じく「間もなく」の意だが、やや形式ばった語．**shortly** は上の 2 つの語よりももっと短い、さしせまった時間を表す。
【慣用句】**as soon as ...** ...するとすぐに．**as soon as not** どちらかといえば どんなに早くても．**at the soonest** どんなに早くても．**had [would] sooner ... than** ... ...するよりはむしろ...したい: I *would sooner* stand *than* sit. 座っているよりは立っている．**no sooner ... than** ... ...するとすぐに...（語源 as soon as より形式ばった表現）: *No sooner* had we started the field day *than* it began to rain. 運動会が始まるとすぐに雨が降り出した．**sooner or later** 遅かれ早かれ、いずれは近く。
【派生語】**sóoner** 名 C 〔米〕抜け駆け屋（★政府の発令前に先取権を取った移住者の意から）．

soot /sút/ 名 U 動 本来味 〔一般語〕石炭などの燃焼時に出るすすや煤煙．動 として《通例受身で》すすだらけにする．
語源 古英語 *sōt* から．
【派生語】**sóoty** 形 すすけた、すすのように黒ずんだ．

soothe /súːð/ 動 本来味 〔やや形式ばった語〕 一般義 人や動物、気持ちや神経などを静める、なだめる、落ち着かせる．その他 苦しみや痛みを和らげる、鎮静させる．
語源 古英語 *sōthian* (= to show to be true) から。「本来...であると証明する」から「励ます」「なだめすかして納得させる」意となった。
【派生語】**sóothingly** 副．

sooth·say·er /súːθseɪər/ 名 C 〔古語〕予言者、占い師．
語源 中英語 *soth* (= true) + *sayer* から．

sooty ⇒soot.

sop /sáp|-ɔ́-/ 名 C 動 本来味 〔一般語〕 一般義 《通例単数形で》人を懐柔したりなだめるためのえさ、賄賂．その他 《通例複数形で》牛乳やスープなどに浸して食べるパン切れ、浸すと柔らかくなることを人を懐柔するもの の意が出た。〔古風な語〕ふやけることから、まぬけ、いくじなし．動 として、パン切れなどをスープなどに浸す、びしょぬれにする、スポンジなどに吸わせる《up》．
語源 古英語 *sopp* (= dipped bread) から．
【派生語】**sópping** 形 〔くだけた語〕びしょぬれの、ずぶぬれの．**sóppy** 形 じめじめした、びしょびしょの、〔英〕ばかげた、感傷的な．

So·phia /soufíːə/ 名 固 女性の名、ソフィア．

sophism ⇒sophist.

soph·ist /sáfɪst|-ɔ́-/ 名 C 〔形式ばった語〕〔しばしば S-〕古代ギリシャで哲学や修辞学を教えた人、ソフィスト．また一般に詭弁(きべん)家、屁理屈を言う人．
語源 ギリシャ語 *sophistēs* (= wise man) がラテン語を経て初期近代英語に入った。
【派生語】**sóphism** 名 UC 詭弁、こじつけ．**sóphistry** 名 UC 詭弁法、詭弁．

so·phis·ti·cate /səfístəkeɪt|-kɪt/ 名 C 〔やや形式ばった語〕 一般義 人や考え、態度を知的に洗練させる、高い教養を身につけさせる．その他 《良い意味で》人を世間慣れさせる、《悪い意味で》世間ずれさせる、詭弁(きべん)を用いて惑わせる。また機械や装置を複雑(精巧)なものにする、文体を凝ったものにする．名 として 洗練された人、知識人、世慣れた人．
語源 ギリシャ語 *sophistēs* (⇒sophist) の 形 *sophistikos* がラテン語で *sophisticus* となり、これから派生した中世ラテン語 *sophisticare* の過去分詞が中英語に入った。
用例 Urban life does not always *sophisticate* people. 都会生活がいつも人を洗練させるとは限らない/He is, as we call, a *sophisticate* rather than a wise man. 彼は知恵のある人というよりも、いわゆる世間慣れした人である．
対照語 natural; naïve.
【派生語】**sophísticated** 形 知的に洗練された、世間慣れした、如才のない、文体などが凝った、機械などが複雑な、高性能の《語法 かつては悪い意味が主であったが現在では一般的に良い意味で使われる》: The transportation system became *sophisticated* as the number of cars increased. 車の数が増すにつれて輸送システムが複雑化してきた．**sophistication** 名 U 考え、趣味などの洗練、世間ずれ[慣れ]、精巧[複雑]化．

soph·o·more /sáfəmɔːr|-ɔ́-/ 名 C 〔一般語〕《米》四年制大学または高等学校の**2年生**（《英》second-year student）．
語法 二年制短大では 2 年生を senior という。
語源 ギリシャ語 *sophos* (= wise) + *mōros* (= foolish) から成る語とされる。本来は sophumer という語形であったが、-mer をギリシャ語の *moros* と誤解して -more となった。初期近代英語から。
関連語 freshman; junior; senior.
【派生語】**sòphomóric** 形 《米》**2 年生**の、青二才なのに生意気な、知ったかぶりをした．

sop·o·rif·ic /sàpərífɪk, sòu-|sɔ̀p-/ 形 名 C 〔形式ばった語〕 一般義 人の話、薬物などが眠りを誘う、眠くなるような．その他 人が眠い、眠たそうな．名 として 眠気をさそうもの、催眠[麻酔]剤．
語源 ラテン語 *sopor* (= sleep) から派生したフランス語 *soporifique* が初期近代英語に入った。

soppy ⇒sop.

so·pra·no /səpráːnou, -prǽn-/ 名 C 《複 ～s, -ni》《楽》女性、少年の最高音域の声、ソプラノ、またソ

sor·bet /sɔ́ːrbit/ 名 《英》=sherbet.

sorcerer ⇒sorcery.

sorceress ⇒sorcery.

sor·cer·y /sɔ́ːrsəri/ 名 UC 〔一般義〕悪霊の力を借りて行う黒魔術(black magic)や妖術、また一般に不思議な力.
語源 「魔術師」の意の古フランス語 sorcier の派生形 sorcerie が中英語に入った.
【派生語】**sórcerer** 名 C **魔法使い**, 妖術師. **sórceress** 名 C sorcerer の女性形.

sor·did /sɔ́ːrdid/ 形 〔やや形式ばった語〕〔一般義〕環境などが不潔でむさ苦しい, 汚い. その他〔軽蔑的〕行為, 動機などが品位を下げるように下劣な, さもしく欲張りな.
語源 ラテン語 sordere (=to be dirty)の派生形 sordidus が古フランス語を経て中英語に入った.
【派生語】**sórdidly** 副.

sore /sɔːr/ 形 名 C 〔一般義〕〔一般義〕体の部分や傷などが痛い, ひりひりする. その他〔述語用法〕人が体が痛む, 心の痛みを感じる, 悲嘆に暮れる. また事物が心を痛ませる, 悲しい, つらい, 人の感情を害する, かんにさわる, 〈くだけた語〉《米》人が怒った. 形〔形式ばった語〕ひどい, はなはだしい, 重大な. 名 として触れると痛いところ, 傷, ただれ, はれもの, 〈古風〉心の傷, いやな思い出.
語源 古英語 sār (痛い, 悲しい)から. sorry と同語源.
用例 He felt sore when she died. 彼女が亡くなったとき彼は悲しみに暮れた/ It was a great sorrow to her that she never saw him again. 誠に悲しいことに彼女は二度と再び彼に会うことはなかった/ His first sorrow was his mother's death. 彼の最初の不幸は母親の死だった / The people sorrowed deeply when they knew the queen's death. 国民は女王の死を知って深い悲しみに沈んだ.
類義語 sorrow; grief; sadness: sorrow は大切な人を失ったときなどの長く続く深い悲しみ, またときには過去の失敗に対する遺憾の念や残念な気持を表す一般的. **grief** は特定の不幸などに対する短く激しい悲しみ. **sadness** は原因ははっきりしないが強い失望感や言うに言われぬ悲しい気持を表す.
【慣用句】***in sorrow and in joy*** うれしい時も悲しい時も.
【派生語】**sórrowful** 形 悲しい, 悲しそうな, 哀れな, 遺憾な, 残念な. **sórrowfully** 副. **sórrowfulness** 名 U.

sor·ry /sári, sɔ́(ː)ri/ 形 〔一般義〕〔一般義〕《述語用法》自分のことで相手に対して申しわけないと思って, すまないと思って. その他他人に同情して気の毒で, かわいそうで, 断りやおわび, 不本意な気持などを表して残念で, 遺憾で, また自分がしたことを後悔して, 悔やんで. 《限定的用法》みじめな, つまらない, 貧弱な.
語源 古英語 sārig から. sore と同語源.
用例 I'm sorry (that) I forgot to return your book. ご本をお返しするのを忘れてごめんなさい/ Did I give you a fright? I'm sorry. ごめんなさいね, びっくりさせた?/ I'm sorry that your mother's ill. お母様がご病気とはお気の毒です/ I think he's really sorry for his bad behaviour. きっと彼はいけないことをした と後悔しているでしょう/ If you make me so angry, you'll be sorry. そんなに僕を怒らせると後で後悔するぞ/ Sorry to say I have a previous appointment this evening. 残念ですが今晩は先約がありますので/ This house is in a sorry state. この家の状態ときたらひどい.
対照語 glad.
【慣用句】***feel sorry for oneself*** 〔くだけた表現〕自分がみじめになる. **Sorry.** 〔くだけた表現〕丁寧な断りや反対を表して, すみません, ごめんなさい, 悪いけど, 自分の言ったことを訂正して, いや.... **Sorry?** 〈主に英〉相手が言ったことを聞き返して, すみませんがもう一度お願いします(Pardon?) 〔語法〕上昇調で発音される.

sort /sɔːrt/ 名 C 動 本来他 〔一般義〕〔一般義〕性質, 品質なども含め, 人や物の種類, 部類, 型, タイプ. その他〈くだけた語〉《形容詞を伴って》ある性質, 品質, あるタイプの人. 動 として分類する, 整頓する, 《コンピューター》ソートする.
語源 ラテン語 sortem (=lot; chance)から派生した俗ラテン語 *sorta (=sort; kind)が古フランス語 sorte を経て中英語に入った.
用例 Which [What] sort of flowers do you like best? どんな種類の花が一番お好きですか/ People of

プラノ声部, ソプラノ歌手, ソプラノ楽器(奏者).
語源 イタリア語 sopra (=above)の派生形 soprano が 18 世紀に入った. sopra はラテン語 supra より.

(文語)悲しむ, 残念がる.
語源 古英語 sorh, sorg (=anxiety; sorrow)から. sorry や sore との語源上のつながりはないが, 音声上の類似から混同せられるようになった.

sor·ghum /sɔ́ːrgəm/ 名 CU 〔植〕もろこし属の穀草, また 《米》もろこしシロップ.
語源 「さとうもろこし」の意のイタリア語 sorgo による近代ラテン語.

so·ror·i·ty /sərɔ́(ː)rəti/ 名 C 〔一般義〕《米》大学の女子学生だけの社交クラブ.
語源 ラテン語 soror (=sister)から派生した中世ラテン語 sororitas (=sisterhood) が初期近代英語に入った.
関連語 fraternity.
【複合語】**soróritysíster** 名 C 女子学生クラブ会員.

sor·rel¹ /sɔ́(ː)rəl/ 形 名 UC 〔一般義〕栗(§)色の. 名 として栗色, また栗毛の馬.
語源 古フランス語 sor (=reddish brown)の派生形 sorel が中英語に入った.

sor·rel² /sɔ́(ː)rəl/ 名 CU 《植》ぎしぎし, すいば.
語源 古フランス語 sur (=sour)の派生形 surele (=sour plant)が中英語に入った.

sor·row /sárou, sɔ́(ː)rou/ 名 UC 動 本来自 〔一般義〕〔一般義〕深い悲しみ, 悲痛. その他悲しいことや悲しみの種. またあることに対する後悔, 残念. 動 として

that *sort* always do things like that. ああいったタイプの人たちはきまってあんなことをするものだ/I like this *sort of* book. この種の本が好きだ/She *sorted* the buttons into large ones and small ones. 彼女はボタンを大きいのと小さいのとに分けた/The postman *sorted* the letters according to their destinations. 郵便局員は手紙をあて先別にえり分けた.

[類義語] kind.

【慣用句】*after a sort* 〔やや古風な表現〕どうにか, 幾分. *a sort of* ... 一種の...〔語法〕くだけた表現ではしのあとの名詞に a をつけることがある): She was wearing *a sort of* crown. 彼女は冠みたいなものをかぶっていた. *be out of sorts* 〔くだけた表現〕気分がすぐれない. *... of a sort* [*sorts*]〔くだけた表現〕〔軽蔑的〕お粗末な..., ヘボ...: a poet of *a sort* ヘボ詩人. *sort of*〔くだけた表現〕多少..., ちょっと. *sort out* ...をえり分ける, 選び出す, 整理[処理]する, 問題などを解決する.

【派生語】**sórtable** 形 分けられる. **sórta, sórter**[1] 副〔くだけた表現〕《米》=sort of. **sórter**[2] 名 C 分類する人, 選別機械, ソーター.

【複合語】**sórt-oùt** 名 C 《通例単数形で》《英》整理.

sor·tie /sɔ́ːrti/ 名 C 〖軍〗敵に封じ込められたりした包囲された陣地からの出撃, これを行う突撃隊, また作戦上の単機出撃.

[語源] フランス語 *sortir* (=to go out) の過去分詞女性形が初期近代英語に入った.

SOS /ésouéś/ 名 C 〔一般語〕船などが遭難したときに発する無電などによる救援要請, 遭難信号, エスオーエス, また緊急時における近親者などの特別呼び出し放送.

[語源] モールス符号の組み合わせが・・・—・・・で, 最も打電しやすいことから 20 世紀に採用されたもの. Save our souls [ship] の頭文字を取ったとするのは俗説.

sot /sɑ́t/ 名 C 〔古風な語〕常習的な大酒飲みやのんべえ, あるいは頭がいかれた人.

[語源] 古英語 *sott* (=fool) から.

【派生語】**sóttish** 形.

sot·to vo·ce /sátou vóutʃi|sɔ̀t-/ 副〔形式ばった語〕批評や話が人に聞かれないように小声で.

[語源]「小声で」の意のイタリア語が 18 世紀に入った.

sou·brette /suːbrét/ 名 C 〖劇〗喜劇のわき役として登場する策謀にたけた侍女や小間使い, その役を演じる女優. また一般的にはすっぱな女.

[語源] フランス語が 18 世紀に入った.

souf·flé /suːfléi/ ⸺- / 名 CU 形〔一般語〕スフレ(★泡立てた卵白に卵黄, チーズや魚などを加えてふっくらと焼いた料理, また泡立てた卵白に果汁やチョコレートなどを加えた菓子).

[語源] フランス語 *souffler* (=to blow up) の過去分詞が 19 世紀に入った.

sough /sáu, sʌ́f/ 動 本来自 名 CU〔文語〕風で樹木が間断なくざわざわいう, 風がひゅうひゅう吹く. 名 として風の音.

[語源] 古英語 *swōgan* (=to resound) から.

sought /sɔ́ːt/ 動 seek の過去・過去分詞.

【複合語】**sóught-àfter** 形 《英》需要の多い, ひっぱりだこの.

soul /sóul/ 名 CU〔一般語〕〔一般義〕人間の身体にあって死後でも滅びないとされる魂. 〔その他〕肉体を離れた永遠の存在としての霊魂, 死者の霊. また人間の心, 精神, 冷静な知性に対して熱情, 生気, 〔文語〕《しばしば修飾語, 数詞を伴って》人間, 人. 魂に似た存在ということで, 組織などの中心的存在, 指導者, あるいは本質的なもの, 精髄, 《the ~》典型, 権化. 〔くだけた語〕《米》ソウル・ミュージック(soul music), あるいは黒人たちの民族意識, 黒人文化, 〔形容詞的に〕黒人(文化)の.

[語源] 古英語 sáwol, sāw(e)l から.

[用例] Do you believe that the *soul* is immortal? 魂が不滅だと信じますか/People often discuss whether animals and plants have *souls*. 人々はよく動植物には霊魂が宿っているかどうかを議論する/He put his whole *soul* into his musical composition. 彼は作曲に全身全霊を打ち込んだ/She always sings a song with much *soul*. 彼女の歌う歌には常に情熱がこもっている/You mustn't tell a *soul* about this. このことは誰にも言ってはいけません/He is the *soul* of the whole movement. 彼はその運動全体の中心人物である/She is the *soul* of honesty. 彼女は正直を絵に描いたような女性だ.

[類義語] mind; spirit.

[対照語] flesh; body.

【慣用句】*body and soul* 身も心も共に捧げて. *for the soul of me*=*for my soul*《否定文で》命にかけても, どうしても(...でない). *sell one's soul* (*to the devil*) 金銭などと交換に自分の良心を売る[捨てる].

【派生語】**sóulful** 形 魂[感情]のこもった, 悲しそうな. **sóulfully** 副. **sóulless** 形 魂のこもってない, 退屈な.

【複合語】**sóul bròther** 名 C〔俗語〕《米》黒人の男性(★黒人同士で使う). **sóul-destròying** 形〔くだけた語〕うんざりするほど単調な. **sóul mùsic** 名 U 黒人音楽の一種, ソウル・ミュージック. **sóul-sèarching** 名 U 形 綿密な自己反省[分析](の). **sóul sìster** 名 C〔俗語〕《米》黒人の女性(★黒人同士で使う).

sound[1] /sáund/ 名 UC 動 本来自〔一般語〕〔一般義〕耳に聞こえてくる音, 響き. 〔その他〕騒音, ざわめき,《単数形で》言葉などの印象, 感じ, 〖音〗有声, 無声などの音(?). 動 として, 音が聞こえてくる, 鳴る《語法》進行形なし), 転じて...のように思われる(seem). 他 鳴らす, 鳴らして知らせる, 異常がないかたたいて調べる, 医師が打診するなど.

[語源] ラテン語 *sonus* が古フランス語 *son* を経て中英語に入った. 動 はラテン語 *sonare* (=to make a noise) が古フランス語 *soner* を経て中英語に入った.

[用例] Which do you think travels faster, *sound* or light? 音と光とはどちらが早く伝わると思いますか/The *sounds* were coming from the garage. 物音はガレージから聞こえてきた/We were always bothered by the *sound* of the street. 通りの騒音にはいつも閉口した/Her English *sounds* like French. 彼女の英語はフランス語みたいに聞こえる/It *sounds* as if somebody broke into her house. 彼女の家に何者かが押し入った形跡がある/I *sounded* the bell but didn't get any answer. ベルを鳴らしたがなんの答えもなかった/The railroad workmen *sounded* the rails but found nothing wrong. 鉄道作業員たちはレールをたたいて調べたが, 何の異常もなかった.

[類義語] sound; noise; tone: **sound** は「音」の意では最も一般的な語. **noise** は耳ざわりで不快な音を指す. **tone** は一定の音色や音程をもつ快く響く音をいう.

【慣用句】*sound off*〔くだけた表現〕あからさまに言う, 不満をぶちまける.

【派生語】**sóunding** 形 音を出す, 鳴り響く, 仰々しい:

sounding board 音響効果用の反響板, 楽器の共鳴板, マスコミに意見を発表する手段. **sóundless** 形 音のしない, 静かな.
【複合語】**sóund bàrrier** 名 C 音速障壁(sonic barrier). **sóund effècts** 名《複》劇や放送などにおける音響効果. **sóund pollùtion** 名 U 騒音公害. **sóundproòf** 形 防音の. 動 本来他 防音装置[設備]をとりつける. **sóund tràck** 名 C《映画》フィルムの端の録音帯, サウンドトラック, 映画音楽. **sóund wàve** 名 C 音波.

sound² /sáund/ 形 副 〔一般語〕 一般義 人が肉体的, 精神的に健全な, 健康な. その他 物が傷んでいない, 無傷な, しっかりした, 考え方や仕事ぶり, 財政状態などが堅実な, しっかりした, 判断などが正しい, 妥当な, 人が欠陥のない, 信頼できる. また眠りが深い, 行為や状態が徹底した, 容赦のない意にもなる. 副 としてぐっすり, 深く.
語源 古英語 gesund (=healthy) から. 強調の接頭辞 ge が消失してできた.
用例 He's 87, but he's still *sound* in mind and body. 彼は 87 歳だが, まだまだ心身ともに健康である/The foundations of the house are not very *sound*. その家は土台があまりしっかりしていない/Every one of them has taken a *sound* basic training. 彼らはひとりひとりが皆しっかりした基礎訓練を受けてきた/That was scarcely a *sound* reason for being absent from work. そんなのはまず仕事を休んだことに対するちゃんとした理由にならなかった/He's a very *sound* mathematician. 彼は数学者として全く非のうちどころがない/They found the children *sound* asleep in bed. 子供たちは床の中で熟睡していた.
類義語 healthy.
【慣用句】(as) *sound* as a bell [top] いたって健康[健全]で. *sound* in wind and limb 〔くだけた表現〕体調がよい, 老人などが健康で.
【派生語】**sóundly** 副. **sóundness** 名 U.

sound³ /sáund/ 名 C 〔一般語〕狭い海峡, 入り江, 海に接する河口.
語源 古英語 sund (=swimming; narrow sea) から.

sound⁴ /sáund/ 動 本来他 〔一般語〕 一般義 測鉛を用いて, 海や湖などの水深を測る. その他 人の意中を慎重に探る, 人の考えを打診する, 《医》膀胱などにゾンデを入れて調べる. 自 測鉛などが底に達する, 鯨などが急に深く潜る.
語源 「測鉛線」の意の古フランス語 sonde から派生した sonder が中英語に入った.
【派生語】**sóunding** 名 UC 測深, 水深, 意向などの打診.

soup /súːp/ 名 U 動 本来他 〔一般語〕 一般義 食事(特にディナー)の最初に出るスープ. その他 比喩的にどろどろしたもの,〔くだけた表現〕写真の現像液,《英》濃い霧,《米》金庫破りで使われるニトログリセリンなど. 動 として〔くだけた表現〕(~ up で)人を窮地に陥れる, エンジンなどの馬力[性能]を上げる, パーティーなどを大いに楽しくする.
語源 ゲルマン語起源の古フランス語 so(u)pe, soppe (=broth) が中英語に入った.
用例 clear *soup* コンソメ/cream *soup* ポタージュ/What type of spoon do you use when you eat *soup*? スープを飲むときどんなタイプのスプーンを使いますか 語法 eat soup はスプーンを使って飲む場合, drink soup はカップから直接飲むときにいう).
関連語 consommé (澄ましスープ); potage (濃厚スープ).
【慣用句】*from soup to nuts*〔くだけた表現〕《米》始めから終わりで(★食事のフルコースでスープに始まりデザート(nuts)で終わることから). *in the soup*〔くだけた表現〕すっかり困って, 弱った羽目になって.
【複合語】**sóup kitchen** 名 C 生活困窮者などのための無料食堂.
sóup plàte 名 C スープ皿.
sóup spòon 名 C スープ用の大型スプーン.

sour /sáuər/ 形 名 動 本来他 〔一般語〕 一般義 食べ物や飲み物が酸っぱい. その他 発酵して酸っぱくなった, すえた, 転じて鼻につくような, 不快な, 不機嫌な, 意地の悪い, ひねくれたなど.《農》土地が酸性の, 不毛の. 名 として酸っぱいもの[味],《米》カクテルの一種, サワー. 動 として酸っぱくする[なる], 気難しく[不快に]する[なる],〔くだけた語〕面白味をなくす.
語源 古英語 sūr から.
用例 Unripe apples taste [are] very *sour*. 熟していないリンゴはたいへん酸っぱい/This milk is slightly *sour*. この牛乳は少し酸っぱくなっている/She was looking very *sour* this morning. 彼女は今朝たいへん不機嫌な様子だった/This hot weather has *soured* all the milk. この暑い天気で牛乳がみんな酸っぱくなってしまった/She had been *soured* by bad luck. 運に恵まれなかったせいか彼女は機嫌が悪くなっていた.
類義語 sour; tart; acid: **sour** は発酵作用または未熟による(時には不快な)酸味. **tart** はぴりっとした, しばしば快い酸っぱさをいう. **acid** は化学用語で「酸(性)の」の意: acid substance 酸性物質.
【慣用句】*be sour on* ...〔くだけた表現〕《米》...が嫌いである. *go* [*turn*] *sour* 酸っぱくなる,〔くだけた表現〕だめになる, 劣化する.
【派生語】**sóurly** 副 酸っぱく, 機嫌悪く, ぶすっとして. **sóurness** 名 U.
【複合語】**sóur crèam** 名 U サワークリーム. **sóurdòugh** 名 UC《米》次回用に残しておくパン種, サワードー, 酸味を強くしたパン,《米・カナダ》古参の開拓者[探鉱者]. **sóur grápes** 名 U 負け惜しみ,「酸っぱいぶどう」(★イソップ寓話中の「きつねとぶどう」の話から).

source /sɔ́ːrs/ 名 C 動 本来他 〔一般語〕 一般義 物事の源(なと), 起こり, 原因. その他 人や本, 情報などの出所, また川などの水源(地). 動 として《通例受身で》ある供給源から物を手に入れる, 物の入手先[出所]を明らかにする.
語源 ラテン語 surgere (=to surge) から入った古フランス語 sourdre (=to rise; to spring up) の女性形過去分詞 sourse が中英語に入った.
用例 They have discovered the *source* of the trouble. 彼らにその争いの原因がわかった/What was the *source* of the journalist's information? その記者がつかんだ情報の出所はどこですか/We could trace the river to its *source*. 私たちは川の水源までたどっていくことができた.
類義語 origin.
【複合語】**source lànguage** 名 U 英文和訳における英語のような起点言語(★この場合の日本語は target language (目標言語) という),《コンピューター》原始

sou·sa·phone /súːzəfoun/ 名 C 〖楽器〗スーザホン《★ブラスバンドで使用する体を巻くように抱える大型のチューバ》.

[語源] アメリカの楽団指揮者・作曲家 John Philip Sousa(1854-1932) の名から.

souse /sáus/ 動 [本来ває] 名 UC 〔一般語〕[一般義] 水などにざぶざぶとつける. [その他] ずぶぬれにする[なる], 肉や魚などを塩[酢]漬けにする, また 〔俗語〕人を酔っぱらせる. 名 として 《a～》つけること, ずぶぬれ, また 塩漬け, 塩漬け用の塩汁, 〔俗語〕大酒飲み.

[語源] ゲルマン語起源の古フランス語 sous, souz (漬物用塩水) が中英語に入った.

【派生語】**sóused** 形 酔っぱらった.

south /sáuθ/ 名 U 形 副 〔一般語〕[一般義] 《通例 the ～》方位としての南 (語法 S と略す). [その他] 南方, 南側, 南部 《語法 「…の南の方に」は to the south of ..., 「…の南側[南端]に」は on the south of ..., 「…の南部に」は in the south of ...》. 《the S-》特定の地域, 例えば米国の南部諸州, 英国の南部地方, 地球上の南極地方, あるいは発展途上国, 時には南半球全体を指す. 形 副 として 南の[に, へ].

[語源] 古英語 sūth から.

[用例] They live in a village to the south of Aberdeen. 彼らはアバディーンの南方にある村に住んでいる / The wind blows from the south. 風は南から吹いている / Have you ever traveled around the South in America? アメリカ南部を旅行したことがありますか / She works on the south coast. 彼女は南海岸側で働いている / This window faces south. この窓は南向きである.

【派生語】**sóuthbound** 形 船, 飛行機が南へ向かう, 南回りの. **sóuther** 名 C 《米》南からの強風. **sóutherly** 形 南の[に], 南寄りの[に], 南から(の). **sóuthern** 形 南の, 南にある, 南方の, 南向きの, 《the S-》南部の: Southern Cross 南十字星 / Southern Hemisphere 《the ～》南半球 / southern lights 《the ～》南極光. **sóuthernmòst** 形 〖形式ばった語〗最南(端)の. **sóuthward** 形 副 南の方への, 南向きに[の], 《the ～》南部(地方). **sóuthwards** 副 《英》=southward.

【複合語】**Sóuth África** 名 固 南アフリカ共和国. **Sóuth Áfrican** 形 名 C 南アフリカ共和国の(住民). **Sóuth América** 名 固 南アメリカ. **Sóuth América**n 形 名 C. **sóuth by éast [wést]** 形 南微東[西] 《語法 SbE[W] と略す》. **Sóuth Càrolína** 名 固 サウスカロライナ 《★米国南部の州; 略 SC》. **Sóuth Dakóta** 名 固 サウスダコタ 《★米国中北部の州; 略 SD》. **sòutheást** 名 《通例 the ～》南東 《語法 SE と略す》. 形 南東の[からの]. 副 南東に[へ]. **Sóutheast Ásia** 名 固 東南アジア. **sòutheáster** 名 C 南東からの強風. **sòutheásterly** 形 南東の[に, へ], 南東寄りの[に], 南東から(の). **sòutheástern** 形 南東の[からの], 南東への. **sòutheástward** 形 副 南東へ[の], 南東向きに[の]. **sòutheástwards** 副 《英》=southeastward. **sóuthpàw** 名 C 〔くだけた語〕左利きの人(投手, ボクサー). **Sóuth Póle** 《the ～》南極 (⇔North Pole). **sóuth-sòutheást** 名 U 形 南南東(の) 《語法 SSE と略す》. **sóuth-sòuthwést** 名 U 形 南南西(の) 《語法 SSW と略す》. **sòuthwést** 名 U 《通例 the ～》南西 《語法 SW と略す》. 形 南西の[からの]. 副 南西へ[に]. **sòuthwéster** 名 C 南西からの強風, 《船員の》暴風雨用帽子. **sòuthwésterly** 形 南西の[に, へ], 南西寄りの[に], 南西から(の). **sòuthwéstward** 副 南西の方へ[の], 南西向きに[の]. **sòuthwéstwards** 副 《英》=southwestward.

sou·ve·nir /sùːvəníər, ⸺⸻⸺/ 名 C 〔一般語〕旅行や催物などの記念品, みやげ, また 大事な形見.

[語源] ラテン語 subvenire (=to come to mind; sub- up to+venire to come) が古フランス語で se souvenir (=to remember) となり, その名詞用法 souvenir (=memory) が 18 世紀に入った.

[用例] This pendant is a souvenir my aunt gave me at the party. このペンダントはパーティーで伯母にもらった記念品である / I keep this picture as [for] a souvenir of my 21st birthday. 私はこの写真を私の21歳の誕生日の記念として大事にもっている.

[類義語] souvenir; memento; keepsake; remembrance: **souvenir** は思い出の品. **memento** は特定の記念品. **keepsake** は主に小さな形見. **remembrance** は思い出を残すための記念品.

sou'·west·er /sàuwéstər/ 名 =southwester.

sov·er·eign /sávrən/-ɪ-/ 名 C 形 〖形式ばった語〗[一般語] 皇帝, 王, 女王など一国の最高の主権者, 君主. [その他] 《英》旧ポンド金貨であるソブリン貨 《★現在では記念貨としてのみ鋳造される》. 形 として 君主たる, 主権を有する, 独立した, また最高の, 絶対の, 卓越した, 極端な.

[語源] ラテン語 super (=above) から派生した俗ラテン語 *superanus (=monarch) が古フランス語 souverain を経て中英語に入った.

[用例] She had long been the sovereign of the island. 永い間彼女はその島に君臨していた / The lion is the 'sovereign' among animals. ライオンは百獣の王である / Their country is now a sovereign state. 今や彼らの国は独立国である / The Queen's will is sovereign in the matter. この件については女王の意志は絶対である.

【派生語】**sóvereignty** 名 UC 君主たること, 主権, 独立国.

so·vi·et /sóuviət/ 名 C 〔一般語〕旧共産主義国の会議, 評議会, 《the S-s》旧ソ連(政府) 《★ソ連の正式名称は the Union of Soviet Socialist Republics》.

【複合語】**Sóviet Únion** 名 固 《the ～》旧ソビエト連邦.

sow[1] /sóu/ 動 [本来義]《過去 ~ed; 過去分詞 sown, ~ed》 〔一般語〕[一般義] 畑の作物の種をまく, 植えつける. [その他] 比喩的に〖形式ばった語〗紛争や不満の種をまきちらす, うわさ, 不信感などを広める.

[語源] 古英語 sāwan から.

[用例] I sowed lettuce in this part of the garden. 私は庭のここのところにレタスの種をまいた / This field has been sown with wheat. この畑には小麦がまかれている / She had no person to whom she could sow the seeds of complaint. 彼女には不満の種をまきちらす相手がなかった.

【派生語】**sówer** 名 C 種をまく人, 種まき機, うわさなどをまきちらす人, 扇動する人.

sow[2] /sáu/ 名 C 〔一般語〕[一般義] 特に子を産んだことのある雌豚. [その他] くま, たぬきなどの雌, また 〖冶〗大型鋳鉄.

sown /sóun/ 動 sow¹ の過去分詞.

soy /sói/ 名 U〔一般〕大豆, また醤油(しょうゆ)(soy sauce).
[語源] 日本語の醤油がオランダ語 soya を経て初期近代英語に入った.
【複合語】**sóybèan** 名 C 大豆. **sóy sàuce** 名 U 醤油.

soy・a /sóiə/ 名《英》=soy.
【複合語】**sóya bèan** 名 =soybean. **sóya sàuce** 名 =soy sauce.

SP《略》《米》=shore patrol (海軍憲兵隊).

spa /spá:/ 名 C〔一般〕体に良いとされる鉱物質を含んだ鉱泉や温泉, あるいは温泉場, 高級保養地.
[語源] ベルギー東部にある鉱泉保養地 Spa より. 初期近代英語から.

space /spéis/ 名 UC 動 本来他〔一般〕一般義 物がなく自由に利用できる空間. その他 大気圏外の空間, 宇宙(outer space), また時間に対する空間. 限定された空間ということから, ある特定の区域, 場所, あるいは座席, 新聞などの紙面, あき, 空所, 余地. さらに空間的な隔たりを指し, 間隔, 距離, [印]語字, 行間, スペース, 時間的な隔たりを指し, 特定の時間, (通例単数形で)(...の)間, [テレビ・ラジオ] コマーシャルのための時間. 動 として, 物事に一定の間隔[距離]を置く, 行間をあける.
[語源] ラテン語 *spatium* (=space; distance) が古フランス語を経て中英語に入った.
[用例] The children need more *space* for playing football. 子供たちはフットボールをするのにもっと広い場所が必要だ/In the 21st century, we'll have more travellers to the *space*. 21世紀には宇宙旅行者の数がもっと増えるだろう/I couldn't find a *space* for my car. 車を置く場所が見つからなかった/In this town, we can find willow trees set at equal *spaces* apart. この町では柳の木が等間隔に植えられている/Please leave a larger *space* between words when you write. お書きになるとき語間をもっと空けてください/Answer this question within a *space* of three hours. この問題は3時間以内に解答しなさい/He *spaced* the rows of potatoes half a metre apart. 彼は50センチ間隔で何列ものじゃがいもを植えた.
【派生語】**spáceless** 形 無限の, 余地のない, 場所をとらない. **spácing** 名 UC 間隔(をとること), 行間, 字配り. **spácious** 形 広々とした. **spáciously** 副. **spátial** 形〔形式ばった語〕空間の[に関する], 広がりのある. **spátially** 副.
【複合語】**Spáce Àge** 名 (the ~)〔時に s- a-〕宇宙時代. **spáce-àge** 形 宇宙時代の, 最新式の. **spáce bàr** 名 C タイプライターのスペースバー. **spáce càpsule** 名 C 宇宙カプセル. **spáce cràft** 名 C 宇宙船(spaceship), 宇宙飛行体. **spáce fíction** 名 U 宇宙小説. **spáceflight** 名 UC 宇宙飛行. **spáce hèater** 名 C 室内用の暖房具. **spácelàb** 名 C 宇宙実験室. **spáceman** 名 C 宇宙飛行士. **spáce mèdicine** 名 U 宇宙医学. **spáceport** 名 C 宇宙船基地. **spáce pròbe** 名 C 宇宙探査(用ロケット). **spáce scìence** 名 UC 宇宙科学. **spáceship** 名 C 宇宙船. **spáce shùttle** 名 C 宇宙連絡船, スペースシャトル. **spáce stàtion** 名 C 宇宙ステーション. **spáce sùit** 名 C 宇宙服. **spáce-tíme** 名 U〔理〕時空連続体(space-time continuum). **spáce trável** 名 C 宇宙旅行. **spáce wàlk** 名 C 宇宙遊泳. **spácewàlker** 名 C.

spade¹ /spéid/ 名 C 本来他〔一般〕通例足を使って地面を掘るのに用いる鋤(すき), また鋤に似たもの, 鋤一杯分の土量. 動 として鋤で掘る[耕す].
[語源] 古英語 spadu から.
[関連語] shovel (土や砂, 石炭をすくって移したり, 雪をかいたりするのに用いる道具).
【慣用句】***call a spade a spade***〔くだけた表現〕ありのままに言う, 直言する.
【複合語】**spádewòrk** 名 U 骨の折れる予備作業, 下準備, 基礎研究.

spade² /spéid/ 名 C〔一般〕トランプのスペード札, (複数形で)スペードの1組, またスペードの形, 〔俗語〕黒人の蔑称.
[語源] ギリシャ語 *spathē* (=blade; broadsword) がラテン語 *spatha*, イタリア語 *spada* を経て初期近代英語に入った. 現在のトランプではスペードは尖った鋤(すき)の絵が使われるが, 当時のイタリア, スペインのスペードには尖った剣の絵が用いられた.

spa・ghet・ti /spəgéti/ 名 U〔一般〕スパゲッティ.
[語源] イタリア語 *spago* (=cord) の指小語の複数形. 19世紀に入った.

Spain /spéin/ 名 固 スペイン (★文語で Hispania ともいう; Sp. と略す).
[用例] Spanish is spoken in many countries as well as in *Spain*. スペイン語はスペインのみならず多くの国で話されている.
【慣用句】***build a castle in Spain* [*the air*]** 空中楼閣を建てる, ばかげた空想にふける(★ムーア人が征服してスペインにイスラム教国を築いたように, 何の足がかりもない所に築城するような空論を指していう).
【派生語】**Spaniard** /spǽnjərd/ 名 C スペイン人. **Spánish** 形 スペイン(人, 語)の. 名 U スペイン語, (the ~)〔集合的〕スペイン人: **Spanish America** スペイン語圏アメリカ(★ブラジル, ギアナ, ホンジュラス, スリナムを除く中南米)/**Spanish American** スペイン語圏アメリカの人, スペイン系米国人/**Spanish-American** スペイン語圏アメリカの, スペイン系米国人の, スペインとアメリカの.

span¹ /spǽn/ 名 C 動 本来他〔一般〕一般義 物の端から端までの長さ, 全長, さしわたし. その他 飛行機の翼長, 翼幅, 橋やアーチの下の長さ, 径間, あるいは掌を広げたときの親指の先から小指の先までの長さ, スパン, また特定の範囲, 期間をいう. 動 として〔形式ばった語〕橋などが川などに架かる, ある距離, 時間にわたる, 及ぶ.
[語源] 古英語 span(n) から.
[用例] The *span* of my arms is 150 centimeters. 私の両腕を広げた長さは150センチである/The first *span* of the bridge is one hundred meters long. 橋の最初の支柱間の長さは100メートルである/Seventy or eighty years is the normal *span* of a man's life. 70, 80年が人間の普通の寿命である/A bridge *spans* the river. その川には一本の橋が架かっている/His career *spans* three decades. 彼の(仕事の)経歴は30年である.
[類義語] term; duration.

【複合語】**spán ròof** 名 C 切妻式の屋根.

span[2] /spǽn/ 形 =spick-and-span.

span·gle /spǽŋɡl/ 名 C 動 本来他 一般義 芝居などの衣装につけるぴかぴか光る金, 銀, すずなどの箔(⊥), スパンコール. その他 星や霜や雲母など小さくてぴかぴか光る物. 動 として《しばしば受身で》スパンコールで飾る[をちりばめる].
語源 中期オランダ語 *spange* (=clasp) が中英語に入り, その指小語 spangel からと思われる.

Spaniard ⇒Spain.

span·iel /spǽnjəl/ 名 C 一般義 一般義 スパニエル《★スペイン産の耳の垂れた毛の長い猟犬; 今日では主に愛玩用》. その他 おべっか使いの人や, 人の言いなりになる追従者など.
語源 古フランス語 *espaignol* (=Spanish) が中英語に入った.
関連語 cocker spaniel; water spaniel.

Spanish ⇒Spain.

spank /spǽŋk/ 動 本来他 名 C 一般義 罰として子供のしりなどを平手または平たいものでぴしゃりと打つ. 名 として平手打ち, おしりをたたくこと.
語源 擬音語として 18 世紀から.
【派生語】**spánking** 名 C ぴしゃりと打つこと.

span·ner /spǽnər/ 名 C 一般義 《主に英》ナットやボルトを締めるスパナ(wrench).
語源 ドイツ語 *Spanner* (=winding tool) が初期近代英語に入った.

spar[1] /spάːr/ 動 本来自 名 C 一般義 ボクサーがスパーリング練習をする, また〔ややくだけた表現〕言い争う.
語源 spur と同根と考えられる. 中英語から.
【複合語】**spárring pàrtner** 名 C ボクシングの練習相手.

spar[2] /spάːr/ 名 C 〔海·空〕帆柱, 帆げたなどの円材, 飛行機の翼桁(⊥).
語源 古ノルド語 *sperra* (=pole) が中英語に入った.

spare /spέər/ 動 本来他 形 一般義 一般義 物を使うのを差し控える, 取っておく. その他 《しばしば疑問文または否定文で》自分自身のために金銭, 労力などを惜しむ, 節約する. また余った分を人に分け与える, 時間などをさいてやる, 人に課すべき苦痛や労力を免除する, 許す,《~ oneself で》人が労を惜しむ,〔文語〕命を助けてやるの意. 形 として《限定用法》余分な, 予備のための, あるいは不十分な,〔やや形式ばった語〕体格のやせた. 名 として, タイヤや機械の部品などの予備品, スペア.
語源 古英語 sparian から.
用例 *Spare* the rod and spoil the child.《ことわざ》むちを惜しむと子供がだめになる(かわいい子には旅をさせよ)/He *spared* no expense or effort in his desire to help us. 彼は私たちを援助したい気持で, 費用や労力を少しも惜しまなかった/I'd like to speak to you if you can *spare* me a minute or two. ほんの少し時間をいただけたら, お話ししたいことがあるのですが/Order your clothes from this catalogue, and *spare yourself* the trouble of going shopping. お着物はこのカタログで注文いただき, ご来店の手間を省いてください/What do you do in your *spare* time? お暇な時に何をされますか/Your tire's flat — do you have a *spare*? タイヤがパンクしてますよ. 予備のタイヤをお持ちですか.
類義語 exempt; save.
【慣用句】**enough and to spare** あり余るほど(のもの).
【派生語】**sparing** 形 節約する, 控えめの, けちけちした.
【複合語】**spare-part surgery** 名 U〔くだけた語〕臓器移植外科. **spareribs** 名《複》豚の肉付きあばら骨. **spare tire** [《英》**týre**] 名 C 予備タイヤ.

spark[1] /spάːrk/ 名 C 動 本来自 一般義 一般義 何かの衝撃で飛び散る火花, 火の粉.〔電〕スパーク. 比喩的にの閃めき, 生気, 活気, また争いなどの発端, (a ~; 通例否定文で) 痕跡, 少し (of). 動 として, 物が火花を出す, 火花が散る. 他 スパークさせる, 人, 活動などを燃え立たせる, 刺激する.
語源 古英語 spærca, spearca から.
用例 *Sparks* were being thrown into the air from the burning building. 燃えている建物から火の粉が空中に飛び散っていた/A *spark* from a faulty light-socket had set the house on fire. 欠陥コンセントから生じたスパークが原因で家が火事になった/a bright *spark*《英》'優等生'(★反語的に「まぬけ」の意)/The *spark* that touched off the trouble was really his careless words. 争いの発端は実は彼の軽率な発言だった/They didn't show a *spark* of interest in my proposal. 彼らは私の提案に少しも興味を示さなかった/The assassination of the general *sparked* off the war. 将軍の暗殺が戦争の引き金となった.
【慣用句】**as the sparks fly upward** 自然の理に従って, 確かに(《聖》ヨブ記 5:7). **make the sparks fly**〔ややくだけた表現〕議論を巻き起こす, 対立を引き起こす.
【複合語】**spárk**[《英》**spárking**]**plùg** 名 C 内燃機関の点火プラグ.

spark[2] /spάːrk/ 名 C 動 本来他 〔古風な語〕〔軽蔑的〕女性に対して親切丁重な色男, 粋(⊥)なしゃれ者. 動 として《米》女性に言い寄る.
語源 spark[1] の比喩的な用法からと考えられる. 初期近代英語から.

spar·kle /spάːrkl/ 動 本来自 名 CU 一般義 一般義 火花を発する. その他 宝石, 目, あるいは星などが輝く, ぴかぴか光る, 比喩的に才気などがひらめく, ほとばしる. また ぶどう酒などが発泡する. 名 として 火花, 輝き, 閃光, 才気, 泡立ちなどの意.
語源 spark + -le (反復を表す接尾辞). 中英語から.
用例 The surface of the lake *sparkled* in the sunlight. 湖面は日光を浴びてまばゆく輝いた/Her speech *sparkled* with wit and humor. 彼女のスピーチは機知とユーモアで光っていた/There was a sudden *sparkle* as her diamond ring caught the light. 彼女のダイヤの指環は光を受けてきらりと光った/We left the hut toward the summit in the *sparkle* of morning sun. 私たちは小屋を出発し, まばゆいばかりの朝日を浴びて山頂へと向かった.
類義語 shine; flash.
【派生語】**spárkler** 名 C 小規模な花火,〔くだけた語〕《複数形で》宝石, ダイヤ, きらきら輝く目.
【複合語】**spárkling wíne** 名 C 発泡ワイン.

spar·row /spǽrou/ 名 C〔鳥〕すずめ.
語源 古英語 spearwa から.
用例 the chirping of *sparrows* すずめたちのさえずり.

sparse /spάːrs/ 形 一般義 人口や住居などがまばらに散在している, 植物や毛髪などの生え具合が薄い.
語源 ラテン語 *spargere* (=to scatter) の過去分詞 *sparsus* が 18 世紀に入った.

【派生語】**spársely** 副 まばらに. **spárseness** 名 U. **spársity** 名 U.

Spar・ta /spáːrtə/ 名 固 スパルタ《★古代ギリシャの都市国家》.
【派生語】**Spártan** 形 スパルタ(人)の,《しばしば s-》スパルタ式の, 質実剛健な. 名 C スパルタ人, 勇猛不屈な人.

spasm /spǽzəm/ 名 UC 〖医〗痙攣(けいれん), ひきつけ. 一般的には**突発的発作**, 感情の**激発**.
[語源] ギリシャ語 *span*(=to draw; to pull)から派生した *spasmos*(痙攣)がラテン語, 古フランス語を経て中英語に入った.
【派生語】**spasmódic** 形 痙攣(性)の, 発作的な, 突発的な. **spasmódically** 副. **spástic** 形 〖医〗痙攣性の, 特に緊張性痙攣の, 〔俗語〕〖軽蔑的〗頭の足りない. 名 C 痙攣性脳性麻痺患者, 〔俗語〕〖軽蔑的〗ばか.

spat¹ /spǽt/ 動 〖特に英〗spit の過去・過去分詞.

spat² /spǽt/ 名 C 動 [本来義]〔くだけた語〕《米》ささいなけんか(をする).
[語源] おそらく擬音語. 19 世紀から.

spat³ /spǽt/ 名 C 〔一般語〕(通例複数形で) スパッツ《★靴の上から足首の部分を覆うゲートル》.
[語源]「泥よけスパッツ」の意の spatterdash の短縮形. 19 世紀から.

spate /spéit/ 名 C 〔一般語〕[一般義]《主に英》豪雨や雪解けによる**出水, 大水**. [その他] 感情や言葉のほとばしり, また同類の事件などの**多発**, 人の**急増**, さらに**大量, 多数**(of).
[語源] 不詳.

spatial ⇒space.

spat・ter /spǽtər/ 動 [本来義] 名 C 〔一般語〕[一般義] 人や物に水や泥などを**まき散らす, ねかける**. [その他] 悪口などを**浴びせる, 中傷する**. 圓 ねねかかる, 雨や弾丸などがばらばらふりかかる. 名 としてはね, はねた物, またばらばらふりかかる音.
[語源] 擬音語. 初期近代英語から.

spat・u・la /spǽtʃulə/ 名 C 〔一般語〕かき混ぜたりする時に使う幅の広い**へら**.
[語源] ラテン語が初期近代英語に入った.

spawn /spɔ́ːn/ 名 U 動 [本来義]〔一般語〕[一般義] 魚類や両生類や軟体動物などによって産み落とされたひとかたまりの**卵**. [その他]〖軽蔑的〗始末に負えないほどたくさんの**子供**[**産物**].
動 としては, 魚やかえるなどが卵を産む, 人が子をたくさん産む.
[語源] ラテン語 *expandere*(=to spread out)に由来するアングロノルマン語 *espaundre*(魚が卵を生む)が中英語に入った.

S.P.C.A. 《略》= Society for the Prevention of Cruelty to Animals (動物愛護協会).

S.P.C.C. 《略》= Society for the Prevention of Cruelty to Children (児童愛護協会).

speak /spíːk/ 動 [本来義]〖過去〗**spoke**/spóuk/; 〖過分〗**spoken**/spóukn/〉〔一般語〕[一般義] 人が**言葉を発す**. [その他] ある事を**話す**(of), 何かについて**話す, 演説**[**講演**]**する**(about; on), 人に**話しかける**(to), 人と**話し合う**(with), また人の表情や動作, ある事実や作品などが**物語る**, あるいは〖文語〗楽器, 時計などが**音を出す, 鳴る**. 他 言葉などを**言う**, 真実や気持ちなどを**語る, 伝える**, ある言語を**話す, 使う**.
[語源] 古英語 sp(r)ecan から.
[用例] Animals except human being cannot *speak*. 人間以外の動物は言葉を話すことができない/He never *speaks* of his dead wife. 彼は亡くなった奥さんのことを一言も語らない/The Prime Minister *spoke* on the state of the nation. 首相は国家の現状について演説した/Can I *speak* to you for a moment? ちょっとお話ししたいことがあるのですが/She didn't *speak* at all but her face *spoke* of her sorrow. 彼女はなにも話さなかったが, 彼女の顔が自らの悲しみを物語っていた / The cannons and the marching bugles *spoke*. 大砲や進軍のラッパが鳴り響いた/He *spoke* a few words to us. 彼は私たちに二言三言話しかけてきた/I always *speak* my mind. 私はいつも自分の気持を率直に話しています/Can you *speak* English? 英語は話せますか.
[類義語] speak; talk: **speak** は単に言葉を発したり人とちょっと話したりすることから演説のような改まった話に至るまで広範囲に用いられる. **talk** は **speak** よりくだけた語で, 少数の親しい人と気軽におしゃべりをする意を表す.
【慣用句】*not to speak of* ……は言うまでもなく. *so to speak*《挿入句》いわば. *speak againt* ……に反対する. *speak at* … …にあてこすりを言う. *speak for* … …を弁護する, …に代って話す, …に賛成する. *speak for itself* 口に出さなくてもそれだけで十分明らかである. *speak ill* [*evil*; *badly*] *for* … …に不利になる. *speak ill* [*evil*; *badly*] *of* … …のことを悪く言う. *speaking generally* [*strictly*; *frankly*] 一般的に[厳密に, 率直に]言えば《語法》文頭では generally speaking ともいう). *speaking of* … …のこととといえば. *speak out* 率直に言う, 大声で話す. *speak to* …に話しかける, …に言う〔形式ばった表現〕…に言及する〔くだけた表現〕…の心に訴える, …をしかる. *speak up* = speak out. *speak well for* … …に有利になる. *speak well of* … …のことをよく言う. *speak without book* 記憶だけをたよりに話す.
【派生語】**spéaker** 名 C 話し手, 話者, 演説者, 講演者, 拡声機, スピーカー (loudspeaker),《the S-》下院議長. **spéakership** 名 U 議長の職[任務]. **spéaking** 形《限定用法》話す, 物を言う, 表情豊かな. 名 U 談話, 演説: **speaking tube** 伝声管. **spóken** 形 話し言葉の, 口語の,(⇔written).
【複合語】**spéakèasy** 名 C〔俗語〕《米》禁酒法時代のもぐり酒場[酒店].

spear /spíər/ 名 C 動 [本来義]〔一般語〕[一般義] 主に戦いで用いる**槍**(やり). [その他] 魚を**突く**, あるいは草などの**葉, 芽**, または**若枝**.〔古語・詩語〕**槍兵**(そうへい)(spear-man). 動 として, 槍で**突く, 突き刺す**. 圓 船などが突き進む, 植物が芽を出す.
[語源] 古英語 spere から.
[用例] He was armed with a *spear* and a round shield. 彼は槍と円い盾(たて)で武装していた/Asparagus *spears* were poking their way through the ground. アスパラガスの若茎が地面から突き出していた/He went out in a boat to *spear* fish. 彼はボートに乗って魚を(やすで)突きに出掛けた/Our motor-boat *speared* with a surprising rapidity. 私たちのモーターボートは驚くほどのスピードで突進した.
[類義語] spear; lance; javelin: **spear** が武器としての槍一般を指すのに対して, **lance** は騎兵の持つ槍. **javelin** は競技用.

spéarhèad【複合語】名 C 動 本来目 槍の穂，攻撃の先鋒(なる)，活動の第一線(に立つ)．**spéar sìde** 名《the 〜》父方，父系，(⇔distaff side).

spear·mint /spíərmint/ 名 U 〖植〗みどりはっか，スペアミント．
[語源] spear＋mint. 葉の形が細長くとがっていることから．初期近代英語より．

spe·cial /spéʃəl/ 形 名 〔一般語〕[一般義] 普通一般ではなく特別の，特殊な．[その他] 人や物の性格や性質が個性的で独特の，固有の，分野などが専門の，あるいは特製の，臨時(用)の．名 として，特別[臨時]の仕事をもった人，特使，特派員．また特別[臨時]に作られたもの，特別[臨時]列車[バス]，新聞の号外，雑誌などの臨時増刊号，テレビの特別番組，店舗独自の特製[サービス]料理，〔くだけた語〕お買得品．
[語源] ラテン語 *species*(＝kind) から派生した *specialis*(＝individual; particular) が古フランス語 *especial* を経て中英語に入った．
[用例] We must use a *special* key to open this safe. この金庫を開けるには特殊なかぎを使わねばならない／She sang songs with her *special* husky voice. 彼女はあの独特のハスキーな声で歌を歌った／He now makes a *special* study of sociolinguistics. 彼は社会言語学を専攻している／The railway authorities runs many *special* trains during this vacation. 鉄道当局はこのバカンスの期間多数の臨時列車を走らせる／They're doing a television *special* on the life and works of John Donne. テレビでジョン・ダンの生涯と作品の特別番組が放映されている．
[類義語] special; especial; particular; specific: **special** は同類のものの中で特別的(普通以上の扱い)を受けていることをいう．**especial** は形式ばった語で special と同意だが，副詞の especially のほうがよく用いられる．**particular** は注意を引くため同種のものの中から一つを選び出した場合をいう．**specific** は具体的な説明を明確に加えるため，実例として一つ抜き出して特定化していう．
[対義語] general; ordinary.
〖慣用句〗**on special**〔くだけた表現〕《米》特売の，お買得の: Beef is *on special* today. 今日のお買得品はビーフです．
【派生語】**spécialist** 名 C 研究などの専門家，専門医．**speciálity** 名 C 《主に英》＝specialty. **speciàlizátion** 名 UC. **spécialize** 動 本来目 …を専門とする，得意とする，専攻する(in)，特殊化する，〖生〗分化する．他 専門[特殊]化する，限定する，詳述する，特記する: She *specializes* in modern French literature. 彼女は近代フランス文学を専攻している．**spécialized** 形 専門[特殊]化した．**spécially** 副 特に，特別に，ことさら，わざわざ．**spécialty** 名 C 特製品，名産，専門，専攻(科目)，得意なこと，特殊性，特質．
【複合語】**spécial delívery** 名 U 《米》速達(郵便)．《英》express delivery).

spe·cie /spíːʃiː/ 名 U〔形式ばった語〕紙幣に対して正金，正貨．[語源]「現物で」の意のラテン語 *in specie* から初期近代英語に入った．
〖慣用句〗*in specie* 正金で．

spe·cies /spíːʃiːz/ 名 C 《複 〜》〖生〗動植物の分類における**種**(は)(★genus (属) の下位分類単位)．また〔形式ばった語〕《the [our] 〜》人類，〔くだけた語〕種類，一種．
[語源] ラテン語 *specere*(＝to look at) から派生した *species*(＝appearance; sort) が初期近代英語に入った．
[用例] Have you ever read Charles Darwin's *The Origin of Species*? チャールズ・ダーウィンの『種の起源』を読んだことがありますか／There are several *species* of zebra. しま馬には5つか6つの種がある／In a word, what is the difference between our *species* and other animals? 一言でいえば我々人類と他の動物との違いは何ですか．

spe·cif·ic /spisífik/ 形 名 C 〔一般語〕[一般義] 同類のものの中から一つを取り出して，それについて説明を加えるという場合の特定の．[その他] あいまいでなく明確な，はっきりした，具体的な，あるいは性質などが特有の，独特の，薬がよく効く，特効の．名 として〔形式ばった語〕特効薬，《複数形で》《米》詳細(particulars)，詳述(されたもの)，仕様書．
[語源] ラテン語 *species*(⇒species) から派生した中世ラテン語 *specificus* が初期近代英語に入った．
[用例] Be more *specific* about when you want us to come. 私どもがお伺いする日をもっとはっきり示してください／We were given very *specific* instructions. たいへん具体的な指示が示された／Each of the bodily organs has its own *specific* function. 身体の諸器官はそれぞれみな特徴ある働きをする／No *specific* (remedy) for cancer has been found yet. がんの特効薬はまだ発見されていない／He didn't refer to any *specifics* about that. 彼はそれに関する詳細には全然ふれなかった．
[類義語] special.
【派生語】**specifically** 副．
【複合語】**specífic grávity** 名 U〖理〗比重(relative density). **specífic héat** 名 U〖理〗比熱．

specification ⇒specify.

spec·i·fy /spésifai/ 動 本来目 〔一般語〕[一般義] 一つ一つについて明確に述べる，具体的に述べる．[その他] これこれだとはっきり指定する，詳述する，名前などを一つ一つ挙げる，特徴づける．
[語源] 中世ラテン語 *specificus*(⇒specific) から派生した *specificare* が古フランス語 *specifier* を経て中英語に入った．
[用例] She didn't *specify* who and who had been absent. 彼女は誰と誰とが欠席したかは特に言わなかった／Please *specify* the date and place for our next meeting. 次の会合の日時と場所を指定してください／He *specified* three types of mistake which had really occurred. 彼は実際に生じた誤りの3つのタイプを挙げた．
【派生語】**specificátion** 名 UC〔やや形式ばった語〕詳述，指定，列挙，《複数形で》細目，仕様書．**specified** 形 特定の．

spec·i·men /spésimən/ 名 C 〔一般語〕[一般義] 見本，実例．[その他] 研究，医学検査用の標本，標本，試料，〔くだけた語〕〔しばしば軽蔑的〕…なやつ，しろもの．
[語源] ラテン語 *specere*(＝to look at) から派生した *specimen*(＝mark; token; example) が初期近代英語に入った．
[用例] We looked at *specimens* of different types of rock under the microscope. 私たちは顕微鏡を使って様々な種類の岩石の標本を観察した／The doc-

tor asked for a *specimen* for testing. 医師は検査のため試料を求めた.
類義語 example; sample; instance.

spe·cious /spíːʃəs/ 形 〔形式ばった語〕〔軽蔑的〕中身と異なり一見もっともらしい, 外見上みてくれのよい.
語源 ラテン語 *species* (⇒species) から派生した *speciosus* (=good-looking) が中英語に入った.
派生語 **spéciously** 副.

speck /spék/ 名 C 動 本来他 〔一般語〕一義 目に見える程度の小さなもの, 斑点(はんてん), きず. その他 ごみ, ほこり, 転じて人間の欠点, 汚点, また微少片, 微量の意. 動 としてしみ[斑点]をつける.
語源 古英語 *specca* から.
用例 I found a *speck* of ink on my tie. ネクタイにインクの小さなしみが一つ見つかった/The harbor was *specked* with fishing boats. 港には漁船が点在していた.
類義語 stain; spot.
【慣用句】**not a speck** 《米》全然...ない: There was *not a speck* of food left. これっぱっちの食べ物も残ってなかった.

speck·le /spékl/ 名 C 動 本来他 〔一般語〕皮膚のしみ, そばかす, また動物などの斑点, まだら, ぶち. 動 としてspeckをつける.
語源 「点にする」の意の中期オランダ語 *speckel* が中英語に入った.

specs /spéks/ 名 《複》〔くだけた語〕眼鏡(spectacles).

spec·ta·cle /spéktəkl/ 名 C 〔一般語〕一義 目をみはらせるようなすばらしい眺め, 壮観. その他 あっと言わせるような見世物, ショー. 良い悪いを問わず光景, 目に映ったままの様相 〔語法〕sight よりも大げさな意味あいの語〕.〔形式ばった語〕〔複数形で〕《主に英》(色)眼鏡〔語法〕一般には glasses または eyeglasses を用いる.
語源 ラテン語 *specere* (=to look at) の反復形 *spectare* から派生した *spectaculum* (=public show) が古フランス語を経て中英語に入った.
用例 The royal wedding was a great *spectacle*. 王室の結婚式の光景は実にすばらしいものだった/The opening *spectacle* of the acrobatic troupe is to start at 9:00. 曲芸団の開幕ショーは 9 時に始まる/I'll never forget the disgusting *spectacle*. その不愉快な惨状は決して忘れないだろう.
関連語 exhibition.
【慣用句】**make a spectacle of oneself** 物笑いの種になることをしかす, 自らの恥をさらす.
派生語 **spéctacled** 形 眼鏡をかけた, 〔動〕へびなどに眼鏡状の斑紋がある. **spectácular** 形 壮観な, 劇的な. 名 C テレビなどの特別豪華番組. **spectácularly** 副.

spec·ta·tor /spékteitər, -́--́-/ 名 C 〔一般語〕一義 スポーツ, ショーなどの観客, 見物人. その他 事件, 事故の目撃者, また単なる傍観者.
語源 ラテン語 *spectare* (⇒spectacle) の過去分詞 *spectatus* から派生した *spectator* (見物人) が初期近代英語に入った.
用例 Fifty thousand *spectators* came to the match. 5 万人の観客が試合を見にやってきた/We are looking for *spectators* who watched the traffic accident. その交通事故の目撃者を探しています.
類義語 observer.

関連語 audience.
【複合語】**spéctator spórt** 名 C フットボールなど大観衆が集まる見るスポーツ.

spec·ter, 《英》**-tre** /spéktər/ 名 C 〔形式ばった語〕一般語 亡霊, 幻影, お化け. その他 人を不安に陥れるような恐ろしいもの, 影.
語源 ラテン語 *spectrum* (=appearance; apparition) がフランス語 *spectre* を経て初期近代英語に入った.
派生語 **spéctral** 形 幽霊の(ような), 恐ろしい.

spec·tro·scope /spéktrəskoup/ 名 C 〔理〕分光器.
語源 spectro-「スペクトルの」+-scope「検...器」.

spec·trum /spéktrəm/ 名 C 《複 -tra, ~s》〔理〕光線がプリズムを通ったときにできる七色のスペクトル, また電磁スペクトル, 質量スペクトル, 〔通信〕電波スペクトル, 〔音響〕音響スペクトルなど, 〔やや形式ばった語〕一般的に変動範囲, 領域, また目の残像.
語源 *appearance* の意のラテン語が初期近代英語に入った.

spec·u·late /spékjuleit/ 動 本来自 〔一般語〕一義 あまり明確な事実や知識もなしにあれこれ思いをめぐらす, 推量する. その他 損失の危険を承知で株や土地などに投機する, 思わく買い[売り]をする.
語源 ラテン語 *speculari* (=to observe; to examine) の過去分詞 *speculatus* が初期近代英語に入った.
用例 I've been *speculating* on my future. 私は自分の将来についてあれこれ考えてきた/He tried *speculating* in mining shares and lost a lot of money. 彼は鉱山株に手を出して大金を失った.
【派生語】**spèculátion** 名 UC 推測, 憶測, 投機. **spéculative** 形 思索的な, 推論的な, 理論一辺倒の, 投機的な. **spéculator** 名 C 思索家, 空論家, 投機家, 相場師.

sped /spéd/ 動 speed の過去・過去分詞.

speech /spíːtʃ/ 名 CU 〔一般語〕一般語 やや改まった調子で聴衆を前にして行う話, 演説, スピーチ. その他 話すこと, 話し方, 話す能力, また話し言葉, 言語, 方言, 〔文法〕話法(narration), 〔演劇〕せりふ.
語源 古英語 *spēc*, *sprǣc* から.
用例 His *speech* is full of insults and cynicism. 彼の話は侮辱的な言葉や皮肉で一杯だ/He is to deliver a *speech* this afternoon. 今日午後, 彼の演説が予定されている/Do you think parrots and mynas have *speech*? おうむや九官鳥に言語能力があると思いますか/The *speech* of intellectual men and women is not always standard. 知識人の言葉は必ずしも標準的とはいえない/Her English is the typical American *speech*. 彼女の英語は典型的なアメリカ英語だ/Change this direct *speech* into an indirect *speech*. この直接話法を間接話法に変えよ/He forgot one of his *speeches*. 彼はせりふのひとつを忘れてしまった.
類義語 speech; address; talk; oration: **speech** は演説の意味では最も一般的な語で, 話の長短とか種類はあまり関係なく多少改まった内容のものが多い. **address** は形式ばった語で, あらかじめ意図された重要な内容の演説が主である. また **talk** は演説というよりもくだけた席での肩のこらない話や雑談を指し, **oration** はかなり形式ばった語で, 重要な行事などでの美辞麗句をならべ

の演説をいう.

【派生語】**spéechify** 動 本来自 〔くだけた語〕《しばしば進行形で》演説を(一席)ぶつ, 長々と熱弁をふるう.
spéechless 形 感極まり, または恐怖心などで口もきけないほどの, 言語に絶する, 口のきけない, おし黙った, 無口な. **spéechlessly** 副.

【複合語】**spéech còntest** 名 C 弁論大会. **spéech dày** 名 C 《英》賞品授与式, 例えば卒業式, 終業式. **spéech sòund** 名 C 【言】音声, 言語音. **spéech sýnthesis** 名 U コンピューターによる音声の合成. **spéech thèrapist** 名 C 言語聴覚士. **spéech thèrapy** 名 U 言語障害治療.

speed /spíːd/ 名 UC 動 本来自 《過去・過分 **speed**, ~**ed**》〔一般語〕一般義 動作の, 運動などにおける素早さ, 速さ. その他 具体的に数字で表される速度, 【写】フィルムの感光度, シャッタースピード. また変速装置. さらには効き目が早いということから《俗語》覚醒剤, スピード. 動 として, 人馬や車などが急ぐ, 疾走する, 速度を増す, 《通例進行形で》違反スピードで走る, スピード違反をする. 他 速める, 急がせる, 仕事などをはかどらせる, 促進する.
語源 古英語 spēd (=success; prosperity) から.
用例 You'll need a lot more *speed* if you're going to beat me. こちらを追い抜きたいのなら, もっとうんと速度をあげなければだめだよ/The car was travelling at high *speed*. 車は高速で走っていた/More haste, less *speed*. 《ことわざ》急がば回れ/He was riding on a four speed bicycle. 彼は4段ギヤの自転車に乗っていた/The car *sped* [*speeded*] along the motorway. 車は高速道路を疾走していった/The policeman said that I had been *speeding* in a thirty-mile-per-hour area. 時速30マイルの区域で私がスピード違反していたと警官は言った/Plenty of fresh air and exercise will *speed* his recovery. 空気のいいところで十分運動すれば彼の回復は早まるでしょう.
類義語 speed; velocity: **speed** は「速度」を意味する一般語. **velocity** は専門用語で直線や円周などの一定の軌道で進む速度をいう.
【慣用句】 ***at full* [*top*] *speed*** 全速力で 《《語法》《米》くだけた表現では at が省略される). ***at speed*** スピードを出して, 急いで. ***speed up*** ...のスピードを上げる.
【派生語】**spéeder** 名 C スピード狂, スピード違反者, 速度加減装置. **spéedily** 副 素早く, てきぱきと. **spéeding** 名 U スピード違反. **spéedy** 形 迅速な, てきぱきとした, 即座の.
【複合語】**spéedbòat** 名 C 高速艇. **spéed lìmit** 名 C 最高制限速度. **speedómeter** 名 C 速度計. **spéed skàting** 名 U 【競技】スピードスケート. **spéed tràp** 名 C スピード違反監視区間[区域]. **spéedùp** 名 UC 高速度化, スピードアップ, 《米》生産能率アップ. **spéedwày** 名 C 自動車, オートバイの競走用道路, またはそのレース, 《米》高速道路.

spell[1] /spél/ 動 本来他 《過去・過分 ~**ed**, 《英》**spelt**》〔一般語〕一般義 語をつづる. その他 文字がつづると...という語になる, また何かが...を意味する, ...という結果になる.
日米比較 日本語でつづりのことを「スペル」というが, 英語では spelling.
語源 ゲルマン語起源の古フランス語 *espel(l)er* が中英語に入った.
用例 How do you *spell* 'necessary'? necessary はどうつづりますか/C-a-t *spells* 'cat'. c, a, t とつづると cat になる/This *spells* disaster. このことは結果的に災害につながる.
【慣用句】 ***spell out*** ...を一字一字ていねいに読む[書く], 略さないで書く, 詳しく説明する.
【派生語】**spéller** 名 C 字をつづる人, つづり字教本 (spelling book). **spélling** 名 UC 語のつづり方, スペリング, 正字法: **spelling book** つづり字教本/**spelling pronunciation** つづり字通りの発音.
【複合語】**spéll-chèck** 動 本来他 ワープロ, パソコンでスペルチェックをかける. **spélldòwn** 名 C 《米》つづり字競技(会).

spell[2] /spél/ 名 C 動 本来自 〔一般語〕一般義 天候などひと続き. その他 しばらくの間, 一時, またひと続きの仕事, 仕事の交替, さらに病状などの一時期, 発作の意. 動 として《米》一定時間人と交替する.
語源 古英語 spala (=substitute) から.
用例 We had a long *spell* of cold weather. 長い間寒い天気が続いた/We stayed in the country for a *spell* and came home. しばらく田舎にいて, それから帰宅した/I had a *spell* of bad coughing. ひどいせきの発作がひとしきり続いた/We'll take turns at driving — I'll *spell* you when you get tired. 交替で運転しよう. 疲れたら代わるよ.
【慣用句】 ***by spells*** 交替に, かわるがわる.

spell[3] /spél/ 名 C 動 本来他 〔一般語〕一般義 魔力を発揮するために唱える呪文(じゅもん)やまじない. その他 抗しがたい魔力や魅力. 動 として呪文をかける, 魅了する.
語源 古英語 spel(l) (=story; speech) から.
【派生語】**spéllbìnd** 動 本来他 《過去・過分 **-bound**》呪文にかける, 魅了する. **spéllbìnder** 名 C 聴衆を魅了する雄弁家. **spéllbòund** 形 うっとりした, 魅せられた.

spelt /spélt/ 動 《英》spell の過去・過去分詞.

spend /spénd/ 動 本来他 《過去・過分 **spent**》〔一般語〕一般義 金を費やす, 使う. その他 時間を過ごす, 労力などを使う, 使い果たす, 〔形式ばった語〕疲れさせる.
語源 ラテン語 *expendere* (=to expend) が中英語に入った.
用例 He *spends* more than he earns. 彼はかせぎ以上の金を使う/I *spent* a week in Spain this summer. この夏は一週間スペインで過ごした/I *spent* a lot of effort on that drawing! あの絵を描くのにたいへん精力を使ったよ/The storm *spent* itself. 嵐がおさまった.
類義語 spend; expend: **spend** は一般的に金, 時間, 労力などを費やすことを意味する. **expend** は形式ばった語で, 特定の目的のためにかなりの大金を費やすという意になる.
【派生語】**spénder** 名 C 金を使う人, 浪費する人.
【複合語】**spénding mòney** 名 U 小づかい銭 (pocket money). **spéndthrìft** 名 C 金づかいの荒い(...)者, 金づかいの荒い, 道楽の.

Spen·ser /spénsər/ 名 固 スペンサー Edmund Spenser(1552-99) 《★英国の詩人》.

spent /spént/ 動 spend の過去・過去分詞.

sperm /spə́ːrm/ 名 UC 《複 ~, ~**s**》【生理】精液, 精子.
語源 ギリシャ語 *sperma* (=seed) が後期ラテン語を経て中英語に入った.

[類義語] semen.
【複合語】**spérm whàle** 名 C 《動》まっこうくじら.

spew /spjúː/ 動 本来他〔一般語〕一般義 何かを噴き出す(out). その他 怒りなどをぶちまける, 食べた物を吐く. 自 で噴き出る, もどす.
[語源] 古英語 spīwan (=to vomit) から.
[類義語] vomit.

sphere /sfíər/ 名 C〔一般語〕一般義 地球, まりなどのような形, 球, 球形. その他 太陽, 月, 星などの天体, 〔詩語〕天空. また地球儀, 天球儀. さらに〔形式ばった語〕存在, 活動の範囲, 領域, 人の本領, 社会的身分層).
[語源] ギリシャ語 sphaira (=ball; globe) がラテン語 sphaere, sphera, 古フランス語 espere を経て中英語に入った.
[用例] We can observe the heavenly *sphere* by the telescope. 天体は望遠鏡で観察することができる/These things aren't really in my *sphere*. これらは実は私の関心の範囲外である.
[類義語] ball.
【派生語】**sphérical** 形 球形の, 球面の, 天体の. **sphéroid** 名 C《幾何》回転惰(ﾀ)円体.

sphinc·ter /sfíŋktər/ 名 C《解》肛門などにある括約筋.
[語源] ギリシャ語 sphinktēr (=band) が後期ラテン語を経て初期近代英語に入った.

sphinx /sfíŋks/ 名 C〔複 ~es, sphinges /sfíndʒiːz/〕古代エジプトのスフィンクス (★男や鷹, 羊の頭と人間の体をした架空の動物の像), (the S-)《ギ神》スフィンクス《女の顔と翼のあるライオンの体をした怪物》, 比喩的に得体の知れない人, 不可解な人.
[語源] ギリシャ語 Sphinx から.

sphyg·mo·ma·nom·e·ter /sfigmoumənɑ́mətər/-ə-/ 名 C《医》血圧計.
[語源] sphygmo-「脈拍」+ manometer「圧力計」. 19 世紀に.

spice /spáis/ 名 UC 動 本来他〔一般語〕一般義 料理などに独特の風味を添える薬味, 香辛料, スパイス. その他〔単数形で〕おもしろみ, 比喩的に面白み, 興趣の意. 動 として香辛料を加える, 興を添える.
[語源] ラテン語 species (=sort; appearance) が後期ラテン語で「分類された商品」「個々に売買される香辛料」の意となり, 古フランス語 espice を経て中英語に入った.
[用例] We add cinnamon and other *spices* to the dish. その料理にはシナモンその他のスパイスを加える/Her arrival added *spice* to the party. 彼女が来たおかげでパーティーに趣が添えられた/The curry had been heavily *spiced*. そのカレー料理はすごく辛かった.
【派生語】**spícily** 副. **spíciness** 名 U. **spícy** 形 香辛料の入った, 薬味の利いた, 芳しい, 芳香のある, 批評などが痛快な, 辛辣(な), 〔くだけた語〕話がきわどい.

spick-and-span /spíkənspǽn/ 形〔くだけた語〕部屋などがきれいな, 服などがぱりっとした, 真新しい.
[語源] 廃語の spick and spannew の短縮形. spick は「釘」, span は「削りくず」の意.

spi·der /spáidər/ 名 C〔動〕くも. また巣を張って獲物を待つイメージから策略をめぐらす人, 《米》フライパン (★もとは脚がついていた).
[語源] 古英語 spithra (=spinner) から. spin と同語源.
[用例] A *spider* makes cobwebs to catch insects with. くもは虫を捕えるために巣を張る.
【派生語】**spídery** 形 くもの巣のような, くもの巣の多い, くもの足のように細長い.

spiel /spíːl/ 名 UC 動 本来自〔くだけた語〕《軽蔑的》中味のないことを長々と早口でぺらぺら調子よく話すこと, 調子の良いおしゃべり, また客寄せ口上. 動 として, 口達者に大げさにしゃべる.
[語源] ドイツ語 Spiel (=play; game) が 19 世紀に入った.

spig·ot /spígət/ 名 C〔一般語〕たるなどの栓, 《米》蛇口, コック. またパイプの差し込むほうの口.
[語源] 不詳. 中英語から.

spike¹ /spáik/ 名 C 動 本来他〔一般語〕一般義 太い木材に打ちつけるのに用いる大釘(ｸﾞ), 長釘. その他 鉄道用の大釘, 競技用の靴底に打ってある鋲(ｸﾞ), 〔複数形で〕スパイク (シューズ). また釘状のもの, グラフなどのとがった山, 急増, 《俗》注射針, 〔バレーボール〕強烈な打ち込み, スパイク. 動 として, 大釘[長釘]で打ちつける, 突き刺す, 靴にスパイクをつける, 塀などに釘先を取りつける, 〔バレーボール〕ボールをスパイクする, 《野》スパイクで負傷させる, また飲み物に強いアルコールなどを入れる. 自 価格などが急上昇する (up).
[語源] 古ノルド語 spik (=nail) が中英語に入った.
[用例] All the players wore *spikes* [*spiked* shoes]. 選手はみなスパイクをはいていた/She had a strong suspicion that someone had *spiked* her orange juice with vodka. 彼女はだれかがオレンジジュースにウォッカを入れたのではないかと強く疑った.
[関連語] nail (普通の釘); peg (小さな木釘).
【慣用句】**hang up one's spikes**《俗》《米》野球界などから引退する.
【派生語】**spiky** 形 釘のような, とがった, 〔くだけた語〕怒りっぽい.
【複合語】**spíke héel** 名 C《米》婦人靴の先のとがった高いヒール, 〔複数形で〕そのヒールのハイヒール.

spike² /spáik/ 名 C〔詩語〕麦などの穂 (ear), 《植》穂(ｽ)状花 (序).
[語源] ラテン語 spica (=point; ear of corn) が中英語に入った.

spill¹ /spíl/ 動 本来他〔過去・過分 ~ed, spilt〕名 C〔一般語〕一般義 液体や粉などを誤ってこぼす. その他 容器の内容物をまき散らす, 〔くだけた語〕馬や車から人をほうり出す, 振り落とす, 〔文語〕〔通例受身で〕血を流す, 《俗》秘密なとをもらす, 言いふらす. 自 こぼれる, 馬や車から転落する. 名 としてこぼれた[流出した]もの, 乗り物からの転落, 落馬.
[語源] 古英語 spillan (=to destroy; to kill; to shed blood) から.
[用例] It is no use crying over *spilt* milk. 《ことわざ》こぼれたミルクのことで泣き叫んでもむだだ《覆水盆に返らず》/The driver was *spilt* out of the clashed car. 運転手は衝突した車からほうり出された/Much blood was *spilt* in the incident. その事件では多くの血が流された.
【慣用句】***spill the beans***〔くだけた表現〕うっかり秘密をもらす.
【複合語】**spíllòver** 名 UC 流出人口などあふれ出たもの[量]. **spíllwày** 名 C ダムなどの放水路.

spill² /spíl/ 名 C〔一般語〕一般義 木などの薄いかけ

ら. その他 パイプやろうそくの点火に用いるつけ木, 紙を巻いて作ったこより, 金属製の止め栓など.
語源 不詳. 中英語から.

spilt /spílt/ 動 spill¹ の過去・過去分詞.

spin /spín/ 動 本来義 (過去・過分 **spun**) 名 CU 〔一般語〕一般義 糸を紡ぐ, ...を紡いで糸にする. その他 くもや蚕などが糸を吐く, 巣を作る. また紡錘などにくるくると勢いよく回す, 回転させる, 糸を紡ぐように話などを作り出す. 自 回転する, 頭の中が回るようにくらくらする, 目まいがする, 車輪が空転する, 〔くだけた語〕車が疾走する. 名 として回転, ひねり, 〔空〕きりもみ降下, 転じて物価などの急分, 〔単数形で〕片寄った解釈, 独特のひねり, 〔くだけた語〕自転車, 車などのひと走り.
語源 古英語 spinnan から.
用例 The old woman was *spinning* (wool) in the corner of the room. 老婦人は部屋の片隅で(羊毛から)糸を紡いでいた/I watched the spider *spinning* its web. 私はくもが巣をかけているのを見ていた/She *spun* round in surprise. 彼女は驚いて目を回してしまった/What sent the oil prices into a *spin*? 何かの原因で石油の価格が急落したのか/We went for a *spin* in his car and came back by noon. 私たちは彼の車でちょっとドライブに出掛け, 昼前には戻った.
類義語 turn.
慣用句 **in a (flat) spin** 心などが動揺して, 混乱して. **spin a yarn [story]** 長々とほら話をする. **spin off** 副産物などを生み出す, 会社などを分離独立させる. **spin out** 話などを長々とひき延ばす, 金銭などを長くもたせる.
派生語 **spínner** 名 C 紡ぎ手, 紡績機械. **spínning** 名 U 紡績, 紡績業. 形 紡績(用)の: spinning wheel 紡ぎ車, 糸車.
複合語 **spín drìer [drýer]** 名 C 脱水機. **spíndry** 動 本来他 洗たく物を遠心脱水する. **spín-òff** C 副産物, 〖経〗スピンオフ(⇒spin off).

spin·ach /spínítʃ|-dʒ/ 名 U 〔野菜〕ほうれんそう. 〔くだけた語〕嫌いな子供が多いことから, 望まれないもの, 不必要なもの.
語源 ペルシャ語の aspanākh がアラビア語, 古スペイン語, 中世ラテン語, 古フランス語を経て中英語に入った.

spinal ⇒spine.

spin·dle /spíndl/ 名 C 動 本来義 〔一般語〕一般義 糸を紡ぐ際に使われるつむ, 紡錘. 紡錘機などの心棒, 軸, 紡錘状の手すりや欄干の小柱やテーブルの脚, また〖生〗紡錘体. 動 として紡錘形[状]になる, 細長くする.
語源 古英語 spinel から.
派生語 **spindle-légged** 形 足の細長い. **spíndly** 形 ひょろ長い, 細長く伸びた.

spine /spáin/ 名 CU 〔一般語〕一般義 背骨, 脊柱(ᶦᵏᶦᵒ)(spinal column). その他 植物のとげ, 動物の棘(ᵏᵏ)状突起, 例えばやまあらしの針. また背骨のような部分を意味し, 本の背, 山の尾根, さらに気骨, 気概.
語源 ラテン語 spina (=thorn; backbone) が古フランス語を経て中英語に入った.
派生語 **spínal** 形 とげ状構造の, 背骨の, 脊髄の: spinal column《the ~》脊柱/spinal cord《the ~》脊髄. **spíneless** 形 脊柱がない, とげのない, いくじのない. **spíny** 形 とげ状の, 針におおわれた, 扱いにくくやっかいな.

spi·net /spínət/ 名 C 〔一般語〕初期のハープシコード, また《主に米》小型堅型ピアノ, 小型電子オルガン.
語源 イタリア語 spinetta から初期近代英語に入った. おそらく発明者のイタリア人 Giovanni Spinetti にちなむ.

spin·na·ker /spínəkər/ 名 C 〖海〗レース用ヨットの大型三角帆, スピネーカー.
語源 1860 年代に初めてこの帆をつけたヨットの名前 Sphinx と帆船の最後方の下檣(ᵏᵏ)に取り付ける spanker が組み合わさってできた語といわれている.

spinner ⇒spin.

spin·ster /spínstər/ 名 C 〔一般語〕婚期が過ぎた独身女性, オールドミス, また《英》〖法〗未婚女性(〖語法〗一般的には unmarried [single] woman が使われる).
語源 spin＋-ster (...する人). 元来は「紡ぎ女」の意.
派生語 **spínsterhood** 名 U.

spiny ⇒spine.

spi·ral /spáiərəl/ 名 C 形 動 本来自 〔一般語〕一般義 螺旋(ᵏᵏ), 渦巻曲線. その他 螺旋状のもの[動き], 〖空〗螺旋[きりもみ]降下, 比喩的に連続的上昇[降下], 〖経〗連鎖的変動, 悪循環. 形 として螺旋状の. 動 として螺旋形[状]になる, 螺旋状上昇[降下]する.
語源 ラテン語 spira (=coil) から派生した中世ラテン語 形 spiralis が初期近代英語に入った.
類義語 helix.
派生語 **spírally** 副.

spire /spáiər/ 名 C 〔一般語〕一般義 教会などの尖塔(steeple) の尖頂. その他 細く尖った部分, 例えば山頂など, また草の茎, 若芽.
語源 古英語 spīr (=slender stalk) から.
用例 The cathedral is crowned by a *spire* seventy metres high. 大聖堂から高さ 70 メートルの尖塔がそびえ立っていた.
関連語 tower.

spir·it /spírit/ 名 UC 本来他 〔一般語〕一般義 人間の肉体に対する精神. その他 肉体から離れた霊魂, 霊, 幽霊, あるいは超自然的な存在, 精霊. また精神の永続的な状態, すなわち気質, 気風, ...心, ...魂, 精神の一時的な状態, 〔複数形で〕気分, 気持ち, 気持ちよい気分, 元気, 活気, ある心の持ち主, ...な人. 時代や社会, 集団などの精神, 気運, 傾向, 《the ～》法文などの趣旨, 真意. さらに《通例複数形で》ブランデーやウイスキーなど強い酒, 酒精, アルコール. 他 人を勇気づける, 霊魂にでも導かれるように人や物をひそかに別な場所に移す, かどわかす.
語源 ラテン語 spirare (=to breathe) から派生した spiritus (=breath of life) が古フランス語 esprit を経て中英語に入った.
用例 He is a man with a balance of *spirit* and body. 彼は心身の調和のとれた人物だ/A medium is a person who tries to make contact with the *spirits* of the dead, on behalf of the living. 霊媒とは生きている人に代わって死者の霊との接触を試みる人をいう/Evil *spirits* have taken possession of him. 悪霊が彼にのりうつった/She is a woman of a gentle *spirit*. 彼女は優しい心の持ち主です/You'll all need to show far more team *spirit*. みんなもっともっと団結心を発揮しなければいかんぞ/He acted according to the *spirit* of the law. 彼は法の精神に従って行動した/Keep up your *spirits*, will you? 元気を出せよ/Many liquor stores don't sell wine

and *spirits* to minors. 未成年者に酒類を売らない酒屋が多い/The robbers *spirited* away the young girl as a hostage. 強盗はその女の子を人質として連れ去った.

[類義語] mind.

【慣用句】 ***give up the spirit*** 死ぬ. ***in (the) spirit*** 内心は, 想像上は.

【派生語】 **spírited** 形 活気[勇気]のある, ものすごい. **spíritless** 形 〔形式ばった語〕元気[熱意]のない. **spíritual** 形 精神的な, 心の, 崇高な, 〔形式ばった語〕神の, 宗教上の. **spíritualism** 名 U 精神主義, 降神術, 〖哲〗唯心論. **spíritualist** 名 C. **spìritualístic** 形. **spíritualize** 形 [本来他] 心を清らかにする, 精神的な意味を与える. **spíritually** 副 〔形式ばった語〕多量のアルコールを含む.

【複合語】 **spírit làmp** 名 C アルコールランプ. **spírit lèvel** 名 C アルコール水準器.

spit[1] /spít/ 動 [本来他] 〈過去・過分 ~, spat〉 名 UC 〔一般義〕 〔一般義〕 つば, 血, 種などを吐く. [その他] 吐くように出す, 吐き出すように言う. 自 つばを吐く, 比喩的に侮辱する, 悪口を言う, また猫がフーッという, 〔やくだけた語〕雨や雪がばらばら降る. 名 としてつばを吐くこと, 吐いたつば.

[語源] 古英語 spittan から.

[用例] He *spat* a cherry-stone into the fire. 彼は桜んぼのたねを火の中にぺっと吐き出した/The fire *spat* (out) sparks. ぱちぱちと火花を散らして火が燃えていた/She *spat* dirty words at me. 彼女は私に向かって悪態をついた/He *spat* in the gutter as an indication of contempt. 彼は軽蔑のしぐさとしてどぶにつばを吐いた/The angry cat arched its back and *spat* at the dog. 怒った猫は犬に向かって背中を弓なりにそらし, フーッとうなった/I thought the rain had stopped, but it's still *spitting*. 雨はもうやんだと思ったが, まだぱらぱらと降っている.

【慣用句】 ***spit it out*** 〔くだけた表現〕(しばしば命令形で)つつみ隠さず本当のことを言う.

【複合語】 **spítbàll** 名 C (米)歯でかんで固めた紙つぶて. **spítfìre** 名 C 〔くだけた語〕かんしゃく持ち, かみがみ女 (★「火を吐く者」の意). **spítting ímage** 名 (the ~)生き写しの(人), そっくりさん (★親にそっくりな子供を「父親の口から吐き出された子」ということから).

spit[2] /spít/ 名 C 動 [本来他] 〔一般義〕 〔一般義〕 肉類を直火で焼く際に使用する焼きぐしや鉄ぐし. [その他] 海岸から突き出た砂州や岬. 動 として焼きぐしで刺す, 剣などで人を刺す.

[語源] 古英語 spitu から.

spite /spáit/ 名 U 動 [本来他] 〔一般義〕悪意, 意地悪, 恨み, 遺恨. 動 として意地悪をする, いじめる.

[語源] despite の頭部 de- が消失してできた語. 原意は「侮辱, 軽蔑」. 慣用句の in spite of ... は「...を軽蔑して」から「...をものともせず」「...にもかかわらず」となったと考えられる.

[用例] She neglected to give him the message out of *spite*. 彼女は悪意から彼にわざとその伝言を伝えなかった/He only did that to *spite* me! あいつは俺へのいやがらせにそうしただけのことだ.

【慣用句】 ***in spite of*** ... ...にもかかわらず, ...とは逆に: He went *in spite of* his father's orders. 彼は父親の命令を無視して出て行った. ***in spite of oneself*** わ

れ知らず, 思わず.

【派生語】 **spíteful** 形 意地悪な, 恨みを抱いた. **spítefully** 副. **spítefulness** 名 U 意地悪さ, 執念深さ.

spit·tle /spítl/ 名 U 〔古風な語〕吐いたつば(spit).

[語源] 古英語 spātl から.

spit·toon /spitú:n/ 名 C 〔一般語〕たんつぼ.

[語源] 「つば」の意の spit にフランス語風の接尾辞 -oon をつけた語.

spitz /spíts/ 名 C 〖犬〗スピッツ (★ポメラニアン種の小型でとがった鼻口部を持つ).

[語源] ドイツ語 *Spitzhund* (*spitz* pointed + *Hund* dog) が 19 世紀に入った.

splash /splǽʃ/ 動 [本来他] 名 C 〔一般義〕 〔一般義〕泥や水などをはねかける. [その他] ...にかけて汚す, 水などをはねかけて汚す, 恨みを, 比喩的に〔くだけた語〕けなす目的で新聞, 雑誌に派手に書きたてる. 名 としてはねかけること, ばしゃっという音, はね, 斑点.

[語源] 擬音語. 18 世紀から.

[用例] The children were *splashing* water about in the bath. 子供たちがお風呂の中で水をばしゃばしゃはねかしていた/A passing car *splashed* my coat (with water). 通りかかった車が私のコートに水をはねかけた/Posters advertising the concert were *splashed* all over the wall. 音楽会のポスターが壁中にべたべた貼ってあった/The scandal was *splashed* across the newspapers. そのスキャンダルは新聞で派手に書きたてられた/There was a *splash* of mud on her dress. 彼女のドレスには泥のはねがついていた.

【慣用句】 ***make a splash*** ばしゃばしゃ音をたてる, 〔くだけた表現〕人や世間をあっと言わせる, 大評判をとる. ***splash down*** 宇宙船が着水する. ***splash one's way*** 水しぶきをあげて進む.

【派生語】 **spláshy** 形 ばしゃばしゃはねる, 〔くだけた語〕(米)あっと言わせるような, 派手な.

【複合語】 **spláshdòwn** 名 C 宇宙船の着水.

splat /splǽt/ 名 C 〔一般義〕水などがはねる音, びしゃ, ばちゃ.

[語源] 擬音語. 19 世紀から.

splat·ter /splǽtər/ 動 [本来他] 名 C 水や泥などをはね散らかす. 名 としてはね散らすこと, ばしゃばしゃはね散る音.

[語源] おそらく splash と spatter の混成.

splay /spléi/ 動 [本来他] 形 名 C 〔一般義〕内側から外側へ向けて広げる, 〖建〗ドアや窓などの開口部の側面に斜角をつける. 形 として外へ開いた, 斜めの, ぶかっこうな, 足が扁平の. 名 として〖建〗斜面, 隅切り, 窓枠などの外広がり.

[語源] display の短縮形. 中英語から.

【派生語】 **spláyfòot** 名 C 扁平足(flatfoot).

spleen /splí:n/ 名 C 〖解〗脾臓(ひぞう). また脾臓が感情を宿すところとされたといわれることから, 腹立ち, 不機嫌, かんしゃくや恨み, 意地悪, 〔古風〕憂うつ(melancholy).

[語源] ギリシャ語 *splēn* (脾臓) がラテン語, 古フランス語を経て中英語に入った.

【派生語】 **splenétic** 形 C 脾臓の, 怒りっぽい(人), 意地の悪い(人).

【慣用句】 ***vent one's spleen on*** ... 人に当たり散らす.

splen·did /spléndid/ 形 〔一般義〕建物, 衣装などが豪華な. [その他] 行為, 業績, 経歴などが立派な, 輝かしい, 〔くだけた語〕すばらしい, すてきな.

[語源] ラテン語 *splendere* (=to shine) から派生した *splendidus* がフランス語 *splendide* を経て初期近代

英語に入った.

[用例] He looked *splendid* in his robes. 彼の着ている衣装は壮観きわまりなかった/He did a *splendid* piece of work. 彼の仕事実にはすばらしいものだ/a *splendid* error《反語的に》実に見事な誤り.

【派生語】**spléndidly** 副.

splen·dif·er·ous /splendífərəs/ 形 〔くだけた語〕《しばしば皮肉》見事な, 食事などが豪勢な.
[語源]「輝きを生じる」の意の中世ラテン語 *splendiferus* が中英語に入った.

splen·dor, 《英》**-dour** /spléndər/ 名 UC 〔一般語〕〔一般義〕輝き, 光彩.〔その他〕《複数形で》物事の豪華さ, 見事さ, 雄大さ, あるいは名声などの著しさ, 卓越性.
[語源] ラテン語 *splendere*(=to shine)の派生形 *splendor* がアングロフランス語を経て中英語に入った.
[用例] She was dazzled by the *splendor* of the large diamond. 彼女はその大きなダイヤモンドの輝きに目がくらむほどだった/The *splendor* of these shrines and temples shows the great power of the then shogun. これらの神社仏閣の壮麗さは当時の将軍の権勢ぶりを語っている.

splenetic ⇒spleen.

splice /spláis/ 動 本来義 名 C 〔一般語〕〔一般義〕ロープの端を解いて組み継ぎする.〔その他〕テープやフィルムなど2つの端の長いものを継ぎ合わせる, 重ね継ぎする,《俗語》《通例受身で》結婚させる. 名 として組み継ぎ, 重ね継ぎ.
[語源] 中期オランダ語 *splissen* が初期近代英語に入った.

【派生語】**splícer** 名 C.

splint /splínt/ 名 C 動 本来義 〔一般語〕〔一般義〕骨折部を固定させるための副木(ぷく), 当て木.〔その他〕箱や椅子の底に用いるへぎ板, また =splint bone. 動 として副木を当てる.
[語源] 中期オランダ語 *splinte*(=metal plate)が中英語に入った.

【複合語】**splínt bòne** 名 C《解》腓骨(ひ).

splin·ter /splíntər/ 名 C 木, 骨などの裂片, とげ, 砕け散った砲弾などの金属片. 動 として粉々にする[なる], 分裂させる[する].
[語源] 中期オランダ語 *splinter* が中英語に入った.

【派生語】**splíntery** 形 裂片[とげ]の(ような), 裂けやすい.

split /splít/ 動 本来義 《過去・過分 ~》名 C 形 〔一般語〕〔一般義〕木材などを縦に割る.〔その他〕物を裂く, 組織などを分割[分離]する, 分裂させる. 自 割る, 裂ける, 分裂する. 名 として割ること, 裂けること, 割れ目, 裂け目, また仲間割れ, 不和, さらに《体操》全開脚演技,《ボウリング》スプリット, 冷菓のバナナスプリット, 酒などの半分量の小びん. 形 として割れた, 裂けた, 分離した.
[語源] 中期オランダ語 *splitten* が初期近代英語に入った.
[用例] He *split* the firewood and tied it up in several bundles. 彼はまきを割って, いくつかに束ねた/The issue of nationalization *split* the voters into two opposing groups. 国有化問題で賛否の票が真っ二つに割れた/I *split* the cost of our travel with her. 私は彼女と旅費を折半した/There was a *split* in one of the sides of the box. 箱の一方の側にひびが入っていた/The *split* in the Party increased a feeling of distrust among people. 党の分裂は人々の間に不信感をつのらせた.

【慣用句】*split hairs* 《軽蔑的》一本の髪の毛を裂くように細かすぎる区別だてをする, 重箱のすみをほじくる. *split one's sides* 腹がよじれるほど笑う.

【派生語】**splítting** 形 〔くだけた語〕割れるように痛い: *splitting* headache ひどい頭痛.

【複合語】**split decísion** 名 UC《ボクシング》レフリー間で判定が分かれること, スプリット・デシジョン. **split infinitive** 名 C《文法》分離不定詞. **split-lével** 形《建》中二階のある. **split personálity** 名 C 二重人格. **split ríng** 名 C 鍵輪(key ring)《★二重巻きに作られた輪》. **split sécond** 名 C ほんの一瞬間. **split tícket** 名 C《米》分割投票.

splodge /splɑ́dʒ/ -ʃ- 名 動《英》=splotch.

splotch /splɑ́tʃ/ -ʃ- 名 C 動 本来他 〔一般語〕大きくふぞろいの斑点(はん)やしみ. 動 として斑点[しみ]をつける.
[語源] おそらく spot + blotch. 初期近代英語から.

【派生語】**splótchy** 形.

splurge /splə́ːrdʒ/ 動 本来義 名 C 〔くだけた語〕はでに金を使う. 名 として散財, 財産などを見せびらかすこと.
[語源] 不詳.

splut·ter /splʌ́tər/ 動 本来義 名 C 〔ややくだけた語〕〔一般義〕興奮したり憤慨して咳き込んでしゃべる, つばを飛ばしてしゃべる.〔その他〕液体が勢いよくはうばちはねる. 他 泥や水などをはねかける, 食べ物やつばなどを吐き散らす. 名 としてばちぱちいう音, せきこんだ話し声.
[語源] sputter の変形. 初期近代英語から.
[用例] She had unfortunately overheard what he had said and was *spluttering* with indignation. 彼女は彼が言ったことをあいにく立ち聞きしていて, 憤慨してせきこんで話していた/The sausages *spluttered* in the pan. ソーセージはフライパンの中でぱちぱちいった.

spoil /spɔ́il/ 動 本来他《過去・過分 ~ed, spoilt》名 UC 〔一般語〕〔一般義〕何らかの害を加えて物事をだめにする, 台なしにする.〔その他〕人を甘やかす, 甘やかしてだめにする, 過保護にする, また人に特別サービスをする, いい思いをさせる. 名 として《形式ばった語》《しばしば複数形で》相手から強引に奪い取ったもの, 戦利品, 獲物,《複数形で》《主に米》利権, 役得.
[語源] ラテン語 *spoliare*(=to strip of clothing)が古フランス語を経て中英語に入った.「略奪する」の意から「いためつける」「台なしにする」に変化した.
[用例] If you touch that drawing you'll *spoil* it. あの絵に手をふれると傷がついてしまうよ/If you eat too much just now, you'll *spoil* your appetite. 今食べすぎると, あとで食べられなくなるよ/Not a few mothers unbearably *spoil* their children. 我慢できないほど子供を甘やかす母親が少なくない/You are spoiling me. こんなんしていただいて/By the time the police arrived, the thieves had got away with their *spoil*. 警察が来るまでに, 賊どもは獲物を持ち去っていた.

【慣用句】*be spoiling for* ... 〔くだけた表現〕けんかなどをしたくてうずうずしている. *spoil ... for* ... ある事物が人に...では満足できなくさせる.

【派生語】**spóiler** 名 C だめにする人[もの], 甘やかす人, 航空機や自動車などの空気抵抗を増す装置のスポイラー, 〔文語〕略奪者.

【複合語】**spóilspòrt** 名 C 〔くだけた語〕人の楽しみを

奪う人, 座を白けさせる人. **spóils sỳstem** 名 C《米》猟官制(度)《★政権を獲得した政党が官職の一切の任免権まで持つこと》.

spoilt /spóilt/ 動 spoil の過去・過去分詞.

spoke¹ /spóuk/ 動 speak の過去形.

spoke² /spóuk/ 名 動 本来他 〔一般語〕〔一般義〕車輪の中心とわくを結ぶ輻(゜), スポーク. 〔その他〕スポーク状のもの, 船の舵輪の外に放射状に出ている取っ手, 車の輪止め. またはしごの段, 格(゜). 動 としてスポークをつける, 輪止めをかける.
語源 古英語 spāca から.

spoken /spóukən/ 動 speak の過去分詞.

spokes·man /spóuksmən/ 名 C (複 -men)〔一般語〕代弁者, 代表者, スポークスマン.
語源 speak の古い過去分詞 spoke が名詞化したものの所有格に-man がついた語.
【派生語】**spókespèrson** 名 C スポークスマン《★性差別を避けるために使われる》. **spókeswòman** 名 C 女性のスポークスマン.

spo·li·a·tion /spòuliéiʃən/ 名 U 〔形式ばった語〕場所や人から物を略奪すること, 分捕る行為, 強奪, 交戦国が中立国の船舶に対して行う公認の没収や強奪, 【法】手形などの文書毀棄(º).
語源 ラテン語 spoliare (⇒spoil) の 名 spoliatio が中英語に入った.

sponge /spándʒ/ 名 CU 本来他 〔一般語〕〔一般義〕入浴や洗いものなどで使う海綿, スポンジ. 〔その他〕スポンジの一ぬぐい[ふき], 【生】海綿動物, 【医】外科用のガーゼ, 知識などを吸収する人, 〔くだけた語〕居候, 食客, 大酒飲み. 動 としてスポンジでぬぐう[ふく, 吸い取る], 〔くだけた語〕生活などを人に頼る, 無心する.
語源 ギリシア語 spoggia がラテン語 spongia を経て古英語に入った.
用例 Wipe up the spilled water with a *sponge*. こぼれた水はスポンジでふきとりなさい/Give the table a quick *sponge* over, will you? いそいでテーブルの上をふいてくださいね/She *sponged* the child's face. 彼女はスポンジで子供の顔をきれいにぬぐってやった/He's been *sponging* off [on] us for years. 彼がうちに居候をしてもう何年にもなる.
【慣用句】*pass the sponge over* 恨み, 怒りなどを水に流す. *throw in* [*up*] *the sponge*〔くだけた表現〕「参った」を言う, 降参する《★ボクシングで敗北を示す合図にスポンジを投げこむことから》.
【派生語】**spónger** 名 C 〔くだけた語〕居候(sponge). **spóngy** 形 海綿状の, 多孔質の, 吸収性の.
【複合語】**spónge bàg** 名 C《英》洗面用具入れ. **spónge bàth** 名 C スポンジや布で体を拭くこと. **spónge càke** 名 UC スポンジケーキ《★カステラの一種》.

spon·sor /spánsər/-ś-/ 名 C 動 本来他 〔一般語〕〔一般義〕商業放送の広告主, スポンサー. 〔その他〕本来は保証人, 身元引受け人, 教会での名付け親, 教父[母]の意で, 一般に後援者, 企画事業の発起人, 責任者をいう. 動 として...のスポンサーになる, 事業, 企画を後援する.
語源 ラテン語 spondere (= to make a solemn pledge) から派生した「保証人」の意の sponsor が初期近代英語に入った.
用例 The *sponsor* of this documentary program is a certain iron manufacturer. このドキュメンタリー番組のスポンサーはさる製鉄会社だ/Who is the *sponsor* of the big plan? その大計画の発起人は誰ですか/The major firm *sponsors* several golf tournaments. その大会社はいくつかのゴルフ・トーナメントのスポンサーをしている/Who is *sponsoring* the bill in Parliament? 議会にその法案を上程したのは誰ですか/This spring seminar is *sponsored* by London University. この春期セミナーはロンドン大学の主催です.
【派生語】**spónsorshìp** 名 U 発起, 後援, スポンサーであること.

spontaneity ⇒spontaneous.

spon·ta·ne·ous /spantéiniəs|spɔn-/ 形 〔一般語〕〔一般義〕外部からの刺激や前もっての計画なしに自発的な, 任意の. 〔その他〕無理がなく自然の, ものの過程が自然発生的な, 植物などが自生の, 野生の.
語源 ラテン語 sponte (= voluntarily) から派生した後期ラテン語 spontaneus が初期近代英語に入った.
【派生語】**spòntanéity** 名 U. **spontáneously** 副. **spontáneousness** 名 U.

spoof /spú:f/ 名 C 動 本来他 〔くだけた語〕軽い皮肉をこめた物まねやいたずら, ちゃかし. 動 冗談に人をだます, かつぐ.
語源 イギリス人のコメディアン A. Roberts (1852–1933) による独自のゲームの中での造語.

spook /spú:k/ 名 C 動 本来他 〔くだけた語〕おばけや幽霊. 動 として, 人や動物などをびっくりさせる, おばけが...に出る.
語源 オランダ語が19世紀に入った.
【派生語】**spóoky** 形 おばけのような, 気味の悪い, びくびくした.

spool /spú:l/ 名 C 動 本来他 〔一般語〕糸や磁気テープ, フィルムなどを巻きとるための糸巻き, 糸車, スプール. 動 として, スプールに巻く.
語源 ゲルマン語起源の古フランス語 espole が中英語に入った.

spoon /spú:n/ 名 C 動 本来他 〔一般語〕〔一般義〕さじ, スプーン《【語法】teaspoon などのようにしばしば複合語で用いられる》. 〔その他〕スプーン一杯の(量) (spoonful). またさまざまな用途に使うさじ形の道具. 動 としてスプーンですくう, すくって食べる.
語源「薄い木片」の意の古英語 spōn から.
用例 A *spoon* is used for eating soup. スープを飲むにはスプーンを用いる/A coffee *spoon* is usually smaller than a teaspoon. コーヒースプーンはふつうティースプーンよりも小さい/I take three *spoons* of sugar in my tea. 紅茶には砂糖をスプーンで3杯入れます/She *spooned* food into the baby's mouth. 彼女は食べ物をスプーンですくって赤ん坊の口に移してやった.
【慣用句】*be born with a silver spoon in one's mouth* 金持ちの家に生まれる.
【派生語】**spóonful** 名 C さじ[スプーン]一杯(の量)《【語法】単に spoon ともいう》.
【複合語】**spóon-fèd** 形 幼児, 病人などがスプーンで食べさせられる,〔軽蔑的〕甘やかされた, 過保護に育った. **spóon-fèed** 動 本来他 (過去・過分 -fed) ...にスプーンで食べさせる,〔軽蔑的に〕甘やかして育てる.

spoon·er·ism /spú:nərìzəm/ 名 U 〔一般語〕対になった2つの語のそれぞれの冒頭の子音字(群)の転換,

頭音転換.
[語源] イギリス人の牧師 W. A. Spooner (1844–1930) がこの種の誤りをしたことのちなむ.
[用例] 'Shoving leopard' for 'loving shepherd' is a *spoonerism*.「愛すべき羊飼い」を「突進するひょう」と取り違うのは頭音転換である.

spoonful ⇒spoon.
spoor /spúər/ 名 ⓒ 動 [本来他] [一般語] 獣類の足跡や臭跡. 動 として, 野獣や猟獣の跡をつける.
[語源] アフリカーンス語が19世紀に入った.

spo·rad·ic /spərǽdik/ 形 [やや形式ばった語] 物事が狭い範囲で不規則に時々起こる, 散発的な, 散在する.
[語源] ギリシャ語 *sporas* (=scattered) から派生した *sporadikos* が中世ラテン語を経て初期近代英語に入った.
【派生語】**sporádically** 副.

spore /spɔ́ːr/ 名 ⓒ [生]胞子, 芽胞, [植]胚種, 種子.
[語源] ギリシャ語 *spora* (=seed) が近代ラテン語を経て19世紀に入った.

spor·ran /spɔ́(ː)rən/ 名 ⓒ [一般語] スコットランド高地人が短いスカート (kilt) の前にベルトから下げる毛皮の袋, スポーラン.
[語源] スコットランドゲール語 *sporan* (=purse) が19世紀に入った.

sport /spɔ́ːrt/ 名 ⓊⒸ 動 [本来自] [一般語] [一般義] (集合的)魚釣り, 競馬, 競艇, 狩猟なども含めての運動, スポーツ. [その他] 個々の運動, 競技, (複数形で)(英) 運動会. またスポーツマン, [くだけた語] 明るくさっぱりした人. 本来は主に戸外での気晴らし, 娯楽の意で, [古風な語] ふざけ, 冗談の意. 形 として [しばしば～s] スポーツ[運動]用の, 服装などがスポーティーな, ふだん着の. 動 として [古風な語] 子供などが活発に遊ぶ. 他 [くだけた語] 見せびらかす.
[語源] 古フランス語 *desporter* (=to divert) の 名 *desport* (=diversion) がアングロフランス語を経て中英語に disport として入り, 頭音が消失した.
[用例] Do you like *sport*? スポーツはお好きですか/I'm interested in several *sports*: gymnastics, basketball, and soccer. いくつかのスポーツに興味があります. 体操とかバスケットボールとかサッカーとか/Be a (good) *sport* and lend me some money. お願いだからお金をすこし貸してくれないか/It was great *sport* to play skating. スケートは実に楽しかった/He was always wearing brownish *sports* clothes. 彼はいつも茶色っぽい運動着を着ていた/He was *sporting* a very colorful pink tie. 彼はこれみよがしにすごく派手なピンクのネクタイをしめていた.
【慣用句】 *in* [*for*] *sport* 冗談に, ふざけて: Don't be angry! I only did it *for sport*. そう怒るなよ. ちょっとからかってみただけだから. *make sport of* …[古風な表現]…をひやかす, ばかにする.
【派生語】**spórtiness** 形 Ⓤ. **spórting** 形 スポーツ用の[関係の], スポーツをしている, スポーツマンタイプの, 賭け事の好きな, [くだけた語] 冒険的な: **sporting chance** (a～) 勝ち負け五分五分のチャンス. **spórtive** 形 [文語] 陽気な, ひょうきんな, 遊び好きな. **spórty** 形 [くだけた語] 衣服などが派手な, 人がスマートな, スポーツマンらしい.
【複合語】**spórts càr** 名 ⓒ スポーツカー. **spórtscàst**

名 ⓒ (米) スポーツ放送. **spórtsman** 名 ⓒ スポーツ愛好家 [日英比較] 日本語の「スポーツマン」と異なり, 狩猟家や釣り, 競技等を含めてスポーツの好きな人を指す, 正々堂々とした人. **spórtsmanlìke** 形 スポーツマンらしい, 正々堂々とした. **spórtsmanshìp** 名 Ⓤ スポーツマン精神, 正々堂々と戦うこと. **spórt(s) shìrt** 名 ⓒ スポーツシャツ. **spórtswèar** 名 Ⓤ 運動着. **spórtswòman** 名 ⓒ sportsman の女性形. **spórtswrìter** 名 ⓒ スポーツ記者.
[日英比較] 「スポーツ・ドリンク」は athletic drink, health drink などといい, 米国では Gatorade という商標で代表されることがある.「スポーツ・テスト」は physical fitness test という.

spot /spát|-ɔ́-/ 名 ⓒ 形 動 [本来他] [一般語] [一般義] ある特定の地点. [その他] 特定の所, 個所, 汚れた小さな場所, しみ, よごれ, 動物や鳥などのまだら, ぶち, 斑点, 顔にできるほくろ, 吹出物, 汚点, 汚点. また (主に米) 組織の中での地位, 立場, [くだけた語] 放送番組への出番, 持ち時間. さらに [くだけた語] =spot announcement; spotlight. 形 として即座の, 即金の, [放送]現場の. 動 としてしみ[斑点]をつける, あちこちに点々と置く, 人員を配置する, [くだけた語] 所在を突き止める, 見つける, 見抜く. 自 しみになる, 汚れる.
[語源] 中英語 spot(te) (=stain) から. それ以前は不詳. ゲルマン諸語には類似の語がある.
[用例] There was a large number of detectives gathered at the *spot* where the body had been found. 死体発見現場にはたくさんの刑事たちが集まっていた/That's his weak *spot* I want to point out. そこが私の指摘したい彼の弱点なのです/He was trying to remove a *spot* of grease from his trousers. 彼はズボンに着いた油のしみをふきとろうとしていた/His tie was navy blue with white *spots*. 彼のネクタイは白い水玉模様の濃紺だった/She had measles and was covered in *spots*. 彼女ははしかにかかり, 体中に発疹ができていた/He has a five-minute *spot* on Radio 4 once a week. 彼は毎週1回5分間「ラジオ4」に出演している/The police *spotted* policemen at every key position. 警察当局は要所要所に警官を配置した/She *spotted* him eventually at the very back of the crowd. 最後になって彼女は人ごみのちょうどうしろのほうに彼の姿を見つけた/Her silk dress *spotted* with rain. 彼女の絹のドレスは雨でしみになった.
【慣用句】 *a spot of* …[くだけた表現](英)少しの…. *change one's spots* (通例否定文で)性格や考え方を変える. *hit the spot* [くだけた表現](主に米)満足させる, 申し分ない, 飲食物などがもってこいである. *in a* (*bad*) *spot* [くだけた表現] 困り果てて. *in spots* (米) 時々, ときには. *knock spots off* …[くだけた表現](英)人に楽勝する, はるかに勝る. *on the spot* [くだけた表現] 現場で[へ], 即座に, ただちに. *put* … *on the spot* …を窮地に追い込む.
【派生語】**spótless** 形 しみのない, 清潔な, 欠点ひとつない. **spótlessly** 副. **spótted** 形 しみ[汚点]のある. **spótter** 名 ⓒ [くだけた語](米) 監視人, 目付け役, 対空監視員. **spótty** 形 斑点しみだらけの, (米) 仕事ぶりにむらのある, 不規則な, [くだけた語](英) 吹出物(にきび)のある.
【複合語】**spót annòuncement** 名 ⓒ 番組の合間の短いコマーシャル, スポット. [語注] 単に spot ともいう).

spót chèck 名 C 抜き取り検査, 無作為抽出検査.
spót-chèck 動 本来他 抜き取り[抽出]検査をする.
spótlight 名 C スポットライト((語法))単にa spotという)). **spót nèws** 名 U 番組の合間に入るスポットニュース.

spouse /spáuz, -s/ 名 C 〔形式ばった語〕配偶者.
語源 ラテン語 *spondere*(=to make a solemn pledge; to betroth) の派生形 *sponsus*(=betrothed man), *sponsa*(=betrothed woman) が古フランス語 *sp(o)us*(男), *sp(o)use*(女)を経て中英語に入った.

spout /spáut/ 動 本来他 名 C 〔一般語〕水などの液体を狭いすきまから細い口から勢いよく**噴き出す**. 自 **噴き出す**, 鯨が潮を吹く, 〔くだけた語〕〔軽蔑的〕べらべらまくしたてる. 名 として**噴水口**, 吐水口, やかんなどの口, 鯨の噴気孔, 樋, ほとばしり, 噴水, 水柱(waterspout)などの意.
語源 不詳. 中英語から.
用例 The urn suddenly began to *spout* coffee. そのポット(の口)から急にコーヒーが吹き出し始めた / She was *spouting* about loyalty and all that rubbish. 彼女は義務だの忠義だのとばかげたことをとうとうまくしたてていた.

sprain /spréin/ 動 本来他 名 C 〔一般語〕足首や手首の関節をくじく. 名 として捻挫.
語源 不詳.

sprang /spréŋ/ 動 spring の過去形.

sprawl /sprɔ́ːl/ 動 本来自 名 CU 〔一般語〕〔一般義〕不格好に**手足を伸ばす**, 大の字に寝そべる. その他 植物などが伸び放題になる, 都市などが無計画に雑然と広がる, 文字がぎこちなくのたくる. 名 として(通例単数形で)手足を伸ばすこと, 伸び放題になること, 都市のスプロール現象.
語源 古英語 *sprēawlian*(けいれん的に動く)から.
用例 The housing scheme *sprawled* (out) over the slope of the hill. その住宅建設は丘の斜面上に雑然と広がっていた.

spray¹ /spréi/ 名 UC 本来他 〔一般語〕〔一般義〕水などの**しぶき**, 水煙, 〔その他〕香水, 消毒液, 塗料などを入れて使用する**噴霧器**, スプレー, これに入れる**噴霧液**, 散布剤. 動 として...のしぶきを飛ばす[かける], 薬剤などを散布する.
語源 「(水などを)まき散らす」の意の中期オランダ語 *spra(e)yen* が初期近代英語に入った.
用例 We were drenched with *spray* whenever we went up on to the deck of the ship. 船のデッキに上がる度に, 私たちは波しぶきでびしょぬれになった / You can use my perfume *spray* anytime you need it. 必要なときはいつでも私の香水スプレーを使ってください / She *sprayed* water on the sheets before trying to iron them. 彼女はアイロンをかける前にシーツに霧吹きをした / He *sprayed* the roses to kill pests. 彼はばらに殺虫剤をスプレーした.
【派生語】**spráyer** 名 C **噴霧器**, 噴霧する人.
【複合語】**spráy gùn** 名 C 塗料や殺虫剤などの吹き付け器, スプレー(ガン).

spray² /spréi/ 名 C 〔一般語〕〔一般義〕花やつぼみのついた**若枝**, 葉や実のついた**小枝**. その他 切り花の**花飾り**や**葉飾り**, また宝石などの枝模様, 花束[枝]をかたどったブローチ.
語源 古英語 *spræg* から.

spread /spréd/ 動 本来他 (過去・過分 ~) 名 CU 〔一般語〕〔一般義〕地図, 帆, 翼などたたんであるものを**広げる**, 食べ物に均一の厚さで一面に**塗る**, おおいかぶせる, 薬剤などを散布する, まき散らす, 比喩的にうわさを**流布する**, 病気などを**蔓延**(まんえん)**させる**. また時間的に広げることから, 支払いなどを**引き延ばす**, わたって行う(続ける). さらに〔古語〕食卓の上に料理などを並べる. 自 **広がる**, **延びる**. 名 として(通例単数形で)**広げる[広がる]こと**, 広がり, 広さ, 普及, 流布, 病気などの蔓延, また広げられたもの, テーブル・クロス, シーツ, 目の前に並んだごちそう, 新聞, 雑誌の見開き記事(広告), さらに〔米〕〔くだけた語〕広々とした**大農場**, 〔料理〕パンやクラッカーに塗るジャムやペースト.
語源 古英語 *sprǣdan* から.
用例 He *spread* the map on the table. 彼はテーブルの上に地図を広げた / She *spread* the bread with jam. 彼女はパンにジャムを塗った / The news *spread* through the village very quickly. そのニュースはあっという間に村中に広がった / The exams were *spread* over a period of ten days. 試験期間は10日間にわたった / The *spread* of AIDS among common people has been very much worried about. 普通の人たちの間でのエイズの蔓延がたいへん心配されている / a flashy two-page *spread* of advertisement 2ページ抜きのけばけばしい広告.
【慣用句】**spread oneself thin** 〔主に米〕事業などを広げすぎる, あちこちに手を出す. **spread out** 広げる[広がる], 延期[延長]する.
【派生語】**spréader** 名 C 広げる人[もの], バター[チーズ]ナイフ, 薬などの散布器.
【複合語】**spréad éagle** 名 C 翼と脚を広げた鷲(わし)の模様(★米国の国章), 〔フィギュアスケート〕両手を左右に開いた横一文字型滑走.

spree /spríː/ 名 C 動 本来自 〔ややくだけた語〕金を浪費する**暴飲暴食**, **酒宴**, **ばか騒ぎ**. 動 として飲み浮かれる.
語源 不詳.

sprig /sprɪ́g/ 名 C 動 本来他 〔一般語〕〔一般義〕**小枝**, 若枝, 木の芽. その他 葉や花のついた小枝模様や小枝形の飾り, 〔くだけた語〕地位のある家系の跡取り, 世継ぎ, また(軽蔑的)若者や小僧. 動 として, 衣服や布などに小枝模様をつける.
語源 不詳. 中英語から.

spright·ly /spráitli/ 形 〔一般語〕活気に満ちた, 元気な[に], 陽気な[に].
語源 sprite (妖精)の変形 spright に -ly がついたもの. 初期近代英語から.
用例 She seems very *sprightly* after her holiday. 彼女は休暇をとった後なのでとても元気に見える.

spring /sprɪ́ŋ/ 名 UC 動 本来自 《過去 **sprang**, **sprung**; 過分 **sprung**》形 〔一般語〕〔一般義〕四季の中の**春**. その他 跳ぶ[跳ねる]こと[もの], ばね, ぜんまい, スプリング, またわき出ること[もの], **源**, **泉**, 《しばしば複数形で》**鉱(温)泉**. 板の反り, 弾性, 弾力. 動 として〔語法〕jump よりも形式ばった語〕, 勢いよくわき出る, 植物などが**芽生える**, 何かが現れる, 事が起こる, 人がとことこ出身するる. 他 跳ね上がらせる, 跳ね返らせる, 事実, 提案などを持ち出す. 形 として春の, ばねの.
語源「跳躍する」意の古英語 *springan* から, 「春」の意は初期近代英語から. 「水源」「起源」「季節などの始まり」「春」のように意味が変化した.

【用例】I like *spring* best of all the seasons. 四季の中では春が一番好きだ/The hunting dogs made a *spring* at a fox. 猟犬は狐にとびかかった/The *springs* of the bed were broken. ベッドのスプリングが折れていた/This stream comes from a *spring* in the woods. この小川は森の中の泉から流れ出ている/She *sprang* into the boat. 彼女はボートに跳び乗った/His bravery *springs* from his love of adventure. 彼の勇敢さは冒険好きなところからきている/She is always *springing* shocking proposals. 彼女はいつもびっくりするような提案を急に持ち出してくる.
【慣用句】*spring to one's feet* 急に立ち上がる, 跳び起きる.
【派生語】**spríngy** 形 ばねのような, 足どりなどが軽快な.
【複合語】**spríng bálance** 名 C ぜんまい秤(はかり). **spríngbòard** 名 C 水泳などの飛び板, …への出発点. **spring chícken** 名 C 〔主に米〕若鶏, 〔くだけた語〕若者, ひよっこ. **spríng-cléaning** 名 C 〔米〕春季の大掃除. **spríng féver** 名 U 春先によくあるものうさ, 憂うつ病. **spring máttress** 名 C スプリング入りマットレス. **spring róll** 名 C 〔料理〕〔英〕春巻き(〔米〕egg roll). **spring tíde** 名 C 大潮, 満潮. **spríngtìme** 名 U 春, 〔文語〕青春.

sprin‧kle /sprɪ́ŋkl/ 動 本来自
一般義 場所に水, 粉などをまく, 物に香辛料やごまなどを振りかける. その他 比喩的に場所や話などにちりばめる, 散在[点在]させる. 動 振りかかる, 《it を主語として》〔雨がぱらぱら降る. 名 として振りかけること, 振りまかれたもの, 少量, 少数, 《単数形で》〔米〕小雨, 《複数形で》トッピング用の粒状のチョコレート[砂糖].
語源 不詳. 中英語から.
【用例】He *sprinkled* salt over his food. ＝He *sprinkled* his food with salt. 彼は自分の食べ物に塩をふりかけた/Her golden hair is now *sprinkled* with grey. 彼女の金髪にはもうちらほら白髪がまじっている/We were surprised at a *sprinkle* of joiners in our club. ほんのわずかな参加者しか我々のクラブにいなかったので驚いてしまった.
【派生語】**sprínkler** 名 C 散水器, 霧吹き, じょうろ, スプリンクラー, 散水車: **sprinkler system** 自動消火装置, 芝生や畑の散水装置. **sprínkling** 名 C 散布, 散水, 少量, 雪や雨のちらちら.

sprint /sprɪ́nt/ 名 動 本来自
一般義 100メートル走などの短距離競走. その他 中距離や長距離競走でのラストスパート, 自転車などの全力疾走, 短い時間内での大奮闘. 動 として全力疾走する.
語源 古ノルド語 *sprinta* (=to jump) が初期近代英語に入った.
【派生語】**sprínter** 名 C.
【複合語】**sprínt càr** 名 C 中型の競走車, スプリントカー.

sprit /sprɪ́t/ 名 C 〔海〕帆を張り出すのに用いる円材, 斜桁(しゃこう).
語源 古英語 *sprēot* (=pole) から.

sprite /spráɪt/ 名 C 〔文語〕気転がきいて敏活な小妖精.
語源 ラテン語 *spiritus* (=spirit) が古フランス語 *esprit* を経て中英語に入った. spirit と同語源.

sprock‧et /sprɑ́kɪt/ |-ɔ́-/ 名 C 〔一般語〕= sprocket wheel.
語源 不詳.
【複合語】**spócket whèel** 名 C 鎖歯車, スプロケット.

sprout /spráut/ 動 本来自 名 C 〔一般義〕一般義 植物や種子などが芽を出す. その他 新しいものが現れる, 発生する. 名 芽や葉を出す, 出させる. 名 として, 植物の芽, 比喩的に若者, 子供. 〔くだけた語〕《複数形で》芽キャベツ(Brussels sprouts), もやし(bean sprouts).
語源 古英語 *sprūtan* (=to sprout forth) から.

spruce[1] /sprúːs/ 形 動 本来自 〔くだけた語〕外見や身なりがきちんとしてこぎれいな, きりっと整っている. 動 としてこぎれいにする《up》.
語源 中世ラテン語 *Prussia* (プロシャ) が古フランス語 *Pruce* を経て中英語に入り, 変形して Spruce となった. 初期近代英語でプロシャから輸入した革 Spruce leather からこの意味になった.
【用例】*Spruce* yourself up a bit! すこしはこぎれいにしなさいよ.
【派生語】**sprúcely** 副.

spruce[2] /sprúːs/ 名 CU 〔植〕とうひ(唐檜), これに似た針葉樹, べいまつ(米松), べいつが(米栂), またその材.
語源 Spruce fir (ドイツとうひ) から.

sprung /sprʌ́ŋ/ 動 spring の過去分詞.

spry /spráɪ/ 形 〔形式ばった語〕主として年寄りがきびきびして元気な, 活動的な.
語源 古ノルド語からと考えられるが不詳.
【用例】He's eighty years old, but very *spry*. あの人は80歳だがかくしゃくとしている.

spud /spʌ́d/ 名 C 動 本来他 〔くだけた語〕じゃがいも. 一般義 狭い小鍬(くわ)(で掘る).
語源 中英語 spudde (=dagger) が15世紀以降じゃがいもなどを掘る道具として使われるようになり, じゃがいもの意味を持つようになった.

spume /spjúːm/ 名 U 動 本来自 〔文語〕波によりできる泡や浮きかす. 動 として泡立つ.
語源 ラテン語 *spuma* (=foam) が古フランス語を経て中英語に入った.

spun /spʌ́n/ 動 spin の過去・過去分詞.
【複合語】**spún súgar** 名 C 綿菓子(〔英〕candy floss).

spunk /spʌ́ŋk/ 名 U 〔くだけた語〕勇気, 気力. 〔一般語〕海綿状菌類で作られた火口(ほぐち). 〔卑語〕精液(semen).
語源 ラテン語 *spongia* (=sponge) がスコットランドゲール語 *spong* (=sponge; tinder) を経て初期近代英語に入った.
【派生語】**spúnky** 形 元気な, 勇ましい.

spur /spə́ːr/ 名 C 動 本来他 〔一般義〕一般義 馬に乗るとき靴のかかとにつけ, 馬を刺激して速く走らせるための拍車. 比喩的に精神的刺激, 動機. また植物や鶏などのけづめ, 山や山脈の突出した山脚, 支脈, 鉄道の短い分岐線(spur track) など.
動 として, 馬に拍車を当てる, 〔形式ばった語〕刺激する, 励ます.
語源 古英語 spura から.
【用例】Encouragement is always a *spur* of ambition. 激励は常に野心を駆り立てるものだ/That line of hills is one of the southern *spurs* of the Pyrenees. あの丘陵はピレネー山系の南支脈のひとつである/They *spurred* their horses and galloped away. 彼らは馬に拍車を当てて全速力で走っていった.

【慣用句】**on [upon] the spur of the moment** 時のはずみで, とっさに. **put spurs to ...** 馬に拍車をかける, 人を刺激する. **win one's spurs** 騎士が軍功により金の拍車を授与されることから, 手柄を立てる, 名をあげる.
【複合語】**spúr-of-the-móment** 形〔くだけた語〕即座の.

spu・ri・ous /spjúəriəs/ 形〔形式ばった語〕一般義 偽の. その他 植物や果物などが本物と似ているが形態上違う, 疑似の, また嫡出でない庶出の.
語源 ラテン語 *spurius* (=of illegitimate birth; false) が初期近代英語に入った.
【派生語】**spúriously** 副.

spurn /spə́ːrn/ 動 本来他 〔形式ばった語〕人や人の申し出などを鼻であしらう, はねつける.
語源 古英語 spurnan (=to kick) から. 初期近代英語から.
用例 He *spurned* my offers of help. 彼は私の援助の申し出をはねつけた.

spurt /spə́ːrt/ 動 本来自 名 C 〔一般語〕一般義 急に液体などが噴き出る. その他 一気に力を出す, 全速力で走る, 液体の噴出, また全力投入, 水泳, 競走などのスパート. 名 として, 液体の噴出, また全力投入, 水泳, 競走などのスパート.
語源 不詳. 初期近代英語から.

sput・nik /spútnik, -ʌ-/ 名 (時に S-) スプートニク《★ソ連の人工衛星; 1957年に世界で初めて打ち上げられた》.
語源 ロシア語 (=fellow traveller).

sput・ter /spʌ́tər/ 動 本来自 名 C 〔一般語〕一般義 エンジンなどが短い爆発音でブンブン音をたてる. その他 火が燃えるやろうそくが消える時にパチパチ音をたてる, 人のつばきを飛ばして早口でしゃべる. 名 としてブンブン[パチパチ]いう音.
語源 オランダ語 *sputteren* が初期近代英語に入った.

spu・tum /spjúːtəm/ 名 U 【医】痰(たん).
語源 ラテン語 *spuere* (=to spit out) の過去分詞の中性形 *sputum* が初期近代英語に入った.

spy /spái/ 名 C 動 本来他 〔一般語〕他国や相手企業の秘密や機密を探るスパイ. 動 としてスパイをする, 綿密に調べる, 見破る, 探り出す.
語源 古フランス語 *espier* (=to spy) の 名 *espie* が中英語に入った.
用例 There was a rumor that he might be an industrial *spy*. 彼が産業スパイかもしれないとのうわさが立った/He had been *spying* for the Russians for many years. 彼は長年ロシア側のスパイをしていた/She *spied* a human figure on the mountainside. 彼女は山腹に人影を見つけた.
類義語 **spy**; **secret agent**: *spy* がしばしば卑劣なイメージを伴う一般的な意味での「スパイ」を指すのに対して, *secret agent* は秘密の任務をおびた「諜報部員」.
関連語 secret service (諜報機関); espionage (諜報活動).
【慣用句】**spy out ...** を探り出す, かぎ出す.
【複合語】**spýglàss** 名 C 携帯用小型望遠鏡. **spýhòle** 名 C ドアなどののぞき穴. **spý sàtellite** 名 C 偵察衛星(spy in the sky).

sq 《略》=square(2 乗).
【複合語】**sq ft** =square foot [feet]. **sq in** =square inch(es). **sq mi** =square mile(s). **sq yd** =square yard(s).

squab /skwáb, -ɔ́-/ 名 C 形 〔一般語〕一般義 まだ羽の生えそろっていないひな鳥, 特に鳩(はと)のひな. その他 ずんぐりした人, あるいはころころに詰め物をしたクッション[ソファー]. 形 として, 小鳥がかえったばかりの, 人がずんぐりしている.
語源 不詳. 初期近代英語から.
【派生語】**squábly** 形.

squab・ble /skwábl, -ɔ́-/ 動 本来自 名 C 〔ややくだけた語〕小さなつまらないことで口論する, けんかする. 他【印】組んだ活字をごちゃごちゃにする. 名 として口論, けんか.
語源 おそらく古ノルド語起源.
用例 The children are always *squabbling* over the toys. 子供たちはおもちゃのことでいつもけんかしている.

squad /skwád, -ɔ́-/ 名 C 〔一般語〕《単数または複数扱い》目的を同じくする小集団, 編成されたチーム, 【軍】陸軍の最小単位で通常 12 人からなる分隊《★platoon の下の区分》.
語源 古スペイン語 *escuadrar* (=to square) の派生形 *escuadra* が古フランス語を経て初期近代英語に入った. 隊列が方形に編成されたことから.
【複合語】**squád càr** 名 C 《米》パトロールカー, 警察自動車.

squad・ron /skwádrən, -ɔ́-/ 名 C 【軍】小艦隊, 騎兵大隊, 飛行中隊.
語源 イタリア語 *squadra* (= square) の派生形 *squadrone* が初期近代英語に入った.
【複合語】**squádron lèader** 名 C 《英》空軍少佐.

squal・id /skwɔ́(ː)ləd/ 形 〔一般語〕《軽蔑的》貧困や乱雑さのため, 身なり, 部屋などが汚い, 不快きわまる, 比喩的に精神や心がさもしい, あさましい.
語源 ラテン語 *squalere* (=to be filthy) の派生形 *squalidus* が初期近代英語に入った.
【派生語】**squalídity** 名 U. **squálidly** 副. **squálidness** 名 U.

squall¹ /skwɔ́ːl/ 名 C 〔一般語〕通常雨や雪を伴って短時間荒れ狂う突風, はやて, スコール.
語源 古ノルド語起源と考えられるが不詳. 初期近代英語から.
【派生語】**squálly** 形 スコールの, 荒れ模様の.

squall² /skwɔ́ːl/ 動 本来自 名 C 〔一般語〕けたたましく悲鳴を上げる, わめき声を立てる. 名 として悲鳴, わめき声.
語源 古ノルド語起源と考えられるが不詳. 初期近代英語から.
【派生語】**squáller** 名 C.

squal・or /skwɔ́(ː)lər/ 名 U 〔一般語〕身なりや部屋などの汚さ, むさ苦しさ, また精神的なあさましさ.
語源 ラテン語 *squalere* の派生形. ⇒squalid.
用例 They lived in poverty and *squalor*. 彼らは貧困と惨めさの中に暮らしていた.

squan・der /skwándər, -ɔ́-/ 動 本来他 〔一般語〕金, 時間, 才能などをむだに使う, 濫費する.
語源 不詳. 初期近代英語から.
【派生語】**squánderer** 名 C.

square /skwéər/ 名 C 形 副 本来他 〔一般語〕一般義 《略》=sq. 正方形. その他, チェスやクロスワードパズルなどのます目, また四角い場所, 広場, 区画, 街区, さらに T 型や L 型の直角定規, 【数】平方, 2 乗. 形 として四角形の(⇔round), 角張った, 直角の, 比喩的に整然とした, 公平な, 公明正大な, 態度などがきっぱ

りした, 断固たる, あるいは堅い, 時代遅れの. 〔くだけた語〕貸借なしの, 互角[対等]の. 副 として直接に, もろに, ちょうど. 動 として四角くする, 直角にする, 〔数〕2 乗する, 面積を求める. また肩やひじを張る, 物をまっすぐにする. 〔くだけた語〕適合[一致]させる[する], 勘定などを清算する, 物事にけりをつける.

[語源] 俗ラテン語 *exquadrare (ラテン語 ex- 強意 + quadrare to square) の 名 *exquadra が古フランス語 esquar(r)e を経て中英語に入った.

[用例] Every angle of a *square* forms a right angle. 正方形の角はすべて直角である/Have you ever visited Trafalgar *Square*? トラファルガー広場に行ったことがありますか/16 is the *square* of 4. 16 は 4 の 2 乗である/I prefer a table with rounded rather than *square* corners. 四隅が角ばっているよりも丸みをおびたテーブルのほうが好きだ/The picture isn't *square* in its frame. その絵は額縁にきちんとおさまっていない/My account with the butcher is *square* up to April 2. 肉屋のほうの支払いは4月2日までにきちんと済んでいる/That team beat us last time, but we'll soon be *square* with them. 前はあのチームに負けたが, いずれそのうち雪辱してやるつもりだ/She hit him *square* on the point of the chin. 彼女は彼のあごの先をまともにひっぱたいた/Two *squared* is four. 2 の 2 乗は 4 である/He *squared* his shoulders and looked very determined. 彼は肩をいからせ断固たる表情をしていた/Her thought just *squares* with mine. 彼女の考えは私のとぴったり同じだ/I must *square* my account with you. あなたに借金を返さねばならない[おまえには仕返ししなければならぬ].

[関連語] rectangle (長方形); lozenge (菱形); circle (円).

【慣用句】*back to* [*at*] *square one* 初めに戻って. *call it square* 決済とするものとする, 五分五分とする. *get square with* …… …と仕返しする. *on the square* 直角に, 〔くだけた表現〕公平に, まっ正直に. *out of square* 直角でない[なく], 不一致で, 不正の[に]. *square away* 〔海〕 追い風を受けて走る, 〔くだけた表現〕きちんとする, 片付ける. *square oneself* 〔くだけた表現〕 〔主に米〕 過去の誤りなどを償う, 清算する. *square the circle* 不可能なことを試みる (★円から同じ面積の正方形を作るということから). *square up* 〔くだけた表現〕清算する, ボクシングなど身構えて立ち向かう.

【派生語】 squárely 副. squáreness 名 U.
【複合語】 squáre brácket 名 C 角かっこ (［ ］). squáre céntimeter 名 C 平方センチ. squáre dànce 名 C スクエアダンス. squáre fóot 名 C 平方フィート (〔語法〕 sq ft と略す). squáre ínch 名 C 平方インチ (〔語法〕 sq in と略す). squáre kilómeter 名 C 平方キロメートル. squáre knót 名 C 〔米〕 〔海〕 こま結び (〔英〕 reef knot). squáre méal 名 C 量的, 内容的に充実した食事 (★帆船時代の船員の食事は正方形の木製のお盆にのせて出されていたことから). squáre méasure 名 C 〔数〕 平方積, 面積. squáre méter 名 C 平方メートル. squáre míle 名 C 平方マイル (〔語法〕 sq mi と略す). squáre-rígged 形 〔船〕 横帆式の (〔語法〕 縦帆式は fore-and-aft rig). squáre-rígger 名 C 横帆船. squáre róot 名 C 〔数〕 平方根. squáre sáil 名 C 横帆.

squáre shóoter 名 C 〔くだけた語〕〔米〕 正直な人. squáre-shóuldered 形 肩を怒らせた, 肩の張った. squáre yárd 名 C 平方ヤード (〔語法〕 sq yd と略す).

squash¹ /skwáʃ|-ɔ́-/ 動 本来自他 CU 〔一般語〕
[一般義] 物をぐにゃぐにゃに, あるいはぺしゃんこに押しつぶす. [その他] 無理如押し込む (in; into), 比喩的に〔くだけた語〕暴徒などを鎮圧する. 名 押しつぶれる, ぐしゃっと落ちる, 押して入る. 名 として, 柔らかくて重たいものが落ちてつぶれる音, ぐしゃ, べしゃ, また押しつぶすこと, 押しつぶされたもの, あるいは《英》濃縮果汁飲料のスカッシュ, 〔くだけた語〕押しつぶされそうになる雑踏.

[語源] 俗ラテン語 *exquassare (= to break to pieces; ラテン語 ex- 強意 + quassare to beat) が古フランス語 esquasser を経て初期近代英語に入った.

[用例] The tomatoes got *squashed* at the bottom of the shopping bag. トマトは買物袋の底で押しつぶされた/He tried to *squash* too many clothes into his case. 彼は詰め込めないほどたくさんの衣類を箱の中に詰め込もうとした/We all *squashed* into the room to hear his talk. 我々は皆彼の話を聴くために押し合いへし合い部屋に入った/On the festival day, we found a great *squash* in downtown. 祭りの日, 商店街はすごい人出だった.

[類義語] crush.
【慣用句】 *with a squash* ぐしゃっと, ぐにゃっと.
【派生語】 squáshy 形 つぶれた, つぶれやすい, 地面などがぬかるみの.

squash² /skwáʃ|-ɔ́-/ 名 CU 〔一般語〕〔米〕 かぼちゃ (〔英〕 vegetable marrow).
[語源] マサチューセッツ地方のアメリカ先住民の言葉 askootasquash が初期近代英語に入った.

squat /skwát|-ɔ́t/ 動 (過去・過分 ~ted, ~) 形 〔一般語〕[一般義] しゃがむ, うずくまる. [その他] 〔くだけた語〕〔英〕 座る (sit down). また動物などが身をひそめる, 公有地や他人の土地などに無断で居つく. 名 としてしゃがんだ姿勢, うずくまった様子. 形 としてずんぐりした.

[語源] 古フランス語 esquater (es- 強意 + quatir to press flat) が中英語に入った. quatir はラテン語 cogere (= to drive together) の過去分詞 coactus に由来する.

[用例] The homeless *squatted* all day in the market place. 家のない人々は一日中市場にしゃがみこんでいた/A large family has been *squatting* in the empty house. 大家族がずっとその空き家に居すわっている.

【派生語】 squátter 名 C うずくまっている人, 無断居住者. squátty 形 〔米〕 ずんぐりした.

squawk /skwɔ́:k/ 動 本来自 〔一般語〕 かもめやおうむなどの鳥がかん高い声であおあお鳴く, 〔くだけた語〕 騒々しく不平を言う. 名 としてがあがあという鳴き声, 人の不平, 不満.
[語源] 擬音語. 19 世紀から.

squeak /skwí:k/ 動 本来自 名 C 〔一般語〕[一般義] ねずみや小犬などの小動物が甲高い声でちゅうちゅうちきいきい鳴く. [その他] ドアの古いちょうつがいや車輪などがきしる, 〔俗語〕密告する. 名 としてちゅうちゅう, きいきいという鳴き声, ぎしぎしいう音.
[語源] 擬音語. 中英語から.

【慣用句】 *a narrow* [*close*] *squeak* 危機一髪, かろうじての脱出. *squeak by* [*through*] 〔くだけた表現〕

squeal /skwíːl/ 動 本来自 名 C 〔一般語〕 一般義 豚や小犬や猿などが甲高くきいきい鳴く. その他 人が悲鳴を上げる, 子供が喜びできゃあきゃあいう, 車のタイヤなどがきしむ, (俗語)密告する. 名 としてきいきいという鳴き声, 人の悲鳴, キーというきしみ音.
語源 擬音語. 中英語から.
用例 The children welcomed him with *squeals* of delight. 子供たちは歓喜の声を上げて彼を迎えた/One member of the gang *squealed* and they were all arrested. ギャングの一人が密告して, 一味は全員逮捕された.
【派生語】**squéaler** 名 C.

squeam·ish /skwíːmiʃ/ 形 〔一般語〕 一般義 神経質な, 気難しい. その他 吐き気を催す, むかつく.
語源 アングロフランス語 *escoymous*(＝disdainful; shy)が中英語に入った.

squee·gee /skwíːdʒiː/ 名 C 動 本来他 〔一般語〕 一般義 窓ガラスや床などの表面についた水をぬぐうためのゴム刃型掃除具, あるいは写真のネガからプリントから余分の水気を取り除くためのゴムのへら, スクイージー. 動 としてスクイージーをかける.
語源 squeeze の変形. 19 世紀から.

squeeze /skwíːz/ 動 本来他 名 C 〔一般語〕 一般義 柔らかい物を指で強く押す. その他 人の手を強く握る, 人を強く抱きしめる, 果物の汁を絞る, 絞り出す, 圧搾する, 比喩的に人から何かを絞り取る, 搾取する, 転じて押し込む. 自 無理やり押し入る, 乗客が座席を詰める(up). 名 として絞ること, 絞ったもの, ひと絞りの量, 〔くだけた語〕押し合いへし合い, 【経】金融引締め, 一般的に苦境, 困難,【野】スクイズ(squeeze play).
語源 古英語 *cwȳsan*(＝to squeeze)から.
用例 He *squeezed* her hand affectionately. 彼は愛情をこめて彼女の手を握りしめた/Can't you *squeeze* more juice out of that lemon? あのレモンでジュースをもっと絞ってくれませんか/We might be able to *squeeze* some more money out of him. あの男からもっと金を搾り取れそうだ/The dog *squeezed* himself [his body] into the hole. 犬は無理やり穴の中に入った/We were all *squeezed* into the back seat of the car. 私たちは無理やり車の後部座席に詰めこまれた/It was a tight *squeeze* in our mini-bus. マイクロバスの中はすし詰め状態だった/Her store was in an economic *squeeze*. 彼女の店は経営が苦しかった.
関連語 press.
【慣用句】*put the squeeze on* … …に圧力を加える.
【派生語】**squéezer** 名 C レモンなどの絞り器, 圧搾機械, 搾取者.
【複合語】**squéeze bòttle** 名 C プラスチックの絞り出し用の容器. **squéeze bùnt** 名 C 【野】スクイズバント. **squéeze plày** 名 C 【野】スクイズ (語法) 単に squeeze ともいう).

squelch /skwéltʃ/ 動 本来他 名 C 〔一般語〕押しつぶす, ぺちゃんこにする. その他 比喩的に相手の発言を黙らせる, やり込める, また水や泥などがぴしゃ[じゅぼ][がぼ]いわせる. 名 としてびしゃびしゃ[がぼがぼ]歩く音,【電子工学】雑音の発生を防ぐためのスケルチ回路.
語源 不詳. 初期近代英語から.
【派生語】**squélcher** 名 C. **squélchy** 形.

squib /skwíb/ 名 C 動 本来自 〔一般語〕 一般義 小さな花火, 爆竹, かんしゃく玉. その他 短いが鋭い風刺的な文や話, 風刺文を書く.
語源 擬音語. 初期近代英語から.

squid /skwíd/ 名 CU 本来自 【動】いか(★やりいか, するめいかなど). 動 としていかを釣る, パラシュートが強い風圧でいかのように細長く伸びる.
語源 不詳.
類義語 cuttlefish.

squig·gle /skwígl/ 名 C 動 本来自 〔くだけた語〕文字のくねった線, なぐり書き(する).
語源 squirm (もがく) と wriggle (のたくる) の混成. 19 世紀から.

squint /skwínt/ 動 本来自 名 C 動 〔一般語〕 一般義 まぶしいときなどに目を細めて見る. その他 横目で見る, 流し目で見る. 名 として斜視, やぶにらみ, 〔くだけた語〕ちらっと見ること.
語源 asquint (斜視) の頭音消失. 中英語から.
用例 He *squinted* up at the sun. 彼は目を細めて太陽を見上げた/The child is going to have an eye-operation to correct her *squint*. その子は斜視を矯正するために目の手術を受ける.
【派生語】**squínter** 名 C 斜視の人. **squíntingly** 副 横目で.
【複合語】**squínt-èyed** 形 斜視の, やぶにらみの, 偏見を持った.

squire /skwáiər/ 名 C 動 本来他 〔一般語〕 一般義 英国の田舎紳士, 地方の大地主.〔英〕英国封建時代の騎士の従者.〔くだけた語〕〔英〕目上の人や客への呼びかけ, だんな. 動 として, パーティーなどに男性が女性に付き添う.
語源 古フランス語 *esquier*(＝esquire)が中英語に入った.

squirm /skwɔ́ːrm/ 動 本来自 名 C 〔一般語〕不快や苦痛, 苦悩などのたくる, 身もだえする, 困惑などを感じてもじもじする, きまり悪がる. 名 として, のたくる[もじもじする]こと.
語源 不詳.
用例 He lay *squirming* on the ground with pain. 彼は痛みで地にのたくった/I *squirmed* when I thought of how rude I'd been. 私はそれまで何と不作法だったかに気づいてきまりが悪かった.

squir·rel /skwə́ːrəl/ 名 C 動 本来他【動】りす. 動 として《主に英》りすが巣にえさを貯めておくように食物や金などをせっせと[密かに, 大切に]貯めこむ《away》.
語源 古フランス語 *esquireul* がアングロフランス語 *esquirel* を経て中英語に入った.
用例 A *squirrel* has the habit of crunching nuts with its teeth. りすは歯でくるみをかみくだく習性がある.

squirt /skwɔ́ːrt/ 動 本来他 名 C 〔一般語〕 一般義 液体を細くて狭い流出孔などから噴出させる, 噴射させる. その他 水などをはねかける, 吹きかける. 名 として噴出, 噴射, 転じて注射(器), 〔古語風な語〕成り上がり者, あるいは小生意気な青二才.
語源 擬音語. 中英語から.
用例 The elephant *squirted* water over itself. その象は自分の体に水を吹きかけた.

sr.《略》＝senior.

Sr.《略》＝Señor.

Sra.《略》=Señora.
Srta.《略》=Señorita.
St.《略》=Saint (★発音は /seint | sənt/); Strait; Street; Saturday.
stab /stǽb/ 動 [本用他] C〔一般語〕[一義] 刃物などでぐさりと突き刺す。[その他]《形式ばった語》比喩的に人の心や名誉などをひどく傷つける, 中傷する。名 として突き刺すこと, 刺し傷。
[語源] スコットランド方言 stabben から. 中英語より.
[用例] He *stabbed* the knife into her back. 彼は彼女の背中にナイフをぐさっと刺した/I was *stabbed* with remorse. 私は良心の呵責にさいなまれた/In the fight, he reveived a *stab* in the shoulder. その戦いで彼は肩に刺し傷を負った/He felt a *stab* of pain. 彼は刺すような激痛を覚えた。
【慣用句】**have [make] a stab at** ... 《くだけた表現》...を企てる, やってみる. **stab ... in the back** 人の背中を刺す, 比喩的に人を裏切る. 中傷する.
【派生語】**stábber** 名 C 刺客. **stábbing** 形 刺すような, 人の心を傷つけるような.
stability ⇒stable¹.
stabilize ⇒stable¹.
sta·ble¹ /stéibl/ 形〔一般語〕[一義] 基盤や構造などが**安定した**, ぐらつかない, **持続性のある**. [その他] 病人が小康状態の, しっかりした, 着実な, 断固とした, 健全な, 信頼できる. 【化】物質が安定している.
[語源] ラテン語 stare (=to stand) の派生形 stabilis (=standing firm) が古フランス語 estable を経て中英語に入った.
[用例] The chair isn't very *stable*. その椅子はあまり安定していない/How *stable* is the present government? 現政権はどれほど持続性があるのか/He's a man of *stable* character. 彼はしっかりした性格の人物だ/This is one of the most *stable* chemical substances. これは最も安定性の高い化学物質の一つだ.
【派生語】**stability** 名 U 安定(性), 固定. **stàbilizátion** 名 U 安定(化). **stábilìze** 動 [本用他] 安定させる, 固定する. **stábilìzer** 名 C 安定装置. 【空】水平尾翼.
stable² /stéibl/ 名 C 動 [本用他]〔一般語〕[一義] 畜舎, 厩(きゅう). [その他]《しばしば複数形で》【競馬】厩舎(きゅうしゃ),《集合的に》一厩舎に属する馬[関係者], 転じて《くだけた語》同じ目的や利害をもつ一集団, 例えばスポーツなどの強化育成集団, 部, クラブの意. 動 として厩に入れる[住む].
[語源] ラテン語 stare (⇒stable¹) から派生した *stabulum* (=standing place; enclosure) が古フランス語 estable を経て中英語に入った.
[用例] They were the race horses from the same *stables*. それらは同じ厩舎の競走馬である/That sumowrestler belongs to Tokitsukaze *Stable*. あの力士は時津風部屋に属している/He looked for an inn where he could sleep and *stable* his horse. 彼はゆっくり眠れて, しかも馬を休ませられるような宿屋を探した.
【複合語】**stábleboy** 名 C 少年馬丁(ばてい). **stábleman** 名 C 厩の世話人, 馬丁.
stac·ca·to /stəká:tou/ 形 副 名 C 【楽】スタッカートの[で], 比喩的に話し方が途切れ途切れでつっかえがちな. 名 としてスタッカートの演奏[楽節].

[語源] イタリア語 staccare (=to detach) の過去分詞が 18 世紀に入った.
stack /stǽk/ 名 C 動 [本用他]〔一般語〕[一義] 一般的に**積み重ねたものの山**. [その他] 干し草や麦わらなどの山,《しばしば複数形で》図書館などの大型の**書架**, 書庫, あるいは工場, 船などの一群の**煙突**,《くだけた語》**多数, 多量**. 動 としては, **積み重ねる**,《空》旋回待機させる[する],《くだけた語》《米》【トランプ】ごまかして切る, 前もって仕組む.
[語源] 古ノルド語 stakkr (干し草などの山) が中英語に入った.
[用例] The rifles were put into a *stack*. ライフル銃が山のように積み上げられていた/There was a *stack* of hay in the barn. 納屋の中は干し草の山だった/I had to set *stacks* of books in alphabetical order. 書架に並んだ多くの本をアルファベット順に整理しなければならなかった/I've got *stacks* of letter to write. 書かねばならぬ手紙が山とある/*Stack* the books up against the wall. 壁ぎわに本をきちんと積み上げなさい.
【類義語】stack; pile; heap: **stack** が同形, 同サイズのものをきちんと積み重ねたものを指すのに対して, **pile** は同じ種類のものを次々と積み重ねたもの. また **heap** は主に同種のものを pile より高く雑然と積み上げたもの.
【慣用句】**blow one's stack**《俗語》《米》かっとなる, 頭にくる. **stack the cards [the deck] against** ... わざと...に不利なようにカードを切る, ...に対して不正手段で示す. **stack up** 車など渋滞させる[する],《空》旋回待機させる[する],《くだけた表現》総計が...となる 〈to〉,《俗語》《米》...と比べられる 〈against; with〉.
sta·di·um /stéidiəm/ 名 C〔一般語〕**競技場, 野球場, スタジアム**. また【医】病状の進行する**段階**, (第)...期(stage).
[語源] ギリシャ語 *stadion* (長さの単位, 競馬場) がラテン語 *stadium* を経て中英語に入った.
[用例] The athletics competitions were held in the new Olympic *Stadium*. 運動競技会は新オリンピック競技場で開催された.
【関連語】coliseum; bowl; arena.
staff¹ /stǽf | -á:-/ 名 C 動 [本用他]〔一般語〕[一義]《単数または複数扱い》**一団の職員**, **部員**, **局員**, また**幹部**,【軍】将校団, 参謀部, 幕僚. 動 として《通例受身で》**職員を配置する**.
[語源] 古英語 staef (杖) から. 杖によって職業上の身分・地位を示すことから今日の「職員」の意が生じた.
[用例] The school has a large teaching *staff*. その学校は教職員の数が多い/How long has she been on the *staff* of the library? 彼女は図書館員になって何年になりますか/The blame for the defeated war rested with the general and his *staff*. 敗戦の責任は将官とその幕僚にあった/Most of our offices are *staffed* by volunteers. 私たちの仕事[職務]のほとんどは有志によるものである.
[日英比較] 日本語の「スタッフ」は職員一人一人を指すが, 英語の staff は集合的に職員全体を指し, 一人一人は a member of the staff という.
【派生語】**stáffer** 名 C《くだけた語》《米》職員, 社員, 編集部員, スタッフ.
【複合語】**stáff òfficer** 名 C【軍】参謀将校, 幕僚.
staff² /stǽf | -á:-/ 名 C 《複 **~s, staves**/stéivz/》〔一般語〕[一義] 歩行用, 登山用, または官職の標章と

stag /stæg/ 图C 形【動】雄じか, また〖英〗【株式】短期の高騰をねらって新株を買う利食い屋. 形 として, パーティーなどは男だけの.

[語源] 古英語 stagga から.

[対照語] hind (雌じか).

【複合語】**stág pàrty** 图C スタッグパーティー《★男だけのパーティー》.

stage /stéidʒ/ 图CU [本来他] 〔一般語〕[一般義] 発達, 発展などの段階, 時期. [その他] 本来は「立っている所」の意で, 建物の土台, 工事の足場, 演壇, 劇場などの舞台, 《the ~》演劇, 劇文学, また《やや文語的》活動のための場, 事件などの起こった場, 駅馬車の止まる駅, 宿場, 宿場間の距離, 旅程, 〈くだけた語〉駅馬車, 〖英〗バスなどの同一料金区間. さらに桟橋, 波止場などの意. 動 舞台で上演する, 演出する, 何かの活動を派手に催す, 企てる.

[語源] ラテン語 stare (=to stand) から派生した俗ラテン語 *staticum (=standing place) が古フランス語 estage を経て中英語に入った.

[用例] The plan is in its early *stages*. 計画はまだ初期の段階だ/Most teenagers go through a rebellious *stage*. 10 代のほとんどの若者は反抗的な時期を通りぬけてくる/Wagner's operas need a large *stage*. ワーグナーの歌劇は大規模な舞台を必要とする/He chose the *stage* as a career. 彼は一生の仕事として演劇を選んだ/The Diet is the *stage* of his political activities. 国会が彼の政治的活動の舞台である/The first *stage* of our journeys to Cyprus will be the flight from London to Gibraltar. キプロスへの旅行の最初の行程はロンドン, ジブラルタル間の飛行である/This play was first *staged* in 1928. この芝居は 1928 年に初演され/He wants to stage a come-back as a filmstar. 彼は映画俳優に返り咲くつもりだ.

【慣用句】*by easy stages* 旅行などを急がずにゆっくりと, 休み休み. *go on the stage* 俳優になる. *hold the stage* 上演を続行する, 注目の的になる. *on stage* 演技中で, 舞台に出て. *set the stage for* ... ...の準備をする, お膳立てをする.

【派生語】**stáging** 图UC 上演, 演出, 足がかり,〔宇宙〕ロケットの多段分離: **staging post** 〖英〗途中の着陸地, 次の発展をめざす準備段階. **stágy** 形 舞台の, わざとらしい.

【複合語】**stáge còach** 图C 駅馬車. **stáge cràft** 图U 劇作(演出)法, 劇作の才能. **stáge diréction** 图C 脚本のト書き. **stáge diréctor** 图C 〖米〗演出家,〖英〗舞台監督. **stáge dóor** 图C 楽屋出入口. **stáge efféct** 图UC 舞台効果. **stáge fríght** 图U 初舞台などであがること, 舞台負け. **stágehànd** 图C 舞台係員, 裏方. **stáge-mànage** 動[本来他] ...の舞台監督[主任]をする, 裏で糸を引く, 陰であやつる. **stáge mànager** 图C 舞台監督[主任]. **stágestrùck** 形 舞台生活[俳優業]にあこがれた. **stáge whisper** 图C 脇ぜりふ, 第三者によるわざと聞こえるような私語.

stag·fla·tion /stæɡfléiʃən/ 图U 〔経〕景気停滞下のインフレ, スタグフレーション.

[語源] stagnation (不景気) と inflation (物価暴騰) の混成語として 20 世紀から.

stag·ger /stǽɡər/ 動[本来他]图C 〔一般語〕[一般義] よろめく, まっすぐに立っていられない. [その他] 突然の困難事などで人や心が動揺する, ちゅうちょする,〈くだけた語〉議論や戦いなどでしりごみする, くじけかける. 他 よろめかせる,〈くだけた語〉仰天させる. また物の配置を互い違いにする, あるいは通勤時間などをずらす. 图 としてよろめき, ふらつき, 千鳥足.

[語源] 古ノルド語 stakra (よろめく, ぐらつく) が中英語に入った.

[用例] The drunk man *staggered* along the road. 酔っぱらいはよろよろと道をたどっていった/The blow sent him *staggering* down to the floor. 一発なぐられて彼はよろよろと床に倒れた/I was *staggered* to hear he had died. 彼が死んだと聞いて私はぼう然としてしまった/Our management decided to *stagger* our working hours. 経営者側は時差勤務制にすることを決定した/The old actor appeared on the stage with a *stagger*. 老優はよろよろしながらも舞台に立った.

[類義語] stagger; totter: **stagger** が疲れや泥酔, あるいはパンチをくらって平衡を失ってよろめくのに対して, **totter** は幼児などが倒れそうによちよち歩くことをいう.

【慣用句】*stagger to one's feet* よろよろと立ちあがる.
【派生語】**stággering** 形 よろめく(ような), ぼう然とする(ような): a *staggering* gait 千鳥足. **stággeringly** 副 よろめいて, よろめくように, びっくり仰天するように.

stag·nant /stǽɡnənt/ 形 〔一般語〕[一般義] 水などが流れずによどんでいる. [その他] 比喩的に物事の状態が不活発な, 景気が停滞している, 不振の.

[語源] ラテン語 stagnare (⇒stagnate) の現在分詞 stagnans が初期近代英語に入った.

[用例] This country is suffering from a *stagnant* economy. この国は不景気に苦しんでいる.

【派生語】**stágnantly** 副.

stag·nate /stǽɡneit/ 動[本来自] 〔一般語〕水が流れない, よどむ, 比喩的に活動が沈滞する, 停滞する.

[語源] ラテン語 stagnare (=to become a pool) の過去分詞 stagnatus が初期近代英語に入った.

【派生語】**stagnátion** 图U 沈滞, 停滞.

stagy ⇒stage.

staid /stéid/ 形 〔一般語〕性格が落ち着いた, 安定した,〔軽蔑的〕きちょうめんで堅苦しい, きまじめな.

[語源] stay の過去分詞の古形 staid が 16 世紀から 形 として用いられるようになった.

stain /stéin/ 图CU [本来他] 〔一般語〕[一般義] 衣服などについた汚れ, しみ. [その他]〔文語〕比喩的に名誉などに対する汚点, 傷. また染料, 着色料. 動 として染める, 着色する, 汚れ[しみ]をつける,〔文語〕汚点を残す, 名声をそこねる.

[語源] 古フランス語 desteindre (=to lose color; to discolor) が中英語に入り, 頭音消失した.「色を抜く」意が途中から「染める」という逆の意となった理由は不詳.

[用例] He can't remove the greasy *stains* from his trousers. 彼のズボンの脂汚れがなかなかとれない/There is not the slightest *stain* upon her reputation. 彼女の名声には少しの汚れもない/I need some more *stain* for the floor. 床にもっと着色する必要がある/The wooden chairs had been *stained* brown. 木の椅子は茶色に塗ってあった/The coffee I

spilt has *stained* the carpet. こぼしたコーヒーのため, じゅうたんにしみがついてしまった.
[類義語] stain; dirt; spot; **stain** が洗ってもなかなか落ちないようなしみをいうのに対して, **dirt** は一般的で, 簡単に落ちる汚れなどを指す. また **spot** は点々としたしみ, 斑点を意味する.
[派生語] **stáinless** [形] 汚れのない, 汚れのつかない, さびない, ステンレス(鋼)の: **stainless steel** ステンレス鋼.
【複合語】**stáined gláss** [名] [U] ステンドグラス.

stair /stéər/ [名] [C] 〖一般語〗[一般義] (複数形で) 上下の階を結ぶ**階段**. [その他] 階段の**1段**, あるいは構造物としての**階段**, はしご段, 比喩的に...への**階段[道]**.
[語源] 古英語 stæger から.
[用例] He ran up a flight of *stairs*. 彼は (ひと続きの) 階段をかけ登った/The top *stair* creaks when you step on it. 階段の最上段は踏むときしむ/Although the house is old, the *stair* and floors are in good conditions. 家屋は古いが, 階段も床も状態がいい/the *stair* to success 成功への道.
【複合語】**stáircàse** [名] [C] 手すりなどを含めたひとのぼりの**階段**. **stáirwày** (ー), 棒. = staircase [語源] stairway のほうが「通路」という意味あいが強い). **stáirwèll** [名] [C] 階段の**吹き抜け**, 開口部.

stake /stéik/ [名] [C] [動] [本来義] 〖一般語〗[一般義] 標識や支え棒として用いる**杭**(x), 棒. [その他] おそらく元々上に置いたことから, **賭け金**, あるいは**利害(関係)**, また杭や柱に縛りつけることから**火あぶりの刑**, **の磔** (はりつけ) **柱**. [動] として, 土地などを杭で**仕切る**, 囲む, 家畜などを杭につなぐ, 植物などを杭で**支える**, また金や命を**賭ける**, 《米》〖くだけた語〗金などを**融通[援助]する**.
[語源] 古英語 staca (=stick) から.
[用例] They tied their cattle to the *stakes*. 彼らは牛を杭につないだ/He and his friends enjoy cards for high *stakes*. 彼も友人たちも高い賭け金でトランプをする/Many men and women went to the *stake* for heretical religious belief. 異端を信仰したがどで多くの男女が火あぶりの刑に処せられた/He planted and *staked* all the new trees. 彼は新しく木を植えて全部杭で支えた/I'm sure my idea is correct ― I'll *stake* my life. 私の考えに間違いはない. 命を賭けてもいい.
【慣用句】**be at stake** 賭けられている, 安全などが危険にさらされている. **stake out ...** を杭で仕切る, 〖くだけた語〗《米》刑事などを張り込ませる. **stake (out) one's [a] claim to ...** ...の所有権を主張する.
【複合語】**stákehòlder** [名] [C] 賭け金の保管人. **stákeòut** [名] [C] 《米》警察の張り込み(地区). **stákeràce** [名] [C] 賭け競馬.

sta·lac·tite /stəlǽktait, stǽlək-/ [名] [C] [鉱] 鍾乳 (しょうにゅう) 石.
[語源] ギリシャ語 *stalaktos* (=dripping) に由来する近代ラテン語 *stalactites* が初期近代英語に入った.

sta·lag·mite /stəlǽgmait, stǽləg-/ [名] [C] [鉱] 石筍 (せきじゅん).
[語源] ギリシャ語 *stalagmos* (=drop) に由来する近代ラテン語 *stalagmites* が初期近代英語に入った.

stale /stéil/ [形] [本来義] 〖一般語〗[一般義] 食べ物などが**新鮮でない**. 古い, かび臭い, 空気などがよどんだ, 表現や考えが**陳腐な**, また選手などが練習過多で**疲れた**, **不調な**. [動] として**古くする[なる]**, **気抜けさせる[する]**の意.

[語源] おそらく古フランス語 *estale* (=not moving) が中英語に入った.
[用例] This coke is a little bit *stale*. このコーラは少し気が抜けている/I like anything but *stale* bread. かびくさいパンだけはごめんだ/His ideas are *stale* and dull. 彼の考えは古くて面白くない/If she practices the piano for more than two hours a day, she will grow *stale*. 彼女は1日2時間以上もピアノを練習したら疲れもするだろう.
[対義語] fresh.
[派生語] **stáleness** [名] [U].

stale·mate /stéilmeit/ [名] [UC] [動] [本来他] 〖チェス〗王以外のこまは動かせず, 王を動かせば王手になる場合のこと, ステールメート (★試合は引き分けになる), 比喩的に**手詰まり**, **膠着** (こうちゃく) **状態**. [動] として 〖チェス〗 (通例受身で) **手詰まりにさせる**, 比喩的に**窮地に追い込む**.
[語源] 古フランス語 *estaler* (=to be placed) から派生した *estale* (=fixed position) が stale として中英語に入り, stalemate の意で用いられたが, さらに mate (詰める, 負かす) が加わった.
[用例] The recent discussions ended in *stalemate*. 最近行われた討議はすべて行き詰まりに終わった.
[関連語] checkmate (王手詰み).

stalk¹ /stɔ́ːk/ [動] [本来他] 〖一般語〗[一般義] 獲物などにそっと**忍び寄る**, 何かのあとをひそかにつける. [その他] [文語] 亡霊などが場所に**現れる**, 病気などが一地域にじわじわと**広がる**. ⓘ 威張って, あるいは怒って**大またで歩く**. [名] として**忍び寄ること**, ひそかな**追跡**, **大またで歩くこと**.
[語源] 古英語 bestealcian (こっそり歩く) から. steal と同根.
[用例] Have you ever *stalked* deer? 鹿をこっそり追い仕とめたことがありますか/Disease and famine *stalk* (through) the country. 病気や飢饉 (ききん) が国中に広がった/He *stalked* out of the room after she had criticized his work. 彼女に作品を批判されて, 彼は怒って大またに部屋から出ていった.
【派生語】**stálker** [名] [C] こっそり人のあとをつける人, ストーカー.

stalk² /stɔ́ːk/ [名] [C] 〖一般語〗[一般義] 植物の**茎**, **主軸**. [その他] 葉柄や花梗 (かこう), ある種の原生動物や腔腸動物などの**茎状部**, また一般に**茎状のもの**, **柄**, **レバー**.
[語源] 古英語 stalu から.

stall¹ /stɔ́ːl/ [名] [C] [動] [本来他] 〖一般語〗[一般義] 駅や市街の**売店**, **露店**. [その他] 本来は馬小屋(の1頭を入れる区画)の意から, 教会内の**聖職者席**, **聖歌隊席**, 《英》(the ~s) 劇場などで**最前列の一等席** (《米》 orchestra). 一般に**小仕切り**, 駐車場などの**一区画**. ゴムの指サック, **立往生**, **失速**. [動] として, 馬や牛を**馬小屋[牛舎]に入れる**, 狭いところに閉じ込めて動けなくさせる, **立往生させる**, 車などを**エンストさせる**, 航空機などを**失速させる**. ⓘ **立往生する**, **エンストする**, **失速する**.
[語源] 古英語 steall (馬小屋) から.
[用例] On market day, the town square is full of trader's *stalls*. 市の日には町の広場は商人たちの露店で一杯だ/He bought a newspaper at the book-*stall* on the station. 彼は駅の売店で新聞を買った/He keeps three horses in the *stall*. 彼は馬小屋に馬を3頭飼っている/The plane went into a *stall*. 飛行機が失速した/The car *stalled* when I was halfway up the hill. 丘を半分ほど登ったとき, 車がエ

stall² /stɔ́ːl/ 動 [本来義] 〔くだけた語〕時間かせぎのために引き延ばす, 〖スポ〗敵をあざむくために本来の実力を出さずごまかす.
[語源] 中英語から. 古くは stale で「おとりの鳥」.

stal·lion /stǽljən/ 名 〔一般義〕去勢されていない成長した雄馬, 特に種馬.
[語源] 古高地ドイツ語 stal (=stall¹)に関連するゲルマン語起源の古フランス語 estalon が中英語に入った. 原義は「stall で飼われる馬」.

stal·wart /stɔ́ːlwərt/ 形 C 〔形式ばった語〕〔通例限定用法〕忠実な, 信頼できる, 勤勉な. 〔古語〕頑丈な, がっしりした. 名 として忠実な人.
[語源] 古英語 stælwierthe (= foundation-worthy) から.

sta·men /stéimən/ 名 C (複 ~s, stamina /stǽmənə/)〖植〗雄ずい, 雄しべ.
[語源] ラテン語 stare (=to stand) の派生形で「織物の経(たて)糸」の意. 初期近代英語に入った.

stam·i·na /stǽmənə/ 名 U 〔やや形式ばった語〕持久力, 体力, 精力, 根気.
[語源] ラテン語 stamen (⇒stamen) の複数形. ギリシャ神話の運命の 3 女神 (the Fates) が紡ぐ生命の糸の意から, 初期近代英語に入った.
[用例] Long-distance runners require plenty of stamina. 長距離ランナーは多くのスタミナを要する.

stam·mer /stǽmər/ 動 [本来自] 名 C 〔一般義〕どもる, 口ごもる. 他 どもりながら話す (out). 名 として (a ~) どもること, 口ごもること.
[語源] 古英語 stamerian から.
[用例] He was stammering with fright. 彼はこわくてどもっていた/He stammered an apology. 彼は口ごもりながらやっと弁解した/That child has a bad stammer. あの子はひどいどもりだ.
[類義語] stammer; stutter: stammer が緊張, 困惑, 恐怖などからどもるのに対して, stutter はむしろ先天的, 習慣的にどもることをいう.
【派生語】**stámmerer** 名 C どもる人. **stámmeringly** 副.

stamp /stǽmp/ 名 C 動 [本来他] 〔一般義〕〔一般義〕郵便切手(postage stamp). [その他] 証紙, 印紙のほか, 押し型による印, 印章, 判またはスタンプ. また踏みつけること[音], 押したあとの痕跡(こんせき), あるいは特徴, 特質, 《通例単数形で》人, 物の種類, タイプなど. 動 として踏みつける, 証明や承認のために印[スタンプ]を押す, 切手[印紙]をはる, また強く印象づける, あることを示す. 自 踏みつける, 足を踏み鳴らす.
[語源] 「砕く, 踏む」の古英語 stampian から.
[用例] He collects foreign stamps. 彼は外国切手を収集している/All the goods bore the manufacture's stamp. 全商品にはメーカーの検印がついていた/He and his brother are men of a different stamp. 彼と彼の兄はそれぞれタイプが違う/He stamped his foot with rage. 彼は怒って足を踏み鳴らした/He stamped the date at the top of his letter. 彼は手紙の上部に日付印をおした/I've addressed the envelope but haven't stamped it. 私は封筒に住所を書いたが, 切手をはらなかった/He threw his sister's doll on the floor and stamped on it. 彼は妹の人形を床に投げつけ, 足で踏みつけた.
【慣用句】**stamp out** たき火などを足で踏み消す, 反乱などを鎮圧する, ものを型に合わせて打ち抜く.
【複合語】**stámp álbum** 名 C 切手帳. **stámp colléctıng** 名 U 切手収集. **stámp colléction** C 切手収集, 《集合的》収集した切手. **stámp colléctor** 名 C 切手収集家. **stámp dúty [táx]** 名 U 印紙税. **stámping gròund** 名 C 〔くだけた語〕人や動物のよく集まる場所, たまり場. **stámp machine** 名 C 切手自動販売機.

stam·pede /stæmpíːd/ 動 [本来自] 名 C 〔一般義〕〔一般義〕主に馬や牛などの家畜の群れが何かに驚いてどっと逃げ出す. [その他] 人が先を争ってわっと押し寄せる, 殺到する. 名 として驚いて逃げ出すこと, 殺到, 大敗走.
[語源] スペイン語 estampar (=to stamp; to crash) から派生したメキシコスペイン語 estampida が 19 世紀に入った.
[用例] The noise made the elephants stampede. 象の群が物音に驚いてどっと逃げ出した.

stance /stǽns/ 名 C 〔一般義〕〔一般義〕《通例単数形で》立ったときの姿勢, 構え. [その他] 〖スポ〗打者の足の位置, スタンス, 比喩的に精神的心構え.
[語源] ラテン語 stare (=to stand) の現在分詞形 stans が古フランス語を経て中英語に入った.

stanch¹,《英》**staunch** /stɔ́ːntʃ, -ǽn-|-ɑ́ːn-/ 動 [本来他] 〔やや形式ばった語〕血の流出を止める, 傷の血止めをする.
[語源] ラテン語 stare (=to stand) から派生した俗ラテン語 *stanticare (=to cause to stand) が古フランス語を経て中英語に入った.

stanch² /stɔ́ːntʃ, -ǽn-|-ɑ́ːn-/ 形 〔一般義〕= staunch¹.

stan·chion /stǽntʃən|-ɑ́ːn-/ 名 C 動 [本来他] 〔形式ばった語〕柱や支柱. 動 として支柱をつける.
[語源] ラテン語 stare (=to stand) に由来する古フランス語 ester の現在分詞 estance が「支柱」の意となり, その指大辞 estanchon が中英語に入った.

stand /stǽnd/ 動 [本来自] (過去・過去分 **stood** /stúd/) 名 C 〔一般義〕〔一般義〕立っている. [その他] 立っている状態から, 物が(立てて)置かれている, 身長や高さ, 温度, 値段, 得点などが…である, また物事とはどんずっと同じ意味あいで, 人や建物, 立場などがある位置や状態にある. また「立ったままで動かない」ということから, もとのままである, 変わらない, 持続する, あるいは立ち止まる, 列車や車などが停止する, 一時停車[駐車]する, 水などがよどむ, また, 規則などが有効である. 立つ動作を表し, 立ち上がる, 起立する. 他 立てる, 立たせる, ある任務につく, 《通例否定文, 疑問文, 条件文で》立ち向かわせることから, ある事を我慢する 〔語法〕 bear や tolerate よりもくだけた語〕, 困難や試練などに耐える, 裁判を受ける, 〔くだけた語〕費用を負担してやる, 人に食事などをおごる. 名 として立っていること, 直立, 立った状態で動かないこと, 静止, 停止, 立っている場所, 位置, 立場, 立場を守ること, 主張, 固守, 抵抗, 立っているもの, 屋台の店, 新聞などの売店, 立てかけ, 置き台, 高くなっている場所, 演壇, 《通例複数形で》観覧席, 物を置いておく場所, 台, …立て, …入れ, あるいはタクシーなどの駐車場, また巡回興業団の立ち寄り, 興業(地)などの意.
[語源] 古英語 standan から. ラテン語 stare (=to stand) と同根.
[用例] His leg was so painful that he could hardly stand. 彼はほとんど立っていられないほど足が痛かった/He stands in terrible danger. 彼は恐ろしい

ほど危険な立場にある/The village has changed greatly and few of the original buildings still *stand*. 村はかなり変ってしまい, もとの建物などはほとんど残っていない/As matters *stand* we can do nothing to help. 現状では手のほどこしようがありません/This law has *stood* for many centuries. この法律はもう幾世紀も改正されていない/I can't *stand* her rudeness any longer. 彼女の無礼な態度にはもう我慢できない/These houses have *stood* the test of time. これらの家は長い年月よく持ちこたえたものだ/He will *stand* (his) trial for murder. 彼は殺人罪で裁かれるだろう/Let me *stand* you a drink! 一杯おごるよ/Only the larger publishing firms had a *stand* at the book fair. 大手出版社だけが書籍市に売場[店]を出した/Booings from the *stands* badly hurt his pride. 観覧席からのブーイングが彼のプライドをひどく傷つけた.

【慣用句】*as it stands* そのままで(は). *leave ... standing* 人に勝つ. *make a stand* 立ち止まる, …を固守する《for》, …に抵抗する《against》: I shall *make a stand for* what I believe is right. 正しいと信ずることを守り抜くつもりだ. *stand about [around]* ぼんやり立っている. *stand a chance* うまくいく見込みがある. *stand aside* わきへ寄る, 傍観する. *stand back* 後ろにさがる, 遠ざかっている. *stand behind* …を支持する. *stand by* そばに立っている, 傍観する, 待機する, スタンバイする. *stand down* 証人台からおりる, 辞退する. *stand for* …を表す, …を支持する, …に耐える. *stand in* …の代理をする《for》, …と組む[結託する]《with》, …と負担を分かち合う《with》. *stand off* …から離れている《from》, …を近寄らせない, 《英》一時解雇する. *stand on [upon]* … …に依存する, …を守り抜く. *stand on one's hands* 逆立ちする. *stand on one's own (two) feet* 〔くだけた表現〕独立する. *stand out* 突き出る, 目立つ, 〔形式ばった〕…に抵抗する《against》. *stand over* 延期になる. *stand over* … …を延期する, 見おろす, 監督する. *stand up* 起立する, もちこたえる, …に耐える[対する]《to》, …を支持する[擁護する]《for》, …と対決する《against》, …に敢然と立ち向かう《to》; …を立て, 立たせる, 〔くだけた語〕デートなどで待ちぼうけをくわせる. *take a stand* …に対して慎重な態度をとる《on; over》, …に断固反対する《against》. *take one's stand on* … …に立脚する. *take the stand* 《米》法廷で証言する.

【派生語】*standée* 名C 〔くだけた語〕立ち見客, 立っている客. *stánding* 名U 立場, 名声, 継続(期間). 形 立ったままの, 〔競技〕助走なしの, 動かない, 継続する, 常設の: standing army 常備軍/standing committee 常任委員会/standing order 継続注文, 永続命令/standing ovation 起立しての拍手かっさい/standing room 立つだけの余地, 立ち見席.

【複合語】*stándby* 名C 形 頼りになる人[もの], いつでも利用できる代わりのもの, スタンバイ, キャンセル待ちの客. 形 スタンバイの, キャンセル待ちの. *stánd-in* 名C 映画などの代役, 身代り. *stándóff* 名C 試合の同点, 孤立, よそよそしさ, 《米》行き詰まり. *stàndóffish* 形 よそよそしい. *stándpipe* 名C 給水塔, 給水パイプ. *stándpòint* 名C 立場, 見方. *stándstill* 名〈a～〉停止, 行きづまり. *stánd-úp* 形

立食式の, 襟(衤)などが立っている, 議論などが正々堂々たる: a *stand-up* collar 立ち襟.

〔日英比較〕「スタンド・プレー」は grandstand play または grandstanding, 「電気スタンド」は desk lamp [light], 「ガソリン・スタンド」は gas(oline) [《英》petrol] station という.

stan·dard /stǽndərd/ 名C 形 一般語 一般義 比較や判断, 評価するための基準, その他 標準, 規格, 尺度, あるいは手本, 道徳的な規範, 度量衡を計るときの基準単位, 《経》通貨体系の価値基準である本位(制). また集合地点を示す旗, 軍旗, まっすぐな支柱, 立ち木, 〔くだけた語〕《主に米》標準的な演奏曲目, スタンダードナンバーなどの意. 形 として標準的な, 模範的な, 一流の.

語源 ゲルマン語起源と思われる古フランス語 *estandard* (= flag to mark a rallying point) が中英語に入った. 当初の「軍旗」の意が「規範」「標準」に変わった理由は不詳.

用例 His performance did not reach the required *standard*. 彼の演技は要求されている基準に達しなかった/This school has a high academic *standard*. この学校は学問的に高い水準を保っている/The kilogram is the international *standard* of weight. キログラムは国際重量単位である/The Roman standard appears in the shape of eagles. ローマの旗(印)は鷲(舟)をかたどったものだった/£1 is the *standard* charge for this service. この仕事の標準料金は1ポンドである/The teacher mentioned the names of American *standard* authors. 先生は必読の米国作家たちの名前を挙げた.

【慣用句】*below [up to] the standard* 標準以下で[に達して]. *under the standard of* … …の旗のもとに.

【派生語】*stàndardizátion* 名U. *stándardìze* 動 本来現 〔形式ばった語〕標準化[規格化]する, 統一する.

【複合語】*stándard-bèarer* 名C 《軍》旗手, 運動などの主唱者. *stándard gáuge* 名C 《鉄道》標準軌間. *stándard lámp* 名C 《英》フロアスタンド(《米》floor lamp). *stándard tíme* 名C 一国や一地方の標準時. *stándard transmíssion* 名C 変速機(★ automatic に対する).

standee ⇒stand.

stank /stǽŋk/ 動 stink の過去形.

stan·za /stǽnzə/ 名C 〔詩〕一節, 連 (★ふつうは韻を踏んだ詩句 4 行以上から成るもの).

語源 ラテン語 *stare* (= to stand) から派生した俗ラテン語 *stantia (= stopping place) がイタリア語 *stanza* を経て初期近代英語に入った.

sta·ple¹ /stéipl/ 名C 動 一般語 一般義 U 字形の留め金, かすがい, ホッチキスの針. 動 として, 紙や電線などを U 字形の留め金で留める.

語源 古英語 *stapol* (= post; pillar) から.

【派生語】*stápler* 名C ホッチキス(〔日英比較〕「ホッチキス」は考案者 Hotchkiss に由来するが, 英語では用いない).

sta·ple² /stéipl/ 名C 形 一般語 一般義 〔通例複数形で〕主要食品, 国民的な基本食品. その他 ある地域の主要産物, 〔古語〕主要市場や商業中心地. 形 として主要な, 重要な.

語源 古フランス語 *estaple* (= market) が「特産品市

star /stάːr/ 图C 本来他 [一般語] [一般義] 空の星,『天』恒星(fixed star). その他 [通例複数形で]『占星術』運星, 星回り. また星形のもの, 星章, 『印』星印(asterisk)(〔☆ ★ * など〕), ホテルやレストランなどの星印, 芸能界やスポーツなどの花形や各界の大家, スター, 〔形容詞的に〕特に優れた, 傑出した, 花形の. 動 として星で飾る, 星印をつける, 主演させ[する].

語源 「星」の意味の印欧祖語 *ster- に由来する古英語 steorra から.

用例 The sun is a *star*, and the Earth is one of its planets. 太陽は星で, 地球はその惑星のひとつである/What *star* were you born under? あなたはいかなる星のもとに生まれたのか/She cursed her *stars*. 彼女は自らの運命を呪った/A four-*star* hotel is better than a three-*star* hotel. 四つ星ホテルは三つ星ホテルより上等である/She wants to be a television *star*. 彼女はテレビタレントでありたいと思っている/I've read the catalog(ue) and *starred* the items I want you to order. カタログを見て, 注文していただきたい品目に星をつけておきました/She has *starred* in two recent films. 彼女は最近の映画 2 本に主演している.

関連語 planet; satellite; comet.

【慣用句】 *My stars!* 〔くだけた表現〕これは驚いた! *reach for the stars* とうてい不可能なことを望む, 非常に野心的である. *see stars* 〔くだけた表現〕頭などを強く打って目から火花がでる, 目がくらむ. *stars in one's eyes* 全くの夢心地. *thank one's (lucky) stars* 〔くだけた表現〕幸運を感謝する.

【派生語】 **stárdom** 图U スターの座[身分]. **stárless** 形 星の出てない. **stárlet** 图C デビューしたての若手女優. **stárry** 形 星の多い, 星明かりの, 星のような, 星に関する.

【複合語】 **stár-cròssed** 形〔文語〕星回りの悪い, 不幸な. **stárdùst** 图U 星くず,〔くだけた語〕うっとりするような魅力, 恍惚(こうこつ). **stárfìsh** 图C 『動』ヒトで. **stárgàzer** 图C 星を見つめる人,〔こっけい〕天文学者, 占星家,〔軽蔑的〕空想家. **stárgàzing** 图U 星を眺めること, 空想にふけること. **stárlight** 图U 星明り. **stárlit** 形〔文語〕星明かりの. **Stars and Stripes** 图〔the ～〕星条旗(★米国の国旗). **stár-spàngled** 形 星をちりばめた. **Stár-Spangled Bánner** 图〔the ～〕『星条旗』(★米国の国歌). **stár-stùdded** 形 星を散らばした,〔くだけた語〕スターがずらりと並んだ, スター総出演の.

star・board /stάːrbərd, -bɔːrd/ 图U 形 副『海・空』船首または機首に向かって船の右舷, あるいは航空機の右側. 形 副 として右舷[右側]の[に].

語源 古英語 stēorbord (= steering side) から. 昔は船の右舷で舵取り用のかいを用いたことによる.

反意語 larboard; port.

starch /stάːrtʃ/ 图U 本来他 [一般語] でんぷん. その他 〔複数形で〕でんぷん食品, また洗濯用ののり, 比喩的に堅苦しさ, 儀式ばること. 動 として, 布などにのりをつける, 堅苦しくする.

語源 古英語 stercan (= to stiffen) から.

【派生語】 **stárchy** 形.

stardom ⇒star.

stare /stέər/ 動 本来自 图C [一般語] [一般義] 驚き, 恐れ, 疑いの気持で目を大きく見開いてじろじろ見る, じっと見つめる 〈at; into; upon〉. その他 物が目立つ.

他 じろじろ見る. 图 として見つめること, 凝視.

語源 古英語 starian (= to stare) から.

用例 They *stared* at her clothes in amazement. 彼らは驚きの目で彼女の衣服をじろじろ見た/Don't *stare*— it's rude! じろじろ見るな. 失礼じゃないですか/He fixed her with an insolent *stare*. 彼は横柄な目つきでじろりと彼女を見た.

【慣用句】 *stare down* [〔英〕*out*] 人をにらみつけて目をそらさせる. *stare ... in the face* 人の顔をじっと見る,〔くだけた表現〕物が人の目の前にある, 迫っている, 明白である.

【派生語】 **stáring** 形 じろじろ見る,《英》色などがひどく目立つ.

stark /stάːrk/ 形〔一般語〕[一般義]〔しばしば悪い意味で〕ものの状態がむき出しの, ありのままの. その他 景色が荒涼とした, 描写などが赤裸々な. 本来は「こわばった」の意で, 堅苦しい, 融通のきかない意から「ありのままの」意となった.〔限定用法〕完全な, 正真正銘の. 副 として完全に.

語源 古英語 stearc (= stiff; unyielding) から.

【慣用句】 *stark naked* 丸裸の. *stark mad* まったく狂って.

starless ⇒star.

starlet ⇒star.

starry ⇒star.

start /stάːrt/ 動 本来自 图C [一般語] [一般義] 仕事などが始まる, 人や乗り物などが出発する, 出かける. その他 着手する, 機械などが始動する, 値段や尺度がある段階から始まる, 起点とする〈at; in〉. 本来は人や動物が突然動く, びっくりする意で, 物や事が突然生じる, 〔しばしば副詞を伴って〕血や涙が急に出る. 他 仕事などを始める,〔不定詞や動名詞を伴って〕…し始める, 人に何かを始めさせる, 機械などを始動させる, 話題や苦情などを持ち出す, 人が旅に出かける. 图 として出発, 開始, 始動, また出発の合図, 出発点, 〈a ～〉びっくりさせ[さする]こと.

語源 古英語 styrtan (= to leap up) から.

用例 I've *started*, so I'll finish. 始めた以上は, 終わりまでやるのだ/The car won't *start*. 車がなかなか動かない/The sudden noise made me *start*. 突然の音に私はびっくりした/She *starts* her job at the shop next week. 彼女は来週からその店で働き始める/What *started* you taking an interest in archaeology? どうして考古学に興味を抱くようになったのですか/I shall have to make a *start* on that work. その仕事に取りかからねばならない/The runners lined up at the *start*. 走者たちは出発点に一列に並んだ/What a *start* the news gave me! その知らせには本当にびっくりしたよ.

類義語 begin. 対義語 end; finish.

【慣用句】 *from start to finish* 終始一貫して. *start (all) over (again)* 初めからやりなおす. *start back* 帰途につく, 驚いて後ずさりする. *start ... from scratch* 最初[ゼロ]から始める. *start in on* 始める,〔くだけた表現〕人を非難する. *start off* 動き出す, 旅に出る. *start out* 旅に出る, 社会に出る. *start something* 〔くだけた表現〕騒ぎを起こす. *start [keep; set] the ball rolling* 会話や仕事をとぎれないよううまく続けてゆく, 座が白けないようにする. *start up* びっくりして飛び上がる, 急に立ち上がる, 動き出す, 急に現れる, 思い浮かぶ; 仕事などを始める, 始動させる,

引き起こす. *to start with* まず第一に.
【派生語】**stárter** 名 C 《競走・競馬》スタート係, 出場選手[馬], 先発選手[投手], 自動車などの始動係.
【複合語】**stárting blòck** 名 C 短距離レース用のスターティングブロック. **stárting gàte** 名 C 《競馬》スターティングゲート. **stárting pítcher** 名 C 《野》先発投手. **stárting pòint** 名 C 出発点, 起点.
日英比較 「スタート・ダッシュ」は fast start または dashing start, 「スタート・ライン」は starting line という.

star·tle /stáːrtl/ 動 本来他 [一般論] [一般義] 《しばしば受身》突然の驚きや恐怖で人や動物を飛び上がらせる, びっくりさせる. 《不定詞を伴って》...して驚く.
語源 中英語 sterten (= to start) に反復を表す接尾辞-le がついた sterteleln から.
用例 The announcement is bound to *startle* many people. その発表は多くの人の度肝を抜くこと間違いなしだ.
類接語 surprise; frighten.
【派生語】**stártling** 形 じつに驚くべき, ぎょっとするような.

starvation ⇒starve.

starve /stάːrv/ 動 本来自 [一般論] [一般義] 飢え死にする《語法 この意味では die of hunger のほうがくだけた表現》. その他 飢えに苦しむ, 《くだけた語》《進行形で》腹ぺこになる, ひもじい思いをする. また比喩的に知識, 愛情などを渇望する《for》. 他 餓死させる, 飢えさせる, 《受身または~ oneself で》渇望させる《for; of》.
語源 古英語 steorfan (= to die) から.
用例 In a bad winter, many birds and animals *starve*. 寒のひどい冬には, 多くの鳥やけものたちが餓死する/Can't we have supper now? I'm *starving*. もう夕食じゃないの? お腹がぺこぺこだよ/They were accused of *starving* their prisoners. 彼らは囚人たちを餓死させた罪に問われた/As a child, he was *starved* of love. 子供の頃, 彼は愛情に飢えていた.
【慣用句】***starve to death*** 飢え死にする.
【派生語】**starvátion** 名 U 餓死, 欠乏, 窮乏.
stárveling 形 名 C 〔文語〕飢えてやせこけた(人, 動物).

stash /stǽʃ/ 動 本来他 名 C 〔くだけた語〕現金や貴重品類を秘密の場所に**隠しておく**《away》. 名 として隠し場所, 隠しもっているもの〔麻薬〕. 語源 store と cache (隠し場所) の混成語と思われる. 19世紀から.

state /stéit/ 名 CU 動 本来他 [一般論] [一般義] 《通例単数形で》ある時点での人や物事の**状態**. その他 〔くだけた語〕興奮状態, 混乱状態. また独立ということから, **地位**, **身分**, **階級**, あるいは高い身分にふさわしい**豪奢**(ごうしゃ), **威厳**. さらに 《通例 S-》主権を有する**国家**, 米国やオーストラリアの**州**, 〔くだけた語〕《the S-s》国外から指して**米国**(the United States of America). 《形容詞的に》**国家の, 州の, 国有の, 公の, 儀式の**. 動 として〔形式ばった語〕事実, 意見などを公式に述べる, **明言する**.
語源 ラテン語 *status* (= posture; position) が古フランス語 *estat* を経て中英語に入った.
用例 It is difficult to know what her *state* of mind is. 彼女の心理状態を知るのは難しい/His nerves are in a bad *state*. 彼の神経のいらだちはひどいものだ/The care of the sick and elderly is considered partly the responsibility of the *state*. 病人や老人の介護は一部国の責任だと考えられる/In America, the law varies from *state* to *state*. 米国では法律が州によってまちまちである/He *stated* on the application form that he was a British citizen. 彼は志願書の中で自分がイギリス国民であると明記していた.
類義語 state; condition(s); situation: **state** は「状態」を表す最も一般的な語で, あるがままの状態を意味する. **condition(s)** はある一時的な状態を作った原因, 環境という意味あいを含む. **situation** は人や物とそのまわりの状況とが相関していることに重きをおく. 「国家」については ⇒country.
【慣用句】***get into a state*** 〔くだけた表現〕興奮する, いらだつ. ***in (great) state*** ものものしく.
【派生語】**státed** 形 決められた, 明言された. **státehood** 名 U 独立国家[州]としての地位. **státeless** 形 国籍のない. **státeliness** 名 U 威厳. **státely** 形 〔形式ばった語〕荘重な, 堂々たる. **státement** 名 UC 陳述, 声明(書), 《商》計算書[表].
【複合語】**státe bírd** 名 C 《米》州鳥. **státecràft** 名 U 政治力, 政治の手腕. **Státe Depártment** 名 《the ~》《米》国務省. **státe fáir** 名 C 《米》州の農産物等の品評会. **státe flòwer** 名 C 《米》州花. **státehòuse** 名 C 《米》州議事堂. **státe prísoner** 名 C 国事犯, 《米》州刑務所の囚人. **státeròom** 名 C 宮殿などの大広間, 客船の特別室, 《米》列車の特別室. **státe's évidence** 名 UC 《米》《法》共犯証言(者), 国[州]側の証言. **státeside** 形 副 〔くだけた語〕《米》米本土で[の]. **státesman** 名 C 政治家. **státesmanlike** 形 《良い意味で》政治家らしい. **státesmanship** 名 U 政治家たる資質[手腕]. **státe sócialism** 名 U 国家社会主義. **státewíde** 形 副 《米》州全体にわたって[る].

stat·ic /stǽtik/ 形 名 U [一般論] 一般義 動き, 行動, 変化がない, **静止の, 静的の**, 《理》**静力学の**, 《電》**静電気の**. C 空電, 空電による電波障害.
語源 ギリシャ語 *statikos* (= causing to stand) が近代ラテン語を経て初期近代英語に入った.
用例 The latest weather report says that the ridge of high pressure will remain *static* for a few more days. 最新の天気予報によれば, もう2, 3日高気圧の張り出し部は静止したままだそうである.
反義語 dynamic.
【派生語】**státics** 名 U 《理》静力学.

sta·tion /stéiʃən/ 名 C 動 本来他 [一般論] 一般義 **鉄道の駅, バスの発着所**. その他 《通例複合語で》人や物の配置されいる所, ...署, ...局, ...所, 《軍》駐屯地, 根拠地 など. また〔形式ばった語〕個人個人が仕事などに就く**持ち場, 場所**, 〔古風な語〕**身分, 社会的地位**. なお, オーストラリアでは特に羊を飼う**大牧場**の意もある. 動 として〔形式ばった語〕人やものを配置する, 部署に就かせる.
語源 ラテン語 *stare* (= to stand) の過去分詞 *status* から派生した 名 *statio* (= standstill; standing place) が古フランス語を経て中英語に入った. 原義は「立っている所」.
用例 a railroad [《英》railway] *station* 鉄道駅/a bus *station* バス発着所/a police *station* 警察署/a fire *station* 消防署/a power *station* 発電所/a radio *station* ラジオ放送局/The workman remained at his *station* all night. 従業員はひと晩中持ち場を離れなかった/The Regiment is at present

stationed in Northern Ireland. 連隊は現在北アイルランドに駐留している.

[類義語] station; depot; stop; halt: **station** は改札や待合室などのある鉄道駅またはバス発着所を指し,《米》では **depot** ともいう. **stop**《米》, **halt**《英》は乗り降りをする所の意で,停車場または停留所を指す.

【複合語】**státion brèak** 名 [C]《米》《放送》番組間で自局の局名やスポットを入れる短い切れ目, ステーション・ブレイク. **státion hòuse** 名 [C]《主に米》警察[消防]署の建物. **státionmàster** 名 [C] 駅長. **státion-to-státion** 形 長距離電話で**番号通話**の. **státion wàgon** 名 [C]《米》ワゴン車(《英》estate car).

sta·tion·ar·y /stéiʃəneri, -nəri/ 形〔やや形式ばった語〕**動かない**, 静止した, また**固定した**, 変化のない, **不変**の.
[語源] ラテン語 *statio* (⇒station) から派生した *stationarius* (駐屯地)に由来する語が18世紀に入った.
[用例] a *stationary* satellite 静止衛星.

sta·tion·er /stéiʃənər/ 名 [C]〔一般語〕**文房具商**, **文房具店**.
[語源] 中世ラテン語 *stationarius* (= tradesman with a fixed station or shop) が中英語に入った. 当初は行商ではなく, 一定の場所で商う「本屋」を意味した.
【派生語】**státionery** 名 [U] 文房具, 便箋類.

sta·tis·tic /stətístik/ 名 [C]〔一般語〕**統計量**[値].
[語源] statistics からの逆成. statistics は近代ラテン語 *statisticus* (= of state affairs) によるドイツ語 *Statistik* (ドイツの統計学者 G. Achenwall(1719-72)の造語)から. 当初は「政治学」の意.
【派生語】**statístical** 形 統計(学)の. **statístically** 副. **statistícian** 名 [C] 統計学者. **statístics** 名 (複)(単数扱い)統計学, (複数扱い)統計, 統計表, 統計資料: Have you studied the recent divorce *statistics*? 最近の離婚に関する統計について調べましたか.

statuary ⇒statue.

stat·ue /stætʃu:/ 名 [C]〔一般語〕石, ブロンズ, 木などで作られた人や物の像, **彫像**, **塑像**, **立像**.
[語源] ラテン語 *statuere* (= to set up) から派生した *statua* (=statue) が古フランス語を経て中英語に入った.
[用例] The *Statue* of Liberty stands at Liberty Island in Ner York City. 自由の女神像はニューヨーク市リバティー島に立っている/The children stood as still as *statues*. 子供たちは不動の姿勢で立っていた.
【派生語】**státuary** 名 [U]《集合的》**彫刻物**, 彫刻術. 形 彫像の. **statuésque** 形〔形式ばった語〕**彫像のよう**な, **威厳のある**, **優美な**. **statuétte** 名 [C] 小さな像.

stat·ure /stætʃər/ 名 [U]〔形式ばった語〕〔一般義〕人や動物などの立った時の背の高さ, **身長**. [その他] 能力的な発達の程度, 知的・道徳的な**高さや能力**, あるいは**名声**.
[語源] ラテン語 *stare* (= to stand) の派生形 *statura* (= standing posture) が古フランス語を経て中英語に入った.
[用例] a man of gigantic *stature* 巨人のような上背のある人/a musician of international *stature* 国際的名声のある音楽家.

sta·tus /stéitəs/ 名 [U C]〔一般義〕社会的**地位**, **身分**. [その他] 特に**高い地位**, **信望**. また《通例単数形で》単に物事の**状態**, **情勢**.
[語源] ラテン語 *status* (=state) が18世紀に入った.
[用例] If she marries a foreigner, will her *status* as a British citizen be affected? 外国人と結婚したら, 彼女のイギリス国民としての身分に影響がでるだろうか/Actors have a higher *status* than they used to have. 俳優の社会的地位は昔よりは高くなっている/People don't know the *status* of territorial talks between these two nations. 国民はこの2国間の領土に関する会談の状況について知らない.
[類義語] status; position; place: **status** が主に社会的地位を表すのに対して, **position** は職業上の地位, 身分をいう. また **place** は地位や立場を表す最も意味の広い語.
【複合語】**státus quo** /kwóu/ 名〔形式ばった語〕(the 〜) **現状(維持)**, 体制(★ラテン語から借用した語句). **státus sýmbol** 名 [C] 地位の象徴.

stat·ute /stætʃu:t/ 名 [C]《法》**法令**, **法規**, **成文律**. また法人団体などの**規則**, **定款**.
[語源] ラテン語 *statuere* (= to set up; to decree) の中性過去分詞 *statutum* (=law; regulation) が古フランス語を経て中英語に入った.
【派生語】**státutory** 形.
【複合語】**státute bòok** 名 (the 〜) 法令全書. **státute làw** 名 [U] 制定法, 成文律[法]. **státute of limitátions** 名 (the 〜) 提訴期間: The *statute of limitations* has run out. 時効になった.

staunch[1] /stɔ́:ntʃ/ 形〔一般義〕**しっかりしていて信頼できる**. [その他] 本来は〔古語〕船などが**漫水**しないの意で, 転じて構造が**頑丈な**, 比喩的に**信念の堅い**, **義理堅い**.
[語源] 古フランス語 *estanchier* (= to stanch) の派生形 *estanche* (=watertight) が中英語に入った.

staunch[2] /stɔ́:ntʃ/ 動 =stanch[1].

stave /stéiv/ 名 [C] 動 (過去・過分 〜d, stove)〔一般語〕〔一般義〕**桶**(ぉけ)や**ボートの製作材として使用する細長い板**, **桶**[樽]**板**. [その他] 単に**棒やさお**, **はしごの段や椅子の脚の桟**, また〔詩〕1節(stanza)や**詩句**(verse), 《楽》**譜表**, **五線**(staff)を意味する. 動 として, 樽板やボートの板が**壊れる**, 樽や船などの横腹に**穴をあける** (in).
[語源] staff[1] の複数形 staves からの逆成語. 中英語から.

stay[1] /stéi/ 動 [本来自] [C U]〔一般語〕〔一般義〕《副詞(句)を伴って》**人がある場所や同じ場所にとどまる**. [その他] 人が客として一定期間**滞在する**, **家やホテルなどに泊まる**. また**ある状態にとどまっている**, ...のままでいる[ある], **つらい仕事などにある期間持ちこたえる**, **耐える**. 他〔形式ばった語〕物事を**防止する**, **抑制する**, **決定**, **判決などを延期**[**猶予**]**する**, 〔文語〕**空腹を一時的に和らげる**, またマラソンなどを**最後までがんばり通す**. 名 として《通例単数形で》**滞在(期間)**, 《法》**延期**, **猶予**.
[語源] ラテン語 *stare* (= to stand) が古フランス語 *ester* (= to stop; to stay) を経て中英語に入った.
[用例] The doctor told her to *stay* in bed. 医師は彼女にちゃんと床で寝ていなさいと言った/We *stayed* three nights at that hotel. みんなでそのホテルに3泊した/*Stay* where you are — don't move! そこでじっとして動くな/He has *stayed* a bachelor. 彼はずっと独身だ/He never *stays* long in any job. 彼はどんな仕事をしても長続きしない/We had a two-day's

stay in London. 私たちはロンドンに2日間滞在した.
【慣用句】*be here to stay*＝*have come to stay*〔くだけた表現〕物事がすっかり定着している. *stay away* 近づかない, ...を避ける[欠席する]《from》. *stay behind* 留守番する. *stay in* 外出しない, 持ち場を守る, 物がはまっており, 灯などがついたままである. *stay out* 外出[外泊]している, ストライキを続ける; ...とかかわりをもたない. *stay put*〔くだけた表現〕そのままでいる, 動かない. *stay up* 寝ないで起きている, 上がったまま落ちない. *stay with* … …の家に泊まる.
【派生語】stáyer 名C 滞在者, 支持者,〔くだけた語〕辛抱強い人[馬].
【複合語】stáy-at-hóme 形名C 家や自国にばかり閉じこもっている(人), 外出嫌いな(人). stáying pòwer 名U 根気, スタミナ.

stay² /stéi/ 名C 本来他《船舶》船のマストや煙突や旗ざおなどをまっすぐに固定して支えるためのワイヤーロープまたはケーブル, 支索, 張り綱.
[語源] 古英語 stæg から.

stay³ /stéi/ 名C 動 本来他〔文語〕一般義 安定させたり補強するための支柱や支えになるもの[人]. その他 コルセットの形をしっかりさせるために使用する鋼やプラスチックの平らな芯(㌻), ステー. として支える, 安定させる, 固定させる.
[語源] 古フランス語 estaye (＝prop; support) が初期近代英語に入った.

stead /stéd/ 名U〔形式ばった語〕《通例 in one's ～で》他にとって代わるべき場所, 機能, 地位, 代わり, 身代わり.
[語源] 古英語 stede (＝place) から.
[用例] He could not go, so he found someone to go *in his stead*. 彼は行くことはできなかったので, 代わりに行ける人を捜し出した.
【慣用句】*stand* … *in good stead* 将来必要なときに人の役に立つ: His knowledge of French *stood* him *in good stead* when he lost his money in France. 彼はフランス語を知っていたので, フランスでお金をなくした時役に立った.

stead·fast /stédfæst/ 形〔やや形式ばった語〕視線や物事を見る方向, 趣向などがしっかりしていてぐらつかない, 信念や目的などが確固としている.
[語源] 古英語 stede (＝place)＋fæst (＝fixed) から成る stedefæste から.
【派生語】stéadfastly 副 しっかりと, 固定して, ぐらつかないで. stéadfastness 名U.

stead·y /stédi/ 形本来他〔一般語〕一般義 物事の進行や頻度, あるいは人の行動などが一様の, 不変の, むらのない. その他 足もとなどがしっかり安定した, 固定された,〔くだけた語〕人の性格が落着いている, まじめな. 名として〔くだけた語〕決まった恋人. 動として安定させる, 気持などを落ち着かせる.
[語源] stead＋-y. 中英語から.
[用例] The plants should be kept at a *steady* temperature. その植物は温度の一定したところに置かねばならない/This table isn't *steady*— we'll have to get it repaired. このテーブルはがたついている. 修理しないとだめだ/Our profits have remained *steady*. 私たちの収益はずっと安定している/These pills will *steady* your nerves. この薬[錠剤]はいらいらによく効きますよ.
【慣用句】*go steady*〔くだけた表現〕決まった1人の異性とデートする.
【派生語】stéadily 副 しっかりと, 着実に. stéadiness 名U.

steak /stéik/ 名CU〔一般語〕一般義 肉や魚の厚切りを焼いたもの, ステーキ, 特にビーフステーキ(beefsteak), またステーキ用の肉. その他《英》シチューなどに使う質の劣った角切り牛肉.
[語源]「串に刺して焼く」「串刺しの焼肉」の意の古ノルド語 steik が中英語に入った.
[用例] I like my *steak* rare, please. ステーキはレア[生焼き]にして下さい/We're having cod*steaks* for dinner. 夕食にはたらステーキを食べるつもりです.
【複合語】stéak hòuse 名C ステーキ専門のレストラン.

steal /stí:l/ 動本来他《過去 stole; 過分 stolen》名C〔一般語〕一般義 他人の物や金などを盗む. その他 周囲の相手に気づかれないようにある行為をこっそりする, こっそり手に入れる, 他人の考えや著作などを盗作する, 無断借用する. 自 ひそかに行く[来る, 移る],《野》盗塁する. 名として《米》盗み, 窃盗, 盗品, 盗作, 転じて〔くだけた語〕格安品, 掘出し物.
[語源] 古英語 stelan (＝to steal) から.
[用例] Thieves broke into the house and *stole* money and jewellery. 泥棒がその家に侵入し, 金や宝石類を盗んだ/He *stole* a glance at her. 彼はちらっと彼女の顔を盗み見た/He *stole* quietly into the room. 彼はそっと部屋にしのびこんだ/That camera was a *steal* at 50 dollars. あのカメラは50ドルの掘出し物だった.
[類義語] steal; rob; pilfer; deprive: **steal** が人に気づかれずにこっそり盗むことをいうのに対して, **rob** は暴力を用いて奪うこと. また **pilfer** はくだけた語で, つまらぬものをこっそり盗み, ちょろまかすことをいう. **deprive** は必要なものや価値あるものを取上げる, 掠奪すること.
【慣用句】*steal one's way* こっそり進む. *steal up* … にこっそり近づく《on》.
【派生語】stéaling 名U 盗むこと,《複数形で》盗品.

stealth /stélθ/ 名U〔形式ばった語〕見破られないように注意を払ってひそかに[こっそり]やること, 隠密, また《形容詞的に》レーダーなどによって探知されないステルス(技術).
[語源] steal＋-th (名詞をつくる接尾辞). 中英語から.
【慣用句】*by stealth* こっそりと.
【派生語】stéalthily 副. stéalthiness 名U. stéalthy 形.

steam /stí:m/ 名U 動本来自〔一般語〕一般義《水》蒸気, スチーム. その他 湯気, 霧, 比喩的に〔くだけた語〕精力, 元気など. 動 として《水》蒸気を出す, 蒸気で動く[進む], 精力的に動く,〔くだけた語〕かんかんに怒る. 他 じゃがいもなどを蒸す, ふかす.
[語源] 古英語 stēam から.
[用例] The machinery is driven by *steam*. その機械は蒸気で動く/*Steam* rose from the plate of soup. スープ皿から湯気が立ちのぼった/A kettle was *steaming* on the stove. やかんがレンジの上で湯気を立てていた/She was *steaming* over their ill-natured rumor. 彼女は彼らの悪意に満ちたうわさにかんかんだった.
[類義語] steam; vapor: **steam** が一般的に水蒸気を指すのに対して, **vapor** は自然に発生した大気中の水蒸気やかすみ, 霧などをいう.

【慣用句】***at full steam*** 全速力で. ***full steam ahead*** 全速力で前進して. ***let [blow] off steam*** 蒸気を出す,〔くだけた表現〕精力[感情]を発散する, うっぷんを晴らす. ***steam off*** 切手などを蒸気に当ててはがす. ***steam up*** 窓など蒸気でくもる[くもらせる]. ***under one's own steam*** 〔くだけた表現〕自力で.

【派生語】**stéamer** 名 C 汽船(steamship), 蒸し器. **stéaming** 形 湯気を立てる,〔くだけた語〕腹を立てた. 副 湯気を立てるほど: *steaming* hot 非常に熱い. **stéaminess** 名 U. **stéamy** 形 蒸気[湯気]のたちこめた, 湿った.

【複合語】**stéambòat** 名 C =steamship. **stéam bòiler** 名 C 汽缶, ボイラー. **stéam èngine** 名 C 蒸気機関(車). **stéam ìron** 名 C スチームアイロン. **stéam locomòtive** 名 C 蒸気機関車. **stéamròll** 動 [本来他] 反対などを強引につぶす, 議案などを強引に通過させる. **stéamròller** 名 C 地ならし用のスチームローラー,〔くだけた語〕制圧[弾圧]する人[力]. 動 [本来他] =steamroll. **stéamshìp** 名 C 汽船, 蒸気船. **stéam shòvel** 名 C《米》掘削用パワーシャベル. **stéam whìstle** 名 C 汽笛.

steed /stíːd/ 名 C〔文語・詩語〕馬, 軍馬.
[語源] 古英語 stēda (=stallion) から.

steel /stíːl/ 名 U〔一般義〕鋼鉄, 鋼(はがね).[その他] 鋼鉄製品, 鋼のように堅いもの, 比喩的に鋼のような堅さ, 強い能力,〔文語・詩語〕武器, 剣. また《形容詞的に》鋼のようなの意. 動 として鋼で刃をつける, 鋼をかぶせる, 比喩的に心を堅固[冷酷]にする (against),《~ oneself で》覚悟を固める.
[語源] 古英語 steli, stǣli から.
[用例] This cutlery is made of *steel*. この食卓用金物は鋼鉄製である/a grip of *steel* 鋼のように強い握力/muscles of *steel* 強じんな筋肉/He *steeled* himself to meet the attack. 彼はその攻撃を迎えうつ覚悟だった.

【派生語】**stéeliness** 名 U. **stéely** 形 色や硬度が鋼鉄[鋼]のような, 堅固な,〔文語〕無情な.

【複合語】**stéel guitár** 名 C スチールギター. **stéel wóol** 名 U 研磨用鋼綿. **stéelwòrker** 名 C 製鋼所工員. **stéelwòrks** 名 C《複~》製鋼所. **stéelyàrd** 名 C さおばかり.

steep¹ /stíːp/ 形〔一般義〕坂などの勾配が急な.[その他] 山道などが険しい,〔くだけた語〕値段が法外に高い, 要求がむちゃくちゃな, 仕事などが骨の折れる, 話などが極端な.
[語源] 古英語 stēap (=high; steep) から.
[用例] The hill was too *steep* for me to cycle it up. 丘は自転車で登るには険しすぎた/It's a *steep* climb to the top of the mountain. その山の頂上までは急登りになっている.

【派生語】**stéepen** 動 [本来他] 急勾配にする[なる]. **stéepish** 形 やや急勾配の. **stéepness** 名 U.

steep² /stíːp/ 動 [本来他]〔一般義〕物などを液体に浸す, つける.[その他] 茶などを煎(せん)じる, 振り出す. また《通例受身または~ oneself で》ずぶぬれにする, 比喩的に《[形式ばった語] 人を学問などに没頭させる, 悪事に染まらせる《in》.
[語源] 古ノルド語起源と考えられる. 中英語から.
[用例] Clothes will wash better if you *steep* them first in water. 衣類は最初水につけておくほうがよく洗える/They have been *steeped* in French literature since their childhood. 彼女らは子供の頃からフランス文学に熱中してきた.
[類義語] dip.

stee・ple /stíːpl/ 名 C〔一般義〕教会や寺院などの飾り尖塔(せんとう).
[語源] 古英語 stēpel, stypel (=tower) から.

【派生語】**stéeplejàck** 名 C 尖塔や高い煙突などの修理職人, とび職.

steer¹ /stíər/ 動 [本来他]〔一般義〕[一般義] 船の舵(かじ)をとる, 船や飛行機, 車などを操縦[運転]する.[その他] 物事をある一定の方向に向ける, 進路をとる, 比喩的に人などを導く, 案内する. 自 操縦[運転]する, 車などが操縦できる, ある方向に向く, 進む.
[語源] 古英語 stīeran (=to steer) から.
[用例] He *steered* the car skilfully through the narrow streets. 彼は上手にハンドルを切って狭い通りを走りぬけた/We *steered* a hazardous course between the rocks. 私たちの船は岩礁の間の危険なコースをとった/He took his mother's arm and *steered* her towards the door. 彼は母親の腕を取ってドアのほうに連れていった.

【慣用句】***steer clear of*** ...〔くだけた表現〕人や危険を避ける.

【派生語】**stéerage** 名 U 操舵(そうだ)[操縦][装置]; **steerageway**〖海〗舵効速力.

【複合語】**stéering commìttee** 名 C 運営委員会. **stéering gèar** 名 U 操舵[操縦]装置. **stéering whèel** 名 C 船舶の操舵輪, 車のハンドル[語法] 単に wheel ともいう. [日英比較]「ハンドル」は和製英語. **stéersman** 名 C〖海〗操舵手.

steer² /stíər/ 名 C〔一般義〕特に食用の去勢した雄牛, あるいは雄の子牛.
[語源] 古英語 stēor (=young ox) から.

stein /stáin/ 名 C〔一般義〕陶製のビール用ジョッキ, スタイン.
[語源] ドイツ語 Stein (=stone) が 19 世紀に入った.

stel・lar /stélər/ 形〔形式ばった語〕[一般義] 星の(ような), 星の多い.[その他] 役者が花形の, 主役の, 一般に主要な, 優秀なような.
[語源] ラテン語 stella (=star) の派生形 stellaris が初期近代英語に入った.

stem¹ /stém/ 名 C 動〔本来自〕[一般義] 植物の茎.[その他] 葉, 花, 果実などを支える柄, 葉柄, 果柄, あるいは木の幹. また工具などの茎状部, スプーンの柄, パイプの軸, ワイングラスの脚, 長く伸びている形状から比喩的に船首,〖聖〗血筋, 家系.〖文法〗語幹. 動 として〔形式ばった語〕あるものから分岐する, ...に由来する《from》.
[語源] 古英語 stemn, stefn (=stem of a plant or ship) から.
[用例] Poppies have long, hairy, twisting *stems*. けしの茎は長く毛が生えていて, ねじれている/In the words 'cordiality' and 'cordially', 'cord-' is the root and 'cordial' is the *stem*. cordiality や cordially という語では, cord- は語根, cordial は語幹である/a feeling of hate that *stems* from envy. 嫉妬心から生じる憎しみの感情.
[類義語] stem; stalk; trunk: **stem** は植物の茎や葉柄, 花柄などを表す一般的な語. **stalk** も同意で, a stalk of wheat (麦の茎) や a beanstalk (豆の茎) のように具体的に用いられる.「木の幹」の意では一般に

trunk が使われる．

【慣用句】*from stem to stern* 船首から船尾まで，至るところに，徹底的に: As the ship touched the rocks, she shook *from stem to stern*. 船は岩礁に接触して全体が大きく揺れた．

stem² /stém/ 動 [本来他] 〔やや形式ばった語〕[一般義] 水の流れや出血などの流れを押さえる，せき止める．[その他] 穴などに物を詰め込む，ふさぐ．『スキー』制動回転する，シュテムで回転する．

[語源] 古ノルド語 *stemma* (=to stop; to dam up) が中英語に入った．なお，スキーのシュテムはドイツ語の 動 *stemmen* (…人に体重をかける) から．

stench /sténtʃ/ 名 C 〔形式ばった語〕極めて刺激的な臭気や悪臭．

[語源] 古英語 *stincan* (=to stink) から派生した *stenc* から．

sten·cil /sténsl/ 名 C 動 [本来他] [一般義] 紙，板金，プラスチックなどに文字や形を切り抜いた**刷り込み型**，ステンシル，また謄写版の**原紙**．
動 としてステンシルで刷る．

[語源] ラテン語 *scintilla* (=spark) に由来する古フランス語 *estenceler* (=to cause to sparkle) が中英語に stansele(n)(色とりどりに飾る) として入った．

stenographer ⇒stenography.

ste·nog·ra·phy /stənágrəfi |-ɔ́-/ 名 U 〔一般語〕速記(術)，速記したもの．

[語源] ギリシャ語 *stenos* (=narrow)+-graphy「記述法」．初期近代英語から．

【派生語】**stenógrapher** 名 C 《米・カナダ》速記タイピスト(《英》shorthand typist).

sten·o·type /sténətaip/ 名 C 〔一般語〕速記用タイプライター．

[語源] もと商標名．19 世紀から．

step /stép/ 名 CU 動 [本来自] 〔一般義〕[一般義] 足の運び，歩き方，歩調，ステップ．[その他] 1歩，また足音，足跡，《複数形で》歩いてたどる道程．さらに階段やはしごの段，《複数形で》屋外にある石の**階段**，踏み段，《英》脚立(ᡝᡝ)．比喩的に軍隊などの階級，温度計などの目盛，《くだけた語》《米》音程．また人生に向かっての1歩ということから，一連の行動の**1段階**，…する手段，処置などの意味になる．動 として歩いて行く，一**歩一歩進む**，ステップを踏む．

[語源] 古英語 *steppan* から．

[用例] She came along the street with hurried *steps*. 彼女はせわしない足どりで通りをやってきた/She told me to mind the *step*. 彼女は足もとに気をつけてと言った/The dance has some complicated *steps*. そのダンスはステップが複雑だ/He moved a *step* or two nearer. 彼は1，2 歩近づいてきた/I thought I heard *steps*. なにか足音が聞こえたように思えた/The bottom *step* of the ladder needs repairing. はしごの一番下の段は修理が必要だ/This country has directed its *steps* toward democracy. この国は民主主義への道を歩んできた/She *stepped* briskly along the road. 彼女は道をさっそうと歩いて行った．

【慣用句】*in step* 足並[歩調]をそろえて，人と調子を合わせて．*keep step with* … ….と歩調を合わせる．*out of step* 足並[歩調]を乱して．*step aside* わきに寄る，身を引く，譲歩する．*step by step* 一歩一歩，地道に．*step down* 降りる，辞任する，引退する．*step in* 中に入る，立寄る，事件などに首をつっこむ．*step into* …'s *shoes* 人のあとかたにおさまる．*step off* 車などから降りる．*step on it* [《米》*the gas*]〔くだけた表現〕急ぐ，スピードを出す．*step out* ちょっと出掛ける，座をはずす，〔くだけた語〕《米》デートする，《英》急ぐ．*step up* …を増大させる，高める；一歩近づく．*take steps* 処置をとる，手を打つ．

【派生語】**stépwise** 副 C 一歩一歩(の)，徐々に．

【複合語】**stépládder** 名 C 踏み台，脚立．**stépping-stòne** 名 C 踏み石，飛び石，昇進などの手段，足がかり．**stép ròcket** 名 C 多段式ロケット．

step- /stép/ 連結 名詞の前について「義理の，腹違いの，継…」の意を表す．

[語源] 古英語の連結形 *stēop-* (=orphaned; bereaved) から．

step·broth·er /stépbrʌðər/ 名 C 〔一般語〕継父 (stepfather) または継母 (stepmother) とその前の配偶者との息子，継兄，継弟．

step·child /stéptʃaild/ 名 C 〈複 -children〉〔一般語〕血のつながりのない子，まま子 (★stepson または stepdaughter).

step·daugh·ter /stépdɔ̀:tər/ 名 C 〔一般語〕女のまま子．

step·fa·ther /stépfɑ̀:ðər/ 名 C 〔一般語〕継父．

Ste·phen /stí:vən/ 名 固 男子の名スティーブン《★愛称は Steve》．

step·moth·er /stépmʌ̀ðər/ 名 C 〔一般語〕継母，まま母．

step·par·ent /stéppɛ̀ərənt/ 名 C 〔一般語〕継親《★stepfather または stepmother》．

steppe /stép/ 名 C 〔一般語〕《しばしば複数形で》シベリア，アジアなどの大草原地帯，ステップ．

[語源] ロシア語 *step* (=lowland) が初期近代英語に入った．

[関連語] prairie; pampas.

step·sis·ter /stépsistər/ 名 C 〔一般語〕継父 (stepfather) または継母 (stepmother) とその前の配偶者との娘，継姉，継妹．

step·son /stépsʌ̀n/ 名 C 〔一般語〕男のまま子．

stepwise ⇒step.

-ster /stər/ 接尾 〔一般語〕《しばしば軽蔑的》「ある職業の人」「何かをする人，作る人，…である人」の意．例: songster (歌手); spinster (糸を紡ぐ女); youngster (若者).

[語源] 古英語 -istre, -estre から．

ste·reo /stíəriou/ 名 CU 形 〔一般語〕[一般義] ステレオ再生装置．[その他] 立体音響(再生)，立体写真(術)．
形 として立体音響[写真]の，ステレオの．

[語源] stereophonic, stereoscopic などの短縮形．19 世紀から．連結形 stereo- は「固体の，立体の」を意味するギリシャ語 *stereos* より．

[対義語] mono.

ster·e·o·phon·ic /stèriəfánik | stìəriəfɔ́-/ 形 〔一般語〕立体音響(装置)の，ステレオの (⇔monaural)
(語法) 省略して stereo ともいう．

ster·e·o·scope /stériəskoup | stíər-/ 名 C 〔一般語〕立体鏡，実体鏡，ステレオスコープ《★双眼鏡式装置で，これを通してひとつの光景を微妙にずらして撮った 2枚の写真を見ると立体感が得られる》．

【派生語】**stèreoscópic** 形 立体鏡の，立体感を与える．

ster·e·o·type /stériətaip | stíər-/ 名 C 動 [本来他]

[やや形式ばった語] 一般義 《軽蔑的》型にはまった考え方[人], 紋切り型, 固定観念, 《形容詞的に》型にはまった, お決まりの. その他 《印》ステロ版, 鉛版. 動 として型にはめる.

【派生語】**stéreotyped** 形 型にはまった, ありふれた, ステロ版印刷の. **stèreotýpical** 形.

【複合語】**stéreotyping** 名 U 固定概念化.

ster·ile /stérəl/-rail/ 形 〔一般義〕 一般義 人や動物が不妊の, 土地などがやせて不毛の, 《植》実のならない. その他 無菌の, 殺菌の. また思想や文体などの内容が乏しい, 迫力のない, 独創性がない.

語源 ラテン語 *sterilis* (＝barren) が中英語に入った.

【派生語】**sterility** 名 U 不妊症. **stèrilizátion** 名 U 殺菌, 消毒, 不妊にすること, 断種. **stérilize** 動 本他 殺菌する, 消毒する, 土地を不毛にする. **stérilizer** 名 C 殺菌装置, 殺菌剤.

ster·ling /stə́ːrlɪŋ/ 名 U 形 〔一般義〕 一般義 国際市場での英貨(British money). その他 英国金貨・銀貨の法定純度《★金貨 91.666%, 銀貨 50%》, また純銀(sterling silver). 形 として英貨の 語法 普通 S または stg. と略して数字の後につける; £500 stg. は five hundred pounds sterling と読む), また金や銀が法定純度の, あるいは純銀の, 人, 物が非常に優れた, 本物の.

語源 古英語 steorling (＝small star) から. ノルマン人の用いたペニー貨に星が描かれていたことから.

【複合語】**stérling àrea [blòc]** 名 《the ～》ポンド通用地域. **stérling sílver** 名 U 純度 92.5% の純銀 《語法 単に sterling ともいう》.

stern¹ /stə́ːrn/ 形 〔一般義〕 一般義 妥協を知らない, 断固とした. その他 規則やきまりなどが厳格な, 訓練などが厳しい, 顔つきなどが人を寄せつけないほど怖い, いかめしい.

語源 古英語 styrne から.

用例 These men must have a *stern* prison sentence. この人たちは厳しい刑を言い渡されるにちがいない/Their teacher looked rather *stern*. 彼らの先生はかなり怖そうだった.

【派生語】**stérnly** 副. **stérnness** 名 U.

stern² /stə́ːrn/ 名 C 《海》船尾, とも, また一般的に物の後部.

語源 古ノルド語 *stjǫrn* (＝steering) が中英語に入った.

対照語 bow; stem.

【複合語】**stérnwhèeler** 名 C 船尾の外輪で進む外輪船.

ster·oid /stíəroid/ 名 C 《生化》生体内にある脂肪溶解性の化合物, ステロイド.

語源 sterol (固体状の脂質)＋-oid 「...状のもの」.

stet /stét/ 動 本来他 《印》一度訂正した個所を元どおりにする指示, イキ.

語源 ラテン語 *stare* (＝to stand) から. let it stand の意.

steth·o·scope /stéθəskoup/ 名 C 《医》聴診器.

語源 stetho-「胸」＋-scope「検...器」. 19 世紀から.

stet·son /stétsən/ 名 C 〔一般義〕 ステットソン帽《★つば広でつべんの高いカウボーイ帽》.

語源 考案者のアメリカ人の帽子屋 John Stetson (1830-1906) の名から.

Steve /stíːv/ 名 固 男子の名スティーブ. ⇒Stephen.

ste·ve·dore /stíːvədɔːr/ 名 C 動 本来他 〔一般義〕 船の荷を積んだり降ろしたりする港湾労働者. 動 として, 船に荷を積む, 降ろす.

語源 スペイン語 *estibar* (＝to stow a cargo) の派生形 *estibador* が 18 世紀に入った.

stew /stjúː/ 動 本来他 名 U C 〔一般義〕 一般義 肉や果物などをとろ火で煮る, シチューにする. その他 〔くだけた語〕 気をもませる. 自 とろとろ煮える, 〔くだけた語〕 気をもむ.

名 として, 料理としてのシチュー, 〔くだけた語〕 《単数形で》気をもむこと, 混乱状態.

語源 俗ラテン語 *extufare* (＝to bathe in hot water or steam; ラテン語 *ex-* out of＋*tufus* hot vapor) が古フランス語 *estuver* を経て中英語に入った.

用例 The meat was *stewing* in the pan. 肉がなべの中でとろとろと煮えていた.

類義語 stew; boil; simmer: **stew** は長時間とろとろ煮込むこと. **boil** は強火で煮立たせること. **simmer** は弱火でぐつぐつ煮ること.

【慣用句】*be in a stew* 〔くだけた表現〕 やきもきしている. *stew in one's (own) juice* 自業自得なことをして苦しむ.

【派生語】**stéwed** 形 〔くだけた語〕 《英》お茶が出すぎて濃くなった, 酔った.

【複合語】**stéwpan** 名 C 柄のついたシチューなべ. **stéwpòt** 名 C 取っ手が 2 つついたシチューなべ.

stew·ard /stjúərd/ 名 C 動 本来他 〔一般義〕 一般義 旅客機の男性客室乗務員, 客船, 列車, バスの男性給仕, 乗客係. その他 昔は領主の館に雇われた執事, 家令などを指した. また《英》舞踏会, パーティなどの世話役, 幹事のほか, 大学寮, 病院, クラブなどの賄(まかな)い方, 用度係. 動 として, (...の)steward を勤める.

語源 古英語 *stig* (＝hall; enclosure)＋*weard* (＝keeper; ward) から成る stigweard, stīweard から.

用例 If you would like a private cabin, please ask the cabin *steward*. 個室をご希望でしたら, 客室係にお申し出ください.

【派生語】**stéwardess** 名 C 旅客機の女性客室乗務員, スチュワーデス 《語法 現在は男女の別なく flight attendant を用いる航空会社が多い》. **stéwardship** 名 U steward の職[地位].

stick¹ /stík/ 名 C 〔一般義〕 一般義 棒切れ, 小枝, また 語法 a *stick* of chalk (チョーク 1 本) のように数えるときも用いる》. その他 こん棒, 体罰用の木製のむち, 《the ～》むち打ちの刑, 《英》杖(つえ), ステッキ(walking stick), スキーのストック, ホッケーなどのスティック, リレー競技用のバトン, 《楽》指揮棒など. また 〔くだけた語〕 《通例複数形で》家具の 1 点, 形容詞を伴って ...なやつ[人]の意にもなる.

語源 古英語 *sticca* (＝stick) から.

用例 Throw a *stick* for the dog to fetch. 棒切れを投げて犬にくわえて来させなさい/They were sent to find *sticks* for firewood. 彼らはたきぎを見つけに行かされた/She always walks with a *stick* nowadays. このごろ彼女はいつも杖をついて歩く.

【慣用句】*as cross as two sticks* 〔くだけた語〕 気難しい. *cut one's sticks* 〔くだけた表現〕 逃げ去る, さっさと帰る. *eat [get (the)] stick* 棒などで打たれる, 酷評される. *get (hold of) the wrong end of the stick* 逆な意味にとる, 勘違いする. *in a cleft stick* 《主に英》どちらか決めかねて, 進退窮まって. *on the*

stick 〔俗語〕《米》油断のない, 機敏な.
【複合語】**stíck-in-the-múd** 名 C 〔くだけた語〕保守的な, 融通のきかない人.

stick² /stík/ 動 本来他 〔過去・過分 stuck〕〔一般語〕
一般義 針などとがったもので突き刺す. その他 差し込む, 差し込んで固定する, ピンなどで留める, のりで貼りつける, 〔くだけた語〕物を無造作に置く. また頭などを突き出す, 人や車を立ち往生させる, 仕事などに行きづまらせる,〔くだけた語〕つらい仕事などを人に押しつける, あるいは《主に英》押しつけられた側がしっくと我慢する, 耐えていく. 自 刺さる, くっつく, 動かなくなる, 何かに専念する, 忠実である, あるいはちゅうちょするなどの意.
語源 古英語 stician (= to stick) から.
用例 She *stuck* a pin through the papers to hold them together. 彼女はピンを差し込んで書類をとじた/His family decided to *stick* the portrait on the wall of the room. 彼の家族は肖像画を部屋の壁に留めることにした/Please *stick* two seven-penny stamps on this parcel. この小包に 7 ペンス切手を 2 枚貼ってください/Stick your bags or something on this rack. かばんなどはこの網だなにのせてください/In the car, take care not to *stick* your head out of the window. 車内では窓から頭を出さないよう気をつけなさい/I'll help you with your mathematics exercise if you are *stuck*. 数学の練習問題もし難しかったら手伝いますよ/I can't *stick* her rudeness any longer. 彼女の無礼な振舞いにはもう我慢できない/The car *stuck* in the mud. 車がぬかるみで立往生した.
【慣用句】*stick about* [*around*] 〔くだけた語〕近くで待つ. *stick down* ...を下に置く, 固定する, 貼りつける, 〔くだけた語〕住所, 氏名などを書き留める. *stick on* ...を貼りつける. *stick out* 突き出す[出る], 目立つ, 〔くだけた語〕困難などに最後まで耐える. *stick to* ... ...にくっつく, 針先からはずれない, 話の論点がそれない. *stick up* 突き出る[出す], 〔くだけた語〕銀行, 人などをピストルをもって襲う, 降参して手を上げる.
【派生語】**sticker** 名 C ビラなどを貼る人, のり付きのラベル, ステッカー, 〔くだけた語〕ねばり強い人, 困難な問題. **stickily** 副. **stickiness** 名 U. **sticky** 形 粘着性のある, べとべとした, 天候が蒸し暑い, 〔くだけた語〕面倒な, 困難な, 頑固な, 気むずかしい. **stuck** 形 くっついた, 〔くだけた語〕立往生した, 異性に夢中になった.
【複合語】**stícking plàster** 名 UC 〔形式ばった語〕ばんそうこう (《語法》単に plaster ともいう). **stíck-òn** 形 のり付きの, そのまま貼れる. **stíckpìn** 名 C 〔米〕長めのネクタイピン (《英》 tie-pin). **stíck shíft** 名 C 《米》自動車などの変速レバー. **stíckùp** 名 C 〔くだけた語〕《主に米》ピストル強盗(事件). **stúck-úp** 形〔くだけた語〕高慢な.

stickler /stíklər/ 名 C 〔くだけた語〕ある事に色々注文をつけるやかまし屋 (**for**).
語源 「くどく論じる」の意の 動 stickle の派生形. 初期近代英語から.

stickum /stíkəm/ 名 U 〔くだけた語〕接着剤.
語源 stick² + -um (= 'em). 20 世紀から.

sticky ⇒stick².

stiff /stíf/ 形 名 C 〔一般語〕一般義 容易に曲げたり形を変えたりできないほど堅い. その他 人の体, 筋肉などがこわばった, 肩が凝った, 死後硬直した, またバターやぜリーなどが凝固した, 粘りのある, 風当りが強い, 〔くだけた語〕酒の度が強い. さらに人の動作や態度が堅苦しい, ぎこちない, よそよそしい, 性格が頑固な, 取り扱いが難しい, 競争や試験などが激烈な, 厳しい, 〔くだけた語〕値段などがべらぼうに高い, とんでもない. 名 として〔俗語〕死体, 融通の利かないやつ, 《米》酔っぱらいなどの意.
語源 古英語 stif (= inflexible) から.
用例 He walks with a *stiff* leg since he injured his knee. 彼はひざを痛めたので, 足をつっぱって歩く/I woke up with a *stiff* neck. 目が覚めたら首筋[肩]が凝っていた/She beat the cream till it was *stiff*. 彼女はクリームを固まるまでかき混ぜた/He was rather *stiff* with me. 彼は私に対してかなりよそよそしい態度をとった/We had a very *stiff* English examination. 英語の試験はたいへん難しかった/He paid a *stiff* penalty for the violation of the parking regulations. 彼は駐車違反で高額の罰金を払った.
反意語 soft.
【派生語】**stíffen** 動 本来他 堅くする[なる], 態度などを硬化させる, 物価などをつり上げる. **stíffener** 名 C 堅くするもの, 帽子やえりなどの芯(ん). **stíffening** 名 U 布地堅くするのり. **stíffly** 副. **stíffness** 名 U.
【複合語】**stíff-nécked** 形 肩が凝った, 頑固な.

stifle /stáifl/ 動 本来他 〔一般語〕一般義 汚れた空気や有毒な煙などで窒息させる, 息苦しくさせる. その他 笑いやくびなどをかみころす, 火や火種, あるいは不平や反乱などをもみ消す.
語源 おそらく古フランス語 *estouffer* (= to smother) から中英語に入った.
【派生語】**stifling** 形 息詰まる, 重苦しい.

stigma /stígma/ 名 UC 〔複 -mata〕〔一般語〕一般義 社会的に不名誉となるような汚名. その他 古くは奴隷や囚人などの皮膚に押した「焼き印, 烙(?) 印」を意味した. 現在では生まれつきのあざや病気やけがで残った傷跡, 精神的な欠陥要因となる欠点や恥辱を意味する. さらに 医 病気の徴候, 症状, あるいは紅斑, 精神的な刺激などによる出血斑,〔植〕柱頭, 〔複数形で〕〔キ教〕十字架上のキリストと同じものが信者の体に現れるとされる聖痕(ん).
語源 ギリシャ語 *stigma* (= mark; brand) がラテン語を経て初期近代英語に入った. 「先の鋭い道具で皮膚を刺してつけた跡」が原意.
【派生語】**stígmatize** 動 本来他 ...に汚名をきせる, 非難する.

stile /stáil/ 名 C 〔一般語〕一般義 牧場などの踏み越し段 (★垣や柵を人間だけ越せて家畜は通れないようにしたもの). その他 回転出入口 (turnstile).
語源 古英語 *stigan* (= to climb) の派生形 stigel から.

stiletto /stilétou/ 名 C 〔一般語〕一般義 先が次第に細くなった短剣. その他 皮や布などにししゅうを施す際の目穴あけ, 目打ち, また = stiletto heel.
語源 イタリア語 *stilo* (= dagger) の指小語が初期近代英語に入った.
stilétto héel 名 C 〔複数形で〕《英》ヒールが細くて高いハイヒール, スパイクヒール (spike heels).

still¹ /stíl/ 副 〔一般語〕一般義 ある状況が終わらずに続いている, 今でもまだ, なお 〔この意味の still は肯定的表現で, 否定の「もう...でない」は no longer を用いる. 「依然として...でない」のように否定的状況の継続を表すときは否定文にも still を用いる: I *still* can't find the missing cat. まだ迷い子の猫が見つからな

い). [その他] 接続詞的にそれにもかかわらず, なおかつ. また比較級を強めてなおいっそう, なおさら, [形式ばった語]《another or other の前に置いて》加えての上に, さらに. [語源] still² と同語源.「動かずに静止した」から「依然として(ある状態のまま)」に変化した.

[用例] Are you *still* working for the same firm? まだずっと同じ会社にお勤めですか/She's *still* a child. 彼女はまだほんの子供にすぎない/Although the doctor told him to rest, he *still* went on working. 医師に休むように言われたに, 彼はなおも働き続けた/By Saturday he *still* hadn't replied to my letter. 土曜日になっても彼からはまだ手紙の返事が来ていなかった/This picture is not valuable — *still*, I like it. この絵は高価なものではない. でもやはり私は気に入っている/He seemed very ill in the afternoon and in the evening looked *still* worse. 彼は午後体的がだいぶ悪いようだったが, 夜になると容体はさらに悪くなった.

【慣用句】*still less* [形式ばった表現]《否定文で》ましてや(…でない). *still more*《肯定文で》まして, なおさら.

still² /stíl/ 形 動 [本来義] 名 C [一般義] [一般義] 静かな, 音のしない, 黙っている. [その他] じっと動かない, 静止した, 声, 音などが低い, 優しい, またジュースなどが炭酸を含まない, ワインが泡立たないなどの意. 動 として [形式ばった語] 静める, 和らげる, 泣く子を黙らせる. 名 として [詩語] 《the ~》静けさ, 静寂, [一般義] 広告, 宣伝用のスチール写真. [語源] 古英語 stille (= motionless) から.

[用例] The city seems very *still* in the early hours of the morning. 朝まだ早い時間, 町の中は大変静かなようだ/Please keep *still* while I brush your hair! お願い, 髪にブラシをかけている時はじっとしていてね/He was unable to *still* her fears. 彼には彼女の恐怖心を静めるすべもなかった/in the *still* of the night 夜のしじまに/The magazine contained some *stills* from the new films. その雑誌には新作映画のスチール写真が幾枚か載っていた.

[類義語] quiet.
[反意語] noisy.
【慣用句】*(as) still as death* [*the grave*; *a stone*] 静まりかえって, 物音ひとつしない.
【派生語】**stíllness** 名 U.
stilly 副 [文語] 静かに, 黙って. 形 [詩語] 静かな, しんとした.
【複合語】**stíllbirth** 名 UC 死産(児). **stíllbórn** 形 死産の, 不出来の, 効果のない. **stíl lífe** 名 C 《複 ~s》静物(画).

still³ /stíl/ 名 C [一般義] ウイスキーやジンなどの酒精を造るための蒸留器. [語源] 中英語 distillen (= to distill) の頭音が消失した語.

stilt /stílt/ 名 C [一般義] [一般義] 《通例複数形で》竹馬. [その他] 水上家屋などを支える脚柱, また『鳥』せいたかしぎ. [語源] 不詳. 中英語から.
【派生語】**stilted** 形 話し方や文体が堅苦しい, 誇大な, 会話などがこない, 『建』脚柱で支えた.

stimulant ⇒stimulate.
stim·u·late /stímjuleit/ 動 [本来他] [形式ばった語] 身体の器官などを刺激する, 興奮させる, 人, 事を元気づける, 激励する.
[語源] ラテン語 *stimulus* (⇒stimulus) から派生した *stimulare* (= to urge) が初期近代英語に入った.
[用例] An aperitif will *stimulate* your appetite. 食前酒は食欲を増進させます.
[類義語] provoke.
【派生語】**stímulant** 名 C 形 興奮剤, 刺激物, コーヒーや酒類などの刺激性飲料. 形 刺激性の.
stímulàting 形 刺激的な. **stimulátion** 名 U.
stímulàtor 名 C.

stim·u·lus /stímjuləs/ 名 C 《複 -li/lai/》[形式ばった語] 刺激, 激励, 鼓舞, また刺激物や興奮剤など.
[語源] 家畜を追う「突き棒」あるいは「拍車」の意のラテン語 *stimulus* が初期近代英語に入った.
[用例] Light is the *stimulus* that causes a flower to open. 光は花の開花を促す刺激剤である.

sting /stíŋ/ 動 [本来他] 《過去・過分 stung》名 C [一般義] [一般義] 針やとげで刺す. [その他] 体に刺すような痛みを与える, 比喩的に侮辱, 非難などで人の心を刺す, 傷つける, 人を怒らす, 人を刺激して…させる, さらに [くだけた語] 人から金銭などをだまし取る, あるいは高値をふっかける. 名 として, はち, ありの針, 植物のとげ, また刺すこと, 苦痛, 苦悩, [くだけた語] 警察のおとり捜査(sting operation).
[語源] 古英語 stingan (= to sting) から.
[用例] The child was badly *stung* by bees. 子供はいやというほどはちに刺された/The salt water made his eyes *sting*. 塩水が目に入り, 彼は刺すような痛みをおぼえた/Her insulting word *stung* my pride. 彼女の侮辱的な言葉が私の自尊心を傷つけた/If you get the car repaired at the garage, they'll *sting* you for £40. あんな工場に車の修理をたのんだら, まず40ポンドはふっかけられるよ/She couldn't endure the *sting* of conscience. 彼女は良心の呵責(かしゃく)に耐えられなかった.
【慣用句】*take the sting out of* … [くだけた表現] …のつらさを和らげる.
【派生語】**stínger** 名 C 針で刺す動物, とげをもつ植物. **stíngingly** 副.

stin·gy /stíndʒi/ 形 [一般義] [軽蔑的] お金や物に対してけちな, みみっちい, 出し惜しむ.
[語源] 不詳. 初期近代英語から.
[用例] My father's very *stingy* with his money. 父は自分のお金に関してはみみっちい.
【派生語】**stíngily** 副. **stínginess** 名 U.

stink /stíŋk/ 名 C 動 [本来自] 《過去 stank; 過分 stunk》[一般義] [軽蔑的] 強い悪臭. 動 として悪臭を放つ, 不快である, 評判が悪い.
[語源] 古英語 stincan (= to stink) から.
【派生語】**stínker** 名 C 悪臭を出す人 [動物, 物]; [俗語] いやなやつ, やっかいな事. **stínking** 形 副 臭い, 鼻持ちならない, [俗語] ぐでんぐでんに酔った.

stint /stínt/ 動 [本来他] [一般義] 《しばしば否定文で》食料や費用などを切り詰める, 制限する, 物や金などを人に出し惜しむ《of; in》,《~ oneself で》切り詰める, けちけちする. 動 としても用いられる. 名 として出し惜しみ, 節約, 制限, また割り当てられた仕事, 定められた量.
[語源] 古英語 styntan (= to blunt; to dull) から.
[用例] He complains of poverty, but he doesn't

seem to *stint* himself with regard to food and wine. 彼は貧しいとぐちを言うが, 食べ物や酒に関して切り詰めているようには思われない.

sti·pend /stáipend/ 名 C 〔一般語〕〔一般語〕 牧師や公務員などの**俸給**. その他 社会保険や恩給などの**年金や手当**.
語源 ラテン語 *stipendium* (=tax; tribute) が古フランス語を経て中英語に入った.
【派生語】**stipéndiary** 形 俸給を受ける, 有給の. 名 C 受給者.

stip·ple /stípl/ 動 本来他 U 〔一般語〕線を用いずに点を並べて描く, 点描する, 点刻する, 点彩する. 名 として点描法.
語源 オランダ語 *stippen* (=to prick) の反復形 *stippelen* が 18 世紀に入った.

stip·u·late /stípjulèit/ 動 本来他 〔形式ばった語〕〔一般語〕 契約や協約などの条項や要求として**明記する**《語法 通例 that 節を伴う》. その他 契約や約定などで...を条件として要求する, 契約書や条項などが**規定する, 約定する, 契約する**.
語源 ラテン語 *stipulari* (=to demand a formal promise) の過去分詞 *stipulatus* が初期近代英語に入った.
用例 I *stipulated* that, if I did the job, I must be paid immediately. もし私がその仕事をしたら即座に支払いを受けるべしということを条件として明記した.
【派生語】**stìpulátion** 名 UC 約定, 契約, 規定, 明文化, 条項, 条件.

stir¹ /stə́:r/ 動 本来他 C 〔一般語〕〔一般語〕 液体などをかき混ぜる, かき回す. その他 〔文語〕物をかすかに**動かす**, 比喩的に人の心を**揺り動かす**, 〔形式ばった語〕 感情をかき立てる, かき立てて奮起させる, 人を扇動する (up). 自 かき混ぜる, 身動きする, 活発になる. 名 としてかき混ぜること, かすかに動くこと, 風のそよぎ, ちょっとした混乱, 興奮, 大きな評判.
語源 古英語 *styrian* (=to stir) から.
用例 He put sugar and milk into his tea and *stirred* it. 彼は紅茶に砂糖とミルクを入れてかき混ぜた/The breeze *stirred* her hair. そよ風が彼女の髪をなびかせた/His sympathy was *stirred* by her story. 彼女の話を聞いて彼は同情心をかき立てられた/Come on — *stir* yourselves! さあ, みんな元気を出して/The news caused [made; created] quite a *stir*. そのニュースがきっかけで大混乱が起きた[大評判になった].
【慣用句】*stir up* 混乱などを**引き起こす**, 奮起させる, 扇動する.
【派生語】**stírrer** 名 C かき混ぜる人[もの], かくはん器, 扇動者. **stírring** 形 感動させる, 奮起させる. **stírringly** 副.

stir² /stə́:r/ 名 U 〔俗語〕刑務所, ムショ (prison).
語源 不詳. 19 世紀から.

stir·rup /stə́:rəp/ stír-/ 名 C 〔一般語〕乗馬に使うあぶみ.
語源 古英語 *stigrāp* (=climbing rope) から.

stitch /stítʃ/ 名 CU 動 本来他 〔一般語〕縫い物や刺繍(しゅう)のひと針, ひと縫い. その他 《しばしば複合語で》縫い方, 編み方, ステッチ, 《例外否定文で》ごく小さな布切れ, 〔くだけた語〕ほんのわずか. また (a ~) 針で刺されたようなわき腹の激痛, 差し込み. 動 として縫う, 縫いつくろう.
語源 古英語 *stice* (=puncture; stabbing pain) から.
用例 She put five *stitches* in a cloth. 彼女はその布を 5 針ばかり縫った/I've got a *stitch* in my side. わき腹が猛烈に痛い/A botton fell off, but I *stitched* it on again. ボタンがとれたが, もとどおりに縫いつけた.
【慣用句】*in stitches* 〔くだけた表現〕腹がよじれるほど笑いこけて. *stitch up* ...を縫いつける, 〔くだけた語〕けりをつける.

stock /sták |-ɔ-/ 名 UC 形 動 本来他 〔一般語〕〔一般語〕知識などの蓄え, 商品の**在庫**,《時に複数形で》**貯蔵品**. その他 本来は木の幹, 切り株の意で, 枝が分かれ根が生えることの比喩から, 会社の株式全体, **資本金** (capital stock),《複数形で》株式, 株《語法 個々の株式は share という》,《英》公債. また人類の古くからの**祖先**,《通例修飾語句を伴って》**血統, 家系**, 製品の元になる**原料**, 食用に蓄えられる**家畜** (livestock), さらに蓄えられることから「蓄え, 在庫」などの意が出た. また接ぎ木の**台木**, 器具などの**台**, (the ~s) **造船台**, 道具などの**柄**(え), **銃床**, スープなどの**出し汁, スープの素**, さらにのろま, 朴念仁, 〖植〗あらせいとう, ストック. 形 として持ち合わせている, **普通の**,《軽蔑的》語句や表現が**陳腐な**. 動 として商品を**仕入れる**, 店に置く, 売っている, 物を**蓄える**などの意.
語源「幹」「切り株」の意の古英語 *stoc(c)* から.
用例 He has a large *stock* of knowledge about biotechnology. 彼は生物工学に関する豊富な知識をもっている/They don't have sufficient *stock* of food this winter. この冬彼女らには十分な食物の蓄えがない/The new *stocks* of bathing suits don't arrive in the shop till March. 水着の新たな入荷は 3 月までありません/He invested a lot of money in *stocks*. 彼は株に多額のお金をつぎこんだ/He comes of old pioneer *stock*. 彼は旧家の開拓者の出である/He would like to purchase more (live)*stock*. 彼はもっと多くの家畜を買いたいと思っている/Does this shop *stock* writing paper? こちらの店に便箋は置いてありますか/Many kinds of wine is *stocked* in his wine cellar. 彼の家の酒蔵には豊富な種類のワインが貯蔵されている.
【慣用句】*in stock* 在庫のある. *on the stocks* 船が建造中の. *out of stock* 在庫ない, 品切れである. *put stock in* ... 人を信用する, 信頼する. *stock up with* [on] ... ...をたっぷり用意する, たくさん買いこむ. *take stock in* ... ある会社の株を買う, 物ごとに関心を持つ, 人を信頼する. *take stock of* ... 能力や財源などを評価する, 情勢などを判断する.
【派生語】**stóckily** 副. **stócky** 形 体つきががっしりした, ぽっちゃりした.
【複合語】**stóckbrèeder** 名 C 牧畜業者. **stóckbròker** 名 C 株式仲買人. **stóck còmpany** 名 C 《米》株式会社. **stóck exchánge** 名 C 証券取引所. **stóckhòlder** 名 C 《米》株主《英》shareholder). **stóck-in-tráde** 名 C 在庫品, 常套(とう)手段. **stóck márket** 名 C 株式市場, 株式取引相場]. **stóckpìle** 名 C 備蓄, 武器などの貯蔵量. **stócktàking** 名 U 在庫(品)調べ. **stóckyàrd** 名 C 屠殺場へ送る前の家畜置場.

stock·ade /stakéid /-ɔ-/ 名 C 動 本来他 〔一般語〕〔一般語〕敵の弓矢の襲撃を防ぐために, とがったくいや丸太を並べて作った**防御柵**. その他 アメリカの軍刑務所や軍拘置所. 動 として柵で囲む.

Stock·holm /stάkhoulm| -ƒ-/ 名 固 ストックホルム《★スウェーデンの首都》.

stock·i·net, stock·i·nette /stàkənét| -ƒ-/ 名 U 〔一般的〕編み地, メリヤス, またメリヤス編み(日英比較 日本語の「メリヤス」は「靴下」の意のポルトガル語から入った).
語源 おそらく stocking-net から. 18 世紀より.

stock·ing /stάkiŋ| -ƒ-/ 名 C 〔一般的〕《通例複数形で》長靴下, ストッキング.
語源 方言の stock から初期近代英語に入った. 「木の幹」から意味が変化し, 「脚を縛りつけるゲートルのような刑具」からと思われる.
関連語 sock.

stocky ⇒stock.

stodg·y /stάdʒi| -ƒ-/ 形 〔ややくだけた語〕〔軽蔑的〕食物がしっかったりまずくて腹にもたれる, 書物や文体などが無味乾燥で退屈な, 人の性格などが旧式でおもしろみがない, 人がずんぐりした.
語源 stuff + podge の混成語. 初期近代英語から.

sto·ic /stóuik/ 名 C 形 〔やや形式ばった語〕禁欲主義者, 克己主義者, 《S-》ストア学派の人. 形 として禁欲[克己]主義の, 我慢強い, 冷静な.
語源 古代ギリシャのストア哲学が, その創始者 Zeno によって Stoa Poikílē (= Painted Porch) で教えられた故事により, Stóikos (= man of the Porch) がラテン語を経て初期近代英語に入った.
【派生語】**stóical** 形 = stoic. **stóically** 副. **stóicism** 名 U 禁欲, 克己, 《S-》ストア哲学.

stoke /stóuk/ 動 他 〔一般的〕〔機関〕に火をたく, 燃料をくべる. 自 で火たき番をする, 火夫がとる.
語源 オランダ語 stoken (= to poke; to stir up) の派生形 stoker (= stoker) が初期近代英語に入り, それから逆成された.
【慣用句】**stoke up** 炉などに火をたく, 燃料を入れる, 〔くだけた語〕腹につめこむ, 十分食べる.
【派生語】**stóker** 名 C 蒸気機関車や汽船の火夫, 給炭夫[機].
【複合語】**stókehòld** 名 C 汽船の火たき室, 汽罐室, 火夫室. **stókehòle** 名 C = stokehold.

STOL /stó:l/ 名 C 【空】 短距離離着陸機(の) (short take off and landing).

stole /stóul/ 動 steal の過去形.

sto·len /stóulən/ 動 steal の過去分詞. 形 として〔限定用法〕盗まれた.
用例 a stolen car 盗難車.

stol·id /stάlid| -ƒ-/ 形 〔一般的〕〔軽蔑的〕無神経な, 鈍感な.
語源 ラテン語 stolidus (= dull) が初期近代英語に入った.
【派生語】**stolídity** 名 U. **stólidly** 副. **stólidness** 名 U.

stom·ach /stʌ́mək/ 名 C U 動 〔一般的〕〔本来他〕個, 腹部. 《その他》《通例否定文で》食欲, 欲求を表す. 動 として《通例否定文, 疑問文で》消化する, とにかく腹に納める, また我慢する, 耐える.
(日英比較 日本語では「胃」と「腹」ははっきり分けて使われるが, 英語の stomach は胃だけでなく腹の意味にもなる. 日本語の「腹が痛い」は英語で have a pain in one's stomach という.
語源 ギリシャ語 stoma (= mouth) から派生した stomakhos (= hole) がラテン語 stomachus (= gullet; stomach), 古フランス語 estomac を経て中英語に入った.
用例 Food passes down the gullet to the stomach. 食べ物は食道を通って胃に下りていく/She sometimes feels pain in the stomach after a meal. 彼女は食後時々腹痛を覚える/The way to a man's heart is through his stomach. 男性から愛されるには食欲からおいしい料理を作って喜ばせることから)/I can't stomach her rudeness. 彼女の無礼さに我慢がならない.
【慣用句】**have a strong stomach** 胃が丈夫である, 気分が悪くなるようなことにも平気でいられる, 嫌なことに強い. **have no stomach for …** …を食べたくない, …する気にならない, …に同意したくない. **on an empty [a full] stomach** 空[満]腹の時に, 腹をすかして[腹一杯で]. **turn …'s stomach** …をむかむかさせる, むかつかせる.
【派生語】**stómachful** 名 〔くだけた語〕腹一杯, 我慢の限界. **stómachy** 形 腹の突き出た, 《英》怒りっぽい.
【複合語】**stómachàche** 名 C U 胃痛, 腹痛. **stómach pùmp** 名 C 【医】胃洗浄器. **stómach tùbe** 名 C 【医】胃液検査や栄養投与に用いられる細い管, 胃ゾンデ.

stomp /stάmp| stɔ́mp/ 動 〔本来自〕〔くだけた語〕激しく足を踏み鳴らす.
語源 stamp の変形. 19 世紀から.

stone /stóun/ 名 C U 動 〔本来他〕形 副 〔一般的〕
一般的 個々の石, 石ころ. 《その他》岩石 (rock) を構成する物質としての石, あるいは石材. また切り石, 敷石, 墓石, 記念碑, 境界石, 里程標, 砥(ƒ)石, あるいは宝石 (gemstone), あられ, ひょう (hailstone), 【医】結石, 【植】桃や梅などの堅い種, 核. 動 として目標物に石を投げる, 石を投げて追い払う, 殺す, また…に石を敷く[積む], 果物の種を取り除く, 石で物を磨く, 砥石で研ぐなどの意. 形 として石の, 石造りの, 《俗》全くの, 完全な. 副 として《通例複合語で》全く, 完全に.
語源 古英語 stān (= stone) から.
用例 He threw a stone at the dog. 彼は犬に石を投げた/A rolling stone gathers no moss. 《ことわざ》転がる石にはこけがつかない(転石こけむさず)/In early times, men made tools out of stone. 大昔, 人は石で道具を作った/She lost the stone out of her ring. 彼女は指輪についていた宝石をなくした/She had a stone removed from her kidney. 彼女は腎臓結石を摘出した/He ate the plum and spat out the stone. 彼はプラムを食べて, 種を吐き出した.
類義語 stone; boulder; cobblestone; pebble; gravel; rock: **stone** は「石」を表す最も一般的な語. **boulder** は大きな丸石, **cobblestone** はそれより小さめのもの, **pebble** は小石, **gravel** は道路の舗装などに使われる砂利を指す. **rock** は地球の表面を形成している岩塊だが, 《米》では stone と同じ意味に用いられる.
【慣用句】**a heart of stone** 冷酷無比. **cast the first stone** 真先に非難する(《聖》John 8: 7). **leave no stone unturned** あらゆる手段をつくす. **within a stone's throw** 〔くだけた表現〕…から石を投げたら届く

距離に《of》, ごく近くに.
【派生語】stóneless 形 果物の種のない, 種なしの, 種が取りがたくある. stónily 副. stóny 形 石ころだらけの, 無表情な, 無感動の, 冷淡な, 冷たい, 恐怖で立ちすくんだ. stónyhéarted 形 無情な.
【複合語】Stóne Áge 图《the ~》石器時代. stóneblínd 形 全盲の. stóne cútter 图 ⓒ 石工, 石切り機. stóne-déad 形 完全に死んだ. stóne-déaf 形 全く耳の聞こえない. stóne frúit 图 UC 核果. Stónehènge 图 固 ストーンヘンジ《★英国南部のSalisbury にあり, 石器時代後期につくられたと考えられる巨石柱群》. stónemàson 图 ⓒ 石工, 石屋《語法》単に mason ともいう》. stóne pìt 图 ⓒ 採石場, 石切り場. stóne wáll 图 ⓒ 自然石のままで造られた石垣, 公務上の障害, 障壁. stónewàre 图 U 炻器(*2). stónewòrk 图 U 石造物, 石細工.

stoned /stóund/ 形 〔俗語〕酒や麻薬などですっかり酔った.
語源 不詳. 20 世紀から.

stoneless ⇒stone.

stony ⇒stone.

stood /stúd/ 動 stand の過去・過去分詞.

stooge /stúːdʒ/ 图 ⓒ 本来囿 〔くだけた語〕喜劇役者の引き立て役, わき役,《軽蔑的》人の言いなりになる人, 手先. 動 本来囿 引き立て役をする.
語源 不詳. 20 世紀から.
用例 I don't want to spend my life *stooging* for other people. 私は人の引き立て役をして一生を過ごしたくはありません.

stool /stúːl/ 图 ⓒ 〔一般語〕一般義 背もたれや肘掛けのない一人用の**腰掛け**, 丸椅子(")、スツール. その他 足置き台, 膝つき台, 持ち運びのできる踏み台, 腰掛け式便器, 便座, あるいは婉曲に(大)便, 通じ. また若枝を出す親株, 取り木用の親株, おとり用の止まり木に縛り付けたおとりの鳥,〔俗語〕《米》警察のスパイ(stool pigeon).
語源 古英語 stōl (=stool) から.
用例 a piano *stool* ピアノ用椅子/a three-legged *stool* 三脚スツール/Her *stools* are perfectly normal. 彼女の便通は完全に正常です/The doctor asked for a sample of his *stool*. 医者は彼に検査用の便を求めた.
[慣用句] ***fall between two stools*** 〔くだけた表現〕虻蜂(懿)取らずになる, 二兎を追って一兎を得ず.
【複合語】**stóol pìgeon** 图 ⓒ《米》おとりの鳩(),〔俗語〕警察のおとり, スパイ.

stoop[1] /stúːp/ 動 本来囿 图 ⓒ 〔一般語〕一般義 真っ直ぐな位置から**身をかがめる**, 膝を曲げてかがむ《down》. その他 前かがみになる, 猫背である, 腰が曲がっている. 比喩的に卑下する, へり下る, あるいは恥ずべき行為のために…するまでに身を落とす《to》, 道徳的に**堕落する**. 他 体や頭などを前に傾ける. 图 として《a ~》前かがみ, 猫背, 卑下, 堕落.
語源 古英語 stūpian (= to stoop) から.
用例 She *stooped* down to talk to the child. 彼女はかがんで子供に話しかけた/The doorway was so low that he had to *stoop* (his head) to go through it. 戸口が低かったので, 彼は通りぬけるのに首をすぼめなければならなかった/Surely he wouldn't *stoop* to cheating! 絶対に彼は人をだます[カンニング]ほど落ちぶれ果ててはいないよ/Many people de-

velop a *stoop* as they grow older. 多くの人は年をとるにつれて腰が曲がるものだ.

stoop[2] /stúːp/ 图 ⓒ 〔一般語〕《米》玄関口の階段, 玄関口, ポーチ.
語源 オランダ語 stoep (= step) が 18 世紀に入った.

stop /stáp|-ɔ́-/ 動 本来囿 图 ⓒ 〔一般語〕一般義 動いている物を止める, **停止させる**. その他 活動の, 供給などを止める, 中止する, 中断する, …するのをやめる《doing》. また行為や動作を妨げる, さえぎる, 行動を抑える, 人が…するのを止める《(from) doing》, 穴や管, 通り道などをふさぐ, 詰め物などで止める, さらに総額から控除する, 銀行に支払いを停止させる. 匒 止まる, 立ち止まる, やめる, 中断する, ふさがる, 詰まる, また道路などが終わりになる,《副詞(句)を伴って》**泊まる**, 留まる. 图 として停止, 中断, 終わり, 妨げとなる物, 障害物, 機械の制御[抑止]装置, ふさぐもの, 詰めるもの, 栓, 止め具, カメラの絞り, パイプオルガンの**音栓**,《英》終止符, ピリオド, さらに滞在, 立ち寄り, 停車場, 停留所,《音》閉鎖音.
語法 「…することを止める」は stop+doing, 「…するために止まる」は stop to do の形となる.
語源 古英語 stoppian から. 原意は「ふさぐ, せき止める」.
用例 He *stopped* the car and got out. 彼は車を止めて降りた/She *stopped* work to have her baby. 彼女は出産のために仕事をやめた/It has *stopped* snowing. 雪がやんだ/I was going to say something rude but *stopped* myself just in time. 失礼な言葉が口から出る寸前に口をつぐんだ/Can't you *stop* her doing such stupid things? 彼女にあんなばかなことをするのを止められないのですか/He *stopped* his ears with his hands when she started to shout at him. 彼女が彼に怒鳴り始めたとき, 彼は両手で耳の穴をふさいだ/The bank *stopped* (payment of) her cheque. 銀行は彼女の小切手の支払いをとめた/He *stopped* for a few minutes to look at the map. 彼は地図を見るために数分間立ち止まった/Will you be *stopping* long at the hotel? ホテルには長く泊まる予定ですか.
類義語 stop; cease; discontinue; halt: **stop** は行動, 進展の停止, あるいは活動中の, 進行中の停止や中断を表し, 突然の停止や明確な停止の意味が含まれる. **cease** は停止の状態, 状況に重点が置かれ, 漸次的な動きから最終の停止に到るまでの状態を表し, stop よりも形式ばった語である. **discontinue** は習慣になっているような行動やいままで続けてきたものの停止, 中断を表す. **halt** は行進, 歩行や走行, 旅行などの一時的停止や完全な停止を表し, 形式ばった.
【慣用句】***bring ... to a stop*** …を止める, 終わらせる. ***cannot stop doing*** …しないではいられない(cannot help doing). ***come to a stop*** 止まる, 終わる: Work came to a *stop* for the day. 一日の仕事は終わりになった. ***make a stop*** 止まる, 一休みする. ***pull out all*** (*the*) ***stops*** オルガンの音栓をすべて引く,〔くだけた表現〕目的達成のために最善をつくす, 自分の感情を最大限に表す, 能力を最大限に発揮する. ***put a stop to ...*** …を確実にやめさせる, 終わらせる. ***stop by*** 〔くだけた表現〕《米》立ち寄る. ***stop dead*** 急停車する, 急に立ち止まる. ***stop in*** 〔くだけた表現〕《米》立ち寄る,《英》うちの中にいる, 罰として学校に残る. ***stop off*** 〔くだけた表現〕途中下車する, 途中に立ち寄る ***stop over***

列車，飛行機での旅行中**途中下車[降機]する**．*stop short at ... [of doing]* ...を[するのを]思いとどまる．*stop to think* 落ち着いて考える．*stop up* ...をふさぐ，詰まらせる，栓をする；〔くだけた表現〕《英》寝ないで起きている．

【派生語】**stóppage** 名CU 停止，中止，休止，《英》支払い停止，ストライキ．**stópper** 名C 止める人[もの]，妨げる人，ふさぐ物，閉じる物，コルクなどの栓，〖トランプ〗相手に組札を作らせないカード，〖野〗負け続きをストップできる切り札投手，強力な救援投手．**stópping** 名UC 停止，中止，ふさぐこと，《英》歯の充填(ｼﾞｭｳﾃﾝ)物．形〘限定用法〙《英》各駅停車の．

【複合語】**stópcòck** 名C 水道管やガス管などのコック，栓．**stópgàp** 名C 一時しのぎ，当座L凌ぎ，穴埋めの人，物．形 一時しのぎの，臨時の，代理の．**stóplight** 名C 交通信号，《英》自動車の制動灯((米) brake light)．**stópòver** 名C 途中降機[下車](地)．**stópwàtch** 名C ストップウォッチ．

stop・ple /stápl|-ɔ-/ 名C 動本来他 〔一般語〕《米》栓(をする)．
語源 中英語 stoppen (=to stop) から派生した stoppell から．

storage ⇒store.

store /stɔ́:r/ 名C 動本来他 〔一般語〕〔一般義〕《米》〔しばしば複合語で〕一般的に物を売る店，商店(《英》shop)．その他 《英》百貨店や日用雑貨店．本来は必要時に使用できる多量の蓄え，蓄積の意で，《a ～》多数[量]，〔複数形で〕家庭や軍隊の必需品，用品，食品．また《英》倉庫，貯蔵庫，〖コンピューター〗記憶装置．動 として将来の使用に対して蓄えておく，保管する，（通例受身で）場所などに備える(with)．
語源 ラテン語 instaurare (=to renew; to restore) が古フランス語 estorer を経て「供給する」の意で中英語に入り，次いで「供給して蓄えておく物」という 名 が派生した．

用例 She made tea from her special *store*. 彼女はとっておきの紅茶をいれた/He has a *store* of interesting facts in his head. 彼の頭の中にはおもしろい事実がたくさん蓄積されている/They took a *store* of dried and canned food on the expedition. 彼らは探検の旅にたくさんの乾燥食品や缶詰食品を用意していった/The museum is *stored* with interesting exhibits. 博物館には興味のある展示品が保管されている．

【慣用句】*store away* ...をしまっておく，情報などを心に留めておく．*store up* ...を取っておく，怒りや恨みを根に持つ．*in store* 用意して，蓄えて，物事が起ころうとして，待ち構えて: We don't know what's *in store* for us. この先どういうことになるかは分からない．*out of store* 用意していない，蓄えていない．*set [lay] store by [on]* ...〔くだけた表現〕...を重視する．

【派生語】**stórage** 名U 貯蔵，保管，倉庫保管，倉庫の収容量[力]，保管量，〖電〗蓄電，〖コンピューター〗記憶装置(memory): **storage cell [battery]** 蓄電池．

【複合語】**stóre frònt** 名C 店舗の正面，店先，店頭，通りに面した店[ビル，部屋]．形 店винの，通りに面した．**stórehòuse** 名C 倉庫，知識などの宝庫．**stórekèeper** 名C 《米》小売店経営者(《英》shop-keeper)．**stóreròom** 名C 貯蔵室，物置，宝庫．

storied ⇒story¹,².

sto・rey /stɔ́:ri/ 名《英》=story².

stork /stɔ́:rk/ 名C 〖鳥〗こうのとり．
語源 古英語 storc から．長く固い足を持っていることから，古英語の stearc (=stiff) と関連があると考えられる．

storm /stɔ́:rm/ 名C 動本来自 〔一般語〕〔一般義〕激しい雨，雪，ひょう，雷が伴うあらし，〖気〗暴風，その他 磁気あらしのような自然界の大変動，矢，弾丸などの雨あられ，社会や家庭の騒乱状態，感情などの激発，軍隊の強襲などの意．動 として《it を主語として》あらしである，また激怒する，猛々しく突進する．他 強襲する，人を攻めたてる，苦しめる．
語源 古英語 storm (=storm) から．

用例 a rain*storm* 暴風雨/a snow*storm* 吹雪/a wind*storm* 少し雨の伴う暴風/a thunder*storm* 雷の伴う暴風/a *storm* of applause 嵐のような拍手/a *storm* of weeping 激しい泣き叫び/He *stormed* at her. 彼は彼女に激怒した/He *stormed* inside [out of] the room. 彼は怒り狂って部屋の中へ飛び込んだ[部屋の外へ飛び出した]/They *stormed* the castle. 彼らは城を急襲した．

【慣用句】*any port in a storm* 〔くだけた表現〕一時逃れ，一時しのぎ．*a storm in a teacup* 〔くだけた表現〕《英》つまらぬことで大騒ぎすること，コップの中の嵐(《米》a tempest in a teapot)．*take ... by storm* ...を急襲して占領する，引きつけてとりこにする．*the calm before the storm* 嵐の前の静けさ．

【派生語】**stórmily** 副 あらしのように，荒れ狂って．**stórmy** 形 あらしの，荒れた，激しい，波乱万丈の: **stormy petrel**《英》〖鳥〗うみつばめ(《米》storm petrel)，争いごとの好きな[きっかけをつくる]人(★うみつばめはあらしが来る前にとくに活動的になることから)．

【複合語】**stórmbòund** 形 あらしで孤立した[立ち往生した]．**stórm cènter** 名C 暴風の中心，騒動の中心人物[問題]．**stórm clòud** 名C あらし雲，〔複数形で〕動乱や不幸なことの前兆．**stórm làntern** 名C 耐風ランプ(《語法》storm [hurricane] lamp ともいう)．**stórm pétrel** 名C 〖鳥〗《米》うみつばめ(《英》stormy petrel)．**stórmprôof** 形 暴風雨に耐える．**stórm sìgnal** 名C 暴風雨警報標識．**stórm wìndow** 名C 荒天を防ぐため普通の窓の外側につける防風窓(《語法》storm sash ともいう)．

sto・ry¹ /stɔ́:ri/ 名C 〔一般語〕〔一般義〕人を楽しませるための架空の物語，話，小説．その他 本来人や物についての言い伝え，来歴，うわさの意で，事実に基づく説明，陳述，面白い逸話，新聞や放送の記事，報道，また物語や脚本の筋，さらに作り事，うそなどの意になる．
語源 ラテン語 *historia* (⇒history) が古フランス語 *estorie* を経て中英語に入った．原義は「歴史物語，聖者伝」．

用例 What sort of *stories* do boys aged 10 like reading? 10 歳の少年たちはどんな物語を読みたがるのですか/In this book he tells the *story* of his life [the Russian ballet]. この本の中で彼は自分の人生[ロシアのバレエ]に起こった出来事について語っている．

類義語 story; narrative; tale; anecdote: **story** は最も広い意味を持つ語で，楽しみや情報を与えるために真実や架空の関連したことがらを書いたり話したりしたもの．**narrative** はやや形式ばった語で，出来事を詳細に述べる散文のこと．**tale** はやや文語的で，単純でのんびりした話のことで，特に架空の話や伝説を大まかに筋立てたものを指す．**anecdote** は個人的または伝記的な一つ

の事件を短く,楽しく語ったもの.
【慣用句】*a tall story*〔ややくだけた表現〕ほら〔話〕. *that* [*it*] *is* (*quite*) *another* [*a different*] *story* それはまったく別問題である. *the* (*same*) *old story*〔くだけた表現〕〔悪い意味で〕よくある話[言い訳]. *the story goes* (*that*) ... うわさによると.... *to cut* [*make*] *a long story short*〔くだけた表現〕手短にいうと,結論を先にいえば. *What's the story?*〔くだけた表現〕その件はどうなっている.
【派生語】stóried 形 物語[歴史]で有名な,おもしろい歴史がある.
【複合語】stórybòok 名 C 子供向けの物語の本,おとぎ話[童話]の本. stóry line 名 C 物語,劇,脚本などの筋. stórytèller 名 C 物語を話す人,子供におとぎ話などを語って聞かせる人,物語作家,うそつき. stórytèlling 名 U 物語を話すこと,うそをつくこと.

sto·ry[2],《英》**sto·rey** /stɔ́ːri/ 名 C〔一般語〕建造物の階,階層.
語源 story[1] と同語源. 中世ヨーロッパで建物の各階の窓側に物語の場面を描く習慣があり,やがて階そのものを意味するようになった.
類義語 floor.
【派生語】stóried,《英》stóreyed 形〔複合語で〕...階(建て)の.

stout /stáut/ 形 UC〔一般語〕《しばしば遠回しに》中年の人が肥えた,太った(fat). その他 本来〔形式ばった語〕勇敢な,不屈の. これから人や物が頑丈な,丈夫な,がっちりした意味が生じた. さらに酒などにこくのある,強い. 名 として独特の麦芽の香りとこくのある黒ビールスタウト,また衣類などの肥満型サイズ.
語源 ゲルマン語起源の古フランス語 *estout* (= determined; brave) が中英語に入った.
用例 He's getting *stout*. 彼は中年太りになってきている/The defenders put up a *stout* resistance. 擁護者たちは不屈の抵抗を続けた.
類義語 strong.
【派生語】stóutly 副. stóutness 名 U.
【複合語】stóuthéarted 形 精神的に強い,勇敢な,頑固な.

stove[1] /stóuv/ 名 C〔一般語〕暖房用のストーブ,料理用のレンジ,こんろ,れんがなどを焼くかまど,また《主に英》熱帯植物を栽培するための特別な温室.
日英比較 日本語の「ストーブ」は暖房器具一般を指すが,英語の stove は小型や石炭などを燃やすかまど型のものをいい,暖房器具一般は heater という. またこんろとオーブンが一体となった料理用レンジの意味にもなる.
語源 中期オランダ語 *stoof* (= heated room) が中英語に入った.

stove[2] /stóuv/ 動 stave の過去・過去分詞.

stow /stóu/ 動 本来自〔一般語〕場所や容器などに物を入念にきちんとしまい込む,詰め込む. その他 入れ物などを一杯にする,物を容れる余地がある. 海 船倉に荷を積み込む.
語源 古英語 *stōw* (= place) から. 中英語で stouen (= to place) という動詞として用いられるようになった.
【慣用句】*stow away* 密航する,無賃乗車する.
【派生語】stówage 名 U 積み込み(能力,料金).
【複合語】stówawày 名 C 密航者,無賃乗車[乗船]者.

strad·dle /strǽdl/ 動 本来他 名 C〔一般語〕一般義 またぐ,またがる. その他〔くだけた語〕ある事に二またをかける,対立意見のどちらにもつかない. 自 両足を広げて立つ[座る],また日和見(ひよりみ)的態度をとる. 名 としてまたぐ[またがる]こと,ひとまたぎの距離.
語源 stride の変形. 初期近代英語から.
用例 He sat facing the back of the chair, (his legs) *straddling* the seat. 彼はいすにうしろ向きに腰掛け,股を広げて坐っていた.

strafe /strɑ́ːf, stréif/ 動 本来他 名 C〔一般語〕地上配備の軍隊に対して低空飛行で機銃掃射する,〔くだけた語〕厳しく罰する. 名 として機銃掃射,猛爆撃.
語源 第一次大戦時のドイツのスローガン *Gott strafe England!* (= God punish England!) から.

strag·gle /strǽgl/ 動 本来自〔やや形式ばった語〕一般義 正規の道やコースなどから外れる,列などからはぐれる,落後する. その他 行列などがばらばらに広がる,物が散在する.
語源 中英語 straken (= to go) から.
用例 They *straggled* along behind the others. 彼らは他の人たちのあとに外れて歩いた.
【派生語】strággler 名 C 落伍者. strággly 形 はぐれた,ばらばらの.

straight /stréit/ 形 副 名 C〔一般語〕一般義 斜めになっていない,曲がっていない,ゆがんでいない,真っ直ぐな,一直線の,直列の,水平な. その他〔述語用法〕直立した,垂直の. また人や行動などが正直な,率直な,公平な,〔くだけた語〕話などが確かな,論理などが筋の通った,《述語用法》整理した. 人が標準からそれていない,正常な,《限定用法》保守的な,頭が固い,〔くだけた語〕ホモでない,麻薬をやっていない. とくに混ぜ物のない,ウイスキーなどが生(き)の,《限定用法》とぎれなく続く,連続の. 副 として真っ直ぐに,直接に,正直に. 名 として《通例 the ~》真っ直ぐ,直線,直列,直線コース,《俗語》正常な人[物],保守的な人.
語源 古英語 streccan (= to stretch) が中英語 strecchen となり,その過去分詞 streght, straight から.
用例 a *straight* line [hair] 真っ直ぐな線[髪]/Your tie isn't *straight*. ネクタイが真っ直ぐになってないです/Give me a *straight* answer! 率直に答えてください/I was wrongly quoted in the newspaper and want to put the record *straight*. 新聞で私のことが間違って引きあいに出されているから,その記述を直したいのです/He likes his vodka *straight*. 彼はウオッカを生(き)で飲むのが好きだ/He went *straight* home after the meeting. 彼は会合の後,真っ直ぐ帰宅した/You're not playing (= behaving) *straight*. 君のやり方は公平じゃないよ.
【慣用句】*get ... straight* 状況,論点をはっきりわかるようにする. *go straight*〔くだけた表現〕まっとうに生きる,服役後真人間になる. *keep a straight face* = *keep one's face straight* 真顔を装う. *put ... straight to ...* 人に情報や事実を正しくわからせる. *straight away* すぐに. *straight from the shoulder* 率直に,ずばりと. *straight out* 単刀直入に. *straight up*《感嘆詞的に》本当に,うそではない. *the straight and narrow*〔くだけた表現〕まじめ一途の生活.
【派生語】stráighten 動 本来他 真っ直ぐにする,整頓する,きちんとする. stráightness 名 U.
【複合語】stráightawáy 形 一直線の. 名 C 直線コース. 副 すぐに. stráightédge 名 C 直定規.

stráight fáce 名 C 笑いをこらえたまじめな顔.
stráight flúsh 名 C 《トランプ》ポーカーで同じ組札の5枚続き. **stráightforward** 形 真っ直ぐな, 正直な, 率直な, 簡単な. **stráightfórwardly** 副 真っ直ぐに, 正直に, 率直に, 簡単に. **stráightjàcket** 名 C 動 本来他 =straitjacket. **stráightlàced** 形 ⇒straitlaced. **stráight tícket** 名 C 《米》《政》一括投票. **stráightwáy** 副 《米》ただちに.

strain¹ /stréin/ 動 本来他 名 CU 〔一般語〕一般義 筋肉や体, その一部を緊張させる, 張りつめさせる. その他 本来は強く引っ張る, 固く締める意で, 包帯などを強く縛る, 幅の広いものを最大限に引っ張る, テントなどを張る. 物や筋肉をぎりぎりまで引っ張った状態や引き締めたほど、無理な使い方をする. また物を圧力などで変形させる, 規則, 意味などをねじ曲げる, 濾(こ)し器などで濾す, 濾して取り除く. 自 引っ張る 《at》, 精いっぱい努力する, また圧力を受ける, 懸命にこらえる, 通過するときにしぼる, さらに濾される, 濾されてしみ出るなどの意. 名としてびんと引っ張られた状態, 張り, 緊張, そのような緊張を引き起こす負担, 重圧, 極度の緊張から生じる心身の過労, 筋違い, 物にかかってくる力, 圧力による変形, ゆがみなどの意.

語源 ラテン語 *stringere* (=to draw tight; to bind) が古フランス語 *estreindre* を経て中英語に入った.

用例 He *strained* every muscle to lift the stone. 彼はその石を持ち上げるために全筋肉に力を込めた/You'll *strain* your eyes by reading in such a poor light. そんなに暗い明かりで本を読みすぎると眼を痛めますよ/She *strained* the coffee. 彼女はコーヒーを濾した/The dog will hurt its neck if it *strains* so much at its lead. ひもをそんなにきつく引っ張ると犬の首を痛める/He *strained* to reach the rope. 彼はロープをつかもうと懸命に努力した.

【慣用句】**on the strain** 緊張して. **strain a point** 限度を越える, 道理を曲げる. **under the strain** 緊張 [過労]のため.

【派生語】**stráined** 形 緊張した, 無理をした, 無理をして痛めた, 濾した. **stráiner** 名 C 濾し器, 茶濾し, 伸長器.

strain² /stréin/ 名 C 〔形式ばった語〕一般義 語や文の調子, 文体, 口調. その他 本来祖先の血を受け継いだ子孫や血統を意味し, 受け継いだものの意から, 《通例単数形で》気質, 性向, 傾向. また《通例複数形で》歌の旋律.

語源 古英語 *strēon* (=gain; acquisition) から.

strait /stréit/ 名 C 形 〔一般語〕一般義 《しばしば複数形で単数扱い》狭い海峡. その他 比喩的に苦難, 苦境. 形 として〔古語〕狭い, また時間や場所の限られた.

語源 ラテン語 *stringere* (⇒strain¹) の過去分詞から派生した *strictus* (=tight; narrow) が古フランス語 *estreit* を経て中英語に入った.

用例 the *Strait* of Gibraltar ジブラルタル海峡/the Bering *Strait* ベーリング海峡/She has been in great *straits* (financially) since her husband died. 彼女は夫を亡くした後, きわめて(経済的に)苦しい状態である.

関連語 channel (広い海峡).

【派生語】**stráiten** 動 本来他 《通例受身で》経済的な面で困窮させる, 困らせる: in *straitened* circumstances 窮乏して.

【複合語】**stráitjàcket** 名 C 動 本来他 暴力行為などをする囚人などに着せる拘束服(を着せる), 比喩的に自由を妨げるもの 《語法》 straightjacket ともいう). **stráitláced** 形 コルセットなどきつく締め上げた, (悪い意味で)作法や品行が非常に厳格な 《語法》 straightlaced ともいう).

strand¹ /strænd/ 動 本来他 名 C 〔一般語〕一般義 《通例受身で》船や魚などを岸や浜に乗り上げさせる, 座礁させる. その他 比喩的に交通機関や金銭的トラブルで人を立ち往生させる, 行き詰まらせる. 名 として〔古語〕岸, 浜.

語源 古英語 strand (=shore) から.

用例 The ship was *stranded* on the rocks during a violent storm. 船は激しいあらしの中で座礁した/He was left *stranded* in Yugoslavia when he lost his money and passport. 彼はお金とパスポートをなくしてユーゴスラビアで立ち往生してしまった.

strand² /strænd/ 名 C 動 本来他 〔一般語〕一般義 ロープやケーブルや縄などに撚り合わせて作るための子縄, ふたよ糸やみよ糸などのこ. その他 一本の細いひも, 糸, あるいは針金, 毛糸, 髪の毛, また糸でつながった真珠やビーズなどの連, 集合体の中の一つの要素や成分などの意.

語源 不詳. 中英語から.

strange /stréindʒ/ 形 〔一般語〕一般義 なじみがなく不可解な, 奇妙な, 変な. その他 〔古語〕外部の, 異国の, 転じて以前に知られていない, 見たことも聞いたこともない.

語源 ラテン語 *extraneum* (=external) が古フランス語 *estrange* (現代フランス語 *étrange*) を経て中英語に入った.

用例 The dog was making a *strange* noise. 犬が妙な物音をたてていた/She looks a bit *strange* today. 今日の彼女は少し変な感じがします/The town is *strange* to me. その町のことはよく知りません/I'm still *strange* to the customs here. 当地の慣習にはまだなれていません.

類義語 strange; singular; peculiar; eccentric; odd; queer; quaint: **strange** はなじみがないことを強調, 外国のもの, 普通ではないもの, 説明のつかないものを表すのに使われる. **singular** は独自のものとか, 独特で人を当惑させるような変ったものに使われる. **peculiar** はひときわ際立っていること. **eccentric** は行動が普通でなく, 正常なことから大幅に外れていること. **odd** は規則正しさや予定から外れていること. **queer** は不確かな, 時には不吉な不規則性や予定外のことを表すが, 男性の「同性愛(者)の」の意で用いられるので注意を要する. **quaint** は古風あるいは流行遅れだが楽しいこと, 風変わりで面白いことを表す.

【慣用句】**It is a strange world**. 世の中には不思議なことがあるものだ. **strange as it may sound** 妙なことをいうようですが. **strange to say** [relate] 不思議なことに, 妙なことに.

【派生語】**strángely** 副 奇妙に, 《文修飾》不思議なことだが. **strángeness** 名 U. **stránger** 名 C よその人, 知らない人, 訪問者, 新しく来た客, 外国人, 部外者, ...を知らない人, 不案内の人, 新米.

stran·gle /stræŋgl/ 動 本来他 〔一般語〕一般義 首を絞めて窒息死させる. その他 息を詰らせる, カラーなどがきつくて呼吸を困難にさせる, あくびやためいきなどをかみ殺す, 成長や発展を抑えつける, 阻む.

[語源] ラテン語 *strangulare* (=to choke) が古フランス語 *estrangler* を経て中英語に入った.

【派生語】**stránġulate** 動 [本来他] =strangle;〖医〗血行を圧止する, 絞扼(こうやく)する. **stràngulátion** 名 [U].

【複合語】**stránglehòld** 名 [C]《レスリング》のど輪, 首絞め,《軽蔑的》自由や発展などをはばむ力, 抑制力.

strap /stréep/ 名 [C] 動 [本来他] [一般自] [一般義] 革ひも, 革帯. [その他] 電車などのつり革, かみそりを研ぐ革砥(かわと), 船で使う滑車の革索, むち打ちの体罰に使われる革製のむち, (the 〜) 罰としてのむち打ちなど. 動 として革ひもや革帯で固定する, 縛る, 締め付ける, 革のむちで罰する, 革砥で研ぐ,《英》包帯をする, ばんそうこうを張る.

[語源] ギリシャ語 *strophos* (=twisted band) がラテン語 *struppus* (=band; strap) を経て古英語に strop (オールを固定するひも) として入ったが, そのスコットランド方言形.

【派生語】**strápless** 形 婦人服で肩ひものない. **strápping** 形 大柄の, たくましい.

【複合語】**stráphànger** 名 [C] バスや電車でつり革につかまっている人. **stráphànging** 名 [U] つり革につかまっていること.

strat·a·gem /strǽtədʒəm/ 名 [C]〔形式ばった語〕敵を欺くための策略や軍略.

[語源] ギリシャ語 *stratēgos* (= general; *stratos* army + *agein* to lead) から派生したラテン語 *strategema* (of a general) が中英語に入った.

strategic ⇒strategy.
strategist ⇒strategy.

strat·e·gy /strǽtədʒi/ 名 UC 〔一般語〕[一般義] 総合的な作戦計画, 戦略. [その他] 軍事に限らず一般に計画, 方策, 策略.

[語源] ギリシャ語 *stratēgos* (=general) から派生した *stratēgia* (=function of a general) がフランス語を経て初期近代英語に入った.

[用例] By careful *strategy* he gradually managed to persuade the committee to agree. 綿密な計画によって彼は徐々に委員会を説き伏せ賛同させることができた.

[類義語] tactics.

【派生語】**strategic** /strətíːdʒik/ 形 戦略の, 戦略上重要な.
stratégically 副 戦略上, 戦略的に.
strátegist 名 [C]〔形式ばった語〕戦略家, 策士.

stratification ⇒stratify.

strat·i·fy /strǽtəfai/ 動 [本来他] 〔一般語〕層を形成する[成す],〖植〗種子を湿った土壌やピートモスなどの層の間に入れて保存する.

[語源] 近代ラテン語 *stratificare* (*stratum* stratum + *facere* to make) がフランス語を経て初期近代英語に入った.

【派生語】**stràtificátion** 名 [U] 層にする[なる]こと, 成層,〖地〗地層.

stra·to·cu·mu·lus /strǽtəkjúːmjuləs/ 名 UC 《複 -li/lai/》〖気〗層積雲.

[語源] strato-「層」+ cumulus (積雲).

strat·o·sphere /strǽtəsfiər/ 名 (the 〜)〖気〗成層圏 (★地上約 30–60km の間).

[語源] strato-「層」+ sphere.

stra·tum /stréitəm, -áː-/ 名 [C] 《複 **-ta** /-tə/, **〜s**》

〖地〗堆積した土砂や土壌の地層,〖植〗細胞組織などの組織層, また一般的に社会的に中性形名詞の階層.

[語源] ラテン語 *stratus* (⇒stratus) の中性形名詞 *stratum* (=something strewn) が初期近代英語に入った.

stra·tus /stréitəs/ 名 [C] 《複 **-ti**/tai/》〖気〗層雲.

[語源] ラテン語 *sternere* (= to strew) の過去分詞 *stratus* が 19 世紀に入った.

straw /strɔ́ː/ 名 UC 〔一般語〕[一般義] わら, 麦わら. [その他] 一本のわら, 飲み物を飲むのに使うストロー, また比喩的に《否定文で》実質のないもの, つまらないもの,《形容詞的に》わらの, わら色の.

[語源] 古英語 strēaw (=straw) から.

[用例] The cows need fresh *straw*. 牛は新鮮なわらを必要としている/A drowning man will catch [clutch; grasp; snatch] at a straw [straws; any straw(s)].《ことわざ》溺れる者はわらをもつかむ(切羽詰まると人はつまらないものにもすがるものである)/Their offer isn't worth a *straw*! 彼らの申し出ははったく価値がない/She wore a *straw* sunhat. 彼女は麦わらの日よけ帽をかぶっていた.

【慣用句】***a straw in the wind*** 物事, 世間の動向, 兆候 (★わらを空中に投げ上げて風向きを知ることから). ***draw straws*** くじを引く. ***the last straw*** もう少しのところで限度を越える負担 (★It is the last straw that breaks the camel's back. (最後にのせたわら 1 本でもらくだの背骨を折ることができる) ということわざから).

【複合語】**stráwbòard** 名 [U] ボール紙. **stráwcòlored** 形 麦わら色の, 淡黄色の. **stráw màn** 名 [C] わら人形, 仮想の相手[議論]. **stráw vòte [pòll]** 名 [C] 非公式世論調査.

straw·ber·ry /strɔ́ːbəri, -beri/ 名 CU〖植〗いちご. またいちご色,《形容詞的に》いちごでできた, いちご色の.

[語源] 古英語 streaw (=straw) + berige (=berry) から成る strēawberige から.

stray /stréi/ 動 [本来自] 形 名 [C] 〔一般語〕[一般義] 道に迷う. [その他] 道に迷って仲間からはぐれる, 離れてさまよう, 比喩的に話などが本筋からはずれる. 形 として道に迷った, はぐれた, あるいは時折の, 思いがけない. 名 として迷った人[動物], 迷い子,〖理〗《複数形で》雷электなどが原因の妨害電波現象, 空電,〖地学〗ガスや石油の採掘時に起こる予期せぬ累層.

[語源] 俗ラテン語 *estragare* (ラテン語 *extra-* outside + *vagari* to wander) が古フランス語 *estraier* を経て中英語に入った.

[用例] The shepherd went to search for some sheep that had *strayed*. 羊飼いは迷い子になった羊を捜しに行った/It's annoying to talk to people who keep *straying* from the point. 本題からそればかりいる人たちに話すのは腹が立ちます/This is only a *stray* example. これはたまにしか起きない例です/She loves cats and is always bringing *strays* home. 彼女は猫が大好きで, いつも迷い子の猫を家に持って帰っている.

【複合語】**stráy [lóst] shéep** 名 [C] 迷える羊 (★旧約聖書イザヤ書), 罪を犯した人.

streak /stríːk/ 名 [C] 動 [本来他] 〔一般語〕[一般義] 筋, 線, 縞(しま). [その他] 薄い層, 一筋の光線, 稲妻, 比喩的に…気味, 傾向, 性質,《くだけた語》物事や幸運が連続

して短く続くこと，ひとしきり，またストリーキング．**動** として〔通例受身で〕物の上や中に**筋をつける**，髪を縞に染める．**自** を**動**，人や物が稲妻のように**急速に動く**，ストリーキングする．

[語源] 古英語 strica (=stroke; line) から．
[用例] The airplane left a white *streak* of vapor in the blue sky. 飛行機が空中に水蒸気の白い筋を残した/Her dark hair was *streaked* with grey. 彼女の黒い髪に一筋の白いものが混ざっていた/The child's face was *streaked* with tears. 子供の顔に一筋の涙が流れた/The runner *streaked* round the racetrack. ランナーはトラックをさっと回った．
【慣用句】*be on a winning streak* 賭事で勝ち続ける．*like a streak of lightning* 稲妻のように速く．
【派生語】stréaker 名 C ストリーキングをする人．stréakily 副．stréakiness 名 U．stréaking 名 U 全裸で公共の場所を駆け抜けること，ストリーキング．stréaky 形 縞の入った，気むずかしい，懸念した，むらのある，頼りがいのない．

stream /stríːm/ 名 C **動** 本来自〔一般語〕—般義 川 幅の狭い**小川**．その他 川の流れ，水や液体，物事や人の流れ，言葉や出来事の**連続**，世の中の動向，風潮．**動** として水や涙などが**流れる**，人や物事が流れるように動く，煙がたなびく．他 **流す**，なびかせる．

[語源] 古英語 strēam (水の流れ) から．
[用例] He managed to jump across the *stream*. 彼はどうにかその小川を飛び越えた/He was swimming up*stream* [down*stream*; against the *stream*]. 彼は上流に向かって [下流に向かって，流れにさからって] 泳いでいた/A cold air*stream* is covering the north of Britain. 寒気の流れが英国の北部をおおっている/He uttered a *stream* of abuse [curses]. 彼は次から次へと悪口 [ののしりの言葉] を言い続けた/Tears *streamed* down her face. 涙が彼女の顔を伝って流れた/Workers *streamed* out of the factory gates. 労働者たちは工場の門から流れ出てきた．
[類義語] stream; brook; creek; river; rill: **stream** は水の流れを表す一般的な語．**brook** は水源から流れ出して川に至る小さい流れで文語的．**creek** は brook より大きいが，普通は湿地帯などの水路を指す．**river** は海，湖，他の川に流れ込む川．**rill** は詩語で小さな流れのこと．

【慣用句】*change horses in the middle of the stream* 計画などを途中で変更する．*down*[*up*](*the*) *stream* 下[上]流へ．*go with the stream* 時流に従う．*swim* [*go*] *against the stream* [*tide*] 〔やや砕けた表現〕時流 [慣習] に逆らう．*the stream of consciousness* 意識の流れ．
【派生語】stréamer 名 C 風の中にひるがえる旗，長旗，吹き流し，皆既日食時に見られるコロナの長い噴炎，オーロラ．
【複合語】stréamlet 名 C 小さな流れ．stréamline 名 C 流線，流線型．**動** 本来他 流線型にする，近代化 [能率化] する．stréamlined 形．stréamliner 名 C 流線型のもの [列車]．

street /stríːt/ 名 C 形〔一般語〕—般義 **車道と歩道があり，両側には片側に建物が建っている街路**，その他 本来は舗装された道路のことで，歩道と区別して **車道**の意味にもなる．また (S-) ...**街**，...**通り**（[語法] St. と略記される．《the ~》集合的にそこに住む**町内の人々**．形 として通りに接した，通りで発生した，外出用の．
[語法] 「通りで」は《米》on the street, 《英》in the street が普通である．
[語源] ラテン語 strata (=paved road) から借用した古英語 strǣt から．
[用例] Where is the main shopping *street*? 買物の目ぬき通りはどこですか/I met her on [in] the *street*. 私は通りで彼女に会った/Her address is 4 Shakespeare *St*. 彼女の住所はシェークスピア通り4番地です/Wall *Street* ウォール街《★ニューヨークの金融関係の中心地》/Fleet *Street* フリート街《★ロンドンの新聞関係の中心地》．
[類義語] street; road; avenue; boulevard; highway; way: **street** は都市の街路を指し，両側または片側に建物がたっている．**road** は町と町，あるいは町の中の地域と地域を結ぶ道路．**avenue** は street のうち，並木のある大通りを指すか，《米》では東西の通りを street, それと直角に交差する南北の通りを avenue といい，並木がないこともある．**boulevard** は両側に樹木が植えられ，中央に芝生などがある大通りのことで，高級なイメージがある．**highway** は都市と都市を結ぶ幹線道路．**way** は特定の道路ではなく，抽象的な「...の道」の意味で用いられる．

【慣用句】*a woman of the streets* 街娼．*be streets ahead of ...* ...よりはるかに良い．*be up* (...'*s*) *street* 自分の好みにぴったりの，自分が知っている範囲内の．*not to be in the same street as ...* ...とは比べものにならない，まったく違う．(*out*) *on the street*(*s*) 人が住む家もなく，失業して，女性が売春をして．*the man in* [*on*] *the street* 一般人．
【複合語】**stréet Àrab** 名 C 《軽蔑的》浮浪児．**stréetcàr** 名 C 《米》路面[市街]電車《英》tram (car)．**stréet clèaner** 名 C 道路清掃人．**stréet light** 名 C 街灯．**stréetwàlker** 名 C 売春婦．

strength /stréŋkθ/ 名 U C〔一般語〕—般義 **物理的な力，強さ**．その他 精神的な力，知力，能力，忍耐力，あるいは効力，表現力，説得力，また人や物に備わった強み，性質や特性としての**長所**，物の強度，濃度，軍の兵力，一般に**大きさ**などの意．

[語源] 古英語 strengthu から．⇒strong．
[用例] He underestimated the enemy's *strength*. 彼は敵の力を見くびった/Each has its particular *strengths* and weaknesses. それぞれがそれぞれの強みと弱みを持っている．
[類義語] ⇒power．
【慣用句】*above strength* 定員を越えて．*a tower of strength* 頼りになる人，頼りの綱．*at full strength* 全員そろって．*go from strength to strength* 急速に力が増す，名声が上がる．*in* (*full*; *great*) *strength* 大勢で．*on the strength of ...* ...を頼りにして，基盤として．
【派生語】stréngthen **動** 本来他 強くする [なる]．

strenuosity ⇒strenuous．
stren·u·ous /strénjuəs/ 形〔一般語〕—般義 精力的な，熱心な．その他 仕事などが困難で**骨の折れる**，努力[**奮闘**]を要する．

[語源] ラテン語 *strenuus* (=brisk; vigorous) が初期近代英語に入った．
[用例] He made *strenuous* efforts to save her. 彼は彼女を救うために精力的な努力をした/It's a *strenuous* climb to the top of the mountain. その山の頂

上までは困難で骨の折れる登りです.
【派生語】strènuósity 名 U. strénuously 副. sténuousness 名 U.

strep·to·coc·cus /strèptəkάkəs/ -ɔ́-/ 名 C 《複 **-cocci** /kάksai/ -ɔ́-/》〖細菌〗連鎖状球菌.
語源 strepto-「捻(ﾈｼﾞ)った」+coccus (球菌). 19 世紀から.

strep·to·my·cin /strèptəmáisin/ 名 U 〖薬〗ストレプトマイシン《★抗生物質の一種で結核などの特効薬》. 語源 strepto-「捻(ﾈｼﾞ)った」+ギリシャ語 *mukēs* (=fungus)+-in. 20 世紀から.

stress /strés/ 名 UC 本来版 〔一般語〕 一般義 精神的緊張, ストレス. その他 本来は周囲の状況による圧迫, 重圧の意で, 転じてストレスの意となった. 〖理〗圧力, 比喩的に物事に対する強調, 力点,《音·楽》強勢, アクセント. 動として強調する,《音·楽》強勢[アクセント]を置く, また緊張させる, 圧迫する.
語源 ラテン語 *distringere* (=to distrain)に由来する中英語 *destresse* (=distress)の頭音消失異形. ⇒ distress.
用例 The child's headaches may be caused by *stress*. その子供の頭痛は多分ストレスが原因だろう/It is vital for bridge-designers to know about *stress*. 橋の設計者には圧力の知識が不可欠である/In the word 'window' we put *stress* on the first syllable. window という単語は第1音節に強勢[アクセント]をおきます/He *stressed* that they must arrive punctually. 彼は時間は厳守だと強調した.
【派生語】stréssed 形 ストレスのたまった,《音·楽》強勢[アクセント]のある. stréssful 形 張り詰めた, ストレスの多い.
【複合語】stréss màrk 名 C 強勢[アクセント]記号.

stretch /strétʃ/ 動 本来版 名 CU 〔一般語〕 一般義 柔かいものや弾力性のあるものを限度一杯の長さまで伸ばす, 広げる. その他 手足や体を伸ばす, 何かをとるために手を前に出す, 腕や電線などを引っ張る, じゅうたんなどを引っ張って敷きつめる, 広げる, 弦やキャンバスなどを強く張る, また神経を張りつめる, 緊張させる, 法律などを拡大解釈する, 曲解する, 引き延ばす,《通例受身》能力や資力を最大限に働かせる. 自 伸びる, 広がる, 人が手足を伸ばす, 長々と横になる. 名 として《通例単数形で》伸ばす[伸びる]こと, 伸張力,《形容詞的に》伸縮性のある, 人や物をくつろがせる, 伸ばし, 広がり, 時間, 仕事などの一続き, 言葉, 規則などの拡大解釈, こじつけ,《通例単数形で》最後の直線コース, ホームストレッチ,〔くだけた語〕気晴らしの散歩の意.
語源 古英語 *streccan* (=to stretch)から.
用例 She *stretched* the piece of elastic to its fullest extent. 彼女はそのゴムひもをぎりぎりまで伸ばした/She *stretched* (his arm [hand]) up as far as he could, but still could not reach the shelf. 彼は目一杯手をのばしたが, それでも棚に届かなかった/The painter *stretched* the canvas tightly over the frame. 画家はフレームー杯にカンバスをぴんと張った/To say he was ill is *stretching* the truth — he was merely drunk. 病気だったといっているのは, 事実を曲げている. 彼は酔っぱらっていただけだ/The sweater *stretched* when it was washed. セーターは洗ったら伸びてしまった.
【慣用句】*at a stretch* 中断なく継続して, 一気に. *at full stretch* 全力で. *stretch a point* 当たり前の一

線を越える, 例外扱いする. *stretch one's legs* 長座のあと疲れをとるために散歩する. *stretch oneself out* 長々と寝そべる.
【派生語】strétcher 名 C 担架, 物を伸ばしたり広げたりする器具: **stretcher-bearer** 担架をかつぐ人/**stretcher party** 担架を持った救護班. strétchy 形 伸縮性のある.
【複合語】strétch-òut 名 U 労働時間延長, 賃金据え置きで労働時間や労働内容を多くする労働強化.

strew /strúː/ 動 本来版 〔過去 ~ed; 過分 ~ed, **strewn**〕〔一般語〕地面や表面などに物をまき散らす, ふりまく.
語源 古英語 *streowian* (=to strew)から.

strewn /strúːn/ 動 strew の過去分詞.

stri·at·ed /stráieitid/ -́-́-/ 形 〔形式ばった語〕筋のある, 縞(ｼﾏ)のある, 溝のある.
語源 ラテン語 *striare* (=to make grooves)の過去分詞 *striatus* が初期近代英語に入った.

strick·en /strikən/ 形 〔一般語〕災害や苦痛などに襲われた, 病気にかかった, 悩んだ.
語源 strike の古い過去分詞. 中英語から.
用例 In his youth he was *stricken* with a crippling disease. 彼は若い頃に身体に障害をもたらすような病気にかかった/He knew from her *stricken* face that there was bad news. 彼は彼女の苦悩の顔から悪い知らせがあることを知った.

strict /strikt/ 形 〔一般語〕 一般義 態度やふるまいに関して自分や他人に厳しい. その他 主義や教義に厳格な, 規則などが厳しい, 厳重な, 解釈や意味などが厳密な, 正確な, そのため時として窮屈な, さらに絶対的な, 完全などの意.
語源 ラテン語 *stringere* (=to draw tight)の過去分詞 *strictus* が中英語に入った.
用例 This class needs a *strict* teacher. このクラスには厳しい先生が必要です/His parents were very *strict* with him. 彼の両親は彼に対して非常に厳格だった/The school rules are unnecessarily *strict*. 校則は必要以上に厳しい/What does 'strategy' mean, in the *strict* military sense? 厳密な軍事的意味で「戦略」とは何を表すか?
類義語 strict; rigid; rigorous; severe: **strict** は規則, 規準, 要求に寸分違わず一致していることを強調する. **rigid** は妥協しないこと, 柔軟性がないこと. **rigorous** は異常なほどの厳しさ. **severe** は厳密で妥協を許さない厳しさ.
【派生語】strictly 副. strictness 名 U.

stric·ture /striktʃər/ 名 C 〔形式ばった語〕制限, 限定, 拘束,《しばしば複数形で》非難, 酷評,〖医〗狭窄(ｷｮｳｻｸ).
語源 ラテン語 *strictus* (⇒strict) から派生した *strictura* (=contraction) が中英語に入った.
用例 It seems unkind to pass *strictures* on a friend's work. 友人の仕事を非難することは不人情に思われる.

strid·den /stridn/ 動 stride の過去分詞.

stride /stráid/ 動 本来版〔過去 **strode**; 過分 **stridden**〕名 C 〔一般語〕目標に向かって大股で歩く, または跨ぐ. 他 場所を大股で歩く, 障害物を乗り越える. 名 として大股で歩くこと, 大股の1歩, ひとまたぎ, 比喩《通例複数形》進歩, 発展の一段階.
語源 古英語 *strīdan* (=to stride)から.

用例 He *strode* along the path. 彼は大股で道を歩いた/The stream was so narrow that we could *stride* across it. 小川はたいへん狭かったのでまたいで渡ることができた/He walked with long *strides*. 彼は大股で歩いた.
【慣用句】*make great strides* 長足の進歩をとげる. *take ... in one's stride* 苦もなく...を切り抜ける.

stridency ⇒strident.

stri·dent /stráidnt/ 形 〔一般語〕声や音が耳障りな, きーきーいう, 意見の対立などが強引すぎる.
語源 ラテン語 *stridere*(=to make a grating sound) の現在分詞 *stridens* が古フランス語を経て初期近代英語に入った.
【派生語】**stridency** 名 Ⓤ. **stridently** 副.

strife /stráif/ 名 Ⓤ 〔やや形式ばった語〕根本的な問題をめぐってお互いに激しく張り合う闘争や不和, 反目.
語源 古フランス語 *estriver*(=to strive) から派生した *estrif* が中英語に入った. ⇒strive.
用例 This century has been a time of widespread industrial *strife*. 今世紀は広範囲にわたる労使間不和の時期であった.

strike /stráik/ 動 本来他〔過去·過分 struck〕名 Ⓒ〔一般語〕一般義 手や物で人や物を打つ, たたく, なぐる. その他 何かに打ち当たる, 突き当たる, ぶつかる, 打って追い払う, 刃物を, あるいは刃物で突き刺す, 相手に打撃を与える, 攻撃する, 動物が牙や爪の鋭い一撃で獲物を捕らえる. 何かを打ち出す, 貨幣やメダルを鋳造する, 音や火などを打って出す, 楽器を奏でる, マッチをする, 鉱脈などを発見する. 物に光を当てる, 光や音, においなどが感覚器官に達する, 病気, 恐怖などが突然に襲う, 人や物を急に...の状態にする, 考えなどが人に突然浮かぶ. さらに人などに強く印象づける, 人を魅惑する. その他, 船の帆を下ろす, テントなどをたたむ, 文章などを削除する, 契約などを結ぶ, 法案を批准する, ある態度や姿勢を取る, ...に恐怖などを起こさせる (into). 自 打つ, 襲う (at), ある方向に進む, ストライキをする, 時計や鐘が鳴る, 魚が餌に食いつく, 植物が根づく, マッチなどが点火する, 行動などを開始する (into). 名 として同盟罷業, ストライキ, また打つ, 攻撃, 空襲, 魚の食いつき, 引き, 鉱脈の発見, 大当たり, 〖野·ボウリング〗ストライク.
語源 古英語 *strīcan*(=to stroke; to go) から.
用例 He *struck* me in the face with his fist. 彼はこぶしで私の顔を殴った/His head *struck* the table as he fell. 彼は転んで頭をテーブルで打った/He *struck* a note on the piano [violin]. 彼はピアノ[バイオリン]で音を鳴らしてみた/He *struck* a match [light]. 彼はマッチをすった/The morning sun was *striking* the hilltops. 朝日が山頂に当たっていた/After months of prospecting they finally *struck* gold [oil]. 数か月間の踏査の後, ついに彼らは金[石油]を発見した/It [The thought] *struck* me(=I suddenly thought) that she had come to borrow money. 彼女がお金を借りに来たということに気づいた/I was *struck* by the resemblance between the two men. 私はその二人の男の人が似ていることに心を打たれた/The enemy troops *struck* at dawn. 敵の軍勢は明け方に攻撃した/a miners' [post-office workers'; postal] *strike* 炭坑員[郵便]スト/He made a lucky *strike*. 彼は一山当てた.
類義語 strike; hit; beat: **strike** はこぶし, 道具, 武器で相手を狙って打つ. **hit** は狙うものを strike よりもさらに強力に打つ. **beat** は相手や物を繰り返したたいて, 打ったりする.
【慣用句】*be (out) on strike* ストライキ中である. *come [be] within striking distance of ...* ...の目と鼻の先まで迫る. *strike a balance* 貸し借りをなくす, 妥協する. *strike a blow for ...* ...のために努力する. *strike down* 〔形式ばった語〕...を打ち倒す; 病気が襲う. *strike fear [terror] into ...* 〔形式ばった表現〕...を恐怖に陥れる. *strike home* 殴打や侮辱が致命傷を与える, 急所をつく. *strike in* 急に口をはさむ. *strike (it) luck* 幸運がまい込む. *strike it rich* 一山当てる, 大金持ちになる. *strike off* 登録などから名前を抹消する, 切り落とす, 印刷する. *strike out* 活動を始める, 力強く泳ぐ, 〖野〗三振する[させる]; 言葉を消す, 削除する. *strike up* 演奏し始める, 急に親しくなる, 会話を始める.
【派生語】**striker** 名 Ⓒ スト参加者, 時計の中のハンマー状の打つ装置, 鍛冶屋の打ち役, 下士官候補生, 〖球技〗打者. **striking** 形 目立つ, ストライキ中の. **strikingly** 副.
【複合語】**strikebound** 形 ストライキのために操業の止まった. **strikebreaker** 名 Ⓒ スト破りをする人. **strikebreaking** 名 Ⓤ スト破り行為. **strikeout** 名 Ⓒ 〖野〗三振. **strike pay** 名 Ⓤ ストライキ手当. **strike zone** 名 Ⓒ 〖野〗ストライクゾーン.

string /stríŋ/ 名 ⓊⒸ 動 本来他〔過去·過分 strung〕〔一般語〕一般義 細いひもや太い糸 語法 cord より細く, thread より太い; 数えるときは通例 a piece of を使うが, 一定の長さのものは Ⓒ. その他 (a ~) 数珠つなぎになったもの, 首飾りなどの一連, 車の列, 質問などの連発. また野菜や肉などの筋, 繊維, 楽器の弦, さらに弦楽器, 弓のつる, ラケットのガット, さらに〔主に米〕運動選手のグループや組を指す. 動 としてひも[糸, 弦]をつける, 張る, ひもで縛る, 固定する, 物を一列に並べる, 豆などの筋をとる, 弦楽器を調律する. また〔しばしば受身で〕人を緊張させる(up), 〔俗語〕〔米〕だます. 自 ひと続きになって動く[進む], ねばねばした物が糸を引く.
語源 古英語 *streng*(=string) から.
用例 I need a piece of *string* to tie this parcel up. この小包を縛るのにひもが一本必要です/The puppet's *strings* got entangled. あやつり人形の糸がからまった/a *string* of beads [onions] ひとつなぎのビーズ[たまねぎ]/He uttered a *string* of curses. 彼は続けざまに悪態をついた/Remove the *strings* from the beans before cooking. 料理の前に豆の筋を取り除きなさい.
【慣用句】*have ... on a string* 人を思い通りにあやつる. *pull (the) strings* 陰で運動する, 黒幕になる, コネをつける. *string along* 人を待たせておく, だます. *string along with ...*〔くだけた表現〕...とつき合う, 軽く友だちになる. *string out* 長く伸びる, 延びる; ...を引き延ばす. *with no strings attached* ヒモつきでない.
【派生語】**stringed** 形 弦を張った, ...弦の: **stringed instrument** 弦楽器. **stringy** 形 糸[ひも]のような, 筋ばらった, 筋張った.
【複合語】**string band** 名 Ⓒ 弦楽団. **string bean** 名 Ⓒ さやいんげん, さやえんどう. **string orchestra** 名 Ⓒ 弦楽合奏団. **string puppet** 名 Ⓒ あやつり人形. **string quartet** 名 Ⓒ 弦楽四重奏団[曲]. **string**

quintet 名 C 弦楽五重奏団[曲].

stringency ⇒stringent.

strin·gent /stríndʒənt/ 形 [形式ばった語] [一般義] 法律や法的手続，あるいは要求や条件が厳重な，厳しい. [その他] 資金が逼迫(ひっぱく)した，金詰まりの.
[語源] ラテン語 *stringere* (=to draw tight) の現在分詞 *stringens* から初期近代英語に入った.
[用例] There should be much more *stringent* laws against the dropping of rubbish in the streets. 通りにごみを投げ捨てることに対してもっと厳しい法律があるべきだ.
[派生語] **stríngency** 名 U.

strip[1] /stríp/ 動 [本来他] [一般義] [一般義] 物の表面を覆っている物を取り去る，はぐ (off). [その他] 果物，樹木などの皮をむく，人を裸にする，人から財産や権利などを奪う，剝奪(はくだつ)する，船，車などから装備を取り除く，ある場所をからにする. 自 表面がはがれる，人が服を脱ぐ，裸になる.
[語源] 古英語 *strīepan* (=to plunder) から.
[用例] He *stripped* the old wallpaper off the wall. 彼は壁から古い壁紙をはいだ/She *stripped* the child (naked) and put him in the bath. 彼女は子供を裸にして風呂へ入れた/He was *stripped* of his possessions [rights]. 彼は財産[権利]を剝奪された/They *stripped* the house of all its furnishings. 彼らはその家から備品をすべて取り去った/They were told to *strip* to the waist. 彼らは腰まで裸になるようにと言われた.
【慣用句】 ***strip down*** 裸にする[なる]，エンジンなどを修繕するために分解する.
【派生語】 **stripper** 名 C はぐ[むく]人，皮むき器[装置]，ストリップショーの踊り子，ほとんど乳[石油]の出ない牛[油井].
【複合語】 **strip show** 名 C = striptease.
stríptèase 名 C ストリップショー. **stríptèaser** 名 C ストリップショーの踊り子.

strip[2] /stríp/ 名 C 動 [本来他] [一般義] [一般義] 紙や布などの細長い切れ，細片. [その他] 細長い土地，滑走路のみの仮設飛行場(airstrip; landing strip)，連なった切手，コマが続いている続き漫画(comic strip). 動 として細長く切る[分ける].
[語源] 「ひも」を意味する中期低地ドイツ語 *strippe* から中英語に入った.
【複合語】 **strip cartóon** 名 C (英)=comic strip.

stripe /stráip/ 名 C 動 [本来他] [一般義] [一般義] 地色と違う筋，縞(しま). [その他] 縞模様，(複数形で)軍人の階級や勤続年数などを表す記章，袖章，(主に米)人のタイプ. 動 として (通例受身で)縞をつける.
[語源] 不詳. 中英語から.
[用例] A zebra has black and white *stripes*. 縞馬には黒と白の縞がある.
【派生語】 **striped** 形 縞の. **stripy** 形 縞のある.

strip·ling /stríplɪŋ/ 名 C [古語][戯言]青二才，小僧，若者. [語源] *strip*[2]+-ling. 中英語から. 原意は「ひょろひょろとした人」.

stripper ⇒strip[1].

stripy ⇒stripe.

strive /stráɪv/ 動 [本来自] (過去 **strove**/stróuv/，~d; 過分 **striven**/strívən/，~d) [一般義] ある目標や目的に向かって粘り強く努力する. [その他] [形式ばった語] 悪や不正と果敢に戦う. [語源] 古フランス語 *estriver* (=to quarrel; to contend) が中英語に入った.
[用例] He always *strives* to please his teacher. 彼はいつも先生を喜ばせようと努める/All his life he has *striven* against injustice. 彼は終生不正と戦った.

striv·en /strívən/ 動 strive の過去分詞.

strobe /stróub/ 名 C [写] ストロボ，スピードライト(*strobe light* ともいう). [語源] *stroboscope* の略. 20世紀から.

stro·bo·scope /stróubəskòup/ 名 C [一般義] 急速に回転または振動する物体を観察する装置，ストロボスコープ，あるいは[写] =strobe. また舞台などの照明に用いられるストロボライト.
[語源] ギリシャ語 *strobos* (=whirling)+-scope. 19世紀から.

strode /stróud/ 動 stride の過去形.

stroke[1] /stróuk/ 名 C 動 [本来他] [一般義] [一般義] 病気の発作，脳卒中. [その他] 本来「打撃」の意で，武器や道具による打撃，ボールなどをコントロールして打つこと，その一打，鐘などの一打ち，打つ音，雷の一撃，落雷. また規則的な反復運動の一動作，すなわち水泳のストローク，オールの一漕ぎ，転じてオールのピッチをきめる整調手，心臓の鼓動や脈拍，ピストンロッドなどの往復運動，手の動作から一筆，一画や短い線，アルファベットの文字の一つの線や画，さらに文章などの最後の仕上げ，一仕事，手柄，業績，運のめぐり合わせの意. 動 として，ペンなどで線をつける，文字などを線を引いて消す，オールのピッチをとる，球をコントロールして打つ.
[語源] 古英語 *strācian* (⇒stroke[2])から派生した *strāc* から.
[用例] He is unable to speak properly as a result of a *stroke*. 彼は脳卒中の結果，ちゃんとしゃべれない/He felled the tree with one *stroke* of the axe. 彼は斧(おの)の一撃でその木を倒した/She arrived on the *stroke* of ten. 彼女は時計が10時を打った時到着した/He was killed by a *stroke* of lightning. 彼は雷に打たれて死んだ/He swam with slow, strong *strokes*. 彼はゆっくりと力強く泳いだ/Can you do breaststroke [backstroke]? 平泳ぎ[背泳ぎ]ができますか/Your idea is a *stroke* of genius. あなたのアイデアには天才的なひらめきがある.
【慣用句】 ***at [in] a [one] stroke*** 一撃で，一気に. ***on [at] the stroke of*** 時間きっかりに，約束通りに. ***put ... off ...'s stroke*** [ややくだけた表現] 人の仕事などのリズム[調子]を狂わせる.

stroke[2] /stróuk/ 動 [本来他] [一般義] [一般義] 手や道具でなでる. [その他] 優しくさする，愛撫する，比喩的になだめる，[くだけた語](米)人をいいくるめる，おだてる.
[語源] 古英語 *strācian* から.
[用例] He *stroked* her hair. 彼は彼女の髪をなでた/The dog loves being *stroked*. 犬はなでられるのが大好きだ.

stroll /stróul/ 動 [本来自] 名 C [一般義] [一般義] 人がぶらぶら歩く，散歩する. [その他] 放浪する，芸人たちが旅回りする，巡業する. 名 としてそぞろ歩き，漫歩.
[語源] 不詳. 初期近代英語から.
[用例] He *strolled* along the street. 彼は通りをぶらぶら歩いた/I went for a *stroll* round the town. 私は町へ散歩に出かけた.
【派生語】 **stróller** 名 C ぶらぶら歩く人，放浪者，旅役者，椅子式[折たたみ式]うば車. **strólling** 形.

strong /strɔ́(ː)ŋ/ 形 〔一般語〕 一般義 強い. その他 人,物が丈夫な,頑丈な,しっかりしている,砦(とりで)などが強固な,国家,軍隊などが強力な,《通例数詞の後に置いて》兵員…の,議論,証拠などが有力な,人がある分野に強い,得意の,意志が強い,信念や決意などが断固とした,感情や言葉,運動などが激しい,印象,類似や対照が強い,目立つ. また風や火,潮流などが強い,激しい,光,色,香りなどが強烈な,酒,薬などが強い,お茶,コーヒーなどが濃い,息,食品などが臭い,〖商〗市場,相場が強気の,〖文法〗動詞が強変化の,不規則変化の,〖音〗強勢のある,〖光学〗レンズや顕微鏡などの倍率が高い. 語源 古英語 strang (= strong) から. 用例 He is not *strong* enough to lift that heavy table. 彼はあの重いテーブルを持ち上げられるほどの力はない/These shoes are not *strong* enough for a child. この靴は子供がはいて耐えるだけの強さがない/An army 20,000 *strong* was advancing towards the town. 兵力2万の軍隊が町に向かって前進していた
関連語 strength; strengthen.
対照語 weak.
【慣用句】 **(as) strong as a horse [an ox; a bull]** 〔くだけた表現〕きわめて頑丈な. **be strong on …** …が得意である,…に熱心である. **go strong** 〔ややくだけた表現〕年齢のわりに元気である.
派生語 **stróngly** 副.
【複合語】 **strong-árm** 形 力ずくの. 動 本来他 …に暴力を加えうる,力ずくで奪う. **stróngbòx** 名 C 小型金庫,貴重品入れ. **strong drink** 名 UC 〔形式ばった語〕ソフトドリンク (soft drink) に対して酒(類). **stróng fòrm** 名 C 〖音〗強形. **strónghòld** 名 C 要塞,安全[生存]地域, 本拠地, 拠点. **strong man** 名 C 独裁者,有力者. **strong-minded** 形 心のしっかりした,意志強固の. **stróng ròom** 名 C 金庫室,貴重品室.

stron·ti·um /strɑ́nʃiəm, -ti-/-ʃ-/ 名 U 〖化〗ストロンチウム 《★元素記号 Sr》.
語源 スコットランドの地名 Strontian にちなむ. この地で最初に発見された. 19世紀より.

strop /strɑ́p/ -ɔ́-/ 名 C 動 本来他 〔一般語〕かみそりを研(と)ぐための革砥(かわと), 〖海〗船の三つ目滑車を支えるための帯索や環索. 動 として革砥で研ぐ.
語源 ギリシャ語起源の古英語 strop (= cord) から.

stro·phe /stróufi/ 名 C 〖劇〗古代ギリシャ劇での合唱隊の左方旋回やそのときに歌う歌章. また自由詩の連や節. 語源 ギリシャ語 *strephein* (= to twist) の派生形 *strophe* (= verse; turning) が初期近代英語に入った.

strove /stróuv/ 動 strive の過去形.

struck /strʌ́k/ 動 本来他 strike の過去・過去分詞.

structural ⇒structure.

struc·ture /strʌ́ktʃər/ 名 UC 動 本来他 〔一般語〕 一般義 物の構造,構成,組成. その他 建造物,構築物,組織体系,組織体. 動 として組み立てる, 構成する, 建造する.
語源 ラテン語 *struere* (= to build) の過去分詞 *structus* から派生した *structura* が古フランス語を経て中英語に入った.
用例 the *structure* of a human body [of society in Britain] 人体の[イギリス社会の]構造/The Eiffel Tower is one of the most famous *structures* in the world. エッフェル塔は世界で最も有名な建造物の一つである/A flower has quite a complicated *structure*. 花は非常に複雑な組織をしている.
派生語 **strúctural** 形. **strúcturalism** 名 U 哲学や言語学などの構造主義. **strúctually** 副.

strug·gle /strʌ́gl/ 動 本来自 名 C 〔一般語〕 一般義 障害を克服して束縛から自由になるためにもがく, あがく. その他 …と闘う,苦闘する《with; against》, …しようと努力する. 奮闘する《for; to do》, 苦労して…する. 名 として《通例単数形で》もがき, あがき, 苦闘, 闘争, 奮闘.
語源 中英語の 動 struglen から. それ以前は不詳.
用例 The child *struggled* in his arms. その子供は彼の腕の中でもがいた/All his life he has been *struggling* with illness [against injustice; for reform]. 生涯を通して彼は病気と[不正と,改革に向かって]闘った/He *struggled* out of the hole [up from the chair; through the mud]. 彼はやっとどうにか穴から出た[椅子から立ち上がった, 泥の中を進んだ]/The *struggle* for independence was long and hard. 独立への闘いは長く厳しかった.
【慣用句】 **struggle along** どうにか生きながらえる.
派生語 **strúggling** 形. **strúgglingly** 副.

strum /strʌ́m/ 動 本来自 名 C 〔一般語〕弦楽器をつま弾く, かき鳴らす. 名 として, その音.
語源 擬音語. 18世紀から.

strung /strʌ́ŋ/ 動 string の過去・過去分詞.

strut[1] /strʌ́t/ 動 本来自 名 C 〔一般語〕《軽蔑的》いばったり, 得意になったりしてもったいぶって歩く. 他 見せびらかす. 名 としてもったいぶった歩き方.
語源 古英語 strūtian (= to stand stiffly) から.

strut[2] /strʌ́t/ 名 C 動 本来他 〖建〗筋交(すじか)い, 支柱. 動 として支柱を交う.
語源 不詳. 初期近代英語から.

strych·nine /stríknì(ː)n, -nain/ 名 U 〖薬〗マチンの種子から得られる猛毒のストリキニーネ, ストリキニン 《★神経刺激剤として用いられる; strychnin ともいう》.

stub /stʌ́b/ 名 C 動 本来他 〔一般語〕 一般義 鉛筆などの使い残りやたばこの吸いさし. その他 また木の切り株や倒れた木の根などの株. また小切手を切り離したあとに残る控え, 入場券などの半券. 動 として, 足やつま先をぶつける,たばこなどの先をつぶして火を消す《out》,あるいは切り株や根を引き抜く, 土地から切り株を除く.
語源 古英語 stubb (茎, 地株) から.
用例 Remember to fill in the amount on the *stub* as well as on the cheque. 小切手だけでなくその控えの方にも合計額を書きこむことを忘れずに.
派生語 **stúbby** 形 姿や形がずんぐりした, 毛髪などが短くて硬い.

stub·ble /stʌ́bl/ 名 U 〔一般語〕とうもろこしや麦などの収穫後に残った刈り株, また刈り株状のもの, 無精ひげ.
語源 ラテン語 *stipula* (= stalk) の変形 *stupula* が古フランス語を経て中英語に入った.
派生語 **stúbbly** 形 刈り株だらけの, ひげなどが短くて固い.

stub·born /stʌ́bərn/ 形 〔一般語〕《軽蔑的》人が強情な,頑固な,頑迷な. その他 扱いにくい, 手に負えない, 病気などが治りにくい. また《良い意味で》意志や信念, 行動などが確固とした, 不屈の.
語源 中英語から.

stubby

用例 He is too *stubborn* to take my advice. 彼は強情っぱりだから，私の忠告を受け入れない/his *stubborn* opposition [resistance] to the plans 計画に対する彼の執拗な反対[抵抗].

類義語 stubborn; obstinate; persistent: **stubborn** は性格が生来頑固なこと．**obstinate** は善悪にかかわらず人の意見を無視して自分の意見や意志を貫く，厚かましいほどの頑固さを指す．**persistent** は我慢強く，あきらめないで断固としていること．

対照語 docile; adaptable.

【慣用句】(as) *stubborn as a mule* 手がつけられないほど頑固な，頑固一徹の．

【派生語】stúbbornly 副 頑固に，断固として，かたくなに．**stúbbornness** 名 ⓤ 頑固，強情，不屈．

stubby ⇒stub.

stuc·co /stákou/ 名 ⓤ 動 **本来的**〔一般語〕建物の外装のしっくい塗り，また塗り壁仕上げ用の化粧しっくい，スタッコ．動 として化粧する，しくいを塗る．

語源 イタリア語 *stucco* が初期近代英語に入った．

stuck /sták/ 動 stick² の過去・過去分詞．

stud¹ /stád/ 名 ⓒ **本来的**〔一般語〕 **一般義** 皮製品，木工品，道路などに打ったり埋め込んだりする飾りびょう，飾りくぎ，**その他** カラーやカフスの留めボタン，飾りボタン，車のタイヤのスタッド，【機】植込みボルト，【建】間柱(ﾏﾊﾞｼﾗ)．動 として（通例受身で）飾りびょうを打つ，ちりばめる．

語源 古英語 *studu* (=post; prop) から．

用例 Her engagement ring was *studded* with diamonds. 彼女の婚約指輪にはダイヤモンドがちりばめられていた．

stud² /stád/ 名 ⓒ 〔一般語〕 **一般義** 繁殖用の種馬．**その他** 馬の畜産場，飼育場，個人が所有する馬群，〔くだけた語〕セックス相手の若い男．

語源 「馬の飼育場」を意味する古英語 *stōd* から．

【複合語】stúdbòok 名 ⓒ 競走馬の血統台帳．

stu·dent /stjúːdənt/ 名 ⓒ **本来的**〔一般語〕 **一般義** 学生，生徒．**その他**〔形式ばった語〕特定の分野の研究者，研究家，学者，また（形容詞的に）学生の，見習いの．

語源 ラテン語 *studere* (=to study) の現在分詞が古フランス語を経て中英語に入った．

用例 He is a medical *student* at Oxford University. 彼はオックスフォード大学の医学生です/She is a *student* nurse. 彼女は看護実習生です．

類義語 student; pupil: **student** は《米》で小・中・高生および大学生，《英》では通例大学生のみ．《英》では小・中・高生には **pupil** を用いる．また成人であっても芸術関係で指導を受ける門下生や弟子には pupil を用いることがある．

【複合語】stúdent cóuncil 名 ⓒ《主に米》学生委員会．**stúdents' únion** 名 ⓒ《英》=student union．**stúdent téacher** 名 ⓒ 教育実習生．**stúdent únion** 名 ⓒ 大学の学生自治会，学生会館．

stu·dio /stjúːdiou/ 名 ⓒ 〔一般語〕画家や彫刻家，写真家の仕事場，アトリエ，工房，あるいは踊り，歌，演技などの練習場[室]やテレビ，ラジオの放送室，レコードの録音室，《通例複数形で》映画撮影所．またワンルームマンション．

語源 ラテン語 *studium* (=study) がイタリア語 *studio* (=room for study) を経て 19 世紀に入った．

【複合語】stúdio apártment [《英》**flát**] 名 ⓒ バス・トイレ・小キッチン付の一部屋のアパート，ワンルームマンション．**stúdio àudience** 名 ⓒ テレビの公開番組に参加する視聴者．**stúdio còuch** 名 ⓒ 寝台兼用ソファー．

stu·di·ous /stjúːdiəs/ 形〔形式ばった語〕よく勉強する，熱心な，調査などが念入りな，慎重な，また下心あっての，わざとらしい．

語源 ラテン語 *studium* (=study) から派生した *studiosus* から．

【派生語】stúdiously 副．

stud·y /stádi/ 動 **本来的** 名 ⓤⓒ 〔一般語〕 **一般義** 研究する，学ぶ．**その他** 調査する，調べる，観察する，熟考する．⑤ 勉強する，学習する，研究する．名 として研究，勉強，学習，また書斎，研究室，勉強部屋，あるいは研究課題[論文]，習作，試作，見本，典型，【楽】練習曲，エチュード．

語源 ラテン語 *studere* (=to be eager; to study) から派生した 名 *studium* が古フランス語 *estudie* を経て中英語に入った．動 は *studium* から派生した中世ラテン語 *studiare* から．

用例 He is *studying* economics. 彼は経済学を研究している[専攻している]/They *studied* a map. 彼らは地図を調べた/He's *studying* to be an engineer. 彼は技師になる勉強をしている/He spends all his evenings in *study*. 彼は夜の時間をすべて研究に費やしている/She has made a *study* of the habits of bees. 彼女は蜂の習性に関する研究をしてきた．

【慣用句】*in a brown study* 〔やや古風な表現〕思いにふけって．*under study* 検討[研究]中で．

【派生語】stúdied 形〔形式ばった語〕〔やや軽蔑的〕態度がわざとらしい，慎重すぎる．

【複合語】stúdy hàll 名 ⓒ 学校の自習室，自習時間．**stúdy pèriod** 名 ⓒ 時間割の中の自習時間．

stuff /stáf/ 名 ⓤ 動 **本来的**〔一般語〕 **一般義** 物質．**その他** 材料，原料，資料，話題や問題の物，物事，代物(ｼﾛﾓﾉ)，あるいは個人の物，持ち物，所持品，財産，〔くだけた語〕食物，飲物，がらくた，くず，〔俗語〕酒，薬(ｸｽﾘ)，現金(ｹﾞﾝﾅﾏ)，スケ，ギャル．また〔くだけた語〕本人の素質，才能，本性，本領，本質，作品などの本質的な面．動 として，物を詰めこむ，ふさぐ，詰め物をする，鳥や動物をはく製にする，人を食物で満たす，間違った考えを吹き込む．

語源 ゲルマン語起源の古フランス語 *estoffe* (=material) が中英語に入った．

用例 What is that black oily *stuff* on the beach? 海辺にあるあの黒い油のようなものはなんですか/Many shoes nowadays are made of plastic or similar *stuff*. 今日の靴の多くはプラスチックかそれと似たもので作られています/We've got quite a lot of *stuff* (=books etc) about the French Revolution. フランス革命について非常に雑多な資料を手に入れました/His drawer was *stuffed* with papers. 彼の引き出しは書類がぎゅうぎゅうに詰まっていた/The cook *stuffed* the chicken with sausage meat. 料理人はチキンにソーセージの肉を詰めた．

【慣用句】*do one's stuff* 本領を発揮する．*hot stuff* 非常に興味のある物[人]，非常に魅力のある女性．*kid's stuff* 朝飯前の事柄，お茶の子さいさい．*know one's stuff* 精通している，抜かりがない．*stuff and nonsense!* 〔古風な表現〕まったくくだらない，愚の骨頂．*that's the stuff!* そうだ，その調子だ，ずばり，その通り．*the hard stuff* ウイスキー．

【派生語】stúffed 形 詰め物をした，縫いぐるみの: **stuffed shirt** 中身がないのにうぬぼれが強く融通のきかない人. **stúffiness** 名 Ⓤ. **stúffing** 名 Ⓤ 詰めること, 詰め物: knock the *stuffing* out of ... こてんぱんにたたきのめす, 鼻っ柱をへし折る. **stúffy** 形 部屋が暑く風通しの悪い, 人や行事, 表現などが堅苦しい, 形式ばってつまらない.

stultification ⇒stultify.

stul·ti·fy /stʌ́ltəfaɪ/ 動 [本来他] 〔形式ばった語〕[一般義] 建設的な試みや努力などを台無しにする. [その他] ばからしく見せる, 無意味にする, 無効にする, 《法》精神異常のため法的に無能力を申し立てる.
[語源] ラテン語 *stulus* (=stupid) から派生した後期ラテン語 *stultificare* が18 世紀に入った.
[用例] The government's attempts at improving the country's economy were *stultified* by strikes. 政府の国内経済改善策はストライキによって台無しになった.
【派生語】stùltificátion 名 Ⓤ.

stum·ble /stʌ́mbl/ 動 [本来自] 名 Ⓒ 〔やや形式ばった語〕[一般義] つまずく, 転びそうになる. [その他] よろめく, よろよろ歩く 《along》. また話す時に口ごもる, どもる. 名 としてつまずき, よろめき, 失敗, しくじり.
[語源] おそらく古ノルド語 *stumla (=to stumble) から中英語に入った.
[用例] He *stumbled* over the edge of the carpet and fell. 彼はじゅうたんの縁につまずいてころんだ/He *stumbles* over his words when speaking in public. 彼は公衆の面前ではつかえながら話す.
【派生語】stúmbler 名 Ⓒ. **stúmblingly** 副.
【複合語】stúmbling blòck 名 Ⓒ 悩みの種, 行く手を阻む障害.

stump /stʌ́mp/ 名 Ⓒ 動 [本来自] [一般義] [一般義] 木の切り株や根株. [その他] 一般的に残りの部分, 鉛筆, ろうそくなどの使い残り, たばこの吸い殻, 歯の根, 切断した手, 足, 尾の基部, あるいは義足. またずんぐりした人, 重い足音[足どり], 《米》演説の際に切り株が台に使われたことから, 政治演説(会), 演壇の意. 動 として, 木や植物を切って切り株にする, 切り詰める, 土地から切り株を取り除く, 〔くだけた語〕人を困らせる, 努力や進歩を阻む. 自 不器用にどしんどしん音をたてて歩く, 重い足どりで歩く, 《米》遊説する.
[語源] 中期低地ドイツ語 *stump(e)* が中英語に入った.
[用例] He sat on a *stump* and ate his sandwiches. 彼は切り株の上に座ってサンドイッチを食べた/The problem *stumped* her. その問題が彼女を困らせた/He *stumped* angrily out of the room. 彼は怒ってどしんどしん音をたてて部屋を出て行った.
[慣用句] *stir one's stumps* 足を速く動かす, 急ぐ.
【派生語】stúmper 名 Ⓒ 難問, 政治演説者.

stun /stʌ́n/ 動 [本来他] 〔一般義〕[一般義] 驚きなどであぜんとさせ, びっくりさせる, 肝をつぶさせる. [その他] 本来は打撃などで気絶させる, 目を回させる.
[語源] 古フランス語 *estoner* (⇒astonish) が stonen, stunen として中英語に入った.
[用例] She was *stunned* to discover that her husband had left home. 彼女は夫が家を出てしまったことに気づき呆然(ぼうぜん)とした.
【派生語】stúnner 名 Ⓒ 〔くだけた語〕すてきな人[物], すごい美人. **stúnning** 形 〔くだけた語〕すてきな, すばらしい, びっくりさせるような.

stung /stʌ́ŋ/ 動 sting の過去・過去分詞.

stunk /stʌ́ŋk/ 動 stink の過去分詞.

stunner ⇒stun.

stunt[1] /stʌ́nt/ 名 Ⓒ 動 [本来他] 〔ややくだけた語〕[一般義] 大胆でけっこう見事な離れ技や妙技. [その他] 世間をあっと言わせるような人目を引く行動や目立つ行為, あるいは人気取り. 動 として離れ技を演ずる, 特に曲技飛行をする.
[語源] 不詳. 19 世紀から.
[慣用句] *pull a stunt* 危険で愚かなことをする.
【複合語】stúnt màn 名 Ⓒ 《映画》スタントマン.

stunt[2] /stʌ́nt/ 動 [本来他] 名 Ⓤ 〔一般語〕植物や動物などの成長[発育]を妨げる. 動 として発育阻害.
[語源] 古英語 *stunt* (=simple; foolish) が古ノルド語 *stuttr* (=short in stature; dwarfed) の影響で中英語以後意味が変化した.

stupefaction ⇒stupefy.

stu·pe·fy /stjúːpəfaɪ/ 動 [本来他] 〔形式ばった語〕(通例受身で)感覚を麻痺させる, あるいは仰天させる.
[語源] ラテン語 *stupefacere* (=to make senseless; *stupere* to be astonished + *facere* to make) が古フランス語を経て初期近代英語に入った.
[用例] I was completely *stupefied* by her behaviour. 私は彼女のふるまいを見てまったく仰天した.
【派生語】stùpefáction 名 Ⓤ 麻酔(状態), 仰天.

stu·pen·dous /stjuː(ː)péndəs/ 形 〔くだけた語〕予想をはるかに越えてあまりにも巨大な, 途方もない.
[語源] ラテン語 *stupere* (⇒stupid) から派生した *stupendus* が初期近代英語に入った.
【派生語】stupéndously 副.

stu·pid /stjúːpɪd/ 形 Ⓒ 〔一般語〕[一般義] 《軽蔑的》愚かな, 間抜けな, のろまな. [その他] 無感覚の, ぼうっとした, 物事がくだらない, 面白くない, いまいましい. 名 として〔くだけた語〕ばか, 間抜け.
[語源] ラテン語 *stupere* (=to be astonished) から派生した *stupidus* が古フランス語を経て中英語に入った.
[用例] Don't be *stupid*! 非常識なことをするな/He was (feeling) *stupid* from lack of sleep. 睡眠不足で彼は鈍感になっていた/a *stupid* mistake ばかな間違い.
[類義語] ⇒foolish.
【派生語】stupídity 名 Ⓤ 愚鈍, 愚考, 愚行. **stúpidly** 副. **stúpidness** 名 Ⓤ.

stu·por /stjúːpər/ 名 Ⓤ Ⓒ 〔形式ばった語〕[一般義] (単数形で)酒や麻薬, あるいはショックなどによる無感覚. [その他] 神経の麻痺や無気力, あるいは人事不省や茫然自失.
[語源] ラテン語 *stupere* (=to be astonished) から派生した *stupor* が中英語に入った.
[用例] She was in a *stupor* after she heard about the death of her husband. 彼女は夫の死の知らせを聞いてから茫然自失の状態であった.

stur·dy /stə́ːrdi/ 形 〔一般語〕[一般義] 《良い意味で》人や人体が元気でたくましい, 頑健な. [その他] 物ががっしりしていて頑丈な, 抵抗などが根強い, 勇気などが不屈の.
[語源] 「つぐみ」の意のラテン語 *turdus* に由来する俗ラテン語 **exturdire* (つぐみがぶどうの実を食べてふらふらになるように, 酔っぱらっている)が古フランス語に *estourir* として入り, その過去分詞 *estourdi* (=dazed) が「荒々しい」の意味で中英語に入った.

【派生語】**stúrdily** 副. **stúrdiness** 名 U.

stur・geon /stə́ːrdʒən/ 名 C 【魚】ちょうざめ(★その卵は塩漬けにしてキャビア(caviar(e))として珍重される)

[語源] ゲルマン語起源の古フランス語 *estourjon* が中英語に入った.

stut・ter /stʌ́tər/ 動 [本来自] C 〔一般語〕[一般義] 語(句)の初めの子音字を繰り返し言ってどもる. [その他] 機械などが断続的な音を出す, 銃が連続発射音を出す. 名 としてどもり癖.

[語源] ゲルマン語起源. 中英語 stutter から.

[類義語] stammer.

【派生語】**stútterer** 名 C. **stútteringly** 副 どもりながら.

sty[1] /stái/ 名 C 動 [本来他] 〔一般語〕[一般義] 豚小屋 (pigsty). [その他] 汚いイメージから, 不潔な部屋や汚い場所, さらに貧民窟や売春窟など. 動 として豚小屋に入れる, 豚小屋のような汚い家に泊める.

[語源] 古英語 stig (豚小屋) から.

sty[2], **stye** /stái/ 名 C 【医】麦粒腫(ばくりゅうしゅ), ものもらい.

[語源] 古英語 stīgend (=rising) から.

Stygian ⇒Styx.

style /stáil/ 名 CU 動 [本来他] 〔一般語〕[一般義] 様式, 型. [その他] 元来ろう引きの板に物を書くための尖筆のことで, 道具から転じて書き方を意味するようになり, さらに転じて表現法, 文体, 話し振りや習慣的な振舞い方, 流儀, 独特の生活様式, …の仕方, …風(スタイル), 服や髪などの型[スタイル], 流行の型, ファッション, さらに上流風な優雅さ, 上品さの意になった. また呼称, 肩書, 【印】印刷組み様式. 動 として…と名づける, 称する, …に様式[型]を与える, 服や髪を流行の型にする.

[日英比較] 英語では人の容姿や体つきには style を用いないで, figure を用いる: She has a good *figure*. あの子はスタイルがいい.

[語源] ラテン語 *stilus* (=stylus; style of writing) が古フランス語を経て中英語に入った.

[用例] You'll find several different *styles* of architecture in this street. この通りには色々と違った様式の建築があります/a formal *style* of writing [speaking] 改まった書き方[言い方]/It's not his *style* to flatter people. 人にへつらうようなやり方を彼は好まない/Have you seen the latest Paris *styles*? 最新のパリのファッションを見ましたか/She certainly has *style*. 彼女は確かに品が良い/Many Italian women have the right to *style* themselves 'countess'. イタリア女性は「伯爵夫人」と呼んでもらう権利がある人が多い/I'm going to have my hair cut and *styled*. 髪型を流行のものに切ってもらうつもりです.

【慣用句】 *in style* 流行して, 豪華に: do things *in style* ぱりっときめる.

【派生語】**stýlish** 形 流行の, 流行に合った, 上品な. **stýlist** 名 C 服飾, 装飾などのデザイナー, 名文家, 独自の文体や作風を用いる作家[作曲家]. **stylístic** 形 文体(上, 論)の. **stylístically** 副. **stylístics** 名 U 文体論, 表現法研究. **stýlize** 動 [本来他] 文体や表現などを型にはめる.

【複合語】**stýlebòok** 名 C 印刷業者や編集者のための活字便覧, 執筆便覧, 服飾などのスタイルブック.

sty・lus /stáiləs/ 名 C 〔複 **-li**/lai/〕〔一般語〕尖筆や鉄筆, またレコードプレーヤーの針.

[語源] ラテン語 *stilus* (⇒style) の変形. 18 世紀から.

sty・mie, sty・my /stáimi/ 名 C 動 [本来他] 【ゴルフ】グリーン上で他の球が自分の球とホールとのライン上にあること, スタイミー, またその妨害球 (★現在ではマーカーを置くことでどけてもらうことができる). 動 として〔くだけた語〕妨害する.

[語源] 不詳. 19 世紀から.

styp・tic /stíptik/ 形 名 C 【医】血管を収縮させて出血を止める, 収れん性の. 名 として止血剤.

[語源] ギリシャ語 *stuptikos* (=capable of contracting) がラテン語を経て中英語に入った.

【複合語】**stýptic péncil** 名 C ひげそり後の傷などに塗る口紅状の止血薬.

sty・rene /stáiəriːn/ 名 U 【化】スチレン, スチロール(★合成樹脂や合成ゴムの原料).

[語源] ラテン語 *styrax* (えごのきの樹脂)+-ene. 19 世紀から.

Sty・ro・foam /stáirəfoum/ 名 U 〔一般語〕発泡スチロール(★商標名).

Styx /stíks/ 固 〔the ~〕【ギ神】渡し守カロンが死者の魂を船にのせて渡った黄泉(よみ)の国の川, ステュクス川(★三途(さんず)の川に相当する).

【派生語】**Stýgian** 形 ステュクス川の, 黄泉の, 陰うつで暗い.

suave /swɑ́ːv/ 形 〔一般語〕[一般義] (やや軽蔑的な)男性の態度や話し振りなど表面上はいんぎんな, 人当たりがよくもの柔らかな. [その他] ぶどう酒や薬などが口当たりのよい, 仕上げなどがなめらかな.

[語源] ラテン語 *suavis* (=sweet) がフランス語を経て初期近代英語に入った.

【派生語】**suávely** 副. **suávity** 名 U.

sub /sʌ́b/ 名 C 動 [本来自] 〔くだけた語〕代用品, 代理人, 補欠(substitute). 潜水艦(submarine). 《米》地下鉄(subway). 会費(subscription), 《英》前払いの給料. 動 として, 人や物の代わりとなる (for).

sub- /sʌ́b, səb/ 接頭 「下, 下位, 副」「やや, ほぼ, 大体の」などの意. 例: subway (地下鉄); subeditor (副編集長); subcommittee (小委員会); subovate (ほぼ卵形の); suboxide (次[亜]酸化物).

[語法] 次にくる語の先頭の音によって次のように変化する. c /k/, f, g, m, p, r の時はそれぞれ suc-, suf-, sug-, sum-, sup-, sur- に, c /s/ の時は sus-, sp の時は su- となる.

[語源] ラテン語 *sub* (=under; below) から.

sub・al・tern /səbɔ́ːltərn|sʌ́bltən/ 名 形 〔一般語〕[一般義] 《英》【陸軍】大尉より下位の将校, 中尉, 少尉. [その他] 一般に従属的な地位にある, 副官(の), 属官(の), 部下(の).

[語源] 後期ラテン語 *subalternus* (ラテン語 *sub-* below+*alternus* alternate) が初期近代英語に入った.

sub・com・mit・tee /sʌ́bkəmìti/ 名 C 〔一般語〕分科委員会や小委員会.

sub・com・pact /sʌ̀bkɑ́mpækt|-s-/ 名 C 〔一般語〕《米》サブコンパクト(subcompact car) (★compact よりもひとまわり小さい. 日本では軽乗用車がこれにあたる).

sub・con・scious /sʌ̀bkɑ́nʃəs|-s-/ 形 〔一般語〕意識下の, 潜在意識の.

【派生語】**sùbcónsciously** 副. **sùbcónsciousness** 名 U.

sub·con·ti·nent /sʌ̀bkɑ́ntənənt|-ɔ́-/ 名 C 〔一般語〕亜大陸《★continent よりも小さいインド, グリーンランドなど》.

sub·con·tract /sʌ̀bkɑ́ntrækt|-ɔ́-/ 名 UC, /sʌ̀bkəntrǽkt/ 動 本来他 〔一般語〕下請け, 下請け契約. 動 として下請けする, 下請けに出す.
【派生語】**subcontractor** /-́-́-, ⹀-́-́/ 名 C 下請け人.

sub·cul·ture /sʌ́bkʌ̀ltʃər/ 名 C 〔一般語〕一つの文化あるいは同一社会の中での異文化集団, 下位文化.

sub·cu·ta·ne·ous /sʌ̀bkju(ː)téiniəs/ 形〔医〕注射, 脂肪などが皮下の.
語源 後期ラテン語 subcutaneus (ラテン語 sub- under + cutis skin) が初期近代英語に入った.

sub·di·vide /sʌ̀bdiváid/ 動 本来他 〔一般語〕小分けする, 細分する.
【派生語】**subdivísion** 名 U 小分け, 細分.

sub·due /səbdjúː/ 動 本来他 〔やや形式ばった語〕一般義 優秀な武力で暴徒などを征服する, 服従させる. その他 努力や訓練などによって克服する, 感情などを抑制する, また音や光, 色などを和らげる, 弱める.
語源 ラテン語 subducere (= to remove) が古フランス語を経て中英語に入り, ラテン語 subdere (= to subject) に意味が影響されたものと考えられる.
【派生語】**subdúed** 形 抑えられた, 和らげられた, 弱められた.

sub·ed·i·tor /sʌ̀béditər/ 名 C 〔一般語〕副主筆, 編集次長.

sub·group /sʌ́bgrùːp/ 名 C 〔一般語〕下位群や小群.

sub·head /sʌ́bhèd/ 名 C 〔一般語〕新聞や論説の記事などの小見出し, 論文や書物などの副題. 語法 sub-heading ともいう).

sub·hu·man /sʌ̀bhjúːmən/ 形 〔一般語〕《軽蔑的》人間として不完全な, 人間以下の,〔動〕霊長類が人間に近い, 類人の.

sub·ject /sʌ́bdʒikt/ 名 C 形, /səbdʒékt/ 動 本来他 〔一般語〕一般義 研究, 物語, 芸術作品などの題目, 主題, テーマ. その他 本来「何かの下に入れられたもの」の意で, 君主に従属し治められる家来, 臣下, またギリシャ哲学の影響で主体, 主体の意となり,〔文法〕主語, 主部, あるいは主題の意となった. さらに学校の教科, 科目, 不満や論争などのテーマということで, 原因, 対象, ...の種, テストなどの被験者を意味する. 形 として, 影響などを受けやすい, にかかりやすい, あるいは...を受ける必要がある, ...を条件とする《to》. 動 として服従させる, 従わせる, 人や物を...にさらす, 委ねる《to》, 人を苦しい目にあわせる.
語源 ラテン語 sub(j)icere (= to subject; sub- under + jacere to throw) の過去分詞 subjectus が古フランス語を経て中英語に入った.
用例 What was the *subject* of the debate? 討論の題目は何だったのですか/We are loyal *subjects* of the Queen. 我々は女王に忠誠を誓う臣下である/What are your favorite *subjects* at school? 学校で好きな科目は何ですか/I don't think her behaviour is a *subject* for laughter [blame]. 彼女の振舞いが笑いの種[非難のもと]であるとは思いません/He is *subject* to colds [infection]. 彼は風邪をひきやすい[感染しやすい]/He tries to *subject* his whole family to his will. 彼は家族全員を自分の思うがままに従わせようとしている.
【派生語】**subjéction** 名 U 〔形式ばった語〕征服, 服従, 支配された状態. **subjéctive** 形 主観的な(⇔ objective), 架空の,〔文法〕主語の: **subjective case** 主格. **subjéctively** 副 主観的に. **subjectívity** 名 U 主観性.
【複合語】**súbject màtter** 名 U 討論や研究の主題, テーマ. **súbject wòrd** 名 C〔文法〕主語.

sub·join /sʌbdʒɔ́in|sʌ́bdʒɔ̀in/ 動 本来他〔形式ばった語〕書類などの終りに追加する, 増補する.

sub ju·di·ce /sʌ̀b dʒúːdisi/ 形〔法〕審理中で, 未決で.
語源 ラテン語(= under a judge)が初期近代英語に入った.

sub·ju·gate /sʌ́bdʒugeit/ 動 本来他 〔形式ばった語〕征服する, 服従させる, また動物などを飼いならす, 気持ちを抑える.
語源 ラテン語 subjugare (= to subdue; sub- under + jugum yoke) が中英語に入った.
【派生語】**subjugátion** 名 U.

sub·junc·tive /səbdʒʌ́ŋktiv/ 形 名 C〔文法〕仮定法(の), 叙想法(の).
語源 ラテン語 subjungere (= to subjoin) の過去分詞 subjunctus から派生した subjunctivus が初期近代英語に入った. 原意は「従属節に属するもの」.
関連語 indicative; imperative.
【複合語】**subjúnctive mòod** 名《the ~》仮定法, 叙想法.

sub·lease /sʌ́bliːs/ 名 C, /-́-́/ 動 本来他 〔一般語〕また貸し(する), また借り(する).

sub·let /sʌ́blèt/ 動 本来他, /-́-́/ 名 UC 〔一般語〕また貸しする. 名 として転貸[借], 転貸[借]用の家.

sub·lieu·ten·ant /sʌ̀bluːténənt|-léftén-/ 名 C 〔一般語〕《英》海軍中尉.

sub·li·mate /sʌ́bləmeit/ 動 本来他, /-mit/ 〔形式ばった語〕高尚にする, 純化する,〔化·心理〕昇華させる. 形 として高められた, 昇華された. 名 として昇華物.
語源 ラテン語 sublimare (= to elevate) の過去分詞 sublimatus が中英語に入った.
【派生語】**sùblimátion** 名 U.

sub·lime /səbláim/ 形 本来他 〔形式ばった語〕一般義 崇高な, 気高い, 荘厳な. その他 この上ない, すばらしい,《皮肉》ひどい, とんでもない. 動 として高める,〔化〕昇華させる[する].
語源 ラテン語 sublimare (= to elevate) が古フランス語を経て中英語に入った. 形 は初期近代英語から.
【派生語】**sublímely** 副. **sublímity** 名 U 荘厳(なもの).

sub·lim·i·nal /sʌ̀blímənəl/ 形〔心〕刺激や認識物が小さかったり短時間だったりして人の意識にのぼらない, テレビのコマーシャルなどを瞬間的に挿入して潜在意識に働きかける.
語源 ラテン語 sub- (= below) + limen (= threshold) から 19 世紀に造語された. 原意は「(意識の)境界の下」.

sublimity ⇒sublime.

sub·ma·chine gun /sʌ̀bməʃíːn gʌ̀n/ 名 C 〔一般語〕軽機関銃.

sub·ma·rine /sʌ́bməriːn/ 名 C, /-́-́/ 動 本来他

形〔一般語〕潜水艦（語法 sub と略される），またロールパンに長い切れ目を入れてハム，レタス，チーズ，トマトなどを挟んだサンドイッチ，サブマリン(サンド)（語法）別名 grinder; hero; hoagie; Italian sandwich; poor boy; sub; torpedo など．動 として潜水艦で攻撃する．自 潜航する．形 として海中にある，海中[底]で成長する．

【派生語】sùbmaríner 名C 潜水艦乗組員．

sub·merge /səbmə́ːrdʒ/ 動 本来他〔やや形式ばった語〕一般義 船，岩，土地などを水中に沈める．その他 水や他の液体などで覆い隠す，比喩的に苦境に埋没させる．自 潜水艦などが潜航する．

語源 ラテン語 *submergere* (*sub-* under + *mergere* to immerge) が初期近代英語に入った．

【派生語】submérgence 名U．submérsible 形 潜水できる．名C 科学調査用の潜水艇．submérsion 名U 潜水，浸水，冠水，沈没．

submission ⇒submit.
submissive ⇒submit.

sub·mit /səbmít/ 動 本来自〔一般語〕一般義 書類などを提出する，提示する．その他〔形式ばった語〕…ではないかと申し出る，提議[提起]する．自 優勢な力，当局，他人の意志などに屈伏する，服従する，甘受する《to》．

語源 ラテン語 *submittere* (= to place under; *sub-* under + *mittere* to throw) が中英語に入った．

用例 The committee members were asked to *submit* proposals on this matter. 委員会の委員たちはこの件に関して案を提出するように求められた/I *submit* that the witness is lying. 私は証人がうそを述べているという意見を提示いたします/I refuse to *submit* (myself) to his control. 私は彼の支配に従うことを拒否する．

【派生語】submíssion 名UC 服従，柔順，書類などの提出，提示．submíssive 形 服従する，柔順な．submíssively 副．submíssiveness 名U．

sub·nor·mal /sʌ̀bnɔ́ːrməl/ 形〔やや形式ばった語〕正常[普通]以下の，IQ が 70 以下の低知能の．

sub·or·di·nate /səbɔ́ːrdənit/ 形C, /-neit/ 動 本来他〔形式ばった語〕一般義 下(級)の，従属の．名 として部下，下役，《文法》従属節[語, 句]．動 として服従させる，優先させる．

語源 ラテン語 *subordinare* (*sub-* under + *ordinare* to put in order) の過去分詞 *subordinatus* が中英語に入った．

用例 These questions are *subordinate* to the main problem. これらの問題は主要問題に付随している/She constantly *subordinated* her own wishes to the children's welfare. 彼女は常に自分の望みよりも子供たちの幸福を優先した．

【派生語】subórdinately 副．subòrdinátion 名U．subórdinative 形．

【複合語】subórdinate cláuse 名C《文法》従属節．subórdinate conjúnction 名C《文法》従位[属]接続詞．

sub·orn /səbɔ́ːrn /sʌ-/ 動 本来他〔形式ばった語〕賄賂(ﾜｲﾛ)を贈って人をそそのかす，買収する，《法》証人に偽証させる．

語源 ラテン語 *subornare* (*sub-* secretly + *ornare* to furnish) が初期近代英語に入った．

【派生語】sùbornátion 名U．

sub·plot /sʌ́bplɑt /-plɔt/ 名C〔一般語〕小説，劇，映画などのわき筋．

sub·poe·na /səbpíːnə/ 名C 動 本来他《法》召喚状．動 として，人を召喚する，文書や証拠を裁判所に提出させる．

語源 召喚状の最初の文句であるラテン語 *sub poena* (= under penalty) が中英語に入った．

sub·scribe /səbskráib/ 動 本来自〔一般語〕一般義 新聞，雑誌などの予約購読をする，定期購読する《to》．その他 本来文書に署名するの意で，署名して同意する，寄付者名簿に署名して寄付の約束をする．他 としても用いられる．

語源 ラテン語 *subscribere* (= to write underneath; *sub-* under + *scribere* to write) が中英語に入った．

【派生語】subscríber 名C．súbscript 形 下側に書いた．名C 下付文字《★O₂ の 2 など》．subscríption 名UC 予約購読(期間), 予約金, 寄付申し込み, 寄付金, 署名, 同意, 会費．

sub·sec·tion /sʌ́bsèkʃən/ 名C〔一般語〕小区分，下位区分．

sub·se·quent /sʌ́bsikwənt/ 形〔形式ばった語〕事件や出来事などに続いて起る《to》，時間的にあるいは順序があとの，その次の．

語源 ラテン語 *subsequi* (= to follow closely; *sub-* close to + *sequi* to follow) の現在分詞 *subsequens* (= following on) が古フランス語を経て中英語に入った．

用例 His misbehaviour and *subsequent* dismissal from the firm was reported in the newspaper. 彼の不品行とそのあとの会社からの解雇は新聞で報じられた．

【派生語】súbsequently 副 それに続いて，その後．

subservience ⇒subservient.

sub·ser·vi·ent /səbsə́ːrviənt/ 形〔一般語〕卑屈な，へつらう，従属的な，重要度の劣る．

語源 ラテン語 *subservire* (= to serve) の現在分詞 *subserviens* (= complying with) が初期近代英語に入った．

用例 He is always *subservient* to the owner of the firm. 彼はいつも社長にへつらっている．

【派生語】subsérvience 名U．

sub·set /sʌ́bsèt/ 名C《数》部分集合．

sub·side /səbsáid/ 動 本来自〔一般語〕一般義 あらし，騒音，激情などが静まる，和らぐ．その他 洪水の水やはれものなどが引く，土地などが沈下する，建物などが地中に落ち込む，〔くだけた語〕いすなどにぐったりと腰を下ろす《into》．

語源 ラテン語 *subsidere* (*sub-* down + *sidere* to settle) が初期近代英語に入った．

【派生語】subsidence /səbsáidns, sʌ́bsidəns/ 名U 陥没，沈下．

subsidiarity ⇒subsidiary.

sub·sid·i·ar·y /səbsídieri|-diəri/ 形C〔一般語〕補助の，副次的な，従属的な，また付随する《to》．名 として補助的なもの[人]，子会社《⇔parent company》．語源 ラテン語 *subsidium* (⇒subsidy) から派生した *subsidiarius* (= supporting) が初期近代英語に入った．

【派生語】sùbsidiárity 名U 権力分散，地方分権．

subsidize ⇒subsidy.

sub·si·dy /sʌ́bsədi/ 名CU〔一般語〕政府が交付す

sub・sist /səbsíst/ 【本来自】〔形式ばった語〕**存在する，存続する，生存する**，最低の水準でやっと暮らしていく．

[語源] ラテン語 *subsistere* (=to stand firm; *sub-* up + *sistere* to cause to stand) が初期近代英語に入った．

[用例] They *subsist* mainly on eggs, bread and milk. 彼らは主に卵とパンとミルクで暮らしている．

【派生語】**subsístence** 名 U 生存, 生活, 生計.

sub・soil /sʌ́bsɔil/ 名 U 動【本来他】〔土壌〕表土の下の**下層土，底土**(そこ)．動 として底土を掘り起こす．

sub・son・ic /sʌ̀bsɑ́nik/-sɔ́n-/ 形 〔一般語〕**音速以下の**，**亜音速の**(⇔supersonic)．

sub・spe・cies /sʌ́bspi:ʃi(:)z/ 名 C〔複 ~〕〔生〕**亜種**．

sub・stance /sʌ́bstəns/ 名 CU〔一般語〕[一般義] 一定の性質をもっている**物質**，**物**．[その他] 本来「下にあるもの」の意で，〔形式ばった語〕**実在するもの，実体，本質**，転じて**内容，要旨，概要，真意，資力，財産**，また麻薬などの有害な薬物の意．

[語源] ラテン語 *substare* (=to stand firm; *sub-* under + *stare* to stand) の現在分詞 *substans* の派生形 *substantia* (=essence) が古フランス語を経て中英語に入った．

[用例] Rubber is a tough, stretchy *substance* obtained from the juice of certain plants. ゴムはある植物の樹液から得られる丈夫で伸縮性のある物質である／What was the *substance* of his speech? 彼の演説は何を述べようとしていたのですか／He appears to be a man of *substance*. 彼は資産家のようだ．

【慣用句】***in substance*** 実質的に，大体において，事実上．

sub・stand・ard /sʌ̀bstǽndərd/ 形 〔一般語〕**標準以下の，規格外の**，〔言〕使用者の語法や発音が**標準的でない**．

sub・stan・tial /səbstǽnʃəl/ 形 〔一般語〕[一般義] **量，程度，価値などがかなりの，相当な**．[その他] 本来は仮想や想像でなく**実体のある，実在する**の意で，転じて**物質の，実質的な，本質的な**，食事が**中身のある**，構造や建物が**しっかりした，頑丈な**，人が**実力のある**，物が**価値のある，重要な**などの意．

[語源] ラテン語 *substantia* (⇒substance) から派生した後期ラテン語 *substantialis* が中英語に入った．

[用例] the real *substantial* world 現実の実在する世界／That meal was quite *substantial*. その食事はずいぶんたっぷりあった．

【派生語】**substántially** 副．

sub・stan・ti・ate /səbstǽnʃieit/ 動【本来他】〔形式ばった語〕[一般義] **実証する**．[その他] **実体化する，具体化する**．

[語源] ラテン語 *substantia* (⇒substance) から派生した後期ラテン語 *substantiare* の過去分詞 *substantiatus* が初期近代英語に入った．

【派生語】**substàntiátion** 名 U 実証，裏付．

substantival ⇒substantive.

sub・stan・tive /sʌ́bstəntiv/ 形 〔形式ばった語〕[一般義] **実質的な，重要な**．[その他] 存在が独立の，自立の，地位や肩書きが**永続的な**，〔法〕**明文化された**．名 として〔古風な語〕名詞または代名詞，**実詞**．

[語源] ラテン語 *substantia* (⇒substance) から派生した後期ラテン語 *substantivus* が中英語に入った．

【派生語】**substantíval** 形 〔文法〕**名詞の**．

sub・sta・tion /sʌ́bstèiʃən/ 名 C〔一般語〕**支局**，**分局**，また**変電所**．

sub・sti・tute /sʌ́bstitju:t/ 動【本来他】名 C〔一般語〕**物や人の代わりに…を使う**(for)．**代わりになる**．名 として**代わり，代替物，代用品，代理，補欠**，〔形容詞的に〕**代用の，代理の**．

[語源] ラテン語 *substituere* (=to put in place of; *sub-* under + *statuare* to place) の過去分詞 *substitutus* が中英語に入った．

[用例] If you cannot go yourself, please find someone to *substitute* for you. あなた自身が行かれなければ，代わりの人を誰か見つけてください／Soya beans are widely used as a *substitute* for meat. 大豆は肉の代用品として広く使われている．

【派生語】**substitútion** 名 U C 代用すること，代用した物〔結果〕，代理，〔数〕代入，〔化〕置換．**sùbstitútional** 形．**sùbstitútionally** 副．**sùbstitútive** 形．

sub・stra・tum /sʌ́bstreitəm | səbstréitəm, -áː-/ 名 C〔複 -ta /-tə/, ~s〕〔一般語〕**下層，基層，物事の土台，基礎**．

[語源] ラテン語 *substernere* (=to spread under) の過去分詞 *substratus* から派生した近代ラテン語 *substratum* が初期近代英語に入った．

sub・struc・ture /sʌ́bstrʌ̀ktʃər/ 名 C〔一般語〕**土台を形成する下部構造**，**基礎**や**土台**(⇔superstructure)．

sub・sys・tem /sʌ́bsistəm/ 名 C〔一般語〕**下部[下位]組織，下部体系**．

sub・teen /sʌ̀btí:n/ 名 C〔くだけた語〕《米・カナダ》**サブティーン**(★12歳以下の子供，特に女子)．

sub・ten・ant /sʌ̀bténənt/ 名 C〔一般語〕**家，土地のまた借り人，転借人**．

sub・ter・fuge /sʌ́btərfjù:dʒ/ 名 CU〔形式ばった語〕《悪い意味で》**逃げ口上，口実，ごまかし**．

[語源] ラテン語 *subterfugere* (*subter* secretly + *fugere* to flee) から派生した後期ラテン語 *subterfugium* が初期近代英語に入った．

sub・ter・ra・ne・an /sʌ̀btəréiniən/ 形 〔形式ばった語〕**地中の，地下の**，所在や行動が**秘密の**．

[語源] ラテン語 *subterraneus* (=underground; *sub-* under + *terra* earth) が初期近代英語に入った．

sub・ti・tle /sʌ́btàitl/ 名 C〔一般語〕[一般義] 書物などの**副題**．[その他]《複数形で》外国映画やサイレント映画の画面上に出す**字幕**，**スーパー**．[類義語] caption.

sub・tle /sʌ́tl/ 形 〔形式ばった語〕[一般義]《良い意味で》**何とも言えないような，微妙な**．[その他] 感覚が**繊細で，鋭敏な**．また《悪い意味で》**巧妙で手の込んだ，狡猾な**．

[語源] ラテン語 *subtilis* (=finely woven) が古フランス語を経て中英語に入った．

[用例] These flowers have a *subtle* perfume. これらの花にはかな香りがする．

【派生語】**súbtlety** 名 UC 微妙さ，明敏さ，細かい区別; In this dictionary there is no room to include all the *subtleties* of meaning for each word. この辞書には各語に対する細かい意味の区別をすべて入れる余地はありません. **súbtly** 副.

sub·to·pi·a /sʌbtóupiə/ 名 UC 〔一般語〕《主に英》《軽蔑的》景観を損ねるような郊外新興住宅地.

sub·top·ic /sʌ́btɑpik/ 名 C 〔一般語〕大きな題目の下の小題目, 小主題.

sub·tract /səbtrǽkt/ 動 本来他 〔一般語〕引く, 減ずる, 引き算する.
[語源] ラテン語 *subtrahere* (= to draw from beneath; *sub*- under + *trahere* to draw) の過去分詞 *subtractus* が初期近代英語に入った.
[用例] If you *subtract* 5 from 8, 3 is left. 8 から 5 を引くと 3 が残る.
【派生語】**subtráction** 名 U 引き算.

sub·trop·i·cal /sʌ̀btrɑ́pikəl/ 形 〔一般語〕亜熱帯(性)の.

sub·urb /sʌ́bəːrb/ 名 C 〔一般語〕都市の近郊地区, 《the ～s》大都市への通勤圏内周辺地域, 郊外.
[語源] ラテン語 *suburbium* (*sub*- near + *urbs* city) が古フランス語を経て中英語に入った.
[用例] Edgebaston is a *suburb* of Birmingham. エッジバストンはバーミンガムの郊外にある/commuters from the *suburbs* 郊外からの通勤者.
【派生語】**subúrban** 形 郊外の. **subúrbanite** 名 C 郊外居住者. **subúrbia** 名 U《軽蔑的》都市の郊外(居住者).

sub·ven·tion /səbvénʃən/ 名 C 〔形式ばった語〕学校などの教育機関に与えられる政府からの助成金, 一般に援助, 補助, 保護.
[語源] ラテン語 *subvenire* (= to come to the help of) から派生した *subventio* (= assistance) が古フランス語を経て中英語に入った.

subversion ⇒subvert.
subversive ⇒subvert.

sub·vert /səbvə́ːrt/ 動 本来他 〔形式ばった語〕国家や体制などをくつがえす, 滅亡させる, 道徳などを腐敗させる.
[語源] ラテン語 *subvertere* (= to turn from beneath; *sub*- from below + *vertere* to turn) が古フランス語を経て中英語に入った.
【派生語】**subvérsion** 名 U. **subvérsive** 形 体制などを破壊する, 打倒する. C 破壊活動家.

sub·way /sʌ́bwei/ 名 C 動 本来自 〔一般語〕《米》地下鉄, 《英》道路横断用の地下道. 動 として《米》地下鉄に乗って行く.
[語法]「地下鉄」は《英》underground, 〔くだけた語〕tube, パリなどヨーロッパの諸都市では metro.
[用例] Don't wait for a bus — go by *subway*. バスを待たずに地下鉄で行きなさい.

suc·ceed /səksíːd/ 動 本来自 〔一般語〕[一般義] 何かに成功する(in), 計画などうまく行く.[その他] 本来物事が後に続く, 続いて起こる, 王位権, 称号などを継承[相続]する(to). 他 物事に続く, 地位や財産などを継ぐ, 相続する.
[語源] ラテン語 *succedere* (= to follow after; *sub*- near + *cedere* to go) が古フランス語を経て中英語に入った.「後に続く」「物事がうまく続く」「成功する」のように変化した.
[用例] He *succeeded* in persuading her to do it. 彼は彼女にそうしなさいと説得することに成功した/Our new teaching methods seem to be *succeeding*. 我々の新しい教え方がうまくいっているようです/Elizabeth *succeeded* to the throne in 1952. エリザベスは 1952 年に王位を継承した/The cold summer was *succeeded* by a stormy autumn. 冷夏の次には嵐の吹き荒れる秋が来た.
[反意語] fail.
【派生語】**succéeding** 形 続いて起こる, 次の(⇔preceding).

suc·cess /səksés/ 名 UC 〔一般語〕成功, 上首尾, 合格, また好結果, 成功した物事, 成功者.
[語源] ラテン語 *succedere* (⇒succeed) の過去分詞 *successus* が初期近代英語に入った.
[用例] He has achieved great *success* as an actor [in his career]. 彼は役者として[自分の職業で]大成功を収めた/His first two novels were both *successes*. 彼の書いた最初の二冊の小説はどれも好評だった.
【派生語】**succéssful** 形 成功した, 好結果を収めた, 出世した, 試験に合格した. **succéssfully** 副 首尾よく, うまく, 成功して. **succéssfulness** 名 U.
【複合語】**succéss stòry** 名 C 立身出世物語.

suc·ces·sion /səkséʃən/ 名 CU 〔一般語〕[一般義]《単数形で単数または複数扱い》連続, 続き.《(単数形で単数または複数扱い)》王位などの継承(権), 地位, 身分, 財産などの相続(権)(to), 後継者[後任]になること,《生態》ある植物[動物]相が他の相に変わる遷移.
[語源] ラテン語 *succedere* (⇒succeed) の派生形 *successio* が中英語に入った.
[用例] a *succession* of failures [victories; bad harvests] 相継ぐ失敗[勝利, 不作]/The Princess is fifth in (order of) *succession* to the throne). 王女は(王位)継承権の順番では第 5 位である.
【慣用句】*in succession* 連続して.
【派生語】**succéssive** 形 連続する, 続いての, 次々に続く. **succéssively** 副.
【複合語】**succéssion dùty** 名 C 相続税(inheritance tax).

suc·ces·sor /səksésər/ 名 C 〔一般語〕後継者, 後任, また相続者, 王位などの継承者.
[語源] ラテン語 *succedere* (⇒succeed) の派生形. 中英語に入った.

suc·cinct /səksíŋkt/ 形 〔形式ばった語〕簡潔な, 簡明な.
[語源] ラテン語 *succingere* (= to tuck up; *sub*- below + *cingere* to gird) の過去分詞 *succinctus* が中英語に入った.
【派生語】**succínctly** 副. **succínctness** 名 U.

suc·cor,《英》**-cour** /sʌ́kər/ 名 U 動 本来他 〔文語〕救助, 援助. 動 として救助[援助]する.
[語源] ラテン語 *succurrere* (= to run to the help of) の過去分詞 *succursus* が古フランス語を経て中英語に入った.

suc·co·tash /sʌ́kətæʃ/ 名 U 〔一般語〕《米·カナダ》むき豆(lima bean)ととうもろこしのごった煮.
[語源] アメリカ東部の先住民の言葉より. 18 世紀から.

suc·cour /sʌ́kər/ 名 《英》=succor.

suc·cu·bus /sʌ́kjubəs/ 名《複 -bi/bai/, ～es》〔一般語〕睡眠中の男と交わるといわれる女の悪魔.
[語源] ラテン語 *succubare* (= to lie down) から派生した後期ラテン語 *succuba* (= prostitute) が incubus

succulence ⇒succulent.

suc·cu·lent /sÃkjulənt/ 形 C〔形式ばった語〕果実や肉などが**汁気の多い**, ジューシーな, 植物の葉や茎が**多肉の**. 名 C **多肉植物**.
語源 ラテン語 sucus (=juice; sap) の派生形 succulentus が初期近代英語に入った.
【派生語】**succulence** 名 U.

suc·cumb /səkÃm/ 動 本来他〔形式ばった語〕誘惑, 病気, 老衰など自分の気力や意志には抗しがたいものに**屈する**, 病気や老衰などで**死ぬ**《to》.
語源 ラテン語 succumbere (=to lie down under) が古フランス語を経て中英語に入った.
用例 She succumbed to temptation and ate the chocolate. 彼女は誘惑に屈し, そのチョコレートを食べてしまった.

such /sÃtʃ, 弱 sətʃ/ 形 副 代〔一般語〕そのような, そんな. 副 としてそんなに, 非常に, そんなふうに. 代 として《語または文を受けて》そのようなもの[人], こういったもの[人], **大変なもの**.
語法 形容詞, 副詞の such の語順は次のようになる. such+a [an]+(形容詞)+単数名詞, such+(形容詞)+複数名詞または不可算名詞, some [any; many; all; no; other]+such+(形容詞)+名詞. so の場合は, so+ 形容詞+a [an]+ 単数名詞, so many [much; few]+ 名詞. ただし such+a [an]+ 単数名詞に比べると, so+形容詞+a [an]+単数名詞は形式ばった表現になる.
語源 古英語 swilc (=such) から.
用例 His sculptures should be kept in such a place as on art gallery or museum. 彼の彫刻は美術館とか博物館のような場所で保管されるべきだ/The news gave me such a shock. そのニュースは大変なショックでした/That man dropped some rubbish on the street — such people should be severely punished. あの男は道にゴミを落とした. こういった連中は厳罰にするべきだ/Mathematics was not interesting. (=That) Tom's opinion before he was taught by Mrs. White. 数学はおもしろくなかった. それはトムがホワイト先生から教わる前の受け取り方だった《語法 such は補語》.
慣用句 **... and such** ...など. **as such** そういう人[物]として, いわゆる, 一般的に理解されているような, 厳密な意味で, それ自体: He is an important man, and likes to be treated as such. 彼は重要人物で, そのような人として扱ってもらいたがっている. **such and such** しかじかの, かくかくの, だれだれ. **such as ...** たとえば.... **such as it is [was]** 内容や質などの悪いことを弁解して, お粗末ですが, たいしたものではないが. **such that ...** 〔形式ばった表現〕...のようなもので, 大変なもので: His anger was such that he lost control of himself. 彼の怒りは大変なもので自分を抑えきれなくなってしまった《語法 強調のときは such が文頭に来て Such was his anger that he lost control of himself. となる》.
【派生語】**súchlìke** 形 このような(もの).

suck /sÃk/ 動 本来他 名 C〔一般語〕一般義 液体や気体などを**吸う, すする, 吸い込む**. その他 口に当てて**吸う**, 固形物, 指などを**なめる**. 比喩的に《通例受身で》人を事件などに**巻き込む, 引き込む**. 自 乳房やパイプなどを**吸う**《at》, 乳などを吸うときに**ちゅうちゅう音を立てる**, 〔俗語〕**おべっかをつかう, へつらう**《up》, 〔俗語〕《米》**不快である, むかむかする**. 名 として吸うこと, しゃぶること, **吸引(力), 吸い込む音**.
語源 古英語 sūcan (=to suck) から.
用例 A plant sucks up moisture from the soil. 植物は土から水分を吸い上げる/The vacuum cleaner sucked up all the dirt from the carpet. 掃除機がじゅうたんからごみをすべて吸い取った/Did you suck your thumb when you were a child? 子供のころ親指をしゃぶりましたか/Sometimes a mother has difficulty in getting her baby to suck (at the breast). ときに母親は赤ん坊に乳を吸わせられないことがある.
【派生語】**súcker** 名 C **乳飲み子**, **吸引装置**, **吸入管**, 植物の**吸根[枝]**, たこなどの**吸盤**, 《魚》**ぬめりぎい**, 棒つきあめ, 人が好し, ...が好きでたまらない人. **súcking** 形 **吸う**, 《軽蔑的》**乳離れしない**, 乳臭い.

suck·le /sÃkl/ 動 本来他〔形式ばった語〕女性あるいは雌の動物が胸や乳首から子に**乳を飲ませる**, 子を**育てる**.
語源 suck+-ling の suckling からの逆成と考えられる. 中英語から.
【派生語】**súckling** 名 C **乳児**, 幼い獣.

su·crose /sú:krous/ 名 U《化》**蔗糖**(ﾄｳ).
語源 フランス語 sucre (=sugar)+-ose「...糖」. 19世紀から.

suc·tion /sÃkʃən/ 名 U〔一般語〕**吸うこと, 吸い込み, 吸引力**.
語源 ラテン語 sugere (=to suck) の 名 suctio が初期近代英語に入った.
【複合語】**súction cùp** 名 C 壁などに物を着けるための**吸着カップ**. **súction pùmp** 名 C **吸い上げポンプ**.

Su·dan /su(:)dǽn/ 名 固《the ~》**スーダン**《★アフリカの共和国》.
【派生語】**Sùdanése** 形 **スーダン(人)の**. 名 C《複 ~》**スーダン人**.

sud·den /sÃdn/ 形 U〔一般語〕一般義 物事の発生が予測なしの, **突然の, 不意の**. その他 性質, 状態, 角度などが**急変する**, 物事の進行や処置が**急速な, 短時間の, 応急の**. 名 としては慣用句のみ.
語源 ラテン語 subire (=go stealthily; sub- secretly+-ire to go) の過去分詞 subitus が古フランス語を経て中英語に入った.
用例 The enemy made a sudden attack. 敵は不意に襲ってきた/There was a sudden bend in the road. 道路は急に曲がった/His decision to get married is rather sudden! 彼が結婚を決心したのはかなり急だ.
慣用句 **(all) of [on] a sudden** 急に, だしぬけに.
【派生語】**súddenly** 副. **súddenness** 名 U.
【複合語】**súdden déath** 名 UC **急死**, 《スポ》先に得点した側が勝者となる方式, **サドンデス**.

suds /sÃdz/ 名《複》《ややくだけた語》石けんや洗剤が溶けて水に浮かぶ**泡, 石けん水**, また〔俗語〕《米・カナダ》**ビール(の泡)**.
語源 中期オランダ語 sudse (=marsh) からと思われる. 初期近代英語に入った.
【派生語】**súdsy** 形 **泡立った**.

sue /sú:/ 動 本来他〔一般語〕人を相手取って法に基づいた**訴訟を起こす, 告訴する**. 自〔形式ばった語〕和平や調停などを**懇願する**《for》.

suede, suède /swéid/ 名 U 〔一般語〕子やぎの皮の裏をけば立ててビロード状に柔らかくしたスエード革，またスエード革まがいの織物.
[語源] フランス語の *gants de Suède* (=gloves from Sweden) より．19 世紀から．

suer ⇒sue.

su·et /sjú:it/ 名 U 〔料理〕牛，羊などの腰や腎臓のあたりの硬い脂(あぶら).
[語源] ラテン語 *sebum* (獣脂) が古フランス語を経て中英語に入った．

Su·ez /su:éz|sú:iz/ 名 固 スエズ《★エジプト北東部，運河南端の港市》.
[派生語] **Súez Canál** 名 (the ~) スエズ運河《★地中海と紅海を結ぶ運河》.

suf·fer /sʌ́fər/ 動 本来他 〔一般語〕一般義 損害などをこうむる，苦しみなどを経験する，損害を受ける．その他〔形式ばった語〕〔主に否定文で〕…に耐える，忍ぶ，我慢する，〔文語〕…することを許す，させておく《to do》．自 長期間または慢性的な病気を患う《from》，損害を受ける，傷つく，悩む，罰を受ける，成績が悪くなる．
[語源] ラテン語 *sufferre* (*sub-* under + *ferre* to bear) が古フランス語 *souffrir* を経て中英語に入った．
[用例] The army *suffered* enormous losses. 軍隊は莫大な損失をこうむった／I'll *suffer* this rudeness no longer. この無礼さにはもうこれ以上我慢できない／She *suffers* from cold feet. 彼女は冷え性で足がつめたい／The crash killed him instantly ― he didn't *suffer* at all. その衝突で彼は即死した．全然苦しまなかった．
[類義語] ⇒bear.
[派生語] **súfferable** 形. **súfferance** 名 U 忍従，忍耐，苦痛，苦悩，許容，黙認: **on sufferance** 黙認されて，大目に見られて．**súfferer** 名 C 苦しむ人，患者．**súffering** 名 U 苦しむこと，苦しみ，苦痛．

suf·fice /səfáis/ 動 本来自 〔形式ばった語〕ある物やある事をするのに十分足りる．他 …の必要を満たす．
[語源] ラテン語 *sufficere* (*sub-* under + *facere* to do) が古フランス語を経て中英語に入った．
[用例] Two bottles of wine will *suffice* for lunch. 昼食にはワインが 2 本もあれば十分でしょう．
【慣用句】**Suffice it to say that …** …と言えば十分であろう，…とだけ言っておく．

sufficiency ⇒sufficient.

suf·fi·cient /səfíʃənt/ 形 〔形式ばった語〕ある必要を満たすのに十分な，…に足りる《for》.
[語源] ラテン語 *sufficere* (⇒ suffice) の現在分詞 *sufficiens* が中英語に入った．
[用例] We haven't got *sufficient* food to feed all these people. この人たち全員に食べさせるような食料が十分にない／Will you be *sufficient* for your needs? これで，あなたの必要としているものに十分満足がいきますか．
[類義語] ⇒enough.

[派生語] **sufficiency** 名 U 十分に足りること，《a ~》十分な量《資金》．**sufficiently** 副 十分に．

suf·fix /sʌ́fiks/ 名 C 動 本来他 〔文法〕接尾辞(としてつける).
[語源] ラテン語 *suffigere* (=to fasten beneath; to attach) の過去分詞の中性形 *suffixum* から．18 世紀から．
[対照語] prefix.

suf·fo·cate /sʌ́fəkeit/ 動 本来他 で窒息死させる，ガスや煙で呼吸困難にさせる，息を詰まらせる．自 暑さや空気の薄さであえぐ．
[語源] ラテン語 *suffocare* (=to choke; *sub-* down + *fauces* throat) の過去分詞 *suffocatus* が中英語に入った．
[用例] A baby may *suffocate* if it sleeps with a pillow. 赤ん坊は枕で寝ると窒息死するかもしれない．
[派生語] **suffocátion** 名 U. **súffocating** 形 息が詰まりそうな，自由を妨げる．

suf·frage /sʌ́fridʒ/ 名 UC 〔やや形式ばった語〕公的な選挙における投票権，選挙権，参政権，《複数形で》【キ教】祈祷(きとう)書の中のとりなしの祈り．
[語源] ラテン語 *suffragium* (=vote; political support) が古フランス語を経て中英語に入った．
[用例] women's *suffrage* 婦人参政権．

suf·fuse /səfjú:z/ 動 本来他 〔やや形式ばった語〕色，光，涙などがしだいに広がって覆う．
[語源] ラテン語 *suffundere* (=to overspread; *sub-* underneath + *fundere* to pour) が初期近代英語に入った．
[用例] Her eyes were *suffused* with tears. 彼女の目は涙でいっぱいだった．
[派生語] **suffúsion** 名 U 覆うこと，みなぎること，充満，顔などの紅潮．

sug·ar /ʃúgər/ 名 UC 動 本来他 〔一般語〕一般義 砂糖．その他 物に含まれる糖(分)，《化》蔗糖(しょとう)．単位をつけて砂糖一さじ，角砂糖一個，あるいは砂糖つぼの意．動 として砂糖を振りかける[入れる]，甘くする，何かを口に合うものにする，物事を受け入れやすくする，人のご機嫌を取る．
[語源] アラビア語 *sukkar* が中世ラテン語，古フランス語を経て中英語に入った．
[用例] Do you take *sugar* in your tea? 紅茶に砂糖を入れますか／She *sugared* the strawberries well. 彼女はいちごに十分砂糖をふりかけた．
[派生語] **súgarless** 形. **súgary** 形 砂糖の入った，砂糖のような，べたべたする，甘ったるい，涙もろさが鼻につく．

[複合語] **súgar bèet** 名 CU 〔植〕てんさい，砂糖大根．**súgar cándy** 名 U 《英》氷砂糖(rock candy). **súgarcàne** 名 U さとうきび．**súgarcòat** 動 本来他 糖衣をかける，うわべをよくする．**súgarcòated** 形 糖衣をかけた，口あたりをよくした．**súgar dáddy** 名 C 若い女性に金を出して歓心を買う年配の金持の男，パトロン．**súgar máple** 名 C 〔植〕さとうかえで．**súgarplùm** 名 C 小さな砂糖菓子，甘言，わいろ．**súgar tòngs** 名《複》角砂糖ばさみ．

sug·gest /səgdʒést/ 動 本来他 〔一般語〕一般義 自分の考えや計画を相手に控えめに**提案する**，…してはどうかと言い出す．その他 はっきりとは言わないで相手に気づかせるようにそれとなく言う，ほのめかす，また物事が…を暗示する，連想させる，思いつかせる．

[語法] 人や to 不定詞を目的語にしない. ...ing または that ... を用いる.
[語源] ラテン語 *suggerere* (*sub-* under+*gerere* to carry) の過去分詞 *suggestus* が初期近代英語に入った.
[用例] I *suggest* doing it a different way. それを違ったやり方で行うことを提案します/Are you *suggesting* that I'm too old for the job? あなたは私がその仕事に対して年をとりすぎているとでもおっしゃっているのですか/His attitude *suggests* that he isn't really interested. 彼の態度からすると, 実際は興味がないようだ.
[語法] 間接話法の伝達動詞として用いられることがある: She said, "Let's go for shopping."=She *suggested* (that) we (should) go for shopping. 買物に行きましょうと彼女は言った.
[類義語] suggest; imply; hint; insinuate: **suggest** は連想によって間接に考えを伝えること. **imply** は suggest に近いが, 言葉に表されていないことが suggest よりももっと論理的かつ密接に関係されていること. **hint** は明白な事実を最小限に提示すること. **insinuate** は不愉快な考えを陰険な手段で伝えること.
【派生語】**suggéstible** 形 〔形式ばった語〕暗示にかかりやすい. **suggéstion** 名 ⓊⒸ 提案, 示唆, 注意のめかし, 暗示, 連想, 〔通例単数形で〕...の様子, 気味, 気配 (of). **suggéstive** 形 示唆に富む, 暗示的な, 刺戟的な. **suggéstively** 副.

suicidal ⇒suicide.
su·i·cide /súːəsaid/sjúː)i-/ 名 ⓊⒸ 動 本来自 〔一般語〕自殺, 自殺者, 自殺行為, 自滅. 動 として自殺する.
[語源] 近代ラテン語 *suicidium* (*sui* of oneself+*-cidium* killing) が初期近代英語に入った.
[用例] They committed (a) double *suicide*. 彼らは心中した.
【派生語】**suicídal** 形 自殺の, 自殺行為の, 命にかかわるような, 自殺をやりかねないような.
【複合語】**súicide squàd** 名 Ⓒ 特攻隊, 決死隊.

suit /sjúːt/ 名 Ⓒ 動 本来他 〔一般語〕洋服の一そろい, スーツ, あるいは背広 (★同じ生地の上着 (jacket) とズボン (trousers) のそろい (two-piece suit), それにチョッキ (vest) を加えた三つぞろい (three-piece suit) をいう). その他 元来「後に続くこと, 従者」の意で, 追い求めることから, 懇願, 請願, 裁判での告訴, 訴訟, また続くものの意で, 一連のもの, 一組, トランプのスペード・ハート・ダイヤ・クラブの 13 枚組のいずれかの組, ドミノの同じ数字の組のそろい, 一組の持札, 駒, ゲーム用模造貨幣. 動 として人が物事を...に適合させる, 合わせる (to), 衣服などが...に合う, 物事が...に適す, ちょうどよい, 都合よい. 自 好都合である.
[語源] 俗ラテン語 *sequere* (=to follow) の女性形過去分詞 *sequita* が古フランス語 *sieute* (=act of following; retinue) を経て中英語に入った.
[用例] He was wearing a tweed *suit* with a checked pattern. 彼はチェック模様のツイードのスーツを着ていた/He won [lost] his *suit*. 彼は勝訴[敗訴]した/He adapted his speech to his audience. 彼は自分の話を聴衆に合わせてしゃべった/Long hair *suits* her. 彼女には長い髪が似合っている/The work [climate] *suits* me very well. その仕事[気候]は私にとても合っている.
[慣用句] *follow suit* 先に出された札と同じ組の札を出す, 先例にならう, 人真似をする. *in one's birthday suit* 裸で. *suit ... down to the ground* ...の好みにぴったり合っている. *suit one's actions to one's words* 約束や脅迫で言ったことはすぐに実行する. *suit oneself* 好き放題にする.
【派生語】**sùitabílity** 名 Ⓤ 適当, 適合性. **súitable** 形 適当な, 適切な, 都合のよい. **súitableness** 名 Ⓤ. **súitably** 副. **súited** 形 ...に合った (to; for), 〈複合語で〉...の服を着た. **súiting** 名 Ⓤ (洋)服地. **súitor** 名 Ⓒ 〔やや古語〕求婚者, 〔法〕原告 (plaintiff).
【複合語】**súitcàse** 名 Ⓒ 旅行かばん, スーツケース.

suite /swíːt/ 名 Ⓒ 〔一般語〕一組, 一そろい, 一そろいの家具, 従者[随員]の一行, 〔ホテル〕寝室, 居間, 浴室などが付いた高級な一続きの部屋, スイートルーム, 〔楽〕組曲, 〔コンピューター〕総合ソフトウェア, パッケージ.
[語源] フランス語 *suite* が初期近代英語に入った. suit と同源.

suitor ⇒suit.
sul·fa drug /sálfə drʌ̀g/ 名 Ⓒ 〔薬学〕サルファ剤.
[語源] sulfa(nilamide)+drug. 20 世紀から.

sulfate ⇒sulfur.
sul·fur, sul·phur /sálfər/ 名 Ⓤ 〔化〕硫黄 (★元素記号 S).
[語源] ラテン語 *sulfurem* (=brimstone) が古フランス語を経て中英語に入った.
【派生語】**súlfate, súlphate** 名 ⓊⒸ 硫酸塩. 本来他 硫酸と化合させる, 硫酸で処理する. **súlfide, súlphide** 名 ⓊⒸ 硫化物. **sulfúric, sulphúric** /sʌlfjúərik/ 形 特に 6 価の硫酸の: *sulfuric acid* 硫酸. **súlfurous, súlphurous** 形 特に 4 価の硫黄の, 硫黄色の, 地獄の火のように熱い, 恐ろしい.

sulk /sálk/ 名 Ⓒ 動 本来自 〔一般語〕特に子供がすねる(こと), ふくれ面(をする).
[語源] 形 sulky からの逆成語. sulky の語源は不詳. 19 世紀から.
[用例] have [be in] the sulks すねている.
【派生語】**súlkily** 副. **súlkiness** 名 Ⓤ. **súlky** 形 子供がすねた, むっつりした, 不機嫌な, 天候などがうっとうしい. 名 Ⓒ レース用の一人乗り一頭立て二輪馬車.

sul·len /sálən/ 形 〔一般語〕寡黙で社交性がなくむっつりした, 無愛想な, また不機嫌な, 陰気な, 比喩的に川の流れなどがゆるやかな.
[語源] ラテン語 *solus* (=alone) から派生した古フランス語 *soltain* (=solitary) がアングロフランス語を経て中英語に入った.
【派生語】**súllenly** 副. **súllenness** 名 Ⓤ.

sul·ly /sáli/ 動 本来他 〔文語〕名誉や名声などをけがす, 台無しにする.
[語源] 古フランス語 *souiller* (=to soil) から初期近代英語に入った.

sulphate ⇒sulfur.
sulphide ⇒sulfur.
sulphur ⇒sulfur.
sulphuric ⇒sulfur.
sulphurous ⇒sulfur.
sul·tan /sáltən/ 名 Ⓒ 〔一般語〕イスラム教国の君主, スルタン, サルタン, また 〈the S-〉 昔のトルコ帝国.
[語源] アラビア語 *sultan* (=ruler) が中世ラテン語, フランス語を経て初期近代英語に入った.

【派生語】**sultana** /sʌltǽnə|-áː-/ 名 C スルタンの王妃(母, 姉, 妹, 娘), また種なし(干し)ぶどうの一種. **súltanate** 名 C スルタンの位, スルタン領.

sul･try /sʌ́ltri/ 形 〔一般語〕 一般義 むし暑い, うだるような暑さの. その他 〈悪い意味で〉女性が官能的な, 扇情的な.
語源 swelter (暑さにうだる) の異形 sulter より. 初期近代英語から.
用例 I think it's going to rain — it's so *sultry*. 雨が降ると思う. 非常に蒸し暑いから/a *sultry* movie star みだらな感じがする映画スター.
【派生語】**súltrily** 副. **súltriness** 名 U.

sum /sʌ́m/ 名 C 動 本来義 〔一般語〕 一般義 《the ~》数や金額の合計. 本来は最高段階や頂点の意で, 古代ローマでは計算の合計を最上段に書く習慣があったことから「合計」の意となった. また《時に複数形で単数扱い》ある金額, あるいは計算(問題), 《複数形で》教科としての算数, さらに抽象的な事柄の総体, 意見などの要点や概要を意味する. 動 として合計する, 要約する. 他 合計...になる.
語源 ラテン語 *summus* (= highest) の女性形 *summa* が古フランス語を経て中英語に入った.
用例 The *sum* of 12, 24 and 11 is 47. 12 と 24 と 11 の合計は 47 です/It will cost an enormous *sum* to repair the swimming pool. プールをなおすには莫大な金額が必要だろう/My children are better at *sums* than I am. 私の子供たちは私よりも計算が得意だ/He told me a long story, the *sum* of which was that he hadn't had time to do the work. 彼は長々と話したが, 要点はその仕事をする時間が彼にはなかったということだった.
類義語 sum; total: **sum** は個々の合計, すなわち小計とも言うべき合計を指すのに対し, **total** は全てを含んで一つにまとまった合計であることを強調する. しかし, 総計であることを明確にするときは the sum [grand] total という表現を用いることの多いである.
【慣用句】 **do sums** 算数の問題を解く, 計算する. ***in sum*** 要するに. ***sum up*** ...をまとめる, 要約する. ***to sum up*** 要約すれば.
【派生語】**summátion** 名 CU 要約, 摘要, 合計(すること), 《法》最終弁論.
【複合語】**súmming-úp** 名 C (複 **summings-up**) 要約, 《法》審議概略説明. **súm tótal** 《the ~》総計. **súm-úp** 名 〈くだけた語〉要約.

summarize ⇒summary.

sum･ma･ry /sʌ́məri/ 名 C 形 〔一般語〕 要約, 概要. 形 として手短な, かいつまんでの, 要約の, 《法》裁判が略式の, 〔形式ばった語〕遅れることなく実行された, 即決の.
語源 ラテン語 *summa* (⇒sum) から派生した中世ラテン語 *summarius* (=comprising the principal parts) が中英語に入った.
用例 A *summary* of his speech was printed in the newspaper. 彼の演説の要旨が新聞に載っている/Any workers who does not obey the regulations faces *summary* dismissal. 規則に従わない労働者は即座に解雇される.
【派生語】**súmmarily** 副. **sùmmarizátion** 名 U. **súmmarize** 動 本来自 要約する, 簡潔に述べる.

summation ⇒sum.

sum･mer /sʌ́mər/ 名 UC 動 本来自 〔一般語〕 一般義 夏. その他 物事の最盛期, 人生の盛り, 〔文語〕《複数形で》特に若者の年齢, 《天文》夏至から秋分までの夏季. 形 として夏, 用, 向きの, 種子が春蒔きの. 動 として夏を過ごす. 他 家畜を夏に放牧する.
語法 this summer や next summer のように前置詞を伴わずに副詞句として用いられる.
語源 古英語 sumor (=summer) から.
用例 This plant has a blue flower in *summer*. この植物は夏に青い花が咲く/It happened in the *summer* of 1937. それは 1937 年の夏に起こった/This has to be done by the *summer* (= the summer of this year). これは今年の夏までに完成しなければならない.
【派生語】**súmmery** 形 夏の, 夏らしい, 夏向きの.
【複合語】**súmmer hólidays** 名 (複) 《英》夏休み(《米》 summer vacation). **súmmerhòuse** 名 C 庭園の中のあずまや, 亭. **súmmer hóuse** 名 C 夏の別荘. **súmmer schòol** 名 CU 夏期学校《大学》, 夏期講習会. **súmmer sólstice** 名 《the ~》夏至 (⇔winter solstice). **súmmertìme** 名 U 夏季. **súmmer time** 名 U 《英》夏時間(《米》daylight saving time). **súmmer vacátion** 名 C 《米》夏休み.

sum･mit /sʌ́mit/ 名 C 〔一般語〕 一般義 先進国首脳会議, サミット(summit conference). その他 本来は山の頂上の意で, 政府の最高位(の者), 各国の首脳を指す. また〔形式ばった語〕《the ~》抽象的に物事の絶頂や到達できる最高の段階やレベル, 頂点.
語源 ラテン語 *summus* (=highest) に由来する古フランス語 *som* (=top) の指小辞 *som(m)ete* が中英語に入った.
用例 They reached the *summit* at midday. 彼らは正午に頂上に着いた/At the age of thirty he was at the *summit* of his powers as a composer. 30 歳のとき彼は作曲家としての力を最高に発揮していた.
類義語 peak.
【複合語】**súmmit cónference** 名 C 首脳会議 《語法》単に summit ともいう).

sum･mon /sʌ́mən/ 動 本来他 〔形式ばった語〕 一般義 特に被告人や証人として, 人を裁判所への出頭を命じる, 召喚する. その他 審議や法律制定などのために人または会議を召集する, また勇気や力などを奮い起こす.
語源 ラテン語 *summonere* (=to remind secretly; *sub-* secretly + *monere* to remind) が古フランス語 *somondre* を経て中英語に入った.
用例 He was *summoned* to appear in court on a charge of careless driving. 不注意運転の容疑で彼は裁判所に出頭を命じられた/A meeting was *summoned* immediately. すぐに会議が召集された.
【慣用句】***summon up*** 記憶などを呼びおこす, 支持などを取りつける.
【派生語】**súmmons** 名 C (複 ~**es**) 呼び出し, 召集, 《法》出頭命令, 召喚状, 《軍》降伏勧告. 動 本来他 《しばしば受身で》呼び出す, 法廷などへ召喚する.

sump /sʌ́mp/ 名 C 〔一般語〕 一般義 汚水だめ. その他 自動車などの内燃機関の油だめ, 鉱山の抗底で集める排水だめ, 集水孔, 比喩的に不潔な場所, 掃きだめ.
語源 中期オランダ語 *somp* (=marsh) が初期近代英語に入った.

sump･tu･ar･y /sʌ́mptʃueri|-tjuəri/ 形 〔形式ばっ

た語)《限定用法》法令や規則などがぜいたく禁止の, 費用節減の.
[語源] ラテン語 *sumptus* (=expense) から派生した *sumptuarius* が初期近代英語に入った.

sump·tu·ous /sʌ́mptʃuəs/ 形 〔形式ばった語〕極めて高価な, 豪華な, ぜいたくな.
[語源] ラテン語 *sumptus* (=expense) から派生した *sumptuosus* (=costly) が古フランス語を経て初期近代英語に入った.
【派生語】**súmptuously** 副. **súmptuousness** 名 U.

sun /sʌ́n/ 名 CU 動 本来用 〔一般語〕 一般義 (the ~) 太陽, 日《語法》特定の状態をいうときには不定冠詞がつく). その他 自ら光を発する天体, 恒星. また《通例 the ~》日光, 日差し, 日なた, 比喩的に〔文語〕人や物が太陽のような存在, 暖かさ, 輝き, 栄光, 人の全盛の意. 動 として 日光にあたる. 日なたぼっこをする.
[語源] 古英語 sunne (=sun) から.
[用例] The *Sun* is nearly 150 million kilometers away from the Earth. 太陽は地球から約1億5千万キロメートルのかなたにある/This room gets the *sun* in the mornings. この部屋は午前中たっぷり光が入ります/The *sun* has faded the curtains. 日差しでカーテンが色あせた/He's *sunning* himself in the garden. 彼は庭で日光浴をしている.
【慣用句】*a place in the sun* 日の当たる場所, 有利な立場. *catch the sun* 日焼けする. *in the sun* 日なたで[の], 衆目の中で(⇔in the shade). *under the sun* この世で(in the whole world).
【派生語】**sunless** 形 日の当たらない. **súnnily** 副. **súnniness** 名 U. **súnny** 形 太陽の(ような), 日が当たって明るい, 陽気な: **sunny side** (the ~) 日の当たる側/**sunnyside-up** (米)卵が目玉焼きの 《★両面焼きは over easy という》.
【複合語】**súnbàked** 形 天日で固まった, 太陽が照りつける. **súnbàth** 名 C 日光浴. **súnbàthe** 動 本来自 日光浴する. **súnbàther** 名 C. **súnbèam** 名 C 日光(光線). **súnblìnd** 名 C 窓の外側の日よけ. **súnbònnet** 名 C 日よけ帽. **súnbùrn** 名 C 本来自 日焼け(する). **súnbùrned, súnbùrnt** 形 日焼けした. **súnbùrst** 名 C 雲間からもれる強い日差し, 旭日を形どったブローチ. **sún dèck** 名 C 上甲板, 日光浴のできる区域. **súndìal** 名 C 日時計. **súndòwn** 名 U (米)日没(時). **súndòwner** 名 C 《オーストラリア方言》日暮れに宿を求める放浪者,《英》日暮れ時に飲む酒. **súndrènched** 形 太陽が照りつける. **súnfìsh** 名 C《魚》まんぼう. **súnflòwer** 名 C ひまわり. **súnglàsses** 名《複》サングラス. **sún-gòd** 名 C 太陽神. **súnlàmp** 名 C《医》太陽灯. **súnlìght** 名 U 日光. **súnlìt** 形 日に照らされた, 日がさす. **sún lòunge** 名 C (英)=sun parlor. **sún pàrlor** 名 C (米)サンルーム. **sún pòrch** 名 C ベランダ(風)のサンルーム, サンポーチ. **súnray làmp** 名 C =sunlamp. **súnrìse** 名 UC 日の出. **súnròof** 名 C 自動車のサンルーフ. **súnsèt** 名 UC 日の入り, 日没. **súnshàde** 名 C 日傘, 日よけ, 女性用のひさし帽. **súnshìne** 名 U 日光, 陽気. **súnshìny** 形. **súnspòt** 名 C 黒点. **súnstròke** 名 U 日射病. **súntàn** 名 C 日焼け. **súntànned** 形 健康的な日焼けをした. **súntràp** 名 C 日だまり. **súnùp** 名 U (米)=sunrise. **sún vìsor** 名 C 自動車の日よけ板, サンバ

イザー. **sún wòrship** 名 U 太陽崇拝, 日光浴好き. **sún wòrshipper** 名 C.

Sun. 《略》=Sunday.

sun·dae /sʌ́ndi, -dei/ 名 C 〔一般語〕サンデー《★アイスクリームの上にシロップをかけて果物やナッツなどを添えたもの》.
[語源] Sunday の変形. 日曜日に売れ残ったアイスクリームのことと考えられるが詳細は不明. 19世紀末から.

Sun·day /sʌ́ndi, -dei/ 名 C 形 〔一般語〕日曜日(の) (略 Sun., Su., S. と略す).
[語法] 通例冠詞をつけずに前後関係で, この前の日曜日か, この次の日曜日の意味になる. また前置詞をつけずに last や next を伴って副詞句で用いられる.
[語源] 古英語 Sunnandæg から. ラテン語 *dies solis* (=sun's day) の訳.
[用例] We'll meet on *Sunday*. 私たちは(こんどの)日曜日に会います/I went to London the *Sunday* before last. 私はこの先々週の日曜日ロンドンへ行きました/I go to church on *Sundays*. 私は毎週日曜日に教会へ行きます.
【複合語】**Súnday bést** 名 C =Sunday clothes. **Súnday clóthes** 名《複》(the [one's] ~) 晴れ着. **Súnday páinter** 名 C 日曜[素人]画家. **Súnday schòol** 名 UC キリスト教の教会の日曜学校.

sun·der /sʌ́ndər/ 動 本来他 〔文語〕分ける, 切り離す. 名 として (in ~で) ばらばらに.
[語源] 古英語 sundrian (二つに分ける) から.

sun·dry /sʌ́ndri/ 形 C 〔一般語〕《限定用法》種々さまざまの, 雑多の. 名 として 《複数形で》雑貨, 雑品, 雑件.
[語源] 古英語 syndrig (=separate) から.

sung /sʌ́ŋ/ 動 sing の過去分詞.

sunk /sʌ́ŋk/ 動 sink の過去分詞.

sunk·en /sʌ́ŋkən/ 形 〔一般語〕《限定用法》水中や水底に沈んだ, 周りより一段と低くなった, くぼんだ.
[語源] sink の過去分詞.

su·per /súːpər/ 形 副 名 〔くだけた語〕 一般義 すばらしい, とびきり上等な. その他 〔一般語〕製品が高性能の, 起大型の, 程度や内容が極端な, 極度の. 副 として 非常に, 極度に. 名 として 定員外の人, 臨時雇い, エキストラ(supernumerary), アパートの管理人(superintendent), スーパー(マーケット)(supermarket)など.
[語源] =super-.
[用例] You look *super* in your new clothes! 新しい服を着たあなたの姿はすばらしいわ.

su·per- /súːpər/ 接頭 〔一般語〕形容詞, 動詞, 名詞について「上, 上位」「過度, 超越, 超…」「極度の」などの意を表す.
[語源] ラテン語 super (=over; above; on top of) から.
[対照語] sub-.

superabundance ⇒superabundant.

su·per·a·bun·dant /sjùːpərəbʌ́ndənt/ 形 〔形式ばった語〕多すぎる, あり余る.
【派生語】**sùperabúndance** 名 U.

su·per·an·nu·ate /sjùːpərǽnjueit/ 動 本来他〔やや形式ばった語〕老年, 病弱のため恩給を与えて退職させる.
【派生語】**sùperánnuated** 形 退職した, 老朽化した,〔くだけた語〕旧式の, 時代遅れの. **sùperànnuátion** 名 U 老年退職, 退職手当[手金].

su・perb /sjupˈɚːb/ 形 〔一般語〕スケールの大きさや技巧などが**最高にすばらしい, とびきり上等な**, 建物などが**壮麗な, 堂々とした**.

[語源] ラテン語 *superbus* (=superior; arrogant) が古フランス語を経て初期近代英語に入った.

【派生語】supérbly 副.

su・per・charge /sjúːpɚtʃɑ̀ːrdʒ/ 動 本来他 〔一般語〕自動車などの内燃機関に**過給する, 与圧する**.

【派生語】súperchàrger 名 C 過給機.

su・per・cil・i・ous /sjùːpɚsíliəs/ 形 〔形式ばった語〕**人を見下す, 傲慢な, 尊大な**.

[語源] ラテン語 *supercilium* (=eyebrow; *super-* over+*cilium* eyelid) から派生した *superciliosus* が初期近代英語に入った.「まゆをつり上げる」から「傲慢な」の意になった.

【派生語】sùpercíliously 副. sùpercíliousness 名.

su・per・e・go /sjùːpəriːgou/ -égou/ 名 UC 〔精神分析〕**超自我, 上位自我** (★幼時期におもに親から受けた教えなどが無意識に働く良心).

[語源] ドイツ語 *Über-ich* (*über* over+*ich* I) の訳. 20世紀から.

su・per・fi・cial /sjùːpɚfíʃəl/ 形 〔やや形式ばった語〕〔一般義〕(しばしば軽蔑的)**表面的な, 深みのない, 薄っぺらな**. その他 本来は〔形式ばった語〕**表面の, 外側の**.

[語源] ラテン語 *superficies* (=surface) の派生形 *superficialis* が中英語に入った.

[用例] He has only a *superficial* knowledge of the subject. 彼はその問題についてはほんの上辺だけのことしか知らない/a *superficial* wound 外傷.

【派生語】sùperficiálity 名 UC. sùperfícially 副.

su・per・fi・cies /sjùːpɚfíʃiːz/ 名 C 《複 ~》〔形式ばった語〕**表面, 外面, 外観**.

[語源] ラテン語 *superficies* (*super-* over+*facies* face) が初期近代英語に入った.

su・per・fine /sjùːpɚfáin/ 形 〔一般語〕〔一般義〕**極めてきめ細かい**. その他 **極上の, 飛び切りの, あまりにも上品すぎる**.

superfluity ⇒superfluous.

su・per・flu・ous /sjupˈɚːrfluəs/ 形 〔やや形式ばった語〕**余分な, 不必要な, むだな**.

[語源] ラテン語 *superfluere* (=to overflow) の派生形 *superfluus* (=overflowing) が中英語に入った.

[用例] Why don't you go for a walk if you have so much *superfluous* energy? そんなにあり余る元気があるなら散歩でもしてきたらどうですか.

【派生語】sùperflúity 名 UC. supérfluously 副. supérfluousness 名 U.

su・per・high fre・quen・cy /sjúːpɚhài fríːkwənsi/ 名 C 〔無線〕**超高周波**, センチメートル波 (★周波数 3,000～30,000 メガヘルツ; SHF, shf と略す).

su・per・high・way /sjùːpɚháiwei/ 名 C 〔一般語〕(米)中央分離帯のある**高速(自動車)道路**((英) motorway).

su・per・hu・man /sjùːpɚhjúːmən/ 形 〔やや形式ばった語〕**超人的な, 人間業(わざ)でない, 神業の**.

su・per・im・pose /sjùːpɚimpóuz/ 動 本来他 〔やや形式ばった語〕あるものを何かの上にのせる, **重ねる**, また何かに**加**する, **添える**, 〖写・映〗**二重焼き付けする**(on; upon).

[用例] This photographic effect is obtained by *superimposing* one photograph on another. この写真の効果は1枚の写真を別のもう1枚の上にのせて得られるものです.

【派生語】sùperimposítion 名 U.

su・per・in・tend /sjùːpərinténd/ 動 本来他 〔形式ばった語〕仕事, 従業員, 施設などを**管理する, 監督する**.

[語源] 後期ラテン語 *superintendere* (=to oversee) が初期近代英語に入った.

【派生語】sùperinténdence 名 U. sùperinténdent 名 C 仕事, 施設, 企業などの**監督者**, 管理者, 長官, 局長, 所長, 部長など, 〈主に米・カナダ〉建物の管理人, (英)**警視**, (米)**警視監**.

su・pe・ri・or /sjupíəriɚ/ 形 C 〔一般語〕〔一般義〕**優れた**地位, 重要性, 品質などが他のものより**高い**, 優れた (to). その他 絶対的な意味で, **優秀な, 上等な, 高級な, 多量(多数)の**, また(悪い意味で)**偉そうな, 優そうにし見せかける**. さらに《述語用法》苦痛や甘言などに**左右されない, 動じない**(to), 〖印〗**上付きの, 肩文字の**, 〖解〗他の器官の上に付いたなど. 名 として, 地位, 立場が上の人, **上役, 上司**, 〖キ教〗**修道院長** 〖語法〗大文字で始め, 名詞の後につけられる, あるいは**上付き数字[文字], 肩文字**.

[語法] 「…よりも…」の用法では, junior, senior, inferior などと同じく, than ではなく to を用いる. また比較の意味を強める場合には, very ではなく much *superior* や far *superior* とする.

[語源] ラテン語 *superus* (=situated above; upper) の比較級. 中英語に入った.

[用例] This carpet is far *superior* (to that one) in quality. このじゅうたんは(あのじゅうたんよりは)ずっと質がいい/The enemy attacked us in *superior* numbers. 敵は我々に勝る数で攻撃してきた/Don't be so *superior*. あんまり偉そうにするな/The servant was dismissed for being rude to her *superiors*. その女性の使用人は上の人たちに対して無礼だったので解雇された.

[反意語] inferior.

【派生語】sùperióriority 名 U **優れていること, 優位, 優越(感)**: superiority complex 〖心〗**優越感[コンプレックス]** (⇔inferiority complex).

Su・pe・ri・or /sjupíəriɚ/ 名 個 **スペリオル湖** (★米国とカナダの国境にある湖で五大湖の一つ).

su・per・jet /sjúːpɚdʒèt/ 名 C 〔一般語〕**超音速ジェット機**.

su・per・la・tive /sjupˈɚːrlətiv/ 形 名 C 〔一般語〕品質や技術などが**最高**の, 最上の, 〖文法〗**最上級** として《複数形で》**誇張した表現, 大げさな言い方**, 〖文法〗《the ~》**最上級**.

[語源] ラテン語 *superferre* (=to carry over) の過去分詞 *superlatus* (=extravagant) から派生した後期ラテン語 *superlativus* が古フランス語を経て中英語に入った.

【派生語】supérlatively 副. supérlativeness 名 U.

【複合語】supérlative degrée 名 U 〖文法〗**最上級**.

su・per・man /sjúːpɚmæn/ 名 C 〔一般語〕**善悪を超越した完全無欠な超人** 《★ニーチェの哲学より》, 〔く

だけた語〕超人的な能力のある人.
[語源] ドイツ語 *Übermensch* の訳. 20 世紀から.

su·per·mar·ket /sjúːpərmàːrkit/ 名 C スーパー(マーケット).

su·per·nal /sjupə́ːrnəl/ 形 〔形式ばった語〕天(上)の, 神の, また崇高な, 卓越した.
[語源] ラテン語 *supernus* (=situated above; upper) が古フランス語を経て中英語に入った.
【派生語】**supérnally** 副.

su·per·nat·u·ral /sjùːpərnǽtʃərəl/ 形 〔一般語〕超自然の, 神秘的な, 不可解な. 名 として《the ~》超自然現象, 神秘.
【派生語】**sùpernáturalism** 名 U. 超自然性, 超自然の信仰. **sùpernáturally** 副. **sùpernáturalness** 名 U.

su·per·nu·mer·ar·y /sjùːpərnjúːmərèri | -mərəri/ 形 〔形式ばった語〕定数[定員]外の, 名 として余分な人[物], 臨時雇, 〔米〕〔劇〕エキストラ.
[語源] 後期ラテン語 *supernumerarius* (*super*- over + *numerus* number) が初期近代英語に入った.

su·per·pow·er /sjúːpərpàuər/ 名 C 〔一般語〕超大国.

su·per·scribe /sjúːpərskràib/ 動 本来他 〔一般語〕...の上に書く, 手紙の上書きを書く.
[語源] ラテン語 *superscribere* (*super*- over + *scribere* to write) が中英語に入った.
【派生語】**súperscript** 形 名 C 〔印〕上付きの(数字[文字]), 肩文字の(superior). **sùperscríption** 名 上書き, 表題, 銘, 手紙や小包の宛名.

su·per·sede /sjùːpərsíːd/ 動 本来他 〔やや形式ばった語〕[一般語] 古いものや不適切なものに取って代わる. [その他] 人の地位を引き継ぐ[奪う], 人を更迭する, 免職する.
[語源] ラテン語 *supersedere* (=to be superior to; *super*- above + *sedere* to sit) が古フランス語を経て中英語に入った.
【派生語】**sùperséssion** 名 U.

su·per·son·ic /sjùːpərsánik | -sɔ́n-/ 形 名 C 〔やや形式ばった語〕音速(時速1,220km)を超えている, 超音速の. 名 として超音波, 超音速(機), (⇔subsonic).
[用例] These planes are designed to travel at *supersonic* speeds. この飛行機は超音速で飛行するように設計されている.

su·per·star /sjúːpərstàːr/ 名 C 〔一般語〕芸能・スポーツ界などの超一流歌手, 俳優, 選手, **スーパースター**.

su·per·state /sjúːpərstèit/ 名 C 〔一般語〕超大国.

su·per·sti·tion /sjùːpərstíʃən/ 名 UC 〔一般語〕迷信.
[語源] ラテン語 *superstare* (=to stand over) の 名 *superstitio* (=standing over something in amazement) が古フランス語を経て中英語に入った. 原意は「畏敬の念をもって見守ること」.
[用例] Some people feel that religion is just a form of *superstition*. 宗教は迷信の単なる一形態にすぎないと感じている人々もいる.
【派生語】**sùperstítious** 形 迷信の, 人が迷信深い. **sùperstítiously** 副.

su·per·struc·ture /sjúːpərstrλktʃər/ 名 CU 〔一般語〕上部構造(⇔substructure), 建造物の土台の上に築かれた部分, 橋の橋脚より上の部分, 船の主甲板上の部分, あるいはある哲学原理に基づいた**思想体系**など.

su·per·tank·er /sjúːpərtæŋkər/ 名 C 〔一般語〕超大型油送船(★275,000 トンを超えるもの).

su·per·vene /sjùːpərvíːn/ 動 本来自 〔形式ばった語〕予期せぬ異質のことが通常の出来事に付随して起こる, 併発する(on; upon), また結果として起こる.
[語源] ラテン語 *supervenire* (*super*- in addition + *venire* to come) が初期近代英語に入った.

su·per·vise /sjúːpərvaiz/ 動 本来他 〔一般語〕労働者や従業員などを**監督する**, 役割や物の秩序などを**管理する**.
[語源] 中世ラテン語 *supervidere* (=to look over; *super*- over + *videre* to see) が初期近代英語に入った.
【派生語】**sùpervísion** 名 U. **súpervisor** 名 C 監督者, 管理人, 取り締まる人, 〔米〕助言教官, 指導主事. **sùpervísory** 形 監督の, 管理の.

su·pine /sjuːpáin/ 形 /-'-/ 名 C 〔形式ばった語〕[一般義] あおむけになった, 手のひらを上に向けた. [その他] 怠惰な, 無精な. 名 として〔文法〕ラテン語の動詞状名詞, 英語の**to 不定詞**.
[語源] ラテン語 *supinus* (=lying with one's face upward) が中英語に入った.
[用例] He lay *supine* on the bed. 彼はベッドであおむけになって横たわった/In his present *supine* state he's unlikely to make a quick decision. 彼は現在の怠惰な状態ではすぐに心を決めそうもない.
【派生語】**supínely** 副 あおむけに, 怠惰に, 無気力に.

sup·per /sápər/ 名 UC 〔一般語〕夕食, 観劇などの後で食べる**軽い夜食**, あるいは**夕食会**.
[語源] 古フランス語 *soper* (=to take supper) が中英語に入った. フランスの昔の農民が夕食に *sope* (=soup) を食べるのが普通だったことから.
[用例] Do stay for *supper*! ぜひ晩御飯を食べていってくださいね/I only want a small *supper*. 軽く夕食が食べたいだけです.
[類義語]⇒dinner.
【派生語】**súpperless** 形.
【複合語】**súpper clùb** 名 C サパークラブ(★飲食やダンスができ, ショーが見られるナイトクラブ).

sup·plant /səplǽnt | -áː-/ 動 本来他 〔形式ばった語〕強制的にあるいは策略を用いて前任者などに**取って代わる**, ...の**地位を奪う**.
[語源] ラテン語 *supplantare* (=to overthrow; *sub*- from below + *planta* sole of the foot) が古フランス語を経て中英語に入った.
[用例] The new baby *supplanted* his older sister in his mother's affections. 母親の愛情は姉に代わって生まれたばかりの赤ん坊に向けられた.

sup·ple /sápl/ 形 動 本来他 〔一般語〕[一般義] 物や体などがしなやかな, **柔軟な**. [その他] 比喩的に考え方が**柔軟性のある**, 順応性のある, 柔順な, 言いなりになる. 動 として**しなやかにする[なる]**, 従順にする[なる].
[語源] ラテン語 *supplex* (=submissive) が古フランス語を経て中英語に入った.
[用例] He admired the graceful, *supple* movements of the dancers. 彼は踊り子たちの優雅でしなやかな身のこなしに見とれた.
【派生語】**súpplely** 副. **súppleness** 名 U.

sup·ple·ment /sápləmənt/ 名 C, /-ment/ 動

[本来他]〔一般語〕[一般義] 不足や不備などに対する**補足**や**追加**. [その他] 辞書などの**補遺**, 新聞, 雑誌などの**付録**, **増刊**. [動] としては不足分などを補う, **追加**する, 書物や雑誌などに**増補[付録]をつける**.

[語源] ラテン語 *supplere*(=to supply)の派生形 *supplementum* が古フランス語を経て中英語に入った.

[派生語] **sùpplemént** [形]. **sùppleméntary** [形] 補足の, 付録の: **supplementary angle**〖数〗補角. **sùpplementátion** [名] Ⓤ 補足, 補給.

[複合語] **súpplementary bénefit** [名] Ⓤ《英》かって低所得者に与えられた補足給付.

sup·pli·ant /sʌ́pliənt/ [形][名] Ⓒ〔文語〕**嘆願する, 哀願する**. [名] として**嘆願者, 哀願者**.

[語源] ラテン語の *supplicare*(⇒supplicate)に由来する古フランス語 *supplier*(=to beseech)の現在分詞が中英語に入った.

supplicant ⇒supplicate.

sup·pli·cate /sʌ́pləkèit/ [動][本来他]〔文語〕人に**嘆願する**, 物事を**懇願する**.

[語源] ラテン語 *supplicare*(=to kneel in entreaty; *sub*- down +*plicare* to fold up)の過去分詞 *supplicatus* が中英語に入った.

[派生語] **súpplicant** [名] Ⓒ 嘆願者, 哀願者. [形] 嘆願する, 哀願的な. **sùpplicátion** [名] ⓊⒸ.

supplier ⇒supply.

sup·ply /səplái/ [動][本来他][名] ⓊⒸ 〔一般語〕[一般義] 人や物に不足しているものを**供給する, 与える**{to; for}. [その他] 必要を満たす, 要求を満足させる, 不足を**補充する**{with}, 一時的に補う意から, 人, 特に牧師や説教師の**代理となる**. [名] として, 必需品の**供給, 供給物**, (通例単数形で)日用品などの**量**, **蓄え**, (複数形で)(生活)**必需品**, 軍隊, 遠征隊などの**糧食**, 政府の**歳出**, 個人の**仕送りや支出**.

[語源] ラテン語 *supplere*(*sub*- from below+*plere* to fill)が古フランス語を経て中英語に入った.

[用例] The government *supplies* free lunches *to* [*for*] poor people. 政府は貧しい人達に無料で昼食を提供する/The town is *supplied* with water from a reservoir in the hills. その町は山間部の貯水池から水の供給を受けている/She left a *supply* of food for her husband when she went away for a few days. 彼女は数日間留守にするとき, 夫のために食べ物の用意をしていった/Who will be responsible for the expedition's *supplies*? 遠征隊の糧食の責任者は誰になりますか.

[慣用句] *be in short supply* 品物などが**不足している**. *supply and demand* 需要と供給〔日英比較〕日本語と語順は逆).

[派生語] **supplíer** [名] Ⓒ **供給者**[国, 地域], 供給[納入]**業者**.

[複合語] **supplý tèacher** [名] Ⓒ《英》**臨時教員, 代講**.

sup·port /səpɔ́ːrt/ [動][本来他][名] Ⓤ 〔一般語〕[一般義] **人, 主義, 理論などを支持する, 支援する**. [その他] 物が倒れたり落ちたりしないように**支える**意から, 人や主義などを支持することとなり, 活動や施設などを財政的に**援助する**, 人を**元気づける, 助ける, 家族を養う, 扶養する**, 陳述などに**裏づけを与える**, 証拠だてるなどの意となる. [名] として**支持, 援助, 扶養, 生活費**, また**支持者, 支援者, 生計を支える者, 扶養者(supporter), 支柱, 副木**など.

[用例] He has always *supported* our cause. 彼はいつも私たちの主張を支持してくれました/New discoveries have been made that *support* his theory. 彼の理論を証明する新しい発見があった/That chair won't *support* him [his weight]. あの椅子は彼[の体重]を支えられないだろう/He has a wife and four children to *support*. 彼には扶養すべき妻と4人の子供がいます/The plan was canceled because of lack of *support*. 賛同が得られないため, その計画は取りやめになった/Her job is the family's only means of *support*. 彼女の仕事は家族を支える唯一の手段である.

[慣用句] *in support of* …. …を支持して, …に賛成して. *support oneself* **自分の体を支える, 自活する**: She stood up, *supporting* herself on the arms of the chair. 彼女は椅子のひじかけを支えにして立ち上がった.

[派生語] **supportable** [形]. **supporter** [名] Ⓒ **支持者**, 賛成[後援, 扶養, 応援, 助演]者, スポーツ競技での**サポーター**. **supporting** [形] 補助の, 助演[脇役]の, 支える, 支持する: **supporting actor** 助演者/**supporting part** [**role**] 脇役/**supporting program** 補助番組. **supportive** [形] **支持[援助]する**, 支えとなってくれる.

sup·pose /səpóuz/ [動][本来他]〔一般語〕[一般義] **推測する, …だろうと思う**, 単に**…と思う**{that …}. [その他] 仮に**…とする, 仮定する**, 《命令形で》もし…とすれば, **…してみたらどうですか**. また〔形式ばった語〕前提条件にする. ⓔ **仮定する, 推定する**.

[語源] ラテン語 *supponere*(*sub*- under+*ponere* to put)が古フランス語 *supposer* を経て中英語に入った.「下に置く」から「代わりになる」を経て「仮に…とする」意となった.

[用例] I *supposed*, mistakenly, that you already knew about her death. あなたは彼女が亡くなったことをすでに知っているものと思い違いしていました/"I *suppose* you'll be going to the meeting?" "Yes, I *suppose* so. [No, I don't *suppose* so.]" 「会に行くんでしょう?」「はい, そうなると思います[いいえ, そうしないと思います]」/*Suppose* we have lunch now! 今昼食を食べたらどうですか/His request *supposes* a willingness on their side which they don't in fact have. 彼の要望は彼らが引き受ける意志があることを前提としているが, 実際に彼らにそんな気持ちはない.

[慣用句] *be supposed to do* …**することになっている**, …していただきます, 《否定文で》…してはいけないことになっている: You're *supposed to* make your own bed every morning. 毎朝ベッドを整頓していただきます. *I should* [*would*] *suppose* …多分…ではないかと思う〔語法〕I suppose よりも遠慮した用法). *Let us suppose* (*that*) … **仮に…だとしよう**: Let's *suppose* we each had $100 to spend — what would we buy with it? 仮に私たち1人1人が100ドル使えるとします. (そうしたら)あなたはそのお金で何を買いますか.

[派生語] **supposed** [形]《限定用法》《軽蔑的》**仮定の, うわさの**, …**と思われている**. **supposedly** /səpóuzidli/ [副]《文修飾》**推定したところでは**. **supposing** [接] **もし…ならば**{that …}. **sùpposítion** [名] Ⓤ Ⓒ **推測, 想像, 仮定**: *on the supposition that* … …と仮定して.

sup·pos·i·to·ry /səpázətɔːri|-pózitəri/ 图 C 〔一般語〕座薬.
語源 ラテン語 supponere (⇒suppose) の過去分詞から派生した中世ラテン語 suppositorium が古フランス語を経て中英語に入った.

sup·press /səprés/ 動 本来自 〔一般語〕一般義 権力や権威によって抑えつける, 禁止する. その他 反乱, 暴動などを鎮圧する, 感情などを抑える, あくびなどを我慢する, 活動や発達などを妨げる, 抑制する, 真相などを公表しない, 秘密にする.
語源 ラテン語 supprimere (sub- down+premere to press) の過去分詞 suppressus が中英語に入った. 用例 The rebels were quickly *suppressed*. 反逆者たちはすぐに鎮圧された/He tried to *suppress* a yawn. 彼はあくびを噛み殺そうとした/The politician tried to *suppress* that piece of information. 政治家はその情報を公表させまいとした.
【派生語】**suppréssant** 图 C 抑制剤. **suppréssible** 形 感情などを抑えることができる. **suppréssion** 图 U 抑圧, 抑制, 隠蔽(いんぺい), 発売禁止. **suppréssive** 形. **suppréssor** 图 C 鎮圧者, 抑圧者, 電子や振動の抑止装置.

sup·pu·rate /sʌ́pjureit/ 動 本来自 【医】化膿(かのう)する, うむ.
語源 ラテン語 suppurare (sub- under+pur- pus) の過去分詞 suppuratus が初期近代英語に入った.
【派生語】**sùppurátion** 图 U 【医】化膿.

su·pra·na·tion·al /sjùːprənǽʃənəl/ 形 〔一般語〕超国家的な.
語源 supra-「上に」+national. 20 世紀から.

supremacist ⇒supreme.

supremacy ⇒supreme.

su·preme /səpríːm, sjuː-/ 形 〔一般語〕一般義 地位, 権威などが最高の(《用法》通例 the を伴う). その他 程度, 品質などが最上の, この上ない, また物事が究極の, 最終的の.
語源 ラテン語 superus (=upper) の最上級 supremus が初期近代英語に入った. 用例 the *supreme* ruler 最高支配者/an act of *supreme* courage あらん限りの勇気をふりしぼった行為.
【派生語】**suprémacist** 图 C 特定集団至上主義者, 特に白人至上主義者(white supremacist). **suprémacy** /səpréməsi, sjuː-/ 图 U 至上, 最高(位), 優位, 至上権, 支配権. **suprémely** 副.
【複合語】**Supréme Béing** 图 (the ~) 神. **Supréme Cóurt** 图 (the ~)(米)連邦と州の最高裁判所. **suprême sácrifice** 图 (the ~) 至高の犠牲(★最高のために命をささげること).

sur·charge /sə́ːrtʃɑːrdʒ/ 图, /-́-/ 動 本来他 〔一般語〕一般義 超過料金, 追加料金. その他 通常の金額を上回る付加金, 不当料金, 荷の過積載, また郵便切手の額面変更印. 動 として, 荷を積み過ぎる, 人に超過料金[付加金]を課する, 郵便切手に額面変更印を押す.
語源 古フランス語 surcharger (sur- over+charg(i)er to charge) が中英語に入った.

sure /ʃúər/ 形 副 〔一般語〕一般義 《述語用法》 あることに疑いを入れずに確信している (of; that ...), きっと[必ず]...して (to do). その他 確実な, 確かな, 信頼できるなどの意. 副 として 〔くだけた語〕確かに (surely), 頼みや質問に対する肯定や肯定を強調する答えとしてよろしいですとも, 承知しました, あるいはそのとおりです, お礼の返事としてどういたしまして.
語法 ❶ **be sure of** は主語の確信を表す: Bill *is sure* [certain] *of* his success. =Bill is sure [certain] that he will succeed. ビルは必ず自分が成功すると思っている.
❷ **be sure to do** は話し手の確信を表す: He *is sure* [certain] *to* win. =It is certain that he will win. =I am sure [certain] that he will win. 彼はきっと勝つ.
❸ sure が主観的確実さを表すのに対し, certain は客観的にも用いられる. It is sure that ... は一般的ではなく, It is certain that ... が普通.
語源 ラテン語 securus (=secure) が古フランス語 sur を経て中英語に入った.
用例 You shouldn't have told him anything until you were *sure* of the facts. 事実であると確信するまでは彼に何も言わなかったほうが良かったのに/I'm *sure* that I gave him the book. 私は確かに彼に本をあげました/I'm not *sure* where she lives [what her address is]. 私は彼女がどこに住んでいるか[彼女の住所がどこか]はっきりわかりません/"There's a bus at two o'clock." "Are you quite *sure*?"「2 時にバスがあるよ」「本当に確か?」/I know a *sure* way to cure hiccups. 私はしゃっくりをなおす確実な方法を知っています/"Would you like to come?" "*Sure*!"「いらっしゃいませんか」「ええ, もちろん」.
【慣用句】**as sure as fate** 必ず, 間違いなく. **be sure and do** 〔くだけた表現〕《命令文で》きっと...する (be sure to do). **be [feel] sure of oneself** 自信がある. **for sure** 確かに, きっと. **make sure** ...を確かめる (of; that ...); 確実に...する (that ...; to do) (語法 that 節には現在時制が用いられる), 確保する (of). **sure enough** 確かに, 本当に. **to be sure** 確かに, なるほど...だが... 語法 通例 but が後に続く).
【派生語】**súrely** 副 確かに, 確実に, 疑いなく, よろしいですとも, 《通例否定文や驚きを表す文で》まさか. **súreness** 图 U. **súrety** 图 UC 《やや形式ばった語》保証, 担保, 保証人, 保証金: stand surety for ... ... の保証人になる.
【複合語】**súrefire** 形 絶対に確実な. **súrefóoted** 形 足元のしっかりした, 間違う恐れのない. **súre thíng** 图 C 《単数形で》確実なもの[こと]. 感《米》確かに, よろしいですとも.

surf /sə́ːrf/ 图 U 動 本来自 〔一般語〕一般義 海岸や岩礁などに打ち寄せては砕ける波. その他 砕けた波でできる泡, しぶき. 動 としてサーフィンをする.
語源 不詳. 初期近代英語から.
【派生語】**súrfer** 图 C サーファー. **súrfing** 图 U 波乗り, サーフィン.
【複合語】**súrfbòard** 图 C 波乗り板, サーフボード. **súrfbòarding** 图 U 波乗り遊び, サーフィン. **súrfbòat** 图 C 荒波乗り切り用サーフボート. **súrf càsting** 图 U 投げ釣り, 磯釣り. **súrfrider** 图 C サーファー. **súrf-riding** 图 U サーフィン.

sur·face /sə́ːrfis/ 图 形 本来他 〔一般語〕一般義 物体の表面や外面. その他 (the ~) うわべ, 見せかけ, 外観. 形 として《限定用法》表面の, 地上[水上]の, 地球の表面を移動するということから鉄道[自動車]便や船便の(⇒air mail), また物事が表面だけの,

うわべだけの. 動 として舗装する, 外装[層]を施す, 表面を滑らかにする. 自 表面[地表面]で作業する, 潜水艦などが浮上する, 問題などが表面化する, 公衆の面前にさらされるなどの意.

[語源] フランス語 (*sur-* above+*face* face) が初期近代英語に入った.

[用例] More than two-thirds of the earth's *surface* is covered with water. 地球の表面の3分の2以上は水でおおわれている/This road has a very uneven *surface*. この道路の表面はたいへんでこぼこしている/On the *surface* he seems cold and unfriendly, but he's really a kind person. 一見すると彼は冷たくて親しみにくそうだが, 実は大変親切な人だ/The road has been damaged by frost and will have to be *surfaced* again. 道路は霜でいたんだので, もう一度舗装しなおさなければならないだろう.

【複合語】**súrface màil** 名 U 普通便, 船[鉄道]便. **súrface ténsion** 名 U 〖理〗表面張力. **súrface-to-áir** 形〖軍〗ミサイルなどが地対空の. **súrface-to-súrface** 形〖軍〗ミサイルなどが地対地の.

sur·feit /sə́ːrfɪt/ 名 C 本来名〔形式ばった語〕〔a ~〕過多, 過度の状態, 食べ過ぎや飲み過ぎ, 食傷, 飽満. 動 として過食[過飲]させる, 飽き飽きさせる.

[語源] 古フランス語 *surfaire* (=to overdo; *sur-* over +*faire* to do) の過去分詞 *surfait* が中英語に入った.

[用例] We had a *surfeit* of spaghetti in Italy. イタリアではうんざりするほどスパゲッティを食べた.

surfer ⇒surf.

surge /sə́ːrdʒ/ 名 C 動 本来自〔やや形式ばった語〕

[一般義] どっと押し寄せる波のうねり, 大波.〔その他〕感情の高まり, 動揺, 需要などの急増, 群衆などの殺到, あるいは電流や電圧などの激増. 動 として, 海が波立つ, 群集や感情などが波のように押し寄せる, 物価などが急騰する.

[語源] ラテン語 *surgere* (=to rise; *sub-* up+*regere* to lead) が古フランス語を経て中英語に入った.

sur·geon /sə́ːrdʒən/ 名 C〔一般義〕外科医.

[語源] 古フランス語 *serurgerie* (=surgery) から派生した *serurgien* が中英語に入った.

[用例] He was the *surgeon* who operated on my father. 彼が私の父の手術をした外科医だった.

[類義語] surgeon; physician; doctor; (medical) practitioner: **surgeon** は外科医で, **physician** は内科医. **doctor** は医者の一般的な呼称. 開業医は (**medical**) **practitioner** と呼ぶ.

【派生語】**súrgery** 名 U 外科 (⇔medicine), 手術,《米》手術室,《英》診察室[時間]. **súrgical** 形. **súrgically** 副.

【複合語】**súrgeon géneral** 名 C《米》軍医総監, 公衆衛生局長.

sur·ly /sə́ːrli/ 形〔一般義〕〔一般義〕気難しい, 無愛想な, ぶっきらぼうな.〔その他〕動物などが気が立っている, 手に負えない, 天候などがぐずつき模様の.

[語源] sir の派生形だった古語 *sirly* (=lordly; haughty) より. 初期近代英語から.

[用例] He answered her question in a *surly* manner. 彼は彼女の問いにぶっきらぼうに答えた.

【派生語】**súrlily** 副. **súrliness** 名 U.

sur·mise /sərmáiz/, -/ 動 本来他, /-ˈ-/ 名 CU〔形式ばった語〕不確定の証拠や根拠によって推量する, 推測する. 名 として推量, 推測.

[語源] ラテン語 *supermittere* (=to throw over) に由来する古フランス語 *surmettre* (=to accuse) の過去分詞 *surmis* が中英語に入った.

sur·mount /sərmáunt/ 動 本来他〔形式ばった語〕

[一般義] 困難や障害などを乗り越える, 危機などを切り抜ける, 打ち勝つ.〔その他〕山などを登る, 乗り越える, また何かが...の上にある, 載っている.

[語源] 古フランス語 *surmonter* (*sur-* above+*monter* to mount) が中英語に入った.

[用例] He *surmounted* these obstacles without trouble. 彼はこれらの障害を難なく乗り越えた.

【派生語】**surmóuntable** 形.

sur·name /sə́ːrneim/ 名 C〔一般義〕姓, 名字(みょうじ).

[語源] 古フランス語 *surnom* (*sur-* above + *nom* name) を部分的に英訳したもの. 中英語から. 原意は「人の名前につけ加える誕生地や業績などの名称」.

[用例] Smith is a common British *surname*. スミスは一般的な英国人の姓です.

[関連語] family name; last name; christian name; given name.

sur·pass /sərpǽs/, -áː-/ 動 本来他〔やや形式ばった語〕物や人がある標準を超える, ...以上である, ...より優れる.

[語源] 古フランス語 *surpasser* (*sur-* over+*passer* to pass) が初期近代英語に入った.

[用例] He *surpasses* all his rivals. 彼はすべてのライバルより優れている/His performance *surpassed* my expectations. 彼の演技は私の予想をはるかに超えるものだった.

【派生語】**surpássing** 形 ずばぬけた, 並はずれた. **surpássingly** 副.

sur·plice /sə́ːrplɪs/ 名 C〖キ教〗白衣 (★牧師や聖歌隊が儀式のときに着る白い法衣).

[語源] 中世ラテン語 *superpellicium* (*super-* over+*pellicium* fur coat) が古フランス語 *sourpelis* を経て中英語に入った.

sur·plus /sə́ːrpləs/ 名 CU〔一般義〕必要量を超えた余剰, 余り, 過剰, 〖経・会計〗剰余金, 黒字.

[語源] 中世ラテン語 *superplus* (ラテン語 *super-* in addition+*plus* more) が古フランス語を経て中英語に入った.

[用例] The country had a trade *surplus* last month. その国は先月貿易黒字だった.

【複合語】**súrplus válue** 名 U〖経〗剰余価値.

sur·prise /sərpráiz/ 動 本来他 名 UC 〔一般義〕

[一般義] 予期せぬことで人を驚かせる (《語法》しばしば受身で用いられ, at, by, to 不定詞, 節を伴う).〔その他〕本来の急襲するという意味から, 不意を襲って捕まえる, 思いがけず発見する, 人を驚かして...させる. 名 として驚いている状態, 驚き, また驚かせる物[事], 不意打ち.

[語源] 古フランス語 *surprendre* (=to take over; *sur-* over+*prendre* to take) の女性形過去分詞 *surprise* から中英語に入った.

[用例] You behaved very badly — I'm *surprised* at you! なんて行儀が悪かったの. あなたにはびっくりしたわ/I was *surprised* to see [at seeing] him there. あそこで彼に会って驚きました/I'm *surprised* (that) you arrived so early. こんなに早く到着なさって驚きました/They *surprised* the enemy from the rear. 彼らは背後から敵に奇襲攻撃をかけた/Her sudden question *surprised* him into betraying himself.

彼女に突然質問されて、彼は思わず本性が現われてしまった/She gave them a *surprise* by arriving early. 彼女は早く到着してみんなを驚かせた.

[類義語] surprise; astonish; amaze; astound: **surprise** は予期せぬことや普通でない物事のために人を驚かせること. **astonish** は信じられないような驚かすこと. **amaze** は困惑や混乱を引き起こすような驚きを与えること. **astound** は人を唖然とさせるほど強く驚かすこと. 驚きの度合は surprise から astound に向かって強くなる.

【慣用句】*in surprise* 驚いて. *take ... by surprise* …の不意を打つ, …を奇襲する, …を驚かせる. *to ...'s surprise* …が驚いたことには.

【派生語】**surprísed** 形 驚いた, びっくりした. **surpríising** 形 驚くべき, 意外な, 不思議な. **surprísingly** 副.

【複合語】**surpríse attáck** 名 C 奇襲. **surpríse párty** 名 C 《米》 突然友人の家に押しかけて開く不意打ちパーティー.

sur·re·al·ism /səríːəlɪzəm/ 名 U 【芸】超現実主義, シュールレアリズム.

[語源] フランス語 *surréalisme* から 20 世紀に入った.

【派生語】**surréalist** 名 C 超現実主義者, シュールレアリズムの芸術家[作家]. **surreàlístic** 形.

sur·ren·der /səréndər/ 動 [本来他] 名 UC (やや形式ばった語) [一般義] (〜 oneself で) 捕虜になる, 降伏する, 警察などに自首する. [その他] 比喩的にある種の感情や影響などに身を任せる (to). また要塞, 軍隊などを明け渡す, 引き渡す, 物を人に譲り渡す (to), あきらめて放棄する. 自 の用法もある. 名 として 降伏, 自首, 特許権の移譲, 【保険】積立金の払い戻しを受けることによる保険契約の解約, 犯人の引き渡し (surrender by bail) など.

[語源] 古フランス語 *surrendre* (*sur-* over+*rendre* to give back) が中英語に入った.

[用例] In 1558 the English were forced to *surrender* the port of Calais to the French. 1558 年英国はカレー港をフランスに明け渡すことを余儀なくされた/He *surrendered* (himself) to despair [grief]. 彼は絶望[悲しみ]のとりこなった/We shall never *surrender*! 我々は断じて屈しないぞ/The garrison was forced into *surrender*. 守備隊は降伏せざるを得なかった.

sur·rep·ti·tious /sə̀ːrəptíʃəs, sʌ̀r-/ 形 (形式ばった語) (軽蔑的) 秘密の, こそこそした, 不正の, 後ろ暗い. [語源] ラテン語 *surripere* (=to take away secretly) の派生形 *surrepticius* が中英語に入った.

【派生語】**sùrreptítiously** 副. **sùrreptítiousness** 名 U.

Sur·rey /sə́ːri | sʌ́ri/ 名 固 サリー (★England 南東部の州).

sur·ro·gate /sə́ːrəɡeit | sʌ́rəɡit/ 名 C [一般義] 代理人, 代理人, 代理母, 《米》判事代理, 《英》国教会の主教代理, 【精神分析】夢の中に現れる親代わりの人.

[語源] ラテン語 *surrogare* (=to substitute) の過去分詞 *surrogatus* から初期近代英語に入った.

【複合語】**súrrogate móther** 名 C 代理母.

sur·round /səráund/ 動 [本来他] 名 C [一般義] (しばしば受身で) 人, 物を取り囲む, 取り巻く. [その他] 軍隊などが包囲する. 名 として取り囲むもの, 縁飾り.

[語源] 後期ラテン語 *superundare* (=to overflow; ラテン語 *super-* over+*undare* to flow in waves) が古フランス語 *suronder* を経て中英語に入った. 現在の形は round の影響による. 原意は「あふれる」.

[用例] Britain is *surrounded* by sea. 英国は海に囲まれている/Mystery *surrounds* his death. 彼の死はなぞに包まれている/He likes to *surround* himself with amusing people. 彼はおもしろい人たちに取り囲まれていたがる.

【派生語】**surróunding** 形 周囲の, 付近の. **surróundings** 名 《複》 周囲の状況, 環境: a pleasant hotel in delightful *surroundings*. とても気持よい環境にある快適なホテル.

sur·tax /sə́ːrtæks/ 名 U [本来他] (一般語) (累進) 付加税 (を課す).

surveillance ⇒survey.

sur·vey /səːrvéi/ 動 [本来他], /ー-ー/ 名 C [一般義] [一般義] 景色などを見晴らす, 見渡す. [その他] 包括的に見る [考える], 概観する, 調査する, 家屋などを査定する, 【地理】土地を測量する. 名 として 見渡すこと, 概観, 質問, 分析によってなされた詳細な研究調査, 土地の測量, 《英》家屋の査定.

[語源] 中世ラテン語 *supervidere* (=to look over) が古フランス語 *surveeir* を経て中英語に入った.

[用例] He *surveyed* his neat garden with satisfaction. 彼はきちんと手入れされた庭を満足して見渡した/The police are *surveying* the evidence. 警察は証拠を綿密に調査中である/After a brief *survey* of the damage he telephoned the police. 損害の程度を簡単に調べた後, 彼は警察へ電話した.

【派生語】**survéillance** 名 U 人や物の監視. **survéying** 名 U 測量(術). **survéyor** 名 C 調査 [検査] 官, 測量技師 [者].

survivable ⇒survive.

survival ⇒survive.

sur·vive /sərváiv/ 動 [本来他] [一般義] [一般義] ある人の死後も生き残る, 人より長生きする. [その他] 物事が…の後も存在し続ける, 機能し続ける. また事故や災害などを切り抜けて生き延びる, …にもかかわらずうまくやっていく. 自 としても用いる.

[語源] ラテン語 *supervivere* (*super-* beyond+*vivere* to live) が古フランス語 *survivre* を経て中英語に入った.

[用例] He died in 1940 but his wife *survived* him by another twenty years. 彼は 1940 年に亡くなったが, 彼の奥さんは彼よりさらに 20 年間長生きした/He is *survived* by his wife and two sons. 彼は妻と 2 人の息子を残して死んだ/Few birds managed to *survive* the winter last year. 去年の冬をなんとか越せた鳥はほとんどいなかった.

【派生語】**survívable** 形 生き残れる, 生存できる. **survival** 名 UC 生き残ること, 生存, 生存者, 遺物: **survival kit** 非常時用携帯品セット, 救急セット/ **survival of the fittest** 適者生存. **survívalist** 名 C 生存主義者 (★非常時に生き残ることを第一に考える人). **survívor** 名 C 生存者, 遺族.

sus·cep·ti·ble /səséptəbl/ 形 (やや形式ばった語) [一般義] (述語用法) 影響や感化などを受けやすい (to). [その他] 感じやすい, 多感な, 多情な, 情にもろい. また 《述語用法》 許容可能な, 容認できる (of).

【語源】ラテン語 *suscipere* (＝to take up) から派生した後期ラテン語 *susceptibilis* が初期近代英語に入った. 【用例】She's very *susceptible* to colds. 彼女は風邪をひきやすい／He is always falling in love — he's very *susceptible*. 彼はいつも誰かに恋している. 非常に多情だ.

【派生語】**suscéptibility** 名 U 感受性, 感染しやすいこと, 《複数形で》感情. **suscéptibleness** 名 U. **suscéptibly** 副. **susceptive** 形 ＝susceptible.

sus·pect /səspékt/ 動 本来他 /sʌ́spekt/ 名 C 形 〔一般語〕 一般義 〈悪い意味で〉罪や過失があるだろうと人を怪しむ, 人に嫌疑をかける (of; to do). その他 物事, 特に悪い事に関して疑い[不信]を抱く, ...らしいと想像する, 多分...だと思う (that ...). 名 として容疑者, 疑わしい人. 形 として疑わしい.

【語源】ラテン語 *suspicere* (＝to mistrust; *sub*- from below＋*specere* to look) から中英語に入った. 【用例】I *suspect* him of killing the girl. あの少女を殺したのは彼だとにらんでいる／I *suspect* that she's trying to hide her true feelings. 多分, 彼女は自分の本当の気持を隠そうとしているのではないかと思います／There are three possible *suspects* in this murder case. この殺人事件には疑わしい人物が 3 人いる／The evidence of this theory is *suspect*. この理論の証拠は疑わしい.

類義語 doubt.

sus·pend /səspénd/ 動 本来他 〔一般語〕 一般義 活動などを延期する, 一時的に停止させる. その他 〈形式ばった語〉本来物をつり下げるの意で, 《通例受身で》宙に浮かせておく, 浮遊させる, 比喩的に決定などを保留する, 人を停学[停職]にする.

【語源】ラテン語 *suspendere* (*sub*- from below＋*pendere* to hang) が古フランス語を経て中英語に入った. 【用例】You should *suspend* judgement until you have more information. もっと情報が得られるまで判断を延ばすべきだ／All business in the city will be *suspended* until after the funeral. 市のすべての仕事は葬儀のあとまで一時停止となるだろう／Two footballers were *suspended* after yesterday's match. 昨日の試合の後, 2 人のサッカー選手が出場停止となった／The pieces of meat were *suspended* from the ceiling on hooks. いくつもの肉のかたまりが鉤(ḯ)で天井からつり下げてあった.

【派生語】**suspénders** 名 《複》《米》ズボンつり(《英》braces), 《英》靴下留め(《米》garters)：**suspender belt** 《英》＝garter belt. **suspénsion** 名 UC 宙ぶらりんの状態, 停止, 中止, 保留, 停学[職], つり具, 自動車, 電車などの車体を支えるバネ装置, サスペンション：**suspension bridge** つり橋.

【複合語】**suspénded animátion** 名 U 仮死状態. **suspénded séntence** 名 C 《法》執行猶予.

sus·pense /səspéns/ 名 U 〔一般語〕 一般義 小説や映画などではない気持ち, サスペンス. その他 不安, 気がかり, また未定[未決]の状態.

【語源】ラテン語 *suspendere* (⇒suspend) の過去分詞 *suspensus* が中英語に入った.

【派生語】**suspénseful** 形 はらはらさせるような.

suspension ⇒suspend.

sus·pi·cion /səspíʃən/ 名 UC 〔一般語〕 一般義 嫌疑, 疑惑, 疑い. その他 何となく疑う気持ち, 感じ, 《a ～》ほんのわずか, 微量.

【語源】ラテン語 *suspicere* (⇒suspect) の 名 *suspicio* が古フランス語を経て中英語に入った.

【用例】*Suspicion* between a husband and wife can be very harmful. 夫婦の間に疑惑があると非常によくないことになりうる／I have a *suspicion* that she is not telling the truth. 彼女はどうも本当のことを言っていないように思える／She added a *suspicion* of garlic to the stew. 彼女はシチューにほんの少しにんにくを入れた.

【慣用句】***above*** [***beyond***] ***suspicion*** 疑いの余地もない, 公正で. ***on*** (***the***) ***suspicion of*** ... ...の嫌疑[容疑]で. ***under suspicion*** 疑いをかけられて：A fraud has been discovered and three people are *under suspicion*. 詐欺が発覚し, 3 名の者が嫌疑を受けている.

【派生語】**suspícious** 形 疑いを起こさせる, 信頼できない, 怪しいと思う, 疑いを持った, 疑わしげな, 疑い深い. **suspíciously** 副 疑い深く.

Sus·sex /sʌ́siks/ 名 固 サセックス 《★イングランド南東部の旧州》.

sus·tain /səstéin/ 動 本来他 〈やや形式ばった語〉 一般義 持続する, 生命や気持ちを維持する. その他 本来重さを支えるの意で, 重さや圧力に耐える, こらえるから「維持する」意となり, 転じて家族などを養う, 人を元気づける, 学説などを支持する, 法廷で発言などを正当であると認める. また重荷, 責任などを負う, 損害, 損傷, 苦しみなどを被る, 受ける.

【語源】ラテン語 *sustinere* (*sub*- from below＋*tenere* to hold) が古フランス語を経て中英語に入った.

【用例】You have eaten too little to *sustain* you for the journey. そんなに少ししか食べないから旅行で体が持たないんです／The branches could hardly *sustain* the weight of the fruit. 枝は実の重さをおそらく支えられないだろう／His claim was *sustained* by the court. 彼の主張は法廷で認められた／He was not a good enough actor to be able to *sustain* the part. 彼はあの役をこなせるほどのよい役者ではなかった.

【派生語】**sustáinability** 名 U. **sustáinable** 形 維持[継続]できる, 持続可能な. **sústenance** 名 U 滋養物, 食物, 生計, 暮らし, 維持, 支持.

【複合語】**sustáining prògram** 名 C 《米》スポンサーによらない自主制作番組.

su·ture /sjú:tʃər/ 名 UC 動 本来他 《医》傷口の縫合, 縫合糸, また頭蓋骨などの縫合線. 動 として, 傷などを縫い合わせる.

【語源】ラテン語 *suere* (＝to sew) の過去分詞 *sutus* から派生した *sutura* (＝seam) が古フランス語を経て初期近代英語に入った.

su·ze·rain /sjú:zərein, -rin/ 名 C 〈やや形式ばった語〉植民地の宗主国, 封建時代の領主.

【語源】フランス語 *suzerain* (*sus* above＋(*souv*)*erain* sovereign) が 19 世紀に入った.

【派生語】**súzerainty** 名 U 宗主権.

svelte /svélt/ 形 〔一般語〕女性がすらりとした, 上品な.

【語源】イタリア語 *svellere* (＝to stretch out) の過去分詞 *svelto* がフランス語を経て 19 世紀に入った.

SW 《略》＝southwest (南東).

swab /swáb/ -ŏ- 名 C 動 本来他 〔一般語〕 一般義 床や甲板などを掃除するためのモップ. その他 綿球, 綿棒, 綿棒で集めた細菌検査用の分泌物, スワブ. 動 とし

てモップで掃除する, 綿棒で塗る.
[語源] オランダ語の廃語 swabbe (= mop) からと考えられる. 初期近代英語から.

swad・dle /swádl|-5-/ 動 [本来他] 〔形式ばった語〕昔の習慣で産まれた赤ん坊を細長い布でくるむ, 身体や身体の一部などを布で包む, 包帯で巻く.
[語源] 古英語 swathian (⇒swathe) からの派生と思われる.

swag /swǽg/ 名 CU 動 [本来自] 〔一般語〕飾り綱, 花綱, (俗語)略奪品. 動 として, 船などが不安定に揺れる, 花の房や枝などがだらりと垂れる.
[語源] 古ノルド語からと思われる. 中英語から.

swag・ger /swǽɡər|-5-/ 動 [本来自] 〔一般語〕横柄な態度でいばって歩く, いばり散らす, 大声で自慢する. 名 として (単数形で) いばって歩く [いばり散らす] こと.
[語源] 不詳. 初期近代英語から.
[派生語] **swágger** 名 C. **swággeringly** 副.

Swa・hi・li /swɑːhíːli/ 名 CU 〔一般語〕スワヒリ(族の)人 (★アフリカ Tanzania とその近辺の民族), スワヒリ語 (★中央アフリカの共通語).
[語源] アラビア語から. 原義は「海岸の」.

swal・low[1] /swɑ́lou|-5-/ 動 [本来他] 名 C 〔一般語〕
[一般義] 食べ物や飲み物を飲み込む, 飲み下す. [その他] 比喩的に物事を飲み込む, 見えなくする, 吸収する 《up》. また前言を撤回する, 涙や笑いなどをぐっと抑える, 言葉を口ごもって話す, 〔くだけた語〕物事を疑問や抵抗なしに受け入れる, 鵜吞(うのみ)みにする, 侮辱などを甘受する. 名 として飲み込むこと, 一度に飲み込める量.
[語源] 古英語 swelgan (= to swallow) から.
[用例] He *swallowed* the whisky at one gulp. 彼はウイスキーを一息にぐっと飲み込んだ / You'll never get her to *swallow* that story! 彼女はその話を真に受けるような人じゃ決してないよ / He drank his tea at one *swallow*. 彼はお茶をがぶりと飲んだ.
[慣用句] *a bitter pill to swallow* 耐えがたいけれども受け入れざるを得ないこと. *swallow one's pride* プライドを捨てる. *swallow …'s line* …のうまい話を鵜吞みにする. *swallow the dictionary* 人の知らないような長ったらしい言葉を使う.

swal・low[2] /swɑ́lou|-5-/ 名 C 〖鳥〗つばめ.
[語源] 古英語 swealwe から.
【複合語】**swállow dive** 名 C 〘英〙=swan dive. **swállowtail** 名 C つばめの尾, 燕尾(えんび)服. **swállow-táiled** 形 燕尾(形)の.

swam /swǽm/ 動 swim の過去形.

swamp /swɑ́mp|-5-/ 名 UC 動 〔一般語〕湿地, 沼地. 動 として水浸しの, 《しばしば受身で》仕事などが洪水のように押し寄せる, 困難など が人を圧倒する.
[語源] 不詳. 初期近代英語から.
[用例] These trees grow best in *swamp*(s). この木は湿地に最適である / A great wave broke over the ship and *swamped* the deck. 大波が船の上でくだけて甲板が水浸しになった / I'm *swamped* with work. 仕事が山積してどうにもなりません.
[類義語] swamp; marsh: **swamp** は灌木(かんぼく)などが生えている湿地. **marsh** は藻や草で覆われている低湿地.
[派生語] **swámpy** 形 湿地の, じめじめした, 沼の多い, 沼沢性の.

swan /swɑ́n|-5-/ 名 C 〖複 ～s, ～〗[本来自] 〖鳥〗白鳥, (the S-) 〖天〗白鳥座 (Cygnus), また白鳥にな

ぞらえて非常に美しい人[もの], 〔文語〕大詩人やすぐれた歌手. 動 として〔くだけた語〕あてどもなくさまよう, ぶらぶら歩く.
[語源] 古英語 swan から.
【複合語】**swán dive** 名 C 〘米〙〖水泳〗前飛び伸び型飛び込み, スワンダイブ (〘英〙 swallow dive). **swánsdòwn** 名 U 白鳥の綿毛 (★おしろいのパフ用に使う), 厚手の綿ネル (★幼児服などに用いる). **swán sòng** 名 C 白鳥の歌, 詩人や作曲家などの絶筆, 最後の作品 (★白鳥は死の直前にすばらしい歌をうたうという伝説がある).

swank /swǽŋk/ 名 UC 形 動 [本来自] 〔くだけた語〕
[一般義] 態度や服装のスマートさ, あるいは見せびらかし, 高慢, またきざな人や気取り屋. 形 としてしゃれた, 気取った. 動 として気取る, いばる.
[語源] 不詳. 19 世紀から.
[派生語] **swánky** 形 派手な, きざな, いばりくさった.

swap /swɑ́p|-5-/ 動 [本来他] 名 C 〔くだけた語〕物と物を交換する, パートナーなどを取り換える. 名 として物々交換, 交換する物.
[語源] 「打つ」の意の中英語から. 商談成立の手打ちの意.
[用例] They often *swapped* books with each other. 二人はよくお互いに本を交換し合った.
【複合語】**swáp mèet** 名 C 〘米〙不要品交換会. **swáp shòp** 名 C 〘米〙不要品交換店.

swarm /swɑ́ːrm|-5-/ 名 C [本来自] 〔一般語〕[一般義] 蜜蜂などの群れ. [その他] 群衆, 《複数形で》多数, 大勢. 動 として, 蜜蜂などが巣分かれする, 人, 動物などが群れをなして移動する, 群がる, 場所が…でいっぱいになる 《with》.
[語源] 古英語 swearm から.

swarth・y /swɑ́ːrði|-5-/ 形 〔一般語〕顔が浅黒い.
[語源] swart (黒ずんだ) +-y として初期近代英語から.

swash /swɑ́ʃ|-5-/ 動 [本来他] 名 C 〔一般語〕水がばしゃばしゃとかかる, 物が激しくぶつかる. 他 ばちゃぱちゃさせる, はねかす. 名 としてぱしゃぱしゃ, ざあざあという音, 激しくぶつかること [音].
[語源] wash の変形と考えられる. 初期近代英語から.
【複合語】**swáshbùckler** 名 C からいばりする人, 暴漢. **swáshbùckling** 名 U 形 からいばり(する).

swat /swɑ́t|-5-/ 動 [本来他] 名 C 〔一般語〕(はえ)などを平たいものでぴしゃりと打つ. 名 としてぴしゃりと打つこと, 強打, 〖野〗長打, 特にホームラン.
[語源] squat の変形. 初期近代英語から.
[派生語] **swátter** 名 C はえたたき (flyswatter).

swatch /swɑ́tʃ|-5-/ 名 C 〔一般語〕布地などの見本, 見本用の小切れ.
[語源] 不詳. 初期近代英語から.

swath /swɑ́θ, swɔ́ːθ|swɔ́θ/ 名 C 〔一般語〕大がまや草刈り機などの刈り幅, 刈り跡, 一刈り分, 一般に帯状のもの.
[語源] 古英語 swæth から.

swathe /sweið/ 動 [本来他] 名 C 〔文語〕布などで包む, 手足や傷口などをしっかり包帯する. 名 として包帯.
[語源] 古英語 swathian から.

swatter ⇒swat.

sway /swéi/ 動 [本来自] 〔一般語〕[一般義] ゆらゆら揺れる, 揺れ動く. [その他] 物が一方に傾く. 他 揺り動かす, 傾ける, 比喩的に人, 心などに影響を与える, また権力の座を振るう. 名 として揺れ動く[動かされる]こと, 傾き, 影

響力, 〔文語〕支配(権).
【語源】スカンジナビア語から中英語に入ったと思われるが不詳.
【用例】The branches *swayed* gently in the breeze. 木の枝が風にあたって静かに揺れた/She *swayed* her hips from side to side as she walked. 彼女は腰を左右に振って歩いた/She is too easily *swayed* one way or the other by her emotions. 彼女は自分の感情に左右されていとも簡単に揺れ動く.
【慣用句】*hold sway* 支配する. *under the sway of ...* ...の影響[支配]下にある.

swear /swéər/ 動【本来他】〈過去 *swore*; 過分 *sworn*〉〔一般語〕一般義 神や聖書によって誓いを立てる, 宣誓する. 〔その他〕...と誓う, 断言する《to》. また By God! や Jesus Christ! など口汚いののしり言葉を使う, ののしる. 他 ...することを誓う《to do; that ...》, 〈くだけた語〉断言する《that ...》. また...を固く約束する, 誓う, ...を証言する, 誓いを立てる, 人に誓わせる.
【語源】古英語 swerian (誓いを立てて進む) から.
【用例】He *swore* on the Bible. 彼は聖書に手を載せて宣誓した/Don't *swear* in front of the children! 子供の前で汚い言葉を使わないで下さい/The witness must *swear* to tell the truth. 証人は真実を述べることを誓わなければならない/I could have *sworn* (= I'm sure) she was here a minute ago. ちょっと前に彼女はここにいたのだと断言できます.
【慣用句】*swear by ...* ...にかけて誓う, 絶対的な信頼を置いている. *swear for ...* ...を保証する. *swear in ...* に就任の宣誓をさせる. *swear off ...* 酒, たばこなどをやめると誓う. *swear out*《米》逮捕令状などを宣誓して出してもらう.
【派生語】**swéarer** 名C 宣誓者, ののしる人. **swéaring** 名U ののしること[言葉].
【複合語】**swéarwòrd** 名C ののしりの言葉.

sweat /swét/ 名UC 動【本来他】〈過去・過分 ~, ~ed〉〔一般語〕一般義 汗《語法》perspiration のほうが上品な語とされる. 〔その他〕《a ~》汗をかいた状態, ひと汗かくこと, 〈くだけた語〉不安な状態, 苦労している状態, 骨のおれる仕事. また汗のように物の表面ににじみ出る水滴. 動 として汗をかく 《語法》perspire のほうが上品な語とされる), 汗を流して働く, 〈くだけた語〉不安になる, 苦労する. また物の表面に水滴ができる, 結露する. 他 人, 馬などに汗をかかせる, 汗をかいて体重を減らす, 風邪を治す, 低賃金で長時間人を酷使する, 〈くだけた語〉厳しく尋問する, 汗かいて自白を強要する.
【語源】古英語 swāt (=sweat), 動 swǣtan から.
【用例】He was dripping with *sweat* after running so far in the heat. 彼は暑い中をあんなに遠くまで走った後, 汗をポタポタ落していた/Hot food placed inside a plastic bag will cause (a) *sweat* to form on the inside surface of the bag. 熱い食べ物をビニール袋の中に入れると袋の内側に水滴ができる/Vigorous exercise makes you *sweat*. 元気よく運動すると汗をかく/The walls are *sweating* with damp. 湿気があるので壁の表面が濡れている.
【慣用句】*be all of a sweat* 汗だくになっている, 心配して冷汗をかいている. *by the sweat of one's brow* 額に汗して, 大いに努力して《★聖書「創世記」からの言葉》. *in a (cold) sweat* 冷汗をかいて, はらはらして: He was *in a sweat* in case his enemies should find him. 敵に見つかるのではないかと彼は冷汗をかいていた. *no sweat* 簡単な[に], 問題ない[なく]. *sweat off* 体重を汗を流して落とす. *sweat out* 風邪などを汗をかいて治す, ...をがまんして最後まで待つ.
【派生語】**swéated** 形 低賃金労働の. **swéater** 名C セーター, 汗をかく人. **swéatiness** 名U 汗まみれ. **swéaty** 形 汗びっしょりの, 骨の折れる.
【複合語】**swéatbànd** 名C 額に巻く汗止めバンド. **swéat glànd** 名C 汗腺. **swéat pànts** 名《複》トレーニングパンツ. **swéat shirt** 名C トレーナー. **swéatshòp** 名C 労働者を悪条件で働かせる搾取工場. **swéat sùit** 名C 運動[体育]着.

Swede ⇒Sweden.

Swe·den /swí:dn/ 名 固 スウェーデン《★ヨーロッパ北部の王国》.
【派生語】**Swéde** 名C スウェーデン人. **Swédish** 形 スウェーデン(人, 語)の. 名U スウェーデン語,《the ~》スウェーデン国民.

sweep /swí:p/ 動【本来他】〈過去・過分 *swept*〉名C〔一般語〕一般義 ほうきやブラシではこりやごみを掃く, 払う, 部屋や煙突などを掃除する, きれいにする. 〔その他〕比喩的にすべての物を取り除く, 素早く物を運び去る, 払い除ける, 一掃する, 相手に圧勝する, 連勝する. またある場所や地域をあらしや病気などが襲う, うわさや流行などがさっと広まる, 全範囲をさっと見渡す, 照明などがさっと照らす, ある物が他の物の表面をさっとなでる. 自 掃除する, 何かがさっと過ぎる, 流行などが広まる, 伝染病が蔓延する, 土地などがうねうねと続く[広がる]. 名C として掃除すること, 掃除, 一掃, 圧勝, さっと動く[動かす]こと, 《通例単数形で》カーブ, 湾曲, 土地などの広がり, 一帯, 範囲, 領域.
【語源】古英語 swāpan (= to sweep) から.
【用例】The room has been *swept* clean. 部屋は掃いてきれいになった/She *swept* up the crumbs off the table with her hand. 彼女はテーブルの上のパンくずを手でさっと取り除いた/The disease is *sweeping* the country. 病気が国中に蔓延している/She looked anxiously for him, her eyes *sweeping* the room. 彼女は部屋の隅から隅までさっと見渡しながら心配そうに彼を捜した/She *swept* into my room without knocking on the door. 彼女はノックもしないですっと私の部屋に入ってきた/The hills *sweep* down to the sea. 丘の斜面が海まで続いている/She gave the room a *sweep*. 彼女は部屋を掃除した.
【慣用句】*at one [a] sweep* 一気に. *make a clean sweep* 不要な物や人を一掃する, 生まれ変わらせる. *sweep aside* ...を払いのける, 批判などを一蹴する. *sweep away* 手などで...を払いのける, 不要な物を一掃する, 風や水などが吹き飛ばす, 押し流す. *sweep ... off ...'s feet* 人を夢中にさせる: She was *swept off* her feet by him. 彼女は彼にすっかり夢中になった. *sweep out* ほこりやごみを取り除く, 部屋などを掃除する. *sweep over* 感情などが人を圧倒する. *sweep the board* 全賞金[品]をかっさらう, 大成功を収める. *sweep ... under the rug* [《英》 *carpet; mat*] 恥ずかしいことやいやなことを隠す, 忘れる.
【派生語】**swéeper** 名C 掃除機, 道路清掃人, 『サッカー』スイーパー. **swéeping** 形 さっと掃くような, 大々的な, 大ざっぱな. **swéepingly** 副.
【複合語】**swéepstàke** 名C 《しばしば複数形で》勝者が賞金を全部取る勝負事(の賞金).

sweet /swíːt/ 形 副 名 UC 〔一般語〕[一義] 砂糖や蜜のように甘い, 甘い味[香り]がする. 甘い 新鮮なにおいの, 比喩的に快い, 楽しい, 上品な, 見て[聞いて]感じのいい, 優しい, 親切な, 〔くだけた語〕かわいい, 魅力的な, 素晴しい, 《悪い意味で》甘ったるい, 感傷的な, 飽き飽きするような物. また酸性土でない, ガソリンが硫黄化合物を含んでいない, 〔化〕腐敗性[酸性]物質のない. 副として甘く, やさしく, 快く. 名として甘い味, 甘さ, また甘いもの, キャンディー, 砂糖菓子, ゼリー, 《英》食後のデザート, 《(the ～s)》心地よい経験[状態], 快楽, 呼びかけに用いて(my ～)愛する人.
[語源] 古英語 swēte (快い) から.
[用例] Children eat too many *sweet* foods. 子供は甘い食べ物を食べすぎます/Do you prefer *sweet* wines to dry wines? 辛口のワインより甘口のワインのほうが好きですか/The *sweet* smell of flowers filled the house. 花の甘い香りで家中いっぱいだった/She has a *sweet* voice. 彼女は美しい声をしている/The child has a *sweet* nature. 根が優しい子です/It was *sweet* of you to send me a birthday present. 誕生日のプレゼントを送って下さってご親切を感謝します/She looks *sweet* in that dress. あの服を着ている彼女は魅力的です/She offered him a *sweet*. 彼女は彼にキャンディーを与えた.
【派生語】**swéeten** 動 本来他 甘くする[なる], 快くする, やわらげる, 機嫌を取る. **swéetener** 名 C 砂糖の代わりになる甘味料, 〔くだけた語〕ご機嫌をとるもの, わいろ. **swéetening** 名 UC 甘くすること, 甘味料. **swéetie** 名 C 《女性が使って》恋人, かわいい人[もの], 《男性が女性へ呼びかけて》ねえ(君), 《複数形で》《英》砂糖菓子, キャンディー. **swéetish** 形 ちょっと甘い. **swéetly** 副. **swéetness** 名 U.
【複合語】**swéet-and-sóur** 形 甘酸っぱい(味付けの). **swéetbread** 名 C 子牛, 子羊の膵臓. **swéetbriar** 名 CU 〔植〕野ばら. **swéet córn** 名 U 〔米〕甘味とうもろこし, スイートコーン. **swéet flág** 名 C 〔植〕しょうぶ. **swéethèart** 名 C 恋人, 《呼びかけて》かわいい人 (〔語法〕 あまり使われなくなってきている). **swéetmèat** 名 C 砂糖菓子, 果物の砂糖漬け. **swéet pèa** 名 C 〔植〕スイートピー. **swéet potáto** 名 C さつまいも. **swéet pépper** 名 C 甘とうがらし, ピーマン. **swéet-scénted** 形 香りのよい. **swéet shòp** 名 C 《英》菓子店. **swéet tàlk** 名 C おべっか, おだて. **swéet-tàlk** 動 本来他 おべっかを使う, おだてて…させる. **swéet témpered** 形 気立てのいい. **swéet tòoth** 名 《次の句で》: have a sweet tooth 甘党である, 甘い物には目がない.

swell /swél/ 動 本来自 《過去 ～ed; 過分 ～ed, swollen/swóulən/》 名 UC 〔一般語〕[一義] 膨らむ, 大きくなる, 盛り上がる, 腫(は)れる. 〔その他〕量, 強度などが増す, 増大する, 音が高まる, 波がうねる. また比喩的に胸がいっぱいになる, 気持ちが高まる, 〔くだけた語〕自分を抑えきらずに偉そうに見せる[しゃべる], 威張り散らす. 他 膨らます, 大きくする, 増大させる. 名 として 膨張, 増大, 波のうねり, 胸などの膨らみ, 土地の隆起, 〔楽〕クレッシェンド(crescendo), 〔くだけた語〕流行の先端の衣服を着た人, 社会的地位の高い人, 卓越した能力を持った人, 達人. 形 として〔くだけた語〕すばらしい, すてきな.
[語源] 古英語 swellan (=to grow bigger) から.
[用例] The insect bite made her finger *swell*. 虫にかまれて彼女の指は腫れた/The sound of the organ *swelled* through the church. オルガンの音が教会中に大きく鳴り響いた/Her heart *swelled* with pride as she looked at her children. 自分の子供たちを見ると, 彼女は誇らしい気持ちになった/The wind *swelled* the sails out. 風で帆が膨らんだ/The continual rain had *swollen* the river. 雨が降り続いて川の水かさが増していた.
【派生語】**swélling** 名 CU 怪我や病気などによる体の腫れもの, 増大, 膨張. 形 隆起した, 増長した.
【複合語】**swéllhèad** 名 C うぬぼれ者. **swéllhèaded** 形 うぬぼれた, 思い上がった. **swóllenhèaded** 形 =swellheaded.

swel·ter /swéltər/ 動 本来自 名 C 〔一般語〕暑さでうだる[苦しむ], 汗びくになる. 名 として暑苦しさ, 炎熱.
[語源] 古英語 sweltan (=to die) から.
【派生語】**swéltering** 形 うだるように暑い.

swept /swépt/ 動 sweep の過去・過去分詞.

swerve /swə́ːrv/ 動 本来自 名 C 〔一般語〕[一義] 通常の軌道から急に向きを変える. 〔その他〕道からはずれる, 正道を踏み外す, 常軌を逸する. 他 向きを変えさせる, 外れさせる. 名 として外れること, カーブ, ゆがみ.
[語源] 古英語 sweorfan (=to wipe; to rub) から.
[用例] The car driver *swerved* to avoid the dog. 運転手は急ハンドルを切ってその犬を避けた.

swift /swíft/ 形 副 名 C 〔一般語〕[一義] 動作が素早い, 敏速な. 〔その他〕〔形式ばった語〕速度が速い, さっと過ぎる, つかの間の, 〔しばしば複合語で〕速く, 敏速に. 名 として〔鳥〕あまつばめ, 〔動〕はりとかげ.
[語源] 古英語 swift (=moving quickly) から.
[用例] His face showed a *swift* change of expression. 彼の表情はさっと変わった/He is *swift* to take offence. 彼はすぐに怒る/a *swift*-footed animal 脚の速い動物.
[類義語] fast.
【派生語】**swíftly** 副. **swíftness** 名 U.

swig /swíg/ 名 C 動 本来他 〔くだけた語〕酒などをがぶ飲み(する), らっぱ飲み(する).
[語源] 不詳. 初期近代英語から.
[用例] He took a *swig* from the bottle. 彼はびんをらっぱ飲みした.

swill /swíl/ 動 本来他 名 UC 〔ややくだけた語〕[一義] 酒などをがぶ飲みする. 〔その他〕〔一般語〕ざぶざぶとすすぐ, 水洗いする. 名 としてがぶ飲み, 豚などに与える台所くず, 残飯, 台所の流し水, (a ～) すすぎ洗い.
[語源] 古英語 swilian (=to wash out) から.

swim /swím/ 動 本来自 《過去 swam; 過分 swum》 名 C 形 〔一般語〕[一義] 人, 動物, 魚などが泳ぐ. 〔その他〕液体などに浮かんでいる, 空中に浮動[浮遊]する, 雲などが流れるように動く. 転じて物が水浸しになる, あふれる, …の海になる (in; with). また頭がふらふらする, 物がぐるぐる回るような感じになる, 目まいがする. 他 流れを泳いで渡る, 人や動物などを泳がせる, 競泳やある泳ぎをする. 名 として (a ～) 泳ぎ, (the ～) 世の中の実情, 時流. 形 として 〔通例複合語で〕泳ぎのための, 泳ぎに使われる.
[語源] 古英語 swimman (to move in the water) から.
[用例] I'm going [I've been] *swimming*. 泳ぎに行きます[ずっと泳いでいます]/She likes *swimming* on her back. 彼女は背泳ぎが好きだ/His head was

swimming. 彼はめまいがしていた/He has already *swum* the river [two races today; three lengths of swimming-pool]. 彼はもう川を泳いで渡った[今日はもう 2 回競泳した; もうプールを一往復半した]/She can't *swim* a stroke. 彼女はまったく泳げない/We went for a *swim* in the lake. 我々は湖へ泳ぎに行った.

【慣用句】*be in* [*out of*] *the swim* 実情に明るい[暗い], 時流に乗っている[乗っていない]. *swim against* [*with*] *the tide* 時勢に逆らう[従う]. *swim like a rock* 金づちである.

【派生語】swímmer 名 C 泳ぐ人, 泳者: be a good [poor] *swimmer* 泳ぎがうまい[下手だ]. swímming 名 U 水泳, めまい. 形 水泳用の, 〘思い意味で〙…がいっぱいである, あふれた〘with; in〙: swimming bath 〘英〙屋内プール/swimming costume 〘英〙女性用水着/swimming pool プール/swimming trunks 〘複〙水泳パンツ. swímmingly 副 すらすらと, 簡単に.

【複合語】swím blàdder 名 C 魚の浮き袋. swímsùit 名 C 女性用水着. swímwèar 名 U 水着.

swin·dle /swíndl/ 動 本来他 名 C 〔一般語〕人から金などをだまし取る. 自 詐欺をする, いんちきをする. 名 として詐取, 詐欺, いんちき.
【語源】ドイツ語 *Schwindler* (ぺてん師) から入った swindler からの逆成語.
【派生語】swíndler 名 C 詐欺師, ぺてん師.

swine /swáin/ 名 C 〔文語〕〘集合的に〙家畜の豚. また〔俗語〕卑劣なやつ, 強欲な男.
【語源】古英語 swīn (=pig; hog) から.
【派生語】swínish 形 豚のような, 意地汚い, 下品な.
【複合語】swínehèrd 名 C 豚飼い.

swing /swíŋ/ 動 本来自 〘過去・過分 swung〙 名 CU 〔一般語〕 一般義 振子やドアなどのように, 一方の端が動かないものに結ばれていて他方が自由に規則的に前後[左右, 上下]に動く, 揺れる, ぶらさがる. 〘その他〙 ぶら下がる, つり下がる, ぶらんこに乗る, 〘くだけた語〙絞首刑になる. または回って回る[カーブする], 世論や状況などが急変する, 大変動する, 腕を大きく回してスイングする, なぐる〘at〙, 手を振ったり体を揺すったりして威勢よく歩く, 軽快に歩く. さらに〔くだけた語〕流行の先端を行く, あるいは相手を選ばずにフリーセックスする. 他 揺り動かす, 振り動かす, ハンモックのように両端でものをつるす, または方向に向かせる, 回転させるなど. 名 として揺れ, 振り, 景気などの規則的変動, 詩や音楽の力強いリズム, 基本のメロディーを即興的に変化させるジャズの一種, スイング. またぶらんこ, 曲線運動[コース], 〘米〙周遊旅行.
【語源】古英語 swingan (=to beat; to fling oneself) から.
【用例】The door suddenly *swung* open. ドアが突然さっと開いた/The children were *swinging* on a rope hanging from a tree. 子供たちが木からたれ下がっているロープにつかまって揺れていた/He *swung* happily along the road. 彼は手を振って元気よく通りを歩いていた/You should *swing* your arms when you walk. 歩く時は腕を振ったほうがいい/Most golfers would like to improve their *swing*. たいていのゴルファーは自分のスイングを良くしたいと思っている/There was a big *swing* away from the government in the northern counties. 北部の郡内では政府に対する支持率が大きく下がった/There are *swings* in the park for the children. 公園には子供用のぶらんこがあります.

【慣用句】*be in full swing* 最高潮である. *get into full swing* フル回転になる, 本格的になる. *go with a swing* 調子がよい, うまくいく. *swing around* [*round*] : He *swung* round and stared at them. 彼はくるりと振り向いて彼らをにらみつけた. *swing by* ちょっと立ち寄る. *take a swing at* … バットなどを…をめがけて振る, …になぐりかかる.

【派生語】swínger 名 C 〔くだけた語〕流行の先端をいく人, フリーセックスをする人. swínging 形 揺れ動く, 足どりやメロディーが軽快な, 生き生きとした, 今はやりの, フリーセックスの.
【複合語】swíngbòat 名 C 船の形をしたぶらんこ. swíng brìdge 名 C 旋回橋. swíng [swínging] dóor 名 C 自在ドア. swíng mùsic 名 U スイング音楽. swíng shìft 名 C 〘米〙交代勤務の遅番(の人) (★通例午後 4 時から夜中の 12 時まで), 交代勤務制. swíng vòte 名 C 〘米〙選挙の浮動票. swíng vòter 名 C 〘米〙浮動票投票者. swíng-wìng 名 C 〘航〙可変後退翼(機).

swinge /swíndʒ/ 動 本来他 〔古語〕むち打つ, 懲らしめる.
【語源】古英語 swengan (=to strike) から.
【派生語】swíngeing 形 〘主に英〙打撃がひどい, 被害や金額などが莫大(ばく)な.

swinger ⇒swing.
swinish ⇒swine.

swipe /swáip/ 動 本来他 名 C 〔ややくだけた語〕一般義 思いっきり強打する, ぶんなぐる. 〘その他〙かっぱらう, くすねる. 自 強く打つ, なぐりかかる. 名 として強打, きつい批評, 悪口.
【語源】sweep の変形と考えられるが不詳. 19 世紀から.

swirl /swə́ːrl/ 動 本来自 名 C 〔一般語〕渦を巻く. 〘その他〙頭がふらふらする. 他 渦を巻かせる. 名 として渦(巻き), 巻き毛, 旋回, 混乱.
【語源】スコットランド語 swyrl(l)e (=whirlpool) からと考えられるが不詳. 中英語から.

swish /swíʃ/ 動 本来自 名 C 形 〔一般語〕風を切ってひゅうっと音を立てる, 衣服などがさらさらと音を立てる. 他 振ってひゅうっという音や衣ずれの音. 形 として〔くだけた語〕しゃれた, いきな.
【語源】擬音語として 18 世紀から.

Swiss ⇒Switzerland.

switch /swítʃ/ 名 C 動 本来他 〔一般語〕一般義 電気回路のスイッチ. 〘その他〙〘複数形で〙〘米〙〘鉄道〙転轍機, ポイント, 計画や意見などの転換, 変更. 本来木から切り取った細くて柔軟な若枝を意味し, のちに軽いむちや入れ毛, かもじ, 牛などの尾の先の房毛を指す. 動 として切り替える, 内容や話題などを変える, 位置や物を交換する, またむち打つ, むち, 尾などを振る.
【語源】おそらく中期オランダ語 *swijch* (=twig) から初期近代英語に入った.
【用例】The *switch* is down when the power is on and up when it's off. スイッチ(のレバー)は電気が入っているときは下に, 入っていないときは上になっている/a light*switch* 電灯のスイッチ/a *switch* of support from one political party to another ある政党から別の政党への支持の鞍替え/He *switched* the lever

Switzerland

to the 'off' position. 彼はスイッチを「切る」に切り替えた.
【慣用句】*switch off* …のスイッチを切る. *switch on* …のスイッチを入れる. *switch over* …を転換する, テレビのチャンネルなどを切り替える.
[語源] ギリシャ語 *sucomoros* (*sukon* fig＋*moron* black mulberry) がラテン語, 古フランス語を経て中英語に入った.
【派生語】**switchable** 形 切り替え可能な.
【複合語】**switchback** 名 C 【鉄道】スイッチバック, ジグザグの山道, 《英》ジェットコースター. **swítchblàde** [knìfe] 名 C 《米》飛び出しナイフ(《英》flick knife). **switchbòard** 名 C 電話の交換台, 【電】配電盤. **switched-ón** 形 流行などに敏感な, 新しい. **swítchgèar** 名 U 【電】開閉装置. **switch-hítter** 名 C 【野】スイッチヒッター. **swítchman** 名 C 【鉄道】転轍手. **switchòver** 名 C 転換, 切り替え.

Switz·er·land /swítsərlənd/ 名 固 スイス.
【派生語】**Swíss** 名 C (複 〜) スイス人, (the 〜) スイス国民. 形 スイスの, スイス人の, スイス風の.

swiv·el /swívl/ 名 C 動 [本来义] [一般義] 接続している物体を自在に旋回させる自在軸受け, 回転いすの回転台, さるかん. 動 として回転[旋回]させる[する].
[語源] 古英語 *swīfan* (＝to revolve) から.
【複合語】**swível cháir** 名 C 回転いす.

swol·len /swóulən/ 動 swell の過去分詞.

swoon /swú:n/ 動 [本来自] 名 C 【文語】[一般義] 気が遠くなる, 気絶する. [他] 恍惚(こうこつ)となる, 音などが徐々に消える. 名 として気絶, 卒倒.
[語源] 古英語 *swōgan* (＝to choke) の過去分詞 *geswogen* から.

swoop /swú:p/ 動 [本来自] 名 C [一般義] わし, たか, 飛行機などが急降下して襲う, 急襲する. 名 として急降下, 急襲.
[語源] 古英語 *swāpan* (＝to sweep; to dive) から.

swop /swáp|-ɔ́-/ 動 名 ＝swap.

sword /sɔ́:rd/ 名 C [一般義] 刀, 剣, (the 〜) 武力, 戦争, 権威, 強制力.
[語源] 古英語 *sweord* から.
[用例] He drew his *sword* (from its sheath) and killed the man. 彼は刀を(さやから)抜いてその男を殺した/The pen is mightier than the *sword*. 《ことわざ》ペンは剣よりも強し.
【慣用句】*cross swords with* … …と剣を交える, 論争する. *put … to the sword* …を斬り殺す, 戦争で…を殺す. *the sword of Damocles* 一本の髪の毛でぶら下がっているダモクレスの剣, 身に迫る危険. *the sword of justice* 司法権.
【複合語】**swórd dànce** 名 C 剣の舞い. **swórdfìsh** 名 C U 【魚】めかじき, その肉. **swórdplày** 名 U 剣術, 火花を散らす激論.
【派生語】**swórdsman** 名 C 剣士. **swórdsmanshìp** 名 U 剣術, 剣道. **swórd càne** 名 C 仕込みづえ.

swore /swɔ́:r/ 動 swear の過去形.

sworn /swɔ́:rn/ 動 形 swear の過去分詞. 形 として 《限定用法》誓った, 契った.

swot /swát|-ɔ́-/ 動 [本来自] 名 C 〈くだけた語〉《英》試験などのためにがり勉をする. 名 としてがり勉(屋)(《米》grind).
[語源] sweat の変形. 19世紀から.

swum /swʌ́m/ 動 swim の過去分詞.

swung /swʌ́ŋ/ 動 swing の過去・過去分詞.
【複合語】**swúng dàsh** 名 C 波形ダッシュ, スワング

sylph

ダッシュ(〜).

syc·a·more /síkəmɔ:r/ 名 C U 【植】《米》すずかけのき, 《英》シカモア(★ヨーロッパ原産の大かえで).
[語源] ギリシャ語 *sucomoros* (*sukon* fig＋*moron* black mulberry) がラテン語, 古フランス語を経て中英語に入った.

sycophacy ⇒sycophant.

syc·o·phant /síkəfənt/ 名 C 〈やや形式ばった語〉おべっか使い, 追従者.
[語源] ギリシャ語 *sukophantēs* (＝informer; *sukon* fig＋*phaintein* to show) がラテン語を経て初期近代英語に入った. 原義は「親指を中指と人さし指の間にはさんで軽蔑のしぐさを見せる人」.
[用例] The king's advisers were nothing but a crowd of *sycophants*. 王の相談役たちはおべっか使いの集まりにすぎなかった.
【派生語】**sýcophacy** 名 U おべっか, 追従. **sỳcophántic** 形 おべっかを使う, へつらう.

Syd·ney /sídni/ 名 固 シドニー《★オーストラリア東部の都市》.

syllabary ⇒syllable.

syllabic ⇒syllable.

syllabicate ⇒syllable.

syllabify ⇒syllable.

syl·la·ble /síləbl/ 名 C 動 [本来他] 【音】発音上の単位で母音がその中心となる音節. また一般的に(通例否定文で)意味のとれる最も短い表現, 一言. 動 として音節を区切って発音する.
[語源] ギリシャ語 *sullambanein* (＝to gather together; *sun-* together＋*lambanein* to take) の派生形 *sullabē* (＝gathering of letters) がラテン語 *syllaba*, 古フランス語 *syllabe* を経て中英語に入った.
【派生語】**sýllabary** 名 C 音節文字表(★日本語の五十音図など). **syllábic** 形 音節の, 音節を表す. 名 C 音節主音: **syllabic consonant** 成節的子音(★ paddle /pǽdl/, button /bʌ́tn/ の /l/, /n/ のような子音). **syllábicate** 動 [本来他] 音節に分ける. **syllàbicátion** 名 U 分節法. **syllàbificátion** 名 U ＝syllabication. **syllábify** 動 [本来他] ＝syllabicate.

syl·la·bub /síləbʌb/ 名 U C [一般義] シラバブ(★牛乳, ワインなどで作った飲み物, あるいはこれを冷やして固めた菓子).
[語源] 不詳. 初期近代英語から.

syl·la·bus /síləbəs/ 名 C [一般義] 講義, 論文などの摘要, 要目, 教授細目.
[語源] 近代ラテン語 *syllabus* (＝list) が初期近代英語に入った. ギリシャ語 *sittubus* (＝parchment strip giving title and author) の "l" と "t" の誤読によるものと考えられる.

syl·lo·gism /síləʤizəm/ 名 C 【論】三段論法.
[語源] ギリシャ語 *sullogizesthai* (＝to reckon together; *sun-* together＋*logizesthai* to calculate) の派生形 *sullogismos* がラテン語 *syllogismus* を経て中英語に入った.
【派生語】**sỳllogístic** 形.

sylph /sílf/ 名 C [一般義] 空気の精, ほっそりした優美な女性.
[語源] 近代ラテン語 *sylphus* (*sylva* forest＋*nympha* nymph) より. 初期近代英語から.
【派生語】**sýlphlike** 形.

syl·van, sil·van /sílvən/ 形 C 〔文語〕森の, 森の中の, 森に住んでいる, また樹木の多い, 田園の. 名 として森に住む人[動物], 森の精.
[語源] ラテン語 *sylva* (=forest) の派生形 *sylvanus* が初期近代英語に入った.

sym·bi·o·sis /sìmbaióusis/ 名 U 〖生〗共生, 共同生活.
[語源] ギリシャ語 *sumbioun* (=to live together) の派生形 *sumbiōsis* が近代ラテン語 *symbiosis* を経て初期近代英語に入った.
【派生語】**symbiótic** 形.

sym·bol /símbəl/ 名 C 〔一般語〕[一義] 象徴, 表象, シンボル. [その他] 記号, 符号, しるし.
[語源] ギリシャ語 *sumballein* (=to throw together) の 名 *sumbolon* (=token for identification) がラテン語 *symbolum* を経て中英語に入った. 二つに割った 符割を持ち寄って, それを合わせて確認して契約の印としたことから.
[用例] The cross is the *symbol* of Christianity. 十字架はキリスト教の象徴である/O is the *symbol* for oxygen. O は酸素を表す記号である.
[日英比較] 「シンボルマーク」は和製英語で, 英語では単に symbol とか mark とか emblem という.
[類義語] emblem.
【派生語】**symbólic** 形. **symbólical** 形. **symbólically** 副. **sýmbolism** 名 U〖芸〗象徴主義[派], 象徴[符号]性, 記号体系. **sýmbolist** 名 C. **sỳmbolizátion** 名 U. **sýmbolize** 動 本来自.

symmetrical ⇒symmetry.

sym·me·try /símətri/ 名 U 〔やや形式ばった語〕[一義] 対称, 相称. [その他] つり合い, 均整, 調和, あるいは均整[調和]美.
[語源] ギリシャ語 *summetria* (=proportion; *sun*-with+*metron* measure) がラテン語 *symmetria* を経て初期近代英語に入った.
[用例] An extra part was added to the house in 1850, which spoilt the *symmetry* of its front. 1850 年にその家は増築されたが, それによって家の正面の左右対称がくずれてしまった.
【派生語】**symmétrical** 形 対称[相称]の, つり合いのとれた. **symmétrically** 副.

sympathetic ⇒sympathy.

sympathize ⇒sympathy.

sym·pa·thy /símpəθi/ 名 U 〔一般語〕[一義] 同情, 思いやり. [その他] 同感, 賛同 (《語法》通例 with を伴う), 共鳴, 共感 (《語法》通例 for を伴う), また (《複数形で》) 同情心, 共鳴点, 悔やみ表.
[語源] ギリシャ語 *sumpathēs* (=having common feelings; *sun*- with+*pathos* feelings) の 名 *sumpatheia* がラテン語 *sympathia* を経て初期近代英語に入った.
[用例] When her husband died, she received many letters of *sympathy*. 夫が亡くなった時, 彼女はたくさんの悔みの手紙を受け取った/I have no *sympathy* with such a stupid attitude. 私はあんな馬鹿げた態度には賛同できません/My *sympathies* are with her husband. (彼女ではなく) 彼女の夫のほうが気の毒に思われる.
【慣用句】*be in* [*out of*] *sympathy with*... ...に賛成している[いない]. *in sympathy* 同情して, 共感して.
【派生語】**sỳmpathétic** 形 思いやりのある, 同情する, 共鳴した, 好意的な, 好都合な. **sỳmpathétically** 副. **sýmpathize** 動 本来自 ...に同情する, 同感である, 賛成する (with). **sýmpathizer** 名 C 同情者, 同調者, シンパ.
【複合語】**sýmpathy nérve** 名 C〖解〗交感神経. **sýmpathy strike** 名 C 同情スト.

symphonic ⇒symphony.

sym·pho·ny /símfəni/ 名 CU 〖楽〗交響曲, シンフォニー, また交響楽団, (米)交響楽団の演奏会. 比喩的に音, 色彩などの調和.
[語源] ギリシャ語 *sumphōnos* (=harmonious; *sun*-together+*phōnē* sound) の 名 *sumphōnia* がラテン語 *symphonia* を経て中英語に入った.
[用例] Beethoven wrote nine *symphonies*. ベートーベンは 9 つの交響曲を書いた.
【派生語】**symphónic** 形 交響曲の, 交響的な, 和声の: symphonic poem 交響詩.
【複合語】**sýmphony órchestra** 名 C 交響楽団.

sym·po·si·um /simpóuziəm/ 名 C 〔形式ばった語〕[一義] あらかじめ特定されて学術的あるいは社会的な問題に関する討論会, シンポジウム. [その他] 特定の問題に関する諸学者の論文集. 古来古代ギリシャにおける知的な会話や音楽などを楽しむ酒宴.
[語源] ギリシャ語 *sumposion* (=drinking together; *sun*- together+*posis* drinking) がラテン語 *symposium* を経て近代英語に入った.
[用例] The university is holding a *symposium* on new forms of energy. その大学では今新しい形のエネルギーに関するシンポジウムが開かれている.

symp·tom /símptəm/ 名 C 〔一般語〕何かが起こる証拠となる兆候, とくに病気などの症状や症候.
[語源] ギリシャ語 *sumpiptein* (=to occur; *sun*- together+*piptein* to fall) の 名 *sumptōma* (=occurrence; disease) が後期ラテン語 *symptoma* を経て初期近代英語に入った.
[用例] A red rash is one of the *symptoms* of measles. 赤い発疹ははしかの症状の一つだ.
【派生語】**sỳmptomátic** 形. **sỳmptomátically** 副.

syn- /sin/ [接頭]「一緒に」「類似の」「同時に」の意を表す.
[語法] m, b, p で始まる語の前で sym-, l で始まる語の前で syl-, s で始まる語の前で sys-, r で始まる語の前で sur-, s+ 子音および z で始まる語の前で sy- となる.
[語源] ギリシャ語 *sun* (=together; with) による *sun*- がラテン語 *syn*- を経て中英語に入った. ギリシャ系の語の前につく.

syn·a·gogue /sínəgɔ(ː)g/ 名 C 〔一般語〕礼拝のためのユダヤ人集会, またユダヤ教会.
[語源] ギリシャ語 *sunagōgē* (=gathering) がラテン語, 古フランス語を経て中英語に入った.

syn·apse /sínæps, -´-|sáinæps/ 名 C 〖解〗神経の接合部, シナプス.
[語源] ギリシャ語 *synaptein* (=to connect; *syn*- together+*haptein* to fasten) から派生した *synapsis* (=connection) の複数形 *synapses* からの逆成. 19 世紀から.
【派生語】**synáptic** 形.

sync, synch /síŋk/ 名 U 〔くだけた語〕〖映·テレビ·写〗同調 (synchronization).

syn·chro·mesh /síŋkrəmeʃ/ 名 C 形〖自動車〗

synchronic ⇒synchronous.
synchronize ⇒synchronous.
syn·chro·nous /síŋkrənəs/ 形 〔一般語〕同時に起こる,同時性の,また同一速度で進行する[動く],《理》同期の,同位相の.
  語源 ギリシャ語 *sunkhronos* (*sun-* same + *khronos* time) が後期ラテン語 *synchronos* を経て初期近代英語に入った.
  【派生語】**synchrónic** 形 同時性の,《言》共時的な. **sỳnchronizátion** 名 U. **sýnchronize** 動 本来他 同時性を持たせる,時計の時刻を合わせる,《映・テレビ》音声を映像と同調させる,《理》同期させる: **synchronized swimming** シンクロナイズドスイミング,水中バレエ.

syn·chro·tron /síŋkrətrɑn|-ɔ̀n/ 名 C 《理》電子加速装置,シンクロトロン.
  語源 syncro-「同期」+(elec)tron. 20 世紀から.

syn·co·pate /síŋkəpeit/ 動 本来他 《楽》拍子,リズムを切分する.
  語源 後期ラテン語 *syncope* (⇒syncope) から派生した中世ラテン語 *syncopare* の過去分詞から初期近代英語に入った.
  【派生語】**sỳncopátion** 名 U 切分法.

syn·co·pe /síŋkəpi/ 名 U 《言》語中音消失,《楽》切分(音),《医》気絶,卒倒.
  語源 ギリシャ語 *sunkoptein* (*sun-* together + *koptein* to cut) の派生形 *sunkopē* (=cutting off) が後期ラテン語 *syncope* を経て初期近代英語に入った.

syn·dic /síndik/ 名 C 〔一般語〕法人や大学などの理事,評議員,あるいは地方行政長官.
  語源 ギリシャ語 *sundikos* (=public advocate; *sun-* with + *dikē* judgement) が後期ラテン語,古フランス語を経て初期近代英語に入った.
  【派生語】**sýndicalism** 名 U サンディカリズム,労働組合主義. **sýndicalist** 名 C サンディカリスト.

syn·di·cate /síndikit/ 名 C, /-kèit/ 動 本来他 〔一般義〕共同企画や共同販売などの目的のための企業連合,シンジケート, その他 写真,漫画,特別記事などを新聞・雑誌社に売る新聞雑誌連盟,銀行や金融業者などによって組織される債権[株式]引き受け団体,また,《米》マフィアのようなな犯罪組織, 動 としてシンジケート組織にする,新聞雑誌連盟を通じて配給する.
  語源 古フランス語 *syndicat* (=office of a syndic) が初期近代英語に入った. ⇒syndic.
  【派生語】**sỳndicátion** 名 U シンジケート組織(にすること).

syn·drome /síndroum/ 名 C 《医》症候群,シンドローム,また一般的に同時発生した一連の事柄,一定の行動パターン.
  語源 ギリシャ語 *sundromē* (=running together; *sun-* together + *dromos* running) が近代ラテン語を経て初期近代英語に入った.

syn·o·nym /sínənim/ 名 C 〔一般語〕類義語(⇔antonym).
  語源 ギリシャ語 *sunōnymos* (=sunonymous; *sun-* same + *onoma* name) がラテン語 *synonymum* を経て初期近代英語に入った.
  【派生語】**synónymous** 形. **synónymously** 副.

syn·op·sis /sinápsis|-ɔ́-/ 名 C 〔やや形式ばった語〕概要,大意,あらすじ.
  語源 ギリシャ語 *sunopsis* (*sun-* together + *opsis* view) が後期ラテン語 *synopsis* を経て初期近代英語に入った.
  用例 He read the *synopsis* of the book that was printed on its back cover. 彼は裏表紙に印刷されたその本のあらすじを読んだ.
  【派生語】**synóptic** 形 要約の,通観的な,《気象》総観の.

syntactic ⇒syntax.
syn·tax /síntæks/ 名 U 《文法》シンタックス,統語論[法].
  語源 ギリシャ語 *suntassein* (=to put in order) の 名 *suntaxis* が後期ラテン語 *syntaxis* を経て初期近代英語に入った.
  【派生語】**syntáctic** 形. **syntáctically** 副.

syn·the·sis /sínθəsis/ 名 UC 〔複 -ses/siːz/〕〔やや形式ばった語〕2 つ以上の要素や理念などを結合した総合,統合(⇔analysis),また総合体,《化》合成,合成品,《言》総合,語の合成,《医》接骨,復位.
  語源 ギリシャ語 *suntithenai* (=to put together; *sun-* together + *tithenai* to place) の 名 *sunthesis* (=collection) がラテン語 *synthesis* を経て初期近代英語に入った.
  【派生語】**sýnthesize** 動 本来他 総合する,統合[合成]する. **sýnthesizer** 名 C 総合[統合]する人[もの],《楽器》音を電子的に合成するシンセサイザー. **synthétic** 形 総合[統合]的な,合成の,人工の,にせの: **synthetic resin** 合成樹脂/**synthetic fiber** 合成繊維. **synthétically** 副.

syph·i·lis /sífəlis/ 名 U 《医》梅毒.
  語源 最初にこの病気にかかったとされる人名から. 18 世紀から.
  【派生語】**sỳphilític** 形 名 C 梅毒の,梅毒にかかった(患者).

sy·phon /sáifən/ 動 =siphon.

Syr·i·a /síriə/ 名 固 シリア(★アジア南西部の地中海に臨む共和国, 首都 Damascus).
  【派生語】**Sýrian** 形 シリア(人)の. 名 C シリア人.

sy·ringe /sirindʒ, -́-/ 名 C 動 本来他 〔一般語〕注入器,注射器,スポイト,浣腸器,洗浄器. 動 として注入する,注射する,洗浄する.
  語源 ギリシャ語 *surinx* (=pipe) が中世ラテン語 *syringa* を経て中英語に入った.

syr·up, sir·up /sírəp, sə́ːrəp/ 名 U 〔一般語〕果汁などを砂糖や香料を加えて煮つめた粘り気のある液状のもの,シロップ,スロップ,また薬剤入りの糖液や糖蜜.
  語源 アラビア語 *sharāb* (=drink; beverage) が中世ラテン語 *syrupus* を経て中英語に入った.
  【派生語】**sýrupy, sírupy** 形 シロップのような,甘ったるい.

sys·tem /sístəm/ 名 CU 〔一般語〕〔一般義〕組織,制度. その他 組織だったやり方,方式,規則,あるいは系,体系, いくつかの部品が 1 つのユニットとして機能する装置,コンピューターなどのシステム,《the [one's] ~》人体,身体.
  語源 ギリシャ語 *sunistanai* (=to bring together; *sun-* together + *histanai* to cause to stand) の 名 *systēma* (=organized whole) が後期ラテン語 *systēma* を経て初期近代英語に入った.
  用例 a *system* of government 政治組織/a *system*

of education 教育制度/I find that her working methods lack *system*. 彼女の仕事のやり方は系統立っていないことがわかりました/the solar [digestive] *system* 太陽[消化器]系/the railway *system* 鉄道網/Take a walk every day —it's good for the *system*! 毎日散歩しなさい. 体にいいんですよ.

【慣用句】*All systems (are) go!* 準備オーケー! 出発! *get ... out of one's system* 心配事などを心の中から取り除く, むしゃくしゃした気分を晴らす.

【派生語】sỳstemátic 形 組織立った, 体系的な. sỳstemátically 副. sỳstematizátion 名 Ⓤ. sýstematize 動 本来他 組織化する, 体系化する. systémic 形 組織[体系]の, 〖生理〗全身の.

【複合語】sýstems anàlysis 名 Ⓤ システム分析. sýstems ànalyst 名 Ⓒ. sýstems enginéering 名 Ⓤ システム[組織]工学.

T

t, T /tí:/ 名 C 《複 t's, ts, T's, Ts》ティー《★アルファベットの第 20 文字》, T 字形のもの.
【慣用句】*cross one's [the] t's* t の横線を引く, 細かな事をもおろそかにしない. *to a T* 正確に, ちょうどよく.

tab /tǽb/ 名 C 〔一般語〕 [一般義] 物につけてつまんだり, つるしたりするつまみ, 垂れ. [その他] 缶などのタブ (pull tab), 帽子の耳覆い, ファイルカードやノートのへりのつまみ, 勘定書.
[語源] 不詳.

Ta·bas·co /təbǽskou/ 名 U 〔一般語〕 とうがらしを原料とする辛味の強いソース, タバスコ《★商標》.
[語源] メキシコの州名. 欧米人がはじめてタバスコに出会った地名とされる.

tab·by /tǽbi/ 名 CU 〔一般語〕 [一般義] 明るい毛色に暗色のしま模様や波模様のあるしま猫, とら猫 (tabby cat). [その他] 毛色に関係なく一般に雌猫, 絹製の波紋模様のタビー織.
[語源] Baghdad の織物の産地 *Attabiya* から派生した古フランス語 *tabis* (=silk cloth) が初期近代英語に入った.

tab·er·na·cle /tǽbə(:)rnækl/ 名 C 〔一般語; 専門語〕 [一般義] キリスト教のいくつかの宗派の礼拝所[堂]. [その他] 本来はユダヤ教のテント張りの礼拝所, 幕屋. 《教会》聖体を納める聖櫃(2).
[語源] ラテン語 *taberna* (=hut) の指小語 *tabernāculum* (=tent) が古フランス語を経て中英語に入った.

ta·ble /téibl/ 名 C 動 本来義 〔一般語〕 [一般義] 食事用テーブル, 食卓. [その他] 元来, 金属, 石, 木などで作られた平たい彫り板を意味し, 転じて上面が平らな通常足付きの台を広く指すようになり, 食卓の他に仕事台, ゲーム台, 会議のテーブル, 手術台などの台の意となった.《単数形で》〔古風な語〕食卓上の食事,《the 〜》食事や会議, ゲームなどでテーブルを囲む人たち,「板状のもの」ということから, 一覧表, リスト, 平面, 平地, 台地. 動 として台にのせる, 表にする,《おもに米》議論などを棚上げする,《英》議案などを上程する.
[語源]「板」を意味するラテン語 *tabula* が古英語に tabule として入った.「卓, テーブル」の意は古フランス語 *table* を経て中英語に入った.
[用例] Put all the plates on the *table*. 皿をすべて食卓上にのせなさい/The whole *table* heard what he said. 列座の人びと誰もが彼の言うことを聞いた/a multiplication *table* 掛け算表《★米英では12×12まである》.
【慣用句】*set the table* 皿,ナイフ,フォークなどを並べて食卓の準備をする. *clear the table* 食卓をかたづける. *keep the table amused* 座をとりもつ. *turn the table* 形勢を逆転する.
【複合語】**táblecloth** 名 C テーブル掛け. **táble knife** 名 C 食卓用ナイフ. **táble lamp** 名 C 卓上ランプ. **tábleland** 名 C 台地 (plateau). **táble linen** 名 U テーブル掛け, ナプキンなどの食卓用白布. **táble manners** 名《複数形で》食卓での作法, テーブルマナー. **táblemàt** 名 C テーブルマット. **táble sàlt** 名 U 食卓塩. **táblespòon** 名 C 食卓用大さじ, 大さじ一杯分. **táblespoonfùl** 名 C 食卓用大さじ一杯分. **table tàlk** 名 U 茶話, 食卓での会話. **táble tènnis** 名 U 卓球 (ping-pong). **tábleware** 名 U 《集合的に》スプーン・皿・ナイフなど, 食器類. **táble wine** 名 U テーブルワイン.

tab·leau /tǽblou/ 名 C 〔複 -leaux /louz/, 〜s〕〔一般語〕劇の中間や最後ですべての役者が静止した絵のような場面, 劇的場面.
[語源] 古フランス語 *table* の指小語 *tablel* (=picture) がフランス内で形を変え初期近代英語に入った.

ta·ble d'hôte /tá:bl dóut, tæ-/ 名 C 〔複 **tables d'hôte** /tá:blz dóut, 〜s/〕〔一般語〕一定料金でセットになったレストランの定食.
[語源] フランス語 (=the host's table) が初期近代英語に入った.

tab·let /tǽblit/ 名 C 〔一般語〕[一般義] 薬の錠剤. [その他] ある特定の目的用に形作られた石, 木, 金属などの平たい薄板, 銘板, 標札, 板状の石けんやチョコレート, はぎ取り式便箋.
[語源] 古フランス語 *table* の指小語 *tablete* が中英語に入った.
[用例] They put up a marble *tablet* in memory of his father. 彼らは彼の父の記念碑を大理石で作った.

tab·loid /tǽbloid/ 名 C 形 〔一般語〕タブロイド版新聞《★普通の新聞の半分の大きさで写真や要約された扇情的ゴシップ記事が多い》. 形 として要約した, 扇情的な.
[語源] 20 世紀初頭に現れた商標名.「tablet 状のもの」.

ta·boo, ta·bu /təbú:, tæ-/ 名 UC 形 動 本来義 〔一般語〕 [一般義] 宗教上や慣習上行ったり言ったりすることを禁じられている物, タブー. [その他] 一般に禁句, 禁制. 形 としてタブーの, 禁句になっている. 動 としてタブーとして禁止する.
[語源] トンガ語 *tabu* (=holy; prohibited) が 18 世紀に入った.
【複合語】**tabóo wòrd** 名 C 禁忌語.

ta·bor, -bour /téibər/ 名 C 《楽器》中世に使われた小型の太鼓.
[語源] 古フランス語 *tabour* (=drum) が中英語に入った.

tab·u·lar /tǽbjulər/ 形 〔形式ばった語〕 [一般義] 図表にした, 表に関する. [その他] 平板な, 平たい.
[語源] ラテン語 *tabula* (=board) の 形 *tabularis* (=concerning boards) が初期近代英語に入った.
【派生語】**tábulàte** 動 本来義 表にする, 要約する. **tàbulátion** 名 UC. **tábulàtor** 名 C 図表作成者《装置》; コンピューターのタビュレーター.

tach·o·graph /tǽkəgræf/ 名 C 《自動車》トラックなどの自動速度記録計, タコグラフ.
[語源] ギリシャ語 *takhos* (=speed)+-graph から成る造語で 20 世紀から.

ta·chom·e·ter /tækámətər/ -5-/ 名 C 〔一般語〕回転速度計, タコメーター.
[語源] ギリシャ語 *takhos* (=speed)+-meter から成る造語で 19 世紀から.

tac·it /tǽsit/ 形 〔形式ばった語〕暗黙の, 無言の.
[語源] ラテン語 *tacere* (=to be silent) の過去分詞

tacitus が初期近代英語に入った.
[用例] a *tacit* understanding 暗黙の諒解/*tacit* approval 黙認.
[類義語] mute.
【派生語】**tácitly** 副. **tácitness** 名 U.

tac·i·turn /tǽsətə̀ːrn/ 形 〔形式ばった語〕習慣的に口数の少ない, 無口な, 寡黙の.
[語源] ラテン語 *tacitus* (⇒tacit) から派生した *taciturnus* (=quiet) が 18 世紀に入った.
【派生語】**tàcitúrnity** 名 U.

tack /tǽk/ 名 CU [本来他] 〔一般語〕[一般義] びょう, 留め金. [その他]〔洋裁〕仮縫い, しつけ, 〖海〗向かい風を受けて船をジグザグに進めること, 間切り. 比喩的にそれまでと異なる方針, 政策. [動] としては, びょうで留める, 船を風上に向ける, 間切る, 突然方針を変える.
[語源] ゲルマン語起源と思われる古フランス語 *tache* (=point) が中英語に入った.
【慣用句】**tack ... on** すでに存在するものに付け加える, 不注意に付け加える.
【派生語】**tácker** 名 C びょう打ち機, 仮縫い人.

tack·le /tǽkl/ 動 CU [本来他] 〔一般語〕[一般義] 仕事などに取り組む, 困難な問題などを解決しようと話し合う, 努力する. [その他]〖アメフト〗球を持った相手チームの選手に組みついてその前進を阻止する, タックルする, 一般に組みつく, 襲いかかる, 馬に馬具をかける. 名 としては, 重いものを引き上げる複滑車, 船の索具, 魚をとるための釣り具, 一般的に道具, 用具, フットボールのタックル.
[語源] 中期低地ドイツ語 *takel* (=equipment) が中英語に入った.
[用例] The policeman *tackled* the thief. 警察官は盗っ人を取り押さえた/*tackle* a difficult problem 難問に取り組む.

tack·y[1] /tǽki/ 形 〔一般語〕ペンキやニスなどがべたつく, 生乾きの.
[語源] tack+-y より. 18 世紀から.

tack·y[2] /tǽki/ 形 〔くだけた語〕人について, 趣味のよくない, 育ちの悪い, みすぼらしい.
[語源] 不詳.

tact /tǽkt/ 名 U 〔一般語〕[一般義] 気配り, 如才なさ. [その他] 困難な事を処理する臨機応変の才や判断力, こつ.
[語源] ラテン語 *tangere* (=to touch) の過去分詞 *tactus* (=sense of touching) が古フランス語を経て初期近代英語に入った.
【派生語】**táctful** 形. **táctfully** 副. **táctless** 形 不手際な, 機転のきかない. **táctlessly** 副. **táctlessness** 名 U.

tactical ⇒tactic.
tactician ⇒tactic.

tac·tic /tǽktik/ 名 C 〔一般語〕[一般義] 《通例複数形で》何かを成すための手段, 策略, 方策. [その他]《複数形で》戦術, 《複数形で単数扱い》戦術学, 〖言〗配列論, 統合論.
[語源] ギリシャ語 *tassein* (=to arrange) から派生した *taktikos* が近代ラテン語を経て初期近代英語に入った.
【派生語】**táctical** 形. **táctically** 副. **tactícian** 名 C 戦術家, 策略家.

tac·tile /tǽktil/ -tail/ 形 〔形式ばった語〕触知できる, 触覚の, 触覚を持つ.
[語源] ラテン語 *tactus* (⇒tact) から派生した *tactilis* が初期近代英語に入った.

tactless ⇒tact.
tad·pole /tǽdpòul/ 名 C 〔一般語〕おたまじゃくし.
[語源] 中英語 *tadde* (=toad) +pol (=head) から. 体の部分がひきがえるの頭に似ていることから.

taf·fe·ta /tǽfitə/ 名 U 〖織物〗タフタ, こはく織り (★光沢のあるやや堅い絹などの平織).
[語源] ペルシャ語 *tāftah* (=woven) がトルコ語, 古イタリア語, 古フランス語を経て中英語に入った.

taff·rail /tǽfril, -reil/ 名 C 〖海〗船尾の手すり.
[語源] オランダ語 *taffereel* の変形として 18 世紀に入った.

tag[1] /tǽg/ 名 C 動 [本来他] 〔一般語〕[一般義]《しばしば複合語で》定価や名前, 番号などをつけた札. [その他] 本来は飾りなどのための衣服の垂れ下がりなどをいう語で, 靴ひもの先などの小さな金具, 認識, 分類用の標識, 名札, 〖コンピューター〗タグ, 〖文法〗付加疑問句. 動 として札をつける, 付け物をする, 添える.
[語源] 不詳.
【複合語】**tág énd** 名 C 《通例複数形で》断片, 切れ端. **tág quèstion** 名 C 付加疑問(文).

tag[2] /tǽg/ 名 U 動 [本来他] 〔一般語〕[一般義] 鬼ごっこ, 〖野〗走者をタッチアウトすること, 刺殺, 〖レスリング〗タッグマッチでのタッチ. 動 として, 鬼が相手をつかまえる, 〖野〗走者をタッチアウトにする, 走者やベースにタッチする.
[語源] 不詳.
【複合語】**tág tèam** 名 C レスリングのタッグチーム.

Ta·ga·log /təgáːlɑg/ 名 C フィリピンのルソン島の原住民, タガログ人, タガログ語.

Ta·hi·ti /tɑhíːti/ 名 南太平洋のソシエテ諸島の島タヒチ (★フランス領).
【派生語】**Tahítian** 形 CU.

tail /téil/ 名 C 動 [本来他] 〔一般語〕[一般義] 鳥, 魚, 動物の尾. [その他]「尾状のもの」を指し, 洋服の垂れ, ガウンなどのすそ, 燕尾服(tailcoat), 流星などの尾, 〖楽〗音符の符尾, おさげ髪, 弁髪, 順番待ちの列の後尾. 末尾, 後部, 末期, 文章などの結尾, ページなどの余白, 〔くだけた語〕探偵など尾行者, 従者, 《複数形で》貨幣の裏面. 動 として, 尾をつける, ...に尾を付ける, 動物の尾を切る. 自 後について行く《after》, 徐々に少なく[小さく]なる, 声などが小さくて聞こえなくなる《off》.
[語源] 古英語 *tæg(e)l* から.
[用例] The dog wagged its *tail*. 犬は尾をふった/He tossed the coin and it came down *tails*. 彼はコインを投げ裏が出た/The detectives *tailed* the thief to the station. 刑事たちはどろぼうを駅まで尾行した.
【慣用句】**on one's *tail*** 車などでぴったり後について, 尾行して. ***the tail (is) wagging the dog*** 主客転倒. ***turn tail*** 恐ろしくて背を向けて逃げ出す. ***with one's tail between one's legs*** しょげて, おじけづいて.
【派生語】**táilless** 形 尾のない.
【複合語】**táilbàck** 名 C 〖英〗車の渋滞の列; 〖アメフト〗テールバック. **táilbòard** 名 C 〖英〗=tailgate. **táilcòat** 名 C えん尾服. **táil énd** 名 C (the ~) 末端, 話などの末尾. **táilgàte** 名 C 〖米〗トラックやワゴン車などの荷物の出し入れ用の後部口 (〖英〗tailboard). **táil làmp** 名 C =taillight. **táillìght** 名 C 自動車や列車などの尾灯. **táilpìece** 名 C 尾部の付属物, 書物の章末あるいは巻末の余白の小カット. **táil pìpe** 名 C 自動車などの排気管. **táilspìn**

tailor

tai·lor /téilər/ 名 C 本来義 〔一般論〕紳士服の**仕立て屋**. 動 として, 服を**仕立てる**, 比喩的に何かを要求・必要に**合わせて作る**.

語源 ラテン語 taliare (= to cut) から派生した古フランス語 tailleor (= cutter) が, アングロフランス語 taillour を経て中英語に入った.

用例 The tailor makes the man. 《ことわざ》馬子にも衣裳/He has his suits *tailored* in London. 彼はロンドンで服を仕立ててもらっている.

【派生語】**táiloring** 名 U 仕立て業.
【複合語】**táilor-máde** 形 特別あつらえの; 要求通りの.

taint /téint/ 動 本来義 UC 〔一般論〕〔一般義〕(しばしば受身で)水や空気などを**汚染する**. その他 きずや汚れなどで物の品質や価値を傷つける, 比喩的に人や組織を**堕落させる, 腐敗させる**. 名 としては, しみ, 汚れ, 腐敗, (a ～ of で)…の気味, 汚染の痕跡.

語源 ラテン語 tingere (= to dye) から派生した古フランス語 teindre (= to dye) の過去分詞 teint が中英語に入った.

【派生語】**táintless** 形.

Tai·pei, Tai·peh /tàipéi/ 名 固 タイペイ(台北) (★台湾の首都).

Tai·wan /tàiwá:n/ 名 固 台湾.
【派生語】**Tàiwanése** 形 台湾の. 名 C 《複 ～》台湾人.

take /téik/ 動 本来義 (過去 **took** /túk/; 過分 **taken** /téikən/) 名 C 〔一般論〕〔一般義〕物[人]を別の場所へ**持って[連れて]行く**(⇔bring). その他 手に**つかむ**ということで, この意味からさまざまな意味が派生している.「つかむ」から, 手で**取る, 持つ**,〔一般義〕の「持って行く, 連れて行く」が派生し, さらに捕らえる, **持ち去る**, **盗む**ことなる. また取って「受け入れる」意から,〔(主語として)〕労力などを必要とする, 時間がかかる, 栄養などを摂る, 食べ物や飲み物を**食べる, 飲む**, 薬などを飲む, 何かを**受け取る, 理解する**, …と解する, 申し出などを受ける, 応じる, 人を**受け入れる, 収容する**.「取る」意から「選び取る」意となり, ある動作をする, 写真を撮る, 乗物を交通手段として用いる, **乗る, 利用する, 選んで買う**, 座席などを**予約するなど**広い意味領域がある.

名 としては,「取ったもの」ということで,〔通例単数形で〕**捕獲物[量], 売上げ(高)**, 映画やテレビなどの**一回の撮影**シーン,〔ややくだけた語〕人が事柄に対してとる**見解, 解釈**,〔俗語〕**取り分, 分け前**.

語源 古ノルド語 taka (= to grasp) が後期古英語に tacan (= to capture) として入った. 現在の take の意味を持つ語は古英語では niman であったが, ヴァイキングしてもらわれた古ノルド語の taka が niman を駆逐し, 中英語から take が用いられるようになった.

用例 Please *take* me to America with you. 私をアメリカへ連れて行ってください/This road will *take* you to the shopping mall. この道を行けばショッピングセンターに着きます/She *took* me by the arm. 彼女は私の腕をつかんだ/Will you *take* the baby while I look for my keys? 私が鍵を捜す間赤ちゃんを抱いていてくれない?/I've had a tooth *taken* out. 私は歯を抜いてもらった/I won't *take* that (insult) from you! 私はそんな侮辱をあなたから受けるつもりはない/How long does it *take* you to go home? 家まで帰るのにどのくらいかかりますか/This desk *takes* too much space. この机は場所をとり過ぎる/The car *takes* five people. その車には5人乗れます/The soldiers *took* the city. 兵隊が町を占領した/Do you *take* sugar in your tea? お茶に砂糖を入れますか/He *took* the news calmly. 彼はその知らせを冷静に受けとめた/He *took* pleasure [pride; a delight; an interest] in his work. 彼は仕事に喜び[誇り, 楽しみ, 興味]を感じた/*Take* the second road on the left. 2番目の道を左に曲がりなさい/What was the *take* today? 今日の売り上げはいくらでしたか?

類義語 take; seize; grasp; snatch: **take** は手などで「つかむ」という最も一般的な語. **seize** は突然勢いよくつかむ. **grasp** はぎゅっとしっかりつかむ. **snatch** は素早くつかみ取る.

【慣用句】*be taken up with* ……に心を奪われている, …に没頭している. *take after* … 顔つきなどが親や祖父母に似る. *take along* 連れて[持って]いく. *take apart* 機械などを分解する, 意見などを批判する, 競技などで相手を散々に負かす. *take … around* …を…に案内する, 連れ回す. *take … aside* 内緒話などのために人をわきへ連れていく. *take away* 持ち[運び, 連れ]去る, 数を減じる, 価格を引く, 物を取り去る, 苦痛などを取り除く. *take back* 取り[連れ]戻す, 約束や values を取り消す, 返品を引き取る. *take down* 物を取って降ろす, 建物を取り壊す, 髪をほどく, 書き留める. *take … for …* …を…と思う, …を…とみなす, 誤って…と思い込む. *take in* 取り入れる, 連れて入る, 家などに受け入れる, 泊める, 仕事を自宅で引き受ける, 含める, 包括する, 衣服などを縮める, 液体を吸い取る, 理解する, すぐに悟る, うそなどを受け入れる,〔くだけた表現〕だます. *take off* 身につけているものを脱ぐ, 休む, ある期間を休みとしてとる, 値段などを引く,〔くだけた表現〕まねをしてからかう. 自〔くだけた表現〕立ち去る, 出かける, 鳥などが飛び立つ, 飛行機が離陸する, 景気が上向く,〔くだけた表現〕人気が急に出る. *take … off …* …から…を除く[外す, 離す], …から…を引く(★価格などについて). *take on* 仕事や試合相手などを引き受ける, 人を雇う, 外観, 性質, 色などを帯びる, 人や物を乗り物に乗せる, 積み込む.〔くだけた語〕人気を得る, わめき立てる, 興奮する. *take out* 取り[持ち, 連れ]出す, 取り除く, 抜く, 免許証などを取得する.〔くだけた語〕出かける. *take … out of … …を…から取り出す, 連れ[持ち]出す, …から…を借りて来る. *take … out on …* 人に…のことで八つ当たりする. *take over* 近くの場所へ連れて[持って]いく, 仕事や商売を引き継ぐ, 会社などを乗っ取る, 場所を占拠する. *take … over* …に…を案内する, ある仕事を時間などにかける. *take round* = take around. *take up* 時間や場所などを占める, 態度をとる, 仕事や研究などを開始する, 中断したものを始める, 物を**取り上げる**, 問題などを論じる, 人を乗り物に乗せる, 水などを吸い上げる, 服などを縫ったりして縮める, 注文や挑戦などを受ける, 人の言葉をさえぎる, 非難する, 人を後援する, 住居などを定める. *take up with …* よくない人などと親しくなる.

【派生語】**táker** 名 C 受け取る人, 捕獲者, かけに応じる人. **táking** 名 C 取得[捕獲](物),〔複数形で〕売上高, 収入. 形〔くだけた語〕魅力のある(attractive).
【複合語】**tákeawày** 形 名 《英》=takeout. **tákehòme pày** 名 U 手取りの給料. **tákeòff** 名 C 飛行機の**離陸**,〔くだけた語〕物まね. **tákeòut** 形 名 C

taken

《米》持ち帰り用の[料理]（《英》takeaway）. **tákeòver** 名 C 引き継ぎ, 接収, 会社などの乗っ取り.

tak·en /téikən/ 動 take の過去分詞.

taker ⇒take.

tale /téil/ 名 C 〔一般語〕[一般義] 実際または伝説, 架空の出来事についての話, 物語. [その他] うわさ, 悪口, 陰口, 作り話, うそ.
[語源] 古英語 talu（＝story）から.
[用例] a fairy *tale* おとぎ話／He told me he had a lot of money, but that was just a *tale*. 彼は私に大金を持っていると言ったが, それはまったくのうそだった.
【慣用句】*tell a tale [its own tale]* 自明である. *tell tales* 告げ口をする, うそをつく.
【複合語】**tálebèarer** 名 C〔古風な語〕告げ口を言う人, 人の悪いうわさを言いふらす人. **tále-tèller** 名 C ＝talebearer; 物語する人.

tal·ent /tǽlənt/ 名 UC 〔一般語〕[一般義] 生まれつきの才能. [その他] 特定の才能, 才能のある人,《集合的》才能ある人々, 人材, また芸能人, タレント.
[日英比較] 日本語のテレビタレントは英語では TV personality, TV star という.
[語源] ギリシャ語から入ったラテン語 *talentum*（＝balance; unit of weight）が古英語に talente として入った. 古代ギリシャ・ローマでは通貨単位としても用いられ,「各自の能力に応じたタラントを与える」（マタイ25章）と聖書に引用されたことから「才能」の意が派生した.
[用例] have a *talent* for drawing 絵の才能がある.
【派生語】**tálented** 形. **tálentless** 形 才能のない.
【複合語】**tálent scòut** 名 C 芸能やスポーツ界の有望な人材を発掘する人.

tal·is·man /tǽlizmən, -lis-/ 名 C 〔一般語〕悪霊から守り幸運をもたらすとされる魔除け, お守り, 一般に不思議な力のあるもの.
[語源] ギリシャ語 *talesma*（＝consecration）が中世ギリシャ語 *telesma*, アラビア語 *tilasman* を経てフランス語またはスペイン語から初期近代英語に入った.
【派生語】**tàlismánic** 形. **tàlismánically** 副.

talk /tɔ́ːk/ 動 [本来義] CU 〔一般語〕[一般義] 話す, しゃべる, 口をきく. [その他] 人と話し合う, 相談する, 人前で**講演[講義]する**, おしゃべりをする, 人のうわさをする.「言葉以外の手段で表現する」ということで, 合図を送る, 通信[交信]する, 動物や物が話すような声[音]を出す. ⑩ として…のことを話す, …を言葉で表す. 名 として は**話, 談話, 講演, 講話**,《複数形で》政府や機関などの公式の**話し合い, 会談**, またうわさ話,《しばしば複合語で》…話,《all ～または just ～で》意味のない話, 空論.
[語法] speak よりくだけた語で, 特に人と「語り合う」意を強調するときに用いる. 「英語を話す」は speak English でも talk English でもよいが, 後者のほうがくだけた言い方.
[語源] 古英語 talian（＝to reckon）に由来するが不詳. 中英語 taken から.
[用例] We *talked* about the matter on the phone. 私たちはそのことについて電話で話し合いました／People will *talk*. 人の口に戸は立てられない／Money *talks*. 世の中金がものを言う／They spent the whole time *talking* philosophy. 彼らは時間をすべて費やして哲学の話をした／We had a long *talk* about it. 私たちはそれについて長い話し合いをした／The Prime Ministers met for *talks* on their countries' economic problems. 両国の首相は双方の国の経済問題を話し合うために会った／There's too much *talk* and not enough action. 口ばかり先行して行動が伴わない.
【慣用句】*Look who's talking!* 君だって人のことは言えない. *Talk about ....* 《命令文で》…とはまさにこのことだ. *talk around* 回りくどく話す. *talk ... around* …を説得する, 説き伏せる. *talk away* しゃべりとおす, 話をして過ごす. *talk back* 口答えする, 言い返す. *talk dirty*〔くだけた表現〕卑猥なことを言う. *talk down* 激しく論じて相手を圧倒する, 言い負かす. *talk ... into doing* 人を説得して…させる. *talk one's head off* しゃべりまくる. *talk shop* 場違いな仕事の話をする. *talk the hind leg(s) off a donkey* つまらない事を長々と話す.
【派生語】**tálkative** 形 話し好きな, おしゃべりな. **tálker** 名 C 話し手, 弁士, 演説家, おうむなど話す鳥. **tálkie** 名 C〔古風な語〕発声映画, トーキー. **tálky** 形 話し好きな(talkative).
【複合語】**tálking pòint** 名 C 論点. **tálking-tò** 名 C〔くだけた語〕小言(ｺﾞﾄ), お目玉. **tálk shòw** 名 C《米》トークショー（★テレビ・ラジオの有名人とのインタビュー番組）.

tall /tɔ́ːl/ 形 〔一般語〕[一般義] 人や物が標準よりも高さが**高い**. [その他] 具体的な高さを示し, **身長[高さ]が…の**.「高い」ということから比喩的に〔くだけた語〕話などが**大げさな, 途方もない, 仰々しい, 程度や数量が大きらしい, 多い**.
[日英比較] tall はいわば縦の長さともいうべきものを表し, 地面からの高さをいう. これに対して high は空中の高度ともいうべき高さをいう. 日本語ではこの区別がなく, いずれも「高い」が当てはまる. なお英語の tall は細長いものについていう語で, 壁や物体には使われない.
[語法] 高さを尋ねるときは How tall ～? という形を用いる. これに対する答えでは tall が省かれることが多い: How *tall* is he? ― He's six feet (*tall*).
[語源] 古英語 (ge)tæl（＝swift）に由来すると思われるが不詳. 中英語 tal(l) から.
[用例] John is only four foot *tall*. ジョンは4フィートしかない／a *tall* tale [story] ほら話／a *tall* talk 大ぶろしき／a *tall* order 無理な要求／a *tall* price 法外な値段.
【派生語】**tállish** 形 やや背丈が高い. **tállness** 名 U.
【複合語】**tállbòy** 名 C《英》高脚付きの洋だんす（《米》highboy）. **táll hàt** 名 C シルクハット.

tal·low /tǽlou/ 名 U 〔一般語〕牛や羊の脂肪, 獣脂（★ろうそく, 石けんの原料）.
[語源] 中期低地ドイツ語を起源とする中英語 talou から.

tal·ly /tǽli/ 名 C 動 [本来義]〔やや古風な語〕[一般義] 取引の金額やゲームの得点などの**計算, 記録**. [その他] 通例 5 個ずつの線を引いて, ちょうど日本で「正」を書いて 5 と数えるように用いる**計算の単位**. 動 として**計算する, 競技などの得点を記録する, 計算が合っているか照合する, 一致させる**.
[語源] ラテン語 *talea*（＝cutting rod; stick）が中世ラテン語, アングロフランス語を経て中英語に入った. 昔は棒に刻み目をつけて勘定していたことに使われていた.

tal·ly·ho /tǽlihóu/ 間 名 C 〔一般語〕きつね狩りなどでハンターが獲物を目撃したとき猟犬をけしかけるほうらというかけ声.

tal·on /tǽlən/ 名 C 〔一般語〕猛禽の鉤づめ.

tamable ⇒tame.

ta・ma・le /təmάːli/ 名 C 【料理】とうもろこしの粉とひき肉に香辛料を加えて、とうもろこしの皮に包んで蒸したメキシコ料理, タマーリ.
[語源] メキシコのスペイン語 tamales から19世紀に入った.

tam・bour /tǽmbuər/ 名 C 動 [本来他] [一般語] [一般義] 円形の刺繡(しゅう)枠. [その他] 本来は低音の太鼓. 形が似ていることから「一般義」の意味となる. 動 として刺繡する.
[語源] アラビア語起源の古フランス語 tambour (=drum) が中英語に入った.
【派生語】**tambouríne** 名 C タンバリン.

tame /téim/ 形 動 [本来他] [一般語] [一般義] 動物が野生の状態から人間によって飼い馴らされた. [その他] 比喩的に人が柔順な, おとなしい, 意気地のない, 無気力な, 生活や景色などが精彩を欠いた, 単調な, 退屈な, 植物が栽培された, 土地が耕作された. 動 として飼い馴らす, おとなしくさせる.
[語源] 古英語 tam から.
[用例] He kept a *tame* bear as a pet. 彼はくまを飼い馴らしてペットにしていた/It is impossible to *tame* some animals. 動物の中には飼い馴らすのが無理なものもいる/He said he would *tame* her when she was his wife. 彼は彼女を妻にしたら自分の言うことをきかせると言った.
【派生語】**támable, támeable** 形 馴らすことができる. **támely** 副. **támeness** 名 U. **támer** 名 C 《通例複合語で》野獣などを飼い馴らす人, 調教者.

tam-o'-shan・ter /tǽməʃæntər/ 名 C [一般語] 頂上に玉ぶさのついたふちなしのスコットランドの帽子, タモシャンター.
[語源] Burns の詩 (1790) の題名で主人公の名 Tam O'Shanter (=Tom of Shanter) から. 19世紀から.

tamp /tǽmp/ 動 [本来他] 《鉱山》発破などをつめた穴に爆発力を強めるために土などをつめる. 転じてパイプにたばこを詰め込む.
[語源] tampion (銃口, 砲口などの栓) からの逆成と考えられる. 19世紀から.

tam・per /tǽmpər/ 動 [本来自] [一般語] 《〜 with で》装置などを知識もなく, または故障させようと手を加える, 書類などに勝手に変更を加える, いじくる.
[語源] 古フランス語 temprer (=to meddle) が初期近代英語に入ったと考えられる.

tam・pon /tǽmpɑn/-pən/ 名 C [一般語] [一般義] 女性用生理用品, タンポン. [その他] 本来は手術に使う止血のための綿球, 止血栓.
[語源] 元来 tap (栓) と関係のあるフランス語 tampon が19世紀に入った.

tan /tǽn/ 動 [本来他] 名 CU 形 [一般語] [一般義] 顔や体などを日焼けさせる. [その他] 本来は獣皮をなめすの意.「なめす」ということから〔くだけた語〕人をひっぱたく, むち打つ. 自 日焼けする. 名 として日焼け(の色), タン皮色, 黄褐色. 形 として日焼け(色)の, 黄褐色の.
[語源] 古英語 tannian (=to convert into leather) から.
[用例] She was *tanned* by the sun. 彼女は体を日に焼いた/She always *tans* quickly. 彼女はすぐに日焼けする/get a light *tan* 少し日焼けする.
【派生語】**tánned** 形 日焼けした, 皮がなめした. **tánner** 名 C 製皮業者, 肌を日に焼く人, 日焼け用クリーム. **tánnery** 名 C 製皮所. **tánnish** 形 黄褐色がかった.

tan・dem /tǽndəm/ 名 C 副 形 [一般語] [一般義] 縦列に座席の並んだ二人乗り自転車 (tandem bicycle). [その他] 古くは2頭の馬を前後1列につないだ二輪馬車や, その馬. また直列式機械. 副 形 として縦に並んで(いる).
[語源] ラテン語 tandem (=at length) が「ついに」ではなく「詳細に, 長々と」の意で18世紀に入った.
【慣用句】*in tandem* 縦列で, 協力して (with).
【複合語】**tándem bícycle** 名 C.

tang /tǽŋ/ 名 C 〔一般語〕《通例単数形で》舌を刺激する味, つーんとくる味[き].
[語源] 古ノルド語 tangi (刀根, 刀などの柄に入る部分) が中英語に入った. tongue と関連がある.
【派生語】**tángy** 形.

Tang /tάːŋ/ 中国の王朝, 唐 (618-906).

tan・gent /tǽndʒənt/ 名 C 形 【数】接線, 三角関数の正接, タンジェント. [語源] ラテン語 tangere (=to touch) の現在分詞 tangens (=touching) が 形 として初期近代英語に入った.
【派生語】**tangéntial** 形. **tangéntially** 副.

tan・ge・rine /tǽndʒəríːn/ 名 C 【植】皮がたやすくむける小型オレンジ, タンジェリン, 濃いオレンジ色 (mandarin orange).
[語源] モロッコの Tanger (タンジール)+-ine として19世紀から. この港から積み出されたことによる.

tan・gi・ble /tǽndʒəbl/ 形 〔形式ばった語〕[一般語] 触れて感じることができる, 実体のある. [その他] 明白に理解できる, 空想によらず現実的な.
[語源] ラテン語 tangere (=to touch) から派生した 形 tangibilis (触れることができる) が初期近代英語に入った.
【派生語】**tangibílity** 名 U. **tángibleness** 名 U.

tan・gle /tǽŋgl/ 動 [本来他] 名 C [一般語] [一般義] 糸や髪の毛などをからませる, もつれさせる. [その他] 比喩的に事をやっかいにさせる, 紛糾させる, 人を混乱やごたごたに巻き込む. 自 もつれる, 〔くだけた語〕口論する, 争う. 名 として, 髪などのもつれ, 混乱, 口論.
[語源] 古ノルド語からと思われるが不詳.
[用例] Don't *tangle* (up) my wool. 毛糸をからませないで/The child's hair was in a *tangle*. その子供の髪の毛はからんでいた.
【派生語】**tángled** 形 もつれた, からまった. **tángly** 形 =tangled.

tan・go /tǽŋgou/ 名 UC 動 [本来自] 【楽】南米の2拍子の舞踊およびその曲, タンゴ(を踊る).
[語源] アメリカ・スペイン語から. 20世紀より.

tank /tǽŋk/ 名 C 動 [本来他] [一般語] [一般義] 液体や気体を入れておく水槽, 油槽, タンク. [その他] 戦車, 〔俗語〕《米》雑居房.
[語源] 水[油]槽の意味はサンスクリット tadāga (=pond) に由来し, 初期近代英語に入ったものと思われる.「戦車」の意は第1次世界大戦中に英軍が機密保持のため偽装したことから.
[用例] a fuel *tank* 燃料タンク/a male [heavy] *tank* 重戦車/a female [light] *tank* 軽戦車.
【派生語】**tánker** 名 C 油槽船, タンカー (oil tanker); 液体・気体輸送トラック, タンクローリー (tank

tan·kard /tǽŋkərd/ 名 C 〔一般語〕通例ふたや取っ手のついたビール用大ジョッキ, タンカード.
[語源] ラテン語 *tantum* (=as much as) + 古フランス語 *quart* (約1リットル) から成る古フランス語 *tanquart* が中英語に入った.

tanner ⇒tan.
tannery ⇒tan.
tan·nin /tǽnin/ 名 U 【化】植物に含まれる黄褐色の物質で皮なめしなどに用いられるタンニン.
[語源] tan (皮をなめす) に化学薬品を示す語尾-in がついてできた語で, 19 世紀にフランス語から入った.

tan·ta·lize /tǽntəlaiz/ 動 本来他 〔一般語〕欲しいの手に入らない物を見せびらかしてじらす.
[語源] フリギアの伝説上の王タンタロス(ギリシア語 Tantalos, ラテン語 Tantalus)が, 神々の秘密を人間にもらしたため, 飲もうとすれば水がひいてしまう水につけられ, 食べようとすれば遠のく頭上の果実によって, 渇きと飢えの罰を受けたという故事による. 初期近代英語から.
【派生語】 **tántalìzer** 名 C. **tántalìzing** 形. **tántalìzingly** 副.

tan·ta·mount /tǽntəmàunt/ 形 〔やや形式ばった語〕通常悪いことで価値, 力, 効果, 意義などが同等の, ...も同然の.
[語源] ラテン語 *tantum* (=as much as) から派生した古フランス語 *tant+amounter* (=to amount) から成る語がアングロフランス語を経て初期近代英語に入った.

tan·trum /tǽntrəm/ 名 C 〔一般語〕子供が突然不機嫌になること, かんしゃく.
[語源] 不詳.

Tan·za·ni·a /tænzəníːə/ 名 固 タンザニア《★アフリカの共和国, 公式名 the United Republic of Tanzania》.
【派生語】 **Tànzanían** 形 名 C タンザニアの, タンザニア人の.

tap[1] /tǽp/ 動 本来他 名 C 〔一般語〕〔一般義〕早い動作で軽く繰り返したたく. [その他] タイプライターやキーボードなどをたたいて通信文や情報などを打ち[取り]出す (out), 軽くたたいてリズムを作る, コンピューターにつけられ, 血液をとる《in》, (米) 靴に張替え革[裏革]を打ちつける, 「たたき出す」ことから, クラブの会員に選ぶ, 指名する. 自 こつこつ音を立てて歩く(away), タップダンスを踊る. 名 として軽くたたくこと[音].
[語源] 古フランス語 *taper* (=to strike) が中英語に入った. もとは擬音語.
[用例] He *tapped* the table with his pencil. 彼は鉛筆でテーブルをトントンとたたいた/This music sets your feet *tapping*! この音楽を聞けば足でリズムをとりたくなりますよ/I heard a *tap* at the door. ドアを軽くたたく音を聞いた.
【派生語】 **tápping** 名 C 軽くたたくこと[音].
【複合語】 **táp dànce** 名 CU タップダンス. **táp-dànce** 動 本来自 タップダンスを踊る. **táp dàncer** 名 C タップダンサー.

tap[2] /tǽp/ 名 C 動 本来他 〔一般語〕〔一般義〕《おもに英》水道やガスなどの蛇口, 栓,《(米)faucet》. [その他] 本来はすべての栓,《くだけた語》酒場.【機】雌ねじ切り工具,【電】回路の中間接点[口出し]. ここから電話機に取り付けられた盗聴器, 盗聴の意が派生した. 動 としては, たるなどに飲み口をつける, たるの口を開ける, 酒などを飲み口から注ぐ, ゴムの樹液などを幹に刻み目をつけて採る, 栓を開けることで液体やガスが利用できることから比喩的に利用する, 能力や土地などを開発する, 電信・電話を傍受[盗聴]する, 盗聴器を取りつける.
[語源] 古英語 *tæppa* (=peg for the vent-hole of a cask) から.
[用例] He ran the cold *tap*. 彼は蛇口をひねって水を出した/Turn the *tap* off [on]! 栓を閉じなさい[開けなさい]/This barrel hasn't been *tapped* yet. このたるはまだ口を切っていない/I suspected that my phone was being *tapped*. 私の電話は盗聴されているのではないかと思った.
【複合語】 **tápròom** 名 C 《英》ホテルなどにある酒場. **táp wàter** 名 U 水道水, 蛇口から出る生水.

tape /téip/ 名 C 動 本来他 〔一般語〕〔一般義〕録音[録画]したテープ. [その他] 平打ちひも, テープ, 紙テープ, 接着用テープ (adhesive tape), ばんそうこう, 絶縁用テープ (insulating tape), 競技で用いる決勝テープ, 巻き尺 (tape measure). 動 としては, テープで録音[録画]する, ひもで縛る, テープで貼り付ける.
[語源] 古英語 *tæppe* (=long string) から.
[用例] The two girls reached the *tape* together. 2人の少女は同時にテープを切った(同着だった)/I recorded the concert on *tape*. 私はそのコンサートを(テープで)録音[録画]した/I've got some *tapes* of ballet music. バレエ音楽のテープを何本か持っています.
【複合語】 **tápe dèck** 名 C テープデッキ《★カセットテープなどの録音・再生専用テープレコーダー》. **tápe mèasure** 名 C 巻き尺 [語法] measuring tape, 単に tape ともいう. **táperecòrd** 動 本来他 テープで録音[録画]する. **tápe recòrder** 名 C テープレコーダー. **tápe recòrding** 名 U テープ録音[録画], 録音[画]したテープ. **tápewòrm** 名 C【虫】条虫, さなだむし.

ta·per /téipər/ 名 C 動 本来自 〔一般語〕細いろうそく, またろうそく[形(先細り)]の. 動 として, 先に行くにしたがって細く[弱く]なる, 先細りになる.
[語源] 古英語 taper, tapor から. paper と同語源で, ラテン語 *papyrus* が古英語に入ったものと思われる. ギリシャ語 *papyrus*「パピロス」に遡ることができる. パピロスでできたろうそくの芯」が原義. paper の p の音の連続をさけ, taper の形で古英語で用いられるようになったと考えられる.

tap·es·try /tǽpistri/ 名 UC 〔一般語〕壁掛けに用いる絵を織り出した厚地の織物, タペストリー.
[語源] ギリシャ語 *tapēs* (=carpet) から派生した古フランス語 *tapiz* (=carpet) の派生語 *tapisserie* (=carpeting) が中英語に入った.

tap·i·o·ca /tæpióukə/ 名 U 〔一般語〕熱帯産のキャッサバの根から取る食用でんぷん, タピオカ.
[語源] 南米先住民語から. 18 世紀に入った.

tar /tάːr/ 名 U 動 本来他 〔一般語〕〔一般義〕木材や石炭を乾留すると生じる黒い油のような液体, タール. [その他] たばこのやに. 動 としてはタールを塗る.
[語源] 古英語 te(o)ru から. tree と同根と考えられる.

「木を燃やしてできる物質」が原義.
【派生語】**tárry** 形 タールの、タールを塗った、タール状の.

tarantella ⇒tarantula.
tarantism ⇒tarantula.

ta‧ran‧tu‧la /tərǽntʃulə, -tju-/ 名 C《動》南欧の大型で毛深い毒ぐも、タランチュラ（★刺されると舞踏病を起こすと考えられた、また大した毒のないトリクイグモ科のくもの総称）.

語源 古イタリア語 *tarantola* が中世ラテン語を経て初期近代英語に入った。毒ぐもの多い南イタリアの港町 Taranto に由来する.
【派生語】**tàrantélla** 名 C 8分の6拍子の活発な踊りおよびその曲、タランテラ（★昔舞踏病の治療になると考えられた）. **tárantism** 名 U 舞踏病.

tar‧boosh /taːrbúːʃ/ 名 C 〔一般語〕イスラム教徒の男性がかぶる布製の縁なし帽、トルコ帽.
語源 アラビア語 *tarbūsh* が18世紀に入った.

tardily ⇒tardy.
tardiness ⇒tardy.

tar‧dy /táːrdi/ 形 〔形式ばった語〕 一般義 予定の時間よりも遅れる、遅刻した. その他 進歩や発展がおそい、のろい.
語源 ラテン語 *tardus*（=slow）が古フランス語 *tardif* を経て中英語に入った.
【派生語】**tárdily** 副. **tárdiness** 名 U.

tare /téər/ 名 C 〔一般語〕包装や容器の重さ、風袋（ふうたい）、乗客や貨物を乗せないときの車体重量、自重.
語源 「捨てられたもの」の意のアラビア語 *tarhah* が中世ラテン語 *tara*, 古フランス語 *tare*（=waste）を経て中英語に入った.

tar‧get /táːrgit/ 名 動 本来義 〔一般語〕 一般義 アーチェリーやライフルなどの標的、的（まと）. その他 本来は円形の小さな盾の意. 矢の目標とされたことから、軍事的**攻撃目標**、比喩的に批判や物笑いなどの**対象**、**的**、仕事や生産などの**到達目標**、**目標額**、宣伝や経済活動などの**ねらい**、〔測量〕水準標尺のねらい**板**、視準標、〔理〕X線管の焦点板、〔米〕鉄道の円形信号機. 動 として《通例受身で》標的に銃などを向ける、…にねらいをつける.

語源 ゲルマン語起源の古フランス語 *targe*（円盾）の指小語 *targ(u)ette* が中英語に入ったと思われるが、古英語 targa, targa に指小辞 -et がついたという説もある.
用例 His shots hit the *target* every time. 彼の撃った弾丸は毎回標的に当った／The bombs all fell within the *target* area. 弾丸はすべて目標地域内に落ちた／the sales *target* 販売目標／a new magazine *targeting* teens 十代の若者をターゲットにした新雑誌.
〔慣用句〕 *off*（*the*）*target* 的をはずれた. *on target* 解釈や態度などが的を射ている、当っている.
【複合語】**tárget làngauge** 名 C 翻訳や学習などの**目標言語**.

tar‧iff /tǽrif/ 名 C 動 本来義 〔一般語〕輸入に課する関税. その他 関税率、関税表、（おもに英）ホテル、レストランの料金表. 動 として、品物に関税を課す、…の料金を定める.
語源 アラビア語起源のイタリア語 *tariffa* がフランス語 *tarif* を経て初期近代英語に入った. 原義は「輸出入品の課税リスト」.

tar‧mac /táːrmæk/ 名 UC 動 本来義 〔一般語〕砕石入りのアスファルト系舗装材料、ターマック、《通例単数形で》ターマック舗装の道路[滑走路、駐車場]. 動 としてターマック舗装する.
語源 20世紀の造語. 開発者のスコットランドの技師 John L. McAdam（1756-1836）の名字の前に tar をつけた tarmacadam の省略形. もと商標名.

tarn /táːrn/ 名 C 〔一般語〕山間の小さな湖[沼].
語源 古ノルド語 *tjorn*（=small lake）が中英語に入った.

tar‧nish /táːrniʃ/ 動 本来義 名 U 〔一般語〕 一般義 空気や湿気にさらしたりして金属の表面を曇らせる、さびさせる. その他 比喩的に人の名誉などに**汚点**をつける、汚す. 名 として曇り、さび、**変色**、**汚点**.
語源 古フランス語 *ternir*（=to make dull）が初期近代英語に入った.

ta‧ro /táːrou/ 名 C 〔一般義〕アジアの熱帯地方で栽培されるタロいも.
語源 タヒチ語およびマオリ語から18世紀に入った.

tar‧ot /tǽrou, -ʲ/ 名 C 〔一般語〕（the ~）占い用のタロットカード（★78枚一組で22枚の絵入りカードを含む）.
語源 イタリア語 *tarocchi* がフランス語 *tarots* を経て初期近代英語に入った.

tar‧pau‧lin /taːrpɔ́ːlin/ 名 CU 〔一般語〕雨などを防ぐためにもとはタールを塗った厚い**防水布**、**防水シート**.
語源 tar + pawling（=covering）からと思われる. 初期近代英語から.

tar‧ry¹ /táːri/ 形 〔一般語〕タールの、タール状の.
語源 ⇒tar.

tar‧ry² /tǽri/ 動 本来義 〔古風な語〕ぐずぐずととどまっている、行き来に時間がかかる、遅れる、手間どる.
語源 中英語 tarie(n) から. それ以前は不詳.

tart¹ /táːrt/ 名 CU 〔一般語〕 一般義 ジャムや果物が小皮に載っているパイ、タルト、〔俗談〕売春婦、浮気女.
語源 古フランス語 *tarte* が中英語に入った.

tart² /táːrt/ 形 〔一般語〕 一般義 味や香りがぴりっとした、果物が酸っぱい. その他 比喩的に言葉が**辛辣**（しんらつ）な、激しい.
語源 古英語 *teart*（=acid; sharp）から.
類義語 sour.
【派生語】**tártly** 副. **tártness** 名 U.

tar‧tan /táːrtən/ 名 UC 〔一般語〕スコットランド地方の**格子じま模様**、格子じまの織物、タータン.
語源 古フランス語 *tiretaine*（毛・綿の混紡）が中英語に入った.

tar‧tar /táːrtər/ 名 U〔一般語〕ぶどう酒の発酵時に沈殿する酒石（★酒石酸の原料）、歯石.
語源 中世ギリシャ語 *tartaron*（酒石）が中世ラテン語を経て中英語に入った.

Tar‧tar /táːrtər/ 名 C 〔一般語〕ジンギスカンの下で中央アジアを征服しヨーロッパにも侵攻したモンゴル人の部族、タタール人、ダッタン人、〔古風な語〕(t-) タタール人のように凶暴で執念深い人.

task /tǽsk/ 名 C 動 本来義 〔一般語〕 一般義 義務として人に課せられた**仕事**、特に不快な仕事. その他 元来「税金」の意で、これが「税金に代って課せられたもの」ということで「課せられた仕事」の意となった. 転じて骨折り仕事、労役［業］、〔コンピューター〕処理される仕事の単位、タスク. 動 として《形式ばった語》人に**仕事**を課す、無理に強いる、仕事が人を**酷使する**、**苦しめる**.
語源 ラテン語 *taxa*（=tax）から派生した中世ラテン語

tasca が古フランス語, 古ノルマンフランス語を経て中英語に入った. tax と同語源.
[用例] She washed the dishes and finished the other household *tasks*. 彼女は皿を洗いそしてその他の家事を済ませた.
【複合語】**tásk fòrce** 名 C 《軍》特殊な任務を課せられた**機動部隊**, 特定の問題を扱うために組織された**特別調査団**[委員会]. **táskmàster** 名 C 工事の仕事を割り当てる人, 工事監督; 酷使者, 厳しい主人[教師].

Tas・ma・nia /tæzméiniə/ 名 固 タスマニア (★オーストラリア南東の島).
[語源] 発見者 Abel Tasman にちなむ. 19 世紀に Van Diemen's Land から改名された.
【派生語】**Tasmánian** 形 C.

tas・sel /tǽsəl/ 名 C 〔一般義〕カーテン, 衣服などの装飾用の房, 飾り房.
[語源] 古フランス語 *tassel* (留め金) が中英語に入った.
【派生語】**tásseled**, 《英》**-ll-** 形.

taste /téist/ 名 CU 本来自 〔一般義〕〔一般義〕飲食物の味, 風味. その他 味覚, 味わってみること, 試食, 試飲,《単数形で》味を見るためのひと口, ひとなめ, 比喩的に少し, ちょっとした経験. また人の好み, 趣味, 分別, 芸術などの様式, スタイル, 鑑賞力, 審美眼, センス. 動 として, 味をみる, 味わう, 食べる, 飲む, 味わい分ける, 比喩的に喜びや悲しみなどを経験する. 自 食物が…の味がする.
[語源] ラテン語 *taxare* (=to touch; to feel) の反復語として派生した俗ラテン語 *tastare* が古フランス語 *taster* を経て中英語に入った.
[用例] Put some salt in the soup to give it more *taste*. 味をもっと引き出すためにスープに塩を少々入れなさい/I find that having a cold affects my (sense of) *taste*. 風邪を引くと味覚がおかしくなるようだ/It was his first *taste* of the harsh realities of life. それは彼にとって人生の厳しい現実の最初の経験だった/She has a queer *taste* in books. 彼女は本に対して変な好みがある/Please *taste* this and tell me if it is too sweet. これを味見して甘すぎるかどうか言ってください/I can taste ginger in this cake. このケーキはジンジャーの味がします/This milk *tastes* sour. このミルクは酸っぱい(くさっている).
【慣用句】*be in good [bad] taste* 味[趣味]が良い[悪い], 品がある[ない]. *leave a bad [nasty] taste in the mouth* 出来事があとあと味が悪い. *to taste* 料理の味付けで**好みに合わせて**.
【派生語】**tásteful** 形 特に衣服や装飾品などが上品な, 趣味のいい, 目の高い. **tástefully** 副. **tástefulness** 名 U. **tásteless** 形 味のない, まずい, 趣味の悪い. **tástelessly** 副. **táster** 名 C 味見する人, 味利きをする人, 味利きのための器具. **tástily** 副. **tástiness** 名 U. **tásty** 形 味が良い, おいしい, 《くだけた語》話などがおもしろい, 服装などが趣味がいい.
【複合語】**táste bùd** 名 C 《解》《通例複数形で》味蕾(ぶ).

tat /tǽt/ 動 本来他 〔一般義〕レース編みで**タッチング**する[で作る].
[語源] tatting からの逆成. 19 世紀から. ⇒tatting.

tat・ter /tǽtər/ 名 C 〔一般義〕《複数形で》布や紙などのぼろ, またぼろ服.
[語源] 古ノルド語 *töturr* (=rags) が中英語に入ったと思われる.
【慣用句】*in tatters* ぼろぼろの, 計画などが破綻して.
【派生語】**táttered** 形.

tat・ting /tǽtiŋ/ 名 UC 《編物》シャトルを使って編むレース風の編物**タッチング**.
[語源] 不詳.

tat・tle /tǽtl/ 動 本来自 名 U 〔古風な語〕むだ口をきく, おしゃべりをする, うわさ話をする, 他人の秘密をしゃべる. 名 としてむだ口, おしゃべり, 告げ口.
[語源] 中期オランダ語 *tatelen* が中英語に入った.
【派生語】**táttler** 名 C.
【複合語】**táttletàle** 名 C 《米》おしゃべり, 告げ口屋.

tat・too¹ /tætúː/ 名 C 動 本来他 〔一般義〕〔一般義〕《単数形で》軍隊の**帰営**らっぱ[**太鼓**], その他 《通例 a 〜》太鼓などをどんどんとたたくこと[音],《英》夜間にショーとして行われる**軍楽行進**や**軍事教練**. 動 として, 太鼓などを続けざまにたたく.
[語源] オランダ語 *tap* (=tap of a barrel) と *toe* (=closed) から成る *tap toe!* (栓を閉める) が初期近代英語に入った. 兵士の行く居酒屋で兵舎に帰る時間になるとビール樽の栓を閉めることから.

tat・too² /tætúː/ 名 C 動 本来他 〔一般義〕入れ墨(する).
[語源] タヒチ語 *tatau* が 18 世紀に入った.
【派生語】**tattóoist** 名 C 入れ墨師.

tat・ty /tǽti/ 形 〔くだけた語〕《おもに英》使い古してみすぼらしくなった, 薄汚い (shabby).
[語源] 古英語 *tættecca* (=rag) に由来するものと思われる.
【類義語】shabby.

taught /tɔ́ːt/ 動 teach の過去・過去分詞.

taunt /tɔ́ːnt/ 動 本来他 〔一般義〕あざけって人を怒らせる, **侮辱**する. 名 としてあざけりの言葉.
[語源] 「やられた分だけやり返すこと」が原義で, フランス語の句 *tant pour tant* (=so much for so much) から と思われる. 初期近代英語から.
【派生語】**táunter** 名 C. **táuntingly** 副.

taut /tɔ́ːt/ 形 〔形式ばった語〕〔一般義〕綱などがぴんと張っている (tight). その他 神経などが張りつめた, 体つきや声などが引き締まった, 物語などがむだのない, 締まった.
[語源] 中英語 tought から. それ以前は不詳.
【派生語】**táutly** 副. **táutness** 名 U.

tautological ⇒tautology.
tautologous ⇒tautology.

tau・tol・o・gy /tɔːtɑ́lədʒi, -tɔ́l-/ 名 UC 《修》不要な類語の反復, トートロジー, 冗語, 一般に**重複表現**.
[語源] ギリシャ語 *tautologos* (=repeating the same ideas) が後期ラテン語 *tautologia* を経て初期近代英語に入った.
【派生語】**tàutológical** 形. **tautólogous** 形 重複のある[多い]. **tautólogously** 副.

tav・ern /tǽvərn/ 名 C 〔古語〕居酒屋 (pub).
[語源] ラテン語 *taberna* (=hut) が古フランス語 *taverne* を経て中英語に入った.

taw /tɔ́ː/ 名 C 動 本来自 〔一般義〕はじき石, またはじき石遊び, はじき飛ばすれる起点となるライン. 動 としてはじき石を飛ばす.
[語源] 不詳. 18 世紀から.

taw・dry /tɔ́ːdri/ 形 〔一般義〕派手で品質が悪い, けばけばしく安っぽい.
[語源] Northumbria の女王で Ely の守護聖人とな

た Etheldreda (愛称 Audrey) は若いころ派手なレースのネッカチーフを好んだのでその罰としてのどの病で死んだと伝えられる. 彼女に因む St. Audrey's fair で売られた St. Audrey's lace が派手で安ぴかだったことから、短縮された tawdry (lace) がけばけばしい安物の意となった. 初期近代英語から.

taw･ny /tɔ́ːni/ 形 U 〔一般語〕ライオンの毛皮のような黄褐色(の).
語源 古フランス語 *tanner*(=to tan)の過去分詞 *tanné* が中英語に入った.
【派生語】**táwniness** 名 U.

tax /tǽks/ 名 UC 動 本来地 〔一般語〕〔一般義〕税, 税金. その他 語源的には「人や物の価値を決める」という意味で, 収入や財産によって判断し負担させるということから「税」の意味になった. 比喩的に重荷, 負担. 動 として税を課す, 重荷を負わす, 人を…のことで責める, 非難する (with).
語源 ラテン語 *taxare* (=to estimate; to appraise) が古フランス語 *taxer* を経て中英語に入った. 査定して税をかける意.
用例 income *tax* 所得税/pay 100,000 yen in *tax*. 税金を10万円払う/Alcohol is heavily *taxed*. アルコール類は重く課税されています.
【慣用語】*after tax* 税引きで[の]. *before tax* 税込みで[の].
【派生語】**táxable** 形 課税対象となる. **taxátion** 名 U 課税, 税制, 税収.
【複合語】**tax avóidance** 名 U 合法的な税金のがれ, 節税. **táx bràcket** 名 C 税率区分. **táx brèak** 名 C 特別減税. **táx collèctor** 名 C 収税吏 (語法 単に collector ともいう). **táx cùt** 名 C 減税. **táx dedúctible** 形 課税控除可能な. **táx-defèrred** 形 (米) 課税猶予の. **táx dòdge** 名 C 〔くだけた語〕合法または非合法の節税(法). **táx evàder** 名 C 脱税者. **táx evàsion** 名 UC 脱税. **táx-exémpt** 形 (米) 免税の, 無税の. **táx-frée** 形 副 免税の[で], 無税の[で]. **táx hàven** 名 C 多国籍企業に有利な税金のない[安い]国, 避税地. **táx hìke** 名 C 〔くだけた語〕増税. **táxpàyer** 名 C 納税者. **táx ràte** 名 C 税率. **táx retùrn** 名 C 所得申告. **táx shèlter** 名 C 税金逃れの抜け道, 節税法.

tax･i /tǽksi/ 名 C (複 ~es, ~s) 動 本来地 〔一般語〕タクシー(taxicab). 動 としてタクシーで行く, タクシーに乗る, 飛行機が着陸後あるいは離陸前に自力でゆっくりと移動する.
語源 taximeter cab の略. taximeter はフランス語 *taxe* (=charge) + *mètre* から成る「タクシーの料金計」から. 19 世紀より.
用例 He telephoned for a *taxi*. 彼は電話でタクシーを呼んだ/I *taxied* across London. 私はタクシーでロンドンを通った.
【複合語】**táxicàb** 名 C 〔形式ばった語〕タクシー (語法 〔くだけた語〕では taxi). **táxi drìver** 名 C タクシー運転手. **táximèter** 名 C タクシーなどの自動料金表示器. **táxi stànd** [(英) **rànk**] 名 C タクシー乗り場. **táxiwày** 名 C 飛行場の誘導路.

tax･i･der･my /tǽksidə̀ːrmi/ 名 U 〔一般語〕動物を剥製にする技術, 剥製術.
語源 ギリシャ語 *taxis* (=arrangement) + *derma* (=skin) + -y. 19 世紀から.
【派生語】**tàxidérmic** 形. **táxidèrmist** 名 C.

tax･on･o･my /tæksánəmi|-sɔ́n-/ 名 UC 〔一般語〕科学的な**分類法**, 個々の**分類体系**, 《生》**分類学**.
語源 ギリシャ語 *taxis* (=arrangement) + *nomia* (=law; science) から成るフランス語 *taxonomie* が 19 世紀に入った.
【派生語】**tàxonómic** 形. **tàxonómically** 副. **taxónomist** 名 C.

TB /tíːbíː/ 《略》 =tuberculosis (結核).

T-bone steak /tíːbòun stéik/ 名 UC 〔一般語〕T字型の骨付きティーボーンステーキ.

Tchai･kov･sky /tʃaikɔ́ːfski/ 名 固 チャイコフスキー (1840–93) 《★ロシアの作曲家》.

tea /tíː/ 名 UC 〔一般語〕〔一般義〕飲用の**茶の葉, 茶** (語法 英米で tea というと一般に「紅茶」(black tea) の意, 日本の「緑茶」は green tea). その他 飲料としての茶 (語法 「一杯のお茶」の意では C), (おもに英) 午後 3 時から 5 時ごろにともにとる軽食, ティー, 午後の社交会としてのお茶の会.《植》茶の木, お茶のように入れて飲むハーブや花の…茶, (俗語) マリファナ.
語源 Mandarin *ch'a* (マンダリン茶) の中国の福建方言の *t'e* (茶) が初期近代英語に入った.
用例 They sell several *teas* at that shop. あの店では数種のお茶を売っている/She made a pot of *tea*. 彼女はポットでお茶を入れた/Have A cup of *tea*! お茶を一杯飲みませんか/She invited him to *tea*. 彼女は彼を午後のお茶に招待した.
【複合語】**téa bàg** 名 C ティーバッグ. **téa bàll** 名 C (米) 球形の茶こし. **téa brèak** 名 C (英) お茶の時間 (★仕事の合い間の一休み). **téa càddy** 名 C (英) 茶筒, 茶入れ (語法 単に caddy ともいう). **teacàke** 名 UC (英) ティーケーキ (★お茶のときに食べるレーズン入りスコーン), (米) クッキー. **téa càrt** 名 C (米) =tea wagon. **téa cèremony** 名 C 日本のお茶の湯. **téa chèst** 名 C (英) 茶箱. **téa clòth** 名 C (英) ふきん(tea towel), 茶卓掛け. **téa còzy** 名 C さめないようにティーポットなどにかぶせる保温カバー, 茶帽子 (語法 単に cozy ともいう). **téacùp** 名 C 紅茶わん, ティーカップ. **téacupfùl** 名 C ティーカップ一杯分の量. **téa dànce** 名 C お茶と軽食を出す午後のダンスパーティー (★teatime に行われる). **téa gàrden** 名 C 公園などにある喫茶店, 茶園[畑]. **téahòuse** 名 C 日本や中国の**茶屋**, 茶道の茶室. **téakèttle** 名 C やかん, 茶がま. **téa lèaf** 名 C 茶の葉, (複数形で) 茶がら. **téa pàrty** 名 C 軽食を出す午後の茶会, ティーパーティー (語法 単に tea ともいう). **téapòt** 名 C ティーポット, きゅうす. **téaròom** 名 C 喫茶店 [室]. **téa sèrvice** [**sèt**] 名 C 紅茶用の茶器一式. **téaspòon** 名 C 茶さじ, 小さじ (一杯分の量). **téaspoonfùl** 名 C 茶さじ一杯分の量, 小さじ一杯分の量 (★tablespoonful の約 ⅓ の量). **téa stràiner** 名 C 茶こし (語法 strainer ともいう). **téa tàble** 名 C お茶を出すための小型テーブル, 茶卓. **téa-thìngs** 名 (複) 茶器, 茶道具. **téatime** 名 C 午後のお茶の時間. **téa tòwel** 名 C (英) ふきん ((米) dishcloth). **téa trày** 名 C 茶盆. **téa tròlley** 名 C (英) =tea wagon. **téa wàgon** 名 C (米) ティーワゴン (★お茶の道具や軽い飲食物を運ぶための脚輪付き運搬台).

teach /tíːtʃ/ 動 本来地 《過去・過分 **taught** /tɔ́ːt/》〔一般語〕〔一般義〕人に学問や技術を教える. その他 学校などで生徒に授業をする, 学科を教える, 教授する, 動

物などを**教え込む**, 仕込む, しつける, 宗教などを**教え諭**す, 説く, 知識や経験などが人に**教える**, 悟らせる, 懲らしめて思い知らせる. 自 教授をする, 教職にある.

[語源] 古英語 tǣcan (= to show; to instruct) から. token と同根.

[用例] Who *taught* you (to play) the violin? 誰があなたにバイオリン(のひき方)を教えたのですか/Why can't the public be *taught* that it is wrong to drop litter in the street? 道にごみをすてることは悪いということがどうして人々にわからないのでしょう/A good beating will *teach* you to tell the truth in future. したたかになぐられると次からは本当のことを言うものだ.

[日英比較] 日本語の「教える」は英語の teach よりも意味領域が広く,「学問や技術などを教える」以外に,「情報を提供する」「原因や理由などを告げる」の意がある. 後者の意味には teach ではなく,「道を教える」「秘密を教える」などは英語では teach ではなく tell を用いる: Please *tell* me why. なぜだか教えて.

【慣用句】 *I will teach you to do* 〔くだけた表現〕…すると承知しないぞ《[語法] teach ... a lesson (教訓を与える) から出た表現》: I will *teach* all of you to meddle in my affairs. お前たちみんな私のやることに余計なことをしたら承知しないぞ.

【派生語】 **téachable** 形 学科や技術などが**教えられる**, **教えやすい**, 生徒などが**教えをよくきく**, **学習能力がある**. **téacher** 名 C **教える人**, **教師**, **先生**: teachers college (米) **教員養成学校**((英) college of education). **téaching** 名 U **教えること**, 授業, 教授, (通例複数形で) **教訓**, 教え: **teaching assistant** [**fellow**] (米) 教員の助手を務める大学院生, 特別研究生/**téaching hòspital** 医科大学付属の**大学病院**/**teaching machine** プログラムに従って自動的に教授資料を提示する学習機器, ティーチングマシーン.

【複合語】 **téach-ìn** 名 C 政治や外交問題についての大学内での討論集会, ティーチイン.

teak /tíːk/ 名 CU 〔一般語〕 〔一般義〕 東インド産の高木, チーク, 家具作りに用いるチーク材.

[語源] マレー語 *tekka* がポルトガル語を経て初期近代英語に入った.

team /tíːm/ 名 動 [本来自] 形 〔一般語〕 〔一般義〕 スポーツや仕事などにおける一つの**仲間**, 組, チーム. [その他] 元来車やすき, そりなどを引く 2 頭以上の**牛[馬]の組**を意味し, 転じて車とそれを引く 2 頭以上の動物をまとめて表すようになった. 動 として《〜 up (with) で》**協力 [協同]する, チームを組む**.

[語源] 古英語 tēam (子孫, 家畜の一組) から. 原義はゲルマン語で that which pulls (引いてゆくもの).

[用例] a baseball *team* 野球チーム/a research *team* 研究班/a *team* of doctors 医師団/They *teamed* up with another family to rent a house for the summer. 彼らは他の家族と協同で夏の間家を一軒借りた.

【複合語】 **téammàte** 名 C チーム仲間. **téam plày** 名 U チームプレー, 一致協力. **team spírit** 名 U 個人よりチームを重んずる**チーム精神**. **téamster** 名 C 馬車や牛車の**御者**, (米) トラック運転手. **téamwòrk** 名 U 協同作業, チームワーク.

tear[1] /tέər/ 動 [本来他] 〔過去 **tore** /tɔːr/; 過分 **torn** /tɔːrn/〕 名 C 〔一般語〕 〔一般義〕 布や紙などを手や鋭いもので**引き裂く**, 破る. [その他] 引き裂くことにより裂け目を作る, 穴をあける, 傷をつける, 筋肉やすじを切る, 無理に**引き離す**, もぎ取る, **分裂させる**, 髪などをかきむしる, 比喩的に人の心などをかき乱す, 悩ます, 組織などを分裂させる. 自 **裂ける**, 破れる, 転じて**勢いよく進む**, 突進する. 名 としては裂け目, ほころび.

[語源] 古英語 teran (= to destroy) から.

[用例] He *tore* the photograph into pieces. 彼は写真をずたずたに引き裂いた/I *tore* the letter open. 私は手紙を破ってあけた/You've *torn* a hole in your jacket. 君は上着に穴をあけてしまった/I *tore* the picture out of a magazine. 私は雑誌から写真を引きちぎった/The country was *torn* by disaster and war. その国は災害と戦争で分裂した/There's a *tear* in my dress. 私のドレスにはほころびができている.

【慣用句】 *tear apart* ずたずたに引き裂く, 分裂させる, 厳しく批判する. *tear away* 引き裂く, 人などを無理に引き離す. 〔くだけた語〕 急いで去る. *tear down* 建物をとり壊す. *tear off* 引きはがす, 切り離す, 衣服を脱ぎ捨てる. *tear up* 細かくひき裂く, 根こそぎにする.

tear[2] /tíər/ 名 C 〔一般語〕 〔一般義〕 《しばしば複数形で》**涙**. [その他] 涙に似たものを広く表し, 水滴, 水玉, しずく, 《複数形で》悲哀, 悲嘆.

[語源] 古英語 tēar から.

[用例] *Tears* rolled down her cheeks as she watched him go. 彼が去っていくのを見ているうちに彼女の目から涙がこぼれ落ちた/No one shed any *tears* over (= No one was sorry about) his departure from our office. 彼が会社から去ってもだれも悲しまなかった.

【慣用句】 *burst into tears* わっと泣き出す. *in tears* 涙を浮かべて, 泣いて.

【派生語】 **téarful** 形 涙ぐんだ; 涙ながらの, 悲しい. **téarfully** 副. **téarless** 形 涙を流さない, 涙も出ない, 涙のない.

【複合語】 **téardròp** 名 C 涙のしずく. **téar gàs** 名 U 催涙ガス. **téarjèrker** 名 C 〔くだけた語〕 映画や小説などのお涙頂戴もの.

tease /tíːz/ 動 [本来他] 名 C 〔一般語〕 〔一般義〕 ばかにして悩ます, からかう, いじめる. [その他] 本来は羊毛や麻などをすく, 布などを毛羽立てる, 髪の毛に逆毛を立てる, 性的にじらす. 名 としては, からかうのが好きな人, 性的に思わせぶりな人, からかい, いじめ.

[語源] 古英語 tǣsan (= to pull about; to tear up) から.

[用例] His school friends *tease* him because he's so small. 彼はとても体が小さいので学友たちは彼をからかっている/He's a terrible *tease*. 彼は本当に人を悩ますやつだ.

【慣用句】 *tease out* 羊毛などをすく, 情報などを**何とか聞き出す**.

【派生語】 **téaser** 名 C 悩ます[いじめる]人, 〔くだけた語〕難事, 難問[題].

teat /tíːt/ 名 C 〔一般語〕 哺乳動物の**乳首**, (英) 哺乳びんの乳首 ((米) nipple).

[語源] ゲルマン語起源の古フランス語 tete が中英語に入った.

tech /ték/ 名 C 〔くだけた語〕(英) **高等専門学校** (technical college).

tech·nic /téknik/ 名 UC 〔一般語〕 〔一般義〕 特定の仕事をするための技, **技術** (tecnique). [その他] 《複数形で単数扱い》 科学技術 (technology).

[語源] 「技術」を意味するギリシャ語 *tekhnē* の 形 *tekh-*

nikos がラテン語 *technicus* を経て初期近代英語に入った.

【派生語】**téchnical** 形 専門的な; 技術上の; 工業[工芸]の; 規則上の: **technical college**《英》高等専門学校《★義務教育後に工芸一般を教える教育機関; くだけた表現では tech と略す》/**technical school**《英》実業中学校《★5年制》. **tèchnicálity** 名 UC 専門的なこと, 専門的な技術[用語]の使用, 《複数形で》専門的な事項, **専門語**. **téchnicalize** 動 本来他 専門[技術]化する. **téchnically** 副. **technícian** 名 C **専門家**, 専門技術者, 音楽, 絵画などの**技巧家**.

tech·nique /tekníːk/ 名 UC 〔一般語〕一般語 芸術, 科学, スポーツなどの**専門的な技術, 技巧**, テクニック. その他 目的達成のための**方法, 技巧**.
語源 ギリシャ語 *teknikōs* がラテン語を経て 19 世紀に入った.
用例 They admired the pianist's faultless *technique*. 彼らはピアニストの申し分のない腕前をほめたえた.

tech·noc·ra·cy /teknάkrəsi|-nɔ́k-/ 名 UC 〔一般語〕専門技術家による国の産業や経済が支配される**技術家政治, テクノクラシー, 技術家主義(社会)**.
語源 ギリシャ語 *teknē* から派生した連結形 techno-「技術」+-cracy「支配, 政治」. 20 世紀から.
【派生語】**téchnocràt** 名 C 技術者出身の行政官, テクノクラート.

technological ⇒technology.
technologist ⇒technology.
tech·nol·o·gy /teknάlədʒi|-nɔ́l-/ 名 UC 〔一般語〕**科学技術, テクノロジー**.
語源 ギリシャ語 *technologia* (*technē* art; skill+*logia* 学問)が初期近代英語に入った.
用例 These people have reached only a very low level of *technology*. この人たちは技術的にはまだとても低いレベルにしか達していない/information *technology* 情報技術.
【派生語】**tèchnológical** 形. **technólogist** 名 C **科学技術者**.

tec·ton·ic /tektάnik|-tɔ́n-/ 形【地質】地殻構造上の, 地殻変動の.
語源 ギリシャ語 *tektōn* (=carpenter) から派生した *tektonikos* (=skilled in building) がラテン語を経て初期近代英語に入った.
【派生語】**tectónics** 名 U 構造学, 構造地質学.
【複合語】**tectónic pláte** 名 C 地殻構造プレート.

Ted /téd/ 名 固 男子の名, テッド《★Edward および Theodore の愛称》.

Ted·dy /tédi/ 名 固 男子の名, テディー《★Edward および Theodore の愛称》.
【複合語】**téddy bear** 名 C 縫いぐるみのくま, テディーベア.
語源 くま狩りで有名だった米大統領 Theodore Roosevelt の愛称 Teddy にちなむ. 20 世紀の造語.

Te Deum /ti: díːəm, téi déiəm/ 名《キ教》神への賛歌, テデウム.
語源 ラテン語の聖歌の冒頭 *Te Deum laudamus* (=Thee, God, we praise) が古英語に入った.

te·di·ous /tíːdiəs/ 形 〔一般語〕**だらだらと長く退屈で, 飽き飽きさせる**.
語源 ラテン語 *taedium* (退屈) の *taediosus* が中英語に入った.

類義語 ⇒boring.
【派生語】**tédiously** 副. **tédiousness** 名 U. **tédium** 名 U.

tee¹ /tíː/ 名 C 本来語〔ゴルフ〕ボールを打つときにのせるティー, またボールを打ち始めるティーグラウンド (teeing ground). 動 として, ボールをティーに載せる.
語源 スコットランド語 teaz の -z を複数形の -s と誤解したことからともいわれるが不詳.
【慣用句】**tee off**〔くだけた語〕ボールをティーから打つ; 活動などを始める, 《通例受身で》人をいらいらさせる. 《米》しかりつける (on). **tee up** ボールをティーに載せる, 打つ準備をする.

tee² /tíː/ 名 C 〔一般語〕文字の T, t, T 字型をしたもの.

teem¹ /tíːm/ 動 本来自〔一般語〕《進行形で》人や生物などがある場所に豊富に存在している, **満ちている** (with).
語源 team と同語源の古英語 *tīeman* (産む) から.
類義語 abound.
【派生語】**téeming** 形 人や生物などが満ちている, たくさんいる (with).

teem² /tíːm/ 動 本来自〔一般語〕《通例 it または the rain を主語に進行形で》**雨がどしゃぶりに降る**.
語源 古ノルド語 *tōmr* (空(き)の) の 動 *tœma* (= to empty) が中英語に入った.

-teen /tíːn/ 接尾「10 …」の意で, 13 から 19 までの数詞をつくる. 例: thirteen.

teen·age /tíːnèidʒ/ 形〔一般語〕13 歳から 19 歳までの, ティーンエージャーの.
用例 *teenage* boys and girls ティーンエージャーの男女.
【派生語】**téenàged** 形 =teenage. **téenàger** 名 C ティーンエージャー, 13 歳から 19 歳の若者.

teens /tíːnz/ 名《複》〔一般語〕**13 から 19 までの数[年齢]**.
日英比較 ハイティーンは late teens, ローティーンは early teens という.

teen·sy-ween·sy /tíːnsiwíːnsi/ 形 =teeny-weeny.

teen·y-ween·y /tíːniwíːni/ 形〔小児語〕ちっちゃな《★teeny ともいう》.
語源 tiny の異形 teeny とほぼ同じ意味の weeny を合わせた語で. 19 世紀から.

tee-shirt /tíːʃəːrt/ 名 C 〔一般語〕**T シャツ** (T-shirt).
語源 形状が T の字に似ていることから. 20 世紀の造語.

tee·ter /tíːtər/ 動 本来自 C 〔一般語〕**前後に不安定に動く, よろよろする**. その他 比喩的にためらう, シーソーに乗る (seesaw).
語源 中英語 titeran (=to totter; to seesaw) から.

teeth /tíːθ/ 名 tooth の複数形.

teethe /tíːð/ 動 本来自〔一般語〕**歯が生える**.
語源 tooth の複数形 teeth から中英語で造られた動詞.
【派生語】**téether** 名 C おしゃぶり.
【複合語】**téething ring** 名 C 環状のおしゃぶり. **téething tròubles** 名《複》歯が生えるときのむずかり, 新会社や装置などの初期に生じるさまざい[問題, 故障].

tee·to·tal /tiːtóutl/ 形〔一般語〕**絶対禁酒主義の**.
語源 1883 年英国ランカシャーの Richard Turner が

tee·to·tum /tìːtóutəm/ 图 C 〔一般語〕T と書いてある面が出るとあたりになる**四角独楽**(ごま).
語源 tee (=T) とラテン語 totum (=all) から成る語. 18世紀から.

TEFL /téfl/ 图 U 〔略〕＝teaching English as a foreign language (外国語としての英語教育).

tef·lon /téflɑn|-lɔn/ 图 U 〔一般語〕テフロン (★polytetrafluoroethylene の商標名; 焦げつかない調理なべなどに使われる).

teg·u·ment /tégjumənt/ 图 C 〔一般語〕動植物を包んでいる**外被**(integument).
語源 ラテン語 tegere (=to cover) の 图 tegumentum (=covering) が中英語に入った.

Tel Aviv /tèləvíːv/ 图 固 テルアビブ (★イスラエルの首都).

tel·e /téli/ 图 UC 〈くだけた語〉〈英〉テレビ (television).
語源 television の短縮形.

tel·e- /télə-/ 連結 「遠い」「電信・電話の」「テレビの」の意. 例: telescope; television; teleplay.
語源 ギリシャ語 tēle (=far off) から.

tel·e·cast /télɪkæst|-kɑːst/ 图 UC 動 本来自 〔一般語〕テレビ放送(をする).
語源 tele(vision)＋(broad)cast. 20世紀から.
【派生語】**telecàster** 图 C.

tel·e·com·mu·ni·ca·tions /tèləkəmjùːnəkéiʃənz/ 图 〔複〕〔一般語〕《単数扱い》電信・電話・テレビなどによる**遠距離通信**, 《複数扱い》遠距離通信によって送られるもの, 《単数扱い》**電気通信学**. (★くだけた語で telecoms /téləkɑmz|-kɔmz/ という).

tel·e·course /télɪkɔːrs/ 图 C 〔一般語〕テレビによる**通信教育課程**.
語源 tele(vision)＋course として 20世紀に造られた語.

tel·e·con·fer·ence /tèləkánfərəns|-kɔn-/ 图 C 〔一般語〕テレビ電話などによる**遠隔地間会議**.

tel·e·gram /téləɡræm/ 图 C 〔一般語〕**電報**.
用例 send a telegram 電報を送る.

tel·e·graph /téləɡræf|-ɡrɑːf/ 图 UC 動 本来自 〔一般語〕電信(装置), 電信文, 電報. 動 としては, 人に**電報を打つ**, 何かを**電報で知らせる**.
用例 Send the message on the telegraph. 電信でそのメッセージを送りなさい.
【慣用句】 **by telegraph** 電信[電報]で.
【派生語】**telégrapher** 图 C 電信技師. **tèlegraphése** 图 U 簡潔な電報文体. **tèlegráphic** 形. **telégraphist** 图 C ＝telegrapher. **telégraphy** 图 U 電信(術).
【複合語】**telegraph pòle** 图 C 〈英〉**電柱** (〈米〉telephone pole).

telepathic ⇒telepathy.
telepathist ⇒telepathy.
te·lep·a·thy /təlépəθi/ 图 U 〈心〉知覚外の方法で意志や感情を伝える[が伝わる]こと, 精神感応, テレパシー.
語源 tele- (遠隔)＋-pathy (感情)から. 19世紀より.
【派生語】**telepáthic** 形. **telépathist** 图 C テレパシー研究者, テレパシーの能力のある人.

tel·e·phone /téləfòun/ 图 CU 動 本来自 〔一般語〕**電話**(通信, 機). 〔語法〕tel と略すこともあるが phone と略すことが多い). 動 としては 〔形式ばった語〕人に**電話をかける**(call), 人と**電話で話す**, **電話で伝える**, **電話で呼び出す[注文する]**.
語源 フランス語 téléphone (＝voice from a distant place) がもとの意味で, 19世紀から. Alexander Graham Bell が自分の発明した電話機にこの名前を使った.
用例 The telephone is ringing. 電話が鳴っている/I'll telephone [call] you tomorrow. 明日あなたに電話をかけます.
【慣用句】 **be on the telephone** 電話中である. **by telephone** 電話で. **make a telephone call** 電話をかける.
【派生語】**tèlephónic** 形 電話の, 電話による. **teléphonist** 图 C 〈英〉電話交換手(〈米〉operator). **teléphony** 图 U 電話法[技術], 電話機製造[操作].
【複合語】**télephone bòok** 图 C 電話帳. **télephone bòoth** 图 C 電話ボックス(〈法〉単に booth ともいう). **télephone bòx** 图〈英〉＝telephone booth. **télephone diréctory** 图 C ＝telephone book. **télephone exchánge** 图 C 電話交換局 (〈法〉単に exchange ともいう). **télephone kìosk** 图 C 〔古風な語〕〈英〉＝telephone booth. **télephone nùmber** 图 C 電話番号. **télephone òperator** 图 C 電話交換手. (〈法〉単に operator ともいう). **télephone pòle** 图 C 〈米〉電柱 (utility pole; 〈英〉telegraph pole). **télephone tàpping** 图 U 電話の**盗聴**.

tel·e·pho·to /tèləfóutou/ 形 图 C 〔一般語〕**望遠写真**(の), または**電送写真**(の).
【複合語】**télephoto léns** 图 C 望遠レンズ.

tel·e·pho·to·graph /tèləfóutouɡræf|-ɡrɑːf/ 图 C 〔形式ばった語〕**望遠写真**, または**電送写真**.
【派生語】**tèlephotográphic** 形. **tèlephotógraphy** 图 U 望遠[電送写真](術).

tel·e·play /téləplèi/ 图 C 〔一般語〕テレビドラマ.

tel·e·print·er /téləprìntər/ 图 C 〈米〉テレタイプ (teletypewriter).

tel·e·scope /téləskòup/ 图 C 形 動 本来自 〔一般語〕**望遠鏡**. 形 として, 望遠鏡の筒のように順次たたみ込まれてゆくことから, **入れ子式の**. 動 として**入れ子式にはめ込む, 入れ子にする**. 自 **入れ子になる**, 車や列車などが衝突してめり込む, 時間・空間的に**短くなる**, **短縮する**.
語源 ギリシャ語 tēle (＝far)＋skopos (＝seeing) をもとに, ガリレオはイタリア語で telescopio, ケプラーは近代ラテン語で telescopium とし, それらを借用した telescope が初期近代英語に入った.
用例 He looked at the ship through his telescope. 彼は望遠鏡で船を見た/The fishing-rod telescopes into its handle. その釣竿は入れ子式で柄のところにたたみ込まれる/He telescoped 200 years of history into one lesson. 彼は 200年の歴史を一回の授業におり込んで講義をした.
【派生語】**telescópic** 形 望遠鏡の, 望遠鏡で見える, 入れ子式の. **telescópically** 副.

tel·e·thon /téləθɑn|-θɔn/ 图 C 〔一般語〕〈米〉慈善のための資金集めを目的とした**長時間のテレビ番組**.
語源 marathon にならって tele-＋-thon として, 20世紀に造られた語.

tel·e·type /téləṭàip/ 名C 動 本来他 〔一般語〕テレタイプ(で送る).
【語源】teletypewriter の商品名.

tel·e·type·writ·er /tèləṭáipràiṭər/ 名C 〔一般語〕キーを打って送信すると先方で自動的に印刷される電信機, テレタイプ(teletype).

tel·e·view /téləvjù:/ 動 本来自 〔一般語〕テレビで[を]見る.
【派生語】**téleviewer** 名C テレビ視聴者.

tel·e·vise /téləvaiz/ 動 本来他 〔一般語〕テレビで放送する, 放映する.
【語源】television からの逆成.

tel·e·vi·sion /téləviʒən/ 名UC 形 〔一般語〕テレビジョン[テレビ](放送), テレビ(受像機) 《★TV と略す》. テレビ産業, テレビ関係(の仕事).
【語源】tele-「遠隔」+vision (見えること). 20世紀に造られた語.
[用例] We saw it on *television*. 私たちはそれをテレビで見ました/My son watches *television* too much. 息子はテレビの見過ぎです.
【複合語】**télevision sèt** 名C テレビ受像機 【語法】単に television ともいう. **télevision stàtion** 名C テレビ局.

tel·ex /téleks/ 名UC 動 本来他 〔一般語〕テレタイプを用いた通信方式, その通信文, テレックス. 動 としてテレックスで送る.
【語源】tel(eprinter)+ex(change) として, 20世紀から.

tell /tél/ 動 本来他 《過去・過分 told /tóuld/》〔一般語〕 一般義 あることの内容を伝える, 言う. その他 元来「一つ一つ数えて列挙する」の意で, 転じて「順番に話して聞かせる, 伝えるの意が生じた.「相手に情報を伝える」ことから, 文書や口頭で知らせる, 告げる, 秘密や道などを教える, 顔つきなどが表す, 示す,「命令を伝える」ことから,《~ to do》何かをしろと命ずる, 言いつけるの意となる.《しばしば can を伴って》…であると断言する, 請け合う, ある根拠や理由で…と言える, わかる, 違いを見分ける, …から区別する《from》. 何かについて話す《of; about》, …のことを告げ口する《on》, 物事が物語る, ものを言う.
【語源】古英語 tellan (=to reckon; to tell) から.
[用例] He *told* John what had happend. 彼はジョンに何が起こったかを話した/He *told* me the whole story to John. 彼はジョンにすべてを話した/I *told* him to go away. 私は彼に立ち去るように命じた/How can you *tell* whether the meat is cooked or not? 肉が料理済みかどうか, どうすればわかりますか/Can you *tell* the difference between them? それらの違いが区別できますか/Experience *tells*. 経験がものを言う.
[類義語] ⇒say.
【慣用句】 **all told** 全部で(in all). **I'll tell you what.** あのね, いいかい, こうしたらどうだ. **tell off** しかる: The teacher used to *tell* me *off* for not doing my homework. 先生は宿題をやってこなかったことで私をしかった. **tell tales** 人の告げ口をする, 中傷する. **there's no telling** わからない: There's no telling what he'll do if you make him angry! 彼を怒らせたら何をするかわかったものではない. **You're telling me!** 〔くだけた表現〕もっとも, 百も承知だ: "It's cold today." "*You're telling me* (it is)!"「今日はさむいな」「そんなことわかってる」.

【派生語】**téller** 名C 話し手, 銀行の金銭出納係. **télling** 形 効果のある, 効果的な, 物語っている, 象徴している. **téllingly** 副.
【複合語】**télltale** 名C 告げ口する人, おしゃべり, 内情を暴露するもの. 形 隠しても隠しきれない.

telfer ⇒telpher.

tel·ly /téli/ 名C UC 〔くだけた語〕《英》テレビ(television).
【語源】tel(evision)+-y.

tel·pher, tel·fer /télfər/ 名C 形 動 本来他 〔一般語〕荷物運搬用の空中ケーブル車(の; で運ぶ).
【語源】ギリシャ語 tele (=far off)+pherein (=to carry) をもとに19世紀に造られた語.

Tel·star /télstɑ:r/ 名 固 米国の通信衛星の商標名, テルスター.

tem·blor /témblər, -blɔ́:r/ 名C 〔方言〕《米》地震 (earthquake).
【語源】スペイン語 temblar (=to shake) から. 19世紀より.

te·mer·i·ty /təmérəṭi/ 名U 〔形式ばった語〕無分別なくらいに大胆であること, 向こう見ず.
【語源】ラテン語 temere (=recklessly) から派生した名 temeritas が中英語に入った.

tem·per /témpər/ 名CU 動 本来他 〔一般語〕 一般義 《通例単数形で》人の気質, 気性. その他 元来「もろもろの性質の適度な釣り合い」を意味し, 鋼などの鍛え, 硬度, 弾性の意から,「人の心が調和した状態」となり, 心の落着き, 平静, 一時的な興奮状態, 気分, 機嫌, 悪い精神状態, 不機嫌, かんしゃく. 動 としては, 程よく混ぜる, 加減する, 和らげる, 鋼などを焼き戻す, 鍛える.
【語源】ラテン語 temperare (=to mingle; to restrain oneself) が古英語に temprian として入った. 名 は中英語から.
[用例] She has an even *temper* (=She is not easily upset or made angry). 彼女はすぐに怒ったりしない平静な気質をしている/be in a bad *temper* 不機嫌である/She's in a *temper*. 彼女は短気を起こしている.
【慣用句】**be out of temper** 〔古風な表現〕怒っている. **fly [get] into a temper** かんしゃくを起こす. **keep one's temper** 平静を保つ. **lose one's temper** 腹を立てる.

tem·per·a /témpərə/ 名U 〔一般語〕卵黄と水を顔料に混ぜて用いるテンペラ画法, またテンペラ絵の具.
【語源】ラテン語 temperare (=to moderate; to mix) から派生したイタリア語 tempera が19世紀に入った.

tem·per·a·ment /témpərəmənt/ 名UC 〔やや形式ばった語〕 一般義 人の生まれながらの気性, 気質. その他 もとは中世の生理学で4体液の調合で生ずるとされた気質, 特に激しい気質, 情熱的な気質, 〖楽〗音律, 平均律(法).
【語源】ラテン語 temperare (=to mix; to regulate; to restrain oneself) から派生した temperamentum が「適度な調合」を意味する temperamentum が中英語に入った.
[用例] She has such a sweet *temperament*. 彼女はやさしい気性だ.
【派生語】**tèmperaméntal** 形 気まぐれな, お天気屋の. **tèmperaméntally** 副.

tem·per·ance /témpərəns/ 名U 〔形式ばった語〕 一般義 言動や感情などの自制, 控え目. その他 〔古風な語〕道徳や宗教的な理由による節制, 禁酒.

tem·per·ate /témpərit/ 形 〔一般語〕 [一般義] 気候が温暖な、温和な. [その他] 人、言動などが抑制的な、節度のある、穏健な(moderate)、また節制を守る、禁酒の.
[語源] ラテン語 *temperare* (to restrain oneself) の過去分詞 *temperatus* が中英語に入った.
[派生語] **témperately** 副.
[複合語] **témperate zòne** 名 C 《the ~》温帯.

tem·per·a·ture /témpərətʃər/ 名 UC 〔一般語〕 温度、気温、人や動物の体温、また発熱状態、高熱、比喩的に感情や関心などの度合、熱度、強さ.
[語源] ラテン語 *temperare* (= to moderate) の過去分詞 *temperatus* から派生した *temperatura* (= moderation) が気候などの「温和さ」の意味で中英語に入った.
[用例] She had a *temperature* and wasn't feeling well. 彼女は高熱があったので気分がすぐれなかった.《[語法] have a temperature は「高熱(= fever)がある」》

tem·pest /témpəst/ 名 C 〔文語〕暴風雨、大あらし、比喩的に大騒動.
[語源] ラテン語 *tempus* (= time; season) から派生した *tempestas* (= weather; storm) が古フランス語 *tempeste* を経て中英語に入った.
[派生語] **tempéstuous** 形.

tem·pi /témpi:/ 名 tempo の複数形.

tem·plate /témplit/ 名 C 〔一般語〕形を正確にとるための木や金属の型板、〔建〕梁受け、〔生化〕核酸の鋳型、〔コンピュータ〕テンプレート.
[語源] 織機で布の幅を一定に保つ伸張具を意味するフランス語 *temple* の指小語 *templet* から、初期近代英語に入った. ラテン語 *templum* (= small piece of timber) がフランス語に入ったと考えられる.

tem·ple[1] /témpl/ 名 C 〔一般語〕 [一般義] 古代ギリシャ、ローマ、エジプトなどの神殿、仏教やヒンズー教の寺院. [その他] 〔T〕エルサレムのエホバの神殿、モルモン教の礼拝堂、比喩的に芸術や科学など特定な目的に捧げた殿堂.
[参考] 日本の「寺」には temple、「神社」には shrine が用いられる.
[語源] ラテン語 *templum* (= consecrated place) が古英語に tempel として入った.

tem·ple[2] /témpl/ 名 C 〔一般語〕 [一般義] 額と耳の間のこめかみ. [その他] 動 側頭、また (米) 眼鏡のつる.
[語源] ラテン語 *tempus* (= temple of head) の複数形 *tempora* が古フランス語 *temple* を経て中英語に入った. *tempus* (= time) と関連し「脈を打つところ」の意と思われる.
[派生語] **témporal**[2] 形 こめかみ[側頭]の.

tem·po /témpou/ 名 C 《複 -pi /pi:/, ~s》〔楽〕楽曲の速度、テンポ(★複数形は -pi)、一般に進行の速度、歩調(★複数形は -s).
[語源] ラテン語 *tempus* (= time) がイタリア語を経て 18 世紀に入った.

tem·po·ral[1] /témpərəl/ 形 〔形式ばった語〕 [一般義] 時の、時間の. [その他] 〔文法〕時制の. 宗教的な世界に対して現世の、一時的な、はかない、聖職者、教会に対して、世俗の(secular).
[語源] ラテン語 *tempus* (= time) の 形 *temporalis* が中英語に入った.

tem·po·ral[2] ⇒temple[2].

tem·po·rar·y /témpərèri|-pərəri/ 形 C 〔一般語〕一時的な、つかのまの、仮の、臨時の. 名 として臨時雇いの人.
[語源] ラテン語 *tempus* (= time) から派生した *temporarius* (= lasting only for a time) が初期近代英語に入った.
[用例] a *temporary* repair 応急修理.
[派生語] **temporarily** /tèmpərérəli, ́- - - ̀- -|témpərəili/ 副. **témporàriness** 名 U.

tem·po·rize /témpəraiz/ 動 〔本来 I〕議論や決断をぐずぐず長引かせて時を稼ぐ、一時しのぎをする.
[語源] ラテン語 *tempus* (= time) から派生した中世ラテン語 *temporizare* (= to pass the time) がフランス語 *temporiser* を経て初期近代英語に入った.

tempt /témpt/ 動 〔本来 I〕 〔一般語〕 [一般義] 悪い事や快楽に人を誘い入れる、誘惑する. [その他] 物事が人をその気にさせる、食欲などをそそる、かき立てる.
[語源] ラテン語 *temptare* または *tentare* (= to try; to feel; to attempt) が古フランス語を経て中英語に入った.
[用例] The sunshine *tempted* them (to go) out. 太陽の光に誘われて彼らは外へ出る気になった.
【慣用句】**be [feel] tempted to ...** してみたくなる.
[派生語] **temptátion** 名 UC 誘惑、誘惑するもの、心をひき付けるもの. **témpter** 名 C 誘惑者、《the T-》悪魔. **témpting** 形 うっとりさせる、心をそそる. **témptingly** 副 誘惑するように. **témptress** 名 C 〔古風な語〕妖婦.

ten /tén/ 代 名 UC 形 〔一般語〕数[数字]の 10 (の)、10人[個; 歳; 時; 分](の)、《米》〔くだけた語〕10 ドル紙幣、《英》〔くだけた語〕10 ポンド紙幣、衣料品の 10 番サイズ、(★用法は ⇒five).
[語源] 古英語 tíene (= ten) から.
【慣用句】**ten to one** 十中八九まで.
[派生語] **ténfòld** 形 十重の、十倍の. **tenth** 形 名 UC 《the ~》第 10 (の)、10 番目の(の)、10 分の 1 (の): a *tenth* part 10 分の 1 の部分.
[複合語] **tenpénce** 名 C 〔一般語〕《英》10 ペンス(の価); 10 ペンスのコイン. **tenpénny** 形 〔一般語〕《英》10 ペンスの.

tenability ⇒tenable.

ten·a·ble /ténəbl/ 形 〔形式ばった語〕意見や議論などが批判に耐えられる、筋道が立っている、地位や資格などを維持できる、... の間継続できる.
[語源] ラテン語 *tenere* (= to hold) が古フランス語で *tenir* となり、-able が付いた tenable が初期近代英語に入った.
[派生語] **tènability** 名 U. **ténableness** 名 U. **ténably** 副.

te·na·cious /tinéiʃəs/ 形 〔形式ばった語〕 [一般義] 簡単にものを手放したりあきらめたりしない、執拗な. [その他] 《悪い意味で》性格が頑固な、思い出などをなかなか忘れない、物が何かにしっかりくっついて離れない、粘りけが強い.
[語源] ラテン語 *tenere* (= to hold) から派生した 形 *tenax* (= holding fast) がフランス語を経て最初は 名 tencite として初期近代英語に入った. tenacious はそ

【派生語】tenáciously 副. tenácity 名 U 固執, 執拗, 粘り強さ, 頑固.

tenancy ⇒tenant.

ten·ant /ténənt/ 名 C 動 本来他 〔一般語〕〔一般義〕借用金を払って土地, 建物などを使用している人, 借地人, 借家人, テナント. その他 本来は正当な権利を有した土地などの所有者, 保有者. 動 として, 土地, 家屋, 部屋などを借りる, 居住する.
[語源] ラテン語 *tenere* (= to hold) が古フランス語に *tenir* として入り, その現在分詞が中英語に入った.
[用例] a *tenant* of the house 借家人 / *tenants* of the woods [trees] 森[樹木]の住人(動物や鳥).
【派生語】ténancy 名 UC 土地, 建物などの借用, 借用期間. ténantry 名《the ~》集合的に借地[家]人, 小作人.
【複合語】ténant fàrmer 名 C 小作人.

tend¹ /ténd/ 動 本来自 〔一般語〕〔一般義〕習慣, 性向として何かをする傾向がある《to; toward; to do》. その他 〔形式ばった語〕道や進路などがある方向に向かって進む, 行く, 至る《to; toward》.
[語源] ラテン語 *tendere* (= to extend; to direct) が古フランス語 *tendre* を経て中英語に入った.
[用例] He *tends* to get angry when people disagree with him. 彼はみんなから反対されるとかっとしがちである.
【派生語】tendency ⇒見出し.

tend² /ténd/ 動 本来他 〔やや古風な語〕〔一般義〕病人や子供の世話をする. その他 家畜, 機械などの番をする, 庭や植物などの手入れをする. また〔一般義〕〔米〕店番をする, 客の応対をする.
[語源] attend の頭音消失. 中英語から.
[用例] A shepherd *tends* his sheep. 羊飼いは羊の番をする.
【慣用句】*tend to* 《米》…の世話をする.
【派生語】ténder³ 名 C 世話をする人, 番人, 看護人; 親船の付属船.

tend·en·cy /téndənsi/ 名 C 〔一般語〕〔一般義〕傾向, 風潮. その他 人の性向, 性癖, 書物や発言などのもつ社会的・政治的な意図, 視点.
[語源] tend¹ と同語源で, 中世ラテン語 *tendentia* (= inclination) が初期近代英語に入った.
[用例] I don't like this *tendency* of society. この社会的な風潮は好ましくない / He has a *tendency* to forget things. 彼は忘れっぽい性格をしている.
【派生語】tendéntious 形 〔形式ばった語〕《悪い意味で》発言や書物などが特定の主義主張に偏向した. tendéntiously 副.

ten·der¹ /téndər/ 形 〔一般語〕〔一般義〕物が軟[柔]らかい, 柔軟な, もろい, 植物が寒さなどで傷みやすい, 身体が触ると痛い, 物事が微妙な, 〔文ες〕子供が年端も行かぬ, いたいけな, 色や光などが柔らかな, 淡い, 人が優しい, 親切な, 〔海〕船体が傾きやすい.
[語源] ラテン語 *tener* (= soft; delicate) が古フランス語 *tendre* を経て中英語に入った. *tener* は *tenuis* (= thin) の異形と思われる.
[用例] The meat is *tender*. その肉は軟らかい / a *tender* skin 敏感な肌 / His injured leg is still *tender*. 彼の傷ついた足はまだ痛む / Emily has a *tender* heart. エミリーは優しい心をしている.
【派生語】ténderize 動 本来他 肉などを軟らかくする. ténderly 副. ténderness 名 U.
【複合語】ténderfòot 名 C 《複 ~s, -feet》〔くだけた語〕《米》新参者, ボーイ[ガール]スカウトの新入団員. ténderhéarted 形 心優しい, 思いやりのある. ténderlòin 名 U 牛[豚]の腰部の柔らかい肉, テンダーロイン.

ten·der² /téndər/ 動 本来他 名 C 〔形式ばった語〕〔一般義〕文書などにより正式に契約や辞表を差し出す, 提出する. その他 謁見などを許す, 賜う, 【法】弁済[代償]として金品を提供する. 自 入札する, 請け負う《for》. 名 として請負見積書.
[語源] tend¹ と同語源. 初期近代英語から.
[用例] He *tendered* his resignation [apologies]. 彼は辞表[詫び状]を提出した / The firm *tendered* for the contract to build a new hotel. その会社は新ホテル建設を請け負った.

tender³ ⇒tend².

ten·don /téndən/ 名 C 【解】筋肉と骨とを結びつけている腱(けん).
[語源] ラテン語 *tendere* (= to stretch) から派生した中世ラテン語 *tendo* (= tendon) が初期近代英語に入った.

ten·dril /téndrəl/ 名 C 【植】巻きひげ, つる.
[語源] ラテン語 *tener* (= tender) に由来する古フランス語 *tendron* (= tender shoot) が初期近代英語に入った.

ten·e·ment /ténəmənt/ 名 C 〔一般義〕スラム街の小部屋に分けられた大型安アパート(tenement house).
[語源] ラテン語 *tenere* (= to hold) から派生した中世ラテン語 *tenementum* (= feudal holding; house) が古フランス語を経て中英語に入った.

te·net /ténit/ 名 C 〔形式ばった語〕思想, 政治, 宗教などの集団が唱える主義, 主張, 教義.
[語源] ラテン語 *tenere* (= to hold) の変化形 *tenet* (= he holds) が初期近代英語に入った.

tenfold ⇒ten.

ten-gal·lon hat /téngǽlən hǽt/ 名 C 〔一般義〕《米》カウボーイの用いるつば広帽子.
[語源] 「10 ガロンも水が入る大きな帽子」の意. 20 世紀の造語.

ten·ner /ténər/ 名 C 〔くだけた語〕10 ポンド[ドル]札.
[語源] しばしばくだけた語で用いられる名詞形成語尾-er が ten について 19 世紀に造られたもの. 同様な成り立ちの語に fiver(5 ポンド[ドル]札) がある.

Ten·nes·see /tènəsí:/ 名 園 テネシー州 (★米国南東部の州), 《the ~》テネシー川 (★テネシー州を流れてオハイオ川に合流する).
[語源] 北米先住民の言葉で「大きく屈曲する川」の意.

ten·nis /ténis/ 名 U 〔一般語〕テニス, 庭球.
[語源] ラテン語 *tenere* (= to hold) が古フランス語で *tenir* (= to hold) となり, その命令形 *tenez* が中英語に入った. これは試合開始時にサーバーが叫ぶ言葉.
【複合語】ténnis bàll 名 C テニス用ボール. ténnis còurt 名 C テニスコート. ténnis èlbow 名 U テニスひじ. ténnis shòe 名 C 《通例複数形で》テニスシューズ, スニーカー.

ten·or¹ /ténər/ 名 UC 形 【楽】男声の最高音域テノール, テナー, テノール歌手, テノールの音域を持つホルンのようなテノール楽器. 形 として〔限定用法〕テノールの.
[語源] ラテン語 *tenere* (= to hold) から派生した *tenor*

(=holder)が古フランス語を経て中英語に入った. 原義は多声音楽で定旋律を保持する声部の意.

ten·or[2] /ténɚ/ 名C〔形式ばった語〕一般義《通例 the 〜 of》出来事などの一般的な流れ, 方向, 人生などの進路. その他 文書に保持されている意味, すなわち趣意, 大意.
語源 tenor[1] と同語源.

ten·pin /ténpìn/ 名C〔一般語〕《米》《複数形で単数扱い》ボウリングのテンピンズ, ピン.

tense[1] /téns/ 形動 本来的《やや形式ばった語》一般義 神経が張りつめた, 緊張した. その他 本来は綱などがぴんと張った, 筋肉などが張ったたの意. 比喩的に場面や状況が緊迫した, 切迫した, 《音》緊張音の. 動 として《しばしば up を伴って》緊張させる[する].
語源 ラテン語 tendere(=to stretch)の過去分詞 tensus が初期近代英語に入った.
用例 She seems very tense today. 彼女は今日はとても緊張しているようだ/Are the ropes tense? ロープはぴんと張っていますか.
【派生語】**ténsely** 副. **ténseness** 名U. **ténsile** 形 張力の, 引き伸ばせる. **ténsion** 名U 緊張(状態), 不安, 《理》張力, 《電》電圧.

tense[2] /téns/ 名UC《文法》時制.
語源 ラテン語 tempus(=time)が古フランス語 tens を経て中英語に入った.

tensile ⇒tense[1].
tension ⇒tense[1].

tent /tént/ 名C〔一般語〕天幕, テント, 住居, 居所やテント状のもの.
語源 ラテン語 tendere(=to stretch)の過去分詞 tentus が古フランス語を経て中英語に入った.
用例 put up [pitch] a tent テントを張る/take down [strike] a tent テントをたたむ.
【複合語】**tént pèg** 名C テント用のくい.《語法》単に peg ともいう》.

ten·ta·cle /téntəkl/ 名C《動》たこなどの触手, 触腕, 《植》触毛.
語源 ラテン語 tentare(=to feel)から派生した近代ラテン語 tentaculum(=feeler)が18世紀に入った.

ten·ta·tive /téntətiv/ 形〔一般語〕計画, 協定などが不確実で試験的な, 暫定的な. その他 ためらいがちな, 遠慮がちな.
語源 ラテン語 tentare(=to feel; to try)の過去分詞 tentatus が中世ラテン語 tentativus を経て初期近代英語に入った.
類義語 experimental; provisional.
【派生語】**téntatively** 副. **téntativeness** 名U.

ten·ter·hooks /téntɚhùks/ 名複〔古風な語〕《on 〜s で》気をもんで, はらはらして.
語源 昔織物の製造工程で用いられた tenter(張り枠)の hook(鈎(かぎ))の意. 初期近代英語から.

tenth ⇒ten.

ten·u·ous /ténjuəs/ 形〔形式ばった語〕一般義 関係や根拠, 説得力などが弱い, 乏しい. その他 本来は糸のように細い, 薄くきゃしゃな.
語源 ラテン語 tenuis(=thin)が初期近代英語に入った.

ten·ure /ténjuɚ/ 名U〔形式ばった語〕一般義 特に米国で教師が同一の職や地位を保持できる身分保障[在職]期間, 在職権. その他 土地, 職などの保有, 保有条件[期間].

語源 ラテン語 tenere(=to hold)から派生した中世ラテン語 tenitura が古フランス語 tenure を経て中英語に入った.

te·pee, tee·pee /tíːpiː/ 名C〔一般語〕北米先住民の円錐形のテント小屋.
語源 ダコタ語 tipi(=dwelling)が19世紀に入った.

tep·id /tépid/ 形〔一般語〕一般義 液体の温度がぬるい. その他 比喩的に熱意がない, 人の反応や関係が冷たい, 気のない.
語源 ラテン語 tepere(=to be lukewarm)の形 tepidus が中英語に入った.
類義語 lukewarm.
【派生語】**tepídity** 名U. **tépidly** 副. **tépidness** 名U.

te·qui·la /təkíːlə/ 名U〔一般語〕メキシコ産の強い蒸留酒, テキーラ.
語源 最高のテキーラを産するメキシコの町の名(Tequila)より. 19世紀に入った.

ter·cen·te·na·ry /tɚ̀ːrsenténəri, -tíː-/ 名C 形〔一般語〕300年祭(の)《★tercentennial /tɚ̀ːrsenténiəl/ ともいう》.
語源 ラテン語 ter(=three times)+centum(=hundred)+-ary から成る語で19世紀から.

term /tɚ́ːrm/ 名C 動 本来的〔一般語〕一般義 特定の期間, 任期, 学期, 刑期, 裁判所の開廷期間, 貸借などの満了期日, 出産予定日, 《複数形で》支払いや契約の条件, 条項, 要求額, 良い, 悪いなどの関係, 間柄. また専門用語, 術語, 《複数形で》言葉遣い, 《数》項, 限界点. 動 として《しばしば受身で》…を…と称する, 命名する.
語源 ラテン語 terminus(=limit; boundary)が古フランス語を経て中英語に入った.
用例 a maximum prison term of 15 years 最高15年の刑/Tell them they must surrender on our terms― there will be no negotiation. 彼らに我われの条件に従うように伝えてください. 交渉の余地はありません/They are on bad [friendly] terms. 彼らは仲が悪い[良い]/We're not on speaking terms (= We're not friendly enough to speak to each other). 私たちはお互いに話をする仲ではない/a medical term 医学用語/That kind of painting is termed 'abstract'. あの手の絵は「抽象画」と呼ばれている.
【慣用句】**in terms of** …の言葉で; …の観点から, …に関して.
【複合語】**térm insùrance** 名U 定期保険. **térm páper** 名C《米》学期末ごとに提出する学期末レポート[論文].

ter·ma·gant /tɚ́ːrməgənt/ 名C 形〔文語〕がみがみ言う女. 形として, 女性が口やかましい.
語源 古フランス語 Tervagan(t)(三つの名でさまよう神)から中英語に入った. キリスト教徒がイスラムの神と誤って信じた想像上の騒がしい神.

terminable ⇒terminate.

ter·mi·nal /tɚ́ːrmənəl/ 形C 形〔一般語〕終末の, 末端の, 終点の, 始発駅の. その他 一期間の, 定期の, 病気が末期の. 名 として 終点, 終着[始発]駅, 空港のターミナルビル, 《電気》電極, 電池の端子, 《コンピューター》端末.
語源 ラテン語 terminus(⇒term)の形 terminalis が中英語に入った.

ter·mi·nate /tə́:rmeneit/ 動 [本来他] 〔形式ばった語〕 [一般義] 終わらせる，終結させる．[その他] 物事が…の終わりに来る，《米》解雇する．自 列車やバスなどが終点となる，契約などが期限切れになる，終わる．
[語源] term と同語源．初期近代英語から．
[用例] The meeting *terminated* at five o'clock. その会議は5時に終わった／Their engagement has been *terminated*. 彼らの婚約は解消された．
【派生語】**términable** 形 終わらせることのできる；契約などが有期の．**termination** 名 UC 終わらせ[終わる]こと，終了，終結，満期；終末，結末，末端，末尾，《英》人工妊娠中絶．**términator** 名 C 終わらせる人[もの]；〔天文〕月や惑星などの明るい部分と暗い部分の境界，明暗境界線．

ter·mi·ni /tə́:rmənài/ 名 terminus の複数形．

terminological ⇒terminology.

ter·mi·nol·o·gy /tə̀:rmənɑ́lədʒi | -nɔ́l-/ 名 UC 〔一般義〕術語，専門用語，術語学，用語法．
[語源] ラテン語 *terminus* (⇒terminus) + -ology「学問」．19 世紀から．
【派生語】**terminológical** 形．**terminológically** 副．

ter·mi·nus /tə́:rmənəs/ 名 C (複 ～es, -ni /nài/) 〔一般義〕《おもに英》鉄道やバス，空路などの終点 (★《米》では terminal が普通)．[その他] 本来は境界，限界の意で，目的地，先端，末端．
[語源] ラテン語 *terminus* (= boundary; end) が初期近代英語に入った．

ter·mite /tə́:rmait/ 名 C 〔一般義〕しろあり (white ant).
[語源] ラテン語 *tarmes* (= woodworm) から派生した後期ラテン語 *termes* が 18 世紀に入った．

ter·race /térəs/ 名 C 他 [本来他] 〔一般義〕[一般義] 石またはれんがを敷いた家の前の部分，テラス．《米》は土を盛って高くした平坦地，台地，ひな壇式の段地，海，河川などの岸に沿った段丘．《英》連棟式集合[長屋式]住宅 (★町名としても用いられる)，また《複数形で単数扱い》サッカー場などのひな壇式立ち見席．動 として《受身で》土地をひな壇式にする．
[語源] ラテン語 *terra* (= earth) に由来する古フランス語 *terrace* (= pile of earth) が初期近代英語に入った．
[用例] Vines are grown on *terraces* on the hill side. ぶどうの木は丘の中腹の段々畑で栽培されている．
【複合語】**térraced [térrace] hóuse** 名 C 《英》連棟式集合[長屋式]住宅 (terrace) の 1 戸，テラスハウス (《米》row house)．

ter·ra-cot·ta /tèrəkɑ́tə | -kɔ́t-/ 名 U 〔一般義〕イタリア産の上薬をかけない赤土の陶器，テラコッタ，赤褐色．
[語源] イタリア語 *terra cotta* (= baked earth) が 18 世紀に入った．

ter·ra fir·ma /térə fə́:rmə/ 名 U 〔形式ばった語〕〔戯言〕海や空に対して固い安定した大地，陸地．
[語源] ラテン語 *terra* (= earth) + *firma* (= firm) が初期近代英語に入った．

ter·rain /tərέin/ 名 UC 〔形式ばった語〕地理的特色や軍事上の重要性から考えられる土地，地形，地勢，転じて知識，関心の領域．
[語源] ラテン語 *terra* (= earth) から派生した *terrenum* (= ground) がフランス語を経て 18 世紀に入った．

ter·ra in·cog·ni·ta /térə inkɑ́gnitə | -kɔ́g-/ 名 U 〔形式ばった語〕未知の国[世界]，未開拓の分野．
[語源] ラテン語 *terra* (= earth; land) + *incognita* (= unknown) が初期近代英語に入った．

ter·rar·i·um /tərέəriəm/ 名 C (複 ～s, -ria) 〔一般義〕陸上の小動物[植物]の飼育[栽培]容器．
[語源] 近代ラテン語（ラテン語 *terra* earth + -arium「…を入れるもの」）．19 世紀から．

ter·res·tri·al /təréstriəl/ 形 〔形式ばった語〕[一般義] 地球の，地球上の．[その他] 海に対して地上の，動植物などが陸生の，《おもに英》衛星放送に対して地上放送の，また来世に対して現世の，この世の．
[語源] ラテン語 *terra* (= earth) の 形 *terrestris* が中英語に入った．
【類義語】⇒earthly; worldly.
【複合語】**terréstrial glóbe** 名 C 地球儀．

ter·ri·ble /térəbl/ 形 〔くだけた語〕[一般義] 過ち，けが，事故など悪い事柄の程度がひどい，すごい．[その他] 〔一般義〕本来は恐ろしい，怖いの意で，くだけた語として使われることが多く，痛みなどが猛烈な，ひどく具合が悪い，ものの質などがひどく悪い，食べ物がまずい．
[語源] ラテン語 *terrere* (= to frighten) の 形 *terribilis* が古フランス語を経て中英語に入った．
[用例] A *terrible* sight met his eyes. 恐ろしい光景が彼の目に入った／That music is *terrible*! あの音楽は聴くにたえない．
【派生語】**térribly** 副．

terrified ⇒terrify.

ter·ri·er /tériər/ 名 C 〔一般義〕もとは地中の獲物を狩り出す訓練を受けた小型犬，テリア．
[語源] 中世ラテン語 *terrarius* (= belonging to the earth) が古フランス語 *chien terrier* (= dog of the earth) を経て中英語に入った．

ter·rif·ic /tərífik/ 形 〔くだけた語〕[一般義] ものすごい，猛烈な．[その他] すばらしい，すごい．本来は〔一般義〕恐ろしい，ぞっとさせる．
[語源] ラテン語 *terrere* (= to frighten) の 形 *terrificus* が初期近代英語に入った．「すばらしい」の意はアメリカ英語で 20 世紀から．

ter·ri·fy /térəfai/ 動 [本来他] 〔一般義〕人をひどく怖がらせる，おびえさせる．
[語源] ラテン語 *terrificus* (⇒terrific) から派生した *terrificare* (= to fill with terror) が初期近代英語に入った．
[用例] She was *terrified* by his appearance. 彼女は彼の姿にびっくり仰天した．
【派生語】**térrified** 形．**térrifying** 形．

territorial ⇒territory.

ter·ri·to·ry /térətɔ̀:ri | -təri/ 名 UC 〔一般義〕[一般義] 領海も含めた領土．[その他] 本国以外の属領，保護領，米国，カナダ，オーストラリアの準州．特定の地域，地方，学問や芸術などの分野，領域，セールスマンなどの担当区域，動物のなわばり，スポーツの守備範囲など．
[語源] ラテン語 *terra* (= earth) から派生した *territorium* (= land around a town; domain; district) が中英語に入った．
[用例] British *territory* イギリス領／disputed *terri-*

tory 紛争地域/Ancient history is outside my territory. 古代史は私の専門ではない.
【派生語】tèrritórial 形.

ter·ror /térər/ 名 UC 〔一般語〕[一般義] 極度の恐怖. その他 恐怖の種, 恐ろしいもの[人], 〔くだけた語〕やっかい者, うるさい奴. またテロ行為(terrorism).
語源 ラテン語 terrere (=to frighten) から派生した terrorem (=great fear) が古フランス語を経て中英語に入った.
用例 She screamed with [in] terror. 彼女は恐怖のあまり大声でさけんだ/That child is a real terror! あの子はまったく手に負えない.
【派生語】térrorìsm 名 U テロ(リズム), 恐怖政治; 恐怖(状態). térrorist 名 C 形 テロリスト(の). térrorize 動 本来私 テロを行う; 暴力やおどしで恐からせる.
【複合語】térror-stricken [-strùck] 形 恐怖におびえた.

terse /tə́ːrs/ 形 〔一般語〕言葉や文体などが簡潔な, きびきびした, そっけない, ぶっきらぼうな.
語源 ラテン語 tergere (=to polish) の過去分詞 tersus (=clean; neat) が初期近代英語に入った.
【派生語】térsely 副. térseness 名 U.

ter·ti·a·ry /tə́ːrʃièri|-ʃəri/ 形 〔形式ばった語〕順番や位などが3 番目の, 第 3 次の, 第 3 位の.
語源 ラテン語 tertius (=third) から派生した tertiarius (=of the third part [rank]) が初期近代英語に入った.

TESL /tésl/ 名 U 第二言語としての英語教授(法) (★teaching English as a second language の略).

TESOL /tiːsɔːl/ 名 U 《米》外国語としての英語教育 (★teaching English to speakers of other languages の略).

tes·sel·lat·ed /tésəlèitid/ 形 〔建〕床, 壁, 舗道などに小さいタイルを敷いた, モザイク式の.
語源 ラテン語 tessella (=small stone cube) から派生した tessellatus (=checked) が初期近代英語に入った.

test /tést/ 名 C 動 本来私 〔一般語〕[一般義] テスト, 試験. その他 医療上の検査, 調査, 分析, 機械や製品の検査, 試験結果, 能力や忍耐力, 評判などを試すための手段, 試金石, 〔化〕試薬.
動 として試験する, 検査する, 調べる. ⑥ テストの結果が…と判定される.
語源 ラテン語 testum (=earthen pot) が古フランス語を経て中英語に入った. 錬金術師が金属の分析に用いた土器のつぼから.
用例 They took an arithmetic test. 彼らは算数のテストを受けた/Climbing the mountain was a test of his courage. その山に登ることで彼の勇気が試された/I'd better have my eyes tested. 視力検査をしてもらったほうがいいだろう.
【派生語】téstable 形 検査できる, 検証できる. téster 名 C 試験器[装置]; 試験をする人.
【複合語】tést bàn 名 C 核実験禁止協定. tést càse 名 C 初めての試みとなるもの, テストケース, 〔法〕先例的事件; 試験的訴訟. tést-drive 動 本来私 (過去 -drove, 過分 -driven) 車について試運転する. tést-flỳ 動 本来私 (過去 -flew; 過分 -flown) 飛行機についてテスト飛行する. tést màtch 名 C ラグビーなどの国際選手権試合 (語法) 単に test ともいう).

tést pàper 名 C 〔化〕リトマス試験紙などの試験紙; 《米》試験問題用紙, 答案用紙. tést pìlot 名 C テストパイロット. tést pàttern 名 C 《米》テレビのテストパターン. tést tùbe 名 C 試験管 (語法 単に tube ともいう). tést-tube bàby 名 C 試験管ベビー.

tes·ta·ment /téstəmənt/ 名 〔法〕財産の譲渡を詳しく述べた遺言(書) (⇒will), 一般に遺言, 《T-》聖書, 特に新約聖書.
語源 ラテン語 testis (=a witness) から派生した 動 testari (=to bear witness; to make a will) の 名 testamentum (遺言; 神と人との契約) が中英語に入った.
【派生語】tèstaméntary 形.

tes·tate /tésteit/ 形 〔法〕人が法的に有効な遺言を残した.
語源 ラテン語 testari (=to make one's will) の過去分詞 testatus が中英語に入った.
【派生語】téstator 名 C.

tes·tes /téstiːz/ 名 testis の複数形.

tes·ti·cle /téstikl/ 名 C 〔一般語〕(通例複数形で) 睾丸(ごうがん).
語源 ラテン語 testis (⇒testis) の指小語 testiculus が中英語に入った.
【派生語】testícular 形.

tes·ti·fy /téstəfai/ 動 本来私 〔一般語〕[一般義] 特に法廷で証人として証言する. その他 〔形式ばった語〕事柄が証拠となる, 示す.
語源 ラテン語 testis (=witness) から派生した testificare (=to bear witness) が中英語に入った.
用例 He agreed to testify on behalf of the accused man. 彼は被告のために証言することを承諾した.
【慣用句】testify for [against] … …に有利な[不利な]証言をする.

testimonial ⇒testimony.

tes·ti·mo·ny /téstəmòuni|-məni/ 名 UC 〔形式ばった語〕[一般義] 法廷で行う証言. その他 証拠, 証明, 証拠となるもの, 証(あかし), しるし.
語源 ラテン語 testis (=witness) から派生した testimonium が中英語に入った.
【派生語】tèstimónial 名 C しばしば前の雇用者が人物, 資格などについて述べた証明書, 推薦状, 功労をねぎらう表彰状, 記念品.

tes·tis /téstis/ 名 C 《複 -tes /tiːz/》〔解〕睾丸(ごうがん) (testicle).
語源 ラテン語 testis (=witness) が初期近代英語に入った. 元来「証人」の意で, 「男性の性的能力の証明となるもの」の意から現在の意味になった.

tes·ty /tésti/ 形 〔形式ばった語〕いら立ちやすい, 短気な.
語源 元来土器のつぼを意味したラテン語 testa がその形の連想から「頭」の意味となり, 古フランス語, アングロフランス語 testif (頑固な) を経て中英語に入った.
【派生語】téstily 副. téstiness 名.

tet·a·nus /tétənəs/ 名 U 〔医〕破傷風, 破傷風菌.
語源 ギリシャ語 teinein (=to stretch) から派生した「筋肉の強い緊張」の意の tetanos がラテン語を経て初期近代英語に入った. 全身の筋肉の強直という症状が出ることから.

tetchily ⇒tetchy.

tetch·y /tétʃi/ 形 〔くだけた語〕《英》怒りっぽい, 気難しい.

tête-à-tête /téitətéit/ 图C 形動〔一般語〕二人だけの[差し向かいの]話, 内緒話. 形 として二人だけの[で].
[語源] フランス語 tête-à-tête (=head to head) が初期近代英語に入った.

teth·er /téðər/ 图C 本来他〔一般語〕行動を一定の範囲に限るために家畜をつなぐ縄, 鎖, 比喩的に人の耐久力の限界, 耐えられる範囲. 動 として, 家畜を綱でつなぐ, 人を仕事などに縛りつける.
[語源] 古ノルド語 tjóthr (=to fasten) が中英語に入った.

tet·ra·pod /tétrəpàd|-pòd/ 图C【動】四足類, また 4 突起のあるコンクリートの波除けブロック, テトラポッド.
[語源] tetra-「四」+-pod「足を持った(もの)」. 19 世紀から.

Teu·ton /tjúːtən/ 图C〔一般語〕ゲルマン民族の一派で, 現代の北欧からドイツ, 英国にいたる民族の先祖, チュートン人.
【派生語】**Teutónic** 形 チュートン人の, ドイツ人的な. 图U チュートン語, ゲルマン語.

Tex·as /téksəs/ 图 圐 テキサス州《★米国南部の州; 略 Tex., TX》.
[語源] 「同盟者, 友人」の意のアメリカ先住民語から.

text /tékst/ 图UC〔一般語〕 一般義 書物などで註や挿し絵などを除いた本文. その他 広く文字になっているものを表し,《コンピューター》数値やグラフィックスに対するテキスト, 演説や劇の原文, 試験問題の本文, 翻訳などに対して原文, 原典, 説教の題目などに引用される聖書の原句, 討論などの題目, 情報や知識などの出典, 典拠,《米》教科書.
[語源] 「織られた物」の意のラテン語 textus が古フランス語を経て中英語に入った.
[用例] First the *text* was printed, then drawings added. 最初に本文が印刷され, つぎに図が加えられた/He preached on a *text* from St. John's gospel. ヨハネによる福音書から引用した聖句にもとづいて, 彼は説教した.
【派生語】**téxtual** 形.
【複合語】**téxtbòok** 图C 教科書.

tex·tile /tékstail/ 图UC〔一般語〕織物, 織物用の繊維. 形 織られた, 織物の.
[語源] ラテン語 texere (=to weave) の 形 textilis (=woven) が初期近代英語に入った.

textual ⇒text.

tex·ture /tékstʃər/ 图CU〔一般語〕主に織物やその表面の手ざわり. その他 織物の地質, 織り具合, 一般化して木材や皮などの手ざわり, きめ, 食べ物などの舌ざわり, 作品などの特質, 質感.
[語源] ラテン語 texere (=to weave) の過去分詞 textus から派生した textura (=web) が古フランス語を経て中英語に入った.

-th /θ/ 接尾 形容詞や動詞から状態や行為を表す抽象名詞を作る. 例: warm → warm*th*; true → tru*th*; steal → stealth. また four 以上の基数につけて序数をつくる. 例: five → fif*th*; ten → ten*th*; hundred → hundred*th*.

Thai ⇒Thailand.

Thai·land /táilænd/ 图 圐 タイ《★東南アジアの王国; 首都 Bangkok》.
【派生語】**Thái** 形 图CU タイの, タイ人〔語〕(の).

Thames /témz/ 图 圐 (the ~) テムズ川《★London を通って北海に注ぐ England 南部の川》.
[語源] 古英語 Temes(e) より. 原義は dark river.

than /ðæn, 弱 ðən/ 圐 圐〔一般語〕 一般義《形容詞, 副詞の比較級の後に用いて》…に比べて, …より. その他《other や otherwise などの後につついて》…以外には, …のほかには,《no sooner の後に用いて》…するや否や,《rather の後に用いて》…するくらいならいって.
[語法] ❶ than の後に代名詞が続く場合, それがその後の節の主語であっても, くだけた表現では目的格になることが多い: She is older *than* I am [*than* me]. ただし, 次のような場合には主格と目的格で意味が違うので注意が必要である: I know Bill better *than* she (does) (=*than* she knows Bill). /I know Bill better than her (=than I know Bill). ❷ 「…よりも」の意で, 関係代名詞的に用いられることがある: He gave me more money *than* I had expected.
[語源] 古英語 thanne から. then と同源.
[用例] This one is even worse *than* that one. これはよりもさらにひどい/It is easier *than* I thought. それは私が思っていたよりも簡単だ/I have no other friend *than* you. 君以外に友達はいません/I would rather die *than* fail the exam. 試験に不合格になるくらいなら死んだ方がましだ.

thank /θæŋk/ 動 本来他〔一般語〕 一般義 親切, 協力, 好意などしてくれた相手に感謝する(for). その他 皮肉に人の責任にする, 相手のせいにする. 图 として《複数形で》感謝(の気持), 謝意.
[語源] 古英語 動 thancian, 图 thanc から. 原義は thoughtfulness.
[用例] He *thanked* me for the present. 彼は私にプレゼントのことでお礼を言った/I enjoyed helping you—you don't have to *thank* me. お役に立ててうれしく思います. お礼にはおよびません/"Would you like biscuit?" "No, *thank* you [No, *thanks*]". 「ビスケットはいかがですか」「いや, 結構です」《★No, thanks はくだけた表現》/You may *thank* yourself for your failure. 失敗したのも自業自得だ/*Thanks* to your generous donation, we can rebuild our laboratory. たくさんのご寄付のおかげで, 実験室を建てかえることができます.
【派生語】**thánkful** 形 人が感謝している, 態度や言葉が感謝にみちた. **thánkfully** 副. **thánkfulness** 图U. **thánkless** 形 人が感謝を知らない, 仕事などが感謝されない.
【複合語】**thànksgíving** 图UC 感謝の気持を表すこと, 神への感謝, 感謝の祈り. **Thanksgíving Dày** 图UC 感謝祭《★法定休日; 米国では 11 月の第 4 木曜日, カナダでは 10 月の第 2 月曜日》. **thánk-yòu** 感 感謝の: a *thank-you* letter 礼状. 图C 感謝の言葉[行為].

that /ðæt/ 伐 形 副《複 those /ðóuz/》, /ðət/ 圐《関係詞》〔一般語〕 一般義《指示代名詞として》話し手から離れた場所の人や物を指してあの人, あれ. その他 空間的な距離ばかりでなく, 時間的に離れていることや, すでに話題にのぼった人, 物を指してその人, それ, あの人, あれ. 形《指示形容詞として》話し手から離れた場所の人や物を指してあの, その. 副 として《おもに否定文, 疑問文で》それほど…, そんなに…. さらに 圐 および《関係

詞》として用いられる.

[日英比較] 日本語には指示詞として,近称「これ」,中称「それ」,遠称「あれ」の3つがあるが,英語には this と that の2つしかない.その対応関係は次の如くである.

英 語	日 本 語
this	これ
that	それ あれ

日本語の「それ」は話し相手の持っているもの,またはその近くにあるものを指すが,英語では that という.ちなみに,英語の it は人称代名詞で指示機能はない.これを日本語で「それ」と訳すことがあるのは他に適切な語がないためである.

[語法] that には次のような機能がある.
(1) 接続詞としての機能
(a) 名詞節を導いて「...であるということ」の意を表す: You should remember *that* AIDS is an equal opportunity disease. エイズは誰でもかかる病気であるということを忘れないように.
目的格の位置にくる that 節では that がしばしば省略される.
(b) 形式ばった表現では独立節として願望,祈願,驚きなどを表す: *That* I should be accused of murder! (=I am surprised, sad, shocked, etc, *that* I could be accused of murder!) 殺人罪で告訴されるなんて驚いた/Oh, *that* I were with her now! (=I wish I was with her now!) 彼女が今ここにいてくれたらなあ.
(c) 形容詞に続く節を導いて「(...である)ことを[ことについて]」の意を表す: I'm afraid *that* he will not attend the meeting. 彼は会合に来ないのではないかと思う.なお,that はしばしば省略される.
(d) 副詞節を導いて,目的,判断の基準,原因・理由,結果・程度などを表す: He studied hard so *that* he may [can] get into a first-rate college. 彼は一流大学に入れるよう一生けんめい勉強した/The book is so boring (*that*) I've never finished it. その本はつまらないので最後まで読み終えたことはない(★この場合 that を省くのがくだけた表現).

(2) 関係詞としての機能
(a) 関係代名詞 who [whom], which の代わりに用いられる.ただし,以下の点に注意する必要がある:
(i) 制限用法のみに用いられる.
(ii) 目的格の that はしばしば省略される.
(iii) 物を表す先行詞に every, only, all または序数詞や形容詞の最上級がつく場合は which の代わりに that を用いる.ただし先行詞が人の場合は who を用いるのが普通: Everyone (*that*) I have asked agreed with me. 私が頼んだ人はみんな同じだった.
(b) it is [was] ... that ... の形で強調を表す: It was a rifle *that* he bought. 彼が買ったのはライフル銃だった.
(c) 関係副詞として when や how の代わりに用いられる.ただし,以下の点に注意:
(i) 制限用法のみに用いられる.
(ii) くだけた表現ではしばしば省略される: Do you remember the first time (*that*) you saw me? 私に会った最初の時をおぼえていますか.
[語源] 古英語の指示詞の単数中性形 thæt から.ちなみに男性形は sē, 女性形は sēo. sē は the となり定冠詞となった. ⇒the.

[用例] What is *that* you've got in your hand? 君の手に持っているそれは何ですか/Who is *that* (person; man; woman)? あの人は誰ですか/I've never seen *that* before. あんなのは初めてだ/When are you going to pay me back *that* £10 you borrowed? 君が借りたあの10ポンドをいつ返すつもりなんだ/I didn't realize she was *that* ill. 彼女があんなにひどい病気だとは想像もしていなかった.

thatch /θætʃ/ [名] [UC] [動] [本来他] 〔一般語〕[一般義] 屋根をふくための乾燥させたわら. [その他] わらでふいた**屋根**. [動] としてわらで**屋根をふく**.
[語源] 印欧祖語 *teg-「おおう」に遡ることのできる語で,古英語 thæc (=thatch; roof) から.
[派生語] **thátched** [形].

that'll that will の短縮形.

that's that is あるいは that has の短縮形.

thaw /θɔ́ː/ [動] [本来自] [名] [C] 〔一般語〕[一般義] 雪や氷などが**解ける**. [その他] 比喩的に人の態度や感情などがうち**解ける,和らぐ**,冷えた体が**温まる**. [他] で**解かす,なごませる**,冷凍食品を**解凍する**.
[名] として《通例単数形で》**雪解け,霜解け**,人や国家の関係の**改善**.
[語源] 古英語 thāwian (=to thaw) から.
[用例] The snow *thawed* quickly. 雪はすぐに解けた/Frozen food must be *thawed* before cooking. 冷凍食品は料理する前に解凍しなくてはならない/The *thaw* has come early this year. 今年の雪解けは早く始まった.

the /弱 (子音の前で) ðə, (母音の前で) ði; 強 ðíː/ [冠詞] [副] 《**定冠詞**》[一般義] 既出のもの,話し相手に特定のものと識別できるもの,限定語句がついているものに付けてその,あの,例の. [その他] 形容詞,過去分詞,現在分詞に付けて...の人たち,複数形の固有名詞に付けて...国民(全体),...家の人々,名詞の単数形に付けて...というもの(★同類のもの全体を表す総称用法),人や動物の体の部分に付けて体の...部,単位を表す語に付けて...単位で.その他楽器,川,船,山脈,新聞,雑誌,官庁などの固有名詞に付ける. [副] として《~+比較級で》**それだけ(ますます)の**意.
[語源] 古英語の本来は指示詞 sē (男性主格; 中性主格は thæt) が,他の語形がすべて th- で始まることからその類推で the となり,次第に格変化が消滅して the という固定形の定冠詞となった. [副] の用法は古英語の具格 (instrumental case) の名残.
[用例] There used to be an oak and a cedar over there, but *the* oak died a few years ago. あそこにはもとかしの木と杉の木があったが,かしの木は2, 3年前に枯れてしまった/Where is *the* book I put on the table? 私がテーブルの上に置いておいた本はどこですか/*The* horse is a beautiful animal. 馬というものは美しい動物だ/*The* French are said to be good cooks. フランス人は料理が上手だと言われている/hit .... on *the* head 人の頭をなぐる.
【慣用句】 *the* ..., *the* ... ...であればそれだけ...: *The* harder you work, *the* more you earn. 一生懸命働けばそれだけ収入が多くなる.

the·a·ter, 《英》**-tre** /θíːətər/θíə-/ [名] [CU] 〔一般語〕[一般義] **劇場**(★劇場名には《米》でも theatre のつづりが多い). [その他] 《米》**映画館**.《the ~》**劇,演劇**,《集合的》**劇作品,演劇界,劇場の観客**.比喩的に活動の**舞台**,事件の**現場**,劇場のように階段状になっ

ている**講堂, 階段教室**, 《英》**手術室**.

[語源] ギリシャ語 *theasthai* (=to view) から派生した *theatron* (=viewing place) がラテン語を経て中英語に入った.

[用例] an open-air *theater* 野外劇場/Are you going to the *theatre* tonight? 今晩芝居を見に行きますか/I'm very fond of the *theatre*. 私は芝居がとても好きです.

【派生語】**theátrical** 形 劇場の, 演劇の; 芝居じみた. 名 (複数形で)〔古風な語〕(しろうと)演劇. **theàtricálity** 名 Ⓤ 芝居がかっていること. **theátrically** 副.

【複合語】**théatergòer** 名 Ⓒ 芝居の常連.

thee /弱 ðɪ; 強 ðiː/ 代〔古語〕人称代名詞 thou の目的格. ⇒thou.

[語源] 古英語の人称代名詞二人称単数の対格(目的格) thē(c) より. ちなみに主格は thū.

theft /θéft/ 名 ⓊⒸ〔一般語〕**盗み, 窃盗(罪)**,《野》**塁**.

[語源] 古英語 *thēoft* から.

their /ðéər; 弱 ðər/ 代《人称代名詞》they の所有格. ⇒they.

[語法] 単数の不定代名詞 anyone, everybody を受けて用いられる場合がある.

[語源] ⇒they.

theirs /ðéərz/ 代《人称代名詞, 独立所有格》they の所有代名詞. ⇒they.

[語法] 指すものが単数ならば単数扱い, 複数ならば複数扱いになる.

[語源] ⇒they.

the·ism /θíːɪzm/ 名 Ⓤ〔一般語〕神が唯一の創造者として存在すると信じる**有神論, 一神論**(⇔deism).

[語源] ギリシャ語 theo-「神」+-ism. 初期近代英語から.

【派生語】**théist** 名 Ⓒ.

them /ðém; 弱 ðəm/ 代《人称代名詞》they の目的格. ⇒they.

[用例] "Who did she come with?" "*Them*." 「彼女は誰と一緒に来たのですか」「彼らとです」.

thematic ⇒theme.

theme /θíːm/ 名 Ⓒ〔一般語〕**議論, エッセー, 説教などの題目, テーマ**.[その他] 文学, 美術などの**主題**, 《楽》**主旋律**,〔古風な語〕《米》学生に課せられる課題の**小論文, 作文**.

[語源] ギリシャ語 *thema* (=what is laid down; proposition) がラテン語 *thema*, 古フランス語を経て中英語に入った.

[用例] The *theme* for tonight's talk is education. 今晩の講演のテーマは教育です.

【派生語】**themátic** 形 主題[テーマ]の. **themátically** 副.

【複合語】**théme pàrk** 名 Ⓒ 野生動物園, おとぎの国など統一的テーマを持つ遊園地, テーマパーク. **théme mùsic** 名 Ⓤ =theme song. **théme sòng** [**tùne**] 名 Ⓒ 映画やミュージカルの**主題歌**; テレビ・ラジオの**テーマ音楽**.

them·selves /ðəmsélvz/ 代《人称代名詞》they の再帰代名詞で, 彼ら**自身**. ⇒oneself.

[語法] 性別が不明であったり性を示すのを避けて, 単数形の再帰代名詞 himself, herself の代りに用いられることがある.

then /ðén/ 副〔一般語〕過去または未来のある特定の時を指して, **その時, あの時**.[その他] 時間的なずれを表し, **それから, そのあとで, その次に, 今度は**, 文の相関的な関係を示し, **それなら, そうすれば, その上, さらにまた**, 文と文のつなぎに使って結論, 要約を示し, **だから, 従って, 論理的な帰結を示し, 故に**. 形 として《限定用法》**当時の, その時の**.

[語源] 古英語 *thænne* から. than と同語源.

[用例] We'll see you next week. Goodbye till *then*! 来週会いましょう. それまで失礼します/He might not give us the money and *then* what would we do? 彼は私たちに金をくれないかもしれないがその場合どうしよう/If you're tired, *then* you must rest. 疲れているなら休みなさい/the *then* president 当時の大統領.

【慣用句】***and then*** それから, さらにその上. ***but then*** だがしかし〔語法〕前述のことに少し矛盾したことを言う時のつなぎ語). ***even then*** そうであっても. ***(every) now and then*** ⇒now. ***then and there*** = ***there and then*** その場で.

thence /ðéns/ 副〔古風な語〕[一般義] その場所から, そこから.[その他] その理由から, それゆえ.

[語源] 古英語 *thanon* から.

【複合語】**thénceforth, thenceforward** 副 それ以後.

the·o- /θíːə/ 連結 神の, 神に関するの意.

[語源] ギリシャ語 *theos* (=god) から.

the·oc·ra·cy /θiːɑ́krəsi|-ɔ́k-/ 名 ⓊⒸ〔一般語〕神のお告げや聖職者の政権支配による**神政, 神政政治国家**.

[語源] ギリシャ語 *theokratia* (theo-「神の」+-kratia -cracy) が初期近代英語に入った.

【派生語】**thèocrátic** 形.

theologian ⇒theology.
theological ⇒theology.
theologize ⇒theology.

the·ol·o·gy /θiːɑ́lədʒi|-ɔ́l-/ 名 Ⓤ〔一般語〕神の存在や人間との関係を体系的に研究する学問, **神学**.

[語源] ギリシャ語 *theologia* (theo-「神の」+ -logia -logy「学問」)がラテン語, 古フランス語を経て中英語に入った.

【派生語】**thèológian** 名 Ⓒ **神学者**. **thèológical** 形. **theólogìze** 動 [本来吨] 神学的に取扱う.

the·o·rem /θíːərəm|θíːə-/ 名 Ⓒ《数・論・物》**定理, 公理, 一般原理**.

[語源] ギリシャ語 *theōrein* (=to view) から派生した *theōrēma* (=something to be viewed) が後期ラテン語を経て初期近代英語に入った.

theoretic ⇒theory.
theoretical ⇒theory.
theorist ⇒theory.
theorize ⇒theory.

the·o·ry /θíːəri|θíə-/ 名 ⓊⒸ〔一般語〕**理論, 学説**.[その他] 実証されていない理論, **仮説, 推測**, また広く物事を説明するための**意見, 考え**.

[語源] ギリシャ語 *theōros* (=spectator) から派生した *theōria* (=speculation) がラテン語を経て初期近代英語に入った.

[用例] the *theory* of relativity 相対性理論/I think I know why he resigned, but, of course, it's only a *theory*. 彼がやめた理由がわかる気がしますがもち

ろん憶測です.
【派生語】thèorétical, thèorétic 形 理論的な, 非実際的な. thèorétically 副. théorist 名 C 理論家, 空論家. théorize 動 本来自 理論づける. 他 …と推論する.

therapeutic ⇒therapy.
therapeutics ⇒therapy.
therapist ⇒therapy.
ther·a·py /θérəpi/ 名 UC 〔一般語〕病気の**治療**, 療法, また**心理療法**(psychotherapy).
語源 ギリシャ語 *therapeia* (=healing) が近代ラテン語 *therapia* を経て19世紀に入った.
【派生語】therapéutic /θèrəpjú:tik/ 形 **治療の**, 治療に役立つ. therapéutics 名 U **治療学**. thérapist 名 C **治療専門家, セラピスト**.

there /ðéər/ 副 感 〔一般語〕一般義 相手のいる場所または話し手と相手双方から離れた場所を指してそこに[で], あそこに[で]. その他 動作, 発話, 議論などにおいて, そこで, その点で, あそこで, あの点で. また具体的な場所を示すのではなく, 「存在」のみを表して, be 動詞や存在·往来·受身の動詞とともに *there* is …, *there* remains … などのように用いられる. 感 として, 満足, 確信, 失望などを表しそら, ほら, それ見ろ.
語源 古英語 *thǽr* から.
日英比較 日本語には近称「ここ」, 中称「そこ」, 遠称「あそこ」の3つがあるが, 英語には here と there の2つしかない. その対応関係は下図のようになる.

英　語	日　本　語
here	こ　こ
there	そ　こ
	あそこ

用例 He lives *there*. 彼はそこに住んでいます/He lives not far from *there*. 彼はそこから遠くないところに住んでいる/*There* he paused for a moment. そこで彼はしばらくポーズをおいた/*There* goes the bus! ほらバスが出て行く(乗り遅れた)/*There* seems to be something wrong with the engine. エンジンの調子がどこか変みたいです/*There*! I told you he would do it! ほらごらん. 彼がそれをすると言ったでしょう.

there·a·bouts /ðèərəbáuts/ 副 〔一般語〕一般義《通例 or の後で》その**近辺に**, 近くに. その他 数, 量, 時間について用いて, およそその**位**, およそその**頃**に. 語法《英》では thereabout ともいう.

there·af·ter /ðèəræftər/ 副 〔形式ばった語〕その**後**, それ以来.
there·at /ðèəræt/ 副 〔形式ばった語〕一般義 その**場所で**, そこで. その他 時間に用いて, その**時**に, 事柄に用いて, それ**故**に.
there·by /ðèərbái/ 副 〔形式ばった語〕それによって.
there'd /ðéərd, ðərd/ there would または there had の短縮形.
there·for /ðèərfɔ́:r/ 副 〔形式ばった語〕そのために.
there·fore /ðèərfɔ̀:r/ 副 〔形式ばった語〕前出の内容の結果や結論を導きそれ**故**, その**結果**.
用例 I think, *therefore*, I am. 我思う故に我あり《★デカルトの言葉》.
there·in /ðèərín/ 副 〔形式ばった語〕その**中**に, その点で.
there·in·af·ter /ðèərinæftər/ 副 〔形式ばった語〕後文に, 以下に《★法律文や演説で用いられる》.
there'll /ðéərl, ðərl/ there will [shall] の短縮形.

there·of /ðèəráv|-ɔ́v/ 副 〔形式ばった語〕それについての, それから(from that cause).
there·on /ðèərán|-ɔ́n/ 副 〔形式ばった語〕そのうえに, それについて.
there's /ðéərz, ðərz/ there is または there has の短縮形.
there·to /ðèərtú:/ 副 〔形式ばった語〕それに, そこへ.
there·un·der /ðèəránder/ 副 〔形式ばった語〕その下に, そのような条件のもとに, 数などが…以下で.
there·up·on /ðèərəpán|-pɔ́n/ 副 〔形式ばった語〕そこで, その後直ちに, それについて.
there·with /ðèərwíθ, -wíð/ 副 〔形式ばった語〕それとともに, それに関して, またそこで早速(thereupon).
therm /θə́:rm/ 名 C 〔理〕熱量の単位, サーム.
語源 ギリシャ語 *thermē* (=heat) から19世紀に入った.
ther·mal /θə́:rml/ 形 C 〔一般語〕一般義 **熱の**. その他 温かい, 下着が保温性のある. 名 として 〔気〕地表面の温度が上昇するために起こる上昇気流, サーマル, 《複数形で》**保温性下着**.
語源 ギリシャ語 *thermē* (=heat) からのフランス語が18世紀に入った.
【派生語】thérmally 副.
ther·mo- /θə́:rmou-/ 連結 熱の意.
語源 ギリシャ語 *thermos* (=hot).
ther·mo·dy·nam·ics /θə̀:rmoudainǽmiks/ 名 U 〔理〕**熱力学**.
【派生語】thèrmodynámic 形.
ther·mom·e·ter /θərmámətər|-mɔ́m-/ 名 C 〔一般語〕**温度計, 体温計**.
語源 フランス語 *thermomètre* (*thermo-* heat + *-mètre* -meter) が初期近代英語に入った.
用例 The nurse took his temparature with a *thermometer*. 看護婦は体温計で彼の体温を測った.
ther·mo·nu·clear /θə̀:rmounjú:kliər/ 形 〔理〕**熱核反応の**.
ther·mo·plas·tic /θə̀:rmouplǽstik/ 形 名 UC 〔やや形式ばった語〕**熱可塑性の(物質)**.
ther·mos /θə́:rməs/ 名 C 〔一般語〕《しばしば T~》**魔法びん**《★もと商標名; 《米》Thermos [vacuum] bottle, 《英》Thermos [vacuum] flask ともいう》.
ther·mo·set·ting /θə́:rmousètiŋ/ 形 〔化〕プラスチックなどが**熱硬化性の**.
ther·mo·stat /θə́:rməstæt/ 名 C 〔電〕**自動調温装置, サーモスタット**.
語源 thermo-「熱」+ -stat「安定(させる装置)」. 19世紀から.
【派生語】thèrmostátic 形. thèrmostátically 副.
the·sau·rus /θisɔ́:rəs/ 名 C 《複 -ri /-rai/, ~es》〔一般語〕**類義語辞典, シソーラス**.
語源 ギリシャ語 *thēsauros* (=treasure) がラテン語を経て18世紀に入った. 「知識[言葉]の宝庫」の意で, 昔は「辞書」の意で使われた.
these /ðí:z/ 形 this の複数形.
the·sis /θí:sis/ 名 《複 *-ses* /-si:z/》〔一般語〕一般義 学位請求のための**論文**《★《米》では修士論文, 《英》では博士論文で使うことが多い》. その他 〔論〕**命題**, 〔韻〕詩脚の**弱音部**, 〔形式ばった語〕論理的な**主張**, 説, 議論の**論旨**.
語源 ギリシャ語 *thesis* (=arrangement; proposition) がラテン語を経て中英語に入った.

Thes・pi・an /θéspiən/ 形 C〔古風な語〕《しばしばt-》演劇に関する. 名 として《しばしばこっけい》役者.
[語源] 古代ギリシャの悲劇の祖といわれる Thespis の名から.

thew /θjúː/ 名 C〔形式ばった語〕《通例複数形で》特によく発達した強い**筋肉**, 筋力, 体力.
[語源] 古英語 thēaw (=custom; usage) から.「美徳」の意を経て, さらに初期近代英語で意味変化した.

they /ðéi; 弱 ðei/ 代《人称代名詞; 三人称・複数・主格》[一般義] すでに述べた複数の人, 動物, 物事を指して, **彼ら, それら**. その他 一般的に**人々**, 世間の人たち, 政府や自治体当局者を指して, **当局, その筋**.
[語法] ❶ 所有格は their, 目的格は them, 所有代名詞は theirs. ❷ 性別が不明の単数名詞を受けたり, 不定代名詞 nobody, somebody, everybody などを受けて用いられることもある.
[語源] 古ノルド語 their (=those) が中英語に入った. 本来英語では they の意味では hī, hīe が用いられていたが, Vikings の侵入はこのような基本的な語にも影響を与えることになった.
[用例] If anyone does that, *they* are to be severely punished. それをする者は誰でも厳しく罰せられます.

they'd /ðéid/ they would または they had の短縮形.

they'll /ðéil/ they will [shall] の短縮形.

they're /ðéər, ðər/ they are の短縮形.

they've /ðéiv/ they have の短縮形.

thick /θík/ 形 副 名 U〔一般語〕[一般義]物が厚みのある, **厚い**. その他 物の厚さを示し, **厚さ…の**. また**太い, 肉太の**, 液体や気体が**濃い**, 木や人などが**密集した**, 髪などが**豊かな**, 空間的に**込み合った**, たくさんの, 天候が**曇った, どんよりした**, 音や声などが**こもった, しゃがれた, なまりがひどい**, 闇などが**深い**, 頭などが**重い, にぶい**, 《くだけた語》**仲がよい, 親しい**. 副 としては**厚く, 濃く, 密に**. 名 として《the ~》**最も太い[厚い, 密な]部分**.
[語源] 古英語 thicce から.
[用例] It's two inches *thick*. それは 2 インチの厚さで/a *thick* sauce 濃いソース/a *thick* forest 密林/The room was *thick* with dust. 部屋は埃だらけだった/He speaks English with a *thick* German accent. 彼はひどいドイツ語なまりの英語を話す.
[慣用句] *in the thick of* … …の一番込み合ったところに, …の真っ最中に. *thick and fast* どんどん, ひっきりなしに. *through thick and thin* どんな時でも.
【派生語】**thícken** 動 本来自 濃く[厚く, 太く]なる[する]. **thíckener** 名 C 濃くするもの, とろみをつけるもの. **thíckly** 副. **thíckness** 名 UC 厚い[濃い]こと; 厚さ, 太さ; 植物などの繁茂; 層, 重ね.
【複合語】**thíckhéaded** 形〔軽蔑的〕頭の悪い, 愚鈍な.

thick・et /θíkit/ 名 C〔一般語〕低木や雑木などが密集したやぶ, 茂み, 比喩的に複雑に入り組んだ物.
[語源] 古英語 thiccet から. thick の関連語.
[用例] a *thicket* of thorns いばらの茂み.

thief /θíːf/ 名 C《複 **thieves** /θíːvz/》〔一般語〕こっそり忍び込んで盗みを働く**泥棒**.
[語源] 古英語 thīof, theof から.
[用例] The *thief* got away with all my money. 泥棒は私のありったけのかねを持っていった.

thieve /θíːv/ 動 本来自〔形式ばった語〕《しばしば進行形で》**盗む**(steel).
[語源] ⇒thief.
【派生語】**thíevery** 名 U 盗み. **thíeving** 名 U 盗み. 形 手癖の悪い. **thíevish** 形〔形式ばった語〕盗癖のある, 泥棒のようにこそこそする. **thíevishly** 副.

thigh /θái/ 名 C〔一般語〕しり (hip) からひざ (knee) までの**太もも**.
[語源] 古英語 thēoh から.
[用例] The muscles in my *thighs* are sore after climbing that hill. あの山を登った後, 太ももの筋肉が痛い.

thim・ble /θímbl/ 名 C〔一般語〕裁縫用の**指ぬき**.
[語源] 古英語 thūma (= thumb) から派生した thýmel (親指カバー) から.
【派生語】**thímbleful** 名 C 指ぬきにはいるぐらいのごく**少量**(の酒など).

thin /θín/ 形 副 動 本来他 〔一般語〕[一般義] 物の厚みがない, **薄い**. その他 物が**細い, 細長い**, 人がやせた, 活字が肉細の, 液体や気体が**希薄な, 水っぽい**, 土地がやせた, 客などが**まばらな**, **閑散とした**, 内容などが**実のない, 浅薄な**, 弁解などが**見え透いた**, 声などが**力のない**, 色が**淡い**. 副 として**薄く, 細く, まばらに**. 動 として**薄く[細く, まばらに]する[なる]**.
[語源] 古英語 thynne から.
[用例] She rolled the pastry *thin*. 彼女は練り粉を薄くのばした/He is pale and *thin* since his illness. 病後彼の顔は青ざめ頬がこけた/This gravy is too *thin*. この肉汁は水っぽすぎる/He used water to *thin* the paint. 彼は水を使って絵の具を薄めた/The crowd *thinned* after the parade was over. パレードが終わると人影もまばらになった.
【派生語】**thínly** 副. **thínner** 名 U ペンキなどに入れる希釈剤, シンナー. **thínness** 名 U.

thine /ðáin/ 代〔古語〕二人称単数の代名詞 thou の独立所有格, 汝のもの, お前のもの.
[語源] 古英語 thū (=thou) の属格(所有格)thīn より.

thing /θíŋ/ 名 C〔一般語〕**物, 事物**. その他 **事, 事柄, 事件, 問題**,《複数形で》**風物, 文物, 事情, 事態, 物品, 所有物, 身の回り品, 衣類**.《ややくだけた語》《形容詞を伴って》人や動物に親愛, 哀れみ, 軽蔑などの気持ちをこめて人, **やつ**.
[語源] 古英語 thing (=public assembly; affairs) から.「議論の対象になるもの, 事件, 問題」の意で用いられるようになり, 現在の意が生じた.
[用例] I'm fond of sweet *things*. 甘い物は大好きです/You must remember one *thing*—always be polite. これだけは覚えておきなさい. いつも礼儀は正しく/Things are going very well. 事は上々に運んでいる/tea Things 茶道具/You can put your *things* in the cupboard. 戸だなに持ち物を入れてください/Take all your wet *things* off. ぬれた服を全部脱ぎなさい/You stupid *thing*! Why did you do that? このばか者め! なぜあんなことをした.
【慣用句】*above all things* とり分け(above all). *as things are* 現状では. *come to the same thing* 同じ結果になる. *first things first* 一番大切な事は一番最初に. *for one thing* 一つには, 一つ理由をあげれば. *have a thing about* … …が大好きだ[大嫌いだ]. *make a thing (out) of* … …を騒ぎ立てる, 問題にする. *one thing after another* あれこれといろいろと;

うけて一連の. *the thing is* ... 実は, 本当を言えば.

thing・a・ma・jig /θíŋəmədʒìg/ 名 C 〔くだけた語〕名前などを知らなかったり忘れた時にいう何とかさん, なんとかいうやつ (★thigumajig, thingamabob, thingummy などともいう).
[語源] thing に意味のない接尾語がついて 19 世紀から.

think /θíŋk/ 動 本来" (過去・過分 thought /θɔ́ːt/) 名 〔一般語〕 一般義 漠然と…と考える, 思う. その他 論理的に考える, 判断する, 意見として…と考える, ある考えを心に抱く, 想像する, 《通例 cannot とともに》思い出す, 考えつく, 断定的な言い方を避けて…と思う, …のように思う, 予定や意図を表して…しようと思う. 自 としても用いる. 名 として 《a 〜》 考えること, 考え.
[語源] 古英語 thyncan (=to seem; to appear) と thencan (=to think) が中英語で融合してできた語. 「姿・形が頭[心]の中で見えるようにする」が原義.
[用例] I was just *thinking* (to myself) how silly this is. これが何とばかげていることかと考えていた/He *thought* me very stupid. 彼は私のことをばかだと思っていた/Little did he *think* that I would be there as well. 私もそこに行くなんて彼は思いもよらなかった/What are you *thinking* about? あなたは何を考えているのですか/I couldn't *think* of her name when I met her at the party. パーティで彼女に会った時, 名前を思い出せなかった.
[慣用句] *I thought as much*. そんなことだと思った. *think again* 何かについて考え直す《about》. *think aloud* 考え事を口に出す. *think away* 考えごとをして紛らす. *think back* 昔のことを思い出す《on; to》. *think better of* ... ...を思い留まる, 人を見なおす. *think much [highly] of* ... 高く評価する, 重んじる. *think nothing of doing* ...することを何とも思わない, 平気で…する. *think out* 計画などを考え出す, 提案などをよく考えてみる, 考え直す. *think over* 問題などを考え抜く. *think poorly [little] of* ... 評価しない, たいしたものでないと思う. *think through* 結論に達するまで考え抜く. *think twice about* ... 慎重に考える. *think up* 〔くだけた表現〕口実, 方法などを考え出す. *think well of* ... …のことをよく思う, …に感心する.
【派生語】 **thínkable** 形. **thínker** 名 C 考える人, 思想家. **thínking** 形 思考力のある, 分別のある. 名 U 思考, 判断.
【複合語】 **thínk tànk** 名 C 頭脳集団, シンクタンク.

thinner ⇒thin.

third /θə́ːrd/ 形 名 CU 副 〔一般語〕《the 〜》第3[3番目]の, また3分の1の. 名 として《3番, 3位, 3分の1, 《the 〜》月の3日. 副 として第3[3番目]に《thirdly》.
[語源] 古英語 thridda の音位転換による語.
[用例] John came in first in the race, and I came *third*. ジョンがレースで1等, 私は3等だった.
【派生語】 **thírdly** 副.
【複合語】 **thírd báse** 名 U 〔野〕三塁 (語法 単に third ともいう). **thírd báseman** 名 C 〔野〕三塁手. **thírd cláss** 名 U 3級[等], 《米》3流, 第3種の郵便物. **thírd-cláss** 形 3等の[で], 三流の, 最下級の, 《米》郵便が第三種の[で]. **thírd degrée** 〔くだけた語〕《the 〜》第3度の, 犯罪が第3級の. **thírd-degrée** 形 《米》警察の拷問. **thírd diménsion** 名《the 〜》第3次元, 《a 〜》話などの迫真性, 真実味, 現実感. **thírd fórce** 名《the 〜》第三勢力 (★対立する政治勢力の中間にある勢力). **thírd párty** 名 C 〔法〕当事者でない第三者. **thírd pérson** 名《the 〜》〔文法〕第三人称. **thírd ráil** 名 C 〔鉄道〕電車の空中線の代わりに用いる第三レール[軌条]. **thírd-ráte** 形 3 等[級]の, 三流の, 劣等な. **thírd wórld** 名《the 〜; しばしば T- W-》第三世界 (★アジア・アフリカの発展途上諸国).

thirst /θə́ːrst/ 名 UC 〔一般語〕 一般義 水分の不足による口やのどの渇き. その他 〔形式ばった語〕何かに対する渇望, 熱望. 動 として 〔古風な語〕渇望[熱望]する.
[語源] 古英語 thurst (=dry) から.
[用例] I have a terrible *thirst*. 私はひどくのどが渇いています/a *thirst* for knowledge 知識欲.
【派生語】 **thírstily** 副. **thírsty** 形.

thir・teen /θə̀ːrtíːn, ´-, -´/ 名 CU 形 〔一般語〕13(の) (★用法は ⇒five).
[語源] 古英語 thrēotīene から.
【派生語】 **thìrtéenth** 形 名 C《the 〜》第13[13番目](の), 13 分の1(の).

thirtieth ⇒thirty

thir・ty /θə́ːrti/ 名 CU 形 〔一般語〕30(の) (★用法は ⇒five), 《複数形で》30 代.
[語源] 古英語 thrītig の音位転換による語.
【派生語】 **thírtieth** 形 名 C《the 〜》第30[30番目](の), 30 分の1(の).

this /ðís/ 代 形《複 these /ðíːz/》副 話し手の近くの物や人を指してこれ, この人, 文脈の上で今[すぐ前で]述べたこと, これから次に述べること, 時間的に近くを指して今, この時, 今日. 形 としては, 話し手の近くの物や人を指して, この, 今述べた, これから述べる, 今の, 現在. 副 としては, 程度をいい, これほど, こんなに, この程度まで.
[語源] 古英語 this から.
[日英比較] 日本語には指示詞として, 近称「これ」, 中称「それ」, 遠称「あれ」の3つがあるが, 英語には this と that の2つしかない. その対応関係は次の如くである.

英 語	日 本 語
this	こ れ
that	そ れ
	あ れ

つまり this は「これ」とほぼ同じだが, that は日本語の「それ」「あれ」の両方に相当する.
[用例] Read *this*—you'll like it. これをお読みなさい. 好きになりますよ/Can I see *this* new car of yours? このあなたの新車を拝見してもよろしいですか/Then *this* man arrived. そしてこれからお話しする男がやってきたのです/I didn't think it would be *this* easy. それがこんなにやさしいとは思わなかった.

this・tle /θísl/ 名 C 〔植〕あざみ.
[語源] 古英語 thistel から.
【複合語】 **thístledòwn** 名 U あざみの冠毛.

thith・er /θíðər, θí-/ 副 〔古風な語〕特定の場所へ向かって, そちらへ.
[語源] 古英語 thider から.

tho, tho' /ðóu/ 接[副] 〔くだけた語〕 =though.

thole /θóul/ 名 C 〔一般語〕ボートのオール受け.
[語源] 古英語 thol から.
【複合語】 **thólepìn** 名 C =thole.

thong /θɔ́ːŋ/ 名 C 〔一般語〕物を縛る細い革ひもやむちひも, ひも状の超ビキニ, 《米》ゴムぞうり.
[語源] 古英語 thwong から.

tho・rax /θɔ́ːræks/ 名 C《複 -races /rəsìːz/, 〜es》

〖解〗ろっ骨によって囲まれた部分, 胸郭, 〖昆〗胸部.
語源 ギリシャ語 thōrax (=chest) がラテン語を経て中英語に入った.

thorn /θɔ́ːrn/ 名 CU 〔一般語〕 一般義 植物のとげ. その他 とげのある植物, いばら, 比喩的に悩みの種, 苦痛を与えるもの.
語源 古英語 thorn から.
用例 She pricked her finger on a *thorn*. 彼女はとげで指を刺した.
【派生語】**thórny** 形.

thor·ough /θə́ːrou, -rə/英/θʌ́rə/ 形 〔一般語〕 一般義 調査, 研究, 準備などが表面的でなく徹底した, 綿密な. その他 人が用意周到な, 主に悪いことの程度を強調して全くの, ひどい.
語源 古英語 thurh (=through) の強調形 thuruh から. ⇒through.
用例 make a *thorough* investigation 徹底的な調査を行う/He's done a *thorough* job. 彼は完璧な仕事をした/He's a *thorough* nuisance. 彼は全くいやな奴だ.
【派生語】**thóroughly** 副 徹底的に, 全く, 完全に. **thóroughness** 名 U.
【複合語】**thóroughbred** 形 名 C 純血種の(馬, 犬), サラブレッド; 育ちのよい(人). **thóroughfàre** 名 CU 往来, 主要道路, 公道; 通行. **thóroughgòing** 形 徹底的な.

those /ðóuz/ 代 形 that の複数形.

thou /ðáu/ 代 〔古語〕 人称代名詞の二人称単数主格, 汝(なんじ)が[は], あなたは[が].
語源 古英語 thū から.

though /ðóu/ 接 副 〔一般語〕 一般義《従位接続詞》…だけれども, …ではあるが. その他 いったとえ…でも(even if; even though). 副 として〔くだけた話〕主に文の末尾に付けて, …だけれど, もっとも, …ではあるが.
語源 古英語 theah, thah から.
用例 He went out, (even) *though* it was raining. 雨が降っていたが彼は外出した/Strange *though* it may seem, he arrived early. 変に思えるかもしれないが彼は早く着いた《語法》形容詞と形容詞との倒置は文語的》/I wouldn't marry her *though* she was the last girl in the world. たとえ彼女しかいないとしても結婚しようとは思わないだろう/I wish I hadn't done it, *though*. でもそれをしなかったらよかったのに.
類義語 ⇒although.

thought¹ /θɔ́ːt/ 動 think の過去・過去分詞.

thought² /θɔ́ːt/ 名 CU 〔一般語〕 一般義 考え, 思考, 思いつき, 思索. その他 物思い, 思案, ある社会, 時代などの意見, 思想, 相手に対する思いやり, 心づかい, 心配.
語源 think と同語源.
用例 I had a sudden *thought*. 私は突然思いついた/She seemed to be able to read my *thoughts*. 彼女は私の心の内を読むことができるように思えた/He gave the subject a lot of *thought*. 彼はその問題をよく考えた.
【派生語】**thóughtful** 形 思いやりのある, 親切な; 考えにふけっている, 思慮深い. **thóughtfulness** 名 U. **thóughtfully** 副 思いやりなく, 不親切な; 考えの足りない, 思慮のない, 軽率な. **thóughtlessly** 副. **thóughtlessness** 名 U. **thóught-óut** 形 よく考え抜いた上の.

thou·sand /θáuzənd/ 名 C 形 〔一般語〕 一般義 数または数字としての1,000. その他 人数, 個数などさまざまな単位を表し, 千人, 千個, 《複数形で》無数, 多数. 形 として千人[個]の, 無数[多数]の.
語源 古英語 thūsend から.
用例 I have a couple of *thousand* pounds in the bank. 私は銀行に数千ポンド預けてある/*thousands* of people 何千人という群衆.
【派生語】**thóusandth** 形 名 (the ~) 第 1,000[千番目]の, 千分の1(の).
【複合語】**thóusand-fòld** 形 千倍の.

thraldom ⇒thrall.

thrall /θrɔ́ːl/ 名 C 〔文語〕 古代北欧の奴隷, 何かの魅力にとりつかれた人.
語源 古ノルド語 thrǽll (=slave) が古英語に入った.
【派生語】**thráldom, thrálldom** 名 U 奴隷の身分, 束縛.

thrash /θrǽʃ/ 動 本来機 〔一般語〕 一般義 むちや棒でひどく打つ, 打ちのめす. その他 本来は穀物を打って脱穀する(thresh) の意で, 相手を打ち負かす, 完敗させる.
語源 thresh の異形.
【派生語】**thrásher** 名 C むち打つ人, 〖鳥〗つぐみもどき. **thráshing** 名 C.

thread /θréd/ 名 UC 動 本来機 〔一般語〕 一般義 木綿, 麻, 絹などの繊維をより合わせた糸, 縫い糸. その他 糸状のもの, 光や色の線, くもやゆいこの糸, 液体や気体の細い流れ, ねじの溝, ねじ山, 比喩的な話などの筋, 脈絡, 運命の糸, 命の綱, 全体を一つにつなぐ特徴. 動 としては, 針などに糸を通す, 管などに糸を通す《with》, 人込みなどを縫って進む.
語源 古英語 thrǽd から.
用例 I shall need some red *thread* to sew this dress. このドレスを縫うのに赤い糸が必要になります/This screw has a worn *thread*. このねじはねじ山がつぶれています/I've lost the *thread* of what he's saying. 彼の話の脈絡がわからなくなってしまった/The child was *threading* beads. その子はビーズを糸に通していた.
【複合語】**thréadbàre** 形 糸の見えるほどすり切れた, ぼろをまとった, 古くさくて陳腐な.

threat /θrét/ 名 CU 〔一般語〕 一般義 脅し, 脅迫. その他 おびやかすもの, 脅威, 不吉なことや思わしくないことなどの兆し, 恐れ, 前兆, スポーツなどでの強敵.
語源 古英語 thrēat (=calamity; threat) から.
用例 His presence is a *threat* to our plan [success]. 彼の存在は我々の計画[事の成就]にとっての脅威だ/There is a *threat* of rain in the air. 雨が降りそうな気配だ.
【派生語】**threaten** ⇒見出し.

threat·en /θrétn/ 動 《⇒threat》〔一般語〕 一般義 脅かす, 脅迫する. その他 本来脅かして無理にある事をやらせる意. 懲罰, 報復などで脅かす, 比喩的に《事物を主語として》危険, 災害などの前兆を示す, 危険, 災害などが脅威をなす.
用例 He *threatened* me with a gun. 彼は銃で私を脅した/Her nervousness *threatens* to ruin the whole idea. 彼女のいらいらがアイデア全体をだめにする恐れがある/A storm was *threatening* (=was likely to happen). 嵐が来そうだった.
【派生語】**thréatening** 形 脅かす, 天気が荒れ模様の.

three /θríː/ 名 CU 形 〔一般語〕 3(の)《★用法は⇒

five）．[語源] 古英語 thrī(e)（男性），thrēo（女性・中性）から．
[用例] Our youngest son is *three*. 我が家の末息子は3歳です/I'm leaving at *three*. 3 時に出発する予定です．
【複合語】**thrée-bágger** 名〔俗語〕〖野〗三塁打．**thrée-báse hít** 名〖野〗三塁打(triple)．**thrée-córnered** 形 三角の；三つどもえの．**thrée-décker** 名 C 三枚重ねのサンドイッチ．**thrée-diménsional** 形 3次元の，映画などが立体の．**thréefòld** 形 副 3倍[重]の[に]．**thrée-légged ráce** 名 C 二人三脚．**thrée-quárter** 形 4分の3の．名 C 〖ラグビー〗スリークォーター（バック）．**three R's** 名〔複〕《the ～》読み・書き・そろばん（★reading, writing, arithmetic の3つ）．**thrée score** 名 60 の(sixty)．**thréesome** 名 C 〔通例単数形で〕3人組，3人でする競技，〖ゴルフ〗1人対2人でするプレー．

thresh /θréʃ/ 動 [本来自] 〔一般語〕穀物を打って**脱穀する**，一般に打つ，たたく．
[語源] 古英語 threscan から．なお -sc- は /ʃ/ と発音されていた．
[類語] beat; strike.
【派生語】**thrésher** 名 C 脱穀する人，脱穀機．
【複合語】**thréshing machine** 名 C 脱穀機．

thresh·old /θréʃhould/ 名 C 〔一般語〕[一般義] 建物の入口，戸口，敷居．[その他] 物事の始まり，発端．
[語源] 古英語 threscwold から．原義は「上を歩くもの」．

threw /θrúː/ 動 throw の過去形．

thrice /θráis/ 副〔古語〕3 回，3 度(three times).
[語源] 古英語 thriga から．

thrift /θríft/ 名 U〔形式ばった語〕金銭を賢く管理すること，倹約．
[語法]「けち」のような悪い意味はない．⇒stingy.
[語源] 古ノルド語 *thrifask*（⇒thrive）から派生した *thrift*（=prosperity）が中英語に入った．
【派生語】**thríftless** 形 金遣いの荒い，浪費する．**thrífty** 形 倹約する，つましい．

thrill /θríl/ 名 C 動 [本来自] 〔一般語〕[一般義] 恐怖，感動，快感などでぞくっとする感じ，ぞくぞくする経験．[その他] 震え，震動．動 として [わくわく]させる．
[語源] 古英語 thyrlian（=to pierce）から．**thýrel**（=hole）と関連があり，やりなどを投げて穴をあけるの意．現在の意味は初期近代英語から．
[用例] a story full of *thrills* スリル満点の物語/We were *thrilled* to hear that she had had a baby. 私たちは彼女に子供ができたと聞いてとてもうれしかった/She was *thrilled* at [by] the invitation. 彼女はその招待を受けてわくわくした．
【派生語】**thríller** 名 C スリラー映画[小説]．**thrílling** 形 ぞくぞく[わくわく]させる，スリルのある．

thrive /θráiv/ 動 [本来自]《過去 **throve** /θrouv/, ～d; 過分 **thriven** /θrívən/, ～d》〔一般語〕動植物が生い茂る，生長する．[その他] 人，国，会社などが繁栄する，栄える．
[語源] 古ノルド語 *thrifask*（=to grasp）から中英語に入った．⇒thrift.
[用例] She is working very hard but she seems to *thrive* on it. 彼女はよく働いているがそれが生きがいのようだ/The business is *thriving*. ビジネスはうまく行っている．
【派生語】**thríving** 形 繁栄している．

thriv·en /θrívən/ 動 thrive の過去分詞．

throat /θróut/ 名 C 〔一般語〕のど，咽喉(いんこう)，比喩的に器物などの首，口，狭い通路．
[語源] 古英語 throte から．
[用例] She has a sore *throat*. 彼女はのどが痛い/He made a coughing noise in his *throat*. 彼はひどいせきばらいをした．
【派生語】**thróatily** 副．**thróaty** 形 しわがれ声の．
【複合語】**thróat dòctor** 名 C〔くだけた語〕咽喉科医．

throb /θráb|θrɔ́b/ 動 [本来自] C 〔一般語〕[一般義] 心臓などが**鼓動する**，脈が平常に打つ．[その他] 恐怖や動揺などでどきどきする，頭や傷口がずきずきする，興奮して震える，エンジンなどが震動する．名 として鼓動，動悸，興奮．
[語源] 擬音語かと思われるが不詳．
[用例] Her heart *throbbed* with excitement. 彼女の心臓は興奮してどきどきしていた/His head is *throbbing* (with pain). 彼の頭は（痛みで）ずきずきしている．

throe /θróu/ 名 C〔文語〕〔通例複数形で〕激しい苦しみ，激痛，陣痛．
[語源] 古英語 thrawu (=threat) から．

thromboses ⇒thrombosis.

throm·bo·sis /θrɑmbóusis|θrɔm-/ 名 UC《複 -ses /siːz/》〖医〗血栓症．
[語源] ギリシャ語 *thrombōsis* (=clotting 凝結) が近代ラテン語を経て18世紀に入った．

throne /θróun/ 名 C 動 [本来自] 〔一般語〕王座，玉座，《the ～》王位，王権．動 として王位につける，即位させる．
[語源] ギリシャ語 *thronos* (=seat; chair) がラテン語 *thronus* (=high seat)，古フランス語を経て中英語に入った．
[用例] Queen Elizabeth came to the *throne* in 1952. エリザベス女王は 1952 年に即位した/The new king will be *throned* today. 新しい国王が本日即位される．
【慣用句】 *mount the throne* 王位につく．

throng /θrɔ́ːŋ|θrɔ́ŋ/ 名 C 動 [本来自] 〔一般語〕[一般義] 群衆，人だかり．[その他] 群衆の殺到，雑踏，物の集合，多数．動 として〔形式ばった語〕群がる，殺到する．他 としても用いる．
[語源] 古英語 thrang (=crowd) から．
[用例] *Throngs* of people gathered to see the queen. 群衆が女王を見に集まった/The audience *thronged* into the theatre. 観客は劇場へ殺到した．

throt·tle /θrɑ́tl|θrɔ́tl/ 名 C 動 [本来自] 〔一般語〕エンジンに入る燃料の量を調節する弁，絞り弁．動 としては，のどを絞めて**窒息させる**，自由な言論などを抑圧する，〖機〗燃料の流れを絞る，エンジンを減速する，止める．
[語源] throat と関連する中英語 throtelen (=to choke) から．

through /θrúː/ 前 副 形 〔一般語〕[一般義] 空間的に場所の端から端まで突き抜けて，**通して**．[その他] 時間的に初めから終わりまで，経過を示して《米》…まで（[語法] through の次の語まで含まれる）．「通して」の意から，手段，原因などを表して，…によって，…のために．副 として貫いて，通して，ずっと，すっかり，全く．形 として「…までずっと」の意から，通しの，直通の，仕事や関係

などが**終わって**,《英》電話がつながって. ***throw aside*** 人や物を**捨てる**, 無視する. ***throw away*** 捨て去る, 機会などをふいにする, 金などを浪費する. ***throw back*** 投げ返す, 光などを反射する, 頭をのけぞらせる, 進歩などを遅らせる. ***throw down*** 投げ倒す, 投げ捨てる, 人を見捨てる. ***throw in*** 投げ入れる, 言葉などをはさむ,〔くだけた表現〕おまけや付属品として添える:When I bought my car he *threw in* the radio and a box of tools. 彼の車を買ったらラジオと工具箱をおまけにつけてくれた. ***throw off*** さっと脱ぎ捨てる, 追っ手などを**振り切る**, 風邪などから抜け出す, 煙や火花を放出する, 混乱させる. ***throw on*** さっと身につける, スイッチなどを入れる. ***throw out*** 外へ投げ出す, 腕などをさっと突き出す, 熱や光を放出する, 提案などをはねのける, 思いつきなどを口にする, 計算などを混乱させる. ***throw over*** 向こう側へ投げる,〔くだけた表現〕人と縁を切る, 計画などを放棄する. ***throw up*** 投げ上げる, 急いで作る[建てる], 誤りなどを指摘する, 例などに持ち出す;〔くだけた語〕胃の中の物を吐く, 職などをやめる, 計画などを断念する.
〖語源〗古英語 thurh から. r と母音は後に音位転換.
〖用例〗Dogs were going under the river *through* a tunnel. その道は川の下をトンネルで通り抜けている/He walked (right) *through* the town. 彼は町じゅうを歩きまわった/I go to work Monday *through* [thru] Friday. 私は月曜から金曜まで仕事をしています〖語法〗thru は《米》〔くだけた語〕/He lost his job *through* his own stupidity. 彼は自らの愚かさで仕事を失った/She read the letter all the way *through*. 彼女はその手紙を始めから終わりまで読み通した/a *through* train to London ロンドンへ直行する列車/Are you *through* yet? 仕事はもう終わりましたか.
〖複合語〗**thróugh pùt** 名 U 一定時間内に処理される**原量処理量**,〔コンピューター〕情報処理量. **thróugh strèet** 名 C 《米》**優先道路**. **thróughwày** 名 C =thruway.

through·out /θruːáut/ 前副〔一般語〕空間的に…の隅から隅まで, 時間的にある期間中ずっと, 通して. 副 としてどこもかしこ, あらゆる点で, ずっと, 終始.
〖語源〗through+out. 古英語から.
〖用例〗They searched *throughout* the entire house. 彼らは家中を捜し回った/The house was furnished *throughout*. その家は隅から隅まで家具が備えつけられていた.

throve /θróuv/ 動 thrive の過去形.

throw /θróu/ 動 本来他 〈過去 **threw** /θrúː/; 過分 **thrown** /θróun/〉 名 C〔一般語〕ボールなどをほうり投げる,〔その他〕人を投げわたす, 馬が乗り手をふり落とす. 光や影を**投げかける**, 悪口や非難などを浴びせかける, 疑いをかける, 人に一撃を加える. 手足, 体などをさっと動かす, ある方向に体を急に向ける, 服などをさっと着る[脱ぐ]. 人や精力などを投入する, ある状態や位置に陥らせる. 弾丸, ミサイルなどを**発射する**, ポンプなどで水を噴出する, レバーやスイッチを動かす, 陶器をろくろを使って作る, 橋を架ける, さいころを振る.〔くだけた語〕パーティーなどを催す, 人を当惑させる,《米》試合に八百長で負ける. 名 として**投げること**, **投げ技**, 投げて届く距離, 上に投げかけるもの, カバー.
〖語源〗古英語 thrāwan から.
〖用例〗He *threw* the ball to her. (=He *threw* her the ball.) 彼は彼女にボールを投げた/He *threw* himself to [on] the ground. 彼は身を投げるように地面に横たわった/The army *threw* a bridge [road] across the river. 軍隊は川に橋を架けた/His hobby is *throwing* pots. 彼の趣味は陶器を焼くことです/He was completely *thrown* by her question. 彼は彼女の質問にめんくらった/He *threw* the fight because he had been bribed. 彼は賄賂をもらっていたので試合にわざと負けた/That was a good *throw*! いい投げ.
〖類義語〗throw; cast; hurl; fling; toss: **throw** は腕や手で勢いよく空中へ投げるという意味の一般.*cast* は軽い物を投げるということを含意し, 比喩的にも用いられる形式ばった語である. **hurl** と **fling** はどちらも思い切り力強く投げることを含意するが, 前者は勢いよく遠方まで投げることを意味し, 後者は乱暴に床などに投げつけることを意味する. また **toss** は上方に向けて無造作に投げる意.
〖慣用句〗***throw around*** [***about***] 投げ散らかす, 金をむだ遣いする:He *throws* his money *around* on expensive luxuries. 彼はぜいたく品に金を湯水のように使う. ***throw aside*** 人や物を捨てる, 無視する.
〖派生語〗**thrówer** 名 C 投げ入れる人[物].
〖複合語〗**thrówawày** 名 C〔くだけた語〕ちらし, 広告用のびら; 使い捨てのもの. 形 使い捨ての,《英》言葉などがさりげない. **thrówbàck** 名 C 投げ返し, 後戻り, 先祖返り,〔スポ〕ライン外からのボールを投げ入れること, スローイン.

thrown /θróun/ 動 throw の過去分詞.

thru /θrúː/ 前副形〔くだけた語〕《米》=through.

thrum /θrʌm/ 動 本来他 弦楽器をつまびく, テーブルなどをこつこつたたく. 自 単調な音を立てる.
〖語源〗擬音語と思われるが不詳.

thrush¹ /θrʌʃ/ 名 C〔鳥〕つぐみ.
〖語源〗古英語 thrysce から.

thrush² /θrʌʃ/ 名 U〔医〕幼児の口内に菌により生じる炎症, 鵞口瘡(がこうそう).
〖語源〗不詳.

thrust /θrʌst/ 動 本来他〈過去・過分 ~〉名 C〔一般語〕〔一般義〕強く押しつける, 突っこむ.〔その他〕突き刺す, 突き出す, 人に何かを押しつける (on; upon). 名 として押し, 突き, 攻撃, 推進力, 話などの要点, 趣旨.
〖語源〗古ノルド語 *thrysta* (=to thrust) が中英語に入った.
〖用例〗He *thrust* his spade into the ground. 彼はシャベルを地面に突き刺した/It's dangerous to *thrust* your umbrella at a person. 人に傘を向けるのは危険だ.
〖派生語〗**thrúster** 名 C でしゃばり屋.

thru·way /θrúːwèi/ 名 C 《米》**高速有料道路** (throughway).

thud /θʌd/ 名 C 動 本来自〔一般語〕重い物が落ちる鈍い音, どすっ, どしん. 動 として, どさっ[どしん]と落ちる, 心臓がどきどきする.
〖語源〗おそらく擬音語起源で古英語 thyddan から.

thug /θʌg/ 名 C〔一般語〕腕力が強く狂暴な犯罪者, 凶悪犯, 特にインドの殺し屋.
〖語源〗「詐欺師」「ペテン」の意のヒンディー語から19世紀に入った.
〖派生語〗**thúggery** 名 U 暗殺, 暴行.

thumb /θʌm/ 名 C 動 本来他〔一般語〕〔一般義〕手の**親指**, 手袋などの親指の部分. 動 としては, ページなどを親指でめくる, 本などをめくって汚す,〔くだけた語〕ヒッチハイクで**親指を立てて**合図して車を止める. さらに親指で

は器用にできないということから，仕事などを**不器用に**や**る，下手にやる**．
[日英比較] 日本語で親指は手の指の一つに含まれるが，thumb は finger の一つに見なされない場合が多い．
[語源] 印欧語で *teu-*(＝to swell) に遡ることができる．古英語 thūma から．原義は「ふくれた指」．語末の b は中英語で付けられた．
[用例] This glove has a hole in the *thumb*. この手袋は親指に穴があいています／She was *thumbing* through the dictionary. 彼女は辞書を親指でめくっていた．
【慣用句】*a rule of thumb* 大ざっぱなやり方，概算．*be all thumbs* 不器用である．*get one's thumbs out of ...'s mouth* …の魔手から逃れる．*raise one's thumb(s)* 勝利を示す．*thumbs down* [up] 〔俗語〕《感嘆詞的に》だめだ[いいぞ]，認めない[よくやった]．*under ...'s thumb* 人のいいなりになって．
【複合語】**thúmb índex** 名 C 辞書などの切りこみ索引，爪掛け．**thúmbnàil** 名 C 親指のつめ．形 《小さい [短い]，簡略な．**thúmbscrèw** 名 C【機】つまみねじ．**thúmbtàck** 名 C《米》画びょう(《英》drawing pin).

thump /θʌ́mp/ 動 [本来自] 名 C 〔一般語〕[一般義] 固いもので強く打つ，どん，どさっと**打つ**．[その他] 心臓がどきどきする．他 強く打つ．自 として強く打つ音[こと]．
[語源] 擬音語起源で初期近代英語から．
[用例] The bag *thumped* on to the floor. かばんは床にどすんと落ちた／He *thumped* him on the back. 彼は彼の背中をどんとたたいた．
【派生語】**thúmping** 形 副 どしんと打つ，〔くだけた語〕《英》途方もない[なく]．

thun·der /θʌ́ndər/ 名 U 動 [本来自] 〔一般語〕[一般義] 雷鳴，雷．[その他] 雷のような音，とどろき，比喩的に威嚇，激しい非難．動 としては、《it を主語にして》雷がなる，人や物が雷のような**大音**でどなる，大きな音を立てる．
[日英比較] 日本語で「雷が落ちた」「雷に打たれた」などというが，この雷は英語では lightning (稲妻) で，*Lightning struck ....* あるいは struck by *lightning* という．thunder が落ちる (strike) ことはない．
[語源] 古英語 thunor から．中英語で d が挿入された．
[用例] It *thundered* all night. 一晩じゅう雷が鳴っていた／The tanks *thundered* over the bridge. 戦車は大きい音をたてて橋を渡って行った．
【派生語】**thúnderer** 名 C 大声を出す人，どなる人．**thúndering** 形 副 雷のようにとどろく，〔くだけた語〕途方もない[なく]．**thúnderous** 形 天候などが雷の来そうな；雷のようにとどろく；途方もない．**thúnderously** 副．**thúndery** 形 雷が来そうな；形勢不穏な，今にも怒り出しそうな．
【複合語】**thúnderbòlt** 名 C 雷電，落雷；思いがけないこと，青天の霹靂(へきれき)．**thúnderclàp** 名 C 雷鳴，青天の霹靂．**thúnderclòud** 名 C 雷雲．**thúnderhèad** 名 C《米》入道雲．**thúndershòwer** 名 C 雷雨．**thúnderstòrm** 名 C 激しい雷雨．**thúnderstrùck** 形 びっくり仰天した．

Thurs. 《略》＝Thursday.

Thurs·day /θə́:rzdi, -dei/ 名 UC 〔一般語〕木曜日．
[語源] 「雷神 Thor の日」を意味する古英語 thunresdæg, thorsdæg から．現在の形は古ノルド語 thórsdagr に影響された．
[用例] She came on *Thursday*. 彼女は木曜日に来た／She goes shopping on *Thursdays*. 彼女は木曜に買い物に行きます．

thus /ðʌ́s/ 副 〔一般語〕[一般義] このように，かく，こんな風に．[その他]《文頭で》従って(accordingly)，故に，また《形容詞，副詞を修飾して》この程度まで，例えば．
[語源] 古英語から．
[用例] *Thus*, he was able to finish the work quickly. このようにして彼はその仕事をすみやかに終わらせることができた／We have managed all right *thus far*. ここまでは我々は何とかうまくやってきました．

thwack /θwǽk/ 名 C 動 [本来他] 〔一般語〕平たい物でぴしゃり(と打つ)．また，その音．
[語源] 擬音語起源で初期近代英語から．

thwart /θwɔ́:rt/ 動 [本来他] 名 C 〔形式ばった語〕他人の裏をかいて**計画**などをつぶす，他人の意志を妨げる．名 として，ボートなどをこぐ人が腰かける横木や梁，こぎ座．
[語源] 古ノルド語 *thvert* (＝across) が中英語に入り「人の前を横切る，妨げる」という意味の動詞になった．

thy /ðái/ 代 〔古語〕thou の所有格，お前の，汝(なんじ)の (your).
[語源] ⇒thou.

thyme /táim/ 名 U【植】香料にするシソ科の植物，たちじゃこうそう，タイム．
[語源] ギリシャ語 *thymon* (＝incense) がラテン語を経て中英語に入った．

thy·roid /θáirɔid/ 名 C【解】甲状腺 (thyroid gland).
[語源] ギリシャ語 *thyreoeidēs* (＝shaped like a oblong shield) から．18 世紀に入った．
【複合語】**thýroid glànd** 名 C.

thy·self /ðaisélf/ 代 〔古語〕thou の再帰代名詞，汝(なんじ)自身に[を]．

ti /tí/ 名 UC【楽】全音階の第 7 番目の音，シ (si).

ti·a·ra /tiǽrə, -ά:rə/ 名 C 〔一般語〕宝石をちりばめた冠状の髪飾り，ティアラ，ローマ教皇の三重冠．
[語源] おそらく東洋起源で，「古代のペルシャのかぶりもの」の意のギリシャ語 *tiara* がラテン語を経て初期近代英語に入った．

Ti·bet /tibét/ 名 固 中国南西部のヒマラヤに近い自治区チベット．
【派生語】**Tibétan** 形 CU.

tic /tík/ 名 C【医】主に顔などの筋肉の発作的なけいれん，チック．
[語源] 擬音語起源で 19 世紀にフランス語から入った．

tick[1] /tík/ 名 C 動 [本来自] 〔一般語〕[一般義] 時計などの**かちかちという音**．[その他] 軽い接触という意味から，《英》照合印 (✓)(《米》check). 時計の音から転じて時間的な短さを表し，〔くだけた語〕《英》瞬間．動 としては他《英》項目などに印をつける，照合する．
[語源] 擬音語起源で中英語から．
[用例] I'll be with you in two *ticks*. すぐにあなたのところへ行きます／Your watch *ticks* very loudly! あなたの時計はかちかちとうるさいなあ！
【慣用句】*in a tick* 〔くだけた表現〕《英》すぐに．
【派生語】**tícker** 名 C 電信受信(印字)機，〔古語〕懐中時計，〔俗語〕心臓．
【複合語】**tícker tàpe** 名 U ticker から自動的に出て

tick² /tík/ 名 C 〖虫〗だに,〔くだけた語〕〖英〗だにのようなやつ.
語源 古英語 ticia から.

tick³ /tík/ 名 C 〔一般語〕一義 マットレスや枕の覆い,カバー. その他〔くだけた語〕ふとん地.
語源 ギリシャ語 thēkē (=case) がラテン語を経て中英語に入った.

tick⁴ /tík/ 名 U 〔くだけた語〕〖英〗掛け,つけ.
語源 ticket の短縮形.

tick·et /tíkit/ 名 C 動 本来語 〔一般語〕一義 劇場や鉄道などの切符, 入場[乗車]券. その他 元来覚書,メモを意味したが, 資格証明書, 免許証,〖米〗政党の公認候補者名簿, また値段や品質を示すは〔つけ〕札, 正札,〔くだけた語〕交通違反者に対する呼び出し状, 違反切符. 動 として札をつける, 特定の用途にあてる《for》,〔くだけた語〕交通違反者に〈違反〉切符を切る.
語源 古フランス語 estiquette (=ticket; label) が初期近代英語に入り, 語頭の e- が落ちた. ⇒etiquette.
用例 Could you get me some *tickets* for tonight's show? 今夜のショーの切符を何枚か買っていただけませんか/Mr. Lopez is on the Democratic *ticket*. ロペス氏は民主党公認候補として出馬している/She got a *ticket* for speeding. 彼女はスピード違反で警察切符を切られた.

【複合語】**tícket àgency** 名 C 劇場切符の取扱所, プレーガイド (日英比較「プレーガイド」は和製英語). **ticket collèctor** 名 C 駅の集札係. **ticket òffice** 名 C〖米〗駅の切符売場 (〖英〗booking office).

tick·le /tíkl/ 動 本来語 〔一般語〕一義 むずむずさせる, くすぐる. その他 喜ばせる, 満足させる, 楽しませる. 自 むずむずする, くすぐったく感じる. 名 としてくすぐり.
語源 古英語 tinclian (= to tickle) から.
用例 He *tickled* me [my feet] with a feather. 彼が鳥の羽根で私を[私の足を]くすぐった/He had a *tickle* in his throat and could not help coughing during her speech. 彼はのどがむずがゆくて彼女が話している間せきを我慢できなかった.

【派生語】**tíckler** 名 C〔くだけた語〕難問, 難物. **tícklish** 形 くすぐったがる; 人が扱いにくい, 怒りっぽい.

tick·tack /tíktæk/ 名 C 〔一般語〕《擬音語》時計のカチカチ[チクタク]いう音, 心臓のどきどきいう音.
語源 ⇒tick¹.

tick·tock /tíktɑ̀k|-tɔ̀k/ 名 C《擬音語》大時計の時をきざむ音, コチコチ.
語源 ⇒tick¹.

tid·al /táidl/ 形 (⇒tide) 〔一般語〕潮のさす, 潮の, 潮の影響を受ける.

【複合語】**tídal wàve** 名 C 高波, 津波, 太陽または月の引力によって起こる潮波, 感情や世論の激動.
語源 ⇒tide.

tid·bit /tídbìt/ 名 C 〔くだけた語〕(〖英〗**titbit**) 少しのおいしい食べ物, またスキャンダルのような他人にはおもしろい話, ちょっとしたニュース.
語源 方言 tid (食物) + bit¹. 初期近代英語から.

tid·dler /tídlər/ 名 C〔くだけた語〕〖英〗(小児語)小さな魚, 年齢の割には身体の小さい子, ちびさん.
語源 tiddly (= little) と関連し, 19 世紀から.
【派生語】**tíddly** 形 小さな (little).

tide /táid/ 名 動 本来自 〔一般語〕一義 潮(の干満). その他 潮流, 比喩的に風潮, 形勢, 傾向. 動 として潮に乗って行く, 潮のように流れる.
語源 古英語 tid (= time) から. 「時」の意から「海の干満時」を表すようになった.
用例 It's high [low] *tide*. 満ち潮[引き潮](時)だ/The *tide* is coming in [going out]. 潮が満ち[引き]始めている.
【派生語】**tidal** 形 ⇒見出し. **tídings** 名 (複)〔古語〕《単数または複数扱い》便り, 消息.
【複合語】**tídemàrk** 名 C 潮汐(ちょうせき)点 (★潮の最高水準点). **tídewày** 名 C 潮路, 潮流.

tidily ⇒tidy.

ti·dy /táidi/ 形 本来語 名 C 〔一般語〕一義 家や部屋がこぎれいに整頓されている. その他 人がきれい好きな,〔くだけた語〕量や程度がかなりの, 大きなあるいはほどよい, 中々よい, 考え方などが整然とした, 正確な. 動 としてきちんとする, 片付ける. 名 として整理箱, 小物入れ.
語源 tide の 形 で, 中英語 tidi (=timely) から.
用例 His room was very *tidy*. 彼の部屋はとてもこざっぱりしていた/She is always neat and *tidy*. 彼女はいつも身ぎれいにしています/He had a *tidy* sum of money. 彼はかなりの大金を持っていた.
【派生語】**tidily** 副 きちんと.
tídiness 名 U.

tie /tái/ 名 動 本来車 〔一般語〕一義 ネクタイ (necktie). その他 本来ロープ, ひもの意で, 転じて結ぶもの, 縛るもの, 比喩的に《複数形で》きずな, つながり, 拘束するもの, 足手まとい, やっかい物, また競技などの同点, 引分け[試合]. 動 としては, ひもなどで縛る, くくる, ひもやネクタイなどを結ぶ, 結んで一つにするということで, 関係づける, ある環境に人を束縛する, 拘束する,〖スポ〗相手と同点となる. 自 でも用いられる.
語源 印欧祖語 *deuk- (= to lead) に遡ることができる古英語 tēag (= rope), 動 tīgan (= to bind) から.
用例 He wore a shirt and *tie*. 彼はシャツにネクタイ姿をしていた/The result was a *tie*. 結果は引き分けだった/She *tied* a ribbon round her hair. 彼女は髪にリボンを結んだ/She has been *tied* to the house for weeks, looking after her invalid father. 彼女は病気の父親の世話で何週間も家を離れられなかった.

類義語 tie; bind: tie と bind はしばしば同義で用いられるが, 前者は固定した物にひもなどで結びつける, 後者はひもなどでぐるぐる巻きに縛る.

【慣用句】**tie down** 人を束縛する, 縛りつける. **tie oneself down** 自制する. **tie up** しっかり縛る, 動けなくする, 拘束する, 船を係留する《しばしば受身で》人や物事を...と結びつける《with》. **tie up with** ......と提携する.

【派生語】**tíer** 名 C 結ぶ人[もの].

【複合語】**tiebàck** 名 C〖米〗カーテンを片側で縛る留め飾り, 《通例複数形で》留め飾り付きカーテン. **tíe-clàsp** 名 C ネクタイ留め (★〖米〗tietack). **tíe-dýe** 名 U しぼり染め. 動 本来語 しぼり染めにする. **tíe-ìn** 名 C 商品が抱き合わせの. 名 C 抱き合わせ販売[商品]. **tíe-òn** 形 札などが結び付けの. **tíepìn** 名 C ネクタイピン. **tíe-ùp** 名 C 事故やストライキなどによる業務の活動停止, 交通途絶; 提携, つながり.

tier¹ /tíər/ 名 C 〔形式ばった語〕層, 列, 劇場などの段々になった座席.
語源 古フランス語 tire (= rank) が初期近代英語に

【派生語】**tiered** 形 層[段]になった.
tier² ⇒tie.
tiff /tíf/ 〔くだけた語〕ささいなけんか，たわいのない口論.
語源 不詳.
ti·ger /táigər/ 名 C 【動】雄のとら，比喩的に狂暴な人，手ごわい相手，強敵.
語源 元来ペルシャ語の「矢」を意味する語から派生し，「(矢のように)足の速い動物」が原義ともいわれる．ギリシャ語，ラテン語を経て古英語に入った．
【慣用句】**ride the tiger** 危ない生き方をする.
【派生語】**tígerish** 形．**tígress** 名 C 雌のとら．
tight /táit/ 形 副 一般義 きっちり締まった，すき間のない，堅く結んだ．その他 本来「密集している」の意で，詰まっている，綱などがぴんと張った，衣服などがぴったりした，きつい，比喩的に態度や言葉がきつい，厳しい，立場などが厄介な，困った，予定などが詰まった，金融的に行き詰まった，試合などがほぼ互角の，接戦の，〔くだけた語〕しまり屋の，けちな，〔俗語〕酔っぱらった．副としてしっかりと，ぎっしりと，ぴんと．
語源 古ノルド語 *thēttr* (=tight) が初期近代英語に入った．原義は dense, close set.
用例 I couldn't open the box because the lid was too *tight*. ふたがきつくてその箱を開けられなかった/ We hope to finish this next week but the schedule's a bit *tight*. 我々はこれを来週までに終えたいがスケジュールがぎっしり詰まっている/ We all got into the car, but it was a *tight* squeeze. 我々みんなが乗り込むとその車はとても窮屈だった/ Money is a bit *tight* just now—we can't afford to go on holiday. 今金銭的に厳しい状況で休みに遊びに出かけられそうにない/ He's *tight* with his money. 彼は金にはがめつい．
【派生語】**tighten** 動 本来義 しっかりと締めつける，規制などを強化する．**tíghtly** 副．**tíghtness** 名 U．**tíghts** 名 (複) バレリーナや軽業師などが身につけるタイツ，《おもに英》パンティーストッキング．
【複合語】**tíghtfisted** 形 〔くだけた語〕けちな，しまり屋の．**tíght-líppéd** 形 口を固く閉じた，無口の．**tíghtròpe** 名 C 綱渡りの張り綱．**tightrope wàlker** 名 C 綱渡り師．**tíghtwàd** 名 C 〔俗語〕しみったれ，けち．
tigress ⇒tiger.
tike /táik/ 名 C ⇒tyke.
tile /táil/ 名 C 動 本来義 〔一般義〕一般義 かわら，タイル．その他 《集合的》かわら類，マージャンのぱい，「かぶせる」ということから，〔くだけた語〕シルクハット．動 としてかわらでふく，タイルを張る．
語源 ラテン語 *tegere* (= to cover) から派生した *tegula* (=tile) が古英語に入った．
用例 Some of the *tiles* were blown off the roof during the storm. 嵐で屋根がわらがいくつか吹き飛ばされた/ The kitchen was *tiled*. 台所にタイルを張った．
till¹ /til/ 前 接 時間的に(ずっと)...まで(★場所的なことには用いない)．
語法 ❶「朝から晩まで」は from morning to night とも from morning till night ともいうが, from がない時には till を用いる. ❷ till の次に具体的な時がきた時は，一般にその時を含まない: The shop was closed *till* Tuesday. 店は火曜日まで開かない(★月曜日まで が閉店で，火曜日は開店ということ). ❸ 否定文で not ... till ... の形で用いられると「...まで...しない」「...して初めて...する」の意となる: He didn't come home *till* six. 彼は 6 時になってやっと帰ってきた. ❹ until との相違については ⇒until.
語源 古英語 til から.
用例 I'll wait *till* six o'clock. 6時まで待とう/ I didn't know *till* now that you were ill. 君が病気だったとは今まで知らなかった(今初めて知ったことを知った).
類義語 by.
【慣用句】***It's not till ... that ...*** ...になって初めて...する: It's not *till* we get ill *that* we realize the value of health. 病気になって初めて健康の価値がわかる.
till² /tíl/ 動 本来他 〔古語〕穀物を生産するために大地を耕す，耕作する(cultivate; plow).
語源 古英語 tilian (=to strive for; to work for) から．
【派生語】**tíllage** 名 U 耕作，耕地．**tíller**² 名 C．
till³ /tíl/ 名 C 〔一般義〕《主に英》商店や銀行などで現金を入れておく引き出し．
語源 古英語 -tyllan, 中英語 tylle から．
tillage ⇒till².
til·ler¹ /tílər/ 名 C 【海】船の舵をとる舵柱についての柄，舵柄(^^).
語源 ラテン語 *tela* (=web) から派生したアングロフランス語 *telier* (=weaver's beam 織工の横木)が中英語に入った．
tiller² ⇒till².
tilt /tílt/ 動 本来他 名 CU 〔一般義〕一般義 いす，たるなど置いてある物を傾ける，かしがせる．その他 人を非難する，攻撃する，意見などを一方向に向ける，〔くだけた語〕やりで突く．自 傾く，かしぐ，意見などが傾く．名 として傾き，かしぎ，意見の偏り，偏向，やりの一突き，論争での攻撃，非難．
語源 古英語 tealt (=unstable) の 動 *tyltan から．
tim·ber /tímbər/ 名 UC 〔一般義〕一般義 家や船などの建造に用いる材木《語法》伐採しているものもしていないものも指す．その他 建築用の製材，《英》用材，板材《米》lumber)，《集合的》建築用に用いられる樹木，立木，《米》木材をとるための森林地．比喩的に素質，人柄．
語源 印欧祖語 *dem- (=house) に遡ることのできる古英語 timber (=building; wood) から．
用例 Houses used to be built of *timber*. 以前は家は木で作られていた．
【派生語】**tímbered** 形 木造の，立ち木のある，樹木の茂った．
【複合語】**tímberlànd** 名 C 《米》材木用の森林地．**tímberlìne** 名 (the ～) 高地や極地などの樹木限界線．
tim·bre /támbər, tím-/ 名 UC 【音楽】音の性質，音色．
語源 ギリシャ語 *tumpanon* (=drum) がフランス語 *timbre* (=note of a bell) を経て 19 世紀に入った．
time /táim/ 名 UC 動 本来他 〔一般義〕一般義 過去・現在・未来へと続く時，時間．一定の長さの時間を表し，期間，時間，《複数形で》時代，年代，世間の情勢，景気．ある決まった時を表し，時刻，期日，日取り，機会．あることが起きる時ということから回数を表し，

...回[度], 回数が繰り返されるという意味で, ...倍. 動として, 時機を見計らう, 頃合いを見定める, ...のタイムを計る[記録する].

語源 古英語 tīma から. tide の姉妹語.

用例 She felt less unhappy as *time* passed. 時が経つにつれ彼女の悲しみも薄らいだ/This won't take much *time* to do. これはすぐにそんなに時間がかからないでしょう/I can't spare the *time* for that now. 今私にはそれにさく時間がありません/His *time* for running a mile was 4½ minutes. 彼は1マイル4分半で走る/Times are hard for the unemployed. 昨今は失業者に厳しい時代だ/Can your child tell the *time* yet? お子さんは時計が読めますか/Now is the *time* to ask him. 今こそ彼に頼む時です/I'll forgive you this *time*, but another *time* you'll be punished. 今回は許すが今度やったらおしおきだ/He's been to France four *times*. 彼はフランスに4回行った/Five *times* four equals twenty. 5×4=20/He timed her as she swam a mile. 彼は彼女が1マイル泳ぐ時間を計った.

【慣用句】*against time* 時間と争って, 大急ぎで. *ahead of one's time* 時代に先んじている, 非常に進歩的で. *ahead of time* 決まった時間より早く. *all the time* その間ずっと, いつでも. *all times* いつも, 常に. *at a time* 一度に, 一時に. *at one time* かつて. *at the same time* 同時に, ではあるがやはり. *at times* 時折, たまに. *behind the times* 時代[時勢]に遅れて. *behind time* 決まった時間に遅れて. *every time* 必ず, 《接続詞的に》...する時はいつでも, ...するごとに. *for the time being* 当分の間, しばらくの間. *from time to time* 時折, 時々. *gain time* わざと時間を稼ぐ; 時計が進む. *have a good time* 楽しい思いをする, 愉快に過ごす. *have a hard [rough; bad; tough] time* ひどい目にあう, つらい思いをする. *in no time* 直ちに, すぐ. *in time* 間に合って; やがて, 早かれおそかれ; 調子が合って, 拍子を取る; 時間を記録する. *kill time* ひまをつぶす. *lose no time* ぐずぐずしない. *make time* 列車などが遅れを取り戻す. *on time* 定時に, 時間通りに. *once upon a time* 昔々, かつてある時. *out of time* 遅れて; 調子がはずれて. *pass the time of day* 人と朝晩のあいさつの言葉を交わす《with》. *some time or other* いつかそのうち. *take one's time* ゆっくりする. *take time* 時間がかかる. *(the) next time* ... 今度...するときには. *time after time* = *time and (time) again* 何度も繰り返し.

【派生語】**tímeless** 形 永久の; 特定の時に限られない. **timeliness** 名 U. **tímely** 形 時機がちょうどよい, タイムリーな. **tímer** 名 C セットした時間に作動する装置, タイマー, ストップウオッチ; 競技などの時間記録係. **tíming** 名 U 最大の効果を上げるための時間[速度]の調節, タイミング.

【複合語】**tíme bòmb** 名 C 時限爆弾. **tíme càpsule** 名 C 記録物などを中に入れて地中に埋める容器, タイムカプセル. **tíme càrd** 名 C 勤務時間を記録するカード, タイムカード. **tíme clòck** 名 C タイムレコーダー (《語法》単に clock ともいう). **tíme-consùming** 形 時間のかかる, 時間浪費の. **tíme dìfference** 名 C 時差. **tíme expòsure** 名 UC 《写》タイム露出 (★½秒以上の露出). **tíme fùse** 名 C 時限信管. **tíme-hònored** 形 昔ながらの, 由緒のある. **tímekèeper** 名 C 競技や作業の時間記録係; 時計. **tíme làg** 名 C 時間のずれ, 遅れ 《語法》単に lag ともいう). **tíme-làpse** 形 低速度撮影の. **tíme lìmit** 名 C 時[日]限, タイムリミット. **tímeóut** 名 UC 《スポ》選手交代などによる競技の休止時間, タイムアウト 《語法》単に time ともいう). **tímesàving** 形 時間節約の. **tímesèrver** 名 C 日和見主義者. **tímesèrving** 形 日和見的な. 名 U 日和見主義. **tíme-shàring** 【コンピューター】時分割. **tíme shèet** 名 = time card. **tíme sìgnal** 名 C ラジオ, テレビなどの時報. **tíme sìgnature** 名 C 《楽》拍子記号. **tíme sìgn** 名 C 掛け算の記号 (×). **tíme slìp** 名 C SF のタイムスリップ. **tíme swìtch** 名 C タイムスイッチ. **tímetàble** 名 C 時刻表, 学校の時間割, 行事予定表. **tíme trável** 名 C SF のタイムトラベル. **tímewòrk** 名 U 1日いくらで時間決めの仕事. **tímewòrn** 形 使い古した, 陳腐な. **tíme zòne** 名 C 標準時間帯.

Times /táimz/ 名 固 (The ~) タイムズ (★英国一流新聞の名; The New York Times のようにその他の新聞名にも用いられる).

tim·id /tímid/ 形 〔一般的〕人が自分に自信がなくおどおどした, 行動や言動に大胆さに欠けた, 臆病な.

語源 ラテン語 timere (=to fear) の 形 timidus が初期近代英語から. 原義は「暗やみの中にいる」.

用例 Don't be so *timid*—ask your employer for an increase in salary. そんなにびくびくしないで雇い主にサラリーのアップを頼んでみなさい/A mouse is a *timid* creature. ねずみは臆病な動物です.

【派生語】**timídity** 名 U. **tímidly** 副.

tim·o·rous /tímərəs/ 形 〔文語〕気の弱い, 臆病な (timid).

語源 ラテン語 timor (=fear) から派生した中世ラテン語 timorosus が古フランス語を経て中英語に入った. ⇒ timid.

【派生語】**tímorously** 副 臆病に.

tim·pa·ni /tímpəni/ 名 《複》《楽器》(しばしば単数扱い) 数個の太鼓からなる打楽器, ティンパニー.

語源 ラテン語 tympanum (ドラム) がイタリア語を経て19世紀に入った.

【派生語】**tímpanist** 名 C.

tin /tín/ 名 UC 動 本来他 〔一般的〕 一般義 金属元素の錫(すず) (★記号 Sn). [その他] ブリキ(板), ブリキ缶, 缶詰めの(缶).

語源 古英語 tin から.

用例 Is that box made of *tin* or steel? その箱はブリキ製ですかそれとも鉄製ですか.

【派生語】**tínned** 形 《英》缶詰にした (《米》canned). **tínny** 形 錫の, 錫を含む; ブリキをたたく音のような, 〔俗語〕安っぽい.

【複合語】**tín cán** 名 C ブリキ缶, 〔俗語〕《米》旧式の駆逐艦. **tín fòil** 名 U 錫[アルミ]箔. **tín hát** 名 〔俗語〕兵士の鉄かぶと. **tín òpener** 名 C 《英》缶切り (《米》can opener). **tín plàte** 名 C ブリキ板 《語法》単に tin ともいう).

tinc·ture /tíŋktʃər/ 名 UC 動 本来他 《化》薬品をアルコールに溶かしたもの, チンキ剤. [その他] 〔文語〕色, 色合い, 《a ~》気味, ...じみたもの.

語源 ラテン語 tingere (=to dye) の過去分詞 tinctus から派生した 名 tinctura (=dyeing) が中英語に入った. ⇒ tinge.

tin·der /tíndər/ 名 [U] 〔一般語〕火打ち石から火を起こすのに使う燃えやすい物, **火口**(ほくち).
[語源] 古英語 tynder から.
【複合語】**tínderbòx** 名 [C] **火口箱**, 比喩的に危険をはらむもの.

tine /táin/ 名 [C] 〔一般語〕先端がいく枝にも分れているもの, フォークなどの**先**[歯], 鹿の**枝角**.
[語源] 古英語 tind から. 原義は「尖った先端」.

ting /tíŋ/ 動 本来自 名 [C] 〔一般語〕《擬音語》鈴などがちりんちりんと鳴る(こと, 音) (tinkle).
[語源] 擬音語起源で中英語から.

ting·a·ling /tíŋəliŋ/ 名 [C] 〔一般語〕《擬音語》鈴などのちりんちりんと鳴る音.
[語源] 擬音語起源で 19 世紀から.

tinge /tíndʒ/ 名 動 本来他 〔一般語〕(a ~)うっすらとした**色合い**, かすかにただよう**におい**, **味**. 動 としてほんのり**色を着ける**, **雰囲気をただよわせる**.
[語源] ラテン語 tingere (= to dye; to color) が中英語に入った. ⇒tincture.

tin·gle /tíŋgl/ 動 本来自 名 〔一般語〕 一般義 体が刺されるような, またはかゆくなる感じがする, **ちくちく**[**ひりひり**]**する**. その他 胸がうずきわくわくする, ぞくぞくする, 軽い連続音を立てる, **りんりん鳴る**, **耳がかんがんする**. 名 として《a ~》**ひりひりする痛み**, **ぞくぞくする感じ**.
[語源] tinkle の変形で中英語から.

tin·ker /tíŋkər/ 名 [C] 動 本来自 〔一般語〕 一般義 旅回りをする**鋳掛け屋**, またはその仕事. その他 へたな**職人**, **修理屋**, またはその仕事. 動 として鋳掛けをする, いじくりまわす《about; at; with》. 他 **下手に繕う**.
[語源] 中英語の tinkere (= worker in tin) から.

tin·kle /tíŋkl/ 名 [C] 動 本来自 〔文語〕《擬音語》澄んだ音で鈴のようにちりんちりんと**鳴る(こと, 音)**.

tinned ⇒tin.
[語源] 擬音語起源で中英語から.

tinny ⇒tin.

tin·sel /tínsəl/ 名 [U] 〔一般語〕 一般義 装飾用のぴかぴか光る**金属片**, **金銀の糸**. その他 派手な見かけ倒しの物, **安ぴか**.
[語源] ラテン語 scintilla (= spark) が古フランス語 estincele を経て中英語に入った.

tint /tínt/ 名 [C] 動 本来他 〔やや文語的〕 一般義 ほのかな**色**, **色合い**. その他 色の**濃淡**, 彫版の**陰影**, 転じて毛髪用の**染料**. 動 として**色**[**陰影**]**をつける**, **色をぼかす**.
[語源] 「染める」の意のラテン語 tingere の過去分詞 tinctus が中英語に入った. ⇒tincture.

ti·ny /táini/ 形 〔一般語〕人間や動物がとても小さい, **ちっぽけな**, 量や程度が**わずかな**.
[語源] 中英語の「小さいもの」を意味する tine から.
[用例] The amount is tiny. 量はごくわずかだ.

-tion /ʃən, tʃən/ 接尾 動詞の語尾につき,「行為」「状態」「結果」を表す名詞をつくる. 例: correction; question.
[語法] -tion の直前の音節が最も強く発音される.
[語源] 元来 -io(n) がラテン語の名詞語尾で, t は過去分詞の語尾.

tip[1] /típ/ 名 [C] 動 本来他 〔一般語〕 一般義 給仕などに与える**心付け**, 内々の情報, **内報**, 競馬の勝馬の**予想**, **示唆**の意から, **助言**, **暗示**などの意. 動 として, 人に**心付けをする**, **チップをやる**, **内報する**, **密告する**.

[語源] 不詳.
[用例] He gave me some good tips on [about] gardening. 彼は私に園芸に関して助言してくれた/He paid the bill and tipped the waiter 20 pence. 彼は勘定を払いウェーターに 20 ペンスのチップを与えた.
【慣用句】**tip off** 内報する, 警告する.
【派生語】**típper** 名 [C] チップを出す人, 内報者.
【複合語】**típ-òff** 名 [C] 《くだけた語》**内報**, **秘密情報**, **警告**.

tip[2] /típ/ 名 動 本来他 一般語 一般義 細長い物の**先端部**. その他 「先端につけるもの」の意で, 剣のさやのこじり, ステッキなどの石突き, 靴の先革, 羽毛の末端, 飛行機の翼端, たばこのフィルター. 動 として, 物に**先を付ける**, 物の先端に...を付ける.
[語源] 中英語 tippe から. 原義は「頂点」.
[用例] Only the tip of an iceberg shows above the water. 氷山のほんの一角が海上に姿を見せている/His nose is pink at the tip. 彼の鼻先はピンク色をしている.

tip[3] /típ/ 動 本来他 名 [C] 〔一般語〕 一般義 容器の中身を出すために**傾ける**, **ひっくり返す**. その他 帽子を取り出す, 挨拶のためにかぶっている帽子にちょっと手を触れる, 持ち上げる. 自 として**傾く**, **ひっくり返る**; **変って別のものになる**. 名 として, ごみなどを傾けて空けることから,《英》**ごみ捨て場**(dump).
[語源] 中英語 type(n) から.

tip[4] /típ/ 名 [C] 動 本来他 〔一般語〕 軽く**打つ(こと)** (pat),《野》**チップ(する)**.
[語源] 中英語 tippe から.

tipper ⇒tip[1].

tip·ple /típl/ 動 本来他 名 [C] 〔ややくだけた語〕酒を常習的に飲む. 自 でも用いられる. 名 として**強い酒**.
[語源] 中英語 tipeler (= tavern-keeper; tippler) からの逆成.
【派生語】**típpler** 名 [C] **酒飲み**.

tipsily ⇒tipsy.

tip·ster /típstər/ 名 [C] 《くだけた語》競馬や株式市況の予想情報を売る人, **予想屋**.
[語源] tip[1] + -ster (...する人). 19 世紀から.

tip·sy /típsi/ 形 《くだけた語》少し**酔っぱらっている**, **ほろ酔いの**.
[語源] tip[3] + -sy (軽蔑的な意味の語尾) から初期近代英語に入った.
【派生語】**típsily** 副.

tip·toe /típtòu/ 名 動 本来自 副 〔一般語〕**つま先**. 動 として**つま先でそっと歩く**. 副 として**つま先で**.
[語源] 中英語 tiptoon から. toon は古英語の tā の複数形 tān.⇒toe.
【慣用句】**on tiptoe(s)** つま先で.

tip-top /típtáp/-tɔ́p/ 名 [C] 形 副 《くだけた語》**頂上**, **頂点**,《the ~》**極大**, **最上**, **とびきりのもの**. 形 として**とびきり上等の**, **極上の**. 副 として**申し分なく** (very well).
[語源] tip[2] + top. 18 世紀から.

ti·rade /tairéid/ 名 [C] 〔形式ばった語〕相手を攻撃, 非難する**長演説**.
[語源] イタリア語 tirare (= to pull) の 名 tirata (= pulling) がフランス語を経て 19 世紀に入った.

tire[1] /táiər/ 動 本来他 〔一般語〕 **疲れさせる**, **くたびれさせる**. その他 精神的に疲労させる意で, **飽きさせる**, **うんざりさせる**. 自 **疲れる**, **飽きる**.

語源 古英語で「体力などが弱まる」の意の (ge)tȳrian から.

用例 His conversation *tired* her. 彼の話に彼女はうんざりした/She *tires* easily. 彼女は疲れやすい.

【派生語】tired 形 ⇒見出し. **tíreless** 形 疲れ知らずの, 勤勉な, 努力などがたゆまない. **tírelessly** 副. **tíresome** 形 〔形式ばった語〕 やっかいな, うるさい, 飽き飽きする, うんざりする. **tíresomely** 副. **tíring** 形 仕事などが骨のおれる; 退屈な.

tire², 《英》**tyre** /táiər/ 名 C 〔一般語〕 ゴム製のタイヤ.

語源 中英語 tyre から.

用例 Lend me a bicycle pump—this bike has a flat *tire*. 自転車の空気入れを貸して下さい. この自転車はパンクしています.

tired /táiərd/ 形 〔一般語〕〔述語用法〕疲れた, 飽きた, うんざりした,〔限定用法〕物が古ぼけた, くたびれた, 話や冗談などが聞き飽きた, 陳腐な.

語源 ⇒tire¹.

用例 She was too *tired* to continue. 彼女は疲れていて続けることができなかった/I'm *tired* of (answering) stupid questions! ばかげた質問に答えるのはうんざりだ/I don't want to hear such a *tired* joke. そんな古くさい冗談は聞きたくない.

【類義語】 tired; weary; exhausted; fatigued; worn-out: **tired** は最も一般的で意味が広く, 疲れの程度にかかわらず体力や気力がなくなること. **weary** は気力や関心を失い, これ以上続けられない, あるいは続ける気がしない程度তれていること. **exhausted** は体力や気力を使い果たし, これ以上何もできないこと. **fatigued** は過労などによる精神的な疲れを意味し, 休息や睡眠が必要であることを含意する. **worn-out** は exhausted とほぼ同義でややくだけた語.

【派生語】tíredly 副. **tíredness** 名 U.

tireless ⇒tire¹.
tiresome ⇒tire¹.
tiring ⇒tire¹.

'tis /tiz/ 〔詩語; 古語〕 it is の短縮形.

tis·sue /tíʃuː/ 名 CU 動 本来他 〔一般語〕本来は薄い織物の意で, ちり紙, ティッシュ(ペーパー).〔その他〕壊れやすい物などを包む薄葉(21)紙(tissue paper),〔生〕筋肉などの組織. 比喩的にうそなどの織り交ぜ, かたまり. 動 として, ティッシュで拭き取る〈off〉.

語源 ラテン語で「織る (=to weave)」の意の texere から派生した古フランス語の tistre (=to weave) の過去分詞 tissu が中英語に入った. ⇒texture.

用例 a box of *tissues* ティッシュペーパー1箱/His story is a *tissue* of lies. 彼の話はうそ八百です.

【複合語】tíssue pàper 名 U 薄葉紙〔日英比較〕日本語の「ティッシュペーパー」は英語では単に tissue).

tit¹ /tit/ 名 C = titmouse.
tit² /tit/ 名 C 〔くだけた語〕次の慣用句で用いる.
語源 tip⁴ の変形か. 初期近代英語から.
【慣用句】tit for tat しっぺ返し.

tit³ /tit/ 名 C 〔俗語〕乳首(teat),《複数形で》女性の乳房.
語源 古英語 tit から.

Ti·tan /táitən/ 名 C 〔ギ神〕怪力を有する巨人族, タイタン,(t-)一般に体が大きく力の強い人, 巨人.
語源 ギリシャ語 Titan (太陽神) が中英語に入った.
【派生語】titánic 形 巨大な.

tit·bit /títbìt/ 名 C 《英》=tidbit.
語源 tidbit の変形で初期近代英語から.

tithe /táið/ 名 C〔史〕昔農作物の収穫の十分の一を教会に納めた一種の**教会税, 十分の一税**,〔文語〕十分の一, 特に否定文で少しも…ない.
語源 古英語 teotha (=tenth) から.

tit·il·late /títəleit/ 動 本来他 〔やや形式ばった語〕接触してぞくぞくさせるような快い刺激を与える, 味覚や想像などを快く**刺激する**, くすぐる.
語源 ラテン語 titillare (=to tickle) の過去分詞 titilatus が初期近代英語に入った.
【派生語】titillátion 名 U. **títillàtive** 形. **títillàtingly** 副.

tit·i·vate /títəveit/ 動 本来自 〔一般語〕**着飾る**.《通例 ~ oneself で》身なりを整えたり化粧をして身ぎれいにする, めかす.
語源 tidy+(culti)vate. 19 世紀から.

ti·tle /táitl/ 名 CU 動 本来他 〔一般語〕本, 詩, 劇, 絵画などの**題名**,〔その他〕肩書, 称号, 敬称,《複数形で》映画, テレビなどの**字幕**, スーパー. あることに対する「資格」の意で, 正当な**権利**, 法的な**資格**,〔スポ〕**選手権**.
語源 ラテン語で「銘 (inscription)」の意の titulum が古フランス語を経て中英語に入った.
用例 The *title* of the painting is 'A Winter Evening'. その画題は『ある冬の午後』です/He has no *title* to the estate. 彼にはその土地の所有権がない.
【派生語】títled 形 肩書のある, 位階のある. **títular** 形 ⇒見出し.
【複合語】títle dèed 名 C 《しばしば複数形で》不動産権利証書. **títlehòlder** 名 C 選手権保持者[チーム]. **títle pàge** 名 C 書物の巻頭の表題紙, タイトルページ. **títle ròle** 名 C 主人公の名が題名になっている劇やオペラの主人公役, 主題役(title part).

tit·mouse /títmaus/ 名 C《複 -mice》〔鳥〕《通例複数形で》ヨーロッパ産の鳴鳥の一種, 特にしじゅうから.
語源 中英語 titmose から.

tit·ter /títər/ 動 本来自 名 C 〔一般語〕あざけるように, またはにっるように笑う, 忍び笑いする, くすくす笑う. 名 として忍び笑い.
語源 擬音語起源で初期近代英語から.

tit·tle /títl/ 名 C 〔一般語〕文字の上や下につく小さな記号, 小点,《例: ςのς》《a ~ 》《否定文で》ごくわずか.
語源 中世ラテン語 titulus (=label) が中英語に入ったか.

tit·tle-tat·tle /títltætl/ 名 U 動 本来自 〔ややくだけた語〕《軽蔑的》うわさ話《無駄話》(をする).
語源 tattle の音を重ねたもので初期近代英語から.

tit·u·lar /títʃulər/ 形 〔やや形式ばった語〕〔一般語〕表題[題名]の, 肩書[資格]を有する.〔その他〕名ばかりの, 有名無実の.
語源 ⇒title.

tiz·zy /tízi/ 名 C 〔くだけた語〕あわてたり興奮している状態.
語源 不詳.

T-junc·tion /tíːdʒʌŋkʃən/ 名 C 〔一般語〕T 字型三叉路, パイプなどの T 字型接合部.

TKO《略》《ボクシング》=technical knockout.

TNT /tíːentíː/ 名 U〔化〕TNT 火薬(★trinitrotoluene の略).

to

to /túː, 弱 (子音の前で) tu, tə, (母音の前で) tu/ 前 副 〔一般語〕[一般義] 方向を示し…の方へ. [その他] 運動の到達点を示し…へ, …まで, 時間や順序の終点を示し…まで, 行為の対象を示し…に対して, 到達した結果や状態などを示し…になるまで, 目的を示し…のために, 所属を示し…についている, 一致を示し…に合わせて, 対比を示し…に比べるなど不定詞の標識, 名詞・形容詞・副詞用法として用いられる. 副 として正常な状態，**活動状態へ**, **前方へ**.

[語源] 古英語 to から. too と姉妹語.

[用例] He's going *to* London. 彼はロンドンに行く予定だ/It is five miles from my house *to* hers. 私の家から彼女の家までは5マイル離れている/The book fell *to* the floor. その本は床に落ちた/His story is a lie from beginning *to* end. 彼の話は初めから終わりまでうそです/How did he react *to* your suggestion? あなたの提案に対して彼の反応はいかがでしたか/She tore the letter *to* pieces. 彼女は手紙をびりびりにやぶいた/*To* my horror, he took a gun out of his pocket. 恐ろしいことに彼はポケットから銃を取り出した/Where's the key *to* this door? このドアのキーはどこにありますか/He sang *to* (the accompaniment of) his guitar. 彼はギターに合わせて歌った/We won the match by 5 goals *to* 2. 私たちはその試合に5対2で勝った/This is a comfortable house *to* live in. これは住み心地が良い家だ/He worked hard (in order) *to* earn a lot of money. 彼は大金をかせぐために精一杯働いた/She opened her eyes *to* find him standing beside her. 彼女が目を開けると彼が横に立っていた.

【複合語】**tó-and-fró** 形 あちらこちらに動く, 行ったり来たりの.

toad /tóud/ 名 C 〔動〕ひきがえる.

[語源] 古英語 tadde, tadige から.

【派生語】**tóady** 名 C おべっか使い. 動 本来自 おべっかを使う.

【複合語】**tóad-in-the-hóle** 名 UC 衣付き焼きソーセージ. **tóadstòol** 名 C 〔植〕毒きのこ.

toast /tóust/ 名 C 動 本来他 UC 〔一般語〕[一般義] パンやチーズなどをきつね色にこげ目がつく程度に焼く, トーストにする. [その他] 以前酒杯にトーストの1片を入れて風味を付けていたことから, …のために乾杯する. 名 として焼いたパン, トースト, また乾杯, 祝杯, 乾杯の辞.

[語源] 「豆などをいる (= to parch; to roast)」の意のラテン語 torrere の過去分詞 tostus から派生した俗ラテン語 *tostare が中フランス語を経て中英語に入った.

[用例] We *toasted* slices of bread for tea. 私たちは午後のお茶にパンをトーストにした/We *toasted* the bride and bridegroom [the new ship]. 私たちは新郎新婦[新しい船]に乾杯した.

【派生語】**tóaster** 名 C パン焼き器, トースター, パンやチーズを焼く人; 乾杯する人.

【複合語】**tóastmàster** 名 C 乾杯の音頭をとる人, 宴会での司会者.

to·bac·co /təbǽkou/ 名 UC (複 〜(e)s) 〔一般語〕[一般義] パイプやきせるに詰める刻みたばこ. [その他] 総称的にたばこ, あるいは喫煙, 〔植〕たばこ (tobacco plant).

[語源] 元来西インド諸島の原住民がたばこを吸う際に使用していたパイプをさして意味したが, そこを訪れたスペイン人が中に詰める刻みたばこと誤解したことから現在の意味で用いられるようになった.

[用例] He bought some pipe *tobacco*. 彼はパイプ用の刻みたばこを買った.

[関連語] cigar (葉巻き); cigaret(te) (紙巻きたばこ).

【派生語】**tobácconist** 名 C 《英》たばこ屋.

-to-be /təbíː/ [接尾] 名詞の後に置いて, 将来…となる人, これからの, 来たるべき.

[用例] She's my bride-*to-be*. 彼女は将来の私の花嫁です/Can you imagine the world-*to-be*? あなたは来たるべき世界を想像できますか.

to·bog·gan /təbágən| -bɔ́g-/ 名 C 動 本来自 〔一般語〕競技用平底そり, トボガン. 動 としてトボガンに乗って滑る.

[語源] 北米先住民語がカナダフランス語を経て19世紀に入った.

to·by /tóubi/ 名 C 〔一般語〕椅子にかけた肥った老人をかたどったビールジョッキ (★Toby jug ともいう).

[語源] 洗礼名 Tobias の愛称 Toby から19世紀にできた.

toc·ca·ta /təkɑ́ːtə/ 名 C 〔一般語〕オルガンやハープシコードのような鍵盤楽器のためのテンポの速い曲, トッカータ.

[語源] イタリア語 toccare (= to play; to touch) の過去分詞女性形 toccata (= touched) から18世紀に入った.

toc·sin /táksin|tɔ́k-/ 名 C 〔文語〕危険を知らせるためのベルなど警報, 警鐘 (alarm).

[語源] 古プロバンス語 tocasenh (tocar to touch + senh bell) が古フランス語 toquassen を経て初期近代英語に入った.

to·day /tədéi, tu-/ 名 U 副 〔一般語〕(無冠詞で) きょう, 本日, また今日, 現代. 副 としては, きょうは, 本日は.

[語源] 古英語 tōdæg から.

[用例] Life is easier *today* than a hundred years ago. 生活は100年前より現在の方が楽である/Here is *today*'s newspaper. ここに本日の新聞があえる.

tod·dle /tádl|tɔ́dl/ 動 本来自 〔一般語〕幼児があぶなっかしい足どりで歩く, よちよち歩く, 〈くだけた語〉大人がぶらぶら歩く, ぶらつく. 名 としてよちよち歩き.

[語源] totter に反復語尾 -le が付いてできたという説と, totter + waddle (よたよた歩く) の混成という説がある. 初期近代英語から.

【派生語】**tóddler** 名 C よちよち歩きの幼児. **tóddlerhood** 名 U よちよち歩きの状態, 幼児期.

tod·dy /tádi|tɔ́di/ 名 UC 〔一般語〕ウイスキーに砂糖を入れ湯で割った飲み物, トディー.

[語源] 「やしの木の汗」という意味のヒンディー語が初期近代英語に入った.

to-do /tədúː/ 名 C 〔くだけた語〕大騒ぎ.

[語源] to + do¹. 古英語から. ⇒ado.

toe /tóu/ 名 C 動 本来他 〔一般語〕[一般義] 足指 (語法) 手の指は finger という). [その他] つま先, 靴などの先端部, ひづめの前部など.

[語源] 印欧祖語 *deik- (= to show) に遡ることのできる古英語 tā から. 「指し示すもの」が原義で, ラテン語 digitus (= finger) と関連のある digit, digital も同語源.

[用例] A child should have straight *toes*. 子供はつま先がぴんとのびているものだ/These tight shoes hurt my *toes*. この靴はきつくて足の指が痛い/There's a hole in the *toe* of my sock. 私の靴下の先に穴があい

TOEFL /tóufl/ 名 U 〔一般語〕米国の教育機関で学びたい外国人のための英語検定テスト, トーフル(Testing of English as a foreign language).

tof·fee /tɔ́:fi/ 名 UC 〔一般語〕〔英〕=taffy.
【複合語】**tóffee àpple** 名 C 〔英〕=candy apple.

tog /tág/ 名 C 動 本来義 〔くだけた語〕〔複数形で〕…服, 上衣 (coat). 動 として服を着せる (out; up).
語源 ラテン語 toga (古代ローマ市民の着たトーガ) が初期近代英語に入った.

to·geth·er /təɡéðər/ 副 形 〔一般語〕一般義 一緒に, 共に, 連れ立って. その他 協力して, 共同して, 互いに, また同時に, 連続して, まとめなどの意. 形として〔俗語〕〔米〕精神的に安定した, 落ち着いた.
語源 古英語 tōgædere から.
用例 They travelled *together*. 彼らはいっしょに旅行した/Families always get *together* at a wedding. 結婚式では家族一族が集まる/The houses stood *together*. 家が立ち並んでいた.
【派生語】**togétherness** 名 U いっしょに時を過ごすこと, 団らん; 共同, 統一, 連帯.

tog·gle /tágl/ 名 C 〔一般語〕ボタンの代わりにコートなどの合わせ目を留める留め木, 《コンピューター》操作の切り換えをする画面上のキーボタン, トグル.
語源 諸説あるが, tackle の変形か. 18世紀から.

toil[1] /tɔ́il/ 動 本来自 〔形式ばった語〕骨を折って働く[進む]. 名 としてつらい仕事, 苦労.
語源 ラテン語 *tudiculare* (=to crush) から出た古フランス語 *toeillier* (=to strive) がアングロフランス語 *toiler* を経て中英語に入った.
用例 He *toiled* all day in the fields. 彼は畑で一日中せっせと働いた/He slept well after his hours of *toil*. 彼は何時間もよく働いた後ぐっすりと眠った.
【派生語】**tóilsome** 形 〔文語〕骨の折れる, 苦しい.

toil[2] /tɔ́il/ 名 C 〔文語〕〔複数形で〕わな, 網.
語源 ラテン語 tela (=web) が古フランス語 toile (=net; cloth) を経て初期近代英語に入った.
用例 in the *toils* わなにかかって.

toi·let /tɔ́ilət/ 名 CU 本来自 〔一般語〕一般義 トイレ, 便器. その他 化粧台の意から便器, 化粧道具, 化粧をする場所の意から化粧室, 洗面所, お手洗い. 動 として化粧する, 幼児が自分で用便をする. 他 …に身なりを整えさせる, 幼児に用便をさせる.
語源 もとは, ラテン語で「織物」の意の *tela* が古フランス語に入って **toile** となり, その指小語 **toilette** (=small piece of cloth) が「衣類を覆う布」や「化粧のカバー」の意になった. のちに「化粧をする場所」や「化粧台」の意味となって初期近代英語に入った.
用例 Could you tell me where the *toilet* is? トイレはどこか教えて下さいませんか/flush the *toilet* トイレの水を流す.
類義語 toilet; bathroom; restroom; washroom; facilities; lavatory; W.C.; loo; men's room; the gents; gentlemen; ladies' room; the ladies; powder room; public toilet; public convenience; comfort station: 〔英〕では家庭などのトイレの一般に toilet を用い, 風呂と一緒に設置されている場合には bathroom を用いるが, 〔米〕では toilet が下品であるとして, 個人宅では一般に bathroom, 公共の場では restroom, washroom を用いる. 〔くだけた語〕〔複数形で〕**facilities** も婉曲な語として用いられる. 飛行機や学校などでは〔英〕〔米〕とも **lavatory** も用いられ, 〔英〕**W.C.** もやや古い表現ではあるが用いられている. また〔くだけた語〕〔英〕**loo** が一般的に用いられる. 男女別に, 男性用〔米〕**men's room**, 〔英〕**the gents**, 〔米〕〔英〕とも **gentlemen**, 女性用〔米〕**ladies' room**, 〔英〕**the ladies**, 化粧室の意で〔英〕**powder room**. 公衆便所の意では, 〔英〕**public toilet** や, やや古い表現ではあるが **public convenience**, 公道などで〔米〕**comfort station** が用いられる.
【派生語】**tóiletry** 名 C〔通例複数形で〕化粧品.
【複合語】**tóilet bòwl** 名 C 便器. **tóilet pàper** 名 U トイレ用の紙. **tóilet ròll** 名 C 1巻きのトイレットペーパー. **tóilet sòap** 名 U 化粧石けん. **tóilet tràining** 名 U 幼児の用便のしつけ. **tóilet wàter** 名 U 化粧水.

to·ken /tóukən/ 名 C 動 本来形 〔一般語〕一般義 しるし, 証拠. その他 抽象的な内容を表わすしるし, 象徴, 特徴, 具体的なしるし, 記念品, 形見, 土産, 権利や特権などのしるし, 標章, 記章, 安全を保証するしるしとしての合言葉. またバスや地下鉄, ゲームなどで用いる代用硬貨, 〔英〕商品と引き換える商品券, 〔言〕特定の語や文が実際に用いられている回数や例を表わすトークン. 動 として…のしるしとなる, 象徴する. 形 としてしるしとなる, ほんのわずかな, ささやかな.
語源 古英語 tacn (=token) から. ⇒teach.
用例 as a *token* of one's grief 悲しみを表わすしるして/a book [gift; record] *token* 図書券[商品券, レコード券].
【慣用句】**by the same [this] token** 同様に, その上, 更に; その証拠には. **in token of** … …のしるし[証拠]に, …の記念に.
【複合語】**tóken cóin** 名 C 代用硬貨. **tóken páyment** 名 C 借金の一部支払い, 内金; 手付金.

told /tóuld/ 動 tell の過去・過去分詞.

tolerable ⇒tolerate.
tolerably ⇒tolerate.
tolerance ⇒tolerate.
tolerant ⇒tolerate.

tol·er·ate /tálərèit/ /tɔ́l-/ 動 本来他 〔一般語〕一般義 人の考えや行ないなどを許す, 嫌悪するものなどを許す, 寛大に取り扱う, 大目に見る. その他 …に我慢する, 耐える, 《医》薬物や毒物に耐性がある.
語源 ラテン語 *tolerare* (=to bear; to endure) の過去分詞 *toleratus* が古フランス語を経て初期近代英語に入った.
用例 She couldn't *tolerate* the rude behaviour of her boy friend. 彼女はボーイフレンドの無礼な行為に我慢ならなかった.
【派生語】**tólerable** 形 許される, 我慢できる, そう悪くはない, まあまあの. **tólerableness** 名 U. **tólerably** 副. **tólerance** 名 U 寛大, 寛容, 許容, 忍耐, 《医・植》耐性, 《造幣機械》公差. **tólerant** 形 人の行為や意見などに寛大な, 寛容な; 動植物などが耐性のある, 抵抗力のある. **tólerantly** 副. **toler·átion** 名 U 寛容, 寛大, 黙認, 異教の容認, 信教の自由.

toll[1] /tóul/ 名 C 動 本来他 〔一般語〕一般義 道路, 港, 橋などの使用料[税], 通行料金. その他 税のように取られる物という意から, 〔通例単数形で〕代価, 犠牲,

損害, あるいは死傷者数. 《米》長距離電話料金. 《英》使用税の徴収権, 《方言》粉屋がひき賃としてとる穀物の一部. **動**[本来地] 物, 金を使用料[税]として取る, 人に使用料[税]を課す.
[語源] ギリシャ語 telos (=toll; tax) が古英語に入った.
[用例] the death *toll* in the train accident その列車事故による死亡者数.
【慣用句】 **take a (heavy) toll of** ……に(多大の)損害をもたらす. **take its [their] toll on** ……を奪う, ……に損害をもたらす.
[複合語] **tóll bàr** 名 C 有料道路や有料駐車場などの料金徴収所に設置された遮断棒. **tóllbòoth** 名 C 有料道路などにある料金徴収所. **tóll càll** 名 C 《米》長距離電話. **tóll-frée** 形 料金のいらない, 無料の《《日英比較》「フリーダイヤル」は和製英語. 《米》で toll-free call, 《英》で freephone という》. **tóllgàte** 名 C 有料道路などの料金徴収所. **tóllhòuse** 名 C 料金徴収所. **tóll ròad [wày]** 名 C 有料道路.

toll² /tóul/ **動**[本来地] 〔一般語〕晩鐘, 弔鐘などの鐘をゆっくりと一定の調子で鳴らす, 鐘が時刻を告げる. 自 鐘が鳴る. 名 として〔単数形で〕鐘を鳴らすこと, 鐘の音.
[語源] 古くは「誘う」という意味で, 古英語 -tyllan (= to mislead) から.

tom・a・hawk /táməhɔ̀:k|tɔ́m-/ 名 C 〔一般語〕北米先住民の戦闘用まさかり, 石おの, トマホーク.
[語源] 北米先住民語から初期近代英語に入った.

to・ma・to /təméitòu|-má:-/ 名 CU 〔一般語〕トマト, トマト色, また《俗語》《米》魅力的な女, 娘, あるいは売春婦.
[語源] 北米先住民語がスペイン語に tomate として入り, potato との類似性から tomato として初期近代英語に入った.
《日英比較》日本では一般にトマトは野菜として考えるが, 英語では fruit として考えられている.

tomb /tú:m/ 名 C 〔一般語〕〔一般語〕墓. [その他] 墓穴や埋葬場所, あるいは納骨所, また墓石や墓標, 墓碑, 比喩的に《the ~》死.
[語源] 古代ギリシャ語 týmbos (埋葬地) がラテン語 tumba を経て中英語に入った.
[用例] He was buried in the family *tomb*. 彼は一族の墓に埋葬された.
[類義語] grave; tomb: **grave** が一般的な意味の墓であるのに対して, **tomb** は規模が大きく, 墓石などもしっかりとした大がかりな墓を指す.
【複合語】**tómbstòne** 名 C 墓石, 墓碑.

tom・boy /támbòi|tɔ́m-/ 名 C 〔一般語〕おてんば娘.
[語源] 「男」を意味する Tom+boy. 初期近代英語から.

tom・cat /támkæ̀t|tɔ́m-/ 名 C 〔一般語〕雄猫《★雌猫は tabby》.
[語源] 「雄」を意味する Tom+cat. 18 世紀から.

tom・fool・er・y /támfù:ləri|tɔ́m-/ 名 CU 〔古風な語〕《通例複数形で》ばかなまね, ばかげた冗談.
[語源] 「知恵遅れ」を擬人化した Tom Fool に名詞語尾 -ery が付いて 19 世紀から.

tom・my・rot /támiràt|tɔ́miròt/ 名 U 〔古風な語〕《軽蔑的》たわごと.
[語源] Tommy (《方言》=fool)+rot (=nonsense) として 19 世紀から.

to・mor・row /təmɔ́:rou|-mɔ́r-/ 名 U 副 〔一般語〕〔一般語〕《無冠詞で》明日. [その他] 近い将来. 副 として明日(は), 将来(は).
[語源] 古英語 morgen (=morrow; morning) に to が付加したのが起源. 中英語において morgen (または morwen) の n および e が落ち, morw- の w が ow として母音化した.
【慣用句】**a week (from) tomorrow**, 《英》**tomorrow week** 来週の明日. **the day after tomorrow** 明後日, あさって.

tom-tom /támtàm|tɔ́mtɔ̀m/ 名 C 〔一般語〕アメリカやアジア, アフリカの先住民の胴長の太鼓, トムトム, またスティックで打つ現代の大きなドラム.
[語源] 擬音語で, ヒンディー語 tamtam から初期近代英語に入った.

ton /tán/ 名 C 〔一般語〕〔一般語〕重量単位のトン《★《英》大トン (long ton) 2,240 ポンド=1016.05kg, 《米》小トン (short ton) 2,000 ポンド=907.18kg, メートルトン (metric ton) 1,000kg》. [その他] 容積トン《★木材で 40 立方フィート, 小麦で 20 立方フィート》, 積載トン《★20 立方フィート》, 登録トン《★100 立方フィート》, 排水トン. さらにトンの大きさがおびただしいことから, 《くだけた語》多数[量], 相当な重さ, 《俗語》時速 100 マイル, 《英》お金の 100 ポンド, クリケットの 100 点.
[語源] もともとはラテン語 tunna (=tun) から出た tun (酒類の容量単位) と同じ語で, 古英語で tunne, 古フランス語で tonne となっていた. 中英語ではフランス語の影響で tonne となり, 16-17 世紀には tun であったが, 1688 年に tun を液量単位, ton をいわゆる「トン」として用いるようになった.
[用例] *tons* of books たくさんの本/That woman seems to weigh a *ton*. あの女性は, 相当な体重のようだ.
【派生語】**tónnage** 名 UC 船舶のトン数, 積量, 《the ~》《集合的》船腹, 船舶, 《a ~》1 国 [1 港] の船舶のトン数; 軍艦の排水トン, 鉄道の輸送総トン数, 鉱山の産出総トン数.

tonal ⇒tone.

tone /tóun/ 名 CU 動 [本来地] 〔一般語〕〔一般語〕音, 声, 音声. [その他] 音の調子としての音調, 音色, 音質, 声の調子としての口調, 語調, 語気, 《単数形で》物事や社会の調子としての気風, 性質, 風格, 気品, 品格, 風潮, 色の調子としての色調, 色合い, 明暗, 濃淡.《生理》正常な調子, 緊張状態, 正常な精神状態, 《楽》楽音, 全音程, 《音・言》声調, 音の高低, 強勢, 《通信》可聴音. また談話や文章などの調子, スタイル. 動 として……に調子をつける, 調子を調整する, 調律する, 色を調色する, 身体の調子を整える, 特定の調子で言う. 調子づく, 色が調和する.
[語源] 印欧祖語 *ten- (=to stretch) から派生したギリシャ語 tonos (=tension; tone) がラテン語, フランス語を経て中英語に入った.
[用例] He spoke in a deep *tone*. 彼は太い声でしゃべった/a *tone* of command 命令口調/the *tone* of the press 新聞の論調/a rising [falling] *tone* 上昇[下降]調.
[類義語] tone; sound; noise: **tone** が主に楽器などが奏でる心地よい音であるのに対して, **sound** はいわゆる音一般であり, **noise** は耳障りないやな音.
[関連語] dial [《英》dialing] tone (電話の発信音).
【慣用句】**tone down** 音, 声, 色などの調子が弱まる,

和らぐ; …の調子[色調]を和らげる. **tone** (**in**) **with** … 色などが…と調和する. **tone up** 音, 声, 色などの調子が高まる, 上がる, 体などが強くなる; …を強い調子にする, …の調子を高める.
【派生語】**tónal** 形【楽】音の, 音色の, 調性の,【絵】色調の. **tonálity** 名 U【楽】調性, 調. **tóneless** 形 音調[色]の, 抑揚のない, 単調な. **tónelessly** 副 調子なしで, 単調に.
【複合語】**tóneàrm** 名 C レコードプレーヤーのトーンアーム(pickup arm). **tóne-déaf** 形 音痴の. **tóne déafness** 名 U 音痴. **tóne lànguage** 名 C【言】中国語など音調で意味を区別する声調言語.

tongs /tɔ́ːŋz | tɔ́ŋz/ 名 (複) 〔一般語〕様々な物をつかむためのはさみ, 火ばし.
語源 古英語 tangan から.

tongue /tʌ́ŋ/ 名 CU 動 本来語 〔一般語〕〔一般義〕舌. その他 舌が話をする上で重要な役割を担っていることから, 話す力, 談話, 話, 弁舌, 話し方, 話しぶり, 言葉遣い,〔形式ばった語〕言語, 国語, 方言,【聖】〔複数形で〕ある国語を話す国民. また食用の舌肉, タン,〔狩猟〕猟犬などのほえ声. 形や機能, 位置などが舌状のもの, 靴の**舌皮**, 鐘や鈴の**舌**, 楽器のリード, 馬車の**長柄**, 天秤の**指針**,【木工】さねはぎ板のさね,【機】突縁,【地理】入江, 岬,【動】無脊椎動物の舌帯. 動 として【楽】舌を用いて 1 音ずつ区切って演奏する, タンギングする,【木工】板にさねを作る, さねはぎで**接合する**, また, …に舌で触れる, なめる. 自 話す, ぺらぺらしゃべる, 舌のように突き出る, 炎がめらめらと舌を出す.
語源 古英語 tunge から.
用例 a slip of the *tongue* 失言 / have a gentle *tongue* 言葉遣いが優しい / have a bitter *tongue* 口が悪い / one's mother *tongue* 母語.
【慣用句】**bite one's tongue** 口をつぐむ. **get one's tongue around [round]**〔くだけた表現〕難しい語を正しく発音する. **give** … **the rough side of one's tongue**〔古風な表現〕人を厳しくしかる. **give [throw] tongue** 猟犬が臭跡を追いながらほえる, 人が大声でしゃべる, わめく. **hold one's tongue** 口をつぐんでいる, 黙っている. **lay tongue to** …を口に出す, 表現する. **on the tip of one's tongue** 話の先まで出かかった. **set tongues wagging** うわさ話の種になる. **with one's tongue hanging out** のどが乾いて, 待ち望んで, 期待して. **(with) (one's) tongue in (one's) cheek**〔くだけた表現〕不まじめに, からかって, 皮肉たっぷりに.
【複合語】**tóngue-tíed** 形 人が当惑や驚きなどで口のきけない, 舌のもれた, 舌足らずの. **tóngue twister** 名 C 早口言葉, 舌がもつれて発音しにくい言葉.

ton·ic /tάnɪk | tɔ́n-/ 名 CU 〔一般語〕〔一般義〕強壮剤. その他 ヘアートニック(hair tonic), 一般に活力を与えるもの.【楽】主音.
語源 ギリシャ語 tonos (⇒tone) の 形 tonikos が近代ラテン語 tonicus を経て初期近代英語に入った.
【複合語】**tónic wàter** 名 UC 炭酸飲料の一種.

to·night /tənάɪt/ 名 U 副 〔一般語〕〔無冠詞で〕今夜. 副 として今夜(は).
語源 古英語 to niht (=at night) から.
用例 This is the cloud pattern received from the satellite *tonight*. 衛星からの今夜の状況です.

tonnage ⇒ton.

ton·sil /tάnsl | tɔ́n-/ 名 C〔通例複数形で〕【解】扁桃腺(せん).
語源 ラテン語 tonsillae (=tonsils) が初期近代英語に入った.
【派生語】**tònsillítis** 名 U 扁桃腺炎.

ton·sure /tάnʃər | tɔ́n-/ 名 UC 本来語 〔一般語〕剃髪(てい),【キ教】剃髪式, 頭髪をそった部分. 動 として剃髪する.
語源 ラテン語 tondere (=to shave) の 形 tonsura (=shaving) が中英語に入った.

To·ny /tóʊni/ 名 固 男子の名トニー《★Anthony の愛称》.

too /túː/ 副 〔一般語〕〔一般義〕…もまた.その他 しかも, その上. 程度7ははだしいことを意味して, 余りに, 過度に, …すぎる, (~ … to do で) …するには…すぎる, 余りに…なので…できない.〔くだけた語〕非常に, はなはだ, 相手の否定の言葉に対する強い肯定としてところが…なのだ.
語源 古英語 tō から. 前置詞 to の強勢形. 初期近代英語から現在の形が用いられるようになった.
用例 I enjoyed it, *too*. 僕もそれを楽しんだよ / The children are being *too* noisy. 子供たちは少しうるさすぎる / This book is *too* hard for me to read. この本は難しすぎて私には読めない / "He didn't pass the exam." "He did *too*." 「彼はその試験に受からなかったんだ」「それが受かったんだよ」.
語法 ❶「…もまた」の意では文末または文中に置かれる. 否定文では Bill didn't come to the party, and Mary didn*'t, either*. (Mary も来なかった) のように too ではなく either が用いられるが, 勧誘の否定疑問文や反語の意を含む条件文, why で始まる否定疑問文では too を用いる. ❷ too … to do の構文では, That film was *too* shocking *to* watch. であり, 不定詞動詞 (watch) の目的語と文の主語が同一なので目的語が省略され, *That film was too shocking to watch it*. とはいわない.
類語 *also*; *too*: *also* は *too* よりもやや形式ばった語で, 通例動詞の前, be 動詞, 助動詞の後に置く.
【慣用句】**all too** 時間などで, 残念ながら余りにも…すぎる. **but too**〔文語〕= only too. **cannot** … **too** …いくら…しても…しすぎることはない: You *cannot* be *too* careful. どんなに注意しても注意しすぎることはない. **none too** 決して…しすぎてはいない: The price is *none too* high. その値段は決して高すぎない. **not too** 余り…でない. **only too** 残念ながら…, 非常に…: The report is *only too* true. その知らせは残念ながら事実です. **quite too** 実に, とても(すてきだ). **too much** 手におえない, かなわない.

took /tʊ́k/ 動 take の過去形.

tool /túːl/ 名 C 動 本来語 〔一般語〕〔一般義〕道具, 工具, 用具. その他 旋盤などの工作機械, また道具の役を果たすもの, 手段, 道具として用いられる人, 手先, お先棒, だし,【製本】本の表紙の押し型(による模様). 動 として, 道具で造る[細工する], 本の表紙に押し型をする, 工場などに機械を備えつける,〔くだけた語〕自動車, 馬車などをゆっくり走らせる, 人を乗せて走る. 自 道具を使う,〔くだけた語〕車に乗っている.
語源 ゲルマン祖語の *tōw-* (=to prepare; to make) に動作主を表す接尾辞の *-lom* が付いてできたと考えられる. 古英語 tōl から.
用例 Language is the main *tool* of communica-

tion for human beings. 言語は人間にとっての主たるコミュニケーションの手段である.

[類義語] tool; instrument; implement; appliance; utensil: **tool** が仕事を容易にするために使う道具であるのに対して, **instrument** は細巧で正確な仕事をするための精密, 巧みな機具であり, **implement** は仕事に必要な道具一般や園芸道具などの簡単な道具を指す. **appliance** は電気などで動く持ち運び可能な道具を指し, **utensil** は台所用品を主とした家庭用品を指す.

【慣用句】**tool up** 生産開始のために工場に機械を備え付ける.

【複合語】**tóol bòx** 名 C 道具箱, 工具箱.

toot /túːt/ 動 本来া 名 C 〔一般語〕らっぱや笛, 警笛などがプープーと鳴る. 他 プープーと鳴らす. 名 として, その音.

[語源] 擬音語起源で初期近代英語から.

tooth /túːθ/ 名 C (複 **teeth** /tíːθ/) 動 本来া 〔一般語〕 [一般義] 歯. [その他] 歯に似た物の意で, 歯車, フォーク, 熊手などの歯, のこぎりなどの目. 歯でかみつくイメージから比喩的に, 威力, 激しさ. また食べ物の好み, 砥石や画用紙などのざらざらした表面, 【植】こけ類の歯. 動 として…に歯を付ける, のこぎりなどの目を立てる, 歯で…をかむ, 歯車などがかみ合う.

[語源] 印欧祖語の *ed-* (= to eat) の現在分詞 *ed-ont-* に遡ることができ, 語頭の母音が落ちてラテン語 *dens* (歯; ⇒dental) となり, 古英語では toth となった.

[用例] a permanent *tooth* 永久歯/a bad *tooth* 虫歯/a false [an artificial] *tooth* 義歯/My wife has a sweet *tooth*. 私の妻は甘党である.

【慣用句】 ***between one's teeth*** 声をひそめて, 声を抑えて. ***cast*** [***throw***] ... ***in*** ...***'s teeth*** ...の事で…と向かって責める, 非難する. ***cut one's teeth on*** ...に小さい時から慣れる, 手始めに…をやる. ***draw*** ...***'s teeth*** ...の不満の種を取り除く, …を無力にする. ***get one's teeth into*** ...に食いつく, …に打ち込む, 真剣に取り組む. ***in the*** [...***'s***] ***teeth*** 面と向かって, 公然と. ***in the teeth of*** ... …に面と向かって, …に逆らって, …をものともせず. ***kick*** ... ***in the teeth*** 〔くだけた表現〕…をひどい目にあわせる. ***long in the tooth*** 年老いた. ***pull*** ...***'s teeth*** = draw ...'s teeth. ***set*** [***put***] ...***'s teeth on edge*** …に不快感を与える, いらいらさせる. ***set one's teeth*** 歯を食いしばる, 困難を覚悟する. ***show one's teeth*** 歯をむき出し, 敵意を示す, 脅かす. ***tooth and nail*** 手段を尽くして, 必死になって. ***to the teeth*** 寸分のすきもなく, 完成に, 完全に.

【派生語】**toothed** /túːθt, túːðd/ 形 歯のある, 歯付きの; …の歯の. **tóothless** 形 歯のない, のこぎりなどが目のない, 無力な. **tóothsome** 形 〔形式ばった語〕おいしい, 美味の, 名声, 権力などが好ましい, 女性が官能的な. **tóothy** 形 笑って歯を見せた; おいしい: a *toothy* smile 歯を見せたほほえみ.

【複合語】**tóothàche** 名 CU 歯痛. **tóothbrùsh** 名 C 歯ブラシ. **tóothcòmb** 名 C (英) 目の細かいくし. **tóothpàste** 名 U 練り歯磨き. **tóothpìck** 名 C ようじ. **tóoth pòwder** 名 UC 歯磨き粉.

too·tle /túːtl/ 動 本来া 名 C 〔一般語〕笛などを緩くふく, 〔古風な表現〕車でのんびりと出かける. 名 としてピューピューいう音.

[語源] ⇒toot. -le は反復を示す接尾辞.

toot·sie, toot·sy /túːtsi/ 名 C 〔小児語〕(複数形

で)足, あんよ.

[語源] foot＋-sy (戯言的名詞語尾) から成る footsy の変形で 19 世紀から.

top¹ /táp|tɔ́p/ 名 C 形 動 本来া 〔一般語〕 [一般義] 物の最上部, 最高部. [その他] 様々な物の一番上にあるものについて用い, 頂上, 絶頂, 先端, 頭のてっぺん, 表面, ページの上部, 本の天, びんや容器のふた, 栓, キャップ, トンネルなどの開口部, テーブル, 部屋などの上座, 上席. また比喩的に物事の始まりや最初の部分, 首席, 首位, トップ, そのような地位にある人, 極点, 最良の部分, 精髄. さらに靴の最上部の革, 宝石の冠部, 《英》【自動車】トップギア, 【トランプ】手の中の最高の札, エース, トップ, 《スポ》ボールの中心より上を打つこと, トップ, トップスピン, 【野】イニングの表, 打順が 1 番から 3 番, 【化】蒸留の際の最初の揮発部分, 【海】檣楼 (しょうろう). 形 として一番上の, 最高の, トップの. 動 として…の頂を覆う, 頂上に立つ, 頂点に達する, …より優れる, …を越える, 植物などの先端を切る, 【劇】役を見事にこなす, 【化】最も揮発しやすい成分を蒸留する, 《スポ》ボールにトップスピンをかける.

[語源] 古英語 top から.

[用例] the *top* of the hill 山の頂上/the *top* of the heap 最高の地位/the *top* of the table テーブルの表面[上座]/the *top* news トップニュース/the *top* of the class クラスで一番/at the *top* of one's voice 声の限りに/at *top* speed 最高速度で/Our company's profits this year have already *topped* 10 million yen. 我が社の今年の利益はすでに 1000 万円を越えている.

[類義語] summit; top: **summit** も頂上の意で用いるが, **top** よりも形式ばった語.

[反意語] bottom.

【慣用句】 ***blow one's top*** 〔くだけた表現〕かっとなって怒る. ***come to the top*** 表面に出る, 他に抜きんでる. ***from the top*** 〔くだけた表現〕最初から. ***from top to bottom*** [***toe***] 頭のてっぺんから足の先まで, すっかり. ***get on top of*** ... 〔くだけた表現〕…の手に負えない. ***off the top of one's head*** よく考えないで即座に. ***on top***上に; 成功して, 支配して. ***on top of*** ... …の上に; …に加えて, 〔くだけた表現〕…を支配して, うまく管理して. ***on top of the world*** 有頂天になって, 非常に幸せで. ***over the top*** 〔くだけた表現〕目標を超えて, 《英》度を越して. ***tops and bottoms*** 両極端. ***top and tail*** 全体, 全部; 結局のところ. ***top off*** 仕上げる; 終わる. ***top or tail*** 〔否定文で〕全く…ない. ***top out*** 建物に屋根を載せて完成する, 《英》落成式をする, ピークになる. ***top over tail*** 逆さに. ***top up*** 仕上げる, 《英》補給して一杯にする, 飲み物などを一杯につぎ足す. ***with the top of one's mind*** うわの空で.

【派生語】**tópless** 形 女性の衣服が乳房を露出した, トップレスの. 名 トップレスの服(水着, ウエートレス), トップレスバー[レストラン]. **tópmòst** 形 最高の, 一番上の. **tópper** 名 C 一番上のもの, 上積み; 〔くだけた表現〕婦人用の短いコート, シルクハット; 〔俗語〕《英》すぐれた人. **tópping** 名 UC 上部, 上端, 頂; コンクリートの上塗り, ケーキのトッピング; 上部を取り除くこと, (複数形で) 切り取られた木の枝. 形 最高の, 《くだけた語》《英》すばらしい, 《米》ごう慢な.

【複合語】**tóp bòot** 名 C (通例複数形で) 乗馬(狩猟)用のトップブーツ. **tóp còat** 名 C オーバー, スプリングコート, U (塗料の)仕上げ塗り. **tóp dòg** 名 U 〔くだ

けた語〕競走の勝利者. **tóp dráwer** 名〔くだけた語〕(the ～)トップクラス,上流階級. **tóp-drèss** 動 [本来な]表土に上から肥料を施す. **tóp-flíght** 形〔くだけた語〕一流の. **tòpgállant** 名 C〔海〕トガンマスト〔スル〕. **tóp géar** 名 U〔英〕自動車などのトップギア(《英》high gear): be in *top gear* 最高潮に達した. **tóp hàt** 名 C シルクハット. **tóp-héavy** 形 頭でっかちの,不安定な;〔財政〕資本過大の. **tóp knòt** 名 C 頭のてっぺんの毛の束,ちょんまげ,蝶結びのリボン,〔魚〕ヒラメの一種,〔くだけた語〕頭. **tóp-lével** 形〔くだけた語〕首脳の,トップレベルの. **tóp-nótch** 形〔くだけた語〕一流の,最高の. **tóp-ránking** 形 最高位の. **tópsàil** 名 C〔海〕中檣(*ちゅうしょう*)帆,トップスル. **tópsécret** 形 国家の最高機密の,極秘の. **tópsìde** 名 U 上側,(複数形で)〔海〕喫水線上の船側,上甲板,〔英〕牛の腰の肉. 形 上側の,上甲板の.

top² /táp/ 名 C 〔一般義〕独楽(*こま*).
[語源] 古英語 top から.

to·paz /tóupæz/ 名 UC 〔一般義〕黄色の宝石,黄玉,トパーズ(★11月の誕生石).
[語源] ギリシャ語 *topazos* がラテン語,古フランス語を経て中英語に入った.

to·pee, to·pi /toupíː, ⸌‐/ 名 C 〔一般義〕熱帯地方で用いる日除け帽,トーピー.
[語源]「帽子」の意のヒンディー語 *topī* から 19 世紀に入った.

top·ic /tápik|tɔ́p-/ 名 C 〔一般義〕[一般義] 話題. [その他]話の中心としての題目,論題,主題,テーマ,また 一般法則,原理,原則,〔論〕大体論,前提論,概論.
[語源] ギリシャ語 *topos*(=place)の 形 *topikos*(=of a place; commonplace)が名詞化した *topika* が Aristotle の著書 *Ta Topika*(=Topics)として採られ,ラテン語 *topica*(=topics)として受け入れられ,中英語に入った.
[用例] current *topics* 今日の話題/*topics* of the day 時事問題/a *topic* for conversation 話の種.
[類義語] topic; subject; theme: **topic** は討論や文章などで扱われる比較的小さい題材. **subject** は文章,講演,研究,芸術作品などの幅広い分野で用いられる題材. **theme** は講演,学術論文,文学作品,芸術作品などに一貫して流れている基本概念の意.
【派生語】**tópical** 形 話題の,時事問題の,題目の,項目の,原則的な;その土地の;〔医〕局部の. **tópically** 副 話題として,原則的に,原則的に;局地[部]的に. **tòpicálity** 名 U 話題となること,時事性.

topographic ⇒topography.
topographical ⇒topography.
to·pog·ra·phy /təpágrəfi|‐pɔ́g‐/ 名 CU 〔一般語〕(通例単数形で)地勢,あるいは地形学.
[語源] ギリシャ語 *topographein*(=to describe a place; *topos* place+*graphein* to describe)がラテン語を経て中英語に入った.
【派生語】**topógrapher** 名 C 地形学者. **tòpográphic, ‐cal** 形. **tòpográphically** 副.

topological ⇒topology.
topologist ⇒topology.
to·pol·o·gy /təpálədʒi|‐pɔ́l‐/ 名 U〔数〕位相数学[幾何学],〔コンピューター〕トポロジー,あるいは地形学.
[語源] topo‐「場所」+‐logy「学(問)」.

【派生語】**topológical** 形. **topólogist** 名 C.

top·ple /tápl|tɔ́pl/ 動 [本来な]〔一般義〕ぐらつく,倒れる.
[語源] top¹+‐le(反復を表す語尾)として初期近代英語から.

top·sy-tur·vy /tápsitə́ːrvi|tɔ́p‐/ 副 形 U〔一般義〕逆さま(に,の),あべこべ(に,の),めちゃくちゃ(に,の).
[語源] おそらく top¹+中英語 turve(=to roll). 初期近代英語から.

toque /tóuk/ 名 C 〔一般義〕つばのない小形の婦人帽.
[語源] おそらく「帽子」の意味のバスク語 *tauka* がスペイン語,フランス語を経て初期近代英語に入った.

torch /tɔ́ːrtʃ/ 名 C 動 [本来な]〔一般義〕たいまつ. [その他]たいまつに類似したもの,聖火,〔英〕懐中電灯(《米》flashlight),〔米〕溶接用のトーチランプ(《英》blowlamp),比喩的に知識や文化の光,光明,希望の光,〔俗語〕〔米〕火のイメージから,放火魔〔犯〕. 動 としては,たいまつのように燃え上がる. 他〔米〕トーチランプを当てる[で照らす],〔俗語〕放火する.
[語源] ラテン語 *torquere*(=to twist)に由来する俗ラテン語 *torca*(重ねてねじった木の枝)が古フランス語を経て中英語に入った.
[用例] the Olympic *torch* オリンピックの聖火/the *torch* of knowledge [learning] 知識[学問]の光.
【慣用句】*carry a torch for* ... 特に片思いの相手に恋の炎を燃やす.
【複合語】**tórchbèarer** 名 C たいまつを持つ人,運動や戦争などの指導者,啓蒙家. **tórchlight** 名 U たいまつ(の明り). **tórch sìnger** 名 C トーチソング歌手. **tórch sòng** 名 C 失恋の悲しみなどを扱ったセンチメンタルなブルース,トーチソング.

tore /tɔ́ːr/ 動 tear¹ の過去形.

tor·ment /tɔ́ːrmənt/ 名 UC, /tɔːrmént/ 動 [本来な]〔一般義〕[一般義] 激しい肉体的または精神的苦痛. [その他]苦しみの種,やっかい者. 動 としては,激しい肉体的または精神的苦痛を与える,苦しめる,面倒な事を起こして人を悩ます,ひどく困らせる.
[語源] ラテン語 *torquere*(=to twist)から派生した *tormentum*(=agony)が古フランス語を経て中英語に入った. ⇒torture.
【派生語】**torméntor, torménter** 名 C.

torn /tɔ́ːrn/ 動 tear¹ の過去分詞.

tor·na·do /tɔːrnéidou/ 名 C 〔一般義〕米国中部などに起きる大竜巻,トルネード;一般に大暴風.
[語源] スペイン語 *tronada*(=thunderstorm)と *tornar*(=to turn)が合わさって初期近代英語に入ったと思われる.

tor·pe·do /tɔːrpíːdou/ 名 C 動 [本来な]〔一般義〕[一般義] 水雷,魚雷. [その他]〔鉄道〕信号雷管,〔魚〕しびれえい. 動 として水雷[魚雷]で攻撃する,また破壊する,交渉などを挫折させる.
[語源] ラテン語 *torpere*(=to be numb)から派生した「しびれえい」の意の *torpedo* が初期近代英語に入った.
【複合語】**torpédo bòat** 名 C 水雷艇.

tor·pid /tɔ́ːrpid/ 形 [形式ばった語]人々動くべきものが動かない,不活発な,感覚の鈍い,また動物が冬眠中の.
[語源] ラテン語 *torpere*(=to be numb)の過去分詞 *torpidus* が初期近代英語に入った.
【派生語】**torpídity** 名 U.

tor・por /tˈɔːrpər/ 名 UC 〔形式ばった語〕麻痺状態，無感情．
[語源] ラテン語 torpor (= numbness) が初期近代英語に入った．

torque /tɔːrk/ 名 U 〔理〕回転力，トルク，また古代ブリトン人の首飾り．
[語源] ラテン語 torquere (= to twist) から派生した「首飾り」の意の torques が初期近代英語に入った．

tor・rent /tˈɔːrənt | tˈɔr-/ 名 C 〔一般語〕一般義 激しくほとばしる水の流れ，急流．その他〔複数形で〕どしゃ降りの雨，また言葉が続けさまに出ること，言葉の連発，感情のほとばしり．
[語源] ラテン語 torrere (= to burn) の現在分詞 torrens がイタリア語，フランス語を経て初期近代英語に入った．⇒torrid.
【派生語】**torréntial** 形．

tor・rid /tˈɔːrid | tˈɔr-/ 形 〔一般語〕焼けるように暑い，酷暑の．
[語源] ラテン語 torrere (to burn; to scorch) から派生した torridus が初期近代英語に入った．
【複合語】**tórrid zòne** 名 〔the ~ の〕熱帯．

tor・sion /tˈɔːrʃən/ 名 U 〔機〕ねじり，ねじれ．
[語源] ラテン語 torquere (= to twist) の 名 torsio が古フランス語を経て中英語に入った．

tor・so /tˈɔːrsou/ 名 C 〔一般語〕人間の胴体，転じて頭や手足のない胴体のみの彫像．
[語源] ラテン語 thyrsus (茎，株) がイタリア語 torso を経て 18 世紀に入った．

tor・toise /tˈɔːrtəs/ 名 C 〔一般語〕陸上の淡水に生息するかめ．
[語源]「地獄」の意のラテン語 Tartarus に由来し，原義は「地獄に住む動物」．古フランス語 tortue を経て中英語に入った．一説では「ねじる」の意のラテン語 torquere に由来し，足のねじれた姿から「かめ」の意になったともいう．
類義語 turtle.
【複合語】**tórtoiseshèll** 名 UC 鼈甲(こう).

tor・tu・ous /tˈɔːrtʃuəs/ 形 〔一般語〕一般義 道や流れが曲がりくねっている，ねじれた．その他 不正な，議論が回りくどい．
[語源] ラテン語 tortus (ねじれ) の 形 が古フランス語を経て中英語に入った．⇒torture.
【派生語】**tórtuously** 副．

tor・ture /tˈɔːrtʃər/ 名 CU 動 本来他 〔一般語〕一般義 拷問．その他 精神的または肉体的なひどい苦しみ，苦悩．動 として拷問にかける，ひどく苦しめる．
[語源] ラテン語 torquere (= to twist) の過去分詞 tortus から派生した後期ラテン語 tortura (ねじれること，激しい苦痛) が初期近代英語に入った．
【派生語】**tórturer** 名 C.

To・ry /tˈɔːri/ 名 C 〔一般語〕英国の王党員を祖とする保守党員，トーリー党員．その他 米国で独立戦争当時の英国を支持した人，英国派，《しばしば t-》保守主義者．
[語源]「追跡する」の意のアイルランド語 tōir から派生した「無法者，強盗」の意 toraidhe が初期近代英語に入った．Whig 党員による蔑称でもした．
【派生語】**Tóryìsm** 名 U 保守主義．

toss /tˈɔːs | tˈɔs/ 動 本来他 《過去・過分 ~ed, 詩語 tost /tˈɔːst | tˈɔst/》 名 C 〔一般語〕一般義 無造作に軽く投げる．その他 ...をほうる，《球技》ボールをトスする，波が船などを上下に揺さぶる，人や心を動揺させる，頭などをぐいと上げる，馬が人を振り落とす．硬貨を投げてその結果が表か裏かによって物事を決める，言葉などを急に差しはさむ．《料理》サラダなどをドレッシングと混ぜるように軽くかきまぜる，《鉱山》錫(す)を揺り動かして選り分ける．自 船などが上下に揺れる，人がころげ回る，寝返りをうつ，また硬貨を投げる．名 としてほうり上げること，トス，投げて届く距離，船などの上下の揺れ，心の動揺，頭などを急に上げること，《the ~ の》硬貨投げ，《英》落馬．
[語源] 北欧起源かと思われるが詳細は不詳．中英語から．
[用例] I *tossed* the beggar some pennies. 私は乞食に数枚のペニー硬貨を投げてやった／The boat *tossed* wildly in the rough sea. 船は荒れた海で激しく揺れた．
類義語 ⇒throw.
【慣用句】**argue the toss**〔くだけた表現〕《英》決定がなされていて変えられないのに議論する．**toss around** ...をほうり投げる，上下に揺さぶる；上下に揺れる，寝返りを打つ．**toss off** 仕事などをさっと手早く片づける，...を一気に飲み干す；《俗》《英》男が手淫する，即興で作る．**toss up** 投げ上げる，硬貨を投げて決着する；料理や食事を急いで作る；〔くだけた語〕飲食物を吐く，もどす．
【複合語】**tóss-ùp** 名 C 勝負，決着をつける硬貨投げ；〔くだけた語〕《a ~》五分五分．

tot¹ /tˈɑt | tˈɔt/ 名 C 〔くだけた語〕一般義 幼い子(toddler)．その他 《英》酒などの少量，ひとくち．
[語源] totterer の短縮形，あるいは北欧起源で 18 世紀から．

tot² /tˈɑt | tˈɔt/ 動 本来他 〔くだけた語〕《英》合計する，加える．
[語源] total の短縮形で初期近代英語から．

to・tal /tˈoutl/ 形 名 動 本来他 《過去・過分 《英》-ll-》〔一般語〕一般義 全体の，総計の．その他 全体的な，総合的な，完全な，全くの，総力的な．名 として 総計，総額，総量，全体，全部．動 として 総計する，合計 ...になる，〔俗〕《米》車などをめちゃめちゃに壊す．
[語源] ラテン語 totus (= whole) の 形 totalis が古フランス語を経て中英語に入った．
[用例] What is the *total* cost of the holiday? その休暇の総費用はいくらですか／The expenses of his wedding reception *totaled* two million yen. 彼の結婚披露宴の費用は合計で 200 万円になった．
類義語 total; whole; entire. **total** は個々のものが合わさった結果としての全体．**whole** は欠けたところがない全体．**entire** は欠けたところもなく，付加するところもない完全さを強調し，whole よりも意味が強い．
関連語 sumtotal.
反意語 partial.
【慣用句】**in total** 全体で，合計で．
【派生語】**totalitárian** 形 全体主義の．名 C 全体主義者．**totalitárianism** 名 U 全体主義．**totálity** 名 U 完全，全体性；全体，総計，総額；《天》皆既食の持続時間．**tótalizàtor** 名 C 加算器，競馬の賭け率表示器．**tótally** 副 全く，すっかり．
【複合語】**tótal negátion** 名 UC 《文法》全部否定．

to・tem /tˈoutəm/ 名 C 〔一般語〕主に北米先住民の社会で氏族の象徴として礼拝する動物または植物，トーテム，一般にトーテム像．
[語源] 北米の先住民語から 18 世紀に入った．
【派生語】**tótemism** 名 U トーテム信仰[崇拝]．
【複合語】**tótem pòle** 名 C トーテムポール．

tot・ter /tátər|tɔ́t-/ 動 本来自 [一般語] よろよろ歩く, よろめく, 建物などがぐらつく.
語源 「震える」を意味する北欧語が中英語に入った.
【派生語】tóttery 形.

touch /tʌ́tʃ/ 名UC 本来他 [一般語] 一般義 触れる. その他 触れ合わせる, 接触させる. [医]触診する. 軽くたたく, 軽く押す. (通例否定文で)飲food物に手をつける, 女や金, 事業に手を出す. 触れることの比喩的意味として, …に達する,及ぶ. (通例否定文で)…に匹敵する, 劣らない. 触れることから影響を及ぼす意となり, (通例受身で)…を害する, 人の気持を傷つける, 病気などが冒す, 人の気持を動かす, 感動させる. 物同士が触れ合うことから, 土地や建物などが…と接する, 境を接する, 隣接する, 利害などが関係する. 話題が触れるということから, …に言及する, 取り扱う. [海]船が…に寄港する, 【冶】金・銀を試金石で試す, 純度検査済みの検印を押す. 名としては, 接触, 感触, 手ざわり, また軽く押すこと, 【医】触診, (通例単数形で)精神的な接触, 交流, 筆, ペンなどの一筆, 仕上げ, 芸術作品の作風, 物事の特質, 特徴, (単数形で)楽器の鍵や弦の手応え, タッチ. (a ～) わずか, 少量, 気味. 【冶】金・銀の純度検査済みの刻印, 【ラグビー・アメフト】タッチ. 〔俗語〕金の借用, 盗んだ[巻き上げた]金.
語源 ラテン語 toccare (=to knock; to strike a bell) が古フランス語 touchier を経て中英語に入った.
用例 Their shoulders touched. 彼らは肩が触れた / You mustn't touch! さわっちゃいけません / His story touched them. 彼の話は彼らを感動させた / The painting still needs a few finishing touches. その絵はまだ数個所最後の仕上げが必要だ.
【慣用句】be in touch [out of touch] with … …の事情に通じている[いない]. get in touch with … …と連絡をとる. keep in touch with … …と連絡を保つ. lose touch with … …と連絡が切れる. touch bottom 船が水底に着く; 地に落ちる, どん底に至る. touch down 飛行機が着陸する, 【ラグビー・アメフト】タッチダウンする. touch … for … 〔俗語〕人から金を借りる. touch up 絵や文章などを細かく修正する. touch off 爆発させる, ロケットなどを発射する, …を誘発する. touch on … …に簡単に言及する. touch out 【野】タッチアウトにする. touch up 絵や文章などを修正する, 加筆する; 記憶などを呼び起こす; 馬などに軽くむちを当てる, 〔くだけた語〕みだりに人の身体に触る.
【派生語】tóuched 形 心を動かされた, 〔くだけた語〕少し気がふれて頭がおかしい. tóuching 形 人を感動させる. 前〔文語〕…に関して. tóuchingly 副 感動的に. tóuchy 形 怒りっぽい, 短気な, 神経過敏な; 問題などが扱いにくい, 面倒な; 燃えやすい, 燃えやすい.
【複合語】tóuch and gó 名C きわどい[一触即発の]状態, 不確かなこと; 〔空〕訓練のため一瞬着陸してすぐに上昇するタッチアンドゴー. tóuch-and-gó 形 きわどい, 一触即発の; 飛行機や宇宙船の着陸, 【ラグビー・アメフト】タッチダウン. tóuchstòne 名C 試金石; 標準, 基準. tóuch sỳstem 名C タイプライターのキーを見ずに打つ方式, タッチシステム. tóuch-tỳpe 動 本来自 タッチシステムでキーを打つ.

tough /tʌ́f/ 形副名C 動 本来他 [一般語] 一般義 困難な, 難しい, 骨の折れる, やっかいな. その他 中身が詰まって硬い, 肉などが堅い, 弾力性があって折れない, 人が頑固な, 強情な, 不屈の. 困難に耐えられるというニュアンスから, 人や動物が頑丈な, 丈夫な, たくましい, また手ごわいということから「困難な, 難しい」の意味が出た. さらに言動などが信じられない, 人が乱暴な, 〔くだけた語〕不愉快な, ひどい, 〔俗語〕《米》すばらしい, 立派な. 副 としてしっかりと, 丈夫に, 乱暴に. 名 としてごろつき, よた者, 無頼漢. 動 として《米》困難などに耐える.
語源 古英語 tōh から.
用例 a tough problem 難問 / a tough material 頑丈な材料 / She's a tough old lady. 彼女は手ごわいお年寄だ.
類義語 difficult; hard.
反義語 tender; soft; fragile.
【慣用句】get tough with … …を容赦しない.
【派生語】tóughen 動 本来他 強くする, 堅くする, たくましくする; 困難にする, 頑固にする. tóughly 副 強く, 堅く, たくましく, 丈夫に, 頑固に. tóughness 名U 強さ, 堅さ, たくましさ, 難しさ.

tou・pee /tuːpéi/ 名C [一般語] はげを隠すための男性用のかつら.
語源 古フランス語 toup (=top) が「前髪」の意のフランス語 toupet を経て 18 世紀に入った.

tour /túər/ 名C 動 本来自 [一般語] 一般義 観光, 商用, 視察などの旅行, 見学旅行. その他 工場や施設などの一巡見学, 一周, 劇団やスポーツの巡業, 【軍】勤務期間, 工場の交替. 動 として…を旅行する, 周遊する, 巡業する.
日英比較 日本語の「ツアー」のような「団体旅行」の意味はない.
語源 ギリシャ語 tornos (=tool for describing a circle) がラテン語 tornus, 古フランス語 tour を経て中英語に入った.「輪のようにぐるりと回る」の意.
用例 They went on a tour of Italy. 彼らはイタリア周遊旅行に出かけた / a cycling [walking; sightseeing; study] tour 自転車[徒歩, 観光, 研究]旅行 / They are touring in France. 彼らはフランスを周遊中である.
類義語 ⇒travel.
【慣用句】on tour 旅行中で, 劇団などが巡業中で.
【派生語】tóurism 名U 観光旅行, 旅行案内業, 《集合的》観光客. tóurist 名C 形 観光客; ツーリストクラス(の, で): tourist class 観光客が利用する割安な席, ツーリストクラス, 普通席. tourist court 《米》=motel.

tour de force /túərdəfɔ́ːrs/ 名C (複 tours de force) 〔形式ばった語〕きわだって秀れた業績, 偉業.
語源「力わざ」の意のフランス語から入った.

tourism ⇒tour.

tourist ⇒tour.

tour・na・ment /túərnəmənt, tɔ́ːr-|túə-, tɔ́ː-/ 名C [一般語] 一般義 選手権を争う勝ち抜き試合, トーナメント. その他 中世の騎士が行った馬上試合.
語源 「馬上試合をする」の意の古フランス語 tornier の 名 torneiement が中英語に入った.

tour・ni・quet /túərnəkit, tɔ́ːnəkèi/ 名C 【医】止血帯.
語源 フランス語 tourner (=to turn) の派生語 tourniquet が初期近代英語に入った.

tou・sle /táuzl/ 動 本来他 〔形式ばった語〕荒々しい扱いをして混乱させる, 整っていたものをくしゃくしゃにする.
語源 中英語 tusen (=to pull to pieces) に反復

表す語尾 -le が付いて中英語から.

tout /táut/ 動 本来自 名 C 〔くだけた語〕商売を目的にしつこく**勧誘する**〔for〕,**客引きをする,押し売りをする**. 名 として**客引き,だふ屋**.
語源 中英語 tute(n) (のぞき見をする)から.

tow¹ /tóu/ 動 本来他 名 CU 〔一般語〕船や車などを綱で**引っ張る**,犬などをひもで**引いて連れ歩く**. 名 として**牽引**(ミ˘).
語源 古英語 togian (=to pull) から.
【複合語】**tówline** 名 C 引き綱. **tówpàth** 名 C 引き船道. **tówròpe** 名 C 引き綱. **tów trùck** 名 C レッカー車.

tow² /tóu/ 名 U 〔一般語〕**麻などの繊維のくず,麻くず**.
語源 中英語 towe から.

to·ward, to·wards /təwɔ́:rd, tɔ́:rd/, /təwɔ́:rdz, tɔ́:rdz/ 前 〔一般語〕 一般義 その方へ, …に向かって, その他 目的, 貢献, 寄与などを示し…に向かっての, …のために〔に〕, 位置を示し…の方に, …に向いて, …の近くに, 態度, 行為, 関係などを示し…に対する〔して〕, …に関する〔して〕, 時間, 数量を示し…に近く, …ごろ, …くらい.
語法 一般に《米》では toward,《英》では towards を用いる.
語源 古英語 toweard(to+ward) から.
用例 He walked *toward* the door. 彼はドアの方へ歩いていった/What are your feelings *towards* him? 彼に対してあなたの気持はどうなのか.
類義語 to; toward: **to** は到着を意味するが, **toward** は必ずしも目的地への到着は意味しない.

tow·el /táuəl/ 名 C 動 本来他 〔一般語〕 一般義 タオル, その他 手ぬぐい, それに類する布や紙の手ふき. 動 としてタオルでふく,〔俗語〕《英》打つ.
語源 古高地ドイツ語 *dwahilla* (*-ila* cloth for washing or wiping) から古フランス語 *toaille* を経て中英語に入った.
用例 After her swim she dried herself with a *towel*. 泳いだ後, 彼女はタオルで体をふいた.
【慣用句】 **throw in the towel** 〔くだけた表現〕ボクシングで敗北の承認としてタオルを投げ入れる, 敗北を認める.
【派生語】 **tóweling,**《英》**-ll-** 名 U タオル地,〔俗語〕《英》むち打ち.
【複合語】 **tówel ràck [ràil]** 浴室や台所のタオルかけ.

tow·er /táuər/ 名 C 動 本来自 〔一般語〕 一般義 塔, その他 塔に類したもの, 例えばやぐらや砦, 要塞, また防備物, 保護者,《米》鉄道信号塔, 傷ついた鳥の一直線上昇. 動 として高くそびえる, 才能などが他を一段と引き離して**抜きんでる**,〔鷹狩り〕高くまっすぐに**飛び上がる**.
語源 ギリシャ語 *tyrsis* (=tower) がラテン語を経て古英語に入った.
用例 You can see the *tower* of the castle from here. ここから城の塔が見える/The mountain *towered* into the sky. 山は空に向って高くそびえていた.
【慣用句】 *a tower of ivory*=*an ivory tower* 象牙の塔. *a tower of strength* 困った時頼りになる人. *tower and town*=*town and tower* 人家のあるところ.
【派生語】 **tówering** 形 高くそびえる, 才能などが抜きんでた, 怒りや感情が非常に激しい, 野心や野望が大きい.
【複合語】 **Tówer Brídge** 名 固.《the ～》タワーブリッジ(★ロンドンのテムズ川にかかる開閉式の橋).

Tówer of Bábel 名 固.《the ～》バベルの塔. **Tower of London** 名 固.《the ～》ロンドン塔(★ロンドンのテムズ川の岸辺にあり, 中世では宮殿として, その後は牢獄として, 現在は博物館として用いられている; the London Tower ともいう).

town /táun/ 名 CU 一般義 町, その他 都会の意でも用いられ,《the ～》そこに住む人々, 町民, 市民. また首都や主要な町, 今住んでいる町,《英》特にロンドン. 一般的に都市の**商業地区**や**繁華街**,《the ～》**都会生活**.
語源 古英語 tūn から. 原義は「囲まれた場所」.
用例 Chester is a very famous medieval *town*. チェスターはとても有名な中世の町である/the whole *town* 町中の人々.
関連語 city; borough; village; suburb; county.
日英比較 英語の town は, 一般には village より人口や人家などが多く商業も盛んであるが, city よりは小さい(または city と公称されない)小都会を意味し, 日本語の「町」より大きいことが多い.《英》では city の資格があってもしばしば town ということがある.
【慣用句】 **tówn céntre** 名 C《英》町の中心(《米》 downtown). **tówn clérk** 名 C《英》町や市の書記,《米》市町記録係. **tówn cóuncil** 名 C《英》町議会. **tówn háll** 名 C 町役場, 町[市]の公会堂. **tówn hóuse** 名 C 貴族が所有する田舎の本邸に対して都会の別邸,《米》連棟住宅. **tówn plánning** 名 U《英》都市計画(《米》city planning). **tównscàpe** 名 C 都会の風景, 都市街道計画. **tównsfòlk** 名《複》《米》=townspeople. **tównshìp** 名 C《英》昔の町区,《米・カナダ》郡区;《米》公有地測量で町,《オーストラリア》小都市,《南アフリカ》有色人種居住区. **tównsman** 名 C 同じ町の人に対して町の人, 都会人, 町内の人. **tównspèople** 名《複》町民, 市民, 都会人.

tox·e·mi·a, tox·ae·mi·a /taksí:miə | tɔk-/ 名 U【医】血液中にバクテリアによる毒素が生じる病気, **毒血症**.
語源 tox- 「有毒な」+-emia 「血液の状態」. 19世紀から.

tox·ic /táksik | tɔ́k-/ 形 〔形式ばった語〕**中毒を引き起こす, 有毒な**.
語源 ギリシャ語 *toxon* (矢) から派生した *toxikon* (矢に塗る毒) がラテン語に *toxicum* (毒)を経て初期近代英語に入った.
【派生語】 **toxícity** 名 U 毒性. **tòxicólogy** 名 U 毒物学. **tóxin** 名 C 毒素.

toy /tɔ́i/ 名 C 形 動 本来自 〔一般語〕 一般義 **玩具**, おもちゃ, その他 おもちゃ同様の値打ちしかない安もの, つまらない物, 一般に小さいもの, 小物. 形 としておもちゃの, 大きさがおもちゃのように小さな. 動 として**遊ぶ**, 何かをもてあそぶ, いじくり回す〔with〕.
語源 不詳. 中英語から.
用例 They have a *toy* poodle. 彼らは愛玩用のプードルを飼っている/He *toyed* with the idea of writing

a book. 彼は本でも書いてみようかと気楽に考えた.
【慣用句】**make a toy of** ... ...をもてあそぶ, おもちゃにする.
【複合語】**tóyshòp** 名 C おもちゃ屋.

trace¹ /tréis/ 名 CU 動 本来他 〔一般語〕一般義 人や動物, 物などが通った跡, 形跡, 痕跡, 後に残っている経験や境遇などの影響, 結果. またはんの少し, わずか, ...の気味. 跡, 痕跡の意から転じて, 線, 図形, 見取図, 自動記録装置の記録, 〖心〗記録痕跡, 〖数〗交点や交線の跡(㌠). 動 として...の跡をたどる, 足取りを捜す, 比喩的に起源, 歴史, 原因などをさかのぼって明らかにする, 線, 輪郭, 図などを引く, 描く, 図面, 設計図などを透写する, 図案, 模様などを施す, 自動記録装置が...を線で記録する, 文字などを丁寧に書く, 道などをたどる.
語源 ラテン語 trahere (=to draw) の 名 tructus (= drawing; dragging; trailing) が古フランス語を経て中英語に入った.
用例 He has disappeared without (a) trace. 彼は跡形もなくいなくなった/Traces of poison were found in the cup. カップの中にわずかな毒が発見された.
【派生語】**tráceable** 形 起源や跡などをたどることができる, ...に足どり, 帰することができる; 描く[写す]ことができる. **trácer** 名 C 追跡者, 透写用具, トレーサー, 《米》紛失物捜索係, 紛失郵便物捜索照会状, 〖軍〗曳光弾, 〖化·生理〗追跡子. **trácing** 名 C 追跡, 捜索; 透写, 透写図, 複写, 自動記録装置の記録: **tracing paper** 透写紙.

trace² /tréis/ 名 C 〔一般語〕馬や牛などを引く引き革.
語源 ⇒trace¹.

traceable ⇒trace¹.
tracer ⇒trace¹.

tra·chea /tréikiə/ trəkí:ə/ 名 C 〖解〗気管.
語源 ギリシャ語 trakus (=rough) から (artēria trakheia (=rough (windpipe)) ができ, 中世ラテン語を経て中英語に入った.

tra·cho·ma /trəkóumə/ 名 U 〖医〗眼の伝染性疾患トラコーマ, トラホーム.
語源 ギリシャ語 trakhus (=rough) の 名 trakhōma が近代ラテン語を経て初期近代英語に入った. 「荒れた目」の意から.

tracing ⇒trace¹.

track /træk/ 名 C 動 本来他 〔一般語〕一般義 動物や人, 車などが通った跡. その他 わだちや足跡, ...が通った跡が道となった小道, 通路, 比喩的に進路や人生の常道, 〖鉄道〗線路, 軌道, 〖スポ〗競走路, トラック, コース, トラック競技. また事件, 思想などの連続, 経過, 行為などの形跡, 〖機〗無限軌道, キャタピラ, 自動車の左右両輪間の幅, 輪距, 〖楽〗サウンドトラック, レコードの溝, テープの録音帯, 〖教育〗《米》能力別編成学級[教育課程], 〖コンピューター〗トラック. 動 として...の跡を追う, ...をたどる, 《米》...に足跡をつける, 〖宇宙〗望遠鏡やレーダーなどで人工衛星や飛行機などを観測する, 〖軍〗レーダー, サーチライト, 望遠鏡, 砲などで目標を追跡する. 自 跡をつける, 後輪が前輪のわだちを踏んで走る, レコードの針が溝を走る, 〖映画·テレビ〗移動式撮影機台で撮影する.
語源 古フランス語 trac が中英語に入った.
用例 tyre tracks タイヤの線/railway tracks 鉄道の線路/the 100 meters sprint and other track events 100 メートル走と他のトラック種目.
類義語 trace.
【慣用句】**cover one's tracks** 足跡を隠す, 自分の意図を隠す. **in one's track** 〔俗語〕その場で, ただちに. **keep track of** ...をたどる, ...を見失わないようにする, ずっと...の情報を得る. **lose track of** ...を見失う, ...の情報を得られなくなる. **make tracks** 〔くだけた表現〕急いで逃げる, 立ち去る. **off the beaten track** よく知られていない. **off the track** 〔話題〕からそれて, 列車が脱線して, 猟犬が臭跡を失って, 手がかりを失って. **on the right [wrong] track** 正しい[誤った]手がかりにそっていて, 正しい道をたどって. **on the track of** ..., ...を追跡して, ...の手がかりを得て. **on the wrong [right] side of the tracks** 《米》貧しい[裕福な]地区. **track down** 犯人や逃亡者などを追い詰める, 調べて見つけ出す, 真相をつきとめる.
【派生語】**trácker** 名 C 犯人や獲物などを追い詰める人. **tráckless** 形 足跡のない, 道のない, 跡を残さない; 電車が無軌道の.
【複合語】**tráck and field** 名 U 陸上競技. **tráck evènt** 名 C トラック競技[種目]. **trácking stàtion** 名 C 〖宇宙〗人工衛星などの追跡ステーション. **tráckláyer** 名 C 《米》保線作業員. **tráck mèet** 名 C 《米》陸上競技大会. **trácksùit** 名 C 《英》上下そろいの運動着, トラックスーツ(sweatsuit).

tract¹ /trækt/ 名 C 〔一般語〕一般義 地面や水面, 空などの広がり, 地域, 区域. その他 〖解〗特別な働きをする組織, 管, 系.
語源 ラテン語 trahere (=to draw) の過去分詞 tractus が「引っぱり, 広がり, 地域」の意になり中英語に入った. ⇒train¹.

tract² /trækt/ 名 C 〔形式ばった語〕宗教や道徳の小冊子(pamphlet).
語源 ラテン語 tractare (=to handle; to manage) の 名 tractatus (=handling) の短縮形として中英語から.

trac·ta·ble /træktəbl/ 形 〔形式ばった語〕一般義 容易に他人の言うことを聞く, 従順な. その他 材料などを加工[細工]しやすい, 扱いやすい.
語源 ⇒tract².
【派生語】**tràctability** 名 U.

trac·tion /trǽkʃən/ 名 U 〔一般語〕特に動力で引っぱること, 牽引(㌭).
語源 ⇒tract¹.
【複合語】**tráction èngine** 名 C 牽引車.

trac·tor /træktər/ 名 C 〔一般語〕牽引自動車, 牽引式飛行機, 牽引用トラック.
語源 ⇒tract¹.
用例 a farm tractor 耕作用トラクター.

trade /tréid/ 名 UC 動 本来自他 形 〔一般語〕一般義 商業, 貿易. その他 本来は「踏みかためられたところ」の意で, 手慣れたところということから, 職業や大工などの手仕事, 手職, それがさらに商売となり, 「商業」から, 小売業, 小売商, 〔集合的〕同業者, ...業界, 顧客, 得意先. また物と物の交換, 〖野〗選手のトレード, 交換の場所としての市場(㌔), 《英》酒の醸造[販売]業者, 〖米〗政治上の取引, 妥協. 動 として商う, 売買する, 取引する, 交換する, 地位や赦免などを金で売る (in), 《米》行きつけの店で買物をする. 他 ...を売買する, 交易する, 物と物を交換する, 〖野〗選手をトレードする. 形 として

業の, 貿易の, 同業者の, 業界の.

[語源] 古サクソン語 *trada*（=trade; trail）が中期低地ドイツ語を経て中英語に入った.

[用例] Japan does a lot of *trade* with Britain. 日本は英国と多くの取り引きをしている/He's in the jewellery *trade*. 彼は宝石商だ/I *traded* my watch for a bicycle. 私の腕時計と自転車を交換した/free *trade* 自由貿易/protected [protective] *trade* 保護貿易/*trade* surplus 貿易黒字.

[類義語] occupation.

【慣用句】 *by trade* 職業としては. *trade in* 下取りに出す. *trade off* 売り払う; 交換する, 交互に使う, 地位を交代する. *trade on* [*upon*] …… につけ込む, …を不当に利用する.

【派生語】 **tráder** 名 ⓒ 商人, 貿易業者[船]; 証券業者の自己計算による売買を担当する従業員, トレーダー.

【複合語】 **tráde bàlance** 名 ⓒ 貿易収支. **tráde cỳcle** 名 ⓒ（英）景気の循環, 景気の変動. **trádeìn** 名 ⓒ 下取り品[金], 下取り価格. 形 下取りの. **trádemàrk** 名 ⓒ 商標, トレードマーク. 動 本来他 …に商標をつける, …の商標を登録する. **tráde nàme** 名 ⓒ 商標名, 商品名, 屋号. **tráde-òff** 名 ⓒ 取引き, 交換, 協定. **tráde prìce** 名 ⓒ 卸値, 業者間値段. **tráde schòol** 名 ⓒ 職業学校. **trádesman** 名 ⓒ 商人, 職人, 熟練工,（英）小売商人. **trádespèople** 名（複）商人,（英）小売商. **tráde [trádes] únion** 名 ⓒ（主に英）労働組合（（米）labor union). **tráde únionism** 名 Ⓤ 労働組合主義. **tráde únionist** 名 ⓒ 労働組合員. **tráde wìnd** 名 ⓒ 貿易風. **tráding còmpany** 名 ⓒ 商事会社, 貿易会社. **tráding pòst** 名 ⓒ 交易場所,［証券］銘柄取引が行える場所. **tráding stàmp** 名 ⓒ 景品引換券.

tra·di·tion /trədíʃən/ 名 ⓊⒸ 〔一般語〕 一般義 伝統, 慣習, 慣例. [その他] しきたり, 因襲のように先祖や昔から受け継がれてきたものの, 口承による風習, 言い伝え, 芸術などの流儀, 型,【法】財産権の引き渡し, 移転,【宗】聖伝, 経外伝説, ユダヤ教で口伝によるモーゼの律法, キリスト教で聖書に載らないキリストやその使徒達の口伝による教え.

[語源] ラテン語 *tradere*（=to hand over）の 名 *traditio*（=delivery）が古フランス語を経て中英語に入った.

[用例] follow [break] the *tradition* 伝統に従う[破る]/It is one of our family *traditions* for eldest sons to be called John. 一族のしきたりで長男はジョンと呼ばれる.

【慣用句】 *a break with tradition* 伝統破り. *by tradition* 慣例で, 伝統から.

【派生語】 **traditional** 形 伝統[伝説]の, 伝統[伝承]による; 伝統的な, 保守的な, ジャズをやれば旧式の. **traditionalìsm** 名 Ⓤ 伝統(尊重)主義. **traditionalist** 名 ⓒ 伝統主義者. **traditionally** 副 伝統的に.

tra·duce /trədjúːs/ 動 本来他〔形式ばった語〕他人の悪口を言う.

[語源]「(思っていることを)伝える」の意のラテン語 *traducere* が初期近代英語に入った.

Tra·fal·gar /trəfǽlɡər/ 名 圄 トラファルガー（★スペイン南西部のジブラルタル海峡沿いの岬; 英国がスペインの無敵艦隊を破った海戦（1805）の場).

【複合語】 **Trafálgar Squáre** 名 圄 トラファルガー広場（★ロンドンの中心にある広場; トラファルガー海戦の英国提督 Nelson の像をのせた記念柱がある).

traf·fic /trǽfik/ 名 Ⓤ 動 本来自 〔一般語〕 一般義 車, 船, 鉄道, 航空機などの交通. [その他] 交通量や往来, 通行などの意や, 運輸, 運搬業. 意味が拡大して貿易, 取り引き, 商売, 商売の意. また不正取り引き, 電話の通話量, 交渉, 関係, 交換の意. 動 として売買する, 貿易をする, 特に不正取り引きをする, 麻薬の売買をする, 交渉をもつ. 他 交換する, 名誉などを犠牲にする, 道などを通る.

[語源] ラテン語 *transficare*（=to transact; to engage in transaction; *trans* across+*facere* to make）がイタリア語, 中フランス語を経て中英語に入った.

[用例] There's a lot of *traffic* on the roads. 道路は交通量が多い/the *traffic* in stolen pictures 盗まれた絵画の不正取り引き.

【慣用句】 *the traffic will bear*〔文語〕現状が許すだろう: more than *the traffic will bear* 現状が許す以上に.

【派生語】 **tráfficker** 名 ⓒ 悪徳商人, 麻薬密売人.

【複合語】 **tráffic áccident** 名 ⓒ 交通事故. **tráffic circle** 名 ⓒ（米）円型の交差点, ロータリー（（英）roundabout). **tráffic contròl** 名 Ⓤ 交通整理. **tráffic ísland** 名 ⓒ 街路の中央分離帯に設けられた安全地帯. **tráffic jàm** 名 ⓒ 交通渋滞. **tráffic líghts** 名（複）交通信号灯. [語法]（英）では単数形でも用いる. **tráffic sígnal** 名 ⓒ =traffic light. **tráffic wárden** 名 ⓒ（英）交通巡視員.

tragedian ⇒tragedy.

tragedienne ⇒tragedy.

tra·ge·dy /trǽdʒədi/ 名 ⒸⓊ 〔一般語〕 一般義 劇のジャンルとしての悲劇. [その他] 作品としての悲劇, また悲劇作法や悲劇演出法. 一般に人生などにも用いて, 悲劇的な要素や悲劇的事件, 惨事.

[語源] ギリシャ語 *tragōidia*（*tragos* goat + *ōidē* song）がラテン語, 古フランス語を経て中英語に入った.「やぎの歌」については, 悲劇役者や合唱隊がやぎの皮でできた靴を身につけていたためとされる.

[用例] "Hamlet" is one of Shakespeare's *tragedies*.「ハムレット」はシェークスピアの悲劇の一つだ.

[対応語] comedy.

【派生語】 **tragédian** 名 ⓒ 悲劇作者[役者]. **tragèdiénne** 名 ⓒ 悲劇女優. **trágic, -cal** 形 悲劇を演ずる, 悲劇的な, 悲惨な, 痛ましい,（the 〜）悲劇的要素. **trágically** 副.

【複合語】 **tràgicómedy** 名 ⒸⓊ 悲喜劇. **tràgicómic** 形.

trail /tréil/ 動 本来他 ⓒ 〔一般語〕 一般義 引きずる. [その他] 地面, 水中などを引きずってゆく. 引きずることから, …の跡をたどる, 追跡する, …の後について行く, できた跡が続いてたなびいている様から, …の跡を長くひかせる, 煙, 雲などをたなびかせる, 臭いを漂わせる, 議論, 演説, 用件などを引き延ばす, だらだらと話す. また（米）草などを踏みつけて小道をつける,【軍】銃を下げる,【映】予告編で宣伝する. 自 衣服のすそなどが引きずる, 髪, 尾, 枝などが長く垂れる, 煙, 雲などがたなびく, 引っぱられるように…の後ろについてゆく, 疲れきったように歩く, つる草がからむ, へびなどがのろのろはう, 道, 塀などが曲がりくねって伸びる, 議論, 話などが本筋からそれる, 音などが次第に消える, 競走や試合などで後を走る, 負けている, 釣

りで流し釣りをする. 图 としては, 人や動物, 物などが残した跡, 通った跡, 足跡, 臭跡, 踏みならされてできた道, 小道, 追った跡, 引かれるものとして, 彗星, 流星などの尾, 煙などのたなびき, 衣服のすそ, 人や車の列, 火砲の脚.

[語源] ラテン語 trahere (=to drag; to draw) から派生した tragula (=dragnet) の 動 *tragulare が古フランス語を経て中英語に入った.

[用例] Garments were trailing from the suitcase. スーツケースから衣服がたれ下っていた/There is ivy trailing all over the wall. 壁一面につたはっている/There was a trail of blood across the floor. 床に血痕があった.

[関連語] drag; trace; track.

【慣用句】 **blaze a trail** 後から来る人のために道に印を残す, ...の先達となる. **hit [take] the trail** 〈米〉旅に出る, 出発する. **hot [hard] on one's trail = hot [hard] on the trail of ...** ...の後にぴったりとついて. **trail off** 声が次第に弱くなる.

【派生語】 **tráiler** 图 [C] 引きずるもの[人], 自動車などの付随車, トレーラー, 〈米〉移動家屋, トレーラーハウス, 追跡者, 猟犬, つる草, 《映》予告編: **trailer park** トレーラーハウス用駐車場.

【複合語】 **tráilblàzer** 图 [C] 未開地などで通ったところに印をつける人, 先達, 開拓者, 草分け.

train¹ /tréin/ 图 [C] 動 [本来自] 〔一般語〕 [一般語] 列車. [その他] 本来は物や部分などのひとつながり, 引き続くものの意で, 列をなして続く意で用いられるようになり, 思考, 推理などの連続, 過程, 事件, 行為などの一連の結果, 余波, 一連の順序, 手順, 次第. また人や車, 動物などの列, 行列の意で用い, 車両がつながっていることから〔列車〕の意となった. 〔古語〕王様などのお供や随員, 衣服のすそ, 動物あるいは流星などの尾, 〔軍〕大砲の架尾や段列, 《機》歯車の列, 口火, 導火線. 動 として列車で行く.

[語源] ラテン語 trahere (=to draw; to drag) が古フランス語で trahiner となり, その 图 train(e) が中英語に入った. ⇒tract¹.

[用例] I caught the train to London. ロンドン行きの列車に乗った/Then began a train of events which ended in disaster. 続いて, 惨事となる一連の事件が起こった.

[語法] ❶ train は, 機関車に引かれたものでも電車のことでも, 編成であれば使える. なお, 車両一両ずつは〈米〉car, 〈英〉coach または carriage という. ❷ by train is by plain, by bus などと対比して用いられるものであり, 普通は take a train が最も一般的である.

[関連語] 列車の種類は以下の通りである. **local train** 普通列車(各駅停車), **express train**, **rapid train** 急行列車, **fast train** 快速列車, **limited train** 座席指定特別急行列車, **super express train** 超特急列車, **through train** 直通列車, **night train** 夜行列車, **deadhead train** 回送列車, **goods** [〈英〉 **freight**] **train** 貨物列車, **boat train** 船との連絡用臨港列車, **shuttle train** 近距離往復列車.

[日英比較] 日本語の「快速列車」は急行料金を必要としない急行列車のことで日本独特のものである. 〈英〉には intercity (train) という大都市のみ停車する列車があるが, 快速列車に対するこの訳語も外国人には理解できない.

【複合語】 **tráinbèarer** 图 [C] 婚礼の時の花嫁の裳裾(ﾎｼ)持ち. **tráin fèrry** 图 [C] 列車を運ぶフェリー. **tráinlòad** 图 [U] 一列車分の乗客[貨物]. **tráinman** 图 [C] 〈米〉車掌の助手を勤める列車乗務員. **tráin sèrvice** 图 [C] 列車の運行, 列車の便. **tráin stàtion** 图 [C] 〈米〉鉄道の駅.

train² /tréin/ 動 [本来他] 〔一般語〕 [一般語] 人や動物をしつける, 訓練する. [その他] 競技会などに備えて人を鍛える, 人を仕込む, 養成する. またカメラや武器, 望遠鏡, 視線, 努力などを望ましい位置, 方向, 形などになるように向ける, 《園芸》植木を剪定などにより好みの形に仕立てる, 〔くだけた語〕子供や子犬などに用便の仕方をしつける. 圓 訓練を受ける, 仕込まれる, 競技会などに備えて練習する.

[語源] train¹ と同語源.「引く」から「引っぱってゆく」「従わせる」「しつける」の意へと変化した.

[用例] He trained the dog to come when he whistled. 彼は口笛を吹くとやって来るように犬を訓練した.

[類義語] teach.

【慣用句】 **train down** 運動で減量する. **train fine** 厳しく訓練する. **train off** 運動や食事などで減量する, ぜい肉を落とす; 訓練から落伍する; 弾丸がそれる.

【派生語】 **tráinable** 形 訓練できる, 教育することのできる, 鍛えられる. **tráined** 形 訓練を受けた, 熟達した. **tràinée** 图 [C] 訓練を受ける人, 訓練生, 新兵. **tráiner** 图 [C] 訓練者[用具], コーチ, トレーナー, 調馬[調教]師, 《海軍》水平方向照準砲員, 〈米〉民兵団員. **tráining** 图 [U] 訓練, トレーニング, 教育, しつけ, 調教, 養成, 《園芸》仕立て; 訓練のできた状態, コンディション: **training college** 〈英〉小·中学校の教員養成大学/〈米〉teachers college/**training pants** おしめがとれたばかりの幼児にはかせる厚手のあてのついたパンツ(日本語の「トレーニングパンツ(トレパン)」は英語では sweat pants という)/**training school** 職業訓練所, 少年院/**training ship** 練習船.

traipse /tréips/ 動 [本来自] 〔くだけた語〕だらだらと歩く, 〔方言〕野山をほっつき歩く.

[語源] 不詳.

trait /tréit/ 图 [C] 〔一般語〕人の性格や習慣などの特徴, 特色.

[語源]「描かれたもの, 一筆」の意のラテン語 tractus がフランス語を経て中英語に入った. ⇒tract¹.

trai·tor /tréitər/ 图 [C] 〔一般語〕裏切り者, 反逆者.

[語源] ラテン語 tradere (=to hand over; to betray) から派生した traditor が古フランス語を経て中英語に入った.

【派生語】 **tráitorous** 形. **tráitorously** 副.

tra·jec·to·ry /trədʒéktəri/ 图 [C] 〔一般語〕弾丸や彗星などの通る軌道, 弾道.

[語源] ラテン語 tra(j)icere (=to throw across) の過去分詞 trajectus が初期近代英語に入った.

tram /trǽm/ 图 [C] 動 [本来自] 〔一般語〕 [一般語] 〈英〉路面電車, 市街電車(〈米〉streetcar). [その他] 昔の鉄道馬車, 鉱山のトロッコ, 運搬車, 電車の線路, 軌道, あるいはロープウェー(tramway). 動 として〈英〉路面電車で行く.

[語源] 低地ドイツ語 traam (=beam 梁(ﾊﾘ))が起源で.「手押車の梶棒」も意味するが, レールをささえる梁のような横棒を連想させるところから「路面電車」の意で用いられるようになったのは 19 世紀で, tramcar の短縮形.

[日英比較] 日本語では, 空中ケーブルのゴンドラ式の乗り

物は「ロープウェー」と呼ばれるが, ropeway は「貨物用索道」の意である.「ロープウェー」は〔英〕では (aerial) tram,〔米〕cable car と呼ぶ. 日本語でいうケーブルカー(箱根登山鉄道のようなもの)も cable car であるが,〔形式ばった表現〕では, funicular railway (車両は funicular railway car) または rack mountain railway, rack-and-pinion railway,〔米〕cog railroad, rack railroad と呼ぶ.

【複合語】**trámcàr** 名 C〔英〕路面電車《語法》単に tram ともいう). **trámlìnes** 名(複)〔英〕路面電車の軌道,〔くだけた語〕テニスコートのダブルス用のサイドライン. **trámwày** 名 C〔英〕路面電車の軌道, 鉱石運搬用軌道, 索道, ロープウェー.

tram·mel /trǽməl/ 動 本来他〔形式ばった語〕一般義 自由を束縛するもの, 拘束するもの.その他 魚や鳥を捕まえる網. 動 として自由を妨げる, 拘束する.
語源「三重の網の目をもつ魚網」の意の後期ラテン語 tremaculum (tres three + macula mesh) が古フランス語を経て中英語に入った.

tramp /trǽmp/ 動 本来自 C〔一般語〕一般義 強く踏みつける.その他 どしんどしんと歩いて行く, あるいはとぼとぼ歩く, うろつく. 他 としても用いられる. 名 としてどしんどしんと歩くこと, 重い足取り, 徒歩旅行, ハイキング, また浮浪者, 放浪者,〖海〗不定期貨物船 (tramp steamer).
語源 低地ドイツ語 trampen (= to stamp; to trample) が中英語に入った.
用例 He *tramped* up the stairs. 彼は階段をどしんどしんと上ってきた/He gave his old coat to a *tramp*. 彼は古い上着を浮浪者にやった.

【複合語】**trámp stèamer** 名 C.

tram·ple /trǽmpl/ 動 本来自 名 C〔一般語〕一般義 踏みつける, 踏みつぶす.その他 どしんどしんと歩く, 比喩的に感情や権利, 面目などを踏みつけにする, 踏みにじる 〈on; over〉. 他 としても用いられる. 名 としてどしんどしんと歩くこと[音], 踏みつけること.
語源 tramp + 反復を表す語尾 -le. 中英語から.
用例 He *trampled* on her feelings. 彼は彼女の気持ちを踏みにじった.

tram·po·line /trǽmpəli(:)n/ 名 C〔一般語〕跳躍運動用のトランポリン.
語源「竹馬」の意のイタリア語 *trampoli* から派生した *trampolino* が18世紀に入った.

trance /trǽns/trɑ́:ns/ 名 C〔一般語〕夢中になって我を忘れること, 有頂天, 恍惚(ミミ), また意識を失うこと, 失神, 人事不省.
語源「向こうに行く,(意識)が去る」の意のラテン語 *transire* が古フランス語で「無感覚になる, 失神する」の意の *transir* となり, その 名 *transe* が中英語に入った.

tran·quil /trǽŋkwil/ 形〔形式ばった語〕人が平静を保っている, 騒音などない静かな.
語源 ラテン語 *tranquillus* (静かな) が中英語に入った.
反意語 ⇒calm.

【派生語】**tranquílity** 名 U 静寂, 落ち着き. **tránquilize**,〔英〕-ll- 動 本来他 静める, 人の心を落ち着かせる. **tránquilìzer**,〔英〕-ll- 名 C 鎮静剤.

trans- /trǽns-, trǽnz-/〔接頭〕「横切って」「越えて」「向う側へ」あるいは「超越」「通過」「変換」などの意.
語法 ❶ s の前では一般に tran-, また d, j, l, m, n, v の前ではしばしば tra- と綴る. ❷ 発音は語によって /trǽns-, trǽnz-/ のいずれになるか, 両方の発音が可能な語もある.
語源 ラテン語 *trans* (= across; over; beyond) が古フランス語を経て中英語に入った.

trans·act /trænsǽkt, trænz-/ 動 本来他〔形式ばった語〕業務の取り扱いをする, トラブルなどを調停する. 自 銀行や企業などが取引を行う.
語源 ラテン語 *transigere* (trans- through + *agere* to drive) の過去分詞 *transactus* から初期近代英語に入った.

【派生語】**transáction** 名 UC 処理, 取引;(複数形で)学会などの紀要, 議事録, 会報.

trans·al·pine /trænsǽlpain, trænz-/ 形〔一般語〕特にイタリア側から見たアルプスの向こうの, 鉄道, トンネルなどがアルプスを越える.
語源 ラテン語 *transalpinus* (trans- on the other side of + *alpinus* Alpine) が初期近代英語に入った.

trans·at·lan·tic /trænsətlǽntik/ 形〔一般語〕大西洋の向こう側の, すなわち〔米〕ヨーロッパの,〔英〕アメリカの, また大西洋横断の, 大西洋沿岸諸国の.
語源 trans- + Atlantic として18世紀から.

trans·ceiv·er /trænsí:vər/ 名 C〔一般語〕携帯用無線電話器, トランシーバー.
語源 *transmitter* + *receiver*. 20世紀に造られた混成語.

tran·scend /trænsénd/ 動 本来他〔文語〕一般義 経験や理解の範囲を超えている, 凡人に理解できないほど超越している.その他 強さや大きさなどが普通のものよりも優れている, しのぐ.
語源 ラテン語 *transcendere* (= to climb across) が中英語に入った.

【派生語】**transcéndence** 名 U 超越, 卓越. **transcéndency** 名 U. **transcéndent** 形 抜群の. **trànscendéntal** 形 先験的な, 超自然的な. **trànsscendéntalism** 名 U〖哲〗カントの先験哲学, 先験論, 超越主義.

trans·con·ti·nen·tal /trænskɑntinéntl, trænz-|-kɔn-/ 形〔一般語〕大陸横断の, 大陸の向こう側の.
語源 trans- + continental として19世紀から.

tran·scribe /trænskráib/ 動 本来他〔形式ばった語〕一般義 書かれたものや録音などを書き写す, 複写する, 他 外国の文字を自国の文字や発音記号などに書き換える, 転写する, 音楽を編曲する, 番組などを放送用に録音する.
語源 ラテン語 *transcribere* (trans- over + *scribere* to write) が初期近代英語に入った.

【派生語】**tránscript** 名 C 転写したもの, 複写. **trànscríption** 名 UC 書き換え, 転写: phonetic *transcription* 音声表記.

tran·sept /trǽnsept/ 名 C〖建築〗十字形教会の本堂と直角に交叉する翼廊.
語源 近代ラテン語 *transeptum* (trans- across + *septum* partition) が初期近代英語に入った.

trans·fer /trænsfə́:r/ 動 本来他, /trǽnsfə:r/ 名 UC〔一般語〕一般義 物や人などをある所から別の所へ動かす, 移す.その他 人を転勤[転任, 転校]させる, 思想などを伝える, 感情などを移動する, 責任などを転嫁する.〖法〗財産, 権利などを譲渡する. 物を...に変える, 変質させる, 図形や模様などを写す, 転写する, 模写する. 自 移る, 移転する, 乗り物を乗り換える. 名 として移動, 移転, 転勤, 転任, 転校, 乗り物の乗り換え,〔米〕乗り換え切

符. また写し絵, 転写画, 転任[転勤]者, 転校生, 《軍》転属兵, 《金融》為替, 振り替え, 株券などの名義書き換え, 《法》譲渡, 《心》学習の転移.

[語源] ラテン語 transferre (trans- across+ferre to carry) が中英語に入った.

[用例] They're *transferring* me to the Edinburgh office. 会社は私をエジンバラ支店に転勤させるだろう / At Glasgow I *transferred* to another train. グラスゴーで別の列車に乗り換えた / The manager arranged for his *transfer* to another football club. 監督は別のサッカークラブへの彼の移籍を整えた.

[類義語] move.

【派生語】 **transférrable** 形 移すこと[譲ること]ができる. **transference** /trænsfə́rəns, trǽnsfər-/ 名 Ⓤ 移動, 移転, 転勤, 譲渡, 《精神分析》感情転移.

[複合語] **tránsfer of tráining** 名 Ⓤ. 《心》学習転移. **tránsfer pàssenger** 名 Ⓒ 飛行機の乗継ぎ客, 乗換客.

transfiguration ⇒transfigure.

trans·fig·ure /trænsfígjər/-gər/ 動 [本来他] 〔形式ばった語〕 変容[変貌]させる.

[語源] trans-+figure として中英語から.

【派生語】 **trànsfigurátion** 名 ⓊⒸ 変容, 変身.

trans·fix /trænsfíks/ 動 〔形式ばった語〕 [一般義] 先のとがったもので突き刺す, 刺して固定する. [その他] 恐怖やショックで立ちすくませる, その場に釘づけにする.

[語源] ラテン語 transfigere (=to pierce) の過去分詞 transfixus が初期近代英語に入った.

trans·form /trænsfɔ́ːrm/ 動 [本来他] 名 Ⓒ 〔一般語〕 外見, 構造, 様相を変える, 変形させる, 《電》変圧する, 《理》エネルギーを変換させる, 《数》図形や式などを変換する, 《生》細胞を形質変換させる, 《言》変換[変形]する. ⑪ 形や性質が変わる, 変化する. 名として変形, 変化, 変換, 変換形, 変換形体.

[語源] trans-+form として中英語から.

[用例] She is quite a plain girl but her face is *transformed* when she smiles. 彼女の器量は十人並みだがにっこり笑うと表情がすっかり変わる.

[類義語] change.

【派生語】 **trànsformátion** 名 ⓊⒸ 変形, 変質, 変化, 《生》昆虫などの変態, 《数·論·言》変形, 変換, 《理·化》変換, 転移, 《電》変圧, 《鉱物》相転移, 変態, 《演劇》場面転換, 早変わり; 〔文語〕入れ毛, つけまつげ. **trànsformátional** 形 変形[変化]の: **transformational (generative) grammar** 《言》変形(生成)文法. **trànsfórmer** 名 Ⓒ 変化させるもの, 《電》変圧器, トランス.

trans·fuse /trænsfjúːz/ 動 [本来他] [一般義] 輸血する, 《その他》…に浸透する, 思想などを吹きこむ.

[語源] 「液体などをそそぎこむ」の意のラテン語 transfundere の過去分詞 transfusus が中英語に入った.

【派生語】 **transfúsion** 名 ⓊⒸ 輸血.

trans·gress /trænsgrés/ 動 [本来他] 〔形式ばった語〕 [一般義] 制限区域や範囲などを超える, 逸脱する. [その他] 法規を破る, 法律を犯す.

[語源] 「踏みはずす」の意のラテン語 transgredi の過去分詞 transgressus が初期近代英語に入った.

【派生語】 **transgréssion** 名 ⓊⒸ. **transgréssor** 名 Ⓒ.

tran·ship /trænʃíp/ 動 =transship.

transience, -cy ⇒transient.

tran·sient /trǽnʃənt/-ziənt/ 形 Ⓒ 〔形式ばった語〕 長続きせず一時的な, はかない. 名 として, ホテルの宿泊客など短期滞在の人.

[語源] ラテン語 transire (=pass away; trans- across+ire to go) の現在分詞 transiens が初期近代英語に入った.

【派生語】 **tránsience** 名 Ⓤ 一時的なこと, はかなさ. **tránsiency** Ⓤ =transience. **tránsiently** 副.

tran·sis·tor /trænzístər/ 名 Ⓒ 《電子》トランジスター, トランジスターラジオ.

[語源] trans(fer) + (res)istor. 20 世紀から. 「抵抗器を通して電気的信号を変換すること」の意.

【派生語】 **transístorìze** 動 [本来他] トランジスターを用いる.

[複合語] **transístor rádio** 名 Ⓒ トランジスターラジオ.

tran·sit /trǽnsit, -zit/ 名 ⓊⒸ [本来他] 〔一般語〕 [一般義] 人や貨物などの通過. [その他] 乗客や貨物の運送, 運搬, 物事一般の移り変わり, 《測量》転鏡儀, トランシット. 動 として通行[通過]する. 《天》天体が子午線などを通過する.

[語源] ラテン語 transire (=to pass over; trans- over+ire to go) の過去分詞 transitus が中英語に入った.

【派生語】 **transítion** 名 Ⓒ 移り変わり, 変化, 推移, 変遷, 変わり目, 過渡期. **transítional** 形 移り変わる, 変遷する, 過渡期の. **transítionally** 副. **tránsitòry** 形 一時的な, つかの間の, はかない.

[複合語] **tránsit lòunge** 名 Ⓒ 空港などの乗り継ぎ客用の待合室. **tránsit pàssenger** 名 Ⓒ 航空機の乗り継ぎ客, 通過旅客. **tránsit vìsa** 名 Ⓒ 通過ビザ.

tran·si·tive /trǽnsətiv, -zə-/ 形 名 Ⓒ 《文法》他動詞の, 《論理》命題 p と q, q と r の間に同じ関係があるとき, p と r の間にも同じ関係があるという推移的な. 名 として他動詞(transitive verb).

[語源] ⇒transit. 「他動詞」の意は動作が他に及ぶことから.

【派生語】 **tránsitively** 副.

[複合語] **tránsitive vérb** 名 Ⓒ.

transitory ⇒transit.

trans·late /trænsléit, trænz-/ 動 [本来他] 〔一般語〕 [一般義] ある言語から他の言語へ翻訳する. [その他] 言葉, 記号, 態度, 行動, 身振りなどを解釈する, 説明する, 理解する, 物, 事を…に変える, 転換する, 物, 事を他の場所へ移す, 運ぶ, 《電信》中継する, 《数》関数や図形などを平行移動させる, 《生》遺伝情報を翻訳する. ⑪ 作品や詩などが訳せる.

[語源] ラテン語 transferre (=to carry over; to transfer) の過去分詞 translatus が中英語に入った.

[用例] He *translated* the book from French into English. 彼はその本をフランス語から英語に訳した.

[類義語] interpret.

【派生語】 **translátion** 名 ⓊⒸ 翻訳, 言い換え, 解釈, 転換; 訳文, 訳書, 《電信》自動中継, 《数》平行移動, 《理》並進運動, 《生》RNA 情報に基づくアミノ酸合成.

trans·lat·or /trænsléitər, trænz-/ 名 Ⓒ 翻訳家, 訳者.

[語源] ⇒translate.

trans·lit·er·ate /trænslítəreit/ 動 本来他 〔やや形式ばった語〕他言語の文字に書き直す, 字訳する.
語源 trans-(=across)+ ラテン語 *litera*(=letter)+-ate(動詞語尾). 19世紀から.
【派生語】**transliterátion** 名 UC.

translucence ⇒translucent.

trans·lu·cent /translú:snt, trænz-/ 形 〔一般語〕半透明の.
語源 ラテン語 *translucere*(=to shine through) が初期近代英語に入った.
類義語 ⇒transparent.
【派生語】**translúcence** 名 U.

trans·mi·gra·tion /trænsmaigréiʃən, trænz-/ 名 〔一般語〕移住, 特に死後死者の霊魂の転生, 輪廻(りんね).
語源 trans-+migration として中英語から.

transmission ⇒transmit.

trans·mit /trænsmít, trænz-/ 動 本来他 〔一般語〕 一般義 報道や情報などを伝達する. その他 本来ある場所または物から他へ移す, 伝えるの意で, それから「伝達する」の意となった. また電波や電気を送る, 送信する, 送電する, 病気などを媒介する.
語源 ラテン語 *transmittere* (*trans*- across+*mittere* to send) が中英語に入った.
【派生語】**transmíssion** 名 UC 伝達(されたもの), 自動車の変速機. **transmítter** 名 C 送信機.

trans·moun·tain /trænsmáuntin, trænz-/ 形 〔一般義〕山を越える.
語源 trans-+mountain として20世紀から.

transmutation ⇒transmute.

trans·mute /trænsmjú:t, trænz-/ 動 本来他 〔一般義〕形や性質などをよりよいものに変える, 昔の錬金術で変質させる.
語源 ラテン語 *transmutare*(=to shift; *trans*-through+*mutare* to change)が古フランス語を経て中英語に入った.
【派生語】**trànsmutátion** 名 UC.

trans·oce·an·ic /trànsòuʃiǽnik, trænz-/ 形 〔一般義〕大洋横断の, 大海原を越えた対岸の.
語源 trans-+oceanic として19世紀から.

tran·som /trænsəm/ 名 C 〔一般義〕ドアの上についた明り取りの窓. 本来はドアと明り取り窓を分ける横木の意.
語源 ラテン語 *transtrum* (横渡しの道具) の -tr- が消えた形で中英語に入った.

tran·son·ic /trænsánik|-sɔ́n-/ 形 〔空〕音速に近い(スピードで進む).
語源 trans-+sonic として20世紀から.

trans·pac·if·ic /trænspəsífik/ 形 〔一般義〕太平洋横断の, 太平洋を越えた対岸の.
語源 trans-+pacific として19世紀から.

transparency ⇒transparent.

trans·par·ent /trænspέərənt/ 形 〔一般義〕透明な, 透き通る. その他 透けて見えるように, 織り物などが透き通るほど薄い, 目の透けた, 口実や言い訳などが見え透いた, 明白の, 文体などがわかりやすい, 明快な, 平明な, 性格などが率直な, 気取らない.
語源 ラテン語 *transparere* (*trans*- through+*parere* to be visible) の現在分詞 *transparns* から中英語に入った.
用例 Glass is *transparent* but wood is opaque. ガラスは透明だが木は不透明である/a *transparent* lie 見え透いたうそ.
類義語 clear; transparent; translucent: **clear** が澄んでいることを表す最も一般的な語であり, くもりや汚れなどがないことを表し, **transparent** は透き通って, はっきりと先にある物が見える状態であることを意味する. また **translucent** は半透明の意.
【派生語】**transpárency** 名 UC 透明, 透明度, 明白; 透かし画, スライド.

transpiration ⇒transpire.

tran·spire /trænspáiər/ 動 本来自 〔形式ばった語〕 一般義 秘密などが漏れる, 悪事などが明るみに出る. 一般義 皮膚などから水分が蒸発する. 〔くだけた語〕事件などが起こる, 発生する. 他 動植物が水分などを発散[蒸発]する.
語源 中世ラテン語 *transpirare* (ラテン語 *trans*- beyond+*spirare* to breathe) が初期近代英語に入った.
【派生語】**trànspirátion** 名 U 発汗, 蒸散.

trans·plant /trænsplǽnt|-plá:nt/ 動 本来他 〔一般義〕植物などを移植する, また〔医〕臓器や組織を移植する. 名 として, 臓器などの移植, 移植植物[臓器], 移植されるもの.
【派生語】**trànsplantátion** 名 U.

trans·po·lar /trænspóulər/ 形 〔一般義〕北極[南極]を横断する.
語源 trans- +polar として中英語から.

trans·port /trænspɔ́:rt/ 動 本来他 /-́-/ 名 UC 〔一般義〕 一般義 人や物をある場所から他の場所へ運ぶ, 運送する, 輸送する. その他 罪人を遠隔地などへ追放する, 流刑に処する, 〔文語〕《通例受身》喜びなどで人を夢中にする, 有頂天にする. 名 として運送, 輸送, 〔英〕輸送[交通機関((米)transportation), 軍用輸送船[機], 旅客[貨物輸送機関], 〔文語〕夢中, 有頂天, 恍惚(こうこつ).
語源 ラテン語 *transportare* (*trans*- across+*portare* to carry) が古フランス語を経て中英語に入った.
用例 The goods were *transported* by air. 商品は飛行機で輸送された/My husband is using my car, so I have no (means of) *transport*. 主人が私の車を使っているので, 乗物(の手段)がない.
類義語 ⇒carry; convey.
【派生語】**transpórtable** 形 運ぶことができる, 輸送可能な. **trànsportátion** 名 U 輸送, 運送, 運輸; 《米》輸送機関, 乗り物, 交通手段. **transpórter** 名 C 運送者, 運搬装置, 自動車運搬用大型トラック: transporter bridge 運搬橋/transporter crane 運搬用クレーン.

trans·pose /trænspóuz/ 動 本来他 〔一般義〕並んでいるものの順序を入れ替える, 語順を変える, 〔楽〕移調する, 〔数〕移項する.
語源 ラテン語 *transponere* (*trans*- across+*ponere* to place) の過去分詞 *transpositus* が中英語に入った.
【派生語】**trànsposítion** 名 UC.

trans·sex·u·al /trænssékʃuəl/ 名 C 〔一般義〕性倒錯者, 性転換者.
語源 trans- +sexual として20世紀から.

trans·ship /trænsʃíp/ 動 本来他 〔一般義〕乗客や貨物をある船や乗物から別の船や乗物に移す, 乗り換える. 自 乗り換える.

transsonic

trans- +ship として18世紀から.
【派生語】**transshípment** 名 U.

trans·son·ic /trænssánik|-sɔ́n-/ 形 =transonic.

trans·verse /trænsvə́ːrs|trænz-/ 形 〔一般語〕端から端に横切っている, 横断した.
[語源] ラテン語 *transvertere* (=to turn across; *trans-* across+*vertere* to turn) の過去分詞 *transversus* が初期近代英語に入った. traverse と姉妹語.
【派生語】**transvérsely** 副.

transvestism ⇒transvestite.

trans·ves·tite /trænsvéstait/ 名 C 〔一般語〕異性の服装をすることによって満足する服装倒錯者.
[語源] ラテン語 *trans-* across+*vestire* to clothe からドイツ語 *Transvestit* を経て20世紀に入った.
【派生語】**transvéstism** 名 U 服装倒錯.

trap /trǽp/ 名 C 動 本来他 〔一般語〕一般義 鳥獣用のわな. その他 わなに類したもの, 落とし穴, …取り器, 比喩的に人を陥れる**策略**, **計略**, ぺてん.「捕える」という機能の類似から, S字形や U字形をした排水管の**防臭弁**, トラップ. または**上げ戸** (trap door), グレーハウンド競走の飛び出し口, 2輪バネ付きの**軽馬車**. 動 として, 鳥獣をわなで捕える, 人をわなにかける, だます, 場所にわなを仕掛ける, 人や物を閉じ込める, 水, 空気, 光などを**止める**, 排水管などにトラップを取り付ける. 自 蒸気などが管の中でつまる.
[語源] 古英語 *træppe* から.
[用例] He set a *trap* to catch the bear. 彼は熊を捕獲するためにわなを仕掛けた/He fell straight into the *trap*. 彼はまんまと計略にひっかかった.
[関連語] death trap; mousetrap; poverty trap; speed trap.
【慣用句】***keep one's trap shut*** 〔俗語〕秘密を漏らさないように**口止め**をする.
【派生語】**trápper** 名 C わなを仕掛ける人, わな猟師. 【鉱】鉱坑通風口の開閉係.
【複合語】**trápdòor** 名 C 床, 屋根などのはね上げ戸, 落とし戸, はねぶた, それがおおう穴.【鉱】通風戸.
trápshòoting 名 U トラップと呼ばれる箱から打ち出される粘土製の標的を銃で撃つクレー射撃.

tra·peze /træpíːz|trə-/ 名 C 〔一般語〕サーカスの曲芸に使われるブランコ.
[語源] ⇒trapezium. 2本のロープと横板とロープが下がる天井(屋根)が不等辺四角形 (trapezium) になることからと思われる.
[用例] a flying *trapeze* 空中ブランコ.
【複合語】**trapéze àct** 名 C 空中ブランコの曲芸.
trapéze àrtist 名 C 空中ブランコ乗り.

tra·pe·zi·um /trəpíːziəm/ 名 C 〔一般語〕《米》不等辺四角形,《英》台形. ⇒trapezoid.
[語源] ギリシャ語 *trapeza* (=table; *tra-* four+*peza* foot) の指小語 *trapezion* (=small table) が近代ラテン語で *trapezium* となり, 初期近代英語に入った.

tra·pe·zoid /trǽpəzɔ̀id/ 名 C 〔一般語〕《米》台形,《英》不等辺四角形. ⇒trapezium.
[語源] ⇒trapezium. -oid は「…状, …に類似した」の意の語尾.

trap·pings /trǽpiŋz/ 名 〔複〕〔一般語〕公職や官位などを象徴する**式服**, **礼服**, また儀式のための**馬飾り**, 比喩的にうわべの飾り.
[語源] 中英語から.「馬飾り」の意から.

Trap·pist /trǽpist/ 名 C トラピスト修道会の修道士.
[語源] 修道院の名称 (*La*) *Trappe* にちなみ19世紀から.

trash /trǽʃ/ 名 U 本来他 〔一般語〕一般義《米》くず, ごみ,《英》rubbish.《語法》個々のごみは a piece of trash, pieces of trash のように表す. その他 (the ~)《米》くず入れ缶, 切りくず, 切り枝, さとうきびの搾り殻, 比喩的につまらない物, ばか話, くだらない考え, 文学や芸術の駄作,《米》能なし, 役たたず, 〔俗語〕反抗的な**手当り次第の破壊**. 動 として, 木からいらない葉や余分な枝を取り除く, さとうきびの**外葉**を取る, 比喩的に人の考えをこきおろす, ほごにする.
[語源] 北欧起源と思われるが詳細は不詳. 初期近代英語から.
[用例] That magazine is nothing but a load of *trash*. あの雑誌はまったくくだらない.
[関連語] garbage; waste; dust.
【派生語】**tráshy** 形 くずの, がらくたの, くだらない, 畑が下ばえなどでいっぱいの.
【複合語】**trásh bàg** 名 C ごみ袋. **trásh càn** 名 C 《米》金属製くず入れ.

trau·ma /trɔ́ːmə, tráu-/ 名 UC (複 ~s, -mata /-mətə/) 【医】**外傷**,【心】精神に長く悪影響を及ぼす心の傷, 精神的外傷.
[語源] ギリシャ語 *trauma* (=wound) が初期近代英語に入った.
【派生語】**traumátic** 形. **traumátically** 副.
tráumatìsm 名 =trauma. **tráumatìze** 動 本来他 忘れられないひどい**心理的ショック**を与える.

trav·el /trǽvl/ 動 本来自 名 UC 〔一般語〕一般義 遠くへ**旅行**する. その他 旅行を表し, 進む, 動いて行くの意. 人や動物が歩く, 光や音, ニュースなどが伝わる, 心, 目, 視線などが移る, 移動する, 記憶が次々と思い出す, 機械などが一定のコースを動く,〔くだけた語〕乗物が速いスピードで走る, 品物などが輸送に耐える,〔バスケット〕ボールを持って歩く. 他 国や地方を旅行する, 道路などを通る, 区域を外交[セールス]して歩く,〔くだけた語〕家畜を移動させる. 名 として, 旅行, 〔複数形で〕長期の旅行, 文学の旅行記, 紀行,《米》旅行者数, 交通量, 一般に移動, 運動, 光や音などの運行,【機】往復運動の行程.
[語源]「拷問台」の意の後期ラテン語 *tripalium* から考えられ, 古フランス語 *travailler* (=to put oneself to pain) を経て中英語に入った. 原義は「苦労して旅をする」.
[用例] I *traveled* to Scotland by train. 私はスコットランドへ列車で旅行した/He has to *travel* a long way to school. 彼は学校まで長い距離を通わなければならない/Light *travels* in a straight line. 光は直進する/Bad news *travels* fast. 《ことわざ》悪いうわさはすぐに広まる(悪事千里)/*Travel* to and from work can be tiring. 通勤の往復は非常に疲れる.
[類義語] travel; trip; journey; tour; excursion; voyage: **travel** は長距離の旅行や外国旅行の意で, 各地を巡り歩く旅. **trip** は比較的短い旅行で, 観光であることもあれば, 仕事であることもある. **journey** は目的地までにかかる旅の時間のりに重点がある語で. **tour** は視察や観光などの主として周遊の旅行. **excursion** は遠足や修学旅行なども含めた短期間の団体の観光旅行. **voyage** は船あるいは空, 宇宙の旅で, 通例長

旅である.
【慣用句】*travel light* 身軽に旅行する.
【派生語】**tráveled**,《英》-**ll**- 形 旅行の経験がある, 広く旅をした, 見聞の広い; 旅行者の多い. **tráveler**,《英》-**ll**- 名 C 旅行者, 旅行家, 旅客;《英》企業の**外交員**, 得意先まわり,【機械】走行台,【海】すべり環,【劇場】引き割り幕. *traveler's check*,《英》*traveller's cheque* 旅行者用小切手, トラベラーズチェック. **tráveling**,《英》-**ll**- 名 U 旅行, 巡業, 移動. 形 旅行の, 旅行用の, 巡業する, 巡回の, 移動する, 移動中の: *traveling bag* 旅行かばん/*traveling fellowship* 大学や基金などから出される(海外)研修旅行奨学金/*traveling library* 移動図書館, 巡回貸出文庫/*traveling salesman*《米》企業の得意先まわり, 外交員, 巡回販売員.
【複合語】**trável àgency** 名 C 旅行代理店, 旅行案内所. **trável àgent** 名 C 旅行案内業者. **trável bùreau** =travel agency. **trávelsìck** 形 乗り物に酔った.

trav·e·logue, trav·e·log /trǽvəlɔ̀ːg|-lɔ̀g/ 名 C〔一般語〕写真, スライド, 映画などを用いて行う**旅行談, 紀行映画**.
語源 travel+-logue「編集物」. 20 世紀から.

trav·erse /trǽvə(ː)rs, trǽvəːrs/ 名 C〔形式ばった語〕川, 橋, 道, 人, 乗物などが何かを横切り, 横断する. 名 として**横切ること**,【登山】急斜面を横に進むこと, トラバース,【スキー】斜滑降.
語源 ラテン語 *transversus*(=turning across)が古フランス語 *traverser* を経て中英語に入った. ⇒transverse.
類義語 cross.

trav·es·ty /trǽvəsti/ 動 本来自 名 C〔一般語〕まねをしてあざける, こっけい化する, 戯画化する. 名 としてこっけい化したもの, 茶化したもの, 茶番.
語源 イタリア語 *travestire*(tra- trans-+*vestire* to clothe)がフランス語 *travestir*(=to disguise)を経て初期近代英語に入った.

trawl /trɔ́ːl/ 名 C 動 本来自〔一般語〕**漁船**が引っ張って海底にはる大型のトロール網(trawlnet), また《米》はえなわ(trawl line). 動 として, 魚をトロール網[はえなわ]で捕る, 比喩的に人, 物を求めてある場所を捜し回る.
語源 おそらくラテン語 *trahere*(=to draw)から派生した *tragula*(=dragnet)が中オランダ語 *traghelen*(=to draw)を経て初期近代英語に入った.
【派生語】**tráwler** 名 C トロール漁業者[船]. **tráwling** 名 U トロール[底引き網, はえなわ]漁業.
【複合語】**tráwl lìne** 名 C. **tráwlnèt** 名 C.

tray /tréi/ 名 C〔一般語〕一般義 金属, プラスチック, 木, ガラスなどでできた**盆, トレー**.その他 食べ物用の盛り皿, 机上の**書類整理箱**. また盆に載せられたもの[料理], 盆ひと盛り分(trayful).
語源 古英語 trēg, trīg から. 原義は「木板」(wooden board). tree と同根.
用例 She brought in the tea on a *tray*. 彼女はお盆にのせてお茶を持って来た.
類義語 plate.
【派生語】**tráyful** 形 名 C 盆ひと盛り分の(量).

treacherous ⇒treachery.
treach·ery /trétʃəri/ 名 UC〔形式ばった語〕ひどい裏切り, 反逆,《通例複数形で》**不信行為**.

語源 古フランス語 *trichier*(to cheat)の 名 *tricherie* が中英語に入った. trick と関連がある.
類義語 betrayal.
【派生語】**tréacherous** 形 裏切りをする, 二心ある, 反逆的な, 期待に反した.

trea·cle /tríːkl/ 名 U〔一般語〕《英》黒っぽい濃厚な**蜜, 糖蜜**(《米》molasses).
語源 ギリシャ語 *thēriakē*(解毒剤)がラテン語, 古フランス語を経て中英語に入った. 現在の意味は 17 世紀から. 糖蜜が通じ薬としても用いられたことと関連があると思われる.
【派生語】**tréacly** 形.

tread /tréd/ 動 本来他〔過去 **trod** /trɑ́d|trɔ́d/; 過分 **trodden** /trɑ́dn|trɔ́dn/, **trod**〕名 CU〔一般語〕一般義《英》**踏む, 踏みつける**.その他 比喩的に物や感情などを踏みつける, 踏みつぶす(on). 他〔形式ばった語〕…の上を歩く, …を行く. 名 として〔単数形で〕**歩き方, 歩み**, 階段などの**踏み板**, タイヤなどの接地面, トレッド, 靴の底, 足の裏.
語源 古英語 tredan(踏む)から.
用例 He threw his cigarette on the ground and *trod* on it. 彼はたばこを地面に投げ捨て足で踏みつけた/They *trod* the flowers into the ground. 彼らは花を地面に踏みつぶした.
【慣用句】*tread carefully* [*cautiously*, *lightly*] 問題とならないように慎重に発言[行動]する. *tread in* 土の中に踏み込む. *tread on* …*'s heels*《しばしば進行形で》人のすぐ後に続く. *tread on* …*'s toes* [*corns*] 人の感情を害する. *tread out* 踏みつぶす, 火を踏み消す. *tread water* 立ち泳ぎする.
【派生語】**tréader** 名 C. **tréadless** 形.
【複合語】**tréad mìll** 名 C〔★昔の刑罰〕, トレーニング用のトレッドミル.

trea·dle /trédl/ 名 C 動 本来自〔一般語〕足で操作する機械の**踏み子, ペダル**. 動 として踏み子を踏む.
語源 古英語 tredel から. tread の指小語.

trea·son /tríːzn/ 名 U〔形式ばった語〕国家などに対する**反逆**,【法】大逆罪, また信頼などに対する背信(treachery).
語源 ラテン語 *tradere*(=to hand over; to betray)の 名 *traditio* が古フランス語 *traison* を経て中英語に入った. ⇒tradition.
【派生語】**tréasonable** 形 反逆の, 裏切りの. **tréasonous** 形 =treasonable.

treasurable ⇒treasure.
trea·sure /tréʒər/ 名 UC 動 本来他〔一般語〕一般義《通例集合的に》**宝物**.その他《複数形で》**貴重品**,〔くだけた語〕**大切な人**. 動 としては, お金などを宝として蓄える, 品物などの価値を認めて**大切にする**, 言葉などを心に銘記する(up).
語源 ラテン語 *thesaurus*(=anything hoarded; thesaurus)が古フランス語 *tresor* を経て中英語に入った.
用例 The miser kept a secret hoard of *treasure*. その守銭奴はたくさんの秘密の宝をためていた/Our babysitter is a real *treasure*! うちの子守は本当に宝物のような人だ.
【派生語】**tréasurer** 名 C 会計係, 財務担当者. **tréasury** 名 C 国庫, 公庫;《the T-》《米》財務省 (the Department of the Treasury),《英》大蔵省; 宝庫: *treasury bill* 短期の財務省[大蔵省]証券.

【複合語】**trésure hòuse** 名 C 宝庫. **trésure hùnt** 名 C 宝捜しゲーム. **trésure tròve** 名 U 〖法〗埋蔵物,一般に掘り出し物.

treat /tríːt/ 動 本来他 名 C 〔一般語〕一般義 人,物を...のように扱う《as; like》. その他 病気,病人を取り扱うことで,病気や病人を治療する《for》,人を親切に待遇する,もてなす,人におごる,《~ oneself で》...を奮発する《to》,問題などを述べる,論ずる,化学薬品などで処理する. 動 でも用いられる. 名 として《通例 a ~》もてなし,ご馳走,おごり,〔やや古語〕楽しいこと.
語源 ラテン語 *trahere*(= to drag)から派生した *tractare*(= to drag about; to handle)が古フランス語 *traitier* を経て中英語に入った.
用例 They *treated* me as one of the family. 彼らは私を家族の一員として扱ってくれた/They *treated* her for a broken leg. 彼らは彼女の足の骨折の治療をした/I'll *treat* you to lunch. お昼をおごりましょう/She *treated* herself to a new hat. 彼女は新しい帽子を奮発した.
【慣用句】**treat … like dirt** 人を粗末に扱う.
【派生語】**tréatable** 形 処理[治療]できる. **tréater** 名 C. **tréatment** 名 UC 取扱い,待遇,扱い方,論じ方,治療,処置: dental *treatment* 歯の治療/medical *treatment* 医療.

trea·tise /tríːtis, -tiz/ 名 〔一般語〕ある主題について系統的に論じた著作物,学術論文《on》.
語源 ラテン語 *trahere*(= to drag)から派生した *tractare*(= to manage)が *tretier* となり,その *tretiz* が中英語に入った. ⇒tract².

treatment ⇒treat.

trea·ty /tríːti/ 名 CU 〔一般語〕国家間の条約,協定. その他〔形式ばった語〕個人間の契約,約定. また条約文書,協定書.
語源 ラテン語 *tractare*(= to manage)から派生した *tractatus*(= discussion; treatise)が古フランス語 *traite* を経て中英語に入った. ⇒treat.
用例 Under the terms of the *treaty* that ended the war, the island was given back to France. 戦争終結条約の条件の下で,島はフランスに返還された.
【慣用句】**be in treaty with** … …と交渉中である《for》. **by private treaty** 個人の取り決めで.
【派生語】**tréatyless** 形.
【複合語】**tréaty pòrt** 名 C 〖史〗条約港. **tréaty pòwer** 名 C 条約加盟国.

tre·ble /trébl/ 形 名 CU 動 本来他 〔一般語〕3 倍の,3 重の,名 として3 倍 [3 重]のもの,〖楽〗対位法において主旋律のテノールから 3 つ上(アルトの上)ということから,合唱の最高音部,ソプラノ,またその歌い手や楽器,さらに一般に高い声. 動 として3 倍 [3 重]にする[なる].
語源 ラテン語 *triplus*(= threefold)が古フランス語を経て中英語に入った.

tree /tríː/ 名 C 動 本来他 〔一般語〕一般義 木,樹木. その他 木製の物,枝分かれ図,系統図,家系図(family tree). 動 として《通例受身で》動物や人を木に追い上げる,困った立場に追い込む.
日英比較 日本語の「木」は樹木も木材も含むが,英語では樹木は tree,木材は wood である.
語源 印欧語族に広く分布する語で,元来オーク(oak)を意味していたが,次第に樹木全体を指すようになった. 古英語 treo(w)(= tree; wood)から.
用例 We have three apple *trees* growing in our garden. 庭にりんごの木が 3 本植えられています/The old oak *tree* has been cut down. 古いかしの木が切り倒された.
【慣用句】**up a (gum) tree**〔くだけた語〕《米》進退窮まって.
【派生語】**tréed** 形 植樹された. **tréeless** 形.
【複合語】**trée diàgram** 名 C 〖文法〗枝分かれ図,樹状図. **trée fròg** 名 C あまがえる(★樹上に住む). **trée rìng** 名 C 年輪(annual ring). **trée stùmp** 名 C 木の切り株(語法)単に stump ともいう). **trée tòad** 名 = tree frog. **tréetòp** 名 C こずえ(語法)単に top ともいう).

trek /trék/ 動 本来自 名 C 〔一般語〕長期間のつらい旅行をする. 名 として徒歩での長旅,また南アフリカの牛車旅行.
語源 オランダ語 *trekkan*(= to travel)がアフリカーンス語を経て 19 世紀に入った.
類義語 hike.

trel·lis /trélis/ 名 CU 動 本来他 〔一般語〕つる性の植物をはわせる格子の棚(をつける).
語源 ラテン語 *tri-*(= three)+ *licium*(= thread)が古フランス語 *treliz*(= fabric of open texture)を経て中英語に入った.

trem·ble /trémbl/ 動 本来自 名 C 〔一般語〕一般義 恐れや寒さなどで人や体,声などが小きざみに震える. その他 びくびくする,気をもむ. また〔形式ばった語〕建物などが揺れる,木や葉などがそよぐ,光が揺れる. 名 として《a ~》震え.
語源 ラテン語 *tremere*(= to tremble)が古フランス語 *trembler* を経て中英語に入った.
用例 She *trembled* with cold. 彼女は寒さでぶるぶる震えた/I *tremble* to think what will happen. 何が起こるかを考えると心配だ.
類義語 ⇒shake.
【派生語】**trémbler** 名 C 震える人[もの];〖電〗ベルなどの振動板[子]. **trémbling** 名 U 形. **trémblingly** 副. **trémbly** 形〔くだけた語〕おどおどした,震える.

tre·men·dous /triméndəs/ 形 〔一般語〕一般義《通例限定用法》大きさ,量,程度などが途方もない,ばかでかい,ものすごい. その他〔くだけた語〕すばらしい. また恐ろしい,恐るべき.
語源 ラテン語 *tremere*(⇒tremble)の 形 *tremendus* が初期近代英語に入った. 原義は「震えるほどの」.
用例 That required a *tremendous* effort. それにはものすごい努力が必要だった.
類義語 ⇒huge.
【派生語】**treméndously** 副. **treméndousness** 名 U.

trem·or /trémər/ 名 C 〔一般義〕軽度の地震,微震. その他 恐怖や興奮による震え,身震い,怖じ気,声,音,光などの震え,揺れ,木の葉などのそよぎ,微動.
語源 ラテン語 *tremere*(⇒tremble)の 名 *tremor*(= trembling)が中英語に入った.

trem·u·lous /trémjuləs/ 形 〔形式ばった語〕一般義 人,物がかすかに震える. その他 人が震えおののく,臆病な.
語源 ラテン語 *tremere*(⇒tremble)から派生した 形 *tremulus*(= trembling)が初期近代英語に入った.
【派生語】**trémulously** 副. **trémulousness** 名 U.

trench /tréntʃ/ 名 C [一般語]深い溝, 塹壕(ざんごう).
[語源] ラテン語 *truncare* (= to cut off)が古フランス語で *trenchier* (= to cut) となり, その派生形 *trenche* (= something cut)を経て中英語に入った.
【複合語】**trénch còat** 名 C 肩ベルト付きレインコート, トレンチコート(★第一次世界大戦時, 英国の将校が塹壕内で着用したのが始まり).

trenchancy ⇒trenchant.

tren·chant /tréntʃənt/ 形 [形式ばった語]批評や言葉などが辛辣で, 議論などが鋭く的を射ている.
[語源] 古フランス語 *trenchier* (⇒trench) の現在分詞 *trenchant* (=cutting)が中英語に入った.
【派生語】**trénchancy** 名 U 痛烈さ, 鋭さ.

trench·er·man /tréntʃərmən/ 名 C (複 -men) [文語]《こっけい》大食漢, 健啖(けんたん)家.
[語源] trencher (肉を切る木皿) + man として初期近代英語の「料理人」の意から. ⇒trench.

trend /trénd/ 名 C [本来義] [一般語] ある分野における一般的な傾向. [その他] 大勢, 衣服などの流行, トレンド《語法 fashion よりも一般的》, また道ぐねなどの方向, 特定の方向に向かう.
[語源] 古英語 *trendan* (= to turn; to revolve) から.
[用例] He claims that it was he who set the *trend* towards long hair. 長髪をはやらせたのは自分だったと彼は主張している.
【派生語】**tréndily** 副. **tréndiness** 名 U. **tréndy** 形 流行の先端をゆく, はやりの.
【複合語】**trénd sètter** 名 C [くだけた語]流行を作り出す人〔雑誌, 会社〕, 流行演出家. **tréndsètting** 形《通例限定用法》方向〔流行〕を生み出す.

tre·phine /trifáin/ 名 C 動 [本来義] [医]脳手術用の冠状のこ(で手術する).
[語源] trepan (穿頭器, トレパン)の変形で初期近代英語から.

tres·pass /tréspəs/ 動 [本来自] 名 UC [形式ばった語]《法》権利, 財産などを不法侵害する, 私有地や家に不法侵入する《on; upon》, 一般に人の時間や私生活などを邪魔する, 人の行為などにつけ込む. 名 として不法侵害〔侵入〕, 邪魔, 迷惑.
[語源] ラテン語 *trans-* + *passer* to pass が古フランス語を経て中英語に入った.
[用例] You are *trespassing* (on my land). 君は(私の土地に)不法侵入している.
【派生語】**tréspasser** 名 C 不法侵入者, 侵害者.

tresses /trésiz/ 名《複》[文語]髪の房, 巻き毛, 特に女性の長くたらした髪.
[語源] 古フランス語で中英語に入った.

tres·tle /trésl/ 名 C [一般語] 2つ並べて上に板を渡すための足付きのフレーム, 架台.
[語源] ラテン語 *transtrum* (梁) が古フランス語を経て中英語に入った. ⇒transom.
【複合語】**tréstle brìdge** 名 C《土木》架台にかけた橋, 構脚橋, トレッスル橋. **tréstle tàble** 名 C 架台に板を乗せて使う組立て式のテーブル.

tri- /trái/ 〔接頭〕「3...」「3倍〔重〕の」「3つごとの」などの意.
[語法] ❶通例名詞または形容詞の前につけて用いる: *triangle* 三角形/*triangular* 三角形の. ❷時を示す場合, 例えば triweekly の場合「3週間ごとに」と「1週間に 3 回の」の意味があり, はっきりしないことがある. 誤解を避けるために前者は every three weeks, 後者は three times a week とする方が安全である.
[語源] ギリシャ語 *treis*, ラテン語 *tres* (= three) から.

tri·al /tráiəl/ 名 UC 《⇒try》 [一般語] [一般義]裁判, 審理. [その他] 本来「試みる」意の 動 から発しており, 罪の有無について審理して試みることから「裁判」の意となった. 一般に全て, 試験, 運命に試されることから, 試練, 《スポ》予選, また災難, 辛苦. 形 として裁判の, 試みの, 試験的な.
[語源] 古フランス語 *trier* (= to try) の 名 *trial* が中英語に入った. *-al* は名詞語尾. ⇒try.
[用例] Their *trial* will be held next week. 彼らの裁判は来週開かれる/the appellate *trial* 控訴審/The disaster was a *trial* of his courage. その災害は彼の勇気の試練であった.
【慣用句】**bring [send] ... to trial** 人を裁判にかける. **make (a) trial of ...** …を試す(put ... to trial). **on trial** ...罪の裁判中で〔for〕; 試験的に. **put ... on trial** = bring ... to trial. **stand trial** 裁判を受ける(go on trial).
【派生語】**tried** 形 試験済みの. **trier** 名 C …しようと努める人, 努力家, 試す人, 試験官, 裁判官.
【複合語】**tríal and érror** 名 U 試行錯誤: by *trial and error* 試行錯誤で. **tríal ballóon** 名 C 観測気球(pilot balloon), 反応をさぐるの試案. **tríal hòrse** 名 C [くだけた語]けいこ台. **tríal júry** 名 C 小陪審. **tríal làwyer** 名 C《米》法廷弁護士. **tríal márriage** 名 CU 同棲. **tríal pèriod** 名 C 試用期間. **tríal rùn [tríp]** 名 C 試運転.

tri·an·gle /tráiæŋgl/ 名 C [一般語] [一般義] 三角形. [その他]《米》三角定規《英》setsquare), 打楽器のトライアングル, 異性間の三角関係(eternal [love] triangle); 三角形をしたもの, 三つ組, 三人組.
[語源] ラテン語 *triangulum* が古フランス語を経て中英語に入った.
[用例] an equilateral *triangle* 正三角形/a right [《英》right-angled] *triangle* 直角三角形.
[関連語] square (四角形); pentagon (五角形); hexagon (六角形); heptagon (七角形); octagon (八角形).
【派生語】**tríangled** 形. **triángulate** 動 [本来義]土地を三角測量する. **triangulátion** 名 U 三角測量. **triángular** 形 三角の, 三角形の, 三角関係の: *triangular* love affair 異性間の三角関係.

tribal ⇒tribe.

tribalism ⇒tribe.

tribe /tráib/ 名 C [一般語] [一般義]《しばしば軽蔑的な》種族, 部族. [その他] [くだけた語]共通の職業, 趣味, 利害関係のある仲間, 連中, 動植物の分類上の族.《しばしば複数形で》大勢, 《おどけて》家族.
[語源] ラテン語 *tribus* が中英語に入った. 原義はローマ人を分けた「3つの部族(Tities, Ramnes, Luceres)」.
[類義語] race[2].
【派生語】**tríbal** 形 種族の. **tríbalìsm** 名 U 種族の構成, 部族意識.
【複合語】**tríbesman** 名 C 部族の1人《語法》女性は tribeswoman, 人々は tribespeople》.

trib·u·la·tion /tribjuléiʃən/ 名 UC [形式ばった語]ひどい困難や苦悩, およびその原因.
[語源] ラテン語 *tribulare* (= to press; to oppress) の 名 *tribulatio* が古フランス語を経て中英語に入った.

tri·bu·nal /traibjúːnl/ 名 C〔一般語〕裁判所, 法廷(の裁判官席).
[語源] ラテン語 *tribunus* (⇒tribune²) から派生した *tribunal(e)* (=judge's platform) から中英語に入った.

trib·une¹ /tríbjuːn/ 名 C〔一般語〕古代ローマの護民官, 軍団指令官, 一般に人民の擁護者, 指導者 (★新聞の社名によく用いられる).
[語源] ラテン語 *tribus* (=tribe) から派生した *tribunus* (=chief of a tribe) が中英語に入った. ⇒tribe.

trib·une² /tríbjuːn/ 名 C〔一般語〕教会や講堂の演壇.
[語源] ラテン語 *tribunale* (⇒tribunal) から派生した中世ラテン語 *tribuna* (=raised platform) がイタリア語, フランス語を経て初期近代英語に入った.

trib·u·tary /tríbjutèri|-təri/ 名 C 形〔一般語〕[一般義] 川の支流. [本来目] 貢国, 属国. 形 として, 川が支流をなしている. 属国の, 人または国が貢ぎ物を納めている.
[語源] ラテン語 *tributum* (⇒tribute) の 形 *tributarius* (=of a tribute) が中英語に入った. 「支流」の意は小さな川が大きな川に水を送り込むことから.

trib·ute /tríbjuːt/ 名 CU〔形式ばった語〕[一般義] 賛辞, 敬意. [その他] 感謝のしるし, 贈り物, 《通例 a ~》名誉となるもの. 本来は貢ぎ物, 年貢, 税.
[語源] ラテン語 *tribus* (=tribe) に由来する *tribuere* (=to pay; to assign) の過去分詞の中性形 *tributum* が中英語に入った. 原義は「部族間で分ける」. ⇒tribe.
[用例] We must pay *tribute* to his great courage. 我々は彼の偉大な勇気に敬意を表さなくてはならない/floral *tributes* 献花.

trice /tráis/ 名《次の慣用句のみ》*in a trice* 瞬く間に.
[語源] 中期オランダ語 *trisen* (=to pull) が中英語に入った. in a trice の原義は「ひと引きで」.

trick /trík/ 名 動 [本来目] 形〔一般語〕[一般義] 人を欺くこと, ごまかし, 策略. [その他] 悪意のないいたずら, 冗談, 映画などのトリック. また手品, 早業などのこつ, 〔くだけた語〕商売, 芸, 技術などの特徴. トランプのひと巡り(に出された札), 1回の得点. 動 としては, 策略で巧妙に相手をだます, 欺くこと...させる (into), 人の目をだますように部屋などを飾り立てる (out; up). 形 として〔通例限定用法〕トリックを使う, 手品の, 問題などが落とし穴のある, 体の関節や骨などが突然動かなくなってがくがくする, 故障したる.
[語源] ラテン語 *tricari* (=to behave evasively) が古フランス語で *trichier* となり, 名 *trique* (=deceit) を経て中英語に入った.
[用例] The message was just a *trick* to get her to leave the room. その伝言は彼女を部屋から追い出すための策略だった/a dirty *trick* 卑劣な行為/The magician performed some clever *tricks*. その手品師は巧妙な手品をやってのけた/teach a dog to do *tricks* 犬に芸を仕込む.
[類義語] cheat.
【慣用句】*do the trick*〔くだけた表現〕うまく行く, 薬などが効く. *How's the tricks?*〔くだけた表現〕どうだい調子は. *know a trick worth two of that* それよりもずっとよいやり方を知っている, その手は食わぬ (Shakespeare, *Henry IV*, II, i, 40-41). *not* [*never*] *miss a trick*〔くだけた表現〕チャンスは逃さない. *play a trick* [*tricks*] *on* ... ...に悪ふざけをしてからかう, だます.
【派生語】**trickery** 名 U 詐欺, ぺてん. **trickiness** 名 U 扱いにくさ, 狡猾(ぶ). **trickster** 名 C 詐欺師. **tricksy** 形 いたずら好きの. **tricky** 形 扱いにくい, 狡猾な.
【複合語】**trick or tréat** 名 U《米》お菓子をくれないといたずらするぞ (★Halloween で子供たちが家々の玄関先で言う言葉). **trick-or-tréat** 動 [本来目] trick or treat と言って歩く. **trick-or-tréater** 名 C trick or treat と言って歩く子供.

trick·le /tríkl/ 動 [本来目]〔一般語〕[一般義] 少量の水がゆっくり流れ落ちる, ちょろちょろ流れる, したたり落ちる. [その他] 群衆などがだんだんと少しずつ移動する, 次第に消えていく. 名 としてしずく, したたり, 少量.
[語源] 中英語 triklen から.

trickster ⇒trick.

tricksy ⇒trick.

tricky ⇒trick.

tri·col·or, -our /tráikʌ̀lər/ 名 C 形〔一般語〕三色(の), 三色の旗, 《the T-》フランス国旗.
[語源] ラテン語 *tricolor* (=three-colored) がフランス語を経て 18 世紀に入った.

tri·cot /tríː(ː)kou/ 名 U〔一般語〕ナイロンやレーヨンのたて編み生地, トリコット.
[語源] フランス語 *tricoter* (=to knit) の逆成で, 19 世紀から.

tri·cy·cle /tráisikl/ 名 C〔一般語〕三輪車.
[語源] ギリシャ語 tri-「三」+*kyklos* (=wheel) から合成されたフランス語が 19 世紀に入った.
[関連語] bicycle.

tri·dent /tráidənt/ 名 C〔一般語〕三つまたのやり, またはそれに似た魚を突くやす. 《ギ・ロ神》海の神ポセイドン [ネプチューン]が持つ銛(ぢ).
[語源] ラテン語 *tridens* (=three-pronged; *tri* three + *dens* tooth) が初期近代英語に入った.

tried ⇒trial; try.

tri·en·ni·al /traiéniəl/ 形 名 C〔一般語〕3 年に1 度の, 3 年間継続する. 名 として 3 年ごとの行事.
[語源] ラテン語 *triennium* (=period of three years; *tri* three + *annus* year) が初期近代英語に入った.

trier ⇒try.

tri·fle /tráifl/ 名 CU 動 [本来目]〔形式ばった語〕[一般義]《通例複数形で》つまらないもの, ささいなこと, 《通例 a ~》少額. [その他] 《a ~》少量(bit) 〔語法〕副詞的にも用いられる, また《英》シェリー酒やワインを含ませたスポンジケーキ, トライフル. 動 として軽くあしらう, もてあそぶ (with), 冗談を言う, ふざける, ぶらぶら過ごす, 時間や金などを浪費する (away).
[語源] 古フランス語 *trufle* (にせもの) が中英語に trufle (=idle talk; deceit) として入った.
[用例] £100 is a *trifle* when one is very rich. 大金持なら 100 ポンドははしたの金だ.
【派生語】**trifler** 名 C いいかげんに扱う人, くだらない人. **trifling** 形〔限定用法〕とるに足らない, くだらない.

trig·ger /trígər/ 名 C 動 [本来目]〔一般語〕[一般義] 銃や鉄砲の引き金. [その他] 比喩的に事件の起きるきっかけ.
[語源] オランダ語 *trekken* (=to pull) の 名 *trekker*

trig·o·nom·e·try /trìgənámətri | -nɔ́m-/ 名 U 《数》三角法.
語源 近代ラテン語 *trigonometria* (ギリシャ語 *trigōnon* triangle+*-metria* -metry) が初期近代英語に入った.

trike /tráik/ 名 C 〔一般語〕《英》子供用**三輪車**(tri-cycle).

tri·lat·er·al /trailǽtərəl/ 形 C 〔一般語〕 一般義 3 辺のある. その他 三者間の, 三国間の. 名 として三角形.
語源 ラテン語 *trilaterus* (=three-sided) が初期近代英語に入った.

tril·by /trílbi/ 名 C 〔一般語〕《英》フェルト製の男性用**中折れ帽**.
語源 George du Maurier のドラマ化された小説 *Trilby* のロンドンの場面でかぶられていた帽子にちなみ, 19 世紀から.

tri·lin·gual /trailíŋgwəl/ 形 〔一般語〕3 か国語を話す, 3 か国語で述べられた.
語源 tri-「三」+lingual. 19 世紀から.
関連語 bilingual.

trill /tríl/ 動 本未自 名 C 〔一般語〕声を震わせて歌う, トリルで演奏する. 名 として声を震わせること, 鳥のさえずり, 《楽》顫音(ﾃﾝ), トリル, 《音》震え音, r の巻き舌音, 顫動音.
語源 イタリア語 *trillare* (=to vibrate) が初期近代英語に入った.

tril·lion /tríljən/ 名 C 〔一般語〕《米》兆, 10^{12} (《英》billion), 《英》100 万兆, 10^{18}.
語源 tri-「三」+(m)illion. million million million (=10^{18}) の意味で, 初期近代英語から.

tril·o·gy /trílədʒi/ 名 C 〔一般語〕演劇や小説, 音楽などの**三部作**(曲).
語源 ギリシャ語 *trilogia* (*tri* three+*-logia* collection) が 19 世紀に入った.

trim /trím/ 動 本未他 形 副 名 UC 〔一般語〕 一般義 生け垣, 芝, 木などを**刈り込む**. その他 調髪する, 衣服をこぎれいにする, 《米》縁飾りをつける. または出た部分をそろえるために取り去る《away; off》, 予算, 経費などを削減する, 意見などを調整する, 船, 飛行機の乗客や積み荷をうまく配置してバランスをとる, 店に品物を並べる. 形 として, 服装や様子などがすっきりした, きちんとした. 副 としてきちんと. 名 としてきちんとした[準備のできた]状態, 人の健康状態, 容姿,《a ～》刈り込み, 手入れ, 調髪, また装飾(物), 車の内装.
語源 古英語 *trum* (=strong; firm) から派生した *trymman* (=to strengthen; to arrange) から.
用例 He's *trimming* the hedge. 彼は生け垣を刈り込んでいる/She had her hair *trimmed*. 彼女は調髪してもらった/We've *trimmed* the book from 100,000 words to 80,000. 我々はその本を 10 万語から 8 万語に削った.
【慣用句】*in (good) trim* コンディションがよい. *out of trim* コンディションが悪い. *trim one's sails* 支出をひかえる, 臨機応変にやる.
【派生語】**trímly** 副. **trímmer** 名 C 手入れする人, 内装専門家; 刈込みばさみ. **trímming** 名 UC 刈込み, 手入れ, 仕上げ, 縁飾り;《通例複数形で》装飾物[材料], 付属品, 料理のつま.

tri·mes·ter /traiméstər/ 名 C 〔一般語〕《米》3 か月の期間,《米》3 学期制の 1 学期.
語源 ラテン語 *tri-* (=three)+*mensis* (=month) から成る 形 *trimestris* (=of three months) がフランス語を経て 19 世紀に入った.
関連語 semester.

trimmer ⇒trim.

trimming ⇒trim.

trin·i·ty /trínəti/ 名 C 《the T-》《キ教》父と子と聖霊の**三位一体**, 一般に 3 部分がそろって 1 つになるもの, 三人組, 三つぞろい.
語源 ラテン語 *trinus* (=triple) の 形 *trinitas* が古フランス語を経て中英語に入った.

trin·ket /tríŋkət/ 名 C 〔一般語〕小さな価値のない**装身具**, 安もの, おもちゃ.
語源 古フランス語 *trenchet* (=knife) が中英語に *trenket* (=lady's toy knife) として入った.

trio /tríːou/ 名 C 《楽》三重唱[奏]曲, 一般に 3 人または 3 個からなる一団, 三人組, 三つ組.
語源 ラテン語 *tres* から派生したイタリア語 *trio* (=three) が 18 世紀に入った.

trip /tríp/ 名 C 動 本未自 〔一般語〕 一般義 比較的短い観光や仕事上の**旅行**. その他 用事などで出かけること, 出向くこと. 本来の意味は軽やかな足どりで, 速い足どりから踏み外し, つまずき, 比喩的に過失, 失敗.〔俗語〕麻薬による幻覚症状. 動 としては, 何かにつまずく《on; over》, 間違える, 軽やかに歩く[ステップを踏む]. 他 つまずかせる《up》, 揚げ足をとる, 歯止めなどを急にはずす, 機械を作動させる.
語源 古フランス語 *triper* (=to tread; to dance) が中英語に *trippen* (=to step lightly) として入った. この語は本来ゲルマン語で, 古英語 *treppan* (=to tread) と同語源.「旅行」の意味は 17 世紀から.
用例 a day *trip* 日帰り旅行/a round *trip* 往復[周遊]旅行/She went on 取った a *trip* to Paris. 彼女はパリに旅行に行った/She *tripped* over the carpet. 彼女はじゅうたんにつまづいて倒れた.
類義語 ⇒travel.
【慣用句】*catch ... tripping* 人の揚げ足を取る.
【派生語】**trípper** 名 C 引き外し装置;《英》短期[日帰り]旅行者. **trípping** 形〔文語〕《通例限定用法》足どりの軽やかな, **trípping·ly** 副.

tri·par·tite /traipɑ́ːrtait/ 形〔形式ばった語〕3 つで 1 つのグループをなす, 三部からなる, 三者間の.
語源 ラテン語 *tripartitus* (*tri-* three+*partitus* divided) が中英語に入った.

tripe /tráip/ 名 U 〔一般語〕牛などの反すう動物の食用となる**胃壁**,《俗語》くだらないこと, たわごと.
語源 元来「内臓の脂肪」を意味するアラビア語からと思われるイタリア語 *trippa* が古フランス語を経て中英語に入った.

tri·ple /trípl/ 形 名 UC 動 本未他 〔一般語〕3 倍の, 3 重の, 3 部分から成る. 形 として 3 倍の数[量], 《野》三塁打. 動 として 3 倍[重]にする. 自 三塁打を打つ.
語源 ラテン語 *triplus* (*tri-* three+*-plus* -fold) が中英語に入った.
【派生語】**tríplet** 名 C 三つ組, 三つ子の 1 人,《複数

形で)三つ子. **tríplex** 形 名 C 三重[三層]をなす(もの),《楽》3 拍子 (triple time).
【複合語】**Triple Crówn** 名《the ～》野球や競馬などの三冠王. **triple júmp** 名《the ～》三段跳び. **triple pláy** 名 C《野》三重殺. **triple time** 名 U《楽》3 拍子.

tri·li·cate /tríplikit/ 形 名 C /-keit/ 動 [本来義]〔一般論〕同じ文書が3通作成された. 名 として3通作成された文書のうちの1通, また広く3つ組のうちの1つ. 動 としては, 3倍する, 3通作成する.
[語源] ラテン語 *triplicare* (=to triple) が中英語に入った. ⇒triple.
[関連語] duplicate.

tri·pod /tráipɑd/-pɔd/ 名 C 〔一般論〕三本足の器[台], かなえ,《写》三脚.
[語源] ギリシャ語 *tripous* (*tri-*three+*pous* foot) がラテン語を経て初期近代英語に入った.

tripper ⇒trip.
tripping ⇒trip.
trip·tych /tríptik/ 名 C 〔一般論〕教会の祭壇に飾られる折りたたみ式の三枚続きの絵.
[語源] ギリシャ語 *triptukhos* (=threefold; *tri-*three+*ptux* plate) が18 世紀に入った.

tri·sect /traisékt/ 動 [本来他] 〔一般論〕三分する,《幾》3 等分する.
[語源] ラテン語 *secare* (=to cut) の過去分詞 *sectus* に tri- が付いて初期近代英語に入った.

trite /tráit/ 形 〔一般論〕表現や考えがありふれた, 使い古された.
[語源] ラテン語 *terere* (=to rub; to wear away) の過去分詞 *tritus* が初期近代英語に入った.
[類義語] hackneyed; stereotyped.
[反意語] original; fresh.
【派生語】**trítely** 副. **tríteness** 名 U.

Tri·ton /tráitn/ 名《ギ神》Poseidon の息子の半人半魚の海の神トリトン, またトリトンがほら貝をもっているところから, ほら貝やその貝殻をも表す.
[語源] ギリシャ語 *Tritōn* から初期近代英語に入った.

tri·umph /tráiəmf/ 名 UC 〔一般論〕 [一般義] 大勝利, 大成功(《 victory の方が一般的). [その他] 勝利感, 得意, 歓喜. 動 として大勝利を収める《over》(〔語法〕win の方が一般的), 勝ち誇る, 歓喜する.
[語源] ギリシャ語 *thriambos* (酒神バッカスへの賛歌) がラテン語 *triumpus*, 古フランス語を経て中英語に入った.
[用例] The battle ended in a *triumph* for the Romans. その戦いはローマ人の勝利に終わった / The Romans *triumphed* (over their enemies). ローマ人は(敵に)大勝利した.
【慣用句】**in triumph** 勝ち誇って.
【派生語】**triúmphal** 形《通例限定用法》凱旋の, 勝利の: triumphal arch 凱旋門. **triúmphant** 形 勝利を得た, 勝ち誇った, 意気揚々とした. **triúmphantly** 副.

tri·um·vir /traiʌ́mvər/ 名 C 《複 ～s, -viri /-virài/》〔一般論〕古代ローマの三頭政治の3人の執政官の1人.
[語源] ラテン語 *tres viri* (=three men) の属格形 *trium virorum* からの逆成で, one man of three の意. 初期近代英語から.

【派生語】**triúmvirate** 名 C 三頭政治.

triv·et /trívit/ 名 C 〔一般論〕熱い鍋などを食卓に置くときに使われる金属製の三脚台, 火に鍋をかけるときに使われる鉄製の五徳.
[語源] ラテン語 *tripes* (*tri-* three+*pes* foot) が古英語に入った.

triv·i·a /trívia/ 名《複》〔一般論〕(しばしば単数扱い)ささいなこと, 取るに足らないこと.
[語源] ラテン語 *trivium* (⇒trivial) の複数形.

triv·i·al /trívial/ 形 〔一般論〕《軽蔑的》ささいな, 取るに足らない, 平凡な.
[語源] ラテン語 *trivium* (*tri-* three+*via* way) の 形 *trivialis* (街角の; 大衆の)が中英語に入った. *tribium* は「3 本の道が交差する場所」の意で, 転じて「人が集まる大衆的な場所」, さらに中世の大学では 7 つの liberal arts のうち「下級三学 (grammar, rhetoric, logic)」の意となり,「つまらないもの」につながった.
【派生語】**triviálity** 名 UC 陳腐, 平凡, つまらないこと[もの]. **trívialize** 動 [本来他] 平凡なものにする. **trívially** 副.

trochaic ⇒trochee.

tro·che /tróuki/tróuʃ/ 名 C 〔一般論〕なめて喉(②)のどの炎症を静める錠剤, トローチ.
[語源] ギリシャ語 *trokhos* (= wheel) の指小語 *trokhiskos* (= little wheel) が後期ラテン語 *trochiscus* (= small ball; pill), フランス語を経て初期近代英語に入った.

tro·chee /tróuki/ 名 C《詩》2 音節が強弱の順で続くこと, 強弱格.
[語源] ギリシャ語 *trekhein* (=to run) から派生した *trokhaios pous* (=running foot) がラテン語を経て初期近代英語に入った.
【派生語】**trocháic** 形.

trod /trɑd/-ɔ́-/ 動 tread の過去・過去分詞.
trod·den /trɑ́dn/-ɔ́-/ 動 tread の過去分詞.
trog·lo·dyte /trɑ́glədàit/-ɔ́-/ 名 C 〔一般論〕洞穴に住んでいたと考えられる有史以前の穴居人, また《動》類人猿,〔くだけた語〕世間から孤立して暮らす変人, 世捨て人.
[語源] ギリシャ語 *trōglodutēs* (=one who enters caves; *trōglē* cave+*duein* to enter) がラテン語を経て初期近代英語に入った.

troi·ka /trɔ́ikə/ 名 C 〔一般論〕ロシアの 3 頭立ての馬ぞり, トロイカ.
[語源] ロシア語 *troe* (=three) から派生した語が19 世紀に入った.

Tro·jan /tróudʒən/ 形 名 C (⇒Troy) 〔一般論〕 [一般義] トロイの, トロイ人(の). [その他] 勇気があり熱心に働く人.
[語源] ラテン語 *Troia* (= Troy) から派生した 形 *trojanus* が中英語に入った.
【複合語】**Trójan hórse** 名《the ～》《ギ神》ギリシャ兵を中にひそませたトロイの木馬, またこれより破壊工作員の意. **Trójan Wár** 名《the ～》《ギ神》トロイ戦争.

troll[1] /tróul/ 動 [本来自] 名 C 〔一般論〕 [一般義] 輪唱する. [その他] [本来回すこと, 巡ることを表すところから, 流し釣りで回転式擬餌針を使う意となり, 流し釣りする の意. 名 として輪唱歌, 流し釣り, 流し釣りに使う擬似針.
[語源] もとはゲルマン語と思われる古フランス語 動 *troller*

が trolle(n)(=to roll; to wander) として中英語に入った.

troll² /tróul/ 名 C 〔一般語〕北欧伝説で山や洞穴, 地下などに住む不思議な巨人や小人, トロール.
語源 古ノルド語 troll (=demon) が初期近代英語に入った.

trol·ley /tráli|-li-/ 名 C 〔一般語〕[一般義] (米)路面電車(trolley car; street car), (英)トロリーバス(trolleybus). その他 本来電線に接触するポールの先についている触輪, トロリーの意で, そこからそれのついた乗り物の意となった. また鉱山などのトロッコ, (英)手押し車, デザートや食器を運ぶワゴン(tea wagon).
語源 おそらく troll¹ から 19 世紀に入った.
複合語 trólleybùs 名 C. trólley càr 名 C.

trol·lop /tráləp|-li-/ 名 C 〔古風な語〕道徳的にだらしのない女, 自堕落な女, 売春婦.
語源 ドイツ語 *Trulle* (= prostitute) の方言形 *Trolle* が初期近代英語に入った. troll¹ と関連がある.

trom·bone /trɑmbóun|-li-/ 名 C 〔一般語〕大型の金管楽器, トロンボーン.
語源 イタリア語が 18 世紀に入った.
派生語 trombónist 名 C.

troop /trú:p/ 名 C 動 本来自 〔一般語〕[一般義] (複数形で)軍隊. その他 移動中の人や動物などの一団, 群れ(of). 動 としては, 集まる(along; away; off), 群がぞろぞろ進む(up; together).
語源 中世ラテン語 *troppus* がフランス語を経て初期近代英語に入った. 本来はゲルマン語で古英語の thorp, throp (=village) も同源.
用例 combat *troops* 戦闘部隊/Foreign *troops* landed in France. 外国軍がフランスに上陸した/A *troop* of visitors arrived. 訪問団が到着した.
類義語 flock.
派生語 trópper 名 C 騎兵, 騎兵馬; (米) 州警察官(state trooper); 降下兵 (paratrooper), 〔くだけた語〕(英) in troopship: *swear like a trooper* 〔くだけた表現〕激しくののしる.
複合語 tróop càrrier 名 C 兵員輸送車[船] (語法 Tpr と略す). tróopshìp 名 C 軍隊の輸送船.

trophied ⇒trophy.

tro·phy /tróufi/ 名 C 〔一般語〕[一般義] 競技などの優勝記念品, トロフィー(★旗, カップ, 盾など). その他 狩猟や戦勝記念品としての戦利品, 一般に記念品.
語源 ギリシャ語 *trepein* (= to turn) から派生した *tropē* (敗走) が「敵に勝った記念のしるし」の意となり, ラテン語, フランス語 *trophée* を経て 18 世紀に入った.
派生語 tróphied 形 トロフィーで飾った.

trop·ic /trápik|-li-/ 名 C 形 〔地理〕地球の回帰線, 《天》天の回帰線, また (the ~s)熱帯地方. 形 として熱帯の, 酷暑の.
語源 ギリシャ語 *tropē* (=turn) から派生した *tropikos* (=of turning) がラテン語 *tropicus* を経て中英語に入った. 原義は「太陽が回転する」.
関連語 subtropical (亜熱帯(性)の).
派生語 trópical 形 熱帯(性)の: *tropical* rain forest 熱帯雨林/*tropical* year 太陽年 (★365 日 5 時間 48 分 46 秒).
複合語 Trópic of Cáncer (the ~) 北回帰線. Trópic of Cápricorn (the ~) 南回帰線.

tro·po·sphere /tróupəsfìər/ 名 C 《気》(通例単数形で)対流圏.
語源 ギリシャ語 tropo-「回転」+フランス語 -sphere 「球」. 20 世紀に入った.
関連語 stratosphere (成層圏).

trot /trát|trɔ́t/ 動 本来自 名 C 〔一般語〕馬など動物が速歩(はや)で駆ける, 〔くだけた語〕人が急ぎ足で行く. 名 として速歩, トロット, また急ぎ足, 小走り.
語源 古フランス語 *troter* (=to trot) が中英語に入った.
派生語 trótter 名 C トロット競走用の馬, 精力的に働く人; (通例複数形で) 食用の羊や豚の足.

trou·ba·dour /trú:bədɔ̀r/ 名 C 〔一般語〕11-13 世紀に南フランスや北イタリアで起こった叙情詩人, トルバドール, また一般に吟遊詩人.
語源 古プロバンス語 *trobar* (=to write verses) から派生した *trobador* がフランス語を経て 18 世紀に入った.

trou·ble /trʌ́bl/ 名 UC 動 本来他 〔一般語〕[一般義] 困難, 厄介(なこと). その他 迷惑, 労をとること, 骨折り, 手数. 悩みの種), 心配事, 災難, ごたごた, (通例複数形で) 騒ぎ, 紛争 (★unrest が形式ばった語), 機械などの故障, 人の病気. 動 としては, 人を悩ます, 心配させる, (~ oneself で) あることで心配[苦労]する (about; over; with), また人に心配[迷惑]をかける, 〔くだけた語〕 人にわざわざ何かを取って[作って]もらう (for; to do), さらに病気, 借金などが人を苦しめる,〔文語〕かき乱す, 波立たせる. 自 悩む, 心配する, わざわざ...する (to do).
語源 ❶「病気」の意では, 通例 heart *trouble* (心臓病)のように具体的に用いられる. ただし The *trouble* is not serious. (たいした病気ではない) のような用法もある ❷「苦しめる」の意では, be *troubled*, be *distressed*, be *harassed* の順に意味が強くなり形式ばった表現になる.
語源 ラテン語 *turbidus* (⇒turbid) の 動 *turbidare* (=to disturb) が古フランス語 *troubler* および 名 *truble* を経て中英語に入った.
用例 We've had a lot of *trouble* with our children. 私たちは子供のことで大変苦労しました/It occurred during the time of the *troubles* in Cyprus. それはキプロス紛争時に起きた/She has kidney *trouble*. 彼女は腎臓病だ/May I *trouble* you to open the window? 窓を開けていただけますか (★形式ばった表現).
慣用句 ask [look] for trouble 〔くだけた表現〕自分で災難を招くようなことをする, 自業自得になる. be in trouble 困っている; ...とごたごたを起こしている (with); 〔古風な表現〕未婚女性が妊娠している. borrow trouble 取り越し苦労をする. get [run] in [into] trouble 困った事になる, しかられる; ごたごたを起こす. get out of trouble ピンチを免れる. go to the trouble of doing わざわざ...する. go to (a lot of) trouble 手間をかける. make trouble 騒ぎを起こす. meet trouble halfway =borrow trouble. put ... to trouble 人に迷惑をかける: I don't want to put you to a lot of *trouble*. あなたにあまりご迷惑をかけたくありません. take trouble over [about; with] ...に苦労する(trouble oneself about [over] ...). take the trouble to do わざわざ...する. (The) trouble is (that) ... 問題は...である (語法 くだけた表現では (The) trouble is ...): Only *trouble is that*

the corporation is Japanese-owned. ただ問題はこの会社の経営者が日本人だということだ. *trouble oneself to do* =take the trouble to do.

【派生語】**tróubled** 形 困った, 厄介な; 乱れた, 問題の多い, 顔つきなどが不安そうな: **troubled waters** 荒海, 混乱状態. **tróublesome** 形〔形式ばった語〕〔軽蔑的〕複雑で面倒な.

【複合語】**tróublemàker** 名 C 〔軽蔑的〕もめごとを起こす人. **tróubleshòoter** 名 C 紛争解決者, 調停者, 《米》修理人. **tróuble spòt** 名 C 紛争地域.

trough /trɔ́ːf|-5-/ 名 C 〔一般語〕細長いいば桶(形). その他 広く細長い容器を指し, 屋根の雨どい. 景気の底.〔気〕気圧の谷.〔海洋〕海盆, トラフ.
語源 古英語 troh, trog から. 「木製の容器」が原義.

trounce /tráuns/ 動 本来他 〔一般語〕試合で相手を徹底的に負かす.
語源 不詳. 初期近代英語から.

troupe /trúːp/ 名 C 動 本来自 〔一般語〕集団で旅や移動をする俳優や踊り手などの**一団, 一座**. 動 として演劇一座として巡業する.
語源 フランス語が 19 世紀に入った. troop と姉妹語.
【派生語】**tróuper** 名 C 一座の**一員**, 頼りになるベテラン俳優.

trouser ⇒trousers.
trousered ⇒trousers.
trousering ⇒trousers.
trou·sers /tráuzərz/ 名 〔複〕〔一般語〕**ズボン** (★《米》では形式ばったとき以外は pants を用いる).
語法 数えるときは a pair of trousers, two [three, etc.] pairs of trousers のようにいう.
語源 ゲール語起源の trouse が drawers の影響を受けた. 初期近代英語から.
用例 He was dressed in [wore] navy-blue *trousers*. 彼はネービーブルーのズボンをはいていた.
関連語 breeches (半ズボン); jeans (ジーンズ); slacks (スラックス).
【慣用句】*catch ... with his trousers down* 〔俗語〕不意をついてとまどわせる. *wear the trousers* 〔くだけた表現〕《英》夫または妻が一家を仕切る.
【派生語】**tróuser** 形〔通例限定用法〕ズボンの: *trouser* pocket ズボンのポケット. **tróusered** 形 ズボンをはいた. **tróusering** 名 U ズボン地.

trous·seau /trúːsou/ 名 C〔複 -seaux /-souz/, ~s〕〔古風な語〕花嫁衣装およびリネン, 装身具, 世帯道具などの嫁入り道具, 嫁入り支度.
語源 フランス語 (=little bundle (干草などの束)) が中英語に入った. ⇒truss.

trout /tráut/ 名 CU〔魚〕**ます**(★サケ科の食用淡水魚), ますの肉.
語源 ギリシャ語 *trōktēs* (=sharp-toothed fish) がラテン語 tructa を経て古英語 truht に入った.

Troy /trɔ́i/ 名 固 トロイ (★小アジア西部の古都; トロイ戦争の舞台).
【派生語】**Trojan** 形 名 ⇒見出し.

troy weight /trɔ́i wèit/ 名 U〔一般語〕貴金属や宝石の重量をはかる単位, トロイ衡 (★今はあまり用いられない).
語源 発祥の地フランスの Troyes にちなみ中英語から.

truancy ⇒truant.
tru·ant /trúːənt/ 名 C 形 動 本来自 〔一般語〕学校の無断欠席者, また一般に怠ける人. 形 動 として無

欠席する, ずる休みする.
語源 ケルト語起源と思われる古フランス語 truant (=vagabond) が中英語に入った.
【慣用句】*play truant* ずる休みする.
【派生語】**trúancy** 名 UC ずる休み.

truce /trúːs/ 名 CU 〔一般語〕**停戦, 休戦**.
語源 古英語 trēow (盟約, 信頼) から. ⇒true.
用例 declare [call; make] a *truce* 休戦[停戦]する.

truck[1] /trʌ́k/ 名 C 動 本来他 〔一般語〕〔一般義〕(おもに米)**トラック**(《英》 lorry) (★最近は英国でも truck が用いられる). その他 **手押し車**(hand truck; trolley), トロッコ, 《英》**無蓋貨車**(wagon), 《米》 open freight car. 動 として《米》物をトラックで運ぶ. 自 でトラックを運ぶ.
語源 ギリシャ語 *trokhos* (=wheel) がラテン語 *trochus* を経て初期近代英語に入った.
用例 cars and trucks 乗用車とトラック (《日英比較》英語で car は乗用車のみを指し, トラックやバスは含まれない).
関連語 delivery truck [《英》van] (屋根の高い)配達用トラック); dump truck, 《英》 dumper (truck) (ダンプカー); light truck (《英》van) (軽量トラック, ライトバン); pick (truck) ((無蓋小型トラック); tank truck, 《英》 tanker (タンクローリー).
【慣用句】*by truck* トラックで.
【派生語】**trúcker** 名 C トラック運送業者, トラック運転手. **trúcking** 名 U トラック運送業.
【複合語】**trúckdriver** 名 C トラック運転手. **trúcklòad** 名 C トラック1台分の荷物. **trúckman** 名〔複 -men〕トラック運転手, トラック運送業者. **trúck stòp** 名 C 長距離トラック運転手用の食堂(《英》 transport café).

truck[2] /trʌ́k/ 名 U〔一般語〕〔一般義〕《米》**市場向けの野菜**. その他 本来「交易」の意だが, 広く小型商品, がらくた, 賃金の現物支給. 交易ということから, 付き合い, 取引関係.
語源 古フランス語 *troquer* (=to exchange) が中英語に入った.
【慣用句】*have no truck with ...* ...と取り引きしない, 付き合わない.
【複合語】**trúck fàrm** 名 C 市場向け野菜園. **trúck fàrmer** 名 C. **trúck fàrming** 名 U. **trúck sỳstem** 名 C 現物支給制.

trucker ⇒truck[1].
truck·le /trʌ́kl/ 動 本来自 名 C 〔一般語〕人にへつらう, ぺこぺこする, 従属的である (to). 名 として昼間は他の大きなベッドの下にしまっておけるキャスター付きの引き出し寝台 (truckle bed, trundle bed).
語源 ラテン語 *trochlea* (滑車) がアングロフランス語を経て中英語に入った. 本来は「脚輪, キャスター」の意. 動 は truckle bed が他の寝台の下に収納されることから.
【複合語】**trúckle bèd** 名 C.

truc·u·lent /trʌ́kjulənt/ 形 〔一般語〕非常に**戦闘的な**, また動物が**獰猛な** (な).
語源 ラテン語 *trux* (=fierce) から派生した *truculentus* が初期近代英語に入った.
【派生語】**trúculence** 名 U.

trudge /trʌ́dʒ/ 動 本来自 名 C 〔一般語〕疲れたようにとぼとぼ歩く. 名 としてとぼとぼ歩き.
語源 不詳. 初期近代英語から.

true /trú:/ 形 副 動 [本来他] 〔一般他〕 [一般義] 真実の, 本当の. [その他] 偽物でない, 本物の, 真(正)の, 間違いのない, 正確な, 確実な, 裏切らない, 忠実な, 誠実な, 当然そうあるべき, 正当な, 規則などに当てはまる《of》. 機器や測定などが精密な, 厳密な, 声などが調子が正しい, 物が適材適所にあるなど. 副 としては正しく, 正確に, ぴったりと, 《生》雑種でなく純粋に. 動 として 正しく調節する《up》.
[語源] 印欧祖語 *deru- (to be firm; to be solid) に遡ることができる古英語 trēowe (=loyal) から. tree と同語源で「しっかりした, 堅固な」が共通概念. ⇒ truth; trust.
[用例] Is it true that you did not steal the ring? 君が指輪を盗まなかったのは本当か/A spider is not a true insect. くもは正確には昆虫ではない/This photograph doesn't give you a true idea of the size of the building. この写真では君にはその建物の大きさが正確にはわかるまい.
[類義語] ⇒real.
[反意語] false; untrue.
[慣用句] **come true** 希望や夢などが実現する: My fear came true. 私の恐れていたことが当たってしまった. **hold true** 規則などが...にも当てはまる《of; for》. **It is true (that) ..., but ...** =True, ..., but ... なるほど...だが, しかし.... **not true** 《くだけた表現》信じられない, 驚くべき. **out of true** 《文語》調子が狂って. **ring true** 話などが本当らしく聞こえる. **Too true!** 《くだけた表現》残念ながら全くその通り. **true to life** 物語などが真に迫って. **true to type [form]** 典型的な.
[派生語] **trúism** 名 C 自明の理, **trúly** 副 偽りなく, 正確に, 誠実に; 本当に, 実際, 全く: I truly believe that this decision is the right one. 私はこの決定が正しいと本心から信じます/I'm truly sorry for you. 本当にすみませんでした: **Truly yours**, 《英》 **Yours (very) truly** 敬具 (★手紙の結びの句; Yours sincerely, Sincerely yours の方が一般的). **trúth** 名 ⇒見出し.
[複合語] **trúe bíll** 名 C 《米法》適正原案 (★大陪審 (grand jury) が裏書きした起訴状案). **trúe-blúe** 形 主義, 主張などに忠実な, 《英》党員などが筋金入りの. **trúebórn** 形 《文語》生粋の. **trúe-fálse tèst** 名 C ○×式の正誤テスト. **trúehéarted** 形 《文語》誠実. **trúe-life** 形 《通例限定用法》事実に基づいた, 真に迫った. **trúelòve** 名 C 恋人同士《sweetheart》. **trúelove [trúelovers'] knót** 名 C 複式のちょう結び, 愛結び (★永続する愛の象徴).

trump /trámp/ 名 動 [本来他] [トランプ] 切り札 《[日英比較]「トランプ」は英語では cards という》. また一般に最後の必勝の手段, 奥の手, 切り札. 動 として切り札を出す. 他 として切る, 取る, 負かす.
[語源] triumph (勝利) の変形で初期近代英語から.
[複合語] **trúmp cárd** 名 C 切り札.

trump·ery /trámpəri/ 名 C 形 〔形式ばった語〕役に立たないくだらない物[話], 見かけばかりがなくて. 形 としてくだらない, 見かけ倒しの.
[語源] 古フランス語 tromper (=to cheat) の 名 tromperie が中英語に入った.

trum·pet /trámpət/ 名 C 動 [本来自] 《楽器》トランペット, らっぱ, またその吹き鳴し, らっぱ手, 《通例単数形》らっぱの音, それに似た象などの鳴き声. 動 としてらっぱ[トランペット]を吹く, 象などが鳴き声を出す. 他 でらっぱで知らせる, 比喩的に言いふらす, 吹聴する, 誇示する.
[語源] 古フランス語 trompe (=trumpet) の指小語 trompette が中英語に入った.
[用例] He played a tune on his trumpet. 彼は曲をトランペットで吹いた.
[関連語] bugle; cornet; trombone; tuba.
[慣用句] **blow one's own trumpet [《米》horn]** 《くだけた表現》自慢をする.
[派生語] **trúmpeter** 名 C トランペット奏者, らっぱ手, らっぱ吹き.
[複合語] **trúmpet càll** らっぱの合図, 出動の命令, ファンファーレ.

trun·cate /tránkeit/ 動 [本来他] 〔形式ばった語〕頭部や端などを一部を切り取って短くする, 切り詰める.
[語源] ラテン語 truncus (⇒trunk) から派生した truncare (切り取る) が中英語に入った.

trun·cheon /tránt∫ən/ 名 C 〔一般義〕《主に英》警官の持つ警棒《《米》nightstick》.
[語源] ラテン語 truncus (⇒trunk) から派生した俗ラテン語 *truncio (=fragment; club) が古フランス語 tronchon を経て中英語に入った.

trun·dle /trándl/ 名 C 動 [本来他] 〔一般義〕寝台や重い物の下につける小車輪, 脚輪. 動 として手押し車などを押してゆく, ころがす.
[語源] 古英語 trendel に遡る中英語 trendle (=wheel) の変形から.
[複合語] **trúndle bèd** 名 C =truckle bed.

trunk /tráŋk/ 名 C 〔一般物〕〔一般義〕 木の幹. [その他] 木の幹をくりぬいて作ったとのいわれから, 旅行用のトランク, 乗用車後部のトランク《《英》boot》. また木の幹の形から象の鼻, 人などの胴体, 《複数形で》水泳やボクシング用のトランクス, さらに物の主要部分, 《形容詞的に》幹線の.
[語源] ラテン語 truncus (=stem; tree trunk) が古フランス語 tronc を経て中英語に入った.
[複合語] **trúnk càll** 名 C 〔古風な語〕《英》長距離電話《《米》long-distance call》(★現在は trunk network が普通). **trúnk líne** 名 C 鉄道や道路の幹線, 本線; 電話の長距離回線. **trúnk ròad** 名 C 《英》幹線道路. **trúnk ròute** 名 C 鉄道や道路の幹線, 幹線道路.

truss /trás/ 動 [本来他] 名 C 〔一般他〕〔一般義〕束ねる, くくる. [その他] トラスで支える. 名 として 《建・土木》屋根や橋などを支えるために三角形に組まれた構造, トラス, 《海》船の帆桁を支えるためにマストに巻く金具, トラス, 《医》脱腸帯, 《英》干し草やわらを一定の重さに束ねた草の束.
[語源] 古フランス語 trousser (=to bundle together) が中英語に入った.
[複合語] **trúss bridge** 名 C トラス橋.

trust /trást/ 名 UC 形 動 [本来他] 〔一般他〕〔一般義〕人や物事に対する信頼, 信用《in》. [その他] 確信, 期待, また委託, 《法》信託, 《商》信用販売, 信頼, 委託に応える責任, 名 として 信頼する人[物], 委託物, 《経》企業合同, トラスト. 形 として 《通例限定用法》信託の. 動 として 信頼[信用]する, 人に信頼して...させる《to do》, 人に品物などを《with》= entrust の方が一般的), 人に...を信用販売する《for》, 《形式ばった語》確信する, 期待する《that 節》. 自 で信頼する, 当てにする.
[語源] 古ノルド語 traust (=firmness; confidence)

が中英語に入った.

[用例] Try to have *trust* in him. 彼を信用するようにしなさい/The money was to be held in *trust* for his children. そのお金は彼の子供たちのために預けられることになっていた/She *trusted* (in) him. 彼女は彼を信用した/It was numbers, not people that he *trusted*. 彼が信用しているのは人ではなく数字であった/I can't *trust* him with my car. 彼に私の車は預けられない.

[反意語] distrust.

[慣用句] *cannot trust oneself to do* 自信がなくて…する気になれない. *in the trust of* …=*in* …'s *trust* …に預けて. *on trust* 頭から信用して, 信用貸しで. *take* … *on trust* 人の言葉などを真に受ける.

[派生語] **trustée** 名 © 受託人, 大学などの評議員. **trusteéship** 名 UC 受託人の地位[機能], 評議員の職[地位], 信託統治(領). **trústful** 形. **trústfully** 副. **trústing** 形 〔古通例限定用法〕頼りになる. 名 © 〔くだけた語〕信用できる人[物], 《米》模範囚.

[複合語] **trúst còmpany** 名 © 信託会社, 信託銀行. **trúst depòsit** 名 © 信託預金. **trúst fùnd** 名 © 信託基金. **trúst tèrritory** 名 © (しばしば T- T-)国連の信託統治領. **trústwòrthiness** 名 Ⓤ 信頼性. **trústwòrthy** 形 信頼できる.

truth /trúːθ/ 名 UC (⇒true) 〔一般語〕〔一義語〕(しばしば the ~) 真実, [その他] 真実性, 真実味, 真理, あるいは本当のこと, 事実, また誠実, 正直.

[語源] ⇒true. -th は名詞語尾.

[用例] I am certain of the *truth* of his story. 私は彼の話が真実であると確信している/Tell the *truth* about it. それについて本当のことを言いなさい.

[反意語] falsehood; lie; untruth.

[慣用句] *home truths* 胸にこたえる事実. *in truth* 本当に, 実は. *the moment of truth* 正念場. *the naked truth* まぎれもない事実. *The truth is (that)* … 実は…だ. *to tell (you) [to speak] the truth* 正直に言うと.

[派生語] **trúthful** 形 うそを言わない, 正直な, 話が真実の, 本当の. **trúthfully** 副. **trúthfulness** 名 Ⓤ.

try /trái/ 動 [本来自] 名 © 〔一般語〕成功を目指して努める, 努力する. [その他] 試す, 試用する, 食べてみる, 飲んでみる, 着てみる. 《通例受身で》《法》人, 事件を審理する, 裁判にかける. 人の心を悩ます, 苦しめる. 自 としてやってみる, 努力する. 名 として〔くだけた語〕試み, 〔ラグビー〕トライ.

[語源] 古フランス語 *trier* (=to sort; to sift; to cull) が中英語に入った. 原義は「穀物をしごいてふるいにかけてふり分ける」.

[用例] He *tried* to answer the questions. 彼は質問に答えようとした/He *tried* the door, but it was locked. 彼は戸を開けてみようとしたが, かぎがかかっていた/She *tried* washing her hair with a new shampoo. 彼女は新種のシャンプーで洗髪してみた/The prisoners were *tried* for murder. 囚人たちは殺人罪で裁判にかけられた.

[語法] try to do は「…しようとする」, try doing は「実際に…してみる」であるが, try doing が「…しようとする」の意味で使われることもある.

[慣用句] *give* … *a try* …をやってみる. *have a try at* … …をやってみる: *have a try* at many things い

ろいろなことに手を出す. *try and do* 〔くだけた表現〕《英》…しようとする(try to do) [語法] try to do よりも一般的; 命令文でよく用いられる. *try for* … を得ようとする, …まで達しようとする. *try it on* 〔くだけた表現〕《英》特に異性にはったりで図々しくやってみる(with). *try on* 衣服, 靴などを試着する. *try out* 実際にやってみる, 《米》試験的に人を使ってみる. *try out for* … 《米》地位, 賞などを獲得しようとする.

[派生語] **trial** 名 ⇒見出し. **tried** 形 (通例限定用法) 試験済みの, 当てになる. **trier** 名 © 試す人, 試験官, 裁判官; …しようと努力する人, がんばり屋. **trýing** 形 つらい, 骨の折れる.

[複合語] **trý-òn** 名 © 試着; 〔くだけた語〕《英》だまそうとたくらむこと. **trýout** 名 © 〔くだけた語〕(通例 a ~) スポーツなどの予選, 〔劇〕試演興行, 《米》適性テスト, オーディション, 《英》機械などのテスト使用.

tsar /záːr/ 名 © =czar.

tsetse fly /tsétsi flài/ 名 © 〔一般語〕眠り病を媒介するアフリカ産のツェツェばえ.

[語源] バンツー語 *tsetse* (=fly) から 19 世紀に入った.

T-shirt /tíː∫ə̀ːrt/ 名 © 〔一般語〕半袖の丸首シャツ, T シャツ.

[語源] T の字に形状が似ていることから. 20 世紀より.

T square /tíː skwèər/ 名 © 〔一般語〕T 定規.

[語源] T の字に形状が似ていることから. 18 世紀より.

tsu‧na‧mi /tsunáːmi/ 名 © 〔海洋〕津波(tidal wave).

[語源] 日本語の「津波」が 20 世紀初めに入った.

tub /tʌ́b/ 名 © 動 [本来自] 〔一般語〕〔一義語〕大きな桶(*) (語法) しばしば複合語として用いられる. [その他] 洗濯用のたらい(washtub), 大きな丸い植木鉢, マーガリンやアイスクリームなどのプラスチックまたは紙製ふた付きの丸い容器, 〔くだけた語〕《米》浴槽(bathtub), 《英》(通例単数形で) 入浴(bath). また桶[たらい] 1 杯(の量)(tubful), 〔くだけた語〕ぼろ船, 〔俗語〕でぶ. 動 として 《英》入浴する(take a bath).

[語源] 中オランダ語 *tobbe, tubbe* が中英語に入った.

[派生語] **túbby** 形 桶のような形の, 〔くだけた語〕人などがずんぐりした, 태った. 名 ©.

[複合語] **túb-thùmper** 名 © 〔くだけた語〕《英》《軽蔑的》長広舌な人.

tu‧ba /tjúːbə/ 名 © 〔一般語〕最低音の金管楽器, チューバ.

[語源] ラテン語 *tuba* (=war trumpet) がフランス語を経て 19 世紀に入った.

tubby ⇒tub.

tube /tjúːb/ 名 © 〔一般語〕〔一義語〕金属, ガラス, ゴムなどの管, 筒. [その他] 曲がりやすい筒から, 絵の具や歯磨などのチューブ, タイヤのチューブ(inner tube), 短い筒から, 試験管(test tube), 真空管(bacuum tube; 《英》valve), ブラウン管(cathode-ray tube). また《英》(the ~; しばしば T-) 特にロンドンの地下鉄(underground railway, 《米》subway), その他生物の管状の器官や管楽器の管部.

[語源] ラテン語 *tubus* (=pipe) がフランス語を経て初期近代英語に入った.

[慣用句] *by tube* 《英》地下鉄で(on the tube). *go down the tube(s)* 〔くだけた表現〕台無しになる: All her dreams *went down the tubes*. 彼女の夢は全て泡と消えた.

[派生語] **túbeless** 形 タイヤがチューブのない. **túbing**

tubercle 1239 tumid

图 U 配管, 管材料, 管類. **túbular** 形《通例限定用法》管状の, 管式の.
【複合語】**túbe tràin** 图 C 地下鉄.

tu·ber·cle /tjúːbəkl/ 图 C 《植》根にできる小さな塊, 塊根,《医》小結節, 結核節,《解》小瘤.
【語源】ラテン語 *tuber* (=hump) の指小語 *tuberculum* (little swelling) が初期近代英語に入った.
【派生語】**tubércular** 形 結核(性)の. **tubérculous** 形 =tubercular.
【複合語】**túbercle bacíllus** 图 C《複 -li》結核菌.

tu·ber·cu·lin /tjubə́ːrkjulin/ 图 U《医》ツベルクリン.
【語源】ラテン語 *tuberculum* (⇒tubercle)+-in. 1890年に Koch が発明した.

tu·ber·cu·lo·sis /tjubə̀ːrkjulóusis/ 图 U《医》肺結核, 一般に結核(症)《★TB と略す》.
【語源】近代ラテン語. tubercle から.

tuberculous ⇒tubercle.
tubful ⇒tub.
tubing ⇒tube.
tubular ⇒tube.

tuck /tʌ́k/ 動 本来他 图 CU 〔一般語〕一般義 袖などをまくり上げる《語法》 roll up の方が一般的).その他 物を押し込む《away; up》, 衣服の端を巻き込む, 寝具などでくるむ《in》, 服飾 縫い込みを取る, 縫い上げをする, 縫い込む. 图 として縫い上げ, つまみ縫い, タック,〔古風な語〕《英》食べ物, 特にケーキ, 菓子.
【語源】本来「引っぱる」の意の古英語 tucian (=to illtreat) からと思われるが, 直接には中オランダ語 tucken (=to tug; to tuck) が中英語に入った.
【用例】He *tucked* his shirt into his trousers. 彼はシャツをズボンの中へ押し込んだ.
【慣用句】**tuck away** 将来使えるように安全な場所にしまい込む, 《通例受身で》家などを人目につかない場所に建てる,〔くだけた表現〕《英》たらふく食う. **tuck into** ...〔くだけた表現〕《主に英》...をがつがつ食う. **tuck up** 衣服やシーツなどの端をはさみ込む, 子供などに毛布をかけてやる, 足などを折り曲げる.
【派生語】**túcker** 图 C ミシンのひだ取り器, タッカー; 昔の婦人が用いたフリルなどのついた胸襟当て.
【複合語】**túck-in** 图 C〔くだけた語〕《英》《通例単数形で》大ごちそう.

túck shòp 图 C〔俗語〕《英》学校内や近くにある菓子店, 売店.

tuck·er[1] /tʌ́kər/ 動 本来他〔くだけた語〕《米》《受身で》疲れさせる.
【語源】tuck 本来の意味の「いじめる」からと思われる. 19 世紀に入った.

tuck·er[2] /tʌ́kər/ 图 ⇒tuck.

-tude /-tjúːd/ 接尾 ラテン系の形容詞について,「性質, 状態, 程度」を示す《★通例 2 つ前の音節に第 1 アクセントがくる》. 例: attitude (態度); magnitude (大きさ).
【語源】ラテン語 *-tudo* (抽象名詞語尾) を経てフランス語 *-tude* から.

Tues., **Tue.**《略》=Tuesday.

Tues·day /tjúːzdi/ 图 C 形 副〔一般語〕《通例無冠詞で》火曜日〔語法〕 ⇒Sunday》. 形 として火曜日の. 副 として〔くだけた語〕《米》火曜日に.
【語源】古英語 Tiwes dæg から. 原義は「ゲルマンの軍神 Tiu の日」. Tiu はローマ神話の Mars に当たる.

tuft /tʌ́ft/ 图 C〔一般語〕一般義 糸や髪などの房. その他 小さな茂み, 木立ち,《植》叢生(そうせい)《花〔葉〕.
【語源】ラテン語 *tufa* (かぶとの飾り) が古フランス語を経て中英語に入った. 語尾の t は発音しやすいように添加.
【派生語】**túfted** 形.

tug /tʌ́g/ 動 本来他 图 C〔一般語〕一般義 綱引きのように強く手前に引く. その他 引きずる, 引きずって行く, 船を引き船で引く. 自 でも用いられる. 图 として強く引くこと, 引き船(tagboat), 闘争, 奮闘.
【語源】古英語 togian (=to draw) から. ⇒tow.
【用例】The child *tugged* at his mother's coat. その子供は母親のコートを強く引っぱった/He gave the rope a *tug*. 彼はロープをぐいと引いた.
【類義語】pull.
【派生語】**túgger** 图 C.
【複合語】**túgbòat** 图 C. **túg of lóve** 图 C.〔くだけた語〕《英》子供の養育をめぐる争い. **túg of wár** 图 C 綱引き, 比喩的に二者間の勢力争い.

tu·i·tion /tjuːíʃən/ 图 U〔一般語〕授業料.
【語源】ラテン語 *tueri* (=to guard) の 图 *tuitio* (=guarding) が古フランス語を経て中英語に入った.

tu·lip /tjúːlip/ 图 C《植》チューリップの花や球根.
【語源】花の形が似ているためトルコ語「ターバン」を意味する語がフランス語を経て初期近代英語に入った.
【複合語】**túlip trèe** 图 C《植》北米産のチューリップに似た黄色の花をつける高木, ゆりの木.

tum·ble /tʌ́mbl/ 動 本来自 图 C〔一般語〕一般義 倒れる, 転ぶ, 転げ落ちる《通例副詞(句)を伴う》. その他 建物などが崩れ落ちる, 価格などが暴落する, 温度などが急落する, 人や物が転げ回る《about; around》, 寝返りをうつ, とんぼ返りをする, 転がるようにして入って[出て]行く. 他 ひっくり返す, 倒す, ぞんざいに投げ散らす, ひっかき回す, くしゃくしゃにする. 图 として転倒, 落下, 宙返り,《a ~》混乱状態.
【語源】古英語 tumbian (=to fall; to jump; to dance) が中英語で反復形 tumblen から.
【用例】She *tumbled* down the stairs. 彼女は階段を転げ落ちた/Schoolchildren *tumbled* out of the bus. 学童たちがバスから重なり合って出て来た / *tumble* clothes dry 衣類を回転式乾燥機で乾燥する.
【慣用句】**give [get] a tumble**〔くだけた表現〕目をくれる[かけられる]. **tumble down**〔くだけた表現〕計画などが失敗する, つまずく. **tumble over one another to do** 先を争って...しようとする. **tumble to** ...《主に英》〔くだけた表現〕はっと悟る: *tumble to* what she was saying 彼女の言い分が急にわかる.
【派生語】**túmbler** 图 C とんぼ返りなどをする軽業師, 錠の中の回転する金具, 足や柄のない平底の大コップ, タンブラー《★最初のものは, 底が丸く, 倒れやすかったことによる》. **túmbling** 图 U 転倒, とんぼ返り.
【複合語】**túmbledòwn** 图《通例限定用法》建物などが今にも倒れそうな. **túmble-drìer** [**-drỳer**] 图 C 回転式乾燥機.

tumescence ⇒tumescent.

tu·mes·cent /tjuːmésənt/ 形《医》腫脹(しゅちょう)した.
【語源】ラテン語 *tumere* (⇒tumid) から派生した *tumescere* (=to begin to swell) の現在分詞 *tumescens* が 19 世紀に入った.
【派生語】**tuméscence** 图 U 腫脹, はれ, ふくらみ.

tu·mid /tjúːmid/ 形〔やや形式ばった語〕一般義 体の一部がはれ上がった. その他 文体が派手で誇張した.

tu·mor, 《英》**-mour** /tjúːmər/ 图 C 〔一般義〕はれもの, 〖医〗腫瘍(しゅよう).
[語源] ラテン語 tumere (⇒tumid) の派生形 tumor から中英語に入った.

tumuli ⇒tumulus.

tu·mult /tjúːmʌlt/ 图 UC 〔形式ばった語〕[一般義] 群衆などの騒ぎ, 騒動. [その他] 暴動, 動乱, また心の動揺.
[語源] ラテン語 tumere (⇒tumid) から派生した tumultus (大騒ぎ) が古フランス語を経て中英語に入った.
【派生語】**tumúltuous** 形. **tumúltuously** 副.

tu·mu·lus /tjúːmjuləs/ 图 C (複 **-li** /-lai/, **~es**) 〔一般義〕先史時代の墓をおおっている土の山, 塚, 古墳.
[語源] ラテン語 tumere (⇒tumid) から派生した tumulus (=hillock) が初期近代英語に入った.

tun /tʌn/ 图 C 動 本来他 [一般義] ビール醸造用の大だる, 醸造おけ, また酒の容量単位タン (=252 wine gallons). 動 としてたるに詰める.
[語源] ケルト語起源と思われる古英語 tunne から.

tu·na /tjúːnə/ 图 CU 〖魚〗まぐろ(tunny), まぐろの肉.
[語源] ギリシャ語 thunnos がラテン語, アラビア語, スペイン語を経て 19 世紀に入った.

tun·dra /tʌ́ndrə/ 图 UC 〔一般義〕北米とユーラシア大陸で, 万年雪と樹木限界線の中間に広がる樹木のない凍土地帯, ツンドラ.
[語源] ラップ語 tundar (=hill) がロシア語を経て 19 世紀に入った.

tune /tjúːn/ 图 CU 動 本来他 [一般義] 単純な短い曲, 旋律, メロディー (★air とほぼ同意だが, tune の方が一般的). [その他] 正しい調子, 調和, 〖無線〗同調, 整調. 動 としては, 楽器を調律する, エンジンなどを調整する (up), また調和させる, 波長などを同調させる, テレビ, ラジオなどを局や番組に合わせる (to).
[語源] tone の変形で中英語から.
[用例] He played a *tune* on the violin. 彼はバイオリンで一曲弾いた/She wrote the words of the song and he wrote the *tune*. 彼女がその歌を作詩し, 彼が作曲した.
【慣用句】**call the tune** 〔くだけた表現〕音頭をとる, 牛耳る. **change one's tune** 態度[意見]を変える. **dance to** ...'**s tune** 人の言いなりになる. **in tune** ...と調和して (with): *in tune* with the times 時代にマッチして. **out of tune** 不調和で, 調子がはずれ. **sing** [**whistle**] **another** [**a different**] **tune** = change one's tune. **to the tune of** ... ...に合わせて, 〔くだけた語〕ある金額の大金を出して. **tune out** 〔くだけた語〕関知しない, 無視する.
【派生語】**túneful** 形 美しい調べの. **túnefully** 副. **túneless** 形 〔通例限定用法〕〔軽蔑的〕音楽的でない, 調子がはずれる. **túner** 图 C 調律師, ラジオ, テレビのチューナー. **túning** 图 U 調律, 調整, 同調: **tuning fork** 音叉.
【複合語】**túneùp** 图 C 機械, エンジンなどの調整.

tung·sten /tʌ́ŋstən/ 图 U 〖化〗タングステン (★金属元素の 1 つ; 元素記号 W).
[語源] スウェーデン語 tungsten (tung heavy + sten stone) が 18 世紀に入った.

tu·nic /tjúːnik/ 图 C 〔一般義〕[一般義] 女性用の腰丈の上着やブラウス, チュニック. [その他] 〈英〉軍人や警官の制服の短い上着.
[語源] ヘブライ語起源の語で, ラテン語 tunica を経て古英語に入った.

tun·nel /tʌ́nəl/ 图 C 動 本来他 《《英》-ll-》 [一般義][一般義] 地下道, 海底などを貫いて作ったトンネル. 《米》 underpass, 《英》 subway, 鉱山の坑道, 穴. 動 として山などにトンネルを掘る, トンネルや地下道を掘る (through; under). 自 でトンネルを掘る[通り抜ける].
[語源] 古フランス語 tunne (=tun) の指小語 tonnel (小さな酒だる) が中英語に入った.「トンネル」の意は 18 世紀から.
[用例] a railroad [《英》railway] *tunnel* 鉄道のトンネル/The road goes through a *tunnel* under the River Tyne. その道路はタイン川の下のトンネルを通っている.
【派生語】**túnneler**, 《英》-ll- 图 C トンネルを掘る人.
【複合語】**túnnel vision** 图 U 〖医〗視野狭窄, 〔くだけた語〕〔軽蔑的〕偏狭, 狭量.

tup·pence /tʌ́pəns/ 图 CU 〔くだけた語〕《英》= twopence.

tup·pen·ny /tʌ́pəni/ 形 〔くだけた語〕《英》= twopenny.

tur·ban /tə́ːrbən/ 图 C 〔一般義〕[一般義] イスラム教徒の男性が頭に巻く布, ターバン, また女性用の, ターバンに似たふちなしの帽子やターバン風に頭に巻いたスカーフなど.
[語源] ペルシャ語がトルコ語を経て初期近代英語に入った.
【派生語】**túrbaned** 形.

tur·bid /tə́ːrbid/ 形 〔一般義〕[一般義] 液体が濁っている. [その他] 雲や煙などが厚い, 濃い, 考えが明瞭でない, 混乱している.
[語源] ラテン語 turba (混乱, 群衆) から派生した turbare (=to agitate) の過去分詞 turbidus が初期近代英語に入った.
【派生語】**turbídity** 图 U.

tur·bine /tə́ːrbin, -bain/ 图 C 〔一般義〕空気や水, 蒸気などの流動体の運動エネルギーを機械エネルギーに変えて動かす原動機, タービン.
[語源] ラテン語 turbo (=whirl) がフランス語を経て 19 世紀に入った.

tur·bo·jet /tə́ːrboudʒèt/ 图 C 〔一般義〕強い排気ガスを出すことによって飛行機に推進力を与える強力なガスタービン式エンジン, ターボジェット, またターボジェット機.
[語源] turbo-「タービン」+ jet として 20 世紀から.

tur·bo·prop /tə́ːrbouprɑ̀p/-ɔ̀-/ 图 C 〔一般義〕飛行機のプロペラを動かすガスタービン式エンジン, ターボプロップ, またターボプロップ機.
[語源] turbo-「タービン」+ prop(eller) として 20 世紀から.

turbulence ⇒turbulent.

tur·bu·lent /tə́ːrbjulənt/ 形 〔一般義〕[一般義] 群衆が騒々しく乱暴な, 規律を守らず不穏な. [その他] 風波や感情が荒れ狂う, 激しく動揺している.
[語源] ラテン語 turba (⇒turbid) から派生した turbulentus が初期近代英語に入った.
【派生語】**túrbulence** 图 U 不穏, 混乱, 乱気流.

turd /tˈɚːrd/ 图 C 〔卑語〕くそ, ふん, あるいは**不快なもの**[人], いやな奴.
  語源 古英語 tord から.

tu·reen /tərˈiːn, tjuː-/ 图 C 〔一般語〕スープやシチューを各自の皿に取り分けるまで入れておく食卓用のふた付き深皿. 語源 ラテン語 *terra*(=earth)に由来するフランス語 *terrine*(=earthenware vessel)が 18 世紀に入った.

turf /tˈɚːrf/ 图 UC〔複 ~s; (英) **turves**〕動 本末他
  〔一般語〕*語義* 芝地, 芝生, 芝生を作るために四角にはぎ取った芝. 〔その他〕《通例 the ~》競馬場, 〔racing〕競馬(horse-racing), 競馬界. 動 として芝で覆う, 芝を植える.
  語源 古英語 turf(=tuft of grass; sod)から.
  用例 He walked across the springy *turf*. 彼はふわりとした感触の芝生を横切って歩いた/We are going to *turf* that part of the garden. 我が家では庭のあの部分を芝生にしようとしている.
  【慣用句】 ***turf out*** 〔くだけた表現〕《英》人や物をほうり出す.
  【派生語】 **túrfy** 形 芝で覆われた, 競馬の.
  【複合語】 **túrf accóuntant** 图 C 《英》競馬の賭け屋(bookmaker).

tur·gid /tˈɚːrdʒɪd/ 形 〔一般語〕ふくれ上がった, ふくらんだ. 〔その他〕〔形式ばった語〕文体が大げさで誇張的な.
  語源 ラテン語 *turgere*(=to swell)の 形 *turgidus* が初期近代英語に入った.
  【派生語】 **turgídity** 图 U. **túrgidly** 副. **túrgidness** 图 U.

Turk ⇒ Turkey.

tur·key /tˈɚːrki/ 图 CU〔鳥〕七面鳥, U 七面鳥の肉, 图 C《米》映画や芝居などの**失敗作**.
  語源 もとはこの鳥がポルトガル人がアフリカ西海岸の Guinea からヨーロッパに輸入したホロホロチョウ(guinea fowl)であったが, トルコ経由でもあったので turkey-cock ともよばれて混乱が生じ, 16 世紀から七面鳥を指すようになった.

Tur·key /tˈɚːrki/ 图 固 トルコ(共和国) (★首都 Ankara).
  【派生語】 **Túrk** 图 C トルコ人, トルコ系の人, トルコ馬. **Túrkish** 形 トルコ(人)の, トルコ風の, トルコ語の. 图 CU トルコ人[語].
  【複合語】 **Túrkish báth** 图 C トルコ風呂.

tur·moil /tˈɚːrmɔɪl/ 图 UC〔一般語〕暴力ざたなどによる**混乱**, 騒動.
  語源 tur(bulent)+moil(あくせく働く)として中英語から.

turn /tˈɚːrn/ 動 本末他 图 C〔一般語〕〔一般語〕回す, 回転させる. 〔その他〕取っ手, 栓, 鍵, ねじなどをひねる, 物をひっくり返す, ページをめくる, 道の角を曲がる, 迂回する, 回転運動などを行う, 銃やカメラ, 顔や身体, 考えや努力などを...に向ける《to; toward; on》, 何かの向きを変える, そらす, 人や動物を後退させる, 追い払う《away; from》. 足首をくじく, 頭をくらくらさせる, 胃をむかつかせる, 精神を混乱させる. 形などを変える, 変えて...にする《into; in》, 施盤, ろくろなどで丸い形に**作る**, 言葉などを巧みに表現する, 言い換える, **翻訳する**, 考えを変えさせる, 性質, 状態などをよくない状態に**変える**, ミルクなどを酸敗させる, 木の葉を変色させる, ある年齢, 時刻, 金額などに達する. 自 としては回る, 転がる, 寝返りを打つ, 向きを変える, 性質や形などが変わる, 《通例補語を補って》...になる, 刃が鈍くなる.
  图 としては, 回転, 旋回, 順番, 方向転換, 曲がり角, 《通例 the ~》折り返し点, 転換期, 変わり目. また情勢, 性質, 色などの変化, 傾向, 性向, 特徴, 言葉の言い回し, 《通例 a ~》ひとしきりの活動, ひと仕事[勝負, 回り], 病気の発作, さらに《主に英》寄席などの**短い出し物**.
  語源 「ろくろ」を意味するギリシャ語 *tornos* がラテン語 *tornus* となり, それから派生した 動 *tornare*(ろくろで回す)が古英語では turnian(=to turn)として入った.
  用例 He *turned* the handle. 彼は取っ手を回した/She *turned* the pages of her book. 彼女は本のページをめくった/He *turned* his attention to his work. 彼は仕事に注意を向けた/She must have *turned* forty. 彼女はきっと 40 才になったはずだ/The road *turned* to the left. 道は左へ曲がった/He gave the handle a *turn*. 彼はその取っ手を一ひねりした/You'll have to wait your *turn* in the bathroom. トイレの中で自分の順番を待たなければならない.
  【慣用句】 ***at every turn*** 至る所で, いつも. ***by turns*** 代わる代わる(in turn), 次々に. ***call the turn***《米》結果を見事に当てる. ***in one's turn*** 順番になって, 今度は自分が. ***in turn*** 3 人以上の間で順々に, 2 人の間で交互に, 代わる代わる, 代わって今度は: The guilt, *in turn*, brought on stress. 今度はその罪意識がストレスをもたらした. ***on the turn*** 転機になって; 〔くだけた語〕《英》牛乳などが腐りかけて. ***out of turn*** 順番が来ないのに, 不作法に. ***serve ...'s turn*** 人の役に立つ. ***take a turn for the better [the worse]*** 好転[悪化]する. ***take turns*** 交替してやる. ***to a turn*** 〔くだけた表現〕料理が申し分なく: The roast was done *to a turn*. 焼肉はほどよく焼けた. ***turn about*** ぐるっと向きを変える, ぐるっと回す, 方向転換させる; あれこれと考える. ***turn around*** くるっと向きを変える, 回転する; ...の周りを回る, 角などを変えさせる, 振り向かせる, 考えを変えさせる. ***turn aside*** わきにそれる, わきを向く, 顔をそむける; わきへそらす, 怒りなどを静める. ***turn away*** ...から顔をそむける, 視線などをそらす, 離れる《from》; 捨てる, 追い払う, 劇場などへの入場を断る《from》. ***turn back*** 引き返す, 元の状態に戻る; 追い返す, 前述のことに言及する, ページやシーツなどを折り返す. ***turn down*** ガスなどを弱くする, テレビやラジオの音を小さくする, スピードを落とす, 提案, 候補者などをはねつける, シーツ, 襟などを折り返す, 端を下へ折り曲げる, 裏返す; 角を曲がって小道に入って行く. ***turn in*** 不要物を返却する, 書類, 宿題などを**提出する**, 犯人を警察へ引き渡す, 密告する《to》. ***turn into ...*** 変化して...になる, 変わる. ***turn ... into ...*** ...を...に変える, 訳す. ***turn off*** ガス, 水道などを**止める**, 明かり, テレビなどを消す, 栓, スイッチなどをしめる, 人をうんざりさせる, 追い払う, 《英》解雇する; わき道へそれる. ***turn on*** ガス, 水道などを**出す**, 明かり, テレビなどをつける, 栓, スイッチなどをひねる, エンジンなどを作動させる, 音量を上げる, 性的に興奮させる, **急襲する**, 攻撃する. ***turn out*** 明かり, ガスなどを消す, **生産する**, 人を輩出する, 追い出す, 解雇する, 人々が外へ出かける; 《to 不定詞, that 節, 補語, 副詞を伴って》...であることがわかる: It *turned out* that she had been lying all along. 彼女はずっと寝ていたことが分かった/He *turned out* to be responsible for the explosion. その爆発の責任は彼にあること

が判明した. **turn over** ひっくり返る[返す], 寝返りを打つ[打たせる], 書類などをひっくり返して調べる, ページをめくる, 熟考する, 警察などに引き渡す(to), 仕事や信用, 権限などを委任する, 財産などを譲渡する: They *turned* him *over* to police. 彼を警察に引き渡した. **turn round** =turn around. **turn to ...** ...の方を向く, 助け, 助言, 同情, 楽しみなどを求めて頼っていく. **turn up** 栓を回してガスなどを強くする, テレビ, ラジオなどの音を大きくする, 頭や目, 指などを上に向ける, 上へ折り返す, 衣服を折り返して短くする, ひっくり返す, カードなどをめくる, 掘り返す, 発掘する; 鼻や指先が上に向く, 経済などが上向く.
【派生語】**túrner** 名C 旋盤工, ろくろ師; 料理用の返しべら. **túrning** 名UC 回転, 回転, 位置や方向の転換, 曲がり(角): make a *turning* to the left 左に旋回する: **turning circle**(英)自動車の最小回転半径 (turning radius)/**turning point** 転換期, 危機, 病気の峠.
【複合語】**túrnabout** 名C 方向転換, 主義・主張の転向, 仕返し; 回転木馬(merry-go-round). **túrnaround** 名(ある)方向への方向転換, (米)飛行機, 船の折り返し準備, 折り返し準備の時間(英)turnround). **túrncoat** 名C (軽蔑的)自分の信念を曲げてしまう裏切り者. **túrndown** 形(通例限定用法)折り襟の. 名C 拒絶. **túrnoff** 名C(米)脇道(byroad), ランプ. **túrnout** 名C(通例単数形で)行楽地などへの人出, 《集合的》会合などへの参加者, 選挙の投票者: a voter *turnout* of 89% 89 パーセントの投票率. **túrnover** 名C《a ~》一定期間の取り引き高, 新採用者, 就業率, 転職率, 資金・商品の回転率; 中にジャムなどが入っている折り重ねパイ. **túrnpike** 名C(米)高速有料道路(語法)単に pike ともいう). **túrnstile** 名C 回転式出札口. **túrntable** 名C 回転盤[台]. **túrnup** 名C(英)ズボンなどの折り返し((米)cuff); 景気の好転, 意外な出来事.

tur·nip /tə́ːrnəp/ 名CU〖植〗食用に栽培されるかぶ. 語源 中英語 turnepe から. おそらく turned, round の意の turn+ラテン語 *napus*(=turnip)から入った古英語 *turnip* から.

tur·pen·tine /tə́ːrpəntàin/ 名U 〔一般語〕松やになど樹木から採れる油, テレビン.
語源 ラテン語 *terebinthus*(テレビンの木)の 形 が古フランス語を経て中英語に入った.

tur·pi·tude /tə́ːrpətjùːd/ 名UC 〔形式ばった語〕卑劣な性格や行為.
語源 ラテン語 *turpis*(卑しい)の 名 *turpitudo*(醜悪)が初期近代英語に入った.

turps /tə́ːrps/ 名U 〔一般語〕=turpentine.

tur·quoise /tə́ːrkwɔiz/ 名UC 形 〔一般語〕青緑色の宝石, トルコ石, また青緑色(の).
語源 古フランス語 *turqueise*(=Turkish)が中英語に入った.

tur·ret /tə́ːrit | tʌ́r-/ 名C 〔一般語〕戦車や軍艦の砲塔, 城壁の小塔, やぐら, 〖機〗旋盤の刃物取付け台.
語源 古フランス語 *tur*(⇒tower)の指小語 *torete*(= small tower)が中英語に入った.

tur·tle /tə́ːrtl/ 名C 〖動〗かめ, 海がめ, 食用のかめの肉. 語源 中世ラテン語 *tortuca*(=tortoise)がフランス語 *tortue* を経て初期近代英語に入った.
【慣用句】**turn turtle**〔くだけた表現〕船などが転覆する.

【複合語】**túrtlenèck** 名C(米)とっくり襟, タートルネック((英)polo neck), またタートルネックのセーター(turtleneck sweater). **túrtle shèll** 名CU かめの甲, 亀甲(きっこう).

tur·tle·dove /tə́ːrtldʌ̀v/ 名C〖鳥〗こきじばと.
語源 ラテン語 *turtur* が古英語に入って turtla, turtle となった. 現在は dove のついた形が用いられる.

turves /tə́ːrvz/ 名 turf の複数形.

tusk /tʌ́sk/ 名C 動〖本来自〕〔一般語〕〔一般義〕象, いのしし, せいうちなどの牙(きば). 〖その他〗牙にしているところから, 馬などの犬歯, その他牙に似た突起物. 動 として牙で突く[刺す].
語源 古英語 *tūcs* の語尾の子音が入れ替って中英語 tusk となった. tooth に関連があった.
【派生語】**túsker** 名C〔くだけた語〕象.

tus·sle /tʌ́sl/ 名C 動〖本来自〕〔一般語〕激しい取っ組み合い(をする).
語源 中英語 動 tousele(n) から.

tus·sock /tʌ́sək/ 名C〔一般語〕草が密集しているところ, 草むら. 語源 不詳. 初期近代英語から.

tut /tʌ́t/ 間 動〖本来自〕〔一般語〕不快な気持を表すちぇっ(★軽く叱る時はこの音を続けざまに出す). 動 として舌打ちをする.
語源 擬音語. 起源で初期近代英語から.

tu·te·lage /tjúːtəlidʒ/ 名U〔形式ばった語〕保護, 指導.
語源 ラテン語 *tueri*(=to guard)の 名 *tutela*(= guarding)が初期近代英語に入った.
【派生語】**tútelary** 保護する. 名C 守護神, 保護霊.

tu·tor /tjúːtər/ 名C 動〖本来自〕〔一般語〕〔一般義〕《米》大学の講師, 《英》instructor の下位), 《英》大学の指導教員. 〖その他〗住み込みの家庭教師, 特に音楽の教本. 動 として, 家庭教師として教える, 個人指導する. 自《米》個人指導を受ける(in).
語源 ラテン語 *tueri*(=to guard)の派生形 *tutor*(= protector)が中英語に入った.
関連語 governess (住み込みの)女性家庭教師.
【派生語】**tútorage** 名U 家庭教師の職. **tutorial** 形〔形式ばった語〕(通例限定用法)家庭教師の, 個人指導の. 名C 大学の指導教員による個別指導時間; **tutorial system** 指導教員による個人指導制度.
【複合語】**tútorship** 名U.

tu-whit tu-whoo /təhwítəhwúː/ 名U 〔一般語〕ふくろうの鳴き声, ホーホー.

tux /tʌ́ks/ 名C〔くだけた語〕=tuxedo.

tux·e·do /tʌksíːdou/ 名C《米》男子の略式夜会服, タキシード((英)dinner jacket).
語源 ニューヨークの Tuxedo Park にあるカントリークラブ名から. 19 世紀から.

TV /tíːvíː/ 名UC 形 〔くだけた語〕〔一般義〕テレビ(放送)(television), テレビ受像機(television set). 形 としてテレビの.
語源 televison の tv より 20 世紀に入った.
参考 television のくだけた語としては他に《英》telly, 《米》tele がある.
【複合語】**TV̀ dínner** 名C《米》インスタント食事. **TV̀ gáme** 名C テレビゲーム.

twad·dle /twádl | twɔ́dl/ 名U 動〖本来他〕〔一般語〕くだらないささいな話, むだ口.
語源 tattle の変形で 18 世紀から.

twain /twéin/ 名 U 形〔古風な語〕=two.
語源 古英語 twēgen (=two) から.

twang /twǽŋ/ 名 本来自 [一般語] 一般義 ぴんと張った弦や弓矢をはじく音, ぶーん, びーん. その他 方言などの鼻にかかる発音, 鼻声.
語源 擬音語起源で初期近代英語から.

twat /twάt/ -s- /名〔卑語〕**女性生殖器**, また性的観点からみた**女**, さらに広くいやな人.
語源 不詳. 初期近代英語から.

tweak /twíːk/ 動 本来他〔一般語〕人の鼻, 耳, 頬などをいきなりぐいっとつまんで**引っ張る**, つねる. 名 として引っ張る[つねる]こと.
語源 古英語 twiccan (=to twitch) から.

tweed /twíːd/ 名 U〔一般語〕一般義 元来スコットランドで生産された厚地の布, ツイード,〔複数形で〕ツイード地の服.
語源 twill (綾織りの布) のスコットランド綴り tweel を読み違えたことに起因する. その後スコットランド南東部の Tweed 川との連想で定着した. 19 世紀から.
【派生語】**twéedy** 形.

tweet /twíːt/ 動 本来自 名 C〔一般語〕小鳥がちっちとさえずる. 名 としてさえずり.
語源 擬音語起源で 19 世紀から. 類義語 chirp.
【派生語】**twéeter** 名 C 高音専用スピーカー.

tweez·ers /twíːzərz/ 名〔複〕〔単数または複数扱い〕細かな物をつまむ道具, **毛抜き**, ピンセット《語法》1 個は a pair of ~).
語源 フランス語 étui (小箱) から. 語頭音が落ち複数形となった. 初期近代英語から.

twelfth ⇒twelve.

twelve /twélv/ 名 UC 形〔一般語〕**12**(の)(★用法は ⇒five).
語源 古英語 twelf から. 原義はゲルマン語の *twa- (=two)+*lif- (to leave) で「残り 2」(two left (beyond ten)) の意味.
【派生語】**twélfth** 形 名 C (the ~) 第 12 (の), 12 番目(の); **12 分の 1**(の): **Twelfth Night** 十二夜(★ the Twelfth Day(12 日節) の前夜または当夜; シェークスピアの喜劇作品名).
【複合語】**Twélve Apóstles** 名〔複〕(通例 the ~) キリストの**12 使徒**. **twélvemònth** 名〔古語〕〔英〕(a ~) 12 か月, **一年**(year).

twentieth ⇒twenty.

twen·ty /twénti/ 名 UC 形〔一般語〕**20** (の)(★用法は ⇒five).
語源 古英語 twēntig(twēn two+tig ten) から.
【派生語】**twéntieth** 形 名 C (the ~) 第 20 (の), 20 番目(の); **20 分の 1**(の).
【複合語】**twénty-óne** 名 U〔米〕トランプゲームの 21 (blackjack;〔英〕pontoon).

twerp, twirp /twə́ːrp/ 名 C〔くだけた語〕足らない軽蔑すべき人, いやなやつ.
語源 不詳. 20 世紀から.

twice /twáis/ 副〔一般語〕**2 回, 2 度**(on two occasions; two times), また**2倍**に(twofold).
語法 twice の方が two times よりも一般的で, two times は他の倍数と比較や数学で用いる. なお 3 回[倍] 以上は three times, four times, … どなる.
語源 古英語 twiga, twiges から. 語尾の-s は副詞的属格.
用例 I've been to New York *twice*. 私はニューヨークには 2 回行った/She has *twice* the (amount of) courage he has. 彼女は彼の 2 倍も勇気がある/They use *twice* as much electricity as these. それはこれの 2 倍の電気をくう.
関連語 once (1 回, 1 度).
【慣用句】**be twice the man [woman] (he [she] used to be)** 以前とは大分変わって**見違える**ように元気になった. **once or twice** 数度(a few times). **think twice** もう一度よく考える. **twice over** 2 回も続けて.
【複合語】**twíce-tóld** 形〔通例限定用法〕言い古された.

twid·dle /twídl/ 動 本来他 C〔一般語〕無為にいじくりまわす, もてあそぶ. 名 としていじくりまわすこと.
語源 twitch+fiddle, または, twist あるいは twirl+diddle の混成か. 初期近代英語から.
【慣用句】**twiddle one's thumbs** 退屈で両親指を互いにぐるぐる回す, 何もしないでほおっとしている.

twig¹ /twig/ 名 C〔一般語〕**小枝**.
語源 古英語 twig, twigge から. 原義は「二つに分かれたもの」.
類義語 twig; shoot; spray; sprig: **twig** は枝から分かれた細い小枝. **shoot** は若枝. **spray** は葉, 花, 果実の付いた先分かれした美しい若枝. **sprig** は花や葉の付いた小枝で twig よりも小さい.
【派生語】**twíggy** 形 小枝の, 小枝の多い; 人がほっそした.

twig² /twig/ 動 本来他〔くだけた語〕〔英〕何かを理解する, わかる. 語源 ゲール語起源で 18 世紀から.

twi·light /twáilàit/ 名 U 形〔一般語〕一般義 日没後あるいは日の出前の**薄明かり**, たそがれ(evening twilight). その他〔文語〕比喩的に〔通例 the ~ of として〕下り坂, 歴史などの**黎明期**. 形 として〔通例限定用法〕薄明かりの, たそがれ時の, ぼんやりした, 下り坂の.
語源 古英語 twi- (=two; half)+liht (=light) から成る中英語から. 原義は「日の光と月の光が交錯する時」.
用例 in the *twilight* of her life 彼女の人生の晩年に. 関連語 dawn (夜明け); dusk (夕やみ).
【派生語】**twílit** 形 薄明かりの.
【複合語】**twílight zòne** 名 C 都市の老朽化地域, 中間領域.

twill /twíl/ 名 U〔一般語〕平行した斜線の模様を出す織り方, 綾織(り), 綾織布.
語源 古英語 twilic (=two-threaded) から.

twin /twin/ 名 C 形 動 本来他〔一般語〕一般義 **双生児[双子]の片方**. その他〔複数形で〕一般によく似たもの対, ツインベッド(twin beds),〔the T-s) 双子座(Gemini). 形 として双子の, 対になった, 相似の,〔英〕都市などが**姉妹関係にある**. 動 として対にする, ...を...と姉妹都市関係にする (with).
語源 古英語 (ge)twinn (=both; double) から.
用例 identical *twins* 一卵性双生児/fraternal *twins* 二卵性双生児/They have *twin* daughters. 夫妻には双子の娘がある/Her dress is the exact *twin* of mine. 彼女のドレスは私のと全く同じだ.
関連語 triplets (三つ子); quadruplets (四つ子); quintuplets (五つ子); sextuplets (六つ子); septuplets (七つ子).
【複合語】**twín béd** 名 C〔複数形で〕同じシングルベッドの対, ツインベッド. **twín-bédded** 形 部屋がツインベッドの. **twín-éngined** 形 飛行機などが**双発**の.

twín tówn 名 C《英》姉妹都市(《米》sister city).

twine /twáin/ 動 本来他 名 U 〔一般語〕一般義 糸をより合わせる,〔その他〕織物やがく,花輪などを編んで作る,指や腕,糸などをらせん状に絡ませる,巻きつける,自 蔓,蛇などが…に巻きつく(around).图 としてより糸.語源 古英語 twīn(2本よりのひも)から.twin と同語源.

twinge /twíndʒ/ 動 本来他 C〔一般語〕突然ぐさっと刺すような痛みを与える,一瞬心に苦痛を与える.图 として刺すような痛み,心のうずき.語源 古英語 twengan から.

twin·kle /twíŋkl/ 動 本来自 〔一般語〕一般義 星,光などがきらきら輝く,柔らかく光る.〔その他〕目がきらきらと輝く,光る,比喩的にダンサーの足などが軽快に動く.图 として《単数形で》輝き,軽快な動き.語源 古英語 twinclian (=to blink; to wink)から.用例 The stars *twinkled* in the sky. 星が空に光っていた/His eyes *twinkled* mischievously. 彼の眼はいたずらっぽく輝いた.類義語 shine.
【慣用句】*in a twinkle* あっという間に.
[派生語] **twínkler** 名 C きらめくもの. **twínkling** 名《単数形で》きらめき,またたき.形 きらきら輝く: in a *twinkling* またたく間に(★in the *twinkling* of an eye ともいう).

twirl /twɚ́ːrl/ 動 本来他 名 C〔一般語〕急速に繰り返し回転させる,くるくる回す,またひねくり回す,〔俗語〕《野》投球する.图 として回転,ねじれ.語源 おそらく北欧語起源で初期近代英語から.
[派生語] **twírler** 名 C.

twirp /twɚ́ːrp/ 名 C〔一般語〕= twerp.

twist /twíst/ 動 本来他 名 C〔一般語〕一般義 無理にねじる,ひねる,ひねって回す.〔その他〕糸や紙,ひもをよる,より合わせて…にする(into),からませる,巻きつける(around; round),また手首,手足,首などをくじく,ねんざする,顔つきや口などをゆがめる,比喩的に曲解する,〔くだけた語〕《英》だます.自 ねじれる,道などが曲がりくねる,苦痛などで身をよじる,また巻きつく,絡みつく,ツイストを踊る.图 としては,ねじれ,ひねり,より,よったもの,より糸,ねじれたらせん(状),ゆがみ,もつれ,ねじれ,歪曲,こじつけ,話の意外な進展,〔くだけた語〕《英》詐欺,(the ~)1960年代に流行した踊りのツイスト.語源 古英語 twist(= rope)から.ロープを「2つ」(twi-)に分けてよることから,「ねじる」の意が生じたと思われる.用例 He *twisted* the knob. 彼はその取っ手をねじって回した/as easy as *twisting* a baby's arm 赤子の腕をひねるようなもの/He *twisted* the pieces of string (together) to make a rope. 彼は細ひもをよって縄をなった/The road *twisted* through the mountain. その道は山中を曲がりくねっていた/He gave her arm a *twist*. 彼は彼女の腕をねじ上げた/have a mental *twist* (= be mentally twisted) 心がねじけている.
【慣用句】*twist … around* [*round*] *one's* (*little*) *finger*〔くだけた表現〕人を意のままに操る,甘言でだます. *twist off* ぐるぐる回してもぎ取る.
[派生語] **twístable** 形. **twisted** 形 より合わせた;性格がひねくれた(《語法》crooked の方が一般的): *twisted* love ゆがんだ愛. **twíster** 名 C 難問,早口言葉(tongue-twister);〔くだけた語〕《米》竜巻(tornado),《英》いかさま師. **twísty** 形 曲がりくねった,不正直な.

twit /twít/ 動 本来他 C〔一般語〕相手の欠点などを冷やかしていじめる,あざける.图 としてあざけり,〔俗語〕《英》まぬけ(idiot).
語源 古英語 æt(= at) + witan (= to accuse) から成る ætwitan から語頭音が落ちた.

twitch /twítʃ/ 動 本来他 C〔一般語〕一般義 急に強く引っ張る,ぐいと引く.〔その他〕体の一部を引きつらせる.自 筋肉がけいれんする,突然激しく痛む.图 として引っ張ること,引きつり,けいれん,激痛.語源 古英語 *twiccan に由来する中英語 twicchen から.
用例 He *twitched* her sleeve. 彼は彼女の袖を引っ張った/His foot gave a sudden *twitch*. 彼は急に足が引きつった.

twit·ter /twítɚr/ 動 本来自 名 UC〔一般語〕一般義 小鳥がさえずる.〔その他〕人がぺらぺらしゃべる,また興奮したり神経が高ぶったりして震える.图 としてさえずり,興奮,身震い.擬音語起源で中英語から.
【慣用句】*in a twitter* そわそわして.

two /túː/ 代 名 UC 形〔一般語〕2,2つ,2人,2個,2ヶ月,2ドル[ポンド]など.图 として数としての2,2番,2時,2分,あるいは2の数字,2つ[2人]一組,トランプの2の札,その他ドル,ポンド,セント,ペンス,円など貨幣の単位と共に用いられる.形 として《通例限定用法》2つの,2人の,2個の(通例2個)2歳の.語源 古英語 twa から.di-,twi- も同語源.
用例 It makes *two* to make a quarrel.《ことわざ》けんかをするには2人要る(1人ではけんかできない).
関連語 second.
【慣用句】*in two* 二つに,真っ二つに. *in* [*by*] *twos and threes* 三々五々.
[複合語] **two-bágger** 名 C〔くだけた語〕《米》= two-base hit. **twó-base hít** 名 C《野》二塁打(double). **twó-bít** 形〔くだけた語〕《米》安物の. **twó bíts** 名《複》〔俗語〕《単数または複数扱い》《米》25セント(a quarter). **twó-by-fóur** 形 厚さと幅が2対4の,ツーバイフォーの,〔くだけた語〕《米》家などが狭い. **twó-édged** 形《通例限定用法》刃物などが両刃の,議論などが両刃にとれる,あいまいな(double-edged). **twó-fáced** 形〔くだけた語〕〔軽蔑的〕二心のある. **twófold** 形 副 2倍の[に],2重の[に]. **two-pence** /tʌ́pəns/ 名 U《英》2ペンス,2ペンス銅貨(tuppence). **twopenny** /tʌ́pəni/ 形《通例限定用法》《英》2ペンスの,ほとんど価値のない(tuppenny). **twó-píece** 形《通例限定用法》2つの部分からなる,服がツーピースの. 名 C ツーピース. **twó-plý** 形《通例限定用法》板,トイレットペーパーなどが2枚重ねの,織物が2重織りの,より糸が2本よりの. **twó-séater** 名 C 2人乗り自動車. **twósome** 名 C 2個[2人]組: play in *twosomes* 2人組でプレーをする. **twó-stèp** 名 C 社交ダンスのツーステップ. **twó-tíme** 動 本来他〔くだけた語〕恋人,夫,妻などを裏切る(double-cross). **twó-tímer** 名 C《軽蔑的》裏切り者. **twó-tóne** 形 ツートンカラーの,音の警笛が2音の. **twó-wáy** 形 相互の,道路が両方向通行の,無線などが送受信両用の. **twó-way tícket** 名 C《米》往復切符(round-trip ticket; 《英》return ticket).

-ty¹ /ti/ 接尾 形容詞につく抽象名詞語尾で,「状態」「性質」「程度」を示す. 例: safety; reality.
語源 ラテン語 -tas が古フランス語 -te(t) を経て中英語に入った.

-ty² /ti/ [接尾]「10の倍数」を示し,twentyからninetyまでの数詞をつくる.
[語源] 古英語-tig (=ten) から.

ty·coon /taikúːn/ [名][C]〔一般語〕実業界の大物,**大実業家**,また徳川将軍 (★この意味では Shogun の方がよく用いられる).
[語源] 日本語「大君」が 19 世紀に入った.

tyke, tike /táik/ [名][C]《くだけた語》〔一般語〕**子供**,おちびちゃん (★優しく叱る時などに用いる). [その他]《英方言》この語の本来の意味として,主に雑種の**犬**. ⇒ mongrel.
[語源] 古ノルド語 tik (=bitch) が中英語に入った.

tym·pa·num /tímpənəm/ [名][C](複 **-na**, **~s**)〖解〗**中耳**(middle ear), **鼓膜**(eardrum).
[語源] ギリシャ語 tumpanon (=drum) がラテン語を経て中英語に入った.

type /táip/ [名][C][U][動][本来],〔一般語〕**型**,タイプ. [その他]...タイプの人[もの],...の**典型**(of)《[語法]《くだけた語》《米》では of が省かれることもある》. 〖印〗《集合的に》**活字**,字体. [動] としては,文書などをタイプライターなどで**打つ**,タイプする,病気や血液などの**型を突き止める**,人や物を...の型とみなす (as),**分類する**.
[語源] ギリシャ語 typtein (=to strike) から派生した tupos (=mark made by a blow) がラテン語 typus (=model; symbol) を経て中英語に入った.「活字」の意は印刷術の発明 (15 世紀末) 以後.
[用例] a blood type 血液型/I prefer a different type of education for my children. 子供たちのために違った形の教育の方がいい/I can't read the type — it's too small. 活字が読めない,小さすぎる.
[関連語] bold (face) type (ボールド体); italic type (イタリック体); Roman type (ローマン体).
[慣用句] ***type out [up]*** タイプライターで...を清書する,ワープロやプリンターでプリントアウトする.
【派生語】**týping** [名][U]=typewriting. **týpist** [名][C] タイピスト.
【複合語】**týpecàst** [動][本来]《通例受身で》俳優に役を割り振る. **týpefàce** [名][C] 活字の字体と字幅,活字面. **týpescript** [名][C][U] タイプした**原稿**. **týpesèt** [動][本来] 活字に組む(set type). **týpesètter** [名][C] 植字工(compositor), 植字機.

typewrite ⇒typewriter.

type·writ·er /táipràitər/ [名][C]〔一般語〕**タイプライター**.
[語源] アメリカのジャーナリスト C. L. Sholes が 1867 年に初めて命名して,1868 年に特許をとった. [動] typewrite はこの語の逆成 (back-formation).
[関連語] word(-)processor (ワープロ).
【派生語】**týpewrite** [動][本来](過去 **-wrote**; 過分 **-written**)《形式ばった語》タイプライターで打つ《[語法] type の方が一般的な語》. **týpewriting** [名][U] タイプライターを打つこと,タイプライターの技術,《集合的》タイプライターで打った印刷物. **týpewritten** [形] タイプライターで打った.

ty·phoid /táifoid/ [形][名][U]〖医〗**腸チフスの**. [名] として**腸チフス**(typhoid fever).
[語源] typho- (発疹・腸チフス)+-oid (...のような)から 19 世紀に入った.

ty·phoon /taifúːn/ [名][C]〔一般語〕南シナ海など太平洋西部に発生する**台風**.
[語源] 中国語方言 tai fung (=great wind) が初期近代英語に入った. ギリシャ神話の怪物 Typhon の影響を受けた. [関連語] hurricane; cyclone.

ty·phus /táifəs/ [名][U]〖医〗**発疹チフス**(typhus fever).
[語源] ギリシャ語 tuphos (=fever) が近代ラテン語を経て初期近代英語に入った.

typ·i·cal /típikəl/ [形]〔一般語〕[一般語] **典型的な**《of》. [その他] **代表的な,象徴する**, 望ましくないことを暗示していかにもそれらしい**独特の**, よくあるような.
[語源] ギリシャ語 tupos (⇒type) から派生した tupikos (=impressionable) がラテン語を経て初期近代英語に入った.
[用例] He is a typical Englishman. 彼は典型的な英国人だ/This mountain scenery is typical of Scotland. この山の景色はスコットランド特有のものだ.
【派生語】**týpically** [副] 典型的に,一般的に.

typ·i·fy /típəfai/ [動][本来]〔一般語〕...**の典型となる,代表する,象徴する**. [語源] ラテン語 typus+-ify として初期近代英語から. ⇒type.
[用例] She typifies the bored, intelligent housewife. 彼女は退屈しているインテリ主婦の典型だ.

typing ⇒type.

typist ⇒type.

typo /táipou/ [名][C]《くだけた語》=typographical error. ⇒typography.

typographer =typography.

typographic ⇒typography.

typographical ⇒typography.

ty·pog·ra·phy /taipágrəfi/|-ɔ́-/ [名][U]〔一般語〕**活版印刷(術)**, 印刷の具合や体裁.
[語源] ギリシャ語 (typos type+-graphia writing) が初期近代英語に入った.
【派生語】**typógrapher** [名][C] 活版植字[印刷]工. **tỳpográphic, -cal** [形] 活版印刷術の: **typographical error** 印刷の誤植, 誤打《[語法] typo ともいう》.

tyrannical ⇒tyranny.

tyrannize ⇒tyranny.

tyrannous ⇒tyranny.

tyr·an·ny /tírəni/ [名][UC]〔一般語〕**専制政治,圧制**,《しばしば複数形で》**暴虐行為,虐待**.
[語源] ギリシャ語 turannos (⇒tyrant) から派生した turannia が後期ラテン語, 古フランス語を経て中英語に入った.
【派生語】**tyránnical** [形] 専制君主の; 暴君的な, 圧制的な. **tyránnically** [副]. **týrannize** [動][本来]...に権力をほしいままにする, 虐げる. [自] 専制君主として君臨する《over》. **týrannous** [形] 形式ばった語》**暴君的な**, 情け容赦のない.

ty·rant /táiərənt/ [名][C]〔一般語〕**専制君主**, 一般に**暴君**, 虐待者 (★通例妻に対して夫, 子供に対して親を指す).
[語源] ギリシャ語 turannos (僭主) がラテン語 tyrannus, 古フランス語 tiran, tirant を経て中英語に入った.

tyre /táiər/ [名][C]《英》=tire².

ty·ro, ti·ro /táiərou/ [名][C]《古風な語》**初心者, 初学者, 新参者**.
[語源] ラテン語 tiro (新兵) が初期近代英語に入った.

tzar /záːr/ [名][C] =czar.

tza·ri·na /zɑríːnə/ [名][C] =czarina.

tzet·ze fly /tsétsi flài/ [名] =tsetse fly.

U

u, U /júː/ 名 C (複 u's, us, U's, Us) アルファベットの第 21 文字, ユー, U 字形のもの.

U. 《略》= union; unit; university.

U.A.E. /júːèiíː/ 名 固 アラブ首長国連邦(United Arab Emirates).

U.A.R. /júːèiɑːr/ 名 固 アラブ連合共和国(United Arab Republic).

u·biq·ui·tous /juːbíkwətəs/ 形 〔形式ばった語〕同時にあらゆる所にある, 遍在する, 非常にありふれた.
[語源] ラテン語 *ubique* (= everywhere) から派生した近代ラテン語 *ubiquitas* が ubiquity として初期近代英語に入り, その 形.
【派生語】**ubíquitously** 副. **ubíquitousness** 名 U. **ubíquity** 名 U 遍在.

UCLA /júːsìːèléi/ 名 固 カリフォルニア大学ロサンゼルス校(University of California at Los Angeles).

ud·der /Ádər/ 名 C 〔一般語〕牛, 羊などの乳房.
[語源] 古英語 *ūder* から.

UFO /júːèfóu, júːfou/ 名 C 未確認飛行物体, ユーフォー(unidentified flying object).

U·gan·da /juːgǽndə/ 名 固 ウガンダ(★アフリカ東部の共和国).

ugh /u(ː)x, ʌx, uː/ 感 〔一般語〕不快な気持を表すうぶ!, うっ!

ug·ly /Ágli/ 形 〔一般語〕〔一般義〕目に映った姿, 外見が醜い, 見苦しい. 〔その他〕醜悪なから転じて気分的に不快な, いやな, 道徳的によこしまな, 物事がやっかいな, 危険な, 不吉な, 天候が荒れ模様の, 〔くだけた語〕人が扱いにくい, 怒りっぽい.
[語源] 古ノルド語 *uggligr* (= fearful; horrible) が中英語に入った.
[用例] *That modern building is so ugly.* あの近代ビルは大へん見苦しい / *The scene in the street grew more and more ugly as the crowd began to fight with the police.* 群衆が警官と争い始めるにつれてその場面は次第に険悪になってきた / *Keep away from him — he is an ugly customer.* 彼には近寄るな. 彼は扱いにくい客だ.
[類義語] plain.
[反義語] beautiful.
【慣用句】*an ugly duckling* ばか[醜い]とからかわれていたが後に偉く[美しく]なる子, 醜いあひるの子(★アンデルセンの童話から).
【派生語】**úglily** 副. **úgliness** 名 U.

uh /ʌ, ʌ/ 感 〔一般語〕えー, あー(★何かを言おうと考えているときの声).

UHF, uhf /júːeitʃéf/ 名 U 《無線》極超短波(ultrahigh frequency).

uh-huh /mhm, əhʌ́/ 感 〔一般語〕うん(★同意や満足を表す声).

uh-uh /ʌ́ʌ/ 感 〔一般語〕ううん(★否定を表す声).

U.K. /júːkéi/ 名 固 連合王国(= 英国)(the United Kingdom of Great Britain and Northern Ireland).

U·kraine /juːkréin, -kráin/ 名 固 《しばしば the ~》ウクライナ(★ロシアの南にある共和国; 首都 Kiev).
【派生語】**Ukráinian** 形 ウクライナの. 名 C ウクライナ人; U ウクライナ語.

u·ku·le·le /jùːkəléili/ 名 C 〔一般語〕ギターに似たハワイ原住民の弦楽器, ウクレレ.

ul·cer /Álsər/ 名 C 《医》潰瘍(かいよう), 比喩的に悪弊, 病根.
[語源] ラテン語 *ulcus* (はれもの)が中英語に入った.
【派生語】**úlceràte** 動 [本来相] 潰瘍を生じさせる. 自 で潰瘍を生じる. **ùlcerátion** 名 U. **úlcerous** 形 潰瘍性の.

Ul·ster /Álstə/ 名 固 英国領北アイルランドとアイルランド共和国にまたがるアルスター地方.

ul·te·ri·or /ʌltíəriər/ 形 〔形式ばった語〕〔一般義〕意図や心情などを言葉や態度では示さない, 隠れた, 心の奥底の. 〔その他〕位置が向こう側にある, 先方の, あちらの, 時間がこれから先の, 今後の.
[語源] ラテン語 *ulter* (= beyond) の比較級 *ulterior* (= further) が初期近代英語に入った.

ul·ti·ma·ta /Àltəméitə/ 名 ultimatum の複数形.

ul·ti·mate /Áltəmit/ 形 《比較なし》名 U 〔形式ばった語〕〔一般義〕究極の, 結局の. 〔その他〕根本の, 基本的な, 最高の, 最大の. 名 として《the ~》究極, 最高[大]のもの.
[語源] ラテン語 *ulter* (= beyond) から派生した後期ラテン語 *ultimus* (= farthest) から派生した後期ラテン語 *ultimare* (= to come to an end) の過去分詞 *ultimatus* (= last) が初期近代英語に入った.
[用例] *our ultimate goal* 我々の究極の目標 / *ultimate speed* 最高速度.
[類義語] final.
【派生語】**últimately** 副.

ul·ti·ma·tum /Àltəméitəm/ 名 C (複 ~s, ultimata) 〔一般語〕政党や政府などが相手に示す最終条件, 最後通告.
[語源] 後期ラテン語 *ultimare* (= to come to an end) の中性形過去分詞 *ultimatum* が 18 世紀に入った.

ul·tra /Áltrə/ 形 名 C 〔一般語〕極端な, 過度の. 名 として極端[過激]論者(extremist).
[語源] ⇒ ultra-.

ul·tra- /Áltrə/ [接頭] 「極端に」「超」「過」「外」などの意. 例: *ultra*conservative (超保守的な); *ultra*cautious (極端に注意深い); *ultra*modern (超現代的な).
[語源] ラテン語 *ultra* (= beyond) から.

ul·tra·high /Àltrəhái/ 形 〔一般語〕きわめて高い, 超高度の.
【複合語】**últrahìgh fréquency** 名 U 《無線》極超短波(UHF).

ul·tra·ma·rine /Àltrəmərín/ 形 名 U 〔一般語〕〔一般義〕紺青の, ウルトラマリンの. 〔その他〕海外の, 海のかなたの. 名 として紺青(色, 顔料).
[語源] 中世ラテン語 *ultramarinus* が初期近代英語に入った.

ul·tra·sound /Áltrəsàund/ 名 U 《理》超音波.
【派生語】**ùltrasónic** 形 超音波の.

ul·tra·vi·o·let /Àltrəváiələt/ 形 〔一般語〕光線が紫外線の, また紫外線の.

U·lys·ses /juːlíːsiz/ 名 固 【ロ神】ユリシーズ（★古代ギリシャの詩人ホーマー（Homer）の叙事詩 Odyssey の主人公 Odysseus のラテン語名）．

um·ber /ʌ́mbər/ 名 U〔一般語〕褐色(の)，交ող信号の黄色(の)．
語源 ラテン語 *umbra* (=shadow; shade) がフランス語を経て初期近代英語に入った．本来絵の影に用いられた褐色顔料の土の原産地，イタリア中部の Umbria 地方の名から．

umbilical ⇒umbilicus.
umbilici ⇒umbilicus.
um·bi·li·cus /ʌmbíləkəs/ 名 C《複 -ci/kai/, ~es》【解】へそ(navel), 比喩的に問題などの核心, 中心点．
語源 ラテン語 *umbilicus* (navel) が初期近代英語に入った．
【派生語】**umbílical** 形 へその; 中心の.
【複合語】**umbílical còrd** 名 C へその緒, 臍帯(さいたい); 比喩的につながり, きずな; 命綱．

um·brage /ʌ́mbridʒ/ 名 U〔形式ばった語〕〔一般義〕不快, 立腹．〔その他〕疑惑, 敵意などのわずかなしるし．〔古風な語〕木陰, 日陰．
語源 ラテン語 *umbra* (=shadow) の 形 *umbraticus* (=of shadow) の中性形が古フランス語を経て中英語に入った. umber と同語源
【慣用句】*take umbrage to* ... ...を怒らせる. *take umbrage at* ... ...に怒る．

um·brel·la /ʌmbrélə/ 名 C〔一般語〕〔一般義〕傘．〔その他〕雨や日光を防ぐためのものということから比喩的に庇護, 保護, 安全保障など, また《形容詞的に》包括的な．
語源 ラテン語 *umbra* (=shadow; shade) の指小辞 *umbella* (=sunshade) の後期ラテン語の変形 *umbrellam* がイタリア語を経て初期近代英語に入った．
用例 The wind blew my *umbrella* inside out. 風が吹いて私の傘がおちょこになった／This action was taken under the *umbrella* of the United Nations. その決議は国連の庇護の下に行われた．
類義語 umbrella は一般に雨傘のことで, 日傘は parasol または sunshade という（★現在では sunshade のほうが一般的）．
【慣用句】*under the umbrella of* ... ...に保護されて, ...の責任下で
【複合語】**umbrélla stànd** 名 C 傘立て．

um·laut /úmlàut/ 名 UC【言】母音変異（★後続の高母音によって前の母音の質が変ること）, ä, ü などのウムラウト符号．
語源 ドイツ語 *Umlaut* (*um* around+*Laut* sound) が 19 世紀に入った．

um·pire /ʌ́mpaiər/ 名 C 動 本来他【スポ】審判員, 本来は仲裁者の意. 動 として仲裁する, 審判する．
語源 古フランス語 *nonper* (=one who is not equal; a third person) が中英語に n(o)umpere として入り, 後に a numpire が異分析によって an umpire となった.
用例 Tennis players usually have to accept the *umpire's* decision. テニスのプレーヤーは常にアンパイヤの決定を受け入れなければならない／Have you *umpired* a tennis match before? 君はテニスの試合の審判を以前にしたことがありますか．
類義語 umpire; referee; judge: **umpire** は主としてバレーボール, テニス, 野球, バドミントン, 卓球, クリケットなどの審判員. **referee** は主としてレスリング, ボクシング, ラグビー, バスケットボールなど. **judge** は各種のコンテストの審判員をする．

ump·teen /ʌmptíːn/ 形〔くだけた語〕数え切れないほど多数の．
語源 モールス信号のダッシュ (—) の俗称 umpty (不定数; 多数)+-teen. 20 世紀に作られた．
【派生語】**ùmpteenth** 形《通例 the ~》何番目か分からないほどの: the *umpteenth* time 何度…したか分からない．

UN, U.N. /júːén/ 名 固 国連(the United Nations).

un- /ʌn, ʌ́n/ 接頭 形容詞, 副詞, 名詞に付いて「...でない」の意. また動詞に付いて「反対」や「逆」の動作や「元へ戻す」動作を表す. さらに名詞に付いて「取り去る」の意を表す動詞を作る. 例: *unhappy*（不幸な）; *untie*（ほどく）; *unmask*（仮面をはぐ）．
語源 古英語 un- から．

un·a·bashed /ʌnəbǽʃt/ 形〔一般語〕恥ずかしいとも思わない, 厚顔無恥な．

un·a·ble /ʌnéibl/ 形〔一般語〕…することのできない《to 不定詞》．
用例 I shall be *unable* to meet you for lunch today. 私は今日昼食に君と会うことができない．

un·a·bridged /ʌnəbrídʒd/ 形 辞典や書物などが簡略化されていない, 辞典が親版の．

un·ac·cent·ed /ʌnǽksəntid/ 形〔一般語〕強勢が発音されない, アクセントのない．

un·ac·cept·a·ble /ʌnəkséptəbl/ 形〔一般語〕受け入れ難い, 認められない．

un·ac·com·pa·nied /ʌnəkʌ́mpənid/ 形〔一般語〕旅などに同行者のいない, 連れのいない, 《楽》無伴奏の．

un·ac·count·a·ble /ʌnəkáuntəbl/ 形〔一般語〕論理的に説明がつかない, 不思議な, また責任がない．
【派生語】**ùnaccóuntably** 副．

un·ac·cus·tomed /ʌnəkʌ́stəmd/ 形〔一般語〕〔一般義〕慣れていない, 不慣れの.〔その他〕普通でない, 変わっている, 奇妙な．

un·ac·quaint·ed /ʌnəkwéintid/ 形〔一般語〕見知らない, 見慣れない, 面識のない, あるものを知らない, 不案内な《with》．

un·ad·vised /ʌnədváizd/ 形〔一般語〕分別のない, 軽はずみな．
【派生語】**ùnadvísedly** 副．

un·af·fect·ed /ʌnəféktid/ 形〔一般語〕〔一般義〕気取らない, ありのままの, 素朴な, 偽りのない.〔その他〕影響されない, 動かされない, 変わらない．
【派生語】**ùnafféctedly** 副. **ùnafféctedness** 名 U．

un·aid·ed /ʌnéidid/ 形〔一般語〕援助を受けない, 助けがない．

un·a·lien·a·ble /ʌnéiljənəbl/ 形〔一般語〕譲渡できない．

un·al·ter·a·ble /ʌnɔ́ːltərəbl/ 形 変更できない, 不変の．
【派生語】**ùnálterably** 副．

un-A·mer·i·can /ʌnəmérikən/ 形〔一般語〕風俗習慣などがアメリカ的[式]でない, あるいは反米的な．

unanimity ⇒unanimous.

u·nan·i·mous /juːnǽnəməs/ 形 2 人以上の意見や決定などが完全に一致の, 満場一致の．

[語源] ラテン語 *unanimus* (*unus* one + *animus* mind) が初期近代英語に入った.
[用例] The whole school was *unanimous* in its approval of the headmaster's plan. 学校全体が校長の計画を承認するに当たって意見の一致をみた.
【派生語】**ùnanímity** 名 U 満場一致. **unánimously** 副.

un·an·nounced /ʌ̀nənáunst/ 形 〔一般語〕公表されていない, 知らされていない, 前ぶれがない, 客が前ぶれなくいきなり訪れる.

un·an·swer·a·ble /ʌ̀nǽnsərəbl/ -á:n-/ 形 〔一般語〕答えられない, 反駁(ばく)できない.

un·ap·proach·a·ble /ʌ̀nəpróutʃəbl/ 形 〔一般語〕人が近づきにくい, 公共機関などが親しみを欠いている, よそよそしい.

un·ar·gu·a·ble /ʌ̀ná:rgjuəbl/ 形 〔一般語〕議論の余地もない, 疑いのない.

un·armed /ʌ̀ná:rmd/ 形 〔一般語〕武器を持たない, 非武装の, 無防備の, 獣類が牙[角]のない, 植物がとげのない.
[用例] Policemen in Britain are normally *unarmed*. 英国の警官は通常は武装していない.

un·a·shamed /ʌ̀nəʃéimd/ 形 〔一般語〕恥を知らない, 厚かましい, 恥ずかしがらない, 平気な.

un·asked /ʌ̀nǽskt/ 形 〔一般語〕問われていない, 求められていない, 《副詞的に》問われ[求められ]ないで.
[用例] come to help ... *unasked* 頼まれないのに手助けにくる.

un·as·sum·ing /ʌ̀nəsjú:miŋ/ 形 〔一般語〕慎ましやかな, 出しゃばらない, 謙虚な.
【派生語】**unassúmingly** 副 謙虚に, ひかえめに.

un·at·tached /ʌ̀nətǽtʃt/ 形 〔一般語〕特定の人や団体などと結びつけられていない, 中立の, 無所属の, 結婚[婚約]していない.

un·at·tend·ed /ʌ̀nəténdid/ 形 〔一般語〕[一般義] 世話[手当]されていない, ほったらかしの. [その他] 本来は付添[従者]がいない, 出席者がいない.

un·at·trac·tive /ʌ̀nətrǽktiv/ 形 〔一般語〕魅力のない, 有利な点がない.

un·a·vail·a·ble /ʌ̀nəvéiləbl/ 形 〔一般語〕利用できない, 手に入らない, 通用しない, 人が面会できない.

un·a·vail·ing /ʌ̀nəvéiliŋ/ 形 〔一般語〕役に立たない, 無効の, むなしい.

un·a·void·a·ble /ʌ̀nəvɔ́idəbl/ 形 〔一般語〕いやなことが避けられない, やむを得ない.
【派生語】**unavóidably** 副 やむを得ず, どうしても.

un·a·ware /ʌ̀nəwéər/ 形 〔一般語〕《述語用法》気づかない, 知らない.
【派生語】**ùnawáres** 副 〔形式ばった語〕思いがけなく, 不意に; 何気なく, うっかり.

un·bal·ance /ʌ̀nbǽləns/ 動 [本来他] 名 U 〔一般語〕物の平衡を失わせる, 意見などをかたよらせる, 人の心の落ち着きを失わせる, 動揺[錯乱]させる. 名 として平衡失調, 不均衡(imbalance).
[日英比較] 英語の unbalance は本来は 動. 日本語の「アンバランス」に相当する語は imbalance である.
【派生語】**ùnbálanced** 形 《述語用法》平衡[バランス]の取れていない, 心が取り乱した. 《限定用法》意見などがかたよった.

un·bar /ʌ̀nbá:r/ 動 [本来他] 〔形式ばった語〕戸, 門などのかんぬきをはずす, 開く, 比喩的に門戸を開く, 障壁をなくす.

un·bear·a·ble /ʌ̀nbéərəbl/ 形 〔一般語〕耐えられない, 我慢できない.
【派生語】**unbéarably** 副 我慢できないほどに; 忍び難く.

un·beat·a·ble /ʌ̀nbí:təbl/ 形 〔一般語〕打ち負かすことのできない, 抜群の.

un·beat·en /ʌ̀nbí:tn/ 形 〔一般語〕道が踏みならされていない, 人が敗れたことのない.

un·be·com·ing /ʌ̀nbikʌ́miŋ/ 形 〔古風な語〕衣服などが場所や身分にふさわしくない, 不似合いな, 不適当な.

un·be·known /ʌ̀nbinóun/ 形 副 〔古風な語〕人に知られないで(), 気づかれない(で)《to》.

un·be·lief /ʌ̀nbilí:f/ 名 U 〔一般語〕信仰を持たないこと, 不信心, 不信仰, 人に対する不信, 疑惑.

un·be·liev·a·ble /ʌ̀nbilí:vəbl/ 形 〔一般語〕信じられない, 驚くべき, とんでもない.

un·be·liev·er /ʌ̀nbilí:vər/ 名 C 〔一般語〕信仰を持たない人, 不信心者, 人を疑う人, 懐疑家.

un·be·liev·ing /ʌ̀nbilí:viŋ/ 形 〔一般語〕人の言うことを信じない, 懐疑的な, 不信心の.

un·bend /ʌ̀nbénd/ 動 [本来他] 《過去·過分 -bent》〔一般語〕曲がったものを真っ直ぐにする, 弦をはずして弓を伸ばす, 比喩的に心身をくつろがせる. 自 で真っ直ぐになる, くつろぐ, 緩む.

un·bend·ing /ʌ̀nbéndiŋ/ 形 考え方が柔軟でない, 性格が強情な. 本来は物が曲がらない, たわまない.

un·bent /ʌ̀nbént/ 動 unbend の過去·過去分詞.

un·bi·ased, 《英》**-assed** /ʌ̀nbáiəst/ 形 〔一般語〕先入観[偏見]を持たない, 誰にも公平な.

un·bid·den /ʌ̀nbídn/ 形 〔文語〕命令されたのではない, 自発的な, 客が招待されていない.

un·bind /ʌ̀nbáind/ 動 [本来他] 《過去·過分 -bound》〔一般語〕縛られていたものを解きほぐす, ほどく, 束縛から解放する.

un·blush·ing /ʌ̀nblʌ́ʃiŋ/ 形 〔形式ばった語〕恥ずべきことをしても顔を赤らめない, 恥を恥とも思わない, 恥知らずの.

un·bolt /ʌ̀nbóult/ 動 [本来他] 〔一般語〕戸にかけたかんぬきをはずす, 戸を開ける.

un·born /ʌ̀nbɔ́:rn/ 形 〔一般語〕赤ん坊がまだ生まれていない, これから現れる, 未来の.

un·bos·om /ʌ̀nbúzəm/ 動 [本来他] 〔形式ばった語〕心配事や秘密などを人に打ち明ける, 告白する.
【慣用句】*unbosom oneself* 心を打ち明ける.

un·bound /ʌ̀nbáund/ 動 [本来他] 〔一般語〕unbind の過去·過去分詞. として〔一般語〕縛られていない, 自由となった, 本が未製本の.

un·bound·ed /ʌ̀nbáundid/ 形 〔一般語〕無限の, 果てない.

un·break·a·ble /ʌ̀nbréikəbl/ 形 〔一般語〕壊す[破る, 折る]ことのできない, 最強の.

un·bri·dled /ʌ̀nbráidld/ 形 〔一般語〕馬が馬勒(?)をつけていない, 比喩的に〔文語〕拘束がない, 抑制のない.

un·bro·ken /ʌ̀nbróukən/ 形 [一義] とぎれずつながっている, 連続している. [その他] 本来は壊れていない, 完全な, 無欠の意. 記録が破られない, 馬などの動物が調教されていない, 野生の, 土地が未開拓の.

un·buck·le /ʌ̀nbʌ́kl/ 動 [本来他] 〔一般語〕...の締め

金[バックル]をはずす.
un·bur·den /ʌnbə́ːrdn/ 動 本来他 [形式ばった語]
一般義 秘密や心配事などを打ち明ける, 心の重荷を降ろす. その他 本来の意は…の荷を降ろす, …から荷を降ろす(of).

un·but·ton /ʌnbʌ́tn/ 動 本来他 [一般義] 服のボタンをはずす, 比喩的に心の緊張をゆるめる, 気を楽にする.
【派生語】**unbúttoned** 形.

un·called-for /ʌnkɔ́ːldfɔːr/ [くだけた語] 不必要な, 不当な, 差し出がましい.

uncannily ⇒uncanny

un·can·ny /ʌnkǽni/ [一般義] 普通では考えられない, 超自然的な.
【派生語】**uncánnily** 副.

un·cared-for /ʌnkɛ́ərdfɔːr/ 形 [一般義] 世話をされていない, 無視されている, ほったらかしの.

un·ceas·ing /ʌnsíːsiŋ/ 形 [一般義] 終わることのない, 絶え間なく打ち続く.
【派生語】**uncéasingly** 副.

un·cer·e·mo·ni·ous /ʌnsèrəmóuniəs/ 形 [形式ばった語] 儀式ばらない, 気さくな, ざっくばらんな, 品位を欠いた, 失礼な, ぶっきらぼうな.

un·cer·tain /ʌnsə́ːrtn/ 形 [一般義] 一般義 [叙述用法] 人が確信のない, 断言できない(of; about; wh節[句]). その他 物事が不確実な, あいまいな, 天候が不安定な.
[用例] I'm *uncertain* of my future plans. 私は自分の将来の計画には確信がもてない/The government is *uncertain* what is the best thing to do. 政府は何が最善の策か断定できないでいる.
【派生語】**uncértainly** 副. **uncértainness** 名 U. **uncértainty** 名 UC 不確実(性), 不確実なこと.

un·chain /ʌntʃéin/ 動 本来他 [一般義] 鎖から解き放つ, 比喩的に束縛から解放する(set free).

un·chal·lenged /ʌntʃǽlindʒd/ 形 [一般義] 挑戦されていない, 問題にされていない, 人の地位や権力がすべての人に認められている, 揺るぎない, [副詞的に] 問いただされずに.

un·change·a·ble /ʌntʃéindʒəbl/ 形 [一般義] 変わらない, 安定している.

un·changed /ʌntʃéindʒd/ 形 [一般義] 変わらない, 不変の.

un·char·i·ta·ble /ʌntʃǽrətəbl/ 形 [一般義] 無情な, 慈悲心のない.

un·chart·ed /ʌntʃɑ́ːrtid/ 形 [一般義] 地域や海域が地図[海図]に載っていない, 未踏の, 未知の.

un·checked /ʌntʃékt/ 形 [一般義] 点検[検査]をしてない, 食い止められない, 抑制できない.

un·chris·tian /ʌnkrístʃən/ 形 [一般義] キリスト教の教えに反する, [くだけた語] 品の悪い, 不道徳な.

un·civ·il /ʌnsívəl/ 形 [一般義] 礼儀を欠いている, 無作法な.

un·civ·i·lized /ʌnsívəlàizd/ 形 [一般義] 場所や地域が野蛮な, 未開の, 人が無作法な.

un·clad /ʌnklǽd/ 形 [文語] 衣服を着ていない, 裸の, 物がむき出しの.

un·claimed /ʌnkléimd/ 形 [一般義] 請求者のいない, 持ち主不明の.

un·clasp /ʌnklǽsp/ -áː-/ 動 本来他 [一般義] 留め金をはずす, 握っている手をはなす.

一般義 情報, 文書が機密扱いされていない. その他 本来は分類されていない.

un·cle /ʌ́ŋkl/ 名 C [一般義] おじ(伯父, 叔父),〔くだけた語〕子供が年輩の男性に呼びかけて用いる.
[語源] ラテン語 *avus* (= grandfather)の指小語 *avunculum* (= little grandfather, すなわち mother's brother)が古フランス語 *oncle* を経て中英語に入った.
【複合語】**Úncle Sám** 名 擬人化した米国政府, 典型的な米国人(★the United States の U と S から).

un·clean /ʌnklíːn/ 形 [一般義] 道徳的または宗教的に汚れた, 不浄の, 食べ物や場所などが汚ない, 不潔な.

un·cloud·ed /ʌnkláudid/ 形 [一般義] 雲がなく晴天の, 比喩的に晴れやかな, 明朗な.

un·coil /ʌnkɔ́il/ 動 本来他 [一般義] 巻いたものをほどく, 伸ばす.

un·col·ored /(英) -oured /ʌnkʌ́lərd/ 形 [一般義] 色のついていない, 比喩的に誇張されていない, ありのままの.

un·com·fort·a·ble /ʌnkʌ́mfərtəbl/ 形 [一般義] 物が心地よくない, 人が不安な, 落ち着かない.
【派生語】**uncómfortably** 副 心地悪く, 不愉快で.

un·com·mit·ted /ʌnkəmítid/ 形 [一般義] 特定の主義主張に拘束されない, 中立の, 約束していない, 言質(げん)を与えていない.

un·com·mon /ʌnkɑ́mən |-kɔ́m-/ 形 [一般義] 一般義 物事がまれな, 珍しい. その他 [形式ばった語]《強調して》程度や量が並外れていて異常な, 非凡な.
[用例] This type of animal is becoming very *uncommon*. このタイプの動物は大へん珍しくなってきている/*uncommon* interest 異常な関心.
【派生語】**uncómmonly** 副.

un·com·mu·ni·ca·tive /ʌnkəmjúːnikèitiv/ 形 [一般義] 話したがらない, 打ちとけない, 遠慮がちな.

un·com·pro·mis·ing /ʌnkɑ́mprəmàiziŋ | -kɔ́m-/ 形 [一般義] 妥協しない, 断固とした, 強硬な.

un·con·cern /ʌnkənsə́ːrn/ 名 U [形式ばった語] 無関心, 無頓着.
【派生語】**ùncóncerned** 形 関心を示さない, 無頓着な. **ùncóncernedly** 副.

un·con·di·tion·al /ʌnkəndíʃənəl/ 形 [一般義]《限定用法》無条件の, 絶対的な.
【派生語】**ùnconditionally** 副.

un·con·di·tioned /ʌnkəndíʃənd/ 形 [一般義] 無条件の, 無限の,【心】自然な, 無条件の.

un·con·quer·a·ble /ʌnkɑ́ŋkərəbl | -kɔ́n-/ 形 [一般義] 征服するのが不可能な, 克服できない, 意志などが不屈の.

un·con·scion·a·ble /ʌnkɑ́nʃənəbl | -kɔ́n-/ 形 [形式ばった語] 行為が非良心的な, 恥知らずの, 時間や量などが法外な.

un·con·scious /ʌnkɑ́nʃəs | -kɔ́n-/ 形 名 U [一般義] 一般義 [述語用法] 病気やけがで意識不明の, 人事不省の. その他 意識していない, 気づかない, 無意識の(of),〔通例限定用法〕無生物のように意識をもたない, 知覚のない, 故意でない. 名 として 《the ～》【心】無意識.
[用例] He was beaten *unconscious*. 彼はなぐられて意識不明になった/He was *unconscious* of having

said anything rude. 彼は無作法な事を言ったことに気づかなかった.
【派生語】**úncónsciously** 副 無意識に, 心にもなく. **úncónsciousness** 名 U 無意識; 意識不明.

un·con·sid·ered /ʌ̀nkənsídərd/ 形 〔一般語〕思慮の足りない. 〔その他〕〔形式ばった語〕考慮されていない, 無視された.

un·con·sti·tu·tion·al /ʌ̀nkɑnstɪtjúːʃənəl | -kɔ̀n-/ 形 〔一般語〕憲法違反の, 違憲の.

un·con·trol·la·ble /ʌ̀nkəntróuləbl/ 形 〔一般語〕制御不可能な, 手に負えない.

un·con·ven·tion·al /ʌ̀nkənvénʃənəl/ 形 〔一般語〕慣習にとらわれない, 型にはまらない.

un·cooked /ʌ̀nkúkt/ 形 〔一般語〕熱を加えて料理をしてない, 煮えてない, 生の.

un·cork /ʌ̀nkɔ́ːrk/ 動 本来他 〔一般語〕コルクの栓を抜く, 比喩的にたまった感情などにはけ口を与える.

un·count·a·ble /ʌ̀nkáuntəbl/ 形 名 C 〔文法〕数えられない性質の, 不可算の(⇔countable). 名 として不可算名詞(uncountable noun).
【複合語】**uncóuntable nóun** 名 C.

un·couth /ʌ̀nkúːθ/ 形 〔形式ばった語〕言動が粗野な, 無作法な.
〔語源〕古英語 uncûth (=unknown; strange) から. cuth は cunnan (=to know; 現在の can) の過去分詞. 「未知の」から「異様な」「奇怪な」の意を経て「無作法な」の意となった.
【派生語】**úncóuthly** 副. **úncóuthness** 名 U.

un·cov·er /ʌ̀nkʌ́vər/ 動 本来他 〔一般語〕覆い〔ふた〕を取る. 〔その他〕衣服などを脱いでむきだしにする, 秘密などを暴露する, 明かす, 埋蔵物などを発掘する. 自 で〔古風〕敬意を表して帽子を取る.
〔用例〕His criminal activities were finally *uncovered*. 彼の犯罪行為がついに明らかになった.

un·crit·i·cal /ʌ̀nkrítɪkəl/ 形 〔一般語〕批判する力がない, あるいは批判の原則にかなっていない, 無批判の.

un·cross /ʌ̀nkrɔ́ːs/ 動 本来他 〔一般語〕交差しているものをほどく〔はずす〕.
【派生語】**úncróssed** 形〔英〕小切手が線引きでない.

un·crowned /ʌ̀nkráund/ 形 〔一般語〕まだ王位についていないが権力のある, 実質上最高の実力を持つ, 無冠の.

un·crush·a·ble /ʌ̀nkrʌ́ʃəbl/ 形 布がしわにならない.

UNCTAD /ʌ́ŋktæd/ 名 固 **国連貿易開発会議** (United Nations Conference on Trade and Development).

unc·tion /ʌ́ŋkʃən/ 名 U C 〔カト〕塗油の儀式(⇒ointment), 儀式で用いられる塗油, 比喩的になぐさめ, お世辞.
〔語源〕ラテン語 *unguerer* (=to anoint) の過去分詞 *unctus* から派生した 古 *unctio* が中英語に入った.

unc·tu·ous /ʌ́ŋktʃuəs/ 形 〔形式ばった語〕〔軽蔑的〕べたべたとお世辞を言う, 口先だけの.
〔語源〕ラテン語 *unctum* (=ointment) がフランス語を経て中英語に入った.「油でべたべたした」の意.

un·cut /ʌ̀nkʌ́t/ 形 〔一般語〕切られていない, 映画や物語がカットされていない, 宝石が磨いてなくて原石のままの.

un·daunt·ed /ʌ̀ndɔ́ːntɪd/ 形 〔形式ばった語〕勇気がくじけない, たじろがない, 勇敢な.
【派生語】**ùndáuntedly** 副 恐れず, ひるまず, 勇敢に.

un·de·ceive /ʌ̀ndɪsíːv/ 動 本来他 〔形式ばった語〕惑わされた人に真実を悟らせる, 真実に目を開かせる, 迷いをさまさせる.

un·de·cid·ed /ʌ̀ndɪsáɪdɪd/ 形 〔一般語〕決心がつかない, 決めていない, 未決定の.
【派生語】**ùndecídedly** 副. **ùndecídedness** 名 U.

un·de·clared /ʌ̀ndɪkléərd/ 形 〔一般語〕税関に課税のための申告をしていない, 未申告の, 戦争が宣戦布告なしの.

un·de·liv·ered /ʌ̀ndɪlívərd/ 形 〔一般語〕配達されていない.

un·dem·o·crat·ic /ʌ̀ndèməkrǽtɪk/ 形 〔一般語〕民主的でない, 非民主的な.

un·de·mon·stra·tive /ʌ̀ndɪmɑ́nstrətɪv | -mɔ́n-/ 形 〔一般語〕人に対して温かい感情を表さない, 控えめな.

un·de·ni·a·ble /ʌ̀ndɪnáɪəbl/ 形 〔一般語〕否定できない, 明らかな, 紛れもない.
【派生語】**ùndeníably** 副.

un·de·nom·i·na·tion·al /ʌ̀ndɪnɑ̀mənéɪʃənəl | -nɔ̀m-/ 形 〔一般語〕学校や他の教育機関が特定の宗派と関係がない.

un·der /ʌ́ndər/ 前 副 〔一般語〕〔一義〕位置を表して, …の下に, …のもとに, …の下で〔に〕, 従属を表して, 監督, 支配などの下で〔に〕, …のもとで, 立場, 地位などが…より下級の, …以下の, …の影響下に, 重荷や圧迫を負って, 受けて. 数が…より下ということから…未満に〔で〕. 副 として下に〔へ〕, 従属して, より少なく.
〔語源〕古英語 *under* (=under; among) から.
〔用例〕He got out from *under* the car. 彼は車の下から出てきた/As a foreman, he has about fifty workers *under* him. 彼は職工長として, 約50名の部下の工員がいる/The matter is *under* consideration. その件は現在考慮中である/Children *under* five should not cross the street alone. 5歳未満の子供は一人で通りを横断してはならない/The swimmer surfaced and went *under* again. 泳者は水面に浮かんで, 再び沈んでいった.
〔類義語〕under; below; beneath: **under** は over に対する語で, 「…の真下に」「…に覆われて」という感じを与える. **below** は「…から離れてより下の方に」「…より下位に」. また文語的な語として **beneath** があり, under とほとんど同じ意味である.

un·der- /ʌ̀ndər, ʌ́ndər/ 接頭 名詞, 動詞などと結合して, 「以下の」「下級の」「下に」「以下に」「不十分に」などの意を表す.

un·der·act /ʌ̀ndərǽkt/ 動 本来他 〔一般語〕劇で役を控えめに演じる.

un·der·age /ʌ̀ndəréɪdʒ/ 形 〔一般語〕飲酒や選挙などの法定年齢に達していない, 未成年の.

un·der·arm /ʌ́ndərɑ̀ːrm/ 形 〔一般語〕わきの下の, 〔野〕下手投げの.

un·der·bel·ly /ʌ́ndərbèli/ 名 C 《単数形で》動物の下腹部, 《しばしば the ~》攻撃されやすい弱点, 急所.

un·der·bid /ʌ̀ndərbíd/ 動 本来他 〔一般語〕競争相手よりも安い値をつける, 安く入札する, 〔トランプ〕手札の実力より控えめな宣言をする.

un·der·brush /ʌ́ndərbrʌ̀ʃ/ 名 U 〔一般語〕《米》森林の下生え, やぶの全体 (undergrowth).

un·der·car·riage /ʌ́ndərkæ̀rɪdʒ/ 名 C 〔一般

語〕飛行機の車輪を含めた**離着陸装置**(landing gear), 自動車の**車台**.

un·der·charge /ʌ̀ndɚtʃɑ́ːrdʒ/ |本来他| 〔一般語〕人に定額料金より低く請求する, **価格以下の請求をする, 十分な充電をしない**.

un·der·class·man /ʌ́ndɚklǽsmən/ |-klɑ́ːs-/ |C| 〔一般語〕《米》高校や大学の1·2年生, **下級生**.

un·der·clothes /ʌ́ndɚklòuðz/ |名||複| 〔一般語〕**下着, 肌着**.

un·der·cloth·ing /ʌ́ndɚklòuðiŋ/ |名||U| 〔形式ばった語〕**下着類, 肌着類**.

un·der·coat /ʌ́ndɚkòut/ |名||C|U| 〔一般語〕**塗装で仕上げ前に行う下塗り**(⇔top coat).

un·der·cov·er /ʌ́ndɚkʌ̀vɚ/ |形| 〔一般語〕〔通例限定用法〕スパイを使って極秘に調査する, **秘密の, おとりの**.

un·der·cur·rent /ʌ́ndɚkə̀ːrənt/ |-kə̀r-/ |名||C| 〔一般語〕**下層[伏]流, 底流, 比喩的に世論の底流, 暗流**.

un·der·cut¹ /ʌ̀ndɚkʌ́t/ |動||本来他| 〔一般語〕競争相手より安い値で販売する, **安売りする, 安い賃金で働く, ...の地位[効果]を弱める**.

un·der·cut² /ʌ́ndɚkʌ̀t/ |名||U| 〔一般語〕《英》牛の腰下部の肉, **ヒレ肉**.

un·der·de·vel·oped /ʌ̀ndɚdivéləpt/ |形| 〔一般語〕国や地域が**低開発の**〔語法〕developing を用いるのが普通, **発育不全の**, 〖写〗**現像不足の**.

un·der·dog /ʌ́ndɚdɔ̀(ː)g/ |C| 〔一般語〕**敗北者, 負け犬, 社会的不正や迫害の犠牲者**.

un·der·done /ʌ̀ndɚdʌ́n/ |形| 〔一般語〕食べ物がよく火の通っていない, **生煮えの, 肉は生焼けの**(rare).

un·der·es·ti·mate /ʌ̀ndɚéstəmèit/ |動||本来他| 〔一般語〕**過小評価する, 軽視する, 実際よりも安く見積もる**.

un·der·ex·pose /ʌ̀ndɚikspóuz/ |動||本来他| 〖写〗**露出不足にする**.
【派生語】**ùnderexpósure** |名||U|.

un·der·fed /ʌ̀ndɚféd/ |形| **食糧不足の, 栄養不良の**.

un·der·floor /ʌ́ndɚflɔ̀ːr/ |形| 〔一般語〕**床下暖房の**.

un·der·foot /ʌ̀ndɚfút/ |副||形| 〔一般語〕**足の下に踏みつけて, 邪魔になる**. |形|として**足下の, 邪魔になる**.

un·der·gar·ment /ʌ́ndɚgɑ̀ːrmənt/ |名||C| 〔古語〕**下着, 肌着**.

un·der·go /ʌ̀ndɚgóu/ |動||本来他| 〔過去 **-went**; 過分 **-gone**〕〔一般語〕|一般義| **試験, 検査, 手術などを受ける**. |その他| 不快, 苦しく, 困難などを経験する, **経る, 変化などを被る, 困ったことや試練などに会う, 耐える**.
〔語源〕古英語 undergān から.
|用例| The car is *undergoing* tests [repairs]. その車は現在検査[修理]中である/*undergo* an operation for stomach cancer 胃がんの手術を受ける/They *underwent* terrible hardships. 彼らは大へんな苦難を体験した/I wouldn't like to *undergo* that experience again. 私はそのような経験を再び耐えしのびたくはない.

un·der·gone /ʌ̀ndɚgɔ́(ː)n/ |動| undergo の過去分詞.

un·der·grad·u·ate /ʌ̀ndɚgrǽdʒuət/ |名||C|〔一般語〕**学部学生(の)**《★大学院生という意味の(post)graduate と区別していう⇒graduate》.

un·der·ground /ʌ̀ndɚgráund/ |形|, /ˌ-ˈ-/ |副||一般義|〔限定用法〕**地下の**. |その他| **地下にある[でする]ことから秘密の, 潜行した, 公認されていない, 映画, 演劇, 新聞などが前衛的な**. |名| 《米》**地下鉄**((米))subway》《★the U-でロンドンの地下鉄》,《the ~》**地下組織[運動]**. |副|として**地下に[で], 秘密に, 潜行して**.
|用例| *underground* passages 地下通路/*underground* railways 《英》地下鉄/*underground* nuclear testing 地下核実験/an *underground* political movement 地下政治運動.

un·der·growth /ʌ́ndɚgròuθ/ |名||U| 〔一般語〕**下生え, やぶ**.

un·der·hand /ʌ́ndɚhǽnd/ |形||副| 〔野〕**下手投げの, アンダースローの, 秘密の, 不正な**. |副|として〔野〕**下手投げで, 秘密に, 不正に**.
【派生語】**ùnderhánded** |形| **秘密の, 不正な**.

un·der·lain /ʌ̀ndɚléin/ |動| underlie の過去分詞.

un·der·lay /ʌ̀ndɚléi/ |動| underlie の過去形.

un·der·lie /ʌ̀ndɚlái/ |動||本来他|〔過去 **-lay**; 過分 **-lain**〕〔一般語〕**理論や行動の基礎となる, 感情などの底にある, 地層や岩などが...の下に横たわる**.
〔語源〕古英語 underlicgan から.
【派生語】**ùnderlýing** |形| **下に横たわる, 裏[底]にある; 根源的な**.

un·der·line /ʌ̀ndɚláin/ |動||本来他|, /ˌ-ˈ-/ |名||C| 〔一般語〕|一般義| **下線を引く**. |その他| **下線を施すことから強調する**. |名|として**下線, アンダーライン**.
|用例| He wrote down the title of his essay and *underlined* it. 彼は自分の論文の題を書き, それに下線を施した/In his speech he *underlined* several points. 彼はスピーチで数点を強調した.

un·der·ling /ʌ́ndɚliŋ/ |名||C| 〔軽蔑的な語〕**下役, 下っぱ**.

un·der·men·tioned /ʌ̀ndɚménʃənd/ |形| 〔形式ばった語〕〔限定用法〕《英》**下記の, 以下の**.

un·der·mine /ʌ̀ndɚmáin/ |動| |一般義| 〔一般語〕**人格, 名声, 健康などを徐々に傷つける, 害する, 損なう**. |その他| **侵食作用が建物や土台などの下を掘る[削り取る], ...の下に坑道を掘る**.

un·der·neath /ʌ̀ndɚníːθ/ |前||副||名||U|
|一般義| **...の(すぐ)下に[へ](under)**《〔語法〕特に何かが覆いかぶさるようになっている状態を表す》. |その他| **下に, 真下にの意味から, ...の支配下に, また表面は...を装っているが内面[裏, 根底]は**. |名|として《the ~》**下部, 下側**.
〔語源〕古英語 underneothan から.
|用例| She was standing *underneath* the light. 彼女は明かりの下に立っていた/She picked up the pillow and looked *underneath*. 彼女は枕を取り上げてその下を見た/He seems bad-tempered, but he's a nice man *underneath*. 彼は気難しそうに見えるが根は良い/Have you ever seen the *underneath* of a bus? 君はバスの下側を見たことがありますか.
|類義語| underneath; beneath: **underneath** は文語, 口語ともに用いられるが, **beneath** は文語的である.

un·der·nour·ished /ʌ̀ndɚnə́ːriʃt/ |-nʌ́r-/ 〔一般語〕**栄養不良の**.

un·der·nour·ish·ment /ʌ̀ndɚnə́ːriʃmənt/ |-nʌ́r-/ |名||U| 〔一般語〕**栄養不良**.

un·der·paid /ˌʌndərpéɪd/ 動 形 underpay の過去・過去分詞. 形 として〔一般用〕十分な賃金を受けとっていない.

un·der·pants /ˈʌndərpænts/ 名〔複〕〔一般用〕ズボンやスカートの下ばき, ズボン下, ショーツ.

un·der·pass /ˈʌndərpæs|-pɑːs/ 名 C 〔一般用〕立体交差の下の道路, ガード下の道路, 《米》横断用の地下道.

un·der·pay /ˌʌndərpéɪ/ 動 本来他 《過去・過分 -paid》〔一般用〕《しばしば受身で》給料を不当に少なく支払う.
【派生語】**ùnderpáyment** 名 U.

un·der·pin /ˌʌndərpín/ 動 本来他 〔一般用〕壁などを下側から支える, 比喩的に他人の議論などを支持する, 協力する.
【派生語】**ùnderpínning** 名 U.

un·der·play /ˌʌndərpléɪ/ 動 本来他 〔一般用〕芝居の役を控えめに演じる, 一般に控えめに行う, 重要でないように見せる.

un·der·pop·u·lat·ed /ˌʌndərpɑ́pjʊlèɪtɪd|-pɔ́p-/ 形 〔一般用〕人口が少ない, 過疎の.

un·der·pop·u·la·tion /ˌʌndərpɑ̀pjʊléɪʃən|-pɔ̀p-/ 名 U 〔一般用〕人口が極端に少ないこと, 過疎.

un·der·priv·i·leged /ˌʌndərprívəlɪdʒd/ 形 〔一般用〕平均的な人々よりも社会的[経済的]に恵まれない(《語法》 poor の婉曲語として用いられる).

un·der·pro·duc·tion /ˌʌndərprədʌ́kʃən/ 名 U 〔一般用〕生産不足.

un·der·proof /ˌʌndərprúːf/ 形 〔一般用〕酒の純度で標準値よりアルコール含有量が少ない.

un·der·quote /ˌʌndərkwóʊt/ 動 本来他 〔古風な語〕安く入札する, 安値をつける(underbid).

un·der·rate /ˌʌndərréɪt/ 動 本来他 〔一般用〕他人の人柄や能力を低く見積もる, 過小評価する, 見くびる.

un·der·score /ˌʌndərskɔ́ːr/ 動 本来他 〔形式ばった語〕《主に米》強調するために下線を施す. 名 として下線(underline).

un·der·sea /ˌʌndərsíː/ 形, /ˈ-ˈ-/ 副 〔一般用〕海底[海中]の[で,に].

un·der·sec·re·tar·y /ˌʌndərsékrətèri|-təri/ 名 C 〔一般用〕《しばしば U-》次官, (英) 政務[事務]次官. ⇒secretary.

un·der·sell /ˌʌndərsél/ 動 本来他 《過去・過分 -sold》〔一般用〕他の店あるいは他の品よりも安値で売る, 商品を控えめに売り込む.

un·der·sexed /ˌʌndərsékst/ 形 〔一般用〕きわめて性的関心[性欲]が弱い.

un·der·shirt /ˈʌndərʃɜːrt/ 名 C 〔一般用〕《米》男性用の肌着, (アンダー)シャツ((英) vest).

un·der·shoot /ˌʌndərʃúːt/ 動 〔一般用〕ロケットや飛行機が目標地点に届かない, 飛行機が滑走路の手前で着陸する, 砲弾, ロケットなどを的に達しないように発射する.

un·der·shorts /ˈʌndərʃɔːrts/ 名〔複〕〔一般用〕《米》男性用下着のパンツ, ショーツ(underpants).

un·der·shot /ˈʌndərʃɑ́t|-ʃɔ́t/ 動, /ˈ-ˈ-/ 形 undershoot の過去・過去分詞. 形 として〔一般用〕下あごの出た, 受け口の, 水が水車の下を流れる下射式の.

un·der·side /ˈʌndərsàɪd/ 名 U《the ~》内面, 下側, 比喩的に物事のよく見えない部分,《悪い意味で》暗部.

un·der·signed /ˌʌndərsáɪnd/ 形 名 〔形式ばった語〕書類の末尾に署名した. 名 として《the ~》(単数または複数扱い)下記に署名した者.

un·der·sized /ˌʌndərsáɪzd/ 形 〔一般用〕普通より小さい.

un·der·slung /ˌʌndərslʌ́ŋ/ 形 〔一般用〕つり下げ式の,《自動車》車台が懸下式の.

un·der·sold /ˌʌndərsóʊld/ 動 undersell の過去・過去分詞.

un·der·staffed /ˌʌndərstǽft|-stɑ́ːft/ 形 〔一般用〕職員が不足している, 人手不足の.

un·der·stand /ˌʌndərstǽnd/ 動 本来他 《過去・過分 -stood》〔一般用〕一般義 言葉, 人, 物事, 気持, 考えなどを理解する, 意義, 本質などを認識する他 (that 節を伴って)聞いて知って[わかって]いる, …だと理解する, 思う, 推察する. 《しばしば受身で》…は当然のものとして理解されているということから, 文法の解説などで省略されている要素を補って解釈する. 自 として理解する, わかる.

[語源] 古英語 understandan から. 「(何かの)下に立つ」意から「理解する」意への変化は不明. 「近くに立つ」と「よくわかる」からか.

[用例] She could not *understand* his failure to attend the meeting. 彼女は彼が会合に出席しなかったことが理解できなかった/She complained that her husband never *understood* her. 彼女は夫が自分のことを一向に理解してくれないとこぼしていた/It is *understood* that, as the children's nurse, she will have one free day a week. 子供達の乳母として, 彼女が週に一日の休みをとるということはいうまでもないことだ.

[類義語] understand; catch; get; see; make out; comprehend: **understand** は最も一般的な語で, 物事の表面の意味だけでなく言外の意味までも理解し, 把握する. **catch, get, see, make out** は understand の意味で口語的な語. **comprehend** は形式ばった語で, understand より内容を深く, 徹底して理解する.

【慣用句】*make oneself understood* 自分の意志を相手にわからせる, 自分の言っていることが相手に伝わる: *make oneself understood* in English 英語で相手に話が通じる.

【派生語】**ùnderstándable** 形 理解できる, 同情できる. **ùnderstándably** 副《文修飾語として》理解できることだが, …であるのも無理はない. **ùnderstánding** 名 UC 理解, 理解力. 形 思いやりのある. **understood** 形 ⇒見出し.

un·der·state /ˌʌndərstéɪt/ 動 本来他 控えめに言う, 少なめに言う, 内輪に述べる.
【派生語】**ùnderstátement** 名 UC 控えめに言うこと, 控えめな表現.

un·der·stood /ˌʌndərstʊ́d/ 動 形 understand の過去・過去分詞. 形 として〔一般用〕了解ずみの.

un·der·take /ˌʌndərtéɪk/ 動 本来他 《過去 -took; 過分 -taken》〔形式ばった語〕一般義 仕事や役目を引き受ける.その他 責任をもって請け負う, 約束する, 保証する, …に着手する, …を企てる. 引き受けることから婉曲表現としても使われるようになり,〔くだけた語〕葬儀を引き受ける, 葬祭業を営む.

[語源] 古英語ではこの意味では underfōn が用いられていたが, 北欧語から take が入ってくると中英語で undertake(n) が生れた.

[用例] He *undertook* the job willingly. 彼はその仕事を快く引き受けた/He has *undertaken* to appear at the police court tomorrow. 彼は明日警察裁判所に出頭する約束をした/I can *undertake* that you will enjoy the play. 私は君がその劇を楽しめることを保証します.
【派生語】 **úndertàker** 名 C 葬儀屋((米) mortician). **ùndertáking** 名 C 請け負った仕事, 企業, 約束, 保証.

un·der·tak·en /ˌʌndərtéikən/ 動 undertake の過去分詞.

undertaker ⇒undertake.

undertaking ⇒undertake.

un·der·tone /ʌ́ndərtòun/ 名 C 〔形式ばった語〕 一般義 《通例複数形で》低音, 小声. その他 言葉や行動の基をなしているもの, 底流.

un·der·took /ˌʌndərtúk/ 動 undertake の過去形.

un·der·val·ue /ˌʌndərvǽlju:/ 動 本来他 物や人の価値を低く見積もる, 過小評価する, 軽視する (⇔overvalue).

un·der·vest /ʌ́ndərvèst/ 名 C 一般義《英》(アンダー)シャツ((米) undershirt).

un·der·way /ˌʌndərwéi/ 形 一般義《述語用法》進行中の, 航行中の, 旅行中の.

un·der·wear /ʌ́ndərwèər/ 名 U 一般義 下着類, 肌着類.

un·der·weight /ˌʌndərwéit/ 形 〔形式ばった語〕重量不足の.

un·der·went /ˌʌndərwént/ 動 undergo の過去形.

un·der·world /ʌ́ndərwə̀:rld/ 名 C 一般義 一般義《the ~》悪と犯罪の世界, 暗黒街. その他 〔古風な語〕《the U-》ギリシャ・ローマ神話のあの世, 黄泉(よみ)の国.

un·der·write /ˌʌndərráit/ 動 本来他 《過去 -wrote; 過分 -written》《経》会社から発行された株式や社債を一括して引き受ける, 《商》...の保険を引き受ける.
【派生語】 **únderwriter** 名 C 株式の引受業者, 海上保険の保険業者.

un·der·writ·ten /ˌʌndərrítn/ 動 underwrite の過去分詞.

un·der·wrote /ˌʌndərróut/ 動 underwrite の過去形.

un·de·served /ˌʌndizə́:rvd/ 形 〔形式ばった語〕受けるに値しない, 身に不相応な.
【派生語】 **ùndesérvedly** 副.

undesirability ⇒undesirable.

un·de·sir·a·ble /ˌʌndizáiərəbl/ 形 名 C 〔形式ばった語〕望ましくない, 好ましくない. 名 として好ましくない人物.
【派生語】 **ùndesirabílity** 名 U. **ùndesírably** 副.

un·de·vel·oped /ˌʌndivéləpt/ 形 一般義 未発達の, 経済や社会が未発展の, 土地や資源が未開発の.

un·did /ʌndíd/ 動 undo の過去形.

un·dig·ni·fied /ʌndígnəfàid/ 形 一般義 威厳のない, 品位のない.

un·dis·charged /ˌʌndistʃɑ́:rdʒd/ 形 一般義 代金や借金をまだ払ってない, 未払いの, 銃が発射されてない. 《法》債務者が免責されていない.

un·dis·cov·ered /ˌʌndiskʌ́vərd/ 形 一般義 発見されていない, 未知の.

un·dis·put·ed /ˌʌndispjú:tid/ 形 一般義 異議のない, 明白な, 文句なしの.

un·dis·tin·guished /ˌʌndistíŋgwiʃt/ 形 〔形式ばった語〕他の物と比較して良くも悪くもない, これといった特徴がない, 平凡な, 月並みな.

un·dis·turbed /ˌʌndistə́:rbd/ 形 一般義 邪魔されない, 心の平静が乱されない, 静かな.

un·di·vid·ed /ˌʌndiváidid/ 形 一般義 一般義 分割しないでもとのままの, 連続した. その他 よそ見をしない, わき目もならない.

un·do /ʌndú:/ 動 本来他 《過去 -did; 過分 -done》 名 U 一般義 一般義 ボタンなどを外す, 包みなどを開ける, ひもや結び目をほどく. その他前に行ったことを元どおりにする, 元へもどす, 取り消す. 〔形式ばった語〕人をおちぶれさせる, 破滅させる. 名 として《コンピューター》直前の操作を取り消すやり直し.
語源 古英語 undón から.
[用例] Could you *undo* the knot in this string? このひもの結び目をほどいてくれませんか/The evil that he did can never be *undone*. 彼が行った悪事は決して取り消せない/That one mistake *undid* all the good work of the past three months. あの一つのあやまちがそれまで 3 か月のすべての良い業績をだいなしにした/He knew that he would be *undone* if there was a public scandal. 彼はもしも公の不祥事が発生すれば破滅することを知っていた.
【派生語】 **ùndóer** 名 C 取り消す人, ほどく人; 破滅させる人. **ùndóing** 名 U.

un·do·mes·ti·cat·ed /ˌʌndəméstikèitid/ 形 〔一般義〕動物が飼いならされていない, 野生の, 女性が家事に興味がない, 家庭的でない.

un·done /ʌndʌ́n/ 動 undo の過去分詞. 形 として〔一般義〕《述語用法》ほどいた, 解いた, ボタンなどをはずした, 未完の, なされていない.
【慣用句】 *leave ... undone* ...を未完のままにする, 中途でやめる.

un·doubt·ed /ʌndáutid/ 形 〔形式ばった語〕疑う余地のない, 確実な.
【派生語】 **ùndóubtedly** 副 疑う余地なく, 明らかに.

un·dreamed-of /ʌndrí:mdɔ(:)v/ 形 一般義 夢にも思わない(ほどよい), 全く意外な.

un·dreamt-of /ʌndrémtɔ(:)v/ 形 一般義 =undreamed-of.

un·dress /ʌndrés/ 動 本来他 /ˊˋ/ 名 U 形 〔一般義〕衣服を脱がせる. 自 で服を脱ぐ, 裸になる. 名 形 として裸(の), 裸同然(の), ふだん着(の), 《軍》略服(の). 形 で波立てる.
[用例] She *undressed* the child. 彼女は子供の衣服を脱がせた/I *undressed* and went to bed. 私は服を脱いで寝た.
【派生語】 **ùndréssed** 形 着物を脱いだ; 傷が手当をしていない; 《料理》ドレッシングをかけてない.

un·due /ʌndjú:/ 形 〔形式ばった語〕不当な, 行き過ぎた, 適度の, あるいは法にかなってない, 不法な.
【派生語】 **ùndúly** 副.

un·du·late /ʌ́ndʒəlèit/-dju-/ 動 本来自 〔形式ばった語〕水面が波立つ, 地表がうねる, 表面が波のように動く. 形 で波立たせる.
語源 ラテン語 *unda* (=wave) から派生した *undulatus* (=wavy) が初期近代英語に入った.
【派生語】 **ùndulátion** 名 UC 波立ち, 土地のうねり,

unduly ⇒undue.

un·dy·ing /ʌndáiiŋ/ 形 〔形式ばった語〕名声などが絶えない, 不滅の, 愛などの感情が永遠の.

un·earned /ʌnə́ːrnd/ 形 〔一般語〕金や地位などを労せずに得た, 不労の, 獲得した地位などにふさわしくない, 不相応な, 不当な.

un·earth /ʌnə́ːrθ/ 動 本来吗〔一般語〕地面から掘り起こす, 発掘する, 比喩的に隠れていた事実などを明るみに出す, 摘発する.

un·earth·ly /ʌnə́ːrθli/ 形 〔一般語〕 一般義 この世の物とも思えない, 幽霊のような, 気味の悪い. その他〔くだけた語〕時間が非常識に早[遅]過ぎる, とんでもない. 用例 at an *unearthly* hour とんでもない時間に.

un·ease /ʌníːz/ 名 Ⓤ〔文語〕=uneasiness.

uneasily ⇒uneasy.

uneasiness ⇒uneasy.

un·easy /ʌníːzi/ 形 〔一般語〕 一般義 不安な, 心配な. その他 状態が心地のよくない, 落ち着かない, 窮屈な, 態度などがぎこちない, 不安定な.
用例 When her son did not return, she grew *uneasy*. 息子が帰らなかったときは彼女は不安になった; They spent an *uneasy* day waiting for news. 彼らはニュースを待ちながら落ち着かない日をすごした.
【派生語】unéasily 副. unéasiness 名 Ⓤ.

un·eat·a·ble /ʌníːtəbl/ 形 〔一般語〕傷んでいて食物が食用にならない, 食べられない.

un·ec·o·nom·ic /ʌnèkənámik, -iːk-ǀ-nɔ́m-/ 形 〔一般語〕採算がとれない, 不経済な, むだな.

un·ed·u·cat·ed /ʌnédʒukèitid ǀ-dju-/ 形 〔一般語〕教育を受けていない, 無教育の, 教育を受けたとは思えない, 教養のない.

un·em·ploy·a·ble /ʌnimplɔ́iəbl/ 形 〔一般語〕使用人, 従業員として雇えない, 雇うのに不適格な.

un·em·ployed /ʌnimplɔ́id/ 形 〔一般義〕仕事のない, 失業している, (the ～) 名 失業者. その他〔形式ばった語〕資源などが利用[活用]されていない, 遊ばせている.

un·em·ploy·ment /ʌnimplɔ́imənt/ 名 〔一般語〕失業(状態), 失業者数, 失業率.

un·end·ing /ʌnéndiŋ/ 形 〔形式ばった語〕いやなことが終わることのない, 絶え間ない, 永遠の, 〔くだけた語〕ひっきりなしの.

un·en·dur·a·ble /ʌnindjúərəbl/ 形 〔一般語〕耐えられない, がまんできない.

un·Eng·lish /ʌníŋgliʃ/ 形 〔一般語〕風習や主義などが英国風でない, 英国風に合わない, 人が英国人らしくない, 発音や表現が英語らしくない, 正しい英語でない.

un·en·light·ened /ʌninláitnd/ 形 〔形式ばった語〕啓発されていない, ある知識や情報にうとい, 無知な.

un·en·vi·a·ble /ʌnénviəbl/ 形 〔一般語〕うらやむ程のことはない, うらやましくない, 仕事や状態などがいやな.

un·e·qual /ʌníːkwəl/ 形 〔一般語〕 一般義 数量や価値などが等しくない, 同等でない. その他 むらがある, 一様でない, ふぞろいの. 〔形式ばった語〕人が特定の仕事に適さない, 耐えられない, …の可能性な.
【派生語】unéqualed, 〔英〕-ll- 形. unéqually 副. unéqualness 名 Ⓤ.

un·e·quiv·o·cal /ʌnikwívəkəl/ 形 〔形式ばった語〕あいまいでない, 紛らわしくない, 明白な.
【派生語】ùnequívocally 副.

un·err·ing /ʌnə́ːriŋ/ 形 〔形式ばった語〕誤った判断をしない, 間違わない, 誤りのない.
【派生語】unérringly 副 誤らないで, 正しく, 的確に.

UNESCO /juː(ː)néskou/ 名 圖 ユネスコ, 国際連合教育科学文化機関 (United Nations Educational, Scientific and Cultural Organization).

un·e·ven /ʌníːvən/ 形 〔一般語〕 一般義 表面が平らでない, でこぼこの. その他 質や量が一様でない, むらな, 不規則な, 試合などが互角でない, 力が釣り合わない, 平等でない, 数が奇数の(odd).
【派生語】unévenly 副. unévenness 名 Ⓤ.

un·e·vent·ful /ʌnivéntfəl/ 形 〔一般語〕時代や個人の一生で事件のない, 波乱のない, 平穏無事な, 単調な.
【派生語】unevéntfully 副. unevéntfulness 名 Ⓤ.

un·ex·am·pled /ʌnigzǽmpld ǀ-áːm-/ 形 〔形式ばった語〕前例のない, 空前の, 無比の.

un·ex·cep·tion·a·ble /ʌniksépʃənəbl/ 形 〔形式ばった語〕 一般義 非の打ちどころのない, 申し分のない. その他〔くだけた語〕特に目新しいものがない, どちらかといえばありふれた.

un·ex·cep·tion·al /ʌniksépʃənəl/ 形 〔形式ばった語〕例外ではない, 通例の, ごく普通の, 例外を認めない, 例外のあり得る.
【派生語】ùnexcéptionally 副.

un·ex·pect·ed /ʌnikspéktid/ 形 〔一般語〕思いがけない, 予期しない, 意外な, 《the ～》思いもかけないこと.
【派生語】ùnexpéctedly 副. ùnexpéctedness 名 Ⓤ.

un·fail·ing /ʌnféiliŋ/ 形 〔形式ばった語〕《良い意味で》好ましいものが尽きることがない, 絶えることのない, 人物が確かな, 信頼にたる, 忠実な.
【派生語】unfáilingly 副.

un·fair /ʌnféər/ 形 〔一般語〕不公平な, 不当な, 不正直な, 不誠実な, 不正な.
【派生語】ùnfáirly 副. ùnfáirness 名 Ⓤ.

un·faith·ful /ʌnféiθfəl/ 形 〔一般語〕夫婦が相手に対して貞節でない, 不貞な, 〔古風な語〕不忠実な, 不誠実な.
【派生語】ùnfáithfully 副. ùnfáithfulness 名 Ⓤ.

un·fal·ter·ing /ʌnfɔ́ːltəriŋ/ 形 〔形式ばった語〕足元がぐらつかない, よろよろしない, しっかりした, 比喩的にちゅうちょしない, 断固とした.
【派生語】ùnfálteringly 副.

un·fa·mil·iar /ʌnfəmíljər/ 形 〔一般語〕 一般義 物事が人によく見慣れない, あまり知られていない, 慣れていない 《to》. その他〔形式ばった語〕人が物事に対して身近な経験がない, 特定の分野に専門的知識がない, くわしく知らない 《with》.

un·fas·ten /ʌnfǽsn, -fáːsn/ 動 本来吗〔一般語〕締めてあったものをはずす, ほどく. 自 ではずれる.

un·fath·om·a·ble /ʌnfǽðəməbl/ 形 〔形式ばった語〕海などの深さが測りかねる, 比喩的に理解しがたい, 底知れない, 不可解な, 解決できない.

un·fath·omed /ʌnfǽðəmd/ 形 〔形式ばった語〕深さの知られていない, 比喩的に測り知れない, 広大な, 無限の.

un·fa·vor·a·ble, 《英》**-vour-** /ʌ̀nféivərəbl/ 形 〔一般語〕人にとって**都合の悪い**, **不運な**, **好意的でない**, 反対の.
【派生語】**ùnfávorably** 副 都合悪く, 不運にも; 非好意的に.

un·feel·ing /ʌ̀nfíːliŋ/ 形 〔形式ばった語〕感情を持たない, **無情な**, 冷酷な.
【派生語】**ùnféelingly** 副.

un·feigned /ʌ̀nféind/ 形 〔形式ばった語〕偽らない, 誠実な, 真心からの.
【派生語】**ùnféignedly** 副.

un·fet·tered /ʌ̀nfétərd/ 形 〔一般語〕束縛されない, 自由な.

un·fin·ished /ʌ̀nfíniʃt/ 形 〔一般語〕まだ出来上がっていない, 未完成の, 最後の仕上げをしてない, **不完全な**.

un·fit /ʌ̀nfít/ 形 〔一般語〕〔述語用法〕人や物が**不適当な**, ふさわしくない, 不向きな, 人が規則的に運動しないため体調が十分な.

un·flag·ging /ʌ̀nflǽɡiŋ/ 形 〔一般語〕衰え消耗することのない, 疲れることのない.
【派生語】**ùnflággingly** 副.

un·flinch·ing /ʌ̀nflíntʃiŋ/ 形 〔形式ばった語〕危険や困難に対してたじろがない, ひるまない.
【派生語】**ùnflínchingly** 副 〔文語〕ひるまずに, 断固として.

un·fold /ʌ̀nfóuld/ 動 [本来他] 〔一般語〕⓵ 折りたたまれたり, 閉ざされたものなどを**開く**, **広げる**. [その他] 広げて見せることから比喩的に**説明する**, **明らかにする**, **打ち明ける**. ⓶ で**開く**, 広がる, 明らかになる, 分かってくる.
[語源] 古英語 unfealdan から.
[用例] He sat down and *unfolded* his newspaper. 彼は座ってから新聞を広げた/She gradually *unfolded* her plan to them. 彼女は次第に自分の計画を彼らに対し明らかにした/As the trial went on, the story behind the murder slowly *unfolded*. 裁判が進むにつれ, 殺人の陰の筋書きが次第に分かってきた.

un·fore·seen /ʌ̀nfɔːrsíːn/ 形 〔一般語〕**予期しない**, 思いがけない.

un·for·get·ta·ble /ʌ̀nfərɡétəbl/ 形 〔一般語〕《通例良い意味で》**忘れられない**, 長く記憶に残る.

un·for·tu·nate /ʌ̀nfɔ́ːrtʃənət/ 形 [C] 〔一般義〕**不運な**, ふしあわせな. [その他] 例として不運なことから婉曲的に**不適切な**, 失礼な, 残念な. また〔文語〕《通例複数形で》**不運な人**, 不幸な人.
[用例] He has been very *unfortunate*. 彼は大変ふしあわせであった/That was an *unfortunate* remark. それは不適切な批評であった/He has an *unfortunate* habit of giggling all the time. 彼には常時くすくす笑うよくないくせがある.
【派生語】**ùnfórtunately** 副 《文修飾語として》**不幸にも**, 運悪く.

un·found·ed /ʌ̀nfáundid/ 形 〔形式ばった語〕理由や根拠のない, 事実無根の.

un·freeze /ʌ̀nfríːz/ 動 [本来他] 《過去 -froze; 過分 -frozen》〔一般語〕雪や氷などを**溶かす**, 冷凍された物を解凍する, 資金の凍結などを**解除する**, 自由化する.
【派生語】**unfrozen** 形 ⇒見出し.

un·fre·quent·ed /ʌ̀nfríːkwéntid/ 形 〔形式ばった語〕場所がめったに人が通らない, **人通りのない**, 人の行かない, 人跡まれな.

un·friend·ly /ʌ̀nfréndli/ 形 〔一般語〕《軽蔑的に》**好意的でない**, **敵意のある**, 不親切な, 薄情な.

un·frock /ʌ̀nfrɑ́k, -frɔ́k/ 動 [本来他] 〔一般語〕聖職を剥奪する, 名誉ある地位からはずす.

un·froze /ʌ̀nfróuz/ 動 unfreeze の過去形.

un·fro·zen /ʌ̀nfróuzn/ 形 [本来形] 〔一般語〕unfreeze の過去分詞形. 形 として〔一般語〕凍っていない.

un·fruit·ful /ʌ̀nfrúːtfəl/ 形 〔形式ばった語〕実を結ばない, 無駄な, 報いられない.

un·fur·nished /ʌ̀nfə́ːrniʃt/ 形 〔一般語〕部屋に家具を備え付けてない, アパートなどが**家具付きでない**.

un·gen·er·ous /ʌ̀ndʒénərəs/ 形 〔一般語〕寛大でない, 気前のよくない, けちな, 不公平な.

un·god·ly /ʌ̀nɡɑ́dli, -ɡɔ́d-/ 形 〔形式ばった語〕神を崇拝しない, 信心のない, 邪悪な, 《くだけた語》時間が早すぎてひどい, 不便ですごとんでもない.

un·gov·ern·a·ble /ʌ̀nɡʌ́vərnəbl/ 形 〔形式ばった語〕支配できない, コントロールできない, 手にあまる.

un·gra·cious /ʌ̀nɡréiʃəs/ 形 〔形式ばった語〕無礼な, 無作法な, 不愉快な, いやな.

un·gram·mat·i·cal /ʌ̀nɡrəmǽtikəl/ 形 〔一般語〕文法にかなっていない, 非文法的な, 誤った.

un·grate·ful /ʌ̀nɡréitfəl/ 形 〔一般語〕〔一般義〕**感謝をしない**, **恩を知らない**, 有難く思わない. [その他] 〔形式ばった語〕仕事などが骨折り損の, いやな.
【派生語】**ùngrátefully** 副. **ùngrátefulness** 名 U.

un·grudg·ing /ʌ̀nɡrʌ́dʒiŋ/ 形 〔一般語〕惜しまない, 気前のよい, 進んでする, 心からの.
【派生語】**ùngrúdgingly** 副.

un·guard·ed /ʌ̀nɡɑ́ːrdid/ 形 〔一般語〕**無防備の**, 油断した, 配慮の足りない, 言葉などが不用意な, ついうっかりした.

unhappily ⇒unhappy.

un·hap·py /ʌ̀nhǽpi/ 形 〔一般語〕〔一般義〕**不幸な**, **不運な**. [その他] happy には本来心が満ち足りて「満足している」の意があり, そこから《述語用法》状況に対して**不満な**, おもしろくない 《at; about; with》の意になる. また不幸なという意から, 悲しい, 災いの, 不吉なの意.
【派生語】**ùnháppily** 副 不幸に, 悲しく, 《文修飾語として》**不幸にも**, 残念ながら.

un·harmed /ʌ̀nhɑ́ːrmd/ 形 〔一般語〕《通例述語用法》負傷していない, **けがのない**, 無事な.

un·health·y /ʌ̀nhélθi/ 形 〔一般語〕〔一般義〕人間や生物が病気にかかっている, **不健康な**. [その他] 場所や気候などが病気を起こしやすい, 健康に悪い, 健康的でない, 《軽蔑的な語》精神や道徳を損ないやすい, **不健全な**, 人の態度や行動が好ましくない, 異常な.
【派生語】**ùnhéalthily** 副. **ùnhéalthiness** 名 U.

un·heard /ʌ̀nhə́ːrd/ 形 《述語用法》前例のない, 聞いたこともない 《of》, 聞いてもらえない, 弁解を許されない.
【複合語】**ùnhéard-òf** 形 前代未聞の.

un·hinge /ʌ̀nhíndʒ/ 動 〔一般語〕ちょうつがいを外す, 比喩的に 《通例受身で》頭をおかしくさせる, 精神を狂わせる.

un·ho·ly /ʌ̀nhóuli/ 形 〔形式ばった語〕《限定用法》神聖でない, 神を敬わない, 不信心の, 不浄な, 《くだけた語》とんでもない, ひどい.

un·hook /ʌ̀nhúk/ 動 [本来他] 〔一般語〕服などのホックを外す, ホックを外してゆるめる, …をかぎから外す.

un·hoped-for /ʌnhóuptfɔːr/ 形 〔一般語〕《良い意味で》思いがけない.

un·horse /ʌnhɔ́ːrs/ 動 本来他 〔文語〕《通例受身で》馬が乗り手を振り落とす, 落馬させる.

un·hurt /ʌnhə́ːrt/ 形 〔一般語〕傷を受けていない, 損害を受けていない, 損なわれていない.

uni- /júːni/《連結形》「一」「単」の意.
[語源] ラテン語 *unus* (=one) の連結形から.

UNICEF /júːnisèf/ 名 固 ユニセフ, 国連児童基金 (United Nations Children's Fund).
[語源] 旧称 *U*nited *N*ations *I*nternational *C*hildren's *E*mergency *F*und から.

uni·cel·lu·lar /jùːnəséljulər/ 形《生》単細胞の.

uni·corn /júːnəkɔ̀ːrn/ 名 C 〔一般語〕ヨーロッパ伝説の想像上の動物, 一角獣 (★額に一本の角のある馬の形に似た動物, 処女のみが捕えることができるとされ, 純潔の象徴).
[語源] ラテン語 *unicornis* (=one-horned) が古フランス語を経て中英語に入った.

uni·cy·cle /júːnəsàikl/ 名 C 〔一般語〕曲芸などに使う一輪車.

un·i·den·ti·fied /ʌ̀naidéntifàid/ 形 〔一般語〕人や船, 飛行物体などが実体のわからない, 国籍不明の, 身元不明の, 未確認の, 正体不明の.
〔複合語〕**ùnidéntified flýing óbject** 名 C 未確認飛行物体(UFO).

unification ⇒unify.

uni·form /júːnifɔ̀ːrm/ 名 CU 形 動 本来他 〔一般語〕[一般義] 制服. [その他] として〔形式ばった語〕一様な, 一定の, 動きなどが一定不変の, 状態, 関係などが他と同じである, 同一の, 同形の, むらのない, そろいの (with). として〔一様にする, 制服を着せる.
[語源] ラテン語 *uniformis* (=of one form) が古フランス語を経て初期近代英語に入った.
[用例] They were in school *uniform*. 彼らは学校の制服を着用していた/He mentioned his plan to several people, and met a *uniform* reaction. 彼は数人の人々に自分の計画を述べたところ, 同じ反応が返ってきた/The sky was a *uniform* grey. 空は変化のない一様な灰色であった.
【派生語】**úniformed** 形 制服を着た. **ùnifórmity** 名 U 一様性, 単調. **úniformly** 副 一様に, 一律に.

uni·fy /júːnəfai/ 動 本来他 〔一般語〕いくつかの物をまとめて一つにする, 統一する, 統合する, 一様にする. 自 で一つになる.
[語源] 後期ラテン語 *unificare* (= to unify) が古フランス語を経て中英語に入った.
[用例] The country consisted of several small states and was *unified* only recently. その国はいくつかの小さな国から成り立っていたが, つい最近統合された.
【派生語】**ùnificátion** 名 U 統一.

uni·lat·er·al /jùːnəlǽtərəl/ 形 〔形式ばった語〕《限定用法》行動や決定が一方的な, 一面的な, 片側だけの, 《法》契約や義務が互上相互関係でなく一者だけによって行われる, 片務的な.
【派生語】**ùniláterally** 副.

un·i·mag·in·a·ble /ʌ̀nimǽdʒinəbl/ 形 〔一般語〕想像できない, 思いもよらない.

un·im·peach·a·ble /ʌ̀nimpíːtʃəbl/ 形 〔形式ばった語〕誠実さや真実性について非難できない, 疑いの余地のない, 非の打ちどころのない, 確かな.

un·im·por·tant /ʌ̀nimpɔ́ːrtənt/ 形 〔一般語〕重要でない, 取るに足らない, ささいな.

un·in·formed /ʌ̀ninfɔ́ːrmd/ 形 〔形式ばった語〕情報を得ていない, 事情を知らされていない, 無知な, 学問のない.

un·in·hab·it·a·ble /ʌ̀ninhǽbitəbl/ 形 〔一般語〕人が住むのに適さない, 人の住めない.

un·in·hab·it·ed /ʌ̀ninhǽbitid/ 形 〔一般語〕土地が人の居住してない, 無人の.

un·in·hib·it·ed /ʌ̀ninhíbitid/ 形 〔一般語〕言葉や行動が抑制されていない, 天真らんまんの, のびのびした.
【派生語】**ùninhíbitedly** 副.

un·in·jured /ʌ̀níndʒərd/ 形 〔一般語〕傷害を受けていない, 無傷の, 損害のない.

un·in·spired /ʌ̀ninspáiərd/ 形 〔形式ばった語〕霊感を受けない, ひらめきのない, 平凡な, 退屈な.

un·in·tel·li·gi·ble /ʌ̀nintélidʒəbl/ 形 〔一般語〕理解できない, 不明瞭な, わかりにくい.
【派生語】**ùnintélligibly** 副.

un·in·ten·tion·al /ʌ̀nintén∫ənəl/ 形 〔一般語〕故意でない, 意図的でない, 何気なしに行った.
【派生語】**ùninténtionally** 副.

un·in·ter·est·ed /ʌ̀níntərəstid/ 形 〔一般語〕関心がない, 興味がない, 無関心な, あるいは利害関係がない (in).
[関連語] disinterested.

un·in·ter·est·ing /ʌ̀níntərəstiŋ/ 形 〔一般語〕興味をおこさせない, つまらない, おもしろくない.

un·in·ter·rupt·ed /ʌ̀nintərʌ́ptid/ 形 〔一般語〕中断されず引き続いた, とぎれのない, 連続した.
【派生語】**ùninterrúptedly** 副.

un·in·vit·ed /ʌ̀ninváitid/ 形 〔一般語〕人が招かれない, 押しかけの, 〔形式ばった語〕考えや行為が差し出がましい, 勝手な.

un·ion /júːnjən/ 名 CU 〔一般語〕[一般義]《しばしば U-; 単数または複数扱い》組合, 労働組合. [その他] 本来は一つに結ばれたこと[もの]の意で, 〔形式ばった語〕結合, 合同, 合併; 夫婦のちぎり, 結婚, 国家などの連合, 連邦, 皆が集まって作るという意から大学のサークル, 学生会館, 《数》和集合.
[語源] ラテン語 *unus* (=one) から派生した後期ラテン語 *unio* (=oneness) が古フランス語を経て中英語に入った.
[用例] a labor [《英》trade] *union* 労働組合/*Union* between the two countries would be impossible. 二国間の統一は不可能であろう/They married in 1932 but it was not a happy *union*. 二人は1932年に結ばれたが, 幸福な結婚ではなかった.
[類義語] union; unity: *union* は基本的に目的や利益などが一致し調和しているという一つであること, 単一性, 統一性を暗示し不可分の状態をいう.
【慣用句】*in union* 共同で, 仲良く: The dog and cat live in perfect *union*. 犬と猫が見事に仲良く暮らしている.
【派生語】**únionism** 名 U 労働組合主義; 《米史》南北戦争当時の連邦主義. **únionist** 名 C 労働組合員, 労働組合主義者. **ùnionizátion** 名 U 労働組合化, 労働組合結成. **únionize** 動 本来他 労働組合を組織する[結成する]; 組合に加入させる.
〔複合語〕**Únion Jáck** 名 固《the 〜》英国の国旗ユ

unique /juːníːk/ 形 〔一般語〕 一般義 唯一の, 類のない, 特有の 《語法》absolutely, almost, really, totally などの副詞を伴うことができるが, この意味では比較なし. その他 《くだけた語》普通でない, 珍しい, 風変わりな, すばらしい 《語法》この意味では比較用法があり, more, very, rather などの副詞を伴うことができる).
語源 ラテン語 *unicus* (=one and no more; single) がフランス語を経て初期近代英語に入った.
用例 As a writer he has his own *unique* style. 作家として彼は特有のスタイルをもっている/an actor with a *unique* sense of timing すばらしいタイミングのとり方の感覚を備えた俳優.
【派生語】**úniquely** 副. **úniqueness** 名 U.

uni·sex /júːnəseks/ 形 U 《限定用法》服装, 仕事などが男女の差異のない, 男女共用の, 男女差のないこと, 男女両用. 名 として男女差のないこと, 男女両用.
用例 *unisex* clothes 男女両用の衣類/a *unisex* hairstyle 男女両用のヘアスタイル.

uni·son /júːnəzn, -sn/ 名 UC 〔一般語〕調和, 同調, 【楽】斉奏, 斉唱, あるいは同音, 同度.
語源 ラテン語 *unisonus* (=having one sound; *uni-+sonus* sound) が, 古フランス語を経て中英語に入った.
【慣用句】 ***in unison*** …と一致して, 調和して《with》;【楽】斉唱で.

unit /júːnit/ 名 C 形 〔一般語〕 一般義 一つの物, 構成単位. その他 数, 量などの基準〔標準〕単位, 学習の単元, 単位, 器具などのそろい. 形 として単位の, 1個の, 単一の.
語源 unity と digit の混成で初期近代英語から.
用例 The teaching of good behaviour belongs within the family *unit*. よい行儀を教えることは本来家庭単位で行われるべきことだ/The kilogram(me) is the *unit* of weight in the metric system. キログラムはメートル法による重量の単位である.
【慣用句】 ***be a unit*** 《米》一致する.

Uni·tar·i·an /jùːnətéəriən/ 名 C 形 《キ教》プロテスタントのユニテリアン派(の人) 《★三位一体説を排し, イエスの神性を否定する).
語源 ラテン語 *unitas* (=unity) の 形 *unitarius* に -an として初期近代英語から.
【派生語】 **Ùnitárianìsm** 名 U ユニテリアン派の教義.

unite /juːnáit/ 動 本来None 〔一般語〕 一般義 結合する, 合体〔する〕させる. その他 合併させることから結びつく, 団結させる. 自 で結合する, 合併する, 団結する, 結集する.
語源 ラテン語 *unus* (=one) の 動 *unire* (=to make one) の過去分詞 *unitus* が中英語に入った.
用例 England and Scotland were *united* under one parliament in 1707. イングランドとスコットランドは1707年に一つの議会の下に統一された/The crisis of war *united* the whole country. 戦争の危機のため国全体が団結した/The two associations are planning to *unite*. 二つの協会が合併しようと計画中である/Let us *unite* against the common enemy. 我々は協力して共通の敵に立ち向かおう.
類義語 unite; join; combine: **unite** は一つにする, 結ばれて内面的にも一体となって新しいものを形成する. **join** は二つ以上のものが互いに接触したり, 加わったりするが, むしろ外形的結合をいう. **combine** は二つ以上のものが結合して, 人が団結する. さらに化学反応で化合する意にも用いられる.
【派生語】 **united** 形 結合した, 連合した, 団結した, 結束した: a very *united* family 大変仲の良い家族.

United Arab Emirates /juːnáitid ǽrəb émərəts/ 名 固 《the ~; 単数扱い》アラブ首長国連邦 《7国の首長国から成るペルシャ湾岸の連邦; 略 U.A.E.).

United Kingdom /juːnáitid kíŋdəm/ 名 固 《the ~》連合王国, 英国 《★正式名は the United Kingdom of Great Britain and Northern Ireland (グレートブリテンおよび北部アイルランド連合王国); 略 UK, U.K.).

United Nations /juːnáitid néiʃənz/ 名 固 《the ~; 単数扱い》国際連合 《★略 UN, U.N.).

United States of America /juːnáitid stéits əv əmérikə/ 名 固 《the ~; 単数扱い》アメリカ合衆国, 米国 《★単に the United States ともいう; 略 USA, U.S.A., US, U.S.).

uni·ty /júːnəti/ 名 UC 〔一般語〕 一般義 単一(性), 調和, まとまり. その他 思想などの統一(性), 意見, 目的, 行動などの一致, 一貫性, 政治上の協調, 統一体, 個体.
語源 ラテン語 *unus* (=one) の 名 *unitas* あるいは古フランス語 *unité* が中英語に入った.
用例 Their motto is '*unity* is strength'. 彼らのモットーは「団結は力なり」である/When will men learn to live in *unity* with each other? いつの時代に人々はお互いに仲良く暮らすことを身につけるようになるだろうか. ⇒union.
類義語 ⇒union.
対照語 discord; disagreement; division.

uni·ver·sal /jùːnəvə́ːrsəl/ 形 〔一般語〕 一般義 全世界の, 人類全体に共通の. その他 全般的な, 一般的な, 普遍的な, 機械や道具が万能の, 自在の.
語源 universe+-al (形容詞語尾)として中英語から. ⇒universe.
用例 English may become a *universal* language that everyone can learn and use. 英語は誰でもが覚えて使用できる人類共通の言語になり得る/The drought was *universal* that year. 干ばつはその年に生じた所で起こった.
類義語 universal; common; general: **universal** は最も意味の強い語で, 全般的な, 普遍的なものの場合に使われる. **common** は普通のものの意で, あるグループや社会に共通したことを示し, 必ずしも多数という意はない. **general** は common より意味の強い語で, あるグループや社会のほとんど全部とか, 大多数の意を含む.
対照語 exclusive; partial; special.
【派生語】 **ùniversálity** 名 U 普遍性, 世界的であること. **ùnivérsally** 副.

uni·verse /júːnəvə̀ːrs/ 名 C 〔一般語〕 一般義 《the ~または the U-》宇宙, 森羅万象. その他 《the ~》全世界, 全人類, 特定の活動, 関心, 経験の領域, 分野.
語源 ラテン語 *uni-* と *vertere* (=to turn) の過去分詞 *versum* から成る *universum* (=the whole) が初期近代英語に入った. 原義は「回転して1つになったもの」.
用例 Somewhere in the *universe* there must be

another world like ours. 宇宙のどこかに私たちのようなもう一つの世界が存在するに違いない.
[類義語] universe; cosmos: **universe** は一つにまとまったものとしての宇宙と考えられるが, **cosmos** は秩序整然とした統一一体としての宇宙をいう.
[対照語] chaos.
【派生語】**universal** 形 ⇒見出し.

uni·ver·si·ty /jùːnəvə́ːrsəti/ 名 C 〔一般語〕いくつかの学部から成る(総合)大学,《the ~; 単数または複数扱い》教師と学生を含めた全体としての大学, あるいは**大学当局**, 《形容詞的に》大学の, 大学に関係のある. [語源] ラテン語 *universitas* (= the whole; the universe) が古フランス語 *université* を経て中英語に入った.
[用例] Scotland has eight *universities*. スコットランドには 8 つの大学がある/a degree from the *University* of London ロンドン大学の学位.
[類義語] university; college; school; academy: **university** は総合大学で, いくつかの college, school, institute から成る. **college** は, Oxford, Cambridge におけるように, 伝統的に一定数集まって university を構成しているもの. 米国では主として単科大学等をいうが, 時として university と同意になる. **school** の場合, 学部や大学院を指す. **academy** は技術, 音楽, 美術などの専門学校, 陸軍士官学校, 警察学校などをいう.
【複合語】**univérsity exténsion** 名 C 大学公開講座.

un·just /ʌ̀ndʒʌ́st/ 形 〔一般語〕不公平な, 不当な, 不条理な.
【派生語】**ùnjústly** 副. **ùnjústness** 名 U.

un·jus·ti·fi·a·ble /ʌ̀ndʒʌ́stifàiəbl/ 形 〔一般語〕正しいと認められない, 正当化できない, 弁解できない.
【派生語】**ùnjústifìably** 副.

unjustly ⇒unjust.
unjustness ⇒unjust.

un·kind /ʌnkáind/ 形 〔一般語〕不親切な, 思いやりのない, 天候がきびしい.
【派生語】**ùnkíndly** 副. **ùnkíndness** 名 U.

un·know·ing /ʌ̀nnóuiŋ/ 形 〔形式ばった語〕知らない, 気付かない.
【派生語】**ùnknówingly** 副.

un·known /ʌ̀nnóun/ 形 名 C 〔一般語〕知られていない, 未知の. [その他] 芸術家などが無名の, 富などが計り知れない, ばく大な. 名 として知られていない人[物, 状態, 場所], 〖数〗未知数.
[用例] The driver of the car is as yet *unknown*. 車の運転者はまだ不明である/That actor was almost *unknown* before he played that part. あの俳優はこの役を演ずる以前はほとんど無名であった.

un·lace /ʌ̀nléis/ 動 本来的 〔一般語〕靴や衣服のひもを解く, ゆるめる.

un·law·ful /ʌ̀nlɔ́ːful/ 形 《法》不法の, 非合法の, また一般的に不道徳な, 不義の.
[用例] The *unlawful* opener of a letter was punished with fines. 封書の不正開封者は罰金に処せられた.
[類義語] unlawful; illegal: **unlawful** は専門語で, **illegal** が一般語.
【派生語】**ùnláwfully** 副.

un·learn /ʌ̀nláːrn/ 動 本来的 〔一般語〕現在までに学んだり習得したこと, 特にまちがった情報や悪習などを記憶から消し去る, 捨てる, 自ら忘れ去る.

un·leash /ʌ̀nlíːʃ/ 動 本来的 〔一般語〕革ひもを外す, 比喩的に束縛から**解放する**, 抑えていた激しい怒りなどを**爆発させる**, ぶちまける.

un·leav·ened /ʌ̀nlévnd/ 形 〔一般語〕パン種を入れていない, 酵母の入っていない, 比喩的に新鮮味のない, 月並みな.

un·less /ənlés/ 接 〔一般語〕一般義《ただ一つの除外の条件を強調して》もし…でなければ, …でない限り, …する場合のほかは. [その他]《主節のあとに追加的表現として》ただし, …でなければということだが, ただし…なら話は別だが.
[語源] 古フランス語 *à moins que* (=on a less or lower condition (than)) が onlesse, on lesse として中英語に入った.
[用例] *Unless* I'm mistaken, I've seen that man before. 私の間違いでなければ, 私はあの人に以前会ったことがある/The directors have a meeting every Friday, *unless* there is nothing to discuss. 取締役は毎週金曜日に会議を開いている. ただし, 話し合う事がなもなければ話は別だが.

un·let·tered /ʌ̀nlétərd/ 形 〔形式ばった語〕無学の, 読み書きのできない.

un·li·censed /ʌ̀nláisnst/ 形 〔一般語〕無免許の, 無鑑札の, もぐりの.

un·like /ʌ̀nláik/ 前 形 〔一般語〕一般義…に似ていない, …とは違う〔違って〕. [その他]…にふさわしくない. 形 として《通例述語用法》同じでない, 違った.
[用例] It is *unlike* Mary to be so silly. あんなに愚かなことをするなんてメアリーらしくない/I never saw twins who were so *unlike* (each other). 私はあんなに似ていない双子を見たことがなかった.

un·like·ly /ʌ̀nláikli/ 形 〔一般語〕《述語用法》ありそうにもない, …しそうにない, 見込みがない. [その他]《限定用法》考えられない, 予想もしない.
[用例] She's *unlikely* to arrive before 7:00 p.m. 彼女が午後 7 時前に到着することはなさそうである/an *unlikely* explanation for his absence 欠席の理由としてはあり得ないような説明.

un·lim·it·ed /ʌ̀nlímitid/ 形 〔一般語〕制限のない, 限度のない, 莫大な.

un·list·ed /ʌ̀nlístid/ 形 〔一般語〕名簿や目録に載っていない, 〖経〗株式が上場されていない.

un·load /ʌ̀nlóud/ 動 本来的 〔一般語〕一般義船や車などから**荷を降ろす**. [その他] 船や車などが客や荷物を降ろす, 鉄砲などから弾丸を抜き取る, カメラからフィルムを出す, 比喩的に心の悩みなどを**打ち明ける**, 〔くだけた語〕不要な物や負担になる物を**取り除く**. 自 の用法もある.
[用例] The men were *unloading* the ship. 男たちは船から荷降ろしをしていた/Vehicles may park here when loading and *unloading*. 荷物の積み込み積み降ろしの場合はこの場所に駐車しても差し支えない.
【派生語】**ùnlóader** 名 C 荷降ろし〔人, 機〕.

un·lock /ʌ̀nlák, -lɔ́k/ 動 本来的 〔一般語〕一般義戸や箱などの錠をはずす, 鍵をあける. [その他] 比喩的に…を解く鍵を与える, 明らかにする. 自 として錠がはずされる〔あく〕.
[用例] *Unlock* this door, please! この戸の錠をはずしてください/*unlock* the secrets of the universe 宇宙の神秘を明らかにする.

【派生語】**ùnlócked** 形 鍵をかけていない.
un·looked-for /ʌ̀nlúktfɔːr/〔くだけた語〕予期しない, 思いがけない.
un·loose /ʌ̀nlúːs/ 動 本来他 〔形式ばった語〕握っていたものなどをゆるめる, 解く, 比喩的に解放する, 感情などをぶちまける.
un·loos·en /ʌ̀nlúːsn/ 動 本来他 = unloose.
unluckily ⇒unlucky.
un·lucky /ʌ̀nlʌ́ki/ 形 〔一般語〕一般義 不運な, 運の悪い. その他 不運なということから, 人にとってあいにくの, 遺憾な, 不吉な, 縁起の悪い.
用例 By some *unlucky* chance the train was late. 何か運の悪いことで列車が遅れた/He's always *unlucky* in love. 彼はいつも恋愛運が悪い.
類義語 unlucky; luckless; unfortunate: **unlucky** は勝負ごとなどに運がないとか, よく負けるといったようなくだけた語である. **luckless** はさらに意味が強く, 不運な, 不仕合せのといった文語的な語である. **unfortunate** は unlucky より形式ばった語で, 不運な, 不成功の, 不幸ななどの意.
【派生語】**ùnlúckily** 副《文修飾として》運悪く, 不運にも.
un·made /ʌ̀nméid/ 形 〔一般語〕《通例限定用法》ベッドが整えられていない,《英》道路が舗装されていない.
unmanliness ⇒unmanly.
un·man·ly /ʌ̀nmǽnli/ 形 〔一般語〕行動が男らしくない, めめしい, 臆病な.
【派生語】**ùnmánliness** 名 U.
un·manned /ʌ̀nmǽnd/ 形 〔一般語〕乗り物, 機械, 駅などが無人の, 乗務員がいない.
un·man·ner·ly /ʌ̀nmǽnərli/ 形 〔形式ばった語〕不作法な, 無礼な.
un·marked /ʌ̀nmάːrkt/ 形 注目されない,《言》無標の.
un·mar·ried /ʌ̀nmǽrid/ 形 〔一般語〕未婚の, 独身の.
un·mask /ʌ̀nmǽsk|-mάːsk/ 動 本来他 〔一般語〕仮面をはぐ, 正体を暴露する.
【派生語】**ùnmásked** 形 正体を現した.
un·matched /ʌ̀nmǽtʃt/ 形 〔文語〕匹敵するもののない, 無比の.
un·mea·sured /ʌ̀nméʒərd/ 形 〔一般語〕測り知れない, 限りのない,《文語》度を超えた, 法外の.
un·men·tion·a·ble /ʌ̀nménʃənəbl/ 形 C 〔一般語〕《通例限定用法》あまりにもはしたなくて会話の話題にすべきでない, 言うのを禁忌とされている, 口にすべきでない. 名 として〔戯言〕《複数形で》口に出して言えないようなもの[こと].
un·mind·ful /ʌ̀nmáindful/ 形 〔形式ばった語〕心に留めない, 無とんちゃくな, 不注意な.
【派生語】**ùnmíndfully** 副. **ùnmíndfulness** 名 U.
un·mis·tak·a·ble /ʌ̀nmistéikəbl/ 形 〔一般語〕明白で間違えようのない, 明らかな, 紛れのない.
【派生語】**ùnmistákably** 副.
un·mit·i·gat·ed /ʌ̀nmítəgèitid/ 形 〔形式ばった語〕緊張や厳しさが和らげられない, どうしようもない, ひどい.
un·moved /ʌ̀nmúːvd/ 形 〔一般語〕心を動かされない, 冷静な, 位置が変わっていない, 不動の, 意図や目的が確固たる.【派生語】**ùnmóvedly** 副.

un·named /ʌ̀nnéimd/ 形 〔一般語〕名がない, 名の不明な.
un·nat·u·ral /ʌ̀nnǽtʃərəl/ 形 〔一般語〕一般義 自然の法則に反する, 不自然な. その他 わざとらしい, 気取った, 通常の人間の道徳に背くようなという意味から, 人道にもとる, 異常な, 変態的な, 冷酷な.
用例 Her reaction was *unnatural*. 彼女の反応は不自然だった/Did her behaviour seem *unnatural* in any way? 彼女の行動は何らかの点で異常に思えましたか.
【派生語】**unnáturally** 副.
unnecessarily ⇒unnecessary.
un·nec·es·sary /ʌ̀nnésəsèri|-səri/ 形 〔一般語〕不必要な, 無益な.
用例 It is *unnecessary* to waken him yet. まだ彼を起こす必要はない.
【派生語】**ùnnécessárily** 副 不必要に.
un·nerve /ʌ̀nnə́ːrv/ 動 本来他 〔一般語〕気力をくじく, 無気力にする, 意気地なしにする.
un·no·ticed /ʌ̀nnóutist/ 形 〔一般語〕《述語用法》人の注意を引かない, 人目につかない, 目立たない.
un·num·bered /ʌ̀nnʌ́mbərd/ 形 〔一般語〕数えきれない, 無数の, 番号のついていない.
un·ob·served /ʌ̀nəbzə́ːrvd/ 形 〔一般語〕観察されない, 気づかれない, 習わしや規則が守られていない.
un·ob·tru·sive /ʌ̀nəbtrúːsiv/ 形 〔形式ばった語〕《良い意味で》押しつけがましくない, でしゃばらない, 控え目の.【派生語】**ùnobtrúsively** 副. **ùnobtrúsiveness** 名 U.
un·oc·cu·pied /ʌ̀nάkjupàid|-ɔ́k-/ 形 〔一般語〕一般義 土地や建物, 座席などが人に占有されていない, 住人のいない, 空いている. その他 国や領土が占領されていない, 人が仕事についていない, 暇な.
un·of·fi·cial /ʌ̀nəfíʃəl/ 形 〔一般語〕非公式の, 非公開の, 私的な, 公認されていない, 非公認の.
【派生語】**ùnoffícially** 副.
un·o·pened /ʌ̀nóupənd/ 形 〔一般語〕開かれていない, 開封してない, 一般に解放されていない.
un·or·ga·nized /ʌ̀nɔ́ːrɡənàizd/ 形 〔一般語〕組織[労働組合]に入っていない, データなどが組織化されていない.
un·or·tho·dox /ʌ̀nɔ́ːrθədὰks|-dɔ̀ks/ 形 〔一般語〕信教や言動が正統でない, 伝統的でない, 異教的な.
【派生語】**ùnórthodòxy** 名 UC.
un·pack /ʌ̀npǽk/ 動 本来他 〔一般語〕一般義 荷を解く, 箱やケースの中身を出す. その他 問題や考えを理解しやすくするために分析する, 解明する,《コンピューター》圧縮データなどを解凍する, 不満などを打ち明ける.
un·paid /ʌ̀npéid/ 形 〔一般語〕人や仕事が無報酬の, 無給の, 借金などが未払いの.
un·par·al·leled《英》**-lelled** /ʌ̀npǽrəlèld/ 形 〔形式ばった語〕並ぶものがない, 無比の, 前代未聞の.
un·par·lia·men·ta·ry /ʌ̀npὰːrləméntəri/ 形 〔一般語〕言葉や表現が議院内で許されない, 議院の慣例に反する.
un·per·son /ʌ̀npə́ːrsn/ 名 C 〔一般語〕政治的不品行により存在が公に無視されている人, 失脚者.
un·pick /ʌ̀npík/ 動 〔一般語〕縫い目をほどく, 比喩的に誤りを見つけるために入念に分析する.
【派生語】**ùnpícked** 形.
un·placed /ʌ̀npléist/ 形 〔一般語〕一定の地位の

い,《英》【競馬】3 位までに入賞しない, 着外の.

un·play·a·ble /ʌnpléiəbl/ 形 〔一般語〕競技ができない, 曲が演奏できない.

un·pleas·ant /ʌnplézənt/ 形 〔一般語〕いやな, 気に入らない, 不愉快な, あるいは人や態度が不親切な, 冷たい, 失礼な《to》.
【派生語】**ùnpléasantly** 副. **ùnpléasantness** 名 UC.

un·pop·u·lar /ʌnpɑ́pjulər|-pɔ́p-/ 形 〔一般語〕人に好かれない, 人気のない, 評判の悪い, 人望のない《with; among》.
【派生語】**ùnpòpulárity** 名 U.

un·prac·ticed,《英》**-tised** /ʌnpræktist/ 形 〔一般語〕人が熟練していない, 未熟の, 行動が慣例として実践されていない.

un·prec·e·dent·ed /ʌnprésədèntid/ 形 〔形式ばった語〕先例のない, 空前の, 無比の.

unpredictability ⇒unpredictable.

un·pre·dict·a·ble /ʌnpridíktəbl/ 形 〔一般語〕天候や結果などが予知できない, 予想できない, 変わりやすい, 人が気まぐれの, お天気屋の.
【派生語】**ùnpredìctabílity** 名 U. **ùnpredíctableness** 名 U. **ùnpredíctably** 副.

un·prej·u·diced /ʌnprédʒudist/ 形 〔一般語〕偏見のない, 公平な.
【派生語】**ùnpréjudicedness** 名 U.

un·pre·pared /ʌnpripéərd/ 形 〔一般語〕準備してない, 不意がまえのない, 覚悟のできていない.

un·pre·ten·tious /ʌnpriténʃəs/ 形 〔一般語〕見えを張らない, 謙虚な, 場所が簡素な, 飾り気がない.

un·prin·ci·pled /ʌnprínsəpld/ 形 〔形式ばった語〕節操のない, 恥知らずの, 不正直な, 不道徳な.

un·print·a·ble /ʌnpríntəbl/ 形 〔一般語〕内容が公序良俗に反するため印刷にふさわしくない, 印刷をはばかる.

un·pro·duc·tive /ʌnprədʌ́ktiv/ 形 〔一般語〕作物や製品が生産されない, 非生産的な, 活動が成果のあがらない.

un·pro·fes·sion·al /ʌnprəféʃənəl/ 形 〔一般語〕行為が職業的でない, その職業に必要な専門的技術や知識を持っていない, 専門外の, 素人の, アマチュアの.

un·prof·it·a·ble /ʌnprɑ́fitəbl|-prɔ́f-/ 形 〔一般語〕会社や会社などが収益の上がらない, もうからない, 利益の生じない,〔形式ばった語〕効果がない, 無駄な.

un·prompt·ed /ʌnprɑ́mptid|-prɔ́mpt-/ 形 〔形式ばった語〕言葉や行いが他人から促されたのではない, 自由意志による, 自発的な.

un·pro·voked /ʌnprəvóukt/ 形 〔一般語〕攻撃や怒りなどが他人から挑発されて行われたのではない, 挑発によらない, 正当な理由のない.
【派生語】**ùnprovókedly** 副. **ùnprovókedness** 名 U.

un·qual·i·fied /ʌnkwɑ́ləfàid|-kwɔ́l-/ 形 〔一般語〕〔一般義〕職業に必要な資格が備わっていない, 無資格の, 適任でない.〔その他〕〔限定用法〕制限のない, 無条件の, 全くの.

un·quench·a·ble /ʌnkwéntʃəbl/ 形 〔形式ばった語〕火や激しい感情などを消すことができない, 抑制できない.

un·ques·tion·a·ble /ʌnkwéstʃənəbl/ 形 〔一般語〕疑いの余地のない, 確実な.
【派生語】**ùnquéstionably** 副.

un·ques·tion·ing /ʌnkwéstʃəniŋ/ 形 〔一般語〕疑わない, 無条件の.
【派生語】**ùnquéstioningly** 副.

un·qui·et /ʌnkwáiət/ 形 〔形式ばった語〕落ち着きのない, 不安な, 不穏な, 世間や人心が不安定な.

un·quote /ʌnkwóut/ 動 〔一般語〕引用文を終わる《語法》人の言葉を引用するときに, 引用の始めに"quote" と言い, 終わりで "unquote" と言う》.

un·rav·el /ʌnrǽvəl/ 動 本来地〔一般語〕入り組んだ問題を解明する, 解決する.〔その他〕本来はもつれた糸などをほどく, ほぐす. 自 でほどける, 解ける, 計画などがつぶれる, だめになる.

un·read·a·ble /ʌnríːdəbl/ 形 〔一般語〕読むのが難しく退屈な, 読んでおもしろくない.〔その他〕文字が判読しにくい, 読みづらい.

un·real /ʌnríəl/ 形 〔一般語〕現実的でない, 実在しない, 架空の, 実際の, 《くだけた語》《主に米》信じられないほどの, すばらしい.
【派生語】**ùnreàlístic** 形 非現実的な.

un·rea·son·a·ble /ʌnríːzənəbl/ 形 〔一般語〕〔一般義〕不合理な, 無分別な, 無理な.〔その他〕値段, 料金などが法外な, 不当な.
〔用例〕His conduct [attitude] is *unreasonable*. 彼の行動[態度]は筋が通っていない / That butcher charges *unreasonable* prices. あの肉屋は不当な値段を請求する.
〔類義語〕unreasonable; irrational; illogical: un-reasonable は分別とか理性を欠いたという意であるが, irrational は理性のない, 理性に反する, 非合理な, ばかげたという意味になる. illogical は非論理的な, 愚かなという意, 理にあわない.
【派生語】**ùnréasonably** 副. **ùnréasonableness** 名 U.

un·rea·son·ing /ʌnríːzəniŋ/ 形 〔形式ばった語〕《通例限定的用法》理性的でない, 不合理な, 思慮分別のない, 途方もない.

un·re·gen·er·ate /ʌnridʒénərit/ 形 〔形式ばった語〕更生しない, 心を改めない, 悔い改めない, 改心しない.

un·re·lent·ing /ʌnriléntiŋ/ 形 〔形式ばった語〕〔一般義〕人が思いやりのない, 冷酷な, 無慈悲な.〔その他〕決心などが固い, 努力や勢力などが弱まらない.

unreliability ⇒unreliable.

un·re·li·a·ble /ʌnriláiəbl/ 形 〔一般語〕頼りにならない, 頼りがいのない, 不確かな, あてにならない.
【派生語】**ùnrelìabílity** 名 U. **ùnrelíableness** 名 U. **ùnrelíably** 副.

un·re·lieved /ʌnrilíːvd/ 形 〔形式ばった語〕よくない状態が和らげられていない, いつまでも続く, 変化がなく退屈な, 単調な, おもしろくない.

un·re·mit·ting /ʌnrimítiŋ/ 形 〔形式ばった語〕決してやめたり怠けたりしない, 間断のない, 中断しない, 休む間もない, 根気強い.

un·re·quit·ed /ʌnrikwáitid/ 形 〔形式ばった語〕愛情が報いられない, 報いのない, 一方的な.

un·re·served /ʌnrizə́ːrvd/ 形 〔形式ばった語〕〔一般義〕率直な, よそよそしくない, 遠慮のない.〔その他〕制限のない, 条件付きでない, 全くの, 〔一般語〕座席や切符などが予約してない.
【派生語】**ùnresérvedly** 副. **ùnresérvedness** 名

[U].

un·rest /ʌ́nrést/ 名 U 〔一般語〕精神的または社会的な不安, 心配, 不穏状態, 騒乱.

un·re·strained /ʌ̀nristréind/ 形 〔形式ばった語〕束縛されない, 抑圧されない, 自由気ままな.

un·right·eous /ʌ̀nráitʃəs/ 形 〔形式ばった語〕不正な, よこしまな.

un·rip /ʌnríp/ 動 本来他 〔古語〕切り開く, 切り裂く, 糸の縫い目をほどく.

un·ripe /ʌnráip/ 形 〔一般語〕熟していない, 機が熟さない, 時期尚早の.

un·ri·valed, 《英》**-valled** /ʌnráivəld/ 形 〔形式ばった語〕向かう所敵なしの, 無比の, 抜群の.

un·roll /ʌnróul/ 動 本来他 〔一般語〕巻き物を広げる, 比喩的に隠されたことを明らかにする. 自 で出来事がつぎつぎに起こる, 繰り広げられる.

un·round·ed /ʌnráundid/ 形 〔音〕母音が唇を丸めない, 非円唇の.

un·ruf·fled /ʌnrʌ́fld/ 形 〔一般語〕波風の立たない, 静かな, 平穏な, 人が落ち着いた, 冷静な.

unruliness ⇒unruly.

un·ru·ly /ʌnrúːli/ 形 〔一般語〕規則や規律に従わない, 規則を守らない, 子供などが手に負えない, 髪がまとまらない.
【派生語】**ùnrúliness** 名 U.

un·sad·dle /ʌnsǽdl/ 動 本来他 〔一般語〕馬の鞍(くら)をはずす, 人を落馬させる, 振り落とす.

un·safe /ʌnséif/ 形 〔一般語〕 一般義 物, 行動, 場所が安全でない, 危険な, 物騒な. その他 身の危険を感じて安心できない, 恐れている. 〔法〕誤審の.

un·said /ʌnséd/ 動 形 unsay の過去・過去分詞. 形 として〔一般語〕《述語用法》口に出さない, 言わない.

un·sat·is·fac·to·ry /ʌ̀nsætəsfǽktəri/ 形 〔一般語〕不満足な, 意に満たない, 不十分な.

un·sat·is·fied /ʌnsǽtisfàid/ 形 〔一般語〕要求などが満たされていない, 不満足な.

un·sa·vory, 《英》**-voury** /ʌnséivəri/ 形 〔一般語〕味, 臭い, 外見, 性格などがよくない, 不快な, いやな, 道徳的に好ましくない.

un·say /ʌnséi/ 動 本来他 《過去・過分 -said》〔形式ばった語〕《通例受身で》前に述べたことを打ち消す, 撤回する.

un·scathed /ʌnskéiðd/ 形 〔一般語〕《述語用法》負傷していない, 無傷の.

un·schooled /ʌnskúːld/ 形 〔一般語〕学校教育を受けていない, 無学の, 訓練を受けていない.

un·sci·en·tif·ic /ʌ̀nsàiəntífik/ 形 〔一般語〕《通例悪い意味で》科学的でない, 非科学的な, 系統立っていない.

un·scram·ble /ʌnskrǽmbl/ 動 本来他 〔一般語〕 一般義 混乱状態を回復する, 元通りに収める, 整理する. その他 混乱を修復する, 暗号を解読する.
【語源】いり卵 (scrambled egg) は元に戻せないことを比喩的に用いた 20 世紀の造語.
【派生語】**ùnscrámbler** 名 C 暗号解読装置.

un·screw /ʌnskrúː/ 動 本来他 〔一般語〕ねじやふたを回してはずす, …のねじを抜く.

un·script·ed /ʌnskríptid/ 形 〔一般語〕放送や談話が台本[原稿]なしの.

un·scru·pu·lous /ʌnskrúːpjələs/ 形 〔一般語〕良心のとがめなしに悪事を働く, 平気で悪事をする, 恥知らずの.
【派生語】**ùnscrúpulously** 副. **ùnscrúpulousness** 名 U.

un·seal /ʌnsíːl/ 動 本来他 〔一般語〕開封する, 封を破る.

un·sea·son·a·ble /ʌnsíːzənəbl/ 形 〔一般語〕 一般義 季節外れの, 天候の不順な. その他 折の悪い, 時機を誤った, 場所柄をわきまえない.

un·seat /ʌnsíːt/ 動 本来他 〔形式ばった語〕 一般義 役職から追う, 免職させる, 議席を奪う. その他 本来は「席を奪う」の意で, 落馬させる, 自転車から振り落とす.

un·see·ing /ʌnsíːiŋ/ 形 〔文語〕目が開いているのに見ていない, 気づかない.

un·seem·ly /ʌnsíːmli/ 形 〔古風な語〕行動が場所や時をわきまえない, 適切でない.

un·seen /ʌnsíːn/ 形 〔一般語〕目に見えない, 気づかれない, 予見できない, 《主に英》翻訳の試験問題が予習なしの, 初見の.

un·self·ish /ʌnsélfiʃ/ 形 〔一般語〕自分のことはあとまわしにして他人のための, 利他的な, 利己的でない.
【派生語】**ùnsélfishly** 副. **ùnsélfishness** 名 U.

un·ser·vice·a·ble /ʌnsə́ːrvisəbl/ 形 〔形式ばった語〕役に立たない, 用をなさない, 使いものにならない.

un·set·tle /ʌnsétl/ 動 本来他 〔一般語〕状況を不安定にする, 人の心を混乱させる, 不安にする.

un·set·tled /ʌnsétld/ 形 〔一般語〕 一般義 不安定な, 変わりやすい. その他 安定していないことから, 人の心が乱れた, 動揺した, 人が定住していない, 勘定などが未払いの, 問題が未解決の.
用例 The weather is *unsettled*. 天候は不安定である/I feel very *unsettled*. 私はたいへん動揺している.

un·shak·a·ble, **un·shake·a·ble** /ʌnʃéikəbl/ 形 気持, 態度, 考えなどが動揺しない, 安定している, 揺るぎない.

un·shak·en /ʌnʃéikən/ 形 〔一般語〕動揺のない, 不動の, 確固とした.

un·sight·ly /ʌnsáitli/ 形 〔形式ばった語〕見るのが不愉快な, 醜い, 目障りな, 見苦しい.

un·sink·a·ble /ʌnsíŋkəbl/ 形 〔一般語〕船が沈まない, 沈むことのない, 不沈の.

un·skilled /ʌnskíld/ 形 〔一般語〕高度な専門的技術や知識を持っていない, 熟練していない, 未熟な, 熟練を必要としない.
【複合語】**ùnskílled lábor** 名 UC 未熟練労働.

un·skill·ful, 《英》**-skil-** /ʌnskílfəl/ 形 〔一般語〕不器用な, 未熟の.

un·so·cia·ble /ʌnsóuʃəbl/ 形 〔一般語〕非社交的な, 交際嫌いの, 社交べたの.

un·so·cial /ʌnsóuʃəl/ 形 〔一般語〕社交的でない, 社会的でない, 《英》勤務時間外の.

un·solved /ʌnsɑ́lvd | -sɔ́lvd/ 形 〔一般語〕解決されていない, 未解決の.

un·so·phis·ti·cat·ed /ʌ̀nsəfístəkèitid/ 形 〔一般語〕 一般義 教養が高くない, 洗練されていない. その他 素朴な, 世慣れていない, 機械などが複雑でない, 単純な.

un·sound /ʌnsáund/ 形 〔一般語〕 一般義 心身が健康でない, 不健康な. その他 建物が不安定な, ぐらついている, 理論などが根拠の薄弱な, 不合理な.

un·spar·ing /ʌnspéəriŋ/ 形 〔形式ばった語〕 一般義 気前のよい, けちけちしない, …を惜しまない (in,

of). [その他] 厳格な, 容赦しない.
un·speak·a·ble /ʌnspíːkəbl/ 形〔文語〕(通例悪い意味で)言葉では言い表せない, 言語に絶する, お話にならない, 極端に悪い.
【派生語】**ùnspéakably** 副.
un·sta·ble /ʌnstéibl/ 形〔一般語〕[一般義] 不安定な, 変動しやすい. [その他] 情緒不安定な, 気が変わりやすい, 《化》物質の状態が不安定な.
un·steady /ʌnstédi/ 形〔一般語〕[一般義] しっかり固定されていない, 不安定な, 足下がぐらつく. [その他] 動きが規則的でない, 変わりやすい, 人が言動に節操がない, 身持ちが悪い, 素行が悪い.
un·stop /ʌnstɑ́p|-stɔ́p/ 動 本来他 〔一般語〕止めてあるものを取り除く, …の栓を抜く, 障害を除去する.
un·stressed /ʌnstrést/ 形《音》強勢を受けていない, アクセントのない(⇔stressed).
un·strung /ʌnstrʌ́ŋ/ 形〔一般語〕[一般義] 弦楽器, 弓などの弦をゆるめた, 弦をはずした. [その他] 人が気力を失った, 自制心を失った, 心が乱れた.
un·stuck /ʌnstʌ́k/ 形〔一般語〕くっついていない, はずれてる, 留められていない.
un·stud·ied /ʌnstʌ́did/ 形〔形式ばった語〕自然に備わった, 他から影響を受けない, わざとらしくない.
un·suc·cess·ful /ʌ̀nsəksésful/ 形〔一般語〕[一般義] 成功しなかった, 不首尾に終わった, 失敗した.
【派生語】**ùnsuccéssfully** 副.
un·suit·a·ble /ʌnsjúːtəbl/ 形〔一般語〕[一般義] 不適当な, つり合わない.
un·sung /ʌnsʌ́ŋ/ 形〔形式ばった語〕《限定用法》詩歌に歌われない, 価値があるのに称賛[賛美]されない.
un·sur·passed /ʌ̀nsərpǽst|-pɑ́ːst/ 形〔形式ばった語〕上に出る者がない, 何ものにも劣らない, 卓越した.
un·sus·pect·ed /ʌ̀nsəspéktid/ 形〔形式ばった語〕疑われない, 怪しまれない, 思いもよらない, 予期しない.
un·swerv·ing /ʌnswə́ːrviŋ/ 形〔形式ばった語〕わきへそれない, 変わらない, 確固とした.
【派生語】**ùnswérvingly** 副. **ùnswérvingness** 名 U.
un·tamed /ʌntéimd/ 形〔形式ばった語〕動物が人に飼いならされていない, なれていない, 野生の, 土地が自然のままの.
un·tan·gle /ʌntǽŋgl/ 動 本来他 〔一般語〕もつれたものをほぐす, 込み入った問題などを解決する.
un·tapped /ʌntǽpt/ 形〔形式ばった語〕たるの口を開けていない, 使えるものをまだ使っていない.
un·taught /ʌntɔ́ːt/ 形〔形式ばった語〕[一般義] 教育を受けていない, 無教育の. [その他] 教わらずに自然に身につけた.
un·ten·a·ble /ʌnténəbl/ 形〔形式ばった語〕意見や理論, 立場などを立証し難い, 弁明し難い.
un·think·a·ble /ʌnθíŋkəbl/ 形〔一般語〕状態や出来事が全く考えられない, 想像もできない. 《the ~; 名詞的に》考えられないこと.
un·think·ing /ʌnθíŋkiŋ/ 形〔形式ばった語〕思慮深くない, 考えのない, 不注意な.
un·thought-of /ʌnθɔ́ːtə(ː)v/ 形〔一般語〕想像もしない, 思いがけない.
untidily ⇒untidy.
untidiness ⇒untidy.
un·ti·dy /ʌntáidi/ 形〔一般語〕[一般義] 人や服装がだらしがない, 汚い. [その他] 部屋などが取り散らされた, 乱雑な, ひげなどが伸びて不精な.
[用例] It is hard for us to look up *untidy* notebooks. 乱雑に書いてあるノートを調べるのはたいへんだ.
【派生語】**ùntídily** 副 だらしなく, 取り散らかして. **ùntídiness** 名 U.
un·tie /ʌntái/ 動 本来他 〔一般語〕[一般義] 縛ってあったものをほどく, 解く. [その他] 束縛から解放する, 自由にする.
un·til /əntíl/ 前 接 〔一般語〕(stay や wait のような継続を表す動詞と共に用い, 主に肯定文で) ある時間の終わりまでの動作や状態の継続を示す, …まで(ずっと), (come や begin のようなある時点での出来事を表す動詞と共に用い, 主に否定文で)…まで(…しない), …になって初めて(…する), また到着点を示して, …(に着く)まで.
[語法] until と till は同義であるが, 文頭や長い節の前では until が, 名詞および短い句や節の前では till が多く用いられる. 一般に until のほうがやや形式ばった感じであるが好まれる傾向にある.
[語源] 古ノルド語 *und* (=up to) と *til* (=till) が合わさって untill, untill として中英語に入った.
[用例] The children are in the day care center *until* 6:00. 子供たちは 6 時まで保育園にいる/I waited *until* the rain stopped. 雨がやむまでずっと待っていた/They didn't start *until* I arrived. 彼らは私が到着するまで出発しなかった(彼らは私が到着してやっと出発した)/It was not *until* I met you that I knew true love. あなたに会って初めて本当の愛を知りました.
[類義語] until; by; before: until は「…するまでずっと」という終了時を示すが, by は「…までには」という時点で示すことを示す. before は漠然と「…前に」「…にならないうちに」の意を表す.
untimeliness ⇒untimely.
un·time·ly /ʌntáimli/ 形〔一般語〕適切でない時に起こる, 時期尚早の, 時ならぬ, 時期はずれの.
【派生語】**ùntímeliness** 名 U.
un·tir·ing /ʌntáiəriŋ/ 形〔一般語〕《良い意味で》疲れない, 疲れを知らない, たゆまぬ.
un·to /ʌ́ntu/ 前〔古語〕=to.
un·told /ʌntóuld/ 形〔一般語〕[一般義] 話や出来事が語られていない, 述べられていない. [その他]《限定用法》数や量が多すぎて数えきれない, 測り知れない, 莫大な.
un·touch·a·ble /ʌntʌ́tʃəbl/ 形 名 C [一般義] インドの不可触賎民の. [その他] 触れてはならない, 触るのもいやな, 汚らわしい, 手の届かない, とても攻撃[非難]できない. 名 として, インドの不可触賎民.
un·touched /ʌntʌ́tʃt/ 形〔一般語〕[一般義] 手を触れてない, 使っていない, 味見をしていない, 元のままの. [その他] 影響されない, 心を動かされない, 感動しない, 事柄, 問題などが取り上げられていない.
un·to·ward /ʌntəwɔ́ːrd/ 形〔形式ばった語〕不運な, 扱いにくい, 都合の悪い, やっかいな.
【派生語】**ùntówardly** 副. **ùntówardness** 名 U.
un·trained /ʌntréind/ 形〔一般語〕訓練を受けていない, 練習が不十分な, 未熟な.
un·trod·den /ʌntrɑ́dn-trɔ́dn/ 形〔一般語〕人が足を踏み入れてない, 人跡未踏の.
un·true /ʌntrúː/ 形〔一般語〕[一般義] 真実でない, 偽りの. [その他]〔文語〕《述部用法》誠実でない, 忠実でない, 不実な《to》, 正しくない, 不正確な.

【派生語】**ùntrúth** 名 CU. **ùntrúthful** 形. **ùntrúthfully** 副. **ùntrúthfulness** 名 U.

un·trust·wor·thy /ÀntrÁstwə̀ːrði/ 〔一般語〕信用できない, 当てにならない.

un·turned /Àntə́ːrnd/ 形 〔一般語〕《次の慣用句で》 *leave no stone unturned* あらゆる手段を尽くす.

un·tu·tored /Àntjúːtərd/ 形 〔形式ばった語〕正規の教育を受けていない, **無教育の, 無学の, 粗野な, 洗練されていない**.

un·ty·ing /Àntáiiŋ/ 動 untie の現在分詞.

un·used /Ànjúːzd/ 形 〔一般語〕**使われていない, 使わ れたことのない, 未使用の**. また /-júːst/《述語用法》...に慣れていない《to》.

un·u·su·al /Ànjúːʒuəl/ 形 〔一般語〕一般義 **普通でない, 珍しい, まれな**. その他 普通でないということから,《よい意味で》**独特の, まれにみる, おもしろい**.
用例 It is *unusual* for it to snow here in June. 当地で 6 月に雪が降るのは異常なことである/He has an *unusual* job. 彼はおもしろい仕事をしている.
【派生語】**ùnúsually** 副.

un·ut·ter·a·ble /Ànátərəbl/ 形 〔形式ばった語〕《限定用法》**言葉で表せない, 言いようのない, 全くの, 徹底的な**.
【派生語】**ùnútterably** 副.

un·var·nished /Ànváːrniʃt/ 形 〔形式ばった語〕一般義《限定用法》**飾らない, ありのままの**. その他 本来は木材などにニスを塗ってないの意.

un·veil /Ànvéil/ 動 本来他 〔一般語〕ベールを取り去る, 覆いを取り除く. その他 隠していたものを明らかにする, 秘密を明かす, 新製品を初公開する.

un·voiced /Ànvɔ́ist/ 形 〔一般語〕考えなどを声に出さない, 言葉で表現されない.《音》無声の.

un·war·rant·ed /Ànwɔ́(ː)rəntid/ 形 〔形式ばった語〕一般義 保証されていない, 保証のない. その他 正しいと認められていない, 不当な, 是認されない.

un·wary /Ànwéəri/ 形 〔一般語〕《限定用法》用心深さが欠けている, 不注意な.

un·wel·come /Ànwélkəm/ 形 〔一般語〕訪問客などが歓迎されない, 喜ばれない, 経験などがありがたくない, 不愉快な.

un·well /Ànwél/ 形 〔やや形式ばった語〕《述語用法》**健康がすぐれない, 一時的に病気の**.

unwieldily ⇒unwieldy.
unwieldiness ⇒unwieldy.

un·wieldy /Ànwíːldi/ 形 〔一般語〕重さや大きさのため扱いにくい, 重過ぎる, かさばる, 組織などがうまく動かない.
【派生語】**ùnwíeldily** 副. **ùnwíeldiness** 名 U.

un·will·ing /Ànwíliŋ/ 形 〔一般語〕《通例述語用法》...する気がしない《to 不定詞》,《限定用法》いやいやながらの, 不本意の.
用例 He's *unwilling* to accept the money. 彼はそのお金を受け取るのをしぶっている/I was an *unwilling* witness of their quarrels. 私は彼らの仲たがいの不本意な証人であった.
類義語 unwilling; reluctant: **unwilling** は行動をするのを好まないのに対して, **reluctant** はしぶしぶながら行う含みがある. しかし unwilling と同じ意味で用いられることもある.
【派生語】**ùnwíllingly** 副 いやいやながら, 不本意に. **ùnwíllingness** 名 U 気がすすまないこと, 不本意.

un·wind /Ànwáind/ 動 本来他《過去·過分 -wound》〔一般語〕巻いたものを解く, ほどく. 自 でほぐれる, 比喩的に緊張感が解ける, くつろぐ.

un·wise /Ànwáiz/ 形 〔一般語〕分別のない, あさはかな, 思慮のない, 愚かな.
【派生語】**ùnwísely** 副 愚かにも.

un·wit·ting /Ànwítiŋ/ 形 〔形式ばった語〕《限定用法》人を意識しない, 気づかない, 間違いなどが意図しない, 知らず知らずの.
【派生語】**ùnwíttingly** 副 無意識に, 知らず知らずに.

un·wont·ed /Ànwóuntid/ 形 〔形式ばった語〕《限定用法》**普通でない, めったにない, まれな**.

un·world·ly /Ànwə́ːrldli/ 形 〔一般語〕この世のものでない, 超俗的な, 名利に関心がない, 素朴な, 世慣れていない, 浮世ずれしていない.

un·wor·thy /Ànwə́ːrði/ 形 〔一般語〕一般義《述語用法》価値のない, ...に値しない《of; to 不定詞》.《限定用法》くだらない, 尊敬に値しない,《述語用法》考え方や行動などが恥ずかしい, ...にふさわしくない《of》.
用例 Such a remark is *unworthy* of notice. そのような言葉は注目に値しない/That was an *unworthy* act [thought]. その行為[考え方]はくだらないことであった/Behaviour of this sort is *unworthy* of him. この種の態度は彼にあるまじきものであった.

un·wound /Ànwáund/ 動 unwind の過去・過去分詞.

un·wrap /Ànrǽp/ 動 本来他 〔一般語〕包装を解く, 包みをあける.

un·writ·ten /Ànrítn/ 形 〔一般語〕一般義 文字に残してない, 書かれてない. その他 慣習などが記録してない, 口承の, 法律や規則が成文化してない, 文字が書いてない, 白紙の.
【複合語】**únwritten constitútion** 名 C 不文憲法.
únwritten láw 名 C 慣習法(common law), 不文律.

un·yield·ing /Ànjíːldiŋ/ 形 〔一般語〕物が曲らない, へこまない, 人が圧力に屈しない.

un·zip /Ànzíp/ 動 本来他 〔一般語〕衣服やカバンなどのジッパー[チャック]をあける.

up /Áp/ 副 前 名 C 動 本来副 一般義 **高い方へ, 上へ, 上の方へ**. その他 位置を表して**高い所に[で], 上方へ, 遠くから一定の場所の方へ近づいて, 話し手の方へ, 北մ地図の上方であることから北方へ, 流れの上流へ, 過去をさかのぼって, 小さい[少ない]ものから大きい[多い]ものへ, 田舎から都会へ向かって, 本土的に勢いや数量が増して, 活気づいて, 完成や終結を表してすっかり, 完全になど** ⇒ 語法. 前 としては, ...の上(の方)へ[に], ...に沿ってなど《★ 前 の場合の発音は /Áp/》. 形 としては, 上への, 上へ向かう, 上り(坂)の, 時間切れで, 終わってなど. 動 として上げる, 増す. 名 として上り, 上り坂.

語法 up は一般に単音節の動詞と結合し, リズムをととのえ, 口語体に適しているため多用される. 基本的意味は, go up, look *up* などのように, 「高い方へに」「上へ[に]」の意である. 意味別に分ければ, ❶ よりよい状態や条件に: clean *up*, come *up*, tidy *up* など ❷ ...の位置に良い目的に向かって: fix *up*, keep *up*, get *up* (a party) など ❸ 次の準備をして: dress *up*, go *up*, study *up* など ❹ ぎっしり詰まった, または固まった状態に: bundle *up*, tie *up* など ❺ 完全に, すっかり, ...し

わって: dry *up*, eat *up*, finish *up* など ❻ 好ましくない状態に: give *up*, hold *up* (＝to delay), mess *up* など.

[語源] 古英語 up, uppe から.

[用例] He got *up* from his chair. 彼は椅子(いす)から立ち上がった/She looked *up* at him. 彼女は彼を見上げた/The sun is *up* already. 日はすでに高く昇っている/He came *up* (to me) and shook hands. 彼は(私の方へ)やってきて握手をした/I've never been *up* as far as Edinburgh. 私は北の方のエジンバラまで出掛けたことがありません/I am going *up* to London tomorrow. 私は明日ロンドンへ出ることにしている/Please turn the radio *up* a little! ラジオの音を少しばかり大きくして下さい/She has been ill in bed but is *up* again now. 彼女は病気で寝ていたが, 今ではもう元気になっている/Has the child eaten *up* all his food? 子供は食物を全部食べてしまいましたか/They walked *up* the street. 彼らは通りを歩いて行った/An *up* elevator 上りのエレベーター.

【慣用句】 *It's all up*. もうおしまいだ, 万事休す. *up and about* [*around*] 病人が床を離れて, 起き上がって歩いている. *up and down* 上がったり下がったり. *up and running* 活動している. *up to …* …に至るまで, …までに, …の責任で, …するべきで: *up to* now 今までに/It's *up to* you. それは君次第です. *What's up (with …)?* (…は)どうしたの.

【複合語】 **úp-and-cóming** 形 将来有望な. **úp-and-úp** 名 《次の慣用句で》 *on the up-and-up* 《米》正直な; 《英》 よくなっている, 成功して.

up- /ʌp, ʌp/ 《連結形》「上の[に, へ]」「上の方の[に, へ]」などの意.

up·beat /ʌ́pbiːt/ 名 C 形 〖楽〗小節の最後に来るアクセントを置かない拍, 上拍, アップビート. 形 として〔くだけた語〕陽気な, 楽天的な.

up·braid /ʌpbréid/ 動 [本来他] 〔形式ばった語〕怒って非難する, とがめる, しかる.
[語源] 古英語 upbregdan から. braid は「非難する」の意.

up·bring·ing /ʌ́pbrɪŋɪŋ/ 名 〔一般語〕《単数形で》子供が親から受ける成長期の教育, しつけ.

up·com·ing /ʌ́pkʌ̀mɪŋ/ 形 〔一般語〕《米》まもなくやって来る, じきに起きる.

up·coun·try /ʌ́pkʌ̀ntri/ 形 副 〔一般語〕海岸から遠く離れた, 奥地の[に], 内陸の[に], 一般に開けていない, 田舎の.

up·date /ʌpdéit/ 動 [本来他], /ʌ́-ˌ-/ 名 C 〔一般語〕最新のものにする, 人に最新の情報を与える. 名 として最新にすること, 最新の型[情報].
【派生語】 **ùpdáted** 形.

up·draft /ʌ́pdræft/ -drɑ̀ːft/ 名 C 〔一般語〕空気が上昇すること, 上昇気流, 経済の上昇傾向.

up·end /ʌpénd/ 動 [本来他] 〔一般語〕逆さまにする, ひっくり返す.

up·grade /ʌ́pgrèid/ 名 C, /ˌ-ˈ-/ 動 [本来他] 〔一般語〕上昇, 上り坂, 格上げ(する), 昇格(させる), 品質を向上させる(こと).

upheaval ⇒upheave.

up·heave /ʌphíːv/ 動 [本来他] 〔文語〕〔一般語〕持ち上げる, 押し上げる. [その他] 火山や地震などが土地を隆起させる, 比喩的にひどく混乱させる, …に動乱を起こす.
【派生語】 **ùphéaval** 名 CU 政治や社会の暴力を伴う急激な変化, 大変革, 暴動; 〖地質〗隆起.

up·held /ʌphéld/ 動 uphold の過去・過去分詞.

up·hill /ʌ́phíl/ 副 形 〔一般語〕坂上[丘]の上へ, 上へ向かって. [その他] 上り坂の, 比喩的に闘いや課題が骨の折れる, 困難な.
[用例] We travelled *uphill* for several hours. 私たちは数時間丘へ向かって移動した/It's *uphill* all the way. それはずっと登り坂だ/Training this team will be an *uphill* job. このチームを訓練することは困難な仕事になる.

up·hold /ʌphóuld/ 動 [本来他] 《過去・過分 -held》〔一般語〕裁判所が評決, 上告などを**支持する**, 法律を**擁護する**, 慣習を保持する.
[用例] The decision of the judge was *upheld* by the appeal court. その裁判官の決定は上告裁判所によって支持された/The old traditions are still *upheld* in this school. 古い伝統がこの学校において今も守られている.
[反意語] abandon.
【派生語】 **ùphólder** 名 C 支持者.

up·hol·ster /ʌphóulstər/ 動 [本来他] 〔一般語〕《通例受身で》椅子(いす)にスプリング[詰め物]を入れる, 布[革]張りする. [その他] 室内を家具[じゅうたん, カーテンなど]で飾る.
[語源] upholsterer からの逆成. upholsterer は「家財道具を扱う商人」の意の廃語 upholster から.
【派生語】 **uphólsterer** 名 C 椅子張り職人, 家具装飾人, 家具屋. **uphólstery** 名 U 椅子張り材料; 家具製造業.

UPI /júːpiːáɪ/ 名 略 ユーピーアイ通信社(United Press International).

up·keep /ʌ́pkiːp/ 名 U 〔一般語〕土地, 家屋, 自動車などの維持, 管理, 保全, 維持費, 管理費.
[用例] The *upkeep* of a car can cost several hundred pounds per annum. 車の維持費は年数百ポンド要する.
[類義語] upkeep; maintenance: いずれも土地, 家屋, 車などの維持, 管理という意味で用いられるが, **maintenance** は広い意味で平和の維持とか, 扶養とか生活費の意味でも用いられる.

up·land /ʌ́plənd/ 名 形 〔一般語〕《U または複数形で》高台, 山地, 高地(地方)の, 高地にある.

up·lift /ʌplíft/ 動 [本来他], /ˌ-ˈ-/ 形 〔形式ばった語〕〔一般語〕精神的道徳的に高める, 精神を向上させる. [その他] 本来は持ち上げる(lift up) の意味だが, 普通は比喩的に用いられる. 名 として, 社会的な向上, 改善, 精神的高揚, 〖地質〗土地の隆起.

up·most /ʌ́pmòust/ 形 〔一般語〕最高の(uppermost).

up·on /əpɑ́n|-pɔ́n/ 前 〔やや形式ばった語〕前置詞の on と意味はほとんど同じ ⇒on.
[語法] 文語体や慣用句などで文尾にくる時などに好んで用いられるほか, リズムによることもある. 口語では on のほうが好まれる.
[語源] おそらく古ノルド語 *upp á* (*upp* upward+*á* on) の影響で up on となり, さらに 1 語となった. 中英語より.
[用例] He sat *upon* the floor. 彼は床に座った/*Upon* arrival, they went in search of a hotel. 到着次第彼らはホテルを探しに出掛けた.

up·per /ʌ́pər/ 形 C 〔一般語〕《限定用法》上方の, 上部の, 地位が上位の, 上級の, 上流の, 場所が

海岸から離れた**奥地の, 高地地方の**. 名 としては《通例複数形で》**靴の甲革, また《くだけた語》覚醒剤.**
[語源] 初期近代英語で higher, top の意味で使われるようになったが, もとは up の比較級.
[用例] He has a scar on his *upper* lip. 彼は上唇に傷跡がある/There's a crack in the *upper*. 靴の甲革に裂け目がある.
[反意語] lower.
【複合語】**úpper árm** 名 C《しばしば the ～》腕の肩からひじまで, 上腕. **uppercáse** 形 名 U《印》**大文字の活字(の)**(⇔lowercase)(★植字のための活字ケースの上に置かれていたことから). **úpper cláss** 名《the ～で単数または複数扱い; ときに the ～es》**上流階級(の人々, 社会)**(⇔lower class). **upper-cláss** 形 **上流階級の.**《米》高校, 大学の上級の. **úpperclássman** 名 C《米》高校, 大学の**上級生**(★4年制大学の場合は junior と senior). **úpper crúst** 名《the ～で単数または複数扱い》《軽蔑的》**上流社会.** **úppercút** 名 C《ボクシング》**アッパーカット.** **úpper déck** 名 C 船の上甲板, バスの2階席. **úpper hánd** 名《the ～》**優越, 優勢.** **Úpper Hóuse** 名《the ～》**二院制議会の上院**(⇔Lower House)(★米国ではthe Senate, 英国では the House of Lords). **úpper líp** 名 C **上唇. úppermòst** 形 **最高位の, 最高の, 最も重要な, 最優先の.** 副 **最高に, 最高位に, 最初に.**

up·pish /ʌ́piʃ/ 形《英》=uppity.
[語源] up+-ish. 初期近代英語から.

up·pi·ty /ʌ́pəti/ 形《くだけた語》《軽蔑的》**思い上がった, 生意気な.**
[語源] up+-ity. 19 世紀から.

up·right /ʌ́prait/, ¯´/ 形 〔一般語〕**真っ直ぐに[に], 真っ直ぐに立っている, 直立して, 家具などが竪(タテ)型の.**(〔語法〕be, go, place, rise, sit, stand, walk などの動詞と共に用いられる).〔その他〕**姿勢の真っ直ぐなことから, 比喩的に正しい, 正直な.** 名 として**真っ直ぐなもの, 堅型のもの, 特に支柱, 直立材, 堅型ピアノなど.**
[語源] 古英語 upriht から.
[用例] He placed the books *upright* in the bookcase. 彼はきちんと正しく本を書棚に並べた/She got off the bed and stood *upright*. 彼女はベッドから離れて真っ直ぐに立った/He has not always been *upright* in his business affairs. 彼は仕事上の事柄においては必ずしも公正ではなかった/When building the fence, place the *uprights* two metres apart. 柵を建てる場合には, 直立材を2メートルおきに配置しなさい.
【派生語】**úprightly** 副. **úprightness** 名 U.
【複合語】**úpright piáno** 名 C **堅型ピアノ.**

up·ris·ing /ʌ́praiziŋ/, ¯¯´/ 名 C〔一般語〕**暴動, 反乱.**

up·roar /ʌ́prɔːr/ 名 UC 〔一般語〕**騒音と混乱を伴う動揺, 騒ぎ, 騒動.**
【派生語】**upróarious** 形 **騒々しい, にぎやかな. upróariously** 副.

up·root /ʌprúːt/ 動 〔本来な〕〔一般語〕**根を引き抜く, 根こそぎする.** 比喩的に人を家や住み慣れた場所から引っ越しさせる, **移住させる, 悪習などを根絶する.**

up·set 動 〔本来な〕《過去・過分 ～》形, ¯´/ 名 CU 〔一般語〕**人をあわてさせる, 気を転倒させる, 悲しませる, 悩ませる.** 〔その他〕本来は物をひっくり返す, 転覆させるの意で, 比喩的に「気を転倒させる」の意となった. 同様に計画などで台無しに返す, **だめにする, 胃や体の具合を悪くする.** 形 として**ひっくり返った, 混乱した, 悩んだ, 胃の具合の悪い.** 名 として**混乱, 転覆, 胃の不調, 競技での予想外の大勝利[敗北].**
[用例] His friend's death *upset* him very much. 彼は友人の死を知って大へん取り乱した/He *upset* a glass of wine over the table. 彼はテーブルの上にワインの入ったグラスをひっくり返した/Bananas always *upset* my digestion. バナナを食べるといつも消化の調子がおかしくなる/Is he very *upset* about failing his exam? 彼は試験に落ちたことを大へん気に病んでいますか.
[類義語] upset; overturn: upset はひっくり返す, また何らかの原因によって計画などがだめになったり, 肉体的, 精神的安定を失い, 具合が悪くなったり, 混乱したりすること. overturn は車や船などを横転または転覆させるとか, 政府などを倒すことで, upset より大きなものや重大な事柄について用いる.

up·shot /ʌ́pʃɑt/-ʃɔt/《くだけた語》《the ～》**最終結果, 結論.**

up·side /ʌ́psaid/ 名 C〔一般語〕**上側, 上方, 価格や株価などの上昇傾向, 物事の明るい面.**
【複合語】**úpside dówn** 副 **逆さまに, 転倒して, 混乱して. úpside-dówn** 形 **逆さまの, 混乱した, めちゃくちゃの.**

up·stage /ʌ́psteid3/ 副 形, ¯´/ 動〔本来な〕〔一般語〕**舞台後方で[に, の].**〔その他〕《くだけた語》**お高くとまった, 高慢[な].** 動 としては, 舞台後方に行くことから共演者に観客に背を向けさせるという意味で, 他の俳優の人気をさらう, **一躍人気を出し抜く.**

up·stairs /ʌ́pstɛərz/ 副, ¯´/ 名 **上の階へ[に], 二階[三階]へ[に].** 形 として**階上の, 二階の.** 名 として《the ～で単数扱い》**上の階, 二階.**
[用例] The ground floor needs painting, but the *upstairs* is nice. 一階はペンキを塗る必要があるが, 二階は結構だ.
[反意語] downstairs.
【慣用句】***kick upstairs***《くだけた表現》**人を名目だけの閑職に祭り上げる.**

up·stand·ing /ʌ́pstandiŋ/ 形 〔形式ばった語〕**姿勢が真っ直ぐな, 直立した, 人格が正直な, 立派な.**

up·start /ʌ́pstɑːrt/ 名 C 〔軽蔑的な語〕**成り上がり者, 成り金.** 形 として**成り上がりの, 気取った.**

up·state /ʌ́pstèit/ 名 UC 副 形 〔一般語〕《米》**州内の田舎(へ, で, に, の).**

up·stream /ʌ́pstríːm/ 副 形 〔一般語〕**流れをさかのぼって, 上流に[の].**

up·surge /ʌ́psəːrd3/ 名 C〔やや形式ばった語〕**波や感情が押し寄せること, 高まり, 力の上昇, 数量の急増.**

up·swing /ʌ́pswiŋ/ 名 C 〔一般語〕**景気の上昇, 向上.**

up·take /ʌ́ptèik/ 名 U 〔一般語〕**物事や栄養素などの摂取, 活用, 生体への吸収.**
【慣用句】***be quick [slow] on the uptake*** のみ込みが速い[遅い].**

up·tight /ʌ́ptait/ 形《くだけた語》**ひどく緊張した, 神経質な, 不安な, いら立っている, 怒った.**

up to ⇒up.

up-to-date /ʌ́ptədéit/ 形 〔一般語〕**現代的な, 最新**

式の,最新(情報)の.
[用例] The method of teaching is very *up-to-date*. その教授法は最新式である/The school uses the most *up-to-date* computers. 学校は最新式のコンピューターを使用している.
[語法] 述語用法で very などの修飾語がつかないときは up to date とハイフンなしでつづるのが原則.
[反意語] out-of-date.

up・town /ʌ́ptáun/ [名] [C][U] [副] [形] 〔一般語〕《主に米》町の周辺部の住宅地区(に, へ, の), 山の手に(, へ, の).
[用例] He went *uptown* to call on his uncle. 彼は叔父を訪ねて住宅地区へ行った/We visited *uptown* school. 私共は山の手の学校を訪問した.
[反意語] downtown.

up・turn /ʌ́ptə:rn/ [名] [C], [∠́-] [動] [本来他] 〔一般語〕景気や運が上に向くこと, 上昇, 向上, 好転. [動] として上に向せる, ひっくり返す.
[派生語] **ùptúrned** [形].

up・ward /ʌ́pwərd/, 《英》**-wards** /-wərdz/ [副] [形] 〔一般語〕[一般義] 上へ向かって(の), 上の方へ(の). [その他] 数や量がより多く, …以上, 時間や時代について…以後, 景気などが上向きに[の].
[用例] He was lying on the floor face *upward(s)*. 彼はあお向けになって床に横たわっていた/They took the *upward* path. 彼らは上り道を行った.
[反意語] downward.
【慣用句】 ***upward(s) of*** … …以上.

ura・ni・um /juəréiniəm/ [名] [U] 《化》ウラニウム, ウラン(★原子力エネルギーとして使われる放射性元素の一種).
[語源] *Uranus*(ギリシャ神話の天の神)+-ium(物質を表す語尾)として18世紀から.

Ura・nus /júərənəs/ [名] [固] 《ギ神》天の神, ウラノス, 《天》天王星.
[語源] ギリシャ語 *ouranos*(=heaven)のラテン語形から.

ur・ban /ə́:rbən/ [形] 〔一般語〕[一般義] 都市の, 都市に住む. [その他] 都市特有の, 都会風の.
[語源] ラテン語 *urbs*(=city)の形 *urbanus* が初期近代英語に入った.
[用例] He dislikes *urban* life. 彼は都会生活を嫌っている.
[反意語] rural.
[派生語] **ùrbanizátion** [名] [U] 都会化. **úrbanìze** [動] [本来他] 都会化する, 都会風にする.
[複合語] **úrban spráwl** [名] [U] 都市が郊外へ無計画に拡大する**都市スプロール現象**.

ur・bane /ə:rbéin/ [形] 〔形式ばった語〕都会風の, 洗練された, 礼儀正しい, 粋な.
[語源] ラテン語 *urbanus*(⇒urban)がフランス語 *urbain(e)* を経て初期近代英語に入った.
【派生語】 **urbánity** [名] [U].

urbanization ⇒urban.
urbanize ⇒urban.

ur・chin /ə́:rtʃin/ [名] [C] [動] うに(sea urchin), 〔古風な語〕粗末な身なりのいたずら好きな少年, いたずらっ子, わんぱく小僧.
[語源] ラテン語 *ericius*(はりねずみ)が古フランス語を経て中英語に入った.

Ur・du /úərdu:/ [名] [U] 〔一般語〕パキスタンの公用語, ウルドゥー語.

[語源] ペルシャ語で camp, court の意.

urge /ə́:rdʒ/ [動] [本来他] [名] [C] 〔一般語〕[一般義] 言葉でしきりに…するように**勧める**, 主張する, **説得する**《to 不定詞》. [その他] 〔形式ばった語〕強く**主張する**, また《副詞を伴って》人や馬などをせき立てる, 急がせる. [名] として強い**衝動**.
[語源] ラテン語 *urgere*(=to press; to drive)が初期近代英語に入った.
[用例] He *urged* her to drive carefully. 彼は注意して運転するよう彼女に勧めた/He *urged* himself on in spite of his weariness. 彼は疲労にもかかわらず自らを駆り立てた/He had a sudden *urge* to go to Italy. 彼はイタリアへ行きたいという突然の衝動に駆られた.
[類義語] urge; press: **urge** は勧める, 駆りたてる, 人に勧めてある事を行わせることである. **press** は無理に…させる, 強いる意や, 物や考えなどを押しつけること.

urgency ⇒urgent.

ur・gent /ə́:rdʒənt/ [形] 〔一般語〕[一般義] 状態や状況が切迫した, **緊急**の. [その他] 急を要するという状況から, 〔形式ばった語〕人や人の態度がうるさく催促をする, しきりにせがむ, しつこい.
[語源] ラテン語 *urgere*(⇒urge)の現在分詞 *urgens* が初期近代英語に入った.
[用例] It is extremely *urgent* that they should be rescued from the mountain before dark. 彼らが日暮れ前に山から救出されることがきわめて緊急になすべきことだ.
[派生語] **úrgency** [名] [U] 緊急, 切迫; 強要, 力説. **úrgently** [副].

uric /júərik/ [形] 《医》尿の, 尿に含まれる.
[語源] ur(o)-[尿]-ic として18世紀から.
[複合語] **úric ácid** [名] [U] 《化》尿酸.

urinal ⇒urine.
urinary ⇒urine.
urinate ⇒urine.
urination ⇒urine.

urine /júərin/ [名] [U] 《医》尿.
[語源] ラテン語 *urina* が古フランス語を経て中英語に入った.
【派生語】 **úrinal** [名] [C] しびん, おまる. **úrinàry** [形] 泌尿器の, 尿の. **úrinàte** [動] [本来自] 排尿する, 尿をする. **ùrinátion** [名] [U] 排尿.

urn /ə́:rn/ [名] [C] 〔一般語〕蛇口のついた金属製の紅茶[コーヒー]沸かし, 大型で足つきのつぼ, 骨つぼ.
[語源] ラテン語 *urna* が中英語に入った.

Uru・guay /júərəgwèi/|úrugwài/ [名] [固] ウルグアイ(★南米の共和国; 首都 Montevideo).

us /ʌ́s, 弱 əs/ [代] 〔一般語〕《we の目的格》我々を, 我々に.
[用例] He woke *us*. 彼は私たちを起こした/A plane flew over *us*. 飛行機が頭上を飛んで行った/'Who did it?' '*Us*.'(=We did it)「誰がしたんだ」「私達です」/'Who did she come with?' '*Us*.'「彼女は誰と一緒に来ましたか」「私達と一緒に来ました」.

U.S., US /jú:és/ [名] [固] =U.S.A.

U.S.A., USA /jú:èséi/ [名] [固] アメリカ合衆国(United States of America)《★正式には the をつける》.

usable ⇒use.
usage ⇒use.

use /júːz/ 動 本来他, /júːs/ 名 UC 〔一般語〕一般義 道具などを使う, 用いる. その他 能力を使うということから頭を働かせる, 状況や人を利己的に利用する, 食い物にする, 食料や資金を消費する, 消耗する, 《しばしば副詞を伴って》人を取り扱う, 処遇する. 名 として使用, 用途, 効用, 利用権.
語源 ラテン語 *uti*（=to use）の過去分詞 *usus* から派生した俗ラテン語 **usare*（=to use）が古フランス語 *user* を経て中英語に入った.
用例 What did you *use* to open the can? かんを開けるのに何を用いましたか/*Use* your common sense! 常識を働かせなさい/We're *using* far too much electricity. 私達は非常に多くの電力を消費している/She felt that she had been badly *used*. 彼女はひどい処遇を受けたと思った.
【慣用句】 *be of great [no] use* 大いに役に立つ[役に立たない]. *go [fall] out of use* 使われなくなる. *It's no use doing ...* ＝*It's no use to do ...*＝*There's no use doing ...* ...しても無駄である. *make use of ...* ...を利用する. *out of use* 用いられていない. *Use by ...* 賞味期限は...(Best before ...). *use up* 使い尽くす.
【派生語】 **úsable** 形 使用できる, 使用に耐える. **us·age** /júːsidʒ, -zidʒ/ 名 UC 使用(法), 慣例, しきたり; 言語の慣用法, 語法. **used**[1]: a *used* car 中古車. **used**[2] /júːst/ 形 〔述語用法〕...に慣れている(accustomed)(to). *used to* 動 ⇒見出し. **useful** 形 ⇒見出し. **useless** 形 ⇒見出し. **úser** 名 C 使用者: **user-friendly** 使用者に親切な, 使いやすい, 利用しやすい.

used to /júːstə, 母音の前で júːstu/ 句 〔一般語〕過去の, 一定期間に継続的または しばしば起こった事柄を表して, 以前は...であった[...した], かつてはよく...したものだ.
用例 There *used to* be several bookstores in this street. 昔はこの通りに数軒の本屋があったね/I *used to* do some shopping every day. 私以前は毎日買物をしたものだ/He *used* not [*usedn't* /júːsnt/] *to* drive. 彼は以前は車を運転していなかった.

use·ful /júːsfəl/ 形 〔一般語〕一般義 役に立つ, 有益な. その他 くだけた語 効果的な, 有能な, 実力のある.
用例 Here are the names of some people who might be *useful* to you. これらはあなたにとって役立ってくれそうな人々の氏名です.
反義語 useless.
【派生語】 **úsefully** 副. **úsefulness** 名 U.

use·less /júːslis/ 形 〔一般語〕一般義 役に立たない, 無益な, むだな. その他 くだけた語 無能な, だめな.
【派生語】 **úselessly** 副. **úselessness** 名 U.

usen't /júːsnt/ 《英》 used not の短縮形.
user ⇒use.

ush·er /ʌ́ʃər/ 名 C 動 本来他 〔一般語〕劇場や教会の案内係, 《英》法廷の廷吏. 動 として案内する, 先導する.
語源 ラテン語 *os*（=mouth）をもとにした *ostium*（=door）から派生した *ostiarium*（=doorkeeper）が古フランス語 *ussier* を経て中英語に入った.
【派生語】 **ùsherétte** 名 C 《英》劇場などの案内嬢 《語法 現在では男女の区別なく usher を用いるのが一般的》.

usu·al /júːʒuəl/ 形 〔一般語〕一般義 いつもの, 普通の, 通常の. その他 慣れている, 習慣化している. また《the ～または one's ～で名詞的に》お決まりのもの[飲み物]、いつもの事.
語源 ラテン語 *usus*（=use）の 形 *usualis* が中英語に入った.
用例 Are you going home by the *usual* route? あなたはいつもの道で帰宅しますか/There are more people here than *usual*. ここにはいつもより多くの人々がいる.
類義語 usual; common; ordinary: **usual** はいつもの, 普通のなどの意. **common** はありふれた, 日常どこにでも見聞されたり起こったりする一般の, 共通のという意味. **ordinary** は日常的で型にはまった, 普通のという意味.
反義語 unusual.
【慣用句】 *as usual* いつものとおり: *As usual*, he was late. いつものように彼は時間に遅れた.
【派生語】 **úsually** 副 普通は, いつもは.

usu·rer /júːʒərər/ 名 C 〔古風な語〕《軽蔑的に》高利で金を貸す人, 高利貸し.
語源 ラテン語 *usus*（=use）から派生した *usuria*（=use of money lent; interest）が *usurie* として中英語に入り, usurer はその派生語.
【派生語】 **usúrious** 形 高利の, 高利で金を貸す. **úsury** 名 U 法外な高利, 高利貸し業《★この語は派生語ではないが便宜上ここに入れる》.

usurp /juːzɜ́ːrp/ 動 本来他 〔形式ばった語〕他人の地位や権力を不法な手段で自分のものにする, 強奪する, 奪い取る.
語源 ラテン語 *usurpare*（=to take possession of illegally）が中英語に入った.
【派生語】 **ùsurpátion** 名 UC. **usúrper** 名 C. **usúrpingly** 副.

usury ⇒usurer.

Utah /júːtɑː/ 名 固 ユタ《★米国西部の州; 州都 Salt Lake City; 郵便では UT と略す》.
【派生語】 **Útahn** 形 ユタ州(人)の. 名 C ユタ州人.

uten·sil /juː(ː)ténsl/ 名 C 〔一般語〕家庭[台所]用品.
語源 ラテン語 *uti*（=to use）から派生した *utensilis*（=fit for use; useful）の名詞用法が古フランス語を経て中英語に入った.
用例 pots and pans and other kitchen *utensils* ポット, 平なべそして他の台所器具.

uter·ine /júːtəràin/ 形 〔一般義〕《解》子宮の, 子宮に関する. その他 〔形式ばった語〕同母異父の, 種ちがいの.
語源 ⇒uterus.

uter·us /júːtərəs/ 名 C 《複 -teri /-təràɪ/, ～es》《解》子宮(womb).
語源 ギリシャ語 *hustera* から派生したラテン語 *uterus*（=womb）が初期近代英語に入った.

utilitarian ⇒utility.
utilitarianism ⇒utility.

util·i·ty /juːtíləti/ 名 UC 形 〔形式ばった語〕一般義 役に立つこと, 有用[実用]性. その他 〔一般語〕《通例複数形で》役に立つもの, 有用品, 実用物, 公共施設 (public utilities), 水道, ガスなどの家庭用諸設備. 形 として実用向きの, 並の, 多目的の.
語源 ラテン語 *uti*（=to use）の 形 *utilis*（=useful）の 名 *utilitas*（=usefulness）が古フランス語を経て中英語に入った.

【用例】Some kitchen gadgets have only a limited *utility*. 台所用品の中には限られた用途にしか役立たないものがある.

【慣用句】*of no utility* 役に立たない.

【派生語】**utìlitárian** 形 実用的な, 実利主義の. **utilitárianism** 名 U 功利主義, 実利主義《★英国の哲学者 Bentham が唱えた》.

【複合語】**utility prògram** 名 C 《コンピューター》ファイルのコピーのような一定作業を行うユーティリティープログラム. **utility ròom** 名 C 掃除機, 暖房器具, 洗濯機などを入れておく部屋, ユーティリティールーム.

utilizable ⇒utilize.

utilization ⇒utilize.

uti·lise, 《英》**-lise** /júːtəlàiz/ 動 本来他 〔形式ばった語〕利用する, 役立たせる, 活用する.

語源 フランス語 *utiliser* が18世紀に入った.

【用例】You must *utilize* all available resources. 手に入る資源はすべて利用せねばならない.

【派生語】**útilìzable** 形 利用できる. **ùtilizátion** 名 U 利用, 活用.

ut·most /ʌ́tmòust/ 形 名 〔形式ばった語〕一般義 最大限の, 極度の. その他 最も遠い, 一番端の. 名 として(the ~)数量, 努力などの最大限, 極限, 極度.

語源 古英語 ūt(=out) の最上級 ūtmest から.

【用例】Take the *utmost* care! 最大限の注意をしなさい.

【慣用句】*do one's utmost* 全力を尽くす. *to the utmost* 可能な限り, 極度に.

Uto·pia /juːtóupiə/ 名 CU 〔一般語〕(しばしば u-) 理想郷, ユートピア.

語源 Sir Thomas More が *Utopia* (1516) で用いた造語. ギリシャ語 *ou* (=not)+*topos* (=place) から成り, 「どこにもない場所」の意から「理想郷」になった.

【派生語】**Utópian** 形 名 C.

ut·ter¹ /ʌ́tər/ 形 〔一般語〕《限定用法》全くの, 完全な, 徹底的な.

語源 古英語 ūt (=out) の比較級 ūter(r)a, ūtra から.

【用例】*utter* silence 全くの沈黙/*utter* darkness 真っ暗やみ/I was amazed by his *utter* lack of tact. 彼が全く機転がきかないのには仰天した.

類義語 utter: complete: **utter** は全くの, 絶望的なという意で, よくないことについていう. **complete** はすべての必要な部分を完備していて完全な, 全部そろっているという中立的意味.

【派生語】**útterly** 副. **úttermòst** 形 名 〔文語〕=utmost.

ut·ter² /ʌ́tər/ 動 本来他 〔形式ばった語〕叫び声や言葉を口に出す, 発声[発話]する, ため息をつく, 考えなどを述べる.

語源 utter¹ と同語源で, 中英語で生まれた「外に出す」の意の 動 から.

【用例】He *uttered* a cry of despair. 彼は絶望の叫びをあげた/She didn't *utter* a single word of encouragement. 彼女は激励の言葉をひと言も発しなかった/She *uttered* a sigh of relief. 彼女はほっと安堵のため息をついた.

【派生語】**útterance** 名 UC 発声, 発音; 発話.

utterly ⇒utter¹.

uttermost ⇒utter¹.

U-turn /júːtə̀ːrn/ 名 C 〔一般語〕反対の方向に車の向きを変えること, ユーターン, 比喩的に政策などの180度の方向転換.

uvu·la /júːvjulə/ 名 C (複 **-lae**/-lìː/, **~s**) 《解》口蓋垂, のどびこ.

語源 ラテン語 *uva* (=grape) の指小語が中英語に入った. ぶどうに似た形から.

【派生語】**úvular** 形.

V

v¹, V¹ /víː/ 名 C ヴィー(★アルファベットの第 22 番目の文字), V 字型のもの.

v², V²《略》= velocity; volt; victory; verb; volume.

VA《略》= Virginia.

vacancy ⇒vacant.

va·cant /véikənt/ 形 [一般義] [一般義] からの, 席, 部屋, 家などがあいている. [その他] 使用されていないという意味から, 地位や役職などが空席の, 欠員の, 時間などあいている. 心などうつろな, ぼんやりした, うわの空の.
[語源] ラテン語 vacare (=to be empty) の現在分詞 vacans が古フランス語を経て中英語に入った.
[用例] There are no *vacant* rooms in this hotel. このホテルには空室はない/He looks rather *vacant*. 彼は何だかぼんやりしているようだ.
[類義語] vacant; blank; empty: **vacant** は空虚な, 占有されていない, 本来あるべき地位や役職が一時的に欠員であるという意. **blank** は物の表面に何もないという意. **empty** はからで中味がないという意.
[反意語] full.
【派生語】**vácancy** 名 UC 空所, 空席, 欠員. **vácantly** 副 ぼんやりと, 放心して.

va·cate /véikeit | vəkéit/ 動 本来自 〔形式ばった語〕からにする, 立ち退く, 地位などを退く, 無効にする.
[語源] ラテン語 vacare (⇒vacant) の過去分詞 vacatus が初期近代英語に入った.

va·ca·tion /veikéiʃən, və- | və-/ 名 CU 動 本来自 〔一般義〕[一般義] 休み, 休暇. [語法] 《米》ではどんな種類の休暇にも用いられるが, 《英》では大学や法廷の定まった休みのみで, その他は holiday(s) を用いる). [その他] 引き払い, 家などの明け渡し, 職をやめること, 辞職. 動 として《米》休みを過ごす, 休暇をとる.
[語源] ラテン語 vacare (⇒vacant) の 名 vacatio (=freedom) が古フランス語を経て中英語に入った.
[用例] He *vacationed* in Paris last year. 彼は昨年パリで休暇を過ごした.
【慣用句】**on vacation**《主に米》休暇で, 休暇を取って (《英》on holiday).
【派生語】**vacátioner** 名 C = vacationist. **vacátionist** 名 C《米》休暇を取っている人, 休暇の行楽客 (《英》holidaymaker).

vac·ci·nate /væksəneit/ 動 本来他 【医】人に種痘をする, ワクチン[予防]接種をする.
[語源] vaccination からの逆成. vaccine に動詞語尾 -ate が付いたもの. 19 世紀から.
[用例] Has your child been *vaccinated* against smallpox? あなたのお子さんは天然痘の予防接種を受けましたか.
【派生語】**vàccinátion** 名 UC.

vac·cine /væksíː(ː)n, -ǀ-ǀ-/ 名 UC 【医】痘苗(とうびょう), 一般にワクチン.
[語源] ラテン語 vacca (=cow) の 形 vaccinus が名詞化して 19 世紀に入った. 1796 年に英国人医師 Jenner が天然痘にかかった牛から痘苗を作ったことに由来する.

vac·il·late /væsileit/ 動 本来自 〔形式ばった語〕(しばしば軽蔑的に)人が意見や気持をあれこれと変えて心を決めかねる.
[語源] ラテン語 vacillare (=to sway) の過去分詞 vacillatus が初期近代英語に入った.
【派生語】**vácillàting** 形. **vàcillátion** 名 UC. **vácillàtor** 名 C 優柔不断な人.

vacuity ⇒vacuous.

vac·u·ous /vækjuəs/ 形 〔形式ばった語〕[一般義] 何もない, 空虚な. [その他] 真空の, 《軽蔑的に》頭からの, 知性や感情に欠ける, 無意味な, くだらない, する事がない, ぶらぶらした.
[語源] ラテン語 vacuus (=empty) が初期近代英語に入った.
[用例] a *vacuous* expression ぽかんとした表情.
【派生語】**vacúity** /vækjúːəti, vək-/ 名 UC 心などの空虚な状態, つまらぬ言葉や行為. **vácuously** 副. **vácuousness** 名 U.

vacuum /vækjuəm/ 名 C 動 本来他 〔一般義〕[一般義] 何もないこと, 真空. [その他] 空虚, 心の空白, 〔口語的に〕電気掃除機. 動 として〔くだけた語〕部屋などに掃除機をかける.
[語源] ラテン語 vacuus (=empty) の中性単数形 vaccum が初期近代英語に入った.
[用例] She was brought up in a *vacuum*, isolated from the normal world. 彼女は俗世から遮断され孤立状態で育てられた.
【複合語】**vácuum bòttle** [《英》**flàsk**] 名 C 魔法瓶. **vácuum clèaner** 名 C 電気掃除機. **vácuum tùbe** [《英》**vàlve**] 名 C 真空管.

vag·a·bond /vægəbànd | -bɔ̀nd/ 名 C 形 動 本来自 〔文語〕〔軽蔑的に〕放浪者, 浮浪者, 〔くだけた語〕ならず者, ごろつき. 本来は 形 として放浪している, 進路やらすやらが定まらない. 動 としては放浪する.
[語源] ラテン語 vagari (=to wander) から派生した vagabundus (=strolling about) が古フランス語を経て中英語に入った.
[用例] You must give up your *vagabond* ways! ふらふらした生活をやめなさい/lead a *vagabond* life 放浪生活をする.
【派生語】**vágabòndage** 名 U 放浪生活. **vágabòndism** 名 U 放浪癖.

va·gi·na /vədʒáinə/ 名 C (複 ~s, -nae/niː/) 【解】膣(ちつ), 鞘(さや), 【植】葉鞘.
[語源] ラテン語 vagina (=sheath) が初期近代英語に入った.

vagrancy ⇒vagrant.

va·grant /véigrənt/ 名 C 形 〔形式ばった語〕浮浪者, 放浪者. 形 として〔限定用法〕さまよう, さすらう, 転じて考えが変わりやすい, 気まぐれな, 植物があちこちにはびこる.
[語源] walk と同じゲルマン語起源の古フランス語 wa(u)crer (=to wander) の現在分詞 wa(u)crant がアングロフランス語を経て中英語に入った.
【派生語】**vágrancy** 名 U 放浪[生活].

vague /véig/ 形 〔一般義〕言語, 考え, 意味, 性質, あるいは形態や色などがぼんやりした, はっきりしない, 漠然とした, 不明瞭な, あいまいな.
[語源] ラテン語 vagus (=wandering; uncertain) が

フランス語を経て初期近代英語に入った.

[用例] She has only a *vague* idea of how this machine works. 彼女はこの機械の操作についてだけぼんやりわかっているだけだ/My plans are somewhat *vague* at the moment. 私の計画は今のところ多少はっきりしていないところがある.

[類義語] vague; obscure: **vague** は意味, 感情などが不明確か, 紛らわしいという意味. **obscure** は何かにおおわれていてうす暗いということから, 比喩的に記憶や意味などがあいまいだ, 疑わしいという意味.

[反意語] clear; distinct; obvious.

【派生語】**váguely** 副. **vágueness** 名 U.

vain /véin/ 形 〔一般語〕[一般義] 本当の重要性・価値がなく無益の, むだな. うぬぼれた, 虚栄心の強い, 弱い. [語源] ラテン語 *vanus* (=empty) が古フランス語 *vain* を経て, worthless, futile の意で中英語に入った.

[用例] He made a *vain* attempt to reach the drowning woman. 彼はおぼれかけている女性に近づこうと試みたがだめだった/She's very *vain* about her good looks. 彼女は自分の美貌にたいそううぬぼれている.

[類義語] vain; empty: **vain** は価値や意味がない, 無益の, **empty** は実質を失って中に何もない, 空虚な, むなしいという意味.

【慣用句】*in vain* 無益に, むだに[で], 軽々しく.

【派生語】**váinly** 副.

val·ance /væləns/ 名 C 〔一般語〕[一般義] 寝台, 天蓋, 説教壇, 棚などの上からしばしば床まで垂れている装飾用の垂れ布. [その他]《米》窓上部の飾りカーテン, カーテンの金具隠し(《英》pelmet).《[語法] valence とも綴られる》.

[語源] フランス南東部の織物産地 *Valence* にちなむという説と, 古フランス語 *avaler* (=to descend) の頭音消失とする説がある. 中英語に入った.

vale /véil/ 名 C 〔文語〕谷, 谷間(《[語法] the Vale of Evesham, Vale Royal のように地名として用いられる以外は詩語》).

[語源] ラテン語 *vallis* (=vally) が古フランス語を経て中英語に入った.

val·e·dic·tion /væˌlədíkʃən/ 名 UC 〔形式ばった語〕告別(の辞).

[語源] ラテン語 *vale* (=farewell)+*dicere* (=to say) から成る *valedicere* (=to say farewell) の過去分詞 *valedictus* が初期近代英語に入った.

【派生語】**vàledictórian** 名 C《米》告別演説をする卒業生総代(⇒valedictory). **vàledíctory** 形 告別の. 名 C《米》卒業生総代の告別演説.

va·lence /véiləns/ 名 CU 《主に米》《化》原子価,《生》抗原などが結合する数価, 結合価,《言》語の結合価.

[語源] ラテン語 *valere* (=to be strong) の現在分詞 *valens* から派生した 名 *valentia* (=power) が19世紀に入った.

【派生語】**válency** 名 CU《主に英》=valence.

【複合語】**válence elèctron** 名 C《化》価電子.

val·en·tine /vǽləntàin/ 名 C 〔一般語〕[一般義] バレンタインカード(の贈り物), バレンタインカードを贈る相手. [その他] (Saint V-) 聖バレンタイン《★3世紀ごろのローマのキリスト教殉教者; ⇒Saint Valentine's Day》.

val·et /vǽlit/ 名 C 動 [本来的] 〔一般語〕[一般義] ホテルで衣服の世話をするボーイ. [その他] 本来は従者, 世話係, 付人(gentleman's gentleman). 動 として人の身の回りの世話をする, 仕える.

[語源] ラテン語 *vassus* (=servant) の指小語 *vassellittus* が古フランス語 *varlet, vaslet* (=young nobleman; page) を経て中英語に入った.

【慣用句】*No man is a hero to his valet*.《ことわざ》英雄も(いつも見慣れている)付き人にとってはただの人.

【複合語】**válet párking** 名 U 係員が車の出し入れをしてくれる駐車サービス.

val·e·tu·di·nar·ian /væˌlətjùːdənɛ́əriən/ 名 C 形 〔形式ばった語〕[一般義] いつも健康を気にしすぎている人. [その他] 本来は病弱な人, 体が丈夫でない人の意. 形 として健康を気にしすぎる, 病弱な, 体が丈夫でない.

[語源] ラテン語 *valetudo* (=state of health; feebleness) の 形 *valetudinarius* (=sickly) が初期近代英語に入った.

【派生語】**vàletùdinárianism** 名 U 健康を気にしすぎること, 病弱.

valiance, valiancy ⇒valiant.

val·iant /vǽljənt/ 形 名 〔文語〕[一般義] 戦闘や危険で困難な状況において勇敢な, 雄々しい. [その他] 価値のある, りっぱな. 名 として勇敢な人.

[語源] ラテン語 *valere* (=to be strong) の現在分詞 *valens* が古フランス語 *vaillant* を経て中英語に入った.

【派生語】**váliance, váliancy** 名 U 勇敢, 勇気. **váliantly** 副.

val·id /vǽlid/ 形 〔一般語〕[一般義] 論理上妥当な, 正しい. [その他] 契約などが正式な手続を経た, 法的に有効な.

[語源] ラテン語 *valere* (=to be strong) から派生した *validus* (=strong) が古フランス語 *valide* を経て, 法律用語として初期近代英語に入った.

[用例] That is not a *valid* excuse. それは妥当な弁明ではない/This railway ticket is *valid* for three months. この鉄道の切符は3か月間有効だ.

[反意語] false; invalid; void.

【派生語】**válidàte** 動 [本来的] 有効にする, 正しいことを立証する. **valídity** 名 UC 正当性, 合法性. **válidly** 副 妥当に, 合法的に.

va·lise /vəlíːs | -líːz/ 名 C 〔古風な語〕旅行用手さげかばん.

[語源] イタリア語 *valigia* (=valise) がフランス語を経て初期近代英語に入った.

val·ley /vǽli/ 名 C 〔一般語〕[一般義] 山と山の間にある割合なだらかな谷, 谷間. [その他] 川の流域, 盆地.

[語源] ラテン語 *vallis* (=valley) が古フランス語 *valee* を経て中英語に入った.

[類義語] valley; ravine; gorge; canyon; glen: **valley** は割合なだらかな谷間, あるいは川の流れる谷間をいうが, **ravine, gorge** は長く深い谷や峡谷で, 後者の方が普通. **canyon** は米国やメキシコなどにある大きな深い峡谷. **glen** は主にスコットランドにある峡谷, 谷間.

val·or, -our /vǽlər/ 名 U 〔文語〕戦闘における武勇, 勇気.

[語源] ラテン語 *valere* (=to be strong) から派生した *valorem* (=value) が古フランス語を経て中英語に入った.

【慣用句】*Discretion is the better part of the valor*.《ことわざ》用心は勇気の大半(君子危うきに近寄らず).

val·u·a·ble /vǽljuəbl/ 形 C 〔一般語〕[一般義] 貴重な, 有益な, 大切な. 金銭的に価値が高い, 高価な. 名《通例複数形で》貴重品.
[語源] ⇒value.
[用例] Is the watch *valuable*? その時計は高価なものですか.
[類義語] valuable; precious; priceless: **valuable** は物についてはその有用性が金銭などで計れる意味で価値が高いことをいい, 物以外についてはその内容が有効でためになるの意. **precious** は本質的価値のあるもの, 金銭では計れないほどの貴重さを表す. **priceless** は意味の強い語で値段がつけられないくらい高価の意.
[反義語] valueless; worthless.
【派生語】**váluableness** 名 U. **váluably** 副.

val·ue /vǽlju/ 名 UC 動 本来他 〔一般語〕[一般義] 金銭や何かの基準で計れる価値, 価格. その他 物事の真価, 《楽》音符の長さ, 《数》数値. 動 として評価する, 尊重する, 大切にする.
[語源] ラテン語 *valere* (=to be strong) の過去分詞 *valutus* の女性形 *valuta* が古フランス語を経て中英語に入った.
[用例] His special knowledge was of great *value* during the war. 彼の特殊な知識は戦時中に大変価値があった/He puts little *value* on qualifications. 彼は資格にはあまり重きをおかない/Is the *value* of the dollar much less now than it was ten years ago? ドルの値は10年前より現在はるかに少ないですか/This holiday has been excellent *value* (for money). この休日は金銭には代え難いほどのすばらしい価値があった/You get *value* for money at this supermarket! このスーパーマーケットではお金に使いでがある/This painting has been *valued* at £20,000. この絵は2万ポンドの値がつけられる/He *values* your advice very highly. 彼はあなたの助言を大変重要視している.
[類義語] value; price; worth: **value** は物について金額に直した実際的・相対的な価値. **price** は物自体の価値とは無関係で, 販売のためにつけられる値段. **worth** は一般に知的・道徳的価値を意味し, 物に関してはその真価をいう.
【慣用句】*of value* 価値がある, 重要な. *put [set] much [a high; little] value on [upon]*......を大いに評価する[高く評価する, 余り評価しない].
【派生語】**valuátion** 名 UC 評価, 価値, 価値判断, 評価額. **válued** 形 貴重な, 評価された. **válueless** 形 価値のない, つまらない. **váluer** 名 評価する人, 価格査定人.
【複合語】**válue-àdded nétwork** 名 C 付加価値通信網 ([語法] VAN と略す). **válue-àdded táx** 名 C 付加価値税《[語法] VAT と略す》. **válue jùdgment** 名 CU 主観的な価値判断.

valve /vǽlv/ 名 C 〔一般語〕[一般義] 弁, バルブ. その他 心臓や血管の弁, 二枚貝の殻. 動 として, 流れを弁で調節する, ...に弁をつける.
[語源] ラテン語 *volvere* (=to turn) から派生した *valva* (折りたたみドアの一枚) が中英語に入った.
[用例] *Valves* in the heart control the flow of blood in the human body. 心臓の弁は体内の血液の流れを制御する.
【派生語】**válvular** 形 弁の, 弁の付いた, 心臓弁膜の.

【派生語】**válorous** 形.

vamp¹ /vǽmp/ 名 C 動 本来他 〔一般語〕[一般義] 靴のつま革. その他 つま革をつけ替えると古い靴でも新しく見えることから, 新しく見せるためのつぎ, ほろ隠し, 古い文学作品などの焼き直し. 動 靴に新しいつま革をつける.
[語源] 古フランス語 *avantpié* (*avant* before + *pié* foot) がアングロフランス語を経て中英語に入った.
【慣用句】*vamp up* 見場をよくする, 手直しする, 言い訳などをでっちあげる.

vamp² /vǽmp/ 名 C 動 本来他 〔古風な語〕《軽蔑的》妖婦, 浮気女. 動 として, 男を誘惑する. 自 妖婦役を演じる.
[語源] vampire の短縮形. 20世紀から.
【派生語】**vámpish** 形.

vam·pire /vǽmpaiər/ 名 C 〔一般語〕[一般義] 吸血鬼. その他 吸血鬼のように人を食い物にする者, 特に搾取者や妖婦, 吸血鬼のように血を吸う(と信じられていた)吸血こうもり. 吸血鬼は突然出没することから, 《劇》登場人物が急に姿を消すために舞台に設けられているばね落とし, 落とし戸.
[語源] スラブ語系のサーボクロアチア語から.
【派生語】**vampiric** /væmpírik/ 形. **vámpirish** 形. **vámpirism** 名 U 吸血鬼(の存在)を信じる迷信, 吸血鬼のしわざ; あくどい搾取, 男を食い物にする行為.
【複合語】**vámpire bàt** 名 C 吸血こうもり.

van¹ /vǽn/ 名 C 〔一般語〕[一般義] 有蓋のトラック, バン. その他 小型トラック, ライトバン《米》station wagon; delivery truck, 《英》有蓋貨車, 手荷物車.
[語源] vanguard の短縮形.

van² /vǽn/ 名 C 〔形式ばった語〕《the ~》軍隊や行進などの先頭, 前衛.
[語源] vanguard の短縮形.
[反義語] rear.
【慣用句】*in the van* 先頭に立って. *lead the van of*......の先駆をつとめる.

van·dal /vǽndəl/ 名 C 形 〔一般語〕《軽蔑的》芸術作品, 公共物, 自然などの心ない破壊者. その他 (the V-s) バンダル族《★5世紀頃にヨーロッパを侵し, ローマの文化を破壊したゲルマン人》. このことから一般化して文化などの「破壊者」の意となった. 形 として, 文化などを破壊する, 野蛮な, 《V-》バンダル族の.
【派生語】**vándalìsm** 名 U 芸術作品や公共物を意図的に破壊する非文化的破壊行為, 蛮行. **vàndalístic** 形. **vándalìze** 動 本来他.

vane /véin/ 名 C 〔一般語〕[一般義] 風見, 風向計 (weather vane) 《★鶏の形の風見は weathercock と呼ぶ》. その他 風車のように風でくるくる回るものを送るもの, 特に風車, タービン, 扇風機, プロペラなどの羽根. 羽根のようなもの, 例えば弓の矢羽, 測量器の視準板, ロケットやミサイルの後尾についている翼板.
[語源] 古英語 *fana* (=flag) の南部・西部方言から.
【派生語】**váned** 形 vaneのついた.

van·guard /vǽngɑːrd/ 名 《通例 the ~》〔一般語〕軍隊や行進などの先頭, 前衛 ([語法] van ともいう). その他 先頭ということから, 政治活動や芸術運動などの指導者たち, 先駆者たち.
[語源] 古フランス語 *avant-garde* (*avant* before + *garde* guard) が中英語に入った.
【派生語】**vánguardìsm** 名 U 前衛主義. **vánguardist** 名 C.

va·nil·la /vəníla/ 名 UC 形 〔一般語〕バニラ(エッセ

ス) (★バニラはアメリカ熱帯地方のつる性植物). 形 としてバニラ風味の.
[語源] ラテン語 *vagina* (⇒vagina) に由来するスペイン語 *vainilla* (=little sheath) が初期近代英語に入った.
【派生語】**vaníllic** 形. **vaníllin** 名 《化》バニリン.
【複合語】**vanílla bèan** 名 バニラ豆. **vanílla èxtract** 名 UC バニラエッセンス.

van·ish /vǽnɪʃ/ 動 本来自 〔一般語〕見えていたものが急に見えなくなる, 消える, 希望や恐れなどがなくなる, 存在するものが消滅する.
[語源] ラテン語 *evanescere* (*ex-* away from + *vanescere* to disappear) が古フランス語を経て中英語に入った.
[用例] The ship *vanished* over the horizon. 船が水平線に消えていった/Our hopes suddenly *vanished*. 我々の希望は突然に消え失せた.
[類義語] ⇒disappear.
【複合語】**vánishing crèam** 名 U 化粧下用クリーム, バニシングクリーム. **vánishing pòint** 名 C 透視画法での消点.

van·i·ty /vǽnəti/ 名 UC 〔一般語〕 一般義 虚栄, 虚飾, 虚栄心. その他 虚栄ということから, うぬぼれ, むなしさ, はかなさ, 無益なもの[こと].
[語源] ラテン語 *vanus* (=empty, vain) から派生した *vanitas* (=emptiness) が古フランス語の *vanité* を経て中英語に入った.
[慣用句] *out of vanity* 虚栄心で, 見えで.
【複合語】**Vánity Fáir** 虚栄の市 (★Bunyan 作 *The Pilgrim's Progress* の中に出てくる市; William Makepeace Thackeray 作の小説の題名).

van·quish /vǽŋkwɪʃ/ 動 本来他 〔文語〕征服する, 敵を破る, 負かす.
[語源] ラテン語 *vincere* (=to conquer) が古フランス語 *veintre* (=to conquer) の過去形 *venquis* を経て中英語に入った.

van·tage /vǽntɪdʒ/ vá:n-/ 名 U 〔形式ばった語〕状態, 立場, 地点などの有利さ, 強み.
[語源] 古フランス語 *avantage* (=advantage) が頭音消失の形で中英語に入った.
【複合語】**vántage pòint** 名 C 攻撃, 防御, 見晴らしなどの点で有利な位置. 見晴らしがきく位置からの見えたということから, 展望, 視点.

vap·id /vǽpɪd/ 形 〔形式ばった語〕〔やや軽蔑的〕飲物などが風味のない, 気の抜けた, 比喩的に人, 話, 文章などがパッとしたところがない, 面白くない, 退屈な.
[語源] ラテン語 *vapidus* (気の抜けた, おいしくない) がフランス語を経て初期近代英語に入った.
【派生語】**vapídity** 名 U. **vápidly** 副. **vápidness** 名.

va·por, 《英》-**pour** /véɪpər/ 名 UC 〔一般語〕一般義 蒸気, 湯気, 霧, 霞. その他 比喩的に取りとめのない考え, 幻想, 実質のないもの.
[語源] ラテン語 *vapor* (=steam) が古フランス語 *vapeur* を経て初期近代英語に入った.
【派生語】**vàporizátion** 名 U 蒸発作用, 気化. **váporize** 動 蒸発させる[する]. **váporizer** 名 C 気化器, 噴霧器, 吸入器. **váporous** 形 蒸気の(ような), 蒸気が充満した.

var·i·a·ble /vé(ə)riəbl/ 形 C 〔一般語〕変化しやすい, 一定していない, 可変の. 名 は変化するもの, 《数》変数.
[語源] ラテン語 *varius* (⇒various) から派生した *variabilis* が中英語に入った.
【派生語】**vàriabílity** 名 U 変わりやすいこと, 可変性. **váriably** 副 変わりやすく, 不定に.

variance ⇒variant.

var·i·ant /vé(ə)riənt/ 形 C 〔一般語〕相違した, 異なる. 名 として変種, 変形, 発音またはつづり上の異形.
[語源] ラテン語 *variare* (⇒vary) の現在分詞 *variantem* が古フランス語を経て中英語に入った.
【派生語】**váriance** 名 U 相違.

var·i·a·tion /vè(ə)riéɪʃən/ 名 UC 〔一般語〕変化, 変動, 変種, 《楽》変奏(曲).
[語源] ラテン語 *variare* (⇒vary) の過去分詞 *variatus* から派生した *variatio* が古フランス語を経て中英語に入った.

var·i·col·ored, 《英》-**oured** /vé(ə)rikʌlərd/ 形 〔一般語〕色とりどりの.

var·i·cose /vǽrəkòʊs/ 形 《医》静脈瘤(りゅう)の.
[語源] ラテン語 *varicosus* (拡張した血管のある) が18世紀に入った.
【派生語】**vàricósity** 名 U 静脈瘤症.
【複合語】**váricose véins** 名 《複》怒張静脈, 特に脚の痛みを伴ったむくみ.

varied ⇒vary.

var·i·e·gate /vé(ə)riəgeɪt/ 動 本来他 〔形式ばった語〕異なる色を加えてまだらにする, 一般に変化をつける.
[語源] ラテン語 *variegare* (=to make various in appearance; *varius* various + *agere* to drive) の過去分詞 *variegatus* が初期近代英語に入った.
【派生語】**váriegated** 形 葉などが多彩色の, 斑入りの, 変化に富んだ, 多様な. **vàriegátion** 名 U.

va·ri·e·ty /vəráɪəti/ 名 UC 〔一般語〕 一般義 変化のあること, 多種多様. その他 多様性ということから, 品種, 種類, 変種, バラエティー(variety show).
[語源] ラテン語 *varius* (⇒various) から派生した *varietas* が古フランス語 *variété* を経て初期近代英語に入った.
[用例] There's a great deal of *variety* in this job. この仕事は実に多種多様だ/The children got a *variety* of toys on Christmas day. 子供達はクリスマスの日にさまざまなおもちゃをもらった/I much prefer straight plays to *variety*. 私はバラエティーショーよりせりふだけの劇のほうがはるかに好きだ.
[反義語] monotony.
【複合語】**varíety mèat** 名 (通例複数形で) 《米》食用動物の臓物. **varíety shòw** 名 C 歌, 踊り, 寸劇などを連続的に取り合わせて見せるバラエティーショー. **varíety stòre** 名 C 《米》雑貨店.

var·i·form /vé(ə)rəfɔːrm/ 形 〔一般語〕種々の形がある, さまざまな形の.
[語源] vari(ous) + -form. 初期近代英語から.

var·i·ous /vé(ə)riəs/ 形 〔一般語〕いろいろな, 種々の. その他 異なるということから, 多様な, いくつかの, 幾多の.
[語源] ラテン語 *varius* (=diverse) が初期近代英語に入った.
[用例] *Various* people have told me about you. さまざまな人々があなたのことを話してくれた/I have heard *various* reasons for his leaving. 私は彼が

辞めたいいろいろな理由を聞いている.
【派生語】**váriously** 副. **váriousness** 名 U.

var·nish /vάːrniʃ/ 名 本来他 一般語 一般義 ニス, ワニス, 上塗り. その他 ニス塗りの光沢(面)ということから, うわべだけの光沢, 粉飾, 見せかけ. 動 として, 家具などにニスを塗る, ...のうわべを飾る.
語源 ラテン語 *veronix* (にかわに似になる木) が古フランス語を経て中英語に入った.
用例 Don't sit on that chair — I've just *varnished* it. その椅子(1)に座らないで. 私がニスを塗ったばかりだから.
【慣用句】***varnish a lie with an innocent look*** そしらぬ顔でうそをうまくごまかす.

var·si·ty /vάːrsəti/ 名 C 形 一般語 (米)大学や学校の特にスポーツの代表チーム. 形 としては《英》大学の.
語源 university の短縮形.

vary /véəri/ 動 本来自 一般語 一般義 大きさ, 形, 量などが異なる, 変化する. その他 変化がある, 相互に異なる. 他 ...に変化をつける, 変更する, 多様にする.
語源 ラテン語 *varius* (⇒various) から派生した *variare* (=to vary) が古フランス語 *varier* を経て中英語に入った.
用例 Her daily routine never *varies*. 彼女の日課はいつも変らない/It is possible to *vary* the pitch of a guitar string by tightening it. ギターの弦をきつくして, 音の高低を変えることは可能である.
類義語 vary; change; alter: **vary** は不規則ではあっても継続的に変わる[変える]. **change** は変わる[変える]場合に前のものとは違ったものになる[する]こと. **alter** は部分的に変わる[変える]ことで, change より意味の弱い語.
【派生語】**váried** 形 種々の, 多彩な. **várying** 形 いろいろな, 多様な.

vas·cu·lar /væskjulər/ 形 【解・生】動物の血管の, 植物の導管の, 動物の管の中を流れる血液や樹液が動植物の活力の源であることから, 一般に**活気のある**, **元気な**.
語源 ラテン語 *vas* (=vessel) の指小語 *vasculum* (=small vessel) から派生した 形 *vascularis* が初期近代英語に入った.
【派生語】**vàscularity** 名 U. **vàscularizátion** 名 U 管化, 血管新生.
【複合語】**váscular búndle** 名 C 維管束. **váscular plánt** 名 C 維管束植物. **váscular sýstem** 名 C 脈管系, 維管束系. **váscular tíssue** 名 U 維管束組織.

vase /véis | váːz/ 名 C 一般語 花びん, びん, つぼ.
語源 ラテン語 *vas* (=vessel) が初期近代英語に入った.

Vas·e·line /væsəliːn/ 名 U 一般語 ワセリン(★ petrolatum の商標名).

vas·sal /væsəl/ 名 C 形 一般語 【史】封建時代に君主から領地を拝領し, 君主に忠誠を誓った封臣, 家臣. その他 一般に**配下, 従属者**. 形 として封臣の, 隷属した.
語源 ラテン語 *vassus* (=servant) から派生した *vassallum* (=man-servant) が古フランス語を経て中英語に入った.
用例 a *vassal* state 属国/*vassal* homage [fealty] 臣下の礼, 忠誠の誓い.

vast /væst | vάːst/ 形 一般語 一般義 広大な, 果てしない. その他 漠然としたということから, 数, 量, 額などが**莫大な, おびただしい, 非常に**. 名 として《the ~》広漠たる広がり.
語源 ラテン語 *vastus* (=empty; immense) がフランス語を経て初期近代英語に入った.
用例 A *vast* desert lay before us. 果てしない砂漠が我々の目の前に広がっている/He inherited a *vast* fortune. 彼は莫大な財産を相続した.
【派生語】**vástly** 副 広大に, 広々と, 〔強意語として〕非常に, たいへん, 大いに. **vástness** 名 U 広大さ, 莫大さ, 〔文語〕《複数形で》果てしない広がり, 無限の空間.

vat /væt/ 名 C 動 本来他 一般語 醸造用や染料用などの大たる, 大おけ, 大タンク. 動 として大たる[おけ]の中で処理する.
語源 古英語 *fæt* (=vessel) から.
【派生語】**vátful** 名 C 大たる一杯分.

Vat·i·can /vǽtikən/ 名 固 形 《the ~》バチカン宮殿, ローマ教皇庁, バチカン宮殿にはローマ教皇が住んでいるで, 比喩的に**教皇政治, 教皇権**. 形 としてバチカン宮殿の, ローマ教皇庁の.
【派生語】**Váticanism** 名 U 教皇至上主義.
【複合語】**Vátican Cíty** 名 固《the ~》バチカン市国. **Vátican Cóuncil** 名 固《the ~》バチカン公会議.

vau·de·ville /vóudəvil, vɔ́ːd-/ 名 U 〔古風な語〕《主に米》劇場やテレビ用の歌, 踊り, 曲芸, 漫才などから構成される**寄席演芸**《英》variety).
語源 フランス語 *vaudeville* が18世紀に入った. *Vau de Vire* (ビル川沿いの谷)の変形で, 昔この川沿いで風刺的な俗謡が作られたことから.
【派生語】**vàudevíllian** 名 C 寄席芸人.

vault[1] /vɔ́ːlt/ 名 C 動 本来他 一般語 一般義 アーチ形天井または屋根. その他 アーチ形天井のある部屋, 地下貯蔵室, 銀行の(地下)金庫, 教会などの地下納体所. 動 としてはアーチ形天井を張る.
語源 ラテン語 *volvere* (=to roll; to turn) の過去分詞の変形 *volvitus* の女性形 *volvita* が古フランス語を経て中英語に入った.
用例 The thieves broke into the bank *vaults*. 盗賊が銀行の地下金庫に侵入した/He was buried in the family *vault*. 彼は一族の納体室に葬られた.
【派生語】**váulted** 形 アーチ形天井のある, 丸天井のある. **váulting**[1] 名 U アーチ形天井工事, 丸天井建築.

vault[2] /vɔ́ːlt/ 動 本来自 名 C 一般語 手や棒などを支えにして跳ぶ, 跳び越す, 棒高跳びをする. 名 として跳ぶこと, 跳躍, 棒高跳び(pole vault), 【体操】跳馬.
語源 ラテン語 *volvere* (=to roll) の反復形 *volutare* が古フランス語を経て初期近代英語に入った.
【派生語】**váulting**[2] 名 U 跳ぶこと, 跳び越すこと. 形 〔文語〕思い上がった, 誇大な.
【複合語】**váulting hòrse** 名 C 跳馬 (語法 単に horse ともいう). **váulting pòle** 名 C 棒高跳び用の棒.

vaunt /vɔ́ːnt/ 動 本来他 名 C 〔形式ばった語〕誇る, 自慢する. 名 として自慢すること.
語源 ラテン語 *vanitare* (=to flatter) が古フランス語 *vanter* (=to boast) を経て中英語に入った.
【派生語】**váuntingly** 副 誇らしげに.

-'ve /v/ have の短縮形. 例: I've; you've; we've; they've; who've.

veal /víːl/ 名 UC 動 本来他 〔一般語〕子牛の食用肉, 肉用の子牛(veal calf). 動 子牛を殺して肉を取る.

語源 ラテン語 *vitulus* (＝calf)の指小語 *vitellum* が古フランス語 *veel* を経て中英語に入った.

vec·tor /véktər/ 名 C 動 本来他 〖数〗大きさと方向をもつ量すなわちベクトル(⇒scalar),〖生〗病原菌などの病原媒介生物,〖空〗飛行機やミサイルなどの進路. 動 として, 飛行機などに無線で進路指示をする.

語源 ラテン語 *vehere* (＝to carry)の過去分詞 *vectus* から派生した *vector* (＝carrier)が 19 世紀に入った.

veer /víər/ 動 本来自 〔一般語〕乗物が突然向きを変える, 風向きが変わる, 比喩的に意見, 態度, 話題などが突然変わる. 他 …の方向[方針]を変える.

語源 ラテン語 *vibrare* (＝to move to and fro) の変形が古フランス語を経て中英語に入ったと思われる.

veg /véʤ/ 名 C 〈くだけた語〉《英》野菜, 野菜料理(★vegetable の略).

Ve·ga /víːgə/ 名 固 〖天〗ヴェガ, 織女星.

語源 アラビア語起源の語がラテン語を経て初期近代英語に入った.

ve·gan /véʤən, víːgən/ 名 C 形 〔一般語〕極端な菜食主義者. 形 として極端な菜食主義の(★牛乳, 卵なども飲食しない).

語源 veg(etari)an. 20 世紀から.

veg·e·ta·ble /véʤətəbl/ 名 C 形 〔一般語〕 一般義 野菜, 青物. その他 本来は植物の意. 意識を失い昏睡状態の植物人間. 形 として植物(性)の, 野菜の.

語源 ラテン語 *vegere* (＝to be active) から派生した *vegetare* (＝to grow) の 形 *vegetabilis* (＝animating; vivifying)が古フランス語を経て中英語に入った.「野菜」の意は 18 世紀から.

用例 We grow potatoes, artichokes and other *vegetables*. 私共はじゃがいも, アーティチョークや他の野菜を栽培している/As a result of the accident he will be a *vegetable* for the rest of his life. 事故の結果彼は一生植物人間になるだろう.

【派生語】**vègetárian** 名 C 菜食主義者. 形 菜食(主義)の. **vègetárianism** 名 U 菜食(主義). **végetàte** 動 本来自 〈軽蔑的〉草木に等しく無為に暮す, ぼんやり生きる. **vegetátion** 名 U 〔形式ばった語〕草木類, 特に一地域に生育する植生.

【複合語】**végetable kíngdom** 〈the ~〉植物界. **végetable pàrer** 名 C 野菜の皮むき器. **végetable stòre** 名 C 《米》青物屋, 八百屋(《英》greengrocery).

vehemence ⇒vehement.

ve·he·ment /víːəmənt/ 形 〔形式ばった語〕感情, 特に怒りが激しい, 熱烈な, 主張, 議論, 賛否, 疑いなどが激しい, 強い.

語源 ラテン語 *vehemens* (＝violent)が古フランス語を経て中英語に入った.

【派生語】**véhemence** 名 U. **véhemently** 副.

ve·hi·cle /víːɪkl/ 名 C 〔一般語〕 一般義 陸上の乗物, 車. その他 輸送機関ということから, 伝達の媒介物, 手段, 方法.

語源 ラテン語 *vehere* (＝to carry) から派生した *vehiculum* (＝carriage; conveyance) がフランス語を経て初期近代英語に入った.

用例 The daily papers, TV and radio are *vehicles* for the spread of news. 日刊紙, テレビやラジオはニュースの伝達手段である.

veil /véil/ 名 C 動 本来他 〔一般語〕 一般義 日よけや顔を隠すためのベール. その他 覆って見えなくするもの, 仕切り, たれ幕, 仮面, 口実. 動 として…をベールで覆う, 隠す.

語源 ラテン語 *velum* (＝sail; curtain; cloth) の複数形 *vela* が古フランス語を経て中英語に入った.

用例 There was a *veil* of mist over the mountains. 山には霧がかかっていた/He carries on these activities under a *veil* of secrecy. 彼は秘密のベールに隠れてそれらの活動を行っている.

【慣用句】*beyond the veil* あの世に[で]. *draw [throw; cast] a veil over* … …を隠す, 言わないでおく. *take the veil* 〈古風な表現〉修道女になる. *under the veil of* … …の陰に隠れて, …を口実として.

【派生語】**véiled** 形 ベールをかけた, 隠された.

vein /véin/ 名 CU 〔一般語〕 一般義 静脈, 血管. その他 植物の葉脈, 昆虫の翅脈(しみゃく),〖鉱〗岩脈, 鉱脈, 比喩的な気質, 性質, 気分.

語源 ラテン語 *vena* (水路, 葉脈)が古フランス語を経て中英語に入った.

用例 He has a *vein* of stubbornness. 彼は強情な傾向がある/He continued talking in the same light-hearted *vein*. 彼は例の気楽な調子で話し続けた.

【慣用句】*in the vein for* … …のような気分になって.

【派生語】**véined** 形 静脈のある, 木目[石目]のある. **véining** 名 U 脈状模様. **véinous** 形 静脈(中)の, 脈筋のある.

ve·la /víːlə/ 名 velum の複数形.

velar ⇒velum.

ve·loc·i·ty /vilásiti|-lɔ́si-/ 名 UC 〖理〗速度,〔形式ばった語〕高速.

語源 ラテン語 *velox* (＝swift) から派生した *velocitatem* (＝swiftness) が古フランス語 *vélocité* を経て中英語に入った.

ve·lum /víːləm/ 名 C 〈複 **-la**/lə/〉〖解〗軟口蓋.

語源 ラテン語 *velum* (＝sail; covering) が 18 世紀に入った.

【派生語】**vélar** 形 C 軟口蓋の,〖音〗軟口蓋音(の). **vélarize** 動 本来他 軟口蓋音化する.

vel·vet /vélvit/ 名 U C 形 〔一般語〕 一般義 ビロード, ベルベット. その他 しかの角芽を覆う軟毛皮, 柔らかさ. 形 としてビロード製の, ビロードのような, 手ざわりのいい.

語源 ラテン語 *villus* (＝shaggy hair) が中世ラテン語 *villutus*, 古フランス語 *veluotte* を経て中英語に入った.

用例 The lawn looked like green *velvet*. 芝生は緑のビロードを敷いたように見えた/The cat crept forward on its *velvet* paws. 猫は真綿のような足で忍び寄った.

【慣用句】*(as) smooth as velvet* ビロードのようになめらかな. *be on velvet* 金銭的に裕福である, 有利な立場にある.

【派生語】**vèlvetéen** 名 U 綿製ビロード. **vélvety** 形 ビロードのような, 柔らかい.

ve·nal /víːnəl/ 形 〔形式ばった語〕 一般義 〈軽蔑的〉人が賄賂(わいろ)で動く. その他 腐敗した, 堕落した, 行為

vend /vénd/ 動[本来他][形式ばった語][一般義]【法】不動産などを売る. [その他]小さな商品を手押車などで運んで売り歩く, 行商する. 自動販売機で売る.
[語源] ラテン語 *vendere* (＝to sell) がフランス語 *vendre* を経て初期近代英語に入った.
【派生語】**vendée** 名C 買い主. **véndible** 形 売ることのできる, 売れる. **vénder**, **véndor** 名C 売り子, 売り主, 自動販売機.
【複合語】**vénding machine** 名C 自動販売機 (《英》slot machine).

vender, **vendor** ⇒vend.

ven·det·ta /vendétə/ 名C〔一般義〕何代にもわたる 2 家族間の激しい血で血を洗う**交互復讐**(ふくしゅう)《★昔 Corsica 島などで行われていた》, 一般に長期にわたる激しい**不和, 敵対**.
[語源] ラテン語 *vindictam* (＝vengeance) から派生したイタリア語が 19 世紀に入った.

ve·neer /vənɪ́ər/ 名UC 動[本来他]〔一般義〕[一般義]**化粧板**. [その他]化粧板のような**薄い板**[日英比較]日本語の合板, ベニヤ板は英語では plywood という. veneer はその上に張る薄い化粧板), 化粧板の下に仕上げられた表面, 化粧張り, また化粧板は悪い下地を隠して見場をよくすることから比喩的に [形式ばった語] うわべの飾り, みせかけ. 動 として化粧板を張る, 化粧張りをする, うわべを飾る.
[語源] フランス語 *fournir* (＝to furnish; to equip) がドイツ語 *furnieren* (＝to veneer), 名 *Furnier* を経て 18 世紀に入った.
【派生語】**venéering** 名U.

ven·er·a·ble /vénərəbl/ 形〔形式ばった語〕[一般義]高齢, 人格, 宗教上の重要性などのために**尊敬すべき, 尊敬に値する**. [その他]英国教会として使われ, 英国国教会の archdeacon の敬称で**…師**, カトリックでは死者に与えられる尊者の敬称で《★聖人(saint), 福者(blessed)につぐ》. また物事に関して, **古くて立派な, 古くて趣きのある, こっけい語**として古い.
[語源] ラテン語 *venerari* (＝to revere) から派生した 形 *venerabilis* が古フランス語を経て中英語に入った.
【複合語】**Vénerable Béde** 名 固 (the ～)**尊者ビード**《★『英国国民教会史』(8 世紀) を書いた》.

ven·er·ate /vénəreɪt/ 動[本来他]〔形式ばった語〕人や物をその高齢や古さ, 人格や特徴などのために**尊敬する, あがめる**.
[語源] ラテン語 *venerari* (＝to revere ～) の過去分詞 *veneratus* が初期近代英語に入った.
【派生語】**vèneration** 名U.

ve·ne·re·al /vɪníərɪəl/ 形【医】病気が**性交により感染する, 性病に関する, 性病に感染した**.
[語源] ラテン語 *venus* (＝love; sexual desire) から派生した *venereus* が中英語に入った.
【派生語】**venèreológical** 形. **venèreólogist** 名C 性病科医. **venèreólogy** 名U 性病学.
【複合語】**venéreal disèase** 名UC 性病《語法 VD と略す》.

Venetian ⇒Venice.

ven·geance /véndʒəns/ 名U〔形式ばった語〕**復讐**(ふくしゅう), 復讐心.
[語源] ラテン語 *vindicare* (＝to avenge) が古フランス語 *vengier* を経て中英語に入った.
[用例] take [wreak; inflict] vengeance on … …に復讐する.
【慣用句】***with a vengeance*** 〔くだけた表現〕**激しく, 大いに**.
【派生語】**véngeful** 形〔形式ばった語〕**復讐心に燃えた**. **véngefully** 副. **véngefulness** 名U.

Ven·ice /vénɪs/ 名 固 **ベニス, ベネツィア**《★イタリア北東部の都市; イタリア語名は Venezia》.
【派生語】**Venétian** /viníːʃən/ 形. 名C.
【複合語】**Venétian blínd** 名C **板ずだれ**. **Venétian gláss** 名C **ベニス製装飾ガラス器**. **Venétian réd** 名U **赤色顔料の一**, **ベニス赤**. **Venétian window** 名C **上下げ窓**(Palladian window).

ven·om /vénəm/ 名U〔形式ばった語〕[一般義]**悪意, 恨み, 憎悪, 毒舌**. [その他]本来はへび, さそり, くもなどの**毒液**の意.
[語源] ラテン語 *venenum* (＝poison) が古フランス語 *venim* を経て中英語に入った.
【派生語】**vénomous** 形 へびなどは**毒液を分泌する, 毒のある, 有毒な**, 〔軽蔑的〕人, 言葉, 行為などが**悪意に満ちた, 人を毒する**. **vénomously** 副 毒々しく, 悪意に満ちて.

ve·nous /víːnəs/ 形【医】**静脈の**, 【植】**葉脈のある**.
[語源] ラテン語 *vena* (⇒vein) から派生した *venosus* (＝full of veins) から.

vent /vént/ 名C 動[本来他]〔一般義〕[一般義]気体や液体が出入りできるように容器などに開けてある**穴, 通気孔**. [その他]特に旧式な銃砲の**火口**(かこう) (touchhole), たるなどの**空気穴**, 管楽器の**指穴**, 煙突の**煙道** (flue), 火山の**噴気孔** (fumarole), 【動】鳥や虫類などの**肛門** (anus). また**出口, はけ口** (outlet), 感情などの**発露**. 動 として, 激情や気体, 液体などにはけ口[出口]を与える, 通気孔をつける.
[語源] 名 はラテン語 *ventus* (＝wind) がフランス語を経て初期近代英語に入った. 動 はラテン語 *eventare* (ex-＋*ventus* wind) が古フランス語 *eventer* を経て中英語に入った.
[用例] ***find a vent*** はけ口を見つける.
【慣用句】***give vent to …*** 〔形式ばった表現〕感情などに**はけ口を与える, 怒りを発散させる, ぶちまける**.
【派生語】**véntage** 名C 管楽器の**指穴** (finger hole).

ven·ti·late /véntəleɪt/ 動[本来他]〔一般義〕[一般義]部屋などの**換気をする**. [その他]部屋などに**換気用の穴を開ける**, 換気設備をつける. 本来は風で吹き飛ばす, [古] 穀物のもみ殻などを吹きとばす(winnow) 意で, 新鮮な空気に当てる[さらす], [形式ばった語]問題などを明るみに出し議論する, 自分の意見や感情を表明する.
[語源] ラテン語 *ventus* (＝wind) から派生した *ventilare* (＝to fan; to winnow) の過去分詞 *ventilatus* が中英語に入った.
【派生語】**vèntilátion** 名U. **véntilàtor** 名C **通風装置, 通風管**.

ven·tri·cle /véntrɪkl/ 名C 【解】体内の**室, 特に脳髄の脳室, 心臓の室**.
[語源] ラテン語 *ventriculus* (＝ventricle) が入った.

ven·tril·o·quism /ventrɪ́ləkwɪzəm/ 名U〔一般義〕**腹話術**.

[語源] ラテン語 venta (=belly) + loqui (=to speak) から成る ventriloquium が初期近代英語に入った.
【派生語】**ventríloquist** 名 C 腹話術師. **ven-tríloquìze** 動 本来他 腹話術で話す.

ven·ture /véntʃər/ 名 C 動 本来他 〔一般語〕
一般義 冒険, 冒険的事業, ベンチャービジネス. その他 商売上の冒険ということから, 投機, 投機の対象. 動 として危険にさらす, 危険を冒して立ち向かう, 思い切ってする.
[語源] 中英語 動 aventuren (⇒adventure) の頭音消失形から.
[用例] his latest business *venture* 彼の最近の冒険的事業/Every day the child *ventured* further into the forest. その子は毎日, 思い切って森の奥へ奥へと入っていった/He decided to *venture* all his money on the scheme. 彼は思い切ってその計画にありったけの金を賭けた.
【慣用句】*at a venture* 全く偶然に, 運まかせに. *draw a bow at a venture* でたらめに弓を引く, 当てずっぽうに言う.
【派生語】**vénturer** 名 C 冒険家. **vénturesome** 形 冒険的な, 大胆な, 投機的な. **vénturous** 形 冒険好きな, 危険な.
【複合語】**vénture càpital** 名 U リスクの大きい投資, 冒険資本.

ven·ue /vénju/ 名 C 〔一般語〕事件などの現場, 競技などの開催予定地, 《法》犯行地.
[語源] ラテン語 venire (=to come) から派生した古フランス語 venir (=to come) の過去分詞 venu の女性形が中英語に入った.

Ve·nus /víːnəs/ 名 固 ビーナス (★ローマ神話の愛と美の女神・ギリシャ神話の Aphrodite に当たる), ビーナス像, 比喩的に美女, 太陽系の惑星の中で最も明るく輝いていることから, 金星 (★明けの明星 (Lucifer; the morning star) とも宵の明星 (Hesperus; Vesper; the evening star) とも詩的に呼ばれる).

ve·ra·cious /vəréiʃəs/ 形 〔形式ばった語〕うそを言わない, 正直な, 本当の, 真実の.
[語源] ラテン語 verus (=true) に -ous がついて初期近代英語に入った.
【派生語】**veráciously** 副. **verácity** 名 U 正直, 真実.

ve·ran·da, ve·ran·dah /vərǽndə/ 名 C 〔一般語〕《主に英》ベランダ, 縁側《米》porch).
[語源] ヒンディー語 vanda が 18 世紀に入った.

verb /və́ːrb/ 名 C 《文法》動詞.
[語源] ラテン語 verbum (=word) がフランス語を経て中英語に入った.
【複合語】**vérb pàttern** 名 C 動詞型. **vérb phráse** 名 C 句動詞 (⇒phrasal verb).

ver·bal /və́ːrbəl/ 形 C 〔一般語〕言葉の, 言葉から成る, 口頭の, 《文法》動詞の. 名 として《文法》準動詞(形).
[語源] ラテン語 verbum (=word) から派生した後期ラテン語 verbalis が中英語に入った.
【派生語】**vérbalism** 名 C 言葉による表現, 空疎な言葉. **vèrbalizátion** 名 U. **vérbalize** 動 本来他 言語化する, 動詞に転用する. 自 言葉で表現する. **vérbalìzer** 名 C. **vérbally** 副 言葉で, 口頭で, 逐語的に, 動詞的に.

ver·ba·tim /və:rbéitim/ 副 形 〔一般語〕逐語的に[な].

【語源】 ラテン語 verbum (=word) から派生した中世ラテン語 verbatim が中英語に入った.

ver·bi·age /və́ːrbiidʒ/ 名 U 〔形式ばった語〕多言, 冗長.
[語源] ラテン語 verbum (=word) に由来するフランス語 veibier (=to chatter) の 名 verbiage が 18 世紀に入った.

ver·bose /və:rbóus/ 形 〔形式ばった語〕《軽蔑的》人や陳述に関して必要以上に言葉数の多い, くどい.
[語源] ラテン語 verbum (=word) から派生した verbosus (=full of words) が中英語に入った.
【派生語】**verbósely** 副. **verbóseness** 名 U. **verbósity** 名 U 口数が多いこと, 冗長.

ver·dict /və́ːrdikt/ 名 C 《法》有罪か無罪かについての陪審員の評決, 〔くだけた語〕一般に判断, 意見.
[語源] ラテン語 veredictum (= truly said; vere truly + dictus said) が古フランス語を経て中英語に入った.
[用例] bring in a *verdict* of guilty [not guilty] 有罪[無罪]の評決を下す.

ver·dure /və́ːrdʒər/ 名 U 〔文語〕草木の緑, 新緑, 緑の草木, 比喩的に新鮮さ.
[語源] ラテン語 viridem (=green) から派生した古フランス語 vert (=green) が verdure を経て中英語に入った.

verge /və́ːrdʒ/ 名 C 動 本来自 〔一般語〕一般義 道路や崖などの端. その他 《英》芝などの生えた路肩(《米》shoulder), 切妻からはみだしている屋根の端, 比喩的にそこを越えると何かが起こりそうな限界, 瀬戸際. 本来は高位聖職者などが持った権威や地位を象徴する権杖, その杖で象徴される権威が及ぶ範囲, 特に昔の宮内大臣 (Lord steward of the Household) の管轄区, 一般に範囲や境界. 動 として縁にある, 隣接する, 今にも...になろうとしている.
[語源] ラテン語 virgam (=rod) が古フランス語を経て中英語に入った.
【慣用句】*be on the verge of* ... 今にも...しそうだ (be on the brink of ...). *verge on* ... ...に接する, ...に近い.
【派生語】**vérger** 名 C 高官や高位聖職者の行列で, 権杖を捧持し先導する人, 教会堂の番人.

Ver·gil /və́ːrdʒəl/ 名 固 =Virgil.

verifiable ⇒verify.

verification ⇒verify.

ver·i·fy /vérəfai/ 動 本来他 〔形式ばった語〕一般義 証拠, 証言などにより事実や陳述の正しさを証明する. その他 調査, 再点検などにより正しさや正確さを確かめる, 《法》証拠や宣誓などにより立証する, 陳述や弁論の終わりにその申し立てが真実であることの確言を添える.
[語源] ラテン語 verus (=true) から派生した verificare (=to verify) が古フランス語を経て中英語に入った.
【派生語】**vérifiable** 形. **vèrificátion** 名 U.

ver·i·si·mil·i·tude /vèrəsimílətjùːd/ 名 U 〔形式ばった語〕文学, 芸術作品や話などの本当らしさ, 真実らしさ.
[語源] ラテン語 verum (=truth) の変化形 veri と similis (=like; similar) から成る vertisimilitudo が初期近代英語に入った.

ver·i·ta·ble /véritəbl/ 形 〔形式ばった語〕《こっけい》名詞の前で強調に用いられて, まさに描写された通りの, 文字通りの.

[語源] 古フランス語 verite (⇒ verity) から派生した veritable が中英語に入った.
【派生語】**véritableness** 名 U. **véritably** 副.

ver·i·ty /vérəti/ 名 UC〔形式ばった語〕一般義 真実性, 正しさ. その他〔通例複数形で〕真実の言明, 事実, 真理.
[語源] ラテン語 verus (=true) から派生した veritas (=truth) が古フランス語 vérité を経て中英語に入った.

ver·mil·ion /vərmíljən/ 名 U 形 本来他〔一般語〕朱色(の). 動 として朱色に塗る.
[語源] ラテン語 vermis (=worm) に由来する古フランス語 vermeillon が中英語に入った. 昔ある種の虫から朱色の顔料を採ったことから.

ver·min /vớːrmin/ 名 U〔一般語〕一般義 人間, 家畜, 穀物などに害を与える害獣, 害鳥, 害虫, 寄生虫《★〈英〉では猟鳥獣に害をするきつねやたかなども含む》, 比喩的に《軽蔑的》人間のくず, 世の中の害虫.
[語源] ラテン語 vermis (=worm) から派生した俗ラテン語 *verminum が古フランス語を経て中英語に入った.
【派生語】**vérminous** 形.

Ver·mont /vərmánt|-mɔ́nt/ 名 バーモント《★米国の東部の州; 略 Vt., 郵便で VT》
[語源] フランス語 vert (=green)+mont (=mountain) から.
【派生語】**Vermónter** 名 C バーモント州人.

ver·mouth /vərmúːθ|vớːməθ/ 名 U ベルモット《★薬草で味をつけたワイン》.

ver·nac·u·lar /vərnǽkjulər/ 名 C 形〔一般語〕文語, 公用語, 外来語などに対して, その国や地域本来の日常語, 自国語, 動植物の学名に対して, 俗称. 形 として自国語の, その土地固有の.
[語源] ラテン語 verna (主人の家で生まれた奴隷) から派生した vernaculus (=native; home-born) が初期近代英語に入った.
【派生語】**vernácularìsm** 名 U 自国語使用, お国なまり. **vernaculárity** 名 U. **vernácularìze** 動 本来他 自国語にする. **vernácularly** 副.

ver·nal /vớːrnəl/ 形〔文語〕春の, 春に起こる, 現れる, 春らしい, 比喩的に春のように新鮮な, 若々しい, 青春の.
[語源] ラテン語 ver (=spring) から派生した vernalis (=of spring) が初期近代英語に入った.
【派生語】**vèrnalizátion** 名 U. **vérnalìze** 動 本来他 植物の開花結実を促進させる, 春化処理をする. **vérnally** 副.
【複合語】**vérnal équinox** 名《the ~》春分(⇔autumnal equinox).

ve·ron·i·ca /virάnikə|-rɔ́n-/ 名 C〔聖〕《ときに V-》布に描いたキリストの顔絵《★キリストが処刑されたとき, 処刑場に向かう途中で St. Veronica が, キリストの顔の汗をぬぐったところ, 布にキリストの顔が写し残されたことから》,〔植〕ベロニカ《★クワガタソウ属の植物》.

ver·sa·tile /vớːrsətl|-àil/ 形〔一般義〕《よい意味で》人が多芸多才の, 何にでも向く.
[語源] ラテン語 vertere (=to turn) の反復動詞 versare の過去分詞 versatus から派生した versatilis (方向転換をする, 転向する) が初期近代英語に入った.
【派生語】**vérsatilely** 副. **vèrsatílity** 名 U 多才.

verse /vớːrs/ 名 UC〔一般義〕韻文. その他

韻を踏んだ詩文ということから, 詩, 詩歌, 歌の節, 詩の行, 聖書の節.
[語源] ラテン語 vertere (=to turn) の過去分詞 versus (=turn of the plough; furrow; line; line of writing) が古英語に入った.
[用例] He expressed his ideas in verse. 彼は自分の考えを韻文で表現した/This song has three verses. この歌は 3 節から成る.
[類義語] verse; prose; poem; poetry: verse は詩句, 詩の行, 詩節. prose は「散文」に対する語. poem は 1 編の詩, それぞれの詩をいう普通の語. poetry は集合的に詩, 詩歌.
【慣用句】**give [quote] chapter and verse for ...** ...の出典[根拠]を明らかにする.
【派生語】**vérsed** 形 ...に熟達した, 精通した. **vèrsificátion** 名 U 作詩, 作詩法. **vérsifier** 名 C 作詩家, へぼ詩人. **vérsify** 動 本来他 散文を韻文に直す, 詩を作る.

ver·sion /vớːrʒən, -ʃən/ 名 C〔一般語〕一般義 原作に対しての改作, 原型に対しての改造型, ...版. その他 本来は翻訳, 特に聖書の翻訳を意味した. これから変形, 変種の意となり, 個人的なまたは特定な立場からの意見, 報告, 説明の意を経て「改作, 版」の意となった.
[語源] ラテン語 versus (⇒verse) から派生した中世ラテン語 versio (=act of turning) が古フランス語を経て初期近代英語に入った.
[用例] The boy gave his version of what had occurred. 少年は起こった事柄について彼なりの説明をした/the 1611 Authorized Version of the Bible 1611 年の欽定訳聖書.

ver·sus /vớːrsəs/ 前〔一般語〕《A～B の形で》対立する 2 つのもの[考え, 人間]などを表し, ...対...《語法 v., vs. と略す》.
[語源] ラテン語 vertere (=to turn) の過去分詞 versus が against の意で中英語に入った.

ver·te·bra /vớːrtəbrə/ 名 C《複 -brae/briː/, ~s》〔解〕脊椎骨.
[語源] ラテン語 vertere (=to turn) から派生した vertebra (=joint) が初期近代英語に入った.
【派生語】**vértebral** 形 脊椎骨から成る, 脊椎の. **vértebrate** 形 名 C 脊椎のある, 脊椎動物(の).

ver·tex /vớːrteks/ 名 C《複 ~es, -tices/təsìːz/》〔数〕頂点, 最高点, 〔天〕天頂.
[語源] ラテン語 vertere (=to turn) から派生した vertex (=whirl; whirlpool; summit) が初期近代英語に入った.

ver·ti·cal /vớːrtikəl/ 形 名 C〔一般語〕一般義 垂直の, 直立の. その他 頂点の, 頂上にある, 直立して縦のということから, 組織など縦関係の. 名 として垂直線[面], 直立状態.
[語源] ラテン語 vertex (⇒vertex) の 形 verticalis が初期近代英語に入った.
[用例] At a certain point in his evolution, man adopted a vertical stance. 進化の過程のある時期に, 人間は直立の姿勢をとるようになった/The hillside looked almost vertical. 山腹はほとんど垂直に見えた.
[類義語] vertical; perpendicular: vertical は物が直立して, 垂直の, 縦の, 頂点のという意味であり, perpendicular は水平面に直角を成して直立のという幾

何学用語.
[反意語] horizontal.
【派生語】**vértically** 副 垂直に, 直立して.

ver・ti・ces /vɔ́ːrtisìːz/ 名 vertex の複数形.

verve /vɔ́ːrv, véəv/ 名 U [形式ばった語] 〔よい意味で〕文学芸術作品などに表われる**活気, 熱情, 迫力**.
[語源] ラテン語 verbum (=word) の複数形 verba (=unusual words) が古フランス語 verve (=fancy; enthusiasm) を経て初期近代英語に入った.

very /véri/ 副 形 [一般義] 一般義 形容詞, 様態副詞の前でその程度を強め, **非常に, とても, たいへん**. [その他] 否定文で用いられると, **あまり[たいして]...でない**の意. 形容詞の最上級や own, opposit, same などの前に置かれて意味を強め, **全く, 正に, 本当に**. 形 としては, 名詞に伴って強意を表し, **まさしくその, ...そのもの, ちょうどその**.
[語源] ラテン語 verus (=true) から派生した verax (=truthful) が古フランス語を経て中英語に入った.
[用例] He's *very* clever. 彼はたいへん利口だ/You came *very* quickly. 君はとても早く来た/The *very* first thing you must do is ring the police. 君がまず最初にしなければならないことは, 警察へ電話をすることだ/She has a car of her *very* own. 彼女は自分専用の車を持っている/You're the *very* man I want to see. 君こそ私が会いたい人だ.
[語法] very は形容詞・副詞を修飾するが, 比較級の形容詞・副詞は much または far で修飾する. 動詞を修飾する場合は much または very much を用いる. 現在分詞形の形容詞の場合は very を用いる. 過去分詞形の形容詞が限定的用法であり, 純粋の形容詞に近いものであれば very が用いられることが多い: This is *much* better than that. これはあれよりずっといい/I was *very* (much) surprised. 私はとても驚いた.
[類義語] very; so; quite; remarkably; surprisingly; awfully; extremely; terribly; absolutely; entirely; utterly: **very** は事柄を強調する最も普通の語である. **so** は very の代わりにくだけた表現において, あるいはしばしば女性によって用いられる. **quite** は very よりも弱く感じられるが, 全く, かなりという意味である. very より強く感じられる語としては, re-markably, surprisingly (驚くほど) などの語群, awfully, extremely, terribly (非常に), abso-lutely, entirely, utterly (全く) などがあり, この順序で次第に強くなる.
【慣用句】 ***very good*** 〔古風な表現〕**かしこまりました, よろしい**. ***very well*** 〔古風な表現〕**かしこまりました, 《しぶしぶ同意を表して》わかりました**.

ves・pers /véspərz/ 名 U 形 [一般義] 《単数または複数扱い. しばしば V-》**夕べの祈り, 晩禱(ばんとう)の鐘** (★カトリックでは第 6 時の時禱である晩課, 英国国教会では晩課と終課を合わせた晩禱)
[語源] ラテン語 vesper (=evening; evening star) が中英語に入った.
【派生語】**véspertine** 形 夕方に起こる, 動植物が夕方に活動する, 夕方に咲く.

ves・sel /vésl/ 名 C [形式ばった語] [一般義] **大型の船**. [その他] コップ, バケツなど液体を入れる普通に丸型の**容器**, 〖解〗**導管, 血管**.
[語源] ラテン語 vas (=vessel) の指小語 vasculum (=small vase) が古フランス語を経て中英語に入った.
[用例] a plastic *vessel* プラスチック容器.

[類義語] ship.

vest /vést/ 名 C 動 本来他 [一般語] 一般義 《米》**チョッキ, ベスト**《《英》waistcoat》. [その他] **婦人服の通例胸の V 字型胸飾り, 上半身用の防護服, 《英》男性用の肌着**. 動 として...に衣服を着せる, 人に権利や財産などを授ける, **与える**. ⑧ 衣服を着る, 権利や財産などが人に属する.
[語源] ラテン語 vestis (=clothing; garment) がイタリア語, フランス語を経て初期近代英語に入った. 動 はラテン語 vestire (=to clothe) から「所有権を与える」意となり, 古フランス語 vestir を経て中英語に入った.
[用例] He was dressed only in (a) *vest* and underpants. 彼はアンダーシャツとパンツだけを身につけていた.
【慣用句】 ***be vested with* ... ...の権限を与えられている**: The committee *is vested with* the power to investigate the cause of the air accident. 委員会はその航空機事故の原因究明の権限を与えられている. ***be vested in ...* ある権利などが...に与えられている**: The power to investigate the cause of the accident *is vested in* the committee. その事故の原因調査の権限がその委員会に与えられている.
【派生語】**véstment** 名 C **式服, 礼服, 法衣**.
【複合語】**vésted ínterest** 名 C 《しばしば軽蔑的》**財産などの既得権, 年金制度の受給権, 《通例複数形で集合的に》既存の政治的, 経済的特権などから利益を受けている受益者集団**. **vést-pócket** 形 **チョッキのポケットに入るほどの, 小型の**.

vestibular ⇒vestibule.

ves・ti・bule /véstəbjùːl/ 名 C [形式ばった語] [一般義] **玄関のドアを入ってすぐの玄関ホール, 入口の間** (entrance hall; lobby). [その他] **教会などの車寄せ, ポーチ**. 比喩的に新たなものへ至る道, 《米》隣の車両へ移動するための客車の前後にある**連絡通路**, 〖解〗**前庭**, 特に**内耳前庭**.
[語源] ラテン語 vestibulum (=entrance) が古フランス語を経て初期近代英語に入った.
【派生語】**vestíbular** 形.
【複合語】**vestíbule càr** 名 C **連絡通路付き客車**. **vestíbule làtch** 名 C **玄関錠**. **vestíbule schòol** 名 C **工場の新入工員訓練所**. **vestíbule tràin** 名 C **連絡通路付き列車**.

ves・tige /véstidʒ/ 名 C [形式ばった語] [一般義] **かつて存在したものの痕跡, 形跡, 名残り**. [その他] 本来は足跡の意. 痕跡がわずかに残っていることから, **ごくわずかの量, 《否定語を伴って》少しも(...ない), 〖生〗退化器官**.
[語源] ラテン語 vestigium (=footprint) がフランス語を経て初期近代英語に入った.
[用例] After the explosion, not a *vestige* of the building remained. 爆発の後には建物の影も形もなかった/without a *vestige* of clothing 一糸もとわず.
【派生語】**vestígial** 形 **痕跡の**, 〖生〗**退化した**. **vestígium** 名 C 《複 -ia》〖生〗**退化器官**.

vestment ⇒vest.

vet[1] /vét/ 名 C 形 〔くだけた語〕《米》**退役軍人(の)**.
[語源] veteran の略.

vet[2] /vét/ 名 C 動 本来他 (過去・過分 -tt-) 〔くだけた語〕**獣医**. 動 として, 馬, 犬などを**診療する, よく吟味する**. [参考] 《米》veterinarian, 《英》veterinary surgeon の略.

vet・er・an /vétərən/ 名 C 形 [一般語] 一般義 《米》**退役軍人, 在郷軍人**. [その他] 本来は老兵, 老練な兵

士の意. 老練な人, 物の場合は長い間使い古した物. 形として老練な, 長く使い古された.

語源 ラテン語 veteranus (=old; of long experience) が初期近代英語に入った. 英米比較 日本語で使う「ベテラン」は一般にその道に熟達した専門家や権威をもった人を指すが, それに相当する英語は expert.

veterinary ⇒veterinary.

vet·er·i·nar·y /vétərənèri|-nəri/ 形 名 C 〔一般語〕獣医学(の), 獣医.
語源 ラテン語 veterinus (=of cattle) から派生した veterinarius が18世紀に入った.
【派生語】**vèterinárian** 名 C 獣医 (語法 vet と略す).
【複合語】**véterinary médicine [science]** 名 U 獣医学. **véterinary súrgeon** 名 C 〔形式ばった語〕《英》獣医 (語法 vet と略す).

ve·to /ví:tou/ 名 (複 ~es) 動 本来他 〔一般語〕
一般義 拒否権(veto power; power of veto).
その他 拒否権を行使する(こと), 《米》大統領の拒否通告書(veto message), 一般に禁止する(こと).
語源 ラテン語 vetare (=to forbid) の1人称単数現在形 veto (=I forbid) が初期近代英語に入った.
用例 exercise [use] the [one's] veto (over …) (…に対して)拒否権を行使する.
【慣用句】*put place; set] a [one's] veto on [upon]* …を拒否する, 禁止する.
【派生語】**vétoer** 名 C 拒否(権行使)者, 禁止者. **vétoless** 形 拒否権のない.
【複合語】**véto mèssage** 名 C 《米》大統領が法案を拒否した理由を述べた拒否通告書 (語法 単に veto ともいう). **véto pòwer** 名 U 拒否権 (語法 単に veto ともいう). **véto-pròof** 形 拒否権の行使に対抗できる.

vex /véks/ 動 本来他 〔形式ばった語〕 一般義 些細な事で人を不機嫌にする. その他 人を悩まし続ける, 特に肉体的苦痛や病気などが人を苦しめる.
語源 ラテン語 vexare (=to agitate) が古フランス語を経て中英語に入った.
【慣用句】*a vexed question* 解決がつかずに大論議になっている問題.
【派生語】**vexátion** 名 UC 苦痛, 悩み, くやしさ. **vexátious** 形. **véxed** 形 困った, 心の休まらない, 面倒な.

v.i., vi. 《略》= verb intransitive (自動詞). ⇒v.t.

via /váiə, ví:ə/ 前 〔一般語〕…を経て, …経由で. その他 …によって, …を通して.
語源 ラテン語 via (=way; road) の奪格が18世紀に入った.
用例 We went to Exeter via London. 我々はロンドン経由でエクスターへ行った/The news reached me via my aunt. そのニュースは叔母を経て私に伝わってきた.

viability ⇒viable.

vi·a·ble /váiəbl/ 形 〔形式ばった語〕 一般義 計画などが実行可能な, 実行可能になる. その他 本来は胎児, 新生児が胎外でも生育可能なの意. 育ち得るの意から「実行可能な」の意になった. 環境などに関して, 住むことのできる, 生存に適した, 国家などに関して, 独立して存続可能な, 社会や経済に関して, 成長[発展]可能な.
語源 ラテン語 vitam (=life) に由来するフランス語 vie (=life) の派生語 viable が19世紀に入った.
用例 a viable plan ものになりそうな計画/a viable candidate 当選しそうな候補者.
【派生語】**viabílity** 名 U. **víably** 副.

vi·a·duct /váiədÀkt/ 名 〔一般語〕谷やくぼ地にかかる高架橋, 陸橋.
語源 aqueduct (水路橋) にならった19世紀初めの造語. ラテン語 via (=way)+duct から成る.

vibrant ⇒vibrate.

vi·bra·phone /váibrəfòun/ 名 C 《楽器》ビブラホン (★電気共鳴器付きのマリンバ (marimba) に似た鉄琴;《主に米》vibraharp,〈くだけた語〉vibes /váibz/ともいう).
語源 ラテン語 vibrare (=to shake)+phone から成る20世紀の造語.
【派生語】**vibraphònist** 名 C.

vi·brate /váibreit/ 動 本来自 〔一般語〕 一般義 物や人が細かく揺れる, 振動する. その他 振動するから, 音, 声が耳に響く, 振って(...)を示す, 比喩的に心が動揺する, 深く感動する. 他 としては振動させる.
語源 ラテン語 vibrare (=to shake; to swing) の過去分詞 vibratus が初期近代英語に入った.
用例 Every sound that we hear is making part of our ear vibrate. 我々が耳にする音はいずれも鼓膜を振動させている/The whole hall was vibrating with excitement. ホール中が興奮にうち震えた.
【派生語】**víbrant** 形 〔文語〕震える, 音が響き渡る. **vibrátion** 名 UC 振動, 震動. **vibráto** 名 CU《楽》ビブラート. **víbrator** 名 C 振動する[させる]物[人], 電気マッサージ器. **vibrátory** 形.

vic·ar /víkər/ 名 〔一般語〕英国国教会の教区牧師 (★教区税 (tithes) を受ける rector の代理として, 俸給 (stipend) だけを受けて司祭を務める), 主にカトリックの教皇[司教]代理,《米》監督教会の礼拝堂専任牧師, また一般に宗教上の代理(人).
語源 ラテン語 vicarius (=substitute; deputy) が古フランス語を経て中英語に入った.
【派生語】**vícarage** 名 C 教区牧師の住居[俸給, 勤め]. **vicáriate** 名 C 教区牧師の地位[権限, 所管区域]. **vícarship** 名 C 教区牧師の職[地位].
【複合語】**vícar apostólic** 名 C カトリックで, 司教の代理をつとめる代牧. **vícar chorál** 名 C 英国国教会で, 大聖堂の聖歌助手. **vícar-général** 名 C 英国国教会で, (大)主教代理. **Vícar of (Jésus) Chríst** 名《the ~》カトリックで, 教皇 (★キリストの代理).

vi·car·i·ous /vaikéəriəs/ 形 〔一般語〕 一般義 想像により他人に代わって自分が体験しているように感じる, 代理経験の. その他 本来は他の人や物の代わりを務める, 代理の, 身代わりの.
語源 ⇒vicar.
【派生語】**vicáriously** 副. **vicáriousness** 名 U.

vicarship ⇒vicar.

vice[1] /váis/ 名 CU 〔一般語〕 一般義 非行, 悪行, 不道徳な行為. その他 悪, 悪徳, 性格上の欠陥, 悪癖.
語源 ラテン語 vitium (=physical or other defect; fault) が古フランス語を経て中英語に入った.
用例 Continual lying is a vice. たえずうそをつくことは悪だ.
類義語 vice; sin; crime; fault: **vice** は道徳的な欠陥の意味が強く, 不道徳な習慣や行為を指す. **sin** は宗教上, 道徳上の罪を意味し, **crime** は法律上の罪をいう. **fault** は明らかな人間の欠陥, 欠点, 誤りをいう.

vice² /váis, váisi/ 前 〔形式ばった語〕 …の代理人[後任]として, 代わりに 《(語法) v. と略す》.
[語源] ラテン語 vicis (=change; substitution) の奪格 vice (=instead of) が18世紀に入った.

vice- /váis/ [連結] 官職名の前に付いて,「副…」「…代理」の意.
[語法] vice-admiral などの複合語のハイフンが省略されるにつれて, vice が 形 と見なされるようになり,「代理の, 次席の」の意味が生じた.
[語源] ⇒vice².
【複合語】 **více(-)ádmiral** 名 C 海軍中将. **více-ádmiralty** 名 C 海軍中将の職[地位]. **více-ádmiralty còurt** 名 C (英)海軍事裁判所. **více-cháirman** 名 C 副議長, 副会長. **více-cháirmanship** 名 C. **více-chámberlain** 名 C (英)副侍従, 内大臣. **více-cháncellor** 名 C (英)大学最高責任者, (米)大学副学長. **více(-)cónsul** 名 C 副領事. **více-cónsular** 形. **více-cónsulate** 名 C 副領事館. **více-cónsulship** 名 C. **více-góvernor** 名 C 副知事. **více-kíng** 名 =viceroy. **více-máster** 名 C. **více(-)présidency** 名 C 副大統領, 副社長. **více(-)présidéntial** 形. **více-príncipal** 名 C 副校長. **více-quéen** 名 =vicereine. **více-régency** 名 CU **více-régent** 名 C 副摂政. **více-shériff** 名 C 副保安官.

viceregal ⇒viceroy.
vicereine ⇒viceroy.
vice·roy /váisrɔ̀i/ 名 C 〔一般語〕 〔一般義〕 国王の代理として統治する副王, 植民地の総督, 領地の太守. [その他] 〔昆虫〕 米国産のいちもんじちょうの一種 (★ monarch butterfly に色がよく似ていることから).
[語源] フランス語 vice (=substitution)+roy (=king) から成り, 初期近代英語に入った.
【派生語】 **vìcerégal** 形 副王[太守]の. **vícerèine** 名 C 副王の夫人, 女性の副王. **víceróyalty** 名 U 副王の位[職]. **víceroyship** 名 C.

vi·ce ver·sa /váisi vɔ̀:rsə/ 副 〔形式ばった語〕 逆に, 逆も同じ 《(語法) v. v. と略す》.
[語源] ラテン語 vice versa (=with the order reversed; conversely) が初期近代英語に入った.
[用例] Dogs often chase cats but not usually vice versa. 犬はよくねこを追いかけるが, 普通その逆はない.

vicinage ⇒vicinity.
vicinal ⇒vicinity.
vi·cin·i·ty /vísínəti/ 名 U 〔形式ばった語〕 (しばしば the ～) 近所, 近く.
[語源] ラテン語 vicinus (=neighboring) がフランス語を経て初期近代英語に入った. vicinus は vicus (村) に由来し, 英語の地名 Warwick, Greenwich などに残る wick (村) と同根.
[用例] There is a playground in the vicinity of the house. その家の近くに運動場がある.
【派生語】 **vícinage** 名 U 〔文語〕=vicinity. **vícinal** 形 〔文語〕近くの, 限られた地域の.

vi·cious /víʃəs/ 形 〔一般語〕 〔一般義〕 悪意のある, 意地の悪い. [その他] 本来不道徳な, 堕落した意 (⇒vice¹). 有害な, 非難すべき, 悪や不道徳に染まりやすい, 文体, 発音, 推論などが誤りや欠陥があり, 規準に達していない, 動物や気性などが凶暴で危険な, 荒々しい, 天候, 苦痛などがひどい, 激しい.
[語源] ラテン語 vitium (⇒vice) から派生した vitiosus (=defective) がフランス語を経て中英語に入った.
【派生語】 **víciously** 副. **víciousness** 名 U.
【複合語】 **vícious círcle** 名 C 悪循環, 循環論法. **vícious spíral** 名 C 悪循環 (★物価下落と賃金下落が互いに相つぐ deflationary spiral のような).

vi·cis·si·tude /vísísətjù:d/ 名 C 〔形式ばった語〕 〔一般義〕 (通例複数形で) 運命や境遇などの移り変わり, 浮き沈み, 栄枯盛衰. [その他] 本来は自然界や人間界の変わりやすさや変化を意味した. 〔古語〕〔英〕季節や昼夜などの規則的な交替.
[語源] ラテン語 vicissitudo (=change) が古フランス語を経て初期近代英語に入った. この語は vicis (=turn) に由来する.
[用例] the vicissitude of the sea 海の変化/the vicissitudes of life 人生の浮沈.
【派生語】 **vicìssitúdinary** 形 =vicissitudinous. **vicìssitúdinous** 形 移り変わりのある, 栄枯盛衰の.

vic·tim /víktim/ 名 C 〔一般語〕 〔一般義〕 災害, 事件, 事故や偏見, 差別などの犠牲(者), 被害者 《[日英比較] 日本では「犠牲者」という死者の意にとられることが多いが, 英語の victim は生き残った被害者もいう》. [その他] 神へのいけにえ, 受難者.
[語源] ラテン語 victima (=beast offered as sacrifice) が中英語に入った.
[用例] The murderer's victims were all women. 殺人犯の被害者はすべて女性であった/Supplies are being sent to the victims of the disaster. 救援物資が災害の被災者へ送られている.
【慣用句】 **fall (a) victim to …** …の犠牲になる.
【派生語】 **victimizátion** 名 U 犠牲にすること. **víctimize** 動 [本来は] …を差別, 弾圧の犠牲(者)にする, 欺く.

vic·tor /víktər/ 名 C 〔文語〕戦争, 競技, 試合などにおける勝利者.
[語源] ラテン語 vincere (=to conquer) の過去分詞 victus から派生した victor (=conqueror) が古フランス語を経て中英語に入った.
【派生語】 **víctress** 名 C 女性の勝利者.
【複合語】 **víctor lud́órum** 名 C 競技会の最高殊勲選手.

Vic·to·ria /víktɔ́:riə/ 名 固 女の名, ヴィクトリア (★ 愛称は Vicky, Vickie). 《Queen ～で》 英国のヴィクトリア女王(1819-1901) (★在位は 1837-1901). ヴィクトリア州 《★オーストラリアの州》.
【派生語】 **Victórian** 形 ヴィクトリア朝の. 名 C ヴィクトリア時代の人.
【複合語】 **Victória Cróss** 名 《the ～》 ヴィクトリア十字勲章 (★ヴィクトリア女王時代に制定された軍人への最高位勲章).

victorious ⇒victory.
vic·to·ry /víktəri/ 名 UC 〔一般語〕 〔一般義〕 勝利, 優勝. [その他] 勝つということから, 征服, 克服.
[語源] ラテン語 vincere (=to conquer) から派生した victoria が古フランス語を経て中英語に入った.
[用例] Our team has had two defeats and has gained eight victories. 我々のチームは 8 勝 2 敗であった.
【慣用句】 **have [gain; get; win] a victory over …** …に対し勝利を得る.

victress ⇒victor.

vict·ual /vítl/ 名 動 本来他 《過去・過去分 (英)-ll-》〔古風な語〕《複数形で》食料, 調理済み食品《★飲み物を含む》. 動 として, 大勢の人に食料を供給する[貯蔵する], 船などに食料を積み込む.
[語源] ラテン語 *victus* (=food) から派生した *victualis* (=of food) が古フランス語を経て中英語に入った.
【派生語】**victualage** /vítlidʒ/ 名 U 食料. **victualer**, 《英》**-ll-** 名 C 食料供給者[船], 《英》酒類販売免許をもつ飲食店主.
【複合語】**víctualing bìll** 名 C 船用食品積込申告書.

vi·de /váidi:, ví:dei/ 動 本来他 〔ラテン語〕…を参照せよ, …を見よ 〔語法〕*v.* または *vid.* と略す).
[語源] ラテン語 *videre* (=to see) の命令形 *vide* が初期近代英語に入った. ⇒video.
【慣用句】*vide ante* 前を見よ. *vide infra* 下[次]を見よ. *vide post* あとを見よ. *vide supra* 上を見よ.

vid·eo /vídiòu/ 名 UC 形 〔一般語〕ビデオ(テープ)(の), テレビの映像(の)(画面)(⇔audio), 《主に英》ビデオ録画機《米では VCR》.
[語源] ラテン語 *videre* (=to see) の直説法1人称単数現在形 *video* (=I see) より. 20世紀から.
【複合語】**videocassètte** 名 C ビデオカセット(テープ). **vídeocassette recòrder** 名 C ビデオカセットテープ録画機《★VCR と略す). **vídeodìsc**, **vídeodìsk** 名 C ビデオディスク. **vídeo gàme** 名 C テレビゲーム. **vídeophòne** 名 C テレビ電話. **vídeotàpe** 名 UC ビデオ(テープ). 動 本来他 ビデオテープに録画する. **vídeotàpe recòrder** 名 C ビデオ録画機〔語法〕VTR と略す). **vídeotàpe recòrding** 名 UC ビデオの録画, ビデオに録画したもの.

vie /vái/ 動 本来自 〔やや形式ばった語〕ある物を得ようと…と競う, 争う《with; for; in》.
[語源] ラテン語 *invitare* (=to invite) が古フランス語 *envier* を経て中英語に入り, 頭音消失して vie となった.
[用例] *vie* with each other *for* (the) first prize お互いに1等賞を競う.
【派生語】**víer** 名 C. **výing** 名 競争する.

Vi·en·na /viénə/ 名 固 ウィーン《★オーストリアの首都》.
【派生語】**Viennese** /vì:əní:z| vìə-/ 形 名 C ウィーン人(の), ウィーン(風)の.
【複合語】**Viénna sáusage** 名 CU ウィンナソーセージ. **Viénna stéak** 名 CU ウィーン風ステーキ《★野菜をまぜたひき肉を焼いたもの》.

vier ⇒vie.

Vi·et·nam, Viet Nam /vi:étná:m| vjétnǽm/ 名 固 ベトナム《★アジア南東部の国》.
【派生語】**Vietnamese** 形 名 C ベトナム(人)の, ベトナム語(の), 《the ～》ベトナム人(全体).
【複合語】**Viétnam Wár** 名 《the ～》ベトナム戦争 (1954～1973).

view /vjú:/ 名 CU 動 本来他 〔一般語〕[一般義] 意見, 所見, 見解. [その他] 本来は見ること, ながめることの意で, 眺め, 眺望, 景色, 見方, 眺め方の意となり, さらに「意見, 見解」の意となった. また「見えること」の意から, 視野, 視界, 視力などの意. 動 として…を見る, 考察する.

(e) テレビを見る.
[語源] ラテン語 *videre* (=to see) が古フランス語で *veoir* (=to see) となり, その女性形過去分詞の *veue* がアングロフランス語を経て中英語に入った.
[用例] Your house has a fine *veiw* of the hills. あなたの家から山々がよく見えます/Tell me your *views* on the subject. その問題についてあなたの意見を聞かせて下さい/They *viewed* the scene with astonishment. 彼らは驚いてその場面を眺めた/The house may be *viewed* between 2.00 and 4.00 p.m. その家は午後2時から4時の間に下見ができます.
〔類語〕view; scene; sight; scenery; landscape: **view** は一般語で一方面からの眺め, 景色をいう. **scene** は舞台の場面のように, 一定の場所から見える限られた範囲の眺め, 景色などに用いることが多い. **sight** は視覚に入り得るまとまった光景をいう. **scenery** は一地方の自然の風景を指す. **landscape** は広い空のもとに見渡せる範囲の陸地における自然の風景, 景色.
【慣用句】*come in view of* … …が[の]見える所に来る. *come into view* 見えてくる. *in view of* …を考慮して. *on view* 展示して, 公開されて. *from the point of view of* … …から見ると. *with a view to doing* …する目的で, つもりで.
【派生語】**víewer** 名 C 見る人, テレビの視聴者. **víewless** 形 見晴らしのきかない, 意見のない.
【複合語】**víewfinder** 名 C カメラのファインダー. **víewpòint** 名 C 観点, 見解.

vig·il /vídʒil/ 名 〔形式ばった語〕[一般義] 夜間に祈り, 看病, 見張りなどのために寝ないでじっと起きていること, 徹夜, 寝ずの番. [その他] 夜間の無言の抗議運動, 本来は夜の勤行(ごんぎょう)を指し, 宗教行事の前夜[日]《★特に断食を行て祝う》.
[語源] ラテン語 *vigil* (=awake) が古フランス語を経て中英語に入った.
【慣用句】*keep vigil* …を徹夜で看病[警戒, 抗議]する《over》.
【派生語】**vígilance** 名 U. **vígilant** 形 油断のない, 警戒している, 気を配った. **vigilante** /vìdʒəlǽnti/ 名 C 〔軽蔑的〕非公認の自警団員. **vigilántism** 名 U 《米》しばしば暴力的な自警行為. **vígilantly** 副.
【複合語】**vígilance commìttee** 名 C 《米》自警団.

vi·gnette /vinjét/ 名 動 本来他 〔一般語〕[一般義] 本のタイトルページなどに描かれている飾り模様《★本来はぶどうの実, 葉, つるの柄だった》. [その他] まわりに枠取りがなく, 背景が次第にぼやけていく, 肩から上だけの人物写真[画], 枠取りや数字を除いた切手の絵の部分. 人物や風景などを描写した文学的小品, 映画や劇の中の短い挿話や場面. 動 として, 写真などを vignette 風に仕上げる, 簡潔に描写する.
[語源] フランス語 *vigne* (=vine) に指小辞 *-ette* が付いた形が18世紀に入った.
【派生語】**vignétter** 名 C ヴィネット写真用焼き枠. **vignéttist** 名 C ヴィネット写真製作者.

vig·or, 《英》**-our** /vígər/ 名 U 〔一般語〕[一般義] 活力, 気力という意味から, 性格, 言葉, 文体などの迫力, 激しさ, 強さ. [その他] 心身の活力, 精力, 元気.
[語源] ラテン語の *vigere* (=to be lively) から派生した *vigor* (=liveliness; activity) が古フランス語を経て中英語に入った.

[用例] He is a young lad with plenty of *vigour*. 彼は大へん活気のある若者だ／The music was full of *vigour*. その音楽は活気にあふれていた.
[類義語] vigor; strength; energy: **vigor** は通例は良い意味で肉体的, 精神的に健全な活動力や能力を意味する. **strength** は肉体的, 精神的, 物理的な力まれながら持っている力, 強さをいう. **energy** は潜在的または蓄積された力.
【派生語】**vígorous** 形 人や動物が精力旺盛な. **vígorously** 副. **vígorousness** 名 U.

Vi·king /váikiŋ/ 名 C バイキング《★8-10世紀ごろの北欧の海賊》.
[日英比較] 料理としての「バイキング」は和製英語で, 英語では smorgasbord という.

vile /váil/ 形 [くだけた語] [一般義] ひどく悪い, 不快な. [その他] [一般義] 下品な, 恥ずべき, 卑しい.
[語源] ラテン語 *vilis* (＝of low value or price; mean) が古フランス語を経て中英語に入った.
[用例] That was a *vile* thing to say! それは口にするも実にひどい事であった／The food tasted *vile*. その食物はひどい味だった.
[反意語] noble; pure.
【派生語】**vílely** 副 下品に, 卑しく, 不快に. **víleness** 名 U 卑しさ, 下品.

vilification ⇒vilify.
vilifier ⇒vilify.
vil·i·fy /vílǝfai/ 動 [本来他] [形式ばった語] 人をけなす, 悪く言う.
[語源] ラテン語 *vilis* (⇒vile) から派生した *vilificare* (＝to vilify) が初期近代英語に入った.
【派生語】**vìlificátion** 名 UC. **vílifier** 名 C.

vil·la /vílǝ/ 名 C [一般義] [一般義] 海岸や保養地の豪華な別荘. [その他] いなかの大邸宅, 《英》郊外や住宅街にある豪華な1戸建または2軒一棟の住宅《★庭付きで通例 1914 年前に建てられていて, 家の住所の一部として Villa と書かれる》.【ローマ史】荘園.
[語源] ラテン語 *villa* (＝county house) がイタリア語を経て初期近代英語に入った. village と関連がある.
【派生語】**vílladom** 名 UC 《英》郊外住宅 (地帯) 《[語法] 集合的に villa (とそこに住む人々) をまとめて呼ぶ語》.

vil·lage /vílidʒ/ 名 C [一般義] 村 《★town より小さい村落. 通例教会や学校などがある》, 《形容詞的に》村の,《the ～》村人たち.
[語源] ラテン語 *villaticum* (土地・建物を含めた農場) が古フランス語を経て中英語に入った.
[用例] They live in a little *village* in the West of England. 彼らはイングランド西部の小さな村に住んでいる／The whole *village* turned out to see the celebrations. 村民全体が祝賀会を見に集まった.
【派生語】**víllager** 名 C 村人.

vil·lain /vílǝn/ 名 C [一般義] [一般義] 悪者, 悪党. [その他] 本来は [古語] 生れや心が卑しい粗野な人の意. 劇や小説などの中心的な悪役《⇔hero》, [くだけた語] 野郎, いたずらっ子 [語法] ひどい非難の響きにもなれ, you little [young] *villain* などの形で呼びかけにも使われる》.
[語源] この語と **villein** (農奴) はともに中英語では **vilein** と綴られた同一語. ラテン語 *villa* (⇒villa) の派生語 *villanus* (農園の使用人) が古フランス語を経て中英語に入った.
[慣用句] ***the villain of the piece*** [くだけた, しばしばこっけい, 時に古めかしい表現] もめごとを引き起こした張本人 《[語法] 単に the villain ともいう》.
【派生語】**víllainess** 名 C 女性の villain 《[語法] she-villain ともいう》. **víllainous** 形 [文語] 悪党の (ような), ひどく下劣な, [くだけた語] ひどい, いやな. **víllainously** 副. **víllainy** 名 UC [文語] 極悪, 非道, 悪行.

vil·lein /vílin/ 名 C 【史】農奴.
[語源] ⇒villain.
【派生語】**vílleinage**, **víllenage** 名 U 農奴の身分 [地位], 農奴制度, 農奴の土地保有条件.

vin·di·cate /víndikeit/ 動 [形式ばった語] [一般義] ある人に対する疑惑 [非難, 汚名] を晴らす. [その他] 問題になっている人や物が真実 [正当, 妥当] であることを証拠や議論で示す, 立証する.
[語源] ラテン語 *vindicare* (＝to claim; to punish) の過去分詞 *vindicatus* が初期近代英語に入った.
【派生語】**vìndicátion** 名 U. **víndicative** 形. **víndicàtor** 名 C. **víndicatòry** 形.

vin·dic·tive /vindíktiv/ 形 [形式ばった語] [一般義] 人に復讐心のある, 執念深い (vengeful). [その他] 言動などが復讐心から生じた, 復讐として意図された, 悪意のある, 意地悪い.
[語源] ラテン語 *vindicare* (⇒vindicate) から派生した *vindicta* (＝revenge) が初期近代英語に入った.
【派生語】**vindíctively** 副. **vindíctiveness** 名 U. **vindíctive dámages** 名 《複》懲罰的損害賠償金 《★**punitive** [**exemplary**] **damages** ともいう》.

vine /váin/ 名 C [一般義] ぶどうの木. [その他] つるのある植物, つる.
[語源] ラテン語 *vineam* (＝vineyard; vine) が古フランス語を経て中英語に入った.
[慣用句] ***die*** [***wither***] ***on the vine*** 計画などが実を結ばずに終わる. ***dwell under one's*** (***own***) ***vine and fig tree*** わが家で安全に暮らす 《★旧約聖書 列王記 4:25》.
【派生語】**vínery** 名 C ぶどう園, ぶどう温室. **vínous** 形 [形式ばった語] ワインのような, ワイン色の, ワインに酔った.
【複合語】**víneyard** 名 C ぶどう園.

vin·e·gar /vínigǝr/ 名 U [一般義] 酢, 食用酢. [その他] すっぱいもの, 不機嫌な態度 [顔].
[語源] *vyn* (＝wine) ＋*egre* (＝sour) から成る古フランス語 *vinaigre* (＝sour wine) が中英語に入った.
[用例] Mix some oil and *vinegar* as a dressing for the salad. オイルと酢を混ぜてサラダのドレッシングにしなさい.
【派生語】**vínegary** 形 酢のような, すっぱい, 不機嫌な, 意地の悪い.

vinery ⇒vine.
vineyard ⇒vine.
vinous ⇒vine.

vin·tage /víntidʒ/ 名 CU 形 動 [本来他] [一般義] [一般義] ある年のある場所で収穫されたぶどうから造られたぶどう酒, [その他] 特に名産地でぶどうが上々の年に酸造した年号付きの優良ぶどう酒 (vintage wine). 本来はある年ある場所でのぶどうの収穫 (量) を意味し, ぶどう酒用にぶどうを収穫すること, ぶどう収穫期, ぶどう酒醸造期, あるぶどう酒が造られた年 [場所] の意となった. また意

味が拡張してぶどう酒に限らず，ある年に作られた**製品**，特に**古い製品**[型]．として古くて価値のある，上等の，年代ものの，クラシックな，最高の出来ばえの．**動**としては，ぶどうを**収穫**する，ぶどう酒を**醸造**する．
語源 ラテン語 *vindemiam*（ぶどうの取り入れ；*vinum* wine; grapes＋*demere* to take off）が古フランス語を経て中英語に入った．
【派生語】**víntager** 名 C ぶどうを収穫する人．
【複合語】**víntage càr** 名 C (英) 1917-30 年製造のクラシックカー． **víntage wíne** 名 U 醸造年入り優良ぶどう酒，ビンテージ・ワイン． **víntage yéar** 名 C vintage wine の醸造の年，ぶどうの当たり年，実り多き年; old age の婉曲語として，熟年．

vint·ner /víntnər/ 名 C 〔古風な語〕ぶどう酒商人，ぶどう酒醸造業者．語源 ラテン語 *vinum*（＝wine）から派生した *vinetarius*（＝wine merchant）が古フランス語を経て中英語に入った．

vi·nyl /váinil/ 名 UC 形【化】ビニル基(の)，一般にビニル(の)（★特に PVC（ポリ塩化ビニル）；⇒plastic 日英比較）．
【複合語】**vínyl chlóride** 名 U 塩化ビニル． **vínyl gròup** 名 C ビニル基． **vínyl plástic [résin]** 名 U ビニル樹脂．

vi·o·la[1] /vióulə/ 名 C【楽器】ビオラ（★violin よりやや大きい弦楽器）．
語源 イタリア語 *viola* が 18 世紀に入った．
【派生語】**víolist** 名 C (米) ビオラ奏者．
【複合語】**viola da braccio** /-da brá:tʃ(i)ou/ 名 C ビオラ・ダ・ブラッチョ（★ビオラの前身の楽器）． **viola da gamba** /-da gá:mbə, -gǽm-/ 名 C ビオラ・ダ・ガンバ（★ビオラより大型で, cello の前身）．

vi·o·la[2] /vaióulə váiələ/ 名 C【植】ビオラ（★パンジーより小型のスミレ属の植物）．
語源 ラテン語 *viola* が中英語に入った．

vi·o·late /váiəlèit/ 動〔他〕〔一般語〕一般義 誓約，法律，道義などを**犯**す，**破**る．その他 権利などを**侵害**する，神聖なものを**汚**す，**冒瀆**する，…に**暴力**を加える，女性を**犯**す．
語源 ラテン語 *violare*（＝to treat with violence; to injure）の過去分詞 *violatus* が中英語に入った．
用例 They have *violated* the law against murder. 彼らは殺人罪を犯した／Thieves have *violated* the emperor's tomb. 盗賊が皇帝の墓を盗掘した／You are *violating* the peace of the countryside. あなた達は田舎の平穏を乱している．
【派生語】**violátion** 名 UC 法律，約束などの**違反，侵害**．

violence ⇒violent.

vi·o·lent /váiələnt/ 形〔一般語〕一般義 **強烈**な，**激しい**．その他 感情や言葉が**激しい**，乱暴な，ひどい，手段などが**暴力**的な．
語源 ラテン語 *violentus*（激しい, 乱暴な）が古フランス語を経て中英語に入った．
用例 There was a *violent* storm at sea. 海上でひど
い嵐に遭遇した／He was usually drunk and often *violent*. 彼はいつも酔っていて，暴れることもしばしばであった．
類義語 wild. 反意語 mild.
【派生語】**víolence** 名 U 暴力，激しさ，乱暴．**víolently** 副 激しく，乱暴に．

vi·o·let /váiəlit/ 名 CU【植】すみれ（★ビオラよりさらに小型のすみれ）; 野生のすみれを含む，**すみれ色**(の)．
語源 ラテン語 *viola* から派生した古フランス語の指小語 *violete* が中英語に入った．

vi·o·lin /vàiəlín/ 名 C【楽器】バイオリン．
語源 イタリア語 *viola* の指小語 *violino* が初期近代英語に入った．
【派生語】**violínist** 名 C バイオリン奏者．

violinist ⇒violin.

violist ⇒viola[1].

vi·o·lon·cel·lo /vì:ələntʃélou, vàiə-|-vàiələn-/ 名 C【楽器】チェロ(cello).
語源 イタリア語から 18 世紀に入った．
【派生語】**violoncéllist** 名 C チェロ奏者(cellist).

VIP, V.I.P. /ví:àipí:/ 名 C〔くだけた語〕**重要人物**，**要人**（語法 very important person の略）．

vi·per /váipər/ 名 C【動】くさりへび，一般に**毒蛇**，まむし(pit viper)など．比喩的に**意地の悪い人，恩知らず**で人を裏切るような人．
関連語 serpent; snake.
【慣用句】*a viper in one's bosom* いつか自分を裏切る人． *cherish* [*nourish*; *nurse*; *warm*] *a viper* [*snake*] *on one's bosom* 恩をあだで返される，飼い犬に手をかまれる．
【派生語】**víperìne** 形．**víperish** 形．**víperous** 形．
【複合語】**víper's búgloss** 名 C【植】しべながむらさき(blueweed).

viral ⇒virus.

Vir·gil /vớ:rdʒil/ 名 固 **ヴァージル**，ウィルギリウス(Virgilius; Vergilius)（★ローマの詩人）．

vir·gin /vớ:rdʒin/ 名 C〔一般語〕一般義 **処女，未婚女性．**その他(the V-) 聖母マリア，(V-) 聖母マリア像[絵]．形 として処女の，処女らしい，汚れのない，純潔な，初めての，未踏破の．
語源 ラテン語 *virgo*（＝maiden）が古フランス語を経て中英語に入った．
用例 She was still a *virgin* when she married. 彼女は結婚した時，未だ処女であった．
類義語 virgin; maiden. 処女の意味 virgin は普通女性が処女であることをいうが男性にも用いられ童貞の意となる．maiden は若い女性を表す古風な語，形として船・飛行機などの最初の航行をいう．
【派生語】**Vírginal** 形 処女の，乙女らしい． **virgínity** 名 U 処女であること，処女性，純潔，童貞．
【複合語】**Vírgin bírth** 名 (the ～) 聖母マリアの処女受胎(説)． **Vírgin Máry** 名 固 (the ～) 聖母マリア．

Vir·gin·ia /vərdʒíniə/ 名 固 **ヴァージニア州**（★米国南東部の州; 略は Va., 郵便で VA). 女の名, ヴァージニア．
【派生語】**Virgínian** 形 ヴァージニア州(人)の. 名 C ヴァージニア州の人．

virginity ⇒virus.

vir·ile /víril váirəil/ 形〔一般語〕男が**力強く性的能力のある**，**男性的な**，〔文語〕言動，性格，文体などが**男性的な**，力強い．
語源 ラテン語 *vir*（＝man）の 形 *virilis* が古フランス語を経て中英語に入った．
【派生語】**viriléscence** 名 U 老いた雌動物の**雄性化**． **vìriléscent** 形． **vírilism** 名 U【医】女性の男性化． **virílity** 名 U **男らしさ，力強さ**．

virological ⇒virology.

vi·rol·o·gy /vaɪrάlədʒi|-rɔ́l-/ 名 U 〖生〗ウィルス学.
[語源] ⇒virus.
【派生語】**vìrológical** 形. **vìrológically** 副.

vir·tu, ver·tu /vəːrtúː/ 名 U 〔文語〕美術品, 骨董(こっとう)品の良さ, 値打ち, 《集合的》値打ちのある骨董品, 優れた美術品 [語源] 個々の品物は an article [object] of や a piece of を付けて表す). 本来は美術品[骨董品]の愛好.
[語源] ラテン語 virtus (⇒virtue) がイタリア語 virtù (=excellence) を経て 18 世紀に入った.

vir·tu·al /vəːrtʃuəl/ 形 〔一般的〕事実上の, 実際の, 実質上の, 仮想の.
[語源] ラテン語 virtus (⇒virtue) から派生した virtualis (=effective) が中英語に入った.
[用例] He influenced all the king's policies, and so was the *virtual* ruler of the country. 彼は王の政策すべてに影響を及ぼしたので, その国の実質上の支配者であった.
[反意語] nominal.
【派生語】**virtuálity** 名 U 実質上そうであること. **vírtually** 副.
【複合語】**virtual reálity** 名 U 仮想現実.

vir·tue /vəːrtʃuː/ 名 UC 〔一般的〕〔一般義〕道徳的善, 徳, 美徳, [その他] 美徳行為から, 長所, 美点, 効力, 効能.
[語源] ラテン語 vir (=man) から派生した virtus (=manliness; moral strength; excellence) が中英語に入った. 「力強さ」の意から「正義の規準に合致する」意になった.
[用例] Honesty is a *virtue*. 正直は美徳である/One of the *virtues* of this material is its hard-wearing nature. この材料の長所の一つは耐久性があることである.
[反意語] vice.
[慣用句] **by [in] virtue of ...** ...の力[おかげ]で《★原義 strength が残っている唯一の例).
【派生語】**virtuous** 見出し.

virtuosic ⇒virtuoso.
virtuosity ⇒virtuoso.

vir·tu·o·so /vəːrtʃuóusou/-zou/ 名 C (複 ~s, -si/-siː/·zi/ː/) 〔一般的〕〔一般義〕芸術の名人, 大家, 巨匠, [その他] 特に楽器の演奏に優れた名演奏家. 本来は芸術と科学に広く興味をいだいていた人を指していたが, 美術骨董品鑑識家や美術骨董品愛好家をも意味するようになった. 形 として名人の, 巨匠の.
[語源] ラテン語 virtus (⇒virtue) から派生した virtuosus (=morally excellent) がイタリア語を経て初期近代英語に入った.
【派生語】**virtuósic** 形. **virtuósity** 名 U 芸術上の妙技, 技巧. **virtuósoship** 名 U.

vir·tu·ous /vəːrtʃuəs/ 形 《⇒virtue》〔形式ばった語〕〔一般義〕有徳の, 高潔な. [その他] 〔古風な語〕貞淑な, 《軽蔑的》高潔ぶった, 気どった, 偽善的な.
[語源] ⇒virtue.
[類義語] moral.
[反意語] vicious; immoral.

virulence, -cy ⇒virulent.

vir·u·lent /víːrjulənt/ 形 〔一般義〕毒性の強い, [その他] 致命的な, 病気が伝染性の強い, 悪性の.

〔形式ばった語〕比喩的に人や言葉などが**悪意[敵意]**に満ちた, 敵意や憎悪などが激しい.
[語源] ラテン語 virus (=virus) から派生した virulentus (=poisonous) が中英語に入った.
【派生語】**vírulence, -cy** 名 U. **vírulently** 副.

vi·rus /vάɪərəs/ 名 C 〖医〗ウィルス, 比喩的に〖コンピューター〗ウィルス.
[語源] ラテン語 virus (=poison) が中英語に入った.
[関連語] bacteria; microbe.
【派生語】**víral** 形 ウイルス性の.
【複合語】**vírus disèase** 名 UC ウイルス性疾患. **vírus wàrfare** 名 U 細菌戦(biological warfare).

vi·sa /víːzə/ 名 C 動 [本来は] 〔一般的〕〔一般義〕旅券の査証, ビザ, [その他] 公式に認可されたことを示す書類に書かれた責任者の署名. 動 として, 旅券を査証する, 人にビザを与える.
[語源] ラテン語 videre (=to see) の過去分詞女性形 visa を用いた carta visa (証書は調べ済み) の visa が 19 世紀に入った.

vis·age /vízɪdʒ/ 名 C 〔形式ばった語〕《時にこっけい》人の顔つき, 顔だち, 物の様相, 外見.
[語源] ラテン語 videre (=to see) の過去分詞 visum が古フランス語 vis (=face), その派生形 visage を経て中英語に入った.

vis-à-vis /vìːzəvíː|vìːzɑːvíː/ 形 副 前 C (複 ~ -(z)/) 〔文語〕向かい合って(いる), ...に対して(の), ...と比べて, ...に関して. 名 向かい合っている人, もの, 対等な立場の相手(counterpart).
[語源] フランス語 vis (=face) から成る句で, face to face の意味. 18 世紀に入った.

vis·cer·a /vísərə/ 名 《複》《★単数形は viscus》〖解〗心臓, 肺, 肝臓などの内臓, 《くだけた語》はらわた.
[語源] ラテン語 viscus (内臓) の複数形で初期近代英語に入った.
【派生語】**vísceral** 形.

viscosity ⇒viscous.

vis·count /váɪkaʊnt/ 名 C 〔一般的〕子爵 (★ baron の上で earl の下の位の貴族).
[語源] 古フランス語 visconte (=vice count) が中英語に入った.
【派生語】**víscountcy** 名 UC. **víscountess** 名 C 子爵夫人, 女性子爵. **víscountship** 名 U.

vis·cous /vískəs/ 形 〖理〗粘性の (★固体と液体の中間の).
[語源] ラテン語 vicum (鳥もち) から派生した viscosus がアングロフランス語を経て中英語に入った.
【派生語】**viscósity** 名 U 粘度.

visibility ⇒visible.

vis·i·ble /vízəbl/ 形 〔一般的〕[一般義] 目に見える, 肉眼で見られる. [その他] 見えるということから**明らかな, 見てわかる, 目立った, 人目につく.
[語源] ラテン語 videre (=to see) の過去分詞 visus から派生した visibilis (=visible) が古フランス語を経て中英語に入った.
[用例] The house is *visible* through the trees. その家は木の間から見える/The scar on her face is scarcely *visible* now. 彼女の顔の傷跡は今ではほとんど目立たない.
[類義語] visible; obvious; apparent: **visible** は肉眼で見える, 見た目に明らかな, 見てわかるという意味. **obvious** は感覚的にも, 見た目にも明らかな, また軽蔑

vi·sion /víʒən/ 名UC 動[本来他] 〔一般義〕[一般義]視力, 視覚, 視野. [その他]将来を見通す力, 洞察力, 想像力, 幻, 幻影, 未来像, 理想像, ビジョン, 将来の夢, 望み. テレビなどの映像. 動 として心に描く.
[語源] ラテン語 videre (= to see) の過去分詞 visus から派生した visio が古フランス語を経て中英語に入った.
[用例] A severe headache can affect one's vision. 激しい頭痛は視力に影響を及ぼしうる/She was a woman of considerable vision. 彼女は相当な洞察力をもった女性であった/Politicians should be men of vision. 政治家はビジョンのある人でなければならない/This customer's set still has good sound, but he's complaining of poor vision. 客はこの受像機は音声はまだ良いが, 映りが悪いと言っている.
【派生語】 **visionariness** 名U ビジョンがあること, 先見の明があること, 空想的なこと. **vísionary** 形 幻の, 幻影の, 先見の明のある, 空想的の. 名C 理想主義者, 空想家. **vísioned** 形 幻の中で見た, 幻によって生じた.

vis·it /vízit/ 動[本来他] 名C 〔一般義〕[一般義]人を訪問する, …に会いに行く. [その他]場所を訪れる, 見物[視察]に行く, 神社などに参詣する, 人の家に客として訪問する, 医者が病人を往診する, 見舞う.〔古語〕〔受身で〕災害や病気などが襲う, …に降りかかる. 自 訪問する, 見物する, 滞在する. 名 として訪問, 見舞い, 見物, 滞在, 医者の往診.
[語源] ラテン語 visitare (= to go to see) が古フランス語を経て中英語に入った.
[用例] When are you due to visit the dentist next? 次回はいつ歯科医に診療に行く予定ですか/Many birds visit (Britain) only during the summer months. 多くの鳥は夏の期間だけ(英国に)やってくる/We went on a visit to my aunt's. 私達はおばさんの家に(滞在するために)行った.
【派生語】 **visitátion** 名C 公式視察, 巡察, 天罰. **vísiting** 名U 形訪問(の), 巡視(の): **visiting card** 名刺/**visiting day** 訪問日, 面会日/**visiting list** 訪問先の予定者名簿/**visiting nurse** 訪問[巡回]看護 / **visiting professor** 客員教授 / **visiting teacher** 家庭訪問教員. **vísitor** 名C 訪問者, 観光客, 視察員.

vi·sor, vi·zor /váizər/ 名C 動[本来他] 〔一般義〕
[一般義]ヘルメットの上下に開閉する保護用のおおい, バイザー. [その他]〔史〕かぶとの面類(鎧), 目や顔をおおい隠し保護するもの, 特に帽子の眉庇(peak), ひさし帽, 覆面, 仮面, 変装, 仮装(disguise), 自動車のフロントガラスなどに付ける日よけ板(sun visor). 動 として, visor で覆う, 守る, 隠す.
[語源] 古フランス語 vis (= face) から派生した visier が中英語に入った.

vis·ta /vístə/ 名C 〔形式ばった語〕[一般義]高い場所や狭く長く開いた場所から見通すような美しい眺め. [その他] 現在から過去または未来へ向かっての通時的眺め, すなわち過去の回想, 未来の展望.
[語源] ラテン語 videre (= to see) から派生したイタリア語 vedere (= to see) の過去分詞女性形 vista が初期近代英語に入った.
【派生語】 **vístaed** 形 眺望のきく. **vístaless** 形.
【複合語】 **vísta dòme** 名C 列車の展望台.

vi·su·al /víʒuəl/-zjuəl/ 形C 〔一般義〕[一般義]物を見るための, 視覚[視力]による. [その他]視覚に訴える, 目に見える, 視覚図の, 有視界の. 名 として, 説明用のさし絵, 図, 映像.
[語源] ラテン語 videre (= to see) の過去分詞 visus から派生した 形 visualis が中英語に入った.
[用例] He is suffering from a visual disturbance. 彼は視力障害に苦しんでいる.
【派生語】 **visualizátion** 名U 目に見えるようにすること, 映像化, 心に思い描くこと[力]. **vísualize** 動[本来他] ありありと心に描く, 視覚化する. **vísually** 副 視覚的に, 視覚によって.
【複合語】 **vísual áid** 名C 視覚教材.

vi·tal /váitl/ 形 〔一般義〕[一般義]きわめて重要な, 不可欠の. [その他]本来は生命に関する, 生命の意で, 比喩的に「重要な」の意となった. 活気のある, 生命力のあふれた.
[語源] ラテン語 vivere (= to live) から派生した vita (= life) の 形 vitalis が古フランス語を経て中英語に入った.
[用例] Speed is vital to the success of our plan. 私達の計画が成功するには, スピードがきわめて重要である/She is vital and attractive. 彼女は生気があって魅力的である.
[類義語] necessary.
【派生語】 **vitálity** 名U 生命力, 活力, 元気. **vital·izátion** 名U 活性化. **vítalize** 動[本来他] …に生命を与える, を活気づける, 活性化する. **vítally** 副 致命的に, きわめて重大に.
【複合語】 **vítal statístics** 名〔複〕人口動態統計.

vi·ta·min /váitəmin/vít-, vait-/ 名C 〔一般義〕[一般義]《通例複数形で》ビタミン,《形容詞的に》ビタミンの.
[語源] ラテン語 vita (= life) + amine (《化》アミン)から成る. 20世紀の造語. 当初ビタミンが必須アミノ酸の一種と考えられたことによる.
[用例] A healthy diet is full of vitamins. 健康食はビタミンが豊富である.

vi·ti·ate /víʃieit/ 動[本来他] 〔形式ばった語〕《通例受身で》…の質を低下させる, 損なう, 悪くする, 害する, 汚す, 汚染する.
[語源] ラテン語 vitium (⇒vice¹) から派生した vitiare (= to spoil) の過去分詞 vitiatus が初期近代英語に入った.
【派生語】 **vitiátion** 名U. **vítiàtor** 名C.

vit·re·ous /vítriəs/ 形 〔一般義〕[一般義]ガラスの, ガラス質の, ガラスのような.
[語源] ラテン語 vitrum (= glass) の 形 vitreus (= of glass) が初期近代英語に入った.

vitrifaction ⇒vitrify
vitrifiable ⇒vitrify
vitrification ⇒vitrify
vit·ri·fy /vítrifai/ 動[本来他] 〔一般義〕熱などによってガラス状にする[なる].
[語源] ラテン語 vitrum (= glass) から派生した vitrificare (= to vitrify) が初期近代英語に入った.
【派生語】 **vitrifáction** 名U = vitrification. **vìtrifíable** 形. **vìtrificátion** 名U.

vit·ri·ol /vítriəl/ 名 U〘古語〙〘化〙硫酸(塩), 比喩的に〘文語〙辛辣(しんらつ)な言葉, 痛烈な皮肉.
語源 ラテン語 *vitrum* (= glass) から派生した *vitreus* (⇒vitreous)の派生語 *vitreolus* (= glassy) が古フランス語を経て中英語に入った.
【派生語】**vìtriólic** 形〘形式ばった語〙言葉, 批判が辛辣な.

vi·tu·per·ate /vaitjú:pərèit, vi-/ 動 本来他〘形式ばった語〙激しくののしる, 非難する.
語源 ラテン語 *vituperare* (*vitium* vice+*parare* to prepare)の過去分詞 *vituperatus* が初期近代英語に入った.
【派生語】**vitùperátion** 名U. **vitúperative** 形. **vitúperàtor** 名C.

vi·va /ví:və/ 感 あとに人名などを添えて, …万歳 (Long live …!).
語源 ラテン語 *vivere* (= to live) から派生したイタリア語 *vivere* の仮定法 *viva* (= May he/she live long.) が初期近代英語に入った.

vi·va·ce /vivá:tʃei, -tʃi/ 副 形 名C〘楽〙演奏上の指示として, 活発に生き生きと, ヴィヴァーチェで. 形名としてヴィヴァーチェの(楽節).
語源 ラテン語 *vivax* (⇒vivacious)から派生したイタリア語 *vivace* が初期近代英語に入った.

vi·va·cious /vivéiʃəs, vai-/ 形〘一般語〙(よい意味で)人, 特に女性が活発で元気のいい.
語源 ラテン語 *vivere* (= to live) から派生した *vivax* (= long-lived) が初期近代英語に入った.
反意語 languid; stolid.
【派生語】**vivácioᴜsly** 副. **vivácioᴜsness** 名U. **vivácity** 名U.

viv·id /vívid/ 形〘一般語〙一般義 描写が生き生きした, 印象が鮮やかな, 目に見えるような.〔その他〕色や光などが鮮やかな, 生々しい, 強烈な, 目の覚めるような, はつらつとした, 生気にあふれた.
語源 ラテン語 *vivere* (= to live) から派生した *vividus* (= animated) がフランス語を経て初期近代英語に入った.
用例 The door was painted a *vivid* yellow. ドアは鮮やかな黄色に塗られていた/She has a *vivid* imagination. 彼女は活発な想像力の持ち主である.
類義語 vivid; lively: **vivid** は色, 光, 叙述, 心の動きなどについて生々しい, 強烈な, 活発such意味である. **lively** は一般的な語で, 活発な, 元気のよい, にぎやかなという意味.
【派生語】**vívidly** 副 生き生きと, 鮮やかに, 活気にあふれて. **vívidness** 名U.

viv·i·sect /vívəsèkt, ˌ-ˈ-/ 動 本来自〘形式ばった語〙動物に生体解剖を行う《★特に医学研究上の試験的手術を指す》.
語源 ラテン語 *vivus* (= alive) + section から成る vivisection からの逆成. 18世紀から.
【派生語】**viviséction** 名UC 生体解剖, むごたらしい動物実験, ときには必要以上なほど綿密で苛酷な批評. **vivisectionist** 名C 生体解剖をする人, 生体解剖賛成論者.

vix·en /víksn/ 名C〘一般語〙一般義 雌ぎつね(she-fox).〔その他〕比喩的に短気で意地悪ななからみ女.
語源 古英語 fyxen から.
類義語 shrew.
【派生語】**víxenish** 形. **víxenishly** 副. **víxenish-**

ness 名U. **víxenly** 形.

viz. /ðǽt íz, víz/ 副〘形式ばった語〙すなわち, つまり《★ラテン語 *videlicet* のことで, namely と読むことが多い. 前言を敷衍(ふえん)したり明確にするのに用いる》. ⇒ i. e.

vi·zor /váizər/ ⇒visor.

vo·cab·u·lar·y /voukǽbjulèri, -ləri/ 名 UC
一般義〘集合的〙ある言語または一個人, ある職業, 専門分野などの人々の用いる語全体, 語彙(ごい), 用語範囲.〔その他〕単語集, 用語集.
語源 ラテン語 *vocabulum* (= word)から派生した *vocabularium* (= list of words) が初期近代英語に入った.
用例 This book contains some difficult *vocabulary*. この本には難しい語彙が多少含まれている/These words are found only in the criminal *vocabulary*. これらの単語は犯罪者の特殊用語にだけみられる.
【複合語】**vocábulary èntry** 名C 辞書の見出し語.

vo·cal /vóukəl/ 形 名C〘一般語〙一般義 声の, 音声に関する.〔その他〕〘楽〙声楽の, 音声を発する, 言葉に表される,〔くだけた語〙遠慮なく意見を言う, うるさい. 名として〘通例複数形で〙声楽曲.
語源 ラテン語 *vox* (= voice) から派生した *vocalis* (= vocal) が古フランス語を経て中英語に入った.
用例 He's always very *vocal* at staff meetings. 彼はいつもスタッフの集会で声高に発言する/Does the *vocal* minority truly represent the silent majority? 声を上げる少数者は真に声なき多数を代表しますか.
【派生語】**vócalist** 名C 声楽家, 歌手. **vócalize** 動 声に出す, 歌う, …を母音化する. **vócally** 副 声で, 言葉で.
【複合語】**vócal còrds** 名〘複〙(the ~)声帯.

vo·ca·tion /voukéiʃən/ 名CU〘一般語〙一般義 仕事や行動等に対する強い使命感, 天職.〔その他〕本来は宗教的生活や聖職への神のお召し(devine calling), 神から与えられたかのごとく生まれながらに備えている適性,〘集合的〙職業やある職業に従事している人々.
語源 ラテン語 *vox* (= voice) に由来する *vocare* (= to call) の過去分詞 *vocatus* から派生した *vocatio* (= calling) が古フランス語を経て中英語に入った.
【派生語】**vocátional** 形 職業(上)の: **vocational bureau [office]** 職業相談所/**vocational education** 高校, 大学などにおける職業教育/**vocational guidance** 《米》就職指導/**vocational school** 職業訓練学校. **vocátionalism** 名U 職業教育重視. **vocátionally** 副.

voc·a·tive /vákətiv|vɔ́k-/ 形 名C〘文法〙呼格の, 呼びかけの. 名として呼格(の語).
語源 ラテン語 *vocare* (= to call) の過去分詞 *vocatus* の派生語 *vocativus* が中英語に入った.
【派生語】**vócatively** 副.

vociferance ⇒vociferate.

vociferant ⇒vociferate.

vo·cif·er·ate /vousífəreit/ 動 本来自〘形式ばった語〙大声で不平を言う, 激しく大声で叫ぶ.
語源 ラテン語 *vox* (= voice) + *ferre* (= to carry) から成る *vociferari* の過去分詞 *vociferatus* が初期近代英語に入った.
【派生語】**vocíferance** 名U 騒々しさ, 怒号. **vocíferant** 形. **vocìferátion** 名UC. **vocíferàtor**

名C. **vocíferous** 形 やかましい, 騒々しい. **vocíferously** 副. **vocíferousness** 名U.

vod·ka /vádkə|vód-/ 名UC 〔一般語〕ウオッカ《★大麦を主に発酵蒸留して作る無色無臭のロシアの強い酒》.
[語源] ロシア語 *voda*（水）の指小語が 19 世紀に入った. この語は印欧語根 *wed-*（=water; wet）に由来し, water, wet, winter などと同根である.

vogue /vóug/ 名 C 形 〔形式ばった語〕一時的またはある時代の**流行**, 流行している物, 流行期間. 形 として**流行の**.
[語源] ゲルマン語起源の古フランス語 *voguer*（=to row）から派生した *vogue*（=rowing）が初期近代英語に入った. ボートなどであるコースを漕いで, 他をリードすることから「一番人気の」の意となった.
[用例] be all the *vogue* 大流行している, 最新流行である/come into *vogue* はやり始める/go out of *vogue* すたれる.
[類義語] fashion; style; mode; fad.
【派生語】**vóguish** 形 流行の.
【複合語】**vógue wòrd** 名 C 流行語.

voice /vóis/ 名UC 動本来대 〔一般語〕一般語〕**声**, 音声. [その他] 声に出して言うことから, 訴え, 希望意見, 声を出す力, 物を言う力, 発言権, 投票権, 〖文法〗態. 動 として言葉に表しる, 〖音〗**有声音で発音する**.
[語源] ラテン語 *vox*（=voice）の対格 *vocem* が古フランス語 *vois* を経て中英語に入った.
[用例] Her speaking *voice* is low but she has a soprano singing *voice*. 彼女の話す声は低いが歌うときの声はソプラノだ/We have little *voice*（=power of expressing opinion）in the affairs of the society. 私共は社会の問題にはほとんど発言権がない/I should have listened to the *voice* of reason [conscience]. 私は理性[良心]の声を聴くべきであった/I dared not *voice* my dissatisfaction. 私はあえて不満を表明しなかった.
【派生語】**vóiced** 形 声に出した, 有声音の. **vóiceless** 形 声のない, 〖音〗無声音の, 発言権のない.
【複合語】**vóiceprint** 名 C 声紋.

void /vóid/ 形 名 C 動本来대 〔形式ばった語〕一般語〕**…がない, 欠けた**. [その他] 本来は空の, 空虚な（empty）の意. 効力がないことから, 〖法〗無効の, 有用性がないことから, 無益の, 名 として**空虚, 空間**, 《the ~》**宇宙空間**, 空しく満たされない感じ. 動 として**無効にする**, 不要な物を排出する.
[語源] ラテン語 *vacare*（=to be empty）から派生した *vocivus*（=empty）が古フランス語を経て中英語に入った.
[用例] The treaty has been declared *void*. 条約は無効と宣言された/Her death left a *void* in her husband's life. 彼女の死は夫の生活にぽっかり穴をあけた.

vol·a·tile /vάlətil|vólətàil/ 形 〔一般語〕一般語〕**一触即発の, 危険な, 不安定な**. [その他] 気性などが激しやすい, 情勢などが**変化しやすい**, 不安定な, 性格などが気まぐれな, 液体が**揮発性の**. 本来は[古語]生物が空を飛ぶことのできるを意味し, ここから「揮発性の」の意味が生じた.
[語源] ラテン語 *volare*（=to fly）の過去分詞 *volatus* から派生した *volatilis*（=flying）が初期近代英語に入った.

【派生語】**vòlatílity** 名U 移り気, 気まぐれ, 揮発性. **volatilizátion** 名U. **vólatilìze** 動本来대 揮発させる[する].
【複合語】**vólatile òil** 名U 揮発性油, 特に精油（essential oil）.

volcanic ⇒volcano.

vol·ca·no /vɑlkéinou|vɔl-/ 名 C 〔一般語〕**火山**, 噴火口.
[語源] ラテン語 *Vulcanus*（=Vulcan, god of fire）がイタリア語 *volcano* を経て初期近代英語に入った.
【派生語】**volcánic** 形 火山の, 火山性の.

vo·li·tion /voulíʃən/ 名U 〔形式ばった語〕一般語〕**意志の働き, 意志作用, 意志**. [その他] 自分の意志でなされた選択や決断, 選択力, 決断力.
[語源] ラテン語 *velle*（=to wish）の語幹 *vol-*+*-itio* から成る *volitio* が初期近代英語に入った. ⇒voluntary.
【慣用句】**of [by] one's own volition** 自分の意志で.
【派生語】**volítional** 形. **volítionàry** 形. **volítionless** 形 意志力のない. **vólitive** 形.

vol·ley /vάli|vɔ́li/ 名 C 動本来대 〔一般語〕**石, 弾丸, ミサイル, 矢などを一斉に飛ばすこと, 一斉射撃**. [その他] 一斉に発射された弾丸[矢], 質問や悪口などの連発, 〖球技〗ボレー《★ボールが飛んでいる間, 地面に触れる前に反球すること》. 動 としては弾丸・質問などを連発する, 〖球技〗球をボレーで返す.
[語源] ラテン語 *volare*（=to fly）の過去分詞 *volatus* が古フランス語 *volée*（=flight）を経て初期近代英語に入った.
[用例] a *volley* of questions 矢継ぎ早の質問.
【複合語】**vólleybàll** 名UC バレーボール.

vols. 《略》= volumes.

volt /vóult/ 名 C 〖電〗ボルト《★電圧の実用単位; v, V と略す》.
[語源] イタリアの物理学者 Alessandro Volta（1745-1827）に由来する.
【派生語】**vóltage** 名UC 電圧, 電圧量.
【複合語】**vóltmèter** 名 C 電圧計, ボルト計.

volubility ⇒voluble.

vol·u·ble /vάljubl|vɔ́l-/ 形 〔形式ばった語〕一般語〕《通例悪い意味で》**舌のよく回る, よくしゃべる**. [その他] 話などが早口で言葉数が多い.
[語源] ラテン語 *volvere*（=to roll; to turn around）から派生した *volubilis*（=turning around; fluent）が初期近代英語に入った.
【派生語】**vòlubílity** 名U. **vólubleness** 名U. **vólubly** 副.

vol·ume /vάljum|vɔ́l-/ 名UC 〔一般語〕一般語〕**音量, ボリューム**. [その他] 本来は**本, 書物, 本の巻, 冊**の意で, 本の大きさから比喩的に**音量**さらに**体積, 容積, 大量, たくさん**の意.
[語源] ラテン語 *volumen*（=roll of writing; book; fold）が古フランス語を経て中英語に入った.
[用例] Turn up the *volume* on the radio. ラジオの音量を上げて下さい/Where is *volume* fifteen of the encyclopedia? 百科事典の第 15 巻はどこにありますか/The *volume* of trade is declining. 貿易量は減少している.
【派生語】**volúminous** 形 巻数が多い, 多作の, 大きい, かさばった. **volúminously** 副. **volúminousness** 名U.

voluntarily ⇒voluntary.
voluntarism ⇒voluntary.
vol·un·tar·y /vάləntèri/ 形 C 〔一般語〕[一般義] 自由意志の, 任意の. [その他] 自発的な, 随意のということから, 任意の寄付によって維持される. 名 C 自発的な行為[寄付], 〖楽〗教会で礼拝中または前後に演奏されるオルガン独奏曲.
[語源] ラテン語 voluntas (=will) から派生した voluntarius (=voluntary) が中英語に入った. この語はラテン語 velle (=to wish), 印欧語根 *wel- (=to wish) に由来する.
[用例] All the society's money comes from voluntary contributions. その会の資金はすべて自発的寄付による.
[対照語] compulsory.
【派生語】vòluntárily 副 自由意志で, 自発的に. vóluntarism 名 U 随意性, 自発的行為. vòluntéer 名 C 副 本来自 志願者, ボランティア. 形 任意の, 自発的な. 動 進んで事に当たる, 志願する; 他 として…を自発的に申し出る.

voluptuary ⇒voluptuous.
vo·lup·tu·ous /vəlʌ́ptʃuəs/ 形 〔形式ばった語〕[一般義] 官能的な, なまめかしい. [その他] (よい意味で)女性が豊満な; 〔文語〕ここちよい, うっとりする.
[語源] ラテン語 voluptas (=pleasure) から派生した voluptuosus (=full of pleasure) が古フランス語を経て中英語に入った.
【派生語】volúptuàry 形 名 C 酒色に溺れた(人). volúptuously 副. volúptuousness 名 U.

vo·lute /vəljúːt/ 形 名 C 〖建·動〗渦巻形の(の), 〖建〗イオニア, コリント式柱頭装飾の渦巻, 〖動〗巻貝の渦巻.
[語源] ラテン語 volvere (=to roll; to turn around) の女性形過去分詞 voluta が初期近代英語に入った.
【派生語】volúted 形. volútion 名 U 回転, 渦巻.

vom·it /vάmit/vɔ́mit/ 動 本来他 名 U 〔一般語〕[一般義] 食べた物や血などを吐く. [その他] 火山が溶岩を噴出する, 煙突が煙を吐く, 人が悪口や呪いなどの言葉を吐く, 吐瀉(しゃ)物. 名 C U.
[語源] ラテン語 vomere (=to vomit) の過去分詞 vomitus が中英語に入った.
[類義語] spew; throw up; belch.
【派生語】vómitive 形 吐き気を催させる. vómitòry 形 嘔吐の. 名 放出[出入]口. vòmiturítion 名 U 〖医〗空嘔, 頻回嘔吐.

voo·doo /vúːduː/ 名 U 〖宗教〗(しばしば V-) ブードゥー教 (★西インド諸島, 米国南部の黒人で行われる魔術の宗教), 黒魔術.
[語源] 米国南部のクレオール語 (Creole) から 19 世紀に入った. 「神」の意.
【派生語】vóodooìsm 名 U ブードゥー教, ブードゥー教の行う魔法.

vo·ra·cious /vɔːréiʃəs/və-/ 形 〔形式ばった語〕[一般義] 大量の食べ物をむさぼり食う. [その他] 比喩的に知識などを飽くことなくしきりに求める, 貪欲な.
[語源] ラテン語 vorare (=to devour) から派生した voracitatem が初期近代英語に入った.
【派生語】voráciously 副. voráciousness 名 U. voràcity 名 U 食欲旺盛; 貪欲.

vor·tex /vɔ́ːrteks/ 名 C 〔複 ~es, -tices/təsiːz/〕〔文語〕[一般義] 空気や水などの渦. [その他] 比喩的に戦争や革命など人を巻き込んでしまう渦巻のような状態, 旋風, 渦.
[語源] ラテン語 vortex (=whirlwind) が初期近代英語に入った.
【派生語】vórtical 形 渦巻の, 渦巻く. vórticism 名 U (美) 渦巻派 (★1910 年代に英国に起こった抽象主義絵画の一派で, 渦巻を用いて現代文明を表現しようとした).

vo·ta·ry /vóutəri/ 名 C 〔形式ばった語〕誓いを立てて神に身を捧げた修道士[女]の意から, 信心家, 主義·主張などの信奉者, 心酔者.
[語源] ラテン語 vovere (=to vow) の過去分詞 votum が初期近代英語に入った.

vote /vóut/ 名 C 動 本来自 〔一般語〕[一般義] 投票, 票. [その他] 投票で選ぶということから, 採決, 票決, (the ~) 投票総数, 投票権, 選挙権. 動 として投票する. 他 …を投票で決める, …とみなす[認める], 提案する.
[語源] ラテン語 votum (=vow, wish) が中英語に入った. vow と同語源.
[用例] I shall cast (=give) my vote for [against] that candidate [proposal]. 私はその候補者[その提案]に賛成の[反対の]投票をしよう/A vote was taken to decide the matter. その問題を決着するために採決が行われた/I'm going to the polling booth to vote. 私は投票に投票所へ行くところです.
[類義語] vote; ballot; poll: vote は最も意味の広い語で, 人々の意見を挙手や起立, 投票などで決定することで, 必ずしも投票用紙を使わなくてもよい. ballot は無記名投票(用紙). 本来は小さな球. poll は個々の投票, 投票数の他に世論調査の意味がある.
[慣用句] vote down 投票によって否決する. vote in [into] 投票で選出する. vote through 投票で可決する.
【派生語】vóter 名 C 投票者, 有権者.
【複合語】vóting booth 名 C (米) 投票用紙記入所. (英) polling booth). vóting machine 名 C 自動式投票機 (★投票する機械で票の集計も自動的にできる).

vo·tive /vóutiv/ 形 〔一般語〕誓願を果すために捧げた, 奉納した, 願いをこめた, 願をかけた.
[語源] ⇒vote.

vouch /váutʃ/ 動 本来自 〔一般語〕[一般義] 自分自身の経験や知識などからの証拠に基づいて真実であると断言する. [その他] 人柄などを保証する, ある物がある事の証拠になる, 裏付ける.
[語源] ラテン語 vocare (=to call; to summon) の反復形 vocitare が古フランス語 voch(i)er を経て中英語に入った. 法廷に呼び出して証言をさせる意.
[用例] I can vouch for its correctness. それは正しいと断言できる.
【派生語】vóucher 名 C 保証人, 証拠書類[物件], 領収書, (英) 商品券, クーポン券.
【複合語】vouchsáfe 動 本来他 〔やや古い形式ばった語〕目下の者に恩恵, 特権などを与える, 許す, 親切にも…する.

vow /váu/ 名 C 動 本来他 〔一般語〕誓い, 誓約. [その他] 誓いの内容, 誓願. 動 として神に誓う, …を誓約する.
[語源] ラテン語 vovere (=to vow) の過去分詞の中性形 votum (=vow; vote) が古フランス語 vou を経て中英語に入った.

[用例] The monks have made [taken] a *vow* of silence. 修道士は沈黙の誓いをたてた/He *vowed* revenge on all his enemies. 彼はすべての敵に対し復讐を誓った.

vow·el /váuəl/ 名 C 〖音〗母音, 母音字.
[語源] ラテン語 *vocalis*(声の出る)が古フランス語 *vouel* を経て中英語に入った. ⇒vocal.

vox po·pu·li /váks pápjulài | vóks póp-/ 名 《ラテン語》《the ~》民の声(people's voice).
【慣用句】*vox populi, vox Dei* /diːai/ 民の声は神の声, 天声人語(people's voice, God's voice).

voy·age /vóiidʒ/ 名 C 動 本来自 〔一般語〕航海, 交通機関による比較的長い船または航空機などによる旅行. 動 として〔文語〕航海する, 船[空]の旅をする.
[語源] ラテン語 *via*(=way)から派生した *viaticum*(旅行の経費, 食糧)が古フランス語を経て中英語に入った.
[用例] The *voyage* to America used to take many weeks. アメリカへの航海は何週間も要したものであった.
[類義語] ⇒travel.
【派生語】**vóyager** 名 C 航行者, 航海者.

v.t., vt.《略》=verb transitive (他動詞). ⇒v.i.

VTOL /víːtɔːl | -tɔl/ 名 C 〖空〗垂直離着陸(機)《★ vertical take off and landing の略》. ⇒STOL.

VTR《略》=videotape recorder.

Vul·can /válkən/ 名 固 〖ロ神〗バルカン, ウルカヌス《★火と鍛冶の神》.
【派生語】**vúlcanite** 名 U. 硬化ゴム. **vùlcanizátion** 名 U. **vúlcanìze** 動 本来他 ゴムを硬化させる.

vul·gar /válɡər/ 形 〔一般語〕 [一般義] 上品さや趣味の良さを欠いた, 下品な. [その他] 無礼で人を傷つけるような, わいせつな. 本来は庶民の間で一般に行われている, 受け入れられているを意味した. 言語に関して, 民衆一般が話す, 自国語を用いた. 庶民は教養がないということから「下品な」の意が生じた.
[語源] ラテン語 *vulgus*(=the common people)の 形 *vulgaris* が中英語に入った.
【派生語】**vulgárian** 名 C 卑俗な人, 俗悪な成り上がり者. **vúlgarism** 名 CU 卑俗な言葉[語法], 卑語, 俗悪さ(vulgarity). **vulgárity** 名 U 卑俗さ, 下品さ. **vùlgarizátion** 名 U. **vúlgarìze** 動 本来他 (俗)化する, 低俗化する. **vúlgarly** 副 世間一般に, 下品に.
【複合語】**Vúlgar Látin** 名 U 俗ラテン語《★文語としての古典ラテン語に対して口語的なラテン語をいう. 後のイタリア語, フランス語, スペイン語などロマンス諸語の起源となった》.

vulnerability ⇒vulnerable.

vul·ner·a·ble /válnərəbl/ 形 〔一般語〕攻撃や非難などを受けやすい, さらされている, 人や精神などが傷を受けやすい, 弱点のある.
[語源] ラテン語 *vulnus*(=wound)から派生した *vulnerare*(=to wound)の 形 *vulnerabilis* が初期近代英語に入った.
【派生語】**vùlnerabílity** 名 U.

vul·ture /váltʃər/ 名 C 〖鳥〗はげわし, コンドル, 比喩的に強欲冷酷な人.
[語源] ラテン語 *vultur* が中英語に入った.
【派生語】**vúlturìne** 形 はげわしの. **vúlturish** 形. **vúlturous** 形.

vul·va /válvə/ 名 C《複 -vae /viː/, ~s》〖解〗女性器の外陰部, 陰門.
[語源] ラテン語 *vulva*(=womb)が中英語に入った.
【派生語】**vúlval** 形. **vúlvar** 形. **vúlvate** 形.

vying ⇒vie.

W

w, W¹ /dʌ́blju(ː)/ 名 C ダブリュー《★アルファベットの第23文字》.

W² 《略》= west; watt; western; Wednesday.

w. 《略》= week; weight; wide.

WA 《略》= Washington《★州名》.

wab・ble /wɑ́bl | wɔ́bl/ 動 本来自 名 C = wobble.

WAC /wǽk/ 《略》= Women's Army Corp (米国陸軍女性部隊).

wack・o /wǽkou/ 名 C 〔くだけた語〕《米》狂気じみた人, 奇人.
  語源 wacky から.

wack・y /wǽki/ 形 〔くだけた語〕言動が狂気じみた.
  語源 不詳.
  【派生語】**wáckiness** 名 U.

wad /wɑ́d | wɔ́d/ 名 動 本来他 〔一般語〕 一般義 柔らかい, 特に繊維質の固まり, その他 包装用, 先込めの押えなど, 様々な用途のための詰め物, 〔くだけた語〕紙幣などのかなり大きな束. 動 としては, 何か柔らかいものを固まりに丸める, 丸めたものを使って詰め物をする, 詰め物をして空やすきまをふさぐ.
  語源 不詳.
  【派生語】**wádding** 名 U 詰め物.

wad・dle /wɑ́dl | wɔ́dl/ 動 本来自 名 C 〔一般語〕あひるや足の短い人がよたよた[よちよち]歩く. 名 として《a ~》よたよた[よちよち]歩き.
  語源 不詳.

wade /wéid/ 動 本来自 〔一般語〕一般義 水の中を進む, 雪や泥などのように足にまとわるようなものの中を歩く. その他 川の浅瀬などを歩いて渡る (★通例 across を伴うが 他 の用法もある), 抵抗のあるものの中を進む意から, 苦労して前進する, 力ずくで前進する, 長い本などをどうにか読み通す (through).
  語源 古英語 wadan (= to go) から.
  用例 He *waded* across the pool towards me. 彼は水たまりを渡って私の方に向かって来た / I've finally managed to *wade* through that boring book I had to read. やっとのことで読まなければならなかった例の退屈な本を読み終わった.
  【派生語】**wáder** 名 C 歩いて渡る人, 磯に住む鳥 (shorebird; wading bird), 〔通例複数形で〕腰まである魚釣り用防水長靴.

wa・fer /wéifər/ 名 C 〔一般語〕一般義 軽くてぱりぱりする平たい薄焼きの菓子, ウエハース. その他 〔カト〕ミサ用の聖餅(せいへい), また薄くて丸い形をしていることから, 手紙や書類などに封をする封印紙, 封かん紙を使って封をする, 薄く丸い片に切り分ける.
  語源 ゲルマン語起源の古ノルマンフランス語の *waufre* が中英語に入った. waffle と同語源.
  【派生語】**wáfery** 形.
  【複合語】**wáfer-thín** 形 とても薄い, 差が僅かの.

waf・fle /wɑ́fl | wɔ́fl/ 名 C 〔一般語〕ワッフル《★小麦粉, 牛乳, 卵, 水などを混ぜ合わせ waffle iron と呼ばれる焼き型で焼いた格子模様のついた菓子》.
  日英比較 日本でいうワッフルはジャムやクリームなどをはさんだものをさすが, 英語の waffle は生地だけを焼いたものをいう.
  語源 オランダ語 *wafel* (= wafer) が18世紀に入った.
  【複合語】**wáffle iron** 名 C ワッフル焼用鉄板.

waft /wǽft | wɑ́ːft/ 動 本来他 名 C 〔形式ばった語〕におい, 音, 物などを空中や水上に漂わせる. 自 空中にふわりと浮かぶ, 風がそよそよ吹く. 名 として, 空気を伝わっていくにおい, 音.
  語源 中期低地ドイツ語 *wachten* (= to watch; to guard) が中英語に入った.
  用例 The smoke *wafted* gently across the valley. 煙は谷間をゆるやかに流れていった.
  【派生語】**wáftage** 名 U ふわりと送ること.
  wáfter 名 C 吹き送る人[もの], 送風機の回転翼.

wag¹ /wǽg/ 動 本来自 他 名 C 〔一般語〕犬などが尾を振る. 自 尾が振れる, 揺れ動く, 〔くだけた語〕舌が活発に動く, ぺらぺら喋る, 人のうわさ話をする. 名 として, 尾などのひと振り.
  語源 古ノルド語起源と思われる中英語 *waggen* (= to move; to shake) から. 古英語 *wagian* (= to shake) とも関連がある.
  用例 The dog *wagged* its tail with pleasure. 犬は喜んで尻尾を振った / Her strange behaviour has set the neighbours' tongues *wagging*. 彼女が奇妙な行動をするので, 近所の人たちがうわさ話をし始めた.

wag² /wǽg/ 名 C 〔古語〕ひょうきん者.
  語源 不詳. 初期近代英語から.
  【派生語】**wággery** 名 UC おどけ, 冗談. **wággish** 形 おどけた, ひょうきんな. **wággishly** 副. **wággishness** 名 U.

wage¹ /wéidʒ/ 名 C 〔一般語〕一般義《通例複数形で》時間給, 日給, 週給など主に非専門的な労働に定期的に支払われる賃金. その他 〔形式ばった語〕《通例複数形で単数または複数扱い》ある行為の結果自分に返ってくる報い, お返し. 語法 良い意味にも悪い意味にもなる.
  語源 ゲルマン語起源の古フランス語 *guage* (= pledge; wage) がアングロフランス語 *wage* (= wage) を経て中英語に入った.
  用例 What is his weekly *wage*? 彼の週給はいくらですか.
  語法 賃金の高低には high, low を使い, many, few は使わない.
  類義語 ⇒ pay.
  【複合語】**wáge èarner** 名 C 賃金労働者. **wáge frèeze** 名 C 賃金凍結(政策). **wáge hìke** 名 C 〔ややくだけた語〕賃上げ, ベースアップ《日英比較 ベースアップは和製英語で, 英語では wage hike や raise, 《英》rise》. **wáge scàle** 名 C 賃金表. **wáge slàve** 名 C 賃金の奴隷, 賃金生活者. **wágewòrker** 名 C = wage earner.

wage² /wéidʒ/ 動 本来他 〔形式ばった語〕戦争, 議論などを行う. 自 戦争などが行われている, 進行中である.
  語源 古フランス語 *guage* (⇒wage¹) の 動 *guagier* がアングロフランス語 *wagier* を経て中英語に入った.
  【派生語】**wáger** 名 C 賭け, 賭け事, 賭けたもの. 動 本来他 賭ける, 請け合う.

wag・gle /wǽgl/ 動 本来他 名 U 〔くだけた語〕振る, 振り動かす, 揺する. 名 として振ること, 揺すること.
  語源 wag¹ より.

wag·on, 《英》**wag·gon** /wǽɡən/ 名 C 動
[本来自][一般用][一般義] 重い荷物を運ぶ4輪の運搬車. [その他] 後部に荷物用のスペースのある(ステーション)ワゴン, バン《英》estate car). 古くは2頭立ての馬で引かれ, 品物や乗客を輸送するための荷馬車や馬車, 物を運搬する4輪の車の意から, 《鉄道》無蓋貨車, 《米》脚輪による食事運搬台, ワゴン(《英》trolley), 子供の遊びや新聞配達などで使われる手押し台車. 動 としてステーションワゴンで旅行する, 荷物を運ぶ.
[語源] オランダ語 *wagen*(=wagon)が初期近代英語に入った.
[用例] a hay *wagon* 干し草運搬用トラック[馬車].
[関連語] 2輪馬車は cart. 有蓋貨車は van.
【慣用句】*be* [*go*] *on the wagon* 禁酒している[する]. *off the wagon* 禁酒を解く.
【派生語】**wágoner**, 《英》**wággoner** 名 C 御者, (the W-)《天》御者座 (Auriga). **wágonette** 名 C 6〜8人乗りの遊覧馬車. **wàgon-lít** 名 C 《複 **wagon(s)-lits**》《英》ヨーロッパ大陸の寝台車. **wágon tràin** 名 C 幌馬車隊.

Wai·ki·ki /wàikikíː/ 名 固 ワイキキ (★米国ハワイ州のオアフ島の海浜).

wail /wéil/ 動 [本来自][一般義] [形式ばった語][一般義] 声を上げて泣き叫ぶ, 嘆き悲しむ. [その他] 風, 木あるいは風などの無生物のもの悲しげな音を出す, 悲嘆にくれた口調で不平を言う. 名 として泣きぶこと, 泣き声, 泣き声のような音.
[語源] 古ノルド語 *væla*(=to wail)が中英語に入った.
[類義語] cry.
【派生語】**wáiler** 名 C 泣き叫ぶ人, 嘆き悲しむ人. **wáilful** 形. **wáilfully** 副. **wáilsome** 形 [古語] 悲しげな.

wain·scot /wéinskət/ 名 UC 《建》家の内壁の板張り, 腰張り, 羽目板.
[語源] 中期オランダ語 *wagenschot* (*wagen* waggon + *schot* board?)が中英語に入った. 本来はドイツ, オランダなどから輸入されるチーク材の意.

waist /wéist/ 名 [一般用][一般義] 胴のくびれた部分, 腰. [その他] 胴のくびれた部分の意から, 服のウエストや胴部, 人の胴回りの寸法, ウエストサイズ(記号 w). 人間の胴に対応するものやそれとの類似から, 船体の中央部分, 飛行機の胴体, 蜂のような昆虫の腰のくびれ, バイオリンや砂時計などのくびれ. また短めのブラウス(shirt-waist), 胸からウエストまでの体にぴったり合った女性用の胴着(bodice).
[語源] 古英語 *weaxan*(=to grow; to increase in size)から派生した *wæst* から.
[用例] She has a very small *waist*. 彼女はとてもほっそりしたウエストをしている/Can you take in the *waist* of these trousers? このズボンのウエストを詰めてくれませんか.
[日英比較] 日本語の「腰」は漠然と胴のくびれた部分を含んで背中の下部から腰骨が左右に張り出した部分のあたりをいうが, 英語では胴のくびれた部分のみが waist で, 左右に張出した部分は hip(s), 背中の下の部分は lower back という.
【複合語】**wáistbànd** 名 C スカートやズボンのウエストバンド. **waistcoat** /wéskət, wéistkòut/ 名 C 《英》チョッキ(《米》vest). **wáist-déep** 形 副 腰までの深さの[に]. **wáist-hígh** 形 腰までの高さの[に]. **wáist-**

wàist-líne 名 C 腰の部分のくびれ, 服の胴回り.

wait /wéit/ 動 [本来自]名 [一般用][一般義] 人, 事物, 機会などを待つ (for). [その他] 待つという意に拡大して, 物事を楽しみにして待ち受ける, 期待する (《語法》通例進行形で, wait for+ 名詞, wait to 不定詞). 「待たせられる」という意で(can 〜で)物事が延期できる, 指示を待つ人に仕える, 店員が客の用を聞く (on; upon), 給仕する(《英》wait at table; 《米》wait on table), 準備して待っていることから, 《通例進行形で》使えるようになっている, 用意ができている. 他 物事や人, 機会, 順番などを待つ, 〔くだけた語〕《米》人の到着まで食事を出すのを遅らせる. 名《a 〜 として》待つこと, 待ち時間.
[語源] ゲルマン語起源の古フランス語 *guaitier*(=to watch)から派生した古ノルマンフランス語 *waitier* が中英語に入った. 「監視して待ち伏せする」が原義.
[用例] I'm *waiting* for John (to arrive). 私はジョン(が到着するの)を待っています/This servant will *wait* on your guests. こちらの使用人があなたのお客様たちのご用を聞きます/There was a long *wait* before they could board the train. 彼らが列車に乗車できるまでには長い待ち時間があった.
【慣用句】*cannot wait* 待ちきれない, いらいらする, すぐに実行しなければならない. *play a waiting game* 引き延ばし作戦をとる. *wait and see* 成行きを見守る. *wait for it!* 〔くだけた表現〕まあ待ちたまえ, そうせかずに聞きない, 適当な時が来るまで待て. *wait up for* ... ...を寝ないで待つ, ...が追いつくまで待つ.
【派生語】**wáiter** 名 C レストランのボーイ, ウェーター. **wáiting** 名 U 待つこと, 待ち時間. 形 待っている, 仕えている: waiting list キャンセル待ち名簿/waiting room 病院, 駅などの待合室. **wáitress** 名 C レストランのウェートレス.

waive /wéiv/ 動 [本来自] [形式ばった語][一般義] 権利の主張や要求をやめる, 放棄する. [その他] 強く主張することを差し控える, 規則などをすぐには適用しない, 延期する, 《法》権利を自主的に放棄する.
[語源] ゲルマン語起源と思われる古フランス語 *gaiver*(=to abandon)がアングロフランス語 *weyver* を経て中英語に入った.
[類義語] relinquish.
【派生語】**wáiver** 名 UC 《法》権利, 要求, 特権などの自発的放棄, 任意放棄, 放棄を表示してある権利放棄証書.

wake[1] /wéik/ 動 [本来自]《過去 **woke**; 過分 **woken**》名 C 〔一般用〕[一般義] 目が覚める, 起きる (up). [その他] 本来は寝ずの番をするの意で, 目を覚ましている, 起きている, 比喩的に目覚める, 気づく, 覚醒する. 他 目を覚まさせる (up), 比喩的に目覚めさせ, 思い起こさせる. 名 として《アイルランド》通夜.
[語源] 古英語 *wacian*(=to be awake)から.
[用例] He *woke* to find that it was snowing. 彼が目を覚ますと雪が降っていた.
【派生語】**wákeful** 形 眠れない, 寝ないで起きている, 警戒している. **wákefully** 副. **wákefulness** 名 U. **wáken** 動 [本来自] 目を覚まさせる, 比喩的に目覚めさせる. **wáking** 形 〔限定用法〕目覚めている.

wake[2] /wéik/ 名 C [本来自] 船が通過した後の船跡. [その他] 何か物が通り過ぎた後に残る跡.
[語源] 古ノルド語 *vok*(=hole in the ice)が初期近代英語に入った.
【慣用句】*in the wake of* ... ...のすぐ後に, ...に引き

wakeful ⇒wake¹.
wakefully ⇒wake¹.
wakefulness ⇒wake¹.
Wales /wéilz/ 名 固 ウェールズ《★英国ブリテン島の西部の地域》. ⇒Welsh.
walk /wɔ́ːk/ 動 本来自 本来他 〔一般動〕 一般義 人や動物が歩く. その他 歩いて行く, 一歩一歩前進する, 運動や楽しみのために散歩する, 徒歩旅行する.《野》四球で打者が一塁に歩く,《宇宙》宇宙遊泳する,《古風な語》世を渡る, 生活していく. 他 犬などを歩かせる, 散歩させる, 馬を並足で歩かせる, 物を押して歩く, 人を連れて歩く, 歩いて送っていく, 意味が強まって命令などで人を無理やり歩かせる, 人を歩かせて...の状態にする,《野》投手が四球を与える,《ダンス》歩くような速さで踊る. 名 として歩くこと, 歩行, 歩く道のり, 散歩, 歩き, 徒歩旅行, 宇宙遊泳,《野》四球による出塁. 人それぞれの独特の歩き方, 歩き振り, 馬の並足, 比喩的に〔古風な〕世渡り, 振舞い, 社会的, 経済的身分, 立場, 行動領域, 職業, 天職. また歩道, 公園などの遊歩道.
語源 古英語 wealcan (= to roll; to toss; to go) から.
用例 How long will it take to *walk* to the station? 駅まで歩いてどのくらいかかりますか/She *walks* her dog in the park every morning. 彼女は毎朝公園に犬を散歩に連れていく/He *walked* her to the bus stop. 彼はバス停まで歩いて彼女を送った/I recognized her *walk*. 私は歩き方で彼女だと分かった/There are many pleasant *walks* in this area. このあたりには楽しんで歩けるところがたくさんあります/It's two hours' *walk* to the town. 町まで歩いて2時間
【慣用句】*give* ... *a walk*《野》打者を四球で歩かす. *go for a walk* 散歩に出かける. *in a walk* やすやすと. *take* [*have*] *a walk* 散歩をする. *walk about* ぶらぶら歩き回る. *walk* (*all*) *over* ... 楽々と...を打ち負かす, 人をいいように扱う. *walk away from* ... めんどうな問題などから逃れる, 苦もなく...を引き離す, 事故を怪我ひとつなく切り抜ける. *walk in* (*on*) 不意に入って来る. *walk into* ... まずいことにうっかりはまる, ...にぶつかる. *walk it* 歩いていく, 楽勝する. *walk off* 歩いて立ち去る. *walk* ... *off one's feet* [*legs*] ...を足が棒になるほど歩かせる. *walk off with* ...を盗む, 試合などに楽勝する. *walk of life* 社会的地位, 階層, 職業. *walk out* 突然去る, 怒って去る, ストライキをする. *walk out of* ...から立ち去る. *walk out on* ... 人を見捨てる. *Walk up!* いらっしゃい《★サーカスなどの呼び込みの声》.
【派生語】**wálker** 名 C 歩く人, 散歩の好きな人. **wálking** 名 U 歩くこと. 形 生きている: *within walking distance of* ... へ歩いていける所に. **walking stick**《英》杖, ステッキ.
【複合語】**wálk-in** 形《米》〔限定用法〕人が立って入れるほどの. **wálk-òn** 名 C せりふなしの端役. **wálk-òut** 名 C ストライキ. **wálkòver** 名《競馬》他に出走馬がいない場合の独走, 楽勝. **wálk-ùp** 形 C《米》エレベーターのない(アパート). **wálkwày** 名 C《米》歩道, 通路.
walk·ie-talk·ie /wɔ́ːkitɔ́ːki/ 名 C〔くだけた語〕携帯用無線電話機.
語源 ⇒walk, talk. 20世紀から.

Walk·man /wɔ́ːkmən/ 名 C (複 ~s)《商標名》ウォークマン《★携帯用ステレオカセットプレーヤー》.
wall /wɔ́ːl/ 名 C〔その他〕〔一般義〕建物や部屋の壁. その他 防壁や城壁, 庭, 公園, 屋敷を守る塀, 水や滑り落ちるものを止めるための土手, 堤防, 容器などの内壁や内側,《解》体内の器官の外壁, 内壁. 壁に似たものから比喩的に...の壁, 障壁, 障害. 動《主に受身で》壁[壁のようなもの]を造る, 壁で囲む, 壁[塀]で仕切る, 人や物を閉じ込める, 出口などを塞ぐ.
語源 ラテン語起源の古英語 weall (= wall) から.
用例 the Great *Wall* of China 万里の長城/There is something wrong with the *wall* of his heart. 彼の心臓の内壁に何か具合の悪いことがある.
【慣用句】*be pushed* [*driven*] *to the wall* = *go to the wall* 窮地に陥る, 競争などに敗れる. *drive* ... *to the wall* ...を追い詰める, ...を窮地に立たせる. *drive* ... *up the wall* ...を怒らせる. *go over the wall* 脱獄する. *off the wall*《米》型破りの.
【複合語】**wállbòard** 名 U 壁板ボード. **wáll chàrt** 名 C 教室の壁などに張る図表, ウォールチャート. **wálléyed** 形 白目の, 外斜視の. **wállflòwer** 名《植》においあらせいとう; パーティーなどで恥ずかしがってダンスや会話に加わらない人, 壁の花. **wáll páinting** 名 UC 壁画. **wáll pàper** 名 UC 本来他 壁紙(を張る). **wáll-to-wáll** 形 じゅうたんなどが壁から壁まで敷き詰められた, 床一面の, びっしりの, 全面的な.
wal·la·by /wɑ́ləbi | wɔ́l-/ 名 C 動 ワラビー《★小型のカンガルー》.
語源 オーストラリア先住民の言葉から.
wal·let /wɑ́lit | wɔ́l-/ 名 C〔一般義〕一般義 紙幣を入れる財布, 札入れ《米では billfold ともいう》. その他 書類を入れる仕切りのある折りたたみ式のかばん.
語源 中英語 walet より. それ以前は不詳.
関連語《英》purse.
wal·lop /wɑ́ləp | wɔ́l-/ 動 本来他 C〔くだけた語〕一般義 したたかなぐる, 強打する. その他 試合などで相手を完全に打ち負かす. 名 として強烈な一打, じたばた, もがき, 心理的, 感情的に与える衝撃, ぞくぞくわくわくさせる興奮.
語源 古ノルマンフランス語 *waloper* (= to gallop) が中英語に入った. 本来は「馬が全速で駆ける」意.
【派生語】**wálloper** 名 C 強打する人[道具]. **wálloping** 形 途方もなくでかい, 強打, すばらしくすてきな.
wal·low /wɑ́lou | wɔ́l-/ 動 本来自 C〔一般義〕一般義 動物などが泥やほこり, 水などの中でころげ回る, もがく. その他 船などが船が縦揺に揺れながらもたもたと進む, また節度をはずして快楽に耽る. 名 として, 動物が泥や水の中をころげ回ること, それによって作られたような泥や砂のくぼみ, 快楽などに耽ること.
語源 古英語 wealwian (= to roll; to turn) から.
【派生語】**wállower** 名 C ころげ回る人[動物].
Wall Street /wɔ́ːl strìːt/ 名 固 ウォール街《★米国ニューヨーク市の証券取引所のある街区》, 転じて米国金融市場[金融界]
wal·nut /wɔ́ːlnʌ̀t,-nət/ 名 CU《植》くるみ, くるみの実, くるみ材.
語源 古英語 wealh (= foreign) + hnutu (= nut) から成る wealhhnutu から. wealh は Welshman の意で, 転じて foreign の意となった.
【複合語】**wálnut trèe** 名 C くるみの木.
wal·rus /wɔ́ːlrəs/ 名 C 動 せいうち, せいうちのひげ

に似たどじょうひげ(walrus mustache).

[語源] スカンジナビア起源の語で初期近代英語から. 原義は horse whale.

waltz /wɔ́ːlts/ [名] [C] [形] [動] [本来自] 《楽》ワルツ(★ダンスとそのための曲). [動] としてワルツを踊る. [くだけた語] すばやく軽やかに動く, コンテストで楽勝する, 難しい事をこなす. [他] ワルツでダンスの相手をリードする.

[語源] ドイツ語 *walzen* (= to roll; to dance a waltz) から派生した *Walzer* が 18 世紀に入った.

[慣用句] *waltz off with* ... [くだけた表現] たやすく賞を勝ち取る: *waltz off with* the first prize 1 等賞を楽々と勝ち取る.

[派生語] **wáltzer** [名] ワルツを踊る人.

wan /wán | wɔ́n/ [形] [動] [本来自] [文語] [一般義] 顔色などが病的に青白い, 生気のない, 明かりがかすかな, 弱々しい. [動] として青白くなる, 蒼白(そうはく)になる.

[語源] 古英語 wan(n) (= dark; gloomy) から.

[類義語] pale.

[派生語] **wánly** [副]. **wánness** [名] [U].

wand /wánd | wɔ́nd/ [名] [C] [一般義] [一般義] 魔法使いや魔術師などが使う魔法の杖. [その他] 柳の木から切り取られた細長いしなやかな若枝, 職権の象徴として携えられる棒, 職杖, 《楽》指揮棒.

[語源] 古英語 *vondr* (= wand) が中英語に入った.

wan·der /wándər | wɔ́n-/ [動] [本来自] [一般義] [一般義] 道順や目標なしにぶらぶら歩き回る(about; in; off). [その他] 歩き回って道に迷う, 道や川が曲りくねって続く[流れる], 考えなどがあちこちに及ぶ, まとまらない, 横道にそれる, 迷うことから比喩的に堕落する, 過ちを犯す. [他] ...を歩き回る, さまよう.

[語源] 古英語 wandrian (= to wander) から.

[用例] I'd like to spend a holiday *wandering* through France. フランスをぶらぶら歩き回って休日を過ごしたい/His mind *wanders*. 彼は心に迷いがある.

[類義語] wander; roam: 定まった道順がもともと頭の中になかったり, 道順とは関係なくぶらぶら歩き回るのが wander. 家から離れて遠くまで自由に動き回るのが roam.

[派生語] **wánderer** [名] [C] [文語] 歩き回る人, さすらいの人. **wándering** [形] 歩き回る, 放浪の. [名] [文語] 《複数形で》放浪の旅: **wandering Jew** (the W- J-) さまよえるユダヤ人, 《十字架を背負って刑場に連れて行かれるキリストを侮辱したためにキリストの再臨まで放浪の罰を与えられたというユダヤ人》, 一般に放浪の人, 《植》しましむらさきつゆくさ, しろふはかきつゆくさ. **wandering sailor** 《植》こなすび類のつるくさ.

[複合語] **wánderlust** [名] [U] 《しばしば a ~》旅行熱, 放浪癖 (★ドイツ語から).

wane /wéin/ [動] [本来自] [U] [一般義] 月が欠ける(⇔wax). [その他] (やや形式ばった語)光が弱くなっていくように弱くなる, 勢力, 地位, 名声, 威信などが衰える, 一定期間の終りに近づく. [名] として, 月の欠け, 衰徴, 衰退, 終末.

[語源] 古英語 wanian (= to decrease; to lessen) から.

[慣用句] *on the wane* 月が欠けて, 衰えて.

wan·gle /wǽŋgl/ [動] [本来自] [名] [C] [くだけた語] 巧みな計略により人から何かをうまくせしめる, ごまかす, 偽造する, なんとか切り抜ける. [名] としてうまく手に入れること, 策略.

[語源] 不詳. 19 世紀から.

[派生語] **wángler** [名] [C].

wanly ⇒wan.

wanness ⇒wan.

want /wánt | wɔ́nt/ [本来他] [名] [U] [一般義] [他] ...が欲しい, ...を欲する. [その他] 《to 不定詞》(to 不定詞を伴って)...したい, ...したがる, 《to 不定詞の主語に文の主語以外のものを付けて》...に...して欲しい, ...が...することを望む. 人に用がある, いて[来て]欲しい, ...が必要である, 《2, 3 人称を主語にして》《英》...する必要がある, するほうがいい. [形式ばった語]...が欠けている, 足りない. [自] 欠けている意から, 事欠く, 不自由している, 困窮している, 欠くべからざるもの有益なものが欠けている(for). [名] としては, 必要, 〔形式ばった語〕欠乏, 欠如, 困窮, 貧困.

[語源] 古ノルド語 *vanta* (= to be lacking) が中英語に入った. 「欠けている」が原義で, 「必要である」「欲しい」と意味変化した.

[用例] She *wants* a job. 彼女は仕事を欲しがっている/I *want* to go to London this weekend. こんどの週末にはロンドンへ行きたい/This wall *wants* a coat of paint. この壁はペンキを塗る必要があります/She *wants* for nothing. 彼女は何一つ不自由していない/They have lived in *want* for many years. 彼らは何年間も貧しい暮らしをしている.

[語法] 「欲する」という意味では, 普通は進行形なし. ただしその場の一時的な欲求, 必要, 表現をやわらげるために進行形が用いられることがある. また ストレートな言い方になることがある. I want to do よりも I'd like to do のほうが適切な表現になることが多い.

[慣用句] *be in want of* ... ...が必要である. *for [from] want of* ... ...なくて, ...が不足のために.

[派生語] **wánted** [形] お尋ね者の. **wánting** [形] 足りない, 欠けている.

[複合語] **wánt àd** [名] [C] 求人[就職]広告.

wan·ton /wántən | wɔ́n-/ [形] [C] [動] [本来自] [形式ばった語] [一般義] 理不尽な, 不当な, 悪意のある. [その他] 本来は「訓練されていない」「抑制しにくい」の意で, 〔古風な語〕特に女性が性的にだらしない, ふしだら, 身持ちの悪い. [名] として〔古風な語〕浮気女. [動] として〔文語〕ふしだらに振る舞う, 戯れる, じゃれる, 子供や動物の子がはね回る.

[語源] 古英語 wan (= lacking; deficient)+tēon (= to draw; to discipline) の過去分詞 togen から成る中英語 wantogen から.

[慣用句] *play the wanton* 戯れる.

[派生語] **wántonly** [副]. **wántonness** [名] [U].

war /wɔ́ːr/ [名] [UC] [動] [本来自] [一般義] [一般義] 戦争(の期間, 状態) [動] の ~ で継続中または終結した近年の「...戦争」の意). [その他] [名] 個々の戦争, 戦役. また反目状態, 闘争, 対立勢力間の争い, 意見などの食い違い, 不一致, 比喩的に病気, 貧困, 犯罪撲滅の戦い(against; on). [動] として争う, 戦争する.

[語源] ゲルマン語起源の古ノルマンフランス語 *werre* が中英語に入った.

[用例] Their leader has declared *war* on Britain. 彼らの指導者は英国に対して宣戦した/He served in the two World *Wars*. 彼は二つの世界大戦に従軍した/the *war* against cancer ガン撲滅の戦い/The two countries have been *warring* constantly

for generations. その二国は何世代もの間, 常に戦争をしてきている.
【慣用句】 *art of war* 戦術. *at war* 戦争中で. *declare war on* [*against*] … …に宣戦布告をする. *go to war* 国が戦争を始める, 人が戦場に行く. *a war of nerves* 神経戦. *a war of words* 舌戦.
【派生語】 **wárlìke** 形 好戦的な, 軍事的な.
【複合語】 **wár bride** 名C 戦争花嫁. **wár clòud** 名C《通例複数形で》戦争になりそうな雲行き. **wár correspòndent** 名C 従軍記者. **wár crìme** 名C 戦争犯罪. **wár crìminal** 名C 戦犯. **wár crỳ** 名C ときの声, 政党などのスローガン. **wár dànce** 名C 未開人などの出陣の踊り. **wárfàre** 名U 戦争[交戦](状態). **wár gàme** 名C 実戦遊戯, 模型を使ったウォーゲーム. **wár gòd** 名C 軍神 (★特に Mars). **wárhèad** 名C 弾頭. **wár memòrial** 名C 戦没者慰霊碑[祭, 塔]. **wármònger** 名C 戦争挑発者, 戦争屋. **wárplàne** 名C 軍用機. **wár shìp** 名C 軍艦. **wártime** 名U 形 戦時(中の) (⇔peace). **wár wìdow** 名C 戦争未亡人. **wár zòne** 名C 戦争[紛争]地帯.

war·ble¹ /wɔ́:rbl/ 動 本来自 C 〔一般語〕 一般義 鳥がさえずる. その他 鳥がさえずるように美しい調子で歌う, 歌によって何かを表現する. また小川がさらさら流れる, 風がそよそよ吹く. 名 として, 鳥のさえずり, 歌.
語源 ゲルマン語起源の古ノルマンフランス語 *werbler* (=to quaver) が中英語に入った.
【派生語】 **wárbler** 名C《鳥》鳴鳥(%%%) (★むしくい, うぐいすなど). **wárbling** 名U 形 さえずり(のような).

war·ble² /wɔ́:rbl/ 名C《昆虫》うしばえ, その幼虫. またその幼虫が引き起こす馬などの背の腫れ, 鞍(%%)こぶ.
語源 スカンジナビア起源と思われるが不詳.

warbler ⇒warble¹.

ward /wɔ́:rd/ 名C 動 本来他 〔一般語〕 一般義 病棟や大きな病室. その他 本来の見張るという意味から, 見張られる場所, 城や砦の中の中庭, 転じて刑務所の棟, 監房, 行政区も意味し, 市, 町の下位区画の区, 《英》選挙区, また日本の政令都市の区の訳語にも用いる. 区画からの意味変化で, 錠と鍵を一致させるための鍵の中や鍵穴の突起[切り込み]. 見張られる者という意味から, 後見人 (guardian) の保護下[監督下]にある人,《法》法廷被後見人 (ward of court). 動 として…をかわす, 避ける (off).
語源 古英語 *weard* (=ward) から, *guard* と同族語.
用例 He is in a surgical *ward* of the local hospital. 彼は地元の病院の外科病棟に入院している/She was made a *ward* of court so that she could not marry until she was eighteen. 彼女は18歳になるまでは結婚しないように, 法廷被後見人になった.
【複合語】 **wárdròom** 名C《海軍》軍艦の士官(室).

-ward /-wərd/ 接尾 場所や方向を表す名詞や方向を表す副詞に付き,「…の(場所の)方へ」「…の方に向いた, 向かって進む」の意の副詞, 形容詞をつくる.
語源 副詞の場合は《英》では通例 -wards /wə:rz/ となる.
語源 ⇒ward.

war·den /wɔ́:rdn/ 名C 〔一般語〕 一般義 監視員, 管理人. その他 保管者, 監督者など何かを管理する立場にある役人. 例えば町, 地区などの長官, 教区委員, 特別な監督任務を課されている役人, 猟区監視官 (game warden) など.《米》刑務所長,《英》政府の役人, 港湾管理者.
語源 古フランス語 *guarden* (=guardian) が古ノルマンフランス語 *wardein* を経て中英語に入った.
【派生語】 **wárder** 名C 〔一般語〕 監視をする人,《英》看守.

ward·robe /wɔ́:rdròub/ 名C 〔一般語〕 一般義 洋服だんす. その他 本来は衣服を見張ることから, 衣服を収納しておく衣装部屋, 衣装用納戸, 衣服を吊ったまましまえるような大きなトランク. また《通例単数形で》個人が持つ全衣装類, 劇場や映画撮影所の舞台衣装, 舞台装身具類.
語源 古ノルマンフランス語 *warder* (=to guard) + *robe* (=robe) から成る *warderrobe* が中英語に入った.
用例 Hang your suit in the *wardrobe*. 洋服だんすにスーツを吊っておきなさい/She bought a complete new *wardrobe* in Paris. 彼女はパリで衣装を一揃い全部新しく買いかえた.
【複合語】 **wárdrobe màster** [**mìstress**] 名C 劇場の衣装係.

-wards ⇒-ward.

ware /wéər/ 名U 〔一般語〕 一般義 《語法》通例複合語で)製品, 用品, …製陶器, …焼き. その他 《古風な》《複数形で》商品, 売り物.
語源 古英語 *waru* (=goods; merchandise) から.
用例 silver*ware* 銀製品/Mashiko *ware* 益子焼き.
類義語 goods; merchandise.
【複合語】 **wárehòuse** 名 動 本来他 商品を貯蔵しておく倉庫. 動 商品を倉庫に入れる. **wárehòuseman** 名C 倉庫業者.

warily ⇒wary.
wariness ⇒wary.

warm /wɔ́:rm/ 形 本来他 〔一般語〕 一般義 気候, 体温, 物が適度な熱さを保って暖[温]かい. その他 衣類が心地よく暖かい, 比喩的に人の暮らし向きが豊かで, 気持ちが温かい. 人が物事に熱心な, 論争などが活発な, 運動や仕事などが体をほてらせる, 暑くなる, 獲物が通った直後の臭いが生々しい, 赤[黄]みがかった色合いで, 暖かい色, 核心に近づいて熱くなることから, 子供の遊びやクイズなどで目標(物)や正解に近い(⇔cold). 動 としては, 人や物を暖かくする, 心を温める, 優しい気持にさせる, 調理されたものや古い考えを温めなおす (over), 運動や運転する前に人や機械などに準備運動させる, 暖機運転させる (up). 人を熱心にさせる, 情熱的にする, 暑くさせる. 自 人や物が暖まる (up), 心地よくなる, 熱心になる, 人に好意を持ち始める《to; toward》, 準備運動する (up).
語源 古英語 *wearm* (=warm) から.
用例 Open a window—I'm too *warm*. 窓を開けてくれ. 暑すぎるよ/We received a *warm* welcome. われわれは温かい歓迎を受けた/This is *warm* work! これは汗をかく仕事だ!/I don't want white walls—I want something *warmer*. 白い壁はしたくありません. なにかもっと暖かい色がいいです/You are getting *warmer*. だんだん(正解に)近づいていますよ/He *warmed* his hands in front of the fire. 彼は火の前で手を暖めた/The audience *warmed* to the talented comedian. 観客はその才能豊かなコメディアンが好きになった.
日英比較 英語の warm は, 気温の場合は日本語の

「暖かい」より意味が広く「やや暑い」「暑い」の意があり, very warm は hot と同意である. また「暖かい冬」は a mild winter とまであって, a warm winter とはあまりいわない. 気温が低いというイメージの冬に, 気温が高いイメージの warm を使うのには違和感があるからである.

【派生語】**wármer** 图 C 暖めるもの[人], 加熱機. **wármish** 形 やや暖かい. **wármly** 副 暖かく, 心をこめて, 熱心に. **wármness** 图 U =warmth. **wármth** 图 U 暖かさ, 思いやり, 親切, 情熱.

【複合語】**wárm-blóoded** 形 動物が温血の(⇔cold-blooded); 熱血の. **wárm frònt** 图 C 温暖前線. **wármheárted** 形 心の温かい, 親切な. **wármheártedness** 图 U. **wárm-ùp** 图 C ウォーミングアップ, 暖機運転.

warn /wɔ́ːrn/ 動 本来な 〔一般語〕 一般義 危険や悪い事が起こるかもしれないと人に**警告する**. その他 ある物事が将来必要になると思われるので人に前もって知らせる, **注意しておく**, ある行為に関して人を**戒める**.
語源 古英語 warnian (=warn) から.
用例 I was *warned* against speeding by the policeman. 私はスピード違反で警官から警告された / Black clouds *warned* us of the approaching storm. 黒い雲が近づく嵐を予告していた.
【慣用句】*warn away* 人に警告して**立ち去らせる**. *warn off* 人に警告して**立ち去らせる**, 近づかないように警告する.
【派生語】**wárning** 图 UC **警告**, 戒め(のことば).

warp /wɔ́ːrp/ 動 本来な 〔一般語〕 一般義 曲げる, ねじる. その他 何かを曲げる, ねじるなどして形を変える, ゆがめる. 比喩的に心, 性格, 判断などを**片寄らせる**, 事実や意味を**曲解する**, 偏見を持って見る. またロープで結ぶ, ロープで引いて動かす. 图 C (a 〜) 曲がり, ねじれ, ゆがみ. 本来の意味として, (the 〜) 織物の縦糸, 比喩的に発展して, 船を固定するロープ, また**引き網**.
語源 古英語 weorpan (= to throw) から. 图 は古英語 wearp (縦糸) から.
【慣用句】*the warp and woof* 根本, 基礎.
【派生語】**wárper** 图 C 【紡】縦糸巻き機.

war·rant /wɔ́ː(r)rənt/ 動 本来な 〔やや形式ばった語〕 一般義 逮捕, 差し押さえなどの**令状**. その他 **正当な理由**[根拠], 権限, 権限を委任することから, 「令状」の意となった. また保証(するもの), 保証書, 政府機関の上級機関から発行される公証明書, 国や自治体の発行する**短期債券**, 【株式】発行会社の新株式を買うことができる権利, ワラント. 動 として**正当化する**, 是認する, **保証する**.
語源 ゲルマン語起源の古フランス語 garant (= protection), 動 garantir (=to protect) が古ノルマンフランス語 warant, warantir を経て中英語に入った.
用例 A slight cold does not *warrant* your staying off work. ちょっとした風邪ぐらいで仕事を休むことは認められない.

類義語 warrant; guarantee: **warrant** も **guarantee** のほうが公式的で, 時には製品の取り替えや代価の返済の内容までも含む.
【慣用句】*without warrant* いわれもなく.
【派生語】**wàrrantée** 图 C 【法】被保証人. **wárrantor, wárranter** 图 C 保証人. **wárranty** 图 CU 【商】保証(書), アフターサービス.
日英比較 商品などの「アフターサービス」は和製英語で, その内容は warranty, そのサービスは service under warranty という.
【複合語】**wárrant òfficer** 图 C 【陸軍】准尉, 【海軍・空軍】兵曹長.

war·ren /wɔ́ː(r)rən/ 图 C 〔一般語〕 一般義 うさぎ飼育場, 養兎(とう)場. その他 養兎場のように多数の建物[住居]または迷路のようなところ. 《英》法的に認可されている野うさぎなどの野生鳥獣飼育地, 野生鳥獣狩猟特権.
語源 古ノルマンフランス語 *warenne* (鳥獣保護区域) が中英語に入った.
【派生語】**wárrener** 图 C 養兎場主, 《英》野生鳥獣飼育地の管理人.

war·ri·or /wɔ́ː(r)riər/ 图 C 〔文語〕 昔の勇敢な戦士, 武人.
語源 古フランス語 *guerre* (=war) から派生した北部方言 *werreior* が中英語に入った.

wart /wɔ́ːrt/ 图 C 〔一般語〕 いぼ, 木の皮などのこぶ.
語源 古英語 *wearte* (=wart) から.
【慣用句】*warts and all* 欠点も含めて一切合切, ありのまま.

wary /wéəri/ 形 〔形式ばった語〕 用心深い, 注意深い, 油断のない.
語源 中英語 *ware* (=aware) + y から.
類義語 cautious; careful.
【派生語】**wárily** 副. **wáriness** 图.

was /wʌ́z/wɔ́z, 弱 wəz/ 動 be の一人称・三人称単数の過去形.

wash /wɔ́(ː)ʃ, wɑ́ʃ/ 動 本来な 图 C 〔一般語〕 一般義 水で**洗う**, **洗濯する**. その他 洗ってきれいにする, 洗い落とす, 不正な資金などを**浄財する**, 【鉱山】鉱石を水で洗う, **洗鉱する**, また水や流れ, 波などが**押し流す**, 波が岸辺を洗う, 打ち寄せる. 水彩絵の具やニスのような塗料で表面に薄く**上塗りする**, 金属にめっきする (with). ⑥ 自分の体や手, 顔を洗う(《米》wash up), **洗濯する**, 汚れなどが洗って落ちる(off; out), (通例副詞を伴って)石けんなどが**洗浄力がある**, 衣類などが洗濯がきく, 洗濯に耐えることから《否定文や疑問文で》理論などが**本当らしい**, **耐える**, 話などが人に受け入れられる (with), 水の作用で物がえぐられる, 物が水に流される. 图 としては, 物を洗うこと, 物が洗われること, 衣類の**洗濯**(語法 クリーニング店での洗濯の意味のときは the を伴う), 洗濯もの(されたもの), 洗剤, 化粧水, 【医】洗浄液. 川や海の**波の打ち寄せ**, 波打ち際(の土地), 低地, 浅瀬, 洪水のあとの**堆積土壌**, 引潮に現われる**砂州**, 湿地, 流水による**浸食場所**や**浸食**, 《米》干上がった川床 (dry wash). 水彩絵の具, **塗料**, めっきなどの薄いひと塗りや膜, 刷毛でのひと塗り, 壁塗りなどに使われる薄い**塗料**. 【空・船舶】プロペラやスクリューによって起こる後部への強い渦状の流れ, 後流, **航跡**.
語源 water と同起源の古英語 *wascan* (= to wash) から.

用例 Many people *wash* their cars on Sundays. 日曜日に洗車をする人が多い / You *wash* (the dishes) and I'll dry. 君が(食器を)洗ったら, ぼくがふくよ / This jumper doesn't *wash* very well. このジャンパーはあまり洗濯がきかない / The waves *washed* (against) the ship with a gentle rhythm. 波が船におだやかに寄せては返した / Your statement just won't *wash* (with the committee), because what you say is obviously untrue. 君の報告は

(委員会には)通らないよ. 言っていることが明らかに正しくないからだ/I must do a *wash* today, as I have no clean clothes left. 今日は洗濯しなければならない. きれいな衣類が一枚も残っていないから/The background of the picture was a pale blue *wash*. 絵の背景には淡いブルーが薄く塗られていた.

[関連語] **wash** は水と洗剤を使い, 手で力を加えて物をきれいにすること. **rinse** は物をすすぎ, 汚れや洗剤を落としてきれいにすること.

[慣用句] **come out in the wash** 問題などが解決する, 満足のいく結果になる, 恥などが知れ渡る. ***in the wash*** 衣類などが洗濯中の. ***wash away*** 押し流す, 洗い落とす. ***wash down*** 飲物などで食物をのどへ流し込む, 壁などをきれいに洗い流す. ***wash off*** 洗い落とす. ***wash one's hands*** 〔やや古風な表現〕手を洗う(〔語法〕トイレに行くことに対する婉曲表現). ***wash one's hands of ...*** 人や物事に責任をとらない, 手を引く. ***wash out*** 洗い落とす, 雨などが洗い流す, 押し流す. ***wash up*** 洗ってきれいにする, 波などが...を打ち上げる.

[派生語] **wáshable** 形 洗濯のきく, インクなどが水溶性の, 水で洗い落とせる. **wásher** 名 ⓒ 洗濯[皿洗い]する人, 洗濯機, 食器洗い機, 洗鉱機, ワッシャー(ボルトの座金). **wáshing** 名 ⓤⓒ 洗うこと, (the ~)洗濯物: washing machine /washing soda 洗濯ソーダ/washing-up 〔くだけた語〕〔英〕食後の皿洗い, 食後のあと片付け. **wáshy** 形 色が薄い, ぼんやりした, 弱々しい, 力のない; 〔古風な語〕水っぽい, 味が薄い.

[複合語] **wásh-and-wéar** 形 ノーアイロンの. **wáshbàsin** 名 ⓒ 〔英〕洗面台(〔米〕washbowl). **wáshbòwl** 名 ⓒ 〔米〕=washbasin. **wáshclòth** 名 ⓒ 洗面用タオル, 〔英〕ふきん. **wáshdày** 名 ⓒⓤ 洗濯日(〔英〕washing day). **wáshed-óut** 形 疲れ切った, 洗いざらしの, 色のあせた. **wáshed-úp** 形 用がなくなった, だめになった, 疲れ切った. **wáshhòuse** 名 ⓒ 洗濯所[屋]. **wáshlèather** 名 ⓤ 羊や鹿などの柔皮. **wáshòut** 名 ⓤⓒ 道路, 橋の流失箇所, 出水による道路の流失, 練習や研究などの失敗者, 失敗事業. **wáshròom** 名 ⓒ 〔米〕洗面所, (婉曲に)トイレ. **wáshstànd** 名 ⓒ 洗面台. **wáshtùb** 名 ⓒ 洗濯だらい.

Wash·ing·ton /wɔ́(ː)ʃintən/ 名 固 ワシントン George Washington(1732-1799)(★米国初代大統領). ワシントン州(★米国北西部の州). ワシントン特別区 Washington,D.C.(★米国の首都; D.C.= District of Columbia; コロンビア Columbia はコロンブスの女性形で米国の別名; 連邦政府直轄地域の意).

wasn't was not の短縮形.

wasp /wásp/wɔ́sp/ 名 ⓒ 〔昆虫〕すずめばち, じがばち, これらのはちの総称. ⇒bee.
[語源] 古英語 waesp(=wasp)から.
[派生語] **wáspiness** 名 ⓤ. **wáspish** 形 すずめばちのような, 比喩的に言葉などが辛辣(しんらつ)な, 意地の悪い. **wáspishly** 副. **wáspishness** 名 ⓤ. **wáspy** 形 = waspish.
[複合語] **wásp wàist** 名 ⓒ 特に女性に対して, すずめばちのように細くくびれた腰.

wast /wást/, 弱 wəst/ 本来目 〔古語〕be の2人称単数過去形(〔語法〕thou に対する語形).

wastage ⇒waste.

waste /wéist/ 動 本来他 ⓤⓒ 形 〔一般語〕 一般義 金や時間を浪費する, 物を無駄使いする. その他 物に徐々に損傷を与える, 人や体力などを消耗させる, 土地などを次第に荒廃させる, 摩耗させる. 自 無駄にする, 浪費する, 体力が衰える. 名 としては, 浪費, 無駄使い, 消耗, 無駄なものからごみ, 廃棄物, (通例複数形で)人間や動物の出す排泄物, 〔文語〕〔複数形で〕荒地, 荒野, 荒廃した土地. 形 として荒廃した, 誰も住んでいない, 廃墟となった, 耕作されていない, 何も産み出さない, 価値のない, 欠陥がある, 老廃物の.

[語源] 形 名 はラテン語 vastus(=desolate)が古フランス語 g(u)ast, 古ノルマンフランス語 wast(e)を経て中英語に入った. 動 はラテン語 vastare(=to lay waste)が古フランス語 g(u)aster, 古ノルマンフランス語 waster を経て中英語に入った.

[用例] You're *wasting* my time with all these stupid questions. あなたはこんなくだらない質問をして, 私の時間を浪費しているのですよ/The *waste* from this process is collected and thrown away. この過程で出る廃棄物は集められて捨てられます/The *waste* of time and money is incredible! 時間とお金の浪費は信じられないくらいだ.

[類義語] refuse².

[慣用句] ***go [run] to waste*** 無駄になる, 廃棄される. ***lay waste*** 〔文語〕荒廃させる. ***waste one's breath*** 無駄なことを言う, 言っても無駄だ. ***Waste not, want not.*** 《ことわざ》浪費しなければ物(お金や食べ物)に不自由しない(浪費は貧乏のもと). ***waste words*** 言っても無駄になる.

[派生語] **wástage** 名 ⓤ (しばしば a ~)消耗, 損耗, 浪費, 浪費量. **wásteful** 形 無駄使いする, 不経済な, 無駄な. **wástefully** 副. **wástefulness** 名 ⓤ. **wáster** 名 ⓒ 浪費者.

[複合語] **wástebàsket** 名 ⓒ 〔米〕(紙)くずかご(〔英〕wastepaper basket). **wástelànd** 名 ⓒⓤ 荒地. **wástepaper bàsket** 名 ⓒ 〔英〕=wastebasket. **wáste pìpe** 名 ⓒ 排水管. **wáste pròduct** 名 ⓒ 廃棄物, 老廃物. **wástewàter** 名 ⓤ 工場などの廃水.

watch /wátʃ/wɔ́tʃ/ 動 本来他 ⓒ 〔一般語〕 一般義 対象物の動きに視線を向けて, その成行きや様子を注意深く見守る, じっと見る, 観察する. その他 元来「一晩中目を覚ましている」という意味で, 転じて人を監視する, 人の行動に変化がないかを見張る, 試合などで動きのあるものを見物する, テレビを見る, 始終気をつけている, 物事に注意する, 世話をする, 看護する. 自 じっと見る, 試合などを見物する, 気をつける, 何かを期待して待つ(for), 不寝番をする. 名 として 監視, 防衛, 用心, 警戒状態, また見張り人, 当直, 番兵, 夜警, 夜番, 夜回り, 〔海〕通例 4 時間交替の当直時間. 時を測る道具として, 腕時計(wristwatch)や懐中時計, 船のクロノメーター.

[語源] 古英語 wæccan(=to be awake; to watch)から.

[用例] *Watch* the prisoner and make sure he doesn't escape. 囚人を監視して絶対に逃げ出さないようにしなさい/*Watch* what I do, and copy it. 私のすることをじっと見て, 真似なさい/He is *watching* television. 彼はテレビを見ている/*Watch* your chance, and then run. 好機の訪れるのを待って, それから走り[逃げ]なさい/*Watch* (that) you don't fall off! 落ちないように気をつけて!/I'll take the *watch* from two o'clock till six. 私は 2 時から 6 時まで夜

番をします/The night *watch* come(s) on duty soon. まもなく夜の当直がやってきます.

日英比較 「...を見なさい」という命令文では, 静止したものの場合は Look at ..., 動くものの場合は Watch ... が用いられる.

類義語 look.

【慣用句】*be on the watch* 警戒中である, 恐れていることなどを待ち構える. *set the watch* [海] 当直番を立てる. *Watch it.* 気をつけろ. *watch one's step* 足元に気をつける. *Watch out!* あぶない! *watch over ...* ...を看護する, 監視する. *Watch yourself!* 気をつけろ.

【派生語】 **wátcher** 名C 番人, 看護人, 観察者(★しばしば複合語で). **wátchful** 形 用心深い, 注意深い, 油断のない. **wátchfully** 副. **wátchfulness** 名U.

【複合語】 **wátchbànd** 名C (米) =watchstrap. **wátchdòg** 名C 番犬, 《軽蔑的》見張り, 監視人. 形 見張りの. **wátch-glàss** 名C (英) 時計のガラスぶた((米) crystal). **wátchmàker** 名C 製造や修理をする時計屋. **wátchman** 名 夜警, 見張り. **wátchstràp** 名C (英) 腕時計のバンド((米) watchband). **wátchtòwer** 名C 監視塔. **wátchwòrd** 名C 政党などのスローガン, 標語.

wa‧ter /wɔ́(:)tər/ 名 本来他 〔一般語〕

一般語 水. その他 (the ~) 水中; (通例 the ~s で) 海, 湖, 川, 滝, (通例複数形で) 領海, 近海, 海域, (複数形で) 鉱泉水(mineral water), 水上交通, 水路, 潮位, 水位. 各種の液体の意で, 水薬, 化粧水, 涙や尿, 樹木の樹液. 水が透明であることからダイヤモンドなどの純度, 品質. 〖会計〗資産などの水増し. 形 として水の, 水で動く, 水を含んだ, 水を使った. 動 としては, 地面に水を撒く, 動植物に水をやる, 物を水で濡らす, 水に浸す, (通例受身で) 川が地域を水で潤す, かんがいする, 水を加えて薄くする, 水割りにする, 比喩的に水増しする, 薄めて効果を弱める, 手加減する 〈down〉. 自 涙が出る, よだれが垂れる, うまそうな物を見てつばきが出る, 動物が水を飲む.

語源 古英語 wæter (=water) から.

用例 Each bedroom in the hotel is supplied with hot and cold running *water* (=a washbasin with hot and cold taps). そのホテルのどの部屋にもお湯と水が出るようになっている(お湯と水の蛇口のある洗面台がついている)/The goods were transported by *water* (=by boat). 品物は船で輸送された/He *watered* the plants. 彼は植物に水をやった/His mouth *watered* at the sight of all the food. ごちそうを全部眺めて, 彼はよだれが出た/He crossed the stormy *waters* in this wooden boat. 彼はこの木造船で嵐の海を横断した.

日英比較 日本語では水と湯は意味が分かれ別語となっているが, 英語の water は水と湯の両方を意味し, 特に区別していうときは, 水は cold water, 湯は hot water という.

【慣用句】*be in smooth water* 順調である, 何事もない. *in rough water(s)* 苦しんで, 苦境に陥って. *like water* ふんだんに, 湯水のように. *make one's mouth water* 食欲が出る. のどから手が出そうなくらいになる. *make water* =pass water. *of the first water* 〔古風な表現〕学識などが第一級の. *on the water* 水上に, 船に乗って. *pass water* 小便する. *under water* 水中に, 浸水して. *water under the bridge [over the dam]* 過ぎ去ってしまったこと, 取り返しのつかないこと.

【派生語】 **wátery** 形 水っぽい, 土地がじめじめしい, 雨が降りそうな, 色などが淡い.

【複合語】 **wáter bàg** 名C 皮製の水入れ袋. **wáter bèd** 名C ウォーターベッド. **wáter bìrd** 名C 水鳥. **wáter blìster** 名C 水疱. **wáterbòrne** 形 水上に浮かぶ, 飲料水で伝染する. **wáter bòttle** 名C 水さし, (英) 水筒. **wáter bùffalo** 名〖動〗水牛. **wáter bùs** 名C 水上バス. **wáter cànnon** 名C 放水車の放水砲. (★暴徒などの鎮圧用). **wáter clòset** 名C 〔古風な表現〕 (英) 水洗式の便所 語法 W.C. と略す. **wátercolor** 名C 水彩絵の具(法). **wáter-cóoled** 形 エンジンが水冷式の(⇔air-cooled). **wátercòurse** 名C 水流, 水路, 〖法〗流水権. **wáterfàll** 名C 滝. **wáterfówl** 名C 水鳥. **wáterfrònt** 名C 河岸(?), 海岸通り, 水辺の土地[地域]. **wáter gàte** 名C 建物付属の船着き場までの通路; 水門(floodgate). **wáter gàuge** 名C 水位[液面]計. **wáter hòle** 名C 水たまり. **wáter ìce** 名UC 水氷; (英) シャーベット((米) sherbet). **wátering càn** [pòt] 名C じょうろ. **wáter jàcket** 名C 〖機〗水ジャケット (★過熱冷却装置). **wáter lèvel** 名C 水位, 水準器. **wáter lìly** 名〖植〗すいれん. **wáterline** 名 (the ~) 喫水線, 水位. **wáterlógged** 形 木材が水のしみこんだ, 船が浸水した. **wáter màin** 名C 水道本管. **wáterman** 名C 渡し船の船頭. **wátermàrk** 名C 水位標; 紙のすかし模様. **wátermèlon** 名C 〖植〗すいか. **wáter mìll** 名C 水車場. **wáter nỳmph** 名C 水の精(naiad); 〖植〗 白すいれん. **wáter pìpe** 名C 送水管, 水ぎせる. **wáter pìstol** 名C 〖玩具〗水鉄砲. **wáter plànt** 名C 水生植物. **wáter pollùtion** 名U 水質汚染. **wáter pòlo** 名U 〖スポ〗水球. **wáterpòwer** 名U 水力. **wáterpróof** 形 防水の. 名C 防水服. 動 本来他 防水加工する. **wáter ràte** 名C (英) 水道料金. **wátershèd** 名C 分水線[界], 比喩的に分岐点, 転機. **wáterside** 名 (the ~) 水辺. **wáter skì** 名C 水上スキーの板. **wáterskìing** 名U 〖スポ〗水上スキー. **wáter sòftener** 名C 硬水軟化剤[装置]. **wáterspòut** 名C 排水管[口], とい; 海の竜巻. **wáter supplỳ** 名C 給水(組織), 上水道. **wáter sỳstem** 名C 河川の水系; =water supply. **wáter tàble** 名C 地下水面. **wátertíght** 形 防[耐]水の. **wáter tòwer** 名C 給水塔. **wáter vàpor** 名U 水蒸気. **wáter wàgon** 名C 〖軍〗水運搬用荷車. **wáterwày** 名C 水路, 航路, 運河. **wáter whèel** 名C 水車. **wáterwòrks** 名《複》(単数または複数扱いで) 水道, 給水設備[所]. **wáterwòrn** 形 水の作用ですり減った.

watt /wɑ́t/wɔ́t/ 名C 〖電〗電力の単位, ワット 語法 W と略される.

語源 蒸気機関を開発した James Watt の名から.

【派生語】 **wáttage** 名U ワット数.

【複合語】 **wátt-hòur** 名C ワット時.

wat‧tle /wɑ́tl/wɔ́tl/ 名UC 本来他 〔一般語〕

一般語 棒や細い枝で作った編み垣. その他 垣, 壁, 屋根などを作るのに使う編み枝. 《オーストラリア》〖植〗アカシア属の木の総称. 形 として編み枝で作った. 動 として, 細い枝を太い棒に編み込む.

wave /wéiv/ 名 C 動 本来自 〔一般語〕 一般義 波, 波浪. その他 うねり, 比喩的に感情の波, 高まり, 抗議などの波. 合図などで手を振ること, スポーツの応援としてのウェーブ.〖理〗音・光・電気などの波,〖気〗寒波, 熱波. 動 としては, 合図として波のように手を振る, 物が揺れる, 波のように動く, 旗などが翻る, 水面が波打つ, 草木が風で波のようにうねる, 土地や髪などが起伏している, うねっている. 他 人に手や物を振って合図する, 髪などにウェーブをかける.
語源 動 は古英語 wafian (=to wave the hands) から. 名 は語源的に異なる語が語形の類似から中英語で動と合体した.
用例 The waves were beating on the shore. 波が海岸に打ち寄せていた/radio [sound, light] waves 電音, 光波/The pain came in waves. 痛みが波状的に襲ってきた/She waved to me across the street. 彼女は通りの向こうから私に手を振った/The flags waved gently in the breeze. 旗がそよ風の中で翻っていた/She has had her hair waved. 彼女は髪にウェーブをかけてもらった.
【慣用句】 *make waves* 《米》波乱を起こす. *wave aside* 手を振って払いのける, 考えなどを一蹴する. *wave down* 車などを手を振って止める.
【派生語】 **wáviness** 名 U. **wávy** 形.
【複合語】 **wáve bànd** 名 C 周波数. **wávelèngth** 名 C 波長.

wa·ver /wéivər/ 動 本来自 名 U 〔一般語〕 一般義 炎がゆらめくようにあちこち揺れ動く. その他 心がぐらつく, 迷う, 自制心を失って動揺する. また声が震える, 光が明滅する, 物体などが変動する. 名 として動揺, ためらい.
語源 古ノルド語 vafra (=to move unsteadily) が中英語に入った.
【慣用句】 *waver in one's judgment* 判断に迷う.
類義語 hesitate; swing.
【派生語】 **wáverer** 名 C ためらう人, 気迷いする人. **wáveringly** 副.

waviness ⇒wave.
wavy ⇒wave.
wax[1] /wǽks/ 名 U 形 動 本来他 〔一般語〕 一般義 ろう, 蜜ろう(beewax). その他 蜜ろうに似たものの意で, 空気を入れないようにする封ろう, 磨き剤や滑り剤のワックス, パラフィン, 耳垢(みみあか)(earwax). 形 としてろう製の. 動 としては, 磨いたり固くしたりするために物にろうを塗る, ろう〖ワックス〗で磨く.
語源 古英語 weax (=wax) から.
用例 Use wax to polish the table. ワックスを使ってテーブルを磨きなさい.
【派生語】 **wáxen** 形 〔文語〕ろう製の, ろう色の, 顔などが青白い. **wáxy** 形 ろうのような, 病人などが顔が青白い.
【複合語】 **wáx(ed) pàper** 名 U ろう紙, パラフィン紙. **wáxwòrk** 名 C ろう細工[人形],《複数形で》ろう人形館.

wax[2] /wǽks/ 動 本来自 〔一般語〕 一般義 月が満ちる(⇔wane). その他 〔文語〕形, 数, 勢力, 感情などがしだいに大きくなる, ...になる(become).

語源 古英語 weaxan (=to grow) から.
waxen ⇒wax[1].
way /wéi/ 名 C 動 〔一般語〕 一般義 方法, 手段. その他 「...へ行く道」の意味の道筋や道順, 道を定める方向, 方角, 目的地に至るまでの道のり, 距離. 複合語の要素としての主要道路や公道, 通り, 出口, 入口.〈くだけた語〉特定の場所の近くや人の住むあたり. 比喩的に...を行う道, やり方, 見解, 習慣や癖, 流儀, 行い, 状態,《通例複数形で》風習やしきたり. 副 としては, 距離の意から発展して前置詞や副詞を強める働きをして, 離れて, ずっと, はるかに.
語法 「やり方」の意味では, make one's way や push one's way のように one's way を動詞の目的語にすると, 人の進み方を表す用法になる. どのような進み方かはその動詞の意味によって明確になる. 通例 across ..., into ..., through ..., to ... など場所や運動や位置を表す副詞句が後に続く.
語源 古英語 weg (=way) から.
用例 Will you be able to find your [the] way to my home? 私の家までの道がわかりますか/There are many ways of writing a book. 本を書くのにはいろいろな方法がある/Do it the way you were taught. 教えられた通りにそれをしなさい/It's a very long way from here to Australia. ここからオーストラリアまでは非常に遠い/His address is 21 Melville Way. 彼の住所はメルビル・ウェイ通り, 21番地です/This is the way in [out]. こちらが入口[出口]です/There's no way through. 通り抜ける道はありません/He has some rather unpleasant ways. 彼のやり方は人を不愉快にするところがある/He pushed his way through the crowd. 彼は群衆を押しのけて進んだ/I managed to limp my way back home. 私は足を引きずりながらやっと家に戻った/In some ways this job is quite difficult—in other ways it's simple. この仕事はかなり難しい点もあり, またやさしい点もあります.
日英比較 英語では...への道は way を使い, 具体的な道には road, street, avenue などを使って区別する. 日本語の道にはこの両方の意味が含まれる: Could you tell [show] me the way to the station? 駅へ行く道を教えて下さい.
【慣用句】 *across [over] the way* 反対側に. *all the way* 途中ずっと, 遠くからはるばる. *by the way*《話題を切り替えて》ところで. *by way of ...* ...を経由して, ...のつもりで, ...するために. *come ...'s way* ...の手に入る, 事件が...の身に起こる. *find a way* 目的のための方法を見つける. *get [have] one's way* 自分の思い通りにする. *give way* 力などに屈する, 譲歩する, 敗れる, くじける, 健康や勢力が衰える, 建物などがくずれる. *go out of one's way (to ...)* 回り道をする, わざわざ...する, 見返りなどなしで自らすすんで...する. *go one's own way* 反対されても自分のやり方で行う, わが道を行く. *go ...'s way* 人に同行する: Are you going my way? 私と一緒に行きますか. *have it both ways* ふたまたをかける. *have it one's own way* = get one's way. *in a way* 完全ではないがある点[意味]では, ある意味で. *in its way* それなりに. *in no way* 決して...でない. *in the [one's] way* じゃまになって. *lead the way* 先導する, 手本を見せる. *look the other way* 無視する, 知人などに会っても目をそらす. *one way and another* あれこれ考えて. *one way or another*

何らかの手段で. **on the [one's] way** 途中で, 物事が進行中で. **on the way out**〔くだけた表現〕地位, 評価などが下がる, 流行がすたれた. **out of the way** じゃまにならない所に, 問題などが解決して; 死んで. **out of one's way** 意図した道を外れて. **put ... in the way of ...** 人に...の機会を与える. **the other way about [round]** 逆に. **way back [round]** 昔. **way of life** 人の習慣や定義にもとづく生き方, 生活習慣. **way of thinking** 人の習慣的な考え方. **ways and means** 物事を行う方法, 政府などの歳入を上げる方法.

【複合語】**wáyfarer** 名C〔古語〕主として徒歩の旅行者, 旅人. **wáyfaring** 形〔古語〕徒歩旅行の, 旅の. **wáylay** 動 本来心 待ち伏せする, 人を呼び止める. **wáy óut** 名C 出口(exit), 比喩的に難問などの解決法, 解決策. **wáy-óut** 形〔くだけた表現〕最先端を行く, 前衛的な, 因習にとらわれない, 斬新な. **wáyside** 名〔文語〕(the ～)路傍: fall by the *wayside* 中途で脱落する(の). **wáy státion** 名C 《米》中間駅, 急行通過駅, 中継点. **wáyward** 形 わがままな.

-ways /wèɪz/ 接尾〔...のやり方で〕「...の方向へ」「...の向きで」「...の様式で」など位置, 様態, 方向を表す副詞または形容詞を作る語尾.

語源 中英語 way の属格 wayes より(★副詞的属格と呼ばれるものの一つ).

W.C., w.c. /dʌ́blju:sí:/《略》《英》= water closet; = West Central (ロンドンの西部中央郵便局).

we /wíː, 弱 wi/ 代《人称代名詞》我々は[が], 私たちは[が].

語法 ❶ we に含まれる範囲は I+you, I+he [she; they], I+you+he [she, they] など, I+I+I+... でない. ❷ 書物で著者が読者を含めかり, 自分だけを表面に出すのを避けるために用いる editorial we, 君主が公式に自分のことを指す royal we などの用法がある.

語源 古英語 wē (= we) から.

用例 *We* are going home tomorrow. 私たちは明日帰宅します/ *We* are all mortal. (我々は)みないずれは死ぬものである.

weak /wíːk/ 形〔一般語〕一般義 肉体, 精神, あるいは意志力などが弱い, 力が欠けている, 力が不足している. その他 病気の, 体が壊れやすい, 政府や軍が弱体化の. 力が不足していることから, 優柔不断の, 判断力, 洞察力, 想像力などが乏しい, 頭が少し弱い, 議論などの内容が論理性がない, 乏しい. 物を動かす力, 技術, 能力が不足していることから, 器官などが正常に機能しない, 比喩的にコーヒーなどが薄い, 音, 光などが微かにはっきりと認識できない. 〔文法〕動詞が規変化動詞 (strong verb) に対して弱変化の, 規則変化の. 〔音〕弱音での, 弱母音の, 〔経〕工業力, 経済力, 貨幣の力が弱く低価格傾向の, 〔化〕弱イオンの.

語源 古英語 wāc (= of little worth) が中英語に入った同源語の古ノルド語 veikr (= not strong) の影響を受けて現在の意味となった.

用例 Her illness has made her very *weak*. 病気のために彼女は体が非常に弱くなった/ He always agrees with everyone—he's too *weak* to disagree. 彼はいつも誰にでも賛成する. 気が弱すぎるから反対できないのだ/ He gave rather a *weak* alibi. 彼が出したアリバイはやや信憑(ぴょう)性に乏しかった/ This coffee is too *weak*. このコーヒーは薄すぎる/a *weak* market 弱含みの市場.

類義語 weak; feeble; frail; fragile; infirm: **weak** は最も一般的な語で, いろいろな意味での力に欠けていることをいう. **feeble** は同情や軽蔑を誘うような極端な弱さ, **frail** は構造や構成が繊細ではかなげで弱々しい感じをいう. **fragile** は力を加えると壊れてしまうようなもろさ, **infirm** は高齢や足の不自由な病気のせいでよぼよぼの状態をいう.

【派生語】**wéaken** 動 本来心 弱くする, 弱める, 酒などを薄める. 自 弱くなる, 衰弱する. **wéakling** 名C〔軽蔑的〕弱虫, 弱い動物[もの]. **wéakly** 副. **wéakness** 名 UC.

【複合語】**wéak fórm** 名C 《音》弱形. **wéakheaded** 形 目まいを起こしやすい, 意志力の弱い, 頭の悪い, 低能の. **wéak-héarted** 形 気の弱い. **wéak-knéed** 形 弱腰の. **wéak-mínded** 形 気の弱い, 愚鈍な.

weal /wíːl/ 名 U〔文語〕福利, 幸福.

語源 古英語 wela (= prosperity) から.

wealth /wélθ/ 名 U〔一般語〕一般義 経済的価値のある物や資源などが豊富なこと, 富, 財産. その他 比喩的《a ～》知識や経験, ある特質などが豊富にあること, 多数, 多量.

語源 古英語 wel (= well) に health との類推から th が付いた.

用例 He is a man of great *wealth*. 彼は大富豪である/ She has a *wealth* of knowledge about china. 彼女は陶磁器に関して博識である.

【派生語】**wéalthily** 副. **wéalthy** 形 金持ちの, 裕福な, 人や地域などが資源などに富んだ (語法 rich よりも形式ばった語).

wean /wíːn/ 動 本来心 一般義 赤ん坊や動物の子を徐々に乳離れさせる. その他 人に癖などをやめさせる, 不健康な興味の対象から, あるいは悪い仲間から引き離す.

語源 古英語 wenian (= to accustom; to wean) から.

【慣用句】**be weaned on ...** ...の影響下で育つ.

【派生語】**wéaner** 名C 離乳したばかりの幼獣[子牛, 子豚]. **wéanling** 名C 形 乳離れしたての小児, 幼獣, 乳離れしたての.

weap·on /wépən/ 名C 動 本来心 一般義 武器, 武器となるもの(★石や棒切れから核兵器までのあらゆるものを含む). その他 争いや競争で有利に立つための対抗手段, 効き目のあるもの. 動 として, 人に武器を持たせる, 武装させる.

語源 古英語 wǣpen (= weapon) から.

用例 The police are looking for the murder *weapon*. 警察は殺人の凶器を探している.

関連語 arms (戦争・戦闘用の武器の総称).

【派生語】**wéaponless** 形. **wéaponry** 名 U《集合的》武器類, 兵器類.

wear /wéər/ 動 本来心 《過去 wore; 過分 worn》名 U〔一般語〕一般義 衣服, 帽子, 指輪, 眼鏡などを身につけている, 着ている ⇒ 日英比較. その他 身体の一部である髪やひげを生やしている, ある表情をしている. いつも着ていることから, 衣服を着古す, 物の表面や一部を使用や摩擦によって徐々にすり減らす, 悪く変化させる, 比喩的に水滴などが岩石などに穴をうがつ, 浸食する《off; away》. 人間に関して体力や神経をすり減らすことから, 疲れ果てさせる《out》, 消耗させる. 自 物が使用に耐える, もつ, 物が擦り切れる, すり減って...の状態になる. 名

として, 衣類などの**着用**, 複合語の一部として, ...のための**衣服**, 着古した状態, 摩耗, 衣類などの**耐久性**.
[語源] 古英語 werian (= to wear) から.
[用例] She *wore* a white silk dress. 彼女は白い絹のドレスを着ていた/Does she usually *wear* spectacles? 彼女はふだん眼鏡をかけていますか/She *wears* her hair in a pony-tail. 彼女は髪をポニーテールにしている/She *wore* an angry expression. 彼女は怒った表情をしていた/I've *worn* a hole in the elbow of my jacket. 上着のひじがすり切れて穴があいてしまった/I use this suit as everyday *wear*. 私はこの服を普段着に使っている.
[日英比較] 日本語では, 身につけているものや身につけている場所によって動詞が「着ている」「はいている」「かぶっている」「かけている」などと変化するが, 英語は物の種類や場所に関係なくすべて wear 1 語で表される. また, 英語では髪, ひげ, 表情なども身につけているものとしてとらえ, wear で表すことができる.
[語法] wear が「身につけている」という状態を表すのに対して, put on は「身につける」という動作を表す. ただし, 一時的な状態を表すときは be wearing を使うことがある.
【慣用句】**be the worse for wear** 仕事やストレスなどで疲れている, 長く使って傷んでいる. ***wear and tear*** 日常使うことによるすり切れ, 傷み. ***wear away*** すり減らす, 次第になくす, 薄れさせる. ***wear down*** 疲れさせる, すり減らす. ***wear off*** すり減る, いやなものが消減する. ***wear on*** 時間がゆっくりと過ぎていく, 行事がだらだらと続く. ***wear out*** 使えないほど使い古す, ひどへとに疲れさせる, 次第になくなる. ***wear the trousers [pants]*** 家の中ではばをきかす, かかあ天下[亭主関白]である《[語法] pants の方がくだけた表現》: She *wears the trousers* in that house. あの家はかかあ天下だ. ***wear thin*** こすれて薄くなる, 勇気や友情がなくなる, 乏しくなる: This sweater is *wearing thin* at elbows. このセーターはひじの表現ではすり切れ薄くなっている. ***wear well [badly]*** 物のもちがよい[よくない], 人がいつも若々しい, ふけていない: This material doesn't *wear* very well. この素材はあまり長持ちしない.
【派生語】**wéarable** 形 着用できる. **wéaring** 形 仕事や旅行などが疲れさせる.
【複合語】**wórn-óut** 形 使い古した, 疲れ果てた.

wearisome ⇒weary.

wea·ry /wíəri/ 形 動 [本来的] [一般語] [一般義] 非常に疲れた, 疲労した, 疲れきった. [その他] 非常に疲れているという意味から, 《通例述語用法》何かに飽き飽きして, うんざりして《of》, 形式ばった表現では限定的にも用いられる, 退屈な, 飽き飽きさせる, 疲れさせる. 動 として《形式ばった語》疲れさせる, うんざりさせる. 自 疲れる, 飽き飽きさせる, 退屈する.
[語源] 古英語 wērig (= weary; tired) から.
[用例] He looks *weary* after today's meeting. 彼は今日の会議が終わってくたくたになっている様子だ/I am *weary* of his stupid jokes. 彼のばかばかしい冗談にはうんざりだ.
[類義語] ⇒tired.
【派生語】**wéarily** 副. **wéariness** 名 U. **wéarisome** 形 C 《一般語》退屈な, うんざりさせる.

wea·sel /wíːzl/ 名 CU 動 [本来的] [動] いたち, いたちの毛皮, 比喩的にいたちのように悪賢くずるい人, またはこそこそする人, 雪や氷, 砂などの上を走る自動輸送車, ウィーゼル車. 動 として《米》言い逃れをする, 責任回避をする, 密告する.
[語源] 古英語 wesule から.
【派生語】**wéaselly** 形.
【複合語】**wéasel wòrds** 名 《複》《米》言い逃れ, 逃げ口上《★いたちが鳥の卵をこわさずに中身だけ吸ってしまい, 外見は卵を完全な形に見せかける習性があることから》.

weath·er /wéðər/ 名 U [本来的] [一般語] [一般義] ある地域における一時的な気象状況, 天候, 天気. [その他] 特に**悪天候**, **荒天**. 動 として, 物を風雨にさらす, 乾燥させる, 風化させる, 《海》船が嵐を安全に切り抜ける, 比喩的に困難な時期を**乗り切って生き残る[安全になる]**, 《建》屋根のばに雨水の浸入を防ぐための**水切り勾配**をつける. 自 外気にさらされて**変化する**, 岩石などが風化する.
[語源] 古英語 weder (= weather) から.
[用例] What was the *weather* like yesterday? きのうの天気はどうだった?/I think we're going to have stormy *weather*. 嵐になると思う/The rocks have been *weathered* smooth. 岩石は風化してすべすべしている/The ship *weathered* the storm although she was badly damaged. その船はひどくこわれたが嵐を乗り切った.
[類義語] weather; climate: **weather** がある地域の一時的な天気をいうのに対して, **climate** はある地域のかなり長期にわたって総合的な気象状況である気候を表す.
【慣用句】**keep a [one's] weather eye open** 《英》災害などといつも見張っている. ***make heavy weather (out) of*** ... ...を大げさに扱う, ...を難しく考えすぎる. ***under the weather*** なんとなく元気がない, 酔っぱらっている. ***weather permitting*** 《英》もし天気がよければ.
【派生語】**wéathering** 名 U [地質] 風化作用.
【複合語】**wéather-bèaten** 形 風雨にさらされた, 顔や肌が日焼けした. **wéatherbòard** 名 C 《英》ドアの最下部の雨押さえ用の板, 羽目板《米》clapboard). **wéatherbòarding** 名 U 羽目板《全体》. **wéatherbòund** 形 船や飛行機が悪天候で出帆[出発]できない. **Wèather Búreau** 名 《the ～》《米》気象局《★ National Weather Service の旧称》. **wéather chàrt** 名 C = weather map. **wéathercòck** 名 C 風見鶏. **wéather fòrecast** 名 C 天気予報. **wéather fòrecaster** 名 C = weatherman. **wéatherman** 名 C 天気予報係. **wéather màp** 名 C 天気図. **wéatherpròof** 形 風雨に耐える. **wéather repòrt** 名 C = weather forecast. **wéather sàtellite** 名 C 気象衛星. **wéather shíp** 名 C 気象観測船. **wéather stàtion** 名 C 測候所. **wéather strìp(ping)** 名 CU ドアや窓の目詰め, 風見. **wéather vàne** 名 C 風向計, 風見. **wéatherwise** 形 天気をよく当てる, 機を見るに敏な.

weave /wíːv/ 動 [本来的] 《過去 wove, ～d; 過去分詞 woven, ～d》[一般語] [一般義] 機(は)織って布を織る. [その他] ひもや植物などを編んで籠(かご)や花の冠, 花輪などを作る, 織るという連想から, くもや昆虫などが糸で巣や網を作る, 障害物をよけながら体を曲げくねらせる, 車やバイクをジグザグに縫うように操縦する. 比喩的にいろいろな要素を組み込んで物語を作る, 話の全体を首尾一貫した状態に組み立てる, 物語の中に事実などを織り込む《in; into》. 名 として織り方, 織り模様.

語源 古英語 wefan (= to weave) から.
用例 The old woman was *weaving* (tweed) on her loom. おばあさんが機織り機で(ツイードを)織っていました. 関連語 knit (編む); sew (縫う).
【慣用句】***get weaving*** 〔古風な表現〕《英》仕事などをすぐ始める, 急ぐ. ***weave one's way*** 縫うように進む.
【派生語】**wéaver** 名 C 織り手.

web /wéb/ 名 C 〔一般語〕一般義 くもの巣. その他 本来は織られた織物の意. そこから「くもの巣」の意となり, さらに昆虫の巣, 比喩的に張り巡らされた仕掛, 複雑に入り組んだ…網, ネットワーク, 【コンピューター】 (the W-) (ワールド)ウェッブ. 織物と形状が似ていることから, かえるや水鳥の水掻き, 鳥の羽弁, 羽板. 織物のように薄いという意味から, 金属の薄い膜[板]. 【印・製紙】大形輪転機に使う巻取り紙.
語源 古英語 wefan (⇒weave) の 名 web(b) から.
用例 A spider's *web* くもの巣/weave a *web* of deceit and trickery 嘘と策略のわなを張り巡らせる.
関連語 nest 鳥, 昆虫, 小動物の巣; (honey)comb はちの巣; den 野獣の巣; love nest 人間の愛の巣の比喩表現.
【派生語】**wébbing** 名 U 物を吊るための帯ひも.
【複合語】**wéb-fóot** 名 C (複 -feet) 水かき足; 《米》オレゴン州人の俗称. **wéb-fóoted** 形 水かき足の(ある). **wéb-tóed** 形 =web-footed.

we'd /wí:d, 弱 wid/ we had, we would, we should の短縮形.

Wed 略 =Wednesday 《語法》W, 《英》Weds とも略す.

wed /wéd/ 動 本来義 〔文語〕一般語 自 結婚する. その他 本来は婚約者を妻または夫として迎えるという意味の他動詞で, それから自動詞としても用いられるようになった. 男女を結婚させる, 人や思想を結婚による結びつきのように何かとしっかり結合させる.
語法 marry のほうが一般的. 短い語なので新聞用語として用いられる.
語源 古英語 weddian (= to marry) から.
【派生語】**wédded** 形 結婚した, 結婚の. **wédding** 名 C 結婚式(の): wedding anniversary 結婚記念日/wedding band 結婚指輪の旧式のいい方/wedding breakfast 結婚披露宴 (★かつて結婚式の後, 新婚旅行の出発前に花嫁の家で催されたことから)/wedding cake 婚礼用ケーキ/wedding card 結婚通知状/wedding ceremony 結婚式/wedding day 結婚式の日, 結婚記念日/wedding dress 花嫁衣裳, ウェディングドレス/wedding march 結婚行進曲/wedding ring 結婚指輪.

wedge /wédʒ/ 名 C 動 本来義 〔一般語〕一般義 物を割ったり, 締め付けたりするくさび. その他 くさびの形のもの, 部隊のくさび型配置, 楔形(けっけい)文字のくさび状の一画, 靴のウェッジヒール, 【ゴルフ】アイアンクラブの一つ, ウェッジ. くさびで物を割ることから, 比喩的に不和や分離を引き起こす原因. 動 くさびで留める, 締める, くさびを押し込んで割る, 物を狭い場所にぎゅうぎゅう押し込む(in; into), 人込みの中などを押しのけて進む.
語源 古英語 wecg (= wedge) から.
用例 She used a *wedge* under the door to prevent it swinging shut. 彼女はドアがバタンと閉まらないように, ドアの下にくさびを入れた.
【慣用句】***drive a wedge between A and B*** A と B を離反させる. ***the thin end of the wedge*** 《英》今はささいに見えるが将来は重大になりそうなこと[もの](★くさびが細い方から, だんだん太くなる形をしているから). ***wedge oneself*** 間に割り込む.
【派生語】**wédged** 形 くさび形の.

Wednes·day /wénzdi/ 名 C 形 副 〔一般語〕水曜日(の, に).
語源 古英語 Wōden (北欧神話の文化・戦争などを司る最高神 Odin に当たる) と dæg (= day) の複合語 wōdnesdæg (= Woden's day) から.

wee /wí:/ 形 〔くだけた語〕《米・スコットランド》小さな, 時刻が早い.
語源 古英語 wæge (= weight) が中英語で wei (少量) の意となった.
【慣用句】***a wee bit*** 〔くだけた表現〕かなり.
【派生語】**wéeny** 形 ちっちゃな.

weed /wí:d/ 名 CU 動 本来義 〔一般語〕一般義 雑草. その他 水草, 雑草がはびこって害をなすことから, はびこる不快なもの, (the ~s)(こっけい)たばこ, くだけた意味でマリファナ (marijuana). 〔くだけた語〕《英》ひょろひょろの人. 動 として, 庭などの雑草を取り除く, 有害なものや余ったものを取り除く (out).
語源 古英語 wēod (= weed; herb) から.
用例 It took me four hours to *weed* the garden. 庭の雑草を抜くのに 4 時間かかった.
【派生語】**wéediness** 名 U. **wéeding** 名 U 除草. **wéedy** 形 雑草の多い, (軽蔑的)人がひょろひょろの.
【複合語】**wéedkiller** 名 CU 除草剤.

week /wí:k/ 名 C 〔一般語〕一般義 7 日間, 週. その他 どの時点からでも週 (7 日間) として数えられる期間, 1週間, Easter Week のように特定の休日のある週や Bird Week のように公に指定された…週間, 労働時間や授業時間の週単位.
語法 普通は, 前置詞を伴わずに last, this, next, every とともに副詞句として用いられる.
語源 古英語 wicu (= week) から.
【慣用句】***a week ago today*** 先週の今日. ***a week from today [now]*** 来週の今日. ***a week yesterday*** 《英》先週のきのう (8 日前). ***by the week*** 週ぎめで, 1週いくらで. ***the week after next*** 再来週(に). ***the week before last*** 先々週(に).
【派生語】**wéekly** 形 副 毎週(の), 週 1 回(の). 名 C 週刊誌.
【複合語】**wéekdày** 名 C 形 平日(の). **wéekènd** 名 C 形 週末(の)(★土曜日[または金曜日の夜]から月曜日の朝まで). **wéekènder** 名 C 週末旅行者, 週末の泊まり客. **wéeknìght** 名 C 平日の夜.

weep /wí:p/ 動 本来義 (過去・過分 **wept**) 〔一般語〕一般義 涙を流して泣く, 強い感情を表して嘆く, 悲しむ. その他 人間が涙を流して泣く様子から, 比喩的に傷口や木の幹などから涙のように, 一滴ずつ流れる, また嘆き悲しむ様子から, 木が枝を垂れる, しだれる.
語源 古英語 wēpan (= to weep) から.
類義語 cry.
【派生語】**wéeping** 形 涙を流す, 枝を垂れた: weeping willow しだれやなぎ. **wéepy** 形 涙もろい, お涙頂戴の.

wee-wee /wí:wì:/ 名 UC 動 本来自 〔小児語〕《主に英》おしっこ(をする) (urinate).
語源 擬音語と思われる. 20 世紀より.

weigh /wéi/ 動 本来自 〔一般語〕一般義 天秤(びん)で物の重さを量る. その他 天秤を使うという元の意味から,

物を釣り合わせる，物の一方を重くする，秤(はかり)にかけて注意深く考える，価値判断する．本来の「物を担う，運ぶ」という意が，航海のために錨を巻き上げる．(自)重さがある，《副詞を伴って》重きをなす，強い影響力がある，船が出帆する．

[語源] 古英語 wegan (= to carry; to weigh) から．
[用例] He *weighed* himself on the bathroom scales. 彼は風呂場のはかりで体重を量った／You must *weigh* all the advantages of resigning against all the disadvantages. 退職する利害得失をはかりにかけてよくよく考えないといけません／The burden of his responsibility *weighs* heavily on his shoulders. 責任の重さが彼の両肩にずしりとかかっている．

【慣用句】 *weigh down* 重みで押し下げる． *weigh in* 体重測定を受ける；議論などに加わる． *weigh up* 《主に英》比べて考える，検討する，人の評価をする．

weight /wéit/ [名] [UC] [動] [本来他] [一般他] 〔一般義〕ものの重さ，体重．[その他] [物理] 重さ，重量の単位（★ wt と略）．〈a ～, the ～〉重荷，重圧，責任．比喩的に重要性，重み．また重いものを表し，◯ 重り，分銅，文鎮，重量挙げのウェート．
[動] として重みを加える，重くする；人や物に重きをおく，価値を与える．

[語源] 古英語 (ge)wiht (= weight) から．

【慣用句】 *attach weight to* ... ...に重きを置く． *carry* [*have*] *weight* 重要である． *gain* [*put on*] *weight* 体重が増す． *lose weight* 体重が減る，やせる． *under the weight of* ... ...の重みで． *weights and measures* 度量衡．

【派生語】 wéightily [副]． wéightiness [名] [U]． wéightless [形] 無重量の． wéightlessly [副]． wéightlessness [名] [U]． wéighty [形] 重い，有力な，重大な，重苦しい．

【複合語】 wéight lìfter [名] [C] 重量挙げ選手． wéight lìfting [名] [U] 重量挙げ． wéightwàtcher [名] [C] ダイエットをしている人．

weir /wíər/ [名] [C] 〔一般義〕堰(せき)，流量測定の堰，魚を取るための梁．
[語源] 古英語 wer (= dam; pond) から．

weird /wíərd/ [形] [名] [UC] 〔一般義〕超自然的；この世のものではない，不気味な，《軽蔑的に》奇妙な，風変わりな，理解に苦しむ．[名] として〔古語〕運命，不運．
[語源] 古英語 wyrd (= fate; destiny) から．
[類義語] eerie; uncanny; unearthly.

【派生語】 wéirdly [副]． wéirdness [名] [U]． wéirdy, -ie [名] 〔くだけた語〕風変わりな人，異常な人．

【複合語】 Wéird Sísters [名] 《the ～》運命の三女神 (the Fates), *Macbeth* の魔女たち．

wel·come /wélkəm/ [動] [本来他] [一般他] [名] [C] [感] 〔一般語〕人を手厚く真心こめて迎える，喜んで受け入れる．[形] として，人や意見などが歓迎される，物事がうれしい，好ましい．[名] として歓迎，[感] として，客か初めて来た人への「ようこそ」という挨拶の言葉．
[語源] willa (= wish; desire) + cuma (= comer) から成る古英語 wilcuma (= welcome guest) から．中英語で wil が wel (= well) と混同された．
[用例] We were warmly *welcomed* by our hosts. 私たちは招待してくださった方々から温かく迎えてもらいした／A rise in salary will be very *welcome*. 給料が上がることは非常に結構なことだ／You're *welcome* to stay as long as you wish. 好きなだけいてもいいですよ／They gave us a very friendly *welcome*. 彼らは私たちを大歓迎してくれた／*Welcome* to Britain! 英国へようこそ！

【慣用句】 *You're welcome.* どういたしまして《★お礼に対する返事》．

【複合語】 wélcome [wélcoming] pàrty [名] [C] 歓迎会．

weld /wéld/ [名] [C] [動] [本来他] 〔機〕金属などを溶接する，一般的に単独のものを全体としてまとめる，結合させる．
[語源] well² の to boil の意の過去分詞 welled の変形と思われるが不詳．初期近代英語から．

【派生語】 wèldabílity [名] [U] 溶接しやすさ． wéldable [形]． wélder [名] [C] 溶接工． wéldment [名] [UC] 溶接(物)．

wel·fare /wélfèər/ [名] [U] 〔一般語〕[一般義] 幸福，繁栄．[その他] 福祉，福祉事業，社会福祉手当，生活保護．
[語源] 中英語 wel faren (= to fare well) から．

【慣用句】 *be* [*live*] *on welfare* 《米》生活保護を受けている．

【複合語】 wélfare stàte [名] [C] 福祉国家． wélfare wòrk [名] [U] 福祉事業．

well¹ /wél/ [副] [形] 《比較級 better; 最上級 best》[感] 〔一般語〕[一般義] 主に動作を表す動詞を修飾して，うまく，上手に，よく，適切に．[その他] 程度を表して十分に，たっぷりと，はるかに，相当に，かなり，正確に，はっきりと，有利なように，親切に，好意的に．[形] として幸福に，〔述語用法〕健康で，丈夫で，元気に(なって)，〔文語〕申し分ない，満足な，好都合な．[感] としては，話の途中で間を取ったり話題を変えたりする場合のええと，そうですねえ，それで，ところで，さて，驚きやあきらめを表してまあ，おやおや，さて，相手に続けるよううながしてそれ，それから《★上り調子で言う》．
[語源] 古英語 wel(l) (= in a great degree) から．原義は to wish, すなわち「意のままに」．
[用例] He did his job extremely *well*. 彼は自分の仕事を非常によくやった／He speaks *well* of you. 彼は君のことをほめている／You must examine that car *well* before you buy it. あなたはその車を買う前にぜひ十分に調べなさい／He is *well* over fifty years old. 彼は 50 歳をとうにすぎている／He didn't feel very *well* after the operation. 彼は術後あまり具合がよくなかった／All is *well* now. 今の所すべて申し分ない／Do you remember John Watson? *Well*, he's become a teacher. ジョン・ワトソン君を憶えていますか．ところで，そのワトソン君が先生になったんです．
[類義語] healthy.
[語法] 「健康である」の意の [形] well は通例述語用法で用いられる． *Well babies are happy babies.* のような限定用法のときは，比較変化はなく，原級だけで用いられる．

【慣用句】 ... *as well* そのうえ...も，...と同様に． *A as well as B* B はもちろん A も《[語法] ❶ A が強調され，主語のときは動詞は A に呼応する ❷ 基本的には以上のように not only B but also A の意だが，前後関係によっては both A and B (A も B も同じく) の意になったり，not only A but also B のように B のほうに強調が移ったりすることがある》． *can't very well do* とてもできはしない． *do well to do* ...するのがよい． *it is* (*just*) *as well to do* ...したほうがいい． *may as well do* …しても悪くはない, …したほうがいい, …しても同じようなものだ. *may* (*just*) *as well do as* … …するなら…するのも同じである. *may well do* …するのももっともである. *might as well* =may as well. *pretty well* かなり上手に, ほとんど, まず. *Well done!* よくできた, おめでとう. *well enough* かなり, まずまず. *Well I never!*＝*Well to be sure!*＝*Well now!* おやおや, まさか.

【複合語】**wéll-advísed** 形 分別のある. **wéll-appóinted** 形 ホテルなどの設備の整った. **wéll-bálanced** 形 バランスのよい. **wéll-behávéd** 形 行儀のよい. **wéll-béing** 名 U 幸福, 福利. **wéllbórn** 形 生まれのよい. **wéll-bréd** 形 育ちのよい. **wéll-chósen** 形 精選された. **wéll-connécted** 形 よいコネのある. **wéll-defíned** 形 明確な. **wéll-dispósed** 形 好意をもっている; 気立てのよい. **wéll-dóne** 形 肉などがよく火の通った. **wéll-éarned** 形 自分の力で得た, 当然の. **wéll-estáblished** 形 確立した, 基礎のしっかりした. **wéll-foúnded** 形 根拠の十分な. **wéll-gróomed** 形 身だしなみのよい. **wéll-gróunded** 形 基礎知識のしっかりした. **wéll-infórmed** 形 十分な情報が得られる, 人が博識の. **wéll-inténtioned** 形 善意の, 善意で行った. **wéll-képt** 形 手入れ[世話]の行き届いた. **wéll-knít** 形 筋骨たくましい, 体制の整った, 理路整然たる. **wéll-knówn** 形 よく知られている, 有名な. **wéll-líned** 形 財布にお金がたんまり入っている. **wéll-máde** 形 釣合いのとれた, 上出来の. **wéll-mánnered** 形 行儀のよい, 礼儀正しい. **wéll-méaning** 形 好意から出た. **wéll-méant** 形 ＝well-intentioned. **wéll-óff** 形 富裕な, 順境で, 《語法》述語用法では well off. **wéll-presérved** 形 保存のよい, (こっけい)老人が歳を感じさせない. **wéll-propórtioned** 形 釣合いのとれた. **wéll-réad** 形 多読の, 博識の. **wéll-róunded** 形 均整のとれた, 人が円満な. **wéll-spóken** 形 言葉遣いが上品な, 表現が適切な. **wéll-thóught-óf** 形 評判のよい. **wéll-tímed** 形 時宜を得た. **wéll-to-dó** 形 裕福な. **wéll-tríed** 形 実証済みの. **wéll-túrned** 形 うまく表現した, 質のよい. **wéll-wísher** 名 人の幸福を祈る人, 支持者. **wéll-wórn** 形 表現が使い古した, 月並みの.

well² /wél/ 名 C 動 本来自 〔一般語〕 泉, 井戸. その他 油井, 油田, ガス, 塩水をとる井戸. 井戸の形に似ていることから, エレベーターの縦穴などの垂直の穴. 泉のイメージから, 知識などの源, 物事の源泉. 動 として 湧き出る, 涙などが流れ出る.

語源 古英語 weallan (=to bubble; to boil); 名 welle, wella (=spring) から.

【複合語】**wéllhèad** 名 C 水源, 源泉.

we'll /wi:l, 弱 wil/ we will [shall] の短縮形.

Welsh /wélʃ/ 形 名 U 〔一般語〕ウェールズ (Wales)の, ウェールズ人[語]の. 《the ～; 集合的》ウェールズ人.

【派生語】**Wélshman, Wélshwoman** 名 C ウェールズ人.

welsh /wélʃ/ 動 本来自 (俗語)(軽蔑的)賭金や借金を支払わなかったりして人をだます, 義務などを回避する.

語源 Welsh によると思われる 19 世紀の俗語から.

【派生語】**wélsher** 名 C だます人.

Welshman, Welshwoman ⇒Welsh.

welt /wélt/ 名 C 動 本来自 〔一般語〕〔一般義〕むち打などによるみみずばれ. その他 本来の意味は靴の上革と底革をつなぐ継ぎ目革. ここから形態の似た刀の傷跡やみみずばれの意が生じた. 動 として, みみずばれができるほどむちで激しく殴打する. 継ぎ目革をつける, 衣類やクッションなどにふちかがりをする, へり飾りをつける.

語源 不詳. 中英語から.

wel·ter /wéltər/ 動 本来自 名 〔一般語〕〔一般義〕動物などが泥などの中でころげ回る. その他 波がうねる, 群衆が混乱する. 名 として 《a ～》混乱, 騒動.

語源 中期低地ドイツ語起源の中英語 weltren (=to roll) から.

wel·ter·weight /wéltərwèit/ 名 C 《競馬》重量騎手, 《レスリング・ボクシング》ウェルター級の選手.

語源 不詳. 19 世紀から.

wen /wén/ 名 C 《医》皮脂性囊胞(のう), こぶ.

語源 古英語 wenn (=wen) から.

went /wént/ 動 go の過去形.

wept /wépt/ 動 weep の過去・過去分詞.

were /wə́ːr, 弱 wər/ 動 be の複数, および二人称単数の過去形, 仮定法過去形.

we're /wíər/ we are の短縮形.

weren't /wə́ːrnt/ were not の短縮形.

wert /wə́ːrt, 弱 wərt/ 動 〔古語〕be の二人称単数および仮定法過去形. thou で呼応する.

Wes·sex /wésiks/ 名 固 ウェセックス(地方)《★イングランド南西部の地域; 古くはサクソン人の王国であった》.

語源 古英語の West Seaxe (=the West Saxons) から, 本来は「西部のサクソン人」.

west /wést/ 名 U 形 動 〔一般語〕〔一般義〕西, 西の方角. その他 ある地点から西の方向にある地域や国という意味で, 西部, 《the W-》西洋, 欧米, 《トランプ》ブリッジなどの場で西側(左)になる人. 形 として 西の, 西部の, 西方の. 副 として 西に[へ], 西方に[へ].

語源 古英語 west から, 原義は「日没」.

用例 The rain is coming from the *west*. 西の方から雨になるだろう/a *west* wind 西風.

【派生語】**wésterly** 西寄りの, 風が西からの. 副 西寄りに, 西に. **wéstern** 形 西の, 西からの, 西への; 《W-》西洋の, 欧米の: Western Hemisphere 《the ～》西半球/Western Roman Empire 《the ～》西ローマ帝国(395-476)/western-style 西欧式の. **Wésterner** 名 C 《米》西部の人; 西欧人, 欧米人. **wèsternizátion** 名 U. **wésternize** 動 本来自 西欧化する.

【複合語】**wést-boùnd** 形 乗り物が西行きの. **wésternmòst** 形 最も西側の. **wést-nòrthwést** 副 西北西へ[の]. 《the ～》西北西. **wést-soùthwést** 副 西南西へ[の]. 《the ～》西南西. **wéstward** 副 形 西の方へ(の), 西向きに[の]. **wéstwards** 副 《英》＝westward.

West Indies /wést índiz/ 名 固 《the ～》西インド諸島 (★米国南東方の大西洋とカリブ海との間の諸島).

West·min·ster /wéstminstər/ 名 固 ウェストミンスター (★ロンドン中央部の自治区).

【複合語】**Wéstminster Ábbey** 名 固 ウェストミンスター寺院 (★ロンドンのウェストミンスターにある英国国教会の教会; 国王の戴冠式の行われる所).

wet /wét/ 形 UC 動 本来他 〔過去・過分 ～, ～ted〕〔一般語〕〔一般義〕ぬれた, 湿った, ペンキなどがまだ乾いていない. その他 雨降りの, 雨模様の. 水, 液体を含む意

味から，《米》州などが禁酒法のない，酒の製造を禁止していない，〔くだけた語〕《英》根性がない，意気地がない．图として雨降り，雨天，湿気，湿り，《米》禁酒区域．動として，物をぬらす，小便をもらしておむつやベッドなどをぬらす．

[語源] 水（古英語 wæter）と関連する古英語 wǣt（=wet）から．

[用例] The car skidded on the *wet* road. 車は濡れた道でスリップした／It's a horrible, *wet* day. ひどい雨の日だ／Her boyfriend is really *wet*. 彼女のボーイフレンドは意気地がない．

[類義語] ❶ wet; damp; moist; humid: **wet** が最も一般的な語で雨，汗，涙などの水分でぬれていることを表すのに対して，じめじめとして少しぬれていて不快な感じがするのが **damp**，わずかに湿って心地よい感じが **moist**，天候について用いられ湿度が高く蒸した意味を伴うのが **humid**．

[類義語] ❷ wet; soak; steep; dip; drench; immerse: **wet** は水などをかけたり，少し加えて湿らせる，ぬらす意．**soak** は液体に浸しておくことや，雨などでずぶぬれにする．**steep** は主に食物を味つけるために液体に浸しておくことを表す．一方，**dip** は一部分をちょっと浸してすぐに出すこと．**drench** はしばしば受け身で雨，しぶき，波などがかかってびしょぬれになること．また **immerse** は形式ばった語で，液体の中に完全に浸すことをいう．

[反意語] dry.

【慣用句】*be wet behind the ears* 未熟である．*be wet through* ずぶぬれになっている．*be* [*get*] *wet to the skin* ずぶぬれになっている．*wet the bed* [*one's bed*] 寝小便する: The baby has *wet the bed*. 赤ちゃんはおねしょをした．*wet one's whistle* 酒を一杯飲む．

[派生語] wétly 副．wétness 名．

【複合語】wét blánket 名 C 座をしらけさせる人[物]．wét dòck 名 C 係船ドック．wét dréam 名 C 夢精．wét nùrse 名 C 乳母(⇔dry nurse)．wét sùit 名 C スキンダイビングのウェットスーツ．wét wásh 名 C まだアイロンをかけていないぬれたままの洗濯物．

weth·er /wéðər/ 名 C 〔一般義〕去勢した雄羊．
[語源] 古英語 wether(=sheep; lamb)から．

we've /wi:v, 弱 wiv/ we have の短縮形．

whack /hwæk/ 動 本来他 名 C 〔一般義〕棒などで激しく打つ．としてぴしゃりと打つこと[音]，試み，〔くだけた語〕《英》分け前，負担分．
[語源] 擬音語．18世紀から．
【慣用句】*at a* [*one*] *whack* 一度に．*have* [*take*] *a whack at …* …を一撃する，試みる．*out of whack* 故障して，調子が狂って．
[派生語] whácked 形〔くだけた語〕《主に英》へとへとに疲れた．whácker 名 C 〔くだけた語〕《主に英》ピシャリと打つ人，同種のものの中ではかやでかいもの，大ぼら．whácking 名 UC 〔くだけた語〕《主に英》激しい殴打．形 でかい．副 ひどく: a *whacking* watermelon でっかいすいか．

whale[1] /hwéil/ 名 C （複 ~s, ~) 動 本来他 【動】くじら，〔くだけた語〕非常にに大きくて力強い印象を与えるもの，すばらしいもの．動 として捕鯨する．
[語源] 古英語 hwæl(=whale)から．
【慣用句】*a whale of a* (*good*) *time* すばらしいひととき．
[派生語] wháler 名 C 捕鯨をする人，捕鯨船．whál·ing 名 U 捕鯨．

【複合語】whálebòat 名 C 昔の捕鯨用ボート，両端がとがった細長い救難ボート，ホエールボート．whálebòne 名 U 鯨のひげ，その製品．

whale[2] /hwéil/ 動 本来他 〔くだけた語〕《米》ひどく殴る，むちで打つ．
[語源] 不詳．

whaler ⇒whale[1]．

whaling ⇒whale[1]．

wham /hwæm/ 名 C 本来他 〔くだけた語〕物がぶつかる時のドーンという音，強い衝撃．動 として，ドーンという音をたてにぶつける．
[語源] 擬音語．18世紀から．

whang /hwæŋ/ 動 本来他 名 C 〔くだけた語〕びしゃり[どん]と打つ．名 としてびしゃりと打つ音，〔方言〕革ひも．
[語源] 擬音語．初期近代英語から．

wharf /hwɔ́ːrf/ 名 C （複 **wharves**）〔一般語〕
[一般義] 埠頭，桟橋．[その他]〔古語〕川岸，海岸．
[語源] 古英語 hweaf(=embankment; wharf)から．
[類義語] wharf; pier; quay: **wharf** は最も意味が広く港湾内の埠頭や海に突き出た桟橋をいう．**pier** はレストランや遊歩道があるような海に突き出た桟橋．**quay** は港湾の埠頭．
[派生語] whárfage 名 U 波止場の使用(料)，係船施設．

what /hwát|hwɔ́t, 弱 hwət/ 代 形 感 〔一般語〕
[一般義]〔疑問代名詞〕何，何のこと，何をする人，どんな人．[その他] どのくらい，金額なといくらぐらい．〔疑問形容詞〕何の，どんな，〔感嘆文で〕何という，まあ何と…な．感 として何だって，何だと，まさか．〔複合関係代名詞〕…である(ところの)もの(★先行詞を含む)．《関係形容詞》…するどんな，…するだけの全部（[語法] *what* の次には名詞，または形容詞を伴う名詞が来る）．
[語源] 古英語 hwā(=who)の中性形 hwæt から．
[用例] *What's* your telephone number? 電話番号は何番ですか／*What* idiot has been telling you all this nonsense? どんな愚か者があなたにこんなたわけたことを言っているのですか／Did you find *what* you wanted? あなたのほしいものは見つかりましたか／*What* (little) money he has, he spends on drink. (少しでも)もっているお金は全部，彼はお酒に使ってしまう／*What* a fool you are! お前は何という愚か者だ／*What* clothes she wears! 何という服を彼女は着てるんだい／You did *what*? 何をしたって／"I've just won $10." "*What*?" 「賞金を10ドル獲得したよ」「何だって」．
【慣用句】*A is to B what C is to D* AのBに対する関係はCのDに対する関係と同じである．(*and*) *what is more* そのうえ．*I know what* =*I*('*ll*) *tell you what* いい考えがある．*so what?* それがどうしたというのですか．*What about …?* …はどうなのですか，…はいかがですか．*What about …ing?* …するのはどうですか．*What do you say to …?* …はいかがですか．*What* (…) *for?* 何のために，なぜ．*What if …?* もし…だったらどうなるだろう，…であってもかまわないでしょう．*what is called …* いわゆる…．*What is … like?* …はどんな(ような)人[もの]か．*What of …?* …はどうしたのか，…がどうしたというのか．*What's up?* どうしたの．*What's w*[*you*; *they*] *call …* いわゆる…．*What with … and what with …* =*what with … and …* …や…のため，…やら…やらで．

【複合語】**what-do-you-càll-her** [**him**; **it**] =

what's-her [his; its]-name 名 C 何とかという人[もの]. **whatéver**[1] 代 ...するもの[こと]は何でも 《★関係代名詞で, 先行詞を中に含む》; たとえ何が...でも 《★譲歩の副詞節を導く》. 形 ...する[である]のはどんな...でも 《★関係形容詞》, たとえどんな...でも 《★譲歩の副詞節を導く》, 少しの...も: Whatever happens, I'll stay here. 何が起ころうと私はここに残ります/I'll lend you whatever books you need. あなたの必要な本なら何でもお貸ししましょう. **whatéver**[2], **whàt éver** 代 一体何が 《★疑問代名詞 what の強調》. **whátnòt** 名 UC 〔くだけた語〕何やかや, いろいろな物, 下らないもの, 何だのかんだの; 〔一般語〕飾り棚, 骨董品などを置く棚. **whàtsoéver** 代 形 〔文語〕=whatever[1] の強意.

what'll /hwátl|hwɔ́tl/ what will の短縮形.
what're /hwátər|hwɔ́tə/ what are の短縮形.
what's /hwáts|hwɔ́ts/ what is または what has の短縮形.

wheat /hwíːt/ 名 U 〔一般語〕穀物の**小麦**, 〖植〗こむぎ.
〖語源〗古英語 hwǣte (=wheat) から.
〖用例〗The farmer grows a lot of wheat. その農家ではたくさんの小麦を作っている.
〖関連語〗barley (大麦); oats (からす麦); rye (ライ麦).
【派生語】**whéaten** 形 小麦(粉)製の.
〖複合語〗**wheat gèrm** 名 U 小麦麦芽.

whee·dle /hwíːdl/ 動 本来自 〔一般語〕 一般義 甘言で人を**誘惑**する. その他 人を口車に乗せてうまく欺き, 物をせしめる, 目的を達するために人の**機嫌**をとる.
〖類義語〗coax.
〖語源〗不詳.
【派生語】**whéedler** 名 C. **whéedlingly** 副.

wheel /hwíːl/ 名 C 〔一般語〕 一般義 **車輪**, 車. その他 自動車のハンドル, 船の**舵輪**, 賭博で使われるルーレットのような回転盤, 船のスクリュー, 〔くだけた語〕《複数形で》車輪のついた乗物, 特に**自動車**. 車輪の動きに似ていることから, 物事の回転する動き, 部隊や艦隊の旋回, 歌の繰り返し部分. 車輪が軸を中心に回転することから, 《複数形で》物事の枢要部分, 組織を動かす**原動力**, 組織の中での**重要人物**. 動 としては, 物事や気持ながら方向が変わる, 鳥の群が旋回する. 他 車輪のついた乗物を動かす, 車輪のついたもので運ぶ, 運転する.
〖語源〗古英語 hwēol (=wheel) から.
〖用例〗A bicycle has two wheels, a tricycle has three, and most cars have four. 自転車は2つ, 三輪車には3つ, ほとんどの自動車は4つの車輪がある/He wheeled his bicycle along the pavement. 彼は歩道を自転車を押して行った/The vultures were wheeling above the dead animal. はげたかが動物の死骸の上を旋回していた.
〖関連語〗steering wheel (自動車のハンドル) 《★ハンドルは和製英語》; driving wheel (動輪); spinning wheel (紡ぎ車); flywheel (はずみ車).
〖慣用句〗**at the wheel** 車を運転して, ハンドルをにぎって, 物事の舵を取って, 物事を処理して. **on (oiled) wheels** 円滑に. **wheel and deal** 策を弄する. **wheel of fortune** 《the ~》運命の女神の回す輪, 運不運, 有為転変. **wheels within wheels** 複雑な機構[仕組み; からくり], 諜報機関.
【派生語】**whéeler** 名 C 車のついているもの: four wheeler 四輪車[馬車]. **whéelless** 形 車輪のない.
〖複合語〗**whéelbàrrow** 名 C 一輪車の手押し車.

whéelbàse 名 C ホイールベース. **whéelchàir** 名 C 車椅子.

wheeze /hwíːz/ 動 本来自 C 〔一般語〕 一般義 ぜんそくのようにぜいぜいと息をする. その他 はあはあとあえぐような音を出す. 他 ぜいぜい息をしながら言う. 名 としてぜいぜい[はあはあ]いう音, 〔くだけた語〕芸人がたびたび持ち出すような**陳腐**なジョークやありきたりのギャグ, 古臭いことわざ.
〖語源〗不詳. 中英語から.
【派生語】**whéezer** 名 C. **whéezily** 副. **whéeziness** 名 U. **whéezingly** 副. **whéezy** 形 ぜいぜいいう.

whelp /hwélp/ 名 C 動 本来自 〔一般語〕**犬の子**, ライオン, とら, ひょう, くま, おおかみなど肉食動物の子. 動 として, 動物が子を産む.
〖語源〗古英語 hwelp (=puppy) から.

when /hwén/ 副 接 代 名 〔一般語〕〖疑問副詞〗いつ, どういう場合に 《when で始まる疑問文では現在完了時制は用いられない》. 接 としては, ...する[した]ときに, ...であるとき, ...したらすぐ, ...するときはいつも(whenever), ...するならば(if), ...を考えると, ...にもかかわらず, ...だとしても 《語法》❶「未来の時」を表す副詞節を導く場合, 通例, 現在(完了)時制を用いる. ただし名詞節を導く場合はその限りではない ❷ when が導く従属節の出来事が主節の出来事よりも前でも, 両方が相次いで起こっているときは, 従属節は過去時制でよく, 過去完了時制を用いない》. 〖関係副詞〗...であるところの(ある時), 非制限用法では, 前文の時を表す語に説明をつけ加える形で, そしてそれから, するとそのとき, また複合関係副詞として先行詞を含むときは, ...であるとき. 〖疑問代名詞〗いつ(what time). 名 として 《the ~》あることが起こる[なされる]時, 場合, 時期, 日付.
〖語源〗古英語 hwænne, hwanne (=when) から.
〖用例〗When will you see her again? こんど彼女に会うのはいつですか/I know when you left. あなたがいつ出かけたか知っています/When you see her, give her this message. 彼女に会った時, この伝言を伝えて下さい/When I've finished, I'll telephone you. 終わったら, 電話します/At the time when I saw him, he was well. 彼に会った時は元気でした/Why do you walk when you have a car? 車があるのにどうして歩くのですか.
〖慣用句〗**Say when**. いい分量になったらいって下さい. **the when and where [how]** 時と場所[方法]. **hardly ... when [before]** ... ...するかしないうちに.... ⇒hardly.
【派生語】**whence** /hwéns/ 副 〔古語〕《疑問副詞》どこから(from when).
〖複合語〗**whenéver**[1] 接 ...する[である]ときはいつも, たといいつ...でも 《★譲歩の副詞節を導く》: Come and see me whenever you want to. 私に会いたいときはいつでもいらっしゃい. **whenéver**[2], **whèn éver** 一体いつ 《★疑問副詞 when の強意》.

where /hwéər, 弱 hwər/ 副 代 接 名 〔一般語〕〖疑問副詞〗どこに. 〖関係副詞〗...するところの(場所), また複合関係副詞として先行詞を含んで...が...する場所, ...が...する場合[状況], 《非制限用法で》するとそこで(and there [here]). 〖疑問代名詞〗どこに(what place). 接 として ...である所に[へ], ...する所はどこでも[どこでも](wherever). 名 として《the ~》場所.
〖語源〗古英語 hwǣr (=where) から.

【用例】 *Where* are you going (to)! あなたはどこへ行くところですか/I couldn't see him from the place *where* I was sitting. 私がすわっている所から彼の姿は見えなかった/It's still *where* it was. それはあったところにまだあります.

【複合語】 **whéreabòuts** 副 《疑問詞》どの辺に[で, へ]. 名 Ⅱ 《複数または単数扱い》所在, ありか. **whèreás** 接 《形式ばった語》ところが(事実は).... **whèrebý** 副 《形式ばった語》《関係副詞》それによって(...が)...する[である]. **where éver** 〔くだけた語〕一体どこに[へ, で] 《★疑問副詞 where の強意》. **whérefòre** 副〔古語〕《疑問詞》どんな理由で,《関係副詞》その理由で(...が)...する. 名 (the ~(s))理由. **whèreín** 副〔古語〕《疑問詞》《関係副詞》どの点でに[に],《関係副詞》そこで(...が)...する[である]. **whèreóf** 〔古語〕《疑問詞》何の, 何について,《関係副詞》それについて(...が)...する[である]. **whèreón** 〔古語〕《疑問詞》何の上に,《関係副詞》その上で(...が)...する. **wheresoéver** =wherever[1]. **whèretó** 《疑問詞》何に, どこへ, 何のために,《関係副詞》そこに(...が)...する. **whèreupón** 《形式ばった語》《接続副詞》その(すぐ)後で,〔古語〕=whereon. **wheréver**[1] 接 ...する[である]所はどこでも, たとえどこへ...でも. **wheréver**[2] 副 =where ever. **whèrewithál** 名 (the ~) 必要な金, 資金.

wher·ry /hwéri/ 名 Ⓒ 《本来は》〔一般義〕〔一般義〕河川用手こぎ舟.《その他》1人乗りのレース用スカル,《英》貨物運送用大型平底荷船. 動 として荷船で運送する.

語源 中英語 whery (渡し船) より. それ以前は不詳.

【複合語】 **whérryman** 名 Ⓒ 《英》wherry の船員.

whet /hwét/ 動 《本来は》〔一般義〕〔一般義〕刃物などの道具を研ぐ.《その他》鋭敏にすることから, 転じて食欲をそそる, 好奇心を抱かせる.

語源 古英語 hwettan (=to sharpen) から.

【複合語】 **whétstòne** 名 Ⓒ 砥石(といし), 刺激物.

wheth·er /hwéðər/ 接 〔一般義〕《文中で他動詞の目的語となる名詞節を導いて》...かどうか,《or ... を伴って譲歩の副詞節を導いて》...であろうとなかろうと.

語法 ❶ 名詞節は, (a) whether ... (b) whether ... or not (c) whether or not ... の3つの形がある. (c) は節の構造が長いときに用いられることが多い. また, or not のついた (b) と (c) では, whether を if で置き換えることはできない.

❷ whether 節は他動詞の目的語の位置のほかに, (a) 主語または補語 (b) 前置詞の目的語 (c) 名詞と同格, の位置にくる. (a) (b) の場合, whether の代わりに if は用いられない.

❸ whether に to 不定詞が続くことがあるが, この場合も if に置き換えられない.

❹ 譲歩節では whether の代わりに no matter whether, または it doesn't matter whether を用いることがある.

❺ whether で始まらない疑問文を間接話法で表すとき, 接続詞として whether または if が用いられるが, 肯定的な答えが欲しい場合には if の方が好まれる. また, たとえば Please let me know *if* you intend to attend the meeting. のように, if を用いると意味があいまいになる場合には whether が好まれる.

❻ 形式主語の it, 真主語の whether 節の構文も用いられる.

❼ 他動詞 ask, doubt, know, say, see, tell, wonder などの後には, 口語では whether 節よりも if 節のほうが用いられる.

語源 古英語 hwæther, hwether (=which of two) から.

【用例】 I don't know *whether* it's possible. それが可能かどうかわからない/Can you tell me *whether* or not the train has left? 列車が出発したかどうか教えていただけませんか/*Whether* you like the idea or not, I'm going ahead with it. あなたがその考えが気に入ろうが気に入るまいが, 私はそれを進めます.

whew /hjú:/ 感 驚き, 落胆, 嫌悪などを表し, ひゃー, ひえー, うへえなど.

語源 擬音語. 中英語から.

whey /hwéi/ 名 Ⓤ 〔一般義〕チーズを作る時などに分離される乳漿(しょう), 乳清.

語源 古英語 hwæg (=whey) から.

which /hwítʃ/ 代 形 〔一般義〕《疑問代名詞》選択の範囲が限定されている(⇒what) 疑問で, どちら, どれ.《疑問形容詞》どちらの, どの.《関係代名詞》先行詞について説明して, ...する(ところの)....

語法 ❶ 疑問代名詞は, 主語, 他動詞の目的語, 前置詞の目的語, 主格補語として用いられる. 主語の場合, 疑問文でも主語と述語動詞の語順は平叙文と同じで, 助動詞の do は不要.

❷ 関係代名詞の which はどちらかというと非制限用法に用いられ, 制限用法では which よりも that の方を多く用いる. ⇒that.

❸ 関係代名詞の非制限用法の場合は, (a) 主に書き言葉で用い, 普通は前にコンマを置く (b) 名詞だけでなく, 句, 節, 文を先行詞とする事がある. また, 時には, 前文全体を先行詞とすることもある (c) 所有格の of which と whose は同じ意味だが, 非制限用法では of which が普通.

語源 古英語 hwilc (=of what kind) から.

【用例】 *Which* (color) do you like best? どちら(の色)が一番好きですか/*Which* of the two girls do you like better? 二人の少女のうちどちらの方が好きですか/Let me know *which* train you'll be arriving on. どの列車で到着するか知らせてください/A scalpel is a type of knife *which* is used by surgeons. メスは外科医によって使用される型のナイフです/The documents for *which* they were searching have been recovered. 彼らが捜していた文書が戻った/He said he could speak Russian, *which* was untrue. 彼はロシア語が話せると言ったが, それは嘘だった/Take *which* (dresses) you want from my wardrobe. ほしいもの(洋服)はどれでも私の洋服だんすから持っていきなさい.

【慣用句】 **which is which**(?) どちらがどちらか, どう違うのか.

【複合語】 **whichéver**[1] 代 形 《先行詞を含む関係代名詞》...する[である]ものはどちらの(...)でも,《譲歩の副詞節を導く関係代名詞》たとえどちらが[の]...でも.《関係形容詞》...する[である]ものはどちらの...でも. **whichéver**[2], **whích éver** 代〔くだけた語〕一体どっちが[を]《★疑問代名詞 which の強意》.

whiff /hwíf/ 名 Ⓒ 動 《本来は》〔一般義〕〔一般義〕(a ~) 風の一吹き.《その他》空気中にただようかすかなにおい, たばこの煙の一吹き,《野》三振,《ゴルフ》空振り,《英》レース用スカル. 動 として吹き送る, たばこをふかす.

[語源] 不詳. 擬音語と思われる. 初期近代英語から.

Whig /hwíg/ 名 C 形 〔英史〕ホイッグ党の党員; 《the ~s》ホイッグ党(★18世紀から19世紀半ばにかけてトーリー党 (Tory) と並ぶ二大政党の一つ). 〖米史〗独立戦争当時の独立党員.
[語源] 1648 年にスコットランド反乱軍兵士がエジンバラ進軍を行った際 whiggamore と呼ばれ, 略して短縮されたもの. whiggamore はスコットランド語の whiggamaire に由来し, whig は馬をはやす時の叫び声で, maire は馬のことを意味した.
【派生語】**Whíggish** 形 〔軽蔑語〕ホイッグ党らしい. **whíggery** 名 =whiggism. **whíggism** 名 U 〔軽蔑語〕ホイッグ主義, 《集合的》ホイッグ党員.

while /hwáil/ 接 [本来自] [一般義] ...する[である]間に..., ...である限りは... (★形式ばった語として主に《英》で whilst 接 の語形も用いられる). 《語法》while の導く副詞節の主語と主節の主語とが同じでかつ副詞節の述部動詞が be 動詞の場合には, 従属節の主語と be 動詞は省略される: While (he was) in London he studied English literature. ロンドン滞在中に彼は英文学を勉強した. [その他] 異なる内容の並列を表して, 《主文の後に置いて》...である一方では... (whereas), また他方ではさらに..., 《文頭に置いて》であるが (although), ...であると同時に....
名 として《a ~》動作や状況が起こる短い期間や時間, あることを行うのにかける時間や手間.
動 としてぶらぶら時間を過ごす (away).
[語源] 古英語 hwīl (=space of time) から.
[用例] Don't telephone me *while* I'm at the office. 会社で仕事をしている間は, 私に電話をかけないでください/*While* I sympathize, I can't really do very much to help. 同情はしますが, 実際にはあまりお手伝いできません/It took me quite a *while*. ずいぶん(時間)がかかりました.
【慣用句】***after a while*** しばらくたって. ***all the while*** その間ずっと. ***for a good [great] while*** かなりの間. ***for a while*** しばらくの間. ***in a (little) while*** まもなく. ***once in a while*** 時々. ***worth while*** 時間や手間をかけるだけの価値のある.

whim /hwím/ 名 C [一般義] 気まぐれ, 一時の思いつき[欲望, 衝動].
[語源] 不詳. 初期近代英語から.
[類義語] caprice.

whim·per /hwímpər/ 動 [本来自] 名 C [一般義] しくしく泣く(こと), めそめそと泣く(こと).
[語源] 不詳. 擬音語と思われる. 初期近代英語から.
[類義語] cry; sob; weep; whine.
【派生語】**whímperingly** 副.

whim·si·cal /hwímzikəl/ 形 [一般義] 気まぐれな. [その他] 風変わりな, 予測がつかず突然変わりがちな.
[語源] whim+fantasy から成る混成語 whimsy の派生語. 初期近代英語から.
【派生語】**whimsicálity** 名 UC. **whímsically** 副. **whímsy** 名 UC 特に芸術作品などにみられる風変わりな考え·行動.

whine /hwáin/ 動 [本来自] 名 C 動 [一般義] 犬, 子供などがかん高く鼻を鳴らす声; すすり泣きの声. [その他] ぐずぐず言うぐち, 泣きごと. 動 として鼻を鳴らす, かん高い声で泣く, 比喩的に風がヒューと吹く.
[語源] 古英語 hwīnan (ヒューと音を立てる)から.

[類義語] whimper.
【派生語】**whíner** 名 C. **whínny** 名 C いななき. 動 [本来自] 馬がいななく.

whip /hwíp/ 名 C 動 [本来他] [一般義] [一般義] 草むちを束ねたむち. [その他] むちで打つこと, たたくような使い方をすることから, 卵やクリームの泡立て器, ホイップ, ホイップクリームのデザート, むちを使う御者, 猟犬指揮係, 《通例 W-》《政治》国会で議員の出席を励行させる院内幹事, 登院命令, 〖電〗むち型アンテナ, ロッドアンテナ (whip antenna). 動 としてむちで打つ, むちで打つように[せき立てる, 刺激する, しなやかなもので打つ, たたく, 物をひったくる, 比喩的にむちで打つように雨たたきつける, 旗などがはためく, 水面をたたくような瀬釣りをする, 卵やクリームなどを泡立てる, しっかりかき回して泡立たせる, 人の心にしっと刺さるような言葉で口汚なくののしる, びしゃりと相手を打ち負かす, 物をさっと作らせる《up》, 動物にむちを当てるように人を励ます, 人を駆り集める, 〖裁縫〗はつれないように布地の端をかがる.
[語源] 中期低地ドイツ語起源の中英語 wippen, whippen (=to whip) から.
[用例] He carries a *whip* but he would never use it on the horse. 彼はむちを持っているが馬には絶対に使わないだろう/He *whipped* the horse to make it go faster. 彼は速く進ませるために馬にむちを当てた/The huge waves *whipped* (against) the shore. 大波が海岸に激しく打ちつけていた.
[関連語] beat (卵などをよくかき混ぜる).
【慣用句】***whip away [off]*** ...をさっと取り去る, さっと片付ける: She *whipped* my plate away before I'd finished eating. 私が食べおわらないうちに彼女は私の皿をさっと片付けた. ***whip ... into shape*** ...を厳しく鍛え上げる. ***whip out*** 剣や道具などをさっと取り出す. ***whip up*** 興奮させる, 泡立てる, 料理などを手早く作る.
【派生語】**whípping** 名 CU むち打つこと: **whipping boy** 貴族の子供の身代わりになってむち打ちの罰を受ける少年, 身代わり.
【複合語】**whípcòrd** 名 U むち縄, あや織の一種. **whíp hànd** 名 C むちを持つ右手, 優位. **whíplàsh** 名 CU むち縄; =whiplash injury. **whíplash ìnjury** 名 CU むち打ち症.

whip·per·snap·per /hwípərsnæpər/ 名 C [一般義] 小なまいきな若造.
[語源] whip+snapper によると思われる. 初期近代英語から.

whir, whirr /hwə́:r/ 動 [本来自] 名 C ブンブン, ヒューヒューなどと低い音を立てて飛ぶ, 回転する, 振動する. 名 としてブンブンいう音.
[語源] 古ノルド語起源と思われるが不詳. 中英語から.

whirl /hwə́:r/ 動 [本来自] 名 C [一般義] [一般義] 物が力強く速くぐるぐる回る. [その他] 物が車輪のように軸を中心にして回転する, 渦を巻く, 旋風のように物が勢いよく通り過ぎる, 疾走する. ぐるぐる回ることから, めまいがする, 頭がくらくらする. 他 回転させる, 渦巻かせる, ...をさっと運び去る. 名 として回転, 渦巻, 旋風; 比喩的に世の中のめまぐるしい動き.
[語源] 古ノルド語 hvirfla (=to whirl) が中英語に入った.
[用例] She *whirled* round, startled, when I called her name. 私が名前を呼ぶと, 彼女はびっくりして, くるっと向きを変えた/My head's in a *whirl*—I can't believe it's all happening! 頭がくらくらするよ. そんな

ことが起こっているなんて信じられない. 【複合語】**whírlpòol** 名 C 混乱, 物事や水流の渦, 巻き込み力; 渦巻きぶろ(whirlpool bath). **whírlwìnd** 名 C 旋風, めまぐるしい進展, あわただしい人. **whírlybìrd** 名 C =helicopter.

whirl·i·gig /hwə́ːrligìg/ 名 C 〔一般的〕回転するもの, 回転するおもちゃ, こま, 回転木馬, また転変, 移り変わり.

whirr ⇒whir.

whisk /hwísk/ 動 本来自 名 C 〔一般的〕一般義 さらっと軽くはく. その他 さっとほこりを払う, 物をぱっと片付ける, 人をすばやく移動させる, クリームや卵などをかきまぜる, 泡立てる. 名 としては, そのようなすばやい動作, 以上のような行為に使われる道具, たとえば小ぼうき, ブラシ, はえ払い(fly whisk), あわ立て器. 語源 古ノルド語起源の中英語 wisk から.「さっと払うこと」という 名 がもと.

【複合語】**whísk bròom [brùsh]** 名 C 衣服用ブラシ.

whis·ker /hwískər/ 名 C 〔一般的〕一般義 ほおひげ(★かつては mustache, beard も含めて whisker といったが, 現在はそれぞれ別の箇所のひげをさす). その他 猫や犬などのひげ, またほんのわずかの距離.

語源 whisk+-er.「ちり払いのブラシ」が原義で,「ひげ」はその戯言的用法から.

【慣用句】**by a whisker**〈主に英〉間一髪で, すんでのところで: succeed in escaping *by a whisker* 間一髪で脱出に成功する.

【派生語】**whískered** 形 ほおひげの生えた. **whískery** 形 ほおひげのような, ほおひげのある.

whis·key /hwíski/ 名 UC (複 ~s, -kies)〔一般的〕ウイスキー.

語源 ❶ 通例, 英国では whisky, アメリカでは whiskey と綴る. また, 商業上は Scotch whisky, Irish whiskey のように使われる. ❷ 種類をいう時は C.

語源 ケルト語の water of life より. 初期近代英語から.

whis·ky /hwíski/ 名 UC =whiskey.

whis·per /hwíspər/ 動 本来自 名 C 〔一般的〕一般義 人の耳元でささやく. その他 (悪い意味で)企みや悪いうわさなどをこっそり話す, 人に耳打ちする. 比喩的に風や水の流れや木の葉などがさらさらと音を立てる, さらさらと鳴る. 他 …をささやく, 〔受け身で〕こっそり言いふらす. 名 としてささやき, うわさ, 告げ口, 風, 木の葉などのさらさらという音.

語源 古英語 hwisperian (=to whisper) から. 用例 You'll have to *whisper* or he'll hear you. ささやき声で話してください. そうしないと彼に聞こえますよ/It's *whispered* that Mackenzie's are going to cut their prices next week. マッケンジーの店では来週値段を下げるといううわさがささやかれている/The leaves *whispered* in the breeze. 木の葉がそよ風にさらさらと音を立てた.

【派生語】**whísperer** 名 C.
【複合語】**whíspering campáign** 名 C 口コミ(デマ)運動.

whist /hwíst/ 名 U 〔ゲーム〕ホイスト(★2人ずつ組んで4人で行うトランプのゲーム).

語源 whisk の変形. 卓上の札を払いのけることから. 初期近代英語より.

whis·tle /hwísl/ 動 本来自 名 C 〔一般的〕一般義 口笛を吹く. その他 口笛を吹くことから, 鳥がさえずる, 列車などが汽笛を鳴らす, 比喩的に風がぴゅーっと音を立てる, 弾丸がぴゅーっとうなって飛ぶ. 他 口笛で…を吹く, 口笛で呼ぶ. 名 としてホイッスル, 汽笛, 笛, 木立を渡る風の音, 矢や弾丸の風を切って飛ぶ音.

語源 古英語 (h)wistlian (=to make hissing sound) から. 名 は古英語 (h)wistle から. 本来は擬音語.

用例 He *whistled* happily as he rode along on his bike. 彼は自転車に乗って楽しそうに口笛を吹いて行った/The policeman *whistled* us to stop. 警官が笛を吹いてわれわれを止めた/The gym-teacher blew his *whistle* and the class stood still. 体育の先生がホイッスルを吹くとクラスはじっと立ったままになった.

【慣用句】**blow the whistle on** ......を密告する.
【複合語】**whístle-blòwer** 名 C 密告者. **whístle-stòp** 名 C〈米〉合図があると列車が止まるような小さな駅, そのような小さな町.

whit /hwít/ 名〔文語〕(a [one] ~) 少量, 微量, わずか.

語源 古英語 wiht (=thing; creature) から.
【慣用句】**no [not a; never a; not one] whit** 少しも…でない.

white /hwáit/ 形 名 UC 〔一般的〕一般義 白(色)の, 物が白い. その他 色がついていないことで, 無色の, 無地の, 色が薄いという意味で, 青白い, 生気のない, 恐怖などで唇から血の気が失せた, また白髪の, 銀白色の, 銀色の, 肌の色が白いことから, 白人の, 白色人種の. 白はしみや汚点がないことであるから, 比喩的に道徳的不純がない, 無実の, 純潔の, 雪の白さから, 雪のある, 雪景色の, 物が高温になると白熱状態になることから, 物体が白熱した, 激しい. 名 として白, 白色, (しばしば W-)白人, 卵の白身, 眼球の白目, 白色の絵の具, 白衣, 白服, 白ワイン, 白砂糖.

語源 古英語 hwīt (=white) から.

用例 The bride wore a *white* dress. 花嫁は白いドレスを着ていた/When I saw her *white* face I knew she was going to faint. 彼女の血の気のない顔を見たとき, これは気絶するとわかった/Many countries have experienced racial trouble between blacks and *whites*. 多くの国々では黒人と白人間の人種的な問題を経験してきている/The *whites* of her eyes are bloodshot. 彼女の白目の部分が充血している.

【派生語】**whíten** 動 本来自 白くする, 白く塗る, 漂白する. **whítener** 名 U 漂白剤. **whíteness** 名 U 白さ, 汚れのないこと, 純潔, 蒼白. **whítening** 名 U 白くする[なる]こと, 漂白剤. **whítish** 形 白っぽい.

【複合語】**white bèar** 名 C しろくま, 北極熊. **white birch** 名 C 欧州しらかば. **white blóod cèll** 名 C 白血球(leukocyte). **white bòard** 名 C 白板, ホワイトボード. **white bóok** 名 C 白書. **white bréad** 名 U 精白パン. **white càp** 名 C(通例複数形で)白い波頭. **white-cóllar** 形 頭脳労働者の, ホワイトカラーの. **white córpuscle** 名 C =white blood cell. **white élephant** 名 C 無用の長物(★昔タイで白象は神聖視され飼育に大金がかかったことから). **white énsign** 名 (the ~) 英国軍艦旗. **white féather** 名 (the ~) 臆病の証拠: *show the white feather* 臆病風に吹かれる. **white flág** 名 C 白旗.

屈伏のしるし. **whíte góld** 名 U ホワイトゴールド (★プラチナと似ているが, 金とニッケルや銅との合金).
white-héaded 形 白髪の, 《~ boy として》お気に入り. **whíte héat** 名 U 白熱 (★red heat よりも高く, 1500-1600℃ の温度の状態), 緊張[激高]状態.
whíte hópe 名 C 《くだけた表現》黒人のチャンピオンと対戦する白人ボクサー, 難事に取り組む期待の人, ホープ. **white-hót** 形 白熱の, 熱烈な. **Whíte Hòuse** 《the ~》ホワイトハウス (★アメリカ大統領官邸 Executive Mansion の通称). **whíte líe** 名 C 罪のないうそ. **white-lívered** 形 小心な, 血色の悪い (★かつて肝臓が勇気, 激情の源と考えられていたことから). **whíte mágic** 名 U 白魔術 (★善意を施すために行われるもの; ⇔black magic). **whíte mán** 名 C 白人. **white méat** 名 U 鳥肉など白身の肉. **whíte métal** 名 CU 白色合金 (★銀めっき製品の芯として使われたり, 軸受けとなるもの). **white páper** 名 白書 (★もとは英国政府発行のものから). **Whíte Páper** 名 C 白書 (★もとは英国政府発行のものから). **white pépper** 名 U 白こしょう (こしょうの殻を除いてひいたもの. 殻つきは black pepper). **white potàto** 名 CU じゃがいも (《語法》単に potato や Irish potato とよばれる). **white sáuce** 名 U《料理》ホワイトソース (★小麦粉, バター, 牛乳, クリームがベースとなるもの). **whíte suprémacist** 名 C 白人優越論者. **whíte suprémacy** 名 U 白人優越主義. **white tíe** 名 C 白蝶(ちょう)ネクタイ (★燕尾(えんび)服のときにつける). **white-tíe** 形 会合などが正式の, フォーマルな. **whitewàsh** 名 UC 動 水性白色塗料(を塗る), 比喩的にうわべをごまかすこと).

whith·er /hwíðər/ 副 《古語》《疑問副詞》どこへ(to what place). 《関係副詞》...するところの(in which; where).
語源 古英語 hwider (= to what place) から.

whitish ⇒white.

Whit·mon·day /hwítmʌndi, -dei/ 名 UC 〔一般語〕Whitsunday 後の第一月曜日.
語源 ⇒Whitsunday.

Whit·sun /hwítsn/ 名 UC 形 ⇒Whitsunday; Whitsuntide.

Whit·sun·day /hwítsʌndi, -dei/ 名 UC 〔一般語〕聖霊降臨節 (★復活祭後の第 7 日曜日).
語源 洗礼の際使用する衣服の色が白であったことから white Sunday と呼ばれ, それが短縮されて Whitsunday となった.

Whit·sun·tide /hwítsntàid/ 名 UC 〔一般語〕聖霊降臨節 (★Whitsunday からの一週間で, 特に最初の 3 日間をいう).

whit·tle /hwítl/ 動 本来自〔形式ばった語〕一般語 ナイフなどで木を少しずつ削り取る. その他 削って...を作る, 少しずつ減らしていく.
語源 古英語 thwitan (= to shave off) から派生した thwitel (= knife) が転訛した中英語 wyttel から.

【複合語】**whíttler** 名 C 削る人.

whiz, whizz /hwíz/ 名 C 動 本来自〔一般語〕一般語 何かが空中をすばやく動く時に発するヒュー, ビューという音. その他 《くだけた語》名人(wiz). 動 としてヒューという音を立てる[立てて飛ぶ], すばやく活動する.
語源 擬音語. 初期近代英語から. 名人の意味はすばやい動きに wizard の意味が加わったものと思われる.

【複合語】**whízz-kìd** 名 C 〔くだけた語〕《時に軽蔑的》若いやり手.

WHO /dʌ́bljuːèitfóu/ 名 略 《the ~》世界保健機構(World Health Organization) 《★国連の機構の一つ》.

who /húː(ː)/ 代 《主格 who, 所有格 whose, 目的格 whom, 独立所有格 whose》〔一般語〕《疑問代名詞》だれ, だれが. 《関係代名詞》人を表す語を先行詞として, ...する(ところの)....
語法 ❶ 疑問代名詞の who が主語の場合, 疑問文であっても語順は平叙文と同じであり, 助動詞 do は用いられない ❷ 疑問代名詞の who は通例単数扱いで, 単数形の動詞が呼応する ❸ 疑問代名詞は一般には目的格でも who が用いられるが, 格式ばった言い方になると whom が用いられる. これは関係代名詞の場合も同じである ❹ Who is Jim? のように固有名詞が主語の文は, どのような人物かを尋ねる文である ❺ 目的格の関係代名詞 whom はくだけた表現では通例省略される ❻ There is ... 構文の中の関係代名詞の who は省略されることがある ❼ It is [was] ... の構文で強調を表すことがある. who の後の動詞の人称と数は強調される 名 代 に一致する ❽ 内容の完結した文の後や先行詞が固有名詞の場合は非制限用法となり, 関係代名詞の前にコンマが置かれる. 主に書き言葉で用いられる ❾ 疑問代名詞の who は「する人は誰でも」(whoever)の意味になることがある.
語源 古英語 hwā (= who) から. h と w は途中で文字が入れかわって who の形が生じたが, /w/ が発音されないため ho とつづられたこともあった. また関係代名詞としての who が確立されたのは 18 世紀以降で, それ以前は that が標準であり, また which が初期近代英語までは人にも用いられた.
用例 *Who* did that? だれがそんなことをしたのですか/ *Who* did you give it to? あなたはだれにそれをあげましたか/I don't know *who* he gave it to. 彼がそれをだれにあげたか私は知りません/The people (*who*) you were talking to are Swedes. あなたが話していた人たちはスウェーデン人です/His mother, *who* by that time was tired out, gave him a smack. 彼のお母さんは, その頃には疲れ切っていたので, 彼をぴしゃりと打った/Today I met some friends (*whom*) I hadn't seen for ages. 長い間会っていなかった友だちに会いました/*Whose* is this jacket? この上着はだれのですか/In *whose* house did this incident happen? だれの家でこの事件が起こったのですか 《★格式ばった言い方》/Which is the book *whose* pages are torn? ページの破れている本はどれですか.

【複合語】**whoéver**¹ 代 ...する[である]人は[を]だれでも, たとえだれが[を]...でも. **whòéver**², **whò éver** 代 《疑意》一体だれが (★疑問代名詞 who の強意). **whòméver** 代 whoever の目的格. **whó's whó, Whó's Whó** 名 《a [the] ~》人名録, 紳士録.

whoa /hwóu/ 感 馬などを止める時に使うかけ声, どうどう.
語源 who の変異形. 中英語から.

who'd /húːd/ who would または who had の短縮形, 《くだけた語》who did の短縮形.

who·dun·it /hùːdʌ́nət/ 名 C 《くだけた語》《米》推理小説.
語源 Who done [did] it? より.

whole /hóul/ 形 名 C 副 〔一般語〕一般語 全体の, 全部の, 全... 《語法》通例, 定冠詞や所有格の後に続き, 単数名詞と共に用いられる. その他 本来は「欠けたところがない」「けがのない」から《古語》「健康な」の意で

あった. 現在これらの意では用いられないが, それから派生した**完全な, 完全に無傷**の意を経て「**全体の, 全部の**」の意となった. またちょうど, ある..., 《**a ～**》**たくさんの, 一大**.... 图 として**全体, 全員, 組織や構成体が一つになって動く統一体**. 副 として《a ～》**全く**....

[語源] 古英語 hāl (=healthy; unhurt) から. 古英語 ā は中英語で ō となり, あとで w が加わった. ⇒hale.

[用例] The *whole* building is in danger of collapsing. 建物全体が崩壊の危険にある / She swallowed the biscuit *whole*. 彼女はビスケットを丸ごと飲み込んだ / The *whole* of one week was spent in sunbathing on the beach. 丸一週間を海岸で日光浴に費やした.

[類義語] whole; entire; total: **whole** は欠けたところのない全体, **entire** はほぼ同意で意味がより強い. **total** は足し合わせた全体の意.

【慣用句】 *as a whole* 全体として, 総括して. *a whole lot (of …)* 〔くだけた表現〕たくさんの(...). *on the whole* 概して. *the whole lot* 全部, 一つ残らず.

【派生語】 whólesome 形 健康によい, 健全な. whólesomeness 图 Ⓤ. whólly 副 すっかり, 完全に, 《否定文で》全く...というわけではない.

【複合語】 whóle héarted 形 心のこもった. whólemèal 形 (英) = whole-wheat. whóle nòte 图 Ⓒ 《楽》全音符. whóle númber 图 Ⓒ 《数》整数. whóle sàle 形 卸し売りの, 大規模の, おおざっぱな. whólesale price 图 Ⓒ 卸値. whóle sàler 图 Ⓒ. whole-whéat 形 (米) ふすまを取り去らない全粒粉の, 完全小麦粉の. 《英》 whole-meal).

who'll /húːl/ 弱 hul/ who will の短縮形.

whom /húːm, 弱 hum/ 代 《疑問代名詞・関係代名詞》 who の目的格.

whoop /húːp, hwúːp/ 图 動 [本来自] 感 〔一般語〕喜び, 興奮, 熱狂などのためにウワー, ワー, オーという歓声 [大声] (をあげる).

[語源] 擬音語起源の古フランス語が中英語に入った.

【慣用句】 *whoop it up* 〔くだけた表現〕ばか騒ぎをする. *not worth a whoop* 〔くだけた表現〕何の値打ちもない.

【派生語】 whóoper 图 Ⓒ.

【複合語】 whóoping còugh 图 Ⓤ 百日咳.

whoopee /wúːpiː/ 歓喜の叫び声, ワー, ワーイ.

whoops /wú(ː)ps/ 感 おっと, しまった, いけない (oops).

[語源] upsy-daisy (転んだ子供を抱き上げたりする時の掛け声)が変化したものと思われる. 20世紀から.

whoosh /wú(ː)ʃ/ 图 Ⓒ 動 [本来自] 何かが空中をすばやく移動する時のシュー, またはヒューという音. 動 としては, シューと音を立ててものすごい勢いで動く. 擬音語. 19世紀から.

whop /hwáp/hwɔ́p/ 動 [本来他] Ⓒ 〔くだけた語〕[一般語] ピシャリと音を立てて強打する. [その他] むちで打つ, 相手を打ち負かす. 图 として, 激しくたたく時の音, ピシャリ, ピシッ, ビシッ, と打つこと.

[語源] 擬音語として中英語から.

【派生語】 whópper 图 Ⓒ ばかでかい物, 大うそ. whópping 形 とてつもなく大きな.

whore /hɔ́ːr/ 图 Ⓒ 〔古風な語〕〔軽蔑的〕売春婦.

[語源] 古英語 hōre (=whore) から.

who're /húːər/ who are の短縮形.

whorl /hwɔ́ːrl/ 图 Ⓒ 〔一般語〕巻き貝や指紋などの渦巻き, 《植》 輪生.

[語源] 古ノルド語起源の中英語 wherwille (=whirl) の変形 whorle から.

who's /húːz/ who is または who has の短縮形.

whose /húːz/ 代 《疑問代名詞・関係代名詞》 who の所有格.

whos(e)·ev·er /hùːzévər/ 代 whoever の所有格.

who've /húːv/ who have の短縮形.

wh-ques·tion /dʌ́blju:éitʃkwèstʃən/ 图 Ⓒ 《文法》 wh 語で始まる疑問文, wh 疑問文.

wh-word /dʌ́blju:éitʃwɜ̀ːrd/ 图 Ⓒ 《文法》疑問を表す語, wh 語 (★wh で始まる語が主体となっているのでこう呼ばれる).

[参考] wh- は古英語の hw からの転換によりできたもので, たとえば when は古英語 hwaenne, where は古英語 hwāer, who は古英語 hwā, how は古英語 h(w)ū による. しかし, /hw/ (who では /w/ は消失)の音位は変わっていない.

why /hwái/ 副 图 Ⓒ 〔一般語〕《疑問副詞》なぜ, どうして 《語法》 Why ...? が理由を尋ねるときは原則として because を使って答えたり, 場合によっては to 不定詞を使って答える.《関係副詞》関係詞節を導き, ...である理由 [わけ], ...する理由 [わけ] 《語法》 reason などの先行詞は This [That] is ... 構文では省略されることが多い. 图 として 《通例 the ～s で》理由, わけ, 不可解の問題. 感 としてあら, おや, まあ.

[語源] 古英語 hwæt (=what) の助格である hwȳ (=with what) から.

[用例] *Why* did you hit the child? どうして子供をたたいたの / Give me one good reason *why* I should help you! あなたの手伝いをしなければならないというもっともな理由を一つ教えてよ.

【慣用句】 *Why don't you …?* 〔くだけた表現〕...してはどうですか, ...しませんか. *Why not?* どうしてそうしないのか; = Why don't you …: "I haven't finished." "Why not?" 「まだ終わっていません」「どうして?」/ "Let's go to the cinema." "Why not?" (=Let's!) 「映画を見に行きましょう」「そうしましょう」.

wick /wík/ 图 ⒸⓊ 〔一般語〕ろうそく, ランプ, ライターなどの芯 (しん).

[語源] 古英語 wēoce (=wick) から.

【慣用句】 *get on …'s wick* 《英》人をひどく, 絶えずいらいらさせる.

wick·ed /wíkəd/ 形 〔一般語〕[一般語] **悪い, 不道徳な, 不正な**《語法》人に用いる場合は evil の方が普通. [その他] 〔くだけた語〕いたずらな, 臭いなどが非常にいやな, 天候などがひどい. 逆によい意味に使われ, **非常によい, すばらしい**.

[語源] 古英語 wicca (=wizard) から.

[用例] *wicked* weather ひどい悪天候.

[類義語] ⇒bad.

【派生語】 wíckedly 副 不正に, 邪悪に, 意地悪く. wíckedness 图 Ⓤ.

wick·er /wíkər/ 图 ⒸⓊ 形 〔一般語〕柳などの細い, しなやかな**小枝**. [その他] そのような小枝で作った**編み細工**.

[語源] 古ノルド語 *viker* (=willow; twig; wand) が中英語に入った. weak, week, wicket と同語源.

[用例] a *wicker* table 枝編み細工のテーブル.

【派生語】 wíckerwòrk 图 Ⓤ 枝編み細工.

wick·et /wíkət/ 图 Ⓒ 〔一般語〕[一般語] **駅の改札口,**

窓口. その他 本来正門の近くにある小門, 小木戸の意で, 転じて回転木戸, 銀行の金銭出納係や切符売場などの窓口, 水量調節のための水門, 『クリケット』三柱門, ウィケット.
語源 ゲルマン語起源の古フランス語 *quichet* がノルマンフランス語 *wiket*（=door that turns）を経て中英語に入った.
【慣用句】**on a sticky [good] wicket** 《英》不利な[有利な]立場で.
【複合語】**wícket kèeper** 名 C 『クリケット』ウィケットキーパー.

wide /wáid/ 形 副 〔一般語〕一般語 幅が広い
《日英比較》日本語の「広い」は幅が広いことも面積が大きいことも意味する（例 広い川, 広いグラウンド）. しかし英語では幅については wide, 面積については large を用いる. なお,「狭い」は幅については narrow, 面積については small を使う; ⇒narrow). その他 端から端まで遠く及んでいるという意味で, 比喩的に**広大な, 広範囲に及ぶ, 知識などが広い**. 端から端までの距離の中にある物は全てを含むということから, 包括的な, 各種取り揃えた, 偏らない, 論点などから離れた, 見当違いの, 的はずれ(of). 副 として広く, 大きく開いて.
語源 古英語 wīd（=wide）から.
用例 He admired the city's *wide* street. 彼はその市の幅の広い道路に感心した / This material is three metres *wide*. この材料は幅が 3 メートルある / He won by a *wide* margin. 彼は大差で勝った / She has a *wide* experience of teaching the mentally handicapped. 彼女には精神障害者教育の経験が豊富にある.
類義語 wide; broad: **wide** は幅が広い意味では最も一般的な語. また幅が...メートルのように単位として用いられる. **broad** もほぼ同意でも用いられるが, より広がりを強調する語.
【慣用句】**far and wide** あらゆる所に[を](far and near). **wide apart** 大きく広げて. **wide awake** 完全に目がさめて. **wide of the mark** 見当違いで.
【派生語】**widely** 副. **widen** 動 本来他 広くする[なる]. **width** /widθ, witθ/ 名 UC 幅, 広いこと, 寛大さ.
【複合語】**wíde-ángle** 形 レンズが**広角の**. **wide-awáke** 形 すっかり目覚めた, 抜け目のない. **wíde-éyed** 形 目を見開いた, びっくりした. **wíde-ópen** 形 広く開いた, 無防備な. **widespréad** 形 広く行き渡った, 普及した.

wid·ow /wídou/ 名 C 動 本来他 〔一般語〕一般語 未亡人, 寡婦. その他 (こっけい)夫が趣味や遊びで終始家を空ける妻, ...ウイドー. 『トランプ』余分の手札で, 裏返しにして場に出しておく後家札. 動 として《通例受身》未亡人[男やもめ]にする, 比喩的に...から価値のあるものや必要なものを奪う(of).
語源 古英語 wuduwe, widewe（=widow）から.
用例 She was left (=became) a *widow* at the age of thirty. 彼女は 30 歳で未亡人になった / a golf [fishing] *widow* ゴルフ[釣り]やもめ.
【派生語】**wídowed** 形. **wídower** 名 C 男やもめ. **widowhòod** 名 U 男・女のやもめ暮らし.

width ⇒wide.

wield /wíːld/ 動 本来他 〔文語〕一般語 道具や武器などをうまく扱う. その他 権力をふるう, ...に影響を及ぼす.

語源 古英語 wieldan（=to rule）から.
【派生語】**wíeldable** 形. **wíedler** 名 C.

wie·ner /wíːnər/ 名 C 〔一般語〕《米》ウインナソーセージ, フランクフルトソーセージ.
語源 ドイツ語 *Wienerwurst*（ウィーンのソーセージ）の短縮形. 20 世紀から.
【派生語】**wíenie** 名 UC wiener のくだけた言い方.

wife /wáif/ 名 C 《複 **wives**》〔一般語〕妻, 奥さん, 女房.
語源 古英語 wīf（=woman）から.
【慣用句】**old wives' tale** 迷信じみた他愛ない話（★この wives は元の意味である women のことで, おばあさんたちの話の意）.

wig /wíg/ 名 C 動 本来他 〔一般語〕一般語 かつら. その他 《英》裁判官などのかつら, 裁判官, 判事. ⇒bigwig. 動 として《米》いらいらさせる,《英》〔古風な語〕激しく叱責する.
語源 は periwig の短縮形. 初期近代英語から. 動 は権威者の意の bigwig からそのような人に叱責されることから.
【慣用句】**flip one's wig**〔くだけた語〕怒り, ろうばいで気が変になる. **wig out**〔くだけた語〕《米》頭からふらふらする, 逆上する. **wigs on the green**〔古風な表現〕激しいつかみ合いのけんか.
【派生語】**wígged** 形 かつらをかぶった. **wígging** 名〔古風な語〕《英》(a 〜) ひどく叱ること: get a *wigging* 大目玉をくう. **wíglet** 名 C 女性用の小型かつら.

wig·gle /wígl/ 名 C 動 本来自〔くだけた語〕一般語 身をよじるように, あるいは小刻みにぴくぴくと体が動く. その他 体をくねくね動かしながら進む. 他 小刻みに体を動かす. 動 としては, えんどう豆を添えた魚またはえびやかにのクリームソースかけ料理.
語源 中英語 wigelen（=to totter）から. それ以前は不詳.
【派生語】**wíggler** 名 C もじもじする人, ぼうふら.

wiglet ⇒wig

wig·wag /wígwæg/ 名 UC 動 本来他 〔一般語〕一般語 あちこち動く, 手旗や灯火などで合図しながら信号を送る. 名 として手旗信号.
語源 wig+wag による.
【派生語】**wígwàgger** 名 C.

wil·co /wílkou/ 感 《米》了解!（★特に無線電話の通信に使われる）.
語源 (I) wil(l) co(mply).

wild /wáild/ 形 副 〔一般語〕一般語 動植物が飼育, 栽培されていないで**野生の**. その他 土地などが**自然のままの**, 耕作されていない, 人が住んでいない, 荒れ果てた. 人, 社会が野性的な, 野蛮な; 振舞などが乱暴な, 手に負えない, 奔放な; 心が荒々しい, 髪が乱れた, 狂気じみた, 興奮した, 激怒した, 無謀な, 見当違いの, 何かに夢中になった, 熱中した, 時代や状況が異常な. 名 として(the 〜s)**荒野, 未開地**.
語源 古英語 wilde から.
用例 Are these goats tamed or *wild*? このやぎは飼いならされていますか, それとも野生ですか / The weather has been very *wild* recently. このところ天気は荒れ模様である / That guess is a bit *wild*. その推測はちょっと見当違いだ.
【慣用句】**go wild** ひどく怒る, 大喜びする. **in the wild** 自然の中で, 野生の状態で. **run wild** 植物がは

びこる，勝手気ままにふるまう．
【派生語】**wíldly** 副 乱暴に，ひどく，とても．**wíldness** 名 ⓤ 野生，乱暴，無謀，荒れた状態．
【複合語】**wíld bóar** 名 ⓒ いのしし（語法 単に boar ともいう）．**wíldcàt** 名 ⓒ 山猫．形 無謀な：**wíldcat strike** 名 ⓒ 山猫スト．**wíldfìre** 名 ⓤⓒ 野火：spread [go around] like wildfire うわさなどが野火のように広まる．**wíld flòwer** 名 ⓒ 野の花．**wíld fòwl** 名 (複) 猟鳥．**wíldlife** 名 ⓤ 野生動物．**wíld oáts** 名 (複) 野生のからす麦（★食用にならず役に立たないもの）: sow one's wild oats 若い時に放蕩する．**wíld pítch** 名 ⓒ (野) 暴投．

wil·de·beest /wíldibìːst/ 名 ⓒ (動) ヌー (=gnu)．
語源 南アフリカ共和国公用オランダ語のアフリカーンス語 (Afrikaans) から．原義は wild beast.

wil·der·ness /wíldərnis/ 名 ⓒⓤ〔一般語〕 一般語 荒れ地．(その他) 荒野，不毛の地，手入れがが全く施されていない荒れた庭園．人の手が加えられていない自然のまま放置されている地域，海，空，砂漠などの空虚を果てしのない広がり，わけがわからないくらいおびただしい数量．
語源 古英語 wildēoren (=of wild beast) から．
【慣用句】**in the wilderness** 孤独で，政界を離れて．
【複合語】**wilderness àrea** 名 ⓒ (米) 自然保護区域．

wile /wáil/ 名 ⓒ 本来語〔一般語〕(通例複数形で) 策略．動 として，人を欺く，誘惑する．
語源 中英語 wil (=trick) から．それ以前は不詳．
類義語 trick.
【慣用句】**wile away** 時を楽しく過ごす，気楽に過ごす．
【派生語】**wílily** 副．**wíliness** 名 ⓤ．**wíly** 形 狡猾な，ずるい．

wilful ⇒will.

will /wíl, 弱 wəl, l/ 動〔過去 **would** /wúd, 弱 wəd/〕, /wíl/ 名 ⓤⓒ 動 本来語〔一般語〕一般語 未来を表し，(単純未来) ...でしょう，...だろう（語法 ❶ 会話では I will の代わりに I'll を多く用いる．❷ (英) では will の代わりに shall も用いるが，will, 'll を用いる傾向が強まってきている ❸ 二人称に対する疑問文の場合，Will you ...? は勧誘ととられるので，Are you going to ...? や Are you ...ing? という言い方をすることが多い），(意志未来) ...するつもりである，...しようと思う（語法 ❶ 一人称の代名詞とともに，will の代わりに be going to を用ふることがある ❷ 二人称の代名詞とともに肯定疑問文で用いられたとき，すなわち Will you ...? は相手に対する依頼，要請を表し，否定疑問文で用いられたとき，すなわち Won't you ...? は勧誘を表す）．(その他) 現在の習慣，習性を表し，よく...する，...なことがよくある，現在の推量，可能性を表しきっと...だろう，...できる．強い主張，拒絶を表し，どうしても...しようとする，...すると言ってきかない，特性，必然性を表し，...するものである．名 として意志，意欲，決意．また遺言，遺言状．動 として意志の力で...するようにする，決定する，意図する，遺言によって与える．
語源 古英語 wyllan (=to wish) から．
用例 We'll go at six o'clock tonight. 私たちは今晩6時に行きます/Accidents will happen. 事故は必ず起こるものだ/This bucket will hold five gallons of water. このバケツには 5 ガロンの水が入れられる/That will be John knocking at the door now. 今ドアをノックしているのはジョンだろう/I won't do it! 私はそんなことをするのは絶対いやだ/Will you please stop talking? おしゃべりはやめてくれませんか/It was done against her [their] will. それは彼女[彼ら]の意志に反して行われた/Have you made a will yet? あなたは遺言書をもう作成しましたか
【慣用句】**at will** 意のままに．**have one's will** 思いどおりにする．**of one's own (free) will** 自分の自由意志で．**with a will** 本気になって．
【派生語】**willful**，(英) **wilful** 形 自分の意のようにならないと気のすまない，頑固な，強情な; 故意の，計画的な．**willfully**，(英) **wilfully** 副．**willfullness**，(英) **wilfullness** 名 ⓤ．**willing** 形 ...するのをいとわない，自発的な，心からの．**willingly** 副 喜んで，快く．**willingness** 名 ⓤ 喜んでする心構え，やる気．
【複合語】**will-o'-the-wisp** 名 ⓒ 鬼火，人をだます[迷わせる]人[もの]．**willpòwer** 名 意志の力．

wil·low /wílou/ 名 ⓒⓤ (植) 柳，柳材．
語源 古英語 welig (=willow) から．
【派生語】**willowy** 形 柳の多い，比喩的に女性がしなやかで優美な．
【複合語】**willow trèe** 名 ⓒ 柳の木．

wil·ly-nil·ly /wíliníli/ 副 形〔一般語〕いやおうなしに[の]，いやでもおうでも．
語源 will I, nill (=not willing) I より．初期近代英語から．

wilt /wílt/ 動 本来語〔一般語〕植物がしおれる，しぼむ，比喩的に人がしょげる，元気がなくなる．
語源 中英語の welken (=to wilt) から派生した welk の変形と思われる．

wily ⇒wile.

wimp /wímp/ 名 ⓒ〈くだけた語〉弱虫の男，意気地なしの男．
語源 不詳．20 世紀から．
【派生語】**wímpish** 形．**wímpy** 形．

wim·ple /wímpl/ 名 ⓒ 動 本来語〔一般語〕修道女が使うベール．動 として，ベールまたはそのようなものでおおう，ひだにして垂らす．
語源 後期古英語の wimpel (=wimple) から．

wimpy ⇒wimp.

win /wín/ 動 本来語〔過去・過分 **won** /wán/〕名 ⓒ〔一般語〕一般語 闘いや競技に勝つ，...の勝利者になる．(その他) 努力や仕事や好運によって何かを獲得する，賞をとる，名声，信頼などを獲得する，人の心をつかむ．自 としても用いられる．
語源 古英語 winnan (=to fight; to gain) から．「争う，戦う」の意から「勝つ」意に転移した．
用例 He won a fine victory in the election. 彼は選挙みごとに勝った/She won (the quiz) by four points. 彼女は(クイズに)4点差で勝った/He won her respect over a number of years. かなりの年月の間，彼は彼女から尊敬を得た/The swimmer finally won the shore. その泳者はついに岸にたどり着いた/She's had two wins and two second places out of four races. 彼女は 4 レースのうち 1 着は 2 回，2 着が 2 回ある．
【慣用句】**win back** 失ったものを取り戻す．**win one's way** 勝ち進む．**win out** 最後には勝利を得る．**win over** 味方に引き入れる，説得して...の考えにさせる．**win the day** 勝利を収める，成功する．**win through** やり遂げる．
【派生語】**winner** 名 ⓒ．**winning** 形 勝利を得た，勝利を決める，勝ち越しにかかわる．名 ⓤⓒ 勝利，成功．

wince /wíns/ 動 [本来自] 名 C 〔一般語〕痛み、恐怖、動揺などが原因で、顔をゆがめながらすくむ、後ずさりする. 名 として《通例 a ～》顔のゆがみ、ひるみ.
[語源] ゲルマン語起源の古フランス語 *guencir* (= to turn aside) が古ノルマンフランス語 *wencier* を経て中英語に wencen, wyncin (= to kick impatiently) として入った. 馬が痛みなどで蹴り騒ぐことから.
[類義語] recoil; shrink; draw back.

winch /wíntʃ/ 名 C 動 [本来他] 〖機〗ロープやケーブルなどの巻き上げ機械, ウィンチ, 回転式砥石(といし)などについている曲がり柄.
[語源] 後期古英語 wince (滑車, リール) から.

Win‧ches‧ter /wíntʃèstər/ 名 固 ウィンチェスター《★イングランド南部の古都》.

wind¹ /wínd/ 名 UC 動 [本来他] 〔一般語〕〔一般義〕風《風の程度は U, 風の種類は C, 一般に「風」という意味では the ～ となる》. [その他] 息, 呼吸, 呼吸運動, 息を使う楽器ということから, 管楽器《語法》《英》the ～, 《米》the ～s》. また胃や腸で発生するガス, 風向きの意から, 比喩的に影響力, 傾向, 流行, 風にのって流れるようにうわさが広まることから, 〔くだけた語〕秘密に関するちょっとした情報, おしゃべり, 無駄話. 動 として《しばしば受身で》息切れさせる, 呼吸困難にさせる, 《英》赤ん坊にげっぷをさせる.
[語源] 古英語 wind から.
[用例] Cold *winds* blow from the north. 冷たい風が北から吹いてくる/Climbing these stairs takes all the *wind* out of me. この階段を登ると私はとても息が切れます/His stomach pains were due to *wind*. 彼がおなかが痛いのはおなかのガスのせいだった/He was *winded* by the heavy punch to the stomach. おなかを強くなぐられて, 彼は息がつまった.
【慣用句】*against [before] the wind* 風に逆らって[を受けて]. *a straw in the wind* かすかな兆候. *break wind* 放屁(ほう)する《★fart より婉曲的》. *get [have] wind of* ... 犬などが...をかぎつける. *how [where; which way] the wind blows* 風向き, 世論の動向. *in the wind* 陰で何かが起ころうとして. *like the wind* 風のように, すばやく. *lose one's wind* 息を切らせる. *put the wind up* ... 《英》...をぎょっとさせる.
[類義語] wind; breeze; gale; gust; blast: **wind** が最も一般的な風を表す語であるのに対して, **breeze** はそよ風, **gale** は強風, **gust** は突風, **blast** は gust よりも強く長く吹く突風.
【派生語】**wíndily** 副. **wíndiness** 名 U. **wíndless** 形 風のない, おだやかな. **wíndy** 形 風の吹く, 風の強い; 胃腸にガスのたまる.
【複合語】**wíndbàg** 名 C 〔くだけた語〕《軽蔑的》おしゃべりの人. **wíndblòwn** 形 風に吹き飛ばされた, 髪が風で乱れた. **wíndbrèak** 名 C 防風林, 風よけ. **wíndbrèaker** 名 C スポーツ用ジャケット, ウィンドブレーカー. **wíndfàll** 名 C 風で落ちた果物, 意外な授かり物. **wíndflòwer** 名 C 〖植〗アネモネ (⇒ anemone). **wínd gàuge** 名 C 風力[速]計. **wínd ìnstrument** 名 C 管楽器. **wíndmìll** 名 C 風車. **wíndpipe** 名 C 気管. **wíndscrèen** 名 C 《英》= windshield. **wíndshìeld** 名 C 《米》車のフロントガラス. **wíndshìeld wíper** 名 C 車のワイパー《語法》単に wiper ともいう》. **wíndstòrm** 名 C 雨を伴わない暴風. **wíndswèpt** 形 風にさらされた. **wínd tùnnel** 名 C 〖工〗風洞. **wíndward** 形 名 U 副 風上(の, へ).

wind² /wáind/ 動 [本来他] 《過去・過分 **wound** /wáund/》〔一般語〕〔一般義〕糸などを巻く, 包帯などを巻きつける [その他] 取っ手などをぐるっと回す, ねじなどを巻く, テープなどを巻きとる. 自 道, 川などが曲がりくねる, 屈曲する, うねる, 物が巻きつく, からみつく.
[語源] 古英語 windan (= to move fast; to twist) から.
[用例] He was *winding* a bandage round her leg. 彼は彼女の脚にぐるぐる包帯を巻いていた/The road *winds* up the mountain. 道はうねうねと山腹を巻いて上へ続いている.
【慣用句】*wind ... around one's little finger* 人を意のままに扱う. *wind down* くつろぐ; シャッターなどを下ろす, 事業などを縮小する. *wind one's way* くねくねと曲がりながら進む. *wind up* 結末をつける, 《英》シャッターなどを上げる; 巻いて締める, 時計のねじを巻く, 会社などを解散する.
【派生語】**wínding** 形 道, 川などが曲がりくねった, らせん状の, 話などが回りくどい.
【複合語】**wínding shèet** 名 C 〔古語〕経帷子(きょうかたびら). **wíndùp** 名 C 終結, 仕上げ, 投手のワインドアップ.

win‧dow /wíndou/ 名 C 〔一般語〕〔一般義〕窓. [その他] ガラス窓, 窓状のもの, 切符などの売場窓口, 陳列窓, ショーウインドー, 中の名が見える封筒などのあて名窓, 〖コンピューター〗ウィンドウ, 〖気〗電磁窓, 窓状にあいた空間から転じてあいた時間帯, またその短い時間を生かした機会, 〖宇宙〗ロケットや宇宙船の打ち上げ可能時間帯, 宇宙船の再突入大気回廊.
[語源] 古ノルド語 *vindauga* が中英語に入った. 本来の英語(古英語)では ēage (= eye) + thyrel (= hole) から成る ēagthyrel, つまり家の壁に「目のようにあいた穴」という表現であった.
[用例] He is cleaning the *windows*. 彼は窓ガラスをきれいにしている/a ticket *window* チケットの販売窓口.
【複合語】**wíndow bòx** 名 C 窓に置く植木箱. **wíndow drèssing** 名 U 店頭装飾, 体裁を飾ること. **wíndow énvelope** 名 C 中の宛名が見えるようになっている窓付き封筒. **wíndow fràme** 名 C 窓枠. **wíndowpàne** 名 C 窓ガラス《語法》単に window または pane ともいう》. **wíndow scrèen** 名 C 網戸; = windshield. **wíndow sèat** 名 C 乗り物の窓側の席 (⇔ aisle seat). **wíndow shàde** 名 C 《米》ブラインド《語法》単に shade ともいう》. **wíndow-shòp** 動 [本来自] ウインドーをのぞいて歩く, ウインドーショッピングする. **wíndow-shòpper** 名 C ウインドーショッピングする人. **wíndowsìll** 名 C 窓の下枠《語法》単に sill ともいう》.

windy ⇒ wind¹.

wine /wáin/ 名 UC 動 [本来自] 〔一般語〕〔一般義〕ぶどう酒, ワイン《語法》種類というときは C》. [その他] 色々な果実から作られる果実酒, ...酒, 赤ワインのような色の暗赤紫色. 動 としてワインを飲む.
[語源] ラテン語起源の古英語 wīn (= wine) から.
[用例] red *wine* 赤ワイン/We stock a wide range of inexpensive *wines*. お手頃なワインならたくさんの種類を取り揃えています.
【慣用句】*put new wine in old bottles* 古い考えの人に新しい考え方を押しつける. *wine and dine* 豪華

な酒食を取る.
【派生語】**wínery** 名 C ワイン醸造所, ワイナリー.
【複合語】**wíne cèllar** 名 C 地下のぶどう酒貯蔵室, U 貯蔵にたるぶどう酒. **wíneglàss** 名 C ワイングラス, ワイングラス1杯(の量). **wínepress** 名 C ぶどうしぼり器[おけ]. **wíneskin** 名 C ぶどう酒用皮袋.

wing /wíŋ/ 名 C 動 [本来自][一般語][一般義] 鳥などの翼, 昆虫の翅(はね), 羽, [その他] 飛行機の翼, 翼や羽に似ているものとして, 風車や矢の羽根, 脇[周辺]の地域, 建物の翼, そで, 〖劇〗《複数形で》舞台のそで, 〖軍〗本[艦]隊の左右の翼, 〖スポ〗ラグビーなどのウィング, フランカー, 〖政治〗右[左]派, 右[左]翼, 派閥. 動 として〖文語〗飛ぶ, 飛行機で行く. 他 …に翼をつける, 翼を傷つける.
[語源] 古ノルド語起源の古英語 wenge (=wings) から.
[用例] The eagle spread his *wings* and flew away. わしは翼を広げて飛び去った/Grandmother lives in the East *Wing*. 祖母は「東の棟」に住んでいます/the left [right] *wing* 左[右]翼/The eagle *winged* his way across the valley. わしは谷間を横切って飛んで行った.
【慣用句】 *in the wings* 舞台のそでで姿を見せないようにして(控えて), すぐに手に入れられる準備されて. *clip …'s wings* …の影響力を抑える. *on the wing* 飛んでいる. *spread [try] one's wings* 新しい仕事[事業]に踏み出す. *under one's wing* 保護下にある. *wing it* 下準備なしに行う.
【派生語】**wíngless** 形.
【複合語】**wíng chàir** 名 C そで椅子. **wíng commànder** 名 C 〖英〗空軍中佐. **wíngspàn** 名 C 翼幅. **wíngsprèad** 名 C =wingspan.

wink /wíŋk/ 動 [本来自][一般語][一般義] 目配せする, ウインクする. [その他] 本来まばたきする意. 転じて合図を送る意となり, 光で信号を送る, 光や星がまばたく, キラキラ輝く. 名 として目配せ, ウインク, まばたく, 《a ～; 通例否定文で》ひとまばたきの間, 一瞬.
[語源] 古英語 wincian (=to nod; to wink) から.
[用例] He *winks* at all the girls who pass. 彼は通りすぎる女性みんなにウインクする/"Don't tell anyone I'm here," he said with a *wink*. 「私がここにいることはだれにも言うなよ」と彼は目配せして言った.
【慣用句】 *grab forty winks* 仮眠をとる(★40回分のまばたきに相当するくらい短い仮眠をとるということ). *not sleep a wink* 一睡もしない. *tip … the wink* 〖英〗…にそっと知らせる.
【派生語】**wínker** 名 C 《通例複数形で》〖英〗方向指示器, ウインカー(〖米〗blinker).

win·kle /wíŋkl/ 名 [本来他] 〖貝〗たまきび貝 (periwinkle). 動 として[くだけた語] たまきび貝の身を貝殻から抜き取るように, ある物を無理に抜き出す, 人から秘密を探り出す.
[語源] periwinkleの短縮形. 語源不詳.
[用例] *winkle* the secret out of him 彼から秘密を聞き出す.

winner ⇒win.

win·now /wínou/ 動 [本来他][一般語][一般義] もみ殻を穀物から吹き分ける. [その他] 穀物を選り分けるように, 良いものを抜粋する, 吟味する, 不用な物を排除するためにふるいにかける.
[語源] 古英語 windwian (=to fan; to winnow) か

ら.
【派生語】**wínnower** 名 C もみ殻を吹き分ける人[機械].

win·some /wínsəm/ 形 〖文語〗子供のような愛嬌と無邪気さのために愉快で魅力のある.
[語源] 古英語 wynn (=joy; delight) +sum (=like; tending to) から成る wynsum (=pleasant) から.
【派生語】**wínsomely** 副. **wínsomeness** 名 U.

win·ter /wíntər/ 名 UC 形 動 [本来自][一般語] 冬 《語法》前置詞を伴わずに副詞句となることがある). 形 として冬の, 冬に関する, 冬用の. 動 として冬を過ごす, 越冬する.
[語源] 古英語 winter から.
[用例] We must finish before the *winter* (=the *winter* of this year). 今年の冬前には仕上げなければならない/They like to sit round a warm fire in the *winter* evenings. 彼らは冬の夜は暖かい火のまわりに座るのが好きだ/Where do swallows *winter*? つばめはどこで冬を過ごすのですか.
【派生語】**wíntery** 形 =wintry. **wíntry** 形 冬のような, 寒い, 雪の降っている; 態度などが冷たい, 冷淡な.
【複合語】**wínter sólstice** 《the ～》冬至(⇔ summer solstice). **wíntertìme** 名 《the ～》冬(季).

wipe /wáip/ 動 [本来他] 名 [一般語][一般義] 布, 手などで表面の汚れ, 水滴などをふく, ふいてきれいにする. [その他] ふいてきれいにすることから, 記憶からぬぐい去る, 磁気的な記録されたものなどを完全に消す, 抹消する, 全滅させる(out), 涙をふく, 力を入れて汚れやシミなどをごしごしこすり取る. 名 としてふくこと, ふき取ること, 使い捨てのウェットタオル.
[語源] 古英語 wīpian (=wipe) から.
[用例] I'll wash the dishes if you *wipe* (=dry) them. お皿をふいてくれるのなら, 私がお皿を洗います/The child *wiped* her tears away with her handkerchief. その子はハンカチで涙をぬぐった/They *wiped* out the whole regiment in one battle. 彼らは一度の戦いで連隊を全滅させた.
【慣用句】 *wipe one's hands of* …と手を切る. *wipe the slate clean* 過去の事を水に流す.
【派生語】**wíper** 名 C ぬぐう人, ふく物, 車のワイパー (windshield wiper).

wire /wáiər/ 名 UC 動 [本来他][一般語][一般義] 針金, 電線 《語法》針金1本, 2本というときは a wire, two wires とも a piece of wire, two pieces of wire ともいう). [その他] C 〖米〗〖古風な語〗電報. 針金で作ったものという意味で, 針金細工, 金網, 針金の柵, 競馬の決勝線, 〖米〗盗聴器. 動 として…に配線工事をする, …に接続する, 盗聴器をつける《普通受身で》; 〖米〗〖古風な語〗電報を打つ.
[語源] 古英語 wīr (=wire) から.
[用例] He'll need some *wire* to connect the battery to the rest of the circuit. 電池と回路をつなぐのに針金が必要です/a *wire* fence 金網の柵.
【慣用句】 *by wire* 電報で. *down to the wire* 時間的に最後まで(★競馬の決勝線から). *get one's wires crossed* 電話が混線する, 互いに誤解する. *pull wires* 陰で操る, 情実を用いる(=pull strings). *under the wire* 時間ぎりぎりに.
【派生語】**wíreless** 形 無線の. 名 UC 〖古風な語〗無線電信; 〖英〗ラジオ: **wireless telegraphy** [tele-

graph 〔古風な語〕無線電信. **wíring** 名 U 配線工事. **wíriness** 名 U 筋ばった, 筋金入りの. 〔複合語〕**wíre cútters** 名《複》針金切り, ペンチ. **wíre-háired** 形 犬が堅い毛の. **wíre nétting** 名 U 金網. **wíre púller** 名 C あやつり人形師, 黒幕. **wíre-púlling** 名 U あやつり人形を操ること, 裏面工作. **wíre rópe** 名 C ワイヤーロープ. **wíre sérvice** 名 C 〔米〕通信社. **wíretàp** 動 [本来他] 名 C 盗聴(する)《語法》単に tap ともいう》. **wíretàpper** 名 C. **wíre wóol** 名 C 食器などを磨く鉄綿. **wírewòrm** 名 C こめつきむしの幼虫.

Wis·con·sin /wìskánsin|-kɔ́n-/ 名 固 ウィスコンシン《★米国中部の州;〔郵便〕WI》.
〔語源〕北米先住民の言語で川の名.

wis·dom /wízdəm/ 名 U [一般語][一般義] 経験や知識を生かす知恵, 賢さ. [その他] 社会の知恵, 人々の見方, 考え方.
〔語源〕古英語 wīsdōm から. ⇒wise.
〔複合語〕**wísdom tòoth** 名 C 知恵歯, 親知らず.

wise /wáiz/ 形 動 [本来形] [一般語][一般義] 賢い, 賢明な, 思慮分別のある. [その他] 物事をよく知っている, 物知りな, 博識な. 〔俗語〕〔米〕〔皮肉〕うぬぼれた, 悪賢い. 動 として教える, 知らせる (up).
〔語源〕古英語 witan (=to know) に関連する wis (=wise) から.
〔用例〕He's very wise in matters of this sort. 彼はこの種の事情については非常に物知りだ.
〔類義語〕wise; smart; intelligent; bright; brilliant; clever: **wise** は判断力があって賢明なこと, **smart** は頭が切れて, 勉強などがよくできること. **intelligent** は知能がすぐれていて, 物事を処理する能力が高いこと. **bright** は頭が良く, 話し方や態度などがすばらしいこと. **brilliant** は非常に優秀な人やものに使う. **clever** は頭の回転が速く, 器用なこと. clever はずる賢いという意味でもよく使われる.
【慣用句】*be wise to* … …に気づいている, …の目的を知っている. *none the wiser for* … …があっても相変わらず. *put … wise to* … …に…を知らせる.
【派生語】**wísely** 副.

-wise /-wàiz/ [接尾] 名詞, 副詞につけて,「…の様式[方法]で」,「…の位置[に方向に]」,「…に関して」の意味の形容詞, 副詞を作る. 例: crab*wise*; fan*wise*; slant*wise*; clock*wise*; dollar*wise*.
〔語源〕古英語 wīse (=manner) から.

wisely ⇒wise.

wish /wíʃ/ 動 [本来他] 名 C [一般語][一般義] 実現できない, あるいはできそうもないことを望む, …であればよいと思う《語法》名詞節を伴う. 文型は<V+O+節>. 名詞節内には仮定法過去を用い, 現在の事実と反対の, または実現不可能なことを表す. 名詞節の that は普通省略》. …であったらよかったのにと思う《語法》名詞節内には仮定法過去完了を用い, 過去の事実と反対の, または実現不可能であったことを表す》. [その他] 〔形式ばった語〕…したいと思う《語法》文型は<V+O (to 不定詞)>》, …に…してほしい(と思う)《語法》文型は<V+O+O (to 不定詞, 形容詞)>》, 人のために, 人に新年やクリスマスなどの祝いを述べる, 別れの言葉を言う《語法》間接話法的な言い方であるが, 直接話法で言い換えができる: The children wished their father a good night's sleep. = The children said to their father, "Have a good night's sleep!"》. 名 としては, 特に現在のところ実現不可能な, 難しい願い, 希望, また望んでいること, 願っていること, 要請.
〔語源〕古英語 wȳscan (=to wish) から.
〔用例〕I *wish* that I had never met him. 彼に会わなければよかったのにと思います/We *wish* to book some seats for the theater. 劇場の席を予約しておきたいと思います/Do you *wish* breakfast (to be) brought to your room, madam? ご朝食をお部屋にお持ちしましょうか/I *wish* you the very best of luck. ご幸運をお祈りします/Did you make a *wish*? 願いごとをしましたか.
【慣用句】*carry out one's wishes* 人の願いどおりにする. *get one's wishes* 願いがかなう. *How I wish* …. 本当に…であればよいのだが. *if you wish* お望みなら. *wish for* … …を望む. *wish … on* [*upon*] … …を…におしつける. *With best wishes*. ご多幸を祈ります《★手紙の結びの文句》.
【派生語】**wíshful** 形 切望している, もの欲しそうな: *wishful* thinking 希望的観測.
〔複合語〕**wíshbòne** 名 C 鳥の胸の叉骨(さこつ)《★食事の後でこの骨を引っ張って長い方を取ると願い事がかなうという》.

wishy-washy /wíʃiwɑ̀ʃi|-wɔ̀ʃi/ 形 [一般語] 態度や行動, 人などがえらくない, 優柔不断の, 〔くだけた語〕飲み物が味のない, 水っぽい.
〔語源〕washy の重複形, 初期近代英語から.

wisp /wísp/ 名 C 動 [本来他] [一般語][一般義] 干し草やわらなどの小さな束, ひと握り. [その他] 薄い断片, ひとすじの煙のように細いもの. 動 として小束にする.
〔語源〕古ノルド語起源と思われる中英語 wisp または wips から.
【派生語】**wíspiness** 名 U. **wíspily** 副. **wíspy** 形 小さな束の, か細い, ほんの少しの.

wis·te·ri·a /wistíəriə/ 名 C 〔植〕ふじ《★wistaria /wistéəriə/ ともいう》.
〔語源〕アメリカの解剖学者 Caspar Wistar の名から.

wist·ful /wístfəl/ 形 [一般語] 物欲しそうな, 願いがかなわずつらいために物思いに沈んだ.
〔語源〕廃語 wistly (=intently) と wishful との混成による語と考えられる. 18 世紀から.
【派生語】**wístfully** 副. **wístfulness** 名 U.

wit /wít/ 名 UC [一般語][一般義] 機知, ウィット, 機転. [その他] もとは知るという意味で, ものを知る能力があるということから, 知力, 理解, 思考[理解]力, またウィットに富む, ウィットのある人.
〔語源〕古英語 witan (=to know) の 名 wit (=mind; knowledge) から.
〔用例〕His plays are full of *wit* and charm. 彼の演劇は機知と魅力に富んでいる/He did not have the *wit* to defend himself. 彼は自分を弁護する知恵がなかった.
〔類義語〕wit; humor: **wit** は知的なおかしみをいうのに対して, **humor** は情的なおかしみや, 思いやりのこめられているおかしみをいう.
【慣用句】*at one's wits'* [*wit's*] *end* 思案に暮れて, 資金がなくなって. *frighten* [*scare*] … *out of* …'s *wits* 度を失わせる. *have* [*keep*] *one's wits about one* 抜け目がない. *live by one's wits* まじめに仕事をせずに小才だけで世渡りする.
【派生語】**wítless** 形. **wítticism** 名 C しゃれ, 警句.

wittily 副. **wittingly** 副 わざと,故意に. **witty** 形 機知に富んだ.

witch /wítʃ/ 名 C 動 本来他 〔一般語〕 一般義 魔女. その他 軽蔑的に醜い老婆,魅力的で心を奪われるような女性. 動 として,人に魔法をかける.
語源 wicce (= witch) から.
用例 The child drew a picture of a *witch* riding on a broomstick. 子供はほうきの柄に乗っている魔女の絵を描いた.
関連語 wizard (男の魔法使い).
【派生語】**witchery** 名 U 魔法,妖術.
【複合語】**witchcraft** 名 U 魔法. **witch dòctor** 名 C 未開社会のまじない師. **witch-hùnt** 名 C 現代や中世の魔女狩り. **witch-hùnting** 名 U.

with /wíð, wið/ 前 〔一般語〕 一般義 同伴,付随などを表して...と一緒に,...を伴って,...と共に. その他 関係,関連を表して,...に関して,...について,...に対して. 手段や道具を表して...を使って,...で. 原因を表して,...で,...のために. 携帯,所有,委託を表して...を身につけて,...を持って(いる),...の付いた,...の手元に. 付帯的な状況を表して,...を[が]...しながら 語法 付帯状況を示す句は普通 with+目的語+形容詞[分詞,前置詞句] という構文をとる. 同時,譲歩,同様などを表して,...につれて,...にもかかわらず,...と同様に,...と[合わせて]. 包含を表して...を含めて,...に入れて,...を加えて,対立,比較を表して...と,...に.
語源 古英語 with (= against; from; with) から.
用例 I was walking *with* my father. 私は父と歩いていました/What's wrong *with* you? どうしたのですか/He fought *with* my brother and injured him. 彼は私の兄(弟)とけんかし,彼にけがをさせた/*With* the petrol, the holiday cost us £200. ガソリンこみで,休日は200ポンドかかった/Compared *with* her sister, she's not clever. 妹(姉)とくらべると,彼女は頭が切れない/Sew the cloth *with* this thread. この糸を使って布を縫いなさい/a girl *with* long hair 長い髪の少女/Leave your bag *with* me. かばんを私のところに置いておきなさい/Her bad temper increased *with* age. 彼は年齢が行くとともに不機嫌になった/*With* all his money he is still unhappy. あれだけお金があっても彼はまだ不幸である.
【慣用句】*be with ...* 人の言っていることを理解している,賛成している. *get with it* だらだらせずに気合を入れてやる. *with it* 〔やや古風な表現〕流行に遅れないで,モダンで. *with that* その時点で,そう言って.

with·draw /wiðdrɔ́ː, wiθ-/ 動 本来他 《過去 **-drew**; 過分 **-drawn**》〔一般語〕 一般義 預金などを引き出す,場所から...を取り出す(from). その他 本来引き戻す,取り去ることから,発言,要求,告訴などを取り消す,撤回する,軍隊などを...から撤退させる. 自 身を引く,脱退する.
語源 中英語 with (= from) + drawen (= to draw) より成る withdrawen から.
用例 He has *withdrawn* £200 from his account. 彼は自分の口座から200ポンドを引き出した/She *withdrew* her previous remarks, and apologized. 彼女は以前話したことを取り消してあやまった.
【派生語】**withdráwal** 名 UC.

with·drawn /wiðdrɔ́ːn, wiθ-/ 動 withdraw の過去分詞.

with·drew /wiðdrúː, wiθ-/ 動 withdraw の過去形.

with·er /wíðər/ 動 本来自 〔一般語〕 一般義 植物がしおれる. その他 活気や生気がなくなり,衰弱する,愛情が薄れる. 他 植物をしおれさせる,人を萎縮させる.
語法 植物がしおれることをいうが,「枯れる」意味ではない. 植物が枯れるは die.
語源 中英語 wydderen (= to expose) から. 古英語 weder (= weather) に関係ある.
【派生語】**withered** 形 しおれた,しぼんだ,衰弱した. **withering** 形. **witheringly** 副.

with·held /wiðhéld, wiθ-/ 動 withhold の過去・過去分詞.

with·hold /wiðhóuld, wiθ-/ 本来他 《過去・過分 **-held**》〔一般語〕 一般義 許可,承認などを保留する. その他 気持ちなどを抑える,我慢する,収入から税金を控除する.
語源 中英語 with (= from) + holden (= to hold) より成る withholden から.
用例 He's *withholding* his approval until after next week's meeting. 彼は来週の会合後まで承認を保留しています.
【複合語】**withhólding tàx** 名 CU 源泉課税.

with·in /wiðín, wiθ-/ 前 〔一般語〕 一般義 ...以内の. その他 本来は用いられている意で,...の内部に,...の中に. 副 として内側で,中で,内部で. 名 として《単数形で》内部の場所[地域]. 形 として中の,含まれている.
語源 古英語 withinnan (= inwardly) から.
用例 She'll be here *within* an hour. 彼女は1時間以内にここに来るでしょう/I could hear sounds from *within* the building. 建物の内部から音が聞こえた.
【慣用句】*within and without* 内外ともに,精神的にも物質的にも,心身ともに. *within ... of ...* ...から...以内のところに.

with·out /wiðáut, wiθ-/ 前 副 名 〔一般語〕 一般義 ...なしで,...のない. その他 《動名詞を目的語にして》...しないで,...せずに. 《付帯状況を示す句を導いて》...を[が]...しない(ままで). 《仮定を表して》仮に...がないとしたならば,...がなかったならば. 副 として欠けたままで,ない状態で. 名 として《from ～ の句で》外,外部.
語源 古英語 with (= from) + ūtan (= outside) より成る withūtan から.
用例 We cannot survive *without* water. 我々は水なしでは生きていけない/*Without* her, he would die. 彼女がいなければ彼は死ぬでしょう/He drove away *without* saying goodbye. 彼はさようならも言わずに運転して去った.
【慣用句】*do without ...* ...なしで済ませる,《can とともに》...がないほうがよい. *not without ...* ...がないわけではない,かなりある. *without so much as ...ing* ...さえしないで. *without turning a hair* 平然と.

with·stand /wiðstǽnd, wiθ-/ 動 本来他 《過去・過分 **-stood**》〔形式ばった語〕 一般義 抵抗する,反抗する. その他 人,ものが...によく耐える.
語源 古英語 withstandan (= with- + stand) から.
用例 They *withstood* the attackers for forty-eight hours, and then surrendered. 彼らは攻撃してくる者たちに48時間抵抗し,それから降服した.
【慣用句】*withstand the test of time* 時間がたっても傷まない.

with·stood /wiðstúd, wiθ-/ 動 withstand の過去・過去分詞.

witless ⇒wit.

wit·ness /wítnis/ 名 C 本来他 〔一般語〕 一般義 証人. その他 《法》証人, 立会人, UC 証拠(となるもの), 証言. 動 として目撃する, …に立ち会う, 証言する, 《法》証人となる.
語源 古英語 wit (=intelligence)+-nes (=-ness) より成る witnes (=knowledge; testimony) から.
用例 a *witness* for the defence [prosecution] 弁護[検察]側証人/You cannot sign your will without *witness*. 立会人がいなければ遺書に署名できません/This lady *witnessed* an accident at three o'clock this afternoon. この女性が午後3時に事故を目撃しました.
【慣用句】*bear* [*give*] *witness to* [*against*] … …の[に不利な]証言をする. *call* … *to witness* …を証人に立てる. *in witness of* … …の証拠として.
【複合語】**wítness bòx** 名 C 《英》証人席. **wítness stànd** 名 C 《米》=witness box.

witticism ⇒wit.
wittingly ⇒wit.
witty ⇒wit.

wives /wáivz/ 名 wife の複数形.

wiz·ard /wízərd/ 名 C 〔一般語〕 男の魔法使い(⇔witch), 比喩的に名人, 専門家;【コンピューター】ウィザード〔★対話形式の操作ガイド機能〕.
語源 古英語 wis (=wise)+-ard (…する人) より成る中英語 wysard から.
【派生語】**wízardly** 形 魔法使いのような, 不思議な. **wízardry** 名 U 魔法, 魔術.

wiz·ened /wíznd/ 形 〔一般語〕顔などがしわくちゃの, ひからびた, しぼんだ.
語源 古英語 wisnion (=to become dry) から.

wob·ble /wábl/ wɔ́bl/ 動 本来自 名 C 〔本来義〕よろめく, よろよろする, ぐらぐら, 声などが震える. 他 よろめかせる, ぐらつかせる. 名 としてよろめき, 動揺.
語源 低地ドイツ語 *wabbeln* (=to wobble) が初期近代英語に入った.
【派生語】**wóbbly** 形 ぐらぐらする, 不安定な.

woe /wóu/ 名 UC 感 〔古風な語〕悲しみ, 悲哀, 苦悩, 〔形式ばった語〕〔通例複数形で〕災い, 難儀, 災難. 感 として〔古語〕ああ悲しい(alas).
語源 古英語 感 wa (=woe) から.
【派生語】**wóeful** 形 悲しい, 悲しむべき, 痛ましい, 悲しそうな, ひどい, 情けない. **wóefully** 副 悲しげに, とてもひどく.
【複合語】**wóebegòne** 形 〔古風な語〕悲惨な, 悲しみに満ちた.

woke /wóuk/ 動 wake¹ の過去形.
wo·ken /wóukən/ 動 wake¹ の過去分詞.

wolf /wúlf/ 名 CU 〔複 **wolves**〕 動 本来他 〔動〕おおかみ, おおかみの毛皮, 比喩的におおかみのような人, 残忍な人, 貪欲な人, 〔俗〕女性につきまとう男, 女たらし. 動 としてがつがつ食べる, おおかみのように振舞う.
語源 古英語 wulf (=wolf) から.
用例 We could hear the *wolves* howling. おおかみの遠吠えが聞こえた/Please don't *wolf* your food. 食事をがつがつ食べないで下さい.
【慣用句】*a wolf in sheep's clothing* 羊の皮を着たおおかみ, 偽善者. (*as*) *greedy as a wolf* おおかみのように非常に貪欲な. *cry wolf* (*too often*) うそを言って人を騒がす. *have* [*hold*] *a wolf by the ears* おおかみの両耳を握ってつかまえている, 次にどうしたらよいか分からない, 進退きわまる. *have a wolf in the stomach* 非常に空腹である. *keep the wolf from the door* 飢えをしのぐ. *throw* … *to the wolves* …を見殺し[犠牲]にする. *wake a sleeping wolf* やぶをつついてへびを出す.
【派生語】**wólfish** 形.
【複合語】**wólfhòund** 名 C 大型猟犬. **wólf whìstle** 名 C 魅力的な女性を見て鳴らす高低2音の口笛.

wom·an /wúmən/ 名 C 〔複 **women** /wímin/〕〔一般語〕 一般義 成人の女, 女性《語法》男性に対して「女というもの, 女性全体」を表す場合は冠詞をつけずに単数形にすることもある). その他 妻, 愛人, あるいはお手伝い, 《the ~》女らしさ. 形 として女性の.
語源 古英語 wīf (=female)+mann (=person, man) から成る wifmann から.
用例 She wasn't very pretty as a girl but she grew into a beautiful *woman*. 少女の頃はあまりきれいではなかったが, 大人になって美しい女性になった/*Woman* is an unpredictable creature. 女というのは何を言う[する]かわからない生き物だ.

類義語 woman; lady; female: **woman** が最も一般的に成人の女性を表すのに対して, **lady** は元は上流階級の女性の意で, 従来は女性に対する丁寧語として使われていたが, 最近はやや古い感じとなっている. **female** は性の区別するときや, 人, 動物の性別を客観的に表す意味で使われる.

【派生語】**wómanhòod** 名 U 一人前の女であること, 女らしさ, 《集合的》女性. **wómanish** 形. **wómanize** 動 本来自 女道楽をする, めれしくなる. **wómanizer** 名 C. **wómankìnd** 名 U 《集合的》女性たち. **wómanlike** 形 女性らしい, 女のような. **wómanliness** 名 U 女らしさ, 優しさ. **wómanly** 形 《良い意味で》女性らしいしとやかな.
【複合語】**wóman chàser** 名 C 女道楽をする男. **wóman of the wórld** 名 C 世間のことがよくわかっている女性, 世慣れた女性. **wóman súffrage** 名 U 婦人参政権. **wóman(-)súffragist** 名 C 婦人参政権論者. **wómen's líb** 名 C ウーマンリブ, 女性解放運動. **wómen's líbber** 名 C ウーマンリブの闘士. **wómen's liberátion** 名 U. **wómen's liberátionist** 名 C =women's lib. **wómen's ròom** 名 C 女性用洗面所.

womb /wú:m/ 名 C 【解】子宮, 子宮のように何かを包み, おおう空間, また何かを生み出す場所.
語源 古英語 womb, wamb (=belly; womb) から.

wo·men /wímin/ 名 woman の複数形.

won /wán/ 動 win の過去・過去分詞.

won·der /wándər/ 動 本来自 名 U 〔一般語〕 一般義 …かどうか知りたい, …かしらと思う. その他 本来は不思議に思う, 不思議なことを見て[聞いて]驚くの意, 転じて事の真偽を疑う, 好奇心をかき立てられるの意を経て「…かどうか知りたい」の意となった. 名 として驚き, 驚嘆, 不思議. C 不思議なこと, 驚くべき人[物], 自然界の奇観.
語源 本来は 動 だが 名 としての用法が一般化しており, 目的語には疑問詞または if, whether に導かれる名詞節または名詞句がなり, 名詞や代名詞にはならない. 「不思議に思う, …に驚く」という意味では, 進行形でなく,

ばしば省略される.

[語源] 古英語 wundor (=miracle) から.

[用例] It's past six o'clock—I *wonder* that he hasn't arrived yet. 6時を過ぎている. 彼がまだ着いてないのは不思議です/I *wonder* what the news is. どんな知らせかしら/He was full of *wonder* at the amazing sight. そのびっくりするような光景を見て, 彼は驚異の念でいっぱいだった/the seven *wonders* of the world 世界の七不思議.

【慣用句】*a nine day's wonder* すぐに忘れられてしまうこと(人のうわさも七十五日). ..., *and no* [*little*] *wonder* それもそのはず. *do* [*work*] *wonders* 奇跡を行う. *in wonder* 驚いて. *it is no wonder* ...=*No wonder* ...=*it is small wonder* ...=*Small wonder* ... ...であるのは少しも不思議ではない. ..., *I wonder* ...だろうか. *I wonder if* [*whether*] ... ...していただけるでしょうか.

【派生語】**wónderful** 形 すばらしい, すてきな, 驚くべき, 不思議な: What a *wonderful* idea! 何てすばらしい考えでしょう! **wónderfully** 副 不思議そうに. **wónderment** 名 U [形式ばった語] 驚異, 驚嘆. **wóndrous** 形 [文語] 驚くべき.

【複合語】**wónderlànd** 名 U 不思議[おとぎ]の国.

wont /wóunt, wónt/ 形 [叙述] [古風な語] 何かをするのに慣れている. 名 として《しばしば one's ~で》習慣.

[語源] 古英語 wunian (= to dwell) の過去分詞から. 「住んでいる」から「慣れている」の意が派生した.

[類義語] habit.

won't /wóunt/ will not の短縮形.

【慣用句】***Won't you*** ...? ...しませんか《★相手に対する勧誘の表現》.

won·ton /wántàn | wɔ́ntɔ̀n/ 名 U 《料理》ワンタン《★中華料理》.

woo /wú:/ 動 [本来他][やや文語的な語] [一般義] 支持, 援助などをしつこく懇願する. [その他] [古風な語] 男性が女性に求婚[求愛]する.

[語源] 古英語 wogian (=to woo) から.

【慣用句】*pitch woo* 《くだけた表現》《米》愛撫する.

【派生語】**wóoer** 名 C 求婚者, 求愛者.

wood /wúd/ 名 UC 形 [本来義] [一般義] 木材, 材木. [その他] 《しばしば the ~s》森, 林 [語法] 《米》で複数形でも a ~s として単数扱いすることがある. 山, たきぎ, 《the ~》木管楽器, 《ゴルフ》ウッド. 形 として木で作られた, 木製の. 動 として木を植える, 木を集める.

[語源] 古英語 wudu (森) から.

[用例] My desk is made of *wood*. 私の机は木製です/She gathered some *wood* for the fire. 彼女はたきぎを集めた/They went for a walk in the *woods*. 彼らは森の中へ散歩に行った.

[類義語] forest.

【慣用句】*be not out of the woods* 安心できない. *can't see the woods for the trees* 木を見て森を見ず. *knock on* [*touch*] *wood* 願ったとおりになるように, 木をたたいておまじないする.

【派生語】**wóoded** 形 木の茂った. **wóoden** 形 木製の, 操り人形などがぎこちない, 活気がない: **woodenheaded** 《軽蔑的》愚鈍な, のろまな. **wóodenly** 副. **wóody** 形 木の多い, 木のような.

【複合語】**wóod álcohol** 名 U メチルアルコール. **wóod blòck** 名 C 版木, 木版(画). **wóod cárving**

名 UC 木彫. **wóodcòck** 名 C 《鳥》やましぎ. **wóodcràft** 名 U 森林の知識, 山林技術《★山林での狩猟・生活法など》. **wóodcùt** 名 C 木版(画). **wóodcùtter** 名 C 木こり. **wóod engráving** 名 UC 木版(術, 画). **wóodlànd** 名 U 《しばしば~s で単数扱い》森林地帯. **wóod nỳmph** 名 C 森の精, 《鳥》もりはたどり《★南米産》. **wóodpècker** 名 C 《鳥》きつつき. **wóodpile** 名 C まきの山. **wóod pùlp** 名 C 木材パルプ [語法] 単に pulp ともいう. **wóodshèd** 名 C まき小屋, 材木置場. **wóodwind** 名 C 木管楽器. **wóodwòrk** 名 U 木工製品[細工, 技術]; 木造部. **wóodwòrm** 名 C 木食い虫.

wood·chuck /wúdtʃʌk/ 名 C 《動》米国産のマーモット, ウッドチャック《★別名 groundhog ともいう》.

[語源] 北米原住民の言語から英語化された語. 17世紀より.

wooden ⇒wood.

wooer ⇒woo.

woof /wúf/ 名 C 動 [本来自] [一般義] 犬のウーといううなり声. [その他] 音響機器の出す低い音. 動 として, 犬がウーとうなる.

[語源] 擬音語. 19世紀から.

【派生語】**wóofer** 名 C 低音用スピーカー《⇔tweeter》.

wool /wúl/ 名 U 形 [一般義] [本来義] 羊毛. [その他] 羊毛製品, 毛織物. 羊毛と似たものを表し, やぎの毛, 植物のフェルト状の毛, 《通例複合語として》金属などのフィラメント状の塊. 形 として羊毛製の.

[語源] 古英語 wull (= wool) から.

[用例] I wear *wool* in winter—it keeps you warmer than other materials do. 私は冬は毛織物を着ます. 他の材質のものよりも温かいからです.

【慣用句】*go for wool and come home shorn* ミイラ取りがミイラになる《★shorn は shear (羊の毛を刈る) の過去分詞; 羊の毛を取りに行って毛を刈られて帰って来るの意》. *pull the wool over* ...'*s eyes* 人の目をくらます, ペテンにかける.

【派生語】**wóolen**, 《英》**wóollen** 形 毛織の, 毛織りの. **wóolly**, **wóoly** 形 毛のような, ふんわりした.

word /wə́:rd/ 名 動 [本来自] [一般義] 語, 単語. [その他] 人が言ったことや人が書いたことという意味から, 《通例複数形で》話, 言葉, 歌詞, 《the ~》合言葉, 《通例無冠詞で》知らせ[情報], 評判, うわさ. 《単数形で所有格を伴って》命令, 約束, 格言, 《the W-》《神学》ロゴス, 神の御言葉, 福音. 《コンピューター》ワード《★記憶装置におけるデータの基本単位》. 動 として言葉で表現する.

[語源] 古英語 word から.

[用例] a two-*word* compound 2語からなる複合語/I'd like a (quick) *word* with you in my office. 私の事務所で(ちょっと)話がしたいのですが/When you get there, send *word* that you've arrived safely. そちらに着いたら, 無事到着したという知らせを下さい/He gave her his *word* that it would never happen again. 二度とそんなことが起こらないようにするという約束を彼は彼女にしました.

【慣用句】*Actions speak louder than words.* 言葉より実践. *as good as one's word* 約束に忠実な. *at a word* ひと言で. *be not the word* (*for it*) 適切な表現でない. *by word of mouth* 口伝えで. *cannot find words to* ... ...する言葉もない. *eat one's words* 前言を取り消す. *hang on …'s every word* 人の言葉をひと言も聞きもらすまいと聞き入る. *have words* 口論する. *in a [one] word* ひと言で言えば, 要するに. *in other words* 言い換えれば. *leave word* 伝言しておく. *not breathe a word* ひと言ももらさない. *send word to …* …に伝言する. *take … at …'s word* …の言葉を信じる. *take …'s word for it* それについては…の言葉を信用する. *weigh one's words* 言葉を選ぶ.

【派生語】wórdily 副 冗長に. wórdiness 名 U. wórding 名 U 言葉遣い, 字句. wórdless 形. wórdy 形 言葉数の多い, くどい.

【複合語】wórd blíndness 名 U 失読症. wórd bòok 名 C 単語集, 辞書. wórd clàss 名 C 《文法》語類, 品詞. wórd formàtion 名 U 《文法》語形成. wórd-for-wórd 形 逐語的な. wórd òrder 名 U 《文法》語順. wórd pròcessing 名 U. wórd pròcessor 名 C ワープロ.

wore /wɔ́:r/ 動 wear の過去形.

work /wə́:rk/ 名 U 動 本来自 一般語 一義 仕事, 作業. その他 精神, 肉体を使うことから, 労働, 勉強, 研究. 生計を立てる仕事, つまり職業, 業務, 事業, 《無冠詞で》勤め先, 現在やっている仕事, 研究, さらに仕事のやり方, 仕事の結果. 細工や細工物 [語法] 数えるときは a piece of をつける), C (しばしば複数形で) 仕事の結果としての作品, 著作. 《複数形で単数扱い》製品を製造する工場 [語法] 通例複合語で用いられる. 例: gasworks ガス工場, glassworks ガラス工場). U 薬などの作用, 働き, 《理》仕事, 仕事, 働き, 作用. 形としては, 最も一般的には働く, 仕事をする. 会社などに勤めている, 職についている, 機械などが動く, 機能する, 薬などがきく, 作用する, 計画などがうまくいく, 制度, 組織がうまく機能する. 他 働かす, 動かす, 運転する, 事業などを経営する.

[語源] 古英語 we(o)rc(=work)から. 動は古英語 wyrcan から.

[用例] This machine can do the *work* of three men. この機械は 3 人分の仕事をすることができる/The bus broke down, so I got to *work* very late. バスが動かなかったので, 職場に着いたのがとても遅かった/the *works* of van Gogh バン・ゴッホの作品/She *works* at the factory three days a week. 彼女は週 3 日工場で働いている/He has no idea how that machine *works*. あの機械がどういうふうに動くのか彼にはわからない/If my scheme *works*, we'll be rich! 私の計画がうまくいけば, 私たちは金持ちになれるだろう!/The wheel *worked* loose because of the vibrations. 車輪は振動でゆるんでしまった/This latest treatment has *worked* wonders on my rheumatism. この最新の治療法が私のリューマチに驚くべき効果を表した.

[類義語] work; job; task; labor; toil: **work** は仕事を意味する最も一般的な語. 収入や報酬などには直接関係はない. **job** は収入を伴う定期的な仕事. **task** は人に課せられた任務としての仕事. **labor** はつらい肉体的仕事. **toil** は形式ばった語で, 長く続く非常につらく疲れる仕事.

[慣用句] *at work* 勤め先に[で], 働いて, 活動中で. *be all in a day's work* 当り前の[日常的な]ことである. *go to work* 仕事[会社]に行く. *have one's work cut out for one* たいへんな仕事を抱えている. *in the works* 用意されて, 進行中で. *in work* 仕事を持って, 就業中で. *make short [quick] work of …* …を簡単に片付ける. *out of work* 失業して. *set [get; fall] to work* 仕事を始める. *work at …* …で働く, …に取り組む. *work away …* …に取り組んでせっせと働く, …の勉強を続ける (at; on). *work for …* …に勤めている, 口添えなどをする, 都合をつけて入れる, 鍵などを差し込む. *work off* ねじなどが外れる; 体重などを減らす, 働いて金を徐々に返す, うっぷんを晴らす. *work on …* …の製作に従事する, …を説得する, …に影響を与える. *work out* 案を考え出す, 計算する, 問題などを解く, 理解する. *work over* 徹底的に調べる, 手を加える, くり返す, こっぴどく痛めつける. *work up* 人をだんだん興奮させる; 徐々に仕上げる.

【派生語】wórkable 形 機械が運転できる, 計画がものになる, 実行できる. wórker 名 C 労働者, 働く人. wórking 名 UC 仕事, 労働, 働き, 作用. 形 働いている, 役に立っている: working capital 運転資本, 実働資本/working class 《the ~; ときに the ~es》《主に英》労働者階級/working-class 形 労働者階級の/working hours 労働時間/workingman = workman/working order 運転できる状態/working party 《軍》特別作業隊, 特別調査委員会/working week = workweek.

【複合語】wórkadày 形 平凡な, つまらない. wòrkahólic 名 C 仕事中毒の人. 形 仕事中毒の. wórkbàg 名 U. wórkbàsket 名 C 裁縫道具入れ. wórkbènch 名 C 仕事台. wórkbòok 名 C 学習練習帳, ワークブック. wórkbòx 名 C 道具箱. wórkdày 名 C 1 日の就業時間, 就業日, 平日. wórk fòrce 名 C 《通例単数形で》総労働力, 労働人口. wórkhòrse 名 C 働き者, 有用な機械. wórkman 名 C 職人, 職工, 労働者. wórkmanlìke 形 副 職人らしい[らしく]. wórkmanshìp 名 U 腕前, 出来栄え; 手細工. wórkòut 名 C スポーツなどの練習(期間). wórkpèople 名《複》労働者たち. wórkròom 名 C 作業室. wórkshòp 名 C 作業場, 研究会[グループ]. wórk-shý 形 仕事ぎらいの. wórk-stúdy 形 体験学習の, 作業研究の. wórktàble 名 C 仕事台. wórktòp 名 C 調理台. wórk-to-rúle 形 順法闘争の. wórkwèek 名 C 週間労働時間[日数].

world /wə́:rld/ 名 C 〔一般義〕一義 《the ~》地球と地球上の生物すべてを含む世界. その他 特定の地域, 時代. 動植物などの世界, 特定の社会, …界, …圏 (★しばしば複合語で). 世の中, 世間, 俗世間, また世界中の人々, 人類 [語法] 単数扱い), 地球以外の世界, 宇宙. 個人的な世界, 領分, 《a [the] ~ of として》多量[数]の….

[語源] 古英語 weorold(=human life; age)から. 来世と対比した「この世の人間生活」の意から「人間の住んでいる土地」の意となり, 「世界」の意となった.

[用例] every country of the *world* 世界のすべての国/He's been a monk for so long that he knows nothing of the *world*. 彼はずいぶん長い間僧職にあったので, 世の中のことは何も知らない/The whole *world* is waiting for the result of these talks. 全世界の人々がこれらの会談の結果を待っている/the insect *world* 昆虫界/The holiday did him a [the] *world of good*. 休日は彼にとって非常にためになりました.

【慣用句】*be all the world to* … …にとってかけがえがない. *bring* … *into the* [*this*] *world* 子供を産む. *come down in the world* 落ち目になる. *come up in the world* 出世する. *dead to the world* 意識を失って，ぐっすり眠って. *for* (*all*) *the world* どんなことがあっても. *have the world before one* 前途洋々たる. *in the world* 《最上級と共に用いて》最も，《否定語と》全然. *out of this* [*the*] *world* とびきり上等の. *rise in the world* 出世する. *set the world on fire* 世間をあっと言わせる. *think the world of* …を非常に重んずる. *worlds apart* ひどく違って.

【派生語】**wórldly** 形 現世の，この世の，世俗的な: worldly-wise 世渡り上手の. **wórldliness** 名.
【複合語】**Wórld Bánk** 名《the ～》世界銀行. **wórld-bèater** 名 C 第一人者. **wórld-bèating** 形 第一級の，一流の. **wórld-cláss** 形 世界一流の，国際的に著名な. **wórld-fámous** 形 世界的に有名な. **wórld pówer** 名 C 世界的強国. **Wórld Séries** 名《米》《the ～》ワールドシリーズ《★プロ野球選手権大会》. **wórld wár** 名 C 世界戦争. **wórld-wéary** 形 世の中に飽きた. **wórldwíde** 形 副 世界中に広まった，世界規模の[で].

worm /wə́ːrm/ 名 C 動 本来自 〔一般語〕〔一般義〕足のない細長い虫《★みみず，いもむし，うじ虫，青虫など》.〔その他〕体内に寄生する回虫や条虫，比喩的に虫けらのような卑しい人間，嫌われ者；心や良心をじわじわと責めさいなむような激痛，みみずの動きに似ていることから《機》ウォーム(歯車)《★ねじなどの無限ねじが使われているもの》. 動 としてのろのろと前進する，人の内面に徐々に入り込む. 他 人から秘密などをうまく聞き出す，寄生虫などを駆除する.
日英比較 日本語では「虫」は昆虫，あるいはみみず，いもむしなどの総称だが，英語では insect と足や羽のない worm をはっきりと区別する. したがって「虫が鳴く」というときの虫は insect である.
語源 古英語 wyrm (= serpent; worm) から.
用例 That dog has *worms*. あの犬にはおなかに虫がいる/He *wormed* his way to the front of the crowd. 彼はじりじりと群衆の中を進んで前へ出た.
【慣用句】*The early bird catches the worm*.《ことわざ》早起きは三文の得.
【派生語】**wórmy** 形 虫のついた，虫の多い.
【複合語】**wórm-èaten** 形《軽蔑的》虫の食った，虫食いの，比喩的に古くさい，時代遅れの. **wórm gèar** 名 《機》ウォーム歯車. **wórm-hòle** 名 C 虫食い(穴). **wórm pówder** 名 U 駆虫剤. **wórm whèel** 名 C = worm gear. **wórmwòod** 名 U《植》にがよもぎ；苦悩.

worn /wɔ́ːrn/ 動 wear の過去分詞.

worrisome ⇒ worry.

wor·ry /wə́ːri | wʌ́ri/ 動 本来他 自 UC 〔一般語〕〔一般義〕気をもませる，心配させる，苦労させる.〔その他〕語源に近い意味で，犬がくわえて振り回す，繰り返し責めて苦しめる，いらいらさせる，悩ませる. 自 悩む，くよくよする，心配する(be worried). 名 としては U 心配，苦労；C 心配事，苦労の種.
語法 「心配している」という状態を表す場合には通例受身を用いる.
語源 古英語 wyrgan (= to strangle) から.
用例 His dangerous driving always *worried* me. 彼が危険な運転をするのでいつも私は心配した/His mother is *worried* about his education. 彼の母は彼の教育のことで悩んでいる/The dog *worried* the rabbit. 犬がうさぎをくわえて振り回した/That boy is a constant (source of) *worry* to his mother! あの子はいつも母親の心配の種だ!
類義語 worry; annoy; bother: worry は心配，気苦労，不安などを与える，annoy はうるさがらせたり，いらいらさせる，bother は仕事の邪魔をしたり，気を散らせたりする.
【慣用句】*worry at* … …が解けるまで挑戦する，…にしつこくくらいつく. *worry oneself* 心配する.
【派生語】**wórried** 形 心配している，困った，当惑している. **wórriedly** 副 心配して，困った様子で，当惑して. **wórrisome** 形 気になる，くよくよする. **wórryingly** 副.

worse /wə́ːrs/ 形 副 〔一般語〕bad, ill の比較級，いっそう悪い[悪く]《★最上級は worst》.
語源 古英語 wyrsa から.
用例 The weather is much *worse* than it was yesterday. 天候は昨日のよりずっと悪い.
【慣用句】*change for the worse* 悪化する. *go from bad to worse* ますます悪くなる. *none the worse for* … …にもかかわらず…，…にあっても平気で. *worse off* いっそう悪い状態[貧乏]で.

wors·en /wə́ːrsn/ 動 本来他 何かをいっそう悪化させる.
語源 中英語から存在したが，一般化したのは 18 世紀以降.

wor·ship /wə́ːrʃip/ 動 本来他 名 U 〔一般語〕神やすぐれたものを崇拝する，礼拝する. 名 として崇拝，尊敬，礼拝(式).
語源 古英語 weorth (= worthy; worth) + -scipe (= -ship) より成る weorthscipe (= worthiness; respect) から.
用例 The Greeks used to *worship* several gods. ギリシャ人はいくつもの神を崇拝していた/a place of *worship* 礼拝所，教会.
【慣用句】*worship the ground* … *walk*(*s*) *on* …を心の底から敬愛する.
【派生語】**wórshiper**，《英》**wórshipper** 名 C. **wórshipful** 形.

worst /wə́ːrst/ 形 副 〔一般語〕bad, ill の最上級，最も悪い[く].

wor·sted /wústid/ 名 U C 〔一般語〕梳(す)毛糸，梳毛織物，ウーステッド(の).
語源 英国の原産地 Worstead の古名 Worsted による.

worth /wə́ːrθ/ 形 名 U 〔一般語〕…の価値がある，値打ちのある，述語用法で名詞や動名詞の目的語をとる. 名 として，金銭的価値，真価，人の財産，資産，あるいは取り分，ある金額や日数分の量.
語源 古英語 weorth (= worthy; value; price) から.
用例 Each of these stamps is *worth* a penny. この切手はそれぞれが 1 ペニーです/His suggestion is *worth* considering. 彼の提案は考慮の価値がある/The exhibition is well *worth* a visit. その展覧会は十分に訪れてみる価値があります.
【慣用句】*A bird in hand is worth two in the bush*.《ことわざ》明日の百より今日の五十. *be not*

worth the paper it's written on ほご同然である. ***for all one is worth*** 全力を尽くして. ***for what it is worth*** 真偽のほどは不明だが. ***it is worth …ing …***するだけの価値がある. ***it is worth one's while to do [doing] …***することは時間や手間をかけるだけの価値がある. ***one's two cents worth*** つまらない意見.
【派生語】**wórthily** 副. **wórthiness** 名 U 真価, 立派さ. **wórthless** 形 価値がない, 役に立たない, くだらない. **wórthlessly** 副. **wórthlessness** 名 U. **wórthy** 形《述語用法》…に値する, …するに足る, ふさわしい.《限定用法》尊敬に値する, 立派な, 価値がある.

worth·while /wə́ːrθhwáil/ 形 〔一般用〕やりがいのある, 骨折りのある, 値打ちのある, かなりの, 相当の.
語源 worth+while.「時間や努力に値する」の意. 19世紀から.
用例 I wouldn't think it *worthwhile* to ask him to join the club—he'll only refuse. 彼にクラブへ入るようにすすめても無駄だと思う. 断るだけだから.

worthy ⇒worth.

would /wúd, 弱 wəd, d/ 助 will の過去形《★短縮形 'd》.
語法 直接法と仮定法に分けると次のような用法になる.
❶ 直接法 (a) 従属節で単純な未来の計画や願望を表し, …だろう (b) 願望, 欲求, 意図, 意志を表し, …するつもりである (c) 習慣的行為を表し, よく…した(ものだった) (d) 強い主張, 拒絶を表し, どうしても…しようとした.
❷ 仮定法 (a) 仮定法過去や過去完了の結論を表し, …であろうに, …であったろうに (b) 弱い推量や不確実性を表し, 多分…だろう (c) Would you …? として相手に対する丁寧な依頼, 勧誘を表し, …していただけませんか (d) 意向, 願望を表し, (できれば)…したいと思う (e) I [we] wish に続く名詞節で用いられて, 望み, 要望, 助言を表し, …してくれればよいのだが.
用例 He said the *would* be leaving at nine o'clock the next morning. つぎの朝9時に出発すると彼は言いました/I'd prefer to go to Birmingham tomorrow rather than today. 今日ではなく明日バーミンガムへ行きたいのですが/I *wouldn't* have done it if she hadn't asked me to. 彼女がやってくれと頼まなかったら私はやっていなかった.
【複合語】**wóuld-bè** 形《限定用法》人が志望の,《軽蔑的》自称の…: a *would-be* poet 自称詩人.

would·n't /wúdnt/ would not の短縮形.

wouldst /wúdst/ 助 〔古語〕will の二人称単数直説法過去形.

wound[1] /wúːnd/ 名 C 動 本来他 〔一般用〕〔一般義〕刃物や弾丸などによる, 意図的な傷, けが. [その他] 比喩的な名誉などに対する傷, 精神的痛手, 政治団体や社会団体に対する打撃. 動 として, 武器, 凶器で…にけがを負わせる, 傷つける, 名誉などを傷つける.
日英比較 日本語では「傷, けが」は意図的か否か, 武器によるものか否かを区別しないが, 英語では意図的な武器による傷を wound, 偶然のけが, たとえば交通事故のけがなどを injury として区別する. ただし, いずれか分からない場合は上位語目は injury である.
語源 古英語 wund (=wound) から.
用例 How long will the *wound* in his arm take to heal? 彼の腕の怪我はなおるのにどれくらいかかりますか/He was *wounded* in the battle. 彼は戦争で負傷

した/When they rejected his plan, his pride was badly *wounded*. 彼らが彼の計画を拒否したとき, 彼の誇りはひどく傷つけられた.
【派生語】**wóunded** 形.

wound[2] /wáund/ 動 wind[2] の過去·過去分詞.

wove /wóuv/ 動 weave の過去形.

wov·en /wóuvn/ 動 weave の過去分詞.

wow /wáu/ 感 動 本来他 名 C 〔一般用〕うわーっ, うぉーっ《★驚き, 喜び, 苦痛を表す感嘆詞》. 動 として〔くだけた語〕**大当りする**. 観衆の歓心を買う. 名 として**大当り**.
語源 擬音語. 初期近代英語から.

wpm《略》= words per minute (一分間あたりの語数).

wrack /rǽk/ 名 U 動 〔一般用〕〔一般義〕**海岸に打ち上げられた海草**. [その他] 船が難破したために生じた**漂流物, 難破船**.
語源 中期低地ドイツ語起源の中英語 wrak (=wrecked ship) から. 古英語 wræk (=punishment) との混同があった.

wraith /réiθ/ 名 C 〔文語〕死の直前あるいは直後に現れるといわれているその人の**生霊, または亡霊**.
語源 不詳.
【派生語】**wráithlike** 形.

wran·gle /rǽŋgl/ 動 本来自 名 C 〔一般用〕特に騒々しく, 気気を含みながら長期にわたって**議論する**. 他 言い争って**手に入れる**, 人を説得して…させる. 名 として**言い争い, 論争**.
語源 中英語 wranglen (=to dispute) から. それ以前は不詳.
類義語 quarrel.
【派生語】**wrángler** 名 C **口論する人**,《英》ケンブリッジ大学における数学の学位試験の**一級合格者**,《米》〔くだけた語〕**カウボーイ**.

wrap /rǽp/ 動 本来他 名 C 〔一般用〕〔一般義〕ものを**包む, 覆う**. [その他] …を身にまとう, 巻きつける, 事実などを包み隠す, 装う. 名 として**包むもの, 包装**, 体などに掛ける**衣類, 毛布**. 回りを巻くことから比喩的に《通例複数形で》**抑制, 束縛**.
語源 中英語 wrappen から. それ以前は不詳.
用例 You should wear a warm *wrap* with that thin evening dress. その薄いイブニングドレスに温かい肩掛けはしたほうがいいです/She *wrapped* the book (up) in brown paper. 彼女はその本を茶色の紙でつつんだ.
【慣用句】***be wrapped up in …*** …にすっかりくるまって いる. ***keep … under wraps*** …を秘密にしておく. ***wrap up*** 包む, まとめる.
【派生語】**wrápper** 名 C **包装紙, 本の帯封**. **wrápping** 名 CU《通例複数形で》**包装(材料)**, 衣類: **wrapping paper** 包装紙.
【複合語】**wráp-ùp** 名 C《米》**要約ニュース**.

wrath /rǽθ/ 名 U 〔文語〕**危害を加えられたために生じる強い怒り, 激怒または復讐**.
語源 古英語 wræththo (=wrath) から.
類義語 anger.
【派生語】**wráthful** 形. **wráthfully** 副. **wráthfulness** 名 U.

wreath /riːθ/ 名 C 〔一般用〕〔一般義〕花や葉を丸い形に編み込んだ**花輪, 冠**. [その他] 〔文語〕花輪や冠を連想させるような**環状のもの**, たとえば煙や雲などの輪, 渦巻き.

wreck /rék/ 名 CU 動 本来義 〔一般語〕 一般義 難破船(の残骸). その他 ものの残骸の山, 荒廃したものの残骸, 荒廃状態, 難破, 破壊, 破滅, (米)自動車や列車の衝突. こわれた車. 〔くだけた語〕ポンコツ車. 比喩的に健康や精神をひどく害した人. 動 として, ものを海岸に打ち上げる, 船を難破させる, 難破によって…を損傷させる, 破壊する. 比喩的に人やもの, 計画などをだめにする, (米)建物を取り壊す.
語源 古ノルド語起源のアングロフランス語 wrek (=wreck)が中英語に入った.
用例 The divers found a *wreck* on the seabed. 潜水夫たちは海底に難破船を発見した/By the time the exams finished, she was a complete nervous *wreck*. 試験が終わるころには, 彼女は完全に精神的にまいっていた/The telephone boxes have been *wrecked* by vandals. 公衆電話ボックスは破壊者たちによってこわされた.
【派生語】**wréckage** 名 U 難破貨物, 漂着物, 残骸, 破片. **wrécker** 名 C レッカー車.

wren /rén/ 名 C 〖鳥〗 みそさざい.

wrench /réntʃ/ 動 本来義 名 C 〔一般語〕 一般義 何かを乱暴にねじり取る, 急に動くなど動作が原因でねんざする, 比喩的に心を苦しめる, 深い悲しみにおそわれる, ひねるの意の比喩として物事をこじつけて解釈する, 曲解する. 名 としてねじり, ひねり, ねんざ; 〖機〗レンチ, スパナー.
語源 古英語 wrencan (=to twist)から.
類義語 twist.

wrest /rést/ 動 本来義 〔形式ばった語〕 一般義 激しく引っぱったり, ねじったりして人から何かをもぎ取る. その他 秘密などを苦心してやっと手に入れる.
語源 古英語 wræstan (=to twist)から.
【派生語】**wréster**.

wres·tle /résl/ 動 本来義 名 C 〔一般語〕 一般義 組み打ちする, つかみ合いをする, レスリングをする 《with》. その他 格闘する意から, 逆境や誘惑などと戦う, 仕事や問題などに全力で取り組む, 物事を深く考える, 議論する. 他 …とレスリングする, 力を加えて, 人を動かす. 名 として 取っ組み合い, レスリング, 相撲.
語源 古英語 wræstlian (=to wrestle)から.
用例 The children *wrestled* on the floor. 子供たちは床の上でレスリングをしていた/He's been *wrestling* with his conscience, and doesn't know whether he should tell his fiancée about his past. 彼は良心と戦っているが, 婚約者に自分の過去を話すべきかどうか決めかねている.
【派生語】**wréstler** 名 C レスリング選手, 相撲取り. **wréstling** 名 U レスリング, 取っ組み合い.

wretch /rétʃ/ 名 C 〔一般語〕悲惨な目にあっている哀れな人, 下劣で見下げ果てた人, ひどいやつ.
語源 古英語 wrecca から. 原義は「追放された人」.
用例 The poor *wretch* has no family or friends. その哀れな人には家族もなければ友人もいない.
【派生語】**wrétched** /rétʃid/ 形 みじめな, 悲惨な, 哀れな, 劣悪な, いやな, いまいましい. **wrétchedly** 副. **wrétchedness** 名 U.

wrig·gle /rígl/ 名 C 動 本来義 〔一般語〕 一般義 みみずなどがのたくる. その他 じっとした姿勢で窮屈になったりして, 体をくねくねさせる, そわそわする, 体をくねらして動く.
語源 中期低地ドイツ語 wriggeln (=to wriggle)が中英語に入った.
【慣用句】*wriggle out of …* 〔くだけた表現〕なんとかうまく逃れる, 切り抜ける.
【派生語】**wríggler** 名 C のたくる人[もの], ぼうふら. **wríggly** 形.

wright /ráit/ 名 C 〔古風な語〕ものを作る人, 職人 《語法 現在では shipwright, cartwright のように複合語で用いられる》.
語源 古英語 wryhta (=worker)から. work と同起源の語.

wring /ríŋ/ 動 本来義 《過去・過分 wrung》名 C 〔一般義〕 一般義 ぬれた衣類などを絞る, 水気を絞り取る, 果物から果汁を取るために液体を絞り出す. その他 鳥の首などをひねる, 人の腕などをねじり上げて痛くする, 怒りや苦痛などでこぶしを握り締める, 窮屈な靴などで足の指を圧迫して痛くする, 人を苦しめる, 人からお金を搾り取る, 自白などを引き出す, 権利や財産をむりやり奪い取る, 言葉の意味などをねじ曲げる. 名 として絞ること, ひねり.
語源 古英語 wringan から. worry と同起源の語.
用例 The police *wrung* a confession out of the murderer. 警察は殺人者をしぼり上げて白状させた.
【慣用句】*wringing wet* 絞れるほどにぬれて.
【派生語】**wrínger** 名 C 絞り機.

wrin·kle /wíŋkl/ 名 C 動 本来義 〔一般語〕 一般義 顔, 布などのしわ. その他 本来は「ゆがめる」意で, ゆがんだ形やゆがれだ動きの意. 転じてものの表面の小さな狭いくぼみ, 年齢や心配などで皮膚にできるしわの意になった. さらに一般化して, 水面にできるさざ波, 比喩的に道徳的汚点[欠点]. 動 として, 額などにしわをよせる. 自 ものがしわになる.
語源 古英語 gewrinclian (=to wind)の過去分詞 gewrinclod から wrinkled (=twisted; winding)となり, その逆成から.
用例 He ironed the *wrinkles* out of his shirt. 彼はシャツにアイロンをかけてしわをのばした/Her face is full of *wrinkles* now. 彼女の顔は今はしわだらけだ.
【派生語】**wrínkled** 形. **wrínkly** 形 しわの多い, しわになりやすい.

wrist /ríst/ 名 C 〔一般語〕 一般義 手首. その他 動物の手首に似た部分, 上着や手袋の手首を覆う部分.
語源 古英語 wræstan (=to twist; to turn)と関連のある古英語 (hand)wrist (手を曲げるもの)から. 手首を中間関節は曲げられることから.
用例 I can't play tennis—I've hurt my *wrist*. テニスができません. 手首を痛めたから.
【派生語】**wrístlet** 名 C 腕輪, 腕時計のバンド. **wrísty** 形 ボールを打つ場合などに手首を使った, リストの強い.
【複合語】**wrístbànd** 名 C シャツのそで口, 腕時計のバンド. **wrístwàtch** 名 C 腕時計.

writ /rít/ 名 CU 〖法〗令状, 〔形式ばった語〕勅命, 権威.
語源 古英語 writan (=to write)から派生した ge-writ (=what is written; document)から.

【用例】the Holy [Sacred] *Writ* 聖典/a *writ* of habeas corpus 人身保護令状.
【慣用句】*writ large* 大書された(written large).

write /ráit/ 動 [本来他] 《過去 **wrote**; 過分 **written**》 〔一般語〕[一般義] 文字や文章などを書く. [その他] 《コンピューター》書き込む, 入力する, ワープロなどで打つ, 点字などの文字で表す. 書物などを書く, 詩などを作る, 音楽を作曲する, 人に手紙を書く, 手紙を出す 《[語法] I wrote John. などの言い方は 《米》のくだけた表現に多く, 一般的には目的語の letter を省略して write to ...), 書物で...と言う, 法律などが述べている 《[語法] 通例進行形なし). 自 文字[文章, 小説, 手紙]を書く, 作曲する, 《副詞句を伴って》ペンなどが書ける, 書き具合が...である.
[語源] 古英語 wrītan (= to scratch; to inscribe) から. 昔は書く時は木板や石板などに刻み込んだことから.
[用例] She *wrote* a book on sociology. 彼女は社会学の本を書いた/The child has learned to read and *write*. その子供は読み書きを覚えた/I *wrote* to you last week but you did not reply. 先週あなたに手紙を書いたのに返事をくれませんでしたね.
【慣用句】*be nothing to write home about* とりたてて言うほどのことではない. *be something to write home about* すばらしく最高である. *write away* 手紙で注文する. *write back* 手紙で返事を出す. *write down* 書き留める; 紙上でけなす. *write in* 新聞社などに手紙で書き送る; 書き込む. *write off* 手紙で注文する; 負債を帳消しにする, 失敗とみなす. *write out* 詳しく書く, 清書する. *write up* メモなどを詳しく書く, 書き直す; 掲示する.
【派生語】**wríter** 名 C 筆者, 作家: **writer's cramp** 《医》書痙(ﾍﾟｲ). **wríting** 名 U 書くこと, 筆跡, 書き物, 《複数形で》著作: **writing desk** 書き物机/**writing materials** 文房具/**writing pad** 便せんのひとつづり/**writing paper** 上質の便せん.
【複合語】**wríte-in** 名 C (《米》記名投票. **wríte-òff** 名 C 帳消し, 減価償却. **wríte-ùp** 名 C 好意的な批評.

writhe /ráið/ 動 [本来自] 〔一般語〕蛇などがのたくる, 人が身もだえする, 苦しみのためのたうち回る, もだえ苦しむ.
[語源] 古英語 wrīthan (= to twist; to turn) から.

writ·ten /rítn/ 動 write の過去分詞. 形 として書いた, 筆記の, 書面による(⇔spoken; oral).
[用例] a *written* test 筆記試験.

wrong /rɔ́(ː)ŋ/ 形 名 CU 動 [本来他] 〔一般語〕[一般義] 答えなどが間違った, 誤りの, 正しくない(⇔right; correct). [その他] 道徳的に正しくない, 不公平な, 悪い, 不正な, 時間や場にふさわしくない, 不適当な. 衣服などの裏表が反対の, 裏の, 逆さまの, 機械などが正常でない, 調子が悪い, 故障で. 名 として U 道徳的に悪いこと, 悪; C 悪事, 非行, 間違い, 過失. 副 として間違ったやり方で[方向に, 見方で], 調子が狂って. 動 として...に危害を与える, ...の名誉を傷つける, ...を不当に扱う, 中傷する.
[語源] 古ノルド語 *vrangr* (=crooked) が古英語に wrang として入った.
【用例】The child gave the *wrong* answer. その子供は間違った答えを出した/It is completely *wrong* to make any difference between white and black people. 白人と黒人を差別するのは全く間違っている/He's the *wrong* man for the job. 彼はその仕事にふさわしくない/There's something *wrong* with this engine. このエンジンはどこかが故障している.
[類義語] ⇒bad.
【慣用句】*back the wrong horse* 支持する相手を間違える. *be in the wrong* 行動など正しくない. *do ... wrong* ...に悪いことをする, ...を不当に扱う. *get off on the wrong foot* 出だしでつまずく. *get out of bed on the wrong side* 朝から虫の居所が悪い. *go wrong* 失敗する, 故障する, 道に迷う. *put ... in the wrong* ...に責任を転嫁する. *rub ... the wrong way* かんに触る. *(the) wrong way around* 前後逆さまに. *What's wrong with ...?* ...はどうかしたか. *wrong side out* 裏返しに.
【派生語】**wróngful** 形 不法[当]な. **wróngfully** 副. **wróngly** 副.
【複合語】**wróngdòer** 名 C 悪事を働く者. **wróngdòing** 名 UC.
【派生語】**wrónghèaded** 形 頑迷な. **wrónghèadedly** 副. **wrónghèadedness** 名 U.

wrote /róut/ 動 write の過去形.

wrought /rɔ́ːt/ 形 〔文語〕[一般義] 芸術的の技巧により作られた. [その他] 精密に装飾された, つちで打って鍛造された.
[語源] 古英語 wyrcan (=to work) の過去分詞 (ge)worht が音位転換して wroht(e) となり, 中英語で wroght となった.
【複合語】**wróught íron** 名 U 鍛鉄. **wróught-úp** 形 興奮した.

wrung /rʌ́ŋ/ 動 wring の過去・過去分詞.

wry /rái/ 形 〔形式ばった語〕[一般義] 顔をしかめた. [その他] 考えなどがひねくれた, 頑固な, 言葉が皮肉な, こじつけた.
[語源] 古英語 wrigian (= to go forward; to turn) から.
[用例] He gave a *wry* smile. 彼は苦笑した.
【派生語】**wrýly** 副. **wrýness** 名 U.

Wy·o·ming /waióumiŋ/ 名 固 ワイオミング(★米国西部の州).

X

x, X /éks/ 名 C エックス《★アルファベットの第 24 文字》.〖数〗未知数, 一般に未知のもの.

Xa･vi･er /zéiviər/ 名 固 ザビエル Saint Francis Xavier (1506-52)《★スペインのイエズス会の宣教師; インド, 中国, 日本などにキリスト教を布教した》.

X chro･mo･some /éks króuməsoum/ 名 C 〖生〗X 染色体.

xen･o･pho･bia /zènəfóubiə/ 名 U 〔形式ばった語〕外国人嫌い, 未知のものの恐怖症.
 語源 xeno-+-phobia より成る語. xeno- はギリシャ語 *xenos* (=guest; stranger) をもとにした「客」「外国人」を意味する連結辞. -phobia はラテン語 *phobia* (病的恐怖)に由来する連結辞. 20 世紀より.
 【派生語】**xènophóbic** 形.

xe･rog･ra･phy /zirágrəfi|-rɔ́g-/ 名 U 〔形式ばった語〕電子復写(法).
 語源 ギリシャ語 *xēros* (=dry) に由来する xero-+-graphy より成る語. 20 世紀より.

Xe･rox /zíəraks|-rɔks/ 名 C 動 本来自 《商標名》乾式写真機ゼロックス(で複写する).

X･mas /krísməs/ 名 =Christmas.
 語源 ギリシャ語でキリストを表す *Xristós* の最初の大文字 X+mass (ローマ・カトリックのミサ) から. X'mas のようにアポストロフィーを付けるのは誤り.

X ray /éks rèi/ 名 C 動 本来他 〔一般語〕〔一般義〕(通例複数形で)エックス線, レントゲン線. 〔その他〕レントゲン写真. 動 としてレントゲン検査をする. ⇒Roentgen.
 語源 発見者 W. K. von Röntgen によって, その本質が明らかでないことから名付けられた.
 【派生語】**X̂-ray** 形〔限定用法〕エックス線の, レントゲンの. 動 本来他 エックス線写真を撮る, エックス線で調べる[治療する].

xy･lo･phone /záiləfòun/ 名 C 〖楽器〗木琴, シロホン.
 語源 xylo-+-phone から成る語. xylo- はギリシャ語 *xylon* (=wood) に由来する「木」の意の連結辞. -phone はギリシャ語 *phōnē* (=sound) に由来する「音」の意の連結辞.

Y

y, Y /wái/ 名 C ワイ《★アルファベットの第 25 文字》.〖数〗x に対して第二未知数.

-y /i/ 接尾 次の働きがある.
 (1) 名詞について形容詞を作る: sleep*y*, dream*y*, rain*y*, cloud*y*.
 (2) 性質, 状態を表す抽象名詞を作る: entreat*y*, honest*y*, victor*y*.

(3) 動作を表す抽象名詞を作る: assembl*y*, discover*y*, entr*y*, inquir*y*, recover*y*.
(4) 名詞について, 親愛の気持を表す名詞の語尾: aunt*y*, dadd*y*, fatt*y*.

¥, Y /jén/ 名〔略〕=yen (円).

yacht /ját|jɔ́t/ 名 C 動 本来自 〔一般語〕ヨット(で航海する)《語法》《米》では sailboat, 《英》では sailing boat という》.
 語源 オランダ語 *jaght(e)* が初期近代英語に入った. *jaghtschip* (=chasing ship) の略で海賊を追跡する船の意.
 日英比較 日本語では甲板のない小型の帆船も指すが, それは英語では普通 dinghy といい, yacht はしばしばエンジン付きの豪華な外洋クルーザーをいう.
 【派生語】**yáchting** 名 U ヨット遊び, ヨット競走, ヨット操縦(術).
 【複合語】**yáchtsman** 名 C ヨット操縦者, ヨット所有者. **yáchtwòman** 名 C yachtsman の女性形.

yah /já:/ 感 やあい, やー《★あざけりの叫び声》.

yak¹ /jǽk/ 名 C 動 チベット産の長毛の牛, ヤク.
 語源 チベット語が18 世紀に入った.

yak² /jǽk/ 動 本来自 名 U 〔一般語〕《米》ひっきりなしに声高にぺちゃくちゃしゃべる. 名 として, くだらないおしゃべり.
 語源 擬音語. 20 世紀から.

Yan･kee /jǽŋki/ 名 C 形〔くだけた語〕アメリカ人[ヤンキー](の), とくにニューイングランド人の血を引く人(の).
 語源 諸説があって正確には不詳だが, もとオランダ領だった New York 地区のオランダ人をあだ名で Jan Kees (=John Cheese) と呼んだことから, New England 人を指すようになったというのが一般的.

yap /jǽp/ 動 本来自 名 C 〔一般語〕小犬がきゃんきゃんほえる(こと). 〔その他〕〔くだけた語〕ぺちゃくちゃおしゃべりする(こと).
 語源 擬音語. 初期近代英語から.

yard¹ /já:rd/ 名 C 〔一般語〕ヤード, ヤール《★長さの単位で 3 feet または 36 inches (=0.9144m); 略 yd》.
 語源 古英語 gierd, gyrd (=twig; measuring rod) から.
 【派生語】**yárdage** 名 CU ヤードで測った長さ〔分量〕.
 【複合語】**yárd gòods** 名〔複〕ヤード単位で売られる布地. **yárdstick** 名 C ヤード尺, 判断や比較などの基準, 尺度.

yard² /já:rd/ 名 C 〔一般語〕〔一般義〕中庭. 〔その他〕学校などの校庭, 構内, 《米》裏庭(backyard), 《しばしば複合語として》…置き場, 仕事場, 倉庫.
 語源 古英語 geard (=enclosure) から.
 用例 a farm*yard* 農場の構内/a grave*yard* 墓地/a ship*yard* 造船所.

yardage ⇒yard¹.

yarn /já:rn/ 名 CU 動 本来他 〔一般語〕〔一般義〕綿や絹の紡いだ糸. 〔その他〕糸を紡ぐようにぺらぺらしゃべるから話という意味から, あまり信用できない旅行談, 作り話. 動 として, 次から次へと作り話をする.
 語源 古英語 gearn から.
 類義語 yarn; thread; string; cord; rope: **yarn** は絹, 木綿, 麻などから紡いだ糸をいうのに対して, **thread** は縫い糸, **string** はひもまたは太い糸などをいう. **cord** は細い綱. **rope** は太い綱. したがってこの順に太くなる.
 【慣用句】**spin a yarn** 次から次へとおおげさなほら話を

する.

yaw /jɔ́ː/ 動 本来自 名 CU 〖海・空〗船や飛行機が針路からそれて進む(こと), 偏走(する), 偏(?)揺れ(する).
語源 不詳. 初期近代英語から.

yawl /jɔ́ːl/ 名 C 〔一般語〕ヨール(★4 本または 6 本オールの小型船, あるいは 2 本マストの小型帆船).
語源 中期低地ドイツ語 jolle が初期近代英語に入った.

yawn /jɔ́ːn/ 動 本来自 名 C 〔一般語〕一般義 あくびをする. その他 穴などが大きく口を開ける. 名 としてあくび.
語源 古英語 geonian, ginian (口を大きく開ける; あくびする)から.
用例 He *yawned* and fell asleep. 彼はあくびをして寝てしまった/He gave a *yawn* of sheer boredom. 彼は全く退屈してあくびをした.

ye¹ /jíː, 弱 ji/ 代 〔古語〕〖二人称・複数・主格〗あなたたちが, 汝らは(you).
語源 古英語 ge (=ye) から. ⇒you.

ye² /子音の前で jə, ðə; 母音の前で ji, ði/ 冠詞 〔古語〕=the.
語源 古英語の th を表すルーン文字が y に似ていることから, the を ye と混同したことによる.

yea /jéi/ 副 名 C 〔古語〕さよう, そのとおり(yes). 名 として肯定の返事, 賛成投票.
語源 古英語 gēa (=yes) から.

yeah /jéə/ 副 〔一般語〕=yes.

year /jíər/ 名 C 〔一般語〕一般義 年. その他 1 年間ということから, 暦年, 学年(度), 会計年度.
語源 古英語 gēar から.
【派生語】**yéarling** 名 C 動物の1年子, 競馬の明け二歳馬. **yéarly** 形 副 年 1 回(の), 1 年(間)の.
【複合語】**yéarbòok** 名 C 年鑑, 年報, 卒業記念アルバム. **yéarlóng** 形 1 年間続く.

yearn /jə́ːrn/ 動 本来自 〔形式ばった語〕あこがれる, 切望する〈for; to 不定詞〉.
語源 古英語 giernan (=to yearn) から.
用例 She *yearned* for her home. 彼女は故郷をなつかしく思った/He *yearned* to study abroad. 彼は外国へ留学することを切望していた.
類義語 long².
【派生語】**yéarning** 名 UC 切なる思い, あこがれ.

yeast /jíːst/ 名 UC 〔一般語〕イースト, 酵母(菌), パン種.
語源 古英語 gist から.
【派生語】**yéasty** 形 酵母のような, 発酵した.

yell /jél/ 動 本来自 〔ややくだけた語〕大きな声で叫ぶ, わめく. 名 として叫び声, 対抗試合などでの応援のためにあげる歓声. 他 の用法もある.
語源 古英語 giellan (=to yell) から.
用例 She *yelled* at her to be careful. 彼女は彼女に向かって注意するよう大声でどなった/She *yelled* a warning to us. 彼女は私達に対し大声で警告した/a *yell* of pain 苦痛の叫び.
類義語 shout.

yel·low /jélou/ 形 名 UC 形 本来他 〔一般語〕一般義 黄色い, 黄色の. その他 名 として黄色, 黄色い絵の具, 卵の黄身. 動 として黄色になる[する].
語源 古英語 geolu から.
【派生語】**yéllowish** 形 黄色みがかった.
【複合語】**Yéllow Cáb** 名 C 〖商標名〗イエローキャブ(★米国のタクシー会社, 車体を黄色に塗ったタクシーを運行している), イエロー・キャブ社のタクシー. **yéllow cárd** 名 C イエローカード(★サッカーの試合などで選手に警告を与えるときに示すカード). **yéllow féver** 名 U 黄熱病. **yéllow líght** 名 C 黄の信号灯, 注意信号. **yéllow páges** 名 〔複〕電話帳の職業別記載欄, 職業別電話帳. **yéllow péril** 名 〔the ~〕黄禍(★黄色人種が西洋文明にもたらすわざわい). **Yéllow Ríver** 名 固 〔the ~〕中国の黄河. **Yéllow Séa** 名 固 〔the ~〕黄海.

Yel·low·stone Na·tion·al Park /jélou-stòun nǽʃənəl páːrk/ 名 固 イエローストーン国立公園(★米国のワイオミング州, モンタナ州を流れる Yellowstone River 沿いの国立公園).

yelp /jélp/ 動 本来自 名 C 〔一般語〕犬がきゃんきゃん吠える. 名 としてきゃんきゃん鳴く声.
語源 古英語 gielpan (=to boast) から. 原義の「自慢する」から「大声で叫ぶ」を経て, 犬の吠え声の意は初期近代英語から.

yen¹ /jén/ 名 C 〔複 ~〕〔一般語〕円(★記号 ¥).
語源 日本語「円」より. 19 世紀から.

yen² /jén/ 名 C 〔一般語〕〔俗〕あこがれ, 野心.
語源 中国語「淫」(yin)より. 麻薬などに対する欲求の意から.

yeo·man /jóumən/ 名 C 〔複 **-men**/-mən/〕〔一般語〕英国史で小地主や自作農民, 自由民.
語源 中英語 yeman, yoman から.
【派生語】**yéomanry** 名 〔the ~〕自作農階級.

yep /jép/ 副 〔くだけた語〕〔米〕=yes.

yes /jés/ 副 名 C 動 本来自 〔一般語〕一般義 〔相手の問いに対して肯定の返事をする場合〕はい, そうです(相手が「…ではないのですか」と否定疑問文でたずねた時に肯定の答えをする場合)いいえ. 語法 問いが肯定文でも否定文でも, 答えの内容が肯定ならば yes を用いる ⇒ no. その他 相手の呼びかけに答えたり, 上昇調で発音して相手に話の先を促したり, 他人の言葉に疑いの気持がある事を表して, なるほど, それで, へえ, 本当かしら.
名 として肯定の返事, 賛成投票.
動 としてはいと言う.
語源 古英語 gese から. 本来は gēa (=yea) の強調形.
用例 "He doesn't drink, does he?" "*Yes*, he does." 「彼はお酒は飲まないんでしょう」「いいえ, 飲みます」
【複合語】**yés-màn** 名 C 目上の人などの言うことを何でもはいと言って聞く人.

yes·ter- /jéstər/ 連結 「すぐ前の」「昨…」の意.
語源 古英語 geostran- から.

yes·ter·day /jéstərdi, -dèi/ 副 名 〔無冠詞で〕きのう, 昨日.

yes·ter·year /jéstərjìər/ 副 名 U 〔文語〕昨年, 先年.

yet /jét/ 副 接 〔一般語〕一般義 〔否定文で〕まだ, 未だに, 今までのところは(…しない). その他 〔肯定疑問文で〕すでに, もう(…したか) 語法 肯定平叙文では already を用いる), 〔比較級, another などを強めて〕さらに, いっそう, 〔肯定文で〕〔形式ばった語〕今なお, まだまだ.
接 としてそれにもかかわらず.
語源 古英語 gīet(a) から.
用例 They haven't *yet* arrived. 彼らはまだ到着していません/Have you finished *yet*? すでに終えましたか/He's made *yet* another mistake. 彼はさらにもう一つ

の過ちを犯した.
【慣用句】*and yet* しかもなお, それでも. *as yet* 今までのところ 《★これから先はどうかわからないがという意味を含む》. *nor yet*〔文語〕ましてや…もない. *not yet* まだ…していない.

yew /júː/ 图 CU 〖植〗いちい, いちい材.
語源 古英語 īw から.

Yid·dish /jídiʃ/ 图 U 〔一般語〕ドイツ語にヘブライ語などが混ざって中世ヨーロッパで作られた東欧のユダヤ人の言語, イディッシュ.
語源 ドイツ語 *jüdisch Deutsch* (=Jewish German) の短縮形 *jüdisch* から. 19 世紀より.

yield /jíːld/ 動 本来他 图 UC 〔形式ばった用法〕 一般語 生む, 産する. その他 事業などで利益を生ずる. 本来は「支払う」という意味で, 転じて要求によって権利などを人に与える, 譲る, 圧力を受け陣地などを敵に譲歩して明け渡す. 图 で成果を生む, 負ける, 道を譲る, 物が圧力によって曲がる, たわむ, 折れる. 图 として産出, 生産額, 収穫, 報酬, 収益.
語源 古英語 g(i)eldan (=to pay; to give) から.
用例 That field *yielded* a good crop of potatoes last year. その畑は昨年じゃがいもが豊作だった/The city *yielded* to the armies of the king. その町は王の軍隊に屈服した/At last the door *yielded*. ドアがやっとのことで開いた.
類義語 produce.
【派生語】**yíelding** 形 曲がりやすい, 柔らかい, 比喩的に従順な.

Y.M.C.A. /wáiemsíːéi/ 《略》 =Young Men's Christian Association (キリスト教青年会).

yo·del /jóudl/ 图 C 動 本来自 〔一般語〕ヨーデル 《★スイスアルプスの民謡で裏声を入れた歌》. 動 としてヨーデルで歌う.
語源 ドイツ語 *jodeln* (=to yodel) が 19 世紀に入った.

yo·ga /jóugə/ 图 U 〖宗〗ヨガ 《★ヒンズー教の修行の一つ》, ヨガを応用したヨガ体操.
語源 サンスクリット語 *yoga* が 19 世紀に入った.

yo·gurt, yo·ghurt, yo·ghourt /jóugərt/ 图 UC 〔一般語〕ヨーグルト.
語源 トルコ語 *yogurt* が初期近代英語に入った.

yoke /jóuk/ 图 C 動 本来他 一般語 くびき 《★2 頭の牛を首の所でつなぐ器具》. その他 くびきでつないだ牛の一対, くびき状のもの, 転じて (the ~) 暴君などの支配, 奴隷などの束縛状態. 動 として…にくびきをかける, …を結合させる.
語源 古英語 geoc (=yoke) から.

yolk /jóuk/ 图 U 〔一般語〕卵の**黄身**, 卵黄.
語源 古英語 geol(o)ca から.

yon /ján/ 图 形 副 〔古〕=yonder.
語源 古英語 geon から.

yon·der /jándər/ 图 形 〔文語〕あそこの, 向こうの. 副 としてずっと向こうに, 反対側に.
語源 中英語 yonder から.

yoo-hoo /júːhùː/ 感 〔一般語〕人の注意を引くときの声, おーい.

yore /jɔ́ər/ 图 〔文語〕《次の慣用句で》*in days of yore* 昔は. *of yore* 昔の.
語源 古英語 gēar (=year) の複数属格 gēara (=of years) から.「以前, 昔」の意.

York·shire /jɔ́ːrkʃiər, -ʃər/ 图 固 ヨークシャー 《★英国イングランド北東部の旧州, 現在は北, 南, 西ヨークシャーに分かれる》.

Yo·sem·i·te Na·tion·al Park /jousémətinæʃənəl pɑ́ːrk/ 图 固 ヨセミテ国立公園 《★米国カリフォルニア州東部の国立公園》.

you /júː, 弱 ju, jə/ 代 《人称代名詞; 二人称主格および目的格》主語として, あなたは, あなた方は, 目的語として, あなた(方)を[に], (総称) 一般に人は(だれでも).
語源 古英語二人称代名詞の複数 gē の対格および与格の ēow から. 古英語では二人称主格は単数が thū (=thou), 複数が gē (=ye) であったが, 中英語でフランス語の影響で敬語用法として複数を単数の代りに用いるようになり, 後にそれが一般化し, さらに複数主格 ye の代りに対格および与格の you が用いられるようになった. したがって thou, ye は一般語としては消滅した.

you'd /juːd/ you would または you had の短縮形.

you'll /juːl/ you will [shall] の短縮形.

young /jʌ́ŋ/ 形 〔一般語〕 一般語 若い, 年のいかない, 若者の. その他 年下の, 若々しい, 経験のない, 未熟な, 国家や組織体などが歴史の新しい, 時期的に初期の, 早い. 图 として 《the ~で複数扱い》若者たち, 動物の子.
語源 古英語 geong から.
用例 The *young* elephant stood beside its mother. 象の子が母親象のそばに立っていた/He is too *young* to go to school. 彼は学齢に達していないので就学できない/Most animals will fight to defend their *young*. ほとんどの動物は子たちを守ろうとして戦うものだ.
【慣用句】*young and old* 老いも若きも.
【派生語】**yóungish** 形 やや〔どことなく〕若い. **yóungling** 图 C 若者, 幼児; 動物の子. **yóungster** 图 C 若者, 特に少年.

your /júər, jɔːr, 弱 jər/ 代 人称代名詞 you の所有格, あなた(方)の.

you're /juər/ you are の短縮形.

yours /júərz/ 代 you の所有代名詞, あなた(方)のもの.

your·self /jərsélf, juər-/ 代 《複 **-selves**》you の再帰代名詞, あなた自身を[に], 《強調用法》あなた自身で.

youth /júːθ/ 图 UC 〔一般語〕青年時代, 青春期, 〔やや軽蔑的な語〕若者, 青年, 《the ~》若者たち, また若さ, 若々しさ, 元気.
語源 古英語 geoguth から.
【派生語】**yóuthful** 形 若々しい, 若者らしい, 元気な. **yóuthfully** 副. **yóuthfulness** 图 U.
【複合語】**yóuth hòstel** 图 C ユースホステル 《★若者のための会員制宿泊施設》.

yowl /jául/ 動 〔一般語〕動物が大声で悲しげに鳴く, 長々とほえる. 图 として, 動物のほえ声.
語源 古ノルド語からと思われる中英語 yowlen (=to utter a loud cry) から.

yo-yo /jóujòu/ 图 C 〔一般語〕糸を巻いた丸い木に上下に動かすおもちゃ, ヨーヨー.
語源 フィリピンのタガログ語が 20 世紀に入った.

yule·tide, Yule·tide /júːltàid/ 图 U 〔詩語〕クリスマスの季節.
語源 古英語 geōl (=Christmas Day) から. tide は古英語 tīd (=time) からで, 中英語で yule tyde という表現が造られた.

Y.W.C.A. /wáidÀblju:sí:éi/ 《略》 = Young Women's Christian Association (キリスト教女子青年会).

Z

z, Z /zí:, zéd/ 名 © ズィー, ゼット 《★アルファベットの第 26 文字》.

Za·ire /zɑ:íər/ 名 固 ザイール 《★アフリカ中部の共和国》.

Zam·bia /zǽmbiə/ 名 固 ザンビア 《★アフリカ中部の共和国》.

za·ny /zéini/ 形 © 《くだけた語》 ひょうきんな, 変わった. 名 としてひょうきん者, 変わり者.
[語源] イタリアの喜劇道化役従者の名として使われた *Giovanni* の短縮形 *Gianni* から派生した *za(n)ni* が初期近代英語に入った.

zap /zǽp/ 動 本来他 Ⓤ 《くだけた語》 やっつける, 襲う, さっとすばやく動かす[動く]. 名 として元気.
[語源] 擬音語と思われるが不詳. 20 世紀から.
【派生語】 **záppy** 形 元気いっぱいの.

zeal /zí:l/ 名 Ⓤ 〔形式ばった語〕熱意, 熱中.
[語源] ギリシャ語 *zēlos* (=zeal) が後期ラテン語, 古フランス語を経て中英語に入った.
【派生語】 **zéalot** 名 © 熱中者, 熱狂者. **zéalous** 形 熱心な, 熱狂的な. **zéalously** 副.

ze·bra /zí:brə/ 名 ⓒ しまうま, ゼブラ.
[語源] コンゴの現地語名がポルトガル語, イタリア語を経て初期近代英語に入ったと考えられる.
【複合語】 **zébra cróssing** 名 © しま模様のついた横断歩道.

Zen /zén/ 名 Ⓤ 〔一般義〕禅.
[語源] 日本語の「禅」が 18 世紀に入った.

ze·nith /zí:niθ/zén-/ 名 ⓒ 〔一般義〕名声や成功などの頂点, 権勢の絶頂, 〔天〕天頂.
[語源] アラビア語起源の中世ラテン語 *cenit* が古フランス語を経て中英語に入った.

zeph·yr /zéfər/ 名 ⓒ 〔詩語〕西風, 心地よい風.
[語源] ギリシャ語 *zephyros* (=west wind) がラテン語 *zephyrus* を経て初期近代英語に入った.

ze·ro /zíərou/ 名 ⓒ 形 動 本来自 〔一般義〕〔一般義〕 ゼロ(の), 零(の), 数字の 0 (の). その他 温度計などの度(の), 0 点(の), 原点という意味からどん底(の), 最下点(の), 皆無(の). 動 として…に的を絞る, 銃の照準を…に合わせる, 注意を集中する.
[語源] サンスクリット語に由来するアラビア語起源の中世ラテン語 *zephirum* (=empty) がイタリア語 *zero*, フランス語を経て初期近代英語に入った.
[用例] Three plus *zero* equals three. 3 プラスゼロは 3 である/The temperature was 5 degrees above [below] *zero*. 気温は 5 度[氷点下 5 度]であった.
[類義語] zero; naught; nought: **zero** は数字の 0, 無, 少しもないこと. **naught, nought** は無, 無価値の意で, 数学では通例 nought を用いる.
【複合語】 **zéro gró wth** 名 Ⓤ 経済などのゼロ成長. **zéro hòur** 名 © 零時, 〔軍〕行動開始時刻, 〔ロケット〕発射時刻.

zest /zést/ 名 〔一般義〕〔一般義〕 熱心, 強い興味. その他 風味, 趣, 風味のために使われるオレンジ[レモン]の皮.
[語源] フランス語 *zeste* (=peel of citrus fruits) が初期近代英語に入った. それ以前は不詳.
【派生語】 **zéstful** 形 味のある, 興味深い; 熱心な.

Zeus /zjú:s/ 名 固 ゼウス 《★ギリシャ神話の主神で天上の支配者》.

zig·zag /zígzæg/ 名 ⓒ 形 副 動 本来自 〔一般義〕ジグザグ, Z 字形の物. 形 副 としてジグザグ[Z字形]の[に]. 動 としてうねるように進む, ジグザグ行進をする.
[語源] ドイツ語 *Zickzack* がフランス語を経て 18 世紀に入った.

zinc /zíŋk/ 名 Ⓤ 〔化〕亜鉛.
[語源] ドイツ語 *Zink* が初期近代英語に入った.

Zi·on /záiən/ 名 固 イスラエルのエルサレムにある丘, シオン. 転じて神の都, 天国, 神に選ばれた人々, イスラエル人全体.
[語源] ヘブライ語 *Siyōn* (=hill) がギリシャ語 *Seiōn* を経て古英語に入った.
【派生語】 **Zíonism** 名 Ⓤ シオニズム 《★ユダヤ国家統一をはかるユダヤ民族運動》. **Zíonist** 名 ©.

zip[1] /zíp/ 名 © 動 本来他 〔一般義〕《英》チャック, ジッパー, ファスナー (《米》zipper). 動 として, 服などをジッパーで締める[あく], ジッパーを締める[あける]. 他 で…をジッパーで締める[あける].
[語源] zipper からの逆成語. 20 世紀から.
【派生語】 **zipper** 名 © 《主に米》ジッパー (《英》zip) 《★本来はこの語から zip[1] が派生しているが, 便宜上この語を派生語欄におく》.
【複合語】 **zíp fàstener** 名 © 《英》=zip[1].

zip[2] /zíp/ 名 © 動 本来自 《くだけた語》 〔一般義〕元気, 活力. その他 〔一般義〕弾丸などが飛ぶびゅっ[ぴゅっ]という音. 動 として 《くだけた語》勢いよく進む, 素早くやる. 他 で速める, 活気づける.
[語源] 擬音語. 19 世紀から.
【派生語】 **zíppy** 形 元気な, 張り切った.

zip code, ZIP code /zíp kòud/ 名 UC 〔一般義〕《米》郵便番号.
[語源] zip は *z*one *i*mprovement *p*lan の略. code は「記号, 暗号」. 20 世紀より.

zipper ⇒zip[1].

zippy ⇒zip[2].

zo·di·ac /zóudiæk/ 名 © 〔天〕 (the ~) 黄道帯. 黄道帯に 12 の星座を配した図, 十二宮一覧図.
[語源] ギリシャ語起源のラテン語 *zodiacus* (=circle of carved animals) が中英語に入った.
【派生語】 **zodíacal** 形 黄道帯の, 十二宮の.

zonal ⇒zone.

zone /zóun/ 名 © 動 本来他 〔一般義〕〔一般義〕地帯, 区域. その他 帯(たい) 《★地球を気温と緯度によって 5 つの地帯に分ける. z. と略す》, 郵便や電話などの同じ料金の地区. 動 として地帯[地区]に分ける.
[語源] ギリシャ語 *zōnē* (=belt; girdle) がラテン語, 古フランス語を経て中英語に入った.
[用例] The tropical *zone* is the area between the Tropic of Capricorn and the Tropic of Cancer. 熱帯は南回帰線と北回帰線との間にある地域である.
【派生語】 **zónal** 形 帯状の, 帯状に配列された. **zóning** 名 Ⓤ 都市計画などにおける地区制, 地域制.

zoo /zúː/ 名 C〔くだけた語〕**動物園**.
　語源 zoological garden の短縮形.
　【複合語】**zóokèeper** 名 C **動物園の飼育係**.
zoological ⇒zoology.
zoologist ⇒zoology.
zo·ol·o·gy /zouálədʒi | -ɔ́l-/ 名 U〔一般語〕**動物学**.
　語源 ギリシャ語 *zoion* (=animal) から派生した近代ラテン語 *zoologia* が初期近代英語に入った.
　【派生語】**zòológical** 形 **動物学の**: zoological garden **動物園**(zoo). **zoólogist** 名 C **動物学者**.
zoom /zúːm/ 動〔本来自〕名 C〔一般語〕一般義 **飛行機, 車などが大きな音を立てながら猛スピードで進む**. その他 **飛行機が急上昇する, 物価などが急激に上がる, 写真やテレビでズームレンズで写す**. 他 の用法もある. 名 として《単数形で》**急上昇(の音), ズームレンズ**(zoom lens).
　語源 擬音語. 20 世紀から.
　【複合語】**zóom lèns** 名 C.
Zo·ro·as·ter /zɔ́ːrouæstər | zɔ̀rouǽstə/ 名 固 **ゾロアスター**《★紀元前 6 世紀頃のペルシャの宗教家》.
　【派生語】**Zòroástrian** 形 **ゾロアスター(教)の**. 名 C **ゾロアスター教徒**. **Zòroástrianìsm** 名 U **ゾロアスター教, 拝火教**.

2004年4月10日　　初版発行

英語語義語源辞典

2020年1月20日　第5刷発行

編　者	小島義郎（こじま・よしろう） 岸　　　曉（きし・さとる） 増田秀夫（ますだ・ひでお） 高野嘉明（たかの・よしあき）
発行者	株式会社 三省堂　代表者 北口克彦
印刷者	三省堂印刷株式会社
発行所	株式会社 三省堂 〒101-8371 東京都千代田区神田三崎町二丁目22番14号 電話　編集　(03) 3230-9411 　　　営業　(03) 3230-9412 https://www.sanseido.co.jp/

〈語義辞典・1344 pp.〉

落丁本・乱丁本はお取替えいたします

ISBN978-4-385-10625-0

本書を無断で複写複製することは，著作権法上の例外を除き，禁じられています。また，本書を請負業者等の第三者に依頼してスキャン等によってデジタル化することは，たとえ個人や家庭内での利用であっても一切認められておりません。